Unregelmäßige Steigerungsformen sind beim Grundwort angegeben

malo, -a ['malo, -a] **1.** *adj* <peor, pésimo>

Es erfolgen Angaben zu **unregelmäßigen Verbformen**

merendar [meren̩'dar] <e→ie>
fotografiar [fotoɣrafi'ar] <*1. pres:* fotografío>
adelgazar [aðelɣa'θar] <z→c>

Es werden zahlreiche Hinweise zur Verwendung gegeben, z. B.

Zusätze für Definitionen und Synonyme, typische Subjekte und Objekte und andere Erklärungen,

cepillo [θe'iʎo] *m* **1.** (*para el cabello*) (Haar)bürste *f;* (*para un traje*) (Kleider)bürste *f;* (*de limpiar*) Schrubber *m;* …

Sachgebietsangaben,

bobina [bo'βina] *f* **1.** (*t.* ELEC) Rolle *f* **2.** (FOTO) Filmspule *f* …

Angaben zur **regionalen Verbreitung** auf der deutschen Seite und Angaben zu **Bedeutung und Gebrauch in Lateinamerika** auf der spanischen Seite,

chucho ['tʃutʃo] *m* **1.** (*fam: perro*) Köter *m* **2.** (*Am: escalofrío*) Schüttelfrost *m;* …

Stilangaben überall dort, wo es sich nicht um eine neutrale Stilebene handelt

pirarse [pi'rarse] *vr* (*argot*) verschwinden; …

PONS

Schülerwörterbuch

Spanisch – Deutsch
Deutsch – Spanisch

Ernst Klett Verlag
Stuttgart · Düsseldorf · Leipzig

PONS - Schülerwörterbuch Spanisch - Deutsch/Deutsch - Spanisch

Bearbeitet von:
Nely Milagros Iglesias Iglesias, Marieluise Schmitz

Spanische phonetische Umschrift: Josep Ràfols i Ventosa

Basismaterial von:
Verónica Abrego-Hartmann, Sonia Aliaga López, Eckhard Böhle, Anke Brauckmann, Sieglinde Bröer, Delia Cruz-Martens, Fernando de la Iglesia, Antje Diehl, María Esther Gallo Cabrera, María Teresa Gondar Oubiña, Herminia González Martínez, Araceli-Rosa Marín y Presno, Yolanda Mateos Ortega, Anke Müller, Barbara Oehler, Mariona Pellicer, José Lucio Pérez Díaz, Gracia María Puga Ortiz, Josep Ràfols i Ventosa, María Ramírez Antía, Victoria Romano Brandt, Eva Schellert-Riveiro, Marieluise Schmitz, Antje Weber;
Phonetik bearbeitet von Dimitrios Karagiannakis

Unter Mitwirkung und Leitung der Verlagsredaktion PONS Wörterbücher

Die Deutsche Bibliothek - CIP-Einheitsaufnahme

Ein Titeldatensatz für diese Publikation ist bei der Deutschen Bibliothek erhältlich

1. Auflage 2000

Internet: http://www.pons.de
e-mail: info@pons.de

Redaktion: Anke Müller
Sprachdatenverarbeitung: Andreas Lang, conTEXT AG für Informatik und Kommunikation, Zürich
Einbandentwurf: Ira Häußler, Stuttgart
Logo: Erwin Poell, Heidelberg
Fotosatz: Dörr und Schiller GmbH, Stuttgart
Druck: Clausen & Bosse, Leck
Printed in Germany
ISBN 3-12-517269-1

Inhalt

Erläuterungen V

Verwendete Lautschriftzeichen XII

Zeichen und Abkürzungen XIV

Wörterbuchteil
Spanisch – Deutsch 1- 693

Wörterbuchteil
Deutsch – Spanisch 1 - 632

Die regelmäßigen und
unregelmäßigen spanischen Verben 633

Zahlwörter 662

Maße und Gewichte 666

Falsche Freunde 668

Nützliche Redewendungen 675

Musterbriefe 680

Anfang und Ende eines Briefes 692

Erläuterungen

1. Makrostruktur – Stichwortanordnung

Alle Stichwörter, auch Abkürzungen, sind **alphabetisch geordnet** und durch **blaue Schrift** hervorgehoben.

FP
frac

Abb.
Abbau

Bei der alphabetischen Einordnung werden **Bindestriche** und **Wortzwischenräume** ignoriert.

Castilla-La Mancha
Castilla-León

In Klammern stehende Buchstaben am **Wortanfang** und im **Wortinnern** werden mit berücksichtigt.

(p)sicología

Ansied(e)lung

Dagegen bleiben **in Klammern stehende Endungen** bei der Alphabetisierung unberücksichtigt.

Älteste(r)
Ältestenrat

Ch und **ll** werden wie Doppelbuchstaben behandelt; das **ñ** steht nach *nz* und vor dem *o*.

diccionario
dicha

callo
calma

Bei den Verben wird der **Infinitiv**, bei den Substantiven die **Singularform** aufgeführt (mit Ausnahme solcher Substantive, die nur im Plural verwendet werden).

echar
naranja
alicates *mpl*

putzen
Glocke
Leute *Pl*

Wörter, die sich nur durch Klein- und Großschreibung unterscheiden, werden wie folgt angeordnet: das **kleingeschriebene** Wort steht vor dem **großgeschriebenen**.

dios(a)
Dios

kreuz
Kreuz

Bei Wörtern, die sich nur durch ein **Akzentzeichen** unterscheiden, steht das Wort ohne Akzent vor dem Wort mit Akzent.

Die deutschen Umlaute **ä**, **ö** und **ü** werden wie nicht umgelautete Vokale behandelt. Unterscheiden sich zwei Wörter nur durch einen Umlaut, so steht das Wort ohne Umlaut vor dem mit Umlaut.

Bei Wörtern, die sich nur durch **ß** und **ss** unterscheiden, folgt das Wort mit **ß** dem mit **ss**. Ansonsten wird **ß** wie **ss** behandelt.

solo
sólo

nahen
nähen

Ass
aß

Die **Femininform** wird bei Substantiven und Adjektiven bei der Maskulinform mit angegeben.

abogado, -a *m, f*
asistente *mf*
rojo, -a *adj*

Minister(in) *m(f)*
Kunde, -in *m, f*
Deutsche(r) *mf*

Zusammengesetzte Wörter (Komposita), deren erster Wortteil gleich ist, werden in alphabetischer Anordnung in sog. **Nestern** vereinigt.

superpotencia [superpo'teṇθja] *f* Großmacht *f;* **superproducción** [superproðuᵞ'θjon] *f* **1.** (COM) Überproduktion *f* **2.** (CINE) Mammutproduktion *f*

Fachfrau *f* especialista *f,* experta *f;* **fachfremd** *adj* lego en la materia; **Fachgebiet** *nt* especialidad *f;* **Fachgeschäft** *nt* <-(e)s, -e> tienda *f* especializada (*für* en); **Fachhandel** *m* comercio *m* especializado; **Fachhochschule** *f* escuela *f* técnica superior; **Fachidiot(in)** *m(f)* (*abw*) especialista *mf* (*limitado, -a a su campo laboral*); **Fachkenntnisse** *fPl* conocimientos *mpl* técnicos; **Fachkraft** *f* experto, -a *m, f,* especialista *mf;* **fachkundig** *adj* competente

2. Mikrostruktur – Aufbau der Einträge

Gleichgeschriebene Wörter mit unterschiedlicher Bedeutung (Homographen) werden durch **hochgestellte arabische Ziffern** gekennzeichnet.

> **catalán, -ana**[1] [kata'lan, -ana] **I.** *adj* katalanisch **II.** *m, f* Katalane, -in *m, f*
> **catalán**[2] [kata'lan] *m* (*lengua*) Katalanisch(e) *nt*
>
> **Harz**[1] *nt* <-es, -e> resina *f*
> **Harz**[2] *m* <-es> (GEO): **der** ~ el Harz

Römische Ziffern identifizieren verschiedene Wortarten und untergliedern auch Verben (transitiv, intransitiv, reflexiv, unpersönlich).

> **griego, -a** ['grjeɣo, -a] **I.** *adj* griechisch **II.** *m, f* Grieche, -in *m, f*
>
> **ein|atmen** **I.** *vi* respirar **II.** *vt* inspirar; (MED) inhalar

3. Besondere Zeichen

3.1. Phonetische Zeichen

Die **Lautschrift** steht in eckigen Klammern direkt hinter dem Stichwort.

> **inteligente** [in̩teli'xen̩te] *adj* intelligent

3.2. Grammatische Zeichen

Bei zusammengesetzten Verben steht ein **waagerechter Strich** hinter der abtrennbaren Vorsilbe.

> **auf|essen**

Bei Verben, deren Partizip ohne *ge-* gebildet wird, folgt ein **hochgestelltes Sternchen** unmittelbar auf das Stichwort.

> **entschließen***

3.3. Tilde ~

In Anwendungsbeispielen und Redewendungen ersetzt die **Tilde** ~ das vorhergehende blau gedruckte Stichwort.

> **elogio** [e'loxjo] *m* Lob *nt;* **hacer ~s** loben; **recibir ~s** Lob ernten
>
> **siamesisch** *adj* siamés; **~e Zwillinge** hermanos siameses

4. Grammatische Informationen

4.1. Substantive

Prinzipiell wird bei Substantiven das **Genus** (Geschlecht: Maskulinum, Femininum oder Neutrum) oder/und der **Numerus** (Zahl: Singular oder Plural) angegeben.

cuña ['kuɲa] *f* **1.** (*traba*) Keil *m* **2.** (*fig: enchufe*) (gute) Beziehungen *fpl*

Kosmetika *Pl* (productos *mpl*) cosméticos *mpl*

Bei den deutschen Einträgen sind in Spitzklammern die **Endungen des Genitiv Singular und des Nominativ Plural** angegeben. Bei femininen Substantiven ist nur die Endung des Nominativ Plural aufgeführt. **Unregelmäßige Pluralformen** werden ausgeschrieben.

Angebot *nt* <-(e)s, -e>
Angel *f* <-n>
Angina *f* <Anginen>

Werden maskuline und feminine Form eines Substantivs in einem Eintrag behandelt, steht ein **Semikolon** zwischen den Angaben für die maskuline und die feminine Form.

Angeber(in) *m(f)* <-s, -; -nen>

Bei den spanischen Einträgen stehen die **unregelmäßigen Pluralformen** in Spitzklammern.

catchup ['ketʃup] *m* <catchups> Ketschup *m o nt*

Bei Substantiven, die nur im Singular verwendet werden, folgt die Angabe **sin pl** bzw. **ohne Pl**.

ajedrez [axe'ðreθ] *m sin pl* **1.** (DEP) Schach *nt* **2.** (*tablero y figuras*) Schachspiel *nt*

Kubismus *m ohne Pl* <-> (KUNST) cubismo *m*

Spanische Substantive, bei denen die Singularform mit der Pluralform übereinstimmt, werden mit dem Zusatz **inv** versehen.

portaaviones [porta(a)βi'ones] *m inv* Flugzeugträger *m*

4.2. Verben

Unmittelbar auf das Stichwort bzw. die Lautschrift folgen die Angaben zu den **unregelmäßigen Verben**. Diese Angaben verweisen auf die Verblisten im Wörterbuchanhang.

Die deutschen zusammengesetzten Verben und Verben mit Vorsilbe sind nur mit **irr** markiert. Die Konjugationsformen sind beim Grundwort angegeben.

> **abdicar** [aβði'kar] <c→qu>
> **escribir** [eskri'βir] *irr*
> **nacer** [na'θer] *irr como crecer*
>
> **bringen** <bringt, brachte, gebracht>
> **verbringen*** *irr*
> **wieder|bringen** *irr*

Wenn das deutsche Verb die zusammengesetzten Zeiten nicht mit dem **Hilfsverb** *haben* bildet, so wird das betreffende Hilfsverb angegeben.

> **fliehen** <flieht, floh, geflohen> *vi sein*

4.3. Adjektive

In spitzen Klammern werden jeweils die unregelmäßigen Steigerungsformen angegeben.

> **bueno, -a**[1] ['bweno, -a] *adj* <mejor *o* más bueno, el mejor *o* bonísimo *o* buenísimo>
>
> **gut** <besser, am besten>

Mit **inv** werden unveränderliche Adjektive markiert.

> **trece** ['treθe] **I.** *adj inv* dreizehn; **seguir en sus ~** dabei bleiben **II.** *m* Dreizehn *f*; *v. t.* **ocho**
>
> **rosa** *adj inv* rosa, rosado; **rosarot** *adj* (de color de) rosa; **die Welt durch eine ~e Brille sehen** (*fig*) ver el mundo de color de rosa

5. Erklärende Zusätze – Kommentierungen zur Ausgangs- und Zielsprache

Sowohl in der Ausgangssprache als auch in der Zielsprache sind oft erklärende Zusätze notwendig, um Bedeutung und Anwendung eines Stichworts näher zu bestimmen. Solche Angaben dienen als **Wegweiser**, die bei der Auswahl der jeweils richtigen Übersetzung helfen.

5.1. Synonyme und Definitionen

Diese Zusätze stehen in Klammern und in kursiver Schrift: Meist werden Synonyme und Definitionen angegeben, die beim Übersetzen von großer Hilfe sind, da die Bedeutung eines Stichworts normalerweise stark vom jeweiligen Kontext abhängig ist.

obtuso, **-a** [oβ'tuso, -a] *adj* **1.** (*cosa*) stumpf **2.** (*persona*) begriffsstutzig

Mappe *f* <-n> **1.** (*Tasche*) portafolios *m inv* **2.** (*Ordner*) carpeta *f*

5.2. Sach- bzw. Fachgebietsangaben

Sach- bzw. Fachgebietsangaben werden in Kapitälchen (z. B.: COM, MUS, POL) dargestellt und geben Auskunft über das jeweilige Wissensgebiet, zu dem ein Stichwort (in einer bestimmten Bedeutung) gehört. Sie werden häufig auch benutzt, um verschiedene Bedeutungen eines Wortes zu unterscheiden.

impresionismo [impresjo'nismo] *m* (ARTE) Impressionismus *m*

Sättigung *f ohne Pl* **1.** (*des Hungers*) saciedad *f* **2.** (CHEM) saturación *f*

5.3. Angaben zum regionalen Sprachgebrauch

Beschränkt sich der Gebrauch eines Wortes auf eine bestimmte Region, so werden die Stichwörter dementsprechend markiert.

yeta ['ɟeta] *f* (*Arg, Urug*) Pech *nt*

Advokat(in) *m(f)* <-en, -en; -nen> (*reg: Anwalt*) abogado, -a *m, f*

5.4. Stilangaben

Stichwörter, die nicht der Standardsprache, d. h. nicht einer neutralen Stilebene angehören, werden wie folgt markiert:

elev/geh	gehobener, literarischer Sprachgebrauch
formal	förmlicher Sprachgebrauch (z. B. in der Verwaltungssprache)
fam	umgangssprachlicher/familiärer Sprachgebrauch
vulg	vulgärer Sprachgebrauch

gilipollas [xili'poʎas] *mf inv* (*vulg*) Arschloch *nt*

ab|segnen *vt* (*fam*) dar el visto bueno (a)

5.5. Rhetorische Angaben

Geht es um eine besondere Sprechhaltung, werden das Stichwort oder die Wendung wie folgt markiert:

fig	figurativer bzw. übertragener Sprachgebrauch
irón/iron	ironischer Sprachgebrauch
pey/abw	pejorativer bzw. abwertender Sprachgebrauch

postre ['postre] *m* Nachtisch *m;* **servir los ~s** den Nachtisch auftragen; **a (la) ~** (*fig*) letztendlich; **llegar a los ~s** (*fig*) zu spät kommen

knauserig *adj* (*fam abw*) rácano

6. Berücksichtigung der deutschen Rechtschreibroform

Dieses Schülerwörterbuch berücksichtigt die im Juli 1996 in Wien unterzeichnete Neuregelung der deutschen Rechtschreibung.

Im spanisch-deutschen Teil folgen sämtliche Übersetzungen der neuen deutschen Rechtschreibung.

In der Übergangszeit, in der die alten und die neuen Schreibungen nebeneinander existieren, führt dieses Schülerwörterbuch im deutsch-spanischen Teil die von der Rechtschreibreform betroffenen Wörter sowohl in der alten als auch in der neuen Schreibung auf.

Die alte Schreibung wird durch eine **Rasterung** kenntlich gemacht, die neue durch das hochgestellte **RR** für die Rechtschreibreform.

sauber|machen *vi, vt s.* **sauber I.1.**

Albtraum^RR *m s.* **Alptraum**

Alte Schreibungen werden nur bei einfachen, nicht aber bei zusammengesetzten Wörtern (Komposita) aufgeführt.

Nusstorte^RR *f* <-n> tarta *f* de nueces

Liste der verwendeten phonetischen Zeichen

Halbvokale bzw. Halbkonsonanten

Zeichen	*Beispiel*	*Kommentar*
[i]	a**i**re, despe**i**nar, ho**y**	Tritt in den Diphtongen **ai, ei, oi** bzw. **ay, ey, oy** und als letztes Element in Triphtongen auf.
[j]	desperdic**i**ar, pensam**i**ento	Wenn **i** als erstes Element in Diphtongen oder Triphtongen gesprochen wird.
[u]	a**u**to, de**u**da	Tritt in den Diphtongen **au, eu, ou** auf.
[w]	n**u**era, c**u**erda	Wenn **u** als erstes Element in Diphtongen oder Triphtongen gesprochen wird.

Konsonanten

Zeichen	*Beispiele*	*Kommentar*
[p]	**p**alo	
[b]	**v**ivir, ham**b**re	Verschlusslaut. Gesprochen im absoluten Anlaut nach Pause und im Inlaut nach vorausgehendem Nasal.
[β]	o**b**jeto, pue**b**lo	Reibelaut. Gesprochen wenn es sich nicht im absoluten Anlaut oder hinter **m, n** befindet.
[m]	ma**m**á, co**n**vivir	Jedes nicht wortauslautendes **m** und **n** vor [p] [b].
[ɱ]	e**n**fermo, pá**n**filo	Jedes **n**, das sich vor **f** befindet.
[n]	**n**o, a**n**tes	
[ṇ]	o**n**ce, co**n**cie**n**cia	**n** in Verbindung mit darauffolgendem [θ].
[n̪]	co**n**de, a**n**tes	Dentalisiertes **n.** Steht in Verbindung mit folgendem **t** oder **d.**
[ŋ]	fi**n**ca, le**n**gua, e**n**jambre	Bei silbenauslautendem **n** in Verbindung mit folgendem velaren Konsonant
[ɲ]	ni**ñ**a	**ñ** im Silbenanlaut und silbenauslautendes **n** vor palatalem Konsonant.
[f]	café	
[k]	**k**ilo, **c**osa, **q**ue, a**c**tor	Tritt in den Gruppen **c+a, o, u** und **qu+e, i** auf und bei silbenauslautendem **c.**
[g]	**g**orra, **gu**itarra,	Verschlusslaut. Tritt im absoluten Anlaut oder im Inlaut mit vorausgehendem Nasal in den Gruppen **g+a, o, u** und **gu+e, i** auf.
[x]	a**j**o, **G**éminis	Entspricht **j** und den Gruppen **g+e, i.**
[ɣ]	peli**g**ro, barri**g**a	Reibelaut. Tritt in den Gruppen **g+a, o, u** und **gu+e, i** auf, wenn es nicht im absoluten Anlaut steht oder auf **n** folgt.
[t]	tarta, todo	Verschlusslaut. Entspricht **d** im absoluten Anlaut oder nach **n** oder **l.**
[d]	**d**on**d**e, pel**d**año	Verschlusslaut. Entspricht **d** nach einem absoluten Anlaut oder nach **n** oder **l.**
[ð]	de**d**o, escu**d**o	Reibelaut. Entspricht **d**, wenn es sich nicht im absoluten Anlaut oder nach **n** oder **l** befindet.

[θ]	**c**inco, zar**z**a, cru**z**	Tritt in den Gruppen **c+e, i** und **z+a, o, u** auf und im Auslaut.
[l]	**l**a, sa**l**	
[l̟]	ca**l**cetín, du**l**ce	Interdentales **l**. Steht in Verbindung mit folgendem [θ].
[l̪]	a**l**to, sue**l**do	Dentales **l**. Steht in Verbindung mit folgendem **t** oder **d**.
[ʎ]	**ll**uvia, marti**ll**o	Entspricht **ll** und silbenauslautendem **l** vor palatalem Konsonant.
[s]	a**s**í, co**s**er	
[r]	ca**r**o, ing**r**ato	Entspricht dem Schriftzeichen **r**, wenn es am Wortanfang steht oder aber auf **n, l, s** folgt.
[rr]	**r**eo, Is**r**ael	Entspricht **-rr-** und **r-**, **-r-** am Wortanfang oder Silbenanfang nach **n, l, s**.
[tʃ]	**ch**ino	
[ʝ]	**hi**erro, **y**unque, co**y**ote	Palataler Reibelaut. Gesprochen, wenn **y, hi** im Silbenanlaut – außer wenn **n, l** vorausgehen – oder im Anlaut einer schwachbetonten Silbe stehen.
[dʒ]	**j**azz, **G**iga	Palatale Affrikata. Wie Englisch **g**entleman, **j**ump.
[ʃ]	**sh**ock	Wie Englisch **sh**ock, **sh**ow.

Liste der Abkürzungen

deutsch-spanisch
alemán-español

Lista de las abreviaturas

spanisch-deutsch
español-alemán

a.	auch	también	
Abk.	Abkürzung	abreviatura	*abr*
abw	abwertend	peyorativo	
adj	Adjektiv	adjetivo	*adj*
ADMIN	Verwaltung	administración	ADMIN
adv	Adverb	adverbio	*adv*
AERO	Luftfahrt	aeronáutica	AERO
AGR	Landwirtschaft	agricultura	AGR
akk	Akkusativ	acusativo	*akk*
	ostdeutsch	Alemania del Este	*AlE*
algo	etwas	algo	*algo*
alguien	jemand	alguien	*alguien*
	norddeutsch	Alemania del Norte	*AlN*
	süddeutsch	Alemania del Sur	*AlS*
Am	Lateinamerikanismus	americanismo	*Am*
	Zentralamerika	América Central	*AmC*
	Südamerika	América del Sur	*AmS*
ANAT	Anatomie	anatomía	ANAT
And	Anden	zona andina	*And*
Ant	Antillen	Antillas	*Ant*
ARCHIT	Architektur	arquitectura	
Arg	Argentinien	República Argentina	*Arg*
	Slang	argot	*argot*
	Architektur	arquitectura	ARQUIT
art	Artikel	artículo	*art*
art best	bestimmter Artikel	artículo determinado	*art det*
	Kunst(geschichte)	(historia del) arte	ARTE
art unbest	unbestimmter Artikel	artículo indeterminado	*art indet*
ASTR	Astrologie, Astronomie	astrología, astronomía	ASTR
	Vergrößerungsform	aumentativo	*aum*
	Österreich	Austria	*Austr*
AUTO	Auto und Verkehr	automóvil y tráfico	AUTO
aux	Hilfsverb	verbo auxiliar	*aux*
BERGB	Bergbau	minería	
BIOL	Biologie	biología	BIOL
Bol	Bolivien	Bolivia	*Bol*
BOT	Botanik	botánica	BOT

CHEM	Chemie	química	
Chil	Chile	Chile	*Chil*
	Film	cinematografía	CINE
	Kolumbien	Colombia	*Col*
COM	Handel	comercio	COM
	Komparativ	comparativo	*compar*
	Konjunktion	conjunción	*conj*
CRi	Costa Rica	Costa Rica	*CRi*
CSur	Cono Sur (Argentinien, Chile, Paraguay, Uruguay)	Cono Sur (República Argentina, Chile, Paraguay, Uruguay)	*CSur*
Cuba	Cuba	Cuba	*Cuba*
dat	Dativ	dativo	*dat*
DomR	Dominikanische Republik	República Dominicana	
	Sport	deporte	DEP
	Verkleinerungsform	diminutivo	*dim*
	Ökologie	ecología	ECOL
	Wirtschaft	economía	ECON
Ecua	Ecuador	Ecuador	*Ecua*
	Vereinigte Staaten von Amerika	Estados Unidos	EE.UU.
EISENB	Eisenbahn	ferrocarril	
ELEK	Elektrotechnik	electrotecnia	ELEC
	gehoben, literarisch	elevado, literario	*elev*
ElSal	El Salvador	El Salvador	*ElSal*
	Schulwesen	enseñanza	ENS
etw	etwas	algo	*etw*
EU	Europäische Union	Unión Europea	
f	Femininum	femenino	*f*
fam	umgangssprachlich	familiar	*fam*
	Eisenbahn	ferrocarril	FERRO
fig	übertragen, figurativ	sentido figurado	*fig*
FILM	Film	cinematografía	
	Philippinen	Filipinas	*Fili*
	Philosophie	filosofía	FILOS
FIN	Finanzen, Börse	finanzas, bolsa	FIN
	Physik	física	FÍS
formal	geschriebene Sprache, Verwaltungssprache	lenguaje escrito/administrativo	*formal*
FOTO	Fotografie	fotografía	FOTO
GASTR	Gastronomie	gastronomía	GASTR
geh	gehoben, literarisch	elevado, literario	
gen	Genitiv	genitivo	*gen*

GEO	Geographie, Geologie	geografía, geología	GEO
ger	Gerundium	gerundio	*ger*
Guat	Guatemala	Guatemala	*Guat*
Guay	Guayana	Guayana	*Guay*
GuinEc	Guinea Ecuatorial	Guinea Ecuatorial	*GuinEc*
HIST	Geschichte	historia	HIST
Hond	Honduras	Honduras	*Hond*
imp	Imperfekt	imperfecto	*imp*
	Indikativ	indicativo	*ind*
inf	Infinitiv	infinitivo	*inf*
INFOR	Informatik	informática, ordenadores	INFOR
interj	Interjektion	interjección	*interj*
inv	invariabel, unveränderlich	invariable	*inv*
iron	ironisch	irónico	*irón*
irr	unregelmäßig	irregular	*irr*
jd	jemand	alguien (nominativo)	*jd*
jdm	jemandem	alguien (dativo)	*jdm*
jdn	jemanden	alguien (acusativo)	*jdn*
jds	jemandes	alguien (genitivo)	*jds*
JUR	Jura/Recht	jurisdicción/derecho	JUR
Kol	Kolumbien	Colombia	
kompar	Komparativ	comparativo	
konj	Konjunktion	conjunción	
KUNST	Kunst(geschichte)	(historia del) arte	
LING	Linguistik, Grammatik	lingüística, gramática	LING
LIT	Literatur(wissenschaft)	(ciencia de la) literatura	LIT
	Wendung	locución	*loc*
m	Maskulinum	masculino	*m*
MATH	Mathematik	matemáticas	MAT
MAm	Mittelamerika	América Central	
MED	Medizin	medicina	MED
METEO	Meteorologie	meteorología	METEO
Mex	Mexico	México, Méjico	*Méx*
mf	Maskulinum und Femininum	masculino y femenino	*mf*
MIL	Militär	fuerzas armadas	MIL
	Bergbau	minería	MIN
MUS	Musik	música	MÚS
NAUT	Nautik, Seefahrt	náutica, navegación	NÁUT
Nic	Nicaragua	Nicaragua	*Nic*
nom	Nominativ	nominativo	*nom*
nordd	norddeutsch	Alemania del Norte	

nt	Neutrum	neutro	*nt*
o	oder	o	
ÖKOL	Ökologie	ecología	
ostd	ostdeutsch	Alemania del Este	
Österr	Österreich	Austria	
Pan	Panama	Panamá	*Pan*
Par	Paraguay	Paraguay	*Par*
part	Partikel	partícula	
Peru	Peru	Perú	*Perú*
	abwertend	peyorativo	*pey*
Phili	Philippinen	Filipinas	
PHILOS	Philosophie	filosofía	
PHYS	Physik	física	
Pl	Plural	plural	*pl*
POL	Politik	política	POL
pp	Partizip Perfekt	participio pasado	*pp*
	Publizistik, Presse	prensa, periodismo	PREN
präp	Präposition	preposición	*prep*
präs	Präsens	presente	*pres*
	'Pretérito'	pretérito indefinido	*pret*
PRico	Puerto Rico	Puerto Rico	*PRico*
pron dem	Demonstrativpronomen	pronombre demostrativo	*pron dem*
pron indef	Indefinitpronomen	pronombre indefinido	*pron indef*
pron inter	Interrogativpronomen	pronombre interrogativo	*pron inter*
pron pers	Personalpronomen	pronombre personal	*pron pers*
pron poss	Possessivpronomen	pronombre posesivo	*pron pos*
pron refl	Reflexivpronomen	pronombre reflexivo	*pron refl*
pron rel	Relativpronomen	pronombre relativo	*pron rel*
prov	Sprichwort	proverbio	*prov*
PSYCH	Psychologie	psicología	PSICO
PUBL	Publizistik, Presse	prensa, periodismo	
	Chemie	química	QUÍM
®	eingetragenes Warenzeichen	marca registrada	®
RADIO	Rundfunk	radio	RADIO
	Dominikanische Republik	República Dominicana	*RDom*
reg	regional	regional	*reg*
REL	Religion	religión	REL
RíoPl	Río de la Plata	Río de la Plata	*RíoPl*
s.	siehe	véase	
SAm	Südamerika	América del Sur	
SCH	Schulwesen	enseñanza	

Schweiz	Schweiz	Suiza	
Sg	Singular	singular	*sg*
sl	Slang	argot	
SOZIOL	Soziologie	sociología	SOCIOL
SPORT	Sport	deporte	
subj	'Subjuntivo'	subjuntivo	*subj*
südd	süddeutsch	Alemania del Sur	
	Schweiz	Suiza	*Suiza*
superl	Superlativ	superlativo	*superl*
	auch	también	*t.*
	Stierkampfkunst	tauromaquia	TAUR
	Theater	teatro	TEAT
TECH	Technik	técnica	TÉC
TEL	Telekommunikation	telecomunicación	TEL
THEAT	Theater	teatro	
	Typografie	tipografía	TIPO
TV	Fernsehen	televisión	TV
TYPO	Typografie	tipografía	
Ud.	Sie (Singular)	Usted	*Ud.*
Uds.	Sie (Plural)	Ustedes	*Uds.*
	Europäische Union	Unión Europea	UE
UNIV	Universität	universidad	UNIV
Urug	Uruguay	Uruguay	*Urug*
USA	Vereinigte Staaten von Amerika	Estados Unidos	
	siehe	véase	*v.*
Ven	Venezuela	Venezuela	*Ven*
vi	intransitives Verb	verbo intransitivo	*vi*
	unpersönliches Verb	verbo impersonal	*vimpers*
vr	reflexives Verb	verbo reflexivo	*vr*
vt	transitives Verb	verbo transitivo	*vt*
vulg	vulgär	vulgar	*vulg*
vunpers	unpersönliches Verb	verbo impersonal	
Wend	Wendung	locución	
WIRTSCH	Wirtschaft	economía	
ZAm	Zentralamerika	América Central	
ZOOL	Zoologie	zoología	ZOOL

A

A, a [a] *f* A, a *nt;* ~ **de Antonio** A wie Anton

a [a] *prep* **1.** (*dirección*) zu +*dat;* **ir ~ Barcelona/Suiza** nach Barcelona/in die Schweiz fahren; **llegar ~ Madrid** in Madrid ankommen; **ir ~ casa de alguien** zu jdm gehen; **ir ~ la escuela** in die Schule gehen; **voy ~l cine/~l servicio** ich gehe ins Kino/aufs Klo; **aún tengo que ir ~ Correos/~l banco** ich muss noch zur Post/zur Bank **2.** (*posición*) an +*dat;* **estar sentado ~ la mesa** am Tisch sitzen; **~ la mesa** (*comiendo*) bei Tisch; **esperar ~ la puerta de la casa** an der Haustür warten; **~ la derecha** rechts; **~l sur** (**de**) südlich (von); **~l sol** in der Sonne **3.** (*distancia*): **~ 10 kilómetros de aquí** 10 Kilometer von hier (entfernt) **4.** (*tiempo*) um +*akk;* (*hasta*) bis; **~ las tres** um drei (Uhr); **~ mediodía** mittags; **~ los veinte años** mit zwanzig Jahren; **~l poco rato** kurz danach; **¿~ cuántos estamos?** den Wievielten haben wir heute? **5.** (*modo*): **~ pie** zu Fuß; **~ mano** mit der Hand; **~ oscuras** im Dunkeln; **~ la española** nach spanischer Art **6.** (*precio*): **¿~ cómo está?** wie teuer ist das?; **~ 100 pesetas el kilo** 100 Peseten das Kilo **7.** (*complemento* (*in*)*directo*): **he visto ~ tu hermano** ich habe deinen Bruder gesehen; **dio su fortuna ~ los pobres** er vermachte sein Vermögen den Armen **8.** (*con infinitivo*) zu; **empezó ~ correr** er/sie fing an zu laufen **9.** (*complemento de verbo*): **oler ~ gas** nach Gas riechen; **jugar ~ los dados** Würfel spielen **10.** (*loc*): **el partido terminó dos ~ dos** das Spiel endete zwei zu zwei; **¡~ que llueve mañana!** wetten, dass es morgen regnet!; **~ Pedro le gusta mucho nadar, ¿~ que sí, Pedro?** Pedro schwimmt sehr gerne; nicht wahr, Pedro?

abacería [aβaθe'ria] *f* Lebensmittelgeschäft *nt*

abad(esa) [a'βa^ð, aβa'ðesa] *m(f)* Abt *m,* Äbtissin *f*

abadía [aβa'ðia] *f* Abtei *f*

abajo [a'βaxo] **I.** *adv* **1.** (*movimiento*) hinunter; **calle ~** die Straße hinunter; **cuesta ~** bergab; **de arriba ~** von oben nach unten **2.** (*estado*) unten; **boca ~** auf dem Bauch; **hacia ~** nach unten; **el ~ firmante** der Unterzeichnete; **de veinte para ~** unter zwanzig; **véase más ~** siehe unten **II.** *interj:* **¡~ el dictador!** nieder mit dem Diktator!

abalanzarse [aβalaṇ'θarse] <z→c> *vr* sich stürzen (*sobre/contra* auf +*akk*); **~ a la ventana** zum Fenster stürzen

abanderado, -a [aβaṇde'raðo, -a] *m, f* **1.** (*en actos públicos*) Fahnenträger(in) *m(f)* **2.** (*pionero*) Vorkämpfer(in) *m(f)*

abandonado, -a [aβaṇdo'naðo, -a] *adj ser* (*descuidado*) nachlässig; (*desaseado*) schlampig

abandonar [aβaṇdo'nar] **I.** *vi* (DEP) aufgeben **II.** *vt* **1.** (*dejar*) verlassen; (*desamparar*) im Stich lassen; (*niño*) aussetzen; **niño abandonado** Findelkind *nt;* **le ~on sus fuerzas** seine Kräfte verließen ihn; **estar abandonado a sí mismo** sich *dat* selbst überlassen sein **2.** (*renunciar*) aufgeben **3.** (*interrumpir*) unterbrechen **III.** *vr:* **~se 1.** (*entregarse*) sich hingeben (*a* +*dat*) **2.** (*ir desaliñado*) sich gehen lassen

abandono [aβaṇ'dono] *m* **1.** (*abandonamiento*) Verlassen *nt;* (*de un niño*) Aussetzung *f;* **~ de servicio** Quittieren des Dienstes; **~ de la víctima** Fahrerflucht *f* **2.** (*renuncia*) Verzicht *m;* (*de una empresa, idea*) Aufgabe *f* **3.** (*descuido*) Vernachlässigung *f;* **en un momento de ~** in einem schwachen Augenblick

abanicar [aβani'kar] <c→qu> **I.** *vt* zufächeln +*dat* **II.** *vr:* **~se** sich *dat* (Luft) zufächeln

abanico [aβa'niko] *m* Fächer *m;* **en (forma de) ~** fächerförmig; **un ~ de posibilidades** eine Fülle von Möglichkeiten

abaratar [aβara'tar] **I.** *vt* (*bienes*) verbilligen; (*precios*) herabsetzen; **~ costes** Kosten senken **II.** *vr:* **~se** billiger werden

abarca [a'βarka] *f* Sandale *f*

abarcar [aβar'kar] <c→qu> *vt* **1.** (*comprender*) umfassen; **~ con la vista** überschauen; **~ muchas cosas a la vez** alle Hände voll zu tun haben; **quien mucho abarca poco aprieta** (*prov*) wer viel beginnt, zu nichts es bringt **2.** (*contener*) enthalten

abarquillarse [aβarki'ʎarse] *vr* (*papel*) sich wellen; (*madera*) sich werfen

abarrotar [aβarro'tar] *vt* überfüllen (*de* mit +*dat*)

abastecedor(a) [aβasteθe'ðor(a)] *m(f)* Lieferant(in) *m(f)*

abastecer [aβaste'θer] *irr como crecer* **I.** *vt* (*proveer*) versorgen (*de/con* mit +*dat*); (COM) beliefern (*de/con* mit +*dat*) **II.** *vr:*

~ **se** sich versorgen (*de/con* mit +*dat*)

abastecimiento [aβasteθi'mjento] *m* **1.** (*provisión*) Versorgung *f* (*de/con* mit +*dat*); ~ **de aguas** Trinkwasserversorgung *f* **2.** (COM) Lieferung *f* (*de/con* von +*dat*)

abasto [a'βasto] *m* **1.** (*abastecimiento*) Versorgung *f* **2.** (*provisiones*) Vorrat *m* **3.** (*abundancia*) Fülle *f;* **dar** ~ ausreichen

abatible [aβa'tiβle] *adj:* **asiento** ~ Liegesitz *m*

abatido, -a [aβa'tiðo, -a] *adj* **1.** (*desanimado*) niedergeschlagen **2.** (*mercancía*) minderwertig

abatimiento [aβati'mjento] *m* **1.** (*derribo*) Niederreißen *nt* **2.** (*desmontaje*) Abbau *m* **3.** (*desánimo*) Niedergeschlagenheit *f* **4.** (*humillación*) Erniedrigung *f*

abatir [aβa'tir] **I.** *vt* **1.** (*muro, casa*) niederreißen; (*árbol*) umstürzen; (*velas*) einholen; (*avión*) abschießen; ~ **el respaldo** die Rückenlehne herunterklappen **2.** (*desmontar*) abbauen **3.** (*humillar*) demütigen **4.** (*debilitar*) entkräften **II.** *vr:* ~**se 1.** (*precipitarse*) sich stürzen (*sobre* auf +*akk*) **2.** (*ceder*) nachgeben **3.** (*desanimarse*) den Mut verlieren

abdicación [aβðika'θjon] *f* Abdankung *f;* ~ **al trono** Thronverzicht *m*

abdicar [aβði'kar] <c→qu> *vt* **1.** (*monarca*) abdanken; **la reina abdicó la corona en su hija** die Königin dankte zugunsten ihrer Tochter ab; ~ **la presidencia** den Vorsitz abgeben **2.** (*ideales*) aufgeben

abdomen [aβ'ðomen] *m* **1.** (ANAT) Unterleib *m* **2.** (ZOOL) Hinterleib *m*

abdominal [aβðomi'nal] **I.** *adj* Bauch- **II.** *m* (DEP) Bauchmuskelübung *f*

abecé [aβe'θe] *m* Abc *nt;* **el** ~ **de la matemática** die Grundlagen der Mathematik; **no saber el** ~ (*fig*) keinen (blassen) Schimmer haben; **ser el** ~ **de algo** das A und O einer Sache sein

abecedario [aβeθe'ðarjo] *m* Alphabet *nt*

abedul [aβe'ðul] *m* (BOT) Birke *f;* (*madera*) Birkenholz *nt*

abeja [a'βexa] *f* Biene *f;* ~ **maes(tr)a** Bienenkönigin *f;* ~ **neutra** Arbeitsbiene *f;* **ser como una** ~ bienenfleißig sein; **estar como** ~ **en flor** glücklich und zufrieden sein

abejón [aβe'xon] *m* Drohne *f*

abejorro [aβe'xorro] *m* **1.** (*insecto*) Hummel *f* **2.** (*escarabajo*) Maikäfer *m* **3.** (*fam: persona*) Nervensäge *f*

aberración [aβerra'θjon] *f* **1.** (*desviación*) Abweichung *f;* ~ **mental** Sinnesstörung *f* **2.** (*en la conducta*) Verirrung *f* **3.** (*disparate*) Unsinn *m* **4.** (*Am: error*) Irrtum *m*

aberrante [aβe'rrante] *adj* **1.** (*anormal*) abwegig **2.** (*disparatado*) unsinnig

abertura [aβer'tura] *f* **1.** (*acción*) Öffnen *nt* **2.** (*hueco*) Öffnung *f* **3.** (*franqueza*) Aufgeschlossenheit *f*

abeto [a'βeto] *m* Tanne *f;* ~ **rojo** Fichte *f*

abiertamente [aβjerta'mente] *adv* **1.** (*francamente*) offen **2.** (*patentemente*) deutlich

abierto, -a[1] [a'βjerto, -a] **I.** *pp de* **abrir II.** *adj* offen; ~ **a nuevas ideas** offen für neue Ideen; **en campo** ~ auf freiem Feld; **un libro** ~ ein aufgeschlagenes Buch

abierto[2] [a'βjerto] *m* (DEP): ~ **de tenis** Tennis Open *ntpl*

abigarrado, -a [aβiɣa'rraðo, -a] *adj* bunt

abismado, -a [aβis'maðo, -a] *adj* geistesabwesend

abismal [aβis'mal] *adj* (*enorme*) gewaltig; (*odio*) abgrundtief

abismar [aβis'mar] **I.** *vt* **1.** (*sumir*) in einen Abgrund stürzen; ~ **a alguien en la desesperación** jdn zur Verzweiflung bringen **2.** (*confundir*) verwirren **II.** *vr:* ~**se 1.** (*hundirse*) versinken **2.** (*Am: asombrarse*) staunen

abismo [a'βismo] *m* **1.** (GEO) Abgrund *m* **2.** (*infierno*) Hölle *f* **3.** (*diferencia*) Kluft *f;* **entre tus opiniones y las mías hay un** ~ unsere Ansichten sind grundverschieden

abjurar [aβxu'rar] *vi, vt* abschwören (*de* +*dat*)

ablandar [aβlan'dar] **I.** *vi* nachlassen **II.** *vt* **1.** (*poner blando*) weich machen; (*suelo*) aufweichen **2.** (*calmar*) besänftigen **3.** (*hacer ceder*) erweichen **III.** *vr:* ~**se 1.** (*dejarse calmar*) sich besänftigen lassen **2.** (*convencerse*) sich erweichen lassen

abnegación [aβneɣa'θjon] *f* Selbstlosigkeit *f;* **con** ~ selbstlos

abnegado, -a [aβne'ɣaðo, -a] *adj* selbstlos

abnegarse [aβne'ɣarse] *irr como fregar vr* sich aufopfern (*por/en favor de* für +*akk*)

abobado, -a [aβo'βaðo, -a] *adj* dumm

abocado, -a [aβo'kaðo, -a] *adj* (*vino*) süffig; ~ **al fracaso** zum Scheitern verurteilt

abocar [aβo'kar] <c→qu> **I.** *vt* (*líquido*) umfüllen **II.** *vr:* ~**se** sich einsetzen (*a* für +*akk*)

abocetar [aβoθe'tar] *vt* skizzieren

abochornar [aβotʃor'nar] **I.** *vt* **1.** (*calor*) erdrücken; **este calor me abochorna** diese Hitze macht mir zu schaffen; **estoy abochornado** mir ist heiß **2.** (*avergonzar*) beschämen **II.** *vr:* ~**se 1.** (*avergonzarse*) sich schämen (*de/por* für +*akk*) **2.** (*plantas*) verdorren

abofetear [aβofete'ar] *vt* ohrfeigen

abogacía [aβoɣa'θia] *f* Anwaltsberuf *m;* **ejercer la** ~ als Anwalt tätig sein

abogado, -a [aβo'ɣaðo, -a] *m, f* **1.** (*profesión*) (Rechts)anwalt, -wältin *m, f;* ~ **defensor** (Straf)verteidiger *m;* ~ **divorcista**

Scheidungsanwalt *m;* ~ **de oficio** Pflichtverteidiger *m* **2.** (*defensor*) Fürsprecher(in) *m(f);* **ser un ~ de las causas perdidas** (*fig*) sich für aussichtslose Dinge einsetzen

abogar [aβo'ɣar] <g→gu> *vi* (*apoyar*) sich einsetzen (*por/en favor de* für +*akk*)

abolengo [aβo'leŋgo] *m* Abstammung *f;* **de rancio ~** aus altem Adel

abolición [aβoli'θjon] *f* Abschaffung *f*

abolir [aβo'lir] *irr vt* abschaffen

abollado, -a [aβo'ʎaðo, -a] *adj* (*desanimado*) mutlos

abolladura [aβoʎa'ðura] *f* Beule *f*

abollar [aβo'ʎar] *vt* verbeulen

abolsarse [aβol'sarse] *vr* (*tela*) sich bauschen; (*deformarse*) sich ausbeulen; (*pared*) sich wölben

abombar [aβom'bar] **I.** *vt* wölben **II.** *vr:* **~se 1.** (*abultarse*) sich wölben **2.** (*Am: alimentos*) verderben

abominable [aβomi'naβle] *adj* abscheulich

abominación [aβomina'θjon] *f* Abscheu *m o f*

abominar [aβomi'nar] *vt* **1.** (*aborrecer*) verabscheuen **2.** (*renegar*) verfluchen

abonable [aβo'naβle] *adj* **1.** (*cantidad*) zahlbar **2.** (*letra de cambio*) fällig

abonado, -a [aβo'naðo, -a] *m, f* (*a revistas/espectáculos*) Abonnent(in) *m(f);* (*a electricidad/gas*) Abnehmer(in) *m(f);* (*al teléfono*) Fernsprechteilnehmer(in) *m(f)*

abonar [aβo'nar] **I.** *vt* **1.** (*garantizar*) bürgen (für +*akk*) **2.** (*pagar*) bezahlen; **~ en cuenta** gutschreiben; **para ~ en cuenta** nur zur Verrechnung **3.** (*terreno*) düngen **4.** (PREN) abonnieren; **~ a alguien a una revista** (*convencer*) jdn als Abonnenten für eine Zeitschrift werben; (*como regalo*) für jdn eine Zeitschrift abonnieren **II.** *vr:* **~se** abonnieren (*a* +*akk*); **~se a la temporada de ópera** ein Abonnement für die Oper nehmen

abono [a'βono] *m* **1.** (TEAT, PREN) Abonnement *nt* **2.** (*para transporte público*) Zeitkarte *f;* **~ mensual** Monatskarte *f;* **sacar un ~** eine Dauerkarte kaufen **3.** (*pago*) Bezahlung *f;* **~ en cuenta** Gutschrift *f* **4.** (*fertilizante*) Dünger *m;* **~ químico** Kunstdünger *m* **5.** (*de la tierra*) Düngung *f*

abordable [aβor'ðaβle] *adj* **1.** (*persona*) zugänglich **2.** (*tema*) offen; **no ~** tabu

abordaje [aβor'ðaxe] *m* Entern *nt;* **tomar al ~** entern

abordar [aβor'ðar] **I.** *vt* **1.** (*chocar*) rammen **2.** (*persona*) ansprechen **3.** (*tema*) anschneiden; (*problema*) angehen **II.** *vi* (NÁUT) anlegen

aborigen [aβo'rixen] **I.** *adj* eingeboren **II.** *mf* Ureinwohner(in) *m(f)*

aborrecer [aβorre'θer] *irr como crecer vt* **1.** (*sentir aversión*) verabscheuen; **~ a alguien de muerte** jdn auf den Tod nicht ausstehen können **2.** (*exasperar*) auf die Nerven gehen +*dat* **3.** (*aburrir*) langweilen

aborrecible [aβorre'θiβle] *adj* abscheulich; (*persona*) unausstehlich

aborrecimiento [aβorreθi'mjento] *m* **1.** (*aversión*) Abscheu *m o f* **2.** (*antipatía*) Abneigung *f*

abortar [aβor'tar] **I.** *vi* **1.** (*provocado*) abtreiben **2.** (*espontáneo*) eine Fehlgeburt haben **3.** (*fracasar*) scheitern **II.** *vt* (*hacer fracasar*) vereiteln

aborto [a'βorto] *m* **1.** (*provocado*) Abtreibung *f* **2.** (*espontáneo*) Fehlgeburt *f*

abota(r)gado, -a [aβota(r)'ɣaðo, -a] *adj* aufgedunsen

abota(r)garse [aβota(r)'ɣarse] <g→gu> *vr* anschwellen

abotonar [aβoto'nar] *vt* zuknöpfen

abovedar [aβoβe'ðar] *vt* **1.** (*formar*) wölben **2.** (*cubrir*) überwölben

abra ['aβra] *f* **1.** (*bahía pequeña*) Bucht *f* **2.** (*Am: desmonte*) Lichtung *f*

abrasador(a) [aβrasa'ðor(a)] *adj* (*calor*) sengend

abrasar [aβra'sar] **I.** *vi* (*sol*) brennen; (*comida*) heiß sein **II.** *vt* **1.** (*quemar*) verbrennen; (*ácidos*) verätzen; **¡cuidado!, este café abrasa la lengua** pass auf, sonst verbrennst du dir an dem Kaffee die Zunge **2.** (*plantas*) ausdörren **3.** (*dolor*) brennen (in +*dat*); (*estómago*) reizen; **la sed me abrasa (la garganta)** ich sterbe vor Durst **4.** (*odio*) verzehren **III.** *vr:* **~se 1.** (*quemarse*) sich verbrennen **2.** (*morirse, t. fig*) vergehen (*de/en* vor +*dat*)

abrasión [aβra'sjon] *f* **1.** (GEO) Abtragung *f* **2.** (MED) Abschürfung *f* **3.** (TÉC) Verschleiß *m*

abrasivo, -a[1] [aβra'siβo, -a] *adj* Scheuer-; **líquido ~** flüssiges Scheuermittel

abrasivo[2] [aβra'siβo] *m* Schleifmittel *nt*

abrazadera [aβraθa'ðera] *f* **1.** (TIPO) eckige Klammer *f* **2.** (TÉC) Zwinge *f*

abrazar [aβra'θar] <z→c> **I.** *vt* **1.** (*persona*) umarmen **2.** (*contener*) enthalten; (*abarcar*) umfassen **3.** (*doctrina, partido*) sich anschließen +*dat;* (*religión*) annehmen **II.** *vr:* **~se** sich umarmen

abrazo [a'βraθo] *m* Umarmung *f;* **dar un ~ a alguien** jdn umarmen; **un (fuerte) ~** (*en cartas*) liebe Grüße

abrebotellas [aβreβo'teʎas] *m inv* Flaschenöffner *m*

abrecartas [aβre'kartas] *m inv* Brieföffner *m*

abrelatas [aβre'latas] *m inv* Dosenöffner *m*

abrevadero [aβreβa'ðero] *m* Tränke *f*

abrevar [aβre'βar] *vt* (*ganado*) tränken

abreviación [aβreβja'θjon] *f* **1.** (*abreviatura*) Abkürzung *f* **2.** (LING) Kurzform *f* **3.** (*de *un texto*) Kurzfassung *f*

abreviado, **-a** [aβre'βjaðo, -a] *adj* verkürzt; (*corto*) kurz

abreviar [aβre'βjar] *vt* verkürzen; (*palabras*) abkürzen; (*texto*) kürzen

abreviatura [aβreβja'tura] *f* Abkürzung *f*

abridor [aβri'ðor] *m* Öffner *m*

abrigado, **-a** [aβri'ɣaðo, -a] *adj* (*con ropa*): **estar** [*o* **ir**] ~ warm angezogen sein

abrigar [aβri'ɣar] <g→gu> **I.** *vt* **1.** (*proteger: del viento/frío*) schützen (*contra/de* gegen +*akk*, *contra/de* vor +*dat*) **2.** (*cubrir*) zudecken **3.** (*tener*) haben; ~ **esperanzas** Hoffnungen hegen; ~ **proyectos** Pläne schmieden **II.** *vr:* ~**se** sich warm anziehen

abrigo [a'βriɣo] *m* **1.** (*prenda*) Mantel *m;* ~ **de pieles** Pelzmantel *m* **2.** (*refugio*) Obdach *nt;* **al** ~ **de** unter dem Schutz +*gen* **3.** (*loc*): **ropa de** ~ warme Kleidung; **traje de poco** ~ dünner Anzug; **ser de** ~ (*fig*) es in sich *dat* haben

abril [a'βril] *m* April *m;* **tener trece** ~**es** (*fam*) dreizehn Lenze zählen; *v. t.* **marzo**

abrillantar [aβriʎan̪'tar] *vt* **1.** (*piedras preciosas*) schleifen **2.** (*hacer brillar*) polieren

abrir [a'βrir] *irr* **I.** *vt* **1.** (*algo cerrado*) öffnen; (*paraguas*) aufspannen; (*libro*) aufschlagen; (*piernas*) spreizen; (*grifo*) aufdrehen; (*con la llave*) aufschließen; (*luz*) anmachen; (*silla plegable*) aufklappen; ~ **una calle al tráfico** eine Straße für den Verkehr freigeben; ~ **de par en par** sperrangelweit öffnen; **a medio** ~ (*puerta*) angelehnt; ~ **a golpes** aufschlagen; ~ **camino a alguien** jdm den Weg bahnen; ~ **paso** Platz machen; ~ **la cabeza a alguien** jdm den Schädel einschlagen; ~ **el apetito** den Appetit anregen; ~ **la curiosidad** die Neugier wecken **2.** (*canal, túnel*) bauen; (*agujero*) graben **3.** (*perspectivas*) eröffnen; (*mercado*) erschließen **4.** (*comenzar, inaugurar*) eröffnen; (*curso*) anfangen (mit +*dat*) **5.** (*ir en cabeza*) anführen **II.** *vi* **1.** (*tiempo*) sich aufklären **2.** (*loc*): **en un** ~ **y cerrar de ojos** im Nu **III.** *vr:* ~**se** **1.** (*puerta, herida*) sich öffnen; **la ventana se abre al patio** das Fenster geht zum Hof **2.** (*confiar*) sich anvertrauen +*dat* **3.** (*perspectivas*) sich eröffnen **4.** (*argot: irse*) abhauen

abrochar [aβro'ʧar] *vt* (*con broches*) zuhaken; (*con hebillas*) zuschnallen; (*con botones*) zuknöpfen; **abróchense los cinturones** (**de seguridad**) legen Sie die Sicherheitsgurte an

abrogar [aβro'ɣar] <g→gu> *vt* (JUR) außer Kraft setzen

abroncar [aβroŋ'kar] <c→qu> *vt* (*fam*) **1.** (*echar una bronca*) herunterputzen **2.** (*abuchear*) auspfeifen

abrumador(**a**) [aβruma'ðor(a)] *adj* **1.** (*agobiador*) bedrückend **2.** (*apabullante*) überwältigend

abrumar [aβru'mar] *vt* **1.** (*agobiar*) bedrücken **2.** (*de trabajo, elogios*) erdrücken (*de/con* mit +*dat*)

abrupto, **-a** [a'βrupto, -a] *adj* **1.** (*camino, abismo*) steil **2.** (*carácter*) schroff

absceso [a[β]s'θeso] *m* Abszess *m*

absentismo [aβsen̪'tismo] *m* Abwesenheit *f;* ~ **laboral** Fehlen *nt* (am Arbeitsplatz)

absolución [aβsolu'θjon] *f* **1.** (JUR) Freispruch *m;* ~ **por falta de pruebas** Freispruch mangels Beweisen **2.** (REL) Absolution *f;* **dar la** ~ **a alguien** jdm die Absolution erteilen

absolutamente [aβsoluta'men̪te] *adv* absolut; (*completamente*) völlig; (*negación, prohibición*) strikt; **está** ~ **de acuerdo con nosotros** er/sie stimmt uns völlig zu; **es** ~ **posible** es ist durchaus möglich; ~ **nada** überhaupt nichts

absoluto, **-a** [aβso'luto, -a] *adj* (*t.* FÍS) absolut; (*completo*) völlig; (*prohibición*) strikt; **en** ~ keineswegs; **nada en** ~ gar nichts

absolver [aβsol'βer] *irr como volver vt* **1.** (JUR) freisprechen **2.** (REL) lossprechen

absorbente [aβsor'βen̪te] *adj* **1.** (*esponja, trapo*) saugfähig **2.** (*película, libro*) fesselnd; (*trabajo*) zeitraubend; **eres una persona muy** ~ du nimmst einen völlig in Anspruch

absorber [aβsor'βer] *vt* **1.** (*tierra, esponja, aspiradora*) aufsaugen **2.** (FÍS) absorbieren **3.** (*ocupar*) in Anspruch nehmen; (*cautivar*) fesseln; ~ **la atención de alguien** jds Aufmerksamkeit beanspruchen **4.** (*incorporar*) eingliedern; (*empresa*) aufkaufen

absorción [aβsor'θjon] *f* **1.** (*de líquidos*) Aufsaugen *nt* **2.** (FÍS) Absorption *f* **3.** (ECON) Übernahme *f*

absorto, **-a** [aβ'sorto, -a] *adj* **1.** (*pasmado*) verblüfft **2.** (*entregado*) versunken (*en* in +*akk*)

abstemio, **-a** [a[β]s'temjo, -a] **I.** *adj* abstinent **II.** *m, f* Antialkoholiker(in) *m(f)*

abstención [a[β]sten̪'θjon] *f* Enthaltung *f;* (POL) Stimmenthaltung *f*

abstenerse [a[β]ste'nerse] *irr como tener vr* (*t.* POL) sich enthalten; ~ **de algo** auf etw verzichten; ~ **de votar** sich der Stimme enthalten; ~ **del tabaco** auf das Rauchen verzichten; **rogamos que se abstengan de realizar visitas** wir bitten Sie, von einem Besuch abzusehen

abstinencia [a[β]sti'nen̪θja] *f* Enthaltsamkeit *f;* (*de alcohol*) Abstinenz *f;* ~ **de consumo** Konsumverzicht *m*

abstinente [a[β]sti'nen̪te] *adj* enthaltsam; (*de alcohol*) abstinent

abstracción [a[β]stra[ɣ]'θjon] *f* Abstraktion *f*

abstracto, **-a** [aβs'trakto, -a] *adj* abstrakt; **en** ~ abstrakt betrachtet
abstraer [aβstra'er] *irr como traer* **I.** *vt* abstrahieren **II.** *vr:* ~**se en algo** sich in etw vertiefen; ~**se de algo** auf etw verzichten; **consigue ~se de los gritos en la calle** er/sie lässt sich von den Schreien auf der Straße nicht ablenken
abstraído, **-a** [aβstra'iðo, -a] *adj* in Gedanken versunken; **estar ~ en algo** in etw versunken sein
abstruso, **-a** [aβs'truso, -a] *adj* verworren
absurdo, **-a**[1] [aβ'surðo, -a] *adj* absurd
absurdo[2] [aβ'surðo] *m* Absurdität *f;* **reducir algo al** ~ etw ad absurdum führen
abubilla [aβu'βiʎa] *f* Wiedehopf *m*
abuchear [aβuʧe'ar] *vt* ausbuhen; (*silbando*) auspfeifen
abucheo [aβu'ʧeo] *m* Buhrufe *mpl;* (*silbidos*) Pfeifkonzert *nt*
abuelo, **-a** [a'βwelo, -a] *m, f* Großvater, -mutter *m, f;* **los ~s** die Großeltern; **éramos pocos y parió la abuela** (*fam*) der/die hatte uns gerade noch gefehlt
abulense [aβu'lense] **I.** *adj* aus Ávila **II.** *mf* Bewohner(in) *m(f)* von Ávila
abulia [a'βulja] *f* Willensschwäche *f*
abúlico, **-a** [a'βuliko, -a] *adj* willensschwach
abultado, **-a** [aβul̪'taðo, -a] *adj* groß; (*labios*) dick
abultar [aβul̪'tar] **I.** *vi* viel Raum einnehmen **II.** *vt* **1.** (*aumentar*) vergrößern **2.** (*exagerar*) aufbauschen
abundancia [aβun̪'dan̪θja] *f* (*cantidad*) Fülle *f;* (*de bienes*) Überangebot *nt;* **vivir en la** ~ im Überfluss leben; **nadar en la** ~ im Geld schwimmen; **en** ~ in Hülle und Fülle
abundante [aβun̪'dan̪te] *adj* reichlich; ~ **en algo** reich an etw *dat*
abundar [aβun̪'dar] *vi* reichlich vorhanden sein; ~ **en algo** reich an etw *dat* sein
aburrido, **-a** [aβu'rriðo, -a] *adj* **1.** *ser* (*pesado*) langweilig **2.** *estar* (*harto*) überdrüssig (*de +gen*); **estar ~ de algo** etw satt haben; **tus chistes me tienen** ~ ich kann deine Witze nicht mehr hören
aburrimiento [aβurri'mjen̪to] *m* **1.** (*tedio*) Langeweile *f* **2.** (*fastidio*) Überdruss *m*
aburrir [aβu'rrir] **I.** *vt* **1.** (*hastiar*) langweilen **2.** (*fastidiar*) auf die Nerven gehen *+dat* **II.** *vr:* ~**se** sich langweilen (*con* bei *+dat*); ~**se de algo** etw satt bekommen; ~**se como una ostra** (*fam*) sich zu Tode langweilen
abusar [aβu'sar] *vi* **1.** (*usar indebidamente*) missbrauchen (*de +akk*) **2.** (*aprovecharse*) ausnutzen (*de +akk*); ~ **de una mujer** eine Frau vergewaltigen; ~ **de su salud** sich überanstrengen
abusivo, **-a** [aβu'siβo, -a] *adj* missbräuchlich; (*precios*) überhöht
abuso [a'βuso] *m* Missbrauch *m;* ~ **de autoridad** Amtsmissbrauch *m;* ~ **deshonesto** Unzucht *f;* **este precio es un** ~ dieser Preis ist unverschämt hoch
abyección [aβɟe^Yˈθjon] *f* **1.** (*bajeza*) Niederträchtigkeit *f* **2.** (*deshonra*) Schande *f*
abyecto, **-a** [aβ'ɟekto, -a] *adj* **1.** (*bajo*) niederträchtig **2.** (*deshonroso*) schändlich
a.C. ['an̪tes ðe 'kristo] *abr de* **antes de Cristo** v. Chr.
acá [a'ka] *adv* hier; **para** ~ hierher; **¡ven ~!** komm her!; ~ **y allá** mal hier, mal dort
acabado, **-a**[1] [aka'βaðo, -a] *adj* **1.** (*completo*) fertig **2.** (*salud*) kraftlos **3.** (*sin posibilidades*) erledigt
acabado[2] [aka'βaðo] *m* (TÉC) Finish *nt*
acabar [aka'βar] **I.** *vi* **1.** (*terminar*) enden (*en* auf *+akk, con* mit *+dat*); ~ **bien/mal** gut/schlecht ausgehen; ~ **en punta** spitz zulaufen **2.** (*una acción*): **ella acaba de llegar** sie ist gerade angekommen; **el libro acaba de publicarse** das Buch ist soeben erschienen **3.** (*destruir, agotar*): ~ **con algo** etw zunichte machen; ~ **con alguien** jdn fertigmachen; **este niño ~á conmigo** dieses Kind macht mich noch völlig fertig; **este hombre acaba con la paciencia de un santo** dieser Mensch bringt den stärksten Geduldsfaden zum Reißen **4.** (*finalmente*): ~**ás por comprenderlo** du wirst es schließlich einsehen; ~**ás por volverme loco** du machst mich noch verrückt **II.** *vt* **1.** (*terminar*) beenden **2.** (*consumir*) aufbrauchen; ~ **todas las galletas** alle Kekse aufessen **III.** *vr:* ~**se** enden; **la mantequilla se ha acabado** die Butter ist alle; **todo se acabó** alles ist vorbei; **¡se acabó!** und damit basta!
acabóse [aka'βose] *m* (*fam*): **¡esto es el ~!** das ist (doch) das Letzte!
acacia [a'kaθja] *f* Akazie *f*
academia [aka'ðemja] *f* **1.** (*corporación*) Akademie *f* **2.** (*colegio*) (Privat)schule *f;* ~ **militar** Militärakademie *f;* ~ **de noche** Abendschule *f*
académico, **-a** [aka'ðemiko, -a] *adj* akademisch
acaecer [akae'θer] *irr como crecer vi* sich ereignen
acaecimiento [akaeθi'mjen̪to] *m* Ereignis *nt*
acallar [aka'ʎar] *vt* **1.** (*hacer callar*) zum Schweigen bringen **2.** (*apaciguar*) beschwichtigen; (*conciencia*) beruhigen; (*hambre*) stillen
acalorado, **-a** [akalo'raðo, -a] *adj* hitzig
acalorar [akalo'rar] **I.** *vt* **1.** (*dar calor*) ins Schwitzen bringen **2.** (*enfadar*) aufregen **II.** *vr:* ~**se** **1.** (*sofocarse*): **se acaloró al co-**

rrer ihm/ihr wurde beim Laufen warm **2.** (*apasionarse*) sich ereifern (*con* über +*akk*) **3.** (*enfadarse*) in Wut geraten (*por* wegen +*gen/dat*); **se acalora por nada** er/sie regt sich wegen Nichtigkeiten auf

acampar [akam'par] *vi* campen; (*tropa*) lagern

acanalar [akana'lar] *vt* **1.** (*hacer canales*) furchen **2.** (TÉC) auskehlen

acantilado, -a[1] [akan̩ti'laðo, -a] *adj* steil

acantilado[2] [akan̩ti'laðo] *m* Steilküste *f*

acaparar [akapa'rar] *vt* **1.** (*objetos*) hamstern **2.** (*apoderarse*) (für sich) beanspruchen; ~ **todas las miradas** alle Blicke auf sich ziehen

acaramelar [akarame'lar] **I.** *vt* mit Karamell überziehen **II.** *vr:* ~**se** zuckersüß sein; (*novios*) turteln

acariciar [akari'θjar] *vt* **1.** (*persona, animal*) streicheln **2.** (*idea, plan*) hegen

acarrear [akarre'ar] *vt* **1.** (*transportar*) transportieren **2.** (*ocasionar*) verursachen

acarreo [aka'rreo] *m* **1.** (*transporte*) Transport *m* **2.** (*importe*) Frachtgebühr *f*

acarroñarse [akarro'ɲarse] *vr* den Mut verlieren

acartonado, -a [akarto'naðo, -a] *adj* **1.** (*persona*) hager **2.** (*cutis*) gegerbt

acartonarse [akarto'narse] *vr* **1.** (*tela*) steif werden **2.** (*persona*) abmagern **3.** (*cutis*) austrocknen

acaso [a'kaso] **I.** *m* Zufall *m;* **el ~ hizo que... +*subj*** der Zufall wollte es, dass ... **II.** *adv* vielleicht; **¿está ~ enfermo?** ist er etwa krank?; **por si ~** (*en caso de*) falls; (*en todo caso*) vorsichtshalber

acatamiento [akata'mjen̩to] *m* **1.** (*respeto*) Ehrfurcht *f* **2.** (*de las leyes*) Befolgung *f*

acatar [aka'tar] *vt* **1.** (*respetar*) achten **2.** (*obedecer*) befolgen **3.** (*Col, Guat, PRico: caer en cuenta*) begreifen

acatarrarse [akata'rrarse] *vr* sich erkälten

acaudalado, -a [akau̯ða'laðo, -a] *adj* wohlhabend

acaudalar [akau̯ða'lar] *vt* erwerben

acaudillar [akau̯ði'ʎar] *vt* anführen

acceder [aᵞθe'ðer] *vi* **1.** (*consentir*) einwilligen (*a* in +*akk*); ~ **a una petición** einer Bitte entsprechen **2.** (*tener acceso*) Zugang haben (*a* zu +*dat*) **3.** (*ascender*) aufsteigen; ~ **a la presidencia** den Vorsitz übernehmen; ~ **a un cargo** ein Amt antreten; ~ **al trono** den Thron besteigen

accesible [aᵞθe'siβle] *adj* **1.** (*persona, lugar*) zugänglich **2.** (*precios*) erschwinglich **3.** (*explicación*) verständlich

accésit [aᵞ'θesiᵗ] *m inv* Trostpreis *m*

acceso [aᵞ'θeso] *m* **1.** (*a pie*) Zugang *m* (*a* zu +*dat*); (*en vehículo*) Zufahrt *f* (*a* zu +*dat*); **de fácil ~** leicht zugänglich; **libre ~** freier Zutritt **2.** (*ataque*) Anfall *m* **3.** (INFOR) Zugriff *m* **4.** (*unión sexual*): ~ **carnal** Beischlaf *m*

accesorio, -a[1] [aᵞθe'sorjo, -a] *adj* nebensächlich

accesorio[2] [aᵞθe'sorjo] *m* **1.** (*de vestidos*) Accessoire *nt* **2.** (*utensilio*) Utensil *nt* **3.** *pl* (*de máquinas*) Zubehör *nt*

accidentado, -a [aᵞθiðen̩'taðo, -a] **I.** *adj* **1.** (*terreno*) holp(e)rig **2.** (*difícil*) schwierig **II.** *m, f* Verunglückte(r) *mf*

accidental [aᵞθiðen̩'tal] *adj* **1.** (*no esencial*) nebensächlich **2.** (*casual*) zufällig **3.** (*loc*): **director ~** amtierender Direktor *m*

accidentarse [aᵞθiðen̩'tarse] *vr* verunglücken

accidente [aᵞθi'ðen̩te] *m* **1.** (*suceso desgraciado*) Unfall *m;* ~ **en cadena** Massenkarambolage *f;* ~ **de circulación** Verkehrsunfall *m;* **sufrir un ~** einen Unfall haben; **por ~** zufällig **2.** (MED) Ohnmachtsanfall *m* **3.** (*desnivel*) Unebenheit *f;* ~**s geográficos** Relief *nt*

acción [aᵞ'θjon] *f* **1.** (*acto, t.* LIT) Handlung *f;* (POL) Aktion *f;* **¡~!** (CINE) Aufnahme!; **un hombre de ~** ein Mann der Tat; **entrar en ~** eingreifen; **poner en ~** in Betrieb setzen **2.** (*influencia*) (Ein)wirkung *f;* ~ **recíproca** Wechselwirkung *f;* **de rápida ~** rasch wirkend; **de ~ retardada** (*bomba*) mit Zeitzünder **3.** (MIL) Gefecht *nt* **4.** (FIN) Aktie *f;* ~ **común** Stammaktie *f;* ~ **preferente** Vorzugsaktie *f* **5.** (JUR) Klage *f;* ~ **por daños y perjuicios** Schadenersatzklage *f;* ~ **popular** Nebenklage *f*

accionamiento [aᵞθjona'mjen̩to] *m* (TÉC) Betätigung *f*

accionar [aᵞθjo'nar] **I.** *vi* gestikulieren **II.** *vt* (TÉC) betätigen; ~ **un cohete** einen Feuerwerkskörper zünden

accionista [aᵞθjo'nista] *mf* Aktionär(in) *m(f)*

acebo [a'θeβo] *m* Stechpalme *f*

acechar [aθe'ʧar] *vt* belauern

acecho [a'θeʧo] *m* Lauern *nt;* **estar al ~** auf der Lauer liegen; **ponerse al ~** sich auf die Lauer legen

acecinar [aθeθi'nar] **I.** *vt* (*salar*) pökeln; (*secar*) dörren; (*ahumar*) räuchern **II.** *vr:* ~**se** abmagern

aceitar [aθei̯'tar] *vt* **1.** (*motor, gozne*) ölen **2.** (*ensalada*) mit Öl anmachen; (*pan*) mit Öl bestreichen

aceite [a'θei̯te] *m* Öl *nt;* ~ **bruto** Rohöl *nt;* ~ **comestible** Speiseöl *nt;* ~ **esencial** ätherisches Öl; ~ **lubrificante** Schmieröl *nt;* ~ **de oliva** Olivenöl *nt;* ~ **usado** Altöl *nt;* **echar ~ al fuego** (*t. fig*) Öl ins Feuer gießen

aceitera [aθei̯'tera] *f* **1.** (*recipiente*) Ölkanne *f* **2.** *pl* (*vinagreras*) Menage *f*

aceitoso, -a [aθei̯'toso, -a] *adj* ölig

aceituna [aθei̯'tuna] *f* Olive *f;* **llegar a las ~s** zu spät zum Essen kommen

aceitunado, -a [aθei̯tu'naðo, -a] *adj* oliv(grün)

aceituno [aθei̯'tuno] *m* Olivenbaum *m*

aceleración [aθelera'θjon] *f* Beschleunigung *f*

acelerador [aθelera'ðor] *m* **1.** (AUTO) Gaspedal *nt;* **pisar el ~** Gas geben **2.** (FÍS): **~ de partículas** Teilchenbeschleuniger *m*

acelerar [aθele'rar] **I.** *vi* beschleunigen; (AUTO) Gas geben; **¡no aceleres tanto!** gib nicht so viel Gas! **II.** *vt* beschleunigen; **~ el paso** schneller gehen

acelga [a'θelɣa] *f* Mangold *m*

acémila [a'θemila] *f* **1.** (*animal*) Lastesel *m* **2.** (*pey: persona*) Esel *m*

acento [a'θen̪to] *m* **1.** (*prosódico*) Betonung *f;* **el ~ cae en la primera sílaba** die Betonung liegt auf der ersten Silbe **2.** (*pronunciación, signo*) Akzent *m;* **hablar alemán sin ~** akzentfrei Deutsch sprechen; **esta palabra se escribe sin ~** dieses Wort schreibt man ohne Akzent **3.** (*entonación*) Tonfall *m* **4.** (*énfasis*) Nachdruck *m;* **poner especial ~ en algo** Nachdruck auf etw legen

acentuación [aθen̪twa'θjon] *f* (*prosódica*) Betonung *f;* (*ortográfica*) Akzentsetzung *f*

acentuado, -a [aθen̪tu'aðo, -a] *adj* **1.** (*al pronunciar*) betont; (*al escribir*) mit Akzent; **no ~** unbetont; (*sin tilde*) ohne Akzent **2.** (*marcado*) ausgeprägt

acentuar [aθen̪tu'ar] <*1. pres:* acentúo> **I.** *vt* **1.** (*al pronunciar*) betonen; (*al escribir*) einen Akzent setzen (auf +*akk*) **2.** (*resaltar*) hervorheben **3.** (*aumentar*) verschärfen **II.** *vr:* **~se** (*Am: una enfermedad*) sich verschlimmern

aceña [a'θeɲa] *f* Wassermühle *f*

acepción [aθeβ'θjon] *f* Bedeutung *f*

aceptable [aθep'taβle] *adj* annehmbar

aceptación [aθepta'θjon] *f* **1.** (*aprobación*) Zustimmung *f;* **tener ~** Beifall finden **2.** (COM, JUR) Annahme *f*

aceptado [aθep'taðo] *interj* (*Am: vale*) einverstanden

aceptar [aθep'tar] *vt* **1.** (*recibir*) annehmen **2.** (*aprobar, conformarse*) akzeptieren; **~ un compromiso** eine Einladung annehmen; **no ~ excusas** keine Entschuldigung gelten lassen

acequia [a'θekja] *f* **1.** (*canal de riego*) Bewässerungsgraben *m* **2.** (*Méx: albañal*) Abwasserkanal *m*

acera [a'θera] *f* Bürgersteig *m;* **ser de la ~ de enfrente** (*fam*) vom anderen Ufer sein

acerado, -a [aθe'raðo, -a] *adj* **1.** (*de acero*) stählern **2.** (*mordaz*) bissig

acerbo, -a [a'θerβo, -a] *adj* **1.** (*gusto*) herb **2.** (*despiadado*) bitter; (*crítica, tono*) hart

acerca [a'θerka] *prep:* **~ de** (*sobre*) über +*akk;* (*en relación a*) in Bezug auf +*akk*

acercamiento [aθerka'mjen̪to] *m* Annäherung *f* (*a* an +*akk*)

acercar [aθer'kar] <c→qu> **I.** *vt* **1.** (*poner más cerca*) näher bringen (*a* +*dat*); **acerca la silla a la mesa** rück den Stuhl an den Tisch **2.** (*traer*) (her)bringen; (*dar*) geben **3.** (*fam: llevar*) bringen (*a* zu +*dat*) **II.** *vr:* **~se 1.** (*aproximarse*) sich nähern (*a* +*dat*) **2.** (*ir*) vorbeischauen (*a* bei +*dat*); **~se a la tienda a por patatas** Kartoffeln kaufen gehen

acerico [aθe'riko] *m* Nadelkissen *nt*

acero [a'θero] *m* Stahl *m;* **tener nervios de ~** Nerven wie Drahtseile haben

acérrimo, -a [a'θerrimo, -a] **I.** *superl de* **acre II.** *adj* (*defensor*) hartnäckig; (*enemigo*) erbittert; (*partidario*) begeistert

acertado, -a [aθer'taðo, -a] *adj* **1.** (*correcto*) richtig **2.** (*atinado*) treffend **3.** (*conveniente*) ratsam

acertar [aθer'tar] <e→ie> **I.** *vi* **1.** (*dar*) treffen; **~ al blanco** ins Schwarze treffen **2.** (*hacer con acierto*) das Richtige tun; **acertaste en protestar** es war richtig von dir zu protestieren **3.** (*por casualidad*): **~ a hacer algo** zufällig etw tun **4.** (*conseguir*): **no acerté a encontrar la respuesta** es gelang mir nicht die Lösung zu finden **5.** (*encontrar*) finden (*con* +*akk*) **II.** *vt* **1.** (*dar en el blanco*) treffen **2.** (*encontrar*) finden **3.** (*adivinar*) erraten

acertijo [aθer'tixo] *m* Rätsel *nt*

acervo [a'θerβo] *m* Vermögen *nt;* **~ cultural** Kulturgut *nt*

acético, -a [a'θetiko, -a] *adj* Essig-

acetona [aθe'tona] *f* Aceton *nt*

achacar [aʧa'kar] <c→qu> *vt* zuschreiben (*a* +*dat*)

achacoso, -a [aʧa'koso, -a] *adj* anfällig; **estar ~** kränkeln

achantar [aʧan̪'tar] **I.** *vt* (*fam*) einschüchtern **II.** *vr:* **~se** (*fam*) sich einschüchtern lassen; (*no atreverse*) kalte Füße bekommen

achaparrado, -a [aʧapa'rraðo, -a] *adj* **1.** (*persona*) untersetzt **2.** (*objeto*) niedrig (und breit)

achaque [a'ʧake] *m* **1.** (*dolencia*) Beschwerde *f* **2.** (*excusa*) Vorwand *m*

achatado, -a [aʧa'taðo, -a] *adj* platt; **nariz achatada** Stumpfnase *f;* (*como un boxeador*) Boxernase *f*

achatar [aʧa'tar] **I.** *vt* abflachen; **~ la nariz a alguien** jdm die Nase brechen **II.** *vr:* **~se** flacher werden

achicar [aʧi'kar] <c→qu> I. *vt* 1. (*empequeñecer*) verkleinern 2. (*intimidar*) einschüchtern 3. (*agua*) auspumpen II. *vr:* ~**se** 1. (*empequeñecerse*) kleiner werden; (*ropa*) einlaufen 2. (*acoquinarse*) sich einschüchtern lassen; (*no atreverse*) zurückschrecken; (*ceder*) klein beigeben 3. (*Am: humillarse*) sich erniedrigen (*ante* vor +*dat*)

achicharrar [aʧiʧa'rrar] I. *vt* 1. (*calor*) verbrennen; (*comida*) anbrennen lassen; **estoy achicharrado** ich komme vor Hitze um 2. (*atosigar*) zusetzen +*dat* II. *vr:* ~**se** 1. (*comida*) anbrennen 2. (*persona*) vor Hitze umkommen; (*planta*) (vor Hitze) eingehen

achicoria [aʧi'korja] *f* Zichorie *f*

achinado, -a [aʧi'naðo, -a] *adj* 1. (*rasgos*) chinesenhaft; (*usos*) wie in China; **ojos ~s** Schlitzaugen *ntpl* 2. (*CSur: aplebeyado*) pöbelhaft

achira [a'ʧira] *f* (*AmS*) Pfeilkraut *nt*

achís [a'ʧis] *interj* hatschi

achispar [aʧis'par] I. *vt* leicht betrunken machen II. *vr:* ~**se** sich *dat* einen Schwips antrinken *fam*

acholado, -a [aʧo'laðo, -a] *adj* (*CSur*) 1. (*mestizo*) dunkelhäutig 2. (*acobardado*) eingeschüchtert

acholar [aʧo'lar] I. *vt* (*Chil, Perú*) 1. (*avergonzar*) beschämen 2. (*amilanar*) einschüchtern II. *vr:* ~**se** (*Arg, Chil, Perú: acobardarse*) verzagen

achuchado, -a [aʧu'ʧaðo, -a] *adj* (*fam*) 1. (*duro*) schwierig 2. (*de dinero*) blank 3. (*débil*) angeschlagen

achuchar [aʧu'ʧar] *vt* 1. (*fam: persona*) aufhetzen (*contra* gegen +*akk*); (*perro*) hetzen (*contra* auf +*akk*) 2. (*fam: estrujar*) zerdrücken 3. (*atosigar*) drängen 4. (*fam: acariciar*) liebkosen; (*abrazar*) (zärtlich) an sich drücken; (*manosear*) betatschen

achuchón [aʧu'ʧon] *m* (*fam*) 1. (*empujón*) Stoß *m* 2. (*abrazo*) heftige Umarmung *f* 3. (*achaque*) (leichtes) Unwohlsein *nt;* (*súbito*) Anfall *m*

achucutado, -a [aʧuku'taðo, -a] *adj* (*Am: abatido*) niedergeschlagen; (*Col: triste*) traurig

achumarse [aʧu'marse] *vr* (*Am*) sich betrinken

achurar [aʧu'rar] *vt* (*CSur*) 1. (*res*) ausweiden 2. (*persona*) kaltblütig erstechen

achuras [a'ʧuras] *fpl* (*CSur, Bol*) Innereien *fpl*

aciago, -a [a'θjaɣo, -a] *adj* unheilvoll; **un día** ~ ein Unglückstag

acíbar [a'θiβar] *m* 1. (BOT) Aloe *f* 2. (*amargura*) Bitternis *f*

acicalarse [aθika'larse] *vr* sich herausputzen

acicate [aθi'kate] *m* 1. (*espuela*) Sporn *m* 2. (*estímulo*) Ansporn *m*

acidez [aθi'ðeθ] *f* 1. (*cualidad*) Säure *f* 2. (*cantidad*) Säuregehalt *m;* ~ **de estómago** Sodbrennen *nt*

ácido, -a[1] ['aθiðo, -a] *adj* 1. (*agrio*) sauer 2. (*mordaz*) bissig

ácido[2] ['aθiðo] *m* 1. (QUÍM) Säure *f;* ~ **cianhídrico** Blausäure *f;* ~ **clorhídrico** Salzsäure *f;* ~**s grasos insaturados** ungesättigte Fettsäuren 2. (*fam: droga*) Acid *nt*

acídulo, -a [a'θiðulo, -a] *adj* säuerlich

acierto [a'θjerto] *m* 1. (*en el tiro*) Treffsicherheit *f* 2. (*éxito*) Treffer *m;* (*en la lotería*) Richtige(r) *m fam;* **el casarte ha sido un** ~ mit deiner Ehe hast du einen guten Griff getan 3. (*habilidad*) Geschick *nt;* **hacer algo con** ~ sich bei etw *dat* geschickt anstellen

aclamación [aklama'θjon] *f* 1. (*aplauso*) Beifall(s)ruf *m* 2. (POL): **por** ~ per Akklamation

aclamar [akla'mar] *vt* 1. (*vitorear*) zujubeln +*dat* 2. (POL) durch Zuruf wählen

aclaración [aklara'θjon] *f* 1. (*clarificación*) Aufhellung *f* 2. (*explicación*) Erklärung *f* 3. (*de un crimen/un secreto*) Aufklärung *f*

aclarar [akla'rar] I. *vt* 1. (*hacer más claro*) aufhellen; ~ **el bosque** den Wald lichten; ~ **la voz** sich räuspern 2. (*un líquido*) verdünnen 3. (*la ropa*) spülen 4. (*explicar*) erklären 5. (*crimen, secreto*) aufklären II. *vr:* ~**se** 1. (*problema, cuestión*) sich aufklären 2. (*fam: entender*) klarkommen; **no te aclaras contigo mismo** du weißt auch nicht, was du willst III. *vimpers:* **está aclarando** es heitert auf

aclaratorio, -a [aklara'torjo, -a] *adj* (er)klärend

aclimatación [aklimata'θjon] *f* Akklimatisierung *f*

aclimatar [aklima'tar] I. *vt* gewöhnen (*a* an +*akk*); (*en un lugar*) eingewöhnen (*en* in +*dat*) II. *vr:* ~**se** sich gewöhnen (*a* an +*akk*); (*en un lugar*) sich eingewöhnen (*en* in +*dat*)

acné [aɣ'ne] *m o f sin pl* Akne *f*

acobardar [akoβar'ðar] I. *vt* Angst einjagen +*dat;* (*con palabras*) einschüchtern; **le acobarda el fuego** er hat Angst vor Feuer II. *vr:* ~**se** 1. (*desanimarse*) den Mut verlieren (*ante/frente a* angesichts +*gen*) 2. (*intimidarse*) sich einschüchtern lassen; **se acobarda de sí misma** sie bekommt vor sich *dat* selbst Angst

acogedor(a) [akoxe'ðor(a)] *adj* freundlich

acoger [ako'xer] <g→j> I. *vt* aufnehmen; (*recibir*) empfangen II. *vr:* ~**se** 1. (*refugiarse*) sich flüchten (*en* in +*akk*) 2. (*ampararse*) Schutz suchen (*a* bei +*dat*) 3. (*basarse*) sich berufen (*a* auf +*akk*); (*como pretexto*) vorschieben (*a* +*akk*)

acogida [ako'xiða] *f* Aufnahme *f;* (*recibimiento*) Empfang *m;* **encontrar una buena** ~ Zustimmung finden; **el cantante tuvo una buena** ~ der Sänger wurde mit Beifall empfangen; **el proyecto no tuvo una buena** ~ das Projekt fand keinen Beifall

acogotar [akoɣo'tar] *vt* **1.**(*oprimir*) unterwerfen **2.**(*intimidar*) einschüchtern **3.**(*derribar*) am Genick packen und zu Boden werfen

acojonado, **-a** [akoxo'naðo, -a] *adj* (*vulg*) **1.**(*asustado*) verängstigt; (*acobardado*) feige; **ahora está** ~ jetzt bekommt er kalte Füße *fam* **2.**(*impresionado*) beeindruckt; (*asombrado*) (völlig) baff *fam*

acojonante [akoxo'nan̩te] *adj* (*vulg*) **1.**(*fantástico*) geil *fam* **2.**(*impresionante*) tierisch *fam*

acojonar [akoxo'nar] **I.** *vt* (*vulg*) **1.**(*asustar*) Angst einjagen +*dat;* (*intimidar*) einschüchtern **2.**(*impresionar*) beeindrucken; (*asombrar*) verblüffen **II.** *vr:* ~**se** (*vulg*) **1.**(*asustarse*) Schiss kriegen *fam;* (*acobardarse*) sich einschüchtern lassen; **no** ~**se** sich nicht ins Bockshorn jagen lassen *fam* **2.**(*alucinar*) beeindruckt sein; (*asombrarse*) (völlig) baff sein

acolchar [akol'ʧar] *vt* polstern

acólito [a'kolito] *m* **1.**(*monaguillo*) Ministrant *m* **2.**(*pey: seguidor*) Getreue(r) *m*

acometer [akome'ter] **I.** *vi* angreifen **II.** *vt* **1.**(*embestir*) angreifen **2.**(*emprender*) in Angriff nehmen **3.**(*ataque de tos, fiebre*) befallen; (*risa*) überkommen; (*sueño*) überfallen

acometida [akome'tiða] *f* **1.**(*embestida*) Angriff *m* **2.**(*acceso*) Anfall *m* **3.**(TÉC) Anschluss *m*

acomodado, **-a** [akomo'ðaðo, -a] *adj* **1.**(*cómodo*) bequem **2.**(*rico*) wohlhabend; **tiene una vida acomodada** es fehlt ihm/ihr an nichts **3.**(*apropiado*) passend **4.**(*precio*) moderat

acomodador(**a**) [akomoða'ðor(a)] *m(f)* (TEAT, CINE) Platzanweiser(in) *m(f)*

acomodar [akomo'ðar] **I.** *vt* **1.**(*adaptar*) anpassen (*a* +*dat, a* an +*akk*) **2.**(*colocar*) (auf)stellen **3.**(*albergar*) unterbringen **4.**(*proporcionar empleo*) einstellen (*de* als +*akk*) **5.**(*conciliar*) versöhnen; (*doctrinas*) in Einklang bringen **II.** *vi:* **si te acomoda** wenn es dir passt **III.** *vr:* ~**se** **1.**(*adaptarse*) sich anpassen (*a* an +*akk, a* +*dat*); ~**se con todo** mit allem zurechtkommen **2.**(*ponerse cómodo*) es sich *dat* bequem machen

acomodaticio, **-a** [akomoða'tiθjo, -a] *adj* **1.**(*adaptable*) anpassungsfähig **2.**(*pey: oportunista*) opportunistisch

acomodo [ako'moðo] *m* **1.**(*adaptación*) Anpassung *f* (*a* an +*akk*) **2.**(*alojamiento*) Unterkunft *f* **3.**(*ocupación*) Anstellung *f;* **buscar** ~ eine Stelle suchen **4.**(*Am: soborno*) Bestechung *f*

acompañado, **-a** [akompa'ɲaðo, -a] *adj* **1.**(*concurrido*) belebt **2.**(*personas*) in Begleitung (*por* +*gen*); **bien**/**mal** ~ in guter/schlechter Begleitung; **iba acompañada por su padre** sie war in Begleitung ihres Vaters

acompañamiento [akompaɲa'mjen̩to] *m* **1.**(*t.* MÚS) Begleitung *f* **2.**(*cortejo*) Gefolge *nt* **3.**(TEAT) Komparserie *f* **4.**(*de comidas*) Beilage *f*

acompañante [akompa'ɲan̩te] *mf* Begleiter(in) *m(f);* (*en el coche*) Beifahrer(in) *m(f)*

acompañar [akompa'ɲar] *vt* **1.**(*t.* MÚS) begleiten; ~ **a alguien a casa**/**en un viaje** jdn nach Hause/auf einer Reise begleiten; ~ **a alguien de compras** mit jdm einkaufen (gehen); ~ **a alguien con la guitarra**/**al piano** jdn auf der Gitarre/auf dem Klavier begleiten; ~ **el pollo con arroz y verduras** Reis und Gemüse als Beilage zum Hühnchen reichen; **te acompaño en el sentimiento** herzliches Beileid **2.**(*hacer compañía*) Gesellschaft leisten +*dat* **3.**(*adjuntar*) beilegen **4.**(*ir incluido*): **el informe acompaña a la carta** der Bericht liegt dem Brief bei

acompasado, **-a** [akompa'saðo, -a] *adj* **1.**(MÚS) rhythmisch **2.**(*pausado*) ruhig

acompasar [akompa'sar] *vt* **1.**(MÚS) rhythmisch gestalten **2.**(*adaptar*) anpassen (*a*/*con* +*dat*)

acomplejado, **-a** [akomple'xaðo, -a] *adj* voller Komplexe

acomplejar [akomple'xar] **I.** *vt* Komplexe verursachen +*dat* **II.** *vr:* ~**se** Komplexe bekommen

acondicionado, **-a** [akon̩diθjo'naðo, -a] *adj:* **bien**/**mal** ~ in gutem/schlechtem Zustand; **la habitación tiene aire** ~ das Zimmer hat eine Klimaanlage

acondicionador [akon̩diθjona'ðor] *m* **1.**(*de aire*) Klimaanlage *f* **2.**(*para el pelo*) (Pflege)spülung *f*

acondicionar [akon̩diθjo'nar] *vt* **1.**(*preparar*) herrichten; (*transformar*) umwandeln **2.**(*equipar*) ausstatten **3.**(*climatizar*) klimatisieren

acongojar [akoŋgo'xar] *vt* bekümmern

aconsejable [akonse'xaβle] *adj* ratsam

aconsejado, **-a** [akonse'xaðo, -a] *adj* (*prudente*) klug

aconsejar [akonse'xar] *vt* beraten; ~ **algo a alguien** jdm etw raten; **esto aconseja prudencia** hier ist Vorsicht geboten

A

acontecer [akonˌte'θer] *irr como crecer vi* sich ereignen

acontecimiento [akonˌteθi'mjenˌto] *m* Ereignis *nt*

acopiar [ako'pjar] *vt* ansammeln

acopio [ako'pjo] *m* **1.** (*de comida, bienes*) Vorrat *m;* **hacer ~ de algo** einen Vorrat an etw *dat* anlegen; **hacer ~ de paciencia** sich mit Geduld wappnen; **hacer ~ de valor** all seinen Mut zusammennehmen **2.** (*compra*) Aufkauf *m*

acoplamiento [akopla'mjenˌto] *m* **1.** (*de máquinas, vagones*) Kupp(e)lung *f* **2.** (ELEC) Schaltung *f*

acoplar [ako'plar] **I.** *vt* **1.** (*ajustar*) anpassen (*a* an *+akk*); (*juntar*) zusammenfügen **2.** (*piezas, remolque*) koppeln **3.** (ELEC) schalten **4.** (*adaptar*) anpassen (*a* an *+akk, a +dat*) **II.** *vr:* **~se** sich anpassen (*a* an *+akk, a +dat*)

acoquinar [akoki'nar] **I.** *vt* einschüchtern **II.** *vr:* **~se** sich einschüchtern lassen

acorazar [akora'θar] <z→c> **I.** *vt* panzern; **cámara acorazada** Panzerschrank *m* **II.** *vr:* **~se** sich wappnen

acorazonado, -a [akoraθo'naðo, -a] *adj* herzförmig

acordar [akor'ðar] <o→ue> **I.** *vt* **1.** (*convenir*) vereinbaren **2.** (*decidir*) beschließen **3.** (MÚS) stimmen **II.** *vr:* **~se** sich erinnern (*de* an *+akk*); **si mal no me acuerdo** wenn ich mich recht erinnere; **¡acuérdate de decírselo!** denk daran es ihm/ihr zu sagen!

acorde [a'korðe] **I.** *adj* **1.** (*conforme*) übereinstimmend; **~ con alguien** in Übereinstimmung mit jdm; **estar ~ con alguien** mit jdm übereinstimmen; **~ con el medio ambiente** umweltgerecht **2.** (MÚS) harmonisch **II.** *m* (MÚS) Akkord *m;* **~ mayor/menor** Dur-/Mollakkord *m;* **a los ~s de un vals** zu den Klängen eines Walzers

acordeón [akorðe'on] *m* Akkordeon *nt*

acordonar [akorðo'nar] *vt* **1.** (*botas*) schnüren **2.** (*un sitio*) absperren

acorralar [akorra'lar] *vt* **1.** (*ganado*) einpferchen **2.** (*cercar*) einkreisen **3.** (*intimidar*) einschüchtern; (*con preguntas*) in die Enge treiben

acortar [akor'tar] **I.** *vt* kürzen; (*camino*) abkürzen; (*duración*) verkürzen; (*distancia*) verringern; **~ un pantalón unos centímetros** eine Hose (um) ein paar Zentimeter kürzen **II.** *vr:* **~se** kürzer werden

acosar [ako'sar] *vt* **1.** (*perseguir*) hetzen **2.** (*asediar*) bedrängen; **~ a alguien a preguntas** jdn mit Fragen bombardieren

acoso [a'koso] *m* Verfolgung *f*

acostar [akos'tar] <o→ue> **I.** *vt* ins Bett bringen **II.** *vr:* **~se 1.** (*descansar*) sich hinlegen; (*ir a la cama*) ins Bett gehen; **estar acostado** im Bett sein; **~se con alguien** mit jdm schlafen **2.** (*AmC, Méx: dar a luz*) entbinden

acostumbrado, -a [akostum'braðo, -a] *adj* gewohnt; **mal ~** verwöhnt

acostumbrar [akostum'brar] **I.** *vi:* **~ a hacer algo** gewöhnlich etw tun; **como se acostumbra a decir** wie man zu sagen pflegt **II.** *vt:* **~ a alguien a hacer algo** jdn daran gewöhnen etw zu tun **III.** *vr:* **~se 1.** (*soler*) sich *dat* angewöhnen (*a +akk*) **2.** (*no extrañar*) sich gewöhnen (*a* an *+akk*)

acotación [akota'θjon] *f* **1.** (*nota*) Randbemerkung *f* **2.** (TEAT) Bühnenanweisung *f* **3.** (*cota*) Höhenangabe *f*

acotamiento [akota'mjenˌto] *m* Abgrenzung *f*

acotar [ako'tar] *vt* **1.** (*delimitar*) abgrenzen; **terreno acotado** Privatbesitz *m* **2.** (*un plano*) die Höhenangaben eintragen (in *+akk*) **3.** (*un texto*) mit Randbemerkungen versehen

ácrata ['akrata] **I.** *adj* **1.** (*anárquico*) anarchisch **2.** (*anarquista*) anarchistisch **II.** *mf* Anarchist(in) *m(f)*

acre ['akre] *adj* <acérrimo> **1.** (*áspero*) herb **2.** (*ácido*) ätzend **3.** (*mordaz*) bissig; (*tono*) scharf

acrecentar [akreθenˌ'tar] <e→ie> *vt,* **acrecer** [akre'θer] *irr como crecer vt* vermehren

acreditado, -a [akreði'taðo, -a] *adj* (*reputado*) angesehen

acreditar [akreði'tar] **I.** *vt* **1.** (*atestiguar*) bestätigen **2.** (*autorizar*) autorisieren **3.** (*diplomático*) akkreditieren (*en/ante* bei *+dat*); **~ como embajador** zum Botschafter ernennen **4.** (*dar reputación*) Ansehen verleihen *+dat* **5.** (FIN) gutschreiben **II.** *vr:* **~se 1.** (*adquirir reputación*) Ansehen erwerben **2.** (*dar crédito de uno mismo*) sich bewähren

acreedor(a) [akre(e)'ðor(a)] **I.** *adj* würdig (*a +gen*) **II.** *m(f)* (FIN) Gläubiger(in) *m(f)*

acribillar [akriβi'ʎar] *vt* **1.** (*abrir agujeros*) durchlöchern; **acribillado a balazos** von Kugeln durchsiebt **2.** (*importunar*) bedrängen; **~ a alguien a preguntas** jdn mit Fragen überhäufen

acrílico, -a [a'kriliko, -a] *adj* Akryl-; **fibra acrílica** Acryl *nt*

acrimonia [akri'monja] *f* Schärfe *f*

acritud [akri'tuᵈ] *f* **1.** (*acrimonia*) Schärfe *f;* **contestar con ~** unwirsch antworten **2.** (*de un dolor*) Heftigkeit *f*

acrobacia [akro'βaθja] *f* Akrobatik *f;* **~ aérea** Kunstflug *m*

acróbata [a'kroβata] *mf* Akrobat(in) *m(f)*

acrobático, -a [akro'βatiko, -a] *adj* akrobatisch

acrónimo [a'kronimo] *m* Akronym *nt*

acta ['akta] *f* **1.** (*de una reunión*) Protokoll *nt;* **levantar ~ de algo** etw protokollieren; **hacer constar en ~** zu Protokoll geben **2.** (*certificado*) Urkunde *f* **3.** (JUR) Akte *f;* **~ de acusación** Anklageschrift *f;* **A~ Única Europea** Einheitliche Europäische Akte

actitud [akti'tu^{ð}] *f* **1.** (*corporal*) Haltung *f;* **~ de ataque** Drohgebärde *f;* **~ de extrema cautela en cuanto a algo** äußerste Zurückhaltung bei etw *dat* **2.** (*disposición*) Einstellung *f;* **adoptar una ~ reservada** eine reservierte Haltung einnehmen **3.** (*comportamiento*) Verhalten *nt;* **adoptar una ~ incomprensible** ein unverständliches Verhalten an den Tag legen

activamente [aktiβa'mente] *adv* tatkräftig

activar [akti'βar] *vt* **1.** (*avivar*) beleben **2.** (*acelerar*) beschleunigen; **~ la digestión** die Verdauung fördern **3.** (QUÍM, FÍS, INFOR) aktivieren; **~ una bomba** eine Bombe zünden

actividad [aktiβi'ða^{ð}] *f* **1.** (*general*) Tätigkeit *f;* (*ocupación*) Beschäftigung *f;* **~ profesional** Beruf *m;* **las ~es artísticas de una ciudad** das Kulturprogramm einer Stadt; **en ~** tätig; **volcán en ~** aktiver Vulkan; **entrar en ~** tätig werden **2.** (*diligencia*) Geschäftigkeit *f* **3.** (QUÍM) Aktivität *f*

activo, -a[1] [ak'tiβo, -a] *adj* aktiv; (*sustancia, medicamento*) wirksam

activo[2] [ak'tiβo] *m* (FIN) Aktiva *ntpl;* **~ circulante** Umlaufvermögen *nt;* **~ fijo** Anlagevermögen *nt*

acto ['akto] *m* **1.** (*acción*) Handlung *f;* **~ de cortesía** Gefälligkeit *f;* **~ jurídico** (*válido*) Rechtshandlung *f;* (*negocio*) Rechtsgeschäft *nt;* **~ penal** Straftat *f;* **~ sexual** Geschlechtsakt *m;* **~ de violencia** Gewalttat *f;* **~ de voluntad** Willenserklärung *f;* **cometer ~s de gamberrismo** randalieren; **hacer ~ de presencia** anwesend sein; **~ seguido...** gleich darauf ...; **en el ~** auf der Stelle **2.** (*ceremonia*) Festakt *m;* **~ conmemorativo** Gedenkfeier *f;* **~ estatal** Staatsakt *m;* **~ necrológico** Trauerfeier *f* **3.** (TEAT) Akt *m*

actor(a)[1] [ak'tor(a)] *m(f)* (JUR) Kläger(in) *m(f)*

actor[2] [ak'tor, ak'triθ] *m,* **actriz** *f* (TEAT, CINE) Schauspieler(in) *m(f);* **~ de cine** Filmschauspieler *m;* **primer ~** Hauptdarsteller *m*

actuación [aktwa'θjon] *f* **1.** (*conducta*) Handeln *nt;* **la ~ de la policía** das Vorgehen der Polizei **2.** (*actividad*) Tätigkeit *f;* (*desempeño de un cargo*) Amtstätigkeit *f* **3.** (TEAT, MÚS) Auftritt *m;* **~ en directo** Liveauftritt *m* **4.** *pl* (JUR) Prozessakten *fpl*

actual [aktu'al] *adj* **1.** (*de ahora*) aktuell **2.** (FILOS) wirklich

actualidad [aktwali'ða^{ð}] *f* **1.** (*presente*) Gegenwart *f;* **en la ~** heutzutage **2.** (*cualidad*) Aktualität *f;* **de ~** aktuell; **estar de ~** modern sein

actualizar [aktwali'θar] <z→c> *vt* aktualisieren

actualmente *adv* augenblicklich, zur Zeit

actualmente [aktwal'mente] *adv* zur Zeit

actuar [aktu'ar] <*1. pres:* actúo> *vi* **1.** (*obrar, hacer*) handeln **2.** (*tener efecto*) wirken (*sobre* auf +*akk*) **3.** (TEAT) auftreten; **~ en directo** live auftreten; **~ de Don Juan** den Don Juan spielen; **ella no actúa en esta función** sie spielt in dieser Aufführung nicht mit **4.** (JUR) auftreten (*de/como* als +*nom*); **~ contra alguien** gegen jdn vorgehen

acuarela [akwa'rela] *f* Aquarell *nt*

acuario [a'kwarjo] *m* Aquarium *nt*

Acuario [a'kwarjo] *m* (ASTR) Wassermann *m*

acuartelar [akwarte'lar] *vt* **1.** (MIL) einquartieren **2.** (*dividir*) vierteln

acuático, -a [a'kwatiko, -a] *adj* Wasser-; **parque ~** Freizeitbad *nt*

acuchillar [akutʃi'ʎar] *vt* **1.** (*herir*) niederstechen; (*matar*) erstechen **2.** (*parqué*) abziehen; (*muebles*) glatt schleifen

acuciante [aku'θjante] *adj* dringend

acuciar [aku'θjar] *vt* **1.** (*dar prisa*) drängen **2.** (*incitar*) anspornen

acuclillarse [akukli'ʎarse] *vr* in die Hocke gehen

acudir [aku'ðir] *vi* **1.** (*ir*) sich einfinden (*a* in +*dat, a* bei +*dat*); **~ a una cita** zu einem Rendezvous gehen; **~ al trabajo/a la puerta** zur Arbeit/an die Tür gehen; **~ a las urnas** wählen gehen; **~ a la memoria de alguien** jdm einfallen **2.** (*corriendo*) herbeieilen; **~ en socorro (de alguien)** (jdm) zu Hilfe eilen **3.** (*enfermedad*) befallen **4.** (*desgracias*) heimsuchen; **las desgracias la acuden** sie wird vom Unglück heimgesucht **5.** (*recurrir*) sich wenden (*a* an +*akk*)

acueducto [akwe'ðukto] *m* Aquädukt *m o nt*

acuerdo [a'kwerðo] *m* **1.** (*convenio*) Vereinbarung *f;* **llegar a un ~** sich einigen **2.** (*político*) Abkommen *nt;* **A~ Económico y Social** Sozialpakt *m;* **A~ General sobre Aranceles y Comercio** Allgemeines Zoll- und Handelsabkommen; **A~ Monetario Europeo** Europäisches Währungsabkommen **3.** (*decisión*) Beschluss *m;* **tomar un ~** einen Beschluss fassen **4.** (*conformidad*) Übereinstimmung *f;* **de ~** einverstanden; **de común ~** in gegenseitigem Einverständnis; **de ~ con** gemäß +*dat;* **estar de ~ con**

alguien mit jdm einer Meinung sein; **ponerse de** ~ sich einigen; **sin ponerse de** ~ ohne eine Einigung zu erzielen

acular [aku'lar] *vt* (AUTO) rückwärts einparken

acullá [aku'ʎa] *adv* (*elev*) **1.** (*lugar*) dort **2.** (*dirección*) dorthin

acumulación [akumula'θjon] *f* **1.** (*amontonamiento*) Anhäufung *f* **2.** (*de cosas reunidas*) Ansammlung *f*

acumulador [akumula'ðor] *m* (ELEC) Akku(mulator) *m*

acumular [akumu'lar] *vt* **1.** (*reunir*) ansammeln; (*amontonar*) anhäufen **2.** (ELEC) speichern

acunar [aku'nar] *vt* wiegen

acuñar [aku'ɲar] *vt* **1.** (*monedas, palabras*) prägen **2.** (TÉC) verkeilen

acuoso, -a [aku'oso, -a] *adj* wäss(e)rig; (*fruta*) saftig

acupuntura [akupuṇ'tura] *f* Akupunktur *f*

acurrucarse [akurru'karse] <c→qu> *vr* sich kauern; (*a causa del frío*) sich zusammenkauern; ~ **en un sillón** sich in einen Sessel kuscheln

acusación [akusa'θjon] *f* **1.** (*inculpación*) Beschuldigung *f;* ~ **de corrupción** Korruptionsvorwurf *m* **2.** (JUR: *en juicio*) Anklage *f;* (*escrito*) Anklageschrift *f;* ~ **constitucional** Verfassungsbeschwerde *f;* ~ **particular** Nebenklage *f*

acusado, -a [aku'saðo, -a] **I.** *adj* **1.** (*claro, evidente*) klar **2.** (*marcado*) ausgeprägt **II.** *m, f* (JUR) Angeklagte(r) *mf*

acusador(a) [akusa'ðor(a)] *m(f)* (JUR) Ankläger(in) *m(f)*

acusar [aku'sar] *vt* **1.** (*culpar*) beschuldigen; **le acusan de asesinato** er wird des Mordes beschuldigt **2.** (*en juicio*) anklagen **3.** (*en la escuela*) verpetzen **4.** (*traslucir*) verraten; (*indicar*) anzeigen; (TÉC) registrieren **5.** (ECON) bestätigen; ~ **recibo de algo** den Empfang von etw bestätigen; ~ **recibo de un pedido** einen Auftrag bestätigen

acusativo [akusa'tiβo] *m* (LING) Akkusativ *m*

acuse [a'kuse] *m:* ~ **de recibo** Empfangsbestätigung *f*

acústica [a'kustika] *f* Akustik *f*

acústico, -a [a'kustiko, -a] *adj* akustisch

adagio [a'ðaxjo] *m* **1.** (*proverbio*) Spruch *m* **2.** (MÚS) Adagio *nt*

adalid [aða'li^ð] *m* **1.** (*caudillo*) Anführer *m* **2.** (*precursor*) Vorkämpfer *m*

adán [a'ðan] *m* schlampiger Mensch *m;* **vas hecho un** ~ du siehst sehr heruntergekommen aus

adaptable [aðap'taβle] *adj* anpassungsfähig

adaptación [aðapta'θjon] *f* **1.** (*acomodación*) Anpassung *f* (*a* an *+akk*) **2.** (LIT, MÚS, TEAT) Bearbeitung *f;* **la** ~ **de una obra de teatro al cine** die Verfilmung eines Theaterstückes

adaptador [aðapta'ðor] *m* (TÉC) Adapter *m*

adaptar [aðap'tar] **I.** *vt* **1.** (*acomodar*) anpassen (*a* an *+akk, a+dat*); **adaptado bien al grupo** gut in die Gruppe integriert **2.** (*edificio*) umbauen; ~ **un piso para oficina** eine Wohnung zum Büro umbauen **3.** (*ajustar*) einpassen; ~ **algo a algo** etw auf etw abstimmen **4.** (LIT, MÚS, TEAT, CINE) bearbeiten (*a* für *+akk*); ~ **una novela a la pantalla** einen Roman verfilmen **II.** *vr:* ~**se** sich anpassen (*a +dat, a* an *+akk*); (*a un grupo*) sich einfügen (*a* in *+akk*); **se han adaptado muy bien el uno al otro** sie sind sehr gut aufeinander eingespielt

adarme [a'ðarme] *m:* **un** ~ **de** ein bisschen; **un** ~ **de pan** eine Krume Brot; **no tener un** ~ **de sentido común** kein bisschen gesunden Menschenverstand haben

adecentar [aðeθeṇ'tar] **I.** *vt* herrichten **II.** *vr:* ~**se** sich zurechtmachen

adecuado, -a [aðe'kwaðo, -a] *adj* (*conveniente*) angemessen; (*apto*) geeignet; (*palabras*) passend; **la decoración de tu casa es muy adecuada** die Ausstattung deiner Wohnung ist sehr zweckmäßig

adecuar [aðe'kwar] **I.** *vt* anpassen (*a* an *+akk*) **II.** *vr:* ~**se** sich anpassen (*a* an *+akk*)

adefesio [aðe'fesjo] *m* **1.** (*prenda*) Fummel *m fam* **2.** (*persona*) Vogelscheuche *f;* **estar hecho un** ~ wie eine Vogelscheuche aussehen

a. de (J)C. ['aṇtes ðe (xesu)'kristo] *abr de* **antes de (Jesu)cristo** v. Chr.

adelantado, -a [aðelaṇ'taðo, -a] *adj* **1.** (*precoz*) frühreif **2.** (*avanzado*) fortgeschritten; **estar muy** ~ weit fortgeschritten sein **3.** (*loc*): **por** ~ im Voraus

adelantamiento [aðelaṇta'mjeṇto] *m* **1.** (*avance*) Vorrücken *nt;* (*progreso*) Fortschritt *m* **2.** (*del coche*) Überholen *nt;* **realizar un** ~ überholen

adelantar [aðelaṇ'tar] **I.** *vi* **1.** (*reloj*) vorgehen **2.** (*progresar*) vorwärts kommen; **no adelanto nada en sueco** ich mache keine Fortschritte im Schwedischen **3.** (*coche*) überholen **II.** *vt* **1.** (*avanzar*) vorrücken; ~ **unos pasos** ein paar Schritte vorgehen **2.** (*coche, persona*) überholen **3.** (*reloj*) vorstellen **4.** (*viaje, partida*) vorverlegen **5.** (*idea*) vorwegnehmen **6.** (*paga*) vorstrecken **7.** (*obtener ventaja*) gewinnen; **¿qué adelantas con esto?** was bringt dir das? **III.** *vr:* ~**se** **1.** (*avanzarse*) vorangehen **2.** (*llegar antes*) früher eintreffen **3.** (*aventajar*) zuvorkommen; **te has adelantado a mis deseos** du bist meinen Wünschen zuvorgekommen **4.** (*reloj*) vorgehen

adelante [aðe'laṇte] *adv* vor(wärts); **¡~!** herein!; **de hoy en** ~ von heute an; **llevar un plan** ~ einen Plan in die Tat umsetzen; **sacar una familia** ~ eine Familie durchbringen; **seguir** ~ weitergehen; **véase más** ~ siehe unten

adelanto [aðe'lan̪to] *m* **1.**(*progreso*) Fortschritt *m;* ~**s técnicos** technische Neuerungen **2.**(*anticipo*) Vorschuss *m*

adelgazar [aðelɣa'θar] <z→c> **I.** *vi, vr:* ~**se** abnehmen **II.** *vt* **1.**(*cosas*) dünner machen **2.**(*peso*) abnehmen

ademán [aðe'man] *m* **1.**(*gesto*) Gebärde *f;* **hacer** ~ **de salir** sich anschicken zu gehen **2.**(*actitud*) Haltung *f;* **en** ~ **de** bereit zu

además [aðe'mas] *adv* außerdem, ferner

adenda [a'ðen̪da] *f* Nachtrag *m*

adentrarse [aðen̪'trarse] *vr* **1.**(*entrar*) hineingehen (*en* in +*akk*); (*penetrar*) eindringen (*en* in +*akk*) **2.**(*en un tema*) sich vertiefen (*en* in +*akk*)

adentro [a'ðen̪tro] *adv* **1.**(*lugar*) darin **2.**(*lugar y movimiento*) hinein; **mar** ~ seewärts; **tierra** ~ landeinwärts; **el grito le salió de muy** ~ sein/ihr Schrei kam aus tiefster Seele

adentros [a'ðen̪tros] *mpl* Innere(s) *nt;* **para sus** ~ innerlich; **guardar algo para sus** ~ etw für sich behalten

adepto, -a [a'ðepto, -a] *m, f* **1.**(*afiliado*) Mitglied *nt* **2.**(*partidario*) Anhänger(in) *m(f)*

aderezar [aðere'θar] <z→c> *vt* **1.**(*preparar*) herrichten **2.**(*guisar*) zubereiten **3.**(*condimentar*) würzen; (*ensalada*) anmachen

aderezo [aðe'reθo] *m* **1.**(*de un guiso*) Zubereitung *f* **2.**(*condimentación*) Würzen *nt;* (*de una ensalada*) Anmachen *nt* **3.**(*condimento*) Gewürz *nt;* (*para ensalada*) Dressing *nt* **4.**(*joyas*) Schmuckgarnitur *f*

adeudar [aðeu̯'ðar] **I.** *vt* **1.**(*deber*) schulden **2.**(*cargar*) belasten; ~ **una cantidad en cuenta** ein Konto mit einem Betrag belasten **II.** *vr:* ~**se** sich verschulden; ~**se mucho** sich hoch verschulden

adherencia [aðe'ren̪θja] *f* **1.**(*cohesión*) Haftung *f;* (AUTO) Bodenhaftung *f* **2.**(*conexión*) Verbindung *f*

adherir [aðe'rir] *irr como sentir* **I.** *vt* (*sello*) (auf)kleben (*a* auf +*akk*); (*cartel, póster*) (an)kleben (*a* an +*akk*) **II.** *vr:* ~**se 1.**(*pegarse*) haften (*a* an +*dat, a* auf +*dat*) **2.**(*a una opinión*) zustimmen (*a* +*dat*) **3.**(*a un partido*) beitreten (*a* +*dat*)

adhesión [aðe'sjon] *f* **1.**(*adherencia*) Haftung *f* **2.**(*a una opinión*) Zustimmung *f* (*a* zu +*dat*); (*apoyo*) Unterstützung *f* (*a* +*gen*) **3.**(*a una asociación*) Beitritt *m* (*a* zu +*dat*)

adhesivo, -a[1] [aðe'siβo, -a] *adj* Klebe-

adhesivo[2] [aðe'siβo] *m* **1.**(*sustancia*) Klebstoff *m;* ~ **multiuso** Alleskleber *m* **2.**(*pegatina*) Aufkleber *m*

adicción [aðiᵞ'θjon] *f* Sucht *f;* ~ **a las drogas** Drogenabhängigkeit *f*

adición [aði'θjon] *f* **1.**(*añadidura*) Zusatz *m* (*a* zu +*dat*) **2.**(MAT) Addition *f*

adicional [aðiθjo'nal] *adj* zusätzlich

adicionar [aðiθjo'nar] *vt* hinzufügen (*a* zu +*dat*)

adicto, -a [a'ðikto, -a] **I.** *adj* **1.**(*leal*) ergeben **2.**(*que tiene adicción*) süchtig; ~ **a las drogas** drogensüchtig; ~ **a la televisión** (*fam*) fernsehsüchtig **II.** *m, f* **1.**(*dependiente*) Süchtige(r) *mf* **2.**(*CSur: adherente*) Anhänger(in) *m(f)* (*a* +*gen*); (*partidario*) Befürworter(in) *m(f)* (*a* +*gen*)

adiestrar [aðjes'trar] *vt* **1.**(*personas*) schulen (*en* in +*dat, para* für +*akk*) **2.**(*animales*) abrichten (*para* zu +*dat*); (*para el circo*) dressieren

adinerado, -a [aðine'raðo, -a] *adj* vermögend

adiós [a'ðjos] **I.** *interj* **1.**(*despedida*) auf Wiedersehen **2.**(*sorpresa*) ach (Gott) **II.** *m* Abschied *m;* **decir** ~ **a alguien** von jdm Abschied nehmen

adiposo, -a [aði'poso, -a] *adj* fetthaltig; **tejido** ~ Fettgewebe *nt*

aditamento [aðita'men̪to] *m* **1.**(*añadidura*) Zusatz *m* **2.**(*complemento*) Ergänzung *f*

aditivo, -a[1] [aði'tiβo, -a] *adj* Zusatz-

aditivo[2] [aði'tiβo] *m* Zusatzstoff *m*

adivinanza [aðiβi'nan̪θa] *f* Rätsel *nt*

adivinar [aðiβi'nar] *vt* **1.**(*el futuro*) wahrsagen **2.**(*conjeturar*) raten; (*acertar*) erraten; **¡adivina cuántos años tengo!** rat mal, wie alt ich bin! **3.**(*vislumbrar*) erahnen

adjetivo [aðxe'tiβo] *m* Adjektiv *nt;* ~ **numeral** Zahladjektiv *nt*

adjudicación [aðxuðika'θjon] *f* **1.**(*de un premio*) Verleihung *f;* (*de un pedido/una beca*) Vergabe *f* **2.**(*en una subasta*) Zuschlag *m*

adjudicar [aðxuði'kar] <c→qu> **I.** *vt* **1.**(*premio*) verleihen; (*encargo, beca*) vergeben **2.**(*en una subasta*) zuschlagen **II.** *vr:* ~**se 1.**(*apropiarse*) sich *dat* aneignen **2.**(*victoria, premio*) erringen

adjuntar [aðxun̪'tar] *vt* beilegen

adjunto, -a [að'xun̪to, -a] *adj* **1.**(*junto*) beiliegend **2.**(*auxiliar*) stellvertretend; **profesora adjunta** (UNIV) ≈Assistentin *f*

administración [aðministra'θjon] *f* **1.**(*dirección, organización*) Verwaltung *f;* ~ **de una cuenta** Kontoführung *f;* ~ **de fincas** Haus- und Grundstücksverwaltung *f;* ~ **municipal** Stadtverwaltung *f* **2.**(*órgano*) Behörde *f;* **la ~ de correos** die Post; **la ~ española** die spanischen Behörden **3.** (*de medicamentos*) Verabreichung *f;* (*de sacramentos*) Spenden *nt* **4.** (*Arg: gobierno*) Regierung *f*

administrador(a) [aðministra'ðor(a)] *m(f)* Verwalter(in) *m(f);* (*gerente*) Geschäftsführer(in) *m(f);* **~ de la masa** Konkursverwalter *m*

administrar [aðminis'trar] *vt* **1.** (*dirigir, cuidar*) verwalten; **~ justicia** Recht sprechen **2.** (*racionar*) einteilen; (*suministrar*) verteilen **3.** (*medicamentos*) verabreichen; (*sacramentos*) spenden

administrativo, -a [aðministra'tiβo, -a] **I.** *adj* Verwaltungs- **II.** *m, f* Verwaltungsangestellte(r) *mf*

admirable [aðmi'raβle] *adj* bewundernswert

admiración [aðmira'θjon] *f* **1.** (*respeto, adoración*) Bewunderung *f* **2.** (*asombro*) Verwunderung *f* **3.** (*signo*) Ausrufezeichen *nt;* (*frase*) Ausrufesatz *m*

admirado, -a [aðmi'raðo, -a] *adj* erstaunt; **me quedé admirada de tus conocimientos** ich war erstaunt über deine Kenntnisse

admirador(a) [aðmira'ðor(a)] *m(f)* Bewunderer, -in *m, f*

admirar [aðmi'rar] **I.** *vt* **1.** (*adorar, apreciar*) bewundern **2.** (*asombrar*) verwundern **II.** *vr:* **~se** sich wundern (*de* über +*akk*)

admisible [aðmi'siβle] *adj* zulässig

admisión [aðmi'sjon] *f* **1.** (*en una asociación*) Aufnahme *f* (*en* in +*akk*); (UNIV) Zulassung *f* (*en* zu +*dat*) **2.** (TÉC) Zufuhr *f*

admitir [aðmi'tir] *vt* **1.** (*en una asociación*) aufnehmen (*en* in +*akk*); (UNIV) zulassen (*en* zu +*dat*) **2.** (*aceptar*) annehmen; (*aprobar*) billigen; **~ los métodos de alguien** jds Methoden billigen **3.** (*reconocer*) zugeben **4.** (*permitir*) zulassen; **~ una queja** (JUR) einer Klage stattgeben; **el asunto no admite dilación** die Sache duldet keinen Aufschub; **es cosa admitida que...** es ist allgemein anerkannt, dass ... **5.** (*tener capacidad*) fassen

admonición [aðmoni'θjon] *f* Ermahnung *f;* (ADMIN) Verwarnung *f*

ADN [aðe'ene] *m abr de* **ácido desoxirribonucleico** DNS *f*

adobar [aðo'βar] *vt* **1.** (*con salsa*) marinieren; (*con sal*) pökeln **2.** (*piel*) gerben **3.** (*fam: amañar*) deichseln

adobe [a'ðoβe] *m* Luftziegel *m*

adobo [a'ðoβo] *m* **1.** (*salsa*) Marinade *f* **2.** (*con salsa*) Marinieren *nt;* (*con sal*) Pökeln *nt* **3.** (*de pieles*) Gerben *nt*

adocenado, -a [aðoθe'naðo, -a] *adj* mittelmäßig

adoctrinar [aðoktri'nar] *vt* indoktrinieren; **~ a alguien sobre algo** jdm etw beibringen

adolecer [aðole'θer] *irr como crecer vi* **1.** (*ponerse enfermo*) erkranken (*de* an +*dat*); (*padecer*) leiden (*de* an +*dat*); **este chico adolece de ser aburrido** dieser Junge ist einfach nur langweilig **2.** (*carecer*) nicht haben (*de* +*akk*)

adolescencia [aðoles'θen̪θja] *f* Jugend *f*

adolescente [aðoles'θen̪te] **I.** *adj* halbwüchsig **II.** *mf* Jugendliche(r) *mf*

adonde [a'ðon̪de] *adv* (*relativo*) wohin; **el pueblo ~ iremos es muy bonito** das Dorf, in das wir fahren werden, ist sehr schön

adónde [a'ðon̪de] *adv* (*interrogativo*) wohin

adondequiera [aðon̪de'kjera] *adv:* **~ que** +*subj* (*estado*) wo auch immer; (*dirección*) wohin auch immer

adopción [aðoβ'θjon] *f* **1.** (*de niños*) Adoption *f* **2.** (*de nacionalidad/religión*) Annahme *f* **3.** (*de medidas*) Ergreifen *nt* **4.** (*de actitudes*) Einnehmen *nt*

adoptar [aðop'tar] *vt* **1.** (*niño*) adoptieren **2.** (*nacionalidad, costumbre, religión*) annehmen **3.** (*medida*) ergreifen; (*acuerdo, resolución*) fassen **4.** (*actitud*) einnehmen

adoptivo, -a [aðop'tiβo, -a] *adj* **1.** (*personas*) Adoptiv- **2.** (*cosas*) Wahl-

adoquín [aðo'kin] *m* **1.** (*piedra*) Pflasterstein *m* **2.** (*fam: persona*) Tölpel *m*

adoquinado [aðoki'naðo] *m* (*suelo*) Pflaster *nt*

adoquinar [aðoki'nar] *vt* pflastern

adorable [aðo'raβle] *adj* entzückend

adorar [aðo'rar] *vt* anbeten; (*idolatrar*) vergöttern

adormecer [aðorme'θer] *irr como crecer* **I.** *vt* **1.** (*personas*) einschläfern **2.** (*dolor*) stillen **II.** *vr:* **~se** einschlafen

adormecido, -a [aðorme'θiðo, -a] *adj,* **adormilado, -a** [aðormi'laðo, -a] *adj* (*cansado*) schläfrig

adormilarse [aðormi'larse] *vr* einnicken

adornar [aðor'nar] **I.** *vt* schmücken (*con/de* mit +*dat*); (*con ornamentos*) verzieren (*con/de* mit +*dat*) **II.** *vr:* **~se** sich schmücken (*con* mit +*dat*)

adorno [a'ðorno] *m* Schmuck *m;* (*ornamento*) Verzierung *f;* **árbol de ~** Zierbaum *m;* **la lámpara sólo está de ~** die Lampe dient nur zur Zierde; **estar de ~** (*fig*) fehl am Platz(e) sein

adosado, -a [aðo'saðo, -a] *adj:* **casa adosada** Reihenhaus *nt*

adosar [aðo'sar] *vt* **1.** (*apoyar*) anlehnen (*a* an +*akk*) **2.** (ARQUIT) anbauen (*a* an +*akk*) **3.** (*Am: adjuntar*) beilegen

adquirir [aðki'rir] *irr vt* **1.** (*conseguir*) erlan-

gen; ~ **un hábito** eine Gewohnheit annehmen **2.** (*comprar*) erwerben
adquisición [aðkisi'θjon] *f* Erwerb *m;* (*de una empresa*) Übernahme *f;* ~ **de lenguas** Spracherwerb *m;* **este coche es una buena** ~ mit diesem Auto haben wir einen guten Kauf gemacht
adquisitivo, -a [aðkisi'tiβo, -a] *adj* Kauf-; **poder** ~ Kaufkraft *f*
adrede [a'ðreðe] *adv* absichtlich
adrenalina [aðrena'lina] *f* Adrenalin *nt*
adriático, -a [a'ðrjatiko, -a] *adj:* **costa adriática** Adriaküste *f;* **mar A~** Adria *f*
Adriático [a'ðrjatiko] *m* Adria *f*
adscribir [a^ð^skri'βir] *irr como escribir vt* **1.** (*atribuir*) zuschreiben **2.** (*destinar*) zuteilen
aduana [a'ðwana] *f* **1.** (*tasa*) Zoll *m;* **declaración de ~s** Zollerklärung *f;* **despacho de** ~ Zollabfertigung *f;* **sin** ~ zollfrei **2.** (*oficina*) Zollamt *nt;* **pase por la ~, por favor** gehen Sie bitte durch den Zoll **3.** (*juego*) Würfelspiel *nt*
aduanero, -a [aðwa'nero, -a] **I.** *adj* Zoll-; **exento de derechos ~s** zollfrei; **sujeto a derechos ~s** zollpflichtig **II.** *m, f* Zollbeamte(r) *mf,* -beamtin *f*
aducir [aðu'θir] *irr como traducir vt* (*razón, motivo*) anführen; (*prueba*) beibringen
adueñarse [aðwe'ɲarse] *vr* sich bemächtigen (*de* +*gen*); ~ **del poder** die Macht an sich reißen; **el pánico se adueñó de él** Panik ergriff ihn
adulación [aðula'θjon] *f* Schmeichelei *f*
adulador(a) [aðula'ðor(a)] **I.** *adj* schmeichlerisch **II.** *m(f)* Schmeichler(in) *m(f)*
adular [aðu'lar] *vt* schmeicheln +*dat*
adulterar [aðul̪te'rar] *vt* verfälschen; (*bebidas*) panschen
adulterio [aðul̪'terjo] *m* Ehebruch *m*
adúltero, -a [a'ðul̪tero, -a] **I.** *adj* ehebrecherisch **II.** *m, f* Ehebrecher(in) *m(f)*
adulto, -a [a'ðul̪to, -a] **I.** *adj* **1.** (*persona*) erwachsen; (*animal*) ausgewachsen **2.** (*desarrollado*) entwickelt **II.** *m, f* Erwachsene(r) *mf*
adusto, -a [a'ðusto, -a] *adj* **1.** (*persona*) spröde **2.** (*paisaje*) rau **3.** (*región, casa*) finster **4.** (*clima*) heiß
advenedizo, -a [aðβene'ðiθo, -a] **I.** *adj* fremd **II.** *m, f* **1.** (*forastero*) Fremde(r) *mf* **2.** (*pey: arribista*) Emporkömmling *m*
advenimiento [aðβeni'mjen̪to] *m* Ankunft *f;* (*de un monarca*) Thronbesteigung *f;* **esperar algo como el santo** ~ voller Ungeduld auf etw warten
adverbial [aðβer'βjal] *adj* adverbial
adverbio [að'βerβjo] *m* Adverb *nt;* ~ **de modo/de lugar/de tiempo** Modal-/Lokal-/Temporaladverb *nt*
adversario, -a [aðβer'sarjo, -a] *m, f* Gegner(in) *m(f)*
adversidad [aðβersi'ða^ð^] *f* **1.** (*contrariedad*) Widrigkeit *f* **2.** (*desgracia*) Unglück *nt*
adverso, -a [að'βerso, -a] *adj* widrig; (*enemigo*) feindlich; (*clima*) ungünstig
advertencia [aðβer'ten̪θja] *f* **1.** (*amonestación*) Warnung *f* **2.** (*indicación*) Hinweis *m*
advertido, -a [aðβer'tiðo, -a] *adj* (*experto*) erfahren; **estar** ~ **del peligro** sich *dat* der Gefahr bewusst sein
advertir [aðβer'tir] *irr como sentir vt* **1.** (*reparar*) bemerken; **advirtió mis intenciones** er/sie erriet meine Absichten **2.** (*indicar*) hinweisen (auf +*akk*); (*llamar la atención*) aufmerksam machen (auf +*akk*) **3.** (*amenazar*) warnen (*de* vor +*dat*); (*aconsejar*) raten
adviento [að'βjen̪to] *m* Advent *m*
adyacencia [aðɟa'θen̪θja] *f* (*RíoPl: proximidad*) Nähe *f;* **en las ~s** in der Umgebung
adyacente [aðɟa'θen̪te] *adj* angrenzend
aéreo, -a [a'ereo, -a] *adj* **1.** (*del aire*) Luft-; **base aérea** (MIL) Luftstützpunkt *m;* **compañía aérea** Fluggesellschaft *f;* **por vía aérea** per Luftpost **2.** (*ligero*) leicht
aeróbic [ae'roβi^k^] *m* Aerobic *nt*
aerobús [aero'βus] *m* Airbus *m*
aerodeslizador [aeroðesliθa'ðor] *m* Luftkissenfahrzeug *nt*
aerodinámico, -a [aeroði'namiko, -a] *adj* aerodynamisch; (*vehículo*) stromlinienförmig
aeródromo [ae'roðromo] *m* Flugplatz *m*
aeroespacial [aeroespa'θjal] *adj* Luft- und Raumfahrt-
aerofaro [aero'faro] *m* Leuchtfeuer *nt*
aerolínea [aero'linea] *f* Fluggesellschaft *f*
aeronauta [aero'nau̯ta] *mf* Pilot(in) *m(f)*
aeronáutica [aero'nau̯tika] *f* Luftfahrt *f*
aeronave [aero'naβe] *f* Luftfahrzeug *nt;* ~ **espacial** Raumschiff *nt*
aeroplano [aero'plano] *m* Flugzeug *nt*
aeropuerto [aero'pwerto] *m* Flughafen *m*
aerosol [aero'sol] *m* **1.** (*suspensión*) Aerosol *nt* **2.** (*espray*) Spray *m o nt* **3.** (*recipiente*) Spraydose *f*
afabilidad [afaβili'ða^ð^] *f* Umgänglichkeit *f*
afable [a'faβle] *adj* umgänglich (*con/para con* gegenüber +*dat*)
afamado, -a [afa'maðo, -a] *adj* berühmt
afamar [afa'mar] *vt* berühmt machen
afán [a'fan] *m* **1.** (*ahínco*) Eifer *m;* (*ambición*) Streben *nt* (*de* nach +*dat*); ~ **de lucro** Gewinnstreben *nt;* **con** ~ eifrig; **poner mucho** ~ **en algo** etw mit viel Eifer machen **2.** (*anhelo*) Sehnsucht *f* (*de* nach +*dat*); ~ **de notoriedad** Geltungsbedürfnis *nt*
afanar [afa'nar] **I.** *vi* schwer arbeiten **II.** *vt*

(*fam*) klauen **III.** *vr:* **~se** (*esforzarse*) sich abmühen; (*atarearse*) sich abplagen

afanoso, -a [afa'noso, -a] *adj* **1.** (*trabajoso*) mühsam **2.** (*persona*) strebsam

afear [afe'ar] *vt* **1.** (*desfigurar*) verunstalten **2.** (*censurar*) tadeln

afección [afeɣ'θjon] *f* **1.** (MED) Leiden *nt* **2.** (*inclinación*) Zuneigung *f*

afeccionarse [afeɣθjo'narse] *vr* (*Chil, RíoPl*) mögen (*de* +*akk*)

afectación [afekta'θjon] *f* Affektiertheit *f*; **comportarse con ~** sich affektiert benehmen

afectado, -a [afek'taðo, -a] *adj* (*amanerado*) affektiert

afectar [afek'tar] **I.** *vt* **1.** (*aparentar*) vortäuschen **2.** (*atañer*) betreffen **3.** (*dañar*) schädigen; (MED) angreifen **4.** (*impresionar*) nahe gehen +*dat* **5.** (*Am: destinar dinero*) bestimmen (*a* für +*akk*); (*girar*) überweisen (*a* an +*akk*) **II.** *vr:* **~se** (*Am*) sich anstecken

afectísimo, -a [afek'tisimo, -a] *adj:* **suyo ~** hochachtungsvoll

afectivo, -a [afek'tiβo, -a] *adj* **1.** (*de afecto*) Gemüts- **2.** (*sensible*) sensibel **3.** (*cariñoso*) liebevoll

afecto, -a¹ [a'fekto, -a] *adj* **1.** (*inclinado*) zugetan (*a* +*dat*) **2.** (*agregado*) zugeteilt (*a* +*dat*) **3.** (*sujeto*): **estar ~ al pago de impuestos** der Steuerpflicht unterliegen **4.** (*afectado*): **estar ~ de algo** von etw *dat* betroffen sein

afecto² [a'fekto] *m* **1.** (*pasión*) Gemütsbewegung *f* **2.** (*cariño*) Zuneigung *f* (*a* für +*akk*)

afectuoso, -a [afektu'oso, -a] *adj* **1.** (*cariñoso*) liebevoll **2.** (*cordial*) herzlich; **afectuosamente** mit freundlichen Grüßen

afeitada [afei̯'taða] *f* (*Arg*), **afeitado** [afei̯'taðo] *m* Rasur *f*; **afeitado húmedo** Nassrasur *f*

afeitar [afei̯'tar] **I.** *vt* (*persona*) rasieren; **máquina de ~** Rasierapparat *m* **II.** *vr:* **~se** sich rasieren

afeite [a'fei̯te] *m* **1.** (*cosmético*) Kosmetikum *nt* **2.** (*adorno*) Schmuck *m*

afelpado, -a [afel'paðo, -a] *adj* plüschig; **sillón ~** Plüschsessel *m*

afeminado, -a¹ [afemi'naðo, -a] *adj* feminin; (*pey*) weibisch

afeminado² [afemi'naðo] *m* (*como una mujer*) femininer Mann *m*; (*blando*) Weichling *m*

afeminar [afemi'nar] *vt, vr:* **~se** (*hacer(se) afeminado*) verweiblichen; (*blando*) verweichlichen

aferrar [afe'rrar] **I.** *vt* fest halten **II.** *vr:* **~se** **1.** (*agarrarse*) sich fest halten (*a* an +*dat*) **2.** (*obstinarse*) hartnäckig bestehen (*a* auf +*dat*)

afgano, -a [af'ɣano, -a] **I.** *adj* afghanisch **II.** *m, f* Afghane, -in *m, f*

afianzamiento [afjan̩θa'mjen̩to] *m* **1.** (*sujeción*) Befestigung *f* **2.** (*aseguramiento*) Sicherung *f* **3.** (*firmeza*) Bestärkung *f* **4.** (JUR) Bürgschaft *f*

afianzar [afjan̩'θar] <z→c> **I.** *vt* **1.** (*sujetar*) befestigen; (*con clavos*) annageln; (*con puntales*) abstützen; (*con tornillos*) anschrauben **2.** (*dar firmeza*) bestärken (*en* in +*dat*); (*asegurar*) absichern **II.** *vr:* **~se** **1.** (*apoyarse*) sich stützen (*en* auf +*akk*) **2.** (*afirmarse*) sich behaupten

afiche [a'fitʃe] *m* (*CSur*) Plakat *nt*

afición [afi'θjon] *f* **1.** (*inclinación*) Vorliebe *f*; **cobrar** [*o* **tomar**] **una ~ por** [*o* **a**] **algo** eine Vorliebe für etw entwickeln; **tener** [*o* **sentir**] **una ~ hacia** [*o* **a**] **algo** eine Vorliebe für etw haben **2.** (*pasatiempo*) Steckenpferd *nt*; **de ~** Hobby-; **hacer algo por ~** etw als Hobby betreiben **3.** (*afecto*) Zuneigung *f* **4.** (*hinchada*) Anhängerschaft *f*

aficionado, -a [afiθjo'naðo, -a] **I.** *adj* **1.** (*no profesional*) Hobby- **2.** (*que siente afición*): **ser ~ a la arquitectura** sich für Architektur begeistern; **ser ~ a tocar la flauta** ein begeisterter Flötenspieler sein **II.** *m, f* **1.** (*amante*) Liebhaber(in) *m(f)*; (DEP) Fan *m*; **~ a la ópera** Opernliebhaber *m* **2.** (*no profesional*) Amateur(in) *m(f)*

aficionar [afiθjo'nar] **I.** *vt:* **~ a alguien a algo** bei jdm besonderes Interesse für etw wecken **II.** *vr:* **~se a algo** (*acostumbrarse*) sich *dat* etw angewöhnen; (*prendarse*) etw gerne tun; **~se a alguien** jdn lieb gewinnen

afilado, -a [afi'laðo, -a] *adj* **1.** (*nariz*) spitz; (*dedos*) dünn; (*cara*) schmal; **tener uñas afiladas** (*fam fig*) gerne mal was mitgehen lassen **2.** (*mordaz*) bissig; **lengua afilada** (*fig*) spitze Zunge

afilalápices [afila'lapiθes] *m inv* Bleistiftspitzer *m*

afilar [afi'lar] **I.** *vt* **1.** (*cuchillo*) schärfen; (*lápiz*) (an)spitzen **2.** (*sentidos*) schärfen **II.** *vr:* **~se** **1.** (*sentido*) sich schärfen **2.** (*adelgazarse*) schmaler werden

afiliación [afilja'θjon] *f* **1.** (*acto*) Beitritt *m* (*a* zu +*dat*) **2.** (*pertenencia*) Mitgliedschaft *f*; **~ política** Parteimitgliedschaft *f*

afiliado, -a [afi'ljaðo, -a] **I.** *adj* angeschlossen (*a* +*dat*) **II.** *m, f* Mitglied *nt*; **~ a un sindicato** Gewerkschaftsmitglied *nt*

afiliar [afi'ljar] **I.** *vt* (*incorporar*) aufnehmen (*a* in +*akk*) **II.** *vr:* **~se** beitreten (*a* +*dat*)

afín [a'fin] *adj* verwandt

afinar [afi'nar] **I.** *vi* (*cantando*) richtig singen; (*tocando*) richtig spielen **II.** *vt* **1.** (*hacer más fino*) verfeinern; (*perfeccionar*) den letzten Schliff geben +*dat*; **~ la punte-**

ría sich einschießen **2.** (*lápiz*) (an)spitzen **3.** (*metales*) läutern **4.** (MÚS) stimmen

afincarse [afiŋ'karse] <c→qu> *vr* sich niederlassen (*en* in +*dat*)

afinidad [afini'ðaᵈ] *f* **1.** (*semejanza*) Ähnlichkeit *f;* ~ **de caracteres** Wesensverwandtschaft *f* **2.** (*por parentesco*) Verschwägerung *f;* **son parientes por** ~ sie sind verschwägert

afirmación [afirma'θjon] *f* **1.** (*confirmación*) Bestätigung *f;* (*de preguntas*) Bejahung *f;* **contestar algo con afirmaciones** etw bejahen **2.** (*aseveración*) Behauptung *f*

afirmar [afir'mar] **I.** *vt* **1.** (*decir sí*) bejahen; (*dar por cierto*) bestätigen; ~ **con la cabeza** zustimmend nicken **2.** (*aseverar*) behaupten **3.** (*asentar*) befestigen **II.** *vr:* ~**se 1.** (*confirmarse*) sich bestätigen **2.** (*ratificarse*) bestätigen (*en* +*akk*)

afirmativamente [afirmatiβa'mente] *adv* bejahend; **responder** ~ ja sagen; **responder** ~ **a algo** etw bejahen

afirmativo, -a [afirma'tiβo, -a] *adj* bejahend; **en caso** ~ gegebenenfalls; **respuesta afirmativa** positive Antwort

aflicción [afliᵞ'θjon] *f* Kummer *m* (*por* über +*akk*); **dar** ~ **a alguien** jdm Kummer bereiten

aflictivo, -a [aflik'tiβo, -a] *adj,* **afligente** [afli'xente] *adj* (*Am*) betrüblich

afligir [afli'xir] <g→j> **I.** *vt* **1.** (*atormentar*) quälen **2.** (*apenar*) betrüben **II.** *vr:* ~**se** betrübt sein (*con/por/de* über +*akk*)

aflojar [aflo'xar] **I.** *vi* nachlassen **II.** *vt* **1.** (*cuerda, nudo*) lockern **2.** (*fam: dinero*) herausrücken **3.** (*velocidad*) drosseln; ~ **el paso** langsamer gehen; **un tira y afloja** ein Tauziehen **III.** *vr:* ~**se** sich lockern

aflorar [aflo'rar] *vi* **1.** (*salir a la superficie*) zutage treten; (*agua subterránea*) austreten **2.** (*apuntar*) sich abzeichnen

afluencia [a'flwenθja] *f* **1.** (*gente*) Andrang *m;* ~ **de votantes** Wahlbeteiligung *f* **2.** (*abundancia*) Fülle *f*

afluente [a'flwente] *m* Nebenfluss *m*

afluir [aflu'ir] *irr como huir vi* **1.** (*río, calle*) münden (*a* in +*akk*) **2.** (*gente*) herbeiströmen; ~ **a un concierto/a un congreso/a Madrid** in ein Konzert/zu einem Kongress/nach Madrid strömen

afonía [afo'nia] *f* Heiserkeit *f;* **tener** ~ heiser sein

afónico, -a [a'foniko, -a] *adj* heiser

aforar [afo'rar] *vt* **1.** (*cantidad*) (ab)messen **2.** (*mercancía*) taxieren **3.** (*instrumentos de medida*) eichen

aforismo [afo'rismo] *m* Aphorismus *m*

aforo [a'foro] *m* **1.** (*de una cantidad*) Messung *f* **2.** (*en un estadio/teatro*) Kapazität *f;* **la sala tiene un** ~ **de 300 personas** der Saal fasst 300 Personen **3.** (TÉC) Eichung *f*

afortunado, -a [afortu'naðo, -a] *adj* glücklich; **¡qué afortunada eres!** hast du ein Glück!

afrenta [a'frenta] *f* **1.** (*vergüenza*) Schande *f* **2.** (*ofensa*) Beleidigung *f;* **hacer** ~ **a alguien** jdn beleidigen

afrentar [afren'tar] **I.** *vt* beleidigen **II.** *vr:* ~**se** sich schämen (*de/por* für +*akk*)

afrentoso, -a [afren'toso, -a] *adj* **1.** (*ofensivo*) beleidigend **2.** (*vergonzoso*) beschämend

África ['afrika] *f* Afrika *nt*

africano, -a [afri'kano, -a] **I.** *adj* afrikanisch **II.** *m, f* Afrikaner(in) *m(f)*

afro *adj inv* afrikanisch; **música** ~ afrikanische Musik; **peinado** ~ Afrolook *m*

afrodisiaco [afroði'sjako] *m,* **afrodisíaco** [afroði'siako] *m* Aphrodisiakum *nt*

afrontar [afron'tar] *vt* **1.** (*enfrentar*) einander gegenüberstellen **2.** (*hacer frente*) die Stirn bieten +*dat;* ~ **un problema** ein Problem in Angriff nehmen

afrutado, -a [afru'taðo, -a] *adj* fruchtig

afuera [a'fwera] *adv* **1.** (*estado*) draußen; **la parte de** ~ der äußere Teil **2.** (*movimiento*) hinaus; **¡~!** (*fam*) raus!

afueras [a'fweras] *fpl* Umgebung *f;* ~ **de la ciudad** Stadtrand *m*

agachar [aɣa'ʧar] **I.** *vt* beugen **II.** *vr:* ~**se 1.** (*encogerse*) sich bücken **2.** (*Am: ceder*) nachgeben

agalla [a'ɣaʎa] *f* (*de un pez*) Kieme *f;* **tener** ~**s** (*fig*) Mut haben

agarrada [aɣa'rraða] *f* (*fam*) Krach *m;* **tener una** ~ Krach haben

agarradera [aɣarra'ðera] *f* (*Am*), **agarradero** [aɣarra'ðero] *m* **1.** (*asidero*) Griff *m* **2.** (*enchufe*) Beziehung *f* **3.** (*excusa*) Vorwand *m*

agarrado, -a [aɣa'rraðo, -a] *adj* geizig

agarrador [aɣarra'ðor] *m* Griff *m;* (*para cosas calientes*) Topflappen *m*

agarrar [aɣa'rrar] **I.** *vi* **1.** (*echar raíces*) Wurzeln schlagen **2.** (*comida*) anbrennen **3.** (*coche*) haften **4.** (*loc*): **agarró y salió** (*fam*) er/sie ging plötzlich hinaus **II.** *vt* **1.** (*asir*) packen (*de/por* an +*dat*); (*tomar*) nehmen **2.** (*delincuente, oportunidad*) ergreifen **3.** (*enfermedad, rabieta*) bekommen; ~ **una borrachera** sich *dat* einen Rausch antrinken; ~ **una pulmonía** sich *dat* eine Lungenentzündung zuziehen **III.** *vr:* ~**se 1.** (*asirse*) sich fest halten (*a* an +*dat*); **¡agárrate! que te voy a contar qué me pasó ayer** (*fam*) halt dich fest, ich erzähl dir, was mir gestern passiert ist! **2.** (*reñir*) sich zanken **3.** (*comida*) anbrennen (*a* an +*dat*) **4.** (*fam: tomar como pretexto*) zum Vorwand nehmen; ~**se al re-**

traso del tren para justificarse sich mit der Verspätung des Zuges entschuldigen **5.** (*Am: coger*) ergreifen; (*frutas*) pflücken

agarrotar [aɣarro'tar] **I.** *vt* **1.** (*atar*) fest zusammenbinden **2.** (*entumecer*) lähmen **3.** (*oprimir*) unterdrücken **II.** *vr:* **~se 1.** (*entumecerse*) steif werden **2.** (*por el miedo*) erstarren **3.** (TÉC) sich festfressen

agasajar [aɣasa'xar] *vt* **1.** (*recibir*) liebenswürdig empfangen **2.** (*con comida*) fürstlich bewirten; **el embajador fue agasajado con un banquete** zu Ehren des Botschafters wurde ein Bankett gegeben **3.** (*con regalos*) reichlich beschenken

agasajo [aɣa'saxo] *m* **1.** (*recibimiento*) liebenswürdiger Empfang *m* **2.** (*con comida*) Bewirtung *f* **3.** (*regalo*) Geschenk *nt*

agave [a'ɣaβe] *f* Agave *f*

agazaparse [aɣaθa'parse] *vr* **1.** (*fam: agacharse*) sich ducken **2.** (*esconderse*) sich verstecken

agcha ['aɣtʃa] *m* (*Col: cabello*) Haar *nt;* (*cabello en desorden*) zerzaustes Haar *nt*

agencia [a'xen̩θja] *f* **1.** (*empresa*) Agentur *f;* **~ de colocaciones** Stellenvermittlungsbüro *nt;* **~ inmobiliaria** Immobilienbüro *nt;* **~ de noticias** Nachrichtenagentur *f;* **~ de publicidad** Werbeagentur *f;* **~ de transportes** Spedition *f;* **A~ Tributaria** Finanzamt *nt;* **~ de viajes** Reisebüro *nt* **2.** (*sucursal*) Zweigstelle *f*

agenciar [axen̩'θjar] **I.** *vt* beschaffen **II.** *vr:* **~se** sich *dat* beschaffen; **agenciárselas** sich *dat* zu helfen wissen; **agénciatelas como puedas** sieh zu, wie du zurechtkommst

agenda [a'xen̩da] *f* **1.** (*calendario*) Terminkalender *m;* **~ de bolsillo** Taschenkalender *m;* **tener una ~ apretada** einen vollen Terminkalender haben **2.** (*cuaderno*) Notizbuch *nt* **3.** (*orden del día*) Tagesordnung *f*

agente[1] [a'xen̩te] *mf* **1.** (*representante*) Vertreter(in) *m(f);* (*de un artista/escritor*) Agent(in) *m(f);* (*corredor*) Makler(in) *m(f);* **~ autorizado** Vertragshändler *m;* **~ de bolsa** Börsenmakler *m;* **~ exclusivo** Alleinvertreter *m;* **~ de la propiedad inmobiliaria** Immobilienmakler *m;* **~ de transportes** Spediteur *m* **2.** (*funcionario*): **~ de aduanas** Zollbeamte(r) *mf,* -beamtin *f;* **~ judicial** Gerichtsvollzieher(in) *m(f);* **~ de policía** Polizist(in) *m(f)* **3.** (*espía*) Agent(in) *m(f)*

agente[2] [a'xen̩te] *m* **1.** (*cosa*) wirkende Kraft *f* **2.** (MED) Erreger *m*

agigantado, -a [axiɣan̩'taðo, -a] *adj* riesig; **a pasos ~s** mit Riesenschritten

ágil ['axil] *adj* **1.** (*de movimiento*) flink **2.** (*mental*) (geistig) agil **3.** (*hábil*) geschickt; (*estilo*) flüssig

agilidad [axili'ðað] *f* **1.** (*física*) Flinkheit *f;* **~ de dedos** Fingerfertigkeit *f* **2.** (*mental*) (geistige) Agilität *f* **3.** (*habilidad*) Geschick *nt*

agitación [axita'θjon] *f* **1.** (*movimiento*) heftige Bewegung *f;* (*de un líquido*) Schütteln *nt* **2.** (*excitación*) Aufregung *f;* (*intranquilidad, t.* POL) Unruhe *f*

agitado, -a [axi'taðo, -a] *adj* (*vida*) hektisch

agitar [axi'tar] **I.** *vt* **1.** (*mover*) hin und her bewegen; (*bandera, pañuelo*) schwenken; (*botella*) schütteln; **agítese antes de usarlo** vor Gebrauch schütteln **2.** (*intranquilizar*) in Unruhe versetzen; (*excitar*) aufregen **3.** (*sublevar*) aufhetzen **II.** *vr:* **~se 1.** (*moverse*) sich hin und her bewegen; (*con el cuerpo*) zappeln; (*bandera*) flattern; (*mar, día*) stürmisch werden **2.** (*excitarse*) sich aufregen; (*preocuparse*) sich beunruhigen

aglomeración [aɣlomera'θjon] *f* Anhäufung *f;* **~ de gente** Menschenauflauf *m;* **~ urbana** Ballungsgebiet *nt*

aglomerar [aɣlome'rar] **I.** *vt* (*reunir*) sammeln; (*amontonar*) anhäufen **II.** *vr:* **~se** sich ansammeln

aglutinar [aɣluti'nar] *vt* **1.** (*pegar*) binden **2.** (*unir*) verbinden; (*fig*) in Einklang bringen

agobiado, -a [aɣo'βjaðo, -a] *adj* **1.** (*espalda*) gebeugt; **estoy ~ de deudas** ich bin hoch verschuldet **2.** (*cansado*) erschöpft; **~ por los años** altersschwach

agobiante [aɣo'βjan̩te] *adj* **1.** (*trabajo*) mühsam **2.** (*silencio*) bedrückend **3.** (*persona*) aufdringlich **4.** (*calor*) drückend

agobiar [aɣo'βjar] **I.** *vt* **1.** (*abrumar*) bedrücken; **¡no me agobies!** lass mich in Ruhe!; **~ a alguien con alabanzas** jdn mit Lobreden in Verlegenheit bringen **2.** (*de trabajo*) überhäufen (*de* mit +*dat*) **3.** (*encorvar*) biegen; (*el cuerpo*) nach vorne beugen **II.** *vr:* **~se 1.** (*encorvarse*) sich bücken **2.** (*sentirse confundido*) verlegen werden **3.** (*atarearse*) sich überarbeiten **4.** (*angustiarse*) deprimiert sein (*con/por* wegen +*gen/dat*)

agobio [a'ɣoβjo] *m* **1.** (*encorvamiento*) Beugen *nt* **2.** (*carga*) Last *f;* (*pena*) Mühsal *f* **3.** (*de trabajo*) Überlastung *f;* (*cansancio*) Erschöpfung *f* **4.** (*angustia*) Niedergeschlagenheit *f*

agolpamiento [aɣolpa'mjen̩to] *m* Andrang *m*

agolparse [aɣol'parse] *vr* **1.** (*personas*) zusammenlaufen **2.** (*líquido*) strömen; **se agolparon las lágrimas en sus ojos** die Tränen stiegen ihm/ihr in die Augen **3.** (*sucesos, pensamientos*) sich überstürzen

agonía [aɣo'nia] *f* **1.** (*del moribundo*) Todeskampf *m;* **acompañante en la ~** Sterbebegleiter *m* **2.** (*angustia*) Kummer *m* **3.** (*de* *una civilización*) Untergang *m*

agónico, -a [a'ɣoniko, -a] *adj:* **período** ~ Todesstunde *f;* **estar** ~ im Sterben liegen

agonizar [aɣoni'θar] <z→c> **I.** *vi* **1.** (*morir*) im Sterben liegen **2.** (*terminar*) dem Ende zugehen **II.** *vt* bedrängen; **¡no me agonices con tantas preguntas!** löchere mich nicht mit so vielen Fragen!

agorero, -a [aɣo'rero, -a] **I.** *adj* Unheil verkündend **II.** *m, f* Schwarzseher(in) *m(f)*

agostar [a'ɣostar] **I.** *vt* **1.** (*plantas*) ausdörren **2.** (*malograr*) zunichte machen **II.** *vr:* **~se** zerstört werden

agosto [a'ɣosto] *m* **1.** (*mes*) August *m; v. t.* **marzo 2.** (*recolección*) Erntezeit *f;* **hacer su** ~ sein Schäfchen ins Trockene bringen

agotado, -a [aɣo'taðo, -a] *adj* (*libro*) vergriffen

agotador(a) [aɣota'ðor(a)] *adj* anstrengend; **hace un calor** ~ die Hitze macht einem zu schaffen

agotamiento [aɣota'mjen̪to] *m* Erschöpfung *f*

agotar [aɣo'tar] **I.** *vt* **1.** (*existencias*) aufbrauchen **2.** (*mercancía*) ausverkaufen **3.** (*paciencia, tema, posibilidad*) erschöpfen **4.** (*cansar*) erschöpfen **II.** *vr:* **~se 1.** (*mercancía*) ausgehen; **esta edición se agotó enseguida** diese Ausgabe war sofort vergriffen **2.** (*pilas*) leer werden **3.** (*fuerzas, tema*) sich erschöpfen; (*conversación*) versiegen **4.** (*cansarse*) sich verausgaben

agraciado, -a [aɣra'θjaðo, -a] *adj* **1.** (*gracioso*) anmutig **2.** (*bien parecido*) gut aussehend **3.** (*afortunado*) begünstigt (*por* von +*dat*); **salir** ~ **en la lotería** in der Lotterie gewinnen

agraciar [aɣra'θjar] *vt* **1.** (*vestido, adorno*) gut stehen +*dat;* **este traje le agracia la figura** in diesem Anzug hat er/sie eine gute Figur **2.** (*conceder*) auszeichnen; **fue agraciado con un premio** er gewann einen Preis

agradable [aɣra'ðaβle] *adj* **1.** (*ameno*) angenehm; (*lugar*) gemütlich; ~ **al paladar** wohlschmeckend; **es** ~ **a la vista** das ist ein schöner Anblick **2.** (*persona*) freundlich (*con/para con* zu +*dat*)

agradar [aɣra'ðar] *vi* gefallen +*dat;* **me agrada oír música** ich höre gern Musik; **me agrada esta gente** ich finde diese Leute nett; **quieres** ~ **a todos** du willst es allen recht machen

agradecer [aɣraðe'θer] *irr como crecer vt* danken (für +*akk*); **te agradezco la invitación** ich danke dir für die Einladung; **les agradezco que me lo hayan dicho** ich danke Ihnen, dass Sie es mir gesagt haben; **le ~ía mucho si...** +*subj* ich wäre Ihnen sehr dankbar, wenn ...; **no sabes** ~ **mi trabajo** du weißt meine Arbeit nicht zu schätzen; **el campo ha agradecido la lluvia** der Regen hat den Feldern gut getan

agradecido, -a [aɣraðe'θiðo, -a] *adj* **1.** (*que agradece*) dankbar (*por* für +*akk*); **le estaría muy** ~ **que me contestara lo antes posible** ich wäre Ihnen sehr dankbar, wenn Sie mir so schnell wie möglich antworten würden; **le estoy sumamente** ~ ich bin Ihnen unendlich dankbar; **le quedamos muy ~s** wir sind Ihnen sehr dankbar **2.** (*que compensa*) lohnend

agradecimiento [aɣraðeθi'mjen̪to] *m* Dank *m* (*por* für +*akk*)

agrado [a'ɣraðo] *m* **1.** (*afabilidad*) Freundlichkeit *f;* **tratar a alguien con** ~ jdn freundlich behandeln **2.** (*complacencia*) Wohlgefallen *nt;* **decidir según su** ~ nach Belieben entscheiden; **he recibido con** ~ **su carta** ich habe mich über ihren Brief sehr gefreut; **esto no es de mi** ~ das gefällt mir nicht

agrandar [aɣran̪'dar] **I.** *vt* vergrößern; ~ **la importancia de algo** etw *dat* zu viel Bedeutung beimessen **II.** *vr:* **~se** sich vergrößern

agrario, -a [a'ɣrarjo, -a] *adj* landwirtschaftlich; **crédito** ~ Agrarkredit *m;* **población agraria** Landbevölkerung *f*

agravamiento [aɣraβa'mjen̪to] *m* **1.** (MED) Verschlimmerung *f* **2.** (*recrudecimiento*) Verschärfung *f*

agravante [aɣra'βan̪te] **I.** *adj* erschwerend **II.** *m o f* erschwerender Umstand *m*

agravar [aɣra'βar] *vt, vr:* **~se 1.** (*enfermedad*) (sich) verschlimmern **2.** (*situación*) (sich) verschärfen

agraviar [aɣra'βjar] **I.** *vt* **1.** (*ofender*) beleidigen **2.** (JUR) schädigen **II.** *vr:* **~se** beleidigt sein (*por* wegen +*gen/dat*)

agravio [a'ɣraβjo] *m* **1.** (*ofensa*) Beleidigung *f* **2.** (JUR) Beeinträchtigung *f;* ~ **material** materieller Schaden; **sufrir ~s** Unrecht erleiden

agraz [a'ɣraθ] *m* **1.** (*uva*) unreife Traube *f;* **en** ~ unreif **2.** (*zumo*) Agrest *m* **3.** (*amargura*) Verdruss *m*

agredir [aɣre'ðir] *vt* angreifen; ~ **a alguien de palabra** jdn beschimpfen

agregación [aɣreɣa'θjon] *f* Hinzufügung *f* (*a* zu +*dat*); ~ **de un municipio** Eingemeindung *f*

agregado, -a[1] [aɣre'ɣaðo, -a] *m, f* **1.** (*diplomático*) Attaché *m;* ~ **comercial** Handelsattaché *m;* ~ **militar** Militärattaché *m* **2.** (*adjunto*) Gehilfe, -in *m, f* **3.** (UNIV) außerordentlicher Professor *m,* außerordentliche Professorin *f*

agregado[2] [aɣre'ɣaðo] *m* **1.** (*conglomerado*) Mischung *f* **2.** (*aditamento*) Zusatz *m*

(*a* zu +*dat*)

agregar [aɣre'ɣar] <g→gu> **I.** *vt* **1.**(*añadir*) hinzufügen (*a* +*dat*) **2.**(*destinar*) zuteilen (*a* +*dat*) **II.** *vr:* **~se** sich anschließen; **~se a alguien** sich jdm anschließen

agremiar [aɣre'mjar] *vt, vr:* **~se** (sich) (in einem Verband) zusammenschließen

agresión [aɣre'sjon] *f* Angriff *m*

agresividad [aɣresiβi'ða^ð] *f* Aggressivität *f*

agresivo, **-a** [aɣre'siβo, -a] *adj* aggressiv

agreste [a'ɣreste] *adj* **1.**(*campestre*) ländlich **2.**(*terreno*) holp(e)rig **3.**(*vegetación*) wild **4.**(*persona*) grob

agriar [a'ɣrjar] **I.** *vt* **1.**(*alimentos*) säuern **2.**(*persona*) verbittern **II.** *vr:* **~se** **1.**(*alimentos*) sauer werden **2.**(*persona*) verbittert werden

agrícola [a'ɣrikola] *adj* landwirtschaftlich; **cooperativa ~** Agrargenossenschaft *f*

agricultor(**a**) [aɣrikul̩'tor(a)] *m(f)* **1.**(*labrador*) Bauer *m,* Bäuerin *f* **2.**(*empresario*) Landwirt(in) *m(f)*

agricultura [aɣrikul̩'tura] *f* Landwirtschaft *f*

agridulce [aɣri'ðul̩θe] *adj* süß-sauer

agrietar [aɣrje'tar] **I.** *vt* rissig machen **II.** *vr:* **~se** rissig werden; (*tela, pared*) brüchig werden; (*piel, labios*) aufspringen

agrimensor(**a**) [aɣrimen'sor(a)] *m(f)* Vermessungsingenieur(in) *m(f)*

agrimensura [aɣrimen'sura] *f* Landvermessung *f*

agrio, **-a** ['aɣrjo, -a] *adj* **1.**(*sabor*) sauer **2.**(*crítica*) herb **3.**(*carácter*) mürrisch

agro ['aɣro] *m* Acker *m*

agronomía [aɣrono'mia] *f* Agronomie *f*

agrónomo, **-a** [a'ɣronomo, -a] *m, f* Diplomlandwirt(in) *m(f)*

agropecuario, **-a** [aɣrope'kwarjo, -a] *adj* Agrar-

agrupación [aɣrupa'θjon] *f* **1.**(*agrupamiento*) Gruppierung *f* **2.**(*conjunto*) Gruppe *f;* **~ de municipios** Gemeindeverband *m* **3.**(*asociación*) Verein *m;* **~ de productores** (ECON) Erzeugergemeinschaft *f* **4.**(MIL) Verband *m*

agrupar [aɣru'par] **I.** *vt* gruppieren; **~ algo por temas** etw nach Themen zusammenstellen **II.** *vr:* **~se** sich gruppieren

agua ['aɣwa] *f* **1.**(*líquido*) Wasser *nt;* **~ de Colonia** Kölnischwasser *nt;* **~ dentífrica** Mundwasser *nt;* **~s depuradas** Klärwasser *nt;* **~ con gas** kohlensäurehaltiges Wasser; **~ del grifo** Leitungswasser *nt;* **~ de nieve** Schmelzwasser *nt;* **~ potable** Trinkwasser *nt;* **~s residuales** Abwässer *ntpl;* **¡hombre al ~!** Mann über Bord!; **rompió ~s** ihre Fruchtblase ist geplatzt; **hacer ~** (*buque*) lecken; (*negocio*) den Bach runtergehen *fam;* **claro como el ~** sonnenklar; **como ~ de mayo** wie ein Geschenk des Himmels; **es ~ pasada** das ist Schnee von gestern; **estar entre dos ~s** zwischen zwei Stühlen sitzen; **estoy con el ~ hasta el cuello** das Wasser steht mir bis zum Hals; **no hallar ~ en el mar** sich dumm anstellen; **llevar el ~ a su molino** nur an sich selbst denken; **quedar en ~ de borrajas** ins Wasser fallen *fam;* **sacar ~ a las piedras** aus nichts Geld machen; **~ pasada no mueve molino** (*prov*) was vorbei ist, ist vorbei **2.**(*lluvia*) Regen *m;* **~ nieve** Schneeregen *m;* **esta noche ha caído mucha ~** heute Nacht hat es viel geregnet **3.** *pl* (*mar, río*) Gewässer *nt;* **~s interiores** Binnengewässer *nt;* **~s jurisdiccionales** Hoheitsgewässer *nt;* **~s abajo/arriba** stromabwärts/-aufwärts **4.** *pl* (*orina*) Wasser *nt;* **~s menores** Urin *m;* **hacer ~s** Wasser lassen **5.** *pl* (*manantial*) Quelle *f;* **~s termales** Thermalbad *nt;* **tomar las ~s** eine Badekur machen

aguacate [aɣwa'kate] *m* Avocado *f*

aguacero [aɣwa'θero] *m* Platzregen *m;* **cayó un ~** es ging ein Wolkenbruch nieder

aguachento, **-a** [aɣwa'ʧen̩to, -a] *adj* (*Am*) *v.* **aguado**

aguachirle [aɣwa'ʧirle] *f* (*pey*) Spülwasser *nt*

aguacil [aɣwa'θil] *m* (*CSur:* ZOOL) Libelle *f*

aguada [a'ɣwaða] *f* **1.**(*lugar*) Wasserstelle *f* **2.**(*provisión*) Wasservorrat *m*

aguado, **-a** [a'ɣwaðo, -a] *adj* verwässert; (*fruta*) wäss(e)rig

aguafiestas [aɣwa'fjestas] *mf inv* Spielverderber(in) *m(f)*

aguafuerte [aɣwa'fwerte] *m* Radierung *f;* **grabar al ~** radieren

aguamarina [aɣwama'rina] *f* Aquamarin *m*

aguanieve [aɣwa'njeβe] *f* Schneeregen *m*

aguanoso, **-a** [aɣwa'noso, -a] *adj* (*fruta*) wäss(e)rig; (*suelo*) durchweicht

aguantable [aɣwan̩'taβle] *adj* erträglich

aguantar [aɣwan̩'tar] **I.** *vt* **1.**(*sostener*) halten; (*sujetar*) fest halten **2.**(*soportar*) ertragen; (*tolerar*) hinnehmen; **no aguanto más** mir reicht's; **no poder ~ a alguien** jdn nicht ausstehen können; **esta película no se aguanta** dieser Film ist unerträglich; **~ la mirada de alguien** jds Blick standhalten **3.**(*durar*) halten; **este abrigo ~á mucho** dieser Mantel wird lange halten **4.**(*contener*) zurückhalten; **~ la risa** sich *dat* das Lachen verkneifen **II.** *vr:* **~se** **1.**(*contenerse*) sich beherrschen **2.**(*soportar*) es aushalten; (*tener paciencia*) Geduld haben **3.**(*conformarse*) sich zufrieden geben **4.**(*sostenerse*) sich halten; **~se de pie** sich aufrecht halten

aguante [a'ɣwan̩te] *m* **1.**(*paciencia*) Geduld *f* **2.**(*tolerancia*) Duldsamkeit *f;* **tener mucho ~** ein dickes Fell haben *fam* **3.**(*re-*

sistencia) Ausdauer *f*

aguar [a'ɣwar] <gu→gü> **I.** *vt* **1.** (*mezclar con agua*) verwässern **2.** (*frustrar*) verderben **II.** *vr:* ~**se** **1.** (*llenarse de agua*) sich mit Wasser füllen; **no pude evitar que se me ~an los ojos** ich konnte nicht verhindern, dass mir Tränen in die Augen traten; **nuestras vacaciones se ~on** unsere Ferien waren total verregnet **2.** (*estropearse*) ins Wasser fallen *fam*

aguardar [aɣwar'ðar] **I.** *vt* warten; ~ **unos días** einige Tage warten; ~ **algo/a alguien** auf etw/jdn warten **II.** *vr:* ~**se** (ab)warten

aguardiente [aɣwar'ðjente] *m* Schnaps *m*

> Würde man **aguardiente** wörtlich ins Deutsche übertragen, so hieße die Übersetzung „Feuerwasser". Das lässt problemlos erkennen, dass es sich dabei um einen hochprozentigen Schnaps handelt.

aguarrás [aɣwa'rras] *m* Terpentin *nt*

agudeza [aɣu'ðeθa] *f* **1.** (*del cuchillo, de la crítica*) Schärfe *f;* ~ **visual** Sehschärfe *f* **2.** (*perspicacia*) Scharfsinn *m* **3.** (*ingenio*) Witz *m*

agudizar [aɣuði'θar] <z→c> **I.** *vt* **1.** (*hacer agudo*) schärfen **2.** (*agravar*) verschärfen **II.** *vr:* ~**se** (*situación*) sich verschärfen; (*enfermedad*) sich verschlimmern

agudo, -a [a'ɣuðo, -a] *adj* **1.** (*afilado*) spitz **2.** (*sagaz*) scharfsinnig; **vista aguda** scharfer Blick **3.** (*ingenioso*) geistreich; (*mordaz*) spitz **4.** (*intenso: dolor*) stechend; (*enfermedad*) akut; (*olor*) scharf **5.** (*sonido*) hoch **6.** (*grave*) schwer **7.** (LING) endbetont

agüero [a'ɣwero] *m* Vorbedeutung *f;* **de mal** ~ Unheil verkündend; **ser de buen** ~ Glück bringen

aguerrido, -a [aɣe'rriðo, -a] *adj* (*fuerte*) abgehärtet

aguijar [aɣi'xar] *vt* **1.** (*animales*) antreiben **2.** (*estimular*) anspornen; ~ **el paso** den Schritt beschleunigen

aguijón [aɣi'xon] *m* **1.** (*punta*) Stachelspitze *f* **2.** (ZOOL, BOT) Stachel *m* **3.** (*estímulo*) Ansporn *m*

aguijonear [aɣixone'ar] *vt* **1.** (*animales*) antreiben **2.** (*estimular*) anspornen **3.** (*inquietar*) beunruhigen

águila ['aɣila] *f* **1.** (*animal*) Adler *m;* ~ **real** Steinadler *m* **2.** (*persona*) Ass *nt;* **ser un ~ para los negocios** ein erstklassiger Geschäftsmann/eine erstklassige Geschäftsfrau sein

aguileño, -a [aɣi'leɲo, -a] *adj* Adler-; **rostro** ~ kantiges Gesicht

aguinaldo [aɣi'naldo] *m* ≈Weihnachtsgeld *nt*

agüitado, -a [aɣwi'taðo, -a] *adj* (*Méx*) traurig

aguja [a'ɣuxa] *f* **1.** (*general*) Nadel *f;* ~ **de gancho** Häkelnadel *f;* ~ **de punto** Stricknadel *f;* **buscar una ~ en un pajar** eine Stecknadel im Heuhaufen suchen **2.** (*de una jeringa*) Kanüle *f* **3.** (*del reloj*) Zeiger *m;* (*de otros instrumentos de medición*) Nadel *f* **4.** (NÁUT): ~ (**de marear**) Kreiselkompass *m* **5.** (FERRO) Weiche *f* **6.** (*de una torre*) (Turm)spitze *f;* ~ **de la iglesia** Kirchturmspitze *f;* **las torres de esa catedral terminan en ~s** die Türme dieser Kathedrale laufen spitz zu **7.** (BOT) Nadel *f* **8.** (GASTR): **carne de** ~ Vorderrippenstück *nt*

agujerear [aɣuxere'ar] *vt* lochen; (*con taladro*) durchbohren; (*hacer muchos agujeros*) durchlöchern

agujero [aɣu'xero] *m* Loch *nt;* ~ (**en la capa**) **de ozono** Ozonloch *nt;* **tapar un** ~ ein Loch stopfen

agujetas [aɣu'xetas] *fpl* Muskelkater *m*

agusanarse [aɣusa'narse] *vr* wurmstichig werden

aguzado, -a [aɣu'θaðo, -a] *adj* **1.** (*puntiagudo*) spitz **2.** (*sagaz*) scharfsinnig

aguzar [aɣu'θar] <z→c> *vt* **1.** (*afilar*) wetzen **2.** (*sacar punta*) spitzen **3.** (*avivar*): ~ **la atención** die Aufmerksamkeit erhöhen; ~ **los sentidos** die Sinne schärfen; ~ **la vista** scharf hinsehen

aherrumbrarse [aerrum'brarse] *vr* rosten

ahí [a'i] **I.** *adv* **1.** (*lugar*) dort; **llámame de** ~ ruf mich von dort aus an; **me voy por** ~ ich gehe kurz spazieren **2.** (*loc*): **por ~, por** ~ ungefähr; **¡~ es nada!** nicht schlecht! **II.** *conj:* **de ~ que** +*ind/subj* deshalb

ahijado, -a [ai'xaðo, -a] *m, f* **1.** (*hijo adoptivo*) Adoptivkind *nt* **2.** (*del padrino*) Patenkind *nt*

ahijar [ai'xar] *irr como airar vt, vr:* ~**se** adoptieren

ahínco [a'iŋko] *m* **1.** (*afán*) Eifer *m* **2.** (*empeño*) Nachdruck *m* **3.** (*insistencia*) Beharrlichkeit *f*

ahíto, -a [a'ito, -a] *adj* (*harto*) satt

ahogado, -a [ao'ɣaðo, -a] *adj* **1.** (*estrecho*) eng; (*sin ventilación*) stickig **2.** (*loc*): **estar ~ de trabajo** mit Arbeit überhäuft sein

ahogar [ao'ɣar] <g→gu> **I.** *vt* **1.** (*en el agua*) ertränken **2.** (*estrangular*) erwürgen **3.** (*asfixiar*) ersticken **4.** (*angustiar*) bedrücken **II.** *vr:* ~**se** **1.** (*en el agua*) ertrinken; ~**se en un vaso de agua** (*fig*) wegen jeder Kleinigkeit den Mut verlieren **2.** (*asfixiarse*) ersticken; ~**se de calor** vor Hitze umkommen **3.** (*motor*) absaufen *fam*

ahogo [a'oɣo] *m* **1.** (*sofocación*) Atemnot *f* **2.** (*asfixia*) Erstickung *f* **3.** (*angustia*) Beklemmung *f* **4.** (*apuro*) Bedrängnis *f;* **~s económicos** finanzielle Schwierigkeiten

ahondar [aon̩'dar] **I.** *vi* **1.** (*raíces*) treiben (*en* in +*akk*) **2.** (*tema, cuestión*) sich intensiv beschäftigen (*en* mit +*dat*) **II.** *vt* **1.** (*profundizar*) vertiefen **2.** (*introducir*) tief hineinstecken **III.** *vr:* **~se** sich vertiefen (*en* in +*akk*)

ahora [a'ora] *adv* jetzt; (*dentro de un momento*) gleich; **~ bien** allerdings; **de ~ en adelante** von nun an; **hasta ~** bisher; **por ~** einstweilen; **~ ríe, ~ llora** bald lacht er/sie, bald weint er/sie; **¡~ (lo entiendo)!** jetzt begreife ich es!; **¡~ sí que hemos tenido suerte!** da haben wir aber Glück gehabt!; **~ mismo vengo** ich komme gleich; **acaba de salir ~ mismo** er/sie ist gerade weggegangen; **¡ven ~ mismo!** komm sofort!; **¿y ~ qué?** was nun?

ahorcado, -a [aor'kaðo, -a] *m, f* Erhängte(r) *mf;* (*en la horca*) Gehenkte(r) *mf*

ahorcar [aor'kar] <c→qu> **I.** *vt* erhängen; **~ los libros** das Studium an den Nagel hängen **II.** *vr:* **~se** sich erhängen (*en/de* an +*dat*)

ahorrador(a) [aorra'ðor(a)] **I.** *adj* sparsam **II.** *m(f)* Sparer(in) *m(f)*

ahorrar [ao'rrar] **I.** *vt* sparen; (*economizar*) einsparen; **~ fuerzas** seine Kräfte schonen; **~ esfuerzos a alguien** jdm die Mühe ersparen; **ahórrame explicaciones** verschone mich mit Erklärungen **II.** *vr:* **~se** (*evitar*) sich *dat* (er)sparen

ahorrativo, -a [aorra'tiβo, -a] *adj* sparsam

ahorro [a'orro] *m* **1.** (*acción*) Sparen *nt* **2.** (*cantidad*) Ersparte(s) *nt*

ahuchar [au'ʧar] *vt* (*ahorrar*) sparen

ahuecar [awe'kar] <c→qu> **I.** *vt* **1.** (*vaciar*) aushöhlen **2.** (*tierra*) (auf)lockern; (*colchón*) aufschütteln **II.** *vr:* **~se 1.** (*aves*) sich aufplustern **2.** (*envanecerse*) sich aufblähen **3.** (*papel pintado*) Blasen ziehen

ahumado, -a [au'maðo, -a] *adj* **1.** (*color*) rauchfarben; (*cristal*) getönt **2.** (*fam: borracho*) beschwipst

ahumar [au'mar/au̯'mar] **I.** *vi* rauchen **II.** *vt* **1.** (GASTR) räuchern **2.** (*llenar de humo*) verrauchen; (*una colmena*) ausräuchern **III.** *vr:* **~se 1.** (*ennegrecerse*) vom Rauch schwarz werden **2.** (*un guiso*) Rauchgeschmack annehmen **3.** (*fam: emborracharse*) sich *dat* einen Schwips antrinken

ahuyentar [au̯ɟen̩'tar] *vt* **1.** (*espantar*) verscheuchen **2.** (*asustar*) abschrecken

ai [ai̯] *m* (*Arg, Par*) Faultier *nt*

airar [ai̯'rar] *irr* **I.** *vt* erzürnen **II.** *vr:* **~se** zornig werden

airbag ['erβaʏ] *m* Airbag *m*

aire ['ai̯re] *m* **1.** (*atmósfera*) Luft *f;* **~ acondicionado** Klimaanlage *f;* **Ejército del A~** Luftwaffe *f;* **al ~ libre** unter freiem Himmel; **echar una moneda al ~** eine Münze werfen; **tomar el ~** Luft schnappen; **dejar una pregunta en el ~** eine Frage offen lassen; **cambiar de ~s** umziehen; **¡~!** verschwinde! **2.** (*viento*) Wind *m;* **corriente de ~** Luftzug *m;* **corre ~** es zieht; **hoy hace ~** heute ist es windig **3.** (*aspecto*) Aussehen *nt;* **no me gusta el ~ de este hombre** irgendetwas an diesem Mann gefällt mir nicht; **tener ~ de despistado** ziemlich zerstreut aussehen; **darse ~s de grandeza** großtun; **darse ~s de intelectual** den Intellektuellen spielen; **¡tiene unos ~s!** der/die macht immer ein Getue! **4.** (*garbo*) Anmut *f* **5.** (MÚS) Tempo *nt* **6.** (*Arg, Par: cuello*) steifer Hals *m*

aireado, -a [ai̯re'aðo, -a] *adj* (*lugar*) belüftet

airear [ai̯re'ar] **I.** *vt* lüften **II.** *vr:* **~se 1.** (*ventilarse*) an die (frische) Luft gehen **2.** (*coger aire*) im Zug sitzen; (*resfriarse*) sich erkälten

airón [ai̯'ron] *m* **1.** (ZOOL) Fischreiher *m* **2.** (*penacho, adorno*) Federbusch *m*

airoso, -a [ai̯'roso, -a] *adj* anmutig; **salir ~ de algo** bei etw *dat* gut abschneiden

aislado, -a [ai̯s'laðo, -a] *adj* (*individual*) einzeln

aislamiento [ai̯sla'mjen̩to] *m* **1.** (*apartamiento, t.* TÉC) Isolation *f;* **~ acústico** Schalldämmung *f* **2.** (*retiro*) Abgeschiedenheit *f*

aislante [ai̯s'lan̩te] **I.** *adj* isolierend; **cinta ~** Isolierband *nt* **II.** *m* Isolator *m*

aislar [ai̯s'lar] **I.** *vt* isolieren; **aislado contra el ruido** schalldicht **II.** *vr:* **~se** sich isolieren

ajá [a'xa] *interj* aha

ajado, -a [a'xaðo, -a] *adj* (*persona*) verbraucht; (*cara*) faltig

ajamonarse [axamo'narse] *vr* (*fam pey*) mollig werden

ajar [a'xar] *vt* **1.** (*cosa*) abnutzen **2.** (*persona*) altern lassen

ajardinado, -a [axarði'naðo, -a] *adj* begrünt

ajedrecista [axeðre'θista] *mf* Schachspieler(in) *m(f)*

ajedrez [axe'ðreθ] *m sin pl* **1.** (DEP) Schach *nt* **2.** (*tablero y figuras*) Schachspiel *nt*

ajenjo [a'xeŋxo] *m* Wermut *m*

ajeno, -a [a'xeno, -a] *adj* **1.** (*de otro*) fremd; **la felicidad ajena** das Glück anderer **2.** *ser* (*impropio*) untypisch; **esto es ~ a su carácter** das ist nicht typisch für ihn/sie **3.** *estar* (*ignorante*) unwissend; **estar ~ a** [*o* **de**] **algo** von etw *dat* nichts wissen; **vivía ~ a todo lo que pasaba en el mundo** er führte ein abgeschiedenes Leben **4.** (*carente, exento*): ~ **a** [*o* **de**] ohne; ~ **de piedad** unbarmherzig; ~ **de preocupaciones** sorglos; **él es** ~ **a todo eso** er hat damit nichts zu tun

ajetrear [axetre'ar] **I.** *vt* schinden **II.** *vr:* ~**se** sich abmühen; (*darse prisa*) sich abhetzen

ajetreo [axe'treo] *m* (*de personas*) Hetzerei *f;* (*en un sitio*) geschäftiges Treiben *nt*

ají [a'xi] *m* (*AmS, Ant*) **1.** (*arbusto*) Pfefferstrauch *m* **2.** (*pimentón*) Paprika *m;* (*de las Indias*) Cayennepfeffer *m*

ajilimoje [axili'moxe] *m,* **ajilimójili** [axili'moxili] *m* (GASTR) pikante Knoblauchtunke *f;* **con todos sus** ~**s** mit allem Drum und Dran

ajillo [a'xiʎo] *m* (GASTR): **al** ~ mit gehacktem Knoblauch und Petersilie gebraten

ajipa [a'xipa] *f* (*And*) Topinambur *m o f*

ajo ['axo] *m* **1.** (BOT) Knoblauch *m;* (*diente*) Knoblauchzehe *f* **2.** (*taco*) Fluch *m;* **andar (metido) en el** ~, **estar en el** ~ seine Hände (mit) im Spiel haben; **andar tieso como un** ~ die Nase hoch tragen

ajorca [a'xorka] *f* Armreif *m*

ajuar [a'xwar] *m* **1.** (*de la novia*) Aussteuer *f* **2.** (*de una casa*) Ausstattung *f*

ajumarse [axu'marse] *vr* (*fam: ligeramente*) sich *dat* einen Schwips antrinken; (*mucho*) sich betrinken

ajuntarse [axun̩'tarse] *vr* (*fam*) in wilder Ehe leben

ajustable [axus'taβle] *adj* verstellbar

ajustado, -a [axus'taðo, -a] *adj* **1.** (*ropa*) eng (anliegend) **2.** (*adecuado*) angemessen

ajustar [axus'tar] **I.** *vi* genau passen **II.** *vt* **1.** (*adaptar*) anpassen (*a* an +*akk*); ~ **un vestido** ein Kleid enger machen; ~ **una correa** einen Riemen umschnallen **2.** (TÉC) einstellen; (*balanza*) justieren **3.** (*una pieza dentro de otra*) einpassen (*a* in +*akk*) **4.** (*acordar*) vereinbaren; ~ **cuentas** abrechnen; ~ **las cuentas a alguien** (*fig*) jdm die Rechnung präsentieren **III.** *vr:* ~**se** **1.** (*ponerse de acuerdo*) übereinkommen **2.** (*adaptarse*) sich anpassen (*a* an +*akk*); **no** ~**se al tema** vom Thema abschweifen; ~**se a la verdad** sich an die Wahrheit halten

ajuste [a'xuste] *m* **1.** (*adaptación*) Anpassung *f* (*a* an +*akk*) **2.** (*graduación*) Einstellung *f;* ~ **de brillo** Helligkeitseinstellung *f* **3.** (*encaje*) Passung *f* **4.** (*acuerdo*) Vereinbarung *f;* ~ **de cuentas** Abrechnung *f*

ajusticiar [axusti'θjar] *vt* hinrichten

al [al] = **a** + **el** *v.* **a**

ala ['ala] *f* Flügel *m;* ~ **de la hélice** Propellerblatt *nt;* ~ **de la mesa** Tischklappe *f;* ~ **del sombrero** Hutkrempe *f;* ~ **del tejado** Vordach *nt;* **ahuecar el** ~ sich auf die Socken machen; **cortar las** ~**s a alguien** jdm die Flügel stutzen; **estar tocado del** ~ (*fam*) einen Dachschaden haben; **dar** ~**s a alguien** jdn beflügeln; **le faltan** ~**s para triunfar** ihm/ihr fehlt der Mut um Erfolg zu haben; **tener demasiadas** ~**s** sich *dat* zu viel herausnehmen

Alá [a'la] *m* Allah *m*

alabanza [ala'βan̩θa] *f* Lob *nt;* **deshacerse en** ~**s para con alguien** jdn in den Himmel heben; **hacer una** ~ **de alguien** ein Loblied auf jdn singen

alabar [ala'βar] **I.** *vt* loben (*por* für +*akk*); **alabado sea el Señor** gepriesen sei der Herr **II.** *vr:* ~**se** prahlen (*de* mit +*dat*)

alabastro [ala'βastro] *m* Alabaster *m*

alabear [alaβe'ar] **I.** *vt* krümmen **II.** *vr:* ~**se** sich krümmen; (*madera*) sich verziehen

alacena [ala'θena] *f* Speiseschrank *m*

alacrán [ala'kran] *m* **1.** (ZOOL) Skorpion *m;* **ser un** ~ (*fig*) eine spitze Zunge haben **2.** (*gancho*) Öse *f*

alado, -a [a'laðo, -a] *adj* **1.** (*con alas*) beflügelt **2.** (*ligero*) flink

alambicado, -a [alambi'kaðo, -a] *adj* **1.** (*sutil*) ausgeklügelt **2.** (*rebuscado*) gekünstelt

alambicar [alambi'kar] <c→qu> *vt* **1.** (*destilar*) destillieren **2.** (*una expresión*) nuancieren; (*el lenguaje*) ausfeilen; **diálogos alambicados** geschliffene Dialoge

alambique [alam'bike] *m* Destillierkolben *m*

alambrada [alam'braða] *f* (*valla*) (Draht)zaun *m;* (*con espinas*) Stacheldrahtzaun *m;* (*red*) Drahtgitter *nt;* ~ **eléctrica** Elektrozaun *m*

alambrado [alam'braðo] *m* (*red*) Drahtgitter *nt;* (*valla*) Drahtzaun *m*

alambrar [alam'brar] *vt* mit Draht einzäunen

alambre [a'lambre] *m* Draht *m;* ~ **de espinas** Stacheldraht *m*

alambrera [alam'brera] *f* **1.** (*de ventana*) Fliegengitter *nt* **2.** (*de brasero/chimenea*) Ofenschirm *m* **3.** (*de alimentos*) Glocke *f*

alambrista [alam'brista] *mf* Seiltänzer(in) *m(f)*

alameda [ala'meða] *f* **1.** (*lugar*) Pappelwald *m* **2.** (*paseo*) Allee *f;* (*de álamos*) Pappelallee *f*

álamo ['alamo] *m* **1.** (BOT) Pappel *f;* ~ **temblón** Zitterpappel *f* **2.** (*madera*) Pappelholz *nt*

alarde [a'larðe] *m* Prahlerei *f;* **hacer** ~ **de algo** (*presumir*) mit etw *dat* angeben; (*ostentar*) etw zur Schau tragen

alardear [alarðe'ar] *vi:* ~ **de algo** (*presumir*) mit etw *dat* angeben; (*ostentar*) etw zur Schau tragen

alargado, -a [alar'ɣaðo, -a] *adj* länglich

alargar [alar'ɣar] <g→gu> **I.** *vt* **1.** (*la extensión*) verlängern; ~ **la pierna** das Bein ausstrecken; ~ **el cuello** den Hals recken; ~ **la mano** die Hand hinhalten **2.** (*la duración*) ausdehnen **3.** (*retardar, diferir*) verzögern **4.** (*el dinero*) gut einteilen **II.** *vr:* ~**se 1.** (*en la extensión*) länger werden; **no te alargues** fass dich kurz; ~**se en cumplidos** Süßholz raspeln; **alárgate hasta la gasolinera a por tabaco** lauf zur Tankstelle und hol Zigaretten **2.** (*retardarse*) sich verzögern

alarido [ala'riðo] *m* Geschrei *nt*

alarma [a'larma] *f* **1.** (*general*) Alarm *m;* ~ **por ozono** Ozonalarm *m;* **falsa** ~ blinder Alarm; **dar la** ~ Alarm geben; **ha saltado la** ~ **del banco** der Alarm der Bank wurde ausgelöst **2.** (*susto*) Schrecken *m;* (*inquietud*) Unruhe *f;* ~ **social** Unruhe in der Bevölkerung

alarmar [alar'mar] **I.** *vt* **1.** (*dar la alarma*) alarmieren **2.** (*inquietar*) beunruhigen; (*asustar*) erschrecken; **noticia alarmante** Schreckensnachricht *f* **II.** *vr:* ~**se** (*inquietarse*) unruhig werden; (*asustarse*) sich erschrecken

alarmista [alar'mista] *mf* Schwarzseher(in) *m(f)*

alavés, -esa [ala'βes, -esa] **I.** *adj* aus Álava **II.** *m, f* Einwohner(in) *m(f)* von Álava

alazán, -ana [ala'θan, -ana] *adj* zimtfarben; (*caballo*) rotbraun

alba ['alβa] *f* Morgendämmerung *f;* **al rayar** [*o* **romper**] **el** ~ bei Tagesanbruch

albacea [alβa'θea] *mf* Testamentsvollstrecker(in) *m(f)*

albaceteño, -a [alβaθe'teɲo, -a] **I.** *adj* aus Albacete **II.** *m, f* Einwohner(in) *m(f)* von Albacete

albahaca [al'βaka/alβa'aka] *f* Basilikum *nt*

albanés, -esa [alβa'nes, -esa] **I.** *adj* albanisch **II.** *m, f* Albaner(in) *m(f)*

Albania [al'βanja] *f* Albanien *nt*

albañal [alβa'ɲal] *m* **1.** (*conducto*) Kloake *f* **2.** (*lugar*) Saustall *m fam*

albañil [alβa'ɲil] *mf* Maurer(in) *m(f)*

albañilería [alβaɲile'ria] *f* Maurerhandwerk *nt;* **obra de** ~ Maurerarbeit *f*

albarán [alβa'ran] *m* Lieferschein *m*

albarda [al'βarða] *f* Packsattel *m;* ~ **sobre** ~ Redundanz *f;* **esto es un burro con dos** ~**s** (*fig*) das ist doppelt gemoppelt

albaricoque [alβari'koke] *m* Aprikose *f*

albaricoquero [alβariko'kero] *m* Aprikosenbaum *m*

albatros [al'βatros] *m inv* Albatros *m*

albedrío [alβe'ðrio] *m* Willkür *f;* **libre** ~ freier Wille; **a** [*o* **según**] **mi** ~ nach meinem Belieben

alberca [al'βerka] *f* Wasserbecken *nt*

albergar [alβer'ɣar] <g→gu> **I.** *vt* beherbergen **II.** *vr:* ~**se** absteigen

albergue [al'βerɣe] *m* (*refugio*) Obdach *nt;* (*fonda*) Herberge *f;* ~ **juvenil** Jugendherberge *f;* ~ **de montaña** Berghütte *f*

albino, -a [al'βino, -a] **I.** *adj* albinotisch **II.** *m, f* Albino *m*

albóndiga [al'βon̪diɣa] *f* (*de carne*) Fleischkloß *m;* (*de pescado*) Fischkloß *m*

albor [al'βor] *m* **1.** (*luz*) Dämmerlicht *nt* **2.** (*blancor*) Weiße *f* **3.** (*comienzo*) Beginn *m*

alborada [alβo'raða] *f* **1.** (*alba*) Morgendämmerung *f* **2.** (*canción*) Morgenlied *nt* **3.** (MIL) Weckruf *m*

alborear [alβore'ar] *vi* **1.** (*por la mañana*) dämmern; **al** ~ **el día** bei Tagesanbruch **2.** (*acontecimiento*) sich ankündigen

albornoz [alβor'noθ] *m* (*de baño*) Bademantel *m*

alborotado, -a [alβoro'taðo, -a] *adj* **1.** (*excitado*) aufgeregt **2.** (*irreflexivo*) unüberlegt

alborotar [alβoro'tar] **I.** *vi* lärmen; (*niños*) toben **II.** *vt* **1.** (*excitar*) erregen **2.** (*desordenar*) durcheinander bringen **3.** (*sublevar*) aufrühren **III.** *vr:* ~**se 1.** (*excitarse*) sich aufregen **2.** (*sublevarse*) sich erheben

alboroto [alβo'roto] *m* **1.** (*vocerío*) Stimmengewirr *nt;* (*ruido*) Krach *m* **2.** (*bulla*) Krawall *m;* (*disturbio*) Tumult *m* **3.** (*inquietud, zozobra*) Aufregung *f*

alborozado, -a [alβoro'θaðo, -a] *adj* vergnügt

alborozar [alβoro'θar] <z→c> **I.** *vt* sehr erfreuen; **veros me alboroza** es freut mich sehr euch zu sehen **II.** *vr:* ~**se** jubeln

alborozo [alβo'roθo] *m* Freude *f*

albricias [al'βriθjas] *fpl* (*fam*): **¡~!** super!

albufera [alβu'fera] *f* Lagune *f*

álbum ['alβun] *m* <álbum(e)s> Album *nt;* ~ **infantil** Bilderbuch *nt*

albur [al'βur] *m* **1.** (ZOOL) Weißfisch *m* **2.** (*Méx: juego de palabras*) Wortspiel *nt* **3.** (*loc*): **al** ~ aufs Geratewohl; **correr un** ~ ein Risiko eingehen

alcachofa [alka'ʧofa] *f* **1.** (BOT) Artischocke *f* **2.** (*de ducha/regadera*) Brause *f*

alcachofera [alkaʧo'fera] *f* Artischocke *f*

alcahuete, -a [alka'wete, -a] *m, f* **1.** (*trotaconventos*) Kuppler(in) *m(f)* **2.** (*encubridor*) Hehler(in) *m(f)* **3.** (*chismoso*) Klatschmaul *nt fam*

alcahuetear [alkawete'ar] *vi* **1.** (*servir, hacer de alcahuete*) kuppeln; **¿por qué consientes que él alcahuetee entre ti y ese muchacho?** warum lässt du es zu, dass er dich mit diesem Typen verkuppelt? **2.** (*chismorrear*) klatschen *fam*

alcalde(sa) [al'kal̪de, alkal̪'desa] *m(f)* Bürgermeister(in) *m(f);* (*de una ciudad gran-*

de) Oberbürgermeister(in) *m(f)*

alcaldía [alkaḷ'dia] *f* Bürgermeisteramt *nt*

álcali ['alkali] *m* (QUÍM) Alkali *nt*

alcalino, -a [alka'lino, -a] *adj* (QUÍM) alkalisch

alcance [al'kaṇθe] *m* **1.** (*distancia*) Reichweite *f;* **misil de corto ~** Kurzstreckenrakete *f;* **de ~ limitado** von geringer Reichweite; **al ~ de la mano** in Reichweite; **al ~ de todos los bolsillos** für jedermann erschwinglich; **tener la victoria a su ~** dem Sieg sehr nah sein **2.** (*importancia*) Tragweite *f;* **de mucho/poco ~** bedeutend/unbedeutend **3.** (*déficit*) Fehlbetrag *m* **4.** (*loc*): **ser persona de pocos ~s** ein einfältiger Mensch sein; **la noticia de último ~** die neueste Meldung; **dar ~ a alguien** jdn einholen

alcancía [alkaṇ'θia] *f* Sparbüchse *f*

alcanfor [alkaɱ'for] *m* Kampfer *m*

alcantarilla [alkaṇta'riʎa] *f* **1.** (*canal*) Abwasserkanal *m* **2.** (*sumidero*) Gully *m o nt*

alcantarillado [alkaṇtari'ʎaðo] *m* Kanalisationssystem *nt*

alcanzable [alkaṇ'θaβle] *adj* möglich

alcanzar [alkaṇ'θar] <z→c> **I.** *vi* reichen (*a/hasta* bis (zu) *+dat, para* für *+akk*); **este cañón alcanza 10 kilómetros** dieses Geschütz hat eine Reichweite von 10 km; **el dinero no alcanza para pagar la comida** das Geld reicht nicht für das Essen aus; **no alcanzo a todo el trabajo** ich komme mit der Arbeit nicht nach **II.** *vt* **1.** (*dar alcance*) einholen; **el ladrón fue alcanzado** der Dieb wurde gefasst; **ve tirando, ya te ~é** geh vor, ich komme nach **2.** (*llegar*) erreichen; **~ un acuerdo** ein Abkommen schließen; **el disparo le alcanzó en la pierna** der Schuss traf ihn ins Bein; **~ fama** berühmt werden; **mis padres ~on la guerra civil** meine Eltern haben den Bürgerkrieg miterlebt **3.** (*entender*) verstehen **III.** *vr:* **~se: no se me alcanza qué intentas con ello** ich verstehe nicht, was du damit beabsichtigst

alcaparra [alka'parra] *f* (*planta*) Kapernstrauch *m;* (*fruto*) Kaper *f*

alcatraz [alka'traθ] *m* **1.** (ZOOL) Basstölpel *m* **2.** (BOT) Aronstab *m*

alcaucil [alkau̯'θil] *m* **1.** (*alcachofa*) Artischocke *f* **2.** (*Arg: trotaconventos*) Kuppler(in) *m(f)*

alcázar [al'kaθar] *m* Festung *f*

alce ['aḷθe] *m* Elch *m*

alcista [aḷ'θista] **I.** *adj:* **mercado ~ de la bolsa** Haussebörse *f;* **movimiento ~ de los precios** Preisauftrieb *m* **II.** *mf* Haussier *m*

alcoba [al'koβa] *f* Schlafzimmer *nt*

alcohol [al'kol/alko'ol] *m* Alkohol *m;* **~ de quemar** Brennspiritus *m;* **bebida sin ~** alkoholfreies Getränk; **no tomo ~** ich trinke keinen Alkohol; **estar bajo los efectos del ~** unter Alkohol(einfluss) stehen

alcohólico, -a [al'koliko/alko'oliko, -a] **I.** *adj* **1.** (*con/del alcohol*) alkoholisch **2.** *v.* **alcoholizado II.** *m, f* Alkoholiker(in) *m(f)*

alcoholímetro [alko(o)'limetro] *m* Alkoholmesser *m*

alcoholismo [alko(o)'lismo] *m sin pl* Alkoholismus *m*

alcoholizado, -a [alko(o)li'θaðo, -a] *adj* alkoholabhängig

alcoholizar [alko(o)li'θar] <z→c> **I.** *vt* alkoholisieren **II.** *vr:* **~se** zum Alkoholiker werden

Alcorán [alko'ran] *m* Koran *m*

alcornoque [alkor'noke] *m* **1.** (BOT) Korkeiche *f* **2.** (*persona*): (**pedazo de**) **~** Dummkopf *m*

alcotán [alko'tan] *m* Baumfalke *m*

alcotana [alko'tana] *f* Maurerhammer *m*

alcurnia [al'kurnja] *f* Abstammung *f;* **de ~** von Adel

alcuza [al'kuθa] *f* (Speise)ölkanne *f*

aldaba [aḷ'daβa] *f* **1.** (*picaporte*) Türklopfer *m* **2.** (*para ventanas*) Fensterriegel *m;* (*para puertas*) Türriegel *m* **3.** (*loc*): **tener buenas ~s** (*fam*) gute Beziehungen haben

aldea [aḷ'dea] *f* Dorf *nt*

aldeano, -a [aḷde'ano, -a] **I.** *adj* **1.** (*de la aldea*) dörflich **2.** (*ignorante*) ungeschliffen **II.** *m, f* **1.** (*de la aldea*) Dorfbewohner(in) *m(f)* **2.** (*inculto*) ungehobelter Mensch *m*

aldehído [aḷde'iðo] *m* (QUÍM) Aldehyd *m*

ale ['ale] *interj* auf

aleación [alea'θjon] *f* Legierung *f;* **~ ligera** Aluminiumlegierung *f*

alear [ale'ar] *vt* legieren; **ir aleando** (*fig*) auf dem Weg der Besserung sein

aleatorio, -a [alea'torjo, -a] *adj* zufällig

aleccionador(a) [aleʸθjona'ðor(a)] *adj* lehrreich

aleccionar [aleʸθjio'nar] *vt* unterweisen; **esto te ~á para no volver a hacer lo mismo** das wird dich lehren nicht noch einmal das Gleiche zu tun

aledaño, -a [ale'ðaɲo, -a] *adj* angrenzend

aledaños [ale'ðaɲos] *mpl* Umgebung *f*

alegación [aleɣa'θjon] *f* **1.** (JUR: *declaración*) Behauptung *f;* (*escrito*) Beweisschrift *f;* **~ de culpabilidad** Schuldigsprechung *f* **2.** *pl* (*objeciones*) Einwände *mpl*

alegar [ale'ɣar] <g→gu> **I.** *vt* vorbringen; (*pruebas*) beibringen; **~ dolor de cabeza** Kopfschmerzen vorschützen **II.** *vi* (*Am: discutir*) streiten

alegato [ale'ɣato] *m* **1.** (*escrito*) Schriftsatz *m;* (*oral*) Plädoyer *nt* **2.** (*Am: disputa*) Auseinandersetzung *f*

alegoría [aleɣo'ria] *f* Allegorie *f*
alegrar [ale'ɣrar] **I.** *vt* **1.** (*a personas*) erfreuen **2.** (*cosas*) beleben **II.** *vr:* ~**se** **1.** (*sentir alegría*) sich freuen (*de/con* über +*akk*); **me alegro de verle de nuevo** ich freue mich (darauf) Sie wiederzusehen; **nos alegramos de que haya aceptado la invitación** wir freuen uns, dass Sie die Einladung angenommen haben; **me alegro (por ti)** das freut mich (für dich) **2.** (*beber*) sich *dat* einen Schwips antrinken *fam*
alegre [a'leɣre] *adj* **1.** (*contento*) fröhlich; (*divertido*) lustig; (*color*) lebhaft; (*habitación*) freundlich; **un espíritu/una cara** ~ ein heiteres Gemüt/Gesicht; **estoy** ~ **de que...** +*subj* ich freue mich, dass ...; **estar más** ~ **que unas pascuas** sich freuen wie ein Schneekönig **2.** (*frívolo*) leichtfertig; ~ **de cascos** leichtsinnig; **llevar una vida** ~ einen lockeren Lebenswandel führen **3.** (*fam: achispado*) angeheitert; **estar** ~ einen Schwips haben
alegría [ale'ɣria] *f* **1.** (*gozo*) Freude *f*, Heiterkeit *f*; (*buen humor*) Fröhlichkeit *f*; **llevarse una gran** ~ sich sehr freuen **2.** (BOT) Sesam *m*
alegrón, -ona[1] [ale'ɣron, -ona] *adj* (*Arg*) beschwipst
alegrón[2] [ale'ɣron] *m* (*fam*) Riesenfreude *f*; **con esta noticia me has dado un** ~ mit dieser Nachricht hast du mir eine riesige Freude bereitet; **con esta noticia me he llevado un** ~ über diese Nachricht habe ich mich sehr gefreut
alejamiento [alexa'mjen̪to] *m* Entfernung *f*; (*fig*) Distanz *f*
alejar [ale'xar] **I.** *vt* **1.** (*distanciar*) entfernen (*de* von +*dat*) **2.** (*ahuyentar*) vertreiben (*de* aus +*dat*); **aleja estos pensamientos de tu cabeza** denk nicht länger darüber nach **II.** *vr:* ~**se** sich entfernen (*de* von +*dat*); (*retirarse*) sich zurückziehen (*de* von +*dat*); **todos se alejan de él** alle gehen ihm aus dem Weg
alelar [ale'lar] *vt, vr:* ~**se** verblöden
aleluya [ale'luɟa] **I.** *interj* halleluja **II.** *m o f* (REL) Halleluja *nt;* **estar de** ~ jubeln
alemán, -ana[1] [ale'man, -ana] **I.** *adj* deutsch **II.** *m, f* Deutsche(r) *mf*
alemán[2] [ale'man] *m* (*lengua*) Deutsch(e) *nt;* **alto** ~ Hochdeutsch *nt;* **decir algo en** ~ etw auf Deutsch sagen
Alemania [ale'manja] *f* Deutschland *nt;* **República Federal de** ~ Bundesrepublik *f* Deutschland
alentado, -a [alen̪'taðo, -a] *adj* (*valiente*) mutig
alentar [alen̪'tar] <e→ie> **I.** *vi* **1.** (*respirar*) atmen **2.** (*estar vivo*) am Leben sein **II.** *vt* ermutigen **III.** *vr:* ~**se** **1.** (*animarse*) Mut fassen **2.** (*Hond, Méx: restablecerse*) sich erholen
alerce [a'lerθe] *m* Lärche *f*
alergia [a'lerxia] *f* Allergie *f* (*a* gegen +*akk*); ~ **alimentaria** Lebensmittelallergie *f;* ~ **al polen** Heuschnupfen *m;* **esto me da** ~ dagegen bin ich allergisch
alérgico, -a [a'lerxiko, -a] *adj* allergisch (*a* gegen +*akk*); **es** ~ **a estos temas** (*fam*) auf diese Themen reagiert er allergisch
alergólogo, -a [aler'ɣoloɣo, -a] *m, f* Allergologe, -in *m, f*
alero [a'lero] *m* **1.** (ARQUIT) Vordach *nt* **2.** (AUTO) Kotflügel *m* **3.** (DEP) Außenstürmer(in) *m(f)*
alerón [ale'ron] *m* **1.** (AERO) Querruder *nt* **2.** (AUTO) Spoiler *m;* ~ **delantero/trasero** Front-/Heckspoiler *m*
alerta [a'lerta] **I.** *adj* wachsam; **estar** ~ **de algo** etw aufmerksam verfolgen **II.** *f* Alarm *m;* **dar la** ~ Alarm schlagen; **poner en** ~ **a alguien** jdn in Alarmzustand versetzen **III.** *interj* Vorsicht
aleta [a'leta] *f* **1.** (ZOOL, NÁUT) Flosse *f;* (*de un buzo*) Schwimmflosse *f* **2.** (ANAT) Nasenflügel *m* **3.** (AUTO) Kotflügel *m*
aletargar [aletar'ɣar] <g→gu> **I.** *vt* einschläfern **II.** *vr:* ~**se** schläfrig werden
aletear [alete'ar] *vi* **1.** (*ave*) mit den Flügeln schlagen **2.** (*pez*) zappeln **3.** (*fam: cobrar fuerza*) zu Kräften kommen
aleteo [ale'teo] *m* **1.** (*de un ave*) Flügelschlag *m* **2.** (*de un pez*) Zappeln *nt*
alevín [ale'βin] *m* **1.** (*pez*) Fischbrut *f* **2.** (*principiante*) Neuling *m*
alevosía [aleβo'sia] *f* Hinterlist *f;* **con** ~ hinterlistig
alevoso, -a [ale'βoso, -a] *adj* hinterlistig
alfa ['alfa] *f* Alpha *nt;* ~ **y omega** (*fig*) Anfang und Ende
alfabético, -a [alfa'βetiko, -a] *adj* alphabetisch; **estar por orden** ~ alphabetisch geordnet sein
alfabetizar [alfaβeti'θar] <z→c> *vt* alphabetisieren
alfabeto [alfa'βeto] *m* Alphabet *nt*
alfalfa [al'falfa] *f* Luzerne *f*
alfaque [al'fake] *m* Sandbank *f*
alfar [al'far] *m* Töpferei *f*
alfarería [alfare'ria] *f* **1.** (*obrador*) Töpferei *f* **2.** (*oficio*) Töpferhandwerk *nt*
alfarero, -a [alfa'rero, -a] *m, f* Töpfer(in) *m(f)*
alfeñique [alfe'ɲike] *m* (*persona*) Schwächling *m*
alférez [al'fereθ] *m* (MIL) Leutnant *m*
alfil [al'fil] *m* (*en ajedrez*) Läufer *m*
alfiler [alfi'ler] *m* **1.** (*aguja*) Stecknadel *f;* **no caber un** ~ (*fig*) voll gestopft sein **2.** (*broche*) Anstecknadel *f;* ~ **de corbata** Krawat-

tennadel *f;* ~ **de gancho** (*Arg*) Sicherheitsnadel *f;* **ir de veinticinco ~es** geschniegelt und gebügelt sein **3.** (*pinza*) Wäscheklammer *f;* **llevo la lección prendida con ~es** (*fig*) ich habe mich auf die Prüfung schlecht vorbereitet

alfiletero [alfile'tero] *m* Nadelbüchse *f*

alfombra [al'fombra] *f* Teppich *m;* ~ **persa** Perserteppich *m*

alfombrado [alfom'braðo] *m* (*Am: alfombra*) Teppichboden *m*

alfombrar [alfom'brar] *vt* mit Teppich auslegen

alfombrilla [alfom'briʎa] *f* **1.** (*estera*) Fußmatte *f;* ~ **de baño** Badematte *f* **2.** (MED) Röteln *pl*

alforja [al'forxa] *f* Tasche *f;* (*de caballería*) Satteltasche *f;* **sacar los pies de las ~s** (*fig*) aus sich *dat* herausgehen

alga ['alɣa] *f* Alge *f*

algarabía [alɣara'βia] *f* **1.** (*gritería*) Geschrei *nt* **2.** (*lengua*) Kauderwelsch *nt;* (*escritura*) unleserliche Schrift *f* **3.** (BOT) Besenheide *f*

algarada [alɣa'raða] *f* Krawall *m*

algarroba [alɣa'rroβa] *f* **1.** (BOT) Futterwicke *f* **2.** (*fruto del algarrobo*) Johannisbrot *nt*

algarrobo [alɣa'rroβo] *m* Johannisbrotbaum *m*

algazara [alɣa'θara] *f* Geschrei *nt;* (*de alegría*) Freudengeschrei *nt*

álgebra ['alxeβra] *f* (MAT) Algebra *f*

álgido, -a ['alxiðo, -a] *adj* **1.** (*muy frío*) eisig; **fiebre álgida** (MED) Schüttelfrost *m* **2.** (*culminante*): **el período ~ del Barroco** die Blütezeit des Barocks; **la crisis está en su momento más ~** die Krise hat ihren Höhepunkt erreicht

algo ['alɣo] **I.** *pron indef* etwas; ~ **es ~** besser das als nichts; **¿quieres ~?** möchtest du (et)was?; **¿apostamos ~?** wollen wir wetten?; **esta película es ~ aparte** dieser Film ist ein Meisterstück; **me suena de ~** das kommt mir irgendwie bekannt vor; **se cree ~** er/sie macht sich wichtig; **por ~ lo habrá dicho** er/sie wird es aus gutem Grund gesagt haben **II.** *adv* ein bisschen; **aún falta ~ hasta llegar** bis dahin fehlt noch ein Stückchen; ~ **así como** ungefähr

algodón [alɣo'ðon] *m* **1.** (*planta, tejido*) Baumwolle *f;* **una camisa de ~** ein Baumwollhemd **2.** (*cosmético*) Watte *f;* ~ **hidrófilo** Verbandswatte *f;* **criado entre algodones** (*fig*) verhätschelt **3.** (*dulce*) Zuckerwatte *f*

algodonero, -a [alɣoðo'nero, -a] **I.** *adj* Baumwoll- **II.** *m, f* **1.** (*comerciante*) Baumwollhändler(in) *m(f)* **2.** (*cultivador*) Baumwollpflanzer(in) *m(f)*

alguacil [alɣwa'θil] *m* **1.** (JUR) Gerichtsbote *m* **2.** (ADMIN) Gemeindediener *m* **3.** (*garfio*) Brecheisen *nt*

alguien ['alɣjen] *pron indef* jemand; **¿hay ~ aquí?** ist da jemand?; ~ **me lo ha contado** irgendjemand hat es mir erzählt; **se cree ~** er/sie spielt sich auf

algún [al'ɣun] *adj v.* **alguno**[1]

alguno, -a[1] [al'ɣuno, -a] *adj* <algún> **1.** (*antepuesto: indef*) irgendein; **¿alguna pregunta?** irgendwelche Fragen?; **de alguna manera** irgendwie; **en algún sitio** irgendwo; **alguna vez** gelegentlich; **algún día** eines Tages **2.** (*postpuesto: ninguno*) kein(e); **en sitio ~** nirgendwo; **persona alguna** niemand

alguno, -a[2] [al'ɣuno, -a] *pron indef* jemand; **~s de los presentes** einige der Anwesenden; **~s ya se han ido** manche sind schon gegangen; **¿tienes caramelos? – sí, me quedan ~s** hast du Bonbons? – ja, ich habe noch welche übrig; **los niños han vuelto a hacer alguna de las suyas** die Kinder haben schon wieder etwas angestellt

alhaja [a'laxa] *f* **1.** (*de piedras preciosas*) Juwel *nt;* (*de bisutería*) Modeschmuck *m* **2.** (*objeto de valor*) Prachtstück *nt;* **¡esta chica es una ~!** dieses Mädchen ist ein Juwel!; **¡menuda ~, este niño!** dieser Junge ist ja ein sauberes Früchtchen!

alharaca [ala'raka] *f* Getue *nt*

alhelí [ale'li] *m* <alhelíes> Levkoje *f*

alheña [a'leɲa] *f* **1.** (BOT) Liguster *m* **2.** (*polvo*) Henna *f o nt*

aliado, -a [ali'aðo, -a] **I.** *adj* verbündet; (POL) alliiert **II.** *m, f* Verbündete(r) *mf;* **los ~s** (POL) die Alliierten

alianza [ali'an̪θa] *f* **1.** (*pacto*) Bündnis *nt;* ~ **Atlántica** Atlantikpakt *m* **2.** (*anillo*) Ehering *m*

aliar [ali'ar] <*1. pres:* alío> **I.** *vt* verbinden **II.** *vr:* ~**se** sich verbünden

alias ['aljas] **I.** *adv* alias **II.** *m inv* Spitzname *m*

alicaído, -a [alika'iðo, -a] *adj* matt; (*deprimido*) deprimiert

alicantino, -a [alikan̪'tino, -a] *adj* aus Alicante

alicates [ali'kates] *mpl* Greifzange *f;* ~ **universales** Kombizange *f*

aliciente [ali'θjen̪te] *m* Anreiz *m*

aliento [a'ljen̪to] *m* **1.** (*respiración*) Atem *m;* **mal ~** Mundgeruch *m;* **sin ~** außer Atem; **cobrar ~** wieder zu Atem kommen; **esto me quita el ~** das verschlägt mir den Atem; **tomar ~** Atem holen **2.** (*vaho*) Hauch *m* **3.** (*ánimo*) Mut *m;* **dar ~ a alguien** jdm Mut einflößen

aligátor [ali'ɣator] *m* Alligator *m*

aligerar [alixe'rar] **I.** *vi* sich beeilen **II.** *vt*

1. (*cargas*) erleichtern **2.** (*aliviar*) lindern **3.** (*acelerar*) beschleunigen; ~ **el paso** schneller gehen

alimaña [ali'maɲa] *f* **1.** (*animal*) Raubzeug *nt* **2.** (*persona*) Schurke, -in *m, f*

alimentación [alimeṇta'θjon] *f* **1.** (*nutrición*) Ernährung *f;* (*aprovisionamiento*) Verpflegung *f;* **industria de la** ~ Nahrungsmittelindustrie *f* **2.** (*de animales*) Fütterung *f* **3.** (*de un horno/una caldera*) Beschicken *nt;* (*de una máquina*) Zufuhr *f* (*con* von +*dat*); ~ **de energía** Energiezufuhr *f;* ~ **de papel** (INFOR) Papierzuführung *f*

alimentador(a)[1] [alimeṇta'ðor(a)] *adj* (TÉC) Zufuhr-; **tubo** ~ Zuleitung *f*

alimentador[2] [alimeṇta'ðor] *m* (TÉC) Zuleitung *f;* (ELEC) Speisekabel *nt;* ~ **de hojas sueltas** (INFOR) Einzelblatteinzug *m*

alimentar [alimeṇ'tar] **I.** *vi* nahrhaft sein **II.** *vt* **1.** (*nutrir*) ernähren; (*aprovisionar*) verpflegen; ~ **el odio** den Hass schüren **2.** (*animales*) füttern **3.** (*horno, caldera*) beschicken; (*máquina*) speisen; ~ **la máquina con energía** der Maschine Energie zuführen **4.** (INFOR): ~ **un ordenador con datos** Daten in einen Computer eingeben **III.** *vr:* ~**se** sich ernähren (*de* von +*dat*)

alimenticio, -a [alimeṇ'tiθjo, -a] *adj* **1.** (*nutritivo*) nahrhaft **2.** (*alimentario*) Nahrungs-; **industria alimenticia** Nahrungsmittelindustrie *f;* **pensión alimenticia** Unterhalt *m;* **productos** ~**s** Nahrungsmittel *ntpl*

alimento [ali'meṇto] *m* **1.** (*sustancia*) Nahrung *f;* **los** ~**s** die Nahrungsmittel; ~ **básico** Grundnahrungsmittel *nt;* ~**s congelados** Tiefkühlkost *f* **2.** (*alimentación*) Ernährung *f;* **de mucho/poco** ~ sehr/wenig nahrhaft **3.** *pl* (*asistencia financiera*) Alimente *pl*

alimón [ali'mon] *m:* **al** ~ zusammen

alindar [aliṇ'dar] **I.** *vi* angrenzen (*con* an +*akk*); **nuestras fincas alindan** unsere Landgüter grenzen aneinander **II.** *vt* abgrenzen

alineación [alinea'θjon] *f,* **alineamiento** [alinea'mjeṇto] *m* **1.** (*general*) Ausrichtung *f* (*con* auf +*akk*); **no** ~ (POL) Blockfreiheit *f* **2.** (DEP) Mannschaftsaufstellung *f*

alinear [aline'ar] **I.** *vt* **1.** (*poner en línea*) (in Reih und Glied) aufstellen **2.** (DEP) in die Mannschaft aufnehmen; (*para un partido*) aufstellen **3.** (POL): **país no alineado** blockfreies Land **II.** *vr:* ~**se** **1.** (*ponerse en fila*) sich (in Reih und Glied) aufstellen; (*estar en fila*) in einer Reihe stehen **2.** (POL) sich anschließen (*con* +*dat*); (*orientarse*) sich orientieren (*con* an +*dat*)

aliñar [ali'ɲar] *vt* **1.** (*condimentar*) würzen; (*ensalada*) anmachen **2.** (*preparar*) zubereiten

aliño [a'liɲo] *m* **1.** (*acción*) Zubereitung *f* **2.** (*condimento*) Gewürz *nt;* (*para ensalada*) Dressing *nt*

alioli [ali'oli] *m* Knoblauchölsoße *f*

alisar [ali'sar] *vt* **1.** (*una superficie*) glätten; (*un terreno*) einebnen **2.** (*el pelo*) auskämmen

alisio [a'lisjo] *adj:* **vientos** ~**s** Passatwinde *mpl*

aliso [a'liso] *m* **1.** (BOT) Erle *f* **2.** (*madera*) Erlenholz *nt*

alistado, -a [alis'taðo, -a] *adj* (*rayado*) gestreift

alistamiento [alista'mjeṇto] *m* **1.** (*inscripción*) Einschreibung *f* **2.** (*lista*) Auflistung *f* **3.** (MIL) Musterung *f;* (*en la marina*) Anheuerung *f*

alistar [alis'tar] **I.** *vt* **1.** (*inscribir*) einschreiben **2.** (*enumerar*) auflisten **3.** (MIL) mustern; (*enrolar*) anwerben; (*en la marina*) anheuern **II.** *vr:* ~**se** **1.** (*inscribirse*) sich einschreiben **2.** (MIL) sich (freiwillig) melden; (*en la marina*) anheuern

aliteración [alitera'θjon] *f* Alliteration *f*

aliviadero [aliβja'ðero] *m* Überlauf *m*

aliviar [ali'βjar] **I.** *vi* den Schritt beschleunigen **II.** *vt* **1.** (*carga*) leichter machen; **tienes que** ~ **la maleta** du musst das Gewicht des Koffers reduzieren **2.** (*persona*) entlasten; (*de una preocupación*) erleichtern **3.** (*dolor, pena*) mildern; ~ **un bloqueo económico** eine Wirtschaftsblockade lockern **III.** *vr:* ~**se** **1.** (*dolor, pena*) nachlassen **2.** (*de una enfermedad*) sich erholen

alivio [a'liβjo] *m* **1.** (*aligeramiento*) Erleichterung *f* **2.** (*de una enfermedad*) Erholung *f;* (*mejoría*) Besserung *f* **3.** (*loc*): **vestir de** ~ Trauer tragen; **he pescado un catarro de** ~ (*fam*) ich habe mich schwer erkältet; **sus amigos son de** ~ (*fam*) seine/ihre Freunde sind bösartig

aljaba [al'xaβa] *f* Köcher *m*

aljibe [al'xiβe] *m* **1.** (*cisterna*) Zisterne *f* **2.** (*tanque*) Wassertank *m* **3.** (*barco*) Tanker *m*

allá [a'ʎa] *adv* **1.** (*lugar*) dort; **el más** ~ (REL) das Jenseits **2.** (*dirección*) dorthin; **¿cuánto se tarda de aquí** ~**?** wie lange braucht man bis dorthin?; **ponte más** ~ stelle dich weiter weg **3.** (*tiempo*) damals; ~ **por el año 64** um das Jahr 64 herum; ~ **en tiempos de Maricastaña** anno dazumal **4.** (*loc*): **¡**~ **tú!** (*fam*) das ist deine Sache!

allanamiento [aʎana'mjeṇto] *m* **1.** (*de un terreno*) (Ein)ebnen *nt* **2.** (*de dificultades*) Behebung *f* **3.** (JUR): ~ **de morada** Hausfriedensbruch *m*

allanar [aʎa'nar] **I.** *vt* **1.** (*terreno, camino*) ebnen **2.** (*construcción*) niederreißen **3.** (*dificultades*) beheben **4.** (JUR): ~ **una casa** Hausfriedensbruch begehen **II.** *vr:* ~**se** sich fügen (*a* + *dat*); **no se allana nunca** er/sie gibt nie nach; ~**se a las órdenes** die Anordnungen befolgen

allegado, -a [aʎe'ɣaðo, -a] **I.** *adj* nahe stehend **II.** *m, f* Verwandte(r) *mf*

allegar [aʎe'ɣar] <g→gu> *vt* (*recursos*) aufbringen; (*pruebas, datos*) sammeln

allende [a'ʎeṇde] *adv* jenseits; ~ **las montañas** jenseits der Berge; ~ **de ser guapa, es agradable** sie ist nicht nur hübsch, sondern auch noch nett

allí [a'ʎi] *adv* **1.** (*lugar*) dort; ~ **cerca, por** ~ dort in der Nähe; **¡~ viene!** da kommt er/sie! **2.** (*dirección*) dorthin; **hasta** ~ bis dahin

alma ['alma] *f* **1.** (*espíritu, persona*) Seele *f;* ~ **de cántaro** Einfaltspinsel *m;* **un** ~ **de Dios** eine Seele von Mensch; ~ **en pena** armer Mensch; **¡~ mía!** mein Liebling!; **agradecer con el** ~ von Herzen danken; **no tener** ~ herzlos sein; **me arranca el** ~ das zerreißt mir das Herz; **me llega al** ~ das geht mir sehr nahe; **lo siento en el** ~ ich bedauere es von ganzem Herzen; **fue el** ~ **de la fiesta** er/sie brachte die Fete in Schwung; **se le cayó el** ~ **a los pies** (*fam*) er/sie warf die Flinte ins Korn; **como** ~ **que lleva el diablo** (*fam*) wie ein geölter Blitz; **estar con el** ~ **en un hilo** (*fam*) (wie) auf (glühenden) Kohlen sitzen **2.** (*ánimo*) Gemüt *nt* **3.** (TÉC) Kern *m*

almacén [alma'θen] *m* **1.** (*depósito*) Lager *nt;* ~ **de diapositivas** Diamagazin *nt;* ~ **al por mayor** Großhandlung *f;* **franco en** ~ ab Lager; **tener en** ~ auf Lager haben **2.** (*tienda*): **grandes almacenes** Kaufhaus *nt*

almacenaje [almaθe'naxe] *m,* **almacenamiento** [almaθena'mjeṇto] *m* **1.** (*de mercancías*) (Ein)lagerung *f;* ~ **definitivo** Endlagerung *f* **2.** (INFOR) Speicherung *f* **3.** (*tasa*) Lagergebühr *f*

almacenar [almaθe'nar] *vt* **1.** (*mercancías*) (ein)lagern **2.** (INFOR) speichern; ~ **en disco duro** auf der Festplatte (ab)speichern

almacenero, -a [almaθe'nero, -a] *m, f* (*CSur: dueño*) Lebensmittelhändler(in) *m(f)*

almacenista [almaθe'nista] *mf* Großhändler(in) *m(f)*

almadreña [alma'ðreɲa] *f* Holzschuh *m*

almanaque [alma'nake] *m* Almanach *m*

almeja [al'mexa] *f* Venusmuschel *f*

almena [al'mena] *f* Zinne *f*

almendra [al'meṇdra] *f* **1.** (*fruta*) Mandel *f;* ~**s garapiñadas** gebrannte Mandeln **2.** (*semilla*) Mandelkern *m* **3.** (*fam: guijarro*) Kieselstein *m*

almendro [al'meṇdro] *m* Mandelbaum *m*

almeriense [alme'rjense] *adj* aus Almería

almiar [al'mjar] *m* Heuhaufen *m*

almíbar [al'miβar] *m* Sirup *m;* **melocotón en** ~ Pfirsichkompott *nt*

almibarado, -a [almiβa'raðo, -a] *adj* (*persona*) schleimig; (*mirada, sonrisa*) süßlich

almibarar [almiβa'rar] *vt* in Sirup einlegen; ~ **a alguien** jdm schmeicheln

almidón [almi'ðon] *m* Stärke *f;* (*para telas*) Wäschestärke *f;* (*alimento*) Stärkemehl *nt;* (*cola*) Leim *m*

almidonado, -a [almiðo'naðo, -a] *adj* (*acicalado*) geschniegelt

almidonar [almiðo'nar] *vt* stärken

alminar [almi'nar] *m* Minarett *nt*

almirante [almi'raṇte] *m* Admiral *m*

almirez [almi'reθ] *m* Mörser *m*

almizcle [al'miθkle] *m* Moschus *m*

almizclero [almiθ'klero] *m* Moschustier *nt*

almohada [almo'aða] *f* **1.** (*cojín*) Kissen *nt;* (*de la cama*) Kopfkissen *nt;* **consultar algo con la** ~ (*fam*) etw überschlafen **2.** (*funda*) Kopfkissenbezug *m*

almohadilla [almoa'ðiʎa] *f* (*cojín*) Kissen *nt;* (*acerico*) Nadelkissen *nt;* ~ **de tinta** Stempelkissen *nt*

almohadón [almoa'ðon] *m* Kissen *nt;* (*del sofá*) Sofakissen *nt*

almoneda [almo'neða] *f* **1.** (*subasta*) Versteigerung *f* **2.** (*saldo*) Ausverkauf *m*

almorranas [almo'rranas] *fpl* Hämorrhoiden *fpl*

almorzar [almor'θar] *irr como forzar vi, vt* **1.** (*a mediodía*) zu Mittag essen **2.** (*reg: desayunar*) frühstücken

almuerzo [al'mwerθo] *m* **1.** (*al mediodía*) Mittagessen *nt;* ~**-coloquio** Arbeitsessen *nt;* ~ **de negocios** Geschäftsessen *nt;* **¿qué hay de** ~**?** was gibt es zum Mittagessen? **2.** (*reg: desayuno*) Frühstück *nt*

alocado, -a [alo'kaðo, -a] *adj* **1.** (*loco*) verrückt **2.** (*imprudente*) leichtfertig **3.** (*revoltoso*) ausgelassen

alocución [aloku'θjon] *f* Ansprache *f*

alojamiento [aloxa'mjeṇto] *m* **1.** (*lugar*) Unterkunft *f* **2.** (*acción*) Unterbringung *f;* (MIL) Einquartierung *f*

alojar [alo'xar] **I.** *vt* **1.** (*albergar*) beherbergen **2.** (*procurar alojamiento*) unterbringen; (*tropa*) einquartieren **3.** (*cosa*) hineinstecken (*en* in + *akk*) **II.** *vr:* ~**se 1.** (*hospedarse*) unterkommen; (*en un hotel*) absteigen; (MIL) sich einquartieren **2.** (*meterse*) stecken (*en* in + *dat*)

alondra [a'loṇdra] *f* Lerche *f*

alopatía [alopa'tia] *f* Allopathie *f*

alopecia [alo'peθja] *f sin pl* Haarausfall *m*

alpaca [al'paka] *f* **1.** (*tela, t.* ZOOL) Alpaka *nt*

2. (*aleación*) Neusilber *nt*

alpargata [alpar'ɣata] *f* ≈Espadrille *f;* **no tener ni para ~s** (*fig*) ein armer Schlucker sein

Alpes ['alpes] *mpl* Alpen *pl*

alpinismo [alpi'nismo] *m sin pl* Bergsteigen *nt*

alpinista [alpi'nista] *mf* Bergsteiger(in) *m(f)*

alpino, -a [al'pino, -a] *adj* Alpen-; **refugio ~** Alpenhütte *f*

alpiste [al'piste] *m* **1.** (BOT) Kanariengras *nt* **2.** (*para pájaros*) Vogelfutter *nt* **3.** (*loc, fam*): **no tener para ~** bettelarm sein; **le gusta mucho el ~** er/sie ist ein Schluckspecht

alquería [al'keria] *f* Aussiedlerhof *m*

alquilar [alki'lar] **I.** *vt* **1.** (*dejar*) vermieten **2.** (*tomar en alquiler*) mieten **II.** *vr:* **~se** (*destinado a ser alquilado*) zu vermieten sein; **se alquila** zu vermieten

alquiler [alki'ler] *m* **1.** (*acción*) Mieten *nt;* (*de parte del dueño*) Vermieten *nt;* **~ de coches** Autoverleih *m;* **~ con opción de compra** Leasing *nt* **2.** (*precio*) Miete *f*

alquimia [al'kimja] *f* Alchimie *f*

alquimista [alki'mista] *mf* Alchimist(in) *m(f)*

alquitrán [alki'tran] *m* Teer *m*

alquitranar [alkitra'nar] *vt* teeren

alrededor [alrreðe'ðor] *adv* **1.** (*local*) ringsherum; **~ de la plaza** rings um den Platz; **un viaje ~ de la tierra** eine Reise rund um die Welt **2.** (*aproximadamente*): **~ de** um

alrededores [alrreðe'ðores] *mpl* Umgebung *f*

Alsacia [al'saθja] *f* Elsass *nt;* **~-Lorena** Elsass-Lothringen *nt*

alsaciano, -a [alsa'θjano, -a] **I.** *adj* elsässisch **II.** *m, f* Elsässer(in) *m(f)*

alta ['aḷta] *f* **1.** (*documento*) Entlassungsschein *m;* **dar el ~** gesundschreiben; **dar de ~ del hospital** aus dem Krankenhaus entlassen **2.** (*inscripción*) Anmeldung *f;* (*ingreso*) Beitritt *m;* **darse de ~ en (el registro de) una ciudad** sich beim Einwohnermeldeamt anmelden; **darse de ~ en una asociación** einem Verein beitreten; **dar de ~ a alguien en un partido** jdn als Mitglied in eine Partei aufnehmen

altamente [aḷta'meṇte] *adv* äußerst; **~ contaminado** hochgradig verseucht; **~ cualificado** hoch qualifiziert

altanería [aḷtane'ria] *f* Überheblichkeit *f*

altanero, -a [aḷta'nero, -a] *adj* überheblich

altar [aḷ'tar] *m* Altar *m;* **~ mayor** Hochaltar *m;* **poner a alguien en los ~es** (*fig*) jdn über den grünen Klee loben; **quedarse para adornar ~es** (*fig*) als alte Jungfer enden; **tener a alguien en los ~es** (*fig*) jdm größte Hochachtung entgegenbringen

altavoz [aḷta'βoθ] *m* Lautsprecher *m*

alterable [aḷte'raβle] *adj* **1.** (*plan*) (ver)änderbar **2.** (*alimento*) verderblich **3.** (*irritable*) erregbar

alteración [aḷtera'θjon] *f* **1.** (*de planes*) (Ver)änderung *f;* (FIN) Schwankung *f;* **~ del horario** Fahrplanänderung *f* **2.** (*perturbación*) Störung *f* **3.** (*turbación*) Unruhe *f* **4.** (*irritación*) Erregung *f* **5.** (*altercado*) Auseinandersetzung *f* **6.** (*adulteración*) Verfälschung *f*

alterado, -a [aḷte'raðo, -a] *adj* (*aturdido*) durcheinander; (*demudado*) verstört

alterar [aḷte'rar] **I.** *vt* **1.** (*cambiar*) ändern **2.** (*perturbar*) stören **3.** (*turbar*) in Unruhe versetzen; (*irritar*) aufregen **4.** (*adulterar*) verfälschen **5.** (*alimentos*) verderben **II.** *vr:* **~se 1.** (*cambiar*) sich ändern **2.** (*aturdirse*) sich beunruhigen (*por* wegen *+gen/dat*); (*irritarse*) sich aufregen (*por* über *+akk*) **3.** (*alimentos*) verderben; (*leche*) sauer werden

altercado [aḷter'kaðo] *m* Auseinandersetzung *f*

altercar [aḷter'kar] <c→qu> *vi* streiten

alternar [aḷter'nar] **I.** *vi* **1.** (*turnarse*) sich abwechseln (*en* bei *+dat*); **los veranos cálidos han alternado con los lluviosos** heiße und regnerische Sommer haben sich abgewechselt; **~ en el volante** sich beim Fahren abwechseln **2.** (*tratar*): **~ con alguien** mit jdm verkehren; **es persona que alterna** er/sie verkehrt mit der Creme der Gesellschaft **3.** (*en un club nocturno*) animieren **II.** *vt* abwechseln; **~ el trabajo con la diversión** abwechselnd arbeiten und frei haben **III.** *vr:* **~se** sich abwechseln (*en* bei *+dat*)

alternativa [aḷterna'tiβa] *f* **1.** (*opción*) Alternative *f;* **poner en la ~** vor die Alternative stellen; **no le queda otra ~ que...** er/sie hat keine andere Wahl als ... **2.** (TAUR) Zulassung *f* als Matador; **dar la ~ a alguien para algo** (*fig*) jdn für reif genug für etw halten

alternativamente [aḷternatiβa'meṇte] *adv* abwechselnd

alternativo, -a [aḷterna'tiβo, -a] *adj* **1.** (*opcional*) alternativ **2.** (*con alternación*) wechselnd

alterne [aḷ'terne] *m:* **chica de ~** Animierdame *f;* **bar de ~** Animierlokal *nt*

alterno, -a [aḷ'terno, -a] *adj* wechselnd; **cultivo ~** (AGR) Wechselwirtschaft *f;* **en días ~s** jeden zweiten Tag

alteza [aḷ'teθa] *f* **1.** (*tratamiento*) Hoheit *f;* **Su A~ Real** Ihre Königliche Hoheit **2.** (*calidad*) Erhabenheit *f*

altibajos [aḷti'βaxos] *mpl* **1.** (*de un terreno*) Unebenheiten *fpl* **2.** (*cambios*) Auf und Ab *nt;* **es una persona con muchos ~ en su estado de ánimo** seine/ihre Stimmung ändert sich ständig

altillo [al̪'tiʎo] *m* **1.** (*piso*) Zwischengeschoss *nt* **2.** (*desván*) Mansarde *f*

altiplanicie [al̪tipla'niθje] *f,* **altiplano** [al̪ti'plano] *m* Hochebene *f*

Altísimo [al̪'tisimo] *m:* **el ~** Gott *m*

altisonante [al̪tiso'nan̪te] *adj* hochtrabend

altitud [al̪ti'tuᵭ] *f* Höhe *f;* **a una ~ de 1500 metros** in 1500 Meter Höhe; **Madrid está a una ~ de 640 metros sobre el nivel del mar** Madrid liegt 640 Meter über dem Meeresspiegel

altivez [al̪ti'βeθ] *f* Überheblichkeit *f*

altivo, -a [al̪'tiβo, -a] *adj* (*soberbio*) überheblich

alto, -a[1] ['al̪to, -a] *adj* **1.** (*en general*) hoch; **~s cargos** Führungskräfte *fpl;* **un ~ cargo** eine hohe Stellung; **notas altas** (MÚS) hohe Töne; **de alta calidad** von erstklassiger Qualität; **~s funcionarios** hohe Beamte; **tener un ~ concepto de alguien** eine hohe Meinung von jdm haben **2.** (*ser viviente*) groß **3.** (*en la parte superior*) obere(r, s); **clase alta** Oberschicht *f* **4.** (GEO: *territorio*) Hoch-; (*río*) Ober-; **la alta montaña** das Hochgebirge; **el ~ Rin** der Oberrhein; **el ~ Tajo** der Oberlauf des Tajos **5.** (*idioma, época*) Hoch-; **la alta Edad Media** das hohe Mittelalter **6.** (*tiempo*) spät; **a altas horas de la noche** spätabends **7.** (*río*) Hochwasser führend; (*mar*) aufgewühlt; **el río está ~** der Fluss ist gestiegen **8.** (*sonido*) laut; **hablar en voz alta** laut sprechen

alto[2] ['al̪to] **I.** *interj* halt; **¡~ el fuego!** Feuer einstellen! **II.** *m* **1.** (*descanso*) Pause *f;* **~ el fuego** Waffenstillstand *m;* **dar el ~** zum Anhalten auffordern **2.** (*altura*) Höhe *f;* **medir 8 metros de ~** 8 Meter hoch sein **3.** (*collado*) Anhöhe *f* **4.** *pl* (*piso alto*) Obergeschoss *nt* **III.** *adv* **1.** (*en voz alta*) laut **2.** (*en un lugar elevado*) hoch; **ponlo en lo más ~** stell es ganz nach oben; **de ~ abajo** von oben nach unten **3.** (*loc*): **pasar un saludo por ~** eine Begrüßung übersehen; **pasar una pregunta por ~** eine Frage übergehen; **por todo lo ~** prächtig

altoparlante [al̪topar'lan̪te] *m* (*Am*) Lautsprecher *m*

altozano [al̪to'θano] *m* Anhöhe *f*

altramuz [al̪tra'muθ] *m* Lupine *f*

altruismo [al̪tru'ismo] *m sin pl* Selbstlosigkeit *f*

altruista [al̪tru'ista] **I.** *adj* selbstlos **II.** *mf* Altruist(in) *m(f)*

altura [al̪'tura] *f* **1.** (*altitud, de un sonido*) Höhe *f;* **de gran ~** hoch; **de poca ~** niedrig; **a gran ~** in großer Höhe; **una montaña de 2000 metros de ~** ein 2000 Meter hoher Berg; **el avión pierde ~** das Flugzeug verliert an Höhe; **estar a la ~ de Valencia** auf der Höhe von Valencia liegen; **estar a la ~ de las circunstancias** der Situation gewachsen sein; **estar a la ~ del betún** (*fam*) ein schlechtes Bild abgeben; **a estas ~s** zu diesem Zeitpunkt **2.** (*estatura*) Größe *f* **3.** (*excelencia*) Erhabenheit *f* **4.** *pl* (*cielo*) Himmel *m*

alubia [a'luβja] *f* Bohne *f*

alucinación [aluθina'θjon] *f* Halluzination *f*

alucinado, -a [aluθi'naðo, -a] *adj* (*fam: asombrado*): **miraba ~ a la chica** er starrte wie gebannt auf das Mädchen; **me quedé ~ al leerlo en el periódico** ich war ganz platt, als ich es in der Zeitung las

alucinante [aluθi'nan̪te] *adj* (*fam: fantástico*) klasse; (*increíble*) unglaublich

alucinar [aluθi'nar] **I.** *vi* (*fam*) **1.** (*hablando*) halluzinieren; **¡tú alucinas!** (*fig*) red doch kein Unsinn! **2.** (*quedar fascinado*) verblüfft sein; **aluciné con sus conocimientos de chino** ich war baff über seine/ihre Chinesischkenntnisse **II.** *vt* (*fam*) **1.** (*deslumbrar*) blenden; (*cautivar*) fesseln **2.** (*entusiasmar*) begeistern

alud [a'luᵭ] *m* Lawine *f;* **un ~ de gente** eine große Menschenmenge

aludir [alu'ðir] *vi* (*referirse*) anspielen (*a* auf +*akk*); (*mencionar*) erwähnen (*a* +*akk*); **darse por aludido** sich betroffen fühlen; **no darse por aludido** sich *dat* nichts anmerken lassen

alumbrado [alum'braðo] *m* Beleuchtung *f;* **~ público** Straßenbeleuchtung *f*

alumbramiento [alumbra'mjen̪to] *m* **1.** (*iluminación*) Beleuchtung *f* **2.** (*parto*) Entbindung *f*

alumbrar [alum'brar] **I.** *vi* **1.** (*iluminar*) leuchten; **la lámpara alumbra poco** die Lampe gibt wenig Licht **2.** (*parir*) entbinden **II.** *vt* **1.** (*iluminar*) beleuchten; (*a alguien*) anleuchten **2.** (*parir*) zur Welt bringen **III.** *vr:* **~se** (*fam*) sich beschwipsen

aluminio [alu'minjo] *m* Aluminium *nt*

alumnado [alum'naðo] *m* (*de escuela*) Schülerschaft *f;* (*de universidad*) Studentenschaft *f*

alumno, -a [a'lumno, -a] *m, f* (*de escuela*) Schüler(in) *m(f);* (*de universidad*) Student(in) *m(f)*

alunizaje [aluni'θaxe] *m* Mondlandung *f*

alunizar [aluni'θar] <z→c> *vi* auf dem Mond landen

alusión [alu'sjon] *f* **1.** (*insinuación*) Anspielung *f* (*a* auf +*akk*); **hacer una ~ a algo** etw andeuten **2.** (*mención*) Erwähnung *f* (*a* +*gen*)

alusivo, -a [alu'siβo, -a] *adj* anspielend (*a*

auf +*akk*); **dijo una frase alusiva a la situación** er/sie sagte kurz etwas über die Lage

aluvión [alu'βjon] *m* **1.** (*inundación*) Überschwemmung *f* **2.** (*sedimento*) Ablagerung *f;* **tierra de ~** Schwemmland *nt* **3.** (*cantidad*) Schwall *m*

álveo ['alβeo] *m* Flussbett *nt*

alveolo [alβe'olo] *m,* **alvéolo** [al'βeolo] *m* **1.** (ANAT) Alveole *f;* **~ pulmonar** Lungenbläschen *nt* **2.** (*del panal*) Bienenzelle *f*

alza ['al̥θa] *f* **1.** (*elevación*) Anstieg *m;* **~ abusiva de los precios** Preiswucher *m;* **ir** [*o* **estar**] **en ~** (*precios*) steigen; (*persona*) an Ansehen gewinnen **2.** (*de un zapato*) Leistenaufschlag *m* **3.** (*de un arma*) Visier *nt*

alzada [al̥'θaða] *f* **1.** (*de un caballo*) Stockmaß *nt* **2.** (JUR) Einspruch *m*

alzado, -a[1] [al̥'θaðo, -a] *adj* **1.** (*fijado*) pauschal **2.** (*sublevado*) aufständisch **3.** (*Am: montaraz*) wild; (*en celo*) brünstig

alzado[2] [al̥'θaðo] *m* (ARQUIT) Aufriss *m*

alzamiento [al̥θa'mjen̪o] *m* Aufstand *m*

alzar [al̥'θar] <z→c> **I.** *vt* **1.** (*levantar*) heben; (*precio*) erhöhen; (*puño, voz*) erheben; **~ pelo** (*AmC, Méx*) Angst haben **2.** (*poner vertical*) aufrichten **3.** (*sostener*) hochhalten **4.** (*quitar*) abnehmen; (*colcha, mantel*) abziehen; (*mesa*) abräumen; (*sello*) entfernen; (*campamento*) abbrechen **5.** (*construir*) errichten **6.** (AGR: *cosecha*) einbringen; (*tierra*) ackern **7.** (*loc*): **~ el vuelo** (*pájaro*) losfliegen; (*persona*) das Elternhaus verlassen **II.** *vr:* **~se 1.** (*levantarse, destacar*) sich erheben; **allí se alza la universidad** dort ragt das Universitätsgebäude empor **2.** (JUR) Einspruch erheben **3.** (*Am: animales*) verwildern **4.** (*Am: sublevarse*) sich auflehnen **5.** (*Am: robar*) stehlen; **~se con la pasta** (*fam*) mit der Kohle durchbrennen

ama ['ama] *f* (*dueña*) Herrin *f;* (*propietaria*) Besitzerin *f;* **~ de casa** Hausfrau *f;* **~ de cría** Amme *f;* **~ de llaves** Haushälterin *f*

amabilidad [amaβili'ða^{ð}] *f* Freundlichkeit *f;* **tuvo la ~ de avisarme** er/sie war so freundlich mir Bescheid zu sagen; **le agradezco su ~** das ist sehr freundlich von Ihnen

amable [a'maβle] *adj* freundlich, liebenswürdig; **ser ~ (para) con alguien** freundlich zu jdm sein; **¿sería Ud. tan ~ de explicármelo?** wären Sie so freundlich es mir zu erklären?

amadrinar [amaðri'nar] *vt* Patin sein (von +*dat*)

amaestrar [amaes'trar] *vt* **1.** (*animales*) abrichten; (*caballos*) zureiten; (*para el circo*) dressieren **2.** (*pey: niños*) dressieren **3.** (*instruir*) unterweisen (*en* in +*dat*)

amagar [ama'ɣar] <g→gu> **I.** *vi* **1.** (*amenazar*) drohen; **estaba amagando la guerra cuando…** der Krieg stand bevor, als … **2.** (*enfermedad*) sich andeuten **II.** *vt* **1.** (*indicar*) Anstalten machen; **amagó un golpe** er/sie machte Anstalten zuzuschlagen **2.** (*amenazar*) drohen; **~ a alguien con algo** jdm mit etw *dat* drohen

amago [a'maɣo] *m* **1.** (*amenaza*) Drohung *f* **2.** (*indicio*) Anzeichen *nt* (*de* für +*akk*) **3.** (DEP) Finte *f*

amainar [amai̯'nar] **I.** *vi* nachlassen **II.** *vt* (NÁUT) einholen

amalgama [amal'ɣama] *f* **1.** (QUÍM) Amalgam *nt* **2.** (*mezcla*) Gemisch *nt*

amalgamar [amalɣa'mar] **I.** *vt* **1.** (TÉC) amalgamieren **2.** (*mezclar*) vermengen **II.** *vr:* **~se** sich vermengen

amamantar [amaman̪'tar] *vt* (*bebé*) stillen; (*cachorro*) säugen

amancebamiento [aman̪θeβa'mjen̪to] *m* wilde Ehe *f*

amancebarse [aman̪θe'βarse] *vr* in wilder Ehe leben

amanecer [amane'θer] **I.** *vimpers* dämmern; **está amaneciendo** es dämmert **II.** *irr como crecer vi* aufwachen **III.** *m* Tagesanbruch *m;* **al ~** bei Tagesanbruch

amanecida [amane'θiða] *f* (*Am*) Tagesanbruch *m*

amanerado, -a [amane'raðo, -a] *adj* **1.** (*persona*) geziert **2.** (*estilo*) gekünstelt

amanerarse [amane'rarse] *vr* (*persona*) sich zieren

amansar [aman'sar] **I.** *vt* **1.** (*animal*) zähmen **2.** (*persona*) bändigen; (*sosegar*) besänftigen **II.** *vr:* **~se** zahm werden

amante [a'man̪te] **I.** *adj:* **soy poco ~ de hablar en público** ich spreche nicht gerne vor Publikum **II.** *mf* **1.** (*querido*) Liebhaber(in) *m(f)* **2.** *pl* (*pareja*) Liebespaar *nt* **3.** (*aficionado*) Liebhaber(in) *m(f);* **un ~ de la naturaleza** ein Naturfreund

amanuense [ama'nwense] *mf* **1.** (*secretario*) Sekretär(in) *m(f)* **2.** (*copista*) Schreiber(in) *m(f)*

amañar [ama'ɲar] **I.** *vt* **1.** (*plan, asunto*) deichseln *fam;* **~ una solución** eine Notlösung finden **2.** (*resultado, documento*) fälschen **II.** *vr:* **~se con alguien** mit jdm gut auskommen; **amañárselas (para todo)** sich (bei allem) geschickt anstellen

amaño [a'maɲo] *m* Geschick *nt;* **con ~** geschickt

amapola [ama'pola] *f* Klatschmohn *m;* **ponerse como una ~** knallrot werden

amar [a'mar] *vt* lieben

amaraje [ama'raxe] *m* Wasserung *f;* **efectuar el ~** wassern

amarar [ama'rar] *vi* wassern (*en* auf +*dat*)
amargar [amar'ɣar] <g→gu> **I.** *vt* verbittern; ~ **la vida a alguien** jdm das Leben schwer machen **II.** *vi* bitter schmecken; **la verdad amarga** die Wahrheit tut weh **III.** *vr:* ~**se** verbittert werden
amargo, -a [a'marɣo, -a] *adj* bitter
amargor [amar'ɣor] *m,* **amargura** [amar'ɣura] *f* **1.** (*sabor*) bitterer Geschmack *m* **2.** (*sentimiento*) Verbitterung *f;* (*aflicción*) Betrübnis *f;* **llorar con** ~ bitterlich weinen
amarillear [amariʎe'ar] *vi* vergilben
amarillento, -a [amari'ʎen̩to, -a] *adj* gelblich; (*fotografía, papel*) vergilbt
amarillismo [amari'ʎismo] *m sin pl* Sensationsmache *f*
amarillo, -a [ama'riʎo, -a] *adj* **1.** (*color*) gelb **2.** (*pálido*) blass
amarra [a'marra] *f* **1.** (NÁUT) Tau *nt* **2.** *pl* (*apoyo*) Beziehungen *fpl*
amarradero [amarra'ðero] *m* **1.** (*poste*) Pfosten *m* **2.** (*argolla*) Metallring *m* **3.** (NÁUT) Anlegeplatz *m*
amarrar [ama'rrar] **I.** *vt* **1.** (*atar*) festbinden (*a* an +*dat*); **tener a alguien muy amarrado** (*fig*) jdm wenig Freiraum lassen **2.** (NÁUT) vertäuen **3.** (*fam: empollar*) büffeln **II.** *vr:* ~**se** (*Am*) heiraten
amartelarse [amarte'larse] *vr* **1.** (*enamorarse*) sich bis über beide Ohren verlieben (*de* in +*akk*) **2.** (*ponerse cariñoso*) turteln
amartillar [amarti'ʎar] *vt* **1.** (*arma*) spannen **2.** (*fam: negocio*) absichern
amasandería [amasan̩de'ria] *f* (*AmS*) Bäckerei *f*
amasar [ama'sar] *vt* **1.** (*masa*) kneten **2.** (*fortuna*) anhäufen **3.** (*pey: tramar*) anzetteln
amasijo [ama'sixo] *m* **1.** (*para hacer pan*) (Knet)teig *m* **2.** (*acción de amasar*) Kneten *nt* **3.** (*argamasa*) Mörtel *m* **4.** (*fam: mezcla*) Kuddelmuddel *m o nt* **5.** (*fam: intriga*) Machenschaft *f*
amateur [ama'ter] **I.** *adj* Amateur- **II.** *mf* <amateurs> Amateur(in) *m(f)*
amatista [ama'tista] *f* Amethyst *m*
amatorio, -a [ama'torjo, -a] *adj* Liebes-
amazacotado, -a [amaθako'taðo, -a] *adj* **1.** (*colchón*) hart **2.** (*recargado*) überladen; **un informe** ~ **de datos** ein mit Daten voll gepackter Bericht; **estuvimos** ~**s en el tranvía** wir standen dicht gedrängt in der Straßenbahn
amazona [ama'θona] *f* **1.** (*mujer*) Amazone *f* **2.** (*traje*) Reitkostüm *nt*
ambages [am'βaxes] *mpl* Umschweife *mpl;* **¡habla sin** ~**!** komm auf den Punkt!
ámbar ['ambar] **I.** *m* Bernstein *m* **II.** *adj inv* bernsteinfarben
Amberes [am'beres] *f* Antwerpen *nt*
ambición [ambi'θjon] *f* Ehrgeiz *m;* ~ **de poder** Machthunger *m;* **sin ambiciones** anspruchslos; **mi** ~ **en la vida es...** mein Lebensziel ist (es) ...
ambicionar [ambiθjo'nar] *vt* streben (nach +*dat*); **sólo ambiciono salud** ich wünsche mir nur Gesundheit
ambicioso, -a [ambi'θjoso, -a] *adj* ehrgeizig
ambientador [ambjen̩ta'ðor] *m* Raumspray *m o nt*
ambientar [ambjen̩'tar] **I.** *vt* **1.** (*novela*) ansiedeln; ~ **la acción de una novela en el siglo pasado** die Handlung eines Romans ins vergangene Jahrhundert verlegen; **la novela está ambientada en Lima** der Roman spielt in Lima **2.** (*fiesta*) Stimmung machen (bei +*dat*) **II.** *vr:* ~**se 1.** (*aclimatarse*) sich eingewöhnen (*en* in +*dat*) **2.** (*en una fiesta*) in Stimmung kommen
ambiente [am'bjen̩te] *m* **1.** (*aire*) Luft *f* **2.** (*medio*) Milieu *nt;* **medio** ~ Umwelt *f;* **nocivo para el medio** ~ umweltschädlich **3.** (*social*) Kreis *m* **4.** (*atmósfera*) Atmosphäre *f,* Stimmung *f;* **dar** ~ Stimmung machen; **hay** ~ **para este proyecto** dieses Projekt hat gute Aussichten angenommen zu werden; **el proyecto no encontró buen** ~ das Projekt fand keinen Anklang; **no había** ~ **en la calle** es war nicht viel los auf der Straße; **el** ~ **en la reunión estaba caldeado** bei der Versammlung herrschte dicke Luft **5.** (*CSur: habitación*) Raum *m;* **un departamento de cuatro** ~**s** eine Vierzimmerwohnung
ambigüedad [ambiɣwe'ðaᵈ] *f* **1.** (*de doble significado*) Zweideutigkeit *f;* **sin** ~**es** eindeutig **2.** (*de más significados*) Mehrdeutigkeit *f*
ambiguo, -a [am'biɣwo, -a] *adj* **1.** (*de doble significado*) zweideutig **2.** (*de más significados*) mehrdeutig **3.** (LING) doppelgeschlechtig
ámbito ['ambito] *m* **1.** (*contorno*) Umkreis *m* **2.** (*espacio*) Bereich *m;* **en el** ~ **nacional** auf nationaler Ebene
ambivalente [ambiβa'len̩te] *adj* ambivalent
ambos, -as ['ambos, -as] *adj* beide
ambulancia [ambu'lan̩θja] *f* **1.** (*vehículo*) Krankenwagen *m* **2.** (MIL) Feldlazarett *nt* **3.** (FERRO): ~ **de correos** Bahnpost *f*
ambulante [ambu'lan̩te] **I.** *adj* umherziehend; **circo** ~ Wanderzirkus *m;* **vendedor** ~ Hausierer *m;* **venta** ~ fahrendes Gewerbe **II.** *mf:* ~ **de correos** Angestellte(r) *mf* der Bahnpost
ambulatorio, -a[1] [ambula'torjo, -a] *adj* ambulant
ambulatorio[2] [ambula'torjo] *m* Ambulanz

f

ameba [a'meβa] *f* Amöbe *f*

amedrentar [ameðren̦'tar] **I.** *vt* **1.** (*asustar*) einschüchtern **2.** (*intimidar*) Angst machen +*dat* **II.** *vr:* ~**se** **1.** (*asustarse*) sich erschrecken **2.** (*intimidarse*) sich ängstigen

amén [a'men] **I.** *m* Amen *nt;* **decir ~ a todo** zu allem ja und amen sagen; **no decir ni ~** kein Sterbenswörtchen sagen; **en un decir ~** (*fam*) im Handumdrehen **II.** *prep:* **~ de** außer +*dat*

amenaza [ame'naθa] *f* **1.** (*intimidación*) Drohung *f;* **bajo la ~ de violencia** unter der Androhung von Gewalt **2.** (*peligro*) Bedrohung *f*

amenazador(a) [amenaθa'ðor(a)] *adj* **1.** (*tono*) drohend; **gesto ~** Drohgebärde *f* **2.** (*que anuncia peligro*) bedrohlich

amenazar [amena'θar] <z→c> **I.** *vt* (*intimidar*) bedrohen; **el jefe le ha amenazado con despedirle** der Chef hat ihm angedroht ihn zu entlassen; **¿me está amenazando?** soll das eine Drohung sein? **II.** *vi, vt* (*presagiar*) drohen; **amenaza tormenta** ein Gewitter droht; **está amenazando lluvia** es sieht nach Regen aus

amenidad [ameni'ðaᵈ] *f* **1.** (*entretenimiento*) Unterhaltsamkeit *f* **2.** (*distracción*) Vergnügen *nt*

amenizar [ameni'θar] <z→c> *vt* **1.** (*hacer agradable*) angenehm machen **2.** (*entretener*) (gut) unterhalten **3.** (*conversación*) beleben

ameno, -a [a'meno, -a] *adj* **1.** (*agradable*) angenehm; (*paisaje*) lieblich **2.** (*entretenido*) unterhaltsam

América [a'merika] *f* Amerika *nt;* **~ Central** Mittelamerika *nt;* **~ Latina** Lateinamerika *nt;* **~ del Norte/del Sur** Nord-/Südamerika *nt;* **hacer las ~s** (*fig*) ein Vermögen machen

> Viele Spanier wanderten im letzten und auch noch in diesem Jahrhundert nach Lateinamerika aus. Die Redewendung „hacer **las Américas**" bezieht sich direkt darauf und heißt so viel wie in den Ländern Amerikas sein Glück machen.

americana [ameri'kana] *f* Sakko *m o nt*

americanismo [amerika'nismo] *m* (LING) Lateinamerikanismus *m*

americanista [amerika'nista] *mf* Amerikanist(in) *m(f)*

americano, -a [ameri'kano, -a] **I.** *adj* (*de América del Sur*) südamerikanisch; (*estadounidense*) amerikanisch; **el estilo de vida ~** der American way of life **II.** *m, f* (*de América del Sur*) Südamerikaner(in) *m(f);* (*estadounidense*) Amerikaner(in) *m(f)*

amerindio, -a [ame'rin̦djo, -a] **I.** *adj* indianisch **II.** *m, f* Indianer(in) *m(f)*

amerizar [ameri'θar] <z→c> *vi* wassern

ametralladora [ametraʎa'ðora] *f* Maschinengewehr *nt*

ametrallar [ametra'ʎar] *vt* (mit dem Maschinengewehr) schießen (auf +*akk*); (*matar*) (mit dem Maschinengewehr) erschießen

amianto [a'mjan̦to] *m* Asbest *m*

amigable [ami'ɣaβle] *adj* **1.** (*persona, relación*) freundschaftlich **2.** (*cosa, carácter*) freundlich

amígdala [a'miɣðala] *f* Mandel *f*

amigdalitis [amiɣða'litis] *f inv* Mandelentzündung *f*

amigo, -a [a'miɣo, -a] **I.** *adj* **1.** (*que tiene la amistad*) befreundet; **es muy amiga mía** sie ist eine sehr gute Freundin von mir; **somos (muy) ~s desde la infancia** wir sind seit unserer Kindheit (sehr gut) befreundet; **¡y tan ~s!** und damit hat sich's! **2.** (*amistoso*) freundschaftlich **3.** (*aficionado, partidario*): **ser ~ de algo** etw mögen; **soy más ~ de veranear en el campo que en la costa** ich verbringe den Sommer lieber auf dem Land als an der Küste; **soy ~ de decir las cosas claras** ich bin sehr dafür die Dinge beim Namen zu nennen; **este tipo es muy ~ de lucir** dieser Kerl glänzt gern nach außen hin **II.** *m, f* **1.** (*general*) Freund(in) *m(f);* **~ de lo ajeno** Dieb *m;* **~ por correspondencia** Brieffreund *m;* **hacerse ~ de alguien** sich mit jdm anfreunden; **poner a alguien cara de pocos ~s** jdn mit verbissener Miene ansehen **2.** (*amante*) Geliebte(r) *mf* **3.** (*adepto*) Anhänger(in) *m(f)*

amiguete [ami'ɣete] *m* (*fam*) Kumpel *m*

amilanar [amila'nar] **I.** *vt* **1.** (*intimidar*) einschüchtern **2.** (*desanimar*) entmutigen **II.** *vr:* ~**se** **1.** (*acobardarse*) verzagen **2.** (*abatirse*) sich entmutigen lassen

aminoácido [amino'aθiðo] *m* Aminosäure *f*

aminorar [amino'rar] **I.** *vi* nachlassen **II.** *vt* verringern; **~ el paso** den Schritt verlangsamen

amistad [amis'taᵈ] *f* **1.** (*entre amigos*) Freundschaft *f;* **tener ~ con alguien** mit jdm befreundet sein; **trabar ~ con alguien** mit jdm Freundschaft schließen; **hacer las ~es con alguien** sich mit jdm versöhnen **2.** *pl* (*amigos*) Freunde *mpl*

amistar [amis'tar] **I.** *vi* (*Méx*) Freundschaft schließen **II.** *vr:* ~**se** (*CSur*) sich anfreunden

amistoso, -a [amis'toso, -a] *adj* **1.** (*perso-*

na) freundlich **2.** (*cosa*) freundschaftlich; **partido** ~ Freundschaftsspiel *nt* **3.** (*discusión*) friedlich; **llegar a un acuerdo** ~ sich gütlich einigen

amnesia [am'nesja] *f sin pl* Gedächtnisverlust *m*

amnistía [amnis'tia] *f* Amnestie *f;* **A~ Internacional** Amnesty International; **conceder ~ a alguien** jdn amnestieren

amnistiar [amnis'tjar] <*1. pres:* amnistío> *vt* amnestieren

amo ['amo] *m* **1.** (*de la casa*) Hausherr *m* **2.** (*propietario*) Besitzer *m* **3.** (*patrón*) Arbeitgeber *m* **4.** (*loc*): **hacerse el ~** (**de la asociación**) sich *dat* (im Verein) Autorität verschaffen; **ser el ~ en algo** der Beste in etw *dat* sein; **ser el ~ del cotarro** (*fam*) das Regiment führen

amodorrarse [amoðo'rrarse] *vr* schläfrig werden

amojonar [amoxo'nar] *vt* abstecken

amolar [amo'lar] <o→ue> **I.** *vt* **1.** (*afilar*) schleifen **2.** (*fam: molestar*) nerven **II.** *vr:* **~se** (*vulg: críticas, sinsabores*) hinunterschlucken *fam;* **¡que se amuele!** zum Teufel mit ihm/ihr! *fam*

amoldar [amol'dar] **I.** *vt* **1.** (*ajustar al molde*) einpassen (*a* in *+akk*) **2.** (*moldar*) formen **3.** (*acomodar*) anpassen (*a +dat*) **II.** *vr:* **~se** sich anpassen (*a +dat*)

amonarse [amo'narse] *vr* (*fam*) sich *dat* einen antrinken

amonestación [amonesta'θjon] *f* **1.** (*advertencia*) Ermahnung *f;* (*reprensión*) Verwarnung *f;* **tarjeta de ~** (DEP) gelbe Karte **2.** (*de los novios*) Aufgebot *nt;* **correr las amonestaciones** das Aufgebot verlesen

amonestar [amones'tar] **I.** *vt* **1.** (*advertir*) ermahnen; (*reprender*) verwarnen **2.** (*los novios*) aufbieten **II.** *vr:* **~se** das Aufgebot bestellen

amoníaco [amo'niako] *m* Ammoniak *nt*

amontonar [amonto'nar] **I.** *vt* **1.** (*tierra, heno*) aufhäufen; (*periódicos, cajas*) stapeln **2.** (*conocimientos, dinero*) anhäufen; **los refugiados estaban amontonados en el transbordador** die Flüchtlinge waren auf der Fähre zusammengepfercht **II.** *vr:* **~se 1.** (*cosas*) sich häufen **2.** (*personas*) sich drängen **3.** (*sucesos, noticias*) sich überstürzen

amor [a'mor] *m* Liebe *f;* **~ al prójimo** Nächstenliebe *f;* **~ propio** Ehrgefühl *nt;* **~ a primera vista** Liebe auf den ersten Blick; **¡~ mío!** mein Liebling!; **mi gran ~ es el cine** meine große Leidenschaft ist der Film; **hacer el ~ con alguien** (*fam*) mit jdm schlafen; **hacer algo con ~** etw liebevoll machen; **con** [*o* **de**] **mil ~es** mit (dem größten) Vergnügen; **en ~ y compaña** in Frieden und Eintracht; **por ~ al arte** umsonst; **¡por ~ de Dios!** um Gottes willen!; **~ con ~ se paga** (*prov*) wie man in den Wald hineinruft, so schallt es heraus

amoratado, -a [amora'taðo, -a] *adj* dunkelviolett; **un ojo ~** ein blaues Auge; **tengo los labios ~s de frío** meine Lippen sind blau vor Kälte; **tengo el brazo ~ de la caída** ich habe von dem Sturz einen blauen Fleck am Arm

amordazar [amorða'θar] <z→c> *vt* knebeln; (*fig*) mundtot machen

amorfo, -a [a'morfo, -a] *adj* formlos

amorío(s) [amo'rios] *m(pl)* (*pey*) Affäre *f*

amoroso, -a [amo'roso, -a] *adj* **1.** (*de amor*) Liebes- **2.** (*cariñoso*) liebevoll (*con/para con* zu *+dat*) **3.** (*tierra, tela*) weich **4.** (*tiempo*) mild

amorrar [amo'rrar] **I.** *vi* (*fam*) **1.** (*bajar la cabeza*) den Kopf hängen lassen **2.** (*mostrar enfado*) schmollen **II.** *vr:* **~se 1.** (*fam: enfadarse*) mürrisch werden **2.** (*loc*): **~se a la botella** die Flasche an die Lippen setzen

amortiguador [amortiɣwa'ðor] *m* (AUTO) Stoßdämpfer *m*

amortiguar [amorti'ɣwar] <gu→gü> *vt* dämpfen; (*golpe, caída*) auffangen; (*pena, dolor*) mildern; (*sentimiento*) abtöten; **~ los faros** (AUTO) abblenden

amortización [amortiθa'θjon] *f* **1.** (*de una deuda*) Tilgung *f* **2.** (*fiscal*) Abschreibung *f*

amortizar [amorti'θar] <z→c> *vt* **1.** (*deuda*) tilgen **2.** (*fiscalmente*) abschreiben **3.** (*inversión*) amortisieren **4.** (*empleos*) abbauen

amoscarse [amos'karse] <c→qu> *vr,* **amostazarse** [amosta'θarse] <z→c> *vr* (*fam*) einschnappen

amotinado, -a [amoti'naðo, -a] **I.** *adj* aufständisch **II.** *m, f* Aufständische(r) *mf*

amotinar [amoti'nar] **I.** *vt* aufhetzen **II.** *vr:* **~se** sich auflehnen

amparar [ampa'rar] **I.** *vt* (be)schützen (*contra/de* vor *+dat*); **~ a alguien** jdm Schutz gewähren; **la constitución ampara la libertad de religión** die Verfassung gewährleistet die Religionsfreiheit **II.** *vr:* **~se** sich schützen (*contra/de* vor *+dat*); **~se bajo algo** unter etw *dat* Zuflucht suchen; **se ampara en una ley antigua** er/sie beruft sich auf ein altes Gesetz; **el espía se amparó en la oscuridad para escapar** der Spion entkam im Schutz der Dunkelheit

amparo [am'paro] *m* **1.** (*protección*) Schutz *m;* **estar al ~ de alguien** unter jds Schutz stehen; **al ~ de la oscuridad** im Schutz der Dunkelheit **2.** (*refugio*) Zuflucht *f*

amperio [am'perjo] *m* Ampere *nt*

ampliación [amplja'θjon] *f* Vergrößerung *f;* (*de conocimientos*) Erweiterung *f;* (*de un* *número, el capital*) Erhöhung *f;* (*de un territorio*) Ausdehnung *f;* (*de un edificio/una carretera*) Ausbau *m;* (*de un sonido*) Verstärkung *f;* ~ **de RAM** (INFOR) RAM-Erweiterung *f;* ~ **del surtido** Sortimentserweiterung *f*

ampliamente [amplja'mente] *adv* **1.** (*cumplidamente*) reichlich **2.** (*extensamente*) ausführlich; **las condiciones han mejorado** ~ die Bedingungen sind jetzt weitaus besser

ampliar [ampli'ar] <*1. pres:* amplío> *vt* vergrößern; (*conocimientos*) erweitern; (*capital, número*) erhöhen; (*territorio*) ausdehnen; (*edificio, carretera*) ausbauen; (*sonido*) verstärken; **edición ampliada** erweiterte Ausgabe

amplificador [amplifika'ðor] *m* Verstärker *m*

amplificar [amplifi'kar] <c→qu> *vt* verstärken

amplio, -a ['ampljo, -a] *adj* **1.** (*casa*) geräumig; (*jardín, parque*) weitläufig **2.** (*vestido*) weit **3.** (*informe*) ausführlich; (*experiencia, oferta*) umfangreich; (*poderes, influencias*) weit reichend; (*red de comunicaciones*) weit verzweigt; (*interés*) vielfältig; **una derrota amplia** eine schwere Niederlage; **amplias partes de la población** weite Teile der Bevölkerung; **en un sentido más** ~ im weiteren Sinne

amplitud [ampli'tu^{d}] *f* **1.** (*extensión*) Ausdehnung *f;* (*de conocimientos*) Umfang *m;* (*de un informe*) Ausführlichkeit *f;* ~ **de miras** (Welt)offenheit *f;* ~ **del surtido** (ECON) Sortimentsbreite *f;* **de gran** ~ weit reichend **2.** (*de una casa*) Geräumigkeit *f;* (*de un jardín/parque*) Weitläufigkeit *f* **3.** (FÍS) Amplitude *f*

ampolla [am'poʎa] *f* **1.** (*en la piel, burbuja*) Blase *f;* **tener ~s en los pies** Blasen an den Füßen haben; **algo levanta ~s** (*fig*) etw zieht Blasen **2.** (*garrafa*) Karaffe *f* **3.** (*para inyecciones*) Ampulle *f*

ampuloso, -a [ampu'loso, -a] *adj* schwülstig

amputar [ampu'tar] *vt* amputieren

amueblar [amwe'βlar] *vt* möblieren

amuermado, -a [amwer'maðo, -a] *adj* (*fam*) **1.** *ser* todlangweilig **2.** *estar* (zu Tode) gelangweilt

amuermar [amwer'mar] **I.** *vt* (*fam*) **1.** (*aburrir*) anöden **2.** (*droga*) bedröhnen **3.** (*calor*) schlaff machen **II.** *vr:* **~se** (*fam*) sich anöden

amuleto [amu'leto] *m* Amulett *nt*

amurallar [amura'ʎar] *vt* mit einer Mauer umgeben

anabolizante [anaβoli'θante] *m* Anabolikum *nt*

anacarado, -a [anaka'raðo, -a] *adj* perlmutterfarben

anacardo [ana'karðo] *m* **1.** (BOT) Nierenbaum *m* **2.** (*fruto*) Cashewnuss *f*

anaconda [ana'konda] *f* Anakonda *f*

ánade ['anaðe] *mf* Ente *f*

anagrama [ana'ɣrama] *m* Anagramm *nt*

anal [a'nal] *adj* anal

anales [a'nales] *mpl* **1.** (HIST) Annalen *pl* **2.** (*de una universidad/sociedad*) Jahrbuch *nt*

analfabetismo [analfaβe'tismo] *m sin pl* **1.** (*estado*) Analphabetismus *m* **2.** (*analfabetos*) Analphabetentum *nt*

analfabeto, -a [analfa'βeto, -a] *m, f* Analphabet(in) *m(f)*

analgésico [anal'xesiko] *m* Schmerzmittel *nt*

análisis [a'nalisis] *m inv* **1.** (*general*) Analyse *f;* ~ **de sistemas** (INFOR) Systemanalyse *f;* ~ **de la situación económica** Konjunkturanalyse *f;* **¿qué** ~ **haces de la situación?** wie beurteilst du die Lage? **2.** (MED) Untersuchung *f;* ~ **del grupo sanguíneo** Blutgruppenbestimmung *f* **3.** (MAT) Analysis *f*

analista [ana'lista] *mf* **1.** (*de anales*) Chronist(in) *m(f)* **2.** (*que analiza*) Analytiker(in) *m(f);* ~ **político** politischer Beobachter; ~ **de productos alimenticios** Lebensmittelchemiker(in) *m(f);* ~ **de sistemas** (INFOR) Systemanalytiker(in) *m(f);* **el médico mandó las pruebas al** ~ der Arzt schickte die Proben ins Labor

analítico, -a [ana'litiko, -a] *adj* analytisch

analizar [anali'θar] <z→c> *vt* **1.** (*examinar*) analysieren **2.** (MED) untersuchen **3.** (*situación*) beurteilen; (*resultado*) auswerten

analogía [analo'xia] *f* Analogie *f;* **por** ~ **con algo** in Analogie zu etw *dat*

análogo, -a [a'naloɣo, -a] *adj* analog (*a* zu +*dat*)

ananá(s) [ana'na(s)] *m* (*Am*) Ananas *f*

anaquel [ana'kel] *m* (*en la pared*) Wandbrett *nt;* (*de una estantería*) Regalbrett *nt;* (*de un armario*) Schrankbrett *nt*

anaranjado, -a [anaraŋ'xaðo, -a] *adj* orange

anarquía [anar'kia] *f* Anarchie *f*

anarquismo [anar'kismo] *m sin pl* Anarchismus *m*

anarquista [anar'kista] **I.** *adj* anarchistisch **II.** *mf* Anarchist(in) *m(f)*

anatema [ana'tema] *m o f* **1.** (*maldición*) Verfluchung *f;* **lanzar ~s contra alguien** Verwünschungen gegen jdn ausstoßen **2.** (*excomunión*) Anathem(a) *nt* **3.** (*condena*) Verdammung *f*

anatematizar [anatemati'θar] <z→c> *vt* **1.** (*maldecir*) verfluchen **2.** (*excomunicar*) aus der Kirche verbannen **3.** (*condenar*) verdammen

anatomía [anato'mia] *f* Anatomie *f*

anatómico, -a [ana'tomiko, -a] *adj* **1.** (MED) anatomisch **2.** (*adaptado al cuerpo*) körpergerecht

anca ['aŋka] *f* **1.** (*de animal*) Hinterbacke *f;* **~s de rana** Froschschenkel *mpl;* **montar a las ~s** hinten aufsitzen **2.** (*cadera*) Hüfte *f* **3.** *pl* (*fam: nalgas*) Hintern *m*

ancestral [aṇθes'tral] *adj* **1.** (*relativo a los antepasados*) Ahnen- **2.** (*tradicional*) überliefert; (*antiguo*) uralt

ancho, -a¹ ['antʃo, -a] *adj* **1.** (*vasto*) breit; (*vestidos*) weit; **~ de espaldas** breitschult(e)rig; **a lo ~** der Breite nach; **un árbol tumbado a lo ~ de la calle** ein Baum, der quer auf der Straße liegt **2.** (*loc*): **se queda tan ~ cuando dice tonterías** es macht ihm nichts aus Blödsinn zu reden; **¡me quedé ~ después del examen!** nach der Prüfung war ich sehr erleichtert; **el trabajo le viene muy ~** er/sie ist dieser Arbeit nicht gewachsen; **me despaché a mis anchas con él** ich habe ihm die Wahrheit ins Gesicht gesagt; **estar a sus anchas** ganz in seinem Element sein; **en este pueblo estoy a mis anchas** ich fühle mich in diesem Dorf wie zu Hause

ancho² ['antʃo] *m* Breite *f;* **~ de vía** (AUTO, FERRO) Spurweite *f;* **tener** [*o* **medir**] **cinco metros de ~** fünf Meter breit sein

anchoa [an'tʃoa] *f* Anschovis *f*

anchura [an'tʃura] *f* Breite *f;* (*de un vestido*) Weite *f*

ancianidad [aṇθjani'ðaᵈ] *f* Alter *nt*

anciano, -a [aṇ'θjano, -a] **I.** *adj* alt **II.** *m, f* Alte(r) *mf*

ancla ['aŋkla] *f* Anker *m;* **echar ~s** vor Anker gehen; **levar ~s** den Anker lichten

ancladero [aŋkla'ðero] *m* Ankerplatz *m*

anclar [aŋ'klar] **I.** *vi* ankern; **estar anclado** vor Anker liegen **II.** *vt* verankern

áncora ['aŋkora] *f* Anker *m*

ancuviña [aŋku'βiɲa] *f* (*Chil*) **1.** (*sepelio*) Bestattung *f* **2.** (*tumba*) Grab *nt;* **cavar una ~** ein Grab ausheben

andadas [aṇ'daðas] *fpl:* **volver a las ~** in alte Gewohnheiten verfallen

Andalucía [aṇdalu'θia] *f* Andalusien *nt*

andaluz(a) [aṇda'luθ(a)] **I.** *adj* andalusisch **II.** *m(f)* Andalusier(in) *m(f)*

andamiaje [aṇda'mjaxe] *m,* **andamio** [aṇ'damjo] *m* (Bau)gerüst *nt*

andanada [aṇda'naða] *f* Breitseite *f;* **lanzar una ~ contra alguien** (*fig*) jdm den Marsch blasen; **por ~s** (*Arg*) reichlich

andante [aṇ'daṇte] *adj* umherziehend; **parecer un cadáver ~** wie eine wandelnde Leiche aussehen

andanza [aṇ'daṇθa] *f* **1.** (*peripecia*) Ereignis *nt;* (*aventura*) Abenteuer *nt* **2.** (*suerte*): **buena ~** Glück *nt;* **mala ~** Unglück *nt*

andar [aṇ'dar] *irr* **I.** *vi* **1.** (*caminar*) (zu Fuß) gehen; **~ a caballo** reiten; **~ a gatas** auf allen Vieren gehen; (*bebés*) krabbeln; **~ con paso majestuoso** stolzieren; **~ de prisa** schnell gehen; **~ detrás de algo** hinter etw *dat* her sein; **desde la estación hay 10 minutos andando** vom Bahnhof aus sind es 10 Minuten zu Fuß; **esta niña andaba ya a los ocho meses** dieses Mädchen lief schon mit acht Monaten **2.** (*reloj*) gehen; (*coche*) fahren; (*máquina*) laufen **3.** (*tiempo*) vergehen **4.** (*estar*): **¿dónde está el periódico? – ~á por ahí** wo ist die Zeitung? – sie liegt da irgendwo herum; **~ atareado** sehr beschäftigt sein; **~ metido en un asunto** in eine Sache verwickelt sein; **~ haciendo algo** gerade dabei sein etw zu tun; **anda mucha gente buscando empleo** es gibt viele Leute, die eine Stelle suchen; **te ando llamando desde hace una hora** ich versuche dich seit einer Stunde anzurufen; **~ con gente de bien** mit den oberen Zehntausend verkehren; **los precios andan por las nubes** die Preise sind unerschwinglich; **~ mal de dinero** schlecht bei Kasse sein; **andar mal de inglés** schlecht in Englisch sein **5.** (*loc*): **~ a golpes** sich prügeln; **~ a tiros** sich beschießen; **~ a una** sich einig sein; **~ a la que salta** die Gelegenheit beim Schopf(e) packen; **~ a la greña con alguien** sich mit jdm balgen; **~ con cuidado** sich vorsehen; **no hay que ~ con bromas con él** mit ihm ist nicht zu spaßen; **~ con miramientos** rücksichtsvoll vorgehen; **~ con rodeos** Umschweife machen; **no andes en mi escritorio** wühl nicht auf meinem Schreibtisch herum; **~ en pleitos** einen Prozess führen; **~emos por los 30 grados** wir haben ungefähr 30 Grad; **~ por los 30** so um die 30 sein; **¡anda!** sag bloß!; **dime con quien andas y te diré quien eres** (*prov*) sage mir, mit wem du umgehst, und ich sage dir, wer du bist **II.** *vt:* **he andado toda la casa para encontrarte** ich habe das ganze Haus nach dir abgesucht **III.** *m* Gang *m*

andariego, -a [aṇda'rjeɣo, -a] **I.** *adj* wanderlustig **II.** *m, f* Wanderer, -in *m, f*

andas ['aṇdas] *fpl* Traggestell *nt;* **llevar a alguien en ~** (*fig*) jdn in Watte packen

andén [aṇ'den] *m* **1.** (FERRO) Bahnsteig *m* **2.** (*de muelle*) Kai *m* **3.** (*corredor*) Gang *m* **4.** (*de un puente*) Gehweg *m*

Andes ['aṇdes] *mpl* Anden *pl*

andinismo [aṇdi'nismo] *m sin pl* (*Am*) Bergsteigen *nt*

andinista [aṇdi'nista] *mf* (*Am*) Bergsteiger(in) *m(f)*

andino, **-a** [aṇ'dino, -a] *adj* Anden-, andin

Andorra ist ein kleiner, demokratischer Staat (nur 467 Quadratkilometer groß) mit einem parlamentarischen Fürstentum als Staatsform, der im Norden und Osten an Frankreich, im Westen und Süden an Spanien grenzt.

andorrano, **-a** [aṇdo'rrano, -a] **I.** *adj* andorranisch **II.** *m, f* Andorraner(in) *m(f)*
andrajo [aṇ'draxo] *m* Fetzen *m*
andrajoso, **-a** [aṇdra'xoso, -a] *adj* zerlumpt
andurrial(es) [aṇdu'rrjales] *m(pl)* unwegsames Gelände *nt*
anécdota [a'neɣðota] *f* Anekdote *f*
anegar [ane'ɣar] <g→gu> **I.** *vt* **1.** (*inundar*) überschwemmen **2.** (*ahogar*) ertränken; ~ **una sublevación en sangre** einen Aufstand blutig niederschlagen **II.** *vr:* ~**se** überschwemmt werden; ~**se en lágrimas** in Tränen aufgelöst sein
anejo, **-a**[1] [a'nexo, -a] *adj* (*a edificios*) angebaut; (*a cartas*) beiliegend
anejo[2] [a'nexo] *m* **1.** (*edificio*) Anbau *m* **2.** (*carta*) Anlage *f* **3.** (*libro, revista*) Beiheft *nt* **4.** (*en un libro*) Anhang *m* **5.** (*pueblo*) Gemeindebezirk *m*
anemia [a'nemja] *f sin pl* Blutarmut *f*
anémona [a'nemona] *f* Anemone *f*
anestesia [anes'tesja] *f* Betäubung *f*
anestesiar [aneste'sjar] *vt* betäuben
anestésico [anes'tesiko] *m* Betäubungsmittel *nt*
anestesista [aneste'sista] *mf* Anästhesist(in) *m(f)*
anexión [aneʸ'sjon] *f* Annexion *f*
anexionar [aneʸsjo'nar] *vt* annektieren
anexo, **-a**[1] [a'neʸso, -a] *adj v.* **anejo**[1]
anexo[2] [a'neʸso] *m v.* **anejo**[2]
anfibio, **-a**[1] [aɱ'fiβjo, -a] *adj* amphibisch; **animal** ~ amphibisches Lebewesen; **vehículo** ~ Amphibienfahrzeug *nt*
anfibio[2] [aɱ'fiβjo] *m* **1.** (ZOOL) Amphibie *f* **2.** (*vehículo*) Amphibienfahrzeug *nt;* (*avión*) Amphibienflugzeug *nt*
anfiteatro [aɱfite'atro] *m* **1.** (*local*) Amphitheater *nt* **2.** (*piso*) Rang *m*
anfitrión, **-ona** [aɱfi'trjon, -ona] *m, f* Gastgeber(in) *m(f)*
ánfora ['aɱfora] *f* **1.** (*cántaro*) Amphore *f* **2.** (*Méx: electoral*) Wahlurne *f*
angarillas [aŋga'riʎas] *fpl* **1.** (*andas*) Trage *f* **2.** (*vinagreras*) Menage *f*
ángel ['aŋxel] *m* Engel *m;* ~ **de la guarda** Schutzengel *m;* **tener mucho** ~ viel Charme haben
angelical [aŋxeli'kal] *adj* engelhaft; **rostro** ~ Engelsgesicht *nt*
angina [aŋ'xina] *f:* ~ **de pecho** Angina pectoris *f;* ~**s** Angina *f*
anglicismo [aŋgli'θismo] *m* Anglizismus *m*
angoleño, **-a** [aŋgo'leɲo, -a] **I.** *adj* angolanisch **II.** *m, f* Angolaner(in) *m(f)*
angosto, **-a** [aŋ'gosto, -a] *adj* eng
angostura [aŋgos'tura] *f* **1.** (*estrechez*) Enge *f;* ~ **intelectual** Engstirnigkeit *f* **2.** (*paso estrecho*) Engpass *m*
anguila [aŋ'gila] *f* **1.** (ZOOL) Aal *m* **2.** (NÁUT) Stapel *m*
angula [aŋ'gula] *f* Glasaal *m*
angular [aŋgu'lar] **I.** *adj* Winkel- **II.** *m* **1.** (FOTO): **gran** ~ Weitwinkelobjektiv *nt* **2.** (*herramienta*) Winkeleisen *nt*
ángulo ['aŋgulo] *m* **1.** (MAT) Winkel *m;* ~ **recto** rechter Winkel; **en** ~ winkelförmig; ~ **de tiro** (DEP) Schusswinkel *m* **2.** (*rincón*) Ecke *f* **3.** (*arista*) Kante *f* **4.** (*de vista*) Blickwinkel *m*
anguloso, **-a** [aŋgu'loso, -a] *adj* **1.** (*lugar*) wink(e)lig **2.** (*cara*) kantig
angurria [aŋ'gurrja] *f* (*Am: fam*) **1.** (*ganas*) Gelüste *ntpl;* (*hambre*) Heißhunger *m;* (*pey: glotonería*) Gefräßigkeit *f* **2.** (*codicia*) Habgier *f*
angustia [aŋ'gustja] *f* **1.** (*aprieto*) Beklemmung *f* **2.** (*temor*) Angst *f;* ~ **vital** Lebensangst *f* **3.** (*aflicción*) Kummer *m;* **dar** ~ bedrücken
angustiar [aŋgus'tjar] **I.** *vt* **1.** (*acongojar*) beklemmen **2.** (*causar temor*) verängstigen **3.** (*afligir*) bekümmern **II.** *vr:* ~**se 1.** (*afligirse*) beklommen sein **2.** (*atemorizarse*) sich ängstigen
angustioso, **-a** [aŋgus'tjoso, -a] *adj* **1.** (*lleno de angustia*) angstvoll **2.** (*inquietante*) beängstigend **3.** (*sofocante*) beklemmend
anhelante [ane'laṇte] *adj* (*ansioso*) sehnsüchtig; **estar** ~ **por algo** etw herbeisehnen
anhelar [ane'lar] **I.** *vi* keuchen **II.** *vt* sich sehnen (nach +*dat*)
anhelo [a'nelo] *m* Sehnsucht *f* (*de* nach +*dat*)
anidar [ani'ðar] **I.** *vi* **1.** (*hacer nido*) nisten **2.** (*morar*) wohnen **II.** *vt* aufnehmen
anilla [a'niʎa] *f* **1.** (*aro*) Ring *m;* (*para pájaros*) Fußring *m;* (*de puro*) Bauchbinde *f* **2.** *pl* (DEP) Ringe *mpl*
anillo [a'niʎo] *m* Ring *m;* ~ **de boda** Ehering *m;* ~ (**de crecimiento**) (BOT) Jahresring *m;* **a alguien no se le caen los** ~**s** (*fig*) jdm fällt kein Zacken aus der Krone; **este vestido te viene como** ~ **al dedo** dieses Kleid passt dir wie angegossen; **esta solución me viene como** ~ **al dedo** diese Lösung kommt mir wir gerufen

ánima ['anima] *f* (*alma*) Seele *f;* **a las ~s** abends

animación [anima'θjon] *f* **1.** (*acción de animarse*) Belebung *f;* **dar ~** beleben **2.** (*viveza*) Lebhaftigkeit *f* **3.** (*actividad*) Betrieb *m;* **había mucha ~ en la calle** die Straße war sehr belebt **4.** (CINE, INFOR) Animation *f*

animado, -a [ani'maðo, -a] *adj* **1.** (*persona*) fröhlich; **no estar muy ~** nicht besonders bei Laune sein **2.** (*lugar*) belebt **3.** (*actividad*) lebhaft **4.** (*concurrido*) stark besucht **5.** (*tener ganas*): **estar ~ a hacer algo** Lust haben etw zu tun; **no estar muy ~** keine rechte Lust haben **6.** (INFOR): **~ por ordenador** computeranimiert

animador(a) [anima'ðor(a)] **I.** *adj* ermutigend **II.** *m(f)* **1.** (*artista*) Alleinunterhalter(in) *m(f)* **2.** (*de turistas*) Animateur(in) *m(f)* **3.** (*presentador*) Moderator(in) *m(f)*

animadversión [animaðβer'sjon] *f* Abneigung *f;* **sentir ~ por alguien** eine Abneigung gegen jdn haben

animal [ani'mal] **I.** *adj* **1.** (*relativo a los animales*) tierisch; **comportamiento ~** Tierverhalten *nt* **2.** (*grosero*) roh; **el aspecto ~ del hombre** das Tier im Menschen **II.** *m* **1.** (ZOOL) Tier *nt;* **~ es de caza** Wild *nt;* **~ de compañía** Haustier *nt;* **~ de presa** Raubtier *nt;* **comer como un ~** (*fam*) wie ein Scheunendrescher essen **2.** (*pey: persona ignorante*) Primitivling *m;* (*bruta*) Rohling *m*

animalada [anima'laða] *f* (*fam*) **1.** (*disparate*) Unsinn *m* **2.** (*barbaridad*) Barbarei *f;* **¡qué ~!** Wahnsinn! **3.** (*cantidad*) Unmenge *f*

animar [ani'mar] **I.** *vt* **1.** (*infundir vida*) beleben; (*dar ánimo*) animieren; (*algo aburrido*) in Schwung bringen **2.** (*alentar*) ermutigen **3.** (*persona triste*) aufmuntern **4.** (*habitación*) aufheitern; (*economía*) ankurbeln **II.** *vr:* **~se 1.** (*cobrar vida*) sich beleben **2.** (*atreverse*) Mut fassen **3.** (*decidirse*) sich entschließen; **¡por fin te has animado a escribir (una carta)!** endlich hast du dich zu einem Brief durchgerungen!; **¿te animas?** machst du mit? **4.** (*alegrarse*) in Stimmung kommen

ánimo ['animo] *m* **1.** (*espíritu*) Gemüt *nt;* **no estoy con ~s de…** ich bin nicht in der Verfassung zu … **2.** (*energía*) Kraft *f;* (*valor*) Mut *m;* **¡~!** Kopf hoch!; **cobrar ~** Mut fassen; **dar ~** Mut einflößen **3.** (*intención*) Absicht *f* (*de* zu +*dat*); **con ~ de…** in der Absicht zu …; **sin ~ de lucro** gemeinnützig; **sin ~ de ofender a nadie** ohne jemandem zu nahe treten zu wollen

animosidad [animosi'ða^ð] *f* (*animadversión*) Abneigung *f*

animoso, -a [ani'moso, -a] *adj* (*valeroso*) mutig

aniñado, -a [ani'ɲaðo, -a] *adj* kindlich; (*pey*) kindisch

aniquilar [aniki'lar] **I.** *vt* **1.** (*destruir*) vernichten; **~ todas las esperanzas** alle Hoffnungen zunichte machen **2.** (*salud*) ruinieren **3.** (*desanimar*) fertig machen **II.** *vr:* **~se 1.** (*desaparecer*) vernichtet werden **2.** (*deteriorarse*) zerstört werden

anís [a'nis] <anises> *m* Anis *m*

aniversario [aniβer'sarjo] *m* Jahrestag *m;* **~ de bodas** Hochzeitstag *m;* **~ de muerte** Todestag *m*

ano ['ano] *m* (ANAT) After *m;* **~ artificial** künstlicher Darmausgang

anoche [a'notʃe] *adv* (*al atardecer*) gestern Abend; (*entrada la noche*) gestern Nacht; **antes de ~** vorgestern Abend; **~ no pude dormir** letzte Nacht konnte ich nicht schlafen

anochecer [anotʃe'θer] **I.** *irr como crecer vimpers:* **anochece** es wird dunkel **II.** *irr como crecer vi:* **anochecimos en Burgos** bei Einbruch der Dunkelheit waren wir in Burgos **III.** *m* Abenddämmerung *f;* **al ~** bei Einbruch der Dunkelheit

anodino, -a [ano'ðino, -a] *adj* **1.** (*cosa*) nichts sagend **2.** (*persona*) fade **3.** (MED) schmerzstillend

ánodo ['anoðo] *m* Anode *f*

anomalía [anoma'lia] *f* Anomalie *f;* **¿has observado alguna ~ en mi actitud?** hast du an meinem Verhalten etwas Ungewöhnliches bemerkt?

anonadar [anona'ðar] **I.** *vt* **1.** (*aniquilar*) vernichten **2.** (*pasmar*) verblüffen; (*maravillar*) überwältigen; **la noticia me dejó anonadado** ich war über die Nachricht verblüfft **3.** (*descorazonar*) entmutigen **II.** *vr:* **~se 1.** (*aniquilarse*) vernichtet werden **2.** (*descorazonarse*) entmutigt werden

anonimato [anoni'mato] *m* Anonymität *f;* **mantener el ~** die Anonymität wahren

anónimo, -a[1] [a'nonimo, -a] *adj* anonym; (*datos*) anonymisiert; **sociedad anónima** (ECON) Aktiengesellschaft *f*

anónimo[2] [a'nonimo] *m* **1.** (*autor*) Anonymus *m* **2.** (*escrito*) anonymer Brief *m* **3.** (*anonimato*) Anonymität *f;* **guardar el ~** die Anonymität wahren

anorak [ano'ra^k] <anoraks> *m* Anorak *m*

anorexia *f sin pl* (MED) Appetitlosigkeit *f,* Anorexie *f*

anormal [anor'mal] *adj* (*no normal*) anormal; **~ (físico)** körperlich zurückgeblieben; **~ (síquico)** geistig zurückgeblieben

anotación [anota'θjon] *f* **1.** (*acción de anotar*) Aufschreiben *nt;* (*en un registro*) Eintragung *f* **2.** (*nota*) Notiz *f* **3.** (FIN) Buchung *f;* **~ de intereses** Zinsgutschrift *f*

anotar [ano'tar] *vt* (*apuntar*) notieren; (*en un registro*) eintragen

anquilosar [aŋkilo'sar] **I.** *vt* versteifen **II.** *vr:* **~se 1.** (*las articulaciones*) steif werden **2.** (*paralizarse*) stocken **3.** (*mentalmente*) verknöchern

ánsar ['ansar] *m* Gans *f*

ansia ['ansja] *f* **1.** (*angustia*) Angst *f* **2.** (*intranquilidad*) Unruhe *f* **3.** (*afán*) Sehnsucht *f* (*de* nach *+dat*); **~ de poder** Machthunger *m* **4.** (*náusea*) Übelkeit *f*

ansiar [an'sjar] <*1. pres:* ansío> *vt* sich sehnen (nach *+dat*); **el momento ansiado** der ersehnte Augenblick; **lograr la tan ansiada copa** den heiß ersehnten Pokal gewinnen; **~ el regreso de alguien** sehnsüchtig auf jds Rückkehr warten; **~ el fin de la guerra** das Ende des Krieges herbeisehnen

ansiedad [ansje'ðaᵈ] *f* Angst *f*

ansiosamente [ansjosa'meṇte] *adv:* **esperamos ~ su visita** wir können Ihren Besuch kaum erwarten; **la esperaba ~ en la estación** er/sie wartete sehnsüchtig am Bahnhof auf sie

ansioso, **-a** [an'sjoso, -a] *adj* **1.** (*intranquilo*) beunruhigt **2.** (*anheloso*) sehnsuchtsvoll **3.** (*impaciente*) ungeduldig; (*deseoso*) begierig **4.** (*codicioso*) gierig

antagónico, **-a** [aṇta'ɣoniko, -a] *adj* **1.** (*opuesto*) gegensätzlich **2.** (*rival*) gegnerisch

antagonismo [aṇtaɣo'nismo] *m* (*oposición*) Gegensatz *m;* (*rivalidad*) Gegnerschaft *f*

antagonista [aṇtaɣo'nista] *mf* Gegner(in) *m(f)*

antaño [aṇ'taɲo] *adv* früher

antártico, **-a** [aṇ'tartiko, -a] *adj* antarktisch; **polo ~** Südpol *m;* **Océano Glacial A~** Südpolarmeer *nt*

Antártida [aṇ'tartiða] *f* Antarktis *f*

ante ['aṇte] **I.** *m* **1.** (ZOOL) Elch *m* **2.** (*piel*) Wildleder *nt* **II.** *prep* **1.** (*posición*) vor *+dat* **2.** (*con movimiento*) vor *+akk* **3.** (*en vista de*) angesichts *+gen* **4.** (*en comparación con*) neben *+dat*

anteanoche [aṇtea'notʃe] *adv* vorgestern Abend

anteayer [aṇtea'ɟer] *adv* vorgestern

antebrazo [aṇte'βraθo] *m* (ANAT) Unterarm *m*

antecámara [aṇte'kamara] *f* Vorzimmer *nt*

antecedente [aṇteθe'ðeṇte] **I.** *adj* vorhergehende(r, s) **II.** *m* **1.** (LING) Bezugswort *nt* **2.** *pl* (*circunstancias*) Vorgeschichte *f;* (*de una persona*) Vorleben *nt;* **~s penales** Vorstrafe *f;* **estar en ~s (de algo)** (über etw) im Bilde sein; **poner a alguien en ~s (de algo)** jdn (über etw) ins Bild setzen

anteceder [aṇteθe'ðer] *vt v.* **preceder**

antecesor(a) [aṇteθe'sor(a)] *m(f)* **1.** (*en un cargo*) Vorgänger(in) *m(f)* **2.** (*antepasado*) Vorfahr(e), -in *m, f*

antedicho, **-a** [aṇte'ðitʃo, -a] *adj* oben genannt

antediluviano, **-a** [aṇteðilu'βjano, -a] *adj* vorsintflutlich

antelación [aṇtela'θjon] *f:* **con ~** im Voraus; **con la debida ~** rechtzeitig

antemano [aṇte'mano] *adv:* **de ~** im Voraus; **calcular de ~** vorausberechnen

antena [aṇ'tena] *f* **1.** (*de telecomunicaciones*) Antenne *f;* **~ colectiva** Gemeinschaftsantenne *f;* **~ interior** Zimmerantenne *f;* **estar en ~** senden; **el programa lleva un año en ~** das Programm wird seit einem Jahr ausgestrahlt **2.** (NÁUT) Rah(e) *f* **3.** (ZOOL) Fühler *m;* **estar con las ~s puestas** (*irón*) die Ohren spitzen

anteojeras [aṇteo'xeras] *fpl* Scheuklappen *fpl*

anteojo [aṇte'oxo] *m* **1.** (*catalejo*) Fernrohr *nt* **2.** *pl* (*gemelos*) Opernglas *nt;* (*prismáticos*) Fernglas *nt;* (*lentes*) Brille *f*

antepasado, **-a** [aṇtepa'saðo, -a] *m, f* Vorfahr(e), -in *m, f*

antepecho [aṇte'petʃo] *m* **1.** (*barandilla*) Geländer *nt* **2.** (*pretil*) Brüstung *f*

antepenúltimo, **-a** [aṇtepe'nuḷtimo, -a] *adj* vorvorletzte(r, s)

anteponer [aṇtepo'ner] *irr como poner* **I.** *vt* **1.** (*poner delante*): **~ algo a algo** etw vor etw stellen **2.** (*dar preferencia*) den Vorrang geben *+dat* (*a* vor *+dat*) **II.** *vr:* **~se 1.** (*ponerse delante*): **~se a alguien** sich vor jdn stellen **2.** (*tener preferencia*) den Vorrang haben (*a* vor *+dat*)

anteproyecto [aṇtepro'ɟekto] *m* Vorentwurf *m*

anterior [aṇte'rjor] **I.** *adj* vorige(r, s); **la noche ~ había llovido** in der Nacht zuvor hatte es geregnet; **en la página ~** auf der vorhergehenden Seite; **el presidente ~** der vorige Präsident **II.** *prep:* **~ a** vor *+dat*

anterioridad [aṇterjori'ðaᵈ] **I.** *f* Vorzeitigkeit *f* **II.** *prep:* **con ~ a** vor *+dat*

anteriormente [aṇterjor'meṇte] *adv* vorher; (*antiguamente*) früher

antes ['aṇtes] **I.** *adv* **1.** (*de tiempo*) vorher; (*hace un rato*) vorhin; (*antiguamente*) früher; (*primero*) zuerst; **poco ~** kurz vorher; **piénsate ~ lo que dices** überlege dir vorher, was du sagst; **ahora como ~** nach wie vor; **~ con ~, cuanto ~** so schnell wie möglich; **~ de nada** zuerst; **~ que nada** vor allem; **los cardenales van ~ que los obispos** die Kardinäle kommen vor den Bischöfen **2.** (*comparativo*) lieber **II.** *prep:* **~ de** vor *+dat* **III.** *conj* **1.** (*temporal*) bevor; ~

(**de**) **que llegues** bevor du kommst **2.** (*adversativo*) sondern; **no estoy satisfecho con el examen, ~ bien decepcionado** ich bin nicht zufrieden mit der Prüfung, um nicht zu sagen enttäuscht **IV.** *adj:* **ya habíamos visto a esta chica el día ~** wir hatten dieses Mädchen schon am Tag zuvor gesehen

antesala [an̪te'sala] *f* Vorzimmer *nt;* **hacer ~** im Vorzimmer warten

antiaéreo, -a [an̪tja'ereo, -a] *adj* (MIL) Flugabwehr-; **antialcohólico, -a** [an̪tjal'koliko, -a/an̪tjalko'oliko, -a] **I.** *adj* antialkoholisch **II.** *m, f* Antialkoholiker(in) *m(f);* **antiatómico, -a** [an̪tja'tomiko, -a] *adj:* **refugio ~** Atombunker *m;* **antibalas** [an̪ti'βalas] *adj inv* kugelsicher

antibiótico [an̪ti'βjotiko] *m* Antibiotikum *nt*

antibloqueo [an̪tiβlo'keo] *m:* **sistema ~ de frenos** Antiblockiersystem *nt*

anticiclón [an̪tiθi'klon] *m* Hoch(druckgebiet) *nt*

anticipación [an̪tiθipa'θjon] *f* **1.** (*de una fecha*) Vorverlegung *f* **2.** (*de un suceso*) Vorwegnahme *f* **3.** (*a la acción de otro*) Vorgriff *m* (*de* auf +*akk*) **4.** (*llegada adelantada*) Verfrühung *f* **5.** (*loc*): **con ~** (*pago*) im Voraus

anticipadamente [an̪tiθipaða'men̪te] *adv* im Voraus; **jubilar ~ a alguien** jdn vorzeitig in den Ruhestand versetzen

anticipado, -a [an̪tiθi'paðo, -a] *adj* (*elecciones*) vorgezogen; **pagar por ~** im Voraus (be)zahlen

anticipar [an̪tiθi'par] **I.** *vt* **1.** (*fecha*) vorverlegen **2.** (*suceso*) vorwegnehmen; **no anticipemos los acontecimientos** lassen wir die Ereignisse auf uns zukommen **3.** (*dinero*) vorstrecken; **~ una paga sobre el sueldo** einen Vorschuss auf das Gehalt geben **II.** *vr:* **~se a alguien** jdm zuvorkommen; **el verano se ha anticipado este año** der Sommer hat früh angefangen; **los invitados se han anticipado** die Gäste haben sich verfrüht

anticipo [an̪ti'θipo] *m* **1.** (*del sueldo*) Vorschuss *m;* **~ sobre el sueldo** Gehaltsvorschuss *m* **2.** (*de un pago*) Anzahlung *f*

anticonceptivo, -a[1] [an̪tikon̪θep'tiβo, -a] *adj* empfängnisverhütend; **píldora anticonceptiva** Antibabypille *f*

anticonceptivo[2] [an̪tikon̪θep'tiβo] *m* Verhütungsmittel *nt*

anticongelante [an̪tikoŋxe'lan̪te] *m* Frostschutzmittel *nt;* **anticonstitucional** [an̪tiko^{n}stituθjo'nal] *adj* verfassungswidrig

anticorrosivo [an̪tikorro'siβo] *m* Rostschutzmittel *nt*

anticuado, -a [an̪ti'kwaðo, -a] *adj* **1.** (*método, ideas*) veraltet, antiquiert **2.** (*vestido, estilo, costumbre*) altmodisch

anticuario, -a [an̪ti'kwarjo, -a] *m, f* (*vendedor*) Antiquitätenhändler(in) *m(f)*

anticuarse [an̪ti'kwarse] *vr* **1.** (*método, ideas*) veralten **2.** (*vestido, estilo, costumbre*) aus der Mode kommen

anticuerpo [an̪ti'kwerpo] *m* Antikörper *m;* **antideportivo, -a** [an̪tiðepor'tiβo, -a] *adj* unsportlich; **antideslizante** [an̪tiðesli'θan̪te] *adj* rutschfest; **antidoping** [an̪ti'ðopin] *adj inv:* **control ~** Dopingkontrolle *f*

antídoto [an̪'tiðoto] *m* **1.** (MED) Gegengift *nt* **2.** (*para evitar errores*) Gegenmittel *nt*

antieconómico, -a [an̪tjeko'nomiko, -a] *adj* unwirtschaftlich; **antiestético, -a** [an̪tjes'tetiko, -a] *adj* unästhetisch

antifaz [an̪ti'faθ] *m* Augenmaske *f*

antigás [an̪ti'ɣas] *adj inv:* **máscara ~** Gasmaske *f*

antigualla [an̪ti'ɣwaʎa] *f* (*pey*) **1.** (*objeto*) (alter) Plunder *m* **2.** (*costumbre, estilo*) alter Zopf *m*

antiguamente [an̪tiɣwa'men̪te] *adv* früher

antigubernamental [an̪tiɣuβernamen̪'tal] *adj* regierungsfeindlich

antigüedad [an̪tiɣwe'ða^{ð}] *f* **1.** (*edad antigua*) Altertum *nt;* **la ~ clásica** die Antike **2.** (*objeto*) Antiquität *f* **3.** (*edad*) Alter *nt;* **tener una ~ de 100 años** 100 Jahre alt sein **4.** (*en una empresa*) Betriebszugehörigkeit *f;* **tengo 5 años de ~** (**en el trabajo**) ich bin seit 5 Jahren in diesem Betrieb

antiguo, -a [an̪'tiɣwo, -a] *adj* <antiquísimo> **1.** (*de muchos años*) alt; (*relación*) langjährig **2.** (*anticuado*) überholt; (*muy anticuado*) altertümlich; **a la antigua** nach alter Art; **está chapado a la antigua** er ist altmodisch **3.** (*de la antigüedad*) antik **4.** (*anterior*) ehemalig **5.** (*en un cargo*): **es el más ~ en esta empresa** er ist der Dienstälteste in dieser Firma

antihigiénico, -a [an̪ti(i)'xjeniko, -a] *adj* unhygienisch; **antiinflacionista** [an̪ti(i)ɱflaθjo'nista] *adj* antiinflationär; **lucha ~** Inflationsbekämpfung *f;* **antiinflamatorio, -a** [an̪ti(i)ɱflama'torjo, -a] *adj* entzündungshemmend

antílope [an̪'tilope] *m* Antilope *f*

antinatural [an̪tinatu'ral] *adj* unnatürlich

antinomia [an̪ti'nomja] *f* Widerspruch *m*

antiparras [an̪ti'parras] *fpl* (*fam*) Brille *f*

antipatía [an̪tipa'tia] *f* Abneigung *f* (*a/contra/hacia* gegen +*akk*)

antipático, -a [an̪ti'patiko, -a] *adj* unsympathisch

antiquísimo, -a [an̪ti'kisimo, -a] *adj superl de* **antiguo**

antirreglamentario, -a [an̪tirreɣlamen'tarjo, -a] *adj* regelwidrig; **entrada antirreglamentaria** (DEP) Foul *nt;* **antirrobo** [aṇti'rroβo] *m* Diebstahlschutz *m*

antisemita [aṇtise'mita] **I.** *adj* antisemitisch **II.** *mf* Antisemit(in) *m(f)*

antisemitismo [aṇtisemi'tismo] *m sin pl* Antisemitismus *m*

antiséptico, -a [aṇti'septiko, -a] *adj* antiseptisch; **antisísmico, -a** [aṇti'sismiko, -a] *adj* erdbebensicher; **antisocial** [aṇtiso'θjal] *adj* unsozial; **antiterrorista** [aṇtiterro'rista] *adj* Antiterror-; **lucha** ~ Kampf gegen den Terrorismus

antítesis [aṇ'titesis] *f inv* **1.** (LIT, FILOS) Antithese *f* **2.** (*contrario*) Gegenteil *nt*

antojadizo, -a [aṇtoxa'ðiθo, -a] *adj* launenhaft

antojarse [aṇto'xarse] *vimpers* **1.** (*encapricharse*): **se le antojó comprarse un coche nuevo** er/sie wollte unbedingt ein neues Auto kaufen; **se me antojó un helado** ich bekam Lust auf ein Eis; **hace siempre lo que se le antoja** er/sie macht immer, wozu er/sie Lust hat **2.** (*tener la sensación*): **se me antoja que no vas a venir** ich habe das Gefühl, dass du nicht kommen wirst; **se me antoja que va a nevar** ich glaube, es wird bald schneien

antojo [aṇ'toxo] *m* **1.** (*capricho*) Laune *f;* **a mi** ~ wie es mir gefällt **2.** (*de una embarazada*) Gelüst(e) *nt;* **tener ~s** (*ganas*) Gelüste haben; (*CSur: estar embarazada*) schwanger sein **3.** (*mancha*) Muttermal *nt* **4.** (*Méx: apetito*) Appetit *m*

antología [aṇtolo'xia] *f* Anthologie *f;* **de** ~ (*memorable*) hervorragend

antonomasia [aṇtono'masja] *f:* **por** ~ schlechthin

antorcha [aṇ'tortʃa] *f* Fackel *f*

antro ['aṇtro] *m* **1.** (*caverna*) Höhle *f* **2.** (*pey: local*) Spelunke *f;* **un** ~ **de corrupción** eine Lasterhöhle

antropófago, -a [aṇtro'pofaɣo, -a] *m, f* Kannibale, -in *m, f*

antropología [aṇtropolo'xia] *f* Anthropologie *f*

antropólogo, -a [aṇtro'poloɣo, -a] *m, f* Anthropologe, -in *m, f*

anual [anu'al] *adj* **1.** (*que dura un año*) Jahres- **2.** (*que sucede cada año*) jährlich; **informe** ~ Jahresbericht *m* **3.** (*planta*) einjährig

anualmente [anwal'meṇte] *adv* jährlich

anuario [anu'arjo] *m* Jahrbuch *nt*

anubarrado, -a [anuβa'rraðo, -a] *adj* bewölkt

anudar [anu'ðar] **I.** *vt* **1.** (*hacer un nudo*) (ver)knoten **2.** (*juntar*) verknüpfen (*a* mit +*dat*) **II.** *vr:* **~se** sich verknoten; (*la voz*) versagen

anulación [anula'θjon] *f* **1.** (*de una ley*) Aufhebung *f* **2.** (*de una sentencia/un matrimonio*) Annullierung *f* **3.** (*de un contrato*) Auflösung *f;* (*de un pedido*) Stornierung *f;* (*de una subscripción*) Kündigung *f* **4.** (*de una decisión/un permiso*) Widerruf *m*

anular [anu'lar] **I.** *vt* **1.** (*ley*) aufheben **2.** (*sentencia, matrimonio*) annullieren **3.** (*contrato*) auflösen; (*pedido*) stornieren; (*subscripción*) kündigen **4.** (*decisión, permiso*) widerrufen **5.** (*cita*) absagen **6.** (*tren, autobús*) streichen **7.** (DEP: *gol*) nicht anerkennen **8.** (*persona*) unterjochen **II.** *vr:* **~se** sich erniedrigen **III.** *adj* **1.** (*relativo al anillo*) Ring- **2.** (*de forma de anillo*) ringförmig

anunciación [anuṇθja'θjon] *f* Verkündigung *f*

anunciar [anuṇ'θjar] **I.** *vt* **1.** (*dar noticia de algo*) bekannt geben; (*de antemano*) ankündigen; (*por teléfono/radio*) durchsagen; **acaban de ~ la llegada del vuelo** die Ankunft des Fluges ist soeben gemeldet worden **2.** (*dar publicidad*) werben (für +*akk*) **3.** (*concurso, oposiciones*) ausschreiben **4.** (*un visitante*) melden **5.** (*presagiar*) vorhersagen **II.** *vr:* **~se 1.** (*hacerse publicidad*) werben **2.** (*el verano*) sich ankündigen

anuncio [a'nuṇθjo] *m* **1.** (*de una noticia*) Bekanntgabe *f;* (*de antemano*) Ankündigung *f* **2.** (*publicidad: en el cine/la TV*) (Werbe)spot *m;* (*en un periódico*) Anzeige *f;* ~ **por palabras** Kleinanzeigen *fpl*

anverso [am'berso] *m* Vorderseite *f*

anzuelo [aṇ'θwelo] *m* **1.** (*para pescar*) Angelhaken *m;* **echar el** ~ den Köder auswerfen; **morder el** ~ anbeißen **2.** (*fam: aliciente*) Köder *m;* **picar en** [*o* **tragar**] **el** ~ anbeißen; **echar el ~ a alguien** jdn ködern

añadidura [aɲaði'ðura] *f* Zusatz *m* (*a* zu +*dat*); (*en una compra*) Zugabe *f* (*a* zu +*dat*); **por** ~ außerdem

añadir [aɲa'ðir] *vt* **1.** (*agregar*) hinzufügen (*a* +*dat*); **a esto hay que ~ que...** hinzu kommt, dass ... **2.** (*alargar*) verlängern; ~ **dos centímetros a las mangas** die Ärmel um zwei Zentimeter verlängern

añagaza [aɲa'ɣaθa] *f* **1.** (*para aves*) Lockvogel *m* **2.** (*ardid*) List *f*

añejo, -a [a'ɲexo, -a] *adj* alt; (*vino*) gealtert

añicos [a'ɲikos] *mpl* Scherben *fpl;* **hacer algo** ~ etw zertrümmern; **estoy hecho** ~ (*fam*) ich bin fix und fertig

añil [a'ɲil] *m* **1.** (BOT) Indigopflanze *f* **2.** (*color*) Indigoblau *nt*

año ['aɲo] *m* Jahr *nt;* ~ **bisiesto** Schaltjahr *nt;* ~ **civil** Kalenderjahr *nt;* ~ **luz** Lichtjahr *nt;* ~ **natural** Kalenderjahr *nt;* ~ **nuevo** Neujahr *nt;* **la víspera de ~ nuevo** der Silvesterabend; ~ **de publicación** Erscheinungsjahr *nt;* ~ **de servicio** Dienstjahr *nt;* **los ~s 60** die 60er Jahre; **por los ~s 60** in den 60er-Jahren; **en el ~ 1960** (im Jahre) 1960; **el ~ de la pera** anno dazumal; **cumplir ~s** Geburtstag haben; **cumplir 60 ~s** 60 Jahre alt werden; **¿cuántos ~s tienes?** wie alt bist du?; **Juan le saca cinco ~s a Pepe** Juan ist fünf Jahre älter als Pepe; **un hombre entrado en ~s** ein älterer Mann; **a mis ~s** in meinem Alter; **necesitar ~s** ewig brauchen; **los ~s no pasan en balde** die Zeit geht nicht spurlos vorbei; **los ~s corren que vuelan** die Jahre fliegen nur so dahin; **por él no pasan los ~s** er sieht für sein Alter jung aus; **quitarse ~s** sich jünger machen; **estar de buen ~** (*saludable*) gut aussehen; (*gordo*) dick sein

añoranza [aɲo'ranθa] *f* Sehnsucht *f;* (*morriña*) Heimweh *nt*

añorar [aɲo'rar] *vt* sich sehnen (nach +*dat*); (*tener morriña*) Heimweh haben (*de* nach +*dat*); ~ **los viejos tiempos** den alten Zeiten nachtrauern

añoso, -a [a'ɲoso, -a] *adj* sehr alt

aojar [ao'xar] *vt* (*hechizar*) verhexen

aorta [a'orta] *f* Hauptschlagader *f*

aovado, -a [ao'βaðo, -a] *adj* oval

aovar [ao'βar] *vi* Eier legen

aovillarse [aoβi'ʎarse] *vr* sich zusammenkauern

apabullante [apaβu'ʎante] *adj* überwältigend

apabullar [apaβu'ʎar] *vt* **1.** (*achicar*) einschüchtern; (*confundir*) verwirren; (*abatir*) am Boden zerstören; **me quedé apabullado cuando oí la noticia** ich war einfach platt, als ich die Nachricht hörte **2.** (*humillar*) demütigen

apacentar [apaθen'tar] <e→ie> **I.** *vt* **1.** (*ganado*) auf die Weide treiben **2.** (*pasiones, deseos*) schüren **II.** *vr:* **~se** weiden

apacible [apa'θiβle] *adj* **1.** (*persona*) sanftmütig **2.** (*temperamento*) ruhig **3.** (*tiempo, viento*) mild

apaciguar [apaθi'ɣwar] <gu→gü> **I.** *vt* **1.** (*aplacar*) besänftigen **2.** (*calmar*) beruhigen; (*dolor*) mildern **II.** *vr:* **~se** sich beruhigen

apadrinar [apaðri'nar] *vt* **1.** (*en un bautizo*) Pate stehen (bei +*dat*); (*en una boda*) Trauzeuge sein (bei +*dat*) **2.** (*proteger*) protegieren **3.** (*patrocinar*) die Schirmherrschaft übernehmen (über +*akk*)

apagado, -a [apa'ɣaðo, -a] *adj* **1.** (*volcán*) erloschen **2.** (*sonido*) gedämpft **3.** (*persona*) niedergeschlagen **4.** (*color*) trüb

apagar [apa'ɣar] <g→gu> **I.** *vt* **1.** (*luz, cigarrillo*) ausmachen **2.** (*fuego, cal*) löschen; ~ **el fuego con una manta** das Feuer mit einer Decke ersticken **3.** (*sed, hambre*) stillen **4.** (*protesta, disturbio*) ersticken **5.** (*televisor, radio*) ausmachen **6.** (*vela*) ausblasen **7.** (*color, bríos*) dämpfen **8.** (*loc*): **¡apaga y vámonos!** jetz reicht's aber!; **hoy está apagado** heute ist er nicht in Form **II.** *vr:* **~se 1.** (*fuego, pipa, luz*) ausgehen **2.** (*sonido*) abklingen **3.** (*color*) verblassen

apagón [apa'ɣon] *m* Stromausfall *m*

apalabrar [apala'βrar] *vt* verabreden

apalancar [apalaŋ'kar] <c→qu> **I.** *vt* mit einer Brechstange hochheben **II.** *vr:* **~se** (*fam*) herumlungern

apalear [apale'ar] *vt* **1.** (AGR) worfeln **2.** (*dinero*) scheffeln **3.** (*a alguien*) verprügeln **4.** (*una alfombra*) ausklopfen **5.** (*un árbol*) schlagen (gegen +*akk*); ~ **un manzano** Äpfel vom Baum abschlagen

apalizar [apali'θar] <z→c> *vt* verprügeln; **el equipo fue apalizado** (*fig*) die Mannschaft erlitt eine vernichtende Niederlage

apañado, -a [apa'ɲaðo, -a] *adj* **1.** (*hábil*) geschickt **2.** (*adecuado*) geeignet **3.** (*fam: equivocado*): **estás ~ si crees que te voy a ayudar** wenn du glaubst, dass ich dir helfe, bist du schief gewickelt; **aquí está ~** hier hat er nichts zu lachen

apañar [apa'ɲar] **I.** *vt* **1.** (*remendar*) flicken **2.** (*loc*): **¡ya te ~é yo!** dir werde ich helfen! **II.** *vr:* **~se 1.** (*darse maña*) sich geschickt anstellen **2.** (*arreglárselas*) zurechtkommen; **no sé cómo te las apañas** ich weiß nicht, wie du das machst; **¡apáñatelas como puedas!** sieh selbst zu, wie du zurechtkommst!

apaño [a'paɲo] *m* **1.** (*acción de apañar*) Flicken *nt* **2.** (*remiendo*) Flickarbeit *f* **3.** (*chanchullo*) Schiebung *f* **4.** (*amorío*) Verhältnis *nt* **5.** (*loc*): **encontrar un ~** eine Notlösung finden

aparador [apara'ðor] *m* **1.** (*mueble*) Anrichte *f* **2.** (*escaparate*) Schaufenster *nt* **3.** (*taller*) Werkstatt *f*

aparato [apa'rato] *m* **1.** (*utensilio, t.* DEP) Gerät *nt;* ~ **indicador** Zähler *m;* ~ **de precisión** Feinmessinstrument *nt;* ~ **de televisión** Fernsehgerät *nt;* ~ **para la ventilación** Lüftung *f;* **gimnasia de ~s** Geräteturnen *nt* **2.** (TEL) Apparat *m;* **ponerse al ~** ans Telefon gehen; **el señor X está al ~** Herr X ist am Apparat **3.** (*avión*) Maschine *f* **4.** (*vendaje*) Verband *m* **5.** (ANAT): ~ **digestivo** Verdauungsapparat *m* **6.** (*pompa*) Prunk *m* **7.** (POL: *de un partido*) Apparat *m*

aparatoso, -a [apara'toso, -a] *adj* **1.** (*ostentoso*) prunkvoll **2.** (*desmedido*) maßlos; **un accidente ~** ein spektakulärer Unfall

aparcamiento [aparka'mjento] *m* **1.** (*acción*) Parken *nt* **2.** (*lugar*) Parkplatz *m*

aparcar [apar'kar] <c→qu> *vt* **1.** (*coche*)

parken **2.** (*decisión*) vertagen

aparear [apare'ar] **I.** *vt* **1.** (*animales*) paaren **2.** (*formar un par*) paarweise anordnen; ~ **personas** Paare bilden **II.** *vr:* ~**se** **1.** (*animales*) sich paaren **2.** (*formar un par*) ein Paar bilden

aparecer [apare'θer] *irr como crecer* **I.** *vi* erscheinen; (*algo inesperado*) auftauchen; ~ **ante la opinión pública** in der Öffentlichkeit auftreten; **han aparecido casos de difteria** es gab einige Diphtheriefälle **II.** *vr:* ~**se** erscheinen

aparejado, -a [apare'xaðo, -a] *adj* (*adecuado*) geeignet; **llevar** [*o* **traer**] ~ mit sich bringen

aparejador(a) [aparexa'ðor(a)] *m(f)* Bauführer(in) *m(f)*

aparejo [apa'rexo] *m* **1.** (*arnés*) Pferdegeschirr *nt* **2.** (*poleas*) Flaschenzug *m* **3.** (*jarcia*) Takelage *f* **4.** (*imprimación*) Grundierung *f* **5.** (*construcción*) Verband *m* **6.** *pl* (*utensilios*) Ausrüstung *f*

aparentar [aparen̩'tar] *vt* vorgeben; **trata de ~ que es rico** er tut so als sei er reich; ~ **estar enfermo** sich krank stellen; **no aparentas la edad que tienes** du siehst jünger aus als du bist

aparente [apa'ren̩te] *adj* **1.** (*que parece y no es*) scheinbar **2.** (*perceptible a la vista*) sichtbar **3.** (*adecuado*) passend **4.** (*de buen aspecto*) reizvoll

aparentemente [aparen̩te'men̩te] *adv* anscheinend

aparición [apari'θjon] *f* **1.** (*acción*) Erscheinen *nt;* (*de algo inesperado*) Auftauchen *nt;* (TEAT) Auftritt *m* **2.** (*visión*) Erscheinung *f*

apariencia [apa'rjen̩θja] *f* **1.** (*aspecto*) Aussehen *nt* **2.** (*signos*) (An)schein *m;* **en ~** dem Anschein nach; **guardar las ~s** den Schein wahren; **las ~s engañan** (*prov*) der Schein trügt

apartado, -a[1] [apar'taðo, -a] *adj* **1.** (*lugar*) abgelegen **2.** (*persona*) ungesellig

apartado[2] [apar'taðo] *m* **1.** (*cuarto*) Hinterzimmer *nt* **2.** (*párrafo*) Absatz *m* **3.** (*loc*): ~ **de Correos** Postfach *nt*

apartamento [aparta'men̩to] *m* Wohnung *f,* Appartement *nt*

apartamiento [aparta'mjen̩to] *m* **1.** (*separación*) Trennung *f* **2.** (*apartamento*) Wohnung *f*

apartar [apar'tar] **I.** *vt* **1.** (*separar*) trennen **2.** (*poner a un lado*) beiseite legen; ~ **a alguien para decirle algo** jdn zur Seite nehmen um ihm etw zu sagen; ~ **el plato** den Teller wegschieben; **¡aparta la mano del taladro!** komm mit deiner Hand nicht an den Bohrer! **3.** (*de un cargo*) entfernen (*de* aus +*dat*) **4.** (*de un propósito*) abbringen **5.** (*la vista*) abwenden **6.** (*la atención*) ablenken **II.** *vr:* ~**se** **1.** (*separarse*) sich trennen **2.** (*de un camino*) abweichen; **¡apártate!** geh aus dem Weg! **3.** (*del tema*) abschweifen

aparte [a'parte] **I.** *adv* (*en otro sitio*) beiseite; **por correo ~** mit getrennter Post; **he sumado las pesetas y, ~, los marcos** ich habe die Peseten und die D-Mark getrennt addiert; **esta cuestión debe tratarse ~** auf diese Frage muss gesondert eingegangen werden **II.** *prep* **1.** (*separado*): **él estaba ~ del grupo** er war abseits der Gruppe **2.** (*además de*): ~ **de** abgesehen von +*dat;* **esta sopa ~ de mala está fría** diese Suppe schmeckt nicht nur schlecht, sie ist auch noch kalt; ~ **de esto, perdí las llaves** außerdem verlor ich noch die Schlüssel **III.** *m* (*de un escrito*) Absatz *m;* **punto y ~** Punkt und neuer Absatz **IV.** *adj inv* **1.** (*singular*) einzigartig **2.** (*separado*) separat; **en un plato ~** auf einem extra Teller

apasionado, -a [apasjo'naðo, -a] **I.** *adj* **1.** (*con pasión*) leidenschaftlich **2.** (*entusiasta*) begeistert **3.** (*temperamento*) lebhaft **II.** *m, f* Anhänger(in) *m(f)*

apasionante [apasjo'nan̩te] *adj* (*libro, película*) spannend; (*música*) mitreißend; (*sensación*) überwältigend

apasionar [apasjo'nar] **I.** *vt* begeistern **II.** *vr:* ~**se** **1.** (*entusiasmarse*) sich begeistern (*por* für +*akk*) **2.** (*enamorarse*) sich leidenschaftlich verlieben (*en* in +*akk*)

apatía [apa'tia] *f* Teilnahmslosigkeit *f*

apático, -a [a'patiko, -a] *adj* apathisch

apátrida [a'patriða] *adj* staatenlos

apeadero [apea'ðero] *m* **1.** (*poyo*) Trittstein *m* **2.** (FERRO) Haltepunkt *m* **3.** (*en un camino*) Haltebucht *f*

apear [ape'ar] **I.** *vt* **1.** (*árbol*) fällen **2.** (*disuadir*) abbringen (*de* von +*dat*) **II.** *vr:* ~**se** (*de un vehículo*) aussteigen (*de* aus +*dat*); (*de un caballo*) absitzen (*de* von +*dat*)

apechugar [apetʃu'ɣar] <g→gu> *vi* sich abfinden; ~ **con las consecuencias** die Konsequenzen tragen; ~ **con una tarea complicada** sich eine schwere Arbeit aufladen

apedrear [apeðre'ar] **I.** *vimpers* hageln **II.** *vt* mit Steinen bewerfen; (*lapidar*) steinigen **III.** *vr:* ~**se** (*cosecha*) verhageln

apegado, -a [ape'ɣaðo, -a] *adj:* **estar ~ a alguien** an jdm hängen

apegarse [ape'ɣarse] <g→gu> *vr* lieb gewinnen (*a* +*akk*)

apego [a'peɣo] *m* Zuneigung *f* (*a* zu +*dat*); **tener un gran ~ a algo** etw sehr mögen

apelación [apela'θjon] *f* **1.** (JUR: *recurso*) Berufung *f* **2.** (*invocación*) Appell *nt* (*a* an +*akk*) **3.** (*loc*): **esto no tiene ~** da ist nichts zu machen; **este resultado no tiene** ~ an diesem Ergebnis gibt es nichts zu rütteln

apelar [ape'lar] *vi* **1.** (*invocar*) appellieren (*a* an +*akk*); (*referirse*) sich berufen (*a* auf +*akk*) **2.** (*recurrir: a alguien*) sich wenden (*a* an +*akk*); (*a algo*) greifen (*a* zu +*dat*); ~ **a todos los medios** kein Mittel unversucht lassen **3.** (JUR: *recurrir*) Berufung einlegen (*de* gegen +*akk*); **la sentencia ha sido apelada** gegen das Urteil wurde Berufung eingelegt

apelativo [apela'tiβo] *m* **1.** (*apellido*) Nachname *m* **2.** (*sobrenombre*) Beiname *m;* ~ **cariñoso** Kosename *m* **3.** (LING) Gattungsname *m*

apellidar [apeʎi'ðar] **I.** *vt* nennen **II.** *vr:* ~**se** (mit Familiennamen) heißen; **se apellida Martínez** sein/ihr Nachname ist Martínez

apellido [ape'ʎiðo] *m* Familienname *m,* Nachname *m;* ~ **de soltera** Mädchenname *m;* **primer** ~ Familienname des Vaters; **por el** ~ **no caigo** der Name sagt mir nichts

Jeder Spanier hat zwei Nachnamen (**apellidos**): den ersten vom Vater und den ersten von der Mutter. Wenn beispielsweise Frau Iglesias Vieira und Herr González Blanco Eltern werden, so heißt ihr Kind nach Wahl der Eltern González Iglesias oder Iglesias González mit Nachnamen.

apelmazar [apelma'θar] <z→c> **I.** *vt* zusammenpressen **II.** *vr:* ~**se 1.** (*colchón, cojín*) hart werden **2.** (*nieve*) verharschen **3.** (*harina*) verklumpen **4.** (*lana, pelo*) verfilzen

apelotonar [apeloto'nar] **I.** *vt* **1.** (*cosas*) zusammenballen **2.** (*personas*) zusammenpferchen **II.** *vr:* ~**se 1.** (*formarse grumos*) verklumpen **2.** (*personas*) sich zusammendrängen; ~**se en la entrada** sich am Eingang drängen **3.** (*loc*): **en esta calle se apelotonan los coches** auf dieser Straße knäu(e)lt sich der Verkehr

apenar [ape'nar] **I.** *vt* bekümmern **II.** *vr:* ~**se 1.** (*afligirse*) sich grämen (*por* über +*akk*) **2.** (*Am: sentir vergüenza*) sich schämen (*por* für +*akk,* wegen +*gen/dat*)

apenas [a'penas] **I.** *adv* **1.** (*casi no*) kaum; ~ **había nadie** es war kaum jemand da **2.** (*tan sólo*) erst; (*escasamente*) knapp; ~ **hace un mes que estudio alemán** ich lerne erst seit einem Monat Deutsch; ~ **hace una hora** vor knapp einer Stunde; **tengo** ~ **10 marcos en el bolsillo** ich habe gerade mal 10 DM in der Tasche; ~ **llegué a tiempo** ich kam gerade noch rechtzeitig an **II.** *conj* (*tan pronto como*) kaum; ~ **salí a la calle, se puso a llover** ich war kaum auf der Straße, als es anfing zu regnen; ~ **llegó, se tomó una ducha** er/sie kam und nahm sofort eine Dusche

apéndice [a'pendiθe] *m* **1.** (*de un libro*) Anhang *m;* (*tomo separado*) Ergänzungsband *m* **2.** (*complemento*) Anhängsel *nt* **3.** (ANAT): ~ **vermiforme** Appendix *m*

apendicitis [apendi'θitis] *f inv* Blinddarmentzündung *f*

apercibimiento [aperθiβi'mjento] *m* **1.** (*advertencia*) Warnung *f* **2.** (*amonestación*) Verwarnung *f*

apercibir [aperθi'βir] **I.** *vt* **1.** (*avisar*) aufmerksam machen (*de* auf +*akk*); (*advertir*) warnen (*de* vor +*dat*) **2.** (*amonestar*) tadeln (*por* wegen +*gen/dat, por* für +*akk*); (JUR) verwarnen; **le han apercibido con el despido** sie haben ihm mit seiner Entlassung gedroht **II.** *vr:* ~**se 1.** (*prepararse*) sich vorbereiten (*a/para* auf +*akk*) **2.** (*percatarse*) sich *dat* bewusst werden (*de* +*gen*); **me he apercibido de lo importante que es el examen** mir ist die Wichtigkeit der Prüfung klar geworden

aperitivo [aperi'tiβo] *m* **1.** (*bebida*) Aperitif *m;* **¡y ésto es tan sólo el ~!** (*fig*) und das ist nur der Anfang! **2.** (*comida*) Appetithappen *m*

aperos [a'peros] *mpl* (*utensilios*) Ackergeräte *ntpl*

apertura [aper'tura] *f* Öffnen *nt;* (*reunión, teatro, cuenta, testamento, en ajedrez*) Eröffnung *f;* ~ **de un crédito** Krediteinräumung *f*

apesadumbrar [apesaðum'brar] **I.** *vt* bekümmern **II.** *vr:* ~**se** sich grämen (*por* über +*akk*)

apestar [apes'tar] **I.** *vi* **1.** (*oler mal*) stinken (*a* nach +*dat*) **2.** (*estar lleno*) wimmeln (*de* von +*dat*) **II.** *vt* **1.** (*fam: fastidiar*) nerven **2.** (*llenar*) überschwemmen; **el mercado está apestado de gente** der Markt wimmelt nur so von Menschen **III.** *vr:* ~**se** (*Am: contagiarse*) sich anstecken

apestoso, -a [apes'toso, -a] *adj* **1.** (*que apesta*) stinkend **2.** (*fastidioso*) lästig

apetecer [apete'θer] *irr como crecer vi* **1.** (*tener ganas de*) Lust haben (*de* auf +*akk*); **¿qué te apetece?** was möchtest du?; **¿un viaje? – sí, me apetece la idea** eine Reise? – ja, ich habe Lust dazu; **me apetece un helado** ich habe Lust auf ein Eis **2.** (*gustar*): **una copa de vino siempre apetece** ein Glas Wein schmeckt immer; **este libro me apetece más** dieses Buch sagt mir mehr zu

apetecible [apete'θiβle] *adj* wünschenswert; (*objetivo*) erstrebenswert

apetencia [ape'teṇθja] *f* **1.** (*apetito*) Appetit *m* **2.** (*deseo*) Verlangen *nt* (*de* nach +*dat*)

apetito [ape'tito] *m* **1.** (*de comida*) Appetit *m* (*de* auf +*akk*); **abrir el ~** Appetit machen **2.** (*deseo*) Verlangen *nt* (*de* nach +*dat*); **~ sexual** Fleischeslust *f*

apetitoso, -a [apeti'toso, -a] *adj* **1.** (*que despierta el apetito*) appetitlich **2.** (*sabroso*) köstlich **3.** (*deseable*) wünschenswert

apiadar [apja'ðar] **I.** *vt* Mitleid erregen; **su mala suerte apiada a sus vecinos** sein Unglück erregt das Mitleid der Nachbarn **II.** *vr:* **~se** bemitleiden (*de* +*akk*); **¡Dios, apiádate de nosotros!** Herr, erbarme dich unser!

ápice ['apiθe] *m* **1.** (*punta*) Spitze *f* **2.** (*cúspide*) Gipfel *m* **3.** (*nada*): **no ceder un ~** keinen Zollbreit nachgeben; **no entender un ~** nicht das Geringste verstehen

apicultor(a) [apikuḷ'tor(a)] *m(f)* Imker(in) *m(f)*

apicultura [apikuḷ'tura] *f* Bienenzucht *f*

apilar [api'lar] **I.** *vt* aufhäufen; (*periódicos*) (auf)stapeln; (*madera*) (auf)schichten; (*cajas*) (auf)türmen **II.** *vr:* **~se** sich stapeln

apiñar [api'ɲar] **I.** *vt* **1.** (*cosas*) aufeinander stapeln; **apiñó las cosas en el maletero y partieron** er/sie stopfte die Sachen in den Kofferraum und sie fuhren los **2.** (*personas*) zusammendrängen; (*animales*) zusammenpferchen **II.** *vr:* **~se** sich drängen

apio ['apjo] *m* Sellerie *m o f*

apisonadora [apisona'ðora] *f* Straßenwalze *f*

apisonar [apiso'nar] *vt* walzen

aplacar [apla'kar] <c→qu> **I.** *vt* **1.** (*persona*) besänftigen **2.** (*dolor*) lindern **3.** (*hambre, sed*) stillen **II.** *vr:* **~se** sich beruhigen

aplanamiento [aplana'mjeṇto] *m* **1.** (*allanamiento*) Einebnen *nt* **2.** (*desánimo*) Entmutigung *f*

aplanar [apla'nar] **I.** *vt* **1.** (*allanar*) ebnen **2.** (*aplastar*) zerdrücken **3.** (*desanimar*) entmutigen **II.** *vr:* **~se** den Mut verlieren

aplastante [aplas'taṇte] *adj* überwältigend; (*derrota*) vernichtend; (*lógica, prueba*) zwingend

aplastar [aplas'tar] *vt* **1.** (*chafar*) zerquetschen; **el desprendimiento de piedras aplastó a dos personas** der Steinschlag erschlug zwei Menschen **2.** (*con la mano*) zerdrücken; **~ un cigarrillo** eine Zigarette ausdrücken **3.** (*con el pie*) zertreten **4.** (*derrotar*) (vernichtend) schlagen **5.** (*abatir*) entmutigen

aplaudir [aplau̯'ðir] **I.** *vi* applaudieren; **el publico rompió a ~** das Publikum fing an zu klatschen **II.** *vt* **1.** (*palmear*) applaudieren +*dat* **2.** (*aprobar*) begrüßen; (*alabar*) loben

aplauso [a'plau̯so] *m* Applaus *m;* **salva de ~s** Beifallssturm *m;* **digno de ~** (*fig*) lobenswert

aplazamiento [aplaθa'mjeṇto] *m* **1.** (*fecha*) Verlegung *f* (*a/hasta* auf +*akk*) **2.** (*viaje, partido*) Verschiebung *f* (*a/hasta* auf +*akk*); (*conferencia, negociación*) Vertagung *f* (*a/hasta* auf +*akk*) **3.** (*decisión*) Aufschub *m* (*a/hasta* bis zu +*dat*)

aplazar [apla'θar] <z→c> *vt* **1.** (*fecha*) verlegen **2.** (*viaje, partido*) verschieben (*a/hasta* auf +*akk*); (*conferencia, negociación*) vertagen (*a/hasta* auf +*akk*); **~ el viaje una semana** die Reise um eine Woche verschieben; **la reunión se aplaza hasta nueva orden** die Sitzung wird bis auf weiteres vertagt **3.** (*decisión*) aufschieben **4.** (*Am: suspender*) durchfallen lassen

aplicación [aplika'θjon] *f* **1.** (*pintura, crema*) Auftragen *nt* **2.** (*venda*) Anlegen *nt* **3.** (*teoría, método*) Anwendung *f;* **las múltiples aplicaciones del plástico** die vielen Verwendungsmöglichkeiten von Kunststoffen **4.** (*conocimientos, habilidades*) Verwendung *f* **5.** (*en el estudio*) Fleiß *m* **6.** (*adorno*) Applikation *f* **7.** (*Am: petición*) Bitte *f;* (*formal*) Antrag *m*

aplicado, -a [apli'kaðo, -a] *adj* (*trabajador*) fleißig

aplicar [apli'kar] <c→qu> **I.** *vt* **1.** (*pintura, crema*) auftragen (*a* auf +*akk*); **~ dando un ligero masaje** leicht einmassieren; **aplicado con regularidad...** bei regelmäßiger Anwendung ... **2.** (*venda*) anlegen **3.** (*teoría, método*) anwenden (*a* auf +*akk*) **4.** (*conocimientos, habilidades*) verwenden (*a* für +*akk*); **~ una máquina para un trabajo** eine Maschine für eine Tätigkeit einsetzen **5.** (JUR): **~ una sanción** eine Geldstrafe auferlegen; **la ley no se puede ~ en este caso** das Gesetz ist auf diesen Fall nicht anwendbar **6.** (*loc*): **~ el freno** die Bremse ziehen; **~ un lazo a un vestido** eine Schleife an ein Kleid annähen; **~ un tipo de interés** einen Zinssatz in Anwendung bringen; **~ el oído a la puerta** an der Tür horchen **II.** *vr:* **~se 1.** (*esforzarse*) sich bemühen; **~se al estudio** sich dem Studium intensiv widmen **2.** (*emplearse*) Anwendung finden

aplique [a'plike] *m* **1.** (*lámpara*) Wandleuchte *f* **2.** (TEAT) Requisit *nt*

aplomo [a'plomo] *m* (*seguridad*) Selbstsicherheit *f;* **perder el ~** die Fassung verlieren

apocamiento [apoka'mjeṇto] *m* Verzagtheit *f*

apocar [apo'kar] <c→qu> **I.** *vt* einschüchtern **II.** *vr:* ~**se** verzagen

apodar [apo'ðar] **I.** *vt* (*dar un sobrenombre*) einen Beinamen geben +*dat;* (*un apodo*) einen Spitznamen geben +*dat* **II.** *vr:* ~**se...** (*tener el sobrenombre*) den Beinamen ... haben; (*el apodo*) den Spitznamen ... haben

apoderado, -a [apoðe'raðo, -a] *m, f* Bevollmächtige(r) *mf;* (COM) Prokurist(in) *m(f)*

apoderar [apoðe'rar] **I.** *vt* bevollmächtigen **II.** *vr:* ~**se** sich bemächtigen (*de* +*gen*); **el espía se apoderó del maletín** der Spion brachte den Aktenkoffer an sich; ~**se de los clientes de la competencia** die Kunden der Konkurrenz abwerben; ~**se del liderato** die Führung übernehmen

apodo [a'poðo] *m* Spitzname *m*

apogeo [apo'xeo] *m* (*cumbre*) Gipfel *m;* **estar en el ~ de su carrera** auf dem Höhepunkt seiner Laufbahn stehen; **el ~ del Barroco** die Blütezeit des Barocks

apolillado, -a [apoli'ʎaðo, -a] *adj* **1.** (*de polilla*) mottenzerfressen **2.** (*anticuado*) altmodisch

apolillar [apoli'ʎar] **I.** *vt* zerfressen **II.** *vr:* ~**se** von Motten zerfressen werden

apolillo [apo'liʎo] *m* (*Arg*) Schlaf *m*

apolítico, -a [apo'litiko, -a] *adj* unpolitisch

apología [apolo'xia] *f* Verteidigung *f*

apoltronarse [apol̩tro'narse] *vr* **1.** (*emperezarse*) träge werden **2.** (*repantigarse*) es sich *dat* bequem machen

apoplejía [apople'xia] *f* Schlaganfall *m*

apoquinar [apoki'nar] *vt* (*fam*) blechen; **apoquina lo que me debes** gib mir die Kohle, die du mir (noch) schuldest

aporrear [aporre'ar] **I.** *vt* **1.** (*dar golpes*) heftig schlagen; ~ **el piano/la máquina de escribir** auf dem Klavier/auf der Schreibmaschine hämmern; ~ **la puerta** gegen die Tür hämmern **2.** (*molestar*) belästigen; **esta música me aporrea los oídos** (*por estar muy alta*) bei dieser Musik platzt einem ja das Trommelfell; (*por ser mala*) diese Musik ist nicht zum Aushalten **3.** (*moscas*) verscheuchen **II.** *vr:* ~**se** sich prügeln

aportación [aporta'θjon] *f* **1.** (*contribución*) Beitrag *m* (*a/para* zu +*dat*); **hacer una ~ a un trabajo** einen Beitrag zu einer Arbeit leisten **2.** (*donación*) Spende *f* (*a/para* für +*akk*) **3.** (ECON: *capital*) Einlage *f;* ~ **dineraria** Bareinlage *f;* ~ **en especie** Sacheinlage *f*

aportar [apor'tar] **I.** *vt* **1.** (*traer*) (mit)bringen; ~ **al matrimonio** in die Ehe einbringen **2.** (*contribuir*) beitragen (*a* zu +*dat*); **he aportado algo a la fiesta** ich habe einen Beitrag zum Fest geleistet **3.** (*argumento, propuesta*) vorbringen **4.** (*información*) liefern; (*evidencia, testigos*) beibringen **5.** (*pruebas*) erbringen **6.** (*capital*) einbringen **7.** (*loc*): **no aporta nada ir a esa conferencia** es bringt nichts diese Konferenz zu besuchen **II.** *vi* **1.** (*llegar a puerto*) einlaufen **2.** (*recalar*) auftauchen; **hace tiempo que no aporta por aquí** er/sie hat sich schon lange nicht mehr hier sehen lassen

aposentar [aposen̩'tar] **I.** *vt* (*albergar*) beherbergen; (*procurar alojamiento*) unterbringen **II.** *vr:* ~**se** unterkommen; (MIL) sich einquartieren

aposento [apo'sen̩to] *m* **1.** (*hospedaje*) Unterkunft *f;* **nos dieron ~** sie nahmen uns bei sich *dat* auf **2.** (*cuarto*) Zimmer *nt*

aposición [aposi'θjon] *f* Apposition *f*

apósito [a'posito] *m* (*vendaje*) Wundverband *m;* (*adhesivo*) Heftpflaster *nt*

aposta [a'posta] *adv* absichtlich

apostar [apos'tar] <o→ue> **I.** *vi* setzen (*por* auf +*akk*); ~**las a** [*o* **con**] **alguien** gegen jdn antreten **II.** *vt, vr:* ~**se 1.** (*hacer una apuesta*) wetten (um +*akk*); **¿qué/cuánto apostamos?** worum/um wie viel wetten wir?; **¿qué te apuestas a que no lo hace?** wetten, dass er/sie es nicht tut?; **apuesto cualquier cosa a que...** ich gehe jede Wette ein, dass ...; ~ **doble contra sencillo que...** zwei zu eins wetten, dass ...; **puedes ~ la cabeza que...** du kannst Gift darauf nehmen, dass ... **2.** (*poner*) (sich) aufstellen

apóstata [a'postata] *mf* Abtrünnige(r) *mf*

apostatar [aposta'tar] *vi* sich lossagen; ~ **de la fe cristiana** vom christlichen Glauben abfallen

a posteriori [a poste'rjori] *adv* nachträglich

apostilla [apos'tiʎa] *f* Randbemerkung *f*

apóstol [a'postol] *m* Apostel *m;* **Hechos de los A~es** Apostelgeschichte *f;* **ser un buen ~** (*fig*) mit allen Wassern gewaschen sein

apostrofar [apostro'far] *vt* **1.** (*insultar*) beleidigen **2.** (LING) apostrophieren

apóstrofe [a'postrofe] *m o f* (*insulto*) Beleidigung *f*

apóstrofo [a'postrofo] *m* (LING) Apostroph *m*

apostura [apos'tura] *f* gutes Aussehen *nt*

apoteósico, -a [apote'osiko, -a] *adj* enorm; **éxito ~** Riesenerfolg *m*

apoteosis [apote'osis] *f inv* **1.** (*de un héroe*) Vergöttlichung *f* **2.** (*de un espectáculo*) Höhepunkt *m*

apoyabrazos [apoɟa'βraθos] *m inv* Armlehne *f*

apoyacabezas [apoɟaka'βeθas] *m inv* Kopfstütze *f*

apoyar [apo'ɟar] **I.** *vt* **1.** (*colocar sobre*) stützen (*en* auf +*akk*); (*contra*) lehnen (*en* an +*akk*) **2.** (*fundar*) stützen (*en* auf +*akk*); ~ (**con pruebas**) belegen **3.** (*confirmar*) bestätigen **4.** (*patrocinar*) unterstützen; (*ayudar*) beistehen +*dat;* ~ **una moción/un ascenso** einen Antrag/eine Beförderung befürworten; ~ **una reforma** für eine Reform eintreten **II.** *vi* (ARQUIT) ruhen (*sobre* auf +*dat*) **III.** *vr:* ~**se 1.** (*descansar sobre*) sich stützen (*en* auf +*akk*); (*contra*) sich lehnen (*en/contra* gegen +*akk*); ~**se con los brazos** sich mit den Armen aufstützen; ~**se con la mano** sich mit der Hand abstützen **2.** (*fundarse*) beruhen (*en* auf +*dat*)

apoyo [a'poɟo] *m* **1.** (*sostén*) Halt *m;* (*soporte*) Stütze *f* **2.** (*respaldo*) Unterstützung *f;* (*ayuda*) Hilfe *f;* **prestar ~ a un plan** einen Plan unterstützen; **tener un ~ en alguien** von jdm unterstützt werden; **cuenta con mi** ~ du kannst dich auf mich verlassen; **en ~ de** zur Unterstützung +*gen*

apreciable [apre'θjaβle] *adj* **1.** (*observable*) wahrnehmbar; ~ **al oído** hörbar **2.** (*considerable*) beträchtlich **3.** (*digno de estima*) schätzenswert

apreciación [apreθja'θjon] *f* **1.** (*de una moneda*) Bewertung *f* **2.** (*de una casa*) Schätzung *f* **3.** (*del tamaño*) Abschätzung *f* **4.** (*juicio*) Einschätzung *f* **5.** (*captación*) Wahrnehmung *f*

apreciado, -a [apre'θjaðo, -a] *adj* (*en cartas*): ~**s Sres:** sehr geehrte Herren,

apreciar [apre'θjar] *vt* **1.** (*estimar*) schätzen; **aprecio los perros** ich mag Hunde gern; **si aprecias tu vida, ¡desaparece de aquí!** wenn dir dein Leben lieb ist, dann verschwinde von hier!; **aprecio la libertad** ich lege auf meine Freiheit großen Wert **2.** (*una moneda*) bewerten **3.** (*una casa*) schätzen **4.** (*tamaño, distancia*) abschätzen **5.** (*captar*) wahrnehmen; **de lejos no se aprecia ningún sonido** von weitem kann man nichts hören; **este cronómetro aprecia centésimas de un segundo** dieser Chronometer gibt Hundertstelsekunden an; **el médico apreció una contusión en el pecho** der Arzt stellte eine Prellung in der Brust fest **6.** (*valorar*) einschätzen

aprecio [a'preθjo] *m* **1.** (*afecto*) Zuneigung *f;* **te tengo un gran** ~ ich mag dich sehr **2.** (*estima*) Wertschätzung *f;* **gran** ~ Hochachtung *f;* **tengo un gran ~ por este político** ich schätze diesen Politiker sehr **3.** (FIN) Schätzung *f*

aprehender [apre(e)n̩'der] *vt* **1.** (*coger*) fassen; (*botín, contrabando*) beschlagnahmen **2.** (*percibir*) wahrnehmen; (*comprender*) begreifen

aprehensión [apre(e)n'sjon] *f* **1.** (*acción de coger*) Ergreifung *f;* (*del botín*) Beschlagnahmung *f* **2.** (*percepción*) Wahrnehmung *f;* (*comprensión*) Begreifen *nt*

apremiante [apre'mjan̩te] *adj* dringend

apremiar [apre'mjar] **I.** *vt* **1.** (*acuciar*) (be)drängen **2.** (*compeler*) zwingen (*a/para* zu +*dat*) **II.** *vi* (*urgir*) eilen; **el tiempo apremia** die Zeit drängt

apremio [a'premjo] *m* **1.** (*situación apremiante*) Dringlichkeit *f;* **por ~ de tiempo** aus Zeitnot **2.** (*coacción*) Zwang *m* **3.** (JUR) Mahnung *f*

aprender [apren̩'der] *vt* lernen; **fácil de** ~ leicht erlernbar; ~ **a leer** lesen lernen; ~ **de la historia** aus der Geschichte lernen; ~ **de memoria** auswendig lernen; **estoy aprendiendo a conducir** ich lerne gerade Auto fahren; **¿dónde has aprendido estos malos modales?** wo hast du dir diese schlechten Manieren angewöhnt?; **siempre se aprende algo nuevo** man lernt nie aus

aprendiz(a) [apren̩'diθ(a)] *m(f)* Lehrling *m;* **entrar de** ~ in die Lehre gehen; **trabajar de** ~ in der Lehre sein; **ser ~ de mucho, maestro de nada** ein Hansdampf in allen Gassen sein

aprendizaje [apren̩di'θaxe] *m* **1.** (*acción de aprender*) (Er)lernen *nt* **2.** (*formación profesional*) Lehre *f;* **contrato de** ~ Lehr(lings)vertrag *m;* **puesto de** ~ Lehrstelle *f;* **tiempo de** ~ Lehrzeit *f;* **terminar el** ~ auslernen

aprensión [apren'sjon] *f* **1.** (*recelo*) Bedenken *ntpl;* **me da ~ decírtelo** ich traue mich nicht es dir zu sagen **2.** (*asco*) Ekel *m;* **he cogido ~ a la leche** ich finde Milch ek(e)lig; **me da ~ beber de este vaso** es ekelt mich aus diesem Glas zu trinken **3.** (*temor*) Befürchtung *f;* (*impresión*) Gefühl *nt;* **tener la ~ de que...** (*temer*) befürchten, dass ...; (*creer*) das Gefühl haben, dass ... **4.** (*figuración*) Einbildung *f;* **son aprensiones suyas** er/sie bildet sich *dat* das nur ein

aprensivo, -a [apren'siβo, -a] *adj* überängstlich

apresar [apre'sar] *vt* **1.** (*hacer presa*) packen **2.** (*delincuente*) verhaften **3.** (*nave*) kapern

aprestar [apres'tar] **I.** *vt* **1.** (*preparar*) vorbereiten; (*habitación*) herrichten **2.** (*telas*) appretieren **II.** *vr:* ~**se** sich vorbereiten (*para* auf/für +*akk*)

apresurado, -a [apresu'raðo, -a] *adj* **1.** (*con prisa*) eilig; **con paso** ~ eiligen Schrittes **2.** (*con excesiva prisa*) übereilt

apresuramiento [apresura'mjen̩to] *m* **1.** (*rapidez*) Schnelligkeit *f* **2.** (*acción*) Beschleunigung *f*

apresurar [apresu'rar] **I.** *vt* **1.**(*dar prisa*) drängen **2.**(*acelerar*) beschleunigen; ~ **el paso** das Tempo beschleunigen; ~ **la salida del viaje** übereilt abreisen **II.** *vr:* ~**se** sich beeilen; **¡no te apresures!** lass dir nur Zeit!

apretado, -a [apre'taðo, -a] *adj* **1.**(*oprimido*) dicht **2.**(*tapón, tornillo*) fest sitzend; (*vestido*) eng; (*cinta, cuerda*) straff **3.**(*personas*) dicht gedrängt **4.**(*loc*): **un caso** ~ ein heikler Fall; **verse** [*o* **estar**] **muy** ~ in großer Bedrängnis sein; **estar** ~ **de dinero** schlecht bei Kasse sein; **estar** ~ **de tiempo** keine Zeit haben

apretar [apre'tar] <e→ie> **I.** *vi* **1.**(*calor*) drückender werden; (*dolor*) schlimmer werden; (*lluvia*) heftiger werden **2.**(*vestido*) eng sitzen; **la americana me aprieta por detrás** die Jacke spannt am Rücken **3.**(*deudas, problemas*) schwer lasten (*a* auf +*dat*) **4.**(*loc*): **tenemos que** ~ **si queremos aprobar** wenn wir durchkommen wollen, müssen wir uns mehr Mühe geben; **si aprietas un poco puedes ganar el partido** wenn du noch ein bisschen an Tempo zulegst, kannst du das Spiel gewinnen; **este profesor aprieta mucho en los exámenes** dieser Lehrer stellt sehr schwierige Prüfungen **II.** *vt* **1.**(*hacer presión*) drücken; ~ **un botón/el timbre** auf einen Knopf/die Klingel drücken; ~ **algo contra el pecho** etw an die Brust drücken; ~ **el tubo de la pasta de dientes** die Zahnpastatube ausdrücken; ~ **el acelerador** das Gaspedal durchtreten; ~ **la ropa en la maleta** die Kleider in den Koffer stopfen **2.**(*acosar*) bedrängen **3.**(*loc*): ~ **las cuerdas de la guitarra** die Gitarrensaiten spannen; ~ **los dientes** die Zähne zusammenbeißen; ~ **filas** zusammenrücken; ~ **la goma del pantalón** das Gummiband der Hose straffen; ~ **las letras** enger schreiben; ~ **las manos** die Hände zusammenpressen; ~ **el paso** den Schritt beschleunigen; ~ **el puño** die Faust ballen; ~ **un nudo/un tornillo** einen Knoten/eine Schraube fester anziehen **III.** *vr:* ~**se** **1.**(*estrecharse*) enger werden **2.**(*agolparse*) sich drängen **3.**(*ceñirse*): ~**se el cinturón** den Gürtel enger schnallen

apretón [apre'ton] *m* **1.**(*presión*) Druck *m* **2.**(*sprint*) Spurt *m* **3.**(*aprieto*) Bedrängnis *f* **4.**(*apretura*) Gedränge *nt*

apretujar [apretu'xar] **I.** *vt* (*fam*) zerknautschen **II.** *vr:* ~**se** drängeln

apretura [apre'tura] *f* **1.**(*de gente*) Gedränge *nt* **2.**(*escasez*) Not *f* **3.**(*aprieto*) Bedrängnis *f*

aprieto [a'prjeto] *m* Bedrängnis *f;* ~ **económico** finanzieller Engpass; **estar en un** ~ in der Klemme sein; **poner en un** ~ **con una pregunta** mit einer Frage in Verlegenheit bringen; **sacar a alguien de un** ~ jdm aus der Klemme helfen

a priori [a pri'ori] *adv* von vorn(e)herein

aprisa [a'prisa] *adv* schnell

aprisionar [aprisjo'nar] *vt* **1.**(*poner en prisión*) einsperren **2.**(*sujetar con cadenas*) in Ketten legen **3.**(*atar*) festbinden **4.**(*inmovilizar*) festhalten; (*pillar*) einklemmen; **quedarse aprisionado en el barro** im Lehm festsitzen

aprobación [aproβa'θjon] *f* (*de una decisión*) Billigung *f;* (*de un proyecto*) Genehmigung *f;* (*de una moción*) Annahme *f;* (*de una ley*) Verabschiedung *f;* **murmullo de** ~ beifälliges Gemurmel; **encontrar la** ~ **de alguien** jds Zustimmung finden

aprobado [apro'βaðo] *m* (ENS): **he sacado un** ~ **en mates** ich habe die Matheprüfung bestanden

aprobar [apro'βar] <o→ue> **I.** *vt* **1.**(*decisión, propuesta*) billigen, gutheißen; (*proyecto*) genehmigen; (*moción*) annehmen; (*ley*) verabschieden; ~ **las condiciones** mit den Bedingungen einverstanden sein; **la censura no aprobaba muchas películas** die Zensur gab viele Filme nicht frei; **la solicitud fue aprobada** der Antrag wurde genehmigt **2.**(*examen*) bestehen **3.**(*a un alumno*) bestehen lassen **II.** *vi* (ENS) bestehen

apropiación [apropja'θjon] *f* **1.**(*adaptación*) Anpassung *f* **2.**(*aplicación adecuada*) angemessene Verwendung *f* **3.**(*apoderamiento*) Aneignung *f;* ~ **indebida** Unterschlagung *f*

apropiado, -a [apro'pjaðo, -a] *adj* **1.**(*adecuado*) geeignet (*a/para* für +*akk*) **2.**(*oportuno*) angebracht; (*precio*) angemessen

apropiar [apro'pjar] **I.** *vt* **1.**(*adaptar*) anpassen (*a* +*dat*) **2.**(*Am: premio*) verleihen; (*encargo, beca*) vergeben **II.** *vr:* ~**se** sich *dat* aneignen (*de* +*akk*)

aprovechable [aproβe'ʧaβle] *adj* (*material*) brauchbar; (*residuos*) verwertbar

aprovechado, -a [aproβe'ʧaðo, -a] *adj* **1.**(*alumno*) strebsam **2.**(*trabajador*) tüchtig **3.**(*calculador*) berechnend

aprovechamiento [aproβeʧa'mjento] *m* Nutzung *f;* (*de una idea/residuos*) Verwertung *f;* ~ **del espacio** Platzausnutzung *f;* ~ **del tiempo libre** Freizeitgestaltung *f*

aprovechar [aproβe'ʧar] **I.** *vi* **1.**(*valer*) von Nutzen sein **2.**(*sentar bien*) gut bekommen; **¡que aproveche!** guten Appetit! **3.**(*progresar*): **mi hijo no aprovecha en los estudios** mein Sohn kommt mit dem Studium nicht voran **II.** *vt* nutzen; (*abusar*) ausnutzen; ~ **una idea** einen Einfall verwerten; ~ **un invento** sich *dat* eine Erfindung zunutze machen; ~ **el máximo de algo** den größtmöglichen Nutzen aus etw *dat* ziehen **III.** *vr:* ~**se 1.** (*sacar provecho*) profitieren (*de* von +*dat*); **ellos hacen el trabajo sucio y luego los otros se aprovechan** sie machen die schmutzige Arbeit und die anderen profitieren dann davon **2.** (*abusar*) ausnutzen (*de* +*akk*); (*explotar*) ausbeuten (*de* +*akk*); ~**se de una mujer** eine Frau missbrauchen

aprovisionar [aproβisjo'nar] *vt* versorgen (*de/con* mit +*dat*)

aproximación [aproˠsima'θjon] *f* **1.** (*acercamiento*) Annäherung *f* (*a* an +*akk*) **2.** (*en una lotería*) Trostpreis *m*

aproximado, -a [aproˠsi'maðo, -a] *adj* ungefähr

aproximar [aproˠsi'mar] **I.** *vt* heranrücken; **aproxima la silla a la mesa** rück den Stuhl an den Tisch (heran); ~ **opiniones** Meinungen einander annähern **II.** *vr:* ~**se** näher kommen; (*a un punto*) sich nähern (*a* +*dat*); ~**se con la silla a la ventana** mit dem Stuhl näher an das Fenster rücken; ~**se a los 50** auf die 50 zugehen; **se aproxima a la realidad** das kommt der Wirklichkeit sehr nahe; **se aproxima agosto** der August naht; **las tropas se aproximan** die Truppen rücken näher

aptitud [apti'tuᵈ] *f* Eignung *f* (*para* für +*akk*, *para* zu +*dat*); ~ **para el servicio militar** Wehrdiensttauglichkeit *f;* **tener ~es físicas para la natación** für den Schwimmsport alle körperlichen Voraussetzungen mitbringen

apto, -a ['apto, -a] *adj* geeignet (*para* für +*akk*, *para* zu +*dat*); ~ **para el servicio militar** wehrdiensttauglich; **la película no es apta para menores** der Film ist nicht jugendfrei

apuesta [a'pwesta] *f* **1.** (*juego*) Wette *f;* **corredor de ~s** Buchmacher *m* **2.** (*cantidad*) Einsatz *m*

apuesto, -a [a'pwesto, -a] *adj* gut aussehend

apuntador(a) [apuṇta'ðor(a)] *m(f)* (TEAT) Souffleur *m,* Souffleuse *f;* **en esta película no se salva ni el** ~ in diesem Film bleibt keiner verschont

apuntalar [apuṇta'lar] *vt* abstützen

apuntar [apuṇ'tar] **I.** *vi* sich zeigen; (*día*) anbrechen; (*barba, trigo*) sprießen; (*estación*) beginnen; **apunta la primavera** es wird Frühling; **la recuperación económica empieza a** ~ es deutet sich eine Wiederbelebung der Wirtschaft an **II.** *vt* **1.** (*con un arma*) zielen (*a* auf +*akk*); **¡apunten!** legt an! **2.** (*con el dedo*) zeigen (*a* auf +*akk*) **3.** (*anotar*) notieren **4.** (*inscribir*) anmelden (*en* in +*dat*); (*en una lista*) eintragen (*en* in +*akk*) **5.** (*naipes*) setzen (*a* auf +*akk*) **6.** (*tela*) (an)heften **7.** (*dictar*) vorsagen; (TEAT) soufflieren **8.** (*insinuar*) andeuten; ~ **algo y no dar** etw versprechen und nicht halten **9.** (*indicar*) hinweisen (*a* auf +*akk*); ~ **a que...** darauf hinweisen, dass ...; **todo apunta en esta dirección** alles weist in diese Richtung **III.** *vr:* ~**se 1.** (*inscribirse*) sich anmelden (*a* zu +*dat*); (*en una lista*) sich eintragen (*en* in +*akk*); (*a un club*) beitreten (*a* +*dat*) **2.** (*el vino*) einen Stich bekommen **3.** (*éxito, tanto*) verbuchen **4.** (*victoria*) erringen **5.** (*fam: emborracharse*) sich *dat* einen ansäuseln

apunte [a'puṇte] *m* **1.** (*escrito*) Notiz *f;* **tomar ~s** mitschreiben; **¿me dejas los ~s de mates?** kannst du mir die Matheunterlagen leihen? **2.** (*bosquejo*) Skizze *f* **3.** (FIN) Buchung *f*

apuñalar [apuɲa'lar] *vt* erstechen

apuradamente [apuraða'meṇte] *adv* **1.** (*exactamente*) genau **2.** (*con dificultad*) mit Mühe

apurado, -a [apu'raðo, -a] *adj* **1.** (*agotado*) erschöpft; ~ **de dinero** knapp bei Kasse **2.** (*con esmero*) sorgfältig **3.** (*dificultoso*) schwierig; **verse** ~ in der Klemme sitzen **4.** (*Am: apresurado*) eilig; **estar** ~ es eilig haben; **hacer un trabajo a las apuradas** eine Arbeit stümperhaft ausführen

apurar [apu'rar] **I.** *vt* **1.** (*investigación*) genau untersuchen **2.** (*vaso*) austrinken; (*plato*) leer essen **3.** (*paciencia, reservas*) erschöpfen; ~ **todos los medios** nichts unversucht lassen **4.** (*angustiar*) quälen; (*atosigar*) plagen; **¡no me apures, mi paciencia tiene un límite!** treib es nicht auf die Spitze, meine Geduld hat bald ein Ende!; **ya vendrás cuando te apure el hambre** du wirst schon kommen, wenn du hungrig bist **5.** (*con alabanzas*) verlegen machen; **me apura decirle que no tengo dinero** es ist mir peinlich ihm/ihr zu sagen, dass ich kein Geld habe **6.** (*Am: dar prisa*) drängen **II.** *vr:* ~**se 1.** (*preocuparse*) sich *dat* Sorgen machen; **¡no te apures por eso!** mach dir deswegen keine Sorgen! **2.** (*Am: darse prisa*) sich beeilen; **¡no te apures!** es eilt nicht!

apuro [a'puro] *m* **1.** (*aprieto*) Bedrängnis *f;* (*dificultad*) Schwierigkeit *f;* **estar en un** ~ in der Patsche sitzen; **sacar a alguien de un** ~ jdm aus der Patsche helfen; **poner en** ~ in Verlegenheit bringen **2.** (*estrechez*) finanzielle Notlage *f;* **sufrir grandes ~s** große Not leiden **3.** (*vergüenza*) Scham *f;* **me da ~ pedirle el dinero** es ist mir peinlich ihn/sie um das Geld zu bitten **4.** (*Am: prisa*) Eile *f*

aquejar [ake'xar] *vt* **1.** (*afligir*) bekümmern

2. (*enfermedad*) quälen; **le aqueja una enfermedad grave** er/sie leidet an einer schweren Krankheit

aquel[1] [a'kel] *m:* **tener un ~** das gewisse Etwas haben

aquel, -ella[2] [a'kel, -eʎa] **I.** *adj* <aquellos, -as> diese(r, s); (*que vemos allí*) der/die/das dort; **aquella casa es nuestra** das Haus dort gehört uns; **¿qué fue del hombre ~?** was ist aus diesem Mann geworden?; **¿estabais de acuerdo en ~ punto?** wart ihr euch in dem Punkt einig?; **en aquellos tiempos** zu jener Zeit **II.** *pron dem v.* **aquél, aquélla, aquello**

aquél, aquélla, aquello [a'kel, a'keʎa, a'keʎo] *pron dem* <aquéllos, -as> diese(r, s); (*que vemos allí*) der/die/das dort; **~ me gusta, éste no** der dort gefällt mir, dieser hier nicht; **¿qué es aquello?** was ist das (dort)?; **como decía ~** wie jener sagte; **sólo pueden participar aquéllos que sepan inglés** nur diejenigen, die Englisch können, dürfen daran teilnehmen; **esta teoría se diferencia de aquélla** diese Theorie unterscheidet sich von jener; **~ que colabore recibirá un premio** jeder, der mitmacht, bekommt eine Belohnung; **oye, ¿qué hay de aquello?** und, wie steht's damit?

aquí [a'ki] *adv* **1.** (*de lugar*) hier; (*con movimiento*) hierher; **(por) ~ cerca** hier in der Nähe; **~ dentro** darin; **éste de ~** der hier; **¡ah, ~ estás!** da bist du ja!; **andar de ~ para allá** hin und her laufen; **mira ~ dentro** schau hier rein; **de ~ hasta allí hay 10 minutos a pie** bis dahin sind es 10 Minuten zu Fuß; **mejor ir por ~** besser hier entlang **2.** (*de tiempo*): **de ~ en adelante** von nun an; **de ~ a una semana** heute in einer Woche; **hasta ~** bis jetzt

aquietar [akje'tar] **I.** *vt* **1.** (*apaciguar*) beruhigen **2.** (*aliviar*) lindern **II.** *vr:* **~se** sich beruhigen; **~se con una explicación** sich mit einer Erklärung zufrieden geben

Aquisgrán [akis'ɣran] *m* Aachen *nt*

ara[1] ['ara] *f* **1.** (*altar*) Altar *m* **2.** (*loc*): **acogerse a las ~s de alguien** bei jdm Zuflucht suchen; **en ~s de la paz** um des Friedens willen; **dar la vida en ~s de una idea** das Leben für eine Idee opfern

ara[2] ['ara] *m* (*Am*) Papagei *m*

árabe ['araβe] **I.** *adj* arabisch **II.** *mf* Araber(in) *m(f)*

Arabia [a'raβja] *f* Arabien *nt;* **~ Saudita** Saudiarabien *nt*

arábigo, -a [a'raβiɣo, -a] *adj* arabisch

arado [a'raðo] *m* Pflug *m*

Aragón [ara'ɣon] *m* Aragonien *nt*

aragonés, -esa [araɣo'nes, -esa] **I.** *adj* aragonisch **II.** *m, f* Aragonier(in) *m(f)*

arancel [aran̟'θel] *m* Tarif *m*

arancelario, -a [aran̟θe'larjo, -a] *adj* Zoll-

arándano [a'ran̪dano] *m* Heidelbeere *f*

araña [a'raɲa] *f* **1.** (ZOOL) Spinne *f;* **tela de ~** Spinnennetz *nt* **2.** (*candelabro*) Kronleuchter *m*

arañar [ara'ɲar] **I.** *vt* **1.** (*rasguñar*) kratzen; (*dañar*) zerkratzen; **el gato está arañando el sillón** die Katze kratzt am Sessel **2.** (*fam: reunir*) zusammenkratzen; **con un poco de suerte ~é un aprobado** mit ein bisschen Glück komme ich bei der Prüfung durch **3.** (*loc*): **~ la guitarra** Gitarre spielen **II.** *vi* kratzen **III.** *vr:* **~se** sich *dat* zerkratzen

arañazo [ara'ɲaθo] *m* Kratzer *m;* **dar un ~ a alguien** jdn kratzen; **defenderse a ~ limpio** sich hartnäckig verteidigen

arar [a'rar] *vt* pflügen

arbitraje [arβi'traxe] *m* **1.** (*juicio*) Schiedsspruch *m* **2.** (*de una disputa*) Schlichtung *f*

arbitral [arβi'tral] *adj* schiedsrichterlich; **jurisdicción ~** Schiedsgerichtbarkeit *f*

arbitrar [arβi'trar] **I.** *vt* **1.** (*disputa*) schlichten **2.** (*medios, recursos*) aufbringen **3.** (DEP) pfeifen **II.** *vi* (JUR) einen Schiedsspruch fällen

arbitrariedad [arβitrarje'ða^ð] *f* **1.** (*cualidad*) Willkür *f* **2.** (*acción*) Willkürmaßnahme *f*

arbitrario, -a [arβi'trarjo, -a] *adj* **1.** (*inconsistente*) beliebig **2.** (*voluble*) willkürlich

arbitrio [ar'βitrjo] *m* **1.** (*decisión de un juez*) Schiedsspruch *m* **2.** (*voluntad*) Ermessen *nt;* **estar al ~ de alguien** in jds Ermessen liegen; **dejar al ~ de alguien** in jds Ermessen stellen **3.** (*salida*) Ausweg *m* **4.** *pl* (*impuesto*): **~s municipales** Gemeindesteuer *f*

árbitro, -a ['arβitro, -a] *m, f* **1.** (*mediador*) Schlichter(in) *m(f)* **2.** (JUR, DEP) Schiedsrichter(in) *m(f);* (*boxeo*) Ringrichter(in) *m(f);* (*judo, wrestling*) Kampfrichter(in) *m(f)*

árbol ['arβol] *m* **1.** (BOT) Baum *m;* **~ de Navidad** Weihnachtsbaum *m;* **los ~es no le dejan ver el bosque** er/sie sieht den Wald vor lauter Bäumen nicht; **del ~ caído todos hacen leña** (*prov*) wenn der Baum fällt, bricht jedermann Holz **2.** (TÉC: *eje*) Welle *f* **3.** (NÁUT) Mast *m* **4.** (*loc*): **~ de la ciencia** Baum der Erkenntnis; **~ genealógico** Stammbaum *m*

arbolado [arβo'laðo] *m,* **arboleda** [arβo'leða] *f* Baumgruppe *f*

arbóreo, -a [ar'βoreo, -a] *adj* **1.** (*relativo al árbol*) Baum-; **masa arbórea** Baumbestand *m* **2.** (*parecido*) baumähnlich

arboricultura [arβorikul̪'tura] *f* Baumzucht *f*

arbusto [ar'busto] *m* Strauch *m*

arca ['arka] *f* Truhe *f;* (*para dinero*) Tresor *m;* ~ **de la alianza** (REL) Bundeslade *f;* **las** ~**s del estado** die Staatskasse; ~ **de Noé** Arche Noah; ~ **del pan** (*fam*) Bauch *m;* **ser un** ~ **cerrada** (*fig*) sehr verschlossen sein

arcada [ar'kaða] *f* **1.** (ARQUIT) Arkade *f* **2.** (*basca*) Brechreiz *m*

arcaico, -a [ar'kai̯ko, -a] *adj* (*anticuado*) veraltet

arcángel [ar'kaŋxel] *m* Erzengel *m*

arcano, -a[1] [ar'kano, -a] *adj* geheim

arcano[2] [ar'kano] *m* Geheimnis *nt*

arce ['arθe] *m* Ahorn *m*

arcén [ar'θen] *m* Rand *m;* (*de carretera*) Randstreifen *m*

archiconocido, -a [artʃikono'θiðo, -a] *adj* (*fam*) überall bekannt

archimillonario, -a [artʃimiʎo'narjo, -a] *m, f* Multimillionär(in) *m(f)*

archipiélago [artʃi'pjelaɣo] *m* Archipel *m;* **el** ~ **canario** die Kanarischen Inseln

archisabido, -a [artʃisa'βiðo, -a] *adj* (*fam*) äußerst bekannt; **esto está ya** ~ wir können es schon nicht mehr hören

archivador [artʃiβa'ðor] *m* **1.** (*mueble*) Aktenschrank *m* **2.** (*carpeta*) (Akten)ordner *m;* ~ **de correspondencia** Briefordner *m*

archivar [artʃi'βar] *vt* (*documentos*) ablegen; (*en una carpeta*) abheften; (INFOR) speichern; (*un asunto*) zu den Akten legen

archivero, -a [artʃi'βero, -a] *m, f* **1.** (*de archivo histórico*) Archivar(in) *m(f)* **2.** (*de oficina*) Angestellte(r) *mf* in der Registratur

archivo [ar'tʃiβo] *m* **1.** (*documentos, lugar*) Archiv *nt;* ~ **fotográfico** Bildarchiv *nt;* **constar en los** ~**s** aktenkundig sein **2.** (INFOR) Datei *f;* ~ **de comando** Befehlsdatei *f* **3.** (*Col: oficina*) Büro *nt*

arcilla [ar'θiʎa] *f* Ton *m*

arcilloso, -a [arθi'ʎoso, -a] *adj* **1.** (*con arcilla*) tonhaltig **2.** (*parecido*) tonartig

arco ['arko] *m* **1.** (*arma, t.* ARQUIT, ELEC) Bogen *m;* ~ **de medio punto** Rundbogen *m;* ~ **parlamentario** Parteienspektrum *nt;* ~ **voltaico** Lichtbogen *m* **2.** (MAT) Kreisbogen *m* **3.** (MÚS) (Geigen)bogen *m* **4.** (*de una cuba*) Fassreif(en) *m* **5.** (METEO): ~ **iris** Regenbogen *m* **6.** (TÉC): ~ **segueta** Laubsäge *f*

arcón [ar'kon] *m* große Truhe *f*

arder [ar'ðer] *vi* brennen; ~ **con fuerza** lodern; ~ **sin llama** glimmen; ~ **por los cuatro costados** lichterloh brennen; ~ **de fiebre** ganz heiß sein; ~ **de amor/pasíon** von Liebe/Leidenschaft entbrannt sein; ~ **de odio** von Hass erfüllt sein; ~ **de rabia** vor Wut rasen; **ardo en deseos de conocerte** ich brenne darauf, dich kennen zu lernen; **Valencia arde en fiestas** in Valencia herrscht festlicher Trubel; **el país arde en guerra** der Krieg wütet im Land; **la sesión parlamentaria está que arde** auf dieser Parlamentssitzung geht es heiß her; **estoy que ardo** (*enfadado*) ich bin wütend

ardid [ar'ði^{d}] *m* List *f*

ardiente [ar'ðjen̪te] *adj* **1.** (*sed*) brennend **2.** (*pasión, deseo, fiebre*) glühend **3.** (*persona*) leidenschaftlich **4.** (*rosa*) feuerrot

ardilla [ar'ðiʎa] *f* Eichhörnchen *nt*

ardor [ar'ðor] *m* Hitze *f;* ~ **de estómago** Sodbrennen; **el** ~ **de su mirada** die Glut seines/ihres Blickes; **en el** ~ **del combate** in der Hitze des Gefechts

ardoroso, -a [arðo'roso, -a] *adj* **1.** (*caliente*) heiß; (*calor*) sengend **2.** (*apasionado*) leidenschaftlich; (*agitado*) hitzig

arduo, -a ['arðwo, -a] *adj* mühsam; (*vida*) mühselig

área ['area] *f* **1.** (*superficie, extensión*) Fläche *f* **2.** (*terreno*) Gelände *nt;* ~ **de descanso** (AUTO) Rastplatz *m* **3.** (*zona*) Gebiet *nt;* ~ **de castigo** (DEP) Strafraum *m;* ~ **metropolitana** Großstadtgebiet *nt;* ~ **de no fumar** Nichtraucherzone *f* **4.** (*ámbito*) Bereich *m* **5.** (*100 metros^2*) Ar *m o nt*

arena [a'rena] *f* **1.** (*material*) Sand *m;* ~**s movedizas** Treibsand *m;* **edificar sobre** ~ (*fig*) auf Sand bauen; **sembrar en** ~ (*fig*) Holz in den Wald tragen **2.** (*lugar*) Arena *f*

arenal [are'nal] *m* Sandfläche *f*

arenga [a'reŋga] *f* **1.** (*discurso*) Ansprache *f* **2.** (*fam: discurso tedioso*) Tirade *f*

arenoso, -a [are'noso, -a] *adj* **1.** (*con arena*) sandig **2.** (*parecido*) sandartig

arenque [a'reŋke] *m* Hering *m*

arete [a'rete] *m* Ohrring *m*

argamasa [arɣa'masa] *f* Mörtel *m*

Argel [ar'xel] *m* Algier *nt*

Argelia [ar'xelja] *f* Algerien *nt*

argelino, -a [arxe'lino, -a] **I.** *adj* algerisch **II.** *m, f* Algerier(in) *m(f)*

Argentina [arxen̪'tina] *f* Argentinien *nt*

> **Argentina** (offiziell: **República Argentina**) liegt im südlichen Teil Südamerikas. Nach Brasilien ist es das zweitgrößte Land dieses Kontinents. Die Hauptstadt Argentiniens heißt **Buenos Aires**. Offizielle Landessprache ist **Spanisch**. Die Währungseinheit ist der **peso argentino**.

argentino, -a [arxen̪'tino, -a] **I.** *adj* argentinisch **II.** *m, f* Argentinier(in) *m(f)*

argolla [ar'ɣoʎa] *f* Ring *m*

argot [ar'ɣo^{t}] <argots> *m* Jargon *m*

argucia [ar'ɣuθja] *f* Spitzfindigkeit *f*

argüir [arɣu'ir] *irr como huir* **I.** *vt* **1.** (*deducir*) schließen (*de* aus +*dat*) **2.** (*probar*) erkennen lassen **3.** (*echar en cara*) vorwerfen **4.** (*alegar*) anführen (*como* als +*akk*) **II.** *vi* argumentieren

argumentación [arɣumen̩ta'θjon] *f* Argumentation *f*

argumentar [arɣumen̩'tar] **I.** *vt* **1.** (*deducir*) schließen **2.** (*defender*) begründen **II.** *vi* argumentieren

argumento [arɣu'men̩to] *m* **1.** (*razonamiento*) Argument *nt;* **los ~s en pro y en contra de una teoría** die Argumente für und gegen eine Theorie **2.** (LIT, CINE, TEAT) Handlung *f* **3.** (*Am: discusión*) Diskussion *f* **4.** (*Am: alegato*) Auseinandersetzung *f*

aria ['arja] *f* Arie *f*

aridez [ari'ðeθ] *f* Trockenheit *f*

árido, -a ['ariðo, -a] *adj* trocken; (*terreno*) karg

Aries ['arjes] *m* Widder *m*

ariete [a'rjete] *m* (DEP) Mittelstürmer(in) *m(f)*

arisco, -a [a'risko, -a] *adj* widerspenstig

aristocracia [aristo'kraθja] *f* Aristokratie *f*

aristócrata [aris'tokrata] *mf* Aristokrat(in) *m(f)*

aristocrático, -a [aristo'kratiko, -a] *adj* aristokratisch

aritmética [ari^ð'metika] *f* Arithmetik *f*

aritmético, -a [ari^ð'metiko, -a] *adj* arithmetisch

arlequín [arle'kin] *m* **1.** (*de la comedia*) Harlekin *m* **2.** (*ridículo*) Hanswurst *m*

arma ['arma] *f* **1.** (*instrumento*) Waffe *f;* **~ blanca** Stichwaffe *f;* **~ de fuego** Schusswaffe *f;* **~ homicida** Tatwaffe *f;* **~ de reglamento** Dienstwaffe *f;* **¡apunten ~s!** legt an!; **¡descansen ~s!** Gewehr ab!; **llegar a las ~s** handgreiflich werden; **pasar por las ~s** standrechtlich erschießen; **rendir las ~s** die Waffen niederlegen; **tomar las ~s** zu den Waffen greifen **2.** (*sección del ejército*) Truppengattung *f* **3.** *pl* (*blasón*) Wappen *nt* **4.** *pl* (*fuerzas armadas*) Streitkräfte *fpl* **5.** (*loc*): **un hombre de ~s tomar** ein streitbarer Mann; **mi novio es de ~s tomar** mein Freund lässt sich *dat* nichts gefallen

armada [ar'maða] *f* **1.** (*fuerzas navales*) Kriegsmarine *f* **2.** (*escuadra*) Kriegsflotte *f;* (HIST) Armada *f*

armadillo [arma'ðiʎo] *m* Gürteltier *nt*

armado, -a [ar'maðo, -a] *adj* **1.** (*provisto de*) ausgestattet (*de* mit +*dat*) **2.** (*loc*): **hormigón ~** armierter Beton

armador(a) [arma'ðor(a)] *m(f)* Reeder(in) *m(f)*

armadura [arma'ðura] *f* **1.** (*de caballero*) (Ritter)rüstung *f* **2.** (*de un objeto*) Gestell *nt* **3.** (*de una casa*) (Grund)gerippe *nt;* (*de un tejado*) Dachstuhl *m* **4.** (*de máquinas*) Armatur *f*

armamento [arma'men̩to] *m* **1.** (*de una persona*) Bewaffnung *f;* (*de un país*) Aufrüstung *f* **2.** (*armas, equipo*) Ausrüstung *f*

armar [ar'mar] **I.** *vt* **1.** (*proveer de armas*) bewaffnen **2.** (*embarcación*) ausrüsten **3.** (*cama*) aufstellen; (*tienda de campaña*) aufschlagen **4.** (*fam: jaleo, pelea*) anzetteln; **~la** (*fig*) Krach schlagen **5.** (*loc*): **~ caballero** zum Ritter schlagen **II.** *vr:* **~se 1.** (*con armas*) sich bewaffnen **2.** (*de paciencia/valor*) sich wappnen (*de* mit +*dat*) **3.** (*loc*): **se va a ~ la gorda** (*fam*) es wird einen Riesenkrach geben

armario [ar'marjo] *m* Schrank *m;* **~ empotrado** Einbauschrank *m;* **~ ropero** Kleiderschrank *m*

armatoste [arma'toste] *m* Trödel *m*

armazón [arma'θon] *m o f* **1.** (*armadura*) Gestell *nt* **2.** (*esqueleto*) Skelett *nt*

Armenia [ar'menja] *f* Armenien *nt*

armenio, -a [ar'menjo, -a] **I.** *adj* armenisch **II.** *m, f* Armenier(in) *m(f)*

armería [arme'ria] *f* **1.** (*tienda*) Waffenladen *m* **2.** (*museo*) Waffenmuseum *nt* **3.** (*arte*) Waffenschmiedekunst *f*

armero [ar'mero] *m* **1.** (*fabricante*) Waffenhersteller *m* **2.** (*vendedor*) Waffenhändler *m*

armiño [ar'miɲo] *m* **1.** (ZOOL) Hermelin *nt* **2.** (*piel*) Hermelinpelz *m*

armisticio [armis'tiθjo] *m* Waffenstillstand *m*

armonía [armo'nia] *f* **1.** (*consonancia*) Harmonie *f* **2.** (*relación armoniosa*) Eintracht *f;* **falta de ~** Missstimmung *f;* **su comportamiento no estuvo en ~ con la solemnidad del acto** sein/ihr Benehmen entsprach nicht der Feierlichkeit des Aktes

armónica [ar'monika] *f* Mundharmonika *f*

armónico, -a [ar'moniko, -a] *adj* harmonisch

armonio [ar'monjo] *m* Harmonium *nt*

armonioso, -a [armo'njoso, -a] *adj* harmonisch; (*sonido, lengua*) wohlklingend

armonizar [armoni'θar] <z→c> **I.** *vi* harmonieren; **estos dos objetos armonizan** diese zwei Gegenstände passen zusammen **II.** *vt* harmonisieren; **~ colores** Farben aufeinander abstimmen; **~ ideas** Ideen miteinander in Einklang bringen

árnica ['arnika] *f* Arnika *f;* (*tintura*) Arnikatinktur *f;* **pedir ~** (*fig*) das Handtuch werfen

aro ['aro] *m* **1.** (*argolla*) Ring *m;* **le haré pasar por el ~** (*fig*) ich werde ihn schon dazu bringen; **ahora tienes que pasar por el ~** (*fig*) nun musst du es durchstehen **2.** (BOT) Aron(s)stab *m* **3.** (*CSur, PRico: arete*) Ohrring *m*

aroma [a'roma] *m* (*olor*) Duft *m;* (*sabor*) Aroma *nt*
aromático, -a [aro'matiko, -a] *adj* (*fragrante*) duftend
arpa ['arpa] *f* Harfe *f*
arpón [ar'pon] *m* (*de pesca*) Harpune *f*
arqueado, -a [arke'aðo, -a] *adj* krumm
arquear [arke'ar] **I.** *vt* **1.** (*doblar*) biegen; (*espalda*) krümmen; **el gato arqueó su lomo** die Katze machte einen Buckel **2.** (*cejas*) hochziehen **3.** (*techo*) wölben **II.** *vr:* **~se** sich biegen
arqueo [ar'keo] *m* (*curvatura*) Krümmung *f;* (*de un techo*) Wölbung *f*
arqueología [arkeolo'xia] *f* Archäologie *f*
arqueológico, -a *adj* archäologisch
arqueólogo, -a [arke'oloɣo, -a] *m, f* Archäologe, -in *m, f*
arquero, -a [ar'kero, -a] *m, f* **1.** (*con arco*) Bogenschütze, -in *m, f* **2.** (*portero*) Torwart, -frau *m, f*
arquetipo [arke'tipo] *m* Archetypus *m*
arquitecto, -a [arki'tekto, -a] *m, f* Architekt(in) *m(f);* **~ interiorista** Innenarchitekt *m*
arquitectónico, -a [arkitek'toniko] *adj* architektonisch
arquitectura [arkitek'tura] *f* Architektur *f*
arrabal [arra'βal] *m* Vorstadt *f*
arrabalero, -a [arraβa'lero, -a] **I.** *adj* **1.** (*de un arrabal*) vorstädtisch **2.** (*grosero*) ungehobelt **II.** *m, f* **1.** (*habitante*) Vorstädter(in) *m(f)* **2.** (*grosero*) Rohling *m*
arracimarse [arraθi'marse] *vr* sich drängen
arraigar [arrai̯'ɣar] <g→gu> **I.** *vi, vr:* **~se** (*echar raíces*) Wurzeln schlagen **II.** *vi* (*costumbre*) zur festen Gewohnheit werden (*en* bei +*dat*)
arraigo [a'rrai̯ɣo] *m* Verwurzelung *f;* **tener ~** (*influencia*) einflussreich sein
arramblar [arram'blar] **I.** *vi* (*apoderarse*) an sich reißen (*con* +*akk*) **II.** *vt* **1.** (*río*) Sand anspülen (an +*akk*) **2.** (*arrastrar*) mit sich *dat* reißen **III.** *vr:* **~se** versanden
arrancar [arraŋ'kar] <c→qu> **I.** *vi* **1.** (*vehículo*) starten **2.** (*embestir*) angreifen **3.** (*iniciar*) anfangen; **~ a correr** zu laufen anfangen **4.** (*provenir*) ausgehen (*de* von +*dat*); (*comenzar*) beginnen (*de* in +*dat*) **II.** *vt* **1.** (*plantas*) (her)ausreißen; **el viento arrancó el árbol** der Wind entwurzelte den Baum **2.** (*pegatina, póster*) abreißen **3.** (*quitar con violencia*) entreißen; **le ~on el arma** sie entrissen ihm/ihr die Waffe; **el ladrón le arrancó el bolso de la mano** der Dieb riss ihr die Handtasche aus der Hand; **la granada le arrancó un brazo** die Granate zerfetzte ihm/ihr einen Arm; **la corriente arrancó el puente** die Strömung riss die Brücke fort **4.** (*muela*) ziehen **5.** (AUTO) anlassen **6.** (*loc*): **~ aplausos** Beifall auslösen; **~ una promesa a alguien** jdm ein Versprechen abringen; **~ un secreto** ein Geheimnis entlocken; **~ una victoria** einen Sieg erzwingen
arranque [a'rraŋke] *m* **1.** (*energía*) Energie *f;* (*decisión*) Initiative *f;* **tomar ~** Anlauf nehmen **2.** (*comienzo*) Beginn *m;* **punto de ~** Ausgangspunkt *m* **3.** (*arrebato*) Anwandlung *f;* **no tengas esos ~s** reagier nicht so heftig **4.** (AUTO) Anlassen *nt;* **dispositivo de ~** (**automático**) (elektrischer) Anlasser *m* **5.** (INFOR) Start *m*
arrasar [arra'sar] **I.** *vt* **1.** (*allanar*) einebnen **2.** (*edificios*) dem Erdboden gleichmachen; (*región*) verwüsten **3.** (*vaso*) bis zum Rand füllen **II.** *vi* (*cielo*) aufklaren **III.** *vr:* **~se 1.** (*cielo*) aufklaren **2.** (*loc*): **se le ~on los ojos de lágrimas** er/sie zerfloss in Tränen
arrastrado, -a [arras'traðo, -a] *adj:* **una vida arrastrada** ein Hundeleben
arrastrar [arras'trar] **I.** *vt* **1.** (*tirar*) ziehen (*de* aus +*dat*); (*algo pesado*) schleifen; (*remolcar*) schleppen; **~on la caja montaña arriba** sie zogen die Kiste den Berg hinauf; **el agua arrastra las piedras** das Wasser reißt die Steine mit; **el viento arrastra las hojas** der Wind fegt die Blätter weg; **~ a alguien a hacer algo** jdn dazu verleiten etw zu tun; **le pude ~ al cine** ich konnte ihn mit ins Kino schleifen **2.** (*acarrear*) nach sich *dat* ziehen; **eso le arrastró dolores de cabeza** das verursachte ihm/ihr Kopfschmerzen **3.** (*arrebatar*) mitreißen **II.** *vi* (*cartas*) einen Trumpf ausspielen **III.** *vr:* **~se** kriechen
arrastre [a'rrastre] *m* (*de algo pesado*) Schleifen *nt;* (*remolque*) Fortschleppen *nt;* (GEO) Transport *m;* **estar para el ~** (*fam: cosa*) kaputt sein; (*persona*) völlig erledigt sein
arre ['arre] *interj* hü
arrear [arre'ar] **I.** *vt* **1.** (*ganado*) antreiben **2.** (*golpe*) versetzen; (*bofetada*) verpassen **II.** *vi* sich beeilen; **¡arrea!** (*rápido*) Tempo!; (*atiza*) Donnerwetter!
arrebañaduras [arreβaɲa'ðuras] *fpl* Speisereste *mpl*
arrebañar [arreβa'ɲar] *vt* **1.** (*un plato*) leer essen **2.** (*objetos*) zusammenraffen
arrebatadamente [arreβataða'meṇte] *adv* **1.** (*precipitadamente*) überstürzt **2.** (*violentamente*) heftig **3.** (*loc*): **hablar ~** (*apasionadamente*) voller Leidenschaft sprechen; (*rápidamente*) hastig sprechen
arrebatado, -a [arreβa'taðo, -a] *adj* **1.** (*alocado*) hastig **2.** (*irreflexivo*) unüberlegt **3.** (*impetuoso*) ungestüm **4.** (*irritado*) unbeherrscht; **con un rostro ~** rot vor Zorn
arrebatar [arreβatar] **I.** *vt* **1.** (*arrancar*) ent-

reißen; **el viento le arrebató el sombrero** der Wind riss seinen Hut fort; **fue arrebatado por la corriente** die Strömung trieb ihn ab; ~ **la vida a alguien** jdn umbringen; ~ **la victoria** den Sieg erringen **2.** (*extasiar*) bezaubern **3.** (*conmover*) mitreißen **II.** *vr:* ~**se** (*enfurecerse*) wütend werden (*por* auf/über +*akk*)

arrebato [arre'βato] *m* **1.** (*arranque*) Anfall *m;* ~ **de cólera** Zornausbruch *m* **2.** (*éxtasis*) Ekstase *f*

arrechucho [arre'tʃutʃo] *m* (*fam*) **1.** (*de mal humor*) Rappel *m* **2.** (*de salud*) Unpässlichkeit *f*

arreciar [arre'θjar] *vi* **1.** (METEO) stärker werden **2.** (*críticas*) schärfer werden

arrecife [arre'θife] *m* Riff *nt*

arredrar [arre'ðrar] **I.** *vt* **1.** (*retraer*) zurückschrecken lassen **2.** (*asustar*) erschrecken **II.** *vr:* ~**se 1.** (*echarse atrás*) zurückschrecken (*ante* vor +*dat*); ~**se ante alguien** vor jdm zurückweichen **2.** (*asustarse*) den Mut verlieren; **sin** ~**se** beherzt

arreglado, -a [arre'ɣlaðo, -a] *adj* **1.** (*ordenado*) ordentlich **2.** (*cuidado*) gepflegt **3.** (*moderado*) mäßig; (*precio*) erschwinglich **4.** (*loc*): **¡estamos** ~**s!** jetzt sitzen wir ganz schön in der Tinte!

arreglar [arre'ɣlar] **I.** *vt* **1.** (*ordenar*) in Ordnung bringen; ~ **la habitación para los invitados** das Zimmer für die Gäste herrichten; ~ **la (desordenada) habitación** das Zimmer aufräumen **2.** (*acicalar*): ~ **una mesa con flores** einen Tisch mit Blumen schmücken; ~ **a los niños para salir** die Kinder zum Weggehen fertigmachen; **¡ya te** ~**é yo!** (*fig*) wenn ich dich erwische! **3.** (*acordar*) vereinbaren; ~ **las cuentas con alguien** mit jdm abrechnen **4.** (*reparar*) reparieren; (*ropa, zapatos*) flicken; **esta sopa te** ~**á el estómago** diese Suppe wird deinem Magen gut tun **5.** (*aliñar*) anmachen; (*condimentar*) würzen **6.** (MÚS) arrangieren **7.** (*loc*): **estás arreglado si crees que te ayudaré** wenn du glaubst, dass ich dir helfe, irrst du dich **II.** *vr:* ~**se 1.** (*vestirse, peinarse*) sich zurechtmachen **2.** (*componérsela*): **no sé cómo te las arreglas** ich weiß nicht, wie du das machst; **¿cómo te has arreglado para convencerle?** wie hast du es geschafft ihn zu überreden? **3.** (*ponerse de acuerdo*) sich einigen **4.** (*avenirse*) auskommen **5.** (*loc*): **el día se está arreglando** der Himmel klärt sich auf

arreglo [a'rreɣlo] *m* **1.** (*ajuste*) Regelung *f;* **con** ~ **a lo convenido** gemäß der Vereinbarung; **obré con** ~ **a las normas** ich habe mich an die Regeln gehalten **2.** (*reparación*) Reparatur *f;* (*mejora*) Verbesserung *f;* **no tienes** ~ bei dir ist Hopfen und Malz verloren *fam;* **este trabajo ya no tiene** ~ diese Arbeit ist völlig verpfuscht **3.** (*de una habitación*) Einrichtung *f* **4.** (*acuerdo*) Vereinbarung *f* **5.** (*amoroso*) Liebschaft *f* **6.** (MÚS) Arrangement *nt*

arrellanarse [arreʎa'narse] *vr* es sich *dat* bequem machen

arremangar [arremaŋ'gar] <g→gu> *vt, vr:* ~**se** hochkrempeln; ~**se la camisa** (sich *dat*) die Hemdsärmel hochkrempeln

arremeter [arreme'ter] *vi* **1.** (*atacar*) anstürmen **2.** (*despotricar*) wettern

arremetida [arreme'tiða] *f* Ansturm *m*

arremolinarse [arremoli'narse] *vr* **1.** (*hojas, polvo*) aufgewirbelt werden **2.** (*agua*) strudeln **3.** (*gente*) sich zusammendrängen

arrendador(a) [arreṇda'ðor(a)] *m(f)* Vermieter(in) *m(f);* (*de un terreno/negocio*) Verpächter(in) *m(f)*

arrendamiento [arreṇda'mjeṇto] *m* **1.** (*arriendo*) Miete *f;* (*de un terreno/negocio*) Pacht *f;* ~ **financiero** Leasingvertrag *m;* ~ **rústico** Landpacht *f* **2.** (*contrato*) Mietvertrag *m;* (*de un terreno/negocio*) Pachtvertrag *m* **3.** (*precio*) Miete *f;* (*de un terreno/negocio*) Pachtzins *m*

arrendar [arreṇ'dar] <e→ie> *vt* **1.** (*ceder*) vermieten; (*terreno, negocio*) verpachten **2.** (*tomar*) mieten; (*terreno, negocio*) pachten

arrendatario, -a [arreṇda'tarjo, -a] *m, f* Mieter(in) *m(f);* (*de un terreno/negocio*) Pächter(in) *m(f)*

arreos [a'rreos] *mpl* (*de las caballerías*) Geschirr *nt*

arrepentido, -a [arrepeṇ'tiðo, -a] *adj* reuevoll

arrepentimiento [arrepeṇti'mjeṇto] *m* Reue *f*

arrepentirse [arrepeṇ'tirse] *irr como sentir vr* (*lamentar*) Reue empfinden; ~ **de algo** etw bereuen

arrestar [arres'tar] **I.** *vt* festnehmen **II.** *vr:* ~**se** sich heranwagen (*a* an +*akk*)

arresto [a'rresto] *m* **1.** (*detención*) Festnahme *f* **2.** (*reclusión*) Arrest *m;* ~ **domiciliario** Hausarrest *m* **3.** (*arrojo*) Verwegenheit *f;* **tener** ~**s** Mut haben

arriar [arri'ar] <*1. pres:* arrío> **I.** *vt* **1.** (*bandera*) einholen **2.** (*cabo, cadena*) lockern **3.** (*inundar*) überschwemmen **II.** *vr:* ~**se** überschwemmt werden

arriba [a'rriβa] *adv* **1.** (*posición*) oben; **más** ~ weiter oben; **de** ~ **abajo** von oben nach unten; **caerse por las escaleras de** ~ **abajo** die Treppe hinunterstürzen; **leer un libro de** ~ **abajo** ein Buch vom Anfang bis zum Ende lesen; **ensuciarse de** ~ **abajo** sich von Kopf bis Fuß beschmutzen; **lo** ~ **mencionado** das Obenerwähnte; **¡manos**

~! Hände hoch!; **los que están** ~ (**de la sociedad**) die oberen Zehntausend; **los que están** ~ (**de una empresa**) die Führungsspitze; **la habitación de** ~ (*de encima*) das Zimmer darüber; **el piso de** ~ (*el último*) das oberste Stockwerk **2.** (*más de*): **tener de 60 años para** ~ über 60 Jahre alt sein; **precios de 1000 pesetas para** ~ Preise ab 1000 Peseten (aufwärts) **3.** (*con movimiento*): **río** ~ flussaufwärts; **¡~!** auf! **4.** (*CSur*): **de** ~ (*gratis*) kostenlos; (*sin merecerlo*) grundlos

arribar [arri'βar] *vi* (*barco*) einlaufen

arribista [arri'βista] *mf* Emporkömmling *m*

arriendo [a'rrjeṇdo] *m v.* **arrendamiento**

arriesgado, -a [arrjes'ɣaðo, -a] *adj* **1.** (*peligroso*) riskant **2.** (*atrevido*) tollkühn

arriesgar [arrjes'ɣar] <g→gu> **I.** *vt* **1.** (*vida, reputación*) aufs Spiel setzen **2.** (*en el juego*) setzen **3.** (*hipótesis, afirmación*) wagen **II.** *vr:* **~se** sich einer Gefahr aussetzen

arrimar [arri'mar] **I.** *vt* **1.** (*acercar*) heranrücken (*a* an +*akk*) **2.** (*apoyar*) anlehnen (*a* an +*akk*) **3.** (*golpe*) versetzen; (*bofetada*) verpassen **4.** (*loc*): ~ **el ascua a su sardina** die Gelegenheit nutzen; ~ **el hombro** zupacken; ~ **los libros** das Studium abbrechen **II.** *vr:* **~se 1.** (*acercarse*) näher treten; **~se a algo** näher an etw herangehen; **~se al poder** sich von Regierungskreisen protegieren lassen; **~se al sol que más calienta** sein Fähnchen nach dem Wind drehen **2.** (*apoyarse*) sich anlehnen (*a* an +*akk*); **el niño se arrimó a su madre** das Kind schmiegte sich an seine Mutter **3.** (*Am: amancebarse*) in wilder Ehe leben

arrinconado, -a [arriŋko'naðo, -a] *adj* **1.** (*apartado*) abgelegen **2.** (*desatendido*) vernachlässigt **3.** (*olvidado*) vergessen

arrinconar [arriŋko'nar] **I.** *vt* **1.** (*un objeto*) in die Ecke stellen **2.** (*dinero*) beiseite legen **3.** (*acosar*) in die Enge treiben **4.** (*de un cargo*) aus dem Verkehr ziehen **5.** (*rehuir a alguien*) links liegen lassen **II.** *vr:* **~se** sich zurückziehen

arriscado, -a [arris'kaðo, -a] *adj* **1.** (*arriesgado*) riskant **2.** (*escabroso*) felsig **3.** (*atrevido*) kühn

arrobar [arro'βar] **I.** *vt* entzücken **II.** *vr:* **~se** entzückt sein

arrocero, -a [arro'θero, -a] **I.** *adj* Reis- **II.** *m, f* Reisbauer, -bäuerin *m, f*

arrodillarse [arroði'ʎarse] *vr* (sich) niederknien

arrogancia [arro'ɣaṇθja] *f* Arroganz *f*

arrogante [arro'ɣaṇte] *adj* **1.** (*altivo*) arrogant **2.** (*apuesto*) stattlich

arrogarse [arro'ɣarse] <g→gu> *vr* sich *dat* anmaßen; ~ **la facultad de juzgar a los demás** sich *dat* anmaßen über andere zu urteilen

arrojado, -a [arro'xaðo, -a] *adj* verwegen

arrojar [arro'xar] **I.** *vt* **1.** (*lanzar*) werfen; **el caballo arrojó al jinete** das Pferd warf den Reiter ab **2.** (*emitir*) ausstoßen; **la chimenea arroja humo** der Schornstein raucht; ~ **un mal olor** schlecht riechen **3.** (*expulsar*) vertreiben **4.** (*vomitar*) erbrechen **5.** (*un resultado*) ergeben; ~ **beneficios** Gewinne abwerfen; ~ **fallos** Fehler aufweisen; **mi cuenta arroja un saldo de 1000 pesetas** mein Konto weist einen Saldo von 1000 Peseten auf **II.** *vr:* **~se** sich stürzen; **~se al agua** ins Wasser springen

arrojo [a'rroxo] *m* Verwegenheit *f*

arrollador(a) [arroʎa'ðor(a)] *adj* **1.** (*fuerza*) umwerfend; (*mayoría*) überwältigend **2.** (*persona*) hinreißend

arrollar [arro'ʎar] *vt* **1.** (*enrollar*) aufwickeln **2.** (*atropellar*) überfahren **3.** (*derrotar*) (vernichtend) schlagen **4.** (*las leyes*) missachten

arropar [arro'par] **I.** *vt* zudecken **II.** *vr:* **~se 1.** (*en la cama*) sich zudecken **2.** (*abrigarse*) sich warm anziehen; **¡arrópate bien!** zieh dich warm an!; **¡arrópate con eso!** (*fam fig*) das kannst du dir an den Hut stecken!

arrostrar [arros'trar] *vt* die Stirn bieten +*dat*

arroyo [a'rroɟo] *m* **1.** (*río pequeño*) Bach *m;* **~s de sangre/lágrimas** Ströme von Blut/Tränen **2.** (*cuneta*) Rinnstein *m;* **plantar a alguien en el** ~ (*fig*) jdn vor die Tür setzen; **salir del** ~ (*fig*) aus der Gosse herauskommen

arroz [a'rroθ] *m* Reis *m;* ~ **con leche** Milchreis *m;* **habrá** ~ **y gallo muerto** (*fig*) es wird hoch hergehen

arrozal [arro'θal] *m* Reisfeld *nt*

arruga [a'rruɣa] *f* Falte *f;* ~ **en la frente** Stirnfalte *f;* **este vestido hace ~s** dieses Kleid knittert

arrugar [arru'ɣar] <g→gu> **I.** *vt* **1.** (*papel, vestido*) zerknittern **2.** (*loc*): ~ **la frente** die Stirn runzeln; ~ **la nariz** die Nase rümpfen **II.** *vr:* **~se 1.** (*papel, vestido*) knittern **2.** (*piel*) faltig werden **3.** (*achicarse*) den Mut verlieren

arruinar [arrwi'nar] **I.** *vt* **1.** (*causar ruina*) ruinieren **2.** (*destruir*) zerstören **3.** (*fiesta, vacaciones*) verderben; (*plan*) zunichte machen **II.** *vr:* **~se 1.** (*quedarse en la ruina*) sich ruinieren **2.** (*malograrse*) sich *dat* verderben

arrullar [arru'ʎar] **I.** *vt* (*a un niño*) in den Schlaf wiegen **II.** *vi* (ZOOL) gurren **III.** *vr:* **~se** turteln

arrullo [a'rruʎo] *m* **1.** (ZOOL) Gurren *nt* **2.** (*para niños*) Schlaflied *nt*

arrumbar [arrum'bar] *vt* **1.** (*una cosa*) ausrangieren **2.** (*a alguien*) aus dem Weg gehen +*dat*

arsenal [arse'nal] *m* **1.** (*de municiones*) (Waffen)arsenal *nt* **2.** (NÁUT) Werft *f*

arsénico [ar'seniko] *m* Arsen *nt*

arte ['arte] *m o f* **1.** (*pintura, escultura, facultad*) Kunst *f;* ~ **culinario** Kochkunst *f;* ~ **narrativo** Erzählkunst *f;* **las** ~**s plásticas** die bildenden Künste; **el séptimo** ~ die Filmkunst; **escuela de** ~**s y oficios** Gewerbeschule *f* **2.** (*habilidad*) Geschick *nt* **3.** (*maña*) Trick *m;* **como por** ~ **de magia** wie durch Hexerei; **conseguir algo por malas** ~**s** sich *dat* etw erschleichen; **desplegó todas sus** ~**s para convencerlo** er/sie ließ alle seine/ihre Künste spielen um ihn zu überzeugen; **no tener** ~ **ni parte en algo** mit etw *dat* nichts zu tun haben

artefacto [arte'fakto] *m* (*aparato*) Apparat *m;* (*mecanismo*) Vorrichtung *f;* ~ **explosivo** Sprengkörper *m*

artemisa [arte'misa] *f* Beifuß *m*

arteria [ar'terja] *f* **1.** (ANAT) Arterie *f* **2.** (*de tráfico*) Verkehrsader *f*

arterio(e)sclerosis [arterjo(e)skle'rosis] *f inv* Arteriosklerose *f*

artesa [ar'tesa] *f* Backtrog *m*

artesanía [artesa'nia] *f* **1.** (*arte*) Handwerkskunst *f* **2.** (*obra*) Kunsthandwerk *nt;* **jarrón de** ~ in Handarbeit hergestellte Vase

artesano, -a [arte'sano, -a] *m, f* Handwerker(in) *m(f)*

ártico, -a ['artiko, -a] *adj* arktisch; **polo** ~ Nordpol *m*

articulación [artikula'θjon] *f* **1.** (TÉC, ANAT) Gelenk *nt* **2.** (LING) Artikulation *f*

articulado, -a [artiku'laðo, -a] *adj* **1.** (*con articulación*) gelenkig; **muñeco** ~ Gelenkpuppe *f* **2.** (*lenguaje*) artikuliert

articular [artiku'lar] **I.** *vt* **1.** (*unir*) miteinander verbinden **2.** (LING) artikulieren **II.** *adj* Gelenk-

articulista [artiku'lista] *mf* Artikelschreiber(in) *m(f)*

artículo [ar'tikulo] *m* **1.** (*mercancía*) (Verkaufs)artikel *m;* ~ **invendible** Ladenhüter *m;* ~ **en oferta** Sonderangebot *nt;* ~**s de primera necesidad** Güter des täglichen Bedarfs **2.** (PREN) (Zeitungs)artikel *m* **3.** (JUR, LING) Artikel *m* **4.** (*en un diccionario*) Eintrag *m*

artífice [ar'tifiθe] *mf* **1.** (*autor*) Urheber(in) *m(f)* **2.** (*artista*) Künstler(in) *m(f)*

artificial [artifi'θjal] *adj* **1.** (*no natural*) künstlich; **seda** ~ Kunstseide *f* **2.** (*falso*) gekünstelt

artificio [arti'fiθjo] *m* **1.** (*mecanismo*) Vorrichtung *f;* (*aparato*) Apparat *m* **2.** (*habilidad*) Geschick *nt;* (*truco*) Kniff *m;* **un** ~ **técnico** ein technischer Kunstgriff

artillería [artiʎe'ria] *f* (MIL) Artillerie *f;* **una** ~ **de medidas** (*fig*) eine ganze Batterie (von) Maßnahmen

artillero [arti'ʎero] *m* Artillerist *m*

artimaña [arti'maɲa] *f* List *f*

artista [ar'tista] *mf* **1.** (ARTE) Künstler(in) *m(f)* **2.** (*de circo*) Artist(in) *m(f)* **3.** (TEAT) Schauspieler(in) *m(f)* **4.** (*loc*): **es un** ~ **en su especialidad** er ist ein Meister seines Fachs

artístico, -a [ar'tistiko, -a] *adj* **1.** (*del arte*) künstlerisch **2.** (*del circo*) artistisch **3.** (*hecho con arte*) kunstvoll

artritis [ar'tritis] *f inv* Arthritis *f*

artrosis [ar'trosis] *f inv* Arthrose *f*

arzobispo [arθo'βispo] *m* Erzbischof *m*

as [as] *m* Ass *nt*

asa ['asa] *f* Henkel *m;* (*de maleta*) Griff *m*

asado [a'saðo] *m* Braten *m*

asador [asa'ðor] *m* **1.** (*pincho*) Bratspieß *m* **2.** (*parrilla*) Grill *m*

asadura [asa'ðura] *f* (*de una res*) Eingeweide *ntpl*

asaetear [asaete'ar] *vt* (*mortificar*) belästigen; ~ **con** [*o* **a**] **preguntas** mit Fragen überhäufen

asalariado, -a [asala'rjaðo, -a] *m, f* (ECON) Lohnempfänger(in) *m(f)*

asaltar [asal̩'tar] *vt* **1.** (*fortaleza, ciudad*) stürmen **2.** (*a una persona: robar*) überfallen; (*atacar*) angreifen; ~ **con preguntas** mit Fragen bestürmen **3.** (*pensamiento*) überkommen; **me asaltó el pánico** ich geriet in Panik

asalto [a'sal̩to] *m* **1.** (*a una fortaleza/ciudad*) Sturm(angriff) *m* (*a* auf +*akk*); **tomar por** ~ in einem Handstreich einnehmen **2.** (*a un banco/alguien*) Überfall *m* (*a* auf +*akk*) **3.** (DEP: *boxeo*) Runde *f;* (*esgrima*) Durchgang *m*

asamblea [asam'blea] *f* Versammlung *f;* ~ **general** Hauptversammlung *f;* ~ **plenaria** Vollversammlung *f;* ~ **de trabajadores** Betriebsversammlung *f*

asar [a'sar] **I.** *vt* **1.** (GASTR) braten; **cochinillo asado** Spanferkel *nt;* ~ **a fuego lento** schmoren; ~ **a la parrilla** grillen **2.** (*con preguntas*) löchern **II.** *vr:* ~**se**: **en esta casa se asa uno vivo** (*fam*) in diesem Haus kommt man um vor Hitze

asbesto [as'βesto] *m* Asbest *m*

ascendencia [asθen̩'den̩θja] *f* **1.** (*antepasados*) Vorfahren *mpl* **2.** (*procedencia*) Herkunft *f*

ascendente [asθen̩'den̩te] **I.** *adj* aufsteigend; **en orden** ~ in aufsteigender Reihenfolge **II.** *m* (ASTR) Aszendent *m*

ascender [asθen̩'der] <e→ie> *vi* **1.** (*subir*) steigen; (*cuesta*) ansteigen; (DEP) aufsteigen; **el equipo ascendió a primera** die Mannschaft stieg in die erste Liga auf **2.** (*de empleo*) aufsteigen (*a* zu +*dat*) **3.** (COM: *cantidad, cuenta*) sich belaufen (*a* auf +*akk*)

ascendiente[1] [asθeṇ'djeṇte] *mf* Vorfahr(e), -in *m, f*

ascendiente[2] [asθeṇ'djeṇte] *m* (*influencia*) Einfluss *m*

ascensión [asθen'sjon] *f* **1.** (*a una montaña*) Aufstieg *m* **2.** (*de Cristo*) Himmelfahrt *f;* **el día de la A~** der Himmelfahrtstag **3.** (*del rey*) Thronbesteigung *f*

ascenso [as'θenso] *m* **1.** (*subida*) Anstieg *m;* (DEP) Aufstieg *m;* **el ~ a primera** der Aufstieg in die erste Liga **2.** (*promoción*) Beförderung *f*

ascensor [asθen'sor] *m* Aufzug *m;* **tomar el ~** mit dem Aufzug fahren

ascético, -a [as'θetiko, -a] *adj* asketisch

asco ['asko] *m* **1.** (*de algo*) Ekel *m* (*de* vor +*dat*); **este olor me da ~** bei diesem Geruch wird mir übel; **las espinacas me dan ~** ich kann Spinat nicht ausstehen **2.** (*de alguien*) Abscheu *m o f* (*de* vor +*dat*); **este hombre me da ~** dieser Mann stößt mich ab **3.** (*loc, fam*): **¡qué ~ de gente!** diese Leute sind unerträglich!; **estoy hecho un ~** ich bin dreckig; **estoy muerto de ~** ich langweile mich zu Tode

ascua ['askwa] *f* Glut *f;* **estar limpio como un ~** blitzsauber sein; **estar sobre ~s** (wie) auf glühenden Kohlen sitzen; **pasar algo sobre ~s** etw oberflächlich abhandeln; **tener a alguien en ~s** jdn zappeln lassen

aseado, -a [ase'aðo, -a] *adj* **1.** (*limpio*) sauber; (*arreglado*) ordentlich **2.** (*cuidadoso*) sorgfältig

asear [ase'ar] **I.** *vt* sauber machen **II.** *vr:* **~se** sich zurechtmachen

asechanza [ase'ʧaṇθa] *f* **1.** (*trampa*) Falle *f* **2.** *pl* (*intrigas*) Intrigen *fpl*

asediar [ase'djar] *vt* **1.** (*ciudad*) belagern **2.** (*con preguntas*) bestürmen; (*con peticiones*) plagen

asedio [a'sedjo] *m* Belagerung *f*

asegurado, -a [aseɣu'raðo, -a] *m, f* Versicherungsnehmer(in) *m(f)*

asegurador(a) [aseɣura'ðor(a)] *m(f)* Versicherungsgeber(in) *m(f)*

asegurar [aseɣu'rar] **I.** *vt* **1.** (*fijar*) festmachen; **~ un nudo** einen Knoten festziehen; **~ una puerta** eine Tür zumachen; (*con llave*) eine Tür zuschließen; **~ una puerta con una cadena** eine Tür mit einer Kette sichern **2.** (*afirmar*) versichern; (*prometer*) versprechen; (*garantizar*) zusichern; **tienes la vida asegurada** deine Zukunft ist gesichert **3.** (*concertar un seguro*) versichern **II.** *vr:* **~se 1.** (*contra un peligro*) sich absichern **2.** (*comprobar*) nachsehen; (*cerciorarse*) sich vergewissern **3.** (*hacerse un seguro*) sich versichern

asemejarse [aseme'xarse] *vr* ähneln (*a* +*dat*)

asentaderas [aseṇta'ðeras] *fpl* (*fam*) Hintern *m;* **tener buenas ~** Sitzfleisch haben

asentado, -a [aseṇ'taðo, -a] *adj* **1.** (*juicioso*) vernünftig **2.** (*estable*) fest

asentar [aseṇ'tar] <e→ie> **I.** *vt* **1.** (*poner*) hinstellen; (*campamento*) aufschlagen; **~ los cimientos** das Fundament legen; **la lluvia ha asentado el polvo** durch den Regen hat sich der Staub gelegt **2.** (*sentar*) setzen (*en* auf +*akk*); **~ en el trono** auf den Thron erheben **3.** (*población*) gründen **4.** (*alisar*) glätten **5.** (*afirmar*) behaupten **6.** (*pedido*) (ver)buchen **II.** *vi* (*vestido*) gut stehen **III.** *vr:* **~se 1.** (*en un sitio*) sich niederlassen **2.** (*polvo, líquidos*) sich setzen

asentimiento [aseṇti'mjeṇto] *m* Zustimmung *f* (*a* zu +*dat*)

asentir [aseṇ'tir] *irr como sentir vi* **1.** (*aprobar*) zustimmen (*a* +*dat*); **~ con la cabeza** nicken **2.** (*consentir*) einwilligen (*a* in +*akk*)

aseo [a'seo] *m* **1.** (*acción*) Saubermachen *nt* **2.** (*estado*) Sauberkeit *f;* **~ personal** Körperpflege *f;* (**cuarto de**) **~** Badezimmer *nt*

aséptico, -a [a'septiko, -a] *adj* keimfrei

asequible [ase'kiβle] *adj* **1.** (*alcanzable*) erreichbar **2.** (*precio*) erschwinglich; **no ~** unerschwinglich; **esta casa no es ~ para nosotros** wir können uns dieses Haus nicht leisten **3.** (*persona*) zugänglich

aserción [aser'θjon] *f* Behauptung *f*

aserradero [aserra'ðero] *m* Sägewerk *nt*

aserrar [ase'rrar] <e→ie> *vt* sägen

aserto [a'serto] *m* Behauptung *f*

asesinar [asesi'nar] *vt* ermorden

asesinato [asesi'nato] *m* Mord *m* (*de* an +*dat*); **robo con ~** Raubmord *m*

asesino, -a [ase'sino, -a] **I.** *adj* Mörder-; (*fig*) mörderisch **II.** *m, f* Mörder(in) *m(f);* **~ (a sueldo)** Killer *m*

asesor(a) [ase'sor(a)] **I.** *adj* beratend **II.** *m(f)* **1.** (*consejero*) Berater(in) *m(f);* **~ legal** Rechtsberater *m* **2.** (JUR) Beisitzer(in) *m(f)*

asesorar [aseso'rar] **I.** *vt* beraten **II.** *vr:* **~se** sich beraten (*de* über +*akk*)

asesoría [aseso'ria] *f* **1.** (*oficio*) Beratung *f* **2.** (*oficina*) Beratungsstelle *f*

asestar [ases'tar] *vt* **1.** (*apuntar*) richten (*a* auf +*akk*) **2.** (*propinar*) versetzen; **~ un tiro a alguien** einen Schuss auf jdn abgeben

aseveración [aseβera'θjon] *f* Behauptung *f*

aseverar [aseβe'rar] *vt* (*afirmar*) behaupten; (*asegurar*) versichern; (*con energía*) beteuern

asfaltado [asfal̩'taðo] *m* **1.** (*acción*) Asphaltieren *nt* **2.** (*Am: capa*) Asphaltdecke *f*

asfaltar [asfal̩'tar] *vt* asphaltieren

asfalto [as'fal̩to] *m* Asphalt *m*

asfixia [as'fiˠsja] *f* Ersticken *nt*

asfixiante [asfiˠ'sjan̩te] *adj* erstickend; **una atmósfera** ~ stickige Luft; **hace un calor** ~ es ist erstickend heiß

asfixiar [asfiˠ'sjar] *vt, vr:* ~**se** ersticken; ~ **de cuajo** im Keim ersticken

así [a'si] **I.** *adv* **1.** (*de modo*) so; ~ ~ einigermaßen; ~ **que** ~, ~ **o asá** so oder so; ~ **y todo** trotz allem; **¿~ qué?** und nun?; ~**, ¿lo haces o no?** also, machst du es oder nicht?; **¡~ es!** ja, genau!; **¡ah,** ~ **es!** ach, so ist das!; **soy** ~ so bin ich nun einmal; **no puedes decir esto** ~ **como** ~ du kannst das nicht ohne weiteres sagen; **no puedes tomar esta decisión** ~ **como** ~ du musst dir diese Entscheidung genau überlegen **2.** (*expresión de deseo*): **¡~ revientes!** hoffentlich krepierst du! **3.** (*de extrañeza*): **¿~ me dejas?** du verlässt mich wirklich? **4.** (*de cantidad*): ~ **de grande** so groß **5.** (*elev: temporal*): ~ **que se fueron, lavamos los platos** kaum waren sie gegangen, spülten wir das Geschirr **II.** *conj* **1.** (*concesiva*): ~ **lo ahorques no dará su brazo a torcer** da kannst du dich auf den Kopf stellen, er wird nicht nachgeben **2.** (*consecutiva*): **empezó a llover y** ~ **nos quedamos en casa** es fing an zu regnen und so blieben wir zu Hause; **sólo hay una plaza libre,** ~ **(es) que decídete pronto** es ist nur noch ein Platz frei, entscheide dich also bald; **te esperaré en la calle;** ~ **pues, no te retrases** ich warte auf der Straße auf dich, komm also nicht zu spät **3.** (*comparativa*): ~ **el uno como el otro** sowohl der eine als auch der andere; ~ **en la tierra como en el cielo** wie im Himmel, so auf Erden **III.** *adj* solch; **un sueldo** ~ solch ein Gehalt; **una cosa** ~ etwas Derartiges

Asia ['asja] *f* Asien *nt;* ~ **menor** Kleinasien *nt*

asiático, -a [a'sjatiko, -a] **I.** *adj* asiatisch; **lujo** ~ orientalische Pracht **II.** *m, f* Asiat(in) *m(f)*

asidero [asi'ðero] *m* **1.** (*agarradero*) Griff *m* **2.** (*pretexto*) Vorwand *m* **3.** (*influencia*) gute Beziehungen *fpl*

asiduidad [asiðwi'ðaᵈ] *f* **1.** (*frecuencia*) Häufigkeit *f* **2.** (*regularidad*) Regelmäßigkeit *f* **3.** (*perseverancia*) Beständigkeit *f*

asiduo, -a [a'siðwo, -a] *adj* **1.** (*frecuente*) häufig **2.** (*regular*) regelmäßig; **un** ~ **cliente de este local** ein Stammgast dieses Lokals **3.** (*perseverante*) ausdauernd

asiento [a'sjen̩to] *m* **1.** (*sitio*) Sitz *m;* ~ **lanzable** Schleudersitz *m;* **un culo de mal** ~ ein unruhiger Geist; **calentar el** ~ (*ocupar un cargo*) lange denselben Posten bekleiden; (*vaguear*) faulenzen; **tomar** ~ Platz nehmen **2.** (*localidad*) Sitzplatz *m* **3.** (*de una vasija/botella*) Boden *m* **4.** (*poso*) (Boden)satz *m* **5.** (*en una cuenta*) (Ver)buchung *f;* ~ **de cierre** Jahresabschlussbuchung *f*

asignación [asiɣna'θjon] *f* **1.** (*de un trabajo*) Zuweisung *f* (*a* zu +*dat*); ~ **de recursos** Mittelzuweisung *f* **2.** (*de una fecha/un sueldo*) Festsetzung *f* **3.** (INFOR) Zuordnung *f* (*a* zu +*dat*); ~ **de una tecla** Tastenbelegung *f;* ~ **al teclado** Tastaturbelegung *f*

asignar [asiɣ'nar] *vt* **1.** (*destinar, conceder*) zuweisen **2.** (*fijar*) festsetzen

asignatura [asiɣna'tura] *f* (ENS) Fach *nt;* ~ **pendiente** noch zu bestehendes Fach

asilado, -a [asi'laðo, -a] *m, f* **1.** (POL) Asylant(in) *m(f)* **2.** (*anciano*) Heiminsasse, -in *m, f*

asilar [asi'lar] **I.** *vt* **1.** (POL) Asyl gewähren +*dat* **2.** (*albergar en un asilo*) in ein Heim einweisen **II.** *vr:* ~**se** Asyl suchen

asilo [a'silo] *m* **1.** (POL) Asyl *nt* **2.** (*de ancianos*) Altenheim *nt* **3.** (*de huérfanos*) Waisenhaus *nt* **4.** (*refugio*) Zuflucht *f*

asimetría [asime'tria] *f* Asymmetrie *f*

asimétrico, -a [asi'metriko, -a] *adj* asymmetrisch

asimilación [asimila'θjon] *f* **1.** (*nivelación*) Gleichstellung *f* (*a* mit +*dat*) **2.** (BOT, LING) Assimilation *f*

asimilar [asimi'lar] *vt* **1.** (*igualar*) gleichstellen (*a* mit +*dat*) **2.** (*conocimientos*) aufnehmen **3.** (BIOL) assimilieren

asimismo [asi'mismo] *adv* auch

asir [a'sir] *irr* **I.** *vt* (*sujetar*) fassen; (*con fuerza*) packen **II.** *vi* (*plantas*) Wurzeln schlagen **III.** *vr:* ~**se** sich fest halten (*a* an +*dat*)

asistencia [asis'ten̩θja] *f* **1.** (*ayuda*) Hilfe *f;* ~ **financiera** Beihilfe *f;* ~ **letrada** (JUR) juristischer Beistand; ~ **médica** ärztliche Betreuung; ~ **social** Sozialarbeit *f* **2.** (*presencia*) Anwesenheit *f;* **sin la** ~ **del presidente** in Abwesenheit des Präsidenten **3.** (*participación*) Teilnahme *f* (*a* an +*dat*) **4.** (*concurrencia*) Teilnehmerzahl *f;* (*participantes*) Teilnehmer *mpl*

asistenta [asis'ten̩ta] *f* (*para todo*) Haushaltshilfe *f;* (*para limpiar*) Putzfrau *f*

asistente [asis'ten̩te] *mf* **1.** (*auxiliar*) Assistent(in) *m(f);* ~ **social** Sozialarbeiter(in) *m(f)* **2.** (*participante*) Teilnehmer(in) *m(f)*

asistido, -a [asis'tiðo, -a] *adj:* ~ **por ordenador** computergestützt; **dirección asistida** Servolenkung *f;* **fecundación/respiración asistida** künstliche Befruchtung/Beatmung

asistir [asis'tir] **I.** *vi* teilnehmen (*a* an +*dat*) **II.** *vt* helfen +*dat;* **fue asistido de un tirón** er wurde wegen einer Muskelzerrung ärztlich behandelt; ~ **a un enfermo** einen Kranken pflegen; **esta señora se dedica a** ~ diese Frau arbeitet als Haushaltshilfe; **¡que Dios nos asista!** Gott steh uns bei!

asma ['asma] *m sin pl* Asthma *nt*

asmático, -a [as'matiko, -a] **I.** *adj* asthmatisch **II.** *m, f* Asthmatiker(in) *m(f)*

asno ['asno] *m* Esel *m;* **apearse de su** ~ (*fig*) seinen Irrtum einsehen; **no ver siete sobre un** ~ (*fig*) die Hand vor den Augen nicht sehen

asociación [asoθja'θjon] *f* **1.** (*acción*) Vereinigung *f* **2.** (*mental*) Assoziation *f;* ~ **de ideas** Gedankenassoziation *f;* **siempre pienso en él en ~ con…** ich denke immer in Zusammenhang mit … an ihn **3.** (*organización*) Verband *m;* **A~ Europea de Libre Cambio** Europäische Freihandelszone; **A~ de Padres de Alumnos** Elternausschuss *m;* ~ **de vecinos** ≈Bürgerinitiative *f*

asociado, -a [aso'θjaðo, -a] *m, f* **1.** (*de una asociación*) Mitglied *nt* **2.** (COM: *de una empresa*) Gesellschafter(in) *m(f)*

asociar [aso'θjar] **I.** *vt* **1.** (*juntar*) vereinen (*a* zu +*dat*); (POL) assoziieren (*a/con* mit +*dat*) **2.** (*mental*) assoziieren; **la asocio con alguien** ich bringe sie mit jdm in Zusammenhang **3.** (*a un negocio*) zum Gesellschafter machen **II.** *vr:* **~se** sich zusammenschließen; **~se con alguien** (*hacer compañía*) sich zu jdm gesellen

asolar [aso'lar] <o→ue> *vt* (*destruir*) verwüsten

asolear [asole'ar] **I.** *vt* der Sonne aussetzen **II.** *vr:* **~se 1.** (*acalorarse*) sich erhitzen **2.** (*ponerse moreno*) sich sonnen

asomar [aso'mar] **I.** *vt* **1.** (*mostrar*) zeigen **2.** (*parte del cuerpo*) hinausstrecken; ~ **la cabeza por la ventana** den Kopf zum Fenster hinausstrecken **II.** *vi* (*aparecer*) auftauchen; (*fig*) sich abzeichnen; **asoma el día** der Tag bricht an **III.** *vr:* **~se 1.** (*mostrarse*) sich zeigen; **~se al balcón** auf dem Balkon erscheinen **2.** (*una parte del cuerpo*) hinausgestreckt werden

asombrar [asom'brar] **I.** *vt* **1.** (*pasmar*) in Erstaunen versetzen **2.** (*sombrear*) beschatten **II.** *vr:* **~se** sich wundern (*de* über +*akk*)

asombro [a'sombro] *m* Staunen *nt;* **poner cara de** ~ ein erstauntes Gesicht machen; **no salir de su** ~ aus dem Staunen nicht herauskommen

asombroso, -a [asom'broso, -a] *adj* erstaunlich; (*increíble*) unglaublich

asomo [a'somo] *m* Spur *f;* **hay ~s de recuperación económica** es gibt Anzeichen für eine Wiederbelebung der Wirtschaft; **no pienso en ello ni por** ~ ich denke nicht im Entferntesten daran; **¿tienes miedo? – ni por** ~ hast du Angst? – keine Spur; **sin el menor** ~ **de…** ohne die leiseste Spur von …

asonancia [aso'naṇθja] *f* Assonanz *f*

aspa ['aspa] *f* **1.** (*figura*) Kreuz *nt;* **marcar con un** ~ ankreuzen **2.** (*de molino*) Flügel *m*

aspamento [aspa'meṇto] *m* (*Arg*), **aspaviento** [aspa'βjeṇto] *m* übertriebene Gefühlsäußerung *f*

aspecto *m* **1.** (*apariencia*) Erscheinung *f;* (*de una persona*) Aussehen *nt,* Erscheinungsbild *nt* **2.** (*punto de vista*) Gesichtspunkt *m*

áspero, -a ['aspero, -a] *adj* **1.** (*superficie*) rau **2.** (*terreno*) holp(e)rig **3.** (*sabor*) bitter **4.** (*persona*) barsch **5.** (*lenguaje*) derb

aspersión [asper'sjon] *f* (Be)sprengung *f;* **riego por** ~ Beregnung *f*

aspiración [aspira'θjon] *f* **1.** (*inspiración*) Einatmen *nt* **2.** (*pretensión*) Streben *nt* (*a* nach +*dat*); (*deseo*) Wunsch *m* (*a* nach +*dat*); **tener grandes aspiraciones** hoch hinauswollen **3.** (TÉC) Saugen *nt* **4.** (LING) Aspiration *f*

aspiradora [aspira'ðora] *f* Staubsauger *m*

aspirante [aspi'raṇte] *mf* Anwärter(in) *m(f)* (*a/para* auf +*akk*)

aspirar [aspi'rar] *vt* **1.** (*inspirar*) einatmen; **salir a** ~ **aire fresco** rausgehen um frische Luft zu schnappen **2.** (*aspirador*) saugen **3.** (LING) behauchen **4.** (*pretender*) streben (*a* nach +*dat*); ~ **a mucho en la vida** im Leben hoch hinauswollen

aspirina® [aspi'rina] *f* Aspirin® *nt*

asquear [aske'ar] **I.** *vt* **1.** (*dar asco*) anwidern **2.** (*fastidiar*) anöden *fam* **II.** *vi* Ekel empfinden

asquerosidad [askerosi'ðað] *f* Schweinerei *f*

asqueroso, -a [aske'roso, -a] *adj* **1.** (*repugnante*) ekelhaft **2.** (*ordinario*) ordinär

asta ['asta] *f* **1.** (*de lanza*) Schaft *m;* (*de martillo/pincel*) Stiel *m;* (*de bandera*) Fahnenstange *f;* **a media** ~ auf halbmast **2.** (*cuerno*) Horn *nt;* **dejar a alguien en las ~s del toro** (*fig*) jdn im Stich lassen; **verse en las ~s del toro** (*fig*) sich in großer Gefahr befinden

asterisco [aste'risko] *m* Sternchen *nt*

astil [as'til] *m* **1.** (*mango*) Stiel *m* **2.** (*de la balanza*) Waagebalken *m*

astilla [as'tiʎa] *f* **1.** (*esquirla*) Splitter *m;* **clavarse una** ~ sich *dat* einen Splitter einreißen; **de tal palo tal** ~ (*prov*) der Apfel fällt nicht weit vom Stamm **2.** (*para fuego*) (Holz)span *m;* **sacar ~s de algo** (*fig fam*) aus etw *dat* Nutzen ziehen

astillar [asti'ʎar] **I.** *vt* (*partir*) spalten **II.** *vr:* **~se 1.** (*hacerse astillas*) zersplittern **2.** (*rajarse*) sich spalten

astillero [asti'ʎero] *m* (Schiffs)werft *f*

astringir [astriŋ'xir] <g→j> *vt* zusammenziehen

astro ['astro] *m* Stern *m;* **~ de la pantalla** Filmstar *m*

astrología [astrolo'xia] *f* Astrologie *f*

astrólogo, -a [as'troloɣo, -a] *m, f* Astrologe, -in *m, f*

astronauta [astro'nau̯ta] *mf* Astronaut(in) *m(f)*

astronáutica [astro'nau̯tika] *f* Raumfahrt *f*

astronave [astro'naβe] *f* Raumschiff *nt*

astronomía [astrono'mia] *f* Astronomie *f*

astronómico, -a [astro'nomiko, -a] *adj* astronomisch

astrónomo, -a [as'tronomo, -a] *m, f* Astronom(in) *m(f)*

astucia [as'tuθja] *f* **1.** (*sagacidad*) Schläue *f* **2.** (*ardid*) Trick *m*

asturiano, -a [astu'rjano, -a] **I.** *adj* asturisch **II.** *m, f* Asturier(in) *m(f)*

Asturias [as'turjas] *f* Asturien *nt;* **el Príncipe de ~** der spanische Kronprinz

astuto, -a [as'tuto, -a] *adj* schlau

asueto [a'sweto] *m* (*descanso*) Pause *f;* (*vacaciones*) Urlaub *m;* (**día de**) **~** (ENS) schulfreier Tag; **un rato de ~** eine kurze Pause

asumir [asu'mir] *vt* **1.** (*hacerse cargo*) übernehmen; (*una carga/deuda*) sich *dat* aufbürden **2.** (*alcanzar*) erreichen; **la catástrofe está asumiendo proporciones espantosas** die Katastrophe nimmt erschreckende Ausmaße an **3.** (*Am: suponer*) annehmen

asunción [asun̪'θjon] *f* Übernahme *f*

Asunción *f* (REL) Mariä Himmelfahrt *f*

asunto [a'sun̪to] *m* **1.** (*cuestión*) Angelegenheit *f;* **y ~ despachado** und damit ist die Sache erledigt **2.** (*negocio*) Geschäft *nt;* **tener ~s en el extranjero** im Ausland Geschäfte betreiben; **el ministro está envuelto en un ~ sucio** der Minister ist in eine dunkle Affäre verwickelt **3.** (LIT: *tema*) Thema *nt;* (*argumento*) Handlung *f* **4.** (ARTE) Motiv *nt* **5.** (*lío amoroso*) (Liebes)affäre *f* **6.** (POL): **Ministerio de A~s Exteriores** Auswärtiges Amt *nt;* **Ministro de A~s Exteriores** Außenminister *m*

asustadizo, -a [asusta'ðiθo, -a] *adj* schreckhaft

asustar [asus'tar] **I.** *vt* **1.** (*sobresaltar*) erschrecken; (*atemorizar*) Angst machen +*dat;* **la responsabilidad no me asusta** die Verantwortung schreckt mich nicht **2.** (*de un propósito*) abschrecken **3.** (*ahuyentar*) verscheuchen **4.** (*escandalizar*) Anstoß erregen (bei +*dat*) **II.** *vr:* **~se 1.** (*sobresaltarse*) sich erschrecken (*por/de/con* über +*akk*); (*tener miedo*) Angst bekommen; **no te asustes** (hab) keine Angst **2.** (*de un propósito*) sich abschrecken lassen **3.** (*escandalizarse*) Anstoß nehmen (*de* an +*dat*)

atacante [ata'kan̪te] *mf* Angreifer(in) *m(f);* (DEP) Stürmer(in) *m(f)*

atacar [ata'kar] <c→qu> **I.** *vt* **1.** (*embestir, criticar, t.* QUÍM) angreifen; **~ por la espalda** hinterrücks angreifen **2.** (*sueño*) überkommen **3.** (*tema*) in Angriff nehmen **4.** (*recalcar*) stopfen **II.** *vi* (DEP) angreifen; **~ por las bandas** von der Flanke her angreifen

atadijo [ata'ðixo] *m,* **atado** [a'taðo] *m* Bündel *nt*

atadura [ata'ðura] *f* **1.** (*acción*) Binden *nt* **2.** (*cosa para atar*) Fessel *f*

atajar [ata'xar] **I.** *vi* den Weg abkürzen; **por este camino atajamos mucho** dieser Weg kürzt die Strecke erheblich ab **II.** *vt* **1.** (*agua*) eindämmen; **~ un mal de raíz** ein Übel an der Wurzel bekämpfen **2.** (*a un orador*) unterbrechen **3.** (*cortar el paso*) den Weg versperren +*dat* **4.** (*detener*) aufhalten

atajo [a'taxo] *m* (*camino*) Abkürzung *f;* **echar por el ~** (*fam*) den schnellsten Weg nehmen

atalaya [ata'laɟa] *f* **1.** (*torre*) Wach(t)turm *m* **2.** (*lugar elevado*) Aussichtspunkt *m*

atañer [ata'ɲer] <*3. pret:* atañó> *vimpers* angehen; **eso no te atañe** das geht dich nichts an; **por lo que atañe a tu empleo** was deine Stelle angeht

ataque [a'take] *m* **1.** (*embestida, crítica*) Angriff *m;* **~ por sorpresa** Überraschungsangriff *m* **2.** (DEP: *delantera*) Sturm *m* **3.** (MED: *acceso*) Anfall *m;* **~ al** [*o* **de**] **corazón** Herzinfarkt *m;* **~ de piedra** Nierenkolik *f*

atar [a'tar] *vt* **1.** (*sujetar*) festbinden (*a* an +*dat*); (*juntar*) zusammenbinden; (*a un cautivo*) fesseln; **~ las manos a la espalda** die Hände hinter dem Rücken zusammenbinden; **~ al perro** den Hund an die Leine legen; **~ corto a alguien** jdn kurzhalten; **estar atado de pies y manos** an Händen und Füßen gefesselt sein **2.** (*cerrar*) zubinden; (*un paquete*) verschnüren **3.** (*comprometer*): **esta profesión ata mucho** dieser Beruf beansprucht einen sehr **4.** (*loc*): **no ata ni desata** (*hablar sin concierto*) er/sie redet dummes Zeug; (*no resolver nada*) ihm/ihr gelingt nichts; **dejar algo atado y bien atado** etw unter Dach und Fach bringen; **está de ~** er/sie ist total verrückt

atarazana [atara'θana] *f* Werft *f*

atardecer [atarðe'θer] **I.** *irr como crecer*

vimpers: **atardece** es wird dunkel **II.** *m* (Abend)dämmerung *f;* **al** ~ bei Einbruch der Dunkelheit

atarear [atare'ar] **I.** *vt* beschäftigen **II.** *vr:* ~**se** **1.** (*trabajar mucho*) hart arbeiten **2.** (*afanarse*) sich abmühen

atascadero [ataska'ðero] *m* Morast *m*

atascar [atas'kar] <c→qu> **I.** *vt* **1.** (*cañería*) verstopfen **2.** (*rueda, proceso*) blockieren **II.** *vr:* ~**se** **1.** (*cañería*) verstopfen; **el desagüe se ha atascado** der Ausguss ist verstopft **2.** (*coche*) stecken bleiben **3.** (*mecanismo*) blockieren **4.** (*en un discurso*) stocken; **se le atascó la palabra** er/sie bekam das Wort nicht heraus **5.** (*negociaciones*) sich festfahren

atasco [a'tasko] *m* **1.** (*de una cañería*) Verstopfung *f;* ~ **de papel** (INFOR) Papierstau *m* **2.** (*de un mecanismo*) Blockierung *f* **3.** (*traba*) Hindernis *nt* **4.** (*de tráfico*) (Verkehrs)stau *m*

ataúd [ata'u^ð] *m* Sarg *m*

ataviar [ataβi'ar] <*1. pres:* (me) atavío> *vt, vr:* ~**se** (*arreglar*) (sich) herausputzen; (*adornar*) (sich) schmücken

atavío [ata'βio] *m* (*adorno*) Schmuck *m;* (*atuendo*) Aufmachung *f*

ateísmo [ate'ismo] *m inv* Atheismus *m*

atemorizar [atemori'θar] <z→c> **I.** *vt* ängstigen **II.** *vr:* ~**se** sich ängstigen

atemperar [atempe'rar] **I.** *vt* **1.** (*cólera*) mäßigen **2.** (*temperatura*) temperieren **3.** (*acomodar*) anpassen (*a* an +*akk*) **II.** *vr:* ~**se** sich anpassen (*a* an +*akk*)

Atenas [a'tenas] *f* Athen *nt*

atención [ateṇ'θjon] *f* **1.** (*vigilancia*) Aufmerksamkeit *f;* ~ **médica** ärztliche Betreuung; **falta de** ~ Unaufmerksamkeit *f;* **digno de** ~ beachtenswert; **en** ~ **a este hecho** in Anbetracht dieser Tatsache; **¡~, por favor!** Achtung, Achtung!; **el profesor me llamó la** ~ der Lehrer tadelte mich; **los coches no me llaman la** ~ ich mache mir nichts aus Autos; **estamos llamando la** ~ wir fallen auf; **llamar la** ~ **de alguien sobre** [*o* **a**] **algo** jdn auf etw aufmerksam machen; **mantener la** ~ **de alguien** jds Aufmerksamkeit fesseln; **prestar** ~ beachten; (*escuchar*) zuhören **2.** (*cartas*): **a la** ~ **de...** zu Händen von ... **3.** *pl* (*cortesías*) Aufmerksamkeiten *fpl* **4.** *pl* (*obligaciones*) Verpflichtungen *fpl*

atender [ateṇ'der] <e→ie> **I.** *vt* **1.** (*prestar atención*) beachten; (*escuchar*) zuhören +*dat* **2.** (*tener en cuenta*) berücksichtigen **3.** (*seguir*) befolgen; (*deseo, petición*) nachkommen +*dat;* ~ **una solicitud** einem Antrag stattgeben; **atendiendo a las circunstancias actuales** unter den derzeitigen Umständen **4.** (*cuidar*) sich kümmern (*a* um +*akk*) **5.** (*tratar*) behandeln **6.** (*despachar*) bedienen; **¿le atienden?** werden Sie schon bedient? **7.** (*llamada*) entgegennehmen **II.** *vi* **1.** (*perro*): ~ **por...** auf den Namen ... hören **2.** (*tener en cuenta*) beachten (*a* +*akk*); (*concentrarse*) sich konzentrieren (*a* auf +*akk*); (*escuchar*) zuhören (*a* +*dat*)

atenerse [ate'nerse] *irr como tener vr* sich halten (*a* an +*akk*); ~ **a lo seguro** auf Nummer Sicher gehen; **me atengo a lo que dije antes** ich bleibe bei meiner Meinung; **saber a qué** ~ mit sich *dat* selbst im Reinen sein; **si no lo haces, atente a las consecuencias** wenn du es nicht tust, musst du die Folgen tragen; **yo vivo atenido a mi sueldo** ich bin auf mein Gehalt angewiesen

atentado [ateṇ'taðo] *m* Attentat *nt* (*contra* auf +*akk*); ~ **terrorista** Terroranschlag *m;* **el autor de un** ~ der Attentäter; **ser víctima de un** ~ einem Attentat zum Opfer fallen; **esta ley es un** ~ **contra la libertad de expresión** dieses Gesetz verstößt gegen die Meinungsfreiheit

atentamente [ateṇta'meṇte] *adv* (*final de carta*): (**muy**) ~ mit freundlichen Grüßen

atentar [ateṇ'tar] *vi* **1.** (*cometer atentado*) ein Attentat verüben (*contra* auf +*akk*) **2.** (*infringir*) verstoßen

atento, **-a** [a'teṇto, -a] *adj* aufmerksam; **estar** ~ **a la conversación** dem Gespräch aufmerksam folgen; **es muy** ~ **de su parte** das ist sehr aufmerksam von Ihnen; **estuvo muy** ~ **con nosotros** er hat sich sehr um uns gekümmert; **es muy** ~ **con las mujeres** er ist Frauen gegenüber sehr galant

atenuación [atenwa'θjon] *f* Abschwächung *f;* (*del dolor, t.* JUR) Milderung *f*

atenuante [atenu'aṇte] **I.** *adj* (JUR) (straf)mildernd **II.** *m* **1.** (JUR) mildernder Umstand *m* **2.** (*Am: perdón*) Entschuldigung *f*

atenuar [atenu'ar] <*1. pres:* (me) atenúo> **I.** *vt* abschwächen; (*dolor, t.* JUR) mildern **II.** *vr:* ~**se** schwächer werden; (*dolor, t.* JUR) sich mildern

ateo, **-a** [a'teo, -a] **I.** *adj* atheistisch **II.** *m, f* Atheist(in) *m(f)*

aterirse [ate'rirse] *irr como abolir vr* erstarren; **quedarse aterido** starr vor Kälte sein

aterrador(a) [aterra'ðor(a)] *adj* Schrecken erregend; **noticias** ~**as** Schreckensnachrichten *fpl*

aterrar [ate'rrar] **I.** *vt* (*atemorizar*) Angst machen +*dat;* (*sobresaltar*) erschrecken **II.** *vr:* ~**se** (*sobresaltarse*) (sich) erschrecken; (*tener miedo*) Angst bekommen

aterrizaje [aterri'θaxe] *f* Landung *f;* ~ **con daños** (**para el avión**) Bruchlandung *f;* ~ **forzoso** Notlandung *f;* ~ **movido/suave**

harte/glatte Landung

aterrizar [aterri'θar] <z→c> *vi* landen

aterrorizar [aterrori'θar] <z→c> **I.** *vt* **1.** (POL, MIL) terrorisieren **2.** (*causar terror*) Angst einjagen +*dat;* **me aterroriza volar** ich habe schreckliche Angst vor dem Fliegen **II.** *vr:* ~**se** (*tener miedo*) Angst bekommen; (*sobresaltarse*) sich erschrecken

atesorar [ateso'rar] *vt* **1.** (*tesoros*) ansammeln; **este museo atesora pinturas de gran valor** dieses Museum hat eine Sammlung wertvoller Gemälde **2.** (ECON) horten **3.** (*virtudes*) in sich *dat* vereinigen

atestado [ates'taðo] *m:* ~ (**policial**) (Polizei)protokoll *nt*

atestar [ates'tar] *vt* **1.** (JUR) bezeugen **2.** (*llenar*) bis oben hin füllen (*de* mit +*dat*); **el maletero está atestado** der Kofferraum ist bis oben hin voll; **el palacio de deportes estaba atestado de gente** die Sporthalle war brechend voll

atestiguar [atesti'ɣwar] <gu→gü> *vt* bezeugen

atiborrar [atiβo'rrar] *vt, vr:* ~**se** (sich) voll stopfen (*de* mit +*dat*)

ático ['atiko] *m* Dachwohnung *f;* (*de lujo*) Penthouse *nt*

atildado, -a [atiḷ'daðo, -a] *adj* gepflegt

atildar [atiḷ'dar] *vt, vr:* ~**se** (sich) zurechtmachen

atinado, -a [ati'naðo, -a] *adj* richtig

atinar [ati'nar] **I.** *vi* **1.** (*a tiento*) ertasten (*con* +*akk*) **2.** (*encontrar*) (durch Zufall) finden (*con* +*akk*) **3.** (*acertar*) erraten (*con* +*akk*); **no atiné con la respuesta** die Antwort fiel mir nicht ein **4.** (*al disparar*) ins Schwarze treffen **II.** *vt* finden

atípico, -a [a'tipiko, -a] *adj* untypisch

atisbar [atis'βar] **I.** *vt* erspähen **II.** *vr:* ~**se** sich abzeichnen

atisbo [a'tisβo] *m* Anzeichen *nt;* **un ~ de esperanza** ein Fünkchen Hoffnung; **en Marte hay ~s de vida** es gibt Lebenszeichen auf dem Mars

atizar [ati'θar] <z→c> **I.** *vt* **1.** (*fuego, pasión*) schüren **2.** (*bofetada*) verpassen **3.** (*loc*): **¡atiza!** Donnerwetter! **II.** *vr:* ~**se un trago** einen Schluck nehmen

atlántico, -a [aᵈ'laṇtiko, -a] *adj* atlantisch; **el Océano A~** der Atlantische Ozean

Atlántico [aᵈ'laṇtiko] *m* Atlantik *m*

atlas ['aᵈlas] *m inv* Atlas *m*

atleta [aᵈ'leta] *mf* (Leicht)athlet(in) *m(f)*

atlético, -a [aᵈ'letiko, -a] *adj* athletisch

atletismo [aᵈle'tismo] *m sin pl* Leichtathletik *f*

atmósfera [aᵈ'mosfera] *f* Atmosphäre *f;* ~ **viciada** verbrauchte Luft

atolladero [atoʎa'ðero] *m* **1.** (*atascadero*) Morast *m* **2.** (*apuro*) Verlegenheit *f;* **estar en un ~** in der Patsche sitzen; **sacar a alguien de un ~** jdm aus der Patsche helfen

atollar [ato'ʎar] *vi, vr:* ~**se** stecken bleiben

> **atolli** (auch: **atol** oder **atole**) ist ein mexikanisches Getränk, das warm getrunken wird. Es wird mit Maismehl und Milch bzw. Wasser zubereitet.

atolón [ato'lon] *m* Atoll *nt*

atolondrado, -a [atoloṇ'draðo, -a] *adj* (*insensato*) töricht; (*tonto*) dumm

atolondramiento [atoloṇdra'mjeṇto] *m* **1.** (*de los sentidos*) Benommenheit *f* **2.** (*por una desgracia*) Bestürzung *f* **3.** (*irreflexión*) Gedankenlosigkeit *f*

atolondrar [atoloṇ'drar] **I.** *vt* **1.** (*un golpe*) betäuben **2.** (*una desgracia*) bestürzen **II.** *vr:* ~**se 1.** (*los sentidos*) benommen sein **2.** (*por una desgracia*) bestürzt sein **3.** (*pasmarse*) verblüfft sein

atómico, -a [a'tomiko, -a] *adj* atomar; **refugio ~** Atombunker *m*

atomizador [atomiθa'ðor] *m* Zerstäuber *m*

átomo ['atomo] *m* Atom *nt*

atónito, -a [a'tonito, -a] *adj* verblüfft

átono, -a ['atono, -a] *adj* unbetont

atontado, -a [atoṇ'taðo, -a] *adj* **1.** (*tonto*) dumm **2.** (*distraído*) zerstreut; **estaba ~ y no te he entendido** ich war nicht bei der Sache und habe dich nicht verstanden

atontar [atoṇ'tar] **I.** *vt* **1.** (*aturdir*) betäuben **2.** (*pasmar*) verblüffen **3.** (*entontecer*) verdummen **II.** *vr:* ~**se 1.** (*pasmarse*) verblüfft sein **2.** (*entontecer*) verdummen

atorar [ato'rar] **I.** *vt* verstopfen **II.** *vr:* ~**se 1.** (*atascarse*) verstopfen **2.** (*al hablar*) stocken

atormentar [atormeṇ'tar] **I.** *vt* **1.** (*torturar*) foltern **2.** (*molestar*) plagen; (*mortificar*) quälen **II.** *vr:* ~**se** sich (ab)quälen

atornillador [atorniʎa'ðor] *m* Schraubenzieher *m*

atornillar [atorni'ʎar] *vt* (*sujetar*) festschrauben; (*fijar*) anschrauben; (*juntar*) zusammenschrauben; ~ **en la pared** an die Wand schrauben; ~ **la tapa del frasco** den Deckel auf das Glas schrauben; ~ **fuertemente** die Schraube fest anziehen

atorrante [ato'rraṇte] *mf* (*CSur: fam*) Penner(in) *m(f)*

atosigar [atosi'ɣar] <g→gu> **I.** *vt* **1.** (*apremiar*) drängen **2.** (*importunar*) belästigen **3.** (*inquietar*) sehr beschäftigen **II.** *vr:* ~**se 1.** (*apresurarse*) sich abhetzen; **no te atosigues** immer mit der Ruhe **2.** (*inquietarse*) beunruhigt sein

atracadero [atraka'ðero] *m* Pier *m o f*

atracador(a) [atraka'ðor(a)] *m(f)* Straßenräuber(in) *m(f)*

atracar [atra'kar] <c→qu> **I.** *vi* (NÁUT) anlegen **II.** *vt* **1.** (NÁUT) festmachen **2.** (*asaltar*) überfallen **3.** (*fam: de comida*) voll stopfen (*de* mit +*dat*) **III.** *vr:* ~**se** (*fam*) sich voll stopfen (*de* mit +*dat*)

atracción [atraᵞ'θjon] *f* **1.** (*atractivo, t.* FÍS) Anziehungskraft *f;* ~ **universal** Schwerkraft *f* **2.** (*circense*) Attraktion *f* **3.** *pl* (*diversiones*) Vergnügungen *fpl;* **parque de atracciones** Vergnügungspark *m*

atraco [a'trako] *m* (Raub)überfall *m* (*a* auf +*akk*); ~ **a un banco** Banküberfall *m;* ~ **a mano armada** bewaffneter Überfall

atracón [atra'kon] *m* (*fam*) Schlemmerei *f;* **darse un ~ de dulces** unheimlich viele Süßigkeiten essen; **darse un ~ de televisión** bis zum Überdruss fernsehen

atractivo, -a[1] [atrak'tiβo, -a] *adj* attraktiv; (*tarea*) reizvoll

atractivo[2] [atrak'tiβo] *m* Anziehungskraft *f*

atraer [atra'er] *irr como traer* **I.** *vt* (*cautivar, t.* FÍS) anziehen; (*ganarse*) für sich gewinnen; (*atención*) auf sich ziehen; ~ **a los inversores** die Investoren anlocken; ~ **a alguien a su bando** jdn auf seine Seite ziehen; **el cebo atrae a los peces** der Köder lockt die Fische an; **sentirse atraído hacia alguien** sich zu jdm hingezogen fühlen **II.** *vr* (*ganarse*) für sich gewinnen; ~**se las simpatías de alguien** jds Zuneigung gewinnen; ~**se las iras del público** sich *dat* den Zorn des Publikums zuziehen

atragantar [atraɣaṇ'tar] **I.** *vr:* ~**se 1.** (*al comer*) sich verschlucken (*con* an +*dat*); **me he atragantado con una espina** mir ist eine Gräte im Hals stecken geblieben **2.** (*al hablar: atascarse*) stecken bleiben; (*trabucarse*) sich versprechen **3.** (*loc*): **este profesor se me ha atragantado** ich mag diesen Lehrer nicht **II.** *vt* mühsam hinunterschlucken

atrancar [atraŋ'kar] <c→qu> **I.** *vt* verriegeln **II.** *vr:* ~**se 1.** (*tubo*) verstopfen **2.** (*un coche, al hablar*) stecken bleiben **3.** (*encerrarse*) sich einschließen

atrapar [atra'par] *vt* fangen; (*ladrón*) fassen; (*animal escapado*) einfangen; **el portero atrapó la pelota** der Torwart hielt den Ball; ~ **una novia** (*fam*) sich *dat* eine Frau angeln; ~ **un empleo** eine Stelle kriegen; ~**on al ladrón en plena faena** der Dieb wurde auf frischer Tat ertappt

atrás [a'tras] *adv* **1.** (*hacia detrás*) nach hinten; **¡~!** zurück(treten)!; **contar ~** rückwärts zählen; **dar un paso ~** einen Schritt zurücktreten; **ir marcha ~** (**con el coche**) rückwärts fahren; **quedar ~** zurückfallen; **volver ~** umkehren; **volverse ~** umkehren; (*fig*) einen Rückzieher machen **2.** (*detrás*) hinten; **rueda de ~** Hinterrad *nt;* **dejar ~ a los perseguidores** die Verfolger hinter sich *dat* lassen; **quedarse ~** zurückbleiben; **sentarse ~** hinten sitzen **3.** (*de tiempo*): **años ~** vor Jahren; **la amistad venía de ~** sie waren schon jahrelang befreundet **4.** (*loc*): **echarse ~ de un acuerdo** von einer Vereinbarung zurücktreten; **volver la vista ~** in die Vergangenheit zurückblicken

atrasado, -a [atra'saðo, -a] *adj* **1.** (*en el estudio/desarrollo*) zurückgeblieben; (*país*) unterentwickelt; **viven 20 años ~s** sie liegen in ihrer Entwicklung 20 Jahre zurück **2.** (*pago*) rückständig **3.** (*tarde*) spät; **llegué ~ a la reunión** ich kam zu spät zur Sitzung **4.** (*loc*): **el reloj va ~** die Uhr geht nach

atrasar [atra'sar] **I.** *vt* **1.** (*aplazar*) verschieben; **la historia atrasa unos años esta batalla** die Geschichte siedelt diese Schlacht einige Jahre früher an **2.** (*reloj*) zurückstellen **3.** (*progreso*) hemmen **II.** *vr:* ~**se 1.** (*quedarse atrás*) zurückbleiben **2.** (*retrasarse*) sich verspäten; **el tren se ha atrasado** der Zug hatte Verspätung; ~**se en los plazos** mit den Raten in Rückstand geraten

atraso [a'traso] *m* **1.** (*en una carrera*) Zeitrückstand *m* **2.** (*de un tren*) Verspätung *f* **3.** (*de un país*) Rückständigkeit *f* **4.** (FIN) Rückstand *m*

atravesar [atraβe'sar] <e→ie> **I.** *vt* **1.** (*persona*): ~ **la calle/la frontera** die Straße/die Grenze überqueren; ~ **la sala/la ciudad** den Saal/die Stadt durchqueren; ~ **un río nadando** einen Fluss durchschwimmen; **hemos atravesado Alemania** (**con el coche**) wir sind quer durch Deutschland gefahren; ~ **un momento difícil** eine schwere Zeit durchmachen **2.** (*cuerpo*): ~ **algo con una aguja** etw mit einer Nadel durchstechen; ~ **algo taladrando** etw durchbohren; **la bala le atravesó el corazón** die Kugel hat ihm/ihr das Herz durchbohrt; **el avión atraviesa las nubes** das Flugzeug durchstößt die Wolken; **la lluvia atravesó el abrigo** der Regen drang durch den Mantel; **una cicatriz le atraviesa el pecho** eine Narbe verläuft quer über seine/ihre Brust **3.** (*poner de través*) quer legen; ~ **un coche en medio de la calle** ein Auto quer über die Straße stellen **II.** *vr:* ~**se 1.** (*ponerse entremedio*): **no te atravieses en mi camino** komm mir nicht in die Quere; **se me ha atravesado una miga en la garganta** mir ist ein Stückchen Brot im Hals stecken geblieben; **cuando estoy nervioso se me atraviesan las palabras** wenn ich aufgeregt bin, bekomme ich kein Wort mehr heraus **2.** (*en una conversación*) sich einmischen (*en* in +*akk*) **3.** (*no soportar*): **se me atraviesa ese tipo** ich ertrage diesen Typ nicht

atrayente [atra'ɟen̦te] *adj* attraktiv

atreverse [atre'βerse] *vr* **1.** (*osar*) sich trauen; ~ **a hacer algo** sich trauen etw zu tun; ~ **a afrontar un problema** sich an ein Problem heranwagen **2.** (*insolentarse*) sich *dat* erlauben; **¿cómo te atreves a hablarme así?** wie kannst du dir nur erlauben in so einem Ton mit mir zu sprechen?; **no me atrevería a decir nada malo de él** ich werde mich hüten etwas Schlechtes über ihn zu sagen; **¡no te atreverás!** du wirst dich hüten!

atrevido, **-a** [atre'βiðo, -a] *adj* **1.** (*audaz*) kühn **2.** (*insolente*) frech; (*vestido*) gewagt **3.** (*arriesgado*) riskant

atrevimiento [atreβi'mjen̦to] *m* **1.** (*audacia*) Kühnheit *f* **2.** (*descaro*) Frechheit *f*

atribución [atriβu'θjon] *f* **1.** (*de un hecho*) Zuschreibung *f* **2.** (*competencia*) Befugnis *f;* **atribuciones de un empleado** Amtsbefugnisse *fpl;* **tiene atribuciones mías para llevar las negociaciones** ich habe ihn/sie ermächtigt die Verhandlungen zu führen

atribuible [atriβu'iβle] *adj:* **ser ~ a alguien** jdm zuzuschreiben sein

atribuir [atriβu'ir] *irr como huir* **I.** *vt* **1.** (*hechos, cualidades*) zuschreiben; ~ **la culpa de algo a alguien** jdm die Schuld an etw *dat* zuschreiben; ~ **a alguien grandes facultades** jdm große Fähigkeiten nachsagen; **atribuye el accidente a un defecto de los frenos** er/sie führt den Unfall auf einen Defekt der Bremsen zurück **2.** (*funciones*) übertragen **II.** *vr:* **~se** **1.** (*hechos, cualidades*) sich *dat* zuschreiben **2.** (*facultades*): **~se todo el poder** die Macht völlig übernehmen

atribular [atriβu'lar] **I.** *vt* **1.** (*apesadumbrar*) betrüben **2.** (*atormentar*) quälen **II.** *vr:* **~se** **1.** (*apenarse*) sich grämen (*en/con/por* über +*akk*, *en/con/por* wegen +*gen/dat*) **2.** (*atormentarse*) sich quälen (*en/con/por* mit +*dat*)

atributo [atri'βuto] *m* **1.** (*propiedad*) Eigenschaft *f* **2.** (*emblema, t.* LING) Attribut *nt*

atril [a'tril] *m* **1.** (MÚS) Notenständer *m* **2.** (*de mesa*) Lesepult *nt*

atrincherar [atrinʧe'rar] *vt, vr:* **~se** (sich) verschanzen

atrio ['atrjo] *m* Atrium *nt*

atrocidad [atroθi'ðaᵈ] *f* **1.** (*cosa atroz*) Scheußlichkeit *f* **2.** (*crimen*) Gräueltat *f* **3.** (*disparate*) Unsinn *m;* **¡no digas ~es!** red doch keinen Unsinn!; **este artículo está lleno de ~es** in diesem Artikel stehen die unglaublichsten Dinge **4.** (*gran cantidad*): **tener una ~ de dinero** in Geld schwimmen

atronador(**a**) [atrona'ðor(a)] *adj* ohrenbetäubend; (*aplauso*) donnernd

atropellar [atrope'ʎar] **I.** *vt* **1.** (*vehículo*) überfahren; **por poco me atropellan** beinahe wäre ich überfahren worden **2.** (*empujar*) anrempeln; (*derribar*) umrennen **3.** (*agraviar*) beleidigen **4.** (*leyes*) missachten; ~ **la lengua** die Sprache vergewaltigen **5.** (*un trabajo*) hastig erledigen **II.** *vi:* ~ **por todo** sich über alles hinwegsetzen **III.** *vr:* **~se** sich überstürzen

atropello [atro'peʎo] *m* **1.** (*colisión*) Zusammenstoß *m;* (*accidente*) Verkehrsunfall *m* **2.** (*empujón*) Schubs *m;* (*derribo*) Umrennen *nt* **3.** (*insulto*) Beleidigung *f* **4.** (*injusticia*) Ungerechtigkeit *f;* **¡esto es un ~!** das ist ein Unding! **5.** (*prisa*) Überstürzung *f;* **tomar una decisión sin prisas ni ~s** eine Entscheidung nicht überstürzen

atroz [a'troθ] *adj* **1.** (*horroroso*) grässlich **2.** (*cruel*) grausam **3.** (*inhumano*) unmenschlich **4.** (*muy grande*) riesig

atuendo [a'twen̦do] *m* (*atavío*) Aufmachung *f*

atufar [atu'far] **I.** *vt* **1.** (*marear*) benebeln **2.** (*enfadar*) ärgern **II.** *vr:* **~se** **1.** (*marearse*) benommen sein **2.** (*enfadarse*) sich ärgern

atún [a'tun] *m* Thunfisch *m*

aturdido, **-a** [atur'ðiðo, -a] *adj* **1.** (*irreflexivo*) gedankenlos **2.** (*pasmado*) verblüfft

aturdimiento [aturði'mjen̦to] *m* **1.** (*por un golpe*) Betäubung *f* **2.** (*por una mala noticia*) Bestürzung *f* **3.** (*irreflexión*) Gedankenlosigkeit *f*

aturdir [atur'ðir] **I.** *vt* **1.** (*los sentidos*) betäuben **2.** (*una mala noticia*) bestürzen **3.** (*pasmar*) verblüffen **II.** *vr:* **~se** **1.** (*los sentidos*) benommen sein **2.** (*por una desgracia*) bestürzt sein **3.** (*pasmarse*) verblüfft sein

atur(**r**)**ullar** [atur(r)u'ʎar] **I.** *vt* verwirren **II.** *vr:* **~se** verwirrt sein

atusar [atu'sar] **I.** *vt* **1.** (*el peinado*) richten **2.** (*el pelo*) nachschneiden; (*la barba*) stutzen **II.** *vr:* **~se** sich herausputzen

audacia [au̯'ðaθja] *f* Kühnheit *f*

audaz [au̯'ðaθ] *adj* kühn

audible [au̯'ðiβle] *adj* hörbar

audición [au̯ði'θjon] *f* **1.** (*acción*) Hören *nt* **2.** (*facultad*) Gehör *nt* **3.** (*concierto*) Konzert *nt;* (*lectura*) Lesung *f* **4.** (TEAT) Vorsprechen *nt;* (*músico*) Vorspielen *nt;* (*cantante*) Vorsingen *nt;* **pasar una ~** (*actor*) vorsprechen; (*instrumentista*) vorspielen; (*cantante*) vorsingen

audiencia [au̯'ðjen̦θja] *f* **1.** (TEL, RADIO) Zuhörerschaft *f;* **nivel de ~** Einschaltquote *f*

2. (POL) Audienz *f* **3.** (JUR: *sesión*) Anhörung *f;* (*sala*) Gerichtssaal *m;* (*tribunal*) Gerichtshof *m*

audífono [au̯'ðifono] *m* **1.** (*para sordos*) Hörgerät *nt* **2.** (*Am: auricular*) (Telefon)hörer *m*

auditivo, -a[1] [au̯ði'tiβo, -a] *adj* (ANAT) Gehör-

auditivo[2] [au̯ði'tiβo] *m* (TEL) Hörmuschel *f*

auditor(a) [au̯ði'tor(a)] *m(f)* (ECON, FIN) Wirtschaftsprüfer(in) *m(f)*

auditorio [au̯ði'torjo] *m* **1.** (*público*) Zuhörerschaft *f* **2.** (*sala*) (Konzert)saal *m*

auge ['au̯xe] *m* **1.** (*cumbre*) Höhepunkt *m;* (*de una época*) Blütezeit *f;* **en el ~ de su belleza** in der Blüte seiner/ihrer Schönheit **2.** (*mejora*) Aufschwung *m*

augurar [au̯ɣu'rar] *vt* voraussagen

augurio [au̯'ɣurjo] *m* Vorzeichen *nt*

aula ['au̯la] *f* **1.** (*de escuela*) Klassenzimmer *nt* **2.** (*de universidad*) Hörsaal *m;* ~ **magna** Audimax *nt*

aullar [au̯'ʎar] *irr vi* (*animal*) heulen

aullido [au̯'ʎiðo] *m* Heulen *nt*

aumentable [au̯men̩'taβle] *adj* **1.** (*de tamaño*) ausbaufähig **2.** (*de cantidad*) steigerungsfähig

aumentar [au̯men̩'tar] **I.** *vi* **1.** (*en intensidad*) zunehmen; (*miedo*) größer werden; (*temperatura*) steigen; (*aplausos*) anschwellen; (*resistencia*) wachsen; ~ **de volumen** umfangreicher werden; ~ **de velocidad** schneller werden **2.** (*en cantidad*) zunehmen (um +*akk*); (*precios, número*) steigen (um +*akk*); ~ **de altura** höher werden; ~ **de peso** an Gewicht zunehmen; **los disturbios aumentan** die Unruhen weiten sich aus **3.** (*en extensión*) vergrößern; ~ **mucho** stark vergrößern **II.** *vt* **1.** (*intensidad*) steigern; (*esfuerzos*) verstärken **2.** (*subir*) steigern; (*multiplicar*) vermehren; (*precios*) erhöhen **3.** (*de extensión*) vergrößern; ~ **el poder/el dominio** die Macht/die Herrschaft ausweiten **III.** *vr:* ~**se 1.** (*en cantidad*) erhöht werden **2.** (*en extensión*) größer werden

aumentativo [amen̩ta'tiβo] *m* (LING) Augmentativ *nt*

aumento [au̯'men̩to] *m* **1.** (*en la intensidad*) Zunahme *f;* (*de los esfuerzos*) Verstärkung *f;* (*de las disputas*) Eskalation *f;* **ir en ~** ständig zunehmen **2.** (*en la cantidad*) Zunahme *f* (*de* um +*akk*); (*de población*) Zuwachs *m* (*de* um +*akk*); (*de precio, suma*) Erhöhung *f* (*de* um +*akk*); (*de valor, ventas*) Steigerung *f* (*de* um +*akk*); (*en los negocios*) Erweiterung *f;* (*de la temperatura*) Anstieg *m* (*de* um +*akk*) **3.** (*en la extensión*) Vergrößerung *f*

aun [au̯n] **I.** *adv* **1.** (*hasta*) sogar **2.** (*loc*): ~ **así** (aber) trotzdem; **ni ~** nicht einmal **II.** *conj:* ~ **cuando** selbst wenn; ~ **no comprando nada, no me llega el dinero** selbst wenn ich nichts kaufe, reicht das Geld nicht aus

aún [a'un] *adv* **1.** (*todavía*) (immer) noch; ~ **no** noch nicht **2.** (*con comparativo*) noch

aunar [au̯'nar] *irr como aullar* **I.** *vt* **1.** (*unir*) vereinen; ~ **esfuerzos** gemeinsame Anstrengungen machen **2.** (*unificar*) vereinigen **3.** (*armonizar*) in Übereinstimmung bringen **II.** *vr:* ~**se** sich zusammentun

aunque ['au̯ŋke] *conj* **1.** (*concesiva: a pesar de que, incluso si*) auch wenn; ~ **es viejo, aún puede trabajar** obwohl er alt ist, kann er immer noch arbeiten; **la casa, ~ pequeña, está bien** wenn das Haus auch klein ist, ist es doch schön; **tengo que conseguirte ~ me cueste la vida** ich muss dich haben, auch wenn es mich das Leben kostet; ~ **parezca extraño** so seltsam es auch scheinen mag; **tengo que regalarle ~ sea un boli** ich muss ihm/ihr unbedingt etwas schenken, und wenn es nur ein Kuli ist **2.** (*adversativa*) aber

aúpa [a'upa] *interj* auf, hoch; **ser de ~** gefährlich sein

au pair [o'per] *mf* Aupairmädchen *nt,* Aupairboy *m;* **puesto de ~** Aupairstelle *f*

aupar [au̯'par] *irr como aullar vt* **1.** (*a un niño*) hochheben **2.** (*ayudar a subir*) hinaufhelfen +*dat;* ~ **a alguien a la presidencia** jdm zum Amt des Präsidenten verhelfen

aura ['au̯ra] *f* (*atmósfera*) Aura *f;* **tiene una ~ misteriosa** eine geheimnisvolle Aura umgibt ihn/sie; **exhalar una ~ de tranquilidad** Ruhe ausstrahlen

áureo, -a ['au̯reo, -a] *adj* golden

aureola [au̯re'ola] *f* (*de alguien*) Heiligenschein *m*

auricular [au̯riku'lar] **I.** *adj* (*de la oreja*) Ohren-; **testigo ~** Ohrenzeuge *m;* **dedo ~** kleiner Finger **II.** *m* **1.** (TEL) (Telefon)hörer *m;* **coger/colgar el ~** den Hörer abnehmen/auflegen **2.** (*de música*) Kopfhörer *m*

aurora [au̯'rora] *f* **1.** (*alba*) Morgenröte *f* **2.** (*principios*) Anfänge *mpl*

auscultar [au̯skul̩'tar] *vt* **1.** (MED) abhorchen **2.** (*sondear*) ausloten

ausencia [au̯'sen̩θja] *f* **1.** (*estado de ausente*) Abwesenheit *f;* **brillar por su ~** durch Abwesenheit glänzen; **hacer a alguien buenas ~s** gut über jdn reden; **tener buenas ~s** einen guten Ruf haben; **en ~ del gato bailan los ratones** (*prov*) wenn die Katze aus dem Haus ist, tanzen die Mäuse (auf dem Tisch) **2.** (*falta*) Mangel *m* (*de* an +*dat*); ~ **de interés** mangelndes Interesse; **en ~ de algo mejor** in Ermangelung eines

Besseren **3.** (PSICO) (Geistes)abwesenheit *f*

ausentarse [au̯sen̪'tarse] *vr* (*irse*) weggehen; ~ **de la ciudad** die Stadt verlassen

ausente [au̯'sen̪te] *adj* **1.** (*no presente*) abwesend; **estar** ~ nicht da sein; **estar** ~ **del trabajo** am Arbeitsplatz fehlen **2.** (*distraído*) (geistes)abwesend

auspiciar [au̯spi'θjar] *vt* **1.** (*presagiar*) voraussagen **2.** (*patrocinar*) die Schirmherrschaft übernehmen (über +*akk*)

auspicios [au̯s'piθjos] *mpl* **1.** (*protección*) Schirmherrschaft *f* **2.** (*presagio*) Vorzeichen *nt*

austeridad [au̯steri'ðaᵈ] *f* **1.** (*de las costumbres*) Strenge *f* **2.** (*del modo de vida*) Enthaltsamkeit *f* **3.** (*de un lugar*) Kargheit *f* **4.** (*de un estilo*) Einfachheit *f*

austero, -a [au̯s'tero, -a] *adj* **1.** (*costumbre*) streng **2.** (*modo de vida*) enthaltsam **3.** (*lugar*) karg **4.** (*estilo*) einfach

austral [au̯s'tral] *adj* südlich, Süd-

Australia [au̯s'tralja] *f* Australien *nt*

australiano, -a [au̯stra'ljano, -a] **I.** *adj* australisch **II.** *m, f* Australier(in) *m(f)*

Austria ['au̯strja] *f* Österreich *nt*

austriaco, -a [au̯s'trjako, -a], **austríaco, -a** [au̯s'triako, -a] **I.** *adj* österreichisch **II.** *m, f* Österreicher(in) *m(f)*

autenticar [au̯ten̪ti'kar] <c→qu> *vt* (*legitimar*) beglaubigen

autenticidad [au̯ten̪tiθi'ðaᵈ] *f* Echtheit *f*; **sobre la** ~ **de tus palabras tengo mis dudas** ich bezweifle den Wahrheitsgehalt deiner Worte; **no creo en la** ~ **de esta información** ich glaube nicht, dass es sich hier um eine zuverlässige Information handelt

auténtico, -a [au̯'ten̪tiko, -a] *adj* **1.** (*verdadero*) echt; **un** ~ **fracaso** ein glatter Fehlschlag; **hacía un calor** ~ es war wirklich warm; **es un** ~ **maestro en su especialidad** er ist ein wahrer Meister in seinem Fach **2.** (*palabra*) glaubwürdig **3.** (*información*) zuverlässig; (*datos*) verbürgt

autista [au̯'tista] **I.** *adj* autistisch **II.** *mf* Autist(in) *m(f)*

auto ['au̯to] *m* **1.** (*resolución*) Beschluss *m* **2.** *pl* (*actas*) (Prozess)akten *fpl*; **constar en** ~**s** aktenkundig sein; **estar en** ~**s** (*fig*) im Bilde sein; **poner en** ~**s** (*fig*) ins Bild setzen **3.** (AUTO) Auto *nt*

autoadhesivo, -a [au̯toaðe'siβo, -a] *adj* selbstklebend; **papel** ~ Selbstklebefolie *f*

autobiografía [au̯toβjoɣra'fia] *f* Autobiografie *f*; **autobiográfico, -a** [au̯toβjo'ɣrafiko, -a] *adj* autobiografisch

autobús [au̯to'βus] *m* (Auto)bus *m*, Omnibus *m*

autocar [au̯to'kar] <autocares> *m* (Reise)bus *m*

autocarril [au̯toka'rril] *m* (*Bol, Chil, Nic: autovía*) Schnellstraße *f*

autochoque [au̯to'ʧoke] *m* (Auto)skooter *m*

autocine [au̯to'θine] *m* Autokino *nt*

autóctono, -a [au̯'toktono, -a] *adj* einheimisch

autodefensa [au̯toðe'fensa] *f* Selbstverteidigung *f*

autodidacto, -a [au̯toði'ðakto, -a] **I.** *adj* autodidaktisch **II.** *m, f* Autodidakt(in) *m(f)*

autodominio [au̯toðo'minjo] *m* Selbstbeherrschung *f*

autoescuela [au̯toes'kwela] *f* Fahrschule *f*

autoestop [au̯toes'top] *m*: **hacer** ~ trampen

autoestopista [au̯toesto'pista] *mf* Anhalter(in) *m(f)*

autofinanciación [au̯tofinan̪θja'θjon] *f* Eigenfinanzierung *f*; **autogestión** [au̯toxes'tjon] *f* Selbstverwaltung *f*; **autogobierno** [au̯toɣo'βjerno] *m* Selbstverwaltung *f*

autógrafo [au̯'toɣrafo] *m* (*firma*) Autogramm *nt*

autolavado [au̯tola'βaðo] *m* Selbstreinigung *f*; **túnel de** ~ (AUTO) Waschstraße *f*

autómata [au̯'tomata] *m* **1.** (*aparato*) Automat *m* **2.** (*robot*) Roboter *m* **3.** (*pey: persona*) Marionette *f*

automático, -a[1] [au̯to'matiko, -a] *adj* automatisch; **caja de cambios automática** (AUTO) Automatikgetriebe *nt*; **dispositivo** ~ Automatik *f*; **fusil** ~ Selbstladegewehr *nt*; **la puerta se cierra de modo** ~ die Tür schnappt ins Schloss; (*en un metro*) die Tür schließt selbsttätig; **su despido fue** ~ **después** er/sie wurde fristlos entlassen

automático[2] [au̯to'matiko] *m* Druckknopf *m*

automatización [au̯tomatiθa'θjon] *f* Automatisierung *f*

automatizar [au̯tomati'θar] <z→c> *vt* automatisieren

automóvil [au̯to'moβil] *m* Auto *nt*; ~ **de carreras** Rennwagen *m*; ~ **eléctrico** Elektroauto *nt*; ~ **todo terreno** Geländefahrzeug *nt*; **Salón del A~** Automobilmesse *f*

automovilismo [au̯tomoβi'lismo] *m* (DEP) Rennsport *m*

automovilista [au̯tomoβi'lista] *mf* Autofahrer(in) *m(f)*

automovilístico, -a [au̯tomoβi'listiko, -a] *adj* Auto-; **parque** ~ Fuhrpark *m*

autonomía [au̯tono'mia] *f* **1.** (POL) Autonomie *f*; ~ **colectiva** Tarifautonomie *f*; ~ **municipal** kommunale Selbstverwaltung **2.** (*de una persona*) Unabhängigkeit *f*; **en esta empresa no tengo** ~ **para tomar decisiones** in dieser Firma kann ich keine eigenen Entscheidungen treffen **3.** (*territo-*

rio) autonome Region *f*

autonómico, **-a** [au̯to'nomiko, -a] *adj* autonom(isch); **proceso** ~ Autonomieprozess *m;* **política autonómica** Regionalpolitik *f;* **elecciones autonómicas** Wahlen in den autonomen Regionen

autónomo, **-a** [au̯'tonomo, -a] *adj* **1.** (POL) autonom; **la comunidad autónoma de Galicia** die autonome Region Galicien **2.** (*trabajador*) selb(st)ständig; **trabajar de** ~ selb(st)ständig arbeiten; **¿cuánto pagas de** ~**s?** wie viel zahlst du für deine private Krankenversicherung?

autopista [au̯to'pista] *f* Autobahn *f;* ~ **de peaje** gebührenpflichtige Autobahn; ~ **de la información** (INFOR) Datenautobahn *f*

autopsia [au̯'toβsja] *f* (MED) Autopsie *f*

autor(a) [au̯'tor(a)] *m(f)* **1.** (LIT) Autor(in) *m(f);* (MÚS) Komponist(in) *m(f);* **derechos de** ~ Urheberrechte *ntpl;* **una novela de** ~ **desconocido** ein Roman eines unbekannten Verfassers **2.** (*de un acto*) Urheber(in) *m(f);* (*de una conspiración*) Anstifter(in) *m(f);* (*de un crimen*) Täter(in) *m(f);* **el** ~ **del atentado** der Attentäter **3.** (*de un invento*) Erfinder(in) *m(f);* (*de un descubrimiento*) Entdecker(in) *m(f)*

autoridad [au̯tori'ðað] *f* **1.** (*poder*) Macht *f;* (*de alguien*) Autorität *f;* ~ **del estado** Staatsgewalt *f;* ~ **judicial** richterliche Gewalt; ~ **de los padres** elterliche Autorität; **estar bajo la** ~ **de alguien** jdm unterstehen; **¡aquí soy yo la** ~**!** hier bestimme ich! **2.** (*institución estatal*) Behörde *f* **3.** *(pl)* (*policía*) Polizei *f;* **desacato a la** ~ Widerstand gegen die Staatsgewalt **4.** (*experto*) Autorität *f*

autoritario, **-a** [au̯tori'tarjo, -a] *adj* autoritär

autorización [au̯toriθa'θjon] *f* **1.** (*permiso*) Erlaubnis *f* (*para* zu +*dat*); ~ **para vender alcohol** Schankkonzession *f* **2.** (*facultad*) Ermächtigung *f* (*para* zu +*dat*) **3.** (*derecho*) Berechtigung *f* (*para* zu +*dat*) **4.** (*de un documento*) Beglaubigung *f;* (*de una firma*) Bestätigung *f*

autorizado, **-a** [au̯tori'θaðo, -a] *adj* **1.** (*facultado*) befugt; **persona no autorizada** Unbefugte(r) *m;* ~ **para firmar** zeichnungsberechtigt **2.** (*competente*) kompetent; **de fuentes autorizadas** aus sicherer Quelle **3.** (*oficial*) offiziell

autorizar [au̯tori'θar] <z→c> *vt* **1.** (*consentir*) genehmigen; **mi jefe me ha autorizado para ausentarme** mein Chef hat mir freigegeben **2.** (*facultar*) ermächtigen (*a/para* zu +*dat*) **3.** (*dar derecho*) berechtigen (*a/para* zu +*dat*); **que sea mi jefe no le autoriza para insultarme** auch wenn Sie mein Chef sind, haben Sie kein Recht mich zu beschimpfen; **este hecho nos autoriza a pensar que…** diese Tatsache berechtigt uns zu der Annahme, dass … **4.** (*documentos*) beglaubigen

autorretrato [au̯torre'trato] *m* Selbstbildnis *nt;* **autoservicio** [au̯toser'βiθjo] *m* Selbstbedienung *f*

autostop [au̯tos'top] *m:* **hacer** ~ trampen

autostopista [au̯tosto'pista] *mf* Anhalter(in) *m(f)*

autovía [au̯to'βia] *f* (*carretera*) Schnellstraße *f*

auxiliar[1] [au̯ʸsi'ljar] **I.** *adj* Hilfs-; **profesor** ~ (UNIV) Assistent *m;* (*en la escuela*) Aushilfslehrer *m* **II.** *mf* Assistent(in) *m(f);* ~ **administrativo** Beamter im unteren Dienst; ~ **de cátedra** (*en Alemania*) wissenschaftliche Hilfskraft; ~ **de clínica** Krankenpfleger *m,* Krankenschwester *f;* ~ **técnico sanitario** medizinisch-technischer Assistent *m;* ~ **de vuelo** Steward *m,* Stewardess *f* **III.** *vt* **1.** (*dar auxilio*) helfen +*dat* **2.** (REL) versehen

auxiliar[2] [au̯ʸsi'ljar] *m* (LING) Hilfsverb *nt*

auxilio [au̯ʸ'siljo] *m* Hilfe *f;* ~**s espirituales** (REL) Sterbesakramente *ntpl;* **primeros** ~**s** erste Hilfe; **pedir** ~ um Hilfe rufen; **pedir** ~ **a alguien** jdn zu Hilfe rufen

avalancha [aβa'lanʧa] *f* Lawine *f*

avance [a'βan̪θe] *m* **1.** (*movimiento*) Vorrücken *nt;* (MIL) Vormarsch *m;* ~ **de los precios** Preissteigerung *f* **2.** (*anticipo*) Vorschuss *m* **3.** (*progreso*) Fortschritt *m* **4.** (*avanzo*) Bilanz *f* **5.** (*presupuesto*) (Kosten)voranschlag *m* **6.** (CINE, TV) Vorschau *f* (*de* auf +*akk*); ~ **informativo** Nachrichtenüberblick *m*

avanzado, **-a** [aβan̪'θaðo, -a] *adj* **1.** (*estado, nivel, edad*) fortgeschritten **2.** (*método*) fortschrittlich **3.** (*modelo*) weiterentwickelt

avanzar [aβan̪'θar] <z→c> **I.** *vi* **1.** (*seguir adelante*) weitergehen; (MIL) vorrücken; (*lava*) sich vorwärtsbewegen; ~ **por una calle** eine Straße entlanggehen; ~ **hacia alguien** auf jdn zugehen; **a medida que el tiempo avanzaba** mit der Zeit **2.** (*progresar*) vorankommen; **no** ~ **nada** keine Fortschritte machen; **esta tendencia está avanzando** dieser Trend ist auf dem Vormasch **II.** *vt* **1.** (*mover hacia adelante*) vorrücken; ~ **un pie** einen Fuß vorsetzen **2.** (*sueldo*) vorschießen **3.** (*propuesta*) vorbringen

avaricia [aβa'riθja] *f* **1.** (*codicia*) Habgier *f* **2.** (*tacañería*) Geiz *m*

avaricioso, **-a** [aβari'θjoso, -a] *adj,* **avariento**, **-a** [aβa'rjen̪to, -a] *adj* **1.** (*codicioso*) habgierig **2.** (*tacaño*) geizig

avaro, **-a** [a'βaro, -a] **I.** *adj* geizig; **ser muy**

~ **de algo** mit etw *dat* geizen **II.** *m, f* Geizhals *m*

avasallar [aβasa'ʎar] **I.** *vt* **1.** (*subyugar*) unterwerfen **2.** (*atropellar*) überrollen **II.** *vr:* **~se** sich unterwerfen

avatares [aβa'tares] *mpl:* **los ~es de la vida** die Wechselfälle des Lebens; **los ~es de la suerte** die Launenhaftigkeit des Glücks

ave ['aβe] *f* Vogel *m;* **~s de corral** Geflügel *nt;* **~ de paso** Zugvogel *m*

AVE ['aβe] *m abr de* **Alta Velocidad Española** ≈ICE *m*

avecinarse [aβeθi'narse] *vr* bevorstehen; (*tormenta*) aufziehen

avellana [aβe'ʎana] *f* Haselnuss *f*

avellano [aβe'ʎano] *m* Hasel(nuss)strauch *m*

avemaría [aβema'ria] *f* **1.** (*oración*) Ave-Maria *nt* **2.** (*loc*): **al ~** bei Einbruch der Nacht; **en un ~** im Handumdrehen; **saberse algo como el ~** etw wie am Schnürchen können

avena [a'βena] *f* Hafer *m*

avenencia [aβe'neṇθja] *f* **1.** (*acuerdo*) Übereinkunft *f* **2.** (*armonía*) Eintracht *f;* **en buena ~** in Eintracht **3.** (JUR) Vergleich *m*

avenida [aβe'niða] *f* **1.** (*de un río*) Hochwasser *nt* **2.** (*calle*) Allee *f* **3.** (*de gente o cosas*) Zustrom *m*

avenido, -a [aβe'niðo, -a] *adj:* **dos personas bien avenidas** zwei gut befreundete Menschen; **una pareja mal avenida** ein unglückliches Paar

avenir [aβe'nir] *irr como venir* **I.** *vt* versöhnen **II.** *vr:* **~se 1.** (*entenderse*) sich verstehen **2.** (*ponerse de acuerdo*) sich einigen (*en* über +*akk*) **3.** (*conformarse*) einverstanden sein; **no ~se a...** nicht damit einverstanden sein zu ... **4.** (*armonizar*) miteinander in Einklang stehen **5.** (*prestarse a*) sich bereit erklären; **~se a dialogar** sich zu Gesprächen bereit erklären

aventajado, -a [aβeṇta'xaðo, -a] *adj* (*alumno*) hervorragend; **de estatura aventajada** hochgewachsen

aventajar [aβeṇta'xar] *vt* **1.** (*ser mejor*) übertreffen (*en* an +*dat*) **2.** (*en una carrera*) überholen; **~ a todos** alle hinter sich *dat* lassen **3.** (*anteponer*) bevorzugen

aventar [aβeṇ'tar] <e→ie> **I.** *vt* **1.** (*echar aire a algo*) belüften **2.** (*dispersar el viento*) fortwehen **3.** (*el grano*) worfeln **II.** *vr:* **~se 1.** (*fam: pirárselas*) abhauen **2.** (*las velas*) sich blähen

aventura [aβeṇ'tura] *f* **1.** (*extraordinaria*) Abenteuer *nt;* **espíritu de ~** Abenteuerlust *f* **2.** (*arriesgada*) Wagnis *nt* **3.** (*amorosa*) (Liebes)affäre *f*

aventurado, -a [aβeṇtu'raðo, -a] *adj* gewagt

aventurar [aβeṇtu'rar] **I.** *vt* **1.** (*arriesgar*) riskieren **2.** (*algo atrevido*) wagen **II.** *vr:* **~se** sich wagen; **perdieron dinero al ~se en el mundo editorial** sie verloren Geld bei dem Versuch ins Verlagswesen einzusteigen

aventurero, -a [aβeṇtu'rero, -a] **I.** *adj* abenteuerlich; (*fig*) gewagt; **espíritu ~** Abenteuerlust *f* **II.** *m, f* Abenteurer(in) *m(f)*

avergonzado, -a [aβerɣoṇ'θaðo, -a] *adj* (*sonrisa*) verschämt; **sentirse ~** sich schämen

avergonzar [aβerɣoṇ'θar] *irr* **I.** *vt* beschämen **II.** *vr:* **~se** sich schämen (*de/por* wegen +*gen/dat*)

avería [aβe'ria] *f* **1.** (AUTO) Panne *f* **2.** (*de una mercadería*) Schaden *m* **3.** (TÉC) Störung *f* **4.** (NÁUT) Havarie *f;* **~ gruesa/simple** schwere/leichte Havarie

averiar [aβeri'ar] <*1. pres:* averío> **I.** *vt* beschädigen **II.** *vr:* **~se 1.** (AUTO) eine Panne haben **2.** (TÉC) gestört sein **3.** (NÁUT) havarieren

averiguación [aβeriɣwa'θjon] *f* **1.** (*haciendo pesquisas*) Ermittlung *f* **2.** (*discurriendo*) Erforschung *f* **3.** (*al dar con*) Ausfindigmachen *nt*

averiguar [aβeri'ɣwar] <gu→gü> *vt* **1.** (*inquiriendo*) ermitteln **2.** (*discurriendo*) erforschen **3.** (*dar con*) ausfindig machen; **averigua a qué hora sale el tren** sieh nach, um wie viel Uhr der Zug abfährt

aversión [aβer'sjon] *f* Abneigung *f* (*a* gegen +*akk*)

avestruz [aβes'truθ] *m* Strauß *m*

avezado, -a [aβe'θaðo, -a] *adj* erfahren; **~ en los negocios** geschäftstüchtig

avezar [aβe'θar] <z→c> **I.** *vt* gewöhnen (*a* an +*akk*); **~ a los niños** den Kindern gute Manieren angewöhnen **II.** *vr:* **~se** sich gewöhnen (*a* an +*akk*)

aviación [aβja'θjon] *f* **1.** (AERO) Luftfahrt *f;* **compañía de ~** Fluggesellschaft *f* **2.** (MIL) Luftwaffe *f*

aviador(a) [aβja'ðor(a)] *m(f)* (AERO, MIL) Flieger(in) *m(f)*

aviar [aβi'ar] <*1. pres:* avío> **I.** *vt* **1.** (*habitación*) herrichten; (*maleta*) packen; (*comida*) zubereiten; (*mesa*) decken **2.** (*dar*) versehen (*de* mit +*dat*) **3.** (*apresurar*) sich beeilen; **diles que vayan aviando** sag ihnen, sie sollen sich beeilen **4.** (*AmS: prestar*) (aus)leihen **5.** (*loc*): **estar aviado** (*en un apuro*) in der Klemme sitzen **II.** *vr:* **~se 1.** (*arreglarse*) sich zurechtmachen **2.** (*espabilarse*) auskommen

avícola [a'βikola] *adj* Geflügel-

avicultura [aβikul̦'tura] *f* Geflügelzucht *f*

avidez [aβi'ðeθ] *f* **1.** (*ansia*) Gier *f* (*de* nach +*dat*) **2.** (*codicia*) Habgier *f*
ávido, -a ['aβiðo, -a] *adj* **1.** (*ansioso*) gierig (*de* nach +*dat*) **2.** (*codicioso*) habgierig
avieso, -a [a'βjeso, -a] *adj* **1.** (*objeto*) krumm **2.** (*persona*) boshaft
avilés, -esa [aβi'les, -esa] **I.** *adj* aus Ávila **II.** *m, f* Einwohner(in) *m(f)* von Ávila
avinagrarse [aβina'ɣrarse] *vr* **1.** (*vino*) sauer werden **2.** (*persona*) missmutig werden
avío [a'βio] *m* **1.** (*apresto*) Vorbereitung *f;* (*de una habitación*) Herrichten *nt* **2.** (*provisión*) Proviant *m* **3.** (*AmS: de dinero*) Darlehen *nt;* (*de utensilios*) Ausleihen *nt* **4.** *pl* (*utensilios*): **~s de coser** Nähzeug *nt;* **~s de escribir** Schreibwaren *fpl* **5.** (*loc*): **¡al ~!** an die Arbeit!
avión [aβi'on] *m* **1.** (AERO) Flugzeug *nt;* **por ~** (*correos*) per Luftpost; **ir en ~ a Mallorca** nach Mallorca fliegen **2.** (ZOOL) Mauersegler *m*
avioneta [aβjo'neta] *f* Sportflugzeug *nt*
avisado, -a [aβi'saðo, -a] *adj* **1.** (*prudente*) umsichtig **2.** (*sagaz*) schlau; **mal ~** unklug
avisar [aβi'sar] *vt* **1.** (*dar noticia*) benachrichtigen; **avísame cuando estés de vuelta** sag mir Bescheid, wenn du wieder da bist; **avisó que venía a cenar** er/sie kündigte sich zum Abendessen an; **llegar sin ~** unangemeldet kommen **2.** (*advertir*) aufmerksam machen (*de* auf +*akk*) **3.** (*poner sobre aviso*) warnen **4.** (*llamar*) rufen
aviso [a'βiso] *m* **1.** (*notificación*) Benachrichtigung *f;* (*en una cartelera*) Anschlag *m;* (*por el altavoz*) Durchsage *f;* **~ de llegada** (COM) Empfangsbestätigung *f;* **~ de salida** (FERRO) Abfahrtssignal *nt;* **~ de siniestro** Schadensmeldung *f;* **hasta nuevo ~** bis auf Widerruf; **sin previo ~** unangemeldet **2.** (*advertencia*) Warnung *f;* **~ de bomba** Bombendrohung *f;* **estar sobre ~** auf der Hut sein; **poner sobre ~** warnen; **servir a alguien de ~** jdm eine Lehre sein **3.** (*consejo*) Rat *m* **4.** (*prudencia*) Umsicht *f* **5.** (*Am: en el periódico*) Anzeige *f;* (*en otros medios*) Werbung *f*
avispa [a'βispa] *f* Wespe *f*
avispado, -a [aβis'paðo, -a] *adj* aufgeweckt
avispero [aβis'pero] *m* **1.** (*nido*) Wespennest *nt;* **meterse en un ~** (*fig*) in ein Wespennest stechen **2.** (*avispas*) Wespenschwarm *m*
avispón [aβis'pon] *m* Hornisse *f*
avistar [aβis'tar] *vt* sichten
avituallar [aβitwa'ʎar] *vt* versorgen
avivar [aβi'βar] *vt* (*dar viveza*) beleben; (*fuego, pasión*) schüren; (*color*) aufhellen; (*luz*) verstärken; (*sentidos*) schärfen; **~ el paso** den Schritt beschleunigen
avizor [aβi'θor] *adj:* **estar ojo ~** auf der Hut sein
avizorar [aβiθo'rar] *vt* belauern
axila [aʸ'sila] *f* **1.** (ANAT) Achsel(höhle) *f* **2.** (BOT) Achsel *f*
axioma [aʸ'sjoma] *m* Axiom *nt*
ay [ai̯] *interj* **1.** (*de dolor*) autsch **2.** (*de pena*) ach **3.** (*de miedo*) oh, mein Gott **4.** (*de sorpresa*) oh; **¡~, qué divertido!** ach, wie lustig! **5.** (*de amenaza*) wehe; **¡~, si vienes tarde!** wehe dir, wenn du zu spät kommst!; **¡~ del que...!** +*subj* wehe dem, der ...!
ayer [a'ɟer] *adv* gestern; **~ (por la) noche** gestern Abend; **~ hace una semana** gestern vor einer Woche; **de ~ acá** in kurzer Zeit; **¡parece que fue ~!** mir ist, als ob es erst gestern gewesen wäre!; **no he nacido ~** ich bin nicht von gestern
ayo, -a ['aɟo, -a] *m, f* (*tutor*) Hauslehrer(in) *m(f)*
ayote [a'ɟote] *m* (*AmC, Méx*), **ayotli** [a'ɟoᵈli] *m* (*AmC*) Kürbis *m*
ayuda¹ [a'ɟuða] *f* **1.** (*auxilio*) Hilfe *f;* **perro de ~** Wachhund *m;* **con ~ de su amigo** mit (der) Hilfe seines/ihres Freundes; **eso no me sirve de ninguna ~** das nützt mir nichts **2.** (*lavativa*) Einlauf *m*
ayuda² [a'ɟuða] *m* Gehilfe *m*
ayudante [aɟu'ðan̩te] *mf* **1.** (*que ayuda*) Helfer(in) *m(f)* **2.** (*cargo*) Assistent(in) *m(f);* (*en una escuela*) Hilfslehrer(in) *m(f)*
ayudar [aɟu'ðar] **I.** *vt* **1.** (*socorrer*) helfen +*dat;* **~ a alguien en el trabajo** jdm bei der Arbeit helfen; **~ a alguien a levantarse** jdm aufhelfen; **~ a alguien a salir del coche** jdm aus dem Auto helfen; **~ a pasar la calle** über die Straße helfen; **~ a misa** ministrieren; **¡Dios me ayude!** so wahr mir Gott helfe!; **¿le puedo ~ en algo?** kann ich Ihnen behilflich sein?; **~ a conseguir un trabajo** zu einer Stellung verhelfen **2.** (*temporalmente*) aushelfen +*dat* **3.** (*contribuir*) beitragen (*a* zu +*dat*) **II.** *vr:* **~se** **1.** (*mutuamente*) einander helfen **2.** (*valerse de*) sich bedienen
ayunar [aɟu'nar] *vi* fasten
ayunas [a'ɟunas] *adv:* **en ~** nüchtern; **siempre está en ~** (*fig*) er/sie kapiert nie etwas
ayuno, -a¹ [a'ɟuno, -a] *adj* nüchtern; **estar ~ de experiencia** keine Erfahrung haben; **estoy ~ de lo que aquí se dice** ich habe keine Ahnung, worum es hier geht
ayuno² [a'ɟuno] *m* Fasten *nt*
ayuntamiento [aɟun̩ta'mjen̩to] *m* **1.** (*corporación*) Gemeinderat *m;* (*de una ciudad*) Stadtrat *m* **2.** (*edificio*) Rathaus *nt*
azabache [aθa'βatʃe] *m* Jet(t) *m o nt;* **ojos de ~** pechschwarze Augen
azada [a'θaða] *f* Hacke *f*
azafata [aθa'fata] *f* **1.** (AERO) Stewardess *f;* ~

de congresos (Messe)hostess *f* **2.** (*Chil: bandeja*) Tablett *nt*

azafrán [aθa'fran] *m* **1.** (*condimento*) Safran *m* **2.** (*color*) Safrangelb *nt*

azahar [a'θar/aθa'ar] *m* Orangenblüte *f*

azalea [aθa'lea] *f* Azalee *f*

azar [a'θar] *m* **1.** (*casualidad*) Zufall *m;* **juegos de** ~ Glücksspiele *ntpl;* **al** ~ aufs Geratewohl; **por** ~ zufällig **2.** (*imprevisto*) Missgeschick *nt;* **los** ~**es de la vida** die Wechselfälle des Lebens

azarar [aθa'rar] **I.** *vt* beschämen **II.** *vr:* ~**se** **1.** (*avergonzarse*) sich schämen **2.** (*ruborizarse*) erröten **3.** (*turbarse*) unruhig werden

azaroso, -a [aθa'roso, -a] *adj* **1.** (*proyecto*) gefährlich; **una vida azarosa** ein Leben mit viele Höhen und Tiefen **2.** (*persona*) vom Pech verfolgt

Azerbaiyán [aθerβa'ɟan] *m* Aserbaidschan *nt*

azogue [a'θoɣe] *m* (QUÍM) Quecksilber *nt;* **tener** ~ **en el cuerpo** (*fig*) keine Minute ruhig sitzen können; **ser uno como el** ~ ein unruhiger Geist sein; **temblar como** ~ zittern wie Espenlaub

azor [a'θor] *m* Hühnerhabicht *m*

azoramiento [aθora'mjento] *m* **1.** (*nerviosismo*) Aufregung *f;* (*ante un acto público*) Lampenfieber *nt* **2.** (*turbación*) Verwirrung *f*

azorar [aθo'rar] **I.** *vt* **1.** (*poner nervioso*) in Aufregung versetzen **2.** (*turbar*) verwirren **II.** *vr:* ~**se** **1.** (*alterarse*) unruhig werden; (*ante un acto público*) Lampenfieber bekommen **2.** (*turbarse*) verwirrt sein

Azores [a'θores] *fpl* Azoren *pl*

azotaina [aθo'tai̯na] *f* Tracht *f* Prügel; **dar una** ~ übers Knie legen

azotar [aθo'tar] *vt* **1.** (*con un látigo*) auspeitschen; (*con nudos*) geißeln; (*con la mano*) verprügeln; **el viento me azota (en) la cara** der Wind peitscht mir ins Gesicht **2.** (*producir daños*) verwüsten; **una epidemia azota la región** eine Seuche wütet in der Region

azote [a'θote] *m* **1.** (*látigo*) Peitsche *f;* (*con nudos*) Geißel *f* **2.** (*golpe*) Peitschenhieb *m;* (*golpe en las nalgas*) Klaps *m* auf den Po **3.** (*plaga*) Geißel *f*

azotea [aθo'tea] *f* Dachterrasse *f;* **estar mal de la** ~ (*fam*) einen Dachschaden haben

azteca [aθ'teka] **I.** *adj* aztekisch **II.** *mf* Azteke, -in *m, f*

> Der Indianerstamm der **aztecas** errichtete zwischen dem 14. und 16. Jahrhundert im südlichen und zentralen Teil Mexikos ein großes mächtiges Reich, das 1521 von den Spaniern erobert wurde. Die Sprache der **aztecas** heißt **náhuatl**.

azúcar [a'θukar] *m* Zucker *m;* ~ **de cortadillo** Kandiszucker *m;* ~ **en polvo** Puderzucker *m;* **tener el** ~ **muy alto** (MED) einen sehr hohen Blutzuckerspiegel haben

azucarar [aθuka'rar] **I.** *vt* zuckern **II.** *vr:* ~**se** (*cristalizarse*) kristallisieren

azucarero [aθuka'rero] *m* (*recipiente*) Zuckerdose *f*

azucena [aθu'θena] *f* Lilie *f*

azud [a'θuᵈ] *m* **1.** (*aceña*) Wassermühle *f* **2.** (*presa*) Flussdamm *m*

azufrar [aθu'frar] *vt* schwefeln

azufre [a'θufre] *m* Schwefel *m*

azul [a'θul] *adj* blau; ~ **celeste** himmelblau; ~ **verdoso** blaugrün

azulado, -a [aθu'laðo, -a] *adj* bläulich

azulejo [aθu'lexo] *m* **1.** (*para pared*) Kachel *f;* (*para suelos*) Fliese *f* **2.** (*carraca*) Blauracke *f* **3.** (*aciano*) Kornblume *f*

azulgrana [aθul'ɣrana] *adj* blau-rot; **el equipo** ~ (DEP) der F.C. Barcelona

azumbrado, -a [aθum'braðo, -a] *adj* (*fam*) beschwipst

azuzar [aθu'θar] <z→c> *vt* aufhetzen

B

B, b [be] *f* B, b *nt;* ~ **de Barcelona** B wie Berta

baba ['baβa] *f* **1.** (*de la boca*) Geifer *m* **2.** (*del caracol*) Schleim *m*

babear [baβe'ar] *vi* geifern

babel [ba'βel] *m o f* **1.** (*desorden*) Durcheinander *nt* **2.** (*sitio*) Tollhaus *nt*

babero [ba'βero] *m* Lätzchen *nt*

Babia ['baβja] *f:* **estar en** ~ geistesabwesend sein

> **bable** *m*: Der Dialekt, der in **Asturias** gesprochen wird, heißt **bable**. Wie alle Dialekte und Sprachen auf der **Península Ibérica**, mit Ausnahme des Baskischen, gehört auch der **bable** zur romanischen Sprachfamilie.

babor [ba'βor] *m* (NÁUT) Backbord *nt;* **a** ~ backbord(s)

babosa [ba'βosa] *f* **1.** (ZOOL) Nacktschnecke *f* **2.** (*Am: tontería*) Blödsinn *m*

babosear [baβose'ar] **I.** *vt* begeifern **II.** *vi* (*fam*) faseln

baboso, -a [ba'βoso, -a] **I.** *adj* **1.** (*lleno de baba*) voller Sabber **2.** (*zalamero*) schleimig **3.** (*Am: tonto*) dämlich **II.** *m, f* **1.** (*joven*) Grünschnabel *m* **2.** (*zalamero*) Schleimer(in) *m(f)*

babucha [ba'βutʃa] *f* Pantoffel *m*

baca ['baka] *f* **1.** (*portaequipajes*) (Dach)gepäckträger *m* **2.** (*cubierta*) (Wagen)plane *f* **3.** (*fruto*) Beere *f* (des Lorbeerbaums)

bacalao [baka'lao] *m* **1.** (*pez, pescado*) Kabeljau *m;* (*salado*) Stockfisch *m;* **cortar el** ~ (*fig*) den Ton angeben **2.** (MÚS: *argot*) Techno *m*

bacán [ba'kan] *m* (*Am: rico*) reicher Mann *m*

bacanal [baka'nal] *f* (Trink)gelage *nt;* (*orgía*) Orgie *f*

bachata [ba'tʃata] *f* (*Am*) Party *f*

bachatear [batʃate'ar] *vi* (*Am*) eine Zechtour machen

bache ['batʃe] *m* **1.** (*en la calle*) Schlagloch *nt* **2.** (AERO) Luftloch *nt* **3.** (*en la producción*) Rückgang *m;* (*para precios*) Senkung *f* **4.** (*psíquico*) Tief *nt*

bacheado, -a [batʃe'aðo, -a] *adj* holp(e)rig

bachiller [batʃi'ʎer] *mf* Abiturient(in) *m(f);* **título de** ~ Abiturzeugnis *nt*

bachillerato [batʃiʎe'rato] *m* Abitur *nt*

> Der **Bachillerato** entspricht ungefähr der deutschen Oberstufe bzw. Sekundarstufe II des Gymnasiums. Seit der letzten Schulreform sind die Schulfächer, je nach Aufgabenbereich, in vier große Gruppen unterteilt: **Arte** (Kunst), **Ciencias de la Naturaleza y de la Salud** (Naturwissenschaften und Gesundheitswesen), **Humanidades y Ciencias Sociales** (Geistes- und Sozialwissenschaften) und **Tecnología** (Technologie), von denen jeder Schüler und jede Schülerin eine auswählen muss.

bacía [ba'θia] *f* **1.** (*recipiente*) Behälter *m* **2.** (*para animales*) (Fress)napf *m*

bacilo [ba'θilo] *m* Bazillus *m*

backup [ba'kaᵖ] *m* <backups> (INFOR) Backup *nt*

bacteria [bak'terja] *f* Bakterie *f*

bactericida [bakteri'θiða] **I.** *adj* keimtötend **II.** *m* keimtötendes Mittel *nt*

bacteriólogo, -a [bakte'rjoloɣo, -a] *m, f* Bakteriologe, -in *m, f*

báculo ['bakulo] *m* **1.** (*bastón*) (Spazier)stock *m* **2.** (*del obispo*) Bischofsstab *m* **3.** (*apoyo*) Stütze *f*

badajo [ba'ðaxo] *m* **1.** (*de campana*) Klöppel *m* **2.** (*fam: persona*) Schwätzer(in) *m(f)*

badajocense [baðaxo'θense] **I.** *adj* aus Badajoz **II.** *mf* Einwohner(in) *m(f)* von Badajoz

badana [ba'ðana] *f* gegerbtes Schafleder *nt;* **zurrar la** ~ **a alguien** (*fam*) jdn verprügeln

badén [ba'ðen] *m* **1.** (*desnivel*) Unebenheit *f* **2.** (*en carreteras*) Querrinne *f*

Baden-Wurtemberg ['baðem 'burtembeɾʏ] *m* Baden-Württemberg *nt*

badil [ba'ðil] *m* Feuerschaufel *f*

bádminton ['baðminton] *m* (DEP) Badminton *nt*

bafle ['bafle] *m* Lautsprecher *m*

bagaje [ba'ɣaxe] *m* (MIL) Marschgepäck *nt;* ~ **intelectual** (*fig*) Wissen *nt*

bagatela [baɣa'tela] *f* Kleinigkeit *f*

bah [ba] *interj* **1.** (*incredulidad*) ach was! **2.** (*desprecio*) bah! **3.** (*conformidad*) na gut!

bahía [ba'ia] *f* (Meeres)bucht *f*

bailable [bai̯'laβle] **I.** *adj* tanzbar; **música** ~ Tanzmusik *f* **II.** *m* Tanz *m*

bailador(a) [bai̯la'ðor(a)] **I.** *adj* tanzlustig **II.** *m(f)* Tänzer(in) *m(f)*

bailar [bai̯'lar] **I.** *vi* **1.** (*danzar*) tanzen; **le tocó** ~ **con la más fea** (*fig*) er zog den Kürzeren **2.** (*caballo*) tänzeln **3.** (*objetos*) wackeln; (*peonza*) sich drehen; (TÉC) Spiel haben; **hacer** ~ **una peonza** einen Kreisel drehen **II.** *vt* tanzen

bailarín, -ina [bai̯la'rin, -ina] **I.** *adj* Tanz- **II.** *m, f* Tänzer(in) *m(f)*; (*de ballet*) Balletttänzer(in) *m(f)*

baile ['bai̯le] *m* **1.** (*acto*) Tanzen *nt* **2.** (*danza*) Tanz *m* **3.** (*fiesta*) Tanzfest *nt*; (*de etiqueta*) Ball *m* **4.** (MED): **tener el** ~ **de San Vito** zappelig sein

bailongo [bai̯'loŋgo] *m* (*argot*) Tanzparty *f*

bailotear [bai̯lote'ar] *vi* **1.** (*argot: bailar*) schwofen **2.** (*brincar*) herumhüpfen

baja ['baxa] *f* **1.** (*disminución*) Rückgang *m*; (*de precio*) Senkung *f*; (*de valor, de temperatura*) Sinken *nt* **2.** (*cese de trabajo: temporal*) Beurlaubung *f*; (*definitivo*) Entlassung *f*; ~ **por maternidad** Erziehungsurlaub *m*; **darse de** ~ (*temporalmente*) sich beurlauben lassen; (*por enfermedad*) sich krankmelden; (*definitivamente*) kündigen; **estar de** ~ (**por enfermedad**) krankgeschrieben sein **3.** (*en una asociación*) Abmeldung *f*; **dar de** ~ aus einer Liste streichen **4.** (*documento*) Kündigungsschreiben *nt*; (*del médico*) Krankschreibung *f* **5.** (MIL) Verlust *m* **6.** (FIN) Baisse *f*

bajada [ba'xaða] *f* **1.** (*descenso*) Abstieg *m*; ~ **de tipos** (ECON) Zinssenkung *f*; ~ **de bandera** Grundpreis im Taxi **2.** (*camino*) (hinunterführender) Weg *m* **3.** (*pendiente*) Gefälle *nt*

bajamar [baxa'mar] *f* Ebbe *f*

bajar [ba'xar] **I.** *vi* **1.** (*ir hacia abajo*) hinuntergehen; (*venir hacia abajo*) herunterkommen; ~ **en ascensor** im Aufzug hinunterfahren **2.** (*desmontar*) (ab)steigen (*de* von +*dat*); (*del coche*) (aus)steigen (*de* aus +*dat*) **3.** (*las aguas*) abfließen **4.** (*disminuir*) abnehmen; (*temperatura*) sinken; (*hinchazón*) abschwellen; **ha bajado la luz** der Strompreis ist gefallen **5.** (*adelgazar*) abnehmen **II.** *vt* **1.** (*transportar*) herunterbringen; (*coger*) herunterholen; ~ **las persianas** die Rollläden herunterlassen **2.** (*escaleras*) heruntergehen **3.** (*precios*) senken **4.** (*voz*) senken; (*radio*) leise(r) stellen **5.** (*ojos*) niederschlagen **III.** *vr*: ~**se** **1.** (*desmontarse*) (ab)steigen (*de* von +*dat*); (*del coche*) (aus)steigen (*de* aus +*dat*) **2.** (*inclinarse*) sich bücken

bajeza [ba'xeθa] *f* **1.** (*humildad*) Niedrigkeit *f* **2.** (*carácter*) Niedertracht *f* **3.** (*acción humillante*) Erniedrigung *f*; (*acción vil*) Gemeinheit *f*

bajista [ba'xista] **I.** *adj* (FIN) Baisse-; **tendencia** ~ Abwärtstrend *m* **II.** *mf* **1.** (MÚS) Bassist(in) *m(f)* **2.** (FIN) Baissier *m*

bajo, -a[1] ['baxo, -a] <más bajo *o* inferior, bajísimo> *adj* **1.** *estar* (*en lugar inferior*) tief (liegend) **2.** *ser* (*de temperatura*) niedrig; (*de estatura*) klein(gewachsen); **baja tensión** (ELEC) Niederspannung *f*; **con la cabeza baja/los ojos** ~**s** mit hängendem Kopf/gesenktem Blick; **tener la moral baja** niedergeschlagen sein **3.** (*voz*) leise; (MÚS) tief **4.** (*color*) matt **5.** (*metal*) unedel **6.** (*comportamiento*) niederträchtig **7.** (*clase social*) untere **8.** (*calidad*) gering **9.** (GEO): **Baja Sajonia** Niedersachsen *nt*

bajo[2] ['baxo] **I.** *m* **1.** (*instrumento*) Bass *m* **2.** (*persona*) Bassist *m* **3.** *pl* (*piso*) Erdgeschoss *nt* **4.** *pl* (*banco de arena*) Sandbank *f* **5.** *pl* (*parte inferior*) unterer Teil *m*; (*de una prenda*) Saum *m* **II.** *adv* **1.** (*posición*) niedrig **2.** (*voz*) leise **III.** *prep* **1.** (*colocar debajo*) unter +*akk* **2.** (*por debajo de*) unter +*dat*; ~ **llave** unter Verschluss; ~ **la lluvia** im Regen; ~ **fianza** gegen Kaution; ~ **la condición de que** +*subj* unter der Bedingung, dass …

bajón [ba'xon] *m* **1.** (*descenso*) (rapider) Rückgang *m*; (*de precios*) Preissturz *m*; (FIN) Kurssturz *m* **2.** (*de la salud*) Verschlechterung *f* **3.** (MÚS) Fagott *nt*

bakalao [baka'lao] *m* (MÚS: *argot*) Techno *m*

bala ['bala] *f* **1.** (*proyectil*) (Gewehr)kugel *f*; **como una** ~ blitzschnell **2.** (*fardo*) Ballen *m*

balacear [balaθe'ar] *vt* (*Am*) schießen (auf +*akk*)

balada [ba'laða] *f* Ballade *f*

baladí [bala'ði] *adj* nichtig, belanglos

baladronada [balaðro'naða] *f* Prahlerei *f*

balalaica [bala'lai̯ka] *f* (MÚS) Balalaika *f*

balance [ba'laṇθe] *m* **1.** (*vaivén*) Schwanken *nt*; (*en la danza*) Wiegen *nt*; (NÁUT) Schlingern *nt* **2.** (COM: *resultado*) Bilanz *f*; **hacer un** ~ eine Bilanz aufstellen **3.** (*comparación*) Gegenüberstellung *f*; **hacer (el)** ~ Bilanz ziehen **4.** (*vacilación*) Unentschlossenheit *f*

balancear [balaṇθe'ar] **I.** *vt* **1.** (*mecer*) schaukeln; (*acunar*) wiegen **2.** (*equilibrar*) ins Gleichgewicht bringen **II.** *vr*: ~**se** **1.** (*columpiarse*) schaukeln **2.** (NÁUT) schlingern

balanceo [balaṇ'θeo] *m* **1.** (*vaivén*) Schwanken *nt*; (NÁUT) Schlingern *nt* **2.** (*va-*

B

cilación) Unentschlossenheit *f*

balancín [balaṇ'θin] *m* **1.** (*de los equilibristas*) Balancierstange *f* **2.** (*columpio*) Wippe *f* **3.** (*silla*) Schaukelstuhl *m;* (*para varias personas*) Hollywoodschaukel *f* **4.** (*yugo*) Joch *nt*

balandra [ba'laṇdra] *f* Kutter *m*

balandrista [balaṇ'drista] *mf* Schiffer(in) *m(f)*

balandro [ba'laṇdro] *m* Jolle *f*

balanza [ba'laṇθa] *f* **1.** (*pesa*) Waage *f;* **inclinar el fiel de la ~** (*fig*) den Ausschlag geben **2.** (COM) Bilanz *f;* **~ de pagos** Zahlungsbilanz *f*

Balanza [ba'lanθa] *f* (ASTR) Waage *f*

balar [ba'lar] *vi* (*oveja*) blöken; (*cabra*) meckern; (*ciervo*) röhren

balaustrada [balau̯s'traða] *f* Brüstung *f*

balazo [ba'laθo] *m* **1.** (*tiro*) Schuss *m* **2.** (*herida*) Einschuss *m*

balbucear [balβuθe'ar] *vi, vt v.* **balbucir**

balbuceo [balβu'θeo] *m* Gestammel *nt;* (*de niños*) Lallen *nt*

balbucir [balβu'θir] *vi, vt* stammeln; (*niño*) lallen

Balcanes [bal'kanes] *mpl* Balkan *m*

balcón [bal'kon] *m* **1.** (*de casas*) Balkon *m* **2.** (*mirador*) Aussichtspunkt *m*

balconada [balko'naða] *f* Balkonreihe *f;* (*balcón corrido*) Galerie *f*

balda ['balda] *f* Regalbrett *nt*

baldado, -a [bal'daðo, -a] *adj* **1.** (*extremidades*) gelähmt **2.** (*muy cansado*) erschöpft

baldaquín [balda'kin] *m* Baldachin *m*

baldar [bal'dar] **I.** *vt* **1.** (*paralizar*) lähmen; (*lisiar*) zum Krüppel machen **2.** (*perjudicar*) schaden *+dat* **II.** *vi* (*naipes*) trumpfen

balde ['balde] *m* **1.** (*cubo*) Kübel *m* **2.** (*loc*): **obtener algo de ~** etw umsonst bekommen

baldío, -a[1] [bal'dio, -a] *adj* **1.** (*terreno*) brach **2.** (*inútil*) zwecklos; (*en balde*) vergeblich

baldío[2] [bal'dio] *m* Brache *f*

baldón [bal'don] *m* (*acción*) Beleidigung *f;* (*situación*) Schande *f*

baldosa [bal'dosa] *f* Fliese *f*

baldosín [baldo'sin] *m* Kachel *f*

balear [bale'ar] **I.** *vt* (*Am: disparar*) schießen (auf *+akk*); (*herir*) anschießen; (*matar*) erschießen **II.** *vr:* **~se** (*Am*) **1.** (*disparar*) aufeinander schießen **2.** (*disputar*) sich herumstreiten **III.** *adj* balearisch **IV.** *mf* Baleare, -in *m, f*

Baleares [bale'ares] *fpl:* **las islas ~** die Balearen

balero [ba'lero] *m* (*Am: juego*) Boccia *nt*

balido [ba'liðo] *m* (*oveja*) Blöken *nt;* (*la cabra*) Meckern *nt;* (*ciervo*) Röhren *nt*

balín [ba'lin] *m* **1.** (*bala*) kleinkalibriges Geschoss *nt* **2.** (*bolita de plomo*) Schrotkugel *f*

balística [ba'listika] *f sin pl* Ballistik *f*

baliza [ba'liθa] *f* Bake *f;* (NÁUT) Boje *f;* (AERO) Leuchtfeuer *nt;* (FERRO) Lichtsignal *nt;* (AUTO) Warnsignal *nt*

balizar [bali'θar] <z→c> *vt* **1.** (*con boyas*) mit Bojen markieren **2.** (*iluminar*) befeuern

ball [bal] *f* (*Am*) **1.** (DEP: *balón*) Ball *m* **2.** (*proyectil*) Kugel *f*

ballena [ba'ʎena] *f* Wal *m*

ballenero [baʎe'nero] *m* **1.** (*barco*) Walfangschiff *nt* **2.** (*pescador*) Walfänger *m*

ballesta [ba'ʎesta] *f* **1.** (TÉC) Blattfeder *f* **2.** (HIST) Armbrust *f*

ballet [ba'le] <ballets> *m* Ballett *nt*

balneario [balne'arjo] *m* **1.** (*baños*) Heilbad *nt* **2.** (*estación*) Kurort *m*

balompié [balom'pje] *m* Fußball *m*

balón [ba'lon] *m* **1.** (DEP) Ball *m* **2.** (*recipiente para gases*) Ballon *m* **3.** (*botella esférica*) Ballon *m* **4.** (NÁUT) Spinnaker *m* **5.** (*en los tebeos*) Sprechblase *f*

baloncesto [baloṇ'θesto] *m* Basketball *m*

balonmano [baloⁿ'mano/balo^m'mano] *m* Handball *m*

balonvolea [balombo'lea] *m* Volleyball *m*

balsa ['balsa] *f* **1.** (*charca*) Tümpel *m;* (*estanque*) Wasserbecken *nt* **2.** (NÁUT: *barca*) Fähre *f;* (*plataforma*) Floß *nt;* **~ neumática** Schlauchboot *nt*

balsámico, -a [bal'samiko, -a] *adj* balsamisch

bálsamo ['balsamo] *m* Balsam *m*

báltico, -a ['baltiko, -a] **I.** *adj* baltisch; **el mar ~** die Ostsee; **los países ~s** das Baltikum **II.** *m, f* Balte, -in *m, f*

baluarte [ba'lwarte] *m* Schutzwall *m;* **un ~ de la libertad** ein Bollwerk der Freiheit

bambalina [bamba'lina] *f* (TEAT) Soffitte *f;* **entre ~s** hinter den Kulissen

bambolear [bambole'ar] **I.** *vt* schwingen **II.** *vr:* **~se** schaukeln; (*desde arriba*) (herab)baumeln

bamboleo [bambo'leo] *m* Schaukeln *nt;* (*desde arriba*) (Herab)baumeln *nt*

bambolla [bam'boʎa] *f* Pomp *m*

bambú [bam'bu] *m* Bambus *m;* (*caña*) Bambusrohr *nt*

banal [ba'nal] *adj* banal

banalidad [banali'ða^ð] *f* Banalität *f*

banalizar [banali'θar] <z→c> *vt* banalisieren

banana [ba'nana] *f* (*Am*) Banane *f*

bananero, -a [bana'nero, -a] *adj* Bananen-

banano [ba'nano] *m* Bananenstaude *f*

banasta [ba'nasta] *f* (großer) Weidenkorb *m*

banca ['baŋka] *f* **1.** (*en el mercado*) Verkaufstisch *m* **2.** (*asiento*) Schemel *m* **3.** (FIN) Bankwesen *nt;* **~ electrónica** Electronic Banking *nt* **4.** (*en juegos de azar*)

Bank *f* **5.** (*AmS: influencia*) Beziehungen *fpl*

bancal [baŋ'kal] *m* (*en un jardín*) Beet *nt;* (*en una pendiente*) Terrasse *f*

bancario, -a [baŋ'karjo, -a] *adj* Bank-; **cuenta bancaria** Bankkonto *nt*

bancarrota [baŋka'rrota] *f* Bankrott *m*

banco ['baŋko] *m* **1.** (*asiento*) (Sitz)bank *f* **2.** (TÉC) Werkbank *f;* ~ **de pruebas** Prüfstand *m;* (*fig*) Bewährungsprobe *f* **3.** (FIN) Bank *f;* ~ **en casa** Homebanking *nt;* **B~ Central Europeo** Europäische Zentralbank; ~ **emisor** Notenbank *f;* **B~ Europeo de Inversiones** Europäische Investitionsbank; **B~ Mundial** Weltbank *f* **4.** (GEO) Schicht *f* **5.** (*de peces*) Schwarm *m* **6.** (*loc*): ~ **de datos** (INFOR) Datenbank *f;* ~ **de sangre** Blutbank *f*

banda ['baṇda] *f* **1.** (*cinta*) Band *nt;* (*franja*) Streifen *m* **2.** (GEO: *de montaña*) (Hang)seite *f;* (*de río*) Ufer *nt* **3.** (*pandilla*) Bande *f;* ~ **terrorista** Terrororganisation *f* **4.** (*de música*) (Musik)kapelle *f;* (*de música moderna*) Band *f* **5.** (FIN): ~ **de fluctuación** Bandbreite *f* **6.** (*billar*) Bande *f* **7.** (*como insignia*) Schärpe *f* **8.** (*loc*): ~ **de frecuencia** (RADIO) Frequenzskala *f;* ~ **sonora** (CINE) Soundtrack *m;* **estar fuera de** ~ (DEP) im Aus sein

bandada [baṇ'daða] *f* **1.** (*de peces*) Schwarm *m* **2.** (*de personas*) (große) Menge *f*

bandazo [baṇ'daθo] *m* **1.** (NÁUT) starke Schlingerbewegung *f;* **dar ~s** (*fam*) taumeln **2.** (*cambio*) plötzlicher Umschwung *m*

bandeja [baṇ'dexa] *f* **1.** (*para servir*) Tablett *nt;* **pasar la** ~ (Geldspenden) sammeln **2.** (*en la maleta*) Fach *nt;* (*en muebles*) Schubfach *nt*

bandera [baṇ'dera] *f* (*de una nación*) Fahne *f;* (*en un barco*) Flagge *f;* **estar hasta la** ~ zum Brechen voll sein

banderazo [baṇde'raθo] *m* (DEP) (Flaggen)zeichen *nt*

banderín [baṇde'rin] *m* **1.** (*bandera*) Banner *nt;* (*triangular*) Wimpel *m;* (DEP) Fähnchen *nt* **2.** (*persona*) Bannerträger *m*

banderola [baṇde'rola] *f* **1.** (*como señal*) Wimpel *m* **2.** (MIL) Stander *m* **3.** (*CSur: ventana*) Oberlicht *nt*

bandido, -a [baṇ'diðo, -a] **I.** *adj* ruchlos **II.** *m, f* **1.** (*criminal*) Verbrecher(in) *m(f)* **2.** (*persona pilla*) Gauner(in) *m(f)*

bando ['baṇdo] *m* **1.** (*edicto*) Erlass *m* **2.** (*proclama*) Bekanntmachung *f* **3.** (*partido*) Partei *f* **4.** (*de peces*) Schwarm *m*

bandolera [baṇdo'lera] *f* **1.** (*correa*) Schulterriemen *m* **2.** (*mujer*) Gangsterbraut *f*

bandolerismo [baṇdole'rismo] *m sin pl* Gangstertum *nt*

bandolero [baṇdo'lero] *m* (Straßen)räuber *m*

bandolina [baṇdo'lina] *f* (MÚS) Mandoline *f*

bangladesí [baŋglaðe'si] **I.** *adj* bangalisch **II.** *mf* Bangale, -in *m, f*

banjo ['baŋxo/'bandʒo] *m* (MÚS) Banjo *nt*

banking ['baŋkiŋ] *m sin pl* Banking *nt*

banquero, -a [baŋ'kero, -a] *m, f* **1.** (FIN) Bankier *m* **2.** (*en juegos de azar*) Bankhalter(in) *m(f)*

banqueta [baŋ'keta] *f* **1.** (*taburete*) Hocker *m;* (*para los pies*) Fußschemel *m* **2.** (*AmC: acera*) Gehsteig *m*

banquete [baŋ'kete] *m* Festessen *nt*

banquetear [baŋkete'ar] **I.** *vi* schlemmen **II.** *vt* festlich bewirten

banquillo [baŋ'kiʎo] *m* **1.** (*banco pequeño*) Bänkchen *nt;* (*para los pies*) Fußbank *f;* (*de los acusados*) Anklagebank *f* **2.** (DEP) Reservebank *f*

bañadera [baɲa'ðera] *f* (*Am*) Badewanne *f*

bañador [baɲa'ðor] *m* (*de mujer*) Badeanzug *m;* (*de hombre*) Badehose *f*

bañar [ba'ɲar] **I.** *vt* **1.** (*lavar*) baden **2.** (*sumergir*) eintauchen **3.** (*río*) fließen (durch +*akk*); (*mar*) angrenzen (an +*akk*) **4.** (*recubrir*) überziehen (*con/en* mit +*dat*); **bañado en sudor** schweißgebadet **5.** (*iluminar*) scheinen (auf +*akk*) **II.** *vr:* **~se 1.** (*lavarse*) (sich) baden **2.** (*en el mar*) baden

bañera [ba'ɲera] *f* Badewanne *f*

bañero, -a [ba'ɲero, -a] *m, f* Bademeister(in) *m(f)*

bañista [ba'ɲista] *mf* **1.** (*en una playa*) Badende(r) *mf* **2.** (*en un balneario*) Badegast *m*

baño ['baɲo] *m* **1.** (*acto*) Bad *nt;* ~ **de fijación** (FOTO) Fixierbad *nt;* ~ **(de) María** (GASTR) Wasserbad *nt;* ~ **de sangre** Blutbad *nt* **2.** (*cuarto*) Bad(ezimmer) *nt;* **ir al** ~ auf die Toilette gehen **3.** (*capa de pintura*) Anstrich *m;* (*de chocolate*) Überzug *m* **4.** *pl* (*balneario*) Heilbad *nt;* **~s termales** Thermalbad *nt;* **ir a los ~s** eine (Bade)kur machen

baptista [bap'tista] *mf* (REL) Baptist(in) *m(f)*

baptisterio [baptis'terjo] *m* **1.** (*pila bautismal*) Taufbecken *nt* **2.** (*lugar*) Taufkapelle *f*

baquetazo [bake'taθo] *m* (Stock)schlag *m*

baquetear [bakete'ar] *vt* plagen

bar [bar] *m* **1.** (*café*) (Steh)café *nt;* (*tasca*) Kneipe *f* **2.** (FÍS) Bar *nt*

barahúnda [bara'uṇda] *f* lärmendes Durcheinander *nt*

baraja [ba'raxa] *f* Kartenspiel *nt;* **una ~ de posibilidades** verschiedene Möglichkeiten

Die **baraja española** besteht aus

48 Spielkarten (bei manchen Spielen werden nur 40 verwendet) mit folgenden Farben: **bastos**, **copas**, **oros** und **espadas**. Die bekanntesten spanischen Kartenspiele sind: **julepe**, **tute**, **escoba**, **brisca**, etc.

barajar [bara'xar] *vt* **1.** (*los naipes*) mischen **2.** (*mezclar*) durcheinander bringen **3.** (*varias posibilidades*) in Betracht ziehen; **se barajan varios nombres** einige Namen sind im Gespräch **4.** (*caballo*) zügeln **5.** (*Am: detener*) verhindern

baranda [ba'raṇda] *f* **1.** (*de balcón*) Geländer *nt* **2.** (*de billar*) Bande *f*

barandilla [baraṇ'diʎa] *f* **1.** (*de balcón*) Geländer *nt* **2.** (*pasamanos*) Handlauf *m*

baratijas [bara'tixas] *fpl* Kram *m*

baratillo [bara'tiʎo] *m* **1.** (*tienda*) Trödelladen *m* **2.** (*puesto*) Sonderangebotstisch *m* **3.** (*artículo*) Billigware *f*

barato, -a[1] [ba'rato, -a] *adj* billig

barato[2] [ba'rato] **I.** *m* **1.** (*venta*) Ausverkauf *m* **2.** (*artículos*) Trödelware *f* **II.** *adv* billig

barba ['barβa] *f* **1.** (*mentón*) Kinn *nt* **2.** (*pelos*) Bart *m*; **dejarse ~** sich *dat* einen Bart wachsen lassen; **por ~** pro Nase **3.** (*de espiga*) Granne *f* **4.** *pl* (*de peces*) Barte *f* **5.** *pl* (*de papel*) ungleichmäßiger Rand *m* **6.** *pl* (TÉC) Grat *m*

barbacoa [barβa'koa] *f* **1.** (*parrilla*) (Brat)rost *m* **2.** (*carne*) Grillfleisch *nt* **3.** (*fiesta*) Grillparty *f*

barbado [bar'βaðo] *m* **1.** (*plantón*) Setzling *m* **2.** (*hijuelo*) Spross *m*

barbar [bar'βar] *vi* **1.** (*hombres*) einen Bart bekommen **2.** (*plantas*) Wurzeln treiben

barbaridad [barβari'ðaᵈ] *f* **1.** (*crueldad*) Grausamkeit *f*, Barbarei *f*; **¡qué ~!** wie schrecklich! **2.** (*temeridad*) Wahnsinn *m* **3.** (*disparate*) Unsinn *m* **4.** (*fam: cantidad*) (Riesen)menge *f*

barbarie [bar'βarje] *f* Barbarei *f*

bárbaro, -a ['barβaro, -a] **I.** *adj* **1.** (*cruel*) grausam **2.** (*fam: estupendo*) großartig, toll **3.** (HIST) barbarisch **II.** *m, f* **1.** (*grosero*) brutaler Mensch *m* **2.** (HIST) Barbar(in) *m(f)*

barbear [barβe'ar] *vt* **1.** (*afeitar*) rasieren **2.** (*alcanzar*) (mit dem Kinn) erreichen **3.** (*AmC: adular*) schmeicheln *+dat* **4.** (*AmC: acariciar*) streicheln

barbecho [bar'βetʃo] *m* Brachfeld *nt*; **estar en ~** brachliegen

barbería [barβe'ria] *f* Herrensalon *m*

barbero [bar'βero] *m* Herrenfriseur *m*

barbilampiño, -a [barβilam'piɲo, -a] **I.** *adj* bartlos **II.** *m, f* Grünschnabel *m*

barbilla [bar'βiʎa] *f* **1.** (*mentón*) Kinn *nt* **2.** (*barba*) Kinnbart *m*

barbitúrico [barβi'turiko] *m* Barbiturat *nt*

barbo ['barβo] *m* (ZOOL) Barbe *f*

barbudo, -a [bar'βuðo, -a] *adj* bärtig

barca ['barka] *f* **1.** (*embarcación*) Kahn *m*, Boot *nt*; **dar un paseo en ~** eine Bootsfahrt machen **2.** *pl* (*columpio*) Schiffschaukel *f*

barcaza [bar'kaθa] *f* Leichter *m*

barcelonés, -esa [barθelo'nes, -esa] **I.** *adj* aus Barcelona **II.** *m, f* Einwohner(in) *m(f)* von Barcelona

barchilón, -ona [bartʃi'lon, -ona] *m, f* (*Am: curandero*) Quacksalber(in) *m(f)*

barco ['barko] *m* Schiff *nt*; **~ cisterna** Tanker *m*; **~ deportivo** Sportboot *nt*

baremo [ba'remo] *m* **1.** (*tabla de cuentas*) Rechentafel *f* **2.** (*cuaderno*) Rechnungsbuch *nt* **3.** (*de tarifas*) Tariftabelle *f* **4.** (*escala de valores*) Kriterienkatalog *m*

bargueño [bar'ɣeɲo] *m* kleine Kommode *f*

bario ['barjo] *m* (QUÍM) Barium *nt*

barítono [ba'ritono] *m* (MÚS) Bariton *m*

barman ['barman] *m* <bármanes> Barkeeper *m*

barniz [bar'niθ] *m* **1.** (*laca*) Lack *m*; (*para madera*) Firnis *m* **2.** (*para loza*) Glasur *f* **3.** (*afeite*) Schminke *f*

barnizado [barni'θaðo] *m* (*efecto*) Lackierung *f*; (*acción*) Lackieren *nt*

barnizar [barni'θar] <z→c> *vt* **1.** (*pintar*) lackieren; (*madera*) firnissen **2.** (*loza*) glasieren

barómetro [ba'rometro] *m* Barometer *nt*

barón, -onesa [ba'ron, baro'nesa] *m, f* **1.** (*título*) Baron(in) *m(f)* **2.** (*en una asociación*) Boss *m*

barquero, -a [bar'kero, -a] *m, f* (*en un bote*) Ruderer, -in *m, f*; (*en una barca de pasaje*) Fährmann, -frau *m, f*

barquilla [bar'kiʎa] *f* **1.** (*barca*) kleiner Kahn *m* **2.** (*de un globo*) Gondel *f* **3.** (NÁUT) Log *nt* **4.** (*AmC: galleta*) (Eis)waffel *f*

barquillo [bar'kiʎo] *m* (Eis)waffel *f*

barra ['barra] *f* **1.** (*pieza larga*) Stange *f*; **~s asimétricas** (DEP) Stufenbarren *m*; **~ de ejercicios** (DEP) Schwebebalken *m*; **~ de labios** Lippenstift *m* **2.** (*de pan*) Baguette *f o nt*; (*de chocolate*) Tafel *f* **3.** (*en un bar*) Theke *f*; **~ americana** intimes Nachtlokal **4.** (*raya*) Querstreifen *m*; (*signo gráfico*) Schrägstrich *m*; (MÚS) Taktstrich *m* **5.** (*de metales nobles*) Barren *m* **6.** (*barrera*) Schranke *f* **7.** (*palanca*) Hebebaum *m* **8.** (*bajío estrecho*) Sandbank *f* **9.** (INFOR): **~ de comandos** Befehlsleiste *f*; **~ de inversa** Backslash *m* **10.** (*Am: de abogados*) Anwaltskammer *f* **11.** (*AmS: público*) Auditorium *nt*

barrabasada [barraβa'saða] *f* Streich *m*

barraca [ba'rraka] *f* **1.** (*vivienda provisional*) Baracke *f* **2.** (*chabola*) Hütte *f* **3.** (*reg: vivienda rústica*) (mit Schilfrohr gedecktes) Bauernhaus *nt* **4.** (*Am:* MIL) Kaserne *f* **5.** (*Am: almacén*) Lager *nt* **6.** (*barracón*) Bude *f*

barracón [barra'kon] *m* Baracke *f;* (*en la feria*) (Jahrmarkts)bude *f*

barracuda [barra'kuða] *f* (ZOOL) Barrakuda *m*

barranco [ba'rraŋko] *m* **1.** (*precipicio*) Abgrund *m;* (*despeñadero*) Schlucht *f* **2.** (*cauce*) Bachbett *nt* **3.** (*dificultad*) Schwierigkeit *f*

barredera [barre'ðera] *f* (Straßen)kehrmaschine *f*

barredor(a) [barre'ðor(a)] *m(f)* Straßenkehrer(in) *m(f)*

barreminas [barre'minas] *m inv* (MIL) Minensuchboot *nt*

barrena [ba'rrena] *f* **1.** (*taladrador*) Bohrer *m* **2.** (AERO) Trudeln *nt*

barrenar [barre'nar] *vt* **1.** (*perforar*) (durch)bohren **2.** (*planes*) durchkreuzen; (*leyes*) missachten

barrendero, -a [barreņ'dero, -a] *m, f* Straßenkehrer(in) *m(f)*

barreno [ba'rreno] *m* **1.** (*barrena grande*) Bohrhammer *m* **2.** (*perforación*) Bohrloch *nt;* (*lleno de pólvora*) Sprengloch *nt* **3.** (*obsesión*) Zwangsvorstellung *f*

barreño [ba'rreɲo] *m* Waschtrog *m*

barrer [ba'rrer] *vt* **1.** (*habitación*) kehren; **~ para dentro** auf seinen eigenen Vorteil bedacht sein **2.** (*luz de un foco*) (hinweg)gleiten (über +*akk*) **3.** (*un obstáculo*) beseitigen **4.** (*fam: derrotar*) haushoch schlagen

barrera [ba'rrera] *f* **1.** (*barra*) Schranke *f;* (*en la frontera*) Schlagbaum *m;* **~ lingüística** Sprachbarriere *f;* **~ del sonido** Schallmauer *f* **2.** (*valla*) Absperrung *f* **3.** (DEP) Mauer *f* **4.** (TAUR) erste Sitzreihe *f*

barriada [ba'rrjaða] *f* **1.** (*barrio*) (Stadt)viertel *nt* **2.** (*Am: barrio pobre*) Elendsviertel *nt*

barricada [barri'kaða] *f* Barrikade *f*

barriga [ba'rriɣa] *f* **1.** (*vientre*) Bauch *m;* **rascarse la ~** faulenzen **2.** (*de una vasija*) Wölbung *f* **3.** (*de una pared*) Ausbuchtung *f*

barrigón, -ona[1] [barri'ɣon, -ona] **I.** *adj* dickbäuchig **II.** *m, f* Dicke(r) *mf*

barrigón[2] [barri'ɣon] *m* dicker Bauch *m*

barril [ba'rril] *m* **1.** (*cuba*) Fass *nt;* **cerveza de ~** Fassbier *nt* **2.** (*unidad de medida*) Barrel *nt* **3.** (*Am: cometa*) Drachen *m*

barrio ['barrjo] *m* **1.** (*zona de una ciudad*) (Stadt)viertel *nt;* **~ chino** Rotlichtviertel *nt;* **~ comercial** Einkaufsviertel *nt;* **irse al otro ~** (*fam fig*) abkratzen **2.** (*arrabal*) Vorstadt *f*

> In **Barcelonas** mittelalterlicher Altstadt, dem **Barrio Gótico**, sind besonders der Festungswall und die Kathedrale sehenswert.

barriobajero, -a [barrjoβa'xero, -a] *adj* **1.** (*de un barrio bajo*) aus einem Arbeiterviertel; (*en un barrio bajo*) in einem Arbeiterviertel **2.** (*común*) gewöhnlich **3.** (*vulgar*) vulgär

barrizal [barri'θal] *m* Sumpf *m*

barro ['barro] *m* **1.** (*lodo*) Schlamm *m* **2.** (*arcilla*) (Töpfer)ton *m;* **de ~** irden **3.** (*granito*) Pickel *m*

barroco [ba'rroko] *m sin pl* Barock *m o nt*

barrote [ba'rrote] *m* **1.** (*barra*) (Eisen)stange *f;* **entre ~s** (*fam*) hinter Gittern **2.** (*para reforzar*) Querlatte *f*

barruntar(se) [barruņ'tar(se)] *vt, vr* ahnen

barrunto [ba'rruņto] *m* **1.** (*conjetura*) (Vor)ahnung *f;* (*sospecha*) Verdacht *m* **2.** (*indicio*) (An)zeichen *nt*

bartola [bar'tola] *f* (*fam*): **tumbarse a la ~** sich auf die faule Haut legen; **tomarse algo a la ~** etw auf die leichte Schulter nehmen

bártulos ['bartulos] *mpl* (Sieben)sachen *fpl*

barullo [ba'ruʎo] *m* (*fam*) **1.** (*ruido*) Krach *m* **2.** (*desorden*) Durcheinander *nt;* (*ruidoso*) Tumult *m*

basa ['basa] *f* **1.** (*de una columna*) Sockel *m* **2.** (*base*) Basis *f*

basalto [ba'saļto] *m* Basalt *m*

basar [ba'sar] **I.** *vt* **1.** (*asentar*) aufstellen (*sobre* auf +*dat*) **2.** (*fundar*) stützen (*sobre/en* auf +*dat*) **II.** *vr:* **~se** (*teoría*) basieren (*en* auf +*dat*); (*persona*) sich stützen (*en* auf +*akk*)

basca ['baska] *f* **1.** (MED: *espasmo*) Übelkeit *f;* **tener ~s** Brechreiz haben **2.** (*fam: arrebato*) Wutanfall *m* **3.** (*en animales*) Tollwut *f* **4.** (*fam: gentío*) Haufen *m*

báscula ['baskula] *f* **1.** (*para medir pesos*) (Schnell)waage *f* **2.** (*en una fortificación*) Hebebaum *m*

bascular [basku'lar] *vi* **1.** (*inclinarse*) kippen **2.** (*oscilar*) schwingen

base ['base] *f* **1.** (*lo fundamental*) Grundlage *f;* **~ de datos** (INFOR) Datenbank *f;* **a ~ de bien** (*fam*) sehr gut; **elaborado a ~ de algo** mit etw *dat* hergestellt; **partir de la ~ de que ..** davon ausgehen, dass ... **2.** (ARQUIT) Unterbau *m* **3.** (POL) Basis *f* **4.** (MAT) Grundzahl *f;* (*superficie*) Grundfläche *f;* (*línea*) Grundlinie *f* **5.** (MIL) Stützpunkt *m* **6.** (QUÍM) Base *f* **7.** (DEP: *béisbol*) Mal *nt*

básico, -a ['basiko, -a] *adj* **1.** (*fundamental*) grundlegend **2.** (QUÍM) basisch

Basilea [basi'lea] *f* Basel *nt*
basílica [ba'silika] *f* Basilika *f*
basilisco [basi'lisko] *m* (*Am:* ZOOL) Leguan *m*
basket ['baske^t] *m sin pl* Basketball *m*
bastante [bas'tante] **I.** *adj* genügend (*para* für +*akk*, um zu +*inf*); **tengo ~ frío** mir ist ziemlich kalt **II.** *adv* (*suficientemente*) genug; (*considerablemente*) ziemlich; **con esto tengo ~** das genügt mir
bastar [bas'tar] **I.** *vi* genügen; **¡basta!** genug! **II.** *vr:* **~se (uno) sólo** alleine zurechtkommen
bastardía [bastar'ðia] *f* **1.** (*degeneración*) Entartung *f* **2.** (*bajeza*) Gemeinheit *f*
bastardilla [bastar'ðiʎa] *f* (TIPO) Kursivschrift *f*
bastardo, -a [bas'tarðo, -a] **I.** *adj* **1.** (*hijo*) unehelich **2.** (BOT) hybrid **3.** (*vil*) schändlich **II.** *m, f* Bastard *m*
bastedad [baste'ða^ð] *f* Grobheit *f*
bastidor [basti'ðor] *m* **1.** (TÉC) Gestell *nt;* (*de coche*) Fahrgestell *nt* **2.** (*de puerta*) Türrahmen *m;* (*de ventana*) Fensterrahmen *m* **3.** (TEAT) Kulisse *f;* **entre ~es** hinter den Kulissen
bastilla [bas'tiʎa] *f* Saum *m*
bastimento [basti'mento] *m* **1.** (*provisión*) Proviant *m* **2.** (*embarcación*) Schiff *nt*
bastión [bas'tjon] *m* Bollwerk *nt*
basto, -a ['basto, -a] *adj* **1.** (*grosero*) grob; (*vulgar*) vulgär **2.** (*superficie*) rau **3.** (*mal hecho*) minderwertig
bastón [bas'ton] *m* **1.** (*para andar*) Spazierstock *m;* (*para esquiar*) Skistock *m* **2.** (*de mando*) Stab *m;* **empuñar el ~** das Kommando übernehmen
bastoncillo [baston'θiʎo] *m dim de* **bastón** Stäbchen *nt;* **~s de algodón** Wattestäbchen *ntpl*
bastos ['bastos] *mpl spanische Spielkartenfarbe;* **as de ~** ≈Kreuzass *nt;* **pintar ~** (*fam fig*) in Schwierigkeiten stecken
basura [ba'sura] *f* **1.** (*desperdicios*) Abfall *m;* **~ del hogar** Hausmüll *m;* **echar algo a la ~** etw wegwerfen **2.** (*lo despreciable*) Schund *m*
basural [basu'ral] *m* (*Am*) Mülldeponie *f*
basurero, -a[1] [basu'rero, -a] *m, f* Müllwerker(in) *m(f)*
basurero[2] [basu'rero] *m* **1.** (*vertedero*) Mülldeponie *f* **2.** (*recipiente*) Mülleimer *m*
bata ['bata] *f* **1.** (*albornoz*) Morgenrock *m* **2.** (*guardapolvos*) Kittel *m* **3.** (*vestido*) Kleid *nt*
batacazo [bata'kaθo] *m* **1.** (*golpe*) Bums *m fam* **2.** (*caída*) Sturz *m;* **se pegó un ~** (*fam*) er/sie ist auf die Nase gefallen **3.** (*CSur: golpe de suerte*) Glückstreffer *m*
bataclán [bata'klan] *m* (*Am*) Stripteasevorführung *f*
batahola [bata'ola] *f* (*fam*) Spektakel *m*
batalla [ba'taʎa] *f* **1.** (MIL: *episodio bélico*) Schlacht *f;* (*combate*) Gefecht *nt;* **~ campal** Feldschlacht *f;* (*fig*) heftige Auseinandersetzung **2.** (*lucha interior*) Kampf *m* **3.** (AUTO) Achsabstand *m*
batallar [bata'ʎar] *vi* **1.** (*con armas*) kämpfen **2.** (*disputar*) streiten
batallita [bata'ʎita] *f* Anekdote *f*
batallón [bata'ʎon] *m* **1.** (MIL) Bataillon *nt* **2.** (*fam: grupo*) Horde *f*
batán [ba'tan] *m* **1.** (*máquina*) Walke *f* **2.** (*Am: piedra lisa*) Mühlstein *m* **3.** (*Chil: tintorería*) Färberei *f*
batanear [batane'ar] *vt* schlagen
batata [ba'tata] **I.** *adj* (*CSur: tímido*) kleinmütig **II.** *f* **1.** (*planta*) Batate *f* **2.** (*tubérculo*) Süßkartoffel *f* **3.** (*CSur: susto*) Schreck(en) *m* **4.** (*CSur: vergüenza*) Scham *f* **5.** (*Am*): **~ de la pierna** Wade *f*
bate ['bate] *m* (DEP) Schlagholz *nt;* **~ de béisbol** Baseballschläger *m*
bateador(a) [batea'ðor(a)] *m(f)* (DEP) Schläger(in) *m(f)*
batear [bate'ar] *vt* (DEP) (mit dem Schlagholz) schlagen
batería[1] [bate'ria] *f* **1.** (*t.* TÉC) Batterie *f;* **~ de cocina** (Koch)topf-Set *nt;* **~ solar** Solarzelle *f;* **aparcar en ~** quer parken **2.** (TEAT) Rampenlicht *nt* **3.** (MÚS) Schlagzeug *nt*
batería[2] [bate'ria] *mf,* **baterista** [bate'rista] *mf* Schlagzeuger(in) *m(f)*
batida [ba'tiða] *f* **1.** (*de los cazadores*) Treibjagd *f* **2.** (*de la policía*) Razzia *f* **3.** (*Am: paliza*) Prügel *mpl,* Schläge *mpl*
batido [ba'tiðo] *m* **1.** (*bebida*) Mixgetränk *nt;* **~ de fresa** Erdbeershake *m* **2.** (*masa*) Teig *m* **3.** (*de huevos*) geschlagene Eier *ntpl;* (*de claras*) Eischnee *m*
batidor [bati'ðor] *m* **1.** (*instrumento*) Schneebesen *m* **2.** (*en la caza*) Treiber *m* **3.** (*explorador*) Späher *m* **4.** (*peine*) großzinkiger Kamm *m* **5.** (*Arg: soplón*) Verräter(in) *m(f)*
batidora [bati'ðora] *f* Mixer *m*
batiente [ba'tjente] **I.** *adj* schlagend **II.** *m* **1.** (*de ventanas*) Leiste *f;* (*de puertas*) (Tür)pfosten *m* **2.** (*hoja de puerta*) (Tür)flügel *m;* (*hoja de ventana*) (Fenster)flügel *m* **3.** (MÚS) Dämpfer *m* **4.** (*roca*) Klippe *f;* (*dique*) Wellenbrecher *m*
batín [ba'tin] *m* Morgenrock *m* (*für Männer*)
batir [ba'tir] **I.** *vt* **1.** (*golpear*) schlagen; **~ palmas** (Beifall) klatschen **2.** (*viento*) stürmen (gegen +*akk*); (*olas*) branden (an/gegen +*akk*); (*lluvia*) prasseln (auf/an/gegen +*akk*) **3.** (*metal*) schmieden **4.** (*moneda*) prägen **5.** (*casa*) niederreißen **6.** (*toldo*) ab-

bauen **7.** (*privilegio*) abschaffen **8.** (*enemigo*) schlagen; ~ **un récord** einen Rekord brechen **9.** (MIL) unter Feuer nehmen **10.** (*un terreno*) erkunden; (*en busca de algo/alguien*) durchkämmen **11.** (*CSur: denunciar*) denunzieren **12.** (*Am: aclarar*) ausspülen **II.** *vr:* ~**se** **1.** (*combatir*) kämpfen **2.** (*en duelo*) sich schlagen

batista [ba'tista] *f* Batist *m*

batracio [ba'traθjo] *m* Froschlurch *m*

baturrillo [batu'rriʎo] *m* Mischmasch *m*

batuta [ba'tuta] *f* (MÚS) Taktstock *m;* **llevar la** ~ (*fam fig*) den Ton angeben

baúl [ba'ul] *m* **1.** (*mueble*) Truhe *f;* ~ **de viaje** Schrankkoffer *m* **2.** (*Am: portamaletas*) Kofferraum *m* **3.** (*fam: vientre*) Wanst *m*

bautismal [bau̯tis'mal] *adj* Tauf-; **pila** ~ Taufbecken *nt*

bautismo [bau̯'tismo] *m* Taufe *f;* ~ **de sangre** Märtyrertod *m*

bautista [bau̯'tista] *mf* Baptist(in) *m(f);* **San Juan B**~ Johannes der Täufer

bautizar [bau̯ti'θar] <z→c> *vt* **1.** (REL) taufen **2.** (*fam: mojar*) bespritzen **3.** (*fam: leche*) verwässern; ~ **el vino** Wein panschen

bautizo [bau̯'tiθo] *m* Taufe *f;* (*ceremonia*) Taufakt *m;* (*fiesta*) Tauffeier *f*

bauxita [bau̯ʸ'sita] *f* Bauxit *m*

bávaro, -a ['baβaro, -a] **I.** *adj* bay(e)risch **II.** *m, f* Bayer(in) *m(f)*

Baviera [ba'βjera] *f* Bayern *nt*

baya ['baɟa] *f* (BOT) Beere *f*

bayeta [ba'ɟeta] *f* **1.** (*tela de lana*) grober Flanell *m* **2.** (*para fregar*) Scheuerlappen *m*

bayoneta [baɟo'neta] *f* Bajonett *nt*

baza ['baθa] *f* **1.** (*naipes*) Stich *m;* **meter** ~ (*fam*) sich einmischen (*en* in +*akk*) **2.** (*provecho*) Nutzen *m;* **sacar** ~ **de algo** seinen Vorteil aus etw *dat* ziehen

bazar [ba'θar] *m* **1.** (*mercado*) Basar *m* **2.** (*gran almacén*) Warenhaus *nt*

bazo ['baθo] *m* (ANAT) Milz *f*

bazofia [ba'θofja] *f* **1.** (*restos de comida*) Speisereste *mpl* **2.** (*comida*) Fraß *m fam pey* **3.** (*cosa*) Schund *m*

bazuca [ba'θuka] *f* Bazooka *f*

be [be] **I.** *interj* mäh! **II.** *f* B *nt*

beata [be'ata] *f* **1.** (REL) Laienschwester *f* **2.** (*pey: mujer devota*) Betschwester *f* **3.** (*fam: moneda*) Pesete *f*

beatería [beate'ria] *f* **1.** (*devoción exagerada*) Frömmelei *f* **2.** (*devoción falsa*) Scheinheiligkeit *f*

beatificación [beatifika'θjon] *f* Seligsprechung *f*

beatificar [beatifi'kar] <c→qu> *vt* selig sprechen

beatitud [beati'tu^{ð}] *f* (Glück)seligkeit *f*

beato, -a [be'ato, -a] **I.** *adj* **1.** (*elev: feliz*) glücklich **2.** (*beatificado*) selig **3.** (*piadoso*) fromm **II.** *m, f* **1.** (*persona beatificada*) Selige(r) *mf* **2.** (*exageradamente devota*) Frömmler(in) *m(f)*

bebe, -a ['beβe, -a] *m, f* (*Am*) Baby *nt*

bebé [be'βe] *m* Baby *nt*

bebedero [beβe'dero] *m* **1.** (*para animales*) Tränke *f;* (*para animales domésticos*) Trinkschale *f* **2.** (*de jarro*) Schnabel *m*

bebedizo [beβe'ðiθo] *m* (*medicinal*) Heiltrunk *m;* (*enamoradizo*) Liebestrank *m*

bebedor(a) [beβe'ðor(a)] **I.** *adj* trinkfreudig **II.** *m(f)* Trinker(in) *m(f)*

bebé-probeta [be'βe-pro'βeta] *m* <bebés-probeta> Retortenbaby *nt*

beber [be'βer] **I.** *vi, vt* **1.** (*líquido*) trinken; ~ **de la botella** aus der Flasche trinken **2.** (*información*) begierig aufnehmen **II.** *vr:* ~**se** trinken; (*completamente*) austrinken; **bebérselo todo** ganz austrinken

bebible [be'βiβle] *adj* trinkbar

bebida [be'βiða] *f* **1.** (*lo que se bebe*) Getränk *nt* **2.** (*el beber alcohol*) Trinken *nt;* (*como vicio*) Trunksucht *f;* **darse a la** ~ dem Alkohol verfallen

bebido, -a [be'βiðo, -a] *adj* angetrunken

beca ['beka] *f* **1.** (*de estudios*) Stipendium *nt;* **conceder una** ~ **a alguien** jdm ein Stipendium gewähren **2.** (*de capa*) Kapuze *f*

becada [be'kaða] *f* (ZOOL) Waldschnepfe *f*

becar [be'kar] <c→qu> *vt* ein Stipendium gewähren +*dat*

becario, -a [be'karjo, -a] *m, f* Stipendiat(in) *m(f)*

becerro, -a[1] [be'θerro, -a] *m, f* Kalb *nt;* **el** ~ **de oro** das Goldene Kalb

becerro[2] [be'θerro] *m* Kalb(s)leder *nt*

bechamel [betʃa'mel] *f* Béchamelsoße *f*

bedel(a) [be'ðel(a)] *m(f)* Hausmeister(in) *m(f)*

beduino, -a [be'ðwino, -a] **I.** *adj* beduinisch **II.** *m, f* Beduine, -in *m, f*

befa ['befa] *f* Spott *m*

befarse [be'farse] *vr* spotten (*de* über +*akk*)

befo, -a[1] ['befo, -a] *adj* **1.** (*belfo*) dicklippig **2.** (*zambo*) krummbeinig

befo[2] ['befo] *m* Unterlippe *f*

begonia [be'ɣonja] *f* (BOT) Begonie *f*

beicon ['bei̯kon] *m sin pl* Schinkenspeck *m*

beige [bei̯s] *adj* beige

béisbol ['beisβol] *m sin pl* (DEP) Baseball *m*

bejuco [be'xuko] *m* Liane *f*

Belcebú [bel̥θe'βu] *m* Beelzebub *m*

beldad [bel̥'da^{ð}] *f* (*elev*) Schönheit *f*

belduque [bel̥'duke] *m* (*Am*) Dolch *m*

belén [be'len] *m* **1.** (*nacimiento*) (Weihnachts)krippe *f* **2.** (*fam: confusión*) Durcheinander *nt*

Typisch für die spanische Weihnachtsfeier ist es einen **belén** aufzubauen, mit figürlichen Nachbildungen von **la Virgen María** und **San José** mit dem **Niño Jesús** in der Krippe, umgeben von den Hirten und ihren Tieren, den Engeln, den Heiligen Drei Königen, dem Weihnachtsstern.

Belén [be'len] *m* Bethlehem *nt*
belfo ['belfo] *m* **1.** (*de animales*) Unterlippe *f*; (*de perros*) Lefze *f* **2.** (*de personas*) dicke Unterlippe *f*
belga ['belɣa] **I.** *adj* belgisch **II.** *mf* Belgier(in) *m(f)*
Bélgica ['belxika] *f* Belgien *nt*
Belgrado [bel'ɣraðo] *m* Belgrad *nt*
belicista [beli'θista] **I.** *adj* kriegshetzerisch **II.** *mf* Kriegstreiber(in) *m(f)*
bélico, -a ['beliko, -a] *adj* kriegerisch
belicosidad [belikosi'ðaᵈ] *f* Kampflust *f*
belicoso, -a [beli'koso, -a] *adj* (*población*) kriegerisch; (*persona*) kampflustig
beligerancia [belixe'ran̦θja] *f* Kriegszustand *m*
beligerante [belixe'ran̦te] **I.** *adj* Krieg führend; **actitud ~** aggressive Haltung **II.** *mf* Kriegführende(r) *mf*
bellaco, -a [be'ʎako, -a] **I.** *adj* gemein **II.** *m, f* Schurke, -in *m, f*
bellaquear [beʎake'ar] *vi* **1.** (*persona*) gaunern **2.** (*Am: caballo*) sich bäumen
bellaquería [beʎake'ria] *f* **1.** (*acción*) Gaunerei *f* **2.** (*cualidad*) Gemeinheit *f*
belleza [be'ʎeθa] *f* Schönheit *f*
bello, -a ['beʎo, -a] *adj* schön; (*de forma*) wohlgeformt
bellota [be'ʎota] *f* **1.** (*fruto*) Eichel *f* **2.** (*capullo*) Nelkenknospe *f*
bemba ['bemba] *f* (*Am: pey*) dicklippiger Mund *m*
bembo, -a ['bembo, -a] *adj* (*Am*) dumm
bemol [be'mol] **I.** *adj* (MÚS) vermindert **II.** *m* (MÚS) Erniedrigungszeichen *nt*
benceno [ben̦'θeno] *m* (QUÍM) Benzol *nt*
bencina [ben̦'θina] *f* Benzin *nt*
bendecir [ben̦de'θir] *irr como decir vt* **1.** (*sacerdote*) segnen; **~ la mesa** das Tischgebet sprechen **2.** (*alabar*) loben **3.** (*consagrar*) weihen **4.** (*una cosa*) absegnen
bendición [ben̦di'θjon] *f* **1.** (*acto*) (Ein)segnung *f*; (*palabras*) Segensspruch *m* **2.** (*efecto*) Segen *m* **3.** (*cosa magnífica*) Wohltat *f* **4.** *pl* (*casamiento*) kirchliche Trauung *f*
bendito, -a [ben̦'dito, -a] **I.** *adj* **1.** (REL) gesegnet; (*agua*) geweiht; (*santo*) heilig; **¡~ sea!** (*fam*) verflixt noch mal! **2.** (*dichoso*) (glück)selig **3.** (*simple*) einfältig **II.** *m, f* (gutmütiger) Trottel *m*
benedictino, -a [beneðik'tino, -a] **I.** *adj* (REL) Benediktiner- **II.** *m, f* (REL) Benediktiner(in) *m(f)*
benefactor(a) [benefak'tor(a)] **I.** *adj* wohltätig **II.** *m(f)* Wohltäter(in) *m(f)*
beneficencia [benefi'θen̦θja] *f* **1.** (*organización*) Wohlfahrtspflege *f* **2.** (*virtud*) Wohltätigkeit *f*
beneficiado, -a [benefi'θjaðo, -a] **I.** *adj* begünstigt **II.** *m, f* Begünstigte(r) *mf*
beneficiar [benefi'θjar] **I.** *vt* **1.** (*favorecer*) zustatten kommen +*dat*, nützen +*dat* **2.** (*tierra*) bebauen **3.** (*mina*) abbauen **4.** (*mineral*) aufbereiten **5.** (*Am: animal*) (für den Verkauf) schlachten **II.** *vr:* **~se** **1.** (*sacar provecho*) Nutzen ziehen (*de/con* aus +*dat*) **2.** (*pey: enriquecerse*) sich bereichern (*de/con* an +*dat*)
beneficiario, -a [benefi'θjarjo, -a] *m, f* Nutznießer(in) *m(f)*; (*de una letra de crédito*) Begünstigte(r) *mf*; **~ de la pensión** Rentenbezieher *m*
beneficio [bene'fiθjo] *m* **1.** (*bien*) Wohltat *f* **2.** (*provecho*) Nutzen *m*; **a ~ de** zugunsten +*gen* **3.** (FIN) Gewinn *m* **4.** (*cargo eclesiástico*) Pfründe *f* **5.** (*espectáculo*) Benefizveranstaltung *f* **6.** (*Am: matanza*) Schlachten *nt*
beneficioso, -a [benefi'θjoso, -a] *adj* **1.** (*favorable*) vorteilhaft **2.** (*útil*) nützlich **3.** (*productivo*) einträglich
benéfico, -a [be'nefiko, -a] *adj* **1.** (*que hace bien*) wohltuend **2.** (*caritativo*) wohltätig
beneplácito [bene'plaθito] *m* **1.** (*permiso*) Genehmigung *f* **2.** (*consentimiento*) Zustimmung *f*
benévolo, -a [be'neβolo, -a] *adj* **1.** (*favorable*) wohlgesinnt **2.** (*clemente*) nachsichtig
bengala [beŋ'gala] *f* Leuchtrakete *f*; (*pequeña*) Wunderkerze *f*
benignidad [beniɣni'ðaᵈ] *f* **1.** (*de una persona*) Güte *f* **2.** (*del clima*) Milde *f*
benigno, -a [be'niɣno, -a] *adj* **1.** (*persona*) gütig (*con* zu +*dat*) **2.** (*clima*) mild **3.** (MED) gutartig
benjamín, -ina[1] [beŋxa'min, -ina] *m, f* **1.** (*hijo menor*) Benjamin *m* **2.** (*de un grupo*) Jüngste(r) *mf*
benjamín[2] [beŋxa'min] *m* Pikkolo *m*
beodo, -a [be'oðo, -a] **I.** *adj* betrunken **II.** *m, f* Trinker(in) *m(f)*
berberecho [berβe'retʃo] *m* Herzmuschel *f*
berbiquí [berβi'ki] *m* Drillbohrer *m*
bereber [bere'βer], **beréber** [be'reβer] **I.** *adj* berberisch **II.** *mf* Berber(in) *m(f)*
berenjena [bereŋ'xena] *f* (BOT) Aubergine *f*
berenjenal [bereŋxe'nal] *m* Auberginenfeld *nt*; **meterse en un ~** (*fig*) sich in die Nes-

seln setzen
bergante [ber'ɣan̪te] *m* Gauner *m*
berilio [be'riljo] *m* (QUÍM) Beryllium *nt*
Berlín [ber'lin] *m* Berlin *nt*
berlina [ber'lina] *f* **1.** (*vehículo*) Limousine *f* **2.** (*Am: pastel*) Berliner *m*
berlinés, -esa [berli'nes, -esa] **I.** *adj* berlinerisch, Berliner **II.** *m, f* Berliner(in) *m(f)*
bermejo, -a [ber'mexo, -a] *adj* scharlachrot; (*de cabello*) rotblond; (*de animales*) rotbraun
bermellón [berme'ʎon] *m* Zinnober *m*
bermudas [ber'muðas] *mpl* Bermudashorts *pl*
Berna ['berna] *f* Bern *nt*
berrear [berre'ar] *vi* **1.** (*animal*) brüllen; (*oveja*) blöken **2.** (*llorar*) plärren **3.** (*fam: cantar desentonadamente*) grölen **4.** (*chillar*) kreischen
berrido [be'rriðo] *m* **1.** (*de animales*) Brüllen *nt;* (*de ovejas*) Blöken *nt* **2.** (*lloro*) Plärren *nt* **3.** (*fam: canto desentonado*) Grölen *nt* **4.** (*chillido*) Kreischen *nt*
berrinche [be'rrinʧe] *m* (*fam*) **1.** (*llorera*) Geplärre *nt* **2.** (*enfado*) Wutanfall *m*
berrinchudo, -a [berrin'ʧuðo, -a] *adj* (*Am*) jähzornig
berro ['berro] *m* (BOT) (Brunnen)kresse *f*
berza ['berθa] *f* Kohl *m*
berzal [ber'θal] *m* Kohlfeld *nt*
berzotas [ber'θotas] *mf inv* (*fam*) Niete *f*
besar [be'sar] **I.** *vt* **1.** (*personas*) küssen **2.** (*fam: objetos*) berühren **II.** *vr:* ~**se** **1.** (*personas*) sich küssen **2.** (*tocarse dos objetos*) sich berühren; (*chocar*) aneinander stoßen
beso ['beso] *m* **1.** (*entre personas*) Kuss *m* **2.** (*entre objetos*) Zusammenstoß *m*
bestia[1] ['bestja] **I.** *adj* brutal **II.** *mf* **1.** (*persona bruta*) Rohling *m;* (*grosera*) Rüpel *m* **2.** (*ignorante*) Dummkopf *m*
bestia[2] ['bestja] *f* **1.** (ZOOL) Tier *nt* **2.** (*animal salvaje*) Bestie *f*
bestial [bes'tjal] *adj* **1.** (*propio de una bestia*) viehisch **2.** (*muy brutal*) bestialisch **3.** (*fam: muy intensivo*) tierisch; (*muy grande*) riesengroß; (*muy bueno*) (wahnsinnig) toll
bestialidad [bestjali'ðaᵈ] *f* **1.** (*cualidad*) Bestialität *f* **2.** (*crueldad*) Gräueltat *f* **3.** (*fam: gran cantidad*) Unmenge *f*
best seller [be(s)'seler] *m inv,* **bestséller** [bes'seler] *m inv* Bestseller *m*
besugo [be'suɣo] *m* **1.** (ZOOL) Brasse *f* **2.** (*fam: persona*) Schwachkopf *m*
besuquear [besuke'ar] *vt* (ab)küssen
betarraga [beta'rraɣa] *f* (*Am*) Rote Bete *f*
betún [be'tun] *m* **1.** (QUÍM) Bitumen *nt* **2.** (*para el calzado*) Schuhcreme *f;* **negro como el** ~ pechschwarz
bezo ['beθo] *m* **1.** (*labio abultado*) dicke Lippe *f* **2.** (*de una herida*) wildes Gewebe *nt*
bianual [bianu'al] *adj* halbjährlich
biatlón [biaᵈ'lon] *m* (DEP) Biathlon *nt*
biberón [biβe'ron] *m* (Saug)flasche *f*
Biblia ['biβlja] *f* Bibel *f*
bíblico, -a ['biβliko, -a] *adj* biblisch
bibliobús [biβljo'bus] *m* Bücherbus *m*
bibliófilo, -a [bi'βljofilo, -a] *m, f* Bücherliebhaber(in) *m(f)*
bibliografía [biβljoɣra'fia] *f* Bibliographie *f*
bibliográfico, -a [biβljo'ɣrafiko, -a] *adj* bibliographisch
biblioteca [biβljo'teka] *f* **1.** (*local*) Bücherei *f;* ~ **de consulta** Präsenzbibliothek *f* **2.** (*mueble*) Bücherschrank *m* **3.** (*estantería*) Bücherregal *nt*
bibliotecario, -a [biβljote'karjo, -a] *m, f* Bibliothekar(in) *m(f)*
bicameral [bikame'ral] *adj* (POL) Zweikammer(n)-
bicarbonato [bikarβo'nato] *m* (QUÍM) Bikarbonat *nt;* ~ **sódico** Natron *nt*
bicéfalo, -a [bi'θefalo, -a] *adj* doppelköpfig
bicentenario [biθen̪te'narjo] *m* zweihundertster Jahrestag *m*
bíceps ['biθeβs] *m inv* (ANAT) Bizeps *m*
bicha ['biʧa] *f* **1.** (*fam: serpiente*) Schlange *f* **2.** (*figura*) Fabeltier *nt*
bicharraco [biʧa'rrako] *m* **1.** (*pey: bicho*) Vieh(zeug) *nt* **2.** (*persona*) Scheusal *nt*
bicho ['biʧo] *m* **1.** (*animal*) (kleines) Tier *nt* **2.** (TAUR) (Kampf)stier *m* **3.** (*persona*) Kerl *m;* ~ **raro** komischer Kauz; **mal** ~ Aas *nt* **4.** (*vulg: pene*) Schwanz *m fam* **5.** *pl* (*insectos*) Ungeziefer *nt*
bici ['biθi] *f* (*fam*) *abr de* **bicicleta** Rad *nt*
bicicleta [biθi'kleta] *f* Fahrrad *nt;* ~ **de carreras** Rennrad *nt;* ~ **estática** Hometrainer *m;* ~ **de montaña** Mountainbike *nt*
bicoca [bi'koka] *f* **1.** (*fam: pequeñez*) Lappalie *f* **2.** (*fam: ganga*) Schnäppchen *nt* **3.** (*Am: de eclesiásticos*) (Scheitel)käppchen *nt*
bicolor [biko'lor] *adj* zweifarbig
bidé [bi'ðe] *m* <bidés>, **bidet** [bi'ðe] *m* <bidets> Bidet *nt*
bidireccional [biðireᵞθjo'nal] *adj* (INFOR) bidirektional
bidón [bi'ðon] *m* Kanister *m*
biela [bi'ela] *f* **1.** (TÉC) Pleuelstange *f* **2.** (*de la bicicleta*) Tretkurbel *f*
bieldo ['bjel̪do] *m* (*en forma de tenedor*) Heugabel *f;* (*en forma de rastrillo*) Rechen *m*
Bielorrusia [bjelo'rrusja] *f* Weißrussland *nt*
bielorruso, -a [bjelo'rruso, -a] **I.** *adj* weißrussisch **II.** *m, f* Weißrusse, -in *m, f*
bien ['bjen] **I.** *m* **1.** (*bienestar*) Wohl *nt* **2.** (*bondad moral*) Gute(s) *nt* **3.** (*provecho*)

Nutzen *m* **4.** (ECON) Gut *nt* **5.** *pl* (*posesiones*) Güter *ntpl;* (*riqueza*) Vermögen *nt;* **~es inmuebles** Immobilien *fpl;* **~es de la tierra** landwirtschaftliche Erzeugnisse **II.** *adv* **1.** (*de modo conveniente*) gut; (*correctamente*) richtig; **ahora** ~ also; **y** ~ nun; ~ **mirado** eigentlich; **estar** ~ **de salud** gesund sein; **estar** (**a**) ~ **con alguien** mit jdm auf gutem Fuß stehen; **hacer algo** ~ etw richtig machen; **hacer** ~ **en...** *+inf* gut daran tun zu ... *+inf;* **¡pórtate ~!** benimm dich!; **tener a ~...** *+inf* es für richtig halten zu ... *+inf;* **te está** ~ das geschieht dir recht **2.** (*con gusto*) wohl; (*agradable*) schön **3.** (*seguramente*) sicher **4.** (*muy*) sehr; (*bastante*) recht; **es** ~ **fácil** es ist ganz einfach **5.** (*asentimiento*) einverstanden; **¡está ~!** in Ordnung! **6.** (*loc*): ~ **es verdad que...** es ist wohl wahr, dass ...; ~ **que mal** jedenfalls **III.** *adj* vornehm **IV.** *conj* **1.** (*aunque*): ~ **que** obschon; **si** ~ obwohl **2.** (*o... o*): **~... ~...** entweder ... oder ... **3.** (*apenas*): **no ~...** (**cuando...**) kaum ... (als ...) **V.** *interj* prima!

bienal [bie'nal] **I.** *adj* (*durante dos años*) zweijährig; (*cada dos años*) zweijährlich **II.** *f* Biennale *f*

bienaventuranza [bjenaβeṇtu'raṇθa] *f* **1.** (REL: *gloria*) Seligkeit *f* **2.** (*fortuna*) Glück *nt* **3.** *pl* (REL: *las ocho*) Seligpreisung *f*

bienestar [bjenes'tar] *m* **1.** (*estado*) Wohlbefinden *nt* **2.** (*sentimiento*) Wohlgefühl *nt* **3.** (*riqueza*) Wohlstand *m;* **estado del** ~ Wohlfahrtsstaat *m*

bienhablado, -a [bjena'βlaðo, -a] *adj* redegewandt

bienhechor(a) [bjene'ʧor(a)] **I.** *adj* wohltätig **II.** *m(f)* Wohltäter(in) *m(f)*

bienintencionado, -a [bjeniṇteṇθjo'naðo, -a] *adj* gut gemeint

bienio [bi'enjo] *m* Biennium *nt*

bienpensante [bjempen'saṇte] **I.** *adj* strenggläubig **II.** *mf* strenggläubiger Mensch *m*

bienquistar [bjeŋkis'tar] **I.** *vt* beliebt machen (*con* bei *+dat*) **II.** *vr:* **~se** (*hacer amistad*) sich anfreunden (*con* mit *+dat*); (*congraciar*) sich beliebt machen (*con* bei *+dat*)

bienquisto, -a [bjeŋ'kisto, -a] *adj* beliebt (*de/por* bei *+dat*)

bienvenida [bjembe'niða] *f* **1.** (*llegada*) glückliche Ankunft *f* **2.** (*saludo*) Willkommen *nt;* **dar la ~ a alguien** jdn willkommen heißen

bienvenido, -a [bjembe'niðo, -a] **I.** *interj* willkommen!; **¡~ a España/a casa!** willkommen in Spanien/zu Hause! **II.** *adj* willkommen

bife ['bife] *m* (*Am*) **1.** (*carne*) Steak *nt* **2.** (*sopapo*) Ohrfeige *f*

bifurcación [bifurka'θjon] *f* (*de una carretera*) Abzweigung *f;* (*de un camino*) Gab(e)lung *f*

bifurcarse [bifur'karse] <c→qu> *vr* sich gabeln

bigamia [bi'ɣamja] *f* Doppelehe *f*

bígamo, -a ['biɣamo, -a] **I.** *adj* in Doppelehe lebend **II.** *m, f* Bigamist(in) *m(f)*

bigote [bi'ɣote] *m* **1.** (*de hombre*) Schnurrbart *m;* **estar de ~**(**s**) (*fam*) toll sein **2.** *pl* (ZOOL) Schnurrhaare *ntpl* **3.** (*Am: croqueta*) Krokette *f*

bigotudo, -a [biɣo'tuðo, -a] *adj* schnauzbärtig

bigudí [biɣu'ði] *m* Lockenwickler *m*

bikini [bi'kini] *m* Bikini *m*

bilateral [bilate'ral] *adj* bilateral

biliar [bi'ljar] *adj* Gallen-

bilingüe [bi'liŋgwe] **I.** *adj* zweisprachig **II.** *mf* zweisprachige Person *f*

bilingüismo [biliŋ'gwismo] *m sin pl* Zweisprachigkeit *f*

bilis ['bilis] *f inv* **1.** (ANAT) Galle *f* **2.** (*cólera*) Wut *f*

billar [bi'ʎar] *m* **1.** (*juego*) Billard(spiel) *nt;* ~ **americano** Pool(billard) *nt* **2.** (*mesa*) Billardtisch *m*

billete [bi'ʎete] *m* **1.** (*pasaje*) Fahrschein *m;* ~ **de ida y vuelta** Rückfahrkarte *f;* **sacar un** ~ eine Fahrkarte lösen **2.** (*entrada*) Eintrittskarte *f* **3.** (FIN) (Geld)schein *m* **4.** (*en una rifa*) (Lotterie)los *nt;* ~ **premiado** Treffer *m;* ~ **no premiado** Niete *f* **5.** (*mensaje breve*) kurze Mitteilung *f*

billetera [biʎe'tera] *f,* **billetero** [biʎe'tero] *m* Brieftasche *f*

billón [bi'ʎon] *m* Billion *f*

billonario, -a [biʎo'narjo, -a] *m, f* Billionär(in) *m(f)*

bimba ['bimba] *f* **1.** (*fam: sombrero*) Zylinder(hut) *m* **2.** (*Am: embriaguez*) Rausch *m*

bimensual [bimen'swal] *adj* zweimal im Monat stattfindend

bimestral [bimes'tral] *adj* (*duración*) zweimonatig; (*repetición*) zweimonatlich

bimotor [bimo'tor] **I.** *adj* zweimotorig **II.** *m* zweimotoriges Flugzeug *nt*

binario, -a [bi'narjo, -a] *adj* binär; **compás** ~ (MÚS) Zweivierteltakt *m*

bingo ['biŋgo] *m* Bingo *nt*

binoculares [binoku'lares] *mpl* Fernglas *nt*

binóculo [bi'nokulo] *m* Kneifer *m*

bioactivo, -a [bioak'tiβo, -a] *adj* bioaktiv

biobasura [bioβa'sura] *f* (ECOL) Biomüll *m*

biodegradable [bioðeɣra'ðaβle] *adj* biologisch abbaubar

biodiversidad [bioðiβersi'ðað] *f* Artenvielfalt *f;* **Tratado de B~** Artenschutzabkommen *nt*

biofísica [bio'fisika] *f* Biophysik *f*

biogenética [bioxe'netika] *f* Biogenetik *f*
biografía [bjoɣra'fia] *f* Biografie *f*
biografiar [bjoɣrafi'ar] <*1. pres:* biografío> *vt* die Biografie schreiben (*a* von +*dat*)
biógrafo, -a[1] [bi'oɣrafo, -a] *m, f* Biograf(in) *m(f)*
biógrafo[2] [bi'oɣrafo] *m* (*Am*) Kino *nt*
biología [biolo'xia] *f* Biologie *f*
biólogo, -a [bi'oloɣo, -a] *m, f* Biologe, -in *m, f*
biomasa [bio'masa] *f* (BIOL) Biomasse *f*
biombo [bi'ombo] *m* spanische Wand *f*
biomecánica [biome'kanika] *f* Biomechanik *f*
biopsia [bi'oβsja] *f* (MED) Biopsie *f*
bioquímica [bio'kimika] *f* Biochemie *f*
biorritmo [bio'rriðmo] *m* Biorhythmus *m*
biosfera [bios'fera] *f* Biosphäre *f*
biosistema [biosis'tema] *m* Biosystem *nt*
biotecnología [bioteknolo'xia] *f* Biotechnologie *f*
biótopo [bi'otopo] *m* Biotop *m o nt*
bipartidismo [biparti'ðismo] *m* (POL) Zweiparteiensystem *nt*
bípedo, -a ['bipeðo, -a] **I.** *adj* zweibeinig **II.** *m, f* Zweifüßer *m*
biplano [bi'plano] *m* Doppeldecker *m*
biplaza [bi'plaθa] **I.** *adj* zweisitzig **II.** *m* Zweisitzer *m*
bipolaridad [bipolari'ðað] *f* (FÍS) Bipolarität *f*
biquini [bi'kini] *m* Bikini *m*
birlar [bir'lar] *vt* (*fam*) **1.** (*hurtar*) wegschnappen; **Carlos le birló la novia** Carlos hat ihm die Freundin ausgespannt **2.** (*derribar*) niederschlagen
birmano, -a [bir'mano, -a] **I.** *adj* birmanisch **II.** *m, f* Birmane, -in *m, f*
birra ['birra] *f* (*argot*) Bier *nt*
birrete [bi'rrete] *m* **1.** (*de clérigos*) Birett *nt* **2.** (*de catedráticos, jueces*) Barett *nt*
birria ['birrja] *f* **1.** (*persona*) Vogelscheuche *f* **2.** (*objeto*) Plunder *m* **3.** (*obra*) Schund *m*
biruje [bi'ruxe] *m* (*Am*), **biruji** [bi'ruxi] *m* eisiger Wind *m*
bis [bis] **I.** *interj* noch einmal! **II.** *m* (MÚS) Wiederholung *f* **III.** *adv* **1.** (MÚS) da capo **2.** (*añadido a un número*) a; **7 ~** 7a
bisabuelo, -a [bisa'βwelo, -a] *m, f* Urgroßvater, -mutter *m, f*
bisagra [bi'saɣra] *f* **1.** (*charnela*) Scharnier *nt* **2.** (*quicio*) Türangel *f*
bisar [bi'sar] *vt* (MÚS) wiederholen
bisbis(e)ar [bisβise'ar/bisβi'sar] *vt* (*fam*) **1.** (*musitar*) murmeln **2.** (*cuchichear*) flüstern
biscote [bis'kote] *m* Zwieback *m*
bisel [bi'sel] *m* Abschrägung *f*
bisexual [biseɣ'swal] *adj* **1.** (*persona*) bisexuell **2.** (BIOL) doppelgeschlechtig
bisexualidad [biseɣswali'ðað] *f sin pl* **1.** (*de una persona*) Bisexualität *f* **2.** (BIOL) Doppelgeschlechtigkeit *f*
bisiesto [bi'sjesto] *adj:* **año ~** Schaltjahr *nt*
bisílabo, -a [bi'silaβo, -a] *adj* zweisilbig
bismuto [bis'muto] *m* (QUÍM) Wismut *nt*
bisnieto, -a [bis'njeto, -a] *m, f* Urenkel(in) *m(f)*
bisonte [bi'sonte] *m* (*americano*) Bison *m;* (*europeo*) Wisent *m*
bisoñé [biso'ɲe] *m* Toupet *nt*
bisoño, -a [bi'soɲo, -a] **I.** *adj* **1.** (*inexperto*) unerfahren **2.** (*nuevo*) neu **II.** *m, f* (*novato*) Neuling *m*
bisté [bis'te] *m* <bistés>, **bistec** [bis'te] *m* <bistecs> (Beef)steak *nt*
bisturí [bistu'ri] *m* Skalpell *nt*
bisutería [bisute'ria] *f* **1.** (*joyas*) Modeschmuck *m* **2.** (*tienda*) Geschäft *nt* für Modeschmuck **3.** (*industria*) Modeschmuckindustrie *f*
bit [bit] *m* <bits> (INFOR) Bit *nt;* **~ de parada** Stoppbit *nt*
bitio ['bitjo] *m* (INFOR) Bit *nt*
bizarría [biθa'rria] *f* **1.** (*valentía*) Tapferkeit *f;* (*valor*) Mut *m* **2.** (*gallardía*) Stattlichkeit *f* **3.** (*generosidad*) Großzügigkeit *f*
bizarro, -a [bi'θarro, -a] *adj* **1.** (*valiente*) tapfer; (*valeroso*) mutig **2.** (*apuesto*) stattlich **3.** (*generoso*) großzügig **4.** (*extravagante*) bizarr
bizco, -a ['biθko, -a] *adj* schielend
bizcocho [biθ'koʧo] **I.** *adj* (*Méx*) feige **II.** *m* **1.** (*biscote*) Zwieback *m* **2.** (*biscuit*) Biskuit *m o nt* **3.** (*Am: torta*) (Rühr)kuchen *m* **4.** (*porcelana*) Biskuitporzellan *nt*
Bizkaia [biθ'kaɟa] *f* Biskaya *f*
biznieto, -a [biθ'njeto, -a] *m, f* Urenkel(in) *m(f)*
bizquear [biθke'ar] *vi* schielen
bizquera [biθ'kera] *f* (*Am*) Schielen *nt*
bla-bla-bla [blaβla'βla] *m* leeres Gerede *nt*
blanca ['blaŋka] *f* **1.** (MÚS) halbe Note *f* **2.** (*pieza de dominó*) Null *f* **3.** (*loc*): **estar sin ~** (*fam*) keinen Pfennig haben
Blancanieves [blaŋka'njeβes] *f* Schneewittchen *nt*
blanco, -a[1] ['blaŋko, -a] **I.** *adj* **1.** (*de tal color*) weiß **2.** (*cerveza*) hell **3.** (*tez*) bleich **II.** *m, f* (*persona*) Weiße(r) *mf*
blanco[2] ['blaŋko] *m* **1.** (*color*) Weiß *nt;* **película en ~ y negro** Schwarzweißfilm *m* **2.** (*de animal*) Blesse *f* **3.** (*espacio en un escrito*) leerer Zwischenraum *m;* **cheque en ~** (ECON) Blankoscheck *m;* **tener la mente en ~** ein Blackout haben **4.** (*diana*) Zielscheibe *f;* **dar en el ~** ins Schwarze treffen **5.** (*loc*): **pasar la noche en ~** eine schlaflose Nacht verbringen
blancura [blaŋ'kura] *f* Weiße *f*
blandear [blande'ar] **I.** *vt* umstimmen **II.** *vi,*

vr: ~**se** nachgeben

blandengue [blan̪'deŋge] *adj* (*pey*) weichlich

blandir [blan̪'dir] **I.** *vt* schwingen **II.** *vi, vr:* ~**se** schwanken

blando, **-a** ['blan̪do, -a] *adj* **1.** (*objeto*) weich **2.** (*carácter: suave*) nachsichtig; (*pey: blandengue*) weichlich; (*cobarde*) feige; ~ **de corazón** weichherzig **3.** (*constitución*) schwach **4.** (*clima*) mild **5.** (*lluvia, tono*) sanft **6.** (*luz*) weich **7.** (ECON): **créditos** ~**s** günstige Kredite

blandura [blan̪'dura] *f* **1.** (*de una cosa*) Weichheit *f* **2.** (*del carácter: suavidad*) Sanftheit *f;* (*blandenguería*) Weichlichkeit *f* **3.** (*lisonja*) Schmeichelei *f* **4.** (*del aire*) Tauwetter *nt* **5.** (*emplasto*) Zugpflaster *nt*

blanquear [blaŋke'ar] **I.** *vi* **1.** (*volverse blanco*) weiß werden **2.** (*perder el color*) verblassen; (*el pelo*) ergrauen **3.** (*presentarse blanco*) weiß(lich) schimmern **II.** *vt* **1.** (*poner blanco*) weißen **2.** (*pared*) tünchen **3.** (*dinero*) waschen **4.** (*tejido*) bleichen **5.** (*metal*) blank putzen

blanquecino, **-a** [blaŋke'θino, -a] *adj* weißlich

blanqueo [blaŋ'keo] *m* **1.** (*el poner blanco*) Weißen *nt* **2.** (*de una pared*) Tünchen *nt* **3.** (*de tejido*) Bleichen *nt;* ~ **de dinero** Geldwäsche *f*

blasfemar [blasfe'mar] *vi* **1.** (REL) lästern **2.** (*maldecir*) fluchen (*de* auf/über +*akk*)

blasfemia [blas'femja] *f* **1.** (REL) Gotteslästerung *f* **2.** (*injuria*) Lästerung *f* **3.** (*taco*) Fluch *m*

blasfemo, **-a** [blas'femo, -a] **I.** *adj* gotteslästerlich **II.** *m, f* Gotteslästerer, -in *m, f*

blasón [bla'son] *m* **1.** (*escudo de armas*) Wappen(schild) *nt* **2.** (*figura*) Wappenbild *nt* **3.** (*honor*) Ehre *f;* (*gloria*) Ruhm *m* **4.** *pl* (*abolengo*) adlige Herkunft *f*

blasonar [blaso'nar] **I.** *vt* ein Wappen entwerfen **II.** *vi* prahlen (*de* mit +*dat*)

blázer ['bleiser] *m* Blazer *m*

bledo ['bleðo] *m* **1.** (BOT) Amaranth *m* **2.** (*loc*): (**no**) **me importa un** ~ das ist mir völlig schnuppe *fam*

blindado [blin̪'daðo] *m* (MIL) Panzer(wagen) *m*

blindaje [blin̪'daxe] *m* Panzer *m*

blindar [blin̪'dar] *vt* panzern

bloc [blo^k] *m* <blocs> **1.** (*cuaderno*) (Schreib)block *m* **2.** (*calendario*) Kalenderblock *m*

blofear [blofe'ar] *vi* (*Am*) **1.** (*engañar*) bluffen **2.** (*exagerar*) aufschneiden

blonda ['blon̪da] *f* Seidenspitze *f*

bloque ['bloke] *m* **1.** (*de cosas*) Block *m;* ~ **de viviendas** Wohnblock *m* **2.** (*de madera*) (Holz)klotz *m*

bloquear [bloke'ar] **I.** *vt* **1.** (*cortar el paso*) (ver)sperren **2.** (*aislar*) einschließen **3.** (TÉC) blockieren **4.** (MIL: *asediar*) belagern **5.** (FIN) sperren **6.** (DEP) (ab)blocken **7.** (*obstaculizar*) aufhalten **8.** (*interrumpir*) unterbrechen **II.** *vr:* ~**se** **1.** (*una cosa*) blockieren **2.** (*una persona*) sich sperren

bloqueo [blo'keo] *m* **1.** (*de un paso*) Sperre *f;* ~ **comercial** (COM) Handelsembargo *nt* **2.** (*aislamiento*) Abgeschlossenheit *f* **3.** (TÉC: *de un mecanismo*) Blockierung *f;* ~ **de teclado** Tastatursperre *f* **4.** (MIL) Blockade *f* **5.** (DEP) (Ab)blocken *nt* **6.** (*de un proceso: estancamiento*) Stockung *f;* (*interrupción*) Unterbrechung *f* **7.** (*mental*) Sperrung *f*

bluff ['bluf] *m* <bluffs> **1.** (*finta*) Bluff *m* **2.** (*Am: fanfarronería*) Prahlerei *f;* (*chulería*) Aufschneiderei *f*

blusa ['blusa] *f* **1.** (*de mujer*) Bluse *f* **2.** (*bata*) Kittel *m*

blusón [blu'son] *m* Kittel *m*

boa ['boa] *f* Boa *f*

boato [bo'ato] *m* Prunk *m*

bobada [bo'βaða] *f* Dummheit *f;* **decir** ~**s** albernes Zeug reden

bobalicón, **-ona** [boβali'kon, -ona] **I.** *adj* **1.** (*tonto*) dumm **2.** (*simple*) einfältig **II.** *m, f* **1.** (*tonto*) Dummkopf *m* **2.** (*simplón*) Einfaltspinsel *m*

bobear [boβe'ar] *vi* **1.** (*hacer bobadas*) herumalbern **2.** (*decir bobadas*) dummes Zeug reden

bobina [bo'βina] *f* **1.** (*t.* ELEC) Rolle *f* **2.** (FOTO) Filmspule *f* **3.** (CINE) Filmrolle *f*

bobinar [boβi'nar] *vt* aufspulen, aufwickeln

bobo, **-a** ['boβo, -a] **I.** *adj* **1.** (*tonto*) albern **2.** (*simple*) einfältig **II.** *m, f* **1.** (*tonto*) Dummkopf *m* **2.** (*simplón*) Einfaltspinsel *m*

boca ['boka] *f* **1.** (ANAT) Mund *m;* (*de animal*) Maul *nt;* ~ **a** ~ Mund-zu-Mund-Beatmung *f;* ~ **abajo** bäuchlings; ~ **arriba** rücklings; **andar de** ~ **en** ~ in aller Munde sein; **partirle la** ~ **a alguien** (*vulg*) jdm die Visage polieren *fam;* **quedarse con la** ~ **abierta** mit offenem Mund dastehen **2.** (*abertura*) Öffnung *f;* ~ **de metro** Eingang zur Metrostation **3.** (*agujero*) Loch *nt* **4.** (*de cañón*) Mündung *f* **5.** (*de río*) (Fluss)mündung *f* **6.** (*de volcán*) Schlund *m* **7.** (*de vino*) Blume *f* **8.** (TÉC: *de herramienta*) Maul *nt* **9.** (ZOOL: *de crustáceo*) Schere *f* **10.** (MÚS) Mundstück *nt* **11.** (INFOR) Schnittstelle *f*

bocacalle [boka'kaʎe] *f* **1.** (*entrada de una calle*) Straßeneinmündung *f* **2.** (*calle secundaria*) Seitenstraße *f*

bocadillo [boka'ðiʎo] *m* **1.** (*sandwich*) belegtes Brötchen *nt* **2.** (*refrigerio*) Imbiss *m*

bocado [bo'kaðo] *m* **1.** (*mordisco*) Bissen

m; ~ **de Adán** Adamsapfel *m* **2.** (*freno*) Zaum *m*

bocajarro [boka'xarro] *adv:* **a** ~ (*tiro*) aus nächster Nähe; **decir algo a** ~ etw geradeheraus sagen

bocamanga [boka'maŋga] *f* **1.** (*abertura*) Ärmelloch *nt* **2.** (*puño*) Ärmelaufschlag *m*

bocana [bo'kana] *f* **1.** (*entrada*) schmale Hafeneinfahrt *f* **2.** (*Am: desembocadura*) Flussmündung *f*

bocanada [boka'naða] *f* **1.** (*de comida*) Mundvoll *m;* (*de bebida*) Schluck *m;* **echar** ~**s** (*fig*) prahlen **2.** (*de humo*) Rauchwolke *f*

bocatero, -a [boka'tero, -a] *m, f* (*Am*), **bocaza(s)** [bo'kaθa(s)] *mf inv* Großmaul *nt,* Angeber(in) *m(f)*

bocera [bo'θera] *f* **1.** (*restos de comida*) Speiserand *m* um den Mund; (*restos de bebida*) Trinkrand *m* um den Mund **2.** (*pupa*) Griebe *f*

boceras [bo'θeras] *mf inv* Schwätzer(in) *m(f)*

boceto [bo'θeto] *m* Skizze *f*

bocha ['boʧa] *f* **1.** (*bola*) Bocciakugel *f* **2.** (*Am: fam: cabeza*) Birne *f*

bochar [bo'ʧar] *vt* (*fam*) **1.** (*Am: rechazar*) eine Abfuhr erteilen +*dat* **2.** (*Arg: fracasar*) durchfallen lassen

boche ['boʧe] *m* **1.** (*hoyo*) Mulde *f* **2.** (*Arg: alemán*) Deutsche(r) *m* **3.** (*CSur: fam: bronca*) Ärger *m* **4.** (*Am: fam: repulsa*) Abfuhr *f*

bochinche [bo'ʧinʧe] *m* **1.** (*tumulto*) Tumult *m;* (*alboroto*) Aufruhr *m* **2.** (*Am: chisme*) Klatsch *m*

bochorno [bo'ʧorno] *m* **1.** (METEO) Schwüle *f* **2.** (*sofocación*) (Hitze)wallung *f* **3.** (*vergüenza*) Scham *f;* **me da** ~ **que esté mirando** es ist mir peinlich, dass er/sie zuschaut

bochornoso, -a [boʧor'noso, -a] *adj* **1.** (METEO) schwül **2.** (*vergonzoso*) beschämend

bocina [bo'θina] *f* **1.** (*caracola*) Muschel *f* **2.** (MÚS) Horn *nt* **3.** (*megáfono*) Megaphon *nt* **4.** (*de gramófono*) Schalltrichter *m* **5.** (AUTO) Hupe *f;* **tocar la** ~ hupen

bocinar [boθi'nar] *vi* **1.** (*por el cuerno*) ins Horn stoßen **2.** (*por el megáfono*) ins Megaphon sprechen **3.** (AUTO) hupen

bocinazo [boθi'naθo] *m* **1.** (*de cuerno*) Hornsignal *nt* **2.** (AUTO) Hupsignal *nt*

bocio ['boθjo] *m* Kropf *m*

boda ['boða] *f* (*ceremonia*) Hochzeit *f;* (*fiesta*) Hochzeitsfest *nt;* **noche de** ~**s** Hochzeitsnacht *f*

bodega [bo'ðeɣa] *f* **1.** (*depósito de vino*) Weinkeller *m;* (*establecimiento*) (Wein)kellerei *f;* (*tienda*) Weinhandlung *f;* (*taberna*) Weinschänke *f* **2.** (*despensa*) Vorratskammer *f* **3.** (NÁUT: *en un puerto*) Lagerschuppen *m;* (*en un buque*) Frachtraum *m*

bodegón [boðe'ɣon] *m* **1.** (*taberna*) (Wein)schänke *f* **2.** (*casa de comidas*) einfaches Speiselokal *nt* **3.** (ARTE) Stillleben *nt*

bodeguero, -a [boðe'ɣero, -a] *m, f* **1.** (*en una bodega*) Kellermeister(in) *m(f)* **2.** (*Am: en una abacería*) Lebensmittelhändler(in) *m(f)*

bodrio ['boðrjo] *m* **1.** (*comida mala*) (Schlangen)fraß *m pey* **2.** (*cosa de mala calidad*) Schund *m* **3.** (*confusión*) Durcheinander *nt*

body ['boði] *m* <bodies> Body(suit) *m*

BOE ['boe] *m abr de* **Boletín Oficial del Estado** ≈Bundesgesetzblatt *nt*

bóer ['boer] **I.** *adj* burisch **II.** *mf* Bure, -in *m, f*

bofe ['bofe] *m* Lunge *f;* **echar los** ~**s (por algo)** sich (für etw) abrackern

bofetada [bofe'taða] *f* Ohrfeige *f;* **dar una** ~ **a alguien** jdn ohrfeigen

bofia ['bofja] *f* (*vulg*) Polente *f fam,* Bullen *mpl fam*

boga ['boɣa] *f* **1.** (NÁUT) Rudern *nt* **2.** (*moda*) Mode *f;* **esta canción está en** ~ dieses Lied ist in

bogador(a) [boɣa'ðor(a)] *m(f)* Ruderer, -in *m, f*

bogar [bo'ɣar] <g→gu> *vi* **1.** (*remar*) rudern **2.** (*navegar*) segeln

bogavante [boɣa'βan̪te] *m* (ZOOL) Hummer *m*

bogotano, -a [boɣo'tano, -a] **I.** *adj* aus Bogotá **II.** *m, f* Einwohner(in) *m(f)* von Bogotá

Bohemia [bo'emja] *f* Böhmen *nt*

bohemio, -a [bo'emjo, -a] **I.** *adj* **1.** (GEO) böhmisch **2.** (*gitano*) zigeunerhaft **II.** *m, f* **1.** (GEO) Böhme, -in *m, f* **2.** (*gitano*) Zigeuner(in) *m(f)* **3.** (*artista*) Bohemien *m*

boicot [boi̯'ko(t)] <boicots> *m* Boykott *m*

boicotear [boi̯kote'ar] *vt* boykottieren

boicoteo [boi̯ko'teo] *m* Boykott *m*

boina ['boi̯na] *f* Baskenmütze *f*

boj [box] *m* (BOT) Buchs(baum) *m*

bol [bol] *m* **1.** (*tazón*) Schale *f* **2.** (*red de pesca*) Schleppnetz *nt;* (*lance de red*) Fischzug *m* **3.** (*bolo*) Kegel *m*

bola ['bola] *f* **1.** (*cuerpo esférico*) Kugel *f;* ~ **del mundo** Erdkugel *f;* ~ **de nieve** Schneeball *m* **2.** (*canica*) Murmel *f;* **jugar a las** ~**s** klickern **3.** (*en los naipes*) Schlemm *m* **4.** (*fam: mentira*) Lüge *f;* (*rumor*) Gerücht *nt* **5.** *pl* (*vulg: testículos*) Eier *ntpl fam* **6.** (*loc*): **no dar pie con** ~ überhaupt nicht zurechtkommen

bolada [bo'laða] *f* **1.** (*en los bolos*) (Kugel)wurf *m;* (*en el billar*) Stoß *m* **2.** (*Am: suerte*) Glücksfall *m*

bolado [bo'laðo] *m* (*Am: asunto*) Angelegenheit *f*
bolchevique [boltʃe'βike] **I.** *adj* (POL) bolschewistisch **II.** *mf* (POL) Bolschewist(in) *m(f)*
boleadoras [bolea'ðoras] *fpl* (*AmS*) Bola *f*
bolear [bole'ar] **I.** *vi* **1.** (*en el billar*) zum Spaß spielen **2.** (*contar mentiras*) flunkern **II.** *vt* **1.** (*la pelota*) schleudern **2.** (*CSur: cazar*) (mit einer Bola) jagen; (*atrapar*) (ein)fangen **3.** (*alumno*) durchfallen lassen
bolera [bo'lera] *f* Kegelbahn *f*
bolero [bo'lero] *m* (*t.* MÚS) Bolero *m*
boleta [bo'leta] *f* **1.** (*entrada*) Eintrittskarte *f* **2.** (*pase*) Passierschein *m* **3.** (*libranza*) Bezugsschein *m* **4.** (MIL) Quartierschein *m* **5.** (*Am: documento*) Urkunde *f* **6.** (*Am: para votar*) Stimmzettel *m*
boletería [bolete'ria] *f* (*Am*) Schalter *m;* (*de venta anticipada*) Kartenvorverkaufsstelle *f;* (*al comenzar*) Abendkasse *f*
boletero, -a [bole'tero, -a] *m, f* (*Am*) Kartenverkäufer(in) *m(f)*
boletín [bole'tin] *m* **1.** (*publicación*) Bulletin *nt;* ~ **informativo** Mitteilungsblatt *nt* **2.** (*informe*) Bericht *m;* ~ **de noticias** Nachrichten *fpl* **3.** (*cédula*) Schein *m*
boleto [bo'leto] *m* **1.** (*Am: entrada*) Eintrittskarte *f* **2.** (*Am: billete*) Fahrschein *m* **3.** (*de quiniela*) Totoschein *m* **4.** (*Arg: mentira*) Lüge *f*
boliche [bo'litʃe] *m* **1.** (*bola*) kleine Bocciakugel *f* **2.** (*juego de bochas*) Boccia(spiel) *nt;* (*de bolos*) Kegelspiel *nt* **3.** (*bolera*) Kegelbahn *f* **4.** (*Am: establecimiento*) Krämerladen *m* mit Ausschank
bólido ['boliðo] *m* **1.** (ASTR) Bolid *m* **2.** (*coche de carreras*) Rennwagen *m*
bolígrafo [bo'liɣrafo] *m* Kugelschreiber *m*
bolillo [bo'liʎo] *m* **1.** (*para hacer encajes*) Klöppel *m;* **trabajar al** ~ klöppeln **2.** (*Am: de tambor*) Trommelstock *m* **3.** (*Am: panecillo*) kleines Weißbrot *nt*
bolívar [bo'liβar] *m* Bolivar *m*
Bolivia [bo'liβja] *f* Bolivien *nt*

Bolivia ist das fünftgrößte Land Südamerikas. Obwohl **Sucre** die Hauptstadt ist, liegt der Regierungssitz in **La Paz**, der größten Stadt des Landes. Die offiziellen Landessprachen in Bolivien sind neben **Spanisch** auch **quechua** und **aimara** (auch: **aimará**). Die Währungseinheit ist der **boliviano**.

boliviano, -a[1] [boli'βjano, -a] **I.** *adj* bolivianisch **II.** *m, f* Bolivianer(in) *m(f)*
boliviano[2] [boli'βjano] *m* Boliviano *m*
bollería [boʎe'ria] *f* Feinbäckerei *f*
bollo ['boʎo] *m* **1.** (*panecillo*) Brötchen *nt;* (*pastelillo*) Hefegebäck *nt* **2.** (*abolladura*) Ausbeulung *f;* (*chichón*) Beule *f* **3.** (*adorno*) Noppe *f* **4.** (*confusión*) Durcheinander *nt* **5.** (*Am: puñetazo*) Faustschlag *m* **6.** (*loc*): **no está el horno para** ~**s** das ist nicht der (geeignete) Moment dafür
bolo ['bolo] *m* **1.** (DEP) Kegel *m* **2.** (*en los naipes*) Schlemm *m* **3.** (*píldora*) große Pille *f* **4.** (*tonto*) Dummkopf *m* **5.** (TEAT: *compañía*) Wandertruppe *f;* (*papel*) stumme Rolle *f* **6.** *pl* (*juego*) Kegeln *nt*
bolsa ['bolsa] *f* **1.** (*saco*) Beutel *m;* ~ **de agua caliente** Wärmflasche *f;* ~ **de basura** Abfalltüte *f* **2.** (*monedero*) Geldbeutel *m* **3.** (*bolso*) (Trage)tasche *f;* ~ **de plástico** Plastiktüte *f;* ~ **portatrajes** Kleidersack *m* **4.** (*pliegue en la ropa*) Falte *f* **5.** (*caudal*) Vermögen *nt;* ~ **de estudios** Stipendium *nt* **6.** (FIN) Börse *f;* ~ **de trabajo** Stellenvermittlung *f* **7.** (*Am: bolsillo*) Tasche *f;* ~ **negra** Schwarzmarkt *m* **8.** *pl* (ANAT) Hodensack *m*
bolsillo [bol'siʎo] *m* **1.** (*en una prenda de vestir*) Tasche *f;* **edición de** ~ Taschenausgabe *f* **2.** (*monedero*) Geldbeutel *m;* **rascarse el** ~ (tief) in die Tasche greifen **3.** (*dinero*) Geld *nt*
bolsista [bol'sista] *mf* **1.** (FIN) Börsenspekulant(in) *m(f)* **2.** (*AmC: carterista*) Taschendieb(in) *m(f)*
bolso ['bolso] *m* **1.** (*bolsa pequeña*) Tasche *f* **2.** (*en una vela*) Ausbauchung *f*
bomba ['bomba] *f* **1.** (*t.* MIL) Bombe *f;* ~ **de mano** Handgranate *f;* ~ **de relojería** Zeitbombe *f* **2.** (TÉC) Pumpe *f;* ~ **de gasolina** Benzinpumpe *f;* ~ **neumática** Druckluftpumpe *f;* **dar a la** ~ pumpen **3.** (*de lámpara*) (Glas)ballon *m* **4.** (INFOR): ~**s lógicas** Computerviren *mpl* **5.** (*Am: bola*) Kugel *f* **6.** (*Am: pompa*) Seifenblase *f* **7.** (*Am: borrachera*) Rausch *m* **8.** (*súper*): **éxito** ~ Bombenerfolg *m;* **a prueba de** ~**s** (*fig*) bombensicher; **está** ~ (*una mujer*) sie sieht bombig aus; (*comida*) das schmeckt super
bombacha [bom'batʃa] *f* (*CSur: ropa interior*) Unterhose *f*
bombacho [bom'batʃo] *adj:* **pantalón** ~ Pumphose *f*
bombardear [bombarðe'ar] *vt* **1.** (MIL) bombardieren **2.** (*abrumar*) überhäufen **3.** (FÍS) beschießen
bombardeo [bombar'ðeo] *m* **1.** (MIL) Bombardierung *f;* ~ **aéreo** Luftangriff *m* **2.** (FÍS) Beschuss *m*
bombardero [bombar'ðero] *m* **1.** (*avión*) Bomber *m* **2.** (*soldado*) Artillerist *m*
bombazo [bom'baθo] *m* **1.** (*explosión*)

Bombenexplosion *f* **2.** (*fam: sensación*) Knüller *m*

bombear [bombe'ar] **I.** *vt* **1.** (MIL) bombardieren **2.** (*un líquido*) pumpen **3.** (*un balón*) hochschießen **4.** (*elogiar*) in den Himmel heben **5.** (*CSur: explorar*) auskundschaften **II.** *vr:* **~se 1.** (*persona*) sich aufspielen **2.** (*objeto*) sich wölben

bombeo [bom'beo] *m* **1.** (*de líquidos*) Pumpen *nt* **2.** (*convexidad*) Wölbung *f*

bombero [bom'bero] *m* **1.** (*oficio*) Feuerwehrmann *m* **2.** *pl* (*cuerpo*) Feuerwehr *f*

bombilla [bom'biʎa] *f* **1.** (ELEC) Glühbirne *f* **2.** (*AmS: caña*) Trinkhalm *m*

bombín [bom'bin] *m* **1.** (*sombrero*) Melone *f* **2.** (*bomba de aire*) Luftpumpe *f*

bombo ['bombo] *m* **1.** (MÚS: *tambor grande*) große Trommel *f;* (*timbal*) (Kessel)pauke *f;* **tengo la cabeza hecha un ~** mir dröhnt der Kopf **2.** (*en un sorteo*) (Los)trommel *f* **3.** (*elogio*) überschwängliches Lob *nt;* **dar mucho ~ a algo** viel Aufheben(s) von etw *dat* machen

bombón [bom'bon] *m* Praline *f;* **es un ~** (*fig*) sie ist Zucker

bombona [bom'bona] *f* **1.** (*vasija*) Korbflasche *f* **2.** (*de gas*) Gasflasche *f*

bombonera [bombo'nera] *f* **1.** (*caja de bombones*) Pralinenpackung *f* **2.** (*vivienda*) kleine hübsche Wohnung *f*

bómper ['bomper] *m* (*Am: parachoques*) Stoßstange *f*

bonachón, -ona [bona'ʧon, -ona] *adj* **1.** (*buenazo*) gutmütig **2.** (*crédulo*) leichtgläubig **3.** (*cándido*) einfältig

bonaerense [bonae'rense] **I.** *adj* aus Buenos Aires **II.** *mf* Einwohner(in) *m(f)* von Buenos Aires

bonanza [bo'nan̪θa] *f* **1.** (NÁUT) Windstille *f* **2.** (MIN) reiche Erzader *f* **3.** (*prosperidad*) Wohlstand *m*

bondad [bon̪'daᵈ] *f* **1.** (*cualidad de bueno*) Güte *f* **2.** (*amabilidad*) Freundlichkeit *f;* **tenga la ~ de seguirme** seien Sie so freundlich und folgen Sie mir

bondadoso, -a [bon̪da'ðoso, -a] *adj* gütig

bonete [bo'nete] *m* **1.** (*gorro*) Birett *nt* **2.** (ZOOL) Netzmagen *m*

bonetería [bonete'ria] *f* (*Am: mercería*) Kurzwarenhandlung *f*

bóngalo ['boŋgalo] *m* (*Am*) Bungalow *m*

bongo ['boŋgo] *m* (*Am: canoa*) Kanu *nt;* (*balsa*) (Schlepp)kahn *m*

bongó [boŋ'go] <bongoes> *m* Bongotrommel *f*

boniato [bo'njato] *m* Süßkartoffel *f*

bonificación [bonifika'θjon] *f* **1.** (*abono*) Gutschrift *f* **2.** (*gratificación*) Vergütung *f* **3.** (*rebaja*) Rabatt *m*

bonificar [bonifi'kar] <c→qu> *vt* **1.** (*abonar*) gutschreiben **2.** (*gratificar*) vergüten

bonito, -a[1] [bo'nito, -a] *adj* hübsch, schön

bonito[2] [bo'nito] **I.** *m* (ZOOL) Bonito *m* **II.** *adv* (*Am*) gut

bonitura [boni'tura] *f* (*Am*) Schönheit *f*

bono ['bono] *m* **1.** (*vale*) Gutschein *m;* **~ de disfrute** Genussschein *m* **2.** (COM) Schuldverschreibung *f*

bonoloto [bono'loto] *f* Dauerlos *nt* der Lotterie

bonsái [bon'sai̯] *m* <bonsais> Bonsai *m*

bonzo ['bon̪θo] *m* (REL) Bonze *m*

boñiga [bo'ɲiɣa] *f* Mist *m*

boqueada [boke'aða] *f* Öffnen *nt* des Mundes; **dar las ~s** in den letzten Zügen liegen

boquear [boke'ar] **I.** *vi* **1.** (*abrir la boca*) den Mund öffnen **2.** (*estar muriéndose*) im Sterben liegen **3.** (*estar acabándose*) zu Ende gehen **II.** *vt* (*palabras*) hervorbringen

boquera [bo'kera] *f* **1.** (*en un canal de riego*) Öffnung *f* für den Wasserablauf **2.** (*en un pajar*) Luke *f* **3.** (*en los labios*) Griebe *f*

boqueras [bo'keras] *mf inv* Schwätzer(in) *m(f)*

boquerón [boke'ron] *m* **1.** (*abertura grande*) weite Öffnung *f* **2.** (ZOOL) *Art Sardelle*

> Der **boquerón** ist eine Art Sardelle, die man fast in allen spanischen Kneipen als **pincho** bestellen kann. Meistens werden sie paniert und frittiert – **boquerones fritos** – oder mariniert – **boquerones en vinagre** – serviert.

boquete [bo'kete] *m* (*abertura estrecha*) enge Öffnung *f;* (*en una pared*) Durchbruch *m*

boquiabierto, -a [bokja'βjerto, -a] *adj* **1.** (*con la boca abierta*) mit offenem Mund **2.** (*admirado*) verblüfft; **dejar a alguien ~** jdn verblüffen

boquilla [bo'kiʎa] *f* **1.** (MÚS) Mundstück *nt* **2.** (*de cigarrillos*) Zigarettenspitze *f;* (*de pipa*) Mundstück *nt;* **~ de filtro** Filter *m* **3.** (*de un bolso*) Verschluss *m* **4.** (*de una lámpara*) Fassung *f* **5.** (TÉC) Düse *f* **6.** (*loc*): **decir algo de ~** etw unverbindlich sagen

borboll(e)ar [borβoʎe'ar/borβo'ʎar] *vi* sprudeln

borbollón [borβo'ʎon] *m* Sprudeln *nt*

Borbón [bor'βon] *m* (HIST) Bourbon *m*

borbónico, -a [bor'βoniko, -a] *adj* bourbonisch

borbotón [borβo'ton] *m* Sprudeln *nt*

borda ['borða] *f* **1.** (NÁUT: *borde del costado*) Reling *f;* **motor fuera (de) ~** Außenbordmotor *m;* **echar algo por la ~** (*t. fig*) etw über Bord werfen **2.** (NÁUT: *vela mayor*) Großsegel *nt* **3.** (*choza*) (Berg)hütte *f*

bordada [bor'ðaða] *f* (NÁUT) Schlag *m;* **dar ~s** (*un barco*) kreuzen; (*una persona*) auf und ab gehen

bordado, -a[1] [bor'ðaðo, -a] *adj* **1.** (*adornado*) bestickt; (*motivo*) gestickt **2.** (*perfecto*) hervorragend

bordado[2] [bor'ðaðdo] *m* Stickarbeit *f*

bordador(a) [borða'ðor(a)] *m(f)* Sticker(in) *m(f)*

bordar [bor'ðar] *vt* **1.** (*adornar*) besticken; (*un motivo*) sticken **2.** (*ejecutar con primor*) hervorragend ausführen

borde ['borðe] **I.** *adj* **1.** (*planta*) wild **2.** (*hijo*) unehelich **3.** (*fam: torpe*) dumm **II.** *m* **1.** (*de camino*) Rand *m;* (*de mesa*) Kante *f* **2.** (*de río*) Ufer *nt* **3.** (*de vestido*) Saum *m;* (*como adorno*) Borte *f* **4.** (*de sombrero*) Krempe *f*

bordear [borðe'ar] **I.** *vt* **1.** (*ir por el borde*) entlanggehen; (*en coche*) entlangfahren **2.** (*hallarse en el borde*) sich entlangziehen (an +*dat*) **3.** (*aproximarse a un estado*) sich nähern +*dat;* **su comportamiento bordea la locura** sein/ihr Benehmen grenzt an Wahnsinn **II.** *vi* (NÁUT) kreuzen

bordillo [bor'ðiʎo] *m* Bordstein *m*

bordo ['borðo] *m* **1.** (NÁUT) Bord *m;* **ir a ~** sich einschiffen **2.** (*Am: presa*) (Stau)wehr *nt*

bordón [bor'ðon] *m* **1.** (*bastón*) Pilgerstab *m* **2.** (*estribillo*) Kehrreim *m;* (*muletilla*) stereotype Redensart *f* **3.** (MÚS: *cuerda*) Basssaite *f;* (*de tripa*) Darmsaite *f* **4.** (TIPO) Leiche *f*

boreal [bore'al] *adj* nördlich; **hemisferio ~** Nordhalbkugel *f*

borgoña [bor'ɣoɲa] *m* Burgunder(wein) *m*

borla ['borla] *f* **1.** (*adorno*) Quaste *f;* **tomar la ~** (*fam fig*) seinen Doktor machen **2.** (*para empolvarse*) Puderquaste *f*

borne ['borne] *m* (ELEC) Klemme *f*

bornear [borne'ar] **I.** *vt* (*dar vuelta*) (um)drehen; (*torcer*) biegen; (*ladear*) zur Seite neigen **II.** *vi* (NÁUT) schwojen **III.** *vr:* **~se** sich verziehen

boro ['boro] *m* (QUÍM) Bor *nt*

borona [bo'rona] *f* (*Am*) Brotkrümel *m*

borra ['borra] *f* **1.** (*relleno*) Polsterfüllung *f* **2.** (*pelusa*) Flusen *fpl* **3.** (*sedimento*) Bodensatz *m* **4.** (*palabras sin sustancia*) leeres Gerede *nt*

borrachera [borra'ʧera] *f* **1.** (*ebriedad*) Rausch *m;* **agarrar una ~** sich betrinken **2.** (*banquete*) (Trink)gelage *nt* **3.** (*exaltación*) Rausch *m* **4.** (*disparate*) großer Unsinn *m*

borracho, -a [bo'rraʧo, -a] **I.** *adj* **1.** *ser* (*alcohólico*) trunksüchtig; **es un ~** er ist ein Trinker **2.** *estar* (*ebrio*) betrunken; **está ~ como una cuba** (*fam*) er ist sternhagelvoll **3.** (*exaltado*) trunken (*de* von +*dat,* vor +*dat*) **4.** (*color*) violett **5.** (*pastel*) in Likör getränkt **II.** *m, f* **1.** (*alcohólico*) Trinker(in) *m(f)* **2.** (*ebrio*) Betrunkene(r) *mf*

borrador [borra'ðor] *m* **1.** (*primer escrito*) Konzept *nt* **2.** (*cuaderno*) Schmierheft *nt* **3.** (*para la pizarra: trapo*) Tafellappen *m;* (*esponja*) Tafelschwamm *m*

borradura [borra'ðura] *f* Streichung *f*

borrajear [borraxe'ar] *vi, vt* kritzeln

borrar [bo'rrar] **I.** *vt* **1.** (*con goma de borrar*) ausradieren; (*con esponja*) auswischen **2.** (*tachar*) (durch)streichen **3.** (INFOR) löschen **4.** (*huellas*) beseitigen **5.** (*difuminar*) verwischen **II.** *vr:* **~se 1.** (*volverse no identificable*) sich verwischen **2.** (*retirarse*) austreten (*de* aus +*dat*)

borrasca [bo'rraska] *f* **1.** (*temporal*) Gewitter *nt;* (*tempestad*) Sturm *m;* (METEO) Sturmtief *nt* **2.** (*peligro*) Gefahr *f;* (*riesgo*) Risiko *nt;* (*contratiempo*) Rückschlag *m* **3.** (*orgía*) Orgie *f*

borrascoso, -a [borras'koso, -a] *adj* **1.** (METEO) stürmisch **2.** (*desenfrenado*) liederlich

borrego, -a [bo'rreɣo, -a] *m, f* **1.** (*cordero*) (ein- bis zweijähriges) Lamm *nt* **2.** (*persona*) Schafskopf *m pey* **3.** (*Am: pajarota*) Ente *f*

borregos [bo'rreɣos] *mpl* **1.** (*nubes*) Schäfchenwolken *fpl* **2.** (*olas*) schäumende Wellen *fpl*

borreguil [borre'ɣil] *adj* sanft(mütig)

borrico, -a[1] [bo'rriko, -a] *m, f* Esel(in) *m(f)*

borrico[2] [bo'rriko] *m* Sägebock *m*

borrón [bo'rron] *m* **1.** (*mancha*) Klecks *m* **2.** (*defecto*) Schandfleck *m* **3.** (*borrador*) Entwurf *m;* (*de un cuadro*) Skizze *f* **4.** (*loc*): **~ y cuenta nueva** Schwamm drüber

borronear [borrone'ar] *vt* (*borrajear*) (hin)kritzeln; (*papel*) bekritzeln

borroso, -a [bo'rroso, -a] *adj* **1.** (*escrito, dibujo*) verschwommen; **escritura borrosa** unleserliche Schrift **2.** (*foto*) unscharf **3.** (*líquido*) trübe

boscaje [bos'kaxe] *m* **1.** (*bosque denso*) Dickicht *nt* **2.** (*pintura*) Landschaft *f*

boscoso, -a [bos'koso, -a] *adj* bewaldet

Bósforo ['bosforo] *m* Bosporus *m*

Bosnia ['bosnja] *f* Bosnien *nt*

Bosnia-Herzegovina ['bosnja (x)erθeɣo'βina] *f* Bosnien-Herzegowina *nt*

bosnio, -a ['bosnjo, -a] **I.** *adj* bosnisch **II.** *m, f* Bosnier(in) *m(f)*

bosque ['boske] *m* **1.** (*lugar*) Wald *m;* **~ frondoso/de coníferas** Laub-/Nadelwald *m;* **~ pluvial** Regenwald *m* **2.** (*barba*) dichter (Voll)bart *m*

bosquejar [boske'xar] *vt* skizzieren
bosquejo [bos'kexo] *m* Skizze *f*
bosta ['bosta] *f* **1.** (*vacuna*) Kuhfladen *m* **2.** (*CSur: caballar*) Pferdeapfel *m*
bostezar [boste'θar] <z→c> *vi* gähnen
bostezo [bos'teθo] *m* Gähnen *nt*
bota ['bota] **I.** *adj* (*Méx*) **1.** (*torpe*) unbeholfen **2.** (*borracho*) betrunken **II.** *f* **1.** (*calzado*) Stiefel *m;* **estar con las ~s puestas** (*fig*) abfahrtbereit sein; **ponerse las ~s** (*fig fam*) das große Geld machen **2.** (*especie de botella*) *lederne Weinflasche* **3.** (*cuba*) (Wein)fass *nt*

> Bei der **bota de vino** handelt es sich um ein ledernes Gefäß mit einer ganz engen Öffnung, aus dem Rotwein auf eine ganz besondere Art getrunken wird: Man hebt die flexible **bota** mit beiden Händen in die Höhe und lässt so den Wein in den Mund fließen.

botador(a) [bota'ðor(a)] *adj* (*Am: derrochador*) verschwenderisch
botadura [bota'ðura] *f* Stapellauf *m*
botánica [bo'tanika] *f sin pl* Botanik *f*
botánico, -a [bo'taniko, -a] **I.** *adj* botanisch **II.** *m, f* Botaniker(in) *m(f)*
botar [bo'tar] **I.** *vi* **1.** (*pelota*) aufprallen **2.** (*persona*) hüpfen; **está que bota** er/sie tobt vor Wut **3.** (*caballo*) tänzeln **II.** *vt* **1.** (*lanzar*) werfen; (*la pelota contra el suelo*) prellen **2.** (NÁUT: *barco*) vom Stapel lassen; (*el timón*) herumwerfen **3.** (*Am: tirar*) wegwerfen **4.** (*Am: expulsar*) entlassen; **le ~on del colegio** er/sie ist von der Schule geflogen **5.** (*Am: derrochar*) verschwenden **6.** (*Am: extraviar*) verlieren **III.** *vr:* **~se** (*caballo*) sich aufbäumen
botarate [bota'rate] *m* **1.** (*hombre alborotado*) unbesonnener Mensch *m* **2.** (*Am: derrochador*) Verschwender *m*
bote ['bote] *m* **1.** (*golpe*) Stoß *m* **2.** (*salto*) Sprung *m;* **pegar un ~** mit einem Satz aufspringen **3.** (*de pelota*) Aufprall *m;* **la pelota dio cuatro ~s** der Ball ist viermal aufgeprallt **4.** (*vasija*) Dose *f;* **~ de cuestación** Sammelbüchse *f;* **chupar del ~** (*fam*) absahnen; **tener a alguien en el ~** (*fam*) jdn in der Tasche haben **5.** (*en la lotería*) Jackpot *m* **6.** (*en los bares*) Trinkgeldkasse *f* **7.** (NÁUT) Boot *nt;* **~ salvavidas** Rettungsboot *nt* **8.** (*loc*): **a ~ pronto** (*adj*) plötzlich; (*adv*) sofort; **darse el ~** abhauen; **el cine estaba de ~ en ~** das Kino war brechend voll
botella [bo'teʎa] *f* Flasche *f;* **~ de cerveza** Flasche Bier; **cerveza de ~** Flaschenbier *nt*
botellero [bote'ʎero] *m* **1.** (*fabricante*) Flaschenfabrikant *m* **2.** (*estantería*) Flaschengestell *nt*
botepronto [bote'pronto] *m* (DEP) Volley *m*
botica [bo'tika] *f* **1.** (*farmacia*) Apotheke *f* **2.** (*tienda*) Kurzwarengeschäft *nt*
boticario, -a [boti'karjo, -a] *m, f* Apotheker(in) *m(f)*
botija [bo'tixa] *f* **1.** (*vasija*) (Ton)krug *m* **2.** (*fam: persona gorda*) Dickwanst *m* **3.** (*Am: tesoro*) vergrabener Schatz *m*
botijo [bo'tixo] *m* **1.** (*vasija*) (Wasser)krug *m* **2.** (*tren*) Bummelzug *m*
botín [bo'tin] *m* **1.** (*calzado*) Schnürstiefel *m* **2.** (MIL) (Kriegs)beute *f*
botina [bo'tina] *f* Halbstiefel *m*
botiquín [boti'kin] *m* **1.** (*en casa*) Hausapotheke *f;* (*para el viaje*) Reiseapotheke *f* **2.** (*de emergencia*) Verband(s)kasten *m*
botón [bo'ton] *m* **1.** (*en vestidos*) Knopf *m* **2.** (ELEC) (Druck)knopf *m;* **~ de muestra** (*fig*) Beispiel *nt;* **~ de opciones** (INFOR) Optionsschalter *m* **3.** (*en instrumentos de viento*) Klappe *f* **4.** (BIOL: *brote*) Knopf *m;* (*capullo*) Knospe *f;* **~ de oro** Butterblume *f* **5.** (*CSur: pey: policía*) Bulle *m fam*
botonadura [botona'ðura] *f* Knopfreihe *f*
botones [bo'tones] *m inv* **1.** (*en un hotel*) Page *m* **2.** (*pey: recadero*) Laufbursche *m*
boutique [bu'ti^{k}] *f* Boutique *f*
bóveda ['boβeða] *f* **1.** (ARQUIT) Gewölbe *nt;* **~ celeste** Himmelsgewölbe *nt* **2.** (*cripta*) Krypta *f* **3.** (*forma abombada*) Wölbung *f*
bovino, -a [bo'βino, -a] *adj* Rind(er)-; **locura bovina** Rinderwahnsinn *m*
bovinos [bo'βinos] *mpl* (ZOOL) Rinder *ntpl*
box [bo^{y}s] *m* **1.** (*para caballos*) Box *f* **2.** (*Am: boxeo*) Boxkampf *m* **3.** (*AmC: postal*) Postfach *nt*
boxeador(a) [bo^{y}sea'ðor(a)] *m(f)* Boxer(in) *m(f)*
boxear [bo^{y}se'ar] *vi* boxen
boxeo [bo^{y}'seo] *m* Boxkampf *m*
boya ['boɟa] *f* (NÁUT) Boje *f;* (*en una red*) Schwimmer *m*
boyante [bo'ɟan̪te] *adj* **1.** (*flotante*) schwimmend; (*barco*) mit geringem Tiefgang **2.** (*próspero*) erfolgreich; **el negocio va ~** das Geschäft floriert **3.** (*toro*) (leicht) lenkbar
boy scout ['boi̯ es'kau^{t}] <boy scouts> *mf* Pfadfinder(in) *m(f)*
bozal [bo'θal] *m* **1.** (*de perro*) Maulkorb *m* **2.** (*Am: cabestro*) Halfter *m o nt;* (*cuerda*) Halfterriemen *m*
bozo ['boθo] *m* **1.** (*labios*) Lippen *fpl* **2.** (*vello*) Flaum(bart) *m* **3.** (*cabestro*) Halfter *m o nt;* (*cuerda*) Halfterriemen *m*
bracear [braθe'ar] *vi* **1.** (*mover los brazos*)

mit den Armen um sich schlagen **2.** (*nadar*) kraulen **3.** (*esforzarse*) sich bemühen **4.** (*forcejear*) sich wehren **5.** (NÁUT) brassen

bracero [bra'θero] *m* **1.** (*jornalero*) Tagelöhner *m* **2.** (*peón*) Hilfsarbeiter *m*

braga ['braɣa] *f* **1.** (*de bebé*) Windel *f* **2.** (*cuerda*) Hebeseil *nt* **3.** *pl* (*de mujer*) Schlüpfer *m* **4.** *pl* (*de hombre*) Kniehose *f*; **dejar a alguien en ~s** (*fig fam*) jdn ausnehmen; **estar en ~s** (*fig fam*) völlig pleite sein

bragado, -a [bra'ɣaðo, -a] *adj* **1.** (*malintencionado*) tückisch **2.** (*decidido*) entschlossen

bragapañal [braɣapa'ɲal] *m* Windelhöschen *nt*

bragazas [bra'ɣaθas] *m inv* Pantoffelheld *m*

bragueta [bra'ɣeta] *f* Hosenschlitz *m*

braguetazo [braɣe'taθo] *m* Geldheirat *f*; **dar el ~** eine gute Partie machen

braille ['brai̯le] *m* Brailleschrift *f*

brainstorming [brei̯ⁿs'tormiŋ] *m sin pl* Brainstorming *nt*

bramante [bra'man̪te] *m* Bindfaden *m*

bramar [bra'mar] *vi* **1.** (*animal*) brüllen; (*ciervo*) röhren **2.** (*persona*) rasen; **está que brama** er/sie tobt vor Wut **3.** (*viento*) heulen **4.** (*oleaje*) tosen

bramido [bra'miðo] *m* **1.** (*animales*) Gebrüll *nt*, Brüllen *nt*; (*ciervos*) Röhren *nt* **2.** (*persona*) Wüten *nt*, Toben *nt* **3.** (*viento*) Heulen *nt* **4.** (*oleaje*) Tosen *nt*

Brandeburgo [bran̪de'βurɣo] *m* Brandenburg *nt*

brandy ['bran̪di] *m* Weinbrand *m*

branquia ['braŋkja] *f* Kieme *f*

branquial [braŋ'kjal] *adj* Kiemen-

brasa ['brasa] *f* (*de leña*) (Holz)glut *f*; (*de carbón*) (Kohlen)glut *f*; **a la ~** gegrillt

brasero [bra'sero] *m* **1.** (*como calefacción*) Kohlenbecken *nt* **2.** (*Am: fuego*) Feuerstelle *f*; (*hogar*) (Küchen)herd *m*

Brasil [bra'sil] *m*: (**el**) ~ Brasilien *nt*

brasileño, -a [brasi'leɲo, -a] **I.** *adj* brasilianisch **II.** *m, f* Brasilianer(in) *m(f)*

bravata [bra'βata] *f* **1.** (*amenaza*) leere Drohung *f* **2.** (*bravuconada*) Angeberei *f*

bravío, -a[1] [bra'βio, -a] *adj* **1.** (*animal: salvaje*) wild; (*sin domar*) ungezähmt **2.** (*planta*) wild (wachsend) **3.** (*persona: indómita*) ungestüm; (*rústica*) grob

bravío[2] [bra'βio] *m* Wildheit *f*

bravo, -a[1] ['braβo, -a] *adj* **1.** (*valiente*) tapfer; (*valeroso*) mutig **2.** (*bueno*) großartig **3.** (*salvaje: animal*) wild; (*persona*) wütend; (*mar*) stürmisch; (*terreno*) unwegsam **4.** (*áspero*) grob **5.** (*fanfarrón*) prahlerisch **6.** (*Am: picante*) scharf

bravo[2] ['braβo] **I.** *interj* bravo! **II.** *m* Bravo *nt*

bravucón, -ona [braβu'kon, -ona] **I.** *adj* prahlerisch **II.** *m, f* Prahlhans *m*

bravuconada [braβuko'naða] *f* Prahlerei *f*

bravura [bra'βura] *f* **1.** (*de los animales*) Wildheit *f* **2.** (*de las personas*) Tapferkeit *f* **3.** (*pey: bravata*) Prahlerei *f*

braza ['braθa] *f* **1.** (NÁUT: *unidad de longitud*) ≈Faden *m* (*1,80 m*); (*cabo*) Brasse *f* **2.** (DEP) Brustschwimmen *nt*

brazada [bra'θaða] *f* **1.** (*movimiento de los brazos*) Armbewegung *f*; (*al nadar*) Zug *m* **2.** (*cantidad*) Armvoll *m*

brazalete [braθa'lete] *m* **1.** (*pulsera*) Armband *nt* **2.** (*banda*) Armbinde *f*

brazo ['braθo] *m* **1.** (ANAT) Arm *m*; **~ derecho** (*fig*) rechte Hand; **~ de gitano** (*fig: pastel*) Biskuitrolle *f*; **cruzarse de ~s** (*fig*) die Hände in den Schoß legen; **dar el ~ a torcer** klein beigeben; **ir cogidos del ~** Arm in Arm laufen **2.** (*de una silla*) Armlehne *f* **3.** (GEO: *del río*) (Fluss)arm *m*; (*del mar*) (Meeres)arm *m* **4.** (ZOOL) Vorderbein *nt* **5.** (BIOL) Zweig *m* **6.** (*poder*) Gewalt *f* **7.** *pl* (*jornaleros*) Arbeiter *mpl* **8.** *pl* (*protectores*) Beschützer *mpl*

brea ['brea] *f* **1.** (*alquitrán*) Teer *m* **2.** (*pez*) Pech *nt*

breakdance ['breik'ðans] *m sin pl* Breakdance *m*

brear [bre'ar] *vt* **1.** (*maltratar*) plagen; **~ a alguien a golpes** jdn verprügeln **2.** (*burlarse*) sich lustig machen (*a* über +*akk*)

brebaje [bre'βaxe] *m* **1.** (*bebida*) Gesöff *nt* **2.** (*medicina*) Mixtur *f*

brecha ['bretʃa] *f* **1.** (MIL) Bresche *f* **2.** (*abertura*) Öffnung *f*; (*en una pared*) Mauerdurchbruch *m* **3.** (*impresión*) Eindruck *m* **4.** (*herida en la cabeza*) klaffende Wunde *f* **5.** (GEO) Breccie *f* **6.** (*loc*): **estar en la ~** (sehr) engagiert sein

brécol(es) ['brekol(es)] *m(pl)* Brokkoli *pl*

brega ['breɣa] *f* **1.** (*riña*) Streit *m* **2.** (*lucha*) Kampf *m* **3.** (*trabajo duro*) Rackerei *f* **4.** (*burla*) Streich *m*

bregar [bre'ɣar] <g→gu> **I.** *vi* **1.** (*reñir*) sich streiten (*con* mit +*dat*) **2.** (*luchar*) kämpfen (*con* gegen +*akk*) **3.** (*trabajar duro*) sich abrackern **II.** *vt* einrühren

breque ['breke] *m* (FERRO) **1.** (*Am: freno*) Bremse *f*; **apretar el ~** (*fig*) sich bemühen **2.** (*Am: vagón*) Gepäckwagen *m*

bresca ['breska] *f* Honigwabe *f*

Bretaña [bre'taɲa] *f* Bretagne *f*; **Gran ~** Großbritannien *nt*

brete ['brete] *m* Klemme *f*; **estar en un ~** in der Patsche sitzen; **poner a alguien en un ~** jdn in eine schwierige Lage bringen

bretón, -ona [bre'ton, -ona] **I.** *adj* bretonisch **II.** *m, f* Bretone, -in *m, f*

breva ['breβa] *f* **1.** (*higo*) (frühe) Feige *f*

2. (*cigarro*) flache Zigarre *f;* (*Am: tabaco*) Kautabak *m* **3.** (*ganga*) Glücksfall *m;* **no caerá esa ~** daraus wird nichts werden

breve ['breβe] **I.** *adj* **1.** (*de duración*) kurz; **en ~** in Kürze **2.** (*de extensión*) knapp; **ser ~** sich kurz fassen **II.** *m* (PREN) Kurzmeldung *f*

brevedad [breβe'ða^{ð}] *f* **1.** (*corta duración*) Kürze *f;* **a la mayor ~ posible** baldmöglichst **2.** (*corta extensión*) Knappheit *f*

breviario [bre'βjarjo] *m* **1.** (*libro de rezos*) Brevier *nt* **2.** (*compendio*) Abriss *m*

brezo ['breθo] *m* (BOT) Heidekraut *nt*

bribón, -ona [bri'βon, -ona] **I.** *adj* **1.** (*vago*) faul **2.** (*pícaro*) verschlagen **II.** *m, f* **1.** (*bellaco*) Schurke, -in *m, f* **2.** (*pícaro*) Gauner(in) *m(f)* **3.** (*niño*) Strolch *m*

bribonada [briβo'naða] *f* Gaunerei *f*

bricolaje [briko'laxe] *m* Basteln *nt*

brida [bri'ða] *f* **1.** (*de la caballería*) Zaum *m* **2.** (*del sombrero*) Kinnband *nt* **3.** (TÉC: *reborde*) Flansch *m;* (*arandela*) Schelle *f* **4.** *pl* (MED) Verwachsung *f*

bridge [britʃ] *m* Bridge *nt*

brigada[1] [bri'ɣaða] *f* **1.** (MIL) Brigade *f* **2.** (*de obreros*) Kolonne *f* **3.** (*de policía*) Einheit *f*

brigada[2] [bri'ɣaða] *m* (MIL) ≈Feldwebel *m*

brillante [bri'ʎan̪te] *m* Brillant *m*

brillantez [briʎan̪'teθ] *f* **1.** (*de un objeto*) Glanz *m* **2.** (*de un acto*) Brillanz *f*

brillantina [briʎan̪'tina] *f* (Haar)pomade *f*

brillar [bri'ʎar] *vi* funkeln, glänzen; **~ por su ausencia** (*irón*) durch Abwesenheit glänzen

brillo ['briʎo] *m* **1.** (*reflejo de luz*) Glanz *m;* **dar ~ a algo** etw (auf Hochglanz) polieren **2.** (*gloria*) Ruhm *m* **3.** (*excelencia*) Vortrefflichkeit *f*

brincar [briŋ'kar] <c→qu> *vi* **1.** (*saltar*) hüpfen; (*hacia arriba*) hochschnellen **2.** (*pasar de un tema a otro*) übergehen (*a* zu +*dat*) **3.** (*alterarse*) außer sich *dat* sein; **~ de alegría/de rabia** außer sich *dat* vor Freude/vor Wut sein

brinco ['briŋko] *m* Sprung *m;* **dar ~s** springen; **de un ~** mit einem Satz

brindar [brin̪'dar] **I.** *vi* (*levantar la copa*) anstoßen; **~ por alguien** auf jdn anstoßen **II.** *vt* **1.** (*ofrecer*) (an)bieten, darbieten **2.** (TAUR) widmen **III.** *vr:* **~se** sich anbieten

brindis ['brin̪dis] *m inv* **1.** (*el levantar los vasos*) Zutrinken *nt* **2.** (*frase con que se brinda*) Trinkspruch *m;* **echar un ~** einen Toast ausbringen

brío ['brio] *m* **1.** (*energía*) Energie *f* **2.** (*pujanza*) Schwung *m* **3.** (*garbo*) Anmut *f*

brioso, -a [bri'oso, -a] *adj* **1.** (*con energía*) energisch **2.** (*con pujanza*) schwungvoll **3.** (*con garbo*) anmutig

brisa ['brisa] *f* Brise *f*

británico, -a [bri'taniko, -a] **I.** *adj* britisch **II.** *m, f* Brite, -in *m, f*

brizna ['briθna] *f* **1.** (*hebra*) Fädchen *nt* **2.** (BOT) Faser *f;* (*de judías*) Faden *m* **3.** (*porción diminuta*) Krume *f;* **no tiene ni una ~ de humor** er/sie hat kein bisschen Humor **4.** (*Am: llovizna*) Sprühregen *m*

broca ['broka] *f* (TÉC) (Drill)bohrer *m*

brocado [bro'kaðo] *m* Brokat *m*

brocal [bro'kal] *m* (Brunnen)rand *m*

brocha ['brotʃa] *f* **1.** (*pincel grueso*) (Maler)pinsel *m;* **pintor de ~ gorda** Maler *m* **2.** (*de afeitar*) Rasierpinsel *m* **3.** (*fam: mal pintor*) Pins(e)ler *m*

brochazo [bro'tʃaθo] *m* (grober) Pinselstrich *m*

broche ['brotʃe] *m* **1.** (*en la ropa*) Druckknopf *m;* (*de adorno*) Anstecknadel *f;* **~ de oro** (*fig*) krönender Abschluss **2.** (*Am: sujetapapeles*) Büroklammer *f* **3.** *pl* (*Am: gemelos*) Manschettenknöpfe *mpl*

brocheta [bro'tʃeta] *f* (Brat)spieß *m*

broker ['broker] *m* (FIN) Broker *m*

broma ['broma] *f* (*gracia*) Scherz *m;* (*tontería*) Unfug *m;* **~s aparte...** Spaß beiseite ...; **no estoy para ~s** ich bin nicht zum Scherzen aufgelegt

bromear [brome'ar] *vi, vr:* **~se** spaßen

bromista [bro'mista] **I.** *adj* witzig **II.** *mf* Spaßvogel *m*

bromo ['bromo] *m* (QUÍM) Brom *nt*

bromuro [bro'muro] *m* (QUÍM) Bromid *nt*

bronca ['broŋka] *f* **1.** (*riña*) Streit *m;* **se armó una ~ tremenda** es gab einen Riesenkrach **2.** (*reprimenda*) Zurechtweisung *f* **3.** (*tumulto*) Krawall *m* **4.** (*Am: enfado*) Ärger *m;* **me da ~** das macht mich ärgerlich

bronce ['bron̪θe] *m* Bronze *f*

bronceado, -a[1] [bron̪θe'aðo, -a] *adj* **1.** (*objeto*) bronzefarbig **2.** (*piel*) (sonnen)gebräunt

bronceado[2] [bron̪θe'aðo] *m* **1.** (*de un objeto*) Bronzieren *nt* **2.** (*de la piel: efecto*) (Sonnen)bräune *f;* (*acción*) Bräunen *nt*

bronceador [bron̪θea'ðor] *m* Sonnenschutzmittel *nt*

broncear [bron̪θe'ar] **I.** *vt* **1.** (*un objeto*) bronzieren **2.** (*la piel*) bräunen **II.** *vr:* **~se** sich bräunen

bronco, -a ['broŋko, -a] *adj* **1.** (*voz*) heiser **2.** (*metal: tosco*) roh; (*quebradizo*) spröde, brüchig **3.** (*genio*) schroff **4.** (*Am: caballo*) wild

bronquedad [broŋke'ða^{ð}] *f* **1.** (*de la voz*) Heiserkeit *f* **2.** (*tosquedad de metales*) Ungeschliffenheit *f;* (*delicadez*) Brüchigkeit *f* **3.** (*del genio*) Schroffheit *f*

bronquio ['broŋkjo] *m* (ANAT) Bronchie *f*

bronquitis [broŋ'kitis] *f inv* (MED) Bronchitis *f*

broquel [bro'kel] *m* **1.** (*escudo*) Schild *nt* **2.** (*amparo*) Schutz *m*

broqueta [bro'keta] *f* (Brat)spieß *m*

brotar [bro'tar] **I.** *vi* **1.** (BOT) knospen; (*árbol*) ausschlagen; (*semilla*) aufkeimen **2.** (*agua*) (hervor)quellen (*de* aus +*dat*) **3.** (*enfermedad*) sich zeigen **II.** *vt* hervorbringen

brote ['brote] *m* **1.** (BOT) Knospe *f* **2.** (*comienzo*) Aufkeimen *nt* **3.** (*erupción*) Ausbruch *m*

broza ['broθa] *f* **1.** (*hojas*) dürres Laub *nt;* (*ramas*) Reisig *nt* **2.** (*arbustos*) Dickicht *nt* **3.** (*palabras inútiles*) leeres Gerede *nt* **4.** (*bruza*) Bürste *f*

bruces ['bruθes] *adv:* **caer de** ~ auf die Nase fallen; **darse de** ~ **con alguien** (*chocar*) mit jdm zusammenstoßen; (*hallar casualmente*) auf jdn stoßen

bruja ['bruxa] *f* **1.** (*hechizera*) Hexe *f* **2.** (*lechuza*) Eule *f*

Brujas ['bruxas] *f* Brügge *nt*

brujería [bruxe'ria] *f* Hexerei *f*

brujo ['bruxo] *m* **1.** (*hechizero*) Hexenmeister *m* **2.** (*Am: médico*) Medizinmann *m*

brújula ['bruxula] *f* **1.** (*compás*) Kompass *m;* (*aguja*) Magnetnadel *f;* **perder la** ~ (*t. fig*) die Orientierung verlieren **2.** (*mira*) Visier *nt*

bruma ['bruma] *f* leichter Nebel *m*

brumoso, -a [bru'moso, -a] *adj* neblig

bruñido [bru'ɲiðo] *m* **1.** (*acto*) Polieren *nt* **2.** (*brillo*) Politur *f*

bruñir [bru'ɲir] <*3. pret:* bruñó> *vt* **1.** (*sacar brillo*) polieren **2.** (*fig fam: maquillar*) schminken **3.** (*Am: molestar*) belästigen

brusco, -a ['brusko, -a] *adj* **1.** (*repentino*) plötzlich; **un** ~ **aumento** ein sprunghafter Anstieg **2.** (*áspero*) schroff

Bruselas [bru'selas] *fpl* Brüssel *nt*

brusquedad [bruske'ða^{ð}] *f* **1.** (*de un suceso*) Unvermitteltheit *f* **2.** (*de un comportamiento*) Schroffheit *f;* **con** ~ schroff

brutal [bru'tal] *adj* **1.** (*violento*) brutal **2.** (*desconsiderado*) schonungslos **3.** (*fam: enorme*) ungeheuerlich **4.** (*fam: estupendo*) toll

brutalidad [brutali'ða^{ð}] *f* **1.** (*calidad*) Brutalität *f* **2.** (*acción violenta*) Gewalttat *f;* (*cruel*) Ungeheuerlichkeit *f* **3.** (*cantidad excesiva*) Übermaß *nt* **4.** (*estupidez*) Dummheit *f*

bruto, -a[1] ['bruto, -a] **I.** *adj* **1.** (*brutal*) brutal **2.** (*rudo*) grob **3.** (*estúpido*) dumm **II.** *m, f* **1.** (*persona brutal*) Rohling *m* **2.** (*idiota*) Dummkopf *m*

bruto[2] ['bruto] *adj* **1.** (*tosco*) roh; **diamante en** ~ Rohdiamant *m* **2.** (*peso*) brutto

búcaro ['bukaro] *m* (*jarra*) Wasserkrug *m;* (*florero*) (Blumen)vase *f*

buceador(a) [buθea'ðor(a)] *m(f)* (Sport)taucher(in) *m(f)*

bucear [buθe'ar] *vi* **1.** (*nadar*) tauchen **2.** (*investigar*) forschen (*en* in +*dat*)

buceo [bu'θeo] *m* (Sport)tauchen *nt*

buchada [bu'tʃaða] *f* (*de comida*) Mundvoll *m;* (*de bebida*) Schluck *m*

buche ['butʃe] *m* **1.** (*en las aves*) Kropf *m* **2.** (*fam: estómago*) Magen *m* **3.** (*bocanada*) Schluck *m* **4.** (*pliegue en la ropa*) Falte *f* **5.** (*lo más íntimo*) Herz *nt;* **guardar algo en el** ~ mit etw *dat* hinter dem Berg halten

bucle ['bukle] *m* **1.** (*rizo de cabello*) (Ringel)locke *f* **2.** (*onda, t.* INFOR) Schleife *f*

bucólico, -a [bu'koliko, -a] *adj* Hirten-; (LIT) bukolisch

buda ['buða] *m* Buddha *m*

budismo [bu'ðismo] *m sin pl* Buddhismus *m*

budista [bu'ðista] **I.** *adj* buddhistisch **II.** *mf* Buddhist(in) *m(f)*

buen [bwen] *adj v.* **bueno**

buenamente [bwena'meṇte] *adv* **1.** (*fácilmente*) mühelos **2.** (*voluntariamente*) freiwillig

buenaventura [bwenaβeṇ'tura] *f* **1.** (*suerte*) Glück *nt* **2.** (*adivinación*) Wahrsagung *f;* **echar la** ~ **a alguien** jdm die Zukunft voraussagen

buenazo, -a [bwe'naθo, -a] **I.** *adj* herzensgut **II.** *m, f* herzensguter Mensch *m*

bueno, -a[1] ['bweno, -a] *adj* <mejor *o* más bueno, el mejor *o* bonísimo *o* buenísimo> (*delante de un substantivo masculino: buen*) **1.** (*calidad*) gut; (*tiempo*) schön; (*constitución*) kräftig; (*decisión*) richtig; **~s días** guten Morgen; **buenas** (**tardes/noches**) guten Tag/Abend; **buen viaje** gute Reise; **hace** ~ es ist schönes Wetter; **dar algo por** ~ etw gutheißen; **estar de buenas** gut aufgelegt sein; **lo que tiene de** ~ **es que...** das Gute daran ist, dass ...; **por las buenas o por las malas** wohl oder übel **2.** (*apropiado*) geeignet **3.** (*fácil*) leicht; **el libro es** ~ **de leer** das Buch liest sich gut **4.** (*honesto*) anständig; (*bondadoso*) gütig; (*niño*) lieb; **es buena gente** das sind anständige Leute **5.** (*sano*) gesund **6.** (*fam: atractivo*) attraktiv; **está buenísima** sie sieht klasse aus **7.** (*bastante*) beträchtlich **8.** (*bonito*) schön; **¡buena la has hecho!** (*fig*) da hast du etwas Schönes angerichtet!; **¡estaría ~!** (*fig*) das wäre noch schöner!

bueno[2] ['bweno] *interj* na gut!

buey [bweị] *m* **1.** (ZOOL) Ochse *m* **2.** (*AmC: cornudo*) betrogener Ehemann *m*

búfalo ['bufalo] *m* Büffel *m*

bufanda [bu'faṇda] *f* Schal *m*

bufar [bu'far] *vi* **1.** (*resoplar*) schnauben; (*gato*) fauchen; **está que bufa** er/sie ist au-

ßer sich *dat* **2.** (*Am: oler mal*) stinken
bufé [bu'fe] *m* **1.** (*comida*) (kaltes) Büfett *nt* **2.** (*mesa*) Büfett *nt* **3.** (*local*) Bahnhofsrestaurant *nt*
bufet [bu'fe] *m* (*Am*) **1.** (*aparador*) Büfett *nt* **2.** (*cena fría*) kaltes Büfett *nt* **3.** (*restaurante*) Hotelrestaurant *nt*
bufete [bu'fete] *m* **1.** (*escritorio*) Schreibtisch *m* **2.** (*de abogado*) (Rechts)anwaltskanzlei *f;* **abrir** ~ sich als Anwalt niederlassen **3.** (*clientela*) Klientel *f* **4.** (*aparador*) Büfett *nt*
bufido [bu'fiðo] *m* **1.** (*resoplido, t. fig*) (Wut)schnauben *nt* **2.** (*exabrupto*) Rüffel *m*
bufón, -ona [bu'fon, -ona] **I.** *adj* närrisch **II.** *m, f* **1.** (*bromista*) Spaßmacher(in) *m(f)* **2.** (TEAT) Narr *m*
bufonada [bufo'naða] *f* **1.** (*burla*) Narrheit *f* **2.** (TEAT) Posse *f*
buganvilla [buɣam'biʎa] *f* (BOT) Bougainvillea *f*
buhardilla [bwar'ðiʎa] *f* **1.** (*ventana*) Dachluke *f* **2.** (*desván*) Dachboden *m* **3.** (*vivienda*) Mansarde *f*
búho ['buo] *m* **1.** (ZOOL) Uhu *m* **2.** (*persona*) mürrischer Mensch *m* **3.** (*línea de autobús*) Nachtbus *m*
buhonería [buone'ria] *f* Hausierhandel *m*
buhonero [buo'nero] *m* Hausierer *m*
buitre ['bwitre] *m* (*t. fam: persona*) (Aas)geier *m*
buitrear [bwitre'ar] *vi* **1.** (*Am: cazar*) (Geier) jagen **2.** (*CSur: vomitar*) erbrechen
bujía [bu'xia] *f* **1.** (*vela*) (Wachs)kerze *f* **2.** (*candelero*) Leuchter *m* **3.** (AUTO) Zündkerze *f* **4.** (FÍS) Candela *f*
bula ['bula] *f* (päpstliche) Bulle *f*
bulbo ['bulβo] *m* (BOT) (Blumen)zwiebel *f,* Knolle *f*
bulevar [bule'βar] *m* Boulevard *m*
Bulgaria [bul'ɣarja] *f* Bulgarien *nt*
búlgaro, -a ['bulɣaro, -a] **I.** *adj* bulgarisch **II.** *m, f* Bulgare, -in *m, f*
bulimia [bu'limja] *f sin pl* (MED) Bulimie *f*
bulla ['buʎa] *f* **1.** (*ruido*) Krach *m* **2.** (*aglomeración*) Gedränge *nt;* (*confusión*) Tumult *m* **3.** (*Am: pelea*) Schlägerei *f*
bullabesa [buʎa'βesa] *f* (GASTR) Bouillabaisse *f*
bullanguero, -a [buʎaŋ'gero, -a] **I.** *adj* aufrührerisch **II.** *m, f* Unruhestifter(in) *m(f)*
bulldozer [bul'ðoθer] *m,* **bulldózer** [bul'ðoθer] *m* Bulldozer *m*
bullicio [bu'ʎiθjo] *m* **1.** (*ruido*) Lärm *m* **2.** (*sedición*) Aufstand *m* **3.** (*tumulto*) Tumult *m*
bullicioso, -a [buʎiθjoso, -a] *adj* laut
bullir [bu'ʎir] <*3. pret:* bulló> **I.** *vi* **1.** (*hervir*) kochen; (*borbotar*) sprudeln; **~le a alguien la sangre (en las venas)** (*fig*) voller Tatendrang sein **2.** (*agitarse*) sich tummeln; (*moverse*) sich regen **3.** (*pulular*) wimmeln **II.** *vt* bewegen **III.** *vr:* **~se** sich bewegen
bulo ['bulo] *m* Gerücht *nt*
bulto ['bulto] *m* **1.** (*tamaño*) Umfang *m;* **de** ~ sperrig **2.** (*importancia*) Bedeutung *f;* (*esencia*) Kern *m;* **un error de** ~ ein bedeutender Fehler **3.** (*cuerpo indistinguible*) undeutliche Gestalt *f* **4.** (*fardo*) Bündel *nt* **5.** (*paquete*) Gepäckstück *nt* **6.** (MED) Geschwulst *f* **7.** (*loc*): **a** ~ ungefähr; **escurrir el** ~ (*fam*) sich verdrücken
bumerán [bume'ran] *m,* **bumerang** [bume'ran] *m* Bumerang *m;* **efecto** ~ Bumerangeffekt *m*
bungaló [buŋga'lo] *m,* **bungalow** [buŋga'lo] *m* Bungalow *m*
búnker ['bunker] *m* (MIL) Bunker *m*
buñuelo [bu'ɲwelo] *m* **1.** (*pastel*) ≈Krapfen *m;* ~ **de viento** Windbeutel *m* **2.** (*chapuza*) Pfuscharbeit *f*
BUP [bup] *m abr de* **Bachillerato Unificado Polivalente** ≈(gymnasiale) Oberstufe *f*
buque ['buke] *m* **1.** (*barco*) Schiff *nt;* ~ **de pasajeros** Passagierdampfer *m* **2.** (*casco*) Schiffsrumpf *m* **3.** (*cabida*) Fassungsvermögen *nt*
buqué [bu'ke] *m* Bukett *nt*
buque-cisterna ['buke-θis'terna] *m* <buques-cisterna> Tanker *m*
burbuja [bur'βuxa] *f* (Luft)blase *f*
burbujear [burβuxe'ar] *vi* sprudeln
burdel [bur'ðel] *m* Bordell *nt*
Burdeos [bur'ðeos] *m* Bordeaux *nt*
burdo, -a ['burðo, -a] *adj* (*tosco*) grob; (*excusa*) plump
bureo [bu'reo] *m* Vergnügen *nt;* **ir de** ~ einen draufmachen *fam*
burgalés, -esa [burɣa'les, -esa] **I.** *adj* aus Burgos **II.** *m, f* Einwohner(in) *m(f)* von Burgos
burgo ['burɣo] *m* **1.** (*aldea*) Weiler *m* **2.** (HIST: *castillo*) Burg *f*
burgués, -esa [bur'ɣes, -esa] **I.** *adj* **1.** (*de la clase media*) bürgerlich **2.** (*pey: mediocre*) spießerhaft **II.** *m, f* **1.** (*ciudadano*) Bürger(in) *m(f)* **2.** (*persona mediocre*) Spießer(in) *m(f)*
burguesía [burɣe'sia] *f* Bürgertum *nt*
buril [bu'ril] *m* Grabstichel *m*
burla ['burla] *f* **1.** (*mofa*) Spott *m;* **hacer** ~ **de alguien** sich über jdn lustig machen **2.** (*broma*) Scherz *m;* **~s aparte** Spaß beiseite **3.** (*engaño*) (übler) Streich *m*
burlador(a) [burla'ðor(a)] **I.** *adj* spöttisch **II.** *m(f)* **1.** (*mofador*) Spötter(in) *m(f)* **2.** (*bromista*) Spaßmacher(in) *m(f)* **3.** (*seductor*) Verführer(in) *m(f)*
burlar [bur'lar] **I.** *vt* **1.** (*mofarse*) verspotten **2.** (*engañar*) täuschen **3.** (*frustrar*) zunichte

machen **4.** (*eludir*) umgehen; (*orden*) missachten; (*bloqueo*) brechen **5.** (*seducir*) verführen **II.** *vr:* ~**se** Spaß machen

burlesco, -a [bur'lesko, -a] *adj* **1.** (*jocoso*) spaßig **2.** (LIT) possenhaft

burlete [bur'lete] *m* (*de la ventana*) Fensterabdichtung *f;* (*de la puerta*) Türabdichtung *f*

burlón, -ona [bur'lon, -ona] **I.** *adj* spöttisch **II.** *m, f* **1.** (*mofador*) Spötter(in) *m(f)* **2.** (*guasón*) Witzbold *m*

buró [bu'ro] *m* **1.** (*escritorio*) Schreibtisch *m* **2.** (*Am: mesa de noche*) Nachttisch *m*

burocracia [buro'kraθja] *f* Bürokratie *f*

burócrata [bu'rokrata] *mf* Bürokrat(in) *m(f)*

burocrático, -a [buro'kratiko, -a] *adj* bürokratisch

burocratización [burokratiθa'θjon] *f* Bürokratisierung *f*

burocratizar [burokrati'θar] <z→c> *vt* bürokratisieren

burrada [bu'rraða] *f* **1.** (*manada*) Eselherde *f* **2.** (*fam: disparate*) Unsinn *m;* **decir ~s** dummes Zeug reden **3.** (*fam: cantidad grande*) Unmenge *f*

burro, -a[1] ['burro, -a] **I.** *adj* **1.** (*tonto*) dumm **2.** (*obstinado*) stur **II.** *m, f* **1.** (ZOOL) Esel(in) *m(f);* ~ **de carga** (*t. fig*) Packesel *m* **2.** (*persona tonta*) Trottel *m;* ~ **cargado de letras** Fachidiot *m* **3.** (*persona obstinada*) Starrkopf *m* **4.** (*persona trabajadora*) Arbeitstier *nt* **5.** (*loc*): **apearse del** ~ nachgeben; **no ver tres en un** ~ stockblind sein

burro[2] ['burro] *m* **1.** (*armazón*) (Säge)bock *m* **2.** (*AmC: escalera*) Zimmerleiter *f* **3.** (*AmC: columpio*) Schaukel *f*

bursátil [bur'satil] *adj* Börsen-; **información** ~ Börsenbericht *m*

bus [bus] *m* (*t.* INFOR) Bus *m*

busca ['buska] *f* Suche *f;* **en ~ de alguien** auf der Suche nach jdm

buscabullas [buska'βuʎas] **I.** *adj* Unruhe stiftend **II.** *mf inv* Unruhestifer(in) *m(f)*

buscapié [buska'pje] *m* Bemerkung *f*

buscapleitos [buska'ple̯itos] *mf inv* (*Am*) Unruhestifter(in) *m(f)*

buscar [bus'kar] <c→qu> *vi, vt* suchen; **enviar a alguien a ~ algo** jdn nach etw *dat* schicken; **ir a** ~ (ab)holen; **él se la ha buscado** er hat es nicht anders gewollt

buscatesoros [buskate'soros] *mf inv* Schatzsucher(in) *m(f)*

buscavidas [buska'βiðas] *mf inv* **1.** (*curioso*) Schnüffler(in) *m(f)* **2.** (*diligente*) Lebenskünstler(in) *m(f)*

buscona [bus'kona] *f* Hure *f*

busilis [bu'silis] *m inv* Haken *m;* **dar en el** ~ den Nagel auf den Kopf treffen

búsqueda ['buskeða] *f* (*t.* INFOR) Suche *f*

busto ['busto] *m* **1.** (*escultura*) Büste *f* **2.** (*cuadro*) Porträt *nt* **3.** (ANAT) Oberkörper *m*

butaca [bu'taka] *f* **1.** (*silla*) Lehnstuhl *m* **2.** (*de cine, de teatro*) Parkettsitz *m*

butacón [buta'kon] *m* Armsessel *m*

butano [bu'tano] **I.** *adj* orange(n) **II.** *m* **1.** (QUÍM) Butan(gas) *nt* **2.** (*color*) Orange *nt*

butifarra [buti'farra] *f* **1.** (*embutido*) *katalanische Presswurst* **2.** (*salchicha*) Bratwurst *f* **3.** (*Am: media*) zu weiter Strumpf *m*

> Die **butifarra** ist eine Presswurst aus Schweinefleisch, die ganz typisch in **Cataluña** und **Valencia** und auf den **Baleares** ist.

butrón [bu'tron] *m* (*fam*) Einbruch *m*

buzo ['buθo] *m* **1.** (*buceador*) Taucher *m* **2.** (*mono*) Overall *m*

buzón [bu'θon] *m* **1.** (*de correos*) Briefkasten *m;* ~ (**electrónico**) (INFOR) Mailbox *f* **2.** (*canal*) Abzugskanal *m* **3.** (*tapón*) Stöpsel *m*

byte [ba̯iᵗ] *m* (INFOR) Byte *nt;* ~ **de control** Prüfbyte *nt*

C

C, c [θe] *f* C, c *nt;* ~ **de Carmen** C wie Cäsar
C/ ['kaʎe] *abr de* **calle** Str.
cabal [ka'βal] **I.** *adj* **1.** (*completo*) vollständig **2.** (*persona*) redlich **II.** *m:* **no estar en sus ~es** nicht alle Tassen im Schrank haben *fam*
cábala ['kaβala] *f* **1.** (REL) Kabbala *f* **2.** (*intriga*) Intrige *f* **3.** *pl* (*suposición*) Mutmaßungen *fpl*
cabalgadura [kaβalɣa'ðura] *f* (*de montura*) Reittier *nt;* (*de carga*) Lasttier *nt*
cabalgar [kaβal'ɣar] <g→gu> **I.** *vi* reiten **II.** *vt* **1.** (*a caballo*) reiten **2.** (*el macho a la hembra*) bespringen
cabalgata [kaβal'ɣata] *f* Umzug *m*
caballa [ka'βaʎa] *f* Makrele *f*
caballeresco, -a [kaβaʎe'resko, -a] *adj* **1.** (HIST) Ritter- **2.** (*galante*) ritterlich
caballería [kaβaʎe'ria] *f* **1.** (*montura*) Reittier *nt* **2.** (MIL) Kavallerie *f*
caballeriza [kaβaʎe'riθa] *f* Reitstall *m*
caballero [kaβa'ʎero] *m* **1.** (*señor*) Herr *m* **2.** (*galán*) Gentleman *m* **3.** (HIST) Ritter *m*
caballeroso, -a [kaβaʎe'roso, -a] *adj* **1.** (*galante*) höflich **2.** (*generoso*) großmütig
caballete [kaβa'ʎete] *m* **1.** (*de mesa*) Bock *m* **2.** (*de cuadro*) Staffelei *f*
caballito [kaβa'ʎito] *m* **1.** (ZOOL): ~ **de mar** Seepferdchen *nt* **2.** *pl* (*en una feria*) Karussell *nt*
caballo [ka'βaʎo] *m* **1.** (*animal*) Pferd *nt;* **a ~** zu Pferde; **ir a ~** reiten; ~ **de batalla** (*fig*) Kernpunkt *m* **2.** (*ajedrez*) Springer *m* **3.** (DEP): ~ (**de saltos**) (Sprung)pferd *nt* **4.** (*naipes*) ≈Dame *f* **5.** (*argot: heroína*) Heroin *nt*
cabaña [ka'βaɲa] *f* **1.** (*choza*) Hütte *f* **2.** (AGR) Viehbestand *m*
cabaré [kaβa're] *m,* **cabaret** [kaβa're] *m* <cabarets> Kabarett *nt*
cabecear [kaβeθe'ar] **I.** *vi* **1.** (*mover la cabeza*) den Kopf schütteln **2.** (*dormitar*) einnicken **II.** *vt* (DEP) köpfen
cabecera [kaβe'θera] *f* **1.** (*de una cama*) Kopfende *nt* **2.** (*de la mesa*) Stirnseite *f;* (*plaza de honor*) Ehrenplatz *m;* **médico de ~** Hausarzt *m* **3.** (*del periódico*) Zeitungskopf *m*
cabecilla [kaβe'θiʎa] *mf* Anführer(in) *m(f)*
cabellera [kaβe'ʎera] *f* **1.** (*de la cabeza*) Haare *ntpl;* (*abundante*) Mähne *f* **2.** (ASTR) Schweif *m*
cabello [ka'βeʎo] *m* Haar(e) *nt(pl);* **se le pusieron los ~s de punta** ihm/ihr standen die Haare zu Berge; **traído por los ~s** an den Haaren herbeigezogen
caber [ka'βer] *irr vi* **1.** (*tener espacio*) (hinein)passen (*en* in +*akk*); **no ~ en sí de...** außer sich *dat* sein vor ...; **no me cabe en la cabeza** ich kann es nicht fassen; **esta falda no me cabe** dieser Rock passt mir nicht **2.** (*pasar*) durchgehen (*por* durch +*akk*) **3.** (*loc*): **cabe la posibilidad de que...** +*subj* es besteht die Möglichkeit, dass ...; **no cabe duda** (**de que...**) es steht außer Zweifel(, dass ...)
cabestrillo [kaβes'triʎo] *m* Schlinge *f*
cabeza¹ [ka'βeθa] *f* **1.** (*t.* ANAT, TÉC) Kopf *m;* ~ **de ajo** Knoblauchknolle *f;* ~ **atómica** Atomsprengkopf *m;* ~ **de lectura** [*o* **lectora**] (INFOR) Lesekopf *m;* ~ **de partido** Bezirkshauptstadt *f;* ~ **abajo** auf dem Kopf (stehend); ~ **arriba** aufrecht; **de ~** kopfüber; **por ~** pro Kopf; **abrirse la ~** sich *dat* den Kopf einschlagen; **asentir con la ~** nicken; **negar con la ~** den Kopf schütteln; **se me va la ~** mir wird schwindelig; **de la ~ a los pies** von Kopf bis Fuß; **estar mal de la ~** (*fam*) einen Vogel haben; **jugarse la ~** Kopf und Kragen riskieren; **métetelo en la ~** schreib's dir hinter die Ohren; **algo se le pasa a alguien por la ~** jdm geht etw durch den Kopf; **quitarse algo de la ~** sich *dat* etw aus dem Kopf schlagen; **sentar** (**la**) ~ sich in geordnete Bahnen begeben; **tener buena/mala ~** ein gutes/schlechtes Gedächtnis haben; **tener la ~ dura** dickköpfig sein; **traer de ~** Kummer machen; **levantar ~** sein Tief überwinden; **este chico tiene ~** dieser Junge ist ein kluger Kopf; **tener ~ para los negocios** geschäftstüchtig sein **2.** (*extremo*) Spitze *f;* **ir en ~** (DEP) führen **3.** (AGR: *res*) Stück *nt*
cabeza² [ka'βeθa] *m* (An)führer *m;* ~ **de familia** Familienoberhaupt *nt;* ~ **rapada** Skinhead *m*
cabezada [kaβe'θaða] *f* Schlag *m* (auf den Kopf); **dar** [*o* **echar**] **una ~** (*fam*) ein Nickerchen machen
cabezazo [kaβe'θaθo] *m* **1.** (*golpe*) Schlag *m* (auf den Kopf); **darse un ~** sich *dat* den Kopf anstoßen **2.** (DEP) Kopfball *m*
cabezón, -ona [kaβe'θon, -ona] **I.** *adj* **1.** (*de cabeza grande*) großköpfig **2.** (*fam: obstinado*) dickköpfig **II.** *m, f* Dickkopf *m*
cabezonería [kaβeθone'ria] *f* (*fam*) Dick-

köpfigkeit *f*
cabida [ka'βiða] *f* Fassungsvermögen *nt*
cabina [ka'βina] *f* Kabine *f;* (*en la playa*) Umkleidekabine *f;* ~ **de control** (TÉC) Regieraum *m;* ~ **del piloto** Cockpit *nt;* ~ **de proyección** Filmvorführraum *m;* ~ **de teléfonos** Telefonzelle *f*
cabizbajo, -a [kaβiθ'βaxo, -a] *adj* mit gesenktem Kopf; (*triste*) niedergeschlagen
cable ['kaβle] *m* **1.** (ELEC) Kabel *nt;* **se le cruzaron los ~s** (*fam*) er/sie ist durchgedreht; **echar un ~ a alguien** (*fam*) jdm aus der Klemme helfen **2.** (*telegrama*) Telegramm *nt*
cablegrafiar [kaβleɣrafi'ar] <*1. pres:* cablegrafío> *vt* telegrafieren
cabo ['kaβo] *m* **1.** (*extremo*) Ende *nt;* **al fin y al ~** letzten Endes; **de ~ a rabo** von A bis Z; **llevar a ~** vollbringen; **no dejar ningún ~ suelto** keinen Punkt außer Acht lassen **2.** (GEO) Kap *nt;* **Ciudad del C~** Kapstadt *nt* **3.** (MIL) Gefreite(r) *m* **4.** (NÁUT) Seil *nt* **5.** (*loc*): **al ~ de** nach +*dat*
cabotaje [kaβo'taxe] *m* **1.** (NÁUT) Küstenschifffahrt *f* **2.** (JUR) Kabotage *f*
cabra ['kaβra] *f* Ziege *f;* ~ **montés** Steinbock *m;* **estar como una ~** (*fam*) spinnen
cabrear [kaβre'ar] **I.** *vt* (*fam*) wütend machen; **estar cabreado** stinksauer sein **II.** *vr:* **~se** (*fam*) wütend sein
cabrero, -a [ka'βrero, -a] *m, f* Ziegenhirt(in) *m(f)*
cabrestante [kaβres'taṇte] *m* **1.** (TÉC) Winde *f* **2.** (NÁUT) Spill *nt*
cabriola [ka'βrjola] *f* Kapriole *f;* **hacer ~s** herumspringen
cabritillo, -a [kaβri'tiʎo, -a] *m, f* Zicklein *nt*
cabrón, -ona[1] [ka'βron, -ona] *m, f* (*vulg pey*) Arschloch *nt*
cabrón[2] [ka'βron] *m* **1.** (*animal*) Ziegenbock *m* **2.** (*vulg pey: cornudo*) Hahnrei *m*
cabronada [kaβro'naða] *f* (*vulg pey*) Sauerei *f fam*
caca ['kaka] *f* (*fam*) **1.** (*excremento*) Kot *m;* (*lenguaje infantil*) Aa *nt* **2.** (*chapuza*) Mist *m,* Kacke *f*
cacahuete [kaka'wete] *m* Erdnuss *f*
cacao [ka'kao] *m* **1.** (*planta*) Kakao *m* **2.** (*fam: jaleo*) Radau *m;* **pedir ~** (*Am*) sich ergeben
cacarear [kakare'ar] **I.** *vi* **1.** (*gallinas*) gackern **2.** (*fam: presumir*) aufschneiden **II.** *vt* (*fam*) **1.** (*presumir*) angeben (mit +*dat*) **2.** (*pregonar*) ausposaunen
cacatúa [kaka'tua] *f* **1.** (ZOOL) Kakadu *m* **2.** (*fam: mujer*) Vogelscheuche *f*
cacería [kaθe'ria] *f* **1.** (*partida*) Jagd *f* **2.** (*piezas*) Jagdbeute *f*
cacerola [kaθe'rola] *f* (flacher) Kochtopf *m*
cachalote [katʃa'lote] *m* (ZOOL) Pottwal *m*
cacharro [ka'tʃarro] *m* **1.** (*recipiente*) Topf *m* **2.** (*fam pey: aparato*) Schrott *m* **3.** (*fam pey: trasto*) Kram *m;* **¡quita ese ~ de ahí!** nimm das Zeug da weg!
cachas[1] ['katʃas] **I.** *adj inv* **1.** (*fam: fuerte*) kräftig **2.** (*vulg: sexy*) scharf *fam* **II.** *fpl* (*fam*) Hintern *m*
cachas[2] ['katʃas] *mf inv* (*fam: hombre*) Muskelpaket *nt;* (*mujer*) muskulöse Frau *f*
cachaza [ka'tʃaθa] *f* **1.** (*sosiego*) Gelassenheit *f* **2.** (*flema*) Phlegma *nt*
cachazudo, -a [katʃa'θuðo, -a] *adj* **1.** (*sosegado*) gelassen **2.** (*flemático*) phlegmatisch
cachear [katʃe'ar] *vt* durchsuchen
cachemir [katʃe'mir] *m* **1.** (*tejido*) Kaschmir *m* **2.** (*estampado*) Paisley(muster) *nt*
cachete [ka'tʃete] *m* **1.** (*golpe*) Klaps *m* **2.** (*carrillo*) Pausbacke *f*
cachimba [ka'tʃimba] *f* (*Am*) **1.** (*pipa*) Pfeife *f* **2.** (*cartucho*) Patronenhülse *f*
cachiporra [katʃi'porra] *f* Knüppel *m*
cachondear [katʃoṇde'ar] **I.** *vi* (*vulg*) knutschen *fam* **II.** *vt* (*vulg*) aufgeilen *fam* **III.** *vr:* **~se** (*vulg*) verarschen (*de* +*akk*)
cachondeo [katʃoṇ'deo] *m* **1.** (*fam: broma*) Ulk *m;* (*juerga*) Heidenspaß *m;* **tomar algo a ~** etw auf die leichte Schulter nehmen; **esto es un ~** hier geht es zu wie im Affenkäfig **2.** (*vulg: burla*) Spott *m*
cachondo, -a [ka'tʃoṇdo, -a] **I.** *adj* **1.** (*vulg: sexual*) geil *fam;* **poner a alguien ~** jdn aufgeilen *fam* **2.** (*fam: gracioso*) witzig **3.** (*perra*) läufig **II.** *m, f* **1.** (*vulg: juerguista*) Lebemann *m,* Lebedame *f* **2.** (*fam: gracioso*) Witzbold *m;* **es un ~** er ist immer zu Späßen aufgelegt
cachorro, -a [ka'tʃorro, -a] **I.** *adj* (*Am*) verächtlich **II.** *m, f* Junge(s) *nt;* (*de perro, lobo*) Welpe *m*
cacique [ka'θike] *m* **1.** (*jefe indio*) Kazike *m* **2.** (*tirano*) Dorftyrann *m*
caciquismo [kaθi'kismo] *m* (*pey*) Bonzokratie *f*
caco ['kako] *m* (*argot*) Langfinger *m*
cacto ['kakto] *m* Kaktus *m*
cada ['kaða] *adj* jede(r, s); ~ **uno/una** jeder/jede; **libros a 1000 pesetas ~ uno** Bücher à 1000 Peseten (das Stück); ~ **hora** stündlich; ~ **día** täglich; (*fig*) immer wieder; ~ **vez más/peor** immer mehr/schlimmer; ~ **vez que...** immer wenn ...; **¿~ cuánto?** wie oft?
cadalso [ka'ðalso] *m* **1.** (*tarima*) Podest *nt* **2.** (*patíbulo*) Schafott *nt*
cadáver [ka'ðaβer] *m* (*de personas*) Leiche *f;* (*de animales*) Kadaver *m*
cadavérico, -a [kaða'βeriko, -a] *adj* **1.** (*muerto*) Leichen- **2.** (*pálido*) leichenblass
cadena [ka'ðena] *f* **1.** (*objeto, t. fig*) Kette *f;* ~ **alimentaria** (BIOL) Nahrungskette *f;* ~

(**antideslizante**) (AUTO) Schneekette *f;* ~ **hotelera** Hotelkette *f;* ~ **humana** Menschenkette *f;* ~ **perpetua** (JUR) lebenslängliche Gefängnisstrafe; **trabajo en** ~ Fließbandarbeit *f;* **atar un perro con** ~ einen Hund an die Kette legen **2.** (*sucesión*) Serie *f;* **choque en** ~ Massenkarambolage *f;* **reacción en** ~ Kettenreaktion *f* **3.** (GEO) Bergkette *f* **4.** (RADIO, TV) (gemeinsames) Programm *nt;* ~ **de sonido** Stereoanlage *f* **5.** (*impedimento*) Fesseln *fpl*

cadencia [ka'ðeṇθja] *f* **1.** (*ritmo*) Rhythmus *m* **2.** (LING, MÚS) Kadenz *f*

cadera [ka'ðera] *f* Hüfte *f*

cadete [ka'ðete] *m* (MIL) Kadett *m*

cadmio ['kaðmjo] *m* (QUÍM) Kadmium *nt*

caducar [kaðu'kar] <c→qu> *vi* **1.** (*documento*) ungültig werden; **este pasaporte está caducado** dieser Pass ist abgelaufen **2.** (*producto*) verfallen; **la leche está caducada** das Haltbarkeitsdatum der Milch ist abgelaufen

caducidad [kaðuθi'ða^{ð}] *f* **1.** (*de un documento*) Gültigkeit *f;* **fecha de** ~ Gültigkeitsdauer *f* **2.** (*de productos*) Haltbarkeit *f;* **fecha de** ~ Haltbarkeitsdatum *nt*

caduco, -a [ka'ðuko, -a] *adj* **1.** (*personas*) altersschwach **2.** (*perecedero*) vergänglich **3.** (*árbol*) Laub abwerfend

caer [ka'er] *irr* **I.** *vi* **1.** (*objeto, persona*) (herunter)fallen, (hin)fallen; (*fecha, precio*) fallen (*en* auf +*akk*); ~ **al suelo** auf den Boden fallen; ~ **(en) redondo** (*fam*) umkippen; ~ **en cama** [*o* **enfermo**] krank werden; ~ **en la bebida** dem Alkohol verfallen; ~ **en la cuenta** begreifen; ~ **en manos de alguien** in jds Hände geraten; ~ **en saco roto** auf taube Ohren stoßen; **dejarse** ~ (*fam: abandonarse*) sich fallen lassen; (*presentarse*) sich sehen lassen; **tu amigo me cae bien/mal** ich kann deinen Freund gut leiden/nicht leiden **2.** (*presidente*) stürzen **3.** (*comida*) bekommen **4.** (*vestidos*) stehen **5.** (*fam: encontrarse*) liegen; **¿por dónde cae Jerez?** wo liegt Jerez? **6.** (*atacar*) überfallen (*sobre* +*akk*) **7.** (*empezar*) beginnen; **estar al** ~ (*fam*) kurz bevorstehen **II.** *vr:* ~**se 1.** (*desplomarse*) stürzen; (*un avión*) abstürzen; (*pelo, dientes*) ausfallen; (*casa*) verfallen; ~**se de culo** auf den Hintern fallen; **se me ha caído el pañuelo** mir ist mein Taschentuch heruntergefallen; ~**se de sueño** todmüde sein **2.** (*loc*): **se le cae la cara de vergüenza** er/sie schämt sich zu Tode; **no tener dónde** ~**se muerto** (*fam*) arm wie eine Kirchenmaus sein

café [ka'fe] *m* **1.** (*bebida*) Kaffee *m;* ~ **con leche** Milchkaffee *m;* ~ **solo** Espresso *m;* **tomar un** ~ einen Kaffee trinken **2.** (*local*) Café *nt* **3.** (*planta*) Kaffeestrauch *m;* (*semilla*) Kaffeebohne *f*

cafeína [kafe'ina] *f* Koffein *nt*

cafetal [kafe'tal] *m* Kaffeeplantage *f*

cafetera [kafe'tera] *f* Kaffeekanne *f;* ~ **eléctrica** Kaffeemaschine *f*

cafetería [kafete'ria] *f* **1.** (*local*) Café *nt;* (*autoservicio*) Cafeteria *f* **2.** (*tienda*) Kaffeegeschäft *nt*

cafeto [ka'feto] *m* Kaffeepflanze *f*

cafre ['kafre] *mf* Barbar(in) *m(f)*

cagar [ka'ɣar] <g→gu> **I.** *vi* (*vulg*) scheißen **II.** *vt* (*vulg*) versauen *fam;* **¡ya la hemos cagado!** jetzt ist alles im Arsch **III.** *vr:* ~**se** (*vulg: de miedo*) Schiss haben *fam;* **¡me cago en diez!** verdammt noch mal! *fam*

caída [ka'iða] *f* **1.** (*bajada brusca*) Fall *m,* Sturz *m;* (*de aviones*) Absturz *m;* ~ **del cabello** Haarausfall *m;* ~ **de gobierno** Regierungssturz *m;* ~ **del sistema** (INFOR) Systemabsturz *m;* **la** ~ **del muro de Berlín** der Fall der Berliner Mauer; **esta calle tiene mucha** ~ diese Straße ist sehr steil; **las cortinas tienen una bonita** ~ die Vorhänge fallen schön **2.** (*de agua*) Wasserfall *m* **3.** (FIN) Kursverfall *m* **4.** (*ocurrencia*) Einfall *m* **5.** (*de un imperio, del sol*) Untergang *m*

caído, -a [ka'iðo, -a] **I.** *adj* (*flojo*) schlaff; (*abatido*) niedergeschlagen **II.** *m, f* Gestürzte(r) *mf;* (*en la guerra*) Gefallene(r) *mf*

caigo ['kai̯ɣo] *1. pres de* **caer**

caimán [kai̯'man] *m* (ZOOL) Kaiman *m*

Cairo ['kai̯ro] *m:* **El** ~ Kairo *nt*

caja ['kaxa] *f* **1.** (*recipiente*) Kasten *m;* (*de madera*) (Holz)kiste *f;* (*de cartón: pequeña*) (Papp)schachtel *f;* (*grande*) Karton *m;* (*de lata*) Dose *f;* ~ **fuerte** Tresor *m;* ~ **de herramientas** Werkzeugkasten *m;* (INFOR) Toolbox *f;* ~ **de música** Spieldose *f;* ~ **negra** (AERO) Flugschreiber *m* **2.** (*carcasa*) Gehäuse *nt;* ~ **de cambios** (AUTO) Getriebe *nt;* ~ **torácica** (ANAT) Brustkorb *m* **3.** (FIN) Kasse *f;* **C~ (Postal) de Ahorros** (Post)sparkasse *f*

cajero, -a [ka'xero, -a] *m, f* Kassierer(in) *m(f);* ~ **automático** Geldautomat *m*

cajetilla [kaxe'tiʎa] *f* (*caja pequeña*) Schachtel *f;* (*de cigarrillos*) (Zigaretten)schachtel *f*

cajón [ka'xon] *m* (*caja grande*) (großer) Kasten *m,* (große) Kiste *f;* (*deslizante*) Schublade *f;* ~ **de salida** (DEP) Startbox *f;* **eso es de** ~ (*fam*) das versteht sich von selbst

cake [kei̯^{k}] *m* (*Am*) Kuchen *m*

cal [kal] *f* Kalk *m;* **cerrar a** ~ **y canto** fest verschließen

cala ['kala] *f* **1.** (*bahía*) Bucht *f* **2.** (NÁUT) Kielboden *m* **3.** (*en el terreno*) Probebohrung *f*

calabacín [kalaβa'θin] *m* Zucchini *f*

calabaza [kala'βaθa] *f* **1.** (BOT) Kürbis *m*

2. (*pey: persona*) Trottel *m* **3.** (*loc, fam*): **dar ~s a alguien** (*un suspenso*) jdm einen Sechser geben; (*una negativa*) jdm einen Korb geben

calabozo [kala'βoθo] *m* **1.** (*mazmorra*) Kerker *m* **2.** (*celda*) Gefängniszelle *f*

calada [ka'laða] *f* (*fam*) Zug *m;* **¿me das una ~?** lässt du mich mal ziehen?

caladero [kala'ðero] *m* Fanggrund *m*

calado [ka'laðo] *m* **1.** (*bordado*) Hohlsaum *m* **2.** (NÁUT) Tiefgang *m*

calamar [kala'mar] *m* Tintenfisch *m*

calambrazo [kalam'braθo] *m* Stromschlag *m*

calambre [ka'lambre] *m* **1.** (*muscular*) (Muskel)krampf *m;* ~ **de estómago** Magenkrampf *m* **2.** (*eléctrico*) Stromschlag *m*

calamidad [kalami'ða[ð]] *f* **1.** (*catástrofe*) Katastrophe *f;* (*desastre*) Unglück *nt* **2.** (*miseria*) Not *f* **3.** (*fam: persona*) Niete *f*

calamitoso, -a [kalami'toso, -a] *adj* (*persona*) jämmerlich; (*situación*) schrecklich

calandria [ka'laṇdrja] *f* **1.** (ZOOL) Heidelerche *f* **2.** (*máquina*) Kalander *m;* (*para ropa*) Mangel *f*

calaña [ka'laɲa] *f:* **ser de mala ~** bösartig sein

calar [ka'lar] **I.** *vi* **1.** (*líquido*) durchdringen **2.** (*material*) durchlässig sein **3.** (NÁUT) Tiefgang haben **II.** *vt* **1.** (*líquido*) durchnässen; **el chaparrón me ha calado la chaqueta** der Regen ist durch meine Jacke gedrungen **2.** (*con un objeto*) durchbohren **3.** (*afectar*) nahe gehen (*a +dat*) **4.** (*una prenda*) mit Hohlsaum besticken **5.** (*cortar*) anschneiden **6.** (*fam: desenmascarar*) durchschauen **7.** (*motor*) abwürgen *fam* **III.** *vr:* **~se** **1.** (*mojarse*) nass werden **2.** (*motor*) absaufen *fam* **3.** (*gorra*) aufsetzen

calavera [kala'βera] *f* Totenkopf *m*

calcáneo [kal'kaneo] *m* (ANAT) Fersenbein *nt*

calcañar [kalka'ɲar] *m* (ANAT) Ferse *f*

calcar [kal'kar] <c→qu> *vt* **1.** (*dibujar*) abpausen **2.** (*imitar*) nachahmen; **es calcado a su padre** er ist seinem Vater wie aus dem Gesicht geschnitten

calceta [kaḷ'θeta] *f* Strickarbeit *f*

calcetín [kaḷθe'tin] *m* Socke *f*

calcificar [kaḷθifi'kar] <c→qu> **I.** *vt* verkalken lassen **II.** *vr:* **~se** verkalken

calcinar [kaḷθi'nar] **I.** *vt* **1.** (*carbonizar*) verbrennen **2.** (QUÍM) kalzinieren **II.** *vr:* **~se** verbrennen

calcio ['kaḷθjo] *m* Kalzium *nt*

calco ['kalko] *m* **1.** (*de dibujos*) Durchschlag *m* **2.** (*imitación*) Abklatsch *m pey* **3.** (LING) Lehnwort *nt*

calcomanía [kalkoma'nia] *f* Abziehbild *nt*

calculador(a) [kalkula'ðor(a)] *adj* berechnend

calculadora [kalkula'ðora] *f* Rechenmaschine *f;* ~ **de bolsillo** Taschenrechner *m*

calcular [kalku'lar] **I.** *vi* rechnen **II.** *vt* **1.** (*computar*) berechnen; (*de antemano*) kalkulieren **2.** (*aproximadamente*) (ab)schätzen; **calculo que llegaré sobre las diez** ich schätze, dass ich gegen zehn Uhr ankommen werde

cálculo ['kalkulo] *m* **1.** (*matemático*) Rechnen *nt;* ~ **diferencial** Differenzialrechnung *f;* ~ **mental** Kopfrechnen *nt;* ~ **de probabilidades** Wahrscheinlichkeitsrechnung *f* **2.** (*cómputo*) Berechnung *f;* **hacer un ~ de algo** etw berechnen **3.** (*t.* ECON) Kalkulation *f* **4.** (*suposición*) (Ein)schätzung *f* **5.** (MED) Stein *m*

caldear [kaḍde'ar] **I.** *vt* **1.** (*calentar*) erwärmen; (*con estufa*) beheizen **2.** (*acalorar*) anheizen **II.** *vr:* **~se** **1.** (*calentarse*) sich aufwärmen **2.** (*acalorarse*) sich erhitzen

caldera [kaḷ'dera] *f* (*t.* TÉC) Kessel *m*

calderilla [kaḍde'riʎa] *f* Kleingeld *nt*

caldero [kaḷ'dero] *m* (kleiner) Kessel *m*

caldo ['kaḍdo] *m* **1.** (GASTR) Brühe *f* **2.** (*vino*) Wein *m* **3.** (BIOL): ~ **de cultivo** Nährflüssigkeit *f;* (*fig*) Nährboden *m* (*de/para* für +*akk*)

calefacción [kalefa[ɣ]'θjon] *f* Heizung *f*

calefactor [kalefak'tor] *m* **1.** (*aparato*) Heizlüfter *m* **2.** (*persona*) Heizungsmonteur *m*

caleidoscopio [kaleiðos'kopjo] *m* Kaleidoskop *nt*

calendario [kaleṇ'darjo] *m* Kalender *m;* ~ **de taco** Abreißkalender *m;* ~ **de trabajo** Terminkalender *m*

calentador [kaleṇta'ðor] *m* Heizgerät *nt;* (*para la cama*) Wärmflasche *f*

calentamiento [kaleṇta'mjeṇto] *m* **1.** (*caldeamiento*) Erwärmen *nt,* Erhitzen *nt* **2.** (DEP) Aufwärmen *nt*

calentar [kaleṇ'tar] <e→ie> **I.** *vi* (*dar calor*) wärmen **II.** *vt* **1.** (*caldear*) (er)wärmen, erhitzen; (*con calefacción*) heizen; ~ **agua** Wasser heiß machen; ~ **al rojo vivo** bis zur Glut erhitzen **2.** (*enfadar*) aufregen; (*excitar*) erregen **3.** (*vulg: sexualmente*) aufgeilen *fam* **4.** (*fam: pegar*) versohlen **III.** *vr:* **~se** **1.** (*caldearse*) sich (er)wärmen **2.** (*enfadarse*) sich aufregen **3.** (DEP) sich warm machen

calentura [kaleṇ'tura] *f* **1.** (*fiebre*) Fieber *nt* **2.** (*en los labios*) Fieberbläschen *nt*

calenturiento, -a [kaleṇtu'rjeṇto, -a] *adj* **1.** (*febril*) fiebrig **2.** (*exaltado*) lebhaft

calibrar [kali'βrar] *vt* **1.** (*medir*) messen; (TÉC) kalibrieren **2.** (*calcular*) abschätzen

calibre [ka'liβre] *m* **1.** (*diámetro*) Kaliber *nt;* **eso es una mentira de ~** (*fam*) das ist eine ungeheure Lüge **2.** (*instrumento*) Kalibermaß *nt*

calidad [kali'ða^{ð}] *f* 1. (*clase*) Qualität *f;* **de alta** ~ hochwertig; **de primera** ~ erstklassig 2. (*característica*) Eigenschaft *f;* (*naturaleza*) Beschaffenheit *f;* **en** ~ **de** als 3. (*prestigio*) Bedeutung *f*

cálido, -a ['kaliðo, -a] *adj* warm

caliente [ka'ljen̩te] *adj* 1. (*cálido*) warm; (*ardiente*) heiß 2. (*acalorado*) hitzig; **poner(se)** ~ (*vulg*) (sich) aufgeilen *fam*

califa [ka'lifa] *m* Kalif *m*

calificación [kalifika'θjon] *f* 1. (*denominación*) Bezeichnung *f;* (*evaluación*) Beurteilung *f* 2. (*cualificación*) Qualifizierung *f;* ~ **profesional** berufliche Qualifikation 3. (*nota*) Note *f*

calificado, -a [kalifi'kaðo, -a] *adj* 1. (*cualificado, t.* JUR) qualifiziert 2. (*reconocido*) angesehen

calificar [kalifi'kar] <c→qu> *vt* 1. (*definir*) bezeichnen (*de* als +*akk*); (*evaluar*) beurteilen 2. (*atribuir una cualidad*) kennzeichnen (*de* als +*akk*) 3. (ENS) benoten

calificativo [kalifika'tiβo] *m* Bezeichnung *f*

California [kali'fornja] *f* Kalifornien *nt*

caligrafía [kaliɣra'fia] *f* Kalligraphie *f*

calina [ka'lina] *f* 1. (*neblina*) Dunst *m* 2. (*polución*) Smog *m*

cáliz ['kaliθ] *m* 1. (REL) Kelch *m* 2. (BOT) Blumenkelch *m*

caliza [ka'liθa] *f* Kalkstein *m*

callado, -a [ka'ʎaðo, -a] *adj* 1. *estar* (*sin hablar*) schweigend; (*silencioso*) still 2. *ser* (*reservado*) schweigsam

callar [ka'ʎar] I. *vi, vr:* ~**se** schweigen (*de/por* vor/aus +*dat*); (*enmudecer*) verstummen (*de/por* vor/aus +*dat*); **¡cállate de una vez!** halt endlich den Mund! II. *vt* 1. (*un asunto*) verschweigen; (*un secreto*) bewahren 2. (*hacer* ~) zum Schweigen bringen

calle ['kaʎe] *f* Straße *f;* (*arbolada*) Allee *f;* (*en la autopista*) Fahrbahn *f;* (DEP) Bahn *f;* ~ **comercial** Einkaufsstraße *f;* ~ **de dirección única** Einbahnstraße *f;* ~ **peatonal** Fußgängerzone *f;* **traje de** ~ Straßenanzug *m;* ~ **arriba/abajo** straßauf/straßab; **quedarse en la** ~ (*fig fam*) auf der Straße sitzen; **hacer la** ~ (*fam*) auf den Strich gehen

callejear [kaʎexe'ar] *vi* herumbummeln

callejero [kaʎe'xero] *m* Straßenverzeichnis *nt*

callejón [kaʎe'xon] *m* Gasse *f;* ~ **sin salida** Sackgasse *f*

callista [ka'ʎista] *mf* Fußpfleger(in) *m(f)*

callo ['kaʎo] *m* 1. (*callosidad*) Hornhaut *f,* Schwiele *f;* (*ojo de gallo*) Hühnerauge *nt;* **dar el** ~ (*fam*) schuften 2. *pl* (GASTR) Kaldaunen *fpl*

calma ['kalma] *f* 1. (*tranquilidad*) Ruhe *f;* (*silencio*) Stille *f;* ~ **chicha** (NÁUT) Flaute *f* 2. (*serenidad*) Gelassenheit *f;* **¡(con)** ~**!** immer mit der Ruhe! 3. (*fam: indolencia*) Trägheit *f*

calmante [kal'man̩te] I. *adj* (*que tranquiliza*) beruhigend; (*para dolores*) schmerzstillend II. *m* (*tranquilizante*) Beruhigungsmittel *nt;* (*analgésico*) Schmerzmittel *nt*

calmar [kal'mar] I. *vi* (*viento*) abflauen II. *vt* 1. (*tranquilizar*) beruhigen 2. (*dolor, hambre*) stillen III. *vr:* ~**se** 1. (*tranquilizarse*) sich beruhigen 2. (*dolor*) nachlassen

calmoso, -a [kal'moso, -a] *adj* 1. (*tranquilo*) ruhig 2. (*fam: indolente*) träge

caló [ka'lo] *m* Zigeunersprache *f*

calor [ka'lor] *m* 1. (*de un cuerpo*) Wärme *f* 2. (*clima*) Hitze *f;* ~ **sofocante** Schwüle *f;* **hace mucho** ~ es ist sehr heiß 3. (*entusiasmo*) Eifer *m* 4. (*afecto*) Wärme *f*

caloría [kalo'ria] *f* (*t.* FÍS) Kalorie *f;* **bajo en** ~**s** kalorienarm

calumnia [ka'lumnja] *f* Verleumdung *f*

calumniar [kalum'njar] *vt* verleumden

caluroso, -a [kalu'roso, -a] *adj* (*caliente*) heiß; (*cálido*) warm; **un recibimiento** ~ ein herzlicher Empfang

calva ['kalβa] *f* 1. (*en la cabeza*) Glatze *f* 2. (*en un tejido*) kahle Stelle *f*

calvario [kal'βarjo] *m* (REL) Kreuzweg *m;* **pasar un** ~ großes Leid erfahren

calvero [kal'βero] *m* Lichtung *f*

calvicie [kal'βiθje] *f* Kahlköpfigkeit *f*

calvo, -a ['kalβo, -a] I. *adj* 1. (*en la cabeza*) kahlköpfig; **estar** ~ eine Glatze haben 2. (*tejido*) abgewetzt 3. (*sin vegetación*) kahl II. *m, f* Kahlkopf *m fam*

calza ['kal̩θa] *f* 1. (*media*) Strumpf *m* 2. (*cuña*) (Stütz)keil *m*

calzada [kal̩'θaða] *f* 1. (*carretera*) (gepflasterte) Straße *f* 2. (*carril*) Fahrbahn *f*

calzado [kal̩'θaðo] *m* Schuhwerk *nt,* Schuhe *mpl*

calzador [kal̩θa'ðor] *m* Schuhlöffel *m*

calzar [kal̩'θar] <z→c> I. *vt* 1. (*poner zapatos*) anziehen; (*esquís*) anschnallen 2. (*llevar puesto*) tragen 3. (*poner una cuña*) verkeilen II. *vr:* ~**se** (*zapatos*) (sich *dat*) anziehen; (*esquís*) sich *dat* anschnallen

calzón [kal̩'θon] *m* (*Am: pantalón*) Hose *f*

calzoncillo(s) [kal̩θon̩'θiʎo(s)] *m(pl)* Herrenunterhose *f*

cama ['kama] *f* 1. (*mueble*) Bett *nt;* ~ **elástica** Trampolin *nt;* **caer en** ~ krank werden 2. (*de animales*) Lager *nt*

camada [ka'maða] *f* 1. (*de animales*) Wurf *m* 2. (*pey: cuadrilla*) Haufen *m,* Bande *f*

camaleón [kamale'on] *m* (*t. fig*) Chamäleon *nt*

cámara[1] ['kamara] *f* 1. (FOTO) Kamera *f;* ~ **fotográfica** [*o* **de fotos**] Fotoapparat *m;* ~ **de vídeo** Videokamera *f;* **a** ~ **lenta** in Zeitlupe **2.** (*consejo*) Kammer *f;* **C~ Alta** (POL) Oberhaus *nt;* **C~ Baja** (POL) Abgeordnetenhaus *nt* **3.** (*receptáculo*) Kammer *f;* **~ frigorífica** Kühlhaus *nt* **4.** (*en un arma*) Patronenkammer *f*

cámara² ['kamara] *mf* (CINE) Kameramann, -frau *m, f*

camaradería [kamaraðe'ria] *f* Kameradschaft *f*

camarero, -a [kama'rero, -a] *m, f* **1.** (*en restaurantes*) Kellner(in) *m(f),* Bedienung *f;* **¡~!** Herr Ober! **2.** (*en la barra*) Barman, -dame *m, f* **3.** (*de habitación*) Zimmerkellner(in) *m(f)* **4.** (*en un barco*) Steward *m,* Stewardess *f*

camarilla [kama'riʎa] *f* (*t.* POL: *pey*) Clique *f*

camarón [kama'ron] *m* Garnele *f*

camarote [kama'rote] *m* Kabine *f*

camastro [ka'mastro] *m* Pritsche *f*

cambalache [kamba'laʧe] *m* Schacher *m pey*

cambiable [kam'bjaβle] *adj* **1.** (COM) umtauschbar **2.** (*intercambiable*) austauschbar

cambiante [kam'bjan̩te] *adj* **1.** (*irisado*) schillernd **2.** (*inestable*) wechselhaft **3.** (*pey: veleidoso*) launisch

cambiar [kam'bjar] **I.** *vi* **1.** (*transformarse*) sich (ver)ändern **2.** (*con 'de': alterar*) ändern; **~ de casa** umziehen; **~ de coche** sich *dat* ein neues Auto kaufen; **~ de marcha** (AUTO) schalten **II.** *vt* **1.** (*trocar*) auswechseln, austauschen; (*algo comprado*) umtauschen; **~ dinero** Geld wechseln; **~ unas palabras con alguien** mit jdm ein paar Worte wechseln; **quisiera ~ este jersey por una camiseta** ich möchte diesen Pullover gegen ein T-Shirt umtauschen **2.** (*variar*) (ver)ändern; **~ algo de lugar** etw umstellen **III.** *vr* **1.** (*transformarse*) sich verwandeln (*en* in +*akk*) **2.** (*de ropa*) sich umziehen; (*de casa*) umziehen; **~se a otra ciudad** in eine andere Stadt ziehen

cambio ['kambjo] *m* **1.** (*alteración*) (Ver)änderung *f;* **~ climático** Witterungsänderung *f;* (*globalmente*) Klimaveränderung *f;* **~ de domicilio** Wohnungswechsel *m;* **hay un ~ en el horario** der Zeitplan ändert sich; **en ~** dagegen, stattdessen; **a las primeras de ~** bei der ersten Gelegenheit **2.** (*sustitución*) Auswechs(e)lung *f,* Austausch *m;* **~ de aceite** (AUTO) Ölwechsel *m* **3.** (*transformación, intercambio*) Wandel *m;* **~ de tendencia** Trendwende *f;* **~ de impresiones** Meinungsaustausch *m;* **Libre ~** (COM) Freihandel *m;* **a ~ de algo** für etw **4.** (*en un comercio*) Umtausch *m* **5.** (FIN) (Wechsel)kurs *m;* **~ de divisa** [*o* **de moneda**] Geldwechsel *m;* **al ~ del día** zum Tageskurs **6.** (*suelto*) Kleingeld *nt;* **¿tiene ~ de 2000 pesetas?** können Sie 2000 Peseten wechseln? **7.** (TÉC) Schaltung *f;* **~ de marchas** Gangschaltung *f* **8.** (DEP) Auswechs(e)lung *f*

cambista [kam'bista] *mf* **1.** (*que cambia dinero*) Geldwechsler(in) *m(f)* **2.** (*en la banca*) Devisenhändler(in) *m(f)*

Camboya [kam'boɟa] *f* Kambodscha *nt*

camelar [kame'lar] *vt* (*fam*) **1.** (*engañar*) beschwatzen **2.** (*seducir*) verführen

camelia [ka'melja] *f* Kamelie *f*

camello, -a [ka'meʎo, -a] *m, f* **1.** (ZOOL) Kamel *nt;* (*hembra*) Kamelstute *f* **2.** (*argot: persona*) Pusher(in) *m(f)*

camelo [ka'melo] *m* (*fam*) **1.** (*adulación*) Schmeichelei *f* **2.** (*timo*) Gaunerei *f*

camerino [kame'rino] *m* (TEAT) Künstlergarderobe *f*

Camerún [kame'run] *m* Kamerun *nt*

camilla [ka'miʎa] *f* **1.** (*angarillas*) Krankenbahre *f* **2.** (*cama de hospital*) Krankenbett *nt*

camillero, -a [kami'ʎero, -a] *m, f* Sanitäter(in) *m(f)*

caminar [kami'nar] **I.** *vi* **1.** (*ir*) gehen; (*a pie*) zu Fuß gehen **2.** (*río*) strömen **3.** (*astro*) seine Bahn ziehen **4.** (*Am: funcionar*) gehen **II.** *vt* zurücklegen

caminata [kami'nata] *f* (beschwerlicher) langer Fußmarsch *m*

camino [ka'mino] *m* **1.** (*senda*) Weg *m;* (*más estrecho*) Pfad *m;* (*calle*) Straße *f;* **C~ de Santiago** Jakobsweg *m;* **a medio ~** halbwegs; **de ~ a Magdeburgo** auf dem Weg nach Magdeburg; **abrirse ~** sich *dat* Raum schaffen; **ponerse en ~** sich auf den Weg machen; **ir por buen/mal ~** (*fig*) auf dem rechten/falschen Weg sein **2.** (*distancia*) Strecke *f;* **está a dos horas de ~** es sind zwei Wegstunden von hier **3.** (*manera*) Art und Weise *f* **4.** (INFOR) Pfad *m*

> **Santiago de Compostela**, die Hauptstadt von Galicien, ist seit dem 9. Jahrhundert ein wichtiger Pilgerort der römisch-katholischen Kirche. Der **Camino de Santiago**, der nach **Santiago de Compostela** führt, wird jährlich von Tausenden von Pilgern aus aller Welt zurückgelegt.

camión [ka'mjon] *m* **1.** (AUTO) Laster *m,* Lkw *m;* **~ de la basura** Müllwagen *m;* **~ volquete** Kipplaster *m* **2.** (*Méx: autobús*) Bus *m*

camionero, -a [kamjo'nero, -a] *m, f* Lastwagenfahrer(in) *m(f),* Lkw-Fahrer(in) *m(f)*

camioneta [kamjo'neta] *f* **1.** (*furgoneta*) Kleinlaster *m;* **~ de reparto** Lieferwagen *m*

2. (*Am: autobús*) Bus *m*

camisa [ka'misa] *f* **1.** (*prenda*) (Ober)hemd *nt;* ~ **de fuerza** Zwangsjacke *f;* **cambiar de** ~ (*fig*) den Mantel nach dem Wind hängen; **no me llegaba la** ~ **al cuerpo** (*fam*) ich machte mir vor Angst fast in die Hosen **2.** (*funda*) Hülle *f* **3.** (*de reptil*) abgestreifte Haut *f*

camisería [kamise'ria] *f* **1.** (*tienda*) Hemdengeschäft *nt* **2.** (*taller*) Hemdenfabrik *f*

camiseta [kami'seta] *f* **1.** (*exterior*) T-Shirt *nt* **2.** (*interior*) Unterhemd *nt* **3.** (DEP) Trikot *nt*

camisón [kami'son] *m* Nachthemd *nt*

camomila [kamo'mila] *f* Kamille *f*

camorra [ka'morra] *f* **1.** (*fam pey: escándalo*) Krakeel *m;* **buscar** ~ Streit anfangen **2.** (*mafia napolitana*) Kamorra *f*

camote [ka'mote] *m* (*Am*) **1.** (*batata*) Süßkartoffel *f* **2.** (*molestia*) Nervtöter *m* **3.** (*amante*) Geliebte(r) *mf*

campamento [kampa'meṇto] *m* Lager *nt;* ~ **de veraneo** Ferienlager *nt*

campana [kam'pana] *f* Glocke *f;* ~ **extractora de humos** Dunstabzugshaube *f;* **el coche dio tres vueltas de** ~ das Auto überschlug sich dreimal; **echar las** ~**s a vuelo** (*fam*) etw feierlich (und frühzeitig) verkünden

campanada [kampa'naða] *f* Glockenschlag *m;* **dar la** ~ (*fig*) den Vogel abschießen *fam*

campanario [kampa'narjo] *m* Glockenturm *m*

campanilla [kampa'niʎa] *f* **1.** (*campana pequeña*) Glöckchen *nt;* (*de la puerta*) Klingel *f* **2.** (ANAT) Zäpfchen *nt* **3.** (BOT) Glockenblume *f*

campante [kam'paṇte] *adj* (*fam*) **1.** (*satisfecho*) zufrieden **2.** (*tranquilo*) ungerührt; **quedarse tan** ~ sich nicht erschüttern lassen

campaña [kam'paɲa] *f* **1.** (*campo*) Land *nt;* **tienda de** ~ Zelt *nt* **2.** (MIL) Feldzug *m;* (POL, AGR) Kampagne *f;* ~ **antitabaco** Antiraucherkampagne *f;* ~ **electoral** Wahlkampf *m* **3.** (COM, FIN) Wirtschaftsjahr *nt*

campar [kam'par] *vi* lagern

campear [kampe'ar] *vi* **1.** (*Am: ir de acampada*) zelten **2.** (*fam: arreglárselas*): **ir campeando** sich (gerade so) durchschlagen **3.** (*sobresalir*) vorherrschen

campechano, -a [kampe'ʧano, -a] *adj* **1.** (*llano*) leutselig **2.** (*cordial*) freundlich

campeón, -ona [kampe'on, -ona] *m, f* **1.** (*vencedor*) Sieger(in) *m(f);* (DEP) Meister(in) *m(f)* **2.** (*defensor*) Vorkämpfer(in) *m(f)*

campeonato [kampeo'nato] *m* Meisterschaft *f;* **de** ~ (*fam*) mordsmäßig

campesino, -a [kampe'sino, -a] **I.** *adj* **1.** (*del campo*) ländlich **2.** (*de la gente del campo*) bäuerlich **II.** *m, f* **1.** (*que trabaja*) Bauer *m,* Bäuerin *f* **2.** (*que vive*) Landbewohner(in) *m(f);* **los** ~**s** die Landbevölkerung

camping ['kampiŋ] *m* **1.** (*campamento*) Campingplatz *m* **2.** (*acampada*) Zelten *nt;* **hacer** ~ zelten

campiña [kam'piɲa] *f* (*campo*) Feld *nt;* (*de cultivo*) Ackerland *nt*

campo ['kampo] *m* **1.** (*opuesto a ciudad*) Land *nt;* (*de cultivo*) Acker *m,* Feld *nt;* **gente del** ~ Landbevölkerung *f;* **ir al** ~ ins Grüne fahren; **tener** ~ **libre** (*fig*) freie Bahn haben **2.** (*terreno*) Feld *nt,* Platz *m;* (DEP) (Sport)platz *m* **3.** (*t.* POL, MIL: *campamento*) Lager *nt,* Camp *nt;* ~ **de concentración** (HIST) Konzentrationslager *nt;* ~ **de trabajo** (Jugend)workcamp *nt* **4.** (MIL: *terreno*) Feld *nt;* ~ **de tiro** Schießplatz *m* **5.** (FÍS, INFOR) Feld *nt;* ~ **visual** Sichtfeld *nt;* ~ **para entradas** (INFOR) Eingabefeld *nt;* ~ **de opción** (INFOR) Optionsfeld *nt* **6.** (*área del saber*) Gebiet *nt;* ~ **de actuación** Tätigkeitsfeld *nt*

camuflaje [kamu'flaxe] *m* Tarnung *f*

camuflar [kamu'flar] *vt* tarnen; (*fig*) verbergen

cana ['kana] *f* graues Haar *nt;* **echar una** ~ **al aire** (*fig*) sich *dat* eine Eskapade leisten

Canadá [kana'ða] *m:* (**el**) ~ Kanada *nt*

canadiense **I.** *adj* kanadisch **II.** *mf* Kanadier(in) *m(f)*

canal [ka'nal] *m o f* **1.** (*cauce artificial*) Kanal *m* **2.** (GEO: *paso natural*) Meerenge *f;* **el C~ de la Mancha** der Ärmelkanal; **el C~ de Panamá** der Panamakanal **3.** (*canalón*) Dachrinne *f* **4.** (TV) Sender *m;* ~ **de televisión** Fernsehsender *m* **5.** (TEL, ANAT) Kanal *m*

canalización [kanaliθa'θjon] *f* **1.** (*de un río*) Kanalisierung *f* **2.** (*alcantarillado*) Kanalisation *f;* (*infraestructura*) Kanalsystem *nt*

canalizar [kanali'θar] <z→c> *vt* **1.** (*un río*) kanalisieren **2.** (*encauzar*) gezielt lenken

canalla [ka'naʎa] *mf* (*pey*) Schurke, -in *m, f*

canallada [kana'ʎaða] *f* Gemeinheit *f*

canalón [kana'lon] *m* Dachrinne *f*

Canarias [ka'narjas] *fpl:* **las Islas** ~ die Kanaren, die Kanarischen Inseln

canario, -a[1] [ka'narjo, -a] **I.** *adj* kanarisch **II.** *m, f* (*de Canarias*) Kanarier(in) *m(f)*

canario[2] [ka'narjo] *m* Kanarienvogel *m*

canasta [ka'nasta] *f* **1.** (*cesto*) Henkelkorb *m* **2.** (DEP) Korb *m*

cancel [kaṇ'θel] *m* **1.** (*en la puerta*) Windfang *m* **2.** (*mampara*) Wandschirm *m*

cancelación [kaṇθela'θjon] *f* **1.** (*anulación*) Streichung *f;* (*de una cita*) Absage *f* **2.** (FIN: *de una cuenta*) Löschung *f;* (*de una deuda*)

Tilgung *f;* (*de un cheque*) Sperrung *f;* ~ **de un pedido** Stornierung eines Auftrags
cancelar [kaṇθe'lar] *vt* **1.** (*anular*) streichen; ~ **una cita** eine Verabredung absagen **2.** (*rescindir*) aufheben **3.** (FIN: *una cuenta*) löschen; (*una deuda*) tilgen; (*un cheque*) sperren
cáncer ['kaṇθer] *m* **1.** (MED, ASTR) Krebs *m* **2.** (*vicio*) Hauptübel *nt*
cancerígeno, -a [kaṇθe'rixeno, -a] *adj* Krebs erzeugend; (MED) kanzerogen
canceroso, -a [kaṇθe'roso, -a] *adj* krebs(art)ig; (MED) kanzerös; **tumor** ~ Krebsgeschwulst *f*
cancha ['kantʃa] *f* **1.** (*de deporte*) Sportplatz *m* **2.** (*Am: hipódromo*) Pferderennbahn *f* **3.** (*Am: de un río*) breites Flussbett *nt* **4.** (*Am: espacio*) Platz *m,* Raum *m*
canciller [kaṇθi'ʎer] *mf* **1.** (*Jefe de Gobierno* (*Federal*)) (Bundes)kanzler(in) *m(f)* **2.** (HIST: *en el Imperio Alemán*) Reichskanzler *m* **3.** (*en el Cuerpo Diplomático*) Kanzler(in) *m(f)* **4.** (*Am: de Asuntos Exteriores*) Außenminister(in) *m(f)*
cancillería [kaṇθiʎe'ria] *f* **1.** (*Jefatura del Gobierno* (*Federal*)) (Bundes)kanzleramt *nt* **2.** (*oficina*) Kanzlei *f* **3.** (*Am: Asuntos Exteriores*) Außenministerium *nt*
canción [kaṇ'θjon] *f* **1.** (*canto*) Lied *nt;* ~ **de moda** Schlager *m;* ~ **popular** Volkslied *nt;* (**es**) **siempre la misma** ~ es ist immer das alte Lied **2.** (LIT, MÚS) Kanzone *f*
cancionero [kaṇθjo'nero] *m* **1.** (MÚS) Liederbuch *nt* **2.** (LIT) Liederhandschrift *f*
candado [kaṇ'daðo] *m* Vorhängeschloss *nt*
candela [kaṇ'dela] *f* Kerze *f*
candelabro [kaṇde'laβro] *m* Kerzenleuchter *m*
candelero [kaṇde'lero] *m* Kerzenständer *m;* **estar en el** ~ (*fig*) hoch im Kurs stehen
candente [kaṇ'deṇte] *adj* **1.** (*al rojo*) glühend **2.** (*palpitante*) brennend
candidato, -a [kaṇdi'ðato, -a] *m, f* **1.** (*aspirante*) Bewerber(in) *m(f)* **2.** (POL) Kandidat(in) *m(f);* ~ **al título** (DEP) Titelanwärter *m*
candidatura [kaṇdiða'tura] *f* **1.** (*presentación*) Bewerbung *f;* (POL) Kandidatur *f* **2.** (*lista*) Kandidatenliste *f* **3.** (*papeleta*) Stimmzettel *m*
candidez [kaṇdi'ðeθ] *f v.* **candor**
cándido, -a ['kaṇdiðo, -a] *adj v.* **candoroso**
candil [kaṇ'dil] *m* **1.** (*lámpara*) Öllampe *f* **2.** (*Am: candelabro*) Kerzenleuchter *m*
candor [kaṇ'dor] *m* **1.** (*inocencia*) Unschuld *f* **2.** (*ingenuidad*) Naivität *f;* (*simplicidad*) Einfalt *f*
candoroso, -a [kaṇdo'roso, -a] *adj* **1.** (*inocente*) unschuldig **2.** (*ingenuo*) naiv; (*simple*) einfältig
canela [ka'nela] *f* **1.** (*especia*) Zimt *m;* **¡esto es ~ fina!** (*fig*) das ist das Feinste vom Feinen! **2.** (*color*) Zimtfarbe *f*
canelón [kane'lon] *m* **1.** (*desagüe*) Dachrinne *f* **2.** *pl* (GASTR) Cannelloni *pl* **3.** (*carámbano*) Eiszapfen *m* **4.** (*charretera*) Raupe *f*
cangrejo [kaŋ'grexo] *m* (*crustáceo*) Krebs *m;* ~ **de mar** Krabbe *f;* ~ **de río** Flusskrebs *m*
canguro[1] [kaŋ'guro] *m* (ZOOL) Känguru *nt*
canguro[2] [kaŋ'guro] *mf* (*fam: persona*) Babysitter(in) *m(f)*
caníbal [ka'niβal] **I.** *adj* kannibalisch **II.** *mf* Kannibale, -in *m, f*
canica [ka'nika] *f* Murmel *f*
canícula [ka'nikula] *f* **1.** (*período*) Hundstage *mpl* **2.** (ASTR) Sirius *m*
canijo, -a [ka'nixo, -a] *adj* **1.** (*pey: endeble*) kümmerlich; (*pequeñajo*) mick(e)rig **2.** (*Am: malvado*) bösartig
canilla [ka'niʎa] *f* **1.** (ANAT: *hueso alargado*) Röhrenknochen *m;* (*tibia*) Schienbein *nt* **2.** (TÉC: *carrete*) Spule *f*
canillera [kani'ʎera] *f* (*Am*) **1.** (*espinillera*) Schienbeinschutz *m* **2.** (*temblor*) Schlottern *nt*
canino [ka'nino] *m* **1.** (*humano*) Eckzahn *m* **2.** (*de animales*) Fang(zahn) *m*
canje ['kaŋxe] *m* **1.** (*intercambio*) Austausch *m* **2.** (*de un vale*) Einlösen *nt*
canjear [kaŋxe'ar] *vt* **1.** (*intercambiar*) austauschen **2.** (*cambiar*) einlösen
canoa [ka'noa] *f* **1.** (*bote a remo*) Kanu *nt;* (*tronco*) Einbaum *m;* (DEP: *piragua*) Kajak *m o nt;* (*canadiense*) Kanadier *m* **2.** (*a motor*) Motorboot *nt* **3.** (*Am: artesa*) Trog *m*
canódromo [ka'noðromo] *m* Hunderennbahn *f*
canon ['kanon] *m* **1.** (*precepto*) Gesetz *nt;* (REL) Kanon *m* **2.** (ARTE, LIT: *modelo*) Kanon *m* **3.** *pl* (*reglas*) Vorschriften *fpl*
canónico, -a [ka'noniko, -a] *adj* kanonisch
canónigo [ka'noniɣo] *m* (REL) Kanoniker *m*
canonizar [kanoni'θar] <z→c> *vt* (REL) heilig sprechen
canoso, -a [ka'noso, -a] *adj* grauhaarig
cansado, -a [kan'saðo, -a] *adj* **1.** *estar* (*fatigado*) müde **2.** *estar* (*harto*) überdrüssig (*de +gen*) **3.** *ser* (*fatigoso*) ermüdend; **un viaje** ~ eine anstrengende Reise **4.** *ser* (*aburrido*) langweilig **5.** *ser* (*molesto*) lästig **6.** (*Am*): **a las cansadas** sehr spät, nach langem Warten
cansancio [kan'saṇθjo] *m* **1.** (*fatiga*) Müdigkeit *f;* (*agotamiento*) Ermüdung *f;* **estoy muerto de** ~ ich bin todmüde **2.** (*hastío*) Überdruss *m*
cansar [kan'sar] **I.** *vi* **1.** (*fatigar*) anstrengend sein **2.** (*hastiar*) langweilig werden **II.** *vt* **1.** (*fatigar*) müde machen **2.** (*hastiar*) lang-

weilen **III.** *vr:* ~**se 1.**(*fatigarse*) müde werden **2.**(*hartarse*): ~**se de algo** etw *gen* überdrüssig werden

cansino, **-a** [kan'sino, -a] *adj* **1.**(*cansado*) kraftlos **2.**(*lento*) langsam **3.**(*desganado*) lustlos

Cantabria [kan̩'taβrja] *f* Kantabrien *nt*

cantábrico, **-a** [kan̩'taβriko, -a] *adj* kantabrisch; **el Mar C~** das Kantabrische Meer

cantante [kan̩'tan̩te] **I.** *adj* singend; **llevar la voz ~** (*fig*) die erste Geige spielen **II.** *mf* Sänger(in) *m(f)*

cantar [kan̩'tar] **I.** *vi, vt* **1.**(*personas, pájaros*) singen; (*gallo*) krähen; (*grillo*) zirpen; (*ranas*) quaken; **en menos que canta un gallo** (*fam*) im Nu **2.**(*alabar*) (an)preisen **3.**(*argot: confesar*) singen **4.**(*en el juego*) ansagen **5.**(*fam: oler mal*) stinken **II.** *m* Lied *nt;* (*copla popular*) Volkslied *nt*

cántaro ['kan̩taro] *m* (Henkel)krug *m;* **está lloviendo a ~s** es gießt in Strömen

cantera [kan̩'tera] *f* **1.**(*pedrera*) Steinbruch *m* **2.**(*t.* DEP: *cuna*) Kaderschmiede *f*

cantero [kan̩'tero] *m* **1.**(*picapedrero*) Steinmetz *m* **2.**(*Am: sembradío*) Beet *nt*

cántico ['kan̩tiko] *m* (REL) Lobgesang *m*

cantidad [kan̩ti'ða^{ð}] **I.** *f* **1.**(*porción*) Menge *f;* (*número*) Anzahl *f;* **una gran ~ de** eine Vielzahl von; **¿qué ~ necesitas?** wie viel brauchst du? **2.**(*suma de dinero*) Betrag *m* **II.** *adv* (*fam*) sehr viel

cantimplora [kan̩tim'plora] *f* **1.**(*botella de campaña*) Feldflasche *f* **2.**(*sifón*) Weinheber *m*

cantina [kan̩'tina] *f* **1.**(*en estaciones, cuarteles*) Kantine *f* **2.**(*bodega*) Weinkeller *m*

canto ['kan̩to] *m* **1.**(*cantar*) Singen *nt;* (*canción*) Gesang *m;* ~ **gregoriano** Gregorianischer Gesang; ~ **de los pájaros** Vogelgesang *m;* **estudia ~** er/sie studiert Gesang **2.**(*alabanza*) Lobgesang *m* **3.**(LIT) Gesang *m* **4.**(*arista*) Kante *f;* (*esquina*) Ecke *f* **5.**(*borde*) Rand *m;* (*de un vestido*) Saum *m* **6.**(*en un cuchillo*) Rücken *m;* (*en un libro*) Schnitt *m;* **poner de ~** hochkant stellen **7.**(*grosor*) Dicke *f* **8.**(*guijarro*) Kiesel(stein) *m*

cantón [kan̩'ton] *m* **1.**(*esquina*) Ecke *f* **2.**(ADMIN, POL) Kanton *m* **3.**(MIL) Quartier *nt*

cantonera [kan̩to'nera] *f* Kantenschutz *m;* (*de metal*) Eckbeschlag *m;* (*en una culata*) Kolbenbeschlag *m*

cantor(a) [kan̩'tor(a)] **I.** *adj* **1.**(*canoro*) Sing- **2.**(*cantarín*) sangesfroh; **los canarios son muy ~es** Kanarienvögel singen viel **II.** *m(f)* (*elev*) Sänger(in) *m(f)*

canuto [ka'nuto] *m* **1.**(*tubo*) Röhre *f* **2.**(*argot: porro*) Joint *m*

caña ['kaɲa] *f* **1.**(AGR, BOT) Rohr *nt;* (*tallo de cereal*) Halm *m;* (*junco*) Schilf *nt;* ~ **de azúcar** Zuckerrohr *nt* **2.**(ANAT: *de la pierna*) Schienbein *nt;* (*tuétano*) Mark *nt* **3.**(*de pescar*) Angel(rute) *f* **4.**(*de un arma, una columna*) Schaft *m* **5.**(*en el calzado*) Beinling *m* **6.**(*de cerveza*) Glas *nt* gezapftes Bier

cañada [ka'ɲaða] *f* **1.**(*barranco*) Hohlweg *m* **2.**(AGR: *camino de ganado*) Weideweg *m*

cañamazo [kaɲa'maθo] *m* **1.**(*arpillera*) Sackleinen *nt* **2.**(*para bordar*) Stramin *m*

cáñamo ['kaɲamo] *m* **1.**(*planta*) Hanf *m* **2.**(*tejido*) Hanfgarn *nt;* **de ~** hanfen, hänfen

cañería [kaɲe'ria] *f* Rohrleitung *f;* ~ **del agua** Wasserleitung *f*

cañizal [kaɲi'θal] *m,* **cañizar** [kaɲi'θar] *m* Röhricht *nt*

caño ['kaɲo] *m* **1.**(*tubo*) Röhre *f;* (*de la fuente*) Ausflussrohr *nt;* (*chorro*) Wasserstrahl *m* **2.**(*desagüe*) Abflussrohr *nt*

cañón [ka'ɲon] *m* **1.**(*tubo*) Rohr *nt;* ~ **de escopeta** Gewehrlauf *m;* **de dos cañones** doppelläufig **2.**(MIL) Kanone *f;* (*artillería*) Geschütz *nt;* ~ **de nieve** Schneekanone *f;* **carne de ~** Kanonenfutter *nt* **3.**(*de la barba*) Stoppel *f* **4.**(*de una pluma*) Federkiel *m* **5.**(GEO) Cañon *m;* **el C~ del Colorado** der Grand Canyon

cañonazo [kaɲo'naθo] *m* **1.**(*disparo*) Kanonenschuss *m* **2.**(*fam: en el fútbol*) Bombenschuss *m* **3.**(*estruendo*) Kanonenschlag *m* **4.**(*daños*) Einschussloch *nt*

cañonera [kaɲo'nera] *f* **1.**(*en una fortificación*) Schießscharte *f;* (*en un barco*) Geschützpforte *f* **2.**(*Am: pistolera*) Halfter *f o nt*

caoba [ka'oβa] **I.** *adj:* (**color**) ~ mahagonibraun **II.** *f* **1.**(*madera*) Mahagoni(holz) *nt* **2.**(*árbol*) Mahagonibaum *m*

caos ['kaos] *m inv* Chaos *nt*

caótico, **-a** [ka'otiko, -a] *adj* chaotisch

capa ['kapa] *f* **1.**(*prenda*) Cape *nt,* Umhang *m;* **defender a ~ y espada** aufs Äußerste verteidigen; **andar** [*o* **estar de**] ~ **caída** heruntergekommen sein **2.**(TAUR) Capa *f* **3.**(*cobertura*) Auflage *f;* (*recubrimiento*) Belag *m;* (*baño*) Überzug *m;* ~ **aislante** Isolierschicht *f;* ~ **de nieve** Schneedecke *f* **4.**(*estrato*) Schicht *f;* ~ **de ozono** Ozonschicht *f* **5.**(GEO, MIN) Flöz *nt*

capacho [ka'paʧo] *m* Tragekorb *m*

capacidad [kapaθi'ða^{ð}] *f* **1.**(*cabida*) Fassungsvermögen *nt* **2.**(FÍS: *potencia*) Leistung(sfähigkeit) *f* **3.**(*aptitud*) Fähigkeit *f* (*para* zu +*dat*); ~ **adquisitiva** Kaufkraft *f;* ~ **negociadora** Verhandlungsgeschick *nt;* ~ **de persuasión** Überredungskunst *f* **4.**(JUR) Berechtigung *f* **5.**(*Am: persona dotada*) Kapazität *f*

capacitación [kapaθita'θjon] *f* (*capacidad*) Befähigung *f;* (*formación*) Qualifikation *f;* (JUR: *habilitación*) Berechtigung *f*

capacitado, -a [kapaθi'taðo, -a] *adj* befähigt (*para* zu +*dat*), qualifiziert (*para* für +*akk*)

capacitar [kapaθi'tar] **I.** *vt* **1.** (*formar*) schulen; (*preparar*) befähigen (*para* zu +*dat*) **2.** (*Am:* JUR: *habilitar*) bevollmächtigen **II.** *vr:* ~**se** den Befähigungsnachweis erbringen (*para* für +*akk*)

capar [ka'par] *vt* **1.** (*fam: un pollo*) kappen; (*animal o persona*) kastrieren **2.** (*limitar*) einschränken

caparazón [kapara'θon] *m* **1.** (*de una tortuga*) Panzer *m;* (*de insectos*) Deckflügel *mpl* **2.** (*protección*) Schutz *m;* (*capa*) (Schutz)schicht *f* **3.** (*de un ave*) Gerippe *nt*

capataz [kapa'taθ] *m* Vorarbeiter *m*

capaz [ka'paθ] *adj* **1.** (*con cabida*) geräumig **2.** (*apto*) befähigt **3.** (*en condiciones*) fähig **4.** (*Am: tal vez*) vielleicht

capazo [ka'paθo] *m* **1.** (*espuerta*) (geflochtener) Tragekorb *m* **2.** (*de bebé*) Babytragetasche *f*

capcioso, -a [kaβ'θjoso, -a] *adj* (*engañoso*) tückisch; (*insidioso*) verfänglich

> **capea** *f:* Bei der **capea** handelt es sich um einen nicht-professionellen Stierkampf. Die Stiere – in den meisten Fällen ganz junge Tiere – werden dabei nicht getötet, sondern mit roten **capas** (Tüchern) gereizt, zum Vergnügen von Jung und Alt.

capear [kape'ar] *vt* **1.** (TAUR) mit der Capa reizen **2.** (*entretener*) hinhalten **3.** (*esquivar*) meiden

capellán [kape'ʎan] *m* **1.** (*con capellanía*) Kaplan *m* **2.** (*clérigo*) Geistliche(r) *m*

caperuza [kape'ruθa] *f* Kappe *f;* (*protección*) Haube *f*

capicúa [kapi'kua] *m* **1.** (*número*) symmetrische Zahl *f* **2.** (*palabra*) Palindrom *nt*

capilla [ka'piʎa] *f* (REL) Kapelle *f;* ~ **ardiente** Aufbahrung *f*

capital[1] [kapi'tal] **I.** *adj* wesentlich, Haupt-; **letra** ~ (*Am*) Großbuchstabe *m;* **pena** ~ Todesstrafe *f;* **de** ~ **importancia** von höchster Wichtigkeit **II.** *m* (ECON, FIN) Kapital *nt;* ~ **fijo** festliegendes Kapital; ~ **a plazo** Termingeld *nt;* **bienes de** ~ Kapitalvermögen *nt*

capital[2] [kapi'tal] *f* (*ciudad*) Hauptstadt *f;* (*gran ciudad*) Großstadt *f*

capitalismo [kapita'lismo] *m* Kapitalismus *m*

capitalista [kapita'lista] **I.** *adj* kapitalistisch **II.** *mf* Kapitalist(in) *m(f);* (ECON, FIN: *financiero*) Geldgeber(in) *m(f),* Finanzier *m*

capitalizar [kapitali'θar] <z→c> *vt* **1.** (ECON, FIN) kapitalisieren **2.** (*copar*) an sich reißen

capitán [kapi'tan] *m* **1.** (MIL) Hauptmann *m;* ~ **general** Oberbefehlshaber *m* **2.** (NÁUT) Kapitän *m,* Kommandant *m;* (AERO) Flugkapitän *m* **3.** (DEP) Mannschaftskapitän *m* **4.** (*de una banda*) Anführer *m*

capitanear [kapitane'ar] *vt* **1.** (MIL) befehligen **2.** (*dirigir*) anführen

capitel [kapi'tel] *m* (ARQUIT) **1.** (*en una columna*) Kapitell *nt* **2.** (*chapitel*) Turmspitze *f*

capitulación [kapitula'θjon] *f* **1.** (MIL) Kapitulation *f* **2.** (*acuerdo*) Vereinbarung *f*

capitular [kapitu'lar] **I.** *adj* (REL) Kapitel- **II.** *vi* **1.** (*acordar*) eine Vereinbarung treffen **2.** (*rendirse*) kapitulieren **III.** *m* **1.** (REL) Kapitular *m* **2.** (ADMIN, POL) Stadtrat *m*

capítulo [ka'pitulo] *m* (*t.* REL) Kapitel *nt*

capo ['kapo] *m* (*jefe mafioso*) Pate *m*

capón [ka'pon] **I.** *adj* kastriert **II.** *m* **1.** (*pollo*) Kapaun *m* **2.** (*coscorrón*) Kopfnuss *f*

caporal [kapo'ral] *m* **1.** (MIL) Korporal *m,* Gefreite(r) *m* **2.** (*jefe*) Anführer *m* **3.** (AGR) Viehaufseher *m*

capot [ka'po] *m* Motorhaube *f*

capota [ka'pota] *f* (AUTO) Verdeck *nt*

capote [ka'pote] *m* **1.** (*abrigo sin mangas*) Cape *nt;* ~ **de monte** (*Am*) Poncho *m* **2.** (TAUR) große Capa *f;* **echar un** ~ **a alguien** (*fig*) jdm einen Rettungsanker zuwerfen

capricho [ka'pritʃo] *m* **1.** (*antojo*) Laune *f;* **a** ~ nach Belieben; **darse un** ~ sich *dat* etwas gönnen **2.** (*adorno*) Zierrat *m;* (*pey*) Schnickschnack *m* **3.** (MÚS) Capriccio *nt*

caprichoso, -a [kapri'tʃoso, -a] *adj* **1.** (*antojadizo*) eigensinnig **2.** (*pey: inconstante*) launenhaft **3.** (*pey: arbitrario*) willkürlich

Capricornio [kapri'kornjo] *m* (ASTR) Steinbock *m*

cápsula ['kaβsula] *f* **1.** (*receptáculo, t.* ANAT) Kapsel *f;* ~ **espacial** (AERO) Raumkapsel *f* **2.** (BOT: *membrana*) Hülse *f* **3.** (*tapón*) Kronenkorken *m*

captación [kapta'θjon] *f* **1.** (*obtención*) Gewinnung *f* **2.** (*registro*) Erfassung *f;* ~ **de datos** (INFOR) Datenerfassung *f* **3.** (*atracción*) Erschleichung *f*

captar [kap'tar] **I.** *vt* **1.** (*recoger*) sammeln; (*aprovechar*) nutzbar machen; (*capital*) aufbringen **2.** (*percibir*) wahrnehmen **3.** (TEL) empfangen **4.** (CINE, FOTO) einfangen

5. (INFOR) erfassen 6. (*comprender*) begreifen **II.** *vr:* **~se** gewinnen; (*pey*) erschmeicheln

captura [kap'tura] *f* **1.** (*apresamiento*) Ergreifung *f* **2.** (*detención*) Festnahme *f* **3.** (NÁUT) Aufbringen *nt* **4.** (*piezas cobradas*) Fang *m*

capturar [kaptu'rar] *vt* **1.** (*apresar*) ergreifen **2.** (*detener*) festnehmen **3.** (NÁUT) aufbringen **4.** (*cazar, pescar*) fangen

capucha [ka'putʃa] *f* **1.** *v.* **capuchón** **2.** (TIPO) Zirkumflex *m*

capuchino, -a[1] [kapu'tʃino, -a] **I.** *adj* Kapuziner- **II.** *m, f* Kapuziner(mönch) *m,* Kapuzinerin *f*

capuchino[2] [kapu'tʃino] *m* (*café*) Capuccino *m*

capuchón [kapu'tʃon] *m* **1.** (*para la cabeza*) Kapuze *f* **2.** (*tapa*) (Verschluss)kappe *f*

capullo [ka'puʎo] *m* **1.** (BOT: *de flor*) Knospe *f* **2.** (ZOOL) Kokon *m;* **hacer el ~** sich einspinnen; **salir del ~** ausschlüpfen **3.** (*fam: prepucio*) Vorhaut *f* **4.** (*vulg: canalla*) Arschloch *nt*

caqui ['kaki] **I.** *adj* kakifarben **II.** *m* **1.** (*color*) Kaki *nt* **2.** (*tela*) Kaki *m* **3.** (BOT) Kakifrucht *f*

cara ['kara] **I.** *f* **1.** (*rostro*) Gesicht *nt;* **~ a ~** von Angesicht zu Angesicht; **a ~ descubierta** unverhüllt; (**no**) **dar la ~** (nicht) zu etwas stehen; **echar en ~** vorwerfen; **hacer** [*o* **plantar**] **~** die Stirn bieten; **partir** [*o* **romper**] **la ~ a alguien** (*fam*) jdm die Fresse polieren **2.** (*expresión*) Miene *f;* **~ de póker** Pokerface *nt;* **una ~ larga** ein langes Gesicht; **una ~ de pocos amigos** (*fam*) ein unfreundliches Gesicht; **salvar la ~** den Schein wahren **3.** (*aspecto*) Aussehen *nt;* **tener buena/mala ~** (*fam*) gut/schlecht aussehen **4.** (*lado*) Seite *f;* (*de una moneda*) Kopf *m* **5.** (*fam: osadía*) Stirn *f;* **¡qué ~!** was für eine Frechheit!; **tener mucha ~** unverschämt sein **II.** *prep* (*en dirección a*): (**de**) **~ a** gegenüber; **de ~ al futuro** in Hinblick auf die Zukunft **III.** *conj:* **de ~ a** +*inf* um... zu +*inf*

carabela [kara'βela] *f* (NÁUT) Karavelle *f*

carabina [kara'βina] *f* **1.** (*fusil*) Karabiner *m* **2.** (*fam: acompañanta*) Anstandsdame *f*

carabinero [karaβi'nero] *m* Karabiniere *m*

caracol [kara'kol] *m* **1.** (ZOOL) Schnecke *f* **2.** (*concha*) Schneckenhaus *nt* **3.** (ANAT) Schnecke *f* **4.** (*de pelo*) Löckchen *nt*

caracola [kara'kola] *f* Meeresschnecke *f*

carácter [ka'rakter] <caracteres> *m* **1.** (*personalidad*) Charakter *m,* Wesen *nt* **2.** (*temperamento fuerte*) Charakterstärke *f;* (**no**) **tiene ~** er/sie zeigt (keinen) Charakter; **sin ~** charakterlos **3.** (*índole*) Art *f;* **con ~ de** als **4.** (BIOL) Merkmal *nt* **5.** (TIPO) Buchstabe *m* **6.** (INFOR) Zeichen *nt;* **~ de separación** Trennzeichen *nt* **7.** (*Am: personaje*) Rolle *f*

característica [karakte'ristika] *f* **1.** (*atributo*) Merkmal *nt* **2.** (*peculiaridad*) Eigenart *f* **3.** (*cualidad*) Eigenschaft *f*

característico, -a [karakte'ristiko, -a] **I.** *adj* charakteristisch; **rasgo ~** Merkmal *nt* **II.** *m, f* (CINE, TEAT) Charakterdarsteller(in) *m(f)*

caracterizar [karakteri'θar] <z→c> **I.** *vt* **1.** (*marcar*) charakterisieren **2.** (*describir*) schildern (*como* als +*akk*) **3.** (TEAT) darstellen **II.** *vr:* **~se** **1.** (*destacar*) sich auszeichnen (*por* durch +*akk*) **2.** (CINE, TEAT) eine Rolle überzeugend spielen

caradura [kara'ðura] *mf* (*fam*) unverschämter Mensch *m*

caramba [ka'ramba] *interj* (*fam*): **¡(qué) ~!** (*enfado*) verdammt noch mal!; (*extrañeza*) herrje!; (*admiración*) Donnerwetter!

carámbano [ka'rambano] *m* Eiszapfen *m*

carambola [karam'bola] *f* **1.** (*fam: trampa*) Schwindel *m* **2.** (*en el billar*) Karambole *f;* **de** [*o* **por**] **~** (*fam*) mit etwas Glück

caramelo [kara'melo] *m* **1.** (*azúcar quemado*) Karamell(zucker) *m;* (**de**) **color ~** karamellfarben **2.** (*golosina*) Bonbon *m o nt*

carantoña [karaṇ'toɲa] *f* (*zalamería*) Schmuserei *f;* **hacer ~s** schmusen

caraqueño, -a [kara'keɲo, -a] **I.** *adj* aus Caracas **II.** *m, f* Einwohner(in) *m(f)* von Caracas

carátula [ka'ratula] *f* **1.** (*careta*) Maske *f* **2.** (*pey: farándula*) Schauspielervolk *nt* **3.** (*portada*) Titelblatt *nt;* (*de un disco*) Plattencover *nt*

caravana [kara'βana] *f* **1.** (*recua*) Karawane *f* **2.** (*embotellamiento*) Stau *m* **3.** (*vehículo*) Wohnmobil *nt;* (*remolque*) Wohnwagen *m*

carbón [kar'βon] *m* Kohle *f;* **~ de leña** [*o* **vegetal**] Holzkohle *f;* **dibujo al ~** (ARTE) Kohlezeichnung *f;* **papel ~** Kohlepapier *nt*

carbonato [karβo'nato] *m* (QUÍM) Karbonat *nt*

carbonera [karβo'nera] *f* **1.** (*horno*) Kohlenmeiler *m* **2.** (*almacén*) Kohlenkeller *m*

carbonero, -a [karβo'nero, -a] **I.** *adj* Kohlen- **II.** *m, f* **1.** (*productor*) Köhler(in) *m(f)* **2.** (*vendedor*) Kohlenhändler(in) *m(f)*

carbonizar [karβoni'θar] <z→c> **I.** *vt* **1.** (*abrasar*) verkohlen **2.** (QUÍM) karbonisieren **II.** *vr:* **~se** verbrennen

carbono [kar'βono] *m* (QUÍM) Kohlenstoff *m;* **dióxido de ~** Kohlendioxyd *nt*

carburador [karβura'ðor] *m* (TÉC) Vergaser *m*

carburante [karβu'raṇte] *m* (QUÍM, TÉC) Kraftstoff *m,* Treibstoff *m*

carburar [karβu'rar] **I.** *vt* (QUÍM, TÉC) karburieren **II.** *vi* (*fam: funcionar*) gehen

carburo [kar'βuro] *m* (QUÍM) Karbid *nt*

carcajada [karka'xaða] *f* Gelächter *nt;* **reírse a ~s** lauthals lachen; **soltar una ~** laut auflachen

carcajear [karkaxe'ar] *vi, vr:* **~se 1.** (*reírse a carcajadas*) lauthals lachen **2.** (*fam: no respetar*) pfeifen (*de* auf +*akk*)

carcasa [kar'kasa] *f* (TÉC) Gehäuse *nt*

cárcel ['karθel] *f* Gefängnis *nt;* **~ de régimen abierto** offene Haft; **tres años de ~** drei Jahre Gefängnis; **estar en la ~** im Gefängnis sitzen; **ir a parar a la ~** ins Gefängnis kommen

carcelero, -a [karθe'lero, -a] *m, f* Gefängniswärter(in) *m(f)*

carcinoma [karθi'noma] *m* (MED) Karzinom *nt*

carcoma [kar'koma] *f* **1.** (ZOOL) Holzwurm *m* **2.** (*polvillo*) Holzmehl *nt* **3.** (*destrucción lenta*) Zermürbung *f*

carcomer [karko'mer] **I.** *vt* **1.** (*corroer*) zerfressen **2.** (*minar*) untergraben **II.** *vr:* **~se** zerfallen

cardamomo *m* Kardamom *m o nt*

cardar [kar'ðar] *vt* **1.** (*proceso textil*) karden **2.** (*el pelo*) toupieren

cardenal [karðe'nal] *m* **1.** (REL, ZOOL) Kardinal *m* **2.** (*hematoma*) blauer Fleck *m*

cardiaco, -a [kar'ðjako, -a] *adj,* **cardíaco, -a** [kar'ðiako, -a] *adj* Herz-; (MED) Kardio-; **ataque ~** Herzanfall *m;* **paro ~** Herzstillstand *m*

cardinal [karði'nal] *adj* Haupt-; **los cuatro puntos ~es** die vier Himmelsrichtungen; **número ~** (LING) Kardinalzahl *f*

cardiología [karðjolo'xia] *f* (MED) Kardiologie *f*

cardiólogo, -a [kar'ðjoloɣo, -a] *m, f* (MED) Herzspezialist(in) *m(f),* Kardiologe, -in *m, f*

cardiovascular [karðjoβasku'lar] *adj* (MED) kardiovaskulär

cardo ['karðo] *m* **1.** (*silvestre*) Distel *f* **2.** (*verdura*) Kardone *f* **3.** (*fam pey: desabrido*) kratzbürstige Person *f*

carear [kare'ar] **I.** *vt* **1.** (JUR: *confrontar*) gegenüberstellen **2.** (*cotejar*) gegeneinander halten **II.** *vr:* **~se** (*enfrentarse*) sich auseinander setzen; (JUR) konfrontiert werden

carecer [kare'θer] *irr como crecer vi* nicht haben (*de* +*akk*); **carece de importancia/de sentido** es ist belanglos/sinnlos; **tu afirmación carece de lógica** deine Behauptung entbehrt jeder Logik

carencia [ka'ren̩θja] *f* **1.** (*falta*) Fehlen *nt* (*de* von +*dat*) **2.** (*t.* ECON, MED: *escasez*) Mangel *m* (*de* an +*dat*)

carente [ka'ren̩te] *adj* frei (*de* von +*dat*), ohne (*de* +*akk*); **~ de escrúpulos** skrupellos; **~ de interés** uninteressant

careo [ka'reo] *m* (*t.* JUR) Konfrontation *f*

carestía [kares'tia] *f sin pl* **1.** (*escasez*) Mangel *m* (*de* an +*dat*); (*necesidad*) Not *f* **2.** (ECON: *encarecimiento*) Teuerung *f;* **la ~ de la vida** der Anstieg der Lebenshaltungskosten

careta [ka'reta] *f* Maske *f;* **quitar la ~ a alguien** jdm die Maske vom Gesicht reißen; (*fig*) jdn entlarven

carga ['karɣa] *f* **1.** (*llenado*) Beladung *f;* **permitida ~ y descarga** Be- und Entladen gestattet **2.** (*cargamento*) (Trag)last *f;* (*flete*) Fracht *f;* **animal de ~** Lasttier *nt;* **buque de ~** Frachter *m* **3.** (*obligación*) Verpflichtung *f;* **ser una ~ para alguien** jdm zur Last fallen **4.** (FOTO, MIL: *cargador*) Magazin *nt;* (*munición*) Ladung *f;* **~ explosiva** Sprengladung *f* **5.** (DEP, MIL: *ataque*): **~ policial** Eingreifen der Polizei; **¡a la ~!** (MIL) Attacke! **6.** (FIN) Belastung *f;* **~ fiscal** [*o* **impositiva**] Steuerlast *f*

cargado, -a [kar'ɣaðo, -a] *adj* **1.** (*con cargamento*) beladen; (*lleno*) voll (*con/de* mit +*dat*); **~ de problemas** problembeladen **2.** (FÍS, TÉC) geladen; **la batería está cargada** die Batterie ist geladen **3.** (*pesado*) drückend; **aire ~** schlechte Luft; **un ambiente ~** (*fig*) eine geladene Stimmung **4.** (*fuerte*) kräftig; **un café muy ~** ein sehr starker Kaffee **5.** (*fam: borracho*) blau, besoffen

cargador [karɣa'ðor] *m* **1.** (*oficio*) (Ver)lader *m* **2.** (*en un arma*) Magazin *nt*

cargamento [karɣa'men̩to] *m* Ladung *f,* Fracht *f*

cargar [kar'ɣar] <g→gu> **I.** *vi* **1.** (*llevar*) tragen (*con* +*akk*) **2.** (MIL: *atacar*) angreifen (*contra/sobre* +*akk*) **3.** (*reposar*) lasten (*en/sobre* auf +*dat*); (ARQUIT) ruhen (*en/sobre* auf +*dat*); **~ en cuenta** (FIN) das Konto belasten **II.** *vt* **1.** (*para el transporte*) (be)laden; (MIL: *arma*) laden; **~ las tintas** (*fig*) zu dick auftragen **2.** (*achacar*) belasten; **~ a alguien con las culpas** jdm die Schuld in die Schuhe schieben **3.** (FIN: *en una cuenta*) mit einem Betrag belasten **4.** (*fam: irritar*) reizen; **este tipo me carga** dieser Typ geht mir auf die Nerven **5.** (*argot: suspender*): **a Paco le han cargado las mates** Paco ist in Mathe durchgefallen **6.** (INFOR) hochladen **7.** (*Am: llevar*) tragen; **¿cargas dinero?** hast du Geld dabei? **III.** *vr:* **~se 1.** (*llenarse*) sich füllen (*con/de* mit +*dat*) **2.** (*fam: romper*) kaputtmachen; **¡te la vas a ~!** (*fig*) das wird dir noch Leid tun! **3.** (*fam: matar*) umbringen

cargo ['karɣo] *m* **1.** (FIN: *cantidad debida*) Soll *nt;* **~ a cuenta** Lastschrift *f;* **con ~ a nosotros** auf unsere Kosten **2.** (*reproche*) Vorwurf *m;* **~ de conciencia** Gewissensbisse *mpl* **3.** (*puesto*) Amt *nt,* Posten *m;*

desempeñar un ~ ein Amt innehaben **4.** (*responsabilidad*) Verantwortung *f;* (*deber*) Verpflichtung *f;* **estoy a** ~ **de las correcciones** ich bin für die Korrektur zuständig

carguero [kar'ɣero] *m* (NÁUT) Frachter *m;* (*de contenedores*) Containerschiff *nt*

cariar [kari'ar/ka'rjar] <*1. pres:* carío> **I.** *vt* (MED) Karies verursachen (an +*dat*) **II.** *vr:* ~**se** (MED) von Karies befallen werden

caribe [ka'riβe] **I.** *adj* **1.** (*Am: caribeño*) karibisch **2.** (*Am: antropófago*) kannibalisch **3.** (*Am: cruel*) grausam **4.** (*Ant: furioso*) zornig **II.** *m* **1.** (*indígena*) Karibe *m* **2.** (*Am: cruel*) grausamer Mensch *m*

Caribe [ka'riβe] *m:* **el** (**Mar**) ~ die Karibik, das Karibische Meer

caribeño, -a [kari'βeɲo, -a] **I.** *adj* karibisch **II.** *m, f* Einwohner(in) *m(f)* der Karibik

caricatura [karika'tura] *f* (*dibujo*) Karikatur *f*

caricaturista [karikatu'rista] *mf* Karikaturist(in) *m(f)*

caricia [ka'riθja] *f* Liebkosung *f;* **hacer** ~**s a alguien** jdn streicheln

caridad [kari'ðaᵈ] *f* (*amor al prójimo*) Nächstenliebe *f;* (*generosidad*) Wohltätigkeit *f;* (*limosna*) Almosen *nt;* **hacer obras de** ~ Wohltätigkeit üben; **¡una limosna, por** ~**!** eine milde Gabe!

caries ['karjes] *f inv* (MED) Karies *f*

carillón [kari'ʎon] *m* (*t.* MÚS) Glockenspiel *nt*

Carintia [ka'rin̩tja] *f* Kärnten *nt*

cariño [ka'riɲo] *m* **1.** (*afecto*) Zuneigung *f;* (*amor*) Liebe *f;* **hacer algo con** ~ etw liebevoll machen; **sentir** ~ **por alguien** jdn lieb haben **2.** (*persona querida*): **¡**~ (**mío**)! (mein) Liebling! **3.** (*mimo*) Liebkosung *f;* **hacer** ~**s** (*fam*) liebkosen

cariñoso, -a [kari'ɲoso, -a] *adj* liebevoll (*con* zu +*dat*), zärtlich (*con* zu +*dat*)

carioca [ka'rjoka] **I.** *adj* aus Rio de Janeiro; (*brasileño*) brasilianisch **II.** *mf* Einwohner(in) *m(f)* von Rio de Janeiro

carisma [ka'risma] *m* (*t.* REL) Charisma *nt*

caritativo, -a [karita'tiβo, -a] *adj* karitativ, wohltätig

cariz [ka'riθ] *m* **1.** (*aspecto*) Eindruck *m;* (*situación*) Lage *f;* **esto toma buen** ~ das sieht rosig aus **2.** (METEO) Wetterlage *f*

carmesí [karme'si] *adj* karmesinrot, karminrot

carmín [kar'min] **I.** *adj* karminrot **II.** *m* **1.** (*color*) Karmin(rot) *nt* **2.** (*tinte*) Karmin *nt* **3.** (*pintalabios*): (**barra de**) ~ Lippenstift *m*

carnal [kar'nal] *adj* **1.** (REL) fleischlich; **trato** ~ Beischlaf *m* **2.** (*consanguíneo*) leiblich; **somos primos** ~**es** wir sind Cousins ersten Grades

carnaval [karna'βal] *m* Karneval *m,* Fasching *m*

carnaza [kar'naθa] *f* Köder *m*

carne ['karne] *f* **1.** (*del cuerpo*) Fleisch *nt;* ~ **de gallina** Gänsehaut *f;* **de** ~ **y hueso** (*auténtico*) leibhaftig; (*humano*) menschlich; **echar** ~**s** Fett ansetzen; **ser uña y** ~ ein Herz und eine Seele sein; **los placeres de la** ~ die fleischlichen Wonnen **2.** (*alimento*) Fleisch *nt;* (*plato*) Fleischgericht *nt;* ~ **asada** Braten *m;* ~ **de cerdo/vacuna** Schweine-/Rindfleisch *nt;* ~ **picada** Hackfleisch *nt* **3.** (*pulpa*) Fruchtfleisch *nt*

carné [kar'ne] *m* <carnés> Ausweis *m;* ~ **de estudiante/de identidad** Studenten-/Personalausweis *m;* ~ **de conducir,** ~ **de manejo** (*Am*) Führerschein *m*

carnero [kar'nero] *m* **1.** (ZOOL) Widder *m* **2.** (*CSur: débil*) Schwächling *m;* (*desertor de huelga*) Streikbrecher *m*

carnet [kar'ne] *m* <carnets> *v.* **carné**

carnicería [karniθe'ria] *f* **1.** (*tienda*) Metzgerei *f,* Fleischerei *f* **2.** (*masacre*) Blutbad *nt,* Gemetzel *nt*

carnicero, -a [karni'θero, -a] **I.** *adj* **1.** (*carnívoro*) Fleisch fressend **2.** (*sanguinario*) blutrünstig **II.** *m, f* **1.** (*oficio*) Fleischer(in) *m(f),* Metzger(in) *m(f)* **2.** (*pey: cirujano*) Metzger(in) *m(f)* **3.** (*pey: persona brutal*) Schinder(in) *m(f)*

carnívoro, -a [kar'niβoro, -a] *adj* Fleisch fressend; **animal** ~ Fleischfresser *m*

carnoso, -a [kar'noso, -a] *adj* fleischig

caro, -a[1] ['karo, -a] *adj* **1.** (*costoso*) teuer **2.** (*elev: querido*) lieb, teuer

caro[2] ['karo] *adv* teuer; **esto nos costará** ~ (*fig*) das wird uns teuer zu stehen kommen

carótida [ka'rotiða] *f* (ANAT) Halsschlagader *f*

carozo [ka'roθo] *m* (*Am*) Stein *m,* Kern *m*

carpa ['karpa] *f* **1.** (ZOOL) Karpfen *m* **2.** (*entoldado gigante*) Zelt *nt;* ~ **del circo** Zirkuszelt *nt* **3.** (*Am: tienda de campaña*) Zelt *nt* **4.** (*Am: puesto de mercado*) Marktstand *m*

Cárpatos ['karpatos] *mpl:* **los** (**Montes**) ~ die Karpaten

carpeta [kar'peta] *f* **1.** (*portafolios*) (Schreib)mappe *f;* ~ **de anillas** Ringbuch *nt* **2.** (*de un disco*) Plattencover *nt* **3.** (*cubierta*) Decke *f*

carpintería [karpin̩te'ria] *f* Tischlerei *f,* Schreinerei *f*

carpintero, -a [karpin̩'tero, -a] *m, f* Tischler(in) *m(f),* Schreiner(in) *m(f);* ~ **de obra** Zimmermann *m;* **pájaro** ~ Specht *m*

carpir [kar'pir] *vt* (*Am*) jäten

carraca [ka'rraka] *f* **1.** (*pey: objeto*) Schrott *m;* (*vehículo*) Klappermühle *f fam* **2.** (*carcamal*) Wrack *nt* **3.** (*matraca*) Knarre *f* **4.** (ZOOL) Blauracke *f*

carraspear [karraspe'ar] *vi* hüsteln, sich räuspern
carrera [ka'rrera] *f* **1.** (*movimiento*) Laufen *nt* **2.** (*recorrido*) Lauf *m;* (*de un astro*) Bahn *f* **3.** (DEP: *competición*) (Wett)rennen *nt;* ~ **de armamento** (**nuclear**) (atomares) Wettrüsten *nt;* ~ **de relevos** Staffellauf *m;* **coche de** ~**s** Rennwagen *m* **4.** (*profesión*) Karriere *f,* Laufbahn *f;* ~ **profesional** beruflicher Werdegang **5.** (*estudios superiores*) Studium *nt;* **persona de** ~ Akademiker(in) *m(f);* **hacer una** ~ studieren **6.** (*calle*) Straße *f;* (*Am: avenida*) Allee *f;* **hacer la** ~ (*fam*) auf den Strich gehen **7.** (*en un tejido*) Laufmasche *f*
carreta [ka'rreta] *f* Karre *f,* Karren *m*
carrete [ka'rrete] *m* (*t.* FOTO, TÉC: *bobina*) Rolle *f,* Spule *f;* ~ **de película** Filmrolle *f*
carretera [karre'tera] *f* (Land)straße *f,* (Schnell)straße *f;* ~ **de circunvalación/de salida** Ring-/Ausfallstraße *f*
carretilla [karre'tiʎa] *f* Schubkarre *f*
carril [ka'rril] *m* **1.** (*en la carretera*) Spur *f;* ~ **de adelantamiento/lento** Überhol-/Kriechspur *f* **2.** (*raíl*) Schiene *f;* (*t.* TÉC: *riel*) Führungsschiene *f*
carrillo [ka'rriʎo] *m* (*fam*) Backe *f*
carrilludo, **-a** [karri'ʎuðo, -a] *adj* pausbäckig
carro ['karro] *m* **1.** (*vehículo*) Fuhrwerk *nt;* (*armazón*) Fahrgestell *nt;* (*carreta*) Karren *m;* ~ **acorazado** [*o* **blindado**] Panzer *m;* **el C~ Mayor/Menor** (ASTR) der Große/Kleine Wagen; **¡para el** ~**!** (*fam*) mach mal halblang! **2.** (*Am: coche*) Wagen *m* **3.** (FOTO) Magazin *nt*
carrocería [karroθe'ria] *f* (TÉC) Karosserie *f*
carromato [karro'mato] *m* Karren *m;* (*entoldado*) Planwagen *m;* (*roulotte*) Wohnwagen *m;* (*pey: coche*) (alte) Karre *f*
carroña [ka'roɲa] *f* Aas *nt*
carroza [ka'rroθa] *f* Karosse *f,* Staatskutsche *f*
carruaje [ka'rrwaxe] *m* Fuhrwerk *nt;* (*de caballos*) Kutsche *f*
carrusel [karru'sel] *m* **1.** (*tiovivo*) Karussell *nt* **2.** (*ecuestre*) Kavalkade *f*
carta ['karta] *f* **1.** (*misiva*) Brief *m;* (*escrito*) Schreiben *nt;* ~ **certificada** Einschreibebrief *m;* ~**s al director** Leserbriefe *mpl;* ~ **de porte** (**aéreo**) (Luft)frachtbrief *m;* ~ **de presentación** [*o* **de recomendación**] Empfehlungsschreiben *nt;* **echar una** ~ einen Brief einwerfen **2.** (*t.* JUR: *documento*) Urkunde *f;* ~ **credencial** Akkreditiv *nt;* **C~ Magna** Grundgesetz *nt;* **tomar** ~**s en un asunto** sich in eine Angelegenheit einschalten **3.** (*naipes*) Spielkarte *f;* **jugar a las** ~**s** Karten spielen; **echar las** ~**s a alguien** jdm wahrsagen **4.** (GEO: *mapa*) Karte *f;* ~ **astral** (ASTR) Horoskop *nt* **5.** (*menú*) Speisekarte *f* **6.** (TV): ~ **de ajuste** Testbild *nt*
cartapacio [karta'paθjo] *m* **1.** (*cuaderno*) Notizbuch *nt* **2.** (*carpeta*) Schulmappe *f* **3.** (*en una mesa*) Schreibtischunterlage *f*
cartearse [karte'arse] *vr* sich *dat* schreiben
cartel [kar'tel] *m* Plakat *nt;* (*aviso*) Anschlag *m;* (*rótulo*) Schild *nt;* **prohibido fijar** ~**es** Plakate anbringen verboten; **tener buen** ~ einen guten Ruf haben
cártel ['kartel] *m* (ECON) Kartell *nt*
cartelera [karte'lera] *f* **1.** (*armazón*) Kinoplakatwand *f;* (*columna*) Litfasssäule *f* **2.** (*en el periódico*) Veranstaltungsprogramm *nt;* **estar en** ~ aufgeführt werden
cárter ['karter] *m* (TÉC) Gehäuse *nt*
cartera [kar'tera] *f* (*de bolsillo*) Brieftasche *f;* (*de mano*) (Damen)handtasche *f;* (*de herramientas*) Satteltasche *f;* (*portafolios*) Aktentasche *f;* (*escolar*) Schultasche *f;* (*mochila*) Schulranzen *m;* **ministro sin** ~ (POL) Minister ohne Ressort; ~ **de valores** (FIN) Anlagepapiere *ntpl,* Portfolio *nt;* ~ **de pedidos** (ECON) Auftragsbestand *m*
carterista [karte'rista] *mf* Taschendieb(in) *m(f)*
cartero, **-a** [kar'tero, -a] *m, f* Briefträger(in) *m(f),* Postbote, -in *m, f;* (*repartidor*) Zusteller(in) *m(f)*
cartílago [kar'tilaɣo] *m* Knorpel *m*
cartilla [kar'tiʎa] *f* **1.** (*catón*) (ABC-)Fibel *f* **2.** (*cuaderno*) Notizbuch *nt;* ~ **de ahorros** Sparbuch *nt* **3.** (*tratado*) Handbuch *nt* **4.** (*Am: carnet*) Ausweis *m*
cartografía [kartoɣra'fia] *f* Kartographie *f*
cartón [kar'ton] *m* **1.** (*material*) Pappe *f;* **caja de** ~ Karton *m* **2.** (*envase*) Packung *f;* ~ **de leche** Milchtüte *f;* **un** ~ **de tabaco** eine Stange Zigaretten **3.** (ARTE) Karton *m* **4.** (*Am: en periódicos*) Cartoon *m o nt*
cartonaje [karto'naxe] *m* Kartonage *f*
cartuchera [kartu'ʧera] *f* (*canana*) Patronengurt *m;* (*bolsa*) Patronentasche *f*
cartucho [kar'tuʧo] *m* **1.** (*carga*) Patrone *f;* (MIL: *de artillería*) Kartusche *f;* ~ **de tinta** Tintenpatrone *f;* ~ **de fogueo** Platzpatrone *f* **2.** (*envoltura: en forma de cucurucho*) Tüte *f;* (*en forma de tubo*) Rolle *f*
cartuja [kar'tuxa] *f* Kartause *f*
cartulina [kartu'lina] *f* (feine) Pappe *f;* ~ **amarilla** (DEP) gelbe Karte
casa ['kasa] *f* **1.** (*edificio*) Haus *nt;* ~ **adosada** Reihenhaus *nt;* ~ **de campo** Landhaus *nt;* ~ **de citas** Bordell *nt;* **venta de** ~ **en** ~ Haus-zu-Haus-Verkauf *m;* **echar** [*o* **tirar**] **la** ~ **por la ventana** (*fam*) das Geld zum Fenster hinauswerfen; (*festejar*) auf den Putz hauen **2.** (*vivienda*) Wohnung *f* **3.** (*hogar*) Zuhause *nt;* **a** ~ nach Haus(e); **¿vienes a mi** ~**?** kommst du zu mir?; **vengo de** ~ ich komme von zu Haus(e); **en** ~ zu

Haus(e); **estoy en ~ de Paco** ich bin bei Paco; **¿cuándo sales de ~?** wann musst du aus dem Haus?; **llevar la ~** den Haushalt führen; **no parar en ~** immer unterwegs sein; **todo queda en ~** es bleibt alles in der Familie **4.** (ECON: *empresa*) Firma *f*; **~ discográfica** Schallplattenfirma *f*; **~ editorial** Verlagshaus *nt* **5.** (*estirpe*): **~ real** Dynastie *f*, Haus *nt* **6.** (*en un juego*) Haus *nt*

casaca [ka'saka] *f* (*de hombre*) Gehrock *m*; (*de mujer*) Kasack *m*

casamiento [kasa'mjen̪to] *m* **1.** (*matrimonio*) Ehe *f* **2.** (*boda*) Trauung *f*

casar [ka'sar] **I.** *vi* **1.** (*elev: casarse*) sich verehelichen **2.** (*combinar*) zusammenpassen **II.** *vt* **1.** (*unir en matrimonio*) verheiraten; **estar** [*o* **ser**] **casado** verheiratet sein; **los recién casados** das frisch vermählte Paar **2.** (*combinar*) kombinieren; (*piezas*) zusammenfügen **3.** (JUR: *anular*) aufheben **III.** *vr*: **~se** heiraten (*con* +*akk*); **~se en** [*o* **por**] **la Iglesia** kirchlich heiraten; **~se por lo civil** standesamtlich heiraten

cascabel [kaska'βel] *m* Schelle *f*; **serpiente de ~** Klapperschlange *f*

cascada [kas'kaða] *f* Wasserfall *m*; (*artificial*) Kaskade *f*

cascado, **-a** [kas'kaðo, -a] *adj* **1.** (*roto*) zerbrochen; (*fam: estropeado*) kaputt **2.** (*decrépito*) hinfällig **3.** (*voz*) brüchig

cascajo [kas'kaxo] *m* **1.** (*pedazo*) Scherbe *f* **2.** (*persona*) Wrack *nt*; (*cosa*) Plunder *m*; **~s** Schrott *m* **3.** (*gravilla*) Schotter *m*

cascanueces [kaska'nweθes] *m inv* Nussknacker *m*

cascar [kas'kar] <c→qu> **I.** *vi* **1.** (*fam: charlar*) schwatzen **2.** (*vulg: morir*) verrecken *fam* **II.** *vt* **1.** (*romper*) zerschlagen; **~ un huevo** ein Ei aufschlagen; **~ una nuez** eine Nuss knacken **2.** (*fam: pegar*) (ver)hauen **III.** *vr*: **~se** **1.** (*romperse*) zerbrechen; (*estropearse*) kaputtgehen **2.** (*fam: envejecer*) alt und grau werden

cáscara ['kaskara] *f* Schale *f*; **~ de huevo/de limón** Eier-/Zitronenschale *f*; **¡~s!** (*fig fam*) Manometer!

cascarón [kaska'ron] *m* **1.** (*de huevo*) leere Eierschale *f* **2.** (NÁUT) Nussschale *f*

cascarrabias [kaska'rraβjas] *mf inv* (*fam*) Meckerfritze *m*, Meckertante *f*

casco ['kasko] *m* **1.** (*para la cabeza*) Helm *m*; **los ~s azules** die Blauhelme **2.** (*fam: cabeza*) Rübe *f*; **ligero de ~s** leichtsinnig; **calentarse los ~s** sich *dat* das Hirn zermartern **3.** (*pezuña*) Huf *m* **4.** (*de un avión/barco*) Rumpf *m* **5.** (*cascote*) Bauschutt *m* **6.** (*botella*) Leergut *nt* **7.** (*centro ciudad*) Stadtmitte *f*; **~ antiguo** Altstadt *f* **8.** (TÉC: *cuerpo*) Körper *m*; **~ de presión** Druckkörper *m* **9.** *pl* (*auriculares*) Kopfhörer *m*

cascote [kas'kote] *m* Schuttbrocken *m*; **~s** Schutt *m*

caseína [kase'ina] *f* (QUÍM) Kasein *nt*

caserío [kase'rio] *m* **1.** (*granja*) Aussiedlerhof *m* **2.** (*aldea*) Weiler *m*

casero, **-a** [ka'sero, -a] **I.** *adj* **1.** (*hecho en casa*) hausgemacht; **cocina casera** Hausmannsküche *f*; **remedio ~** Hausmittel *nt* **2.** (*hogareño*) häuslich **II.** *m, f* **1.** (*propietario*) Hausbesitzer(in) *m(f)* **2.** (*administrador*) (Haus)verwalter(in) *m(f)*

caseta [ka'seta] *f* **1.** (*barraca*) Häuschen *nt*; (*de feria*) Jahrmarktsbude *f*; (*de muestras*) Messestand *m*; **~ del perro** Hundehütte *f*; **~ de tiro** Schießbude *f* **2.** (*cabina*) Kabine *f*

casete[1] [ka'sete] *m o f* (*cinta*) Kassette *f*; **~ de vídeo** Videokassette *f*

casete[2] [ka'sete] *m* (*aparato*) Kassettenrecorder *m*; (*pletina*) Kassettendeck *nt*

casi ['kasi] *adv* fast, beinahe; **~ ~** so gut wie

casilla [ka'siʎa] *f* **1.** (*caseta*) Häuschen *nt*; **sacar a alguien de sus ~s** (*fig*) jdn aus dem Häuschen bringen **2.** (*en la cuadrícula*) Kästchen *nt* **3.** (*en un tablero*) Feld *nt* **4.** (*en un casillero*) Fach *nt*

casillero [kasi'ʎero] *m* Fächerregal *nt*

casino [ka'sino] *m* **1.** (*casa de juego*) (Spiel)kasino *nt* **2.** (*club*) Klub *m*

caso ['kaso] *m* **1.** (*hecho*) (Vor)fall *m*; (*circunstancia*) Umstand *m*; (JUR) Rechtsfall *m*; **~ aislado** Einzelfall *m*; **~ de fuerza mayor** höhere Gewalt; **¡eres un ~!** (*fam*) du bist mir einer/eine!; **yo, en tu ~...** ich an deiner Stelle ...; **en ~ de...** +*inf* falls ...; **dado** [*o* **llegado**] **el ~** gegebenenfalls; **dado el ~ de que...** +*subj* vorausgesetzt, dass ...; **en ~ contrario** ansonsten; **en cualquier ~** auf jeden Fall; **en ningún ~** auf keinen Fall; **en último ~** notfalls; **en tal ~** in diesem Fall; **en todo ~** allenfalls **2.** (*atención*) Aufmerksamkeit *f*; **hacer ~ a alguien** (*considerar*) jdn beachten; (*obedecer*) auf jdn hören; (*creer*) jdm glauben **3.** (LING: *flexión*) Kasus *m*, Fall *m*

caspa ['kaspa] *f* (Kopf)schuppen *fpl*

Caspio ['kaspjo] *m*: (**el**) **Mar ~** das Kaspische Meer

casquete [kas'kete] *m* **1.** (*casco*) Helm *m* **2.** (*gorrilla*) Kappe *f*; **~ polar** Polarzone *f*

cassette[1] [ka'sete] *m o f v.* **casete**[1]

cassette[2] [ka'sete] *m v.* **casete**[2]

casta ['kasta] *f* **1.** (*raza*) Rasse *f*; **de ~ le viene al galgo** (*fig*) das liegt in der Familie **2.** (*linaje*) Geschlecht *nt* **3.** (*clase social*) Kaste *f*

castaña [kas'taɲa] *f* **1.** (*fruto*) Kastanie *f*, Marone *f*; **~s asadas** heiße Maronen **2.** (*fam: golpe*) Bums *m*; **darse una ~ contra algo** gegen etw knallen **3.** (*fam: bofeta-

da) Ohrfeige *f;* (*puñetazo*) (Faust)hieb *m* **4.** (*fam: borrachera*) Rausch *m* **5.** (*fam: rápido*): **a toda ~** volle Pulle

castañal [kasta'ɲal] *m,* **castañar** [kasta'ɲar] *m* Kastanienwald *m*

castañetear [kastaɲete'ar] *vi* **1.** (*chasquear*) (mit den Fingern) schnalzen; **me castañeteaban los dientes de frío** mir klapperten vor Kälte die Zähne **2.** (*tocar las castañuelas*) mit den Kastagnetten klappern

castaño, -a[1] [kas'taɲo, -a] *adj* kastanienbraun; (*pelo*) brünett

castaño[2] [kas'taɲo] *m* Kastanienbaum *m*

castañuela [kasta'ɲwela] *f* Kastagnette *f*

castellano, -a[1] [kaste'ʎano, -a] **I.** *adj* kastilisch; **la lengua castellana** die spanische Sprache **II.** *m, f* Kastilier(in) *m(f)*

castellano[2] [kaste'ʎano] *m* (LING: *español*) Spanisch(e) *nt;* (*variedad*) kastilische Mundart *f*

castellanohablante [kasteʎanoa'βlan̩te] *adj* Spanisch sprechend, spanischsprachig

castidad [kasti'ða^{d}] *f* Keuschheit *f;* **cinturón de ~** Keuschheitsgürtel *m*

castigar [kasti'ɣar] <g→gu> **I.** *vt* **1.** (*punir*) (be)strafen (*por* für *+akk*); **¡castigado sin postre!** zur Strafe bekommst du keinen Nachtisch! **2.** (*físicamente*) züchtigen; (*dañar*) zurichten **3.** (*seducir*) verführen **II.** *vr:* **~se** sich kasteien

castigo [kas'tiɣo] *m* **1.** (*punición*) Bestrafung *f,* Strafe *f* **2.** (*aflicción*) Heimsuchung *f*

Castilla [kas'tiʎa] *f* Kastilien *nt*

Castilla-La Mancha [kas'tiʎa la 'manʧa] *f* Südkastilien *nt*

Castilla-León [kas'tiʎa le'on] *f* Nordkastilien *nt*

castillo [kas'tiʎo] *m* **1.** (*fortaleza*) Burg *f;* (*palacio*) Schloss *nt;* **~ de arena** Sandburg *f;* **~ de naipes** Kartenhaus *nt;* **hacer ~s en el aire** Luftschlösser bauen **2.** (NÁUT) Kastell *nt*

castizo, -a [kas'tiθo, -a] *adj* **1.** (*típico*) volkstümlich **2.** (*auténtico*) authentisch

casto, -a ['kasto, -a] *adj* keusch

castor [kas'tor] *m* Biber *m*

castración [kastra'θjon] *f* (AGR, MED) Kastration *f;* (*hombre*) Entmannung *f*

castrar [kas'trar] *vt* (*t.* AGR, MED) kastrieren; (*hombre*) entmannen

casual [ka'swal] *adj* zufällig; **por un ~** (*fam*) zufällig(erweise)

casualidad [kaswali'ða^{d}] *f* Zufall *m;* **de** [*o* **por**] **~** zufällig(erweise); **¡qué ~!** so ein Zufall!; **da la ~ que conozco a tu mujer** zufällig kenne ich deine Frau

casualmente [kaswal'men̩te] *adv* **1.** (*por casualidad*) durch Zufall **2.** (*precisamente*) genau; **~ por eso** eben deshalb

casulla [ka'suʎa] *f* **1.** (REL) Kasel *f* **2.** (*prenda femenina*) Chasuble *nt*

cata ['kata] *f* Kosten *nt,* Probieren *nt;* **~ de vinos** Weinprobe *f*

cataclismo [kata'klismo] *m* **1.** (GEO) Kataklysmus *m* **2.** (*desastre*) Katastrophe *f* **3.** (*alteración*) Umsturz *m*

catacumbas [kata'kumbas] *fpl* Katakomben *fpl*

catadura [kata'ðura] *f* **1.** (*cata*) Kosten *nt,* Probieren *nt* **2.** (*expresión*) Gesichtsausdruck *m;* (*aspecto*) Aussehen *nt;* **sujeto de mala ~** finsterer Typ

catalán, -ana[1] [kata'lan, -ana] **I.** *adj* katalanisch **II.** *m, f* Katalane, -in *m, f*

catalán[2] [kata'lan] *m* (*lengua*) Katalanisch(e) *nt*

catalejo [kata'lexo] *m* Fernrohr *nt*

catalizador [kataliθa'ðor] *m* (*t.* QUÍM, TÉC) Katalysator *m*

catalogar [katalo'ɣar] <g→gu> *vt* **1.** (*registrar*) katalogisieren **2.** (*clasificar*) einordnen; **~ a alguien de algo** jdn als etw einstufen

catálogo [ka'taloɣo] *m* Katalog *m;* **~ de materias/por autores** Schlagwort-/Verfasserverzeichnis *nt;* **casa de ventas por ~** Versandhaus *nt;* **en ~** lieferbar

Cataluña [kata'luɲa] *f* Katalonien *nt*

catamarán [katama'ran] *m* (DEP) Katamaran *m*

cataplasma [kata'plasma] *f* **1.** (MED) Kataplasma *nt,* Wickel *m* **2.** (*fam: pesado*) Nervensäge *f*

catapulta [kata'pul̩ta] *f* (*t.* AERO, TÉC) Katapult *m o nt*

catapultar [katapul̩'tar] *vt* katapultieren

catar [ka'tar] *vt* **1.** (*probar*) kosten, probieren **2.** (*experimentar*) erleben

catarata [kata'rata] *f* **1.** (*salto de agua*) Wasserfall *m;* **las ~s del Niágara** die Niagarafälle **2.** (MED) grauer Star *m*

catarro [ka'tarro] *m* (*enfriamiento*) Erkältung *f;* (MED) Katarrh *m;* **~ de nariz** Schnupfen *m*

catastro [ka'tastro] *m* Kataster *m o nt;* **oficina del ~** Katasteramt *nt*

catástrofe [ka'tastrofe] *f* Katastrophe *f;* (*accidente*) Unglück *nt*

catastrófico, -a [katas'trofiko, -a] *adj* katastrophal; **zona catastrófica** Katastrophengebiet *nt*

catastrofismo [katastro'fismo] *m* Schwarzmalerei *f*

catchup ['keʧup] *m* <catchups> Ketschup *m o nt*

cate ['kate] *m* (*fam*) **1.** (*bofetada*) Backpfeife *f* **2.** (*suspenso*): **me han dado dos ~s** sie haben mich zweimal durchfallen lassen

catear [kate'ar] *vt* (*fam: suspender*) durchfallen lassen

catecismo [kate'θismo] *m* (REL) Katechismus *m*

cátedra ['kateðra] *f* **1.** (ENS: *púlpito*) Katheder *m o nt* **2.** (ENS: *docencia*) Lehrstuhl *m,* Professur *f;* **sentar** ~ neue Richtlinien setzen; (*irón*) schulmeisterlich reden

catedral [kate'ðral] *f* Kathedrale *f;* **como una** ~ (*fig*) riesig; (*alto*) haushoch

catedrático, -a [kate'ðratiko, -a] *m, f* (ENS) Professor(in) *m(f);* ~ **de instituto** Studienrat *m*

categoría [kateɣo'ria] *f* **1.** (*clase, t.* FILOS) Kategorie *f,* Gruppe *f;* ~ **fiscal** Steuerklasse *f* **2.** (*calidad*) Qualität *f;* **de primera** ~ erstklassig **3.** (*rango*) (Dienst)rang *m;* **dar** ~ Prestige geben; **tener poca/mucha** ~ unbedeutend/bedeutend sein

catequesis [kate'kesis] *f inv* **1.** (REL) Katechese *f* **2.** (*clase*) Religionsunterricht *m*

caterva [ka'terβa] *f* (*pey*) Masse *f;* (*de personas*) Bande *f*

catéter [ka'teter] *m* (MED) Katheter *m*

cateto [ka'teto] *m* (MAT) Kathete *f*

catolicismo [katoli'θismo] *m* (REL) Katholizismus *m*

católico, -a [ka'toliko, -a] **I.** *adj* (römisch-)katholisch **II.** *m, f* Katholik(in) *m(f)*

catón [ka'ton] *m* Lesefibel *f*

catorce [ka'torθe] **I.** *adj inv* vierzehn **II.** *m* Vierzehn *f;* **el** ~ **de marzo** der vierzehnte März; *v. t.* **ocho**

catorceavo, -a [katorθe'aβo, -a], **catorzavo, -a** [kator'θaβo, -a] **I.** *adj* vierzehntel **II.** *m, f* Vierzehntel *nt; v. t.* **octavo**

catre ['katre] *m* (*t. pey*) Pritsche *f;* (*de campaña*) Feldbett *nt;* (*fam: cama*) Falle *f*

Cáucaso ['kau̯kaso] *m:* **el** ~ der Kaukasus

cauce ['kau̯θe] *m* **1.** (GEO: *lecho*) Flussbett *nt* **2.** (*acequia*) Wassergraben *m* **3.** (*camino*) Bahn *f;* ~ **jurídico** [*o* **legal**] (JUR) Rechtsweg *m;* ~ **reglamentario** Dienstweg *m*

caucho ['kau̯ʧo] *m* (BOT) Kautschuk *m;* **árbol del** ~ Kautschukbaum *m*

caución [kau̯'θjon] *f* **1.** (*cautela*) Vorsicht *f* **2.** (JUR) Bürgschaft *f*

caudal [kau̯'ðal] **I.** *adj* Schwanz- **II.** *m* **1.** (*de agua*) Wassermenge *f;* (*de una fuente*) Ergiebigkeit *f* **2.** (*dinero*) Vermögen *nt;* **caja de ~es** Tresor *m* **3.** (*abundancia*) Fülle *f;* **un** ~ **de conocimientos** ein umfangreiches Wissen

caudaloso, -a [kau̯ða'loso, -a] *adj* **1.** (*río*) wasserreich **2.** (*rico*) reich **3.** (*cantidad*) reichlich

caudillo [kau̯'ðiʎo] *m* (MIL, POL) (An)führer *m*

> **El Caudillo** war Francos Beiname während seiner Diktatur (**1939–1975**). **Francisco Franco Bahamonte** führte die Monarchie wieder ein, indem er 1969 den damaligen Prinzen **Juan Carlos** zu seinem Nachfolger ernannte.

causa ['kau̯sa] *f* **1.** (*origen*) Ursache *f;* (*motivo*) Grund *m;* ~ **del despido** Entlassungsgrund *m* **2.** (*ideal, t.* POL) Ideal *nt;* **morir por la** ~ für seine Überzeugung sterben **3.** (JUR) Rechtssache *f;* (*asunto*) Angelegenheit *f;* **entender en una** ~ einen Fall bearbeiten; **instruir una** ~ ein Verfahren leiten **4.** (*loc*): **a** [*o* **por**] ~ **de** wegen +*gen/dat*

causante [kau̯'san̩te] **I.** *adj* verursachend **II.** *mf* Urheber(in) *m(f);* (*culpable*) Verursacher(in) *m(f)*

causar [kau̯'sar] *vt* verursachen; ~ **alegría** Freude machen; ~ **daño** Schaden anrichten; ~ **efecto** wirken; ~ **problemas** Probleme bereiten; ~ **risa** zum Lachen bringen; ~ **trabajo** Arbeit machen

cáustico, -a ['kau̯stiko, -a] *adj* **1.** (QUÍM) kaustisch, ätzend **2.** (*mordaz*) bissig

cautela [kau̯'tela] *f* **1.** (*precaución*) Vorsicht *f;* (*cuidado*) Behutsamkeit *f;* (*reserva*) Vorbehalt *m* **2.** (*malicia*) Arglist *f*

cauteloso, -a [kau̯te'loso, -a] *adj* **1.** (*prudente*) vorsichtig; (*cuidadoso*) behutsam; (*desconfiado*) misstrauisch **2.** (*malicioso*) arglistig

cauterizar [kau̯teri'θar] <z→c> *vt* (MED) kauterisieren

cautivador(a) [kau̯tiβa'ðor(a)] *adj* **1.** (*fascinante*) fesselnd **2.** (*seductor*) verführerisch

cautivar [kau̯ti'βar] *vt* **1.** (*apresar*) gefangen nehmen **2.** (*fascinar*) bannen **3.** (*seducir*) verführen

cautiverio [kau̯ti'βerjo] *m,* **cautividad** [kau̯tiβi'ðaᵈ] *f* Gefangenschaft *f*

cautivo, -a [kau̯'tiβo, -a] **I.** *adj* gefangen **II.** *m, f* Gefangene(r) *mf*

cauto, -a ['kau̯to, -a] *adj* **1.** (*prudente*) vorsichtig; (*cuidadoso*) behutsam **2.** (*malicioso*) arglistig

cava ['kaβa] *m* (spanischer) Sekt *m*

> **Cava** wird der spanische Sekt genannt. Dieser qualitativ hervorragende Schaumwein wird in Sektkellereien im Nordosten Spaniens hergestellt.

cavar [ka'βar] *vi, vt* graben

caverna [ka'βerna] *f* **1.** (*cueva*) Höhle *f;* (*gruta*) Grotte *f;* **los hombres de las ~s**

die Höhlenmenschen **2.** (MED) Kaverne *f*
cavernícola [kaβer'nikola] *mf* **1.** (*troglodita*) Höhlenbewohner(in) *m(f)* **2.** (*fam: retrógrado*) Reaktionär(in) *m(f)*
caviar [ka'βjar] *m sin pl* Kaviar *m*
cavidad [ka'βiðaᵈ] *f* **1.** (*oquedad*) Hohlraum *m*, Aushöhlung *f* **2.** (MED) Höhle *f*
cavilar [kaβi'lar] *vt* (nach)grübeln (über +*akk*)
caviloso, **-a** [kaβi'loso, -a] *adj* argwöhnisch
cayado [ka'ɟaðo] *m* **1.** (*del pastor*) Hirtenstab *m* **2.** (*del prelado*) Stab *m*
caza¹ ['kaθa] *f* **1.** (*montería*) Jagd *f*; **ir de** [*o* **a la**] ~ auf die Jagd gehen **2.** (*animales*) Wild *nt*; ~ **mayor** Hochwild *nt*; **carne de** ~ Wildbret *nt*
caza² ['kaθa] *m* (MIL) Jagdflugzeug *nt*
cazabombardero [kaθaβombar'ðero] *m* (MIL) Jagdbomber *m*
cazador(a) [kaθa'ðor(a)] **I.** *adj* Jagd- **II.** *m(f)* (*persona*) Jäger(in) *m(f)*; ~ **furtivo** Wilderer *m*
cazadora [kaθa'ðora] *f* (Wind)jacke *f*; (*de piloto*) Bomberjacke *f*; ~ **de piel** Lederjacke *f*
cazadotes [kaθa'ðotes] *m inv* Mitgiftjäger *m*
cazar [ka'θar] <z→c> *vt* **1.** (*atrapar*) jagen; (*perseguir*) verfolgen; (*con una trampa*) fangen; (*matar*) erlegen **2.** (*conseguir*) einen guten Fang machen (mit +*dat*) **3.** (*probar la culpabilidad*) schnappen *fam*; (*sorprender*) ertappen; (*capturar*) fassen **4.** (*fam: engañar*) hereinlegen **5.** (*apercibirse rápidamente*) mitbekommen
cazarrecompensas [kaθarrekom'pensas] *mf inv* Kopfgeldjäger(in) *m(f)*; **cazatalentos** [kaθata'lentos] *mf inv* (ECON) Headhunter *m*; **cazavirus** [kaθa'βirus] *adj inv* (INFOR) Antiviren-; **programa** ~ Antivirenprogramm *nt*
cazo ['kaθo] *m* **1.** (*puchero*) Topf *m* (mit Stiel) **2.** (*cucharón*) Schöpflöffel *m* **3.** (*argot: chulo*) Zuhälter *m*
cazuela [ka'θwela] *f* Kasserolle *f*
cazurro, **-a** [ka'θurro, -a] **I.** *adj* **1.** (*hosco*) mürrisch **2.** (*taciturno*) schweigsam; (*cerrado*) (nach außen hin) verschlossen **3.** (*torpe*) schwerfällig **II.** *m, f* **1.** (*hosco*) Griesgram *m* **2.** (*taciturno*) wortkarger Mensch *m* **3.** (*astuto*) verschlossener Mensch *m*
c.c., **C.C.**, **c/c** *f* (COM) *abr de* **cuenta corriente** Kontokorrent *nt*
CE¹ [θe'e] *f* (HIST) *abr de* **Comunidad Europea** EG *f*
CE² [θe'e] *m abr de* **Consejo de Europa** Europarat *m*
ceba ['θeβa] *f* **1.** (*engorde*) Mast *f* **2.** (*alimento*) Mastfutter *nt* **3.** (*de un horno*) Feuerung *f*
cebada [θe'βaða] *f* (BOT) Gerste *f*
cebar [θe'βar] **I.** *vt* **1.** (*engordar*) mästen **2.** (*horno*) heizen; (*encender*) anzünden **3.** (*un arma*) mit Zündmasse versehen **4.** (*el anzuelo, una trampa*) mit einem Köder versehen **5.** (*máquina*) starten; (*cohete*) zünden **6.** (*esperanza*) nähren; (*cólera*) schüren **II.** *vr:* ~**se 1.** (*entregarse*) völlig aufgehen (*en* in +*dat*) **2.** (*ira*) auslassen (*en* an +*dat*); **se cebó en él** er/sie ließ seine/ihre ganze Wut an ihm aus **3.** (*ensangrentarse*) sich weiden (*con* an +*dat*)
cebo ['θeβo] *m* **1.** (*alimento*) Mastfutter *nt* **2.** (*de un anzuelo*) Köder *m* **3.** (*en un arma*) Zündstoff *m* **4.** (*en un horno*) Brennstoff *m* **5.** (*algo atractivo*) Lockmittel *nt*; (*fig*) Lockvogel *m* **6.** (*pábulo*) Nährboden *m*; (*comienzo*) Anlass *m*; (*alimento*) Anreiz *m*
cebolla [θe'βoʎa] *f* **1.** (BOT: *comestible*) (Gemüse)zwiebel *f* **2.** (BOT: *bulbo*) Blumenzwiebel *f* **3.** (*argot: cabeza*) Birne *f*, Rübe *f*
cebollar [θeβo'ʎar] *m* Zwiebelfeld *nt*
cebolleta [θeβo'ʎeta] *f* **1.** (BOT: *cebolla tierna*) Frühlingszwiebel *f*; (*cebollino*) Lauchzwiebel *f* **2.** (BOT: *tallo fino, muy aromático*) Schnittlauch *m* **3.** (*vulg: pene*) Schwanz *m fam*
cebra ['θebra] *f* (ZOOL) Zebra *nt*; **paso de** ~ (AUTO) Zebrastreifen *m*
cebú [θe'βu] *m* (ZOOL) Zebu *m o nt*
ceceo [θe'θeo] *m* (*defecto*) Lispeln *nt*

> In einigen Regionen, z. B. in bestimmten Gegenden Andalusiens, wird das spanische ‚s' als ‚c' ausgesprochen: ‚cocer' statt ‚coser'. Dieses sprachliche Phänomen wird **ceceo** genannt.

cedazo [θe'ðaθo] *m* **1.** (*para cribar*) Sieb *nt* **2.** (*para pescar*) großes Fischfangnetz *nt*
ceder [θe'ðer] **I.** *vi* **1.** (*renunciar*) verzichten (*de* auf +*akk*); (*de una pretensión*) abrücken (*de* von +*dat*) **2.** (*disminuir*) abnehmen; **cedió la fiebre** das Fieber ging zurück; **cedió la lluvia** der Regen ließ nach **3.** (*capitular*) nachgeben (*a/ante/en* +*dat*) **4.** (*aceptar*) nachkommen (*a/ante/en* +*dat*) **5.** (*cuerda, rama*) nachgeben; (*edificio, puente*) einstürzen **II.** *vt* **1.** (*dar*) abgeben (*a* an +*akk*) **2.** (*transferir*) abtreten, überlassen **3.** (DEP: *balón*) passen **4.** (AUTO): **"ceda el paso"** „Vorfahrt gewähren"
cedro ['θeðro] *m* (BOT) Zeder *f*

cédula ['θeðula] *f* Urkunde *f*, Dokument *nt;* ~ **de ahorro** Sparbrief *m;* ~ **de citación** Vorladung *f;* ~ **personal** Personalausweis *m;* ~ **real** königliche Verfügung

CEE [θee'e] *f* (HIST) *abr de* **Comunidad Económica Europea** EWG *f*

céfiro ['θefiro] *m* Zephir *m*

cegar [θe'ɣar] *irr como fregar* **I.** *vi* erblinden **II.** *vt* **1.** (*quitar la vista*) blenden; **le ciega la ira** er/sie ist blind vor Wut **2.** (*alucinar*) verblüffen **3.** (*ventana*) zumauern; (*con clavos*) zunageln; (*pozo*) zuschütten **III.** *vr:* ~**se 1.** (*ofuscarse*) blind sein (*de/por* vor +*dat*), geblendet sein (*de/por* von +*dat*); ~**se de ira** blind vor Wut sein **2.** (*tubo*) (sich) verstopfen

ceguera [θe'ɣera] *f* **1.** (*invidencia*) Blindheit *f* **2.** (*de la razón*) Verblendung *f*

Ceilán [θei̯'lan] *m* Ceylon *nt*

ceja ['θexa] *f* **1.** (*entrecejo*) (Augen)braue *f;* **fruncir las** ~**s** die Augenbrauen zusammenziehen; **tener a alguien entre** ~ **y** ~ (*fam*) jdn nicht leiden können **2.** (*borde*) vorstehender Rand *m* **3.** (MÚS: *instrumento de cuerda*) Sattel *m;* (*instrumento de teclado*) Drucksteg *m* **4.** (MÚS: *para elevar el tono*) Kapodaster *m*

cejar [θe'xar] *vi* **1.** (*en discusiones*) nachgeben **2.** (*cesar*) aufgeben (*en* +*akk*); **sin** ~ unaufhörlich

cejijunto, -a [θexi'xun̪to, -a] *adj* **1.** (*fisonomía*) mit eng beieinander liegenden Augenbrauen **2.** (*adusto*) mürrisch

celada [θe'laða] *f* **1.** (*yelmo*) Helm *m* **2.** (*emboscada*) Hinterhalt *m* **3.** (*encerrona*) Hinterlist *f*

celador(a) [θela'ðor(a)] *m(f)* Aufseher(in) *m(f);* (*de aparcamientos*) Parkwächter(in) *m(f);* (*de cárcel*) Gefängniswärter(in) *m(f);* (*de escuela*) Aufsichtführende(r) *mf*

celaje [θe'laxe] *m* **1.** (METEO) ≈Schleierwolken *fpl* **2.** (*Am: fantasma*) Geist *m*

celar [θe'lar] *vt* **1.** (*encubrir*) verbergen **2.** (*vigilar*) überwachen

celda ['θel̪da] *f* **1.** (*pequeño espacio*) Zelle *f;* (*en convento, colegio*) Klosterzelle *f;* (*en prisión*) Gefängniszelle *f;* ~ **de castigo** Einzelhaftzelle *f* **2.** (*de colmena*) Bienenzelle *f*

celdilla [θel̪'diʎa] *f* **1.** (*de colmena*) Bienenzelle *f* **2.** (ARQUIT) Nische *f* **3.** (BOT) Samenkapsel *f*

celebérrimo, -a [θele'βerrimo, -a] *adj superl de* **célebre**

celebración [θeleβra'θjon] *f* **1.** (*acto*) Feiern *nt;* **la** ~ **de una misa** die Abhaltung eines Gottesdienstes **2.** (*festividad*) Feier *f* **3.** (*aplausos*) Beifall *m* **4.** (*organización*) Durchführung *f*

celebrar [θele'βrar] **I.** *vt* **1.** (*mérito, acontecimiento*) feiern **2.** (*aplaudir*) applaudieren +*dat* **3.** (*llegada*) willkommen heißen **4.** (*ventajas*) preisen **5.** (*un chiste*) sehr witzig finden **6.** (*reuniones, audiencia*) abhalten; ~ **una subasta** eine Versteigerung durchführen **7.** (*alegrarse*) sich freuen (über +*akk*) **8.** (*tratado*) abschließen **II.** *vi* (REL) Gottesdienst abhalten **III.** *vr:* ~**se 1.** (*fiesta*) gefeiert werden **2.** (*reunión, partido*) stattfinden

célebre ['θeleβre] <celebérrimo> *adj* **1.** (*famoso*) berühmt (*por* für +*akk*); (*popular*) gefeiert **2.** (*fam: gracioso*) lustig

celebridad [θeleβri'ða^{d}] *f* **1.** (*alguien ilustre*) Berühmtheit *f* **2.** (*renombre*) Ruhm *m* **3.** (*festejo*) Feierlichkeit *f*

celeridad [θeleri'ða^{d}] *f* Schnelligkeit *f*

celeste [θe'leste] *adj* **1.** (*célico*) Himmels-; **cuerpos** ~**s** Himmelskörper *mpl* **2.** (*color*) himmelblau

celestial [θeles'tjal] *adj* **1.** (*del cielo, delicioso*) himmlisch **2.** (*irón fam: tonto*) dumm, einfältig

celibato [θeli'βato] *m* **1.** (REL) Zölibat *m o nt* **2.** (*soltería*) Singledasein *nt* **3.** (*fam: solterón*) Junggeselle *m*

célibe ['θeliβe] **I.** *adj* **1.** (REL) zölibatär **2.** (*soltero*) ledig **II.** *mf* Junggeselle, -in *m, f*

celo ['θelo] *m* **1.** (*afán*) Eifer *m* **2.** *pl* (*por amor*) Eifersucht *f;* **tener** ~**s** eifersüchtig sein **3.** *pl* (*sospecha*) Misstrauen *nt* **4.** *pl* (*envidia*) Neid *m* **5.** (*animales*) Brunstzeit *f;* **estar en** ~ (*caza*) brünstig sein; (*perra*) läufig sein; (*gata*) rollig sein **6.** (*autoadhesivo*) Tesafilm® *m*

celosía [θelo'sia] *f* **1.** (*rejilla*) Gitter *nt* **2.** (*contraventanas*) Fensterladen *m;* (*persianas*) Rollladen *m*

celoso, -a [θe'loso, -a] *adj* **1.** (*con fervor*) eifrig (*en* bei +*dat*) **2.** (*con celos*) eifersüchtig (*de* auf +*akk*) **3.** (*con envidia*) neidisch (*de* auf +*akk*) **4.** (*con dudas*) misstrauisch **5.** (*exigente*) bedacht (*de* auf +*akk*)

celta ['θel̪ta] **I.** *adj* keltisch **II.** *mf* Kelte, -in *m, f*

> Eines der ersten Völker, die noch vor den Römern die Iberische Halbinsel bevölkerten, waren die **celtas**. Zusammen mit einem anderen Volk, den **iberos**, bildeten sie ein neues, vermischtes Volk, das der **celtíberos**.

célula ['θelula] *f* (BIOL, POL) Zelle *f;* ~ **fotoeléctrica** Fotozelle *f*

celular [θelu'lar] *adj* **1.** (BIOL) Zell-, zellulär **2.** (*cárcel*): **prisión** ~ Einzelhaft *f;* **coche** ~

Polizeitransporter *m*

celulitis [θelu'litis] *f inv* (MED) Zellulitis *f*

cementar [θemen̩'tar] *vt* (TÉC) zementieren

cementerio [θemen̩'terjo] *m* **1.** (*camposanto*) Friedhof *m;* ~ **de coches** Autofriedhof *m* **2.** (*depósito*) Endlagerstätte *f;* ~ **nuclear** Endlager für atomare Abfälle

cemento [θe'men̩to] *m* **1.** (ARQUIT) Zement *m;* ~ **armado** Stahlbeton *m* **2.** (ANAT) Zement *nt*

cena ['θena] *f* Abendessen *nt;* **la Ultima C~** das heilige Abendmahl

cenáculo [θe'nakulo] *m* **1.** (*tertulia*) Stammtisch *m;* (*reunión*) Treffen *nt* **2.** (*de literatura*) Literaturzirkel *m* **3.** (*camarilla*) Clique *f* **4.** (*lugar*) Treffpunkt *m*

cenador [θena'ðor] *m* **1.** (*comedor*) Speisesaal *m* **2.** (*en el jardín*) Gartenlaube *f*

cenagal [θena'ɣal] *m* **1.** (*con cieno*) Morast *m* **2.** (*fam: problema*) Patsche *f,* Klemme *f;* **estar en un** ~ in der Patsche sitzen

cenagoso, -a [θena'ɣoso, -a] *adj* schlammig, morastig

cenar [θe'nar] *vi, vt* zu Abend essen; **hoy hemos cenado lentejas** heute gab es Linsen zum Abendessen

cencerrear [θen̩θerre'ar] *vi* **1.** (*con cencerros*) läuten **2.** (*tocar mal*) völlig falsch spielen **3.** (*bisagras*) quietschen **4.** (*traquetear*) klappern; (*golpetear*) schlagen; (*estruendo*) Krach machen

cencerro [θen̩'θerro] *m* (*de res*) Kuhglocke *f;* **estar como un** ~ (*fam*) völlig übergeschnappt sein

cenefa [θe'nefa] *f* **1.** (*adorno*) Borte *f;* (*encaje de bolillos*) Klöppelspitze *f* **2.** (*de techos, muros*) Stuckverzierung *f*

cenia ['θenja] *f* Schöpfrad *nt*

cenicero [θeni'θero] *m* Aschenbecher *m*

cenicienta *f,* **Cenicienta** [θeni'θjen̩ta] *f* Aschenbrödel *nt,* Aschenputtel *nt*

ceniciento, -a [θeni'θjen̩to, -a] *adj* aschfarben

cenit [θe'nit] *m* **1.** (ASTR) Zenit *m* **2.** (*apogeo*) Höhepunkt *m*

ceniza [θe'niθa] *f* **1.** (*residuo de algo quemado*) Asche *f;* **Miércoles de** ~ Aschermittwoch *m;* **reducir algo a ~s** etw in Schutt und Asche legen **2.** *pl* (*restos*) Überreste *mpl*

cenizo [θe'niθo] *m* **1.** (BOT) Gänsefuß *m* **2.** (*que trae mala suerte*) Unglücksbringer *m*

cenobio [θe'noβjo] *m* (REL) Kloster *nt*

censar [θen'sar] **I.** *vi* eine Volkszählung durchführen **II.** *vt* zählen, erfassen

censo ['θenso] *m* **1.** (*de habitantes*) Volkszählung *f;* (*estadística*) statistische Erhebung *f;* ~ **electoral** (POL) Wählerliste *f* **2.** (FIN: *gravamen*) Pachtzins *m*

censor(a) [θen'sor(a)] *m(f)* Zensor(in) *m(f)*

censura [θen'sura] *f* **1.** (*crítica*) Zensur *f;* ~ **cinematográfica** Filmzensur *f;* **someter a la** ~ zensieren **2.** (*entidad*) Zensurbehörde *f* **3.** (FIN) Prüfung *f;* ~ **de cuentas** Buchprüfung *f* **4.** (POL): **moción de** ~ Misstrauensantrag *m* **5.** (*vituperación*) Kritik *f*

censurar [θensu'rar] *vt* **1.** (*juzgar*) zensieren; ~ **on todas las escenas violentas** alle Gewaltszenen wurden herausgeschnitten **2.** (*vituperar*) kritisieren

centauro [θen̩'tau̯ro] *m* Zentaur *m*

centavo, -a[1] [θen̩'taβo, -a] *adj* hundertstel; *v. t.* **octavo**

centavo[2] [θen̩'taβo] *m* **1.** (*centésima parte*) Hundertstel *nt* **2.** (*céntimo*) ≈Pfennig *m* **3.** (*AmC, CSur:* FIN: *moneda*) Centavo *m*

centella [θen̩'teʎa] *f* **1.** (*rayo*) Blitz *m* **2.** (*chispa*) Funke *m* **3.** (*destello*) Funkeln *nt*

centell(e)ar [θen̩teʎe'ar/θen̩te'ʎar] *vi* **1.** (*relámpago*) blitzen **2.** (*fuego*) Funken sprühen **3.** (*estrella*) funkeln **4.** (*ojos, gema*) glänzen

centelleo [θen̩te'ʎeo] *m* **1.** (*del relámpago*) Blitzen *nt* **2.** (*de las llamas*) Funkensprühen *nt* **3.** (*de las estrellas*) Funkeln *nt* **4.** (*de los ojos, de una gema*) Glänzen *nt*

centena [θen̩'tena] *f* Hundert *nt*

centenar [θen̩te'nar] *m* **1.** (*cien*) Hundert *nt* **2.** (*centenario*) Jahrhundert *nt* **3.** (AGR) Roggenfeld *nt*

centenario, -a[1] [θen̩te'narjo, -a] **I.** *adj* hundertjährig **II.** *m, f* Hundertjährige(r) *mf*

centenario[2] [θen̩te'narjo] *m* (*conmemoración*) hundertster Jahrestag *m;* (*festividad*) Jahrhundertfeier *f*

centeno [θen̩'teno] *m* (BOT) Roggen *m*

centésimo, -a[1] [θen̩'tesimo, -a] **I.** *adj* (*parte*) hundertstel; (*numeración*) hundertste(r, s); **la centésima parte de...** ein Hundertstel von ... **II.** *m, f* Hundertstel *nt; v. t.* **octogésimo**

centésimo[2] [θen̩'tesimo] *m* (*Chil, Pan, Urug:* FIN: *moneda*) Centésimo *m*

centígrado [θen̩'tiɣraðo] *m* Zentigrad *nt,* hundertstel Grad *nt;* **grado** ~ Celsiusgrad *nt*

centigramo [θen̩ti'ɣramo] *m* Zentigramm *nt*

centilitro [θen̩ti'litro] *m* Zentiliter *m*

centímetro [θen̩'timetro] *m* Zentimeter *m o nt*

céntimo, -a[1] ['θen̩timo, -a] *adj* hundertstel

céntimo[2] ['θen̩timo] *m* **1.** (*centésima parte*) Hundertstel *nt* **2.** (FIN: *moneda*) hundertstel Peseta *f;* (*CRi, Par, Ven*) Céntimo *m;* **estar sin un** ~ nicht einen Pfennig haben

centinela [θen̩ti'nela] *mf* **1.** (*de museo,*

banco) Wächter(in) *m(f)* **2.** (MIL) Wach(t)posten *m*

centollo, -a [θeņ'toʎo, -a] *m, f* (ZOOL) Meerspinne *f*

centrado, -a [θeņ'traðo, -a] *adj* **1.** (*en el centro*) zentriert, mittig **2.** (*forma de ser*) ausgeglichen

central [θeņ'tral] **I.** *adj* **1.** (*en el centro*) Zentral-, Mittel-; **Europa C~** Mitteleuropa *nt* **2.** (*esencial*) zentral, wesentlich **3.** (*principal*) Zentral-, Haupt-; **comité ~** Zentralkomitee *nt;* **estación ~** Hauptbahnhof *m* **II.** *f* **1.** (*oficina*) Zentrale *f,* Hauptstelle *f;* **~ de Correos** Hauptpost *f;* **~ telefónica** (TEL) Fern(sprech)amt *nt;* (*de una empresa*) Telefonzentrale *f* **2.** (TÉC) Werk *nt,* Anlage *f;* **~ depuradora** Kläranlage *f;* **~ eléctrica** Elektrizitätswerk *nt;* **~ hidroeléctrica** Wasserkraftwerk *nt;* **~ nuclear** Kernkraftwerk *nt;* **~ térmica** Wärmekraftwerk *nt*

centralismo [θeņtra'lismo] *m* (POL) Zentralismus *m*

centralita [θeņtra'lita] *f* (TEL) Telefonzentrale *f*

centralización [θeņtraliθa'θjon] *f* Zentralisierung *f*

centralizar [θeņtrali'θar] <z→c> *vt* zentralisieren

centrar [θeņ'trar] **I.** *vt* **1.** (TÉC: *colocar*) zentrieren **2.** (*aunar esfuerzos*) konzentrieren (*en* auf +*akk*) **3.** (*interés, atención*) bündeln **4.** (*lo esencial*) in den Mittelpunkt stellen **II.** *vi, vt* (DEP: *fútbol*) flanken **III.** *vr:* **~se 1.** (*basarse*) beruhen (*en* auf +*dat*) **2.** (*familiarizarse*) sich einleben (*en* in +*dat*); (*en un trabajo*) sich einarbeiten (*en* in +*akk*) **3.** (*interés, atención, miradas*) sich richten (*en* auf +*akk*)

céntrico, -a ['θeņtriko, -a] *adj* im Mittelpunkt (liegend); (TÉC) zentrisch; **punto ~** Mittelpunkt *m;* **piso ~** zentral gelegene Wohnung

centrifugación [θeņtrifuɣa'θjon] *f* Schleudern *nt;* **programa de ~** Schleuderprogramm *nt*

centrifugadora [θeņtrifuɣa'ðora] *f* Schleuder *f,* Zentrifuge *f*

centrifugar [θeņtrifu'ɣar] <g→gu> *vt* schleudern, zentrifugieren

centrífugo, -a [θeņ'trifuɣo, -a] *adj* Schleuder-, Zentrifugal-; **fuerza centrífuga** Schleuderkraft *f*

centrismo [θeņ'trismo] *m* (POL) Zentrismus *m*

centrista [θeņ'trista] **I.** *adj* (POL) Zentrums-; **partido ~** Zentrumspartei *f* **II.** *mf* (POL) Zentrumspolitiker(in) *m(f)*

centro ['θeņtro] *m* **1.** (*el medio, t.* POL) Zentrum *nt,* Mitte *f;* (*de la ciudad*) Stadtzentrum *nt;* **~ de gravedad** Schwerpunkt *m;* **~ industrial** Industriezentrum *nt* **2.** (*institución*) Zentrum *nt;* **~ de computación** (INFOR) Rechenzentrum *nt;* **~ de enseñanza** Ausbildungsstätte *f* **3.** (DEP) Mitte *f* **4.** (ANAT): **~ nervioso** Nervenzentrum *nt*

centroafricano, -a [θeņtroafri'kano, -a] **I.** *adj* zentralafrikanisch **II.** *m, f* Zentralafrikaner(in) *m(f)*

Centroamérica [θeņtroa'merika] *f* Mittelamerika *nt*

centroamericano, -a [θeņtroameri'kano, -a] **I.** *adj* mittelamerikanisch **II.** *m, f* Mittelamerikaner(in) *m(f)*

centrocampista [θeņtrokam'pista] *mf* (DEP) Mittelfeldspieler(in) *m(f)*

Centroeuropa [θeņtroeu̯'ropa] *f* Mitteleuropa *nt*

centuplicar [θeņtupli'kar] <c→qu> *vt* verhundertfachen

céntuplo ['θeņtuplo] *m* Hundertfache(s) *nt*

centuria [θeņ'turja] *f* Jahrhundert *nt*

centurión [θeņtu'rjon] *m* (HIST) Zenturio *m*

ceñido, -a [θe'ɲiðo, -a] *adj* **1.** (*vestido*) eng (anliegend) **2.** (*forma de expresión*) spärlich **3.** (*ahorrador*) sparsam

ceñir [θe'ɲir] *irr* **I.** *vt* **1.** (*rodear*) umgeben; (MIL) einkreisen **2.** (*ponerse*) anlegen; (*cinturón*) umschnallen **3.** (*costura*) enger nähen; (*acortar*) kürzen **4.** (*abreviar*) kürzen **II.** *vr:* **~se 1.** (*ajustarse*) sich beschränken (*a* auf +*akk*); (*al hablar*) sich kurz fassen; **~se al presupuesto** sich strikt auf das Budget beschränken **2.** (*vestido*) eng anliegen (*a* um +*akk*) **3.** (*ponerse*) anlegen; **se ciñó el cinturón** er/sie schnallte sich *dat* den Gürtel um

ceño ['θeɲo] *m* Stirnrunzeln *nt;* **fruncir** [*o* **arrugar**] **el ~, mirar con ~** (*disgustado*) die Stirn runzeln; (*enojado*) finster dreinschauen

ceñudo, -a [θe'ɲuðo, -a] *adj* **1.** (*mirada*) grimmig, finster **2.** (*persona: disgustada*) stirnrunzelnd

cepa ['θepa] *f* **1.** (BOT: *tronco*) Strunk *m;* (*en la vid*) (Wein)stock *m* **2.** (*origen*) Stamm *m,* Familie *f;* **de pura ~** waschecht

cepillar [θepi'ʎar] **I.** *vt* **1.** (*cabello, traje*) bürsten **2.** (TÉC: *madera*) hobeln **3.** (*argot: robar*) klauen **4.** (*Am: argot: adular*) kriechen (*a* vor +*dat*) **5.** (*argot: ganar*) abzocken **II.** *vr:* **~se 1.** (*argot: robar*) mitgehen lassen **2.** (*fam: devorar*) verschlingen **3.** (*fam: gastarse dinero*) verschleudern **4.** (*argot: con pistola*) umlegen; (*con cuchillo*) abstechen **5.** (*vulg: seducir*) vernaschen *fam;* **~se a una chica** ein Mädchen flachlegen *fam*

cepillo [θe'piʎo] *m* **1.** (*para el cabello*) (Haar)bürste *f;* (*para un traje*) (Kleider)bürste *f;* (*de limpiar*) Schrubber *m;* **~ de barrer**

Kehrbesen *m;* ~ **de dientes** Zahnbürste *f;* **pasar el** ~ kehren **2.** (TÉC: *para madera*) Hobel *m* **3.** (*en misa*) Klingelbeutel *m*

cepo ['θepo] *m* **1.** (*caza*) Fangeisen *nt;* (*emboscada*) Falle *f;* **caer en el** ~ in die Falle gehen **2.** (*grilletes*) Fußschellen *fpl* **3.** (AUTO) (Park)kralle *f*

ceporro, -a [θe'porro, -a] **I.** *adj* **1.** (*ignorante*) einfältig, dumm **2.** (*torpe*) ungeschickt **3.** (*tosco*) grob **II.** *m, f* **1.** (*ignorante*) Dummkopf *m* **2.** (*tosco*) Grobian *m*

cera ['θera] *f* Wachs *nt;* (*de vela*) (Kerzen)wachs *nt;* ~ **de los oídos** Ohrenschmalz *nt;* ~ **para suelos** Bohnerwachs *nt;* **museo de** ~ Wachsfigurenkabinett *nt;* **blanco como la** ~ kreidebleich

cerámica [θe'ramika] *f* Keramik *f;* (*industria*) Keramikindustrie *f*

ceramista [θera'mista] *mf* Keramiker(in) *m(f)*

cerbatana [θerβa'tana] *f* Blasrohr *nt*

cerca ['θerka] **I.** *adv* **1.** (*en el espacio*) nah(e); **aquí** ~ hier in der Nähe; **mirar de** ~ aus der Nähe betrachten **2.** (*en el tiempo*) bald **II.** *prep* **1.** (*lugar*): ~ **de** nahe bei +*dat,* in der Nähe von +*dat* **2.** (*cantidad*) fast, annähernd **III.** *f* Umzäunung *f,* Zaun *m*

cercado [θer'kaðo] *m* **1.** (*valla*) Umzäunung *f,* Zaun *m* **2.** (*recinto*) umzäuntes Grundstück *nt*

cercanía [θerka'nia] *f* **1.** (*proximidad*) Nähe *f;* (*vecindad*) Nachbarschaft *f* **2.** *pl* (*alrededores*) Umgebung *f*

cercano, -a [θer'kano, -a] *adj* nahe

cercar [θer'kar] <c→qu> *vt* **1.** (*vallar*) einzäunen; (*rodear*) umgeben **2.** (*rodear*) umringen, einkreisen **3.** (MIL: *sitiar*) belagern; (*rodear*) umzingeln

cercenar [θerθe'nar] *vt* **1.** (*a cercén*) völlig abschneiden **2.** (MED: *miembro*) amputieren **3.** (*sueldo*) kürzen

cerciorar [θerθjo'rar] **I.** *vt* überzeugen (*de* von +*dat*) **II.** *vr:* ~**se** sich *dat* Gewissheit verschaffen (*de* über +*akk*)

cerco ['θerko] *m* **1.** (*círculo*) Kreis *m;* (*anillo*) Ring *m;* (*borde*) Rand *m* **2.** (*valla*) Zaun *m,* Umzäunung *f* **3.** (*de barril*) Fassreifen *m* **4.** (ASTR, METEO) Hof *m* **5.** (MIL) Belagerung *f*

cerda ['θerða] *f* **1.** (ZOOL) Sau *f* **2.** (*pelo*) Borste *f;* (*de cerdo*) Schweinsborsten *fpl*

cerdada [θer'ðaða] *f* (*fam pey*) Schweinerei *f*

Cerdeña [θer'ðeɲa] *f* Sardinien *nt*

cerdo, -a ['θerðo, -a] **I.** *adj* (*sucio*) schweinisch, schmutzig **II.** *m, f* **1.** (ZOOL) Schwein *nt;* (*hembra*) Sau *f;* **carne de** ~ Schweinefleisch *nt* **2.** (*insulto*) (Dreck)schwein *nt,* (Dreck)sau *f*

cereales [θere'ales] *mpl* Getreide *nt*

cerebelo [θere'βelo] *m* (ANAT) Kleinhirn *nt*

cerebro [θe'reβro] *m* **1.** (ANAT: *en su totalidad*) (Ge)hirn *nt;* (*parte mayor*) Großhirn *nt* **2.** (*inteligencia*) Intelligenz *f,* Verstand *m*

ceremonia [θere'monja] *f* **1.** (*acto*) Zeremonie *f;* (*celebración*) Feierlichkeiten *fpl;* (*misa*) Gottesdienst *m* **2.** (*cortesía*) Förmlichkeit *f;* **sin** ~**s** ohne viel Aufhebens

ceremonioso, -a [θeremo'njoso, -a] *adj* **1.** (*solemne*) feierlich; (*formal*) förmlich **2.** (*persona*) steif

cereza [θe'reθa] *f* Kirsche *f*

cerezo [θe'reθo] *m* **1.** (*árbol*) Kirschbaum *m* **2.** (*madera*) Kirschholz *nt*

cerilla [θe'riʎa] *f* **1.** (*fósforo*) Streichholz *nt* **2.** (*vela*) sehr dünne Wachskerze *f* **3.** (*de oídos*) Ohrenschmalz *nt*

cerillero [θeri'ʎero] *m* (*Am: cajita*) Streichholzschachtel *f*

cerner [θer'ner] <e→ie> **I.** *vt* **1.** (*cribar*) sieben **2.** (*observar*) beobachten **II.** *vr:* ~**se** schweben (*sobre* über +*dat*)

cernícalo [θer'nikalo] *m* **1.** (ZOOL) Turmfalke *m* **2.** (*persona*) Grobian *m*

cernir [θer'nir] *irr vt* **1.** (*cribar*) sieben **2.** (*observar*) beobachten; (*cielo, horizonte*) absuchen

cero ['θero] *m* **1.** (MAT) Null *f* **2.** (*punto inicial*) Nullpunkt *m;* **ocho grados bajo/sobre** ~ acht Grad unter/über Null; **partir de** ~ bei Null anfangen **3.** (*valor*) Niete *f* **4.** (*argot: coche policía*) Polizeiauto *nt*

cerrado, -a [θe'rraðo, -a] *adj* **1.** *estar* (*no abierto*) geschlossen; (*con llave*) abgeschlossen; **la puerta está cerrada** die Tür ist zu; **a puerta cerrada** hinter verschlossenen Türen; **aquí huele a** ~ hier muffelt es **2.** *estar* (METEO: *cielo*) (wolken)bedeckt **3.** *ser* (*actitud*) verschlossen **4.** *ser* (*espeso*) geschlossen, dicht; (*denso*) undurchdringlich; **noche cerrada** schwarze Nacht **5.** *ser* (*característico*) typisch; (*acento*) stark, breit **6.** (LING: *fonética*) geschlossen **7.** *ser* (*curva*) scharf, eng **8.** *ser* (*dentro*) eingeschlossen (*de* von +*dat*) **9.** *ser* (*tosco*) ungeschliffen; ~ **de mollera** (*fam*) begriffsstutzig

cerradura [θerra'ðura] *f* **1.** (*dispositivo*) Schloss *nt;* ~ **antirrobo** Lenkradschloss *nt* **2.** (*acción*) Schließen *nt;* (*con llave*) Abschließen *nt*

cerrajería [θerraxe'ria] *f* **1.** (*taller*) Schlosserei *f* **2.** (*oficio*) Schlosserhandwerk *nt*

cerrajero, -a [θerra'xero, -a] *m, f* Schlosser(in) *m(f)*

cerramiento [θerra'mjento] *m* **1.** (*acción*) Schließung *f* **2.** (*alrededor*) Umschließung *f*

cerrar [θe'rrar] <e→ie> **I.** *vt* **1.** (*paraguas, ojos*) schließen; (*pegar*) zukleben; ~ **los oí-**

dos die Ohren verschließen; ~ **el pico** (*fam*) den Schnabel halten; ~ **archivo** (INFOR) Datei schließen **2.** (*con llave*) abschließen **3.** (*carretera, puerto*) sperren; ~ **el paso a alguien** jdm den Weg versperren **4.** (*agujero, brecha*) abdecken; (*agua*) abdrehen **5.** (*terreno*) einschließen; (*con un cerco*) einzäunen **6.** (*establecimiento*) schließen **7.** (*actividad, ciclo, negociación*) abschließen **II.** *vi* **1.** (*puerta, ventana*) schließen **2.** (*atacar*) angreifen (*contra* +*akk*) **3.** (*acabar*) enden **III.** *vr:* ~**se** **1.** (*puerta*): **la puerta se cerró sola** die Türe ist von allein zugefallen **2.** (*herida*) verheilen **3.** (*obstinarse*) sich versteifen (*en* auf +*akk*) **4.** (*el cielo*) sich zuziehen **5.** (*ser intransigente*) sich verschließen (*a* gegenüber +*dat*) **6.** (*agruparse*) sich (zusammen)schließen (*en torno a* um +*akk*)

cerrazón [θerra'θon] *f* **1.** (*torpeza*) Begriffsstutzigkeit *f* **2.** (*obstinación*) Eigensinn *m* **3.** (METEO: *nubes*) dichtes Wolkenband *nt*

cerril [θe'rril] *adj* **1.** (*terreno*) uneben **2.** (*obstinado*) eigensinnig **3.** (*torpe*) begriffsstutzig **4.** (*tosco*) ungeschliffen, grob **5.** (*caballerías*) wild, ungezähmt

cerrilismo [θerri'lismo] *m* **1.** (*tosquedad*) Ungeschliffenheit *f,* Grobheit *f* **2.** (*obstinación*) Eigensinnigkeit *f*

cerro ['θerro] *m* **1.** (ZOOL: *cuello*) Tiernacken *m;* (*espinazo*) Tierrücken *m* **2.** (*alto*) Anhöhe *f;* (*colina*) Hügel *m;* (*peñasco*) felsige Erhebung *f;* **irse por los ~s de Úbeda** (*fam*) vom Thema abkommen; (*decir tonterías*) eine Menge Unsinn reden

cerrojazo [θerro'xaθo] *m:* **echar ~ a algo** etw unverzüglich schließen; (*fig*) etw *dat* einen Riegel vorschieben

cerrojo [θe'rroxo] *m* Riegel *m;* **echar el ~ a la puerta** die Tür verriegeln

certamen [θer'tamen] *m* **1.** (*competición*) Wettbewerb *m* **2.** (*exposición*) Ausstellung *f* **3.** (*feria*) Messe *f*

certero, -a [θer'tero, -a] *adj* **1.** (*acertado*) zutreffend **2.** (*diestro en tirar*) treffsicher **3.** (*informado*) gut informiert

certeza [θer'teθa] *f* Gewissheit *f*

certidumbre [θerti'ðumbre] *f* Gewissheit *f,* Sicherheit *f*

certificación [θertifika'θjon] *f* **1.** (*acción, documento*) Bescheinigung *f* **2.** (JUR: *atestación*) Beglaubigung *f*

certificado, -a[1] [θertifi'kaðo, -a] *adj* **1.** (JUR) beglaubigt **2.** (*correos*) per Einschreiben; **carta certificada** Einschreibebrief *m*

certificado[2] [θertifi'kaðo] *m* Bescheinigung *f,* Zertifikat *nt;* ~ **de aptitud** Befähigungsnachweis *m;* ~ **de asistencia** Teilnahmebescheinigung *f;* ~ **escolar** Schulzeugnis *nt;* ~ **médico** ärztliches Attest

certificar [θertifi'kar] <c→qu> *vt* **1.** (*afirmar*) bescheinigen **2.** (JUR: *autenticar*) beglaubigen **3.** (*correos*) per Einschreiben verschicken

certísimo, -a [θer'tisimo, -a] *adj superl de* **cierto**

cerumen [θe'rumen] *m* Ohrenschmalz *nt*

cervato [θer'βato] *m* Hirschkalb *nt*

cervecería [θerβeθe'ria] *f* **1.** (*fábrica*) Brauerei *f* **2.** (*bar*) Kneipe *f*

cervecero, -a[1] [θerβe'θero, -a] *adj* Bier-, Brauerei-

cervecero[2] [θerβe'θero] *m* Braumeister *m*

cerveza [θer'βeθa] *f* Bier *nt;* ~ **de barril** Fassbier *nt;* ~ **negra** dunkles Bier

cervical [θerβi'kal] *adj* (ANAT) Nacken-, Genick-

Cervino [θer'βino] *m:* **Monte** ~ Matterhorn *nt*

cerviz [θer'βiθ] *f* (ANAT) Nacken *m,* Genick *nt*

cesación [θesa'θjon] *f,* **cesamiento** [θesa'mjen̩to] *m* **1.** (*que termina*) Beendigung *f* **2.** (*interrupción*) Unterbrechung *f;* ~ **del fuego** Waffenstillstand *m*

cesante [θe'san̩te] **I.** *adj* **1.** (*suspendido*) suspendiert **2.** (*parado*) arbeitslos **II.** *mf* Beamte(r) *mf* im Wartestand, Beamtin *f* im Wartestand

cesantía [θesan̩'tia] *f* **1.** (*situación*) Wartestand *m;* (*paro*) Arbeitslosigkeit *f* **2.** (*suspensión*) Suspendierung *f* **3.** (*paga*) Wartegeld *nt*

cesar [θe'sar] **I.** *vi* **1.** (*parar*) enden, aufhören; **sin** ~ unaufhörlich **2.** (*en una profesión*) (aus)scheiden (*en* aus +*dat*) **II.** *vt* **1.** (*pagos*) einstellen **2.** (*despedir*) entlassen; (*funcionario*) des Amtes entheben

cesárea [θe'sarea] *f* Kaiserschnitt *m*

cese ['θese] *m* **1.** (*que termina*) Beendigung *f;* (*interrupción*) Unterbrechung *f;* ~ **de pagos** Zahlungseinstellung *f* **2.** (*de obrero*) Kündigung *f;* (*de funcionario*) Suspendierung *f;* ~ **en el cargo** Ausscheiden aus dem Amt **3.** (JUR: *proceso*) Einstellung *f*

cesio ['θesjo] *m* (QUÍM) Cäsium *nt*

cesión [θe'sjon] *f* **1.** (*entrega*) Abtretung *f* **2.** (JUR) Zession *f*

césped ['θespe[ð]] *m* Rasen *m;* **"prohibido pisar el ~"** „Rasen betreten verboten"

cesta ['θesta] *f* Korb *m*

cestería [θeste'ria] *f* **1.** (*tienda*) Korbwarengeschäft *nt* **2.** (*artesanía*) Korbflechtkunst *f* **3.** (*artículos*) Korbwaren *fpl*

cestero, -a [θes'tero, -a] *m, f* **1.** (*que fabrica*) Korbflechter(in) *m(f)* **2.** (*que vende*) Korbhändler(in) *m(f)*

cesto ['θesto] *m* (großer) Korb *m;* (DEP) (Basketball)korb *m;* ~ **de los papeles** Papierkorb *m*

cesura [θe'sura] *f* Einschnitt *m*, Zäsur *f*
ceta ['θeta] *f* Z *nt*
cetáceo [θe'taθeo] *m* (ZOOL) Meeressäugetier *nt*
cetrería [θetre'ria] *f* **1.** (*amaestramiento*) Falknerei *f* **2.** (*caza*) Falkenjagd *f* **3.** (*cría*) Falkenzucht *f*
cetrino, -a [θe'trino, -a] *adj* **1.** (*amarillento, verdoso*) gelblich grün **2.** (*melancólico*) schwermütig
cetro ['θetro] *m* **1.** (*vara*) Zepter *nt*; **empuñar el** ~ den Thron besteigen **2.** (*supremacía*) Herrschaft *f* **3.** (DEP) Meistertitel *m*; **ostentar el** ~ den Meistertitel innehaben
ceutí [θeu̯'ti] **I.** *adj* aus Ceuta **II.** *mf* Einwohner(in) *m(f)* von Ceuta
cf. [kom'parese] *abr de* **compárese** vgl.
chabacanería [ʧaβakane'ria] *f* Vulgarität *f*
chabacano, -a [ʧaβa'kano, -a] *adj* vulgär, unanständig
chabola [ʧa'βola] *f* **1.** (*casucha*) Baracke *f*, Slumhütte *f* **2.** *pl* (*barrio*) Elendsviertel *nt*, Slums *mpl*
chabolismo [ʧaβo'lismo] *m* Verslumung *f*
chacal [ʧa'kal] *m* (ZOOL) Schakal *m*
chácara ['ʧakara] *f* (*Am*) **1.** (*granja*) Landgut *nt* **2.** (MED) Geschwür *nt*
chacarero, -a [ʧaka'rero, -a] *m, f* (*Am*) Bauer *m*, Bäuerin *f*; (*dueño*) Landbesitzer(in) *m(f)*; (*trabajador*) Feldarbeiter(in) *m(f)*
chacha ['ʧaʧa] *f* (*fam: niñera*) Kindermädchen *nt*; (*criada*) Dienstmädchen *nt*; (*de limpieza*) Putzfrau *f*
cháchara ['ʧaʧara] *f* (*fam: charla*) Schwatz *m*; **andar** [*o* **estar**] **de** ~ ein Schwätzchen halten
chacharear [ʧaʧare'ar] *vi* (*fam*) schwatzen
chacho, -a ['ʧaʧo, -a] *m, f* (*fam: muchacho, muchacha*) Kleine(r) *mf*; (*en lenguaje infantil*) großer Bruder *m*, große Schwester *f*
chacolotear [ʧakolote'ar] *vi* klappern
chacota [ʧa'kota] *f* **1.** (*jolgorio*) Ausgelassenheit *f* **2.** (*broma*) Spaß *m*, Scherz *m*; **echar** [*o* **tomar**] **algo a** ~ etw nicht ernst nehmen
chacotearse [ʧakote'arse] *vr:* ~ **de algo/alguien** sich über etw/jdn lustig machen
chacra ['ʧakra] *f* (*Am: granja*) kleine Farm *f*; (*finca*) kleines (Land)gut *nt*
Chad [ʧa^ð] *m* Tschad *m*
chafar [ʧa'far] **I.** *vt* **1.** (*aplastar*) platt drücken; (*arrugar*) zerknittern; (*deshacer*) zerquetschen **2.** (*desmoralizar*) erschüttern **3.** (*confundir*) verwirren; **quedar**(**se**) **chafado** sprachlos sein **4.** (*estropear*) zunichte machen; **le** ~**on sus proyectos** sie haben seine/ihre Pläne über den Haufen geworfen **II.** *vr:* ~**se** (*aplastarse*) platt gedrückt werden; (*deshacerse*) zerquetscht werden; (*arrugarse*) (zer)knittern
chafarrinón [ʧafarri'non] *m* **1.** (*mancha*) Klecks *m* **2.** (*cuadro*) Kleckserei *f*
chaflán [ʧa'flan] *m* **1.** (*bisel*) Schrägkante *f* **2.** (*plano*) Schräge *f* **3.** (*en una calle*) Straßenecke *f*; (*en un edificio*) Hausecke *f*
chal [ʧal] *m* **1.** (*pañoleta*) Schal *m*; (*pañuelo*) Halstuch *nt* **2.** (*mantón*) (Schulter)tuch *nt*
chalado, -a [ʧa'laðo, -a] **I.** *adj* (*fam*) verrückt; **estar** ~ **por alguien** verrückt nach jdm sein **II.** *m, f* (*fam*) Spinner(in) *m(f)*
chaladura [ʧala'ðura] *f* (*fam*) **1.** (*locura*) verrückter Einfall *m* **2.** (*enamoramiento*) Vernarrtheit *f*
chalán, -ana [ʧa'lan, -ana] **I.** *adj* gerissen **II.** *m, f* **1.** (*tratante*) (Pferde)händler(in) *m(f)* **2.** (*timador*) Betrüger(in) *m(f)* **3.** (*Am: picador*) Zureiter(in) *m(f)*
chalanear [ʧalane'ar] **I.** *vi* **1.** (*traficar*) handeln **2.** (*regatear*) schachern **II.** *vt* (*Am: un caballo*) zureiten; (*adiestrar*) dressieren
chalar [ʧa'lar] **I.** *vt* (*fam*) verrückt machen **II.** *vr:* ~**se** (*fam*) verrückt werden; ~**se por alguien** sich in jdn verknallen
chalé [ʧa'le] *m* (*casa unifamiliar*) Einfamilienhaus *nt*; (*de campo*) Landhaus *nt*; (*villa*) Villa *f*
chaleco [ʧa'leko] *m* Weste *f*; ~ **salvavidas** Schwimmweste *f*
chalupa [ʧa'lupa] *f* Schaluppe *f*
chamaril(l)ero, -a [ʧamari'lero, -a/ʧamari'ʎero, -a] *m, f* **1.** (*que vende objetos viejos*) Trödler(in) *m(f)* **2.** (*tahúr*) Falschspieler(in) *m(f)*
chambelán [ʧambe'lan] *m* Kammerherr *m*
chambón, -ona [ʧam'bon, -ona] *adj* (*fam*) **1.** (*afortunado*) glücklich **2.** (*descuidado*) schlampig
chambra ['ʧambra] *f* **1.** (*bata*) Hausjacke *f* **2.** (*fam: blusa*) Bluse *f*
chamiza [ʧa'miθa] *f* **1.** (*planta*) Schilfgras *nt* **2.** (*leña*) Reisig(holz) *nt*
chamizo [ʧa'miθo] *m* **1.** (*árbol*) versengter Baum *m*; (*leño*) verkohltes Holzscheit *nt* **2.** (*choza*) Hütte *f* (*mit Schilfdach*) **3.** (*pey: vivienda*) Loch *nt*
champán [ʧam'pan] *m*, **champaña** [ʧam'paɲa] *m* Champagner *m*
Champaña [ʧam'paɲa] *f* Champagne *f*
champiñón [ʧampi'ɲon] *m* Champignon *m*
champú [ʧam'pu] *m* Shampoo *nt*; ~ **anticaspa** Anti-Schuppen-Shampoo *nt*
chamuscado, -a [ʧamus'kaðo, -a] *adj* **1.** (*quemado*) angesengt **2.** (*fam: receloso*) argwöhnisch **3.** (*fam: amoscado*) eingeschnappt
chamuscar [ʧamus'kar] <c→qu> **I.** *vt* (*quemar*) ansengen; (*aves*) absengen **II.** *vr:* ~**se** **1.** (*quemarse*) ansengen **2.** (*fam: ponerse receloso*) argwöhnisch werden

3. (*fam: amoscarse*) einschnappen
chamusquina [ʧamus'kina] *f* **1.** (*quemadura*) Ansengen *nt;* (*de aves*) Absengen *nt;* **esto huele a ~** (*sospechoso*) das sieht verdächtig aus; (*peligroso*) das wird zu brenzlig **2.** (*fam: riña*) Streit *m;* (*pelea*) Rauferei *f*
chanada [ʧa'naða] *f* **1.** (*engaño*) Schwindel *m,* Betrug *m* **2.** (*chasco*) Streich *m*
chancear [ʧaṇθe'ar] **I.** *vi* scherzen, spaßen **II.** *vr:* **~se** sich lustig machen (*de* über +*akk*)
chancero, -a [ʧaṇ'θero, -a] *adj* scherzhaft, spaßig
chanchería [ʧanʧe'ria] *f* (*Am*) Metzgerei *f* (für Schweinefleisch)
chancho, -a[1] ['ʧanʧo, -a] *adj* (*Am*) **1.** (*marrano*) schmutzig **2.** (*desaseado*) liederlich
chancho[2] ['ʧanʧo] *m* (*Am*) Schwein *nt*
chanchullo [ʧan'ʧuʎo] *m* (*fam*) **1.** (*trampa*) Schwindel *m,* Betrug *m* **2.** (*manejo*) Machenschaft *f*
chancla ['ʧaŋkla] *f* **1.** (*zapato viejo*) ausgetretener (Haus)schuh *m* **2.** (*zapatilla*) Pantoffel *m*
chancleta [ʧaŋ'kleta] *f* **1.** (*chinela*) Schlappen *m fam* **2.** (*Am: bebé*) Baby *nt* **3.** (*fam pey: persona inepta*) Tölpel *m* **4.** (*Am: pey: mujer*) Frauenzimmer *nt*
chanclo ['ʧaŋklo] *m* **1.** (*zueco*) Holzschuh *m* **2.** (*zapato de goma*) Überschuh *m*
chándal ['ʧaṇdal] *m* <chándals> Jogginganzug *m*
changar [ʧaŋ'ɣar] <g→gu> *vt* (*romper*) zerbrechen; (*descomponer*) zerlegen; (*destrozar*) zerstückeln
chantaje [ʧaṇ'taxe] *m* Erpressung *f*
chantajear [ʧaṇtaxe'ar] *vt* erpressen
chantajista [ʧaṇta'xista] *mf* Erpresser(in) *m(f)*
chanza ['ʧaṇθa] *f* Scherz *m,* Spaß *m;* **estar de ~** scherzen
chapa ['ʧapa] *f* **1.** (*metal*) Blech *nt* **2.** (*lámina*) Platte *f;* (*de madera*) Furnier *nt* **3.** (*tapón*) Kron(en)korken *m* **4.** (*carmín*) Rouge *nt;* (*chapeta*) Wangenröte *f* **5.** (*placa*) Dienstmarke *f* **6.** (*Am: cerradura*) (Tür)schloss *nt* **7.** *pl* (*juego*) ≈Münzspiel *nt*
chapar [ʧa'par] *vt* **1.** (*con un metal*) plattieren; (*con un metal precioso*) dublieren; (*con oro*) vergolden; (*con madera*) furnieren; (*con baldosines*) belegen (*con/de* mit +*dat*) **2.** (*comentario*) entgegenschleudern
chaparra [ʧa'parra] *f* Kermeseiche *f*
chaparro, -a[1] [ʧa'parro, -a] **I.** *adj* (*fam*) pumm(e)lig **II.** *m, f* (*fam*) Pummelchen *nt*
chaparro[2] [ʧa'parro] *m* Eichenstrauch *m*
chaparrón [ʧapa'rron] *m* **1.** (*lluvia fuerte*) Regenguss *m;* (*chubasco*) Platzregen *m* **2.** (*fam: cantidad grande*) Unmenge *f*
chapeado, -a[1] [ʧape'aðo, -a] *adj* **1.** (*de metal*) plattiert; (*de un metal precioso*) dubliert; (*de oro*) vergoldet **2.** (*de madera*) furniert **3.** (*de baldosines*) belegt **4.** (*loc*): **~ a la antigua** altmodisch
chapeado[2] [ʧape'aðo] *m* **1.** (*de metal*) Plattierung *f;* **~ de oro** Dublee(gold) *nt* **2.** (*de madera*) Furnier *nt* **3.** (*de baldosines*) Belag *m*
chapear [ʧape'ar] **I.** *vt* **1.** (*con un metal*) plattieren; (*con oro*) vergolden; (*con madera*) furnieren; (*con baldosines*) belegen (*con/de* mit +*dat*) **2.** (*Am: la tierra*) jäten **II.** *vi* (*chacolotear*) klappern
chapero [ʧa'pero] *m* (*argot*) **1.** (*homosexual*) Schwule(r) *m* **2.** (*prostituto*) Stricher *m,* Strichjunge *m*
chapista [ʧa'pista] *mf* **1.** (*planchista*) Blechschmied(in) *m(f)* **2.** (*de carrocería*) Karosseriebauer(in) *m(f)*
chapistería [ʧapiste'ria] *f* **1.** (*planchistería*) Blechschmiede *f* **2.** (*de carrocería*) Karosseriewerkstatt *f*
chapitel [ʧapi'tel] *m* (ARQUIT: *de una torre*) (Turm)helm *m;* (*de una columna*) Kapitell *nt*
chapotear [ʧapote'ar] **I.** *vi* (*persona*) planschen; (*agua*) plätschern **II.** *vt* anfeuchten
chapucear [ʧapuθe'ar] **I.** *vt* **1.** (*hacer mal y rápido*) stümperhaft erledigen **2.** (*engañar*) betrügen **II.** *vi* (*trabajar mal y rápido*) stümpern
chapucero, -a [ʧapu'θero, -a] **I.** *adj* **1.** (*mal y rápido*) pfuscherhaft *fam;* (*sin saber*) stümperhaft **2.** (*embustero*) lügnerisch **II.** *m, f* **1.** (*chambón*) Pfuscher(in) *m(f) fam* **2.** (*embustero*) Lügner(in) *m(f)*
chapurr(e)ar [ʧapurre'ar/ʧapu'rrar] *vt* **1.** (*idioma*) radebrechen **2.** (*fam: bebidas*) mischen
chapuza [ʧa'puθa] *f* **1.** (*chapucería*) Pfusch *m fam* **2.** (*trabajo*) Gelegenheitsarbeit *f*
chapuzar [ʧapu'θar] <z→c> **I.** *vt* unter Wasser drücken, untertauchen **II.** *vi, vr:* **~se** kurz ins Wasser springen
chapuzón [ʧapu'θon] *m* Sprung *m* ins Wasser; **darse un ~** kurz schwimmen gehen
chaqué [ʧa'ke] *m* Cut(away) *m*
chaqueta [ʧa'keta] *f* (*cazadora*) Jacke *f;* (*americana*) Jackett *nt;* **cambiar de** [*o* **la**] **~** (*fig*) umschwenken
chaquetear [ʧakete'ar] *vi* **1.** (*cambiar de ideas*) umschwenken **2.** (*huir*) fliehen; (*acobardarse*) kneifen
chaquetero, -a [ʧake'tero, -a] **I.** *adj* wetterwendisch **II.** *m, f* wetterwendischer Mensch *m*
chaquetilla [ʧake'tiʎa] *f* Bolero *m*
chaquetón [ʧake'ton] *m* Winterjacke *f;* (*cazadora*) (Wind)jacke *f;* (*de loden*) Joppe *f*
charada [ʧa'raða] *f* Scharade *f*

charanga [tʃa'raŋga] *f* **1.** (*banda*) (kleine) Musikkapelle *f* **2.** (*Am: baile*) Tänzchen *nt*

charca ['tʃarka] *f* Tümpel *m*

charco ['tʃarko] *m* Pfütze *f*, Lache *f*

charcutería [tʃarkute'ria] *f* **1.** (*productos*) Wurstwaren *fpl* **2.** (*tienda*) Metzgerei *f*

charla ['tʃarla] *f* **1.** (*conversación*) Plauderei *f*; **estar de** ~ plaudern **2.** (*conferencia*) (unförmlicher) Vortrag *m*

charlar [tʃar'lar] *vi* **1.** (*conversar*) plaudern **2.** (*parlotear*) schwatzen

charlatán, -ana [tʃarla'tan, -ana] **I.** *adj* **1.** (*hablador*) schwatzhaft **2.** (*chismoso*) klatschhaft **3.** (*embaucador*) schwindlerisch **II.** *m, f* **1.** (*hablador*) Schwätzer(in) *m(f)* **2.** (*chismoso*) Klatschmaul *nt* **3.** (*vendedor*) Marktschreier(in) *m(f)* **4.** (*curandero*) Quacksalber(in) *m(f)*

charlatanería [tʃarlatane'ria] *f* **1.** (*locuacidad*) Schwatzhaftigkeit *f* **2.** (*palabrería*) leeres Gerede *nt* **3.** (*curanderismo*) Quacksalberei *f*

charnela [tʃar'nela] *f* (*bisagra*) Scharnier *nt*; (*gozne*) (Tür)angel *f*

charol [tʃa'rol] *m* **1.** (*barniz*) Lack *m* **2.** (*cuero*) Lackleder *nt* **3.** (*Am: bandeja*) Tablett *nt*

charrán [tʃa'rran] *m* Gauner *m*, Schelm *m*

charretera [tʃarre'tera] *f* **1.** (*insignia*) Epaulette *f* **2.** (*liga*) Strumpfband *nt*

charro, -a ['tʃarro, -a] **I.** *adj* **1.** (*salmantino*) aus Salamanca **2.** (*pey: rústico*) bäu(e)risch, plump; (*habla*) ungeschliffen **3.** (*de mal gusto*) geschmacklos; (*chillón*) grell, schrill **II.** *m, f* **1.** (*campesino*) Bauer *m*/Bäuerin *f* aus Salamanca **2.** (*pey: tosco*) Bauer(ntölpel) *m*

chárter ['tʃarter] *adj inv* Charter-; **vuelo** ~ Charterflug *m*

chasca ['tʃaska] *f* **1.** (*ramaje*) Reisig *nt* **2.** (*Am: pelo*) wirres Haar *nt*

chascar [tʃas'kar] <c→qu> **I.** *vi* **1.** (*con la lengua*) schnalzen; (*con el látigo*) knallen **2.** (*madera*) knarren; (*fuego*) knistern **II.** *vt* (*comida*) verschlingen

chascarrillo [tʃaska'rriʎo] *m* Anekdote *f*

chasco, -a[1] ['tʃasko, -a] *adj* (*Am*) zott(e)lig, wirr

chasco[2] ['tʃasko] *m* **1.** (*burla*) Streich *m* **2.** (*decepción*) Enttäuschung *f*; (*fracaso*) Reinfall *m fam*

chasis ['tʃasis] *m inv* **1.** (AUTO) Fahrgestell *nt* **2.** (ELEC) Rahmen *m* **3.** (FOTO) Kassette *f*

chasquear [tʃaske'ar] **I.** *vt* **1.** (*burlar*) einen Streich spielen +*dat* **2.** (*decepcionar*) enttäuschen **3.** (*faltar*) im Stich lassen **II.** *vi* **1.** (*con la lengua*) schnalzen; (*con el látigo*) knallen **2.** (*madera*) knarren; (*fuego*) knistern

chasquido [tʃas'kiðo] *m* **1.** (*de lengua*) Schnalzen *nt*; (*de látigo*) Knallen *nt* **2.** (*de la madera*) Knarren *nt*

chatarra [tʃa'tarra] *f* **1.** (*escoria*) Schlacke *f* **2.** (*metal viejo*) Alteisen *nt*

chatarrería [tʃatarre'ria] *f* Schrotthandel *m*

chatarrero, -a [tʃata'rrero, -a] *m, f* Schrotthändler(in) *m(f)*

chato, -a ['tʃato, -a] **I.** *adj* **1.** (*nariz*) platt; (*redondeada*) stumpf **2.** (*persona*) plattnasig, stumpfnasig **3.** (*objeto*) flach; (*aplastado*) platt **II.** *m, f* (*fam: tratamiento cariñoso*) Kleiner *m*, Kleine *f*, Kleines *nt*

chauvinista [tʃoβi'nista] **I.** *adj* chauvinistisch **II.** *mf* Chauvinist(in) *m(f)*

chaval(a) [tʃa'βal(a)] *m(f)* **1.** (*chico*) Junge *m*, Bursche *m*; (*chica*) Mädchen *nt*; (*joven*) junger Mann *m*, junge Frau *f* **2.** (*fam: novio*) Freund(in) *m(f)*

chaveta [tʃa'βeta] *f* **1.** (*remache*) Splint *m* **2.** (*pasador*) Bolzen *m*, Zapfen *m*; **estar mal de la** ~ (*fam*) nicht (ganz) richtig im Kopf sein

checo, -a ['tʃeko, -a] **I.** *adj* tschechisch; **República Checa** Tschechische Republik **II.** *m, f* Tscheche, -in *m, f*

checo(e)slovaco, -a [tʃeko(e)slo'βako, -a] **I.** *adj* tschechoslowakisch **II.** *m, f* Tschechoslowake, -in *m, f*

> **cheli** *m*: So heißt der authentische Madrider Argot, eine saloppe Umgangssprache, die besonders Jugendliche sehr gern verwenden.

chelín [tʃe'lin] *m* (*moneda*) Schilling *m*

chelista [tʃe'lista] *mf* Cellist(in) *m(f)*

chelo ['tʃelo] *m* Cello *nt*

chepa ['tʃepa] *f* (*fam*) Buckel *m*, Höcker *m*

cheposo, -a [tʃe'poso, -a] **I.** *adj* buck(e)lig **II.** *m, f* (*fam pey*) Buck(e)lige(r) *mf*

cheque ['tʃeke] *m* Scheck *m*; ~ **bancario** Bankscheck *m*; ~ **en blanco** Blankoscheck *m*; ~ **cruzado** Verrechnungsscheck *m*; ~ **sin fondo** ungedeckter Scheck; ~ **de viaje** Reisescheck *m*; **cobrar un** ~ einen Scheck einlösen; **librar** [*o* **extender**] **un** ~ einen Scheck ausstellen

chequear [tʃeke'ar] **I.** *vt* (*Am: la salud*) untersuchen; (*un documento*) prüfen; (*un mecanismo*) überprüfen **II.** *vr:* ~**se** sich untersuchen lassen

chequeo [tʃe'keo] *m* (*de la salud*) Check-up *m o nt*; (*de un mecanismo*) Inspektion *f*

chequera [tʃe'kera] *f* (*Am*) Scheckheft *nt*

Chequia ['tʃekja] *f* Tschechien *nt*

> **chibcha** *f*: Bis zur spanischen Erobe-

rung im 16. Jahrhundert lebten die **chibcha** - auch **muisca** genannt - im heutigen Nordkolumbien. Sie waren, genauso wie die **incas**, ein sehr hochentwickeltes indianisches Volk.

chic [ʧik] **I.** *adj inv* (*guapo*) schick, flott; (*elegante*) elegant **II.** *m sin pl* Schick *m*, Eleganz *f*

chica ['ʧika] **I.** *adj* **1.** (*pequeña*) klein **2.** (*joven*) jung **II.** *f* **1.** (*niña*) Mädchen *nt* **2.** (*joven*) junge Frau *f*; (*tratamiento cariñoso*) Kleine *f fam* **3.** (*criada*) Dienstmädchen *nt*

Chicano(-a) bezeichnet eine(n) Einwohner(in) der USA mit mexikanischen Vorfahren. Zuerst hatte das Wort **chicano** einen negativen, rassistischen Beigeschmack; heutzutage aber wird diese Bezeichnung als kulturelles Identitätszeichen von den US-Amerikanern mexikanischer Abstammung verwendet.

chicarrón, -ona [ʧika'rron, -ona] **I.** *adj* kräftig **II.** *m, f* kräftiger Junge *m*, kräftiges Mädchen *nt*

chicha ['ʧiʧa] **I.** *f* (*fam: carne*) Fleisch *nt*; **tener pocas ~s** (*delgado*) dürr sein; (*sin fuerzas*) schwächlich sein; **no ser ni ~ ni limonada** (*fig*) weder Fisch noch Fleisch sein **II.** *adj:* **calma ~** völlige Windstille *f*

chicharra [ʧi'ʧarra] *f* **1.** (ZOOL) Zikade *f* **2.** (*juguete*) Schnarre *f* **3.** (ELEC) Summer *m* **4.** (TÉC) Ratsche *f*

chicharrón [ʧiʧa'rron] *m* **1.** (*gorrón*) Griebe *f* **2.** (*carne*) *zu stark geröstetes Fleisch* **3.** (*fam: persona*) stark sonnengebräunter Mensch *m* **4.** (GASTR) *knusprig gebratene Schweineschwarten*

chichón [ʧi'ʧon] *m* Beule *f*

chicle ['ʧikle] *m* Kaugummi *m o nt*

chico ['ʧiko] **I.** *adj* **1.** (*pequeño*) klein **2.** (*joven*) jung **II.** *m* **1.** (*niño*) Junge *m* **2.** (*joven*) junger Mann *m*; (*tratamiento cariñoso*) Kleiner *m fam* **3.** (*para los recados*) Laufbursche *m*

chiflado, -a [ʧi'flaðo, -a] **I.** *adj* (*fam*) übergeschnappt; **estar ~ por alguien** verrückt nach jdm sein **II.** *m, f* (*fam*) Spinner(in) *m(f)*

chifladura [ʧifla'ðura] *f* **1.** (*locura*) Verrücktheit *f*; (*empeño*) Versessenheit *f* **2.** (*antojo*) Spinnerei *f fam*

chiflar [ʧi'flar] **I.** *vt* (*fam: gustar*) gefallen *+dat;* **me chiflan las aceitunas** ich esse für mein Leben gerne Oliven **II.** *vr:* **~se** (*fam*) **1.** (*pirrarse*) versessen sein (*por* auf *+akk*) **2.** (*volverse loco*) verrückt werden

chiíta [ʧi'ita] **I.** *adj* schiitisch **II.** *mf* Schiit(in) *m(f)*

chile ['ʧile] *m* (BOT) Chili *m*; (*especia*) Cayennepfeffer *m*

Chile ['ʧile] *m* Chile *nt*

Die Hauptstadt **Chiles** (offiziell: **República de Chile**) ist **Santiago (de Chile)**. Das Land erstreckt sich von Norden nach Süden über mehr als 4000 Kilometer, wobei seine durchschnittliche Breite aber nur 180 Kilometer beträgt. Die offizielle Landessprache ist **Spanisch**. Die Währungseinheit Chiles ist der **peso chileno**.

chileno, -a [ʧi'leno, -a] **I.** *adj* chilenisch **II.** *m, f* Chilene, -in *m, f*

chillar [ʧi'ʎar] *vi* **1.** (*persona*) kreischen, schreien; **¡no me chilles!** schrei mich nicht an! **2.** (*animal salvaje*) heulen; (*ave*) kreischen **3.** (*frenos, puerta*) quietschen **4.** (*colores*) grell sein **5.** (*Am: sollozar*) schluchzen

chillido [ʧi'ʎiðo] *m* **1.** (*de persona*) Kreischen *nt* **2.** (*de animal salvaje*) Heulen *nt*; (*de ave*) Kreischen *nt* **3.** (*de frenos, puerta*) Quietschen *nt* **4.** (*Am: sollozo*) Schluchzen *nt*

chillón, -ona [ʧi'ʎon, -ona] **I.** *adj* **1.** (*persona*) kreischend, schreiend **2.** (*voz*) schrill **3.** (*color*) grell **II.** *m, f* Schreihals *m fam*

chimenea [ʧime'nea] *f* **1.** (*de un edificio*) Schornstein *m* **2.** (*hogar*) Kamin *m*; (*tiro*) Rauchfang *m* **3.** (*t.* GEO) Schlot *m*

chimpancé [ʧimpaṇ'θe] *mf* Schimpanse, -in *m, f*

china ['ʧina] *f* **1.** (*piedra*) Kieselstein *m*; **le ha tocado la ~** (*fig*) er/sie hat Pech gehabt **2.** (*traba*) Hindernis *nt* **3.** (*Am: india*) junge indianische Frau *f*; (*mestiza*) Mestizin *f* **4.** (*Am: amante*) Geliebte *f*

China ['ʧina] *f:* (**la**) ~ China *nt*

chinchar [ʧin'ʧar] **I.** *vt* **1.** (*fam: molestar*) belästigen, stören; (*fastidiar*) nerven **2.** (*argot: matar*) umlegen **II.** *vr:* **~se** (*fam*) sich ärgern; **¡chínchate!** das hast du davon!

chinche¹ ['ʧinʧe] *m o f* **1.** (ZOOL) Wanze *f* **2.** (*chincheta*) Reißzwecke *f*

chinche² ['ʧinʧe] *mf* (*fam*) Nervensäge *f*

chincheta [ʧin'ʧeta] *f* Reißzwecke *f*

chinchilla [ʧin'ʧiʎa] *f* (ZOOL) Chinchilla *f*; (*piel*) Chinchilla *nt*

chinela [ʧi'nela] *f* Hausschuh *m*

chingado, -a [ʧiŋ'gaðo, -a] *adj* (*fam*) **1.** (*borracho*) besoffen **2.** (*Am: frustrado*)

misslungen **3.** (*Am: estropeado*) kaputt
chingar [ʧiŋ'gar] <g→gu> **I.** *vt* **1.** (*fam: bebidas alcohólicas*) saufen **2.** (*fam: molestar*) auf die Nerven gehen +*dat* **3.** (*vulg: joder*) ficken **II.** *vr:* ~**se** (*fam*) **1.** (*emborracharse*) sich besaufen **2.** (*Am: fam: frustrarse*) in die Hose gehen **3.** (*Am: fallar*) versagen
chino, -a[1] ['ʧino, -a] **I.** *adj* chinesisch **II.** *m, f* Chinese, -in *m, f*
chino[2] ['ʧino] *m* (*Am: indio*) junger indianischer Mann *m;* (*mestizo*) Mestize *m;* **engañar a alguien como a un** ~ (*fam*) jdn gewaltig übers Ohr hauen
chip [ʧip] *m* (INFOR) Chip *m*
Chipre ['ʧipre] *f* Zypern *nt*
chipriota [ʧi'prjota] **I.** *adj* zypriotisch, zyprisch **II.** *mf* Zypriot(in) *m(f),* Zypr(i)er(in) *m(f)*
chiquillada [ʧiki'ʎaða] *f* **1.** (*broma*) Kinderei *f* **2.** (*travesura*) Kinderstreich *m*
chiquillería [ʧikiʎe'ria] *f* Kinderschar *f*
chiquillo, -a [ʧi'kiʎo, -a] **I.** *adj* klein **II.** *m, f* (*niño*) (kleines) Kind *nt;* (*chico*) (kleiner) Junge *m;* (*chica*) (kleines) Mädchen *nt*
chiquito, -a [ʧi'kito, -a] **I.** *adj* winzig **II.** *m, f* kleines Kind *nt;* **no andarse con chiquitas** (*actuar sin miramiento*) den Stier bei den Hörnern packen; (*consecuentemente*) Nägel mit Köpfen machen
chirigota [ʧiri'ɣota] *f* Jux *m,* Scherz *m*
chirimbolo [ʧirim'bolo] *m* (*fam*) **1.** (*chisme*) Ding *nt* **2.** *pl* Kram *m,* Zeug *nt*
chirimoya [ʧiri'moɟa] *f* Rahmapfel *m,* Chirimoya *f*
chiringuito [ʧiriŋ'gito] *m* Imbiss(stand) *m*
chiripa [ʧi'ripa] *f* **1.** (*fam: suerte*) Glück *nt;* (*casualidad favorable*) glücklicher Zufall *m* **2.** (*en el juego*) Zufallstreffer *m*
chirle ['ʧirle] *adj* **1.** (*soso*) fad(e) **2.** (*fam: sin interés*) unbedeutend; (*sin substancia*) gehaltlos
chirlo ['ʧirlo] *m* **1.** (*herida*) Schnittwunde *f* (im Gesicht) **2.** (*cicatriz*) Schmarre *f fam*
chirona [ʧi'rona] *f* (*fam*) Kittchen *nt,* Knast *m*
chirriar [ʧirri'ar] <*1. pres:* chirrío> *vi* **1.** (*al freír*) zischen **2.** (*metal*) quietschen; (*madera*) knarren **3.** (*pájaros*) zwitschern
chirrido [ʧi'rriðo] *m* **1.** (*al freír*) Zischen *nt* **2.** (*del metal*) Quietschen *nt;* (*de la madera*) Knarren *nt* **3.** (*de los pájaros*) Zwitschern *nt*
chis *interj:* **¡~!** (*para llamar*) st!; (*para hacer callar*) pst!
chisme ['ʧisme] *m* **1.** (*habladuría*) Klatsch *m fam,* Gerede *nt;* **andar** [*o* **ir**] **con** ~**s** tratschen *fam* **2.** (*objeto*) Ding *nt;* **recoge esos** ~**s** räum diesen Kram weg
chismorrear [ʧismorre'ar] *vi* tratschen *fam*
chismoso, -a [ʧis'moso, -a] **I.** *adj* klatschhaft **II.** *m, f* Klatschmaul *nt fam*
chispa ['ʧispa] *f* **1.** (*t.* ELEC) Funke(n) *m;* **echar** ~**s** Funken sprühen; (*fig*) fuchsteufelswild sein **2.** (*rasgo de ingenio*) Geistesblitz *m;* (*ingenio*) Geist *m,* Esprit *m;* (*gracia*) Witz *m;* **ser una** ~ sehr aufgeweckt sein **3.** (*gota*) (Regen)tropfen *m* **4.** (*fam: borrachera*) Schwips *m* **5.** (*una pizca*): **una** ~ **de...** ein bisschen ...
chispazo [ʧis'paθo] *m* **1.** (*t.* ELEC) Funke(n) *m;* (*descarga*) Funkenentladung *f* **2.** (*chisme*) Klatsch *m fam,* Gerede *nt*
chispear [ʧispe'ar] **I.** *vi* **1.** (*centellear*) Funken sprühen **2.** (*brillar*) funkeln **II.** *vimpers* (*lloviznar*) nieseln
chisporrotear [ʧisporrote'ar] *vi* (*despedir chispas*) Funken sprühen; (*el fuego*) prasseln
chistar [ʧis'tar] *vi* mucksen *fam;* **no** ~ keinen Ton sagen
chiste ['ʧiste] *m* **1.** (*cuento*) Witz *m;* (*broma*) Scherz *m;* ~ **verde** unanständiger Witz; **no tiene** ~ **la cosa** das ist gar nicht witzig **2.** (*gracia*) Pointe *f*
chistera [ʧis'tera] *f* **1.** (*cesta*) (Fisch)korb *m* **2.** (*fam: sombrero*) Zylinder *m*
chistoso, -a [ʧis'toso, -a] **I.** *adj* witzig, spaßig **II.** *m, f* Witzbold *m fam*
chita ['ʧita] *f* (ANAT) Sprungbein *nt;* **a la** ~ **callando** (*fig*) im Geheimen
chitón [ʧi'ton] *interj:* **¡~!** pst!, still!
chivar [ʧi'βar] **I.** *vt* **1.** (*fastidiar*) ärgern; (*molestar*) belästigen **2.** (*engañar*) betrügen **II.** *vr:* ~**se** (*fam*) **1.** (*hablar*) petzen **2.** (*Am: enojarse*) sich ärgern
chivatazo [ʧiβa'taθo] *m* (*fam*) Tipp *m,* Wink *m;* **dar el** ~ petzen
chivato, -a [ʧi'βato, -a] *m, f* (*fam*) Petze *f*
chivo, -a ['ʧiβo, -a] *m, f* Zicklein *nt;* ~ **expiatorio** Sündenbock *m*
chocante [ʧo'kante] *adj* **1.** (*raro*) merkwürdig; (*sorprendente*) verwunderlich **2.** (*escandaloso*) anstößig **3.** (*Am: fastidioso*) ärgerlich; (*repugnante*) abstoßend
chocar [ʧo'kar] <c→qu> **I.** *vi* **1.** (*vehículos*) kollidieren; (*dar*) aufprallen (*contra* auf +*akk*); (*coches*) auffahren (*contra* auf +*akk*) **2.** (*proyectil*) knallen (*contra* gegen +*akk*) **3.** (*encontrarse*) stoßen (*con* auf +*akk*); (*personas*) zusammenstoßen; (*discutir*) aneinander geraten; **chocó con su jefe** er/sie hat sich mit seinem/ihrem Chef angelegt **II.** *vt* **1.** (*entrechocar*) aneinander stoßen; ~ **las copas** anstoßen; **¡chócala!** (*fam*) schlag ein! **2.** (*sorprender*) erstaunen **3.** (*perturbar*) erschüttern; (*escandalizar*) schockieren **4.** (*Am: repugnar*) abstoßen; **me chocan sus opiniones** ich finde seine/ihre Ansichten unmöglich

C

chocarrería [tʃokarre'ria] *f* **1.** (*chiste*) derber Witz *m;* (*dicho*) derber Spruch *m* **2.** (*acción*) Derbheit *f*
chocarrero, -a [tʃoka'rrero, -a] *adj* derb
chochear [tʃotʃe'ar] *vi* **1.** (*por vejez*) senil werden; (*fam: atontar*) vertrotteln **2.** (*sentir cariño*) vernarrt sein
chocho, -a ['tʃotʃo, -a] *adj* **1.** (*senil*) senil; (*fam: lelo*) trott(e)lig **2.** (*chiflado*) vernarrt
chocolate [tʃoko'late] *m* **1.** (*para comer, beber*) Schokolade *f* **2.** (*argot: hachís*) Shit *m o nt*
chocolatera [tʃokola'tera] *f* **1.** (*vasija*) Schokoladenkanne *f* **2.** (*fam: vehículo*) Klapperkiste *f*
chocolatería [tʃokolate'ria] *f* **1.** (*fábrica*) Schokoladenfabrik *f* **2.** (*establecimiento*) ≈Café *nt*
chocolatina [tʃokola'tina] *f* Schokoladenriegel *m*
chofer [tʃo'fer] *m,* **chófer** ['tʃofer] *m* (*de un automóvil*) Fahrer *m;* (*personal*) Chauffeur *m;* (*de un camión*) (Kraft)fahrer *m*
chollo ['tʃoʎo] *m* (*fam*) **1.** (*suerte*) Glück *nt,* Glücksfall *m* **2.** (*ganga*) Schnäppchen *nt*

> **cholo** *m:* Das Wort **cholo** hat in Lateinamerika zwei verschiedene Bedeutungen :
> 1. ein in die kreolische Gesellschaft integrierter Indianer;
> 2. ein Mestize, dessen Vater weißer bzw. europäischer Abstammung und dessen Mutter indianischer Abstammung ist.

chopera [tʃo'pera] *f* Pappelhain *m*
chopo ['tʃopo] *m* (BOT) Pappel *f*
choque ['tʃoke] *m* **1.** (*golpe*) Stoß *m* **2.** (*impacto*) Aufprall *m* **3.** (*colisión*) Kollision *f;* ~ **de frente** Frontalzusammenstoß *m* **4.** (*encuentro*) Zusammenstoß *m;* (*disputa*) Streit *m,* Reiberei *f* **5.** (*susto, t.* MED) Schock *m*
choricear [tʃoriθe'ar] *vt* (*fam*) mitgehen lassen
chorizo, -a[1] [tʃo'riθo, -a] *m, f* (*fam*) **1.** (*ladrón*) Dieb(in) *m(f);* (*carterista*) Taschendieb(in) *m(f)* **2.** (*idiota*) Idiot(in) *m(f)*
chorizo[2] [tʃo'riθo] *m* **1.** (*embutido*) luftgetrocknete Paprikawurst *f* **2.** (*contrapeso*) Balancierstange *f*

> Der **chorizo**, eine luftgetrocknete Paprikawurst, ist an seiner roten Farbe, die durch das Paprikagewürz hervorgerufen wird, erkennbar. In jeder Region schmeckt er ein bisschen anders: mal ganz scharf, mal weniger scharf.

chorlito [tʃor'lito] *m* (ZOOL) Regenpfeifer *m;* **cabeza de** ~ (*fig*) Wirrkopf *m*
chorrada [tʃo'rraða] *f* **1.** (*chorrillo*) extra Schuss *m* **2.** (*fam: tontería*) Unfug *m* **3.** (*fam: cosa superflua*) unnützes Zeug *nt*
chorrear [tʃorre'ar] *vi* **1.** (*fluir*) rinnen **2.** (*gotear*) tropfen **3.** (*concurrir lentamente*) tröpfchenweise eintreffen
chorrillo [tʃo'rriʎo] *m* (*de agua*) (dünner) Strahl *m;* (*de un ingrediente*) (kleiner) Schuss *m*
chorro ['tʃorro] *m* **1.** (*hilo*) Strahl *m;* (*porción*) Guss *m;* (*de un ingrediente*) Schuss *m* **2.** (*torrente*) Strom *m;* (*montón*) Schwall *m;* **beber a** ~**s** in großen Zügen trinken; **llover a** ~**s** in Strömen regnen
chotear [tʃote'ar] **I.** *vi* ausgelassen sein **II.** *vr:* ~**se** (*fam*) spotten (*de* über +*akk*)
choteo [tʃo'teo] *m* **1.** (*diversión*) Spaß *m,* Vergnügen *nt* **2.** (*burla*) Spott *m*
choto, -a ['tʃoto, -a] *m, f* **1.** (*cría de la cabra*) Zicklein *nt* **2.** (*de la vaca*) Kalb *nt*
choza ['tʃoθa] *f,* **chozo** ['tʃoθo] *m* **1.** (*cabaña*) Hütte *f* **2.** (*vivienda*) Bruchbude *f*
chubasco [tʃu'βasko] *m* **1.** (*aguacero*) Regenschauer *m;* (*chaparrón*) Platzregen *m* **2.** (*contratiempo*) schwierige Phase *f;* (*revés*) Rückschlag *m*
chubasquero [tʃuβas'kero] *m* Regenmantel *m*
chuchería [tʃutʃe'ria] *f* **1.** (*bocado*) Leckerei *f;* (*dulce*) Süßigkeit *f* **2.** (*menudencia*) Kleinigkeit *f*
chucho ['tʃutʃo] *m* **1.** (*fam: perro*) Köter *m* **2.** (*Am: escalofrío*) Schüttelfrost *m;* (*fiebre*) Wechselfieber *nt*
chucrú [tʃu'kru] *m,* **chucrut** [tʃu'kru] *m,* **chucruta** [tʃu'kruta] *f sin pl* Sauerkraut *nt*
chufa ['tʃufa] *f* (BOT) Erdmandel *f*
chufla ['tʃufla] *f* Witz *m,* Scherz *m*
chulada [tʃu'laða] *f* **1.** (*insolencia*) Frechheit *f* **2.** (*fam: cosa estupenda*) tolle Sache *f*
chulear [tʃule'ar] **I.** *vi, vr:* ~**se** (*jactarse*) angeben **II.** *vr:* ~**se** sich lustig machen (*de* über +*akk*)
chulería [tʃule'ria] *f* **1.** (*jactancia*) Angeberei *f* **2.** (*frescura*) Dreistigkeit *f*
chuleta [tʃu'leta] **I.** *f* **1.** (*costilla*) Kotelett *nt* **2.** (*remiendo*) Flicken *m* **3.** (*fam: apunte*) Spickzettel *m* **4.** (*fam: bofetada*) Ohrfeige *f* **II.** *adj* (*fam*) frech, unverschämt; **ponerse** ~ frech werden
chuletón [tʃule'ton] *m* (T-Bone-)Steak *nt*

chulo, -a¹ ['tʃulo, -a] **I.** *adj* **1.** (*jactancioso*) angeberisch; (*presumido*) eingebildet **2.** (*fresco*) frech, unverschämt; **ponerse ~** frech werden **3.** (*fam: elegante*) schick, flott; (*lindo*) hübsch **II.** *m, f* **1.** (*fanfarrón*) Angeber(in) *m(f)* **2.** (*exagerador*) Aufschneider(in) *m(f)*
chulo² ['tʃulo] *m* **1.** (*gandul*) Tunichtgut *m;* (*mal educado*) Flegel *m* **2.** (*argot: proxeneta*) Zuhälter *m* **3.** (*dandi*) Dandy *m*
chumbera [tʃum'bera] *f* (BOT) Feigenkaktus *m*
chumbo ['tʃumbo] *m* (*fruto*) Kaktusfeige *f*
chunga ['tʃuŋga] *f* (*fam*) Scherz *m,* Spaß *m;* **estar de ~** scherzen
chungo, -a ['tʃuŋgo, -a] *adj* (*fam*) **1.** (*malo*) schlecht, mies; (*comida*) verdorben **2.** (*persona: rara*) komisch; (*enfermiza*) angeschlagen
chunguearse [tʃuŋge'arse] *vr* (*bromear*) scherzen; (*embromar*) sich necken
chupa-chups® [tʃupa'tʃuβs] *m inv* Lolli *m*
chupada [tʃu'paða] *f* Zug *m*
chupado, -a [tʃu'paðo, -a] *adj* **1.** (*flaco*) mager; (*consumido*) ausgemergelt **2.** (*vestido*) eng (anliegend) **3.** (*fam: fácil*) kinderleicht **4.** (*Am: borracho*) betrunken
chupar [tʃu'par] **I.** *vt* **1.** (*extraer*) aussaugen; (*aspirar*) einsaugen; (*absorber*) aufsaugen **2.** (*caramelo*) lutschen; (*helado*) schlecken **3.** (*cigarrillo*) ziehen (an +*dat*) **4.** (*salud*) zehren (an +*dat*); (*debilitar*) schwächen **II.** *vi* **1.** (*fam: mamar*) (an der Mutterbrust) trinken **2.** (*aprovecharse*) schmarotzen; **~ del bote** auf Kosten anderer leben **3.** (*Am: fam: beber*) trinken, saufen *pey;* (*fumar*) qualmen **III.** *vr:* **~se 1.** (*secarse*) abmagern **2.** (*fam: permanecer*) absitzen **3.** (*loc, fam*): **~se los dedos** (*fig*) sich *dat* die Finger lecken
chupatintas [tʃupa'tintas] *m inv* (*pey*) **1.** (*escritor*) Schreiberling *m* **2.** (*oficinista*) Bürohengst *m*
chupete [tʃu'pete] *m* **1.** (*del bebé*) Schnuller *m;* (*del biberón*) Sauger *m* **2.** (*Am: pirulí*) Lolli *m*
chupetear [tʃupete'ar] *vi, vt* lutschen
chupetón [tʃupe'ton] *m* **1.** (*chupada*) kräftiger Zug *m* **2.** (*fam: marca de un beso*) Knutschfleck *m*
chupón, -ona [tʃu'pon, -ona] **I.** *adj* **1.** (*chupador*) saugend **2.** (*parásito*) schmarotzerisch **II.** *m, f* Schmarotzer(in) *m(f)*
churrasco [tʃu'rrasko] *m* **1.** (*barbacoa*) Barbecue *nt* **2.** (*carne*) gegrilltes Fleisch *nt*
churrete [tʃu'rrete] *m* Fleck *m*
churro, -a¹ ['tʃurro, -a] *adj* **1.** (*lana*) grob **2.** (*cordero*) einjährig
churro² ['tʃurro] *m* **1.** (*fritura*) *frittiertes Spritzgebäck;* **¡vete a freír ~s!** geh hin, wo der Pfeffer wächst! **2.** (*chapuza*) Murks *m* **3.** (*suerte*) Glück *nt*

> Beim **churro** handelt es sich um frittiertes Spritzgebäck. Spaniens typischstes Frühstück ist **chocolate** (heiße Schokolade) **con churros. Churros** bekommt man entweder in einer **churrería**, in einer **cafetería** oder man kauft sie **en un puesto de churros** (an einer Bude auf der Straße).

churumbel [tʃurum'bel] *m* (*voz gitana*) Kind *nt*
chusco, -a¹ ['tʃusko, -a] **I.** *adj* drollig **II.** *m, f* Witzbold *m fam*
chusco² ['tʃusko] *m* **1.** (*mendrugo*) Stück *nt* trockenes Brot **2.** (*pan de munición*) Kommissbrot *nt*
chusma ['tʃusma] *f* **1.** (*gentuza*) Pöbel *m* **2.** (*muchedumbre*) Menschenmasse *f*
chutar [tʃu'tar] **I.** *vt* schießen; **esto va que chuta** (*fam*) das klappt wie geschmiert **II.** *vr:* **~se** (*argot*) sich *dat* einen Schuss setzen
chute ['tʃute] *m* (*argot*) Schuss *m*
chuzo ['tʃuθo] *m* Spieß *m;* **caen ~s** (*fig: lluvia*) es regnet wie wild; (*nieve*) es schneit wie wild
Cía ['θia] *abr de* **compañía** Co.
cianuro [θja'nuro] *m* (QUÍM) Zyanid *nt*
ciática [θi'atika] *f* (MED) Ischias *m o nt o f*
cibernética [θiβer'netika] *f* (ELEC, MED) Kybernetik *f*
cicatear [θikate'ar] *vi* (*fam*) knausern
cicatería [θikate'ria] *f* Knaus(e)rigkeit *f*
cicatero, -a [θika'tero, -a] **I.** *adj* knaus(e)rig *fam* **II.** *m, f* Knauser *m fam*
cicatriz [θika'triθ] *f* Narbe *f;* (*en el ánimo*) Spur *f*
cicatrizar [θikatri'θar] <z→c> **I.** *vi, vr:* **~se** vernarben **II.** *vt* heilen lassen
ciclamen [θi'klamen] *m* (BOT) Alpenveilchen *nt*
ciclismo [θi'klismo] *m* (DEP) Radsport *m*
ciclista [θi'klista] **I.** *adj* Rad- **II.** *mf* Radfahrer(in) *m(f);* (DEP) Radsportler(in) *m(f)*
ciclo ['θiklo] *m* **1.** (*período, t.* ECON) Zyklus *m;* **~ económico** Wirtschaftszyklus *m* **2.** (LIT) Sage *f;* **~ del rey Arturo** Artussage *f*
ciclomotor [θiklomo'tor] *m* Moped *nt*
ciclón [θi'klon] *m* **1.** (METEO: *huracán*) Zyklon *m,* Wirbelsturm *m;* (*borrasca*) Bö(e) *f* **2.** (TÉC) Zyklon® *m*
ciclope [θi'klope] *m,* **cíclope** ['θiklope] *m* Zyklop *m*
ciclostil(o) [θiklos'til(o)] *m* Vervielfältigungsgerät *nt*

cicloturismo [θiklotu'rismo] *m* Fahrradtourismus *m*

cicuta [θi'kuta] *f* (BOT) Schierling *m*

ciego, -a ['θjeɣo, -a] **I.** *adj* **1.** (*privado de la vista*) blind; **quedarse ~** erblinden **2.** (*taponado*) verstopft **II.** *m, f* Blinde(r) *mf* **III.** *adv:* **a ciegas** blindlings; **obrar a ciegas** unüberlegt handeln

cielo ['θjelo] **I.** *m* **1.** (*atmósfera*) Himmel *m;* **a ~ raso** unter freiem Himmel; **reino de los ~s** Himmelreich *nt;* **como caído del ~** wie gerufen! **2.** (*apelativo cariñoso*) Schatz *m* **II.** *interj:* **¡~s!** (ach) du lieber Himmel!

ciempiés [θjem'pjes] *m inv* (ZOOL) Tausendfüß(l)er *m*

cien [θjen] *adj inv* hundert; **al ~ por ~** hundertprozentig; *v. t.* **ochocientos**

ciénaga ['θjenaɣa] *f* Morast *m*

ciencia ['θjeṇθja] *f* **1.** (*saber*) Wissen *nt;* **a** [*o* **de**] **cierta** mit Sicherheit **2.** (*disciplina*) Wissenschaft *f;* **~s físicas** Physik *f;* **~s políticas** Politikwissenschaft *f;* **~s (naturales)** Naturwissenschaften *fpl*

ciencia-ficción ['θjeṇθja-fiɣ'θjon] *f sin pl* Sciencefiction *f*

cieno ['θjeno] *m* Schlick *m*

científico, -a [θjeṇ'tifiko, -a] **I.** *adj* wissenschaftlich **II.** *m, f* Wissenschaftler(in) *m(f)*

ciento ['θjeṇto] **I.** *adj* <cien> *inv* hundert; *v. t.* **ochenta II.** *m:* **~s de huevos** Hunderte von Eiern; **el cinco por ~** fünf Prozent

cierre ['θjerre] *m* **1.** (*conclusión, t.* ECON, FIN) Schließen *nt;* (*clausura*) Schließung *f;* (PREN) Redaktionsschluss *m;* **~ del ejercicio** Jahresabschluss *m;* **~ patronal** Aussperrung *f* **2.** (*dispositivo*) Verschluss *m;* **~ centralizado** (AUTO) Zentralverriegelung *f*

ciertamente [θjerta'meṇte] *adv* gewiss, sicherlich

cierto, -a[1] ['θjerto, -a] *adj* <certísimo> **1.** (*verdadero*) wahr; (*seguro*) sicher; **una información cierta** eine richtige Information; **estar en lo ~** Recht haben; **lo ~ es que...** ehrlich gesagt ... **2.** (*alguno*) gewiss; **~ día** eines Tages

cierto[2] ['θjerto] *adv* gewiss; **por ~** übrigens

ciervo, -a ['θjerβo, -a] *m, f* Hirsch *m,* Hirschkuh *f*

cifra ['θifra] *f* **1.** (*guarismo*) Ziffer *f;* **~ de negocios** (ECON) Umsatz *m;* **~ de ventas** (ECON) Absatz *m* **2.** (*clave*) Kode *m;* **en ~** verschlüsselt **3.** (*monograma*) Monogramm *nt* **4.** (*resumen*) Inbegriff *m* (*de* +*gen*)

cifrar [θi'frar] **I.** *vt* **1.** (*codificar*) verschlüsseln **2.** (*calcular*) berechnen **3.** (*resumir*) setzen (*en* auf +*akk*) **II.** *vr:* **~se** sich belaufen (*en* auf +*akk*)

cigala [θi'ɣala] *f* (ZOOL) Kronenhummer *m*

cigarra [θi'ɣarra] *f* **1.** (ZOOL) Zikade *f* **2.** (*bolsa*) Geldbeutel *m*

cigarrera [θiɣa'rrera] *f* **1.** (*vendedora*) Zigarrenverkäuferin *f* **2.** (*que elabora*) Zigarrendreherin *f* **3.** (*caja*) Zigarrenkiste *f* **4.** (*petaca*) Zigarrenetui *nt*

cigarrillo [θiɣa'rriʎo] *m* Zigarette *f*

cigarro [θi'ɣarro] *m* Zigarre *f*

cigüeña [θi'ɣweɲa] *f* **1.** (*ave*) Storch *m* **2.** (*manivela*) Kurbel *f*

cigüeñal [θiɣwe'ɲal] *m* (AUTO) Kurbelwelle *f*

cilindrada [θiliṇ'draða] *f* (AUTO) Hubraum *m*

cilindro [θi'liṇdro] *m* Zylinder *m;* (*en un reloj*) Trommel *f*

cima ['θima] *f* **1.** (*cumbre*) Spitze *f;* **~ del árbol** (Baum)wipfel *m;* **~ del monte** (Berg)gipfel *m* **2.** (*cúspide*) Höhepunkt *m*

cimarrón, -ona [θima'rron, -ona] *adj* (*Am: animal salvaje*) wild (lebend); (*planta salvaje*) wild (wachsend); (*animales domésticos*) verwildert

cimbo(r)rio [θim'bo(r)rjo] *m* (ARQUIT) Kuppelgewölbe *nt*

cimbrar [θim'brar], **cimbrear** [θimbre'ar] **I.** *vt* **1.** (*agitar*) schwingen **2.** (*golpear*) schlagen **3.** (*doblar*) biegen **II.** *vr:* **~se 1.** (*agitarse*) schwingen **2.** (*doblarse*) sich biegen

cimbreo [θim'breo] *m* **1.** (*agitación*) Schwingung *f* **2.** (*golpe*) Schlag *m*

cimentación [θimeṇta'θjon] *f* **1.** (*fundamento*) Fundamentierung *f* **2.** (*edificación*) Gründung *f*

cimentar [θimeṇ'tar] <e→ie> *vt* **1.** (*fundar*) gründen **2.** (*fundamentar*) fundamentieren **3.** (*afinar oro*) läutern **4.** (*consolidar*) begründen

cimiento [θi'mjeṇto] *m* Fundament *nt*

cinc [θiŋ] *m* Zink *nt*

cincel [θiṇ'θel] *m* Meißel *m*

cincelar [θiṇθe'lar] *vt* ziselieren

cincha ['θinʧa] *f* Sattelgurt *m*

cinchar [θin'ʧar] *vt* gurten

cinco ['θiŋko] **I.** *adj inv* fünf; **estar sin ~** blank sein **II.** *m* Fünf *f;* *v. t.* **ocho**

cincuenta [θiŋ'kweṇta] *adj inv* fünfzig; *v. t.* **ochenta**

cincuentavo, -a[1] [θiŋkweṇ'taβo, -a] *adj* fünfzigstel; *v. t.* **octavo**

cincuentavo[2] [θiŋkweṇ'taβo] *m* Fünfzigstel *nt;* *v. t.* **octavo**

cincuentena [θiŋkweṇ'tena] *f Einheit aus fünfzig Teilen;* **una ~ de personas** (etwa) fünfzig Personen

cincuentenario [θiŋkweṇte'narjo] *m* fünfzigster Jahrestag *m*

cine ['θine] *m* **1.** (*sala*) Kino *nt;* **~ de barrio** Vorstadtkino *nt* **2.** (*séptimo arte*) Film *m,* Filmkunst *f;* **~ mudo** Stummfilm *m;* **cine-club** [θine'kluβ] *m* <cineclubs> Filmklub *m*

cinema [θi'nema] *m* **1.** (*cine*) Kino *nt* **2.** (*ci-

nemática) Kinematik *f*

cinemateca [θinema'teka] *f* Filmarchiv *nt*

cinematografía [θinematoɣra'fia] *f* Filmkunst *f*

cinematógrafo [θinema'toɣrafo] *m* **1.** (*proyector*) Kinematograph *m* **2.** (*cine*) Lichtspieltheater *nt*

cingalés, -esa [θiŋga'les, -esa] **I.** *adj* ceylonesisch **II.** *m, f* Ceylonese, -in *m, f*

cíngaro, -a ['θiŋgaro, -a] **I.** *adj* zigeunerisch **II.** *m, f* Zigeuner(in) *m(f)*

cínico, -a ['θiniko, -a] **I.** *adj* **1.** (*desvergonzado*) zynisch **2.** (FILOS) kynisch **II.** *m, f* **1.** (*desvergonzado*) Zyniker(in) *m(f)* **2.** (FILOS) Kyniker(in) *m(f)*

cinismo [θi'nismo] *m* **1.** (*desvergüenza*) Zynismus *m* **2.** (FILOS) Kynismus *m*

cinta ['θiṇta] *f* **1.** (*tira*) Band *nt;* ~ **adhesiva** Klebeband *nt;* ~ **aislante** Isolierband *nt;* ~ **métrica** Messband *nt;* ~ **del pelo** Haarband *nt;* ~ **de vídeo** Videoband *nt* **2.** (*hilera de baldosas*) Abschlussleiste *f* (*aus Kacheln*) **3.** (*red de pesca*) Thunfischnetz *nt* **4.** (*planta*) Grünlilie *f*

cintilar [θiṇti'lar] *vi* glänzen

cinto ['θiṇto] *m* **1.** (*cinturón*) Gürtel *m* **2.** (*cintura*) Taille *f*

cintura [θiṇ'tura] *f* Taille *f;* ~ **de avispa** Wespentaille *f*

cinturón [θiṇtu'ron] *m* **1.** (*ceñidor*) Gürtel *m;* ~ **salvavidas** Rettungsring *m;* **apretarse el** ~ (*fig*) den Gürtel enger schnallen **2.** (*correa*) Gurt *m;* **ponerse el** ~ sich anschnallen **3.** (ASTR) Ring *m* **4.** (*carretera*) Ringstraße *f*

ciprés [θi'pres] *m* **1.** (*árbol*) Zypresse *f* **2.** (*madera*) Zypressenholz *nt*

circense [θir'θense] *adj* Zirkus-

circo ['θirko] *m* **1.** (*arena*) Zirkus *m;* ~ **ambulante** Wanderzirkus *m* **2.** (GEO) Senke *f*

circuito [θirku'ito] *m* **1.** (*perímetro*) Umkreis *m* **2.** (*trayecto de carrera*) Rennstrecke *f* **3.** (*recorrido*) Rundfahrt *f* **4.** (ELEC) Stromkreis *m;* ~ **integrado** integrierter Schaltkreis; **corto** ~ Kurzschluss *m*

circulación [θirkula'θjon] *f* **1.** (*ciclo*) Kreislauf *m;* ~ **sanguínea** Blutkreislauf *m* **2.** (*tránsito*) Verkehr *m* **3.** (ECON) Umlauf *m;* **retirar de la** ~ aus dem Verkehr ziehen

circular [θirku'lar] **I.** *adj* kreisförmig **II.** *vi* **1.** (*recorrer*) zirkulieren **2.** (*personas*) hin und her gehen; **¡circulen!** (bitte) weitergehen! **3.** (*vehículos*) hin und her fahren **III.** *f* Rundschreiben *nt*

circulatorio, -a [θirkula'torjo, -a] *adj* (MED) Kreislauf-

círculo ['θirkulo] *m* Kreis *m;* ~ **de amistades** Freundeskreis *m;* ~ **vicioso** Teufelskreis *m*

circuncidar [θirkuṇθi'ðar] *vt* beschneiden

circuncisión [θirkuṇθi'sjon] *f* Beschneidung *f*

circundar [θirkuṇ'dar] *vt* umgeben

circunferencia [θirkuɱfe'reṇθja] *f* (MAT) **1.** (*círculo*) Kreis *m* **2.** (*contorno*) Umfang *m*

circunlocución [θirkunloku'θjon] *f* Umschreibung *f*

circunnavegar [θirkunnaβe'ɣar] <g→gu> *vt* umsegeln

circunscribir [θirku^{n}skri'βir] *irr como escribir* **I.** *vt* **1.** (*concretar*) beschränken (*a* auf +*akk*) **2.** (MAT) umschreiben **II.** *vr:* ~**se** sich beschränken (*a* auf +*akk*)

circunscripción [θirku^{n}skriβ'θjon] *f* **1.** (*concreción*) Einschränkung *f* **2.** (MAT) Umschreibung *f* **3.** (*distrito*) Bezirk *m*

circunscrito, -a [θirku^{n}s'krito, -a] *pp de* **circunscribir**

circunspecto, -a [θirku^{n}s'pekto, -a] *adj* umsichtig

circunstancia [θirku^{n}s'taṇθja] *f* Umstand *m;* **en estas** ~**s** unter diesen Umständen

circunstancial [θirku^{n}staṇ'θjal] *adj* umstandsbedingt

circunvalación [θirkumbala'θjon] *f* **1.** (*acción de circunvalar*) Umgehung *f;* **carretera de** ~ Umgehungsstraße *f* **2.** (MIL) Umwallung *f*

cirílico, -a [θi'riliko, -a] *adj* kyrillisch

cirineo, -a [θiri'neo, -a] **I.** *adj* aus Kyrene **II.** *m, f* Helfer(in) *m(f),* Samariter(in) *m(f)*

cirio ['θirjo] *m* **1.** (*vela*) (lange, dicke) Wachskerze *f* **2.** (*fam: jaleo*) Durcheinander *nt*

cirro ['θirro] *m* **1.** (MED) Knoten *m* **2.** (METEO) Zirruswolke *f*

cirrosis [θi'rrosis] *f inv* (MED) Zirrhose *f*

ciruela [θi'rwela] *f* Pflaume *f*

ciruelo [θi'rwelo] *m* **1.** (*pruno*) Pflaumenbaum *m* **2.** (*fam: tonto*) Dummkopf *m*

cirugía [θiru'xia] *f* (MED) Chirurgie *f*

cirujano, -a [θiru'xano, -a] *m, f* (MED) Chirurg(in) *m(f)*

ciscar [θis'kar] <c→qu> **I.** *vt* (*fam*) besudeln **II.** *vr:* ~**se** (*fam*) sein großes Geschäft machen

cisco ['θisko] *m* **1.** (*carbón*) (Kohlen)grus *m;* **estar hecho un** ~ (*fam*) fix und fertig sein **2.** (*jaleo*) Krach *m*

Cisjordania [θisxor'ðanja] *f* Westjordanland *nt*

cisma ['θisma] *m* **1.** (REL) Schisma *nt* **2.** (*desacuerdo*) Zwist *m*

cisne ['θisne] *m* Schwan *m*

cister [θis'ter] *m,* **císter** ['θister] *m* (REL) Zisterzienserorden *m*

cisterna [θis'terna] **I.** *adj* Tank-; **barco** ~ Tanker *m* **II.** *f* **1.** (*aljibe*) Zisterne *f* **2.** (*de un retrete*) Spülkasten *m*

cisura [θi'sura] *f* **1.** (*fisura*) Riss *m* **2.** (*cica-

triz) Narbe *f* **3.** (*incisión*) Einstich *m*

cita ['θita] *f* **1.** (*convocatoria*) Termin *m* **2.** (*encuentro*) Verabredung *f*; ~ **anual** jährliches Treffen; **tener una ~ con alguien** mit jdm verabredet sein **3.** (*mención*) Zitat *nt*

citación [θita'θjon] *f* **1.** (JUR) Vorladung *f* **2.** (*el mencionar*) Zitieren *nt*

citar [θi'tar] **I.** *vt* **1.** (*convocar*) zu einem Termin einladen **2.** (*mencionar*) zitieren **3.** (JUR) (vor)laden **II.** *vr:* **~se** sich verabreden

cítara ['θitara] *f* (MÚS) Zither *f*

cítricos ['θitrikos] *mpl* **1.** (*frutas*) Zitrusfrüchte *fpl* **2.** (*plantas*) Zitruspflanzen *fpl*

ciudad [θju'ðaᵈ] *f* Stadt *f*; ~ **hermanada** Partnerstadt *f*; ~ **industrial** Industriestadt *f*; ~ **de origen** Heimatstadt *f*; ~ **universitaria** Campus *m*

ciudadanía [θjuðaða'nia] *f* **1.** (*nacionalidad*) Staatsangehörigkeit *f* **2.** (*conjunto de ciudadanos*) Bürgerschaft *f* **3.** (*civismo*) Bürgersinn *m*

ciudadano, -a [θjuða'ðano, -a] **I.** *adj* **1.** (*de la ciudad*) städtisch **2.** (*del ciudadano*) bürgerlich **II.** *m, f* **1.** (*residente*) Städter(in) *m(f)* **2.** (*súbdito*) Staatsbürger(in) *m(f)*; (*referente a una ciudad*) Bürger(in) *m(f)*

ciudad-estado [θju'ðað-es'taðo] <ciudades-estado> *f* Stadtstaat *m*

ciudadrealeño, -a [θjuðaᵈrrea'leɲo, -a] **I.** *adj* aus Ciudad Real **II.** *m, f* Einwohner(in) *m(f)* von Ciudad Real

cívico, -a ['θiβiko, -a] *adj* **1.** (*de la ciudad*) städtisch **2.** (*del ciudadano*) bürgerlich **3.** (*del civismo*) zivilisiert

civil [θi'βil] **I.** *adj* **1.** (*cívico*) bürgerlich, zivil; **derecho ~** Zivilrecht *nt*; **guerra ~** Bürgerkrieg *m* **2.** (*correcto*) zivilisiert, gesittet **II.** *mf* **1.** (*fam: guardia ~*) Angehörige(r) *mf* der Guardia civil **2.** (*paisano*) Zivilist(in) *m(f)*

civilización [θiβiliθa'θjon] *f* **1.** (*progreso*) Zivilisation *f* **2.** (*cultura*) Kultur *f*

civilizar [θiβili'θar] <z→c> *vt* zivilisieren

civismo [θi'βismo] *m* **1.** (*espíritu cívico*) Bürgersinn *m* **2.** (*cortesía*) Höflichkeit *f*

cizalla [θi'θaʎa] *f* **1.** (*recorte*) Verschnittblech *nt* **2.** *pl* (*tijeras*) Blechschere *f*

cizallar [θiθa'ʎar] *vt* schneiden

cizaña [θi'θaɲa] *f* **1.** (BOT) Taumellolch *m* **2.** (*adversidad*) Widrigkeit *f* **3.** (*enemistad*) Zwietracht *f*

cizañero, -a [θiθa'ɲero, -a] **I.** *adj* intrigant **II.** *m, f* **1.** (*intrigante*) Unruhestifter(in) *m(f)* **2.** (*pendenciero*) streitsüchtige Person *f*

clamar [kla'mar] **I.** *vi* flehen **II.** *vt* fordern

clamor [kla'mor] *m* **1.** (*lamento*) Jammern *nt* **2.** (*clamoreo*) Geschrei *nt* **3.** (*toque de campana*) Totengeläut(e) *nt*

clamoroso, -a [klamo'roso, -a] *adj* **1.** (*acompañado de clamor*): **triunfo ~** Triumphgeschrei *nt* **2.** (*sensacional*) grandios

clan [klan] *m* Clan *m*

clandestinidad [klaṇdestini'ðaᵈ] *f* **1.** (*secreto*) Heimlichkeit *f* **2.** (POL) Untergrund *m*

clandestino, -a [klaṇdes'tino, -a] *adj* **1.** (*secreto*) heimlich; **reunión clandestina** geheimes Treffen **2.** (*ilegal*): **movimiento ~** Untergrundbewegung *f*

claqué [kla'ke] *f* Stepp(tanz) *m*

claqueta [kla'keta] *f* (CINE) Klappe *f*

clara ['klara] *f* **1.** (*del huevo*) Eiweiß *nt* **2.** (*bebida*) Radler *m südd*, Alsterwasser *nt nordd*

claraboya [klara'βoɟa] *f* (*en el techo*) (Dach)luke *f*; (*en la pared*) Oberlicht *nt*

claramente [klara'meṇte] *adv* deutlich

clarear [klare'ar] **I.** *vi* **1.** (*amanecer*) hell werden; **al ~ el día** bei Tagesanbruch **2.** (*despejarse*) aufklaren **3.** (*concretarse*) deutlich werden **II.** *vt* aufhellen **III.** *vr:* **~se** **1.** (*gastarse*) fadenscheinig werden **2.** (*transparentarse*) durchsichtig werden **3.** (*descubrirse*) sich verraten

clarete [kla'rete] *m* Rosé(wein) *m*

claridad [klari'ðaᵈ] *f* **1.** (*luminosidad*) Helligkeit *f* **2.** (*lucidez*) Klarheit *f* **3.** (*claror*) fernes Leuchten *nt* **4.** (*loc*): **decir cuatro ~es a alguien** jdm gehörig die Meinung sagen

clarificación [klarifika'θjon] *f* **1.** (*iluminación*) Erhellung *f* **2.** (*aclaración*) Klärung *f*

clarificar [klarifi'kar] <c→qu> *vt* **1.** (*iluminar*) erhellen **2.** (*aclarar*) klären

clarín [kla'rin] *m* **1.** (*instrumento*) Bügelhorn *nt* **2.** (*músico*) Bügelhornbläser *m*

clarinete [klari'nete] *m* **1.** (*instrumento*) Klarinette *f* **2.** (*músico*) Klarinettist *m*

clarividencia [klariβi'ðeṇθja] *f* **1.** (*perspicacia*) Hellsichtigkeit *f* **2.** (*instinto*) Gespür *nt* **3.** (*percepción*) hellseherische Fähigkeit *f*

clarividente [klariβi'ðeṇte] **I.** *adj* **1.** (*perspicaz*) hellsichtig **2.** (*que percibe*) hellseherisch **II.** *mf* **1.** (*adivino*) hellsichtige Person *f* **2.** (*persona que percibe*) Hellseher(in) *m(f)*

claro, -a[1] ['klaro, -a] *adj* **1.** (*iluminado*) hell; **azul ~** hellblau **2.** (*ilustre*) berühmt **3.** (*evidente*) klar; **poner** [*o* **sacar**] **en ~** klarstellen **4.** (*fino*) dünn **5.** (*franco*) offen, freimütig

claro[2] ['klaro] **I.** *interj* (na) klar!, natürlich!; **¡~ que no!** natürlich nicht! **II.** *m* **1.** (*hueco*) Lücke *f* **2.** (*calvero*) Lichtung *f* **3.** (*calva*) kahle Stelle *f* **III.** *adv* deutlich

claror [kla'ror] *m* Leuchten *nt*

C

claroscuro [klaros'kuro] *m* **1.** (ARTE, FOTO) Helldunkel *nt* **2.** (*indecisión*) Unschlüssigkeit *f*

clase ['klase] *f* **1.** (*tipo*) Sorte *f*, Art *f*; **sin ninguna ~ de...** ohne jede Art von ...; **trabajos de toda ~** Arbeiten jeder Art **2.** (BIOL) Klasse *f* **3.** (*grupo social*) (Gesellschafts)schicht *f*; **~ alta** Oberschicht *f*; **~ media** Mittelschicht *f* **4.** (ENS: *grupo de alumnos*) Klasse *f*; (*curso*) Unterricht *m*; **dar ~** unterrichten **5.** (*categoría*) Klasse *f*; **~ turista** Touristenklasse *f*

clasicismo [klasi'θismo] *m* **1.** (ARTE, LIT) Klassik *f* **2.** (ARQUIT: *neoclasicismo*) Klassizismus *m*

clásico, -a ['klasiko, -a] **I.** *adj* klassisch **II.** *m, f* Klassiker(in) *m(f)*

clasificación [klasifika'θjon] *f* **1.** (*ordenación*) Sortierung *f*; **~ en grupos** Einteilung in Gruppen **2.** (BIOL) Klassifikation *f*

clasificador [klasifika'ðor] *m* **1.** (*archivador*) Aktenschrank *m* **2.** (*separación*) Register *nt* **3.** (*carpeta*) Ordner *m*

clasificar [klasifi'kar] <c→qu> **I.** *vt* **1.** (*ordenar*) sortieren (*por* nach *+dat*) **2.** (BIOL) klassifizieren (*por* nach *+dat*) **II.** *vr:* **~se** sich qualifizieren

clasismo [kla'sismo] *m* Standesdünkel *m pey*

claudicación [klau̯ðika'θjon] *f* **1.** (*falta*) Weichwerden *nt* **2.** (*cesión*) Nachgeben *nt*

claudicar [klau̯ði'kar] <c→qu> *vi* **1.** (*fallar*) weich werden **2.** (*ceder*) nachgeben

claustro ['klau̯stro] *m* **1.** (*galería*) Kreuzgang *m* **2.** (*conjunto de profesores*) Lehrkörper *m* **3.** (*reunión de profesores*) Lehrerversammlung *f* **4.** (*convento*) Kloster *nt*

claustrofobia [klau̯stro'foβja] *f* (PSICO) Klaustrophobie *f*

cláusula ['klau̯sula] *f* **1.** (JUR) Klausel *f* **2.** (LING) Satz *m*

clausura [klau̯'sura] *f* **1.** (*cierre*) Schließung *f*; **sesión de ~** Schlusssitzung *f* **2.** (*en un convento*) Klausur *f*

clausurar [klau̯su'rar] *vt* schließen

clava ['klaβa] *f* Keule *f*

clavado, -a [kla'βaðo, -a] *adj* **1.** (*semejante*) sehr ähnlich **2.** (*exacto*) genau **3.** (*confuso*) verblüfft

clavar [kla'βar] **I.** *vt* **1.** (*hincar*) einschlagen **2.** (*enclavar*) annageln **3.** (*fijarse*) fixieren; **tener la vista clavada en algo** den Blick starr auf etw richten **4.** (*fam: engañar*) ausnehmen **5.** (*acertar*) treffen **6.** (*engastar*) (ein)fassen **7.** (*fam: dar*) verpassen **8.** (*fam: cobrar*) abknöpfen **II.** *vr:* **~se una astilla en el dedo** sich *dat* einen Span in den Finger treiben

clave ['klaβe] **I.** *adj inv* Schlüssel- **II.** *f* **1.** (ARQUIT) Schlussstein *m* **2.** (*código*) Kode *m*; **~ de acceso** Passwort *nt*; **en ~** codiert **3.** (*secreto*) Schlüssel *m* (*de +gen*) **4.** (MÚS) (Noten)schlüssel *m*

clavel [kla'βel] *m* (BOT) Nelke *f*

clavetear [klaβete'ar] *vt* **1.** (*guarnecer*) beschlagen **2.** (*terminar*) abschließen **3.** (*clavar clavos*) vernageln

clavicémbalo [klaβi'θembalo] *m* (Clavi)cembalo *nt*

clavicordio [klaβi'korðjo] *m* Klavichord *nt*

clavícula [kla'βikula] *f* (ANAT) Schlüsselbein *nt*

clavija [kla'βixa] *f* **1.** (TÉC) Stift *m* **2.** (MÚS: *de guitarra*) Wirbel *m* **3.** (*enchufe*) Stecker *m* **4.** (*loc*): **apretar las ~s a alguien** mit jdm ein ernstes Wörtchen reden

clavo ['klaβo] *m* **1.** (*punta*) Nagel *m*; **dar en el ~** den Nagel auf den Knopf treffen **2.** (*especia*) (Gewürz)nelke *f* **3.** (*callo*) Hühnerauge *nt* **4.** (*jaqueca*) Migräne *f*

claxon ['klaᵞson] *m* Hupe *f*

clemencia [kle'men̩θja] *f* Milde *f*, Nachsicht *f*

clemente [kle'men̩te] *adj* mild, nachsichtig

clementina [klemen̩'tina] *f* Klementine *f*

cleptómano, -a [klep'tomano, -a] **I.** *adj* (PSICO) kleptomanisch **II.** *m, f* (PSICO) Kleptomane, -in *m, f*

clerical [kleri'kal] *adj* geistlich

clérigo ['kleriɣo] *m* Geistliche(r) *m*; (*sólo iglesia católica*) Kleriker *m*

clero ['klero] *m* Geistlichkeit *f*; (*sólo iglesia católica*) Klerus *m*

clic [klik] *m* Klicken *nt*

cliché [kli'ʧe] *m* **1.** (*lugar común, t.* TIPO) Klischee *nt* **2.** (FOTO) Negativ *nt*

cliente, -a ['kljen̩te, -a] *m, f* Kunde, -in *m, f*; (*de un abogado*) Mandant(in) *m(f)*; **~ fijo** Stammkunde *m*

clientela [kljen̩'tela] *f* Kundschaft *f*; (*de un abogado*) Klientel *f*

clima ['klima] *m* **1.** (*atmósfera*) Klima *nt* **2.** (GEO) Breitengrad *m*

climatización [klimatiθa'θjon] *f* Klimatisierung *f*

climatizador [klimatiθa'ðor] *m* Klimaanlage *f*

climatizar [klimati'θar] <z→c> *vt* klimatisieren

climatología [klimatolo'xia] *f* Klimatologie *f*

clínica ['klinika] *f* Klinik *f*

clínico ['kliniko] *m* Krankenhaus *nt*

clip [klip] *m* **1.** (*sujetapapeles*) Büroklammer *f* **2.** (*pinza*) Klipp *m* **3.** (TV) (Video)clip *m*

clítoris ['klitoris] *m inv* (ANAT) Klitoris *f*

cloaca [klo'aka] *f* (*t.* ZOOL) Kloake *f*

clon [klon] *m* **1.** (BIOL) Klon *m* **2.** (*payaso*) Clown *m*

clonar [klo'nar] *vt* (BIOL) klonen, klonieren

clónico, -a ['kloniko, -a] *adj* (BIOL) geklont

cloquear [kloke'ar] *vi* glucken

clorato [klo'rato] *m* (QUÍM) Chlorat *nt*

cloro ['kloro] *m* (QUÍM) Chlor *nt*

clorofila [kloro'filja] *f* (BOT, QUÍM) Chlorophyll *nt,* Blattgrün *nt*

cloruro [klo'ruro] *m* (QUÍM) Chlorid *nt*

club [klu$^{\beta}$] <clubs *o* clubes> *m* Klub *m;* ~ **de alterne** Animierlokal *nt;* ~ **deportivo** Sportverein *m*

clueca ['klweka] *f* (ZOOL) Bruthenne *f,* Glucke *f*

cm [θeṇ'timetro] *abr de* **centímetro** cm

coacción [koa$^{\gamma}$'θjon] *f* (*coerción*) Zwang *m;* (JUR) Nötigung *f*

coaccionar [koa$^{\gamma}$θjo'nar] *vt* (*coercer*) zwingen; (JUR) nötigen

coagulación [koaɣula'θjon] *f* **1.** (*sangre*) Gerinnung *f* **2.** (QUÍM) Koagulation *f*

coagular [koaɣu'lar] **I.** *vt* (MED, QUÍM) koagulieren, gerinnen lassen **II.** *vr:* ~**se** (MED) koagulieren, gerinnen

coágulo [ko'aɣulo] *m* (MED) Gerinnsel *nt*

coalición [koali'θjon] *f* Koalition *f*

coaligarse [koali'ɣarse] <g→gu> *vr* sich verbünden

coartada [koar'taða] *f* Alibi *nt*

coartar [koar'tar] *vt* **1.** (*libertad*) einschränken **2.** (*persona*) einengen

coautor(a) [koau̯'tor(a)] *m(f)* **1.** (*de una acción*) Miturheber(in) *m(f);* (*de un libro*) Mitverfasser(in) *m(f)* **2.** (JUR) Mittäter(in) *m(f)*

coba ['koβa] *f* Schmeichelei *f;* **darle ~ a alguien** jdm Honig um den Bart schmieren *fam*

cobalto [ko'βal̩to] *m* (QUÍM) Kobalt *nt*

cobarde [ko'βarðe] **I.** *adj* feige **II.** *m* Feigling *m*

cobardía [koβar'ðia] *f* Feigheit *f*

cobaya [ko'βaɟa] *m o f* Meerschweinchen *nt*

cobertizo [koβer'tiθo] *m* **1.** (*tejado*) Vordach *nt* **2.** (*cabaña*) Schuppen *m*

cobertor [koβer'tor] *m* Bettdecke *f*

cobertura [koβer'tura] *f* **1.** (*cobertor*) Decke *f;* (*que cubre*) Bedeckung *f;* (*que protege*) Abdeckung *f* **2.** (COM: *acción*) Deckung *f*

cobijar [ko'βixar] **I.** *vt* **1.** (*cubrir*) bedecken, zudecken **2.** (*proteger*) (be)schützen **3.** (*acoger*) Unterschlupf bieten +*dat* **4.** (*albergar*) beherbergen **II.** *vr:* ~**se** (*protegerse*) Unterschlupf finden (*bajo* unter +*dat*); (*bajo un tejado*) sich unterstellen (*bajo* unter +*dat*); (*de algún peligro*) in Deckung gehen (*de* vor +*dat*)

cobijo [ko'βixo] *m* (*protección concreta*) Deckung *f;* (*amparo*) Unterschlupf *m*

cobra ['koβra] *f* (ZOOL) Kobra *f*

cobrador(a) [koβra'ðor(a)] *m(f)* **1.** (COM: *que cobra*) Kassierer(in) *m(f)* **2.** (*de tranvía*) Schaffner(in) *m(f)*

cobrar [ko'βrar] **I.** *vt* **1.** (*recibir*) erhalten; (*suma*) kassieren; (*cheque*) einlösen; (*sueldo*) verdienen; **¿me cobra, por favor?** zahlen, bitte! **2.** (*exigir*) verlangen, berechnen; (*intereses*) erheben; (*deudas*) eintreiben **3.** (*conseguir*): ~ **ánimos** Kraft schöpfen; ~ **fama** zu Ruhm gelangen **4.** (*cuerda*) einholen **II.** *vi* **1.** (*sueldo*) Zahltag haben **2.** (*fam: paliza*) Prügel beziehen; **¡que vas a ~!** du fängst dir gleich eine! **III.** *vr:* ~**se** abkassieren; (*fig*) fordern

cobre ['koβre] *m* **1.** (QUÍM) Kupfer *nt* **2.** *pl* (MÚS) Blechmusik *f* **3.** (*Am: moneda*) Kupfermünze *f*

cobrizo, -a [ko'βriθo, -a] *adj* kupferfarben

cobro ['koβro] *m* **1.** (*como fuente financiera*) Einnahme *f* **2.** (*acto de cobrar*) (Ein)kassieren *nt,* Berechnung *f* **3.** (FIN: *impuestos*) Erhebung *f;* (*pago*) Zahlung *f;* (*por el banco*) Einziehung *f;* ~ **por adelantado** Vorauszahlung *f;* ~ **pendiente** ausstehende Zahlung; **a ~ revertido** zu Lasten des Empfängers **4.** *pl* (COM) Außenstände *mpl*

coca ['koka] *f* **1.** (BOT) Kokastrauch *m* **2.** (*droga*) Kokain *nt* **3.** (*de pelo*) Haarknoten *m* **4.** (*fam: cabeza*) Rübe *f*

cocaína [koka'ina] *f* Kokain *nt*

cocainómano, -a [kokai̯'nomano, -a] *m, f* Kokainsüchtige(r) *mf*

cocción [ko$^{\gamma}$'θjon] *f* **1.** (*acto*) Kochen *nt* **2.** (*duración*) Kochzeit *f;* (*en el horno*) Backzeit *f*

cocear [koθe'ar] *vi* **1.** (*dar coces*) ausschlagen **2.** (*repugnar*) sich sträuben

cocer [ko'θer] *irr* **I.** *vt* **1.** (*cocinar*) kochen; (*hervir*) sieden; (*al horno*) backen **2.** (*cerveza*) brauen; (*ropa*) kochen; (*cerámica*) brennen **II.** *vi* **1.** (*hervir*) kochen **2.** (*fermentar*) (ver)gären **III.** *vr:* ~**se** **1.** (*cocinarse*) gekocht werden **2.** (*tramarse*) sich zusammenbrauen **3.** (*sufrir*) unsäglich leiden **4.** (*fam: pasar calor*) vor Hitze eingehen

cochambroso, -a [kotʃam'broso, -a] *adj* (*fam: sucio*) dreckig; (*asqueroso*) eklig; (*maloliente*) stinkig

coche ['kotʃe] *m* **1.** (*automóvil*) Auto *nt;* ~ **de bomberos** Feuerwehrwagen *m;* ~ **de carreras** (DEP) Rennwagen *m;* ~ **de línea** Linienbus *m;* **ir en ~** fahren **2.** (FERRO) Wagon *m;* ~ **de equipajes** Gepäckwagen *m* **3.** (*de caballos*) Kutsche *f*

coche-cama ['kotʃe-'kama] <coches-cama> *m* (FERRO) Schlafwagen *m*

cochecito [kotʃe'θito] *m* Kinderwagen *m*

coche-patrulla ['kotʃe-pa'truʎa] <coches-patrulla> *m* Streifenwagen *m*

cochera [ko'tʃera] *f* Garage *f;* ~ **de tranvías** (*almacén*) Straßenbahndepot *nt*

coche-restaurante ['kotʃe-restaṷ'ran̩te] <coches-restaurante> *m* (FERRO) Speisewagen *m*

cochinada [kotʃi'naða] *f,* **cochinería** [kotʃine'ria] *f* (*fam*) Schweinerei *f*

cochinilla [kotʃi'niʎa] *f* **1.** (ZOOL: *insecto*) Koschenille(schildlaus) *f* **2.** (ZOOL: *crustáceo*) Kellerassel *f*

cochinillo [kotʃi'niʎo] *m* Ferkel *nt*

cochino, -a [ko'tʃino, -a] **I.** *adj* (*fam*) schweinisch **II.** *m, f* **1.** (ZOOL: *macho*) Schwein *nt;* (*hembra*) Sau *f* **2.** (*fam: guarro*) (Dreck)schwein *nt*

cocido [ko'θiðo] *m* Kichererbseneintopf *m*

cociente [ko'θjen̩te] *m* (MAT) Quotient *m*

cocina [ko'θina] *f* **1.** (*habitación*) Küche *f* **2.** (*aparato*) Herd *m* **3.** (*arte*) Kochkunst *f;* **la ~ alemana** die deutsche Küche; **libro de ~** Kochbuch *nt*

cocinar [koθi'nar] **I.** *vt* (*guisar*) kochen; (*aderezar*) zubereiten **II.** *vi* **1.** (*guisar*) kochen **2.** (*fam: inmiscuirse*) sich in fremde Angelegenheiten mischen

cocinero, -a [koθi'nero, -a] *m, f* Koch *m,* Köchin *f*

cocinilla [koθi'niʎa] *f* (*portátil*) Campingkocher *m;* (*de gas*) Gaskocher *m*

coco ['koko] *m* **1.** (BOT: *fruto*) Kokosnuss *f* **2.** (BOT: *árbol*) Kokospalme *f* **3.** (*fam: cabeza*) Birne *f,* Schädel *m;* (*cerebro*) Hirn *nt;* **comerse el ~** sich *dat* den Kopf zerbrechen **4.** (*fam: ogro*) schwarzer Mann *m* **5.** (ZOOL: *larva*) Kokon *m* **6.** (BIOL: *bacteria*) Kokke *f*

cocodrilo [koko'ðrilo] *m* (ZOOL) Krokodil *nt*

cocotero [koko'tero] *m* Kokospalme *f*

coctel [kok'tel] <coctels> *m,* **cóctel** ['koktel] <cócteles> *m* Cocktail *m*

coctelera [kokte'lera] *f* Cocktailbecher *m*

codazo [ko'ðaθo] *m* Ellbogenstoß *m*

codear [koðe'ar] **I.** *vi* mit den Ellbogen stoßen **II.** *vr:* **~se** verkehren

codera [ko'ðera] *f* **1.** (MED) Ellbogenkrätze *f* **2.** (*en la ropa*) ausgebeulter Ellbogen *m* **3.** (*refuerzo*) Ellbogenflicken *m*

códice ['koðiθe] *m* Handschrift *f,* Kodex *m*

codicia [ko'ðiθja] *f* **1.** (*de algo material*) Habgier *f* **2.** (*de algo inmaterial*) Begierde *f,* Gier *f* (*de* nach +*dat*)

codiciar [koði'θjar] *vt* begehren

codicioso, -a [koði'θjoso, -a] *adj* habgierig

codificación [koðifika'θjon] *f* **1.** (JUR) Kodifizierung *f* **2.** (*con señales*) Kodierung *f;* (*t.* INFOR) Verschlüsselung *f*

codificar [koðifi'kar] <c→qu> *vt* **1.** (JUR) kodifizieren **2.** (*con señales*) kodieren; (*t.* INFOR) verschlüsseln

código ['koðiɣo] *m* **1.** (JUR) Kodex *m,* Gesetzbuch *nt;* **~ de circulación** Straßenverkehrsordnung *f;* **C~ Civil** Bürgerliches Gesetzbuch **2.** (*de señales*) Kode *m;* **~ de barras** Balkenkode *m;* **mensaje en ~** verschüsselte Botschaft **3.** (*t.* ECON, FIN) Zahl *f,* Ziffer *f;* **~ bancario** Bankleitzahl *f;* **~ postal** Postleitzahl *f*

codillo [ko'ðiʎo] *m* **1.** (ZOOL) Ellbogen *m* **2.** (*de un árbol*) (Ast)stumpf *m* **3.** (TÉC: *doblez*) Bugstück *nt,* Knie *nt* **4.** (GASTR) Eisbein *nt*

codo ['koðo] *m* **1.** (ANAT) Ell(en)bogen *m;* **~ de tenis** Tennisarm *m;* **empinar el ~** (*fam*) einen heben; **trabajar ~ a ~** Schulter an Schulter arbeiten; **hablar por los ~s** (*fam*) reden wie ein Wasserfall **2.** (TÉC: *doblez*) Knie *nt,* Bugstück *nt* **3.** (*de camino*) (Weg)biegung *f*

codorniz [koðor'niθ] *f* (ZOOL) Wachtel *f*

coeficiente [koefi'θjen̩te] *m* (MAT) Koeffizient *m*

coercer [koer'θer] <c→z> *vt* **1.** (*obligar*) zwingen (*a* zu +*dat*); (JUR) nötigen (*a* zu +*dat*) **2.** (*cohibir*) abhalten (*de* von +*dat*) **3.** (*coartar*) einschränken

coerción [koer'θjon] *f* Zwang *m;* (JUR) Nötigung *f*

coetáneo, -a [koe'taneo, -a] **I.** *adj* **1.** (*de la misma edad*) gleichaltrig **2.** (*contemporáneo*) zeitgenössisch **II.** *m, f* **1.** (*de la misma edad*) Gleichaltrige(r) *mf* **2.** (*contemporáneo*) Zeitgenosse, -in *m, f*

coexistencia [koeᵞsis'ten̩θja] *f* Koexistenz *f*

coexistir [koeᵞsis'tir] *vi* koexistieren

cofia ['kofja] *f* Haube *f*

cofradía [kofra'ðia] *f* **1.** (*hermandad*) Laienbruderschaft *f* **2.** (*gremio*) Zunft *f* **3.** (*asociación*) Verein *m*

cofre ['kofre] *m* **1.** (*caja*) Truhe *f;* (*maleta*) Koffer *m* **2.** (*de joyas*) Schmuckkästchen *nt*

cofundador(a) [kofun̩da'ðor(a)] *m(f)* Mitbegründer(in) *m(f)*

cogedero [koxe'ðero] *m* (*mango*) Stiel *m*

cogedor [koxe'ðor] *m* Kehrichtschaufel *f*

coger [ko'xer] <g→j> **I.** *vt* **1.** (*agarrar*) festhalten (*de/por* an +*dat*), fassen (*de/por* an +*dat*); (*objeto caído*) aufheben; **~las al vuelo** es sofort kapieren *fam;* **le cogió del brazo** er/sie hielt ihn am Arm fest; **le cogió en brazos** er/sie nahm ihn auf den Arm **2.** (*tocar*) in die Hände nehmen **3.** (*quitar*) wegnehmen; (*en la aduana*) abnehmen, finden **4.** (*atrapar*) (auf)fangen; (*personas*) fassen; (*apresar*) festnehmen **5.** (*flores*) pflücken; (*cosecha*) ernten **6.** (AUTO: *atropellar*) überfahren, anfahren **7.** (*trabajo*) annehmen **8.** (*vicio, enfermedad*) bekommen; **~ frío** sich erkälten; **~le cariño a alguien** jdn lieb gewinnen; **~ el hábito de fumar** mit dem Rauchen anfangen; **ha cogido una gripe** er/sie hat sich *dat* eine Grippe zugezogen **9.** (*una noticia*) aufnehmen **10.** (*sorprender*) antreffen, vorfinden **11.** (*adquirir*) nehmen; (*obtener*) besorgen; **¿vas a ~ el piso?** hast du dich für die Wohnung entschieden? **12.** (RADIO) empfangen **13.** (*tomar*) nehmen; **~ el tren/autobús** den Zug/Bus nehmen **14.** (*Am: vulg: copular*) ficken **II.** *vi* **1.** (*planta*) Wurzeln schlagen **2.** (*tener sitio*) Platz haben **3.** (*Am: vulg: copular*) ficken (*con +akk*) **III.** *vr* (*pillarse*): **~se algo** sich *dat* etw einklemmen

cogestión [koxes'tjon] *f* Mitbestimmung *f*

cogida [ko'xiða] *f* **1.** (TAUR) Stierkampfunfall *m* **2.** (*de frutas*) Ernte *f*

cognición [koɣni'θjon] *f* (*t.* PSICO: *percepción*) Wahrnehmung *f;* (FILOS) Erkenntnis *f*

cognitivo, -a [koɣni'tiβo, -a] *adj* (PSICO) kognitiv

cogollo [ko'ɣoʎo] *m* **1.** (*de col, lechuga*) Herz *nt;* (*de árbol*) Baumkrone *f* **2.** (*brote*) Knospe *f* **3.** (*algo selecto*) Elite *f* **4.** (*núcleo*) Innere(s) *nt*

cogote [ko'ɣote] *m* **1.** (*de la cabeza*) Hinterkopf *m* **2.** (*nuca*) Nacken *m;* **estar hasta el ~** (*fam*) die Nase voll haben

cogotudo [koɣo'tuðo] *m* (*Am*) Emporkömmling *m*

cohabitación [koaβita'θjon] *f* **1.** (*convivencia*) Zusammenleben *nt;* (JUR: *en el matrimonio*) eheliches Zusammenleben *nt* **2.** (*acto sexual*) Beischlaf *m*

cohabitar [koaβi'tar] *vi* **1.** (*convivir*) zusammenleben **2.** (JUR: *en el matrimonio*) ehelich zusammenleben **3.** (*pey: amancebarse*) in wilder Ehe leben

cohecho [ko'etʃo] *m* Bestechung *f,* Korruption *f*

coherencia [koe'ren̪θja] *f* Zusammenhang *m*

coherente [koe'ren̪te] *adj* (in sich) logisch, zusammenhängend, kohärent *elev*

cohesión [koe'sjon] *f* **1.** (*unión*) Zusammenhalt *m* **2.** (FÍS) Kohäsion *f*

cohesionar [koesjo'nar] *vt* zusammenhalten

cohete [ko'ete] *m* **1.** (*explosivo*) Feuerwerkskörper *m* **2.** (*misil*) Rakete *f*

cohibición [koi̯βi'θjon] *f* **1.** (*intimidación*) Einschüchterung *f* **2.** (*prohibición*) Einschränkung *f*

cohibido, -a [koi̯'βiðo, -a] *adj* (*intimidado*) eingeschüchtert; (*tímido, incómodo*) verschüchtert; (*inhibido*) gehemmt

cohibir [koi̯'βir] *irr como prohibir* **I.** *vt* (*intimidar*) einschüchtern; (*incomodar*) hemmen; (*refrenar*) befangen machen **II.** *vr:* **~se** den Mut verlieren

coincidencia [koi̯n̪θi'ðen̪θja] *f* **1.** (*simultaneidad*) Überschneidung *f,* Zusammenfallen *nt;* **¡qué ~!** was für ein Zufall! **2.** (*acuerdo*) Absprache *f* **3.** (*concordancia*) Übereinstimmung *f* **4.** (*encuentro*) Zusammentreffen *nt*

coincidente [koi̯n̪θi'ðen̪te] *adj* **1.** (*simultáneo*) zusammenfallend **2.** (*concordante*) übereinstimmend **3.** (*en el mismo lugar*) zusammentreffend

coincidir [koi̯n̪θi'ðir] *vi* **1.** (*sucesos*) zusammenfallen **2.** (*toparse*) zusammentreffen; **~ con alguien** jdn zufällig treffen **3.** (*concordar*) sich decken, übereinstimmen; **~ con alguien** mit jdm einer Meinung sein

coito ['koi̯to] *m* Koitus *m,* Beischlaf *m*

cojear [koxe'ar] *vi* (*persona*) humpeln, hinken; (*animal*) lahmen; (*mueble*) wackeln

cojera [ko'xera] *f* Humpeln *nt,* Hinken *nt*

cojín [ko'xin] *m* Kissen *nt*

cojinete [koxi'nete] *m* (TÉC) Lager *nt*

cojo, -a ['koxo, -a] **I.** *adj* **1.** (*persona*) hinkend; (*animal*) lahm; **a la pata coja** auf einem Bein **2.** (*mueble*) wack(e)lig **II.** *m, f* Hinkende(r) *mf*

cojón [ko'xon] *m* (*vulg*) **1.** *pl* (*testículos*) Eier *ntpl fam* **2.** *pl* (*interjecciones*): **¡cojones!** Mist! *fam;* **es una música de cojones** das ist eine geile Musik *fam*

cojonudo, -a *adj* (*argot*) Super-, Wahnsinns-; **un tío ~** (*estupendo*) ein Mordskerl; (*atractivo*) ein geiler Typ

cojudo, -a [ko'xuðo, -a] *adj* (*Am: tonto*) dumm

col [kol] *m* (BOT) Kohl *m;* **~es de Bruselas** Rosenkohl *m*

cola ['kola] *f* **1.** (ANAT: *rabo*) Schwanz *m;* (*de caballo*) Schweif *m;* (*de conejo*) Blume *f* **2.** (*de vestido*) Schleppe *f;* **llevar la ~** die Schleppe tragen **3.** (*al esperar*) Schlange *f;* **hacer ~** Schlange stehen; **ponerse a la ~** sich (hinten) anstellen **4.** (*de un cometa*) Schweif *m* **5.** (*pegamento*) Leim *m* **6.** (*vulg: pene*) Schwanz *m fam* **7.** (*Am: argot*): **pedir ~** trampen

colaboración [kolaβora'θjon] *f* Zusammenarbeit *f,* Mitwirkung *f*

colaboracionismo [kolaβoraθjo'nismo] *m* (POL) Kollaboration *f*

colaborador(a) [kolaβora'ðor(a)] **I.** *adj* **1.** (*cooperativo*) zusammenarbeitend, mitwirkend **2.** (POL) kollaborierend **II.** *m(f)* Mitarbeiter(in) *m(f)*

colaborar [kolaβo'rar] *vi* **1.** (*cooperar*) zusammenarbeiten (*con* mit *+dat*), mitwirken (*en* an *+dat*) **2.** (POL) kollaborieren (*con* mit *+dat*)

colación [kola'θjon] *f* **1.** (JUR: *mención*) urkundliche Erwähnung *f;* (*de bienes*) Vergleich *m* **2.** (*pey: mencionar*): **sacar a ~** zur Sprache bringen **3.** (*comida*) leichte (Zwischen)mahlzeit *f,* Snack *m*

colada [ko'laða] *f* **1.** (*de ropa*) Wäsche *f*

C

2. (*blanquear con lejía*) (Weiß)waschen *nt* **3.** (QUÍM) Lauge *f* **4.** (*montaña*) Engpass *m*

coladero [kola'ðero] *m* **1.** (*pasador*) Sieb *nt* **2.** (*camino*) schmaler Weg *m*

colado, -a [ko'laðo, -a] *adj* (*fam: enamorado*) verknallt (*por* in +*akk*)

colador [kola'ðor] *m* Sieb *nt*

colapsar [kolap'sar] **I.** *vt* (*tráfico*) zum Erliegen bringen **II.** *vi, vr:* ~**se** **1.** (*tráfico*) zum Erliegen kommen **2.** (MED) kollabieren

colapso [ko'lapso] *m* **1.** (MED) Kollaps *m* **2.** (*destrucción*) Zusammenbruch *m;* (*paralización*) Stillstand *m*

colar [ko'lar] <o→ue> **I.** *vt* **1.** (*filtrar*) filtern **2.** (*metal*) abstechen **3.** (*ropa: blanquear*) bleichen; (*en remojo*) einweichen **4.** (*fam: en la aduana*) (durch)schmuggeln **II.** *vi* **1.** (*penetrar: líquido*) durchsickern; (*aire*) streichen (*por* durch +*akk*) **2.** (*fam: información*) glaubwürdig sein **III.** *vr:* ~**se** **1.** (*fam: entrar*) sich durchschleichen; (*una moneda*) durchfallen **2.** (*en una cola*) sich vordrängeln **3.** (*fam: equivocarse*) falsch liegen; **¡te colaste!** völlig daneben!

colcha ['koltʃa] *f* Tagesdecke *f*

colchón [kol'tʃon] *m* Matratze *f;* ~ **de agua** Wasserbett *nt*

colchonería [koltʃone'ria] *f* Matratzengeschäft *nt*

colchoneta [koltʃo'neta] *f* **1.** (*colchón neumático*) Luftmatratze *f;* (*colchón isotermo*) Isomatte *f* **2.** (DEP: *gimnasia*) Matte *f*

colear [kole'ar] *vi* **1.** (*la cola*) (mit dem Schwanz) wedeln **2.** (*durar*) andauern; (*tener efecto*) noch wirken

colección [kole^{γ}'θjon] *f* **1.** (*recopilación*) Sammlung *f* **2.** (*de moda*) Kollektion *f* **3.** (*fam: cantidad*) Menge *f*

coleccionar [kole^{γ}θjo'nar] *vt* sammeln

coleccionista [kole^{γ}θjo'nista] *mf* Sammler(in) *m(f)*

colecta [ko'lekta] *f* **1.** (REL: *en misa*) Kollekte *f* **2.** (*recaudación*) Sammeln *nt* (für wohltätige Zwecke)

colectividad [kolektiβi'ða^{ð}] *f* Kollektivität *f*

colectivización *f* Kollektivierung *f*

colectivizar [kolektiβi'θar] <z→c> *vt* kollektivieren

colectivo, -a[1] [kolek'tiβo, -a] *adj* **1.** (*todos juntos*) kollektiv; **acción colectiva** gemeinsame Aktion **2.** (*global*) umfassend

colectivo[2] [kolek'tiβo] *m* (POL) Kollektiv *nt*

colector [kolek'tor] *m* **1.** (ELEC) Kollektor *m* **2.** (*canalización*) Abzugskanal *m*

colega [ko'leɣa] *mf* **1.** (*compañero*) Kollege, -in *m, f* **2.** (*homólogo*) Amtskollege, -in *m, f* **3.** (*argot: amigo*) Kumpel *m*

colegiado, -a [kole'xjaðo, -a] **I.** *adj* in einer Berufskammer organisiert **II.** *m, f* **1.** (*miembro*) Angehörige(r) *mf* einer Berufskammer **2.** (DEP: *árbitro*) Schiedsrichter(in) *m(f)*

colegial(a) [kole'xjal(a)] **I.** *adj* **1.** (*de un colegio*) Schul-, Schüler- **2.** (*inexperto*) unerfahren **II.** *m(f)* **1.** (*alumno*) Schüler(in) *m(f)* **2.** (*inexperto*) Grünschnabel *m*

colegiarse [kole'xjarse] *vr* **1.** (*afiliarse*) einer Berufskammer beitreten **2.** (*organizarse*) sich in einer Berufskammer zusammenschließen

colegio [ko'lexjo] *m* **1.** (ENS) Schule *f;* **ir al** ~ zur Schule gehen **2.** (*Am: universidad*) Hochschule *f;* ~ **mayor** Studentenwohnheim *nt* **3.** (*corporación*) Berufsgenossenschaft *f;* (*conjunto*) Kollegium *nt;* ~ **de abogados** Anwaltskammer *f*

colegir [kole'xir] *irr como elegir vt* **1.** (*juntar*) zusammenbringen, zusammenlegen **2.** (*deducir*) schließen (*de/por* aus +*dat*)

cólera[1] ['kolera] *m* (MED) Cholera *f*

cólera[2] ['kolera] *f* **1.** (ANAT) Galle *f* **2.** (*ira*) Jähzorn *m;* **acceso de** ~ Wutanfall *m*

colérico, -a [ko'leriko, -a] **I.** *adj* **1.** (*de temperamento*) cholerisch, jähzornig **2.** (*furioso*) zornig, wütend **II.** *m, f* Choleriker(in) *m(f)*

colesterol [koleste'rol] *m* (MED, QUÍM) Cholesterin *nt*

coletilla [kole'tiʎa] *f* **1.** (*peinado*) Zöpfchen *nt;* (TAUR) Stierkämpferzöpfchen *nt* **2.** (*de un escrito*) Postskriptum *nt* **3.** (*palabra*) Floskel *f*

colgado, -a [kol'ɣaðo, -a] *adj* **1.** (*cuadro*) aufgehängt; (*cuerda*) gespannt; (*persona*) erhängt **2.** (*suspendido*) nicht bestanden

colgador [kolɣa'ðor] *m* (*en general*) Aufhängevorrichtung *f;* (*gancho*) Haken *m;* (*percha*) Bügel *m*

colgante [kol'ɣante] **I.** *adj* Hänge-; **puente** ~ (*entre dos lados*) Hängebrücke *f;* (*de castillo*) Zugbrücke *f* **II.** *m* **1.** (ARQUIT) Feston *nt* **2.** (*joya*) Anhänger *m*

colgar [kol'ɣar] *irr* **I.** *vt* **1.** (*pender*) hängen (*de/en* an +*akk*); (*decorar*) behängen (*de* mit +*dat*); (*ahorcar*) erhängen (*de* an +*dat*); ~ **el teléfono** den (Telefon)hörer auflegen **2.** (*dejar*) aufgeben; ~ **los libros** das Studium aufgeben **3.** (ENS: *fam: suspender*) durchfallen lassen **4.** (*atribuir*) anhängen **II.** *vi* **1.** (*pender*) hängen (*de/en* an/von +*dat*); (*de arriba para abajo*) herunterhängen (*de* von +*dat*); (*lengua del perro*) heraushängen **2.** (TEL: *auricular*) auflegen **III.** *vr:* ~**se** sich erhängen (*de/en* an +*dat*)

colibrí [koli'βri] *m* (ZOOL) Kolibri *m*

cólico ['koliko] *m* (MED) Kolik *f*

coliflor [koli'flor] *f* Blumenkohl *m*

coligado, -a [koli'ɣaðo, -a] **I.** *adj* (*unido*) verbunden; (*aliado*) verbündet **II.** *m, f* Verbündete(r) *mf*

coligarse [koli'ɣarse] <g→gu> *vr* sich verbünden

colilla [ko'liʎa] *f* Zigarettenkippe *f*

colina [ko'lina] *f* Hügel *m*

colindar [kolin̪'dar] *vi* grenzen (*con* an +*akk*)

colirio [ko'lirjo] *m* Augentropfen *mpl*

colisión [koli'sjon] *f* Zusammenstoß *m,* Kollision *f*

colisionar [kolisjo'nar] *vi* zusammenstoßen (*con/contra* mit +*dat*), kollidieren (*con/contra* mit +*dat*)

collado [ko'ʎaðo] *m* **1.** (*colina*) Hügel *m* **2.** (*puerto*) (Gebirgs)pass *m*

collage [ko'laʃ] *m* (ARTE) Collage *f*

collar [ko'ʎar] *m* **1.** (*adorno*) Halskette *f;* (*de joyas o perlas*) Kollier *nt;* ~ **de perro** Hundehalsband *nt* **2.** (*insignia*) Ordenskette *f* **3.** (TÉC: *aro*) Ring *m*

colmado, -a[1] [kol'maðo, -a] *adj* (*lleno*) voll (*de* mit +*dat*); (*repleto*) randvoll; **un año ~ de felicidad** ein glückliches Jahr

colmado[2] [kol'maðo] *m* Lebensmittelgeschäft *nt*

colmar [kol'mar] **I.** *vt* **1.** (*vaso*) bis zum Rand füllen (*de* mit +*dat*) **2.** (*alabanzas*) überschütten (*de* mit +*dat*) **3.** (*esperanzas*) erfüllen **II.** *vr:* **~se** in Erfüllung gehen

colmena [kol'mena] *f* (ZOOL) Bienenstock *m*

colmenar [kolme'nar] *m* Bienenstand *m*

colmenero, -a [kolme'nero, -a] *m, f* Imker(in) *m(f)*

colmillo [kol'miʎo] *m* Eckzahn *m;* (*de elefante*) Stoßzahn *m;* (*de perro*) Fangzahn *m;* **enseñar los ~s** (*fig*) die Zähne zeigen

colmo ['kolmo] *m* **1.** (*repleto*) Übermaß *nt,* Fülle *f* **2.** (*lo máximo*) Gipfel *m;* **para ~** obendrein; **¡esto es el ~!** das ist (doch) der Gipfel!

colocación [koloka'θjon] *f* **1.** (*empleo*) (An)stellung *f* **2.** (*disposición*) Anordnung *f,* Aufstellung *f* **3.** (COM: *inversión*) Anlage *f,* Placement *nt* **4.** (DEP: *posición*) (Spieler)aufstellung *f*

colocado, -a [kolo'kaðo, -a] *adj* (*argot: bebido*) blau; (*drogado*) high

colocar [kolo'kar] <c→qu> **I.** *vt* **1.** (*emplazar*) stellen; (*según un orden*) (an)ordnen; (*poner*) legen; (*cuadro, cartel*) anbringen **2.** (DEP: *balón, flecha*) schießen **3.** (COM: *invertir*) anlegen, plazieren; (*mercancías*) absetzen, verkaufen **4.** (*empleo*) anstellen **5.** (*casar*) unter die Haube bringen *fam* **6.** (*argot: encarcelar*) einbuchten **II.** *vr:* **~se** **1.** (*empleo*) eine Anstellung finden **2.** (*sombrero, gafas*) sich *dat* aufsetzen **3.** (*posicionarse*) sich hinstellen; (*sentarse*) Platz nehmen **4.** (*argot: alcohol*) sich betrinken; (*drogas*) Drogen nehmen; (*heroína*) sich *dat* einen Schuss setzen

Colombia [ko'lombja] *f* Kolumbien *nt*

> **Colombia** (offiziell: **República de Colombia**) liegt im Nordwesten Südamerikas, zwischen der Karibik und dem Pazifik. Die Hauptstadt **(Santa Fe de) Bogotá** ist gleichzeitig die größte Stadt des Landes. Die offizielle Landessprache Kolumbiens ist **Spanisch**. Die Währungseinheit ist der **peso**.

colombiano, -a [kolom'bjano, -a] **I.** *adj* kolumbianisch **II.** *m, f* Kolumbianer(in) *m(f)*

colombicultura [kolombikul̪'tura] *f* Taubenzucht *f*

colombino, -a [kolom'bino, -a] *adj* kolumbisch

colon [ko'lon] *m* (ANAT) Grimmdarm *m*

Colón [ko'lon] *m* **1.** (*Cristóbal*) Kolumbus *m* **2.** (*moneda*) Colón *m*

> Der italienische Seefahrer **Cristóbal Colón** (1451 – 1506) sollte, im Auftrag der **Reyes Católicos**, einen kürzeren Seeweg nach Asien finden. Stattdessen entdeckte er (Mittel)amerika für die spanische Krone. Insgesamt unternahm er vier Reisen in die so genannte Neue Welt.

colonia [ko'lonja] *f* **1.** (BIOL, POL: *aglomeración*) Kolonie *f* **2.** *pl* (*para niños*) Ferienkolonie *f* **3.** (*barrio*) Stadtviertel *nt* **4.** (*perfume*) Kölnischwasser *nt*

Colonia [ko'lonja] *f* Köln *nt;* **agua de ~** Kölnischwasser *nt*

colonial *adj* Kolonial-; **productos ~es** Kolonialwaren *fpl*

colonialismo [kolonja'lismo] *m* Kolonialismus *m*

colonialista [kolonja'lista] **I.** *adj* kolonialistisch **II.** *mf* Kolonialist(in) *m(f)*

colonización [koloniθa'θjon] *f* **1.** (POL: *conquista*) Kolonisierung *f* **2.** (*población*) Besied(e)lung *f*

colonizador(a) [koloniθa'ðor(a)] **I.** *adj* kolonisierend **II.** *m(f)* **1.** (*conquistador*) Kolonist(in) *m(f)* **2.** (*poblador*) Siedler(in) *m(f)*

colonizar [koloni'θar] <z→c> *vt* **1.** (*conquistar*) kolonisieren **2.** (*poblar*) besiedeln

coloquial [kolo'kjal] *adj* (LING) umgangssprachlich

coloquio [ko'lokjo] *m* **1.** (*conversación*) Gespräch *nt;* (*científico*) Kolloquium *nt*

2. (*congreso*) Kongress *m,* Konferenz *f*

color [ko'lor] *m* **1.** (*en general*) Farbe *f;* **película en** ~ Farbfilm *m;* **un hombre de** ~ ein Farbiger; **un vestido de** ~**es** ein buntes Kleid; **huevos de** ~ (*Am*) braune Eier; **nuestros** ~**es** (DEP) unsere Mannschaft; **mudar de** ~ (*palidecer*) erblassen; (*ruborizarse*) erröten **2.** *pl* (ARTE: *conjunto*) Farbgestaltung *f* **3.** (*sustancia*) Farbe *f* **4.** (POL: *ideología*) politische Überzeugung *f*

coloración [kolora'θjon] *f* **1.** (*acto*) Färben *nt* **2.** (*resultado, carácter*) Färbung *f*

colorado, -a [kolo'raðo, -a] *adj* **1.** (*coloreado*) farbig, bunt **2.** (*rojo*) rot; **ponerse** ~ erröten

colorante [kolo'ran̩te] **I.** *adj* färbend **II.** *m* Farbstoff *m*

colorar [kolo'rar] *vt* färben, kolorieren

colorear [kolore'ar] **I.** *vt* **1.** (*dar color*) färben; (*pintar*) anmalen **2.** (*al relatar*) beschönigen **II.** *vi* **1.** (*frutos*) Farbe bekommen **2.** (*tirar a rojo*) ins Rötliche (über)gehen

colorido [kolo'riðo] *m* **1.** (*conjunto*) Färbung *f* **2.** (*tipismo*) (Lokal)kolorit *nt*

colosal [kolo'sal] *adj* (*t. fam*) kolossal

coloso [ko'loso] *m* **1.** (*estatua*) Koloss *m* **2.** (*persona*) außergewöhnlicher Mensch *m;* (*en un campo*) Größe *f*

columbrar [kolum'brar] *vt* **1.** (*divisar*) ausmachen **2.** (*solución*) erahnen

columna [ko'lumna] *f* **1.** (*pilar*) Säule *f* **2.** (*montón*) Stapel *m* **3.** (*periódico*) Kolumne *f,* (Druck)spalte *f* **4.** (MIL: *formación*) Kolonne *f* **5.** (ANAT): ~ **vertebral** Wirbelsäule *f* **6.** (*fig: apoyo*) Rückgrat *nt,* Stütze *f*

columnista [kolum'nista] *mf* Kolumnist(in) *m(f)*

columpiar [kolum'pjar] **I.** *vt* **1.** (*balancear*) schaukeln **2.** (*mecer*) wiegen **II.** *vr:* ~**se** schaukeln

columpio [ko'lumpjo] *m* **1.** (*para niños*) Schaukel *f* **2.** (*Am: mecedora*) Schaukelstuhl *m*

colza ['kol̩θa] *f* (BOT) Raps *m*

coma[1] ['koma] *m* (MED) Koma *nt*

coma[2] ['koma] *f* (LING) Komma *nt*

comadre [ko'maðre] *f* **1.** (*fam: comadrona*) Hebamme *f* **2.** (*madrina*) Taufpatin *f* **3.** (*fam: vecina*) (befreundete) Nachbarin *f* **4.** (*fam: amiga íntima*) Busenfreundin *f* **5.** (*fam: alcahueta*) Klatschbase *f* **6.** (*fam: celestina*) Kupplerin *f*

comadrear [komaðre'ar] *vi* (*fam*) klatschen, lästern

comadreja [koma'ðrexa] *f* (ZOOL) Wiesel *nt*

comadrona [koma'ðrona] *f* Hebamme *f*

comandancia [koman̩'dan̩θja] *f* **1.** (*mando*) Befehlsgewalt *f,* Kommando *nt* **2.** (*grado, cuartel*) Kommandantur *f* **3.** (MIL, NÁUT: *zona*) Marineprovinz *f*

comandante [koman̩'dan̩te] *m* **1.** (MIL) Befehlshaber *m,* Kommandeur *m;* (*grado*) Kommandant *m,* Oberst *m* **2.** (NÁUT) Kommandant *m,* (Schiffs)kapitän *m* **3.** (AERO) (Flug)kapitän *m*

comandar [koman̩'dar] *vi, vt* kommandieren

comando [ko'man̩do] *m* **1.** (MIL) Kommando *nt* **2.** (INFOR) Befehl *m;* ~ **de arranque** Startbefehl *m*

comarca [ko'marka] *f* (*zona*) Gegend *f;* (*región*) Gebiet *nt;* (ADMIN) (Land)kreis *m*

comba ['komba] *f* **1.** (*curvatura*) Verbiegung *f;* (*de madera*) Verziehen *nt;* (*de una cuerda*) Durchhängen *nt* **2.** (*cuerda*) Hüpfseil *nt;* (*juego*) Seilhüpfen *nt;* **saltar a la** ~ seilhüpfen

combar [kom'bar] **I.** *vt* verbiegen; (*madera*) verziehen **II.** *vr:* ~**se** sich biegen; (*madera*) sich verziehen; (*cuerda*) durchhängen

combate [kom'bate] *m* **1.** (*lucha*) Kampf *m,* Gefecht *nt;* (*batalla*) Schlacht *f;* ~ **naval** Seeschlacht *f* **2.** (DEP: *competición*) Wettkampf *m;* (*partido*) Match *nt;* ~ **de boxeo** Boxkampf *m;* **fuera de** ~ kampfunfähig

combatiente [komba'tjen̩te] **I.** *adj* **1.** (*contendiente*) kämpfend, Kampf- **2.** (*combativo*) kämpferisch **II.** *mf* Kämpfer(in) *m(f)*

combatir [komba'tir] **I.** *vi* kämpfen **II.** *vt* **1.** (*luchar*) bekämpfen **2.** (*rebatir*) anfechten

combativo, -a [komba'tiβo, -a] *adj* **1.** (*inclinado al combate*) kämpferisch; (*agresivo*) kampflustig **2.** (*t.* MIL: *relativo al combate*) Kampf(es)-

combinación [kombina'θjon] *f* **1.** (*composición*) Zusammenstellung *f;* (*t.* MAT) Kombination *f;* ~ **ganadora** Gewinnerkombination *f* **2.** (QUÍM) Verbindung *f* **3.** (*de transportes*) Verbindung *f* **4.** (*lencería*) Unterrock *m* **5.** (*fam: truco*) Trick *m*

combinado [kombi'naðo] *m* **1.** (*cóctel*) Cocktail *m* **2.** (*ropa*) Kombination *f* **3.** (ECON) Industriekombinat *nt*

combinar [kombi'nar] **I.** *vi* **1.** (*armonizar*) passen (*con* zu +*dat*) **2.** (DEP) kombinieren **II.** *vt* **1.** (*componer*) zusammenstellen, kombinieren **2.** (*unir*) zusammenfügen, verbinden; ~ **ideas** Gedanken verknüpfen **3.** (*coordinar*) abstimmen (*con* auf +*akk*) **4.** (MAT) kombinieren **III.** *vr:* ~**se** sich verbinden; (*pey: compincharse*) paktieren

combustible [kombus'tiβle] **I.** *adj* (FÍS, QUÍM) (ver)brennbar; (*inflamable*) (leicht) entzündbar **II.** *m* **1.** (FÍS, QUÍM) Brennstoff *m* **2.** (*carburante*) Kraftstoff *m*

combustión [kombus'tjon] *f* (FÍS, QUÍM) Abbrennen *nt,* Verbrennung *f;* (*con llama*) Verfeuerung *f*

comecocos [kome'kokos] *m inv* **1.** (*fam: obsesión*) Kopfnuss *f* **2.** (INFOR: *juego*) Jump-And-Run-Spiel *nt*
comedia [ko'meðja] *f* **1.** (TEAT: *obra*) Schauspiel *nt;* (*divertida*) Lustspiel *nt* **2.** (CINE) Komödie *f* **3.** (*fam: farsa*) Komödie *f,* Theater *nt;* **hacer ~** schauspielern
comediante, -a [kome'ðjante, -a] *m, f* **1.** (CINE, TEAT) Schauspieler(in) *m(f)* **2.** (*farsante*) Komödiant(in) *m(f)*
comedido, -a [kome'ðiðo, -a] *adj* **1.** (*moderado*) gemäßigt (*en* in +*dat*); (*contenido*) zurückhaltend (*en* mit +*dat*) **2.** (*modesto*) bescheiden **3.** (*Am: servicial*) hilfsbereit
comediógrafo, -a [kome'ðjoɣrafo, -a] *m, f* Bühnenautor(in) *m(f)*
comedirse [kome'ðirse] *irr como pedir vr* **1.** (*moderarse*) sich mäßigen; (*contenerse*) sich zurückhalten (*en* mit +*dat*) **2.** (*Am: ofrecerse*) sich bereit erklären (*a* zu)
comedor [kome'ðor] *m* **1.** (*sala*) Esszimmer *nt;* (*salón*) Speiseraum *m;* (*público*) Speisesaal *m;* (*en una empresa*) Kantine *f;* **~ universitario** Mensa *f* **2.** (*mobiliario*) Essgruppe *f*
comensal [komen'sal] *mf* **1.** (*invitado*) (Tisch)gast *m* **2.** (*vecino de mesa*) Tischnachbar(in) *m(f)*
comentador(a) [komenta'ðor(a)] *m(f)* **1.** (*comentarista*) Kommentator(in) *m(f)* **2.** (*chismoso*) Klatschmaul *nt fam*
comentar [komen'tar] *vt* **1.** (*hablar sobre algo*) besprechen; (*hacer comentarios*) kommentieren; (*explicar*) erläutern; (*analizar*) auslegen **2.** (*una obra: criticar*) rezensieren, besprechen; (*interpretar*) analysieren, interpretieren; (*incluir notas*) kommentieren **3.** (*pey: cotillear*) klatschen (über +*akk*) *fam* **4.** (*fam: contar*) erzählen
comentario [komen'tarjo] *m* **1.** (*general*) Kommentar *m;* (*aclaración*) Erläuterung *f;* (*observación*) Bemerkung *f;* (*explicación*) Erklärung *f;* (*nota*) Anmerkung *f;* (*análisis*) Auslegung *f* **2.** *pl* (*murmuraciones*) Geklatsche *nt fam,* Gerede *nt*
comentarista [komenta'rista] *mf* (RADIO, TV) Kommentator(in) *m(f)*
comenzar [komen'θar] *irr como empezar* **I.** *vi* anfangen (*con/por* mit +*dat*); **~ a** +*inf* anfangen zu +*inf;* **para ~** als Erstes **II.** *vt* **1.** (*iniciar*) anfangen **2.** (*alimentos*) anschneiden; (*envases*) anbrechen
comer [ko'mer] **I.** *vi* **1.** (*alimentarse*) essen; (*animales*) fressen; **dar de ~ a un animal** ein Tier füttern; **~ caliente** eine warme Mahlzeit haben **2.** (*almorzar*) zu Mittag essen; **antes/después de ~** vor/nach dem (Mittag)essen **II.** *vt* **1.** (*ingerir*) essen; (*animales*) fressen **2.** (*fig: consumir*) nagen (an +*dat*) **3.** (*corroer*) zerfressen **4.** (*colores*) ausbleichen **5.** (*dilapidar*) verprassen **6.** (*en juegos*) wegnehmen; (*parchís*) hinausschmeißen **III.** *vr:* **~se 1.** (*ingerir*) (auf)essen; **~se a alguien a besos** jdn abküssen; **está para comérsela** sie ist zum Anbeißen **2.** (*corroer*) zerfressen **3.** (*colores*) ausbleichen **4.** (*saltarse*) überspringen; (*palabras*) auslassen; (*al pronunciar*) verschlucken
comercial[1] [komer'θjal] **I.** *adj* Handels-, gewerblich; **calle ~** Geschäftsstraße *f;* **centro ~** Einkaufszentrum *nt* **II.** *mf* (*profesión*) Außendienstmitarbeiter(in) *m(f),* Handelsvertreter(in) *m(f)*
comercial[2] [komer'θjal] *m* (*Am: anuncio*) Werbespot *m*
comercialización [komerθjaliθa'θjon] *f* Vermarktung *f,* Kommerzialisierung *f;* (*puesta en circulación*) Inverkehrbringen *nt*
comercializar [komerθjali'θar] <z→c> *vt* vermarkten, kommerzialisieren
comerciante, -a [komer'θjante, -a] *m, f* Händler(in) *m(f);* (*negociante*) Geschäftsmann, -frau *m, f;* (*perito*) Kaufmann, -frau *m, f*
comerciar [komer'θjar] *vi* handeln (*con* mit +*dat*)
comercio [ko'merθjo] *m* **1.** (*actividad*) Handel *m;* (*venta*) Gewerbe *nt;* **~ ambulante** Straßenverkauf *m;* **~ exterior** Außenhandel *m;* **~ al por mayor** Großhandel *m* **2.** (*tienda*) Laden *m,* Geschäft *nt* **3.** (*relaciones*) Verkehr *m,* Umgang *m*
comestibles [komes'tiβles] *mpl* Lebensmittel *ntpl;* **tienda de ~** Lebensmittelgeschäft *nt*
cometa[1] [ko'meta] *m* (ASTR) Komet *m*
cometa[2] [ko'meta] *f* (*juguete*) Drachen *m*
cometer [kome'ter] *vt* **1.** (*t.* JUR) begehen; (*perpetrar*) verüben **2.** (COM) in Kommission geben
cometido [kome'tiðo] *m* (*encargo*) Auftrag *m;* (*tarea*) Aufgabe *f;* (*obligación*) Pflicht *f*
comezón [kome'θon] *f* **1.** (*picor*) Juckreiz *m* **2.** (*desasosiego*) Unruhe *f;* (*malestar*) Unbehagen *nt*
cómic ['komik] *m* <cómics> Comic *m*
comicios [ko'miθjos] *mpl* **1.** (HIST) Komitien *pl* **2.** (*elecciones*) Wahlen *fpl*
cómico, -a ['komiko, -a] **I.** *adj* (*relativo a la comedia*) komisch; (*divertido*) witzig, komisch **II.** *m, f* (CINE, TEAT) Komiker(in) *m(f)*
comida [ko'miða] *f* **1.** (*alimento*) Essen *nt,* Nahrung *f;* (*comestibles*) Lebensmittel *ntpl;* (*plato*) Speise *f;* (*cocina*) Küche *f;* **~ de** [*o* **para**] **animales** Tierfutter *nt;* **~ casera** Hausmannskost *f;* **~ francesa** französische Küche; **~ rápida** Fastfood *nt* **2.** (*horario*) Mahlzeit *f;* **~ principal** Hauptmahlzeit *f* **3.** (*almuerzo*) Mittagessen *nt;* **~ de negocios** Geschäftsessen *nt*

C

comidilla [komi'ðiʎa] *f* (*fam fig*) Stadtgespräch *nt*
comienzo [ko'mjeṇθo] *m* (*principio*) Anfang *m,* Beginn *m;* **al ~** am Anfang; **a ~s de mes** Anfang des Monats
comilona [komi'lona] *f* (*fam*) Fressorgie *f*
comino [ko'mino] *m* Kümmel *m;* **no valer un ~** keinen Deut wert sein
comisaría [komisa'ria] *f* **1.** (*cargo*) Kommissariat *nt* **2.** (*edificio*) (Polizei)wache *f;* **~ de policía** Polizeirevier *nt*
comisario, -a [komi'sarjo, -a] *m, f* **1.** (*delegado*) Beauftragte(r) *mf;* (*representante*) Vertreter(in) *m(f)* **2.** (*de policía, t.* UE) Kommissar(in) *m(f)*
comisión [komi'sjon] *f* **1.** (*cometido*) Auftrag *m* **2.** (*delegación*) Kommission *f;* (*junta*) Ausschuss *m;* (*comité*) Komitee *nt;* **C~ Europea** (UE) Europäische Kommission; **~ parlamentaria** Parlamentsausschuss *m;* **~ permanente** Ständiger Rat **3.** (COM) Provision *f;* **a ~** auf Provision(sbasis) **4.** (ADMIN): **~ de servicios** Abordnung *f*

CC.OO. (Comisiones Obreras) ist der Name des kommunistischen Gewerkschaftsverbandes Spaniens. Ausgangspunkt dieser Gewerkschaft waren die Streikaktionen der **mineros** (Bergarbeiter) in den sechziger Jahren in **Asturias**. Seit 1977 sind die **Comisiones Obreras** ein gesetzlich anerkannter **sindicato**.

comisionado, -a [komisjo'naðo, -a] *m, f* **1.** (COM: *comisionista*) Kommissionär(in) *m(f)* **2.** (*encargado*) Beauftragte(r) *mf;* (*apoderado*) Bevollmächtigte(r) *mf* **3.** (*Am: comisario*) Kommissar(in) *m(f)*
comisionar [komisjo'nar] *vt* (*t.* FIN, JUR: *encargar*) beauftragen; (*apoderar*) bevollmächtigen
comisura [komi'sura] *f* (ANAT: *del cráneo*) Kommissur *f;* **~ de los labios** Mundwinkel *m*
comité [komi'te] *m* Komitee *nt;* (*junta*) Ausschuss *m;* **~ central** Zentralkomitee *nt;* **~ de empresa** Betriebsrat *m*
comitiva [komi'tiβa] *f* Gefolge *nt;* **~ fúnebre** Leichenzug *m*
como ['komo] **I.** *adv* **1.** (*del modo que*) wie; **hazlo ~ quieras** mach es, wie du willst; **~ quien** [*o* **aquel que**] **dice** sozusagen; **blanco ~ la nieve** weiß wie Schnee **2.** (*comparativo*) wie; **es tan alto ~ su hermano** er ist so groß wie sein Bruder **3.** (*aproximadamente*) ungefähr; **hace ~ un año** etwa vor einem Jahr **4.** (*y también*) sowie, wie auch **5.** (*en calidad de*) als; **trabaja ~ camarero** er arbeitet als Kellner **II.** *conj* **1.** (*causal*) da; **~ no tengo tiempo, no voy** da ich keine Zeit habe, gehe ich nicht; **lo sé, ~ que lo vi** ich weiß es, weil ich es gesehen habe **2.** (*condicional*) wenn, falls **3.** (*con 'si' +subj o con 'que'*) als ob, als wenn **4.** (*completiva*) dass **5.** (*final*): **~ para** um zu **6.** (*temporal*) sobald
cómo ['komo] **I.** *adv* **1.** (*modal, exclamativo*) wie; **¿~ estás?** wie geht's dir?; **¿~ (dice)?** wie bitte?; **según y ~** je nachdem **2.** (*por qué*) wieso; **¿~ (no)?** wieso (nicht)?; **¡~ no!** aber klar! **II.** *m:* **el ~** das Wie
cómoda ['komoða] *f* Kommode *f*
comodidad [komoði'ða^ð] *f* **1.** (*confort*) Bequemlichkeit *f;* (*ambiente acogedor*) Gemütlichkeit *f;* (*bienestar*) Wohlstand *m* **2.** (*conveniencia*) Nutzen *m;* (*beneficio*) Vorteil *m*
comodín [komo'ðin] *m* **1.** (*en juegos*) Joker *m* **2.** (*palabra*) Allerweltswort *nt* **3.** (INFOR) Platzhalterzeichen *nt* **4.** (*pretexto*) Ausflucht *f*
cómodo, -a ['komoðo, -a] *adj* **1.** *ser* (*cosa*) bequem; (*agradable*) behaglich; (*acogedor*) gemütlich; (*fácil*) leicht **2.** *ser* (*persona*) bequem; (*perezoso*) faul **3.** *estar* (*a gusto*) bequem; **¡ponte ~!** mach's dir bequem!
comoquiera [komo'kjera] **I.** *adv* irgendwie, wie auch immer **II.** *conj* **1.** (*causal*): **~ que** da … ja **2.** (*concesiva*): **~ que** auch wenn; **~ que sea** wie es auch sein mag
compact (disc) ['kompak (ðis^k)] *m* CD *f*
compacto, -a[1] [kom'pakto, -a] *adj* **1.** (*textura*) kompakt; (*denso*) dicht; (*firme*) fest **2.** (*tamaño*) kompakt; **disco ~** CD *f* **3.** (*escritura*) eng; (*multitud*) dicht
compacto[2] [kom'pakto] *m* **1.** (*disco*) CD *f* **2.** (*reproductor*) CD-Player *m* **3.** (*equipo*) Kompaktanlage *f*
compadecer [kompaðe'θer] *irr como crecer* **I.** *vt* bemitleiden, bedauern **II.** *vr:* **~se** (*sentir*) Mitleid haben (*de* mit +*dat*); (*actuar*) sich erbarmen (*de* +*gen*)
compadre [kom'paðre] *m* **1.** (*padrino*) Pate *m* **2.** (*amigo*) Freund *m;* (*compañero*) Kumpel *m*
compadreo [kompa'ðreo] *m* (*pey*) Kumpanei *f*
compaginación [kompaxina'θjon] *f* **1.** (*paginación*) Seitenumbruch *m* **2.** (CINE) Filmrollenwechsel *m* **3.** (*compatibilización*) Vereinbaren *nt*
compaginar [kompaxi'nar] **I.** *vt* **1.** (*paginar*) paginieren; (*separar*) (Seiten) umbrechen **2.** (*combinar*) vereinbaren, kombinieren; (*armonizar*) harmonisieren **II.** *vr:* **~se**

1. (*combinar*) zusammenpassen **2.** (*armonizar*) in Einklang stehen

compañerismo [kompaɲe'rismo] *m* Kollegialität *f;* (*camaradería*) Kameradschaftssinn *m*

compañero, -a [kompa'ɲero, -a] *m, f* **1.** (*persona*) Gefährte, -in *m, f;* (*amigo*) Freund(in) *m(f);* (*pareja*) Lebensgefährte, -in *m, f;* (*camarada*) Kamerad(in) *m(f);* (POL) Genosse, -in *m, f;* (*acompañante*) Begleiter(in) *m(f);* (*colaborador*) Mitarbeiter(in) *m(f);* ~ **de clase** Schulkamerad *m;* (UNIV) Kommilitone *m;* ~ **de piso** Mitbewohner *m;* ~ **de trabajo** Arbeitskollege *m* **2.** (*cosa*) Gegenstück *nt*

compañía [kompa'ɲia] *f* **1.** (*acompañamiento*) Gesellschaft *f;* **animal de** ~ Haustier *nt;* **hacer** ~ **a alguien** jdm Gesellschaft leisten **2.** (*acompañante*) Begleitung *f* **3.** (TEAT) Ensemble *nt,* Truppe *f* **4.** (COM) Gesellschaft *f;* ~ **aérea** Fluggesellschaft *f* **5.** (MIL) Kompanie *f* **6.** (REL) Orden *m*

comparación [kompara'θjon] *f* **1.** (*contraste*) Vergleich *m;* **en** ~ **con algo** im Vergleich zu etw *dat* **2.** (*cotejo*) Gegenüberstellung *f* **3.** (LING) Steigerung *f*

comparar [kompa'rar] **I.** *vt* vergleichen (*a/con* mit +*dat*); (*equiparar*) gleichstellen (*a/con* +*dat*); (*cotejar*) gegenüberstellen (*a/con* +*dat*) **II.** *vr:* ~**se** sich vergleichen (*a/con* mit +*dat*); (*equipararse*) sich gleichstellen (*a/con* +*dat*)

comparativo [kompara'tiβo] *m* (LING) Komparativ *m*

comparecencia [kompare'θeṇθja] *f* (*t.* JUR) Erscheinen *nt;* (*como testigo/experto*) Auftreten *nt;* **no** ~ Nichterscheinen *nt*

comparecer [kompare'θer] *irr como crecer vi* (*t.* JUR) erscheinen; (*como testigo*) auftreten

comparsa [kom'parsa] *mf* (*t. fig*) Statist(in) *m(f)*

compartimentar [kompartimeṇ'tar] *vt* aufteilen

compartim(i)ento [komparti'm(j)eṇto] *m* Abteilung *f;* (*casilla*) Fach *nt;* (FERRO) Abteil *nt;* (AERO) Raum *m*

compartir [kompar'tir] *vt* **1.** (*tener en común*) teilen **2.** (*repartirse*) verteilen (*entre* unter +*dat*)

compás [kom'pas] *m* **1.** (*en dibujo*) Zirkel *m* **2.** (AERO, NÁUT: *brújula*) Kompass *m* **3.** (*ritmo*) Rhythmus *m;* (MÚS) Takt *m*

compasión [kompa'sjon] *f* Mitleid *nt* (*de* mit +*dat*); **sin** ~ erbarmungslos

compasivo, -a [kompa'siβo, -a] *adj* teilnahmsvoll

compatibilidad [kompatiβili'ðaᵈ] *f* (*t.* INFOR, MED) Kompatibilität *f;* (TÉC) Vereinbarkeit *f;* (LING) Kombinierbarkeit *f*

compatibilizar [kompatiβili'θar] <z→c> *vt* vereinbaren

compatible [kompa'tiβle] *adj* zusammenpassend; (*t.* INFOR, MED) kompatibel; (ADMIN, TÉC) vereinbar; (LING) kombinierbar

compatriota [kompa'trjota] *mf* Landsmann, -männin *m, f*

compeler [kompe'ler] *vt* nötigen (*a* zu +*dat*)

compendiar [kompeṇ'djar] *vt* **1.** (*resumir*) zusammenfassen **2.** (*representar*) ausdrücken

compendio [kom'peṇdjo] *m* **1.** (*resumen*) Zusammenfassung *f;* (*manual*) Abriss *m* **2.** (*epítome*) Inbegriff *m* (*de* +*gen*)

compenetración [kompenetra'θjon] *f* Seelengemeinschaft *f;* (*fusión*) Verschmelzung *f*

compenetrarse [kompene'trarse] *vr* **1.** (QUÍM: *fusionarse*) diffundieren **2.** (*identificarse*) sich identifizieren; (*fundirse*) eins werden

compensación [kompensa'θjon] *f* (JUR, MED) Kompensation *f;* (*equilibrio*) Ausgleich *m;* (*neutralización*) Aufhebung *f;* (*indemnización*) Entschädigung *f;* (*restitución*) Ersatz *m;* ~ **por despido** Abfindung *f*

compensar [kompen'sar] *vt* (JUR, MED) kompensieren; (*equilibrar*) ausgleichen (*con* durch +*akk*); (*neutralizar*) aufheben; (COM: *indemnizar*) entschädigen (*de* für +*akk*); (*restituir*) ersetzen

competencia [kompe'teṇθja] *f* **1.** (*t.* COM, ECON: *competición*) Wettbewerb *m;* (DEP) Wettstreit *m;* (*rivalidad*) Konkurrenz *f;* ~ **desleal** unlauterer Wettbewerb **2.** (*aptitud*) Fähigkeit *f,* Tauglichkeit *f;* (*t.* LING) Kompetenz *f;* (*especialidad*) Sachkenntnis *f* **3.** (*responsabilidad*) Zuständigkeit *f;* (*obligaciones*) Aufgabenbereich *m;* (*t.* ADMIN) Ressort *nt;* (*atribución*) Befugnis *f;* **esto (no) es de mi** ~ dafür bin ich (nicht) zuständig

competente [kompe'teṇte] *adj* **1.** (*capaz*) fähig; (*apto*) tauglich; (*t.* LING) kompetent; (*versado*) sachkundig; (*dotado*) begabt (*para* für +*akk*); (*normativo*) maßgebend **2.** (*correspondiente*) zuständig (*en* für +*akk*); (*autorizado*) befugt (*en* zu +*dat*)

competer [kompe'ter] *vi* (*t.* JUR: *corresponder*) obliegen +*dat*

competición [kompeti'θjon] *f* (*t.* DEP) Wettbewerb *m,* Wettkampf *m*

competidor(a) [kompeti'ðor(a)] **I.** *adj* mitbewerbend, kompetitiv **II.** *m(f)* (*t.* ECON) Konkurrent(in) *m(f),* Wettbewerber(in) *m(f)*

competir [kompe'tir] *irr como pedir vi* **1.** (*enfrentarse*) konkurrieren (*por* um +*akk*) **2.** (*igualarse*) konkurrieren können

(*en* in +*dat*)

competitividad [kompetitiβi'ða^{ð}] *f* Konkurrenzfähigkeit *f,* Wettbewerbsfähigkeit *f;* (*espíritu*) Wettbewerbsgeist *m*

competitivo, -a [kompeti'tiβo, -a] *adj* konkurrenzfähig; (*dirigido*) konkurrenzorientiert; **espíritu** ~ Wettbewerbsgeist *m*

compilador [kompila'ðor] *m* (INFOR) Compiler *m*

compilar [kompi'lar] *vt* (*t.* INFOR) kompilieren

compincharse [kompin'ʧarse] *vr* (*fam pey*) gemeinsame Sache machen

compinche [kom'pinʧe] *mf* (*fam pey*) Kumpan(in) *m(f)*

complacencia [kompla'θen̪θja] *f* **1.** (*agrado*) (Wohl)gefallen *nt;* (*satisfacción*) Befriedigung *f;* (*placer*) Vergnügen *nt* **2.** (*atención*) Gefälligkeit *f* **3.** (*indulgencia*) Nachsicht *f*

complacer [kompla'θer] *irr como crecer* **I.** *vt* **1.** (*gustar*) gefallen +*dat* **2.** (*agradar*) freuen **3.** (*hacer un favor*) eine Gefälligkeit erweisen +*dat;* (*satisfacer*) zufrieden stellen; ~ **a alguien** jdm (gegenüber) gefällig sein; ~ **una petición** eine Bitte erfüllen **II.** *vr:* ~**se 1.** (*gustar*) Gefallen finden (*en/de* an +*dat*) **2.** (*alegrarse*) sich freuen

complaciente [kompla'θjen̪te] *adj* (*servicial*) gefällig; (*atento*) aufmerksam (*para/con* gegenüber +*dat*)

complejidad [komplexi'ða^{ð}] *f* **1.** (*multifacetismo*) Vielschichtigkeit *f,* Komplexität *f* **2.** (*complicación*) Kompliziertheit *f;* (*dificultad*) Schwierigkeit *f*

complejo, -a[1] [kom'plexo, -a] *adj* **1.** (*multifacético*) vielschichtig; (*t.* MAT) komplex **2.** (*complicado*) kompliziert; (*difícil*) schwierig

complejo[2] [kom'plexo] *m* **1.** (*t.* QUÍM: *compuesto*) Komplex *m,* Verbindung *f;* (*todo*) Gesamtheit *f* **2.** (*t.* ECON, TÉC: *instalación*) Komplex *m,* Anlage *f;* ~ **deportivo** Sportzentrum *nt;* ~ **hotelero** Hotelkomplex *m;* ~ **turístico** touristische Anlage **3.** (PSICO) Komplex *m;* ~ **de culpabilidad** Schuldkomplex *m;* ~ **de superioridad** übersteigertes Selbstbewusstsein

complementar [komplemen̪'tar] **I.** *vt* komplementieren, ergänzen; (*completar*) vervollständigen **II.** *vr:* ~**se** sich ergänzen

complemento [komple'men̪to] *m* **1.** (*parte*) Komplement *nt,* Ergänzung *f* **2.** (*culminación*) Vollendung *f* **3.** (*ampliación*) Erweiterung *f* **4.** (*paga*) Zulage *f;* (*recargo*) Zuschlag *m* **5.** (*accesorio*) Accessoire *nt* **6.** (LING) Objekt *nt*

completamente [kompleta'men̪te] *adv* gänzlich, komplett *fam*

completar [komple'tar] **I.** *vt* **1.** (*añadir*) ergänzen, vervollständigen **2.** (*perfeccionar*) vervollkommnen **II.** *vr:* ~**se** sich ergänzen

completo, -a [kom'pleto, -a] *adj* (*íntegro*) vollständig, komplett; (*perfecto*) vollkommen, vollendet; (*total*) total; (*lleno*) voll; (*hotel*) komplett; (*cine, espectáculo*) ausverkauft; **pensión completa** Vollpension *f;* **la obra completa de Lorca** Lorcas gesammelte Werke

complexión [kompleᵞ'sjon] *f* **1.** (*constitución*) Körperbau *m,* Statur *f;* (MED) Konstitution *f* **2.** (*Am: tez*) Teint *m*

complicación [komplika'θjon] *f* **1.** (*t.* MED: *problema*) Komplikation *f,* Schwierigkeit *f* **2.** (*complejidad*) Kompliziertheit *f* **3.** (*confusión*) Verwirrung *f;* (*enredo*) Verwicklung *f*

complicar [kompli'kar] <c→qu> **I.** *vt* **1.** (*dificultar*) erschweren, komplizieren **2.** (*implicar*) verwickeln (*en* in +*akk*) **II.** *vr:* ~**se 1.** (*dificultarse*) kompliziert werden; (*agravarse*) sich verschlimmern **2.** (*embrollarse*) sich verstricken (*con/en* in +*akk*)

cómplice ['kompliθe] *mf* (*t.* JUR) Komplize, -in *m, f* (*de/en* bei +*dat*); **hacerse ~ de alguien/algo** jdm/bei etw *dat* Beihilfe leisten

complicidad [kompliθi'ða^{ð}] *f* (JUR) Beihilfe *f*

compló [kom'plo] *m* <complós>, **complot** [kom'plo^{t}] *m* <complots> Komplott *nt*

componente [kompo'nen̪te] *m* **1.** (*t.* TÉC) Bestandteil *m;* (MAT, QUÍM) Komponente *f;* (*elemento*) Element *nt;* ~**s lógicos** (INFOR) Software *f* **2.** (*miembro*) Mitglied *nt*

componer [kompo'ner] *irr como poner* **I.** *vt* **1.** (*formar*) zusammensetzen; (*ordenar*) ordnen; (*organizar*) einrichten **2.** (*constituir*) bilden **3.** (*redactar*) verfassen; (MÚS) komponieren **4.** (TIPO) (ab)setzen **5.** (*realizar*) anfertigen **6.** (*recomponer*) zusammenfügen; (*reconstruir*) wieder aufbauen **7.** (*corregir*) berichtigen **8.** (*asear*) zurechtmachen **9.** (*Am: castrar*) kastrieren **10.** (*Am: curar*) einrenken **II.** *vr:* ~**se 1.** (*constituirse*) bestehen (*de* aus +*dat*) **2.** (*arreglarse*) sich zurechtmachen **3.** (*Am: mejorarse*) sich bessern

comportamiento [komporta'mjen̪to] *m* Benehmen *nt,* Betragen *nt;* (*t.* PSICO, TÉC) Verhalten *nt*

comportar [kompor'tar] **I.** *vt* miteinschließen; **esto (no) comporta que** +*subj* das bedeutet (nicht), dass … **II.** *vr:* ~**se** sich benehmen, sich verhalten

composición [komposi'θjon] *f* **1.** (LIT) Komposition *f;* (*obra*) Werk *nt;* (*arte*) Kompositionslehre *f;* (*redacción*) Aufsatz *m* **2.** (*realización*) Anfertigung *f* **3.** (*t.* QUÍM) Verbindung *f* **4.** (TIPO) Satz *m;* **taller de** ~ Setzerei

f

compositor(a) [komposi'tor(a)] *m(f)* (MÚS) Komponist(in) *m(f)*

compost [kom'pos^t] *m sin pl* (ECOL) Kompost *m*

compostación [komposta'θjon] *f,* **compostaje** [kompos'taxe] *m* (ECOL) **1.** (*proceso*) Kompostierung *f* **2.** (*vertedero*) Kompostanlage *f*

compostura [kompos'tura] *f* **1.** (*realización*) Anfertigung *f* **2.** (*corrección*) Berichtigung *f* **3.** (*aspecto*) Adrettheit *f* **4.** (*comedimiento*) Mäßigkeit *f;* (*decencia*) Anstand *m*

compota [kom'pota] *f* Kompott *nt*

compra ['kompra] *f* Kauf *m;* ~**s** Einkäufe *mpl;* **ir a la** ~ einkaufen gehen; **ir de** ~**s** einen Einkaufsbummel machen

comprador(a) [kompra'ðor(a)] *m(f)* Käufer(in) *m(f);* (*cliente*) Kunde, -in *m, f;* (*comerciante*) Abnehmer(in) *m(f)*

comprar [kom'prar] **I.** *vt* **1.** (*adquirir*) (ein)kaufen; ~ **al contado/a plazos** bar/auf Raten kaufen **2.** (*corromper*) bestechen, kaufen *fam* **II.** *vr:* ~**se** sich *dat* kaufen

comprender [kompreṇ'der] *vt* **1.** (*contener*) enthalten, beinhalten; (*abarcar*) umfassen; (*incluir*) einschließen; (*componerse*) bestehen (aus +*dat*) **2.** (*entender*) verstehen, begreifen; (*concebir*) auffassen; (*admitir*) einsehen; **hacerse** ~ sich verständigen; ~ **mal** missverstehen

comprensible [kompren'siβle] *adj* verständlich

comprensión [kompren'sjon] *f* **1.** (*inclusión*) Umfassung *f* **2.** (*capacidad*) Verständnis *nt;* (*entendimiento*) Auffassungsvermögen *nt;* (*conocimiento*) Erkenntnis *f*

comprensivo, -a [kompren'siβo, -a] *adj* **1.** (*inclusivo*) einschließend **2.** (*benévolo*) verständnisvoll **3.** (*razonable*) einsichtig

compresa [kom'presa] *f* **1.** (*apósito, t.* MED) Kompresse *f* **2.** (*higiénica*) Damenbinde *f*

compresión [kompre'sjon] *f* **1.** (*t.* FÍS, MED) Kompression *f;* (*de gases*) Verdichtung *f* **2.** (INFOR) Komprimierung *f*

compresor [kompre'sor] *m* (FÍS, TÉC) Kompressor *m;* (*de gases*) Verdichter *m;* ~ **de aire** Luftpresser *m*

comprimido [kompri'miðo] *m* Tablette *f*

comprimir [kompri'mir] **I.** *vt* **1.** (*t.* FÍS, TÉC) komprimieren; (*gas*) verdichten **2.** (*reprimir*) verdrängen, unterdrücken **II.** *vr:* ~**se** sich beherrschen

comprobación [komproβa'θjon] *f* **1.** (*control*) Kontrolle *f;* (*al azar*) Stichprobe *f* **2.** (*verificación*) Nachweis *m;* (*constatación*) Feststellung *f;* (*confirmación*) Bestätigung *f;* (*prueba*) Beweis *m*

comprobante [kompro'βaṇte] **I.** *adj* (*justificante*) beweisend; (*de control*) Kontroll- **II.** *m* Beleg(schein) *m;* (*justificante*) Bescheinigung *f;* (*prueba*) Nachweis *m;* ~ **de compra** Kassenbeleg *m*

comprobar [kompro'βar] <o→ue> *vt* **1.** (*controlar*) kontrollieren **2.** (*verificar*) nachweisen; (*confirmar*) bestätigen; (*justificar*) belegen; (*constatar*) feststellen; (*probar*) beweisen

comprometedor(a) [komprometeˈðor(a)] *adj* kompromittierend; (*comprometido*) heikel; (JUR) belastend

comprometer [komprome'ter] **I.** *vt* **1.** (*implicar*) hineinziehen (*en* in +*akk*); (*complicar*) verwickeln (*en* in +*akk*) **2.** (*exponer*) kompromittieren; (*avergonzar*) bloßstellen **3.** (*arriesgar*) gefährden **4.** (*obligar*) verpflichten **5.** (COM) vergeben, verkaufen **II.** *vr:* ~**se** **1.** (*implicarse*) sich involvieren; (*complicarse*) sich verwickeln (*en* in +*akk*) **2.** (*exponerse*) sich kompromittieren; (*ponerse en vergüenza*) sich bloßstellen **3.** (*obligarse*) sich verpflichten (*a* zu +*dat, con* gegenüber +*dat*); (*vincularse*) sich engagieren; ~**se** (**en matrimonio**) sich verloben

compromiso [kompro'miso] *m* **1.** (*vinculación*) Verbindlichkeit *f;* (*obligación*) Verpflichtung *f;* **visita de** ~ Anstandsbesuch *m;* **sin** ~ unverbindlich; (**soltero y**) **sin** ~ ungebunden **2.** (*promesa*) Versprechen *nt;* (*vínculo*) Bindung *f;* ~ **matrimonial** Verlobung *f* **3.** (*acuerdo*) Vereinbarung *f;* ~ **verbal** mündliche Vereinbarung **4.** (*aprieto*) heikle Lage *f* **5.** (*cita*) Verabredung *f* **6.** (*implicación*) Engagement *nt*

compuerta [kom'pwerta] *f* Schütz *nt;* (*corredera*) Schieber *m*

compuesto [kom'pwesto] *m* **1.** (*t.* QUÍM: *composición*) Verbindung *f* **2.** (LING) Kompositum *nt*

compulsa [kom'pulsa] *f* (JUR) Beglaubigung *f*

compulsar [kompul'sar] *vt* **1.** (JUR) beglaubigen **2.** (*cotejar*) vergleichen

compulsivo, -a [kompul'siβo, -a] *adj* zwingend

compungido, -a [kompuŋ'xiðo, -a] *adj* **1.** (*contrito*) zerknirscht **2.** (*triste*) bedrückt

compungir [kompuŋ'xir] <g→j> **I.** *vt* mit Reue erfüllen **II.** *vr:* ~**se** (*sentir arrepentimiento*) zerknirscht werden

computación [komputa'θjon] *f* **1.** (*cálculo*) Berechnung *f;* (*aproximada*) Überschlag *m* **2.** (*consideración*) Anrechnung *f*

computador(a)[1] [komputa'ðor(a)] *adj* Computer-

computador[2] [komputa'ðor] *m* (*Am*), **computadora** [komputa'ðora] *f* (*Am*) Computer *m*

computar [kompu'tar] *vt* **1.** (*calcular*) berechnen; (*aproximado*) überschlagen

2. (*considerar*) anrechnen

computerizar [komputeri'θar] <z→c> *vt* computerisieren

cómputo ['komputo] *m* Berechnung *f;* (*aproximado*) Überschlag *m;* ~ **de votos** Stimmenauszählung *f*

comulgar [komul'ɣar] <g→gu> *vi* **1.** (REL) zur Kommunion gehen **2.** (*estar de acuerdo*) übereinstimmen

común [ko'mun] **I.** *adj* **1.** (*conjunto*) gemeinsam (*a* mit +*dat*); (*de la comunidad*) gemeinschaftlich; ~ **acuerdo** gegenseitiges Einvernehmen; **de ~ acuerdo** nach gegenseitiger Übereinkunft; **tener algo/no tener nada en ~ con alguien** mit jdm etw/nichts gemeinsam haben **2.** (*normal*) gewöhnlich; (*abundante*) häufig (vorkommend); (*corriente*) geläufig; (*habitual*) üblich; (*cotidiano*) alltäglich; **sentido ~** gesunder Menschenverstand; **fuera de lo ~** außergewöhnlich; **poco ~** ungewöhnlich **II.** *m* (POL): **los Comunes** die Abgeordneten; (*parlamento*) das Unterhaus

comuna [ko'muna] *f* **1.** (HIST) Kommune *f* **2.** (*Am: municipio*) Gemeinde *f* **3.** (*piso compartido*) Wohngemeinschaft *f;* (*en los sesenta*) Kommune *f*

comunal [komu'nal] *adj* (ADMIN, POL) Gemeinde-, Kommunal-; **elecciones ~es** Kommunalwahlen *fpl*

comunicación [komunika'θjon] *f* **1.** (*t.* TÉC, TEL) Kommunikation *f;* (*entendimiento*) Verständigung *f;* (*trato*) Umgang *m;* **ponerse en ~ con alguien** sich mit jdm in Verbindung setzen **2.** (*comunicado*) Mitteilung *f;* (*ponencia*) Vortrag *m* **3.** (*conexión*) Anschluss *m;* ~ **telefónica** Telefongespräch *nt* **4.** (*transmisión*) Übermittlung *f* **5.** (*de transporte*) Verkehrsverbindung *f;* (*tráfico*) Verkehrsnetz *nt* **6.** *pl* (*sistema*) Verbindungen *fpl;* (TEL) Fernmeldewesen *nt*

comunicado [komuni'kaðo] *m* Mitteilung *f;* (ADMIN, POL) Kommuniqué *nt*

comunicar [komuni'kar] <c→qu> **I.** *vi* **1.** (*estar unido*) kommunizieren; (*estar en contacto*) in Verbindung stehen; (*calles*) zusammenlaufen **2.** (*conectar*) durchkommen (*con* zu +*dat*) **3.** (*teléfono*) besetzt sein **II.** *vt* **1.** (*informar*) mitteilen; (*dar a conocer*) bekannt machen; (*anunciar*) verkünden **2.** (*transmitir*) übermitteln **3.** (*unir*) verbinden; (*contactar*) in Verbindung setzen **4.** (*al teléfono*) verbinden **III.** *vr:* **~se 1.** (*entenderse*) kommunizieren; (*hacerse entender*) sich verständigen **2.** (*relacionarse*) verkehren **3.** (*traspasarse*) sich übertragen (*a* auf +*akk*)

comunicativo, -a [komunika'tiβo, -a] *adj* (*t.* LING) kommunikativ; (*extrovertido*) mitteilsam; (*hablador*) gesprächig

comunidad [komuni'ðað] *f* **1.** (*similtud*) Gemeinsamkeit *f* **2.** (*generalidad*) Allgemeinheit *f* **3.** (*colectividad*) Gemeinschaft *f;* **C~ (Económica) Europea** Europäische (Wirtschafts)gemeinschaft; ~ **religiosa** (*convento*) Klostergemeinschaft *f;* (*confesión*) Glaubensgemeinschaft *f;* (*evangélica*) Kommunität *f;* ~ **de vecinos** Hausgemeinschaft *f* **4.** (*municipio*) Gemeinde *f;* (*asociación*) Gemeindeverband *m;* ~ **autónoma** autonome Region

> **CC.AA. (Comunidades Autónomas)**: Spanien ist nicht in Bundesländer wie Deutschland und Österreich oder in Kantone wie die Schweiz unterteilt, sondern, seit **1978**, in siebzehn **Comunidades Autónomas (CC.AA.)** oder **Autonomías**.

comunión [komu'njon] *f* **1.** (*similtud*) Gemeinsamkeit *f* **2.** (*colectividad*) Gemeinschaft *f* **3.** (REL: *Eucaristía*) Kommunion *f;* **hacer la (Primera) C~** die Erstkommunion empfangen

comunismo [komu'nismo] *m* (POL) Kommunismus *m*

comunista [komu'nista] **I.** *adj* (POL) kommunistisch **II.** *mf* (POL) Kommunist(in) *m(f)*

comunitario, -a [komuni'tarjo, -a] *adj* **1.** (*colectivo*) Gemeinschafts- **2.** (*municipal*) Gemeinde- **3.** (UE) EU-; (*Comunidad Europea*) EG-

con [kon] **I.** *prep* **1.** (*compañía*) mit +*dat;* (*relación*) (zusammen) mit +*dat;* **¿vienes ~ nosotros?** kommst du mit (uns)?; **vivo ~ mis padres/mi novia** ich wohne bei meinen Eltern/mit meiner Freundin zusammen **2.** (*instrumento, modo*) mit +*dat,* durch +*akk;* **estar ~ la gripe** Grippe haben; **con el tiempo...** mit der Zeit ... **3.** (MAT) Komma; **3 ~ 5** 3 Komma 5 **4.** (*actitud*): (**para**) ~ zu +*dat,* gegenüber +*dat;* **es agradable ~ nosotros** er/sie ist freundlich zu uns **5.** (*circunstancia*) bei +*dat;* ~ **este tiempo...** bei diesem Wetter ... **6.** (*a pesar de*) trotz +*dat;* ~ **todo** trotz allem **II.** *conj* **1.** (*condicional*): ~ +*inf* wenn ...; ~ **que** +*subj* wenn ...; ~ **que llames es suficiente** es reicht, wenn du anrufst; ~ **sólo que** +*subj* wenn ... nur ... **2.** (*concesiva*) obwohl

conato [ko'nato] *m* **1.** (*intento*) (gescheiterter) Versuch *m* **2.** (*propensión*) Neigung *f* **3.** (*empeño*) Bestreben *nt*

concatenación [koŋkatena'θjon] *f* Verkettung *f*

concatenar [koŋkate'nar] *vt, vr:* ~**se** (sich) verketten

concavidad [koŋkaβi'ðaᵈ] *f* Wölbung *f;* (FÍS) Konkavität *f*

cóncavo, -a ['koŋkaβo, -a] *adj* nach innen gewölbt; (FÍS) konkav

concebir [koṇθe'βir] *irr como pedir* **I.** *vi* schwanger werden; (*animales*) trächtig werden **II.** *vt* **1.** (*engendrar*) empfangen **2.** (*imaginar*) begreifen **3.** (*diseñar*) entwerfen; (*planear*) planen; ~ **esperanzas** sich *dat* Hoffnungen machen

conceder [koṇθe'ðer] **I.** *vt* **1.** (*otorgar*) verleihen; (*asignar*) gewähren; (*aprobar*) genehmigen; ~ **la palabra** das Wort erteilen; ~ **un premio** einen Preis verleihen **2.** (*admitir*) zugeben **II.** *vr:* ~**se** sich *dat* gönnen

concejal(a) [koṇθe'xal(a)] *m(f)* Stadtrat, -rätin *m, f*

concejo [koṇ'θexo] *m* Stadtrat *m*

concelebrar [koṇθele'βrar] *vt* (REL) konzelebrieren; **misa concelebrada** Konzelebration *f*

concentración [koṇθeṇtra'θjon] *f* (*t.* MIL) Konzentration *f;* (*acumulación*) Zusammenballung *f;* (*manifestación*) Zusammenschluss *m;* (ADMIN) Zentralisierung *f;* **campo de** ~ Konzentrationslager *nt*

concentrado [koṇθeṇ'traðo] *m* (*extracto*) Konzentrat *nt;* ~ **de tomate** Tomatenmark *nt*

concentrar [koṇθeṇ'trar] **I.** *vt* **1.** (*t.* MIL) konzentrieren; (*acumular*) zusammenballen; (*agrupar*) gruppieren; (ADMIN) zentralisieren **2.** (*centrar*) konzentrieren; (*dirigir*) lenken **II.** *vr:* ~**se** **1.** (*reunirse*) zusammenkommen; (*agruparse*) sich zusammenschließen **2.** (*centrarse*) sich konzentrieren (*en* auf +*akk*)

concepción [koṇθeβ'θjon] *f* **1.** (*embarazo*) Empfängnis *f* **2.** (*idea*) Konzeption *f* **3.** (*mentalidad*) Anschauung *f;* (*interpretación*) Auffassung *f*

concepto [koṇ'θepto] *m* **1.** (*noción*) Begriff *m;* (*plan*) Konzept *nt* **2.** (*opinión*) Auffassung *f;* (*imagen*) Image *nt* **3.** (*loc*): **bajo** [*o* **por**] **ningún** ~ unter keinen Umständen; **en** ~ **de** als +*nom;* (COM) für +*akk*

conceptual [koṇθeptu'al] *adj* begrifflich, konzeptuell; **arte** ~ Konzeptkunst *f*

conceptualizar [koṇθeptwali'θar] <z→c> *vt* konzeptualisieren

concernir [koṇθer'nir] *irr como cernir vi* **1.** (*afectar*) betreffen; **en** [*o* **por**] **lo que concierne a alguien...** was jdn betrifft ... **2.** (*corresponder*) zustehen +*dat*

concertación [koṇθerta'θjon] *f* (ECON, POL) Vereinbarung *f;* ~ **social** Solidarpakt *m*

concertar [koṇθer'tar] <e→ie> **I.** *vi* passen (*con* zu +*dat*) **II.** *vt* **1.** (*ordenar*) ordnen; (*arreglar*) regeln **2.** (MÚS: *afinar*) stimmen (*con* nach +*dat*) **3.** (*armonizar*) in Einklang bringen **4.** (*acordar*) vereinbaren; (*concretar*) absprechen **III.** *vr:* ~**se** **1.** (*ponerse de acuerdo*) sich einigen **2.** (*pey: compincharse*) paktieren

concertista [koṇθer'tista] *mf* (MÚS) Konzertspieler(in) *m(f)*

concesión [koṇθe'sjon] *f* **1.** (*acción*) Erteilung *f* **2.** (*efecto*) Genehmigung *f;* (COM, JUR) Konzession *f;* (*licencia*) Lizenz *f* **3.** (*de una beca*) Gewährung *f;* (*de un premio*) Verleihung *f* **4.** (*consentimiento*) Zugeständnis *nt*

concesionario, -a [koṇθesjo'narjo, -a] *m, f* (COM, JUR) Konzessionär(in) *m(f);* (*de una licencia*) Lizenznehmer(in) *m(f)*

concha ['konʧa] *f* **1.** (*del molusco*) Muschel(schale) *f;* (*caparazón*) Schale *f;* (*de tortuga*) Schildkrötenpanzer *m;* ~ **del caracol** Schneckenhaus *nt* **2.** (TEAT) Souffleurmuschel *f* **3.** (*Am: descaro*) Frechheit *f* **4.** (*Am: vulg: vulva*) Muschi *f fam,* Möse *f fam*

conchabar [konʧa'βar] **I.** *vt* **1.** (*mezclar*) panschen **2.** (*Am: contratar*) einstellen **II.** *vr:* ~**se** (*fam*) paktieren; **estar conchabado con alguien** mit jdm unter einer Decke stecken

conciencia [koṇ'θjeṇθja] *f* **1.** (*conocimiento*) Erkenntnis *f* **2.** (*consciencia*) Bewusstsein *nt;* **a** ~ gewissenhaft; (*conscientemente*) bewusst; **tomar** ~ **de algo** sich *dat* etw *gen* bewusst werden **3.** (*moral*) Gewissen *nt;* (*rectitud*) Redlichkeit *f;* (*cuestión*) Gewissensfrage *f;* **libertad de** ~ Gewissensfreiheit *f;* (**sin**) **cargo de** ~ (ohne) schlechtes Gewissen; **me remuerde la** ~ ich habe Gewissensbisse

concienciar [koṇθjeṇ'θjar] **I.** *vt* **1.** (*persuadir*) überzeugen (*de* von +*dat*) **2.** (*sensibilizar*) sensibilisieren (*de* für +*akk*) **II.** *vr:* ~**se** **1.** (*convencerse*) sich überzeugen (*de* von +*dat*) **2.** (*sensibilizarse*) sensibilisiert werden (*de* für +*akk*)

concienzudo, -a [koṇθjeṇ'θuðo, -a] *adj* gewissenhaft

concierto [koṇ'θjerto] *m* **1.** (*disposición*) Ordnung *f* **2.** (*armonía*) Einklang *m* **3.** (*t.* ECON: *acuerdo*) Vereinbarung *f* **4.** (MÚS) Konzert *nt*

conciliación [koṇθilja'θjon] *f* Konziliation *f;* (*reconciliación*) Versöhnung *f;* (*de opiniones*) Einigung *f;* (JUR) Schiedsverfahren *nt;* ~ **laboral** Schlichtung *f*

conciliador(a) [koṇθilja'ðor(a)] *adj* versöhnlich; (*amable*) verbindlich; (*pacífico*) friedlich

conciliar [koṇθi'ljar] **I.** *vt* (*reconciliar*) versöhnen; (*armonizar*) in Einklang bringen; ~

C

el sueño einschlafen **II.** *vr:* ~**se 1.** (*reconciliarse*) sich versöhnen **2.** (*granjearse*) sich *dat* zuziehen

concilio [koṇ'θiljo] *m* **1.** (*reunión*) Versammlung *f* **2.** (REL) Konzil *nt*

concisión [koṇθi'sjon] *f* Gedrängtheit *f;* (*brevedad*) Kürze *f;* (*sobriedad*) Knappheit *f*

conciso, -a [koṇ'θiso, -a] *adj* (*breve*) kurz (gefasst); (*sobrio*) knapp

concitar [koṇθi'tar] **I.** *vt* aufwiegeln **II.** *vr:* ~**se** sich *dat* zuziehen

conciudadano, -a [koṇθjuða'ðano, -a] *m, f* Mitbürger(in) *m(f)*

conclave [koŋ'klaβe] *m,* **cónclave** ['koŋklaβe] *m* **1.** (REL) Konklave *nt* **2.** (*reunión*) Versammlung *f*

concluir [koŋklu'ir] *irr como huir* **I.** *vi* enden; **¡asunto concluido!** erledigt! **II.** *vt* **1.** (*terminar*) zu Ende bringen; (*negocio*) (ab)schließen **2.** (*deducir*) schließen (*de* aus +*dat*) **III.** *vr:* ~**se** zu Ende gehen

conclusión [koŋklu'sjon] *f* **1.** (*final*) (Ab)schluss *m;* **en** ~ (*en suma*) kurz und gut; (*por último*) letztendlich **2.** (*deducción*) (Schluss)folgerung *f;* **llegar a la** ~ **de que...** zu dem Schluss kommen, dass ...

concluyente [koŋklu'ɟeṇte] *adj* (*definitivo*) endgültig; (*determinante*) entscheidend; (*convincente*) überzeugend

concomitante [koŋkomi'taṇte] *adj* Begleit-; **efecto** ~ Begleiterscheinung *f*

concordancia [koŋkor'ðaṇθja] *f* **1.** (*correspondencia*) Übereinstimmung *f* **2.** (LING) Kongruenz *f*

concordar [koŋkor'ðar] <o→ue> **I.** *vi* **1.** (*coincidir*) übereinstimmen **2.** (LING) kongruieren **II.** *vt* **1.** (*armonizar*) in Einklang bringen **2.** (LING) in Kongruenz setzen (*con* zu +*dat*)

concordia [koŋ'korðja] *f* Eintracht *f*

concreción [koŋkre'θjon] *f* **1.** (*precisión*) Konkretisierung *f* **2.** (*acumulación*) Ablagerung *f* **3.** (*limitación*) Beschränkung *f*

concretar [koŋkre'tar] **I.** *vt* **1.** (*precisar*) konkretisieren **2.** (*combinar*) zusammensetzen **3.** (*limitar*) beschränken (*a* auf +*akk*) **II.** *vr:* ~**se** sich beschränken (*a* auf +*akk*)

concretizar [koŋkreti'θar] <z→c> *vt* konkretisieren

concreto, -a [koŋ'kreto, -a] *adj* konkret; **en** ~ konkret

concubina [koŋku'βina] *f* Lebensgefährtin *f*

conculcar [koŋkul'kar] <c→qu> *vt* **1.** (*hollar*) mit Füßen treten **2.** (*infringir*) verletzen

concurrencia [koŋku'rreṇθja] *f* **1.** (*coincidencia*) Zusammentreffen *nt* **2.** (*asistencia*) Beteiligung *f* **3.** (*público*) Publikum *nt* **4.** (*ayuda*) Unterstützung *f* **5.** (*competencia*) Konkurrenz *f*

concurrido, -a [koŋku'rriðo, -a] *adj* gut besucht

concurrir [koŋku'rrir] *vi* **1.** (*coincidir en el lugar*) zusammenkommen; (*en el tiempo*) zusammenfallen **2.** (*concursar*) konkurrieren (*por* um +*akk*) **3.** (*participar*) teilnehmen (*en* an +*dat*) **4.** (*presenciar*) beiwohnen (*en* +*dat*)

concursante [koŋkur'saṇte] *mf* **1.** (*aspirante*) Bewerber(in) *m(f)* **2.** (*participante*) (Wettbewerbs)teilnehmer(in) *m(f)*

concursar [koŋkur'sar] **I.** *vt, vi* **1.** (*competir*) (an einem Wettbewerb) teilnehmen **2.** (*concurrir*) sich bewerben **II.** *vt* (JUR) Konkurs eröffnen (*a* gegen +*akk*)

concurso [koŋ'kurso] *m* **1.** (*coincidencia*) Zusammentreffen *nt* **2.** (*oposición*) Ausschreibung *f* **3.** (*torneo*) Wettbewerb *m;* (DEP) Wettkampf *m* **4.** (*ayuda*) Unterstützung *f* **5.** (*asistencia de público*) Teilnahme *f* **6.** (JUR) Konkurs *m*

condado [koṇ'daðo] *m* **1.** (*título*) Grafentitel *m* **2.** (*territorio*) Grafschaft *f*

conde(sa) ['koṇde, koṇ'desa] *m(f)* Graf *m,* Gräfin *f*

condecoración [koṇdekora'θjon] *f* **1.** (*distinción*) Auszeichnung *f* **2.** (*galardón*) Orden *m*

condecorar [koṇdeko'rar] *vt* auszeichnen

condena [koṇ'dena] *f* Verurteilung *f;* **cumplir una** ~ eine Strafe verbüßen

condenado, -a [koṇde'naðo, -a] **I.** *adj* (*fam*) verflixt, verdammt **II.** *m, f* **1.** (*reo*) Veurteilte(r) *mf* **2.** (REL) Verdammte(r) *mf* **3.** (*fam: endemoniado*) verflixter Kerl *m,* verflixtes Weib *nt* **4.** (*fam: niño*) Racker *m*

condenar [koṇde'nar] **I.** *vt* **1.** (*sentenciar, reprobar*) verurteilen (*a* zu +*dat*) **2.** (REL) verdammen **3.** (*tapiar*) zumauern **II.** *vr:* ~**se 1.** (REL) verdammt werden **2.** (*acusarse*) sich schuldig bekennen

condensador [koṇdensa'ðor] *m* (ELEC) Kondensator *m*

condensar [koṇden'sar] **I.** *vt* **1.** (*espesar*) kondensieren **2.** (*abreviar*) kürzen (*en* auf +*akk*) **II.** *vr:* ~**se** (sich) verdichten; (FÍS) komprimieren

condesa [koṇ'desa] *f v.* **conde**

condescendencia [koṇdesθeṇ'deṇθja] *f* **1.** (*dignación*) Entgegenkommen *nt;* (*irón*) Herablassung *f* **2.** (*transigencia*) Nachgiebigkeit *f* (*con* gegenüber +*dat*)

condescender [koṇdesθeṇ'der] <e→ie> *vi* **1.** (*avenirse*) nachgeben (*con* +*dat*) **2.** (*rebajarse*) entgegenkommend sein; (*irón*) sich herablassen

condescendiente [koṇdesθeṇ'djeṇte] *adj* **1.** (*benévolo*) nachgiebig **2.** (*complaciente*) entgegenkommend **3.** (*arrogante*) herablassend

condición [koṇdi'θjon] *f* **1.** (*índole de una cosa*) Beschaffenheit *f* **2.** (*genio*) Naturell *nt* **3.** (*estado*) Verfassung *f*, Zustand *m* **4.** (*situación*) Situation *f* (*de* als *+nom*) **5.** (*clase*) Stand *m* **6.** (*requisito*) Bedingung *f*; **a ~ de que...** *+subj* unter der Bedingung, dass ...; **sin condiciones** bedingungslos

condicional [koṇdiθjo'nal] **I.** *adj* **1.** (*sujeto a condiciones*) bedingt; **libertad ~** (JUR) Freilassung auf Bewährung **2.** (LING) konditional **II.** *m* (LING) Konditional(is) *m*

condicionar [koṇdiθjo'nar] *vt* **1.** (*supeditar*) abhängig machen (*a* von *+dat*) **2.** (*acondicionar*) konditionieren

condimentar [koṇdimeṇ'tar] *vt* würzen

condimento [koṇdi'meṇto] *m* Gewürz *nt*

condolencia [koṇdo'leṇθja] *f* Beileid *nt*

condolerse [koṇdo'lerse] <o→ue> *vr* Mitleid haben (*de* mit *+dat*)

condón [koṇ'don] *m* Kondom *m o nt*

condonación [koṇdona'θjon] *f* Erlass *m*

condonar [koṇdo'nar] *vt* erlassen

cóndor ['koṇdor] *m* (ZOOL) Kondor *m*

conducción [koṇduˠ'θjon] *f* **1.** (*transporte*) Beförderung *f* **2.** (*conducto, administración*) Leitung *f*

conducir [koṇdu'θir] *irr como traducir* **I.** *vt* **1.** (*llevar*) bringen; (*transportar*) befördern **2.** (*guiar*) führen **3.** (*arrastrar*) leiten **4.** (*pilotar*) fahren, steuern **5.** (*mandar*) leiten, führen **II.** *vi* **1.** (*dirigir*) führen (*a* zu *+dat*) **2.** (*pilotar*) fahren **III.** *vr:* **~se** sich benehmen

conducta [koṇ'dukta] *f* **1.** (*comportamiento*) Benehmen *nt;* (*de un prisionero*) Führung *f* **2.** (*mando*) Führung *f*

conductismo [koṇduk'tismo] *m* (PSICO) Behaviorismus *m*

conducto [koṇ'dukto] *m* **1.** (*tubo*) Leitung *f* **2.** (MED) Kanal *m;* **~ auditivo** Gehörgang *m* **3.** (*mediación*) Weg *m*

conductor(a)[1] [koṇduk'tor(a)] **I.** *adj* leitend; **hilo ~** Leitungsdraht *m* **II.** *m(f)* **1.** (*jefe*) Leiter(in) *m(f)* **2.** (*chófer*) Fahrer(in) *m(f);* **~ suicida** Falschfahrer *m*

conductor[2] [koṇduk'tor] *m* (FÍS) Leiter *m*

conectar [konek'tar] **I.** *vt* **1.** (*enlazar*) verbinden **2.** (*enchufar*) anschließen **II.** *vi* Kontakt aufnehmen

conejera [kone'xera] *f* **1.** (*madriguera*) Kaninchenbau *m* **2.** (*t. fig: cueva*) Höhle *f*

conejo [ko'nexo] *m* (ZOOL) Kaninchen *nt;* **~ de Indias** Meerschweinchen *nt;* (*fig*) Versuchskaninchen *nt*

conexión [koneˠ'sjon] *f* **1.** (*enlace*) Verbindung *f* **2.** (*del teléfono*) Anschluss *m* **3.** *pl* (*amistades*) Beziehungen *fpl*

confabularse [koɱfaβu'larse] *vr* sich verschwören

confección [koɱfeˠ'θjon] *f* Anfertigung *f;* (*de vestidos*) Konfektion *f*

confeccionar [koɱfeˠθjo'nar] *vt* anfertigen; (*plan*) aufstellen

confederación [koɱfeðera'θjon] *f* Bündnis *nt;* (*entre Estados*) Konföderation *f*

confederar [koɱfeðe'rar] **I.** *vt* zusammenschließen **II.** *vr:* **~se** sich verbünden

conferencia [koɱfe'reṇθja] *f* **1.** (*charla*) Vortrag *m* **2.** (*encuentro*) Konferenz *f;* **~ cumbre** Gipfeltreffen *nt;* **~ de prensa** Pressekonferenz *f* **3.** (*plática*) Besprechung *f* **4.** (*llamada telefónica*) Ferngespräch *nt*

conferenciante [koɱfereṇ'θjaṇte] *mf* Redner(in) *m(f)*

conferir [koɱfe'rir] *irr como sentir vt* **1.** (*otorgar*) verleihen; (*derechos*) zugestehen **2.** (*transferir*) übermitteln

confesar [koɱfe'sar] <e→ie> **I.** *vt* **1.** (*admitir*) gestehen **2.** (*manifestar algo oculto*) preisgeben **3.** (REL: *declarar*) beichten; (*oír*) die Beichte abnehmen **II.** *vr:* **~se** die Beichte ablegen; **~se culpable** sich (für) schuldig bekennen

confesión [koɱfe'sjon] *f* **1.** (*declaración*) Geständnis *nt* **2.** (*sacramento*) Beichte *f* **3.** (*credo religioso*) Konfession *f*

confesionalidad [koɱfesjonali'ðaᵈ] *f* Konfession(szugehörigkeit) *f*

confes(i)onario [koɱfes(j)o'narjo] *m* Beichtstuhl *m*

confesor [koɱfe'sor] *m* Beichtvater *m*

confiado, -a [koɱfi'aðo, -a] *adj* **1.** *ser* (*crédulo*) vertrauensselig **2.** *estar* (*presumido*) zuversichtlich; (*de sí mismo*) selbstgefällig

confianza [koɱfi'aṇθa] *f* **1.** (*crédito*) Vertrauen *nt;* **amiga de ~** enge Freundin **2.** (*esperanza*) Zuversicht *f* **3.** (*presunción*) Selbstgefälligkeit *f* **4.** (*familiaridad*) Vertrautheit *f* **5.** *pl* (*familiaridad excesiva*) Freiheiten *fpl*

confiar [koɱfi'ar] <*1. pres:* confío> **I.** *vi* vertrauen (*en +dat*) **II.** *vt* anvertrauen **III.** *vr:* **~se** **1.** (*entregarse*) sich verlassen (*a* auf *+akk*) **2.** (*sincerarse*) sich anvertrauen (*a +dat*)

confidencia [koɱfi'ðeṇθja] *f* **1.** (*secreto*) vertrauliche Mitteilung *f* **2.** (*revelación*) Enthüllung *f*

confidencial [koɱfiðeṇ'θjal] *adj* vertraulich

confidencialidad *f* Vertraulichkeit *f*

confidente [koɱfi'ðeṇte] **I.** *adj* zuverlässig **II.** *mf* **1.** (*cómplice*) Vertraute(r) *mf* **2.** (*espía*) Informant(in) *m(f)*

configuración [koɱfiɣura'θjon] *f* **1.** (*formación*) Gestaltung *f* **2.** (*forma*) Gestalt *f* **3.** (INFOR) Konfiguration *f*

C

configurar [koɱfiɣu'rar] **I.** *vt* **1.** (*formar*) gestalten **2.** (INFOR) konfigurieren **II.** *vr:* ~**se** sich herausbilden
confín [koɱ'fin] **I.** *adj* angrenzend **II.** *m* **1.** (*frontera*) Grenze *f* **2.** (*final*) Ende *nt*
confinar [koɱfi'nar] **I.** *vi* (an)grenzen (*con* an +*akk*) **II.** *vt* verbannen
confirmación [koɱfirma'θjon] *f* **1.** (*ratificación*) Bestätigung *f* **2.** (REL: *iglesia católica*) Firmung *f;* (*protestante*) Konfirmation *f*
confirmar [koɱfir'mar] **I.** *vt* **1.** (*corroborar, t.* ECON, INFOR) bestätigen **2.** (*fortalecer*) bekräftigen **3.** (REL: *iglesia católica*) firmen; (*protestante*) konfirmieren **II.** *vr:* ~**se** sich bestätigen
confiscación [koɱfiska'θjon] *f* Beschlagnahmung *f*
confiscar [koɱfis'kar] <c→qu> *vt* beschlagnahmen
confitar [koɱfi'tar] *vt* **1.** (*azucarar*) zuckern; (*almibarar*) kandieren **2.** (*engolosinar*) falsche Hoffnungen machen +*dat*
confitería [koɱfite'ria] *f* Süßwarengeschäft *nt*
confitura [koɱfi'tura] *f* Konfitüre *f*
conflagración [koɱflaɣra'θjon] *f* **1.** (*incendio*) Brand *m* **2.** (*hostilidades*) Konflikt *m;* (*guerra*) Krieg *m*
conflictividad [koɱfliktiβi'ðað] *f* Brisanz *f*
conflictivo, **-a** *adj* konfliktgeladen, brisant
conflicto [koɱ'flikto] *m* Konflikt *m*
confluencia [koɱflu'en̦θja] *f* Zusammenfluss *m*
confluir [koɱflu'ir] *irr como huir vi* zusammenfließen
conformación [koɱforma'θjon] *f* Gestaltung *f*
conformar [koɱfor'mar] **I.** *vt* **1.** (*formar*) formen **2.** (*ajustar*) anpassen (*a* an +*akk*) **3.** (*contentar*) zufrieden stellen **II.** *vi* übereinstimmen (*con* mit +*dat*) **III.** *vr:* ~**se** **1.** (*ajustarse*) sich anpassen (*a* an +*akk*) **2.** (*contentarse*) sich zufrieden geben
conforme [koɱ'forme] **I.** *adj* (*adecuado*) angemessen; **estar** ~ **con algo** mit etw *dat* übereinstimmen **II.** *adv* **1.** (*como*) (so) wie **2.** (*según*) gemäß (*a* +*dat*)
conformidad [koɱformi'ðað] *f* **1.** (*afinidad*) Übereinstimmung *f* **2.** (*aprobación*) Genehmigung *f* **3.** (*paciencia*) Gelassenheit *f*
confort [koɱ'fort] *m sin pl* Komfort *m*
confortable [koɱfor'taβle] *adj* **1.** (*confortante*) aufmunternd **2.** (*cómodo*) komfortabel
confortar [koɱfor'tar] **I.** *vt* **1.** (*vivificar*) stärken **2.** (*alentar*) aufmuntern; (*consolar*) trösten **II.** *vr:* ~**se** **1.** (*reanimarse*) (wieder) zu Kräften kommen **2.** (*consolarse*) Trost finden; (*animarse*) Mut fassen
confraternizar [koɱfraterni'θar] <z→c> *vi* sich verbrüdern
confrontación [koɱfron̦ta'θjon] *f* **1.** (*comparación*) Vergleich *m* **2.** (*careo*) Gegenüberstellung *f* **3.** (*enfrentamiento*) Konfrontation *f*
confrontar [koɱfron̦'tar] **I.** *vt* **1.** (*comparar*) vergleichen **2.** (*carear*) gegenüberstellen (*con* +*dat*) **II.** *vr:* ~**se** (sich *dat*) gegenüberstehen
confucionismo [koɱfuθjo'nismo] *m* (FILOS) Konfuzianismus *m*
confundir [koɱfun̦'dir] **I.** *vt* **1.** (*trastocar*) verwechseln **2.** (*mezclar*) durcheinander bringen **3.** (*embrollar*) verwirren **II.** *vr:* ~**se** **1.** (*unirse*) sich unter die Menschenmenge mischen **2.** (*embrollarse*) sich täuschen (*de* in +*dat*)
confusión [koɱfu'sjon] *f* **1.** (*trastoque*) Verwechslung *f* **2.** (*embrollo*) Verwirrung *f*
confuso, **-a** [koɱ'fuso, -a] *adj* konfus, verworren
congelación [koŋxela'θjon] *f* **1.** (*solidificación*) Gefrieren *nt* **2.** (*conservación*) Einfrieren *nt* **3.** (*heladura*) Erfrierung *f*
congelador [koŋxela'ðor] *m* **1.** (*electrodoméstico*) Gefrierschrank *m* **2.** (*compartimento en la nevera*) Gefrierfach *nt*
congelar [koŋxe'lar] **I.** *vt* **1.** (*solidificar*) gefrieren (lassen) **2.** (*t.* ECON: *conservar*) einfrieren **3.** (*helar*) erfrieren **II.** *vr:* ~**se** **1.** (*solidificarse*) gefrieren **2.** (*helarse*) erfrieren
congeniar [koŋxe'njar] *vi* harmonieren
congénito, **-a** [koŋ'xenito, -a] *adj* angeboren
congestión [koŋxes'tjon] *f* **1.** (MED) Hyperämie *f* **2.** (*aglomeración*) Stauung *f*
congestionar [koŋxestjo'nar] **I.** *vt* **1.** (MED) Blutandrang verursachen (in +*dat*) **2.** (*aglomerar*) verstopfen **II.** *vr:* ~**se** **1.** (MED) Blutandrang haben **2.** (*aglomerarse*) sich stauen
conglomerado *m* (*t.* GEO) Konglomerat *nt*
conglomerar [koŋglome'rar] **I.** *vt* binden **II.** *vr:* ~**se** sich verbinden
Congo ['koŋgo] *m* Kongo *m*
congoja [koŋ'goxa] *f* **1.** (*pena*) Schmerz *m* **2.** (*desconsuelo*) Mutlosigkeit *f*
congoleño, **-a** [koŋgo'leɲo, -a], **congolés**, **-esa** [koŋgo'les, -esa] **I.** *adj* kongolesisch **II.** *m, f* Kongolese, -in *m, f*
congraciar [koŋgra'θjar] **I.** *vt* beliebt machen (*con* bei +*dat*) **II.** *vr:* ~**se** die Gunst erlangen (*con* +*gen*)
congratular [koŋgratu'lar] **I.** *vt* beglückwünschen **II.** *vr:* ~**se** sich freuen (*de/por* über +*akk*)
congregación [koŋgreɣa'θjon] *f* **1.** (*reunión*) Versammlung *f* **2.** (REL) Kongregation *f*
congregar [koŋgre'ɣar] <g→gu> *vt, vr:*

~**se** (sich) versammeln
congresista [koŋgre'sista] *mf* Kongressteilnehmer(in) *m(f)*
congreso [koŋ'greso] *m* **1.** (*conferencia*) Kongress *m* **2.** (POL) Abgeordnetenhaus *nt*

> **Congreso de los Diputados**: So wird das Abgeordnetenhaus des spanischen Parlaments genannt, das sich aus 350 Abgeordneten zusammensetzt.

congrio ['koŋgrjo] *m* (ZOOL) Meeraal *m*
congruencia [koŋ'grweṇθja] *f* **1.** (*coherencia*) Übereinstimmung *f* **2.** (MAT) Kongruenz *f*
cónico, -a ['koniko, -a] *adj* konisch, kegelförmig
conjetura [koŋxe'tura] *f* Mutmaßung *f*
conjeturar [koŋxetu'rar] *vt* mutmaßen
conjugar [koŋxu'ɣar] <g→gu> *vt* **1.** (*armonizar*) in Einklang bringen **2.** (LING) konjugieren
conjunción [koŋxuṇ'θjon] *f* **1.** (*unión*) Verbindung *f* **2.** (ASTR, LING) Konjunktion *f*
conjuntamente [koŋxuṇta'meṇte] *adv* zusammen
conjuntar [koŋxuṇ'tar] **I.** *vi* zusammenpassen **II.** *vt* (aufeinander) abstimmen **III.** *vr:* ~**se** zusammenkommen
conjuntivitis [koŋxuṇti'βitis] *f inv* (MED) Bindehautentzündung *f*
conjunto [koŋ'xuṇto] *m* **1.** (*unido*) Einheit *f*, Komplex *m* **2.** (*totalidad*) Gesamtheit *f*; **en** ~ insgesamt **3.** (*en representaciones artísticas*) Ensemble *nt* **4.** (*prenda de vestir*) Ensemble *nt* **5.** (MAT) Menge *f*; ~ **vacío** Leermenge *f*
conjura [koŋ'xura] *f*, **conjuración** [koŋxura'θjon] *f* Verschwörung *f*
conjurar [koŋxu'rar] **I.** *vi* konspirieren **II.** *vt* **1.** (*invocar*) beschwören **2.** (*alejar*) bannen **III.** *vr:* ~**se** sich verschwören
conllevar [konʎe'βar] *vt* **1.** (*soportar*) ertragen **2.** (*implicar*) mit sich *dat* bringen
conmemoración [koⁿmemora'θjon/koᵐmemora'θjon] *f* Gedenken *nt*; **en** ~ **de alguien** zum Gedenken an jdn
conmemorar [koⁿmemo'rar/koᵐmemo'rar] *vt* gedenken +*gen*
conmemorativo, -a [koⁿmemora'tiβo, -a/koᵐmemora'tiβo, -a] *adj* Gedenk-, Gedächtnis-
conmigo [koⁿ'miɣo/koᵐ'miɣo] *pron pers* mit mir, bei mir
conminar [koⁿmi'nar/koᵐmi'nar] *vt* **1.** (*amenazar*) bedrohen **2.** (JUR) auffordern
conmiseración [koⁿmisera'θjon/koᵐmisera'θjon] *f* Mitleid *nt*
conmoción [koⁿmo'θjon/koᵐmo'θjon] *f* Erschütterung *f*
conmocionar [koⁿmoθjo'nar/koᵐmoθjo'nar] **I.** *vt* erschüttern **II.** *vr:* ~**se** erschüttert sein
conmovedor(a) [koⁿmoβe'ðor(a)/koᵐmoβe'ðor(a)] *adj* **1.** (*conmocionando*) erschütternd **2.** (*sentimental*) rührend
conmover [koⁿmo'βer/koᵐmo'βer] <o→ue> **I.** *vt* **1.** (*emocionar*) bewegen; (*conmocionar*) erschüttern; (*enternecer*) rühren **2.** (*sacudir*) erschüttern **II.** *vr:* ~**se** **1.** (*emocionarse*) ergriffen sein; (*enternecerse*) gerührt sein; (*conmocionarse*) erschüttert sein **2.** (*sacudirse*) erschüttert werden
conmutación [koⁿmuta'θjon/koᵐmuta'θjon] *f* **1.** (*permuta*) Tausch *m* **2.** (LING) Kommutation *f*
conmutador [koⁿmuta'ðor/koᵐmuta'ðor] *m* (ELEC) Schalter *m*
conmutar [koⁿmu'tar/koᵐmu'tar] *vt* **1.** (*cambiar*) tauschen; (*una pena*) umwandeln (*por* in +*akk*) **2.** (ELEC) umschalten **3.** (*convalidar*) anrechnen
connaturalizar [konnaturali'θar] <z→c> *vt, vr:* ~**se** (sich) gewöhnen (*con* an +*akk*)
connivencia [konni'βeṇθja] *f* **1.** (*t.* JUR: *tolerancia*) Nachsichtigkeit *f* **2.** (*confabulación*) Verschwörung *f*
cono ['kono] *m* Kegel *m*

> **Cono Sur** wird der wirtschaftliche Zusammenschluss folgender vier Länder im südlichsten Teil Lateinamerikas genannt: **Argentina**, **Chile**, **Paraguay** und **Uruguay**.

conocedor(a) [konoθe'ðor(a)] **I.** *adj* kundig (*de* +*gen*) **II.** *m(f)* Kenner(in) *m(f)*
conocer [kono'θer] *irr como crecer* **I.** *vt* **1.** (*saber, tener trato*) kennen; ~ **de vista** vom Sehen kennen; **dar a** ~ bekannt geben **2.** (*reconocer*) erkennen (*por/en* an +*dat*) **3.** (*descubrir*) kennen lernen **II.** *vi* sich auskennen (*de* mit +*dat*) **III.** *vr:* ~**se** **1.** (*tener trato*) sich kennen **2.** (*identificar*) sich wieder erkennen
conocido, -a [kono'θiðo, -a] **I.** *adj* bekannt **II.** *m, f* Bekannte(r) *mf*
conocimiento [konoθi'mjeṇto] *m* **1.** (*entendimiento*) Kenntnis *f* **2.** (*inteligencia*) Vernunft *f* **3.** (*consciencia*) Bewusstsein *nt* **4.** *pl* (*nociones*) Kenntnisse *fpl*
conque ['koŋke] *conj* (*fam*) also
conquense [koŋ'kense] **I.** *adj* aus Cuenca **II.** *mf* Einwohner(in) *m(f)* von Cuenca

conquista [koŋ'kista] *f* Eroberung *f*

conquistador(a) [koŋkista'ðor(a)] **I.** *adj* Eroberungs- **II.** *m(f)* Eroberer, -in *m, f;* ~**es** (**de América**) Konquistadoren *mpl*

> Mit dem Begriff **los conquistadores** bezeichnet man die spanischen und portugiesischen Eroberer Süd- und Mittelamerikas im 15. und 16. Jahrhundert. Wichtige spanische **conquistadores** sind u.a.: Cortés, Sebastián Elcano, Vázquez de Coronado.

conquistar [koŋkis'tar] *vt* erobern

consagración [konsaɣra'θjon] *f* **1.** (*bendición*) Weihe *f;* (*de la hostia*) Konsekration *f* **2.** (*dedicación*) Aufopferung *f* **3.** (*adquisición de fama*) Auszeichnung *f*

consagrar [konsa'ɣrar] **I.** *vt* **1.** (*bendecir*) weihen; (*la hostia*) konsekrieren **2.** (*dedicar*) widmen; (*sacrificadamente*) opfern **II.** *vr:* ~**se** **1.** (*dedicarse*) sich verschreiben (*a* +*dat*) **2.** (*acreditarse*) sich auszeichnen

consanguíneo, -a [konsaŋ'gineo, -a] **I.** *adj* blutsverwandt **II.** *m, f* Blutsverwandte(r) *mf*

consciencia [koⁿs'θjen̩θja] *f* Bewusstsein *nt*

consciente [koⁿs'θjen̩te] *adj* bewusst (*de* +*gen*); **estar** ~ bei Bewusstsein sein; **ser** ~ (*meticuloso*) gewissenhaft sein; (*responsable*) vernünftig sein

consecución [konseku'θjon] *f* Erreichung *f,* Erlangung *f*

consecuencia [konse'kwen̩θja] *f* **1.** (*efecto*) Auswirkung *f,* Folge *f;* **a** ~ **de** infolge +*gen* **2.** (*coherencia*) Konsequenz *f*

consecuente [konse'kwen̩te] *adj* konsequent

consecuentemente [konsekwen̩te'men̩te] *adv* folglich

consecutivo, -a [konseku'tiβo, -a] *adj* **1.** (*seguido*) aufeinander folgend **2.** (LING) konsekutiv

conseguido, -a [konse'ɣiðo, -a] *adj* gelungen

conseguir [konse'ɣir] *irr como seguir vt* **1.** (*obtener*) erreichen, erlangen **2.** (*tener éxito*) gelingen

consejero, -a [konse'xero, -a] *m, f* **1.** (*guía*) Berater(in) *m(f)* **2.** (*miembro de un consejo*) Rat *m,* Rätin *f;* ~ **de embajada** Botschaftsrat *m* **3.** (*de una autonomía*) Minister(in) *m(f)*

consejo [kon'sexo] *m* **1.** (*recomendación*) Rat(schlag) *m* **2.** (*organismo*) Rat *m;* **C~ Europeo** Europäischer Rat; **C~ de Ministros** Ministerrat *m* **3.** (*reunión*) Ratsversammlung *f*

consenso [kon'senso] *m* Konsens *m*

consensuar [konsensu'ar] <*1. pres:* consensúo> *vt* beschließen

consentido, -a [konsen̩'tiðo, -a] *adj* **1.** (*mimado*) verwöhnt **2.** (*tolerante*) (zu) nachsichtig

consentimiento [konsen̩ti'mjen̩to] *m* Zustimmung *f* (*para* zu +*dat*)

consentir [konsen̩'tir] *irr como sentir* **I.** *vi* **1.** (*admitir*) zulassen; (*tolerar*) dulden **2.** (*ceder*) nachgeben **II.** *vt* **1.** (*autorizar*) genehmigen; (*tolerar*) dulden **2.** (*mimar*) verwöhnen **3.** (*aguantar*) zulassen

conserje [kon'serxe] *mf* Hausmeister(in) *m(f)*

conserjería [konserxe'ria] *f* **1.** (*cargo*) Hausmeisterposten *m* **2.** (*oficina*) Hausmeisterloge *f*

conserva [kon'serβa] *f* **1.** (*enlatado*) Konserve *f* **2.** (*conservación*) Konservierung *f*

conservación [konserβa'θjon] *f* **1.** (*mantenimiento*) Erhaltung *f* **2.** (*guarda*) (Auf)bewahrung *f* **3.** (*conserva*) Konservierung *f*

conservador(a) [konserβa'ðor(a)] **I.** *adj* **1.** (*conservante*) erhaltend **2.** (*t.* POL: *tradicionalista*) konservativ **II.** *m(f)* **1.** (*guardador*) Konservator(in) *m(f)* **2.** (POL) Konservative(r) *mf*

conservar [konser'βar] **I.** *vt* **1.** (*mantener*) erhalten **2.** (*guardar*) (auf)bewahren; (*con esmero*) schonen **3.** (*hacer conservas*) konservieren **4.** (*continuar la práctica*) beibehalten **II.** *vr:* ~**se** erhalten bleiben; (*mantenerse*) sich halten

conservatorio [konserβa'torjo] *m* Konservatorium *nt*

conservero, -a **I.** *adj* Konserven-; **industria conservera** Konservenindustrie *f* **II.** *m, f* Konservenfabrikant(in) *m(f)*

considerable [konsiðe'raβle] *adj* beachtlich

consideración [konsiðera'θjon] *f* **1.** (*reflexión*) Erwägung *f,* Überlegung *f;* **en** ~ **a** angesichts +*gen* **2.** (*respeto*) Respekt *m;* **falta de** ~ Respektlosigkeit *f* **3.** (*opinión*) Ansehen *nt*

considerado, -a [konsiðe'raðo, -a] *adj* **1.** (*tener en cuenta*) berücksichtigt **2.** (*apreciado*) angesehen **3.** (*atento*) rücksichtsvoll

considerar [konsiðe'rar] **I.** *vt* **1.** (*reflexionar*) überdenken **2.** (*juzgar*) halten (für +*akk*) **3.** (*apreciar*) respektieren **II.** *vr:* ~**se** sich halten (für +*akk*)

consigna [kon'siɣna] *f* **1.** (MIL) Losung *f* **2.** (POL) Weisung *f* **3.** (*depósito de equipajes*) Gepäckaufbewahrung *f*

consignar [konsiɣ'nar] *vt* **1.** (*asignar*) anweisen **2.** (*protocolar*) (schriftlich) niederlegen **3.** (*poner en depósito*) zur Aufbewahrung geben **4.** (COM) konsignieren

consignatario, -a [konsiɣna'tarjo, -a] *m, f* **1.** (*destinatario*) Empfänger(in) *m(f)* **2.** (*depositario*) Verwahrer(in) *m(f)* **3.** (ECON) Schiffsagent(in) *m(f)*

consigo [kon'siɣo] *pron pers* mit sich *dat*, bei sich *dat*

consiguiente [konsi'ɣjeṇte] *adj* dementsprechend; **por ~** folglich

consistencia [konsis'teṇθja] *f* Konsistenz *f*

consistir [konsis'tir] *vi* **1.** (*componerse*) bestehen (*en* aus +*dat*) **2.** (*ser*) bestehen (*en* in +*dat*) **3.** (*radicar*) beruhen (*en* auf +*dat*)

consistorio [konsis'torjo] *m* **1.** (REL) Konsistorium *nt* **2.** (*reg:* ADMIN) Gemeinderat *m*

consola [kon'sola] *f* **1.** (*mesa*) Konsole *f* **2.** (ELEC) Schalttafel *f*

consolación [konsola'θjon] *f* Trost *m*

consolar [konso'lar] <o→ue> *vt, vr:* **~se** (sich) trösten

consolidación [konsoliða'θjon] *f* **1.** (*intensificación*) Festigung *f;* (*t.* ECON) Konsolidierung *f* **2.** (*robustecimiento*) Verstärkung *f*

consolidar [konsoli'ðar] **I.** *vt* **1.** (*intensificar*) festigen; (*t.* ECON) konsolidieren **2.** (*robustecer*) verstärken **II.** *vr:* **~se** sich festigen

consomé [konso'me] *m* Consommé *f o nt*

consonancia [konso'naṇθja] *f* **1.** (*rima*) (End)reim *m* **2.** (*armonía*) Gleichklang *m*, Harmonie *f;* **en ~ con** in Einklang mit

consonante [konso'naṇte] **I.** *adj* **1.** (*que rima*) (sich) reimend **2.** (*armonioso*) übereinstimmend **II.** *f* (LING) Konsonant *m*

consorcio [kon'sorθjo] *m* **1.** (*participación conjunta*) Gemeinschaft *f* **2.** (ECON) Konsortium *nt*

consorte [kon'sorte] *mf* **1.** (*partícipe*) Partner(in) *m(f)* **2.** (*cónyuge*) Ehegatte, -in *m, f* **3.** (JUR) Komplize, -in *m, f* **4.** (*pey argot: compinche*) Konsorte, -in *m, f*

conspicuo, -a [ko^{n}s'pikwo, -a] *adj* **1.** (*ilustre*) namhaft, berühmt **2.** (*obvio*) augenfällig

conspiración [ko^{n}spira'θjon] *f* Verschwörung *f*

conspirador(a) *m(f)* Verschwörer(in) *m(f)*

conspirar [ko^{n}spi'rar] *vi* **1.** (*conjurar*) sich verschwören **2.** (*intrigar*) intrigieren **3.** (*contribuir*) beitragen (*a* zu +*dat*)

constancia [ko^{n}s'taṇθja] *f* **1.** (*firmeza*) Beständigkeit *f*, Konstanz *f* **2.** (*perseverancia*) Ausdauer *f*, Beharrlichkeit *f* **3.** (*certeza*) Gewissheit *f* **4.** (*noticia*) Vermerk *m;* **dejar ~ de algo** etw vermerken

constante [ko^{n}s'taṇte] *adj* konstant (*en* in +*dat*)

Constanza [ko^{n}s'taṇθa] *f* Konstanz *nt;* **Lago de ~** Bodensee *m*

constar [ko^{n}s'tar] *vi* **1.** (*ser cierto*) feststehen **2.** (*figurar*) aufgeführt sein; **hacer ~ algo** etw bekunden **3.** (*componerse*) bestehen (*de* aus +*dat*)

constatar [ko^{n}sta'tar] *vt* bestätigen

constelación [ko^{n}stela'θjon] *f* **1.** (*conjunto de estrellas*) Sternbild *nt* **2.** (ASTR) Konstellation *f*

consternar [ko^{n}ster'nar] **I.** *vt* bestürzen **II.** *vr:* **~se** bestürzt sein

constipado [ko^{n}sti'paðo] *m* Erkältung *f;* **~ nasal** Schnupfen *m*

constipar [ko^{n}sti'par] **I.** *vt* verstopfen **II.** *vr:* **~se** sich erkälten

constitución [ko^{n}stitu'θjon] *f* **1.** (*formación*) Bildung *f* **2.** (*establecimiento*) Gründung *f* **3.** (*designación*) Einsetzung *f* **4.** (*composición*) Zusammensetzung *f* **5.** (*complexión*) Konstitution *f* **6.** (JUR, POL) Verfassung *f*

constitucional [ko^{n}stituθjo'nal] *adj* (JUR, POL) konstitutionell, Verfassungs-

constituir [ko^{n}stitu'ir] *irr como huir* **I.** *vt* **1.** (*formar*) bilden **2.** (*ser*) darstellen **3.** (*establecer*) gründen **4.** (*designar*) einsetzen (*en* als +*akk*) **II.** *vr:* **~se** auftreten (*en/por* als +*nom*)

constitutivo, -a [ko^{n}stitu'tiβo, -a] *adj* wesentlich

constreñimiento [ko^{n}streɲi'mjeṇto] *m* Zwang *m*

constreñir [ko^{n}stre'ɲir] *irr como ceñir vt* **1.** (*obligar*) zwingen (*a* zu +*dat*) **2.** (MED) zusammenschnüren **3.** (*cohibir*) hemmen

constricción [ko^{n}stri$^{\gamma}$'θjon] *f* **1.** (*obligación*) Zwang *m* **2.** (MED) Konstriktion *f* **3.** (*cohibición*) Hemmung *f*

construcción [ko^{n}stru$^{\gamma}$'θjon] *f* **1.** (*acción*) Bau *m;* (*arte*) Baukunst *f* **2.** (*edificio*) Gebäude *nt;* **~ aneja** Anbau *m* **3.** (LING: *estructura*) Satzbau *m;* (*palabras*) Konstruktion *f*

constructivo, -a [ko^{n}struk'tiβo, -a] *adj* konstruktiv

constructor(a) [ko^{n}struk'tor(a)] *m(f)* Bauunternehmer(in) *m(f);* **~ de carreteras** Straßenbauer *m*

construir [ko^{n}stru'ir] *irr como huir vt* **1.** (*casa*) bauen; (*erigir*) errichten; (*producir*) herstellen **2.** (LING) bilden

consubstancial [konsu$^{(\beta)}$staṇ'θjal] *adj v.* **consustancial**

consuelo [kon'swelo] *m* Trost *m;* (*alivio*) Erleichterung *f*

cónsul ['konsul] *mf* (POL) Konsul(in) *m(f)*

consulado [konsu'laðo] *m* Konsulat *nt*

consulta [kon'sul̩ta] *f* **1.** (*de un médico*) Praxis *f;* **hora de ~** Sprechstunde *f* **2.** (*asesoramiento*) Beratung *f;* **~ popular** (POL) Volksbefragung *f*

consultar [konsul̩'tar] *vt* **1.** (*aconsejarse*)

um Rat fragen **2.** (*libro*) nachschlagen (in +*dat*)

consultor(a) [konsul̦'tor(a)] **I.** *adj* beratend; **empresa ~a** Consultingfirma *f* **II.** *m(f)* Berater(in) *m(f)*; (*experto*) Gutachter(in) *m(f)*

consultoría [konsul̦to'ria] *f* Beratungsstelle *f*; (*empresa*) Consultingfirma *f*

consultorio [konsul̦'torjo] *m* **1.** (*establecimiento*) Beratungsstelle *f*; (*de un médico*) (Arzt)praxis *f* **2.** (*en la radio*) Fragestunde *f*

consumación [konsuma'θjon] *f sin pl* Vollendung *f*

consumar [konsu'mar] *vt* vollenden; **~ el matrimonio** (JUR) die Ehe vollziehen

consumición [konsumi'θjon] *f* **1.** (*bar*) Verzehr *m* **2.** (*agotamiento*) Verbrauch *m*

consumidor(a) [konsumi'ðor(a)] *m(f)* Verbraucher(in) *m(f)*; (*cliente*) Gast *m*; **~ final** Endverbraucher *m*

consumir [konsu'mir] **I.** *vt* **1.** (*gastar*) verbrauchen **2.** (*acabar*) aufbrauchen **3.** (*comer*) verzehren **4.** (*destruir*) vernichten **5.** (*afligir*) quälen **II.** *vr:* **~se** **1.** (*persona*) sich quälen **2.** (*gastarse*) ausgehen

consumo [kon'sumo] *m* Verbrauch *m*; **bienes de ~** Konsumgüter *ntpl*; **sociedad de ~** Konsumgesellschaft *f*

consustancial [konsustan̦'θjal] *adj* **1.** (*connatural*) eigen **2.** (REL) wesensgleich

contabilidad [kon̦taβili'ðaᵈ] *f* Buchhaltung *f*

contabilizar [kon̦taβili'θar] <z→c> *vt* buchen

contable [kon̦'taβle] **I.** *adj* **1.** (*que se puede contar*) zählbar **2.** (FIN) buchungstechnisch **II.** *mf* Buchhalter(in) *m(f)*

contactar [kon̦tak'tar] *vi, vt* Kontakt aufnehmen (*con/a* mit +*dat*)

contacto [kon̦'takto] *m* **1.** (*tacto*) Berührung *f* **2.** (*relación*) Verbindung *f*, Kontakt *m* **3.** (ELEC) Kontakt *m* **4.** (*persona*) Kontaktperson *f* **5.** (FOTO) Positiv *nt*

contado [kon̦'taðo] *m:* **al ~** bar

contador [kon̦ta'ðor] *m* **1.** (*del agua, de la luz*) Zähler *m* **2.** (*contable*) Buchhalter *m*

contados, -as [kon̦'taðos, -as] *adj* (*raro*) selten; **tiene los días ~** seine/ihre Tage sind gezählt

contagiar [kon̦ta'xjar] **I.** *vt* anstecken (*con/por* durch +*akk*) **II.** *vr:* **~se** sich anstecken (*de* mit +*dat*, *con/por* durch +*akk*)

contagio [kon̦'taxjo] *m* Ansteckung *f*; (*transmisión*) Übertragung *f*

contaminación [kon̦tamina'θjon] *f* Verseuchung *f*; **~ ambiental** Umweltverschmutzung *f*; **~ radiactiva** radioaktive Verseuchung

contaminante [kon̦tami'nan̦te] **I.** *adj* umweltverschmutzend **II.** *m* Schadstoff *m*

contaminar [kon̦tami'nar] **I.** *vt* **1.** (*infestar*) verseuchen **2.** (*contagiar*) anstecken **3.** (*pervertir*) verderben **II.** *vr:* **~se** **1.** (*infectarse*) verseucht werden **2.** (*contagiarse*) sich anstecken **3.** (*corromperse*) verderben; (*costumbres*) verfallen

contar [kon̦'tar] <o→ue> **I.** *vi* **1.** (*hacer cuentas, valer*) zählen; **eso no cuenta** das zählt nicht **2.** (*con 'con': confiar*) zählen (*con* auf +*akk*); **puedes ~ conmigo** du kannst dich auf mich verlassen **3.** (*con 'con': tener en cuenta*) rechnen (*con* mit +*dat*) **II.** *vt* **1.** (*numerar, incluir*) zählen **2.** (*calcular*) berechnen **3.** (*narrar*) erzählen; **¿qué cuentas?** (*saludo*) hallo, was gibt's Neues? **4.** (*tener*) haben **III.** *vr:* **~se** (sich) zählen (*entre* zu +*dat*)

contemplación [kon̦templa'θjon] *f* **1.** (*observación*) Betrachtung *f* **2.** (REL) Kontemplation *f*, Versenkung *f* **3.** *pl* (*miramientos*) Rücksicht *f*

contemplar [kon̦tem'plar] *vt* **1.** (*mirar*) betrachten **2.** (*considerar*) berücksichtigen **3.** (*complacer*) zuvorkommend behandeln **4.** (REL) meditieren (über +*akk*)

contemplativo, -a [kon̦templa'tiβo, -a] *adj* **1.** (*meditativo, inactivo*) beschaulich **2.** (*complaciente*) rücksichtsvoll

contemporáneo, -a [kon̦tempo'raneo, -a] **I.** *adj* zeitgenössisch **II.** *m, f* Zeitgenosse, -in *m, f*

contemporizar [kon̦tempori'θar] <z→c> *vi* (*amoldarse*) sich anpassen (*con* +*dat*); (*transigir*) sich fügen (*con* +*dat*)

contención [kon̦ten̦'θjon] *f* Mäßigung *f*

contender [kon̦ten̦'der] <e→ie> *vi* (*luchar*) kämpfen (*por* um +*akk*); (*discutir*) streiten (*sobre* über +*akk*)

contendiente [kon̦ten̦'djen̦te] *mf* Gegner(in) *m(f)*

contenedor [kon̦tene'ðor] *m* Container *m*

contener [kon̦te'ner] *irr como tener* **I.** *vt* **1.** (*encerrar*) enthalten; **¿qué contiene esta caja?** was ist in dieser Schachtel? **2.** (*refrenar*) zurückhalten; (*sentimientos*) unterdrücken; (*respiración*) anhalten **II.** *vr:* **~se** sich beherrschen

contenido [kon̦te'niðo] *m* **1.** (*incluido, significado*) Inhalt *m* **2.** (*concentración*) Gehalt *m*

contentar [kon̦ten̦'tar] **I.** *vt* zufrieden stellen **II.** *vr:* **~se** sich begnügen

contento, -a [kon̦'ten̦to, -a] *adj* **1.** (*alegre*) froh, fröhlich **2.** (*satisfecho*) zufrieden

contestación [kon̦testa'θjon] *f* **1.** (*respuesta*) Antwort *f* **2.** (*protesta*) Protest *m*

contestador [kon̦testa'ðor] *m* Anrufbeantworter *m*

contestar [kon̦tes'tar] **I.** *vi* (*responder*) antworten **II.** *vt* **1.** (*responder*) antworten (*a* auf +*akk*) **2.** (*replicar*) widersprechen (*a* +*dat*)

contestatario, -a [koṇtesta'tarjo, -a] *m, f* Protestler(in) *m(f)*

contexto [koṇ'testo] *m* Zusammenhang *m*, Kontext *m*

contienda [koṇ'tjeṇda] *f* **1.** (*disputa*) Streit *m* **2.** (*batalla*) Kampf *m*

contigo [koṇ'tiɣo] *pron pers* mit dir, bei dir; **me siento** ~ ich setze mich zu dir

contiguo, -a [koṇ'tiɣwo, -a] *adj* nebeneinander liegend

continencia [koṇti'neṇθja] *f* (*moderación*) Mäßigkeit *f*; (*castidad*) Keuschheit *f*

continental [koṇtineṇ'tal] *adj* kontinental

continente [koṇti'neṇte] *m* **1.** (GEO) Kontinent *m* **2.** (*aspecto*) Haltung *f*; (*compostura*) Auftreten *nt* **3.** (*cosa*) Behälter *m*

contingencia [koṇtiŋ'xeṇθja] *f* **1.** (*eventualidad*) Möglichkeit *f* **2.** (FILOS) Kontingenz *f* **3.** (*riesgo*) Gefahr *f*

contingentar [koṇtiŋxeṇ'tar] *vt* (*t.* ECON) kontingentieren, zuteilen

contingente [koṇtiŋ'xeṇte] **I.** *adj* möglich; (FILOS) kontingent **II.** *m* (ECON, MIL) Kontingent *nt*

continuación [koṇtinwa'θjon] *f* (*acción*) Fortsetzung *f*; (*efecto*) Fortdauer *f*; **a** ~ (*después*) anschließend; (*en un escrito*) im Folgenden; (*al lado*) daneben

continuar [koṇtinu'ar/koṇti'nwar] <*1. pres:* continúo> **I.** *vi* **1.** (*perdurar*) fortdauern; **continúa lloviendo** es regnet immer noch; **~á** Fortsetzung folgt **2.** (*seguir*) fortfahren, weitermachen **3.** (*no detenerse*) weitergehen **4.** (*seguir estando*) (immer noch) sein **5.** (*prolongarse*) sich fortsetzen **II.** *vt* fortsetzen, weiterführen

continuidad [koṇtinwi'ðaᵈ] *f* Kontinuität *f*, Fortdauer *f*

continuo, -a [koṇ'tinwo, -a] *adj* ständig; (*ininterrumpido*) ununterbrochen; (*persistente*) anhaltend

contonearse [koṇtone'arse] *vr* sich in den Hüften wiegen

contorno [koṇ'torno] *m* **1.** (*de una figura*) Kontur *f*, Umriss *m* **2.** (*de la cintura*) Hüftumfang *m* **3.** *(pl)* (*territorio*) Umgebung *f*

contra[1] ['koṇtra] **I.** *prep* **1.** (*posición, dirección*) gegen +*akk*, an +*akk*; (*enfrente*) gegenüber +*dat* **2.** (*oposición, contrariedad*) gegen +*akk*; **yo he votado en** ~ ich habe dagegen gestimmt; **tener algo en** ~ etwas dagegen haben **II.** *m:* **los pros y los ~s** das Pro und Kontra

contra[2] ['koṇtra] *f* **1.** (*dificultad*) Problem *nt*; (*obstáculo*) Hindernis *nt* **2.** (*oposición*) Widerstand *m*; **llevar la ~ a alguien** jdm widersprechen **3.** (*guerilla*) Contras *pl*

contraataque [koṇtra(a)'take] *m* (MIL) Gegenangriff *m*

contrabajo [koṇtra'βaxo] *m* **1.** (*instrumento*) Kontrabass *m* **2.** (*músico*) Kontrabassist(in) *m(f)*

contrabandista [koṇtraβaṇ'dista] *mf* Schmuggler(in) *m(f)*

contrabando [koṇtra'βaṇdo] *m sin pl* **1.** (*comercio*) Schmuggel *m*; **pasar algo de** ~ etw durchschmuggeln **2.** (*mercancía*) Schmuggelware *f*

contracción [koṇtraʸ'θjon] *f* **1.** *(pl)* (MED) Wehen *fpl* **2.** (LING) Kontraktion *f* **3.** (FIN) Rückgang *m*

contracorriente [koṇtrako'rrjeṇte] *f sin pl* (*agua*) Gegenströmung *f*; (*electricidad*) Gegenstrom *m*

contractual [koṇtraktu'al] *adj* vertraglich

contracultura [koṇtrakuḷ'tura] *f sin pl* Gegenkultur *f*

contradecir [koṇtraðe'θir] *irr como decir* **I.** *vt* widersprechen +*dat* **II.** *vr:* ~**se** sich *dat* widersprechen

contradicción [koṇtraðiʸ'θjon] *f* Widerspruch *m*

contradictorio, -a [koṇtraðik'torjo, -a] *adj* widersprüchlich

contraer [koṇtra'er] *irr como traer* **I.** *vt* **1.** (*encoger*) zusammenziehen **2.** (*adquirir: deudas*) machen; (*compromisos*) eingehen; (*enfermedad*) bekommen **3.** (*limitar*) beschränken (*a* auf +*akk*) **II.** *vr:* ~**se** **1.** (*encogerse*) sich zusammenziehen **2.** (*limitarse*) sich beschränken (*a* auf +*akk*)

contraespionaje [koṇtraespjo'naxe] *m* **1.** (*servicio de defensa*) Spionageabwehr *f* **2.** (*actividad*) Gegenspionage *f*

contrafuerte [koṇtra'fwerte] *m* **1.** (ARQUIT) Strebepfeiler *m* **2.** (*zapato*) Hinterkappe *f* **3.** (GEO) Gebirgsausläufer *m*

contrahecho, -a [koṇtra'etʃo, -a] *adj* **1.** (*falsificado*) gefälscht **2.** (*deforme*) verwachsen; (*persona*) bucklig

contraindicación [koṇtraiṇdika'θjon] *f* (MED) Gegenanzeige *f*

contraluz [koṇtra'luθ] *m o f* Gegenlicht *nt*; (FOTO) Gegenlichtaufnahme *f*

contramedida [koṇtrame'ðiða] *f* Gegenmaßnahme *f*

contraofensiva [koṇtraofen'siβa] *f* Gegenoffensive *f*

contraoferta [koṇtrao'ferta] *f* Gegenangebot *nt*

contraorden [koṇtra'orðen] *f* Gegenbefehl *m*

contrapartida [koṇtrapar'tiða] *f* **1.** (*compensación*) Gegenleistung *f* **2.** (*contabilidad*) Gegenposten *m*

contrapelo [koṇtra'pelo]: **a** ~ (*t. fig*) gegen den Strich

contrapesar [koṇtrape'sar] *vt* aufwiegen

contrapeso [kon̪tra'peso] *m* Gegengewicht *nt*

contraponer [kon̪trapo'ner] *irr como poner* **I.** *vt* **1.** (*comparar*) gegenüberstellen **2.** (*oponer*) entgegenstellen **II.** *vr:* ~**se** sich widersetzen

contraportada [kon̪trapor'taða] *f* letzte Seite *f*

contraposición [kon̪traposi'θjon] *f* Gegenüberstellung *f;* **en** ~ **a algo** im Gegensatz zu etw *dat*

contraprestación [kon̪trapresta'θjon] *f* Gegenleistung *f*

contraproducente [kon̪traproðu'θen̪te] *adj* kontraproduktiv; **sería** ~ das würde das Gegenteil bewirken

contrapunto [kon̪tra'pun̪to] *m* (MÚS) Kontrapunkt *m*

contrariar [kon̪trari'ar] <*1. pres:* **contrarío**> *vt* **1.** (*oponerse*) behindern; (*plan*) durchkreuzen **2.** (*disgustar*) ärgern

contrariedad [kon̪trarje'ðað] *f* **1.** (*inconveniente*) Zwischenfall *m* **2.** (*decepción*) Ärger *m*

contrario, -a [kon̪'trarjo, -a] **I.** *adj* (*opuesto*) entgegengesetzt (*a* +*dat*); (*perjudicial*) schädlich; **al** ~ (ganz) im Gegenteil; **en caso** ~ andernfalls; **de lo** ~ andernfalls; **llevar la contraria a alguien** jdm widersprechen **II.** *m, f* Gegner(in) *m(f)*

contrarreforma [kon̪trarre'forma] *f sin pl* (HIST) Gegenreformation *f*

contrarrestar [kon̪trarres'tar] **I.** *vt* **1.** (*resistir*) aufhalten **2.** (*neutralizar*) entgegenwirken +*dat* **II.** *vi* (DEP) zurückschlagen

contrasentido [kon̪trasen̪'tiðo] *m* **1.** (*contradicción*) Widerspruch *m* **2.** (*disparate*) Unsinn *m*

contraseña [kon̪tra'seɲa] *f* **1.** (*santo y seña*) Losungswort *nt* **2.** (*marca*) (Gegen)zeichen *nt*

contrastar **I.** *vi* im Gegensatz stehen (*con* zu +*dat*) **II.** *vt* (*comprobar*) prüfen; (*peso*) eichen

contraste [kon̪'traste] *m* **1.** (*t.* FOTO: *oposición*) Kontrast *m* **2.** (MED) Kontrastmittel *nt* **3.** (*persona*) Eichbeamte(r) *mf,* Eichbeamtin *f;* (*oficina*) Eichamt *nt* **4.** (*señal*) Stempel *m*

contratación [kon̪trata'θjon] *f* Vertragsabschluss *m;* (*personal*) Einstellung *f;* ~ **bursátil** (FIN) Börsenhandel *m*

contratar [kon̪tra'tar] *vt* **1.** (*trabajador*) einstellen; (*artista*) engagieren **2.** (*encargar*) beauftragen

contratiempo [kon̪tra'tjempo] *m* Zwischenfall *m;* **¡qué ~!** wie unangenehm!

contratista [kon̪tra'tista] *mf* Unternehmer(in) *m(f)*

contrato [kon̪'trato] *m* Vertrag *m;* ~ **de alquiler** Mietvertrag *m;* ~ **colectivo** Tarifvertrag *m*

contravención [kon̪traβen̪'θjon] *f* (JUR) Verstoß *m* (*de* gegen +*akk*)

contravenir [kon̪traβe'nir] *irr como venir vt, vi* verstoßen (*de* gegen +*akk*)

contraventana [kon̪traβen̪'tana] *f* Fensterladen *m*

contravidriera [kon̪traβi'ðrjera] *f* Doppelfenster *nt*

contrayente [kon̪tra'ɟen̪te] **I.** *adj* (*que contrae*) vertragschließend; (*matrimonio*) eheschließend **II.** *mf* Vertragschließende(r) *mf;* (*de un matrimonio*) Eheschließende(r) *mf;* ~**s** Vertragspartner *mpl;* (*de un matrimonio*) Brautleute *pl*

contribución [kon̪triβu'θjon] *f* **1.** (*aportación*) Beitrag *m;* **aportar una ~ a algo** einen Beitrag zu etw *dat* leisten **2.** (*impuesto*) Steuer *f,* Abgabe *f;* ~ **municipal** Gemeindesteuer *f*

contribuir [kon̪triβu'ir] *irr como huir* **I.** *vi* **1.** (*ayudar*) beitragen (*a* zu +*dat*) **2.** (*tributar*) Steuern zahlen **II.** *vt* (*aportar*) beitragen (*a* zu +*dat*); (*pagar*) (be)zahlen

contribuyente [kon̪triβu'ɟen̪te] *mf* Steuerzahler(in) *m(f)*

contrición [kon̪tri'θjon] *f sin pl* (REL) Reue *f,* Bußfertigkeit *f;* **acto de** ~ Bußformel *f*

contrincante [kon̪triŋ'kan̪te] *mf* Gegner(in) *m(f),* Widersacher(in) *m(f)*

contrito, -a [kon̪'trito, -a] *adj* reumütig, zerknirscht

control [kon̪'trol] *m* Kontrolle *f,* Überwachung *f;* (*inspección*) Aufsicht *f;* (ELEC) Steuerung *f;* ~ **aduanero** Zollkontrolle *f;* ~ **al azar** Stichprobe *f;* ~ **a distancia** (TÉC) Fernsteuerung *f;* **torre de** ~ (AERO) Kontrollturm *m*

controlador(a)[1] [kon̪trola'ðor(a)] *m(f)* Prüfer(in) *m(f);* ~ **de vuelo** [*o* **de tráfico aéreo**] Fluglotse *m*

controlador[2] [kon̪trola'ðor] *m* (INFOR) Treiber *m;* ~ **de la impresora** Druckertreiber *m*

controlar [kon̪tro'lar] **I.** *vt* überwachen, überprüfen **II.** *vr:* ~**se** sich beherrschen

controversia [kon̪tro'βersja] *f* Kontroverse *f*

controvertido, -a [kon̪troβer'tiðo, -a] *adj* umstritten

controvertir [kon̪troβer'tir] *irr como sentir* **I.** *vi, vt* streiten (über +*akk*) **II.** *vt* (*dudar*) bestreiten

contumacia [kon̪tu'maθja] *f sin pl* **1.** (*porfía*) Halsstarrigkeit *f* **2.** (JUR) Nichterscheinen *nt* (vor Gericht)

contumaz [kon̪tu'maθ] *adj* halsstarrig

contundencia [kon̪tun̪'den̪θja] *f sin pl* Schlagkraft *f*

contundente [koṇtuṇ'deṇte] *adj* überzeugend; **prueba** ~ schlagender Beweis
conturbación [koṇturβa'θjon] *f sin pl* innere Unruhe *f*
conturbar [koṇtur'βar] **I.** *vt* (*intranquilizar*) beunruhigen; (*turbar*) verwirren; (*ánimo*) bestürzen **II.** *vr:* ~**se** (*asustarse*) erschrecken; (*turbarse*) verwirrt sein; (*ánimo*) bestürzt sein
contusión [koṇtu'sjon] *f* (MED) Quetschung *f*
contusionar [koṇtusjo'nar] *vt* quetschen
convalecencia [kombale'θeṇθja] *f* Genesung *f*
convalecer [kombale'θer] *irr como crecer vi* sich erholen (*de* von +*dat*)
convaleciente [kombale'θjeṇte] *mf* Rekonvaleszent(in) *m(f)*
convalidación [kombaliða'θjon] *f* **1.** (*de un título*) Anerkennung *f* **2.** (*confirmación*) Bestätigung *f*
convalidar [kombali'ðar] *vt* **1.** (*título*) anerkennen **2.** (*confirmar*) bestätigen
convencedor(a) [kombeṇθe'ðor(a)] *adj* überzeugend
convencer [kombeṇ'θer] <c→z> **I.** *vt* **1.** (*persuadir*) überzeugen (*de* von +*dat*) **2.** (*satisfacer*) zufrieden stellen; **no me convence ese piso** diese Wohnung gefällt mir nicht **II.** *vr:* ~**se** sich überzeugen (*de* von +*dat*)
convencido, -a [kombeṇ'θiðo, -a] *adj* überzeugt
convencimiento [kombeṇθi'mjeṇto] *m sin pl* Überzeugung *f*; **tengo el ~ de que...** ich bin davon überzeugt, dass ...
convención [kombeṇ'θjon] *f* **1.** (*acuerdo*) Vertrag *m*, Abkommen *nt*; **la C~ de Ginebra** die Genfer Konvention **2.** (*Am: de un partido*) Parteitag *m* **3.** (*norma*) Konvention *f* **4.** (*asamblea*) gesetzgebende Versammlung *f*
convencional [kombeṇθjo'nal] *adj* **1.** (*acostumbrado*) herkömmlich, konventionell; **armas ~es** konventionelle Waffen **2.** (*no espontáneo*) förmlich **3.** (*acordado*) (vertraglich) vereinbart
conveniencia [kombe'njeṇθja] *f* **1.** (*provecho*) Zweckmäßigkeit *f*; **matrimonio de ~** Vernunftehe *f* **2.** (*acuerdo*) Konvention *f* **3.** (*oportunidad*) Angemessenheit *f* **4.** (*decencia*) Schicklichkeit *f*
conveniente [kombe'njeṇte] *adj* **1.** (*adecuado*) angemessen **2.** (*provechoso*) zweckmäßig; (*útil*) nützlich **3.** (*decente*) schicklich
convenientemente [kombenjeṇte'meṇte] *adv* ordentlich
convenio [kom'benjo] *m* Abkommen *nt*; ~ **colectivo** Tarifvertrag *m*
convenir [kombe'nir] *irr como venir* **I.** *vi, vt* **1.** (*acordar*) vereinbaren (*en* +*akk*) **2.** (*concluir*) sich *dat* einig werden (über +*akk*) **3.** (*ser oportuno*) angebracht sein; (*ser bueno*) gut sein (*a* für +*akk*) **4.** (*asentir*) zugeben **5.** (*corresponder*) zustehen +*dat* **II.** *vr:* ~**se** sich einigen (*en* über +*akk*)
convento [kom'beṇto] *m* Kloster *nt*
convergencia [komber'xeṇθja] *f* **1.** (*coincidencia*) Übereinstimmung *f* **2.** (MAT, ECON) Konvergenz *f* **3.** (*líneas*) Zusammenlaufen *nt*
convergente [komber'xeṇte] *adj* **1.** (MAT) konvergent **2.** (*línea*) konvergent; **lente ~** Sammellinse *f* **3.** (*opiniones*) übereinstimmend
converger [komber'xer] <g→j> *vi,* **convergir** [komber'xir] <g→j> *vi* **1.** (*línea*) zusammenlaufen **2.** (*estar dirigido*) abzielen (auf +*akk*) **3.** (*ayudar*) beitragen (*a* zu +*dat*) **4.** (*coincidir*) übereinstimmen
conversación [kombersa'θjon] *f* Gespräch *nt*; ~ **telefónica** Telefongespräch *nt*; **la ~ versa sobre...** das Gespräch dreht sich um ...
conversador(a) [kombersa'ðor(a)] *m(f)* Plauderer, -in *m, f*
conversar [komber'sar] *vi* sich unterhalten
conversión [komber'sjon] *f* **1.** (*transformación*) Verwandlung *f* **2.** (FÍS) Konversion *f*; (INFOR) Konvertierung *f*; ~ **de datos** (INFOR) Datenkonvertierung *f* **3.** (REL) Bekehrung *f* **4.** (MAT) Umrechnung *f*; **tabla de ~** Umrechnungstabelle *f* **5.** (COM, FIN) Umwandlung *f*
converso, -a [kom'berso, -a] *m, f* (REL) Konvertit *m*
convertible [komber'tiβle] **I.** *adj* konvertierbar **II.** *m* Kabrio(lett) *nt*
convertir [komber'tir] *irr como sentir* **I.** *vt* **1.** (*transformar*) verwandeln (*en* in +*akk*); ~ **en dinero** zu Geld machen **2.** (REL) bekehren (*a* zu +*dat*) **3.** (COM) umwandeln **4.** (TÉC) überführen **II.** *vr:* ~**se** **1.** (*transformarse*) sich verwandeln (*en* in +*akk*); (*deseo*) sich verwirklichen **2.** (REL) sich bekehren (*a* zu +*dat*)
convexidad [kombe^{ɣ}si'ða^{ð}] *f sin pl* **1.** (*calidad*) Konvexität *f* **2.** (*parte*) Krümmung *f*
convexo, -a [kom'be^{ɣ}so, -a] *adj* konvex; **lente convexa** Konvexlinse *f*
convicción [kombi^{ɣ}'θjon] *f* Überzeugung *f*
convidado, -a [kombi'ðaðo, -a] *m, f* Gast *m*
convidar [kombi'ðar] **I.** *vt* einladen (*a* zu +*dat*) **II.** *vr:* ~**se** **1.** (*invitarse*) sich einladen **2.** (*ofrecerse*) sich erbieten (*a* zu +*dat*)
convincente [kombiṇ'θeṇte] *adj* überzeugend; (*argumento, prueba*) stichhaltig
convite [kom'bite] *m* **1.** (*invitación*) Einla-

dung *f* (*a* zu +*dat*) **2.** (*banquete*) Festmahl *nt*

convivencia [kombi'βeṇθja] *f* Zusammenleben *nt*

convivir [kombi'βir] *vi* zusammenleben

convocar [kombo'kar] <c→qu> *vt* **1.** (*citar para algo*) aufrufen; (*reunir*) zusammenrufen; (MIL) einberufen; **me ~on al examen** ich wurde zur Prüfung geladen **2.** (*concurso*) ausschreiben **3.** (*reunión*) einberufen; **~ elecciones** Wahlen einberufen

convocatoria [komboka'torja] *f* **1.** (*citación*) Aufruf *m;* (MIL) Einberufung *f* **2.** (*documento*) Einladung *f;* (MIL) Einberufungsbefehl *m* **3.** (*de un concurso*) Ausschreibung *f* **4.** (*de una conferencia*) Einberufung *f*

convoy [kom'boi̯] *m* **1.** (*t.* MIL: *conjunto de vehículos o buques*) Konvoi *m* **2.** (*escolta*) Geleit *nt;* (MIL) Eskorte *f* **3.** (*fam: vinagreras*) Menage *f*

convulsión [kombul'sjon] *f* **1.** (MED) Konvulsion *f* **2.** (*t.* POL) Unruhe *f* **3.** (*t.* GEO) Erschütterung *f*

convulsionar [kombulsjo'nar] *vt* **1.** (MED) Konvulsionen verursachen **2.** (*t.* GEO, POL) erschüttern

conyugal [konɟu'ɣal] *adj* ehelich, Ehe-

cónyuge ['konɟuxe] *mf* Ehemann, -frau *m, f;* **los ~s** die Eheleute

coña ['koɲa] *f* (*vulg*) **1.** (*broma*) Verarschung *f;* **tomar a ~** nicht ernst nehmen **2.** (*lata*) Schweinerei *f fam;* **eres la ~** du bist unmöglich *fam*

coñá [ko'ɲa] *m,* **coñac** [ko'ɲak] *m* <coñacs> Kognak *m,* Weinbrand *m*

coñazo [ko'ɲaθo] *m* (*vulg*) **1.** (*persona*) Nervensäge *f fam* **2.** (*cosa*) Sauerei *f fam;* **¡esto es un ~!** das ist ein Hammer! *fam*

coño ['koɲo] **I.** *interj* verdammt!, Scheiße! **II.** *m* (*vulg*) Fotze *f;* **vive en el quinto ~** er/sie wohnt am Arsch der Welt *fam;* **¿qué ~ te importa?** das geht dich einen feuchten Dreck an! *fam* **III.** *adj* (*Chil*) geizig

cooperación [ko(o)pera'θjon] *f* **1.** (*en común*) Zusammenarbeit *f;* (*t.* ECON, POL) Kooperation *f* **2.** (*participación*) Mitarbeit *f*

cooperador(a) [ko(o)pera'ðor(a)] *m(f)* Mitarbeiter(in) *m(f)*

cooperante [ko(o)pe'raṇte] *mf* Entwicklungshelfer(in) *m(f)*

cooperar [ko(o)pe'rar] *vi* **1.** (*juntamente*) zusammenarbeiten; (*t.* POL, ECON) kooperieren **2.** (*participar*) mitarbeiten (*en* bei +*dat*); (*ayudar*) mithelfen (*en* bei +*dat*)

cooperativa [ko(o)pera'tiβa] *f* Genossenschaft *f*

cooperativista [ko(o)perati'βista] *mf* Genossenschaftler(in) *m(f)*

cooperativo, -a [ko(o)pera'tiβo, -a] *adj* **1.** (*que coopera*) kooperativ; (*que colabora*) mitwirkend **2.** (*institución*) genossenschaftlich

coordenada [ko(o)rðe'naða] *f* (MAT) Koordinate *f*

coordinación [ko(o)rðina'θjon] *f* **1.** (*organización*) Koordination *f* **2.** (LING) Nebenordnung *f*

coordinador(a) [ko(o)rðina'ðor(a)] **I.** *adj* koordinierend **II.** *m(f)* Koordinator(in) *m(f)*

coordinar [ko(o)rði'nar] *vt* **1.** (*organizar*) koordinieren **2.** (*armonizar*) aufeinander abstimmen

copa ['kopa] *f* **1.** (*vaso*) (Stiel)glas *nt;* **una ~ de vino** ein Glas Wein; **una ~ para el vino** ein Weinglas; **ir de ~s** etwas trinken gehen; **tener una ~ de más** beschwipst sein *fam* **2.** (*de árbol*) (Baum)krone *f* **3.** (*de sujetador*) Körbchen *nt* **4.** (*de sombrero*) Kopf *m;* **sombrero de ~** Zylinder(hut) *m* **5.** (DEP: *trofeo*) Pokal *m;* (*competición*) Pokalwettbewerb *m,* Cup *m*

copar [ko'par] *vt* **1.** (MIL: *rodear*) einkesseln; (*cortar la retirada*) den Rückzug abschneiden +*dat* **2.** (*acorralar*) in die Enge treiben; **estar copado** festsitzen; (*negociaciones*) festgefahren sein **3.** (*votos*) für sich gewinnen; (*premios*) gewinnen; **~ la banca** (*en un juego*) die Bank sprengen

copartícipe [kopar'tiθipe] *mf* (*codueño*) Mitinhaber(in) *m(f);* (*socio*) Mitteilhaber(in) *m(f)*

copatrocinar [kopatroθi'nar] *vt* mitunterstützen

cópec ['kopek] *m* <copecks>, **copeca** [ko'peka] *f* Kopeke *f*

Copenhague [kope'naɣe] *m* Kopenhagen *nt*

copete [ko'pete] *m* **1.** (*de persona*) (Haar)tolle *f* **2.** (*de ave*) Haube *f;* (*de caballo*) Schopf *m* **3.** (*altanería*) Hochmut *m* **4.** (*linaje*) Rang *m;* **ser de alto ~** von hohem Rang sein

copia ['kopja] *f* **1.** (*de un escrito*) Kopie *f;* (*al carbón*) Durchschlag *m;* **~ certificada** beglaubigte Kopie; **~ en limpio** Reinschrift *f;* **~ de seguridad** (INFOR) Sicherheitskopie *f* **2.** (ARTE: *imagen*) Abbild *nt;* (*réplica*) Kopie *f* **3.** (FOTO) Abzug *m* **4.** (CINE) Kopie *f* **5.** (TIPO) Exemplar *nt*

copiadora [kopja'ðora] *f* Kopiergerät *nt*

copiar [ko'pjar] *vt* **1.** (*un escrito*) abschreiben; (*a máquina*) abtippen **2.** (ARTE: *representar*) abmalen; (*imitar*) kopieren **3.** (*un comportamiento*) nachahmen

copiloto, -a [kopi'loto, -a] *m, f* (AERO) Kopilot(in) *m(f);* (AUTO) Beifahrer(in) *m(f)*

copioso, -a [ko'pjoso, -a] *adj* (*exuberante*) üppig; (*abundante*) reichlich

copista [ko'pista] *mf* Kopist(in) *m(f)*
copo ['kopo] *m* Flocke *f;* (*de pelo*) Büschel *nt;* ~ **de nieve** Schneeflocke *f*
copón [ko'pon] *m* (REL) Kelch *m;* **del** ~ (*fam*) gewaltig
copresidente, -a [kopresi'ðeṇte, -a] *m, f* Mitvorsitzende(r) *mf*
coprocesador [koproθesa'ðor] *m* (INFOR) Co-Prozessor *m*
coproducir [koproðu'θir] *vt* (CINE) in Gemeinschaftsarbeit produzieren
coproductor(a) [koproðuk'tor(a)] *m(f)* (CINE) Koproduzent(in) *m(f)*
copropietario, -a [kopropje'tarjo, -a] *m, f* Miteigentümer(in) *m(f)*
cópula ['kopula] *f* **1.** (*unión*) Verbindung *f;* (BIOL) Paarung *f* **2.** (*coito*) Begattung *f,* Kopulation *f* **3.** (LING) Satzband *nt,* Kopula *f* **4.** (ARQUIT) Kuppel *f*
copulación [kopula'θjon] *f* Kopulation *f*
copular [kopu'lar] **I.** *vt* **1.** (*unir*) verbinden **2.** (BIOL) paaren **II.** *vi, vr:* ~**se** sich paaren
coque ['koke] *m* Koks *m*
coqueta [ko'keta] *f* **1.** (*chica*) kokettes Mädchen *nt;* (*mujer*) kokette Frau *f* **2.** (*mueble*) Frisierkommode *f*
coquetear [kokete'ar] *vi* **1.** (*flirtear*) kokettieren **2.** (*considerar*) liebäugeln
coquetería [kokete'ria] *f* Koketterie *f*
coqueto, -a [ko'keto, -a] *adj* **1.** (*que coquetea*) kokett **2.** (*encantador*) reizend **3.** (*vanidoso*) eitel **4.** (*objeto*) hübsch
coraje [ko'raxe] *m* **1.** (*valor*) Mut *m,* Courage *f;* **tener** ~ mutig sein **2.** (*ira*) Wut *f,* Zorn *m;* **dar** ~ wütend machen
coral[1] [ko'ral] **I.** *adj* **1.** (*color*) korallen(rot) **2.** (MÚS: *del coro*) Chor-; **música** ~ Chormusik *f* **II.** *m* **1.** (ZOOL) Koralle *f* **2.** (*materia*) Koralle *f* **3.** (MÚS) Choral *m*
coral[2] [ko'ral] *f* (MÚS) Chor *m*
Corán [ko'ran] *m* (REL) Koran *m*
coraza [ko'raθa] *f* **1.** (MIL: *armadura*) Brustharnisch *m;* (*blindaje*) Panzerplatte *f* **2.** (ZOOL) Panzer *m* **3.** (*protección*) Schutz *m*
corazón [kora'θon] *m* **1.** (ANAT) Herz *nt;* **blando de** ~ weichherzig; **duro de** ~ hartherzig; **de todo** ~ von ganzem Herzen; **con el** ~ **en la mano** aufrichtig; **hacer algo de** ~ etw von Herzen gern tun; **tener un** ~ **de oro** herzensgut sein; **no tener** ~ herzlos sein **2.** (*centro*) Zentrum *nt,* Mittelpunkt *m* **3.** (*interior*) Innere(s) *nt,* Kern *m;* (*de la fruta*) Herz *nt* **4.** (*coraje*) Mut *m;* **hacer de tripas** ~ sich *dat* ein Herz fassen **5.** (*apelativo cariñoso*) Liebling *m;* ~ (**mío**) mein Herz, (mein) Schatz
corazonada [koraθo'naða] *f* **1.** (*presentimiento*) Ahnung *f* **2.** (*impulso*) plötzlicher Impuls *m;* (*arrebato*) plötzliche Anwandlung *m* **3.** (*acto*) schneller Entschluss *m*
corbata [kor'βata] *f* **1.** (*chalina*) Krawatte *f* **2.** (MIL) Fahnenschleife *f*
corbatín [korβa'tin] *m* Fliege *f*
corbeta [kor'βeta] *f* (MIL) Korvette *f*
Córcega ['korθeγa] *f* Korsika *nt*
corcel [kor'θel] *m* (LIT) Ross *nt*
corchea [kor'ʧea] *f* (MÚS) Achtelnote *f*
corchete [kor'ʧete] *m* **1.** (*broche*) Haken *m* und Öse; (*pieza*) Haken *m* **2.** (TIPO) eckige Klammer *f* **3.** (*pey: alguacil*) Häscher *m*
corcho ['korʧo] **I.** *m* **1.** (*material*) Kork *m* **2.** (*tapón*) Korken *m* **3.** (*en la pesca*) Schwimmer *m* **II.** *interj:* **¡~!** Donnerwetter!
corcovado, -a [korko'βaðo, -a] **I.** *adj* buck(e)lig **II.** *m, f* Bucklige(r) *mf*
corcovar [korko'βar] *vt* krümmen
corcovear [korkoβe'ar] *vi* (*caballo*) bocken; (*gato*) buckeln
cordaje [kor'ðaxe] *m* **1.** (*de un instrumento*) Besaitung *f;* (*de una raqueta*) Bespannung *f* **2.** (*de una embarcación*) Takelwerk *nt*
cordel [kor'ðel] *m* **1.** (*cuerda delgada*) Schnur *f* **2.** (*cañada*) Trift *f*
corderillo [korðe'riʎo] *m* (*piel*) Lammfell *nt*
cordero, -a[1] [kor'ðero, -a] *m, f* Lamm *nt;* ~ **asado** Lammbraten *m;* **C~ de Dios** Lamm Gottes; **manso como un** ~ lammfromm
cordero[2] [kor'ðero] *m* **1.** (*carne*) Lammfleisch *nt* **2.** (*piel*) Lammfell *nt*
cordial [kor'ðjal] **I.** *adj* **1.** (*persona*) herzlich **2.** (MED) (herz)stärkend **II.** *m* Herztonikum *nt*
cordialidad [korðjali'ða^{d}] *f* Herzlichkeit *f*
cordillera [korði'ʎera] *f* Gebirgskette *f*
córdoba ['korðoβa] *m* (*Nic: moneda*) Córdoba *m*
Córdoba ['korðoβa] *f* Córdoba *nt*
cordobés, -esa [korðo'βes, -esa] **I.** *adj* aus Córdoba **II.** *m, f* Einwohner(in) *m(f)* von Córdoba
cordón [kor'ðon] *m* **1.** (*cordel*) Kordel *f;* (*del uniforme*) Litze *f;* (*de zapatos*) Schnürsenkel *m;* ~ **umbilical** (ANAT) Nabelschnur *f* **2.** (ELEC, NÁUT) Kabel *nt* **3.** (MIL) Kordon *m*
cordura [kor'ðura] *f* (*razón*) Vernunft *f;* (*juicio*) Verstand *m;* (*prudencia*) Umsicht *f*
Corea [ko'rea] *f* Korea *nt*
coreano, -a [kore'ano, -a] **I.** *adj* koreanisch **II.** *m, f* Koreaner(in) *m(f)*
corear [kore'ar] *vt* **1.** (*acompañar*) (mit) einstimmen (in +*akk*); (*cantando*) mitsingen **2.** (*asentir*) (begeistert) zustimmen +*dat*
coreografía [koreoγra'fia] *f* Choreographie *f*
coreógrafo, -a [kore'oγrafo, -a] *m, f* Choreograph(in) *m(f)*
coriáceo, -a [ko'rjaθeo, -a] *adj* ledern, leder-

artig

corintio, **-a** [ko'riṇtjo, -a] **I.** *adj* korinthisch **II.** *m, f* Korinther(in) *m(f)*

corinto [ko'riṇto] **I.** *adj inv* rosinfarben **II.** *m* Korinthe *f*

corista [ko'rista] *mf* Chorsänger(in) *m(f)*

cornada [kor'naðа] *f* (*golpe*) Stoß *m* mit den Hörnern

> **Cornada** bezeichnet im Stierkampf den Stoß mit den Stierhörnern, aber vor allem die Verletzung, die dieser Stoß zur Folge hat.
> Die Redewendung **„no morirás/morirá en cornada de burro"** hat, im Gegensatz dazu, einen humoristischen Beigeschmack und bedeutet, dass die betreffende Person ein Feigling ist.

cornamenta [korna'meṇta] *f* **1.** (*de animales*) Gehörn *nt* **2.** (*del marido*) Hörner *ntpl*

córnea ['kornea] *f* Hornhaut *f*

cornear [korne'ar] *vt* mit den Hörnern stoßen

corneja [kor'nexa] *f* Krähe *f*

córner ['korner] *m* (DEP) Eckball *m*

corneta[1] [kor'neta] *f* **1.** (MÚS: *instrumento*) Horn *nt;* (*en el ejército*) Signalhorn *nt;* **hacer algo a toque de ~** (*fig*) etw auf Befehl tun **2.** (MÚS: *música*) Hornistin *f* **3.** (*de los sordos*) Hörrohr *nt*

corneta[2] [kor'neta] *m* **1.** (MÚS: *músico*) Hornist *m* **2.** (MIL) Fähnrich *m,* Kornett *m*

cornisa [kor'nisa] *f* (Kranz)gesims *nt*

cornucopia [kornu'kopja] *f* **1.** (*cuerno*) Füllhorn *nt* **2.** (*espejo*) Spiegel *m* (mit Leuchtern)

cornudo, **-a** [kor'nuðo, -a] **I.** *adj* gehörnt; **marido ~** Hahnrei *m* **II.** *m, f* Gehörnte(r) *mf*

coro ['koro] *m* (ARQUIT, MÚS) Chor *m;* **a ~** einstimmig; **hacer ~ a alguien/algo** jdm/etw *dat* zustimmen

corola [ko'rola] *f* (BOT) Korolla *f*

corolario [koro'larjo] *m* Korollar(ium) *nt*

corona [ko'rona] *f* **1.** (*adorno, t.* POL) Krone *f;* **~ de espinas** Dornenkrone *f* **2.** (*de flores*) Kranz *m* **3.** (*de eclesiásticos*) Tonsur *f* **4.** (*de santos*) Heiligenschein *m* **5.** (*de los dientes*) (Zahn)krone *f* **6.** (ASTR) Korona *f*

coronación [korona'θjon] *f* **1.** (*de un rey, de una acción*) Krönung *f* **2.** (ARQUIT) Bekrönung *f*

coronar [koro'nar] *vt* **1.** (*una persona*) krönen; (*con flores*) bekränzen **2.** (*una obra*) den krönenden Abschluss bilden *+gen;* (*perfeccionarla*) krönen; **para ~lo...** um der Sache die Krone aufzusetzen, ... **3.** (ARQUIT) bekrönen

coronario, **-a** [koro'narjo, -a] *adj* **1.** (*de forma de corona*) kranzförmig **2.** (MED) koronar

coronel(a) [koro'nel(a)] *m(f)* Oberst *m,* Frau Oberst *f*

coronilla [koro'niʎa] *f* (Haar)wirbel *m;* **estar hasta la ~ de algo** (*fam*) von etw *dat* die Nase voll haben

corpiño [kor'piɲo] *m* Mieder *nt*

corporación [korpora'θjon] *f* **1.** (*comunidad*) Körperschaft *f;* **~ de estudiantes** Studentenverbindung *f* **2.** (*de una profesión*) Innung *f;* (HIST) Zunft *f,* Gilde *f* **3.** (*cooperativa*) Genossenschaft *f*

corporal [korpo'ral] *adj* körperlich

corporativo, **-a** [korpora'tiβo, -a] *adj* korporativ

corpóreo, **-a** [kor'poreo , -a] *adj* **1.** (*material*) körperhaft **2.** (*corporal*) körperlich

corpulencia [korpu'leṇθja] *f* **1.** (*de alguien*) Beleibtheit *f,* Korpulenz *f* **2.** (*de algo*) Wuchtigkeit *f*

corpulento, **-a** [korpu'leṇto, -a] *adj* **1.** (*persona*) beleibt, korpulent **2.** (*cosa*) wuchtig

corpus ['korpus] *m sin pl* (LING) Korpus *m*

Corpus ['korpus] *m sin pl* (REL) Fronleichnam *m*

corpúsculo [kor'puskulo] *m* **1.** (FÍS) Teilchen *nt* **2.** (BIOL) Körperchen *nt*

corral [ko'rral] *m* **1.** (*cercado*) Gehege *nt;* (*redil*) Pferch *m;* (*para la pesca*) Fischzaun *m;* (*para gallinas*) Hühnerhof *m* **2.** (HIST, TEAT) (Innen)hof *m* **3.** (*lugar sucio*) Saustall *m fig* **4.** (*para niños*) Laufstall *m*

correa [ko'rrea] *f* **1.** (*tira*) Lederriemen *m* **2.** (*cinturón*) (Leder)gürtel *m* **3.** (TÉC) Riemen *m;* **~ de transmisión** Treibriemen *m* **4.** (*afilador*) Streichriemen *m* **5.** (*elasticidad*) Biegsamkeit *f* **6.** (*loc, fam*): **tener ~** zäh sein

correaje [korre'axe] *m* (*t.* TÉC) Riemenwerk *nt*

corrección [korreᵞ'θjon] *f* **1.** (*t.* TIPO) Korrektur *f;* (*de ruta*) Kurskorrektur *f* **2.** (*represión*) Zurechtweisung *f* **3.** (*cualidad*) Korrektheit *f;* (*comportamiento*) korrektes Verhalten *nt*

correccional [korreᵞθjo'nal] *m* Erziehungsanstalt *f*

correctivo [korrek'tiβo] *m* (*sanción*) Korrektiv *nt;* (*como compensación*) Ausgleich *m;* (*como atenuación*) Milderung *f*

correcto, **-a** [ko'rrekto, -a] *adj* **1.** (*justo*) richtig, korrekt **2.** (*comedido*) korrekt; (*impecable*) tadellos **3.** (*sin errores*) fehlerfrei **4.** (*apropiado*) angemessen

corrector(a) [korrek'tor(a)] **I.** *adj* korrigierend **II.** *m(f)* (TIPO) Korrektor(in) *m(f)*

corredera [korre'ðera] *f* **1.** (TÉC) Schieber *m;*

(*carro*) Schlitten *m;* **puerta de** ~ Schiebetür *f* **2.** (*pista*) (Pferde)rennbahn *f* **3.** (*cucaracha*) Küchenschabe *f* **4.** (*fam: alcahueta*) Kupplerin *f*

corredizo, -a [korre'ðiθo, -a] *adj:* **nudo** ~ Schlinge *f;* **ventana corrediza** Schiebefenster *nt*

corredor(a)[1] [korre'ðor(a)] *m(f)* **1.** (DEP: *a pie*) Läufer(in) *m(f);* (*en coche*) Rennfahrer(in) *m(f);* ~ **de fondo** Langstreckenläufer *m* **2.** (COM) Makler(in) *m(f);* ~ **de fincas** Grundstücksmakler *m*

corredor[2] [korre'ðor] *m* **1.** (*pasillo*) Flur *m,* Gang *m* **2.** (*galería*) Galerie *f*

correduría [korreðu'ria] *f* **1.** (*oficio*) Maklergeschäft *nt;* (*oficina*) Maklerbüro *nt* **2.** (*comisión*) Maklergebühr *f* **3.** (*intervención*) Vermittlungsagentur *f*

corregible [korre'xiβle] *adj* verbesserungsfähig

corregir [korre'xir] *irr como elegir* **I.** *vt* **1.** (*t.* TIPO) korrigieren **2.** (*sacar de dudas*) richtig stellen **3.** (*moderar*) zügeln **4.** (*reprender*) zurechtweisen **II.** *vr:* ~**se** **1.** (*mejorarse*) sich bessern **2.** (*moderarse*) sich zügeln

correlación [korrela'θjon] *f* Wechselbeziehung *f*

correlacionar [korrelaθjo'nar] **I.** *vi* in Wechselbeziehung stehen (*con* mit/zu +*dat*) **II.** *vt* in Wechselbeziehung setzen (*con* mit/zu +*dat*)

correlativo, -a [korrela'tiβo, -a] *adj* **1.** (*correspondiente*) wechselseitig **2.** (*de sucesión inmediata*) fortlaufend

correligionario, -a [korrelixjo'narjo, -a] *m, f* **1.** (REL) Glaubensgenosse, -in *m, f* **2.** (POL) Gesinnungsgenosse, -in *m, f*

correo [ko'rreo] *m* **1.** (*persona*) Kurier *m* **2.** (*correspondencia*) Post *f;* ~ **aéreo** Luftpost *f;* ~ **urgente** Eilzustellung *f* **3.** (*servicio*) Post *f,* Postdienst *m;* **a vuelta de** ~ postwendend **4.** (*buzón*) Briefkasten *m;* **echar al** ~ in den Briefkasten werfen **5.** (*coche*) Postauto *nt;* (*avión*) Postflugzeug *nt;* (*barco*) Postschiff *nt;* (*tren*) Postzug *m*

Correos [ko'rreos] *mpl* Postamt *nt;* **ir a** ~ zur Post gehen

correoso, -a [korre'oso, -a] *adj* **1.** (*elástico*) biegsam **2.** (*comida*) zäh **3.** (*persona*) ausdauernd

correr [ko'rrer] **I.** *vi* **1.** (*caminar*) rennen, laufen; **echarse a** ~ (*partir*) losrennen; (*escaparse*) davonlaufen; **salir corriendo** hinauslaufen **2.** (*apresurarse*) eilen; **a todo** ~ in aller Eile **3.** (*conducir*) schnell fahren **4.** (*tiempo*) vergehen; **el mes que corre** der laufende Monat; **en los tiempos que corremos...** in unserer heutigen Zeit ... **5.** (*líquido*) fließen, strömen **6.** (*viento*) wehen **7.** (*camino*) verlaufen **8.** (*moneda*) in [*o* im] Umlauf sein **9.** (*rumor*) umgehen **10.** (*loc*): **eso corre de** [*o* **por**] **mi cuenta** (*gastos*) das geht auf meine Rechnung; (*un asunto*) dafür bin ich zuständig **II.** *vt* **1.** (*un mueble*) verrücken; (*una cortina*) zuziehen; (*un cerrojo*) vorschieben **2.** (*un nudo*) lösen **3.** (*un lugar*) bereisen; ~ **mundo** in der Welt herumkommen **4.** (MIL) einfallen (in +*akk*) **5.** (*un caballo*) (aus)reiten **6.** (*la caza*) hetzen, jagen **7.** (*avergonzar*) beschämen **8.** (*confundir*) in Verlegenheit bringen **9.** (*loc*): ~**la** (*fam*) einen draufmachen; ~ **la misma suerte** das gleiche Schicksal erleiden; **corre prisa** es eilt; **dejar** ~ **algo** (*fig*) etw laufen lassen **III.** *vr:* ~**se** **1.** (*moverse*) (zur Seite) rücken **2.** (*excederse*) sich übernehmen **3.** (*exagerar*) übertreiben **4.** (*avergonzarse*) sich schämen **5.** (*argot: eyacular*) kommen **6.** (*colores*) verlaufen

correría [korre'ria] *f* **1.** (MIL) Raubzug *m* **2.** *pl* (*recorridos*) Streifzüge *mpl*

correspondencia [korrespon̩'den̩θja] *f* **1.** (*correo*) Post *f,* Korrespondenz *f;* (*de cartas*) Briefwechsel *m;* **curso por** ~ Fernkurs(us) *m;* **estar en** ~ **con alguien** mit jdm in Briefwechsel stehen; **llevar la** ~ die Korrespondenz führen **2.** (*equivalente*) Entsprechung *f* **3.** (*conformidad*) Übereinstimmung *f* **4.** (*entre habitaciones*) Verbindung *f;* (*entre medios de transporte*) Anschluss *m*

corresponder [korrespon̩'der] **I.** *vi* **1.** (*equivaler*) entsprechen (*a* +*dat*) **2.** (*armonizar*) passen (*a* zu +*dat*) **3.** (*convenir*) übereinstimmen (*con* mit +*dat*) **4.** (*contestar*) erwidern (*a* +*akk*) **5.** (*pertenecer*) gehören (*a* zu +*dat*) **6.** (*incumbir*) zustehen +*dat;* **no me corresponde criticarlo** ich habe kein Recht ihn zu kritisieren **7.** (*comunicar*) verbunden sein (*con* mit +*dat*); (*medios de transporte*) Anschluss haben (*con* an +*akk*) **II.** *vr:* ~**se** **1.** (*ser equivalente*) sich entsprechen; (*armonizar*) zueinander passen; (*convenir*) übereinstimmen **2.** (*comunicarse*) miteinander verbunden sein **3.** (*escribirse*) in Briefwechsel stehen

correspondiente [korrespon̩'djen̩te] *adj* **1.** (*oportuno*) entsprechend **2.** (*apropiado*) passend (*a* zu +*dat*) **3.** (*respectivo*) jeweilig **4.** (*que escribe*) korrespondierend

corresponsabilizar [korresponsaβili'θar] <z→c> **I.** *vt* mitverantwortlich machen **II.** *vr:* ~**se** Mitverantwortung übernehmen

corresponsable [korrespon'saβle] *adj* mitverantwortlich

corresponsal [korrespon'sal] *mf* (PREN) Korrespondent(in) *m(f)*

corretaje [korre'taxe] *m* **1.** (*negocio*) Maklergeschäft *nt* **2.** (*comisión*) Maklergebühr *f*

corretear [korrete'ar] *vi* **1.** (*vagar*) umherlaufen **2.** (*niños*) herumtollen

corrida [ko'rriða] *f* **1.** (TAUR) Stierkampf *m*, Corrida *f* **2.** (*carrera*) Sprint *m;* **en una ~** ganz schnell; **decir algo de ~** (*de memoria*) etw fließend aufsagen; (*de forma rápida*) etw herunterrasseln **3.** (*de un líquido*) Rinnen *nt* **4.** (*vulg: orgasmo*) Orgasmus *m*

corrido, -a [ko'rriðo, -a] *adj* **1.** (*movido*) verschoben **2.** (*t.* ARQUIT: *sin interrupción*) durchgehend **3.** (*cantidad: larga*) reichlich; (*generosa*) großzügig; **un quilo ~** ein gutes Kilo **4.** *estar* (*avergonzado*) beschämt; (*confuso*) verlegen **5.** *ser* (*astuto*) erfahren

corriente [ko'rrjente] **I.** *adj* **1.** (*fluente*) fließend; **no hay agua ~** es gibt kein fließend Wasser **2.** (*actual*) laufend; (*moneda*) kursierend; **estar al ~** (**en algo**) (mit etw *dat*) auf dem Laufenden sein; **ponerse al ~** sich (über das Neueste) informieren; **poner a alguien al ~ de algo** jdn über etw unterrichten **3.** (*ordinario*) gewöhnlich; **un día ~** ein Tag wie jeder andere **4.** (*normal*) üblich, normal **5.** (*presente*) gegenwärtig, aktuell **II.** *f* **1.** (*de agua, electricidad*) Strom *m;* (*de viento, agua*) Strömung *f;* **~ de aire** Luftzug *m;* **~ alterna** Wechselstrom *m;* **hace ~** es zieht; **ir contra la ~** gegen den Strom schwimmen; **seguir** [*o* **llevar**] **la ~ a alguien** jdm nach dem Mund reden **2.** (ARTE, LIT: *tendencia*) Strömung *f*

corrimiento [korri'mjento] *m* **1.** (*movimiento*) Verschiebung *f* **2.** (GEO) Rutsch *m;* **~ de tierras** Erdrutsch *m* **3.** (*vergüenza*) Scham *f;* (*timidez*) Verlegenheit *f*

corro ['korro] *m* **1.** (*círculo*) Kreis *m*, Zirkel *m;* (*peña*) Runde *f;* **hacer ~** (*rodear*) einen Kreis bilden; (*apartar*) Platz machen **2.** (AGR) kleine Parzelle *f* **3.** (*juego*) Ringelreigen *m*

corroboración [korroβora'θjon] *f* **1.** (*confirmación*) Bekräftigung *f* **2.** (*fortalecimiento*) Stärkung *f*

corroborar [korroβo'rar] *vt* **1.** (*confirmar*) bekräftigen **2.** (*fortalecer*) stärken

corroer [korro'er] *irr como roer* **I.** *vt* **1.** (*un material*) zersetzen; (*por ácido*) korrodieren **2.** (*una persona*) nagen (an +*dat*) **II.** *vr:* **~se 1.** (*material*) korrodieren **2.** (*persona*) sich vor Gram verzehren

corromper [korrom'per] **I.** *vt* **1.** (*descomponer*) verderben; (*un texto*) verfälschen **2.** (*sobornar*) bestechen **3.** (*enviciar*) verführen; (*pervertir*) verderben **4.** (*fam: enojar*) auf die Nerven gehen +*dat* **II.** *vi* stinken **III.** *vr:* **~se 1.** (*descomponerse*) verderben; (*alimentos*) verfaulen; (*cadáver*) verwesen **2.** (*degenerar*) (sittlich) verkommen

corrosión [korro'sjon] *f* **1.** (*de metal, t.* GEO) Korrosion *f* **2.** (QUÍM, TÉC) Ätzung *f*

corrosivo, -a [korro'siβo, -a] *adj* **1.** (*sustancia*) korrosiv **2.** (*estilo*) beißend

corrupción [korruβ'θjon] *f* **1.** (*descomposición*) Zersetzung *f;* (*de alimentos*) Fäulnis *f* **2.** (*de la moral*) (Sitten)verfall *m;* (*efecto*) Verdorbenheit *f* **3.** (*soborno*) Korruption *f* **4.** (*seducción*) Verführung *f* **5.** (*de un texto*) Verfälschung *f*

corrupto, -a [ko'rrupto, -a] *adj* **1.** (*degenerado*) korrupt **2.** (*inmoral*) (sittlich) verkommen

corruptor(a) [korrup'tor(a)] **I.** *adj* verderblich **II.** *m(f)* Verführer(in) *m(f)*

corsario [kor'sarjo] *m* (HIST) Korsar *m*

corsé [kor'se] *m* Korsett *nt*

corso, -a ['korso, -a] **I.** *adj* korsisch **II.** *m, f* Korse, -in *m, f*

cortacésped [korta'θespeᵈ] *m* Rasenmäher *m*

cortada [kor'taða] *f* **1.** (*rebanada*) Scheibe *f* **2.** (*Am: herida*) Schnittwunde *f*

cortado, -a[1] [kor'taðo, -a] *adj* **1.** (*leche: mala*) sauer; (*cuajada*) geronnen **2.** (*estilo*) knapp **3.** (*persona: tímida*) verlegen; (*avergonzada*) verschämt

cortado[2] [kor'taðo] *m* (GASTR) Kaffee *m* mit wenig Milch

cortafuegos [korta'fweɣos] *m inv* **1.** (AGR) Feuerschneise *f* **2.** (ARQUIT) Brandmauer *f*

cortapisa [korta'pisa] *f* **1.** (*restricción*) Einschränkung *f;* **poner ~s** einschränken **2.** (*obstáculo*) Hindernis *nt;* (*dificultad*) Schwierigkeit *f;* **hablar sin ~s** ungehemmt reden; **poner ~s a alguien** jdm Schwierigkeiten machen **3.** (*gracia*) Witz *m*

cortaplumas [korta'plumas] *m inv* Federmesser *nt*

cortar [kor'tar] **I.** *vt* **1.** (*tajar*) schneiden; (*por el medio*) durchschneiden; (*en pedazos*) zerschneiden; (*quitar*) abschneiden; (*un traje*) zuschneiden; (*una rama*) absägen; (*un árbol*) fällen; (*un arbusto*) beschneiden; (*la carne*) zerlegen; (*leña*) hacken; (*el césped*) mähen; (INFOR) ausschneiden; **~ al rape** kahl scheren **2.** (DEP: *la pelota*) (an)schneiden **3.** (*una bebida*) verdünnen **4.** (*una película*) kürzen **5.** (*cartas*) abheben **6.** (*el agua*) abstellen; (*la corriente*) abschalten **7.** (*una carretera*) sperren **8.** (*la comunicación*) unterbrechen; **~ la línea** das Telefon abstellen **II.** *vi* **1.** (*tajar*) schneiden **2.** (*romper*) brechen; **cortó con su novio** sie hat mit ihrem Freund Schluss gemacht **III.** *vr:* **~se 1.** (*t.* MAT) sich schneiden **2.** (*turbarse*) verlegen werden; **no se cortó ni un pelo** (*fam fig*) es war ihr/ihm kein bisschen peinlich **3.** (*leche*) sauer werden; (*cuajarse*) gerinnen **4.** (*piel*) rissig werden **5.** (*luz*) ausfallen; (TEL) unterbrochen werden

cortaúñas [korta'uɲas] *m inv* Nagelzwicker *m*

corte¹ ['korte] *m* **1.** (*herida*) Schnittwunde *f* **2.** (*tajo*) (Ein)schnitt *m* **3.** (*filo*) Schneide *f* **4.** (*de un traje*) (Zu)schnitt *m;* **hacer a alguien un ~ de mangas** (*fig vulg*) jdm den Stinkefinger zeigen *fam* **5.** (*de pelo*) (Haar)schnitt *m* **6.** (ARQUIT) Aufriss *m* **7.** (ELEC) Abschaltung *f;* **~ de corriente** Stromsperre *f;* (*sin querer*) Stromausfall *m*

corte² ['korte] *f* **1.** (*residencia*) Hof *m* **2.** (*séquito*) Gefolge *nt*

> Die **Cortes Generales**, d.h. das spanische Parlament, setzen sich seit 1977 aus zwei Kammern, dem **congreso de los diputados** und dem **senado**, zusammen. Die 350 Abgeordneten und 255 Senatoren werden jeweils auf vier Jahre gewählt.

cortedad [korte'ðaᵈ] *f* **1.** (*pequeñez*) Kürze *f;* (*escasez*) Knappheit *f* **2.** (*timidez*) Befangenheit *f* **3.** (*de poco entendimiento*) Beschränktheit *f*

cortejar [korte'xar] *vt* den Hof machen +*dat*

cortejo [kor'texo] *m* **1.** (*halago*) Umwerben *nt* **2.** (*séquito*) Gefolge *nt* **3.** (*desfile*) Fest(um)zug *m;* **~ fúnebre** Leichenzug *m* **4.** (*secuela*) Folge(erscheinung) *f*

Cortes ['kortes] *fpl* (POL) spanisches Parlament *nt*

cortés [kor'tes] *adj* höflich, zuvorkommend

cortesano, -a¹ [korte'sano, -a] *adj* **1.** (*palaciego*) höfisch **2.** (*cortés*) höflich

cortesano² [korte'sano] *m* Höfling *m*

cortesía [korte'sia] *f* **1.** (*cortesanía*) Höflichkeit *f,* Zuvorkommenheit *f;* (*gentileza*) Freundlichkeit *f;* **fórmula de ~** Höflichkeitsfloskel *f* **2.** (*merced*) Gunstbezeigung *f;* (*en una carta*) Grußformel *f*

corteza [kor'teθa] *f* **1.** (*de un tronco, del queso*) Rinde *f;* (*de una fruta*) Schale *f;* (*del pan*) Kruste *f;* **~ terrestre** (GEO) Erdkruste *f* **2.** (*exterioridad*) Äußere(s) *nt;* (*rusticidad*) raue Schale *f*

cortijo [kor'tixo] *m* (*finca*) Landgut *nt;* (*casa*) Landhaus *nt*

cortina [kor'tina] *f* Vorhang *m;* **~ de humo** (MIL) Rauchwand *f;* **correr/descorrer la ~** den Vorhang zuziehen/aufziehen

corto, -a ['korto, -a] *adj* **1.** (*pequeño*) kurz; **~ de oído** schwerhörig; **~ de vista** kurzsichtig; **se ha casado de ~** sie hat in einem kurzen Kleid geheiratet; **a la corta o a la larga...** über kurz oder lang ... **2.** (*breve*) kurz, knapp **3.** (*de poco entendimiento*) beschränkt **4.** (*tímido*) schüchtern

cortocircuito [kortoθirku'ito] *m* (ELEC) Kurzschluss *m*

cortometraje [kortome'traxe] *m* (CINE) Kurzfilm *m*

coruñés, -esa [koru'ɲes, -esa] **I.** *adj* aus La Coruña **II.** *m, f* Einwohner(in) *m(f)* von La Coruña

corva ['korβa] *f* (ANAT) Kniekehle *f*

corzo, -a ['korθo, -a] *m, f* Rehbock *m,* Rehgeiß *f*

cosa ['kosa] *f* **1.** (*objeto material*) Sache *f,* Gegenstand *m;* **la trata como una ~** er behandelt sie wie einen Gegenstand **2.** (*objeto inmaterial, asunto*) Angelegenheit *f,* Sache *f;* **eso es otra ~** das ist etwas anderes; **eso es ~ tuya/mía** das ist deine/meine Sache; **¿sabes una ~?** weißt du was?; **no me queda otra ~ que...** mir bleibt keine andere Möglichkeit, als ...; **ser una ~ nunca vista** einzigartig sein; **no valer gran ~** nicht viel taugen **3.** (*circunstancia*) Sache *f,* Ding *nt fam;* **tal como están las ~s...** so wie die Dinge stehen ...; **como si tal ~** als ob nichts geschehen wäre **4.** (*ocurrencia*) Einfall *m;* **esas son ~s de Inés** das ist typisch Inés **5.** *pl* (*pertenencias*) Sachen *fpl*

cosaco [ko'sako] *m* Kosak *m*

coscorrón [kosko'rron] *m* **1.** (*golpe*) Schlag *m* (auf den Kopf) **2.** (*contratiempo*) Rückschlag *m*

cosecha [ko'setʃa] *f* **1.** (AGR) Ernte *f;* (*conjunto de frutos*) (Ernte)ertrag *m;* **de ~ propia** aus eigenem Anbau **2.** (*temporada*) Erntezeit *f*

cosechadora [kosetʃa'ðora] *f* Mähdrescher *m*

cosechar [kose'tʃar] *vi, vt* ernten

cosechero, -a [kose'tʃero, -a] *m, f* **1.** (*trabajador*) Erntearbeiter(in) *m(f);* (*de algodón*) Pflücker(in) *m(f)* **2.** (*propietario*) Landwirt(in) *m(f);* (*de vino*) Winzer(in) *m(f)*

coser [ko'ser] **I.** *vt* **1.** (*un vestido*) nähen; (*un botón*) annähen; (*un roto*) zunähen; (*una costura*) zusammennähen; **~ a alguien a balazos** jdn mit Kugeln durchlöchern **2.** (*papeles*) (zusammen)heften **II.** *vi* nähen; **esto es ~ y cantar** das ist kinderleicht **III.** *vr:* **~se con** [*o* **contra**] **alguien** sich an jdn anschmiegen

cosido [ko'siðo] *m* **1.** (*objeto*) Näharbeit *f* **2.** (*costura*) Naht *f* **3.** (*acción*) Nähen *nt*

cosmética [kos'metika] *f* Schönheitspflege *f,* Kosmetik *f*

cosmético, -a [kos'metiko, -a] *adj* kosmetisch; **producto ~** Kosmetikum *nt*

cósmico, -a ['kosmiko, -a] *adj* kosmisch

cosmografía [kosmoɣra'fia] *f* (ASTR) Kosmographie *f*

cosmología [kosmolo'xia] *f* (ASTR) Kosmologie *f*
cosmonauta [kosmo'nau̯ta] *mf* Astronaut(in) *m(f)*, Kosmonaut(in) *m(f)*
cosmonave [kosmo'naβe] *f* Raumschiff *nt*
cosmopolita [kosmopo'lita] **I.** *adj* kosmopolitisch **II.** *mf* Kosmopolit(in) *m(f)*
cosmos ['kosmos] *m sin pl* Kosmos *m*
coso ['koso] *m* **1.** (*plaza*) Festplatz *m* **2.** (*reg: calle principal*) Hauptstraße *f* **3.** (TAUR: *elev*) Arena *f;* ~ **taurino** Stierkampfarena *f*
cosquillas [kos'kiʎas] *fpl:* **hacer** ~ kitzeln; **tener** ~ kitz(e)lig sein; **buscar las** ~ **a alguien** (*fig*) jdn provozieren
cosquillear [koskiʎe'ar] *vt* **1.** (*hacer cosquillas*) kitzeln **2.** (*atraer*) reizen
cosquilleo [koski'ʎeo] *m* Kitzeln *nt*
costa ['kosta] *f* **1.** (GEO) Küste *f;* **C~ Azul** Côte d'Azur *f;* **C~ de Marfil** Elfenbeinküste *f* **2.** (FIN) Kosten *pl;* **a toda** ~ um jeden Preis **3.** *pl* (JUR) Gerichtskosten *pl*

Costa del Sol ist der Name einer Küste im Süden Spaniens, von **Tarifa** (im Westen) bis **Almería** (im Osten). Die Provinzen **Cádiz**, **Málaga**, **Granada** und **Almería** liegen an dieser Küste. Am bekanntesten ist wohl **Málagas** Küste (speziell **Marbella** und **Fuengirola**), wo Spaniens prominente Persönlichkeiten sehr gern Urlaub machen.

Costa Rica liegt in Zentralamerika und grenzt an Nicaragua und Panama, an die Karibik und den Pazifik. Die Hauptstadt **Costa Ricas** heißt **San José**. **Spanisch** ist die offizielle Landessprache. Die Währungseinheit ist der **colón**.

costado [kos'taðo] *m* (*lado*) Seite *f;* (MIL) Flanke *f;* (*de un buque*) Längsseite *f;* **entrar de** ~ seitwärts hereinkommem
costal [kos'tal] **I.** *adj* (ANAT) Rippen- **II.** *m* Sack *m;* **eso es harina de otro** ~ (*fig*) das ist etwas völlig anderes
costar [kos'tar] <o→ue> *vi, vt* **1.** (*valer*) kosten; ~ **caro** teuer sein; **esto te va a** ~ **caro** das wird dich teuer zu stehen kommen; **cueste lo que cueste** koste es, was es wolle **2.** (*resultar difícil*) schwer fallen
costarriqueño, **-a** [kostarri'keɲo, -a] **I.** *adj* costaricanisch **II.** *m, f* Costaricaner(in) *m(f)*
coste ['koste] *m* (*costo*) Kosten *pl;* (*precio*) Preis *m;* (*importe*) Betrag *m;* ~ **total** Gesamtkosten *pl;* ~ **de la vida** Lebenshaltungskosten *pl*
costear [koste'ar] **I.** *vt* **1.** (*pagar*) finanzieren **2.** (NÁUT) an der Küste *+gen* entlangfahren; (*bordear*) umschiffen **II.** *vr:* ~**se** die Kosten decken
costeño, **-a** [kos'teɲo, -a] **I.** *adj* Küsten- **II.** *m, f* Küstenbewohner(in) *m(f)*
costero, **-a** [kos'tero, -a] *adj* Küsten-
costilla [kos'tiʎa] *f* **1.** (*t.* ANAT, ARQUIT) Rippe *f* **2.** (GASTR) Rippchen *nt* **3.** (*irón: mujer*) bessere Hälfte *f*
costillar [kosti'ʎar] *m* **1.** (*costillas*) Rippen *fpl* **2.** (*fam: tórax*) Brustkasten *m*
costo ['kosto] *m* **1.** (*coste*) Kosten *pl* **2.** (*Am: esfuerzo*) Mühe *f*
costoso, **-a** [kos'toso, -a] *adj* **1.** (*en dinero*) kostspielig, teuer **2.** (*en esfuerzo*) mühsam
costra ['kostra] *f* **1.** (*corteza*) Kruste *f*, Rinde *f* **2.** (MED) Schorf *m*
costumbre [kos'tumbre] *f* **1.** (*hábito*) (An)gewohnheit *f;* **de** ~ **se levanta bastante tarde** (für) gewöhnlich steht er/sie ziemlich spät auf; **como de** ~ wie gewöhnlich **2.** (*tradición*) Sitte *f*, Brauch *m* **3.** *pl* (*conjunto de tradiciones*) Sitten und Gebräuche *pl*
costura [kos'tura] *f* **1.** (*t.* MED) Naht *f* **2.** (*confección*) Nähen *nt;* **alta** ~ Haute Couture *f* **3.** (*ropa*) Näharbeit *f* **4.** (*de un barco*) Fuge *f*
costurera [kostu'rera] *f* (*modista*) Schneiderin *f;* (*zurcidora*) Näherin *f*
costurero [kostu'rero] *m* **1.** (*mesita*) Nähtisch *m;* (*caja*) Nähkasten *m* **2.** (*modista*) Schneider *m*
cota ['kota] *f* **1.** (*armadura*) Kettenhemd *nt* **2.** (*t.* GEO: *altura*) Höhe *f*
cotejar [kote'xar] *vt* (*comparar*) vergleichen; (*confrontar*) gegenüberstellen
cotejo [ko'texo] *m* (*comparación*) Vergleich *m;* (*confrontación*) Gegenüberstellung *f*
cotidiano, **-a** [koti'ðjano, -a] *adj* **1.** (*corriente*) alltäglich **2.** (*diario*) täglich
cotilla [ko'tiʎa] *mf* (*fam pey*) Klatschmaul *nt*
cotillear [kotiʎe'ar] *vi* (*fam pey*) klatschen, tratschen
cotillo, **-a** [ko'tiʎo, -a] *adj* klatschhaft
cotización [kotiθa'θjon] *f* **1.** (COM, FIN) Kurs *m*, Notierung *f* **2.** (*pago de una cuota*) Beitragszahlung *f*
cotizar [koti'θar] <z→c> **I.** *vt* **1.** (COM, FIN) notieren (*a* mit *+dat*) **2.** (*estimar*) schätzen **II.** *vi* (*pagar*) Beiträge zahlen **III.** *vr:* ~**se** **1.** (COM, FIN) notiert werden **2.** (*ser popular*) hoch im Kurs stehen
coto ['koto] *m* **1.** (*vedado*) eingefriedetes

Grundstück *nt;* ~ **de caza** Jagdrevier *nt* **2.** (*mojón*) Grenzstein *m* **3.** (*límite*) Grenze *f* **4.** (*tasa*) Gebühr *f*

cotorra [ko'torra] *f* **1.** (*papagayo*) Sittich *m* **2.** (*urraca*) Elster *f* **3.** (*fam: persona habladora*) Quasselstrippe *f* **4.** (*fam pey: chivato*) Petze *f*

cotorrear [kotorre'ar] *vi* (*fam*) schwatzen, schnattern

COU (Curso de Orientación Universitaria), das 12. Schuljahr im spanischen Schulsystem, entspricht ungefähr der 13. Schulklasse in Deutschland. In diesem letzten Unterrichtsjahr im **instituto** bereitet man sich speziell auf die **Selectividad**, die Eignungsprüfung für die Aufnahme an einer spanischen Universität, vor.

covacha [ko'βatʃa] *f* **1.** (*cueva*) kleine Höhle *f* **2.** (*vivienda*) Loch *nt pey*

coxis ['koˠsis] *m inv* (ANAT) Steißbein *nt*

coyote [ko'ɟote] *m* Kojote *m*

coyuntura [koɟun̩'tura] *f* **1.** (ANAT) Knochengelenk *nt* **2.** (*oportunidad*) Gelegenheit *f* **3.** (*circunstancias*) Umstände *mpl* **4.** (ECON) Konjunktur *f*

coyuntural [koɟun̩tu'ral] *adj* (ECON) konjunkturell

coz [koθ] *f* **1.** (*patada*) Ausschlagen *nt;* (*golpe*) Hufschlag *m;* (*de personas*) Fußtritt *m;* **dar coces** ausschlagen **2.** (*culatada*) Rückstoß *m* **3.** (*retroceso*) Wasserstau *m* **4.** (*grosería*) Grobheit *f*

crack [kraᵏ] *m* **1.** (ECON) Crash *m* **2.** (*droga*) Crack *m*

cráneo ['kraneo] *m* (ANAT) Schädel *m*

crápula¹ ['krapula] *m* Wüstling *m*

crápula² ['krapula] *f* **1.** (*embriaguez*) Trunkenheit *f* **2.** (*libertinaje*) Lotterleben *nt*

craso, -a ['kraso, -a] *adj* **1.** (*gordo*) fettleibig **2.** (*burdo*) gravierend

cráter ['krater] *m* Krater *m*

creación [krea'θjon] *f* **1.** (REL, ARTE) Schöpfung *f* **2.** (*elaboración*) Schaffung *f* **3.** (*en la moda*) Kreation *f* **4.** (*de una institución*) Einrichtung *f*

creador(a) [krea'ðor(a)] **I.** *adj* schöpferisch; **Dios** ~ Gott, der Schöpfer **II.** *m(f)* Schöpfer(in) *m(f)*

crear [kre'ar] **I.** *vt* **1.** (*hacer*) erschaffen **2.** (*fundar*) schaffen, einrichten **3.** (*representar*) darstellen **4.** (INFOR) erstellen; ~ **archivo** Datei erstellen **II.** *vr:* ~**se** sich *dat* schaffen

creatividad [kreatiβi'ðaᵈ] *f* Kreativität *f*

creativo, -a [krea'tiβo, -a] *adj* kreativ

crecer [kre'θer] *irr* **I.** *vi* (*aumentar*) wachsen; (*relativo a la luna*) zunehmen; (*relativo al agua*) steigen **II.** *vr:* ~**se** über sich selbst hinauswachsen

creces ['kreθes] *fpl* **1.** (*aumento*) Wachstum *nt* **2.** (*exceso*) Übermaß *nt;* **con** ~ reichlich

crecida [kre'θiða] *f* **1.** (*riada*) Hochwasser *nt* **2.** (*crecimiento*) (rasches) Wachstum *nt*

crecimiento [kreθi'mjen̩to] *m* (*t.* ECON) Wachstum *nt;* (*moneda*) Kursanstieg *m*

credencial [kreðen̩'θjal] **I.** *adj* beglaubigend **II.** *f* Ernennungsurkunde *f*

credibilidad [kreðiβili'ðaᵈ] *f* Glaubwürdigkeit *f*

crédito ['kreðito] *m* **1.** (FIN: *préstamo*) Kredit *m;* ~ **puente** Überbrückungskredit *m;* **dar a** ~ leihen; **pedir un** ~ einen Kredit aufnehmen **2.** (*fama*) Renommee *nt* **3.** (*confianza*) Glaube *m,* Vertrauen *nt;* **dar** ~ **a algo/alguien** etw *dat*/jdm Glauben schenken

credo ['kreðo] *m* **1.** (*creencias*) Glaube *m* **2.** (*oración, dogma*) Glaubensbekenntnis *nt*

credulidad [kreðuli'ðaᵈ] *f* Leichtgläubigkeit *f*

crédulo, -a ['kreðulo, -a] *adj* leichtgläubig

creencia [kre'en̩θja] *f* Glaube *m*

creer [kre'er] *irr como leer* **I.** *vi* (*ser creyente*) glauben, gläubig sein **II.** *vt* **1.** (*dar por cierto*) glauben (*en* an +*akk*); ~ **en Dios** an Gott glauben **2.** (*pensar*) glauben, denken; **¡ya lo creo!** das will ich wohl meinen!; **¡quién iba a** ~**lo!** wer hätte das für möglich gehalten!; **no te creo capaz de hacer eso** ich denke nicht, dass du dazu fähig bist **3.** (*dar crédito*) glauben +*dat;* **no te creo** ich glaube dir nicht; **hacer** ~ **algo a alguien** jdm etw weismachen **III.** *vr:* ~**se** **1.** (*tener por probable*) glauben **2.** (*considerarse*) sich halten (für +*akk*); **¡qué te has creído!** was fällt dir ein!

creíble [kre'iβle] *adj* glaubhaft

creído, -a [kre'iðo, -a] *adj* **1.** *ser* (*fam: vanidoso*) eingebildet **2.** *estar* (*seguro*) überzeugt

crema ['krema] **I.** *adj* cremefarben **II.** *f* **1.** (*nata*) Sahne *f* **2.** (*natillas, pasta*) Creme *f;* **la** ~ **y la nata** die Crème de la Crème **3.** (LING) Trema *nt*

cremación [krema'θjon] *f* **1.** (*incineración*) Einäscherung *f* **2.** (*combustión de desechos*) Verbrennung *f*

cremallera [krema'ʎera] *f* **1.** (TÉC: *barra*) Zahnstange *f;* **tren de** ~ Zahnradbahn *f* **2.** (*cierre*) Reißverschluss *m*

crematístico, -a [krema'tistiko, -a] *adj* wirtschaftlich

crematorio, -a¹ [krema'torjo, -a] *adj:* **hor-**

no ~ Verbrennungsofen *m*
crematorio[2] [krema'torjo] *m* Krematorium *nt*
cremosidad [kremosi'ða^{ð}] *f* Cremigkeit *f*
cremoso, **-a** [kre'moso, -a] *adj* cremig
crencha ['krentʃa] *f* Scheitel *m*
crep[1] [kre^{p}] *m* **1.** (*suela*) Kreppgummi *m o nt* **2.** (*tela*) Krepp *m;* ~ **satén** Seidenkrepp *m*
crep[2] [kre^{p}] *f* (GASTR) Krepp *f*
crepé [kre'pe] *m* **1.** (*suela*) Kreppgummi *m o nt* **2.** (*postizo*) Haarteil *nt* **3.** (*tejido*) Krepp *m*
crepería [krepe'ria] *f* Krepperie *f*
crepitación [krepita'θjon] *f* **1.** (*crujido*) Knistern *nt* **2.** (MED) Krepitation *f;* (*de los huesos*) Knirschen *nt;* (*en el pulmón*) Rasseln *nt*
crepitar [krepi'tar] *vi* knistern
crepuscular [krepusku'lar] *adj* dämm(e)rig
crepúsculo [kre'puskulo] *m* Dämmerung *f;* ~ **matutino** Morgendämmerung *f*
cresa ['kresa] *f* **1.** (*huevos*) (Insekten)eier *ntpl* **2.** (*gusano*) Made *f*
creso ['kreso] *m* Krösus *m*
crespo, **-a** ['krespo, -a] *adj* **1.** (*rizado*) kraus **2.** (*irritado*) gereizt **3.** (*estilo*) verschnörkelt
crespón [kres'pon] *m* **1.** (*gasa*) Flor *m* **2.** (*gasa de luto*) Trauerflor *m*
cresta ['kresta] *f* **1.** (*carnosidad*) Kamm *m;* (*del gallo*) (Hahnen)kamm *m* **2.** (*plumas*) Schopf *m* **3.** (*cabello*) Hahnenkamm *m fam* **4.** (*de una ola*) (Wellen)kamm *m;* **estar en la ~ de la ola** (*fig*) auf dem Gipfel angelangt sein **5.** (*de una montaña*) Kamm *m*
creta ['kreta] *f* Kreide *f*
Creta ['kreta] *f* Kreta *nt*
cretense [kre'tense] **I.** *adj* kretisch **II.** *mf* Kreter(in) *m(f)*
cretino, **-a** [kre'tino, -a] *m, f* (MED: *t. fig*) Kretin *m*
cretona [kre'tona] *f* Cretonne *m o f*
creyente [kre'ɟeṇte] **I.** *adj* gläubig **II.** *mf* Gläubige(r) *mf*
cría ['kria] *f* **1.** (*el criar*) Zucht *f* **2.** (*recién nacido*) Säugling *m* **3.** (*cachorro*) Junge(s) *nt* **4.** (*camada*) Wurf *m* **5.** (*insecto, reptil, pájaro*) Brut *f*
criadero, **-a**[1] [kria'ðero, -a] *adj* fruchtbar
criadero[2] [kria'ðero] *m* **1.** (*plantel*) Baumschule *f* **2.** (*vivero*) Zuchtstätte *f* **3.** (MIN) Vorkommen *nt*
criado, **-a** [kri'aðo, -a] *m, f* Diener *m,* Dienstmädchen *nt*
criador(a)[1] [kria'ðor(a)] *m(f)* **1.** (*de animales*) Züchter(in) *m(f)* **2.** (*de vinos*) Winzer(in) *m(f)*
criador[2] [kria'ðor] *m* (*Dios*) Schöpfer *m*
crianza [kri'aṇθa] *f* **1.** (*lactancia*) Aufzucht *f;* (*personas*) Stillzeit *f* **2.** (*educación*) Erziehung *f*
criar [kri'ar] <*1. pres:* crío> **I.** *vt* **1.** (*alimentar*) ernähren; (*mamíferos*) säugen **2.** (*reproducir y cuidar*) züchten **3.** (*ser propicio*) anziehen **4.** (*educar*) aufziehen, großziehen **5.** (*crear*) erschaffen **6.** (*fundar*) gründen **7.** (*referente al vino*) anbauen **II.** *vi* Junge bekommen **III.** *vr:* ~**se** aufwachsen
criatura [kria'tura] *f* **1.** (*ser*) Geschöpf *nt* **2.** (*niño*) Säugling *m* **3.** (*feto*) Fötus *m* **4.** (*hechura*) Kreatur *f*
criba ['kriβa] *f* **1.** (*tamiz*) Sieb *nt* **2.** (AGR) Dreschflegel *m;* (*mecánica*) Dreschmaschine *f* **3.** (MIN) Setzmaschine *f*
cribar [kri'βar] *vt* **1.** (*colar*) (aus)sieben **2.** (AGR) dreschen
cric [kri^{k}] *m* Winde *f;* (AUTO) Wagenheber *m*
Crimea [kri'mea] *f* Krim *f*
crimen ['krimen] *m* Verbrechen *nt*
criminal [krimi'nal] **I.** *adj* **1.** (*delincuente*) kriminell **2.** (*policía*) Kriminal- **II.** *mf* Kriminelle(r) *mf*
criminalidad [kriminali'ða^{ð}] *f* Kriminalität *f*
criminalista [krimina'lista] *mf* Kriminalist(in) *m(f)*
criminología [kriminolo'xia] *f* Kriminologie *f*
crin [krin] *f* **1.** (*cerda*) Mähne *f* **2.** (*filamento*) Seegras *nt*
crío, **-a** ['krio, -a] *m, f* Kleinkind *nt*
criollo, **-a** [kri'oʎo, -a] **I.** *adj* kreolisch **II.** *m, f* Kreole, -in *m, f*
cripta ['kripta] *f* Krypta *f*
críptico, **-a** ['kriptiko, -a] *adj* kryptisch
criptografía [kriptoɣra'fia] *f* Geheimschrift *f*
criptograma [kripto'ɣrama] *m* Kryptogramm *nt*
criptón [krip'ton] *m* (QUÍM) Krypton *nt*
crisálida [kri'saliða] *f* (ZOOL) Puppe *f*
crisantemo [krisaṇ'temo] *m* Chrysantheme *f*
crisis ['krisis] *f inv* (*t.* ECON) Krise *f;* ~ **nerviosa** Nervenzusammenbruch *m*
crisma[1] ['krisma] *m* (REL) Chrisma *nt*
crisma[2] ['krisma] *f* (*fam: cabeza*) Rübe *f*
crisol [kri'sol] *m* **1.** (*craza*) Schmelztiegel *m* **2.** (*prueba*) Prüfstein *m*
crispación [krispa'θjon] *f* **1.** (*contracción*) Verkrampfung *f* **2.** (*irritación*) Gereiztheit *f*
crispar [kris'par] **I.** *vt* **1.** (*contraer*) verkrampfen **2.** (*exasperar*) reizen **II.** *vr:* ~**se** **1.** (*contraerse*) sich verkrampfen **2.** (*exasperarse*) gereizt werden
cristal [kris'tal] *m* **1.** (*cuerpo*) Kristall *m* **2.** (*vidrio*) Glas *nt* **3.** (*espejo*) Spiegel *m* **4.** (*elev: agua*) Wasser *nt*
cristalera [krista'lera] *f* **1.** (*aparador*) Vitrine *f* **2.** (*puerta*) Glastür *f*
cristalería [kristale'ria] *f* **1.** (*empresa*) Glas-

hütte *f* **2.** (*objetos*) Kristall *nt*

cristalero, -a [krista'lero, -a] *m, f* **1.** (*colocador*) Glaser(in) *m(f)* **2.** (*limpiador*) Fensterputzer(in) *m(f)*

cristalino, -a[1] [krista'lino, -a] *adj* **1.** (*de cristal*) kristallin **2.** (*transparente*) kristallklar

cristalino[2] [krista'lino] *m* (MED) Linse *f*

cristalizar [kristali'θar] <z→c> **I.** *vi, vr:* **~se** **1.** (*sustancia*) kristallisieren **2.** (*ideas, sentimientos*) sich (heraus)kristallisieren **II.** *vt* kristallisieren lassen

cristiandad [kristjan̩'da^ð] *f* **1.** (*fieles*) Christenheit *f* **2.** (*países*) christliche Länder *ntpl*

cristianismo [kristja'nismo] *m* Christentum *nt*

cristianizar [kristjani'θar] <z→c> *vt* christianisieren

cristiano, -a[1] [kris'tjano, -a] **I.** *adj* christlich **II.** *m, f* (*fiel*) Christ(in) *m(f)*

cristiano[2] [kris'tjano] *m* (*fam*) **1.** (*persona*) Mensch *m* **2.** (*castellano*) Spanisch *nt;* **hablar en ~** (*fig*) Klartext reden

cristianodemócrata [kristjanoðe'mokrata] **I.** *adj* (POL) christlich-demokratisch **II.** *mf* (POL) Christdemokrat(in) *m(f)*

cristo ['kristo] *m* **1.** (*crucifijo*) Kruzifix *nt* **2.** (*loc, fam*): **todo ~** jeder

Cristo ['kristo] *m* (Jesus) Christus *m;* **donde ~ perdió el gorro** am Ende der Welt

criterio [kri'terjo] *m* **1.** (*norma*) Kriterium *nt;* **~ de búsqueda** (INFOR) Suchkriterium *nt* **2.** (*discernimiento*) Urteilsvermögen *nt* **3.** (*opinión*) Meinung *f*

crítica ['kritika] *f* Kritik *f*

criticable [kriti'kaβle] *adj* kritisierbar

criticar [kriti'kar] <c→qu> **I.** *vt* kritisieren **II.** *vi* lästern

crítico, -a ['kritiko, -a] **I.** *adj* (*t.* FÍS, MED) kritisch **II.** *m, f* Kritiker(in) *m(f)*

criticón, -ona [kriti'kon, -ona] *m, f* Nörgler(in) *m(f)*

Croacia [kro'aθja] *f* Kroatien *nt*

croar [kro'ar] *vi* quaken

croata [kro'ata] **I.** *adj* kroatisch **II.** *mf* Kroate, -in *m, f*

croché [kro'ʧe] *m* **1.** (*ganchillo*) Häkelarbeit *f;* **hacer ~** häkeln **2.** (DEP) Haken *m*

croco ['kroko] *m* Safran *m*

crol [krol] *m* (DEP) Kraul(schwimmen) *nt*

cromar [kro'mar] *vt* verchromen

cromo ['kromo] *m* (QUÍM) Chrom *nt*

cromosfera [kromos'fera] *f* Chromosphäre *f*

cromosoma [kromo'soma] *m* (BIOL) Chromosom *nt*

crónica ['kronika] *f* **1.** (*anales*) Chronik *f* **2.** (*artículo*) Reportage *f*

crónico, -a ['kroniko, -a] *adj* (*t.* MED) chronisch

cronista [kro'nista] *mf* **1.** (*historiador*) Chronist(in) *m(f)* **2.** (*periodista*) Berichterstatter(in) *m(f)*

crono ['krono] *m* (DEP) **1.** (*tiempo*) (gestoppte) Zeit *f;* **~ personal** persönliche Bestzeit **2.** (*cronómetro*) Stoppuhr *f*

cronografía [kronoɣra'fia] *f* Chronographie *f*

cronología [kronolo'xia] *f* Chronologie *f*

cronológico, -a [krono'loxiko, -a] *adj* chronologisch

cronometrador(a) [kronometra'ðor(a)] *m(f)* (DEP) Zeitnehmer(in) *m(f)*

cronometraje [kronome'traxe] *m* (DEP) Zeitnahme *f*

cronometrar [kronome'trar] *vt* (DEP) stoppen; **~ el tiempo** die Zeit stoppen

cronómetro [kro'nometro] *m* Chronometer *nt;* (DEP) Stoppuhr *f*

croquet ['kroke^t] *m* Krocket *nt*

croqueta [kro'keta] *f* Krokette *f*

croquis ['krokis] *m inv* Skizze *f,* Kroki *nt*

cros [kros] *m inv* (DEP) Querfeldeinrennen *nt*

crótalo ['krotalo] *m* **1.** (ZOOL) Klapperschlange *f* **2.** (*instrumento*) Klapper *f*

cruasán [krwa'san] *m* Croissant *nt*

cruce ['kruθe] *m* **1.** (*acción*) Kreuzen *nt* **2.** (*intersección*) Schnittpunkt *m* **3.** (*mezcla, de caminos, t.* BIOL) Kreuzung *f;* **~ de peatones** Fußgängerüberweg *m* **4.** (*interferencia*) Überlagerung *f,* Interferenz *f;* **~ de datos** (ECON, INFOR) Datenabgleich *m* **5.** (LING) Wortkreuzung *f*

cruceiro [kru'θei̯ro] *m* Cruzeiro *m*

crucero [kru'θero] *m* **1.** (ARQUIT) Vierung *f* **2.** (*cruciferario*) Kreuzträger *m* **3.** (NÁUT: *buque*) Kreuzer *m* **4.** (*viaje*) Kreuzfahrt *f*

cruceta [kru'θeta] *f* **1.** (*de líneas*) Gitter *nt* **2.** (*en la labor*) Kreuzstich *m*

crucial [kru'θjal] *adj* **1.** (*en forma de cruz*) kreuzförmig **2.** (*decisivo*) entscheidend

crucificado [kruθifi'kaðo] *m:* **el ~** der Gekreuzigte

crucificar [kruθifi'kar] <c→qu> *vt* **1.** (*aspar*) kreuzigen **2.** (*atormentar*) quälen

crucifijo [kruθi'fixo] *m* Kruzifix *nt*

crucifixión [kruθifi^ɣ'sjon] *f* Kreuzigung *f*

cruciforme [kruθi'forme] *adj* kreuzförmig

crucigrama [kruθi'ɣrama] *m* Kreuzworträtsel *nt*

crudelísimo, -a [kruðe'lisimo, -a] *adj superl irr de* **cruel**

crudeza [kru'ðeθa] *f* **1.** (*rigor*) Strenge *f,* Härte *f* **2.** (*rudeza*) Grobheit *f* **3.** (*crueldad*) Brutalität *f* **4.** *pl* (*alimentos*) schwer verdauliche Speisen *fpl*

crudo, -a[1] ['kruðo, -a] *adj* **1.** (*sin cocer, natural*) roh **2.** (*aplicado al tiempo*) streng, rau **3.** (*blanco-amarillento*) rohweiß **4.** (*despiadado*) brutal; **en ~** unerbittlich **5.** (*de difícil digestión*) schwer verdaulich

crudo[2] ['kruðo] *m* Rohöl *nt*

cruel [cru'el] *adj* <crudelísimo> grausam (*con* zu +*dat,* gegen +*akk*)

crueldad [kruel'ða^{d}] *f* Grausamkeit *f* (*con* gegenüber +*dat*)

cruento, -a [kru'en̩to, -a] *adj* blutig

crujía [kru'xia] *f* (ARQUIT) Spannweite *f*

crujido [kru'xiðo] *m* Knistern *nt;* (*de dientes*) Knirschen *nt*

crujiente [kru'xjen̩te] *adj* knisternd; (*dientes*) knirschend; (*pan*) knusprig

crujir [kru'xir] *vi* knistern; (*dientes*) knirschen

crup [kru^{p}] *m* (MED) Krupp *m*

crupier [kru'pjer] *m* Croupier *m*

crustáceo [krus'taθeo] *m* (ZOOL) Krebstier *nt*

cruz [kruθ] *f* **1.** (*aspa, crucifijo*) Kreuz *nt;* ~ **gamada** Hakenkreuz *nt;* **C~ Roja** Rotes Kreuz **2.** (*de una moneda o medalla*) Rückseite *f,* Revers *m;* **¿cara o ~?** Kopf oder Zahl? **3.** (*de un árbol*) Kronenansatz *m* **4.** (*de un animal*) Widerrist *m* **5.** (ASTR) Kreuz *nt* **6.** (*suplicio*) Kreuz *nt,* Last *f;* **llevar una** ~ eine schwere Last zu tragen haben

cruzada [kru'θaða] *f* Kreuzzug *m*

cruzado, -a[1] [kru'θaðo, -a] *adj* **1.** (BIOL): **animal** ~ Bastard *m* **2.** (*ropa*) Wickel-; **chaqueta cruzada** Zweireiher *m*

cruzado[2] [kru'θaðo] *m* Kreuzfahrer *m*

cruzamiento [kruθa'mjen̩to] *m* **1.** (*condecoración*) Dekorierung *f* **2.** (BIOL) Kreuzung *f*

cruzar [kru'θar] <z→c> **I.** *vt* **1.** (*atravesar*) kreuzen; (*de un lado al otro*) überqueren; ~ **los brazos** die Arme verschränken; ~ **las piernas** die Beine übereinander schlagen; ~ **algo con una raya** etw durchstreichen **2.** (BIOL) kreuzen **3.** (*condecorar*) dekorieren **II.** *vi* **1.** (*t.* NÁUT: *pasar*) kreuzen **2.** (*juntarse*) zusammenpassen **III.** *vr:* ~**se** **1.** (*atravesarse*) sich kreuzen **2.** (*encontrarse*) begegnen (*con* +*dat*); ~**se con alguien** jds Weg kreuzen **3.** (MAT) sich kreuzen

CTNE [θete(e)ne'e] *f abr de* **Compañía Telefónica Nacional de España** *frühere Bezeichnung für die spanische Telefongesellschaft*

cu [ku] *f* Q *nt*

cuaderna [kwa'ðerna] *f* **1.** (*en el juego de tablas*) Doppelpasch *m* **2.** (*en un buque*) Spant *nt*

cuaderno [kwa'ðerno] *m* Heft *nt;* ~ **de bitácora** (NÁUT) Logbuch *nt*

cuadra ['kwaðra] *f* **1.** (*establo*) Stall *m;* (*de caballos*) (Pferde)stall *m* **2.** (*conjunto de caballos*) (Renn)stall *m* **3.** (*lugar sucio*) Saustall *m fam* **4.** (*sala*) großer Raum *m;* (*para dormir*) Schlafsaal *m* **5.** (*Am: manzana de casas*) Häuserblock *m* **6.** (*cuarto de milla*) Viertelmeile *f*

cuadradillo [kwaðra'ðiʎo] *m* **1.** (*regla*) Vierkantlineal *nt* **2.** (*pieza de tela*) Zwickel *m* **3.** (*barra*) kleiner Vierkant *m*

cuadrado, -a[1] [kwa'ðraðo, -a] *adj* **1.** (*rectangular*) quadratisch; **metro** ~ Quadratmeter *m;* **tener la cabeza cuadrada** ein Dickschädel sein *fam* **2.** (*macizo*) klobig **3.** (*corpulento*) beleibt, korpulent

cuadrado[2] [kwa'ðraðo] *m* **1.** (*t.* ASTR) Quadrat *nt;* **elevar al** ~ ins Quadrat erheben **2.** (*regla*) Vierkantlineal *nt* **3.** (*trozo de tela*) Zwickel *m* **4.** (*barra*) Vierkant *m*

cuadragenario, -a [kwaðraxe'narjo, -a] **I.** *adj* in den Vierzigern **II.** *m, f* Vierziger(in) *m(f)*

cuadragésimo, -a[1] [kwaðra'xesimo, -a] *adj* (*parte*) vierzigstel; (*numeración*) vierzigste(r, s); **la cuadragésima parte de** ein Vierzigstel von; *v. t.* **octavo**

cuadragésimo[2] [kwaðra'xesimo] *m* Vierzigstel *nt; v. t.* **octavo**

cuadrangular [kwaðraŋgu'lar] *adj* viereckig

cuadrángulo [kwa'ðraŋgulo] *m* Viereck *nt*

cuadrante [kwa'ðran̩te] *m* **1.** (ASTR, MAT) Quadrant *m* **2.** (*reloj de sol*) Sonnenuhr *f* **3.** (RADIO) Einstellskala *f*

cuadrar [kwa'ðrar] **I.** *vi* **1.** (*ajustarse, convenir*) passen (*con* zu +*dat*) **2.** (*coincidir*) ausgeglichen sein **II.** *vt* **1.** (*dar figura de cuadro*) quadratisch machen; (*en carpintería*) (ab)vieren **2.** (ARTE, MAT) quadrieren **3.** (*una cuenta*) ausgleichen **III.** *vr:* ~**se** **1.** (MIL) strammstehen **2.** (*pararse un caballo*) auf allen Vieren stehen bleiben **3.** (*fam: plantarse*) sich auf die Hinterbeine stellen

cuadratura [kwaðra'tura] *f* (ASTR, MAT) Quadratur *f*

cuadrícula [kwa'ðrikula] *f* Karierung *f;* **papel de** ~ kariertes Papier

cuadricular [kwaðriku'lar] **I.** *adj* kariert **II.** *vt* karieren

cuadriga [kwa'ðriɣa] *f* Viergespann *nt;* (*en la antigua Roma*) Quadriga *f*

cuadrilátero [kwaðri'latero] *m* **1.** (*polígono*) Viereck *nt* **2.** (DEP) (Box)ring *m*

cuadrilla [kwa'ðriʎa] *f* **1.** (*brigada*) Kolonne *f* **2.** (*de amigos*) Clique *f* **3.** (*pey: de maleantes*) Rotte *f,* Bande *f*

cuadro ['kwaðro] *m* **1.** (*rectángulo*) Rechteck *nt;* **a** ~**s** kariert **2.** (*pintura*) Gemälde *nt* **3.** (*marco*) Rahmen *m* **4.** (*bancal*) Beet *nt* **5.** (*escena*) Szene *f* **6.** (*descripción*) Schilderung *f* **7.** (*gráfico*) Grafik *f;* ~ **sinóptico** Übersicht *f* **8.** (*conjunto de mandos, t.* MIL) Stab *m* **9.** (TÉC) Schalttafel *f* **10.** (TEAT) Szene *f*

cuadrúpedo [kwa'ðrupeðo] *m* Vierbeiner *m*

cuadruplicar [kwaðrupli'kar] <c→qu> *vt, vr:* ~**se** (sich) vervierfachen

cuádruplo, -a[1] ['kwaðruplo, -a] *adj* vierfach; *v. t.* **óctuplo**

cuádruplo[2] ['kwaðruplo] *m* Vierfache(s) *nt; v. t.* **óctuplo**

cuajada [kwa'xaða] *f* Quark *m*

cuajar [kwa'xar] **I.** *vi* **1.** (*espesarse*) gerinnen; (*la nieve*) liegen bleiben **2.** (*fam: realizarse*) klappen **II.** *vt* **1.** (*solidificar*) eindicken **2.** (*cubrir*) überhäufen **III.** *vr:* ~**se** **1.** (*coagularse*) gerinnen **2.** (*llenarse*) sich füllen (*de* mit +*dat*) **3.** (*solidificarse*) eindicken **IV.** *m* (ZOOL) Labmagen *m*

cuajo ['kwaxo] *m* **1.** (*sustancia*) Lab *nt* **2.** (*solidificación*) Eindickung *f* **3.** (ZOOL) Labmagen *m* **4.** (*loc, fam*): **de** ~ vollständig

cual [kwal] *pron rel* **1.** (*relativo explicativo*): **el/la** ~ der/die, welcher/welche; **lo** ~ was; **los/las** ~**es** die, welche; **cada** ~ jede(r) (Einzelne) **2.** (*relativo correlativo*): **hazlo tal** ~ **te lo digo** mach es so, wie ich es dir sage; **tal o** ~ der/die/das eine oder andere; **sea** ~ **sea su intención** was er/sie auch immer vorhat

cuál [kwal] **I.** *pron inter* welche(r, s); **¿~ es el tuyo?** welches ist deins? **II.** *adj* (*Am*) welche(r, s) **III.** *pron indef* **1.** (*distributivo*): ~ **más** ~ **menos** der eine mehr, der andere weniger **2.** (*ponderativo*): **tengo tres hermanas a** ~ **más bella** ich habe drei Schwestern, eine hübscher als die andere

cualesquier(a) [kwales'kjera] *pron indef pl de* **cualquiera**

cualidad [kwali'ða[ð]] *f* Eigenschaft *f,* Qualität *f*

cualificación [kwalifika'θjon] *f* **1.** (*clasificación*) Klassifikation *f* **2.** (*calificación*) Qualifikation *f*

cualificar [kwalifi'kar] <c→qu> *vt* qualifizieren

cualitativo, -a [kwalita'tiβo, -a] *adj* qualitativ

cualquiera [kwal'kjera] **I.** *pron indef* (*delante de un substantivo: cualquier*) irgendein(e, er, s); **en un lugar** ~ irgendwo; **a cualquier hora** jederzeit; **cualquier cosa** irgendwas; **de cualquier modo** irgendwie; (*de todas maneras*) jedenfalls; **¡~ lo puede hacer!** das kann doch jeder! **II.** *mf:* **ser una** ~ (*pey*) eine Hure sein

cuan [kwan] *adv* so; **cayó** ~ **largo era** er fiel der Länge nach hin

cuando ['kwan̪do] *conj* **1.** (*presente*) wenn; **de** ~ **en** ~ ab und zu **2.** (*pasado: con imperfecto*) wenn; (*con indefinido*) als; ~ **(era) niño viví en Madrid** als Kind habe ich in Madrid gelebt **3.** (*futuro; +subj*) sobald; ~ **quiera** jederzeit **4.** (*relativo*): **el lunes es** ~ **no trabajo** montags arbeite ich nicht **5.** (*condicional*) wenn, falls; ~ **más** [*o* **mucho**] höchstens; ~ **menos** mindestens **6.** (*aunque*): **aun** ~ auch wenn

cuándo ['kwan̪do] *adv* wann; **¡~ vas a reconocerlo!** du solltest es endlich einsehen!

cuantía [kwan̪'tia] *f* **1.** (*suma*) Ausmaß *nt,* Umfang *m* **2.** (*valía*) Bedeutung *f*

cuántica ['kwan̪tika] *f* (FÍS) Quantentheorie *f*

cuantificación [kwan̪tifika'θjon] *f* zahlenmäßige Erfassung *f,* Quantifizierung *f*

cuantificar [kwan̪tifi'kar] <c→qu> *vt* **1.** (*expresar numéricamente*) in Zahlen beschreiben, quantifizieren **2.** (FÍS) quanteln

cuantioso, -a [kwan̪'tjoso, -a] *adj* reichlich

cuantitativo, -a [kwan̪tita'tiβo, -a] *adj* quantitativ

cuanto, -a[1] ['kwan̪to, -a] **I.** *pron rel* **1.** (*neutro*) alles, was …; **tanto…** ~ so viel … wie; **dije (todo)** ~ **sé** ich habe alles gesagt, was ich weiß **2.** *pl* alle, die …; **la más hermosa de cuantas conozco** die Hübscheste von allen, die ich kenne **II.** *pron indef:* **unos** ~**s/unas cuantas** einige, ein paar

cuanto[2] ['kwan̪to] **I.** *adv:* ~**… tanto…** je …, desto …; ~ **antes** möglichst bald; ~ **más que…** umso mehr, als … **II.** *prep* (*por lo que se refiere a*): **en** ~ **a** bezüglich +*gen* **III.** *conj* **1.** (*temporal*): **en** ~ **(que)** +(*subj*) sobald **2.** (*puesto que*): **por** ~ **que** da **IV.** *m* (FÍS) Quant *nt*

cuánto, -a[1] ['kwan̪to, -a] **I.** *adj* wie viel; **¿~ tiempo?** wie lange?; **¿cuántas veces?** wie oft? **II.** *pron inter* wie viel; **¿~ hay de aquí a Veracruz?** wie weit ist es von hier bis nach Veracruz?

cuánto[2] ['kwan̪to] *adv* **1.** (*interrogativo*) wie viel; **¿a ~?** wie teuer?; **¿~ me quieres?** wie sehr liebst du mich? **2.** (*exclamativo*) wie sehr; **¡~ llueve!** wie stark es regnet!

cuarenta [kwa'ren̪ta] **I.** *adj inv* vierzig **II.** *m* Vierzig *f;* **cantar las** ~**s a alguien** jdm den Kopf waschen *fig; v. t.* **ochenta**

cuarentavo, -a[1] [kwaren̪'taβo, -a] *adj* vierzigstel; *v. t.* **octavo**

cuarentavo[2] [kwaren̪'taβo] *m* Vierzigstel *nt; v. t.* **octavo**

cuarentena [kwaren̪'tena] *f* **1.** (*cuarenta unidades*) *Einheit aus vierzig Teilen;* **una** ~ **de veces** etwa vierzigmal **2.** (*aislamiento*) Quarantäne *f*

cuarentón, -ona [kwaren̪'ton, -ona] **I.** *adj* in den Vierzigern **II.** *m, f* Vierziger(in) *m(f)*

cuaresma [kwa'resma] *f* (REL) Fastenzeit *f*

cuarta ['kwarta] *f* **1.** (*cuarta parte*) Viertel *nt* **2.** (*medida*) Spanne *f* **3.** (MÚS) Quarte *f*

cuartear [kwarte'ar] **I.** *vt* **1.** (*dividir en cuartos*) vierteln **2.** (*zigzaguear*) im Zickzack entlangfahren **II.** *vr:* ~**se** rissig werden

cuartel [kwar'tel] *m* **1.** (*cuarta parte*) Viertel *nt* **2.** (MIL: *acuartelamiento*) Quartier *nt;* ~

C

general Hauptquartier *nt* **3.** (MIL: *edificio*) Kaserne *f* **4.** (*perdón*) Schonung *f*

cuartelero, -a [kwarte'lero, -a] *adj* **1.** (*referente al cuartel*) Kasernen- **2.** (*grosero*) unflätig

cuartelillo [kwarte'liʎo] *m* Revier *nt*

cuarteo [kwar'teo] *m* **1.** (*división*) Vierteilung *f* **2.** (*grieta*) Riss *m*

cuarteto [kwar'teto] *m* (MÚS) Quartett *nt*

cuartilla [kwar'tiʎa] *f* Quartblatt *nt*, kleines Blatt *nt*

cuarto, -a¹ ['kwarto, -a] **I.** *adj* (*parte*) viertel; (*numeración*) vierte(r, s) **II.** *m, f* Viertel *nt*; ~ **creciente/menguante** erstes/letztes (Mond)viertel; ~ **de final** (DEP) Viertelfinale *nt*; ~ **de hora** Viertelstunde *f*; **es la una y/menos** ~ es ist Viertel nach/vor eins; *v. t.* **octavo**

cuarto² ['kwarto] *m* **1.** (*habitación*) Zimmer *nt*; ~ **de aseo** Toilette *f*; ~ **de baño** Badezimmer *nt*; ~ **de estar** Wohnzimmer *nt*; ~ **trastero** Rumpelkammer *f* **2.** (*pl*) (*fam: dinero*) Knete *f*; **tener cuatro ~s** jede Mark umdrehen müssen **3.** (*de un caballo*): **~s delanteros/traseros** Vor(der)-/Hinterhand *f*

cuartucho [kwar'tuʧo] *m* (*pey*) Loch *nt*

cuarzo ['kwarθo] *m* Quarz *m*

cuaternario, -a¹ [kwater'narjo, -a] *adj* **1.** (*de cuatro piezas*) vierteilig **2.** (*de cuatro cifras*) vierstellig **3.** (GEO) quartär

cuaternario² [kwater'narjo] *m* (GEO) Quartär *nt*

cuatrero, -a [kwa'trero, -a] *m, f* Viehdieb(in) *m(f)*

cuatrienal [kwatrje'nal] *adj* **1.** (*repetición*) vierjährlich **2.** (*duración*) vierjährig

cuatrienio [kwatri'enjo] *m* Zeitraum *m* von vier Jahren

cuatrillizo, -a [kwatri'ʎiθo, -a] *m, f* Vierling *m*

cuatrimestre [kwatri'mestre] *m* Zeitraum *m* von vier Monaten

cuatrimotor [kwatrimo'tor] *adj* viermotorig

cuatro ['kwatro] *adj inv* vier; *v. t.* **ocho**

cuatrocientos, -as [kwatro'θjentos, -as] *adj* vierhundert; *v. t.* **ochocientos**

cuatrojos [kwa'troxos] *mf inv* (*argot*) Brillenschlange *f*

cuba ['kuβa] *f* Kübel *m*; **estar como una ~** (*fam: borracho*) sternhagelvoll sein

Cuba ['kuβa] *f* Kuba *nt*

> **Cuba** (offiziell: **República de Cuba**) ist die größte der Westindischen Inseln. Die Hauptstadt und zugleich größte Stadt Kubas ist **La Habana**. Die offizielle Landessprache ist **Spanisch**. Die Währungseinheit ist der **peso cubano**.

cubano, -a [ku'βano, -a] **I.** *adj* kubanisch **II.** *m, f* Kubaner(in) *m(f)*

cubertería [kuβerte'ria] *f* Besteck *nt*

cubeta [ku'βeta] *f* **1.** (*cubo*) Eimer *m* **2.** (FOTO) Wanne *f*, Schale *f* **3.** (*de un termómetro*) Kolben *m*

cubicar [kuβi'kar] <c→qu> *vt* (MAT) **1.** (*multiplicar*) kubieren, in die dritte Potenz erheben **2.** (*medir el volumen*) das Volumen berechnen +*gen*

cúbico, -a ['kuβiko, -a] *adj* **1.** (*de forma de cubo*) würfelförmig, kubisch **2.** (MAT) kubisch; **metro** ~ Kubikmeter *m*

cubículo [ku'βikulo] *m* Kammer *f*

cubierta [ku'βjerta] *f* **1.** (*cobertura*) Abdeckung *f*; (*de un libro*) Einband *m*; (*de una rueda*) Mantel *m*; ~ **de cama** Bettdecke *f* **2.** (NÁUT) (Schiffs)deck *nt* **3.** (ARQUIT) Dach *nt* **4.** (*pretexto*) Deckmantel *m*

cubierto, -a¹ [ku'βjerto, -a] **I.** *pp de* **cubrir** **II.** *adj* **1.** (*tiempo*) bedeckt, bewölkt **2.** (FIN): **cheque** ~ gedeckter Scheck *m*

cubierto² [ku'βjerto] *m* **1.** (*servicio de mesa, t.* GASTR) Gedeck *nt*; **poner un** ~ ein Gedeck auflegen **2.** (*cubertería*) Besteck *nt* **3.** (*techumbre*) (Schutz)dach *nt*; **ponerse a** ~ sich unterstellen

cubil [ku'βil] *m* **1.** (*refugio*) Schlupfwinkel *m* **2.** (*cauce*) (Fluss)bett *nt*

cubilete [kuβi'lete] *m* **1.** (*molde*) Backform *f* **2.** (*en juegos*) Würfelbecher *m* **3.** (GASTR) Pastete *f*

cubismo [ku'βismo] *m* (ARTE) Kubismus *m*

cubitera [kuβi'tera] *f* Eiswürfelschale *f*

cubito [ku'βito] *m* Eiswürfel *m*

cúbito ['kuβito] *m* (ANAT) Elle *f*

cubo ['kuβo] *m* **1.** (*recipiente*) Eimer *m* **2.** (*de una rueda*) Nabe *f* **3.** (*hexaedro*) Würfel *m* **4.** (MAT) Kubikzahl *f*

cubrecama [kuβre'kama] *m* Tagesdecke *f*

cubrimiento [kuβri'mjento] *m* Abdeckung *f*

cubrir [ku'βrir] *irr como abrir* **I.** *vt* **1.** (*tapar*) bedecken (*con/de* mit +*dat*), abdecken (*con/de* mit +*dat*) **2.** (*ocultar*) verdecken **3.** (*recorrer*) zurücklegen **4.** (*techar un edificio*) mit einem Dach versehen; (*un espacio*) überdachen **5.** (DEP, MIL) decken; **¡cubridme!** gebt mir Deckung! **6.** (*rellenar*) (auf)füllen **7.** (*llenar*) überschütten (*de* mit +*dat*) **8.** (*gastos*) decken **9.** (*vacante*) besetzen **10.** (*deuda*) begleichen **11.** (ZOOL) decken **12.** (*proteger*) bewahren (*de* vor +*dat*) **13.** (PREN) berichten (über +*akk*) **II.** *vr*: **~se** **1.** (*revestirse, llenarse*) sich bedecken **2.** (*ponerse el sombrero*) seinen Hut aufsetzen **3.** (*el cielo*) sich bedecken, sich bewölken **4.** (MIL) in Deckung gehen **5.** (*protegerse*) sich schützen (*contra* vor +*dat*)

cuca ['kuka] *f* **1.** (*chufa*) Erdmandel *f* **2.** (*oruga*) Raupe *f* **3.** (*fam: jugadora*) Spielsüchtige *f* **4.** (*vulg: pene*) Schwanz *m fam* **5.** *pl* (*fam: dinero*) Piepen *pl*

cucar [ku'kar] <c→qu> *vt* zuzwinkern +*dat*

cucaracha [kuka'ratʃa] *f* Kakerlak *m*

cuchara [ku'tʃara] *f* Löffel *m;* ~ **de palo** Holzlöffel *m;* ~ **sopera** Suppenlöffel *m;* **meter (su)** ~ (*entrometerse*) seinen Senf dazugeben *fam*

cucharada [kutʃa'raða] *f* (*porción*) Löffel *m;* **una ~ grande/pequeña** ein Esslöffel/Teelöffel (voll); **una ~ de azúcar** ein Löffel (voll) Zucker; **sólo ha comido dos ~s** er/sie hat nur zwei Löffel (voll) gegessen; **a ~s** (ess)löffelweise; **meter su ~** (*fig*) seinen Senf dazugeben *fam*

cucharilla [kutʃa'riʎa] *f* Teelöffel *m*

cucharón [kutʃa'ron] *m* Schöpflöffel *m*

cuchichear [kutʃitʃe'ar] *vi* tuscheln, flüstern

cuchicheo [kutʃi'tʃeo] *m* Getuschel *nt,* Geflüster *nt*

cuchilla [ku'tʃiʎa] *f* **1.** (*de afeitar*) Rasierklinge *f* **2.** (*cuchillo grande*) (breites) Messer *nt;* ~ **de picar** Hackmesser *nt*

cuchillada [kutʃi'ʎaða] *f* **1.** (*navajazo*) Messerstich *m;* (*corte*) Schnitt *m* **2.** (*herida*) Stichwunde *f;* **andar a ~s con alguien** (*fig*) (mit) jdm spinnefeind sein

cuchillería [kutʃiʎe'ria] *f* **1.** (*fábrica*) Messerfabrik *f* **2.** (*tienda*) Messergeschäft *nt*

cuchillero [kutʃi'ʎero] *m* **1.** (*persona*) Messerschmied *m* **2.** (*abrazadera*) Klammer *f*

cuchillo [ku'tʃiʎo] *m* **1.** (*para cortar*) Messer *nt;* ~ **de bolsillo** Taschenmesser *nt;* ~ **de cocina** Küchenmesser *nt;* ~ **de monte** Hirschfänger *m;* **pasar a ~** niedermetzeln **2.** (*de la ropa*) Zwickel *m* **3.** (ARQUIT) Stützbalken *m*

cuchitril [kutʃi'tril] *m* **1.** (*pocilga*) Schweinestall *m* **2.** (*habitación, vivienda*) Loch *nt pey*

cuchufleta [kutʃu'fleta] *f* Neckerei *f,* Scherz *m*

cuclillas [ku'kliʎas] *fpl:* **estar en ~** in der Hocke sitzen

cuclillo [ku'kliʎo] *m* Kuckuck *m*

cuco, -a[1] ['kuko, -a] *adj* **1.** (*astuto*) gerissen, schlau **2.** (*bonito*) hübsch, niedlich

cuco[2] ['kuko] *m* **1.** (ZOOL) Kuckuck *m* **2.** (*canto*) Kuckucksruf *m*

cucurucho [kuku'rutʃo] *m* **1.** (*de papel*) Papiertüte *f* **2.** (*de helado*) (Eis)hörnchen *nt* **3.** (*Am: para dibujos*) Zeichnungsrolle *f* **4.** (*gorro cónico*) spitze Mütze *f;* (*de procesión*) Büßermütze *f*

cuello ['kweʎo] *m* **1.** (ANAT) Hals *m;* ~ **uterino** Gebärmutterhals *m;* **alargar el ~** den Hals recken; **está con el agua al ~** ihm/ihr steht das Wasser bis zum Hals **2.** (*de una prenda*) Kragen *m* **3.** (*de un recipiente*) Hals *m;* ~ **de botella** Flaschenhals *m;* (*Am: fig*) Engpass *m*

cuenca ['kweŋka] *f* **1.** (GEO) Becken *nt;* ~ **del río** Flussbecken *nt* **2.** (*región*) (Fluss)gebiet *nt;* **la ~ (carbonífera) del Ruhr** das Ruhrgebiet **3.** (*recipiente*) Holznapf *m* **4.** (*de los ojos*) Augenhöhle *f*

cuenco ['kweŋko] *m* **1.** (*vasija*) Napf *m* **2.** (*concavidad*) Höhlung *f;* **el ~ de la mano** die hohle Hand

cuenta ['kwen̪ta] *f* **1.** (*cálculo*) (Be)rechnung *f;* (*calculación final*) Abrechnung *f;* ~ **atrás** Countdown *m;* **~s atrasadas** Außenstände *mpl;* **rendición de ~s** Rechnungslegung *f;* **Tribunal de C~s** Rechnungshof *m;* ~ **de la vieja** Abzählen an den Fingern; **por ~ del Estado** auf Staatskosten; **pagar la ~** die Rechnung begleichen; **poner en ~** in Rechnung stellen; **por ~ propia** auf eigene Rechnung; **establecerse por su ~** sich selb(st)ständig machen; **a ~ de alguien** auf jds Rechnung; (*fig*) auf jds Verantwortung; **echar ~s** überlegen; **dar ~ de algo** über etw Bericht erstatten; **ajustar las ~s a alguien** mit jdm abrechnen; **tener en ~** bedenken; **tomar en ~** berücksichtigen; **darse ~ de algo** etw (be)merken; **caer en la ~** plötzlich merken; **hablar más de la ~** zu viel reden; **a fin de ~s** letztendlich; **en resumidas ~s** kurz und gut; **perder la ~** den Faden verlieren; **estar fuera de ~** (*una mujer*) die neun Monate der Schwangerschaft überschritten haben **2.** (*en el banco*) Konto *nt;* ~ **corriente** [*o* **de giros**] Girokonto *nt;* ~ **de crédito** Kreditkonto *nt;* **abonar en ~** gutschreiben; **abrir una ~** ein Konto eröffnen; **girar a una ~** auf ein Konto überweisen **3.** (*de un collar*) Perle *f;* **~s de vidrio** Glasperlen *fpl* **4.** (*de hilo*) (Faden)dichte *f*

cuentagotas [kwen̪ta'ɣotas] *m inv* Pipette *f;* **con** [*o* **a**] ~ (*fig*) spärlich

cuentakilómetros [kwen̪taki'lometros] *m inv* Kilometerzähler *m*

cuentarrevoluciones [kwen̪tarreβolu'θjones] *m inv* Drehzahlmesser *m*

cuentista [kewn̪'tista] *mf* **1.** (*chismoso*) Klatschmaul *nt fam* **2.** (*fanfarrón*) Angeber(in) *m(f);* (*chiflado*) Spinner(in) *m(f) fam* **3.** (*narrador*) (Geschichten)erzähler(in) *m(f);* (LIT) Verfasser(in) *m(f)* von Kurzgeschichten

cuento ['kwen̪to] *m* **1.** (LIT: *historieta*) (Kurz)geschichte *f,* Erzählung *f;* ~ **chino** Lüge *f;* ~ **de hadas** Märchen *nt;* ~ **de nunca acabar** endlose Geschichte; ~ **popular**

Volksmärchen *nt;* **libro de ~s** Märchenbuch *nt;* **tener mucho ~** (*presumir*) angeben; (*exagerar*) übertreiben; **dejarse de ~s** zur Sache kommen; **eso no viene a ~** das hat damit nichts zu tun **2.** (ARQUIT, TÉC) Strebe *f,* Stütze *f* **3.** (*del ave*) Flügelgelenk *nt*

cuerda ['kwerða] *f* **1.** (*cordel*) Strick *m,* Leine *f;* **~ floja** Seiltänzerdraht *m;* **~ metálica** Draht *m;* **~ métrica** Messband *nt;* **andar en la ~ floja** einen Eiertanz aufführen *fam;* **ser de la misma ~** (*fig*) aus dem gleichen Holz geschnitzt sein **2.** (*del reloj*) (Auf-zug)feder *f;* **dar ~ al reloj** die Uhr aufziehen; **dar ~ a alguien** jdn animieren **3.** (ANAT, MAT) Sehne *f;* **~s vocales** Stimmbänder *ntpl* **4.** (*de instrumentos*) Saite *f;* **~ metálica** Stahlsaite *f;* **~ de tripa** Darmsaite *f;* **juego de ~s** Saitenbezug *m;* **apretar las ~s** (*fig*) strengere Saiten aufziehen

cuerdo, -a ['kwerðo, -a] *adj* **1.** (*inteligente*) klug; **estar ~** bei vollem Verstand sein **2.** (*razonable*) vernünftig

cuerno ['kwerno] *m* **1.** (MÚS, ZOOL) Horn *nt;* **~ de la abundancia** Füllhorn *nt* **2.** (*loc, fam*): **ponerle a alguien los ~s** jdm Hörner aufsetzen; **¡y un ~!** ich pfeife darauf!; **irse al ~** in die Hose(n) gehen; (*plan*) den Bach runtergehen; **¡que se vaya al ~!** der Teufel soll ihn/sie holen!

cuero ['kwero] *m* **1.** (*piel*) Leder *nt;* **~ cabelludo** Kopfhaut *f;* **~ curtido** gegerbtes Leder; **estar en ~s** splitternackt sein; **dejar a alguien en ~s** jdn bis aufs Hemd ausziehen **2.** (*recipiente*) (Wein)schlauch *m*

cuerpazo [kwer'paθo] *m* (*fam*) Traumfigur *f*

cuerpo ['kwerpo] *m* **1.** (*del hombre o del animal*) Körper *m,* Leib *m;* (*sólo el tronco*) Rumpf *m;* (*de una mujer*) Figur *f;* (*cadáver*) Leiche *f;* **a ~ descubierto** ohne Waffenschutz; **una foto de ~ entero** eine Ganzaufnahme; **luchar ~ a ~** Mann gegen Mann kämpfen; **dar con el ~ en tierra** hinfallen; **tomar ~** Gestalt annehmen; **estar de ~ presente** aufgebahrt sein; **hacer de(l) ~** seine Notdurft verrichten; **haz lo que te pida el ~** tu das, worauf du Lust hast **2.** (*objeto, t.* MAT) Körper *m;* **~ celeste** Himmelskörper *m;* **~ extraño** Fremdkörper *m* **3.** (*corporación*) Körperschaft *f,* Korps *nt;* **~ de bomberos** Feuerwehr; **~ diplomático** diplomatisches Korps; **~ docente** Lehrkörper *m* **4.** (*grosor*) Stärke *f;* **~ de letra** (TIPO) Schriftgröße *f;* **tener poco ~** dünn sein; (*líquido*) dünnflüssig sein **5.** (*colección*) Sammlung *f* **6.** (*parte principal*) Hauptteil *m,* Kernstück *nt;* (*de iglesia*) Hauptschiff *nt* **7.** (ADMIN: *de una carta*) Textfeld *nt*

cuervo ['kwerβo] *m* Rabe *m*

cuesta ['kwesta] *f* Abhang *m;* **~ abajo/arriba** bergab/bergauf; **un camino en ~** ein ansteigender Weg; **llevar a alguien/algo a ~s** jdn/etw auf dem Rücken tragen; **la ~ de enero** die leeren Kassen nach den Weihnachtsfeiertagen

cuestación [kwesta'θjon] *f* Kollekte *f,* Sammlung *f*

cuestión [kwes'tjon] *f* Frage *f,* Problem *nt;* **~ de confianza** Vertrauensfrage *f;* **~ de gustos** Geschmackssache *f;* **~ secundaria** Nebensache *f;* **es ~ de intentarlo** man muss es einfach nur versuchen; **es ~ de tiempo nada más** es ist nur eine Frage der Zeit; **ahí está la ~** hier liegt der Hase im Pfeffer *fam;* **eso es otra ~** das ist etwas ganz anderes; **la ~ es pasarlo bien** (die) Hauptsache (ist), man amüsiert sich

cuestionable [kwestjo'naβle] *adj* fraglich, zweifelhaft

cuestionar [kwestjo'nar] *vt* diskutieren, erörtern

cuestionario [kwestjo'narjo] *m* Fragebogen *m*

cueva ['kweβa] *f* Höhle *f;* (*sótano*) Keller *m;* **~ de ladrones** (*fig*) Räuberhöhle *f*

cuévano ['kweβano] *m* Tragkorb *m,* Kiepe *f reg*

cuidado [kwi'ðaðo] *m* **1.** (*esmero y precaución*) Sorgfalt *f,* Vorsicht *f;* **¡~!** Achtung!, Vorsicht!; **¡~ con el escalón!** Vorsicht Stufe!; **¡anda con ~!** sei vorsichtig!; **ser de ~** gefährlich sein; **eso me tiene sin ~** das lässt mich kalt **2.** (*asistencia*) Pflege *f;* (*de maquinarias*) Wartung *f;* **~ médico** medizinische Betreuung; **~ preventivo** Vorbeugung *f;* **salir de ~** (*mejorar*) außer Lebensgefahr sein; (*dar a luz*) gebären

cuidadoso, -a [kwiða'ðoso, -a] *adj* **1.** (*diligente*) sorgfältig **2.** (*preocupado*) fürsorglich

cuidar [kwi'ðar] **I.** *vi* aufpassen (*de* auf +*akk*) **II.** *vt* pflegen, betreuen; **~ a los niños** die Kinder betreuen; **~ la casa** den Haushalt besorgen **III.** *vr:* **~se 1.** (*de un peligro*) sich hüten (*de* vor +*dat*) **2.** (*preocuparse*) sich kümmern (*de* um +*akk*) **3.** (*no esforzarse*) sich schonen; (*por su salud*) auf seine Gesundheit achten; (*por su aspecto*) sich pflegen; (*darse buena vida*) es sich *dat* gut gehen lassen; **¡cuídate!** pass auf dich auf!

cuita ['kwita] *f* Kummer *m,* Sorgen *fpl*

cuitado, -a [kwi'taðo, -a] *adj* bekümmert, betrübt

culata [ku'lata] *f* **1.** (*del fusil*) Gewehrkolben *m* **2.** (*del caballo*) Kruppe *f*

culebra [ku'leβra] *f* (ZOOL) Schlange *f*

culebrón [kule'βron] *m* **1.** *aum de* **culebra** **2.** (*hombre cazurro*) gerissener Kerl *m*

3. (*mujer intrigante*) hinterhältiges Weib *nt* **4.** (TV) Seifenoper *f*

culera [ku'lera] *f* **1.** (*en los pañales*) Kotfleck *m* **2.** (*de los pantalones*) Hosenboden *m* **3.** (*parche*) Flicken *m*

culinario, -a [kuli'narjo, -a] *adj* kulinarisch

culminación [kulmina'θjon] *f* **1.** (*lo máximo*) Höhepunkt *m* **2.** (ASTR) Kulminationspunkt *m*

culminante [kulmi'nan̩te] *adj* überragend; **punto ~** Höhepunkt *m*

culminar [kulmi'nar] *vi* den Höhepunkt erreichen

culo ['kulo] *m* **1.** (*trasero*) Gesäß *nt,* Hintern *m fam;* **caer de ~** auf den Hintern fallen; **lamer el ~ a alguien** (*vulg*) jdm in den Arsch kriechen; **ser ~ de mal asiento** (*fam*) kein Sitzfleisch haben; **¡vete a tomar por el ~!** (*vulg*) scher dich zum Teufel! *fam* **2.** (*de vaso o botella*) Boden *m*

culpa ['kulpa] *f* Schuld *f;* **echar la ~ a alguien** die Schuld auf jdn schieben; **tener la ~ de algo** Schuld an etw *dat* haben; **y ¿qué ~ tengo yo?** was kann ich denn dafür?

culpabilidad [kulpaβili'ðaᵈ] *f* Schuld *f;* **sentimiento de ~** Schuldgefühl *nt*

culpabilizar [kulpaβili'θar] <z→c> *vt* beschuldigen

culpable [kul'paβle] **I.** *adj* schuldig; **declarar ~** für schuldig erklären; **ser ~ de algo** an etw *dat* Schuld haben **II.** *mf* Schuldige(r) *mf*

culpar [kul'par] **I.** *vt* beschuldigen (*de/por +gen*) **II.** *vr:* **~se** sich schuldig fühlen (*de* wegen *+gen/dat*)

cultismo [kul̩'tismo] *m* (*palabra culta*) gehobener Ausdruck *m*

cultivable [kul̩ti'βaβle] *adj* anbaufähig

cultivador(a) [kul̩tiβa'ðor(a)] *m(f)* **1.** (*persona*) Landwirt(in) *m(f);* **~ de vino** Winzer *m* **2.** (*instrumento*) Grubber *m,* Kultivator *m*

cultivar [kul̩ti'βar] **I.** *vt* **1.** (AGR) anbauen; **~ la tierra** das Land bestellen **2.** (*bacterias*) züchten **3.** (*conservar*) kultivieren, pflegen **II.** *vr:* **~se** sich bilden

cultivo [kul̩'tiβo] *m* **1.** (AGR) Anbau *m;* **~ de regadío** Bewässerungskultur *f;* **~ del suelo** Bodenbearbeitung *f* **2.** (*de bacterias*) Kultur *f,* Züchtung *f* **3.** (*de animales*) Zucht *f* **4.** (*de la amistad*) Pflege *f*

culto ['kul̩to] *m* **1.** (*veneración*) Kult *m;* **~ de la personalidad** Personenkult *m* **2.** (REL) Kult(us) *m;* **~ divino** Gottesdienst *m*

culto, -a ['kul̩to, -a] *adj* gebildet, kultiviert

cultura [kul̩'tura] *f* Kultur *f;* **~ ambiental** Umweltpflege *f;* **~ general** Allgemeinbildung *f*

cultural [kul̩tu'ral] *adj* kulturell, Kultur-

culturismo [kul̩tu'rismo] *m* Bodybuilding *nt*

culturista [kul̩tu'rista] *mf* Bodybuilder(in) *m(f)*

culturización [kul̩turiθa'θjon] *f* Zivilisierung *f*

culturizar [kul̩turi'θar] <z→c> *vt* zivilisieren

cumbre ['kumbre] *f* **1.** (*cima*) Gipfel *m* **2.** (*reunión*) Gipfeltreffen *nt;* **~ ministerial** Ministertreffen *nt* **3.** (*culminación*) Höhepunkt *m*

cumpleaños [kumple'aɲos] *m inv* Geburtstag *m*

cumplidero, -a [kumpli'ðero, -a] *adj* **1.** (*que sirve*) zweckdienlich **2.** (*plazos*) ablaufend

cumplido, -a¹ [kum'pliðo, -a] *adj* **1.** (*acabado*) erledigt; **¡misión cumplida!** Auftrag erfüllt! **2.** (*abundante*) weit **3.** (*cortés*) höflich **4.** (*un soldado*) ausgedient

cumplido² [kum'pliðo] *m* Höflichkeitsbezeugung *f;* **visita de ~** Höflichkeitsbesuch *m;* **hacer algo por ~** etw tun, weil es sich gehört

cumplidor(a) [kumpli'ðor(a)] **I.** *adj* pflichtbewusst **II.** *m(f)* pflichtbewusster Mensch *m*

cumplimentar [kumplimen̩'tar] *vt* **1.** (*felicitar*) beglückwünschen **2.** (*visita de cumplido*) seine Aufwartung machen (*+dat*) **3.** (*una orden*) ausführen **4.** (*un impuesto*) ausfüllen

cumplimiento [kumpli'mjen̩to] *m* **1.** (*observación*) Erfüllung *f;* **~ de un deber** Pflichterfüllung *f;* **no ~** Nichterfüllung *f* **2.** (*cumplido*) Höflichkeitsbezeugung *f*

cumplir [kum'plir] **I.** *vi* **1.** (*hacer su deber*) pflichtbewusst sein; **~ con su deber/su promesa** seine Pflicht/sein Versprechen erfüllen; **hacer algo sólo por ~** etw nur der Form halber tun; **~é por ti** ich werde für dich eintreten **2.** (*soldado*) seinen Militärdienst beenden **3.** (*plazo*) ablaufen **II.** *vt* **1.** (*una orden*) ausführen **2.** (*un encargo*) erledigen **3.** (*una promesa, condición*) erfüllen **4.** (*un plazo*) einhalten **5.** (*el servicio militar*) ableisten **6.** (*una prestación*) erbringen **7.** (*una pena*) verbüßen **8.** (*las leyes*) befolgen **9.** (*años*): **en mayo cumplo treinta años** im Mai werde ich dreißig (Jahre alt) **III.** *vr:* **~se** in Erfüllung gehen

cumular [kumu'lar] *vt v.* **acumular**

cúmulo ['kumulo] *m* **1.** (*amontonamiento*) Haufen *m,* Menge *f* **2.** (METEO) Kumuluswolke *f*

cuna ['kuna] *f* **1.** (*camita, t. fig*) Wiege *f;* **canción de ~** Wiegenlied *nt* **2.** (NÁUT) Schlitten *m*

cundir [kun̩'dir] *vi* **1.** (*mancha, epidemia*) sich ausbreiten **2.** (*un rumor*) rumgehen

3. (*una noticia*) sich verbreiten 4. (*un trabajo*) vorangehen 5. (*dar mucho de sí*) (sehr) ergiebig sein; (*el arroz*) (auf)quellen; **esta comida cunde mucho** dieses Essen ist sehr nahrhaft

cuneta [ku'neta] *f* Straßengraben *m*

cuña ['kuɲa] *f* 1. (*traba*) Keil *m* 2. (*fig: enchufe*) (gute) Beziehungen *fpl*

cuñado, -a [ku'ɲaðo, -a] *m, f* Schwager *m*, Schwägerin *f*

cuño ['kuɲo] *m* 1. (*troquel*) Prägestempel *m*, Münzstempel *m* 2. (*impresión, señal*) Prägung *f*; (*fig*) Gepräge *nt*; **de nuevo** ~ (ganz) neu

cuota ['kwota] *f* 1. (*porción*) Quote *f*, Anteil *m*; (*de una deuda*) Tilgungsrate *f*; ~ **de crecimiento** Zuwachsrate *f*; ~ **de mercado** Marktanteil *m* 2. (*contribución*) Beitrag *m*, Gebühr *f*; ~ **escolar** Schulgeld *nt*; ~ **de socio** Mitgliedsbeitrag *m*

cupé [ku'pe] *m* Coupé *nt*

cupido [ku'piðo] *m* 1. (*de la mitología romana*) Cupido *m* 2. (*fig: mujeriego*) Frauenheld *m*

cupo ['kupo] I. *3. pret de* **caber** II. *m* (ECON) Kontingent *nt*; ~ **de importación/exportación** Einfuhr-/Ausfuhrkontingent *nt*

cupón [ku'pon] *m* Kupon *m*, Abschnitt *m*; (*de lotería*) Lotterieanteilschein *m*; ~ **de descuento** Rabattmarke *f*

cupón-respuesta [ku'pon-res'pwesta] *m* <cupones-respuesta> Antwortschein *m*

cuprífero, -a [ku'prifero, -a] *adj* kupferhaltig

cúpula ['kupula] *f* 1. (*media esfera*) Kuppel *f* 2. (*máximos dirigentes*) Spitze *f*; ~ **administrativa** Verwaltungspyramide *f*; ~ **dirigente** Führungsspitze *f* 3. (BOT) Becher *m* 4. (NÁUT) Geschützturm *m*

cura[1] ['kura] *m* Pfarrer *m*, Priester *m*

cura[2] ['kura] *f* 1. (*curación*) Heilung *f* 2. (*tratamiento*) Kur *f*, Behandlung *f*; ~ **para adelgazar** Abmagerungskur *f*; ~ **de almas** Seelsorge *f*; ~ **de deshabituación** Entziehungskur *f*; **primera** ~ erste Hilfe

curable [ku'raβle] *adj* heilbar

curación [kura'θjon] *f* Heilung *f*

curado, -a [ku'raðo, -a] *adj* 1. (*sanado*) geheilt; **estar** ~ **de espantos** abgebrüht sein *fam* 2. (*endurecido*) gehärtet 3. (*salado*) gepökelt; (*ahumado*) geräuchert; **jamón** ~ luftgetrockneter Schinken 4. (*Am: borracho*) betrunken

curanderismo [kuraṇde'rismo] *m* Kurpfuscherei *f*

curandero, -a [kuraṇ'dero, -a] *m, f* 1. (*mago*) Medizinmann *m* 2. (*charlatán*) Kurpfuscher(in) *m(f)*

curar [ku'rar] I. *vi* genesen II. *vt* 1. (*a un enfermo: tratar*) behandeln; (*sanar*) heilen 2. (*ahumar*) räuchern; (*salar*) pökeln 3. (*pieles*) gerben 4. (*madera*) trocknen lassen 5. (*plástico*) aushärten 6. (*hilos y lienzos*) bleichen III. *vr:* ~**se** genesen; ~**se en salud** vorbeugen

curare [ku'rare] *m* Kurare *nt*

curativo, -a [kura'tiβo, -a] *adj* heilend

curda ['kurða] *f* (*fam*) Rausch *m*, Schwips *m*; **agarrar una** ~ sich *dat* einen antrinken

curdo, -a ['kurðo, -a] I. *adj* kurdisch II. *m, f* Kurde, -in *m, f*

curia ['kurja] *f* 1. (REL) Kurie *f* 2. (*tribunal*) Gerichtshof *m*

curiosear [kurjose'ar] *vi* (neugierig) herumschnüffeln

curiosidad [kurjosi'ða^ð] *f* 1. (*indiscreción*) Neugier(de) *f*; **despertar la** ~ die Neugier wecken 2. (*cosas poco corrientes*) Kuriosität *f* 3. (*pulcritud*) Sauberkeit *f*

curioso, -a [ku'rjoso, -a] I. *adj* 1. (*indiscreto*) neugierig; **estar** ~ **por saber algo** auf etw gespannt sein 2. (*interesante*) kurios, sonderbar; **¡qué ~!** wie merkwürdig! 3. (*aseado*) reinlich II. *m, f* 1. (*indiscreto*) neugieriger Mensch *m* 2. (*Am: curandero*) Kurpfuscher(in) *m(f)*

currante [ku'rraṇte] *mf* (*fam*) Arbeiter(in) *m(f)*

currar [ku'rrar] *vi* (*fam*), **currelar** [kurre'lar] *vi* (*fam*) arbeiten, schaffen

currículo [ku'rrikulo] *m* 1. (UNIV) Studienplan *m*; (ENS) Lehrplan *m* 2. (*currículum*) Lebenslauf *m*

curriculum (vitae) [ku'rrikulun 'bite] *m*, **currículum (vitae)** [ku'rrikulun 'bite] *m* Lebenslauf *m*

curro ['kurro] *m* (*fam*) Arbeit *f*

currutaco, -a [kurru'tako, -a] I. *adj* (*fam*) übertrieben modisch, affig *pey* II. *m, f* (Mode)geck *m*, Modepuppe *f*

curry ['kurri] *m* Curry *nt*

cursar [kur'sar] *vt* 1. (*frecuentar*) häufig aufsuchen 2. (*una orden*) erteilen; (*un telegrama*) aufgeben; (*una solicitud*) weiterleiten; (*un mensaje*) durchgeben 3. (*cursos*) belegen; (*carrera*) studieren

cursi ['kursi] I. *adj* (*fam*) 1. (*una persona*) affektiert, affig 2. (*una cosa*) kitschig II. *mf* (*fam*) affektierte Person *f*

cursilada [kursi'laða] *f* (*fam*), **cursilería** [kursile'ria] *f* (*fam*) 1. (*acción cursi*) Getue *nt* 2. (*calidad de cursi*) Kitsch *m*

cursillista [kursi'ʎista] *mf* Kursteilnehmer(in) *m(f)*

cursillo [kur'siʎo] *m* Kurzlehrgang *m*; ~ **de socorrismo** Erste-Hilfe-Kurs *m*

cursiva [kur'siβa] *f* Kursivschrift *f*

cursivo, -a [kur'siβo, -a] *adj* kursiv

curso ['kurso] *m* 1. (*transcurso*) (Ver)lauf *m*, Ablauf *m*; ~ **de agua** Wasserlauf *m*; **estar**

en ~ in Bearbeitung sein; **en el ~ del año** im Laufe des Jahres; **tomar un ~ favorable** einen günstigen Verlauf nehmen; **dar ~ a una solicitud** ein Gesuch weiterleiten **2.** (FIN: *circulación*) Umlauf *m;* **estar en ~** im Umlauf sein **3.** (FIN: *cambio*) Kurs *m;* **~ del cambio** Wechselkurs *m* **4.** (*de enseñanza*) Kurs(us) *m,* Lehrgang *m;* **~ acelerado** Schnellkurs *m;* **~ escolar** Schuljahr *nt;* **asistir a un ~** an einem Lehrgang teilnehmen; **dar un ~** einen Kurs abhalten; **perder el ~** nicht versetzt werden; **aprobar/suspender un ~** die Abschlussprüfung bestehen/nicht bestehen

cursor [kur'sor] *m* **1.** (TÉC) Läufer *m* **2.** (INFOR) Cursor *m*

curtido, -a[1] [kur'tiðo, -a] *adj* **1.** (*una persona*) abgehärtet **2.** (*pieles*) gegerbt

curtido[2] [kur'tiðo] *m* **1.** (*cuero*) Leder *nt* **2.** (*cutis*) gegerbte Haut *f*

curtidor(a) [kurti'ðor(a)] *m(f)* Gerber(in) *m(f)*

curtiduría [kurtiðu'ria] *f* Gerberei *f*

curtiembre [kur'tjembre] *f* (*Am: taller*) Gerberei *f;* (*acción*) Gerben *nt*

curtir [kur'tir] **I.** *vt* **1.** (*tratar pieles*) gerben **2.** (*tostar el cutis*) bräunen **3.** (*acostumbrar a la vida dura*) abhärten **II.** *vr:* **~se 1.** (*ponerse moreno*) braun werden **2.** (*acostumbrarse a la vida dura*) sich abhärten

curva ['kurβa] *f* Kurve *f;* **~ de calle** Straßenbiegung *f;* **~ de natalidad** Geburtenkurve *f;* **en ~** gebogen

curvar [kur'βar] *vt, vr:* **~se** (sich) biegen, (sich) krümmen

curvatura [kurβa'tura] *f* Krümmung *f,* Biegung *f*

curvilíneo, -a [kurβi'lineo, -a] *adj* bogenförmig

curvo, -a ['kurβo, -a] *adj* krumm, gebogen

cuscurro [kus'kurro] *m* Brotkruste *f*

cuscús [kus'kus] *m inv* Kuskus *m*

cúspide ['kuspiðe] *f* Spitze *f,* Gipfel *m;* (*fig*) Höhepunkt *m*

custodia [kus'toðja] *f* **1.** (*guarda*) Verwahrung *f;* **bajo ~** in Gewahrsam; **tener en ~** verwahren; **estar bajo la ~ de alguien** unter jds Obhut stehen **2.** (*ostensorio*) Monstranz *f*

custodiado, -a [kusto'ðjaðo, -a] *m, f* Schützling *m*

custodiar [kusto'ðjar] *vt* **1.** (*una cosa*) verwahren **2.** (*una persona*) beaufsichtigen

custodio, -a [kus'toðjo, -a] *m, f* **1.** (*guardián*) Wächter(in) *m(f)* **2.** (*protector*) Pfleger(in) *m(f)*

cutáneo, -a [ku'taneo] *adj* Haut-; **reacción cutánea** Hautreaktion *f*

cutis ['kutis] *m inv* (Gesichts)haut *f*

cutre ['kutre] **I.** *adj* geizig, knaus(e)rig; **ropa ~** billige Kleidung **II.** *mf* Geizhals *m*

cutrería [kutre'ria] *f,* **cutrez** [ku'treθ] *f* Geiz *m*

cuyo, -a ['kuɟo, -a] *pron rel* dessen, deren; **por cuya causa** weshalb

D

D, d [de] *f* D, d *nt;* ~ **de Dolores** D wie Dora

D. [don] *abr de* **Don** Hr.

Dª ['doɲa] *abr de* **Doña** Fr.

dactilar [dakti'lar] *adj:* **huellas ~es** Fingerabdrücke *mpl*

dádiva ['daðiβa] *f* Gabe *f;* (*regalo*) Geschenk *nt*

dadivoso, -a [daði'βoso, -a] *adj* freigebig

dado, -a[1] ['daðo, -a] *adj* **1.** (*supuesto*) gegeben; **dada la coyuntura actual...** angesichts der aktuellen Konjunkturlage ...; **en el caso ~** gegebenenfalls **2.** (*determinado*) bestimmt **3.** (*loc*): **ser ~ a algo** zu etw *dat* neigen; **no ser ~** (*Méx*) mutig sein

dado[2] ['daðo] *m* **1.** (*cubo*) Würfel *m;* **tirar el ~** würfeln **2.** *pl* (*juego*) Würfelspiel *nt;* **jugar a los ~s** würfeln; **jugarse una cerveza a los ~s** um ein Bier würfeln

dado[3] ['daðo] *conj* **1.** (*ya que*): **~ que llueve...** da es (ja) regnet ... **2.** (*supuesto que*): **~ que sea demasiado difícil...** wenn es zu schwierig ist ...

daga ['daɣa] *f* Dolch *m;* (*PRico: machete*) Machete *f*

dalia ['dalja] *f* Dahlie *f*

dálmata ['dalmata] *m* (ZOOL) Dalmatiner *m*

daltónico, -a [dal̪'toniko, -a] *adj* farbenblind

dama ['dama] *f* Dame *f;* **~ de honor** (*de la reina*) Hofdame *f;* (*de la novia*) Brautjungfer *f;* **primera ~** (POL) First Lady *f;* (**juego de**) **~s** Damespiel *nt*

damasco [da'masko] *m* **1.** (*tejido*) Damast *m* **2.** (*Am: fruta*) Aprikose *f*

damnificar [damnifi'kar] <c→qu> *vt* schädigen

danés, -esa[1] [da'nes, -esa] **I.** *adj* dänisch **II.** *m, f* Däne, -in *m, f*

danés[2] [da'nes] *m* (ZOOL): **gran ~** (dänische) Dogge *f*

danta ['dan̪ta] *f* (*Ven*) Tapir *m*

Danubio [da'nuβjo] *m* Donau *f*

danza ['dan̪θa] *f* (*acción*) Tanzen *nt;* (*baile*) Tanz *m;* **en ~** (*fam fig*) in Aktion

danzar [dan̪'θar] <z→c> **I.** *vi* **1.** (*bailar, girar*) tanzen; (*moverse*) herumtanzen **2.** (*entremeterse*) sich einmischen **II.** *vt* tanzen

danzarín, -ina [dan̪θa'rin, -ina] *m, f* Tänzer(in) *m(f)*

dañar [da'ɲar] **I.** *vi* schaden **II.** *vt* beschädigen; (*reputación*) schädigen; **~ la imagen** dem Image schaden **III.** *vr:* **~se** beschädigt werden; (*fruta, cosecha*) verderben

dañero, -a [da'ɲero, -a] *adj* (*Ven: embaucador*) betrügerisch

dañino, -a [da'ɲino, -a] *adj* schädlich

daño ['daɲo] *m* **1.** (*perjuicio*) Schaden *m;* **~s ecológicos** Umweltschäden *mpl;* **~ material** Sachschaden *m;* **~s y perjuicios** (JUR) Schadensersatz *m* **2.** (*dolor*) Verletzung *f;* **hacer ~ a alguien** jdm wehtun; **hacerse ~** sich verletzen; **no hace ~** es tut nicht weh

dar [dar] *irr* **I.** *vt* **1.** (*en general*) geben; (*regalar*) schenken; (*repartir*) austeilen; (*una patada*) versetzen; **dale la llave a Juan** gib Juan den Schlüssel; **~ un abrazo a alguien** jdn umarmen; **¿a quién le toca ~ (las cartas)?** wer gibt?; **~ forma a algo** etw *dat* Gestalt verleihen; **~ permiso** die Erlaubnis erteilen; **~ importancia** Bedeutung beimessen **2.** (*producir*): **la vaca da leche** die Kuh gibt Milch; **este árbol da naranjas** dieser Baum trägt Orangen **3.** (*celebrar*) veranstalten; **~ clases** Unterricht geben; **~ una conferencia** einen Vortrag halten; **~ una fiesta** eine Party geben **4.** (*causar*): **~ gusto** Freude machen; **me das pena** du tust mir leid; **~ miedo** Angst machen **5.** (*presentar*): **~ una película** einen Film zeigen; **¿dónde dan la película?** wo läuft der Film?; **¿qué dan en la ópera?** was wird in der Oper aufgeführt? **6.** (*expresar*): **~ las buenas noches** eine gute Nacht wünschen; **~ la enhorabuena/el pésame** Glückwünsche/sein Beileid aussprechen; **~ recuerdos** Grüße ausrichten **7.** (*comunicar*) überbringen **8.** (*hacer*): **~ un paseo** einen Spaziergang machen; **no ~ golpe** (*fam*) keinen Schlag tun **9.** (*encender*): **~ el agua** den Wasserhahn aufdrehen; **~ la luz** das Licht anmachen **10.** (*sonar*): **el reloj ha dado las dos** die Uhr hat zwei geschlagen **11.** (*aplicar*) auftragen **12.** (+ *'de'*): **~ de alta** gesundschreiben; **~ de baja** (*doctor*) krankschreiben; (*persona*) abmelden **13.** (+ *'a'*): **~ a conocer algo** etw bekannt geben; **~ a entender algo a alguien** jdm etw zu verstehen geben **14.** (*loc, fam*): **me has dado el día** du hast mir den Tag vermasselt; **está dale que dale con el mismo tema** er/sie kommt immer wieder mit der alten Leier **II.** *vi* **1.** (+ *'a'*): **el balcón da a la calle/al norte** der Balkon liegt zur Straße (hin)/nach Norden;

la ventana da al patio das Fenster geht auf den Hof **2.** (+ *'con'*): ~ **con alguien en la calle** jdn auf der Straße treffen; ~ **con la solución** auf die Lösung kommen **3.** (+ *'contra'*) stoßen (*contra* an/gegen +*akk*); **la piedra ha dado contra el cristal** der Stein ist gegen die Scheibe geflogen **4.** (*caer*): ~ **de espaldas/de narices en el suelo** rückwärts/vornüber auf den Boden fallen; ~ **en la trampa** in die Falle gehen **5.** (*acertar*): ~ **en el blanco** (*fig*) ins Schwarze treffen; ~ **en el clavo** (*fig*) den Nagel auf den Kopf treffen **6.** (+ *'para'*): **esta tela da para dos vestidos** dieser Stoff reicht für zwei Kleider; ~ **para vivir** zum Leben reichen **7.** (+ *'por'* + *adjetivo*): ~ **por inocente** für unschuldig halten; ~ **por muerto** für tot erklären; ~ **por concluido** als abgeschlossen betrachten; ~ **el libro por leído** das Buch als gelesen voraussetzen **8.** (+ *'por'* + *verbo*): **le ha dado por dejarse el pelo largo** nun will er/sie unbedingt das Haar lang tragen **9.** (+ *'que'* + *verbo*): ~ **que decir** Anlass zu Gerede geben; ~ **que hablar** von sich *dat* reden machen; ~ **que hacer** Arbeit machen; ~ **que pensar** zu denken geben **10.** (*loc*): (**me**) **da igual** das ist (mir) egal; **¡qué más da!** (*fam*) was soll's!; **no me da la gana** (*fam*) ich habe keine Lust; ~ **de sí** (*jersey*) weiter werden **III.** *vr:* ~**se 1.** (*suceder*) vorkommen **2.** (*frutos*) gedeihen **3.** (+ *'a': consagrarse*) sich widmen +*dat;* (*entregarse*) verfallen +*dat;* ~**se a la bebida** dem Alkohol verfallen **4.** (+ *'contra'*) sich stoßen (*contra* an +*dat*) **5.** (+ *'por'* + *adjetivo: creerse*) sich halten (*por* für +*akk*); ~**se por aludido** sich angesprochen fühlen; ~**se por vencido** sich geschlagen geben; **no se dieron por enterados** sie taten, als ob sie von nichts wüssten **6.** (+ *'a'* + *verbo*): ~**se a conocer** (*persona*) sich zu erkennen geben; (*noticia*) bekannt werden; ~**se a entender** sich verständlich machen **7.** (+ *'de'*): ~**se de baja/alta** sich krankschreiben/gesundschreiben lassen; ~**se de alta en Hacienda** sich als Steuerpflichtiger anmelden **8.** (+ *sustantivo*): ~**se un baño** ein Bad nehmen; ~**se cuenta de algo** etw merken; ~**se prisa** sich beeilen; ~**se un susto** sich erschrecken **9.** (*loc*): **dárselas de valiente** (*fam*) sich als Held aufspielen; ~**se corte** (*CSur*) sich aufspielen; ~**se pronto** (*CRi, RDom*) sich beeilen; ~**se vuelta** (*Arg, Par*) die Partei wechseln

dardo ['darðo] *m* (*arma*) Speer *m;* (*del juego*) (Wurf)pfeil *m;* **jugar a los** ~**s** (eine Partie) Darts spielen

datar [da'tar] **I.** *vi* stammen (*de* aus +*dat*) **II.** *vt* datieren

dátil ['datil] *m* Dattel *f*

dativo [da'tiβo] *m* Dativ *m*

dato ['dato] *m* **1.** (*circunstancia*) Angabe *f;* ~**s personales** Personalien *pl* **2.** (*cantidad*) Zahl *f* **3.** (*fecha*) Datum *nt* **4.** *pl* (INFOR) Daten *pl;* ~**s de entrada/de salida** Eingabe-/Ausgabedaten *pl;* ~**s fijos** Stammdaten *pl;* **elaborar** ~**s** Daten bearbeiten

dcha. [de'retʃa] *abr de* **derecha** re.

d. de J.C. [des'pwes ðe xesu'kristo] *abr de* **después de Jesucristo** n. Chr.

de [de] *prep* **1.** (*posesión*): **el reloj** ~ **mi padre** die Uhr meines Vaters; **los hijos** ~ **Ana** Anas Kinder **2.** (*origen*) von +*dat,* aus +*dat;* **ser** ~ **Italia/**~ **Lisboa/**~ **las Islas Canarias** aus Italien/aus Lissabon/von den Kanarischen Inseln kommen; ~ **Málaga a Valencia** von Málaga nach Valencia; **el avión procedente** ~ **Lima** das Flugzeug aus Lima; **un libro** ~ **Goytisolo** ein Buch von Goytisolo; ~ **ti a mí** unter uns **3.** (*material*) aus +*dat;* ~ **oro** golden **4.** (*cualidad*) mit +*dat;* **un hombre** ~ **buen corazón** ein Mensch mit einem guten Herzen **5.** (*temporal*) von +*dat* **6.** (*finalidad*): **máquina** ~ **escribir** Schreibmaschine *f;* **hora** ~ **comer** Essenszeit *f* **7.** (*causa*) vor +*dat* **8.** (*partitivo*): **dos platos** ~ **sopa** zwei Teller Suppe; **un kilo** ~ **tomates** ein Kilo Tomaten; **un vaso** ~ **agua** ein Glas Wasser **9.** (+ *nombre propio*): **la ciudad** ~ **Cuzco** die Stadt Cuzco; **el tonto** ~ **Luis lo ha roto** Luis, der Trottel, hat es kaputtgemacht; **pobre** ~ **mí** ich Arme(r) **10.** (*loc*): ~ **niño** als Kind; **más** ~ **5.000 pesetas** mehr als 5.000 Peseten; ~ **no** (*Am*) ansonsten

deambular [deambu'lar] *vi* herumstreifen

debajo [de'βaxo] **I.** *adv* unten **II.** *prep:* ~ **de** (*local*) unter +*dat;* (*con movimiento*) unter +*akk;* **pasar por** ~ **del puente** unter der Brücke hindurchfahren; **tumbarse** ~ **del coche** sich unter das Auto legen

debate [de'βate] *m* Debatte *f*

debatir [deβa'tir] **I.** *vt* erörtern **II.** *vr:* ~**se** ankämpfen; ~**se entre la vida y la muerte** mit dem Tode ringen

debe ['deβe] *m* Soll *nt*

deber [de'βer] **I.** *vi* (*suposición*): **debe de llegar dentro de poco** er/sie muss demnächst ankommen; **deben de ser las nueve** es muss neun Uhr sein **II.** *vt* **1.** (*estar obligado*) müssen; **no** ~**ías haberlo dicho** du hättest es nicht sagen sollen **2.** (*tener que dar*) schulden **III.** *vr:* ~**se 1.** (*tener por causa*) zurückzuführen sein (*a* auf +*akk*); (*agradeciendo algo*) zu verdanken sein (*a* +*dat*) **2.** (*estar obligado*) sich verpflichten +*dat;* **se debe a su profesión** sein/ihr Beruf ist sein/ihr ein und alles **IV.** *m* **1.** (*obli-*

D

gación) Pflicht *f;* ~ **de conciencia** moralische Verpflichtung **2.** *pl* (*tareas*) Hausaufgaben *fpl;* **tener muchos ~es** viel aufhaben; **dar muchos ~es** viel aufgeben

debido, -a[1] [de'βiðo, -a] *adj* (*conveniente*) angemessen; (*necesario*) nötig; **como es ~** wie es sich gehört

debido[2] [de'βiðo] *prep:* ~ **a** wegen *+gen/dat*

débil ['deβil] *adj* schwach

debilidad [deβili'ða^{ð}] *f* Schwäche *f* (*por* für *+akk*)

debilitar [deβili'tar] *vt* schwächen

debitar [deβi'tar] *vt* (*Am*) **1.** (*anotar*) im Soll buchen **2.** (*adeudar*) schulden

débito ['deβito] *m* Schuld *f;* (*debe*) Soll *nt;* ~ **conyugal** eheliche Pflicht

debut [de'βu$^{(t)}$] <debuts> *m* Debüt *nt;* **hacer su ~** sein Debüt geben

debutar [deβu'tar] *vi* debütieren (*como* als *+nom*)

década ['dekaða] *f* Jahrzehnt *nt;* **la ~ de los 40** die 40er-Jahre

decadencia [deka'ðeṇθja] *f* **1.** (*decaimiento*) Dekadenz *f* **2.** (*de una época*) Niedergang *m*

decadente [deka'ðeṇte] *adj* dekadent

decaer [deka'er] *irr como caer vi* nachlassen; ~ **en fuerza** an Kraft verlieren; **el ánimo decae** der Mut schwindet; **decae de ánimo** er/sie verliert den Mut

decaído, -a [deka'iðo, -a] *adj* **1.** (*abatido*) niedergeschlagen **2.** (*débil*) kraftlos

decaimiento [dekai'mjeṇto] *m* **1.** (*afligimiento*) Niedergeschlagenheit *f* **2.** (*debilidad*) Kraftlosigkeit *f*

decálogo [de'kaloɣo] *m* (REL) Zehn Gebote *ntpl*

decano, -a [de'kano, -a] *m, f* (UNIV) Dekan(in) *m(f)*

decapitar [dekapi'tar] *vt* enthaupten

decatlón [dekað'lon] *m* Zehnkampf *m*

decena [de'θena] *f* zehn Stück *ntpl;* **~s** (MAT) Zehner *mpl;* **~s de miles** Zehntausende *pl;* **una ~ de huevos** zehn Eier

decencia [de'θeṇθja] *f* Anstand *m*

decenio [de'θenjo] *m* Jahrzehnt *nt*

decente [de'θeṇte] *adj* anständig

decepción [deθeβ'θjon] *f* Enttäuschung *f;* **llevarse una ~** enttäuscht werden

decepcionar [deθeβθjo'nar] *vt* enttäuschen

deceso [de'θeso] *m* Tod *m*

decibel(io) [deθi'βel(jo)] *m* Dezibel *nt*

decididamente [deθiðiða'meṇte] *adv* **1.** (*resueltamente*) entschieden **2.** (*definitivamente*) definitiv

decidido, -a [deθi'ðiðo, -a] *adj* energisch

decidir [deθi'ðir] **I.** *vi* entscheiden (*sobre* über *+akk*) **II.** *vt* **1.** (*determinar*) entscheiden **2.** (*acordar*) beschließen **3.** (*mover a*) veranlassen **III.** *vr:* **~se** sich entscheiden (*por* für *+akk, en contra de* gegen *+akk*)

décima ['deθima] *f* Zehntel *nt;* **tener ~s** erhöhte Temperatur haben

decimal [deθi'mal] *adj* dezimal; **número ~** Dezimalzahl *f*

décimo, -a ['deθimo, -a] **I.** *adj* (*parte*) zehntel; (*numeración*) zehnte(r, s) **II.** *m, f* **1.** (*parte*) Zehntel *nt* **2.** (*de lotería*) Zehntellos *nt; v. t.* **octavo**

decimonono, -a [deθimo'nono, -a], **decimonoveno, -a** [deθimono'βeno, -a] *adj* (*parte*) neunzehntel; (*numeración*) neunzehnte(r, s); *v. t.* **octavo**

decimotercero, -a [deθimoter'θero, -a], **decimotercio, -a** [deθimo'terθjo, -a] *adj* (*parte*) dreizehntel; (*numeración*) dreizehnte(r, s); *v. t.* **octavo**

decir [de'θir] *irr* **I.** *vi* **1.** (*expresar*) sagen (*de* über *+akk*); ~ **que sí** ja sagen; **diga, dígame** (TEL) ja, hallo?; **es** [*o* **quiere**] ~ das heißt; **¡no me digas!** (*fam*) was du nicht sagst!; ~ **por ~** (nur so) daherreden; **por ~lo así** sozusagen; **el qué dirán** was die Leute sagen; **¡quién lo diría!** wer hätte das gedacht!; **y que lo digas** du sagst es; **dicen de él que es un buen profesor** man sagt, er sei ein guter Lehrer; ~ **a alguien cuántas son cinco** (*fam*) jdm gehörig die Meinung sagen **2.** (*contener*) besagen; **la regla dice lo siguiente: ...** die Regel lautet wie folgt: ... **3.** (*armonizar*) passen (*con* zu *+dat*) **II.** *vt* **1.** (*expresar*) sagen; (*comunicar*) mitteilen; ~ **algo para sí** etw vor sich hin sagen; **¡no digas tonterías!** (*fam*) red keinen Blödsinn!; **dicho y hecho** gesagt, getan; **lo dicho, dicho, ¡lo ~!** es bleibt dabei!; **como se ha dicho** wie gesagt **2.** (*mostrar*) zeigen; **su cara dice alegría** aus seinem/ihrem Gesicht spricht Freude **3.** (*loc*): **no es muy guapa, que digamos** sie ist nicht gerade hübsch **III.** *vr:* **~se** sagen; **¿cómo se dice en alemán?** wie sagt man das auf Deutsch?; **¿cómo se dice "ropa" en alemán?** was heißt „ropa" auf Deutsch? **IV.** *m* Redensart *f;* **es un ~** wie man so sagt

> In deutschsprachigen Ländern ist es üblich, „Hallo" zu sagen oder den Vornamen und/oder Nachnamen am Telefon zu nennen, wenn man angerufen wird. In Spanien sagen Privatpersonen meist **diga** bzw. **dígame** (Imperativformen von **decir**).

decisión [deθi'sjon] *f* **1.** (*resolución*) Entscheidung *f;* (*acuerdo*) Beschluss *m;* **tomar una** ~ eine Entscheidung treffen; (*acordar*) einen Beschluss fassen **2.** (*firmeza*) Entschlossenheit *f;* **tener** ~ entschlossen sein

decisivo, **-a** [deθi'siβo, -a] *adj* entscheidend

declamar [dekla'mar] *vt* vortragen

declaración [deklara'θjon] *f* Erklärung *f;* (*de impuestos*) Steuererklärung *f;* (JUR) Aussage *f;* ~ **final** Schlusskommuniqué *nt;* ~ **de la renta** Einkommensteuererklärung *f;* ~ **de valor** Wertangabe *f;* **hacer declaraciones** Erklärungen abgeben; **prestar** ~ aussagen; **tomar** ~ **a alguien** jdn vernehmen

declarar [dekla'rar] **I.** *vi* **1.** (*testigo*) aussagen **2.** (*a la prensa*) eine Erklärung abgeben **II.** *vt* **1.** (*manifestar*) erklären; ~ **abierta la reunión** die Versammlung eröffnen; ~ **a alguien culpable** jdn für schuldig erklären **2.** (*ingresos*) deklarieren; (*a aduanas*) verzollen **III.** *vr:* ~**se 1.** (*aparecer*) ausbrechen **2.** (*manifestarse*) sich erklären; (*amor*) eine Liebeserklärung machen *+dat;* ~**se en huelga** streiken; ~**se inocente** sich für unschuldig erklären; ~**se en quiebra** Konkurs anmelden

declinación [deklina'θjon] *f* **1.** (*disminución*) Sinken *nt* **2.** (LING) Deklination *f*

declinar [dekli'nar] **I.** *vi* **1.** (*disminuir*) nachlassen **2.** (*extinguirse*) zu Ende gehen **II.** *vt* **1.** (*rechazar*) ablehnen; (*invitación*) ausschlagen **2.** (LING) deklinieren

declive [de'kliβe] *m* **1.** (*del terreno*) Gefälle *nt;* **en** ~ (*terreno*) abschüssig; (*tejado*) geneigt; **en fuerte** ~ steil abfallend **2.** (*decadencia*) Niedergang *m;* **en** ~ im Niedergang begriffen

decolaje [deko'laxe] *m* (*Am*) Start *m*

decolar [deko'lar] *vi* (*Am*) starten

decolorar [dekolo'rar] *vt* **1.** (QUÍM) entfärben **2.** (*el sol*) ausbleichen

decomisar [dekomi'sar] *vt* beschlagnahmen

decoración [dekora'θjon] *f* **1.** (*adorno*) Dekoration *f* **2.** (*con muebles*) Einrichtung *f* **3.** (TEAT) Bühnenbild *nt*

decorado [deko'raðo] *m* (TEAT) Bühnenbild *nt*

decorador(a) [dekora'ðor(a)] *m(f)* Dekorateur(in) *m(f);* (TEAT) Bühnenbildner(in) *m(f);* ~ **de interiores** Raumausstatter *m*

decorar [deko'rar] *vt* **1.** (*adornar*) dekorieren, schmücken; (*un pastel*) verzieren **2.** (*con muebles*) einrichten; ~ **con moqueta** mit Teppichboden auslegen

decorativo, **-a** [dekora'tiβo, -a] *adj* dekorativ

decoro [de'koro] *m* **1.** (*dignidad*) Würde *f;* **con** ~ würdevoll; **vivir con** ~ standesgemäß leben **2.** (*respeto*) Respekt; **guardar el** ~ die Form wahren **3.** (*pudor*) Anstand *m;* **con** ~ anständig

decoroso, **-a** [deko'roso, -a] *adj* anständig

decrecer [dekre'θer] *irr como crecer vi* abnehmen; (*nivel, fiebre*) fallen; ~ **en intensidad** an Stärke verlieren

decrépito, **-a** [de'krepito, -a] *adj* **1.** (*persona*) altersschwach **2.** (*cosa*) heruntergekommen **3.** (*sociedad*) dekadent

decretar [dekre'tar] *vt* verfügen

decreto [de'kreto] *m* Verfügung *f;* ~ **gubernamental** Regierungserlass *m*

decúbito [de'kuβito] *m* Lage *f;* ~ **prono/supino** Bauch-/Rückenlage *f*

dedal [de'ðal] *m* Fingerhut *m*

dédalo ['deðalo] *m* **1.** (*laberinto*) Labyrinth *nt* **2.** (*lío*) Wirrwarr *m*

dedear [deðe'ar] *vt* (*Méx*) befingern

dedicación [deðika'θjon] *f* **1.** (*dedicatoria*) Widmung *f* **2.** (*consagración*) Weihung *f* **3.** (*entrega*) Hingabe *f;* ~ **plena** (*trabajo*) Ganztagsbeschäftigung *f*

dedicar [deði'kar] <c→qu> **I.** *vt* **1.** (*destinar*) widmen **2.** (*consagrar*) weihen **II.** *vr:* ~**se** sich widmen (*a* +*dat*); (*profesionalmente*) tätig sein (*a* in +*dat*); ~**se a la enseñanza** als Lehrer tätig sein; **¿a qué se dedica Ud.?** was machen Sie beruflich?

dedicatoria [deðika'torja] *f* Widmung *f*

dedillo [de'ðiʎo] *m* (*fam*): **saberse algo al** ~ etw aus dem Effeff können

dedo ['deðo] *m* (*de mano*) Finger *m;* (*de pie*) Zeh *m;* ~ **del corazón** Mittelfinger *m;* ~ **gordo** großer Zeh; ~ **índice** Zeigefinger *m;* ~ **meñique** kleiner Finger; ~ **pulgar** Daumen *m;* **chuparse el** ~ am Daumen lutschen; (*fig fam*) blauäugig sein; **la comida está para chuparse los** ~**s** (*fam*) das Essen ist köstlich; **pillarse los** ~**s** (*fig*) sich *dat* die Finger verbrennen; **estar a dos** ~**s de algo** einen Fingerbreit von etw *dat* entfernt sein; **ir a** ~ (*fam*) trampen; **estar haciendo** ~ **en la autopista** per Anhalter auf der Autobahn unterwegs sein; **nombrar a** ~ willkürlich nominieren; **señalar a alguien con el** ~ mit dem Finger auf jdn zeigen; **con esa pregunta me has puesto el** ~ **en la llaga** mit dieser Frage hast du meine wunde Stelle getroffen; **no tener dos** ~**s de frente** (*fam*) schwer von Begriff sein

deducción [deðuʸ'θjon] *f* **1.** (*derivación*) Folgerung *f* **2.** (ECON) Abzug *m;* (*fiscal*) Abschreibung *f;* ~ **estándar** Pausch(al)betrag *m;* ~ **por hijo** Kinderfreibetrag *m*

deducir [deðu'θir] *irr como traducir vt* **1.** (*derivar*) folgern (*de* aus +*dat*) **2.** (*descontar*) abziehen; (*de impuestos*) absetzen

defecación [defeka'θjon] *f* Stuhlgang *m*

defecar [defe'kar] <c→qu> *vi* Stuhlgang haben

defecto [de'fekto] *m* **1.** (*carencia*) Mangel

m; **en** ~ **de** in Ermangelung *+gen;* **en su** ~ bei Fehlen **2.** (*falta*) Fehler *m;* ~ **físico** Gebrechen *nt;* ~ **genético** Erbschaden *m*

defectuoso, **-a** [defektu'oso, -a] *adj* fehlerhaft

defender [defeṇ'der] <e→ie> **I.** *vt* **1.** (*contra ataques, t.* JUR) verteidigen (*de/contra* vor *+dat*) **2.** (*proteger*) (be)schützen (*de/contra* vor *+dat*) **3.** (*ideas*) eintreten (für *+akk*) **II.** *vr:* ~**se** **1.** (*contra ataques*) sich verteidigen **2.** (*arreglárselo*) zurechtkommen; **¿hablas francés? – me defiendo** sprichst du Französisch? – ich kann mich verständigen

defendible [defeṇ'diβle] *adj* vertretbar

defensa[1] [de'fensa] *f* **1.** (*contra ataques, t.* JUR, DEP) Verteidigung *f;* **en legítima** ~ (JUR) in Notwehr; **acudir en** ~ **de alguien** jdm zu Hilfe eilen **2.** (*protección*) Schutz *m* **3.** (*fortificación*) Verteidigungsanlage *f* **4.** (BIOL) Abwehrkräfte *fpl;* **tener** ~**s** immun sein **5.** (*Méx: paragolpes*) Stoßstange *f*

defensa[2] [de'fensa] *mf* (DEP) Verteidiger(in) *m(f)*

defensiva [defen'siβa] *f* Defensive *f;* **a la** ~ in der Defensive

defensivo, **-a** [defen'siβo, -a] *adj* defensiv

defensor(a) [defen'sor(a)] **I.** *adj* verteidigend **II.** *m(f)* Verteidiger(in) *m(f);* (*de ideas*) Verfechter(in) *m(f);* ~ **de la naturaleza** Naturschützer *m*

deferencia [defe'reṇθja] *f* (*consideración*) Rücksicht *f;* (*cortesía*) Höflichkeit *f;* **por** ~ **a algo** aus Rücksicht auf etw; **tener la** ~ **de...** *+inf* so höflich sein und ...

deferente [defe'reṇte] *adj* zuvorkommend

deferir [defe'rir] *irr como sentir vi* nachgeben

deficiencia [defi'θjeṇθja] *f* Mangel *m*

deficiente [defi'θjeṇte] **I.** *adj* mangelhaft **II.** *mf:* ~ **mental** geistig Behinderte(r) *mf*

déficit ['defiθit] *m inv* **1.** (FIN) Defizit *nt* **2.** (*escasez*) Mangel *m* (*de* an *+dat*)

definición [defini'θjon] *f* **1.** (*aclaración*) Definition *f;* (*descripción*) Beschreibung *f* **2.** (TV) Auflösung *f*

definido, **-a** [defi'niðo, -a] *adj* **1.** (*claro*) deutlich **2.** (LING) bestimmt

definir [defi'nir] **I.** *vt* definieren **II.** *vr:* ~**se** sich entscheiden

definitivo, **-a** [defini'tiβo, -a] *adj* **1.** (*irrevocable*) endgültig; **en definitiva** letzten Endes **2.** (*decisivo*) ausschlaggebend

deformación [deforma'θjon] *f* **1.** (*alteración*) Verformung *f* **2.** (*desfiguración*) Entstellung *f*

deformar [defor'mar] **I.** *vt* **1.** (*alterar*) verformen; (*imágenes*) verzerren **2.** (*desfigurar*) entstellen **II.** *vr:* ~**se** sich verformen; (*jersey*) aus der Form geraten

deforme [de'forme] *adj* verzerrt

deformidad [deformi'ðaᵈ] *f* (MED) Missbildung *f*

defraudar [defrau̯'ðar] *vt* **1.** (*estafar*) betrügen; (*dinero*) unterschlagen; ~ **a Hacienda** Steuern hinterziehen **2.** (*decepcionar*) enttäuschen

defunción [defuṇ'θjon] *f* Todesfall *m*

degenerar [dexene'rar] *vi* degenerieren; ~ **en** sich entwickeln zu *+dat*

deglutir [deɣlu'tir] *vt* schlucken

degolladero [deɣoʎa'ðero] *m* **1.** (*cuello*) Nacken *m* **2.** (*matadero*) Schlachthof *m* **3.** (*cadalso*) Schafott *nt*

degollar [deɣo'ʎar] <o→ue> *vt* **1.** (*decapitar*) enthaupten **2.** (*fam: malograr*) verhunzen

degradación [deɣraða'θjon] *f* **1.** (*humillación*) Demütigung *f* **2.** (*en el cargo*) Degradierung *f* **3.** (*deterioro*) Verschlechterung *f;* ~ **del medio ambiente** Verschlechterung der Umweltbedingungen **4.** (*en pintura*): ~ **de color** Farbabstufung *f*

degradar [deɣra'ðar] *vt* **1.** (*en el cargo*) degradieren **2.** (*calidad*) verschlechtern; ~ **el medio ambiente** die Umwelt verpesten **3.** (*humillar*) demütigen

degüello [de'ɣweʎo] *m* Enthauptung *f;* **tirar a alguien a** ~ (*fig fam*) jdn mit allen Mitteln fertig machen

degustación [deɣusta'θjon] *f* Kosten *nt;* ~ **de vinos** Weinprobe *f*

degustar [deɣus'tar] *vt* kosten

dehesa [de'esa] *f* Weide *f*

deidad [dei̯'ðaᵈ] *f* (*dios*) Gottheit *f*

deificar [deifi'kar] <c→qu> *vt* **1.** (*divinizar*) vergöttlichen **2.** (*ensalzar*) vergöttern

dejadez [dexa'ðeθ] *f* Nachlässigkeit *f*

dejado, **-a** [de'xaðo, -a] *adj* **1.** *estar* (*abatido*) niedergeschlagen **2.** *ser* (*descuidado*) nachlässig

dejar [de'xar] **I.** *vi:* ~ **de** *+inf* aufhören zu *+inf;* **no** ~ **de** *+inf* (*no olvidar*) nicht vergessen zu *+inf;* **¡no deje de venir!** Sie müssen unbedingt kommen! **II.** *vt* **1.** (*en general*) lassen; ~ **el libro sobre la mesa** das Buch auf den Tisch legen; **¡déjalo ya!** hör auf damit!; ~ **acabado** zum Abschluss bringen; ~ **caer** fallen lassen; ~ **claro** klarstellen; ~ **constancia** protokollieren; ~ **a deber** anschreiben lassen; ~ **en libertad** freilassen; ~ **algo para mañana** etw auf morgen verschieben; ~ **en paz** in Ruhe lassen; ~ **mucho que desear** viel zu wünschen übrig lassen; ~ **sin lavar** nicht waschen; ~ **triste** traurig stimmen **2.** (*abandonar*) verlassen; ~ **la carrera** das Studium abbrechen **3.** (*ganancia*) einbringen **4.** (*permitir: algo*) zulassen; **no me dejan salir** sie lassen mich nicht ausgehen **5.** (*entre-*

gar) überlassen; (*prestar*) leihen; (*en herencia*) hinterlassen; ~ **un recado** eine Nachricht hinterlassen; ~ **algo en manos de alguien** jdm etw überlassen; **dejo el asunto en tus manos** ich vertraue dir die Angelegenheit an **III.** *vr:* ~**se 1.** (*descuidarse*) sich gehen lassen **2.** (*olvidar*) vergessen **3.** (*no hacer*): **¡déjate de tonterías!** hör auf mit dem Blödsinn! **4.** (*loc*): ~**se caer** sich fallen lassen; ~**se querer** sich hofieren lassen

deje ['dexe] *m* Akzent *m;* **se te nota un ~ catalán** du hast einen katalanischen Akzent

dejo ['dexo] *m* **1.** (*entonación*) Tonfall *m;* (*acento*) Akzent *m* **2.** (*regusto, t. fig*) Nachgeschmack *m*

del [del] = **de + el** *v.* **de**

delación [dela'θjon] *f* Anzeige *f*

delantal [delan̩'tal] *m* Schürze *f*

delante [de'lan̩te] **I.** *adv* **1.** (*ante, en la parte delantera*) vorn(e); **de ~** von vorn; **abierto por ~** vorne offen **2.** (*enfrente*) davor **II.** *prep:* ~ **de** (*local*) vor +*dat;* (*movimiento*) vor +*akk;* (*en presencia de*) in Gegenwart von +*dat;* ~ **mío** [*o* **de mí**] in meiner Gegenwart

delantera [delan̩'tera] *f* **1.** (*parte anterior*) Vorderteil *nt* **2.** (*primera fila*) Vorderreihe *f* **3.** (*distancia*) Vorsprung *m;* **coger la ~ a alguien** jdm zuvorkommen; **llevar la ~ a alguien** einen Vorsprung vor jdm haben **4.** (DEP) Angriff *m*

delantero, -a[1] [delan̩'tero, -a] *adj* vordere(r, s)

delantero[2] [delan̩'tero] *m* **1.** (*parte anterior*) Vorderteil *nt* **2.** (DEP) Stürmer(in) *m(f);* ~ **centro** Mittelstürmer(in) *m(f)*

delatar [dela'tar] **I.** *vt* **1.** (*denunciar*) anzeigen **2.** (*manifestar*) verraten **II.** *vr:* ~**se** sich verraten (*con* durch +*akk*)

delegación [deleɣa'θjon] *f* **1.** (*atribución*) Auftrag *m;* ~ **de poderes** Übertragung von Befugnissen; **actuar por ~ de alguien** in jds Auftrag handeln **2.** (*comisión*) Delegation *f* **3.** (*oficina*) Amt *nt;* (*filial*) Zweigstelle *f;* **D~ de Hacienda** Finanzamt *nt* **4.** (*Méx: comisaría*) Polizeirevier *nt;* (*ayuntamiento*) Stadthaus *nt*

delegado, -a [dele'ɣaðo, -a] *m, f* Delegierte(r) *mf;* ~ **gubernamental** Regierungsvertreter *m*

delegar [dele'ɣar] <g→gu> *vt* **1.** (*encargar*) delegieren (*en* an +*akk*); ~ **algo en alguien** jdn mit etw *dat* beauftragen **2.** (*transferir*) übertragen

deleitar [delei̯'tar] **I.** *vt* ergötzen **II.** *vr:* ~**se** sich ergötzen (*con/en* an +*dat*)

deleite [de'lei̯te] *m* Wonne *f;* **con ~** genüsslich

deletrear [deletre'ar] *vt* buchstabieren

deleznable [deleθ'naβle] *adj* **1.** (*frágil*) brüchig **2.** (*inconsistente*) vergänglich

delfín [del'fin] *m* (ZOOL) Delphin *m*

delgado, -a [del'ɣaðo, -a] *adj* dünn; (*esbelto*) schlank

deliberado, -a [deliβe'raðo, -a] *adj* **1.** (*tratado*) (wohl) überlegt **2.** (*intencionado*) absichtlich

deliberar [deliβe'rar] *vi, vt* abwägen; (*discutir*) beratschlagen (*sobre/acerca de* über +*akk*)

delicadeza [delika'ðeθa] *f* **1.** (*finura*) Feinfühligkeit *f;* **con ~** feinfühlig **2.** (*debilidad*) Empfindlichkeit *f* **3.** (*miramiento*) Zuvorkommenheit *f;* **tener la ~ de...** so zuvorkommend sein und ...

delicado, -a [deli'kaðo, -a] *adj* **1.** (*fino, frágil*) zart **2.** (*exquisito*) köstlich **3.** (*atento*) feinfühlig **4.** (*enfermizo*) anfällig; **ser ~ de salud** eine schwache Gesundheit haben **5.** (*asunto*) heikel **6.** (*exigente*) anspruchsvoll

delicia [de'liθja] *f* Wonne *f*

delicioso, -a [deli'θjoso, -a] *adj* **1.** (*persona*) reizend **2.** (*cosa*) wunderbar; (*comida*) köstlich

delictivo, -a [delik'tiβo, -a] *adj* kriminell; **acto ~** Straftat *f*

delimitar [delimi'tar] *vt* abgrenzen

delincuencia [deliŋ'kwen̩θja] *f* Kriminalität *f*

delincuente [deliŋ'kwen̩te] **I.** *adj* straffällig **II.** *mf* Straftäter(in) *m(f);* ~ **reincidente** Wiederholungstäter(in) *m(f)*

delineante [deline'an̩te] *mf* technischer Zeichner *m,* technische Zeichnerin *f*

delinear [deline'ar] *vt* skizzieren

delinquir [deliŋ'kir] <qu→c> *vi* straffällig werden

delirar [deli'rar] *vi* **1.** (*desvariar*) fantasieren **2.** (*disparatar*) Unsinn reden

delirio [de'lirjo] *m* **1.** (*enfermedad*) Delirium *nt* **2.** (*ilusión*) Wahnvorstellung *f;* ~ **de grandezas** Größenwahn(sinn) *m*

delito [de'lito] *m* Delikt *nt;* ~ **contra los derechos humanos** Menschenrechtsverletzung *f;* ~ **de guerra** Kriegsverbrechen *nt;* **cuerpo del ~** Beweisstück *nt*

delta ['del̩ta] *m* **1.** (GEO) Delta *nt* **2.** (DEP): **ala ~** Drachenfliegen *nt*

demacrarse [dema'krarse] *vr* abmagern

demanda [de'man̩da] *f* **1.** (*petición*) Forderung *f;* ~ **de empleo** Stellengesuch *nt;* ~ **de extradicción** (JUR) Auslieferungsgesuch *nt;* **en ~ de algo** auf der Suche nach etw *dat* **2.** (COM) Nachfrage *f* (*de* nach +*dat*); ~ **adicional** Mehrbedarf *m;* ~ **agregada** Gesamtnachfrage *f;* ~ **energética** Energiebedarf *m;* **algo tiene mucha ~** es besteht eine große Nachfrage nach etw *dat* **3.** (JUR)

Klage *f;* **presentar una ~ contra alguien** Klage gegen jdn erheben

demandado, **-a** [deman̪'daðo, -a] **I.** *adj* (*solicitado*) begehrt **II.** *m, f* (JUR) Beklagte(r) *mf*

demandante [deman̪'dan̪te] **I.** *adj* antragstellend; (JUR) klagend **II.** *mf* Antragsteller(in) *m(f);* (JUR) Kläger(in) *m(f)*

demandar [deman̪'dar] *vt* **1.** (*pedir*) fordern; (*solicitar*) beantragen **2.** (JUR) verklagen (*por* wegen *+gen/dat*)

demarcación [demarka'θjon] *f* **1.** (*delimitación*) Abgrenzung *f;* **línea de ~** Demarkationslinie *f* **2.** (*terreno*) Bezirk *m*

demás [de'mas] **I.** *adj* übrige(r, s); **los/las ~** die Übrigen; **... y ~ ...** (*y otros*) ... und weitere ...; **y ~** (*etcétera*) und so weiter; **por lo ~** ansonsten **II.** *adv:* **por ~** vergebens; **está por ~ que...** es ist überflüssig zu ...

demasía [dema'sia] *f* **1.** (*exceso*) Übermaß *nt;* **en ~** im Übermaß **2.** (*insolencia*) Dreistigkeit *f*

demasiado, **-a**[1] [dema'sjaðo, -a] *adj* zu viel; **hace ~ calor** es ist zu heiß

demasiado[2] [dema'sjaðo] *adv* (+ *adj*) (all)zu; (+ *verbo*) zu viel

demencia [de'men̪θja] *f* Schwachsinn *m*

demencial [demen̪'θjal] *adj,* **demente** [de'men̪te] *adj* schwachsinnig

demérito [de'merito] *m* **1.** (*falta de mérito*) Unwürdigkeit *f* **2.** (*perjuicio*) Nachteil *m;* **obrar en ~ de alguien** jdm zum Nachteil gereichen

democracia [demo'kraθja] *f* Demokratie *f*

demócrata [de'mokrata] **I.** *adj* demokratisch **II.** *mf* Demokrat(in) *m(f)*

democratacristiano, **-a** [demokratakris'tjano, -a] **I.** *adj* christlich-demokratisch **II.** *m, f* Christdemokrat(in) *m(f)*

democrático, **-a** [demo'kratiko, -a] *adj* demokratisch

democratización *f* Demokratisierung *f*

democratizar [demokrati'θar] <z→c> **I.** *vt* demokratisieren **II.** *vr:* **~se** demokratisch werden

demográfico, **-a** [demo'ɣrafiko, -a] *adj* demografisch; **explosión demográfica** Bevölkerungsexplosion *f*

demoledor(a) [demole'ðor(a)] *adj* (*ataque*) heftig; (*argumento*) vernichtend

demoler [demo'ler] <o→ue> *vt* (*edificio*) abreißen; (*fig*) zunichte machen

demonio [de'monjo] *m* (*espíritu*) Dämon *m;* (*diablo*) Teufel *m;* **¡~(s)!** zum Teufel!; **~ de mujer** Teufelsweib *nt;* **como un ~** wie der Teufel; **de mil ~s** ungeheuer; (*carácter*) äußerst schwierig; **ponerse como un ~** fuchsteufelswild werden; **saber a ~s** scheußlich schmecken; **ser el mismísimo ~** der leibhaftige Teufel sein; **tener el ~ en el cuerpo** den Teufel im Leib haben; **tentar al ~** den Teufel an die Wand malen; **¡vete al ~!** scher dich zum Teufel!

demora [de'mora] *f* Verspätung *f;* (*en el pago/la entrega*) Verzug *m*

demorar [demo'rar] **I.** *vt* hinauszögern **II.** *vr:* **~se 1.** (*detenerse*) sich aufhalten **2.** (*retrasarse*) sich verspäten

demostración [demostra'θjon] *f* **1.** (*prueba*) Beweis *m* **2.** (*argumentación*) Beweisführung *f* **3.** (*explicación*) Darlegung *f* **4.** (*exteriorización*) Bekundung *f* **5.** (*exhibición*) Vorführung *f*

demostrar [demos'trar] <o→ue> *vt* **1.** (*probar*) beweisen **2.** (*mostrar*) zeigen **3.** (*explicar*) darlegen **4.** (*expresar*) bekunden **5.** (*exhibir*) demonstrieren

demostrativo, **-a** [demostra'tiβo, -a] *adj* **1.** (*probatorio*) Beweis-; **documento ~ del pago** Zahlungsbeleg *m* **2.** (LING) demonstrativ; **pronombre ~** Demonstrativpronomen *nt*

demudado, **-a** [demu'ðaðo, -a] *adj* (*pálido*) blass

demudar [demu'ðar] **I.** *vt* **1.** (*variar*) verändern; **la mala noticia le demudó el rostro** aufgrund der schlechten Nachricht verdüsterte sich seine/ihre Miene **2.** (*desfigurar*) verzerren **II.** *vr:* **~se 1.** (*de color*): **se demudó al ver el cadáver** beim Anblick der Leiche wurde er/sie ganz blass im Gesicht **2.** (*desfigurarse*) das Gesicht verziehen

denegar [dene'ɣar] *irr como fregar vt* ablehnen; **~ un derecho a alguien** jdm ein Recht absprechen

denigrar [deni'ɣrar] *vt* **1.** (*humillar*) erniedrigen **2.** (*calumniar*) in Verruf bringen **3.** (*injuriar*) beleidigen

denominación [denomina'θjon] *f* (*nombre*) Bezeichnung *f*

denominador [denomina'ðor] *m* (MAT) Nenner *m;* **reducir a un común ~** (*t. fig*) auf einen gemeinsamen Nenner bringen

denominar [denomi'nar] **I.** *vt* (*llamar*) nennen; **~ la escuela en homenaje a su fundadora** die Schule nach ihrer Gründerin benennen **II.** *vr:* **~se** sich nennen

denotar [deno'tar] *vt* (*significar*) bedeuten

densidad [densi'ðað] *f* Dichte *f*

denso, **-a** ['denso, -a] *adj* **1.** (*compacto*) dicht **2.** (*espeso*) dick **3.** (*pesado*) schwer

dentado, **-a** [den̪'taðo, -a] *adj* gezähnt; (BOT) gezackt; **rueda dentada** (TÉC) Zahnrad *nt*

dentadura [den̪ta'ðura] *f* Gebiss *nt*

dental [den̪'tal] *adj* **1.** (MED) Zahn- **2.** (LING) dental

dentellada [den̪te'ʎaða] *f* **1.** (*mordisco*) Biss *m;* **a ~s** mit den Zähnen; **comer a ~s**

gierig essen; **matar a ~s** (*fiera*) reißen; **pelearse a ~s** einander beißen **2.** (*herida*) Bisswunde *f*

dentición [deṇti'θjon] *f* **1.** (*aparición*) Zahndurchbruch *m;* (*de los primeros dientes*) Zahnen *nt* **2.** (*dientes*) Gebiss *nt*

dentífrico, -a[1] [deṇ'tifriko, -a] *adj:* **agua dentífrica** Mundwasser *nt;* **pasta dentífrica** Zahncreme *f*

dentífrico[2] [deṇ'tifriko] *m* Zahncreme *f*

dentista [deṇ'tista] **I.** *adj* zahnärztlich **II.** *mf* Zahnarzt, -ärztin *m, f*

dentro ['deṇtro] **I.** *adv* (dr)innen; **a ~** innen; **desde ~** von innen heraus; (*fig*) von Herzen; **por ~** innen; (*fig*) im Herzen **II.** *prep* **1. ~ de** (*local*) in +*dat;* **~ de lo posible** im Rahmen des Möglichen **2. ~ de** (*con movimiento*) in +*akk;* **mirar ~ de la habitación** ins Zimmer reinschauen **3. ~ de** (*temporal*) in +*dat;* **~ de poco** bald

denuncia [de'nuṇθja] *f* **1.** (*acusación*) (Straf)anzeige *f;* **~ obligatoria** Anzeigepflicht *f;* **hacer una ~** Anzeige erstatten (*ante* bei +*dat, por* wegen +*gen/dat*); **hacer una ~ por falta de pago** eine Klage auf Zahlung erheben **2.** (*de una injusticia*) Anklage *f;* **ser una ~ de algo** etw anklagen **3.** (*tratado*) Kündigung *f*

denunciar [denuṇ'θjar] *vt* **1.** (*acusar*) anzeigen (*por* wegen +*gen/dat, ante* bei +*dat*) **2.** (*delatar*) denunzieren **3.** (*hacer público*) an die Öffentlichkeit bringen **4.** (*indicar*) erkennen lassen **5.** (*tratado*) kündigen

Dep. [departa'meṇto] *abr de* **departamento** Abt.

deparar [depa'rar] *vt* bescheren; **nunca se sabe lo que a uno le ~á el destino** man weiß nie, was einen erwartet

departamento [departa'meṇto] *m* **1.** (*de un establecimiento*) Abteilung *f;* **~ de contabilidad** Buchhaltung *f* **2.** (*de un objeto*) Fach *nt* **3.** (*ministerio*) Ministerium *nt* **4.** (*distrito*) Bezirk *m* **5.** (UNIV) Fachbereich *m* **6.** (FERRO) Abteil *nt* **7.** (*Am: apartamento*) Wohnung *f*

departir [depar'tir] *vi* plaudern (*acerca de/de/sobre* über +*akk*)

dependencia [depeṇ'deṇθja] *f* **1.** (*sujeción*) Abhängigkeit *f;* **vivir en ~ de alguien** von jdm abhängig sein **2.** (*sucursal*) Niederlassung *f* **3.** (*empleados*) Belegschaft *f* **4.** (*sección*) Abteilung *f* **5.** *pl* (*habitaciones*) Räumlichkeiten *fpl*

depender [depeṇ'der] *vi* abhängig sein (*de* von +*dat*); **eso depende de Ud.** das liegt an Ihnen; **¡depende!** es kommt darauf an!

dependiente, -a[1] [depeṇ'djeṇte, -a] *m, f* Angestellte(r) *mf;* (*de una tienda*) Verkäufer(in) *m(f)*

dependiente[2] [depeṇ'djeṇte] *adj* abhängig (*de* von +*dat*)

depilación [depila'θjon] *f* Enthaarung *f*

depilar [depi'lar] *vt, vr:* **~se** (sich) enthaaren; **~se las cejas** sich *dat* die Augenbrauen zupfen

depilatorio, -a[1] [depila'torjo, -a] *adj* Enthaarungs-

depilatorio[2] [depila'torjo] *m* Enthaarungsmittel *nt*

deplorable [deplo'raβle] *adj* bedauerlich; **espectáculo ~** jämmerliche Vorstellung

deplorar [deplo'rar] *vt* (zutiefst) bedauern

deponer [depo'ner] *irr como poner* **I.** *vt* **1.** (*destituir*) absetzen; **~ de un cargo** eines Amtes entheben **2.** (*deshacerse de*) ablegen; **~ las armas** die Waffen niederlegen **II.** *vi* (JUR) aussagen

deportación [deporta'θjon] *f* Deportation *f*

deportar [depor'tar] *vt* deportieren

deporte [de'porte] *m* Sport *m;* **~ de (alta) competición** (Hoch)leistungssport *m;* **~ hípico** Reitsport *m;* **~s de invierno** Wintersportarten *fpl;* **hacer ~** Sport treiben

deportista [depor'tista] **I.** *adj* sportlich **II.** *mf* Sportler(in) *m(f);* **~ aficionado** Amateur(sportler) *m;* **~ profesional** Profi(sportler) *m*

deportividad [deportiβi'ða^{ð}] *f* (DEP) Sportlichkeit *f*

deportivo, -a[1] [depor'tiβo, -a] *adj* sportlich; **noticias deportivas** Sportnachrichten *fpl*

deportivo[2] [depor'tiβo] *m* **1.** (*club*) Sportverein *m* **2.** (*automóvil*) Sportwagen *m*

depositar [deposi'tar] **I.** *vt* deponieren; (FIN) einlegen; (*cadáver*) aufbahren; **~ su confianza en alguien** sein Vertrauen in jdn setzen **II.** *vr:* **~se** sich absetzen

depósito [de'posito] *m* **1.** (*el guardar*) Aufbewahrung *f;* **en ~** in Verwahrung **2.** (*el poner al cuidado*) Deponieren *nt* **3.** (*lugar*) Depot *nt;* **~ de equipajes** (FERRO) Gepäckaufbewahrung *f* **4.** (*recipiente*) Tank *m;* **~ de un arma de fuego** Magazin *nt* **5.** (FIN: *acción*) Einlegen *nt;* (*dinero*) Einlage *f* **6.** (*sedimento*) Ablagerung *f* **7.** (*morgue*): **~ de cadáveres** Leichenhaus *nt;* **~ judicial** Leichenschauhaus *nt*

depravar [depra'βar] **I.** *vt* verderben **II.** *vr:* **~se** verkommen

depre ['depre] *f* (*fam*): **estar con la ~** down sein

depreciación [depreθja'θjon] *f* (*desvalorización*) Wertminderung *f;* **~ monetaria** Geldentwertung *f*

depreciar [depre'θjar] **I.** *vt* (*desvalorizar*) den Wert mindern +*gen;* (*moneda*) abwerten **II.** *vr:* **~se** an Wert verlieren

depredación [depreða'θjon] *f* (*saqueo*) Plünderung *f*

depredar [depre'ðar] *vt* (*saquear*) plündern
depresión [depre'sjon] *f* **1.** (*tristeza*) Depression *f* **2.** (GEO) Senke *f* **3.** (ECON) Depression *f;* ~ **cíclica** Konjunktureinbruch *m;* ~ **económica** Wirtschaftskrise *f* **4.** (METEO) Tief(druckgebiet) *nt*
depresivo, -a [depre'siβo, -a] *adj* **1.** (*que deprime*) deprimierend **2.** (*propenso a*) depressiv
deprimir [depri'mir] **I.** *vt* (*abatir*) deprimieren **II.** *vr:* ~**se** (*abatirse*) Depressionen bekommen
deprisa [de'prisa] *adv* schnell; ~ **y corriendo** so schnell wie möglich
depuración [depura'θjon] *f* Reinigung *f;* (POL) Säuberung *f*
depurado, -a [depu'raðo, -a] *adj* (*estilo*) gewählt
depurar [depu'rar] *vt* reinigen; (POL) säubern; ~ **el estilo** an der Ausdrucksweise feilen
derecha [de'retʃa] *f* **1.** (*diestra*) rechte Hand *f* **2.** (*lado*) rechte Seite *f;* **doblar a la** ~ (nach) rechts abbiegen; **tengo a mi madre a la** ~ meine Mutter steht rechts von mir; **rebasar por la** ~ von rechts überholen **3.** (POL) Rechte *f;* **de** ~(**s**) rechtsorientiert
derechamente [deretʃa'mente] *adv* **1.** (*directamente*) geradewegs **2.** (*correctamente*) aufrecht
derechista [dere'tʃista] **I.** *adj* (POL) rechtsorientiert **II.** *mf* (POL) Rechte(r) *mf*
derecho, -a[1] [de'retʃo, -a] *adj* **1.** (*diestro*) rechte(r, s) **2.** (*recto*) gerade **3.** (*erguido*) aufrecht; **ponerse** ~ sich aufrichten **4.** (*justo*) aufrecht; **a derechas** wie es sich gehört **5.** (*directo*) direkt
derecho[2] [de'retʃo] **I.** *adv* direkt **II.** *m* **1.** (*legitimidad*) Recht *nt* (*a* auf +*akk*); ~ **de asociación** Vereinigungsfreiheit *f;* ~ **de libertad de conciencia y culto** Gewissens- und Religionsfreiheit *f;* ~**s de pago de indemnización** Schaden(s)ersatzansprüche *mpl;* ~ **de propiedad intelectual** Urheberrecht *nt;* ~ **de sufragio** Stimmrecht *nt;* **con** ~ **a** berechtigt zu +*dat;* **de pleno** ~ mit vollem Recht; **miembro de pleno** ~ vollberechtigtes Mitglied; **estar en su** (**perfecto**) ~ (voll) im Recht sein; **hacer uso de un** ~ ein Recht in Anspruch nehmen; **tener** ~ **a** berechtigt sein zu +*dat;* **¡no hay** ~**!** (*fam*) das gibt es nicht!; ~ **al pataleo** (*fam*) Recht auf Widerrede **2.** (*jurisprudencia*) Recht *nt;* (*ciencia*) Rechtswissenschaft *f;* ~ **criminal** Strafrecht *nt;* ~ **político** Staatsrecht *nt;* **estudiar** ~ Jura studieren; **conforme a** ~ rechtmäßig; **de** ~ von Rechts wegen; **por** ~ **propio** kraft seines Amtes **3.** (*de un papel/una tela*) rechte Seite *f* **4.** *pl* (*impuestos*) Gebühren *fpl;* ~**s de exportación** Ausfuhrzölle *mpl;* **libre de** ~**s** gebührenfrei; **sujeto a** ~**s** gebührenpflichtig **5.** *pl* (*honorarios*) Honorar *nt;* ~**s de mediación** Vermittlungsprovision *f*
derivación [deriβa'θjon] *f* **1.** (*t.* LING, MAT: *deducción*) Ableitung *f;* ~ **a tierra** (ELEC) Erdung *f* **2.** (FERRO) Nebenbahn *f* **3.** (*de agua*) Zuleitung *f*
derivado [deri'βaðo] *m* Derivat *nt*
derivar [deri'βar] **I.** *vi* **1.** (*proceder*) hervorgehen (*de* aus +*dat*) **2.** (*tornar*) sich umwandeln (*hacia* zu +*dat*) **3.** (NÁUT) abdriften **II.** *vt* **1.** (*t.* MAT, LING: *deducir*) ableiten **2.** (*desviar*) umleiten; ~ **una conversación hacia otro tema** ein Gespräch auf ein anderes Thema lenken **3.** (ELEC) abzweigen **III.** *vr:* ~**se** sich ableiten (*de* aus +*dat*)
dermatólogo, -a [derma'toloɣo, -a] *m, f* Hautarzt, -ärztin *m, f*
dérmico, -a ['dermiko, -a] *adj* Haut-
derogación [deroɣa'θjon] *f* **1.** (*de una ley*) Aufhebung *f* **2.** (*disminución*) Minderung *f*
derogar [dero'ɣar] <g→gu> *vt* **1.** (*una ley*) aufheben **2.** (*destruir*) zerstören **3.** (*reformar*) reformieren
derramamiento [derrama'mjento] *m* Ausschütten *nt;* (*involuntario*) Verschütten *nt;* (*de sangre/lágrimas*) Vergießen *nt*
derramar [derra'mar] **I.** *vt* **1.** (*verter*) ausschütten; (*sin querer*) verschütten; (*lágrimas/sangre*) vergießen **2.** (*repartir*): ~ **un gasto** eine Abgabe umlegen **II.** *vr:* ~**se** **1.** (*esparcirse: líquidos*) auslaufen; (*otros*) rieseln **2.** (*desaguar*) münden (*en* in +*akk*) **3.** (*diseminarse*) sich ausbreiten
derrame [de'rrame] *m* **1.** *v.* **derramamiento** **2.** (*desbordamiento*) Überlaufen *nt* **3.** (MED) Erguss *m;* ~ **cerebral** Gehirnschlag *m*
derrapar [derra'par] *vi* ins Schleudern geraten
derredor [derre'ðor] *m* Umkreis *m;* **en** ~ ringsherum; **en** ~ **de la mesa** rings um den Tisch herum
derrengado, -a [derreŋ'gaðo, -a] *adj* **1.** (*deslomado*) verrenkt **2.** (*torcido*) krumm **3.** (*exhausto*) zerschlagen
derretir [derre'tir] *irr como pedir* **I.** *vt* **1.** (*deshacer*) schmelzen **2.** (*derrochar*) verschleudern **II.** *vr:* ~**se** **1.** (*deshacerse*) schmelzen **2.** (*fam: consumirse*): ~**se de calor** vor Hitze vergehen; ~**se de gusto** sich pudelwohl fühlen; **estar derretido** (**de amor**) **por alguien** bis über beide Ohren in jdn verliebt sein
derribar [derri'βar] *vt* **1.** (*edificio*) niederreißen; (*puerta*) einschlagen; (*árbol*) fällen **2.** (*jinete*) abwerfen; (*boxeador*) niederwerfen **3.** (*del cargo/poder*) stürzen; (*humillar*) demütigen

derribo [de'rriβo] *m* **1.** (*caída provocada*) Umwerfen *nt;* (*de un avión*) Abschuss *m;* (*de un futbolista*) Foul *nt* **2.** (*demolición*) Abriss *m* **3.** (*escombro*) Abbruchmaterial *nt*

derrocar [derro'kar] <c→qu> *vt* **1.** (*despeñar*) herabstürzen **2.** (*destituir*) stürzen

derrochador(a) [derrotʃa'ðor(a)] **I.** *adj* verschwenderisch **II.** *m(f)* Verschwender(in) *m(f)*

derrochar [derro'tʃar] *vt* **1.** (*despilfarrar*) verschwenden **2.** (*fam: tener en abundancia*) strotzen (vor +*dat*)

derroche [de'rrotʃe] *m* Verschwendung *f*

derrota [de'rrota] *f* **1.** (*fracaso*) Niederlage *f* **2.** (NÁUT) Kurs *m* **3.** (*senda*) Pfad *m*

derrotado, -a [derro'taðo, -a] *adj* **1.** (*harapiento*) zerlumpt **2.** (*deprimido*) deprimiert

derrotar [derro'tar] **I.** *vt* **1.** (*vencer*) schlagen **2.** (*desmoralizar*) zugrunde richten **II.** *vr:* ~**se** (NÁUT) vom Kurs abkommen

derrotero [derro'tero] *m* (*rumbo*) Kurs *m;* **ir por nuevos ~s** (*fig*) neue Wege beschreiten

derruir [derru'ir] *irr como huir vt* **1.** (*derribar*) niederreißen **2.** (*destruir*) zerstören

derrumbamiento [derrumba'mjen̩to] *m* (ARQUIT) Einsturz *m;* (*fig*) Zusammenbruch *m*

derrumbar [derrum'bar] **I.** *vt* **1.** (*despeñar*) herabstürzen **2.** (*derruir*) niederreißen **3.** (*moralmente*) deprimieren **II.** *vr:* ~**se** (*edificio*) einstürzen; (*esperanzas*) sich zerschlagen

desabastecido, -a [desaβaste'θiðo, -a] *adj* unterversorgt

desaborido, -a [desaβo'riðo, -a] **I.** *adj* fade **II.** *m, f* Langweiler(in) *m(f)*

desabotonar [desaβoto'nar] *vt, vr:* ~**se** aufknöpfen

desabrido, -a [desa'βriðo, -a] *adj* **1.** (*comida*) fade **2.** (*tiempo*) ungemütlich **3.** (*persona*) unwirsch

desabrigado, -a [desaβri'ɣaðo, -a] *adj* ungeschützt; **estar ~** (*persona*) zu leicht gekleidet sein

desabrochar [desaβro'tʃar] *vt, vr:* ~**se** (*botones*) aufknöpfen; (*cordones*) aufschnüren; (*ganchos*) aufhaken; (*hebillas*) aufschnallen

desacatar [desaka'tar] *vt* missachten

desacato [desa'kato] *m* Missachtung *f* (*a* +*gen*)

desacertado, -a [desaθer'taðo, -a] *adj* verfehlt

desacierto [desa'θjerto] *m* (*falta*) Fehler *m;* (*equivocación*) Irrtum *m*

desaconsejar [desakonse'xar] *vt* abraten (von +*dat*); ~ **algo a alguien** jdm von etw *dat* abraten

desacorde [desa'korðe] *adj* **1.** (MÚS) verstimmt **2.** (*alguien*): **estar ~ con algo/alguien** etw *dat*/jdm nicht zustimmen

desacostumbrado, -a [desakostum'braðo] *adj* (*fuera de la rutina*) ungewohnt; (*no común*) ungewöhnlich

desacostumbrar [desakostum'brar] **I.** *vt* abgewöhnen; ~ **a alguien de algo** jdm etw abgewöhnen **II.** *vr:* ~**se** sich *dat* abgewöhnen (*a/de* +*akk*)

desacreditar [desakreði'tar] **I.** *vt* in Verruf bringen **II.** *vr:* ~**se** in Verruf kommen

desactivar [desakti'βar] *vt* (*explosivos*) entschärfen

desacuerdo [desa'kwerðo] *m* **1.** (*discrepancia*) Unstimmigkeit *f;* **estar en ~** nicht übereinstimmen **2.** (*error*) Fehler *m*

desafiador(a) [desafja'ðor(a)] **I.** *adj* herausfordernd **II.** *m(f)* Herausforderer, -in *m, f*

desafiar [desafi'ar] <*1. pres:* desafío> **I.** *vt* (*retar*) herausfordern (*a* zu +*dat*); (*hacer frente*) trotzen (*a* +*dat*); **te desafío a que no lo intentas** ich wette mit dir, dass du es nicht wagst **II.** *vr:* ~**se** sich (gegenseitig) herausfordern (*a* zu +*dat*)

desafinado, -a [desafi'naðo, -a] *adj* (*tono*) falsch

desafinar [desafi'nar] *vi* (MÚS: *al cantar*) falsch singen; (*al tocar*) falsch spielen; (*instrumento*) verstimmt sein

desafío [desa'fio] *m* (*reto, prueba*) Herausforderung *f;* (*duelo*) Duell *nt*

desaforado, -a [desafo'raðo, -a] *adj* (*fuera de la ley*) gesetzwidrig; (*desmedido*) maßlos

desafortunado, -a [desafortu'naðo, -a] *adj* unglücklich

desafuero [desa'fwero] *m* Übergriff *m*

desagradable [desaɣra'ðaβle] *adj* **1.** (*no agradable*) unangenehm (*a* für +*akk*); **ser ~ al tacto** sich unangenehm anfühlen **2.** (*repulsivo*) widerlich (*a* für +*akk*); **ser ~ al gusto** ekelhaft schmecken

desagradar [desaɣra'ðar] *vi* missfallen +*dat*

desagradecido, -a [desaɣraðe'θiðo, -a] *adj* undankbar

desagrado [desa'ɣraðo] *m* Missfallen *nt*

desagraviar [desaɣra'βjar] **I.** *vt* **1.** (*excusarse*) sich entschuldigen (*a* bei +*dat*) **2.** (*compensar*) entschädigen **II.** *vr:* ~**se** sich schadlos halten (*de* an +*dat*)

desaguar [desa'ɣwar] <gu→gü> **I.** *vi* **1.** (*desembocar*) münden (*en* in +*akk*) **2.** (*verterse*) abfließen **II.** *vt* (*desecar*) entwässern; ~ **el sótano** den Keller auspumpen **III.** *vr:* ~**se** (*verterse*) abfließen

desagüe [de'saɣwe] *m* Abfluss *m*

desaguisado, -a[1] [desaɣi'saðo, -a] *adj* (*contra la ley*) gesetzwidrig; (*la razón*) unvernünftig

D

desaguisado[2] [desaɣi'saðo] *m* **1.** (*agravio*) Beleidigung *f* **2.** (*fam: lío*) Durcheinander *nt*

desahogado, -a [desao'ɣaðo, -a] *adj* **1.** (*lugar*) geräumig; (*prenda*) weit **2.** (*adinerado*) auskömmlich **3.** (*descarado*) unverschämt

desahogar [desao'ɣar] <g→gu> **I.** *vt* Erleichterung verschaffen +*dat* **II.** *vr:* **~se** **1.** (*desfogarse*) sich *dat* Erleichterung verschaffen **2.** (*confiarse*): **~se con alguien** sich bei jdm aussprechen; **~se de un disgusto con alguien** seinen Ärger bei jdm loswerden **3.** (*recuperarse*) sich erholen

desahogo [desa'oɣo] *m* **1.** (*alivio*) Erleichterung *f* **2.** (*reposo*) Erholung *f* **3.** (*holgura económica*) Auskommen *nt* **4.** (*descaro*) Dreistigkeit *f*

desahuciado, -a [desau̯'θjaðo, -a] *adj* (*enfermo*) unheilbar krank

desahuciar [desau̯'θjar] **I.** *vt* **1.** (*quitar la esperanza*) entmutigen **2.** (*enfermo*) aufgeben **3.** (*inquilino*) kündigen +*dat* **II.** *vr:* **~se** verzweifeln

desahucio [de'sau̯θjo] *m* (JUR) Zwangsräumung *f*

desairado, -a [desai̯'raðo, -a] *adj* **1.** (*humillado*) gekränkt **2.** (*desgarbado*) linkisch **3.** (*ropa*) schlecht sitzend

desairar [desai̯'rar] *irr como airar vt* **1.** (*humillar*) kränken **2.** (*desestimar*) gering schätzen **3.** (*rechazar*) verschmähen

desaire [de'sai̯re] *m* **1.** (*humillación*) Kränkung *f* **2.** (*desprecio*) Geringschätzung *f* **3.** (*desatención*) Unhöflichkeit *f*

desajustar [desaxus'tar] **I.** *vt* **1.** (*desordenar*) in Unordnung bringen; (*máquina*) verstellen **2.** (*aflojar*) lösen **II.** *vr:* **~se** **1.** (*desavenir*) sich distanzieren **2.** (*aflojarse*) sich lösen

desajuste [desa'xuste] *m* **1.** (*desorden*) Unordnung *f* **2.** (*desconcierto*) Diskrepanz *f* **3.** (*de aparatos*) Fehleinstellung *f*

desalentador(a) [desalen̪ta'ðor(a)] *adj* entmutigend

desalentar [desalen̪'tar] <e→ie> **I.** *vt* (*desesperanzar*) entmutigen **II.** *vr:* **~se** den Mut verlieren

desaliento [desa'ljen̪to] *m* (*falta de valor*) Mutlosigkeit *f;* (*de fuerzas*) Schwäche *f*

desaliñado, -a [desali'ɲaðo, -a] *adj* ungepflegt

desalmado, -a [desal'maðo, -a] **I.** *adj* barbarisch **II.** *m, f* Barbar(in) *m(f)*

desalojar [desalo'xar] **I.** *vi* ausziehen **II.** *vt* (*abandonar: casa*) räumen; (*puesto*) verlassen

desalquilar [desalki'lar] **I.** *vt* (*dejar libre*) aufgeben **II.** *vr:* **~se** frei werden

desamor [desa'mor] *m* **1.** (*falta de amor*) Lieblosigkeit *f* **2.** (*aborrecimiento*) Abneigung *f*

desamparado, -a [desampa'raðo, -a] *adj* (*persona*) schutzlos; (*vagabundo*) obdachlos; (*lugar*) ungeschützt; (*casa*) verlassen

desamparar [desampa'rar] *vt* (*dejar*) verlassen; (*posesiones*) aufgeben; (*desasistir*) im Stich lassen

desamparo [desam'paro] *m* **1.** (*falta de protección*) Schutzlosigkeit *f* **2.** (*abandono*) Verlassen *nt*

desamueblado, -a [desamwe'βlaðo, -a] *adj* unmöbliert

desamueblar [desamwe'βlar] *vt* ausräumen

desandar [desan̪'dar] *irr como andar vt* wieder zurückgehen; **~ lo andado** (*fig*) wieder von vorne beginnen; **no se puede ~ lo andado** (*prov*) was geschehen ist, kann man nicht mehr ungeschehen machen

desangrar [desaŋ'grar] **I.** *vt* **1.** (*animales*) ausbluten lassen **2.** (*pantanos*) trockenlegen **3.** (*arruinar*) ausbeuten **II.** *vr:* **~se** verbluten

desanimado, -a [desani'maðo, -a] *adj* **1.** (*persona*) mutlos **2.** (*lugar*) wenig besucht

desanimar [desani'mar] **I.** *vt* entmutigen **II.** *vr:* **~se** den Mut verlieren

desánimo [de'sanimo] *m* Mutlosigkeit *f*

desanudar [desanu'ðar] *vt* (*nudo*) aufknoten

desapacible [desapa'θiβle] *adj* (*persona*) unfreundlich; (*sonidos*) unangenehm; (*tiempo*) ungemütlich

desaparecer [desapare'θer] *irr como crecer vi* verschwinden

desaparecido, -a [desapare'θiðo, -a] **I.** *adj* (*perdido*) vermisst **II.** *m, f* (*perdido*) Vermisste(r) *mf*

desaparición [desapari'θjon] *f* (*el perderse*) Verschwinden *nt*

desapego [desa'peɣo] *m* Abneigung *f* (*hacia* gegen +*akk*)

desapercibido, -a [desaperθi'βiðo, -a] *adj* **1.** (*inadvertido*) unbemerkt; **pasar ~** nicht auffallen **2.** (*desprevenido*) unvorbereitet; **coger ~** völlig unvorbereitet treffen

desaplicado, -a [desapli'kaðo, -a] *adj* faul

desaprensivo, -a [desapren'siβo, -a] *adj* rücksichtslos

desaprobar [desapro'βar] <o→ue> *vt* missbilligen

desaprovechado, -a [desaproβe'ʧaðo, -a] *adj* (*infructuoso*) vergeblich; (*malogrado*) gescheitert

desaprovechar [desaproβe'ʧar] *vt* sich *dat* entgehen lassen

desarmar [desar'mar] **I.** *vi* (POL) abrüsten **II.**

vt **1.** (*dejar sin armas/argumentos*) entwaffnen **2.** (*desmontar*) zerlegen

desarme [de'sarme] *m* (POL) Abrüstung *f*

desarraigar [desarrai̯'ɣar] <g→gu> *vt* **1.** (*árbol, persona*) entwurzeln **2.** (*costumbre, creencia*) ausrotten

desarreglado, -a [desarre'ɣlaðo, -a] *adj* (*sin orden*) unordentlich; (*sin regularidad*) unstet

desarreglar [desarre'ɣlar] *vt* **1.** (*desordenar*) durcheinander bringen **2.** (*perturbar*) stören

desarreglo [desarre'ɣlo] *m* **1.** (*desorden*) Unordnung *f* **2.** (*desperfecto, molestia*) Störung *f;* (*coche*) Panne *f*

desarrollar [desarro'ʎar] **I.** *vt* **1.** (*aumentar*) entfalten, entwickeln; ~ **relaciones comerciales** Handelsbeziehungen ausbauen **2.** (*tratar en detalle*) darlegen **3.** (*desenrollar*) entrollen **II.** *vr:* ~**se 1.** (*progresar*) sich entwickeln **2.** (*tener lugar*) sich abspielen

desarrollo [desa'rroʎo] *m* **1.** (*de un rollo*) Entrollen *nt* **2.** (*progreso*) Entwicklung *f;* (*crecimiento*) Wachstum *nt;* ~ **profesional** berufliches Fortkommen; **ayuda al** ~ Entwicklungshilfe *f;* **país en vías de** ~ Entwicklungsland *nt* **3.** (*proceso*) Ablauf *m*

desarrugar [desarru'ɣar] <g→gu> *vt* glätten

desarticular [desartiku'lar] **I.** *vt* **1.** (*piezas*) zerlegen **2.** (*articulación*) ausrenken **3.** (*grupo*) auflösen; (*banda*) zerschlagen **II.** *vr:* ~**se 1.** (*piezas*) auseinander gehen **2.** (*articulación*) sich *dat* ausrenken **3.** (*grupo*) sich auflösen

desaseado, -a [desase'aðo, -a] *adj* ungepflegt

desasir [desa'sir] *irr como asir* **I.** *vt* loslassen **II.** *vr:* ~**se 1.** (*desprenderse*) sich lösen **2.** (*desacostumbrarse*) aufgeben (*de* +*akk*)

desasosegar [desasose'ɣar] *irr como fregar* **I.** *vt* beunruhigen **II.** *vr:* ~**se** unruhig werden

desasosiego [desaso'sjeɣo] *m* Unruhe *f*

desastrado, -a [desas'traðo, -a] *adj* **1.** (*infortunado*) unglücklich **2.** (*desaliñado*) ungepflegt; (*harapiento*) zerlumpt

desastre [de'sastre] *m* Katastrophe *f;* **ser un** ~ (*fam: alguien*) völlig chaotisch sein

desastroso, -a [desas'troso, -a] *adj* katastrophal

desatado, -a [desa'taðo, -a] *adj* **1.** (*desligado*) ungebunden **2.** (*desenfrenado*) entfesselt; **estar** ~ wild sein

desatar [desa'tar] **I.** *vt* **1.** (*soltar*) losbinden; (*nudos*) lösen; (*paquete, zapatos*) aufschnüren; ~ **la lengua a alguien** jdn zum Sprechen bringen **2.** (*causar*) entfesseln **II.** *vr:* ~**se 1.** (*soltarse*) sich losbinden; (*nudo*) aufgehen **2.** (*desligarse*) sich lösen **3.** (*desencadenarse*) sich entfesseln **4.** (*loc*): ~**se en improperios** sich in Schmähungen ergehen

desatascar [desatas'kar] <c→qu> *vt* **1.** (*desobstruir*) frei machen **2.** (*sacar del atascadero*) aus dem Schlamm ziehen; ~ **a alguien** jdm aus der Bedrängnis helfen **3.** (*activar*) ankurbeln

desatención [desaten̪'θjon] *f* **1.** (*distracción*) Unaufmerksamkeit *f* **2.** (*descortesía*) Unhöflichkeit *f*

desatender [desaten̪'der] <e→ie> *vt* (*desoír*) außer Acht lassen; (*abandonar*) vernächlässigen

desatento, -a [desa'ten̪to, -a] *adj* **1.** (*distraído*) unaufmerksam; (*negligente*) nachlässig **2.** (*descortés*) unhöflich (*con* zu +*dat*)

desatinado, -a [desati'naðo, -a] *adj* **1.** (*desacertado*) ungeschickt **2.** (*irreflexivo*) unbesonnen

desatinar [desati'nar] *vi* (*conducta*) Unsinn machen; (*palabras*) Unsinn reden

desatino [desa'tino] *m* **1.** (*error*) Fehler *m;* (*torpeza*) Ungeschick *nt* **2.** (*tontería*) Unsinn *m*

desatornillador [desatorniʎa'ðor] *m* (*Am*) Schraubenzieher *m*

desatornillar [desatorni'ʎar] *vt* abschrauben; ~ **un tornillo** eine Schraube lösen

desatracar [desatra'kar] <c→qu> *vi* (NÁUT) ablegen

desatrancar [desatraŋ'kar] <c→qu> *vt* **1.** (*puerta*) entriegeln **2.** (*desatascar*) eine Verstopfung beseitigen (in +*dat*)

desautorizado, -a [desau̯tori'θaðo, -a] *adj* unbefugt

desautorizar [desau̯tori'θar] <z→c> *vt* (*inhabilitar*) die Befugnis aberkennen +*dat*

desavenencia [desaβe'nen̪θja] *f* **1.** (*desacuerdo*) Uneinigkeit *f* **2.** (*discordia*) Streitigkeit *f*

desavenir [desaβe'nir] *irr como venir* **I.** *vt* entzweien **II.** *vr:* ~**se** sich zerstreiten

desaventajado, -a [desaβen̪ta'xaðo, -a] *adj* **1.** (*poco ventajoso*) nachteilig **2.** (*inferior*) unzureichend

desayunar [desaɟu'nar] *vi, vt* frühstücken; ~ **fuerte** gut frühstücken

desayuno [desa'ɟuno] *m* Frühstück *nt*

desazón [desa'θon] *f* **1.** (*desasosiego*) Unbehagen *nt* **2.** (*malestar*) Unwohlsein *nt* **3.** (*picor*) Juckreiz *m*

desazonar [desaθo'nar] **I.** *vt* (*enfadar*) verstimmen; (*inquietar*) beunruhigen **II.** *vr:* ~**se** sich unbehaglich fühlen

desbancar [desβaŋ'kar] <c→qu> *vt* verdrängen

desbarajuste [desβara'xuste] *m* Durcheinander *nt;* **¡esto es un ~ total!** hier geht alles drunter und drüber!

desbaratar [desβara'tar] **I.** *vt* **1.** (*desunir*) auseinander bringen; (*dispersar*) auseinander treiben; (*desmontar*) auseinander nehmen **2.** (*arruinar*) vereiteln **II.** *vr:* **~se** **1.** (*separarse*) auseinander gehen **2.** (*estropearse*) kaputtgehen **3.** (*fracasar*) danebengehen

desbloquear [desβloke'ar] *vt* freilegen; (FIN) freigeben; (POL) die Blockade aufheben *+gen*

desbocar [desβo'kar] <c→qu> **I.** *vt* **1.** (*cacharro*) am Rand beschädigen **2.** (*enloquecer*) rasend machen **II.** *vr:* **~se** (*enloquecer*) ausrasten; (*caballo*) durchgehen

desbordamiento [desβorða'mjen̦to] *m* Überflutung *f;* (INFOR) Overflow *m;* (*fig*) Ausbruch *m*

desbordante [desβor'ðan̦te] *adj* (*alegría*) überschäumend; **~ de alegría** überaus froh

desbordar [desβor'ðar] **I.** *vi, vr:* **~se** (*líquido*) überlaufen; (*río*) über die Ufer treten; (*vicio*) aus dem Ruder laufen; **~ de alegría** vor Freude ganz aus dem Häuschen sein; **~ de emoción** ganz gerührt sein; **su alegría/entusiasmo se desbordó** er/sie war vor Freude/Begeisterung ganz aus dem Häuschen **II.** *vt* (*exceder*) überschreiten; **esto desborda mi paciencia** gleich verliere ich die Geduld

desbravar [desβra'βar] *vt* (*domar*) zähmen; (*dominar*) bändigen; (*caballo*) zureiten

descabalgar [deskaβal'ɣar] <g→gu> *vi* absitzen

descabellado, -a [deskaβe'ʎaðo, -a] *adj* wahnwitzig

descabellar [deskaβe'ʎar] *vt* **1.** (*desgreñar*) zerzausen **2.** (TAUR) mit einem Genickstoß töten

descabezado, -a [deskaβe'θaðo, -a] *adj* hirnlos

descabezar [deskaβe'θar] <z→c> *vt* **1.** (*decapitar*) enthaupten **2.** (*podar*) kappen **3.** (*loc*): **~ un sueñecito** ein Nickerchen machen

descafeinado, -a [deskafei̯'naðo, -a] *adj* koffeinfrei

descalabrar [deskala'βrar] **I.** *vt* (*en la cabeza*) am Kopf verletzen; (*dañar*) schaden *+dat;* **salir descalabrado** (*fig*) schlecht davonkommen **II.** *vr:* **~se** (*en la cabeza*) sich am Kopf verletzen; (*fig*) schlecht davonkommen

descalabro [deska'laβro] *m* Schaden *m;* (*revés*) Reinfall *m;* **sufrir un ~** (*derrota*) eine Schlappe einstecken

descalcificar [deskal̦θifi'kar] <c→qu> *vt* entkalken

descalificación [deskalifika'θjon] *f* **1.** (*desacreditación*) Diskreditierung *f* **2.** (*eliminación*) Disqualifikation *f*

descalificar [deskalifi'kar] <c→qu> *vt* **1.** (*desacreditar*) diskreditieren **2.** (*eliminar*) disqualifizieren

descalzar [deskal̦'θar] <z→c> **I.** *vt* (*a alguien*) die Schuhe ausziehen *+dat* **II.** *vr:* **~se** (*alguien*) (sich *dat*) die Schuhe ausziehen

descalzo, -a [des'kal̦θo, -a] *adj* barfuß; (*fig*) bettelarm

descambiar [deskam'bjar] *vt* (*fam*) umtauschen

descaminar [deskami'nar] **I.** *vt* irreführen; **ir descaminado** (*fig*) sich irren **II.** *vr:* **~se** **1.** (*perderse*) sich verirren **2.** (*descarriarse*) auf Abwege geraten

descampado [deskam'paðo] *m* offenes Feld *nt;* **en ~** auf freiem Feld

descansado, -a [deskan'saðo, -a] *adj* **1.** *estar* (*bien dormido*) ausgeschlafen **2.** *ser* (*cómodo*) bequem

descansar [deskan'sar] **I.** *vi* **1.** (*reposar*) sich ausruhen; (*recuperarse*) sich erholen; (*en una marcha*) rasten; (*dormir*) schlafen; **¡que descanses!** schlaf gut!; **¡que Ud. descanse!** angenehme Ruhe!; **descanse en paz** (*difunto*) er/sie ruhe in Frieden **2.** (*apoyar*) ruhen (*en/sobre* auf *+dat*) **3.** (*confiar*) sich verlassen (*en* auf *+akk*) **II.** *vt* **1.** (*apoyar*) stützen (*en/sobre* auf *+akk*) **2.** (*aliviar*) entlasten **III.** *vr:* **~se** (*confiarse*) sein Herz ausschütten (*en* bei *+dat*)

descansillo [deskan'siʎo] *m* Treppenabsatz *m*

descanso [des'kanso] *m* **1.** (*reposo*) Ausruhen *nt;* (*recuperación*) Erholung *f;* (*tranquilidad*) Ruhe *f;* **día de ~** Ruhetag *m* **2.** (*pausa*) Pause *f;* (*alto*) Rast *f;* (DEP) Halbzeit *f;* **sin ~** ununterbrochen **3.** (*alivio*) Erleichterung *f* **4.** (*apoyo*) Stütze *f* **5.** (*descansillo*) Treppenabsatz *m*

descapotable [deskapo'taβle] **I.** *adj:* **coche ~** Kabrio(lett) *nt* **II.** *m* Kabrio(lett) *nt*

descarado, -a [deska'raðo, -a] *adj* **1.** (*desvergonzado*) dreist **2.** (*evidente*) unverhüllt

descararse [deska'rarse] *vr* (*insolentarse*) frech werden (*con* zu *+dat*)

descarga [des'karɣa] *f* **1.** (*de mercancías*) Abladen *nt;* (NÁUT) Löschung *f* **2.** (*disparos*) Salve *f;* **recibir una ~ de golpes** eine Tracht Prügel bekommen **3.** (ELEC, FÍS) Entladung *f;* **~ eléctrica** (*calambre*) elektrischer Schlag **4.** (*t.* FIN: *alivio*) Entlastung *f*

descargar [deskar'ɣar] <g→gu> **I.** *vi* **1.** (*desembocar*) auslaufen (*en* in *+akk*); (*río*) münden (*en* in *+akk*) **2.** (*tormenta*) sich entladen **II.** *vt* **1.** (*carga*) abladen; (NÁUT) löschen; **~ el vientre** seine Notdurft verrichten **2.** (ELEC, FÍS) entladen; (*corrien-*

te) ableiten **3.** (*disparar*) abfeuern; ~ **un golpe sobre...** einen Schlag versetzen ... +*dat* **4.** (*desahogar*) auslassen; ~ **su mal genio en** [*o* **sobre**] **alguien** seine schlechte Laune an jdm auslassen **5.** (*aliviar*) erleichtern; (FIN) entlasten **6.** (JUR: *absolver*) freisprechen; (*librar*) entlasten **7.** (INFOR) herunterladen **III.** *vr:* ~**se 1.** (*vaciarse*) sich leeren; (ELEC, FÍS) sich entladen **2.** (*librarse*) sich entledigen (*de* +*gen*) **3.** (*desahogarse*) sich abreagieren; (*con movimiento*) sich austoben

descargo [des'karɣo] *m* **1.** (*descarga*) Entladen *nt* **2.** (FIN) Gutschrift *f* **3.** (*liberación*) Entlastung *f* **4.** (*justificación*) Rechtfertigung *f*; **en mi** ~ zu meiner Verteidigung **5.** (*absolución*) Freisprechung *f*; **testigo de** ~ Entlastungszeuge *m*

descargue [des'karɣe] *m* Entladen *nt*

descarnado, -a [deskar'naðo, -a] *adj* **1.** (*sin carne*) fleischlos; (*huesudo*) knochig; (*flaco*) abgemagert **2.** (*acre*) gnadenlos

descaro [des'karo] *m* Frechheit *f*

descarriar [deskarri'ar] <*1. pres:* descarrío> **I.** *vt* **1.** (*dispersar*) versprengen **2.** (*descaminar*) irreführen **II.** *vr:* ~**se 1.** (*perderse*) sich verirren **2.** (*descaminarse*) auf Abwege geraten

descarrilamiento [deskarrila'mjen̩to] *m* Entgleisung *f*

descarrilar [deskarri'lar] *vi* entgleisen

descartar [deskar'tar] **I.** *vt* ausschließen **II.** *vr:* ~**se** (*naipes*) Karten abwerfen

descascarar [deskaska'rar] **I.** *vt* (*pelar*) schälen; (*nuez*) knacken **II.** *vr:* ~**se** (sich) (ab)schälen

descendencia [desθen̩'den̩θja] *f* Nachkommenschaft *f*; **tener** ~ Nachwuchs bekommen

descendente [desθen̩'den̩te] *adj* (*en caída*) fallend; (*en disminución*) rückläufig

descender [desθen̩'der] <e→ie> **I.** *vi* **1.** (*ir abajo*) hinuntergehen; (*a un valle/una mina*) hinuntersteigen **2.** (*disminuir*) zurückgehen **3.** (*proceder*) abstammen (*de* von +*dat*) **II.** *vt* **1.** (*coger*) herunternehmen **2.** (*una escalera*) herabsteigen

descendiente [desθen̩'djen̩te] *mf* Nachkomme *m*

descenso [des'θenso] *m* **1.** (*bajada*) Abstieg *m*; **carrera de** ~ (DEP) Abfahrtslauf *m* **2.** (*cuesta*) Abhang *m*; (*pendiente*) Gefälle *nt* **3.** (*disminución*) Rückgang *m*; (*caída*) Abfall *m*

descentralizar [desθen̩trali'θar] <z→c> *vt* dezentralisieren

descerrajar [desθerra'xar] *vt* **1.** (*puerta*) aufbrechen **2.** (*tiro*) abfeuern (*a* auf +*akk*)

descifrar [desθi'frar] *vt* entziffern; (*código*) dechiffrieren

descocado, -a [desko'kaðo, -a] *adj* (*descarado*) frech; (*indecente*) schamlos

descoco [des'koko] *m* (*descaro*) Frechheit *f*; (*indecencia*) Schamlosigkeit *f*

descodificador [deskoðifika'ðor] *m* Decoder *m*

descojonante [deskoxo'nan̩te] *adj* (*argot*) zum Schieflachen

descojonarse [deskoxo'narse] *vr* (*argot: reír*) sich schieflachen (*de* über +*akk*)

descolgar [deskol'ɣar] *irr como colgar* **I.** *vt* **1.** (*quitar*) abhängen; **andar descolgado** (*fig*) rumhängen **2.** (*teléfono*) abnehmen **3.** (*bajar*) herunterlassen **II.** *vr:* ~**se 1.** (*bajar*) sich herunterlassen **2.** (*aparecer*) sich ab und zu blicken lassen **3.** (*dejar caer*) herausplatzen

descollar [desko'ʎar] <o→ue> *vi* hervorragen (*entre/sobre* unter +*dat*, *por* durch +*akk*); **Goya descolló en la pintura de su tiempo** Goya war ein hervorragender Maler seiner Zeit

descolorar [deskolo'rar], **descolorir** [deskolo'rir] **I.** *vt* ausbleichen; (QUÍM) entfärben; **estar descolorido** (*lavado*) ausgewaschen sein **II.** *vr:* ~**se** ausbleichen

descomedido, -a [deskome'ðiðo, -a] *adj* **1.** (*excesivo*) übermäßig **2.** (*insolente*) ungehörig

descomedirse [deskome'ðirse] *irr como pedir vr* sich ungehörig aufführen

descompensar [deskompen'sar] **I.** *vt* aus dem Gleichgewicht bringen; **estar descompensado** unausgeglichen sein **II.** *vr:* ~**se** aus dem Gleichgewicht geraten

descomponer [deskompo'ner] *irr como poner* **I.** *vt* **1.** (*desordenar*) in Unordnung bringen **2.** (*separar*) zerlegen **3.** (*descomponer, t.* QUÍM) zersetzen **4.** (*enfurecer*) außer sich *dat* bringen **II.** *vr:* ~**se 1.** (*desmembrarse*) zerfallen **2.** (*corromperse*) verwesen **3.** (*enfermar*) Durchfall bekommen **4.** (*encolerizarse*) außer sich *dat/akk* geraten

descomposición [deskomposi'θjon] *f* **1.** (*separación*) Zerfall *m*; (QUÍM) Zersetzung *f*; (*corrupción*) Verwesung *f* **2.** (*diarrea*): ~ (**de vientre**) Durchfall *m*

descompostura [deskompos'tura] *f* **1.** (*desarreglo*) Ungepflegtheit *f* **2.** (*descomedimiento*) Ungehörigkeit *f*

descompuesto, -a [deskom'pwesto, -a] **I.** *pp de* **descomponer II.** *adj* **1.** (*desordenado*) unordentlich **2.** (*podrido*) verfault **3.** (*alterado*) verzerrt; **ponerse ~ de rabia** vor Wut außer sich *dat/akk* geraten **4.** (*enfermo*) an Durchfall leidend

descomunal [deskomu'nal] *adj* ungeheuerlich

desconcertar [deskon̩θer'tar] <e→ie> *vt*

1. (*desbaratar*) durcheinander bringen; (*planes*) vereiteln **2.** (*pasmar*) verblüffen

desconchado [deskon'tʃaðo] *m* abgebröckelte Stelle *f*

desconcierto [deskoṇ'θjerto] *m* **1.** (*desarreglo*) Unordnung *f* **2.** (*desorientación*) Unsicherheit *f*

desconectar [deskonek'tar] **I.** *vi, vt* abschalten; (*radio, tele*) ausschalten **II.** *vi* (*fam*) abschalten

desconfiado, -a [deskoɱfi'aðo, -a] *adj* misstrauisch

desconfianza [deskoɱfi'aṇθa] *f* Misstrauen *nt*

desconfiar [deskoɱfi'ar] <*1. pres:* desconfío> *vi* misstrauen (*de* +*dat*); **desconfío de conseguirlo** ich bezweifle, dass es mir gelingt

descongelar [deskoŋxe'lar] **I.** *vt* auftauen; (*el frigorífico*) abtauen; (FIN) freigeben; ~ **los salarios** den Lohnstopp aufheben **II.** *vr:* ~**se** auftauen

descongestionar [deskoŋxestjo'nar] *vt* entlasten; (MED) entstauen

desconocer [deskono'θer] *irr como crecer vt* **1.** (*ignorar*) nicht wissen; (*subestimar*) verkennen **2.** (*no conocer*) nicht kennen; (*no reconocer*) nicht wieder erkennen **3.** (*negar*) verleugnen; ~ **la paternidad** die Vaterschaft leugnen

desconocido, -a [deskono'θiðo, -a] **I.** *adj* unbekannt; (*correos*) Empfänger unbekannt; **estar** ~ (*cambiado*) nicht mehr zu erkennen sein **II.** *m, f* Unbekannte(r) *mf;* **un completo** ~ ein wildfremder Mensch

desconocimiento [deskonoθi'mjeṇto] *m* Unkenntnis *f;* (*ignorancia*) Unwissenheit *f;* **por** ~ **de los hechos** in Verkennung der Tatsachen

desconsiderado, -a [deskonsiðe'raðo, -a] *adj* rücksichtslos

desconsolado, -a [deskonso'laðo, -a] *adj* trostlos; (*inconsolable*) untröstlich

desconsolar [deskonso'lar] <o→ue> **I.** *vt* betrüben **II.** *vr:* ~**se** sich trostlos fühlen

desconsuelo [deskon'swelo] *m* Trostlosigkeit *f;* **daba** ~ **verlo** es/er sah trostlos aus

descontado, -a [deskoṇ'taðo, -a] *adj* **1.** (*descartado*) ausgeschlossen **2.** (*seguro*): **por** ~ selbstverständlich; **dar algo por** ~ etw für selbstverständlich halten

descontar [deskoṇ'tar] <o→ue> *vt* **1.** (*restar*) abziehen (*de* von +*dat*) **2.** (*letras*) diskontieren **3.** (*descartar*) ausschließen; **descontando que...** +*subj* ungeachtet dessen, dass ...

descontento, -a[1] [deskoṇ'teṇto, -a] *adj* unzufrieden

descontento[2] [deskoṇ'teṇto] *m* Unzufriedenheit *f*

descontrolarse [deskoṇtro'larse] *vr* (*máquina*) außer Kontrolle geraten; (*persona*) außer sich *dat/akk* geraten

descorazonar [deskoraθo'nar] **I.** *vt* entmutigen **II.** *vr:* ~**se** verzagen

descorchador [deskortʃa'ðor] *m* Korkenzieher *m*

descorchar [deskor'tʃar] *vt* (*botella*) entkorken

descorrer [desko'rrer] **I.** *vt* zurückziehen; (*cortinas*) aufziehen; (*cerrojo*) zurückschieben **II.** *vr:* ~**se** sich von selbst öffnen

descortés [deskor'tes] *adj* unhöflich

descortesía [deskorte'sia] *f* Unhöflichkeit *f*

descoser [desko'ser] **I.** *vt* (*costura*) auftrennen; **tengo la manga descosida** mein Ärmel hat sich gelöst **II.** *vr:* ~**se** (*costura*) aufgehen; **se me ha descosido un botón** mein Knopf ist ab

descosido, -a [desko'siðo, -a] *adj:* **como un** ~ (*loco*) wie ein Wilder; **hablar como un** ~ alles ausplappern

descoyuntar [deskoɟuṇ'tar] *vt* **1.** (*dislocar*) verrenken; **estar descoyuntado** (*fig*) fix und fertig sein **2.** (*falsear*) verdrehen

descrédito [des'kreðito] *m* Verruf *m;* **caer en** ~ in Verruf geraten

descreído, -a [deskre'iðo, -a] *adj* ungläubig

descremar [deskre'mar] *vt* entrahmen

describir [deskri'βir] *irr como escribir vt* beschreiben; (*presentar*) darstellen; (*hechos*) schildern

descripción [deskriβ'θjon] *f* Beschreibung *f;* (*presentación*) Darstellung *f;* (*de hechos*) Schilderung *f*

descuajaringar [deskwaxariŋ'gar] <g→gu> **I.** *vt* kaputtmachen **II.** *vr:* ~**se** (*fam: cansarse*) schlappmachen; ~ **de risa** sich schieflachen

descuartizar [deskwarti'θar] <z→c> *vt* zerlegen; (*en cuatro*) vierteln

descubierto, -a[1] [desku'βjerto, -a] **I.** *pp de* **descubrir II.** *adj* unbedeckt; (*sin techo*) unüberdacht; (*cielo*) heiter; (*cabeza*) barhäuptig; (*paisaje*) unbewaldet; **a pecho** ~ unbewaffnet; (*fig*) waghalsig

descubierto[2] [desku'βjerto] *m* **1.** (*lugar*): **al** ~ unter freiem Himmel; (MIN) über Tage **2.** (*bancario*) Kontoüberziehung *f;* **al** ~ (*cuenta*) überzogen; (*cheque*) ungedeckt; **en** ~ im Rückstand; **quedarse en** ~ sein Konto überziehen **3.** (*en evidencia*): **poner al** ~ an den Tag bringen; **quedar al** ~ entlarvt werden

descubridor(a) [deskuβri'ðor(a)] *m(f)* Entdecker(in) *m(f)*

descubrimiento [deskuβri'mjeṇto] *m* Entdeckung *f;* (*revelación*) Enthüllung *f*

descubrir [desku'βrir] *irr como abrir* **I.** *vt* **1.** (*destapar*) enthüllen **2.** (*encontrar*) entdecken **3.** (*averiguar*) herausfinden **4.** (*inventar*) erfinden **5.** (*revelar*) enthüllen **6.** (*desenmascarar*) entlarven **II.** *vr:* ~**se** **1.** (*saludo*) den Hut ziehen **2.** (*traicionarse*) sich bloßstellen **3.** (*desenmascararse*) sich entlarven (*como* als +*akk*) **4.** (*salir a la luz*) an den Tag kommen

descuento [des'kwen̩to] *m* **1.** (*deducción*) Abzug *m* **2.** (*rebaja*) Ermäßigung *f;* (COM) Rabatt *m;* (*por pago al contado*) Skonto *m o nt;* ~ **por cantidad** Mengenrabatt *m;* ~ **al por mayor** Großhandelsrabatt *m* **3.** (*de letras: acción*) Diskontierung *f;* (*cantidad*) Diskont *m*

descuidado, -a [deskwi'ðaðo, -a] *adj* **1.** *ser* (*falto de atención*) unachtsam; (*de cuidado*) nachlässig; (*imprudente*) fahrlässig; (*desaseado*) schlampig; (*desaliñado*) liederlich **2.** *estar* (*abandonado*) vernachlässigt; (*desprevenido*) unvorbereitet; **aspecto** ~ ungepflegtes Äußeres; **coger** ~ überrumpeln

descuidar [deskwi'ðar] **I.** *vi:* **¡descuida!** lass das nur meine Sorge sein! **II.** *vt* **1.** (*desatender*) vernachlässigen **2.** (*ignorar*) unbeachtet lassen **III.** *vr:* ~**se** **1.** (*abandonarse*) sich vernachlässigen **2.** (*distraerse*) nicht aufpassen

descuidero, -a [deskwi'ðero, -a] *m, f* Gelegenheitsdieb(in) *m(f)*

descuido [des'kwiðo] *m* **1.** (*falta de atención*) Unachtsamkeit *f;* (*de cuidado*) Nachlässigkeit *f;* (*imprudencia*) Fahrlässigkeit *f* **2.** (*error*) Fehler *m;* (*sin querer*) Versehen; **por** ~ aus Versehen

desde ['desðe] **I.** *prep* **1.** (*temporal: pasado*) seit +*dat;* (*a partir de*) ab +*dat;* ~**... hasta...** von ... bis ...; ~ **ahora** (**en adelante**) von nun an; **¿~ cuándo?** seit wann?; **¿~ cuándo vives aquí?** wie lange wohnst du schon hier?; ~ **entonces** seitdem; ~ **hace un mes** seit einem Monat; ~ **hace poco/mucho** seit kurzem/langem; ~ **hoy/mañana** ab heute/morgen; ~ **el principio** von Anfang an; ~ **ya** ab sofort **2.** (*local*) von +*dat;* **te llamo** ~ **una cabina** ich rufe von einer Telefonzelle (aus) an **II.** *adv:* ~ **luego** (*por supuesto*) selbstverständlich; **¿vienes con nosostros? – ¡~ luego!** kommst du mit uns? – aber klar!; **hace un tiempo horroroso – ¡~ luego!** das ist aber ein Sauwetter – allerdings! **III.** *conj:* ~ **que** seit(dem)

desdecir [desðe'θir] *irr como decir* **I.** *vi* nicht entsprechen (*de* +*dat*); ~ **de los suyos** aus der Art schlagen **II.** *vr:* ~**se de algo** etw zurücknehmen; ~**se de una promesa** ein Versprechen nicht halten

desdén [des'ðen] *m* Verachtung *f*

desdentado, -a [desðen̩'taðo, -a] *adj* zahnlos

desdeñable [desðe'ɲaβle] *adj* verachtenswert; **nada** ~ nicht zu verachten

desdeñar [desðe'ɲar] *vt* **1.** (*despreciar*) verachten **2.** (*rechazar*) verschmähen

desdeñoso, -a [desðe'ɲoso, -a] *adj* verächtlich; (*soberbio*) hochmütig

desdibujar [desðiβu'xar] **I.** *vt* verschwimmen lassen **II.** *vr:* ~**se** verschwimmen

desdicha [des'ðitʃa] *f* **1.** (*desgracia*) Unglück *nt;* (*suceso*) Un(glücks)fall *m* **2.** (*miseria*) Elend *nt*

desdichado, -a [desði'tʃaðo, -a] *adj* unglücklich; **es un** ~ er ist ein armer Teufel

desdoblar [desðo'βlar] **I.** *vt* **1.** (*desplegar*) auseinander falten; (*extender*) ausbreiten; (*fig*) entfalten **2.** (*dividir*) spalten **II.** *vr:* ~**se** **1.** (*abrirse*) sich auseinander falten; (*fig*) sich entfalten **2.** (*dividirse*) sich spalten

desdoro [des'ðoro] *m* Schande *f*

deseable [dese'aβle] *adj* wünschenswert; (*sexualmente*) begehrenswert

desear [dese'ar] *vt* wünschen; (*sexualmente*) begehren; **hacerse** ~ auf sich warten lassen; **¿desea algo más?** haben Sie noch einen Wunsch?; **dejar mucho que** ~ viel zu wünschen übrig lassen

desecar [dese'kar] <c→qu> **I.** *vt* austrocknen; (*aire*) entfeuchten; (*pantano*) trockenlegen; (*alimentos*) dörren **II.** *vr:* ~**se** austrocknen

desechable [dese'tʃaβle] *adj* **1.** (*de un solo uso*) Einweg-; **guantes** ~**s** Einmalhandschuhe *mpl* **2.** (*despreciable*) verachtenswert; **nada** ~ gar nicht zu verachten

desechar [dese'tʃar] *vt* **1.** (*tirar*) wegwerfen; (*ropa*) ablegen **2.** (*descartar*) ausschließen; (*desestimar*) ablehnen **3.** (*desdeñar*) verschmähen **4.** (*loc, fam*): ~ **el cerrojo** [*o* **la llave**] aufschließen

desecho(s) [de'setʃo(s)] *m(pl)* (*restos*) Ausschuss *m;* (*residuos*) Abfall *m;* (*basura*) Müll *m;* ~**s tóxicos** Giftmüll *m;* **de** ~ ausgemustert; **el** ~ **de la sociedad** (*fig*) der Abschaum der Gesellschaft

desembalar [desemba'lar] *vt* auspacken

desembarazado, -a [desembara'θaðo, -a] *adj* **1.** (*expedito*) frei **2.** (*desenvuelto*) ungezwungen

desembarazar [desembara'θar] <z→c> **I.** *vt* **1.** (*desocupar*) räumen **2.** (*despejar*) frei machen; (*librar*) befreien **II.** *vr:* ~**se** sich befreien **III.** *vi* (*Chil: dar a luz*) entbinden

desembarazo [desemba'raθo] *m* **1.** (*despejo*) Räumung *f* **2.** (*desenvoltura*) Ungezwungenheit *f*

desembarcadero [desembarka'ðero] *m* Landungsplatz *m;* (*puente*) Anlegesteg *m*

desembarcar [desemβar'kar] <c→qu> **I.** *vi* landen; (*la escalera*) enden **II.** *vt* (*transportar*) ausschiffen; (*descargar*) ausladen

desembarco [desem'barko] *m* (*arribada*) Landung *f*

desembargar [desembar'ɣar] <g→gu> *vt* freigeben

desembarque [desem'barke] *m* **1.** (*arribada*) Landung *f* **2.** (*descarga*) Ausladung *f*

desembarrancar [desembarraŋ'kar] <c→qu> *vt* flottmachen

desembocadura [desemboka'ðura] *f* (*de un río*) (Ein)mündung *f;* (*desagüe*) Auslauf *m*

desembocar [desembo'kar] <c→qu> *vi* **1.** (*río*) (ein)münden (*en* in +*akk*) **2.** (*situación*) führen (*en* zu +*dat*)

desembolsar [desembol'sar] *vt* **1.** (*sacar*) aus der Tasche nehmen **2.** (*pagar*) zahlen; (*gastar*) ausgeben

desembolso [desem'bolso] *m* (*pago*) Zahlung *f;* (*gasto*) Ausgabe *f*

desembozar [desembo'θar] <z→c> **I.** *vt* **1.** (*descubrir*) enthüllen **2.** (*desatrancar*) eine Verstopfung beseitigen (in +*dat*) **II.** *vr:* **~se 1.** (*descubrirse*) sich enthüllen **2.** (*desatrancarse*) frei werden

desembragar [desembra'ɣar] <g→gu> *vi, vt* (AUTO) auskuppeln

desembrollar [desembro'ʎar] *vt* (*fam*) entwirren; (*fig*) klären

desembuchar [desembu'ʧar] *vi, vt* (*fam: confesar*) auspacken; **¡desembucha de una vez!** nun schieß schon los!

desempacar [desempa'kar] <c→qu> *vt* auspacken

desempapelar [desempape'lar] *vt:* **~ una habitación** in einem Zimmer die Tapete von der Wand entfernen

desempaquetar [desempake'tar] *vt* auspacken

desempeñar [desempe'ɲar] *vt* **1.** (*préstamo*) einlösen **2.** (*cargo*) ausüben; (*trabajo*) ausführen; **~ un papel** eine Rolle spielen

desempeño [desem'peɲo] *m* **1.** (*de un préstamo*) Einlösung *f* **2.** (*ejercicio*) Ausübung *f;* (*realización*) Ausführung *f*

desempleado, -a [desemple'aðo, -a] **I.** *adj* arbeitslos **II.** *m, f* Arbeitslose(r) *mf*

desempleo [desem'pleo] *m* Arbeitslosigkeit *f*

desempolvar [desempol'βar] *vt* **1.** (*limpiar*) abstauben **2.** (*lo olvidado*) auffrischen

desencadenar [deseŋkaðe'nar] **I.** *vt* **1.** (*soltar*) losketten **2.** (*provocar*) auslösen **II.** *vr:* **~se** ausbrechen

desencajar [deseŋka'xar] **I.** *vt* (*sacar*) lösen; (MED) verrenken; (*cara*) verzerren **II.** *vr:* **~se** (*salirse*) ausrasten; (MED) sich *dat* verrenken

desencantar [deseŋkaṇ'tar] **I.** *vt* **1.** (*desembrujar*) entzaubern **2.** (*desilusionar*) ernüchtern; (*decepcionar*) enttäuschen **II.** *vr:* **~se** enttäuscht sein

desencanto [deseŋ'kaṇto] *m* (*decepción*) Enttäuschung *f;* (*desilusión*) Ernüchterung *f*

desenchufar [desenʧu'far] *vt* den Stecker herausziehen (von +*dat*)

desencoger [deseŋko'xer] <g→j> **I.** *vt* **1.** (*extender*) ausbreiten **2.** (*estirar*) ausstrecken **II.** *vr:* **~se 1.** (*extenderse*) sich ausbreiten **2.** (*estirarse*) sich ausstrecken **3.** (*desempacharse*) jede Scheu ablegen

desencolarse [deseŋko'larse] *vr* aus dem Leim gehen

desencuadernar [deseŋkwaðer'nar] **I.** *vt* (*libro*) vom Einband lösen **II.** *vr:* **~se** auseinander fallen; (*fig*) zusammenbrechen

desenfadado, -a [deseɱfa'ðaðo, -a] *adj* ungezwungen; (*relajado*) locker

desenfado [deseɱ'faðo] *m* Ungezwungenheit *f*

desenfocado, -a [deseɱfo'kaðo, -a] *adj* (FOTO) unscharf

desenfrenado, -a [deseɱfre'naðo, -a] *adj* ungezügelt

desenfreno [deseɱ'freno] *m* Zügellosigkeit *f*

desenganchar [deseŋgan'ʧar] **I.** *vt* (*gancho*) loshaken; (*soltar*) losmachen; (*caballos*) abspannen; (FERRO) abkoppeln **II.** *vr:* **~se** (*argot: de la droga*) clean werden

desengañar [deseŋga'ɲar] **I.** *vt* (*desilusionar*) die Illusion nehmen +*dat;* (*abrir los ojos*) die Augen öffnen +*dat* **II.** *vr:* **~se** (*decepcionarse*) enttäuscht sein; **pronto te ~ás** (*verás claro*) dir werden bald die Augen aufgehen

desengaño [deseŋ'gaɲo] *m* Enttäuschung *f;* **sufrir un ~ amoroso** sich unglücklich verlieben

desengrasar [deseŋgra'sar] *vt* entfetten

desenlace [desen'laθe] *m* Ende *nt;* **la película tiene un ~ feliz** der Film hat ein Happyend

desenlazar [desenla'θar] <z→c> **I.** *vt* **1.** (*desatar*) losbinden **2.** (*resolver*) lösen **II.** *vr:* **~se** (*resolverse*) sich lösen; (TEAT) ausgehen

desenmarañar [deseⁿmara'ɲar/deseᵐmara'ɲar] *vt* **1.** (*desenredar*) entzausen **2.** (*desentrañar*) herausbekommen

desenmascarar [deseⁿmaska'rar/deseᵐmaska'rar] **I.** *vt* demaskieren; (*fig*) bloßstellen **II.** *vr:* **~se** sich demaskieren; (*fig*) sich entpuppen (*como* als +*nom*)

desenredar [desenrre'ðar] **I.** *vt* (*t. fig*) entwirren; (*pelo*) durchkämmen **II.** *vr:* **~se** (*fam: librarse*) heil herauskommen (*de* aus +*dat*)

desenroscar [desenrros'kar] <c→qu> *vt* **1.** (*desenrollar*) ausrollen **2.** (*sacar de la* *rosca*) abschrauben; (*abrir*) aufschrauben

desentenderse [desenten'derse] <e→ie> *vr* **1.** (*fingir ignorancia*) sich unwissend stellen; **hacerse el desentendido** so tun, als wüsste man von nichts **2.** (*despreocuparse*) sich nicht (mehr) kümmern (*de* um +*akk*); ~ **de un problema** von einem Problem nichts mehr wissen wollen

desenterrar [desente'rrar] <e→ie> *vt* ausgraben; (*encontrar*) ausfindig machen; ~ **viejos recuerdos** alte Erinnerungen auffrischen

desentonar [desento'nar] *vi* **1.** (*cantar*) falsch singen; (*tocar*) falsch spielen **2.** (*no combinar*) nicht passen (*con* zu +*dat*); **con esa ropa desentonas en la fiesta** in diesem Aufzug bist du auf dem Fest fehl am Platz

desentorpecer [desentorpe'θer] *irr como crecer vt* **1.** (*desembarazar*) frei machen **2.** (*desentumecer*) recken **3.** (*afinar*) Schliff beibringen +*dat*

desentrañar [desentra'ɲar] *vt* (*descubrir*) ergründen

desentumecer [desentume'θer] *irr como crecer vt* recken

desenvoltura [desembol'tura] *f* Ungezwungenheit *f*; (*descaro*) Frechheit *f*

desenvolver [desembol'βer] *irr como volver* **I.** *vt* **1.** (*desempaquetar*) auspacken **2.** (*desenrollar*) ausrollen; (*desdoblar*) entfalten **3.** (*descubrir*) enthüllen **4.** (*desarrollar*) entwickeln **II.** *vr:* ~**se** **1.** (*desarrollarse*) sich entwickeln **2.** (*manejarse*) zurechtkommen

desenvuelto, -a [desem'bwelto, -a] **I.** *pp de* **desenvolver** **II.** *adj* (*resuelto*) ungezwungen; (*descarado*) frech

deseo [de'seo] *m* Wunsch *m*; (*necesidad*) Verlangen *nt*; (*ansia*) Begehren *nt*; (*sexual*) Lust *f*; (*impulso*) Drang *m*; ~ **imperioso** dringender Wunsch; ~**s de venganza** Rachsucht *f*; **tengo grandes** ~**s de que vengan** ich wünsche mir sehr, dass sie kommen

deseoso, -a [dese'oso, -a] *adj:* **estar** ~ **de hacer algo** (*ansioso*) begierig darauf sein, etw zu tun; **estoy** ~ **de conocerle** ich würde Sie gerne einmal kennen lernen

desequilibrado, -a [desekili'βraðo, -a] *adj* unausgeglichen; (*trastornado*) geistig gestört

desequilibrar [desekili'βrar] **I.** *vt* **1.** (*descompensar*) aus dem Gleichgewicht bringen **2.** (*trastornar*) verstören **II.** *vr:* ~**se** **1.** (*descompensarse*) aus dem Gleichgewicht geraten **2.** (*psíquicamente*) verstört sein

desequilibrio [deseki'liβrjo] *m* **1.** (*falta de equilibrio*) Ungleichgewicht *nt*; (*descompensación*) Unausgewogenheit *f*; (*desproporción*) Missverhältnis *nt* **2.** (*trastorno*) Verstörung *f*; ~ **mental** Geistesstörung *f*

desertar [deser'tar] *vi* (MIL) desertieren (*de* von +*dat*); (*pasarse al enemigo*) zum Feind überlaufen; (*fig*) abtrünnig werden

desértico, -a [de'sertiko, -a] *adj* Wüsten-

desesperación [desespera'θjon] *f* **1.** (*desmoralización*) Verzweiflung *f*; **con** ~ verzweifelt; **caer en la** ~ verzweifeln **2.** (*enojo*) Wut *f* **3.** (*que desespera*) Ärgernis *nt*; **ser una** ~ zum Verzweifeln sein; **tu manera de trabajar es mi** ~ deine Arbeitsweise treibt mich zur Verzweiflung

desesperado, -a [desespe'raðo, -a] *adj* **1.** (*desmoralizado*) verzweifelt; (*situación*) hoffnungslos; **correr como un** ~ auf Teufel komm raus laufen; **gritar como un** ~ wie verrückt brüllen; **hacer algo a la desesperada** etw als letzten Ausweg versuchen **2.** (*enojado*) wütend

desesperante [desespe'rante] *adj* **1.** (*sin esperanza*) hoffnungslos; **resulta** ~**...** es ist ein hoffnungsloses Unterfangen zu ...; **eres** ~ du bist ein hoffnungsloser Fall **2.** (*exasperante*) nervenaufreibend; **tu comportamiento es** ~ dein Verhalten treibt mich zur Verzweiflung

desesperar [desespe'rar] **I.** *vt* **1.** (*quitar la esperanza*) die Hoffnung nehmen +*dat* **2.** (*exasperar*) zur Verzweiflung treiben **II.** *vi* verzweifeln (*de* an +*dat*); **no desesperes de que sigan vivos** verlier nicht die Hoffnung, dass sie noch am Leben sind **III.** *vr:* ~**se** **1.** (*perder la esperanza*) verzweifeln (*de* an +*dat*); **¡no te desesperes!** Kopf hoch!; **no te desesperes de volver a verlos** gib die Hoffnung auf ein Wiedersehen nicht auf **2.** (*lamentarse*) bereuen (*por* zu +*inf*) **3.** (*despecharse*) den Lebensmut verlieren

desestimar [desesti'mar] *vt* **1.** (*despreciar*) gering schätzen; ~ **a alguien** eine geringe Meinung von jdm haben **2.** (*rechazar*) ablehnen; ~ **una demanda/una reclamación** eine Klage/eine Beschwerde abweisen

desfachatez [desfatʃa'teθ] *f* Frechheit *f*

desfalcar [desfal'kar] <c→qu> *vt* (*dinero*) unterschlagen

desfalco [des'falko] *m* Unterschlagung *f*

desfallecer [desfaʎe'θer] *irr como crecer* **I.** *vi* (*debilitarse*) ermüden; (*colapsar*) zusammenbrechen (*de* vor +*dat*); (*desmayarse*) in Ohnmacht fallen; (*perder el ánimo*) aufgeben; **sin** ~ unermüdlich; **después de diez kilómetros empezó a** ~ nach zehn Kilometern ließen seine/ihre Kräfte nach **II.** *vt* **1.** (*debilitar*) schwächen **2.** (*desanimar*) entmutigen

desfallecimiento [desfaʎeθi'mjeṇto] *m* (*debilidad*) Schwäche *f;* (*desmayo*) Ohnmacht *f;* (*colapso*) Zusammenbruch *m;* (*de ánimo*) Mutlosigkeit *f;* ~ (**de las fuerzas**) Kräfteschwund *m;* **poco antes de llegar a la meta le sobrevino el** ~ kurz vor dem Ziel ließen seine/ihre Kräfte nach

desfasado, -a [desfa'saðo, -a] *adj* **1.** (*anticuado: persona*) altmodisch; (*cosa*) veraltet; **estar** ~ nicht auf dem neuesten Stand sein **2.** (TÉC) gestört

desfase [des'fase] *m* (*diferencia*) Unterschied *m;* ~ **con la realidad** Abweichung von der Realität

desfavorable [desfaβo'raβle] *adj* (*perjudicial*) nachteilig; (*negativo*) ungünstig; (*opinión*) abfällig

desfavorecer [desfaβore'θer] *irr como crecer vt* **1.** (*sentar mal*): **este color te desfavorece** diese Farbe steht dir nicht; **este clima me desfavorece** dieses Klima tut mir nicht gut **2.** (*perjudicar*) benachteiligen **3.** (*oponerse*) ablehnen

desfigurar [desfiɣu'rar] *vt* **1.** (*afear*) verunstalten; (*las facciones*) entstellen; (*el cuerpo*) verstümmeln; (*el tipo*) ruinieren **2.** (*deformar*) verformen; (*una imagen, un sonido*) verzerrt wiedergeben; (*un texto*) verstümmeln; (*la realidad*) verdrehen **3.** (*disfrazar*) verkleiden; (*hacer irreconocible*) unkenntlich machen **4.** (*ocultar*) verbergen

desfiladero [desfila'ðero] *m* (GEO) Schlucht *f*

desfilar [desfi'lar] *vi* **1.** (*marchar en fila*) vorbeiziehen; (MIL) vorbeimarschieren; (*ante un personaje importante*) defilieren **2.** (*salir*) herauskommen

desfile [des'file] *m* **1.** (*acción*) Vorbeiziehen *nt;* (*de tropas*) Vorbeimarschieren *nt;* (*parada*) (Militär)parade *f;* (*de modelos*) Modenschau *f;* (POL) Marsch *m;* (*en una fiesta*) Umzug *m* **2.** (*personas*) Zug *m,* Kolonne *f;* **participar en el** ~ im Zug mitmarschieren

desflorar [desflo'rar] *vt* **1.** (*a una mujer*) entjungfern **2.** (*estropear*) ruinieren; (*gastar*) abnutzen **3.** (*tratar*) kurz abhandeln; (*tema*) streifen

desfogar [desfo'ɣar] <g→gu> **I.** *vt* **1.** (*un fuego*) schüren **2.** (*un sentimiento*) freien Lauf lassen +*dat;* ~ **su ira** seinem Ärger Luft machen; ~ **su mal humor en** [*o* **con**] **alguien** seine schlechte Laune an jdm ablassen **II.** *vi* (*tormenta*) losbrechen **III.** *vr:* ~**se** sich *dat* Luft machen *fam;* ~**se en** [*o* **con**] **alguien** (*irritación*) seine Wut an jdm auslassen; (*frustración*) sich bei jdm ausweinen

desgajar [desɣa'xar] **I.** *vt* **1.** (*arrancar*) abreißen; (*romper*) abbrechen; (*ramas*) abknicken; ~ **una página de un libro** eine Seite aus einem Buch herausreißen **2.** (*separar*) trennen **3.** (*despedezar*) zerschlagen **II.** *vr:* ~**se** (*desprenderse*) sich lösen; (*romperse*) abbrechen; (*rama*) abknicken

desgana [des'ɣana] *f* (*fam*) **1.** (*inapetencia*) Appetitlosigkeit *f;* **comer con** ~ sich zum Essen zwingen **2.** (*falta de interés*) Unlust *f;* **con** ~ widerwillig

desgañitarse [desɣaɲi'tarse] *vr* (*gritar*) sich *dat* die Kehle aus dem Hals schreien; (*enronquecerse*) sich heiser schreien

desgarbado, -a [desɣar'βaðo, -a] *adj* **1.** (*sin garbo*) ungelenk **2.** (*larguirucho*) schlacksig

desgarrador(a) [desɣarra'ðor(a)] *adj* herzzerreißend

desgarrar [desɣa'rrar] **I.** *vt* zerreißen; (*en muchos pedazos*) zerfetzen; ~ **un paquete** ein Paket aufreißen; **estas imágenes desgarran el corazón** das sind herzzerreißende Bilder; **esto me desgarra el corazón** das bricht mir das Herz **II.** *vr:* ~**se** (*romperse*) zerreißen; **se me desgarra el corazón al pensar que no voy a verte nunca más** der Gedanke, dich nie wieder zu sehen, bricht mir das Herz

desgarro [des'ɣarro] *m* **1.** (*rotura*) Riss *m* **2.** (*descaro*) Unverschämtheit *f;* **contestar con** ~ eine freche Antwort geben **3.** (*fanfarronada*) Prahlerei *f* **4.** (*Am: esputo*) Auswurf *m*

desgastar [desɣas'tar] **I.** *vt* **1.** (*estropear*) abnutzen; (*tela*) abwetzen; (*zapatos*) ablaufen; **ese pantalón está desgastado por las rodillas** diese Hose ist an den Knien durchgescheuert **2.** (*consumir*) aufbrauchen; (*comida*) aufessen **3.** (*cansar*) auslaugen **II.** *vr:* ~**se 1.** (*consumirse*) sich abnutzen; (*tela*) verschleißen; (*color*) verblassen **2.** (*acabarse*) ausgehen; (*mercancía*) auslaufen **3.** (*debilitarse*) abbauen

desgaste [des'ɣaste] *m* **1.** (*fricción*) Abnutzung *f* **2.** (*consumo*) Verbrauch *m*

desglosar [desɣlo'sar] *vt* (*una hoja*) herausnehmen; (*una cuestión*) getrennt behandeln; ~ **los gastos** die Kosten (einzeln) aufschlüsseln

desgobernar [desɣoβer'nar] <e→ie> *vt* **1.** (*un país*) schlecht regieren; (*una institución*) schlecht verwalten; ~ **un asunto** eine Angelegenheit nicht in den Griff bekommen **2.** (*los huesos*) ausrenken **3.** (*perturbar*) stören

desgobierno [desɣo'βjerno] *m* **1.** (*de un país/una institución*) Misswirtschaft *f* **2.** (*desorden*) Chaos *nt*

desgracia [des'ɣraθja] *f* **1.** (*suerte adversa*) Pech *nt;* **por** ~ leider; **este año estoy de** ~ dieses Jahr läuft bei mir alles schief; **llevar una temporada de** ~**s** in letzter Zeit kein

Glück haben; **tuve la ~ de perder todo mi dinero en el bingo** zu meinem Pech habe ich mein ganzes Geld beim Bingo verspielt; **tiene la ~ de ser sordo** er ist leider taub **2.** (*acontecimiento*) Unglück *nt;* **en el accidente no hubo ~s personales** bei dem Unfall kam niemand ums Leben; **he tenido la ~ de...** mir ist das große Unglück widerfahren zu ...; **es una ~ que ...** *+subj* es ist schrecklich, dass ...; **eres una verdadera ~** dir gelingt einfach gar nichts **3.** (*pérdida de gracia*): **caer en ~** in Ungnade fallen

desgraciadamente [desɣraθjaða'men̩te] *adv* leider

desgraciado, -a [desɣra'θjaðo, -a] **I.** *adj* **1.** (*sin suerte*) glücklos; **ser ~** (*tener mala suerte*) Pech haben; (*no llegar a nada*) es zu nichts bringen; **~ en el juego, afortunado en amores** (*prov*) Pech im Spiel, Glück in der Liebe **2.** (*infeliz*) unglücklich **3.** (*que implica desgracia*) tragisch; **fue una intervención desgraciada** das Eingreifen richtete nur Schaden an **4.** (*pobre*) arm(selig) **II.** *m, f* **1.** (*sin suerte*) Pechvogel *m* **2.** (*infeliz*): **es un ~** ihm hat das Schicksal übel mitgespielt **3.** (*pobre*) armer Schlucker *m* **4.** (*persona sin valor*) Nichtsnutz *m* **5.** (*pey: miserable*) Schuft *m*

desgraciar [desɣra'θjar] **I.** *vt* **1.** (*estropear*) ruinieren **2.** (*disgustar*) verärgern **II.** *vr:* **~se** (*malograrse*) missglücken

desgranar [desɣra'nar] *vt* **1.** (*maíz*) entkörnen; (*habas*) aushülsen; (*trigo*) dreschen; **~ (las cuentas de) un rosario** einen Rosenkranz abbeten **2.** (*repetir*): **~ insultos** einen Sturm von Beleidigungen ablassen; **~ mentiras** Lügen vom Stapel lassen; **~ palabrotas** mit Schimpfwörtern um sich werfen

desgravable [desɣra'βaβle] *adj* abzugsfähig

desgravación [desɣraβa'θjon] *f* **1.** (*reducción de un impuesto*) Steuererleichterung *f;* (*de un arancel*) Zollminderung *f* **2.** (*abolición de un impuesto*) Steuerbefreiung *f;* (*de un arancel*) Zollfreiheit *f* **3.** (*de un gasto*) Abzug *m;* **~ sobre bienes de capital** Anlagenabschreibung *f;* **~ por cargas familiares** Kinderfreibetrag *m*

desgravar [desɣra'βar] *vt* **1.** (*suprimir un impuesto*) von der Steuer befreien; (*un derecho arancelario*) von den Zollgebühren befreien **2.** (*reducir*): **~ el tabaco** (*bajar el impuesto*) die Tabaksteuer senken; (*el arancel*) keine Zollgebühren auf Tabakwaren erheben **3.** (*deducir*) (von der Steuer) abziehen

desgreñado, -a [desɣre'ɲaðo, -a] *adj* zerzaust

desguace [des'ɣwaθe] *m* (*para chatarra*) Verschrottung *f;* (*parcial*) Ausschlachten *nt;* **estar para el ~** (*fam: cosa*) schrottreif sein; (*persona*) abgewrackt sein

desguazar [desɣwa'θar] <z→c> *vt* **1.** (*desmontar*) auseinander nehmen **2.** (*reducir a chatarra*) verschrotten; (*un buque*) abwracken; (*quitar las partes útiles*) ausschlachten

deshabitado, -a [desaβi'taðo, -a] *adj* (*edificio*) unbewohnt; **ciudad deshabitada** Geisterstadt *f;* **una región muy deshabitada** ein nur spärlich besiedeltes Gebiet

deshabitar [desaβi'tar] *vt* **1.** (*un edificio*) räumen; **~ un piso** aus einer Wohnung ausziehen **2.** (*despoblar*) entvölkern

deshacer [desa'θer] *irr como hacer* **I.** *vt* **1.** (*un paquete*) auspacken; (*una costura*) auftrennen; (*un nudo*) aufmachen; (*la cama*) zerwühlen; (*un aparato*) zerlegen; (*una maleta*) wieder auspacken; **~ los puntos** das Gestrickte wieder auftrennen; **no intentes ~ lo hecho** versuch nicht das Geschehene ungeschehen zu machen; **~ un error** einen Fehler wieder gutmachen; **ser el que hace y deshace** (*fig*) die erste Geige spielen **2.** (*romper*) kaputtmachen; (*en pedazos*) zerbröckeln; (*cortar*) zerhacken; (*una res*) zerlegen; (*una tela*) in Stücke reißen; (*a golpes*) zerschlagen **3.** (*arruinar*) ruinieren; (*plan*) zunichte machen **4.** (*disolver*) auflösen; (*hielo*) schmelzen (lassen); (*contrato, negocio*) rückgängig machen; **~ una casa** (*fig*) einen Haushalt auflösen **5.** (MIL) in die Flucht schlagen **II.** *vr:* **~se** **1.** (*descomponerse*) sich auflösen; (*hielo*) schmelzen; (*desaparecer*) sich in Luft auflösen; **se me ha deshecho el helado** das Eis ist mir weggeschmolzen; **se deshace en cumplidos** er/sie überschüttet mich mit Komplimenten; **~se de impaciencia** vor lauter Ungeduld vergehen; **~se en lágrimas** in Tränen zerfließen; **~se en llanto** in Gejammer ausbrechen; **~se de nervios** übernervös sein; **~se por algo** (ganz) verrückt nach etw *dat* sein; **se deshace por complacernos** er/sie tut alles, um uns zufrieden zu stellen; **~se a trabajar** wie besessen arbeiten; **~se empollando** wie verrückt büffeln **2.** (*romperse*) kaputtgehen; (*costura, nudo*) aufgehen; (*pastel*) zerbröckeln; (*silla*) aus dem Leim gehen **3.** (*desprenderse*) sich entledigen (*de +gen*); (*vender*) verkaufen (*de +akk*); **~se de alguien** sich *dat* jdn vom Hals schaffen; (*asesinar*) jdn umbringen; (*despedir*) jdn entlassen

desharrapado, -a [desarra'paðo, -a] *adj* schäbig

deshecho, -a [de'setʃo, -a] **I.** *pp de* **desha-**

cer **II.** *adj* **1.** (*deprimido*) am Boden zerstört; **dejar a alguien** ~ jdn fertig machen *fam* **2.** (*cansado*) erschöpft; **estar** ~ völlig erledigt sein **3.** (*tormenta*) heftig; (*lluvia*) strömend

deshelar [dese'lar] <e→ie> **I.** *vt* (*hielo*) schmelzen (lassen); (*una nevera*) abtauen **II.** *vr:* ~**se** (*nieve*) schmelzen; (*nevera*) abtauen

desheredar [desere'ðar] *vt* enterben

deshidratar [desiðra'tar] **I.** *vt* **1.** (*quitar agua*) Wasser entziehen +*dat;* (*suelo, cuerpo*) entwässern **2.** (*secar*) austrocknen; (*alimentos*) trocknen; (*tierra*) ausdörren **II.** *vr:* ~**se** austrocknen; (*tierra*) ausdörren; (*cuerpo*) Flüssigkeit verlieren

deshielo [des'ɟelo] *m* **1.** (*el deshelar*) Schmelzen *nt;* (*de la nevera*) Abtauen *nt* **2.** (*clima, t.* POL) Tauwetter *nt*

deshilachar [desila'ʧar] *vt, vr:* ~**se** ausfransen

deshilvanado, -a [desilβa'naðo, -a] *adj* (*discurso*) wirr

deshinchar [desin'ʧar] **I.** *vt* **1.** (*sacar el aire*) die Luft herauslassen (aus +*dat*) **2.** (*una inflamación*) zum Abschwellen bringen **3.** (*cólera*) ablassen **II.** *vr:* ~**se** **1.** (*perder aire*) Luft verlieren; **se me ha deshinchado la rueda de la bici** mein Fahrradreifen ist platt **2.** (*una inflamación*) abschwellen **3.** (*fam: deponer la vanidad*) von seinem hohen Ross herunterkommen

deshojado, -a [deso'xaðo, -a] *adj* **1.** (*árbol*) kahl **2.** (*libro*) zerfleddert

deshojar [deso'xar] **I.** *vt* **1.** (BOT) entblättern; (*un árbol*) entlauben; ~ **una flor** die Blütenblätter abzupfen **2.** (*un libro*) die Blätter herausreißen (aus +*dat*); (*un calendario*) die (Kalender)blätter abreißen **II.** *vr:* ~**se** **1.** (BOT) die Blätter verlieren **2.** (*un libro*) aus dem Leim gehen

deshollinar [desoʎi'nar] *vt* **1.** (*la chimenea*) fegen **2.** (*limpiar*) putzen **3.** (*curiosear*) herumschnüffeln (in +*dat*)

deshonesto, -a [deso'nesto, -a] *adj* **1.** (*inmoral*) unsittlich **2.** (*tramposo*) unehrlich

deshonor [deso'nor] *m* (*afrenta*) Schande *f*

deshonra [des'onrra] *f* (*afrenta*) Schande *f;* **tener algo a** ~ (*como insulto*) etw als Kränkung empfinden; (*como humillante*) etw als Demütigung empfinden; **ser una** ~ **para la empresa** (*desacreditar*) das Ansehen der Firma ruinieren

deshonrar [deson'rrar] *vt* entehren; (*ofender*) kränken; (*humillar*) demütigen; ~ **a alguien** (*desacreditar*) jds Ansehen ruinieren

deshonroso, -a [deson'rroso, -a] *adj* **1.** (*que causa deshonra*) schändlich **2.** (*poco honroso*) unehrenhaft

deshora [de'sora] *f* Unzeit *f;* **hablar a** ~(**s**) dazwischenreden; **venir a** ~(**s**) (*en un momento inconveniente*) ungelegen kommen; (*demasiado tarde*) zu spät kommen; **dormir a** ~**s** zu den unmöglichsten Zeiten schlafen

deshuesado, -a [deswe'saðo, -a] *adj* **1.** (*fruta*) entsteint **2.** (*carne*) ohne Knochen

desidia [de'siðja] *f* **1.** (*descuido*) Schlampigkeit *f;* **me molesta tu** ~ **en el trabajo** mich stört deine schlampige Arbeitsweise **2.** (*pereza*) Faulheit *f*

desierto, -a[1] [de'sjerto, -a] *adj* **1.** (*sin gente*) (menschen)leer; (*zona*) unbesiedelt **2.** (*como un desierto*) öde **3.** (*sin participantes*): **una subasta desierta** eine Auktion ohne Bieter; **el premio fue declarado** ~ der Preis wurde nicht vergeben; **dar por** ~ **un concurso** einen Wettbewerb mangels Teilnehmer absagen

desierto[2] [de'sjerto] *m* **1.** (GEO) Wüste *f* **2.** (*lugar despoblado*) Einöde *f;* **esto es predicar en el** ~ das bringt nichts

designación [desiɣna'θjon] *f* **1.** (*nombramiento*) Ernennung *f;* ~ **de candidatos** Aufstellung von Kandidaten (zur Wahl) **2.** (*nombre*) Bezeichnung *f;* ~ **del contenido** Inhaltsangabe *f*

designar [desiɣ'nar] *vt* **1.** (*dar un nombre*) bezeichnen (*por* als +*akk*); ~ **a alguien con un apodo** jdm einen Spitznamen geben **2.** (*destinar*) bestimmen; (*elegir*) wählen; (*fecha*) festsetzen; (*nombrar*) ernennen (*para* zu +*dat*); ~ **un abogado** einen Anwalt benennen; ~ **un candidato** einen Kandidaten aufstellen; ~ **un representante** einen Vertreter bestellen

designio [de'siɣnjo] *m* (*plan*) Plan *m;* (*propósito*) Absicht *f;* (*deseo*) Wunsch *m;* **su** ~ **es convertirse en multimilionario** er will es zum Multimillionär bringen

desigual [desi'ɣwal] *adj* **1.** (*distinto*) ungleich; **ser muy** ~ völlig verschieden sein **2.** (*injusto*) unfair **3.** (*irregular*) uneben; (*carretera*) holp(e)rig **4.** (*inconstante*) wechselhaft

desigualdad [desiɣwal̦'daᶞ] *f* **1.** (*diferencia*) Verschiedenheit *f* **2.** (*injusticia*) Ungerechtigkeit *f* **3.** (*irregularidad*) Unebenheit *f* **4.** (*del carácter*) Unausgeglichenheit *f;* (*del tiempo*) Wechselhaftigkeit *f*

desilusión [desilu'sjon] *f* **1.** (*desengaño*) Enttäuschung *f;* **sufrir una** ~ enttäuscht werden **2.** (*desencanto*) Ernüchterung *f*

desilusionante [desilusjo'nan̦te] *adj* (*que desencanta*) ernüchternd

desilusionar [desilusjo'nar] **I.** *vt* **1.** (*quitar la ilusión*) die Illusionen rauben +*dat* **2.** (*decepcionar*) enttäuschen **II.** *vr:* ~**se**

1. (*perder la ilusión*) seine Illusionen verlieren; (*ver claro*) die Wahrheit erkennen 2. (*decepcionarse*) enttäuscht sein

desinencia [desi'neṇθja] *f* Endung *f;* ~ **nominal** Substantivendung *f*

desinfectante [desiɱfek'taṇte] *m* Desinfektionsmittel *nt*

desinfectar [desiɱfek'tar] *vt* desinfizieren

desinflación [desiɱfla'θjon] *f* (ECON) Deflation *f*

desinflado, -a [desiɱ'flaðo, -a] *adj* (*rueda*) platt

desinflar [desiɱ'flar] **I.** *vt* (*sacar el aire*) die Luft herauslassen (aus +*dat*) **II.** *vr:* ~**se** (*perder aire*) die Luft verlieren; **se me ha desinflado la rueda de atrás** mein Hinterreifen ist platt

desintegración [desiṇteɣra'θjon] *f* Auflösung *f;* (*de un territorio*) Teilung *f;* (*de una ruina*) Zerfall *m;* (*de un grupo*) Trennung *f;* (*debido al clima*) Verwitterung *f;* (FÍS) Spaltung *f;* (QUÍM) Zersetzung *f*

desintegrar [desiṇte'ɣrar] **I.** *vt* auflösen; (*una piedra*) zerbröckeln; (*un grupo*) auflösen; (*un país*) teilen; (FÍS) spalten; (QUÍM) zersetzen **II.** *vr:* ~**se** zerfallen; (*edificio*) einstürzen; (*muro*) zerbröckeln; (*grupo*) sich auflösen; (*partido*) sich spalten; (FÍS) sich spalten; (QUÍM) sich auflösen

desinterés [desiṇte'res] *m* 1. (*indiferencia*) Gleichgültigkeit *f;* **sentir** ~ **por algo** an etw *dat* kein Interesse haben 2. (*altruismo*) Selbstlosigkeit *f;* (*generosidad*) Freigebigkeit *f;* **hacer algo con** ~ etw ohne Eigennutz tun

desinteresado, -a [desiṇtere'saðo, -a] *adj* 1. (*indiferente*) desinteressiert; (*en un conflicto*) unparteiisch 2. (*altruista*) uneigennützig; (*generoso*) freigebig

desintoxicación [desiṇtoˠsika'θjon] *f* Entgiftung *f;* (*de una droga*) Entziehung *f*

desintoxicar [desiṇtoˠsi'kar] <c→qu> **I.** *vt* entgiften; (*de una droga*) von einer Sucht heilen **II.** *vr:* ~**se** seinen Körper entgiften; (*de una droga*) sich einer Entziehung unterziehen

desistir [desis'tir] *vi* 1. (*de un proyecto*) aufgeben (*de* +*akk*); **no** ~**é de convencerte** ich werde weiterhin versuchen dich zu überzeugen; **no hay manera de hacerles** ~ **de su propósito** sie sind durch nichts von ihrem Vorhaben abzubringen 2. (*de un derecho*) verzichten (*de* auf +*akk*); (*de un cargo/contrato*) zurücktreten (*de* von +*dat*); (*una demanda/petición*) zurücknehmen (*de* +*akk*)

deslavazado, -a [deslaβa'θaðo, -a] *adj* 1. (*lacio*) schlaff; **este traje te queda** ~ dieser Anzug sitzt nicht 2. (*incoherente*) zusammenhanglos 3. (*insulso*) fade

desleal [desle'al] *adj* (*infiel*) untreu; (*traidor*) verräterisch; **competencia** ~ unlauterer Wettbewerb; **publicidad** ~ irreführende Werbung; **ser** ~ **a su patria** sein Land verraten; **ser** ~ **con su partido** sich seiner Partei gegenüber illoyal verhalten; **has sido** ~ **a tu familia** du hast das Vertrauen deiner Familie missbraucht; **ten cuidado con lo que le cuentes, es una persona muy** ~ achte darauf, was du ihm/ihr erzählst, denn man kann ihm/ihr nicht vertrauen; **ser** ~ **con** [*o* **a**] **alguien** (*injusto*) sich jdm gegenüber unfair benehmen

deslealtad [deslea̯l'taᵈ] *f* (*infidelidad*) Untreue *f;* (*injusticia*) unfaires Verhalten *nt;* (POL) Illoyalität *f* (*con* gegenüber +*dat*)

desleír [desle'ir] *irr como reír* **I.** *vt* (*disolver*) auflösen **II.** *vr:* ~**se** sich auflösen; **esta sustancia no se deslíe en agua** diese Substanz ist nicht wasserlöslich

deslenguado, -a [desleŋ'gwaðo, -a] *adj* 1. (*chismoso*) klatschhaft; **ser** ~ eine böse Zunge haben; **¡no seas ~!** hör auf zu lästern! 2. (*desvergonzado*) vulgär; **ser** ~ ein schmutziges Mundwerk haben

desliar [desli'ar] <*1. pres:* **deslío**> **I.** *vt* aufmachen **II.** *vr:* ~**se** aufgehen

desligar [desli'ɣar] <g→gu> **I.** *vt* 1. (*un nudo*) aufmachen; (*un enredo*) entwirren; (*una persona*) losbinden 2. (*un asunto*) aufklären 3. (*separar*) trennen; ~ **intereses particulares de los de la empresa** persönliche und Firmeninteressen auseinander halten 4. (*de un compromiso*) entbinden **II.** *vr:* ~**se** 1. (*un nudo*) aufgehen; (*persona*) sich losmachen; (*un enredo*) sich auflösen 2. (*un asunto*) sich (von selbst) aufklären 3. (*de un compromiso*) sich entziehen (*de* +*gen*); **no poder** ~**se de algo** um etw nicht herumkommen

deslindar [desliṇ'dar] *vt* 1. (*un lugar*) abgrenzen; ~ **una finca** die Grundstücksgrenze festsetzen; ~ **dos provincias** die Grenze zwischen zwei Provinzen festlegen 2. (*determinar*) (klar) umreißen; ~ **dos temas** zwei Themen voneinander abgrenzen

desliz [des'liθ] *m* 1. (*error*) Ausrutscher *m;* (*indiscreción*) Entgleisung *f* 2. (*adulterio*) Seitensprung *m*

deslizante [desli'θaṇte] *adj* 1. (*que hace deslizar*) rutschig 2. (*que se desliza*) Gleit-

deslizar [desli'θar] <z→c> **I.** *vt* 1. (*pasar*): ~ **la mano sobre algo** mit der Hand über etw streichen; ~ **un sobre por debajo de una puerta** einen Umschlag unter einer Tür durchschieben 2. (*incluir con disimulo*) hineingleiten lassen; (*en una conversación*) einfließen lassen **II.** *vi* (dahin)gleiten (*sobre/por* über +*akk*) **III.** *vr:* ~**se** 1. (*resbalar*) (dahin)gleiten (*sobre* über +*akk*);

D

(*por accidente*) ausrutschen (*por* auf +*dat*); (AUTO) ins Schleudern geraten; ~**se por un tobogán** eine Rutschbahn hinunterrutschen; **las lágrimas se deslizaban por sus mejillas** die Tränen liefen ihm/ihr die Wangen hinunter; **con la tormenta se han deslizado algunas tejas** durch das Gewitter haben sich einige Ziegel gelöst **2.** (*escaparse*) verschwinden; **el ladrón se deslizó entre los clientes** der Dieb mischte sich unter die Kunden **3.** (*el tiempo*) verstreichen; **la noche se deslizó sin problemas** die Nacht verlief problemlos **4.** (*cometer un errror*) einen Ausrutscher begehen; (*una indiscreción*) entgleisen

deslomar [deslo'mar] **I.** *vt* **1.** (*dañar*): ~ **a alguien** jdm das Kreuz brechen **2.** (*agotar*) schaffen **II.** *vr:* ~**se 1.** (*dañarse*) sich *dat* den Rücken ruinieren **2.** (*trabajar*) sich abrackern

deslucido, -a [deslu'θiðo, -a] *adj* **1.** (*ropa*) schäbig **2.** (*actuación*) farblos **3.** (*sin gracia*) unscheinbar

deslucir [deslu'θir] *irr como lucir* **I.** *vt* **1.** (*estropear*) ruinieren; **la lluvia deslució la procesión** wegen des Regens fiel die Prozession ins Wasser **2.** (*quitar el lustre*) abnutzen; (*una prenda*) abtragen; (*un tejido*) verschleißen; (*colores*) ausbleichen; (*metal*) stumpf werden lassen **3.** (*desacreditar*) in Verruf bringen **II.** *vr:* ~**se 1.** (*perder el lustre*) sich abnutzen; (*perder el brillo*) stumpf werden; (*colores*) verblassen; (*metal*) anlaufen **2.** (*desacreditarse*) in Verruf geraten

deslumbrador(a) [deslumbra'ðor(a)] *adj*, **deslumbrante** [deslum'bran̩te] *adj* (*impresionante*) überwältigend; (*mujer*) atemberaubend

deslumbrar [deslum'brar] *vt* blenden

deslustrar [deslus'trar] *vt* **1.** (*quitar el brillo*) den Glanz nehmen +*dat* **2.** (*gastar*) abnutzen; (*una prenda*) abtragen; (*un tejido*) verschleißen; (*colores*) ausbleichen **3.** (*estropear*) ruinieren **4.** (*un vidrio*) mattieren **5.** (*desacreditar*) in Verruf bringen

desmadrado, -a [desma'ðraðo, -a] *adj* (*desenfrenado*) hemmungslos

desmadrarse [desma'ðrarse] *vr* (*fam: desenfrenarse*) aus der Rolle fallen; (*alocarse*) ausflippen; **¡no te desmadres!** jetzt krieg dich bitte wieder ein!; **se desmadró en insultos hacia el árbitro** er/sie verlor die Fassung und beschimpfte den Schiedsrichter

desmadre [des'maðre] *m* **1.** (*comportamiento*) ungehöriges Benehmen *nt;* **la policía acabó con el ~ entre los fans** die Polizei wies die Fans in ihre Schranken **2.** (*caos*) Chaos *nt;* **tus fiestas acaban siendo un** ~ deine Feste arten immer aus

desmán [des'man] *m* **1.** (*salvajada*) Ausschreitung *f;* **cometer desmanes contra alguien** sich gegen jdn vergehen **2.** (*exceso*) Ausschweifung *f;* **debido a sus desmanes con la bebida** weil er/sie unmäßig viel trinkt **3.** (*desgracia*) Unglück *nt;* **he sufrido muchos desmanes** mir ist viel Leid widerfahren

desmandado, -a [desman̩'daðo, -a] *adj* **1.** (*rebelde*) aufsässig; (*caballo*) scheu **2.** (*violento*) gewaltsam **3.** (*desmadrado*) hemmungslos

desmandarse [desman̩'darse] *vr* **1.** (*rebelarse*) rebellieren; (*un caballo*) durchgehen **2.** (*insolentarse*) aus der Rolle fallen; (*insultar*) ausfallend werden; (*cometer actos violentos*) gewalttätig werden **3.** (*apartarse*) sich trennen; ~ **del rebaño** von der Herde abkommen

desmantelar [desman̩te'lar] *vt* **1.** (*derribar*) niederreißen; (*un edificio*) abreißen **2.** (*desmontar*) zerlegen; (*bomba*) entschärfen; (*escenario*) abbauen **3.** (*abandonar*) räumen; (*liquidar*) auflösen **4.** (*desarbolar*) abtakeln

desmañado, -a [desma'ɲaðo, -a] **I.** *adj* ungeschickt; **es muy ~ para trabajos manuales** er hat kein Talent für handwerkliche Arbeiten **II.** *m, f* (*torpe*) Tölpel *m;* (*chapucero*) Stümper *m;* **ser un** ~ zwei linke Hände haben

desmaquillador(a)[1] [desmakiʎa'ðor(a)] *adj:* **leche** ~**a** Reinigungsmilch *f*

desmaquillador[2] [desmakiʎa'ðor] *m* Make-up-Entferner *m*

desmaquillar [desmaki'ʎar] *vt, vr:* ~**se** (sich) abschminken

desmayado, -a [desma'ɟaðo, -a] *adj* **1.** (*sin conocimiento*) ohnmächtig **2.** (*sin fuerza*) schwach; (*color*) blass

desmayar [desma'ɟar] **I.** *vi* (*desanimarse*) den Mut verlieren *fam* **II.** *vr:* ~**se** (*desvanecerse*) in Ohnmacht fallen; **se desmayó en mis brazos** er/sie sank ohnmächtig in meine Arme

desmayo [des'maɟo] *m* **1.** (*desvanecimiento*) Ohnmacht *f* **2.** (*desánimo*) Mutlosigkeit *f* **3.** (*debilidad*) Schwäche *f*

desmedido, -a [desme'ðiðo, -a] *adj* maßlos; **tener un apetito** ~ übermäßig viel essen; **afición desmedida por la bebida** krankhafter Hang zum Alkohol

desmedirse [desme'ðirse] *irr como pedir vr* **1.** (*excederse*) das gesunde Maß überschreiten; ~ **en la bebida** exzessiv trinken **2.** (*insolentarse*) aus der Rolle fallen; (*insultar*) ausfallend werden

desmedrado, -a [desme'ðraðo, -a] *adj* (*flaco, débil*) abgezehrt

desmejorar [desmexo'rar] **I.** *vt* (*estropear*) beschädigen; (*gastar*) verschleißen **II.** *vi* abbauen; **con la gripe has desmejorado mucho** die Grippe hat dir sehr zugesetzt **III.** *vr:* ~**se 1.** (*estropearse*) kaputtgehen; (*gastarse*) verschleißen **2.** (*perder la salud*) abbauen

desmelenado, -a [desmele'naðo, -a] *adj* (*despeinado*) ungekämmt

desmembrar [desmem'brar] <e→ie> **I.** *vt* **1.** (*desunir*) (zer)teilen; (*una institución*) spalten; (*un cuerpo*) zerlegen; **la bomba le desmembró la mano** die Bombe zerfetzte ihm/ihr die Hand **2.** (*escindir*) abspalten **II.** *vr:* ~**se 1.** (*desunirse*) sich auflösen **2.** (*escindirse*) sich abspalten

desmentir [desmen̩'tir] *irr como sentir* **I.** *vt* **1.** (*negar*) abstreiten; (*una noticia*) dementieren; ~ **a alguien** (*contradecir*) jdm widersprechen; (*decir que miente*) jdn als Lügner darstellen; **el artículo desmiente la historia** der Artikel behauptet, die Geschichte sei nicht wahr; **el ministro desmintió la noticia sobre su dimisión** der Minister dementierte die Meldung über seinen Rücktritt **2.** (*demostrar que es falso*) widerlegen; ~ **una sospecha** einen Verdacht zerstreuen; **las pruebas desmienten tus palabras** die Beweise strafen deine Worte Lügen; **el abogado logró ~ los indicios** es gelang dem Anwalt, die Indizien zu entkräften **3.** (*disimular*) verbergen **4.** (*desdecir*) widersprechen +*dat;* **con su comportamiento desmiente a su familia** man sollte nicht meinen, dass er/sie aus dieser Familie stammt; **este vino desmiente su marca** dieser Wein ist schlechter, als es die Marke vermuten lässt **II.** *vi* abweichen

desmenuzable [desmenu'θaβle] *adj* mürbe

desmenuzar [desmenu'θar] <z→c> **I.** *vt* **1.** (*deshacer*) zerkleinern; (*con un cuchillo*) zerstückeln; (*con los dedos*) zerbröckeln; (*raspar*) reiben; (*molir*) zermahlen; (*papel*) zerreißen; (*pan*) zerkrümeln **2.** (*analizar*) auseinander nehmen **II.** *vr:* ~**se** bröckeln

desmerecer [desmere'θer] *irr como crecer* **I.** *vt* (*no merecer*) nicht verdienen; **desmereces mi amor** du bist meiner Liebe nicht würdig **II.** *vi* **1.** (*decaer*) sich verschlechtern; (*belleza*) verblühen **2.** (*ser inferior*) schlechter sein (*de* als +*nom*); ~ **en talento de alguien** nicht so talentiert wie jd sein; **tu último libro no desmerece de los anteriores** dein letztes Buch ist genauso gut wie die vorangehenden; **desmereces de tu familia** du fällst innerhalb deiner Familie negativ aus dem Rahmen

desmesurado, -a [desmesu'raðo, -a] *adj* **1.** (*enorme*) riesig **2.** (*excesivo*) maßlos; (*ambición*) krankhaft; (*pretensiones*) überzogen; **beber de una forma desmesurada** übermäßig (viel) trinken **3.** (*desvergonzado*) frech; (*descortés*) unhöflich; (*ofensivo*) ausfallend

desmesurarse [desmesu'rarse] *vr* aus der Rolle fallen; (*atreverse*) unverschämt werden; (*insultar*) ausfallend werden

desmigajar [desmiɣa'xar] **I.** *vt* zerbröckeln; (*pan*) zerkrümeln **II.** *vr:* ~**se** (zer)bröckeln; (*pan*) (zer)krümeln

desmilitarizar [desmilitari'θar] <z→c> *vt* entmilitarisieren

desmirriado, -a [desmi'rrjaðo, -a] *adj* (*flaco*) abgezehrt; (*raquítico*) schmächtig

desmochar [desmo'ʧar] *vt* **1.** (*depuntar*) stutzen; (*plantas*) zurückschneiden **2.** (*mutilar*) verstümmeln

desmontable [desmon̩'taβle] *adj* (*que se puede quitar*) abnehmbar; (*sacar*) herausnehmbar; (*deshacer*) zerlegbar; (*doblar*) zusammenklappbar

desmontar [desmon̩'tar] **I.** *vt* **1.** (*un mecanismo*) auseinander bauen **2.** (*una pieza: quitar*) abmontieren; (*sacar*) ausbauen **3.** (*una estructura*) abbauen; (*un edificio*) abreißen **4.** (*un bosque*) abholzen **5.** (*un terreno*) (ein)ebnen **6.** (*un montón de tierra*) abtragen **7.** (*una pistola*) sichern **8.** (*de un caballo/una moto*) herunterstoßen **II.** *vi* (*de un caballo*) vom Pferd (ab)steigen; (*de una moto*) vom Motorrad (ab)steigen **III.** *vr:* ~**se** (*bajarse*) absteigen

desmonte [des'mon̩te] *m* **1.** (*de un terreno*) Planierung *f* **2.** (*de un bosque*) Rodung *f* **3.** (*escombros*) Schutt *m* **4.** *pl* (AGR) Lichtung *f*

desmoralizador(a) [desmoraliθa'ðor(a)] *adj* **1.** (*que desanima*) entmutigend **2.** (*que corrompe*) verderblich

desmoralizar [desmorali'θar] <z→c> **I.** *vt* **1.** (*desanimar*) entmutigen; **la crítica la ha desmoralizado mucho** die Kritik hat an ihrem Selbstvertrauen genagt **2.** (*corromper*) verderben **II.** *vr:* ~**se 1.** (*desanimarse*) den Mut verlieren; (*perder la confianza*) an Selbstvertrauen verlieren; **las tropas se iban desmoralizando** die Moral der Truppe sank **2.** (*corromperse*) sittlich verfallen

desmoronamiento [desmorona'mjen̩to] *m* **1.** (*arruinamiento*) Zerfall *m;* (*de un edificio*) Einsturz *m* **2.** (*disminución*) Schwinden *nt;* (*de un sentimiento*) Abflauen *nt;* (*de un imperio*) Untergang *m;* (*de una ideología*) Scheitern *nt;* **la crisis económica produjo el ~ de mi fortuna** die Wirtschaftskrise kostete mich mein gesamtes Vermögen

desmoronar [desmoro'nar] **I.** *vt* (*deshacer*) zerbröckeln; (*edificio*) abreißen; (GEO) abtragen **II.** *vr:* ~**se** **1.** (*deshacerse*) zerfallen; (*un edificio*) einstürzen; (*un muro*) bröckeln; (QUÍM) sich zersetzen **2.** (*disminuir*) schwinden; (*sentimiento*) abflauen; (*imperio*) untergehen; (*ideología*) scheitern **3.** (*persona*) am Boden zerstört sein

desnatar [desna'tar] *vt* (*la leche*) entrahmen

desnaturalizado, -a [desnaturali'θaðo, -a] *adj* (*animal*) entartet; (*alimentos*) ungenießbar; (*hijo*) missraten; **madre desnaturalizada** Rabenmutter *f*

desnaturalizar [desnaturali'θar] <z→c> **I.** *vt* **1.** (*expatriar*) ausbürgern **2.** (*desvirtuar*) denaturieren; (*aspecto*) entstellen; (*carácter*) verderben; ~ **la competencia** den Wettbewerb verfälschen **II.** *vr:* ~**se** (*expatriarse*) seine Ausbürgerung beantragen

desnivel [desni'βel] *m* **1.** (*diferencia de altura*) Gefälle *nt;* (*pendiente*) Steigung *f* **2.** (*desequilibrio*) Ungleichgewicht *nt;* (*disparidad*) Unterschied *m;* ~ **cultural** Kulturgefälle *nt* **3.** (*altibajo*) Unebenheit *f*

desnivelar [desniβe'lar] **I.** *vt* **1.** (*un terreno*) uneben machen **2.** (*desequilibrar*) aus dem Gleichgewicht bringen; (*balanza*) manipulieren **II.** *vr:* ~**se** **1.** (*torcerse*) schief sein; (*calle*) abfallen **2.** (*perder el equilibrio*) aus dem Gleichgewicht geraten

desnucar [desnu'kar] <c→qu> **I.** *vt* **1.** (*herir*): ~ **a alguien de un golpe** jdm einen Schlag ins Genick versetzen **2.** (*matar*) das Genick brechen +*dat;* ~ **una gallina** einem Huhn den Hals umdrehen; ~ **el conejo de un golpe en el cogote** den Hasen durch einen Schlag ins Genick töten **II.** *vr:* ~**se** (*matarse*) sich *dat* das Genick brechen

desnudar [desnu'ðar] **I.** *vt* **1.** (*desvestir*) ausziehen **2.** (*descubrir*) entblößen **II.** *vr:* ~**se** (*desvestirse*) sich ausziehen

desnudez [desnu'ðeθ] *f* Nacktheit *f;* (*fig*) Kahlheit *f*

desnudo, -a[1] [des'nuðo, -a] *adj* **1.** (*desvestido*) nackt **2.** (*con poca ropa*) halb nackt **3.** (*despojado*) bloß; (*pared, paisaje*) kahl; (*suelo*) blank **4.** (*pobre*) mittellos; **este mes me he quedado** ~ (*fam*) diesen Monat bin ich völlig blank **5.** (*claro*) offensichtlich; **al** ~ offen; **decir a alguien la verdad desnuda** jdm die nackte Wahrheit sagen **6.** (*desprovisto*): ~ **de** ohne

desnudo[2] [des'nuðo] *m* (ARTE) Akt *m*

desnutrición [desnutri'θjon] *f* Unterernährung *f*

desobedecer [desoβeðe'θer] *irr como crecer* **I.** *vi* nicht gehorchen; (MIL, POL) den Gehorsam verweigern **II.** *vt* (*una orden*) nicht befolgen; (*a una autoridad*) nicht gehorchen +*dat;* (MIL, POL) den Gehorsam verweigern +*dat*

desobediencia [desoβe'ðjenθja] *f* Ungehorsam *m;* (MIL, POL) Gehorsamsverweigerung *f*

desobediente [desoβe'ðjente] *adj* ungehorsam; (POL, MIL) rebellisch

desocupación [desokupa'θjon] *f* **1.** (*desembarazo*) Räumung *f;* (*evacuación*) Evakuierung *f;* (*de un paso*) Freigabe *f* **2.** (*paro*) Arbeitslosigkeit *f* **3.** (*ociosidad*) Untätigkeit *f*

desocupado, -a [desoku'paðo, -a] **I.** *adj* **1.** (*parado*) arbeitslos **2.** (*vacío*) leer; (*vivienda*) leer stehend; (*paso, plaza*) frei; (*ocioso*) unbeschäftigt; **estoy** ~ ich habe nichts zu tun **II.** *m, f* Arbeitslose(r) *mf*

desocupar [desoku'par] **I.** *vt* **1.** (*desembarazar*) frei machen; (*carretera*) räumen; (*evacuar*) evakuieren; ~ **una vivienda** aus einer Wohnung ausziehen **2.** (*vaciar*) leeren **II.** *vr:* ~**se** **1.** (*de una ocupación*) freihaben; **cuando pueda** ~**me** wenn ich mich freimachen kann **2.** (*quedarse vacante*) frei werden **III.** *vi* (*Am: parir*) gebären

desodorante [desoðo'rante] **I.** *adj* (*para el hogar*) geruchtilgend; (*para el cuerpo*) de(s)odorierend; **espray** ~ (*para el cuerpo*) Deospray *nt;* (*para el hogar*) Raumspray *nt* **II.** *m* (*para el cuerpo*) Deo *nt*

desoír [deso'ir] *irr como oír vt* nicht hören (auf +*akk*)

desolación [desola'θjon] *f* **1.** (*devastación*) Verwüstung *f* **2.** (*desconsuelo*) Verzweiflung *f*

desolado, -a [deso'laðo, -a] *adj* **1.** (*desierto*) trostlos **2.** (*desconsolado*) verzweifelt

desolar [deso'lar] <o→ue> **I.** *vt* **1.** (*destruir*) verwüsten **2.** (*afligir*) erschüttern **II.** *vr:* ~**se** erschüttert sein

desolladero [desoʎa'ðero] *m* Schlachthof *m*

desollar [deso'ʎar] <o→ue> *vt* **1.** (*quitar la piel*) abhäuten; ~ **a alguien vivo** (*fig*) jdm das Fell über die Ohren ziehen **2.** (*causar daño económico*) ausnehmen; (*engañar*) prellen **3.** (*maltratar*) schikanieren **4.** (*criticar*) verreißen; ~ **a alguien** kein gutes Haar an jdm lassen *fam*

desorbitado, -a [desorβi'taðo, -a] *adj* **1.** (*ojos*) weit aufgerissen **2.** (*exagerado*) übertrieben; (*desmedido*) maßlos

desorbitar [desorβi'tar] **I.** *vt* (*exagerar*) übertreiben; (*dar demasiada importancia*) überbewerten **II.** *vr:* ~**se** (*asunto*) außer Kontrolle geraten; **se le** ~**on los ojos** (*fig*) ihm/ihr fielen die Augen aus dem Kopf

desorden [de'sorðen] *m* **1.** (*desarreglo*) Unordnung *f;* (*confusión*) Verwirrung *f;* ~ **público** Störung der öffentlichen Ordnung;

el piso está en ~ die Wohnung ist nicht aufgeräumt **2.** (*exceso*) Ausschweifung *f* **3.** *pl* (*alboroto*) Unruhen *fpl* **4.** (MED) Störung *f*

desordenado, -a [desorðe'naðo, -a] *adj* **1.** (*desorganizado*) unordentlich; (*persona*) schlampig; (*cosa*) ungeordnet; (*vida*) ungeregelt **2.** (*excesivo*) ausschweifend

desordenar [desorðe'nar] *vt* (*turbar*) durcheinander bringen; (*pelo*) zerzausen

desorganización [desorɣaniθa'θjon] *f* Unordnung *f*, Chaos *nt*; **en esta empresa llevan una ~ increíble** in dieser Firma herrscht ein unglaubliches Chaos

desorganizar [desorɣani'θar] <z→c> **I.** *vt* desorganisieren; (*planes*) zunichte machen **II.** *vr:* **~se 1.** (*persona*) den Überblick verlieren **2.** (*organización*) in Unordnung geraten

desorientación [desorjeṇta'θjon] *f* **1.** (*extravío*) Irreführung *f* **2.** (*confusión*) Verwirrung *f* **3.** (*falta de orientación*) Orientierungslosigkeit *f*

desorientar [desorjeṇ'tar] **I.** *vt* **1.** (*extraviar*) irreführen **2.** (*confundir*) verwirren **II.** *vr:* **~se 1.** (*extraviarse*) sich verirren **2.** (*confundirse*) verwirrt sein

desovar [deso'βar] *vi* laichen

despabilado, -a [despaβi'laðo, -a] *adj* **1.** (*listo*) aufgeweckt **2.** (*despierto*) wach

despabilar [despaβi'lar] **I.** *vt* **1.** (*despertar*) munter machen **2.** (*avivar*) aufrütteln; **en la mili ya lo ~án** beim Militär werden sie ihm schon zeigen, wo es langgeht *fam;* **es muy perezosa, pero en el colegio ya la ~án** sie ist sehr faul, aber in der Schule werden sie ihr schon Dampf machen *fam* **3.** (*acabar deprisa*) schnell erledigen; (*fortuna*) durchbringen; (*comida*) verdrücken *fam* **4.** (*robar*) stehlen **5.** (*matar*) erledigen **II.** *vi* **1.** (*darse prisa*) sich beeilen **2.** (*avivarse*): **si quieres empezar a trabajar por tu cuenta, tienes que ~** wenn du dich selb(st)ständig machen willst, musst du noch einiges lernen **III.** *vr:* **~se 1.** (*sacudir el sueño*) munter werden; (*la pereza*) sich aufrappeln *fam* **2.** (*darse prisa*) sich beeilen **3.** (*avivarse*): **se ha despabilado desde que va al colegio** seit er/sie zur Schule geht, ist er/sie viel aufgeweckter **4.** (*Am: marcharse*) abhauen

despachar [despa'ʧar] **I.** *vt* **1.** (*enviar*) abschicken; (*mensajero*) entsenden **2.** (*concluir*) erledigen; (*buque*) abfertigen **3.** (*resolver*) regeln; (*discutir*) besprechen; **~ con alguien** mit jdm eine Besprechung haben **4.** (*atender*) bedienen **5.** (*vender*) verkaufen **6.** (*matar*) erledigen **7.** (*comer*) verdrücken *fam;* (*beber*) hinunterkippen *fam* **8.** (*despedir*) hinauswerfen **II.** *vi* **1.** (*acabar*) fertig werden **2.** (*atender*) bedienen; **por las tardes no despachan en esta tienda** am Nachmittag ist dieser Laden geschlossen **III.** *vr:* **~se 1.** (*darse prisa*) sich beeilen **2.** (*desahogarse*) sich *dat* Luft machen; **~se a (su) gusto con alguien** (*decir lo que uno piensa*) jdm seine Meinung sagen; (*lo que uno siente*) jdm sagen, was man auf dem Herzen hat **3.** (*desembarazarse*) sich entledigen (*de* +*gen*)

despacho [des'paʧo] *m* **1.** (*de un pedido*) Ausführung *f;* (*de la correspondencia*) Erledigung *f;* (*de un buque/equipajes*) Abfertigung *f* **2.** (*envío*) Versand *m* **3.** (*de un asunto*) Regelung *f;* (*entrevista*) Besprechung *f* **4.** (*de clientes*) Bedienung *f* **5.** (*venta*) Verkauf *m;* **géneros sin ~** unverkäufliche Güter; **no tener buen ~** ein Ladenhüter sein; **tener buen ~** sich gut verkaufen **6.** (*despido*) Entlassung *f* **7.** (*oficina*) Büro *nt;* (*en casa*) Arbeitszimmer *nt;* **~ de abogado** Anwaltskanzlei *f;* **~ de aduana** Zollamt *nt;* **~ de patentes** Patentbüro *nt;* **mesa de ~** Schreibtisch *m;* **sólo tenemos ~ por las mañanas** wir haben nur morgens geöffnet **8.** (*muebles*) Büroeinrichtung *f;* **comprarse un ~ nuevo** sein Büro neu einrichten **9.** (*taquilla*) Schalter *m;* (*tienda*) Laden *m;* **~ de billetes** (FERRO) Fahrkartenschalter *m;* (TEAT) Theaterkasse *f;* (CINE) Kinokasse *f;* **~ de localidades** Vorverkaufsstelle *f* **10.** (*parte*) Mitteilung *f;* (*telegrama*) Telegramm *nt;* (*entre gobiernos*) Kommuniqué *nt;* **~ judicial** richterliche Verfügung

despachurrar [despaʧu'rrar] **I.** *vt* **1.** (*aplastar*) zerquetschen; (*reventar*) zerschlagen **2.** (*embrollar*) falsch erzählen; **despachurras todos los chistes** du kannst keine Witze erzählen **3.** (*apabullar*): **me dejó despachurrado** ich war sprachlos; **lo despachurró con sus argumentos** er konnte seinen/ihren Argumenten nichts entgegensetzen **II.** *vr:* **~se** kaputtgehen; (*fruta*) matschig werden

despacio [des'paθjo] **I.** *adv* **1.** (*lentamente*) langsam; **por allí viene caminando ~** da hinten kommt er/sie gemächlichen Schrittes daher; **en esta oficina las cosas van ~** in diesem Büro dauert alles etwas länger **2.** (*calladamente*) leise **3.** (*por tiempo dilatado*) lange **II.** *interj* immer mit der Ruhe

despampanante [despampa'naṇte] *adj* fantastisch; (*mujer*) atemberaubend

desparejado, -a [despare'xaðo, -a] *adj* **1.** (*sin pareja*) einzeln; **este calcetín está ~** zu dieser Socke fehlt das Gegenstück **2.** (*dispar*) ungleich; **estos calcetines están ~s** diese Socken passen nicht zusammen

desparpajo [despar'paxo] *m* **1.** (*desenvol-*

tura) Ungezwungenheit *f;* (*en el hablar*) Redegewandtheit *f;* **con** ~ ungezwungen **2.** (*habilidad*) Souveränität *f;* **con** ~ souverän **3.** (*frescura*) Frechheit *f;* **con** ~ frech **4.** (*Am: desorden*) Chaos *nt*

desparramar [desparra'mar] **I.** *vt* **1.** (*dispersar*) verteilen; ~ **los juguetes sobre el suelo** das Spielzeug über den ganzen Boden verteilen; ~ **su atención** sich verzetteln **2.** (*un líquido*) verschütten **3.** (*malgastar*) verschwenden **4.** (*una noticia*) verbreiten **5.** (*Arg: diluir*) verdünnen **II.** *vr:* ~**se** **1.** (*dispersarse*) sich verteilen; **el rebaño se desparramó por el campo** die Herde war über das Feld zerstreut; **al pasar el coche los pájaros se** ~**on** als der Wagen vorbeifuhr, stoben die Vögel auseinander **2.** (*un líquido*) fließen **3.** (*divertirse*) sich wild amüsieren **4.** (*dispersar su atención*) sich verzetteln

despatarrado, -a [despata'rraðo, -a] *adj* **1.** (*espatarrado*) breitbeinig **2.** (*pasmado*) verblüfft **3.** (*asustado*) angsterfüllt

despatarrar [despata'rrar] **I.** *vt* **1.** (*asombrar*) verblüffen **2.** (*asustar*) erschrecken **II.** *vr:* ~**se** **1.** (*espatarrarse*) die Beine spreizen; **se despatarró sobre la cama** er/sie fiel aufs Bett und streckte alle viere von sich *dat* **2.** (*pasmarse*) völlig verdutzt sein **3.** (*caerse*) auf den Hintern fallen; ~**se de risa** sich kaputtlachen **4.** (*argot: una mujer*) die Beine breit machen

despavorido, -a [despaβo'riðo, -a] *adj* entsetzt

despechar [despe'ʧar] **I.** *vt* (*indignar*) ärgern **II.** *vr:* ~**se** sich ärgern (*contra* über +*akk*); ~**se contra alguien** auf jdn wütend sein

despecho [des'peʧo] *m* **1.** (*animosidad*) Zorn *m* **2.** (*desesperación*) Verzweiflung *f* **3.** (*loc*): **a** ~ **de** trotz +*gen*

despectivo, -a [despek'tiβo, -a] *adj* **1.** (*despreciativo*) verächtlich; (*desdeñoso*) herablassend; (*tono*) abfällig; **tratar de manera despectiva** von oben herab behandeln **2.** (LING) pejorativ

despedazar [despeða'θar] <z→c> **I.** *vt* (*romper*) kaputtmachen; (*en mil pedazos*) zertrümmern; (*con un cuchillo*) zerstückeln; (*con una tijera*) zerschneiden; (*con las manos*) zerbröckeln; (*pan*) zerkrümeln; (*el corazón*) brechen; **la bomba le despedazó la mano** die Bombe zerfetzte ihm/ihr die Hand **II.** *vr:* ~**se** kaputtgehen; (*en mil pedazos*) zerschellen; (*pan*) zerkrümeln; (*muro*) bröckeln; (*cristal*) zersplittern; (*globo*) zerplatzen; **se me despedazó el alma cuando vi tanta miseria** (*fig*) beim Anblick von so viel Leid zerriss es mir das Herz

despedida [despe'ðiða] *f* **1.** (*separación*) Abschied *m* **2.** (*acto oficial*) Verabschiedung *f;* (*fiesta*) Abschiedsfeier *f;* ~ **de soltero** Polterabend *m;* **cena de** ~ Abschiedsessen *nt;* **mañana le dan la** ~ **en el palacio** morgen wird er/sie (offiziell) im Palast verabschiedet **3.** (*en una carta*) Schlussformel *f*

despedir [despe'ðir] *irr como pedir* **I.** *vt* **1.** (*decir adiós*) verabschieden; ~ **un testigo** (*fig*) einen Zeugen entlassen; ~ **a alguien con una fiesta** jdm zu Ehren ein Abschiedsfest geben; **salió a** ~**me a mi coche** er/sie begleitete mich bis zu meinem Auto; **vinieron a** ~**me al aeropuerto** sie brachten mich zum Flughafen **2.** (*echar*) hinauswerfen; (*de un empleo*) entlassen **3.** (*difundir*) verbreiten; (*emitir*) ausstoßen; (*un olor*) verströmen; **el volcán despide fuego** der Vulkan speit Feuer **4.** (*lanzar*) schleudern; (*flecha*) abschießen **5.** (*apartar de sí*) loswerden **II.** *vr:* ~**se** **1.** (*decir adiós*) sich verabschieden; ~**se a la francesa** ohne ein Abschiedswort weggehen **2.** (*dejar un empleo*) kündigen; ~**se de un trabajo** eine Stelle aufgeben **3.** (*de obtener/conseguir algo*): **despídete de ese dinero** das Geld siehst du nie wieder; **despídete este mes de salir por las noches** diesen Monat darfst du abends nicht mehr ausgehen; ~**se de ir de viaje** seine Reisepläne aufgeben

despegado, -a [despe'ɣaðo, -a] *adj* **1.** (*poco cariñoso*) kühl **2.** (*áspero*) unfreundlich

despegar [despe'ɣar] <g→gu> **I.** *vt* abmachen; ~ **dos hojas** zwei Blätter voneinander lösen; **obedecer sin** ~ **los labios** wortlos gehorchen; **estar sin** ~ **los labios** kein Wort sagen **II.** *vi* starten; **la economía no despega** die Wirtschaft kommt nicht in Gang **III.** *vr:* ~**se** **1.** (*desprenderse*) sich (ab)lösen; (*deshacerse*) auseinander fallen **2.** (*perder el afecto*) sich abwenden

despego [des'peɣo] *m* **1.** (*falta de cariño*) Kühle *f* **2.** (*falta de afecto*) Abneigung *f* (*por* gegen +*akk*); **sentir** ~ **por alguien** jdn nicht mögen **3.** (*falta de interés*) Gleichgültigkeit *f*

despegue [des'peɣe] *m* **1.** (AERO) Start *m* **2.** (ECON) wirtschaftlicher Aufschwung *m*

despeinado, -a [despei̯'naðo, -a] *adj* ungekämmt

despeinar [despei̯'nar] **I.** *vt* das Haar zerzausen +*dat* **II.** *vr:* **me despeiné** meine Frisur geriet in Unordnung

despejado, -a [despe'xaðo, -a] *adj* **1.** (*sin nubes*) wolkenlos **2.** (*sin obstáculos*) frei **3.** (*ancho*) breit; (*habitación*) groß **4.** (*listo*) aufgeweckt **5.** (*despierto*) munter; (*cabeza*) klar

despejar [despe'xar] **I.** *vt* **1.** (*un lugar*) frei machen; (*mesa*) abräumen; (*sala*) räumen; ~ **la calle de nieve** den Schnee von der Straße räumen **2.** (*una situación*) klären; (*un misterio*) aufklären **3.** (*una persona*) munter machen; **el aire fresco despejó mi mente** durch die frische Luft bekam ich wieder einen klaren Kopf **4.** (DEP) abwehren; ~ **el tiro a córner** den Ball ins Toraus kicken **II.** *vr:* ~**se 1.** (*cielo, misterio*) sich aufklären; **parece que se va a ~ el día** es sieht so aus, als ob sich das Wetter heute noch bessert **2.** (*despabilarse*) munter werden; (*mentalmente*) einen klaren Kopf bekommen **3.** (*adquirir desenvoltura*) seine Befangenheit ablegen **4.** (*un enfermo*): **se ha despejado un poco** sein/ihr Fieber ist leicht gesunken

despeje [des'pexe] *m* (*en fútbol*) Abwehrschuss *m;* (*hockey*) Befreiungsschlag *m*

despejo [des'pexo] *m* **1.** (*de un lugar*) Räumung *f* **2.** (*en el trato*) Ungezwungenheit *f;* **el ~ que muestras con tus superiores** deine ungezwungene Art, mit deinen Vorgesetzten umzugehen **3.** (*entendimiento*) klarer Verstand *m*

despellejar [despeʎe'xar] **I.** *vt* **1.** (*desollar*) häuten **2.** (*fam: maldecir*) kein gutes Haar lassen (*a* an +*dat*) **3.** (*fam: desvalijar*) das Hemd über den Kopf ziehen +*dat* **II.** *vr:* ~**se** sich häuten

despelotarse [despelo'tarse] *vr* (*fam*) **1.** (*desnudarse*) sich ausziehen **2.** (*de risa*) sich totlachen

despeluzar [despelu'θar] <z→c> *vt, vr v.* **despeluznar**

despeluznante [despeluθ'nan̩te] *adj* haarsträubend

despeluznar [despeluθ'nar] **I.** *vt, vr* **1.** (*pelo*) zerzausen **2.** (*causar miedo*) die Haare zu Berge stehen lassen +*dat* **3.** (*Cuba: desplumar*) ausrauben **II.** *vr:* **se despeluz(n)ó (del miedo que tenía)** ihm/ihr sträubten sich (vor Angst) die Haare

despensa [des'pensa] *f* **1.** (*fresquera*) Speisekammer *f* **2.** (*provisiones*) Vorrat *m* **3.** (*comestibles*) Nahrungsmittel *ntpl* **4.** (*Arg: almacén*) Lager *nt*

despeñadero, -a[1] [despeɲa'ðero, -a] *adj* abschüssig

despeñadero[2] [despeɲa'ðero] *m* **1.** (GEO) Abgrund *m* **2.** (*riesgo*) Wagnis *nt;* **meterse en un ~** sich in ein gefährliches Unterfangen stürzen

despeñar [despe'ɲar] **I.** *vt* herabstürzen; ~ **a alguien por un precipicio** jdn in den Abgrund stürzen **II.** *vr:* ~**se** (ab)stürzen; **el motorista se despeñó por el talud** der Motorradfahrer stürzte die Rampe herab; ~**se a un vicio** einem Laster völlig verfallen

desperdiciar [desperði'θjar] *vt* verschwenden; (*ocasión*) verpassen

desperdicio [desper'ðiθjo] *m* **1.** (*residuo*) Abfall *m;* ~**s biológicos** Biomüll *m* **2.** (*malbaratamiento*) Verschwendung *f;* **no tener ~** sehr nützlich sein

desperdigar [desperði'ɣar] <g→gu> *vt, vr:* ~**se** (sich) zerstreuen

desperezarse [despere'θarse] <z→c> *vr* sich recken

desperfecto [desper'fekto] *m* **1.** (*deterioro*) Schaden *m* **2.** (*defecto*) Fehler *m;* **esta máquina tiene un pequeño ~** diese Maschine ist leicht defekt

despertador [desperta'ðor] *m* (*reloj*) Wecker *m*

despertar [desper'tar] <e→ie> **I.** *vt* wecken **II.** *vr:* ~**se** aufwachen **III.** *m* Erwachen *nt*

despiadado, -a [despja'ðaðo, -a] *adj* (*inhumano*) unbarmherzig; (*cruel*) erbarmungslos

despido [des'piðo] *m* (*descontratación*) Kündigung *f;* ~ **colectivo** Massenentlassung *f*

despierto, -a [des'pjerto, -a] *adj* **1.** (*insomne*) wach **2.** (*listo*) aufgeweckt; **mente despierta** reger Verstand

despilfarrador(a) [despilfarra'ðor(a)] **I.** *adj* verschwenderisch **II.** *m(f)* Verschwender(in) *m(f)*

despilfarrar [despilfa'rrar] *vt* verschwenden

despilfarro [despil'farro] *m* (*derroche*) Verschwendung *f*

despintar [despin̩'tar] **I.** *vt* **1.** (*colores*) auswaschen **2.** (*la realidad*) verzerren **3.** (*Col, Chil, PRico: apartar la mirada*) den Blick abwenden (von +*dat*); (*perder de vista*) aus den Augen verlieren **II.** *vr:* ~**se 1.** (*borrarse*) verblassen; ~**se con el sol** in der Sonne verblassen **2.** (*fam: de la memoria*): **este asunto no se me despinta** diese Sache geht mir nicht aus dem Kopf

despiojar [despjo'xar] *vt* entlausen

despistado, -a [despis'taðo, -a] **I.** *adj* zerstreut **II.** *m, f:* **eres un ~** wo hast du nur deine Gedanken?

despistar [despis'tar] **I.** *vt* irreführen **II.** *vr:* ~**se 1.** (*perderse*) sich verirren **2.** (*desconcertarse*) durcheinander kommen

despiste [des'piste] *m* Verwirrung *f;* **un ~ lo tiene cualquiera** das kann jedem mal passieren

desplante [des'plan̩te] *m* Frechheit *f*

desplazado, -a [despla'θaðo, -a] *adj* deplatziert

desplazamiento [desplaθa'mjen̩to] *m* **1.** (*traslado*) Umzug *m* **2.** (*remoción*) Verschiebung *f*

desplazar [despla'θar] <z→c> *vt* **1.** (*muebles*) verschieben; (*enfermos*) verlagern **2.** (*suplantar*) aus dem Amt verdrängen

desplegable [desple'ɣaβle] *adj* (*silla*) aufklappbar; (*cartón*) auseinanderfaltbar; **silla ~** Klappstuhl *m*

desplegar [desple'ɣar] *irr como fregar vt* **1.** (*abrir*) öffnen; (*desdoblar*) auseinander falten **2.** (MIL) ausschwärmen lassen **3.** (*desarrollar*) entfalten; **~ toda su fantasía** seine ganze Fantasie einsetzen

despliegue [des'pljeɣe] *m* Entfaltung *f;* (MIL) Aufmarsch *m*

desplomarse [desplo'marse] *vr* **1.** (*casa*) einstürzen **2.** (*persona*) zusammenbrechen **3.** (*desviarse*) aus dem Lot geraten

desplumar [desplu'mar] *vt* **1.** (*plumas*) rupfen **2.** (*robar*) ausrauben; **~ a alguien jugando a las cartas** jdn beim Kartenspiel ausnehmen *fam*

despoblación [despoβla'θjon] *f* Entvölkerung *f*

despoblado, -a[1] [despo'βlaðo, -a] *adj* unbewohnt

despoblado[2] [despo'βlaðo] *m* (*yermo*) Einöde *f*

despoblar [despo'βlar] <o→ue> *vt* (*de habitantes*) entvölkern; (*un bosque*) abholzen; **el huracán despobló la zona de árboles** der Orkan riss alle Bäume in dem Gebiet mit sich

despojar [despo'xar] **I.** *vt* wegnehmen; **la ~on de todo** sie haben ihr alles weggenommen; **~ de un derecho a alguien** jdm ein Recht entziehen **II.** *vr:* **~se 1.** (*desistir*) verzichten (*de* auf +*akk*) **2.** (*quitar*) ablegen (*de* +*akk*); (*ropa*) ausziehen (*de* +*akk*)

despojo [des'poxo] *m* **1.** (*presa*) Beute *f;* **~ del mar** Strandgut *nt* **2.** *pl* (*restos*) Überreste *mpl;* (*del matadero*) Schlachtabfall *m;* (*escombros*) Bauschutt *m;* (*mortales*) sterbliche Überreste *mpl*

desposado, -a [despo'saðo, -a] *adj* (*recién casado*) frisch verheiratet

desposar [despo'sar] **I.** *vt* trauen **II.** *vr:* **~se** heiraten (*con* +*akk*)

desposeer [despose'er] *irr como leer* **I.** *vt* **1.** (*expropiar*) enteignen **2.** (*no reconocer*) aberkennen; **la desposeyeron de sus derechos** ihre Rechte wurden ihr aberkannt **3.** (*destituir*): **~ de su cargo** absetzen **4.** (*fam: desplumar*): **~ a alguien de algo** jdm etw wegnehmen **II.** *vr:* **~se 1.** (*renunciar*) verzichten (*de* auf +*akk*) **2.** (*desapropiarse*) aufgeben (*de* +*akk*)

desposorio(s) [despo'sorjo(s)] *m(pl)* **1.** (*esponsales*) Eheversprechen *nt* **2.** (*matrimonio*) Heirat *f*

déspota ['despota] *mf* Despot(in) *m(f)*

despótico, -a [des'potiko, -a] *adj* tyrannisch

despotricar [despotri'kar] <c→qu> *vi* (*fam*) **1.** (*chochear*) quasseln **2.** (*maldecir*) herziehen (über +*akk*)

despreciable [despre'θjaβle] *adj* verwerflich

despreciar [despre'θjar] **I.** *vt* **1.** (*menospreciar*) verachten **2.** (*rechazar*) verschmähen; (*oferta*) ausschlagen **II.** *vr:* **~se** sich herabwürdigen; **no ~se de hacer cualquier trabajo** sich *dat* für keine Arbeit zu schade sein

despreciativo, -a [despreθja'tiβo, -a] *adj* verächtlich

desprecio [des'preθjo] *m* Verachtung *f*

desprender [despreṇ'der] **I.** *vt* **1.** (*soltar*) abmachen (*de* von +*dat*) **2.** (*deducir*) schließen (*de* aus +*dat*); **de su aviso desprendemos que...** ihrer Nachricht entnehmen wir, dass ... **II.** *vr:* **~se 1.** (*soltarse*) sich lösen **2.** (*deshacerse*) weggeben (*de* +*akk*); (*desembarazarse*) loswerden (*de* +*akk*); **~se de cualquier duda** jegliche Zweifel ablegen **3.** (*deducirse*): **de tu comportamiento se desprende que...** aus deinem Verhalten lässt sich schließen, dass ...

desprendido, -a [despreṇ'diðo, -a] *adj* (*generoso*) großzügig

desprendimiento [despreṇdi'mjeṇto, -a] *m* **1.** (*separación*) (Los)lösung *f;* **~ de tierras** Erdrutsch *m* **2.** (*generosidad*) Großzügigkeit *f*

despreocupación [despreokupa'θjon] *f* **1.** (*indiferencia*) Unbekümmertheit *f* **2.** (*insensatez*) Unvernunft *f*

despreocupado, -a [despreoku'paðo, -a] *adj* **1.** (*descuidado*) leichtsinnig **2.** (*ingenuo*) unbefangen

despreocuparse [despreoku'parse] *vr* **1.** (*tranquilizarse*) sich entspannen **2.** (*desatender*) vernachlässigen (*de* +*akk*)

desprestigiar [despresti'xjar] **I.** *vt* herabwürdigen **II.** *vr:* **~se 1.** (*rebajarse*) sich erniedrigen **2.** (*perder reputación*) sein Ansehen verlieren

desprevenido, -a [despreβe'niðo, -a] *adj* unvorbereitet; **coger ~** überrumpeln

desproporción [despropor'θjon] *f* Missverhältnis *nt*

desproporcionado, -a [desproporθjo'naðo, -a] *adj* unverhältnismäßig

despropósito [despro'posito] *m* Unsinn *m;* **sólo dices ~s** du redest nur Unsinn

desproveer [desproβe'er] *irr como proveer vt* nicht versorgen (*de* mit +*dat*)

desprovisto, -a [despro'βisto, -a] *adj:* **~ de** ohne +*akk;* **el estadio está ~ de las normas de seguridad necesarias** der Sicherheitsstandard des Stadions ist nicht ausreichend

después [des'pwes] **I.** *adv* **1.** (*tiempo*) nachher; ~ **de todo** (*concesivo*) trotz allem; ~ **de la cena** nach dem Essen; **una hora** ~ eine Stunde später **2.** (*espacio*): ~ **de** hinter +*dat* **II.** *conj:* ~ (**de**) **que** nachdem

despuntar [despuṇ'tar] **I.** *vt* (*gastar la punta*) abstumpfen; (*quitarla*) die Spitze abbrechen +*gen* **II.** *vi* **1.** (*brotar*) knospen **2.** (*amanecer*) anbrechen; **al** ~ **la aurora** bei Tagesanbruch **3.** (*distinguirse*) sich hervortun; **despunta en inglés** in Englisch ist er/sie besonders gut **III.** *vr:* ~**se** (*gastarse*) stumpf werden

desquiciado, -a [deski'θjaðo, -a] *adj* (*fam: familia*) zerrüttet

desquiciar [deski'θjar] **I.** *vt* **1.** (*desencajar*) aus den Angeln heben **2.** (*alterar*) erschüttern **II.** *vr:* ~**se** den Halt verlieren

desquitar [deski'tar] *vt, vr:* ~**se 1.** (*resarcir*) wiedergewinnen; ~**se de una pérdida** einen Verlust wieder gutmachen **2.** (*desagraviar*) sich schadlos halten (*de* an +*dat*)

desquite [des'kite] *m* (*satisfacción*) Genugtuung *f;* (*venganza*) Vergeltung *f;* **tomar(se) el** ~ sich rächen

desrielar [desrrje'lar] *vi* (*Am*) entgleisen

destacable [desta'kaβle] *adj* erwähnenswert

destacado, -a [desta'kaðo, -a] *adj* herausragend

destacamento [destaka'meṇto] *m* (*policía*) Polizeieinheit *f*

destacar [desta'kar] <c→qu> **I.** *vi* hervorstechen; ~ **en el deporte** im Sport ein Ass sein **II.** *vt* (*realzar*) hervorheben **III.** *vr:* ~**se** (*descollar*) sich abheben (*de/entre* von +*dat*)

destajo [des'taxo] *m* Akkordarbeit *f;* **trabajar a** ~ im Akkord arbeiten; (*fam fig*) arbeiten wie ein Pferd; **hablar a** ~ (*fam*) reden wie ein Wasserfall; **a** ~ (*Arg, Chil: a ojo*) aufs Geratewohl

destapar [desta'par] **I.** *vt* **1.** (*abrir*) aufmachen; ~ **la olla** den Deckel vom Topf nehmen **2.** (*desabrigar*) aufdecken **3.** (*secretos*) enthüllen **II.** *vr:* ~**se 1.** (*perder la tapa*) aufgehen **2.** (*desabrigarse*) sich aufdecken **3.** (*fam: desnudarse*) sich ausziehen **4.** (*descubrirse*) sich bloßstellen **5.** (*desahogarse*) sich aussprechen (*con* bei +*dat*)

destaponar [destapo'nar] *vt* **1.** (*botellas*) entkorken **2.** (*Perú: abrir*) öffnen

destartalado, -a [destarta'laðo, -a] *adj* verwahrlost

destellar [deste'ʎar] *vi* funkeln

destello [des'teʎo] *m* **1.** (*rayo*) Strahl *m* **2.** (*reflejo*) Abglanz *m* **3.** (*resplandor*) Schimmer *m* **4.** (*indicio*) Anflug *m*

destemplado, -a [destem'plaðo, -a] *adj* **1.** (*sonido*) verstimmt **2.** (*voz*) rau **3.** (*tiempo*) unfreundlich **4.** (*persona*) unpässlich

destemplanza [destem'plaṇθa] *f* **1.** (*inmoderación*) Unmäßigkeit *f;* **con** ~ unmäßig **2.** (*tiempo*) Unbeständigkeit *f* **3.** (*malestar*) Unpässlichkeit *f*

destemplar [destem'plar] **I.** *vt* **1.** (*sonido*) verstimmen **2.** (*perturbar*) stören **II.** *vr:* ~**se 1.** (*alterarse*) heftig werden **2.** (*indisponerse*) unpässlich werden

desteñido, -a [deste'ɲiðo, -a] *adj* verwaschen

desteñir [deste'ɲir] *irr como ceñir* **I.** *vi* abfärben **II.** *vt* **1.** (*descolorar*) ausbleichen; (QUÍM) entfärben **2.** (*manchar*) verfärben **III.** *vr:* ~**se** verblassen

desternillarse [desterni'ʎarse] *vr:* ~ **de risa** sich totlachen

desterrar [deste'rrar] <e→ie> *vt* **1.** (*exiliar*) verbannen; ~ **del país** des Landes verweisen **2.** (*alejar*) vertreiben

destetar [deste'tar] *vt* abstillen

destiempo [des'tjempo] *m:* **a** ~ ungelegen

destierro [des'tjerro] *m* **1.** (*pena*) Verbannung *f* **2.** (*lugar*) Exil *nt* **3.** (*lugar muy alejado*) abgelegener Ort *m*

destilación [destila'θjon] *f* Destillation *f*

destilar [desti'lar] **I.** *vi* tröpfeln **II.** *vt* **1.** (*alambicar*) destillieren **2.** (*filtrar*) filtrieren **3.** (*soltar*) absondern; **la herida destila sangre** die Wunde blutet **4.** (*sentimiento*) offenbaren; **la crítica destila mala leche** die Kritik steckt voller Bosheiten

destilería [destile'ria] *f* Brennerei *f*

destinar [desti'nar] *vt* **1.** (*dedicar*) bestimmen (*a* für +*akk*); (*asignar*) zuweisen +*dat* **2.** (*enviar*) versetzen **3.** (*designar*) ernennen; ~ **para Ministro de Defensa** zum Verteidigungsminister ernennen

destinatario, -a [destina'tarjo, -a] *m, f* Empfänger(in) *m(f)*

destino [des'tino] *m* **1.** (*hado*) Schicksal *nt;* **tuvo un** ~ **muy triste** ihm/ihr war ein schweres Los beschieden **2.** (*empleo*) Anstellung *f;* **pedir un importante** ~ **en el gobierno** sich um einen wichtigen Regierungsposten bewerben **3.** (*destinación*) Bestimmungsort *m;* **estación de** ~ Endstation *f;* **puerto de** ~ Bestimmungshafen *m;* **el barco sale con** ~ **a México** das Schiff fährt nach Mexiko **4.** (*finalidad*) Zweck *m*

destitución [destitu'θjon] *f* Entlassung *f;* ~ **del cargo** Amtsenthebung *f*

destituir [destitu'ir] *irr como huir vt* **1.** (*despedir*) entlassen; ~ **al jefe de gobierno** den Regierungschef absetzen **2.** (*elev: privar*): ~ **a alguien de algo** jdm etw entziehen

destornillador [destorniʎa'ðor] *m* Schraubenzieher *m*

destornillar [destorni'ʎar] *vt* abschrauben

destrabar [destra'βar] **I.** *vt* losbinden **II.** *vr:* ~**se** sich losmachen

destral [des'tral] *m* Handbeil *nt*

destreza [des'treθa] *f* Geschicklichkeit *f;* ~ **manual** Handfertigkeit *f;* **con** ~ geschickt

destripador(a) [destripa'ðor(a)] *m(f)* (*fig*) Mörder(in) *m(f);* **Jack el** ~ Jack the Ripper

destripar [destri'par] *vt* **1.** (*despanzurrar*) ausnehmen **2.** (*despachurrar; t. fig*) zerquetschen **3.** (*estropear*) vermasseln

destrísimo, -a [des'trisimo, -a] *adj superl de* **diestro**

destrozar [destro'θar] <z→c> *vt* **1.** (*despedazar*) zerstören; (*libro*) zerreißen; (*ropa*) abtragen; ~ **un vehículo** (*conduciendo*) zu Schrott fahren **2.** (*moralmente*) zerstören; **estar destrozado** am Boden zerstört sein **3.** (*fam: físicamente*) schaffen; **el viaje me ha destrozado** von der langen Reise bin ich völlig gerädert; **he trabajado todo el día y estoy destrozado** ich habe den ganzen Tag geschuftet und bin fix und fertig **4.** (*planes*) zunichte machen **5.** (*enemigo, cosecha*) vernichten

destrozo [des'troθo] *m* (*daño*) Schaden *m*

destrozón, -ona [destro'θon, -ona] *adj o m, f* (*fam*): **este niño es un** ~ dieses Kind macht alles kaputt

destrucción [destruʸ'θjon] *f* Zerstörung *f*

destructivo, -a [destruk'tiβo, -a] *adj* destruktiv

destruir [destru'ir] *irr como huir vt* **1.** (*destrozar*) zerstören, vernichten **2.** (*física o moralmente*) zugrunde richten **3.** (*aniquilar*) zunichte machen **4.** (*malbaratar*) herunterwirtschaften

desubicado, -a [desuβi'kaðo, -a] *adj* (*Am*) desorientiert; (*fig*) zerstreut

desuncir [desun̩'θir] <c→z> *vt* abspannen

desunión [desu'njon] *f* **1.** (*separación*) Trennung *f* **2.** (*discordia*) Uneinigkeit *f*

desunir [desu'nir] *vt, vr:* ~**se** **1.** (*separar*) (sich) trennen **2.** (*enemistar*) (sich) entzweien

desusado, -a [desu'saðo, -a] *adj* ungebräuchlich

desuso [de'suso] *m:* **caer en** ~ aus dem Gebrauch kommen

desvaído, -a [desβa'iðo, -a] *adj* **1.** (*colores*) verwaschen **2.** (*persona*) schlaksig; **es una mujer desvaída** sie ist eine richtige Bohnenstange *fam*

desvalido, -a [desβa'liðo, -a] *adj* schutzlos

desvalijar [desβali'xar] *vt* ausrauben

desvalimiento [desβali'mjen̩to] *m* Schutzlosigkeit *f*

desvalorización [desβaloriθa'θjon] *f* Abwertung *f;* ~ **monetaria** Geldentwertung *f*

desvalorizar [desβalori'θar] <z→c> *vt* abwerten

desván [des'βan] *m* Dachboden *m*

desvanecer [desβane'θer] *irr como crecer* **I.** *vt* **1.** (*color*) verwischen **2.** (*dudas*) beseitigen; ~ **las sospechas de alguien** den Verdacht von jdm ablenken **II.** *vr:* ~**se** **1.** (*desaparecer*) verschwinden; (*alcohol*) verdunsten; (*colores*) verschwimmen; (*esperanzas*) zerrinnen; (*enojo*) verrauchen; **el entusiasmo se desvaneció rápidamente** die Begeisterung war schnell wieder verflogen **2.** (*desmayarse*) ohnmächtig werden

desvanecimiento [desβaneθi'mjen̩to] *m* **1.** (*desaparición*) Verschwinden *nt* **2.** (*mareo*) Schwindel *m;* **tener un** ~ ohnmächtig werden

desvariar [desβari'ar] <*1. pres:* desvarío> *vi* fantasieren

desvarío [desβa'rio] *m* **1.** (*locura*) Wahnsinn *m;* **los ~s de una imaginación enfermiza** die Fantastereien eines verwirrten Geistes **2.** (*delirio*) Fieberwahn *m* **3.** (*monstruosidad*) Ungeheuerlichkeit *f*

desvelar [desβe'lar] **I.** *vt* **1.** (*sueño*) wach halten **2.** (*revelar*) offenbaren **II.** *vr:* ~**se** (*esmerarse*) sich einsetzen (*por* für +*akk*); (*trabajar*) sich abmühen (*por* für +*akk*)

desvelo [des'βelo] *m* **1.** (*insomnio*) Schlaflosigkeit *f* **2.** (*despabilamiento*) Munterkeit *f* **3.** *(pl)* (*celo*) Eifer *m* **4.** *(pl)* (*atención*) Sorge *f*

desvencijado, -a [desβen̩θi'xaðo, -a] *adj* wack(e)lig

desvencijar [desβen̩θi'xar] **I.** *vt* auseinander nehmen **II.** *vr:* ~**se** auseinander fallen

desventaja [desβen̩'taxa] *f* Nachteil *m*

desventajoso, -a [desβen̩ta'xoso, -a] *adj* nachteilig; (*condiciones*) ungünstig; **apariencia desventajosa** unvorteilhaftes Auftreten

desventura [desβen̩'tura] *f* Unglück *nt*

desventurado, -a [desβen̩tu'raðo, -a] *adj* unglücklich; **es una familia desventurada** die Familie wird vom Pech verfolgt

desvergonzado, -a [desβerɣon̩'θaðo, -a] *adj* schamlos

desvergonzarse [desβerɣon̩'θarse] *irr como avergonzar vr* unverschämt werden; ~ **con alguien** jdm gegenüber unverschämt werden

desvergüenza [desβer'ɣwen̩θa] *f* Unverschämtheit *f*

desvestir [desβes'tir] *irr como pedir vt, vr:* ~**se** (sich) ausziehen

desviación [desβja'θjon] *f* **1.** (*torcedura*) Abweichung *f;* ~ **de la columna vertebral** Rückgratverkrümmung *f;* ~ **jurídica** Rechtsfehler *m* **2.** (*del tráfico*) Umleitung *f* **3.** (*aberración*) Verirrung *f*

desviado, -a [desβi'aðo, -a] *adj* (*diferente*)

abweichend

desviar [desβi'ar] <*1. pres:* desvío> **I.** *vt* (*del camino*) umleiten; (*de un propósito*) abbringen; (*dinero*) abzweigen; ~ **una cuestión** einer Frage ausweichen **II.** *vr:* ~**se 1.** (*del camino/tema*) abkommen; (*de una idea/intención*) Abstand nehmen; **la brigada se desvió hacia la izquierda** die Kolonne schwenkte nach links ab **2.** (*extraviarse*) abhanden kommen

desvincular [desβiŋku'lar] **I.** *vt* befreien **II.** *vr:* ~**se** sich lösen

desvío [des'βio] *m* **1.** (*desviación*) Abweichung *f* **2.** (*carretera*) Umgehungsstraße *f;* (*temporal*) Umleitung *f* **3.** (*despego*) Abneigung *f*

desvirtuar [desβirtu'ar] <*1. pres:* desvirtúo> *vt* (*argumento/prueba*) entkräften; (*rumor*) widerlegen; ~ **la competencia** den Wettbewerb verfälschen

desvivirse [desβi'βirse] *vr* **1.** (*chiflarse*) ganz versessen sein (*por* auf +*akk*); **el hombre se desvive por esta mujer** der Mann ist unsterblich in diese Frau verliebt **2.** (*afanarse*): ~ **con** [*o* **por**] **alguien** alles für jdn tun; **se desvivió por conseguir este documento** nach diesem Dokument hat er/sie sich *dat* die Beine abgelaufen

detallado, -a [deta'ʎaðo, -a] *adj* ausführlich

detallar [deta'ʎar] *vt* **1.** (*pormenorizar*) einzeln aufführen **2.** (COM) im Einzelhandel verkaufen

detalle [de'taʎe] *m* **1.** (*pormenor*) Detail *nt;* **en** [*o* **al**] ~ ausführlich; **venta al** ~ Einzelverkauf *m;* **entrar en** ~**s** ins Detail gehen **2.** (*finura*) Aufmerksamkeit *f;* **has tenido un** ~ **regalándome las flores** es war sehr aufmerksam von dir, mir die Blumen zu schenken

detallista [deta'ʎista] **I.** *adj* genau; (*pey*) kleinlich **II.** *mf* **1.** (*minucioso*) Pedant(in) *m(f)* **2.** (COM) Einzelhändler(in) *m(f)*

detectable [detek'taβle] *adj* erkennbar

detectar [detek'tar] *vt* entdecken

detective [detek'tiβe] *mf* Detektiv(in) *m(f)*

detector [detek'tor] *m* Detektor *m;* ~ **de humo** Rauchgasanzeiger *m*

detención [deten̩'θjon] *f* **1.** (*parada*) Anhalten *nt;* (*de la correspondencia*) Zurückhalten *nt;* ~ **del crecimiento** Wachstumshemmung *f* **2.** (*encarcelamiento*) Festnahme *f;* ~ **ilegal** Freiheitsberaubung *f;* ~ **preventiva** Untersuchungshaft *f* **3.** (*dilación*) Verzögerung *f;* **sin** ~ unverzüglich **4.** (*prolijidad*) Ausführlichkeit *f;* **describir con** ~ in allen Einzelheiten beschreiben; **ha corregido el examen con** ~ er/sie hat die Klausur mit großer Sorgfalt korrigiert

detener [dete'ner] *irr como tener* **I.** *vt* **1.** (*parar*) anhalten; (*correspondencia*) zurückhalten; ~ **los progresos de una enfermedad** das Fortschreiten einer Krankheit aufhalten **2.** (*encarcelar*) festnehmen **3.** (*retener*): ~ (**en su poder**) einbehalten **II.** *vr:* ~**se 1.** (*pararse*) innehalten **2.** (*entretenerse*) sich aufhalten (*en* mit +*dat*)

detenido, -a [dete'niðo, -a] **I.** *adj* **1.** (*minucioso*) eingehend **2.** (*apocado*) schüchtern **3.** (*escaso*) karg **4.** (*arrestado*) verhaftet **II.** *m, f* Häftling *m*

detenimiento [deteni'mjen̩to] *m* **1.** (*minuciosidad*) Ausführlichkeit *f;* **con** ~ ausführlich **2.** (*tardanza*) Verzögerung *f;* **con** ~ umständlich **3.** (*encarcelamiento*) Verhaftung *f*

detentar [deten̩'tar] *vt* unrechtmäßig besitzen

detergente [deter'xen̩te] **I.** *adj* reinigend **II.** *m* Reinigungsmittel *nt;* ~ **para lavar la ropa** Waschpulver *nt;* ~ **lavavajillas** Spülmittel *nt*

deteriorar [deterjo'rar] **I.** *vt* (*empeorar*) verschlechtern; (*romper*) beschädigen; (*gastar*) abnutzen **II.** *vr:* ~**se 1.** (*empeorarse*) sich verschlechtern **2.** (*estropearse*) verderben; **mercancía deteriorada** schadhafte Ware

deterioro [dete'rjoro] *m* **1.** (*desmejora*) Verschlechterung *f;* ~ **de calidad** Qualitätsminderung *f* **2.** (*daño*) Schaden *m;* **sin** ~ unbeschädigt; ~ **debido al amacenamiento** Lagerschaden *m* **3.** (*desgaste*) Verschleiß *m* **4.** (*echarse a perder*) Verderben *nt;* **sujeto a** ~ verderblich; **de fácil** ~ leicht verderblich

determinación [determina'θjon] *f* **1.** (*fijación*) Bestimmung *f;* ~ **de los daños** Schadensfestsetzung *f;* ~ **de objetivos** Zielsetzung *f* **2.** (*decisión*) Entschluss *m;* **tomar una** ~ eine Entscheidung treffen **3.** (*audacia*) Bestimmtheit *f*

determinado, -a [determi'naðo, -a] *adj* **1.** (*cierto, t.* LING) bestimmt **2.** (*atrevido*) entschlossen

determinante [determi'nan̩te] **I.** *adj* entscheidend; **palabra** ~ (LING) Bestimmungswort *nt* **II.** *m* Bestimmungsgröße *f;* (MAT) Determinante *f*

determinar [determi'nar] **I.** *vt* **1.** (*fijar*) bestimmen; (*plazo*) festlegen **2.** (*decidir*) beschließen; ~ **un pleito** einen Prozess entscheiden **3.** (*causar*) verursachen **4.** (*motivar*): ~ **a alguien a hacer algo** jdn zu etw *dat* bewegen **II.** *vr:* ~**se por algo** sich für etw entscheiden; ~**se a...** beschließen zu ...

detestable [detes'taβle] *adj* abscheulich

detestar [detes'tar] *vt* **1.** (*abominar*) verabscheuen; (*odiar*) hassen **2.** (*maldecir*) verwünschen

detonación [detona'θjon] *f* Detonation *f*

D

detonador [detona'ðor] *m* Zündkapsel *f*

detonante [deto'nan̩te] *adj* **1.** (*explosivo*) explosiv **2.** (*Am: que molesta*) störend

detonar [deto'nar] **I.** *vi* explodieren **II.** *vt* zünden

detractor(a) [detrak'tor(a)] **I.** *adj* verleumderisch **II.** *m(f)* Verleumder(in) *m(f)*

detrás [de'tras] **I.** *adv* **1.** (*local*) hinten; **allí ~** dahinter; **entrar por ~** hinten(he)rum hereinkommen; **me asaltaron por ~** sie haben mich hinterrücks angegriffen **2.** (*en el orden*): **el que está ~** der Hintermann; **primero estás tu y ~ van mis amigos** (*fig*) du bist für mich am wichtigsten und dann erst kommen meine Freunde **II.** *prep* **1.** (*local: tras*): **~ de** hinter +*dat;* (*con movimiento*) hinter +*akk;* **~ de la carta** auf der Rückseite des Briefes; **quedar ~ de los otros** hinter den anderen zurückbleiben; **ir ~ de alguien** jdm folgen; **hablar mal (por) ~ de alguien** hinter jds Rücken schlecht über jdn reden **2.** (*en el orden*): **uno ~ de otro** einer nach dem anderen

detrimento [detri'men̩to] *m* **1.** (*daño*) Schaden *m;* **causar gran ~ a alguien** jdm großen Schaden zufügen; **~ de la salud** Beeinträchtigung der Gesundheit **2.** (*perjuicio*) Nachteil *m;* **en ~ de alguien** zu jds Schaden; **en ~ de la salud** auf Kosten der Gesundheit

deuda ['deu̯ða] *f* **1.** (*débito*) Schuld *f;* **~ activa** Geldforderung *f;* **~ contraída** Verschuldung *f;* **~ del Estado** Staatsverschuldung *f;* **~ externa** Auslandsschuld *f;* **~ interna** Inlandsschuld *f;* **~ pública** Verschuldung der öffentlichen Hand; **~ a pagar** fällige Schuld; **~ pendiente** ausstehende Schuld; **~ vencida** überfällige Schuld; **cargado de ~s** überschuldet; **contraer ~s** Schulden machen; **sin ~s** schuldenfrei **2.** (*moral*) moralische Verpflichtung *f;* **estar en ~ con alguien** in jds Schuld stehen; **lo prometido es ~** was man verspricht, muss man auch halten **3.** (*pecado*): **y perdónanos nuestras ~s...** und vergib uns unsere Schuld ...

deudor(a) [deu̯'ðor(a)] **I.** *adj* schuldnerisch; **saldo ~** Sollsaldo *m* **II.** *m(f)* Schuldner(in) *m(f);* **~ alimentario** Unterhaltspflichtige(r) *m;* **~ solidario** Mitschuldner *m*

devaluación [deβalwa'θjon] *f* Abwertung *f*

devaluar [deβalu'ar] <*1. pres:* devalúo> *vt* abwerten

devanar [deβa'nar] **I.** *vt* aufwickeln; (*en un carrete*) aufspulen **II.** *vr:* **~se 1.** (*Cuba: reírse mucho*) sich vor Lachen krümmen **2.** (*loc*): **~se los sesos** sich *dat* den Kopf zerbrechen

devaneo [deβa'neo] *m* **1.** (*locura*) Hirngespinst *nt* **2.** (*distracción*) unnützer Zeitvertreib *m* **3.** (*amorío*) Liebelei *f*

devastación [deβasta'θjon] *f* Verwüstung *f*

devastar [deβas'tar] *vt* verwüsten

devengar [deβeŋ'gar] <g→gu> *vt* **1.** (*salario*) beziehen **2.** (*intereses*) abwerfen

devenir [deβe'nir] *irr como venir vi* **1.** (*acaecer*) geschehen **2.** (*convertirse*) werden (*en* zu +*dat*)

devoción [deβo'θjon] *f* **1.** (*religión*) Frömmigkeit *f;* **fingir ~** frömmeln; **no tener a alguien como santo de su ~** jdm nicht grün sein **2.** (*oración*) Gebet *nt* **3.** (*respeto*) Ehrfurcht *f;* **rezar con ~** andächtig beten **4.** (*obediencia*) Ergebenheit *f;* **estar a la ~ de alguien** jdm völlig ergeben sein **5.** (*fervor*) Hingabe *f;* **amar con ~** abgöttisch lieben; **hacer con ~** mit Hingabe tun; **tener ~ a un santo** einen Heiligen verehren **6.** (*afición*) Zuneigung *f*

devocionario [deβoθjo'narjo] *m* Gebetbuch *nt*

devolución [deβolu'θjon] *f* Rückgabe *f;* (FIN) Erstattung *f;* **~ a origen** Rücksendung *f*

devolver [deβol'βer] *irr como volver* **I.** *vt* zurückgeben; (*fig*) wiedergeben; **~ bien por mal** Böses mit Gutem vergelten; **~ la comida** sich übergeben; **~ un favor** eine Gefälligkeit erwidern; **~ la visita** einen Gegenbesuch machen; **devuélvase al remitente** (*en cartas*) zurück an Absender; **esta máquina no devuelve cambio** dieser Automat gibt kein Wechselgeld heraus; **~ la pelota al defensa** den Ball zum Verteidiger zurückschießen **II.** *vr:* **~se** (*Am: volver*) zurückkehren; **~se a casa** nach Hause zurückgehen

devorador(a) [deβora'ðor(a)] *adj:* **hambre ~a** Heißhunger *m*

devorar [deβo'rar] *vt* verschlingen; **~ la comida** das Essen hinunterschlingen; **la enfermedad devoró sus fuerzas** die Krankheit hat ihm seine/ihr ihre Kraft genommen; **me devora la impaciencia** ich vergehe vor Ungeduld

devoto, -a [de'βoto, -a] **I.** *adj* **1.** (*religioso*) gläubig **2.** (*adicto*) ergeben; **~ admirador de los Beatles** leidenschaftlicher Anhänger der Beatles **II.** *m, f* **1.** (*creyente*) Gläubige(r) *mf* **2.** (*admirador*) Anhänger(in) *m(f)*

deyección [deɟeʸ'θjon] *f* **1.** (*volcán*) Auswurf *m* **2.** (*defecación*) Stuhlgang *m* **3.** *pl* (*heces*) Kot *m*

DGT *f* ist die Abkürzung für **Dirección General de Turismo,** das spanische Fremdenverkehrsamt, das für alle Angelegenheiten, die mit dem Tourismus in

Spanien zusammenhängen, zuständig ist.

día ['dia] *m* Tag *m;* ~ **anual** Kalendertag *m;* ~ **de año nuevo** Neujahrstag *m;* ~ **de baja** Ausfalltag *m;* ~ **de cumpleaños** Geburtstag *m;* ~ **de descanso** Ruhetag *m;* ~ **de los difuntos** Allerseelentag *m;* ~ **festivo** Feiertag *m;* ~ **hábil** [*o* **laborable**] Werktag *m;* **el** ~ **del juicio final** das Jüngste Gericht; ~ **lectivo** Unterrichtstag *m;* ~ **de Reyes** Dreikönigstag *m;* ~ **del santo** Namenstag *m;* **cambio del** ~ Tageskurs *m;* **a** ~**s** unregelmäßig; **al abrir el** ~ bei Tagesanbruch; **al caer el** ~ am späten Nachmittag; **al otro** ~ am nächsten Tag; **antes del** ~ vor Tagesanbruch; **¡buenos** ~**s!** guten Tag!; (*por la mañana*) guten Morgen!; **cualquier** ~ irgendwann; **de** ~ tagsüber; **del** ~ aktuell; **de** ~**s** nicht mehr neu; **de** ~ **para** ~ Tag für Tag; **de** ~ **en** ~ von Tag zu Tag; **de hoy en ocho** ~**s** heute in acht Tagen; **de un** ~ **a otro** von einem Tag auf den anderen; **una diferencia como del** ~ **a la noche** ein Unterschied wie Tag und Nacht; ~ **a** ~ tagtäglich; ~ **por** [*o* **tras**] ~ tagaus, tagein; ~ **por medio** (*Am*) einen um den anderen Tag; ~ **y noche** fortwährend; **durante** ~**s enteros** tagelang; **el** ~ **de hoy** heute; **el** ~ **de mañana** in der Zukunft; **el** ~ **menos pensado** eines schönen Tages; **el** ~ **que...** als ...; **el otro** ~ neulich; **en** ~**s de Dios** noch nie; **en su** ~ zum rechten Zeitpunkt; **¡no en mis** ~**s!** nie und nimmer!; **entrado en** ~**s** in die Jahre gekommen; **¡hasta otro** ~**!** bis bald!; **hoy (en)** ~ heutzutage; **un buen** ~ eines schönen Tages; **un** ~ **de estos** in den nächsten Tagen; **un** ~ **u otro** irgendwann einmal; **un** ~ **y otro** ~ immer wieder; **todo el santo** ~ den lieben langen Tag; **alcanzar a alguien en** ~**s** jdn überleben; **cerrarse el** ~ Abend werden; **dar a alguien el** ~ jdm den Tag verderben; **estar al** ~ auf dem Laufenden sein; **hay más** ~**s que longanizas** (*fam*) die Zeit läuft doch nicht weg; **hace buen** ~ heute ist schönes Wetter; **no pasar los** ~**s por alguien** die Jahre gehen an jdm vorüber; **un** ~ **es un** ~ einmal ist keinmal; **mañana será otro** ~ morgen ist auch noch ein Tag; **tener** ~**s** (*viejo*) betagt sein; (*de mal humor*) launisch sein; **tiene los** ~**s contados** seine/ihre Tage sind gezählt; **vivir al** ~ nur für den Tag leben

Was man in Spanien als **Día de Todos los Santos** (Allerheiligen) kennt, wird in den meisten spanischsprachigen Ländern Süd- und Mittelamerikas **Día de los Muertos** genannt. Möglicherweise ist dies auf indianische Sitten und Bräuche, die sich im Laufe der Jahrhunderte mit dem christlichen Glauben vermischt haben, zurückzuführen. So werden den **muertos** (Toten) in Mexiko am **Día de los Muertos** Lebensmittel auf die Gräber gelegt.

Drei Jahre nach dem Tode **Francos,** am 6. Dezember 1978, wurde eine neue demokratische Verfassung vom spanischen Parlament verabschiedet. An diesem Feiertag, dem **día de la Constitución**, feiert man also nicht wie in anderen Ländern den Nikolaustag, sondern dass Spanien ein demokratischer Staat ist.

diabetes [dja'βetes] *f inv* Diabetes *m*

diabético, -a [dja'βetiko, -a] **I.** *adj* zuckerkrank **II.** *m, f* Diabetiker(in) *m(f)*

diablo [di'aβlo] *m* (*demonio*) Teufel *m;* **¡**~**s!** Donnerwetter!; **anda el** ~ **suelto** (*fam*) der Teufel ist los; **aquí anda el** ~ hier geht es nicht mit rechten Dingen zu; **aquí hay mucho** ~ (*fam*) hier hat der Teufel seine Hand im Spiel; **¿cómo** ~**s...?** wie zum Teufel ...?; **¡con mil** ~**s!** Teufel noch (ein)mal!; **dar al** ~ (*fam*) zum Teufel schicken; **dar de comer al** ~ (*fam*) lästern; **darse al** ~ (*fam*) sich grün und blau ärgern; **de mil** ~**s** verteufelt; **donde el** ~ **perdió el poncho** (*Am*) wo sich die Füchse gute Nacht sagen; **duele como el** ~ das tut höllisch weh; **llevarse el** ~ zum Teufel gehen; **¡qué** ~**s!** zum Teufel!; **¿qué** ~**s pasa aquí?** was zum Teufel ist hier los?; **tener el** ~ **en el cuerpo** den Teufel im Leib haben; **¡vete al** ~**!** scher dich zum Teufel!; **ser un** ~ **de hombre** ein Teufelskerl sein

diablura [dja'βlura] *f* böser Streich *m*

diabólico, -a [dja'βoliko, -a] *adj* **1.** (*maligno*) teuflisch **2.** (*complicado*) vertrackt

diadema [dja'ðema] *f* Diadem *nt*

diáfano, -a [di'afano, -a] *adj* **1.** (*transparente*) durchsichtig **2.** (*translúcido*) durchscheinend **3.** (*claro*) klar; **un argumento** ~ ein einleuchtendes Argument

diafragma [dja'fraγma] *m* **1.** (ANAT) Zwerchfell *nt* **2.** (FOTO) Blende *f* **3.** (*membrana*) Membran(e) *f* **4.** (*preservativo*) Diaphragma *nt*

diagnosis [djaɣ'nosis] *f inv* Diagnose *f*

diagnosticar [djaɣnosti'kar] <c→qu> *vt* diagnostizieren

diagnóstico [djaɣ'nostiko] *m* **1.** (*diagnosis*) Diagnose *f;* ~ **precoz** Früherkennung *f* **2.** (*análisis*) Analyse *f*

diagonal [djaɣo'nal] **I.** *adj* diagonal; **en** ~ übereck **II.** *f* Diagonale *f*

diagrama [dja'ɣrama] *m* Diagramm *nt,* Schaubild *nt;* ~ **de bloques** Blockdiagramm *nt;* ~ **esquemático** Schema *nt;* ~ **de puntos** Streudiagramm *nt*

dial [di'al] *m* **1.** (*indicador*) Anzeige *f* **2.** (AUTO): ~ **de velocidad** Geschwindigkeitsmesser *m* **3.** (*del teléfono*) Wählscheibe *f*

dialectal [djalek'tal] *adj* dialektal

dialéctica [dja'lektika] *f* Dialektik *f*

dialecto [dja'lekto] *m* Dialekt *m*

diálisis [di'alisis] *f inv* Dialyse *f*

dialogar [djalo'ɣar] <g→gu> *vi* miteinander sprechen; **escrito en forma dialogada** in Dialogform geschrieben

diálogo [di'aloɣo] *m* **1.** (*conversación*) Gespräch *nt* **2.** (LIT) Dialog *m*

diamante [dja'man̪te] *m* Diamant *m;* **bodas de** ~ diamantene Hochzeit; ~ **brillante** Brillant *m;* ~ (**en**) **bruto** ungeschliffener Diamant

diametralmente [djametral'men̪te] *adv* diametral; ~ **opuesto** genau entgegengesetzt

diámetro [di'ametro] *m* Durchmesser *m*

diana [di'ana] *f* **1.** (MIL) Weckruf *m;* **a toque de** ~ (*fig*) sehr diszipliniert **2.** (*del blanco*) Zentrum *nt;* **hacer** ~ ins Schwarze treffen

diantre [di'an̪tre] *m* (*fam*) Teufel *m*

diapasón [djapa'son] *m* (MÚS) Stimmgabel *f;* ~ **normal** Kammerton *m;* **bajar o subir el** ~ (*fam fig*) leiser oder lauter sprechen

diapositiva [djaposi'tiβa] *f* Dia *nt*

diario, -a[1] [di'arjo, -a] *adj* täglich; **a** ~ (all)täglich; **uniforme de** ~ Dienstuniform *f*

diario[2] [di'arjo] *m* **1.** (*periódico*) Tageszeitung *f;* ~ **de avisos** Anzeigenblatt *nt* **2.** (*dietario*) Journal *nt;* ~ **de navegación** Logbuch *nt* **3.** (*memorias*) Tagebuch *nt* **4.** (*gastos*) Tagesaufwand *m*

diarrea [dja'rrea] *f* Durchfall *m*

dibujante [diβu'xan̪te] *mf* Zeichner(in) *m(f);* ~ **proyectista** Entwurfszeichner(in) *m(f)*

dibujar [diβu'xar] **I.** *vt* **1.** (*trazar*) zeichnen; ~ **copiando** abzeichnen; ~ **según modelo** nach Vorlage zeichnen; ~ **a pulso** freihändig zeichnen; ~ **a lápiz** mit dem Bleistift zeichnen **2.** (*describir*) schildern **II.** *vr:* ~**se** sich abzeichnen

dibujo [di'βuxo] *m* **1.** (*acción*) Zeichnen *nt* **2.** (*resultado*) Zeichnung *f;* ~ **acotado** Maßzeichnung *f;* ~**s animados** Zeichentrickfilm *m;* **meterse en** ~**s** (*fig*) sich in die Nesseln setzen **3.** (*muestra*) Muster *nt;* **con** ~**s** gemustert

dicción [diᵞ'θjon] *f* **1.** (*declamación*) Vortrag *m* **2.** (*pronunciación*) Aussprache *f;* (*estilo*) Ausdrucksweise *f*

diccionario [diᵞθjo'narjo] *m* **1.** (*de consulta*) Lexikon *nt;* ~ **de artes y ciencias** Reallexikon; ~ **enciclopédico** Enzyklopädie *f* **2.** (*de vocabulario*) Wörterbuch *nt;* ~ **de alemán-español** deutsch-spanisches Wörterbuch

dicha ['diʧa] *f* (*suerte*) Glück *nt;* ~ **conyugal** Eheglück *nt;* **por** ~ zum Glück

dicharachero, -a [diʧara'ʧero, -a] **I.** *adj* spaßhaft **II.** *m, f* Spaßmacher(in) *m(f)*

dicho, -a[1] ['diʧo, -a] **I.** *pp de* **decir II.** *adj:* **dicha gente** besagte Leute

dicho[2] ['diʧo] *m* **1.** (*ocurrencia*) Einfall *m* **2.** (*refrán*) Sprichwort *nt* **3.** *pl* (*al casarse*) Jawort *nt;* **tomarse los** ~**s** sich verloben **4.** (*loc*): **del** ~ **al hecho hay mucho trecho** (*prov*) Versprechen und Halten ist zweierlei

dichoso, -a [di'ʧoso, -a] *adj* **1.** (*feliz*) glücklich (*de* über +*akk*) **2.** (*maldito*) verdammt

diciembre [di'θjembre] *m* Dezember *m; v. t.* **marzo**

dictado [dik'taðo] *m* **1.** (*escuela*) Diktat *nt* **2.** (*fig: inspiración*) Eingebung *f;* **seguir los** ~**s de la conciencia** der Stimme des Gewissens folgen

dictador(a) [dikta'ðor(a)] *m(f)* Diktator(in) *m(f)*

dictadura [dikta'ðura] *f* Diktatur *f*

dictáfono [dik'tafono] *m* Diktiergerät *nt*

dictamen [dik'tamen] *m* **1.** (*peritaje*) Gutachten *nt;* ~ **facultativo** ärztliches Gutachten; ~ **en juicio** gerichtliches Gutachten; **dar** ~ ein Gutachten abgeben **2.** (*informe*) Stellungnahme *f* **3.** (*opinión*) Meinung *f;* **tomar** ~ **de alguien** von jdm einen Rat(schlag) annehmen **4.** (JUR): ~ **judicial** Gerichtsurteil *nt*

dictar [dik'tar] *vt* **1.** (*un dictado*) diktieren **2.** (*una sentencia*) verkünden **3.** (*una ley*) erlassen **4.** (*un discurso*) halten **5.** (*Am: clases*) (ab)halten **6.** (*fig: sugerir*) eingeben

didáctico, -a [di'ðaktiko, -a] *adj* didaktisch; **material** ~ Lehrmaterial *nt*

diecinueve [djeθi'nweβe] *adj inv* neunzehn; *v. t.* **ocho**

dieciocho [djeθi'oʧo] *adj inv* achtzehn; *v. t.* **ocho**

dieciséis [djeθi'sei̯s] *adj inv* sechzehn; *v. t.* **ocho**

dieciseisavo, -a [djeθisei̯'saβo, -a] **I.** *adj* sechzehnte(r, s) **II.** *m, f* Sechzehntel *nt; v. t.*

octavo
diecisiete [djeθi'sjete] *adj inv* siebzehn; *v. t.* **ocho**
diecisieteavo, -a [djeθisjete'aβo, -a] **I.** *adj* siebzehnte(r, s) **II.** *m, f* Siebzehntel *nt; v. t.* **octavo**
diente ['djen̪te] *m* **1.** (*muela*) Zahn *m;* ~ **canino** Eckzahn *m;* ~**s de embustero** (*fam*) weit auseinander stehende Zähne; ~ **incisivo** Schneidezahn *m;* ~ **de leche** Milchzahn *m;* ~ **molar** Backenzahn *m;* **armado hasta los ~s** bis an die Zähne bewaffnet; **dar ~ con ~** (*de frío*) vor Kälte mit den Zähnen klappern; (*de miedo*) vor Angst mit den Zähnen klappern; **decir algo entre ~s** etw zwischen den Zähnen murmeln; **pelar un ~** (*Am: fam*) kokett lächeln; **tener buen ~** (*fig*) ein guter Esser sein **2.** (TÉC) Zacke *f;* ~ **de horquilla** Gabelzinke *f;* ~ **de sierra** Zahn einer Säge; **de dos ~s** zweizackig **3.** (BOT): ~ **de ajo** Knoblauchzehe *f;* ~ **de león** Löwenzahn *m*
diesel ['djesel] *m* Diesel *m*
diestro, -a[1] ['djestro, -a] <destrísimo *o* diestrísimo> *adj* **1.** (*a la derecha*) rechte(r, s); **a ~ y siniestro** (*fig*) kreuz und quer **2.** (*hábil*) geschickt **3.** (*astuto*) schlau **4.** (*que usa la mano derecha*) rechtshändig
diestro[2] ['djestro] *m* (*torero*) Stierkämpfer *m*
dieta [di'eta] *f* **1.** (*para adelgazar*) Diät *f;* ~ **absoluta** Hungerkur *f;* **estar a ~** Diät halten; **poner alguien a ~** jdn auf Diät setzen **2.** (*alimentación*): ~ **alimenticia** Ernährungsweise *f;* ~ **básica** Grundnahrung *f* **3.** (*parlamento*) Parlament *nt;* ~ **confederal** Bundesversammlung *f;* **D~ Federal** Bundestag *m;* **D~ Regional** Landtag *m* **4.** *pl* (*retribución*) Spesen *pl;* (*de diputados*) Diäten *pl*
dietético, -a [dje'tetiko, -a] *adj* diätetisch; **régimen ~** Diätkur *f*
diez [djeθ] **I.** *adj inv* zehn; *v. t.* **ocho II.** *m* (*número*) Zehn *f*
diezmar [djeθ'mar] *vt* (*aniquilar*) dezimieren
difamación [difama'θjon] *f* Verleumdung *f*
difamar [difa'mar] *vt* diffamieren
difamatorio, -a [difama'torjo, -a] *adj* verleumderisch
diferencia [dife'ren̪θja] *f* **1.** (*desigualdad*) Unterschied *m;* ~ **de los tipos de interés** Zinsgefälle *nt;* **a ~ de algo** im Unterschied zu etw *dat* **2.** (*desacuerdo*) Meinungsverschiedenheit *f;* **arreglar (las) ~s** einen Streit schlichten **3.** (MAT) Differenz *f;* ~ **de caja** Kassendefizit *nt*
diferencial[1] [diferen̪'θjal] **I.** *adj* **1.** (*variable*) unterscheidend **2.** (MAT) Differenzial- **II.** *f* (MAT) Differenzial *nt*
diferencial[2] [diferen̪'θjal] *m* (AUTO) Differenzial(getriebe) *nt*
diferenciar [diferen̪'θjar] **I.** *vi* verschiedener Meinung sein **II.** *vt* **1.** (*distinguir*) unterscheiden **2.** (MAT) ableiten **III.** *vr:* ~**se** sich unterscheiden (*de* von +*dat*)
diferente [dife'ren̪te] **I.** *adj* verschieden; ~**s calidades** unterschiedliche Qualitäten; ~**s veces** mehrere Male; **España es ~** Spanien ist anders **II.** *adv* anders; **piensa muy ~** er/sie denkt ganz anders
diferir [dife'rir] *irr como sentir* **I.** *vi* verschieden sein; ~ **de algo** sich von etw *dat* unterscheiden **II.** *vt* aufschieben; ~ **el pago** die Zahlung stunden
difícil [di'fiθil] *adj* (*duro*) schwer; (*complicado*) schwierig; ~ **de explicar** schwer zu erklären; **de ~ acceso** schwer zugänglich
difícilmente [difiθil'men̪te] *adv* kaum; **un material ~ soluble** ein schwer lösliches Material
dificultad [difikul̪'ta^{d}] *f* Schwierigkeit *f;* **estar en ~es** in Schwierigkeiten stecken; **expresarse con ~** sich schwer ausdrücken können; **herir en la ~** den schwierigen Punkt treffen; **poner ~es a alguien** jdm Schwierigkeiten machen; **ahí está la ~** hier liegt das Problem
dificultar [difikul̪'tar] *vt* erschweren; ~ **la circulación** den Verkehr behindern
dificultoso, -a [difikul̪'toso, -a] *adj* schwierig; (*laborioso*) mühsam
difteria [dif'terja] *f* Diphtherie *f*
difuminar [difumi'nar] *vt* (*dibujo*) verwischen
difundir [difun̪'dir] **I.** *vt* verbreiten; (*líquidos*) ausschütten; ~ **por la radio** im Rundfunk senden **II.** *vr:* ~**se** sich verbreiten; **la niebla se difundió por todo el valle** der Nebel hüllte das ganze Tal ein; **la novedad se ha difundido por toda la vecindad** die Neuigkeit hat sich in der ganzen Nachbarschaft herumgesprochen
difunto, -a [di'fun̪to, -a] **I.** *adj* verstorben **II.** *m, f* Verstorbene(r) *mf;* **día de ~s** Allerseelentag *m;* **misa de ~s** Totenmesse *f*
difusión [difu'sjon] *f* **1.** (*expansión, divulgación*) Verbreitung *f;* (TV, RADIO) Sendung *f;* ~ **de productos** Erzeugnisvertrieb *m* **2.** (*prolijidad*) Weitschweifigkeit *f*
difuso, -a [di'fuso, -a] *adj* **1.** (*extendido*) weitläufig **2.** (*vago*) unklar; (*luz*) diffus **3.** (*prolijo*) weitschweifig
digerir [dixe'rir] *irr como sentir vt* **1.** (*la comida*) verdauen **2.** (*a una persona*) ertragen; (*noticia, libro*) verdauen *fam*
digestión [dixes'tjon] *f* (*de alimentos*) Verdauung *f;* **tener mala ~** eine schlechte Verdauung haben
digestivo, -a [dixes'tiβo, -a] *adj* **1.** (ANAT):

aparato ~ Verdauungsapparat *m* **2.** (*que ayuda*) verdauungsfördernd

digital [dixi'tal] **I.** *adj* **1.** (*dactilar*) Finger- **2.** (INFOR, TÉC) digital; **ingreso** ~ Digitaleingabe *f;* **ordenador** ~ Digitalrechner *m* **II.** *m* (BOT) Fingerhut *m*

digitalizar [dixitali'θar] <z→c> *vt* digitalisieren

dígito ['dixito] **I.** *adj* einstellig **II.** *m* (MAT) einstellige Zahl *f;* (INFOR) Ziffer *f;* ~ **de verificación** Prüfziffer *f*

dignarse [diɣ'narse] *vr* sich herablassen ((*de*) zu +*inf*); **se dignaron invitarnos a su fiesta** (*irón*) sie hatten die Güte, uns zu ihrem Fest einzuladen

dignatario, -a [diɣna'tarjo, -a] *m, f* Würdenträger(in) *m(f)*

dignidad [diɣni'ða^{ð}] *f* **1.** (*respeto*) Würde *f;* **con** ~ würdevoll **2.** (*decencia*) Anstand *m* **3.** (*cargo*) Ehrenamt *nt*

digno, -a ['diɣno, -a] *adj* **1.** (*merecedor*) würdig; ~ **de compasión** bemitleidenswert; ~ **de confianza** vertrauenswürdig; ~ **de fe** glaubwürdig; ~ **de mención** erwähnenswert; ~ **de ver** sehenswert **2.** (*adecuado*) angemessen **3.** (*noble*) anständig **4.** (*con gravedad*) würdevoll

digresión [diɣre'sjon] *f* (*del tema*) Abschweifung *f*

dije ['dixe] *m* (*colgante*) Anhänger *m;* **ser un** ~ (*fig fam*) ein Juwel sein

dilación [dila'θjon] *f* (*aplazamiento*) Aufschub *m;* (*retraso*) Verzögerung *f;* **sin** ~ unverzüglich

dilapidar [dilapi'ðar] *vt* verschwenden; ~ **una fortuna** ein Vermögen verschleudern

dilatación [dilata'θjon] *f* **1.** (*ampliación*) Ausdehnung *f;* (MED) Erweiterung *f;* ~ **del mercado** (COM) Markterweiterung *f* **2.** (*desahogo*) Erleichterung *f*

dilatado, -a [dila'taðo, -a] *adj* (*número*) groß

dilatar [dila'tar] **I.** *vt* **1.** (*extender*) ausdehnen; (MED) erweitern **2.** (*aplazar*) verschieben; ~ **la reunión** die Besprechung vertagen **3.** (*retrasar*) hinauszögern **4.** (*prolongar*) verlängern **II.** *vr:* ~**se 1.** (*extenderse*) sich ausdehnen **2.** (*Am: demorar*) sich aufhalten

dilatorio, -a [dila'torjo, -a] *adj* (JUR) aufschiebend

dilema [di'lema] *m* Dilemma *nt;* **encontrarse en un** ~ in der Zwickmühle sitzen *fam*

diligencia [dili'xen̩θja] *f* **1.** (*esmero*) Sorgfalt *f* **2.** (*agilidad*) Schnelligkeit *f* **3.** (*trámite*) Erledigung *f;* ~**s policiales** polizeiliche Ermittlungen; **evacuar una** ~ ein Geschäft erledigen; **hacer** ~**s** Schritte unternehmen **4.** (*asunto administrativo*) Amtshandlung *f;* ~ **judicial/policial** gerichtliche/polizeiliche Maßnahme; ~**s preparatorias** Ermittlungsverfahren *nt;* ~**s de prueba** Beweisaufnahme *f* **5.** (*nota oficial*) Verfügung *f;* ~ **de notificación** Benachrichtigung *f*

diligente [dili'xen̩te] *adj* **1.** (*cuidadoso*) sorgfältig **2.** (*aplicado*) fleißig **3.** (*ágil*) flink

dilucidar [diluθi'ðar] *vt* aufklären

dilución [dilu'θjon] *f* **1.** (*de líquidos/colores*) Verdünnung *f* **2.** (*de sólidos*) Auflösung *f*

diluir [dilu'ir] *irr como huir* **I.** *vt* **1.** (*líquidos, colores*) verdünnen; **sin** ~ unverdünnt **2.** (*sólidos*) auflösen; **dejar** ~ **en la boca** im Munde zergehen lassen **II.** *vr:* ~**se** sich auflösen

diluviar [dilu'βjar] *vimpers* in Strömen regnen

diluvio [di'luβjo] *m* **1.** (*lluvia*) Sintflut *f* **2.** (*fam: abundancia*) Flut *f;* ~ **de balas** Kugelhagel *m*

dimanar [dima'nar] *vi* entspringen (*de* +*dat*); **tu éxito dimana de tu constancia** dein Erfolg ist auf deine Stetigkeit zurückzuführen

dimensión [dimen'sjon] *f* **1.** (*extensión*) Dimension *f;* **de dos dimensiones** zweidimensional **2.** (*tamaño*) Größe *f;* (*medida*) Maß *nt;* (*fig*) Ausmaß *nt;* **un macizo montañoso de grandes dimensiones** ein Bergmassiv von gewaltigen Ausmaßen; **un escándalo de grandes dimensiones** ein Skandal größten Ausmaßes; **este asunto está alcanzando dimensiones inesperadas** diese Angelegenheit nimmt ungeahnte Dimensionen an

dimes ['dimes] *mpl:* ~ **y diretes** (*fam*) Wortgefecht *nt;* **andar en** ~ **y diretes** hadern

diminutivo, -a[1] [diminu'tiβo, -a] *adj* verkleinernd; **lente diminutiva** Verkleinerungsglas *nt*

diminutivo[2] [diminu'tiβo] *m* (LING) Diminutiv *nt*

diminuto, -a [dimi'nuto, -a] *adj* winzig

dimisión [dimi'sjon] *f* Rücktritt *m;* **presentar la** ~ zurücktreten

dimitir [dimi'tir] *vt, vi* zurücktreten; ~ **de un cargo** ein Amt niederlegen; **dimitió de presidente del club** er gab sein Amt als Präsident des Vereins auf

Dinamarca [dina'marka] *f* Dänemark *nt*

dinamarqués, -esa [dinamar'kes, -esa] **I.** *adj* dänisch **II.** *m, f* Däne, -in *m, f*

dinámica [di'namika] *f* Dynamik *f*

dinámico, -a [di'namiko, -a] *adj* dynamisch

dinamismo [dina'mismo] *m* (*energía*) Schwung *m*

dinamita [dina'mita] *f* Dynamit *nt*

dinamitar [dinami'tar] *vt* sprengen

dinamo [di'namo] *f,* **dínamo** ['dinamo] *f*

Dynamo *m;* (AUTO) Lichtmaschine *f*
dinastía [dinas'tia] *f* Dynastie *f*
dineral [dine'ral] *m* Unsumme *f;* **costar un ~** (*fam*) ein Heidengeld kosten
dinero [di'nero] *m* Geld *nt;* **~ blanco** Silbergeld *nt;* **~ en caja** Kassenbestand *m;* **~ metálico** [*o* **contante y sonante**] Bargeld *nt;* **~ de rescate** Lösegeld *nt;* **~ en reserva** Notgroschen *m;* **~ suelto** Kleingeld *nt;* **hacer ~** das große Geld machen; **pagar en ~** bar bezahlen; **estar mal de ~** schlecht bei Kasse sein; **ser alguien de ~** wohlhabend sein
dinosaurio [dino'sau̯rjo] *m* Dinosaurier *m*
dintel [din̪'tel] *m* (*de ventana*) Fenstersturz *m;* (*de puerta*) Türsturz *m*
diñar [di'ɲar] *vt* (*fam*) geben; **~la** (*fam*) ins Gras beißen
dio [djo] *3. pret de* **dar**
diócesis [di'oθesis] *f inv* Diözese *f*
diodo [di'oðo] *m* Diode *f*
dioptría [djop'tria] *f* Dioptrie *f*
dios(a) [djos, 'djosa] *m(f)* Gott *m,* Göttin *f*
Dios [djos] *m* Gott *m;* **~ Hombre** Jesus Christus; **~ mediante** mit Gottes Hilfe; **¡~ mío!** oh, mein Gott!; **¡~ nos coja confesados!** Gott steh uns bei!; **¡~ sabe!** wer weiß?; **~ sabe que estuve ahí** selbstverständlich war ich da; **¡~ nos libre!** Gott behüte!; **~ te bendiga** vergelt's Gott!; **¡a ~!** auf Wiedersehen!; **¡alabado sea ~!** gottlob!; **a la buena de ~** aufs Geratewohl; **armar la de ~ es Cristo** (*fam*) einen Mordsradau machen; **así ~ me asista** (JUR) so wahr mir Gott helfe; **¡ay ~!** oh Gott!; **como ~ manda** wie es sich gehört; **costar ~ y ayuda** alle Kraft kosten; **~ dirá** das liegt in Gottes Hand; **~ lo llamó** Gott hat ihn zu sich geholt; **¡por ~!** um Gottes willen!; **que sea lo que ~ quiera** wie's kommt, so kommt's; **¡santo ~!** Gott im Himmel!; **si ~ quiere** so Gott will; **todo ~** Gott und die Welt; **¡válgame ~!** Gott steh mir bei!; **¡vaya por ~!** es ist nicht zu fassen!; **venga ~ y lo vea** das ist himmelschreiend; **¡vive ~!** so wahr Gott lebt!; **vivir como ~** leben wie Gott in Frankreich; **~ los cría y ellos se juntan** (*prov fam*) Gleich und Gleich gesellt sich gern
dióxido [di'oˠsiðo] *m* Dioxid *nt*
dioxina [djoˠ'sina] *f* Dioxin *nt*
diploma [di'ploma] *m* Diplom *nt;* **~ de asistencia** Teilnahmebescheinigung *f;* **~ de bachiller(ato)** Abiturzeugnis *nt;* **~ de capitán** Kapitänspatent *nt;* **~ de maestría** Meisterbrief *m;* **~ de reconocimiento** Prüfungszeugnis *nt;* **~ universitario** Hochschuldiplom *nt*
diplomacia [diplo'maθja] *f* **1.** (*política, tacto*) Diplomatie *f* **2.** (*cuerpo*) diplomatisches Korps *nt* **3.** (*carrera*) Diplomatenlaufbahn *f*
diplomado, -a [diplo'maðo, -a] *adj* diplomiert; **traductora diplomada** Diplomübersetzerin *f*
diplomático, -a [diplo'matiko, -a] **I.** *adj* diplomatisch **II.** *m, f* Diplomat(in) *m(f)*
diptongo [dip'toŋgo] *m* Diphthong *m*
diputación [diputa'θjon] *f* **1.** (*delegación*) Abordnung *f;* **~ permanente de Cortes** Parlamentspräsidium *nt;* **~ provincial** Provinzialrat *m* **2.** (*personas*) Abgeordnetenversammlung *f* **3.** (*cargo*) Abgeordnetenmandat *nt* **4.** (*Méx: edificio*) Rathaus *nt*
diputado, -a [dipu'taðo, -a] *m, f* Abgeordnete(r) *mf;* **~ en** [*o* **a**] **Cortes** Abgeordneter der Cortes; **~ independiente** Fraktionslose(r) *m*
dique ['dike] *m* **1.** (*rompeolas*) Deich *m;* **de abrigo** Schutzdamm *m* **2.** (NÁUT) Dock *nt;* **~ flotante** Schwimmdock *nt* **3.** (*freno*) Sperre *f;* **poner un ~ a algo** etw *dat* einen Riegel vorschieben
dirección [direˠ'θjon] *f* **1.** (*rumbo*) Richtung *f;* **~ de la circulación** Verkehrslauf *m;* **~ de marcha** Fahrtrichtung *f;* **~ visual** Blickrichtung *f;* **en ~ longitudinal** längs laufend; **en ~ opuesta** in umgekehrter Richtung; **el viento soplaba en ~ oeste** der Wind blies gen Westen; **salir con ~ a España** nach Spanien reisen **2.** (*mando*) Direktion *f;* **~ central** Zentralverwaltung *f;* **~ comercial** Geschäftsführung *f;* **~ del Estado** Staatsführung *f;* **alta ~** Management *nt* **3.** (*guía*) Leitung *f;* **~ (artística)** (TEAT) Regie *f;* **~ de personal** Personalführung *f;* **bajo la ~ de** unter der Leitung von **4.** (*señas*) Adresse *f;* **~ comercial** Geschäftsadresse *f;* **~ codificada** Chiffreanschrift *f;* **~ de Internet** Internetadresse *f* **5.** (*conducción*) Lenkung *f;* **~ delantera** (AUTO) Frontlenkung *f;* **~ a la derecha** (AUTO) Rechtslenkung *f;* **~ a distancia** Fernsteuerung *f*
directa [di'rekta] *f* (AUTO) höchster Gang *m;* **poner la ~** (*fam fig*) Vollgas geben
directiva [direk'tiβa] *f* **1.** (*dirección*) Vorstand *m* **2.** (*instrucción*) Richtlinie *f*
directivo, -a [direk'tiβo, -a] **I.** *adj* leitend; **junta directiva** Vorstand *m* **II.** *m, f* **1.** (*ejecutivo*) leitender Angestellter *m,* leitende Angestellte *f;* (*manager*) Manager(in) *m(f)* **2.** (*de la junta directiva*) Vorstandsmitglied *nt*
directo, -a[1] [di'rekto, -a] *adj* **1.** (*recto*) gerade **2.** (*inmediato, franco*) direkt, unmittelbar; **transmisión en ~** Direktübertragung *f;* **un tren ~** ein durchgehender Zug
directo[2] [di'rekto] *m* **1.** (FERRO) durchgehender Zug *m* **2.** (DEP) Gerade *f*
director(a) [direk'tor(a)] **I.** *adj* leitend **II.**

m(f) Leiter(in) *m(f)*; (*jefe*) Direktor(in) *m(f)*; ~ **administrativo** geschäftsführender Direktor; ~ **de departamento** Abteilungsleiter *m*; ~ (**de escena**) (CINE, TEAT) Regisseur *m*; ~ (**de escuela**) Rektor *m*; ~ **de fábrica** Werksleiter *m*; ~ **general** Generaldirektor *m*; ~ **de la obra** Bauleiter *m*; ~ **de orquesta** Dirigent *m*; ~ **de sucursal** Filialleiter *m*; ~ **técnico** technischer Leiter; ~ **de la tesis** Doktorvater *m*

directorio [direk'torjo] *m* **1.** (*junta*) Direktorium *nt* **2.** (*manual*) Anleitung *f* **3.** (*agenda*) Adressbuch *nt* **4.** (INFOR) Verzeichnis *nt*; ~ **raíz** Stammverzeichnis *nt*

directriz [direk'triθ] *f* **1.** (*orientación*) Richtlinie *f* **2.** (MAT) Leitlinie *f*

dirigente [diri'xeṇte] *mf* Führer(in) *m(f)*; **los ~s** die führenden Persönlichkeiten; **preparar a los ~s** Führungskräfte heranbilden

dirigible [diri'xiβle] **I.** *adj* lenkbar **II.** *m* (*globo*) Luftschiff *nt*

dirigido, -a [diri'xiðo] *adj* (*sistemas*) ferngesteuert

dirigir [diri'xir] <g→j> **I.** *vt* **1.** (*un coche*) fahren; (NÁUT, INFOR) steuern **2.** (*el tráfico*) regeln **3.** (*un envío, palabras*) richten (*a* an +*akk*) **4.** (*la vista*) richten (*hacia* auf +*akk*); ~ **todas sus atenciones a algo** (*fig*) seine ganze Aufmerksamkeit auf etw richten **5.** (*una nación*) regieren; (*empresa, debate*) leiten; (*finca*) bewirtschaften; (*orquesta*) dirigieren; ~ **una casa** einen Haushalt führen **6.** (*por un camino*) führen **7.** (CINE, TEAT, TV) Regie führen (bei +*dat*); **una película dirigida por...** Regie führte ... **8.** (*loc*): ~ **el tiro a algo** auf etw zielen **II.** *vr*: **~se 1.** (*a un lugar*) sich begeben (*a/hacia* nach +*dat*) **2.** (*a una persona*) sich wenden (*a* an +*akk*)

dirimir [diri'mir] *vt* **1.** (*contrato, matrimonio*) aufheben **2.** (*asunto*) entscheiden; (*disputa*) beilegen; ~ **los empates** bei Stimmengleichheit entscheiden

discernimiento [disθerni'mjeṇto] *m* **1.** (*acción de distinguir*) Unterscheidung *f*; (*capacidad de distinguir*) Unterscheidungsvermögen *nt* **2.** (*juicio*) Urteilsvermögen *nt*; **obrar sin** ~ unüberlegt handeln

discernir [disθer'nir] *irr como cernir vt* (*diferenciar*) unterscheiden; ~ **entre lo bueno y lo malo** das Gute vom Bösen unterscheiden können

disciplina [disθi'plina] *f* Disziplin *f*

disciplinado, -a [disθipli'naðo, -a] *adj* diszipliniert

disciplinar [disθipli'nar] *vt* **1.** (*someter*) disziplinieren **2.** (*enseñar*) unterrichten

disciplinario, -a [disθipli'narjo, -a] *adj* disziplinarisch; **sanción disciplinaria** Ordnungsstrafe *f*

discípulo, -a [dis'θipulo, -a] *m, f* **1.** (*alumno*) Schüler(in) *m(f)* **2.** (*seguidor*) Anhänger(in) *m(f)*

disc-jockey [dis'ɟokei̯] <dis yoqueis> *mf* Diskjockey *m*

disco ['disko] *m* **1.** (*lámina circular*) Scheibe *f*; (*en el teléfono*) Wählscheibe *f*; ~ **de freno** Bremsscheibe *f*; ~ **de horario** Parkscheibe *f*; ~ **de señales** (FERRO) Signalscheibe *f* **2.** (MÚS) Schallplatte *f*; ~ **de larga duración** Langspielplatte *f*; **siempre pones el mismo** ~ (*fam*) immer dieselbe Leier!; **¡cambia el ~ ya!** (*fam*) leg mal eine andere Platte auf! **3.** (DEP) Diskus *m* **4.** (*semáforo*) Verkehrsampel *f* **5.** (INFOR) Platte *f*; ~ **duro** Festplatte *f*

discográfico, -a [disko'ɣrafiko, -a] *adj* (Schall)platten-

díscolo, -a ['diskolo, -a] *adj* widerspenstig

disconforme [diskoɱ'forme] *adj* **1.** (*persona*) nicht einverstanden **2.** (*cosa*) nicht passend

disconformidad [diskoɱformi'ðað] *f* **1.** (*con algo*) Ablehnung *f* (*con* +*gen*); **se te nota tu ~ con la decisión** man merkt, dass du mit der Entscheidung nicht einverstanden bist **2.** (*entre personas*) Uneinigkeit *f* **3.** (*de cosas*) Ungleichheit *f*

discontinuidad [diskoṇtinwi'ðað] *f* **1.** (*inconstancia*) Unstetigkeit *f* **2.** (*interrupción*) Unterbrechung *f*

discontinuo, -a [diskoṇ'tinwo, -a] *adj* **1.** (*inconstante*) unstetig **2.** (*interrumpido*) unzusammenhängend

discordancia [diskor'ðaṇθja] *f* **1.** (*disconformidad*) Uneinigkeit *f*; **hubo ~s a la hora de elegir un representante** man war sich *dat* über die Ernennung eines Vertreters nicht einig **2.** (MÚS) Missklang *m*

discordante [diskor'ðaṇte] *adj* **1.** (*opinión*) abweichend **2.** (MÚS) misstönend

discordar [diskor'ðar] <o→ue> *vi* **1.** (*cosas*) nicht zusammenpassen **2.** (*personas*) nicht übereinstimmen (*de* mit +*dat*) **3.** (*instrumento*) verstimmt sein

discorde [dis'korðe] *adj* **1.** (*persona*) nicht einverstanden **2.** (MÚS) verstimmt

discordia [dis'korðja] *f* Zwietracht *f*

discoteca [disko'teka] *f* **1.** (*local*) Diskothek *f* **2.** (*discos*) Schallplattensammlung *f*

discreción [diskre'θjon] *f* Diskretion *f*; **a** ~ nach Belieben; **bajo** ~ vertraulich; **con** ~ umsichtig; **entregarse a** ~ (MIL) sich auf Gnade und Ungnade ergeben

discrecional [diskreθjo'nal] *adj* beliebig; **cuestión** ~ Ermessensfrage *f*; **parada** ~ Bedarfshaltestelle *f*

discrepancia [diskre'paṇθja] *f* **1.** (*entre cosas*) Diskrepanz *f* **2.** (*entre personas*) Unstimmigkeit *f*

discrepante [diskre'pan̩te] *adj* nicht übereinstimmend

discrepar [diskre'par] *vi* **1.** (*diferenciarse*) abweichen **2.** (*disentir*) anderer Meinung sein (*de* als +*nom*); **discrepo de lo que Ud. piensa sobre eso** ich stimme Ihrer Meinung darüber nicht zu

discreto, -a [dis'kreto, -a] *adj* diskret

discriminación [diskrimina'θjon] *f* **1.** (*diferenciación*) Unterscheidung *f;* **de difícil ~** schwer feststellbar **2.** (*perjuicio*) Diskriminierung *f*

discriminar [diskrimi'nar] *vt* **1.** (*cosas*) unterscheiden **2.** (*personas*) diskriminieren

discriminatorio, -a [diskrimina'torjo, -a] *adj* diskriminierend

disculpa [dis'kulpa] *f* **1.** (*perdón*) Entschuldigung *f;* **admitir una ~** eine Entschuldigung gelten lassen; **pedir ~s** sich entschuldigen; **eso no tiene ~** das ist unverzeihlich **2.** (*pretexto*) Ausrede *f;* **¡qué ~ más tonta!** so eine faule Ausrede!; **¡no valen ~s!** keine Ausreden!

disculpable [diskul'paβle] *adj* verzeihlich

disculpar [diskul'par] **I.** *vt* **1.** (*perdonar*) verzeihen; **discúlpala de su falta** verzeih ihr ihren Fehler; **discúlpame por no haberte escrito** entschuldige, dass ich dir nicht geschrieben habe **2.** (*justificar*) entschuldigen; **tu inexperiencia no disculpa ese comportamiento** deine Unerfahrenheit ist keine Entschuldigung für dieses Verhalten **II.** *vr:* **~se** sich entschuldigen; **~se con alguien por algo** sich bei jdm wegen etw *gen/dat* entschuldigen

discurrir [disku'rrir] **I.** *vi* **1.** (*pensar*) nachgrübeln (*sobre* über +*akk*) **2.** (*andar*) umherlaufen; **los niños discurrían por la feria** die Kinder liefen über den Rummelplatz **3.** (*río*) fließen **4.** (*transcurrir*) verlaufen; (*tiempo*) verstreichen **II.** *vt* sich *dat* ausdenken; **~ poco** nicht ganz hell im Kopf sein

discurso [dis'kurso] *m* **1.** (*arenga*) Rede *f;* **~ de clausura** Schlussrede *f;* **~ de recepción** Begrüßungsansprache *f;* **~ solemne** Festansprache *f;* **pronunciar un ~** eine Rede halten **2.** (*plática*) Gespräch *nt* **3.** (*disertación escrita*) Abhandlung *f;* (*oral*) Vortrag *m* **4.** (*raciocinio*) Urteilsfähigkeit *f* **5.** (*transcurso*) (Ver)lauf *m*

discusión [disku'sjon] *f* **1.** (*debate*) Diskussion *f;* **~ del presupuesto** (POL) Haushaltsdebatte *f;* **~ pública** Podiumsdiskussion *f* **2.** (*riña*) Auseinandersetzung *f;* **entablar una ~** sich auf eine Diskussion einlassen; **sin ~** ohne Zweifel

discutible [disku'tiβle] *adj* **1.** (*disputable*) erwägenswert **2.** (*dudoso*) zweifelhaft

discutido, -a [disku'tiðo, -a] *adj* umstritten

discutir [disku'tir] **I.** *vi, vt* **1.** (*hablar*) diskutieren; **~ un asunto** eine Frage erörtern; **~ algo punto por punto** etw durchsprechen; **~ un plan a fondo** einen Plan eingehend besprechen; **~ el recorte del presupuesto** die Kürzung des Etats debattieren; **~ sobre el precio** über den Preis verhandeln **2.** (*pelear*) (sich) streiten (*de* über +*akk*) **II.** *vt* (*contradecir*): **siempre me discutes lo que digo** du stellst immer alles, was ich sage, in Frage

disecar [dise'kar] <c→qu> *vt* **1.** (ANAT) sezieren **2.** (*preparar un animal muerto*) ausstopfen **3.** (*secar una planta*) trocknen

disección [diseʸ'θjon] *f* (ANAT) Sezieren *nt*

diseminar [disemi'nar] **I.** *vt* **1.** (*semillas*) verstreuen **2.** (*noticias*) verbreiten **II.** *vr:* **~se** sich verbreiten

disensión [disen'sjon] *f* **1.** (*desavenencia*) Meinungsverschiedenheit *f* **2.** (*riña*) Streitigkeit *f*

disentería [disen̩te'ria] *f* (MED) Ruhr *f*

disentimiento [disen̩ti'mjen̩to] *m* Meinungsverschiedenheit *f*

disentir [disen̩'tir] *irr como sentir vi* anderer Meinung sein (*de* als +*nom*); **disiento de tu opinión** ich bin nicht deiner Meinung; **en religión disentimos profundamente** was die Religion angeht, gehen unsere Meinungen grundsätzlich auseinander

diseñador(a) [diseɲa'ðor(a)] *m(f)* **1.** (*dibujante*) Zeichner(in) *m(f)* **2.** (*decorador*) Designer(in) *m(f)*

diseñar [dise'ɲar] *vt* **1.** (*dibujar*) zeichnen; (*delinear*) skizzieren **2.** (*proyectar*) entwerfen

diseño [di'seɲo] *m* **1.** (*dibujo*) Zeichnung *f;* (*boceto*) Skizze *f;* (*esbozo*) Entwurf *m;* **~ de construcción** Grundriss *m;* **~ de página** (*t.* INFOR) Seitenaufbau *m* **2.** (*forma*) Design *nt;* **~ ergonómico** ergonomische Form **3.** (*en tejidos*) Muster *nt* **4.** (*descripción*) Umreißen *nt*

disertación [diserta'θjon] *f* (*escrita*) (wissenschaftliche) Abhandlung *f;* (*oral*) Vortrag *m*

disertar [diser'tar] *vi* (*por escrito*) abhandeln (*sobre* +*akk*); (*oralmente*) einen Vortrag halten (*sobre* über +*akk*)

disfraz [dis'fraθ] *m* **1.** (*máscara*) Verkleidung *f;* (*para la cara*) Maske *f;* (MIL) Tarnung *f* **2.** (*disimulación*) Verstellung *f;* **presentarse sin ~** sein wahres Gesicht zeigen

disfrazar [disfra'θar] <z→c> **I.** *vt* **1.** (*enmascarar*) verkleiden; (*la cara*) maskieren; (MIL) tarnen **2.** (*escándalo*) verschleiern; (*voz*) verstellen; (*sentimiento*) verbergen; **~ su embarazo** seine Verlegenheit überspielen; **~ su tristeza con una sonrisa** seine Trauer hinter einem Lächeln verbergen **II.** *vr:* ~**se** (*enmascararse*) sich verkleiden (*de* als +*nom*)

disfrutar [disfru'tar] *vi, vt* **1.** (*gozar*) genießen (*de* +*akk*); ~ **de excelente salud** sich bester Gesundheit erfreuen; ~ **de licencia** Urlaub haben **2.** (*poseer*) haben (*de* +*akk*); **esta coche disfruta de muchas comodidades** dieses Auto hat viel Komfort **3.** (*utilizar*) nutzen ((*de*) +*akk*); (*sacar provecho*) Nutzen ziehen ((*de*) aus +*dat*)

disfrute [dis'frute] *m* **1.** (*goce*) Genuss *m* **2.** (*aprovechamiento*) Nutzung *f*

disgregación [disɣreɣa'θjon] *f* (*de materia: el disgregar*) Auflösen *nt;* (*el disgregarse*) Zerfall *m;* (QUÍM) Zersetzung *f;* (FÍS) Spaltung *f;* (GEO, METEO) Verwitterung *f*

disgregar [disɣre'ɣar] <g→gu> **I.** *vt* **1.** (*materia*) auflösen; (QUÍM) zersetzen; (FÍS) spalten **2.** (*gente*) zerstreuen **II.** *vr:* ~**se** **1.** (*gente*): **el público se disgregó al terminar el espectáculo** das Publikum zerstreute sich nach der Vorstellung in alle Richtungen **2.** (*materia*) zerfallen; (QUÍM) sich auflösen; (FÍS) sich spalten

disgustar [disɣus'tar] **I.** *vt* **1.** (*desagradar*) missfallen +*dat;* (*comida*) anekeln **2.** (*enfadar*) erzürnen; (*ofender*) zu nahe treten +*dat* **II.** *vr:* ~**se** **1.** (*enfadarse*) sich ärgern (*por/de* über +*akk*) **2.** (*ofenderse*): **se ha disgustado por tus comentarios** deine Äußerungen haben ihn/sie verletzt **3.** (*reñir*) aneinander geraten

disgusto [dis'ɣusto] *m* **1.** (*desagrado*) Missfallen *nt;* (*repugnancia*) Ekel *m;* **estar a** ~ sich unbehaglich fühlen **2.** (*aflicción*) Kummer *m;* (*molestia*) Unannehmlichkeit *f;* (*enfado*) Ärger *m;* **dar un** ~ **a alguien** (*afligir*) jdm Kummer machen; (*causar molestias*) jdm Unannehmlichkeiten bereiten **3.** (*pelea*) Streit *m*

disidencia [disi'ðeṇθja] *f* (*desavenencia*) Uneinigkeit *f*

disidente [disi'ðeṇte] **I.** *adj* anders denkend **II.** *mf* Dissident(in) *m(f)*

disimulación [disimula'θjon] *f* **1.** (*fingimiento*) Verstellung *f* **2.** (*simulación*) Vortäuschung *f* **3.** (*ocultación*) Verheimlichung *f* **4.** (*tolerancia*) Nachsicht *f*

disimulado, -a [disimu'laðo, -a] **I.** *adj* **1.** (*fingido*) vorgespiegelt **2.** (*encubierto*) unauffällig **3.** (*engañoso*) verlogen; (*hipócrita*) heuchlerisch **II.** *m, f* **1.** (*hipócrita*) Heuchler(in) *m(f)* **2.** (*loc*): **hacerse el** ~ sich dumm stellen

disimular [disimu'lar] **I.** *vi* **1.** (*aparentar*) sich verstellen **2.** (*ocultar*) sich *dat* nichts anmerken lassen **3.** (*tolerar*) nachsichtig sein **II.** *vt* **1.** (*ocultar*) verbergen; ~ **el miedo** sich *dat* die Angst nicht anmerken lassen; **no** ~ **algo** keinen Hehl aus etw *dat* machen; **la falda disimulaba su barriga** der Rock ließ sie schlanker aussehen **2.** (*paliar*) beschönigen **3.** (*tolerar*) dulden; ~ **algo a alguien** jdm etw nachsehen

disimulo [disi'mulo] *m* **1.** (*fingimiento*) Verstellung *f;* (*engaño*) Verschleierung *f;* **con** ~ unauffällig **2.** (*tolerancia*) Nachsicht *f*

disipación [disipa'θjon] *f* **1.** (*desvanecimiento*) Auflösung *f;* (*volatilización*) Verflüchtigung *f;* (*fig*) Zerstreuung *f* **2.** (*libertinaje*) Zügellosigkeit *f* **3.** (*derroche*) Verschwendung *f*

disipado, -a [disi'paðo, -a] *adj* **1.** (*libertino*) zügellos **2.** (*que derrocha*) verschwenderisch

disipador(a) [disipa'ðor(a()] **I.** *adj* verschwenderisch **II.** *m(f)* Verschwender(in) *m(f)*

disipar [disi'par] **I.** *vt* **1.** (*nubes, nieblas*) auflösen; (*dudas*) beseitigen; **el sol disipa las nieblas** die Sonne vertreibt den Nebel; ~ **el cansancio** die Müdigkeit verscheuchen **2.** (*derrochar*) vergeuden **II.** *vr:* ~**se** sich auflösen; (*dudas*) verschwinden; ~**se en humo** verrauchen

dislate [dis'late] *m* Unsinn *m*

dislexia [dis'leɣsja] *f* Legasthenie *f*

disléxico, -a [dis'leɣsiko, -a] **I.** *adj* legasthenisch **II.** *m, f* Legastheniker(in) *m(f)*

dislocación [disloka'θjon] *f* **1.** (*desplazamiento*) Verlagerung *f;* (GEO) Verschiebung *f* **2.** (MED) Verrenkung *f* **3.** (*desfiguración*) Verzerrung *f*

dislocar [dislo'kar] <c→qu> **I.** *vt* **1.** (*desplazar*) verlagern **2.** (MED) verrenken **3.** (*desfigurar*) verzerren **II.** *vr:* ~**se** **1.** (*deshacerse*) auseinander gehen **2.** (*desarticularse*) sich *dat* verrenken

disminución [disminu'θjon] *f* Verringerung *f;* ~ **de los gastos** Kostensenkung *f;* ~ **de la natalidad** Geburtenrückgang *m;* ~ **de la pena** (JUR) Strafmilderung *f;* ~ **de peso** Gewichtabnahme *f;* ~ **de los precios** Preissenkung *f;* ~ **de la presión** (TÉC) Druckabfall *m;* ~ **de la producción** Produktionsrückgang *m;* ~ **de riesgo** Risikominderung *f;* ~ **de tamaño** Verkleinerung *f;* ~ **de la tensión** Entspannung *f;* ~ **del valor** Wertminderung *f;* ~ **de las ventas** Absatzrückgang *m*

disminuir [disminu'ir] *irr como huir* **I.** *vi* (*en intensidad*) nachlassen; (*número*) zurückgehen; (*existencias*) abnehmen; ~ **de tamaño** kleiner werden **II.** *vt* verringern; (*precio, sueldo*) senken; (*velocidad*) drosseln; ~ **de tamaño** verkleinern; ~ **en duración** zeitlich verkürzen; ~ **la ganancia** den Gewinn schmälern

disociación [disoθja'θjon] *f* (*separación*)

Trennung *f;* (*disgregación*) Auflösung *f*
disociar [diso'θjar] **I.** *vt* (*disgregar*) auflösen; (*separar*) trennen **II.** *vr:* ~**se** sich auflösen
disoluble [diso'luβle] *adj* löslich
disolución [disolu'θjon] *f* **1.** (*dilución*) Auflösung *f;* (*de la familia*) Zerrüttung *f;* (*de las costumbres*) Sittenverfall *m;* ~ **de contrato** Vertragsaufhebung *f* **2.** (QUÍM) Lösung *f*
disoluto, -a [diso'luto, -a] **I.** *adj* zügellos **II.** *m, f* Wüstling *m*
disolvente [disol'βen̪te] *m* (QUÍM) Lösungsmittel *nt*
disolver [disol'βer] *irr como volver vt, vr:* ~**se** (sich) auflösen
disonancia [diso'nan̪θja] *f* **1.** (MÚS) Dissonanz *f* **2.** (*desproporción*) Missverhältnis *nt* **3.** (*discordancia*) Unstimmigkeit *f*
dispar [dis'par] *adj* ungleich
disparado, -a [dispa'raðo, -a] *adj:* **salir** ~ sich blitzschnell davonmachen
disparador [dispara'ðor] *m* **1.** (*de un arma*) Abzug *m* **2.** (FOTO) Auslöser *m;* ~ **automático** Selbstauslöser *m*
disparar [dispa'rar] **I.** *vt* **1.** (*un tiro, flechas*) abschießen; (*un proyectil*) abfeuern; ~ **un tiro/flechas a** [*o* **contra**] **alguien** auf jdn schießen; ~ **una piedra contra alguien** jdn mit einem Stein bewerfen **2.** (*el arma*) abdrücken **II.** *vi* **1.** (*tirar*): ~ **contra alguien** auf jdn schießen **2.** (*Am: caballo*) durchgehen **3.** (*un arma*) losgehen; **esta pistola no dispara bien** diese Pistole schießt nicht gut **III.** *vr:* ~**se** **1.** (*arma*) losgehen **2.** (*salir corriendo*) losrennen; (*caballo*) durchgehen **3.** (*desbocarse*) ausrasten
disparatado, -a [dispara'taðo, -a] *adj* **1.** (*absurdo*) unsinnig **2.** (*fam: desmesurado*) ungeheuer
disparatar [dispara'tar] *vi* (*hablar*) Unsinn reden; (*obrar*) unüberlegt handeln
disparate [dispa'rate] *m* **1.** (*insensatez*) Unsinn *m* **2.** (*loc, fam*): **me gusta un** ~ er/sie gefällt mir wahnsinnig gut; **costar un** ~ ein Vermögen kosten
disparidad [dispari'ða[ð]] *f* Unterschiedlichkeit *f;* ~ **de precios** (ECON) Preisgefälle *nt*
disparo [dis'paro] *m* **1.** (*el disparar*) Abschuss *m* **2.** (*tiro*) Schuss *m;* ~ **al aire** Warnschuss *m;* ~ **de partida** Startschuss *m*
dispendio [dis'pen̪djo] *m* Verschwendung *f*
dispensa [dis'pensa] *f* (*excepción*) Befreiung *f;* (REL) Dispens *f;* ~ **de edad** (JUR) Ehemündigkeitserklärung *f*
dispensable [dispen'saβle] *adj* erlässlich
dispensador [dispensa'ðor] *m,* **dispensadora** [dispensa'ðora] *f* (*aparato*) Spender *m*
dispensar [dispen'sar] *vt* **1.** (*otorgar*) erteilen; ~ **cuidados a alguien** jdn gut pflegen; ~ **favores/atención a alguien** jdm seine Gunst/Beachtung schenken; ~ **ovaciones/elogios a alguien** jdm Beifall/Lob spenden; **le** ~**on un tratamiento privilegiado** ihm/ihr wurde eine bevorzugte Behandlung zuteil **2.** (*librar*) befreien (*de* von +*dat*); (*de molestias*) verschonen (*de* mit +*dat*); ~ **a alguien de su cargo** jdn von seinem Amt entbinden; ~ **a alguien del servicio militar** jdn vom Wehrdienst freistellen; **me** ~**on del castigo** mir wurde die Strafe erlassen **3.** (*excusar*) entschuldigen; **dispénseme que le interrumpa** verzeihen Sie bitte, wenn ich störe
dispensario [dispen'sarjo] *m* Ambulanz *f;* ~ **sanitario** Sanitätsstelle *f*
dispepsia [dis'peβsja] *f* Verdauungsstörung *f*
dispersar [disper'sar] **I.** *vt* zerstreuen; (*personas, animales*) auseinander treiben; (MIL) zersprengen; (*una manifestación*) auflösen; (FÍS) streuen; ~ **sus energías** seine Kräfte verzetteln **II.** *vr:* ~**se** (*semillas*) verwehen; (*personas, animales*) auseinander laufen; (MIL) sich zersplittern
dispersión [disper'sjon] *f* Zerstreuung *f;* (FÍS) Streuung *f;* ~ **de la luz** Lichtstreuung *f;* ~ **de la nubosidad** Bewölkungsauflockerung *f;* **pintura de** ~ Dispersionsfarbe *f;* **la** ~ **de las tropas** die Zersprengung der Truppen; **la** ~ **de los manifestantes** das Auseinandertreiben der Demonstranten
disperso, -a [dis'perso, -a] *adj* zerstreut; (MIL) versprengt
displicencia [displi'θen̪θja] *f* **1.** (*desagrado*) Unfreundlichkeit *f;* **tratar con** ~ unfreundlich behandeln **2.** (*desaliento*) Missmut *m*
displicente [displi'θen̪te] *adj* unfreundlich
disponer [dispo'ner] *irr como poner* **I.** *vi* verfügen (*de* über +*akk*); **puedes** ~ **de mí cuando quieras** ich stehe dir jederzeit zur Verfügung **II.** *vt* **1.** (*colocar*) anordnen; ~ **las sillas en círculo** die Stühle im Kreis aufstellen **2.** (*preparar*) vorbereiten; (*la mesa*) decken; ~ **las camas para los huéspedes** die Betten für die Gäste richten **3.** (*determinar*) verfügen; ~ **en testamento** testamentarisch verfügen **III.** *vr:* ~**se** **1.** (*colocarse*) sich aufstellen **2.** (*prepararse*) sich vorbereiten (*a/para* zu +*inf*); **me disponía a escribir la carta cuando…** ich war im Begriff den Brief zu schreiben, als …
disponibilidad [disponiβili'ða[ð]] *f* **1.** (*disposición*) Verfügbarkeit *f* **2.** *pl* (*dinero*) finanzielle Mittel *ntpl;* **nuestras** ~**es no nos permitirán nunca comprar una casa** aufgrund unserer finanziellen Möglichkeiten, werden wir uns nie ein Haus kaufen kön-

nen

disponible [dispo'niβle] *adj* verfügbar

disposición [disposi'θjon] *f* **1.** (*colocación*) Anordnung *f;* ~ **del espacio** Raumaufteilung *f* **2.** (*de ánimo/salud*) Verfassung *f* **3.** (*para algún fin*) Bereitschaft *f;* ~ **de servicio** Betriebsbereitschaft *f;* **estar en** ~ **de hacer algo** bereit sein etw zu tun **4.** (*disponibilidad*) Verfügung *f;* **de libre** ~ zur freien Verfügung; **estoy a tu** ~ ich stehe dir zur Verfügung; **poner a** ~ zur Verfügung stellen **5.** (*talento*) Veranlagung *f;* **tener** ~ **para la música** musikalisch begabt sein **6.** (*resolución*) Bestimmung *f;* ~ **legal** gesetzliche Vorschrift; **última** ~ letzter Wille; **tomar las disposiciones precisas** die notwendigen Vorkehrungen treffen

dispositivo [disposi'tiβo] *m* Vorrichtung *f;* ~ **de alarma** Alarmanlage *f;* ~ **antirrobo** Diebstahlsicherung *f;* ~ **de cambio de velocidades** (AUTO) Gangschaltung *f;* ~ **sensitivo** (TÉC) Tastgerät *nt;* ~ **de televisión** Videoüberwachungssystem *nt;* ~ **de visualización** (INFOR) Datensichtgerät *nt*

dispuesto, -a [dis'pwesto, -a] **I.** *pp de* **disponer II.** *adj* **1.** (*preparado*) bereit; ~ **para el uso** gebrauchsfertig; **estar** ~ **a trabajar/a negociar** arbeitswillig/verhandlungsbereit sein; **estar** ~ **para salir** bereit zum Ausgehen sein; **estar** ~ **para salir de viaje** reisefertig sein **2.** (*habilidoso*) geschickt **3.** (*de buen cuerpo*) gut gebaut **4.** (*de ánimo/salud*): **estar bien/mal** ~ (*ánimo*) gut/schlecht aufgelegt sein; (*de salud*) in guter/schlechter Verfassung sein

disputa [dis'puta] *f* (*pelea*) Streit *m;* (*conversación*) Streitgespräch *nt;* ~ **legal** Rechtsstreit *m;* **sin** ~ unbestreitbar

disputable [dispu'taβle] *adj* strittig

disputado, -a [dispu'taðo, -a] *adj* umstritten

disputar [dispu'tar] **I.** *vi* streiten (*de/sobre* über +*akk*) **II.** *vt* **1.** (*controvertir*) streitig machen **2.** (*competir*) kämpfen (*por* um +*akk*); ~ **una carrera** ein Rennen austragen **III.** *vr:* ~**se** sich streiten (um +*akk*); **todos se disputan la foto** alle reißen sich um das Foto

disquete [dis'kete] *m* Diskette *f;* ~ **de arranque** Startdiskette *f;* ~ **de destino** Zieldiskette *f;* ~ **para instalación** Installationsdiskette *f*

disquetera [diske'tera] *f* Diskettenlaufwerk *nt*

disquisición [diskisi'θjon] *f* Studie *f*

distancia [dis'taṇθja] *f* Entfernung *f;* (*fig*) Distanz *f;* ~ **focal** (FÍS) Brennweite *f;* ~ **entre ruedas** (AUTO) Radspur *f;* ~ **de seguridad** Sicherheitsabstand *m;* ~ **visual** Sichtweite *f;* **a** ~ (*lejos*) in der Ferne; (*desde lejos*) aus der Ferne; **cubrir** ~**s** Entfernungen zurücklegen; **guardar las** ~**s** (*fig*) Distanz wahren; **tener a alguien a** ~ sich *dat* jdn vom Leibe halten

distanciado, -a [distaṇ'θjaðo, -a] *adj* entfernt; (*fig*) distanziert; **están** ~**s** (*fig*) sie sind nicht mehr befreundet

distanciamiento [distaṇθja'mjeṇto] *m* (*fig*) Distanzierung *f*

distanciar [distaṇ'θjar] **I.** *vt* voneinander entfernen **II.** *vr:* ~**se 1.** (*de una persona*) sich distanzieren **2.** (*de un lugar*) sich entfernen

distante [dis'taṇte] *adj* **1.** (*lugar*) entfernt **2.** (*persona*) distanziert

distar [dis'tar] *vi* entfernt sein; **disto mucho de creerlo** ich bin weit davon entfernt, es zu glauben

distender [disteṇ'der] <e→ie> *vt* **1.** (*estirar*) dehnen **2.** (*aflojar*) lockern; (*fig*) entspannen

distensión [disten'sjon] *f* Dehnung *f;* (MED) Zerrung *f;* (POL, TÉC) Entspannung *f*

distinción [distiṇ'θjon] *f* **1.** (*diferenciación*) Unterscheidung *f;* **a** ~ **de algo** im Unterschied zu etw *dat;* **no hacer** ~ keinen Unterschied machen **2.** (*claridad*) Deutlichkeit *f* **3.** (*honor*) Auszeichnung *f* **4.** (*elegancia*) Vornehmheit *f;* (*educación*) Anstand *m*

distinguible [distiŋ'giβle] *adj* **1.** (*diferenciable*) unterscheidbar **2.** (*visible*) erkennbar

distinguido, -a [distiŋ'giðo, -a] *adj* **1.** (*ilustre*) angesehen **2.** (*elegante*) distinguiert **3.** (*en cartas*) sehr geehrte(r); ~ **amigo: ...** hochverehrter Freund, ...

distinguir [distiŋ'gir] <gu→g> **I.** *vt* **1.** (*diferenciar*) unterscheiden; **no** ~ **lo blanco de lo negro** (*fam*) sehr beschränkt sein **2.** (*señalar*) kennzeichnen **3.** (*divisar*) erkennen **4.** (*condecorar*) auszeichnen; (*tratar mejor*) bevorzugt behandeln; ~ **a alguien con su confianza** jdn durch sein Vertrauen ehren **II.** *vr:* ~**se 1.** (*poder ser visto*) deutlich werden **2.** (*ser diferente*) sich hervortun

distintivo, -a[1] [distiṇ'tiβo, -a] *adj:* **característica distintiva** Unterscheidungsmerkmal *nt*

distintivo[2] [distiṇ'tiβo] *m* Merkmal *nt*

distinto, -a [dis'tiṇto, -a] *adj* **1.** (*diferente*) unterschiedlich; **es** ~ **a** [*o* **de**] **los demás** er ist anders als die anderen; **operaciones distintas a la actividad de la empresa** betriebsfremde Aktivitäten **2.** (*nítido*) klar

distorsión [distor'sjon] *f* **1.** (MED) Verstauchung *f* **2.** (FÍS) Verzerrung *f* **3.** (*falseamiento*) Verfälschung *f;* **distorsiones de competencia** Wettbewerbsverzerrungen *fpl*

distorsionar [distorsjo'nar] **I.** *vt* **1.** (*falsear*) verfälschen **2.** (FÍS) verzerren **II.** *vr:* ~**se**

(MED) sich *dat* verstauchen

distracción [distraɣ'θjon] *f* **1.** (*entretenimiento*) Ablenkung *f* **2.** (*falta de atención*) Unaufmerksamkeit *f* **3.** (JUR): ~ **de fondos** Unterschlagung *f*

distraer [distra'er] **I.** *vt* **1.** (*desviar*) ablenken; **el paseo distrae** ein Spaziergang bringt einen auf andere Gedanken **2.** (*entretener*) unterhalten **3.** (*fam: dinero*) unterschlagen **II.** *vr:* ~**se 1.** (*entretenerse*) sich ablenken; **el niño se distrae sólo** das Kind beschäftigt sich alleine **2.** (*no atender*) unaufmerksam sein

distraído, -a [distra'iðo, -a] **I.** *adj* **1.** (*desatento*) unaufmerksam **2.** (*entretenido*) unterhaltsam **3.** (*Chil, Méx: mal vestido*) zerlumpt **II.** *m, f:* **hacerse el** ~ sich dumm stellen

distribución [distriβu'θjon] *f* **1.** (*repartición*) Verteilung *f;* (*disposición*) Einteilung *f;* (*de correo*) Zustellung *f;* ~ **de agua** Wasserversorgung *f;* ~ **de equipajes** Gepäckausgabe *f;* ~ **del espacio** Raumaufteilung *f;* ~ **de funciones** Zuständigkeitsverteilung *f;* ~ **de información** Informationsverbreitung *f* **2.** (COM) Vertrieb *m;* ~ **exclusiva** Alleinvertrieb *m;* ~ **mayorista** Großhandelsvertrieb *m* **3.** (FIN) Ausschüttung *f;* ~ **de beneficios** Gewinnausschüttung *f* **4.** (CINE) Filmverleih *m* **5.** (TÉC) Steuerung *f;* **armario de** ~ (ELEC) Schaltschrank *m*

distribuidor(a)[1] [distriβwi'ðor(a)] *m(f)* **1.** (COM) Vertreter(in) *m(f);* ~ **exclusivo** Alleinvertreter *m;* ~ **industrial** Industriekaufmann *m;* ~ **oficial** Vertragshändler *m* **2.** (CINE) Filmverleiher(in) *m(f)*

distribuidor[2] [distriβwi'ðor] *m* **1.** (TÉC) Verteiler *m;* ~ **automático** Warenautomat *m;* ~ **automático de billetes** Fahrkartenautomat *m* **2.** (COM) Lieferfirma *f*

distribuir [distriβu'ir] *irr como huir* **I.** *vt* **1.** (*repartir*) verteilen; (*disponer*) einteilen; (*información*) verbreiten; (*una tarea*) zuweisen; (*el correo*) zustellen; (*comida*) ausgeben (*a* an +*akk*) **2.** (COM) vertreiben **3.** (FIN) ausschütten **II.** *vr:* ~**se** sich verteilen

distributivo, -a [distriβu'tiβo, -a] *adj* verteilend; **justicia distributiva** (*fig*) ausgleichende Gerechtigkeit

distrito [dis'trito] *m* Bezirk *m;* ~ **electoral** Wahlkreis *m;* ~ **industrial** Industriegebiet *nt;* ~ **judicial** Gerichtsbezirk *m;* ~ **de policía** Polizeirevier *nt*

disturbio [dis'turβjo] *m* Unruhe *f*

disuadir [diswa'ðir] *vt* umstimmen; ~ **a alguien de algo** jdn von etw *dat* abbringen

disuasión [diswa'sjon] *f* Überredung *f;* (POL, MIL) Abschreckung *f*

disuasivo, -a [diswa'siβo, -a] *adj* Überredungs-; (POL, MIL) Abschreckungs-; **poder** ~ Überredungskunst *f*

dis yoqueis [dis'ɟokei̯s] *pl de* **disc-jockey**

disyuntiva [disɟun̪'tiβa] *f* Alternative *f*

disyuntivo, -a [disɟun̪'tiβo, -a] *adj* trennend; **conjunción disyuntiva** (LING) disjunktive Konjunktion

diurético, -a [dju'retiko, -a] *adj* harntreibend

diurno, -a [di'urno, -a] *adj* täglich; **trabajo** ~ Tagesarbeit *f;* **luz diurna artificial** künstliches Tageslicht

diva ['diβa] *f* Diva *f*

divagación [diβaɣa'θjon] *f* **1.** (*desviación*) Abschweifung *f* **2.** *pl* (*sin concierto*) unzusammenhängendes Gerede *nt*

divagar [diβa'ɣar] <g→gu> *vi* **1.** (*desviarse*) abschweifen **2.** (*hablar sin concierto*) unzusammenhängendes Zeug reden

diván [di'βan] *m* Diwan *m*

divergencia [diβer'xen̪θja] *f* Abweichung *f;* (MAT) Divergenz *f*

divergente [diβer'xen̪te] *adj* entgegengesetzt; (MAT) divergent; **opiniones** ~**s** abweichende Meinungen

divergir [diβer'xir] <g→j> *vi* (*t.* MAT) divergieren; (*opiniones*) voneinander abweichen; (*personas*) verschiedener Meinung sein

diversidad [diβersi'ðad] *f* Vielfalt *f*

diversificación [diβersifika'θjon] *f* **1.** (*variedad*) Vielfalt *f* **2.** (ECON) Diversifikation *f*

diversificar [diβersifi'kar] <c→qu> **I.** *vt* verschiedenartig gestalten; (ECON) diversifizieren; ~ **su horizonte** seinen Horizont erweitern **II.** *vr:* ~**se** sich verschiedenartig gestalten

diversión [diβer'sjon] *f* **1.** (*entretenimiento*) Vergnügen *nt* **2.** (*pasatiempo*) Zeitvertreib *m* **3.** (MIL) Ablenkungsmanöver *nt*

diverso, -a [di'βerso, -a] *adj* **1.** (*distinto*) unterschiedlich; (*desemejante*) unähnlich **2.** (*variado*) vielseitig **3.** *pl* (*varios*) verschiedene; (*muchos*) mehrere

divertido, -a [diβer'tiðo, -a] *adj* **1.** (*alegre*) lustig **2.** (*Am: achispado*) angeheitert

divertir [diβer'tir] *irr como sentir* **I.** *vt* **1.** (*entretener*) unterhalten; **sus bromas me divierten** seine/ihre Scherze erheitern mich **2.** (*apartar*) ablenken **II.** *vr:* ~**se 1.** (*alegrarse*) sich amüsieren (*en* über +*akk*); **¡que te diviertas!** viel Spaß! **2.** (*distraerse*) sich ablenken

dividendo [diβi'ðen̪do] *m* **1.** (MAT) Dividend *m* **2.** (ECON) Dividende *f;* **arrojar** ~**s** Dividenden ausschütten

dividir [diβi'ðir] **I.** *vt* **1.** (*partir*) teilen (*en* in +*akk*); ~ **por la mitad** halbieren **2.** (*distribuir*) aufteilen (*entre* unter +*dat*) **3.** (*separar*) trennen; (*sembrando discordia*) ent-

D

zweien **4.** (*agrupar*) einteilen (*en* in +*akk*) **5.** (MAT) dividieren (*entre/por* durch +*akk*) **II.** *vr:* ~**se** **1.** (*partirse*) sich teilen **2.** (*agruparse*) unterteilt sein (*en* in +*akk*) **3.** (*enemistarse*) sich entzweien

divieso [di'βjeso] *m* Furunkel *m o nt*

divinidad [diβini'ðaᵈ] *f* **1.** (*ser divino*) Göttlichkeit *f* **2.** (*deidad*) Gottheit *f* **3.** (*fam: preciosidad*) Prachtstück *nt;* **esta mujer es una** ~ diese Frau ist göttlich

divinizar [diβini'θar] <z→c> *vt* **1.** (*deificar*) vergöttlichen **2.** (*santificar*) heiligen **3.** (*glorificar*) verherrlichen

divino, **-a** [di'βino, -a] *adj* göttlich

divisa [di'βisa] *f* **1.** (*insignia*) Abzeichen *nt* **2.** (*mote*) Devise *f* **3.** (*en el escudo*) Wappenspruch *m* **4.** *pl* (*moneda*) Devisen *fpl*

divisar [diβi'sar] *vt* (*percibir*) ausmachen; **divisé a lo lejos un vehículo** ich konnte in der Ferne ein Fahrzeug ausmachen

divisible [diβi'siβle] *adj* teilbar; **ser** ~ **por dos** durch zwei teilbar sein

división [diβi'sjon] *f* **1.** (MAT) Division *f* **2.** (*partición*) Teilung *f* **3.** (*separación*) Trennung *f* **4.** (*parte*) Teil *m* **5.** (MIL) Division *f* **6.** (*desavenencia*) Uneinigkeit *f* **7.** (*de un discurso*) Gliederung *f* **8.** (LING) Trennungsstrich *m*

divisor [diβi'sor] *m* (MAT) Teiler *m;* **máximo común** ~ größter gemeinsamer Teiler

divisoria [diβi'sorja] *f* Trennungslinie *f;* (GEO) Wasserscheide *f*

divisorio, **-a** [diβi'sorjo, -a] *adj* Trennungs-; **línea divisoria de las aguas** Wasserscheide *f*

divorciar [diβor'θjar] **I.** *vt* scheiden **II.** *vr:* ~**se** sich scheiden lassen

divorcio [di'βorθjo] *m* **1.** (*separación*) (Ehe)scheidung *f* **2.** (*discrepancia*) Diskrepanz *f;* ~ **de opiniones** Meinungsverschiedenheiten *fpl* **3.** (*Col: cárcel de mujeres*) Frauengefängnis *nt*

divulgación [diβulɣa'θjon] *f* Verbreitung *f;* (*publicación*) Bekanntmachung *f;* **libro de** ~ populärwissenschaftliches Buch

divulgar [diβul'ɣar] <g→gu> **I.** *vt* (*propagar*) verbreiten; (*dar a conocer*) bekannt geben; (*popularizar*) der breiten Masse zugänglich machen **II.** *vr:* ~**se** (*propagarse*) sich verbreiten; (*conocerse*) bekannt werden

Dn. [don] *abr de* **don** ≈Hr.

DNI [de(e)ne'i] *m abr de* **Documento Nacional de Identidad** Personalausweis *m*

Dña. ['doɲa] *abr de* **doña** ≈Fr.

do [do] <does> *m* C *nt;* ~ **bemol** Ces *nt;* ~ **de pecho** hohes C; ~ **sostenido** Cis *nt*

dobladillo [doβla'ðiʎo] *m* (*pliegue*) Saum *m*

doblador(a) [doβla'ðor(a)] *m(f)* (CINE) Synchronsprecher(in) *m(f)*

doblaje [do'βlaxe] *m* (CINE) Synchronisation *f*

doblar [do'βlar] **I.** *vt* **1.** (*arquear*) biegen **2.** (*plegar*) falten; **no** ~ nicht knicken **3.** (*duplicar*) verdoppeln; **mi madre me dobla en edad** meine Mutter ist doppelt so alt wie ich **4.** (*una película*) synchronisieren **5.** (*rodear*) umfahren; ~ **la esquina** um die Ecke biegen **6.** (*convencer*) umstimmen **II.** *vi* **1.** (*torcer*) abbiegen (*a* nach +*dat*) **2.** (*campana*) läuten **3.** (*hacer dos papeles*) eine Doppelrolle spielen **III.** *vr:* ~**se** **1.** (*inclinarse*) sich biegen **2.** (*ceder*) sich beugen

doble[1] ['doβle] **I.** *adj inv* **1.** (*duplo*) doppelt; ~ **clic** Doppelklick *m;* **contabilidad por partida** ~ doppelte Buchführung **2.** (*robusto*) robust **3.** (*hipócrita*) falsch; **Pedro es muy** ~ Pedro kann man nicht (über den Weg) trauen **II.** *mf* Doppelgänger(in) *m(f);* (CINE) Double *nt*

doble[2] ['doβle] *m* **1.** (*duplo*) Doppelte(s) *nt* **2.** (*pliegue*) Saum *m* **3.** (*toque de campanas*) Totengeläut *nt* **4.** (*tenis*): (**partido de**) ~**s** Doppel *nt*

doble[3] ['doβle] *f* Pasch *m*

doblegar [doβle'ɣar] <g→gu> **I.** *vt* **1.** (*torcer*) biegen **2.** (*persuadir*) umstimmen **II.** *vr:* ~**se** **1.** (*torcerse*) sich biegen **2.** (*someterse*) sich beugen; **se doblegó a mis súplicas** er/sie gab meinem Bitten nach

doblez[1] [do'βleθ] *m* (*pliegue*) Falte *f*

doblez[2] [do'βleθ] *m o f* (*hipocresía*) Falschheit *f*

doce ['doθe] **I.** *adj inv* zwölf **II.** *m* Zwölf *f; v. t.* **ocho**

doceavo, **-a** [doθe'aβo, -a] *adj* zwölftel; *v. t.* **octavo**

docena [do'θena] *f* Dutzend *nt;* **una** ~ **de huevos** ein Dutzend Eier

docencia [do'θen̩θja] *f* Unterrichten *nt;* **dedicarse a la** ~ unterrichten

doceno, **-a** [do'θeno, -a] *adj* zwölfte(r, s); *v. t.* **octavo**

docente [do'θen̩te] **I.** *adj* Lehr- **II.** *mf* Lehrer(in) *m(f);* (UNIV) Dozent(in) *m(f)*

dócil ['doθil] *adj* **1.** (*inteligente*) gelehrig **2.** (*sumiso*) fügsam **3.** (*manso*) zahm **4.** (*metal*) geschmeidig

docilidad [doθili'ðaᵈ] *f* **1.** (*inteligencia*) Gelehrigkeit *f* **2.** (*sumisión*) Fügsamkeit *f* **3.** (*mansedumbre*) Zahmheit *f* **4.** (*del metal*) Geschmeidigkeit *f*

docto, **-a** ['dokto, -a] *adj* gelehrt; ~ **en leyes** rechtsgelehrt

doctor(a) [dok'tor(a)] *m(f)* Doktor(in) *m(f)*

doctorado [dokto'raðo] *m* **1.** (*grado*) Doktorwürde *f* **2.** (*estudios*): **curso de** ~ ≈Doktorandenkolloquium *nt*

doctoral [dokto'ral] *adj* (UNIV) Doktor-; **tesis**

~ Doktorarbeit *f*

doctorando, -a [dokto'ran̩do, -a] *m, f* Doktorand(in) *m(f)*

doctorar [dokto'rar] *vt, vr:* **~se** promovieren; **~se en historia** in Geschichte promovieren

doctrina [dok'trina] *f* **1.** (*teoría*) Doktrin *f* **2.** (*sabiduría*) Wissen *nt* **3.** (*catecismo*) Religion *f*

documentación [dokumen̩ta'θjon] *f* **1.** (*estudio*) Dokumentation *f* **2.** (*documentos*) Unterlagen *fpl;* **~ del coche** Kraftfahrzeugpapiere *ntpl*

documentado, -a [dokumen̩'taðo, -a] *adj* **1.** (*identificado*) ausgewiesen **2.** (*informado*) gut unterrichtet

documental [dokumen̩'tal] **I.** *adj* dokumentarisch **II.** *m* Dokumentarfilm *m*

documentar [dokumen̩'tar] **I.** *vt* **1.** (*probar*) dokumentieren **2.** (*instruir*) unterrichten **II.** *vr:* **~se** sich unterrichten

documento [doku'men̩to] *m* Dokument *nt;* **~s de envío** Versandpapiere *ntpl;* **D~ Nacional de Identidad** Personalausweis *m*

dodotis® [do'ðotis] *m inv* Pampers® *f*

dogal [do'ɣal] *m* Strick *m;* **estoy con el ~ al cuello** (*fig*) mir steht das Wasser bis zum Hals

dogma ['doɣma] *m* Dogma *nt*

dogmático, -a [doɣ'matiko, -a] *adj* dogmatisch

dogo ['doɣo] *m* Dogge *f*

dólar ['dolar] *m* Dollar *m*

dolencia [do'len̩θja] *f* Leiden *nt;* **~ respiratoria** Atemwegserkrankung *f*

doler [do'ler] <o→ue> **I.** *vi* schmerzen; **me duele la cabeza** ich habe Kopfschmerzen **II.** *vr:* **~se 1.** (*quejarse*) klagen (*de* über +*akk*) **2.** (*arrepentirse*) bereuen (*de* +*akk*)

dolido, -a [do'liðo, -a] *adj* gekränkt; **estoy ~ por tus palabras** deine Worte haben mich gekränkt

doliente [do'ljen̩te] *adj* **1.** (*enfermo*) krank **2.** (*afligido*) trauernd

dolo ['dolo] *m* **1.** (*engaño*) Täuschung *f* **2.** (JUR) Vorsatz *m*

dolor [do'lor] *m* Schmerz *m;* **~ de cabeza** Kopfschmerzen *mpl;* **estar con ~es** in den Wehen liegen; **tengo ~ de barriga** mir tut der Bauch weh

dolorido, -a [dolo'riðo, -a] *adj* **1.** (*dañado*) schmerzend; **tener la rodilla dolorida** Schmerzen im Knie haben **2.** (*apenado*) traurig

doloroso, -a [dolo'roso, -a] *adj* **1.** (*lastimador*) schmerzhaft **2.** (*lamentable*) traurig

doloso, -a [do'loso, -a] *adj* (JUR) vorsätzlich

doma ['doma] *f* Bändigung *f*

domable [do'maβle] *adj* (*animal*) zähmbar

domador(a) [doma'ðor(a)] *m(f)* (*de circo*) Dompteur, -euse *m, f*

domar [do'mar] *vt,* **domeñar** [dome'ɲar] *vt* bändigen

domesticado, -a [domesti'kaðo, -a] *adj:* **animal ~** Haustier *nt*

domesticar [domesti'kar] <c→qu> *vt* **1.** (*animales*) domestizieren **2.** (*personas*) bändigen

doméstico, -a [do'mestiko, -a] **I.** *adj* Haus- **II.** *m, f* Diener(in) *m(f)*

domiciliación [domiθilja'θjon] *f* (*orden permanente*) Dauerauftrag *m;* (*de recibos*) Abbuchungsverfahren; (*de una letra de cambio*) Domizilierung *f*

domiciliar [domiθi'ljar] **I.** *vt* **1.** (*dar domicilio*) unterbringen **2.** (*un recibo*) abbuchen lassen; **~ el alquiler** einen Dauerauftrag für die Miete einrichten; **~ la nómina** das Gehalt monatlich auf ein Gehaltskonto überweisen lassen **II.** *vr:* **~se** ansässig werden (*en* in +*dat*)

domiciliario, -a [domiθi'ljarjo, -a] *adj* Haus-

domicilio [domi'θiljo] *m* (*de alguien*) Wohnsitz *m;* (*una empresa*) Sitz *m;* **~ social** Sitz einer Gesellschaft; **franco ~** frei Haus

dominación [domina'θjon] *f* **1.** (*el dominar*) Beherrschung *f* **2.** (*poder*) Herrschaft *f*

dominante [domi'nan̩te] *adj* (*persona, t.* BIOL) dominant

dominar [domi'nar] **I.** *vi* **1.** (*imperar*) herrschen **2.** (*sobresalir*) emporragen (*sobre* über +*akk*) **3.** (*predominar*) vorherrschen; **dominante en el mercado** marktführend **II.** *vt* **1.** (*conocer*) beherrschen **2.** (*reprimir*) bezwingen; **~ el odio** den Hass unterdrücken **3.** (*sobresalir*) überragen **4.** (*divisar*) überblicken **III.** *vr:* **~se** sich beherrschen

domingo [do'miŋgo] *m* Sonntag *m;* **~ de Cuasimodo** Weißer Sonntag; **~ de Ramos** Palmsonntag *m;* **hacer ~** sich *dat* einen freien Tag nehmen; *v. t.* **lunes**

dominguero, -a [domiŋ'gero, -a] **I.** *adj* Sonntags- **II.** *m, f* (*pey*) Sonntagsfahrer(in) *m(f)*

dominical [domini'kal] **I.** *adj* Sonntags-; **descanso ~** Sonntagsruhe *f;* **oración ~** Vaterunser *nt* **II.** *m* (PREN) Sonntagsbeilage *f*

dominicano, -a [domini'kano, -a] **I.** *adj* dominikanisch **II.** *m, f* Dominikaner(in) *m(f)*

dominio [do'minjo] *m* **1.** (*dominación*) Beherrschung *f;* **~ de sí mismo** Selbstbeherrschung *f* **2.** (*poder*) Herrschaft *f* **3.** (*territorio*) Gebiet *nt* **4.** (*campo*) Bereich *m* **5.** (*posesión*) Eigentum *nt;* **ser del ~ público** (*fig*) allgemein bekannt sein

dominó [domi'no] <dominós> *m* (*juego*)

Domino(spiel) *nt*

don¹ [don] *m* Gabe *f;* **tener ~ de gentes** gut mit Menschen umgehen können

don² [don, 'doɲa] *m,* **doña** *f* Don *m,* Doña *f*

> Sehr höfliche, respektvolle Anredeformen im Spanischen sind **don/doña**. Nach **don/doña** kommt immer der jeweilige Vorname oder der Vorname mit dem ersten (oder sogar beiden) Nachnamen (aber nie nur der Nachname!), z. B. **doña Juana**, **don Miguel de Unamuno**, **Dª Cristina García Vidal**.

donación [dona'θjon] *f* Spende *f;* (JUR) Schenkung *f*

donador(a) [dona'ðor(a)] *m(f)* Spender(in) *m(f)*

donaire [do'nai̯re] *m* **1.** (*gracia*) Anmut *f* **2.** (*chiste*) Witz *m*

donante [do'nan̪te] *mf* Spender(in) *m(f)*

donar [do'nar] *vt* spenden

donativo [dona'tiβo] *m* Spende *f*

doncella [don̪'θeʎa] *f* **1.** (*criada*) Zofe *f* **2.** (*elev: muchacha*) Mädchen *nt*

donde ['don̪de] *adv* wo; **a** [*o* **hacia**] **~** wohin; **de ~** woher; **en ~** wo; **la calle ~ vivo** die Straße, in der ich wohne; **estuve ~ Luisa** ich war bei Luisa

dónde ['don̪de] *pron inter o pron rel* wo; **¿a** [*o* **hacia**] **~?** wohin?; **¿de ~?** woher?; **¿en ~?** wo?; **¿~ se habrá enterado?** woher weiß er/sie das wohl?

dondequiera [don̪de'kjera] *adv* **1.** (*en cualquier parte*) irgendwo **2.** (*donde*): **~ que estés** wo immer du (auch) sein magst

donoso, -a [do'noso, -a] *adj* **1.** (*garboso*) anmutig **2.** (*chistoso*): **¡donosa humorada!** (*irón*) schöner Scherz!

donostiarra [donos'tjarra] **I.** *adj* aus San Sebastián **II.** *mf* Einwohner(in) *m(f)* von San Sebastián

donosura [dono'sura] *f* **1.** (*garbo*) Anmut *f* **2.** (*gracia*) Witz *m*

donut ['donuᵗ] *m* <donuts> Doughnut *m*

doña ['doɲa] *f v.* **don**

dopar [do'par] *vt, vr:* **~se** (DEP) dopen

doping ['dopiŋ] *m sin pl* Doping *nt*

dorada [do'raða] *f* (*pez*) Goldbrasse *f*

dorado, -a [do'raðo, -a] *adj* golden

dorar [do'rar] **I.** *vt* **1.** (*sobredorar*) vergolden **2.** (*tostar*) anbräunen **3.** (*suavizar*) beschönigen **II.** *vr:* **~se** braun werden

dormilón, -ona [dormi'lon, -ona] *m, f* (*fam*) Schlafmütze *f*

dormir [dor'mir] *irr* **I.** *vi* **1.** (*descansar*) schlafen; **~ a pierna suelta** wie ein Murmeltier schlafen; **~ de un tirón** durchschlafen; **~ sobre algo** (*fig*) etw überschlafen; **quedarse dormido** einschlafen **2.** (*pernoctar*) übernachten; **~ en casa de alguien** bei jdm übernachten **3.** (*reposar*) ruhen **4.** (*descuidarse*) unaufmerksam sein **II.** *vt* (*a un niño*) zum (Ein)schlafen bringen; (*a un paciente*) betäuben; **~ la borrachera** seinen Rausch ausschlafen; **~ la siesta** eine Siesta machen; **¡no hay quien duerma a este niño!** das Kind will einfach nicht einschlafen!; **esta monotonía me duerme** diese Eintönigkeit schläfert mich ein **III.** *vr:* **~se 1.** (*adormecerse*) einschlafen; **se me ha dormido el brazo** mein Arm ist eingeschlafen **2.** (*descuidarse*) unaufmerksam sein; **~se en los laureles** sich auf seinen Lorbeeren ausruhen

dormitar [dormi'tar] *vi* dösen *fam*

dormitorio [dormi'torjo] *m* (*habitación*) Schlafzimmer *nt;* (*muebles*) Schlafzimmermöbel *pl*

dorsal [dor'sal] **I.** *adj* (ANAT) Rücken-; **espina ~** Rückgrat *nt* **II.** *m* (DEP) Startnummer *f*

dorso ['dorso] *m* **1.** (ANAT) Rücken *m;* **~ de la mano** Handrücken *m* **2.** (*reverso*) Rückseite *f*

dos [dos] **I.** *adj inv* zwei; **~ puntos** Doppelpunkt *m;* **cada ~ por tres** ständig; **de ~ en ~** paarweise; **en un ~ por tres** im Nu; **están a ~** (DEP) es steht zwei zu zwei **II.** *m* Zwei *f; v. t.* **ocho**

doscientos, -as [dos'θjen̪tos, -as] *adj* zweihundert; *v. t.* **ochocientos**

dosel [do'sel] *m* (*baldaquín*) Baldachin *m;* **cama con ~** Himmelbett *nt*

dosificar [dosifi'kar] <c→qu> *vt* dosieren

dosis ['dosis] *f inv* Dosis *f;* **una buena ~ de paciencia** eine ganze Menge Geduld

dotación [dota'θjon] *f* **1.** (*dote*) Aussteuerung *f* **2.** (*donación*) Stiftung *f* **3.** (*financiación*) Finanzierung *f* **4.** (*equipamiento*) Ausstattung *f* **5.** (*personal: de un buque*) Mannschaft *f;* (*de una fábrica*) Belegschaft *f;* (*de una oficina*) Personal *nt*

dotado, -a [do'taðo, -a] *adj* (*con talento*) begabt

dotar [do'tar] *vt* **1.** (*constituir dote*) aussteuern **2.** (*equipar*) ausstatten (*de/con* mit *+dat*) **3.** (*señalar bienes*) stiften **4.** (*financiar*) finanzieren **5.** (*con sueldo*) dotieren

dote¹ ['dote] *m o f* (*ajuar*) Mitgift *f*

dote² ['dote] *f* (*aptitud*) Begabung *f;* **~ de mando** Führungsgeschick *nt*

doy [doi̯] *1. pres de* **dar**

Dr(a). [dok'tor(a)] *abr de* **doctor(a)** Dr.

draga ['draɣa] *f* Nassbagger *m*

dragaminas [draɣa'minas] *m inv* Minensuchboot *nt*

dragar [dra'ɣar] <g→gu> *vt* ausbaggern

dragón [dra'ɣon] *m* **1.** (*monstruo*) Drache *m* **2.** (*reptil*) Flugdrache *m;* ~ **marino** (*pez*) Drachenfisch *m*

drama ['drama] *m* Drama *nt*

dramático, -a [dra'matiko, -a] *adj* dramatisch; **autor** ~ Dramatiker *m*

dramatismo [drama'tismo] *m* Dramatik *f*

dramatizar [dramati'θar] <z→c> *vt* dramatisieren

dramaturgo, -a [drama'turɣo, -a] *m, f* Dramatiker(in) *m(f)*

dramón [dra'mon] *m* (*fam*) Schnulze *f*

drapear [drape'ar] *vt* drapieren

drástico, -a ['drastiko, -a] *adj* drastisch

drenaje [dre'naxe] *m* Dränage *f*

drenar [dre'nar] *vt* dränieren

Dresde ['dresðe] *m* Dresden *nt*

driblar [dri'βlar] *vi, vt* dribbeln; ~ **a un contrario** einen Gegenspieler umspielen

dril [dril] *m* (*tela*) Drill(ich) *m*

droga ['droɣa] *f* Droge *f*

drogadicto, -a [droɣa'dikto, -a] **I.** *adj* drogenabhängig **II.** *m, f* Drogenabhängige(r) *mf*

drogado, -a [dro'ɣaðo, -a] *adj:* **estar** ~ unter Drogen stehen

drogar [dro'ɣar] <g→gu> **I.** *vt* Drogen verabreichen +*dat* **II.** *vr:* ~**se** Drogen nehmen

drogodelincuencia [droɣoðeliŋ'kweṇθja] *f* Beschaffungskriminalität *f*

droguería [droɣe'ria] *f* Drogerie *f*

dromedario [drome'ðarjo] *m* Dromedar *nt*

drupa ['drupa] *f* Steinfrucht *f*

dublinés, -esa [duβli'nes, -esa] **I.** *adj* aus Dublin **II.** *m, f* Einwohner(in) *m(f)* von Dublin

ducado [du'kaðo] *m* (*territorio*) Herzogtum *nt*

ducal [du'kal] *adj* herzoglich

ducha ['duʧa] *f* **1.** (*para ducharse*) Dusche *f;* **recibir una** ~ **de agua fría** (*fig*) eine kalte Dusche bekommen **2.** (MED) Guss *m*

duchar [du'ʧar] **I.** *vt* duschen **II.** *vr:* ~**se** (sich) duschen

ducho, -a ['duʧo, -a] *adj* bewandert (*en* in +*dat*)

dúctil ['duktil] *adj* **1.** (*condescendiente*) fügsam **2.** (*dilatable*) dehnbar; (*flexible*) geschmeidig

duda ['duða] *f* **1.** (*indecisión*) Unschlüssigkeit *f* **2.** (*incredulidad*) Zweifel *m;* **salir de** ~**s** Gewissheit erlangen; **sin** ~ (**alguna**) zweifellos; **no cabe la menor** ~ es besteht nicht der geringste Zweifel; **poner algo en** ~ etw in Zweifel ziehen

dudable [du'ðaβle] *adj* zweifelhaft

dudar [du'ðar] **I.** *vi* **1.** (*desconfiar*) zweifeln (*de* an +*dat*) **2.** (*vacilar*) (sich *dat*) unschlüssig sein **II.** *vt* bezweifeln

dudosamente [duðosa'meṇte] *adv* kaum

dudoso, -a [du'ðoso, -a] *adj* **1.** (*inseguro*) zweifelhaft **2.** (*indeciso*) unschlüssig

duelo ['dwelo] *m* **1.** (*desafío*) Duell *nt;* **retar a** ~ zum Duell (heraus)fordern **2.** (*pesar*) Trauer *f* **3.** (*funerales*) Trauerfeier *f* **4.** (*cortejo*) Trauerzug *m*

duende ['dweṇde] *m* **1.** (*fantasma*) Kobold *m* **2.** (*loc*): **tener** ~ das gewisse Etwas haben

dueño, -a ['dweɲo, -a] *m, f* **1.** (*propietario*) Besitzer(in) *m(f);* (*amo*) Herr(in) *m(f);* **hacerse** ~ **de algo** (*apropiarse*) sich etw *gen* bemächtigen; (*dominar*) etw *gen* Herr werden; **ser** ~ **de sí mismo** (*empresario*) sein eigener Herr sein; **no ser** ~ **de sí misma** (*dominarse*) nicht mehr Herr seiner Sinne sein; **poner a alguien como no digan dueñas** (*fam*) über jdn herziehen **2.** (*de familia*) Familienoberhaupt *nt*

duermevela [dwerme'βela] *m o f* (*sueño ligero*) Halbschlaf *m;* (*sueño agitado*) unruhiger Schlaf *m*

dulce ['duḷθe] **I.** *adj* **1.** (*referente al sabor*) süß **2.** (*suave*) sanft **3.** (*agradable*) angenehm **4.** (*metal*) weich **II.** *m* **1.** (*postre*) Süßspeise *f* **2.** (*almíbar*) Gelee *nt* **3.** (*golosina*) Süßigkeit *f;* **a nadie le amarga un** ~ (*fam*) warum sollte man die Gelegenheit ungenutzt lassen?

dulcificar [duḷθifi'kar] <c→qu> *vt* **1.** (*azucarar*) süßen **2.** (*suavizar*) mildern; (*hacer más grato*) versüßen

dulzor [duḷ'θor] *m,* **dulzura** [duḷ'θura] *f* **1.** (*sabor*) Süße *f* **2.** (*suavidad*) Sanftheit *f* **3.** (*bondad*) Wärme *f*

duna ['duna] *f* Düne *f*

dúo ['duo] *m* Duo *nt;* **cantar a** ~ im Duett singen

duodécimo, -a [duo'ðeθimo, -a] **I.** *adj* (*parte*) zwölftel; (*numeración*) zwölfte(r, s) **II.** *m, f* Zwölftel *nt; v. t.* **octavo**

duodenal [dwoðe'nal] *adj* (MED): **úlcera** ~ Zwölffingerdarmgeschwür *nt*

duodeno [dwo'ðeno] *m* (ANAT) Zwölffingerdarm *m*

dúplex ['dupleʸs] *m* (ARQUIT) Maison(n)ette *f*

duplicado [dupli'kaðo] *m* Duplikat *nt;* **por** ~ in doppelter Ausfertigung

duplicar [dupli'kar] <c→qu> *vt, vr:* ~**se** (sich) verdoppeln

duplicidad [dupliθi'ðaᵈ] *f* (*falsedad*) Doppelzüngigkeit *f*

duplo, -a[1] ['duplo, -a] *adj* doppelt; *v. t.* **óctuplo**

duplo[2] ['duplo] *m* Doppelte(s) *nt*

duque(sa) ['duke, du'kesa] *m(f)* Herzog(in) *m(f)*

durabilidad [duraβili'ðaᵈ] *f* Dauerhaftigkeit *f;* (*de materiales*) Haltbarkeit *f*

durable [du'raβle] *adj* dauerhaft; (*pro-*

ducto) haltbar

duración [dura'θjon] *f* Dauer *f;* (*de un préstamo*) Laufzeit *f*

duradero, -a [dura'ðero, -a] *adj* dauerhaft; (*producto*) haltbar

durante [du'rante] *prep* während +*gen;* **hablar ~ una hora** eine Stunde lang sprechen

durar [du'rar] *vi* **1.** (*extenderse*) andauern; **~ todo el día** den ganzen Tag dauern **2.** (*permanecer*) sich halten **3.** (*resistir*) halten

durazno [du'raθno] *m* (*Am*) Pfirsich *m*

dureza [du'reθa] *f* **1.** (*rigidez*) Härte *f;* **~ de vientre** Verstopfung *f* **2.** (*callosidad*) Verhärtung *f*

durmiente [dur'mjente] **I.** *adj* schlafend **II.** *mf* Schlafende(r) *mf;* **la Bella D~** Dornröschen *nt*

duro, -a[1] ['duro, -a] *adj* hart; **~ de corazón** hartherzig; **a duras penas** mit Müh und Not; **estoy contigo a las duras y las maduras** ich gehe mit dir durch dick und dünn

duro[2] ['duro] **I.** *m* Fünfpesetenstück *nt* **II.** *adv* hart; **¡dale ~!** (*fam*) schlag (kräftig) zu!; (*a personas*) gib's ihm/ihr!

E

E, e [e] *f* E, e *nt;* ~ **de España** E wie Emil
e [e] *conj* (*ante* [h]i) und
E ['este] *abr de* **Este** O
ea ['ea] *interj* (*animando*) los
ebanista [eβa'nista] *mf* Möbeltischler(in) *m(f)*
ébano ['eβano] *m* **1.** (BOT) Ebenholzgewächs *nt* **2.** (*madera*) Ebenholz *nt*
ebrio, -a ['eβrjo, -a] *adj* (*elev*) **1.** (*borracho*) betrunken **2.** (*extasiado*) trunken (*de* vor +*dat*); (*ciego*) blind (*de* vor +*dat*)
ebullición [eβuʎi'θjon] *f* **1.** (*de líquidos*) Sieden *nt* **2.** (*agitación*) Aufruhr *m*
eccema [eɣ'θema] *m* Ekzem *nt*
echado, -a [e'ʧaðo, -a] *adj* **1.** (*postrado*) liegend; **estar** ~ liegen **2.** (*Nic, CRi: indolente*) träge **3.** (*loc*): ~ **para adelante** mutig
echar [e'ʧar] **I.** *vt* **1.** (*tirar*) werfen; (*carta*) einwerfen; ~ **a la basura/al suelo** in den Müll/auf den Boden werfen; **la suerte está echada** die Würfel sind gefallen **2.** (*verter*) eingießen (*en* in +*akk*) **3.** (*fam: aparecer*) bekommen; ~ **los dientes** zahnen **4.** (*expulsar*) hinauswerfen (*de* aus +*dat*); (*despedir*) entlassen **5.** (*emitir*) ausstoßen; ~ **humo** rauchen **6.** (*tumbar*) legen **7.** (*proyectar*) zeigen; (TEAT) aufführen; **en el cine echan 'Rocky IV'** im Kino läuft 'Rocky IV' **8.** (*calcular*): **te echo 30 años** ich schätze dich auf 30 **9.** (*tiempo, esfuerzo*): **eché dos horas en acabar** ich brauchte zwei Stunden, um fertig zu werden **10.** (*loc*): ~ **abajo** (*destruir*) abreißen; (*rechazar*) ablehnen; ~ **un brindis** einen Trinkspruch ausbringen; ~ **algo en cara a alguien** jdm etw vorwerfen; ~ **chispas** (*fam*) vor Wut schäumen; ~ **cuentas** rechnen; ~ **la culpa a alguien** die Schuld auf jdn schieben; ~ **un discurso** eine Rede halten; ~ **en falta** vermissen; ~ **gasolina** tanken; ~**las** (*Chil:* ~ *a correr*) davonlaufen; ~**le** (*Perú: emborracharse*) sich (ständig) betrinken; ~ **leña al fuego** (*fig*) Öl ins Feuer gießen; ~ **una mano a alguien** (*fam*) jdm zur Hand gehen; ~ **de menos** vermissen; ~ **una ojeada a alguien** einen Blick auf jdn werfen; ~ **a perder** verderben; ~ **pestes** (*fam*) fluchen; ~ **a pique** versenken; ~ **raíces** Wurzeln schlagen; ~ **a suertes** losen; ~ **por tierra** (*fig*) zunichte machen; ~ **un trago** (*fam*) einen Schluck trinken **II.** *vi* **1.** (*lanzar*) werfen **2.** (*verter*) einschenken **3.** (*empezar*) anfangen (*a* zu); ~ **a correr** loslaufen **III.** *vr:* ~**se 1.** (*postrarse*) sich hinlegen; **me eché en la cama** ich legte mich ins Bett **2.** (*lanzarse*) sich stürzen (*sobre* auf +*akk*); ~**se a los pies de alguien** sich jdm zu Füßen werfen **3.** (*empezar*) anfangen (*a* zu); ~**se a llorar** in Tränen ausbrechen **4.** (*fam: iniciar una relación*): ~**se un novio** sich *dat* einen Freund zulegen **5.** (*loc*): ~**se a perder** verderben
eclesiástico, -a[1] [ekle'sjastiko, -a] *adj* kirchlich
eclesiástico[2] [ekle'sjastiko] *m* Geistliche(r) *m*
eclipsar [ekliβ'sar] **I.** *vt* **1.** (ASTR) verfinstern **2.** (*oscurecer*) in den Schatten stellen **II.** *vr:* ~**se 1.** (*desaparecer*) verschwinden **2.** (*decaer*) schwinden
eclipse [e'kliβse] *m:* ~ **solar** Sonnenfinsternis *f*
eco ['eko] *m* **1.** (*de sonidos, t. fig*) Echo *nt;* **hacer** ~ (*fig*) Aufsehen erregen; **tener** ~ (*fig*) Anklang finden **2.** (*repercusión*) Nachklang *m*
ecografía [ekoɣra'fia] *f* **1.** (*técnica*) Ultraschall *m* **2.** (*imagen*) Ultraschallbild *nt*
ecología [ekolo'xia] *f* Ökologie *f*
ecológico, -a [eko'loxiko, -a] *adj* ökologisch; **daños** ~**s** Umweltschäden *mpl;* **producción ecológica** (AGR) biologischer Anbau
ecologismo [ekolo'xismo] *m sin pl* Umweltschutz *m*
ecologista [ekolo'xista] **I.** *adj* Umweltschutz- **II.** *mf* Umweltschützer(in) *m(f)*
economía [ekono'mia] *f* **1.** (*situación, sistema*) Wirtschaft *f;* ~ **de desechos** Entsorgungswirtschaft *f;* ~ **mundial** Weltwirtschaft *f;* ~ **sumergida** Schattenwirtschaft *f* **2.** (*ciencia*) Wirtschaftswissenschaft *f;* ~ **de la empresa** Betriebswirtschaft *f;* ~ **política** Volkswirtschaft(slehre) *f* **3.** (*ahorro*) Sparsamkeit *f* **4.** (*cosa ahorrada*) Ersparnis *f;* **hacer** ~**s** sparen
económico, -a [eko'nomiko, -a] *adj* **1.** (ECON) wirtschaftlich; **año** ~ Geschäftsjahr *nt;* **estudiar ciencias económicas** Wirtschaftswissenschaften studieren **2.** (*barato*) preiswert **3.** (*ahorrador*) sparsam
economista [ekono'mista] *mf* Wirtschaftswissenschaftler(in) *m(f)*
economizar [ekonomi'θar] <z→c> *vi, vt* sparen; **no** ~ **esfuerzos** keine Mühe scheuen; ~ **esfuerzos** seine Kräfte schonen

ecosistema [ekosis'tema] *m* Ökosystem *nt*
ecu ['eku] *m* Ecu *m o f*
ecuación [ekwa'θjon] *f* Gleichung *f*
ecuador [ekwa'ðor] *m* Äquator *m*

Ecuador liegt im nordwestlichen Teil Südamerikas. Im Norden grenzt es an Kolumbien, im Osten und Süden an Peru, im Westen an den Pazifik. Die Hauptstadt heißt **Quito**. Die offizielle Landessprache ist **Spanisch**. Die Währungseinheit **Ecuadors** ist der **sucre**.

ecuánime [e'kwanime] *adj* **1.** (*justo*) gerecht; (*imparcial*) unparteiisch **2.** (*sereno*) gelassen
ecuanimidad [ekwanimi'ðaᵈ] *f* **1.** (*imparcialidad*) Unparteilichkeit *f* **2.** (*calma*) Gelassenheit *f*
ecuatorial [ekwato'rjal] *adj* äquatorial
ecuatoriano, -a [ekwato'rjano, -a] **I.** *adj* ecuadorianisch **II.** *m, f* Ecuadorianer(in) *m(f)*
ecuménico, -a [eku'meniko, -a] *adj* ökumenisch
eczema [eʏ'θema] *m* Ekzem *nt*
edad [e'ðaᵈ] *f* **1.** (*años*) Alter *nt;* ~ **para jubilarse** Pensionsalter *nt;* ~ **del pavo** Flegeljahre *ntpl;* **mayor de** ~ volljährig; **menor de** ~ minderjährig; **a la** ~ **de...** im Alter von ... +*dat;* **¿qué** ~ **tiene?** wie alt sind Sie?; **de mi** ~ in meinem Alter **2.** (*época*) Zeitalter *nt;* ~ **media** Mittelalter *nt;* ~ **de piedra** Steinzeit *f*
edema [e'ðema] *m* Ödem *nt*
edén [e'ðen] *m* Paradies *nt*
edición [eði'θjon] *f* **1.** (*impresión*) Ausgabe *f;* ~ **de bolsillo** Taschenausgabe *f* **2.** (*conjunto de ejemplares*) Auflage *f*
edicto [e'ðikto] *m* **1.** (*decreto*) Erlass *m* **2.** (JUR) Aufgebot *nt*
edificable [edifi'kaβle] *adj* bebaubar
edificación [eðifika'θjon] *f* (*construcción*) Bau *m*
edificante [eðifi'kante] *adj* erbaulich
edificar [eðifi'kar] <c→qu> *vt* **1.** (*construcción*) bauen **2.** (*moral*) erbauen
edificio [eði'fiθjo] *m* Gebäude *nt*
editar [eði'tar] *vt* herausgeben
editor(a)[1] [eði'tor(a)] *m(f)* Herausgeber(in) *m(f)*
editor[2] [eði'tor] *m* (INFOR) Editor *m*
editorial[1] [eðito'rjal] **I.** *adj* verlegerisch; **casa** ~ Verlagshaus *nt;* **éxito** ~ Bestseller *m* **II.** *f* Verlag *m*
editorial[2] [eðito'rjal] *m* Leitartikel *m*
editorialista [eðitorja'lista] *mf* Leitartikler(in) *m(f)*
Edo. [es'taðo] (*Méx, Ven*) *abr de* **Estado** Staat *m*
edredón [eðre'ðon] *m* Federbett *nt*
educación [eðuka'θjon] *f* **1.** (*enseñanza*) Ausbildung *f;* (*de crianzas*) Erziehung *f;* ~ **de adultos** Erwachsenenbildung *f;* ~ **física** (ENS) Sportunterricht *m;* **E~ General Básica** Grund- und Hauptschulwesen *nt* (*in Spanien*); ~ **preescolar** Vorschulerziehung *f;* **Ministerio de E~ y Ciencia** Kultusministerium *nt* **2.** (*comportamiento*) Erziehung *f;* **el niño no tiene** ~ das Kind ist unerzogen **3.** (*conocimientos*) Bildung *f*

Die **Educación Infantil** – bis zum 6. Lebensjahr – entspricht ungefähr der Kinderkrippe, dem Kindergarten und der Vorschule und besteht aus zwei Stufen oder **ciclos** (1. Stufe: bis zum 3. Lebensjahr; 2. Stufe: vom 3. bis zum 6. Lebensjahr).

Die **Educación Primaria** – für Kinder im Alter von 6 bis 12 Jahren – entspricht ungefähr der Grundschule. Sie unterliegt der allgemeinen Schulpflicht und ist in drei Stufen – zu je zwei Schuljahren – gegliedert.

educado, -a [eðu'kaðo, -a] *adj* **1.** (*culto*) gebildet **2.** (*comportamiento*): **bien** ~ wohlerzogen; **mal** ~ unerzogen
educar [edu'kar] <c→qu> *vt* **1.** (*dar instrucción*) ausbilden **2.** (*dirigir*) erziehen; **los padres educan a los hijos** die Eltern erziehen ihre Kinder **3.** (*facultades*) schulen; **debes** ~ **tu oído** du musst dein Gehör schulen
educativo, -a [eðuka'tiβo, -a] *adj* (*instructivo*) Bildungs-; (*pedagógico*) Erziehungs-
edulcorante [eðulko'rante] *m* Süßstoff *m*
edulcorar [eðulko'rar] *vt* süßen
EE.UU. [es'taðos u'niðos] *mpl abr de* **Estados Unidos** USA *pl*
efe ['efe] *f* (*letra*) F, f *nt*
efectividad [efektiβi'ðaᵈ] *f* **1.** (*efecto*) Wirksamkeit *f* **2.** (*autenticidad*) Wirklichkeit *f* **3.** (*empleo*) feste Anstellung *f*
efectivo, -a[1] [efek'tiβo, -a] *adj* **1.** (*que hace efecto*) wirksam **2.** (*auténtico*) wirklich; **un éxito** ~ ein echter Erfolg; **hacer** ~ in die Tat umsetzen; (*cheque*) einlösen **3.** (*no interino*) fest angestellt

efectivo[2] [efek'tiβo] *m* (*dinero*) Bargeld *nt;* ~ **electrónico** Electronic Cash *nt;* **en** ~ bar

efecto [e'fekto] *m* **1.** (*consecuencia*) Wirkung *f;* (*resultado*) Ergebnis *nt;* ~ **boomerang** Bumerangeffekt *m;* ~ **invernadero** Treibhauseffekt *m;* **hacer** ~ wirken; **hacer buen** ~ (*impresión*) einen guten Eindruck machen; **tener** ~ stattfinden; **llevar a** ~ zustande bringen; **en** ~ tatsächlich; **con** ~**s retroactivos** rückwirkend **2.** (COM) Wertpapier *nt* **3.** (*loc*): **para los** ~**s** praktisch

efectuar [efektu'ar] <*1. pres:* efectúo> **I.** *vt* durchführen; (*viaje*) unternehmen; ~ **una compra** einen Kauf tätigen; ~ **una llamada** anrufen **II.** *vr:* ~**se** (*tener lugar*) stattfinden; (*realizarse*) verwirklicht werden

efervescente [eferβes'θeṇte] *adj* (*líquido*) brodelnd; **pastilla** ~ Brausetablette *f*

eficacia [efi'kaθja] *f* **1.** (*resultado positivo*) Wirksamkeit *f;* ~ **económica** Wirtschaftlichkeit *f;* **con** ~ erfolgreich; **sin** ~ erfolglos **2.** (TÉC) Leistung *f*

eficaz [efi'kaθ] *adj* **1.** (*eficiente*) wirksam; (TÉC) leistungsfähig **2.** (*persona*) tatkräftig

eficiencia [efi'θjeṇθja] *f* **1.** (*eficacia*) Wirksamkeit *f;* (TÉC) Leistungsfähigkeit *f* **2.** (*persona*) Tüchtigkeit *f*

eficiente [efi'θjeṇte] *adj* wirksam; (TÉC) leistungsfähig; (*persona*) tüchtig

efusión [efu'sjon] *f* **1.** (*cordialidad*) Herzlichkeit *f;* **con gran** ~ herzlich **2.** (*derramamiento*) Vergießen *nt*

efusivo, -a [efu'siβo, -a] *adj* herzlich

EGB [exe'βe] *f abr de* **Educación General Básica** (spanisches) Grundschulwesen *nt*

Egeo [e'xeo] *m* Ägäis *f;* **el mar** ~ das Ägäische Meer

egipcio, -a [e'xiβθjo, -a] **I.** *adj* ägyptisch **II.** *m, f* Ägypter(in) *m(f)*

Egipto [e'xipto] *m* Ägypten *nt*

ego ['eɣo] *m* (PSICO) Ich *nt*

egocéntrico, -a [eɣo'θeṇtriko, -a] *adj* egozentrisch

egoísmo [eɣo'ismo] *m sin pl* Egoismus *m*

egoísta [eɣo'ista] **I.** *adj* egoistisch **II.** *mf* Egoist(in) *m(f)*

eh [e] *interj* **1.** (*advertencia*) he; **no vuelvas a hacerlo, ¿~?** tu das bloß nicht noch mal! **2.** (*susto, incomprensión*): **¿~?** wie?, was?

ej. [e'xemplo] *abr de* **ejemplo** Bsp.; **p.~** z. B.

eje ['exe] *m* **1.** (TÉC, MAT) Achse *f;* ~ **anterior** Vorderachse *f* **2.** (*centro*): ~ **de la conversación** Hauptgesprächsthema *nt;* **ser el** ~ **de atención** im Mittelpunkt stehen

ejecución [exeku'θjon] *f* **1.** (*realización*) Ausführung *f;* (*de proyectos*) Durchführung *f;* ~ **de un pedido** Auftragserledigung *f;* ~ **de la sentencia** (JUR) Urteilsvollstreckung *f;* **poner en** ~ ausführen **2.** (*sentencia de muerte*) Hinrichtung *f*

ejecutar [exeku'tar] *vt* ausführen

ejecutivo, -a [exeku'tiβo, -a] **I.** *adj* **1.** (*que decide*) ausübend; **poder** ~ (POL) Exekutive *f* **2.** (JUR) vollstreckbar **3.** (*urgente*) dringend **II.** *m, f* (*en cargo directivo*) Führungskraft *f;* (*empleado*) leitender Angestellter *m,* leitende Angestellte *f;* ~ **de marketing** Marketingmanager *m*

ejemplar [exem'plar] **I.** *adj* **1.** (*ejemplo*) vorbildlich **2.** (*escarmiento*) exemplarisch **II.** *m* Exemplar *nt;* ~ **de muestra** Probeexemplar *nt*

ejemplarizar [exemplari'θar] <z→c> *vi* (*Am*) ein Beispiel geben

ejemplificar [exemplifi'kar] <c→qu> *vt* mit Beispielen belegen

ejemplo [e'xemplo] *m* Beispiel *nt;* **dar buen** ~ mit gutem Beispiel vorangehen; **poner por** ~ als Beispiel anführen; **por** ~ zum Beispiel; **predicar con el** ~ mit gutem Beispiel vorangehen; **tomar por** ~ zum Beispiel nehmen

ejercer [exer'θer] <c→z> **I.** *vt* ausüben; (*derechos*) geltend machen **II.** *vi* arbeiten; ~ **de profesor** als Lehrer arbeiten; ~ **de médico** praktizieren

ejercicio [exer'θiθjo] *m* **1.** (*de una profesión*) Ausübung *f;* **en** ~ ausübend **2.** (DEP) Übung *f;* (*entrenamiento*) Training *nt;* **el médico me recomendó hacer** ~ der Arzt empfahl mir mich mehr zu bewegen; **tener falta de** ~ nicht genug Bewegung haben **3.** (ENS: *para practicar*) Übung *f;* (*prueba*) Aufgabe *f* **4.** (MIL): ~ **de las armas** Waffendienst *m;* ~ **de combate** Gefechtsübung *f* **5.** (ECON): ~ **contable** Rechnungsjahr *nt;* ~ **económico** Geschäftsjahr *nt*

ejercitar [exerθi'tar] **I.** *vt* **1.** (*profesión*) ausüben; (*actividad*) (be)treiben; ~ **la cirugía** als Chirurg tätig sein **2.** (*desarrollar*) trainieren **II.** *vr:* ~**se** sich üben (*en* in +*dat*); ~**se en natación** schwimmen lernen

ejército [e'xerθito] *m* (MIL: *tropas*) Heer *nt;* (*fuerzas armadas*) Armee *f;* ~ **del aire** Luftwaffe *f;* ~ **profesional** Berufsarmee *f*

el, la, lo [el, la, lo] <los, las> *art det* der, die, das; **el perro/puente/niño** der Hund/die Brücke/das Kind; **la mujer/mesa/chica** die Frau/der Tisch/das Mädchen; **lo bueno** das Gute; **el Canadá** Kanada *nt;* **la China/India** China *nt*/Indien *nt;* **los amigos/las amigas** die Freunde/die Freundinnen; **¡la de gente que vino!** die Leute kamen in Massen!; **lo antes posible** schnellstmöglich; **lo más pronto posible** so bald wie möglich; **hazlo lo mejor que puedas** mach es so gut wie du kannst

él [el] *pron pers 3. sg m* **1.** (*sujeto*) er **2.** (*tras*

preposición: acusativo) ihn; (*dativo*) ihm; **el libro es de** ~ (*suyo*) das Buch ist seins
elaboración [elaβoraˈθjon] *f* **1.** (*fabricación*) Herstellung *f;* (*tratamiento*) Verarbeitung *f* **2.** (*de comidas*) Zubereitung *f;* **de** ~ **casera** hausgemacht **3.** (*de una idea*) Ausarbeitung *f;* (*de una obra*) Bearbeitung *f*
elaborar [elaβoˈrar] *vt* **1.** (*fabricar*) herstellen; (*trabajar*) verarbeiten **2.** (*una idea*) ausarbeiten; (*una obra*) bearbeiten
elástico, -a[1] [eˈlastiko, -a] *adj* elastisch; (*concepto*) dehnbar
elástico[2] [eˈlastiko] *m* (*goma*) Gummiband *nt;* (*de calcetín*) Bündchen *nt*
Elba [ˈelβa] *m* **1.** (*río*): **el** ~ die Elbe **2.** (*isla*) Elba *nt*
ele [ˈele] *f* L, l *nt*
elección [ele^{ɣ}ˈθjon] *f* (*selección, t.* POL) Wahl *f;* (*alternativa*) Auswahl *f;* **elecciones legislativas** Parlamentswahlen *fpl;* ~ **de la profesión** Berufswahl *f;* **lo dejo a su** ~ ich überlasse Ihnen die Wahl
electo, -a [eˈlekto, -a] *adj* gewählt
elector(a) [elekˈtor(a)] **I.** *adj* wahlberechtigt **II.** *m(f)* Wähler(in) *m(f)*
electorado [elektoˈraðo] *m* Wählerschaft *f*
electoral [elektoˈral] *adj* (*relativo a elecciones*) Wahl-; (*a electores*) Wähler-; **colegio** ~ Wahllokal *nt*
electricidad [elektriθiˈða^{ð}] *f* Elektrizität *f*
electricista [elektriˈθista] **I.** *adj* Elektro- **II.** *mf* Elektriker(in) *m(f)*
eléctrico, -a [eˈlektriko, -a] *adj* elektrisch; **máquina eléctrica** Elektrogerät *nt*
electrizar [elektriˈθar] <z→c> *vt* elektrisieren; (*fig*) begeistern
electrodo [elekˈtroðo] *m* Elektrode *f;* ~ **negativo** Kathode *f;* ~ **positivo** Anode *f*
electrodoméstico [elektroðoˈmestiko] *m* Haushaltsgerät *nt*
electrón [elekˈtron] *m* Elektron *nt*
electrónica [elekˈtronika] *f* Elektronik *f*
electrónico, -a [elekˈtroniko, -a] *adj* elektronisch; **microscopio** ~ Elektronenmikroskop *nt;* **movimiento** ~ **de pagos** elektronischer Zahlungsverkehr
electrotecnia [elektroˈteɣnja] *f* Elektrotechnik *f*
electrotécnico, -a [elektroˈteɣniko, -a] *adj* elektrotechnisch
elefante, -a [eleˈfaṇte, -a] *m, f* (ZOOL) Elefant *m,* Elefantenkuh *f;* ~ **marino** Walross *nt;* **ver ~s volando** (*fig*) weiße Mäuse sehen
elegancia [eleˈɣaṇθja] *f* **1.** (*distinción*) Eleganz *f* **2.** (*buen gusto*) Geschmack *m*
elegante [eleˈɣaṇte] *adj* elegant; (*noble*) vornehm; (*con buen gusto*) geschmackvoll
elegir [eleˈxir] *irr vi, vt* wählen (*de/entre* zwischen +*dat*); (INFOR) auswählen; **a** ~ nach Wahl
elemental [elemeṇˈtal] *adj* elementar; **conocimientos ~es** Grundkenntnisse
elemento [eleˈmeṇto] *m* **1.** (*componente, persona*) Element *nt;* ~ **base** Grundbestandteil *m;* **tener ~s de juicio** urteilsfähig sein **2.** *pl* (*fuerzas naturales*) Naturgewalten *fpl* **3.** *pl* (*nociones fundamentales*): **~s de matemáticas** Grundkenntnisse der Mathematik **4.** *pl* (*medios*) Mittel *ntpl*
elenco [eˈleŋko] *m* **1.** (*catálogo*) Verzeichnis *nt* **2.** (TEAT) Besetzung *f* **3.** (*Am: personal*) Personal *nt* **4.** (*Chil, Perú: equipo*) Mannschaft *f*
elepé [eleˈpe] *m* Langspielplatte *f*
elevación [eleβaˈθjon] *f* **1.** (*subida*) Erhöhung *f* **2.** (GEO) Anhöhe *f*
elevado, -a [eleˈβaðo, -a] *adj* (*alto*) hoch; (*nivel, estilo*) gehoben
elevador [eleβaˈðor] *m* (*AmC: ascensor*) Aufzug *m;* (*Arg: para cargas*) Lastenaufzug *m*
elevalunas [eleβaˈlunas] *m inv* Fensterheber *m*
elevar [eleˈβar] **I.** *vt* **1.** (*subir*) erhöhen; ~ **al trono** auf den Thron erheben **2.** (MAT): ~ **a una potencia** potenzieren; **tres elevado a cuatro** drei hoch vier **3.** (*enviar*) einreichen (*a* bei +*dat*); ~ **una protesta** protestieren **II.** *vr:* **~se 1.** (*tener altura*) eine Höhe haben (*a* von +*dat*) **2.** (*tener precio*) betragen (*a* +*akk*); (*cotización*) steigen (*a* auf +*akk*) **3.** (*hallarse*) emporragen
eliminación [eliminaˈθjon] *f* **1.** (*supresión*) Beseitigung *f;* (*de errores*) Behebung *f;* (*de aranceles*) Abschaffung *f* **2.** (MED) Ausscheidung *f* **3.** (DEP: *ser eliminado*) Ausscheiden *nt*
eliminar [elimiˈnar] *vt* **1.** (*suprimir, matar*) beseitigen; (*fallos*) beheben; ~ **a la competencia** die Konkurrenz verdrängen **2.** (MED) ausscheiden **3.** (DEP) besiegen; **fueron eliminados en la cuarta prueba** sie schieden in der vierten Runde aus
eliminatoria [eliminaˈtorja] *f* (*competición*) Ausscheidungskampf *m;* (*vuelta*) Vorrunde *f*
elipse [eˈliβse] *f* Ellipse *f*
elipsis [eˈliβsis] *f inv* Ellipse *f*
elite [eˈlite] *f* Elite *f*
elitista [eliˈtista] *adj* elitär
elixir [eli^{ɣ}ˈsir] *m* Elixier *nt*
ella [ˈeʎa] *pron pers 3. sg f* **1.** (*sujeto*) sie **2.** (*tras preposición: acusativo*) sie; (*dativo*) ihr; **el abrigo es de** ~ (*suyo*) der Mantel ist ihrer
ellas [ˈeʎas] *pron pers 3. pl f* **1.** (*sujeto*) sie *pl* **2.** (*tras preposición: acusativo*) sie; (*dativo*) ihnen; **el coche es de** ~ (*suyo*) das Auto gehört ihnen

ello ['eʎo] *pron pers 3. sg nt* **1.** (*sujeto*) das **2.** (*tras preposición*): **para** ~ dafür; **por** ~ darum; **estar en** ~ schon dabei sein; **¡a ~!** nur zu!

ellos ['eʎos] *pron pers 3. pl m* **1.** (*sujeto*) sie *pl* **2.** (*tras preposición: acusativo*) sie; (*dativo*) ihnen; **estos niños son de** ~ (*suyos*) das sind ihre Kinder

elocuencia [elo'kwen̪θja] *f* Beredsamkeit *f;* **con** ~ beredt

elocuente [elo'kwen̪te] *adj* **1.** (*hablando*) beredt **2.** (*claro*) viel sagend; **las pruebas son ~s** die Beweise sprechen für sich

elogiar [elo'xjar] *vt* loben

elogio [e'loxjo] *m* Lob *nt;* **hacer ~s** loben; **recibir ~s** Lob ernten

elote [e'lote] *m* (*AmC*) Maiskolben *m*

eludir [elu'ðir] *vt* **1.** (*evitar*) umgehen; (*preguntas*) ausweichen *+dat;* **~ su responsabilidad** sich seiner Verantwortung entziehen **2.** (*declinar*) ablehnen

emanar [ema'nar] **I.** *vi* **1.** (*escaparse*) ausströmen (*de* aus *+dat*); (*líquido*) ausfließen (*de* aus *+dat*) **2.** (*tener su origen*) hervorgehen (*de* aus *+dat*) **II.** *vt* ausstrahlen

emancipación [eman̪θipa'θjon] *f* Emanzipation *f*

emancipar [eman̪θi'par] **I.** *vt* (*liberar*) befreien; (*feminismo*) emanzipieren **II.** *vr:* **~se** sich emanzipieren

embadurnar [embaður'nar] **I.** *vt* **1.** (*manchar*) beschmieren (*con/de* mit *+dat*) **2.** (*pintar*) schmieren **II.** *vr:* **~se** sich beschmieren (*de/con* mit *+dat*)

embajada [emba'xaða] *f* Botschaft *f*

embajador(a) [embaxa'ðor(a)] *m(f)* (*diplomático*) Botschafter(in) *m(f)*

embalaje [emba'laxe] *m* Verpackung *f*

embalar [emba'lar] **I.** *vt* (*empaquetar*) verpacken **II.** *vr:* **~se** (*correr*) lossausen

embalsamar [embalsa'mar] *vt* **1.** (*cadáveres*) einbalsamieren **2.** (*perfumar*) parfümieren

embalsar [embal'sar] *vt* stauen

embalse [em'balse] *m* **1.** (*acción*) Stauen *nt* **2.** (*pantano*) Stausee *m* **3.** (*Arg: presa*) Talsperre *f*

embarazada [embara'θaða] **I.** *adj* (*encinta*) schwanger; **estar ~ de seis meses** im sechsten Monat schwanger sein **II.** *f* Schwangere *f*

embarazado, -a [embara'θaðo, -a] *adj* (*cohibido*) verlegen

embarazar [embara'θar] <z→c> *vt* **1.** (*estorbar*) behindern **2.** (*cohibir*) in Verlegenheit bringen **3.** (*dejar encinta*) schwängern

embarazo [emba'raθo] *m* **1.** (*gravidez*) Schwangerschaft *f;* **interrupción del** ~ Schwangerschaftsabbruch *m* **2.** (*cohibición*) Verlegenheit *f;* **causar ~ a alguien** jdn in Verlegenheit bringen **3.** (*impedimento*) Hindernis *nt*

embarazoso, -a [embara'θoso, -a] *adj* **1.** (*molesto*) hinderlich **2.** (*desagradable*) peinlich

embarcación [embarka'θjon] *f* Schiff *nt*

embarcadero [embarka'ðero] *m* Landungsbrücke *f*

embarcar [embar'kar] <c→qu> **I.** *vi* an Bord gehen **II.** *vt* **1.** (*en barco*) einschiffen **2.** (*en un asunto*) verwickeln (*en* in *+akk*) **III.** *vr:* **~se** **1.** (*en barco*) an Bord gehen **2.** (*en un asunto*) sich einlassen (*en* auf *+akk*)

embargar [embar'ɣar] <g→gu> *vt* **1.** (*retener*) beschlagnahmen **2.** (*absorber*) gefangen nehmen **3.** (*molestar*) behindern

embargo [em'barɣo] **I.** *m* **1.** (*retención*) Embargo *nt* **2.** (*confiscación*) Beschlagnahmung *f* **II.** *conj:* **sin** ~ trotzdem

embarque [em'barke] *m* **1.** (*de material*) Einschiffung *f* **2.** (*de personas*) An-Bord-Gehen *nt;* **tarjeta de** ~ Bordkarte *f*

embarrancar [embarraŋ'kar] <c→qu> **I.** *vi* stecken bleiben; (*barcos*) stranden **II.** *vr:* **~se** stecken bleiben

embarullar [embaru'ʎar] **I.** *vt* (*fam*) durcheinander bringen **II.** *vr:* **~se** (*fam*) durcheinander geraten

embate [em'bate] *m* **1.** (*del mar*) Brandung *f* **2.** (*golpe*) Schlag *m*

embaucador(a) [embau̯ka'ðor(a)] **I.** *adj* betrügerisch **II.** *m(f)* Betrüger(in) *m(f)*

embaucar [embau̯'kar] <c→qu> *vt* betrügen

embeber [embe'βer] **I.** *vi* einlaufen **II.** *vt* **1.** (*absorber*) aufsaugen **2.** (*empapar*) tränken (*de* mit *+dat*) **3.** (*contener*) enthalten **III.** *vr:* **~se** **1.** (*empaparse*) sich voll saugen (*de* mit *+dat*) **2.** (*enfrascarse*) sich vertiefen (*en* in *+akk*)

embelesar [embele'sar] **I.** *vi, vt* begeistern; **tu voz (me) embelesa** du hast eine entzückende Stimme **II.** *vr:* **~se** sich begeistern (*de/con* für *+akk*)

embellecer [embeʎe'θer] *irr como crecer vt* **1.** (*hacer más bonito*) verschönern **2.** (*idealizar*) idealisieren

embestida [embes'tiða] *f* Angriff *m*

embestir [embes'tir] *irr como pedir* **I.** *vi* schlagen **II.** *vt* **1.** (*atacar*) angreifen **2.** (*fam: pidiendo*) anbetteln

emblema [em'blema] *m* Emblem *nt*

embobar [embo'βar] **I.** *vt* (*asombrar*) verblüffen; (*fascinar*) faszinieren **II.** *vr:* **~se** (*de asombro*) erstaunt sein (*con/en* über *+akk*); (*de fascinación*) fasziniert sein (*con/en* von *+dat*)

embocadura [emboka'ðura] *f* **1.** (*entrada*) Einfahrt *f;* (*de un río*) Mündung *f* **2.** (*de los* *caballos, t.* MÚS) Mundstück *nt*

embocar [embo'kar] <c→qu> *vt* (*enfilar*) (hin)einfahren (in +*akk*); **el barco emboca el puerto** das Schiff fährt in den Hafen ein

embolia [em'bolja] *f* Embolie *f;* ~ **cerebral** Gehirnschlag *m*

émbolo ['embolo] *m* (TÉC) Kolben *m*

embolsar [embol'sar] *vt* **1.** (*meter*) einpacken **2.** (*dinero*) verdienen

emboquillado [emboki'ʎaðo] *m* Filterzigarette *f*

emborrachar [emborra'ʧar] **I.** *vt* **1.** (*a alguien*) betrunken machen **2.** (GASTR) Alkohol zugeben +*dat* **II.** *vr:* ~**se 1.** (*beber*) sich betrinken (*con/de* mit +*dat*) **2.** (*los colores*) ineinander laufen

emborrascarse [emborras'karse] <c→qu> *vr* **1.** (METEO) stürmisch werden **2.** (*negocio*) scheitern

emborronar [emborro'nar] *vt* **1.** (*de tachaduras*) verschmieren **2.** (*escribir*) hinkritzeln

emboscada [embos'kaða] *f* Hinterhalt *m;* **tender una** ~ **a alguien** jdm eine Falle stellen

emboscarse [embos'karse] <c→qu> *vr* (*para atacar*) im Hinterhalt lauern

embotellado, -a [embote'ʎaðo, -a] *adj* (*bebida*) abgefüllt; **vino** ~ Flaschenwein *m*

embotellamiento [emboteʎa'mjen̩to] *m* **1.** (*de vino*) Flaschenabfüllung *f* **2.** (*de tráfico*) Stau *m*

embotellar [embote'ʎar] **I.** *vt* **1.** (*líquido*) (in Flaschen) abfüllen **2.** (*tráfico*) lahm legen **3.** (*fam: lección*) pauken **II.** *vr:* ~**se 1.** (*fam: lección*) pauken **2.** (*tráfico*) sich stauen

embozar [embo'θar] <z→c> **I.** *vt* **1.** (*rostro*) vermummen **2.** (*hecho*) vertuschen **II.** *vr:* ~**se** (*rostro*) sich vermummen

embragar [embra'ɣar] <g→gu> **I.** *vi* (AUTO) kuppeln **II.** *vt* (AUTO) einkuppeln

embrague [em'braɣe] *m* Kupplung *f*

embriagar [embrja'ɣar] <g→gu> **I.** *vi, vt* **1.** (*emborrachar*) betrunken machen **2.** (*enajenar*) berauschen; **este perfume embriaga** das ist ein betörendes Parfum **II.** *vr:* ~**se** (*emborracharse*) sich betrinken

embriaguez [embrja'ɣeθ] *f* **1.** (*borrachera*) (Be)trunkenheit *f;* **en estado de** ~ in betrunkenem Zustand **2.** (*enajenación*) Rausch *m*

embrión [embri'on] *m* (BIOL) Embryo *m*

embrionario, -a [embrjo'narjo, -a] *adj* embryonal

embrollar [embro'ʎar] **I.** *vt* **1.** (*liar*) verwirren; **embrollas todo lo que tocas** du bringst alles durcheinander; **lo embrollas más de lo necesario** du machst die Sache komplizierter als nötig **2.** (*Chil, Urug: engañar*) betrügen **II.** *vr:* ~**se** sich verwirren; ~**se en un negocio** in ein Geschäft verwickelt werden

embrollo [em'broʎo] *m* **1.** (*lío*) Durcheinander *nt;* (*de hilos*) Gewirr *nt;* **meterse en un** ~ sich in eine verzwickte Lage bringen **2.** (*embuste*) Lüge *f;* **no me vengas con** ~**s** sag mir die Wahrheit **3.** (*chanchullo*) Intrige *f;* **este negocio seguro que es un** ~ an diesem Geschäft ist mit Sicherheit etwas faul

embromado, -a [embro'maðo, -a] *adj* (*Am: fam*) **1.** (*difícil*) schwierig **2.** (*molesto*) lästig

embromar [embro'mar] *vt* **1.** (*gastar una broma*) hochnehmen; (*cariñosamente*) necken **2.** (*engatusar*) beschwatzen **3.** (*Am: fastidiar*) ärgern

embrujado, -a [embru'xaðo, -a] *adj* Geister-; **castillo** ~ Spukschloss *nt*

embrujar [embru'xar] *vt* **1.** (*haciendo brujería*) verhexen **2.** (*embelesar*) verzaubern

embuchado [embu'ʧaðo] *m* **1.** (GASTR) ≈Wurst *f* **2.** (*para ocultar*) Ablenkungsmanöver *nt* **3.** (POL) Wahlbetrug *m*

embudo [em'buðo] *m* **1.** (*aparato*) Trichter *m;* **en forma de** ~ trichterförmig; **aplicar la ley del** ~ mit zweierlei Maß messen **2.** (*trampa*) Schwindel *m*

embuste [em'buste] *m* **1.** (*mentira*) Lüge *f* **2.** (*estafa*) Betrug *m*

embustero, -a [embus'tero, -a] **I.** *adj* verlogen; **¡qué tío más** ~**!** der lügt ja wie gedruckt! **II.** *m, f* **1.** (*mentiroso*) Lügner(in) *m(f)* **2.** (*estafador*) Betrüger(in) *m(f)*

embute [em'bute] *m* (*Méx: fam: soborno*) Bestechung *f*

embutido [embu'tiðo] *m* (GASTR) Wurst *f;* ~**s** Wurstwaren *fpl*

embutir [embu'tir] **I.** *vt* **1.** (*cosas*) (hinein)stopfen (*en* in +*akk*); (*personas*) hineinzwängen (*en* in +*akk*); ~ **lana en un cojín** ein Kissen mit Wolle füllen; **íbamos embutidos en el tranvía** wir waren in der Straßenbahn zusammengepfercht **2.** (*el embutido*) füllen **II.** *vr:* ~**se** (*de comida*) sich voll stopfen (*de* mit +*dat*)

eme ['eme] *f* M, m *nt;* **mandar a alguien a la** ~ (*fam: mierda*) jdn zum Teufel schicken

emergencia [emer'xen̩θja] *f* **1.** (*acción*) Auftauchen *nt* **2.** (*suceso*) Notfall *m;* **estado de** ~ Notstand *m;* **plan de** ~ Notstandsplan *m;* **declarar el estado de** ~ **en una zona** eine Zone zum Notstandsgebiet erklären

emergente [emer'xen̩te] *adj:* **país** ~ Schwellenland *nt*

emerger [emer'xer] <g→j> *vi* **1.** (*del agua*) auftauchen (*de* aus +*dat*) **2.** (*de la superficie*) hervorragen (*de* aus +*dat*); **mi jefe**

emergió de la nada mein Chef hat sich von ganz unten emporgearbeitet

emeritense [emeri'tense] **I.** *adj* aus Mérida **II.** *mf* Einwohner(in) *m(f)* von Mérida

emigración [emiɣra'θjon] *f* Auswanderung *f* (*a* nach +*dat,* in +*akk*), Emigration *f* (*a* nach +*dat,* in +*akk*)

emigrado, -a [emi'ɣraðo, -a] *m, f,* **emigrante** [emi'ɣran̩te] *mf* Auswanderer, -in *m, f,* Emigrant(in) *m(f)*

emigrar [emi'ɣrar] *vi* auswandern

eminencia [emi'nen̩θja] *f* **1.** (GEO) Anhöhe *f* **2.** (*título*) Eminenz *f* **3.** (*talento*) Meister *m* (*en* +*gen*); **ser una ~ en su campo** ein Meister auf seinem Gebiet sein; **ser una ~ en literatura contemporánea** ein Experte für zeitgenössische Literatur sein

eminente [emi'nen̩te] *adj* **1.** (*elevado*) hoch (gelegen) **2.** (*sobresaliente*) herausragend

emisión [emi'sjon] *f* **1.** (TV, RADIO: *difusión*) Ausstrahlung *f;* (*en directo*) Übertragung *f;* (*programa*) Sendung *f* **2.** (*de luz*) Ausstrahlung *f;* (*de radiación/calor*) Abgabe *f* **3.** (FIN) Ausgabe *f* **4.** (*de contaminantes*) Ausstoß *m;* **emisiones contaminantes** Schadstoffemissionen *fpl*

emisor(a) [emi'sor(a)] *adj* **1.** (TV, RADIO) Sende- **2.** (FIN): **banco ~** Notenbank *f*

emisora [emi'sora] *f* Sender *m;* **~ clandestina** Piratensender *m;* **~ de radio** Rundfunksender *m;* **~ de televisión** Fernsehsender *m*

emitir [emi'tir] *vt* (TV, RADIO) senden; (*en directo*) übertragen; (*luz, calor, olor*) ausstrahlen; (*radiación*) abgeben; (*humo, grito*) ausstoßen; (*dictamen*) abgeben; (FIN) ausgeben

emoción [emo'θjon] *f* **1.** (*sentimiento*) Gefühlsregung *f;* (*conmoción*) Rührung *f;* **lleno de emociones** emotionsgeladen; **palabras llenas de ~** sehr bewegte Worte; **sin ~** emotionslos; **sentir una honda ~** tief bewegt sein; **hacer llorar de ~ a alguien** jdn zu Tränen rühren; **dar rienda suelta a sus emociones** seinen Gefühlen freien Lauf lassen **2.** (*turbación*) Aufregung *f*

emocional [emoθjo'nal] *adj* emotional

emocionante [emoθjo'nan̩te] *adj* **1.** (*conmovedor*) rührend, bewegend **2.** (*excitante*) spannend

emocionar [emoθjo'nar] **I.** *vt* bewegen; **este libro no me emociona** dieses Buch lässt mich kalt; **los espectadores estaban emocionados** die Zuschauer waren ergriffen; **tus palabras me ~on** deine Worte gingen mir zu Herzen; **sólo la idea ya lo emocionaba** der Gedanke allein versetzte ihn in freudige Erregung **II.** *vr:* **~se 1.** (*conmoverse*) gerührt sein **2.** (*turbarse*) sich aufregen; (*alegrarse*) freudig erregt sein

emolumentos [emolu'men̩tos] *mpl* Einkünfte *fpl;* (*de un libro*) Tantiemen *fpl;* (*honorarios*) Honorar *nt*

emotivo, -a [emo'tiβo, -a] *adj* emotional; (*atmósfera*) emotionsgeladen; (*escena*) rührend

empacar [empa'kar] <c→qu> **I.** *vi* packen **II.** *vt* (ein)packen

empachado, -a [empa'tʃaðo, -a] *adj:* **estoy ~** (*indigestado*) ich habe mir den Magen verdorben; (*harto*) ich habe zu viel gegessen

empachar [empa'tʃar] **I.** *vt* **1.** (*indigestar*) nicht bekommen +*dat* **2.** (*turbar*) verlegen machen; **para decirlo no me empacha que estés delante** deine Anwesenheit hindert mich nicht daran, es zu sagen **II.** *vr:* **~se 1.** (*indigestarse*) sich *dat* den Magen verderben; (*comer demasiado*) sich *dat* den Magen voll schlagen **2.** (*turbarse*) in Verlegenheit geraten; **no ~se de expresar sus sentimientos** sich nicht schämen seine Gefühle zu offenbaren

empacho [em'patʃo] *m* **1.** (*indigestión*) Magenverstimmung *f;* **tengo un ~ de dulces** ich habe mir den Magen mit Süßigkeiten verdorben; **tengo un ~ de televisión** ich habe das Fernsehen satt **2.** (*turbación*) Verlegenheit *f;* **no tengo ~ en…** es macht mir nichts aus zu …

empadronamiento [empaðrona'mjen̩to] *m* Eintragung *f* in das Einwohnerregister; (*en Alemania*) Meldung *f* beim Einwohnermeldeamt; **oficina de ~** Einwohnermeldeamt *nt*

empadronar [empaðro'nar] **I.** *vt* (ins Einwohnerregister) eintragen; (*en Alemania*) anmelden **II.** *vr:* **~se** sich ins Einwohnerregister eintragen; (*en Alemania*) sich anmelden

empalagar [empala'ɣar] <g→gu> **I.** *vt, vi* **1.** (*alimento*) zu süß sein +*dat* **2.** (*persona*) lästig sein +*dat;* **tanta cortesía me empalaga** so viel Höflichkeit ist mir zuwider; **esta película empalaga** dieser Film ist zu sentimental **II.** *vr:* **~se 1.** (*empacharse*) sich *dat* den Magen verderben **2.** (*hastiarse*) überdrüssig werden (*de/con* +*gen*); **me empalago de oírlo contar chistes** ich kann seine Witze nicht mehr hören

empalagoso, -a [empala'ɣoso, -a] *adj* **1.** (*alimento*) süßlich **2.** (*persona*) lästig **3.** (*película*) sentimental

empalmar [empal'mar] **I.** *vi* **1.** (*dos trenes*) Anschluss haben (*con* an +*akk*) **2.** (*dos caminos*) sich kreuzen; (*dos ríos*) zusammenfließen; **esta carretera empalma con la nacional** über diese Landstraße kommt man zur Bundesstraße **II.** *vt* (*maderos, tu-*

bos) aneinander fügen; (*teléfono*) anschließen; ~ **a puerta** (DEP) direkt aufs Tor schießen

empalme [em'palme] *m* **1.** (*acción: de maderos/tubos*) Verbindung *f;* (*del teléfono*) Anschluss *m* **2.** (*punto: de maderos/tubos*) Verbindungsstelle *f;* (*del teléfono*) Anschlussstelle *f;* **estación de** ~ (FERRO) Umsteigebahnhof *m*

empanada [empa'naða] *f* **1.** (GASTR) Pastete *f* **2.** (*timo*) Betrug *m*

empanadilla [empana'ðiʎa] *f* Pastete *f*

empanar [empa'nar] *vt* **1.** (*rellenar*) füllen **2.** (*rebozar*) panieren

empantanar [empan̪ta'nar] **I.** *vt* **1.** (*un terreno*) überschwemmen **2.** (*un proyecto*) hemmen **II.** *vr:* ~**se** **1.** (*terreno*) versumpfen **2.** (*proyecto*) ins Stocken geraten

empañarse [empa'ɲarse] *vr* (*ventana*) beschlagen; (*metal*) anlaufen

empapar [empa'par] **I.** *vt* **1.** (*humedecer*) eintauchen (*en* in +*akk*) **2.** (*absorber*) aufsaugen **3.** (*mojar*) durchnässen; **la lluvia ha empapado el suelo** der Regen hat den Boden aufgeweicht; **el vendaje está empapado de sangre** der Verband ist von Blut durchtränkt **II.** *vr:* ~**se** **1.** (*mojarse*) (völlig) nass werden **2.** (*un tema*) in sich aufsaugen

empapelar [empape'lar] **I.** *vi, vt* (*las paredes*) tapezieren **II.** *vt* **1.** (*objeto*) verpacken **2.** (*fam: encausar*) anklagen

empaque [em'pake] *m* **1.** (*el empaquetar*) Verpacken *nt* **2.** (*semblante*) Aussehen *nt;* (*del rostro*) Gesichtsausdruck *m;* **su ~ era grave** er/sie machte ein ernstes Gesicht **3.** (*gravedad*) Würde *f;* **andaba con gran ~** er/sie ging gemessenen Schrittes **4.** (*Am: desfachatez*) Unverschämtheit *f*

empaquetador(a) [empaketa'ðor(a)] *m(f)* Packer(in) *m(f)*

empaquetar [empake'tar] *vt* **1.** (*objetos*) verpacken **2.** (*personas*) zusammenpferchen (*en* in +*dat*) **3.** (MIL) bestrafen

emparedado [empare'ðaðo] *m* Sandwich *m o nt*

emparejar [empare'xar] **I.** *vi* **1.** (*ponerse al lado*): ~ **con alguien** jdn einholen **2.** (*ponerse al nivel*) gleichziehen **II.** *vt* **1.** (*juntar*) (miteinander) paaren; **ya estoy emparejado** ich habe bereits einen Partner; **me quieren ~ con ella** sie wollen mich mit ihr verkuppeln **2.** (*nivelar*) auf dieselbe Höhe bringen **3.** (*ventana*) anlehnen **III.** *vr:* ~**se** (*formar pareja*) ein Paar bilden; (*parejas*) Paare bilden; **en el siguiente partido quedé emparejado con Juan** in der folgenden Runde spielte ich mit Juan zusammen

emparentado, -a [emparen̪'taðo, -a] *adj* (*familia*) angeheiratet; (*persona*) verschwägert; **está bien ~** er hat in eine vermögende Familie eingeheiratet

emparentar [emparen̪'tar] <e→ie> *vi:* ~ **con una familia** in eine Familie einheiraten

empastador(a) [empasta'ðor(a)] *m(f)* (*Am*) Buchbinder(in) *m(f)*

empastar [empas'tar] *vt* **1.** (*rellenar*) füllen; (*cubrir*) bestreichen; ~ **un diente** einen Zahn mit einer Füllung versehen; ~ **la cara con crema** (sich *dat*) das Gesicht (dick) eincremen **2.** (*libro*) kartonieren

empaste [em'paste] *m* **1.** (*relleno*) Füllen *nt;* (*cubrir*) Bestreichen *nt* **2.** (MED) (Zahn)füllung *f;* **tengo dos muelas con ~** ich habe zwei plombierte Backenzähne

empatar [empa'tar] **I.** *vi* **1.** (DEP) unentschieden ausgehen; ~ **a uno** eins zu eins unentschieden spielen; **cuando iban empatando uno a uno...** beim Gleichstand von eins zu eins ...; **estar empatados a puntos en la clasificación** auf demselben Tabellenplatz sein **2.** (POL) Stimmengleichheit erreichen **II.** *vt* **1.** (*Am: cuerdas*) miteinander verbinden; ~ **mentiras** Lügen vom Stapel lassen **2.** (*CRi: amarrar*) festmachen **3.** (*Ven: importunar*) belästigen

empate [em'pate] *m* **1.** (DEP) Unentschieden *nt;* **gol del ~** Ausgleichstreffer *m* **2.** (POL) Stimmengleichheit *f*

empedernido, -a [empeðer'niðo, -a] *adj* **1.** (*insensible*) herzlos **2.** (*incorregible*) unverbesserlich; **bebedor ~** Gewohnheitstrinker *m;* **solterón ~** eingefleischter Junggeselle

empeñado, -a [empe'ɲaðo, -a] *adj* **1.** (*obstinado*) hartnäckig; **lo vi ~ en invitarme** er bestand hartnäckig darauf, mich einzuladen **2.** (*discusión*) hitzig

empeñar [empe'ɲar] **I.** *vt* (*objetos*) verpfänden; ~ **la palabra** sein Wort geben **II.** *vr:* ~**se** **1.** (*insistir*) (hartnäckig) bestehen (*en* auf +*dat*); **se empeña en hablar contigo** er/sie will unbedingt mit dir sprechen; **no te empeñes** hör auf zu drängen; **si te empeñas en beber este vino asqueroso...** wenn du unbedingt diesen ekelhaften Wein trinken willst ... **2.** (*endeudarse*) sich verschulden **3.** (*mediar*) sich einsetzen (*por* für +*akk*)

empeño [em'peɲo] *m* **1.** (*de objetos*) Verpfändung *f;* **casa de ~s** Pfandhaus *nt* **2.** (*compromiso*) Verpflichtung *f* **3.** (*afán*) Eifer *m;* **con ~** beharrlich; **tengo ~ por [*o* en] sacar la mejor nota** ich strebe danach, die beste Note zu erhalten; **pondré ~ en...** ich werde alles daransetzen zu ...

empeorar [empeo'rar] **I.** *vt* verschlechtern; **con tus palabras lo has acabado de ~** mit deinen Worten hast du es nur noch schlimmer gemacht **II.** *vi, vr:* **~se** sich verschlechtern

empequeñecer [empekeɲe'θer] *irr como crecer vt* **1.** (*disminuir*) verkleinern **2.** (*quitar importancia*) herabsetzen

emperador [empera'ðor] *m* **1.** (POL) Kaiser *m* **2.** (ZOOL) Schwertfisch *m*

emperatriz [empera'triθ] *f* Kaiserin *f*

emperrarse [empe'rrarse] *vr* (*fam: obstinarse*) (hartnäckig) bestehen (*en* auf +*dat*)

empezar [empe'θar] *irr vi, vt* beginnen; (*botella*) anbrechen; (*pastel*) anschneiden; **empezó de la nada** er/sie hat sich von ganz unten hochgearbeitet; **¡no empieces!** fang nicht schon wieder damit an!; **para ~ me leeré el periódico** zunächst einmal werde ich die Zeitung lesen; **para ~ no tengo dinero y, además, no tengo ganas** erstens habe ich kein Geld und zweitens keine Lust

empinado, -a [empi'naðo, -a] *adj* **1.** (*edificio*) hoch **2.** (*pendiente*) steil

empinar [empi'nar] **I.** *vt* **1.** (*poner vertical*) aufstellen **2.** (*alzar*) hochheben; **~ una botella** eine Flasche (zum Trinken) ansetzen; **~ la cabeza** den Kopf heben; **~ el codo** (*fig fam*) saufen **II.** *vr:* **~se 1.** (*persona*) sich auf die Fußspitzen stellen; (*animal*) sich auf die Hinterbeine stellen **2.** (*un edificio*) (empor)ragen

empipada [empi'paða] *f* (*Am*) Schlemmerei *f;* **darse una ~ de chocolate** Unmengen von Schokolade essen

empiparse [empi'parse] *vr* (*Am*) sich satt essen

empírico, -a [em'piriko, -a] *adj* empirisch

emplaste [em'plaste] *m* Gips *m*

emplasto [em'plasto] *m* Pflaster *nt*

emplazamiento [emplaθa'mjento] *m* **1.** (JUR) Vorladung *f* **2.** (*lugar*) Platz *m;* (*situación*) Lage *f;* (*de una empresa*) Standort *m* **3.** (MIL) Stellung *f*

emplazar [empla'θar] <z→c> *vt* **1.** (*citar*) zitieren; (JUR) vorladen; **le emplazo para darme una respuesta mañana** ich fordere Sie hiermit auf mir morgen eine Antwort zu geben **2.** (*situar*) platzieren; (MIL) stationieren; **este monumento no está bien emplazado aquí** dieses Denkmal ist hier fehl am Platz

empleado, -a [emple'aðo, -a] *m, f* Angestellte(r) *mf;* **empleada de hogar** Hausangestellte *f;* **~ de oficina** Sachbearbeiter *m;* **~ de ventanilla** Schalterbeamte(r) *m;* **los ~s de una empresa** die Belegschaft einer Firma

empleador(a) [emplea'ðor(a)] *m(f)* (*Am*) Arbeitgeber(in) *m(f)*

emplear [emple'ar] **I.** *vt* **1.** (*colocar*) einstellen; (*ocupar*) beschäftigen; **en estos momentos no estoy empleado** zur Zeit habe ich keine Anstellung **2.** (*usar*) benutzen; (*fuerza, tiempo*) aufwenden; (*medio, técnica, método, conocimientos*) anwenden; (*razón*) walten lassen; **¡podrías ~ mejor el tiempo!** du könntest mit deiner Zeit etwas Besseres anfangen!; **¡ya te está bien empleado!** das geschieht dir (ganz) recht!; **dar algo por bien empleado** etw nicht bereuen **3.** (*dinero*) ausgeben (*en* für +*akk*); **he empleado todo el dinero en la casa** ich habe das ganze Geld in das Haus gesteckt **II.** *vr:* **~se 1.** (*colocarse*) eine Anstellung finden (*como/de* als +*nom*) **2.** (*usarse*) benutzt werden **3.** (*esforzarse*): **~se a fondo** sein Bestes tun

empleo [em'pleo] *m* **1.** (*trabajo*) Stelle *f;* (*ocupación*) Beschäftigung *f;* **pleno ~** Vollbeschäftigung *f;* **no tener ~** arbeitslos sein; **crear ~** neue Arbeitsplätze schaffen **2.** (*uso*) Benutzung *f;* (*de fuerza, tiempo*) Aufwendung *f;* (*de medio/técnica/método/conocimientos*) Anwendung *f;* **modo de ~** Gebrauchsanweisung *f;* **el ~ de materias primas y energía** der Einsatz von Rohstoffen und Energie

empobrecer [empoβre'θer] *irr como crecer* **I.** *vt* arm machen; **la edad empobrece los reflejos** mit dem Alter werden die Reflexe schlechter **II.** *vi, vr:* **~se** verarmen; **este terreno se ha empobrecido** dieser Acker ist ausgelaugt

empobrecimiento [empoβreθi'mjento] *m* **1.** (*depauperación*) Verarmung *f* **2.** (*empeoramiento*) Verschlechterung *f*

empollar [empo'ʎar] **I.** *vi* **1.** (*fam: estudiante*) büffeln **2.** (*Am: ampollar*) Blasen bilden **II.** *vt* **1.** (*ave*) ausbrüten **2.** (*fam: lección*) pauken; **estar empollado de algo** etw aus dem Effeff können

empollón, -ona [empo'ʎon, -ona] *m, f* (*fam*) Streber(in) *m(f)*

empolvar [empol'βar] **I.** *vt* (ein)pudern **II.** *vr:* **~se 1.** (*el rostro*) sich pudern **2.** (*un objeto*) verstauben; **la mesa se ha empolvado** der Tisch ist ganz staubig

emponzoñar [emponθo'ɲar] *vt* vergiften

emporio [em'porjo] *m* **1.** (*ciudad*) Handelsstadt *f;* (*centro comercial*) (Handels)zentrum *nt* **2.** (*centro cultural*) Hochburg *f* **3.** (*AmC: almacén*) Kaufhaus *nt*

empotrado, -a [empo'traðo, -a] *adj:* **muebles ~s** Einbaumöbel *ntpl*

empotrar [empo'trar] *vt* einbauen (*en* in +*akk*); (*en una pared*) einmauern (*en* in +*akk*)

emprendedor(a) [emprende'ðor(a)] *adj* unternehmungslustig

emprender [empren'der] *vt* **1.** (*trabajo*) in Angriff nehmen; (*negocio*) gründen; **~ la**

marcha sich auf den Weg machen; ~ **la vuelta** den Rückweg antreten; ~ **el vuelo** abfliegen; **al anochecer la emprendimos hacia el refugio** (*fam*) als es dunkel wurde, kehrten wir in die Berghütte zurück **2.** (*loc, fam*): ~**la con alguien** es mit jdm aufnehmen; ~**la a bofetadas con alguein** eine Prügelei mit jdm anfangen; ~**la a insultos con alguien** jdn mit Beschimpfungen bombardieren

empresa [em'presa] *f* **1.** (*operación*) Unternehmen *nt* **2.** (*iniciativa*) Initiative *f* **3.** (ECON) Betrieb *m;* (*compañia*) Unternehmen *nt,* Firma *f;* ~ **de mensajería y paquetería** Kurier- und Paketdienst *m;* **mediana** ~ mittelständischer Betrieb; **pequeña** ~ Kleinbetrieb *m*

empresarial [empresa'rjal] *adj* **1.** (*del empresario*) unternehmerisch **2.** (*de la empresa*) Betriebs-; (*compañia*) Unternehmens-

empresario, -a [empre'sarjo, -a] *m, f* **1.** (ECON) Unternehmer(in) *m(f);* (*patrón*) Arbeitgeber(in) *m(f);* **pequeño** ~ Kleinunternehmer *m* **2.** (TEAT) Intendant(in) *m(f)*

empréstito [em'prestito] *m* Anleihe *f;* ~ **público** Staatsanleihe *f*

empujar [empu'xar] *vi, vt* **1.** (*dar empujón*) schieben; (*con violencia*) stoßen; (*multitud*) drängeln; (*puerta*) drücken; **me empujó hacia atrás** er/sie stieß mich zurück; **me empujó contra la pared** er/sie drückte mich gegen die Wand **2.** (*empleado*) entlassen **3.** (*instar*) drängen; **su familia le empuja a que se case** seine Familie drängt ihn zur Heirat **4.** (*intrigar*) intrigieren; **ha empujado mucho para conseguir el puesto** er/sie hat einige Intrigen gesponnen, um sich *dat* den Posten zu sichern

empuje [em'puxe] *m* **1.** (*acción*) Stoß *m* **2.** (FÍS) Schub *m;* ~ **ascensional** Auftrieb *m* **3.** (*energía*) Schwung *m;* (*resolución*) Durchsetzungsvermögen *nt;* **persona de** ~ Draufgänger(in) *m(f);* **no tienes el** ~ **suficiente para llevar la empresa** du hast nicht den nötigen Schwung, um die Firma zu leiten

empujón [empu'xon] *m* **1.** (*empellón*) Stoß *m;* **dar un** ~ **a alguien** jdn stoßen; **entrar en un local a empujones** sich in ein Lokal (hinein)drängen; **la carretera se está construyendo a empujones** die Straßenbauarbeiten werden ständig unterbrochen **2.** (*impulso*) Ruck *m;* **si no le damos un** ~ **al trabajo no lo acabaremos** wenn wir jetzt nicht Druck machen, werden wir mit der Arbeit nie fertig

empuñadura [empuɲa'ðura] *f* (*puño*) Griff *m;* (*de un bastón*) Knauf *m*

empuñar [empu'ɲar] *vt* **1.** (*tomar*) ergreifen; (*asir*) fest halten; ~ **las armas** zu den Waffen greifen **2.** (*un puesto*) erreichen **3.** (*Chil: la mano*) ballen

emú [e'mu] *m* Emu *m*

emulación [emula'θjon] *f* **1.** (*imitación*) Nacheiferung *f* **2.** (*competencia*) Wetteifer *m*

emular [emu'lar] *vt* **1.** (*imitar*) nacheifern +*dat* **2.** (*competir*) wetteifern (mit +*dat*)

émulo, -a ['emulo, -a] *m, f* **1.** (*imitador*) Nachahmer(in) *m(f)* **2.** (*oponente*) Rivale, -in *m, f*

emulsión [emul'sjon] *f* Emulsion *f*

en [en] *prep* **1.** (*lugar*) in +*dat,* auf +*dat,* an +*dat;* (*con movimiento*) in +*akk,* auf +*akk,* an +*akk;* **el libro está** ~ **el cajón** das Buch ist in der Schublade; **pon el libro** ~ **el cajón** leg das Buch in die Schublade; **he dejado las llaves** ~ **la mesa** ich habe die Schlüssel auf dem Tisch liegen lassen; **coloca el florero** ~ **la mesa** stell die Blumenvase auf den Tisch; ~ **la pared hay un cuadro** an der Wand hängt ein Bild; **pon el póster** ~ **la pared** kleb das Poster an die Wand; **estar** ~ **el campo/**~ **la ciudad/**~ **una isla** auf dem Lande/in der Stadt/auf einer Insel sein; ~ **Alemania/**~ **Turquía/**~ **Irak** in Deutschland/in der Türkei/im Irak; **vacaciones** ~ **el mar** Urlaub an der See; **jugar** ~ **la calle** auf der Straße spielen; **vivo** ~ **la calle Mozart** ich wohne in der Mozartstraße; **estoy** ~ **casa** ich bin zu Hause; **estoy** ~ **casa de mis padres** ich bin bei meinen Eltern; **trabajo** ~ **una empresa japonesa** ich arbeite bei einer japanischen Firma **2.** (*tiempo*) in +*dat;* ~ **el año 2000** im Jahre 2000; ~ **el año 1995 Kobe sufrió un terremoto** Kobe wurde (im Jahre) 1995 von einem Erdbeben heimgesucht; ~ **otra ocasión** bei einer anderen Gelegenheit; ~ **aquellos tiempos** damals; ~ **un mes/dos años** innerhalb eines Monats/von zwei Jahren; **lo terminaré** ~ **un momento** ich mache es gleich fertig; ~ **todo el día** den ganzen Tag **3.** (*modo, estado*): ~ **venta** zu verkaufen; ~ **flor** in Blüte; ~ **construcción** im Bau (befindlich); ~ **vida** am Leben; ~ **absoluto** auf (gar) keinen Fall; ~ **voz alta** laut; **decir algo** ~ **español** etw auf Spanisch sagen; **de tres** ~ **tres** jeweils zu dritt; **de dos** ~ **dos** paarweise; **pagar** ~ **marcos** in Mark bezahlen **4.** (*medio*): **papá viene** ~ **tren/coche** Papa kommt mit dem Zug/Auto; **he venido** ~ **avión** ich bin geflogen; **lo reconocí** ~ **la voz** ich erkannte ihn an der Stimme **5.** (*ocupación*): **doctor** ~ **filosofía** Doktor der Philosophie; **trabajo** ~ **ingeniería genética** ich arbeite als Genetiker(in); **estar** ~ **la policía** bei der Polizei sein; **estar** ~ **la mili** beim Militär sein; **trabajar** ~ **Correos/**~ **una fábrica**

bei der Post/in einer Fabrik arbeiten **6.** (*con verbo*): **pienso ~ ti** ich denke an dich; **no confío ~ él** ich vertraue ihm nicht; **ingresar ~ un partido** in eine Partei eintreten; **ganar ~ importancia** an Bedeutung gewinnen **7.** (*cantidades*): **aumentar la producción ~ un 5%** die Produktion um 5% steigern; **me he equivocado sólo ~ 1.000 pts.** ich habe mich nur um 1.000 Peseten verrechnet **8.** (ECON): **~ fábrica** ab Werk; **franco ~ almacén** ab Lager

enagua(s) [e'naɣwa(s)] *f(pl)* Unterrock *m*

enajenación [enaxena'θjon] *f* **1.** (*de una propiedad*) Veräußerung *f* **2.** (*de la mente*) Verwirrung *f*; **~ mental** Geistesgestörtheit *f* **3.** (*embeleso*) Verzückung *f* **4.** (*distracción*) Zerstreutheit *f* **5.** (*entre personas*) Entfremdung *f*

enajenar [enaxe'nar] **I.** *vt* **1.** (*una posesión*) veräußern **2.** (*enloquecer*) verrückt machen **3.** (*turbar*) entzücken; (*fascinar*) faszinieren **4.** (*de alguien*) entfremden; **su carácter lo enajena de mucha gente** sein Charakter macht ihn vielen Leuten unsympathisch **II.** *vr:* **~se 1.** (*de una posesión*) veräußern (*de* +*akk*) **2.** (*enloquecer*) verrückt werden **3.** (*de alguien*) sich entfremden

enaltecer [enal̪te'θer] *irr como crecer vt* **1.** (*ensalzar*) loben **2.** (*dignificar*) Würde verleihen +*dat*

enamoradizo, -a [enamora'ðiθo, -a] *adj* leicht entflammbar; **es un joven ~** er fängt leicht Feuer

enamorado, -a [enamo'raðo, -a] **I.** *adj* verliebt (*de* in +*akk*); **estuvimos un tiempo ~s** wir waren einige Zeit ein Paar **II.** *m, f*: **día de los ~s** Valentinstag *m*

enamorar [enamo'rar] **I.** *vt* **1.** (*conquistar*) verliebt machen; **mi profesora me ha enamorado** ich habe mich in meine Lehrerin verliebt **2.** (*cortejar*) den Hof machen +*dat* **II.** *vr:* **~se 1.** (*de alguien*) sich verlieben (*de* in +*akk*) **2.** (*de una cosa*) angetan sein (*de* von +*dat*)

enanito, -a [ena'nito, -a] *m, f*: **Blancanieves y los siete ~s** Schneewittchen und die sieben Zwerge

enano, -a [e'nano, -a] **I.** *adj* Zwerg-; (*persona*) zwerg(en)haft; (MED) zwergwüchsig **II.** *m, f* **1.** (*liliputiense*) Liliputaner(in) *m(f)* **2.** (*de un cuento*) Zwerg(in) *m(f)* **3.** (*fam: criatura*) Kleine(r) *mf* **4.** (*pey: granuja*) elender Wicht *m* **5.** (*loc*): **disfrutar como un ~** sich köstlich amüsieren

enarbolar [enarβo'lar] *vt* (*bandera*) hissen; (*cartel*) hoch halten; (*espada*) schwingen

enardecer [enarðe'θer] *irr como crecer* **I.** *vt* **1.** (*pasiones*) entfachen; **el vino los enardeció** der Wein brachte sie in Stimmung; **~ los ánimos** die Gemüter erregen **2.** (*enfervorizar*) begeistern **3.** (*sexualmente*) erregen **II.** *vr:* **~se 1.** (*pasiones*) sich entflammen **2.** (*entusiasmarse*) sich begeistern (*por* für +*akk*) **3.** (MED: *inflamarse*) sich entzünden **4.** (*sexualmente*) erregt werden

encabezado [eŋkaβe'θaðo] *m* (*Guat, Méx: titular*) Überschrift *f*

encabezamiento [eŋkaβeθa'mjen̪to] *m* **1.** (*de un escrito/libro*) Kopf *m*; (*de un artículo*) Überschrift *f* **2.** (*de una carta: parte superior*) Briefkopf *m*; (*tratamiento*) Anrede *f*; (*primeras líneas*) Einleitung *f* **3.** (INFOR, TIPO) Kopfzeile *f*

encabezar [eŋkaβe'θar] <z→c> *vt* **1.** (*lista, grupo*) anführen; (*institución*) leiten **2.** (*un escrito*) einleiten; (*un artículo*) überschreiben; **~ un libro con una cita** einem Buch ein Zitat voranstellen **3.** (*una carta: la parte superior*) den Briefkopf schreiben +*gen*; (*el tratamiento*) die Anrede schreiben +*gen*; (*las primeras líneas*) einleiten

encabritarse [eŋkaβri'tarse] *vr* **1.** (*animal*) sich aufbäumen **2.** (*persona*) wütend sein

encajar [eŋka'xar] **I.** *vi* **1.** (*ajustar, t.* TÉC) passen; (*cerradura*) einrasten; **la puerta encaja mal** die Tür klemmt; **esta puerta no encaja con este marco** diese Tür passt nicht in diesen Rahmen **2.** (*datos, hechos*) passen (*con* zu +*dat*); **las dos declaraciones encajan** die zwei Aussagen stimmen überein; **¡ves como todo encaja!** sieh mal, wie alles zusammenpasst!; **este chiste no encaja aquí** dieser Witz ist hier fehl am Platz **II.** *vt* **1.** (*ajustar, t.* TÉC) einpassen (*en* in +*akk*); **~ dos piezas** zwei Stücke ineinander fügen; **~ la ventana en el marco** das Fenster in den Fensterrahmen einsetzen; **~ el sombrero en la cabeza** den Hut aufsetzen; **~ la funda en la máquina** den Überzug über die Maschine stülpen **2.** (*fam: disparo*) abgeben; (*golpe*) versetzen **3.** (*fam: aceptar*) annehmen; **no ~ la muerte de alguien** jds Tod nicht verkraften; **no sabes ~ una broma** du verstehst keinen Spaß **4.** (DEP: *golpe*) abbekommen; (*gol*) kassieren **5.** (*fam: soltar*) vom Stapel lassen; **~ una reprimenda a alguien** jdm die Leviten lesen; **me encajó todas sus vacaciones** ich musste die Schilderung seines/ihres gesamten Urlaubes über mich ergehen lassen **6.** (*fam: endilgar*) andrehen; **~ una tarea a alguien** jdm eine Aufgabe aufbrummen **7.** (*insertar*) einfügen; **tenemos que ~ esta historia en la edición de mañana** wir müssen diese Geschichte in der Ausgabe von morgen unterbringen **III.** *vr:* **~se 1.** (*empotrarse*) stecken bleiben (*en* in +*dat*) **2.** (*fam: ponerse*) sich *dat* anziehen **3.** (*atascarse*) klemmen; (*acción*) sich verklemmen

encaje [eŋ'kaxe] *m* **1.** (*acción*) Einpassung *f* (*en* in +*akk*) **2.** (*tejido*) Spitze *f*

encajonar [eŋkaxo'nar] **I.** *vt* **1.** (*en cajones*) (ein)packen **2.** (*a la fuerza*) (hinein)zwängen; (*personas*) zusammenpferchen; **estábamos encajonados en el ascensor** wir standen zusammengepfercht im Aufzug **II.** *vr:* ~**se** **1.** (*apretarse*) sich hineinzwängen (*en* in +*akk*) **2.** (*un río*) eine Enge bilden

encalar [eŋka'lar] *vt* tünchen

encallar [eŋka'ʎar] *vi* **1.** (*barco*) stranden **2.** (*asunto*) nicht vorankommen; (*negociaciones*) sich festfahren

encallecer [eŋkaʎe'θer] *irr como crecer* **I.** *vi, vr:* ~**se** (*piel*) verhornen **II.** *vr* (*persona*) abstumpfen

encalmarse [eŋkal'marse] *vr* abflauen

encaminar [eŋkami'nar] **I.** *vt* **1.** (*orientar*) auf den richtigen Weg bringen (*a* nach/zu +*dat*); **¿me puede ~ al pueblo más próximo, por favor?** können Sie mir bitte erklären, wie ich zum nächsten Dorf komme? **2.** (*dirigir*) lenken (*hacia* auf +*akk*); **~ sus pasos hacia el pueblo** sich auf den Weg ins Dorf machen; **~ la mirada/la conversación hacia un punto** den Blick/das Gespräch auf einen Punkt lenken; **~ los esfuerzos hacia una meta** die Bemühungen auf ein Ziel richten; **medidas encaminadas a reducir el paro** Maßnahmen zur Senkung der Arbeitslosigkeit; **~ los negocios** die Geschäfte in Gang bringen **II.** *vr:* ~**se** sich aufmachen (*a/hacia* nach/zu +*dat*); ~**se a la meta** direkt aufs Ziel zugehen

encamotarse [eŋkamo'tarse] *vr* (*Am*) sich verlieben (*en* in +*akk*)

encandilar [eŋkan̪di'lar] **I.** *vt* (*deslumbrar*) blenden; **tu belleza lo encandiló** er war von deiner Schönheit geblendet; **escuchar encandilado** gebannt zuhören **II.** *vr:* ~**se** **1.** (*Am: asustarse*) Angst haben **2.** (*PRico: enfadarse*) sich ärgern

encanecer [eŋkane'θer] *irr como crecer vi, vr:* ~**se** **1.** (*pelo*) ergrauen; **pelo encanecido** graumeliertes Haar **2.** (*persona*) alt werden

encantado, -a [eŋkan̪'taðo, -a] *adj* **1.** (*satisfecho*) (hoch)erfreut (*de/con* über +*akk*); **¡~ de conocerle!** sehr angenehm!; **estoy ~ con mi nuevo trabajo** ich bin mit meiner neuen Arbeit sehr zufrieden; **estoy ~ de la vida** ich fühle mich sehr wohl **2.** (*distraído*) geistesabwesend

encantador(a) [eŋkan̪ta'ðor(a)] **I.** *adj* **1.** (*persona*) reizend; (*bebé*) goldig **2.** (*fiesta, lugar*) zauberhaft **3.** (*música*) bezaubernd **II.** *m(f)* Zauberer, -in *m, f;* **~ de serpientes** Schlangenbeschwörer *m*

encantar [eŋkan̪'tar] *vt* **1.** (*hechizar*) verzaubern; (*serpientes*) beschwören **2.** (*gustar*) gefallen +*dat;* **me encanta viajar** ich reise sehr gern; **me encantan los dulces** ich esse unheimlich gern Süßes; **me encanta que te preocupes por mí** es freut mich sehr, dass du dich um mich kümmerst **3.** (*cautivar*) begeistern; (*fascinar*) faszinieren

encanto [eŋ'kan̪to] *m* **1.** (*hechizo*) Zauber *m;* **romper el ~** den Zauber brechen **2.** (*atractivo*) Reiz *m;* **¡es un ~ de niño!** das ist ein goldiges Kind!

encañado [eŋka'ɲaðo] *m* **1.** (*tubos*) Rohrleitung *f* **2.** (*cañas*) Rohrgestell *nt*

encapotarse [eŋkapo'tarse] *vr* (*cielo*) sich bedecken

encapricharse [eŋkapri'ʧarse] *vr* **1.** (*con una cosa*) unbedingt wollen (*con* +*akk*) **2.** (*con una persona*) sich vernarren (*con* in +*akk*); **te has encaprichado con ella** sie hat es dir angetan

encapuchado, -a [eŋkapu'ʧaðo, -a] *adj* (*atracador*) maskiert

encaramar [eŋkara'mar] **I.** *vt* **1.** (*alzar*) hochheben; **~ a alguien a la fama mundial** jdn weltberühmt machen **2.** (*alabar*) loben **II.** *vr:* ~**se** **1.** (*subir*): ~**se a un árbol** (auf) einen Baum hinaufklettern; ~**se a una escalera** eine Leiter hochklettern **2.** (*de categoría*) sich hocharbeiten; ~**se a lo más alto de la empresa** sich in der Firma ganz nach oben arbeiten

encarar [eŋka'rar] **I.** *vt* **1.** (*persona, cosa*) (einander) gegenüberstellen **2.** (*riesgo*) ins Auge sehen +*dat* **3.** (*fusil*) richten (*a* auf +*akk*) **II.** *vr:* ~**se** **1.** (*dos personas*) einander gegenüberstehen **2.** (*a una dificultad*) ins Auge sehen (*a/con* +*dat*) **3.** (*fam: a un superior*) die Stirn bieten (*a* +*dat*)

encarcelar [eŋkarθe'lar] *vt* inhaftieren; **estar encarcelado** sich in Haft befinden

encarecer [eŋkare'θer] *irr como crecer vt* **1.** (COM) verteuern **2.** (*alabar*) loben **3.** (*subrayar*) hervorheben; **encareció la necesidad de aprender idiomas** er/sie unterstrich immer wieder, wie wichtig es ist, Sprachen zu lernen **4.** (*insistir*) eindringlich bitten; **me encareció que no dejara de visitarla** sie bat mich eindringlich sie zu besuchen

encarecidamente [eŋkareθiða'men̪te] *adv* eindringlich; **le ruego ~ …** ich bitte Sie inständig …

encarecimiento [eŋkareθi'mjen̪to] *m* **1.** (COM) Verteuerung *f* **2.** (*acentuación*) Betonung *f* **3.** (*insistencia*): **con ~** eindringlich

encargado, -a [eŋkar'ɣaðo, -a] **I.** *adj* beauftragt (*de* mit +*dat*) **II.** *m, f* Beauftragte(r) *mf;* (*oficial*) Sachbearbeiter(in) *m(f);* (*de un taller*) Werkmeister(in) *m(f);* ~ **de curso** Lehrbeauftragte(r) *m;* ~ **de obras** Polier *m;* ~ **de prensa** Pressesprecher *m*

encargar [eŋkar'ɣar] <g→gu> **I.** *vt* **1.** (*encomendar*) anvertrauen; (*cargo*) übertragen; **lo ~on del departamento de ventas** ihm wurde die Leitung der Verkaufsabteilung übertragen; **encargó a su hijo a una vecina** er/sie vertraute das Kind der Obhut einer Nachbarin an **2.** (*recomendar*) empfehlen; **le encargué que fuera discreta** ich riet ihr zur Diskretion **3.** (*pedir*) bestellen **4.** (*trabajo*) in Auftrag geben; **me han encargado que ocupe la presidencia** man hat mich beauftragt den Vorsitz zu führen **II.** *vr:* **~se** sich kümmern (*de* um +*akk*); **tengo que ~me aún de un par de cosas** ich muss noch ein paar Sachen erledigen

encargo [eŋ'karɣo] *m* **1.** (*pedido*) Bestellung *f;* ~ **por anticipado** Vorbestellung *f;* ~ **por catálogo** Katalogbestellung *f;* **hacer un nuevo** ~ nachbestellen **2.** (*trabajo*) Auftrag *m;* **traje de** ~ Maßanzug *m;* **de** ~ im Auftrag; **por ~ de...** im Auftrag von ...; **hacer ~s** Besorgungen machen; **tener ~ de hacer algo** den Auftrag haben, etw zu tun; **este vestido te viene como hecho de ~** dieses Kleid sitzt wie angegossen

encariñado, -a [eŋkari'ɲaðo, -a] *adj:* **estar ~ con algo** etw (gern) mögen; **estar ~ con alguien** jdn gern haben

encariñarse [eŋkari'ɲarse] *vr* **1.** (*de algo*) mögen (*con* +*akk*) **2.** (*de alguien*) lieb gewinnen (*con* +*akk*); **el hijo se ha encariñado con su madre** das Kind hängt sehr an seiner Mutter

encarnación [eŋkarna'θjon] *f* **1.** (REL) Inkarnation *f* **2.** (*personificación*) Verkörperung *f;* **la ~ del horror** der Inbegriff des Schreckens

encarnado, -a [eŋkar'naðo, -a] *adj* **1.** (*color carne*) fleischfarben; (*rojo*) rot **2.** (*persona*) leibhaftig; **era Alejandro Magno ~** er war Alexander der Große in Person

encarnar [eŋkar'nar] **I.** *vi* (REL) zu Fleisch werden **II.** *vt* (*representar*) verkörpern

encarnizado, -a [eŋkarni'θaðo, -a] *adj* **1.** (*herida*) entzündet; (*ojo*) blutunterlaufen **2.** (*lucha*) blutig

encarnizamiento [eŋkarniθa'mjento] *m* Grausamkeit *f;* (*de la lucha*) Heftigkeit *f*

encarrilar [eŋkarri'lar] *vt* **1.** (FERRO) aufgleisen; **ir encarrilado** auf Gleisen laufen **2.** (*dirigir*) auf den rechten Weg bringen; (*de nuevo*) wieder ins (rechte) Gleis bringen

encartar [eŋkar'tar] *vt* (JUR) in Abwesenheit verurteilen

encasillado [eŋkasi'ʎaðo] *m* (*de un crucigrama*) Kästchen *ntpl*

encasillar [eŋkasi'ʎar] **I.** *vt* **1.** (*meter en casillas*) in Fächer verteilen **2.** (*clasificar*) einordnen (*en* in +*akk*) **II.** *vr:* **~se** sich festlegen (*en* auf +*akk*)

encasquetar [eŋkaske'tar] **I.** *vt* **1.** (*sombrero*) aufstülpen **2.** (*golpe*) versetzen **3.** (*una idea*) einreden **4.** (*endilgar*) aufbürden; **me encasquetó un rollo tremendo** er/sie traktierte mich mit seinem/ihrem fürchterlichen Geschwätz **II.** *vr:* **~se** (*sombrero*) sich *dat* aufstülpen; **se te ha encasquetado esa idea** du hast dir diese Idee in den Kopf gesetzt

encausar [eŋkau̯'sar] *vt* (JUR) belangen; (*acusar*) verklagen

encauzar [eŋkau̯'θar] <z→c> *vt* (*corriente*) eindämmen; (*debate*) lenken; ~ **su vida** sein Leben neu ordnen

encéfalo [en̟'θefalo] *m* Gehirn *nt*

encenagarse [en̟θena'ɣarse] <g→gu> *vr* **1.** (*con barro*) verschlammen **2.** (*pervertirse*) versumpfen

encendedor [en̟θen̟de'ðor] *m* Anzünder *m;* (*mechero*) Feuerzeug *nt*

encender [en̟θen̟'der] <e→ie> **I.** *vi* zünden **II.** *vt* **1.** (*llama*) anzünden; ~ **un conflicto** einen Konflikt heraufbeschwören **2.** (*conectar*) anmachen **3.** (*pasiones*) entflammen **4.** (AUTO, TÉC) zünden **III.** *vr:* **~se** **1.** (*desencadenarse*) aufflammen **2.** (*inflamarse*) sich entzünden **3.** (*ruborizarse*) erröten

encendido, -a[1] [en̟θen̟'diðo, -a] *adj* **1.** (*conectado*) angeschaltet; **la luz está encendida** das Licht ist an **2.** (*ardiente*) brennend; (*apasionado*) inbrünstig **3.** (*rojo*) feuerrot

encendido[2] [en̟θen̟'diðo] *m* (AUTO, TÉC) Zündung *f;* ~ **automático** Selbstzündung *f;* ~ **defectuoso** Fehlzündung *f*

encerar [en̟θe'rar] *vt* wachsen; (*lustrar*) bohnern

encerrar [en̟θe'rrar] <e→ie> **I.** *vt* **1.** (*depositar, recluir*) einschließen (*en* in +*akk/dat*); (*aprisionar*) einsperren (*en* in +*dat*); ~ **entre paréntesis** einklammern **2.** (*contener*) enthalten; **la oferta encerraba una trampa** hinter dem Angebot verbarg sich eine Falle **II.** *vr:* **~se** (*fig*) sich zurückziehen (*en* in +*akk*)

encerrona [en̟θe'rrona] *f* Falle *f;* **preparar una ~ a alguien** jdm eine Falle stellen

encestar [en̟θes'tar] *vi* einen Korb werfen

enchastrar [entʃas'trar] *vt* (*CSur*) beschmutzen

enchilada [entʃi'laða] *f* (*AmC*) Enchilada *f*

enchilado, -a [entʃi'laðo, -a] *adj* (*Méx*) **1.** (*bermejo*) blutrot **2.** (*colérico*) cholerisch; (*rabioso*) zornig

enchilar [enʧi'lar] **I.** *vt* (*AmC*) **1.** (GASTR) mit Chili würzen **2.** (*molestar*) belästigen **3.** (*decepcionar*) enttäuschen **II.** *vr:* **~se** (*AmC: enfurecerse*) wütend werden

enchinar [enʧi'nar] **I.** *vt* (*Méx: enrizar*) locken **II.** *vr:* **~se** (*Méx*) **1.** (*ponerse carne de gallina*) eine Gänsehaut bekommen **2.** (*acobardarse*) den Mut verlieren

enchinchar [enʧin'ʧar] **I.** *vt* **1.** (*Guat, RDom: incomodar*) belästigen **2.** (*Méx: hacer perder el tiempo*) hinhalten **II.** *vr:* **~se** **1.** (*Arg: malhumorarse*) schlechte Laune bekommen; **¿estás enchinchado?** welche Laus ist dir denn über die Leber gelaufen? **2.** (*Guat, Méx, Perú, PRico: llenarse de chinches*) verwanzen

enchironar [enʧiro'nar] *vt* (*argot*) einlochen

enchivarse [enʧi'βarse] *vr* (*Col, Ecua*) wütend werden

enchufar [en'ʧufar] *vt* **1.** (ELEC) einstecken **2.** (TÉC: *conectar*) anschließen; (*empalmar*) verbinden **3.** (*acoplar*) ineinander stecken **4.** (*fam: persona*) ein Pöstchen verschaffen (*a* +*dat*)

enchufe [en'ʧufe] *m* **1.** (*clavija*) Stecker *m* **2.** (*toma*) Steckdose *f* **3.** (*conexión*) Anschluss *m;* (*manguito*) Buchse *f* **4.** (*fam pey*): **tener ~** Beziehungen haben

enchutar [enʧu'far] *vt* (*AmC*) **1.** (*embutir*) füllen (*de* mit +*dat*) **2.** (*introducir*) einführen

encía [eņ'θia] *f* Zahnfleisch *nt*

enciclopedia [eņθiklo'peðja] *f* Lexikon *nt;* (*de todo el saber*) Enzyklopädie *f;* **~ en varios volúmenes** mehrbändiges Lexikon; **ser una ~ viviente** ein wandelndes Lexikon sein

enciclopédico, -a [eņθiklo'peðiko, -a] *adj* enzyklopädisch; **diccionario ~** Sachwörterbuch *nt;* **tener conocimientos ~s** ein wandelndes Lexikon sein

encierro [eņ'θjerro] *m* **1.** (*reclusión*) Einsperren *nt;* (*prisión*) Haft *f;* (*aislamiento*) Zurückgezogenheit *f;* (*como protesta*) Sitzblockade *f* **2.** (*lugar*) Gefängnis *nt;* (*cercado*) Gehege *nt*

> **Encierro**, ein Begriff aus der **tauromaquia** (Stierkampfkunst), bezeichnet genau genommen folgende zwei Vorgänge: die Stiere werden in die Arenastallungen eingetrieben und anschließend in den **toril** (Stierzwinger) eingesperrt. Für viele ist das die eigentliche **fiesta** (Volksfest/Nationalfest).

encima [eņ'θima] **I.** *adv* **1.** (*arriba*) obendrauf; **llevar** [*o* **tener**] **~** (*consigo*) dabei haben; **tener ~** (*molestia*) auf dem Hals(e) haben; **ya tenemos bastante ~** (*fig*) wir haben schon genug Sorgen; **quitarse de ~** (*librarse*) loswerden; **quitar a alguien un peso de ~** (*fig*) jdm einen Stein vom Herzen nehmen; **se me ha quitado un peso de ~** (*fig*) mir ist ein Stein vom Herzen gefallen; **echarse ~ de alguien** (*fig*) jdn überfallen; **se nos echa el tiempo ~** die Zeit rennt uns davon **2.** (*además*) obendrein; **te di el dinero y ~ una botella de vino** ich gab dir das Geld und dazu noch eine Flasche Wein **3.** (*superficialmente*): **por ~** oberflächlich **II.** *prep* **1.** (*local: sobre*): (**por**) **~ de** (*sin contacto*) über +*dat;* **el libro está ~ de la mesa** das Buch liegt auf dem Tisch; **viven ~ de nosotros** sie wohnen über uns; **estar ~ de alguien** (*fig*) ein Auge auf jdn haben **2.** (*con movimiento*): (**por**) **~ de** (*sin contacto*) über +*akk;* **pon esto ~ de la cama** leg das auf das Bett; **cuelga la lámpara ~ de la mesa** häng die Lampe über den Tisch; **¡por ~ de mí!** (*fig*) nur über meine Leiche!; **ése pasa por ~ de todo** (*fig*) der geht über Leichen **3.** (*más alto*): **el rascacielos está por ~ de la catedral** dieser Wolkenkratzer ist höher als die Kathedrale **4.** (*en contra de*): **por ~ de alguien** gegen jds Willen

encina [eņ'θina] *f* (*árbol*) Steineiche *f*

encinta [eņ'θiņta] *adj* schwanger; **dejar ~** schwängern

enclave [eŋ'klaβe] *m* Enklave *f*

enclenque [eŋ'kleŋke] *adj* mick(e)rig

encocorar [eŋkoko'rar] **I.** *vt* (*fam*) auf die Palme bringen **II.** *vr:* **~se** (*fam*) auf die Palme gehen

encoger [eŋko'xer] <g→j> **I.** *vi* (*tejido*) einlaufen; (*madera*) schrumpfen **II.** *vt* **1.** (*contraer*) zurückziehen **2.** (*reducir*) verkürzen **3.** (*desalentar*) einschüchtern; **verlo así me encoge el ánimo** mir sinkt der Mut, wenn ich ihn so sehe **III.** *vr:* **~se** **1.** (*contraerse*) sich zusammenziehen; (*persona*) zusammenzucken; **~se de hombros** die [*o* mit den] Achseln zucken **2.** (*reducirse*) schrumpfen **3.** (*acobardarse*) verzagen

encolar [eŋko'lar] *vt* leimen

encolerizar [eŋkoleri'θar] <z→c> **I.** *vt* erzürnen **II.** *vr:* **~se** in Zorn geraten

encomendar [eŋkomeņ'dar] <e→ie> **I.** *vt* (*recomendar*) empfehlen; (*confiar*) anvertrauen; (*traspasar*) übergeben; **~ algo a alguien** (*comisionar*) jdn mit etw *dat* beauftragen **II.** *vr:* **~se** sich anvertrauen; **sin ~se ni a Dios ni al diablo** Hals über Kopf

encomiar [eŋko'mjar] *vt* loben; (*irón*) ein

Loblied singen (auf +*akk*)

encomienda [eŋko'mjeṇda] *f* **1.** (*encargo*) Auftrag *m* **2.** (*encomio*) Lob *nt* **3.** (*recomendación*) Empfehlung *f* **4.** (*Am: postal*) Postpaket *nt*

encomio [eŋ'komjo] *m* Lob *nt;* (*irón*) Lobrede *f;* **digno de** ~ lobenswert

enconar [eŋko'nar] **I.** *vt* **1.** (*inflamar*) entzünden **2.** (*agravar*) verschlimmern; (*agudizar*) verschärfen; (*espolear*) anstacheln **3.** (*exasperar*) reizen **II.** *vr:* ~**se 1.** (*inflamarse*) sich entzünden **2.** (*agravarse*) sich verschlimmern; (*agudizarse*) sich verschärfen **3.** (*ensañarse*) seine Wut auslassen (*con* an +*dat*)

encono [eŋ'kono] *m* **1.** (*inflamación*) Entzündung *f* **2.** (*rencor*) Groll *m*

encontradizo, -a [eŋkoṇtra'ðiθo, -a] *adj:* **hacerse el** ~ jdm scheinbar zufällig über den Weg laufen

encontrado, -a [eŋkoṇ'trado, -a] *adj* (*opuesto*) entgegengesetzt; **opiniones encontradas** gegensätzliche Meinungen

encontrar [eŋkoṇ'trar] <o→ue> **I.** *vt* **1.** (*hallar*) finden **2.** (*coincidir con*) treffen **3.** (*considerar*) finden; (*notar*) merken **II.** *vr:* ~**se 1.** (*estar*) sich befinden; (*sentirse*) sich fühlen **2.** (*citarse*) sich treffen (*con* mit +*dat*) **3.** (*coincidir*) treffen (*con* +*akk*), begegnen (*con* +*dat*) **4.** (*loc*): ~**se con algo** etw vorfinden; **me encontré con que el coche se había estropeado** ich fand mein Auto kaputt vor; ~**se con un problema** auf ein Problem stoßen; ~**se con una sorpresa desagradable** eine böse Überraschung erleben; **no sé lo que me** ~**é cuando llegue** ich weiß nicht, was mich bei meiner Ankunft erwartet; ~**se todo hecho** (*fam fig*) sich ins gemachte Bett legen

encontronazo [eŋkoṇtro'naθo] *m* (*fam*) Zusammenstoß *m;* **darse un** ~ sich anrempeln; **tener un** ~ **con alguien** mit jdm zusammenstoßen; (*enfrentamiento*) einen Zusammenstoß mit jdm haben

encorvado, -a [eŋkor'βaðo, -a] *adj* krumm; **un hombrecillo** ~ ein buckliges Männlein

encorvar [eŋkor'βar] **I.** *vt* (*cosa*) biegen; (*cuerpo*) beugen **II.** *vr:* ~**se** (*cosa*) sich krümmen; (*persona*) sich bücken

encrespar [eŋkres'par] **I.** *vt* **1.** (*rizar*) kräuseln; **el viento encrespó las aguas** der Wind kräuselte die Wasseroberfläche **2.** (*erizar*) sträuben **3.** (*irritar*) reizen; (*excitar*) aufrühren **II.** *vr:* ~**se 1.** (*rizarse*) sich kräuseln **2.** (*erizarse*) sich sträuben **3.** (*irritarse*) sich aufregen

encrucijada [eŋkruθi'xaða] *f* (*cruce*) Kreuzung *f;* **estar en una** ~ (*fig*) am Scheideweg stehen

encuadernación [eŋkwaðerna'θjon] *f* **1.** (*encuadernado*) (Buch)binden *nt* **2.** (*cubierta*) Einband *m;* ~ **en rústica** Pappeinband *m;* ~ **en tela** Leineneinband *m* **3.** (*taller*) Buchbinderei *f*

encuadernador(a) [eŋkwaðerna'ðor(a)] *m(f)* Buchbinder(in) *m(f)*

encuadernar [eŋkwaðer'nar] *vt* binden; **encuadernado en cartoné** kartoniert; **sin** ~ nicht gebunden

encuadrar [eŋkwa'ðrar] *vt* **1.** (*enmarcar*) einrahmen **2.** (CINE, FOTO, TV) einstellen

encubierto, -a [eŋku'bjerto, -a] **I.** *pp de* **encubrir II.** *adj:* **tus palabras son una acusación encubierta** hinter deinen Worten verbirgt sich eine Anklage

encubrir [eŋku'brir] *irr como abrir vt* **1.** (*cubrir*) bedecken **2.** (*ocultar*) verbergen; (*silenciar*) verheimlichen; (*un escándalo*) verschleiern; (*un delito*) decken

encuentro [eŋ'kweṇtro] *m* Begegnung *f;* (*previsto*) Zusammenkunft *f;* (*cita, reunión*) Treffen *nt;* (*encontronazo*) Zusammenstoß *m;* (MIL) Gefecht *nt;* ~ **amistoso** (DEP) Freundschaftsspiel *nt;* **ir al** ~ **de alguien** jdn abpassen

encuerado, -a [eŋkwe'raðo, -a] *adj* (*Cuba, Méx*) **1.** (*desharrapado*) zerlumpt **2.** (*semidesnudo*) halb nackt

encuerar [eŋkwe'rar] *vt, vr:* ~**se** (*Am*) (sich) ausziehen

encuerista [eŋkwe'rista] *mf* (*Am*) Stripper(in) *m(f)*

encuesta [eŋ'kwesta] *f* **1.** (*sondeo*) Umfrage *f;* ~ **estadística** statistische Erhebung; ~ **por muestreo** Stichprobenerhebung *f;* **hacer una** ~ eine Umfrage durchführen **2.** (*investigación*) Nachforschung *f;* ~ **judicial** gerichtliche Untersuchung

encularse [eŋku'larse] *vr* (*Arg: fam*) **1.** (*ofenderse*) sich beleidigt fühlen (*por* wegen +*gen/dat*) **2.** (*enojarse*) wütend werden

encumbrar [eŋkum'brar] **I.** *vt* **1.** (*levantar*) emporheben **2.** (*socialmente*) aufsteigen lassen; ~ **a alguien a la fama** jdm Ruhm einbringen **3.** (*exaltar*) erheben **II.** *vr:* ~**se 1.** (*elevarse*) emporragen **2.** (*engrandecerse*) aufsteigen **3.** (*envanecerse*) überheblich werden

ende ['eṇde] *adv:* **por** ~ folglich

endeble [eṇ'deβle] *adj* **1.** (*débil*) schwach; (*enfermizo*) schwächlich **2.** (*inconsistente*) haltlos

endémico, -a [eṇ'demiko, -a] *adj* **1.** (MED) endemisch **2.** (*continuo*) immer wiederkehrend

endemoniado, -a [eṇdemo'njaðo, -a] *adj* **1.** (*poseso*) vom Teufel besessen **2.** (*malo*) teuflisch **3.** (*fam: difícil, tremendo*) verteufelt; **tienes un genio** ~ du hast einen verdammt schwierigen Charakter; **tengo un hambre endemoniada** ich habe einen teuflischen Hunger **4.** (*fam: travieso*) unartig; **¡~s chiquillos!** Satansbrut!

endenantes [en̪de'nan̪tes] *adv* (*Am: fam*) früher

enderezar [en̪dere'θar] <z→c> *vt* **1.** (*poner derecho*) gerade biegen **2.** (*poner vertical*) aufrichten

endeudarse [en̪deu̯'ðarse] *vr* sich verschulden

endiablado, -a [en̪dja'βlaðo, -a] *adj v.* **endemoniado**

endibia [en̪'diβja] *f* Chicorée *m o f*

endilgar [en̪dil'ɣar] <g→gu> *vt* (*fam*) **1.** (*encaminar*) einfädeln **2.** (*una tarea*) hinpfuschen **3.** (*cargar*) aufhalsen; (*culpa*) in die Schuhe schieben

endomingarse [en̪domiŋ'garse] <g→gu> *vr* sich in Schale werfen *fam;* **todos los paseantes iban endomingados** die Spaziergänger waren alle sonntäglich gekleidet

endosar [en̪do'sar] *vt* **1.** (FIN) indossieren; (*traspasar*) übertragen; **~ una letra** einen Wechsel girieren **2.** (*fam: endilgar*) aufhalsen

endoso [en̪'doso] *m* Indossament *nt;* **~ de una letra** Wechselindossament *nt;* **sin ~** nicht übertragbar

endovenoso, -a [en̪doβe'noso, -a] *adj* intravenös; **por vía endovenosa** intravenös

endrina [en̪'drina] *f* Schlehe *f*

endrino, -a[1] [en̪'drino, -a] *adj* blauschwarz

endrino[2] [en̪'drino] *m* Schlehdorn *m*

endrogarse [en̪dro'ɣarse] <g→gu> *vr* **1.** (*Am: drogarse*) Drogen nehmen **2.** (*Méx, Perú: endeudarse*) Schulden machen (*con* bei +*dat*)

endulzar [en̪dul̪'θar] <z→c> *vt* **1.** (*poner dulce*) süßen **2.** (*suavizar*) versüßen

endurecer [en̪dure'θer] *irr como crecer* **I.** *vt* **1.** (*poner duro*) hart werden lassen; (TÉC) härten; (ANAT) verhärten **2.** (*hacer resistente*) abhärten (*con/en/por* durch +*akk*) **3.** (*extremar*) verschärfen **II.** *vr:* **~se 1.** (*ponerse duro*) hart werden; (*sentimientos*) hartherzig werden **2.** (*hacerse resistente*) sich abhärten (*con/en/por* durch +*akk*) **3.** (*agudizarse*) sich verschärfen

endurecimiento [en̪dureθi'mjen̪to] *m* **1.** (*dureza*) Härte *f* **2.** (*proceso*) Verhärtung *f;* **~ de las arterias** Arterienverkalkung *f* **3.** (*resistencia*) Abhärtung *f* **4.** (*agudizamiento*) Verschärfung *f*

ene ['ene] **I.** *adj inv* zig; (MAT) n; **~ veces** zigmal; (MAT) n-mal **II.** *f* (*letra*) N, n *nt*

enea *f* (BOT) Rohrkolben *m*

enebrina [ene'βrina] *f* Wacholderbeere *f*

enebro [e'neβro] *m* Wacholder *m*

eneldo [e'nel̪do] *m* Dill *m*

enema [e'nema] *m* (*lavado*) Einlauf *m;* **poner un ~ a alguien** jdm einen Einlauf machen

enemigo, -a [ene'miɣo, -a] <enemicísimo> **I.** *adj* feindlich; (*hostil*) feindselig; **país ~** Feindesland *nt* **II.** *m, f* Feind(in) *m(f);* (*contrario*) Gegner(in) *m(f);* **~ acérrimo** Erzfeind *m;* **~s mortales** Todfeinde *mpl;* **ser ~ de algo** gegen etw sein

enemistad [enemis'ta^ð] *f* Feindschaft *f;* (*hostilidad*) Feindseligkeit *f*

enemistar [enemis'tar] *vt, vr:* **~se** (sich) verfeinden

energético, -a [ener'xetiko, -a] *adj* energetisch; **fuentes energéticas** Energiequellen *fpl*

energía [ener'xia] *f* (*t.* FÍS) Energie *f;* (*fuerza*) Kraft *f;* **~ nuclear** Kernkraft *f;* **con ~** (*fig*) (tat)kräftig; **con toda su ~** mit aller Kraft; **sin ~** (*fig*) kraftlos; **la glucosa da ~** Traubenzucker spendet Energie; **emplear todas las ~s en algo** alle Kraft auf etw verwenden

enérgico, -a [e'nerxiko, -a] *adj* **1.** (*fuerte*) energisch **2.** (*decidido*) entschlossen **3.** (*estricto*) streng; **ponerse ~ con alguien** jdm gegenüber strengere Saiten aufziehen **4.** (*efectivo*) wirksam

energúmeno, -a [ener'ɣumeno, -a] *m, f* (*fam*) Besessene(r) *mf;* **se puso a gritar como un ~** er fing an wie verrückt zu schreien

enero [e'nero] *m* Januar *m; v. t.* **marzo**

enervante [ener'βan̪te] *adj* (*fam: irritante*) nervtötend

enervar [ener'βar] **I.** *vt* **1.** (*debilitar*) entnerven **2.** (*fam: poner nervioso*) nervös machen **II.** *vr:* **~se 1.** (*debilitarse*) entnervt sein **2.** (*fam: ponerse nervioso*) nervös werden

enésimo, -a [e'nesimo, -a] *adj* **1.** (MAT) n-te **2.** (*loc, fam*): **por enésima vez** zum zigsten Mal

enfadar [eɱfa'ðar] **I.** *vt* **1.** (*irritar*) ärgern; **estar enfadado con alguien** jdm böse sein **2.** (*Am: aburrir*) langweilen **II.** *vr:* **~se 1.** (*irritarse*) sich ärgern (*con* über +*akk*); **~se con alguien** auf jdn böse werden **2.** (*Am: aburrirse*) sich langweilen

enfado [eɱ'faðo] *m* (*enojo, molestia*) Ärger

énfasis ['eɱfasis] *m o f inv* Eindringlichkeit *f;* (*insistencia*) Nachdruck *m;* **poner ~ en algo** Nachdruck auf etw legen

enfático, -a [eɱ'fatiko, -a] *adj* eindringlich; (*insistente*) nachdrücklich

enfatizar [eɱfati'θar] <z→c> **I.** *vi* Nachdruck legen (*en* auf +*akk*) **II.** *vt* betonen

enfermar [eɱfer'mar] **I.** *vi, vr:* **~se** erkranken (*de* an +*dat*) **II.** *vt* krank machen

enfermedad [eɱferme'ðaᵈ] *f* Krankheit *f;* (*dolencia*) Leiden *nt;* (*afección*) Erkrankung *f;* ~ **del hígado** Leberleiden *nt;* **ausencia por** ~ krankheitsbedingte Abwesenheit; **costar una** ~ (*fig*) graue Haare kosten

enfermera [eɱfer'mera] *f* Krankenschwester *f;* (*en una consulta*) Arzthelferin *f*

enfermería [eɱferme'ria] *f* **1.** (*sala con camas*) Krankensaal *m;* (*en guerra*) Lazarett *nt* **2.** (*primeros auxilios*) Krankenstation *f*

enfermero [eɱfer'mero] *m* Krankenpfleger *m;* (*camillero*) Sanitäter *m*

enfermizo, -a [eɱfer'miθo, -a] *adj* **1.** (*de mala salud*) kränklich **2.** (*morboso*) krankhaft

enfermo, -a [eɱ'fermo, -a] **I.** *adj* krank; ~ **del corazón** herzkrank; ~ **de gravedad** schwer krank; **caer** ~ erkranken (*de* an +*dat*); **ponerse** ~ krank werden; **esta situación me pone** ~ diese Situation macht mich ganz krank **II.** *m, f* Kranke(r) *mf;* (*paciente*) Patient(in) *m(f)*

enfervorizar [eɱferβori'θar] <z→c> *vt, vr:* ~**se** (sich) begeistern

enfilar [eɱfi'lar] **I.** *vi* sich begeben (*hacia* nach +*dat*) **II.** *vt* **1.** (*poner en fila*) aneinander reihen **2.** (*enhebrar*) einfädeln; (*cuentas*) aufreihen; (*atravesar*) aufspießen **3.** (*llegar*) gelangen (auf +*akk*); (*en vehículo*) einfahren (in +*akk*); **enfilamos la carretera** wir fuhren auf die Schnellstraße

enflaquecer [eɱflake'θer] *irr como crecer* **I.** *vi, vr:* ~**se** abmagern **II.** *vt* abmagern lassen

enfocar [eɱfo'kar] <c→qu> *vt* **1.** (*ajustar*) einstellen **2.** (*en el visor*) anvisieren **3.** (*iluminar*) anleuchten **4.** (*una cuestión*) beleuchten; (*concebir*) konzipieren; **no enfocas bien el problema** dieses Problem betrachtest du vom falschen Standpunkt aus

enfoque [eɱ'foke] *m* (*punto de vista*) Standpunkt *m;* (*planteamiento*) Fragestellung *f;* (*concepción*) Konzept *nt*

enfrascar [eɱfras'kar] <c→qu> **I.** *vt* in eine Flasche füllen **II.** *vr:* ~**se en la lectura** sich in die Lektüre vertiefen

enfrentamiento [eɱfreṇta'mjeṇto] *m* Konfrontation *f;* (*encontronazo*) Zusammenstoß *m;* (*pelea*) Streit *m;* **se registraron ~s callejeros** es kam zu Straßenschlachten

enfrentar [eɱfreṇ'tar] **I.** *vt* **1.** (*encarar*) gegenüberstellen +*dat;* (*confrontar*) konfrontieren (*con* mit +*dat*) **2.** (*hacer frente*) sich stellen +*dat;* ~ **los hechos** den Tatsachen ins Auge blicken **3.** (*enemistar*) entzweien **II.** *vr:* ~**se 1.** (*encararse*) sich gegenüberstehen **2.** (*afrontar*) zusammenstoßen; (*pelearse*) sich *dat* eine Schlacht liefern; **los manifestantes se ~on con la policía** es kam zu Zusammenstößen zwischen Demonstranten und der Polizei **3.** (*confrontar*) sich auseinander setzen **4.** (*oponerse*) die Stirn bieten +*dat;* **estar enfrentado a alguien** mit jdm überworfen sein

enfrente [eɱ'freṇte] **I.** *adv* **1.** (*en el lado opuesto*) gegenüber; **allí** ~ dort drüben; **la casa de** ~ das Haus gegenüber **2.** (*en contra*) entgegen; **tendrás a tu familia** ~ deine Familie wird sich dir entgegenstellen **II.** *prep* (*local: frente a*): ~ **de** gegenüber +*dat/gen;* ~ **mío** [*o* **de mí**] mir gegenüber; ~ **del teatro** gegenüber des Theaters; **vivo ~ del parque** ich wohne gegenüber vom Park; **ponerse ~ de alguien** (*fig*) sich jdm entgegenstellen

enfriamiento [eɱfrja'mjeṇto] *m* **1.** (*pérdida de temperatura*) Abkühlung *f;* ~ **económico** Konjunkturtief *nt* **2.** (*resfriado*) Erkältung *f;* **pillar un** ~ (*fam*) sich erkälten

enfriar [eɱfri'ar] <*1. pres:* enfrío> **I.** *vi* kühlen **II.** *vt* abkühlen; (*con agua*) abschrecken **III.** *vr:* ~**se 1.** (*perder calor*) kalt werden **2.** (*refrescar, apaciguarse*) abkühlen **3.** (*acatarrarse*) sich erkälten

enfurecer [eɱfure'θer] *irr como crecer* **I.** *vt* wütend machen **II.** *vr:* ~**se 1.** (*encolerizarse*) wütend werden (*con/contra* auf +*akk*) **2.** (*mar*) tosen

engajado, -a [eŋga'xaðo, -a] *adj* (*Col*) lockig

engalanar [eŋgala'nar] **I.** *vt* (*decorar*) verzieren; (*adornar*) schmücken **II.** *vr:* ~**se** sich herausputzen; (*adornarse*) sich schmücken

enganchar [eŋgan'ʧar] **I.** *vt* **1.** (*sujetar*) festhaken; (*remolque*) einhängen; (*caballerías*) anspannen (*de* an +*akk*) **2.** (*prender*) verhaken; (TAUR) auf die Hörner nehmen **3.** (*fam: atrapar*) sich *dat* schnappen; (*convencer*) bequatschen **4.** (MIL) anwerben **5.** (FERRO, TÉC) koppeln **II.** *vr:* ~**se 1.** (*sujetarse*) sich festhaken (*de* an +*dat*) **2.** (*prenderse*) hängen bleiben (*de/con* an +*dat*) **3.** (*enredarse*) sich verheddern (*en* in +*dat*); ~**se en una pelea** in Streit geraten **4.** (MIL) sich anwerben lassen **5.** (*argot: drogarse*) drogensüchtig werden; **estar enganchado** an der Nadel hängen

enganche [en'ganʧe] *m* **1.** (*gancho*) Haken *m* **2.** (*sujeción*) Kupplung *f* **3.** (MIL) Anwerbung *f*

engañabobos [eŋgaɲa'βoβos] *mf inv* (*fam: timador*) Bauernfänger(in) *m(f)*

engañar [eŋga'ɲar] **I.** *vi* trügen; **las apariencias engañan** der Schein trügt **II.** *vt* (*desorientar*) täuschen; (*mentir, estafar, ser infiel*) betrügen; (*burlarse, t. sentimiento*) überlisten; ~ **el hambre** einen Happen essen **III.** *vr:* ~**se 1.** (*equivocarse*) sich täu-

E

schen **2.** (*hacerse ilusiones*) sich *dat* Illusionen machen; **¡no te engañes con esta oferta!** mach dir nichts vor, prüf das Angebot erst!

engañifa [eŋga'ɲifa] *f* (*fam*), **engañifla** [eŋga'ɲifla] *f* (*Chil*) Gaunerei *f*

engaño [eŋ'gaɲo] *m* **1.** (*mentira*) Betrug *m* **2.** (*truco*) List *f* **3.** (*error*) Irrtum *m* **4.** (*ilusión*) Täuschung *f*

engañoso, -a [eŋga'ɲoso, -a] *adj* **1.** (*persona*) betrügerisch **2.** (*algo: falaz*) trügerisch; (*equívoco*) täuschend; **publicidad engañosa** irreführende Werbung

engarce [eŋ'garθe] *m* **1.** (*engarzado*) Einfassen *nt* **2.** (*montura*) Fassung *f*

engarzar [eŋgar'θar] <z→c> **I.** *vt* **1.** (*trabar*) verketten **2.** (*montar*) einfassen **II.** *vr:* ~**se** (*Am*) sich verwickeln (*en* in +*akk*)

engastar [eŋgas'tar] *vt* einfassen (*en* in +*akk*)

engaste [eŋ'gaste] *m* **1.** (*engastado*) Einfassen *nt* **2.** (*montura*) Fassung *f*

engatusar [eŋgatu'sar] *vt* bezirzen

engendrar [eŋxeṇ'drar] *vt* **1.** (*concebir*) zeugen **2.** (*causar*) erzeugen; **la pobreza engendra violencia** Armut führt zu Gewalt

engendro [eŋ'xeṇdro] *m* **1.** (*feto*) Leibesfrucht *f* **2.** (*aborto*) Missgeburt *f* **3.** (*persona fea*) Kreatur *f* **4.** (*idea*) Auswuchs *m*

englobar [eŋglo'βar] *vt* **1.** (*incluir*) umfassen **2.** (*reunir*) einbeziehen (*en* in +*akk*) **3.** (*resumir*) zusammenfassen

engolillarse [eŋgoli'ʎarse] *vr* **1.** (*Cuba: contraer deudas*) Schulden machen (*con* bei +*dat*) **2.** (*Perú: encolerizarse*) wütend werden

engolosinar [eŋgolosi'nar] **I.** *vt* (*atraer*) locken; (*engatusar*) ködern **II.** *vr:* ~**se** Geschmack finden (*con* an +*dat*); (*encariñarse*) lieb gewinnen (*con* +*akk*)

engomar [eŋgo'mar] *vt* **1.** (*cubrir*) gummieren **2.** (*cabello*) festigen

engordar [eŋgor'ðar] **I.** *vi* **1.** (*ponerse gordo*) dick werden **2.** (*poner gordo*) dick machen **3.** (*fam: enriquecerse*) Geld anhäufen **II.** *vt* (AGR) mästen

engorro [eŋ'gorro] *m* **1.** (*impedimento*) Hindernis *nt* **2.** (*molestia*) Belästigung *f*

engorroso, -a [eŋgo'rroso, -a] *adj* **1.** (*dificultoso*) hinderlich; (*complicado*) umständlich **2.** (*molesto*) lästig

engranaje [eŋgra'naxe] *m* **1.** (*encaje*) Verzahnung *f* **2.** (*mecanismo*) Räderwerk *nt* **3.** (*sistema*) Getriebe *nt*

engranar [eŋgra'nar] **I.** *vi* ineinander greifen **II.** *vt* **1.** (*endentar*) verzahnen **2.** (*enlazar*) verbinden

engrandecer [eŋgraṇde'θer] *irr como crecer vt* **1.** (*aumentar*) vergrößern; (*acrecentar*) vermehren; (*elevar*) steigern **2.** (*exagerar*) übertreiben **3.** (*enaltecer*) verherrlichen

engrasar [eŋgra'sar] *vt* **1.** (*con grasa*) einfetten; (*enaceitar*) einölen; (AUTO, TÉC: *lubricar*) schmieren **2.** (*manchar*) voll schmieren

engrase [eŋ'grase] *m* **1.** (*engrasado*) Einfetten *nt;* (AUTO, TÉC) Schmierung *f* **2.** (*grasa*) Fett *nt;* (*lubricante*) Schmiermittel *nt*

engreído, -a [eŋgre'iðo, -a] *adj* **1.** (*envanecido*) eingebildet **2.** (*Am: mimado*) verwöhnt

engreír [eŋgre'ir] *irr como reír* **I.** *vt* **1.** (*envanecer*) eingebildet machen **2.** (*Am: mimar*) verhätscheln **II.** *vr:* ~**se** **1.** (*envanecerse*) eingebildet werden; (*presumir*) angeben **2.** (*Am: hacerse mimado*) verhätschelt werden

engrifarse [eŋgri'farse] *vr* **1.** (*Col: volverse altivo*) hochnäsig werden **2.** (*Méx: irritarse*) böse werden (*con* auf +*akk*); (*malhumorarse*) schlechte Laune bekommen

engrosar [eŋgro'sar] <o→ue> **I.** *vi, vr:* ~**se** **1.** (*engordar*) zunehmen **2.** (*aumentar*) wachsen **II.** *vt* **1.** (*engordar*) dick machen **2.** (*aumentar*) vergrößern; (*multiplicar*) vermehren

engrudo [eŋ'gruðo] *m* Kleister *m*

engualichar [eŋgwali'ʧar] *vt* (*Arg*) **1.** (*endemoniar*) verhexen **2.** (*al amante*) bezirzen

enguandos [eŋ'gwaṇdos] *mpl* (*Col*) **1.** (*superfluos*) Kram *m* **2.** (*evasivas*) Vorwand *m*

enguandujar [eŋgwaṇdu'xar] *vt* (*Col: adornar*) schmücken; (*recargar*) überladen

enguaracarse [eŋgwara'karse] <c→qu> *vr* (*AmC*) sich verstecken

enguatar [eŋgwa'tar] *vt* wattieren

engubiar [eŋgu'βjar] *vt* (*Urug*) besiegen

engullir [eŋgu'ʎir] <*3. pret:* engulló> **I.** *vi* **1.** (*atropelladamente*) schlingen **2.** (*pey: comer*) fressen **II.** *vt* (*tragar*) hinunterschlucken; (*atropelladamente*) verschlingen

enharinar [enari'nar] *vt* (*rebozar*) in Mehl wenden; (*espolvorear*) mit Mehl bestreuen

enhebrar [ene'βrar] *vt* (*hilo y aguja*) einfädeln; (*cuentas*) auffädeln

enhiesto, -a [e'njesto, -a] *adj* **1.** (*derecho*) gerade; (*erguido*) aufrecht **2.** (*alto*) hoch ragend

enhorabuena [enora'βwena] *f* Glückwunsch *m;* **dar la ~ a alguien** jdm gratulieren; **estar de ~** sich *dat* gratulieren können; **¡~!** herzlichen Glückwunsch!

enigma [e'niɣma] *m* Rätsel *nt;* **descifrar/plantear un ~** ein Rätsel lösen/aufgeben

enigmático, -a [eniɣ'matiko, -a] *adj* rätselhaft; (*misterioso*) geheimnisvoll

enjabonar [eŋxaβo'nar] *vt* **1.** (*al lavar*) einseifen **2.** (*fam: dar coba*) um den Bart gehen (*a* +*dat*) **3.** (*regañar*) rüffeln

enjalbegar [eŋxalβe'ɣar] <g→gu> *vt* weißen

enjambre [eŋ'xambre] *m* **1.** (*de abejas*) (Bienen)schwarm *m* **2.** (*muchedumbre*) Menschenmenge *f*

enjaular [eŋxau̯'lar] *vt* (*encerrar*) einsperren; (*en una jaula*) in einen Käfig sperren

enjetarse [eŋxe'tarse] *vr* (*Arg, Méx*) **1.** (*enojarse*) zornig werden **2.** (*ofenderse*) beleidigt sein

enjuagar [eŋxwa'ɣar] <g→gu> *vt* ausspülen; (*aclarar*) abspülen

enjuague [eŋ'xwaɣe] *m* **1.** (*t.* TÉC) Spülung *f* **2.** (*manejo*) List *f*

enjugamanos [eŋxuɣa'manos] *m inv* (*Am*) Handtuch *nt*

enjugar [eŋxu'ɣar] <g→gu> **I.** *vt* **1.** (*secar*) abtrocknen; (*limpiar*) abwischen **2.** (*una deuda*) erlassen **II.** *vr:* ~**se** **1.** (*secarse*) sich abtrocknen **2.** (*adelgazar*) abmagern

enjuiciar [eŋxwi'θjar] *vt* **1.** (*juzgar*) beurteilen; (*censurar*) verurteilen **2.** (*procesar*) den Prozess machen +*dat;* (*sentenciar*) das Urteil fällen (über +*akk*)

enjutarse [eŋxu'tarse] *vr* (*Guat, Ven*) **1.** (*enflaquecerse*) abmagern **2.** (*achicarse*) sich verkleinern; (*encogerse*) zusammenschrumpfen

enjuto, -a [eŋ'xuto, -a] *adj* dürr; ~ **de carnes** knochendürr *fam*

enlace [en'laθe] *m* **1.** (*conexión*) Verbindung *f;* (*empalme*) Verknüpfung *f;* (*unión*) Bindung *f;* (*t.* ELEC, FERRO) Anschluss *m;* ~ **ferroviario** Bahnanschluss *m* **2.** (*entrelazado*) Verflechtung *f* **3.** (*boda*) Vermählung *f* **4.** (*contacto*) Verbindungsmann, -frau *m, f;* ~ **policial** V-Mann *m*

enlatar [enla'tar] *vt* eindosen; **programa enlatado** (TV) Programm aus der Konserve

enlazar [enla'θar] <z→c> **I.** *vi* (*transporte*) Anschluss haben (*con* an +*akk*) **II.** *vt* **1.** (*atar*) verbinden; (*unir*) verknüpfen; (*entrelazar*) verflechten **2.** (*empalmar*) anknüpfen (*con* an +*akk*); (ELEC, TÉC) anschließen (*con* an +*akk*) **III.** *vr:* ~**se** (*desposarse*) sich vermählen

enloquecer [enloke'θer] *irr como crecer* **I.** *vi, vr:* ~**se** verrückt werden; ~ **de dolor** vor Schmerzen verrückt werden; ~ **de rabia** vor Wut außer sich *dat/akk* geraten; ~ **por alguien** nach jdm verrückt sein **II.** *vt* in den Wahnsinn treiben; **me enloquecen los pasteles** ich bin verrückt auf Kuchen

enlozado [enlo'θaðo] *m* (*Am*) Emaillierung *f*

enlozar [enlo'θar] <z→c> *vt* (*Am*) emaillieren

enlucido [enlu'θiðo] *m* (Ver)putz *m*

enlucir [enlu'θir] *irr como lucir vt* **1.** (*con yeso*) verputzen **2.** (*lustrar*) bohnern

enlutar [enlu'tar] **I.** *vt* **1.** (*en el vestir*) Trauer anlegen +*dat;* **mujeres enlutadas** Frauen in Trauerkleidern **2.** (*ensombrecer*) verdüstern; (*entristecer*) betrüben **II.** *vr:* ~**se** Trauer anlegen

enmarañar [eⁿmara'ɲar/eᵐmara'ɲar] **I.** *vt* **1.** (*enredar*) zersausen **2.** (*confundir*) verwirren; (*complicar*) verwickeln **II.** *vr:* ~**se** **1.** (*enredarse*) sich zersausen **2.** (*confundirse*) sich verwirren; (*complicarse*) sich verwickeln

enmarcar [eⁿmar'kar/eᵐmar'kar] <c→qu> *vt* einrahmen; (*ribetear*) umranden

enmascarar [eⁿmaska'rar/eᵐmaska'rar] **I.** *vt* **1.** (*poner máscara*) maskieren; (*disfrazar*) verkleiden **2.** (*ocultar*) verschleiern; (*encubrir*) tarnen **II.** *vr:* ~**se** **1.** (*con una máscara*) sich maskieren; (*disfrazarse*) sich verkleiden **2.** (*encubrirse*) sich tarnen

enmendar [eⁿmeṇ'dar/eᵐmeṇ'dar] <e→ie> **I.** *vt* **1.** (*corregir*) verbessern; (*rectificar*) berichtigen; (**querer**) ~ **la plana a alguien** jdn übertreffen (wollen) **2.** (*modificar*) abändern; (*una ley*) novellieren **II.** *vr:* ~**se** sich bessern

enmienda [eⁿ'mjeṇda/eᵐ'mjeṇda] *f* **1.** (*corrección*) Verbesserung *f;* (*rectificación*) Berichtigung *f;* **no tener** ~ (*fig*) ein hoffnungsloser Fall sein **2.** (*modificación*) (Ab)änderung *f;* (*de una ley*) Novellierung *f*

enmohecer [eⁿmoe'θer/eᵐmoe'θer] *irr como crecer vi, vr:* ~**se** **1.** (*cubrirse de moho*) verschimmeln; (*pudrirse*) vermodern **2.** (*caer en desuso*) veralten

enmudecer [eⁿmuðe'θer/eᵐmuðe'θer] *irr como crecer* **I.** *vi* **1.** (*perder el habla*) verstummen; ~ **de miedo** sprachlos vor Angst sein **2.** (*callar*) schweigen **II.** *vt* verstummen lassen

ennegrecer [enneɣre'θer] *irr como crecer* **I.** *vt* **1.** (*poner negro*) schwärzen **2.** (*oscurecer*) verfinstern; (*ensombrecer*) überschatten **II.** *vr:* ~**se** **1.** (*ponerse negro*) schwarz werden **2.** (*oscurecerse*) sich verfinstern; (*ensombrecer*) sich verdüstern

ennoblecer [ennoβle'θer] *irr como crecer vt* **1.** (*conceder el título*) adeln **2.** (*mejorar*) veredeln; (*refinar*) verfeinern **3.** (*enaltecer*) verherrlichen

enojar [eno'xar] **I.** *vt* ärgern **II.** *vr:* ~**se** sich ärgern (*con* über +*akk*); **estar enojado** böse sein

enojo [e'noxo] *m* Ärger *m;* **con** ~ unwillig

enojoso, -a [eno'xoso, -a] *adj* **1.** (*enfadoso*) ärgerlich **2.** (*molesto*) unangenehm

3. (*complicado*) umständlich; (*trabajoso*) mühsam

enorgullecer [enoryuʎe'θer] *irr como crecer* **I.** *vt* mit Stolz erfüllen **II.** *vr:* **~se** stolz sein (*de* auf +*akk*)

enorme [e'norme] *adj* enorm; (*gigantesco*) gewaltig; (*desmedido, extraordinario*) ungeheuer

enormidad [enormi'ðað] *f* **1.** (*tamaño*) enorme Größe *f;* (*fig*) ungeheueres Ausmaß *nt* **2.** (*cantidad*) Unmenge *f;* **una ~ de dinero** eine Unmenge Geld

enrabiar [enrra'βjar] **I.** *vt* wütend machen **II.** *vr:* **~se** wütend werden

enraizado, -a [enrrai̯'θaðo, -a] *adj* verwurzelt; **una costumbre muy enraizada** eine fest verwurzelte Sitte

enraizar [enrrai̯'θar] *irr vi* Wurzeln schlagen

enrastrojarse [enrrastro'xarse] *vr* (*Am*) verwildern

enredadera [enrreða'ðera] *f* Schlingpflanze *f;* **~ de campanillas** Winde *f*

enredar [enrre'ðar] **I.** *vi* (*niño*) Unfug treiben; **¡no andes enredando con las cerillas!** spiel nicht mit den Streichhölzern herum! **II.** *vt* **1.** (*liar*) verwickeln; (*confundir*) durcheinander bringen **2.** (*enemistar*) aufhetzen **III.** *vr:* **~se 1.** (*cuerda, asunto*) sich verwickeln **2.** (*planta*) hinaufklettern (*por/a* an +*dat*) **3.** (*fam: amancebarse*) anbändeln

enredo [en'rreðo] *m* **1.** (*de alambres*) Wirrwarr *m* **2.** (*mentira*) Lüge *f* **3.** (*asunto*) Affäre *f* **4.** (*intriga*) Intrige *f* **5.** (*amorío*) Techtelmechtel *nt* **6.** *pl* (*fam: trastos*) Kram *m*

enrejado [enrre'xaðo] *m* (*de hierro*) Gitter *ntpl;* (*de caña*) Geflecht *nt*

enrejar [enrre'xar] *vt* (*ventana*) vergittern; (*huerta*) einzäunen

enrevesado, -a [enrreβe'saðo, -a] *adj* (*intrincado*) verwickelt; (*difícil*) verzwickt

enriquecer [enrrike'θer] *irr como crecer* **I.** *vt* **1.** (*hacer rico*) reich machen **2.** (*engrandecer*) bereichern **3.** (*metal, tierra*) anreichern (*con/de* mit +*dat*) **4.** (*adornar*) verzieren **II.** *vr:* **~se** reich werden; **~se (a costa ajena)** sich (auf fremde Kosten) bereichern

enriquecimiento [enrrikeθi'mjen̩to] *m* **1.** (*fortuna, ennoblecimiento*) Bereicherung *f;* **~ injusto** (JUR) ungerechtfertigte Bereicherung **2.** (*de uranio*) Anreicherung *f*

enrojecer [enrroxe'θer] *irr como crecer* **I.** *vi* erröten; **~ de ira** rot vor Wut werden **II.** *vt* (*cielo*) rot färben **III.** *vr:* **~se** (*persona*) erröten; (*cielo*) sich rot färben

enrolar [enrro'lar] *vt* **1.** (NÁUT) anheuern **2.** (MIL) einberufen

enrollado, -a [enrro-] *adj* (*argot*) voll dabei; **es una profesora muy enrollada** die Lehrerin ist voll stark

enrollar [enrro'ʎar] **I.** *vt* (*cartel*) zusammenrollen; (*cuerda*) aufrollen **II.** *vr:* **~se** (*explicando*) ausschweifen; **~se como una persiana** reden wie ein Buch

enronquecer [enrroŋke'θer] *irr como crecer* **I.** *vt* heiser machen **II.** *vi, vr:* **~se** heiser werden

enroscar [enrros'kar] <c→qu> **I.** *vt* **1.** (*enrollar*) zusammenrollen; **~ el hilo en el palo** den Faden um den Stock wickeln **2.** (*tornillo*) einschrauben **II.** *vr:* **~se** sich zusammenrollen; **la serpiente se enroscó a la rama** die Schlange wand sich um den Ast

enrostrar [enrros'trar] *vt* (*Am*) vorwerfen

enrular [enrru'lar] *vt* (*CSur*) locken

> **ensaimada** *f:* Jeder, der Mallorca besucht, bringt **ensaimadas** mit, zumindest jeder spanische Tourist. Bei der **ensaimada** handelt es sich um ein spiralförmiges Blätterteiggebäck, das mit süßem **cabello de ángel**, einer Art Kürbisgelee, gefüllt sein kann.

ensalada [ensa'laða] *f* Salat *m;* **~ de frutas** Obstsalat *m*

ensaladera [ensala'ðera] *f* Salatschüssel *f*

> **Ensaladilla** *f* **rusa:** Man nehme: Pellkartoffeln, gekochtes Gemüse (Möhren, grüne Bohnen, Erbsen), Oliven, gekochte Eier. All diese Zutaten werden klein geschnitten (ähnlich dem deutschen Kartoffelsalat), dann wird Thunfisch beigefügt und das ganze mit Majonäse und etwas Essig angemacht.

ensalmo [en'salmo] *m* (*conjuro*) Beschwörung *f;* **desaparecer (como) por ~** wie weggezaubert sein

ensalzar [ensal̩'θar] <z→c> **I.** *vt* preisen **II.** *vr:* **~se** sich rühmen

ensamblar [ensam'blar] *vt* zusammenfügen

ensanchar [ensan'ʧar] *vt* erweitern; (*hacer más ancho*) verbreitern; (*vestido*) weiter machen

ensanche [en'sanʧe] *m* **1.** (*ampliación*) Erweiterung *f;* (*de anchura*) Verbreiterung *f* **2.** (*ciudad*) neues Stadtviertel *nt;* **zona de**

~ Neubaugebiet *nt*

ensangrentar [ensaŋgreṇ'tar] <e→ie> *vt* mit Blut beflecken

ensartar [ensar'tar] *vt* **1.** (*perlas*) auffädeln **2.** (*pinchar*) aufspießen

ensayar [ensa'ɟar] **I.** *vt* **1.** (*probar*) versuchen; (*examinar*) prüfen **2.** (TEAT) proben **II.** *vr:* ~**se** sich üben (*en* in +*dat*)

ensayo [en'saɟo] *m* **1.** (TEAT) Probe *f* **2.** (LIT) Essay *m o nt* **3.** (*prueba*) Test *m;* (*experimento*) Experiment *nt;* **tubo de ~** Reagenzglas *nt*

enseguida [ense'ɣiða] *adv* sofort

ensenada [ense'naða] *f* **1.** (*mar*) Bucht *f* **2.** (*Arg: corral*) Stall *m*

enseña [en'seɲa] *f* Fahne *f;* (*estandarte*) Banner *nt*

enseñante [ense'ɲaṇte] *mf* Lehrer(in) *m(f)*

enseñanza [ense'ɲaṇθa] *f* **1.** (*sistema*) Bildungswesen *nt;* ~ **primaria** Volksschulwesen *nt;* ~ **privada** Privatschulwesen *nt;* ~ **pública** öffentliches Schulwesen; ~ **secundaria** Sekundarschulwesen *nt;* ~ **superior** Hochschulwesen *nt* **2.** (*clase*) Unterricht *m;* ~ **a distancia** Fernstudium *nt;* **libertad de ~** Lehrfreiheit *f;* **método de ~** Unterrichtsmethode *f;* **dedicarse a la ~** in der Lehre tätig sein **3.** (*lección*) Lehre *f;* **de lo ocurrido en el pasado no has sacado ninguna ~** du hast aus der Vergangenheit keine Lehren gezogen

> Die **ESO (Enseñanza Secundaria Obligatoria)** entspricht ungefähr der deutschen Mittelstufe oder Sekundarstufe I -für Schüler und Schülerinnen im Alter von 12 bis 16 Jahren- und unterliegt der allgemeinen Schulpflicht. Die **ESO** ist in zwei Stufen von jeweils zwei Jahren untergliedert. Nach dieser letzten schulpflichtigen Stufe kann man sich für eine der folgenden zwei Möglichkeiten entscheiden: entweder für die **Formación Profesional Específica de Grado Medio**, was in gewisser Weise einer Berufsschule entspricht, oder für den **Bachillerato**, was mit der deutschen Oberstufe bzw. Sekundarstufe II vergleichbar ist.

enseñar [ense'ɲar] *vt* **1.** (*instruir*) lehren; (*dar clases*) unterrichten; (*explicar*) erklären; **él me enseñó la poca química que sé** er hat mir das wenige an Chemie beigebracht, das ich weiß; **ella me enseñó a tocar la flauta** sie hat mich Flöte spielen gelehrt; **hay que ~ con el ejemplo** man muss mit gutem Beispiel vorangehen; **¡la vida te ~á!** das Leben wird dich zur Räson bringen!; **¡ya te ~é yo a obedecer!** ich werde dich schon Gehorsam lehren! **2.** (*mostrar*) zeigen; **te enseñé a hacer las camas** ich habe dir gezeigt, wie man die Betten macht; ~ **el camino a alguien** jdm den Weg zeigen **3.** (*dejar ver*) zeigen; (*presentar*) vorzeigen; (*exhibir*) vorführen

enseñorearse [enseɲore'arse] *vr* sich bemächtigen (*de* +*gen*)

enseres [en'seres] *mpl* Sachen *fpl;* (*útiles*) Gerät *nt;* (*mobiliario*) Einrichtung *f*

ensillar [ensi'ʎar] *vt* satteln

ensimismarse [ensimis'marse] *vr* **1.** (*absorberse*) in Gedanken versunken sein; ~ **en recuerdos/una lectura** in Erinnerungen/in eine Lektüre versunken sein **2.** (*Col, Chil: engreírse*) eingebildet werden

ensoberbecerse [ensoβerβe'θerse] *irr como crecer vr* (*persona*) hochmütig werden (*de* durch +*akk*)

ensombrecer [ensombre'θer] *irr como crecer* **I.** *vt* (*oscurecer*) verdüstern; (*ofuscar*) überschatten **II.** *vr:* ~**se** **1.** (*entristecerse*) traurig werden **2.** (*oscurecerse*) sich verdüstern

ensopar [enso'par] **I.** *vt* (*AmS: empapar*) einweichen **II.** *vr:* ~**se** (*AmS*) (klatsch)nass werden

ensordecedor(a) [ensorðeθe'ðor(a)] *adj* ohrenbetäubend

ensordecer [ensorðe'θer] *irr como crecer* **I.** *vi* (*quedarse sordo*) taub werden **II.** *vt* (*ruido*) betäuben

ensortijado, -a [ensorti'xaðo, -a] *adj* kraus

ensortijar [ensorti'xar] *vt* (*pelo*) kräuseln

ensuciar [ensu'θjar] **I.** *vt* beschmutzen (*con/de* mit +*dat*) **II.** *vr:* ~**se** **1.** (*mancharse*) sich schmutzig machen; ~**se de algo** sich mit etw *dat* beschmutzen **2.** (*fam: excremento*) (sich *dat*) in die Hosen machen

ensueño [en'sweɲo] *m* Traum; **de ~** traumhaft

entablar [eṇta'βlar] *vt* **1.** (*conversación*) anfangen; (*negociaciones*) aufnehmen; (*amistad*) (an)knüpfen; (*juicio*) einleiten; ~ **relaciones comerciales** Geschäftsbeziehungen aufnehmen **2.** (*suelo*) dielen **3.** (*ajedrez*) aufstellen

entablillar [eṇtaβli'ʎar] *vt* schienen

entallado, -a [eṇta'ʎaðo, -a] *adj* tailliert

entallar [eṇta'ʎar] **I.** *vt* (*vestido*) auf Taille arbeiten **II.** *vi, vr:* ~**se** in der Taille anliegen; **la chaqueta entalla bien** die Jacke sitzt in der Taille gut

entarimado [eṇtari'maðo] *m* Parkett *nt*

ente ['eṇte] *m* **1.** (FILOS) Wesen *nt* **2.** (*autoridad*) Behörde *f;* **el E~ Público** das öffentliche Fernsehen

enteco, **-a** [en̪'teko, -a] *adj* kränklich

entendederas [en̪ten̪de'ðeras] *fpl* (*fam*) Grips *m;* **es muy corto de** ~ er ist schwer von Begriff

entender [en̪ten̪'der] <e→ie> **I.** *vi* **1.** (*saber*) verstehen **2.** (*ocuparse con*) sich befassen (*en* mit +*dat*) **II.** *vt* **1.** (*comprender*) verstehen; **lo entendieron mal** sie haben es missverstanden; **si entiendo bien Ud. quiere decir que...** wenn ich Sie recht verstehe, wollen Sie sagen, dass ...; **¿qué entiende Ud. por acuerdo?** was verstehen Sie unter Abmachung?; **ellos ya se harán** ~ sie werden sich schon verständlich machen; **no entiende una broma** er/sie versteht keinen Spaß; **le dio a** ~ **a su novia que...** er gab seiner Freundin zu verstehen, dass ... **2.** (*creer*) glauben; **yo entiendo que sería mejor si...** +*subj* ich glaube, es wäre besser, wenn ...; **yo no lo entiendo así** ich bin (da) anderer Meinung; **tengo entendido que...** (*según creo*) soweit ich weiß, ...; (*según he oído*) ich habe gehört, dass ... **III.** *vr:* ~**se** **1.** (*llevarse*) sich verstehen **2.** (*ponerse de acuerdo*) sich verständigen; **para el precio entiéndete con mi socio** über den Preis musst du mit meinem Partner verhandeln **3.** (*fam: liarse*) ein Verhältnis haben **4.** (*fam: desenvolverse*) zurechtkommen; **no me entiendo con este lío de cables** bei diesem Kabelwirrwarr steige ich nicht durch; **¡que se las entienda!** das ist seine/ihre Sache! **5.** (*loc*): **¡yo me entiendo!** ich weiß (schon), was ich sage!; **pero ¿cómo se entiende?** (*fam*) aber was soll das heißen?; **eso se entiende por sí mismo** das versteht sich von selbst **IV.** *m* Meinung *f;* **a mi** ~ meiner Meinung nach

entendido, **-a** [en̪ten̪'diðo, -a] **I.** *adj* **1.** (*listo*) klug; (*experto*) bewandert (*en* in +*dat*); **no se dio por** ~ er stellte sich dumm **2.** (*loc*): **bien** ~ **que...** vorausgesetzt, dass ...; **queda** ~ **que...** es ist selbstverständlich, dass ...; **queda** ~ **que te acompaño a casa** selbstverständlich begleite ich dich nach Hause **II.** *m, f* Kenner(in) *m(f);* (*experto*) Sachverständige(r) *mf;* **es un gran** ~ **en informática** er versteht viel von Informatik; **hacerse el** ~ den Klugen spielen

entendimiento [en̪ten̪di'mjen̪to] *m sin pl* **1.** (*razón*) Verstand *m;* (*facilidad de comprensión*) Auffassungsgabe *f;* **obrar con** ~ überlegt handeln; **un hombre de mucho** ~ ein sehr intelligenter Mann **2.** (*acuerdo*) Verständigung *f*

enterado, **-a** [en̪te'raðo, -a] *adj* (*iniciado*) eingeweiht (*de* in +*akk*); (*conocedor*) vertraut (*de* mit +*dat*); **yo ya estaba** ~ **del incidente** ich wusste schon von dem Zwischenfall; **no se dio por** ~ er stellte sich dumm

enteramente [en̪tera'men̪te] *adv* völlig

enterar [en̪te'rar] **I.** *vt* **1.** (*informar*) informieren (*de* über +*akk*) **2.** (*Col, Méx, CRi:* COM) (ein)zahlen **II.** *vr:* ~**se** (*saber de algo*) erfahren; **me enteré de la explosión por la radio** ich habe aus dem Radio von der Explosion erfahren; **no me enteré de nada hasta que me lo dijeron** ich bekam nichts (davon) mit, bis sie es mir sagten; **pasa las hojas sin** ~**se de lo que lee** er/sie blättert herum, ohne zu verstehen, was er/sie gerade liest; **¡para que se entere!** (*fam*) damit Sie das endlich kapieren!

entereza [en̪te'reθa] *f sin pl* (*determinación*) Beharrlichkeit *f;* (*aplomo*) Sicherheit *f;* (*integridad*) Standhaftigkeit *f;* **a la muerte de su madre demostraron mucha** ~ sie waren sehr tapfer, als ihre Mutter starb

enternecer [eterne'θer] *irr como crecer* **I.** *vt* (*conmover*) rühren; (*hacer ceder*) erweichen **II.** *vr:* ~**se** (*conmoverse*) gerührt sein; (*ceder*) weich werden

entero, **-a** [en̪'tero, -a] *adj* **1.** (*completo, t.* MAT) ganz; **por** ~ völlig; **se pasa días** ~**s sin decir ni una palabra** er/sie kann tagelang schweigen; **el espejo salió** ~ **de aquí** der Spiegel wurde unversehrt von hier mitgenommen; **la comisión entera se declaró a favor** die Kommission sprach sich geschlossen dafür aus; **el juego de café no está** ~ das Kaffeeservice ist nicht vollständig **2.** (*persona íntegra*) redlich

enterrador(a) [en̪terra'ðor(a)] *m(f)* (*sepulturero*) Totengräber(in) *m(f)*

enterrar [en̪te'rrar] <e→ie> **I.** *vt* **1.** (*a un muerto*) begraben; **¡ésa nos** ~**á a todos!** (*fam fig*) sie wird uns alle überleben! **2.** (*un objeto*) vergraben; (*no muy profundo*) verscharren **3.** (*ilusiones, esperanzas*) begraben **II.** *vr:* ~**se** (*recluirse*) sich vergraben

entibiar [en̪ti'βjar] **I.** *vt* (*líquido*) lau machen; (*fig*) abkühlen **II.** *vr:* ~**se** (*líquido*) lau werden; (*fig*) sich abkühlen

entidad [en̪ti'ða^ð] *f* **1.** (FILOS) Wesen *nt* **2.** (*asociación*) Vereinigung *f;* ~ **aseguradora** Versicherungsgesellschaft *f;* ~ **crediticia** Kreditbank *f;* ~ **jurídica** Körperschaft *f*

entierro [en̪'tjerro] *m* **1.** (*ceremonia*) Beerdigung *f;* **¡no pongas esa cara de** ~**!** mach doch nicht so eine Trauermiene! **2.** (*comitiva*) Leichenzug *m*

entintar [en̪tin̪'tar] *vt* (*manchar*) mit Tinte beschmieren; (*teñir*) färben; (TIPO) einfärben

entonación [en̪tona'θjon] *f* (LING) Intonation *f*

entonar [en̪to'nar] **I.** *vi* **1.** (*canción*) den Ton halten **2.** (*armonizar*) passen (*con* zu

+*dat*); **los colores de las cortinas no entonan con los de la pared** die Farben der Vorhänge beißen sich mit denen der Wand **II.** *vt* **1.** (*canción*) anstimmen **2.** (*fortalecer*) stärken

entonces [eṇ'toṇθes] *adv* **1.** (*temporal*) damals; **desde** ~ seitdem; **hasta** ~ bis dahin; **en** [*o* **por**] **aquel** ~ damals **2.** (*modal*) dann; **¿y ~ qué pasó?** na, und was geschah dann?; **¿pues ~ por qué te extraña si no vienen?** ja, dann brauchst du dich nicht zu wundern, wenn sie nicht kommen!; **¡~!** also das will ich meinen!; **si lo amas ¿~ por qué no se lo dices?** wenn du ihn liebst, warum sagst du es ihm dann nicht?

entontecer [eṇtoṇte'θer] *irr como crecer* **I.** *vi, vr:* **~se** verblöden **II.** *vt* verdummen

entornar [eṇtor'nar] *vt* (*puerta*) anlehnen

entorno [eṇ'torno] *m* Umgebung *f;* (*medio ambiente*) Umwelt *f;* (*mundillo*) Milieu *nt;* (*condiciones*) Rahmenbedingungen *fpl*

entorpecer [eṇtorpe'θer] *irr como crecer vt* **1.** (*movimiento*) lähmen; **el frío me entorpecía los dedos** die Kälte ließ meine Finger erstarren **2.** (*dificultar*) behindern; (*retrasar*) verzögern **3.** (*sentidos*) betäuben

entrada [eṇ'traða] *f* **1.** (*puerta*) Eingang *m;* (*para coche*) Einfahrt *f;* ~ **a la autopista** Autobahnauffahrt *f;* ~ **trasera** Hintereingang *m* **2.** (*traspaso*) Eintritt *m;* (MIL) Einmarsch *m;* **se prohibe la ~** Zutritt verboten!; **los deportistas hicieron su ~ en la ciudad** die Sportler liefen in die Stadt ein **3.** (*comienzo*) Beginn *m;* (*en un cargo*) Antritt *m;* ~ **en funciones** Amtsantritt *m;* ~ **en vigor** Inkrafttreten *nt* **4.** (*cine, teatro*) Eintrittskarte *f;* ~ **gratuita** Freikarte *f;* ~ **libre** Eintritt frei **5.** (*público*) Zuschauer *mpl;* (*hospital*) Zugänge *mpl;* **en el estreno hubo una gran ~** bei der Uraufführung war viel Publikum anwesend **6.** (GASTR) Vorspeise *f* **7.** *pl* (*pelo*) Geheimratsecken *fpl* **8.** (MÚS) Einsatz *m;* **dar la ~** den Einsatz geben **9.** (*en diccionario*) Eintrag *m* **10.** (*depósito*) Anzahlung *f;* **ya hemos dado la ~ para el piso** wir haben schon die erste Rate für die Wohnung bezahlt **11.** (COM) Eingang *m;* ~ **de pedidos** Auftragseingang *m* **12.** (FIN): **~s y salidas** Einnahmen und Ausgaben **13.** (INFOR) Eingabe *f* **14.** (*loc*): **de ~** auf den ersten Blick; **así de ~ tu idea no me pareció mal** zunächst schien mir deine Idee gar nicht schlecht

entrado, -a [eṇ'traðo, -a] *adj:* **un señor ~ en años** ein älterer Herr; **llegamos entrada la noche** wir kamen erst in der Nacht an; **hasta muy ~ el siglo XVII** bis spät ins XVII. Jahrhundert hinein

entrador(a) [eṇtra'ðor(a)] *adj* **1.** (*AmS: animoso*) tapfer; (*atrevido*) mutig **2.** (*Arg: simpático*) nett **3.** (*Am: enamoradizo*) schwärmerisch **4.** (*Chil: entremetido*) zudringlich **5.** (*Guat, Nic: compañero*) kameradschaftlich

entrampar [eṇtram'par] **I.** *vt* **1.** (*animal*) in eine Falle locken **2.** (*engañar*) betrügen **3.** (*fam: embrollar*) komplizieren **4.** (*fam: deudas*) mit Schulden belasten **II.** *vr:* **~se** Schulden machen

entrante [eṇ'traṇte] *adj* (*próximo*) kommend; **a primeros del mes ~** Anfang nächsten Monats

entraña [eṇ'traɲa] *f* **1.** *pl* (*órganos*) Eingeweide *ntpl;* **echar las ~s** (*fam*) sich übergeben; **¡hijo de mis ~s!** (*fam*) mein Herzblatt!; **por mis hijos doy las ~s** (*fam*) für meine Kinder würde ich alles hergeben **2.** (*lo esencial*) Kern *m* **3.** *pl* (*carácter*) Charakter *m;* **de buenas ~s** gutherzig **4.** *pl* (*interior*) Innerste(s) *nt;* **las ~s de la tierra** das Erdinnere

entrañable [eṇtra'ɲaβle] *adj* innig

entrañar [eṇtra'ɲar] *vt* mit sich bringen; **~ graves peligros** große Risiken in sich bergen

entrar [eṇ'trar] **I.** *vi* **1.** (*pasar*) hineingehen (*a/en* in +*akk*); (*vehículo*) hineinfahren (*a/en* in +*akk*); (*barco*) einlaufen (*a/en* in +*akk*); (MIL) einmarschieren (*en* in +*akk*); **~ por la ventana** durch das Fenster einsteigen; **el tren entra en la estación** der Zug fährt in den Bahnhof ein; **¡entre!** herein!; **me entró por un oído y me salió por otro** das ist mir zum einen Ohr hineingegangen und zum anderen wieder hinaus **2.** (*caber*) hineinpassen; **~ en el armario** in den Schrank passen; **el corcho no entra en la botella** der Korken geht nicht in die Flasche; **por fin he hecho ~ el tapón** endlich habe ich den Stöpsel hineinbekommen **3.** (*zapato, ropa*) passen; **no me entra el anillo** der Ring passt mir nicht **4.** (*con autorización*) Zutritt haben (*en* zu +*dat*) **5.** (*empezar*) beginnen; **el verano entra el 21 de junio** der Sommer beginnt am 21. Juni; **~ en relaciones con alguien** Beziehungen zu jdm aufnehmen; **después entré a trabajar en una casa más rica** dann begann ich in einem reicheren Haushalt zu arbeiten; **cuando entró de alcalde...** als er als Bürgermeister antrat, ... **6.** (*penetrar*) hineingehen; **el clavo entró en la pared** der Nagel ging in die Wand; **¡no me entra en la cabeza cómo pudiste hacer eso!** ich begreife nicht, wie du so etwas tun konntest! **7.** (*como miembro*) eintreten (*en* in +*akk*); **~ en la Academia de Ciencias** in die Akademie der Wissenschaften aufgenommen werden **8.** (*formar parte*): **en un kilo entran tres panochas** auf ein Kilo

E

kommen drei Maiskolben; **eso no entraba en mis cálculos** damit habe ich nicht gerechnet; **en esta receta no entran huevos** bei diesem Rezept sind keine Eier vorgesehen **9.** (MÚS) einsetzen **10.** (*loc*): **no ~ en detalles** nicht auf Einzelheiten eingehen; ~ **en calor** warm werden; **me entró la tentación** es überkam mich die Versuchung; **me entró un mareo** mir wurde schwindlig; **me entró el sueño** ich wurde müde; **me entró el hambre** ich bekam Hunger; **esperemos que no te entre la gripe** hoffentlich bekommst du keine Grippe; **le ha entrado la costumbre de...** er/sie hat es sich *dat* zur Gewohnheit gemacht zu ...; **las matemáticas no me entran** (*fam*) Mathematik begreife ich einfach nicht; **su hermano no me entra** (*fam*) ich kann seinen/ihren Bruder nicht leiden; **a él no sabes como ~le** man weiß nicht, wie man an ihn rankommen kann; **yo en eso no entro** [*o* **ni entro ni salgo**] (*fam*) damit habe ich nichts zu schaffen **II.** *vt* hineinbringen (*en* in +*akk*); (*vehículo*) hineinfahren (*en* in +*akk*); ~ **el coche en el garaje** das Auto in die Garage (hinein)fahren

entre ['eṇtre] *prep* **1.** (*local, temporal*) zwischen +*dat;* **salir de ~ las ramas** aus den Zweigen hervorkommen; **pasar por ~ las mesas** zwischen den Tischen durchgehen; ~ **semana** unter der Woche; **ven ~ las cinco y las seis** komm zwischen fünf und sechs; ~ **tanto** inzwischen; **le cuento ~ mis amigos** ich zähle ihn zu meinen Freunden; **un ejemplo ~ muchos** ein Beispiel unter vielen; **el peor ~ todos** der Schlimmste von allen; **llegaron veinte ~ hombres y mujeres** es kamen zwanzig, teils Männer, teils Frauen; **se la llevaron ~ cuatro hombres** sie trugen sie zu viert heraus; **lo hablaremos ~ nosotros** wir werden unter uns darüber sprechen; ~ **el taxi y la entrada me quedé sin dinero** das Taxi und die Eintrittskarte raubten mir mein ganzes Geld; **lo dije ~ mí** ich sagte es für mich **2.** (*con movimiento*) zwischen +*akk;* **¡guárdalo ~ los libros!** leg es zwischen die Bücher!; **me senté ~ los dos** ich setzte mich zwischen die beiden **3.** (MAT) durch +*akk*

entreabierto, -a [eṇtrea'βjerto, -a] *adj* halb offen

entreabrir [eṇtrea'βrir] *irr como abrir vt* halb öffnen

entreacto [eṇtre'akto] *m* (*intermedio*) Pause *f*

entrecano, -a [eṇtre'kano, -a] *adj* graumeliert

entrecejo [eṇtre'θexo] *m* (*ceño*) Stirnrunzeln *nt;* **fruncir el ~** die Stirn runzeln

entrecomillar [eṇtrekomi'ʎar] *vt* in Anführungszeichen setzen

entrecortado, -a [eṇtrekor'taðo, -a] *adj* (*respiración*) stoßweise; (*voz*) stockend; **con la voz entrecortada por los sollozos** mit von Tränen erstickter Stimme

entrecruzar [eṇtrekru'θar] <z→c> **I.** *vt* kreuzen; (*cintas*) flechten **II.** *vr:* **~se** sich kreuzen

entredicho [eṇtre'ðitʃo] *m* **1.** (*prohibición*) Verbot *nt* **2.** (*loc*): **poner algo en ~** etw in Zweifel ziehen; **poner en ~ la veracidad** die Glaubwürdigkeit in Frage stellen

entrega [eṇ'treɣa] *f* **1.** (*dedicación*) Engagement *nt* **2.** (*fascículo*) Lieferung *f;* **novela por ~s** Fortsetzungsroman *m* **3.** (*de documentos*) Übergabe *f;* (*ceremonia*) Überreichung *f;* ~ **de premios** Preisverleihung *f;* ~ **de títulos** (UNIV) Diplomverleihung *f;* **hacer ~ de algo** etw überreichen **4.** (COM) Lieferung *f;* ~ **a domicilio** Lieferung frei Haus; **talón de ~** Lieferschein *m;* **pagadero a la ~** zahlbar bei Lieferung **5.** (MIL) Übergabe *f;* (*de prisioneros*) Auslieferung *f*

entregar [eṇtre'ɣar] <g→gu> **I.** *vt* abgeben (*a* bei +*dat*); (COM) abliefern (*a* bei +*dat*); (*dar, t. piso, t.* MIL) übergeben; (*carta*) aushändigen; (*en ceremonia*) überreichen; (*premio*) verleihen; (*prisioneros*) ausliefern; **~la** (*fam fig*) ins Gras beißen **II.** *vr:* **~se 1.** (*desvivirse*) sich widmen (*a* +*dat*); **~se a la bebida** anfangen zu trinken **2.** (*delincuente*) sich stellen **3.** (MIL) sich ergeben **4.** (*sexo*) sich hingeben

entrelazar [eṇtrela'θar] <z→c> *vt, vr:* **~se** (sich) verflechten

entremedias [eṇtre'meðjas] *adv* **1.** (*local*) dazwischen; ~ **de...** zwischen ... +*dat* **2.** (*temporal*) währenddessen

entremés [eṇtre'mes] *m* (GASTR) Vorspeise *f*

entremeterse [eṇtreme'terse] *vr* sich einmischen (*en* in +*akk*)

entremetido, -a [eṇtreme'tiðo, -a] **I.** *adj* naseweis **II.** *m, f* Naseweis *m*

entremezclar [eṇtremeθ'klar] *vt* vermischen

entrenador(a) [eṇtrena'ðor(a)] *m(f)* (DEP) Trainer(in) *m(f)*

entrenamiento [eṇtrena'mjeṇto] *m* **1.** (DEP) Training *nt* **2.** (*práctica*) Übung *f*

entrenar [eṇtre'nar] **I.** *vt* trainieren; (*perro*) abrichten **II.** *vr:* **~se** trainieren

entrepierna [eṇtre'pjerna] *f* **1.** (*muslo*) Innenseite *f* des Oberschenkels; **esto se me pasa por la ~** (*vulg*) das geht mir am Arsch vorbei **2.** (*del pantalón*) (Hosen)zwickel *m* **3.** (*Chil: de baño*) Badehose *f*

entresacar [eṇtresa'kar] <c→qu> *vt* **1.** (*escoger*) heraussuchen (*de* aus +*dat*); (*elegir*) auswählen (*de* aus +*dat*) **2.** (*pelo*)

ausdünnen
entresuelo [eṇtre'swelo] *m* Zwischengeschoss *nt*
entretanto [eṇtre'taṇto] *adv* inzwischen
entretecho [eṇtre'tetʃo] *m* (*CSur: desván*) Dachboden *m*
entretejer [eṇtrete'xer] *vt* **1.** (*meter*) einweben; (*fig*) einflechten **2.** (*entrelazar*) verflechten
entretela [eṇtre'tela] *f* Zwischenfutter *nt*
entretener [eṇtrete'ner] *irr como tener* **I.** *vt* **1.** (*detener*) aufhalten **2.** (*apartar la atención*) ablenken **3.** (*divertir*) unterhalten; **sabe como ~ a los niños** er/sie kann Kinder gut bei Laune halten **4.** (*asunto*) hinauszögern; **~ a alguien con excusas** jdn mit Ausreden vertrösten **II.** *vr:* **~se 1.** (*pasar el rato*) sich *dat* die Zeit vertreiben; **~se con revistas** sich *dat* die Zeit mit Zeitschriftenlesen vertreiben **2.** (*tardar*) aufgehalten werden; **¡no te entretengas!** beeil dich! **3.** (*apartar la atención*) sich ablenken lassen (*con* von +*dat*)
entretenido, -a [eṇtrete'niðo, -a] *adj* unterhaltsam
entretenimiento [eṇtreteni'mjeṇto] *m* **1.** (*diversión*) Unterhaltung *f;* (*pasatiempo*) Zeitvertreib *m;* **en el bosque hay mucho ~ para los niños** im Wald gibt es viele interessante Dinge für die Kinder **2.** (*conservación*) Erhaltung *f*
entretiempo [eṇtre'tjempo] *m sin pl* Übergangszeit *f*
entrever [eṇtre'βer] *irr como ver vt* **1.** (*objeto*) undeutlich sehen **2.** (*sospechar*) ahnen; (*intenciones*) durchschauen
entrevista [eṇtre'βista] *f* **1.** (PREN) Interview *nt;* **hacer una ~ a alguien** jdn interviewen **2.** (*reunión*) Besprechung *f;* **~ de trabajo** Vorstellungsgespräch *nt*
entrevistar [eṇtreβis'tar] **I.** *vt* interviewen **II.** *vr:* **~se** sich treffen
entristecer [eṇtriste'θer] *irr como crecer* **I.** *vt* traurig machen **II.** *vr:* **~se** traurig werden
entrometerse [eṇtrome'terse] *vr* sich einmischen (*en* in +*akk*)
entrometido, -a [eṇtrome'tiðo, -a] *adj o m, f v.* **entremetido**
entroncar [eṇtroŋ'kar] <c→qu> *vi* **1.** (*tener parentesco*) verwandt sein **2.** (*Am: tren*) Anschluss haben (*con* an +*akk*)
entronque [eṇ'troŋke] *m* **1.** (*parentesco*) Verwandtschaft *f* **2.** (*Am: tren*) Anschluss *m*
entrucharse [eṇtru'tʃarse] *vr* (*Méx*) **1.** (*entremeterse*) sich einmischen **2.** (*enamorarse*) sich unsterblich verlieben
entuerto [eṇ'twerto] *m* (*agravios*) Unrecht *nt*
entumecerse [eṇtume'θerse] *irr como crecer vr* einschlafen
entumecido, -a [eṇtume'θiðo, -a] *adj* (*pierna*) taub; (*rígido*) erstarrt
enturbiar [eṇtur'βjar] *vt* trüben
entusiasmar [eṇtusjas'mar] **I.** *vt* begeistern **II.** *vr:* **~se** sich begeistern (*con/por* für +*akk*)
entusiasmo [eṇtu'sjasmo] *m sin pl* Begeisterung *f*
entusiasta [eṇtu'sjasta] **I.** *adj* begeistert **II.** *mf:* **una ~ del ballet** eine große Anhängerin des Balletts
entusiástico, -a [eṇtu'sjastiko, -a] *adj* begeistert
enumeración [enumera'θjon] *f* Aufzählung *f*
enumerar [enume'rar] *vt* aufzählen; (*escrito*) aufführen
enunciado [enuṇ'θjaðo] *m* **1.** (*de problema*) Darlegung *f* **2.** (*texto*) Wortlaut *m* **3.** (LING) Aussage *f*
enunciar [enuṇ'θjar] *vt* (*explicar*) erläutern
enunciativo, -a [enuṇθja'tiβo, -a] *adj:* **oración enunciativa** Aussagesatz *m*
envalentonar [embaleṇto'nar] **I.** *vt* ermutigen **II.** *vr:* **~se** prahlen
envanecer [embane'θer] *irr como crecer* **I.** *vt* stolz machen **II.** *vr:* **~se 1.** (*enorgullecerse*) stolz sein (*de* auf +*akk*) **2.** (*engreírse*) eingebildet werden
envasar [emba'sar] *vt* abfüllen
envase [em'base] *m* **1.** (*paquete*) Verpackung *f;* (*recipiente*) Behälter *m;* (*botella*) Flasche *f* **2.** *pl* (*cascos*) Leergut *nt* **3.** (*acción*) Abfüllen *nt;* **~ al vacío** Vakuumverpackung *f*
envejecer [embexe'θer] *irr como crecer* **I.** *vt* alt machen **II.** *vr:* **~se** altern
envenenar [embene'nar] *vt* vergiften
envergadura [emberɣa'ðura] *f* (*importancia*) Bedeutung *f*
envés [em'bes] *m* Rückseite *f*
enviado, -a [embi'aðo, -a] *m, f* Abgesandte(r) *mf;* **~ especial** (PREN, TV, RADIO) Sonderberichterstatter *m*
enviar [embi'ar] <*1. pres:* envío> *vt* schicken; (*despachar*) absenden; (*circular*) versenden; (*telegrama*) aufgeben; **~ (a) por algo a alguien** jdn etw holen lassen; **~ por correo** mit der Post schicken; **la ONU ~á a un mediador** die UNO wird einen Vermittler entsenden
envidia [em'bidja] *f* Neid *m;* **tener ~ a alguien** jdn beneiden; **tener ~ de algo** auf etw neidisch sein; **daba ~ verlo de lo guapo que iba** er sah beneidenswert gut aus; **lo corroe la ~** er wird vom Neid zerfressen
envidiable [embi'djaβle] *adj* beneidenswert

E

envidiar [embi'ðjar] *vt* beneiden (*por* um +*akk*); **¡mucho tienes tú que ~le a ella!** (*irón*) du hast gar keinen Grund sie zu beneiden!

envidioso, -a [embi'djoso, -a] *adj* neidisch (*de* auf +*akk*)

envío [em'bio] *m* Sendung *f;* (*expedición*) Versand *m;* ~ **a domicilio** Lieferung frei Haus; ~ **certificado** Einschreib(e)sendung *f;* ~ **contra reembolso** Nachnahmesendung *f;* ~ **urgente** Eilsendung *f;* ~ **con valor declarado** Wertsendung *f;* **gastos de** ~ Versandkosten *pl*

enviudar [embju'ðar] *vi* verwitwen

envoltorio [embol̩'torjo] *m* **1.** (*lío*) Bündel *nt* **2.** (*embalaje*) Verpackung *f*

envoltura [embol̩'tura] *f* (*embalaje*) Verpackung *f;* **en** ~ **original** originalverpackt

envolver [embol'βer] *irr como volver vt* **1.** (*en papel*) einwickeln (*con/en* in +*akk*); (*empaquetar*) einpacken (*en/con* in +*akk*); (*en ropa*) einhüllen (*con/en* in +*akk*); ~ **en papel de regalo** als Geschenk einpacken **2.** (*mezclar*) verwickeln

envuelto, -a [em'bwel̩to, -a] *pp de* **envolver**

enyesar [eɲɟe'sar] *vt* eingipsen

enzima [en̩'θima] *m o f* Enzym *nt*

eñe ['eɲe] *f* Ñ, ñ *nt*

eólico, -a [e'oliko, -a] *adj* Wind-; **central eólica** Windkraftwerk *nt*

epa ['epa] *interj* (*Am*) he; (*Chil*) auf

épica ['epika] *f sin pl* Epik *f*

epicentro [epi'θen̩tro] *m* Epizentrum *nt*

épico, -a ['epiko, -a] *adj* episch; **poema** ~ Epos *nt*

epidemia [epi'ðemja] *f* Epidemie *f*

epígrafe [e'piɣrafe] *m* **1.** (*inscripción*) Inschrift *f* **2.** (*título*) Überschrift *f* **3.** (*consigna*) Motto *nt*

epilepsia [epi'leβsja] *f* Epilepsie *f*

epiléptico, -a [epi'leptiko, -a] **I.** *adj* epileptisch **II.** *m, f* Epileptiker(in) *m(f)*

epílogo [e'piloɣo] *m* (*de libro*) Nachwort *nt*

episcopal [episko'pal] *adj* bischöflich; **sede** ~ Bischofssitz *m*

episodio [epi'sodjo] *m* **1.** (*suceso, t.* MÚS, LIT) Episode *f* **2.** (*parte*) Teil *m*

epitafio [epi'tafjo] *m* Grabschrift *f*

época ['epoka] *f* **1.** (HIST) Epoche *f;* **coches de** ~ Oldtimer *mpl;* **muebles de** ~ Stilmöbel *ntpl;* **trajes de** ~ historische Trachten; **un invento que hizo** ~ eine Epoche machende Erfindung **2.** (*tiempo*) Zeit *f;* ~ **de las lluvias** Regenzeit *f;* **es la** ~ **más calurosa del año** das ist die wärmste Jahreszeit; **en aquella** ~ damals

epopeya [epo'peɟa] *f* (LIT) Epos *nt*

equidad [eki'ðað] *f sin pl* **1.** (*justicia*) Gerechtigkeit *f* **2.** (*de precios*) Mäßigkeit *f*

equilátero, -a [eki'latero, -a] *adj* gleichseitig

equilibrado, -a [ekili'βraðo, -a] *adj* ausgeglichen; (*dieta, programa*) ausgewogen; (*sensato*) vernünftig

equilibrar [ekili'βrar] *vt, vr:* ~**se** (sich) ausgleichen

equilibrio [eki'liβrjo] *m* **1.** (*en general*) Gleichgewicht *nt;* **mantener el** ~ das Gleichgewicht halten; **alguien le hizo perder el** ~ jemand brachte ihn aus dem Gleichgewicht **2.** (*contrapeso*) Gegengewicht *nt* **3.** (*armonía, mesura*) Ausgewogenheit *f* **4.** (*loc*): **hacer** ~**s** sich auf einer Gratwanderung befinden; **para llegar a fin de mes tengo que hacer muchos** ~**s** (*fam*) es wird für mich ganz schön schwierig werden, diesen Monat über die Runden zu kommen

equilibrista [ekili'βrista] *mf* Seiltänzer(in) *m(f)*

equino, -a [e'kino, -a] *adj* Pferde-

equipaje [eki'paxe] *m* (*maletas*) Gepäck *nt;* **entrega de** ~**s** Gepäckausgabe *f;* **exceso de** ~ Übergepäck *nt;* **registro de** ~ Zollkontrolle *f*

equipar [eki'par] *vt* ausrüsten (*con/de* mit +*dat*); (*de ropa, un lugar*) ausstatten (*con/de* mit +*dat*)

equiparar [ekipa'rar] *vt* **1.** (*igualar*) angleichen (*con* an +*akk*) **2.** (*comparar*) vergleichen (*con* mit +*dat*)

equipo [e'kipo] *m* **1.** (*grupo*) Team *nt;* (*turno*) Schicht *f;* ~ **gestor** Management *nt;* ~ **de investigadores** Forschungsgruppe *f;* **trabajo en** ~ Teamarbeit *f* **2.** (DEP) Mannschaft *f;* ~ **de fútbol** Fußballmannschaft *f;* **carrera por** ~**s** Mannschaftsrennen *nt;* **caerse con todo el** ~ (*fam fig*) völlig scheitern **3.** (*utensilios*) Ausrüstung *f;* ~ **de alta fidelidad** Hi-Fi-Anlage *f;* ~ **productivo** Produktionsapparat *m;* **bienes de** ~ Investitionsgüter *ntpl*

equis ['ekis] **I.** *adj inv* x; **rayos** ~ Röntgenstrahlen *mpl;* ~ **pesetas** X Peseten; **el señor** ~ Herr Sowieso **II.** *f inv* **1.** (*letra*) X, x *nt;* **el proyecto de construcción tiene forma de** ~ das Bauprojekt ist x-förmig angelegt **2.** (*Col: serpiente*) Giftviper *f*

equitación [ekita'θjon] *f sin pl* Reitsport *m;* (*montar*) Reiten *nt;* **escuela de** ~ Reitschule *f*

equitativamente [ekitatiβa'men̩te] *adv* gerechterweise

equitativo, -a [ekita'tiβo, -a] *adj* gerecht; **hicieron un reparto** ~ **de las ganancias** der Gewinn wurde gleichmäßig aufgeteilt

equivalencia [ekiβa'len̩θja] *f* Gleichwertigkeit *f;* (LING, MAT) Äquivalenz *f*

equivalente [ekiβa'len̩te] **I.** *adj* gleichwertig (*a* mit +*dat*); (LING, MAT) äquivalent; (*sig-*

nificado) gleichbedeutend (*a* mit +*dat*); (*correspondiente*) entsprechend; **una cantidad ~ a diez dólares** eine Summe, die zehn Dollar entspricht **II.** *m* Äquivalent *nt;* **el ~ a diez días de trabajo** das Äquivalent für zehn Arbeitstage

equivaler [ekiβa'ler] *irr como valer vi* entsprechen (*a* +*dat*); **la negativa equivaldría a la ruptura de las negociaciones** eine Absage käme einem Abbruch der Beziehungen gleich; **lo que equivale a decir que...** was nichts anderes bedeutet, als dass ...

equivocación [ekiβoka'θjon] *f* Irrtum *m;* (*error*) Fehler *m;* (*malentendido*) Missverständnis *nt;* (*confusión*) Verwechslung *f;* **por ~** aus Versehen

equivocadamente [ekiβokaða'mente] *adv* irrtümlicherweise

equivocar [ekiβo'kar] <c→qu> **I.** *vt* **1.** (*confundir*) verwechseln; **equivoqué los sobres de las cartas** ich habe die Briefumschläge vertauscht **2.** (*desconcertar*) durcheinander bringen **II.** *vr:* **~se** sich irren (*de/en* in +*dat*); **~se de camino** sich verlaufen; **~se de carretera** sich verfahren; **~se al escribir** sich verschreiben; **~se al escribir** (**a máquina**) sich vertippen; **~se al hablar** sich versprechen; **~se al hacer una cuenta** sich verrechnen; **~se al leer** sich verlesen; **~se de número** (**de teléfono**) sich verwählen; **~se de tranvía** in die falsche Straßenbahn einsteigen; **~se de puerta** sich in der Tür irren

equivoco [eki'βoko] *m* (*Am*) Irrtum *m*

equívoco, -a [e'kiβoko, -a] *adj* **1.** (*con dos sentidos*) zweideutig **2.** (*dudoso*) zweifelhaft

era[1] ['era] *f* **1.** (*período*) Zeitalter *nt;* **~ postcomunista** postkommunistische Ära; **~ terciaria** Tertiär *nt* **2.** (*para trigo*) Tenne *f*

era[2] ['era] *3. imp de* **ser**

erario [e'rarjo] *m* Fiskus *m;* **el ~ público** die Staatskassen

ere ['ere] *f* R, r *nt*

erección [ereɣ'θjon] *f* **1.** (*del pene*) Erektion *f* **2.** (*de monumentos*) Errichtung *f*

erecto, -a [e'rekto, -a] *adj* (*tieso*) steif; (*púas*) aufgestellt

eremita [ere'mita] *mf* Einsiedler(in) *m(f)*

eres ['eres] *2. pres de* **ser**

erguido, -a [er'ɣiðo, -a] *adj* (*derecho*) aufrecht

erguir [er'ɣir] *irr* **I.** *vt* aufrichten; **~ el cuello** den Hals (lang) strecken; **con la cabeza erguida** hocherhobenen Hauptes **II.** *vr:* **~se 1.** (*ponerse derecho*) sich aufrichten; **~se en una silla** sich gerade hinsetzen; **el perro se irguió sobre las patas traseras** der Hund stellte sich auf die Hinterpfoten **2.** (*engreírse*) eingebildet sein

erial [eri'al] **I.** *adj* brach(liegend) **II.** *m* Brache *f*

erigir [eri'xir] <g→j> **I.** *vt* **1.** (*construir*) errichten; **~ un andamio** ein Gerüst aufstellen **2.** (*fundar*) (be)gründen **3.** (*nombrar*) ernennen; **la erigieron presidente** sie wurde zur Präsidentin ernannt **II.** *vr:* **~se** (*declararse*) sich (selbst) erklären (*en* zu +*dat*); (*hacer de*) auftreten (*en* als +*nom*)

erizado, -a [eri'θaðo, -a] *adj* **1.** (BOT) stachelig **2.** (*pelo*) borstig

erizar [eri'θar] <z→c> **I.** *vt* **1.** (*el pelo*) sträuben; **el frío me erizó el vello** ich bekam vor Kälte eine Gänsehaut; **el miedo me erizó los cabellos** mir standen vor Angst die Haare zu Berge **2.** (*un asunto*) erschweren; **estar erizado de dificultades** mit Schwierigkeiten gespickt sein; **la vida está erizada de espinas** das Leben ist voller Dornen; **el camino está erizado de obstáculos** der Weg ist mit Hindernissen gepflastert **II.** *vr:* **~se 1.** (*pelo*) sich sträuben; **mis cabellos se ~on del susto** mir standen vor Schreck die Haare zu Berge; **se me erizó el vello de tanto frío** ich bekam vor lauter Kälte eine Gänsehaut **2.** (*persona*) nervös werden

erizo [e'riθo] *m* **1.** (*mamífero*) Igel *m* **2.** (*pez*) Igelfisch *m* **3.** (*del castaño*) Kastanienschale *f* **4.** (*de mar*) Seeigel *m* **5.** (*fam: persona*) Brummbär *m* **6.** (*defensa*) Stacheldraht *m*

ermita [er'mita] *f* (*capilla*) Kapelle *f;* (*de peregrinación*) Wallfahrtskirche *f*

ermitaño, -a[1] [ermi'taɲo, -a] *m, f* **1.** (*asqueta*) Einsiedler(in) *m(f)* **2.** (*persona poco sociable*) Einzelgänger(in) *m(f);* **ser un ~** sehr zurückgezogen leben

ermitaño[2] [ermi'taɲo] *m* (ZOOL) Einsiedlerkrebs *m*

erogación [eroɣa'θjon] *f* **1.** (*Arg, Méx, Par: pago*) Zahlung *f* **2.** (*Ven: donativo*) Spende *f*

erogar [ero'ɣar] <g→gu> *vt* (*Arg: pagar*) zahlen; (*bienes*) verteilen

erógeno, -a [e'roxeno, -a] *adj* erogen

erosión [ero'sjon] *f* **1.** (*desgaste*) Abnutzung *f;* (*desaparición*) Schwinden *nt;* **~ monetaria** Geldwertschwund *m* **2.** (GEO) Erosion *f;* (*causada por el agua*) Auswaschung *f* **3.** (*de la piel*) (Haut)abschürfung *f* **4.** (*de alguien*) Schädigung *f;* **sufrir ~** Schaden nehmen; (*perder influencia*) an Einfluss verlieren; (*perder prestigio*) an Ansehen verlieren

erosionar [erosjo'nar] **I.** *vt* **1.** (*desgastar*) abnutzen **2.** (GEO) abtragen; **el agua erosiona las rocas** das Wasser wäscht die Felsen aus **3.** (*la piel*) abschürfen **4.** (*a alguien*) schädigen; **el artículo erosionó al partido** der Artikel hat dem Ruf der Partei geschadet **II.** *vr:* ~**se** Schaden nehmen; (*perder prestigio*) an Ansehen verlieren; (*perder influencia*) an Einfluss verlieren

erótico, -a [e'rotiko, -a] *adj* erotisch

erotismo [ero'tismo] *m* Erotik *f*

errabundo, -a [erra'βuṇdo, -a] *adj* umherziehend; (*sin orientación*) umherirrend; (*vagabundo*) vagabundierend

erradicar [erraði'kar] <c→qu> *vt* ausrotten; (*una planta*) entwurzeln; (*una institución*) abschaffen

errar [e'rrar] *irr* **I.** *vi* **1.** (*equivocarse*) sich irren (*en* in +*dat*); ~ **en la respuesta** eine falsche Antwort geben; ~ **en el camino** sich verlaufen; (*fig*) auf dem Holzweg sein **2.** (*andar vagando*) umherziehen (*por* in +*dat*); (*sin orientación*) umherirren (*por* in +*dat*); (*vagabundear*) vagabundieren; **ir errando por las calles** durch die Straßen irren **II.** *vt* (*no acertar*) verfehlen; ~ **el golpe** danebenschlagen; ~ **el tiro** danebenschießen; ~ **la vocación** den Beruf verfehlen **III.** *vr:* ~**se** sich irren (*en* in +*dat*)

errata [e'rrata] *f* Druckfehler *m*

erre ['erre] *f* R, r *nt;* ~ **que** ~ (*fam*) stur; **seguir** ~ **que** ~ unbeirrt weitermachen; **él está,** ~ **que** ~**, empeñado a subir a la montaña** er will auf Teufel komm raus den Berg besteigen

erróneo, -a [e'rroneo, -a] *adj* falsch; **decisión errónea** Fehlentscheidung *f*

error [e'rror] *m* **1.** (*falta*) Fehler *m;* ~ **de cálculo** Rechenfehler *m;* ~ **de operación** (INFOR) Betriebsfehler *m;* ~ **ortográfico** Rechtschreibfehler *m;* ~**es no eliminables** nicht behebbare Fehler; **cometer un** ~ einen Fehler machen; **has cometido un** ~ **muy grave** dir ist ein gravierender Fehler unterlaufen **2.** (*equivocación*) Irrtum *m;* (*descuido*) Versehen *nt;* **estar en el** [*o* **un**] ~ sich irren **3.** (FÍS, MAT: *diferencia*) Abweichung *f* **4.** (*conducta reprochable*) Verirrung *f*

ertzaina [er'tsaina] *mf* *baskische(r) Polizist(in)*

> **Ertzaina** ist der Begriff, der einen **policía** der **Comunidad Autónoma Euskadi/País Vasco** bezeichnet. Auch wenn es sich um ein baskisches Wort handelt, so wird es in ganz Spanien verstanden und verwendet, wenn man sich ausschließlich auf die Polizei des Baskenlandes beziehen möchte.

eructar [eruk'tar] *vi* aufstoßen

eructo [e'rukto] *m* Rülpser *m fam*

erudición [eruði'θjon] *f* Bildung *f;* (*sabiduría*) Weisheit *f*

erudito, -a [eru'ðito, -a] **I.** *adj* **1.** (*persona*) gebildet; (*sabio*) weise **2.** (*obra*) wissenschaftlich; **conocimientos** ~**s** fundierte Kenntnisse **II.** *m, f* Gelehrte(r) *mf;* (*sabio*) Weise(r) *mf;* (*experto*) Experte, -in *m, f;* **es un** ~ **en filosofía** er ist eine Kapazität auf dem Gebiet der Philosophie

erupción [eruβ'θjon] *f* **1.** (GEO) Eruption *f;* ~ **volcánica** Vulkanausbruch *m* **2.** (MED) Ausschlag *m*

es [es] *3. pres de* **ser**

esa(s) ['esa(s)] *adj o pron dem v.* **ese, -a**

ésa(s) ['esa(s)] *pron dem v.* **ése**

esbeltez [esβeḷ'teθ] *f* (*delgadez*) Schlankheit *f;* (*altura*) hoher Wuchs *m;* (*gracia*) Anmut *f;* (*elegancia*) Eleganz *f*

esbelto, -a [es'βeḷto, -a] *adj* (*delgado*) schlank; (*alto*) hoch gewachsen; (*grácil*) anmutig; (*elegante*) elegant; **un hombre** ~ ein stattlicher Mann

esbirro [es'βirro, -a] *m* **1.** (*alguacil*) Gerichtsdiener *m* **2.** (*de las autoridades*) Ordnungshüter *m* **3.** (*fam: que comete actos violentos*) Schläger *m;* (*sicario*) Killer *m*

esbozar [esβo'θar] <z→c> *vt* **1.** (*dibujo*) skizzieren **2.** (*un tema*) umreißen; (*un escrito*) entwerfen; ~ **un discurso** eine Rede in Stichwörtern notieren **3.** (*una sonrisa*): **esbozó una sonrisa** ein Lächeln huschte über sein/ihr Gesicht; ~ **una sonrisa irónica** sein Gesicht zu einem spöttischen Grinsen verziehen

esbozo [es'βoθo] *m* **1.** (*dibujo*) Skizze *f* **2.** (*de un proyecto*) Entwurf *m*

escabechar [eskaβe'ʧar] *vt* **1.** (GASTR) marinieren **2.** (*fam: suspender*) durchrasseln lassen **3.** (*fam: matar*) abmurksen

escabeche [eska'βeʧe] *m* **1.** (*adobo*) Marinade *f;* **atún en** ~ marinierter Thunfisch; **poner en** ~ marinieren **2.** (*alimento: pescado*) marinierter Fisch *m;* ~ **de pollo** mariniertes Huhn

escabechina [eskaβe'ʧina] *f* **1.** (*fam: en un examen*): **en el examen hubo gran** ~ bei der Prüfung fielen reihenweise Leute durch; **hacer una** ~ viele Prüflinge durchfallen lassen **2.** (*destrozo*) Zerstörung *f;* (*carnicería*) Massaker *nt;* **hacer una** ~ Unheil anrichten

escabel [eska'βel] *m* (*taburete*) Schemel *m;* (*para los pies*) Fußbank *f*

escabroso, -a [eska'βroso, -a] *adj* **1.** (*áspero*) rau; (*terreno*) holperig; (*carácter*) schwierig **2.** (*comprometido*) heikel **3.** (*indecente*) anstößig

escabullirse [eskaβu'ʎirse] <*3. pret:* **se escabulló**> *vr* **1.** (*desaparecer*) sich wegschleichen; ~ (**por**) **entre la multitud** in der Menge untertauchen **2.** (*escurrirse*) entgleiten; **la trucha se me escabulló (de entre las manos)** die Forelle rutschte mir aus der Hand

escacharrado, -a [eskatʃa'rraðo, -a] *adj* (*plan*) gescheitert; (*proyecto, día*) misslungen

escacharrar [eskatʃa'rrar] **I.** *vt* ruinieren; (*romper*) kaputtmachen; (*plato*) zerbrechen; (*proyecto*) zunichte machen; **la lluvia nos escacharró la fiesta** der Regen verdarb uns das ganze Fest; **escacharró nuestros planes** er/sie machte uns einen Strich durch die Rechnung **II.** *vr:* **~se** ruiniert sein; (*romperse*) kaputtgehen; (*plato*) zerbrechen; (*proyecto*) scheitern; (*plan*) sich zerschlagen; **nuestros planes se ~on por culpa de la lluvia** unsere Pläne fielen buchstäblich ins Wasser; **se me ha escacharrado la escultura** die Skulptur ist mir nicht gelungen

escafandra [eska'fan̩dra] *f* Taucheranzug *m;* **~ autónoma** Tauchgerät *nt;* **~ espacial** Raumanzug *m*

escala [es'kala] *f* **1.** (*serie*) Skala *f;* **~ de colores** Farbskala *f;* **~ de cuotas** Beitragsstaffelung *f;* **~ de descuentos** Rabattstaffel *f;* **~ impositiva** Steuersatz *m;* **~ de salarios** Lohnskala *f* **2.** (*musical*) Tonleiter *f;* **hacer ~s** Läufe üben **3.** (*proporción*) Verhältnis *nt;* (*de un mapa*) Maßstab *m;* **~ de reproducción** Abbildungsmaßstab *m;* **a ~** maßstabsgerecht; **un mapa a ~ 1:100.000** eine Karte im Maßstab (von) 1:100.000 **4.** (*de medición*) Skala *f;* **~ de grados** Gradeinteilung *f;* **~ milimétrica** Millimetereinteilung *f* **5.** (*medida*) Maß *nt;* **a ~ mundial** weltweit; **a ~ nacional** landesweit; **en gran ~** in großem Umfang; **comprar en gran ~** in großen Mengen einkaufen; **fabricación en gran ~** Massenproduktion *f;* **ser de mayor ~** größer sein **6.** (*parada*) Zwischenaufenthalt *m;* (AERO) Zwischenlandung *f;* **~ forzada** (AERO) Notlandung *f;* **el avión tuvo que hacer ~ en París** das Flugzeug musste in Paris zwischenlanden; **hacer ~ en un puerto** einen Hafen anlaufen **7.** (*puerto*) Anlaufhafen *m* **8.** (*escalera*) Leiter *f;* **~ de cuerda** Strickleiter *f*

escalada [eska'laða] *f* **1.** (*subida*) Aufstieg *m* (*de* auf +*akk*); (*de un muro*) Überwindung *f;* (*de una pared*) Erklimmen *nt* **2.** (*alpinismo*) Bergsteigen *nt* **3.** (*de un edificio*) Einstieg *m* (*de* in +*akk*); (*violentamente*) Eindringen *nt* (*de* in +*akk*); (*robo*) Einbruch *m* (*de* in +*akk*); (MIL) Erstürmung *f* **4.** (*a una posición/cargo*) Aufstieg *m* **5.** (*aumento*) Anstieg *m;* (*de un conflicto/la violencia*) Eskalation *f*

escalafón [eskala'fon] *m* (*de cargos*) (Dienst)rangliste *f;* (*de sueldos*) Besoldungsliste *f;* **subir en el ~** befördert werden

escalar [eska'lar] **I.** *vi* **1.** (*en las montañas*) bergsteigen **2.** (*socialmente/profesionalmente*) aufsteigen **II.** *vt* **1.** (*subir*) (hinauf)steigen (auf +*akk*); (*una montaña*) besteigen; (*una pared*) hochklettern; **~ un muro** über eine Mauer klettern; **has escalado las cimas del poder** du bist auf dem Gipfel der Macht angelangt **2.** (*entrar*) (ein)steigen (in +*akk*), (hinein)klettern (in +*akk*); (*violentamente*) eindringen (in +*akk*); (*ladrón*) einbrechen (in +*akk*); (MIL) (er)stürmen; **~on la habitación por la ventana** sie stiegen durch das Fenster ins Zimmer **3.** (*una posición*) erlangen; **escaló el cargo más alto de la empresa** er/sie arbeitete sich bis zum höchsten Posten in der Firma hoch

escaldado, -a [eskal̩'daðo, -a] *adj* **1.** (*escarmentado*) vorsichtig; **salir ~** schlechte Erfahrungen gemacht haben; **gato ~ del agua fría huye** (*prov*) gebranntes Kind scheut das Feuer **2.** (*mujer*) schamlos

escaldar [eskal̩'dar] **I.** *vt* **1.** (GASTR) abbrühen **2.** (MED) verbrennen; (*con agua hirviendo*) verbrühen; (*inflamar*) entzünden **II.** *vr:* **~se 1.** (*persona*) sich verbrennen; (*con agua hirviendo*) sich verbrühen **2.** (*piel*) sich entzünden

escalera [eska'lera] *f* **1.** (*escalones*) Treppe *f;* (AERO) Gangway *f;* **~ abajo** treppab; **~ arriba** treppauf; **~ de caracol** Wendeltreppe *f;* **~ mecánica** [*o* **automática**] Rolltreppe *f;* **~ de servicio** Hintertreppe *f* **2.** (*pasillo*) Treppenhaus *nt* **3.** (*escala*) Leiter *f;* **~ de bomberos** Feuerwehrleiter *f;* **~ de cuerda** Strickleiter *f;* **~ doble** Trittleiter *f;* **~ de incendios** Feuerleiter *f;* **~ de mano** Leiter *f;* **~ de tijera** Trittleiter *f;* **subir la ~** auf die Leiter steigen

escalinata [eskali'nata] *f* Freitreppe *f*

escalofriante [eskalo'frjan̩te] *adj* **1.** (*pavoroso*) schaurig; **película ~** Gruselfilm *m* **2.** (*asombroso*) haarsträubend

escalofrío [eskalo'frio] *m* **1.** (*sensación*) Schauder *m;* **al abrir la ventana sentí ~s** beim Öffnen des Fensters überlief mich ein Schauder; **la película me produjo ~s** der Film erfüllte mich mit Schauder; **cierra la puerta, tengo ~s** mach die Tür zu, es fröstelt mich **2.** (MED) Schüttelfrost *m*

escalón [eska'lon] *m* Stufe *f;* (*de una escala*) (Leiter)sprosse *f;* **~ de descansillo** Treppenabsatz *m;* **~ lateral** Standspur *f;* **subir un ~** (*profesionalmente*) befördert werden; **este libro es un ~ hacia el éxito** dieses Buch ist ein erster Schritt auf dem Weg

E

zum Erfolg; **descender un ~ en la opinión pública** in der öffentlichen Meinung sinken

escalonado, **-a** [eskalo'naðo, -a] *adj* **1.** (*terreno*) stufenförmig **2.** (*precio*) gestaffelt; **tarifa escalonada** Staffeltarif *m*

escalonar [eskalo'nar] *vt* (*situar*) formieren; **~ puestos de vigilancia** in regelmäßigen Abständen Wachposten aufstellen

escalope [eska'lope] *m* Schnitzel *nt;* **~ a la vienesa** Wiener Schnitzel

escalpelo [eskal'pelo] *m* Skalpell *nt*

escama [es'kama] *f* **1.** (*placa, t.* ZOOL, BOT) Schuppe *f;* **~s de jabón** Seifenflocken *fpl;* **tener más ~s que un besugo** (*fig*) auf der Hut sein **2.** (*fam: recelo*) Misstrauen *nt;* **sentir ~** stutzen; **sentí ~ de que no llamaras** dass du nicht anriefst, machte mich stutzig; **le salieron ~s** er/sie wurde misstrauisch

escamado, **-a** [eska'maðo, -a] *adj* **1.** (*piel, superficie*) schuppig **2.** (*fam: receloso*) misstrauisch

escamar [eska'mar] **I.** *vt* **1.** (*el pescado*) (ab)schuppen **2.** (*fam: inquietar*) stutzig machen **II.** *vr:* **~se** (*fam*) stutzen; **me escamé al oír la noticia** die Nachricht ließ mich stutzen; **me escamé de tu respuesta** deine Antwort machte mich stutzig

escamocha [eska'motʃa] *f* (*Méx: sobras*) Essensreste *mpl*

escamoso, **-a** [eska'moso, -a] *adj* schuppig

escamotear [eskamote'ar] *vt* **1.** (*ilusionista*) verschwinden lassen **2.** (*quitar*) wegnehmen; (*robar*) entwenden **3.** (*ocultar*) verbergen; (*información*) unterschlagen; **~ la verdad** die Wahrheit verschweigen; **~ un asunto** eine Angelegenheit unter den Tisch fallen lassen

escampar [eskam'par] *vimpers:* **espera hasta que escampe** warte, bis es aufhört zu regnen

escanciar [eskaṇ'θjar] *vt* einschenken

escandalizar [eskaṇdali'θar] <z→c> **I.** *vi* Lärm machen **II.** *vt* **1.** (*indignar*) Anstoß erregen (bei +*dat*) **2.** (*horrorizar*) schockieren **3.** (*alborotar*) Unruhe stiften (bei +*dat,* in +*dat*); **escandalizó la discusión con sus gritos** er/sie veranstaltete bei der Diskussion ein Riesengeschrei; **ayer por la noche escandalizaste la casa con tus gritos** gestern Nacht hast du mit deinem Geschrei das ganze Haus aufgeweckt **III.** *vr:* **~se 1.** (*indignarse*) Anstoß nehmen (*de/por* an +*dat*) **2.** (*estar horrorizado*) schockiert sein (*de/por* über +*akk*)

escándalo [es'kaṇdalo] *m* **1.** (*ruido*) Lärm *m;* (*gritos*) Geschrei *nt;* **armar un** [*o* **dar el**] **~** Lärm machen; **se armó un ~** (*fam*) ein Riesenlärm brach los **2.** (*manifestación*) Tumult *m;* **se armó un ~** es kam zu Tumulten; **dar el ~** Aufsehen erregen **3.** (*que provoca*) Skandal *m;* **~ público** öffentliches Ärgernis; **la piedra del ~** der Stein des Anstoßes; **estos precios son un ~** diese Preise sind eine Frechheit; **tu comportamiento es un ~** du verhältst dich unmöglich; **dar un ~** einen Skandal verursachen; **causar ~** (*provocar indignación*) Anstoß erregen; **de ~** skandalös **4.** (*pasmo*): **¡qué ~!** das ist ja kaum zu fassen!

escandaloso, **-a** [eskaṇda'loso, -a] *adj* **1.** (*ruidoso*) laut; (*alborotado*) turbulent **2.** (*inmoral, contra las convenciones, irritante*) skandalös; **precios ~s** Wucherpreise *mpl* **3.** (*revoltoso*) unruhig

Escandinavia [eskaṇdi'naβja] *f* Skandinavien *nt*

escandinavo, **-a** [eskaṇdi'naβo, -a] **I.** *adj* skandinavisch **II.** *m, f* Skandinavier(in) *m(f)*

escanear [eskane'ar] *vt* scannen

escáner [es'kaner] *m* Scanner *m*

escaño [es'kaɲo] *m* **1.** (*banco*) Bank *f* **2.** (*acta de diputado*) Sitz *m*

escapar [eska'par] **I.** *vi, vr:* **~se 1.** (*de un encierro*) entkommen (*de* aus +*dat*); (*de la cárcel*) ausbrechen (*de* aus +*dat*) **2.** (*de un peligro*) entrinnen (*de* +*dat*); **logré ~** ich kam ungeschoren davon **3.** (*deprisa, ocultamente*) entwischen; **~se de casa** von zu Hause ausreißen; **el ladrón (se) escapó por la ventana** der Dieb entkam durch das Fenster **4.** (*quedar fuera del alcance*) sich entziehen; **algunas cosas se escapan al poder de la voluntad** manche Dinge kann man nicht beeinflussen; **es imposible ~ a esta ley** man kann dieses Gesetz nicht umgehen **II.** *vr:* **~se 1.** (*agua, gas*) entweichen (*de* aus +*dat*) **2.** (*decir*) herausrutschen *fam;* **se me ha escapado que te vas a casar** ich habe aus Versehen gesagt, dass du heiratest **3.** (*soltarse*) entwischen; **se me ha escapado un punto** ich habe eine Masche verloren; **se escapó un tiro** ein Schuss löste sich **4.** (*no poder retener*): **se me ha escapado su nombre** mir ist sein/ihr Name entfallen; **se me ha escapado el negocio** das Geschäft ist mir entgangen; **se me ha escapado el autobús** ich habe den Bus verpasst; **se me ha escapado la mano** mir ist die Hand ausgerutscht; **se me ha escapado la risa** ich konnte mir das Lachen nicht verkneifen; **se me escapó un suspiro** mir entfuhr ein Seufzer **5.** (*no advertir*) entgehen; **no se te escapa ni una** dir entgeht nichts

escaparate [eskapa'rate] *m* **1.** (*de una tienda*) Schaufenster *nt;* **estar en el ~** (*fig*) im Rampenlicht stehen **2.** (*estantería*) Vitrine *f*

3. (*Am: armario*) Schrank *m* 4. (*argot: pecho*) Busen *m;* **tener mucho ~** viel Holz vor der Hütte haben

escaparatista [eskapara'tista] *mf* Schaufensterdekorateur(in) *m(f)*

escapatoria [eskapa'torja] *f* 1. (*lugar*) Fluchtweg *m;* **no hay ~** (*fig*) es gibt kein Entrinnen 2. (*excusa*) Ausflucht *f* 3. (*solución*) Ausweg *m;* **es la única ~ que tienes** es bleibt dir nur dieser Ausweg; **no tener ~** sich in einer ausweglosen Lage befinden

escape [es'kape] *m* 1. (*de un gas/líquido*) Leck *nt* 2. (*solución*) Ausweg *m;* **no tenía ~** (*de una amenaza*) es gab kein Entrinnen; **no había ningún ~ a la situación** die Situation war ausweglos 3. (AUTO) Auspuff *m;* **tubo de ~** Auspuffrohr *nt* 4. (*loc*): **a ~** in Windeseile; **dame a ~ las tijeras** gib mir bitte ganz schnell die Schere

escápula [es'kapula] *f* Schulterblatt *nt*

escarabajo [eskara'βaxo] *m* (ZOOL) Käfer *m*

escaramujo [eskara'muxo] *m* Hagebutte *f*

escaramuza [eskara'muθa] *f* 1. (*lucha*) Scharmützel *nt* 2. (*discusión*) Geplänkel *nt*

escarapelar [eskarape'lar] **I.** *vt* 1. (*Col, CRi, Méx: descascarar*) schälen 2. (*Col: manosear*) befühlen; (*ajar*) zerknüllen **II.** *vr:* **~se** (*Méx, Perú*) 1. (*atemorizarse*) sich ängstigen 2. (*temblar*) zittern

escarbar [eskar'βar] **I.** *vi* 1. (*en la tierra*) scharren (*en* in +*dat*) 2. (*escudriñar*) herumstochern (*en* in +*dat*) **II.** *vt* 1. (*la tierra*) aufwühlen; **~ la arena** im Sand scharren 2. (*la lumbre*) schüren 3. (*tocar*) herumstochern (in +*dat*) 4. (*limpiar*) reinigen; **~ los dientes** die Zähne von Speiseresten befreien 5. (*investigar*) erforschen **III.** *vr:* **~se** herumstochern (in +*dat*); **no te escarbes la herida** hör auf an der Wunde herumzufummeln; **~se las orejas** sich *dat* die Ohren reinigen

escarceo [eskar'θeo] *m* 1. (*oleaje*) Strudel *m* 2. *pl* (*vueltas*) Tänzeln *nt;* **el caballo dio ~s** das Pferd drehte sich im Kreis 3. *pl* (*divagaciones*) Exkurs *m;* **~s políticos** Abstecher in die Politik; **sin ~s** ohne Umschweife

escarcha [es'kartʃa] *f* (Rau)reif *m*

escarchar [eskar'tʃar] **I.** *vt* (*frutas*) kandieren **II.** *vimpers:* **ha escarchado** es hat gereift

escarlata [eskar'lata] *adj* scharlachrot

escarlatina [eskarla'tina] *f* Scharlach *m*

escarmentar [eskarmen̩'tar] <e→ie> **I.** *vi* 1. (*desengañarse*) dazulernen; **~ en cabeza ajena** aus dem Schaden anderer klug werden 2. (*enmendarse*) sich bessern **II.** *vt* 1. (*castigar*) bestrafen 2. (*reprender*) zurechtweisen 3. (*desengañar*) eine Lehre sein +*dat;* **quedar** [*o* **estar**] **escarmentado de algo** von etw *dat* nichts mehr wissen wollen

escarmiento [eskar'mjen̩to] *m* 1. (*lección*) Lehre *f;* **me sirvió de ~** das war mir eine Lehre 2. (*penalización*) Bestrafung *f;* (*pena*) Strafe *f*

escarnecer [eskarne'θer] *irr como crecer vt* (*burlarse*) verspotten; (*ridiculizar*) zum Gespött machen

escarnio [es'karnjo] *m* Spott *m;* **con ~** spöttisch

escarola [eska'rola] *f* (BOT) Endivie *f;* (*ensalada*) Endiviensalat *m*

escarpado, -a [eskar'paðo, -a] *adj* (*terreno*) steil; (*montaña*) schroff

escarpia [es'karpja] *m* (Wand)haken *m*

escasamente [eskasa'men̩te] *adv* kaum; **hace ~ dos horas que se han ido** sie sind vor knapp zwei Stunden gegangen

escasear [eskase'ar] **I.** *vi* 1. (*faltar*) knapp sein; **escasea la leche** es mangelt an Milch 2. (*ir a menos*) knapp werden **II.** *vt* (*dar con escasez*) knausern (mit +*dat*)

escasez [eska'seθ] *f* 1. (*insuficiencia*) Knappheit *f;* **comprar con ~** nur das Nötigste einkaufen 2. (*falta*) Mangel *m* (*de* an +*dat*); **~ de lluvias** spärliche Regenfälle; **~ de viviendas** Wohnungsnot *f;* **una región con ~ de agua** ein wasserarmes Gebiet 3. (*pobreza*) Armut *f;* **vivir con ~** Mangel leiden

escaso, -a [es'kaso, -a] *adj* 1. (*insuficiente*) spärlich; (*cantidad, tiempo*) knapp; **~ de palabras** wortkarg; **quedar ~** nicht ausreichen; **viento ~** Flaute *f;* **andar ~ de dinero** knapp bei Kasse sein; **estar ~ de tiempo** kaum Zeit haben; **tiene escasas posibilidades de ganar** er/sie hat kaum Chancen zu gewinnen; **en dos horas escasas** in knapp zwei Stunden 2. (*mezquino*) knausrig

escatimar [eskati'mar] *vt* geizen (mit +*dat*); **me escatimó parte del dinero** er/sie enthielt mir einen Teil des Geldes vor; **no ~ gastos/medios** keine Kosten/Mühen scheuen; **~ el aplauso a alguien/algo** jdm/etw *dat* nicht den gebührenden Tribut zollen

escayola [eska'ɟola] *f* 1. (*yeso*) Gips *m;* **¿cuándo te quitan la escayola?** wann nehmen sie dir den Gips ab? 2. (*estuco*) Stuck(gips) *m*

escayolar [eskaɟo'lar] *vt* (MED) eingipsen; **llevar el brazo escayolado** den Arm in Gips haben

escena [es'θena] *f* 1. (*parte del teatro*) Bühne *f;* **aparecer en ~** auftreten; **poner en ~** inszenieren; **puesta en ~** Inszenierung *f;* **salir a la ~** auftreten; **salir de la ~** abtreten 2. (*lugar*) Schauplatz *m;* **~ del crimen** Tatort *m;* **desaparecer de ~** (*marcharse*) von der Bildfläche verschwinden; (*morirse*) sterben; **poner en** ~ in Szene setzen; **salir a** ~ (*aparecer*) in Erscheinung treten; (*ante el público*) an die Öffentlichkeit treten **3.** (*parte de una obra*) Szene *f;* ~ **final** Schlussszene *f;* **cambio de** ~ Szenenwechsel *m* **4.** (*arte*) Schauspielerei *f;* **dedicarse a la** ~ zur Bühne gehen **5.** (LIT) Theater *nt* **6.** (*suceso, reproche*) Szene *f;* ~ **de celos** Eifersuchtsszene *f;* **hacer una** ~ **ridícula** sich unmöglich aufführen

escenario [esθe'narjo] *m* **1.** (*parte del teatro*) Bühne *f* **2.** (*lugar*) Schauplatz *m;* ~ **del crimen** Tatort *m* **3.** (*situación*) Situation *f;* (*hipotética*) Szenarium *nt*

escénico, -a [es'θeniko, -a] *adj* szenisch; **efectos** ~**s** Bühneneffekte *mpl;* **escuela de arte** ~ Schauspielschule *f;* **palco** ~ Bühne *f*

escenografía [esθenoɣra'fia] *f* (*decoración*) Ausstattung *f;* (*pintura*) Bühnenbild *nt*

escenógrafo, -a [esθe'noɣrafo, -a] *m, f* Bühnenbildner(in) *m(f)*

escepticismo [esθepti'θismo] *m sin pl* (*desconfianza*) Skepsis *f*

escéptico, -a [es'θeptiko, -a] **I.** *adj* (*desconfiado*) skeptisch; **ser** ~ **respecto a algo** an etw *dat* Zweifel hegen **II.** *m, f* Skeptiker(in) *m(f);* **es un** ~ **de la homeopatía** er glaubt nicht an die Homöopathie

escindir [esθiṇ'dir] **I.** *vt* (*dividir*) teilen (*en* in +*akk*); (*partido, t.* FÍS) spalten (*en* in +*akk*); (*separar*) abspalten; (*cortar*) herausschneiden **II.** *vr:* ~**se** (*dividirse*) sich teilen (*en* in +*akk*); (*partido*) sich spalten (*en* in +*akk*); (*abrirse*) aufplatzen; (*separarse*) sich abspalten

escisión [esθi'sjon] *f* (*división*) Teilung *f;* (*de un partido, t.* FÍS) Spaltung *f;* (*separación*) Trennung *f;* (MED) Entfernung *f*

esclarecer [esklare'θer] *irr como crecer* **I.** *vt* **1.** (*iluminar*) erleuchten **2.** (*afamar*): ~ **a alguien** jdm zu Ruhm verhelfen **3.** (*explicar*) erklären; (*un crimen/misterio*) aufklären; ~ **un asunto** Licht in eine Angelegenheit bringen **II.** *vimpers:* **está esclareciendo** es dämmert

esclarecido, -a [esklare'θiðo, -a] *adj* **1.** (*lugar*) hell **2.** (*ilustre*) herausragend; (*famoso*) berühmt

esclarecimiento [esklareθi'mjeṇto] *m* **1.** (*iluminación*) Erleuchtung *f* **2.** (*explicación*) Erklärung *f;* (*de un crimen*) Aufklärung *f* **3.** (*fama*) Ruhm *m*

esclavitud [esklaβi'tu^ð] *f* **1.** (*sistema*) Sklaverei *f;* **someter a la** ~ versklaven **2.** (*dependencia*) Abhängigkeit *f;* (*obediencia*) Hörigkeit *f*

esclavizar [esklaβi'θar] <z→c> **I.** *vt* **1.** (*cautivar*) versklaven **2.** (*dominar*) unterjochen; ~ **a alguien** (*hacer depender*) jdn von sich *dat* abhängig machen; **la empresa te ha esclavizado** du lebst nur für die Firma **II.** *vr:* ~**se** sich unterwerfen

esclavo, -a [es'klaβo, -a] **I.** *adj* **1.** (*cautivo*) versklavt **2.** (*dominado*) abhängig; (*obediente*) hörig; **eres esclava de tu familia** du lebst nur für deine Familie; **ser** ~ **del alcohol** dem Alkohol verfallen sein **II.** *m, f* Sklave, -in *m, f;* **ser el** ~ **de alguien** (*obedecer*) jdm hörig sein; (*estar enamorado*) jdm verfallen sein; **ser un** ~ (*fig*) hart arbeiten; **eres un** ~ **del alcohol** du bist dem Alkohol verfallen

esclerosis [eskle'rosis] *f inv* Sklerose *f;* ~ **múltiple** multiple Sklerose

esclusa [es'klusa] *f* **1.** (*recinto*) Schleuse *f;* ~ **de navegación** Schiffsschleuse *f* **2.** (*puerta*) Schleusentor *nt*

escoba [es'koβa] *f* **1.** (*para barrer*) Besen *m;* **no vender ni una** ~ (*fam fig*) auf keinen grünen Zweig kommen **2.** (BOT) Ginster *m* **3.** (*fam: mujer*) Bohnenstange *f*

escobazo [esko'βaθo] *m* **1.** (*golpe*) Besenhieb *m;* **echar a alguien a** ~**s** (*fam*) jdn in hohem Bogen hinauswerfen **2.** (*Arg, Chil: barredura*): **dar un** ~ **al suelo** kurz über den Boden fegen

escobilla [esko'βiʎa] *f* **1.** (*cepillo, t.* ELEC) Bürste *f* **2.** (*escoba*) Handfeger *m* **3.** (*para limpiar el polvo*) Staubwedel *m* **4.** (*brezo*) Besenheide *f* **5.** (*cardencha*) Karde *f* **6.** (*del limpiaparabrisas*) Wischblatt *nt*

escocedura [eskoθe'ðura] *f* **1.** (*picor*) Brennen *nt* **2.** (*irritación*) Entzündung *f*

escocer [esko'θer] *irr como cocer* **I.** *vi* **1.** (*picar*) brennen **2.** (*ofender*) kränken; (*irritar*) ärgern; **no me escuece que no me hayan invitado** es macht mir nichts aus, dass ich nicht eingeladen wurde **II.** *vr:* ~**se** **1.** (*inflamarse*) sich entzünden **2.** (*dolerse*) sich gekränkt fühlen; (*enfadarse*) sich ärgern

escocés, -esa[1] [esko'θes, -esa] **I.** *adj* schottisch; **bufanda escocesa** Schal mit Schottenmuster; **cuadros escoceses** Schottenmuster *nt;* **falda escocesa** Kilt *m;* (*para mujeres*) Schottenrock *m* **II.** *m, f* Schotte, -in *m, f*

escocés[2] [esko'θes] *m* **1.** (*lengua*) Schottisch(e) *nt* **2.** (*tela*) Schotten *m* **3.** (*dibujo*) Schottenmuster *nt* **4.** (*bebida*) Scotch *m*

Escocia [es'koθja] *f* Schottland *nt*

escoger [esko'xer] <g→j> **I.** *vi* sich *dat* das Beste herauspicken; **no has sabido** ~ du hast die falsche Wahl getroffen **II.** *vt* **1.** (*elegir*) (aus)wählen (*de* aus +*dat, de entre* unter +*dat*) **2.** (*decidirse*) wählen (*entre* zwischen +*dat*) **3.** (*seleccionar*) auslesen; (*persona*) auserwählen; (*apartar*) aussortieren

escogido, -a [esko'xiðo, -a] *adj* **1.** *ser* (*selecto*) ausgewählt; (*persona*) auserwählt; **mercancías escogidas** Artikel erster Wahl **2.** *estar* (*elegido*) ausgesucht; **estos plátanos están ya muy ~s** bei diesen Bananen sind die besten bereits aussortiert worden

escolar [esko'lar] **I.** *adj* schulisch; **curso ~** Schuljahr *nt;* **en edad ~** schulpflichtig **II.** *mf* Schüler(in) *m(f)*

escolaridad [eskolari'ðað] *f* **1.** (*en una escuela*) Schulausbildung *m;* **libro de ~** Zeugnisheft *nt;* **la ~ es obligatoria** es besteht Schulpflicht **2.** (*en un centro de enseñanza*) Ausbildung(szeit) *f;* **perder la ~** von einem Kurs ausgeschlossen werden

escolarización [eskolariθa'θjon] *f* Einschulung *f;* **~ obligatoria** Schulpflicht *f;* **esta región tiene una tasa de ~ muy baja** in dieser Gegend besuchen nur wenige Kinder die Schule

escolarizar [eskolari'θar] <z→c> *vt* einschulen; **~ una región** die Möglichkeit des Schulbesuchs in einer Gegend gewährleisten

escolero, -a [esko'lero, -a] *m, f* (*Perú: escolar*) Schüler(in) *m(f)*

escollo [es'koʎo] *m* (*peñasco, dificultad*) Klippe *f;* (*riesgo*) Gefahr *f;* **sortear un ~** eine Klippe umschiffen

escolta [es'kolta] *f* **1.** (MIL) Eskorte *f;* (*real*) Leibgarde; **buque de ~** Geleitboot *nt* **2.** (*acompañamiento*) Geleit *nt;* (*acompañante*) Begleiter(in) *m(f);* **dar ~ a alguien** jdn geleiten **3.** (*guardaespaldas*) Leibwächter *f;* (*guardia*) Leibwache *f* **4.** (*guardias civiles*) Streife *f* der Guardia civil

escoltar [eskol'tar] *vt* (*acompañar*) geleiten; (MIL, POL) eskortieren

escombro [es'kombro] *m* **1.** *pl* (*de una obra*) (Bau)schutt *m;* (*de una ruina*) Trümmer *ntpl* **2.** (*loc*): **hacer ~** (*Arg*) Staub aufwirbeln

esconder [eskon'der] **I.** *vt* (*ocultar*) verstecken (*de* vor +*dat*); (*de las miradas*) verbergen (*de* vor +*dat*); (*tapar*) verdecken; **su comportamiento esconde alguna intención** hinter seinem/ihrem Verhalten steckt irgendeine Absicht; **el fondo del mar esconde muchas riquezas** der Meeresgrund birgt große Schätze **II.** *vr:* **~se 1.** (*persona*) sich verstecken (*de* vor +*dat*) **2.** (*cosas*) verborgen sein

escondidas [eskon'diðas] *adv:* **a ~** heimlich; **a ~ del profesor** ohne dass der Lehrer es merkte

escondido, -a [eskon'diðo, -a] *adj* **1.** (*secreto*) geheim; **en ~** heimlich **2.** (*retirado*) abgelegen

escondido(s) [eskon'diðo(s)] *m(pl)* (*Am*) Versteckspiel *nt*

escondite [eskon'dite] *m* **1.** (*juego*) Versteckspiel *nt;* **jugar al ~** Versteck(en) spielen **2.** (*lugar*) Versteck *nt*

escondrijo [eskon'drixo] *m* Versteck *nt*

escopeta [esko'peta] *f* (*arma*) Gewehr *nt;* **~ de aire comprimido** Luftgewehr *nt*

escopetear [eskopete'ar] *vt* **1.** (*Méx: con indirectas*) sticheln **2.** (*Ven: contestar mal*) über den Mund fahren (*a* +*dat*) *fam*

escorbuto [eskor'βuto] *m* Skorbut *m*

escorchar [eskor'tʃar] *vt* (*Arg: molestar*) stören; (*enfadar*) ärgern; **¡no me escorches la paciencia!** lass mich in Ruhe!

escoria [es'korja] *f* **1.** (*residuo mineral*) Schlacke *f* **2.** (*hez*) Abschaum *m* **3.** (*basura*) Abfall *m*

Escorpio [es'korpjo] *m* (ASTR) Skorpion *m*

escorpión [eskor'pjon] *m* (*alacrán*) Skorpion *m*

Escorpión [eskor'pjon] *m* (ASTR) Skorpion *m*

escotado, -a[1] [esko'taðo, -a] *adj* **1.** (*vestido*) ausgeschnitten; **lleva un vestido muy ~** sie trägt ein (tief) dekolletiertes Kleid **2.** (*mujer*) dekolletiert; **va muy escotada** sie trägt ein tiefes Dekolletee

escotado[2] [esko'taðo] *m* Ausschnitt *m*

escotadura [eskota'ðura] *f* (*cortadura*) Aussparung *f;* (*en el cuello*) (Hals)ausschnitt *m*

escotar [esko'tar] **I.** *vt* **1.** (*cortar un escote*) mit einem Ausschnitt versehen **2.** (*ajustar*) zurechtschneiden **3.** (*pagar*) anteilig bezahlen **II.** *vi:* **~ entre todos** zusammenlegen

escote [es'kote] *m* **1.** (*en el cuello*) (Hals)ausschnitt *m;* **~ en pico** V-Ausschnitt *m* **2.** (*busto*) Dekolletee *nt* **3.** (*dinero*) Anteil *m;* **comprar algo a ~** für etw zusammenlegen; **pagaron la cena a ~** jeder bezahlte seinen Teil des Essens

escotilla [esko'tiʎa] *f* Luke *f*

escozor [esko'θor] *m* **1.** (*picor*) Brennen *nt* **2.** (*resentimiento*) Groll *m* **3.** (*pena*) Schmerz *m*

escribanía [eskriβa'nia] *f* **1.** (*juego*) Schreibtischset *nt* **2.** (*oficina*) Kanzlei *f* **3.** (*Am: notaría*) Notariat *nt*

escribano [eskri'βano] *m* **1.** (*notario*) Notar *m* **2.** (*secretario judicial*) Gerichtsschreiber *m* **3.** (*amanuense*) Schreibkraft *f*

escribiente [eskri'βjente] *mf* Schreibkraft *f*

escribir [eskri'βir] *irr* **I.** *vi, vt* schreiben; **~ algo a mano/a máquina** etw von Hand/auf der Maschine schreiben; **escrito a mano/a máquina** hand-/maschinengeschrieben; **¿cómo se escribe tu nombre?** wie wird dein Name geschrieben? **II.** *vr:* **~se 1.** (*comunicarse*) korrespondieren; **se escriben mucho** sie schreiben sich *dat* oft **2.** (*loc*): **no se escribe lo bella que es** ihre Schönheit lässt sich nicht in Worte fassen; **estaba escrito que acabarían casándose** ihre Heirat war vom Schicksal vorbestimmt

escrito, -a[1] [es'krito, -a] **I.** *pp de* **escribir II.** *adj* schriftlich

escrito[2] [es'krito] *m* **1.** (*carta*) Schreiben *nt;* (*nota*) Notiz *f;* ~ **de amenazas** Drohbrief *m;* **por** ~ schriftlich **2.** (*literario/científico, t.* JUR) Schrift *f*

escritor(a) [eskri'tor(a)] *m(f)* (*autor*) Verfasser(in) *m(f);* (*de obras literarias*) Schriftsteller(in) *m(f)*

escritorio [eskri'torjo] *m* **1.** (*mesa*) Schreibtisch *m* **2.** (*oficina*) Büro *nt;* (*de un abogado/notario*) Kanzlei *f* **3.** (INFOR) Arbeitsoberfläche *f*

escritura [eskri'tura] *f* **1.** (*acto*) Schreiben *nt* **2.** (*signos*) Schrift *f;* ~ **fonética** Lautschrift *f* **3.** (*documento*) Schriftstück *nt;* (*documento notarial*) Urkunde *f;* ~ **de compraventa** Verkaufsurkunde *f;* ~ **de hipoteca** Hypothekenbrief *m;* ~ **de seguro** Versicherungspolice *f;* ~ **social** Gesellschaftsvertrag *m;* **mediante** ~ urkundlich **4.** (REL): **las Sagradas E~s** die Heilige Schrift

escriturar [eskritu'rar] *vt* notariell beurkunden

escroto [es'kroto] *m* Hodensack *m*

escrúpulo [es'krupulo] *m* **1.** (*duda*) Skrupel *m;* **~s de conciencia** Gewissensbisse *mpl;* **ser una persona sin ~s** skrupellos sein **2.** (*escrupulosidad*) Gewissenhaftigkeit *f* **3.** (*aprensión*) Ekel *m;* **me da ~ beber de latas** ich finde es eklig, aus Dosen zu trinken

escrupulosidad [eskrupulosi'ða^ð] *f* Gewissenhaftigkeit *f*

escrupuloso, -a [eskrupu'loso, -a] *adj* **1.** (*meticuloso*) gewissenhaft **2.** (*honrado*) anständig **3.** (*delicado*) empfindlich **4.** (*que causa escrúpulos*) bedenklich

escrutar [eskru'tar] *vt* **1.** (*mirar*) mustern **2.** (*controlar*) prüfen **3.** (*recontar*) auszählen

escrutinio [eskru'tinjo] *m* **1.** (*examen*) Musterung *f;* (*control*) Prüfung *f* **2.** (*recuento*) Stimmenauszählung *f* **3.** (*votación*) Wahl *f*

escuadra [es'kwaðra] *f* **1.** (*para dibujar*) Zeichendreieck *nt;* ~ **de delineante** Reißschiene *f;* **a** ~ rechtwinklig **2.** (*de apoyo/fijación*) Winkel *m* **3.** (MIL: *de infantería*) Trupp *m;* (*de aviones*) Geschwader *nt;* (*de naves*) Flotte *f* **4.** (MIL: *cargo*) Korporal *m* **5.** (*cuadrilla*) Trupp *m*

escuadrilla [eskwa'ðriʎa] *f* (AERO) Staffel *f*

escuadrón [eskwa'ðron] *m* (MIL) Geschwader *nt*

escuálido, -a [es'kwaliðo, -a] *adj* **1.** (*flaco*) dürr; (*macilento*) abgezehrt **2.** (*sucio*) schmutzig; (*asqueroso*) widerlich

escucha[1] [es'kutʃa] *m* (MIL) Späher *m*

escucha[2] [es'kutʃa] *f* (*de conversaciones*) Abhören *nt;* ~ **telefónica** Abhören eines Telefons; **servicio de** ~ (militärischer) Abhördienst *m;* **estar a la** ~ ganz Ohr sein

escuchar [esku'tʃar] **I.** *vi* **1.** (*atender*) zuhören **2.** (*en secreto*) lauschen; **el que escucha su mal oye** (*prov*) der Lauscher an der Wand hört seine eigene Schand' **3.** (*obedecer*) gehorchen **II.** *vt* **1.** (*oír*) hören; (*seguir*) anhören; (*en secreto*) belauschen; ~ **un concierto** sich *dat* ein Konzert anhören; ~ **una conversación telefónica** ein Telefongespräch abhören; ~ **(la) radio** Radio hören **2.** (*prestar atención*) zuhören (*a +dat*); **¡escúchame bien!** pass gut auf! **3.** (*obedecer*) hören (auf +*akk*) **III.** *vr:* **~se** sich gerne reden hören

escudar [esku'ðar] **I.** *vt* (*proteger*) beschützen (*de* vor +*dat*) **II.** *vr:* **~se 1.** (*excusarse*) sich verschanzen (*en* hinter +*dat*) **2.** (*ampararse*) sich wappnen (*con/de* mit +*dat*)

escudería [eskuðe'ria] *f* (DEP) Rennstall *m*

escudilla [esku'ðiʎa] *f* Suppenschale *f*

escudo [es'kuðo] *m* **1.** (*arma*) (Schutz)schild *m* **2.** (*amparo*) Schutz *m;* (*persona*) Beschützer *m* **3.** (*emblema*): ~ **(de armas)** Wappen *nt*

escudriñar [eskuðri'ɲar] *vt* **1.** (*examinar*) untersuchen; (*una habitación*) durchsuchen; ~ **en la intimidad de alguien** in jds Privatleben herumschnüffeln **2.** (*mirar*) absuchen; ~ **el cielo en busca de aviones** den Himmel nach Flugzeugen absuchen

escuela [es'kwela] *f* **1.** (*institución, edificio*) Schule *f;* (*de enseñanza primaria*) Grundschule *f;* **E~ de Bellas Artes** Kunstakademie *f;* ~ **de conducir** Fahrschule *f;* ~ **de idiomas** Sprachschule *f;* ~ **normal** pädagogische Hochschule; ~ **de párvulos** Kindergarten *m;* ~ **superior técnica** technische Hochschule; ~ **taller** Lehrwerkstatt *f* **2.** (*método de enseñanza*) Unterricht *m* **3.** (*conocimientos*) (Schul)bildung *f;* **ha tenido buena** ~ er/sie hat eine ausgezeichnete Ausbildung genossen; **la vida es la mejor** ~ das Leben ist die beste Schule **4.** (*estilo, seguidores*) Schule *f;* **la ~ holandesa/de Dürer** die flämische/dürersche Schule; **su ejemplo ha hecho** ~ sein/ihr Beispiel hat Schule gemacht **5.** (*doctrina*) Lehre *f*

escueto, -a [es'kweto, -a] *adj* **1.** (*sin adornos*) nüchtern **2.** (*lenguaje*) sachlich; (*pey*) trocken; **explicar algo de forma escueta** etw mit knappen Worten schildern **3.** (*desembarazado*) frei

escuincle, -a [es'kwiŋkle, -a] *m, f* (*Méx:*

fam: chiquillo, -a) Junge *m,* Mädchen *nt*

esculcar [eskul'kar] <c→qu> *vt* (*AmC, Col, Méx: registrar*) durchsuchen

esculpir [eskul'pir] *vt* **1.** (*modelar*) gestalten; ~ **a cincel** meißeln; ~ **en madera** (in Holz) schnitzen; ~ **una figura en mármol** eine Figur aus Marmor hauen **2.** (*grabar*) (ein)gravieren (*en* in +*akk*)

escultor(a) [eskuḷ'tor(a)] *m(f)* Bildhauer(in) *m(f);* ~ **de madera** Holzschnitzer *m*

escultura [eskuḷ'tura] *f* **1.** (*obra*) Skulptur *f;* ~ **de madera** Holzschnitzerei *f* **2.** (*arte*) Bildhauerkunst *f;* ~ **en madera** Holzschnitzerei *f*

escultural [eskuḷtu'ral] *adj* **1.** (*escultórico*) bildhauerisch; **arte** ~ Bildhauerkunst *f* **2.** (*bello*) bildschön; (*cuerpo*) wohlgeformt; **esta chica tiene medidas** ~**es** dieses Mädchen hat Idealmaße

escupidera [eskupi'ðera] *f* **1.** (*para escupir*) Spucknapf *m* **2.** (*Am: orinal*) Nachttopf *m;* **pedir la** ~ (*fig: acobardarse*) Angst bekommen; (*considerarse vencido*) das Handtuch werfen

escupir [esku'pir] **I.** *vi* **1.** (*por la boca*) spucken **2.** (*vulg: cantar*) singen *fam* **II.** *vt* **1.** (*por la boca*) ausspucken; ~ **sangre** Blut spucken **2.** (*soltar*) abgeben; ~ **al cielo** (*fam fig*) sich *dat/akk* ins eigene Fleisch schneiden; ~ **a alguien a la cara** (*fig*) jdn schwer beleidigen **3.** (*arrojar*) ausstoßen; ~ **fuego** Feuer speien; **el volcán escupe lava** der Vulkan spuckt Lava **4.** (*tratar mal*) mit Füßen treten **5.** (*vulg: decir*) ausspucken *fam;* **escupe lo que sabes** jetzt spuck schon aus, was du weißt

escurreplatos [eskurre'platos] *m inv* Geschirrständer *m*

escurridizo, -a [eskurri'ðiθo, -a] *adj* **1.** (*objeto*) schlüpfrig; (*terreno*) rutschig **2.** (*persona*) aalglatt; (*respuesta*) ausweichend; (*problema*) schwer fassbar

escurrido, -a [esku'rriðo, -a] *adj* **1.** (*flaco*) mager; ~ **de caderas** schmalhüftig; ~ **de pecho** flachbrüstig **2.** (*ropa*) eng **3.** (*Méx, PRico: avergonzado*) peinlich berührt

escurridor [eskurri'ðor(a)] *m* **1.** (*colador*) (Abtropf)sieb *nt* **2.** (*escurreplatos*) Geschirrständer *m* **3.** (*de una lavadora*) (Wäsche)schleuder *f*

escurrir [esku'rrir] **I.** *vi* (*gotear*) tropfen; (*ropa, verdura*) abtropfen **II.** *vt* **1.** (*una vasija*) völlig entleeren; ~ **la** (**botella de**) **cerveza** die Bierflasche bis auf den letzten Tropfen leeren **2.** (*ropa*) auswringen; (*platos, verdura*) abtropfen lassen **3.** (*deslizar*) gleiten lassen; ~ **la mano por encima de algo** die Hand über etw gleiten lassen; **deslizó el dinero en mi bolsillo** er/sie ließ das Geld unauffällig in meine Tasche gleiten **III.** *vr:* ~**se 1.** (*resbalar*) ausrutschen **2.** (*desaparecer*) entwischen; ~**se** (**por**) **entre la gente** in der Menge untertauchen **3.** (*escaparse*) entgleiten; **el pez se me escurrió de** (**entre**) **las manos** der Fisch glitt mir aus den Händen; ~**se por un agujero** durch ein Loch rutschen; **las perlas se me escurren entre los dedos** die Perlen gleiten mir durch die Finger **4.** (*gotear*) tropfen; (*soltar agua*) abtropfen **5.** (*fam: dar*) sich vertun; **me he escurrido en la propina** ich habe aus Versehen zu viel Trinkgeld gegeben **6.** (*fam: decir*) sich verplappern

esdrújulo, -a [es'ðruxulo, -a] *adj* auf der drittletzten Silbe betont

ese[1] ['ese] *f* S, s *nt;* **ir haciendo** ~**s** (*fam*) torkeln

ese, -a[2] ['ese, -a] **I.** *adj* <esos, -as> diese(r, s); (*Am*) jene(r, s); **¿~ coche es tuyo?** ist das dein Auto?; **esas sillas están en el paso** die Stühle da stehen im Weg; **el chico ~ no me cae bien** der Typ da ist mir nicht sympathisch **II.** *pron dem v.* **ése, ésa, eso**

ése, ésa, eso ['ese, 'esa, 'eso] *pron dem* <ésos, -as> der/die/das; **me lo ha dicho ésa** die da hat es mir erzählt; **¿por qué no vamos a otro bar? – ~ no me gusta** lass uns doch in eine andere Kneipe gehen – die da drüben gefällt mir nicht; **llegaré a eso de las doce** ich komme so gegen zwölf Uhr an; **me ofrecieron mucho dinero pero, ¡ni por ésas!** sie boten mir viel Geld, aber da war nichts zu wollen; **estaba trabajando, en eso** (**que**) **tocaron al timbre** ich war gerade am Arbeiten, da klingelte es an der Tür; **¡a ~!** haltet den Dieb!; **eso mismo te acabo de decir** genau das habe ich soeben zu dir gesagt; **aun con eso prefiero quedarme en casa** ich bleibe trotzdem lieber zu Hause; **lejos de eso** ganz im Gegenteil; **no es eso** darum geht es doch gar nicht; **por eso** (**mismo**) (gerade) deswegen; **¿y eso?** wieso das?; **¿y eso qué?** na und?; **¡eso sí que no!** das kommt nicht in die Tüte! *fam; v. t.* **ese, -a**

esencia [e'seṇθja] *f* **1.** (*naturaleza*) Wesen *nt;* **se dice que el alemán es por ~ trabajador** es heißt, der Deutsche sei von Natur aus fleißig **2.** (*fondo*) Wesentliche(s) *nt;* **quinta** ~ Quintessenz *f;* **ser de** ~ wesentlich sein; **en** ~ im Wesentlichen **3.** (QUÍM) Essenz *f;* ~ **de café** Kaffeeextrakt *m;* ~ **de rosas** Rosenöl *nt* **4.** (*colmo*) Inbegriff *m;* **ser la ~ de la arrogancia** die Arroganz in Person sein

esencial [eseṇ'θjal] *adj* **1.** (*sustancial*) wesentlich; **elemento** ~ Hauptbestandteil *m* **2.** (*indispensable*) unerlässlich (*a/para* für +*akk*); **alimento** ~ Grundnahrungsmittel *nt* **3.** (*loc*): **aceite** ~ ätherisches Öl *nt*

E

esencialmente [esen̪θjal'men̪te] *adv* im Wesentlichen
esfera [es'fera] *f* **1.** (MAT) Kugel *f* **2.** (*del reloj*) Zifferblatt *nt* **3.** (*ámbito, t.* ASTR) Sphäre *f*; ~ **de actividad** Wirkungskreis *m*; ~ **de influencia** Einflussbereich *m* **4.** (*clase*) Gesellschaftsschicht *f*; **las altas ~s de la sociedad** die besseren Kreise
esférico, -a[1] [es'feriko, -a] *adj* **1.** (*redondo*) kugelförmig **2.** (ASTR, MAT) sphärisch
esférico[2] [es'feriko] *m* (DEP) (Spiel)ball *m*
esfinge [es'fiŋxe] *f* **1.** (*animal fabuloso*) Sphinx *f*; **ser una** ~ (*fig*) undurchschaubar sein **2.** (ZOOL) Nachtfalter *m*
esforzado, -a [esfor'θaðo, -a] *adj* (*valiente*) tapfer
esforzar [esfor'θar] *irr como forzar* **I.** *vt* **1.** (*forzar*) anstrengen; ~ **demasiado la vista** die Augen überanstrengen **2.** (*dar fuerza*) verstärken; ~ **la voz** die Stimme heben **3.** (*dar ánimo*) ermutigen **II.** *vr:* ~**se** (*moralmente*) sich bemühen (*en/por/para* zu +*inf*); (*físicamente*) sich anstrengen (*en/por/para* zu +*inf*)
esfuerzo [es'fwerθo] *m* **1.** (*acción de esforzarse*) Anstrengung *f*; **sin** ~ mühelos; **hacer un** ~ sich anstrengen; **me ha costado muchos ~s conseguirlo** es hat mich viel Mühe gekostet, das zu erreichen; **no lo conseguiremos si tú no haces un ~ por tu parte** ohne dein Dazutun schaffen wir es nicht **2.** (*económico*) (finanzielles) Opfer *nt*; **hacer un** ~ sich (finanziell) einschränken **3.** (*valor*) Mut *m* **4.** (*vigor*) Kraft *f*
esfumar [esfu'mar] **I.** *vt* (*contornos*) verwischen; (*colores*) abtönen **II.** *vr:* ~**se** sich auflösen; (*desaparecer*) verschwinden; (*nubes*) sich verziehen; (*contornos*) verschwimmen; (*fam: marcharse*) sich aus dem Staub machen
esgrima [es'ɣrima] *f* Fechten *nt*; **practicar la** ~ fechten
esgrimir [esɣri'mir] *vt* **1.** (*blandir*) schwingen **2.** (*utilizar*) anführen
esguince [es'ɣin̪θe] *m* **1.** (MED) Verstauchung *f*; **hacerse un ~ en el tobillo** sich *dat* den Knöchel verstauchen **2.** (*cuarteo*) Ausweichmanöver *nt* **3.** (*gesto*) abfällige Geste *f*
eslabón [esla'βon] *m* **1.** (*de una cadena*) (Ketten)glied *nt* **2.** (*entre acontecimientos*) Bindeglied *nt*
eslavo, -a [es'laβo, -a] **I.** *adj* slawisch **II.** *m, f* Slawe, -in *m, f*
eslogan [es'loɣan] *m* Slogan *m*
eslovaco, -a [eslo'βako, -a] **I.** *adj* slowakisch **II.** *m, f* Slowake, -in *m, f*
Eslovaquia [eslo'βakja] *f* Slowakei *f*
Eslovenia [eslo'βenja] *f* Slowenien *nt*
esloveno, -a [eslo'βeno, -a] **I.** *adj* slowenisch **II.** *m, f* Slowene, -in *m, f*
esmaltar [esmal̪'tar] *vt* **1.** (*metal*) emaillieren; (*cerámica*) glasieren **2.** (*adornar de colores*) bemalen **3.** (*embellecer*) schmücken
esmalte [es'mal̪te] *m* **1.** (*barniz*) Schmelz *m*; (*sobre metal*) Email *nt*; (*sobre porcelana*) Glasur *f*; ~ **de laca** Emaillack *m*; **sin** ~ unglasiert **2.** (*de uñas*) Nagellack *m* **3.** (*labor*) Emaillierung *f* **4.** (*objeto*) Emailarbeit *f*; **pulsera con ~s** emaillierter Armreif **5.** (*de los dientes*) Zahnschmelz *m* **6.** (*lustre*) Glanz *m* **7.** (*adorno*) Verzierung *f*
esmerado, -a [esme'raðo, -a] *adj* **1.** (*persona*) sorgfältig **2.** (*obra*) tadellos
esmeralda [esme'ral̪da] **I.** *adj* smaragdgrün **II.** *f* Smaragd *m*; ~ **oriental** Korund *m*
esmerarse [esme'rarse] *vr* **1.** (*obrar con esmero*) sorgfältig arbeiten; ~ **en la limpieza** gründlich putzen **2.** (*esforzarse*) sich bemühen (*en* zu +*inf*) **3.** (*lucirse*) sich hervortun; **hoy te has esmerado en la comida** heute hast du dich mit dem Essen selbst übertroffen
esmeril [esme'ril] *m* (*roca*) Schmirgel *m*; **papel de** ~ Schmirgelpapier *nt*
esmerilar [esmeri'lar] *vt* (ab)schmirgeln
esmero [es'mero] *m* Sorgfalt *f*; **con** ~ gewissenhaft
esmirriado, -a [esmi'rrjaðo, -a] *adj* (*flaco*) dürr; (*raquítico*) schmächtig
esmoquin [es'mokin] *m* (*traje*) Smoking *m*; (*chaqueta*) Smokingjackett *nt*
esnifar [esni'far] *vt* (*argot: cocaína*) schnupfen; (*pegamento, pintura*) schnüffeln
esnob [es'noᵝ] **I.** *adj* versnobt **II.** *mf* Snob *m*
esnobismo [esno'βismo] *m* Snobismus *m*
eso ['eso] *pron dem v.* **ése**
esófago [e'sofaɣo] *m* Speiseröhre *f*
esos ['esos] *adj v.* **ese**
ésos ['esos] *pron dem v.* **ése**
esotérico, -a [eso'teriko, -a] *adj* esoterisch
esoterismo [esote'rismo] *m sin pl* Esoterik *f*
espabilada [espaβi'laða] *f* (*Col: parpadeo*) Lidschlag *m*; **en una** ~ auf einen Schlag
espabilado, -a [espaβi'laðo, -a] *adj* **1.** (*listo*) aufgeweckt **2.** (*despierto*) wach
espabilar [espaβi'lar] **I.** *vi* **1.** (*darse prisa*) sich beeilen **2.** (*avivarse*) dazulernen; **si quieres empezar a trabajar por tu cuenta, tienes que** ~ wenn du dich selb(st)ständig machen willst, musst du noch einiges lernen **II.** *vt* **1.** (*despertar*) munter machen **2.** (*avivar*) aufrütteln; **en la mili ya lo ~án** beim Bund werden sie ihm schon zeigen, wo es langgeht; **es muy perezosa, pero en el colegio ya la ~án** sie ist sehr faul, aber in der Schule werden sie ihr schon Dampf machen **3.** (*acabar deprisa*) schnell erledigen; (*fortuna*) durchbringen; (*comida*) verdrücken *fam* **4.** (*ro-*

bar) stehlen **5.** (*matar*) erledigen **III.** *vr:* **~se 1.** (*sacudir el sueño*) munter werden; (*la pereza*) sich aufrappeln *fam;* **tómate un café para ~te** trink einen Kaffee, damit du richtig wach wirst **2.** (*darse prisa*) sich beeilen **3.** (*avivarse*): **se ha espabilado desde que va al colegio** seit er/sie zur Schule geht, ist er/sie viel aufgeweckter **4.** (*Am: marcharse*) sich aus dem Staub machen *fam*

espaciador [espaθja'ðor] *m* Leertaste *f*

espacial [espa'θjal] *adj* räumlich; **estación ~** Raumstation *f*

espaciar [espa'θjar] **I.** *vt* (*sillas*) auseinander rücken; (*alumnos*) auseinander setzen; (*letras*) sperren; **~ las visitas** zwischen den Besuchen Zeit verstreichen lassen; **~ los árboles** einen Zwischenraum zwischen den Bäumen lassen **II.** *vr:* **~se** (*en un discurso*) ausschweifen

espacio [es'paθjo] *m* **1.** (*área*) Raum *m;* (*superficie*) Fläche *f;* (*trayecto*) Strecke *f;* **~ vacío** luftleerer Raum; **~ verde** Grünfläche *f;* **~ vital** Lebensraum *m* **2.** (*que ocupa un cuerpo*) Platz *m;* **~ necesario** Platzbedarf *m* **3.** (*entre objetos*) Zwischenraum *m;* (TIPO) Leerschritt *m;* (INFOR) Leerzeichen *nt;* (TÉC) Spiel *nt* **4.** (*de tiempo*) Zeitraum *m;* **en el ~ de dos meses** innerhalb von zwei Monaten; **por ~ de tres horas** drei Stunden lang **5.** (ASTR) Weltraum *m* **6.** (*programa*) Sendung *f;* **~ informativo** Nachrichtensendung *f*

espacioso, -a [espa'θjoso, -a] *adj* (*lugar*) geräumig

espada[1] [es'paða] *m* **1.** (TAUR) Matador *m* **2.** (ZOOL) Schwertfisch *m*

espada[2] [es'paða] *f* (*arma*) Schwert *nt;* (DEP) Degen *m;* **~ negra** Florett *nt;* **desnudar la ~** das Schwert zücken; **el despido era mi ~ de Damocles** eine mögliche Entlassung schwebte wie ein Damoklesschwert über meinem Haupt; **tu respuesta es ~ de dos filos** deine Antwort ist ein zweischneidiges Schwert; **estar entre la ~ y la pared** (*fam*) in einer Zwickmühle sein; **pintan ~s** ≈Schwert ist Trumpf

espadachín [espaða'ʧin] *m* **1.** (*esgrimidor*) (geübter) Fechter *m* **2.** (*fanfarrón*) Prahlhans *m;* (*pendenciero*) Raufbold *m*

espadaña [espa'ðaɲa] *f* **1.** (*campanario*) Glockenturm *m* **2.** (BOT) Rohrkolben *m*

espagueti(s) [espa'ɣeti(s)] *m(pl)* Spaghetti *pl;* **~s a la boloñesa** Spaghetti Bolognese

espalda [es'pal̩da] *f* **1.** (ANAT) Rücken *m;* **ancho de ~s** breitschult(e)rig; **ser cargado de ~s** einen krummen Rücken haben; **andar de ~s** rückwärts gehen; **con las manos en la ~** mit hinter dem Rücken verschränkten Händen; **estar a ~s de alguien** hinter jdm sein; **estar de ~s a la pared** mit dem Rücken zur Wand stehen; **atacar por la ~** hinterrücks überfallen; **coger a alguien por la ~** (*fig*) jdm in den Rücken fallen; **doblar la ~** (*fig*) arbeiten; **volver la ~ a alguien** (*fam fig*) jdn links liegen lassen; **hablar a ~s de alguien** hinter jds Rücken reden; **me caí de ~s al oír eso** (*fam*) ich war wie vor den Kopf geschlagen, als ich das hörte; **tener las ~s muy anchas** (*fam fig*) einen breiten Buckel haben; **tener las ~s bien guardadas** (*fam*) gute Beziehungen haben; **la responsabilidad recae sobre mis ~s** die Verantwortung lastet auf meinen Schultern; **vivir de ~s a la realidad** an der Wirklichkeit vorbeileben **2.** (DEP) Rückenschwimmen *nt;* **100 metros ~** 100 Meter Rücken; **¿sabes nadar ~?** kannst du rückenschwimmen?; **nadar de ~s va bien para la columna** Rückenschwimmen ist gut für die Wirbelsäule **3.** (*de un edificio*) Rückseite *f* **4.** (*de un animal*) Rücken *m;* (*para el consumo*) Rückenstück *nt*

espaldilla [espal̩'diʎa] *f* **1.** (*de una res*) Bug *m* **2.** (ANAT) Schulterblatt *nt*

espantadizo, -a [espan̩ta'ðiθo, -a] *adj* **1.** (*persona*) schreckhaft **2.** (*caballo*) scheu

espantajo [espan̩'taxo] *m* **1.** (*espantapájaros*) Vogelscheuche *f;* **tal como vas vestido pareces un ~** in diesem Aufzug siehst du wie eine Vogelscheuche aus **2.** (*fantoche*) Schreckgespenst *nt*

espantamoscas [espan̩ta'moskas] *m inv* Fliegenklatsche *f*

espantapájaros [espan̩ta'paxaros] *m inv* Vogelscheuche *f*

espantar [espan̩'tar] **I.** *vt* **1.** (*dar susto*) erschrecken; (*dar miedo*) Angst machen *+dat* **2.** (*ahuyentar a un animal*) verscheuchen; (*asustándolo*) aufscheuchen; (*caballos*) scheu machen **3.** (*miedo, penas*) verjagen **4.** (*asombrar*) erstaunen **II.** *vr:* **~se 1.** (*personas*) sich erschrecken (*de/por* bei/vor *+dat*) **2.** (*animales*) scheu werden; (*caballo*) scheuen (*de/por* vor *+dat*)

espanto [es'pan̩to] *m* **1.** (*miedo*) Schrecken *m;* **¡qué ~!** wie entsetzlich!; **hace un calor de ~** es ist schrecklich heiß; **los precios son de ~** die Preise sind unerschwinglich; **estar curado de ~s** (*fam*) sich nicht so leicht erschrecken lassen **2.** (*terror*) panische Angst *f* **3.** (*enfermedad*) Schock *m* **4.** (*Am: fantasma*) Gespenst *nt*

espantosidad [espan̩tosi'ða[ᵈ]] *f* (*AmC, Col, PRico: horror*) Grauen *nt*

espantoso, -a [espan̩'toso, -a] *adj* **1.** (*horroroso*) entsetzlich **2.** (*feo*) hässlich **3.** (*enorme*) enorm

España [es'paɲa] *f* Spanien *nt*

E

España (offiziell: **Reino de España**) ist eine konstitutionelle Monarchie mit einem Zweikammernsystem. König **Juan Carlos I.** wurde am 22.11.1975 zum Staatsoberhaupt ernannt; Thronfolger ist Kronprinz **Felipe de Asturias**. Offizielle Landessprache ist **Spanisch**, seit 1978 sind auch **el gallego** (Galicisch), **el catalán** (Katalanisch) und **el euskera/el vasco** (Baskisch) als Nationalsprachen anerkannt.

español(a)[1] [espa'ɲol(a)] **I.** *adj* spanisch **II.** *m(f)* Spanier(in) *m(f)*

español[2] [espa'ɲol] *m* Spanisch(e) *nt;* **clases de ~** Spanischunterricht *m;* **aprender ~** Spanisch lernen; **traducir al ~** ins Spanische übersetzen

esparadrapo [espara'ðrapo] *m* Heftpflaster *nt*

esparcimiento [esparθi'mjen̩to] *m* **1.** (*acción*) Verstreuung *f* **2.** (*diversión*) Zerstreuung *f*

esparcir [espar'θir] <c→z> **I.** *vt* **1.** (*cosas*) verstreuen; (*líquido*) versprengen; **el viento ha esparcido los papeles de la mesa** der Wind hat die Papiere vom Tisch geweht **2.** (*mancha*) größer machen **3.** (*noticia*) verbreiten **4.** (*distraer*): **~ el ánimo** sich zerstreuen **II.** *vr:* **~se 1.** (*cosas*) verstreut werden **2.** (*noticias*) sich verbreiten **3.** (*distraerse*) sich zerstreuen; **¿qué haces para ~te?** was machst du als Zeitvertreib?

espárrago [es'parraɣo] *m* (BOT) Spargel *m;* **¡vete a freír ~s!** (*fam*) scher dich zum Teufel!; **ser un ~** (*fig*) eine Bohnenstange sein

esparraguera [esparra'ɣera] *f* (BOT) Spargel *m*

espartillo [espar'tiʎo] *m* (*Am*), **esparto** [es'parto] *m* Espartogras *nt*

espasmo [es'pasmo] *m* Krampf *m*

espasmódico, -a [espas'moðiko, -a] *adj* krampfartig

espátula [es'patula] *f* (TÉC) Spachtel *m;* (MED) Spatel *m*

especia [es'peθja] *f* Gewürz *nt*

especial [espe'θjal] *adj* besonders; (*adecuado*) speziell; (*raro*) seltsam; **edición/comisión/escuela ~** Sonderausgabe/-kommission/-schule *f;* **en ~** insbesondere; **¿qué has hecho hoy? – nada en ~** was hast du heute gemacht? – nichts Besonderes; **no pensaba en nada en ~** ich dachte an nichts Bestimmtes; **él es para mí alguien muy ~** er bedeutet mir sehr viel

especialidad [espeθjali'ðaᵈ] *f* **1.** (*de un restaurante/una empresa*) Spezialität *f* **2.** (*rama*) Spezialgebiet *nt;* (DEP) Disziplin *f*

especialista [espeθja'lista] *mf* **1.** (*experto*) Spezialist(in) *m(f)* (*en* für +*akk*) **2.** (*médico*) Facharzt, -ärztin *m, f* **3.** (CINE) Stuntman, -woman *m, f*

especialización [espeθjaliθa'θjon] *f* Spezialisierung *f* (*en* auf +*akk*); **mi ~ es la física cuántica** mein Spezialgebiet ist die Quantenphysik

especializar [espeθjali'θar] <z→c> *vi, vr:* **~se** sich spezialisieren (*en* auf +*akk*); **personal especializado** Fachkräfte *fpl*

especialmente [espeθjal'men̩te] *adv* besonders; **lo he hecho ~ para ti** ich habe es extra für dich gemacht; **muebles ~ diseñados para minusválidos** speziell auf die Bedürfnisse von Behinderten abgestimmte Möbel

especie [es'peθje] *f* **1.** (*clase, t.* BOT, ZOOL) Art *f;* **~ amenazada de extinción** vom Aussterben bedrohte Tierart; **la ~ animal** die Tiere; **ese es una ~ de cantante** er ist sozusagen Sänger; **gente de todas las ~s** Menschen jeder Gattung; **un hombre de mala ~** ein übel gesinnter Mann; **no me gusta esta ~ de vida** ich mag diese Art (von) Leben nicht; **es de esa ~ de personas que nunca están tristes** er/sie gehört zu den Menschen, die nie traurig sind **2.** (*rumor*) Gerücht *nt;* **corre la ~ que...** man sagt, dass ... **3.** (COM): **pagar en ~s** in Naturalien zahlen

especificación [espeθifika'θjon] *f* **1.** (*explicación*) genaue Darlegung *f* **2.** (*precisión*) Angabe *f;* **especificaciones técnicas** technische Daten

especificar [espeθifi'kar] <c→qu> *vt* **1.** (*explicar*) im Einzelnen darlegen; **el ministro especificó los problemas actuales de la economía** der Minister erläuterte im Einzelnen die aktuellen Wirtschaftsprobleme; **no ~ los pormenores de las negociaciones** nicht auf die Einzelheiten der Verhandlungen eingehen **2.** (*citar*) angeben; (*enumerar*) aufzählen

específico, -a [espe'θifiko, -a] *adj* spezifisch; **el significado ~ de una palabra** die eigentliche Bedeutung eines Wortes

espécimen [es'peθimen] *m* <especímenes> **1.** (*ejemplar*) Exemplar *nt;* **~ de lujo** Prachtexemplar *nt* **2.** (*muestra*) Probe *f*

espectacular [espektaku'lar] *adj* spektakulär

espectáculo [espek'takulo] *m* **1.** (TEAT) Schauspiel *nt;* (*de variedades*) Show *f;* **~ de circo** Zirkusvorstellung *f;* **~ deportivo** Sportereignis *nt* **2.** (*visión*) Anblick *m* **3.** (*fam: escándalo*): **dar el** [*o* **un**] **~** eine Szene machen

espectador(a) [espekta'ðor(a)] *m(f)* Zuschauer(in) *m(f)*
espectro [es'pektro] *m* **1.** (*fantasma*) Gespenst *nt* **2.** (FÍS) Spektrum *nt*
especulación [espekula'θjon] *f* Spekulation *f*
especulador(a) [espekula'ðor(a)] *m(f)* Spekulant(in) *m(f)*
especular [espeku'lar] *vi* **1.** (*conjeturar, t.* FIN) spekulieren; ~ **en la Bolsa** an der Börse spekulieren **2.** (*meditar*) nachgrübeln
especulativo, -a [espekula'tiβo, -a] *adj* **1.** (*que especula*) spekulativ **2.** (*teórico*) theoretisch
espejismo [espe'xismo] *m* **1.** (*óptico*) Fata Morgana *f* **2.** (*de la imaginación*) Illusion *f*
espejo [es'pexo] *m* Spiegel *m;* ~ **retrovisor** Rückspiegel *m;* **mirarse al** ~ sich im Spiegel betrachten; **el cine es el** ~ **de la vida** das Kino spiegelt das Leben wider; **esta obra es un** ~ **de la sociedad actual** dieses Werk ist ein Spiegelbild der heutigen Gesellschaft
espeluznante [espeluθ'nante] *adj* haarsträubend
espera [es'pera] *f* **1.** (*acción*) Warten *nt;* (*estado*) Erwartung *f;* (*duración*) Wartezeit *f;* **lista de** ~ Warteliste *f;* **sala de** ~ Wartesaal *m;* **tuvimos dos horas de** ~ wir mussten zwei Stunden lang warten; **estoy a la** ~ **de recibir la beca** ich erwarte jeden Moment die Zusage über das Stipendium; **en** ~ **de su respuesta** (*final de carta*) in Erwartung Ihrer Antwort; **en** ~ **de tu carta, te mando el paquete** ich schicke dir schon einmal das Paket und erwarte demnächst deinen Brief; **esta** ~ **me saca de quicio** diese Warterei geht mir auf die Nerven **2.** (*paciencia*) Geduld *f* **3.** (*plazo*) Aufschub *m;* **no tener** ~ keinen Aufschub dulden; **sin** ~ unverzüglich
esperanza [espe'ranθa] *f* Hoffnung *f;* ~ **de vida** Lebenserwartung *f;* **no tener** ~**s** keine Hoffnung haben; **abrigar** ~**s** Hoffnungen hegen; **estar en estado de buena** ~ guter Hoffnung sein; **poner las** ~**s en algo** die Hoffnungen auf etw setzen; **tener** ~**s de conseguir un puesto de trabajo** Aussichten auf einen Arbeitsplatz haben; **veo el futuro con** ~ ich bin sehr zuversichtlich
esperanzador(a) [esperanθa'ðor(a)] *adj* hoffnungsvoll
esperanzar [esperan'θar] <z→c> **I.** *vt* Hoffnung machen +*dat* **II.** *vr:* ~**se** sich *dat* Hoffnungen machen (*en* auf +*akk*)
esperar [espe'rar] **I.** *vi* **1.** (*aguardar*) warten (auf +*akk*); (*con paciencia*) abwarten; ~ **al aparato** (*teléfono*) am Apparat bleiben; **hacerse de** ~ auf sich warten lassen; **es de** ~ **que...** +*subj* es ist zu erwarten, dass ...; **esperemos y veamos cómo evolucionan las cosas** warten wir ab und sehen wir, wie es weitergeht; **¡que se espere!** er/sie soll gefälligst warten; **espera, que no lo encuentro** Augenblick, ich finde es jetzt nicht; **ganaron la copa tan esperada** sie gewannen den heiß ersehnten Pokal; **¡ay, no puedo** ~ (**de curiosidad**)! ich kann es kaum abwarten!; **uno sólo tiene que** ~ **a que las cosas lleguen** man muss die Dinge nur auf sich zukommen lassen **2.** (*confiar*) hoffen; **espero que sí** ich hoffe doch; ~ **en alguien** die Hoffnung auf jdn setzen; **espero que nos veamos pronto** hoffentlich sehen wir uns bald **II.** *vt* **1.** (*aguardar*) warten (auf +*akk*); (*un bebé, recibir, pensar*) erwarten; (*con paciencia*) abwarten; **hace una hora que lo espero** ich warte seit einer Stunde auf ihn; **te espero mañana a las nueve** ich erwarte dich morgen um neun Uhr; **ya me lo esperaba** das dachte ich mir schon; **nos esperan malos tiempos** uns stehen schlimme Zeiten bevor; **espero su decisión con impaciencia** (*final de carta*) ich sehe Ihrer Entscheidung gespannt entgegen; **te espera una prueba dura** du kannst dich auf eine harte Probe gefasst machen **2.** (*confiar*) hoffen (auf +*akk*); **esperando recibir noticias tuyas...** in der Hoffnung, bald von dir zu hören ...; **espero sacar grandes ganancias de este negocio** ich erhoffe mir von diesem Geschäft große Gewinne
esperma [es'perma] *m* Sperma *nt*
esperpento [esper'pento] *m* **1.** (*persona*) groteske Figur *f* **2.** (*desatino*) Unsinn *m*
espesar [espe'sar] **I.** *vt* (*líquido*) eindicken; (*salsa*) binden **II.** *vr:* ~**se** (*bosque*) dichter werden; (*niebla*) sich verdichten; (*salsa*) eindicken
espeso, -a [es'peso, -a] *adj* **1.** (*cabello, niebla, bosque*) dicht; (*líquido*) dick(flüssig); (*muro*) dick **2.** (*persona*) schlampig **3.** (*Arg, Perú, Ven: molesto*) lästig
espesor [espe'sor] *m* **1.** (*grosor*) Dicke *f* **2.** (*densidad*) Dichte *f*
espesura [espe'sura] *f* **1.** (*del cabello/bosque*) Dichte *f;* (*de un muro*) Dicke *f;* (*de un líquido*) Dickflüssigkeit *f* **2.** (*bosque*) Dickicht *nt*
espetar [espe'tar] *vt* **1.** (*ave, objeto*) aufspießen **2.** (*fam: palabrota*) ausstoßen; ~ **una bronca a alguien** jdn anschnauzen; ~ **un sermón a alguien** jdm eine Predigt halten; ~ **cuatro verdades a alguien** jdm den Kopf waschen
espía [es'pia] *mf* Spion(in) *m(f);* (*de la policía*) Spitzel *m;* ~ **doble** Doppelagent(in) *m(f)*
espiantar [espjan'tar] **I.** *vi, vr:* ~**se** (*Arg,*

E

Chil: fam: alejarse) weggehen; (*huir*) fliehen **II.** *vt* (*RíoPl: hurtar*) klauen

espiar [espi'ar] <*1. pres:* espío> **I.** *vi* (*hacer espionaje*) spionieren **II.** *vt* (*algo*) ausspionieren; (*a alguien*) nachspionieren +*dat;* (*para la policía*) bespitzeln

espiga [es'piɣa] *f* **1.** (BOT) Ähre *f;* **dibujo de ~** Fischgrätenmuster *nt* **2.** (*clavo*) Stift *m*

espigado, -a [espi'ɣaðo, -a] *adj* **1.** (*forma*) ährenförmig **2.** (*maduro*) reif **3.** (*árbol*) hoch; (*persona*) lang aufgeschossen

espigarse [espi'ɣarse] <g→gu> *vr* in die Höhe schießen

espigón [espi'ɣon] *m* **1.** (*de un clavo*) Spitze *f* **2.** (*espiga*) Ähre *f* **3.** (*dique*) (Hafen)mole *f;* (*rompeolas*) Wellenbrecher *m* **4.** (*aguijón*) Stachel *m*

espina [es'pina] *f* **1.** (*de pescado*) Gräte *f* **2.** (BOT) Dorn *m* **3.** (*astilla*) Splitter *m* **4.** (ANAT): **~ (dorsal)** Rückgrat *nt* **5.** (*inconveniente*) Schwierigkeit *f;* **dar mala ~** (*fam*) argwöhnisch machen **6.** (*pesar*) Kummer *m;* **sacarse una ~** (*fam: desquitarse*) sich revanchieren; (*desahogarse*) sich *dat* etwas von der Seele reden

espinaca [espi'naka] *f* Spinat *m*

espinal [espi'nal] *adj* Rückgrat-; **médula ~** Rückenmark *nt*

espinazo [espi'naθo] *m* (ANAT) Rückgrat *nt;* **doblar el ~** (*fig*) kein Rückgrat haben

espinilla [espi'niʎa] *f* **1.** (ANAT) Schienbein *nt;* **dar a alguien una patada en la ~** jdm vors Schienbein treten **2.** (MED) Mitesser *m;* **sacarse una ~** sich *dat* einen Mitesser ausdrücken

espino [es'pino] *m* **1.** (BOT): **~ albar** Weißdorn *m* **2.** (TÉC): **alambre de ~** Stacheldraht *m*

espinoso, -a [espi'noso, -a] *adj,* **espinudo, -a** [espi'nuðo, -a] *adj* (*AmC, CSur*) **1.** (*planta*) dornig; (*pescado*) grätig **2.** (*problema*) haarig

espionaje [espjo'naxe] *m* Spionage *f;* **~ industrial** Werk(s)spionage *f;* **servicio de ~ alemán** Bundesnachrichtendienst *m*

Espira [es'pira] *f* Speyer *nt*

espiración [espira'θjon] *f* (MED) Ausatmen *nt*

espiral [espi'ral] **I.** *adj* spiralförmig; **escalera ~** Wendeltreppe *f* **II.** *f* (*línea, anticonceptivo*) Spirale *f*

espirar [espi'rar] **I.** *vi* (*aire*) ausatmen **II.** *vt* (*olor*) verströmen

espiritismo [espiri'tismo] *m sin pl* Spiritismus *m;* **sesión de ~** spiritistische Sitzung

espiritista [espiri'tista] *adj* spiritistisch

espíritu [es'piritu] *m* Geist *m;* (*ánimo*) Gemüt *nt;* (*valor*) Mut *m;* **~ de compañerismo** kameradschaftlicher Geist; **~ de contradicción** Widerspruchsgeist *m;* **~ emprendedor** Unternehmungsgeist *m;* **~ de la época** Zeitgeist *m;* **~ de observación** (*don*) Beobachtungsgabe *f;* **el E~ Santo** (REL) der Heilige Geist; **~ de solidaridad** Gemeinschaftsgeist *m;* **pobre de ~** Kleingeist *m;* **exhalar el ~** den Geist aufgeben; **cobrar ~** Mut fassen; **levantar el ~ a alguien** jdn aufmuntern; **tener un ~ de rebelión** ein rebellisches Gemüt haben; **hacer algo con ~ alegre** etw voller Freude tun; **evocar los ~s** die Geister beschwören

espiritual [espiritu'al] *adj* **1.** (*del espíritu*) geistig; (*persona*) vergeistigt; **vida ~** Seelenleben *nt;* **mantenemos una relación puramente ~** unsere Beziehung ist rein geistiger Natur **2.** (REL) geistlich

espiritualidad *f* Geistigkeit *f,* Spiritualität *f elev*

espita [es'pita] *f* **1.** (*de una cuba*) Zapfhahn *m;* **~ del gas** Gashahn *m* **2.** (*palmo*) Spanne *f* **3.** (*fam: borracho*) Säufer(in) *m(f)*

esplendidez [esplen̪di'deθ] *f* **1.** (*generosidad*) Großzügigkeit *f* **2.** (*magnificencia*) Pracht *f*

espléndido, -a [es'plen̪diðo, -a] *adj* **1.** (*generoso*) großzügig **2.** (*aspecto*) prächtig; (*día*) herrlich; (*comida*) vorzüglich; (*ocasión, idea, resultado*) großartig

esplendor [esplen̪'dor] *m* Glanz *m;* (*fig*) Pracht *f*

esplendoroso, -a [esplen̪do'roso, -a] *adj* (*fig*) prachtvoll

espliego [es'pljeɣo] *m* Lavendel *m*

esplín [es'plin] *m* (*melancolía*) Schwermut *f*

espolear [espole'ar] *vt* **1.** (*al caballo*) die Sporen geben +*dat* **2.** (*a alguien*) anspornen

espoleta [espo'leta] *f* (*de bomba*) Zünder *m*

espolvorear [espolβore'ar] *vt* (GASTR) bestäuben

esponja [es'poŋxa] *f* **1.** (*para lavar, t.* ZOOL) Schwamm *m;* **~ de baño** Badeschwamm *m;* **beber como una ~** (*fam*) saufen wie ein Loch; **¡pasemos la ~!** (*fam*) Schwamm drüber! **2.** (*persona*) Schmarotzer *m*

esponjoso, -a [espoŋ'xoso, -a] *adj* (*masa*) schaumig; (*pan*) aufgeweicht

espontáneamente [espon̪tanea'men̪te] *adv* **1.** (*impensadamente*) spontan **2.** (*voluntariamente*) freiwillig

espontaneidad [espon̪tanei̯'ða^{d}] *f* Spontan(e)ität *f*

espontáneo, -a [espon̪'taneo, -a] *adj* spontan; (*saludo*) ungezwungen; **curación espontánea** Spontanheilung *f*

espora [es'pora] *f* Spore *f*

esporádico, -a [espo'raðiko, -a] *adj* sporadisch

esportivo, -a [espor'tiβo, -a] *adj* (*Am*) **1.** (*deportivo*) sportlich **2.** (*afectando des-*

cuido) lässig
esposar [espo'sar] *vt* Handschellen anlegen *+dat*
esposas [es'posas] *fpl* (*manillas*) Handschellen *fpl;* **colocar las ~ a alguien** jdm Handschellen anlegen
esposo, -a [es'poso, -a] *m, f* Ehemann, -frau *m, f;* **le presento a mi esposa** ich möchte Ihnen meine Frau vorstellen; **salude a su ~ de mi parte** grüßen Sie Ihren Mann von mir; **los ~s** das Ehepaar
espray [es'prai̯] *m* **1.** (*líquido*) Spray *m o nt* **2.** (*envase*) Sprühdose *f*
esprint [es'prin̩ᵗ] *m* Sprint *m*
esprintar [esprin̩'tar] *vt* sprinten
esprínter [es'prin̩ter] *mf* Sprinter(in) *m(f)*
espuela [es'pwela] *f* **1.** (*de la bota*) Sporn *m* **2.** (*acicate*) Ansporn *m;* **poner las ~s a alguien** jdn anspornen
espuerta [es'pwerta] *f* Korb *m;* **a ~s** haufenweise
espuma [es'puma] *f* **1.** (*burbujas*) Schaum *m;* (*de las olas*) Gischt *m o f;* **~ de afeitar** Rasierschaum *m;* **crecer como la ~** (*fam: persona*) sehr schnell wachsen; (*cosa*) rapide steigen **2.** (*materia*) Schaumstoff *m*
espumarajo [espuma'raxo] *m* **1.** (*pey: espuma*) dreckiger Schaum *m* **2.** (*de la boca*) Geifer *m;* **echar ~s por la boca** (*fig*) vor Wut schäumen
espumoso, -a [espu'moso, -a] *adj* (*masa*) schaumig; (*líquido*) schäumend; **vino ~** Schaumwein *m*
espurio, -a [es'purjo, -a] *adj* **1.** (*falso*) falsch **2.** (*persona*) unehelich
esputo [es'puto] *m* Speichel *m;* (MED) Auswurf *m*
esqueje [es'kexe] *m* Steckling *m*
esquela [es'kela] *f* **1.** (*nota*) kurze Mitteilung *f* **2.** (*necrológica*): **~ (mortuoria)** Todesanzeige *f;* **publicar una ~** eine Todesanzeige aufgeben
esquelético, -a [eske'letiko, -a] *adj* **1.** (ANAT) Skelett- **2.** (*persona*) spindeldürr
esqueleto [eske'leto] *m* **1.** (ANAT) Skelett *nt;* **después de la operación quedé hecho un ~** nach der Operation war ich nur noch ein Skelett; **esta noche vamos a mover el ~** (*fam*) heute Abend schwingen wir das Tanzbein **2.** (*de un avión/barco*) Gerippe *nt;* (*de un edificio*) Skelett *nt* **3.** (*Col, AmC: impreso*) Formular *nt* **4.** (*Chil: de un escrito*) Entwurf *m*
esquema [es'kema] *m* **1.** (*gráfico*) Schema *nt;* **en ~** schematisch **2.** (*de una clase*) Konzept *nt;* **tengo que hacer el ~ del discurso** ich muss mir ein Konzept für die Rede machen
esquemático, -a [eske'matiko, -a] *adj* schematisch
esquí [es'ki] *m* **1.** (*patín*) Ski *m;* **~ de fondo** Langlaufski *m* **2.** (*deporte*) Skisport *m;* **~ acuático** Wasserski *nt*
esquiador(a) [eskja'ðor(a)] *m(f)* Skiläufer(in) *m(f);* **~ de fondo** Langläufer *m*
esquiar [eski'ar] <*1. pres:* **esquío**> *vi* Ski laufen
esquila [es'kila] *f* **1.** (*cencerro*) Kuhglocke *f;* (*campanilla*) Glöckchen *nt* **2.** (*esquileo*) Schur *f*
esquilar [eski'lar] *vt* (*ovejas*) scheren; (*perros*) trimmen; **esta tarde iré a que me esquilen** heute Nachmittag gehe ich zum Friseur; **hoy sí que te han esquilado bien** heute hat der Friseur dich mächtig gestutzt
esquileo [eski'leo] *m* (*acción*) Schur *f*
esquilmar [eskil'mar] *vt* **1.** (*frutos*) ernten **2.** (*la tierra*) auslaugen **3.** (*explotar*) ausbeuten
esquimal [eski'mal] **I.** *adj* eskimoisch; **perro ~** Husky *m* **II.** *mf* Eskimo *m,* Eskimofrau *f*
esquina [es'kina] *f* (*de un edificio*) (Straßen)ecke *f;* (*de una mesa*) Ecke *f;* **casa que hace ~** Eckhaus *nt;* **hacer un saque de ~** (DEP) einen Eckball ausführen; **a la vuelta de la ~** um die Ecke; **doblar la ~** um die Ecke biegen
esquinar [eski'nar] **I.** *vi* eine Ecke bilden **II.** *vt* **1.** (*objetos*) über Eck legen **2.** (*maderos*) rechtwinklig zuschneiden **III.** *vr:* **~se** sich verfeinden
esquinazo [eski'naθo] *m* (*fam*) Hausecke *f;* **dar ~ a alguien** (*dejar plantado*) jdn versetzen; (*rehuir*) jdm aus dem Weg gehen
esquirla [es'kirla] *f* Splitter *m*
esquirol [eski'rol] *mf* Streikbrecher(in) *m(f)*
esquivar [eski'βar] **I.** *vt* **1.** (*golpe*) ausweichen *+dat* **2.** (*problema, encuentro*) vermeiden **3.** (*a alguien*) aus dem Weg gehen *+dat* **II.** *vr:* **~se** sich drücken (vor *+dat*)
esquivo, -a [es'kiβo, -a] *adj* **1.** (*huidizo*) scheu **2.** (*arisco*) spröde
esquizofrenia [eskiθo'frenja] *f* Schizophrenie *f*
esquizofrénico, -a [eskiθo'freniko, -a] *adj* schizophren
esta ['esta] *adj v.* **este, -a**
ésta ['esta] *pron dem v.* **éste**
estabilidad [estaβili'ðaᵈ] *f* Stabilität *f;* (*de un trabajo*) Dauerhaftigkeit *f;* (*de una amistad*) Beständigkeit *f;* (*del carácter*) Standhaftigkeit *f*
estabilización [estaβiliθa'θjon] *f* Stabilisierung *f*
estabilizar [estaβili'θar] <z→c> **I.** *vt* stabilisieren; (*trabajo*) sichern; (*amistad*) festigen **II.** *vr:* **~se** sich stabilisieren
estable [es'taβle] *adj* stabil; (*trabajo*) dauerhaft; (*tiempo*) beständig; (*carácter*) stand-

E

haft

establecer [estaβle'θer] *irr como crecer* **I.** *vi* festlegen **II.** *vt* **1.** (*fundar*) gründen; (*dictadura*) errichten; (*grupo de trabajo*) einsetzen; (*costumbre*) einführen; (*sucursal, tienda*) eröffnen; (*relaciones, contacto*) aufnehmen; (*principio, récord*) aufstellen; (*orden*) (wieder)herstellen; (*escuela*) einrichten; (*ley*) erlassen **2.** (*ordenar*) festlegen **3.** (*colocar*) aufstellen; (*campamento*) aufschlagen; (*colonos*) ansiedeln; (*conexión*) herstellen **III.** *vr:* ~**se** (*instalarse*) sich niederlassen (*en* in +*dat, de* als +*nom*); (*por cuenta propia*) sich selb(st)ständig machen (*de* als +*nom*)

establecimiento [estaβleθi'mjento] *m* **1.** (*fundación*) Gründung *f;* (*de un grupo de trabajo*) Einsatz *m;* (*de una costumbre*) Einführung *f;* (*de una sucursal*) Eröffnung *f;* (*de relaciones*) Aufnahme *f;* (*de un principio/récord*) Aufstellung *f;* (*del orden*) (Wieder)herstellung *f;* (*de una escuela*) Einrichtung *f* **2.** (*tienda*) Geschäft *nt* **3.** (*institución*) Institution *f;* (*pública*) öffentliche Einrichtung *f;* (*empresa*) Unternehmen *nt* **4.** (*de personas*) Ansiedelung *f*

establo [es'taβlo] *m* **1.** (*cuadra*) Stall *m;* **esta casa es un** ~ (*fig*) dieses Haus ist ein Saustall *fam* **2.** (*Cuba: cochera*) Garage *f;* (*para alquilar*) Autoverleih *m*

estaca [es'taka] *f* (*palo*) Pfahl *m;* (*para tienda*) Zeltpflock *m;* (*garrote*) Knüppel *m*

estacada [esta'kaða] *f* (Pfahl)zaun *m;* **dejar a alguien en la** ~ jdn im Stich lassen; **quedarse alguien en la** ~ (*por un negocio*) in der Patsche sitzen; (*en una disputa*) den Kürzeren ziehen

estación [esta'θjon] *f* **1.** (*del año*) Jahreszeit *f;* (*temporada*) Zeit *f;* ~ **de las flores** Frühjahr *nt;* ~ **de las lluvias** Regenzeit *f* **2.** (*de trenes*) Bahnhof *m;* (*parada*) Station *f;* ~ **de autobuses** Busbahnhof *m;* ~ **central** Hauptbahnhof *m;* ~ **de destino** Bestimmungsbahnhof *m;* ~ **de metro** U-Bahn-Station *f* **3.** (RADIO, TV) Sender *m* **4.** (*centro, t.* REL) Station *f;* ~ **meteorológica** Wetterwarte *f;* ~ **de servicio** Tankstelle *f*

estacionamiento [estaθjona'mjento] *m* **1.** (*colocación*) Aufstellung *f;* (*de personas*) Postierung *f;* (MIL) Stationierung *f* **2.** (MIL: *posición*) Stellung *f* **3.** (AUTO: *acción*) Parken *nt;* (*lugar*) Parkplatz *m*

estacionar [estaθjo'nar] **I.** *vt* **1.** (*colocar*) aufstellen; (*personas*) postieren; (MIL) stationieren **2.** (AUTO) parken **II.** *vr:* ~**se** **1.** (*alguien*) sich postieren **2.** (AUTO) parken **3.** (*parar*) stehen bleiben; **la producción se ha estacionado** die Produktion ist ins Stocken geraten

estacionario, -a [estaθjo'narjo, -a] *adj* stationär

estadio [es'taðjo] *m* **1.** (DEP) Stadion *nt* **2.** (MED) Stadium *m*

estadística [esta'ðistika] *f* Statistik *f*

estadístico, -a [esta'ðistiko, -a] *adj* statistisch

estado [es'taðo] *m* **1.** (*condición*) Zustand *m;* (*situación*) Lage *f;* ~ **de alarma** Alarmzustand *m;* ~ **civil** Familienstand *m;* ~ **de las cosas** (*general*) Stand der Dinge; (*de un hecho concreto*) Sachlage *f;* ~ **de cuenta** Kontostand *m;* ~ **de la economía** Wirtschaftslage *f;* ~ **de emergencia** Notstand *m;* ~ **financiero** Finanzlage *f;* ~ **gaseoso** gasförmiger Zustand; ~ **de guerra** Kriegszustand *m;* ~ **de necesidad** (JUR) Notstand *m;* ~ **de salud** Gesundheitszustand *m;* **en buen** ~ **de conservación** gut erhalten; **en** ~ **de embriaguez** in betrunkenem Zustand; **estar en** ~ **interesante** [*o* **de buena esperanza**] guter Hoffnung sein; **en** ~ **de merecer** unverheiratet **2.** (POL) Staat *m;* ~ **comunitario** Mitgliedsstaat der Europäischen Union; ~ **miembro** Mitgliedsstaat *m;* ~ **providencia** Wohlfahrtsstaat *m;* **presupuestos del** ~ Staatshaushalt *m* **3.** (MIL): ~ **mayor** Generalstab *m* **4.** (FIN): ~ **de cuentas** Kassenbericht *m;* ~ **de los gastos** Ausgabenseite *f*

Estados Unidos [es'taðos u'niðos] *mpl* Vereinigte Staaten *mpl*

estadounidense [estaðouni'ðense] *mf* (US-)Amerikaner(in) *m(f)*

estafa [es'tafa] *f* Betrug *m*

estafador(a) [estafa'ðor(a)] *m(f)* Betrüger(in) *m(f)*

estafar [esta'far] *vt* betrügen; **la cajera me ha estafado el cambio** die Kassiererin hat mich um das Wechselgeld betrogen

estafeta [esta'feta] *f* (*correos*) Postamt *nt*

estagnación [estaɣna'θjon] *f* (*AmC*) Stagnation *f*

estalactita [estalak'tita] *f* Stalaktit *m*

estalagmita [estalaɣ'mita] *f* Stalagmit *m*

estallar [esta'ʎar] *vi* **1.** (*globo, neumático*) platzen; (*bomba*) explodieren; (*cristales*) zersplittern; (*látigo*) knallen; **estalló una ovación** Beifall brach los; **me estalla la cabeza** mir platzt der Schädel **2.** (*revolución, incendio*) ausbrechen; (*tormenta*) losbrechen; **al** ~ **la guerra** bei Kriegsausbruch **3.** (*risa, alegría*) losbrechen; ~ **en llanto** in Tränen ausbrechen; **estaba enfadado y al final estalló** er war verärgert und platzte am Ende vor Wut

estallido [esta'ʎiðo] *m* **1.** (*ruido*) Knall *m;* (*de un globo*) Platzen *nt;* (*explosión*) Explosion *f* **2.** (*de una revolución*) Ausbruch *m;* ~ **de cólera** Zornausbruch *m*

Estambul [estam'bul] *m* Istanbul *nt*

estampa [es'tampa] *f* **1.** (*dibujo*) Bild *nt;* ~ **de la Virgen** Marienbild *nt;* **dar algo a la** ~ etw in Druck geben **2.** (*huella*) Abdruck *m* **3.** (*impresión*) Eindruck *m;* (*aspecto*) Aussehen *nt;* **un caballo de magnífica** ~ ein Pferd von prächtiger Gestalt; **tienes mala** ~ du siehst schlecht aus; **¡maldita sea tu** ~**!** verflucht seist du!; **ser la viva** ~ **de la pobreza** die Armut in Person sein; **ser la viva** ~ **de su padre** (*fam*) seinem Vater wie aus dem Gesicht geschnitten sein

estampado, -a[1] [estam'paðo, -a] *adj* bedruckt

estampado[2] [estam'paðo] *m* **1.** (*tejido*) Druck *m;* **no me gusta este** ~ dieses (Stoff)muster gefällt mir nicht **2.** (*metal*) Prägung *f*

estampar [estam'par] **I.** *vt* **1.** (*en papel/tela*) drucken (*en/sobre* auf +*akk*); (*con relieve*) prägen (*en/sobre* in/auf +*akk*); ~ **un dibujo en una camiseta** ein T-Shirt mit einer Zeichnung bedrucken **2.** (TÉC: *una chapa*) stanzen; (*un motivo en una chapa*) einstanzen; ~ **pins** Pins ausstanzen; **se me quedó estampado en la cabeza** (*fig*) das hat sich mir eingeprägt **3.** (*huella*) hinterlassen; ~ **una firma** unterzeichnen; ~ **la firma al pie del documento** die Unterschrift unter ein Dokument setzen **4.** (*fam: arrojar*) knallen **5.** (*fam: dar*) verpassen; ~ **una bofetada a alguien** jdm eine knallen; ~**le un beso a alguien en la cara** jdm einen Kuss auf die Wange drücken **II.** *vr:* ~**se** (*fam*) prallen

estampido [estam'piðo] *m* Knall *m;* ~ **del trueno** Donnerschlag *m;* **dar un** ~ knallen

estampilla [estam'piʎa] *f* **1.** (*sello*) (Faksimile)stempel *m* **2.** (*Am: de correos*) Briefmarke *f*

estancamiento [estaŋka'mjen̪to] *m* **1.** (*del agua*) (Auf)stauung *f* **2.** (*de una mercancía*) Monopolisierung *f* **3.** (*de los negocios*) Stagnation *f;* (*de un proceso*) Stillstand *m;* ~ **coyuntural** Konjunkturstillstand *m*

estancar [estaŋ'kar] <c→qu> **I.** *vt* **1.** (*un río*) (auf)stauen; **aguas estancadas** Stauwasser *nt* **2.** (*mercancía*) monopolisieren **3.** (*proceso*) zum Stillstand bringen **II.** *vr:* ~**se 1.** (*río*) sich (auf)stauen **2.** (*negocio*) stagnieren; **me he estancado en los estudios** ich komme mit meinem Studium nicht weiter; **quedarse estancado** ins Stocken geraten

estancia [es'tan̪θja] *f* **1.** (*permanencia*) Aufenthalt *m;* ~ **en un hospital** Krankenhausaufenthalt *m* **2.** (*habitación*) Wohnraum *m;* (*de palacio*) Gemach *nt* **3.** (*Am: hacienda*) Landgut *nt* **4.** (*Cuba, Ven: quinta*) Landhaus *nt*

estanciera [estan̪'θjera] *f* (*Arg: furgoneta*) Lieferwagen *m*

estanciero, -a [estan̪'θjero, -a] *m, f* (*CSur, Col, Ven*) **1.** (*de ganado*) Farmer(in) *m(f)* **2.** (*de latifundios*) Großgrundbesitzer(in) *m(f)*

estanco, -a[1] [es'taŋko, -a] *adj* **1.** (NÁUT) wasserdicht **2.** (*separado*) abgeschlossen

estanco[2] [es'taŋko] *m* **1.** (*establecimiento*) Tabak(waren)laden *m* **2.** (*monopolio*) Monopol *nt*

estándar [es'tan̪dar] **I.** *adj* Standard-; **tipo** ~ Standardversion *f* **II.** *m* Standard *m*

estandarizar [estan̪dari'θar] <z→c> *vt* standardisieren

estandarte [estan̪'darte] *m* Standarte *f*

estanque [es'taŋke] *m* **1.** (*en un parque*) Teich *m* **2.** (*para el riego*) Wasserbassin *nt*

estanquero, -a [estaŋ'kero, -a] *m, f* Tabak(waren)händler(in) *m(f)*

estante [es'tan̪te] *m* **1.** (*para libros*) Bücherbrett *nt;* (*para muebles*) (Einlege)boden *m;* (*en una tienda*) Ständer *m* **2.** (*mueble*) Regal *nt*

estantería [estan̪te'ria] *f* Regal *nt;* (*de toda la pared*) Regalwand *f*

estañar [esta'ɲar] *vt* (*Ven*) **1.** (*herir*) verletzen **2.** (*echar*) entlassen

estaño [es'taɲo] *m* Zinn *nt;* ~ **para soldar** Lötzinn *nt*

estar [es'tar] *irr* **I.** *vi* **1.** (*hallarse*) sein; (*un objeto: derecho*) stehen; (*tumbado*) liegen; (*colgando*) hängen (*en* an +*dat*); (*durante un tiempo*) sich aufhalten; **Valencia está en la costa** Valencia liegt an der Küste; **¿está Pepe?** ist Pepe da?; **¿dónde estábamos?** wo waren wir stehen geblieben?; **como estamos aquí tú y yo** so wahr wir hier sitzen; **ya lo hago yo, para eso estoy** ich übernehme das, das ist das Mindeste, was ich tun kann; **¿está la comida?** ist das Essen fertig? **2.** (*sentirse*) sich fühlen; **¿cómo estás?** wie geht es dir?; **ya estoy mejor** es geht mir schon besser; **hoy no estoy bien** ich fühle mich heute nicht wohl **3.** (+ *adjetivo/participio*): ~ **asomado al balcón** auf dem Balkon stehen; ~ **cansado** müde sein; ~ **sentado** sitzen; ~ **ubicado** (*Am*) sich befinden; ~ **viejo** alt aussehen; **el asado está rico** der Braten schmeckt gut; **está visto que...** es ist offensichtlich, dass ... **4.** (+ *bien/mal*): ~ **mal de azúcar** kaum Zucker haben; ~ **mal de la cabeza** spinnen; ~ **mal de dinero** schlecht bei Kasse sein; **una semana de descanso te** ~**á bien** eine Woche Urlaub wird dir gut tun; **eso te está bien empleado** (*fam*) das geschieht dir recht; **esa blusa te está bien** diese Bluse steht dir gut; **este peinado no te está bien** diese Frisur steht dir nicht **5.** (+ *a*): ~ **al caer** (*persona*) bald kommen;

(*suceso*) bevorstehen; **están al caer las diez** es ist bald zehn Uhr; ~ **al día** auf dem Laufenden sein; **estamos a uno de enero** heute ist der 1. Januar; **¿a qué estamos?** den Wievielten haben wir heute?; **las peras están a 150 pesetas el kilo** die Birnen kosten 150 Peseten das Kilo; **el cuadro está ahora a 20.000 marcos** das Bild ist nun auf 20.000 DM gestiegen; **las acciones están a 1.000 pesetas** die Aktien liegen bei 1.000 Peseten; **Sevilla está a 40 grados** in Sevilla sind es 40 Grad; **el termómetro está a diez grados** das Thermometer zeigt zehn Grad an; **están uno a uno** das Spiel steht eins zu eins; ~ **a examen** kurz vor einer Prüfung stehen; **estoy a lo que decida la asamblea** ich schließe mich der Entscheidung der Versammlung an; **estoy a oscuras en este tema** ich habe keinen blassen Schimmer von diesem Thema **6.** (+ *con*): **estoy con mi novio** ich bin mit meinem Freund zusammen; **en el piso estoy con dos más** ich teile die Wohnung mit zwei Leuten; **estoy contigo en este punto** ich stimme mit dir in diesem Punkt überein **7.** (+ *de*): ~ **de broma** zum Scherzen aufgelegt sein; ~ **de charla** einen Schwatz halten; ~ **de mal humor** schlecht gelaunt sein; ~ **de parto** in den Wehen liegen; ~ **de pie** stehen; ~ **de suerte** Glück haben; ~ **de secretario** als Sekretär arbeiten; ~ **de viaje** verreist sein; **en esta reunión estoy de más** ich bin in dieser Sitzung überflüssig; **esto que has dicho estaba de más** was du gesagt hast, war überflüssig **8.** (+ *en*): **el problema está en el dinero** das Problem ist das Geld; **yo estoy en que él no dice la verdad** ich bin überzeugt (davon), dass er lügt; **no estaba en sí cuando lo hizo** er/sie war nicht ganz bei sich *dat*, als er/sie es tat; **siempre estás en todo** dir entgeht nichts; **estoy en lo que tú dices** ich weiß, wovon du sprichst **9.** (+ *para*): **hoy no estoy para bromas** heute bin ich nicht zu Späßen aufgelegt; ~ **para morir** im Sterben liegen; **el tren está para salir** der Zug fährt in Kürze ab **10.** (+ *por*): **estoy por llamarle** ich bin versucht ihn anzurufen; **eso está por ver** das wird sich zeigen; **la historia de esta ciudad está por escribir** die Geschichte dieser Stadt muss noch geschrieben werden; **este partido está por la democracia** diese Partei setzt sich für die Demokratie ein **11.** (+ *gerundio*): **¿qué estás haciendo?** was machst du da?; **estoy haciendo la comida** ich bereite gerade das Essen zu; **siempre estás mirando la tele** du siehst dauernd fern; **he estado una hora esperando el autobús** ich habe eine Stunde lang auf den Bus gewartet; **estoy escribiendo una carta** ich bin gerade dabei, einen Brief zu schreiben; **¡lo estaba viendo venir!** ich habe es kommen sehen!; **este pastel está diciendo cómeme** bei diesem Kuchen läuft mir das Wasser im Munde zusammen **12.** (+ *que*): **estoy que no me tengo** ich bin fix und fertig; **está que trina** er/sie ist außer sich *dat* **13.** (+ *sobre*): **estáte sobre este asunto** kümmere dich um diese Angelegenheit; **siempre tengo que ~ sobre mi hijo para que coma** ich muss immer hinter meinem Sohn her sein, damit er was isst; **ser una persona que siempre está sobre sí** (*serena*) sich immer ganz ruhig verhalten; (*impasible*) nie seine Gefühle offenbaren **14.** (*loc*): **a las 10 en casa, ¿estamos?** du bist um 10 Uhr zu Hause, verstanden? **II.** *vr:* ~**se 1.** (*hallarse*) sein **2.** (*permanecer*) bleiben; ~**se de charla** ein Schwätzchen halten; **te puedes ~ con nosotros** du kannst bei uns bleiben; **me estuve con ellos toda la tarde** ich verbrachte den ganzen Nachmittag bei ihnen; **¡estáte quieto!** (*callado*) sei ruhig!; (*quieto*) Hände weg!

estatal [esta'tal] *adj* staatlich

estática [es'tatika] *f sin pl* Statik *f*

estático, -a [es'tatiko, -a] *adj* statisch; (*pasmado*) sprachlos

estatua [es'tatwa] *f* Statue *f*

estatuaria [esta'twaria] *f* Bildhauerei *f*

estatuilla [esta'twiʎa] *f:* **este año la ~ no fue a parar a una película española** dieses Jahr bekam kein spanischer Film den Oscar

estatura [esta'tura] *f* Statur *f;* **¿qué ~ tienes?** wie groß bist du?; **es un hombre de ~ pequeña** er ist klein von Statur

estatus [es'tatus] *m* Status *m*

estatutario, -a [estatu'tarjo, -a] *adj* satzungsgemäß

estatuto [esta'tuto] *m* **1.** (*de una sociedad*) Satzung *f* **2.** (JUR, POL) Gesetz *nt;* (*de autonomía*) Verfassung *f;* ~ **de los trabajadores** Betriebsverfassungsgesetz *nt*

este[1] ['este] *m* Osten *m;* (METEO, NÁUT) Ost *m;* **Alemania del E~** Ostdeutschland *nt*

este, -a[2] ['este, -a] **I.** *adj* <estos, -as> diese(r, s); ~ **perro es el mío** das ist mein Hund; **esta casa es nuestra** dieses Haus gehört uns **II.** *pron dem v.* **éste, ésta, esto**

éste, ésta, esto ['este, 'esta, 'esto] *pron dem* <éstos, -as> der/die/das; (**a**) **éstos no los he visto nunca** die habe ich nie gesehen; ~ **se cree muy importante** der hält sich für sehr wichtig; **antes yo también tenía una camisa como ésta** früher hatte ich auch so ein Hemd; (**estando**) **en esto** [*o* **en éstas**], **llamaron a la puerta** in diesem Moment klingelte es an der Tür; **¡ésta sí que es buena!** das ist ja ein Ding!; **te lo juro, por ésta(s)** darauf kannst du Gift nehmen; *v. t.* **este, -a**

estela [es'tela] *f* **1.** (NÁUT) Kielwasser *nt* **2.** (*de avión*) Kondensstreifen *m;* (*de cohete*) Rauchfahne *f* **3.** (*rastro*) Spur *f;* **dejar una ~ de recuerdos** eine Reihe von Erinnerungen hinterlassen

estelar [este'lar] *adj* **1.** (ASTR) stellar; **sistema ~** Sternsystem *nt* **2.** (*extraordinario*): **invitado ~** Stargast *m;* **programa ~** (TV) Erfolgssendung *f*

estelaridad [estelari'ðaᵈ] *f* (*Chil: popularidad*) Beliebtheit *f;* **tener una gran ~** sich größter Beliebtheit erfreuen

estenografía [estenoɣra'fia] *f* Stenografie *f*

estenografiar [estenoɣrafi'ar] <*1. pres:* estenografío> *vt* stenografieren

estentóreo, -a [esten̩'toreo, -a] *adj* (*voz*) laut; (*risa*) schallend; (*acento*) ausgeprägt

estepa [es'tepa] *f* **1.** (GEO) Steppe *f* **2.** (BOT) Zistrose *f*

estera [es'tera] *f* (Fuß)matte *f*

estercolero [esterko'lero] *m* **1.** (*montón*) Misthaufen *m* **2.** (*lugar*) Saustall *m abw*

estéreo [es'tereo] **I.** *adj* (*fam*) stereo(phon); **disco ~** Stereoaufnahme *f* **II.** *m* **1.** (*estereofonía*) Stereo *nt* **2.** (*equipo*) Stereoanlage *f*

estereofónico, -a [estereo'foniko, -a] *adj* Stereo-, stereophon(isch)

estereotipado, -a [estereoti'paðo, -a] *adj* stereotyp

estereotipo [estereo'tipo] *m* Stereotyp *nt*

estéril [es'teril] *adj* **1.** (*persona, tierra*) unfruchtbar **2.** (MED) steril **3.** (*trabajo*) nutzlos; (*esfuerzo*) fruchtlos; (*discusión*) unfruchtbar

esterilidad [esterili'ðaᵈ] *f* **1.** (*de una persona/un terreno*) Unfruchtbarkeit *f* **2.** (MED) Sterilität *f*

esterilizar [esterili'θar] <z→c> *vt* sterilisieren

esterilla [este'riʎa] *f* **1.** (*estera*) kleine (Fuß)matte *f;* **~ eléctrica** Heizdecke *f;* **~ del wáter** Klosettumrandung *f* **2.** (*Ecua: rejilla*): **silla de ~** Korbstuhl *m*

esterlina [ester'lina] *adj:* **libra ~** Pfund *nt* Sterling

esternón [ester'non] *m* Brustbein *nt*

estero [es'tero] *m* **1.** (*Am: pantano*) Sumpf *m* **2.** (*Cuba: ría*) Bucht *f* **3.** (*Chil, Ecua: arroyo*) Bach *m* **4.** (*Ven: aguazal*) Wasserlache *f;* **estar en el ~** in der Klemme sitzen

estertor [ester'tor] *m* (*respiración*) Röcheln *nt*

esteta [es'teta] *mf* Ästhet(in) *m(f)*

estética [es'tetika] *f* Ästhetik *f*

estéticienne [esteti'θjen] *mf* Kosmetiker(in) *m(f)*

estético, -a [es'tetiko, -a] *adj* ästhetisch; **no ~** unästhetisch

estetoscopio [estetos'kopjo] *m* Stethoskop *nt*

estiaje [es'tjaxe] *m* (*nivel*) Niedrigwasser *nt*

estibar [esti'βar] *vt* (*cargar*) verstauen; (*distribuir*) trimmen

estiércol [es'tjerkol] *m* Mist *m;* **sacar el ~** ausmisten

estigma [es'tiɣma] *m* Stigma *nt;* (*en el cuerpo*) Wundmal *nt;* (*de un hierro*) Brandmal *nt*

estigmatizar [estiɣma'tiθar] <z→c> *vt* brandmarken; (REL) stigmatisieren

estilar [esti'lar] **I.** *vi* die Angewohnheit haben (zu +*inf*); **estila levantarse pronto** er/sie steht gewöhnlich früh auf **II.** *vr:* **~se** üblich sein; **ya no se estila llevar bombachos** Reiterhosen sind aus der Mode gekommen

estilista [esti'lista] *mf* **1.** (LIT) Stilist(in) *m(f)* **2.** (*diseño*) Stylist(in) *m(f)*

estilístico, -a [esti'listiko, -a] *adj* stilistisch

estilizar [estili'θar] <z→c> *vt* stilisieren

estilo [es'tilo] *m* **1.** (*modo, t.* ARTE, LIT) Stil *m;* **~ de la fuente** (INFOR) Schrifttyp *m;* **al ~ de...** im Stil ... +*gen;* **por el ~** so ungefähr; **¿qué, estás mal?, pues yo estoy por el ~** so, dir geht es schlecht? mir geht es nicht besser; **algo por el ~** etwas in der Art; **ya me habían dicho algo por el ~** ich hatte schon so etwas (Ähnliches) gehört **2.** (DEP) Schwimmstil *m;* **~ libre** Freistil *m;* **~ (de) pecho** Brustschwimmen *nt* **3.** (LING): **~ directo/indirecto** direkte/indirekte Rede **4.** (BOT) Griffel *m*

estilográfica [estilo'ɣrafika] *f* Füllfederhalter *m*

estima [es'tima] *f* (Hoch)achtung *f;* **tener a alguien en mucha ~** jdn sehr hoch schätzen

estimación [estima'θjon] *f* **1.** (*aprecio*) (Hoch)achtung *f;* **~ propia** Selbstachtung *f* **2.** (*evaluación*) Schätzung *f;* **~ de ventas** Verkaufsprognose *f*

estimado, -a [esti'maðo, -a] *adj* (*apreciado*) geachtet; (*en cartas*) geehrt

estimar [esti'mar] **I.** *vt* **1.** (*apreciar*) schätzen; **~ a alguien mucho** jdn hoch schätzen; **~ a alguien poco** jdn gering schätzen; **~ en demasía** überschätzen **2.** (*valorar*) schätzen (*en* auf +*akk*); (*tasar*) überschlagen **3.** (*juzgar*) halten (für +*akk*); **lo estimó oportuno** er/sie hielt es für angemessen; **~ que...** der Meinung sein, dass ... **II.** *vr:* **~se 1.** (*apreciarse*) sich schätzen **2.** (*calcularse*) geschätzt werden (*en* auf +*akk*)

estimulante [estimu'lan̩te] *m* Stimulans *nt*

estimular [estimu'lar] *vt* **1.** (*excitar*) anre-

E

gen; (*en la sexualidad*) stimulieren **2.** (*animar*) motivieren; (ECON) Anreize schaffen (für +*akk*)

estímulo [es'timulo] *m* **1.** (MED) Reiz *m* **2.** (*incentivo*) Motivation *f;* (ECON) Anreiz *m;* ~ **de la exportación** Exportförderung *f*

estío [es'tio] *m* (*elev*) Sommer *m*

estipendio [esti'pen̪djo] *m* Lohn *m*

estipulación [estipula'θjon] *f* **1.** (*convenio*) (mündliche) Vereinbarung *f* **2.** (JUR) Klausel *f*

estipular [estipu'lar] *vt* **1.** (*acordar*) (mündlich) vereinbaren **2.** (*fijar*) festsetzen

estirado, -a [esti'raðo, -a] *adj* **1.** (*adusto*) barsch; (*engreído*) eingebildet **2.** (*escaso*) knapp; (*justo*) eng **3.** (*tacaño*) knaus(e)rig

estirar [esti'rar] **I.** *vi* ziehen; **no estires más que se rompe la cuerda** hör auf zu ziehen, sonst reißt die Schnur **II.** *vt* **1.** (*alargar*) (lang) ziehen; (*suma*) strecken; (*un discurso*) in die Länge ziehen; ~ **el bolsillo** den Gürtel enger schnallen **2.** (*alisar*) glatt ziehen; ~ **la masa** den Teig ausrollen; **aún tengo que ~ la cama** ich muss das Bett noch machen **3.** (*extender*) dehnen **4.** (*tensar*) spannen **5.** (*piernas, brazos*) (aus)strecken; **voy a salir a ~ un poco las piernas** ich gehe mir mal ein bisschen die Beine vertreten; ~ **demasiado un músculo** einen Muskel überdehnen **6.** (*alambre*) ziehen **III.** *vr:* ~**se** sich strecken

estirón [esti'ron] *m* **1.** (*tirón*) Ruck *m* **2.** (*crecimiento*): **¡vaya ~ que ha dado el niño!** (*fam*) der Junge ist aber groß geworden!

estirpe [es'tirpe] *f* Abstammung *f*

estival [esti'βal] *adj* sommerlich

esto ['esto] *pron dem v.* **éste**

estocada [esto'kaða] *f* **1.** (*golpe*) Degenstoß *m;* (TAUR) Todesstoß *m* **2.** (*herida*) Stichverletzung *f*

Estocolmo [esto'kolmo] *m* Stockholm *nt*

estofa [es'tofa] *f* (*pey: calidad*) Art *f;* **gente de baja ~** Pack *nt*

estofado [esto'faðo] *m* (GASTR) Schmorfleisch *nt*

estofar [esto'far] *vt* **1.** (*guisar*) schmoren **2.** (*enguatar*) wattieren

estoico, -a [es'toi̯ko, -a] *adj* stoisch

estola [es'tola] *f* Stola *f*

estólido, -a [es'toliðo, -a] **I.** *adj* dumm **II.** *m, f* Dummkopf *m*

estomacal [estoma'kal] *adj* Magen-; **trastorno ~** Magenverstimmung *f*

estómago [es'tomaɣo] *m* Magen *m;* **algo se le asiente a alguien en el ~** (*fam*) etw liegt jdm schwer im Magen; **lo tengo asentado en el ~** (*fig*) ich kann ihn nicht ausstehen; **se me revolvió el ~** mir wurde schlecht; **tener buen ~** (*fig*) ein dickes Fell haben

Estonia [es'tonja] *f* Estland *nt*

estonio, -a [es'tonjo, -a] **I.** *adj* estnisch **II.** *m, f* Este, -in *m, f*

estoque [es'toke] *m* **1.** (*espadín*) Stoßdegen *m;* **estar hecho un ~** (*fig*) spindeldürr sein **2.** (BOT) Schwertlilie *f*

estorbar [estor'βar] **I.** *vi* **1.** (*obstaculizar*) hinderlich sein +*dat* **2.** (*molestar*) stören **II.** *vt* **1.** (*impedir*) verhindern **2.** (*obstaculizar*) behindern **3.** (*molestar*) stören

estorbo [es'torβo] *m* **1.** (*molestia*) Ärgernis *nt;* **sal de casa, que sólo eres un ~** geh aus dem Haus, du stehst einem nur im Weg **2.** (*obstáculo*) Hindernis *nt* **3.** (*molestia*) Störung *f*

estornino [estor'nino] *m* Star *m*

estornudar [estornu'ðar] *vi* niesen

estornudo [estor'nuðo] *m* Niesen *nt*

estos ['estos] *adj v.* **este, -a**

estrabismo [estra'βismo] *m sin pl* Schielen *nt*

estrado [es'traðo] *m* Podium *nt;* ~ **del testigo** (JUR) Zeugenstand *m;* **citar a alguien para ~s** jdn vor Gericht laden

estrafalario, -a [estrafa'larjo, -a] *adj* (*fam*) **1.** (*ropa*) schlampig **2.** (*extravagante*) exzentrisch; (*ridículo*) lächerlich

estragar [estra'ɣar] <g→gu> *vt* **1.** (*dañar*) zerstören **2.** (*embotar*) abstumpfen; (*gusto*) verderben

estrago [es'traɣo] *m* Verwüstung *f;* **hacer grandes ~s en la población civil** viele Opfer unter der Zivilbevölkerung fordern

estragón [estra'ɣon] *m* Estragon *m*

estramador [estrama'ðor] *m* (*Méx: peine*) Kamm *m*

estrambótico, -a [estram'botiko, -a] *adj* sonderbar

estramonio [estra'monjo] *m* Stechapfel *m*

estrangulación [estraŋgula'θjon] *f* **1.** (*acción*) Erwürgen *nt;* (*efecto*) Strangulation *f;* (*ahorcado*) Erhängen *nt* **2.** (MED) Abschnürung *f;* ~ **de intestinos** Strangulation *f* **3.** (TÉC) Drosselung *f*

estrangulador(a)[1] [estraŋgula'ðor(a)] *m(f)* (*asesino*) Würger(in) *m(f)*

estrangulador[2] [estraŋgula'ðor] *m* (TÉC): ~ **de aire** Choke *m*

estrangulamiento [estraŋgula'mjen̪to] *m* **1.** (*de persona*) Erwürgen *nt* **2.** (*lentitud*) Drosselung *f* **3.** (*estrechamiento*) Verengung *f*

estrangular [estraŋgu'lar] **I.** *vt* **1.** (*asesinar*) erwürgen; (*ahorcar*) erhängen **2.** (MED) abschnüren **3.** (TÉC) drosseln **II.** *vr:* ~**se** sich erhängen

estraperlista [estraper'lista] *mf* Schwarzhändler(in) *m(f)*

estraperlo [estra'perlo] *m* **1.** (*tráfico*)

Schwarzhandel *m;* **adquirir algo de ~** etw schwarz erstehen **2.** (*mercancía*) Schmuggelware *f*

Estrasburgo [estras'βurɣo] *m* Straßburg *nt*

estratagema [estrata'xema] *f* **1.** (MIL) Kriegslist *f* **2.** (*artimaña*) Trick *m*

estratega [estra'teɣa] *mf* Stratege, -in *m, f*

estrategia [estra'texja] *f* Strategie *f*

estratégico, -a [estra'texiko, -a] *adj* strategisch

estrato [es'trato] *m* (*t.* GEO) Schicht *f;* **~ social** Gesellschaftsschicht *f*

estrechamente [estretʃa'mente] *adv* **1.** (*pobremente*) ärmlich; **vivimos ~** wir kommen gerade so über die Runden **2.** (*íntimamente*) eng **3.** (*rigurosamente*) strikt

estrechar [estre'tʃar] **I.** *vt* **1.** (*angostar*) verengen; (*ropa*) enger machen **2.** (*abrazar*) an sich drücken; (*la mano*) schütteln **3.** (*amistad*) vertiefen; **hemos estrechado nuestra relación** unsere Beziehung ist enger geworden **4.** (*obligar*) nötigen **II.** *vr:* **~se 1.** (*camino*) enger werden **2.** (*fam: en un asiento*) näher zusammenrücken **3.** (*dos personas*) sich umarmen; **~se las manos** sich *dat* die Hände schütteln **4.** (*amistad*) enger werden **5.** (*económicamente*) sich einschränken; **~se el cinturón** (*fam*) den Gürtel enger schnallen

estrechez [estre'tʃeθ] *f* **1.** (*espacial*) Enge *f;* **~ de espíritu** Beschränktheit *f* **2.** (*rigidez*) Strenge *f* **3.** (*de amistad*) Innigkeit *f* **4.** (*escasez*) Knappheit *f;* (*apuro*) Engpass *m;* **~ de dinero** Geldmangel *m* **5.** *pl* (*económicamente*) finanzielle Probleme *ntpl*

estrecho, -a[1] [es'tretʃo, -a] *adj* **1.** (*angosto*) eng; **él es muy ~ de caderas** er ist sehr schmal um die Hüften **2.** (*amistad*) innig **3.** (*ropa*) eng (anliegend) **4.** (*con poco sitio*) dicht gedrängt **5.** (*rígido*) strikt **6.** (*argot: sexualmente*) verklemmt **7.** (*loc, fam*): **hacérselas pasar estrechas a alguien** jdn in eine schwierige Lage bringen

estrecho[2] [es'tretʃo] *m* (GEO) Meerenge; **~ de Gibraltar** Straße von Gibraltar

estregar [estre'ɣar] *irr como fregar* **I.** *vt* **1.** (*frotar*) fest reiben; (*para limpiar*) schrubben **2.** (*cepillar*) bürsten **3.** (*sacar brillo*) polieren **II.** *vr:* **~se** sich reiben (*contra* an +*dat*)

estrella [es'treʎa] *f* **1.** (ASTR) Stern *m;* **~ fija** Fixstern *m;* **~ fugaz** Sternschnuppe *f;* **~ de rabo** Komet *m;* **~ de Venus** Abendstern *m* **2.** (*destino*) Glücksstern *m;* **haber nacido con buena/mala ~** unter einem günstigen/ungünstigen Stern geboren sein; **tener buena/mala ~** Glück/Unglück haben **3.** (CINE, TEAT) Star *m;* **una nueva ~ del teatro** ein neuer Stern am Theaterhimmel **4.** (TIPO) Sternchen *nt* **5.** (ZOOL): **~ de mar** Seestern *m* **6.** (ZOOL: *en caballos*) Blesse *f* **7.** *pl* (*loc*): **querer contar las ~s** nach den Sternen greifen; **poner a alguien por las ~s** jdn in den Himmel heben; **ver las ~s (de dolor)** (vor Schmerz) Sterne sehen

estrellado, -a [estre'ʎaðo, -a] *adj* **1.** (*esteliforme*) sternenförmig **2.** (*noche, cielo*) stern(en)klar; (*lleno de estrellas*) mit Sternen bedeckt; **cielo ~** Sternenhimmel *m* **3.** (*avión*) abgestürzt **4.** (*loc*): **huevos ~s** (GASTR) Spiegeleier *ntpl*

estrellar [estre'ʎar] **I.** *adj* Stern(en)- **II.** *vt* (*romper*) zerbrechen; (*arrojar*) schlagen (*contra* gegen +*akk*); **~ huevos en una sartén** Eier in eine Pfanne schlagen **III.** *vr:* **~se 1.** (*chocar*) fahren (*contra/en* gegen +*akk*); **~se con alguien** (*fig*) mit jdm aneinander geraten **2.** (*avión, barco*) zerschellen (*contra/en* an +*dat*); (*globo*) zerplatzen; (*morir*) durch einen Unfall ums Leben kommen **3.** (*fracasar*) scheitern (*contra/en* an +*dat*)

estrellón [estre'ʎon] *m* (*Méx: choque*) Aufprall *m*

estremecedor(a) [estremeθe'ðor(a)] *adj* **1.** (*emoción*) erschütternd **2.** (*horrible*) schaurig

estremecer [estreme'θer] *irr como crecer* **I.** *vt* **1.** (*conmover*) erschüttern **2.** (*hacer tiritar*) schau(d)ern lassen **II.** *vr:* **~se 1.** (*por un suceso*) erschüttert sein; **se estremeció mucho al escuchar la noticia** die Nachricht erschütterte ihn/sie sehr; **se estremecieron sus creencias** sein/ihr Glaube war erschüttert **2.** (*de susto*) zusammenfahren **3.** (*temblar*) zittern (*de* vor +*dat*)

estremecimiento [estremeθi'mjento] *m* **1.** (*emoción*) Erschütterung *f* **2.** (*de cañonazo/terremoto*) Erbeben *nt* **3.** (*de frío/miedo*) Erschau(d)ern *nt* **4.** (*de susto*) Zusammenzucken *nt*

estrenar [estre'nar] **I.** *vt* **1.** (*usar*) zum ersten Mal verwenden; (*ropa*) zum ersten Mal tragen; (*edificio*) einweihen; **~ un piso** als erster Mieter eine Wohnung beziehen; **sin ~** ungebraucht; **estos guantes están sin ~** diese Handschuhe sind noch ungetragen **2.** (CINE, TEAT) uraufführen **3.** (*trabajo*) neu anfangen; **~ un cargo** ein Amt antreten **II.** *vr:* **~se 1.** (*carrera artística*) sein Debüt geben **2.** (CINE, TEAT) Premiere haben **3.** (*trabajo*) antreten (*en* +*akk*)

estreno [es'treno] *m* **1.** (*uso*) erstmaliger Gebrauch *m;* (*edificio*) Einweihung *f;* **~ de piso** Erstbezug *m;* **ser de ~** ganz neu sein **2.** (*de un actor/músico*) Debüt *nt;* (*de una obra*) Premiere *f*

estreñido, -a [estre'ɲiðo, -a] *adj* verstopft

estreñimiento [estreɲi'mjento] *m* Verstopfung *f*

estreñir [estre'ɲir] *irr como ceñir vt* (*comida*) zu Verstopfung führen (bei +*dat*); **las judías me estriñen** von Bohnen bekomme ich Verstopfung

estrépito [es'trepito] *m* **1.** (*ruido*) Lärm *m;* **reírse con ~** schallend lachen **2.** (*ostentación*) Aufsehen *nt;* **con gran ~** mit großem Getöse

estrepitoso, -a [estrepi'toso, -a] *adj* geräuschvoll; **aplausos ~s** tosender Beifall; **risa estrepitosa** schallendes Gelächter

estrés [es'tres] *m* Stress *m;* **producir ~** Stress hervorrufen

estresante [estre'san̪te] *adj* stressig

estresar [estre'sar] *vt* stressen

estría [es'tria] *f* **1.** (ARQUIT) Rille *f* **2.** *pl* (*rayas*) Streifen *mpl;* **~s del embarazo** Schwangerschaftsstreifen *mpl*

estriado, -a [estri'aðo, -a] *adj* **1.** (ARQUIT) gerillt **2.** (*con rayas*) gestreift

estribación [estriβa'θjon] *f* (GEO) (Gebirgs)ausläufer *m*

estribar [estri'βar] *vi* sich stützen (*en* auf +*akk*); **nuestro éxito estriba en nuestra larga experiencia** unser Erfolg beruht auf unserer langen Erfahrung; **la dificultad estriba en la falta de práctica** die Schwierigkeit liegt in der mangelnden Praxis

estribillo [estri'βiʎo] *m* **1.** (MÚS) Refrain *m* **2.** (LIT) Kehrreim *m* **3.** (*expresión repetitiva*) Lieblingswort *nt;* (*frase*) Lieblingssatz *m;* **siempre (con) el mismo ~** (*fig*) immer die gleiche alte Leier

estribo [es'triβo] *m* **1.** (*de jinete*) Steigbügel *m;* **estar sobre los ~s** (*fig*) auf der Hut sein; **perder los ~s** (*fig*) die Nerven verlieren **2.** (*del coche*) Trittbrett *nt;* (*de la moto*) Fußraste *f* **3.** (*entibo*) Strebe *f* **4.** (*respaldo*) Stütze *f*

estribor [estri'βor] *m* (NÁUT) Steuerbord *nt*

estricnina [estriɣ'nina] *f* Strychnin *nt*

estricto, -a [es'trikto, -a] *adj* **1.** (*severo*) streng **2.** (*exacto*) strikt

estridente [estri'ðen̪te] *adj* schrill

estripazón [estripa'θon] *m* (*AmC*) **1.** (*apretura*) Gedränge *nt* **2.** (*destrozo*) Zerstörung *f*

estrofa [es'trofa] *f* Strophe *f;* **canción de cuatro ~s** Lied mit vier Strophen

estrógeno [es'troxeno] *m* Östrogen *nt*

estroncio [es'tron̪θjo] *m sin pl* Strontium *nt*

estropajo [estro'paxo] *m* (*de fregar*) Topfreiniger *m;* **poner a alguien como un ~** jdn fertig machen; **servir de ~** (*fig*) die Dreckarbeit machen

estropajoso, -a [estropa'xoso, -a] *adj* **1.** (*seco*) trocken; (*carne*) zäh **2.** (*pelo*) struppig **3.** (*tartajoso*) stammelnd **4.** (*andrajoso*) zerlumpt

estropear [estrope'ar] **I.** *vt* **1.** (*deteriorar*) beschädigen **2.** (*destruir*) kaputtmachen; (*planes*) zunichte machen; (*cosecha*) zerstören; (*comida*) verderben; **con lo que dijiste, lo has estropeado todo** durch das, was du gesagt hast, hast du alles verdorben **3.** (*aspecto*) altern (lassen); **desde la muerte de su mujer está muy estropeado** seit dem Tod seiner Frau ist er stark gealtert; **está muy estropeado por la enfermedad** durch die Krankheit ist er stark angeschlagen **II.** *vr:* **~se 1.** (*deteriorarse*) sich verschlechtern **2.** (*averiarse*) kaputtgehen; (*comida*) schlecht werden; (*planes*) scheitern

estropicio [estro'piθjo] *m* **1.** (*destrozo*) Schaden *m* **2.** (*alboroto*) Krach *m*

estructura [estruk'tura] *f* Struktur *f;* (*disposición*) Anordnung *f*

estructural [estruktu'ral] *adj* strukturell; **problemas ~es** Strukturprobleme *ntpl*

estructurar [estruktu'rar] **I.** *vt* strukturieren; (*clasificar*) gliedern (*en* in +*akk*) **II.** *vr:* **~se** sich gliedern (*en* in +*akk*)

estruendo [es'trwen̪do] *m* **1.** (*ruido*) Lärm *m* **2.** (*alboroto*) Radau *m* **3.** (*ostentación*) Aufsehen *nt*

estruendoso, -a [estrwen̪'doso, -a] *adj* geräuschvoll; (*aplauso*) tosend

estrujar [estru'xar] **I.** *vt* **1.** (*apretar*) pressen; (*naranja*) auspressen **2.** (*machacar*) zerquetschen; (*papel*) zerknüllen **3.** (*al saludar*) drücken **II.** *vr:* **~se 1.** (*entre mucha gente*) sich durchquetschen **2.** (*apretujarse*) sich zusammendrängen

estucar [estu'kar] <c→qu> *vt* **1.** (*adornar*) mit Stuck verkleiden **2.** (*una fachada*) verputzen

estuche [es'tuʧe] *m* Etui *nt;* (*cajita*) Kästchen *nt;* **~ de gafas** Brillenetui *nt;* **~ de joyas** Schmuckkästchen *nt;* **~ de violín** Geigenkasten *m*

estuco [es'tuko] *m* **1.** (*ornamento*) Stuck *m* **2.** (*enyesado*) Putz *m*

estudiado, -a [estu'ðjaðo, -a] *adj* (*amanerado*) gekünstelt

estudiante [estu'ðjan̪te] *mf* **1.** (*de universidad*) Student(in) *m(f);* **~ de ciencias** Student(in) der Naturwissenschaften; **~ de románicas** Romanistikstudent(in) *m(f)* **2.** (*de escuela*) Schüler(in) *m(f)*

estudiantil [estuðjan̪'til] *adj* studentisch; **movimiento ~** Studentenbewegung *f*

estudiar [estu'ðjar] *vt* **1.** (*aprender*) lernen **2.** (*analizar*) untersuchen **3.** (*obra de teatro*) einstudieren **4.** (*observar*) studieren **5.** (*reflexionar*) überdenken; **lo ~é** ich werde darüber nachdenken **6.** (*cursar estudios universitarios*) studieren; **~ para médico** Medizin studieren

estudio [es'tuðjo] *m* **1.** (*trabajo intelectual*)

Lernen *nt;* **dedicarse tres horas todos los días al** ~ täglich drei Stunden lernen **2.** (*ensayo, obra*) Studie *f;* (*informe*) Bericht *m;* (*investigación*) Untersuchung *f;* ~ **de impacto ambiental** Umweltverträglichkeitsstudie *f;* **estar en** ~ untersucht werden **3.** (MÚS) Etüde *f* **4.** (ARTE) Studie *f* **5.** (RADIO, TV) Studio *nt;* ~ **cinematográfico** Filmstudio *nt;* ~ **radiofónico** Rundfunkstudio *nt;* ~ **de registro de sonido** Aufnahmestudio *nt* **6.** (*taller*) Atelier *nt* **7.** *pl* (*carrera*) (Hochschul)studium *nt;* **cursar** ~**s** studieren; **no se me dan bien los** ~**s** das Studium fällt mir schwer; **tener** ~**s** eine akademische Ausbildung besitzen

estudioso, -a [estu'ðjoso, -a] *adj* fleißig

estufa [es'tufa] *f* **1.** (*calentador*) Ofen *m;* ~ **eléctrica** Heizlüfter *m* **2.** (*invernadero*) Treibhaus *nt;* **criar a alguien en** ~ (*fig*) jdn überbehüten **3.** (*en las curas*) Schwitzkasten *m*

estulticia [estuḷ'tiθja] *f* (*elev*) Torheit *f*

estupefacción [estupefa^{ɣ}'θjon] *f* **1.** (*asombro*) Verblüffung *f;* (*sorpresa*) Überraschung *f* **2.** (*espanto*) Bestürzung *f* **3.** (MED) Betäubung *f*

estupefaciente [estupefa'θjeṇte] *m* (MED) Betäubungsmittel *nt;* (*droga*) Rauschgift *nt*

estupefacto, -a [estupe'fakto, -a] *adj* **1.** (*atónito*) perplex **2.** (*espantado*) bestürzt

estupendo, -a [estu'peṇdo, -a] *adj* wunderbar; **¡~!** super!

estupidez [estupi'ðeθ] *f* Dummheit *f*

estúpido, -a [es'tupiðo, -a] **I.** *adj* dumm **II.** *m, f* Dummkopf *m*

estupor [estu'por] *m* **1.** (MED) Benommenheit *f* **2.** (*asombro*) Verblüffung *f* **3.** (*espanto*) Bestürzung *f*

estupro [es'tupro] *m* Vergewaltigung *f*

esturión [estu'rjon] *m* Stör *m*

esvástica [es'βastika] *f* Hakenkreuz *nt*

etapa [e'tapa] *f* Etappe *f;* (*fase*) Phase *f;* (*época*) Zeit *f;* (ELEC) Stufe *f;* **por** ~**s** (*fig*) schrittweise; **quemar** ~**s** (*fig fam*) vorpreschen; **quemar** ~**s con el coche** (*fig fam*) durchbrettern; **cohete de varias** ~**s** Mehrstufenrakete *f*

etarra [e'tarra] **I.** *adj:* **un comando** ~ ein Kommando der ETA **II.** *mf* ETA-Angehörige(r) *mf*

etcétera [e$^{(ð)}$'θetera] et cetera

éter ['eter] *m* Äther *m*

etéreo, -a [e'tereo, -a] *adj* ätherisch

eternidad [eterni'ða^{ð}] *f* Ewigkeit *f;* **tardar una** ~ ewig dauern

eternizar [eterni'θar] <z→c> **I.** *vt* verewigen; (*pey: alargar*) endlos in die Länge ziehen **II.** *vr:* ~**se** sich verewigen; ~**se en algo** sich ewig lang an etw *dat* aufhalten

eterno, -a [e'terno, -a] *adj* ewig; (*discurso*) endlos

ética ['etika] *f* **1.** (FILOS) Ethik *f* **2.** (*moral*) Ethos *nt;* ~ **profesional** Berufsethos *nt* **3.** (*fam: decencia*) Anstand *m;* **no tener** ~ kein bisschen Anstand besitzen

ético, -a ['etiko, -a] *adj* ethisch

etílico, -a [e'tiliko, -a] *adj* **1.** (QUÍM) Äthyl- **2.** (*alcohólico*) Alkohol-; **borrachera etílica** Alkoholvergiftung *f;* **en estado** ~ in alkoholisiertem Zustand

etimología [etimolo'xia] *f sin pl* Etymologie *f*

etimológico, -a [etimo'loxiko, -a] *adj* etymologisch

etíope [e'tiope] **I.** *adj* äthiopisch **II.** *mf* Äthiopier(in) *m(f)*

Etiopía [etjo'pia] *f* Äthiopien *nt*

etiqueta [eti'keta] *f* **1.** (*rótulo*) Etikett *nt;* ~ **del precio** Preisschild *nt* **2.** (*convenciones*) Etikette *f;* ~ **de palacio** Hofetikette *f;* **de** ~ (*solemne*) Gala-; (*ceremonioso*) förmlich; **función de** ~ Galavorstellung *f;* **de rigurosa** ~ Abendkleidung erwünscht; **traje de** ~ Galaanzug *m;* **ir de** ~ (*fam*) sehr elegant angezogen sein

etnia ['e^{ð}nja] *f* (*pueblo*) Volk *nt*

étnico, -a ['e^{ð}niko, -a] *adj* ethnisch

etnología [e^{ð}nolo'xia] *f sin pl* Völkerkunde *f*

etnólogo, -a [e^{ð}'noloɣo, -a] *m, f* Ethnologe, -in *m, f*

E.U. [es'taðos u'niðos], **E.U.A.** [es'taðos u'niðos] (*Am*) *abr de* **Estados Unidos** USA *pl*

eucalipto [eu̯ka'lipto] *m* Eukalyptus *m*

eucaristía [eu̯karis'tia] *f* Eucharistie *f*

eufemismo [eu̯fe'mismo] *m* Euphemismus *m*

euforia [eu̯'forja] *f* Euphorie *f*

eufórico, -a [eu̯'foriko, -a] *adj* euphorisch

Eurasia [eu̯'rasja] *f* Eurasien *nt*

euro ['eu̯ro] *m* Euro *m*

eurocheque [eu̯ro'tʃeke] *m* Euroscheck *m;* **eurocomisario, -a** [eu̯rokomi'sarjo, -a] *m, f* (POL) Mitglied *nt* der Europäischen Kommission; **Eurocopa** [eu̯ro'kopa] *f* (DEP) Europapokal *m;* **eurodiputado, -a** [eu̯roðipu'taðo, -a] *m, f* Europaabgeordnete(r) *mf*

Europa [eu̯'ropa] *f* Europa *nt;* **Copa de** ~ (DEP) Europacup *m*

europarlamentario, -a [eu̯roparlameṇ'tarjo, -a] *m, f* Europaparlamentarier(in) *m(f)*

europeidad [eu̯ropei̯'ða^{ð}] *f* (*carácter*) europäisches Wesen *nt;* (*convicción*) europäische Gesinnung *f*

europeísmo [eu̯rope'ismo] *m sin pl* europäischer Gedanke *m*

europeísta [eu̯rope'ista] **I.** *adj* europafreundlich **II.** *mf* überzeugter Europäer *m,*

E

überzeugte Europäerin *f*

europeizar [europei̯'θar] *irr como enraizar vt* europäisieren

europeo, -a [euro'peo, -a] **I.** *adj* europäisch; **Consejo E~** Europarat *m* **II.** *m, f* Europäer(in) *m(f)*

euscaldún, -una [eu̯skal'dun, -una] *adj* baskisch

Euskadi [eu̯s'kaði] *m* Baskenland *nt*

> **Euskadi** ist der baskische Name des **País Vasco** (Baskenland). Diese Comunidad Autónoma im Norden Spaniens besteht aus drei **provincias**: **Álava** (Hauptstadt: **Vitoria**), **Guipúzcoa** (Hauptstadt: **San Sebastián**) und **Vizcaya** (Hauptstadt: **Bilbao**). In **Bilbao** befindet sich das berühmte **Guggenheim**-Museum.

euskera [eu̯s'kera] *adj,* **eusquera** [eu̯s'kera] *adj* baskisch

> **Euskera** bedeutet **vasco** (baskisch) im Baskischen. Seit 1978 wird die baskische Sprache als spanische Nationalsprache anerkannt. Das Baskische ist keine romanische Sprache, seine Herkunft ist im Grunde noch nicht bekannt. Sicher ist, dass es sich um eine sehr alte Sprache handelt.

eutanasia [eu̯ta'nasja] *f* Sterbehilfe *f*

evacuación [eβakwa'θjon] *f* **1.** (*personas*) Evakuierung *f;* (*de edificios*) Räumung *f* **2.** (MED) Stuhlgang *m*

evacuar [eβa'kwar] *vt* **1.** (*ciudad, población*) evakuieren; (MIL) räumen **2.** (*diligencias, trámites*) erledigen; (*deber*) erfüllen; (*consulta*) durchführen; (*negocio, trato*) abschließen **3.** (MED) abführen; **~ el vientre** den Darm entleeren

evadir [eβa'ðir] **I.** *vt* (*evitar*) vermeiden; (*preguntas*) ausweichen *+dat;* (*peligro*) entgehen *+dat;* (*enemigo*) entrinnen *+dat;* **~ la mirada** den Blickkontakt meiden; **~ el riesgo** der Gefahr entgehen **II.** *vr:* **~se** entkommen (*de* aus *+dat*)

evaluación [eβalwa'θjon] *f* **1.** (*valoración*) Bewertung *f;* (*apreciación*) Schätzung *f* **2.** (ENS) Test *m*

evaluar [eβalu'ar] <*1. pres:* evalúo> *vt* **1.** (*valorar*) bewerten; (*apreciar*) schätzen (*en* auf *+akk*); (*analizar*) auswerten **2.** (ENS) benoten

evangélico, -a [eβaŋ'xeliko, -a] **I.** *adj* evangelisch **II.** *m, f* Protestant(in) *m(f)*

evangelio [eβaŋ'xeljo] *m* Evangelium *nt;* **el ~ según San Mateo** das Matthäusevangelium; **decir el ~** (*fig*) die reine Wahrheit sagen

evaporación [eβapora'θjon] *f* Verdampfung *f*

evaporar [eβapo'rar] **I.** *vt* **1.** (*convertir en vapor*) verdampfen lassen **2.** (*gastar*) verbrauchen **II.** *vr:* **~se 1.** (*convertirse en vapor*) verdampfen **2.** (*desaparecer*) verschwinden; (*fam: persona*) verduften

evasión [eβa'sjon] *f* Flucht *f;* **~ de impuestos** (ECON) Steuerflucht *f;* **lectura de ~** Unterhaltungsliteratur *f;* **~ de la realidad** Flucht vor der Wirklichkeit

evasiva [eβa'siβa] *f* **1.** (*rodeo*) Ausflucht *f* **2.** (*pretexto*) Vorwand *m* **3.** (*escapatoria*) Hintertürchen *nt fam*

evasivo, -a [eβa'siβo, -a] *adj* ausweichend; (*ambiguo*) zweideutig

evento [e'βen̪to] *m* **1.** (*incidente*) Vorfall *m;* (*importante*) Ereignis *nt;* **a todo ~** auf jeden Fall; **~ social** gesellschaftliches Ereignis **2.** (DEP) Spiel *nt*

eventual [eβen̪'twal] *adj* **1.** (*posible*) eventuell; (*accidental*) zufällig; (*inseguro*) unsicher; (*provisional*) vorübergehend; **trabajo ~** Zeitarbeit *f* **2.** (*adicional*) Sonder-; **ingresos ~es** Nebeneinkünfte *fpl*

eventualidad [eβen̪twali'ðað] *f* **1.** (*cualidad*) Möglichkeit *f* **2.** (*hecho*) unvorhergesehener Fall *m*

eventualmente [eβen̪twal'men̪te] *adv* eventuell; (*tal vez*) vielleicht

evidencia [eβi'ðen̪θja] *f* (*certidumbre*) Offensichtlichkeit *f;* **poner algo en ~** (*probar*) etw beweisen; (*hacer claro*) etw deutlich machen; **poner a alguien en ~** jdn bloßstellen

evidenciar [eβiðen̪'θjar] *vt* (*demostrar*) beweisen; (*patentizar*) offensichtlich machen

evidente [eβi'ðen̪te] *adj* offensichtlich; (*pruebas*) klar

evidentemente [eβiðen̪te'men̪te] *adv* offensichtlich; **¡~!** natürlich!

evitar [eβi'tar] **I.** *vt* **1.** (*impedir*) vermeiden; (*prevenir*) vorbeugen *+dat;* (*molestias, disgustos*) ersparen; **pude ~ mayores estragos** ich konnte Schlimmeres verhindern **2.** (*rehuir*) ausweichen *+dat;* (*a alguien*) aus dem Weg gehen *+dat* **II.** *vr:* **~se 1.** (*cosas*) sich vermeiden lassen **2.** (*personas*) sich *dat* aus dem Weg gehen

evocación [eβoka'θjon] *f* **1.** (*de espíritus*) Anrufung *f* **2.** (*recuerdo*) Erinnerung *f* (*de* an *+akk*)

evocar [eβo'kar] <c→qu> *vt* **1.** (*espíritus*) anrufen **2.** (*recordar*) ins Gedächtnis zurückrufen; (*revivir*) in Erinnerungen schwelgen (an +*akk*); **estuvimos toda la tarde evocando nuestra niñez** wir schwelgten den ganzen Mittag in Kindheitserinnerungen; **tu presencia evocó en mí el recuerdo de tu madre** deine Anwesenheit rief mir deine Mutter ins Gedächtnis zurück

evolución [eβolu'θjon] *f* **1.** (*desarrollo*) Entwicklung *f;* (MED) Krankheitsverlauf *f* **2.** (*cambio*) Veränderung *f;* **experimentar una** ~ eine Veränderung durchmachen **3.** (BIOL) Evolution *f* **4.** (MIL) Manöver *nt* **5.** *pl* (*vueltas*) Drehungen *fpl*

evolucionar [eβoluθjo'nar] *vi* **1.** (*desarrollarse*) sich (weiter)entwickeln **2.** (*cambiar*) sich (ver)ändern **3.** (MED) verlaufen **4.** (*dar vueltas*) sich drehen **5.** (MIL) manövrieren

ex [eᵞs] **I.** ehemalige(r); ~ **novia** Exfreundin *f* **II.** *mf* (*fam*) Ex *mf*

exacción [eᵞsaᵞ'θjon] *f* (*cobro*) Eintreibung *f;* (*imposición*) Erhebung *f;* (*de impuestos*) Steuererhebung *f*

exacerbar [eᵞsaθer'βar] **I.** *vt* **1.** (*dolor*) verschlimmern; (*crisis*) verschärfen **2.** (*irritar*) wütend machen **II.** *vr:* ~**se 1.** (*dolor*) sich verschlimmern; (*crisis*) sich verschärfen **2.** (*irritarse*) wütend werden

exactitud [eᵞsakti'tuᵈ] *f* **1.** (*veracidad*) Richtigkeit *f* **2.** (*precisión*) Genauigkeit *f* **3.** (*puntualidad*) Pünktlichkeit *f*

exacto, -a [eᵞ'sakto, -a] *adj* **1.** (*correcto*) exakt; **eso no es del todo** ~ das stimmt nicht ganz **2.** (*con precisión*) genau; (*al copiar algo*) (original)getreu **3.** (*puntual*) pünktlich

exageración [eᵞsaxera'θjon] *f* Übertreibung *f*

exagerado, -a [eᵞsaxe'raðo, -a] **I.** *adj* übertrieben; (*publicidad*) überzogen; (*precio*) überhöht; (*en los gestos*) theatralisch **II.** *m, f* Wichtigtuer(in) *m(f);* (*al contar*) Angeber(in) *m(f);* **¡eres un ~!** du übertreibst wieder einmal (maßlos)!; (*loco*) du bist ja verrückt!

exagerar [eᵞsaxe'rar] *vi, vt* **1.** (*sobrepasarse*) es übertreiben (*con/en* mit +*dat*); ~ **los precios** die Preise zu hoch ansetzen; ~ **los gestos** sich sehr theatralisch geben; **pienso que ese paso sería** ~ ich denke, dass wir mit diesem Schritt zu weit gehen würden **2.** (*al relatar*) übertreiben; **¡anda, anda, no exageres tanto!** (*fam*) jetzt mach mal halblang!

exaltación [eᵞsal̩ta'θjon] *f* **1.** (*gloria*) Verherrlichung *f* **2.** (*entusiasmo*) Begeisterung *f;* (*pasión*) Erregung *f;* (*excitación*) Aufregung *f*

exaltado, -a [eᵞsal̩'taðo, -a] **I.** *adj* **1.** (*sobreexcitado*) sehr aufgeregt; (*apasionado*) leidenschaftlich; (*entusiasmado*) begeistert **2.** (*violento*) hitzköpfig **3.** (*radical*) radikal **II.** *m, f* **1.** (*nervioso*) Hitzkopf *m* **2.** (POL) Extremist(in) *m(f)* **3.** (*loco*) Verrückte(r) *mf*

exaltar [eᵞsal̩'tar] **I.** *vt* **1.** (*elevar*) erheben (*a* in +*akk*) **2.** (*realzar*) loben; (*en exceso*) verherrlichen **II.** *vr:* ~**se 1.** (*apasionarse*) sich begeistern (*con* für +*akk*) **2.** (*excitarse*) sich aufregen (*con* über +*akk*); (*obsesionarse*) sich hineinsteigern (*con* in +*akk*)

examen [eᵞ'samen] *m* **1.** (*prueba, reflexión*) Prüfung *f;* ~ **de conductor** Fahrprüfung *f;* ~ **de ingreso** Aufnahmeprüfung *f;* ~ **de selectividad** *spanische Hochschulzulassungsprüfung;* **tribunal de exámenes** Prüfungskommission *f;* **suspender un** ~ durch eine Prüfung fallen **2.** (*médico*) Untersuchung *f;* **someterse a un** ~ sich einer Untersuchung unterziehen **3.** (TÉC, AUTO) Inspektion *f* **4.** (*estudio*) Untersuchung *f;* (*indagación*) Nachforschung *f*

examinador(a) [eᵞsamina'ðor(a)] *m(f)* Prüfer(in) *m(f)*

examinar [eᵞsami'nar] **I.** *vt* **1.** (*en una prueba, reflexionar*) prüfen **2.** (*médico*) untersuchen **3.** (TÉC, AUTO) inspizieren **4.** (*estudiar*) untersuchen; (*observar*) genau beobachten **5.** (ADMIN, JUR) Einsicht nehmen (in +*akk*); **para** ~**lo** zur Ansicht; **al** ~**lo** bei der Durchsicht **II.** *vr:* ~**se** (*en una prueba*) geprüft werden; **mañana me examino de francés** morgen werde ich in Französisch geprüft; **volver a** ~**se** die Prüfung wiederholen

exangüe [eᵞ'saŋgwe] *adj* **1.** (*sin sangre*) blutleer; (*desangrado*) verblutet **2.** (*agotado*) völlig erschöpft

exánime [eᵞ'sanime] *adj* **1.** (*inánime*) leblos **2.** (*debilitado*) völlig erschöpft

exasperación [eᵞsaspera'θjon] *f* (*ira*) Wut *f*

exasperante [eᵞsaspe'ran̩te] *adj* verzweifelt; **es** ~ es ist zum Verzweifeln

exasperar [eᵞsaspe'rar] **I.** *vt* wütend machen **II.** *vr:* ~**se** wütend werden

excarcelar [eskarθe'lar] *vt* aus der Haft entlassen

excavación [eskaβa'θjon] *f* (Aus)graben *nt;* (*en la arqueología*) Ausgrabung *f;* (*en la construcción*) Erdaushub *m*

excavadora [eskaβa'ðora] *f* Bagger *m*

excavar [eska'βar] *vt* graben; (*en arqueología*) ausgraben; (*en la construcción*) ausheben; (AGR) umgraben

excedencia [esθe'ðen̩θja] *f* (*de una cargo*) Beurlaubung *f*

excedente [esθe'ðen̩te] **I.** *adj* **1.** (*sobrante*) überschüssig **2.** (*funcionario*) beurlaubt **II.** *m* Überschuss *m;* ~ **en la balanza comercial** Handelsbilanzüberschuss *m*

exceder [esθe'ðer] **I.** *vi* hinausgehen (*de*

über +*akk*) **II.** *vt* **1.** (*aventajar: persona*) übertreffen (*en* an +*dat*); (*cosa*) überragen **2.** (*sobrepasar*) übersteigen (*en* um +*akk*) **III.** *vr:* **~se 1.** (*sobrepasar*) hinausgehen (*de* über +*akk*) **2.** (*pasarse*) es übertreiben; **has vuelto a ~te** du bist wieder einmal zu weit gegangen; **te excedes en el uso de tacos** du übertreibst es (ein bisschen) mit den Kraftausdrücken **3.** (*loc*): **~se a sí mismo** sich selbst übertreffen

excelencia [esθe'leṇθja] *f* **1.** (*exquisitez*) Vorzüglichkeit *f;* **por ~** schlechthin **2.** (*tratamiento*) Exzellenz *f*

excelente [esθe'leṇte] *adj* hervorragend

excelentísimo, -a [esθeleṇ'tisimo, -a] *adj:* **~ Sr. D. Carlos Molina** Seine Exzellenz Herr Carlos Molina; **excelentísima Sra. Dª. Sofía Rodríguez** Ihre Exzellenz Frau Sofía Rodríguez

excelso, -a [es'θelso, -a] *adj* **1.** (*muy eminente*) erhaben; (*de gran categoria*) hochrangig **2.** (*excelente*) hervorragend

excentricidad [esθeṇtriθi'ðaᵈ] *f* Exzentrizität *f;* **estoy harta de tus ~es** ich habe deine Extravaganzen langsam satt

excéntrico, -a [es'θeṇtriko, -a] **I.** *adj* exzentrisch **II.** *m, f* Exzentriker(in) *m(f)*

excepción [esθeβ'θjon] *f* Ausnahme *f;* **~ de la regla** Abweichung von der Regel; **con ~ de algunos casos** von einigen Fällen abgesehen; **sin ~ (ninguna)** ausnahmslos; **de ~** außergewöhnlich; **a** [*o* **con**] **~ de...** außer ... +*dat;* **todo el mundo a** [*o* **con**] **~ de mí** alle, mich ausgenommen; **la ~ confirma la regla** (*prov*) Ausnahmen bestätigen die Regel

excepcional [esθeβθjo'nal] *adj* außergewöhnlich

excepto [es'θepto] *adv* außer +*dat;* **todo el mundo ~ yo** alle, mich ausgenommen; **~ algunos casos** von einigen Fällen abgesehen

exceptuar [esθeptu'ar] <*1. pres:* exceptúo> *vt* ausnehmen (*de* von +*dat*); **~ de un deber** von einer Pflicht entbinden

excesivo, -a [esθe'siβo, -a] *adj* exzessiv; **exposición excesiva** (FOTO) Überbelichtung *f*

exceso [es'θeso] *m* **1.** (*demasía*) Übermaß *nt* (*de* an +*dat*); (*en los sentimientos*) Überschwänglichkeit *f;* **~s de capacidad** Überkapazitäten *fpl;* **~ de demanda** Nachfrageüberschuss *m;* **~ de deudas** Überschuldung *f;* **~ de equipaje** Übergepäck *nt;* **~ de peso** Übergewicht *nt;* **en ~** übermäßig **2.** (*abuso*) Maßlosigkeit *f;* **~ de alcohol** übermäßiger Alkoholgenuss; **~ de velocidad** Geschwindigkeitsüberschreitung *f;* **comer con** [*o* **en**] **~** zu viel essen; **solía beber hasta el ~** er/sie trank gewöhnlich bis zum Exzess **3.** (FIN) Überschuss *m* **4.** *pl* (*libertinaje*) Exzesse *mpl;* **en su juventud cometió muchos ~s** in seiner Jugend hat er/sie sehr exzessiv gelebt **5.** *pl* (*desorden*) Ausschreitungen *fpl*

excitable [esθi'taβle] *adj* (*irritable*) reizbar; **muy ~** aufbrausend

excitación [esθita'θjon] *f* **1.** (*exaltación, t. sexual*) Erregung *f* **2.** (*irritación*) Aufregung *f* **3.** (*incitación*) Anregung *f*

excitar [esθi'tar] **I.** *vt* **1.** (*incitar*) anstacheln (*a* zu +*dat*); (*apetito*) anregen **2.** (*poner nervioso*) aufregen **3.** (*sexualmente*) erregen **II.** *vr:* **~se 1.** (*enojarse*) sich aufregen **2.** (*sexualmente*) erregt sein

exclamación [esklama'θjon] *f* **1.** (*frase*) Ausruf *m;* **signo de ~** Ausrufezeichen *nt* **2.** (*grito*) Aufschrei *m;* **lanzar una ~ de sorpresa** überrascht aufschreien

exclamar [eskla'mar] *vi, vt* **1.** (*declamar*) rufen **2.** (*gritar*) schreien

excluir [esklu'ir] *irr como huir vt* **1.** (*expulsar, eliminar*) ausschließen (*de* aus/von +*dat*) **2.** (*rechazar*) ablehnen

exclusión [esklu'sjon] *f* **1.** (*eliminación*) Ausschluss *m;* **con ~ de la prensa** unter Ausschluss der Presse **2.** (*expulsión*) Ausscheiden *nt* **3.** (*rechazo*) Ablehnung *f*

exclusiva [esklu'siβa] *f* **1.** (*privilegio*) Exklusivrecht *nt* **2.** (*monopolio*) Monopol *nt* **3.** (PREN) Exklusivbericht *m*

exclusivamente [esklusiβa'meṇte] *adv* ausschließlich

exclusive [esklu'siβe] *adv* ausschließlich, exklusive; **cerrado hasta el 27 de agosto ~** geschlossen bis einschließlich 26. August

exclusivo, -a [esklu'siβo, -a] *adj* ausschließlich, exklusiv; **contrato ~** Exklusivvertrag *m;* **modelo ~** Sonderanfertigung *f;* **derechos de promoción y venta exclusiva en Alemania** Alleinverkaufs- und Vertriebsrechte in Deutschland

excma. [esθeleṇ'tisima] *adj abr de* **excelentísima: la ~ señora presidente...** Ihre Exzellenz Frau Präsidentin ...

excmo. [esθeleṇ'tisimo] *adj abr de* **excelentísimo: el ~ señor presidente...** Seine Exzellenz Herr Präsident ...

excombatiente [eskomba'tjeṇte] *mf* Veteran(in) *m(f)*

excomulgar [eskomul'ɣar] <g→gu> *vt* (REL) exkommunizieren

excoriación [eskorja'θjon] *f* Hautabschürfung *f*

excoriar [esko'rjar] *vt* aufscheuern

excrecencia [eskre'θeṇθja] *f* Wucherung *f*

excremento [eskre'meṇto] *m* Exkrement *nt*

exculpar [eskul'par] **I.** *vt* von Schuld entlasten **II.** *vr:* **~se** sich rechtfertigen

excursión [eskur'sjon] *f* **1.** (*paseo*) Ausflug

m; ~ **a pie** Wanderung *f;* **ir de** ~ einen Ausflug machen; **¿adónde vais de ~?** wohin geht der Ausflug? **2.** (*de estudios*) Exkursion *f*

excursionista [eskursjo'nista] *mf* Ausflügler(in) *m(f);* (*de estudios*) Exkursionsteilnehmer(in) *m(f)*

excusa [es'kusa] *f* **1.** (*pretexto*) Ausrede *f* **2.** (*disculpa*) Entschuldigung *f;* **presenter sus ~s** sich entschuldigen **3.** (*justificación*) Rechtfertigung *f*

excusable [esku'saβle] *adj* entschuldbar

excusar [esku'sar] **I.** *vt* **1.** (*justificar*) rechtfertigen **2.** (*disculpar*) entschuldigen **3.** (*eximir*) befreien **4.** (*evitar*) vermeiden **5.** (+ *inf*): **excusas venir** es ist nicht nötig, dass du kommst **II.** *vr:* **~se** sich entschuldigen (*de* für +*akk*)

execrable [eʸse'kraβle] *adj* abscheulich

exención [eʸsen̪'θjon] *f* Befreiung *f* (*de* von +*dat*); ~ **de derechos de aduana** Zollfreiheit *f;* ~ **de impuestos** Steuerbefreiung *f;* ~ **del servicio militar** Freistellung vom Wehrdienst

exento, -a [eʸ'sen̪to, -a] *adj* frei (*de* von +*dat*); ~ **de aranceles** zollfrei; ~ **de averías** störungsfrei; ~ **de impuestos** steuerfrei; ~ **de mantenimiento** wartungsfrei; **rentas exentas del impuesto** nicht steuerpflichtige Einkünfte; **estar ~ de la jurisdicción local** der örtlichen Gerichtsbarkeit entzogen sein

exequias [eʸ'sekjas] *fpl* Begräbnisfeierlichkeiten *fpl*

exfoliador [esfolja'ðor(a)] *m* (*Chil, Méx: cuaderno*) Abreißblock *m;* (*calendario*) Abreißkalender *m*

exfoliar [esfo'ljar] **I.** *vt* ablösen; **la falta de humedad exfolia la piel** Feuchtigkeitsmangel führt zum Abschuppen der Haut **II.** *vr:* **~se** (*pintura*) abblättern; (*corteza*) sich ablösen

exhalación [eʸsala'θjon] *f* **1.** (*rayo*) Blitz *m;* **pasar corriendo como una ~** wie der Blitz vorbeisausen **2.** (*estrella*) Sternschnuppe *f*

exhalar [eʸsa'lar] **I.** *vt* **1.** (*emanar*) ausströmen **2.** (*suspiros, quejas*) ausstoßen **II.** *vr:* **~se por llegar a tiempo** sich bemühen rechtzeitig zu kommen

exhaustivo, -a [eʸsau̯s'tiβo, -a] *adj* erschöpfend

exhausto, -a [eʸ'sau̯sto, -a] *adj* erschöpft

exhibición [eʸsiβi'θjon] *f* **1.** (*ostentación*) Zurschaustellung *f* **2.** (*exposición*) Ausstellung *f* **3.** (*presentación*) Vorführung *f;* ~ **cinematográfica** Filmvorführung *f;* ~ **deportiva** sportliche Darbietungen

exhibicionismo [eʸsiβiθjo'nismo] *m sin pl* Exhibitionismus *m*

exhibicionista [eʸsiβiθjo'nista] *mf* Exhibitionist(in) *m(f)*

exhibir [eʸsi'βir] **I.** *vt* **1.** (*mostrar*) vorzeigen **2.** (*ostentar*) angeben (mit +*dat*) **3.** (JUR) vorlegen **II.** *vr:* **~se** sich zur Schau stellen; **~se en público** in der Öffentlichkeit auftreten

exhortación [eʸsorta'θjon] *f* **1.** (*ruego*) eindringliche Bitte *f* **2.** (*amonestación*) Verwarnung *f*

exhortar [eʸsor'tar] *vt* **1.** (*rogar*) ermahnen (*a* zu +*dat*) **2.** (*amonestar*) verwarnen

exhumar [eʸsu'mar] *vt* exhumieren

exigencia [eʸsi'xen̪θja] *f* **1.** (*demanda*) Forderung *f;* **tener ~s** (*fam*) Ansprüche stellen **2.** (*requisito*) Anforderung *f*

exigente [eʸsi'xen̪te] *adj* anspruchsvoll; **ser muy ~** hohe Ansprüche stellen

exigible [eʸsi'xiβle] *adj* (*obligación*) fällig; (JUR) einklagbar

exigir [eʸsi'xir] <g→j> *vt* **1.** (*solicitar*) fordern; **el docente exige demasiado** der Dozent stellt zu hohe Anforderungen **2.** (*reclamar, pedir*) verlangen; **la carta exige contestación** der Brief muss beantwortet werden

exiguo, -a [eʸ'siɣwo, -a] *adj* gering

exil(i)ado, -a [eʸsi'ljaðo, -a] **I.** *adj* im Exil lebend **II.** *m, f* (politischer) Flüchtling *m*

exil(i)ar [eʸsi'ljar] **I.** *vt* ins Exil schicken **II.** *vr:* **~se** ins Exil gehen; **muchos chilenos se ~on en la RDA** viele Chilenen gingen in die DDR ins Exil

exilio [eʸ'siljo] *m* Exil *nt*

eximio, -a [eʸ'simjo, -a] *adj* hervorragend

eximir [eʸsi'mir] **I.** *vt* befreien (*de* von +*dat*); ~ **de obligaciones** von einer Verpflichtung befreien; ~ **de responsabilidades** der Verantwortung entheben **II.** *vr:* **~se** sich entziehen (*de* +*dat*)

existencia [eʸsis'ten̪θja] *f* **1.** (*vida*) Existenz *f* **2.** *pl* (COM) Vorrat *m;* **liquidación de ~s** Ausverkauf *m;* **renovar las ~s** das Lager wieder auffüllen; **en tanto haya ~s** solange der Vorrat reicht **3.** (*loc*): **en ~** (COM) vorrätig

existencial [eʸsisten̪'θjal] *adj* existenziell

existente [eʸsis'ten̪te] *adj* **1.** (*que existe*) vorhanden **2.** (COM) vorrätig

existir [eʸsis'tir] *vi* existieren; (*cosas*) vorhanden sein; **existen numerosas actividades** es gibt zahlreiche Aktivitäten; **cree que existen ovnis** er/sie glaubt, dass es Ufos gibt

exitazo [eʸsi'taθo] *m* (*fam*) Riesenerfolg *m*

éxito ['eʸsito] *m* Erfolg *m;* ~ **de taquilla** Kassenschlager *m;* ~ **de ventas** Verkaufsschlager *m;* **con ~** erfolgreich; **sin ~** erfolglos

exitoso, -a [eʸsi'toso, -a] *adj* erfolgreich

éxodo ['eʸsoðo] *m* Exodus *m;* ~ **rural** Landflucht *f;* ~ **urbano** Stadtflucht *f*

exonerar [eɣsone'rar] *vt* **1.** (*eximir*) befreien (*de* von +*dat*) **2.** (*relevar*) absetzen (*de* von +*dat*); ~ **a alguien de su cargo** jdn seines Amtes entheben

exorbitancia [eɣsorβi'tan̪θja] *f* **1.** (*excesividad*) Übermaß *nt* **2.** (*exageración*) Übertreibung *f*

exorbitante [eɣsorβi'tan̪te] *adj* **1.** (*excesivo*) übermäßig; (*precio*) überhöht **2.** (*exagerado*) übertrieben

exornar [eɣsor'nar] *vt* schmücken; (LIT) ausschmücken

exótico, **-a** [eɣ'sotiko, -a] *adj* exotisch

exotismo [eɣso'tismo] *m* Exotik *f*

expandir [espan̪'dir] **I.** *vt* **1.** (*dilatar*) ausdehnen **2.** (*divulgar*) verbreiten **II.** *vr:* ~**se 1.** (*dilatarse*) sich ausdehnen **2.** (*extenderse*) sich ausbreiten **3.** (*divulgarse*) sich verbreiten

expansión [espan'sjon] *f* **1.** (*dilatación*) Ausdehnung *f;* (POL) Expansion *f* **2.** (*extensión*) Ausbreitung *f* **3.** (*crecimiento*) Wachstum *nt* **4.** (*difusión*) Verbreitung *f* **5.** (*diversión*) Entspannung *f*

expansionarse [espansjo'narse] *vr* **1.** (*dilatarse*) sich ausdehnen **2.** (*fam: sincerarse*) sich aussprechen (*con* bei +*dat*) **3.** (*fam: divertirse*) sich amüsieren

expansivo, **-a** [espan'siβo, -a] *adj* **1.** (*dilatable*) ausdehnbar **2.** (*comunicativo*) mitteilsam

expatriar [espatri'ar] <*1. pres:* expatrío> **I.** *vt* **1.** (*exiliar*) des Landes verweisen **2.** (*quitar la ciudadanía*) ausbürgern **II.** *vr:* ~**se 1.** (*exiliarse*) das Land verlassen **2.** (*renunciar a la ciudadanía*) sich ausbürgern lassen

expectación [espekta'θjon] *f* **1.** (*expectativa*) Erwartung *f;* **con** ~ erwartungsvoll **2.** (*interés*) Interesse *nt*

expectante [espek'tan̪te] *adj* (*atento*) erwartungsvoll

expectativa [espekta'tiβa] *f* **1.** (*expectación*) Erwartung *f;* **estar a la** ~ **de algo** etw erwarten **2.** (*perspectiva*) Aussicht *f*

expectorante [espekto'ran̪te] *adj* schleimlösend

expectorar [espekto'rar] *vt* aushusten

expedición [espeði'θjon] *f* **1.** (*viaje*) Expedition *f;* ~ **científica** Forschungsreise *f;* ~ **militar** Feldzug *m* **2.** (*grupo*) Expedition(sgruppe) *f* **3.** (*remesa*) Versand *m;* (**empresa de**) ~ Spedition *f;* **oficina de** ~ Versandabteilung *f*

expedicionario, **-a** [espeðiθjo'narjo, -a] **I.** *adj* Expeditions- **II.** *m, f* Expeditionsteilnehmer(in) *m(f)*

expediente [espe'ðjen̪te] *m* **1.** (*asunto judicial*) Rechtssache *f;* **instruir un** ~ ein Verfahren betreiben **2.** (*sumario*) Dossier *nt* **3.** (*administrativo*) Dienstverfahren *nt* **4.** (*trámite*) Bearbeitung *f;* **cubrir el** ~ (*fam*) nur das Nötigste tun **5.** (*legajo*) Personalakte *f*

expedir [espe'ðir] *irr como pedir vt* **1.** (*tramitar*) erledigen; (*carta*) aufsetzen **2.** (*despachar*) versenden; ~ **por avión** per Luftfracht verschicken; ~ **por correo** verschicken; ~ **por vía marítima** verschiffen **3.** (*documentos*) ausstellen

expeditar [espeði'tar] *vt* **1.** (*Am: acelerar*) beschleunigen **2.** (*AmC, Méx: despachar*) schnell bearbeiten

expedito, **-a** [espe'ðito, -a] *adj* **1.** (*desembarazado*) unbehindert **2.** (*rápido*) schnell

expeler [espe'ler] *vt* (*sangre, excreto*) auswerfen; (*aire, humo*) ausstoßen

expendedor(a)[1] [espen̪de'ðor(a)] **I.** *adj:* **máquina** ~**a de billetes** Fahrkartenautomat *m;* **máquina** ~**a de tabaco** Zigarettenautomat *m* **II.** *m(f)* Verkäufer(in) *m(f)*

expendedor[2] [espen̪de'ðor] *m:* ~ **automático** Warenautomat *m;* ~ **de bebidas** Getränkeautomat *m;* ~ **de cigarrillos** Zigarettenautomat *m;* ~ **de jabón** Seifenspender *m*

expendio [es'pen̪djo] *m* (*And, Méx, Ven: estanco*) Tabakladen *m*

expensas [es'pensas] *fpl* Kosten *pl;* **vivir a** ~ **de alguien** sich von jdm aushalten lassen

experiencia [espe'rjen̪θja] *f* **1.** (*práctica*) Erfahrung *f;* ~ **docente** Lehrerfahrung *f;* **falta de** ~ **laboral** mangelnde Berufserfahrung; **tener mucha/poca** ~ erfahren/unerfahren sein; **saber algo por** ~ **propia** etw aus eigener Erfahrung wissen **2.** (*vivencia*) Erlebnis *nt* **3.** (*experimento*) Versuch *m*

experimentado, **-a** [esperimen̪'taðo, -a] *adj* **1.** (*con experiencia*) erfahren **2.** (*comprobado*) erprobt; **no** ~ **en animales** (*en etiquetas*) ohne Tierversuche

experimental [esperimen̪'tal] *adj* experimentell

experimentar [esperimen̪'tar] **I.** *vi* experimentieren **II.** *vt* **1.** (*probar*) ausprobieren **2.** (*sentir*) fühlen **3.** (*sufrir*) erfahren; ~ **un alza** steigen; ~ **un aumento** an Wert gewinnen; ~ **una caída** sinken; ~ **una pérdida** einen Verlust erleiden

experimento [esperi'men̪to] *m* Experiment *nt*

experto, **-a** [es'perto, -a] **I.** *adj* sachkundig **II.** *m, f* **1.** (*conocedor*) Experte, -in *m, f* **2.** (*perito*) Sachverständige(r) *mf*

expiación [espja'θjon] *f* **1.** (*purgación*) Sühne *f* **2.** (*castigo*) Strafe *f* (*de* für +*akk*)

expiar [espi'ar] <*1. pres:* expío> *vt* **1.** (*purgar*) sühnen **2.** (*pena*) büßen (für +*akk*)

expirar [espi'rar] *vi* **1.** (*morir*) sterben; (*cultura*) untergehen **2.** (*plazo*) ablaufen; **antes de ~ el mes** vor Monatsende

explanada [espla'naða] *f* (*espacio*) freier Platz *m*

explanar [espla'nar] *vt* **1.** (*allanar*) einebnen **2.** (*explicar*) erklären

explayar [espla'ɟar] **I.** *vt* ausdehnen; **~ la mirada** den Blick schweifen lassen **II.** *vr:* **~se 1.** (*extenderse*) sich ausdehnen **2.** (*expresarse*) sich verbreiten (*en* über +*akk*); (*confiarse*) sich aussprechen (*con* bei +*dat*) **3.** (*divertirse*) sich amüsieren

explicable [espli'kaβle] *adj* **1.** (*que se puede explicar*) erklärbar **2.** (*comprensible*) verständlich

explicación [esplika'θjon] *f* **1.** (*aclaración*) Erklärung *f;* **pedir explicaciones** eine Erklärung verlangen **2.** (*motivo*) Grund *m;* **sin dar explicaciones** ohne Begründung **3.** (*interpretación*) Auslegung *f* **4.** *pl* (*excusas*) Entschuldigung *f;* **dar explicaciones** sich entschuldigen

explicar [espli'kar] <c→qu> **I.** *vt* **1.** (*manifestar*) schildern **2.** (*aclarar*) erklären **3.** (*exponer*) unterrichten **4.** (*dar motivos*) begründen **5.** (*interpretar*) auslegen **6.** (*justificar*) rechtfertigen **II.** *vr:* **~se 1.** (*comprender*) begreifen; **no me lo explico** es ist mir unbegreiflich **2.** (*disculparse*) sich entschuldigen **3.** (*articularse*) sich ausdrücken; **¿me explico?** habe ich mich deutlich ausgedrückt?; **ella se explica muy bien** sie ist sehr redegewandt

explícito, -a [es'pliθito, -a] *adj* ausdrücklich

exploración [esplora'θjon] *f* **1.** (*investigación*) Erforschung *f* **2.** (MED) Untersuchung *f* **3.** (MIL) Aufklärung *f*

explorador(a) [esplora'ðor(a)] **I.** *adj* **1.** (*investigador*) Forschungs- **2.** (MIL) Aufklärungs- **II.** *m(f)* **1.** (*investigador*) Forscher(in) *m(f)* **2.** (*scout*) Pfadfinder(in) *m(f)*

explorar [esplo'rar] *vt* **1.** (*investigar*) erforschen **2.** (MED) untersuchen **3.** (MIL) aufklären

explosión [esplo'sjon] *f* **1.** (*estallido*) Explosion *f;* **~ demográfica** Bevölkerungsexplosion *f;* **gran ~** (FÍS) Urknall *m;* **motor de ~** Verbrennungsmotor *m;* **hacer ~** explodieren **2.** (*detonación*) Detonation *f;* (*voladura*) Sprengung *f;* **~ fallida** Fehlzündung *f* **3.** (*arrebato*) Ausbruch *m;* **~ de carcajadas** Ausbrechen in Gelächter

explosionar [esplosjo'nar] **I.** *vi* explodieren **II.** *vt* zünden

explosivo, -a[1] [esplo'siβo, -a] *adj* explosiv; **artefacto ~** Sprengkörper *m*

explosivo[2] [esplo'siβo] *m* Sprengstoff *m*

explotación [esplota'θjon] *f* **1.** (*aprovechamiento*) Nutzung *f;* (AGR) Bebauung *f;* (MIN) Abbau *m;* **~ abusiva** Raubbau *m;* **~ a cielo abierto** Tagebau *m;* **~ de la energía** Energienutzung *f;* **~ minera** Bergbau *m* **2.** (*empresa*) Betrieb *m* **3.** (*abuso*) Ausbeutung *f*

explotar [esplo'tar] **I.** *vi* **1.** (*estallar*) explodieren; **~ en carcajadas** in Gelächter ausbrechen **2.** (*tener un arrebato*) platzen **II.** *vt* **1.** (*recursos, terreno*) nutzen; (AGR) bebauen; (MIN) abbauen; **~ pozos petrolíferos** Ölquellen erschließen **2.** (*empresa*) betreiben **3.** (*abusar*) ausbeuten

expoliar [espo'ljar] *vt* ausrauben

expolio [es'poljo] *m* **1.** (*acción*) Plünderung *f* **2.** (*botín*) Beute *f*

exponente [espo'nente] *m* **1.** (*ejemplo*) Beispiel *nt;* (*índice*) Ausdruck *m* **2.** (MAT) Exponent *m*

exponer [espo'ner] *irr como poner* **I.** *vt* **1.** (*mostrar*) darlegen **2.** (*hablar*) vortragen **3.** (*exhibir*) ausstellen **4.** (*interpretar*) auslegen **5.** (*someter*) aussetzen **6.** (*arriesgar*) riskieren **7.** (*abandonar*) aussetzen **8.** (FOTO) belichten **II.** *vr:* **~se 1.** (*descubrirse*) sich aussetzen **2.** (*arriesgarse*) sich einem Risiko aussetzen

exportación [esporta'θjon] *f* Export *m*

exportador(a) [esporta'ðor(a)] **I.** *adj* Export- **II.** *m(f)* Exporteur(in) *m(f)*

exportar [espor'tar] *vt* exportieren (*a* nach +*dat*)

exposición [esposi'θjon] *f* **1.** (*explicación*) Beschreibung *f* **2.** (*informe*) Bericht *m* **3.** (*exhibición*) Ausstellung *f;* **~ universal** Weltausstellung *f* **4.** (*posición*) Lage *f* **5.** (FOTO) Belichtung *f*

expósito, -a [es'posito, -a] **I.** *adj* Findel- **II.** *m, f* Findelkind *nt*

expositor(a) [esposi'tor(a)] *m(f)* **1.** (*que exhibe*) Aussteller(in) *m(f)* **2.** (*que aclara*) Referent(in) *m(f)*

exprés [es'pres] **I.** *adj inv* Eil-; **café ~** Espresso *m;* **olla ~** Schnellkochtopf *m* **II.** *m* Schnellzug *m*

expresamente [espresa'mente] *adv* **1.** (*literalmente*) ausdrücklich **2.** (*deliberadamente*) vorsätzlich

expresar [espre'sar] **I.** *vt* **1.** (*manifestar*) äußern **2.** (*decir*) aussprechen **3.** (*indicar*) zu erkennen geben **II.** *vr:* **~se** (*hacerse entender*) sich ausdrücken; (*hablar*) sich äußern

expresión [espre'sjon] *f* **1.** (*palabra*) Ausdruck *m;* (*locución*) Wendung *f* **2.** (*gesto*) Ausdruck *m* **3.** (*declaración*) Äußerung *f* **4.** *pl* (*saludos*) Grüße *mpl*

expresionismo [espresjo'nismo] *m sin pl* (ARTE) Expressionismus *m*

expresionista [espresjo'nista] **I.** *adj* expressionistisch **II.** *mf* Expressionist(in) *m(f)*

expresivo, -a [espre'siβo, -a] *adj* **1.** (*vivo*)

lebhaft **2.** (*revelador*) ausdrucksvoll **3.** (*significativo*) bezeichnend **4.** (*afectuoso*) herzlich

expreso, -a[1] [es'preso, -a] *adj* **1.** (*explícito*) ausdrücklich **2.** (*claro*) deutlich **3.** (*rápido*) Eil-; **tren ~** D-Zug *m;* **enviar una carta por (correo) ~** einen Brief per Eilpost verschicken

expreso[2] [es'preso] **I.** *m* **1.** (*tren*) D-Zug *m* **2.** (*correo*) Eilbote *m* **II.** *adv* absichtlich

exprimidor [esprimi'ðor] *m* Entsafter *m*

exprimir [espri'mir] *vt* **1.** (*frutas*) auspressen; **~ a alguien para que hable** (*fig*) jdn ausquetschen **2.** (*ropa*) auswringen **3.** (*persona*) ausbeuten

expropiación [espropja'θjon] *f* Enteignung *f;* **~ forzosa** Zwangsenteignung *f*

expropiar [espro'pjar] *vt* enteignen

expuesto, -a [es'pwesto, -a] **I.** *pp de* **exponer II.** *adj* **1.** (*peligroso*) gefährlich **2.** (*sin protección*) gefährdet **3.** (*sensible*) anfällig (*a* für +*akk*); **~ a perturbaciones** störanfällig

expugnar [espuɣ'nar] *vt* erstürmen

expulsar [espul'sar] *vt* **1.** (*a alguien*) hinauswerfen (*de* aus +*dat*); (*del país*) vertreiben (*de* aus +*dat*); (*excluir*) ausstoßen (*de* aus +*dat*); **~ a alguien de la escuela** jdn von der Schule verweisen; **~ del campo de juego** (DEP) vom Platz stellen; **~ de la sala** des Saales verweisen **2.** (*emitir*) ausstoßen

expulsión [espul'sjon] *f* **1.** (*del país*) Vertreibung *f;* **~ del campo de juego** (DEP) Platzverweis *m;* **~ de la escuela** Schulverweis *m* **2.** (*emisión*) Ausstoß *m*

expurgar [espur'ɣar] <g→gu> *vt* **1.** (*purificar*) reinigen **2.** (*censurar*) zensieren

exquisito, -a [eski'sito, -a] *adj* exquisit

éxtasis ['estasis] *m inv* Ekstase *f*

extemporáneo, -a [estempo'raneo, -a] *adj* **1.** (*a destiempo*) unzeitgemäß; **son unas temperaturas extemporáneas para esta altura del año** diese Temperaturen sind außergewöhnlich für die Jahreszeit **2.** (*inoportuno*) unpassend; (*inadecuado*) unangebracht

extender [esteṇ'der] <e→ie> **I.** *vt* **1.** (*papeles*) ausbreiten (*en/sobre/por* auf +*dat*); (*pintura, betún, semillas*) verteilen (*en/sobre* auf +*dat*); **~ la mantequilla** die Butter verstreichen **2.** (*desplegar*) strecken; **~ la mano** die Hand ausstrecken **3.** (*ensanchar*) ausdehnen; (*agrandar*) erweitern; **~ la vista** in die Ferne blicken **4.** (*propagar*) verbreiten (*por* in +*dat,* über +*akk*) **5.** (*escribir*) ausstellen; (*documento*) aufsetzen **II.** *vr:* **~se 1.** (*terreno*) sich erstrecken; (*en la cama*) sich ausstrecken **2.** (*prolongarse*) dauern (*a/hasta* bis +*akk*) **3.** (*difundirse, expresarse*) sich verbreiten (*por* über +*akk*); **~se en discusiones interminables** sich in endlosen Diskussionen verlieren

extendido, -a [esteṇ'diðo, -a] *adj* **1.** (*amplio*) weit; **un parentesco muy ~** eine weit verzweigte Verwandtschaft **2.** (*prolongado*) lang **3.** (*conocido*) verbreitet; **estar muy ~** weit verbreitet sein **4.** (*detallado*) ausführlich

extensible [esten'siβle] *adj* **1.** (*ampliable*) ausdehnbar **2.** (*desplegable*) ausziehbar; **mesa ~** Ausziehtisch *m* **3.** (*elástico*) dehnbar **4.** (INFOR) erweiterungsfähig

extensión [esten'sjon] *f* **1.** (*dimensión*) Ausdehnung *f;* (*longitud*) Länge *f;* **en toda la ~ de la palabra** im weitesten Sinne des Wortes; **por ~** im weiteren Sinne **2.** (*difusión*) Verbreitung *f* **3.** (*duración*) Dauer *f* **4.** (*ampliación*) Erweiterung *f;* **~ hacia el este** (POL) Osterweiterung *f;* **~ eléctrica** Verlängerungsschnur *f* **5.** (TEL) Nebenanschluss *m*

extensivo, -a [esten'siβo, -a] *adj* extensiv; **hacer extensiva una invitación a alguien** eine Einladung auf jdn ausdehnen; **hacer ~s sus saludos a alguien** jdm Grüße ausrichten

extenso, -a [es'tenso, -a] *adj* **1.** (*amplio*) weit **2.** (*dilatado*) ausführlich

extenuar [estenu'ar] <*1. pres:* extenúo> *vt* **1.** (*agotar*) erschöpfen **2.** (*debilitar*) entkräften **3.** (*enflaquecer*) ausmergeln

exterior [este'rjor] **I.** *adj* **1.** (*de fuera*) äußere(r, s); **aspecto ~** Äußere(s) *nt* **2.** (*extranjero*) ausländisch; **Ministerio de Asuntos E~es** Außenministerium *nt;* **relaciones ~es** Auslandsbeziehungen *fpl* **II.** *m* **1.** (*parte de afuera, apariencia*) Äußere(s) *nt* **2.** (*extranjero*) Ausland *nt;* **en el ~** im Ausland

exteriorizar [esterjori'θar] <z→c> *vt* (*manifestar*) zeigen; (*revelar*) zum Ausdruck bringen

exteriormente [esterjor'meṇte] *adv* äußerlich

exterminar [estermi'nar] *vt* **1.** (*aniquilar*) ausrotten **2.** (*devastar*) zerstören

exterminio [ester'minjo] *m* **1.** (*aniquilación*) Ausrottung *f* **2.** (*devastación*) Zerstörung *f*

externo, -a [es'terno, -a] *adj* äußerlich; **consultorios ~s** Ambulanz *f*

extinción [estiṇ'θjon] *f* **1.** (*apagado*) Löschen *nt;* **~ de incendios** Brandlöschung *f* **2.** (ECOL) Aussterben *nt;* **en vías de ~** vom Aussterben bedroht **3.** (*de obligación/derecho*) Erlöschen *nt;* (*de contrato*) Ablauf *m*

extinguir [estiŋ'gir] <gu→g> **I.** *vt* **1.** (*apagar*) löschen **2.** (*finalizar*) auslöschen **II.** *vr:* **~se 1.** (*apagarse*) erlöschen **2.** (*finalizar*) zu Ende gehen; (ECOL) aussterben

extinto, -a [es'tin̪to, -a] **I.** *adj* **1.** (*apagado*) erloschen **2.** (*AmS, Méx: muerto*) verstorben **II.** *m, f* (*AmS, Méx*) Verstorbene(r) *mf*

extintor [estin̪'tor] *m:* ~ **de incendios** Feuerlöscher *m*

extirpación [estirpa'θjon] *f* **1.** (MED) (operative) Entfernung *f;* (*de un miembro*) Amputation *f* **2.** (*erradicación*) Ausrottung *f* **3.** (*desarraigo*) Entwurzelung *f*

extirpar [estir'par] *vt* **1.** (MED) (operativ) entfernen; (*miembro*) amputieren **2.** (*erradicar*) ausrotten **3.** (*arrancar*) ausreißen

extorsión [estor'sjon] *f* **1.** (*chantaje*) Erpressung *f* **2.** (*molestia*) Umstände *mpl;* **ser una** ~ viele Umstände machen

extorsionar [estorsjo'nar] *vt* **1.** (*chantajear*) erpressen **2.** (*molestar*) Umstände machen +*dat*

extra¹ ['estr̺a] **I.** *adj* **1.** (*adicional*) Extra-, **horas** ~**s** Überstunden *fpl;* **paga** ~ Lohnzulage *f* **2.** *inv* (*excelente*) erstklassig; **de calidad** ~ von besonderer Qualität **II.** *prep:* ~ **de** zusätzlich zu +*dat* **III.** *m* **1.** (*complemento*) Extra *nt;* (*en periódico, revista*) Sonderbericht *m* **2.** (*paga*) Lohnzulage *f*

extra² ['estra] *mf* **1.** (CINE, TV) Statist(in) *m(f)* **2.** (*ayudante*) Aushilfe *f*

extracción [estraˠ'θjon] *f* **1.** (*sacar*) Herausziehen *nt;* (*de un diente*) Ziehen *nt;* ~ **de sangre** Blutentnahme *f* **2.** (*lotería*) Ziehung *f* **3.** (*origen*) Herkunft *f* **4.** (MIN) Förderung *f*

extraconyugal [estrakonɟu'ɣal] *adj* außerehelich

extractar [estrak'tar] *vt* exzerpieren; (*resumir*) resümieren

extracto [es'trakto, -a] *m* **1.** (*resumen*) Zusammenfassung *f* **2.** (*pasaje*) Auszug *m;* ~ **impreso** (INFOR) Ausdruck *m* **3.** (QUÍM) Extrakt *m o nt*

extractor [estrak'tor] *m:* ~ **de humo** Rauchabzug *m*

extradición [estraði'θjon] *f* Auslieferung *f*

extraditar [estraði'tar] *vt* ausliefern

extraer [estra'er] *irr como traer vt* **1.** (*sacar*) herausziehen; (*dientes*) ziehen; ~ **de un libro** exzerpieren **2.** (QUÍM) extrahieren **3.** (MAT) ziehen **4.** (MIN) fördern

extraescolar [estraesko'lar] *adj* außerschulisch; **extrajudicial** [estraxuði'θjal] *adj* außergerichtlich

extralimitarse [estralimi'tarse] *vr* zu weit gehen; ~ **en sus funciones** seine Befugnisse überschreiten; ~ **en sus esfuerzos** sich überanstrengen

extranjero, -a¹ [estraŋ'xero, -a] **I.** *adj* ausländisch; **lengua extranjera** Fremdsprache *f* **II.** *m, f* Ausländer(in) *m(f)*

extranjero² [estraŋ'xero] *m* Ausland *nt*

extrañamente [estraɲa'men̪te] *adv* merkwürdigerweise

extrañar [estra'ɲar] **I.** *vt* **1.** (*desterrar*) ausweisen **2.** (*sorprender*) erstaunen; **¡no me extraña!** das habe ich mir schon gedacht! **3.** (*encontrar extraño*) ungewohnt finden **4.** (*echar de menos*) vermissen **II.** *vr:* ~**se** sich wundern (*de* über +*akk*)

extrañeza [estra'ɲeθa] *f* **1.** (*rareza*) Befremden *nt;* **causar** ~ befremden **2.** (*perplejidad*) Verwunderung *f*

extraño, -a [es'traɲo, -a] **I.** *adj* **1.** (*raro, forastero*) fremd; (*extranjero*) ausländisch **2.** (*peculiar*) sonderbar; (*extraordinario*) ungewöhnlich **II.** *m, f* (*forastero*) Fremde(r) *mf;* (*extranjero*) Ausländer(in) *m(f)*

extraoficial [estraofi'θjal] *adj* inoffiziell

extraordinario, -a¹ [estraorði'narjo, -a] *adj* **1.** (*fuera de lo normal*) außerordentlich; (*muy bueno*) hervorragend **2.** (*por añadidura*) Sonder- **3.** (*raro*) merkwürdig **4.** (*sorprendente*) überraschend

extraordinario² [estraorði'narjo] *m* (PREN) Sonderausgabe *f*

extraparlamentario, -a [estraparlamen̪'tarjo, -a] *adj* außerparlamentarisch

extrarradio [estra'rraðjo] *m* Außenbezirk *m*

extrasensorial [estrasenso'rjal] *adj* übersinnlich; **extraterrestre** [estrate'rrestre] **I.** *adj* außerirdisch **II.** *mf* Außerirdische(r) *mf*

extravagancia [estraβa'ɣan̪θja] *f* **1.** (*rareza*) Extravaganz *f* **2.** (*excentricidad*) Verschrobenheit *f*

extravagante [estraβa'ɣan̪te] **I.** *adj* **1.** (*raro*) extravagant **2.** (*excéntrico*) verrückt **II.** *mf* Spinner(in) *m(f)*

extraviado, -a [estraβi'aðo, -a] *adj* **1.** (*confuso*) verwirrt **2.** (*apartado*) abgelegen

extraviar [estraβi'ar] <*1. pres:* **extravío**> **I.** *vt* **1.** (*despistar*) vom Weg abbringen **2.** (*perder*) verlieren; (*dejar*) verlegen **II.** *vr:* ~**se** **1.** (*errar el camino*) sich verirren **2.** (*perderse*) abhanden kommen; (*carta*) verloren gehen **3.** (*descarriarse*) vom rechten Weg abkommen

extremado, -a [estre'maðo, -a] *adj* **1.** (*excesivo*) extrem **2.** (*exagerado*) übertrieben

Extremadura [estrema'ðura] *f* Estremadura *f*

extremar [estre'mar] **I.** *vt:* ~ **la prudencia** äußerst vorsichtig sein; **la policía extremó las medidas de seguridad** die Polizei traf strengste Sicherheitsvorkehrungen **II.** *vr:* ~**se** sich *dat* größte Mühe geben (*en* bei +*dat*)

extremaunción [estremaun̪'θjon] *f* (REL) letzte Ölung *f*

extremeño, -a [estre'meɲo, -a] **I.** *adj* aus Estremadura **II.** *m, f* Einwohner(in) *m(f)* von Estremadura

extremidad [estremi'ðaᵈ] *f* **1.** (*cabo*) Ende *nt* **2.** *pl* (ANAT) Gliedmaßen *fpl*
extremismo [estre'mismo] *m* Extremismus *m;* ~ **derechista** Rechtsextremismus *m*
extremista [estre'mista] **I.** *adj* extremistisch **II.** *mf* Extremist(in) *m(f)*
extremo, -a[1] [es'tremo, -a] **I.** *adj* **1.** (*sumo*) äußerste(r, s) **2.** (*distante*) letzte(r, s); **los barrios más ~s** die am weitesten entfernten Viertel **3.** (*opuesto*) entgegengesetzt **II.** *m, f* (DEP) Außenstürmer(in) *m(f);* ~ **derecha** Rechtsaußen *m*
extremo[2] [es'tremo] *m* **1.** (*cabo*) Ende *nt;* **a tal** ~ so weit; **con** [*o* **en**] ~ äußerst; **en último** ~ äußerstenfalls; **pasar de un ~ a otro** von einem Extrem ins andere fallen; (*tiempo*) plötzlich umschlagen; **los ~s se tocan** (*prov*) Gegensätze ziehen sich an **2.** (*asunto*) Punkt *m;* **en este** ~ in dieser Hinsicht **3.** (*punto límite*) Äußerste(s) *nt;* **esto llega hasta el ~ de...** das geht so weit, dass ... **4.** *pl* (*aspavientos*): **hacer ~s** viel Aufheben machen
extrínseco, -a [es'trinseko, -a] *adj* (*externo*) äußerlich; **circunstancias extrínsecas** äußere Umstände
extrovertido, -a [estroβer'tiðo, -a] *adj* (PSICO) extravertiert
exuberancia [eʸsuβe'ran̦θja] *f* Üppigkeit *f*
exuberante [eʸsuβe'ran̦te] *adj* üppig
exultar [eʸsul̦'tar] *vi* jubeln
eyaculación [eɟakula'θjon] *f* **1.** (*acción*) Samenerguss *m* **2.** (*sperma*) Ejakulat *nt*
eyacular [eɟaku'lar] *vi* ejakulieren

> **EZLN** *m* ist das Kurzwort des **Ejército Zapatista de Liberación Nacional** (Zapatistische Befreiungsarmee Mexikos). Das ist eine Gruppe von **guerrilleros**, die in Chiapas gegen die mexikanische Regierung und für die Rechte der **indios** kämpft.

F

F, f ['efe] *f* F, f *nt;* ~ **de Francia** F wie Friedrich

fa [fa] *m inv* (MÚS) f, F *nt;* ~ **sostenido** Fis *nt*

fabada [fa'βaða] *f* Bohneneintopf *m*

fábrica ['faβrika] *f* **1.** (*lugar de producción*) Fabrik *f;* ~ **de cerveza** Brauerei *f;* **en** [*o* **ex**] ~ ab Werk **2.** (*de ladrillo, piedra*) Mauerwerk *nt;* **obra de** ~ gemauertes Bauwerk **3.** (*edificio*) Gebäude *nt* **4.** (*fondos de iglesias*) Kirchenmittel *ntpl* **5.** (*invención*): ~ **de embustes** Schwindelei *f;* ~ **de mentiras** Lügengespinst *nt*

fabricación [faβrika'θjon] *f* Herstellung *f;* ~ **en masa** Massenproduktion *f*

fabricante [faβri'kante] *mf* **1.** (*que fabrica*) Hersteller(in) *m(f)* **2.** (*dueño*) Fabrikant(in) *m(f)*

fabricar [faβri'kar] <c→qu> *vt* **1.** (*producir*) herstellen; ~ **cerveza** Bier brauen **2.** (*construir*) erbauen **3.** (*inventar*) erfinden

fabril [fa'βril] *adj* Fabrik-; (*de la fabricación*) fabrikmäßig

fábula ['faβula] *f* **1.** (LIT) Fabel *f* **2.** (*fam: invención*) (Lügen)geschichte *f* **3.** (*relato mitológico*) Sage *f*

fabulador(a) [faβula'ðor(a)] *m(f)* **1.** (*fabulista*) Fabeldichter(in) *m(f)* **2.** (*que inventa cosas fabulosas*) Aufschneider(in) *m(f)*

fabuloso, -a [faβu'loso, -a] *adj* **1.** (*inventado*) erdichtet; **personaje** ~ Fabelwesen *nt* **2.** (*extraordinario*) großartig

facción [fa$^{\gamma}$'θjon] *f* **1.** (*banda*) aufrührerische Gruppe *f* **2.** (*de un partido*) Splittergruppe *f* **3.** *pl* (*rasgos*) (Gesichts)züge *mpl*

faccioso, -a [fa$^{\gamma}$'θjoso, -a] **I.** *adj* aufrührerisch **II.** *m, f* **1.** (*rebelde*) Aufrührer(in) *m(f)* **2.** (*de un partido*) Parteigänger(in) *m(f)*

faceta [fa'θeta] *f* **1.** (*de poliedros*) Facette *f* **2.** (*aspecto*) Seite *f*

facha[1] ['fatʃa] **I.** *adj* (*fam pey*) rechtsradikal **II.** *mf* (*fam pey*) Rechtsradikale(r) *mf*

facha[2] ['fatʃa] *f* Aussehen *nt,* Äußere(s) *nt;* **tener una** ~ **sospechosa** verdächtig aussehen; **estar hecho una** ~ (*fam*) lächerlich aussehen

fachada [fa'tʃaða] *f* **1.** (*de un edificio*) Fassade *f* **2.** (*apariencia*) Erscheinung *f,* Äußere(s) *nt;* **su buen humor es pura** ~ seine/ihre gute Laune ist reine Fassade

fachendear [fatʃende'ar] *vi* (*fam*) protzen

fachendoso, -a [fatʃen'doso, -a] **I.** *adj* (*fam*) großtuerisch **II.** *m, f* (*fam*) Angeber(in) *m(f)*

facial [fa'θjal] *adj* Gesichts-

fácil ['faθil] *adj* **1.** (*sin dificultades*) leicht, einfach; **la ventana es** ~ **de abrir** das Fenster lässt sich leicht öffnen **2.** (*cómodo*) bequem **3.** (*probable*) wahrscheinlich; **es** ~ **que...** +*subj* es ist wahrscheinlich, dass ...; **es** ~ **que nieve** wahrscheinlich wird es schneien **4.** (*carácter*) nachgiebig

facilidad [faθili'ða^{d}] *f* **1.** (*sin dificultad*) Leichtigkeit *f* **2.** (*dotes*) Begabung *f;* **tener** ~ **para algo** für etw begabt sein; **tener** ~ **para los idiomas** sprachbegabt sein **3.** *pl* Erleichterungen *fpl;* **ofrecer** [*o* **dar**] ~**es a alguien para algo** jdm bei etw *dat* entgegenkommen

facilitar [faθili'tar] *vt* **1.** (*favorecer*) erleichtern; (*posibilitar*) ermöglichen **2.** (*suministrar*) besorgen; (*entregar*) zur Verfügung stellen

fácilmente [faθil'mente] *adv* **1.** (*sin dificultad*) mühelos **2.** (*con probabilidad*) wahrscheinlich

facineroso, -a [faθine'roso, -a] *m, f* **1.** (*delincuente*) Verbrecher(in) *m(f)* **2.** (*malvado*) Bösewicht *m*

facistol [faθis'tol] *m* (Chor)pult *nt*

facsímil(e) [fa$^{\gamma}$'simil(e)] *m* **1.** (*reproducción*) Faksimile *nt* **2.** (TEL) Bildtelegrafie *f*

factibilidad [faktiβili'ða^{d}] *f* Durchführbarkeit *f*

factible [fak'tiβle] *adj* durchführbar, machbar

fáctico, -a ['faktiko, -a] *adj* faktisch

factor [fak'tor] *m* (*causa, t.* MAT) Faktor *m;* ~ **de riesgo** Risikofaktor *m*

factoría [fakto'ria] *f* **1.** (*emporio*) Handelsniederlassung *f* **2.** (*fábrica*) Fabrik *f*

factoring ['faktoriŋ] *m* <factorings> (COM) Factoring *nt*

factótum [fak'totun] *m* (*fam*) Mädchen *nt* für alles

factual [fak'twal] *adj* faktisch

factura [fak'tura] *f* **1.** (*hechura*) Ausführung *f* **2.** (*cuenta*) Rechnung *f;* (*recibo*) Quittung *f;* **pasar** ~ die Rechnung ausstellen; **su holgazanería le pasa ahora** ~ (*fam*) das ist die Quittung für seine/ihre Faulheit

facturación [fakturaθjon] *f* **1.** (*elaboración de una factura*) Berechnung *f* **2.** (FERRO) Gepäckaufgabe *f*

facturar [faktu'rar] *vt* **1.** (*cobrar*) berechnen; ~ **los gastos de transporte** die Transportkosten in Rechnung stellen **2.** (FERRO) aufgeben **3.** (AERO): ~ **(el equipaje)** (das Gepäck) abfertigen, einchecken

facultad [fakuḷ'taᵈ] *f* **1.** (*atribuciones*) Befugnis *f;* **tener ~ para algo** zu etw *dat* befugt sein; **conceder ~es a alguien (para algo)** jdn (zu etw *dat*) bevollmächtigen **2.** (*aptitud*) Fähigkeit *f;* **recobrar sus ~es** wieder zu sich *dat* kommen **3.** (UNIV) Fakultät *f* **4.** (*profesorado*) Lehrkörper *m* **5.** *pl* (*dotes*) Talent *nt*

facultar [fakuḷ'tar] *vt* berechtigen (*para* zu +*dat*)

facultativo, -a [fakuḷta'tiβo, -a] **I.** *adj* **1.** (*potestativo*) fakultativ **2.** (UNIV) Fakultäts- **3.** (*del médico*) ärztlich **II.** *m, f* Arzt *m,* Ärztin *f*

facundia [fa'kuṇdja] *f* **1.** (*verbosidad*) Redseligkeit *f* **2.** (*locuacidad*) Beredsamkeit *f*

facundo, -a [fa'kuṇdo, -a] *adj* **1.** (*verboso*) redselig **2.** (*locuaz*) redegewandt

fado ['faðo] *m* Fado *m*

faena [fa'ena] *f* **1.** (*tarea*) Arbeit *f;* **~s domésticas** Hausarbeit(en) *f(pl)* **2.** (*fam: mala pasada*) Streich *m;* **hacer una ~ a alguien** jdm einen Streich spielen

In der **tauromaquia** – umgangssprachlich: **toreo** – (Stierkampfkunst) bezeichnet **faena** jede einzelne Phase des eigentlichen Gefechts des **torero** (Stierkämpfer).

faenar [fae'nar] **I.** *vi* **1.** (*laborar*) (hart) arbeiten **2.** (*pescar*) fischen **II.** *vt* (*matar reses*) schlachten

fagot¹ [fa'ɣoᵗ] *mf* Fagottist(in) *m(f)*

fagot² [fa'ɣoᵗ] *m* Fagott *nt*

fagotista [faɣo'tista] *mf* Fagottist(in) *m(f)*

fain [fai̯n] *adj* (*Am: estupendo*) prima; (*calidad*) hochwertig

fair play [fer plei̯] *m sin pl* (DEP) Fairplay *nt*

faisán [fai̯'san] *m* Fasan *m*

faite ['fai̯te] **I.** *adj* (*Am*) kämpferisch **II.** *m* (*Am*) Kämpfer *m*

faitear [fai̯te'ar] *vi* (*Am*) sich prügeln

faja ['faxa] *f* **1.** (*para ceñir*) Korsett *nt;* (*para abrigar*) (Leib)binde *f* **2.** (*distintivo honorífico*) Schärpe *f* **3.** (*franja*) Streifen *m* **4.** (*de libros*) Bauchbinde *f*

fajar [fa'xar] **I.** *vt* **1.** (*envolver*) umwickeln; (*periódicos*) bündeln **2.** (*Am: golpear*) schlagen **II.** *vr:* **~se 1.** (*ponerse una faja*) sich *dat* eine Schärpe anlegen **2.** (*Am: pelearse*) sich schlagen **III.** *vi:* ~ **con alguien** jdn angreifen

fajín [fa'xin] *m* **1.** *dim de* **faja** **2.** (*de generales, funcionarios*) (Amts)schärpe *f*

fajina [fa'xina] *f* **1.** (*en la era*) Garbenhaufen *m* **2.** (*de leña*) Reisigbündel *nt* **3.** (MIL: *haz de ramas*) Faschine *f*

fajo ['faxo] *m* **1.** (*papeles*) Bündel *nt* **2.** *pl* (*de bebé*) Babyausstattung *f*

falacia [fa'laθja] *f* Betrug *m*

falange [fa'laŋxe] *f* **1.** (MIL) Truppe *f;* (HIST) Phalanx *f* **2.** (ANAT: *de las manos*) Fingerknochen *m;* (*de los pies*) Zehenknochen *m*

Falange war der Name der faschistischen Staatspartei Spaniens während **Francos** Diktatur. Die **Falange** wurde 1937 von **Francisco Franco Bahamonte** zur offiziellen Staatspartei erklärt.

falangista [falaŋ'xista] **I.** *adj* (POL) falangistisch **II.** *mf* (POL) Falangist(in) *m(f)*

falaz [fa'laθ] *adj* betrügerisch

falca ['falka] *f* Keil *m*

falcado, -a [fal'kaðo, -a] *adj* sichelförmig

falcar [fal'kar] <c→qu> *vt* (*reg*) unterkeilen

falda ['faḷda] *f* **1.** (*vestido*) Rock *m;* ~ **pantalón** Hosenrock *m;* ~ **plisada** Plisseerock *m;* **estar pegado a las ~s de una mujer** unter dem Pantoffel einer Frau stehen; **se ha criado bajo las ~s de mamá** er/sie ist wohl behütet aufgewachsen **2.** (*regazo*) (Rock)schoß *m* **3.** (*de una mesa camilla*) *Tischdecke für einen Tisch mit darunter liegendem Kohlenbecken* **4.** (*de sombrero*) Hutkrempe *f* **5.** (*de una montaña*) Bergabhang *m* **6.** (GASTR) Rippenfleisch *nt* **7.** (*loc*): **es asunto de ~s** das ist Frauensache; **le tiran mucho las ~s** er ist hinter den Frauen her

faldero [faḷ'dero] *m* **1.** (*hombre*) Schürzenjäger *m* **2.** (*animal*): **perro ~** Schoßhund *m*

faldón [faḷ'don] *m* **1.** (*de una camisa*) Schoß *m* **2.** (*de una funda*) Volant *m* **3.** (ARQUIT) Walm *m* **4.** (*de la chimenea*) Kaminrahmen *m*

falencia [fa'leṇθja] *f* (*Am*) Konkurs *m,* Bankrott *m*

falibilidad [faliβili'ðaᵈ] *f* Fehlbarkeit *f*

falible [fa'liβle] *adj* (*erróneo*) fehlbar; (*engañoso*) trügerisch

fálico, -a ['faliko, -a] *adj* phallisch

falla ['faʎa] *f* **1.** (*defecto*) Defekt *m;* (*en un sistema*) Störung *f;* (*en un arma*) Ladehemmung *f* **2.** (GEO) Verwerfung *f*

fallar [fa'ʎar] **I.** *vi* **1.** (JUR) ein Urteil fällen

2. (*malograrse: proyecto*) misslingen; (*plan, intento*) fehlschlagen **3.** (*no funcionar*) versagen; **le ~on los nervios** seine/ihre Nerven machten nicht mit; **algo le falla** etwas ist nicht in Ordnung mit ihm/ihr; **no falla nunca** (*cosa*) das funktioniert immer; (*persona*) auf ihn/sie ist Verlass **4.** (*romperse*) nachgeben **5.** (*no cumplir con su palabra*): ~ **a alguien** jdn im Stich lassen; (*en una cita*) jdn versetzen **II.** *vt* **1.** (JUR) fällen; ~ **la absolución** auf Freispruch erkennen; ~ **un pleito** einen Rechtsstreit beilegen **2.** (DEP) danebenschießen **3.** (*en el juego de naipes*) einen Trumpf ausspielen

Fallas ['faʎas] *fpl:* **las** ~ die Fallas (*Volksfest in Valencia am Sankt-Josefs-Tag* (*19. März*))

Die **Fallas**, das größte valencianische Volksfest, werden am spanischen **día del padre** (Vatertag) gefeiert.
Die **fallas** sind Figuren aus gepresstem Papier, die hauptsächlich prominente Persönlichkeiten humoristisch darstellen. In der **,noche del fuego'**, am 19. März, werden sie verbrannt.

fallecer [faʎe'θer] *irr como crecer vi* sterben

fallecido, -a [faʎe'θiðo, -a] **I.** *adj* verstorben **II.** *m, f* Verstorbene(r) *mf*

fallecimiento [faʎeθi'mjento] *m* Sterben *nt*

fallero, -a [fa'ʎero, -a] *m, f Teilnehmer(in) am Umzug der Fallas*

fallido, -a [fa'ʎiðo, -a] **I.** *adj* **1.** (*proyecto*) misslungen; (*intento*) gescheitert **2.** (COM: *deuda*) uneintreibbar **3.** (*en quiebra*) bankrott **II.** *m, f* Bankrotteur(in) *m(f)*

fallo ['faʎo] *m* **1.** (JUR) Urteil *nt* **2.** (*error*) Fehler *m;* (*omisión*) Auslassung *f;* ~ **humano** menschliches Versagen; **el asunto solo tiene un pequeño** ~ die Sache hat nur einen kleinen Haken **3.** (TÉC) Defekt *m* **4.** (*en el juego de naipes*) Fehlfarbe *f* **5.** (*fracaso*) Fehlschlag *m*

falo ['falo] *m* (*elev*) Phallus *m*

falocracia [falo'kraθja] *f* Männerherrschaft *f*

falsario, -a [fal'sarjo, -a] **I.** *adj* falsch **II.** *m, f* **1.** (*mentiroso*) Lügner(in) *m(f)* **2.** (*que falsifica monedas*) Falschmünzer(in) *m(f)*

falseable [false'aβle] *adj* fälschbar

falseador(a) [falsea'ðor(a)] *m(f)* (Ver)fälscher(in) *m(f)*

falseamiento [falsea'mjento] *m* (Ver)fälschung *f*

falsear [false'ar] **I.** *vi* **1.** (*flaquear*) nachgeben **2.** (MÚS) verstimmt sein **II.** *vt* **1.** (*adulterar al referir*) verfälschen; (*verdad*) entstellen **2.** (*falsificar materialmente*) fälschen

falsedad [false'ðað] *f* (*en el carácter*) Falschheit *f;* (*hipocresía*) Heuchelei *f*

falsete [fal'sete] *m* (MÚS) Falsett *nt;* **cantar en** ~ falsettieren

falsificación [falsifika'θjon] *f* (*acto*) Fälschen *nt;* (*objeto*) Fälschung *f;* ~ **de billetes** Falschgeldherstellung *f*

falsificador(a) [falsifika'ðor(a)] *m(f)* Fälscher(in) *m(f);* ~ **de documentos** Urkundenfälscher *m;* ~ **de moneda** Falschmünzer *m*

falsificar [falsifi'kar] <c→qu> *vt* fälschen; (*balance*) frisieren; ~ **la verdad** die Wahrheit verfälschen

falso, -a[1] ['falso, -a] **I.** *adj* **1.** (*no cierto, no auténtico*) falsch; **¡~!** das ist gelogen! **2.** (*no natural*) künstlich; (*pseudo*) Schein-; **llave falsa** Dietrich *m;* **puerta falsa** blinde Tür **3.** (*caballería*) widerspenstig **II.** *m, f* (*mentiroso*) Lügner(in) *m(f);* (*hipócrita*) Heuchler(in) *m(f)*

falso[2] ['falso] **I.** *m* (Saum)besatz *m* **II.** *adv:* **en** ~ (*falsamente*) falsch; **jurar en** ~ einen Meineid schwören; **coger a alguien en** ~ jdn bei einer Lüge ertappen; **dar un golpe en** ~ (*movimiento*) nicht treffen; **dar un paso en** ~ einen Fehltritt tun

falta ['falta] *f* **1.** (*carencia*) Mangel *m* (*de* an +*dat*); (*ausencia*) Abwesenheit *f;* ~ **de dinero** Geldmangel *m;* ~ **de educación** Respektlosigkeit *f;* ~ **de liquidez** Liquiditätsengpass *m;* **echar en** ~ **algo/a alguien** etw/jdn vermissen; **hacer** ~ **algo/alguien** etw/jdn brauchen; **¡ni** ~ **que hace!** das ist absolut nicht nötig! **2.** (*equivocación*) Fehler *m;* ~ **ortográfica** Rechtschreibfehler *m;* **sin ~s** fehlerlos; **sin** ~ ganz sicher, zweifellos **3.** (DEP) Foul(spiel) *nt* **4.** (JUR) Übertretung *f;* (*omisión censurable*) Unterlassung *f;* (*descuido castigable*) Fahrlässigkeit *f*

faltar [fal'tar] *vi* **1.** (*no estar*) fehlen (an +*dat*); (*persona*) fernbleiben; (*cosa*) nicht vorhanden sein; ~ **a clase** dem Unterricht fernbleiben; ~ **a una cita** ein Treffen versäumen; **me faltan mis llaves** ich vermisse meine Schlüssel; **nos falta dinero para...** wir haben nicht genug Geld, um ...; **no falta quien...** es gibt auch einige, die ...; **falta (por) saber si...** es ist nur noch die Frage, ob ...; **¡no ~ía** [*o* **faltaba**] **más!** das fehlte gerade noch!; (*respuesta a agradecimiento*) das war doch nicht der Rede wert!; (*asentir amablemente*) aber selbstverständlich!; **¡lo que faltaba!** das hat uns gerade noch gefehlt!; **por si algo faltaba...** nicht genug damit ... **2.** (*necesitarse*) brauchen; **me falta tiempo para hacerlo** ich habe nicht genug Zeit, um das zu machen; ~

(**por**) **hacer** noch getan werden müssen **3.** (*temporal: quedar*) fehlen, dauern; **faltan cuatro días para tu cumpleaños** es sind noch vier Tage bis zu deinem Geburtstag; **falta mucho para que venga** es dauert noch lange, bis er/sie kommt; **falta poco para las doce** es ist fast zwölf Uhr; **faltan diez para las nueve** (*Am*) es ist zehn vor neun; **poco le faltó para llorar** er/sie war drauf und dran zu weinen **4.** (*no cumplir*): ~ **a** verstoßen gegen +*akk;* ~ **a su palabra** wortbrüchig werden; ~ **a su mujer** seine Frau betrügen; **no ~é en dárselo** ich werde es ihr/ihm ganz sicher geben **5.** (*ofender*) verletzen **6.** (*cometer una falta*): ~ **en algo** etw falsch machen **7.** (*elev: morir*) dahingehen

falto, -a ['faḷto, -a] *adj* (*escaso*) knapp (*de* an/mit +*dat*); (*desprovisto*) ohne (*de* +*akk*); ~ **de recursos** mittellos; **está ~ de cariño** ihm mangelt es an Zuneigung

faltón, -ona [faḷ'ton, -ona] *adj* (*fam*) **1.** (*que falta a su palabra*) wortbrüchig **2.** (*negligente*) unachtsam, nachlässig **3.** (*Am: vago*) faul

faltriquera [faḷtri'kera] *f* Rocktasche *f;* (*a la cintura*) Gürteltasche *f*

fama ['fama] *f* **1.** (*gloria*) Ruhm *m;* (*celebridad*) Berühmtheit *f;* **tener ~** berühmt sein; **dar ~ a algo/alguien** etw/jdn berühmt machen **2.** (*reputación*) Ruf *m;* **tener ~ de fanfarrón** als Aufschneider gelten; **ser de mala ~** von zweifelhaftem Ruf sein **3.** (*rumor*) Gerücht *nt;* **corre la ~ de que…** +(*subj*) es wird gesagt, dass …

famélico, -a [fa'meliko, -a] *adj* ausgehungert

familia [fa'milja] *f* **1.** (*pareja e hijos*) Familie *f;* (*que comparten una casa*) Haushalt *m;* **~ numerosa** kinderreiche Familie; **cabeza de ~** Familienoberhaupt *nt* **2.** (*parentela*) Familie *f;* **libro de ~** Familienstammbuch *nt;* **de buena ~** aus gutem Hause; **eso viene de ~** das ist seit Generationen so; **en ~** im (engsten) Familienkreis; **ser de la ~** zur Familie gehören; **acordarse de la ~ de alguien** (*argot*) jds Familie verfluchen **3.** (*hijos*) Kinder *ntpl*

Mit **familia política** bezieht man sich auf die angeheiratete Familie. Statt **suegro** (Schwiegervater) kann man auch **padre político**, statt **suegra** (Schwiegermutter) **madre política** sagen; der Schwiegersohn heißt **yerno** oder, dementsprechend, **hijo político**, die Schwiegertochter **nuera** oder **hija política**.

familiar [fami'ljar] **I.** *adj* **1.** (*íntimo*) familiär; **asunto ~** Familienangelegenheit *f;* **economía ~** privater Haushalt **2.** (*conocido*) vertraut **II.** *mf* (*pariente*) Verwandte(r) *mf*

familiaridad [familjari'ðaᵈ] *f* (*confianza*) Vertraulichkeit *f;* (*trato familiar*) Vertrautheit *f*

familiarizar [familjari'θar] <z→c> **I.** *vt* (*acostumbrar*) vertraut machen (*con* mit +*dat*) **II.** *vr:* **~se** sich gewöhnen (*con* an +*akk*); **~se con un sistema nuevo** sich in ein neues System einarbeiten

famoso, -a [fa'moso, -a] *adj* (*conocido*) berühmt (*por* durch +*akk*); (*fam: sonado*) allseits bekannt

fan [fan] *mf* <fans> (*admirador*) Fan *m;* (*de fútbol*) Schlachtenbummler(in) *m(f)*

fanático, -a [fa'natiko, -a] **I.** *adj* fanatisch **II.** *m, f* **1.** (*fam: hincha*) Anhänger(in) *m(f)* (*de* von +*dat*); **es una fanática del rock** sie ist ganz wild auf Rockmusik **2.** (*pey: extremista*) Fanatiker(in) *m(f)*

fanatismo [fana'tismo] *m sin pl* Fanatismus *m*

fané [fa'ne] *adj* **1.** (*arrugado*) faltig, runzelig; (*marchito*) verwelkt **2.** (*vulgar*) geschmacklos

fanfarria [faɱ'farrja] *f* **1.** (*fam: jactancia*) Prahlerei *f* **2.** (MÚS) Fanfarenzug *m*

fanfarrón, -ona [faɱfa'rron, -ona] **I.** *adj* (*fam: chulo*) prahlerisch **II.** *m, f* (*fam: bravucón*) Prahlhans *m*

fanfarronada [faɱfarro'naða] *f* (*fam*) Prahlerei *f*

fanfarronear [faɱfarrone'ar] *vi* (*fam*) prahlen

fangal [faŋ'gal] *m* Morast *m*

fango ['faŋgo] *m* **1.** (*lodo*) Schlamm *m;* **baños de ~** (MED) Fangobäder *ntpl* **2.** (*deshonra*) Schande *f*

fangoso, -a [faŋ'goso, -a] *adj* schlammig

fantasear [faṇtase'ar] **I.** *vi* **1.** (*soñar*) fantasieren **2.** (*presumir*) prahlen **II.** *vt* erfinden

fantaseo [faṇta'seo] *m* Fantasiererei *f*

fantasía [faṇta'sia] *f* **1.** (*imaginación*) Fantasie *f;* (*cosa imaginada*) Hirngespinst *nt;* **joyas de ~** Modeschmuck *m;* **¡déjate de ~s!** hör auf zu träumen! **2.** (LIT) Fiktion *f* **3.** (MÚS) Fantasie *f*

fantasioso, -a [faṇta'sjoso, -a] **I.** *adj* **1.** (*inventado*) erfunden; **idea fantasiosa** Fantasterei *f* **2.** (*fachendoso*) großtuerisch **II.** *m, f* Träumer(in) *m(f)*

fantasma [faṇ'tasma] **I.** *m* **1.** (*aparición*) Gespenst *nt;* **andar como un ~** herumirren; **aparecer como un ~** plötzlich auftauchen **2.** (*visión*) Phantom *nt* **3.** (*fam: fanfarrón*) Angeber(in) *m(f)* **II.** *adj* Schein-; **empresa** ~ Briefkastenfirma *f*

fantasmada [fan̪tas'maða] *f* (*fam*) Prahlerei *f*

fantasmagoría [fan̪tasmaɣo'ria] *f* Trugbild *nt;* (TEAT) Phantasmagorie *f*

fantasmagórico, -a [fan̪tasma'ɣoriko, -a] *adj* illusionistisch; (TEAT) phantasmagorisch

fantasmal [fan̪tas'mal] *adj* gespenstisch, Gespenster-

fantasmón, -ona [fan̪tas'mon, -ona] **I.** *adj* (*fam*) wichtigtuerisch **II.** *m, f* Angeber(in) *m(f)*

fantástico, -a [fan̪'tastiko, -a] *adj* **1.** (*irreal*) fantastisch, unwirklich **2.** (*fam: fabuloso*) fabelhaft, toll

fantochada [fan̪to'ʧaða] *f* **1.** (*fantasmada*) Prahlerei *f* **2.** (*tontería*) Unsinn *m*

fantoche [fan̪'toʧe] *m* **1.** (*títere*) Marionette *f* **2.** (*mamarracho*) Vogelscheuche *f* **3.** (*fantasmón*) Prahlhans *m*

FAO ['fao] *f abr de* **Organización de las Naciones Unidas para la Agricultura y la Alimentación** FAO *f,* Welternährungsorganisation *f*

faquir [fa'kir] *m* Fakir *m*

faralá [fara'la] *f* <faralaes> **1.** (*volante*) Volant *m* **2.** (*fam: oropel*) Schnickschnack *m,* Firlefanz *m*

farallón [fara'ʎon] *m* Klippe *f*

farándula [fa'ran̪dula] *f* **1.** (*farsa*) Komödiantentum *nt* **2.** (TEAT) primitive Wanderbühne *f* **3.** (*fam: palabrería*) Bauernfängerei *f*

faraón [fara'on] *m* Pharao *m*

faraónico, -a [fara'oniko, -a] *adj* pharaonisch

fardada [far'ðaða] *f* (*fam*) Protzerei *f*

fardar [far'ðar] *vi* (*fam: presumir*) protzen; (*impresionar*) Eindruck schinden

fardo ['farðo] *m* **1.** (*bulto*) Ballen *m;* (*de ropa*) Kleiderbündel *nt* **2.** (*fam: obeso*) Dickwanst *m*

fardón, -ona [far'ðon, -ona] *adj* (*fam*) **1.** (*chulo*) elegant (gekleidet), schick **2.** (*vistoso*) klasse; (*coche*) schnittig

farero, -a [fa'rero, -a] *m, f* Leuchtturmwärter(in) *m(f)*

farfullar [farfu'ʎar] *vi* (*fam*) **1.** (*balbucear*) stottern **2.** (*chapucear*) pfuschen

farfullero, -a [farfu'ʎero, -a] *m, f* (*fam*) **1.** (*tartamudo*) Stotterer, -in *m, f* **2.** (*chapucero*) Pfuscher(in) *m(f)*

farináceo, -a [fari'naθeo, -a] *adj* mehlig, Mehl-

faringe [fa'riŋxe] *f* (ANAT) Rachen *m,* Schlund *m*

faringitis [fariŋ'xitis] *f inv* (MED) Rachenentzündung *f*

farisaico, -a [fari'sai̯ko, -a] *adj* **1.** (*fariseo*) pharisäisch **2.** (*falso*) heuchlerisch

fariseo, -a [fari'seo, -a] *m, f* **1.** (*de la secta judía*) Pharisäer(in) *m(f)* **2.** (*hipócrita*) Heuchler(in) *m(f)*

farmacéutico, -a [farma'θeu̯tiko, -a] **I.** *adj* pharmazeutisch; **industria farmacéutica** Pharmaindustrie *f;* **productos ~s** Arzneimittel *ntpl* **II.** *m, f* Apotheker(in) *m(f)*

farmacia [far'maθja] *f* **1.** (*tienda*) Apotheke *f;* **~ de guardia** Bereitschaftsapotheke *f* **2.** (*ciencia*) Pharmazie *f*

fármaco ['farmako] *m* Arzneimittel *nt*

farmacodependencia [farmakoðepen̪'den̪θja] *f* Medikamentenabhängigkeit *f*

farmacólogo, -a [farma'koloɣo, -a] *m, f* Pharmakologe, -in *m, f*

faro ['faro] *m* **1.** (AUTO) Scheinwerfer *m;* **~ antiniebla** Nebelscheinwerfer *m* **2.** (NÁUT) Leuchtturm *m*

farol [fa'rol] *m* **1.** (*lámpara*) Laterne *f;* (*de papel*) Papierlaterne *f;* **~ de calle** Straßenlaterne *f;* **hacer de ~** (*fam*) den Aufpasser/die Anstandsdame spielen **2.** (DEP) Handstand *m* **3.** (*fam: fanfarronada*) Protzerei *f;* (*patraña*) Bluff *m;* **tirarse un ~** bluffen **4.** *pl* (*Am: ojos*) Augen *ntpl;* **¡adelante con los ~es!** (*fam*) vorwärts!, nur zu!

farola [fa'rola] *f* Straßenlaterne *f*

farolear [farole'ar] *vi* (*fam*) große Töne spucken

farolero, -a [faro'lero, -a] **I.** *adj* (*fam*) prahlerisch **II.** *m, f* Prahlhans *m*

farolillo [faro'liʎo] *m* Lampion *m;* **~ rojo** (*fam*) Schlusslicht *nt*

farra ['farra] *f:* **estar** [*o* **ir**] **de ~** (*fam*) einen draufmachen

fárrago ['farraɣo] *m* Durcheinander *nt*

farragoso, -a [farra'ɣoso, -a] *adj* verworren

farruco, -a [fa'rruko, -a] **I.** *adj* kühn; **ponerse ~ con alguien** jdm die Stirn bieten **II.** *m, f* Draufgänger(in) *m(f)*

farsa ['farsa] *f* **1.** (TEAT: *farándula*) Komödiantentum *nt;* (*sainete*) Schwank *m* **2.** (*engaño*) Schwindel *m*

farsante [far'san̪te] **I.** *adj* (*fam*) schwindlerisch **II.** *mf* (*fam*) Schwindler(in) *m(f)*

FAS [fas] *fpl* (MIL) *abr de* **Fuerzas Armadas** Streitkräfte *fpl*

fascículo [fas'θikulo] *m* **1.** (*publicación*) Faszikel *m* **2.** (ANAT) (Muskel)strang *m*

fascinación [fasθina'θjon] *f* Faszination *f;* **sentir ~ por algo** sich für etw begeistern

fascinador(a) [fasθina'ðor(a)] *adj,* **fascinante** [fasθi'nan̪te] *adj* faszinierend; (*persona*) bezaubernd; (*libro*) fesselnd

fascinar [fasθi'nar] **I.** *vi, vt* (*encantar*) faszinieren; (*libro*) fesseln **II.** *vr:* **~se** sich begeistern lassen

fascismo [fas'θismo] *m sin pl* Faschismus *m*

fascista [fas'θista] **I.** *adj* faschistisch **II.** *mf* Faschist(in) *m(f)*

fascistoide [fasθis'toi̯ðe] *adj* faschistoid

fase ['fase] *f* **1.** (*período*) Phase *f* **2.** (*estado*) Stufe *f* **3.** (ELEC, FÍS, QUÍM) Phase *f*; **de tres ~s** dreiphasig; (*nave espacial*) dreistufig

fast food [fas fu^{ð}] *m o f sin pl* Fastfood *nt*

fastidiado, -a [fasti'ðjaðo, -a] *adj* (*enfermo*) angeschlagen

fastidiar [fasti'ðjar] **I.** *vt* **1.** (*molestar*) stören **2.** (*causar hastío*) anekeln **3.** (*aburrir*) langweilen **4.** (*loc*): **¡no te fastidia!** soweit kommt's noch! **II.** *vr:* **~se** (*fam*) **1.** (*enojarse*) sich ärgern (*con/de* über +*akk*); **¡fastídiate!** geschieht dir (ganz) recht!; **¡hay que ~se!** da muss man durch! **2.** (*aguantarse*) sich abfinden müssen (*con/de* mit +*dat*) **3.** (*Am: perjudicarse*) sich *dat* schaden

fastidio [fas'tiðjo] *m* **1.** (*disgusto*) Ärgernis *nt;* (*mala suerte*) Pech *nt* **2.** (*aburrimiento*) Langeweile *f* **3.** (*hastío*) Ekel *m*

fastidioso, -a [fasti'ðjoso, -a] *adj* **1.** (*molesto*) lästig **2.** (*aburrido*) langweilig **3.** (*pesado*) unerträglich; **persona fastidiosa** Nervensäge *f fam*

fasto, -a[1] ['fasto, -a] *adj* (*fecha*) günstig

fasto[2] ['fasto] *m* **1.** (*pompa*) Pomp *m* **2.** *pl* (*anales*) Annalen *pl*

fastuosidad [fastwosi'ða^{ð}] *f* Pracht *f*

fastuoso, -a [fastu'oso, -a] *adj* (*casa, boda*) prachtvoll; (*persona*) prunksüchtig

fatal [fa'tal] **I.** *adj* **1.** (*inevitable*) unausweichlich; **momento ~** entscheidender Augenblick **2.** (*desagradable*) unangenehm **3.** (*funesto*) verhängnisvoll, fatal; (*mortal*) tödlich; **mujer ~** Femme fatale *f* **4.** (JUR) nicht aufschiebbar **5.** (*fam: muy mal*) mies **II.** *adv* (*fam*) mies; **el examen me fue ~** die Prüfung ist schlecht gelaufen

fatalidad [fatali'ða^{ð}] *f* **1.** (*desgracia*) Verhängnis *nt* **2.** (*destino*) Schicksalsfügung *f*

fatalismo [fata'lismo] *m sin pl* Schicksalsglaube *m*

fatalista [fata'lista] **I.** *adj* fatalistisch **II.** *mf* **1.** (*que sigue el fatalismo*) Fatalist(in) *m(f)* **2.** (*fam: pesimista*) Pessimist(in) *m(f)*

fatídico, -a [fa'tiðiko, -a] *adj* **1.** (*que predice el futuro*) wahrsagend **2.** (*fam: algo*) Unheil bringend

fatiga [fa'tiɣa] *f* **1.** (*cansancio*) Ermüdung *f* **2.** (*sofocos*) Atemnot *f* **3.** (TÉC) Verschleiß *m* **4.** *pl* (*sacrificios*) Mühe *f*

fatigado, -a [fati'ɣaðo, -a] *adj* **1.** (*agotado*) müde **2.** (*sofocado*) außer Atem **3.** (TÉC) ermüdet

fatigador(a) [fatiɣa'ðor(a)] *adj* anstrengend

fatigar [fati'ɣar] <g→gu> **I.** *vt* **1.** (*cansar*) ermüden **2.** (*molestar*) stören; (*importunar*) belästigen **II.** *vr:* **~se** **1.** (*agotarse*) ermüden; (*ojos*) überanstrengt werden **2.** (*sacrificarse*) sich abplagen **3.** (*sofocarse*) außer Atem kommen

fatigoso, -a [fati'ɣoso, -a] *adj* **1.** (*trabajo*) anstrengend **2.** (*persona*) erschöpft; (*jadeante*) kurzatmig

fatuidad [fatwi'ða^{ð}] *f* (*vanidad*) Eitelkeit *f;* (*inmodestia*) Überheblichkeit *f*

fatuo, -a ['fatwo, -a] *adj* **1.** (*presumido*) eingebildet; (*jactancioso*) prahlerisch **2.** (*necio*) albern

fauces ['fau̯θes] *fpl* **1.** (ZOOL) Rachen *m* **2.** (*Am: dientes*) Eckzähne *mpl*

fauna ['fau̯na] *f* Tierwelt *f*

fauno ['fau̯no] *m* Faun *m*

fausto, -a[1] ['fau̯sto, -a] *adj* glücklich

fausto[2] ['fau̯sto] *m* (*lujo*) Pracht *f;* (*ostentación*) Pomp *m*

favela [fa'βela] *f* (*Am*) **1.** (*casucha*) Baracke *f* **2.** *pl* (*barrio*) Slums *pl*

favor [fa'βor] *m* **1.** (*servicio*) Gefallen *m,* Gefälligkeit *f;* (*ayuda*) Hilfe *f;* **por ~** bitte; **hacer un ~ a alguien** jdm einen Gefallen tun; **pedir un ~ a alguien** jdn um einen Gefallen bitten; **te lo pido por ~** ich bitte dich inständig darum; **hagan el ~ de venir puntualmente** seien Sie bitte pünktlich **2.** (*gracia*) Begünstigung *f;* **a** [*o* **en**] **~ de alguien** zugunsten [*o* zu Gunsten] von jdm; **tener a alguien a su ~** jdn auf seiner Seite haben; **a ~ del viento/de la corriente** mit Rückenwind/stromabwärts **3.** (*beneficio*): **voto a ~** Jastimme *f;* **estar a ~ de algo** sich für etw aussprechen; **votar a ~ de alguien** für jdn stimmen

favorable [faβo'raβle] *adj* **1.** (*propicio*) günstig (*a/para* für +*akk*) **2.** (*optimista*) positiv **3.** (*benévolo*) wohlwollend

favorecedor(a) [faβoreθe'ðor(a)] *adj* vorteilhaft; **es un vestido muy ~ para ti** das Kleid steht dir sehr gut

favorecer [faβore'θer] *irr como crecer* **I.** *vt* **1.** (*beneficiar*) sich positiv auswirken (*a* auf +*akk*) **2.** (*ayudar*) unterstützen **3.** (*dar preferencia*) bevorzugen **4.** (*prendas de vestir*) gut stehen +*dat* **II.** *vr:* **~se** Profit schlagen [*o* ziehen] (*de* aus +*dat*)

favorecido, -a [faβore'θiðo, -a] *adj* **1.** (*propiciado*) begünstigt (*por* durch +*akk*) **2.** (*fotografía*) gut getroffen

favoritismo [faβori'tismo] *m* (*nepotismo*) Vetternwirtschaft *f;* (*parcialidad*) Bevorzugung *f*

favorito, -a [faβo'rito, -a] **I.** *adj* Lieblings-; **plato ~** Leibspeise *f* **II.** *m, f* **1.** (*del rey*) Günstling *m;* **~ del público** Publikumsliebling *m;* **la favorita del rey** die Geliebte des Königs **2.** (DEP) Favorit(in) *m(f)*

fax [fa^{ɣ}s] *m inv* Fax *nt;* **número de ~** Faxnummer *f;* **papel para** [*o* **de**] **~** Faxpapier *nt;* **mandar un ~ a una empresa/a Suecia** ein Fax an eine Firma/nach Schweden schicken

faxear [fa^{ʏ}se'ar] *vt* faxen

faz [faθ] *f* **1.** (*elev: rostro*) Gesicht *nt* **2.** (*anverso*) Vorderseite *f*

FCC [efeθe'θe] *abr de* **fluorclorocarbonados** FCKW *nt*

fe [fe] *f* **1.** (*religión*) Glaube *m* (*en* an +*akk*); **~ en Dios** Glaube an Gott; **dar profesión de ~** das Glaubensbekenntnis sprechen **2.** (*confianza*) Vertrauen *nt* (*en* zu +*dat*); **digno de ~** glaubwürdig; **tener ~ en alguien** zu jdm Vertrauen haben; **dar ~ a algo/alguien** jdm/etw *dat* Glauben schenken; **dar ~ de algo** etw bestätigen; **de buena/mala ~** mit guter/böser Absicht **3.** (*lealtad*) Treue *f* **4.** (*certificado*) Urkunde *f;* **~ de bautismo/de matrimonio** Tauf-/Trauschein *m;* **~ de erratas** Nachtrag *m* (zur Richtigstellung von Druckfehlern)

fealdad [feal'da^{ð}] *f* **1.** (*monstruosidad*) Hässlichkeit *f* **2.** (*indignidad*) Gemeinheit *f*

febrero [fe'βrero] *m* Februar *m; v. t.* **marzo**

febril [fe'βril] *adj* **1.** (*con fiebre*) fieb(e)rig; **acceso ~** Fieberanfall *m* **2.** (*agitado*) fieberhaft

fecal [fe'kal] *adj* fäkal; **sustancias ~es** Fäkalien *fpl*

fecha ['fetʃa] *f* **1.** (*data*) Datum *nt;* (*señalada*) Termin *m;* **~ de caducidad** Verfallsdatum *nt;* **~ de cierre** Schlusstermin *m;* **~ clave** Stichtag *m;* **~ de las elecciones** Wahltag *m;* **~ de nacimiento** Geburtsdatum *nt,* Geburtstag *m;* **sin ~** undatiert; **en la ~ fijada** termingerecht; **hasta la ~** bis zum heutigen Tag; **adelantar/atrasar la ~ de algo** etw vor-/zurückdatieren; **¿cuál es la ~ de hoy?** der Wievielte ist heute? **2.** (ECON) (Zeit *f* nach) Sicht *f;* **a 30 días ~** 30 Tage dato **3.** *pl* (*época*) Zeit(en) *f(pl);* **en estas ~s** dieser Tage

fechable [fe'tʃaβle] *adj* datierbar

fechado, -a [fe'tʃaðo, -a] *adj* (*en cartas*): **~ el...** mit Datum vom ...

fechador [fetʃa'ðor] *m* Datumsstempel *m*

fechar [fe'tʃar] *vt* datieren

fechoría [fetʃo'ria] *f* **1.** (*delito*) Missetat *f* **2.** (*travesura*) Streich *m*

fécula ['fekula] *f* Stärke *f*

fecundación [fekun̪da'θjon] *f* Befruchtung *f*

fecundar [fekun̪'dar] *vt* (BIOL) befruchten; (*fertilizar*) fruchtbar machen

fecundidad [fekun̪di'ða^{ð}] *f* Fruchtbarkeit *f*

fecundizar [fekun̪di'θar] <z→c> *vt* fruchtbar machen; (*mediante abonos*) düngen

fecundo, -a [fe'kun̪do, -a] *adj* **1.** (*prolífico*) fruchtbar **2.** (*tierra*) fruchtbar; (*campo*) ertragreich **3.** (*creador*) produktiv

FED [fe^{ð}] *m* (UE) *abr de* **Fondo Europeo de Desarrollo** EEF *m*

fedatario [feða'tarjo] *m* Notar *m*

federación [feðera'θjon] *f* Verband *m;* (*de estados*) Föderation *f*

federado, -a [feðe'raðo, -a] *adj* föderativ; **estado ~** Bundesland *nt*

federal [feðe'ral] **I.** *adj* Bundes-; (*partidario del federalismo*) bundesstaatlich; **estado ~** Bundesstaat *m;* **república ~** Bundesrepublik *f* **II.** *mf* Föderalist(in) *m(f)*

federalismo [feðera'lismo] *m sin pl* Föderalismus *m*

federalista [feðera'lista] **I.** *adj* föderalistisch **II.** *mf* Föderalist(in) *m(f)*

federalizar [feðerali'θar] <z→c> **I.** *vt* föderalisieren **II.** *vr:* **~se** sich bundesstaatlich zusammenschließen

federar [feðe'rar] **I.** *vt* (*aliarse*) verbünden; (*federalizar*) zu einer Föderation vereinigen **II.** *vr:* **~se** (*unirse*) sich verbünden; (*federalizarse*) sich bundesstaatlich zusammenschließen

federativo, -a [feðera'tiβo, -a] *adj* bundesstaatlich, Bundes-

fehaciente [fea'θjen̪te] *adj* eindeutig; (JUR) beweiskräftig

felicidad [feliθi'ða^{ð}] *f* **1.** (*dicha*) Glück *nt;* **¡~es!** (herzlichen) Glückwunsch!; **te deseamos muchas ~es** wir wünschen dir alles Gute **2.** (*alegría*) Freude *f*

felicitación [feliθita'θjon] *f* **1.** (*enhorabuena*) Glückwunsch *m* **2.** (*tarjeta*) Glückwunschkarte *f;* (*escrito*) Glückwunschschreiben *nt*

felicitar [feliθi'tar] **I.** *vt* gratulieren (*a* +*dat, por* zu +*dat*) **II.** *vr:* **~se** sich *dat* gratulieren (*por* zu +*dat*); **~se de que...** +*subj* sich freuen, dass ...

feligrés, -esa [feli'ɣres, -esa] *m, f* Pfarrgemeindemitglied *nt*

felino, -a [fe'lino, -a] *adj* (ZOOL) katzenartig

feliz [fe'liθ] *adj* **1.** (*dichoso*) glücklich; **¡~ año nuevo!** ein glückliches neues Jahr!; **¡~ Navidad!** frohe Weihnachten!; **¡~ viaje!** gute Reise! **2.** (*exitoso*) gelungen, erfolgreich

felón, -ona [fe'lon, -ona] **I.** *adj* **1.** (*traidor*) verräterisch **2.** (*infame*) gemein **II.** *m, f* **1.** (*traidor*) Verräter(in) *m(f)* **2.** (*infame*) Schurke, -in *m, f*

felonía [felo'nia] *f* **1.** (*deslealtad*) Verrat *m* **2.** (*infamia*) Gemeinheit *f* **3.** (*Am:* JUR) schweres Delikt *nt*

felpa ['felpa] *f* **1.** (*peluche*) Plüsch *m* **2.** (*fam: paliza*) Prügel *mpl* **3.** (*fam: reprimenda*) Verweis *m*

felpudo, -a[1] [fel'puðo, -a] *adj* plüschartig

felpudo[2] [fel'puðo] *m* Fußmatte *f*

femenino, -a[1] [feme'nino, -a] *adj* **1.** (*de

sexo femenino) weiblich; **equipo** ~ Damenmannschaft *f* **2.** (*afeminado*) verweichlicht **3.** (LING) feminin

femenino[2] [feme'nino] *m* (LING) Femininum *nt*

feminidad [femini'ðaᵈ] *f* Weiblichkeit *f*

feminismo [femi'nismo] *m sin pl* (*doctrina*) Feminismus *m;* (*movimiento*) Frauenbewegung *f*

feminista [femi'nista] **I.** *adj* feministisch **II.** *mf* Feminist(in) *m(f)*

fémur ['femur] *m* (ANAT) Oberschenkelknochen *m*

fenecer [fene'θer] *irr como crecer vi* **1.** (*morirse*) sterben **2.** (*acabarse*) enden

fenicio, -a [fe'niθjo] **I.** *adj* phönizisch **II.** *m, f* Phönizier(in) *m(f)*

fénix ['feniʸs] *m* Phönix *m*

fenomenal [fenome'nal] **I.** *adj* **1.** (*fenoménico*) Phänomen- **2.** (*extraordinario*) großartig; (*susto*) unglaublich **3.** (*fam: tremendo*) toll **II.** *adv* (*fam*) fabelhaft

fenómeno [fe'nomeno] **I.** *adj inv* (*fam*) phänomenal; **¡~!** super! **II.** *m* **1.** (*suceso, t.* FILOS, MED) Phänomen *nt;* (*maravilla*) Wunder *nt* **2.** (*genio*) Genie *nt* **3.** (*monstruo*) Ungeheuer *nt* **III.** *adv* toll

feo, -a[1] ['feo, -a] *adj* **1.** (*espantoso*) hässlich; **le tocó bailar con la más fea** (*fig*) er/sie hat den Kürzeren gezogen; **la cosa se está poniendo fea** es wird langsam brenzlig; **tener las cartas muy feas** sehr schlechte Karten haben **2.** (*reprobable*) gemein; **está muy ~ lo que hiciste** so etwas macht man nicht

feo[2] ['feo] **I.** *m* (*fam*) **1.** (*grosería*) Gemeinheit *f;* **hacer un ~ a alguien** zu jdm gemein sein **2.** (*aspecto*) Hässlichkeit *f* **II.** *adv* (*fam*) schlecht; **dejar ~ a alguien** jdn blamieren

feracidad [feraθi'ðaᵈ] *f* Fruchtbarkeit *f*

feraz [fe'raθ] *adj* fruchtbar

féretro ['feretro] *m* Sarg *m*

feria ['ferja] *f* **1.** (*exposición*) Messe *f;* ~ **de muestras** Mustermesse *f* **2.** (*fiesta*) Fest *nt* **3.** (*verbena*) Jahrmarkt *m;* **puesto de ~** Jahrmarktsbude *f*

ferial [fe'rjal] **I.** *adj* (*de exposición*) Messe-; **recinto ~** Messegelände *nt* **II.** *m* Messegelände *nt*

feriante [fe'rjan̪te] *mf* **1.** (*que exhibe*) Messeaussteller(in) *m(f);* (*en la verbena*) Schausteller(in) *m(f)* **2.** (*que compra*) Messebesucher(in) *m(f)*

feriar [fe'rjar] **I.** *vi* Urlaub nehmen (*en* an +*dat*) **II.** *vt* **1.** (*mercar*) kaufen **2.** (*vender*) verkaufen **3.** (*permutar*) tauschen

fermentación [fermen̪ta'θjon] *f* (Ver)gärung *f;* (*de tabaco, té*) Fermentation *f*

fermentar [fermen̪'tar] **I.** *vi* **1.** (*vino*) (ver)gären; (*tabaco, té*) fermentieren **2.** (*agitarse*) gären, brodeln **II.** *vt* vergären

fermento [fer'men̪to] *m* **1.** (*sustancia*) Gärmittel *nt* **2.** (*origen*) Auslöser *m*

ferocidad [feroθi'ðaᵈ] *f* **1.** (*salvajismo*) Wildheit *f* **2.** (*crueldad*) Grausamkeit *f*

feroz [fe'roθ] *adj* **1.** (*salvaje*) wild **2.** (*cruel*) grausam; (*violento*) gewalttätig **3.** (*fam: muy grande*) riesig

férreo, -a ['ferreo, -a] *adj* **1.** (*de hierro*) Eisen- **2.** (*del ferrocarril*) Eisenbahn-; **vía férrea** Eisenbahngleis *nt* **3.** (*tenaz*) eisern

ferrería [ferre'ria] *f* Eisenhütte *f*

ferretería [ferrete'ria] *f* **1.** (*tienda*) Eisenwarengeschäft *nt;* (*ramo de establecimientos*) Eisenwarenhandel *m* **2.** (*ferrería*) Eisenhütte *f*

ferretero, -a [ferre'tero, -a] *m, f* Eisenwarenhändler(in) *m(f)*

férrico, -a ['ferriko, -a] *adj* (QUÍM) eisenhaltig

ferrocarril [ferroka'rril] *m* **1.** (*vía*) Schienen *fpl* **2.** (*tren*) Eisenbahn *f;* ~ **de cremallera** Zahnradbahn *f;* ~ **de vía ancha** Breitspurbahn *f;* **por ~** per Bahn

ferroviario, -a [ferro'βjarjo, -a] **I.** *adj* Eisenbahn- **II.** *m, f* Bahnangestellte(r) *mf*

ferruginoso, -a [ferruxi'noso, -a] *adj* **1.** (*agua, mineral*) eisenhaltig **2.** (*color*) rotbraun

ferry ['ferri] *m* Fähre *f*

fértil ['fertil] *adj* **1.** (*tierra*) fruchtbar; **estar en edad ~** im gebärfähigen Alter sein **2.** (*rico*) reich (*en* an +*dat*)

fertilidad [fertili'ðaᵈ] *f* Fruchtbarkeit *f;* (*de tierra t.*) Ergiebigkeit *f*

fertilización [fertiliθa'θjon] *f* (*de tierra*) Fruchtbarmachung *f;* ~ **in vitro** In-vitro-Fertilisation *f*

fertilizante [fertili'θan̪te] *m* Düngemittel *nt*

fertilizar [fertili'θar] <z→c> *vt* fruchtbar machen; (*abonar*) düngen

férula ['ferula] *f* **1.** (*palmeta*) Zuchtrute *f* **2.** (*castigo*) Stockhieb *m*

férvido, -a ['ferβiðo, -a] *adj* (*elev*) **1.** (*hirviente*) kochend **2.** (*sentimiento*) leidenschaftlich

ferviente [fer'βjen̪te] *adj* begeistert

fervor [fer'βor] *m* **1.** (*calor*) Hitze *f* **2.** (*celo*) Eifer *m;* **con ~** eifrig **3.** (*piedad religiosa*) Frömmigkeit *f*

fervoroso, -a [ferβo'roso, -a] *adj* eifrig

festejar [feste'xar] **I.** *vt* **1.** (*celebrar*) feiern **2.** (*galantear*): ~ **a alguien** jdm den Hof machen **3.** (*Am: azotar*) verprügeln **II.** *vr:* **~se** feiern

festejo [fes'texo] *m* **1.** (*conmemoración*) Fest *nt,* Feier *f* **2.** (*galanteo*) (Um)werben *nt* **3.** *pl* (*actos públicos*) Feierlichkeiten *fpl*

festín [fes'tin] *m* **1.** (*celebración*) Feier *f* **2.** (*banquete*) Festessen *nt*

festival [festi'βal] *m* Festival *nt;* ~ **de cine** Filmfestspiele *ntpl*

festividad [festiβi'ðaᵈ] *f* **1.** (*conmemoración*) Feierlichkeit *f* **2.** (*día*) Festtag *m*

festivo, -a [fes'tiβo, -a] *adj* **1.** (*de fiesta*) Feier-, Fest-; **día** ~ Feiertag *m* **2.** (*humorístico*) witzig, lustig; (*persona*) scherzhaft

festón [fes'ton] *m* **1.** (*guirnalda*) Girlande *f* **2.** (*remate cosido*) Borte *f* (mit Kettenstichen)

festonear [festone'ar] *vt* **1.** (*bordar*) (mit Kettenstich) versäumen **2.** (*adornar*) mit Girlanden schmücken

fetal [fe'tal] *adj* fötal, Fötus-

fetén [fe'ten] **I.** *adj inv* (*fam*) **1.** (*excelente*) hervorragend **2.** (*auténtico*) echt **II.** *f* (*fam: verdad*) Wahrheit *f*

fetiche [fe'tiʧe] *m* Fetisch *m*

fetichismo [feti'ʧismo] *m sin pl* Fetischismus *m*

fetichista [feti'ʧista] **I.** *adj* fetischistisch **II.** *mf* Fetischist(in) *m(f)*

fetidez [feti'ðeθ] *f* Gestank *m*

fétido, -a ['fetiðo, -a] *adj* übel riechend

feto ['feto] *m* **1.** (MED) Leibesfrucht *f* **2.** (*monstruo*) Missgeburt *f*

feúcho, -a [fe'uʧo, -a] *adj* (*fam*) hässlich

feudal [feu̯'ðal] *adj* Feudal-, Lehns-; **señor** ~ Feudalherr *m*

feudalismo [feu̯ða'lismo] *m sin pl* **1.** (*sistema*) Feudalismus *m* **2.** (*época*) Feudalzeit *f*

feudo ['feu̯ðo] *m* Lehn(s)gut *nt;* **este pueblo es un** ~ **de los socialistas** dieses Dorf ist ein Bollwerk der Sozialisten

fiabilidad [fjaβili'ðaᵈ] *f* **1.** (*de una persona*) Zuverlässigkeit *f* **2.** (*de una empresa*) Seriosität *f*

fiable [fi'aβle] *adj* **1.** (*persona*) zuverlässig **2.** (*empresa*) seriös

fiado, -a [fi'aðo, -a] *adj* zuversichtlich; **comprar al** ~ auf Kredit kaufen

fiador(a)[1] [fja'ðor(a)] *m(f)* Bürge, -in *m, f* (*de* für +*akk*); **salir** ~ **por alguien** für jdn bürgen

fiador[2] [fja'ðor] *m* (*de puerta*) Riegel *m;* (*de pistola*) Sicherung *f*

fiambre [fi'ambre] **I.** *adj* **1.** (GASTR) kalt **2.** (*fam: noticia*) veraltet; (*discurso*) nicht aktuell **II.** *m* **1.** (GASTR) Wurstwaren *fpl* **2.** (*fam: cadáver*) Leiche *f;* **ese está** ~ der ist mausetot

fiambrera [fjam'βrera] *f* (*cesta*) Picknickkorb *m;* (*caja*) Frischhaltebox *f*

fianza [fi'an̪θa] *f* **1.** (*depósito*) Kaution *f* **2.** (*garantía*) Garantie *f* **3.** (*fiador*) Bürge, -in *m, f*

fiar [fi'ar] <*1. pres:* fío> **I.** *vi* **1.** (*al vender*) Kredit geben; **en esa tienda no fían** in diesem Geschäft wird nicht angeschrieben **2.** (*confiar*) vertrauen (*en* auf +*akk*) **II.** *vt* **1.** (*garantizar*) bürgen (für +*akk*) **2.** (*dar crédito*) auf Kredit überlassen **3.** (*confiar*) anvertrauen; **es de** ~ er/sie ist zuverlässig **III.** *vr:* ~**se** sich verlassen (*de* auf +*akk*); **no te fíes de lo que dice** glaub ihm/ihr kein Wort

fiasco ['fjasko] *m* Fiasko *nt*

fibra ['fiβra] *f* **1.** (*filamento, t.* BIOL, MED) Faser *f;* ~ **muscular** (MED) Muskelfaser *f;* ~ **de vidrio** Glasfaser *f* **2.** (*vigor*) Kraft *f;* **no tiene** ~ **suficiente para llevar la empresa** ihm/ihr fehlt das Zeug zur Leitung der Firma **3.** *pl* (*en alimentos*) Ballaststoffe *mpl*

fibroso, -a [fi'βroso, -a] *adj* faserig; (MED) fibrös

ficción [fiᵞ'θjon] *f* **1.** (*simulación*) Vortäuschung *f* **2.** (*invención*) Erfindung *f;* ~ **novelesca** Roman *m;* **ciencia** ~ Sciencefiction *f*

ficha ['fiʧa] *f* **1.** (*de ruleta*) Jeton *m;* (*de dominó*) (Spiel)stein *m* **2.** (*para una máquina*) Jeton *m;* (*de teléfono*) Münze *f;* (*de guardarropa*) Marke *f* **3.** (*tarjeta informativa*) Karteikarte *f;* (*en el trabajo*) Stechkarte *f;* ~ **perforada** (INFOR) Lochkarte *f;* ~ **policial** Polizeiakte *f* **4.** (DEP) Ablösesumme *f* **5.** (*bribón*) Gauner *m*

fichaje [fi'ʧaxe] *m* (DEP) Verpflichtung *f* (eines Spielers)

fichar [fi'ʧar] **I.** *vi* **1.** (DEP) sich verpflichten **2.** (*en el trabajo*) stechen **II.** *vt* **1.** (*registrar*) in die Kartei aufnehmen; (*la policía*) die Personalien aufnehmen (*a* +*gen,* von +*dat*); **estar fichado** vorbestraft sein **2.** (*fam: desconfiar*) in eine (bestimmte) Schublade stecken **3.** (DEP) verpflichten **4.** (*anotar informaciones*) kartieren

fichero [fi'ʧero] *m* **1.** (*archivador*) Kartei *f;* (*caja*) Karteikasten *m* **2.** (INFOR) Datei *f*

ficticio, -a [fik'tiθjo, -a] *adj* (frei) erfunden

fidedigno, -a [fiðe'ðiɣno, -a] *adj* glaubwürdig

fideicomiso [fidei̯ko'miso] *m* (JUR) Treuhandschaft *f*

fidelidad [fiðeli'ðaᵈ] *f* **1.** (*lealtad*) Treue *f* **2.** (*precisión*) Genauigkeit *f;* **alta** ~ Highfidelity *f*

fideo [fi'ðeo] *m* **1.** (GASTR) Suppennudel *f* **2.** (*fam: persona*) Bohnenstange *f*

fiduciario, -a [fiðuθi'ðarjo, -a] **I.** *adj* treuhänderisch **II.** *m, f* Treuhänder(in) *m(f)*

fiebre ['fjeβre] *f* Fieber *nt;* ~ **del heno** Heuschnupfen *m;* ~ **del juego** Spielleidenschaft *f;* ~ **del oro** Goldrausch *m;* ~ **palúdica** Malaria *f;* **tener poca** ~ erhöhte Temperatur haben

fiel [fjel] **I.** *adj* **1.** (*persona*) treu; **ser** ~ **a una promesa** sein Versprechen halten; **siempre me han sido** ~**es** sie haben immer zu mir gehalten **2.** (*retrato*) getreu

3. (*memoria*) gut **II.** *m* **1.** (*seguidor*) Anhänger *m* **2.** (*de una balanza*) Zeiger *m;* **él podría inclinar el ~ de la balanza** er könnte das Zünglein an der Waage sein **3.** (*inspector*) Eichmeister *m* **4.** *pl* (REL) Gläubigen *mpl*

fieltro ['fjeltro] *m* **1.** (*paño*) Filz *m* **2.** (*sombrero*) Filzhut *m*

fiera ['fjera] *f* **1.** (ZOOL) Raubtier *nt* **2.** (TAUR) Stier *m* **3.** (*persona*) Bestie *f,* Unmensch *m;* **llegó hecho una ~** (*fam*) er/sie kam außer sich *dat* vor Wut an

fiereza [fje'reθa] *f* **1.** (*de un animal*) Wildheit *f* **2.** (*de una persona*) Brutalität *f*

fiero, -a ['fjero, -a] *adj* **1.** (*feroz*) wild **2.** (*cruel*) brutal **3.** (*feo*) hässlich **4.** (*fuerte*) stark

fierro ['fjerro] *m* (*Am*) **1.** (*hierro*) Eisen *nt* **2.** (*del ganado*) Brandzeichen *nt*

fiesta ['fjesta] *f* **1.** (*día*) Feiertag *m;* **¡Felices F~s!** Frohe Weihnachten!; **hoy hago ~** heute mache ich frei **2.** (*celebración*) Fest *nt;* **~ mayor** (*de una ciudad*) Stadtfest *nt;* (*de un pueblo*) Dorffest *nt;* **aguar la ~ a alguien** (*fam*) jdm den Spaß verderben **3.** *pl* (*caricias*): **hacer ~s a alguien** jdm um den Bart gehen *fam* **4.** (*loc, fam*): **estar de ~** gut aufgelegt sein; **acabemos la ~ en paz** lass/lasst uns keinen Streit anfangen

> Mit **fiesta nacional** bezieht man sich entweder auf einen Nationalfeiertag in Spanien oder auch auf den Stierkampf und sein besonderes Ambiente. (Wahrscheinlich deshalb, weil Stierkämpfe hauptsächlich an Feiertagen stattfinden.)

fifí [fi'fi] *m* (*Am: señorito*) Fatzke *m fam,* Snob *m*

fifiriche [fifi'ritʃe] *adj* (*Am: enclenque*) schwächlich

fig. [fiɣura'tiβo] *abr de* **figurativo** figurativ

figura [fi'ɣura] *f* **1.** (*de un cuerpo, t.* ARTE, MAT, MÚS) Figur *f;* **~ decorativa** (*persona*) Lückenbüßer *m;* **un vestido que realza la ~** (*que adelgaza*) ein Kleid, das schlank macht; (*que modela*) ein figurbetontes Kleid **2.** (*cara*) Gesicht *nt;* (*aspecto*) Aussehen *nt* **3.** (*imagen*) Gestalt *f;* **se distinguía la ~ de un barco** die Umrisse eines Schiffes zeichneten sich ab **4.** (TEAT) Gestalt *f* **5.** (*personaje*) Persönlichkeit *f;* **las grandes ~s del deporte** die Größen des Sports **6.** (*mueca*) Grimasse *f* **7.** (*ilustración*) Abbildung *f* **8.** (*de la baraja*) *Bube, Reiter oder König in den spanischen Spielkarten*

figuración [fiɣura'θjon] *f* **1.** (ARTE) Figuration *f* **2.** (*imaginación*) Einbildung *f* **3.** (CINE) Statisten *mpl*

figurado, -a [fiɣu'raðo, -a] *adj* **1.** (*lenguaje*) bildlich **2.** (*uso*) figürlich; **en sentido ~** im übertragenen Sinne

figurante [fiɣu'rante] *mf* Statist(in) *m(f)*

figurar [fiɣu'rar] **I.** *vi* **1.** (*encontrarse*) erscheinen; **no figura en la lista** er/sie steht nicht auf der Liste; **figura en el puesto número tres** er/sie rangiert auf Platz drei **2.** (*destacar*) eine wichtige Rolle spielen **3.** (*aparentar*) angeben; **le gusta un montón ~** er/sie legt viel Wert auf sein/ihr Äußeres **II.** *vt* **1.** (*representar*) darstellen **2.** (TEAT) spielen **3.** (*simular*) vortäuschen; **figuró no haber oído el comentario** er/sie tat so, als ob er/sie den Kommentar nicht gehört hätte **III.** *vr:* **~se** sich *dat* vorstellen; **¡figúrate!** stell dir vor!; **no vayas a ~te que...** bilde dir bloß nicht ein, dass ...

figurativo, -a [fiɣura'tiβo, -a] *adj* figürlich; **no ~** abstrakt

figurín [fiɣu'rin] *m* **1.** (*dibujo*) Modezeichnung *f;* (*modelo*) Schaufensterpuppe *f* **2.** (*persona*) Modegeck *m*

figurón [fiɣu'ron] *m* **1.** (*fam: fachendoso*) Angeber *m* **2.** (NÁUT): **~ de proa** Galionsfigur *f*

fijación [fixa'θjon] *f* **1.** (*sujeción*) Befestigung *f;* (*con chinchetas*) Anheften *nt;* (*con cuerdas*) Anbinden *nt;* (*con cola*) Aufkleben *nt;* (*con clavos*) Annageln *nt;* (*con cadenas*) Anketten *nt;* (*con tornillos*) Anschrauben *nt* **2.** (*de precio, regla*) Festlegung *f* **3.** (*de la mirada*) Fixierung *f* **4.** (*de esquíes*) Bindung *f* **5.** (*loc*): **tener una ~ por alguien** eine Schwäche für jdn haben

fijado [fi'xaðo] *m* (FOTO) Fixierbad *nt*

fijador [fixa'ðor] *m* **1.** (*para el pelo*) Haarfestiger *m* **2.** (*de pintura*) Fixiermittel *nt* **3.** (FOTO) Fixierbad *nt*

fijar [fi'xar] **I.** *vt* **1.** (*sujetar*) befestigen (*a/en* an +*dat*); (*con chinchetas*) anheften; (*con cuerdas*) anbinden; (*con cola*) aufkleben; (*con clavos*) annageln; (*con cadenas*) anketten; (*con tornillos*) anschrauben; **~ una placa en la pared** eine Tafel an der Wand anbringen; **prohibido ~ carteles** Plakate ankleben verboten **2.** (*la mirada*) heften (*en* auf +*akk*); **~ la atención en algo** die Aufmerksamkeit auf etw richten **3.** (*residencia, precio*) festlegen **4.** (QUÍM) fixieren **5.** (*puerta*) einsetzen **II.** *vr:* **~se** **1.** (*en un lugar*) sich niederlassen (*en* in +*dat*) **2.** (*atender*) aufpassen; **no se ha fijado en mi nuevo peinado** er/sie hat nicht gemerkt, dass ich eine neue Frisur habe; **ese se fija en todo** ihm entgeht nichts; **fíjate bien en lo que te digo** hör mir mal gut zu **3.** (*mirar*) anschauen; **no se fijó en mí** er/sie beachtete mich nicht

fijeza [fi'xeθa] *f* **1.** (*seguridad*) Sicherheit *f* **2.** (*persistencia*) Beharrlichkeit *f;* **mirar con ~ a alguien** jdn anstarren

fijo, -a ['fixo, -a] **I.** *adj* **1.** (*estable*) fest; **cliente ~** Stammgast *m;* **precio ~** Fixpreis *m* **2.** (*idea*) fix **3.** (*mirada*) starr **4.** (*trabajador*) fest angestellt **II.** *adv* sicher; **saber algo de ~** etw mit Sicherheit wissen

fila ['fila] *f* **1.** (*hilera*) Reihe *f;* **~ de coches** Autoschlange *f;* **en ~ india** im Gänsemarsch; **aparcar en doble ~** in der zweiten Reihe parken; **ir en ~** in Reih und Glied gehen; **salir de la ~** aus der Reihe tanzen *fam* **2.** (MIL) Glied *nt;* **¡en ~s!** antreten!; **¡rompan ~s!** weg(ge)treten!; **llamar a ~s** zum Militärdienst einberufen **3.** (*fam: tirria*) Groll *m* **4.** (MAT) Reihe *f* **5.** *pl* (*de un partido*) Reihen *fpl*

filamento [fila'mento] *m* **1.** (*de un tejido*) Faden *m* **2.** (ELEC) Glühfaden *m* **3.** (BOT) Staubfaden *m*

filantropía [filantro'pia] *f sin pl* Menschenliebe *f*

filántropo [fi'lantropo, -a] *mf* Menschenfreund(in) *m(f)*

filar [fi'lar] *vt* (*fam: calar*) durchschauen; (*estar precavido*) voreingenommen sein (gegenüber +*dat*)

filarmónica [filar'monika] *f* (*Méx: acordeón*) Ziehharmonika *f*

filarmónico, -a [filar'moniko, -a] *adj* philharmonisch; **orquesta filarmónica** Philharmonie *f*

filatelia [fila'telja] *f* Briefmarkenkunde *f*

filatelista [filate'lista] *mf* Briefmarkensammler(in) *m(f)*

filete [fi'lete] *m* **1.** (ARQUIT) Zierleiste *f* **2.** (*ribete*) Saum *m* **3.** (GASTR: *solomillo*) Lendenstück *nt;* (*lonja*) Filet *nt* **4.** (TIPO) Linie *f;* (*de adorno*) Zierlinie *f* **5.** (TÉC) Gewinde *nt*

filetear [filete'ar] *vt* **1.** (ARQUIT) mit Leisten verzieren **2.** (*un vestido*) (ein)säumen **3.** (GASTR) in Scheiben schneiden **4.** (TÉC) das Gewinde schneiden (von +*dat*)

filfa ['filfa] *f* (*fam*) **1.** (*mentira*) Lüge *f* **2.** (*engañifa*) Betrug *m*

filiación [filja'θjon] *f* **1.** (*origen*) Abstammung *f;* (*de ideas*) Herkunft *f* **2.** (*datos personales*) Personalien *fpl* **3.** (*en un partido*) Mitgliedschaft *f* (*en* in +*dat*)

filial [fi'ljal] **I.** *adj* Kindes-; **equipo ~** (DEP) zweite Mannschaft **II.** *f* **1.** (COM) Filiale *f* **2.** (REL) Filialkirche *f*

filibustero [filiβus'tero] *m* (HIST) Pirat *m*

filigrana [fili'ɣrana] *f* **1.** (*de orfebrería*) Filigranarbeit *f* **2.** (*en un papel*) Wasserzeichen *nt*

Filipinas [fili'pinas] *fpl:* **las ~** die Philippinen

filipino, -a [fili'pino, -a] **I.** *adj* philippinisch **II.** *m, f* Philippiner(in) *m(f)*

filisteo, -a [filis'teo, -a] **I.** *adj* Philister- **II.** *m, f* (HIST) Philister(in) *m(f)*

film [film] *m* Film *m*

filmación [filma'θjon] *f* **1.** (*de reportaje*) Filmen *nt* **2.** (*rodaje*) Dreharbeiten *fpl* **3.** (*de novela*) Verfilmung *f*

filmadora [filma'ðora] *f* Filmkamera *f*

filmar [fil'mar] *vt* **1.** (*reportaje*) filmen **2.** (*rodar*) drehen **3.** (*novela*) verfilmen

filme ['filme] *m* Film *m*

fílmico, -a ['filmiko, -a] *adj* Film-, filmisch

filmina [fil'mina] *f* Dia(positiv) *nt*

filmografía [filmoɣra'fia] *f* Filmografie *f*

filmoteca [filmo'teka] *f* Filmothek *f*

filo ['filo] *m* **1.** (*de cuchillo*) Schneide *f;* **un arma de dos ~s** (*fig*) ein zweischneidiges Schwert **2.** (*entre dos partes*) Trennungslinie *f* **3.** (*AmC: hambre*) Hunger *m* **4.** (*loc*): **al ~ del amanecer** bei Tagesanbruch; **al ~ de la medianoche** Punkt Mitternacht

filología [filolo'xia] *f* Philologie *f;* **~ germánica** Germanistik *f;* **~ hispánica** Hispanistik *f*

filólogo, -a [fi'loloɣo, -a] *m, f* Philologe, -in *m, f*

filón [fi'lon] *m* **1.** (MIN) Flöz *nt* **2.** (*negocio*) Goldgrube *f*

filoso, -a [fi'loso, -a] *adj* (*Am: afilado*) scharf

filosofar [filoso'far] *vi* philosophieren (*de/sobre* über +*akk*)

filosofía [filoso'fia] *f* **1.** (*disciplina*) Philosophie *f* **2.** (*serenidad*) Gelassenheit *f*

filosófico, -a [filo'sofiko, -a] *adj* philosophisch

filósofo, -a [fi'losofo, -a] *m, f* Philosoph(in) *m(f)*

filoxera [filoʸ'sera] *f* (*insecto*) Reblaus *f*

filtración [filtra'θjon] *f* **1.** (*de un líquido*) Filtern *nt;* (*de la luz*) Durchscheinen *nt* **2.** (*de información*) Durchsickern *nt;* (*de datos*) Auswahl *f*

filtrador [filtra'ðor] *m* Filter *m o nt*

filtrar [fil'trar] **I.** *vi* **1.** (*líquido*) durchsickern (*por* durch +*akk*); (*luz*) durchscheinen (*por* durch +*akk*) **2.** (*tubería*) undicht sein **II.** *vt* **1.** (*por un filtro*) filtern **2.** (*datos*) auswählen **3.** (*noticia*) durchsickern lassen **III.** *vr:* **~se 1.** (*líquido*) durchsickern; (*luz*) durchscheinen **2.** (*noticia*) durchsickern **3.** (*dinero*) dahinschwinden

filtro ['filtro] *m* **1.** (*tamiz*) Filter *m o nt;* **cigarrillo con ~** Filterzigarette *f* **2.** (*poción*) Trank *m*

filudo, -a [fi'luðo, -a] *adj* (*Am*) messerscharf

fin [fin] *m* **1.** (*término*) Ende *nt;* **~ de semana** Wochenende *nt;* **a ~(es) de mes** am Monatsende; **algo toca a su ~** etw geht dem Ende entgegen; **poner ~ a algo** etw *dat* ein Ende setzen; **sin ~** endlos; **al ~ y al cabo, a ~ de cuentas** letzten Endes

2. (*propósito*) Ziel *nt;* ~**es benéficos** wohltätige Zwecke; ~**es deshonestos** unehrenhafte Absichten; **a** ~ **de que** +*subj* damit

finado, -a [fi'naðo, -a] *m, f* Verstorbene(r) *mf*

final¹ [fi'nal] **I.** *adj* **1.** (*producto, resultado*) End-; (*fase, examen*) Schluss-; (*solución*) endgültig; **el juicio** ~ (REL) das Jüngste Gericht; **palabras** ~**es** Schlussworte *ntpl* **2.** (LING) final **II.** *m* Ende *nt;* (*de un libro*) Ausgang *m;* (MÚS) Finale *nt;* **película con ~ feliz** Film mit Happyend; **al ~ no nos lo dijo** er/sie sagte es uns schließlich letztendlich nicht

final² [fi'nal] *f* (DEP: *partido*) Finale *nt;* (*ronda*) Endrunde *f*

finalidad [finali'ðaᵈ] *f* Ziel *nt;* (FILOS) Finalität *f*

finalista [fina'lista] *mf* **1.** (*en un concurso*) Teilnehmer(in) *m(f)* der Schlussrunde; (DEP) Finalist(in) *m(f)* **2.** (FILOS) Vertreter(in) *m(f)* des Finalismus

finalización [finaliθa'θjon] *f* Abschluss *m;* ~ **de contrato** Vertragsablauf *m*

finalizar [finali'θar] <z→c> **I.** *vi* abschließen; (*plazo*) ablaufen **II.** *vt* beenden, abschließen

finalmente [final'meṇte] *adv* endlich, schließlich

financiación [finaṇθja'θjon] *f* Finanzierung *f;* ~ **de los partidos** Parteienfinanzierung *f*

financiador(a) [finaṇθja'ðor(a)] *m(f)* Geldgeber(in) *m(f)*

financiar [finaṇ'θjar] *vt* finanzieren

financiera [finaṇ'θjera] *f* Finanzinstitut *nt*

financiero, -a [finaṇ'θjero, -a] **I.** *adj* finanziell **II.** *m, f* Finanzexperte, -in *m, f*

finanzas [fi'naṇθas] *fpl* Finanzen *fpl*

finar [fi'nar] *vi* sterben

finca ['fiŋka] *f* (*urbana*) Grundstück *nt;* (*rústica*) Landgut *nt*

finés, -esa [fi'nes, -esa] **I.** *adj* finnisch **II.** *m, f* Finne, -in *m, f*

fineza [fi'neθa] *f* **1.** (*delgadez*) Dünne *f* **2.** (*suavidad*) Zartheit *f* **3.** (*de calidad*) Feinheit *f* **4.** (*cumplido*) Kompliment *nt* **5.** (*regalo*) Aufmerksamkeit *f* **6.** (*primor*) Feinarbeit *f*

fingido, -a [fiŋ'xiðo, -a] *adj* vorgetäuscht; (*persona*) falsch

fingidor(a) [fiŋxi'ðor(a)] *m(f)* (*de una enfermedad*) Simulant(in) *m(f);* (*de sentimientos*) Heuchler(in) *m(f)*

fingimiento [fiŋxi'mjeṇto] *m* **1.** (*de una enfermedad*) Vortäuschung *f;* (*de un sentimiento*) Vorheucheln *nt* **2.** (*engaño*) Täuschung *f;* (*hipocresía*) Heuchelei *f*

fingir [fiŋ'xir] <g→j> **I.** *vi, vt* vortäuschen; (*sentimiento*) heucheln **II.** *vr:* ~**se** sich ausgeben (für +*akk*)

finiquitar [finiki'tar] *vt* **1.** (*cuenta*) saldieren **2.** (*fam: asunto*) abschließen

finiquito [fini'kito] *m* Schlussabrechnung *f*

finisecular [finiseku'lar] *adj* der Jahrhundertwende

finito, -a [fi'nito, -a] *adj* begrenzt; **número** ~ (MAT) endliche Zahl

finlandés, -esa [finlaṇ'des, -esa] **I.** *adj* finnisch **II.** *m, f* Finne, -in *m, f*

Finlandia [fin'laṇdja] *f* Finnland *nt*

fino, -a¹ ['fino, -a] *adj* **1.** (*delgado*) dünn; **lluvia fina** feiner Regen **2.** (*liso*) fein, zart **3.** (*de calidad*) fein; **oro** ~ Feingold *nt;* **tener un paladar** ~ ein Feinschmecker sein **4.** (*sentido*) fein; **de oído** ~ hellhörig **5.** (*cortés*) höflich; **modales** ~**s** gute Manieren **6.** (*astuto*) schlau **7.** (*metal*) edel

fino² ['fino] *m* trockener Sherry *m*

finolis [fi'nolis] **I.** *adj inv* (*fam*) geziert **II.** *mf inv* (*fam*) arroganter Mensch *m*

finta ['fiṇta] *f* (*t.* DEP) Finte *f;* **hacer una** ~ fintieren

finura [fi'nura] *f* **1.** (*delgadez*) Dünne *f* **2.** (*suavidad*) Zartheit *f* **3.** (*calidad*) Feinheit *f* **4.** (*cortesía*) Höflichkeit *f* **5.** (*astucia*) Schläue *f*

fiordo ['fjorðo] *m* Fjord *m*

firma ['firma] *f* **1.** (*en documentos*) Unterschrift *f* **2.** (*de un acuerdo*) Unterzeichnung *f* **3.** (*empresa*) Firma *f*

firmamento [firma'meṇto] *m* Firmament *nt*

firmante [fir'maṇte] *mf* Unterzeichner(in) *m(f)*

firmar [fir'mar] *vi, vt* unterschreiben; (*un acuerdo*) unterzeichnen; ~ **autógrafos** Autogramme geben; ~ **un cheque** einen Scheck ausstellen

firme ['firme] **I.** *adj* (*fijo*) fest; (*estable*) stabil; (*seguro*) sicher; (*carácter*) unerschütterlich; (*postura corporal*) stramm; (*amistad*) treu; **tierra** ~ Festland *nt;* **¡~s!** (MIL) still gestanden!; **con mano** ~ mit ruhiger Hand; **esta mesa no está** ~ dieser Tisch wackelt; **ser ~ en sus propósitos** feste Absichten haben **II.** *m* **1.** (*de la carretera*) (Straßen)belag *m* **2.** (*de guijo*) Kiesschicht *f* **III.** *adv:* **de** ~ (*fuertemente*) stark; (*sin parar*) unaufhörlich; **el calor aprieta de** ~ es herrscht eine sengende Hitze

firmeza [fir'meθa] *f* **1.** (*solidez*) Festigkeit *f;* (*de un mueble*) Stabilität *f* **2.** (*de una creencia*) Unerschütterlichkeit *f;* ~ **de carácter** Charakterstärke *f* **3.** (*perseverancia*) Beharrlichkeit *f*

fiscal [fis'kal] **I.** *adj* **1.** (*del fisco*) Fiskal- **2.** (*de los impuestos*) Steuer- **II.** *mf* **1.** (JUR) Staatsanwalt, -wältin *m, f;* **F~ General del Estado** Generalstaatsanwalt, -wältin *m, f*

2. (*interventor*) Steuerbeamte(r) *mf*, Steuerbeamtin *f*

fiscalía [fiska'lia] *f* Staatsanwaltschaft *f*

fiscalidad [fiskali'ða^{ð}] *f* Steuergesetzgebung *f*

fiscalización [fiskaliθa'θjon] *f* Prüfung *f*; (*de impuestos*) Steuerprüfung *f*

fiscalizador(a) [fiskaliθa'ðor(a)] *m(f)* Prüfer(in) *m(f)*; (*de impuestos*) Steuerprüfer(in) *m(f)*

fiscalizar [fiskali'θar] <z→c> *vt* prüfen; (*lo fiscal*) steuerlich prüfen

fisco ['fisko] *m* Staatskasse *f*

fisgar [fis'ɣar] <g→gu> **I.** *vi* **1.** (*burlarse*) sich lustig machen (*de* über +*akk*) **2.** (*indagar*) (herum)schnüffeln (*en* in +*dat*) *fam*; **le encanta ~ en mis asuntos** er/sie steckt gerne die Nase in meine Angelegenheiten **II.** *vt* **1.** (*pescar*) mit der Harpune fischen **2.** (*con el olfato*) schnüffeln

fisgón, -ona [fis'ɣon, -ona] *m, f* (*pey*) **1.** (*que se burla*) Spötter(in) *m(f)* **2.** (*que indaga*) Schnüffler(in) *m(f)* *fam*

fisgonear [fisɣone'ar] *vi* (*pey*) (herum)schnüffeln (*en* in +*dat*) *fam*

física ['fisika] *f* Physik *f*

físicamente [fisika'mente] *adv* **1.** (*corporalmente*) körperlich **2.** (*verdaderamente*) wirklich

físico, -a[1] ['fisiko, -a] **I.** *adj* **1.** (*del cuerpo*) physisch, körperlich; **educación física** (ENS) Sport *m* **2.** (FÍS) physikalisch **II.** *m, f* Physiker(in) *m(f)*

físico[2] ['fisiko] *m* Körperbau *m*; **tener un buen ~** eine gute Figur haben

fisiología [fisjolo'xia] *f* Physiologie *f*

fisiólogo, -a [fi'sjoloɣo, -a] *m, f* Physiologe, -in *m, f*

fisión [fi'sjon] *f* **1.** (FÍS) Spaltung *f* **2.** (BIOL) Zellteilung *f*

fisionar [fisjo'nar] *vt* spalten

fisionomía [fisjono'mia] *f v.* **fisonomía**

fisioterapeuta [fisjotera'peu̯ta] *mf* Krankengymnast(in) *m(f)*

fisioterapia [fisjote'rapja] *f* Physiotherapie *f*

fisonomía [fisono'mia] *f* **1.** (*del rostro*) Gesichtsausdruck *m* **2.** (*aspecto*) Aussehen *nt*

fisonomista [fisono'mista] *mf* Physiognom(in) *m(f)*; **¿eres un buen ~?** hast du ein gutes Personengedächtnis?

fístula ['fistula] *f* **1.** (*tubo*) Röhre *f* **2.** (MED) Fistel *f*

fisura [fi'sura] *f* **1.** (*grieta*) Riss *m*; (*grande*) Spalte *f* **2.** (MED: *en un hueso*) Knochenriss *m* **3.** (MED: *en el ano*) Afterschrunde *f*

fixing ['fi^{ɣ}siŋ] *m* <fixings> (FIN) Fixing *nt*

flac(c)idez [fla$^{(ɣ)}$θi'ðeθ] *f* **1.** (*de las carnes*) Schlaffheit *f* **2.** (*de la piel*) Welkheit *f*

flác(c)ido, -a ['fla$^{(ɣ)}$θiðo, -a] *adj* **1.** (*carnes*) schlaff **2.** (*piel*) welk **3.** (*vestiduras*) bauschig

flaco, -a[1] ['flako, -a] *adj* **1.** (*delgado*) dünn; **los años de las vacas flacas** die mageren Jahre **2.** (*escaso*) gering; **rendimientos ~s** kümmerliche Erträge **3.** (*débil*) schwach; **punto ~** Schwachpunkt *m*

flaco[2] ['flako] *m* Schwäche *f*

flacucho, -a [fla'kutʃo, -a] *adj* (*pey fam*) mager

flagelar [flaxe'lar] **I.** *vt* **1.** (*azotar*) auspeitschen; (REL) geißeln **2.** (*verbalmente*) scharf kritisieren **II.** *vr:* **~se** sich geißeln

flagelo [fla'xelo] *m* Geißel *f*

flagrante [fla'ɣrante] **I.** *adj* (*evidente*) offenkundig **II.** *adv:* **en ~** in flagranti

flamante [fla'mante] *adj* (*fam*) **1.** (*vistoso*) auffallend **2.** (*nuevo*) (funkel)nagelneu

flamear [flame'ar] **I.** *vi* **1.** (*llamear*) lodern **2.** (*bandera*) flattern **II.** *vt* **1.** (GASTR) flambieren **2.** (MED) abflammen

flamenco, -a[1] [fla'meŋko, -a] **I.** *adj* **1.** (*de Flandes*) flämisch **2.** (*andaluz*) Flamenco-; **cante ~** Flamenco *m* **3.** (*chulo*) angeberisch **II.** *m, f* Flame *m*, Flämin *f*

flamenco[2] [fla'meŋko] *m* **1.** (*lengua*) Flämisch(e) *nt* **2.** (ZOOL) Flamingo *m* **3.** (*cante*) Flamenco *m*

> Der **flamenco**, ein sehr traditioneller Gesang und Tanz aus **Andalucía**, ist weltweit bekannt. Ausgangspunkt des **flamenco** sind drei traditionsreiche Kulturvölker: Andalusier, Mauren und Zigeuner. Gesang und Tanz (Solo- oder Paartanz) werden immer von rhythmischem Händeklatschen und Fingerschnippen, auch von verschiedenen Rufen, begleitet.

flan [flan] *m* (GASTR) ≈Karamellpudding *m*

flanco ['flaŋko] *m* Flanke *f*

Flandes ['flandes] *m* Flandern *nt*

flanquear [flaŋke'ar] *vt* **1.** (*estar al lado*) flankieren **2.** (MIL: *atacar*) von der Flanke her angreifen; (*proteger*) seitlich decken

flaquear [flake'ar] *vi* **1.** (*fuerzas*) nachlassen; (*salud*) sich verschlechtern **2.** (*en un examen*) eine schwache Leistung zeigen **3.** (*demanda*) abflauen **4.** (*edificio*) baufällig werden

flaqueza [fla'keθa] *f* **1.** (*de flaco*) Magerkeit *f* **2.** (*debilidad*) Schwäche *f*

flas [flas] *m*, **flash** [flaʃ] *m inv* **1.** (FOTO) Blitz *m* **2.** (*noticia*) Eilmeldung *f*

flato ['flato] *m* **1.** (MED) Blähung *f* **2.** (*Am: melancolía*) Schwermut *f*

flatoso, -a [fla'toso, -a] *adj* (*Am: miedoso*)

ängstlich

flatulencia [flatu'leṇθja] *f* (MED) Blähsucht *f*

flauta[1] ['flau̯ta] *f* Flöte *f;* ~ **dulce** Blockflöte *f;* ~ **travesera** Querflöte *f*

flauta[2] ['flau̯ta] *mf,* **flautista** [flau̯'tista] *mf* Flötist(in) *m(f)*

flebitis [fle'βitis] *f inv* (MED) Venenentzündung *f*

flecha ['fletʃa] *f* **1.** (*arma*) Pfeil *m;* **ser rápido como una** ~ pfeilschnell sein **2.** (*sagita*) Bogenhöhe *f* **3.** (*de torre*) Turmspitze *f* **4.** (*de viga*) Durchbiegung *f*

flechar [fle'tʃar] **I.** *vi* den Bogen gespannt haben **II.** *vt* **1.** (*un arco*) spannen **2.** (*fam: enamorar*) den Kopf verdrehen +*dat*

flechazo [fle'tʃaθo] *m* **1.** (*de flecha*) Pfeilschuss *m* **2.** (*fam: de amor*): **lo nuestro fue un** ~ bei uns war es Liebe auf den ersten Blick

fleco ['fleko] *m* **1.** (*adorno*) Franse *f* **2.** (*del pelo*) Pony *m* **3.** *pl* (*de vestido*) ausgefranster Rand *m*

fleje ['flexe] *m* Bandeisen *nt*

flema ['flema] *f* **1.** (*calma*) Trägheit *f* **2.** (*mucosidad*) Schleim *m*

flemático, -a [fle'matiko, -a] **I.** *adj* phlegmatisch **II.** *m, f* Phlegmatiker(in) *m(f)*

flemón [fle'mon] *m* **1.** (MED) Entzündung *f* **2.** (*dental*) Zahnfleischentzündung *f*

flequillo [fle'kiʎo] *m* Pony *m*

fletador(a) [fleta'ðor(a)] *m(f)* **1.** (*de avión*) Charterer, -in *m, f* **2.** (COM) Befrachter(in) *m(f)*

fletamento [fleta'meṇto] *m* **1.** (*de avión*) Chartern *nt* **2.** (COM: *acción*) Verfrachtung *f* **3.** (*contrato*) Frachtvertrag *m*

fletar [fle'tar] **I.** *vt* **1.** (*avión*) chartern **2.** (COM) verfrachten **3.** (*Am: vehículo*) verleihen **4.** (*CSur: despedir*) entlassen **II.** *vr:* ~**se** (*AmC: fastidiarse*) sich abfinden müssen (*con/de* mit +*dat*)

flete ['flete] *m* **1.** (*carga*) Frachtgut *nt* **2.** (COM: *tasa*) Fracht *f* **3.** (*Am: tarifa*) Mietpreis *m*

flexibilidad [fleᵞsiβili'ðaᵈ] *f* **1.** (*de palo*) Biegsamkeit *f;* (*de músculo*) Elastizität *f* **2.** (*de una persona*) Anpassungsfähigkeit *f;* ~ **de precios** Preisflexibilität *f*

flexibilizar [fleᵞsiβili'θar] <z→c> *vt* flexibilisieren

flexible [fleᵞ'siβle] *adj* **1.** (*palo*) biegsam; (*músculo*) elastisch **2.** (*persona*) anpassungsfähig; **horario** ~ Gleitzeit *f*

flexión [fleᵞ'sjon] *f* **1.** (*del cuerpo*) Beugen *nt;* ~ **de tronco** Rumpfbeuge *f;* ~ **de brazos en la espaldera** Klimmzüge am Reck **2.** (LING) Flexion *f* **3.** (GEO) Flexur *f*

flexionar [fleᵞsjo'nar] *vt* beugen

flexo ['fleᵞso] *m* biegsame (Schreib)tischlampe *f*

flipado, -a [fli'paðo, -a] *adj* (*argot*) high

flipante [fli'paṇte] *adj* (*argot*) cool

flipar [fli'par] **I.** *vt* (*argot*) antörnen **II.** *vi, vr:* ~**se** (*argot*) ausflippen

flirt [flirᵗ] *m* <**flirts**> Flirt *m*

flirtear [flirte'ar] *vi* flirten

flirteo [flir'teo] *m* Flirt *m*

flojear [floxe'ar] *vi* **1.** (*disminuir*) nachlassen; (*interés*) abflauen **2.** (*en una materia*) schwach sein (*en* in +*dat*)

flojedad [floxe'ðaᵈ] *f* **1.** (*debilidad*) Schwäche *f* **2.** (*pereza*) Faulheit *f*

flojera [flo'xera] *f* (*fam*) **1.** (*debilidad*) Schwäche *f;* **coger** ~ **de piernas** weiche Knie bekommen **2.** (*pereza*) Faulheit *f*

flojo, -a ['floxo, -a] *adj* **1.** (*cuerda*) locker; (*nudo*) lose **2.** (*vino*) leicht; (*argumento*) schwach; (*viento*) flau; (*café*) dünn; (*luz*) matt; ~ **de carácter** charakterschwach; **estoy** ~ **en alemán** mein Deutsch ist nicht so gut; **la política me la trae floja** (*vulg*) ich kümmere mich einen Dreck um Politik **3.** (*cosecha*) mager **4.** (*demanda*) schwach **5.** (*obrero*) faul **6.** (*Am: cobarde*) feig(e)

floppy ['flopi] *m* (INFOR) Floppydisk *f*

flor [flor] *f* **1.** (BOT: *planta*) Blume *f;* (*parte de la planta*) Blüte *f;* **estar en** ~ blühen; **camisa de** ~**es** geblümtes Hemd **2.** (*lo más selecto*) Auslese *f;* **la** ~ **y la nata de la sociedad** die Crème de la crème **3.** (*piropo*) Schmeichelei *f* **4.** (*de los metales*) Irisieren *nt* **5.** (*de las pieles*) Narbenseite *f* **6.** (*virginidad*) Jungfräulichkeit *f* **7.** (*del vino*) Kahmhaut *f* **8.** (*loc*): **pasó volando a** ~ **de tierra** es flog dicht am Boden vorbei; **tengo los nervios a** ~ **de piel** meine Nerven sind zum Zerreißen gespannt

flora ['flora] *f* (BOT, MED) Flora *f*

floración [flora'θjon] *f* **1.** (*acción*) Blühen *nt* **2.** (*tiempo*) Blüte(zeit) *f*

florear [flore'ar] **I.** *vi* **1.** (*la espada*) schwingen **2.** (MÚS) (auf der Gitarre) tremolieren **3.** (*Am: florecer*) blühen **II.** *vt* **1.** (*adornar*) mit Blumen schmücken **2.** (*harina*) sieben **3.** (*naipes*) falsch mischen **4.** (*piropear*) schmeicheln +*dat*

florecer [flore'θer] *irr como crecer* **I.** *vi* **1.** (*planta*) blühen **2.** (*industria*) florieren **II.** *vr:* ~**se** (ver)schimmeln

floreciente [flore'θjeṇte] *adj* **1.** (*planta*) blühend **2.** (*industria*) florierend

florecimiento [floreθi'mjeṇto] *m* **1.** (*de una planta*) Blühen *nt* **2.** (*de una industria*) Florieren *nt*

Florencia [flo'reṇθja] *f* Florenz *nt*

florentino, -a [floreṇ'tino, -a] **I.** *adj* florentinisch **II.** *m, f* Florentiner(in) *m(f)*

floreo [flo'reo] *m* **1.** (*conversación*) Geschwätz *nt* **2.** (MÚS) Tremolo *nt*

florero [flo'rero] *m* **1.** (*jarrón*) (Blumen)vase

f **2.** (*maceta*) Blumentopf *m*

floresta [flo'resta] *f* **1.** (*bosque*) Wald *m* **2.** (*de poemas*) Anthologie *f*

florete [flo'rete] *m* Florett *nt*

floricultor(a) [florikuḷ'tor(a)] *m(f)* Blumenzüchter(in) *m(f)*

floricultura [florikuḷ'tura] *f* Blumenzucht *f*

florido, -a [flo'riðo, -a] *adj* **1.** (*con flores*) Blumen-; (*floreciente*) blühend; **árbol ~** Baum in Blüte **2.** (*selecto*) erlesen **3.** (*lenguaje*) blumig **4.** (*vaca*) gescheckt

florín [flo'rin] *m* Gulden *m*

floripondio [flori'poṇdjo] *m* (*pey*) **1.** (*flor*) hässliche Blume *f* **2.** (*adorno*) kitschiger Schmuck *m*

florista [flo'rista] *mf* **1.** (*comerciante*) Blumenhändler(in) *m(f)* **2.** (*vendedor*) Blumenverkäufer(in) *m(f)* **3.** (*que hace ramos*) Florist(in) *m(f)*

floristería [floriste'ria] *f* Blumengeschäft *nt*

flota ['flota] *f* **1.** (AERO, NÁUT) Flotte *f* **2.** (*de vehículos*) Fuhrpark *m;* **~ de camiones** Lkw-Park *m*

flotación [flota'θjon] *f* **1.** (*en agua: activo*) Schwimmen *nt;* (*pasivo*) Treiben *nt;* (*en aire*) Schweben *nt;* **línea de ~** (NÁUT) Wasserlinie *f* **2.** (TÉC) Schwimmaufbereitung *f* **3.** (FIN) Floating *nt*

flotador [flota'ðor] *m* **1.** (TÉC: *de pesca*) Schwimmer *m* **2.** (*en barcos*) Rettungsring *m;* (*para niños*) Schwimmring *m*

flotar [flo'tar] *vi* **1.** (*en agua: activamente*) schwimmen; (*pasivamente*) treiben; (*en aire*) schweben; (MED) flottieren **2.** (*bandera*) flattern **3.** (FIN) floaten

flote ['flote] *m:* **estar a ~** flott sein; **mantenerse a ~** (*t. fig*) sich über Wasser halten; **sacar a ~ una empresa** eine Firma wieder flottmachen

fluctuación [fluktwa'θjon] *f* **1.** (*oscilación*) Schwankung *f* **2.** (*irresolución*) Schwanken *nt*

fluctuante [fluktu'aṇte] *adj* schwankend

fluctuar [fluktu'ar] <*1. pres:* fluctúo> *vi* schwanken; **estoy fluctuando entre comprarme un coche o no** ich weiß nicht, ob ich mir ein Auto kaufen soll oder nicht

fluidez [flwi'ðeθ] *f* **1.** (*de un líquido*) Flüssigkeit *f;* **hablar con ~ un idioma extranjero** eine Fremdsprache fließend sprechen **2.** (*de expresión*) (Rede)gewandtheit *f*

fluido, -a^{1} [flu'iðo, -a] *adj* **1.** (*alimento*) flüssig; **es ~ de palabra** er ist redegewandt **2.** (*tráfico*) fließend

fluido^{2} [flu'iðo] *m* **1.** (*líquido*) Flüssigkeit *f;* (QUÍM) Fluid *nt* **2.** (ELEC) Strom *m*

fluir [flu'ir] *irr como huir vi* **1.** (*correr*) fließen; (*brotar*) heraussprudeln **2.** (*palabras*) fließen

flujo ['fluxo] *m* **1.** (*de un líquido*) Fluss *m;* **~ de datos** (*t.* INFOR) Datenfluss *m;* **~ de palabras** Redeschwall *m* **2.** (*de la marea*) Flut *f* **3.** (MED) Absonderung *f;* **~ de vientre** Durchfall *m*

fluminense [flumi'nense] **I.** *adj* aus Rio de Janeiro **II.** *mf* Einwohner(in) *m(f)* von Rio de Janeiro

flúor ['fluor] *m* (QUÍM) Fluor *nt*

fluorescencia [flwores'θeṇθja] *f* Fluoreszenz *f*

fluorescente [flwores'θeṇte] **I.** *adj* fluoreszierend; **tubo ~** Leuchtstoffröhre *f* **II.** *m* Leuchtstoffröhre *f*

fluvial [flu'βjal] *adj* Fluss-; **puerto ~** Binnenhafen *m*

FM [e'feme/efe'eme] *f abr de* **Frecuencia Modulada** UKW *f*

FMI [efe(e)me'i] *m abr de* **Fondo Monetario Internacional** IWF *m*

fobia ['foβja] *f* **1.** (MED) Phobie *f* **2.** (*aversión*) Widerwille *m* (*a/por* gegen *+akk*)

foca ['foka] *f* **1.** (ZOOL) Robbe *f* **2.** (*piel*) Robbenfell *nt* **3.** (*pey: gordo*) Fettsack *m*

focal [fo'kal] *adj* fokal; **distancia ~** Brennweite *f*

focalizar [fokali'θar] <z→c> *vt* fokussieren

foco ['foko] *m* **1.** (FÍS, MAT) Brennpunkt *m* **2.** (*centro*) Mittelpunkt *m;* **~ de infección** Infektionsherd *m* **3.** (*lámpara*) Scheinwerfer *m* **4.** (*Am: bombilla*) Glühbirne *f*

fofo, -a ['fofo, -a] *adj* schwabbelig; **estoy ~** ich habe Speck angesetzt

fogata [fo'ɣata] *f* (*en el campo*) Lagerfeuer *nt;* (*de alegría*) Freudenfeuer *nt;* (*como baliza*) Signalfeuer *nt*

fogón [fo'ɣon] *m* **1.** (*de la cocina*) Herd *m* **2.** (*de máquinas de vapor*) Kessel *m;* (FERRO) Feuerbüchse *f* **3.** (*de un cañón*) Zündloch *nt* **4.** (*Am: fogata*) Lagerfeuer *nt*

fogonazo [foɣo'naθo] *m* **1.** (*de arma*) Mündungsfeuer *nt* **2.** (*de pólvora*) Pulverblitz *m*

fogonero [foɣo'nero] *m* Heizer *m*

fogosidad [foɣosi'ða^{d}] *f* **1.** (*de pasión*) Feuer *nt* **2.** (*de persona*) Temperament *nt* **3.** (*de debate*) Hitze *f*

fogoso, -a [fo'ɣoso, -a] *adj* **1.** (*pasión*) feurig **2.** (*persona*) temperamentvoll **3.** (*debate*) hitzig **4.** (*caballo*) feurig

fogueado, -a [foɣe'aðo, -a] *adj* (*Am*) erfahren

foguear [foɣe'ar] **I.** *vt* **1.** (*un arma*) (mit einem Schuss) reinigen **2.** (MIL) ans Gefecht gewöhnen **3.** (*a penalidades*) abhärten (*a* gegen *+akk*) **II.** *vr:* **~se** sich abhärten (*a* gegen *+akk*)

fogueo [fo'ɣeo] *m:* **bala de ~** Platzpatrone *f*

foja ['foxa] *f* (*Am*) Seite *f;* **~ de servicios** Personalakte *f*

folclor(e) [fol'klor(e)] *m* Folklore *f*

folclórico, -a [fol'kloriko, -a] **I.** *adj* folkloris-

F

tisch **II.** *m, f* Flamencosänger(in) *m(f)*

folclorista [folklo'rista] *mf* Folklorist(in) *m(f)*

foliación [folja'θjon] *f* **1.** (TIPO) Foliieren *nt* **2.** (BOT: *echar hojas*) Blattbildung *f;* (*colocación*) Blattanordnung *f* **3.** (GEO) Schichtung *f*

foliar [fo'ljar] **I.** *adj* Blatt- **II.** *vt* (TIPO) foliieren

folio ['foljo] *m* **1.** (*de un libro*) Folio *nt* **2.** (*hoja de papel*) Blatt *nt*

folk [folᵏ] *m sin pl* (MÚS) Folkmusik *f*

follador [foʎa'ðor] *m* **1.** (*que afuella*) Balgtreter *m* **2.** (*vulg: fornicador*) Hurenbock *m*

follaje [fo'ʎaxe] *m* **1.** (*de árbol, bosque*) Laub(werk) *nt* **2.** (*adorno*) Laubgewinde *nt* **3.** (*en un texto*) Geschwafel *nt;* (*al hablar*) Geschwätz *nt*

follar[1] [fo'ʎar] **I.** *vi* (*vulg*) bumsen **II.** *vt* **1.** (*vulg: coitar*) bumsen **2.** (*vulg: fastidiar*) in Rage bringen *fam* **3.** (*deshacer*) in einzelne Blätter zerlegen

follar[2] [fo'ʎar] <o→ue> **I.** *vt* **1.** (*soplar*) anfachen **2.** (*fam: suspender*) durchfallen lassen **II.** *vr:* ~**se** (*vulg*) einen fahren lassen *fam*

folletín [foʎe'tin] *m* Feuilleton *nt;* **novela de** ~ Schundroman *m*

folletinesco, -a [foʎeti'nesko, -a] *adj* feuilletonistisch

folleto [fo'ʎeto] *m* Broschüre *f;* ~ **publicitario** Werbeprospekt *m*

follón, -ona[1] [fo'ʎon, -ona] *adj* **1.** (*chulo*) angeberisch **2.** (*holgazán*) nachlässig

follón[2] [fo'ʎon] *m* (*fam*) **1.** (*alboroto*) Krach *m;* **armar un** ~ ein Chaos veranstalten **2.** (*asunto enojoso*) unangenehme Sache *f*

follonero, -a [foʎo'nero, -a] *m, f* Radaumacher(in) *m(f)*

fomentar [fomen̪'tar] *vt* **1.** (*empleo*) fördern; (*economía*) ankurbeln **2.** (*discordias*) schüren

fomento [fo'men̪to] *m* **1.** (*del empleo*) Förderung *f;* (*de la economía*) Ankurbelung *f;* **Banco Internacional de Reconstrucción y F~** Internationale Bank für Wiederaufbau und Entwicklung, Weltbank *f* **2.** (*de discordias*) Schüren *nt*

fonda ['fon̪da] *f* (billige) Pension *f*

fondeadero [fon̪dea'ðero] *m* Ankerplatz *m*

fondeado, -a [fon̪de'aðo, -a] *adj* (*Am*) wohlhabend

fondear [fon̪de'ar] **I.** *vi* (NÁUT) vor Anker liegen **II.** *vt* **1.** (*anclar*) verankern **2.** (*sondear*) (aus)loten **3.** (*registrar*) durchsuchen; (*una cuestión*) gründlich untersuchen; ~ **un asunto** einer Sache auf den Grund gehen

fondeo [fon̪'deo] *m* **1.** (NÁUT) Ankern *nt;* (*sondeo*) Ausloten *nt* **2.** (*registro*) Durchsuchung *f*

fondillos [fon̪'diʎos] *mpl* Hosenboden *m*

fondista [fon̪'dista] *mf* **1.** (*de una fonda*) (Gast)wirt(in) *m(f)* **2.** (DEP) Langstreckenläufer(in) *m(f)*

fondo ['fon̪do] *m* **1.** (*de un cajón*) Boden *m;* (*del río*) Grund *m;* (*de un valle*) Sohle *f;* **los bajos ~s** die Unterwelt; **en el ~ de su corazón** im Grunde seines/ihres Herzens; **tratar un tema a ~** ein Thema gründlich behandeln; **en este asunto hay mar de ~** an dieser Sache ist etwas faul; **tocar ~** (ECON) den Tiefstand erreichen **2.** (*de un edificio*) Tiefe *f;* **al ~ del pasillo** am Ende des Ganges; **mi habitación está al ~ de la casa** mein Zimmer liegt auf der Hinterseite des Hauses **3.** (*lo esencial*) Kern *m;* **artículo de ~** Leitartikel *m;* **en el ~** eigentlich; **ir al ~ de un asunto** einer Sache auf den Grund gehen; **hay un ~ de verdad en lo que dices** in deinen Worten steckt ein Körnchen Wahrheit **4.** (*índole*) Wesen *nt,* Natur *f;* **persona de buen ~** gutherziger Mensch; **tiene un buen ~** in ihm/ihr steckt ein guter Kern **5.** (*de un cuadro*) Hintergrund *m;* (*de una tela*) Untergrund *m* **6.** (*conjunto de cosas*) Bestände *mpl;* (*de biblioteca*) Bücherbestand *m* **7.** (DEP) Ausdauer *f;* **corredor de ~** Langstreckenläufer *m;* **esquiador de ~** Langläufer *m* **8.** (FIN, POL) Fonds *m;* **F~ Monetario Internacional** Internationaler Währungsfonds; **F~ Social Europeo** Europäischer Sozialfonds **9.** *pl* (*medios*) Mittel *ntpl;* ~**s públicos** Staatspapiere *ntpl;* **cheque sin ~s** ungedeckter Scheck **10.** (NÁUT) Tiefgang *m;* **tocar ~** auf Grund laufen; **irse a ~** untergehen **11.** (*contenido*) Gehalt *m;* **su carta tiene un ~ amargo** sein/ihr Brief hat einen bitteren Unterton

fondón, -ona [fon̪'don, -ona] *adj* (*pey fam*) schwerfällig

fonética [fo'netika] *f* Phonetik *f*

fonógrafo [fo'noɣrafo] *m* (FÍS) Phonograph *m*

fonología [fonolo'xia] *f* (LING) Phonologie *f*

fonoteca [fono'teka] *f* Phonothek *f*

fontanería [fon̪tane'ria] *f* **1.** (*acción*) Installation *f* **2.** (*conducto*) (Wasser)leitungen *fpl* **3.** (*establecimiento*) Klempnerei *f*

fontanero, -a [fon̪ta'nero, -a] **I.** *adj* (*natural*) Quell-; (*artificial*) Brunnen- **II.** *m, f* Installateur(in) *m(f)*

footing ['futiŋ] *m sin pl* Jogging *nt;* **hacer ~** joggen

forajido, -a [fora'xiðo, -a] **I.** *adj* gesetzesflüchtig **II.** *m, f* flüchtiger Verbrecher *m,* flüchtige Verbrecherin *f*

foral [fo'ral] *adj* **1.** (*de los privilegios*) partikularrechtlich; **derecho ~** Partikularrecht *nt* **2.** (*de la jurisdicción*) gerichtlich **3.** (*de las leyes*) gesetzlich

foráneo, **-a** [fo'raneo, -a] *adj* **1.** (*de otro lugar*) fremd **2.** (*extraño*) fremdartig

forastero, **-a** [foras'tero, -a] **I.** *adj* **1.** (*de otro lugar*) fremd; (*extranjero*) ausländisch **2.** (*extraño*) fremdartig **II.** *m, f* Fremde(r) *mf;* (*extranjero*) Ausländer(in) *m(f)*

forcejear [forθexe'ar] *vi* **1.** (*esforzarse*) sich anstrengen **2.** (*resistir*) sich widersetzen +*dat*

forcejeo [forθe'xeo] *m* **1.** (*esfuerzo*) (Kraft)anstrengung *f* **2.** (*resistencia*) Widerstand *m*

forense [fo'rense] **I.** *adj* gerichtlich; **médico** ~ Gerichtsmediziner *m* **II.** *mf* Gerichtsmediziner(in) *m(f)*

forestal [fores'tal] *adj* forstlich, Forst-; **camino** ~ Waldweg *m;* **repoblación** ~ Aufforstung *f*

forestar [fores'tar] *vt* aufforsten

forfait [for'fai̯t] *m* (COM) Pauschale *f*

forfaiting [for'fai̯tiŋ] <forfaitings> *m* (COM) Forfaitierung *f*

forja ['forxa] *f* **1.** (*fragua*) Schmiede *f;* (*de platero*) Silberschmiede *f* **2.** (*ferrería*) (Eisen)hütte *f* **3.** (*del metal*) Schmieden *nt* **4.** (*creación*) Schaffung *f* **5.** (*argamasa*) Mörtel *m*

forjar [for'xar] **I.** *vt* **1.** (*metal*) schmieden **2.** (*muro*) mauern; (*revocar*) verputzen **3.** (*inventar*) schmieden **4.** (*crear*) schaffen; (*imperio*) aufbauen **II.** *vr:* ~**se** **1.** (*imaginarse*) sich *dat* ausdenken **2.** (*crear*) sich aufbauen

forma ['forma] *f* **1.** (*figura*) Form *f;* **las** ~**s de una mujer** die weiblichen Rundungen; **en** ~ **de gota** tropfenförmig; **dar** ~ **a algo** (*formar*) etw formen; (*precisar*) etw konkretisieren **2.** (*manera*) Art (und Weise) *f;* ~ **de comportamiento** Verhaltensweise *f;* **defecto de** ~ (JUR) Formfehler *m;* **tiene una extraña** ~ **de andar** er/sie hat einen eigenartigen Gang; **de** ~ **libre** formlos; **en** ~ **escrita** schriftlich; **en** (**buena y**) **debida** ~ vorschriftsmäßig; **de** ~ **que** so dass; **de todas** ~**s, ...** jedenfalls ...; **lo haré de una u otra** ~ ich werde es auf jeden Fall machen; **no hay** ~ **de abrir la puerta** die Tür lässt sich überhaupt nicht öffnen **3.** (*comportamiento*) Form *f* **4.** (*molde*) Form *f* **5.** (DEP) Form *f*

formación [forma'θjon] *f* **1.** (*creación*) (Heraus)bildung *f,* Entstehung *f;* (*de una sociedad*) Gründung *f;* ~ **del balance** Bilanzaufstellung *f;* ~ **de humo** Rauchentwicklung *f* **2.** (*de personas, t.* MIL) Verband *m;* ~ **política** politische Gruppierung; ~ **de tropas** Truppenverband *m;* **desfilar en** ~ **cerrada** in geschlossener Formation marschieren **3.** (*educación*) (Aus)bildung *f;* ~ **de adultos** Erwachsenenbildung *f;* ~ **escolar** Schulbildung *f;* ~ **profesional** Berufsausbildung *f* **4.** (GEO) (Gesteins)formation *f* **5.** (*forma*) Form *f*

formal [for'mal] *adj* **1.** (*relativo a la forma*) formal; **requisito** ~ Formalität *f* **2.** (*serio*) seriös; (*educado*) anständig; (*cumplidor*) zuverlässig **3.** (*oficial*) formell, förmlich; **una invitación** ~ eine offizielle Einladung; **tiene novio** ~ sie hat einen festen Freund

formalidad [formali'ðað] *f* **1.** (*seriedad*) Seriosität *f;* (*exactitud*) Zuverlässigkeit *f* **2.** (ADMIN, JUR) Formalität *f* **3.** (*norma de comportamiento*) Formalität *f*

formalismo [forma'lismo] *m* Formalismus *m*

formalizar [formali'θar] <z→c> **I.** *vt* **1** (*dar forma*) formalisieren **2.** (*solemnizar*) offiziell machen; ~ **un noviazgo** (*comprometerse*) sich verloben; (*casarse*) heiraten **3.** (JUR) in die vorgeschriebene Form bringen; ~ **un contrato** einen Vertrag ordnungsgemäß abschließen; ~ **una solicitud** einen Antrag stellen **II.** *vr:* ~**se** **1.** (*formarse*) zustande kommen **2.** (*volverse formal*) vernünftig werden **3.** (*ofenderse*) sich entrüsten

formar [for'mar] **I.** *vi* **1.** (MIL) antreten **2.** (*figurar*) gehören (*en* zu +*dat*) **II.** *vt* **1.** (*dar forma*) formen **2.** (*constituir*) bilden; (MIL) formieren; ~ **parte de** gehören zu +*dat* **3.** (*educar*) erziehen; (*enseñar*) (aus)bilden **III.** *vr:* ~**se** **1.** (*crearse*) sich bilden; (MIL) sich formieren **2.** (*ser educado*) ausgebildet werden; **se ha formado a sí mismo** er ist Autodidakt **3.** (*desarrollarse*) sich entwickeln **4.** (*hacerse*) sich *dat* bilden; ~**se una idea de algo** sich *dat* ein Bild von etw *dat* machen

formatear [formate'ar] *vt* (INFOR) formatieren

formateo [forma'teo] *m* (INFOR) Formatierung *f*

formativo, **-a** [forma'tiβo, -a] *adj* **1.** (*que da forma*) gestaltend **2.** (*educativo*) erzieherisch; (*instructivo*) (Aus)bildungs- **3.** (LING) Wortbildungs-

formato [for'mato] *m* Format *nt;* ~ **de datos** (INFOR) Datenformat *nt;* ~ **de texto** (INFOR) Textformat *nt;* ~ **vertical** Hochformat *nt*

formica® [for'mika] *f sin pl* Resopal® *nt*

formidable [formi'ðaβle] *adj* **1.** (*fam: estupendo*) toll **2.** (*temible*) furchtbar **3.** (*enorme*) riesig

formón [for'mon] *m* **1.** (*escoplo*) (Stech)beitel *m* **2.** (*sacabocados*) Stanze *f*

fórmula ['formula] *f* (*t.* MAT, QUÍM) Formel *f;* ~ **de despedida** Schlussformel *f;* **coche de**

~ **1** (DEP) Formel-1-Wagen *m*

formulación [formula'θjon] *f* **1.** (*de una idea*) Formulierung *f;* ~ **de balances** Bilanzaufstellung *f;* ~ **de la propuesta** Antragstellung *f* **2.** (FÍS) Aufstellung *f* einer Formel

formular [formu'lar] **I.** *adj* formelhaft **II.** *vt* **1.** (*expresar con una fórmula*) in einer Formel ausdrücken **2.** (*manifestar*) formulieren, zum Ausdruck bringen; ~ **demanda** Klage erheben; ~ **denuncia** Anzeige erstatten **3.** (*recetar*) verschreiben

formulario, -a[1] [formu'larjo, -a] *adj* **1.** (*cortés*) formell **2.** (*formular*) formelhaft

formulario[2] [formu'larjo] *m* **1.** (*impreso*) Formular *nt;* ~ **para giro postal** Zahlkarte *f* **2.** (*colección de fórmulas*) Formelsammlung *f;* (*de recetas*) Rezeptbuch *nt;* (*de modelos*) Mustersammlung *f*

formulismo [formu'lismo] *m* Formalismus *m*

fornicar [forni'kar] <c→qu> *vi* Geschlechtsverkehr haben; (*pey*) (herum)huren; (REL) die Ehe brechen

fornido, -a [for'niðo, -a] *adj* stämmig

foro ['foro] *m* **1.** (*plaza*) Forum *nt;* ~ **romano** Forum Romanum **2.** (JUR: *lugar*) Gerichtssaal *m* **3.** (JUR: *curia*) Rechtsanwaltschaft *f* **4.** (TEAT) Kulisse *f;* **desaparecer por el** ~ unbemerkt verschwinden

forofo, -a [fo'rofo, -a] *m, f* Fan *m*

forraje [fo'rraxe] *m* **1.** (*pasto*) (Vieh)futter *nt;* (*verde*) Grünfutter *nt;* (*Am: seco*) Trockenfutter *nt* **2.** (*fam: fárrago*) Mischmasch *m*

forrar [fo'rrar] **I.** *vt* (*el exterior*) umhüllen (*de/con* mit +*dat*); (*el interior*) ausschlagen (*de/con* mit +*dat*); (*una prenda*) füttern (*de/con* mit +*dat*); (*una butaca*) beziehen (*de/con* mit +*dat*); (*un libro*) einbinden (*con* mit +*dat*); (*una pared*) verkleiden (*con* mit +*dat*); ~ **con algodón** wattieren **II.** *vr:* ~**se** (*fam*) **1.** (*enriquecerse*) sich *dat* eine goldene Nase verdienen **2.** (*hartarse*) sich *dat* den Bauch voll schlagen (*de* mit +*dat*)

forro ['forro] *m* **1.** (*exterior*) Hülle *f;* (*interior*) (Innen)verkleidung *f;* (*de una prenda*) Futter *nt;* (*de una butaca*) Bezug *m;* (*de un libro*) Einband *m;* (*de una pared*) Verkleidung *f* **2.** (NÁUT) Beplankung *f* **3.** (AUTO): ~ **de freno** Bremsbelag *m* **4.** (*loc*): **ni por el** ~ (*fam*) nicht im Geringsten

fortachón, -ona [forta'ʧon, -ona] *adj* (*fam*) stämmig

fortalecedor(a) [fortaleθe'ðor(a)] *adj* **1.** (*vigorizador*) stärkend **2.** (*que da ánimo*) ermutigend **3.** (*reforzante*) Befestigungs-

fortalecer [fortale'θer] *irr como crecer* **I.** *vt* **1.** (*vigorizar*) stärken **2.** (*animar*) ermutigen **3.** (*reforzar*) befestigen **II.** *vr:* ~**se** **1.** (*vigorizarse*) sich stärken **2.** (*volverse más fuerte*) stärker werden

fortalecimiento [fortaleθi'mjeṇto] *m* **1.** (*de una cosa*) Befestigung *f* **2.** (*del cuerpo*) Stärkung *f* **3.** (*del ánimo*) Ermutigung *f*

fortaleza [forta'leθa] *f* **1.** (*fuerza*) Kraft *f;* **de poca** ~ schwächlich **2.** (*virtud*) Seelenstärke *f* **3.** (*robustez*) Robustheit *f* **4.** (MIL) Festung(sanlage) *f*

fortificación [fortifika'θjon] *f* **1.** (*fortalecimiento*) Stärkung *f* **2.** (MIL: *acción*) Befestigung *f* **3.** (MIL: *obra*) Befestigung(sanlage) *f*

fortificar [fortifi'kar] <c→qu> **I.** *vt* **1.** (*fortalecer*) stärken **2.** (MIL) befestigen **II.** *vr:* ~**se** **1.** (*fortalecerse*) stärker werden **2.** (MIL) sich verschanzen

fortín [for'tin] *m* **1.** (*fuerte*) kleine Festung(sanlage) *f* **2.** (*defensa*) Schanze *f*

fortísimo, -a [for'tisimo, -a] *adj superl de* **fuerte**

fortuito, -a [for'twito, -a/fortu'ito, -a] *adj* zufällig

fortuna [for'tuna] *f* **1.** (*suerte*) Glück *nt;* **por** ~ (*afortunadamente*) zum Glück; (*por casualidad*) zufällig(erweise) **2.** (*destino*) Schicksal *nt* **3.** (*capital*) Vermögen *nt;* ~**s** Besitztümer *ntpl;* **su voz era su** ~ seine/ihre Stimme war sein/ihr Kapital

fórum ['forun] *m* Forum *nt*

forúnculo [fo'ruŋkulo] *m* (MED) Furunkel *m o nt*

forzado, -a[1] [for'θaðo, -a] *adj* **1.** (*artificial*) gezwungen; **trabajos** ~**s** Zwangsarbeit *f* **2.** (*ocupado*) besetzt

forzado[2] [for'θaðo] *m* **1.** (*presidiario*) Sträfling *m* **2.** (*galeote*) Galeerensträfling *m*

forzar [for'θar] *irr* **I.** *vt* **1.** (*obligar*) zwingen **2.** (*un acontecimiento*) erzwingen **3.** (*violar*) vergewaltigen **4.** (*esforzar*) überbeanspruchen; (*voz*) überanstrengen **5.** (*obligar a entrar*) hineinzwängen; (*a abrirse*) aufbrechen **II.** *vr:* ~**se** **1.** (*obligarse*) sich zwingen **2.** (*esforzarse*) sich überanstrengen

forzoso, -a [for'θoso, -a] *adj* zwangsläufig, zwingend; **aterrizaje** ~ Notlandung *f;* **venta forzosa** Zwangsverkauf *m*

forzudo, -a [for'θuðo, -a] *adj* sehr stark

fosa ['fosa] *f* **1.** (*hoyo*) Grube *f;* (*alargado, t.* GEO) Graben *m;* (MIL) Festungsgraben *m* **2.** (*sepultura*) Grab *nt* **3.** (ANAT) Höhle *f*

fosfato [fos'fato] *m* (QUÍM) Phosphat *nt*

fosforecer [fosfores'θer] *irr como crecer vi* phosphoreszieren

fosforescencia [fosfores'θeṇθja] *f* Phosphoreszenz *f*

fosforescente [fosfores'θeṇte] *adj* phosphoreszierend

fósforo ['fosforo] *m* **1.** (QUÍM) Phosphor *m* **2.** (*cerilla*) Streichholz *nt*

fósil ['fosil] **I.** *adj* **1.** (GEO) fossil **2.** (*fam: anticuado*) steinzeitlich **II.** *m* Fossil *nt*

fosilizado, -a [fosili'θaðo, -a] *adj* (GEO) fossil

fosilizarse [fosili'θarse] <z→c> *vr* **1.** (GEO) fossilisieren **2.** (*fam: persona*) verknöchern

foso ['foso] *m* **1.** (*hoyo*) Grube *f;* (*alargado*) Graben *m;* (MIL) (Festungs)graben *m* **2.** (MÚS, TEAT) Orchestergraben *m* **3.** (*en un garaje*) Reparaturgrube *f* **4.** (DEP) Sandgrube *f*

foto ['foto] *f* Foto *nt;* ~ **(tamaño) carnet** Passfoto *nt*

fotocopia [foto'kopja] *f* (Foto)kopie *f*

fotocopiadora [fotokopja'ðora] *f* (Foto)kopierer *m*

fotocopiar [fotoko'pjar] *vt* (foto)kopieren

fotoeléctrico, -a [fotoe'lektriko, -a] *adj* lichtelektrisch

fotogénico, -a [foto'xeniko, -a] *adj* **1.** (*motivo*) bildwirksam; (*persona*) fotogen **2.** (*color*) fotogen

fotografía [fotoɣra'fia] *f* **1.** (*imágen*) Foto *nt;* ~ **aérea** Luftaufnahme *f;* ~ **en color** Farbfoto *nt;* ~ **(tamaño) carnet** Passbild *nt;* **albúm de** ~**s** Fotoalbum *nt* **2.** (*arte*) Fotografie *f*

fotografiar [fotoɣrafi'ar/fotoɣra'fjar] <*1. pres:* fotografío> **I.** *vi* fotografieren **II.** *vt* **1.** (*hacer fotos*) fotografieren **2.** (*describir*) detailliert beschreiben

fotográfico, -a [foto'ɣrafiko, -a] *adj* fotografisch, Foto-; **máquina fotográfica** Fotoapparat *m;* **papel** ~ Fotopapier *nt*

fotógrafo, -a [fo'toɣrafo, -a] *m, f* Fotograf(in) *m(f)*

fotograma [foto'ɣrama] *m* **1.** (CINE) Standbild *nt* **2.** (FOTO) Fotogramm *nt*

fotomatón [fotoma'ton] *m* **1.** (*mecanismo*) Fotomaton® *nt* **2.** (*cabina*) Passbildautomat *m* **3.** (*argot: foto*) Passbild *nt* aus dem Automaten

fotomodelo [fotomo'ðelo] *mf* (Foto)modell *nt*

fotomontaje [fotomon̪'taxe] *m* Fotomontage *f*

fotonovela [fotono'βela] *f* Fotoroman *m*

fotoquímica [foto'kimika] *f* (QUÍM) Fotochemie *f*

fotorreportaje [fotorrepor'taxe] *m* Fotoreportage *f*

fotosíntesis [foto'sin̪tesis] *f sin pl* (QUÍM) Fotosynthese *f*

fotovoltaico, -a [fotoβol̪'tai̯ko, -a] *adj* fotovoltaisch

FP [efe'pe] *f abr de* **Formación Profesional** Berufsausbildung *f*

frac [fra^{k}] *m* <fracs *o* fraques> Frack *m*

fracasar [fraka'sar] *vi* **1.** (*no tener éxito*) scheitern; **la película fracasó** der Film fiel (beim Publikum) durch; ~ **en un examen** durch eine Prüfung fallen **2.** (NÁUT) zerschellen

fracaso [fra'kaso] *m* **1.** (*acción*) Scheitern *nt* **2.** (*fiasco*) Misserfolg *m* **3.** (*desastre*) Unglück *nt*

fracción [fra$^{\gamma}$'θjon] *f* **1.** (*división*) (Zer)teilen *nt;* (*ruptura*) Zerbrechen *nt;* (*de una cantidad*) Aufsplitterung *f* **2.** (*parte*) Bruchteil *m;* (*de un objeto*) Bruchstück *nt;* (*de una organización*) Fraktion *f;* ~ **parlamentaria** (Parlaments)fraktion *f* **3.** (MAT) Bruchzahl *f* **4.** (QUÍM) Fraktion *f*

fraccionamiento [fra$^{\gamma}$θjona'mjen̪to] *m* **1.** (*división*) Zerteilung *f;* (*ruptura*) Zerbrechen *nt;* (*de una cantidad*) Aufsplitterung *f;* (*de una organización*) Zersplitterung *f* **2.** (QUÍM) Fraktionierung *f*

fraccionar [fra$^{\gamma}$θjo'nar] **I.** *vt* **1.** (*dividir*) (zer)teilen, (*romper*) zerbrechen; (*una cantidad*) aufsplittern; (*una organización*) spalten **2.** (QUÍM) fraktionieren **II.** *vr:* ~**se** zerbrechen; (*grupo*) sich spalten

fraccionario, -a [fra$^{\gamma}$θjo'narjo, -a] *adj* **1.** (MAT) Bruch-; **número** ~ Bruchzahl *f* **2.** (POL) fraktionell **3.** (*incompleto*) bruchstückhaft

fractura [frak'tura] *f* **1.** (*rotura*) Bruch *m;* (MED) Fraktur *f* **2.** (GEO: *falla*) Verwerfung *f*

fracturar [fraktu'rar] **I.** *vt* zerbrechen; (*una caja fuerte*) aufbrechen **II.** *vr:* ~**se** (zer)brechen

fragancia [fra'ɣan̪θja] *f* Duft *m*

fragata [fra'ɣata] *f* **1.** (NÁUT) Fregatte *f* **2.** (ZOOL) Fregattvogel *m*

frágil ['fraxil] *adj* **1.** (*objeto*) zerbrechlich **2.** (*constitución*) zart; (*anciano*) gebrechlich **3.** (*salud*) anfällig **4.** (*carácter*) schwach; **tener una memoria** ~ vergesslich sein

fragilidad [fraxili'ða^{d}] *f* **1.** (*de un objeto*) Zerbrechlichkeit *f* **2.** (*de la constitución*) Zartheit *f;* (*de un anciano*) Gebrechlichkeit *f* **3.** (*de la salud*) Anfälligkeit *f* **4.** (*del carácter*) Schwäche *f*

fragilizar [fraxili'θar] <z→c> *vt* schwächen

fragmentación [fraɣmen̪ta'θjon] *f* Zerlegung *f,* (Zer)teilung *f;* (*en muchos pedazos*) Zerstückelung *f;* (*de un cristal*) Zersplitterung *f*

fragmentar [fraɣmen̪'tar] **I.** *vt* (*dividir*) zerlegen, (zer)teilen; (*en muchos pedazos*) zerstückeln; (*romper*) zerschlagen; (*una roca*) zerbröckeln **II.** *vr:* ~**se** (*cristal*) zersplittern; (*roca*) zerbröckeln

fragmentario, -a [fraɣmen̪'tarjo, -a] *adj* **1.** (*compuesto*) (aus Fragmenten) zusammengesetzt **2.** (*incompleto*) bruchstückhaft

fragmento [fraɣ'men̪to] *m* **1.** (*parte*) (Bruch)stück *nt;* (*de un cristal*) Scherbe *f;* (*de una roca*) Brocken *m;* (*de un tejido*)

F

Fetzen *m;* (*de un papel*) Schnipsel *m o nt* **2.** (LIT, MÚS: *parte*) Fragment *nt,* Auszug *m*

fragor [fra'ɣor] *m* Getöse *nt*

fragoroso, -a [fraɣo'roso, -a] *adj* dröhnend

fragosidad [fraɣosi'ðaᵈ] *f* **1.** (*de un monte*) Dichte *f* **2.** (*de un camino*) Unwegsamkeit *f* **3.** (*lugar*) unwegsame Gegend *f;* (*lleno de arbustos*) Dickicht *nt*

fragoso, -a [fra'ɣoso, -a] *adj* **1.** (*áspero*) unwegsam **2.** (*ruidoso*) lärmend

fragua ['fraɣwa] *f* Schmiede *f*

fraguar [fra'ɣwar] <gu→gü> **I.** *vi* **1.** (*cemento*) sich verfestigen **2.** (*idea*) sich durchsetzen **II.** *vt* (*metal*) schmieden; **¿qué estás fraguando?** was heckst du nun wieder aus?

fraile ['fraịle] *m* **1.** (REL) Mönch *m* **2.** (*en un vestido*) Falte *f* **3.** (*en una chimenea*) (Rauch)abzug *m* **4.** (TIPO) blass gedruckte Stelle *f*

frambuesa [fram'bwesa] *f* Himbeere *f*

francés, -esa [fraṇ'θes, -esa] **I.** *adj* französisch; **tortilla francesa** Omelett *nt* **II.** *m, f* Franzose *m,* Französin *f*

Francfort ['framɱfor⁽ᵗ⁾] *m* Frankfurt *nt;* **salchicha de F~** Frankfurter Würstchen

Francia ['fraṇθja] *f* Frankreich *nt*

franciscano, -a [fraṇθis'kano, -a] **I.** *adj* **1.** (REL) franziskanisch **2.** (*Am: pardo*) (grau)braun **II.** *m, f* Franziskaner(in) *m(f)*

francmasonería [fraⁿmasone'ria/fraᵐmasone'ria] *f* Freimaurerei *f*

franco, -a¹ ['fraŋko, -a] **I.** *adj* **1.** (*sincero*) aufrichtig **2.** (*generoso*) großzügig (*a/ (para) con/para* gegenüber +*dat*) **3.** (*libre*) frei; **puerto ~** Freihafen *m;* **~ a bordo** frei an Bord; **~ de derechos** gebührenfrei; **~ en fábrica** ab Werk **4.** (*claro*) klar **5.** (HIST) fränkisch **6.** (*francés*) französisch **II.** *m, f* Franke *m,* Fränkin *f*

franco² ['fraŋko] *m* **1.** (*moneda francesa, belga*) Franc *m;* (*suiza*) Franken *m* **2.** (*lengua*) Fränkisch(e) *nt*

francófilo, -a [fraŋ'kofilo, -a] *adj* frankophil

francotirador [fraŋkotira'ðor] *m* **1.** (*guerrillero*) Freischärler *m;* (*tirador emboscado*) Heckenschütze *m* **2.** (*persona aislada*) Querschläger *m fam;* **ser un ~** quer schießen *fam*

franela [fra'nela] *f* **1.** (*tejido*) Flanell *m* **2.** (*Am: camiseta*) (Herren)unterhemd *nt*

franja ['fraŋxa] *f* **1.** (*guarnición*) Borte *f* **2.** (*tira*) Streifen *m;* **en la misma ~ horaria** im gleichen Zeitraum

franquear [fraŋke'ar] **I.** *vt* **1.** (*carta*) frankieren; **a ~ en destino** Porto bezahlt Empfänger **2.** (*desobstruir*) räumen **3.** (*fam: río*) überqueren; (*puerta*) durchschreiten; (*obstáculo*) überwinden **4.** (*conceder*) gewähren **5.** (*dar libertad*) freilassen **II.** *vr:* **~se** sich anvertrauen (*con/a* +*dat*)

franqueo [fraŋ'keo] *m* **1.** (*sellos*) Porto *nt;* **sin ~** unfrankiert **2.** (*acción: de una carta*) Frankieren *nt* **3.** (*de un esclavo*) Freilassung *f* **4.** (*de una salida*) Räumung *f*

franqueza [fraŋ'keθa] *f* **1.** (*sinceridad*) Aufrichtigkeit *f;* **admitir algo con ~** etw unumwunden zugeben **2.** (*generosidad*) Großzügigkeit *f* **3.** (*familiaridad*) Vertrautheit *f;* **no tengo suficiente ~ con ella como para pedirle este favor** ich kenne sie nicht gut genug, um sie um diesen Gefallen zu bitten **4.** (*exención*) Befreiung *f*

franquicia [fraŋ'kiθja] *f* **1.** (*de franqueo*) Abgabenfreiheit *f;* **en ~** abgabenfrei **2.** (ECON) Franchising *nt*

franquiciador(a) [fraŋkiθja'ðor(a)] **I.** *adj* (COM) Franchising- **II.** *m(f)* (COM) Franchisinggeber(in) *m(f)*

franquismo [fraŋ'kismo] *m sin pl* **1.** (*régimen*) Franco-Ära *f* **2.** (*movimiento*) Franquismus *m*

franquista [fraŋ'kista] **I.** *adj* franquistisch **II.** *mf* Anhänger(in) *m(f)* Francos

fraques ['frakes] *pl de* **frac**

frasco ['frasko] *m* **1.** (*botella*) Flasche *f;* (*de perfume*) Flakon *m o nt;* **~ pulverizador** Zerstäuber *m* **2.** (*Am: medida*) ≈2,37 Liter

frase ['frase] *f* **1.** (*oración*) Satz *m* **2.** (*locución*) (Rede)wendung *f;* (*fam: refrán*) Sprichwort *nt;* (*expresión famosa*) geflügeltes Wort *nt;* **~ hecha** Redensart *f;* **~ proverbial** Sprichwort *nt* **3.** (*sin valor*) Phrase *f* **4.** (*estilo*) Ausdrucksweise *f* **5.** (MÚS) Phrase *f*

fraseología [fraseolo'xia] *f* **1.** (LING) Phraseologie *f* **2.** (*verbosidad*) Phrasendrescherei *f*

fraternal [frater'nal] *adj* brüderlich

fraternidad [fraterni'ðaᵈ] *f* Brüderlichkeit *f*

fraternizar [fraterni'θar] <z→c> *vi* **1.** (*unirse*) sich verbrüdern; (POL) fraternisieren **2.** (*alternar*) (freundschaftlich) verkehren

fratricidio [fratri'θiðjo] *m* Brudermord *m*

fraude ['frauðe] *m* (*t.* JUR) Betrug *m;* **~ fiscal** Steuerhinterziehung *f;* **cometer ~** betrügen

fraudulento, -a [frauðu'leṇto, -a] *adj* (*t.* JUR) betrügerisch; **publicidad fraudulenta** irreführende Werbung

fray [fraị] *m* (REL) Bruder *m*

frazada [fra'θaða] *f* (*Am*) Bettdecke *f;* (*de lana*) Wolldecke *f*

frecuencia [fre'kweṇθja] *f* **1.** (*repetición*) Häufigkeit *f;* **con ~** oft **2.** (FÍS) Frequenz *f*

frecuentar [frekweṇ'tar] *vt* **1.** (*acción*) oft wiederholen **2.** (*lugar*) regelmäßig besuchen, verkehren (in +*dat*) **3.** (*a alguien*) sich regelmäßig treffen (*a* mit +*dat*)

frecuente [fre'kweṇte] *adj* **1.** (*repetido*)

häufig **2.** (*usual*) üblich

fregadero [freɣa'ðero] *m* Spülbecken *nt;* (*en la cocina*) Spüle *f*

fregado, -a[1] [fre'ɣaðo, -a] *adj* **1.** (*Am: descarado*) frech; (*fastidioso*) zudringlich **2.** (*Am: astuto*) gewitzt **3.** (*AmC: severo*) streng

fregado[2] [fre'ɣaðo] *m* **1.** (*limpieza*) Säuberung *f;* (*de los platos*) Spülen *nt* **2.** (*fam: enredo*) Schlamassel *m o nt* **3.** (*pey: pelea*) Streit *m*

fregador [freɣa'ðor] *m* **1.** (*fregadero*) Spülbecken *nt* **2.** (*estropajo*) (Spül)schwamm *m*

fregar [fre'ɣar] *irr vt* **1.** (*frotar*) abreiben **2.** (*limpiar: el suelo*) (nass) wischen; (*los platos*) spülen **3.** (*Am: fam: molestar*) nerven

fregona [fre'ɣona] *f* **1.** (*utensilio*) Wischmopp *m* **2.** (*pey: sirvienta*) Putzfrau *f* **3.** (*pey: mujer ordinaria*) Schlampe *f*

freidora [frei̯'ðora] *f* Fritteuse *f*

freír [fre'ir] *irr* **I.** *vt* **1.** (*guisar*) braten; (*en mucho aceite*) frittieren; **mandar a alguien a ~ espárragos** (*fam*) jdn zum Teufel schicken **2.** (*fam: molestar*) nerven; **me tiene frito con sus preguntas** er/sie geht mir mit seiner/ihrer Fragerei auf die Nerven **3.** (*fam: matar*) umlegen; **~ a balazos** abknallen **II.** *vr:* **~se 1.** (*alimento*) braten **2.** (*fam: persona*) vor Hitze umkommen; **aquí te fríes** hier herrscht eine Affenhitze

frenar [fre'nar] **I.** *vt* **1.** (*hacer parar*) zum Stillstand bringen **2.** (*un impulso*) dämpfen; (*un desarollo*) hemmen; (*a una persona*) zurückhalten, bremsen **II.** *vi* (ab)bremsen; **~ en seco** abrupt abbremsen **III.** *vr:* **~se** sich bremsen (*en* bei +*dat*)

frenazo [fre'naθo] *m* **1.** (AUTO) Vollbremsung *f* **2.** (*del desarrollo*) Dämpfung *f;* **sufrir un ~** (*fig*) stark gebremst werden

frenesí [frene'si] *m* **1.** (*exaltación*) Leidenschaft *f;* (*violenta*) Raserei *f* **2.** (*locura*) Wahnsinn *m;* (*delirio furioso*) Tobsucht *f*

frenético, -a [fre'netiko, -a] *adj* **1.** (*exaltado*) frenetisch; **aplauso ~** stürmischer Beifall **2.** (*loco*) wahnsinnig **3.** (*furioso*) rasend

freno ['freno] *m* **1.** (TÉC) Bremse *f* **2.** (*para un caballo*) Trense *f* **3.** (*contención*) Zügel *m;* **tirar del ~ a alguien** jdn zügeln; **no tener ~** nicht zu bremsen sein

frente[1] ['fren̪te] *f* **1.** (*parte de la cara*) Stirn *f;* **fruncir la ~** die Stirn runzeln; **hacer ~ a alguien/a algo** jdm/etw *dat* die Stirn bieten; **no tener dos dedos de ~** (*fam*) nichts im Kopf haben **2.** (*cara*) Gesicht *nt;* **~ a ~** von Angesicht zu Angesicht; **bajar la ~** sich schämen

frente[2] ['fren̪te] **I.** *m* **1.** (*delantera*) Vorderseite *f;* (*de un edificio*) Front *f,* Stirnseite *f;* **de ~** frontal **2.** (POL, METEO) Front *f;* **¡de ~!** (MIL) Marsch! **3.** (*cabeza*) Spitze *f;* **al ~** (*dirección*) nach vorne; (*lugar*) vorne; **de ~** (*de cara*) von vorne; (*hacia delante*) nach vorne; (*enfrente*) gegenüber; (*sin rodeos*) direkt; **estar al ~ de algo** etw leiten; **ponerse al ~** die Führung übernehmen **4.** (*de un escrito*) Kopf *m* **II.** *prep* **1. ~ a** (*enfrente de*) gegenüber +*dat;* (*delante de*) vor +*dat;* (*contra*) gegen +*akk;* (*ante*) angesichts +*gen* **2. en ~ de** gegenüber +*dat*

fresa ['fresa] **I.** *adj* erdbeerfarben **II.** *f* **1.** (BOT) Erdbeere *f* **2.** (TÉC) Fräser *m,* Fräse *f*

fresadora [fresa'ðora] *f* Fräsmaschine *f,* Fräse *f*

fresal [fre'sal] *m* Erdbeerfeld *nt*

fresar [fre'sar] *vt* fräsen

fresco, -a[1] ['fresko, -a] **I.** *adj* **1.** (*frío*) kühl; (*prenda*) luftig; (*cutis*) frisch, rosig; (*olor*) frisch **2.** (*reciente*) frisch; **noticia fresca** taufrische Nachricht **3.** (*descansado*) ausgeruht **4.** (*fam: desvergonzado*) frech **5.** (*impasible*) ungerührt **6.** (*equivocado*): **estar ~** (*fam*) auf dem Holzweg sein **II.** *m, f* (*fam*) Frechdachs *m;* (*pey*) unverschämte Person *f*

fresco[2] ['fresko] *m* **1.** (*frescor*) Frische *f;* (*frío moderado*) Kühle *f;* (*viento*) Brise *f;* **salir a tomar el ~** an die frische Luft gehen; **hoy hace ~** heute ist es kühl **2.** (ARTE) Fresko *nt* **3.** (*Am: refresco*) Erfrischung *f*

frescor [fres'kor] *m* **1.** (*frío moderado*) Kühle *f;* (*frescura*) Frische *f* **2.** (ARTE) Fleischton *m*

frescura [fres'kura] *f* **1.** (*frescor*) Frische *f;* (*frío moderado*) Kühle *f* **2.** (*desvergüenza*) Unverschämtheit *f* **3.** (*desembarazo*) Ungezwungenheit *f;* **con ~** ungehemmt

fresno ['fresno] *m* Esche *f*

fresquera [fres'kera] *f* ≈Speisekammer *f*

fresquería [freske'ria] *f* (*Am*) Erfrischungsstand *m*

frialdad [frjal'daᵈ] *f* **1.** (*frío*) Kälte *f* **2.** (*despego*) Distanziertheit *f;* **me trató con ~** er/sie war mir gegenüber sehr kühl **3.** (*impasibilidad*) Gleichgültigkeit *f* **4.** (*falta de sentimientos*) Gefühlskälte *f;* (*frigidez*) Frigidität *f* **5.** (*estilo*) Ausdruckslosigkeit *f;* (*del ambiente*) Kälte *f*

fricandó [frikan̪'do] *m* ≈Fleischeintopf *m*

fricción [friᵞ'θjon] *f* **1.** (*resistencia*) Reibung *f* **2.** (*del cuerpo*) Abreibung *f;* (*con linimento*) Einreiben *nt* **3.** (*desavenencia*) Reibungen *fpl;* (*disputa*) Reiberei *f*

friccionar [friᵞθjo'nar] *vt* (*en seco*) abreiben; (*con linimento*) einreiben

friega ['frjeɣa] *f* **1.** (*fricción*) Einreibung *f* **2.** (*Am: molestia*) Plage *f* **3.** (*fam: zurra*) Abreibung *f*

friegaplatos [frjeɣa'platos] *m inv* Geschirrspüler *m*

F

frigidez [frixi'ðeθ] *f* **1.** (*frialdad*) Kälte *f* **2.** (*de la mujer*) Frigidität *f*

frígido, -a ['frixiðo, -a] *adj* **1.** (*elev: frío*) kalt **2.** (*mujer*) frigid(e)

frigorífico, -a[1] [friɣo'rifiko, -a] *adj* Kälte erzeugend; **camión ~** Kühlwagen *m*

frigorífico[2] [friɣo'rifiko] *m* **1.** (*nevera*) Kühlschrank *m* **2.** (*local*) Kühlhaus *nt*

frijol [fri'xol] *m,* **fríjol** ['frixol] *m* (*Am:* BOT) Bohne *f*

frío, -a[1] ['frio, -a] *adj* **1.** (*no caliente*) kalt **2.** (*despegado*) frostig; (*relación*) gespannt **3.** (*falto de sentimientos*) gefühlskalt; (*frígida*) frigide **4.** (*impasible*) ungerührt **5.** (*inexpresivo*) ausdruckslos; (*ambiente*) kühl

frío[2] ['frio] *m* Kälte *f;* **hace ~** es ist kalt; **hace un ~ que pela** es ist eiskalt; **coger ~** sich erkälten; **tengo ~** mir ist kalt

friolera [frjo'lera] *f* **1.** (*cosa pequeña*) Kleinigkeit *f* **2.** (*fam: montón*) Haufen *m*

friolero, -a [frjo'lero, -a] *adj* kälteempfindlich

frisar [fri'sar] **I.** *vi* **1.** (*acercarse*) zugehen (*en* auf +*akk*) **2.** (*simpatizar*) sich gut verstehen **II.** *vt* **1.** (*tejido*) aufrauen **2.** (NÁUT) abdichten

Frisia ['frisja] *f* Friesland *nt*

friso ['friso] *m* **1.** (ARQUIT) Fries *m* **2.** (*de la pared*) Leiste *f*

frisón, -ona [fri'son, -ona] **I.** *adj* friesisch; (*de los Países Bajos*) friesländisch **II.** *m, f* Friese, -in *m, f;* (*de los Países Bajos*) Friesländer(in) *m(f)*

fritanga [fri'taŋga] *f* (*Am*) **1.** (*comida frita*) Frittüre *f* **2.** (*instrumento*) Fritteuse *f*

frito, -a[1] ['frito, -a] **I.** *pp de* **freír** **II.** *adj* **1.** (*comida*) gebraten **2.** (*fam: dormido*): **quedarse ~** einnicken **3.** (*fam: muerto*) tot; **quedarse ~** abkratzen; **dejar a alguien ~** jdn um die Ecke bringen **4.** (*fam: harto*): **estar ~ con** die Nase voll haben von +*dat*

frito[2] ['frito] *m* Gebratene(s) *nt*

frivolidad [friβoli'ða^{ð}] *f* **1.** (*ligereza*) Leichtlebigkeit *f* **2.** (*coquetería*) Koketterie *f* **3.** (*trivialidad*) Oberflächlichkeit *f* **4.** (*sensualidad*) Frivolität *f*

frívolo, -a ['friβolo, -a] *adj* **1.** (*ligero*) leichtlebig **2.** (*coqueto*) kokett, eitel **3.** (*superficial*) oberflächlich **4.** (*sensual*) frivol

fronda ['fron̪da] *f* **1.** (*hoja*) Blatt *nt* **2.** *pl* (*follaje*) Laub(werk) *nt*

frondosidad [fron̪dosi'ða^{ð}] *f* **1.** (*de una planta*) dichte Belaubung *f;* (*de un bosque*) Dichte *f* **2.** (*follaje*) Laub(werk) *nt*

frondoso, -a [fron̪'doso, -a] *adj* (*planta*) blätt(e)rig; (*árbol*) dicht belaubt; (*bosque*) dicht

frontal [fron̪'tal] **I.** *adj* **1.** (ANAT) Stirn- **2.** (*relativo al frente*) Vorder- **3.** (*de frente*) frontal **II.** *m* **1.** (ANAT) Stirnbein *nt* **2.** (REL) Frontale *f*

frontera [fron̪'tera] *f* **1.** (*límite*) Grenze *f* (*entre* zwischen +*dat*); **atravesar la ~** die Grenze überqueren **2.** (*frontispicio*) Vorderseite *f;* (*de un edificio*) Fassade *f;* (*de un libro*) Titelseite *f*

fronterizo, -a [fron̪te'riθo, -a] *adj* **1.** (*en la frontera*) Grenz-; (*país*) angrenzend **2.** (*frontero*) gegenüberliegend

frontis ['fron̪tis] *m inv* (*frontispicio*) Vorderseite *f;* (*de un edificio*) Fassade *f*

frontispicio [fron̪tis'piθjo] *m* **1.** (*delantera*) Vorderseite *f;* (*de un edificio*) Fassade *f* **2.** (*de un libro*) Frontispiz *nt,* Titelseite *f* **3.** (ARQUIT) Giebel *m,* Frontispiz *nt* **4.** (*cara*) Antlitz *nt*

frontón [fron̪'ton] *m* **1.** (*pared*) Wand *f* (*zum Pelotaspielen*) **2.** (*pista*) (Pelota-)Spielfeld *nt;* (*edificio*) (Pelota-)Halle *f* **3.** (ARQUIT) Giebel *m,* Frontispiz *nt*

> **Frontón** heißt die Wand zum Pelotaspielen und auch das Pelotaspiel an sich (**jugar al frontón**). In fast jedem Dorf Spaniens gibt es einen **frontón**.

frotación [frota'θjon] *f,* **frotadura** [frota'ðura] *f* **1.** (*acción*) Reiben *nt;* (*con cepillo*) Frottieren *nt* **2.** (*efecto*) Reibung *f*

frotamiento [frota'mjen̪to] *m* (*acción de frotar*) (Ab)reiben *nt;* (*con cepillo*) Frottieren *nt*

frotar [fro'tar] **I.** *vt* reiben; (*con cepillo*) frottieren; (*con un estropajo*) scheuern **II.** *vr:* **~se** sich reiben (*contra* an +*dat*); **~se con una toalla** sich mit einem Handtuch abreiben

fructífero, -a [fruk'tifero, -a] *adj* fruchtbringend

fructificación [fruktifika'θjon] *f* **1.** (*de una planta*) Fruchtbildung *f* **2.** (*de un esfuerzo*) Nutzen *m*

fructificar [fruktifi'kar] <c→qu> *vi* **1.** (*planta*) Früchte tragen **2.** (*esfuerzo*) fruchten

frugal [fru'ɣal] *adj* **1.** (*persona*) genügsam **2.** (*comida*) frugal

frugalidad [fruɣali'ða^{ð}] *f* **1.** (*de persona*) Genügsamkeit *f* **2.** (*de comidas*) Frugalität *f*

fruición [frwi'θjon] *f* Genuss *m*

frunce ['frun̪θe] *m* Falte *f*

fruncimiento [frun̪θi'mjen̪to] *m* **1.** (*pliegue*) Falte *f* **2.** (*arrugamiento*) Zerknittern *nt* **3.** (*de los labios*) Kräuseln *nt;* (*de la frente*) Runzeln *nt;* (*del entrecejo*) Zusammenziehen *nt*

fruncir [frun̪'θir] <c→z> **I.** *vt* **1.** (*tela*) fälteln **2.** (*labios*) kräuseln; (*frente*) runzeln; ~ **el entrecejo** die Augenbrauen zusammenziehen **II.** *vr:* ~**se** zerknittern

frusleria [frusle'ria] *f* **1.** (*baratija*) Kleinigkeit *f* **2.** (*fam: bagatela*) Belanglosigkeit *f* **3.** (*fam: tontería*) Blödsinn *m*

frustración [frustra'θjon] *f* **1.** (*de planes*) Zunichtemachen *nt;* (*fracaso*) Scheitern *nt;* (*de una esperanza*) Zerschlagung *f* **2.** (*desilusión*) Enttäuschung *f*

frustrado, -a [frus'traðo, -a] *adj* (*persona*) frustriert; (*intento*) vergeblich

frustrar [frus'trar] **I.** *vt* **1.** (*estropear*) zunichte machen; ~ **las esperanzas de alguien** jds Hoffnungen zerschlagen **2.** (*decepcionar*) enttäuschen **II.** *vr:* ~**se** **1.** (*plan*) scheitern **2.** (*esperanzas*) sich zerschlagen

fruta ['fruta] *f* Frucht *f;* (*nombre colectivo*) Obst *nt;* ~ **del tiempo** Frischobst *nt;* ~**s tropicales** tropische Früchte; **de postre comimos** ~ zum Nachtisch gab es Obst

frutal [fru'tal] **I.** *adj* Obst- **II.** *m* Obstbaum *m*

frutería [frute'ria] *f* Obsthandlung *f*

frutero, -a[1] [fru'tero, -a] **I.** *adj* Obst-; **es muy** ~ er isst viel und gerne Obst **II.** *m, f* Obsthändler(in) *m(f)*

frutero[2] [fru'tero] *m* **1.** (*recipiente*) Obstschale *f* **2.** (ARTE) Stillleben *nt*

fruticultura [frutikul̦'tura] *f* Obstanbau *m*

fruto ['fruto] *m* **1.** (BOT) Frucht *f* **2.** (*hijo*) (Leibes)frucht *f* **3.** (*rendimiento*) Ertrag *m;* (*ganancia*) Gewinn *m;* (*resultado*) Produkt *nt;* (*provecho*) Nutzen *m;* (JUR) Frucht *f*

fucsia[1] ['fuʏsja] **I.** *adj* (*color*) pink **II.** *m* Pink *nt*

fucsia[2] ['fuʏsja] *f* (BOT) Fuchsie *f*

fue [fwe] **1.** *3. pret de* **ir** **2.** *3. pret de* **ser**

fuego ['fweɣo] *m* **1.** (*llamas*) Feuer *nt;* (*incendio*) Brand *m;* ~**s artificiales** Feuerwerk *nt;* **a** ~ **lento** (GASTR) bei schwacher Hitze; (*fig*) langsam; **prender** [*o* **pegar**] ~ **a algo** etw anzünden; **echar** ~ **por los ojos** vor Wut sprühen **2.** (MIL) (Geschütz)feuer *nt;* **estar entre dos** ~**s** zwischen die Fronten geraten **3.** (*ardor*) Hitze *f;* **en el** ~ **de la discusión** im Eifer des Gefechts

fuel [fwel] *m* Heizöl *nt*

fuelle ['fweʎe] *m* **1.** (*instrumento*) Blasebalg *m* **2.** (*de un tren*) Faltenbalg *m;* (*de una cámara*) Balgen *m* **3.** (*de un vestido*) Falte *f* **4.** (*de un carruaje*) Faltverdeck *nt* **5.** (*fam: pulmones*) Puste *f;* (*aguante*) Ausdauer *f* **6.** (*fam: soplón*) Petze *f*

fuente ['fwen̦te] *f* **1.** (*manantial*) Quelle *f* **2.** (*construcción*) Brunnen *m* **3.** (*plato llano*) Platte *f;* (*plato hondo*) Schüssel *f* **4.** (*origen*) Quelle *f;* ~**s bien informadas** gut informierte Kreise

fuera ['fwera] **I.** *adv* **1.** (*lugar*) draußen; **por** ~ außen; **de** ~ (*por la parte exterior*) von außen; (*de otro lugar*) von außerhalb; **el nuevo maestro es de** ~ der neue Lehrer ist nicht von hier **2.** (*dirección*) hinaus; **¡~!** raus!; **¡~ con esto!** weg damit!; **¡~ de mi vista!** geh mir bloß aus den Augen!; **salir** ~ hinausgehen; **hacia** ~ nach draußen; **echar a alguien** ~ jdn hinauswerfen **3.** (*tiempo*) außerhalb; ~ **de plazo** nach Fristablauf **4.** (*fam: de viaje*) weg; **me voy** ~ **una semana** ich verreise für eine Woche **II.** *prep* **1.** (*local, t. fig*) außer +*dat;* **estar** ~ **de casa** außer Haus sein; ~ **de serie** ausgezeichnet; ~ **de juego** (DEP) Abseits *nt* **2.** (*excepto*): ~ **de** abgesehen von +*dat* **III.** *conj:* ~ **de que...** +*subj* abgesehen davon, dass ... **IV.** *m* Buhruf *m*

fueraborda [fwera'βorða] *m* **1.** (*motor*) Außenbordmotor *m* **2.** (*embarcación*) Außenborder *m*

fuero ['fwero] *m* **1.** (*privilegio*) Sonderrecht *nt* **2.** (*jurisdicción*) Gerichtsbarkeit *f;* ~ **interno** Gewissen *nt* **3.** (*código*) Gesetzessammlung *f*

fuerte ['fwerte] **I.** *adj* <fortísimo> **1.** (*resistente*) stark; (*robusto*) robust; **caja** ~ Safe *m o nt;* **hacerse** ~ standhaft bleiben; **ser** ~ **de carácter** charakterstark sein **2.** (*musculoso*) kräftig; (*gordo*) korpulent **3.** (*intenso*) heftig; (*sonido*) laut; (*comida*) würzig; **un vino** ~ ein schwerer Wein **4.** (*valiente*) tapfer **5.** (*sólido*) stabil; (*duro*) hart; (*tela*) reißfest **6.** (*genio*) schwierig **7.** (*poderoso*) mächtig **8.** (*versado*) gewandt; **estar** ~ **en matemáticas** sehr gut in Mathematik sein **9.** (*considerable*) beträchtlich **10.** (*violento*) derb; (*expresión*) grob; **palabra** ~ Kraftausdruck *m* **11.** (*terreno*) unwegsam **12.** (LING: *vocal*) stark; (*forma*) stammbetont **13.** (MIL) befestigt **II.** *m* **1.** (*de una persona*) Stärke *f* **2.** (MIL) Festung(sanlage) *f* **3.** (MÚS) Forte *nt* **4.** (*auge*) Höhepunkt *m* **III.** *adv* **1.** (*en abundancia*) viel; **desayunar** ~ reichhaltig frühstücken **2.** (*con fuerza*) fest; (*con intensidad*) heftig **3.** (*en voz alta*) laut

fuerza ['fwerθa] *f* **1.** (*capacidad física, t.* FÍS) Kraft *f;* ~ **de ánimo** Mut *m;* ~ **de voluntad** Willenskraft *f;* **tiene más** ~ **que yo** er/sie ist stärker als ich; **sin** ~**s** kraftlos **2.** (*capacidad de soportar*) Stärke *f;* (*eficacia*) Wirksamkeit *f* **3.** (*poder*) Macht *f;* ~ **de disuasión** Überzeugungskraft *f;* ~ **mayor** höhere Gewalt **4.** (*violencia*) Gewalt *f;* **a** [*o* **por**] **la** ~ mit Gewalt; **por** ~ (*por necesidad*) gezwungenermaßen; (*con violencia*) gewaltsam **5.** (*intensidad*) Wucht *f* **6.** (*expresividad*) Ausdruckskraft *f* **7.** (*auge*) Höhepunkt *m* **8.** *pl* (POL) Kräfte *fpl;* (MIL) Streitkräfte *fpl;* ~**s del orden público** Polizei *f* **9.** (ELEC)

Strom *m* **10.** (*loc*): **a ~ de** mittels +*gen;* **lo ha conseguido todo a ~ de trabajo** er/sie hat sich *dat* alles hart erarbeitet

fuga ['fuɣa] *f* **1.** (*huida*) Flucht *f* (*de* aus +*dat*); (*de la cárcel*) Ausbruch *m* (*de* aus +*dat*); **darse a la ~** die Flucht ergreifen **2.** (*en tubos*) Leck *nt;* (*de líquido*) Auslaufen *nt;* (*de gas*) Ausströmen *nt;* **la cañería tiene una ~** das Rohr ist undicht; **hubo una ~ de gas/petróleo** es ist Gas/Öl ausgetreten **3.** (MÚS) Fuge *f* **4.** (*auge*) Höhepunkt *m*

fugacidad [fuɣaθi'ðaᵈ] *f* Flüchtigkeit *f;* (*caducidad*) Vergänglichkeit *f*

fugarse [fu'ɣarse] <g→gu> *vr* fliehen (*de* aus +*dat*); (*capital*) abfließen; **~ de la cárcel** aus dem Gefängnis ausbrechen

fugaz [fu'ɣaθ] *adj* flüchtig; (*caduco*) vergänglich; **estrella ~** Sternschnuppe *f*

fugitivo, -a [fuxi'tiβo, -a] **I.** *adj* flüchtig; (*belleza*) vergänglich **II.** *m, f* Flüchtling *m;* (*de la cárcel*) Ausbrecher(in) *m(f)*

fulana [fu'lana] *f* (*pey*) Nutte *f*

fulano, -a [fu'lano, -a] *m, f* **1.** (*evitando el nombre*) Herr *m* Soundso, Frau *f* Soundso **2.** (*persona indeterminada*) Herr *m* X, Frau *f* X; **no me importa lo que digan ~ y mengano** es ist mir egal, was Hinz und Kunz davon halten **3.** (*amante*) Geliebte(r) *mf*

fular [fu'lar] *m* **1.** (*tela*) Foulard *m* **2.** (*pañuelo*) Halstuch *nt*

fulcro ['fulkro] *m* Drehpunkt *m*

fulero, -a [fu'lero, -a] *adj* (*fam*) **1.** (*chapucero*): **eres muy ~** du bist ein Pfuscher **2.** (*embustero*) falsch

fulgor [ful'ɣor] *m* (*resplandor*) Strahlen *nt;* (*centelleo*) Funkeln *nt;* (*de una superficie*) Glanz *m*

fulgurante [fulɣu'ran̪te] *adj* **1.** (*dolor*) heftig **2.** (*rápido*) blitzartig; **carrera ~** Blitzkarriere *f*

fulgurar [fulɣu'rar] *vi* (*resplandecer*) strahlen; (*centellear*) funkeln; (*espejear*) glänzen

fullería [fuʎe'ria] *f* **1.** (*trampa*) Betrug *m;* (*en el juego*) Schummelei *f fam;* **hacer ~s** mogeln **2.** (*treta*) Trick *m*

fullero, -a [fu'ʎero, -a] **I.** *adj* **1.** (*tramposo*) betrügerisch **2.** (*fam: astuto*) gerissen **II.** *m, f* **1.** (*tramposo*) Betrüger(in) *m(f);* (*en el juego*) Falschspieler(in) *m(f)* **2.** (*fam: astuto*) Gauner(in) *m(f)*

fulminación [fulmina'θjon] *f* **1.** (*de un explosivo*) Zündung *f* **2.** (*emisión*) Schleudern *nt;* (*de amenazas*) Ausstoßen *nt* **3.** (*aniquilación*) Vernichtung *f* **4.** (*de una sentencia*) Verhängung *f*

fulminante [fulmi'nan̪te] **I.** *adj* **1.** (*rápido*) blitzartig; (*inesperado*) plötzlich **2.** (*explosivo*) zündend **3.** (*mirada*) hasserfüllt **II.** *m* Zündstoff *m*

fulminar [fulmi'nar] **I.** *vi* zünden **II.** *vt* **1.** (*arrojar*) schleudern **2.** (*dañar*) treffen; (*aniquilar*) vernichten; (*matar*) umbringen; (*enfermedad*) dahinraffen **3.** (*imponer*) anordnen; **~ una censura** eine Zensur verhängen **4.** (*amenazar*) mit Drohungen überschütten

fumadero [fuma'ðero] *m* Rauchzimmer *nt;* **~ de opio** Opiumhöhle *f*

fumador(a) [fuma'ðor(a)] **I.** *adj* rauchend **II.** *m(f)* Raucher(in) *m(f);* **no ~** Nichtraucher *m*

fumar [fu'mar] **I.** *vi, vt* rauchen **II.** *vr:* **~se** **1.** (*fumar*) rauchen **2.** (*fam: gastar*) verjubeln **3.** (*fam: faltar*) versäumen; **~se la clase** den Unterricht schwänzen

fumigar [fumi'ɣar] <g→gu> *vt* ausräuchern

fumista [fu'mista] *mf* Ofensetzer(in) *m(f)*

funambulesco, -a [funambu'lesko, -a] *adj* **1.** (*extravagante*) extravagant **2.** (*relativo al funámbulo*) Seiltänzer-; (*como un funámbulo*) seiltänzerisch

funámbulo, -a [fu'nambulo, -a] *m, f* Seiltänzer(in) *m(f)*

función [fuṇ'θjon] *f* **1.** (*papel, t.* BIOL, MAT) Funktion *f;* **el precio está en ~ de la calidad** der Preis hängt von der Qualität ab **2.** (*cargo*) Amt *nt;* (*tarea*) Tätigkeit *f;* **entrar en ~** tätig werden; (*cargo*) ein Amt antreten; **el ministro en funciones** der stellvertretende Minister **3.** (*acto*) Veranstaltung *f;* (CINE, TEAT) Vorstellung *f*

funcional [fuṇθjo'nal] *adj* **1.** (*relativo a la función*) funktionell **2.** (*utilitario*) zweckmäßig

funcionalidad [fuṇθjonali'ðaᵈ] *f* Zweckmäßigkeit *f*

funcionamiento [fuṇθjona'mjen̪to] *m* **1.** (*marcha*) Funktionieren *nt;* **~ administrativo** Verwaltungsablauf *m;* **~ del mercado** Marktordnung *f;* **poner en ~** in Gang setzen **2.** (*rendimiento*) Funktionsfähigkeit *f;* (*manera de funcionar*) Funktionsweise *f;* **en estado de ~** einsatzbereit; (*máquina*) betriebsfähig

funcionar [fuṇθjo'nar] *vi* funktionieren; (*estar trabajando*) in Betrieb sein; **el coche no funciona bien** der Wagen läuft nicht gut; **la televisión no funciona** der Fernseher ist kaputt *fam*

funcionario, -a [fuṇθjo'narjo, -a] *m, f* (*de una organización*) Funktionär(in) *m(f);* (*del Estado*) Beamte(r) *mf,* Beamtin *f*

funda ['fuṇda] *f* (*cubierta*) Hülle *f;* (*para gafas*) Etui *nt;* (*de libro*) Umschlag *m;* (*de almohada*) Bezug *m;* (*de butaca*) Überzug *m;* (*de máquina*) Abdeckhaube *f;* (*de revólver*)

Halfter *f o nt*

fundación [fun̪da'θjon] *f* **1.** (*creación*) Gründung *f* **2.** (*institución*) Stiftung *f* **3.** (*justificación*) Begründung *f* **4.** (*origen*) Ursprung *m* **5.** (*de una estructura*) Unterbau *m*

fundado, -a [fun̪'daðo, -a] *adj* fundiert

fundador(a) [fun̪da'ðor(a)] **I.** *adj* Gründer-, Gründungs- **II.** *m(f)* (Be)gründer(in) *m(f)*

fundamental [fun̪damen̪'tal] *adj* **1.** (MAT) Grund- **2.** (*esencial*) Haupt-; (*básico*) grundlegend; **argumento ~** Hauptgrund *m;* **conocimientos ~es** Grundkenntnisse *fpl*

fundamentalismo [fun̪damen̪ta'lismo] *m sin pl* Fundamentalismus *m*

fundamentalista [fun̪damen̪ta'lista] **I.** *adj* fundamentalistisch **II.** *mf* Fundamentalist(in) *m(f)*

fundamentar [fun̪damen̪'tar] *vt* **1.** (ARQUIT) fundamentieren **2.** (*basar*) stützen (*en* auf *+akk*) **3.** (*establecer*) begründen **4.** (*hacer firme*) festigen

fundamento [fun̪da'men̪to] *m* **1.** (ARQUIT) Fundament *nt* **2.** (*base*) Grundlage *f* **3.** (*motivo*) Grund *m;* **sin ~** unbegründet **4.** (*formalidad*) Vernunft *f;* (*seriedad*) Ernsthaftigkeit *f;* **hablar sin ~** nur Unsinn reden **5.** *pl* (*conocimientos*) (Grund)kenntnisse *fpl*

fundar [fun̪'dar] **I.** *vt* **1.** (*crear*) gründen **2.** (TÉC) stützen (*sobre/en* auf *+akk*) **3.** (*basar*) stützen (*en/sobre* auf *+akk*); (*justificar*) begründen (*en* mit *+dat*) **II.** *vr:* **~se** **1.** (*basarse*) sich stützen (*en* auf *+akk*); (*tener su justificación*) beruhen (*en* auf *+dat*) **2.** (*asentarse*) ruhen (*en/sobre* auf *+dat*)

fundición [fun̪di'θjon] *f* **1.** (*de un metal*) Schmelzen *nt* **2.** (*en una forma*) Gießen *nt* **3.** (*de ideas*) Verschmelzung *f* **4.** (*taller*) Gießerei *f* **5.** (*hierro*) Gusseisen *nt* **6.** (TIPO) Satz *m* Schriftzeichen

fundidor [fun̪di'ðor] *m* Gießer *m*

fundir [fun̪'dir] **I.** *vt* **1.** (*deshacer*) schmelzen **2.** (*dar forma*) gießen **3.** (*un aparato eléctrico*) durchbrennen lassen **4.** (*unir*) (miteinander) verschmelzen; (*empresas*) zusammenlegen **5.** (*Am: gastar*) verjubeln *fam* **II.** *vr:* **~se** **1.** (*deshacerse*) (zer)schmelzen **2.** (*aparato eléctrico*) durchbrennen **3.** (*unirse*) (miteinander) verschmelzen (*en* zu *+dat*); (*empresas*) sich zusammenschließen (*en* zu *+dat*) **4.** (*Am: arruinarse*) zugrunde gehen; (*negocio*) Bankrott machen

fúnebre ['funeβre] *adj* **1.** (*triste*) traurig **2.** (*sombrío*) düster **3.** (*de los difuntos*) Toten-; **coche ~** Leichenwagen *m;* **pompas ~s** (*ceremonia*) Begräbnis *nt;* (*empresa*) Bestattungsinstitut *nt*

funeral [fune'ral] **I.** *adj* Bestattungs-, Beerdigungs- **II.** *m* **1.** (*entierro*) Begräbnis *nt* **2.** *pl* (*misa*) Trauergottesdienst *m,* Trauerfeier *f*

funeraria [fune'rarja] *f* Bestattungsinstitut *nt*

funerario, -a [fune'rarjo, -a] *adj* Bestattungs-, Beerdigungs-

funesto, -a [fu'nesto, -a] *adj* **1.** (*aciago*) verhängnisvoll **2.** (*desgraciado*) verheerend; (*triste*) traurig **3.** (*fam: sin talento*) katastrophal

fungicida [fuŋxi'θiða] **I.** *adj* pilztötend **II.** *m* Fungizid *nt*

fungir [fuŋ'xir] <g→j> *vi* **1.** (*Am: un cargo*) das Amt innehaben (*de +gen*) **2.** (*AmC: presumir*) angeben

funicular [funiku'lar] **I.** *adj* Bergbahn-; (*de cable aéreo*) Seilbahn-; **tren ~** Bergbahn *f* **II.** *m* Bergbahn *f;* **~ aéreo** Seilbahn *f*

furcia ['furθja] *f* (*pey*) Nutte *f*

furgón [fur'ɣon] *m* **1.** (*carro*) Wagen *m;* (*camioneta*) Transporter *m* **2.** (FERRO: *para el equipaje*) Gepäckwagen *m;* (*para mercancías*) Güterwagen *m*

furgoneta [furɣo'neta] *f* Kleintransporter *m*

furia ['furja] *f* **1.** (*ira*) Zorn *m* **2.** (*ímpetu*) Wucht *f* **3.** (*persona*) Furie *f* **4.** (*fam: energía*) Eifer *m* **5.** (*auge*) Höhepunkt *m*

furibundo, -a [furi'βun̪do, -a] *adj* **1.** (*furioso*) zornerfüllt **2.** (*fam: entusiasta*) begeistert; (*extremado*) fanatisch

furioso, -a [fu'rjoso, -a] *adj* **1.** (*furibundo*) wütend **2.** (*loco*) tobsüchtig **3.** (*violento*) heftig; (*tempestad*) tosend **4.** (*tremendo*) enorm; (*sentimiento*) unbändig

furor [fu'ror] *m* **1.** (*ira*) Wut *f* **2.** (*ímpetu*) Wucht *f* **3.** (*energía*) Eifer *m* **4.** (*auge*) Höhepunkt *m;* **hacer ~** Furore machen **5.** (*afición*) Begeisterung *f* **6.** (*locura*) Tobsuchtsanfall *m* **7.** (MED): **~ uterino** Nymphomanie *f*

furtivo, -a [fur'tiβo, -a] *adj* heimlich; **cazador ~** Wilderer *m*

furúnculo [fu'ruŋkulo] *m* (MED) Furunkel *nt o m*

fusa ['fusa] *f* (MÚS) Zweiunddreißigstelnote *f*

fuselaje [fuse'laxe] *m* (AERO) Rumpf *m*

fusible [fu'siβle] **I.** *adj* schmelzbar **II.** *m* Sicherung *f*

fusil [fu'sil] *m* Gewehr *nt*

fusilamiento [fusila'mjen̪to] *m* **1.** (*ejecución*) standrechtliche Erschießung *f* **2.** (*fam: de textos*) Abkupfern *nt*

fusilar [fusi'lar] *vt* **1.** (*ejecutar*) standrechtlich erschießen **2.** (*fam: copiar*) abkupfern

fusilería [fusile'ria] *f* **1.** (*fusiles*) Gewehre *ntpl* **2.** (*soldados*) Schützen *mpl* **3.** (*fuego*) Gewehrfeuer *nt*

fusilero [fusi'lero] *m* Schütze *m* (der Infanterie)

fusión [fu'sjon] *f* **1.** (*fundición*) Schmelzen *nt* **2.** (*unión, t.* ECON) Fusion *f*

fusionar [fusjo'nar] **I.** *vi* schmelzen **II.** *vt* **1.** (*deshacer*) schmelzen **2.** (*unir*) verschmelzen; (*empresas*) fusionieren **III.** *vr:* **~se** (miteinander) verschmelzen; (*empresas*) fusionieren

fusta ['fusta] *f* **1.** (*látigo*) Peitsche *f* **2.** (*leña*) Reisig *nt* **3.** (*tejido*) Wollstoff *m*

fuste ['fuste] *m* **1.** (*madera*) Holz *nt* **2.** (*vara*) Stange *f;* (*de una lanza*) Schaft *m* **3.** (ARQUIT) Säulenschaft *m* **4.** (*importancia*) Bedeutung *f;* (*sustancia*) Gehalt *m;* (*de una persona*) Format *nt* **5.** (*arzón*) Sattelbaum *m*

fustigar [fusti'ɣar] <g→gu> *vt* **1.** (*azotar*) peitschen **2.** (*reprender*) tadeln

fútbol ['fuðβol] *m* Fußball *m*

futbolín [fuðβo'lin] *m* Tischfußballspiel *nt*

futbolista [fuðβo'lista] *mf* Fußballspieler(in) *m(f)*

futbolístico, **-a** [fuðβo'listiko, -a] *adj* fußballerisch, Fußball-

fútbol-sala ['fuðβol-'sala] *m sin pl* Hallenfußball *m*

fútil ['futil] *adj* belanglos

futilidad [futili'ða^{d}] *f* Belanglosigkeit *f*

futurible [futu'riβle] **I.** *adj* möglich; (*acontecimiento*) eventuell (eintretend); (*persona*) in Frage kommend **II.** *mf* Anwärter(in) *m(f)*

futurismo [futu'rismo] *m sin pl* Futurismus *m*

futuro, **-a**[1] [fu'turo, -a] **I.** *adj* (zu)künftig **II.** *m, f* (*fam*) Zukünftige(r) *mf*

futuro[2] [fu'turo] *m* **1.** (*tiempo*) Zukunft *f* **2.** (LING) Futur *nt* **3.** (FIN): **compra de ~s** Terminkauf *m*

futurólogo, **-a** [futu'roloɣo, -a] *m, f* Futurologe, -in *m, f*

G

G, g [xe] *f* G, g *nt;* ~ **de Granada** G wie Gustav

gabacho, -a [ga'βatʃo, -a] *m, f* (*pey: francés*) Franzose *m,* Französin *f*

gabán [ga'βan] *m* Mantel *m*

gabardina [gaβar'ðina] *f* **1.** (*tela*) Gabardine *m o f* **2.** (*prenda*) Trenchcoat *m*

gabarra [ga'βarra] *f* (NÁUT: *para carga y descarga*) Frachtkahn *m;* (*más pequeña*) Leichter *m;* (*remolcada*) Schleppkahn *m*

gabela [ga'βela] *f* Abgabe *f*

gabinete [gaβi'nete] *m* **1.** (*estudio*) Arbeitsraum *m;* (*junto a la alcoba*) Salon *m* **2.** (*tocador*) Toilettentisch *m* **3.** (*museo*) Kabinett *nt* **4.** (*de médico*) Praxis *f* **5.** (POL) Kabinett *nt* **6.** (*loc*): ~ **de prensa** Pressestelle *f*

Gabón [ga'βon] *m* Gabun *nt*

gabonés, -esa [gaβo'nes, -esa] **I.** *adj* gabunisch **II.** *m, f* Gabuner(in) *m(f)*

gacela [ga'θela] *f* Gazelle *f;* **corre como una** ~ er/sie ist flink wie ein Wiesel

gaceta [ga'θeta] *f* **1.** (HIST: *periódico*) Zeitung *f* **2.** (HIST: *BOE*) *spanisches Gesetzblatt* **3.** (*fam: correveidile*) Klatschmaul *nt*

gacetilla [gaθe'tiʎa] *f* **1.** (*de un periódico*) Kurznachrichtenübersicht *f* **2.** (*noticia*) Kurznachricht *f*

gacetillero, -a [gaθeti'ʎero, -a] *m, f* Journalist(in) *m(f)*

gacha ['gatʃa] *f* **1.** (*fam: barro*) Schlamm *m* **2.** *pl* (*comida*) Brei *m*

gachí [ga'tʃi] <gachíes> *f* (*fam*) Mädel *nt,* Puppe *f*

gacho, -a ['gatʃo, -a] *adj* (herunter)hängend; **orejas gachas** Schlappohren *ntpl;* **sombrero** ~ Schlapphut *m*

gachó [ga'tʃo] *m* (*fam*) Kerl *m*

gaditano, -a [gaði'tano, -a] **I.** *adj* aus Cádiz **II.** *m, f* Einwohner(in) *m(f)* von Cádiz

gaélico, -a [ga'eliko, -a] *adj* gälisch

gafa ['gafa] *f* **1.** *pl* (*anteojos*) Brille *f;* ~**s de inmersión** Taucherbrille *f;* **llevar** ~**s** eine Brille tragen; **ponerse las** ~**s** die Brille aufsetzen **2.** (*varilla*) Brillenbügel *m* **3.** (TÉC: *grapa*) Klammer *f* **4.** (TÉC: *abrazadera*) Krampe *f*

gafar [ga'far] *vt* **1.** (*con grapas*) verklammern **2.** (*con las uñas*) sich festkrallen (an +*dat*) **3.** (*fam: mala suerte*) Unglück bringen +*dat*

gafe ['gafe] *m* **1.** (*cenizo*) Unglücksbringer *m* **2.** (*aguafiestas*) Spielverderber *m*

gag [gaᵞ] *m* <gags> Gag *m*

gago, -a ['gaɣo, -a] **I.** *adj* (*Am*) stotternd **II.** *m, f* Stotterer, -in *m, f*

gaita ['gai̯ta] *f* **1.** (MÚS: *gallega*) Dudelsack *m;* (*zamorana*) Flageolett *nt* **2.** (*fam: cuello*) Hals *m* **3.** (*fam: lata*): **vaya** ~ **tener que hacer eso** das machen zu müssen ist die reinste Qual **4.** (*loc*): **estar hecho una** ~ kränklich sein; **estar de** ~ (*fam*) guter Dinge sein

gaitero, -a [gai̯'tero, -a] *m, f* (*de gaita gallega*) Dudelsackspieler(in) *m(f);* (*de gaita zamorana*) Flageolettspieler(in) *m(f)*

gaje ['gaxe] *m* Einkommen *nt;* **los** ~**s del oficio** (*irón*) die Unannehmlichkeiten des Berufs

gajo ['gaxo] *m* **1.** (*de naranja*) Segment *nt* **2.** (*racimo*) Traube *f* **3.** (*rama*) herabgefallener Zweig

gala ['gala] *f* **1.** (*fiesta*) Gala *f* **2.** (*garbo*) Anmut *f* **3.** (*selecto*) Beste(s) *nt* **4.** *pl* (*vestido*) Kleider *ntpl*

galáctico, -a [ga'laktiko, -a] *adj* (ASTR) galaktisch

galaico, -a [ga'lai̯ko, -a] *adj* galicisch

galaicoportugués, -esa [galai̯koportu'ɣes, -esa] *adj* galicisch-portugiesisch

galán [ga'lan] *m* **1.** (*hombre*) Galan *m* **2.** (*novio*) Liebhaber *m* **3.** (TEAT: *papel*) jugendlicher Liebhaber *m*

galante [ga'lan̪te] *adj* **1.** (*atento*) aufmerksam **2.** (*mujer*) kokett **3.** (*historia*) pikant

galanteador(a) [galan̪tea'ðor(a)] *adj* umwerbend

galantear [galan̪te'ar] *vt* den Hof machen (*a* +*dat*)

galantería [galan̪te'ria] *f* **1.** (*hacia una mujer*) Höflichkeit *f* (*hacia* gegenüber +*dat*) **2.** (*amabilidad*) Aufmerksamkeit *f* (*hacia* gegenüber +*dat*) **3.** (*generosidad*) Großzügigkeit *f* (*hacia* gegenüber +*dat*)

galápago [ga'lapaɣo] *m* (ZOOL) Süßwasserschildkröte *f;* **tener más conchas que un** ~ (*fam*) sehr gerissen sein

galardón [galar'ðon] *m* Preis *m*

galardonar [galarðo'nar] *vt* auszeichnen; ~ **a alguien con un título** jdm einen Titel verleihen

galaxia [ga'laᵞsja] *f* **1.** (*universo*) Galaxie *f* **2.** (*AmC*) Prominenz *f*

galbana [gal'βana] *f* (*fam*) Faulheit *f*

galena [ga'lena] *f* Galenit *m*

galeno [ga'leno] *m* (*fam*) Doktor *m*

galeón [gale'on] *m* Galeone *f*
galeote [gale'ote] *m* Galeerensträfling *m*
galera [ga'lera] *f* **1.** (NÁUT) Galeere *f* **2.** (ZOOL) Heuschreckenkrebs *m* **3.** (TIPO) (Setz)schiff *nt* **4.** (MAT) Divisionszeichen *nt* **5.** (*Am: cobertizo*) Schuppen *m* **6.** (*Am: sombrero*) Zylinder(hut) *m*
galerada [gale'raða] *f* (TIPO) Fahne *f*
galería [gale'ria] *f* **1.** (*corredor*) Galerie *f* **2.** (*de arte*) Kunstgalerie *f* **3.** *pl* (*grandes almacenes*) Kaufhaus *nt* **4.** *pl* (*bulevar*) Ladenpassage *f* **5.** (MIN) Stollen *m* **6.** (TEAT) Galerie *f* **7.** (*subterránea*) Tunnel *m*
galerista [gale'rista] *mf* Galerist(in) *m(f)*
galés, -esa [ga'les, -esa] **I.** *adj* walisisch **II.** *m, f* Waliser(in) *m(f)*
Gales ['gales] *m*: (**País de**) ~ Wales *nt*
galgo, -a ['galɣo, -a] *m, f* (ZOOL) Windhund, -hündin *m, f*
Galia ['galja] *f* Gallien *nt*
Galicia [ga'liθja] *f* Galicien *nt*
galicismo [gali'θismo] *m* Gallizismus *m*
galimatías [galima'tias] *m inv* **1.** (*lenguaje*) Kauderwelsch *nt* **2.** (*enredo*) Durcheinander *nt*
gallardear [gaʎarðe'ar] *vi* **1.** (*ostentar gallardía*) Mut zur Schau tragen **2.** (*presumir*) prahlen (*de* mit + *dat*)
gallardía [gaʎar'ðia] *f* **1.** (*apostura*) Stattlichkeit *f* **2.** (*garbo*) Anmut *f* **3.** (*valentía*) Mut *m*
gallardo, -a [ga'ʎarðo, -a] *adj* **1.** (*de aspecto*) stattlich **2.** (*garboso*) anmutig **3.** (*valiente*) mutig
gallear [gaʎe'ar] **I.** *vi* **1.** (*fanfarronear*) angeben **2.** (*alzar la voz*) brüllen **3.** (*creerse importante*) sich *dat* viel einbilden **II.** *vt* (*el gallo a la gallina*) treten
gallego, -a [ga'ʎeɣo, -a] **I.** *adj* galicisch **II.** *m, f* **1.** (*habitante*) Galicier(in) *m(f)* **2.** (*AmS: pey: español*) Spanier(in) *m(f)*
galleguismo [gaʎe'ɣismo] *m* Galicismus *m*
galleta [ga'ʎeta] *f* **1.** (*dulce*) Keks *m;* (*bizcocho*) Zwieback *m* **2.** (MIN) Würfelkohle *f* **3.** (*fam: bofetada*) Ohrfeige *f*
galletero [gaʎe'tero] *m* Keksdose *f*
gallina [ga'ʎina] *f* **1.** (*hembra del gallo*) Huhn *nt;* ~ **clueca** Glucke *f* **2.** (*fam: cobarde*) Feigling *m* **3.** (*juego*): **jugar a la ~ ciega** Blindekuh spielen **4.** (*loc*): **se me pone la carne de** ~ ich bekomme eine Gänsehaut
gallinazo [gaʎi'naθo] *m* Truthahngeier *m*
gallinero [gaʎi'nero] *m* **1.** (*corral*) Hühnerstall *m* **2.** (TEAT) Olymp *m*
gallito [ga'ʎito] *m*: **ser un** ~ der Hahn im Korb sein; **ponerse** ~ agressiv werden
gallo ['gaʎo] *m* **1.** (*ave*) Hahn *m;* ~ **de pelea** Kampfhahn *m;* ~ **silvestre** Auerhahn *m* **2.** (*pez*) Heringskönig *m* **3.** (*engreído*) Angeber *m* **4.** (MÚS): **soltar un** ~ kicksen **5.** (*esputo*) Auswurf *m* **6.** (*Am: hombre fuerte*) starker Mann *m* **7.** (*loc*): **misa de(l)** ~ Christmette *f;* **pata de** ~ Krähenfüße *mpl;* **peso** ~ (DEP) Bantamgewicht *nt;* **alzar el** ~ großspurig werden; **en menos que canta un** ~ im Nu; **si el dinero fuera mío, otro ~ nos cantara** (*fam*) wenn das Geld mir gehören würde, würde die Lage anders aussehen
galo, -a ['galo, -a] **I.** *adj* **1.** (*de la Galia*) gallisch **2.** (*francés*) französisch **II.** *m, f* **1.** (*de la Galia*) Gallier(in) *m(f)* **2.** (*francés*) Franzose *m,* Französin *f*
galón [ga'lon] *m* **1.** (*cinta*) Borte *f* **2.** (MIL: *distintivo*) Litze *f* **3.** (*medida inglesa*) Gallone *f*
galopada [galo'paða] *f* Galopprennen *nt*
galopar [galo'par] *vi* galoppieren
galope [ga'lope] *m* Galopp *m*
galopín [galo'pin] *m* **1.** (*golfillo*) Straßenjunge *m* **2.** (*granuja*) Gauner *m* **3.** (*granujilla*) Bengel *m*
galpón [gal'pon] *m* (*AmS*) Schuppen *m*
galvanismo [galβa'nismo] *m sin pl* (FÍS) Galvanismus
galvanización [galβaniθa'θjon] *f* **1.** (MED) Galvanisation *f* **2.** (TÉC) Galvanisierung *f*
galvanizar [galβani'θar] <z→c> *vt* **1.** (TÉC) galvanisieren; (*con cinc*) verzinken **2.** (*una institución*) beleben
gama ['gama] *f* **1.** (MÚS) Tonleiter *f* **2.** (*escala*) Skala *f;* ~ **de ofertas** Angebotspalette *f;* **una ~ baja de productos** Billigprodukte *ntpl*
gamada [ga'maða] *adj*: **cruz** ~ Hakenkreuz *nt*
gamba ['gamba] *f* **1.** (ZOOL) Garnele *f* **2.** (GASTR) Krabbe *f*
gamberrada [gambe'rraða] *f* rowdyhafter Streich *m;* **hacer ~s** etwas anstellen
gamberro, -a [gam'berro, -a] *m, f* Rowdy *m*
gambeta [gam'beta] *f* **1.** (*Am: distensión*) Verrenkung *f* **2.** (*Am: evasiva*) ausweichende Antwort *f;* (*fútbol*) Dribbling *nt;* **hacer ~s** dribbeln
gamma ['gam(m)a] *f* Gamma *nt*
gamo ['gamo] *m* Damhirsch *m*
gamonal [gamo'nal] *m* (*Am: cacique*) Kazike *m*
gamuza [ga'muθa] *f* **1.** (*animal*) Gämse *f* **2.** (*piel*) Gämsleder *nt* **3.** (*paño*) Fensterleder *nt*
gana ['gana] *f* Lust *f* (*de* auf + *akk*); **tengo ~s de comer** ich habe Appetit; **de buena** ~ gerne; **de mala** ~ ungerne; **tengo ~s de irme de vacaciones** ich möchte gerne Urlaub machen; **no me da la (real)** ~ (*fam*) ich will einfach nicht; **son ~s de fastidiar**

sie wollen uns ja nur das Spiel verderben!; **me quedé con las ~s de verle** ich musste mich leider damit abfinden, ihn nicht sehen zu können; **este es feo con ~s** (*fam*) der ist ja furchtbar hässlich!

ganadería [ganaðe'ria] *f* **1.**(*ganado*) Viehbestand *m* **2.**(*crianza*) Viehzucht *f* **3.**(*comercio*) Viehhandel *m*

ganadero, -a [gana'ðero, -a] **I.** *adj* Vieh- **II.** *m, f* **1.**(*criador*) Viehzüchter(in) *m(f)* **2.**(*tratante*) Viehhändler(in) *m(f)*

ganado [ga'naðo, -a] *m* **1.**(*reses*) Vieh *nt;* **~ bovino** [*o* **vacuno**] Rinder *ntpl;* **~ cabrío** Ziegen *fpl;* **~ ovino** Schafe *ntpl;* **~ porcino** Schweine *ntpl* **2.**(*Am: ~ vacuno*) Rinder *ntpl* **3.**(*fam: de personas*) Schar *f,* Horde *f*

ganador(a) [gana'ðor(a)] **I.** *adj* **1.**(*de ganar*) siegend, Sieges- **2.**(*victorioso*) siegreich **II.** *m(f)* Gewinner(in) *m(f)*

ganancia [ga'nanθja] *f* **1.**(*beneficio*) Gewinn *m* **2.**(*sueldo*) Verdienst *m*

ganancioso, -a [ganan'θjoso, -a] *adj* **1.**(*que da ganancia*) gewinnbringend **2.**(*beneficiado*): **salir ~ de algo** einen Nutzen aus etw *dat* ziehen

ganapán [gana'pan] *m* **1.**(*pey: peón*) Gelegenheitsarbeiter *m* **2.**(*rudo*) Grobian *m*

ganar [ga'nar] **I.** *vi* **1.**(*en el juego*) gewinnen **2.**(*mejorar*) gewinnen (*en* an +*dat*); **~ en condición social** sich gesellschaftlich verbessern; **¿qué esperas ~ con esto?** was erhoffst du dir davon?; **con esto sólo puedes salir ganando** das kann dir nur von Nutzen sein **II.** *vt* **1.**(*trabajando*) verdienen; **con ese negocio consiguió ~ mucho dinero** dieses Geschäft brachte ihm/ihr viel Geld ein **2.**(*jugando*) gewinnen; (*premio*) erringen; (*a alguien*) besiegen (*a* +*akk*); **le he ganado 1.000 pesetas a los dados** ich habe ihm/ihr 1.000 Peseten beim Würfeln abgenommen **3.**(*adquirir*) gewinnen; (*libertad*) erlangen; (*conocimientos*) erwerben; **~ experiencia** Erfahrungen sammeln; **~ peso** zunehmen; **~ velocidad** schneller werden **4.**(*llegar a*) erreichen; **~ la orilla** ans Ufer gelangen **5.**(*aventajar*) übertreffen (*en* an +*dat*) **6.**(MIL: *ciudad*) erobern **7.**(*a una persona*) für sich gewinnen **III.** *vr:* **~se 1.**(*dinero*) verdienen; **~se la vida** seinen Lebensunterhalt verdienen **2.**(*a alguien*) für sich gewinnen **3.**(*loc*): **si no me sale, me la gano** wenn mir das nicht gelingt, dann blüht mir was

ganchillo [gan'tʃiʎo] *m* **1.**(*gancho*) Häkelnadel *f* **2.**(*labor*) Häkelarbeit *f;* **hacer ~** häkeln

gancho ['gantʃo] *m* **1.**(*instrumento*) Haken *m* **2.**(DEP: *boxeo*) Haken *m;* (*baloncesto*) Hookshot *m* **3.**(*de árbol*) Aststumpf *m* **4.**(*algo que atrae*) Blickfang *m* **5.**(*Am: horquilla*) Haarnadel *f* **6.**(*garabato*) Haken *m* **7.**(*atractivo*) Anziehungskraft *f* **8.**(*persona*) Lockvogel *m*

ganchudo, -a [gan'tʃuðo, -a] *adj* hakenförmig

gandul(a) [gaṇ'dul(a)] **I.** *adj* faul **II.** *m(f)* Faulpelz *m*

gandulear [gaṇdule'ar] *vi* faulenzen

gandulería [gaṇdule'ria] *f* Faulheit *f*

ganga ['gaŋga] *f* **1.**(*oferta*) günstiges Angebot *nt;* **¿sólo vale 1.000 pesetas? ¡pues sí que es una ~!** das kostet nur 1.000 Peseten? das ist ja spottbillig!; **¡menuda ~ este nuevo jefe!** mit dem neuen Chef haben wir uns ja was Schönes eingehandelt! **2.**(ZOOL) Flughuhn *nt* **3.**(MIN) Gangstein *m*

ganglio ['gaŋgljo] *m* (ANAT) Ganglion *nt*

gangosear [gaŋgose'ar] *vi* näseln

gangoso, -a [gaŋ'goso, -a] **I.** *adj* näselnd **II.** *adv:* **hablar ~** näseln

gangrena [gaŋ'grena] *f* **1.**(MED) Brand *m* **2.**(*mal*) Hauptübel *nt*

gangrenarse [gaŋgre'narse] *vr* den Brand bekommen

gángster ['gaⁿster] *mf* Gangster(in) *m(f)*

ganguear [gaŋge'ar] *vi* näseln

gangueo [gaŋ'geo] *m* Näseln *nt*

gansada [gan'saða] *f* Albernheit *f,* Faxen *fpl*

gansear [ganse'ar] *vi* **1.**(*fam: vaguear*) (faul) herumlungern **2.**(*decir gansadas*) herumalbern

ganso, -a ['ganso, -a] *m, f* **1.**(*ave*) Gans *f;* (*macho*) Gänserich *m* **2.**(*perezoso*) Faulenzer(in) *m(f)* **3.**(*estúpido*) Dummkopf *m;* **hacer el ~** herumalbern

Gante ['gaṇte] *m* Gent *nt*

ganzúa[1] [gaṇ'θua] *f* (*llave*) Dietrich *m*

ganzúa[2] [gaṇ'θua] *m* Einbrecher(in) *m(f)*

gañán [ga'ɲan] *m* **1.**(*mozo*) Bauernjunge *m* **2.**(*tosco*) Rüpel *m*

gañido [ga'ɲiðo] *m* (*de animal*) Heulen *nt;* (*de perro*) Jaulen *nt;* (*de aves*) Krächzen *nt;* (*de personas*) Keuchen *nt*

gañir [ga'ɲir] <*3. pret:* **gañó**> *vi* (*animal*) heulen; (*perro*) jaulen; (*las aves*) krächzen; (*personas*) schnaufen, keuchen

gañote [ga'ɲote] *m* Kehle *f*

garabatear [garaβate'ar] **I.** *vt* (*al escribir*) (hin)kritzeln **II.** *vi* **1.**(TÉC) (einen) Haken verwenden **2.**(*al escribir*) kritzeln **3.**(*al hablar*) um den heißen Brei herumreden

garabato [gara'βato] *m* **1.**(*gancho*) Haken *m* **2.**(*al escribir*) Gekritzel *nt* **3.**(*atractivo*) Anziehungskraft *f*

garaje [ga'raxe] *m* **1.**(*para coches*) Garage *f* **2.**(*taller*) Autowerkstatt *f*

garambaina [garam'bai̯na] *f* **1.**(*adorno*) Flitterkram *m* **2.** *pl* (*ademanes*) Getue *nt* **3.** *pl* (*garrapatos*) Gekritzel *nt* **4.** *pl* (*tonte-*

G

rías) Unsinn *m*

garante [ga'ran̦te] **I.** *adj* garantierend **II.** *mf* Bürge, -in *m, f*

garantía [garan̦'tia] *f* **1.** (*seguridad*) Garantie *f* **2.** (FIN: *aval*) Bürgschaft *f;* (*caución*) Kaution *f* **3.** (COM) Garantie *f;* **~s constitucionales** (POL) Grundrechte *ntpl;* **sin ~** ohne Gewähr

garantir [garan̦'tir] *irr como abolir vt v.* **garantizar**

garantizador(a) [garan̦tiθa'ðor(a)] *m(f)* Bürge, -in *m, f*

garantizar [garan̦ti'θar] <z→c> *vt* **1.** (*asegurar*) garantieren; **no está garantizado que él sea el orador** es steht noch nicht fest, ob er der Redner ist **2.** (JUR) gewährleisten; (*deuda*) bürgen (*por* für +*akk*)

garañón [gara'ɲon] *m* **1.** (*asno*) Eselhengst *m;* (*camello*) Kamelhengst *m* **2.** (*Am: caballo semental*) Zuchthengst *m*

garapiña [gara'piɲa] *f* **1.** (*galón*) Borte *f* **2.** (GASTR) Kandierung *f*

> **Garapiña** (oder auch: **garrapiña**) ist ein lateinamerikanisches Erfrischungsgetränk, das mit Ananasschalen, Wasser und Milch zubereitet wird.

garapiñar [garapi'ɲar] *vt* kandieren

garbancero, -a [garβan̦'θero, -a] **I.** *adj* Kichererbsen- **II.** *m, f* Kichererbsenhändler(in) *m(f)*

garbanzo [gar'βan̦θo] *m* Kichererbse *f;* **ganarse los ~s** (*fam*) seinen Lebensunterhalt verdienen; **ser el ~ negro** das schwarze Schaf sein

garbear [garβe'ar] **I.** *vi* **1.** (*afectar garbo*) prahlen **2.** (*trampear*) sich durchschlagen **II.** *vt* **1.** (*garbas*) in Garben binden **2.** (*robar*) stehlen **III.** *vr:* **~se** spazieren gehen

garbeo [gar'βeo] *m* Spaziergang *m*

garbillar [garβi'ʎar] *vt* sieben

garbillo [gar'βiʎo] *m* **1.** (*criba*) Sieb *nt* **2.** (MIN) Kleinerz *nt*

garbo ['garβo] *m* **1.** (*elegancia*) Anmut *f;* (*de movimiento*) Grazie *f* **2.** (*brío*) Schwung *m* **3.** (*generosidad*) Großzügigkeit *f* **4.** (*de un escrito*) Charme *m*

garboso, -a [gar'βoso, -a] *adj* **1.** (*elegante*) anmutig **2.** (*brioso*) schwungvoll **3.** (*generoso*) großzügig

garceta [gar'θeta] *f* **1.** (*ave*) Seidenreiher *m* **2.** (*pelo*) Schläfenlocke *f*

gardenia [gar'ðenja] *f* Gardenie *f*

garduña [gar'ðuɲa] *f* Hausmarder *m*

garete [ga'rete] *m:* **ir(se) al ~** (*proyecto*) scheitern; (NÁUT) treiben

garfa ['garfa] *f* Klaue *f*

garfio ['garfjo] *m* spitzer Haken *m*

gargajear [garɣaxe'ar] *vi* spucken

gargajo [gar'ɣaxo] *m* zäher Auswurf *m*

garganta [gar'ɣan̦ta] *f* **1.** (*gaznate*) Kehle *f;* (*cuello*) Hals *m;* (*empeine*) Spann *m;* **tener buena ~** eine gute Stimme haben; **se me hizo un nudo en la ~ de nervioso que estaba** die Aufregung schnürte mir die Kehle zu **2.** (*de un objeto*) Hals *m* **3.** (GEO: *quebrada*) Schlucht *f;* (*angostura*) Engpass *m* **4.** (TÉC) Seilnut *f* **5.** (ARQUIT) Schaft *m*

gargantilla [garɣan̦'tiʎa] *f* **1.** (*cinta*) Halsband *nt* **2.** (*collar*) Halskette *f;* (*de perlas*) Perlenkette *f*

gárgaras ['garɣaras] *fpl* Gurgeln *nt;* **hacer ~** gurgeln; **¡vete a hacer ~!** scher dich zum Teufel!

gargarear [garɣare'ar] *vi* (*Chil, Guat, Perú*) gurgeln

gargarizar [garɣari'θar] <z→c> *vi* gurgeln

gárgola ['garɣola] *f* (ARQUIT) Wasserspeier *m*

garita [ga'rita] *f* **1.** (*de centinelas*) Schilderhaus *nt* **2.** (*de portero*) Pförtnerloge *f* **3.** (FERRO) Bahnwärterhäuschen *nt* **4.** (*de fortificación*) Mauertürmchen *nt*

garito [ga'rito] *m* **1.** (*local*) illegale Spielhalle *f* **2.** (*ganancia*) Gewinn *m* (beim Glücksspiel)

garlar [gar'lar] *vi* (*fam*) schwätzen

garlito [gar'lito] *m* **1.** (*nasa*) Fischreuse *f* **2.** (*fam: trampa*) Falle *f*

garlopa [gar'lopa] *f* Langhobel *m*

garnacha [gar'natʃa] *f* **1.** (BOT) Garnacha *nt* **2.** (*vino*) Garnachawein *m*

garra ['garra] *f* **1.** (*de animal*) Kralle *f;* **caer en las ~s de alguien** in jds Fänge geraten; **la policía le echó la ~ al ladrón** die Polizei konnte den Dieb schnappen **2.** (*pey: mano*) Pfote *f* **3.** (NÁUT) Enterhaken *m* **4.** *pl* (*Am: harapos*) Fetzen *mpl* **5.** (*fam: brío*): **este equipo tiene ~** diese Mannschaft hat Pep

garrafa [ga'rrafa] *f* **1.** (*de vidrio*) Karaffe *f* **2.** (*con cesto*) Korbflasche *f;* **vino de ~** offener Wein

garrafal [garra'fal] *adj* riesig, ungeheuer

garrapata [garra'pata] *f* Zecke *f*

garrapatear [garrapate'ar] *vi, vt* kritzeln

garrapiña [garra'piɲa] *f v.* **garapiña**

garrapiñar [garrapi'ɲar] *vt* kandieren

garrido, -a [ga'rriðo, -a] *adj* **1.** (*gallardo*) stattlich **2.** (*galano*) elegant

garrocha [ga'rrotʃa] *f* Lanze *f*

garronear [garrone'ar] *vi* (*Arg*) schmarotzen (*a* bei +*dat*)

garrotazo [garro'taθo] *m* Schlag *m* mit dem Knüppel

garrote [ga'rrote] *m* **1.** (*palo*) Knüppel *m* **2.** (*ligadura*) Knebel *m* **3.** (*de ejecución*) Würgschraube *f*

garrotillo [garro'tiʎo] *m sin pl* (MED) Diphtherie *f*

garrucha [ga'rrutʃa] *f* Rolle *f*

garrulería [garrule'ria] *f* Geschwätz *nt*

gárrulo, -a ['garrulo, -a] *adj* **1.** (*pájaro*) zwitschernd **2.** (*persona*) geschwätzig, schwatzhaft **3.** (*arroyo*) murmelnd; (*viento*) flüsternd

garúa [ga'rua] *f* (*Am: llovizna*) Nieseln *nt*

garuar [ga'rwar] *vimpers* (*Am: lloviznar*) nieseln

garza ['garθa] *f* Reiher *m*

garzón, -ona [gar'θon, -ona] *m, f* (*Am: camarero*) Kellner(in) *m(f)*

gas [gas] *m* **1.** (*fluido*) Gas *nt;* ~ **natural** Erdgas *nt;* **bombona de** ~ Gasflasche *f;* **cartucho de** ~ Gaspatrone *f;* **cocina de** ~ Gasherd *m;* **agua con** ~ Sprudel *m;* **agua sin** ~ stilles Wasser **2.** (AUTO): **dar** ~ Gas geben; **ir a todo** ~ mit Vollgas fahren **3.** *pl* (*en el estómago*): ~**es** Blähungen *fpl*

gasa ['gasa] *f* **1.** (*tela*) Gaze *f* **2.** (*de luto*) Trauerflor *m* **3.** (MED) Verband(s)mull *m* **4.** (*pañal*) Windel *f*

gascón, -ona [gas'kon, -ona] **I.** *adj* gascognisch **II.** *m, f* Gascogner(in) *m(f)*

gasear [gase'ar] *vt* **1.** (*agua*) Kohlensäure zusetzen +*dat* **2.** (*algodón*) gasieren **3.** (*matar*) vergasen

gaseiforme [gasei̯'forme] *adj* gasförmig

gaseosa [gase'osa] *f* süßer Sprudel *m*

gaseoso, -a [gase'oso, -a] *adj* **1.** (*con gas*) gashaltig **2.** (*gaseiforme*) gasförmig

gasfitería [gasfite'ria] *f* (*Am*) Klempnerei *f*

gasificación [gasifika'θjon] *f* Vergasung *f*

gasificar [gasifi'kar] <c→qu> *vt* **1.** (TÉC: *transformar en gas*) vergasen **2.** (*un líquido*) mit Kohlensäure versetzen

gasoducto [gaso'ðukto] *m* Gasfernleitung *f*

gasógeno [ga'soxeno] *m* Gasgenerator *m*

gasoil [ga'soi̯l] *m,* **gas-oil** [ga'soi̯l] *m* Diesel(öl) *nt*

gasóleo [ga'soleo] *m* Diesel(öl) *nt*

gasolina [gaso'lina] *f* Benzin *nt;* ~ **con/sin plomo** verbleites/bleifreies Benzin; ~ **súper** Super(benzin) *nt;* **echar** ~ tanken

gasolinera [gasoli'nera] *f* **1.** (*establecimiento*) Tankstelle *f* **2.** (*lancha*) Motorboot *nt*

gastado, -a [gas'taðo, -a] *adj* **1.** (*vestido*) abgetragen; (*cuello*) abgescheuert; (*zapato*) abgelaufen; (*talón*) abgetreten; (*suelo*) ausgetreten; (*neumático*) abgefahren; (*pilas*) leer **2.** (*expresión*) abgedroschen **3.** (*persona*) verbraucht

gastador(a)[1] [gasta'ðor(a)] **I.** *adj* verschwenderisch **II.** *m(f)* Verschwender(in) *m(f)*

gastador[2] [gasta'ðor] *m* **1.** (MIL: *zapador*) Pionier *m* **2.** (*condenado*) Zwangsarbeiter *m*

gastar [gas'tar] **I.** *vt* **1.** (*dinero*) ausgeben **2.** (*vestido*) abtragen; (*zapato*) ablaufen; (*talón*) abtreten; (*suelo*) austreten; (*neumático*) abfahren **3.** (*tiempo*) investieren **4.** (*electricidad*) verbrauchen **5.** (*tener*): ~ **mal/buen humor** stets schlecht/gut gelaunt sein **6.** (*poseer*) haben **7.** (*loc*): ~ **pocas palabras** nicht viele Worte machen; ~ **bromas a alguien** seine Scherze mit jdm treiben **II.** *vr:* ~**se 1.** (*dinero*) ausgeben **2.** (*vestido*) sich abnutzen **3.** (*consumirse*) verbraucht werden

Gasteiz [gas'teiθ] *m* Vitoria *nt*

gasto ['gasto] *m* **1.** (*de dinero*) Ausgabe *f;* (*en un negocio*) Kosten *pl;* (ECON, COM: *desembolso*) Ausgaben *fpl;* (*costos adicionales*) Unkosten *pl;* **dinero para** ~**s corrientes** Taschengeld *nt;* ~**s de inscripción** Einschreibegebühren *fpl;* ~**s de personal** Personalaufwand *m;* **el** ~ **público** die Staatsausgaben; ~**s de representación** Spesen *pl* **2.** (*de fuerza*) Aufwand *m* (*de* an +*dat*); ~ **de tiempo** Zeitaufwand *m* **3.** (*consumo*) Verbrauch *m* (*de* an +*dat*) **4.** (*de una fuente*) Ergiebigkeit *f*

gástrico, -a ['gastriko, -a] *adj* Magen-

gastritis [gas'tritis] *f inv* (MED) Magenschleimhautentzündung *f*

gastroenteritis [gastroen̩te'ritis] *f inv* (MED) Magen-Darm-Entzündung *f*

gastronomía [gastrono'mia] *f sin pl* **1.** (*arte culinaria*) Gastronomie *f* **2.** (ECON) Gaststättengewerbe *nt*

gastronómico, -a [gastro'nomiko, -a] *adj* gastronomisch

gastrónomo, -a [gas'tronomo, -a] *m, f* **1.** (*que trabaja en gastronomía*) Gastronom(in) *m(f)* **2.** (*gourmet*) Feinschmecker(in) *m(f)*

gata ['gata] *f* **1.** (*hembra del gato*) Katze *f* **2.** (*nubecilla*) Wolken *fpl* am Berg **3.** (*madrileña*) Madriderin *f* **4.** (*loc*): **hacer la** ~ **muerta** (*fam*) den Bescheidenen spielen

gatas ['gatas]: **andar a** ~ auf allen vieren gehen

gateado, -a [gate'aðo, -a] *adj* katzenhaft; **marmol** ~ geaderter Marmor

gatear [gate'ar] **I.** *vi* **1.** (*trepar*) klettern **2.** (*ir a gatas*) krabbeln **3.** (*Am: enamorar*) hinter den Frauen her sein **II.** *vt* **1.** (*arañar*) kratzen **2.** (*fam: robar*) mausen

gatera [ga'tera] *f* **1.** (*de gatos*) Katzendurchschlupf *m* **2.** (NÁUT) Klüse *f* **3.** (*Am: verdulera*) Gemüsefrau *f*

gatillo [ga'tiʎo] *m* **1.** (*percusor*) Abzug *m;* **apretar el** ~ abdrücken **2.** (*de dentista*) Zahnzange *f* **3.** (*de cuadrúpedo*) Widerrist *m* **4.** (*ratero*) Spitzbube *m*

gato ['gato] *m* **1.** (*félido*) Katze *f;* (*macho*)

Kater *m;* **el G~ con Botas** der Gestiefelte Kater; **ser ~ viejo** ein alter Hase sein; **dar ~ por liebre a alguien** (*fam*) jdm ein X für ein U vormachen; **aquí hay ~ encerrado** (*fam*) hier ist etwas faul; **llevarse el ~ al agua** (*fam*) den Vogel abgeschossen haben; **éramos cuatro ~s en el cine** (*fam*) es waren nur ein paar Leute im Kino; **¿quién le pone el cascabel al ~?** (*fig*) wer hängt der Katze die Schelle um?; **buscarle los tres pies al ~** Haarspalterei betreiben; **andar como el perro y el ~** wie Hund und Katze sein **2.** (*astuto*) Gauner *m* **3.** (*madrileño*) Madrider *m* **4.** (TÉC: *de coche*) Wagenheber *m;* (*de carpintero*) Schraubzwinge *f* **5.** (*para dinero*) Geldbeutel *m*

GATT [gat] *m abr de* **Acuerdo General sobre Aranceles y Comercio** GATT *nt*

gatuno, -a [ga'tuno, -a] *adj* Katzen-, katzenhaft

gatuperio [gatu'perjo] *m* **1.** (*mezcla*) Mischmasch *m* **2.** (*embrollo*) Intrige *f*

gaucho, -a[1] ['gaṷtʃo, -a] *adj* **1.** (*de gaucho*) Gaucho-, gauchohaft **2.** (*Am: grosero*) grob **3.** (*Am: astuto*) gerissen

gaucho[2] ['gaṷtʃo] *m* (*Am*) **1.** (*campesino*) Gaucho *m* **2.** (*jinete*) guter Reiter *m*

> **Gauchos** werden die berittenen Viehhirten bzw. ‚Cowboys' der südamerikanischen **Pampa** genannt.

gaveta [ga'βeta] *f* **1.** (*de escritorio*) Schubfach *nt* **2.** (*de albañil*) Mörtelpfanne *f*

gavia ['gaβja] *f* **1.** (*zanja*) Entwässerungsgraben *m* **2.** (NÁUT: *vela*) Marssegel *nt* **3.** (*gaviota*) Möwe *f*

gavilán [ga'βilan] *m* **1.** (*ave*) Sperber *m* **2.** (*de pluma*) Spitze *f* **3.** (*de espada*) Parierstange *f* **4.** (*del cardo*) Distelblüte *f*

gavilla [ga'βiʎa] *f* **1.** (*fajo*) Garbe *f* **2.** (*cuadrilla*) Bande *f*

gaviota [ga'βjota] *f* Möwe *f*

gay [gaḭ] *m* Schwule(r) *m*

gazapera [gaθa'pera] *f* **1.** (*madriguera*) Kaninchenbau *m* **2.** (*de mala gente*) Schlupfwinkel *m* **3.** (*riña*) Zankerei *f*

gazapo [ga'θapo] *m* **1.** (*conejo*) junges Kaninchen *nt* **2.** (*en un periódico*) (Zeitungs)ente *f* **3.** (*fam: al hablar*) Versprecher *m*

gazmoñería [gaθmoɲe'ria] *f* **1.** (*mojigatería*) Scheinheiligkeit *f* **2.** (*hipocresía*) Heuchelei *f*

gazmoño, -a [gaθ'moɲo, -a] *adj* **1.** (*mojigato*) scheinheilig **2.** (*hipócrita*) heuchlerisch

gaznápiro, -a [gaθ'napiro, -a] *m, f* **1.** (*simple*) Einfaltspinsel *m* **2.** (*gamberro*) Halbstarke(r) *mf*

gaznatada [gaθna'taða] *f* (*Am*) Ohrfeige *f*

gaznate [gaθ'nate] *m* Kehle *f*

gazpacho [gaθ'patʃo] *m* (GASTR) Gazpacho *m*

> Der **gazpacho** ist eine kalte Gemüsesuppe aus **tomates** (Tomaten), **pepinos** (Gurken), **pimientos** (Paprikaschoten), **aceite de oliva** (Olivenöl) und etwas **pan** (Brot), die im Sommer speziell in Südspanien, in **Andalucía** und **Extremadura**, zubereitet wird.

GB [dʒiɣa'baḭt] *m* (INFOR) *abr de* **gigabyte** GB *nt*

Gbit [dʒiɣa'bit] *m* (INFOR) *abr de* **gigabit** GBit *nt*

Gbyte [dʒiɣa'baḭt] *m* (INFOR) *abr de* **gigabyte** GByte *nt*

géiser ['xeḭser] *m* Geysir *m*

geisha ['geḭsa] *f* Geisha *f*

gel [xel] *m* Gel *nt*

gelatina [xela'tina] *f* **1.** (*sustancia*) Gelatine *f* **2.** (GASTR) Sülze *f*

gelatinoso, -a [xelati'noso, -a] *adj* **1.** (*como la gelatina*) gallertartig **2.** (*de gelatina*) gallertig

gélido, -a ['xeliðo, -a] *adj* eiskalt

gema ['xema] *f* **1.** (*piedra preciosa*) Edelstein *m;* (*entallada*) Gemme *f* **2.** (BOT) Knospe *f*

gemebundo, -a [xeme'βun̩do, -a] *adj* (*de dolor*) stöhnend; (*de pena*) seufzend

gemelo, -a [xe'melo, -a] **I.** *adj* Zwillings-; **hermanos ~s** Zwillinge *mpl* **II.** *m, f* (*mellizo*) Zwilling *m*

gemelos [xe'melos] *mpl* **1.** (*anteojos*) Fernglas *nt;* **~ de teatro** Opernglas *nt* **2.** (ASTR) Zwillinge *mpl* **3.** (*de la camisa*) Manschettenknopf *m*

gemido [xe'miðo] *m* **1.** (*de dolor*) Stöhnen *nt;* (*de pena*) Seufzer *m;* (*al llorar*) Wimmern *nt* **2.** (*de animal*) Heulen *nt*

geminación [xemina'θjon] *f* **1.** (*duplicación*) Verdopp(e)lung *f* **2.** (LING) Gemination *f*

Géminis ['xeminis] *m inv* (ASTR) Zwillinge *mpl*

gemir [xe'mir] *irr como pedir vi* **1.** (*de dolor*) stöhnen; (*de pena*) seufzen **2.** (*animal*) heulen

gen [xen] *m* (BIOL) Gen *nt*

genciana [xen̩'θjana] *f* Enzian *m*

gendarme [xen̩'darme] *m* Gendarm *m*

genealogía [xenealo'xia] *f* Genealogie *f*

genealógico, -a [xenea'loxiko, -a] *adj* ge-

nealogisch; **árbol** ~ Stammbaum *m*
generación [xenera'θjon] *f* **1.** (TÉC: *producción*) Erzeugung *f;* **instrucción de** ~ (INFOR) Erzeugungsanweisung *f* **2.** (COM: *creación*) Schaffung *f* **3.** (BIOL: *procreación*) Zeugung *f* **4.** (*descendientes*) Generation *f*
generacional [xeneraθjo'nal] *adj* Generations-
generador(a)[1] [xenera'ðor(a)] *adj* **1.** (TÉC) Erzeugungs-, erzeugend **2.** (COM) schaffend; **medidas ~as de empleo** Arbeitsbeschaffungsmaßnahmen *fpl* **3.** (BIOL) Zeugungs-
generador[2] [xenera'ðor] *m* (TÉC) Generator *m*
general [xene'ral] **I.** *adj* **1.** (*universal*) Allgemein-, allgemein; (*huelga*) General-; (*cuartel*) Haupt-; (*impresión*) Gesamt-; **cultura** ~ Allgemeinbildung *f;* **junta** ~ (**extraordinaria**) (außerordentliche) Hauptversammlung *f;* **regla** ~ allgemein gültige Regel; **de uso** ~ (*para todo uso*) für den allgemeinen Gebrauch; (*para todo el mundo*) für die Allgemeinheit; **por lo** ~, **en** ~ im Allgemeinen; **por regla** ~ in der Regel; **en** ~ **me siento satisfecho** im Großen und Ganzen bin ich zufrieden; **en** ~ **hace mejor tiempo aquí que allí** normalerweise ist das Wetter hier schöner als dort **2.** (*vago*) allgemein; **tengo una idea** ~ **del tema** ich weiß ungefähr, worum es geht **II.** *m* General *m;* ~ **en jefe** Oberbefehlshaber *m*
generalato [xenera'lato] *m* **1.** (MIL) Generalswürde *f,* Generalat *nt* **2.** (REL) Generalat *nt*
generalidad [xenerali'ðaᵈ] *f* **1.** (*calidad general*) Allgemeinheit *f;* (*validez general*) Allgemeingültigkeit *f;* **en la** ~ **de los casos** in den meisten Fällen **2.** (*vaguedad*): **respondió con una** ~ er/sie gab keine konkrete Antwort; **hablar de ~es** eine unverbindliche Unterhaltung führen **3.** *pl* (*conocimientos generales*) allgemeine Kenntnisse *fpl*

> **Generalitat** *f* ist der Name der autonomen Regierung von **Cataluña** (Katalonien), die während der **Segunda República** (Zweite Republik), von 1931 bis 1936, im Amt war. Während der Francodiktatur war sie verboten, 1977 wurde die **Generalitat** wieder eingesetzt.

generalización [xeneraliθa'θjon] *f* **1.** (*universalización*) Verallgemeinerung *f* **2.** (*difusión*) allgemeine Verbreitung *f*
generalizador(a) [xeneraliθa'ðor(a)] *adj* verallgemeinernd
generalizar [xenerali'θar] <z→c> *vt* **1.** (*hacer general*) verallgemeinern **2.** (*difundir*) verbreiten
generalmente [xeneral'mente] *adv* **1.** (*en general*) im Allgemeinen **2.** (*ampliamente*) allgemein **3.** (*habitualmente*) gewöhnlich, normalerweise
generar [xene'rar] *vt* **1.** (*producir*) erzeugen; ~ **beneficios** Gewinne abwerfen **2.** (*provocar*) hervorrufen; ~ **un clima de confianza** ein Klima des Vertrauens schaffen
generativo, -a [xenera'tiβo, -a] *adj* **1.** (TÉC) Erzeugungs-; (BIOL) Zeugungs- **2.** (LING) generativ
generatriz [xenera'triθ] *f* **1.** (FÍS) Stromerzeuger *m* **2.** (MAT) Mantellinie *f*
genérico, -a [xe'neriko, -a] *adj* **1.** (*de la especie*) Gattungs-, generisch **2.** (LING): **nombre** ~ Gattungsname *m*
género ['xenero] *m* **1.** (BIOL) Gattung *f;* **este** ~ **de animales está extinguido** diese Tierart ist ausgestorben **2.** (*manera*) Weise *f* **3.** (*clase*) Sorte *f;* **¿qué** ~ **de hombre es?** was für ein Mensch ist er?; **sin ningún** ~ **de dudas** ohne den geringsten Zweifel; **tomar todo** ~ **de precauciones** alle denkbaren Vorsichtsmaßnahmen ergreifen **4.** (LING) Genus *nt* **5.** (LIT) Gattung *f;* ~ **épico** Epik *f;* ~ **lírico** Lyrik *f* **6.** (COM: *artículo*) Ware *f;* (*tela*) (Kleider)stoff *m;* ~ **de punto** Strickware *f* **7.** (ARTE) Genre *f*
generosidad [xenerosi'ðaᵈ] *f* **1.** (*magnanimidad*) Edelmut *m* **2.** (*desinterés*) Großzügigkeit *f*
generoso, -a [xene'roso, -a] *adj* **1.** (*magnánimo*) edelmütig (*con/para con* gegenüber +*dat*) **2.** (*desinteresado*) großzügig **3.** (*abundante*) reichlich **4.** (*loc*): **vino** ~ Dessertwein *m*
génesis ['xenesis] *f inv* Entstehung *f*
Génesis ['xenesis] *m* Schöpfungsgeschichte *f*
genética [xe'netika] *f sin pl* (BIOL) Genetik *f*
genético, -a [xe'netiko, -a] *adj* genetisch
genial [xe'njal] *adj* **1.** (*idea*) genial **2.** (*gracioso*) witzig **3.** (*estupendo*) toll
genialidad [xenjali'ðaᵈ] *f* **1.** (*cualidad*) Genialität *f* **2.** (*acción*) Geniestreich *m*
genio ['xenjo] *m* **1.** (*carácter*) Charakter *m;* **tener buen/mal** ~ gutmütig/jähzornig sein; **esta chica tiene mucho** ~ dieses Mädchen hat ein aufbrausendes Wesen **2.** (*talento*) Veranlagung *f* **3.** (*aptitud*) Genie *nt* **4.** (*persona*) Genie *nt;* **el** ~ **de Cervantes** der Genius Cervantes **5.** (*empuje*) Tatkraft *f* **6.** (*de una época*) (Zeit)geist *m* **7.** (*de los cuentos*) Kobold *m;* (*ser fabuloso*) (Flaschen)geist *m* **8.** (ARTE) Genius *m*
genista [xe'nista] *f* Ginster *m*
genital [xeni'tal] *adj* Geschlechts-

G

genitales [xeni'tales] *mpl* Geschlechtsorgane *ntpl*
genitivo [xeni'tiβo] *m* (LING) Genitiv *m*
genocidio [xeno'θiðjo] *m* Völkermord *m*
Génova ['xenoβa] *f* Genua *nt*
genovés, -esa I. *adj* genuesisch **II.** *m, f* Genuese, -in *m, f*
gente ['xen̪te] *f* **1.** (*personas*) Leute *pl;* **~ de armas** Soldaten *mpl;* **la ~ joven/mayor** die Jungen/Alten; **~ menuda** Kinder *ntpl;* **a este partido le preocupa la ~** dieser Partei geht es um die Menschen; **tienes que tratar más con la ~** du musst mehr unter die Leute (gehen); **¿qué dirá la ~?** was werden die Leute (dazu) sagen?; **la ~ dice que...** man sagt, dass ...; **tener don de ~s** gut mit Menschen umgehen können **2.** (*personal*) Personal *nt* **3.** (MIL: *tropa*) Truppe *f;* (NÁUT) Besatzung *f* **4.** (*fam: parentela*) Familienangehörige(n) *mpl;* **¿qué tal tu ~?** wie geht's deiner Familie? **5.** (*Am: honrado*) anständiger Mensch *m*
gentil [xen̪'til] **I.** *adj* **1.** (*pagano*) heidnisch **2.** (*apuesto*) gut aussehend; (*elegante*) anmutig **3.** (*amable*) höflich **II.** *mf* Heide, -in *m, f*
gentileza [xen̪ti'leθa] *f* **1.** (*garbo*) Anmut *f* **2.** (*cortesía*) Höflichkeit *f;* **¿tendría Ud. la ~ de ayudarme?** wären Sie so nett mir zu helfen?
gentilicio, -a [xen̪ti'liθjo, -a] *adj* (LING): **nombre ~** Völkername *m*
gentío [xen̪'tio] *m sin pl* Gedränge *nt*
gentuza [xen̪'tuθa] *f* (*pey*) Pöbel *m*
genuflexión [xenufleʸ'sjon] *f* Kniebeuge *f*
genuino, -a [xe'nwino, -a] *adj* (*persona*) echt; (*manuscrito*) authentisch; (*amor*) wahr; **es un caso ~ de histeria** das ist ein reiner Fall von Hysterie
geodesia [xeo'ðesja] *f* Erdmessung *f*
geografía [xeoɣra'fia] *f sin pl* Geographie *f*
geográfico, -a [xeo'ɣrafiko, -a] *adj* geographisch
geógrafo, -a [xe'oɣrafo, -a] *m, f* Geograph(in) *m(f)*
geología [xeolo'xia] *f sin pl* Geologie *f*
geológico, -a [xeo'loxiko, -a] *adj* geologisch
geólogo, -a [xe'oloɣo, -a] *m, f* Geologe, -in *m, f*
geometría [xeome'tria] *f sin pl* Geometrie *f*
geométrico, -a [xeo'metriko, -a] *adj* geometrisch
geopolítico, -a [xeopo'litiko, -a] *adj* geopolitisch
Georgia [xe'orxja] *f* Georgien *nt;* (*en los Estados Unidos*) Georgia *nt*
georgiano, -a [xeor'xjano, -a] **I.** *adj* georgisch **II.** *m, f* Georgier(in) *m(f)*
geranio [xe'ranjo] *m* Geranie *f*
gerencia [xe'ren̪θja] *f* (*de una empresa*) (Geschäfts)führung *f;* (*de un banco*) Leitung *f;* (*de un teatro*) Intendanz *f*
gerente [xe'ren̪te] *mf* (*de una gran empresa*) Geschäftsführer(in) *m(f);* (*de una pequeña empresa*) Betriebsleiter(in) *m(f);* (*de un banco*) Leiter(in) *m(f);* (*de un departamento*) Abteilungsleiter(in) *m(f);* (*de un teatro*) Intendant(in) *m(f)*
geriatra [xe'rjatra] *mf* Geriater(in) *m(f)*
geriatría [xeria'tria] *f sin pl* Geriatrie *f,* Altersheilkunde *f*
geriátrico, -a [xe'rjatriko, -a] *adj* geriatrisch; **clínica geriátrica** Altenpflegeheim *nt*
gerifalte [xeri'fal̪te] *m* **1.** (*halcón*) Gerfalke *m* **2.** (*persona*) wichtige Persönlichkeit *f*
germánico, -a [xer'maniko, -a] **I.** *adj* **1.** (*de Germania*) germanisch **2.** (*de Alemania*) deutsch **II.** *m, f* **1.** (*de Germania*) Germane, -in *m, f* **2.** (*de Alemania*) Deutsche(r) *mf*
germanio [xer'manjo] *m* (QUÍM) Germanium *nt*
germanismo [xerma'nismo] *m* Germanismus *m*
germanista [xerma'nista] *mf* Germanist(in) *m(f)*
germanización [xermaniθa'θjon] *f* Germanisierung *f*
germanizar [xermani'θar] <z→c> *vt* eindeutschen
germano, -a [xer'mano, -a] *adj o m, f v.* **germánico**
germanófilo, -a [xerma'nofilo, -a] *adj* germanophil, deutschfreundlich
germanófobo, -a [xerma'nofoβo, -a] *adj* germanophob, deutschfeindlich
germanooccidental [xermano(o)ʸθiðen̪'tal] **I.** *adj* westdeutsch **II.** *mf* Westdeutsche(r) *mf,* Wessi *m pey*
germanooriental [xermano(o)rjen̪'tal] **I.** *adj* ostdeutsch **II.** *mf* Ostdeutsche(r) *mf,* Ossi *m pey*
germen ['xermen] *m* **1.** (BIOL) Keim *m* **2.** (*origen*) Ursprung *m*
germicida [xermi'θiða] *f* keimtötendes Mittel *nt*
germinación [xermina'θjon] *f* (Auf)keimen *nt*
germinar [xermi'nar] *vi* **1.** (BOT) sprießen **2.** (*sospechas*) aufkeimen (*en* in +*dat*)
gerontocracia [xeron̪to'kraθja] *f* (POL) Gerontokratie *f*
gerontología [xeron̪tolo'xia] *f sin pl* Gerontologie *f,* Alternsforschung *f*
gerundense [xerun̪'dense] **I.** *adj* aus Gerona **II.** *mf* Einwohner(in) *m(f)* Geronas
gerundio [xe'run̪djo] *m* (LING) Gerundium *nt*
gesta ['xesta] *f* Heldentat *f*
gestación [xesta'θjon] *f* **1.** (*de una perso-*

na) Schwangerschaft *f;* (*de un animal*) Trächtigkeit *f* **2.** (*de un proyecto*) Reifungsprozess *m;* (*de un plan*) Ausarbeitung *f;* (*de un complot*) Anzett(e)lung *f;* **el proyecto está en** ~ das Projekt ist in Planung

gestar [xes'tar] **I.** *vt* tragen **II.** *vr:* ~**se** (*proceso*) sich entwickeln; (*plan*) ausgearbeitet werden; (*proyecto*) in Planung sein; (*complot*) angezettelt werden

gesticulación [xestikula'θjon] *f* Gestik *f;* (*de la cara*) Mimik *f*

gesticular [xestiku'lar] **I.** *adj* Gebärden- **II.** *vi* (*con las manos*) gestikulieren; (*con la cara*) das Gesicht verziehen

gestión [xes'tjon] *f* **1.** (*diligencia*) Schritt *m,* Formalität *f* **2.** (*de una empresa*) Geschäftsführung *f;* **la** ~ **de gobierno** die Amstführung der Regierung; **la** ~ **al frente de la escuela** die Schulleitung **3.** (INFOR): ~ **de ficheros** Dateiverwaltung *f*

gestionar [xestjo'nar] *vt* **1.** (*asunto*) in die Wege leiten **2.** (*negocio*) führen

gesto ['xesto] *m* **1.** (*con el cuerpo*) Geste *f;* (*con la mano*) Handbewegung *f;* (*con el rostro*) Grimasse *f* **2.** (*semblante*) Gesicht *nt;* **torcer el** ~ eine saure Miene machen **3.** (*acto*) Geste *f;* **un** ~ **de apoyo** ein Zeichen der Unterstützung

gestor(a) [xes'tor(a)] **I.** *adj* geschäftsführend **II.** *m(f)* Agent(in) *m(f)* für Verwaltungsformalitäten

gestual [xes'twal] *adj* Gebärden-; **lenguaje** ~ Gebärdensprache *f*

gestualidad [xestwali'ðað] *f* (*del rostro*) Gesichtsausdruck *m;* (*del cuerpo*) Gestik *f*

ghanés, -esa [ga'nes, -esa] **I.** *adj* ghanaisch **II.** *m, f* Ghanaer(in) *m(f)*

GHz [dʒiɣa'xerθ] (INFOR) *abr de* **gigahertz** GHz

giba ['xiβa] *f* **1.** (*chepa*) Buckel *m* **2.** (*bulto*) Beule *f* **3.** (*molestia*) Belästigung *f*

gibar [xi'βar] *vt* **1.** (*concorvar*) krümmen **2.** (*fam: jorobar*) belästigen

gibón [xi'βon] *m* Gibbon *m*

gibosidad [xiβosi'ðað] *f* Buckel *m*

gibraltareño, -a [xiβralta'reɲo, -a] **I.** *adj* gibraltarisch **II.** *m, f* Gibraltarer(in) *m(f)*

Giga ['dʒiɣa] *m* (INFOR) Gigabyte *nt*

gigabyte [dʒiɣa'bait] *m* (INFOR) Gigabyte *nt;* ~**s por segundo** Gigabyte pro Sekunde

gigante [xi'ɣante] **I.** *adj* riesig **II.** *m* **1.** (*ser fabuloso*) Riese *m;* **un** ~ **con pies de barro** ein Koloss auf tönernen Füßen **2.** (*en fiesta popular*) Riesenfigur *f* aus Pappmaschee **3.** (*persona*) Gigant *m*

gigantesco, -a [xiɣan'tesko, -a] *adj* riesig

gigantismo [xiɣan'tismo] *m sin pl* (MED) Riesenwuchs *m*

gigoló [dʒiɣo'lo] *m* Gigolo *m*

gilipollas [xili'poʎas] *mf inv* (*vulg*) Arschloch *nt*

gilipollez [xilipo'ʎeθ] *f* (*vulg*) Blödsinn *m fam*

gimnasia [xim'nasja] *f* **1.** (*disciplina*) Gymnastik *f* **2.** (DEP) Turnen *nt;* ~ **rítmica** rhythmische Sportgymnastik; **hacer** ~ turnen **3.** (ENS) Sport *m* **4.** (*ejercicio*) Übung *f*

gimnasio [xim'nasjo] *m* Turnhalle *f;* ~ (**de musculación**) Fitnesscenter *nt*

gimnasta [xim'nasta] *mf* Turner(in) *m(f)*

gimnástico, -a [xim'nastiko, -a] *adj* **1.** (*de la disciplina*) gymnastisch **2.** (*del deporte*) Turn-

gimotear [ximote'ar] *vi* **1.** (*pey: gemir*) stöhnen **2.** (*lloriquear*) wimmern

gimoteo [ximo'teo] *m* **1.** (*gemidos*) Gestöhn(e) *nt* **2.** (*lloriqueo*) Gewimmer *nt*

ginebra [xi'neβra] *f* Gin *m*

Ginebra [xi'neβra] *f* Genf *nt*

ginebrino, -a [xine'βrino, -a] **I.** *adj* genferisch **II.** *m, f* Genfer(in) *m(f)*

ginecología [xinekolo'xia] *f sin pl* Frauenheilkunde *f*

ginecológico, -a [xineko'loxiko, -a] *adj* gynäkologisch

ginecólogo, -a [xine'koloɣo, -a] *m, f* Frauenarzt, -ärztin *m, f*

ginesta [xi'nesta] *f* Ginster *m*

gingivitis [xiŋxi'βitis] *f inv* (MED) Zahnfleischentzündung *f*

gira ['xira] *f* **1.** (*de un día*) Ausflug *m;* (*más larga*) Rundfahrt *f* **2.** (*de un artista*) Tournee *f*

girado, -a [xi'raðo, -a] *m, f* (FIN) Bezogene(r) *mf*

giralda [xi'ralda] *f* Wetterfahne *f;* (*en forma de gallo*) Wetterhahn *m*

girar [xi'rar] **I.** *vi* **1.** (*dar vueltas*) sich drehen (*alrededor de* um +*akk*) **2.** (*conversación*) sich drehen (*sobre/en torno a* um +*akk*) **3.** (COM: *letra*) ziehen (*a cargo de* auf +*akk*); **este negocio gira mucho** dieses Geschäft macht viel Umsatz **4.** (*torcer*) abbiegen; (*barco*) abdrehen **II.** *vt* **1.** (*dar la vuelta*) drehen; ~ **la vista** sich umsehen **2.** (COM: *letra*) ziehen (*a cargo de* auf +*akk*); (*dinero*) überweisen (*a* an +*akk*)

girasol [xira'sol] *m* Sonnenblume *f*

giratorio, -a [xira'torjo, -a] *adj* Dreh-

giro ['xiro] *m* **1.** (*vuelta*) Drehung *f;* **un** ~ **de volante** eine Umdrehung des Lenkrades **2.** (*cariz*) Wendung *f;* **tomar un** ~ **favorable/negativo** sich zum Guten/Schlechten wenden; **me preocupa el** ~ **que toma este asunto** ich bin über die Entwicklung dieser Angelegenheit beunruhigt **3.** (LING: *locución*) (Rede)wendung *f* **4.** (COM: *letra*) Überweisung *f;* ~ **postal** Postanweisung *f* **5.** (COM: *de una empresa*) Umsatz *m*

gitanada [xita'naða] *f* **1.** (*acción*) Zigeuner-

G

streich *m* **2.** (*engaño*) Schwindel *m* **3.** (*zalamería*) Schmeichelei *f*

gitanear [xitane'ar] *vi* **1.** (*hacer el gitano*) sich wie ein Zigeuner benehmen **2.** (*en negocio*) betrügerisch handeln **3.** (*chalanear*) schachern

gitanería [xitane'ria] *f* **1.** (*halago*) hinterlistige Schmeichelei *f* **2.** (*grupo*) Zigeunertruppe *f* **3.** (*vida*) Zigeunerleben *nt* **4.** (*acción*) Zigeunerstreich *m*

gitano, -a [xi'tano, -a] **I.** *adj* **1.** (*de los gitanos*) Zigeuner- **2.** (*galanero*) schmeichlerisch **3.** (*tramposo*) schwindlerisch **II.** *m, f* **1.** (*calé*) Zigeuner(in) *m(f)*; **va hecho un ~** (*fig*) er sieht heruntergekommen aus **2.** (*estafador*) Schwindler(in) *m(f)*

glaciación [glaθja'θjon] *f* Vereisung *f*

glacial [gla'θjal] *adj* **1.** (*helado*) eiskalt; **zona ~** Eiszone *f* **2.** (*persona*) kalt

glaciar [gla'θjar] *m* (GEO) Gletscher *m*

gladiador [glaðja'ðor] *m* Gladiator *m*

gladiolo [gla'ðjolo] *m*, **gladíolo** [gla'ðiolo] *m* Gladiole *f*

glande ['glande] *m* (ANAT) Eichel *f*

glándula ['glandula] *f* (ANAT) Drüse *f*

glandular [glandu'lar] *adj* Drüsen-

glasé [gla'se] *m* (Glanz)taft *m*

glasear [glase'ar] *vt* **1.** (*alimentos*) glasieren **2.** (*papel*) satinieren

glaucoma [glau'koma] *m* (MED) grüner Star *m*

glicerina [gliθe'rina] *f* (QUÍM) Glycerin *nt*

global [glo'βal] *adj* **1.** (*total*) global; **valoración ~** Pauschalurteil *nt pey* **2.** (*cantidad*) Gesamt- **3.** (*informe*) umfassend

globalidad [gloβali'ða^{d}] *f* Gesamtheit *f*

globalización [gloβaliθa'θjon] *f* **1.** (*de un problema*) globale Betrachtung *f* **2.** (*generalización*) Verallgemeinerung *f*

globalizante [gloβali'θante] *adj* verallgemeinernd

globalizar [gloβali'θar] <z→c> *vt* **1.** (*problema*) global betrachten **2.** (*generalizar*) (stark) verallgemeinern **3.** (*cantidad*) pauschalieren

globo ['gloβo] *m* **1.** (*esfera*) Kugel *f*; **~ de una lámpara** Lampenschirm *m*; **~ ocular** Augapfel *m* **2.** (*Tierra*) Erdball *m* **3.** (*mapa*) Globus *m* **4.** (*para niños*) (Luft)ballon *m*; **~ aerostático** (Heißluft)ballon *m* **5.** (*fam: borrachera*) Rausch *m* **6.** (*fam: enfado*) Rage *f* **7.** (*fam: preservativo*) Pariser *m* **8.** (DEP: *tenis*) Lob *m*

globular [gloβu'lar] *adj* **1.** (*de globo*) kugelförmig **2.** (*de glóbulo*) Blutkörperchen-

globulina [gloβu'lina] *f* (BIOL) Globulin *nt*

glóbulo ['gloβulo] *m* **1.** (*esfera*) Kügelchen *nt* **2.** (ANAT) Blutkörperchen *nt*

gloria[1] ['glorja] *f* **1.** (*fama*) Ruhm *m*; **Goya es una ~ nacional** Goya ist der Stolz Spaniens; **sin pena ni ~** sang- und klanglos **2.** (*paraíso*) Himmelreich *nt*; **conseguir la ~** die ewige Seligkeit erlangen; **Dios le tenga en su ~** Gott habe ihn selig; **estar en la ~** (*fam*) im siebten Himmel sein **3.** (*esplendor*) Herrlichkeit *f* **4.** (*gusto*) Freude *f*; **este pastel sabe a ~** dieser Kuchen schmeckt himmlisch

gloria[2] ['glorja] *m* (REL) Gloria *nt*

gloriarse [glori'arse/glo'rjarse] <*1. pres:* me glorío> *vr* **1.** (*presumir*) sich rühmen (*de* +*gen*) **2.** (*complacerse*) sich freuen (*de/en* über +*akk*)

glorieta [glo'rjeta] *f* **1.** (*cenador*) Gartenhäuschen *nt* **2.** (*plazoleta*) Rondell *nt* **3.** (*cruce*) Kreisverkehr *m*

glorificación [glorifika'θjon] *f* Verherrlichung *f*

glorificar [glorifi'kar] <c→qu> **I.** *vt* verherrlichen **II.** *vr:* **~se** sich rühmen (*de* +*gen*)

glorioso, -a [glo'rjoso, -a] *adj* **1.** (*famoso*) ruhmreich **2.** (REL) selig **3.** (*estupendo*) herrlich **4.** (*jactancioso*) prahlerisch

glosa ['glosa] *f* **1.** (*aclaración*) Erläuterung *f* (*a* zu +*dat*); (*anotación*) Bemerkung *f* (*a* zu +*dat*); (*comentario*) Kommentar *m* (*a* zu +*dat*) **2.** (LIT) Glosse *f* **3.** (MÚS) freie Variation *f*

glosar [glo'sar] *vt* **1.** (*comentar*) erläutern; (LIT) glossieren **2.** (*tergiversar*) verdrehen

glosario [glo'sarjo] *m* Glossar *nt*

glotis ['glotis] *f sin pl* (ANAT) Glottis *f*

glotón, -ona[1] [glo'ton, -ona] **I.** *adj* gefräßig **II.** *m, f* Vielfraß *m fam*

glotón[2] [glo'ton] *m* (*animal*) Vielfraß *m*

glotonear [glotone'ar] *vi* gierig essen, schlingen

glotonería [glotone'ria] *f* Essgier *f*

glucemia [glu'θemja] *f* (MED) Blutzuckerspiegel *m*

glucosa [glu'kosa] *f* Traubenzucker *m*; (QUÍM) Glucose *f*

gluten ['gluten] *m* **1.** (*cola*) Klebstoff *m* **2.** (BOT) Gluten *nt*

glúteo ['gluteo] *m* (ANAT) Gesäßmuskel *m*

glutinoso, -a [gluti'noso, -a] *adj* klebrig

gnomo ['nomo] *m* Zwerg *m*

gnosis ['nosis] *f inv* (REL) Gnosis *f*

gnosticismo [nosti'θismo] *m sin pl* (REL) Gnostizismus *m*

gobernabilidad [goβernaβili'ða^{d}] *f sin pl* Regierbarkeit *f*

gobernable [goβer'naβle] *adj* **1.** (*país*) regierbar **2.** (*nave*) steuerbar

gobernación [goβerna'θjon] *f* Regieren *nt*

gobernador(a) [goβerna'ðor(a)] **I.** *adj* regierend **II.** *m(f)* Gouverneur(in) *m(f)*; **el ~ del Banco de España** der Präsident der spanischen Zentralbank

gobernanta [goβer'nan̪ta] *f* (*Am*) **1.** (*niñera*) Kinderfrau *f* **2.** (*institutriz*) Hauslehrerin *f*

gobernante [goβer'nan̪te] *mf* Regierende(r) *mf*

gobernar [goβer'nar] <e→ie> *vt* **1.** (POL: *mandar*) regieren **2.** (*dirigir*) leiten; (*nave*) steuern; ~ **una casa** den Haushalt führen **3.** (*máquina*) bedienen **4.** (*a una persona*) beherrschen

gobierno [go'βjerno] *m* **1.** (POL) Regierung *f*; ~ **absoluto** Alleinherrschaft *f*; ~ **autonómico** Regionalregierung *f*; ~ **en la sombra** Schattenkabinett *nt*; **en círculos afines al** ~ in regierungsnahen Kreisen **2.** (*ministros*) Kabinett *nt* **3.** (*del gobernador*) Gouverneursamt *nt*; (*residencia*) Gouverneurssitz *m* **4.** (*dirección*) Führung *f* **5.** (*de una nave*) Manövrierfähigkeit *f* **6.** (*de una máquina*) Bedienung *f*

goce ['goθe] *m* Genuss *m*

godo, -a ['goðo, -a] **I.** *adj* gotisch **II.** *m, f* **1.** (HIST) Gote, -in *m, f* **2.** (*AmC: pey: español*) Spanier(in) *m(f)*

gofre ['gofre] *m* Waffel *f*

gol [gol] *m* (DEP) Tor *nt*; ~ **del empate** Ausgleichstor *nt*; **meter un** ~ ein Tor schießen; **meterle un** ~ **a alguien** (*fam*) jdn hereinlegen

gola ['gola] *f* **1.** (*garganta*) Kehle *f* **2.** (*gorguera*) Halskrause *f*

golazo [go'laθo] *m* (DEP) Traumtor *nt*

goleador(a) [golea'ðor(a)] *m(f)* (DEP) Torjäger(in) *m(f)*

golear [gole'ar] *vt* (DEP) vernichtend schlagen

goleta [go'leta] *f* (NÁUT) Schoner *m*

golf [golf] *m sin pl* (DEP) Golf *nt*

golfa ['golfa] *f* **1.** (*fam: puta*) Hure *f* **2.** *v.* **golfo[1]**

golfear [golfe'ar] *vi* sich herumtreiben

golfista [gol'fista] *mf* (DEP) Golfspieler(in) *m(f)*

golfo, -a[1] ['golfo, -a] *m, f* **1.** (*pilluelo*) Straßenkind *nt* **2.** (*vagabundo*) Strolch *m*

golfo[2] ['golfo] *m* (GEO) Golf *m*

gollería [goʎe'ria] *f* Leckerbissen *m*

gollete [go'ʎete] *m* **1.** (ANAT: *garganta*) Kehle *f* **2.** (*de vasija*) (Flaschen)hals *m*

golondrina [golon̪'drina] *f* **1.** (*pájaro*) Schwalbe *f* **2.** (*reg: barca*) Motorboot *nt*

golondrino [golon̪'drino] *m* **1.** (*pájaro*) junge Schwalbe *f* **2.** (*vagabundo*) Landstreicher *m*

golosina [golo'sina] *f* **1.** (*manjar*) Leckerbissen *m* **2.** (*dulce*) Süßigkeit *f* **3.** (*deseo*) Naschsucht *f* **4.** (*cosa apetitosa*) Versuchung *f*

golosinear [golosine'ar] *vi* naschen

goloso, -a [go'loso, -a] **I.** *adj* **1.** (*de dulces*) naschhaft **2.** (*apetitoso*) appetitanregend **II.** *m, f* Leckermaul *nt*

golpe ['golpe] *m* **1.** (*impacto*) Schlag *m*; (*choque*) Stoß *m*; ~ **de Estado** Staatsstreich *m*, Putsch *m*; ~ **de pincel** Pinselstrich *m*; ~ **de tos** Hustenanfall *m*; **a** ~ **de vista** mit einem Blick; **dar un** ~ einen Schlag versetzen; **parar un** ~ einen Schlag abwehren; **cerrar la puerta de** ~ die Tür zuschlagen; **la puerta se abrió de** ~ die Tür flog auf; **me he dado un** ~ **en la cabeza** ich habe mir den Kopf angestoßen; **no pegar** ~ (*fam*) keinen Schlag tun **2.** (*gran cantidad*): ~ **de gente** Menschenmenge *f* **3.** (TÉC: *pestillo*) Schnappriegel *m* **4.** (*sorpresa*) Überraschung *f* **5.** (*ocurrencia*) Einfall *m* **6.** (*atraco*) Überfall *m* **7.** (*de vestido*) Besatz *m* **8.** (DEP): ~ **bajo** Tiefschlag *m*; ~ **franco** Freistoß *m* **9.** (*loc*): **de** ~ (**y porrazo**) (*al mismo tiempo*) auf einen Schlag; (*de repente*) mit einem Schlag, plötzlich; **me lo tragué de un** ~ ich schluckte es alles auf einmal

golpear [golpe'ar] **I.** *vi* **1.** (*dar un golpe*) schlagen **2.** (*latir*) klopfen **3.** (TÉC: *motor*) klopfen **II.** *vt* schlagen; (*en la puerta*) klopfen (an +*akk*); (*a alguien*) verprügeln **III.** *vr*: ~**se** sich schlagen; **me he golpeado la cabeza contra la pared** ich bin mit dem Kopf gegen die Wand gestoßen

golpetear [golpete'ar] **I.** *vi* **1.** (*dar golpes*) hämmern **2.** (*traquetear*) klappern **II.** *vt* einhämmern (auf +*akk*)

golpista [gol'pista] **I.** *adj* Putsch- **II.** *mf* Putschist(in) *m(f)*

goma ['goma] *f* **1.** (*sustancia*) Gummi *nt o m*; ~ **elástica** Kautschuk *m* **2.** (*producto*): ~ **de borrar** Radiergummi *m*; ~ **elástica** Gummiband *nt* **3.** (*fam: preservativo*) Gummi *m o nt* **4.** (*Am: resaca*) Kater *m fam*

goma-dos ['goma-ðos] *f sin pl* Plastiksprengstoff *m*

gomaespuma [gomaes'puma] *f* Schaumgummi *m*

gomero [go'mero] *m* (*Am: árbol*) Kautschukbaum *m*

gomina® [go'mina] *f* Haarfestiger *m*

gominola [gomi'nola] *f* ≈Gummibärchen *nt*

gomosidad [gomosi'ðað] *f* **1.** (*elasticidad*) Elastizität *f* **2.** (*adherencia*) Klebrigkeit *f*

gomoso [go'moso] *m* Dandy *m*

gónada ['gonaða] *f* (MED) Keimdrüse *f*

góndola ['gon̪dola] *f* **1.** (*de Venecia*) Gondel *f* **2.** (*Am*) Omnibus *m*

gondolero [gon̪do'lero] *m* Gondoliere *m*

gong [goŋ] *m* <gongs>, **gongo** ['goŋgo] *m* Gong *m*

gonorrea [gono'rrea] *f* (MED) Gonorrhö *f*

gordo, -a[1] ['gorðo, -a] **I.** *adj* (*persona*) dick;

(*comida*) fett; (*tejido*) grob; (*suceso*) wichtig; (*salario*) üppig; **el dedo** ~ der Daumen; **una mentira gorda** eine faustdicke Lüge; **es un pez** ~ er/sie ist ein hohes Tier; **me cae** ~ ich kann ihn nicht ausstehen; **ha pasado algo muy** ~ es ist etwas Ernstes geschehen; **se armó la gorda** (*fam*) es gab einen Riesenkrach **II.** *m, f* (*fam*) Dicke(r) *mf*

gordo[2] ['gorðo] *m* **1.** (*grasa*) Fett *nt* **2.** (*lotería*): **el** ~ das große Los

gordura [gor'ðura] *f* (*obesidad*) Fettleibigkeit *f;* (*corpulencia*) Korpulenz *f;* (*tejido adiposo*) Fett *nt*

gorgojo [gor'ɣoxo] *m* **1.** (*insecto*) Kornwurm *m* **2.** (*fam: persona*) Zwerg *m*

gorgoritear [gorɣorite'ar] *vi* (*fam*) trillern

gorgotear [gorɣote'ar] *vi* **1.** (*hacer ruido*) gluckern; (*arroyo*) gurgeln **2.** (*burbujear*) brodeln

gorgoteo [gorɣo'teo] *m* **1.** (*ruido*) Gluckern *nt;* (*de un arroyo*) Gurgeln *nt* **2.** (*borboteo*) Brodeln *nt*

gorguera [gor'ɣera] *f* **1.** (*gola*) Halskrause *f* **2.** (*de la armadura*) Halsberge *f*

gorila [go'rila] *m* Gorilla *m*

gorjear [gorxe'ar] **I.** *vi* **1.** (*personas*) trillern **2.** (*pájaros*) zwitschern; (*alondra*) tirilieren **II.** *vr:* ~**se** **1.** (*niño*) glucksen **2.** (*Am: burlarse*) sich lustig machen (*de* über +*akk*)

gorjeo [gor'xeo] *m* **1.** (*de personas*) Trillern *nt* **2.** (*de pájaros*) Gezwitscher *nt;* (*de la alondra*) Tirili *nt*

gorra ['gorra] *f* **1.** (*prenda*) Mütze *f;* ~ **de visera** Schirmkappe *f* **2.** (*para niños*) Babymützchen *nt* **3.** (*loc*): **andar de** ~ schmarotzen; **vivir de** ~ auf fremde Kosten leben

gorrear [gorre'ar] *vi* (*fam*) schmarotzen; **¿te puedo** ~ **un cigarrillo?** kann ich von dir eine Zigarette schnorren?

gorrero [go'rrero] *m* (*fam*) Schmarotzer *m*

gorrinada [gorri'naða] *f* Schweinerei *f*

gorrinera [gorri'nera] *f* Schweinestall *m*

gorrino, -a [go'rrino, -a] *m, f* **1.** (*cochinillo*) Spanferkel *nt;* (*cerdo*) Schwein *nt;* (*cerda*) Sau *f* **2.** (*pey: persona*) Schwein *nt,* Sau *f*

gorrión [gorri'on] *m* **1.** (*pardal*) Sperling *m* **2.** (*AmC: colibrí*) Kolibri *m*

gorro ['gorro] *m* Mütze *f;* (*de uniforme*) Schiffchen *nt;* ~ **para bebés** Babymützchen *nt;* ~ **de natación** Badekappe *f;* ~ **de papel** Papiermütze *f;* **estoy hasta el** ~ (*fig*) ich habe die Nase voll

gorrón, -ona[1] [go'rron, -ona] *m, f* **1.** (*gorrero*) Schmarotzer *m* **2.** (*AmC: egoísta*) Egoist(in) *m(f)*

gorrón[2] [go'rron] *m* **1.** (*piedra*) Kiesel(stein) *m* **2.** (TÉC) Zapfen *m*

gorronear [gorrone'ar] *vi v.* **gorrear**

gorronería [gorrone'ria] *f* **1.** (*de gorrero*) Schmarotzen *nt* **2.** (*avaricia*) Geiz *m*

gota ['gota] *f* **1.** (*de líquido*) Tropfen *m;* **café con** ~**s de ron** Kaffee mit einem Schuss Rum; **el agua salía** ~ **a** ~ **del grifo** das Wasser tröpfelte aus dem Hahn; **apurar el vaso hasta la última** ~ das Glas bis zur Neige leeren; **la** ~ **que colma el vaso** der Tropfen, der das Fass zum Überlaufen bringt; **parecerse como dos** ~**s de agua** sich *dat* wie ein Ei dem anderen gleichen **2.** (*pizca*) kleiner Rest *m;* **no queda ni** ~ **de agua** es ist kein Tropfen Wasser mehr da; **no tiene ni una** ~ **de paciencia** er/sie hat kein bisschen Geduld **3.** (METEO): ~ **fría** Kalt(luft)front *f* **4.** (MED: *enfermedad*) Gicht *f* **5.** (*gotero*) Tropf *m*

gotear [gote'ar] *vi* **1.** (*líquido*) tropfen; (*lentamente*) tröpfeln **2.** (*dar*) tropfenweise geben **3.** (*recibir*) tropfenweise bekommen

goteo [go'teo] *m* **1.** (*gotear*) Tropfen *nt* **2.** (MED) Tropf *m*

gotera [go'tera] *f* **1.** (*filtración*) Tropfen *nt* **2.** (*grieta*) undichte Stelle *f;* **hay una** ~ **en el baño** im Badezimmer regnet es durch **3.** (*mancha*) Fleck(en) *m* **4.** (*achaque*) Wehwehchen *nt;* (*más fuerte*) Gebrechen *nt* **5.** *pl* (*Am: afueras*) Stadtrand *m*

gotero [go'tero] *m* **1.** (MED) Tropf *m* **2.** (*Am: cuentagotas*) Tropfenzähler *m*

gótico, -a ['gotiko, -a] *adj* gotisch; **el barrio** ~ **de Barcelona** das gotische Viertel von Barcelona

Gotinga [go'tiŋga] *f* Göttingen *nt*

gotoso, -a [go'toso, -a] **I.** *adj* (MED) gichtkrank **II.** *m, f* (MED) Gichtkranke(r) *mf*

gozada [go'θaða] *f* (*fam: para la vista*) Augenschmaus *m;* (*para el oído*) Ohrenschmaus *m*

gozar [go'θar] <z→c> **I.** *vi* **1.** (*complacerse*) Gefallen finden (an +*dat*) **2.** (*disfrutar*) sich erfreuen (*de* +*gen*); ~ **de una increíble fortuna** ein unglaubliches Vermögen haben **II.** *vt* **1.** (*disfrutar*) genießen **2.** (*poseer carnalmente*): ~ **a una mujer** mit einer Frau schlafen **III.** *vr:* ~**se** sich erfreuen (*en* an +*dat*)

gozne ['goθne] *m* **1.** (*de puerta*) (Tür)angel *f* **2.** (*de una caja*) Scharnier *nt*

gozo ['goθo] *m* **1.** (*delicia*) Wonne *f;* (*placer*) Freude *f* **2.** (*alegría*) Freude *f;* **mi** ~ **en un pozo** es ist alles im Eimer **3.** (*del fuego*) Aufflackern *nt*

gr. ['gramo] *abr de* **gramo** g

grabación [graβa'θjon] *f* **1.** (*de disco*) Aufnahme *f* **2.** (TV: *de una serie*) Aufzeichnung *f* **3.** (INFOR) Speichern *nt*

grabado [gra'βaðo] *m* **1.** (ARTE: *acción*) Gravieren *nt;* (*en piedra*) Einmeißeln *nt;* (*en madera*) Einschnitzen *nt* **2.** (ARTE: *copia*) Stich *m;* ~ **al agua fuerte** Ätzung *f;* ~ **en madera** Holzschnitt *m* **3.** (*arte*) Gravierkunst *f* **4.** (*ilustración*) Abbildung *f*

grabador(a) [graβa'ðor(a)] *m(f)* Graveur(in) *m(f)*

grabadora [graβa'ðora] *f* Tonbandgerät *nt*

grabadura [graβa'ðura] *f* **1.** (*acción*) Gravieren *nt;* (*en piedra*) Einmeißeln *nt;* (*en madera*) Einschnitzen *nt* **2.** (*efecto: en metal*) Gravur *f;* (*en madera*) Schnitzwerk *nt*

grabar [gra'βar] **I.** *vt* **1.** (ARTE) (ein)gravieren (*en* in +*akk*); (*en piedra*) einmeißeln; (*en madera*) einschnitzen **2.** (*disco*) aufnehmen; (*en vídeo*) aufzeichnen **3.** (INFOR) speichern **4.** (*fijar*) einprägen **II.** *vr:* **~se** sich einprägen +*dat*

gracejo [gra'θexo] *m* Witz *m*

gracia ['graθja] *f* **1.** *pl* (*agradecimiento*): **¡~s!** danke!; **¡muchas ~s!** vielen Dank!; **¡~s a Dios!** Gott sei Dank!; **te debo las ~s** ich bin dir zu Dank verpflichtet; **no me ha dado ni las ~s** er hat sich nicht einmal bei mir bedankt; **~s a tus esfuerzos lo conseguí** ich schaffte es dank deiner Bemühungen **2.** (REL) Gnade *f* **3.** (*perdón*) Begnadigung *f* **4.** (*favor*) Gunst *f* **5.** (*agrado*): **me cae en ~** er/sie ist mir sympathisch **6.** (*garbo*) Anmut *f;* **está escrito con ~** es ist geistreich geschrieben **7.** (*chiste*) Witz *m;* (*diversión*) Spaß *m;* **no tiene (ni) pizca de ~** das ist gar nicht lustig; **no me hace nada de ~** das finde ich gar nicht lustig; **si lo haces se va la ~** wenn du es tust, geht der Reiz verloren; **este cómico tiene poca ~** dieser Komiker ist langweilig; **la ~ es que...** das Witzige daran ist, dass ...; **no estoy hoy para ~s** ich bin heute nicht zu(m) Scherzen aufgelegt **8.** (*ocurrencia*): **hoy ha hecho otra de sus ~s** er/sie hat heute wieder was Schönes angerichtet

grácil ['graθil] *adj* grazil

gracilidad [graθili'ða^{ð}] *f* Grazilität *f*

gracioso, -a [gra'θjoso, -a] **I.** *adj* **1.** (*atractivo*) anmutig **2.** (*chistoso*) witzig; **para mí no fue nada ~** das fand ich gar nicht lustig **3.** (*gratis*) unentgeltlich **II.** *m, f* (TEAT) Spaßvogel *m;* **algún ~ me ha escondido las llaves** irgendein Witzbold hat meine Schlüssel versteckt; **no te hagas el ~ conmigo** komm mir bloß nicht komisch

grada ['graða] *f* **1.** (*peldaño*) Stufe *f* **2.** (*de un estadio*) (Sitz)reihe *f* **3.** (AGR) Egge *f* **4.** (NÁUT) Helling *f* **5.** *pl* (*escalinata*) Freitreppe *f* **6.** *pl* (*Am: atrio*) Vorhalle *f*

gradación [graða'θjon] *f* **1.** (*escalonamiento*) Abstufung *f* **2.** (MÚS) Steigerung *f* **3.** (*retórica*) Gradation *f*

gradería [graðe'ria] *f,* **graderío** [graðe'rio] *m* (*t. fig*) Tribüne *f*

grado ['graðo] *m* **1.** (*nivel*) Grad *m* (*de* an +*dat*); **~ de confianza** Maß an Vertrauen; **quemaduras de primer ~** (MED) Verbrennungen ersten Grades; **en ~ sumo** in höchstem Grade **2.** (*parentesco*) Verwandtschaftsgrad *m* **3.** (JUR): **en primer ~** in erster Instanz **4.** (ENS) (Schul)klasse *f;* **~ elemental** Grundstufe *f* **5.** (*universitario*) akademischer Grad *m;* **~ de doctor** Doktorwürde *f* **6.** (MAT) Grad *m;* **~ centígrado** Grad Celsius **7.** (LING): **~ comparativo** Komparativ *m* **8.** (MIL: *rango*) Rang *m* **9.** (*de alcohol*) Prozent *nt*

graduable [graðu'aβle] *adj* **1.** (*herramienta*) verstellbar **2.** (*temperatura*) graduierbar

graduación [graðwa'θjon] *f* **1.** (*regulación, t.* TÉC) Einstellung *f* **2.** (*en grados*) Gradeinteilung *f;* (*en niveles*) Abstufung *f;* (*de personas*) Einstufung *f;* (*de precios*) Staffelung *f* **3.** (*de un vino*) Alkoholgehalt *m* **4.** (MIL) Rang *m*

graduado, -a [graðu'aðo, -a] **I.** *adj* **1.** (*aparato*) Grad-, Stufen- **2.** (*colores*) abgestuft **II.** *m, f* **1.** (UNIV) Akademiker(in) *m(f);* **~ en ingeniería** Diplomingenieur *m* **2.** (ENS): **~ escolar** (*fam*) Hauptschulabgänger *m*

gradual [graðu'al] *adj* allmählich

gradualmente [graðwal'mente] *adv* **1.** (*en grados*) stufenweise **2.** (*progresivamente*) allmählich

graduar [graðu'ar] <*1. pres:* gradúo> **I.** *vt* **1.** (*regular*) einstellen **2.** (TÉC) gradieren; (*aparato*) eichen; (*líquido*) den Alkoholgehalt bestimmen +*gen;* **~ la vista** die Brillengläser anpassen **3.** (*en niveles*) (gradweise) abstufen; (*precios*) staffeln **4.** (ENS) graduieren **5.** (MIL) einen Rang verleihen (*a* +*dat*) **II.** *vr:* **~se**: **se graduó en económicas** er/sie machte seine/ihre Diplomprüfung in VWL

grafía [gra'fia] *f* Schreibweise *f*

gráfica ['grafika] *f* **1.** (*diagrama*) Schaubild *nt* **2.** (*curva*) Kurve *f*

gráfico, -a[1] [grafiko, -a] *adj* **1.** (*de la escritura*) Schrift- **2.** (*del dibujo*) grafisch; **diccionario ~** Bildwörterbuch *nt* **3.** (*claro*) anschaulich

gráfico[2] [grafiko] *m* Schaubild *nt;* **~ de tarta** Tortendiagramm *nt;* **tarjeta de ~s** (INFOR) Grafikkarte *f*

grafismo [gra'fismo] *m* **1.** (*grafía*) Schreibweise *f* **2.** (*aspecto estético*) Grafik *f* **3.** (INFOR) grafische Darstellung *f*

grafista [gra'fista] *mf* Grafiker(in) *m(f)*

grafito [gra'fito] *m* (MIN) Graphit *m*

grafología [grafolo'xia] *f sin pl* Graphologie *f*

grafólogo, -a [gra'foloɣo, -a] *m, f* Graphologe, -in *m, f*

gragea [gra'xea] *f* Dragee *nt*

grajear [graxe'ar] *vi* **1.** (*el grajo*) krächzen **2.** (*un bebé*) glucksen

grajilla [gra'xiʎa] *f* Dohle *f*

G

grajo ['graxo] *m* **1.** (*ave*) Saatkrähe *f* **2.** (*charlatán*) Schwätzer *m* **3.** (*Am: sobaquina*) Schweißgeruch *m*

gral. [xene'ral] *adj abr de* **general** allg.

gramática [gra'matika] *f* (LING) Grammatik *f*; **tener mucha ~ parda** (*fam*) listig sein

gramatical [gramati'kal] *adj* grammatikalisch; **regla ~** Grammatikregel *f*

gramático, -a [gra'matiko, -a] *m, f* Grammatiker(in) *m(f)*

gramilla [gra'miʎa] *f* (*Am: hierba*) Gras *nt*

gramo ['gramo] *m* Gramm *nt*

gramófono [gra'mofono] *m* Grammophon *nt*

gramola [gra'mola] *f* **1.** (*gramófono*) Grammophon *nt* **2.** (*en un bar*) Musikbox *f*

gran [gran] *adj v.* **grande**

grana ['grana] *f* **1.** (*acción*) Reifen *nt* der Getreidekörner **2.** (*semilla*) Same(n) *m* **3.** (*color*) Scharlach(rot) *nt* **4.** (*tela*) Scharlach *m* **5.** (*cochinilla*) Koschenille(laus) *f*; (*color*) Koschenille *f* **6.** (*quermes*) Kermes *m*

granada [gra'naða] *f* **1.** (*fruto*) Granatapfel *m* **2.** (*proyectil*) Granate *f*

granadilla [grana'ðiʎa] *f* **1.** (*fruto*) Passionsfrucht *f* **2.** (*AmC: planta*) Passionsblume *f*

granadino, -a [grana'ðino, -a] **I.** *adj* aus Granada **II.** *m, f* Einwohner(in) *m(f)* von Granada

granado, -a[1] *adj* **1.** (*ilustre*) vornehm **2.** (*maduro*) reif **3.** (*alto*) hoch aufgeschossen

granado[2] [gra'naðo] *m* Granat(apfel)baum *m*

granar [gra'nar] **I.** *vi* Körner entwickeln **II.** *vt* treiben

granate [gra'nate] **I.** *adj* granatfarben, granatrot **II.** *m* Granatstein *m*

Gran Bretaña [gram bre'taɲa] *f* Großbritannien *nt*

grancanario, -a [graŋka'narjo, -a] **I.** *adj* aus Gran Canaria **II.** *m, f* Einwohner(in) *m(f)* von Gran Canaria

grande ['gran̪de] **I.** *adj* <más grande *o* mayor, grandísimo> (*precediendo un substantivo singular: gran*) **1.** (*de tamaño*) groß; **gran ciudad** Großstadt *f*; **~ como una montaña** riesengroß; **una habitación ~** ein geräumiges Zimmer; **una gran suma de dinero** eine hohe Geldsumme; **una gran mentira** eine faustdicke Lüge; **vino gran cantidad de gente** es kamen sehr viele Leute; **tengo un gran interés por...** ich bin sehr interessiert an ... +*dat*; **no me preocupa gran cosa** das kümmert mich nicht besonders **2.** (*de edad*) alt; **Juan es más ~ que Pedro** Juan ist älter als Pedro **3.** (*moralmente*): **un gran hombre** ein bedeutender Mann; **una gran idea** eine großartige Idee **4.** (*loc*): **pasarlo en ~** sich großartig amüsieren; **este trabajo me va ~** ich bin dieser Arbeit nicht gewachsen; **vivir a lo ~** auf großem Fuß leben **II.** *m* **1.** (*prócer*) Größe *f*; **los ~s de la industria** die Großindustriellen **2.** (*título*): **G~ de España** Grande *m* Spaniens

grandemente [gran̪de'men̪te] *adv* (*mucho*) sehr; (*extremadamente*) äußerst

grandeza [gran̪'deθa] *f* **1.** (*vastedad*) Größe *f*; **delirio de ~** Größenwahn *m* **2.** (*excelencia de cosas*) Großartigkeit *f* **3.** (*de personas*) Größe *f* **4.** (*de un Grande*) Würde *f*

grandilocuencia [gran̪dilo'kwen̪θja] *f* **1.** (*de estilo*) Schwülstigkeit *f* **2.** (*de una persona*) hochtrabende Ausdrucksweise *f*

grandilocuente [gran̪dilo'kwen̪te] *adj* hochtönend

grandiosidad [gran̪djosi'ða^ð] *f* Großartigkeit *f*

grandioso, -a [gran̪'djoso, -a] *adj* großartig

grandullón, -ona [gran̪du'ʎon, -ona] *adj* hoch aufgeschossen

granear [grane'ar] *vt* **1.** (*semilla*) (aus)säen **2.** (*pólvora*) körnen **3.** (*cuero*) aufrauen **4.** (ARTE: *grabado en cobre*) granieren

granel [gra'nel]: **a ~** (*sin envase*) unverpackt; (*suelto*) lose; (*líquido*) vom Fass; (*en abundancia*) haufenweise; **carga a ~** Schüttgut *nt*

granero [gra'nero] *m* Scheune *f*; **Castilla es el ~ de España** Kastilien ist die Kornkammer Spaniens

granítico, -a [gra'nitiko, -a] *adj* **1.** (*relativo al granito*) Granit- **2.** (*parecido al granito*) granitartig

granito [gra'nito] *m* (MIN) Granit *m*

granizada [grani'θaða] *f* **1.** (*pedrisco*) Hagelschauer *m* **2.** (*de balas*) Kugelhagel *m*

granizado [grani'θaðo] *m* *Erfrischungsgetränk*

> **Granizado** bezeichnet ein Erfrischungsgetränk mit zerstoßenem Eis, mit Zitronen- **(granizado de limón)**, Orangen- **(granizado de naranja)** oder Kaffeegeschmack **(granizado de café)**.

granizar [grani'θar] <z→c> *vimpers* hageln

granizo [gra'niθo] *m* Hagel *m*

granja ['graŋxa] *f* **1.** (*finca*) Bauernhof *m*; (*en la zona anglosajona*) Farm *f* **2.** (*cafetería*) Milchbar *f*

granjear [graŋxe'ar] **I.** *vt* **1.** (*ganado*) handeln **2.** (*adquirir*) erwerben **II.** *vr:* **~se** für sich gewinnen

granjero, **-a** [graŋ'xero, -a] *m, f* Landwirt(in) *m(f)*, Bauer *m*, Bäuerin *f*; (*en la zona anglosajona*) Farmer(in) *m(f)*

grano ['grano] *m* **1.** (*de cereales*) (Samen)korn *nt*; (*de café*) Bohne *f*; **~s** Getreide *nt*; **~ de trigo** Weizenkorn *nt*; **~ de uva** Weintraube *f*; **vaya al ~** kommen Sie zur Sache; **apartar el ~ de la paja** die Spreu vom Weizen trennen **2.** (TÉC) Korn *nt*; **de ~ duro** grobkörnig; **de ~ fino** feinkörnig **3.** (*de piel*) Narbe *f* **4.** (MED) Pickel *m* **5.** (*loc*): **aportó su ~ de arena** er/sie trug sein/ihr Scherflein bei; **de un ~ (de arena) hace una montaña** aus einer Mücke macht er/sie einen Elefanten

granoso, **-a** [gra'noso, -a] *adj* körnig

granuja[1] [gra'nuxa] *m* **1.** (*pilluelo*) Schelm *m* **2.** (*bribón*) Gauner *m*; **el muy ~ me ha engañado** der Mistkerl hat mich reingelegt

granuja[2] [gra'nuxa] *f* **1.** (*uva*) Traubenkamm *m* **2.** (*de las frutas*) Kern *m*

granujada [granu'xaða] *f* **1.** (*travesura*) Streich *m* **2.** (*bribonada*) Schurkerei *f*

granujería [granuxe'ria] *f* **1.** (*travesura*) Streich *m* **2.** (*bribonada*) Schurkerei *f* **3.** (*de pillos*) Rasselbande *f* **4.** (*de bribones*) Gaunerbande *f*

granujiento, **-a** [granu'xjen̩to, -a] *adj* **1.** (*cara*) pickelig **2.** (*superficie*) rau

granulación [granula'θjon] *f* Granulation *f*

granulado [granu'laðo] *m* Granulat *nt*

granular [granu'lar] **I.** *adj* **1.** (*superficie*) körnig **2.** (*cuero*) aufgeraut **II.** *vt* granulieren

granuloso, **-a** [granu'loso, -a] *adj* körnig

grapa ['grapa] *f* **1.** (*para papeles*) Heftklammer *f*; (*para madera*) Krampe *f* **2.** (*licor*) Grappa *m* **3.** (*de la uva*) Kamm *m*

grapadora [grapa'ðora] *f* Heftmaschine *f*

grapar [gra'par] *vt* heften

grasa ['grasa] *f* **1.** (ANAT) Fett *nt*; **~ de cerdo** Schweineschmalz *nt*; **cocinar sin ~** fettarm kochen; **tengo mucha ~ en la barriga** ich habe viel Speck am Bauch; **el deporte quita la ~** Sport lässt die Pfunde schmelzen **2.** (TÉC: *lubricante*) Schmieröl *nt* **3.** (*mugre*) Schmutz *m* **4.** (MIN): **las ~s** die Schlacke

grasiento, **-a** [gra'sjen̩to, -a] *adj* fettig; (*de aceite*) ölig

graso, **-a** ['graso, -a] *adj* **1.** (*grasiento*) fettig **2.** (*gordo*) dick

gratén [gra'ten] *m* (GASTR): **al ~** überbacken

gratificación [gratifika'θjon] *f* **1.** (*recompensa*) Belohnung *f*; (*sobre objetos perdidos*) Finderlohn *m* **2.** (*del sueldo*) Sondervergütung *f*; **~ de Navidad** Weihnachtsgeld *nt* **3.** (*propina*) Trinkgeld *nt*

gratificante [gratifi'kan̩te] *adj* erfreulich

gratificar [gratifi'kar] <c→qu> *vt* **1.** (*recompensar*) belohnen (*por* für *+akk*); **se ~á a quien lo encuentre** ein Finderlohn ist ausgesetzt **2.** (*en el trabajo*) eine Sondervergütung zahlen (*a +dat*) **3.** (*complacer*) zufrieden stellen

gratinador [gratina'ðor] *m* Grill *m* zum Überbacken

gratinar [grati'nar] *vt* (GASTR) überbacken, gratinieren

gratis ['gratis] *adv* kostenlos, gratis

gratitud [grati'tu^ð] *f* Dankbarkeit *f*

grato, **-a** ['grato, -a] *adj* **1.** (*agradable*) angenehm; **~ al paladar** köstlich; **tu novio me ha dado una grata impresión** dein Freund hat bei mir einen sehr guten Eindruck gemacht; **tu visita me es muy grata** dein Besuch kommt mir sehr gelegen **2.** (*en una carta*): **me es ~ comunicarle que…** ich freue mich Ihnen mitteilen zu können, dass …

gratuidad [gratwi'ða^ð] *f* **1.** (*de gratis*) Unentgeltlichkeit *f* **2.** (*arbitrariedad*) Willkürlichkeit *f* **3.** (*algo infundado*) Unbegründetheit *f*

gratuito, **-a** [gra'twito, -a] *adj* **1.** (*gratis*) kostenlos **2.** (*arbitrario*) willkürlich **3.** (*infundado*) unbegründet; **es una acusación gratuita** diese Anklage ist ungerechtfertigt; **este rumor es ~** dieses Gerücht ist aus der Luft gegriffen; **lo que has hecho ha sido bastante ~** was du gemacht hast, hättest du dir schenken können

grava ['graβa] *f* **1.** (*casquijo*) Kies *m* **2.** (*cascajo*) Schotter *m*

gravable [gra'βaβle] *adj* steuerpflichtig

gravamen [gra'βamen] *m* **1.** (*carga*) Last *f* **2.** (*de los ingresos*) Versteuerung *f*; (*del Estado*) Besteuerung *f* **3.** (UE) Abschöpfung *f*

gravar [gra'βar] *vt* **1.** (*cargar*) belasten **2.** (FIN) besteuern; **~ con un impuesto** eine Steuer erheben (auf *+akk*)

grave ['graβe] *adj* **1.** (*objeto*) schwer **2.** (*enfermedad*) schlimm; **está ~** er/sie ist schwer krank **3.** (*persona, situación*) ernst; **es un momento ~ para la industria** es ist eine kritische Zeit für die Industrie **4.** (*estilo*) streng, nüchtern **5.** (*sonido*) tief **6.** (LING): **acento ~** Gravis *m*; **palabra ~** auf der vorletzten Silbe betontes Wort

gravedad [graβe'ða^ð] *f* **1.** (FÍS) Schwerkraft *f*; **centro de ~** Schwerpunkt *m* **2.** (MÚS: *de los sonidos*) Tiefe *f* **3.** (MED): **estar herido de ~** schwer verletzt sein **4.** (*de un estilo*) Strenge *f* **5.** (*de una situación, persona*) Ernst *m*

gravidez [graβi'ðeθ] *f* Schwangerschaft *f*

grávido, **-a** ['graβiðo, -a] *adj* **1.** (*mujer*) schwanger **2.** (*elev: cargado*) (rand)voll, voll geladen

G

gravilla [gra'βiʎa] *f* Feinkies *m;* (*en la calzada*) (Roll)splitt *m*
gravitación [graβita'θjon] *f* (FÍS) Anziehungskraft *f;* (*de la tierra*) Schwerkraft *f*
gravitar [graβi'tar] *vi* **1.** (FÍS) gravitieren **2.** (*un cuerpo*) ruhen (*sobre* auf +*dat*) **3.** (*recaer*) lasten (*sobre* auf +*dat*)
gravitatorio, -a [graβita'torjo, -a] *adj* Gravitations-
gravoso, -a [gra'βoso, -a] *adj* **1.** (*pesado*) lästig; (*duro*) beschwerlich; (*libro*) schwierig **2.** (*costoso*) kostspielig
graznar [graθ'nar] *vi* (*cuervo*) krächzen; (*ganso*) schnattern; (*pato*) quaken
graznido [graθ'niðo] *m* (*cuervo*) Krächzen *nt;* (*ganso*) Schnattern *nt;* (*pato*) Quaken *nt*
greca ['greka] *f* **1.** (*adorno*) Mäanderband *nt* **2.** (*Am: cafetera eléctrica*) Kaffeemaschine *f*
Grecia ['greθja] *f* Griechenland *nt*
grecolatino, -a [grekola'tino, -a] *adj* griechisch-lateinisch
grecorromano, -a [grekorro'mano, -a] *adj* griechisch-römisch
greda ['greða] *f* **1.** (*arcilla*) Kreide *f* **2.** (*para desengrasar*) Bleicherde *f*
gredal [gre'ðal] *m* Kreidegrube *f*
gregal [gre'ɣal] *adj* Herden-
gregario, -a [gre'ɣarjo, -a] *adj* **1.** (*persona*) Herden- **2.** (*soldado*) gemein
gregarismo [greɣa'rismo] *m sin pl* Herdentrieb *m*
gregoriano, -a [greɣo'rjano, -a] *adj* gregorianisch
greguería [greɣe'ria] *f* Stimmengewirr *nt*
gremial [gre'mjal] **I.** *adj* **1.** (*de un gremio*) Innungs- **2.** (HIST) Zunft- **II.** *mf* Verbandsangehörige(r) *mf*
gremialismo [gremja'lismo] *m sin pl* **1.** (*mundo de*) Innungswesen *nt* **2.** (*doctrina*) Zunftgeist *m* **3.** (*tendencia*) Neigung *f* zur Verbandsbildung
gremio ['gremjo] *m* **1.** (*asociación*) Innung *f* **2.** (HIST) Zunft *f*
greña ['greɲa] *f* (*cabellos*) Haarschopf *m;* **andar a la ~** aneinander geraten
greñudo, -a [gre'ɲuðo, -a] *adj* zerzaust
gres [gres] *m* **1.** (*arcilla*) (Töpfer)ton *m* **2.** (*producto*) Steingut *nt*
gresca ['greska] *f* **1.** (*bulla*) Krach *m* **2.** (*riña*) Zankerei *f*
grial [gri'al] *m* Gral *m*
griego, -a ['grjeɣo, -a] **I.** *adj* griechisch **II.** *m, f* Grieche, -in *m, f*
grieta ['grjeta] *f* **1.** (*en la pared*) Riss *m* **2.** (*en una taza*) Sprung *m;* (*más grande*) Spalte *f* **3.** (*en la piel*) Schrunde *f*
grifa ['grifa] *f* Haschisch *nt o m*
grifo, -a[1] ['grifo, -a] *adj* kraus
grifo[2] ['grifo] *m* **1.** (TÉC) Hahn *m;* **agua del ~** Leitungswasser *nt;* **me he dejado el ~ abierto** ich habe den Hahn nicht zugedreht **2.** (*mitología*) Greif *m* **3.** (*Perú: gasolinera*) Tankstelle *f*
grillarse [gri'ʎarse] *vr* **1.** (*tubérculo*) auskeimen **2.** (*fam: persona*) überschnappen
grillera [gri'ʎera] *f* **1.** (*agujero*) Grillenloch *nt* **2.** (*jaula*) Grillenkäfig *m* **3.** (*fam: lugar*): **esto es una ~** das ist ja das reinste Irrenhaus **4.** (*de la policía*) Streifenwagen *m*
grillete [gri'ʎete] *m* **1.** (*cepo*) Fußfessel *f* **2.** (NÁUT) Schäkel *m*
grillo ['griʎo] *m* **1.** (*insecto*) Grille *f* **2.** (*tubérculo*) Keim *m* **3.** *pl* (*grilletes*) Fußfesseln *fpl*
grima ['grima] *f* Schauder *m;* **me da ~ ver cómo la maltratas** es macht mich krank zu sehen, wie du sie misshandelt
gringada [griŋ'gaða] *f* (*Am: fam*) **1.** (*truco sucio*) Ganoventrick *m* **2.** (*grupo de gringos*) Gruppe *f* von Gringos
gringo, -a[1] ['griŋgo, -a] *m, f* (*Am: fam*) **1.** (*persona*) Gringo *m;* (*pey*) Ausländer *m* **2.** (*de EE.UU.*) Amerikaner(in) *m(f)*, Yankee *m pey*
gringo[2] ['griŋgo] *m* (*fam*) Kauderwelsch *nt*
gripa ['gripa] *f* (*Am*) Grippe *f*
gripal [gri'pal] *adj* (MED) grippal
griparse [gri'parse] *vr* (TÉC) sich festfressen
gripe ['gripe] *f* (MED) Grippe *f*
griposo, -a [gri'poso, -a] **I.** *adj* (MED): **estoy ~** ich habe die Grippe **II.** *m, f* Grippekranke(r) *mf*
gris [gris] **I.** *adj* **1.** (*color*) grau; **~ marengo** dunkelgrau; **de ojos ~es** grauäugig **2.** (*persona*) fade **II.** *m* **1.** (*color*) Grau *nt* **2.** (*viento*) kalter Wind *m* **3.** (HIST: *policía*) Bulle *m fam*
grisáceo, -a [gri'saθeo] *adj*, **grisoso, -a** [gri'soso, -a] *adj* (*Am*) gräulich
grisú [gri'su] *m* <grisúes *o* grisús> (MIN) Grubengas *nt*
gritar [gri'tar] *vi, vt* **1.** (*dar gritos*) schreien **2.** (*reprender*) anschreien **3.** (*en un concierto*) auspfeifen
griterío [grite'rio] *m* Geschrei *nt*
grito ['grito] *m* Schrei *m;* **~ de protesta** Protestruf *m;* **pegar un ~** einen Schrei ausstoßen; **me lo dijo a ~s** er/sie schrie mich an; **a ~ limpio** [*o* **pelado**] mit lautem Geschrei; **poner el ~ en el cielo por algo** viel Aufhebens um etw machen; **Bosnia está pidiendo a ~s ayuda internacional** Bosnien bittet inständig um internationale Hilfe
groenlandés, -esa [groenlan̩'des, -esa] **I.** *adj* grönländisch **II.** *m, f* Grönländer(in) *m(f)*
Groenlandia [groen'lan̩dja] *f* Grönland *nt*
grogui ['groɣi] *adj* groggy

grosella [gro'seʎa] *f* Johannisbeere *f*

grosería [grose'ria] *f* **1.** (*descortesía*) Unhöflichkeit *f* **2.** (*ordinariez*) Gewöhnlichkeit *f* **3.** (*tosquedad*) Rohheit *f* **4.** (*estupidez*) Dummheit *f* **5.** (*observación*) vulgäre Äußerung *f;* (*palabrota*) Schimpfwort *nt*

grosero, -a [gro'sero, -a] *adj* **1.** (*descortés*) unhöflich **2.** (*ordinario*) gewöhnlich, ordinär **3.** (*tosco*) plump

grosor [gro'sor] *m* Dicke *f*

grotesco, -a [gro'tesko, -a] *adj* grotesk

grúa ['grua] *f* **1.** (*máquina*) Kran *m* **2.** (*vehículo*) Abschleppwagen *m*

gruesa ['grwesa] *f* (*cantidad*) Gros *nt*

grueso, -a[1] ['grweso, -a] *adj* **1.** (*persona*) korpulent **2.** (*objeto*) dick **3.** (*mar*) schwer **4.** (*broma*) derb **5.** (*tela*) grob

grueso[2] ['grweso] *m* **1.** (*espesor*) Dicke *f* **2.** (*parte principal*) Gros *nt* **3.** (MED: *intestino*) Dickdarm *m* **4.** (COM): **vender en ~** en gros verkaufen **5.** (TIPO) (Schrift)kegel *m*

grulla ['gruʎa] *f* Kranich *m*

grumete [gru'mete] *m* (NÁUT) Schiffsjunge *m*

grumo ['grumo] *m* **1.** (*coágulo*) Klumpen *m;* **~ de sangre** (Blut)gerinnsel *nt* **2.** (*de uvas*) Bündel *nt;* (*de lechuga*) (Salat)herz *nt* **3.** (*de planta*) Schössling *m;* (*en patatas*) Auge *nt*

grumoso, -a [gru'moso, -a] *adj* klumpig, verklumpt

gruñido [gru'ɲiðo] *m* **1.** (*del cerdo*) Grunzen *nt* **2.** (*del perro*) Knurren *nt* **3.** (*de persona*) Murren *nt* **4.** (*de puerta*) Quietschen *nt*

gruñir [gru'ɲir] <*3. pret:* **gruñó**> *vi* **1.** (*cerdo*) grunzen **2.** (*perro*) knurren **3.** (*persona*) murren **4.** (*puerta*) quietschen

gruñón, -ona [gru'ɲon, -ona] **I.** *adj* (*fam*) brummig **II.** *m, f* (*fam*) Brummbär *m;* **es un viejo ~** er ist ein alter Brummbart

grupa ['grupa] *f* Kruppe *f;* **volver ~s** (MIL) kehrtmachen

grupal [gru'pal] *adj* Gruppen-

grupo ['grupo] *m* **1.** (*conjunto*) Gruppe *f;* **~ (industrial)** (COM) Konzern *m;* **~ parlamentario** (POL) Fraktion *f;* **~ de presión** (POL) Lobby *f;* **~ principal** (INFOR) Hauptgruppe *f;* **trabajo en ~** Teamarbeit *f* **2.** (TÉC) Aggregat *nt*

grupúsculo [gru'puskulo] *m* (POL) Splittergruppe *f*

gruta ['gruta] *f* (*artificial*) Grotte *f;* (*natural*) Höhle *f*

guaca ['gwaka] *f* (*Am*) **1.** (*tumba*) indianische Begräbnisstätte *f* **2.** (*tesoro*) verborgener Schatz *m* **3.** (*hucha*) Spardose *f;* **hacer ~** Geld machen

guacal [gwa'kal] *m* (*AmC: calabaza*) Kalebassenbaum *m*

> In **América Central** (Mittelamerika) heißt das aus einer Art Kürbis – dem gleichnamigen **guacal** – hergestellte Essgeschirr **guacal**.

guacamayo [gwaka'maɟo] *m* Ara *m*

guacamol(e) [gwaka'mol(e)] *m* (*Am:* GASTR) Avocadocreme *f*

guachada [gwa'ʧaða] *f* (*Am: fam: canallada*) Schurkenstreich *m*

guachimán [gwaʧi'man] *m* (*Am: vigilante*) Wächter *m*

guacho, -a ['gwaʧo, -a] *m, f* (*AmS: huérfano*) Waisenkind *nt;* (*expósito*) ausgesetztes Kind *nt*

guadalajareño, -a [gwaðalaxa'reɲo, -a] **I.** *adj* aus Guadalajara **II.** *m, f* Einwohner(in) *m(f)* von Guadalajara

guadaña [gwa'ðaɲa] *f* Sense *f*

guadañar [gwaða'ɲar] *vt* mit der Sense mähen

guagua ['gwaɣwa] *f* **1.** (*trivialidad*) Lappalie *f* **2.** (*Am: autobús*) Bus *m*

guajiro, -a [gwa'xiro, -a] **I.** *adj* bäurisch **II.** *m, f* (*Cuba*) weißer Bauer *m,* weiße Bäuerin *f*

gualdo, -a ['gwal̦do, -a] *adj* goldgelb; **la bandera roja y gualda** die spanische Flagge

guanábano [gwa'naβano] *m* (*Am: árbol*) Zimtapfel(baum) *m*

guanaco, -a[1] [gwa'nako, -a] **I.** *adj* (*Am: tonto*) dumm, einfältig; (*lento*) tranig *fam* **II.** *m, f* **1.** (*Am: tonto*) Einfaltspinsel *m,* Dummkopf *m* **2.** (*AmC: habitante*) Einwohner(in) *m(f)* von El Salvador

guanaco[2] [gwa'nako] *m* (*mamífero*) Guanako *m o nt*

> **guanche** *m:* Das Wort **guanche** bezeichnet sowohl die Ureinwohner der Kanarischen Inseln wie deren Sprache. Die **Islas Canarias** wurden im 15. Jahrhundert von den Spaniern erobert.

guano ['gwano] *m* **1.** (*excrementos*) Guano *m* **2.** (*CSur: estiércol*) Dung *m*

guantada [gwan̦'taða] *f* Ohrfeige *f;* **dar una ~ a alguien** jdn ohrfeigen

guantazo [gwan̦'taθo] *m v.* **guantada**

guante ['gwan̦te] *m* Handschuh *m;* **ir** [*o* **sentar**] **como un ~** wie angegossen sitzen; **recoger el ~** den Fehdehandschuh aufnehmen; **colgar los ~s** (*boxeador*) die Boxhandschuhe an den Nagel hängen; (*futbolis-*

G

ta) die Fußballschuhe an den Nagel hängen; **le echaron el ~ al ladrón** der Dieb wurde geschnappt

guantelete [gwan̪te'lete] *m* Panzerhandschuh *m*

guantera [gwan̪'tera] *f* (AUTO) Handschuhfach *nt*

guantero, -a [gwan̪'tero, -a] *m, f* Handschuhmacher(in) *m(f)*

guapear [gwape'ar] *vi* (*fam*) **1.** (*ostentar*) sein Äußeres zur Schau stellen **2.** (*fanfarronear*) prahlen (*de* mit +*dat*)

guaperas [gwa'peras] *m inv* (*fam*) eitler Mensch *m;* **va de ~** er spielt den wilden Mann

guaperío [gwape'rio] *m* Schickeria *f*

guapeza [gwa'peθa] *f* **1.** (*aspecto*) Schönheit *f;* (*elegancia*) Eleganz *f* **2.** (*en los vestidos*) Eitelkeit *f* **3.** (*valentonería*) Mut *m*

guapo, -a[1] ['gwapo, -a] *adj* **1.** (*atractivo*) hübsch, gut aussehend **2.** (*en el vestir*) schick **3.** (*Am: valiente*) mutig

guapo[2] ['gwapo] *m* **1.** (*Am: pey: pendenciero*) Raufbold *m* **2.** (*galán*) Galan *m*

guaraca [gwa'raka] *f* (*Am: honda*) Schleuder *f;* (*látigo*) Peitsche *f*

guaraná [gwara'na] *f* (*Am: planta*) Guaranapflanze *f*

guarangada [gwaraŋ'ɣaða] *f* (*Am: grosería*) Flegelei *f*

guaraní [gwara'ni] **I.** *adj* Guarani- **II.** *m* Guaraní *m*

guarapo [gwa'rapo] *m* (*Am: jugo*) Zuckerrohrsaft *m;* (*bebida*) Zuckerrohrschnaps *m*

guarda[1] ['gwarða] *mf* Wächter(in) *m(f);* **~ forestal** Förster(in) *m(f)*

guarda[2] ['gwarða] *f* **1.** (*acto*) Wache *f* **2.** (*protección*) Schutz *m* **3.** (*de un libro*) Vorsatz *m* **4.** (*de la ley*) Befolgung *f* **5.** *pl* (*de llave*) Einkerbung *f* im Schlüsselbart; (*de cerradura*) Zuhaltung *f* **6.** *pl* (*de abanico*) Stäbe *mpl*

guardabarrera [gwarðaβa'rrera] *mf* Bahnwärter(in) *m(f)*

guardabarros [gwarða'βarros] *m inv* Schutzblech *nt*

guardabosque(s) [gwarða'βoske(s)] *mf* (*inv*) Förster(in) *m(f)*

guardacostas [gwarða'kostas] *m inv* Boot *nt* der Küstenwache

guardaespaldas [gwarðaes'pal̪das] *mf inv* Leibwächter(in) *m(f)*

guardagujas [gwarða'ɣuxas] *mf inv* (FERRO) Weichensteller(in) *m(f)*

guardameta [gwarða'meta] *mf* (DEP) Torwart, -frau *m, f*

guardapolvo [gwarða'polβo] *m* Staubmantel *m*

guardar [gwar'ðar] **I.** *vt* **1.** (*vigilar*) bewachen; (*rebaño*) hüten **2.** (*proteger*) beschützen (*de* vor +*dat*) **3.** (*ley*) einhalten **4.** (*conservar*) (auf)bewahren; **~ en la memoria intermedia** (INFOR) zwischenspeichern; **~ un sitio** einen Platz freihalten; **~le un trozo de pastel a alguien** jdm ein Stück Kuchen aufheben; **guárdame esto que ahora vengo** heb das für mich auf, ich komme sofort **5.** (*poner*): **¿dónde has guardado las servilletas?** wo hast du die Servietten hingetan?; **~ el dinero en el banco** das Geld auf die Bank bringen; **~ algo en el bolsillo** etw in die Tasche stecken **6.** (*quedarse con*) behalten **7.** (*ahorrar*) sparen; **~ las fuerzas** seine Kräfte schonen **8.** (*loc*): **~ cama** das Bett hüten; **~ silencio** Stillschweigen bewahren; **~ las distancias** Distanz wahren **II.** *vr:* **~se 1.** (*conservar*) aufheben **2.** (*protegerse*) sich hüten (*de* vor +*dat*)

guardarropa[1] [gwarða'rropa] *m* Garderobe *f*

guardarropa[2] [gwarða'rropa] *mf* **1.** (*de vestuario: mujer*) Garderobe(n)frau *f;* (*hombre*) Garderobier *m* **2.** (TEAT: *guardarropía*) Requisiteur(in) *m(f)*

guardarropía [gwarðarro'pia] *m* **1.** (TEAT: *accesorios*) Requisiten *ntpl;* **de ~** Schein- **2.** (*cuarto*) Requisitenkammer *f*

guardería [gwarðe'ria] *f* (*hasta tres años*) Kinderkrippe *f;* (*más de tres años*) Kindergarten *m;* (*durante todo el día*) Kindertagesstätte *f*

guardia[1] ['gwarðja] *f* **1.** (*vigilancia*) Wache *f;* **¿cuál es la farmacia de ~?** welche Apotheke hat Notdienst?; **estar de ~** (*por la noche*) Nachtdienst haben; (*el fin de semana*) Wochenenddienst haben; (MIL) Wache schieben **2.** (DEP) Deckung *f;* **bajar la ~** die Deckung fallen lassen; **en ~** (*esgrima*) en garde **3.** (*instituciones*): **la G~ Civil** die Guardia civil; **~ municipal** [*o* **urbana**] Gemeindepolizei *f;* **estar en ~** auf der Hut sein; **poner a alguien en ~** jdn in Alarmbereitschaft versetzen

guardia[2] ['gwarðja] *mf:* **~ civil** Beamte(r) *mf* der Guardia civil, Beamtin *f* der Guardia civil; **~ municipal** [*o* **urbano**] Gemeindepolizist(in) *m(f);* **~ de tráfico** Verkehrspolizist(in) *m(f)*

guardián, -ana [gwar'ðjan, -ana] *m, f* **1.** (*protector*) Hüter(in) *m(f);* **perro ~** Wachhund *m* **2.** (*en el zoo*) Wärter(in) *m(f)*

guardilla [gwar'ðiʎa] *f* **1.** (*habitación*) Dachzimmer *nt* **2.** (*ventana*) Dachfenster *nt*

guarecer [gware'θer] *irr como crecer* **I.** *vt* **1.** (*proteger*) schützen (*de* vor +*dat*) **2.** (*albergar*) beherbergen; **le guarecí en mi casa** ich nahm ihn bei mir auf **3.** (*curar*) heilen **II.** *vr:* ~**se** **1.** (*cobijarse*) sich flüchten **2.** (*de la lluvia*) sich unterstellen

guarida [gwa'riða] *f* **1.** (*cueva*) Höhle *f;* (*de animales*) Bau *m* **2.** (*refugio*) Versteck *nt*

guarismo [gwa'rismo] *m* (MAT) Ziffer *f*

guarnecer [gwarne'θer] *irr como crecer vt* **1.** (*adornar*) verzieren (*con/de* mit +*dat*); (GASTR) garnieren; (*vestido*) besetzen **2.** (MIL: *ciudad*) eine Garnison (in einer Stadt) stationieren **3.** (*equipar*) ausrüsten (*con/de* mit +*dat*); (*proveer*) versehen (*con/de* mit +*dat*), ausstatten (*con/de* mit +*dat*)

guarnición [gwarni'θjon] *f* **1.** (*adorno*) Verzierung *f;* (*en vestido*) Besatz *m;* (*en joya*) (Ein)fassung *f* **2.** (MIL) Garnison *f* **3.** (GASTR) Garnierung *f* **4.** *pl* (*arreos*) Geschirr *nt*

guarrería [gwarre'ria] *f* Schweinerei *f*

guarro, **-a** ['gwarro, -a] **I.** *adj* **1.** (*cosa*) dreckig; **chiste** ~ anstößiger Witz **2.** (*persona*) schlampig; (*moralmente*) unanständig **II.** *m, f* Schwein *nt*

guasa ['gwasa] *f* **1.** (*burla*) Scherz *m;* **estar de** ~ zum Scherzen aufgelegt sein **2.** (*sosería*) Fadheit *f*

guasanga [gwa'saŋga] *f* (*Am: bullanga*) Remmidemmi *nt*

guasca ['gwaska] *f* (*Am*) Peitsche *f*

guasearse [gwase'arse] *vr* sich lustig machen (*de* über +*akk*)

guaso, **-a** ['gwaso, -a] *adj* (*CSur*) **1.** (*rústico*) bäurisch **2.** (*torpe*) grob, unhöflich

guasón, **-ona** [gwa'son, -ona] *m, f* Spaßvogel *m*

guata ['gwata] *f* **1.** (*algodón*) Watte *f* **2.** (*Am: barriga*) Bauch *m*

> **Guatemala** (offiziell: **República de Guatemala**) liegt in Mittelamerika. Die Hauptstadt heißt auch **Guatemala**. Die offizielle Landessprache ist **Spanisch**. Die Währungseinheit **Guatemalas** ist der **quetzal**.

guatemalteco, **-a** [gwatemal̪'teko, -a] **I.** *adj* guatemaltekisch **II.** *m, f* Guatemalteke, -in *m, f*

guateque [gwa'teke] *m* (*fam*) Party *f*

guay [gwai̯] *adj* (*fam*) klasse

guayaba [gwa'ɟaβa] *f* **1.** (*fruto*) Guajave *f* **2.** (*Am: mentira*) Lüge *f*

guayabo [gwa'ɟaβo] *m* Guajavabaum *m*

Guayana [gwa'ɟana] *f* Guyana *nt*

guayanés, **-esa** [gwaɟa'nes, -esa] **I.** *adj* guyanisch **II.** *m, f* Guyaner(in) *m(f)*

gubernamental [guβernamen̪'tal] *adj* **1.** (*relativo a*) Regierungs- **2.** (*partidario*) regierungstreu

gubernativo, **-a** [guβerna'tiβo, -a] *adj* Regierungs-; **policía gubernativa** Staatspolizei *f*

gubia ['guβja] *f* (TÉC) Hohlmeißel *m*

guepardo [ge'parðo] *m* Gepard *m*

güero, **-a** ['gwero, -a] **I.** *adj* (*Am: rubio*) blond **II.** *m, f* (*Am: rubio*) Blonde(r) *mf*

guerra ['gerra] *f* Krieg *m;* ~ **de precios/tarifas** Preis-/Tarifkampf *m;* **la Primera G~ Mundial** der Erste Weltkrieg; **ir a la** ~ in den Krieg ziehen; **estar en pie de** ~ **con alguien** mit jdm auf Kriegsfuß stehen; **estos niños dan mucha** ~ (*fam*) diese Kinder sind sehr anstrengend

> Wenn man in Spanien von **guerra civil** spricht, dann meint man so gut wie immer die **guerra civil española** (Spanischer Bürgerkrieg, **1936–1939**). Spanien spaltete sich in zwei gegnerische Parteien: **los republicanos** (die Republikaner bzw. Loyalisten) und **los falangistas/nacionalistas** (die Nationalisten).

guerrear [gerre'ar] *vi* **1.** (*hacer guerra*) Krieg führen **2.** (*resistir*) sich zur Wehr setzen

guerrera [ge'rrera] *f* Uniformjacke *f*

guerrero, **-a** [ge'rrero, -a] **I.** *adj* **1.** (*de guerra*) Kampf-, kämpferisch **2.** (*travieso*) ausgelassen **3.** (*revoltoso*) ungezogen **II.** *m, f* Krieger(in) *m(f)*

guerrilla [ge'riʎa] *f* Freischar *f;* (*en Latinoamérica*) Guerilla *f*

guerrillear [gerriʎe'ar] *vi* einen Guerillakrieg führen

guerrillero, **-a** [gerri'ʎero, -a] *m, f* Freischärler(in) *m(f);* (*en Latinoamérica*) Guerillakämpfer(in) *m(f),* Guerillero, -a *m, f*

gueto ['geto] *m* Getto *nt*

guía[1] ['gia] *mf* (*de un grupo*) Führer(in) *m(f);* ~ **turístico** Fremdenführer *m*

guía[2] ['gia] *m* **1.** (MIL) Flügel *m* **2.** (*manillar*) Lenkstange *f*

guía[3] ['gia] *f* **1.** (*pauta*) Richtschnur *f* **2.** (*persona*) Leitbild *nt* **3.** (*manual*) Handbuch *nt;* ~ **comercial** Firmenadressbuch *nt;* ~ **de ferrocarriles** Kursbuch *nt;* ~ **telefónica** Telefonbuch *nt;* ~ **turística** Reiseführer *m* **4.** (*planta*) Leittrieb *m* **5.** (TÉC) Führungsschiene *f* **6.** (*del bigote*) Schnurrbartspitze *f* **7.** (*del abanico*) Stäbe *mpl* **8.** (*PRico: volante*) Lenkrad *nt* **9.** *pl* (*riendas*) Zügel *mpl*

guiar [gi'ar] <*1. pres:* guío> **I.** *vt* **1.** (*a alguien*) führen **2.** (*conversación*) lenken

3. (*planta*) hochbinden **II.** *vr:* **~se** sich richten (*por* nach +*dat*); **me guío por mi instinto** ich folge meinem Instinkt

guija ['gixa] *f* Kiesel(stein) *m*

guijarro [gi'xarro] *m* **1.** (*canto*) Kiesel(stein) *m* **2.** *pl* (*en playa*) Geröll *nt*

guijo ['gixo] *m* Schotter *m*

guillarse [gi'ʎarse] *vr* (*fam*) **1.** (*chiflarse*) überschnappen **2.** (*irse*): **guillárselas** abhauen

guillotina [giʎo'tina] *f* **1.** (*de ejecución*) Guillotine *f* **2.** (*para papel*) (Papier)schneidemaschine *f* **3.** (TÉC): **ventana de ~** (nach oben zu öffnendes) Schiebefenster *f*

guillotinar [giʎoti'nar] *vt* **1.** (*decapitar*) guillotinieren **2.** (*papel*) schneiden

guinda ['gin̩da] *f* **1.** (*fruta*) Sauerkirsche *f* **2.** (NÁUT: *de arboladura*) Bemastungshöhe *f* **3.** (*loc*): **y la ~ fue que...** (*fam*) und der Hammer war, dass ...

guindilla [gin̩'diʎa] *f* (GASTR) Paprikaschote *f*; (*pequeña*) Peperoni *f*

guindo ['gin̩do] *m* **1.** (*árbol*) Sauerkirschbaum *m* **2.** (*loc*): **subirse al ~** (*fam*) in die Luft gehen

guineo [gi'neo] *m* (*Am: banana*) Banane *f*

guiñapo [gi'ɲapo] *m* **1.** (*trapo*) Lumpen *m* **2.** (*andrajoso*) zerlumpter Mensch *m* **3.** (*degradado*) heruntergekommener Mensch *m* **4.** (*debilucho*) Schwächling *m*

guiñar [gi'ɲar] **I.** *vt* zwinkern **II.** *vi* (NÁUT) gieren

guiño ['giɲo] *m* (*con el ojo*) (Zu)zwinkern *nt*; **hacer un ~** zwinkern; (*en señal de algo*) zuzwinkern

guiñol [gi'ɲol] *m* **1.** (*teatro*) Kasper(le)theater *nt* **2.** (*títere*) Kasperpuppe *f*

guión [gi'on] *m* **1.** (*de una conferencia*) Konzept *nt* **2.** (CINE) Drehbuch *nt*; (TV) Skript *nt* **3.** (LING: *al fin de renglón*) Trennungsstrich *m*; (*de compuesto*) Bindestrich *m*; (*en diálogo*) Gedankenstrich *m* **4.** (*persona*) Führer *m* **5.** (*real*) königliche Standarte *f* **6.** (*de procesión*) Prozessionsfahne *f*

guionista [gjo'nista] *mf* (CINE) Drehbuchautor(in) *m(f)*; (TV) Skriptautor(in) *m(f)*

guipar [gi'par] *vt* (*vulg*) glotzen (*a* auf +*akk*) *fam*

guiri ['giri] *mf* (*pey*) **1.** (*extranjero*) Ausländer(in) *m(f)* **2.** (*guardia*) Beamte(r) *mf* der Guardia civil, Beamtin *f* der Guardia civil

guirigay [giri'ɣai̯] *m* <guirigayes *o* guirigáis> (*fam*) **1.** (*lenguaje*) Kauderwelsch *nt* **2.** (*griterío*) Geschrei *nt* **3.** (*barullo*) Wirrwarr *m*

guirlache [gir'latʃe] *m* Krokant *m*

guirnalda [gir'nal̩da] *f* Girlande *f*

guisa ['gisa] *f*: **no puedes hacerlo de esta ~** du kannst es so nicht machen

guisado [gi'saðo] *m* Schmorbraten *m*

guisante [gi'san̩te] *m* Erbse *f*

guisar [gi'sar] **I.** *vt* **1.** (*cocinar*) kochen; (*con salsa*) schmoren **2.** (*tramar*) aushecken **II.** *vr:* **~se** sich anbahnen; **se está guisando** es köchelt vor sich hin

guiso ['giso] *m* **1.** (*plato*) Gericht *nt* **2.** (*en salsa*) Schmorbraten *m*

guisote [gi'sote] *m* (*pey*) Fraß *m*

güisqui ['gwi̯ski] *m* Whisky *m*

guita ['gita] *f* **1.** (*cuerda*) Bindfaden *m* **2.** (*fam: dinero*) Kohle *f*

guitarra [gi'tarra] *f* **1.** (*instrumento*) Gitarre *f* **2.** (*loc*): **venir como una ~ en un entierro** fehl am Platz(e) sein; **chafar la ~ a alguien** jdm einen Strich durch die Rechnung machen

guitarrero, -a [gita'rrero, -a] *m, f* **1.** (*fabricante*) Gitarrenhersteller(in) *m(f)* **2.** (*guitarrista*) Gitarrenspieler(in) *m(f)*; (*profesional*) Gitarrist(in) *m(f)*

guitarrista [gita'rrista] *mf* Gitarrenspieler(in) *m(f)*; (*profesional*) Gitarrist(in) *m(f)*

güito ['gwito] *m* **1.** (*fam: sombrero*) Hut *m* **2.** (*de albaricoque*) Aprikosenkern *m*

gula ['gula] *f* Gefräßigkeit *f*

gulasch [gu'laʃ] *m* Gulasch *nt o m*

guripa [gu'ripa] *m* (*fam*) **1.** (*soldado*) Soldat *m* **2.** (*guardia*) (Gemeinde)polizist *m* **3.** (*golfo*) Gauner *m*

gurrumino, -a[1] [gurru'mino, -a] *adj* **1.** (*ruin*) knauserig **2.** (*mezquino*) schäbig

gurrumino[2] [gurru'mino] *m* Pantoffelheld *m*

gurú [gu'ru] *m* Guru *m*

gusanillo [gusa'niʎo] *m* Würmchen *nt*; **matar el ~** (*comiendo*) eine Kleinigkeit essen; (*bebiendo*) auf nüchternen Magen Schnaps trinken

gusano [gu'sano] *m* **1.** (*lombriz*) Wurm *m*; **~ de tierra** Regenwurm *m*; **~ de luz** Glühwürmchen *nt fam* **2.** (*oruga*) Raupe *f* **3.** (*malo*) verächtlicher Mensch *m* **4.** (*abatido*) niedergeschlagener Mensch *m*

gustar [gus'tar] *vi* **1.** (*agradar*) gefallen; (*actividad*) gern tun; (*persona*) gern haben; (*comida*) schmecken; **como Ud. guste** wie Sie wünschen; **¿te gusta estar aquí?** gefällt es dir hier?; **me gusta nadar** ich schwimme gern **2.** (*querer*): **~ de...** belieben zu ...; **me gustas** ich mag dich **3.** (*condicional*): **me ~ía saber...** ich wüsste gern ...

gustativo, -a [gusta'tiβo, -a] *adj* Geschmacks-

gustazo [gus'taθo] *m* **1.** (*placer*) Riesenspaß *m*; **tuve el ~ de darle la mano** ich hatte (endlich) das Vergnügen, ihm/ihr die Hand zu geben **2.** (*ante una desgracia*) Schadenfreude *f*

gustillo [gus'tiʎo] *m* Nachgeschmack *m*

gusto ['gusto] *m* **1.** (*sentido*) Geschmack(ssinn) *m;* **una broma de mal** ~ ein geschmackloser Scherz; **no hago nada a su** ~ ich kann es ihm/ihr nie recht machen; **lo ha hecho a mi** ~ er/sie hat es ganz nach meinem Geschmack gemacht; **sobre ~s no hay nada escrito** über Geschmack lässt sich nicht streiten **2.** (*sabor*) Geschmack *m* (*a* nach +*dat*); **huevos al** ~ Eier nach Wahl **3.** (*placer*) Vergnügen *nt;* **~s caros** teures Vergnügen; **encontrar ~ en algo** Freude an etw *dat* finden; **estar a** ~ sich wohl fühlen; **tanto ~ en conocerla – el ~ es mío** sehr erfreut – ganz meinerseits; **hago lo que me viene en** ~ ich mache, was ich will

gustoso, -a [gus'toso, -a] *adj* **1.** (*sabroso*) köstlich **2.** (*con gusto*): **te acompañaré** ~ ich werde dich gern begleiten **3.** (*agradable*) angenehm

gutapercha [guta'pertʃa] *f* Guttapercha *f o nt*

gutural [gutu'ral] *adj* guttural

gym-jazz [dʒim'dʒas] *m* (DEP) Jazzgymnastik *f*

gymkhana [dʒiŋ'kana] *f* Gymkhana *nt*

H

H, h ['atʃe] *f* H, h *nt;* ~ **de Huelva** H wie Heinrich

ha [xa] *interj* ah!, ach!; **¡~, ~!** haha(ha)!

haba ['aβa] *f* **1.** (BOT) Saubohne *f;* **son ~s contadas** (*es seguro*) das ist ganz sicher; (*es escaso*) das ist knapp; **en todas partes cuecen ~s** das kommt in den besten Familien vor **2.** (*de café*) (Kaffee)bohne *f* **3.** (*del caballo*) Gaumengeschwulst *f* **4.** (*del pene*) Eichel *f*

Habana [a'βana] *f:* **la ~** Havanna *nt*

habanero, -a [aβa'nero, -a] **I.** *adj* aus Havanna **II.** *m, f* Einwohner(in) *m(f)* von Havanna

habano [a'βano] *m* Havanna(zigarre) *f*

haber [a'βer] *irr* **I.** *aux* **1.** (*en tiempos compuestos*) haben, sein; **ha ido al cine** er/sie ist ins Kino gegangen; **he comprado el periódico** ich habe die Zeitung gekauft **2.** (*de obligación*) müssen; **¿qué ha de ser cierto?** das soll wahr sein? **3.** (*futuro*): **él no ha de decirlo** er wird es nicht sagen **4.** (*imperativo*): **no tengo sitio – ¡~ venido antes!** ich habe keinen Platz – du hättest früher kommen sollen! **II.** *vimpers* **1.** (*ocurrir*) geschehen; **ha habido un terremoto en Japón** in Japan hat es ein Erdbeben gegeben; **¿qué hay?** was ist los?; **¿qué hay, Pepe?** wie geht's, Pepe? **2.** (*efectuar*): **hoy no hay cine** heute gibt's keine Kinovorstellung; **ayer hubo reunión** gestern fand die Sitzung statt; **después habrá baile** später wird getanzt **3.** (*existir*) geben; **aquí no hay agua** hier gibt es kein Wasser; **a este negocio no hay nada que hacerle** mit diesem Geschäft kann man keinen Blumentopf gewinnen *fam;* **eso es todo... ¡y ya no hay más!** das ist alles … und damit basta!; **¿hay algo entre tú y ella?** läuft etwas zwischen euch beiden?; **hay poca gente** es sind wenige Leute da; **hay quien cree que...** manche (Leute) glauben, dass …; **¡muchas gracias! – no hay de qué** vielen Dank! – gern geschehen!; **no hay para ponerse así** es gibt keinen Grund, sich derart aufzuregen; **no hay quien me gane al ping-pong** keiner kann mich im Tischtennis schlagen **4.** (*hallarse*) sein; **hay un cuadro en la pared** an der Wand hängt ein Bild; **había un papel en el suelo** auf dem Boden lag ein Blatt Papier **5.** (*tiempo*) vor *+dat;* **había una vez...** es war einmal … **6.** (*obligatoriedad*): **¡hay que ver cómo están los precios!** mein Gott, wie teuer alles geworden ist!; **hay que trabajar más** man muss mehr arbeiten; **no hay que olvidar que...** man darf nicht vergessen, dass … **III.** *vt:* **compra cuantos sellos pueda ~** er/sie kauft alle erhältlichen Briefmarken **IV.** *vr:* **~se** (*comportarse*) sich benehmen; (*entenderse*) auskommen (*con* mit *+dat*); **habérselas con alguien** es mit jdm zu tun bekommen **V.** *m* **1.** (*capital*) Haben *nt* **2.** (*en cuenta corriente*) (Gut)haben *nt;* **pasaré la cantidad a tu ~** ich werde die Summe auf dein Konto überweisen **3.** *pl* (*emolumentos*) Einkünfte *fpl*

habichuela [aβi'tʃwela] *f* Bohne *f*

hábil ['aβil] *adj* **1.** (*diestro*) geschickt; **ser ~ para algo** für etw Geschick haben **2.** (*en el oficio*) tüchtig **3.** (*astuto*) schlau; **una respuesta ~** eine schlagfertige Antwort **4.** (JUR) fähig; **días ~es** Arbeitstage *mpl*

habilidad [aβili'ðað] *f* **1.** (*destreza*) Geschicklichkeit *f;* **no tengo gran ~ con las manos** ich habe zwei linke Hände **2.** (*facultad*) Können *nt;* (*para los negocios*) (Geschäfts)tüchtigkeit *f* **3.** (*astucia*) Schläue *f* **4.** (*gracia*) Anmut *f;* **se mueve con ~** er/sie bewegt sich anmutig

habilidoso, -a [aβili'ðoso, -a] *adj* **1.** (*diestro*) geschickt **2.** (*en los negocios*) (geschäfts)tüchtig **3.** (*astuto*) schlau **4.** (*gracioso*) anmutig

habilitación [aβilita'θjon] *f* **1.** (JUR: *de personas*) Befähigung *f* (*para* zu *+dat*) **2.** (*de empleo*) Zahlungsbevollmächtigung *f* **3.** (*oficina*) Zahlstelle *f* **4.** (*de un espacio*) Umgestaltung *f*

habilitar [aβili'tar] **I.** *vt* **1.** (JUR: *a personas*) befähigen; (*documentos*) für rechtsgültig erklären **2.** (COM: *dar capital*) finanzieren **3.** (*proveer*) versorgen (*de* mit *+dat*); **~ horas de visita** Sprechstunden festlegen **4.** (*espacio*) umgestalten **II.** *vr:* **~se** sich versorgen (*de* mit *+dat*)

habiloso, -a [aβi'loso, -a] *adj* (*Am*) **1.** (*hábil*) flink **2.** (*astuto*) schlau

habitabilidad [aβitaβili'ðað] *f sin pl* Bewohnbarkeit *f*

habitable [aβi'taβle] *adj* bewohnbar

habitación [aβita'θjon] *f* **1.** (*cuarto*) Zimmer *nt* **2.** (*vivienda*) Wohnung *f* **3.** (*acción*) Wohnen *nt*

habitáculo [aβi'takulo] *m* **1.** (*vivienda*) Wohnung *f* **2.** (*espacio*) Wohnraum *m*

3. (AUTO) Innenraum *m*

habitante [aβi'tan̩te] *mf* **1.** (*en ciudad*) Einwohner(in) *m(f)* **2.** (*de una isla*) Bewohner(in) *m(f)*

habitar [aβi'tar] **I.** *vi* wohnen (*en* in +*dat*); **hace tiempo que habita en Alemania** er/sie lebt seit langem in Deutschland **II.** *vt* bewohnen

hábitat ['aβita^{t}] *m* <hábitats> Habitat *nt*

hábito ['aβito] *m* **1.** (*costumbre*) (An)gewohnheit *f;* **he dejado el ~ de fumar** ich habe mir das Rauchen abgewöhnt **2.** (REL: *sotana*) Habit *m o nt;* (*orden*) Orden *m*

habitual [aβitu'al] *adj* gewöhnlich; **bebedor ~** Gewohnheitstrinker *m;* **cliente ~** Stammgast *m;* **lo dijo con su ironía ~** er/sie sagte es mit der ihm/ihr eigenen Ironie

habituar [aβitu'ar] <*1. pres:* habitúo> *vt, vr:* **~se** (sich) gewöhnen (*a* an +*akk*)

habla ['aβla] *f* **1.** (*facultad*) Sprache *f;* **quedarse sin ~** sprachlos sein **2.** (*acto*) Sprechen *nt;* (LING) Parole *f;* **país de ~ alemana** deutschsprachiges Land; **¡Juan al ~!** Juan am Apparat! **3.** (*manera*) Sprechweise *f* **4.** (*dialecto*) Mundart *f*

hablado, -a [a'βlaðo, -a] *adj:* **bien ~** sprachgewandt; **ser bien/mal ~** sich gewählt/derb ausdrücken

hablador(a) [aβla'ðor(a)] **I.** *adj* gesprächig **II.** *m(f)* **1.** (*cotorra*) Plappermaul *nt fam* **2.** (*chismoso*) Klatschmaul *nt fam*

habladuría [aβlaðu'ria] *f* Gerede *nt*

hablante [a'βlan̩te] *mf* Sprecher(in) *m(f)*

hablar [a'βlar] **I.** *vi* **1.** (*decir*) sprechen (*de/sobre* über +*akk,* von +*dat*), reden (*de/sobre* über +*akk*); **~ a gritos** schreien; **~ al oído** ins Ohr flüstern; **déjeme terminar de ~** lassen Sie mich ausreden; **~ claro** zur Sache kommen; **este autor no habla de este tema** dieser Autor behandelt dieses Thema nicht; **la policía le ha hecho ~** die Polizei hat ihn zum Reden gebracht; **los números hablan por sí solos** die Zahlen sprechen für sich; **¡ni ~!** auf gar keinen Fall!, kommt nicht in Frage [*o* infrage]!; **por no ~ de...** ganz zu schweigen von ... +*dat;* **¡y no se hable más!** und damit basta! **2.** (*conversar*) reden (*de/sobre* über +*akk*); **~ con franqueza** offen sprechen; **~ por los codos** (*fam*) wie ein Wasserfall reden; **~ por teléfono** telefonieren; **no he podido ~ con él** er war nicht ansprechbar **3.** (*tratamiento*) ansprechen (*de* mit +*dat*); **nos hablamos de tú/Ud.** wir duzen/siezen uns **II.** *vt* **1.** (*idioma*) sprechen **2.** (*asunto*) besprechen **III.** *vr:* **~se** miteinander reden; **no se hablan** es herrscht Funkstille zwischen ihnen

hablilla [a'βliʎa] *f* Gerede *nt*

hablista [a'βlista] *mf* gewandter Redner *m,* gewandte Rednerin *f*

hacedero, -a [aθe'ðero, -a] *adj* machbar, durchführbar

hacedor(a) [aθe'ðor(a)] *m(f)* **1.** (*creador*) Schöpfer(in) *m(f)* **2.** (*de una hacienda*) (Landgut)verwalter(in) *m(f);* (*Am*) (Hazienda)verwalter(in) *m(f)*

hacendado, -a [aθen̩'daðo, -a] **I.** *adj* vermögend **II.** *m, f* **1.** (*de una hacienda*) Großgrundbesitzer(in) *m(f)* **2.** (*AmS: de ganado*) Viehzüchter(in) *m(f)*

Ein **hacendado** (Großgrundbesitzer) ist der Besitzer einer **hacienda** (Landgut).
Im Gegensatz dazu bezieht sich **(el Ministerio de) Hacienda** (mit großem Anfangsbuchstaben!) auf das Finanzamt.

hacendoso, -a [aθen̩'doso, -a] *adj* tüchtig

hacer [a'θer] *irr* **I.** *vt* **1.** (*producir*) machen; (*vestido*) nähen; (*coche*) herstellen; **la casa está hecha de madera** das Haus ist aus Holz; **Dios hizo al hombre** Gott schuf den Menschen **2.** (*realizar*) machen, tun; (*servicio*) erweisen; (*maleta*) packen; (*favor*) tun; (*balance*) ziehen; (*libro*) schreiben; (*disparo*) abgeben; (*solitario*) legen; **¿qué hacemos hoy?** was unternehmen wir heute?; **~ una llamada** anrufen; **demuestra lo que sabes ~** zeig, was in dir steckt; **hazlo por mí** tu es mir zuliebe; **a medio ~** halb fertig; **¡Dios mío, qué has hecho!** mein Gott, was hast du da angerichtet!; **lo hecho, hecho está** was geschehen ist, ist geschehen; **puedes ~ lo que quieras** du kannst tun und lassen, was du willst; **¿qué haces por aquí?** was bringt dich hierher?; **¡me la has hecho!** du hast mich reingelegt! **3.** (*con el intelecto: demagogia*) betreiben; (*poema*) schreiben; (*pregunta*) stellen; (*observación*) anstellen; (*discurso*) halten **4.** (*ocasionar: sombra*) spenden; (*ruido*) machen; (*daño*) zufügen (*a* +*dat*); (*destrozos*) anrichten; **no puedes ~me esto** das kannst du mir nicht antun **5.** (*caber*) fassen; **esta bota hace cinco litros** in dieses Fass gehen fünf Liter **6.** (*construir*) bauen; (*monumento*) errichten **7.** (*disponer: maleta*) packen **8.** (*procurar*) schaffen; **¿puedes ~me sitio?** kannst du etwas zur Seite rücken? **9.** (*transformar*): **~ pedazos algo** etw kaputtmachen; **estás hecho un hombre** du bist ja groß geworden **10.** (*habituar*) sich gewöhnen (*a* an +*akk*) **11.** (*cortar*) schneiden (lassen); **¿quién te hace el pelo?** zu welchem Friseur gehst du? **12.** (*conseguir*) schaffen; (*dinero*) verdienen; (*amistad*) schließen **13.** (*llegar*): ~ **puerto** einlaufen; ~ **noche en…** übernachten in … +*dat* **14.** (*más sustantivo*): ~ **caja** (FIN) abrechnen; ~ **caso a alguien** jdm gehorchen; ~ **cumplidos** Umstände machen; ~ **frente a algo/alguien** etw *dat*/jdm die Stirn bieten; ~ **gimnasia** (*con aparatos*) turnen; (*en el suelo*) Gymnastik machen; ~ **uso de algo** etw gebrauchen **15.** (*más verbo*): ~ **creer algo a alguien** jdm etw weismachen; ~ **venir a alguien** jdn zu sich *dat* rufen; **hazle pasar** bitte ihn herein; **no me hagas contarlo** erspare es mir, das erzählen zu müssen **16.** (*limpiar*) sauber machen; ~ **los platos** das Geschirr spülen **17.** (TEAT): ~ **una obra** ein Theaterstück aufführen; ~ **el** (**papel de**) **Fausto** den Faust spielen **18.** (ENS: *carrera*) studieren; **¿haces francés o inglés?** lernst du Französisch oder Englisch? **19.** (GASTR: *comida*) zubereiten; (*patatas*) kochen; (*pastel*) backen; **quiero la carne bien hecha** ich möchte das Fleisch gut durchgebraten **II.** *vi* **1.** (*convenir*) passen; **eso no hace al caso** das tut nichts zur Sache **2.** (*oficio*) arbeiten (*de* als +*nom*) **3.** (*con preposición*): **por lo que hace a Juan…** was Juan angeht, …; **hizo como que no me vio** er/sie übersah mich (einfach) **III.** *vr:* ~**se** **1.** (*volverse*) werden; ~**se del Madrid** dem Sportverein von Real Madrid beitreten **2.** (*crecer*) wachsen **3.** (*simular*) sich verstellen; **se hace a todo** er/sie gibt sich mit allem zufrieden **4.** (*habituarse*) sich gewöhnen (*a* an +*akk*) **5.** (*cortarse*) sich *dat* schneiden lassen **6.** (*parecer*) glauben **7.** (*conseguir*) schaffen; ~**se respetar** sich *dat* Respekt verschaffen; ~**se con el poder** an die Macht gelangen **8.** (*resultar*): **se me hace muy difícil creer eso** es fällt mir sehr schwer, das zu glauben **IV.** *vimpers* **1.** (*tiempo*): **hace frío/calor** es ist kalt/warm; **hoy hace un buen día** heute haben wir schönes Wetter **2.** (*temporal*) vor +*dat;* **hace tres días** vor drei Tagen; **no hace mucho** vor kurzem; **desde hace un día** seit einem Tag

hacha ['atʃa] *f* **1.** (*herramienta*) Axt *f;* (*más pequeña*) Beil *nt;* (*de los indios*) Tomahawk *m* **2.** (*antorcha*) Fackel *f* **3.** (*vela*) große Kerze *f*

hachazo [a'tʃaθo] *m* Axthieb *m*

hache ['atʃe] *f* H, h *nt;* **por ~ o por be** aus irgendeinem Grund

hachear [atʃe'ar] *vt* hacken

hachero [a'tʃero] *m* **1.** (*candelero*) Kerzenleuchter *m* **2.** (*persona*) Holzfäller *m*

hachís [a'tʃis] *m* Haschisch *nt*

hacia ['aθja] *prep* **1.** (*dirección*) nach +*dat,* zu +*dat;* **el pueblo está más ~ el sur** das Dorf liegt weiter südlich; **el pueblo está yendo ~ Valencia** das Dorf liegt auf dem Weg nach Valencia; **fuimos ~ allí** wir gingen dorthin; **vino ~ mí** er/sie kam zu mir herüber **2.** (*cerca de*) gegen +*akk* **3.** (*respecto a*) gegenüber +*dat*

hacienda [a'θjen̩da] *f* **1.** (*finca*) (Land)gut *nt* **2.** (*bienes*) Vermögen *nt;* **la ~ pública** die Staatsfinanzen; **¿pagas mucho a ~?** zahlst du viel Steuern?

Hacienda [a'θjen̩da] *f* (FIN) Steuerbehörde *f;* **el Ministro de Economía y ~** der Wirtschafts- und Finanzminister

hacinamiento [aθina'mjen̩to] *m* (*de haces*) Aufschichtung *f;* (*de objetos*) Anhäufung *f;* (*de personas*) Gedränge *nt*

hacinar [aθi'nar] **I.** *vt* aufschichten **II.** *vr:* ~**se** (*personas*) sich drängen; (*objetos*) sich anhäufen

hacker ['xaker] *mf* (INFOR) Hacker(in) *m(f)*

hada ['aða] *f* Fee *f;* **cuento de ~s** Märchen *nt*

hado ['aðo] *m* Schicksal *nt*

Haití [ai̯'ti] *m* Haiti *nt*

haitiano, -a [ai̯'tjano, -a] **I.** *adj* haitianisch **II.** *m, f* Haitianer(in) *m(f)*

hala ['ala] *interj* **1.** (*sorpresa*) (ach) du meine Güte! **2.** (*prisa*) los!

halagador(a) [alaɣa'ðor(a)] *adj* **1.** (*que halaga*) schmeichelhaft **2.** (*prometedor*) viel versprechend

halagar [ala'ɣar] <g→gu> *vt* **1.** (*mostrar afecto*) umschmeicheln **2.** (*satisfacer*) erfreuen **3.** (*adular*) schmeicheln (*a* +*dat*)

halago [a'laɣo] *m* **1.** (*acción*) Schmeicheln *nt* **2.** (*palabras*) Lob *nt*

halagüeño, -a [ala'ɣweɲo, -a] *adj* **1.** (*halagador*) schmeichelhaft **2.** (*adulador*) schmeichlerisch **3.** (*prometedor*) viel versprechend

halcón [al'kon] *m* Falke *m*

halconero, -a [alko'nero, -a] *m, f* Falkner(in) *m(f)*

hálito ['alito] *m* **1.** (*aliento*) Atem *m* **2.** (*vapor*) Dunst *m* **3.** (*elev: viento*) Windhauch *m*

hall [xol] *m* (Eingangs)halle *f*

hallar [a'ʎar] **I.** *vt* **1.** (*encontrar*) finden; (*sin buscar*) stoßen (auf +*akk*) **2.** (*inventar*) erfinden **3.** (*averiguar*) herausfinden **4.** (*darse cuenta*) feststellen **5.** (*tierra*) entdecken **II.** *vr:* ~**se** **1.** (*sitio*) sich aufhalten **2.** (*estado*) sein; **no me hallo a gusto aquí** ich fühle mich hier nicht wohl; **se halló con la resistencia de su partido** er/sie stieß auf den Widerstand seiner/ihrer Partei

hallazgo [a'ʎaθɣo] *m* **1.** (*acción*) Entdeckung *f* **2.** (*cosa*) Fund *m* **3.** (MED) Befund *m*

halo ['alo] *m* **1.** (ASTR) Halo *m* **2.** (FOTO) Lichthof *m* **3.** (REL) Heiligenschein *m,* Aureole *f* **4.** (*aureola*) Aura *f*

halógeno [a'loxeno] *m* (QUÍM) Halogen *nt*

haltera [al'tera] *f* (DEP) Hantel *f*

halterofilia [altero'filja] *f* (DEP) Gewichtheben *nt*

halterófilo, -a [alte'rofilo, -a] *m, f* (DEP) Gewichtheber(in) *m(f)*

hamaca [a'maka] *f* **1.** (*cama*) Hängematte *f* **2.** (*tumbona*) Liegestuhl *m* **3.** (*AmS: mecedora*) Schaukelstuhl *m*

hambre ['ambre] *f* **1.** (*apetito*) Hunger *m;* **huelga de ~** Hungerstreik *m;* **matar el ~** den Hunger stillen; **me ha entrado (el) ~** ich habe Hunger bekommen; **morirse de ~** verhungern; **ser más listo que el ~** sehr gerissen sein; **a buen ~ no hay pan duro** (*prov*) Hunger ist der beste Koch **2.** (*de la población*) Hungersnot *f* **3.** (*deseo*) Hunger *m* (*de* nach +*dat*); **~ de poder** Machtgier *f*

hambrear [ambre'ar] *vt* (*Am*) **1.** (*hacer pasar hambre*) aushungern **2.** (*explotar*) ausbeuten

hambriento, -a [am'brjento, -a] *adj* **1.** (*con hambre*) hungrig **2.** (*deseoso*) gierig (*de* nach +*dat*); **~ de poder** machthungrig

hambrón, -ona [am'bron, -ona] *m, f* Nimmersatt *m*

hambruna [am'bruna] *f* (*Am*) Hungersnot *f*

Hamburgo [am'burɣo] *m* Hamburg *nt*

hamburgués, -esa [ambur'ɣes, -esa] **I.** *adj* hamburgisch **II.** *m, f* Hamburger(in) *m(f)*

hamburguesa [ambur'ɣesa] *f* (GASTR: *sola*) Frikadelle *f;* (*bocadillo*) Hamburger *m*

hamburguesería [amburɣese'ria] *f* Schnellimbiss *m*

hampa ['ampa] *f* **1.** (*gente*) Gesindel *nt* **2.** (*mundo*) Unterwelt *f*

hampón [am'pon] *m* **1.** (*maleante*) Verbrecher *m* **2.** (*valentón*) Angeber *m*

hámster ['xamster] *m* Hamster *m*

handicap ['xandikaᵖ] *m* Handikap *nt*

hangar [aŋ'gar] *m* (AERO) Flugzeughalle *f*

Hanovre [(x)a'noβre] *m* Hannover *nt*

hansa ['(x)ansa] *f* (HIST) Hanse *f*

hanseático, -a [(x)anse'atiko, -a] **I.** *adj* Hanse- **II.** *m, f* Hanseat(in) *m(f)*

haragán, -ana [ara'ɣan, -ana] *m, f* Faulenzer(in) *m(f)*

haraganear [araɣane'ar] *vi* faulenzen

haraganería [araɣane'ria] *f* Faulenzerei *f*

harakiri [(x)ara'kiri] *m* Harakiri *nt*

harapiento, -a [ara'pjento, -a] *adj* zerlumpt

harapo [a'rapo] *m* Lumpen *m*

hardware ['xar⁽ᵈ⁾wer] *m* (INFOR) Hardware *f*

harem [a'ren] *m,* **harén** [a'ren] *m* Harem *m*

harina [a'rina] *f* **1.** (GASTR) Mehl *nt;* **~ integral** Vollkornmehl *nt;* **~ de trigo** Weizenmehl *nt* **2.** (*polvo*) Pulver *nt* **3.** (*loc, fam*): **esto es ~ de otro costal** das ist etwas anderes

harinoso, -a [ari'noso, -a] *adj* **1.** (*parecido a la harina*) mehlartig **2.** (*con harina*) mehlig

harmonía [armo'nia] *f* **1.** (*concordancia*) Harmonie *f* **2.** (MÚS) Harmonielehre *f*

harnero [ar'nero] *m* Sieb *nt*

hartar [ar'tar] *irr* **I.** *vt* **1.** (*saciar*) sättigen (*de* mit +*dat*) **2.** (*fastidiar*) belästigen (*con* mit +*dat*); **me harta con sus chistes** ich habe seine/ihre Witze satt **II.** *vr:* **~se 1.** (*saciarse*) sich satt essen (*de* mit +*dat*); (*en exceso*) sich voll essen (*de* mit +*dat*) **2.** (*cansarse*) überdrüssig werden (*de* +*gen*); **~se de reír** sich totlachen; **me he hartado del tiempo que hace en Alemania** ich habe das Wetter in Deutschland satt

hartazgo [ar'taθɣo] *m* Übersättigung *f;* **darse un ~ (de dulces)** sich (an Süßigkeiten) überessen; **tengo un ~ de televisión** ich habe zu viel ferngesehen

harto, -a ['arto, -a] **I.** *adj* **1.** (*repleto*) satt; (*en exceso*) übersatt **2.** (*sobrado*): **tengo hartas razones** ich habe genügend Gründe **3.** (*loc*): **estar ~ de alguien/algo** jds/etw *gen* überdrüssig sein **II.** *adv* (*sobrado*) ausreichend; (*muy*) sehr

hartura [ar'tura] *f* Übersättigung *f*

hasta ['asta] **I.** *prep* **1.** (*de lugar*) bis (zu); **te llevo ~ la estación** ich fahre dich bis zum Bahnhof; **volamos ~ Madrid** wir flogen bis (nach) Madrid; **~ cierto punto** bis zu einem gewissen Grad(e) **2.** (*de tiempo*) bis; **~ ahora** bisher; **~ el próximo año** bis zum nächsten Jahr **3.** (*en despedidas*): **¡~ luego!** bis später!; **¡~ la vista!** auf Wiedersehen!; **¡~ la próxima!** bis zum nächsten Mal! **II.** *adv* selbst **III.** *conj:* **~ cuando come lee el periódico** sogar beim Essen liest er/sie die Zeitung; **no consiguió un trabajo fijo ~ que cumplió 40 años** erst als er/sie 40 wurde, bekam er/sie eine feste Stelle

hastiar [asti'ar] <*1. pres:* hastío> **I.** *vt* **1.** (*hartar*) satt bekommen **2.** (*repugnar*) anekeln **3.** (*aburrir*) langweilen **II.** *vr:* **~se de alguien/algo** jdn/etw satt haben

hastío [as'tio] *m* **1.** (*repugnancia*) Ekel *m* **2.** (*disgusto*) Überdruss *m* **3.** (*tedio*) Langeweile *f*

hatajo [a'taxo] *m* **1.** (*de ganado*) kleine Herde *f* **2.** (*de personas*) Haufen *m*

hato ['ato] *m* **1.** (*de ropa*) Bündel *nt* **2.** (*de ganado*) kleine Herde *f* **3.** (*montón*) Haufen *m*

Hawai [xa'wai̯] *m* Hawaii *nt*

hawaiano, -a [xawa'jano, -a] **I.** *adj* hawai-

H

isch **II.** *m, f* Hawaiianer(in) *m(f)*
haya ['aɟa] *f* **1.** (*árbol*) Buche *f* **2.** (*madera*) Buchenholz *nt*
Haya ['aɟa] *f:* **La ~** Den Haag *nt*
hayal [a'ɟal] *m* Buchenwald *m*
hayuco [a'ɟuko] *m* Buchecker *f*
haz [aθ] *m* **1.** (*hato*) Bündel *nt* **2.** (FÍS) Strahl *m;* **~ luminoso** Lichtbündel *nt*
haza ['aθa] *f* Stück *nt* Acker(land)
hazaña [a'θaɲa] *f* Heldentat *f*
hazmerreír [aθmerre'ir] *m inv* Witzfigur *f;* **es el ~ de la gente** alle lachen ihn aus

> **HB** ist das Kurzwort für **Herri Batasuna**, eine politische, nationalistisch orientierte Partei in **Euskadi** (Baskenland).

he [e] *1. pres de* **haber**
hebilla [e'βiʎa] *f* Schnalle *f*
hebra ['eβra] *f* **1.** (*hilo*) Faden *m* **2.** (*fibra*) Faser *f;* **tabaco de ~** Feinschnitt *m*
hebreo, -a[1] [e'βreo, -a] **I.** *adj* hebräisch **II.** *m, f* Hebräer(in) *m(f)*
hebreo[2] [e'βreo] *m* **1.** (*lengua*) Hebräisch(e) *nt* **2.** (*fam: mercader*) Kaufmann *m* **3.** (*fam: usurero*) Wucherer *m*
hebroso, -a [e'βroso, -a] *adj* faserig
hecatombe [eka'tombe] *f* Hekatombe *f*
hechicería [etʃiθe'ria] *f* **1.** (*arte*) Hexenkunst *f* **2.** (*acto*) Hexerei *f* **3.** (*hechizo*) Zauber *m*
hechicero, -a [etʃi'θero, -a] *m, f* **1.** (*brujo*) Zauberer, -in *m, f* **2.** (*de tribu*) Medizinmann, -frau *m, f*
hechizar [etʃi'θar] <z→c> *vt* **1.** (*embrujar*) verhexen **2.** (*encantar*) bezaubern, in seinen Bann ziehen
hechizo [e'tʃiθo] *m* Zauber *m;* **romper el ~** den Bann brechen
hecho, -a[1] ['etʃo, -a] **I.** *pp de* **hacer: a lo ~, pecho** für seine Taten muss man auch geradestehen **II.** *adj* **1.** (*maduro*) reif; **vino ~** abgelagerter Wein **2.** (*cocido*) gar; **me gusta la carne hecha** mir schmeckt das Fleisch durchgebraten; **el pollo está demasiado ~** das Hühnchen ist zu stark gebraten **3.** (*acabado*) fertig; **frase hecha** feste Wendung; **traje ~** Anzug von der Stange **4.** (*adulto*) erwachsen
hecho[2] ['etʃo] *m* **1.** (*circunstancia*) Tatsache *f* **2.** (*acto*) Tat *f;* **~ delictivo** Straftat *f;* **los H~s de los Apóstoles** die Apostelgeschichte **3.** (*suceso*) Ereignis *nt;* (JUR) Tatbestand *m;* **exposición de los ~s** Darstellung des Sachverhalts; **lugar de los ~s** Tatort *m;* **los ~s que causaron el incendio** die Ursache des Brandes **4.** (*loc*): **de ~** (*efectivamente*) tatsächlich; (*en realidad*) eigentlich; (*por la fuerza*) de facto; **de ~ el piso es mío** die Wohnung gehört eigentlich mir
hechura [e'tʃura] *f* **1.** (*factura*) Anfertigung *f* **2.** (*de un vestido*) Schnitt *m* **3.** (*obra*) Werk *nt;* (*de Dios*) Kreatur *f;* **este caos seguro que es ~ tuya** dieses Durcheinander hast bestimmt du angerichtet **4.** (*del cuerpo*) Körperbau *m*
hectárea [ek'tarea] *f* Hektar *nt*
hectogramo [ekto'ɣramo] *m* Hektogramm *nt*
hectolitro [ekto'litro] *m* Hektoliter *m o nt*
hectómetro [ek'tometro] *m* Hektometer *m o nt*
heder [e'ðer] <e→ie> *vi* **1.** (*apestar*) stinken (*a* nach *+dat*) **2.** (*molestar*) auf die Nerven gehen *+dat*
hediondez [eðjon̩'deθ] *f* Gestank *m*
hediondo, -a [e'ðjon̩do] *adj* **1.** (*fétido*) übel riechend **2.** (*repugnante*) ekelhaft **3.** (*obsceno*) unanständig
hedonismo [eðo'nismo] *m sin pl* Hedonismus *m*
hedonista [eðo'nista] **I.** *adj* hedonistisch **II.** *mf* Hedonist(in) *m(f)*
hedor [e'ðor] *m* Gestank *m* (*a* nach *+dat*)
hegemonía [exemo'nia] *f* Hegemonie *f*
hegemónico, -a [exe'moniko, -a] *adj* hegemonisch
helada [e'laða] *f* Frost *m;* **las primeras ~s del año** die ersten Frosteinbrüche des Jahres; **anoche cayó una ~** heute Nacht hat es gefroren
heladera [ela'ðera] *f* Kühlschrank *m*
heladería [elaðe'ria] *f* Eiscafé *nt*
helado, -a[1] [e'laðo, -a] *adj* **1.** (*frío*) Eis-, eisig; **el lago está ~** der See ist zugefroren; **las cañerías están heladas** die Wasserleitung ist eingefroren **2.** (*turulato*) verblüfft; (*de miedo*) starr (*de* vor *+dat*)
helado[2] [e'laðo] *m* (Speise)eis *nt,* Eiscreme *f*
helador(a) [ela'ðor(a)] *adj* eisig, eiskalt
heladora [ela'ðora] *f* Eismaschine *f*
helar [e'lar] <e→ie> **I.** *vt* **1.** (*congelar*) gefrieren (lassen) **2.** (*pasmar*) verblüffen **II.** *vimpers* frieren **III.** *vr:* **~se 1.** (*congelarse*) gefrieren; **el lago se ha helado** der See ist zugefroren **2.** (*morir*) erfrieren **3.** (*pasar frío*) frieren; **~se de frío** vor Kälte erstarren
helecho [e'letʃo] *m* Farnkraut *nt*
helénico, -a [e'leniko, -a] *adj* **1.** (*antiguo*) hellenisch **2.** (*actual*) griechisch
helenista [ele'nista] *mf* Hellenist(in) *m(f)*
hélice ['eliθe] *f* **1.** (TÉC) Propeller *m;* (*de avión t.*) Luftschraube *f;* (*de barco*) Schiffsschraube *f* **2.** (ANAT) Helix *f* **3.** (MAT) Spirale *f*
helicoidal [elikoi̯'ðal] *adj* Spiral-, spiralför-

mig
helicóptero [eli'koptero] *m* Hubschrauber *m*
helio ['eljo] *m* (QUÍM) Helium *nt*
heliocéntrico, **-a** [eljo'θen̦triko, -a] *adj* (ASTR) heliozentrisch
helipuerto [eli'pwerto] *m* Heliport *m*
helvético, **-a** [el'βetiko, -a] **I.** *adj* schweizerisch **II.** *m, f* Schweizer(in) *m(f)*
hematoma [ema'toma] *m* (MED) Bluterguss *m*
hembra ['embra] *f* **1.** (*mujer*) Frau *f* **2.** (ZOOL) Weibchen *nt* **3.** (BOT) weibliche Blüte *f* **4.** (TÉC) (Schrauben)mutter *f*
hembraje [em'braxe] *m* (*AmS*) **1.** (*de ganado*) Herde *f* Weibchen **2.** (*pey: de mujeres*) Gruppe *f* von Weibern
hemeroteca [emero'teka] *f* Zeitungsarchiv *nt*
hemiciclo [emi'θiklo] *m* **1.** (*semicírculo*) Halbkreis *m* **2.** (*sala*) halbkreisförmiger Saal *m* **3.** (POL: *en España*) Parlamentssaal *m*
hemiplejia [emi'plexja] *f*, **hemiplejía** [emiple'xia] *f* (MED) Hemiplegie *f*, halbseitige Lähmung *f*
hemipléjico, **-a** [emi'plexiko, -a] **I.** *adj* halbseitig gelähmt **II.** *m, f* Hemiplegiker(in) *m(f)*
hemisférico, **-a** [emis'feriko, -a] *adj* hemisphärisch
hemisferio [emis'ferjo] *m* **1.** (GEO) (Erd)halbkugel *f* **2.** (ANAT: *del cerebro*) Hemisphäre *f*
hemofilia [emo'filja] *f* (MED) Bluterkrankheit *f*
hemoglobina [emoɣlo'βina] *f* (BIOL) Hämoglobin *nt*
hemorragia [emo'rraxia] *f* (MED) starke Blutung *f*
hemorroides [emo'rroi̯ðes] *fpl* (MED) Hämorriden *fpl*
hemostático [emos'tatiko] *m* (MED) Hämostatikum *nt*
henar [e'nar] *m* Heufeld *nt*
henchir [en'ʧir] *irr como pedir* **I.** *vt* anfüllen; ~ **los pulmones de aire** tief einatmen; ~ **una maleta** einen Koffer voll stopfen **II.** *vr:* ~**se** (*hartarse de comida*) sich voll stopfen
hender [en̦'der] <e→ie> **I.** *vt* **1.** (*algo de madera*) spalten; (*algo de plástico*) aufschlitzen **2.** (*abrirse paso*) sich *dat* einen Weg bahnen (durch +*akk*) **II.** *vr:* ~**se** sich spalten
hendidura [en̦di'ðura] *f* **1.** (*raja*) Spalte *f*; (*en la pared*) Riss *m*; (*en un jarrón*) Sprung *m* **2.** (*de una guía*) Kerbe *f*
hendija [en̦'dixa] *f* (*Am: rendija*) Spalt *m*
hendimiento [en̦di'mjen̦to] *m* Spalten *nt*
hendir [en̦'dir] *irr como cernir vt v.* **hender**
henequén [ene'ken] *m* (*Am*) Agave *f*
henil [e'nil] *m* Heuboden *m*
heno ['eno] *m* Heu *nt;* **fiebre del** ~ Heuschnupfen *m*
hepático, **-a** [e'patiko, -a] *adj* hepatisch, Leber-; **cirrosis hepática** Leberzirrhose *f*
hepatitis [epa'titis] *f inv* (MED) Hepatitis *f*, Leberentzündung *f*
heptágono [ep'taɣono, -a] *m* Siebeneck *nt*
heptatlón [epta^ð'lon] *m* (DEP) Siebenkampf *m*
heráldica [e'ral̦dika] *f sin pl* Wappenkunde *f*
heráldico, **-a** [e'ral̦diko] *adj* heraldisch
herbáceo, **-a** [er'βaθeo, -a] *adj* **1.** (*de hierba*) Gras- **2.** (*de hierbas medicinales*) krautig, krautartig
herbajar [erβa'xar] **I.** *vi* weiden, grasen **II.** *vt* weiden lassen
herbaje [er'βaxe] *m* **1.** (*lugar*) Weide *f* **2.** (*comida*) Grasfutter *nt*
herbario [er'βarjo] *m* Pflanzensammlung *f*
herbicida [erβi'θiða] *m* Unkrautvertilgungsmittel *nt*
herbívoro [er'βiβoro] *m* Pflanzenfresser *m*
herbolario, **-a**[1] [erβo'larjo, -a] **I.** *adj* unbesonnen **II.** *m, f* Heilkräuterhändler(in) *m(f)*
herbolario[2] [erβo'larjo] *m*, **herboristería** [erβoriste'ria] *f* Heilkräuterladen *m*
herborizar [erβori'θar] <z→c> *vt* botanisieren
hercio ['erθjo] *m* (FÍS) Hertz *nt*
hercúleo, **-a** [er'kuleo, -a] *adj* herkulisch; (*fig*) riesenstark
heredable [ere'ðaβle] *adj* (ver)erblich
heredad [ere'ða^ð] *f* **1.** (*finca*) Landgut *nt* **2.** (*terreno*) Grundstück *nt*
heredar [ere'ðar] *vt* **1.** (*recibir*) erben; **propiedad heredada** vererbtes Eigentum; **problemas heredados del franquismo** Erblasten aus der Zeit des Franco-Regimes **2.** (*dar*) zum Erben einsetzen
heredero, **-a** [ere'ðero, -a] *m, f* Erbe, -in *m, f*; **el** ~ **del trono** der Thronfolger; **el príncipe** ~ der Kronprinz
hereditario, **-a** [ereði'tarjo, -a] *adj* **1.** (*de la herencia*) Erb- **2.** (*rasgos*) Erb-, vererbbar; **enfermedad hereditaria** Erbkrankheit *f*
hereje [e'rexe] *mf* (REL) Ketzer(in) *m(f)*
herejía [ere'xia] *f* **1.** (REL) Ketzerei *f* **2.** (*insulto*) Beleidigung *f* **3.** (*fechoría*) Streich *m* **4.** (*disparate*) Unsinn *m*
herencia [e'ren̦θja] *f* **1.** (JUR) Erbschaft *f* **2.** (*legado*) Erbe *nt;* **una** ~ **de la antigüedad** ein Vermächtnis der Antike
herético, **-a** [e'retiko, -a] *adj* ketzerisch
herida [e'riða] *f* **1.** (*lesión*) Wunde *f;* **tocar a alguien en la** ~ (*fig*) jds wunden Punkt treffen **2.** (*ofensa*) Beleidigung *f*
herido, **-a** [e'riðo, -a] **I.** *adj* **1.** (*lesionado*) verletzt (*en* an +*dat*); (MIL) verwundet (*en* an +*dat*); ~ **de gravedad** schwer verletzt;

(MIL) schwer verwundet **2.** (*ofendido*) beleidigt **II.** *m, f* Verletzte(r) *mf;* (MIL) Verwundete(r) *mf;* **en el atentado no hubo ~s** bei dem Anschlag wurde niemand verletzt

herir [e'rir] *irr como sentir* **I.** *vt* **1.** (*lesionar*) verletzen (*en* an *+dat*); (MIL) verwunden (*en* an *+dat*) **2.** (*golpear*) schlagen **3.** (*flecha*) (durch die Luft) schwirren **4.** (*instrumento*) anschlagen **5.** (*sol*) bestrahlen **6.** (*ofender*) verletzen; **no quisiera ~ susceptibilidades** ich möchte niemandem zu nahe treten **7.** (*acertar*) treffen **II.** *vr:* **~se** sich verletzen (*en* an *+dat*)

hermafrodita [ermafro'ðita] **I.** *adj* zwittrig **II.** *m* Zwitter *m*

hermanado, **-a** [erma'naðo, -a] *adj* ähnlich (*con +dat*); **ciudad hermanada** Partnerstadt *f*

hermanamiento [ermana'mjeṇto] *m* **1.** (*de ciudades*) Partnerschaft *f* **2.** (*acción*) Verbrüderung *f*

hermanar [erma'nar] **I.** *vt* (*unir*) verbinden; **Cambridge está hermanada con Heidelberg** Cambridge ist eine Partnerstadt Heidelbergs **II.** *vr:* **~se** sich verbrüdern

hermanastro, **-a** [erma'nastro, -a] *m, f* Stiefbruder, -schwester *m, f*

hermandad [ermaṇ'da^{ð}] *f* **1.** (*parentesco*) geschwisterliche Beziehung *f* **2.** (*amistad*) innige Freundschaft *f* **3.** (*agrupación*) Innung *f;* (REL) Bruderschaft *f*

hermano, **-a** [er'mano, -a] *m, f* (*pariente*) Bruder *m,* Schwester *f;* **~ de padre/de madre** Halbbruder väterlicherseits/mütterlicherseits; **~ político** Schwager *m;* **mi ~ mayor/pequeño** mein älterer/jüngerer Bruder; **tengo tres ~s** (*sólo chicos*) ich habe drei Brüder; (*chicos y chicas*) ich habe drei Geschwister; **lenguas hermanas** verwandte Sprachen

hermético, **-a** [er'metiko, -a] *adj* **1.** (*objeto*) hermetisch; (*al aire*) luftdicht; (*al agua*) wasserdicht **2.** (*persona*) äußerst verschlossen **3.** (*texto*) schwer verständlich

hermetismo [erme'tismo] *m* Verschlossenheit *f*

hermetizar [ermeti'θar] <z→c> *vt* hermetisch verschließen

hermosear [ermose'ar] *vt* **1.** (*a una persona*) herausputzen **2.** (*a una cosa*) verschönern, schmücken

hermoso, **-a** [er'moso, -a] *adj* **1.** (*paisaje*) schön; (*día*) herrlich **2.** (*persona*) wunderschön **3.** (*niño*) niedlich **4.** (*salón*) prächtig **5.** (*gesto*) schön **6.** (*palabras*) nett

hermosura [ermo'sura] *f* Schönheit *f*

hernia ['ernja] *f* (MED) (Eingeweide)bruch *m*

herniarse [er'njarse] *vr* sich *dat* einen Bruch heben; **¡no te herniarás, no!** na ja, du wirst dir schon kein Bein (dabei) ausreißen!

héroe ['eroe] *m* **1.** (*personaje*) Held *m* **2.** (*mitología*) Heros *m* **3.** (TEAT) Heldendarsteller *m*

heroicidad [eroi̯θi'ða^{ð}] *f* **1.** (*hazaña*) Heldentat *f* **2.** (*cualidad*) Heldentum *nt*

heroico, **-a** [e'roi̯ko, -a] *adj* heldenhaft

heroína [ero'ina] *f* **1.** (*de héroe*) Heldin *f* **2.** (*droga*) Heroin *nt*

heroinómano, **-a** [eroi̯'nomano, -a] *m, f* Heroinsüchtige(r) *mf*

heroísmo [ero'ismo] *m sin pl* Heldentum *nt*

herpes ['erpes] *m o f inv* (MED) Herpes *m*

herrador [erra'ðor] *m* Hufschmied *m*

herradura [erra'ðura] *f* **1.** (*de caballo*) Hufeisen *nt;* **camino de ~** Reitweg *m* **2.** (ZOOL) Hufeisennase *f*

herraje(s) [e'rraxe(s)] *m(pl)* Eisenbeschläge *mpl*

herramienta [erra'mjeṇta] *f* Werkzeug *nt;* **~ agrícola** landwirtschaftliches Gerät; **caja de (las) ~s** Werkzeugkasten *m*

herrar [e'rrar] <e→ie> *vt* **1.** (*caballo*) beschlagen **2.** (*a un animal*) mit Brandzeichen kennzeichnen

herrería [erre'ria] *f* Schmiede *f*

herrerillo [erre'riʎo] *m* (ZOOL) Blaumeise *f*

herrero [e'rrero] *m* Schmied *m*

herrete [e'rrete] *m* Nestelstift *m*

herrumbre [e'rrumbre] *f* (*orín, t. bot*) Rost *m*

herrumbroso, **-a** [errum'broso, -a] *adj* rostig

hertz [er^{ð}s] *m* (FÍS) Hertz *nt*

hervidero [erβi'ðero, -a] *m* **1.** (*manantial*) heiße Quelle *f;* **un ~ de intrigas** ein Intrigenherd **2.** (*multitud*) Gewimmel *nt*

hervido [er'βiðo] *m* **1.** (*de los alimentos*) Kochen *nt;* (*de los líquidos*) Aufkochen *nt* **2.** (*burbujeo*) Brodeln *nt* **3.** (*AmS: cocido*) Eintopf *m*

hervidor [erβi'ðor] *m* **1.** (*de cocina*) Kocher *m* **2.** (TÉC) Heizrohr *nt*

hervir [er'βir] *irr como sentir* **I.** *vi* **1.** (*alimentos*) kochen **2.** (*burbujear*) brodeln **3.** (*desinfectar*) abkochen **4.** (*el mar*) tosen **5.** (*persona*) kochen; **hierve en cólera** er/sie kocht vor Wut; **le hierve la sangre** sein/ihr Blut gerät in Wallung **6.** (*abundar*): **esta calle hierve en rumores** diese Straße ist eine wahre Gerüchteküche **II.** *vt* (auf)kochen (lassen)

hervor [er'βor] *m* **1.** (*acción*) Kochen *nt;* **levantar el ~** aufkochen **2.** (*burbujeo*) Brodeln *nt* **3.** (*de la juventud*) Feuer *nt*

Hesse ['(x)ese] *m* Hessen *nt*

heterodoxo, **-a** [etero'ðo$^{\gamma}$so, -a] *adj* heterodox

heterogeneidad [eteroxenei̯'ða^{ð}] *f* Heterogenität *f*

heterogéneo, **-a** [etero'xeneo, -a] *adj* ver-

schiedenartig, heterogen
heterosexual [eteroseʸ'swal] **I.** *adj* heterosexuell **II.** *mf* Heterosexuelle(r) *mf*
heterosexualidad [eteroseʸswali'ðaᵈ] *f sin pl* Heterosexualität *f*
hexadecimal [eʸsaðeθi'mal] *adj* hexadezimal
hexaedro [eʸsa'eðro] *m* (MAT) Sechsflächner *m,* Hexaeder *nt*
hexagonal [eʸsaγo'nal] *adj* sechseckig, hexagonal
hexágono [eʸ'saγono] *m* Sechseck *nt,* Hexagon *nt*
hez [eθ] *f* **1.** (*poso*) Bodensatz *m* **2.** *pl* (*escoria*) Abschaum *m* **3.** *pl* (*excrementos*) Kot *m*
hibernación [iβerna'θjon] *f* **1.** (ZOOL) Winterschlaf *m* **2.** (MED) Hibernation *f*
hibernal [iβer'nal] *adj* Winter-, winterlich
hibernar [iβer'nar] *vi* Winterschlaf halten
hibisco [i'βisko] *m* Hibiskus *m*
hibridación [iβriða'θjon] *f* Hybridisierung *f*
híbrido, -a[1] ['iβriðo, -a] *adj* hybrid; **computador** ~ (INFOR) Hybridrechner *m*
híbrido[2] ['iβriðo] *m* (BIOL) Hybride *m o f*
hidalgo, -a[1] [i'ðalγo, -a] *adj* **1.** (*de los nobles*) adelig **2.** (*noble*) edel **3.** (*generoso*) großmütig
hidalgo[2] [i'ðalγo] *m* (HIST) Edelmann *m*
hidra ['iðra] *f* **1.** (*pólipo*) Süßwasserpolyp *m* **2.** (ASTR) Hydra *f*
hidratante [iðra'tante] *adj* Feuchtigkeit spendend; **crema** ~ Feuchtigkeitscreme *f*
hidratar [iðra'tar] *vt* **1.** (QUÍM) hydratisieren **2.** (*piel*) mit einer Feuchtigkeitscreme behandeln
hidrato [i'ðrato] *m* (QUÍM) Hydrat *nt*
hidráulica [i'ðraulika] *f* Hydraulik *f*
hídrico, -a ['iðriko, -a] *adj* **1.** (*relativo al agua*) Wasser- **2.** (*que contiene agua*) wasserhaltig
hidroavión [iðroaβi'on] *m* Wasserflugzeug *nt*
hidrocarburo [iðrokar'βuro] *m* (QUÍM) Kohlenwasserstoff *m*
hidrodinámico, -a [iðroði'namiko, -a] *adj* hydrodynamisch
hidroeléctrico, -a [iðroe'lektriko, -a] *adj* hydroelektrisch; **central hidroeléctrica** Wasserkraftwerk *nt*
hidrófilo, -a [i'ðrofilo, -a] *adj* hydrophil
hidrofobia [iðro'foβja] *f* **1.** (MED: *fobia al agua*) Wasserphobie *f* **2.** (*rabia*) Tollwut *f*
hidrófobo, -a [i'ðrofoβo, -a] *adj* **1.** (QUÍM) hydrophob **2.** (*rabioso*) tollwütig
hidrófugo, -a [i'ðrofuγo, -a] *adj* feuchtigkeitsbeständig
hidrogenar [iðroxe'nar] *vt* (QUÍM) hydrieren
hidrógeno [i'ðroxeno] *m* (QUÍM) Wasserstoff *m*
hidrografía [iðroγra'fia] *f sin pl* Gewässerkunde *f,* Hydrografie *f*
hidrográfico, -a [iðro'γrafiko, -a] *adj* hydrografisch
hidrológico, -a [iðro'loxiko, -a] *adj* hydrologisch
hidropesía [iðrope'sia] *f* (MED) Wassersucht *f,* Hydropsie *f*
hidrópico, -a [i'ðropiko, -a] *adj* **1.** (MED) wassersüchtig **2.** (*fig: insaciable*) unersättlich
hidroplano [iðro'plano] *m* **1.** (AERO) Wasserflugzeug *nt* **2.** (NÁUT) Gleitboot *nt*
hidrosfera [iðros'fera] *f* (GEO) Hydrosphäre *f*
hidrosoluble [iðroso'luβle] *adj* wasserlöslich
hidrostático, -a [iðros'tatiko, -a] *adj* hydrostatisch
hidroterapia [iðrote'rapja] *f* (MED) Hydrotherapie *f*
hidróxido [i'ðroʸsiðo] *m* (QUÍM) Hydroxid *nt*
hiedra ['ɟeðra] *f* Efeu *m*
hiel [ɟel] *f* **1.** (*bilis*) Galle *f* **2.** (*amargura*) Bitterkeit *f;* **echar la** ~ sich abrackern **3.** *pl* (*adversidades*) Probleme *ntpl*
hielo ['ɟelo] *m* **1.** (*del agua*) Eis *nt;* ~ **en la carretera** Glatteis *nt;* ~ **picado** zerhacktes Eis; **el barco ha quedado aprisionado en el** ~ das Schiff ist eingefroren **2.** *pl* (*helada*) Frost *m* **3.** (*frialdad*) Kälte *f* **4.** (*loc*): **me quedé de** ~ ich war wie vor den Kopf geschlagen
hiena ['ɟelo] *f* Hyäne *f*
hierático, -a [ɟe'ratiko, -a] *adj* hieratisch
hierba ['ɟerβa] *f* **1.** (*planta*) Gras *nt* **2.** (*comestible*) Kraut *nt;* ~ **medicinal** Heilkraut *nt;* **infusión de** ~**s** Kräutertee *m;* **mala** ~ Unkraut *nt;* **haber pisado mala/buena** ~ Pech/Glück haben; **mala** ~ **nunca muere** (*prov*) Unkraut vergeht nicht **3.** (*césped*) Rasen *m;* **tenis sobre** ~ (DEP) Rasentennis *nt* **4.** (*pasto*) Weideland *nt* **5.** (*fam: droga*) Gras *nt* **6.** *pl* (*veneno*) Gifttrank *m* **7.** (*loc*): **y otras** ~**s** (*irón*) et cetera pp.
hierbabuena [ɟerβa'βwena] *f* Minze *f*
hierbajo [ɟer'βaxo] *m* Unkraut *nt*
hierra ['ɟerra] *f* (*Am*) Brandzeichen *nt*
hierro ['ɟerro] *m* **1.** (*metal, t.* DEP) Eisen *nt;* **edad del** ~ Eisenzeit *f;* **salud de** ~ eiserne Gesundheit; **voluntad de** ~ eiserner Wille; **quitar** ~ **a un asunto** eine Angelegenheit herunterspielen **2.** (*del ganado*) Brandzeichen *nt* **3.** (*para marcar*) Brandeisen *nt* **4.** (*de lanza*) Spitze *f* **5.** (*arma*) Waffe *f* **6.** (*herramienta*) Werkzeug *nt* aus Eisen **7.** *pl* (*grilletes*) Handschellen *fpl* **8.** *pl* (*cadenas*) Ketten *fpl*
hifi ['ifi/'xaifi] *adj* Hi-Fi-
hígado ['iγaðo] *m* **1.** (ANAT) Leber *f* **2.** *pl* (*valor*) Mumm *m fam*

H

higiene [i'xjene] *f* Hygiene *f;* ~ **personal** Körperpflege *f*
higiénico, -a [i'xjeniko, -a] *adj* hygienisch; **compresa higiénica** Damenbinde *f;* **papel** ~ Toilettenpapier *nt*
higienización [ixjeniθa'θjon] *f* Sanierung *f*
higienizar [ixjeni'θar] <z→c> *vt* sanieren
higo ['iɣo] *m* **1.** (*fruto*) Feige *f* **2.** (*cosa sin valor*): **esto me importa un** ~ das ist mir völlig egal; **esto no vale un** ~ das ist keinen Deut wert **3.** (*algo arrugado*): **estar hecho un** ~ (*persona*) ganz runzelig sein; (*ropa*) zerknittert sein
higrómetro [i'ɣrometro] *m* Hygrometer *nt*
higuera [i'ɣera] *f* Feigenbaum *m;* **estar en la** ~ nichts mitbekommen
hijastro, -a [i'xastro, -a] *m, f* Stiefsohn, -tochter *m, f*
hijo, -a ['ixo, -a] *m, f* **1.** (*parentesco*) Sohn *m,* Tochter *f;* ~ **adoptivo** Adoptivkind *nt;* ~ **político** Schwiegersohn *m;* ~ **predilecto (de una ciudad)** Ehrenbürger *m* (einer Stadt); ~ **de puta** (*vulg*) Scheißkerl *m;* ~ **único** Einzelkind *nt;* **un** ~ **de papá** ein verwöhnter Jugendlicher; **pareja sin** ~**s** kinderloses Paar; **como cualquier** ~ **de vecino** wie jedermann; **es** ~ **de Madrid** er ist gebürtiger Madrider **2.** *pl* (*descendencia*) Kinder *ntpl*
híjole ['ixole] *interj* (*Am: fam: caramba*) Donnerwetter!
hijuela [i'xwela] *f* **1.** (*de camino*) Abzweigung *f* **2.** (*de herencia*) Erbteil *nt* **3.** (*de una institución*) Zweigstelle *f*
hila ['ila] *f* **1.** (*acción*) Spinnen *nt* **2.** *pl* (*hebras*) Scharpie *f*
hilacha [i'latʃa] *f,* **hilacho** [i'latʃo] *m* (Tuch)faser *f*
hilada [i'laða] *f* **1.** (*hilera*) Reihe *f* **2.** (ARQUIT) Lage *f*
hilado [i'laðo] *m* **1.** (*acción*) Spinnen *nt* **2.** (*hilo*) Faden *m;* (*en la industria*) Gespinst *nt;* **fábrica de** ~**s** Spinnerei *f*
hilador(a) [ila'ðor(a)] *m(f)* Spinner(in) *m(f)*
hiladora [ila'ðora] *f* Spinnmaschine *f*
hilandería [ilaṇde'ria] *f* **1.** (*arte*) Spinnen *nt* **2.** (*fábrica*) Spinnerei *f*
hilandero, -a[1] [ilaṇ'dero, -a] *m, f* Spinner(in) *m(f)*
hilandero[2] [ilaṇ'dero] *m* (*lugar*) Spinnerei *f*
hilar [i'lar] *vt* **1.** (*hilo*) (ver)spinnen; (*arañas*) weben **2.** (*discurrir*) (miteinander) verknüpfen; ~ **fino** Haarspalterei betreiben
hilarante [ila'raṇte] *adj* sehr lustig; **gas** ~ Lachgas *nt*
hilaridad [ilari'ða^{ð}] *f* Heiterkeit *f;* **esta comedia provoca la** ~ **del público** diese Komödie bringt das Publikum zum Lachen
hilatura [ila'tura] *f* **1.** (*fábrica*) Spinnerei *f* **2.** (*fabricación*) (Ver)spinnen *nt*
hilaza [i'laθa] *f* **1.** (*hilo*) Faden *m* **2.** (*en la industria*) Gespinst *nt*
hilera [i'lera] *f* **1.** (*fila*) Reihe *f;* (*de cosas iguales*) Zeile *f;* (MIL) Glied *nt;* **colocarse en la** ~ anstehen **2.** (TÉC) Spinndüse *f*
hilo ['ilo] *m* **1.** (*hebra*) Faden *m;* (*para coser*) Garn *nt;* (*más resistente*) Zwirn *m;* ~ **bramante** Schnur *f;* ~ **de perlas** Perlenschnur *f;* **cortar el** ~ **de la vida a alguien** (*fig*) jdm den Lebensfaden abschneiden; **mover los** ~**s** (*fig*) die Fäden in der Hand haben; **pender de un** ~ (*fig*) an einem seidenen Faden hängen **2.** (*tela*) Leinen *nt* **3.** (TÉC) dünner Draht *m;* ~ **conductor** Leitungsdraht *m;* **telegrafía sin** ~**s** drahtlose Telegrafie **4.** (*de un discurso*) (roter) Faden *m;* **no sigo el** ~ **de la película** ich kann der Handlung des Films nicht folgen; **perder el** ~ **(de la conversación)** (bei einem Gespräch) den (roten) Faden verlieren; **recoger el** ~ **de la historia** den (roten) Faden der Geschichte wieder aufnehmen **5.** (*de un líquido*) Rinnsal *nt*
hilván [il'βan] *m* **1.** (*costura*) Heftnaht *f* **2.** (*hilo*) Heftfaden *m*
hilvanado [ilβa'naðo] *m* Heften *nt*
hilvanar [ilβa'nar] *vt* **1.** (*vestido*) heften **2.** (*frases*) (miteinander) verknüpfen; **un discurso mal hilvanado** eine zusammenhang(s)lose Rede
himen ['imen] *m* (ANAT) Jungfernhäutchen *nt*
himeneo [ime'neo] *m* Hochzeit *f*
himno ['imno] *m* Hymne *f*
hincapié [iŋka'pje] *m* Aufstemmen *nt;* **hacer** ~ **en algo** Nachdruck auf etw legen
hincar [iŋ'kar] <c→qu> **I.** *vt* **1.** (*clavar*) (ein)treiben (*en* in +*akk*); (*golpeando*) (hin)einschlagen (*en* in +*akk*); ~ **el diente en la pera** (*fam*) in die Birne hineinbeißen **2.** (*pie*) aufstützen (*en* auf +*dat/akk*), aufstemmen (*en* auf +*dat/akk*) **II.** *vr:* ~**se de rodillas** niederknien
hincha[1] ['intʃa] *mf* (*seguidor*) Fan *m*
hincha[2] ['intʃa] *f* (*fam: tirria*) Groll *m*
hinchable [in'tʃaβle] *adj* aufblasbar; **colchón** ~ Luftmatratze *f;* **muñeca** ~ Gummipuppe *f*
hinchada [in'tʃaða] *f* Fans *mpl*
hinchado, -a [in'tʃaðo, -a] *adj* **1.** (*pie*) geschwollen; (*cara*) aufgedunsen; (*madera*) aufgequollen; (*velas*) (auf)gebläht **2.** (*estilo*) schwülstig **3.** (*persona*) aufgeblasen
hinchamiento [intʃa'mjeṇto] *m* (An)schwellung *f*
hinchar [in'tʃar] **I.** *vt* **1.** (*globo*) aufblasen; (*neumático*) aufpumpen; (*telas*) (auf)blähen; (*estómago*) (auf)blähen; ~ **la bici** das Fahrrad aufpumpen **2.** (*exagerar*) aufbauschen; **¡no lo hinches!** halt die Luft an! *fam* **3.** (*río*) anschwellen lassen **4.** (*AmS:*

molestar) nerven *fam* **5.** (*loc*): ~ **de palos a alguien** (*fam*) jdn windelweich schlagen; **te voy a ~ los morros** (*vulg*) ich poliere dir noch die Fresse **II.** *vr:* **~se 1.** (*pierna*) anschwellen; **se me ha hinchado mucho el pie** mein Fuß ist ganz dick **2.** (*engreírse*) sich aufblasen **3.** (*de comer*) sich überessen (*de* an +*dat*) **4.** (*hacer mucho*): **~se a mirar/a escuchar algo** sich an etw *dat* satt sehen/hören; **~se a insultar a alguien** jdn unaufhörlich beschimpfen

hinchazón [inʧa'θon] *f* **1.** (*del pie*) (An)schwellung *f;* (*del río*) Anschwellen *nt;* (*de la madera*) (Auf)quellen *nt;* (*de las velas*) Blähen *nt* **2.** (*soberbia*) Aufgeblasenheit *f* **3.** (*de un estilo*) Schwülstigkeit *f*

hindi ['in̪di] *m* Hindi *nt*

hindú [in̪'du] *mf* **1.** (*indio*) Inder(in) *m(f)* **2.** (*del hinduismo*) Hindu *mf*

hinduismo [in̪du'ismo] *m sin pl* (REL) Hinduismus *m*

hinojo [i'noxo] *m* **1.** (*planta*) Fenchel *m* **2.** (*rodilla*) Knie *nt;* **de ~s** auf Knien; **ponerse de ~s** sich hinknien

hipar [i'par] *vi* **1.** (*tener hipo*) Schluckauf haben **2.** (*perros*) hecheln **3.** (*fatigarse*) sich überarbeiten **4.** (*sollozar*) (auf)schluchzen **5.** (*desear*) lechzen (*por* nach +*dat*)

hiper ['iper] *m* (*fam*) großer Supermarkt *m*

hiperacidez [iperaθi'ðeθ] *f* Übersäuerung *f*

hiperactividad [iperaktiβi'ðaᶞ] *f* Überaktivität *f*

hiperactivo, -a [iperak'tiβo, -a] *adj* überaktiv

hipérbola [i'perβola] *f* (MAT) Hyperbel *f*

hipérbole [i'perβole] *f* (LIT) Hyperbel *f*

hiperbólico, -a [iper'βoliko, -a] *adj* (MAT) hyperbolisch

hipercrítico, -a [iper'kritiko, -a] *adj* hyperkritisch

hiperinflación [iperiɱfla'θjon] *f* (COM) Hyperinflation *f*

hipermercado [ipermer'kaðo] *m* großer Supermarkt *m*

hipermétrope [iper'metrope] *adj* (MED) weitsichtig

hipermetropía [ipermetro'pia] *f* (MED) Weitsichtigkeit *f*

hiperrealismo [iperrea'lismo] *m sin pl* Hyperrealismus *m*

hipersensibilidad [ipersensiβili'ðaᶞ] *f sin pl* Überempfindlichkeit *f*

hipersensible [ipersen'siβle] *adj* überempfindlich

hipertensión [iperten'sjon] *f* (MED) Bluthochdruck *m*

hipertenso, -a [iper'tenso, -a] **I.** *adj* hypertonisch **II.** *m, f* Hypertoniker(in) *m(f);* **mi padre es ~** mein Vater hat einen zu hohen Blutdruck

hipertrofia [iper'trofja] *f* Hypertrophie *f*

hipertrofiarse [ipertro'fjarse] *vr* übermäßig wuchern

hípica ['ipika] *f sin pl* Pferdesport *m*

hípico, -a ['ipiko, -a] *adj* Pferde-; **concurso ~** Springreiten *nt*

hipido [i'piðo] *m* Schluchzer *m*

hipnosis [iβ'nosis] *f inv* Hypnose *f*

hipnótico, -a[1] [iβ'notiko, -a] *adj* hypnotisch

hipnótico[2] [iβ'notiko] *m* Schlafmittel *nt*

hipnotismo [iβno'tismo] *m* Hypnotik *f*

hipnotización [iβnotiθa'θjon] *f* Hypnotisieren *nt*

hipnotizador(a) [iβnotiθa'ðor(a)] *m(f)* Hypnotiseur(in) *m(f)*

hipnotizar [iβnoti'θar] <z→c> *vt* hypnotisieren

hipo ['ipo] *m* **1.** (*fisiológico*) Schluckauf *m* **2.** (*deseo*) Sehnsucht *f* (*de/por* nach +*dat*) **3.** (*tirria*) Groll *m*

hipocondría [ipo'kon̪drja] *f* (MED) Hypochondrie *f*

hipocondríaco, -a [ipokon̪'driako, -a] **I.** *adj* hypochondrisch **II.** *m, f* Hypochonder *m*

hipocrático, -a [ipo'kratiko, -a] *adj* hippokratisch

hipocresía [ipokre'sia] *f* **1.** (*comportamiento*) Heuchelei *f* **2.** (*modo de ser*) Scheinheiligkeit *f*

hipócrita [i'pokrita] **I.** *adj* **1.** (*en el comportamiento*) heuchlerisch **2.** (*en el modo de ser*) scheinheilig **II.** *mf* Heuchler(in) *m(f)*

hipodérmico, -a [ipo'ðermiko, -a] *adj* (MED) subkutan

hipódromo [i'poðromo] *m* (DEP) Pferderennbahn *f*

hipófisis [i'pofisis] *f inv* (ANAT) Hypophyse *f*

hipogastrio [ipo'ɣastrjo] *m* (ANAT) Unterleib *m*

hipopótamo [ipo'potamo] *m* Nilpferd *nt*

hipoteca [ipo'teka] *f* Hypothek *f*

hipotecable [ipote'kaβle] *adj* hypothekarisch belastbar

hipotecar [ipote'kar] <c→qu> *vt* mit einer Hypothek belasten; **si haces eso ~ás tu libertad** wenn du das machst, setzt du deine Freiheit aufs Spiel

hipotecario, -a [ipote'karjo, -a] *adj* Hypotheken-; **crédito ~** Hypothekarkredit *m*

hipotensión [ipoten'sjon] *f* (MED) niedriger Blutdruck *m*

hipotenso, -a [ipo'tenso, -a] **I.** *adj* hypotonisch **II.** *m, f* Hypotoniker(in) *m(f);* **mi mujer es hipotensa** meine Frau hat einen zu niedrigen Blutdruck

hipotenusa [ipote'nusa] *f* (MAT) Hypotenuse *f*

hipotermia [ipo'termja] *f* (MED) Unterkühlung *f;* **muerte por ~** Kältetod *m*

H

hipótesis [i'potesis] *f inv* Hypothese *f*

hipotético, **-a** [ipo'tetiko, -a] *adj* hypothetisch; **es totalmente ~ que...** es ist eine reine Hypothese, dass ...

hipotónico, **-a** [ipo'toniko, -a] **I.** *adj* hypotonisch **II.** *m, f* Hypotoniker(in) *m(f)*

hippie ['xipi], **hippy** ['xipi] **I.** *adj* Hippie-; **moda ~** Hippielook *m* **II.** *mf* Hippie *m*

hiriente [i'rjente] *adj* verletzend; **una observación ~** eine spitze Bemerkung

hirsuto, **-a** [ir'suto, -a] *adj* **1.** (*pelo*) borstig, struppig **2.** (*planta*) stachelig **3.** (*carácter*) widerborstig

hirviente [ir'βjente] *adj* kochend

hisopear [isope'ar] *vt* mit dem Weih(wasser)wedel versprengen

hisopo [i'sopo] *m* **1.** (*planta*) Ysop *m* **2.** (*de iglesia*) Weih(wasser)wedel *m*

hispalense [ispa'lense] **I.** *adj* aus Sevilla **II.** *mf* Einwohner(in) *m(f)* von Sevilla

hispánico, **-a** [is'paniko, -a] *adj* **1.** (*de España*) spanisch **2.** (*de Hispania*) hispanisch; **Filología Hispánica** Hispanistik *f*

hispanidad [ispani'ða^{ð}] *f sin pl* **1.** (*calidad*) Hispanität *f* **2.** (*conjunto*) spanische Kultur *f*

hispanismo [ispa'nismo] *m* Hispanismus *m*

hispanista [ispa'nista] *mf* Hispanist(in) *m(f)*

hispanizar [ispani'θar] <z→c> *vt, vr:* **~se** (sich) hispanisieren

hispano, **-a** [is'pano, -a] **I.** *adj* **1.** (*español*) spanisch **2.** (*en EE.UU.*) Hispano-, hispanoamerikanisch **II.** *m, f* **1.** (*español*) Spanier(in) *m(f)* **2.** (*en EE.UU.*) Hispanoamerikaner(in) *m(f)*

Hispanoamérica [ispanoa'merika] *f* hispanoamerikanische Länder *ntpl*

> **Hispanoamérica** ist ein Sammelbegriff, der alle Länder Süd- und Mittelamerikas, in denen Spanisch (offiziell) gesprochen wird, zusammenfasst. Insgesamt sind es neunzehn Staaten: **Argentina**, **Bolivia**, **Chile**, **Colombia**, **Costa Rica**, **Cuba**, **Ecuador**, **El Salvador**, **Guatemala**, **Honduras**, **México**, **Nicaragua**, **Panamá**, **Paraguay**, **Perú**, **Puerto Rico**, **República Dominicana**, **Uruguay** und **Venezuela**. Im Gegensatz dazu bezieht sich das Kollektivum **Latinoamérica** (oder auch **América Latina**) auf all jene Länder Mittel- und Südamerikas, die von den Spaniern, Portuguiesen und Franzosen kolonisiert wurden.

hispanoamericano, **-a** [ispanoameri'kano, -a] **I.** *adj* hispanoamerikanisch **II.** *m, f* Hispanoamerikaner(in) *m(f)*

hispanohablante [ispanoa'βlante] **I.** *adj* Spanisch sprechend; **los países ~s** die spanischsprachigen Länder **II.** *mf* spanischer Muttersprachler *m*, spanische Muttersprachlerin *f*

histeria [is'terja] *f* Hysterie *f*

histérico, **-a** [is'teriko, -a] **I.** *adj* hysterisch **II.** *m, f* Hysteriker(in) *m(f)*

histerismo [iste'rismo] *m* Hysterie *f*

histología [istolo'xia] *f* (MED) Histologie *f*

historia [is'torja] *f* Geschichte *f*; **~ natural** Naturwissenschaft *f*; **~ universal** Weltgeschichte *f*; **pasar a la ~** (*ser importante*) in die Geschichte eingehen; (*no ser actual*) längst überholt sein; **cuenta la ~ completa** sag die ganze Wahrheit; **¡déjate de ~s!** komm zur Sache!; **ésa es la misma ~ de siempre** das ist das alte Lied; **¡no me vengas con ~s!** erzähl mir doch keine Märchen!; **eso sólo son ~s** das ist doch nur Klatsch

historiador(a) [istorja'ðor(a)] *m(f)* Historiker(in) *m(f)*

historial [isto'rjal] **I.** *adj* geschichtlich **II.** *m* **1.** (*antecedentes*) Vorgeschichte *f*; **~ delictivo** Vorstrafen *fpl* **2.** (*currículo*) Lebenslauf *m*; **~ profesional** beruflicher Werdegang; **este hecho no empañará el ~ de esta institución** dieses Ereignis wird diese Institution nicht in Verruf bringen; **él tiene un ~ intachable** er hat sich *dat* nie etwas zuschulden kommen lassen

historiar [isto'rjar] *vt* **1.** (*contar*) geschichtlich darstellen **2.** (ARTE) Historienbilder malen (von +*dat*) **3.** (*Am: enmarañar*) verwirren

historicismo [istori'θismo] *m* Histori(zi)smus *m*

histórico, **-a** [is'toriko, -a] *adj* geschichtlich, historisch; **un miembro ~ del partido** einer der Parteigründer

historieta [isto'rjeta] *f* **1.** (*anécdota*) Anekdote *f* **2.** (*con viñetas*) Bildergeschichte *f*; (*cómic*) Comic(strip) *m*

historiografía [istorjoɣra'fia] *f sin pl* Geschichtsschreibung *f*

historiógrafo, **-a** [isto'rjoɣrafo, -a] *m, f* Geschichtsschreiber(in) *m(f)*

histrión [is'trjon] *m* **1.** (HIST) Histrione *m* **2.** (*actor*) Schauspieler *m* **3.** (*payaso*) Clown *m*; (TEAT) Narr *m* **4.** (*efectista*) Effekthascher *m*

histriónico, **-a** [is'trjoniko, -a] *adj* theatralisch

histrionismo [istrjo'nismo] *m* **1.** (*teatralidad*) übertriebenes Auftreten *nt* **2.** (*efectismo*) Effekthascherei *f*

hita ['ita] *f* **1.** (*clavo*) kopfloser Nagel *m* **2.** (*hito*) Meilenstein *m*

hitleriano, -a [xiᵈle'rjano] *adj* Hitler-

hito ['ito] *m* **1.** (*mojón*) Markstein *m* **2.** (*blanco*) Meilenstein *m;* **mirar a alguien de ~ en ~** jdn anstarren

hit-parade [xitpa'raðe] *m* Hitparade *f*

hobby ['xoβi] *m* <hobbies> Hobby *nt*

hocicar [oθi'kar] <c→qu> **I.** *vt* **1.** (*hozar*) (die Erde) aufwühlen **2.** (*pey: besar*) abknutschen **II.** *vi* **1.** (*caerse*) auf die Nase fallen **2.** (*fam: dificultad*) stoßen (*con* auf +*akk*) **3.** (NÁUT: *amorrar*) buglastig sein

hocico [o'θiko] *m* **1.** (*morro*) Schnauze *f;* (*de cerdo*) Rüssel *m* **2.** (*vulg: cara*) Visage *f* **3.** (*vulg: boca*) Fresse *f;* **caer de ~s** auf die Nase fallen *fam;* **estar de ~s** schmollen; **meter el ~ en todo** seine Nase überall hineinstecken

hocicudo, -a [oθi'kuðo, -a] *adj* (*Am*) **1.** (*malhumorado*) schlecht gelaunt **2.** (*disgustado*) verärgert

hockey ['xokei̯] *m sin pl* Hockey *nt;* **~ sobre patines** Rollhockey *nt*

hogar [o'ɣar] *m* **1.** (*de cocina*) Herd *m;* (*de chimenea*) Kamin *m;* (*de fundición*) Ofenraum *m;* (*de un tren*) Feuerbüchse *f* **2.** (*casa*) Zuhause *nt;* **~ del pensionista** Altenheim *nt;* **artículos para el ~** Haushaltsgeräte *ntpl;* **persona sin ~** Obdachlose(r) *m* **3.** (*familia*) Familie *f*

hogareño, -a [oɣa'reɲo, -a] *adj* häuslich

hogaza [o'ɣaθa] *f* Rundbrot *nt*

hoguera [o'ɣera] *f* **1.** (*en un campamento*) (Lager)feuer *nt;* (*de alegría*) Freudenfeuer *nt* **2.** (HIST: *ejecución*) Scheiterhaufen *m*

hoja ['oxa] *f* **1.** (*de una planta*) Blatt *nt;* (*pétalo*) (Blüten)blatt *nt;* **~s del bosque** Laub *nt;* **árbol sin ~s** kahler Baum; **los árboles vuelven a echar ~s** die Bäume fangen an zu sprießen **2.** (*de papel*) Blatt *nt* Papier; (*de madera*) Platte *f;* (*de metal*) Folie *f;* **~ de lata** Blech *nt;* **~ volante** Flugblatt *nt;* **~ de una mesa** (**extensible**) ausziehbarer Teil eines Tisches; **pasar la ~** umblättern; (*fig*) einen neuen Anfang machen **3.** (*formulario*) Bogen *m;* (FERRO) Frachtschein *m;* **~ de pedido** Bestellschein *m;* **~ de servicios** Personalakte *f;* **tener una buena ~ de servicios** ein verdienter Arbeiter sein **4.** (*de arma*) Klinge *f;* **~ de afeitar** Rasierklinge *f* **5.** (*de ventana*) (Fenster)flügel *m;* (*de puerta*) (Tür)flügel *m* **6.** (*loc*): **esto no tiene vuelta de ~** daran gibt es nichts zu rütteln

hojalata [oxa'lata] *f* Blech *nt*

hojalatería [oxalate'ria] *f* Klempnerei *f*

hojalatero [oxala'tero] *m* Klempner *m*

hojaldra [o'xal̦dra] *f,* **hojaldre** [o'xal̦dre] *m* Blätterteig *m;* **pastel de ~** Pastete *f*

hojarasca [oxa'raska] *f* **1.** (*hojas*) (dürres) Laub *nt* **2.** (*paja*) leeres Geschwätz *nt fam*

hojear [oxe'ar] *vt* **1.** (*leer*) überfliegen **2.** (*pasar hojas*) blättern

hojoso, -a [o'xoso, -a] *adj* belaubt

hojuela [o'xwela] *f* **1.** (*hoja*) einzelnes Blättchen *nt* **2.** (GASTR) dünne Waffel *f* **3.** (*AmC: hojaldre*) Blätterteig *m*

hola ['ola] *interj* hallo!

holán [o'lan] *m* (*AmC: lienzo*) Leinenstoff *m*

holanda [o'lan̦da] *f* feiner Leinenstoff *m*

Holanda [o'lan̦da] *f* Holland *nt*

holandés, -esa [olan̦des, -esa] **I.** *adj* holländisch; **la escuela holandesa** (ARTE) die Niederländische Schule **II.** *m, f* Holländer(in) *m(f)*

holding ['xol̦diŋ] *m* <holdings> (COM) Holding(gesellschaft) *f;* **el ~ de empresas fiduciarias** die Treuhandanstalt

holgado, -a [ol'ɣaðo, -a] *adj* **1.** (*vestido*) weit **2.** (*espacioso*) geräumig; **en este coche se va ~** dieses Auto hat innen viel Platz; **ir ~ de tiempo** genug Zeit haben

holganza [ol'ɣan̦θa] *f* **1.** (*ociosidad*) Untätigkeit *f;* (*agradable*) Ruhe(pause) *f* **2.** (*diversión*) Vergnügen *nt;* (*regocijo*) Belustigung *f*

holgar [ol'ɣar] *irr como colgar* **I.** *vi* **1.** (*sobrar*) überflüssig sein; **huelgan las palabras** das bedarf keiner Erklärung **2.** (*descansar*) Urlaub haben **II.** *vr:* **~se 1.** (*alegrarse*) sich freuen (*de/con* über +*akk*) **2.** (*divertirse*) sich amüsieren (*de* über +*akk*)

holgazán, -ana [olɣa'θan, -ana] *m, f* Faulenzer(in) *m(f)*

holgazanear [olɣaθane'ar] *vi* faulenzen

holgazanería [olɣaθane'ria] *f* Faulenzerei *f*

holgorio [ol'ɣorjo] *m* lärmendes Vergnügen *nt*

holgura [ol'ɣura] *f* **1.** (*de vestido*) Weite *f* **2.** (TÉC) Spiel *nt* **3.** (*bienestar*): **vivir con ~** in guten Verhältnissen leben

holladura [oʎa'ðura] *f* **1.** (*acción*) Betreten *nt* **2.** (*huella*) Fußabdruck *m*

hollar [o'ʎar] <o→ue> *vt* **1.** (*pisar*) betreten **2.** (*despreciar*) missachten

hollejo [o'ʎexo] *m* Schale *f*

hollín [o'ʎin] *m* Ruß *m*

holocausto [olo'kau̯sto] *m* **1.** (*genocidio*) Holocaust *m* **2.** (REL) Brandopfer *nt*

holografía [oloɣra'fia] *f* Holografie *f*

hológrafo, -a [o'loɣrafo, -a] *adj* holografisch

holograma [olo'ɣrama] *m* Hologramm *nt*

hombracho [om'braʧo] *m,* **hombrachón** [ombra'ʧon] *m* kräftiger Mann *m*

hombrada [om'braða] *f* Heldentat *f*

hombradía [ombra'ðia] *f v.* **hombría**

hombre ['ombre] **I.** *m* **1.** (*varón*) Mann *m;*

el ~ de la calle (*fig*) der Mann auf der Straße; **~ de confianza** Vertrauensmann *m;* **~ de estado** Staatsmann *m;* **~ de negocios** Geschäftsmann *m;* **~ de paja** (*fig*) Strohmann *m;* **el ~ del tiempo** der Moderator des Wetterberichtes; **el defensa fue al ~** (DEP) der Verteidiger ging an den Mann; **¡está hecho un ~!** er ist schon ein gestandener Mann!; **hacer un ~ de alguien** aus jdm einen Mann machen; **se comportó como un ~** er stand seinen Mann **2.** (*ser humano*) Mensch *m;* **~ de las cavernas** Höhlenmensch *m;* **~ del montón** Durchschnittsmensch *m;* **¡~ al agua!** Mann über Bord! **3.** (*fam: marido*) Mann *m* **II.** *interj* Mann!, Mensch!; **¡~!, ¿qué tal?** na, wie geht's?; **¡cállate, ~!** Mensch, sei still!; **pero, ¡~!** (mein lieber) Mann!; **¡sí, ~!** aber natürlich!

hombre-anuncio ['ombre-a'nuṇθjo] *m* <hombres-anuncio> Plakatträger *m*

hombrear [ombre'ar] **I.** *vi* den starken Mann spielen **II.** *vr:* **quiere ~se con su padre** er versucht, es seinem Vater gleichzutun

hombrecillo [ombre'θiʎo] *m* Hopfen *m*

hombre-lobo ['ombre-'loβo] *m* <hombres-lobo> Werwolf *m*

hombre-mono ['ombre-'mono] *m* <hombres-mono> Affenmensch *m*

hombrera [om'brera] *f* **1.** (*almohadilla*) Schulterpolster *nt* **2.** (*de uniforme*) Schulterklappe *f* **3.** (*de armadura*) Vorderflug *m*

hombre-rana ['ombre-'rrana] *m* <hombres-rana> Taucher *m*

hombría [om'bria] *f* Männlichkeit *f;* **un acto de ~** eine Heldentat

hombro ['ombro] *m* **1.** (ANAT) Schulter *f;* **ancho de ~s** breitschult(e)rig; **cargado de ~s** bucklig; **echarse al ~** (*fig*) sich ins Zeug legen; **encogerse de ~s** die Achseln zucken; **llevar algo a ~s** etw auf dem Rücken tragen; **mirar a alguien por encima del ~** auf jdn herabsehen **2.** (TIPO) Fleisch *nt*

hombruno, -a [om'bruno, -a] *adj* männlich (wirkend); **mujer hombruna** Mannweib *nt*

homenaje [ome'naxe] *m* **1.** (*el honrar*) Ehrung *f;* **hacer una fiesta en ~ de alguien** jdm zu Ehren ein Fest veranstalten; **rendir ~ a alguien** jdn ehren **2.** (HIST) Huldigung *f*

homenajear [omenaxe'ar] *vt* ehren

homeópata [ome'opata] *mf* Homöopath(in) *m(f)*

homeopatía [omeopa'tia] *f sin pl* Homöopathie *f*

homeopático, -a [omeo'patiko, -a] *adj* homöopathisch

homicida [omi'θiða] **I.** *adj* Mord- **II.** *mf* (*cuando está planeado*) Mörder(in) *m(f);* (*cuando no lo está*) Totschläger(in) *m(f);* (JUR) Täter(in) *m(f)*

homicidio [omi'θiðjo] *m* Tötung *f;* (*planeado*) Mord *m;* (*no planeado*) Totschlag *m;* **brigada de ~s** Mordkommission *f*

homínido [o'miniðo] *m* (BIOL) Hominide *m*

homo ['omo] *adj* (*fam*) homo(sexuell)

homogeneidad [omoxenei̯'ðaᵭ] *f sin pl* Homogenität *f*

homogeneización [omoxenei̯θa'θjon] *f* Homogenisierung *f*

homogeneizar [omoxenei̯'θar] <z→c> *vt* **1.** (QUÍM) homogenisieren **2.** (*uniformar*) homogen machen, homogenisieren *elev*

homogéneo, -a [omo'xeneo, -a] *adj* homogen, einheitlich

homógrafo, -a¹ [o'moɣrafo, -a] *adj* homograf

homógrafo² [o'moɣrafo] *m* Homograf *nt*

homologable [omolo'ɣaβle] *adj* gültig; **el récord no es ~** der Rekord kann nicht anerkannt werden

homologación [omoloɣa'θjon] *f* **1.** (*de una escuela*) amtliche Genehmigung *f* **2.** (DEP: *de un récord*) Anerkennung *f;* (*de un circuito*) Homologation *f* **3.** (TÉC: *de un casco*) Typenprüfung *f* **4.** (JUR: *de un arreglo*) gerichtliche Genehmigung *f;* (*de un convenio*) verbindliche Erklärung *f*

homologar [omolo'ɣar] <g→gu> **I.** *vt* **1.** (*escuela*) amtlich genehmigen **2.** (DEP: *récord*) anerkennen; (*circuito*) homologieren **3.** (TÉC): **casco homologado** TÜV-geprüfter Helm **4.** (JUR: *arreglo*) gerichtlich genehmigen; (*convenio*) für verbindlich erklären **II.** *vr:* **~se** sich angleichen

homólogo, -a [o'moloɣo, -a] **I.** *adj* **1.** (*análogo*) ähnlich **2.** (BIOL) homolog **II.** *m, f* Amtskollege, -in *m, f*

homónimo, -a¹ [o'monimo, -a] **I.** *adj* homonym **II.** *m, f* Namensvetter(in) *m(f)*

homónimo² [o'monimo] *m* Homonym *nt*

homosexual [omoseʸ'swal] **I.** *adj* homosexuell **II.** *mf* Homosexuelle(r) *mf*

homosexualidad [omoseʸswali'ðaᵭ] *f sin pl* Homosexualität *f*

honda ['oṇda] *f* Schleuder *f*

hondo, -a¹ ['oṇdo, -a] *adj* tief; **en lo ~ del valle** unten im Tal; **respirar ~** tief einatmen

hondo² ['oṇdo] *m* Boden *m*

hondonada [oṇdo'naða] *f* (GEO) Mulde *f*

hondura [oṇ'dura] *f* Tiefe *f;* **meterse en ~s** klug daherreden

Honduras liegt in Mittelamerika und grenzt an Nicaragua, El Salvador und Guatemala, an das Karibische Meer und den Pazifischen Ozean. Die Hauptstadt heißt **Tegucigalpa**. **Spanisch** ist die offizielle Landessprache. **Honduras'** Währungseinheit ist der **lempira**.

hondureño, -a [oṇdu'reɲo, -a] **I.** *adj* honduranisch **II.** *m, f* Honduraner(in) *m(f)*

honestidad [onesti'ða^{ð}] *f sin pl* **1.** (*honradez*) Ehrlichkeit *f* **2.** (*formalidad*) Pflichtbewusstsein *nt* **3.** (*decencia*) Anständigkeit *f* **4.** (*decoro*) Ehrbarkeit *f;* (*en sentido moral*) Sittsamkeit *f*

honesto, -a [o'nesto, -a] *adj* **1.** (*honrado*) ehrlich **2.** (*cumplidor*) pflichtbewusst **3.** (*decente*) anständig **4.** (*decoroso*) ehrbar; (*en sentido moral*) sittsam

hongo ['oŋgo] *m* **1.** (BOT) Pilz *m;* **solo como un** ~ ganz allein **2.** (*sombrero*) Melone *f*

honor [o'nor] *m* Ehre *f;* **cuestión de** ~ Ehrensache *f;* **¡palabra de ~!** Ehrenwort!; **¡por mi ~!** bei meiner Ehre!; **hacer ~ a su fama** seinem Ruf gerecht werden; **es para mí un gran** ~ es ist mir eine große Ehre; **hacer los ~es** die Gäste begrüßen; **hacer ~ a las obligaciones** den Verpflichtungen nachkommen

honorabilidad [onoraβili'ða^{ð}] *f* Ehrbarkeit *f*

honorable [ono'raβle] *adj* ehrbar

honorario, -a[1] [ono'rarjo, -a] *adj* Ehren-; **cónsul** ~ Honorarkonsul *m*

honorario[2] [ono'rarjo] *m* Honorar *nt*

honorífico, -a [ono'rifiko, -a] *adj* Ehren-

honra ['onrra] *f* **1.** (*honor*) Ehre *f* **2.** (*pundonor*) Ehrgefühl *nt* **3.** (*reputación*) Ruf *m* **4.** (REL): **~s fúnebres** Trauerfeier *f*

honradez [onrra'ðeθ] *f* **1.** (*integridad*) Ehrlichkeit *f* **2.** (*valor moral*) Ehrenhaftigkeit *f;* (*decencia*) Anständigkeit *f;* **falta de** ~ Unredlichkeit *f*

honrado, -a [on'rraðo, -a] *adj* (*íntegro*) ehrlich; (*moral*) ehrenhaft; (*decente*) anständig; **llevar una vida honrada** ein redliches Leben führen

honrar [on'rrar] **I.** *vt* ehren; **nos honra con su presencia** Sie beehren uns mit Ihrer Gegenwart **II.** *vr:* **~se con** [*o* **de**] **algo** etw als eine Ehre ansehen

honrilla [on'rriʎa] *f* Ehrgefühl *nt*

honroso, -a [on'rroso, -a] *adj* ehrenvoll

hontanar [oṇta'nar] *m* Quelle *f*

hopo ['opo] *m* **1.** (*rabo*) buschiger Schwanz *m;* (*de zorro*) Lunte *f* **2.** (*mechón*) Haarbüschel *nt*

hora ['ora] *f* **1.** (*de un día*) Stunde *f;* **media** ~ eine halbe Stunde; **un cuarto de** ~ eine Viertelstunde; **una ~ y media** anderthalb Stunden; ~ **de consulta** Sprechstunde *f;* **~s extraordinarias** Überstunden *fpl;* **~s punta** Hauptverkehrszeit *f;* **noticias de última** ~ letzte Nachrichten; **a la** ~ pünktlich; **a primera ~ de la tarde** am frühen Nachmittag; **a última ~ de la tarde** am späten Nachmittag; **a última** ~ in letzter Sekunde; **el pueblo está a dos ~s de camino** das Dorf ist zwei Wegstunden entfernt; **estuve esperando ~s y ~s** ich wartete stundenlang **2.** (*del reloj*) Uhrzeit *f;* **¿qué ~ es?** wie viel Uhr ist es?; **¿a qué ~ vendrás?** um wie viel Uhr kommst du?; **adelantar la** ~ die Uhr vorstellen; **retrasar la** ~ die Uhr zurückstellen; **el dentista me ha dado ~ para el martes** ich habe am Dienstag einen Termin beim Zahnarzt; **poner el reloj en** ~ die Uhr stellen **3.** (*tiempo*) Zeit *f;* **a la ~ de la verdad…** wenn es ernst wird …; **comer entre ~s** zwischendurch essen; **estar en ~s bajas** eine schwache Stunde haben; **no lo dejes para última** ~ schieb es nicht bis zum letzten Augenblick auf; **tener ~s de vuelo** sehr erfahren sein; **ven a cualquier** ~ du kannst jederzeit kommen; **ya va siendo ~ que…** *+subj* es wird höchste Zeit, dass … **4.** (REL) Gebetsstunde *f* **5.** *pl* (*mitología*): **las ~s** die Horen

horadar [ora'ðar] *vt* durchbohren

hora-hombre ['ora-'ombre] <horas-hombre> *f* (ECON) Arbeitsstunde *f;* **con las huelgas se pierden al año miles y miles de horas-hombre** durch Streiks gehen pro Jahr Tausende von Arbeitsstunden verloren

horario, -a[1] ['orarjo, -a] *adj* Stunden-

horario[2] ['orarjo] *m* **1.** (*escolar*) Stundenplan *m;* (*de medio de transporte*) Fahrplan *m;* (*de despacho*) Geschäftszeiten *fpl;* (*de consulta*) Sprechzeiten *fpl;* ~ **de atención al público** Öffnungszeiten *fpl;* ~ **comercial** (Laden)öffnungszeiten *fpl;* ~ **flexible** gleitende Arbeitszeit; ~ **de oficina** Dienststunden *fpl;* **¿qué ~ hacen?** wann haben Sie geöffnet? **2.** (*manecilla*) Stundenzeiger *m*

horca ['orka] *f* **1.** (*para colgar*) Galgen *m* **2.** (*bieldo*) Heugabel *f* **3.** (*horquilla*) Gabelstütze *f*

horcajadas [orka'xaðas]: **a** ~ rittlings

horchata *f.* Die **horchata** ist ein valencianisches Erfrischungsgetränk aus **chufas** (einer ganz bestimmten Mandelart), **azúcar** (Zucker) und **agua** (Wasser).

horda ['orða] *f* **1.** (*de salvajes*) Horde *f*

2. (*banda*) Bande *f*

horizontal [oriθon̩'tal] **I.** *adj* waag(e)recht **II.** *f* Horizontale *f*

horizontalidad [oriθon̩tali'ðaᵈ] *f sin pl* waag(e)rechte Lage *f*

horizonte [ori'θon̩te] *m* Horizont *m*

horma ['orma] *f* **1.** (TÉC: *molde*) Form *f* **2.** (*muelle*) Schuhspanner *m*; ~ **de zapatos** Schuhleisten *m*; **encontrar la ~ de su zapato** (*fam: cosa*) genau das finden, was man sucht; (*persona*) den Mann/die Frau seines Lebens finden

hormiga [or'miɣa] *f* Ameise *f*; ~ **blanca** Termite *f*; **ser una ~** (*fig*) emsig arbeiten

hormigón [ormi'ɣon] *m* Beton *m*; ~ **armado** Stahlbeton *m*

hormigonera [ormiɣo'nera] *f* Betonmischmaschine *f*

hormiguear [ormiɣe'ar] *vi* **1.** (*picar*) kribbeln **2.** (*gente*) wimmeln (*de* von +*dat*)

hormigueo [ormi'ɣeo] *m* **1.** (*picor*) Kribbeln *nt*; **tengo un ~ en la espalda** mein Rücken kribbelt **2.** (*multitud*) Gewimmel *nt*

hormiguero, -a[1] [ormi'ɣero, -a] *adj* Ameisen-

hormiguero[2] [ormi'ɣero] *m* **1.** (*de hormigas*) Ameisenhaufen *m* **2.** (*de gente*) Gewimmel *nt*; **la plaza era un ~ de gente** auf dem Platz wimmelte es von Menschen

hormona [or'mona] *f* Hormon *nt*

hormonal [ormo'nal] *adj* hormonal, hormonell

hornacina [orna'θina] *f* (ARQUIT) Nische *f*

hornada [or'naða] *f* Schub *m* (*aus dem Backofen*); **una ~ de médicos** (*fam*) ein Schub frisch gebackener Ärzte

hornalla [or'naʎa] *f* (*Am*) **1.** (*parrilla*) Rost *m* **2.** (*del fogón*) Aschenschieber *m* **3.** (*horno*) Ofen *m*

hornear [orne'ar] *vt* backen

hornero, -a [or'nero, -a] *m, f* Bäcker(in) *m(f)*

hornillo [or'niʎo] *m* (*cocina*) Herd *m*; (*de una cocina*) Kochplatte *f*; ~ **de gas** Gaskocher *m*; ~ **portátil** (Camping)kocher *m*

horno ['orno] *m* **1.** (*cocina*) Backofen *m*; ~ **microondas** Mikrowelle *f*; **recién salido del ~** frisch gebacken; **asar al ~** grillen; **no está el ~ para bollos** jetzt ist nicht der richtige Augenblick zum Spaßen **2.** (TÉC) Ofen *m*; ~ **crematorio** Verbrennungsofen *m*; **alto ~** Hochofen *m*

horóscopo [o'roskopo] *m* Horoskop *nt*

horqueta [or'keta] *f* **1.** (*horca*) Gabel *f* **2.** (*horquilla*) Gabelstütze *f* **3.** (*de un árbol*) Astgabel *f*

horquilla [or'kiʎa] *f* **1.** (*del pelo*) Haarnadel *f* **2.** (*de bicicleta*) Gabel *f* **3.** (*de árboles*) Gabelstütze *f* **4.** (*espacio entre dos magnitudes*) Bandbreite *f*

horrendo, -a [o'rren̩do, -a] *adj v.* **horroroso**

hórreo ['orreo] *m* Getreidespeicher *m*

horrible [o'rriβle] *adj* **1.** (*horroroso*) schrecklich; **un crimen ~** eine Gräueltat; **una historia ~** eine Schauergeschichte **2.** (*muy feo*) äußerst hässlich

horripilante [orripi'lan̩te] *adj* haarsträubend

horripilar [orripi'lar] **I.** *vt* **1.** (*erizar*) die Haare sträuben +*dat*; **estas historias me horripilan** bei diesen Geschichten sträuben sich mir die Haare **2.** (*horrorizar*) entsetzen **II.** *vr:* **~se** entsetzt sein

horrísono, -a [o'rrisono, -a] *adj* schaurig; **un griterío ~** ein ohrenbetäubendes Geschrei

horro, -a ['orro, -a] *adj* **1.** (*esclavo*) freigelassen **2.** (*exento*) befreit (*de* von +*dat*) **3.** (*carente*): **~ de experiencia** unerfahren; **~ de fortuna** unvermögend

horror [o'rror] *m* **1.** (*miedo*) Entsetzen *nt*; **¡qué ~!** wie entsetzlich!; **siento ~ a la oscuridad** ich habe panische Angst vor der Dunkelheit **2.** (*aversión*) Horror *m* (*a* vor +*dat*); **el diseño moderno me parece un ~** mir ist das moderne Design ein Gräuel; **me da ~ verte con esta corbata** ich finde deine Krawatte entsetzlich **3.** *pl* (*actos*) Gräuel *mpl*; **los ~es de la guerra** die Gräuel des Krieges **4.** (*mucho*): **gana un ~ de dinero** er/sie verdient ein Heidengeld; **hoy hace un ~ de frío** heute ist es schrecklich kalt

horrorizar [orrori'θar] <z→c> **I.** *vt* mit Entsetzen erfüllen; **me horrorizó ver el accidente** der Anblick des Unfalls hat mich entsetzt **II.** *vr:* **~se** entsetzt sein (*de* über +*akk*), (er)schaudern (*de* vor +*dat*)

horroroso, -a [orro'roso, -a] *adj* entsetzlich, schrecklich; **una escena horrorosa** ein Grauen erregender Anblick; **su última novela es horrorosa** sein/ihr letzter Roman ist furchtbar schlecht

hortaliza [orta'liθa] *f* Gemüse *nt*; **la lechuga es una ~** der Kopfsalat zählt zu den Gemüsepflanzen

hortelano, -a [orte'lano, -a] *m, f* Gemüsegärtner(in) *m(f)*; ~ **aficionado** Kleingärtner *m*

hortensia [or'tensja] *f* Hortensie *f*

hortera[1] [or'tera] **I.** *adj* geschmacklos **II.** *m* (*argot*) Bauer *m*

hortera[2] [or'tera] *f* hölzerner Napf *m*

horterada [orte'raða] *f* (*argot*) Geschmacklosigkeit *f*; **este vestido es una ~** dieses Kleid ist völlig geschmacklos; **esta película es una ~** dieser Film ist kitschig

hortícola [or'tikola] *adj* Gartenbau-; **producto ~** Gartenerzeugnis *nt*

horticultor(a) [ortikul̩'tor(a)] *m(f)* Gemüsegärtner(in) *m(f)*

horticultura [ortikuḷ'tura] *f sin pl* Gartenbau *m*

hortofrutícula [ortofru'tikula] *adj* Gartenbau-

hortofruticultura [ortofrutikuḷ'tura] *f sin pl* Obst- und Gartenbau *m*

hosco, -a ['osko, -a] *adj* **1.** (*persona*) mürrisch **2.** (*de piel*) dunkelbraun **3.** (*ambiente*) düster

hospedaje [ospe'ðaxe] *m* **1.** (*acción*) Beherbergung *f* **2.** (*situación*) Unterkunft *f;* **dar ~ a alguien** jdn beherbergen **3.** (*coste*) Pension *f* **4.** (*casa*) Gasthaus *nt*

hospedar [ospe'ðar] **I.** *vt* beherbergen **II.** *vr:* **~se 1.** (*en una pensión*) unterkommen (*en* bei/in *+dat*) **2.** (*pernoctar*) übernachten (*en* in *+dat*)

hospedería [ospeðe'ria] *f* **1.** (*fonda*) Gasthaus *nt* **2.** (*en convento*) Gästezimmer *nt*

hospedero, -a [ospe'ðero, -a] *m, f* (Gast)wirt(in) *m(f)*

hospiciano, -a [ospi'θjano, -a] *m, f* **1.** (*niño*) Waisenkind *nt* **2.** (*pobre*) Armenhäusler(in) *m(f)*

hospicio [os'piθjo, -a] *m* **1.** (*para niños*) Waisenhaus *nt* **2.** (*para pobres*) Armenhaus *nt* **3.** (*en un monasterio*) Hospiz *nt*

hospital [ospi'tal] *m* Krankenhaus *nt;* **~ militar** Lazarett *nt*

hospitalario, -a [ospita'larjo, -a] *adj* **1.** (*acogedor*) gastfreundlich **2.** (*de hospital*) Krankenhaus-

hospitalidad [ospitali'ðaᵈ] *f sin pl* Gastfreundschaft *f*

hospitalización [ospitaliθa'θjon] *f* **1.** (*envío*) Krankenhauseinweisung *f* **2.** (*estancia*) Krankenhausaufenthalt *m*

hospitalizar [ospitali'θar] <z→c> *vt* in ein Krankenhaus einweisen; **ayer ~on a mi madre** meine Mutter wurde gestern ins Krankenhaus eingeliefert; **estoy hospitalizado desde el domingo** seit Sonntag liege ich im Krankenhaus

hosquedad [oske'ðaᵈ] *f* **1.** (*de una persona*) mürrischer Charakter *m* **2.** (*de un lugar*) Düsterheit *f*

hostal [os'tal] *m* Gasthaus *nt*

hostelería [ostele'ria] *f* Hotel- und Gaststättengewerbe *nt;* **escuela superior de ~** Hotelfachschule *f*

hostelero, -a [oste'lero, -a] **I.** *adj* Gaststätten- **II.** *m, f* Gastwirt(in) *m(f)*

hostería [oste'ria] *f* Gasthaus *nt*

hostia ['ostja] **I.** *f* **1.** (REL) Hostie *f;* (*sin consagrar*) Oblate *f;* **¡me cago en la ~!** (*vulg*) verdammt noch mal! *fam* **2.** (*vulg: bofetada*) Ohrfeige *f;* (*golpe*) Schlag *m;* **darse una ~** sich *dat* anschlagen; **¡este examen es la ~!** diese Prüfung ist der reinste Hammer! *fam;* **hace un tiempo de la ~** (*malo*) das Wetter ist heute beschissen; (*bueno*) das Wetter ist heute prima *fam;* **iba a toda ~** er/sie hatte einen Affenzahn drauf *fam* **II.** *interj* (*vulg*) Sakrament (noch mal)! *fam*

hostiar [os'tjar] *vt* (*vulg: bofetada*) eine Ohrfeige versetzen (*a +dat*); (*golpe*) einen Schlag versetzen (*a +dat*)

hostigador(a) [ostiɣa'ðor(a)] *adj* lästig

hostigamiento [ostiɣa'mjeṇto] *m* **1.** (*fustigación*) Auspeitschen *nt* **2.** (*molestia*) Belästigung *f* **3.** (*apremio*) Druck *m*

hostigar [osti'ɣar] <g→gu> *vt* **1.** (*fustigar*) auspeitschen **2.** (*molestar*) belästigen; (*con observaciones*) necken **3.** (*incitar*) bedrängen **4.** (MIL) unaufhörlich angreifen **5.** (*Col: fastidiar*) lästig fallen *+dat*

hostil [os'til] *adj* feindselig; **le hicieron un recibimiento ~** er/sie wurde unfreundlich empfangen

hostilidad [ostili'ðaᵈ] *f* Feindseligkeit *f;* (*más aguda*) Feindschaft *f*

hostilizar [ostili'θar] <z→c> *vt* **1.** (*hostigar*) anfeinden **2.** (MIL) unaufhörlich angreifen

hostión [os'tjon] *m* (*vulg*) heftiger Schlag *m*

hotel [o'tel] *m* **1.** (*establecimiento*) Hotel *nt;* **~ residencia** Aparthotel *nt* **2.** (*casa*) (Einzel)haus *nt;* (*mansión*) Villa *f*

hotelero, -a [ote'lero, -a] **I.** *adj* Hotel-; **industria hotelera** Hotelgewerbe *nt* **II.** *m, f* Hotelbesitzer(in) *m(f)*, Hotelier *m*

hotelito [ote'lito, -a] *m* (*casa*) (Einzel)haus *nt;* (*mansión*) Villa *f*

hovercraft [oβer'kraf] *m* <hovercrafts> Luftkissenfahrzeug *nt*

hoy [oi̯] *adv* heute; **~ (en) día** heutzutage; **de ~ a mañana** von heute auf morgen; **de ~ en adelante** ab heute; **los niños de ~ (en día)** die Kinder von heute; **llegará de ~ a mañana** er/sie kann jeden Tag kommen

hoya ['oɟa] *f* **1.** (*hoyo*) Grube *f* **2.** (*sepultura*) Grab *nt* **3.** (GEO: *hondonada*) Mulde *f*

hoyo ['oɟo] *m* **1.** (*concavidad*) Grube *f* **2.** (*agujero*) Loch *nt* **3.** (*sepultura*) Grab *nt*

hoyuelo [o'ɟwelo] *m* **1.** (*en la barba*) (Kinn)grübchen *nt* **2.** (*en la mejilla*) (Wangen)grübchen *nt*

hoz [oθ] *f* **1.** (AGR) Sichel *f* **2.** (GEO: *desfiladero*) Engpass *m;* (*garganta*) Schlucht *f*

hozar [o'θar] <z→c> **I.** *vi* wühlen **II.** *vt* aufwühlen

huarmi ['warmi] *f* (*AmS*) **1.** (*mujer muy trabajadora*) fleißige Frau *f* **2.** (*ama de casa*) Hausfrau *f*

huasca ['waska] *f* (*Am: látigo*) Peitsche *f*

huaso, -a ['waso, -a] **I.** *adj* (*AmS: campesino*) bäuerisch **II.** *m, f* (*AmS: campesino*) Bauer *m*, Bäuerin *f*

hubo ['uβo] *3. pret de* **haber**
hucha ['utʃa] *f* **1.** (*alcancía*) Sparbüchse *f* **2.** (*ahorros*) Ersparnisse *fpl*
hueco, -a[1] ['weko, -a] *adj* **1.** (*ahuecado*) hohl; (*vacío*) leer **2.** (*sonido*) hohl **3.** (*tierra*) locker **4.** (*palabras*) leer **5.** (*persona*) eitel; **ponerse** ~ sich wichtig tun; **tener la cabeza hueca** (*pey*) ein Hohlkopf sein **6.** (*estilo*) schwülstig
hueco[2] ['weko] *m* **1.** (*agujero*) Loch *nt;* ~ **del ascensor** Aufzug(s)schacht *m;* ~ **de la mano** hohle Hand; ~ **de la ventana** Fensteröffnung *f* **2.** (*lugar*) Sitzplatz *m;* **hazme un** ~ mach mir etwas Platz **3.** (*vacío*) Lücke *f;* **hazme un** ~ **para mañana** nimm dir morgen ein bisschen Zeit für mich
huecograbado [wekoɣra'βaðo, -a] *m* (TIPO) Tiefdruck *m*
huelga ['welɣa] *f* Streik *m;* ~ **de brazos caídos** Sitzstreik *m;* ~ **general** Generalstreik *m;* ~ **de hambre** Hungerstreik *m;* **convocar una** ~ einen Streik ausrufen; **declararse en** ~ in (den) Streik treten; **hacer** ~ streiken; **en esta fábrica estamos en** ~ in dieser Fabrik wird gestreikt
huelgo ['welɣo] *m* **1.** (*aliento*) Atem *m* **2.** (*holgura*) Weite *f* **3.** (TÉC) Spiel *nt*
huelguista [wel'ɣista] *mf* Streikende(r) *mf*
huelguístico, -a [wel'ɣistiko, -a] *adj* Streik-
huella ['weʎa] *f* **1.** (*señal*) Abdruck *m;* ~ **de un animal** Fährte *f;* ~ **dactilar** Fingerabdruck *m* **2.** (*vestigio*) Spur *f;* **seguir las** ~**s de alguien** in jds Fußstapfen treten
huelveño, -a [wel'βeɲo, -a] **I.** *adj* aus Huelva **II.** *m, f* Einwohner(in) *m(f)* von Huelva
huérfano, -a ['werfano, -a] **I.** *adj* Waisen-; ~ **de padre** vaterlos; **quedarse** ~ verwaisen; **la ciudad se queda huérfana en invierno** die Stadt ist im Winter menschenleer **II.** *m, f* Waisenkind *nt;* ~ **de padre y madre** Vollwaise *f*
huero, -a ['wero, -a] *adj:* **discurso** ~ inhaltslose Rede; **huevo** ~ Windei *nt;* **la cosa ha salido huera** die Sache ist schief gegangen
huerta ['werta] *f* Huerta *f*
huerto ['werto] *m* Gemüsegarten *m;* ~ **familiar** Kleingarten *m;* **llevar a alguien al** ~ (*fam*) jdn rumkriegen
huesa ['wesa] *f* Grab *nt*
hueso ['weso] *m* **1.** (ANAT) Knochen *m;* **carne sin** ~ knochenloses Fleisch; **dio con sus** ~**s en la cárcel** er/sie landete im Gefängnis; **dar en** ~ (*fam*) auf Schwierigkeiten stoßen; **está pirrada por sus** ~**s** (*fam*) sie hat sich in ihn verknallt; **este profesor es un** ~ bei diesem Professor kommt fast keiner durch; **no puede con sus** ~**s** (*fam*) er/sie kann sich kaum noch auf den Beinen halten; **te voy a romper los** ~**s** ich werde dir alle Knochen brechen **2.** (BOT) (Obst)kern *m* **3.** (*faena*) schweres Stück *nt* Arbeit; **un** ~ **duro de roer** eine harte Nuss **4.** (*Am: trabajo*) bequemer Posten *m*
huésped(a)[1] ['wespeᵈ, -eða] *m(f)* (*invitado*) Gast *m*
huésped[2] ['wespeᵈ] *m* (BIOL) Wirt *m*
hueste ['weste] *f* **1.** (HIST: *ejército*) Heerschar *f* **2.** (*de un partido*) Anhängerschaft *f*
huesudo, -a [we'suðo, -a] *adj* **1.** (*persona*) knochig **2.** (*carne*) mit vielen Knochen
hueva ['weβa] *f* Fischei *nt*
huevada [we'βaða] *f* (*AmS: fam: estupidez*) Dummheit *f*
huevear [weβe'ar] *vi* (*fam*) **1.** (*hacer tonterías*) Dummheiten machen **2.** (*perder el tiempo*) rumhängen
huevera [we'βera] *f* Eierbecher *m*
huevería [weβe'ria] *f* Eierhandlung *f*
huevero, -a[1] [we'βero, -a] *m, f* Eierhändler(in) *m(f)*
huevero[2] [we'βero] *m* Eierbecher *m*
huevo ['weβo] *m* **1.** (BIOL) Ei *nt;* ~ **duro** hart gekochtes Ei; ~**s fritos** Spiegeleier *ntpl;* ~ **pasado por agua** weich gekochtes Ei; ~**s revueltos** Rühreier *ntpl;* **clara de** ~ Eiweiß *nt;* **poner un** ~ ein Ei legen **2.** (*para zurcir*) Stopfei *nt* **3.** (*vulg: testículo*) Ei *nt fam;* **¡estoy hasta los** ~**s!** ich habe die Nase voll! *fam;* **me importa un** ~ das ist mir scheißegal; **¡tiene** ~**s la cosa!** das ist ja wohl der Hammer! *fam;* **me costó un** ~ (*de dinero*) das hat mich eine schöne Stange Geld gekostet *fam;* (*de dificultades*) das hat mich viel Mühe gekostet
huida [u'iða] *f* Flucht *f;* ~ **del lugar del accidente** Fahrerflucht *f;* **no hay** ~ **posible** es gibt kein Entkommen
huidizo, -a [ui'ðiθo, -a] *adj* flüchtig, scheu
huido, -a [u'iðo, -a] *m, f* Flüchtige(r) *mf*
huir [u'ir] *irr* **I.** *vi* **1.** (*escapar*) fliehen (*de* vor +*dat*); ~ **de casa** von zu Hause weglaufen; **el tiempo huye** die Zeit vergeht wie im Fluge; **pudieron** ~ **de sus perseguidores** sie konnten ihren Verfolgern entkommen **2.** (*marcharse en coche*) davonfahren; (*a pie*) davoneilen **II.** *vt* (*cosa*) vermeiden; (*persona*) meiden (*de* +*akk*)
huiro ['wiro] *m* (*AmS: alga*) Alge *f*
hule ['ule] *m* **1.** (*para la mesa*) Wachstuch *nt;* **pon el** ~ **en la mesa** leg die Wachstischdecke auf **2.** (*tela*) Ölleinwand *f* **3.** (*Am: caucho*) Kautschuk *m*
hulla ['uʎa] *f* Steinkohle *f*
hullero, -a [u'ʎero, -a] *adj* Steinkohle(n)-; **período** ~ (GEO) Karbon *nt*
humanamente [umana'mente] *adv* menschlich; **hacer todo lo** ~ **posible** alles Menschenmögliche tun
humanidad [umani'ðaᵈ] *f* **1.** (*género humano*) Menschheit *f;* **un crimen contra la** ~

ein Verbrechen gegen die Menschlichkeit **2.** (*naturaleza, caridad humana*) Menschlichkeit *f* **3.** (*fam: corpulencia*) Korpulenz *f* **4.** *pl* (*letras*) Geisteswissenschaften *fpl*

humanismo [uma'nismo] *m sin pl* Humanismus *m*

humanista [uma'nista] *mf* Humanist(in) *m(f)*

humanístico, -a [uma'nistiko, -a] *adj* humanistisch

humanitario, -a [umani'tarjo, -a] *adj* humanitär; **organización humanitaria** Hilfsorganisation *f*

humanitarismo [umanita'rismo] *m sin pl* Humanitarismus *m*

humanización [umaniθa'θjon] *f sin pl* **1.** (*dignificación*) Humanisierung *f* **2.** (ARTE) Vermenschlichung *f*

humanizador(a) [umaniθa'ðor(a)] *adj* humanisierend

humanizar [umani'θar] <z→c> **I.** *vt* **1.** (*dignificar*) humanisieren **2.** (ARTE) vermenschlichen **II.** *vr:* ~**se** menschlicher werden

humano, -a [u'mano, -a] *adj* **1.** (*del hombre*) Menschen-; **naturaleza humana** menschliche Natur; **ser** ~ Mensch *m* **2.** (*condiciones*) menschlich

humanoide [uma'noi̯ðe] *m* menschenähnliches Wesen *nt*

humareda [uma'reða] *f* Rauchwolke *f*

humazo [u'maθo] *m* dichter Rauch *m*

humear [ume'ar] **I.** *vi* **1.** (*humo*) rauchen **2.** (*vapor*) dampfen **3.** (*enemistad*) weiterbestehen **4.** (*engreírse*) prahlen **II.** *vr:* ~**se** rauchen

humectador [umekta'ðor(a)] *m* Luftbefeuchter *m*

humectante [umek'tan̪te] *adj* befeuchtend

humedad [ume'ðað] *f* Feuchtigkeit *f*

humedal [ume'ðal] *m* Feuchtgebiet *nt*

humedecer [umeðe'θer] *irr como crecer vt* befeuchten

húmedo, -a ['umeðo, -a] *adj* feucht; (GEO) humid

humero [u'mero] *m* Fuchs *m*

húmero ['umero] *m* (ANAT) Oberarmknochen *m*

humidificar [umiðifi'kar] <c→qu> *vt* befeuchten

humildad [umil̪'dað] *f* **1.** (*modestia*) Bescheidenheit *f* **2.** (*religiosa*) Demut *f* **3.** (*social*) Armut *f*

humilde [u'mil̪de] *adj* **1.** (*modesto*) bescheiden; **un** ~ **trabajador** ein einfacher Arbeiter **2.** (*en sentido religioso*) demütig **3.** (*condición social*) einfach; **ser de orígenes** ~**s** aus bescheidenen Verhältnissen stammen

humillación [umiʎa'θjon] *f* **1.** (*degradación*) Demütigung *f* **2.** (*vergüenza*) Beschämung *f*

humillar [umi'ʎar] **I.** *vt* **1.** (*degradar*) demütigen **2.** (*avergonzar*) beschämen **II.** *vr:* ~**se** sich demütigen (*a/ante* vor +*dat*)

humo ['umo] *m* **1.** (*de chimenea*) Rauch *m;* **señal de** ~ Rauchsignal *nt;* **en ese bar siempre hay** ~ diese Kneipe ist immer völlig verqualmt; **la chimenea echa** ~ der Schornstein raucht; **tragar el** ~ **al fumar** auf Lunge rauchen **2.** (*vapor*) Dampf *m* **3.** (*al cocinar*) Dunst *m* **4.** *pl* (*vanidad*) Einbildung *f;* **bajarle los** ~**s a alguien** jdm einen Dämpfer versetzen; **subírsele los** ~**s a la cabeza** hochnäsig werden; **tener muchos** ~**s** sehr eingebildet sein

humor [u'mor] *m* **1.** (*cualidad*) Humor *m;* **¡pero no tienes sentido del** ~ **o qué!** Mensch, du verstehst wohl keinen Spaß! **2.** (*humorismo*) Humor *m* **3.** (*ánimo*) Laune *f;* **estar de buen/mal** ~ gut/schlecht gelaunt sein; **no estoy de** ~ **para bailar** ich bin nicht zum Tanzen aufgelegt **4.** (MED: *líquido*) Körpersaft *m*

humorada [umo'raða] *f* **1.** (*capricho*) Laune *f* **2.** (*dicho*) witziger Einfall *m;* **dejémonos de** ~**s** lassen wir die Witze

humorado, -a [umo'raðo, -a] *adj:* **bien/mal** ~ (*por un momento*) gut gelaunt/schlecht gelaunt; (*carácter*) humorvoll/humorlos

humorismo [umo'rismo] *m sin pl* Humor *m*

humorista [umo'rista] *mf* Komiker(in) *m(f);* (*dibujante*) Humorist(in) *m(f)*

humorístico, -a [umo'ristiko, -a] *adj* humoristisch

humus ['umus] *m sin pl* Humus *m*

hundido, -a [un̪'diðo, -a] *adj* **1.** (*ojos*) tief liegend; (*techo*) eingesunken **2.** (*persona*) deprimiert

hundimiento [un̪di'mjen̪to] *m* **1.** (*de un barco*) Untergang *m;* (*después de tocado*) Versenkung *f* **2.** (*de un edificio*) Einsturz *m* **3.** (ECON) Zusammenbruch *m* **4.** (GEO: *depresión*) Vertiefung *f*

hundir [un̪'dir] **I.** *vt* **1.** (*barco*) versenken **2.** (*edificio*) abreißen **3.** (*sumergir*): ~ **la mano en el agua** die Hand ins Wasser (ein)tauchen; ~ **los pies en el barro** die Füße in den Schlamm stecken **4.** (*suelo*) versenken **5.** (*proyecto*) zunichte machen; (*empresa*) zugrunde richten; (*esperanzas*) zerstören; **la crisis económica ha hundido a muchos empresarios** die wirtschaftliche Krise hat viele Unternehmer ruiniert **II.** *vr:* ~**se** **1.** (*barco*) untergehen; (*después de ser tocado*) (ver)sinken **2.** (*edificio*) einstürzen; (*suelo*) sinken; **la peseta se hunde** die Peseta fällt **3.** (*fracasar*) scheitern; **me he hundido en el tercer set** im dritten Satz war ich völlig von der Rolle *fam*

H

húngaro, -a ['uŋgaro, -a] **I.** *adj* ungarisch **II.** *m, f* Ungar(in) *m(f)*

Hungría [uŋ'gria] *f* Ungarn *nt*

huno, -a ['uno, -a] **I.** *adj* (HIST) hunnisch **II.** *m, f* (HIST) Hunne, -in *m, f*

huracán [ura'kan] *m* Orkan *m;* **las tropas pasaron como un ~ por la ciudad** die Stadt wurde von den Truppen dem Erdboden gleichgemacht

huracanado, -a [uraka'naðo, -a] *adj* orkanartig

huraño, -a [u'raɲo, -a] *adj* **1.** (*insociable*) ungesellig **2.** (*hosco*) mürrisch

hurgar [ur'ɣar] <g→gu> *vt* **1.** (*revolver*) herumwühlen (*en* in +*dat*), (herum)kramen (*en* in +*dat*) **2.** (*con un palo*) (herum)stochern (in +*dat*); **~ el fuego** das Feuer schüren; **~ la nariz** in der Nase bohren **3.** (*fisgonear*) (herum)schnüffeln **4.** (*incitar*) schüren

hurgón, -ona[1] [ur'ɣon, -ona] *adj* herumschnüffelnd

hurgón[2] [ur'ɣon] *m* Feuerhaken *m*

hurgonear [urɣone'ar] *vt* (das Feuer) schüren

hurguetear [urɣete'ar] *vt* (*Am*) (herum)schnüffeln

hurí [u'ri] *f* Huri *f*

hurón, -ona [u'ron, -ona] *m, f* **1.** (*animal*) Frettchen *nt* **2.** (*fam: husmeador*) Schnüffler(in) *m(f)* **3.** (*fam: huraño*) ungeselliger Mensch *m*

huronear [urone'ar] *vi* **1.** (*cazar*) frettieren **2.** (*fisgonear*) (herum)schnüffeln, herumstöbern

huronera [uro'nera] *f* **1.** (*madriguera*) Frettchenbau *m* **2.** (*escondrijo*) Versteck *nt;* (*de ladrones*) Räuberhöhle *f*

hurra ['urra] *interj* hurra!

hurtadillas [urta'ðiʎas]: **a ~** heimlich; **lo hizo a ~ de su novia** er tat es hinter dem Rücken seiner Freundin

hurtar [ur'tar] **I.** *vt* **1.** (*robar*) stehlen **2.** (*con el peso*) betrügen **3.** (*mar*) fortschwemmen **4.** (*cuerpo*) ausweichen +*dat* **5.** (*ocultar*) verbergen **II.** *vr:* **~se** sich entziehen (*a* +*dat*); **~se al trabajo** sich vor der Arbeit drücken

hurto ['urto] *m* **1.** (*acción*) Diebstahl *m* **2.** (*cosa*) Diebesbeute *f*

húsar ['usar] *m* Husar *m*

husmear [usme'ar] *vi, vt* **1.** (*perro*) schnüffeln **2.** (*fisgonear*) (aus)schnüffeln

husmeo [us'meo] *m* **1.** (*de un perro*) Schnüffeln *nt* **2.** (*fisgoneo*) Schnüffelei *f*

huso ['uso] *m* **1.** (*textil*) Spindel *f* **2.** (GEO): **~ horario** Zeitzone *f*

huy [ui̯] *interj* **1.** (*de dolor*) au! **2.** (*de asombro*) ach!

I

I, i [i] *f* I, i *nt;* ~ **de Italia** I wie Ida; ~ **griega** Ypsilon *nt*
ibérico, -a [i'βeriko, -a] *adj* iberisch; **Península Ibérica** Iberische Halbinsel
Iberoamérica [iβeroa'merika] *f* Iberoamerika *nt*
iberoamericano, -a [iβeroameri'kano, -a] **I.** *adj* iberoamerikanisch **II.** *m, f* Iberoamerikaner(in) *m(f)*
ibicenco, -a [iβi'θeŋko, -a] **I.** *adj* ibizenkisch **II.** *m, f* Ibizenker(in) *m(f)*
iceberg [iθe'βer(ɣ)] *m* <icebergs> Eisberg *m*
icono [i'kono] *m,* **ícono** ['ikono] *m* **1.** (REL) Ikone *f* **2.** (INFOR) Icon *nt*
iconografía [ikonoɣra'fia] *f* Ikonographie *f*
ictericia [ikte'riθja] *f sin pl* (MED) Gelbsucht *f*
ictiología [iktjolo'xia] *f sin pl* Fischkunde *f*
ida ['iða] *f* **1.** (*marcha*) Hinweg *m;* (*en vehículo*) Hinfahrt *f;* ~ **y vuelta** Hin- und Rückfahrt *f* **2.** (*acción inconsiderada*) Unbesonnenheit *f;* (*pronto*) Anwandlung *f*
idea [i'ðea] *f* **1.** (FILOS) Idee *f* **2.** (*conocimiento*) Vorstellung *f;* **ni** ~ keine Ahnung, sich *dat* ein Bild von etw *dat*/jdm machen; **dar a alguien** (**una**) ~ **de algo** jdm etw veranschaulichen **3.** (*pensamiento*) Idee *f;* ~ **fundamental** Grundgedanke *m;* **tuvo la** ~ **de** +*inf* er/sie kam auf die Idee zu +*inf* **4.** (*opinión*) Meinung *f* **5.** (*propósito*) Vorhaben *nt;* **tener** ~ **de hacer algo** beabsichtigen etw zu tun; **vino con** ~ **de convencerme** er/sie kam mit der Absicht, mich zu überzeugen **6.** *pl* (*convicciones*) Gesinnung *f*
ideal [iðe'al] **I.** *adj* **1.** (*imaginario*) ideell **2.** (*perfecto*) ideal **II.** *m* Ideal *nt*
idealismo [iðea'lismo] *m* Idealismus *m*
idealista [iðea'lista] **I.** *adj* idealistisch **II.** *mf* Idealist(in) *m(f)*
idealización [iðealiθa'θjon] *f* Idealisierung *f*
idealizar [iðeali'θar] <z→c> *vt* idealisieren
idear [iðe'ar] *vt* **1.** (*concebir*) sich *dat* ausdenken **2.** (*inventar*) erfinden **3.** (*trazar un proyecto*) planen; (*un plan*) entwerfen
ideario [iðe'arjo] *m* **1.** (*conjunto de ideas*) Gedankengut *nt* **2.** (*ideología*) Ideologie *f*
idéntico, -a [i'ðeṇtiko, -a] *adj* **1.** (*igual*) identisch; **es** ~ **a su madre** er ist genau wie seine Mutter **2.** (*semejante*) sehr ähnlich
identidad [iðeṇti'ða(ð)] *f* **1.** (*coincidencia*) völlige Übereinstimmung *f* **2.** (*personalidad*) Identität *f;* **carné de** ~ Personalausweis *m;* **probar su** ~ sich ausweisen
identificable [iðeṇtifi'kaβle] *adj* identifizierbar
identificación [iðeṇtifika'θjon] *f* **1.** (*de alguien*) Identifizierung *f* **2.** (INFOR) Kennung *f*
identificar [iðeṇtifi'kar] <c→qu> **I.** *vt* **1.** (*reconocer, establecer la identidad*) identifizieren **2.** (*equiparar*) gleichsetzen **II.** *vr:* ~**se 1.** (*solidarizarse*) sich identifizieren (*con* mit +*dat*) **2.** (*compenetrarse*) sich hineinversetzen (*con* in +*akk*) **3.** (*demostrar su identidad*) sich ausweisen
ideología [iðeolo'xia] *f* Ideologie *f*
ideólogo, -a [iðe'oloɣo, -a] *m, f* Ideologe, -in *m, f*
idílico, -a [i'ðiliko, -a] *adj* idyllisch
idilio [i'ðiljo] *m* **1.** (LIT) Idylle *f* **2.** (*relación amorosa*) Romanze *f*
idioma [i'ðjoma] *m* Sprache *f*
idiomático, -a [iðjo'matiko, -a] *adj* idiomatisch
idiosincrasia [iðjosiŋ'krasja] *f* Idio(syn)krasie *f*
idiota [i'ðjota] **I.** *adj* schwachsinnig **II.** *mf* **1.** (MED) Schwachsinnige(r) *mf* **2.** (*estúpido*) Idiot(in) *m(f)*
idiotez [iðjo'teθ] *f* **1.** (*t.* MED) Schwachsinn *m* **2.** (*estupidez*) Blödsinn *m*
ido, -a ['iðo, -a] *adj* **1.** (*fam: mal de la cabeza*) verrückt **2.** (*AmC: borracho*) betrunken
idólatra [i'ðolatra] **I.** *adj* **1.** (*que rinde culto*) Götzendienst treibend **2.** (*que ama excesivamente*) leidenschaftlich ergeben (*de* +*dat*) **II.** *mf* **1.** (*quien rinde culto*) Götzendiener(in) *m(f)* **2.** (*quien ama una persona o cosa*) leidenschaftlicher Verehrer *m,* leidenschaftliche Verehrerin *f*
idolatrar [iðola'trar] *vt* **1.** (*rendir culto*) (als Götzen) anbeten **2.** (*adorar*) vergöttern; (*amar*) abgöttisch lieben
idolatría [iðola'tria] *f* **1.** (*culto*) Götzendienst *m* **2.** (*adoración*) Vergötterung *f*
ídolo ['iðolo] *m* **1.** (*pey: divinidad*) Götze *m;* (*efigie*) Götzenbild *nt* **2.** (*persona*) Idol *nt*
idoneidad [iðonei̯'ða(ð)] *f* **1.** (*aptitud*) Tauglichkeit *f* **2.** (*capacidad*) Fähigkeit *f*
idóneo, -a [i'ðoneo, -a] *adj* **1.** (*apropiado*) geeignet **2.** (*capaz*) fähig
iglesia [i'ɣlesja] *f* Kirche *f;* **casarse por la** ~ kirchlich heiraten
iglú [i'ɣlu] *m* Iglu *m o nt*

ígneo, -a [ˈiɣneo, -a] *adj* **1.** (*de fuego*) Feuer- **2.** (*de color de fuego*) feuerfarben

ignición [iɣniˈθjon] *f* **1.** (*combustión*) Verbrennen *nt;* (*incandescencia*) Glühen *nt* **2.** (*inicio de una combustión*) Entzünden *nt*

ignífugo, -a [iɣˈnifuɣo, -a] *adj* (*que protege contra el fuego*) feuersicher; (*que no se quema*) feuerbeständig

ignominia [iɣnoˈminja] *f* Schande *f*

ignominioso, -a [iɣnomiˈnjoso, -a] *adj* schändlich

ignorancia [iɣnoˈranθja] *f* **1.** (*desconocimiento*) Unwissenheit *f* **2.** (*incultura*) Bildungslücke *f*

ignorante [iɣnoˈrante] **I.** *adj* **1.** (*desconocedor*) unwissend (*de* über +*akk*) **2.** (*inculto*) ungebildet **II.** *mf* (*pey*) Ignorant(in) *m(f)*

ignorar [iɣnoˈrar] *vt* **1.** (*desconocer*) nicht kennen; (*no saber*) nicht wissen **2.** (*no hacer caso*) ignorieren

igual[1] [iˈɣwal] **I.** *adj* **1.** (*idéntico*) (genau) gleich; (*semejante*) (sehr) ähnlich; **¿habrá cosa ~?** hat man so etwas schon einmal gesehen? **2.** (*llano*) eben **3.** (*constante: temperaturas*) gleich bleibend; (*clima*) ausgeglichen; (*ritmo*) gleichmäßig **4.** (MAT) kongruent **5.** (*lo mismo*) gleichgültig; **¡es ~!** (das ist) egal!; **me da** [*o* **me es**] **~** es ist mir egal **II.** *mf* Gleichgestellte(r) *mf;* **no tener ~** einzigartig sein **III.** *adv* **1.** (*fam: quizá*) vielleicht **2.** (*loc*): **~ que...** genauso wie ...; **al ~ que...** ebenso wie ...

igual[2] [iˈɣwal] *m* (MAT) Gleichheitszeichen *nt*

igualación [iɣwalaˈθjon] *f* **1.** (*igualamiento*) Gleichmachung *f;* (*equiparación*) Gleichstellung *f* **2.** (*allanamiento*) (Ein)ebnung *f* **3.** (*nivelación*) Ausgleich *m* **4.** (*ajuste*) Anpassung *f* **5.** (*convenio*) Übereinkunft *f*

igualado, -a [iɣwaˈlaðo, -a] *adj* **1.** (*parecido*) ähnlich **2.** (*empatado*) unentschieden

igualar [iɣwaˈlar] **I.** *vt* **1.** (*hacer igual*) gleichmachen; (*equiparar*) gleichstellen **2.** (*allanar*) (ein)ebnen **3.** (*nivelar*) ausgleichen **4.** (*ajustar*) anpassen **II.** *vi* **1.** (*equivaler*) gleichkommen (*en* +*dat*) **2.** (*combinar*) passen (*con* zu +*dat*) **III.** *vr:* **~se** **1.** (*parecerse*) gleichen (*a/con* +*dat*) **2.** (*compararse*) sich vergleichen (*con* mit +*dat*) **3.** (*ponerse al igual*) sich (einander) angleichen

igualdad [iɣwalˈdað] *f* **1.** (*uniformidad*) Gleichheit *f;* **~ de derechos** Gleichberechtigung *f* **2.** (*semejanza*) Ähnlichkeit *f* **3.** (*regularidad*) Gleichmäßigkeit *f;* (*de superficie*) Ebenheit *f*

igualitario, -a [iɣwaliˈtarjo, -a] *adj* egalitär

igualitarismo [iɣwalitaˈrismo] *m sin pl* Egalitarismus *m*

igualmente [iɣwalˈmente] **I.** *interj* danke, gleichfalls! **II.** *adv* **1.** (*del mismo modo*) gleichermaßen **2.** (*también*) ebenfalls

iguana [iˈɣwana] *f* (ZOOL) Leguan *m*

ijada [iˈxaða] *f* **1.** (ANAT) Flanke *f* **2.** (*dolor*) Seitenstechen *nt*

ilegal [ileˈɣal] *adj* gesetzwidrig, illegal

ilegalidad [ileɣaliˈðað] *f* Gesetzwidrigkeit *f*

ilegible [ileˈxiβle] *adj* **1.** (*la letra*) unleserlich **2.** (*el contenido*) unlesbar

ilegitimar [ilexitiˈmar] *vt* **1.** (*asunto*) für unrechtmäßig erklären **2.** (*hijo*) für unehelich erklären

ilegitimidad [ilexitimiˈðað] *f* **1.** (*asunto*) Unrechtmäßigkeit *f* **2.** (*hijo*) Unehelichkeit *f*

ilegítimo, -a [ileˈxitimo, -a] *adj* **1.** (*asunto*) unrechtmäßig **2.** (*hijo*) unehelich; (*relación*) außerehelich **3.** (*exigencia*) ungerechtfertigt

ileso, -a [iˈleso, -a] *adj* unverletzt

iletrado, -a [ileˈtraðo, -a] *adj* **1.** (*inculto*) ungebildet **2.** (*analfabeto*) des Lesens und Schreibens unkundig

ilícito, -a [iˈliθito, -a] *adj* verboten

ilimitado, -a [ilimiˈtaðo, -a] *adj* unbegrenzt

ilocalizable [ilokaliˈθaβle] *adj* unauffindbar

ilógico, -a [iˈloxiko, -a] *adj* unlogisch

iluminación [iluminaˈθjon] *f* **1.** (*el alumbrar*) Beleuchten *nt* **2.** (*alumbrado*) Beleuchtung *f;* (*como adorno*) Festbeleuchtung *f* **3.** (REL) Erleuchtung *f*

iluminado, -a [ilumiˈnaðo, -a] *adj* **1.** (*un lugar*) beleuchtet; (*un monumento*) angestrahlt **2.** (REL) erleuchtet **3.** (*fam: borracho*) betrunken; (*drogado*) high

iluminar [ilumiˈnar] *vt* **1.** (*alumbrar*) beleuchten; (*como decoración*) festlich beleuchten; (*un monumento*) anstrahlen **2.** (REL) erleuchten **3.** (ARTE) illuminieren

ilusión [iluˈsjon] *f* **1.** (*espejismo*) (Sinnes)täuschung *f* **2.** (*esperanza*) Hoffnung *f* **3.** (*visión*) (falsche) Vorstellung *f;* **hacerse ilusiones** sich *dat* etwas vormachen **4.** (*sueño*) Traum *m* **5.** (*alegría*) Freude *f;* **ese viaje me hace mucha ~** ich freue mich sehr auf diese Reise

ilusionante [ilusjoˈnante] *adj* traumhaft

ilusionar [ilusjoˈnar] **I.** *vt* **1.** (*hacer ilusiones*) falsche Hoffnungen machen +*dat* **2.** (*engañar*) täuschen **II.** *vr:* **~se** **1.** (*esperanzarse*) sich *dat* falsche Hoffnungen machen **2.** (*alegrarse*) sich freuen (*con* über +*akk*)

ilusionismo [ilusjoˈnismo] *m* (*magia*) Zauberei *f*

ilusionista [ilusjoˈnista] *mf* Zauberkünstler(in) *m(f)*

iluso, -a [iˈluso, -a] **I.** *adj* leichtgläubig **II.** *m, f* **1.** (*soñador*) Träumer(in) *m(f)* **2.** (*entu-

siasta) Schwärmer(in) *m(f)*

ilusorio, -a [ilu'sorjo, -a] *adj* **1.** (*engañoso*) trügerisch **2.** (*de ningún efecto*) zwecklos

ilustración [ilustra'θjon] *f* **1.** (*imagen*) Abbildung *f;* ~ **gráfica** grafische Darstellung **2.** (*aclaración*) Veranschaulichung *f* **3.** (*instrucción*) Bildung *f* **4.** (HIST): **la I~** die Aufklärung

ilustrado, -a [ilus'traðo, -a] **I.** *adj* **1.** (*con imagenes*) bebildert **2.** (*aclarado*) veranschaulicht **3.** (*instruido*) gebildet **4.** (*perteneciente al movimiento intelectual*) aufgeklärt **II.** *m, f* Aufklärer(in) *m(f)*

ilustrador(a) [ilustra'ðor(a)] **I.** *adj* **1.** (*ilustrativo*) illustrierend **2.** (*aclarativo*) veranschaulichend **3.** (*instructivo*) lehrreich **II.** *m(f)* Illustrator(in) *m(f)*

ilustrar [ilus'trar] **I.** *vt* **1.** (*con imágenes*) bebildern **2.** (*aclarar*) veranschaulichen **3.** (*instruir*) aufklären **II.** *vr:* ~**se** sich bilden

ilustrativo, -a [ilustra'tiβo, -a] *adj* **1.** (*aclarador*) anschaulich **2.** (*sintomático*) bezeichnend

ilustre [i'lustre] *adj* (*famoso*) berühmt; (*egregio*) erlaucht

imagen [i'maxen] *f* **1.** (*t.* TV) Bild *nt* **2.** (*representación exacta*) Abbild *nt;* (*fiel*) Ebenbild *nt* **3.** (*representación mental*) Bild *nt* **4.** (*fama*) Image *nt* **5.** (*escultura sagrada*) Heiligenfigur *f;* (*pintura*) Heiligenbild *nt*

imaginable [imaxi'naβle] *adj* vorstellbar

imaginación [imaxina'θjon] *f* (*imaginativa*) Vorstellung(skraft) *f;* (*fantasía*) Fantasie *f;* **ni por** ~ auf keinen Fall

imaginar [imaxi'nar] **I.** *vt* **1.** (*representarse*) sich *dat* vorstellen **2.** (*idear*) sich *dat* ausdenken; (*inventar*) erfinden; ~ **fantasmas** Gespenster sehen **3.** (*suponer*) vermuten; (*sospechar*) ahnen **II.** *vr:* ~**se 1.** (*representarse*) sich *dat* vorstellen; **me lo imagino** das denke ich mir **2.** (*figurarse*) sich *dat* einbilden

imaginario, -a [imaxi'narjo, -a] *adj* **1.** (*t.* MAT) imaginär **2.** (*inventado*) erfunden **3.** (*figurado*) eingebildet

imaginativo, -a [imaxina'tiβo, -a] *adj* **1.** (*fantasioso*) fantasievoll **2.** (*ocurrente*) einfallsreich

imán [i'man] *m* **1.** (*t. fig: hierro*) Magnet *m* **2.** (REL) Imam *m*

iman(t)ar [ima'nar/iman̩'tar] *vt* magnetisieren

imbatibilidad [imbatiβili'ða^{ð}] *f sin pl* Unschlagbarkeit *f*

imbatible [imba'tiβle] *adj* unschlagbar

imbebible [imbe'βiβle] *adj* **1.** (*no potable*) nicht trinkbar **2.** (*con mal sabor*) ungenießbar

imbécil [im'beθil] **I.** *adj* **1.** (*t.* MED) schwachsinnig **2.** (*estúpido*) blöd **II.** *mf* **1.** (MED) Schwachsinnige(r) *mf* **2.** (*estúpido*) Schwachkopf *m*

imbecilidad [imbeθili'ða^{ð}] *f* **1.** (*t.* MED) Schwachsinn *m* **2.** (*estupidez*) Blödsinn *m*

imberbe [im'berβe] *adj* **1.** (*sin barba*) bartlos **2.** (*pey: inmaduro*) (noch) grün

imborrable [imbo'rraβle] *adj* **1.** (*lápiz*) nicht ausradierbar; (*tinta*) nicht (aus)löschbar **2.** (*acontecimiento*) unauslöschlich

imbricación [imbrika'θjon] *f* **1.** (ARQUIT) dachziegelartige Anordnung *f* **2.** (*superposición*) Überlappung *f;* (*entrecruzamiento*) Überschneidung *f*

imbricar [imbri'kar] <c→qu> **I.** *vt* überlappen **II.** *vr:* ~**se 1.** (*superponerse*) sich überlappen **2.** (*entrecruzarse*) sich überschneiden **3.** (*entrelazarse*) ineinander greifen

imbuido, -a [imbu'iðo, -a] *adj* durchdrungen (*de* von +*dat*)

imbuir [imbu'ir] *irr como huir* **I.** *vt* **1.** (*inculcar*) einprägen **2.** (*transmitir*) vermitteln **II.** *vr:* ~**se** sich *dat* zu Eigen machen (*de* +*akk*)

imitable [imi'taβle] *adj* nachahmenswert

imitación [imita'θjon] *f* **1.** (*copia*) Nachahmung *f;* (*reproducción*) Nachbildung *f;* **a ~ de...** nach dem Vorbild von ... **2.** (*como falsificación*) Imitation *f;* **perlas de ~** Kunstperlen *fpl*

imitado, -a [imi'taðo, -a] *adj* **1.** (*copiado*) nachgemacht **2.** (*falso*) unecht

imitador(a) [imita'ðor(a)] *m(f)* (*copista*) Nachmacher(in) *m(f);* (*parodista*) Imitator(in) *m(f)*

imitar [imi'tar] *vt* **1.** (*copiar*) nachmachen; (*parodiar*) imitieren; (*reproducir*) nachbilden; ~ **una firma** eine Unterschrift fälschen **2.** (*asemejarse*) ähneln +*dat*

impaciencia [impa'θjen̩θja] *f* Ungeduld *f*

impacientar [impaθjen̩'tar] **I.** *vt* ungeduldig machen **II.** *vr:* ~**se** die Geduld verlieren

impaciente [impa'θjen̩te] *adj* **1.** *ser* (*sin paciencia*) ungeduldig **2.** *estar* (*intranquilo*) unruhig **3.** *estar* (*ansioso*) begierig

impactar [impak'tar] *vt* **1.** (*un proyectil*) einschlagen (*en* in +*akk*) **2.** (*un acontecimiento*) beeindrucken

impacto [im'pakto] *m* **1.** (*choque de un proyectil*) Einschlag *m;* (*huella*) Treffer *m* **2.** (*Am: en el boxeo*) (Faust)schlag *m* **3.** (*golpe emocional*) Schlag *m fig* **4.** (*efecto*) (große) Wirkung *f;* (*impresión*) Eindruck *m;* ~ (**medio**)**ambiental** Umweltbelastung *f*

impagable [impa'ɣaβle] *adj* **1.** (*no pagable*) unbezahlbar **2.** (*inapreciable*) unschätzbar

impago [im'paɣo] *m* Nichtzahlung *f;* ~ **de impuestos** Steuerumgehung *f*

impalpable [impal'paβle] *adj* **1.** (*intocable*) nicht fühlbar; (*imperceptible*) nicht wahrnehmbar **2.** (*sutil*) fein

impar [im'par] **I.** *adj* **1.** (*número*) ungerade **2.** (*sin par*) ungleich **3.** (ANAT) unpaarig **4.** (*sin igual*) einzigartig **II.** *m* ungerade Zahl *f*

imparable [impa'raβle] *adj* unhaltbar

imparcial [impar'θjal] *adj* **1.** (*sin tomar partido*) unparteiisch **2.** (*sin prejuicios*) unvoreingenommen **3.** (*justo*) gerecht

imparcialidad [imparθjali'ða^{ð}] *f* **1.** (*falta de parcialidad*) Unparteilichkeit *f* **2.** (*falta de prevención*) Unvoreingenommenheit *f*

impartir [impar'tir] *vt* **1.** (*dar*) erteilen **2.** (*conferir*) gewähren **3.** (*comunicar*) mitteilen

impasibilidad [impasiβili'ða^{ð}] *f* **1.** (*insensibilidad*) Gefühllosigkeit *f* **2.** (*indiferencia*) Gleichmütigkeit *f*

impasible [impa'siβle] *adj* **1.** (*insensible*) gefühllos **2.** (*indiferente*) gleichmütig

impavidez [impaβi'ðeθ] *f* Unerschrockenheit *f*

impávido, -a [im'paβiðo, -a] *adj* unerschrocken

impecable [impe'kaβle] *adj* **1.** *ser* (*correcto*) untad(e)lig **2.** *estar* (*nuevo*) tadellos

impedido, -a [impe'ðiðo, -a] **I.** *adj* behindert; **estar ~ para algo** zu etw *dat* unfähig sein **II.** *m, f* Behinderte(r) *mf*

impedimento [impeði'mento] *m* **1.** (*que imposibilita algo*) Verhinderung *f* **2.** (*obstáculo*) Hindernis *nt;* (*acerca del matrimonio*) Ehehindernis *nt* **3.** (*t.* MED) Behinderung *f*

impedir [impe'ðir] *irr como pedir vt* **1.** (*imposibilitar*) verhindern **2.** (*obstaculizar*) behindern; (*el paso*) versperren **3.** (*estorbar*) abhalten (von +*dat*)

impeler [impe'ler] *vt* **1.** (*empujar*) (fort)schieben **2.** (*impulsar*) in Bewegung setzen **3.** (*incitar*) bewegen (*a* zu +*dat*)

impenetrabilidad [impenetraβili'ða^{ð}] *f* **1.** (*inaccesibilidad*) Undurchdringlichkeit *f;* (*de personas*) Unzugänglichkeit *f* **2.** (*impermeabilidad*) Undurchlässigkeit *f* **3.** (*incomprensibilidad*) Undurchsichtigkeit *f*

impenetrable [impene'traβle] *adj* **1.** (*inaccesible*) undurchdringlich; (*persona*) unzugänglich **2.** (*impermeable*) undurchlässig **3.** (*incomprensible*) undurchsichtig

impenitencia [impeni'tenθja] *f* Unbußfertigkeit *f*

impenitente [impeni'tente] *adj* (*empedernido*) eingefleischt; (*incorregible*) unverbesserlich

impensable [impen'saβle] *adj* undenkbar

impensado, -a [impen'saðo, -a] *adj* **1.** (*repentino*) unvermutet **2.** (*imprevisto*) unvorhergesehen; (*inesperado*) unerwartet

impepinable [impepi'naβle] *adj* (*fam*) bombensicher

imperar [impe'rar] *vi* **1.** (*reinar*) herrschen (*sobre* über +*akk*) **2.** (*predominar*) vorherrschen

imperativo, -a[1] [impera'tiβo, -a] *adj* **1.** (*autoritario*) befehlend; (*imperioso*) gebieterisch **2.** (*exigente*) fordernd; (*obligatorio*) zwingend

imperativo[2] [impera'tiβo] *m* **1.** (LING) Imperativ *m* **2.** *pl* (*exigencia*) Gebot *nt;* (*necesidad*) Notwendigkeit *f*

imperceptible [imperθep'tiβle] *adj* **1.** (*inapreciable*) nicht wahrnehmbar **2.** (*minúsculo*) unmerklich

imperdible [imper'ðiβle] **I.** *adj* unverlierbar **II.** *m* Sicherheitsnadel *f*

imperdonable [imperðo'naβle] *adj* unverzeihlich

imperecedero, -a [impereθe'ðero, -a] *adj* unvergänglich

imperfección [imperfe$^{\gamma}$'θjon] *f* **1.** (*falta de perfección*) Unvollkommenheit *f* **2.** (*defecto*) Mangel *m*

imperfecto, -a[1] [imper'fekto, -a] *adj* **1.** (*persona*) unvollkommen **2.** (*cosa incompleta*) unvollständig; (*inacabada*) unvollendet; (*defectuosa*) mangelhaft

imperfecto[2] [imper'fekto] *m* (LING) Imperfekt *m*

imperial [impe'rjal] **I.** *adj* kaiserlich **II.** *f* **1.** (*de un autobús*) oberer Stock *m* **2.** (*de una carroza*) Verdeck *nt*

imperialismo [imperja'lismo] *m* (POL) Imperialismus *m*

impericia [impe'riθja] *f* **1.** (*ineptitud*) Unfähigkeit *f* **2.** (*inexperiencia*) Unerfahrenheit *f* **3.** (*torpeza*) Ungeschicklichkeit *f*

imperio [im'perjo] *m* **1.** (*territorio*) Reich *nt;* (*t. fig*) Imperium *nt* **2.** (*mandato*) Herrschaft *f* **3.** (*autoridad*) Macht *f* **4.** (ARTE) Empirestil *m* **5.** (*altanería*) Hochmut *m*

imperioso, -a [impe'rjoso, -a] *adj* **1.** (*autoritario*) gebieterisch **2.** (*urgente*) dringend; (*forzoso*) zwingend

impermeabilidad [impermeaβili'ða^{ð}] *f* (Wasser)undurchlässigkeit *f*

impermeabilizar [impermeaβili'θar] <z→c> *vt* **1.** (*un tejido*) wasserdicht machen **2.** (*una abertura*) abdichten

impermeable [imperme'aβle] **I.** *adj* (wasser)dicht **II.** *m* Regenmantel *m*

impersonal [imperso'nal] *adj* (*t.* LING) unpersönlich

impertérrito, -a [imper'territo, -a] *adj* (*impávido*) unerschrocken; (*sin miedo*) furchtlos

impertinencia [imperti'nenθja] *f* **1.** (*insolencia*) Ungehörigkeit *f;* (*descaro*) Unverschämtheit *f* **2.** (*inoportunidad*) unpassende Bemerkung *f* **3.** (*importunidad*) Zudringlichkeit *f*

impertinente [imperti'nen̦te] **I.** *adj* **1.** (*insolente*) ungehörig; (*descarado*) unverschämt **2.** (*inoportuno*) unangebracht **3.** (*pesado*) zudringlich **II.** *mf* unverschämte Person *f*

imperturbabilidad [imperturβaβili'ðaᵈ] *f* (*firmeza*) Unerschütterlichkeit *f;* (*seguridad*) Unbeirrtheit *f*

imperturbable [impertur'βaβle] *adj* (*firme*) unerschütterlich; (*seguro*) unbeirrt

ímpetu ['impetu] *m* **1.** (*vehemencia*) Heftigkeit *f* **2.** (*brío*) Schwung *m* **3.** (*violencia*) Gewalt *f*

impetuosidad [impetwosi'ðaᵈ] *f* Ungestüm *nt*

impetuoso, -a [impetu'oso, -a] *adj* **1.** (*temperamento*) ungestüm **2.** (*movimiento*) heftig; (*fuerza*) wuchtig **3.** (*acto*) unbedacht

impiedad [impje'ðaᵈ] *f* **1.** (*falta de fe*) Gottlosigkeit *f* **2.** (*de piedad*) Herzlosigkeit *f*

impío, -a [im'pio, -a] **I.** *adj* **1.** (*irreligioso*) gottlos **2.** (*inclemente*) unbarmherzig **3.** (*irrespetuoso*) respektlos **II.** *m, f* Gottlose(r) *mf*

implacable [impla'kaβle] *adj* **1.** (*imposible de ablandar*) unversöhnlich **2.** (*riguroso*) unerbittlich

implantación [implan̦ta'θjon] *f* **1.** (MED) Implantation *f* **2.** (*introducción*) Einführung *f* **3.** (*asentamiento*) Ansiedlung *f* **4.** (*generalización*) Einbürgerung *f*

implantar [implan̦'tar] **I.** *vt* **1.** (*establecer*) errichten; (*asentar*) ansiedeln **2.** (*instituir*) (be)gründen **3.** (*introducir*) einführen **4.** (MED) einpflanzen, implantieren **II.** *vr:* ~**se** **1.** (*establecerse*) sich niederlassen **2.** (*generalizarse*) sich einbürgern

implementar [implemen̦'tar] *vt* (*Am*) **1.** (*un método*) anwenden **2.** (*un plan*) ausführen; (*una orden*) vollziehen; (*un deber*) erfüllen

implicación [implika'θjon] *f* **1.** (*inclusión*) Einbeziehung *f* **2.** (*participación en un delito*) Beteiligung *f* **3.** (*consecuencia*) Auswirkung *f* **4.** (*significado*) Bedeutung *f* **5.** (*contradicción*) Widerspruch *m;* (*oposición*) Gegensatz *m*

implicar [impli'kar] <c→qu> **I.** *vt* **1.** (*envolver*) verwickeln **2.** (*contener*) beinhalten; (*una consecuencia*) zur Folge haben **3.** (*significar*) bedeuten **II.** *vi* (*impedir*) entgegenstehen (+*dat*) **III.** *vr:* ~**se** sich verwickeln (*en* in +*akk*)

implícito, -a [im'pliθito, -a] *adj* **1.** (*incluido*) (mit) eingeschlossen; (*una circunstancia*) (mit) einbezogen **2.** (*sobreentendido*) implizit **3.** (*tácito*) stillschweigend

implorar [implo'rar] *vt* (*a alguien*) anflehen; (*algo*) flehen (um +*akk*); ~ (**el**) **perdón** um Verzeihung flehen

impoluto, -a [impo'luto, -a] *adj* **1.** (*limpio*) rein **2.** (*sin tacha moral*) makellos

imponderable [impon̦de'raβle] *adj* **1.** (*incalculable*) unwägbar **2.** (*inestimable*) unschätzbar

imponderables [impon̦de'raβles] *mpl* Unwägbarkeiten *fpl*

imponente [impo'nen̦te] **I.** *adj* **1.** (*impresionante*) eindrucksvoll **2.** (*que infunde respeto*) beeindruckend **3.** (*inmenso*) mächtig; (*grandioso*) imposant **4.** (*fam: atractivo*) toll **II.** *mf* (FIN) Einleger(in) *m(f)*

imponer [impo'ner] *irr como poner* **I.** *vt* **1.** (*idea*) aufzwingen; (*carga*) auferlegen (*a/sobre* +*dat*); (*impuestos*) erheben (*sobre* für +*akk*); (*sanciones*) verhängen **2.** (*nombre*) geben **3.** (*respeto*) einflößen **4.** (FIN) einzahlen; (*invertir*) anlegen **5.** (*informar*) in Kenntnis setzen (*de* über +*akk*) **II.** *vi* imponieren **III.** *vr:* ~**se** **1.** (*hacerse necesario*) sich aufdrängen; (*hacerse ineludible*) unbedingt notwendig sein **2.** (*hacerse obedecer*) sich durchsetzen (*a* gegen +*akk*); (*prevalecer*) sich behaupten (*a* gegen +*akk*) **3.** (*tomar como obligación*) sich *dat* auferlegen **4.** (*informarse*) sich informieren (*de* über +*akk*); (*familiarizarse*) sich vertraut machen (*en* mit +*dat*)

imponible [impo'niβle] *adj* **1.** (FIN) besteuerbar **2.** (*importación*) verzollbar **3.** (*fam: ropa*) nicht tragbar

impopular [impopu'lar] *adj* **1.** (*antipático*) unbeliebt **2.** (*desfavorable*) unpopulär

impopularidad [impopulari'ðaᵈ] *f* Unbeliebtheit *f*

importación [importa'θjon] *f* **1.** (*acción*) Einfuhr *f* **2.** (*producto*) Importware *f*

importador(a) [importa'ðor(a)] **I.** *adj* Einfuhr- **II.** *m(f)* Importeur(in) *m(f)*

importancia [impor'tan̦θja] *f* **1.** (*interés*) Bedeutung *f;* **sin** ~ bedeutungslos **2.** (*extensión*) Ausmaß *nt* **3.** (*trascendencia*) Tragweite *f* **4.** (*prestigio*) Ansehen *nt;* (*influencia*) Einfluss *m;* **darse** ~ (*fam*) angeben

importante [impor'tan̦te] *adj* **1.** (*de gran interés*) bedeutend; **lo** ~ **es...** +*inf* Hauptsache ... **2.** (*dimensión*) beachtlich **3.** (*cantidad*) beträchtlich **4.** (*calidad*) wertvoll **5.** (*situación*) ernst **6.** (*persona*) berühmt; (*influyente*) einflussreich

importar [impor'tar] **I.** *vt* **1.** (*mercancía*) einführen, importieren **2.** (*precio*) betragen **3.** (*traer consigo*) mit sich bringen **II.** *vi* von Bedeutung sein; **¡no importa!** (das) macht nichts!; **¿a ti qué te importa?** was geht dich das an?; **¿te importa esperar?** macht es dir was aus zu warten?

importe [im'porte] *m* (*cuantía*) Betrag *m;*

(*total*) Summe *f*

importunar [importu'nar] *vt* (*incomodar*) belästigen; (*molestar*) stören

importunidad [importuni'ða^ð] *f* **1.** (*incomodidad*) Belästigung *f;* (*molestia*) Störung *f* **2.** (*indiscreción*) Aufdringlichkeit *f*

importuno, -a [impor'tuno, -a] *adj* **1.** (*incómodo*) lästig; (*molesto*) störend **2.** (*indiscreto*) aufdringlich **3.** (*inoportuno*) ungelegen

imposibilidad [imposiβili'ða^ð] *f* Unmöglichkeit *f*

imposibilitado, -a [imposiβili'taðo, -a] *adj* **1.** (*impedido*) (körper)behindert; (*paralítico*) gelähmt **2.** (*de acudir*) verhindert

imposibilitar [imposiβili'tar] *vt* (*impedir*) verhindern; (*evitar*) vermeiden

imposible [impo'siβle] **I.** *adj* **1.** (*irrealizable*) unmöglich **2.** (*fam: insoportable*) unerträglich **3.** (*Am: repugnante*) ekelhaft **II.** *m:* **lo ~** das Unmögliche

imposición [imposi'θjon] *f* **1.** (*de una carga*) Auferlegung *f;* (*de condena*) Verhängung *f* **2.** (*de condiciones*) Auflage *f* **3.** (*de impuestos*) Besteuerung *f* **4.** (*de un nombre*) Vergabe *f* **5.** (REL): **~ de manos** Handauflegung *f* **6.** (FIN) Einlage *f*

impositiva [imposi'tiβa] *f* (*Am*) Finanzamt *nt*

impositivo, -a [imposi'tiβo, -a] *adj* **1.** (FIN) Steuer- **2.** (*CSur: imperativo*) entschieden

impostergable [imposter'ɣaβle] *adj* unaufschiebbar

impostor(a) [impos'tor(a)] **I.** *adj* **1.** (*difamador*) verleumderisch **2.** (*tramposo*) betrügerisch **II.** *m(f)* **1.** (*difamador*) Verleumder(in) *m(f)* **2.** (*tramposo*) Betrüger(in) *m(f)*

impostura [impos'tura] *f* **1.** (*calumnia*) Verleumdung *f* **2.** (*trampa*) Betrug *m*

impotencia [impo'ten̩θja] *f* **1.** (*falta de poder*) Machtlosigkeit *f* **2.** (*incapacidad*) Unfähigkeit *f* **3.** (MED) Impotenz *f*

impotente [impo'ten̩te] *adj* **1.** (*sin poder*) machtlos **2.** (*incapaz*) unfähig **3.** (*desvalido*) schwach **4.** (MED) impotent

impracticable [imprakti'kaβle] *adj* **1.** (*irrealizable*) unausführbar **2.** (*intransitable*) unbefahrbar; (*incómodo de pasar*) unwegsam

imprecación [impreka'θjon] *f* Fluch *m*

imprecar [impre'kar] <c→qu> *vt* verfluchen

imprecisión [impreθi'sjon] *f* **1.** (*falta de precisión*) Ungenauigkeit *f* **2.** (*falta de determinación*) Unbestimmtheit *f*

impreciso, -a [impre'θiso, -a] *adj* **1.** (*no preciso*) ungenau **2.** (*indefinido*) vage

impredecible [impreðe'θiβle] *adj* nicht voraussagbar

impregnar [impreɣ'nar] **I.** *vt* **1.** (*empapar*) tränken; (*un tejido*) imprägnieren **2.** (*penetrar*) durchtränken **3.** (*influir*) erfüllen **II.** *vr:* **~se** sich voll saugen (*con/de* mit +*dat*)

impremeditado, -a [impremeði'taðo, -a] *adj* **1.** (*impensado*) unüberlegt **2.** (*irreflexivo*) unbedacht **3.** (*involuntario*) unbeabsichtigt

imprenta [im'pren̩ta] *f* **1.** (*técnica*) (Buch)druck *m* **2.** (*arte*) Buchdruckerkunst *f* **3.** (*taller*) (Buch)druckerei *f* **4.** (*impresión*) Druck *m*

imprescindible [impresθin̩'diβle] *adj* **1.** (*ineludible*) unumgänglich **2.** (*obligatorio*) unerlässlich **3.** (*insustituible*) unentbehrlich

impresentable [impresen̩'taβle] *adj* nicht vorzeigbar

impresión [impre'sjon] *f* **1.** (*huella*) Abdruck *m* **2.** (TIPO) Druck *m;* (*acto*) Drucklegung *f* **3.** (INFOR) Ausdruck *m* **4.** (FOTO) Abzug *m* **5.** (*grabación*) (Ton)aufnahme *f* **6.** (*sensación*) (Sinnes)eindruck *m;* (*opinión*) Eindruck *m*

impresionable [impresjo'naβle] *adj* **1.** (*fácil de impresionar*) leicht zu beeindrucken; (*de alterar*) leicht erregbar **2.** (*sensible*) empfindsam **3.** (TIPO) druckbar **4.** (INFOR) ausdruckbar

impresionante [impresjo'nan̩te] *adj* **1.** (*emocionante*) beeindruckend **2.** (*de gran efecto*) wirkungsvoll **3.** (*magnífico*) großartig

impresionar [impresjo'nar] **I.** *vt* **1.** (*emocionar*) beeindrucken; (*conmover*) erschüttern **2.** (*inculcar*) einprägen **3.** (FOTO) belichten **4.** (*grabar*) bespielen **II.** *vr:* **~se** (*emocionarse*) beeindruckt sein; (*conmoverse*) erschüttert sein

impresionismo [impresjo'nismo] *m* (ARTE) Impressionismus *m*

impreso, -a[1] [im'preso, -a] *pp de* **imprimir**

impreso[2] [im'preso] *m* **1.** (*hoja*) Druckerzeugnis *nt* **2.** (*formulario*) Formular *nt* **3.** (*envío*) Drucksache *f;* **~ publicitario** Werbedrucksache *f*

impresor(a) [impre'sor(a)] **I.** *adj* Druck- **II.** *m(f)* Drucker(in) *m(f)*

impresora [impre'sora] *f* (INFOR) Drucker *m;* **~ de inyección de tinta** Tintenstrahldrucker *m;* **~ láser** Laserdrucker *m*

imprevisible [impreβi'siβle] *adj* unvorhersehbar

imprevisión [impreβi'sjon] *f* **1.** (*despreocupación*) Sorglosigkeit *f;* (*descuido*) Unachtsamkeit *f* **2.** (*ligereza*) Leichtsinnigkeit *f*

imprevisto, -a[1] [impre'βisto, -a] *adj* (*no previsto*) unvorhergesehen; (*inesperado*) unerwartet

imprevisto[2] [impre'βisto] *m* **1.** (*percance*

inesperado) unerwartetes Ereignis *nt* **2.** *pl* (*gastos*) unvorhergesehene Ausgaben *fpl*

imprimir [impri'mir] *irr vt* **1.** (TIPO) drucken (*en/sobre* auf +*dat*); (*editar*) herausbringen (*en/sobre* auf +*dat*); (*reproducir*) abdrucken (*en/sobre* auf +*dat*) **2.** (INFOR) ausdrucken **3.** (*t. fig: un sello*) aufprägen **4.** (*inculcar*) einprägen **5.** (*transmitir*) verleihen

improbabilidad [improβaβili'ðaᵈ] *f* Unwahrscheinlichkeit *f*

improbable [impro'βaβle] *adj* unwahrscheinlich

ímprobo, -a ['improβo, -a] *adj* **1.** (*elev: inmoral*) unredlich **2.** (*esfuerzo*) mühselig, beschwerlich; (*trabajo*) hart

improcedente [improθe'ðeṇte] *adj* **1.** (*inoportuno*) unangemessen; (*extemporáneo*) unpassend **2.** (*inadecuado*) unzweckmäßig **3.** (*antirreglamentario*) unzulässig; (JUR) rechtswidrig

improductividad [improðuktiβi'ðaᵈ] *f* **1.** (*falta de productividad*) Unproduktivität *f* **2.** (*falta de rendimiento*) Unergiebigkeit *f* **3.** (*falta de rentabilidad*) Unwirtschaftlichkeit *f*

improductivo, -a [improðuk'tiβo, -a] *adj* **1.** (*no productivo*) unproduktiv **2.** (*sin rendimiento*) unergiebig **3.** (*antieconómico*) unwirtschaftlich

impronunciable [impronuṇ'θjaβle] *adj* unaussprechbar

improperio [impro'perjo] *m* (*ofensa*) Beleidigung *f;* (*insulto*) Beschimpfung *f*

impropiedad [impropje'ðaᵈ] *f* **1.** (*inexactitud en el lenguaje*) Ungenauigkeit *f;* (*incorrección*) Unrichtigkeit *f* **2.** (*inoportunidad*) Unangemessenheit *f* **3.** (*ineptitud*) Untauglichkeit *f*

impropio, -a [im'propjo, -a] *adj* **1.** (*inoportuno*) unpassend; **ese comportamiento es ~ en él** dieses Verhalten passt nicht zu ihm **2.** (*inapropiable*) ungeeignet **3.** (MAT) unecht

improrrogable [improrro'ɣaβle] *adj* **1.** (*no prolongable*) nicht verlängerbar **2.** (*no aplazable*) unaufschiebbar

improvisación [improβisa'θjon] *f* Improvisation *f*

improvisar [improβi'sar] *vt* improvisieren

improviso, -a [impro'βiso, -a] *adj* unerwartet; **de ~** plötzlich; **coger a alguien de ~** jdn überraschen

imprudencia [impru'ðeṇθja] *f* **1.** (*irreflexión*) Unbesonnenheit *f* **2.** (*descuido*) Unvorsichtigkeit *f* **3.** (*indiscreción*) Taktlosigkeit *f* **4.** (JUR) Fahrlässigkeit *f*

imprudente [impru'ðeṇte] *adj* **1.** (*irreflexivo*) unbesonnen; (*insensato*) unklug **2.** (*incauto*) unvorsichtig **3.** (*indiscreto*) taktlos **4.** (JUR) fahrlässig

impudicia [impu'ðiθja] *f* (*desvergüenza*) Schamlosigkeit *f*

impúdico, -a [im'puðiko, -a] *adj* (*obsceno*) unzüchtig

impudor [impu'ðor] *m* (*desvergüenza*) Schamlosigkeit *f*

impuesto [im'pwesto] *m* (FIN) Steuer *f;* **~ sobre la renta** Einkommenssteuer *f;* **~ sobre los salarios** Lohnsteuer *f;* **libre de ~s** steuerfrei; **sujeto a ~s** steuerpflichtig

impugnación [impuɣna'θjon] *f* **1.** (*t.* JUR) Anfechtung *f* **2.** (*negación*) Bestreiten *nt* **3.** (*objeción*) Einwand *m*

impugnar [impuɣ'nar] *vt* **1.** (*t.* JUR) anfechten **2.** (*combatir*) bestreiten; (*una teoría*) zu widerlegen suchen

impulsar [impul'sar] *vt* **1.** (*empujar*) schieben **2.** (*incitar*) bewegen (*a* zu +*dat*) **3.** (*estimular*) antreiben; (*promover*) vorantreiben

impulsión [impul'sjon] *f* **1.** (TÉC) Antrieb *m* **2.** (*elev: empuje*) Anstoß *m*

impulsivo, -a [impul'siβo, -a] **I.** *adj* impulsiv **II.** *m, f* impulsiver Mensch *m*

impulso [im'pulso] *m* **1.** (*empujón*) Stoß *m* **2.** (*estímulo*) Anstoß *m;* (*exterior*) Antrieb *m;* **~ sexual** Sexualtrieb *m* **3.** (*empuje*) Schwung *m* **4.** (FÍS) Impuls *m*

impulsor(a) [impul'sor(a)] **I.** *adj* antreibend **II.** *m(f)* Anstifter(in) *m(f)*

impune [im'pune] *adj* straffrei

impunidad [impuni'ðaᵈ] *f* Straffreiheit *f*

impureza [impu'reθa] *f* **1.** (*t.* REL) Unreinheit *f* **2.** (*suciedad*) Verunreinigung *f* **3.** (*obscenidad*) Unzucht *f*

impuro, -a [im'puro, -a] *adj* **1.** (*t.* REL) unrein **2.** (*sucio*) verschmutzt **3.** (*obsceno*) unzüchtig

imputabilidad [imputaβili'ðaᵈ] *f* Zurechnungsfähigkeit *f*

imputable [impu'taβle] *adj* zurückzuführen (*a* auf +*akk*)

imputación [imputa'θjon] *f* **1.** (*insinuación*) Unterstellung *f* **2.** (*acusación*) Beschuldigung *f*

imputar [impu'tar] *vt* **1.** (*atribuir*) zurückführen (*a* auf +*akk*) **2.** (*cargar*) aufbürden (*a* +*dat*) **3.** (COM) verbuchen (*a* auf +*akk*)

inabarcable [inaβar'kaβle] *adj* unermesslich

inacabable [inaka'βaβle] *adj* unendlich

inaccesibilidad [inaᵞθesiβili'ðaᵈ] *f* **1.** (*inasequibilidad*) Unerreichbarkeit *f;* (*de una persona*) Unnahbarkeit *f* **2.** (*incomprensibilidad*) Unverständlichkeit *f*

inaccesible [inaᵞθe'siβle] *adj* **1.** (*inalcanzable*) unerreichbar (*para* für +*akk*); (*persona*) unnahbar **2.** (*incomprensible*) unverständlich

inacción [inaᵞ'θjon] *f* (*inactividad*) Untätigkeit *f;* (*ociosidad*) Nichtstun *nt*

inaceptable [inaθep'taβle] *adj* unannehmbar

inactividad [inaktiβi'ðað] *f* **1.** (*inacción*) Tatenlosigkeit *f;* (*desocupación*) Untätigkeit *f* **2.** (*de una sustancia*) Unwirksamkeit *f* **3.** (MED) Inaktivität *f*

inactivo, -a [inak'tiβo, -a] *adj* **1.** (*persona*) tatenlos; (*desocupado*) untätig **2.** (*funcionamiento*) stillgelegt **3.** (*volcán*) untätig **4.** (*sustancia*) unwirksam **5.** (MED) inaktiv

inadaptable [inaðap'taβle] *adj* (*inaplicable*) nicht anwendbar (*a* auf +*akk*); (*no aclimatable*) nicht anpassungsfähig

inadaptación [inaðapta'θjon] *f* (*inadaptabilidad*) mangelndes Anpassungsvermögen *nt;* (*resultado*) Unangepasstheit *f*

inadecuación [inaðekwa'θjon] *f* **1.** (*falta de apropiación*) Unangemessenheit *f* **2.** (*inutilidad*) Untauglichkeit *f*

inadecuado, -a [inade'kwaðo, -a] *adj* **1.** (*inapropiado*) unangemessen **2.** (*no apto*) ungeeignet

inadmisible [inaðmi'siβle] *adj* **1.** (*insostenible*) unzulässig **2.** (*intolerable*) unannehmbar

inadvertencia [inaðβer'teṇθja] *f* Unachtsamkeit *f*

inadvertido, -a [inaðβer'tiðo, -a] *adj* **1.** (*descuidado*) unachtsam; **me cogió ~** er/sie hat mich überrascht **2.** (*desapercibido*) unbemerkt

inagotable [inaɣo'taβle] *adj* unerschöpflich

inaguantable [inaɣwaṇ'taβle] *adj* unerträglich

inalámbrico, -a [ina'lambriko, -a] *adj* (TEL) schnurlos

inalcanzable [inalkaṇ'θaβle] *adj* unerreichbar

inalienable [inalje'naβle] *adj* unveräußerlich

inalterable [inaḷte'raβle] *adj* **1.** (*invariable*) unveränderlich **2.** (*permanente*) beständig **3.** (*imperturbable*) unerschütterlich

inalterado, -a [inaḷte'raðo, -a] *adj* unverändert

inamovible [inamo'βiβle] *adj* unversetzbar

inanición [inani'θjon] *f* Erschöpfung *f*

inanidad [inani'ðað] *f* Nichtigkeit *f*

inanimado, -a [inani'maðo, -a] *adj,* **inánime** [i'nanime] *adj* leblos

inapelable [inape'laβle] *adj* **1.** (JUR) unanfechtbar **2.** (*inevitable*) unvermeidbar

inapetencia [inape'teṇθja] *f* Appetitlosigkeit *f*

inaplazable [inapla'θaβle] *adj* **1.** (*impostergable*) unaufschiebbar **2.** (*urgente*) (besonders) dringend

inaplicable [inapli'kaβle] *adj* unanwendbar

inapreciable [inapre'θjaβle] *adj* **1.** (*de gran valor*) unschätzbar **2.** (*imperceptible*) nicht wahrnehmbar

inaprensible [inapren'siβle] *adj* **1.** (*inasible*) nicht greifbar **2.** (*incomprensible*) unverständlich

inasequible [inase'kiβle] *adj* unerreichbar; (*a causa del precio*) unerschwinglich

inaudible [inau̯'ðiβle] *adj* unhörbar

inaudito, -a [inau̯'ðito, -a] *adj* **1.** (*sin precedente*) noch nie da gewesen **2.** (*vituperable*) unerhört

inauguración [inau̯ɣura'θjon] *f* **1.** (*puente*) Einweihung *f* **2.** (*estatua*) Enthüllung *f* **3.** (*exposición*) Vernissage *f* **4.** (*comienzo*) Anfang *m*

inaugural [inau̯ɣu'ral] *adj* Eröffnungs-

inaugurar [inau̯ɣu'rar] *vt* **1.** (*puente*) einweihen **2.** (*estatua*) enthüllen **3.** (*comenzar*) anfangen

inca ['iŋka] **I.** *adj* Inka- **II.** *m* Inka *m*

> Die **incas** waren ein kleiner indianischer Stamm in **Perú**. Im 15. Jahrhundert aber expandierten sie ihr Reich, das sich schließlich über das heutige Kolumbien und Ecuador, Peru und Bolivien bis in den Norden Argentiniens und Chiles hinein erstreckte.

incalculable [iŋkalku'laβle] *adj* **1.** (*invalorable*) unschätzbar **2.** (*no cuantificable*) unbezifferbar **3.** (*comportamiento*) unberechenbar

incalificable [iŋkalifi'kaβle] *adj* **1.** (*indecible*) unbeschreiblich **2.** (*reprobable*) tadelnswert

incandescente [iŋkaṇdes'θeṇte] *adj* **1.** (FÍS: *metal*) weiß glühend **2.** (*temperamento*) erregt; (*pasión*) glühend

incansable [iŋkan'saβle] *adj* unermüdlich

incapacidad [iŋkapaθi'ðað] *f* **1.** (*ineptitud*) Unfähigkeit *f* **2.** (*psíquica*) Behinderung *f*

incapacitación [iŋkapaθita'θjon] *f* **1.** (*minusvalía*) Behinderung *f* **2.** (JUR) Entmündigung *f*

incapacitado, -a [iŋkapaθi'taðo, -a] **I.** *adj* **1.** (*incompetente*) unbefugt **2.** (*para negocios*) entmündigt **II.** *m, f* **1.** (*minusválido*) Behinderte(r) *mf* **2.** (JUR: *para negocios*) Geschäftsunfähige(r) *mf*

incapacitar [iŋkapaθi'tar] *vt* **1.** (JUR: *para negocios*) entmündigen **2.** (*impedir*) nicht erlauben

incapaz [iŋka'paθ] *adj* **1.** (*inepto*) unfähig (*de* zu +*dat*) **2.** (JUR: *sin capacidad legal*) unmündig **3.** (*sin talento*) ungeschickt

incasable [iŋka'saβle] *adj* **1.** (*imposible de*

casar) nicht zu verheiraten **2.** (JUR: *sin autorización legal*) eheunfähig

incautación [iŋkau̯ta'θjon] *f* Beschlagnahmung *f*

incautarse [iŋkau̯'tarse] *vr* **1.** (*confiscar*) beschlagnahmen (*de* +*akk*) **2.** (*adueñarse*) Besitz ergreifen (*de* von +*dat*)

incauto, -a [iŋ'kau̯to, -a] *adj* **1.** (*sin cautela*) unvorsichtig; (*confiado*) gutgläubig **2.** (*ingenuo*) naiv

incendiar [in̪θen̪'djar] **I.** *vt* (*sin intención*) entzünden; (*intencionalmente*) anzünden **II.** *vr:* ~**se** sich entzünden

incendiario, -a [in̪θen̪'djarjo, -a] **I.** *adj* **1.** (*para producir un incendio*) Brand- **2.** (*subversivo*) aufwiegelnd **II.** *m, f* Brandstifter(in) *m(f)*

incendio [in̪'θen̪djo] *m* Brand *m;* ~ **intencionado** Brandstiftung *f*

incentivar [in̪θen̪ti'βar] *vt* fördern (*a* +*akk*)

incentivo [in̪θen̪'tiβo] *m* Anreiz *m*

incertidumbre [in̪θerti'ðumbre] *f* **1.** (*inseguridad*) Unsicherheit *f* **2.** (*duda*) Ungewissheit *f,* Zweifel *m*

incesante [in̪θe'san̪te] *adj* unaufhörlich

incesto [in̪'θesto] *m* Blutschande *f,* Inzest *m*

incestuoso, -a [in̪θestu'oso, -a] *adj* blutschänderisch

incidencia [in̪θi'ðen̪θja] *f* **1.** (*efecto*) Auswirkungen *fpl* **2.** (*suceso*) Zwischenfall *m* **3.** (MAT) Einfall *m*

incidente [in̪θi'ðen̪te] **I.** *adj* **1.** (*que interrumpe*) störend **2.** (*al margen*) beiläufig **3.** (*ocasional*) gelegentlich **II.** *m* Zwischenfall *m*

incidir [in̪θi'ðir] *vi* **1.** (*consecuencias*) Auswirkungen haben (*en* auf +*akk*) **2.** (*elev: falta*) verfallen (*en* in +*akk*) **3.** (FÍS: *elev*) einfallen (*en* in +*akk*) **4.** (*tema*) hervorheben (*en* +*akk*) **5.** (MED) inzidieren (*en* +*akk*)

incienso [in̪'θjenso] *m* Weihrauch *m*

incierto, -a [in̪'θjerto, -a] *adj* ungewiss

incineración [in̪θinera'θjon] *f* Verbrennung *f;* (*de personas*) Einäscherung *f*

incinerador(a)[1] [in̪θinera'ðor(a)] *adj* **1.** (TÉC) Verbrennungs- **2.** (*para cadáveres*) Einäscherungs-

incinerador[2] [in̪θinera'ðor] *m* **1.** (TÉC) Verbrennungsanlage *f* **2.** (*para cadáveres*) Feuerbestattungsofen *m*

incineradora [in̪θinera'ðora] *f* **1.** *v.* **incinerador**[2] **2.** (*para basuras*) Müllverbrennungsanlage *f*

incinerar [in̪θine'rar] *vt* **1.** (TÉC) verbrennen **2.** (*cadáveres*) einäschern

incipiente [in̪θi'pjen̪te] *adj* beginnend

incisión [in̪θi'sjon] *f* **1.** (MED) (Ein)schnitt *m* **2.** (*elev: corte*) Schnitt *m*

inciso [in̪'θiso] *m* **1.** (TIPO) Absatz *m* **2.** (LING: *paréntesis*) Einschub *m;* (*coma*) Komma *nt* **3.** (*al relatar*) Exkurs *m* **4.** (*en documentos*) Randbemerkung *f*

incitación [in̪θita'θjon] *f* **1.** (*instigación*) Anstiftung *f* **2.** (*ánimo*) Ansporn *m*

incitante [in̪θi'tan̪te] *adj* **1.** (*instigador*) aufstachelnd **2.** (*que anima*) anregend

incitar [in̪θi'tar] *vt* **1.** (*instigar*) anstiften (*a* zu +*dat*) **2.** (*animar*) anspornen

incívico, -a [in̪'θiβiko, -a] *adj* asozial

incivil [in̪θi'βil] *adj,* **incivilizado, -a** [in̪θiβili'θaðo, -a] *adj* **1.** (*inculto*) unzivilisiert **2.** (*rudo*) brutal

inclemencia [iŋkle'men̪θja] *f* **1.** (*falta de clemencia*) Unbarmherzigkeit *f* **2.** (*clima*) Härte *f;* (*invierno*) Strenge *f;* (*paisaje*) Unwirtlichkeit *f;* **las ~s del tiempo** die Unbilden des Wetters

inclinación [iŋklina'θjon] *f* **1.** (*declive*) Neigung *f* **2.** (*reverencia*) Verbeugung *f;* (*con la cabeza*) Zunicken *nt* **3.** (*afecto*) Zuneigung *f* (*por* für +*akk*) **4.** (*tendencias*) Neigungen *fpl*

inclinado, -a [iŋkli'naðo, -a] *adj* **1.** (*ángulo*) geneigt (*a* zu +*dat*) **2.** (*de cuerpo*) gebeugt **3.** (*dispuesto*) geneigt

inclinar [iŋkli'nar] **I.** *vt* **1.** (*posición*) beugen **2.** (*influenciar*) geneigt machen **II.** *vr:* ~**se** **1.** (*persona, árboles*) sich beugen **2.** (*propender*) geneigt sein (*a* zu +*dat*) **3.** (*preferir*) neigen (*por* zu +*dat*)

incluir [iŋklu'ir] *irr como huir vt* **1.** (*comprender*) umfassen; (*contener*) beinhalten; **todo incluido** alles inklusive **2.** (*formar parte*) mit aufnehmen

inclusa [iŋ'klusa] *f* Findelhaus *nt*

inclusión [iŋklu'sjon] *f* **1.** (*integración*) Einschließung *f* **2.** (*formar parte*) Aufnahme *f;* **con ~ de...** einschließlich ... +*gen*

inclusive [iŋklu'siβe] *adv* einschließlich

incluso, -a[1] [iŋ'kluso, -a] *adj* eingeschlossen

incluso[2] [iŋ'kluso] **I.** *adv* sogar **II.** *prep* sogar; **habéis aprobado todos, ~ tú** ihr habt alle bestanden, selbst du

incoar [iŋko'ar] *vt* **1.** (*comenzar*) anfangen **2.** (JUR: *proceso*) eröffnen

incógnita [iŋ'koɣnita] *f* **1.** (MAT: *magnitud*) unbekannte Größe *f* **2.** (*enigma*) Rätsel *nt;* (*secreto*) Geheimnis *nt;* **despejar la ~** (*enigma*) das Rätsel lösen; (*secreto*) das Geheimnis lüften

incógnito, -a [iŋ'koɣnito, -a] *adj* unbekannt

incoherencia [iŋkoe'ren̪θja] *f* Zusammenhanglosigkeit *f*

incoherente [iŋkoe'ren̪te] *adj* unzusammenhängend

incoloro, -a [iŋko'loro, -a] *adj* farblos

incólume [iŋ'kolume] *adj* unversehrt

incombustible [iŋkombus'tiβle] *adj* feuerfest

incomible [iŋko'miβle] *adj* ungenießbar

incomodar [iŋkomo'ðar] **I.** *vt* stören **II.** *vr:* **~se** **1.** (*molestarse*) sich bemühen **2.** (*CSur: enfadarse*) sich beleidigt fühlen

incomodidad [iŋkomoði'ðaᵈ] *f,* **incomodo** [iŋko'moðo] *m* **1.** (*inconfortable*) Unbequemlichkeit *f* **2.** (*molestia*) Ärgernis *nt*

incómodo, -a [iŋ'komoðo, -a] *adj* **1.** (*inconfortable*) unbequem; **estar ~** sich unbehaglich fühlen **2.** (*molesto*) lästig

incomparable [iŋkompa'raβle] *adj* **1.** (*no comparable*) unvergleichbar **2.** (*extraordinario*) unvergleichlich

incompatibilidad [iŋkompatiβili'ðaᵈ] *f* Inkompatibilität *f;* **~ de oficios** Verbot der Ämterhäufung

incompatible [iŋkompa'tiβle] *adj* inkompatibel

incompetencia [iŋkompe'teṇθja] *f* **1.** (*inaptitud*) Unfähigkeit *f* **2.** (*sin poder legal*) Unzuständigkeit *f*

incompetente [iŋkompe'teṇte] *adj* **1.** (*inapto*) unfähig **2.** (*sin poder legal*) unbefugt

incompleto, -a [iŋkom'pleto, -a] *adj* **1.** (*inacabado*) unvollständig **2.** (*deficiente*) dürftig

incomprensible [iŋkompren'siβle] *adj* **1.** (*no inteligible*) unverständlich **2.** (*inexplicable*) nicht nachvollziehbar

incomprensión [iŋkompren'sjon] *f* **1.** (*no querer comprender*) Unverständnis *nt* **2.** (*no poder comprender*) Unverständlichkeit *f*

incomunicación [iŋkomunika'θjon] *f* **1.** (*aislamiento*) Isolation *f* **2.** (*en prisión*) Einzelhaft *f* **3.** (*falta de comunicación*) Kommunikationsmangel *m*

incomunicado, -a [iŋkomuni'kaðo, -a] *adj* **1.** (*aislado*) von der Außenwelt abgeschlossen **2.** (*en prisión*) in Einzelhaft

incomunicar [iŋkomuni'kar] <c→qu> *vt* **1.** (*aislar*) in Einzelhaft nehmen **2.** (*bloquear*) abriegeln

inconcebible [iŋkoṇθe'βiβle] *adj* **1.** (*inimaginable*) unvorstellbar **2.** (*inadmisible*) unbegreiflich

inconciliable [iŋkoṇθi'ljaβle] *adj* unvereinbar

inconcluso, -a [iŋkoŋ'kluso, -a] *adj* unbeendet

inconcreción [iŋkoŋkre'θjon] *f* Ungenauigkeit *f*

inconcreto, -a [iŋkoŋ'kreto, -a] *adj* vage

incondicional [iŋkoṇdiθjo'nal] **I.** *adj* bedingungslos **II.** *mf* (*amigo*) bedingungsloser Freund *m,* bedingungslose Freundin *f;* (*servil*) treu Ergebene(r) *mf*

inconexo, -a [iŋko'neʸso, -a] *adj* unzusammenhängend

inconfundible [iŋkoɱfuṇ'diβle] *adj* unverwechselbar

incongruencia [iŋkoŋ'grweṇθja] *f* (*incoherencia*) Unvereinbarkeit *f*

incongruente [iŋkoŋ'grweṇte] *adj* (*contradictorio*) unvereinbar

inconmensurable [iŋkoⁿmensu'raβle/iŋkoᵐmensu'raβle] *adj* **1.** (*que no puede medirse*) unmessbar **2.** (*enorme*) unermesslich

inconmovible [iŋkoⁿmo'βiβle/iŋkoᵐmo'βiβle] *adj* **1.** (*cosas*) nicht zu bewegen **2.** (*personas*) unerschütterlich

inconsciencia [iŋkoⁿs'θjeṇθja] *f* **1.** (MED: *desmayo*) Bewusstlosigkeit *f* **2.** (*insensatez*) Gedankenlosigkeit *f;* (*irresponsabilidad*) Verantwortungslosigkeit *f;* (*ignorancia*) Ahnungslosigkeit *f*

inconsciente [iŋkoⁿs'θjeṇte] *adj* **1.** *estar* (MED: *desmayado*) bewusstlos **2.** *ser* (*insensato*) gedankenlos; (*irresponsable*) verantwortungslos; (*ignorante*) ahnungslos **3.** *ser* (*gesto*) instinktiv

inconsistencia [iŋkonsis'teṇθja] *f* Unbeständigkeit *f*

inconsistente [iŋkonsis'teṇte] *adj* **1.** (*irregular*) unbeständig **2.** (*poco sólido*) nicht fest; (*argumento*) schwach

inconsolable [iŋkonso'laβle] *adj* untröstlich

inconstancia [iŋkoⁿs'taṇθja] *f* Unbeständigkeit *f*

inconstante [iŋkoⁿs'taṇte] *adj* **1.** (*irregular*) veränderlich **2.** (*caprichoso*) unbeständig

inconstitucionalidad [iŋkoⁿstituθjonali'ðaᵈ] *f* Verfassungswidrigkeit *f*

incontable [iŋkoṇ'taβle] *adj* **1.** (*innumerable*) unzählig **2.** (*innarrable*) nicht erzählbar

incontenible [iŋkoṇte'niβle] *adj* **1.** (*irrefrenable*) unaufhaltbar **2.** (*fuera de control*) unkontrollierbar

incontestable [iŋkoṇtes'taβle] *adj* **1.** (*innegable*) unbestreitbar **2.** (*pregunta*) nicht zu beantworten

incontinencia [iŋkoṇti'neṇθja] *f* **1.** (MED: *evacuaciones*) Inkontinenz *f* **2.** (*desmesura*) Maßlosigkeit *f*

incontrolable *adj* unkontrollierbar

incontrolado, -a [iŋkoṇtro'laðo, -a] **I.** *adj* **1.** (*que no puede controlarse*) unkontrolliert **2.** (*que no puede verificarse*) unüberprüft **3.** (*violento*) wild, gewalttätig **II.** *m, f* Gewalttätige(r) *mf*

incontrovertible [iŋkoṇtroβer'tiβle] *adj* unbestreitbar

inconveniencia [iŋkombe'njeṇθja] *f* **1.** (*descortesía*) Ungebührlichkeit *f;* (*disparate*) unpassende Bemerkung *f* **2.** (*no adecuado*) Unangemessenheit *f* **3.** *pl* (*desventajas*) Nachteile *mpl*

inconveniente [iŋkombe'njente] **I.** *adj* **1.**(*descortés*) ungebührlich; (*disparate*) taktlos **2.**(*no adecuado*) unangemessen **3.**(*no aconsejable*) unratsam **II.** *m* **1.**(*desventaja*) Nachteil *m* **2.**(*obstáculo*) Hindernis *nt*

incordiar [iŋkor'ðjar] *vt* ärgern; **¡no incordies!** es reicht!

incordio [iŋ'korðjo] *m* **1.**(MED: *bubón*) Leistengeschwulst *f* **2.**(*fam: molestia*) Ärgernis *nt*

incorporación [iŋkorpora'θjon] *f* **1.**(*al enderezarse*) Sichaufrichten *nt;* (*al sentarse*) Sichaufsetzen *nt* **2.**(*integración*) Eingliederung *f;* (*en un equipo*) Aufnahme *f;* ~ **a filas** (MIL) Einberufung *f*

incorporar [iŋkorpo'rar] **I.** *vt* **1.**(*integrar*) einbinden (*a/en* in +*akk*) **2.**(*a un grupo*) aufnehmen (*a/en* in +*akk*) **3.**(*a una persona*) aufrichten **4.**(MIL) einziehen (*a/en* zu +*dat*) **II.** *vr:* ~**se** **1.**(*en el trabajo*) sich einfinden (*a/en* an +*dat*) **2.**(*agregarse*) hinzukommen (*a/en* zu +*dat*) **3.**(*enderezarse*) sich aufrichten **4.**(MIL: *a filas*) sich zum Militärdienst melden

incorrección [iŋkorre^{ɣ}'θjon] *f* **1.**(*no correcto*) Unrichtigkeit *f* **2.**(*falta*) Fehler *m* **3.**(*descortesía*) Unhöflichkeit *f*

incorrecto, -a [iŋko'rrekto, -a] *adj* **1.**(*erróneo*) unrichtig **2.**(*descortés*) unhöflich

incorregible [iŋkorre'xiβle] *adj* unverbesserlich

incorruptible [iŋkorrup'tiβle] *adj* unbestechlich

incorrupto, -a [iŋko'rrupto, -a] *adj* **1.**(*personas*) integer **2.**(*cosas*) unversehrt

incredibilidad [iŋkreðiβili'ða^{ð}] *f* Unglaubwürdigkeit *f*

incredulidad [iŋkreðuli'ða^{ð}] *f* **1.**(*desconfianza*) Misstrauen *nt* **2.**(REL: *sin fe*) Unglaube *m*

incrédulo, -a [iŋ'kreðulo, -a] **I.** *adj* **1.**(*desconfiado*) misstrauisch **2.**(REL: *sin fe*) ungläubig **II.** *m, f* **1.**(*desconfiado*) Skeptiker(in) *m(f)* **2.**(REL: *sin fe*) Ungläubige(r) *mf*

increíble [iŋkre'iβle] *adj* unglaublich

incrementar [iŋkremen'tar] **I.** *vt* erhöhen **II.** *vr:* ~**se** (an)steigen

incremento [iŋkre'mento] *m* **1.**(*aumento*) Erhöhung *f* **2.**(*crecimiento*) Wachstum *nt*

increpar [iŋkre'par] *vt* tadeln

incriminar [iŋkrimi'nar] *vt* **1.**(JUR: *acusar*) (öffentlich) anschuldigen **2.**(*falta*) vorwerfen

incruento, -a [iŋ'krwento, -a] *adj* unblutig

incrustación [iŋkrusta'θjon] *f* **1.**(*proceso*) Verkrustung *f* **2.**(ARTE) Einlegearbeiten *fpl* **3.**(MED) Krustenbildung *f* **4.**(*costra*) verkrusteter Belag *m*

incrustar [iŋkrus'tar] **I.** *vt* (ARTE: *con madera*) einlegen (*de* mit +*dat*) **II.** *vr:* ~**se** **1.**(*introducirse*) sich festsetzen **2.**(MED) verkrusten

incubación [iŋkuβa'θjon] *f* **1.**(MED) Inkubationszeit *f* **2.**(ZOOL) (Aus)brüten *nt;* (*período*) Brutzeit *f*

incubadora [iŋkuβa'ðora] *f* **1.**(MED) Brutkasten *m* **2.**(*para animales*) Brutofen *m*

incubar [iŋku'βar] **I.** *vt* (ZOOL) (aus)brüten **II.** *vr:* ~**se** sich entwickeln

incuestionable [iŋkwestjo'naβle] *adj* unumstritten

inculcar [iŋkul'kar] <c→qu> **I.** *vt* **1.**(*enseñar*) mühsam beibringen (*a/en* +*dat*) **2.**(*infundir*) eintrichtern (*a/en* +*dat*) **II.** *vr:* ~**se** hartnäckig bestehen (*en* auf +*dat*)

inculpación [iŋkulpa'θjon] *f* Anschuldigung *f*

inculpar [iŋkul'par] *vt* anklagen (*de* +*gen*)

inculto, -a [iŋ'kulto, -a] *adj* **1.**(*sin instrucción*) ungebildet **2.**(*comportamiento*) unkultiviert **3.**(AGR: *sin cultivar*) unbebaut

incultura [iŋkul'tura] *f* **1.**(*falta de enseñanza*) Bildungsmangel *m* **2.**(*comportamiento*) Ungeschliffenheit *f*

incumbencia [iŋkum'benθja] *f* Zuständigkeit *f*

incumbir [iŋkum'bir] *vi* **1.**(*atañer*) angehen (*a* +*akk*) **2.**(ADMIN: *ser de la competencia*) obliegen (*a* +*dat*)

incumplimiento [iŋkumpli'mjento] *m* Nichterfüllung *f;* ~ **de contrato** Vertragsbruch *m*

incumplir [iŋkum'plir] *vt* (*contrato*) nicht erfüllen; (*regla*) verletzen; (*promesa*) brechen

incurable [iŋku'raβle] **I.** *adj* **1.**(*enfermedad*) unheilbar **2.**(*sin esperanza*) hoffnunglos **II.** *mf* unheilbar Kranker *m,* unheilbar Kranke *f*

incurrir [iŋku'rrir] *vi* **1.**(*situación mala*) geraten (*en* in +*akk*); ~ **en una falta** einen Fehler begehen; ~ **en viejas costumbres** in alte Gewohnheiten zurückverfallen **2.**(*odio*) sich *dat* zuziehen; ~ **en responsabilidad** haften

incursión [iŋkur'sjon] *f* Einfall *m,* Eindringen *nt*

indagación [indaɣa'θjon] *f* **1.**(*en general*) Untersuchung *f* **2.**(*de policía*) Ermittlung *f*

indagar [inda'ɣar] <g→gu> *vt* ermitteln (in +*dat*)

indebido, -a [inde'βiðo, -a] *adj* **1.**(*cantidades*) nicht geschuldet **2.**(*injusto*) ungerechtfertigt; (*ilícito*) unrechtmäßig; **respuesta indebida** unangebrachte Antwort

indecencia [inde'θenθja] *f* **1.**(*persona*) Unschicklichkeit *f;* (*obscenidad*) Unanständigkeit *f* **2.**(*acción*) unanständiges Verhalten *nt;* (*dicho*) unanständiger Ausdruck *m*

indecente [in̦de'θen̦te] *adj* **1.** (*inadecuado*) unmöglich **2.** (*obsceno*) unanständig; (*sin vergüenza*) unverschämt **3.** (*guarro*) anstößig

indecisión [in̦deθi'sjon] *f* **1.** (*irresolución*) Unentschlossenheit *f* **2.** (*vacilación*) Wankelmut *m*

indeciso, -a [in̦de'θiso, -a] *adj* **1.** (*irresoluto*) unentschlossen **2.** (*que vacila*) wankelmütig **3.** (*resultado*) unklar

indecoroso, -a [in̦deko'roso, -a] *adj* **1.** (*indecente*) unanständig **2.** (*incorrecto*) unpassend

indefendible [in̦defen̦'diβle] *adj* unhaltbar

indefensión [in̦defen'sjon] *f* Wehrlosigkeit *f*

indefenso, -a [in̦de'fenso, -a] *adj* wehrlos

indefinible [in̦defi'niβle] *adj* undefinierbar

indefinidamente [in̦definiða'men̦te] *adv* auf unbestimmte Zeit

indefinido, -a [in̦defi'niðo, -a] *adj* (*t.* LING) unbestimmt; **contrato de trabajo** ~ unbefristeter Arbeitsvertrag

indeformable [in̦defor'maβle] *adj* unverformbar

indelicadeza [in̦delika'ðeθa] *f* **1.** (*vulgaridad*) Grobheit *f* **2.** (*desconsideración*) Taktlosigkeit *f*

indelicado, -a [in̦deli'kaðo, -a] *adj* taktlos

indemne [in'demne] *adj* **1.** (*persona*) unverletzt **2.** (*cosa*) unbeschädigt

indemnización [in̦demniθa'θjon] *f* **1.** (*pago*) Entschädigung *f;* ~ **de despido** Abfindung *f* **2.** *pl* (*después de una guerra*) Reparationen *fpl*

indemnizar [in̦demni'θar] <z→c> *vt* **1.** (*daños y perjuicios*) entschädigen (*de* für +*akk*) **2.** (*gastos*) erstatten

independencia [in̦depen̦'den̦θja] *f* Unabhängigkeit *f;* **con ~ de algo** unabhängig von etw *dat*

independentismo [in̦depen̦den̦'tismo] *m* (POL) Unabhängigkeitsbewegung *f*

independiente [in̦depen̦'djen̦te] *adj* **1.** (*libre*) unabhängig; **un piso** ~ eine Wohnung mit eigenem Eingang **2.** (*profesión*) selb(st)ständig **3.** (*soltero*) ungebunden **4.** (*sin partido*) parteilos

independización [in̦depen̦diθa'θjon] *f* (*liberación*) Befreiung *f;* (*adolescente*) Selb(st)ständigwerden *nt*

independizar [in̦depen̦di'θar] <z→c> **I.** *vt* befreien (*de* von +*dat*) **II.** *vr:* ~**se** **1.** (*liberarse*) sich unabhängig machen **2.** (*adolescente*) selb(st)ständig werden

indescifrable [in̦desθi'fraβle] *adj* **1.** (*ilegible*) unentzifferbar **2.** (*misterio*) unergründlich

indescriptible [in̦deskrip'tiβle] *adj* unbeschreiblich

indeseable [in̦dese'aβle] **I.** *adj* unerwünscht **II.** *mf* Schurke, -in *m, f*

indestructible [in̦destruk'tiβle] *adj* unzerstörbar

indeterminación [in̦determina'θjon] *f* **1.** (*inconcreción*) Unbestimmtheit *f* **2.** (*indecisión*) Unentschlossenheit *f*

indeterminado, -a [in̦determi'naðo, -a] *adj* **1.** (*inconcreto*) unbestimmt **2.** (*indeciso*) unentschlossen

indexación [in̦deᵞsa'θjon] *f* (*t.* INFOR) Verzeichniserstellung *f*

indexar [in̦deᵞ'sar] *vt* (INFOR) indexieren

India ['in̦dja] *f* **1.** (*en el oriente*): **la** ~ Indien *nt* **2.** *pl* Hispanoamerika *nt* **3.** (ZOOL): **conejillo de ~s** Meerschweinchen *nt;* (*fig fam: con quien se experimenta*) Versuchskaninchen *nt*

indiada [in̦'djaða] *f* (*Am: grupo de indios*) Indianer *mpl*

indicación [in̦dika'θjon] *f* **1.** (*señal*) Hinweis *m;* (*por escrito*) Vermerk *m;* ~ **de las fuentes** Quellenangaben *fpl* **2.** (MED: *síntoma*) Anzeichen *nt;* (*en recetas*) Indikation *f* **3.** (*consejo*) Tipp *m;* **por ~ de...** auf Anregung von ... **4.** *pl* (*instrucciones*) Anweisungen *fpl*

indicado, -a [in̦di'kaðo, -a] *adj* **1.** (*aconsejable*) ratsam; (*adecuado*) angebracht; **eso es lo más** ~ das ist das Allerbeste **2.** (MED: *tratamiento*) indiziert

indicador [in̦dika'ðor(a)] *m* Anzeiger *m;* (TÉC) Anzeigetafel *f;* (ECON) Indikator *m;* ~ **de carretera** Straßenschild *nt;* ~ **de gasolina** Benzinuhr *f*

indicar [in̦di'kar] <c→qu> *vt* **1.** (TÉC: *aparato*) anzeigen **2.** (*señalar*) hinweisen (auf +*akk*); (*sugerir*) aufmerksam machen (auf +*akk*); (*mostrar*) zeigen **3.** (MED) indizieren

indicativo[1] *m* (LING: *modo*) Indikativ *m*

indicativo, -a[2] [in̦dika'tiβo, -a] *adj* **1.** (LING) anzeigend **2.** (*ilustrativo*) bezeichnend

índice ['in̦diθe] *m* **1.** (*recopilación*) Verzeichnis *nt;* (*biblioteca*) Katalog *m;* (*de libro*) Inhaltsverzeichnis *nt* **2.** (*dedo*) Zeigefinger *m* **3.** (*estadísticas*) Rate *f;* ~ **de audiencia** Einschaltquote *f;* ~ **de paro** Arbeitslosenquote *f* **4.** (TÉC) Zeiger *m;* (*de reloj*) Uhrzeiger *m*

indicio [in̦'diθjo] *m* **1.** (*señal*) (An)zeichen *nt* **2.** (JUR) Indiz *nt* **3.** (*vestigio*) Spur *f*

indiferencia [in̦dife'ren̦θja] *f* Gleichgültigkeit *f*

indiferente [in̦dife'ren̦te] *adj* gleichgültig (*a* gegenüber +*dat*), indifferent *elev;* **me es** ~ das ist mir gleich

indígena [in̦'dixena] **I.** *adj* einheimisch; (*en Latinoamérica*) Indio- **II.** *mf* Ureinwohner(in) *m(f);* (*en Latinoamérica*) Indio *m,* Indiofrau *f*

indigencia [in̪di'xen̪θja] *f* Armut *f*
indigente [in̪di'xen̪te] **I.** *adj* arm **II.** *mf* Bedürftige(r) *mf*
indigestar [in̪dixes'tar] **I.** *vt* schlecht bekommen +*dat* **II.** *vr:* **~se 1.** (*empacharse*) sich *dat* den Magen verderben (*de/por* durch +*akk*) **2.** (*fam: hacerse antipático*) gegen den Strich gehen +*dat* **3.** (*Am: inquietarse*) sich beunruhigen
indigestión [in̪dixes'tjon] *f* Verdauungsstörung *f*; **contraer una ~** sich *dat* den Magen verderben
indigesto, -a [in̪di'xesto, -a] *adj* **1.** *ser* (*difícil de digerir*) unverdaulich **2.** *estar* (*indigerido*) unverdaut; **estar ~** (*persona*) Verdauungsprobleme haben **3.** *estar* (*de mal humor*) mürrisch
indignación [in̪diɣna'θjon] *f* Empörung *f*
indignado, -a [in̪diɣ'naðo, -a] *adj* empört (*con/contra/por* über +*akk*)
indignante [in̪diɣ'nan̪te] *adj* empörend
indignar [in̪diɣ'nar] **I.** *vt* empören **II.** *vr:* **~se** sich empören (*con/contra/por* über +*akk*)
indignidad [in̪diɣni'ðað] *f* **1.** (*cualidad*) Unwürdigkeit *f* **2.** (*acto*) Gemeinheit *f*
indigno, -a [in̪'diɣno, -a] *adj* **1.** (*desmerecedor*) unwürdig; **~ de confianza** nicht vertrauenswürdig **2.** (*vil*) gemein
índigo ['in̪diɣo] *m* Indigo *nt o m*
indio, -a ['in̪djo, -a] **I.** *adj* **1.** (*de la India*) indisch **2.** (*de América*) indianisch **3.** (*loc*): **en fila india** im Gänsemarsch **II.** *m, f* **1.** (*de la India*) Inder(in) *m(f)* **2.** (*de América*) Indianer(in) *m(f)* **3.** (*loc*): **hacer el ~** (*tonterías*) Blödsinn machen; (*el ridículo*) sich lächerlich machen
indirecta [in̪di'rekta] *f* (*fam*) Anspielung *f*
indirecto, -a [in̪di'rekto, -a] *adj* mittelbar; **complemento ~** (LING) indirektes Objekt
indisciplina [in̪disθi'plina] *f* Disziplinlosigkeit *f*
indisciplinado, -a [in̪disθipli'naðo, -a] **I.** *adj* (*falto de disciplina*) disziplinlos; (*desobediente*) ungehorsam; (*insumiso*) unbeugsam **II.** *m, f* (*desobediente*) Ungehorsame(r) *mf*; (*insumiso*) Unbeugsame(r) *mf*
indiscreción [in̪diskre'θjon] *f* **1.** (*no guardar un secreto*) Indiskretion *f* **2.** (*observación*) taktlose Bemerkung *f* **3.** (*curiosidad*) (taktlose) Neugierde *f*
indiscreto, -a [in̪dis'kreto, -a] *adj* **1.** (*imprudente*) taktlos **2.** (*que no guarda secretos*) schwatzhaft
indiscutible [in̪disku'tiβle] *adj* unbestreitbar
indisociable [in̪diso'θjaβle] *adj* untrennbar; (QUÍM) nicht spaltbar
indispensable [in̪dispen'saβle] *adj* unerlässlich; **lo (más) ~** das Allernötigste; **el requisito ~ es...** die unabdingbare Voraussetzung ist ...
indisponer [in̪dispo'ner] *irr como poner* **I.** *vt* **1.** (*enemistar*) aufbringen (*con/contra* gegen +*akk*) **2.** (*de salud*) mitnehmen, zusetzen +*dat* **II.** *vr:* **~se 1.** (*enemistarse*) sich entzweien **2.** (*ponerse mal*) krank werden
indisposición [in̪disposi'θjon] *f* **1.** (*de salud*) Unpässlichkeit *f* **2.** (*desgana*) Lustlosigkeit *f*
indispuesto, -a [in̪dis'pwesto, -a] *adj* **1.** (*enfermizo*) unpässlich **2.** (*con desgana*) lustlos **3.** (*molesto*) verstimmt
indistintamente [in̪distin̪ta'men̪te] *adv* **1.** (*indiscriminadamente*) ohne Unterschied **2.** (*irreconocible*) undeutlich
indistinto, -a [in̪dis'tinto, -a] *adj* **1.** (*elev: indiferenciado*) undifferenziert **2.** (*igual*) gleich **3.** (*difuso*) undeutlich; (*poco claro*) unbestimmt
individual [in̪diβi'ðwal] *adj* **1.** (*personal*) individuell; (*peculiar*) einzigartig **2.** (*simple*) Einzel- **3.** (*CSur: idéntico*) identisch
individualista [in̪diβiðwa'lista] **I.** *adj* individualistisch **II.** *mf* Individualist(in) *m(f)*
individualizar [in̪diβiðwali'θar] <z→c> *vt* einzeln betrachten
individuo [in̪di'βidwo] *m* **1.** (*espécimen*) Individuum *nt* **2.** (*miembro*) Mitglied *nt* **3.** (*pey: sujeto*) Typ *m*
indivisible [in̪diβi'siβle] *adj* unteilbar
indócil [in̪'doθil] *adj* **1.** (*desobediente*) ungehorsam **2.** (*cabezota*) eigensinnig
indoctrinar [in̪doktri'nar] *vt* (*Am*) indoktrinieren
indocumentado, -a [in̪dokumen̪'taðo, -a] *adj* **1.** *ser* (*no registrado*) nicht dokumentiert **2.** *estar* (*sin documentos*) ohne (Ausweis)papiere **3.** *ser* (*pey: ignorante*) unwissend
índole ['in̪dole] *f* **1.** (*condición*) Wesensart *f* **2.** (*manera de ser*) Charakter *m* **3.** (*clase*) Art *f*
indolencia [in̪do'len̪θja] *f* **1.** (*apatía*) Teilnahmslosigkeit *f* **2.** (*indiferencia*) Gleichgültigkeit *f* **3.** (*desgana*) Lustlosigkeit *f*
indolente [in̪do'len̪te] *adj* **1.** (*apático*) teilnahmslos **2.** (*indiferente*) gleichgültig **3.** (*con desgana*) lustlos
indomable [in̪do'maβle] *adj* **1.** (*que no se somete*) unbeugsam **2.** (*indomesticable*) unzähmbar **3.** (*fuera de control*) unkontrollierbar
indómito, -a [in̪'domito, -a] *adj* **1.** (*indomable*) unbeugsam **2.** (*rebelde*) unbändig
Indonesia [in̪do'nesja] *f* Indonesien *nt*
indonesio, -a [in̪do'nesjo, -a] **I.** *adj* indonesisch **II.** *m, f* Indonesier(in) *m(f)*
inducción [in̪duᵞ'θjon] *f* **1.** (ELEC: *corriente*)

Induktion *f* **2.** (FILOS: *razonamiento*) Schlussfolgerung *f* **3.** (*instigación*) Anstiftung *f*

inducir [indu'θir] *irr como traducir vt* **1.** (ELEC: *corriente*) induzieren **2.** (FILOS: *razonar*) (schluss)folgern (*de* aus +*dat*); **de todo esto induzco que...** aus alledem schließe ich, dass ... **3.** (*instigar*) anstiften (*a/en* zu +*dat*); ~ **a error** zu einem Fehler verleiten

inductor(a) [induk'tor(a)] *adj* **1.** (ELEC: *corriente*) induzierend **2.** (*instigador*) verleitend

indudable [indu'ðaβle] *adj* zweifellos; **es ~ que...** es besteht kein Zweifel (daran), dass ...

indulgencia [indul'xenθja] *f* **1.** (REL: *pecados*) Ablass *m* **2.** (*elev: cualidad*) Nachsicht *f*; **proceder sin ~ contra...** gnadenlos vorgehen gegen ...

indultar [indul'tar] *vt* **1.** (JUR: *perdonar*) begnadigen; (*después del proceso*) freisprechen (*de* von +*dat*); ~ **a alguien de la pena de muerte** jdm die Todesstrafe erlassen **2.** (*eximir*) ausnehmen (*de* aus +*dat*)

indulto [in'dulto] *m* **1.** (*perdón total*) Straferlass *m* **2.** (*perdón parcial*) Strafminderung *f* **3.** (*exención*) Befreiung *f*

indumentaria [indumen'tarja] *f* **1.** (*ropa*) Kleidung *f* **2.** (HIST) Trachtenkunde *f*

industria [in'dustrja] *f* **1.** (COM: *conjunto*) Industrie *f*; (*sector*) Sektor *m*; ~ **del automóvil** Autoindustrie *f* **2.** (*empresa*) Unternehmen *nt*; (*fábrica*) Fabrik *f* **3.** (*dedicación*) Hingabe *f* **4.** (*maña*) Geschicklichkeit *f*; **de ~** (*a propósito*) absichtlich

industrial [indus'trjal] **I.** *adj* Industrie-, industriell; **nave ~** Fabrikhalle *f*; **planta ~** Fabrik(anlage) *f*; **polígono ~** Industriegebiet *nt* **II.** *mf* Industrielle(r) *mf*; (*fabricante*) Fabrikant(in) *m(f)*

industrialización [industrjaliθa'θjon] *f* Industrialisierung *f*

industrializar [industrjali'θar] <z→c> *vt, vr:* ~**se** (sich) industrialisieren

industrioso, -a [indus'trjoso, -a] *adj* **1.** (*trabajador*) unternehmerisch **2.** (*mañoso*) geschickt

inédito, -a [i'neðito, -a] *adj* **1.** (*no publicado*) unveröffentlicht **2.** (*desconocido*) unbekannt

inefable [ine'faβle] *adj* unbeschreiblich, unsagbar

inefectivo, -a [inefek'tiβo, -a] *adj* **1.** (*sin resultado*) ineffektiv, fruchtlos **2.** (COM: *no rentable*) unwirtschaftlich

ineficacia [inefi'kaθja] *f* **1.** (*sin resultado*) Ineffektivität *f* **2.** (COM: *sin rentabilidad*) Unwirtschaftlichkeit *f* **3.** (*de una persona*) Inkompetenz *f*

ineficaz [inefi'kaθ] *adj* **1.** (*cosa*) ineffektiv **2.** (*persona*) inkompetent

ineficiente [inefi'θjente] *adj* unwirtschaftlich

> **INEM** *m* ist das Kurzwort für **Instituto Nacional de Empleo**, was im deutschsprachigen Raum dem Arbeitsamt entspricht. In den Aufgabenbereich des **INEM** fallen u.a. die Arbeitsvermittlung und die Gewährung von Arbeitslosengeld.

inenarrable [inena'rraβle] *adj* unbeschreiblich

inepcia [i'neβθja] *f* (*Am*) **1.** (*ineptitud*) Unfähigkeit *f* **2.** (*necedad*) Torheit *f*

ineptitud [inepti'tu^ð^] *f* **1.** (*incapacidad*) Unfähigkeit *f* (*para* zu +*dat*) **2.** (*incompetencia*) Untauglichkeit *f* (*para* für +*akk*)

inepto, -a [i'nepto, -a] *adj* **1.** (*incapaz*) unfähig (*para* zu +*dat*) **2.** (*incompetente*) untauglich (*para* für +*akk*)

inequívoco, -a [ine'kiβoko, -a] *adj* eindeutig

inercia [i'nerθja] *f* (*t.* FÍS) Trägheit *f*; **por ~** aus Gewohnheit

inerme [i'nerme] *adj* **1.** (*desarmado*) unbewaffnet **2.** (BIOL: *sin aguijón*) stachellos; (*sin púas*) dornenlos **3.** (*indefenso*) wehrlos

inerte [i'nerte] *adj* **1.** (*sin vida*) tot **2.** (*inmóvil*) leblos

inescrutable [ineskru'taβle] *adj* (*elev*) unergründlich

inesperado, -a [inespe'raðo, -a] *adj* unerwartet

inestabilidad [inestaβili'ða^ð^] *f* **1.** (*t.* TÉC: *fragilidad*) Instabilität *f* **2.** (*variabilidad*) Unbeständigkeit *f*

inestable [ines'taβle] *adj* **1.** (*t.* TÉC: *frágil*) instabil **2.** (*variable*) unbeständig

inestimable [inesti'maβle] *adj* unschätzbar

inevitable [ineβi'taβle] *adj* unvermeidbar

inexactitud [ine^γ^sakti'tu^ð^] *f* **1.** (*no exacto*) Ungenauigkeit *f* **2.** (*error*) Fehler *m*

inexacto, -a [ine^γ^'sakto, -a] *adj* **1.** (*no exacto*) ungenau **2.** (*erróneo*) falsch

inexcusable [inesku'saβle] *adj* **1.** (*ineludible*) unumgänglich **2.** (*sin disculpa*) unverzeihlich

inexistencia [ine^γ^sis'tenθja] *f* Inexistenz *f*

inexistente [ine^γ^sis'tente] *adj* nicht vorhanden

inexorable [ine^γ^so'raβle] *adj* (*elev*) unerbittlich (*en* in +*dat*)

inexperiencia [inespe'rjenθja] *f* Unerfahrenheit *f*

inexperto, -a [ines'perto, -a] *adj* unerfahren
inexplicable [inespli'kaβle] *adj* unerklärlich
inexpresivo, -a [inespre'siβo, -a] *adj* **1.** (*cara, mirada*) ausdruckslos **2.** (*cosa*) nichts sagend
inexpugnable [inespuɣ'naβle] *adj* **1.** (*inconquistable*) uneinnehmbar **2.** (*irreductible*) unerschütterlich
inextricable [inestri'kaβle] *adj* **1.** (*enmarañado*) undurchdringlich **2.** (*complicado*) verwickelt
infalible [iɱfa'liβle] *adj* unfehlbar
infamante [iɱfa'man̪te] *adj* schändlich
infamar [iɱfa'mar] *vt* schänden
infame [iɱ'fame] *adj* **1.** (*vil*) gemein **2.** (*muy malo*) miserabel
infamia [iɱ'famja] *f* **1.** (*canallada*) Gemeinheit *f* **2.** (*deshonra*) Schande *f*
infancia [iɱ'fan̪θja] *f* **1.** (*niñez*) Kindheit *f*; **enfermedades de la** ~ Kinderkrankheiten *fpl* **2.** (*etapa inicial*) Anfang *m* **3.** (*niños*) Kinder *ntpl*
infante, -a [iɱ'fan̪te, -a] *m, f* **1.** (*elev: niño/niña*) Knabe *m*, Mädchen *nt*; **jardín de ~s** (*Am*) Kindergarten *m* **2.** (*príncipe/princesa*) Infant(in) *m(f)* **3.** (*soldado*) Infanterist(in) *m(f)*
infantería [iɱfan̪te'ria] *f* (MIL) Infanterie *f*
infanticida [iɱfan̪ti'θiða] **I.** *adj*: **madre** ~ Kind(e)smörderin *f* **II.** *mf* Kindermörder(in) *m(f)*
infantil [iɱfan̪'til] *adj* **1.** (*referente a la infancia*) Kinder-; **trabajo** ~ Kinderarbeit *f*; **sonrisa** ~ kindliches Lächeln **2.** (*pey: ingenuo*) kindisch
infarto [iɱ'farto] *m* Infarkt *m*
infatigable [iɱfati'ɣaβle] *adj* unermüdlich (*en* in +*dat*, *para* bei +*dat*)
infausto, -a [iɱ'fau̯sto, -a] *adj* unheilvoll
infección [iɱfeɣ'θjon] *f* (MED) **1.** (*contaminación*) Ansteckung *f* **2.** (*afección*) Infektion *f*
infeccioso, -a [iɱfeɣ'θjoso, -a] *adj* (MED) infektiös; **enfermedad infecciosa** Infektionskrankheit *f*
infectar [iɱfek'tar] **I.** *vt* **1.** (MED: *contagiar*) anstecken **2.** (*fam: contaminar*) verseuchen **3.** (*corromper*) infizieren **II.** *vr*: **~se** **1.** (*contagiarse*) sich anstecken **2.** (*inflamarse*) sich entzünden
infecto, -a [iɱ'fekto, -a] *adj* **1.** (*contagiado*) infiziert (*de* mit +*dat*) **2.** (*nauseabundo*) widerlich **3.** (*corrupto*) schmutzig
infecundidad [iɱfekun̪di'ðaᵈ] *f* Unfruchtbarkeit *f*
infelicidad [iɱfeliθi'ðaᵈ] *f* **1.** (*falta de felicidad*) Unzufriedenheit *f* **2.** (*suerte adversa*) Unglück *nt*
infeliz [iɱfe'liθ] **I.** *adj* **1.** (*no feliz*) unglücklich **2.** (*fam: ingenuo*) treudoof **II.** *mf* (*fam*) **1.** (*desgraciado*) Unglückliche(r) *mf* **2.** (*buenazo*) armer Tropf *m*
inferior [iɱfe'rjor] **I.** *adj* **1.** (*debajo*) untere(r, s); **labio** ~ Unterlippe *f* **2.** (*de menos calidad*) minderwertiger (*a* als +*nom*) **3.** (*de menos categoría*) niedriger (*a* als +*nom*) **4.** (*menos*) geringer (*a* als +*nom*) **5.** (*subordinado*) untergeben **II.** *mf* Untergebene(r) *mf*
inferioridad [iɱferjori'ðaᵈ] *f* Unterlegenheit *f*; **estar en ~ de condiciones** im Nachteil sein
inferir [iɱfe'rir] *irr como sentir* **I.** *vt* **1.** (*deducir*) schließen (*de/por* aus +*dat*) **2.** (*ocasionar*) herbeiführen **3.** (*causar*) zufügen **II.** *vr*: **~se** hervorgehen (*de* aus +*dat*)
infernal [iɱfer'nal] *adj* höllisch; **ruido** ~ Höllenlärm *m*
infértil [iɱ'fertil] *adj* unfruchtbar
infertilidad [iɱfertili'ðaᵈ] *f sin pl* Unfruchtbarkeit *f*
infestar [iɱfes'tar] *vt* **1.** (*inundar*) überschwemmen (*de* mit +*dat*) **2.** (*infectar*) anstecken (*de* mit +*dat*) **3.** (*causar*) zufügen **4.** (*corromper*) infizieren (*de* mit +*dat*)
inficionar [iɱfiθjo'nar] *vt* **1.** (*contaminar*) verseuchen **2.** (*envenenar*) vergiften **3.** (*corromper*) verderben
infidelidad [iɱfiðeli'ðaᵈ] *f* **1.** (*deslealtad*) Untreue *f* **2.** (*incredulidad*) Unglaube *m*
infiel [iɱ'fjel] **I.** *adj* <infidelísimo> **1.** (*desleal*) untreu **2.** (*pagano*) ungläubig **3.** (*inexacto*) nicht getreu **II.** *mf* Ungläubige(r) *mf*
infiernillo [iɱfjer'niʎo] *m* Kocher *m*
infierno [iɱ'fjerno] *m* **1.** (*t.* REL) Hölle *f*; **mandar al** ~ zum Teufel jagen **2.** (*en la mitología*) Unterwelt *f*
infiltración [iɱfil̪tra'θjon] *f* **1.** (*el penetrar*) Einsickern *nt* **2.** (*propagación*) Verbreitung *f* **3.** (POL) Einschleusung *f*
infiltrar [iɱfil̪'trar] **I.** *vt* **1.** (*penetrar*) einsickern lassen (*en* in +*akk*) **2.** (*inculcar*) verbreiten (*entre* unter +*dat*) **II.** *vr*: **~se** **1.** (*penetrar*) einsickern (*en* in +*akk*) **2.** (*introducirse*) sich einschleusen (*en* in +*akk*)
ínfimo, -a ['iɱfimo, -a] *adj* **1.** (*muy bajo*) unterste(r, s) **2.** (*mínimo*) geringste(r, s) **3.** (*vil*) niederträchtigste(r, s)
infinidad [iɱfini'ðaᵈ] *f* **1.** (*cualidad de infinito*) Unendlichkeit *f* **2.** (*gran número*) Unmenge *f* (*de* an/von +*dat*)
infinitivo [iɱfini'tiβo, -a] *m* (LING) Infinitiv *m*
infinito, -a¹ [iɱfi'nito, -a] *adj* **1.** (*ilimitado*) unendlich; (*cosas no materiales*) grenzenlos **2.** (*incontable*) unzählbar
infinito² [iɱfi'nito] *m* (*t.* MAT) Unendliche(s)

nt

infinitud [iɱfini'tuᵈ] *f sin pl* Unendlichkeit *f*

inflable [iɱ'flaβle] *adj* aufblasbar

inflación [iɱfla'θjon] *f* **1.** (*el inflar*) Aufblasen *nt;* (MED) Aufblähung *f* **2.** (ECON) Inflation *f* **3.** (*exceso*) Übermaß *nt*

inflacionista [iɱflaθjo'nista] *adj* (ECON) inflationär

inflamable [iɱfla'maβle] *adj* leicht entzündbar

inflamación [iɱflama'θjon] *f* **1.** (*t.* MED) Entzündung *f* **2.** (TÉC) Zündung *f;* **punto de** ~ Zündpunkt *m*

inflamar [iɱfla'mar] **I.** *vt* **1.** (*encender*) entzünden **2.** (*excitar*) entflammen **II.** *vr:* ~**se** (*t.* MED) sich entzünden

inflamatorio, -a [iɱflama'torjo, -a] *adj* (MED) entzündlich

inflar [iɱ'flar] **I.** *vt* **1.** (*llenar de aire*) aufblasen **2.** (*exagerar*) aufbauschen **II.** *vr:* ~**se** **1.** (*hincharse*) sich aufblähen (*de* mit +*dat*) **2.** (*fam: de comida*) sich voll stopfen (*de* mit +*dat*)

inflexibilidad [iɱfleᵞsiβili'ðaᵈ] *f* **1.** (*rigidez*) Inflexibilität *f* **2.** (*firmeza*) Unnachgiebigkeit *f* (*a* gegenüber +*dat, en* in +*dat*)

inflexible [iɱfleᵞ'siβle] *adj* **1.** (*rígido*) unbiegsam **2.** (*firme*) unnachgiebig (*a* gegenüber +*dat, en* in +*dat*)

inflexión [iɱfleᵞ'sjon] *f* **1.** (*torcimiento*) Biegung *f* **2.** (*referente a la voz*) Modulation *f* **3.** (MAT) Wendepunkt *m* **4.** (LING) Flexion *f*

infligir [iɱfli'xir] <g→j> *vt:* ~ **un castigo** eine Strafe auferlegen; ~ **daño** Schaden verursachen; (*dolor*) Schmerz zufügen

influencia [iɱ'flweṇθja] *f* Einfluss *m* (*en/sobre* auf +*akk*)

influenciar [iɱflweṇ'θjar] **I.** *vt* beeinflussen **II.** *vr:* ~**se** sich beeinflussen lassen

influir [iɱflu'ir] *irr como huir* **I.** *vi* **1.** (*contribuir*) beeinflussen (*en/sobre* +*akk*) **2.** (*actuar*) einwirken (*en/sobre* auf +*akk*) **II.** *vt* beeinflussen **III.** *vr:* ~**se** sich beeinflussen lassen (*de* von +*dat*)

influjo [iɱ'fluxo] *m* **1.** (*influencia*) Einfluss *m* **2.** (*flujo*) Flut *f*

influyente [iɱflu'ɟeṇte] *adj* einflussreich

información [iɱforma'θjon] *f* Information *f* (*sobre* über +*akk*); (*oficina*) Auskunft(sstelle) *f*

informador(a) [iɱforma'ðor(a)] *m(f)* **1.** (*informante*) Informant(in) *m(f)* **2.** (*periodista*) Berichterstatter(in) *m(f)*

informal [iɱfor'mal] *adj* **1.** (*desenfadado*) informal; **lenguaje** ~ Umgangssprache *f* **2.** (*no cumplidor*) unzuverlässig

informalidad [iɱformali'ðaᵈ] *f* Unzuverlässigkeit *f*

informante [iɱfor'maṇte] *mf* Informant(in) *m(f)*

informar [iɱfor'mar] **I.** *vt* **1.** (*comunicar*) informieren (*de/sobre* über +*akk*) **2.** (*elev: fundamentar*) begründen **II.** *vi* (JUR) plädieren **III.** *vr:* ~**se** sich informieren (*de* über +*akk*)

informática [iɱfor'matika] *f* elektronische Datenverarbeitung *f*

informático, -a [iɱfor'matiko, -a] **I.** *adj:* **fallo** ~ Computerfehler *m* **II.** *m, f* Informatiker(in) *m(f)*

informativo, -a[1] [iɱforma'tiβo, -a] *adj* informativ; **boletín** ~ (*por escrito*) Informationsblatt *nt;* (*radial*) Nachrichten *fpl*

informativo[2] [iɱforma'tiβo] *m* Nachrichtensendung *f*

informatización [iɱformatiθa'θjon] *f* Umstellung *f* auf EDV

informatizar [iɱformati'θar] <z→c> *vt* auf EDV umstellen

informe [iɱ'forme] **I.** *adj* **1.** (*sin forma*) unförmig **2.** (*indefinido*) unbestimmt **II.** *m* **1.** (*exposición*) Bericht *m* (*sobre* über +*akk*) **2.** *pl* (*referencias*) Referenzen *fpl* (*sobre* über +*akk*)

infortunado, -a [iɱfortu'naðo, -a] *adj* unglückselig

infortunio [iɱfor'tunjo] *m* **1.** (*adversidad*) Unglück *nt* **2.** (*mala suerte*) Pech *nt*

infracción [iɱfraᵞ'θjon] *f* Verstoß *m* (*de* gegen +*akk*); ~ **de tráfico** Verkehrsübertretung *f*

infractor(a) [iɱfrak'tor(a)] **I.** *adj* zuwiderhandelnd **II.** *m(f)* Zuwiderhandelnde(r) *mf;* (JUR) Rechtsbrecher(in) *m(f)*

infraestructura [iɱfraestruk'tura] *f* **1.** (*construcción*) Unterbau *m* **2.** (*medios*) Infrastruktur *f*

infrahumano, -a [iɱfrau'mano, -a] *adj* menschenunwürdig

infranqueable [iɱfraŋke'aβle] *adj* unüberwindbar

infrautilización [iɱfrautiliθa'θjon] *f* Nichtauslastung *f*

infrautilizar [iɱfrautili'θar] <z→c> *vt* nicht erschöpfend nutzen

infravalorar [iɱfraβalo'rar] *vt* unterbewerten

infrecuencia [iɱfre'kweṇθja] *f* Seltenheit *f*

infrecuente [iɱfre'kweṇte] *adj* selten

infringir [iɱfriŋ'xir] <g→j> *vt* verstoßen (gegen +*akk*)

infructuoso, -a [iɱfruktu'oso, -a] *adj* unfruchtbar

ínfula ['iɱfula] *f* **1.** (REL) Infel *f* **2.** *pl* (*soberbia*): **darse** ~**s** sich wichtig machen

infundado, -a [iɱfuṇ'daðo, -a] *adj* unbegründet

infundio [iɱ'fuṇdjo] *m* Gerücht *nt*

infundir [iɱfuṇ'dir] *vt* einflößen; (REL) geben; ~ **sospechas** einen Verdacht aufkommen lassen

infusión [imfu'sjon] *f* **1.** (*disolución*) Aufguss *m* **2.** (*bebida*) (Kräuter)tee *m*

ingeniar [iŋxe'njar] **I.** *vt* erfinden **II.** *vr:* ~**se** sich *dat* ausdenken

ingeniería [iŋxenje'ria] *f* **1.** (*técnica*) Technik *f* **2.** (*disciplina*) Ingenieurwissenschaft *f;* **escuela de** ~ Ingenieurfachschule *f*

ingeniero, -a [iŋxe'njero, -a] *m, f* Ingenieur(in) *m(f)*

ingenio [iŋ'xenjo] *m* **1.** (*inventiva*) Erfindungsgabe *f* **2.** (*talento para contar*) Esprit *m* **3.** (*persona*) Genie *nt* **4.** (*maña*) Geschick *nt* **5.** (*máquina*) Maschine *f*

ingenioso, -a [iŋxe'njoso, -a] *adj* **1.** (*hábil*) geschickt **2.** (*listo*) geistreich

ingente [iŋ'xeṇte] *adj* enorm; ~ **cantidad** Unmenge *f*

ingenuidad [iŋxenwi'ðað] *f* **1.** (*inocencia*) Naivität *f* **2.** (*torpeza*) Torheit *f*

ingenuo, -a [iŋ'xenwo, -a] *adj* naiv

ingerir [iŋxe'rir] *irr como sentir vt* **1.** (*referente a medicamentos*) einnehmen **2.** (*beber*) trinken; (*comer*) essen

ingestión [iŋxes'tjon] *f* **1.** (*referente a medicamentos*) Einnahme *f* **2.** (*el beber*) Trinken *nt;* (*el comer*) Essen *nt*

Inglaterra [iŋgla'terra] *f* England *nt*

ingle ['iŋgle] *f* (ANAT) Leiste *f*

inglés, -esa [iŋ'gles, -esa] **I.** *adj* englisch; **llave inglesa** Engländer *m* **II.** *m, f* Engländer(in) *m(f)*

ingobernable [iŋgoβer'naβle] *adj* **1.** (*no gobernable*) unregierbar **2.** (*no dirigible*) unsteuerbar

ingratitud [iŋgrati'tuð] *f* Undankbarkeit *f*

ingrato, -a [iŋ'grato, -a] *adj* undankbar (*con/para con* gegenüber +*dat*)

ingravidez [iŋgraβi'ðeθ] *f* Schwerelosigkeit *f*

ingrávido, -a [iŋ'graβiðo, -a] *adj* **1.** (*falta de gravedad*) schwerelos **2.** (*ligero*) leicht

ingrediente [iŋgre'ðjeṇte] *m* **1.** (*sustancia*) Zutat *f* **2.** (*elemento*) Bestandteil *m*

ingresar [iŋgre'sar] **I.** *vi* **1.** (*inscribirse*) eintreten (*en* in +*akk*) **2.** (*hospitalizarse*) eingeliefert werden **II.** *vt* **1.** (*meter*) einzahlen; ~ **un cheque** einen Scheck einreichen **2.** (*hospitalizar*) einliefern (*en* in +*akk*) **3.** (*percibir*) verdienen

ingreso [iŋ'greso] *m* **1.** (*inscripción*) Eintritt *m;* **examen de** ~ Aufnahmeprüfung *f* **2.** (*ceremonia*) Aufnahmezeremoniell *nt* **3.** (*alta*) Einlieferung *f* **4.** (*en una cuenta*) Einzahlung *f* **5.** *pl* (*retribuciones*) Einnahmen *fpl*

íngrimo, -a ['iŋgrimo, -a] *adj* (*Am: solitario*) einsam

inhábil [i'naβil] *adj* **1.** (*torpe*) ungeschickt **2.** (JUR): **día** ~ Feiertag *m*

inhabilidad [inaβili'ðað] *f* Ungeschicklichkeit *f*

inhabilitar [inaβili'tar] *vt* (JUR) **1.** (*incapacitar*) für unfähig erklären (*para* +*gen*) **2.** (*prohibir*) ein Berufsverbot aussprechen (*a* gegen +*akk*)

inhabitable *adj* unbewohnbar

inhabitado, -a [inaβi'taðo, -a] *adj* unbewohnt

inhabitual [inaβitu'al] *adj* ungewohnt

inhalador [inala'ðor] *m* (MED) Inhalationsapparat *m*

inhalar [ina'lar] *vt* einatmen; (MED) inhalieren

inherente [ine'reṇte] *adj* innewohnend (*a* +*dat*)

inhibición [iniβi'θjon] *f* **1.** (*represión*) Unterdrückung *f* **2.** (*abstención*) Zurückhaltung *f* **3.** (MED) Hemmung *f* **4.** (JUR) Ablehnung *f* (*eines Richters*)

inhibir [ini'βir] **I.** *vt* **1.** (*reprimir*) unterdrücken **2.** (BIOL) hemmen **3.** (JUR) (einen Richter) ablehnen **II.** *vr:* ~**se** sich heraushalten (*de/en* aus +*dat*); ~**se de hacer algo** sich zurückhalten etw zu tun

inhibitorio, -a [iniβi'torjo, -a] *adj* (JUR) Untersagungs-

inhospitalario, -a [inospita'larjo, -a] *adj,* **inhóspito, -a** [i'nospito, -a] *adj* ungastlich

inhumación [inuma'θjon] *f* Beisetzung *f*

inhumano, -a [inu'mano, -a] *adj* unmenschlich

inhumar [inu'mar] *vt* (*elev*) beisetzen

iniciación [iniθja'θjon] *f* **1.** (*comienzo*) Beginn *m* **2.** (*introducción*) Einführung *f* (*a/en* in +*akk*) **3.** (*sobre algo secreto*) Einweihung *f* **4.** (*de un novato*) Initiation *f*

iniciado, -a [ini'θjaðo, -a] **I.** *adj* eingeweiht **II.** *m, f* Eingeweihte(r) *mf*

iniciador(a) [iniθja'ðor(a)] *m(f)* Initiator(in) *m(f)*

inicial [ini'θjal] **I.** *adj* anfänglich; **fase** ~ Anfangsphase *f* **II.** *f* Anfangsbuchstabe *m*

iniciar [ini'θjar] **I.** *vt* **1.** (*comenzar*) beginnen **2.** (*introducir*) einführen (*en* in +*akk*) **3.** (*revelar un secreto*) einweihen (*en* in +*akk*) **4.** (INFOR) booten; ~ **el funcionamiento del ordenador** den Rechner urladen **II.** *vr:* ~**se** **1.** (*comenzar*) beginnen **2.** (*introducirse*) sich vertraut machen (*en* mit +*dat*)

iniciativa [iniθja'tiβa] *f* Initiative *f*

inicio [i'niθjo] *m* Beginn *m*

inigualable [iniɣwa'laβle] *adj* unvergleichlich

inimaginable [inimaxi'naβle] *adj* unvorstellbar

ininteligible [iniṇteli'xeṇte] *adj* unverständlich; (*escritura*) unleserlich

ininterrumpido, **-a** [ininterrum'piðo, -a] *adj* ununterbrochen
iniquidad [iniki'ða^{ð}] *f* **1.** (*injusticia*) Ungerechtigkeit *f* **2.** (*infamia*) Gemeinheit *f*
injerencia [iŋxe'reṇθja] *f* Einmischung *f* (*en* in +*akk*)
injerir [iŋxe'rir] *irr como sentir* **I.** *vt* **1.** (*introducir*) einführen (*en* in +*akk*) **2.** (*injertar*) pfropfen **II.** *vr:* **~se** sich einmischen (*en* in +*akk*)
injertar [iŋxer'tar] *vt* **1.** (*plantas*) pfropfen **2.** (MED) verpflanzen
injerto [iŋ'xerto] *m* **1.** (*el injertar*) Pfropfung *f* **2.** (*resultado del injertar*) Kreuzung *f* **3.** (*brote*) Pfröpfling *m* **4.** (MED) Verpflanzung *f*
injuria [iŋ'xurja] *f* (*con palabras*) Beschimpfung *f;* (*con acciones o palabras*) Beleidigung *f*
injuriar [iŋxu'rjar] *vt* (*con palabras*) beschimpfen; (*con acciones*) beleidigen
injurioso, **-a** [iŋxu'rjoso, -a] *adj* beleidigend
injusticia [iŋxus'tiθja] *f* Ungerechtigkeit *f*
injustificado, **-a** [iŋxustifi'kaðo, -a] *adj* ungerechtfertigt
injusto, **-a** [iŋ'xusto, -a] *adj* ungerecht; (*t.* JUR: *injustificado*) ungerechtfertigt
inmaculado, **-a** [i^{n}maku'laðo, -a/i^{m}maku'laðo, -a] *adj* **1.** (*limpísimo*) rein **2.** (*impecable*) makellos
inmadurez [i^{n}maðu'reθ/i^{m}maðu'reθ] *f sin pl* Unreife *f*
inmaduro, **-a** [i^{n}ma'ðuro, -a/i^{m}ma'ðuro, -a] *adj* unreif
inmediaciones [i^{n}meðja'θjones/i^{m}meðja'θjones] *fpl* nähere Umgebung *f*
inmediatamente [i^{n}meðjata'meṇte/i^{m}meðjata'meṇte] *adv* **1.** (*sin demora*) sofort **2.** (*directamente*) unmittelbar
inmediato, **-a** [i^{n}me'ðjato, -a/i^{m}me'ðjato, -a] *adj* **1.** (*sin demora*) sofortig; **de ~** sofort **2.** (*directo*) unmittelbar **3.** (*próximo*) nächstgelegen
inmejorable [i^{n}mexo'raβle/i^{m}mexo'raβle] *adj* vortrefflich, hervorragend
inmemorable [i^{n}memo'raβle/i^{m}memo'raβle] *adj,* **inmemorial** [i^{n}memo'rjal/i^{m}memo'rjal] *adj* sehr weit zurückliegend; **desde tiempos ~es** seit Menschengedenken
inmensidad [i^{n}mensi'ða^{ð}/i^{m}mensiða^{ð}] *f* **1.** (*extensión*) Unermesslichkeit *f* **2.** (*cantidad*) ungeheure Menge *f*
inmenso, **-a** [i^{n}'menso, -a/i^{m}'menso, -a] *adj* unermesslich
inmerecido, **-a** [i^{n}mere'θiðo, -a/i^{m}mere'θiðo, -a] *adj* unverdient
inmersión [i^{n}mer'sjon/i^{m}mer'sjon] *f* **1.** (*sumersión*) Eintauchen *nt* **2.** (ASTR) Immersion *f*
inmerso, **-a** [i^{n}'merso, -a/i^{m}'merso, -a] *adj* versunken (*en* in +*akk*)
inmigración [i^{n}miɣra'θjon/i^{m}miɣra'θjon] *f* Einwanderung *f*
inmigrante [i^{n}mi'ɣraṇte/i^{m}mi'ɣraṇte] *mf* Einwanderer, -in *m, f*
inmigrar [i^{n}mi'ɣrar/i^{m}mi'ɣrar] *vi* einwandern
inmigratorio, **-a** [i^{n}miɣra'torjo, -a/i^{m}miɣra'torjo, -a] *adj* Einwanderungs-
inminente [i^{n}mi'neṇte/i^{m}mi'neṇte] *adj* nahe bevorstehend
inmiscuir [i^{n}misku'ir/i^{m}misku'ir] *irr como huir* **I.** *vt* mischen **II.** *vr:* **~se** sich einmischen (*en* in +*akk*)
inmisericorde [i^{n}miseri'korðe/i^{m}miseri'korðe] *adj* unbarmherzig
inmobiliaria [i^{n}moβi'ljarja/i^{m}moβi'ljarja] *f* Immobilienfirma *f*
inmobiliario, **-a** [i^{n}moβi'ljarjo, -a/i^{m}moβi'ljarjo, -a] *adj* Immobilien-
inmoderado, **-a** [i^{n}moðe'raðo, -a/i^{m}moðer'raðo, -a] *adj* unmäßig
inmodestia [i^{n}mo'ðestja/i^{m}mo'ðestja] *f* Unbescheidenheit *f*
inmodesto, **-a** [i^{n}mo'ðesto, -a/i^{m}mo'ðesto, -a] *adj* unbescheiden
inmolación [i^{n}mola'θjon/i^{m}mola'θjon] *f* Opfer *nt*
inmolar [i^{n}mo'lar/i^{m}mo'lar] *vt, vr:* ~(**se**) (sich) opfern (*por* für +*akk*)
inmoral [i^{n}mo'ral/i^{m}mo'ral] *adj* unmoralisch; (*en cuestiones sexuales*) unsittlich
inmoralidad [i^{n}morali'ða^{ð}/i^{m}morali'ða^{ð}] *f* **1.** (*indignidad*) Unmoral *f* **2.** (*indecencia*) Unsittlichkeit *f*
inmortal [i^{n}mor'tal/i^{m}mor'tal] *adj* unsterblich
inmortalidad [i^{n}mortali'ða^{ð}/i^{m}mortali'ða^{ð}] *f* Unsterblichkeit *f*
inmortalizar [i^{n}mortali'θar/i^{m}mortali'θar] <z→c> *vt, vr:* ~(**se**) (sich) unsterblich machen
inmóvil [i^{n}'moβil/i^{m}'moβil] *adj* bewegungslos
inmovilidad [i^{n}moβili'ða^{ð}/i^{m}moβili'ða^{ð}] *f* Bewegungslosigkeit *f*
inmovilización [i^{n}moβiliθa'θjon/i^{m}moβiliθa'θjon] *f* **1.** (*incapaz de moverse*) Bewegungsunfähigkeit *f;* (MIL) Immobilität *f* **2.** (MED) Ruhigstellung *f* **3.** (COM) (feste) Anlage *f*
inmovilizar [i^{n}moβili'θar/i^{m}moβili'θar] <z→c> **I.** *vt* **1.** (*paralizar*) lähmen; **~ a alguien** jdn bewegungsunfähig machen **2.** (MED) ruhig stellen **3.** (COM) (fest) anlegen **II.** *vr:* **~se** bewegungsunfähig werden
inmueble [i^{n}'mweβle/i^{m}'mweβle] **I.** *adj* unbeweglich **II.** *m* Grundbesitz *m*
inmundicia [i^{n}muṇ'diθja/i^{m}muṇ'diθja] *f*

1. (*suciedad*) Schmutz *m* **2.** (*indecencia*) Unanständigkeit *f*

inmundo, -a [i^{n}'muṇdo, -a/i^{m}'muṇdo, -a] *adj* schmutzig

inmune [i^{n}'mune/i^{m}'mune] *adj* **1.** (MED) immun (*a* gegen +*akk*) **2.** (*exento*) befreit (*de* von +*dat*)

inmunidad [i^{n}muni'ða^{ð}/i^{m}muni'ða^{ð}] *f* Immunität *f*

inmunizar [i^{n}muni'θar/i^{m}muni'θar] <z→c> **I.** *vt* immunisieren **II.** *vr:* ~**se** immun werden

inmunodeficiencia [i^{n}munoðefi'θjeṇθja/i^{m}munoðefi'θjeṇθja] *f* (MED) Immunschwäche *f;* **síndrome de ~ adquirida** erworbenes Immundefektsyndrom

inmunología [i^{n}munolo'xia/i^{m}munolo'xia] *f* (MED) Immunologie *f*

inmutabilidad [i^{n}mutaβili'ða^{ð}/i^{m}mutaβili'ða^{ð}] *f* **1.** (*inmodificable*) Unveränderlichkeit *f* **2.** (*imperturbable*) Unerschütterlichkeit *f*

inmutable [i^{n}mu'taβle/i^{m}mu'taβle] *adj* **1.** (*inmodificable*) unveränderlich **2.** (*imperturbable*) unerschütterlich

inmutar [i^{n}mu'tar/i^{m}mu'tar] **I.** *vt* **1.** (*afectar*) erschüttern **2.** (*variar*) verändern **II.** *vr:* ~**se** sich erschüttern lassen (*por* durch +*akk*); **sin ~se** gelassen

innato, -a [in'nato, -a] *adj* angeboren; **tiene un talento ~** er/sie ist ein Naturtalent

innavegable [innaβe'ɣaβle] *adj* **1.** (*aguas*) nicht schiffbar **2.** (*embarcación*) manövrierunfähig

innecesario, -a [inneθe'sarjo, -a] *adj* unnötig

innegable [inne'ɣaβle] *adj* unbestreitbar

innoble [in'noβle] *adj* gemein

innovación [innoβa'θjon] *f* Innovation *f*

innovador(a) [innoβa'ðor(a)] **I.** *adj* innovativ **II.** *m(f)* Neuerer, -in *m, f*

innovar [inno'βar] *vt* innovieren

innumerable [innume'raβle] *adj* zahllos; **un gentío ~** unzählig viele Menschen

inobservancia [inoβser'βaṇθja] *f* Missachtung *f*

inocencia [ino'θeṇθja] *f* **1.** (*falta de culpabilidad*) Unschuld *f* **2.** (*falta de malicia*) Harmlosigkeit *f* **3.** (*ingenuidad*) Naivität *f*

inocentada [inoθeṇ'taða] *f* **1.** (*tontada*) Dummheit *f* **2.** (*broma*) *Art Aprilscherz am 28. Dezember;* **gastar una ~ a alguien** jdn in den April schicken

> Eine **inocentada** ist einem Aprilscherz vergleichbar, aber man scherzt nicht im April, sondern am 28. Dezember, **dem día de los (Santos) Inocentes**, und zwar zum Gedenken an die **santos**

> **inocentes**, die unschuldigen Kinder, die – laut dem **Evangelio según San Mateo** (Matthäusevangelium) – **Herodes** in Bethlehem ermorden ließ.

inocente [ino'θeṇte] *adj* **1.** (*sin culpa*) unschuldig **2.** (*sin malicia*) harmlos **3.** (*ingenuo*) naiv, einfältig

inocuidad [inokwi'ða^{ð}] *f sin pl* Unschädlichkeit *f*

inocular [inoku'lar] *vt* **1.** (MED) inokulieren **2.** (*serpientes*) einspritzen

inocuo, -a [i'nokwo, -a] *adj* unschädlich

inodoro, -a[1] [ino'ðoro, -a] *adj* geruchlos

inodoro[2] [ino'ðoro] *m* Wasserklosett *nt*

inofensivo, -a [inofeṇ'siβo, -a] *adj* harmlos

inoficioso, -a [inofi'θjoso, -a] *adj* (*Am*) nutzlos

inolvidable [inolβi'ðaβle] *adj* unvergesslich

inoperante [inope'raṇte] *adj* wirkungslos

inopinado, -a [inopi'naðo, -a] *adj* unerwartet

inoportunidad [inoportuni'ða^{ð}] *f* **1.** (*fuera de lugar*) Unangebrachtheit *f* **2.** (*fuera de tiempo*) ungünstiger Zeitpunkt *m*

inoportuno, -a [inopor'tuno, -a] *adj* **1.** (*fuera de lugar*) unangebracht **2.** (*fuera de tiempo*) ungelegen

inorgánico, -a [inor'ɣaniko, -a] *adj* **1.** (*no viviente*) anorganisch **2.** (*no organizado*) unorganisiert

inoxidable [ino^{y}si'ðaβle] *adj* rostfrei

input ['imput] *m* <inputs> (INFOR) Input *m o nt*

inquebrantable [iŋkeβraṇ'taβle] *adj* (*decisión*) unerschütterlich; (*cosa*) unzerbrechlich

inquietante [iŋkje'taṇte] *adj* beunruhigend

inquietar [iŋkje'tar] **I.** *vt* beunruhigen **II.** *vr:* ~**se** sich beunruhigen (*con/por* wegen +*gen/dat*)

inquieto, -a [iŋ'kjeto, -a] *adj* **1.** *estar* (*intranquilo*) unruhig **2.** *ser* (*desasosegado*) ruhelos

inquietud [iŋkje'tu^{ð}] *f* **1.** (*intranquilidad*) Unruhe *f* **2.** (*desasosiego*) Ruhelosigkeit *f* **3.** (*preocupación*) Beunruhigung *f* **4.** *pl* (*anhelos*) Interessen *ntpl*

inquilino, -a [iŋki'lino, -a] *m, f* Mieter(in) *m(f)*

inquina [in'kina] *f* Abneigung *f*

inquirir [iŋki'rir] *irr como adquirir vt* untersuchen

inquisición [iŋkisi'θjon] *f* Untersuchung *f*

Inquisición [iŋkisi'θjon] *f* Inquisition *f*

inquisidor(a)[1] [iŋkisi'ðor(a)] *adj* neugierig

inquisidor[2] [iŋkisi'ðor] *m* Inquisitor *m*

inri ['inrri] *m* (*rótulo en la cruz*) I.N.R.I.;

para más ~ (*fig*) um das Maß voll zu machen

insaciable [insa'θjaβle] *adj* unersättlich; (*sed*) unstillbar

insalubre [insa'luβre] *adj* gesundheitsschädlich

insalubridad [insaluβri'ðaᵈ] *f* Gesundheitsschädlichkeit *f*

insalvable [insal'βaβle] *adj* nicht zu retten; (*obstáculo*) unüberwindbar

insanable [insa'naβle] *adj* unheilbar

insano, -a [in'sano, -a] *adj* **1.** (*insalubre*) ungesund **2.** (*loco*) wahnsinnig

insatisfacción [insatisfak'θjon] *f sin pl* Unzufriedenheit *f*

insatisfactorio, -a [insatisfak'torjo, -a] *adj* unbefriedigend

insatisfecho, -a [insatis'fetʃo, -a] *adj* unzufrieden

inscribir [iⁿskri'βir] *irr como escribir* **I.** *vt* **1.** (*registrar*) anmelden (*en* für +*akk*) **2.** (*grabar*) einmeißeln (*en* in +*akk*) **3.** (*alistar*) eintragen (*en* in +*akk*) **4.** (MAT) einbeschreiben **II.** *vr:* ~**se** **1.** (*registrarse*) sich anmelden (*en* für +*akk*) **2.** (*alistarse*) sich eintragen (*en* in +*akk*); (*en la universidad*) sich einschreiben (*en* an +*dat*)

inscripción [iⁿskriβ'θjon] *f* **1.** (*registro*) Anmeldung *f* **2.** (*alistamiento*) Eintragung *f;* (*en la universidad*) Einschreibung *f* (*en* an +*dat*) **3.** (*escrito grabado*) Inschrift *f*

inscrito, -a [iⁿs'krito, -a] *pp de* **inscribir**

insecticida [insekti'θiða] *m* Insektizid *nt*

insecto [in'sekto] *m* Insekt *nt*

inseguridad [inseɣuri'ðaᵈ] *f* Unsicherheit *f*

inseguro, -a [inse'ɣuro, -a] *adj* unsicher

inseminación [insemina'θjon] *f* Befruchtung *f;* (*de un animal*) Besamung *f*

inseminar [insemi'nar] *vt* befruchten; (*animal*) besamen

insensatez [insensa'teθ] *f* **1.** (*falta de sensatez*) Unvernunft *f* **2.** (*disparate*) Unsinn *m*

insensato, -a [insen'sato, -a] *adj* unvernünftig

insensibilidad [insensiβili'ðaᵈ] *f* **1.** (*física o afectiva*) Gefühllosigkeit *f* (*a* gegenüber +*dat*) **2.** (*resistencia*) Unempfindlichkeit *f* (*a* gegen +*akk*)

insensibilizar [insensiβili'θar] <z→c> **I.** *vt* unempfindlich machen; (MED) betäuben **II.** *vr:* ~**se** **1.** (*resistir*) unempfindlich werden (*hacia* gegen +*akk*) **2.** (*no sentir*) gefühllos werden

insensible [insen'siβle] *adj* **1.** (*física o afectivamente*) gefühllos (*a* gegenüber +*dat*) **2.** (*resistente*) unempfindlich (*a* gegen +*akk*) **3.** (*imperceptible*) unmerklich

inseparable [insepa'raβle] *adj* **1.** (*que no se puede separar*) untrennbar **2.** (*referente a amigos*) unzertrennlich

inserción [inser'θjon] *f* **1.** (*inclusión*) Einfügen *nt;* ~ **social** soziale Eingliederung **2.** (MED) Ansatz *m*

insertar [inser'tar] **I.** *vt* **1.** (*llave*) hineinstecken; (*disquete*) einlegen; (*moneda*) einwerfen **2.** (*texto*) einfügen (*en* in +*akk*) **3.** (*anuncio*) aufgeben **II.** *vr:* ~**se** **1.** (*músculo*) ansetzen **2.** (*tumor*) (hin)einwachsen (*en* in +*akk*)

inservible [inser'βiβle] *adj* unbrauchbar

insidia [in'siðja] *f* **1.** (*asechanzas*) Intrigen *fpl* **2.** (*engaño*) Hinterlistigkeit *f* **3.** (*trampa*) Falle *f*

insidioso, -a [insi'ðjoso, -a] **I.** *adj* **1.** (*intrigante*) intrigant **2.** (*capcioso*) hinterlistig, hinterhältig **3.** (*enfermedad*) heimtückisch **II.** *m, f* Intrigant(in) *m(f)*

insigne [in'siɣne] *adj* **1.** (*personaje público*) prominent; (*científico*) erlaucht *elev* **2.** (*tontería*) sehr groß

insignia [in'siɣnja] *f* **1.** (*de asociación*) Abzeichen *nt;* (*honorífica*) Ehrenzeichen *nt;* (*militar*) Insigne *nt* **2.** (*bandera*) Flagge *f*

insignificancia [insiɣnifi'kan̩θja] *f* **1.** (*pequeñez*) Kleinigkeit *f* **2.** (*no significancia*) Bedeutungslosigkeit *f* **3.** (*no importancia*) Unwichtigkeit *f*

insignificante [insiɣnifi'kan̩te] *adj* **1.** (*pequeño*) gering(fügig) **2.** (*no significante*) unbedeutend **3.** (*no importante*) unwichtig

insinceridad [insin̩θeri'ðaᵈ] *f* Unaufrichtigkeit *f*

insincero, -a [insin̩'θero, -a] *adj* **1.** (*no sincero*) unaufrichtig **2.** (*falso*) falsch

insinuación [insinwa'θjon] *f* **1.** (*alusión*) Andeutung *f* (*a* über +*akk*) **2.** (*engatusamiento*) Einschmeichelung *f*

insinuante [insinu'an̩te] *adj* **1.** (*palabras*) einschmeichelnd **2.** (*comportamiento*) schmeichlerisch **3.** (*seductor*) verführerisch

insinuar [insinu'ar] <*1. pres:* insinúo> **I.** *vt* **1.** (*dar a entender*) andeuten; **¿qué estás insinuando?** worauf willst du hinaus? **2.** (*hacer creer*): **¿quién te ha insinuado tal tontería?** wer hat dir so einen Unsinn eingeredet? **II.** *vr:* ~**se** **1.** (*engatusar*) sich einschmeicheln (*a* bei +*dat*) **2.** (*fam: amorosamente*) sich ranmachen (*a* an +*akk*) **3.** (*cosa*) sich andeuten, sich abzeichnen

insipidez [insipi'ðeθ] *f* **1.** (*de comida*) Fadheit *f* **2.** (*de persona: aburrida*) Langweiligkeit *f;* (*sin espíritu*) Geistlosigkeit *f*

insípido, -a [in'sipiðo, -a] *adj* **1.** (*comida*) fade **2.** (*persona: aburrida*) langweilig; (*sin espíritu*) geistlos

insistencia [insis'ten̩θja] *f* **1.** (*perseverancia*) Hartnäckigkeit *f* **2.** (*énfasis*) Nachdruck *m;* **pedir algo con** ~ nachdrücklich um etw bitten **3.** (*exigencia*) Drängen *nt*

insistente [insis'tente] *adj* **1.** (*perseverante*) hartnäckig; (*machacón*) aufdringlich **2.** (*con énfasis*) nachdrücklich

insistir [insis'tir] *vi* **1.** (*perseverar*) bestehen (*en* auf +*dat*) **2.** (*exigir*) dringen (*en* auf +*akk*) **3.** (*recalcar*) betonen (*en* +*akk*)

insobornable [insoβor'naβle] *adj* unbestechlich

insociable [inso'θjaβle] *adj*, **insocial** [inso'θjal] *adj* ungesellig

insolación [insola'θjon] *f* **1.** (METEO) Sonneneinstrahlung *f* **2.** (MED) Sonnenstich *m*

insolencia [inso'lenθja] *f* **1.** (*impertinencia*) Frechheit *f* **2.** (*arrogancia*) Arroganz *f*

insolentarse [insolen'tarse] *vr* frech werden (*con* gegenüber +*dat*)

insolente [inso'lente] *adj* **1.** (*impertinente*) frech **2.** (*arrogante*) arrogant

insolidario, -a [insoli'ðarjo, -a] *adj* unsolidarisch

insólito, -a [in'solito, -a] *adj* **1.** (*inhabitual*) ungewöhnlich **2.** (*extraordinario*) außergewöhnlich

insoluble [inso'luβle] *adj* **1.** (*no soluble*) unlöslich **2.** (*insolucionable*) unlösbar

insolvencia [insol'βenθja] *f* Zahlungsunfähigkeit *f;* (ECON) Insolvenz *f*

insolvente [insol'βente] **I.** *adj* zahlungsunfähig; (ECON) insolvent **II.** *mf* Zahlungsunfähige(r) *mf*

insomnio [in'somnjo] *m* Schlaflosigkeit *f*

insondable [inson'daβle] *adj* unergründlich

insonorización [insonoriθa'θjon] *f* Schallisolation *f*

insonorizar [insonori'θar] <z→c> *vt* schalldicht machen

insoportable [insopor'taβle] *adj* unerträglich

insoslayable [insosla'ɟaβle] *adj* unvermeidbar

insospechable [insospe'ʧaβle] *adj* (*imprevisible*) unvorhersehbar; (*sorprendente*) überraschend

insospechado, -a [insospe'ʧaðo, -a] *adj* (*no esperado*) unerwartet; (*no sospechado*) unvermutet

insostenible [insoste'niβle] *adj* unhaltbar

inspección [iⁿspeᵞ'θjon] *f* **1.** (*reconocimiento*) Inspektion *f;* ~ **de Trabajo** Gewerbeaufsicht *f* **2.** (*de equipaje*) Kontrolle *f* **3.** (*de trabajo*) Aufsicht *f* **4.** (*de una máquina*) Inspizierung *f* **5.** (TÉC) (Über)prüfung *f;* **I~ Técnica de Vehículos** TÜV *m*

inspeccionar [iⁿspeᵞθjo'nar] *vt* **1.** (*reconocer*) inspizieren **2.** (*equipaje*) kontrollieren **3.** (*trabajo*) beaufsichtigen **4.** (TÉC) (über)prüfen

inspector(a) [iⁿspek'tor(a)] *m(f)* **1.** (*controlador*) Inspektor(in) *m(f)* **2.** (ENS) Schulrat, -rätin *m, f*

inspiración [iⁿspira'θjon] *f* **1.** (*de aire*) Einatmung *f* **2.** (*artística*) Eingebung *f,* Inspiration *f*

inspirar [iⁿspi'rar] **I.** *vt* **1.** (*aire*) einatmen **2.** (*ideas*) inspirieren **3.** (*confianza*) einflößen **II.** *vr:* ~**se** sich inspirieren lassen (*en* von +*dat*)

instalación [iⁿstala'θjon] *f* **1.** (*acción*) Installation *f;* (*de baño*) Einbau *m* **2.** (*lo instalado, t.* TÉC) Anlage *f;* (*de teléfono*) Anschluss *m* **3.** *pl* (*edificio*) Einrichtungen *fpl;* **instalaciones deportivas** Sportanlagen *fpl*

instalador(a) [iⁿstala'ðor(a)] *m(f)* Installateur(in) *m(f)*

instalar [iⁿsta'lar] **I.** *vt* **1.** (*calefacción*) installieren; (*teléfono*) anschließen; (*baño*) einbauen **2.** (*alojar*) unterbringen **3.** (*en un cargo*) einsetzen (*en* in +*akk*) **II.** *vr:* ~**se** **1.** (*en una ciudad*) sich niederlassen; ~**se en un sillón** es sich *dat* in einem Sessel bequem machen **2.** (*negocio*) sich selb(st)ständig machen

instancia [iⁿs'tanθja] *f* **1.** (*acción de instar*) inständige Bitte *f* **2.** (*solicitud*) Gesuch *nt;* (*petición formal*) Ersuchen *nt* **3.** (JUR) Instanz *f;* **en última** ~ (*fig*) wenn keine andere Wahl bleibt

instantánea [iⁿstan'tanea] *f* (FOTO) Momentaufnahme *f*

instantáneo, -a [iⁿstan'taneo, -a] *adj* augenblicklich; (*efecto*) sofortig; (*café*) Instant-; (*interruptor*) Moment-; **la muerte fue instantánea** der Tod trat unmittelbar ein

instante [iⁿs'tante] *m* Augenblick *m;* **¡un ~!** Moment mal!; **al cabo de un** ~ kurz danach; **en un** ~ sehr schnell; **pienso en ti a cada** ~ ich denke ständig an dich

instar [iⁿs'tar] *vi, vt* (*pedir*) eindringlich bitten (um +*akk*); (*solución*) drängen (auf +*akk*)

instauración [iⁿstau̯ra'θjon] *f* **1.** (*de imperio*) Errichtung *f* **2.** (*de democracia*) Einführung *f* **3.** (*de plan*) Aufstellung *f*

instaurar [iⁿstau̯'rar] *vt* **1.** (*imperio*) errichten **2.** (*democracia*) einführen **3.** (*plan*) aufstellen

instigación [iⁿstiɣa'θjon] *f* **1.** (*a algo malo*) Anstiftung *f* **2.** (*a rebelión*) Anzettelung *f;* (*de las masas*) Aufhetzung *f*

instigador(a) [iⁿstiɣa'ðor(a)] **I.** *adj* **1.** (*a algo malo*) anstiftend **2.** (*a rebelión*) anzettelnd; (*de las masas*) aufhetzend **II.** *m(f)* **1.** (*a algo malo*) Anstifter(in) *m(f)* **2.** (*a rebelión*) Anzett(e)ler(in) *m(f)*

instigar [iⁿsti'ɣar] <g→gu> *vt* **1.** (*a algo malo*) anstiften **2.** (*rebelión*) anzetteln; (*a las masas*) aufhetzen

instintivo, -a [iⁿstin'tiβo, -a] *adj* instinktiv

instinto [iⁿs'tiṇto] *m* Instinkt *m;* ~ **de supervivencia** Überlebenstrieb *m*
institución [iⁿstitu'θjon] *f* **1.** (*social*) Institution *f;* ~ **penitenciaria** Strafanstalt *f* **2.** (*fundación*) Gründung *f* **3.** (*establecimiento: de comité*) Einrichtung *f;* (*de derecho*) Einführung *f;* (*de beca*) Stiftung *f;* (*de norma, de horario*) Aufstellung *f*
institucional [iⁿstituθjo'nal] *adj* institutionell
institucionalizar [iⁿstituθjonali'θar] <z→c> *vt* institutionalisieren
instituir [iⁿstitu'ir] *irr como huir vt* **1.** (*fundar*) gründen **2.** (*establecer: comisión*) einrichten; (*derecho*) einführen; (*beca*) stiften; (*norma*) aufstellen; (*sistema*) festlegen
instituto [iⁿsti'tuto] *m* **1.** (ENS: *de bachillerato*) Gymnasium *nt* **2.** (*científico*) Institut *nt;* **I~ Nacional de Empleo** Bundesanstalt für Arbeit **3.** (REL) (Ordens)regel *f* **4.** (*loc*): ~ **de belleza** Schönheitssalon *m*
institutriz [iⁿstitu'triθ] *f* Hauslehrerin *f*
instrucción [iⁿstruʏ'θjon] *f* **1.** (*enseñanza*) Unterricht *m;* (*en una máquina*) Schulung *f* **2.** (*conocimientos*) Bildung *f;* (*formación*) Ausbildung *f* **3.** *pl* (*órdenes*) Anweisungen *fpl;* (*directrices*) Richtlinien *fpl* **4.** (JUR: *proceso*) Einleitung *f*
instructivo, -a [iⁿstruk'tiβo, -a] *adj* lehrreich
instructor(a) [iⁿstruk'tor(a)] **I.** *adj:* **juez** ~ (JUR) Untersuchungsrichter *m* **II.** *m(f)* (*en escuela*) Lehrer(in) *m(f);* (*en empresa, t.* MIL) Ausbilder(in) *m(f)*
instruido, -a [iⁿstru'iðo, -a] *adj* gebildet
instruir [iⁿstru'ir] *irr como huir vt* **1.** (*enseñar*) unterrichten (*en* in +*dat*); (*en una máquina*) ausbilden (*en* an +*dat*); (*en tarea específica*) schulen **2.** (*informar*) unterrichten (*de/sobre* über +*akk*) **3.** (JUR: *proceso*) einleiten
instrumentación [iⁿstrumeṇta'θjon] *f* **1.** (*acción*) Instrumentierung *f* **2.** (*resultado*) Instrumentation *f*
instrumental [iⁿstrumeṇ'tal] **I.** *adj* instrumental; (*música*) Instrumental- **II.** *m* **1.** (LING) Instrumental *m* **2.** (*de médico, t.* MÚS) Instrumentarium *nt*
instrumentalizar [iⁿstrumeṇtali'θar] <z→c> *vt* instrumentalisieren
instrumentar [iⁿstrumeṇ'tar] *vt* (*t.* MÚS) instrumentieren
instrumentista [iⁿstrumeṇ'tista] *mf* **1.** (*músico*) Instrumentalist(in) *m(f)* **2.** (*fabricante*) Instrumentenmacher(in) *m(f)* **3.** (*de quirófano*) Operationsassistent(in) *m(f)*
instrumento [iⁿstru'meṇto] *m* **1.** (*utensilio*) Werkzeug *nt* **2.** (MÚS) (Musik)instrument *nt* **3.** (*medio*) Mittel *nt* **4.** (JUR) Instrument *nt*
insubordinación [insuβorðina'θjon] *f* (*rebeldía*) Aufsässigkeit *f*
insubordinar [insuβorði'nar] **I.** *vt* aufhetzen **II.** *vr:* ~**se** den Gehorsam verweigern
insubsanable [insuβsa'naβle] *adj* **1.** (*daño*) irreparabel *elev;* (JUR) unheilbar **2.** (*deficiencia*) nicht behebbar **3.** (*dificultad*) unüberwindbar
insuficiencia [insufi'θjeṇθja] *f* **1.** (*cualidad*) unzureichende Beschaffenheit *f;* (*de conocimientos*) Unzulänglichkeit *f* **2.** (*escasez*) Knappheit *f;* (*falta*) Mangel *m* **3.** (MED) Insuffizienz *f*
insuficiente [insufi'θjeṇte] **I.** *adj* ungenügend; (*conocimientos*) unzureichend **II.** *m* (ENS) ≈mangelhaft; **he sacado un ~ en inglés** ich bin in Englisch durchgefallen
insuflar [insu'flar] *vt* **1.** (MED) einblasen **2.** (*ánimo*) einflößen
insufrible [insu'friβle] *adj* unerträglich
insular [insu'lar] *adj* Insel-
insulina [insu'lina] *f* (MED) Insulin *nt*
insulso, -a [in'sulso, -a] *adj* **1.** (*comida*) fade **2.** (*persona, película*) langweilig
insultante [insuḷ'taṇte] *adj* beleidigend; (*de modo grosero*) ausfallend
insultar [insuḷ'tar] *vt* **1.** (*con insultos*) beschimpfen **2.** (*con injurias*) beleidigen
insulto [in'suḷto] *m* **1.** (*palabra gruesa*) Beschimpfung *f* **2.** (*injuria*) Beleidigung *f*
insumisión [insumi'sjon] *f* **1.** (*de un pueblo*) Rebellion *f* **2.** (MIL) Wehr- und Zivildienstverweigerung *f* **3.** (*intransigencia*) Unbeugsamkeit *f*
insumiso [insu'miso] *m* (*objetor de conciencia*) Wehrdienstverweigerer *m;* (*en Alemania*) Wehr- und Zivildienstverweigerer *m*
insuperable [insupe'raβle] *adj* **1.** (*dificultad*) unüberwindbar **2.** (*resultado*) unübertrefflich
insurgente [insur'xeṇte] **I.** *adj* aufständisch **II.** *mf* Aufständische(r) *mf*
insurrección [insurreʏ'θjon] *f* Aufstand *m;* ~ **militar** Militärputsch *m*
insustancial [insustaṇ'θjal] *adj* **1.** (*sin sustancia*) gehaltlos **2.** (*sin interés*) uninteressant **3.** (*no importante*) bedeutungslos **4.** (*superficial*) oberflächlich
insustituible [insustitu'iβle] *adj* unersetzlich
intachable [inta'ʧaβle] *adj* makellos; (*comportamiento*) einwandfrei
intacto, -a [iṇ'takto, -a] *adj* **1.** (*no tocado*) unberührt **2.** (*no dañado*) intakt **3.** (*puro*) rein **4.** (*no tratado*) unbehandelt
intangible [iṇtaŋ'xiβle] *adj* **1.** (*inviolable*) unantastbar **2.** (*intocable*) unberührbar **3.** (*inmaterial*) immateriell

integración [in̪teɣra'θjon] *f* Integration *f* (*en* in +*akk*)
integrador [in̪teɣra'ðor] *m* Integrator *m*
integral [in̪te'ɣral] **I.** *adj* **1.** (*completo*) vollständig; (*plan*) einheitlich **2.** (*pan*) Vollkorn- **3.** (*elemento*) integral **4.** (MAT): **cálculo** ~ Integralrechnung *f* **II.** *f* (MAT) Integral *nt*
integrar [in̪te'ɣrar] **I.** *vt* **1.** (*constituir*) bilden **2.** (*en conjunto, t.* MAT) integrieren **II.** *vr:* ~**se** sich integrieren
integridad [in̪teɣri'ðaᵈ] *f* **1.** (*de territorio*) Vollständigkeit *f* **2.** (*de un territorio*) Unverletzlichkeit *f* **3.** (*honradez*) Integrität *f* **4.** (*física*) Unversehrtheit *f*
integrismo [in̪te'ɣrismo] *m* **1.** (*ideológico*) Fundamentalismus *m* **2.** (*católico*) Integralismus *m*
integrista [in̪te'ɣrista] *mf* **1.** (*ideológico*) Fundamentalist(in) *m(f)* **2.** (*católico*) Integralist(in) *m(f)*
íntegro, -a ['in̪teɣro, -a] *adj* **1.** (*completo*) vollständig **2.** (*persona*) integer, unbestechlich
intelecto [in̪te'lekto, -a] *m* Intellekt *m*
intelectual [in̪telektu'al] **I.** *adj* intellektuell; (*interés*) geistig; (*facultad*) geistig, intellektuell **II.** *mf* Intellektuelle(r) *mf*
inteligencia [in̪teli'xen̪θja] *f* **1.** (*capacidad*) Intelligenz *f* **2.** (*comprensión*) Verständnis *nt* **3.** (*acuerdo*) Verständigung *f* **4.** (POL): **servicio de** ~ Geheimdienst *m;* (*en Alemania*) Bundesnachrichtendienst *m*
inteligente [in̪teli'xen̪te] *adj* intelligent
inteligibilidad [in̪telixiβili'ðaᵈ] *f sin pl* Verständlichkeit *f*
inteligible [in̪teli'xiβle] *adj* **1.** (*comprensible*) verständlich **2.** (FILOS) intelligibel **3.** (*sonido*) deutlich hörbar
intemperancia [in̪tempe'ran̪θja] *f* **1.** (*intolerancia*) Intoleranz *f* **2.** (*intransigencia*) Unnachgiebigkeit *f* **3.** (*falta de moderación*) Maßlosigkeit *f*
intemperante [in̪tempe'ran̪te] *adj* **1.** (*intolerante*) intolerant **2.** (*intransigente*) unnachgiebig **3.** (*no moderado*) maßlos
intemperie [in̪tem'perje] *f* **1.** (*el aire libre*): **a la** ~ im Freien; **dormir a la** ~ unter freiem Himmel schlafen **2.** (*del clima*) Rauheit *f;* (*mal tiempo*) schlechtes Wetter *nt*
intempestivo, -a [in̪tempes'tiβo, -a] *adj* **1.** (*observación*) unangebracht **2.** (*visita*) unpassend
intención [in̪ten̪'θjon] *f* **1.** (*propósito*) Absicht *f;* (*propósito firme*) Vorsatz *m;* **sin** ~ unabsichtlich; **tener segundas intenciones** Hintergedanken haben **2.** (*idea*) Plan *m* **3.** (*objetivo*) Zweck *m*
intencionado, -a [in̪ten̪θjo'naðo, -a] *adj* absichtlich; (JUR) vorsätzlich; **bien** ~ wohlwollend; **mal** ~ übel gesinnt
intencionalidad [in̪ten̪θjonali'ðaᵈ] *f* Absichtlichkeit *f;* (JUR) Vorbedacht *m*
intendencia [in̪ten̪'den̪θja] *f* **1.** (MIL) Intendantur *f* **2.** (*dirección*) Betriebsleitung *f* **3.** (*CSur: distrito*) Verwaltungsbezirk *m*
intendente [in̪ten̪'den̪te] *m* **1.** (MIL) Verwaltungsoffizier *m* **2.** (*de empresa*) Betriebsleiter *m* **3.** (*CSur: de un distrito*) Vorsteher *m* eines Verwaltungsbezirks
intensidad [in̪tensi'ðaᵈ] *f* **1.** (*fuerza, t.* FÍS) Intensität *f;* (*de tormenta*) Heftigkeit *f* **2.** (*de palabras*) Eindringlichkeit *f*
intensificación [in̪tensifika'θjon] *f sin pl* Verstärkung *f,* Intensivierung *f*
intensificar [in̪tensifi'kar] <c→qu> **I.** *vt* verstärken, intensivieren **II.** *vr:* ~**se** sich verstärken; (*calor*) stärker werden; (*tráfico, tensión*) zunehmen; (*conflicto*) sich verschärfen
intensivo, -a [in̪ten'siβo, -a] *adj* intensiv; (*curso*) Intensiv-
intenso, -a [in̪'tenso, -a] *adj* **1.** (*fuerza, olor*) intensiv **2.** (*palabras*) eindringlich **3.** (*tormenta*) heftig **4.** (*frío*) durchdringend **5.** (*color*) grell
intentar [in̪ten̪'tar] *vt* **1.** (*probar*) versuchen **2.** (*proponerse*) vorhaben
intento [in̪'ten̪to] *m* **1.** (*lo intentado*) Versuch *m* **2.** (*propósito*) Absicht *f*
intentona [in̪ten̪'tona] *f* (*fam*) tollkühner Versuch *m*
interacción [in̪teraᵞ'θjon] *f* **1.** (*influencia*) Wechselwirkung *f* **2.** (PSICO) Interaktion *f*
interactivo, -a [in̪terak'tiβo, -a] *adj* interaktiv
intercalación [in̪terkala'θjon] *f* Einfügung *f;* ~ **de líneas** Zeilenschaltung *f*
intercalar [in̪teraka'lar] **I.** *adj* eingeschaltet; (*año*) interkalar **II.** *vt* einfügen; (*en un periódico*) einlegen
intercambiar [in̪terkam'bjar] **I.** *vt* austauschen; ~ **correspondencia con alguien** mit jdm in Briefwechsel stehen **II.** *vr:* ~**se** (*lugares*) (miteinander) wechseln
intercambio [in̪ter'kambjo] *m* **1.** (*de estudiantes*) Austausch *m* **2.** (*de lugares*) Tausch *m*
interceder [in̪terθe'ðer] *vi* sich einsetzen (*por/en favor de* für +*akk*)
interceptar [in̪terθep'tar] *vt* **1.** (*comunicaciones*) unterbrechen; (*el paso de algo*) hemmen; (*pelota*) auffangen; (*tráfico*) aufhalten, ins Stocken bringen **2.** (*mensaje*) abfangen; (*conversación telefónica*) abhören **3.** (*calle*) (ab)sperren
intercesión [in̪terθe'sjon] *f* **1.** (*en favor de alguien*) Fürsprache *f* **2.** (*en secuestro*) Vermittlung *f*
intercomunicador [in̪terkomunika'ðor] *m*

(Gegen)sprechanlage *f*

intercomunicar [in̦terkomuni'kar] <c→qu> *vt* (miteinander) verbinden

intercontinental [in̦terkon̦tinen̦'tal] *adj* interkontinental

intercultural [in̦terkul̦tu'ral] *adj* interkulturell

interdisciplinar [in̦terðisθipli'nar] *adj*, **interdisciplinario, -a** [in̦terðisθipli'narjo, -a] *adj* interdisziplinär

interés [in̦te'res] *m* **1.** (*importancia*) Bedeutung *f* **2.** (*deseo*) Interesse *nt;* **tengo mucho ~ en que...** es liegt mir viel daran, dass ...; **tengo ~ por saber...** ich bin gespannt darauf zu erfahren, ... **3.** (*atención*) Interesse *nt;* **no poner ~ en algo** etw *dat* keine Aufmerksamkeit schenken **4.** (*provecho*) Interesse *nt;* **el ~ público** das öffentliche Wohl; **esto redunda en ~ tuyo** das kommt dir zugute **5.** (FIN) Zinssatz *m;* (*rendimiento*) Zinsen *mpl;* **un 10 % de ~** 10 % Zinsen; **dar mucho ~** viel Zinsen abwerfen **6.** *pl* (*preferencias*) Interessen *ntpl*

interesadamente [in̦teresaða'men̦te] *adv* interessiert; **actuar ~** (*por propio interés*) aus eigenem Interesse handeln; (*por interés material*) materialistisch handeln

interesante [in̦tere'san̦te] *adj* interessant; **hacerse el ~** sich aufspielen

interesar [in̦tere'sar] **I.** *vi* interessieren; **este tema no me interesa** dieses Thema interessiert mich nicht **II.** *vt* **1.** (*inspirar interés*) interessieren; (*libro*) begeistern **2.** (*en un negocio*) interessieren (*para* für +*akk*) **3.** (*atraer*) reizen, anziehen **III.** *vr:* **~se 1.** (*por algo*) sich interessieren (*por* für +*akk*) **2.** (*preguntar por*) fragen (*por* nach +*dat*); **~se por la salud de alguien** sich nach jds Befinden erkundigen

interface [in̦ter'fei̯s] *m*, **interfase** [in̦ter'fase] *m* (INFOR) Schnittstelle *f*

interfecto, -a [in̦ter'fekto, -a] **I.** *adj* ermordet **II.** *m, f* **1.** (JUR) Ermordete(r) *mf* **2.** (*fam: susodicho*) besagte Person *f*

interferencia [in̦terfe'ren̦θja] *f* **1.** (FÍS) Störung *f* **2.** (LING) Interferenz *f* **3.** (*en asunto*) Einmischung *f*

interferir [in̦terfe'rir] *irr como sentir vi* **1.** (FÍS) interferieren **2.** (*en asunto*) sich einmischen (*en* in +*akk*); **eso no interfiere en absoluto** das stört überhaupt nicht

interfono [in̦ter'fono] *m* (Gegen)sprechanlage *f*

intergubernamental [in̦terɣuβernamen̦'tal] *adj* zwischenstaatlich; (*acuerdo*) Regierungs-

interinidad [in̦terini'ðaᵈ] *f* **1.** (*cualidad*) Vorläufigkeit *f;* **estar en situación de ~** eine befristete Stelle haben **2.** (*de un cargo*) Vertretungsdauer *f*

interino, -a [in̦te'rino, -a] **I.** *adj* **1.** (*funcionario*) stellvertretend **2.** (*plaza*) befristet **3.** (POL) Interims- **II.** *m, f* **1.** (*suplente*) (Stell)vertreter(in) *m(f)* **2.** (*funcionario*) Referendar(in) *m(f);* (*maestro*) Studienreferendar(in) *m(f)*

interior [in̦te'rjor] **I.** *adj* innere(r, s); **decoración ~** Innenausstattung *f;* **mercado ~** (COM: *de la UE*) Binnenmarkt *m;* (*de Alemania*) Inlandsmarkt *m;* **ropa ~** Unterwäsche *f;* **la vida ~ de una persona** das Innenleben eines Menschen **II.** *m* **1.** (*lo de dentro*) Innere(s) *nt;* (*la parte*) Innenseite *f;* **el ~ de un país** das Landesinnere; **Ministerio del I~** (POL) Innenministerium *nt* **2.** (*de alguien*) Innere(s) *nt* **3.** (DEP) Innenstürmer(in) *m(f)*

interiores [in̦te'rjores] *mpl* **1.** (*entrañas*) Innereien *fpl* **2.** (*fam: de una cosa*) Innenleben *nt* **3.** (ARQUIT) Innenraum *m* **4.** (CINE: *secuencias*) Innenaufnahmen *fpl;* (*decorados*) Kulissen *fpl*

interioridad [in̦terjori'ðaᵈ] *f* **1.** (*cualidad*) Innerlichkeit *f* **2.** *pl* (*de alguien*) Privatleben *nt;* (*de una familia*) Familiengeheimnisse *ntpl*

interiorista [in̦terjo'rista] *mf* **1.** (*arquitecto*) Innenarchitekt(in) *m(f)* **2.** (*diseñador*) Raumgestalter(in) *m(f)*

interiorizar [in̦terjori'θar] <z→c> *vt* verinnerlichen

interiormente [in̦terjor'men̦te] *adv* **1.** (*en su interior*) innerlich **2.** (*internamente*) intern

interjección [in̦terxeᵞ'θjon] *f* (LING) Ausrufewort *nt*, Interjektion *f*

interlocutor(a) [in̦terloku'tor(a)] *m(f)* Gesprächspartner(in) *m(f);* **~es sociales** (ECON) Tarifpartner *mpl*

intermediario, -a [in̦terme'ðjarjo, -a] **I.** *adj* vermittelnd **II.** *m, f* **1.** (*mediador*) Vermittler(in) *m(f)* **2.** (*comerciante*) Zwischenhändler(in) *m(f)*

intermedio, -a¹ [in̦ter'meðjo, -a] *adj* **1.** (*capa*) Zwischen- **2.** (*período de tiempo*) dazwischenliegend **3.** (*calidad*) mittlere(r, s); **mandos ~s** mittlere Führungsebene

intermedio² [in̦ter'meðjo] *m* Pause *f*

interminable [in̦termi'naβle] *adj* unendlich

intermitencia [in̦termi'ten̦θja] *f* **1.** (*calidad*) kurze Unterbrechung *f* **2.** (MED) Intermission *f*

intermitente [in̦termi'ten̦te] *m* Blinklicht *nt;* (AUTO) Blinker *m*

internación [in̦terna'θjon] *f v.* **internamiento**

internacional [in̦ternaθjo'nal] *adj* international; **derecho ~** (JUR) Völkerrecht *nt;* **partido ~** (DEP) Länderspiel *nt*

internacionalidad [in̦ternaθjonali'ðaᵈ] *f*

Internationalität *f*

internacionalización [in̩ternaθjonaliθa'θjon] *f* Internationalisierung *f*

internacionalizar [in̩ternaθjonali'θar] <z→c> *vt* internationalisieren

internado, -a¹ [in̩ter'naðo, -a] **I.** *adj* interniert **II.** *m, f* **1.** (*alumno*) Internatsschüler(in) *m(f)* **2.** (*demente*) Internierte(r) *mf*

internado² [in̩ter'naðo] *m* Internat *nt*

internamiento [in̩terna'mjen̩to] *m* **1.** (*en hospital*) Einweisung *f* (*en* in +*akk*) **2.** (MIL) Internierung *f* (*en* in +*dat*)

internar [in̩ter'nar] **I.** *vt* **1.** (*penetrar*) hineinbringen (*en* in +*akk*) **2.** (*en hospital*) einweisen (*en* in +*akk*); (*en asilo*) unterbringen (*en* in +*dat*) **3.** (MIL) internieren **II.** *vr:* ~**se** **1.** (*penetrar*) eindringen; (DEP) in die gegnerische Hälfte vorstürmen **2.** (*en tema*) sich intensiv beschäftigen (*en* mit +*dat*)

internauta [in̩ter'nau̯ta] *mf* (INFOR) Internetsurfer(in) *m(f)*

internet [in̩ter'net] *f sin pl* (INFOR) Internet *nt*

interno, -a [in̩'terno, -a] **I.** *adj* innere(r, s), intern; **cuestión de régimen** ~ (*de una empresa*) innerbetriebliche Angelegenheit; (*de un partido*) innerparteiliche Angelegenheit **II.** *m, f* Internatsschüler(in) *m(f)*

interpelación [in̩terpela'θjon] *f* (POL) (parlamentarische) Anfrage *f*

interpolación [in̩terpola'θjon] *f* Interpolation *f*

interponer [in̩terpo'ner] *irr como poner* **I.** *vt* **1.** (*entre varias cosas*) einfügen; (*entre dos cosas: silla*) dazwischenstellen; (*papel*) dazwischenlegen; (*a alguien*) dazwischensetzen **2.** (*en un asunto*) einschalten **3.** (JUR) einlegen **II.** *vr:* ~**se** eingreifen

interposición [in̩terposi'θjon] *f* **1.** (*entre varias cosas*) Einfügung *f;* (*de una silla*) Dazwischenstellen *nt;* (*de un papel*) Dazwischenlegen *nt;* (*de alguien*) Dazwischensetzen *nt* **2.** (*en un asunto*) Eingreifen *nt* **3.** (JUR) Einlegung *f*

interpretable [in̩terpre'taβle] *adj* (*texto, t.* MÚS) interpretierbar; (TEAT) darstellbar

interpretación [in̩terpreta'θjon] *f* **1.** (*de texto*) Auslegung *f* **2.** (TEAT) Darstellung *f;* (MÚS) Interpretation *f;* **escuela de** ~ (TEAT) Theaterschule *f* **3.** (*traducción oral*) Dolmetschen *nt*

interpretar [in̩terpre'tar] *vt* **1.** (*texto*) auslegen **2.** (TEAT) darstellen; (MÚS) interpretieren **3.** (*traducir oralmente*) dolmetschen

interpretativo, -a [in̩terpreta'tiβo, -a] *adj* auslegend; **fuerza interpretativa** Darstellungskraft *f*

intérprete¹ [in̩'terprete] *mf* **1.** (*de texto*) Interpret(in) *m(f)* *elev* **2.** (*actor*) Schauspieler(in) *m(f)* **3.** (*traductor*) Dolmetscher(in) *m(f)*

intérprete² [in̩'terprete] *m* (INFOR) Interpreter *m*

interprofesional [in̩terprofesjo'nal] *adj* berufsunabhängig; **Salario Mínimo I~** gesetzlicher Mindestlohn

interpuesto, -a [in̩ter'pwesto, -a] *pp de* **interponer**

interregional [in̩terrexjo'nal] *adj* interregional

interrelacionado, -a [in̩terrelaθjo'naðo, -a] *adj* zusammenhängend

interrelacionar [in̩terrelaθjo'nar] *vt* (miteinander) in Beziehung setzen

interrogación [in̩terroɣa'θjon] *f* Frage *f*

interrogador(a) [in̩terroɣa'ðor(a)] **I.** *adj* fragend **II.** *m(f)* **1.** (*que pregunta*) Fragesteller(in) *m(f)* **2.** (*policía*) Vernehmungsbeamte(r) *mf,* -beamtin *f*

interrogante¹ [in̩terro'ɣan̩te] **I.** *adj* fragend **II.** *m* Fragezeichen *nt*

interrogante² [in̩terro'ɣan̩te] *m o f* Frage *f*

interrogar [in̩terro'ɣar] <g→gu> *vt* **1.** (*hacer preguntas*) (be)fragen **2.** (*policía*) verhören

interrogativo, -a [in̩terroɣa'tiβo, -a] *adj* **1.** (*mirada*) fragend **2.** (LING) interrogativ; (*pronombre, oración*) Interrogativ-

interrogatorio [in̩terroɣa'torjo] *m* Verhör *nt*

interrumpir [in̩terrum'pir] *vt* **1.** (*cortar*) unterbrechen; (*bruscamente al hablar*) ins Wort fallen (*a* +*dat*); (*tráfico*) stören **2.** (*estudios*) abbrechen; ~ **las vacaciones** (*por unos días*) den Urlaub unterbrechen; (*definitivamente*) den Urlaub abbrechen

interrupción [in̩terruβ'θjon] *f* **1.** (*corte*) Unterbrechung *f;* (*del tráfico*) Störung *f;* **sin** ~ ununterbrochen **2.** (*de los estudios*) Abbruch *m*

interruptor [in̩terrup'tor] *m* (ELEC) Schalter *m*

intersección [in̩terseᵞ'θjon] *f* **1.** (*de dos líneas*) Schnittstelle *f* **2.** (*de dos calles*) Kreuzung *f*

intersticio [in̩ters'tiθjo] *m* **1.** (*espacio*) Zwischenraum *m;* (*en pared*) Riss *m;* (*entre placas*) Fuge *f* **2.** (BIOL) Interstitium *nt*

interurbano, -a [in̩terur'βano, -a] *adj* zwischen Städten; **conferencia interurbana** (TEL) Inlandsgespräch *nt*

intervalo [in̩ter'βalo] *m,* **intérvalo** [in̩'terβalo] *m* **1.** (*lapso de tiempo*) Zeitraum *m;* **a** ~**s** in Abständen **2.** (MÚS) Intervall *nt*

intervención [in̩terβen̩'θjon] *f* **1.** (*participación*) Teilnahme *f* (*en* an +*dat*) **2.** (*en conflicto*) Eingreifen *nt* (*en* in +*akk*); (*en temas familiares*) Einmischung *f* **3.** (*mediación*) Vermittlung *f* **4.** (POL) Eingriff *m*

5. (MED) Operation *f* 6. (*del teléfono*) Anzapfen *nt;* (*del correo*) Unterschlagung *f*

intervencionismo [iṇterβeṇθjo'nismo] *m* (POL) Interventionismus *m*

intervenir [iṇterβe'nir] *irr como venir* I. *vi* 1. (*tomar parte*) teilnehmen (*en* an +*dat*) 2. (*en conflicto*) eingreifen (*en* an +*akk*) 3. (*mediar*) vermitteln (*en* in/bei +*dat*) 4. (*factores*) eine Rolle spielen 5. (*suceder*) dazwischenkommen II. *vt* 1. (MED) operieren 2. (*incautar*) beschlagnahmen 3. (*teléfono*) anzapfen; (*correo*) unterschlagen 4. (COM) prüfen

interventor(a) [iṇterβeṇ'tor(a)] *m(f)* 1. (COM) Buchprüfer(in) *m(f)* 2. (POL) Wahlprüfer(in) *m(f)*

interviú [iṇter'βju] *m o f* Interview *nt*

intestinal [iṇtesti'nal] *adj* Darm-

intestino, -a[1] [iṇtes'tino, -a] *adj* innere(r, s); **luchas intestinas** (*en un país*) Bürgerkrieg *m;* (*en un partido*) innerparteiliche Auseinandersetzungen

intestino[2] [iṇtes'tino] *m* 1. (ANAT) Darm *m* 2. *pl* (*tripas*) Eingeweide *pl*

íntimamente [iṇtima'meṇte] *adv* 1. (*estrechamente*) eng 2. (*en lo íntimo*) in seinem Inneren

intimar [iṇti'mar] I. *vi* vertraut werden II. *vt* auffordern

intimidación [iṇtimiða'θjon] *f* Einschüchterung *f*

intimidad [iṇtimi'ða^{ð}] *f* 1. (*personal*) Vertrautheit *f* 2. *pl* (*sexuales*) Intimitäten *fpl;* (*privacidad*) Privatangelegenheiten *fpl* 3. (*vida privada*) Intimsphäre *f*

intimidar [iṇtimi'ðar] I. *vt* einschüchtern II. *vr:* ~**se** sich einschüchtern lassen

intimidatorio, -a [iṇtimiða'torjo, -a] *adj* einschüchternd

íntimo, -a ['iṇtimo, -a] *adj* 1. (*interior*) innerlich 2. (*interno*) intern 3. (*amigo*) eng 4. (*velada*) gemütlich 5. (*conversación*) privat

intocable [iṇto'kaβle] I. *adj* unberührbar II. *mf* Unberührbare(r) *mf*

intolerable [iṇtole'raβle] *adj* unerträglich

intolerancia [iṇtole'raṇθja] *f* Intoleranz *f*

intolerante [iṇtole'raṇte] *adj* intolerant

intoxicación [iṇto^{y}sika'θjon] *f* Vergiftung *f*

intoxicar [iṇto^{y}si'kar] <c→qu> *vt, vr:* ~(**se**) (sich) vergiften

intracomunitario, -a [iṇtrakomuni'tarjo, -a] *adj* EU-, gemeinschaftlich

intraducible [iṇtraðu'θiβle] *adj* unübersetzbar

intragable [iṇtra'ɣaβle] *adj* ungenießbar

intranquilidad [iṇtraŋkili'ða^{ð}] *f sin pl* Unruhe *f*

intranquilizador(a) [iṇtraŋkiliθa'ðor(a)] *adj* beunruhigend

intranquilizar [iṇtraŋkili'θar] <z→c> *vt, vr:* ~(**se**) (sich) beunruhigen

intranquilo, -a [iṇtraŋ'kilo, -a] *adj* 1. (*nervioso*) unruhig 2. (*preocupado*) besorgt 3. (*excitado*) aufgeregt

intransferible [iṇtra^{n}sfe'riβle] *adj* nicht übertragbar

intransigencia [iṇtransi'xeṇθja] *f* 1. (*no condescendencia*) Unnachgiebigkeit *f* 2. (*intolerancia*) Intoleranz *f*

intransigente [iṇtransi'xeṇte] *adj* 1. (*no condescendiente*) unnachgiebig 2. (*intolerante*) intolerant

intransitable [iṇtransi'taβle] *adj* (*a pie*) nicht begehbar; (*en coche*) nicht befahrbar

intransitivo, -a [iṇtransi'tiβo, -a] *adj* (LING) intransitiv

intrascendencia [iṇtrasθeṇ'deṇθja] *f sin pl* Unwichtigkeit *f*

intrascendente [iṇtrasθeṇ'deṇte] *adj* unwichtig

intratable [iṇtra'taβle] *adj* 1. (*persona*) unfreundlich 2. (*material*) unnachgiebig 3. (*asunto*) tabu 4. (*enfermedad*) unbehandelbar

intrepidez [iṇtrepi'ðeθ] *f* Kühnheit *f*

intrépido, -a [iṇ'trepiðo, -a] *adj* kühn

intriga [iṇ'triɣa] *f* 1. (*maquinación*) Intrige *f* 2. (*de una película*) Verwicklung *f*

intrigante [iṇtri'ɣaṇte] I. *adj* 1. (*persona*) intrigant 2. (*película*) spannend II. *mf* Intrigant(in) *m(f)*

intrigar [iṇtri'ɣar] <g→gu> I. *vi* intrigieren II. *vt* neugierig machen

intrincado, -a [iṇtriŋ'kaðo, -a] *adj* (*bosque*) dicht; (*camino*) verschlungen; (*nudo*) kompliziert; (*situación*) verwickelt

intrincar [iṇtriŋ'kar] <c→qu> *vt* (*hilos*) verwirren; (*asunto*) (ver)komplizieren

intrínseco, -a [iṇ'trinseko, -a] *adj* 1. (*interior*) innerlich; **valor** ~ innerer Wert 2. (*propio*) eigen 3. (*esencial*) wesentlich (*de* für +*akk*)

introducción [iṇtroðu^{y}'θjon] *f* 1. (*acción: de una llave*) Hineinstecken *nt;* (*de supositorio*) Einführung *f;* (*de moneda*) Einwurf *m;* (*de clavo*) (Hin)einschlagen *nt;* (*de medidas*) Einleitung *f;* (INFOR: *de disquete*) Einlegen *nt;* (INFOR: *de datos*) Eingabe *f* 2. (*de moda*) Einführung *f;* (*de mercancías*) Einfuhr *f* 3. (*de libro*) Vorwort *nt,* Einleitung *f* 4. (MÚS) Einleitung *f,* Vorspiel *nt*

introducir [iṇtroðu'θir] *irr como traducir* I. *vt* 1. (*objeto: llave*) hineinstecken; (*supositorio*) einführen; (*moneda*) einwerfen; (*clavo*) (hin)einschlagen; (*medidas*) einleiten; (INFOR: *disquete*) einlegen; (INFOR: *datos*) eingeben 2. (*moda*) einführen (*en* in +*akk*) 3. (*discordia*) stiften II. *vr:* ~**se** 1. (*meterse*) eindringen 2. (*en un ambiente*) eingeführt werden (*en* in +*akk*) **3.** (*moda*) aufkommen **4.** (*entrometerse*) sich einmischen (*en* in +*akk*)

introductorio, -a [in̪troðuk'torjo, -a] *adj* einführend; **capítulo ~** einleitendes Kapitel

intromisión [in̪tromi'sjon] *f* Einmischung *f* (*en* in +*akk*)

introspección [in̪trospeɣ'θjon] *f* Selbstbeobachtung *f*

introversión [in̪troβer'sjon] *f* Introvertiertheit *f*

introvertido, -a [in̪troβer'tiðo, -a] *adj* introvertiert

intrusión [in̪tru'sjon] *f* Eindringen *nt;* (*en la vida privada*) Einmischung *f*

intruso, -a [in̪'truso, -a] **I.** *adj* **1.** (*profesional*) unqualifiziert **2.** (*en un grupo*) eingedrungen **II.** *m, f* **1.** (*en reunión*) Eindringling *m* **2.** (*en fiesta*) ungebetener Gast *m*

intuición [in̪twi'θjon] *f* Intuititon *f;* **saber algo por ~** etw intuitiv wissen

intuir [intu'ir] *irr como huir vt* **1.** (*reconocer*) intuitiv wissen **2.** (*presentir*) (vor)ahnen; **intuyo que ...** ich habe das Gefühl, dass ...

intuitivo, -a [in̪twi'tiβo, -a] *adj* intuitiv

inundación [inun̪da'θjon] *f* Überschwemmung *f*

inundar [inun̪'dar] *vt* überschwemmen

inusitado, -a [inusi'taðo, -a] *adj* **1.** (*inhabitual*) ungewöhnlich **2.** (*extraordinario*) außergewöhnlich **3.** (*raro*) selten

inusual [inusu'al] *adj* **1.** (*inhabitual*) ungewöhnlich **2.** (*extraordinario*) außergewöhnlich

inútil [i'nutil] **I.** *adj* **1.** (*que no sirve*) unbrauchbar; (MIL) (wehrdienst)untauglich **2.** (*esfuerzo*) vergeblich **3.** (*sin sentido*) sinnlos **II.** *mf* (*torpe*) Taugenichts *m*

inutilidad [inutili'ðað] *f* Nutzlosigkeit *f;* (*laboral*) Berufsunfähigkeit *f;* (MIL) Wehruntauglichkeit *f*

inutilizar [inutili'θar] <z→c> *vt* **1.** (*objeto*) unbrauchbar machen; (*sello*) entwerten; (*instalaciones*) zerstören **2.** (*al enemigo*) kampfunfähig machen

invadir [imba'ðir] *vt* **1.** (MIL: *país*) überfallen **2.** (*entrar en gran número*) einfallen (in +*akk*) **3.** (*plaga*) heimsuchen **4.** (*tristeza*) überkommen **5.** (*jurisdicción*) eingreifen (in +*akk*); (*privacidad*) eindringen (in +*akk*)

invalidar [imbali'ðar] *vt* (*anular*) ungültig machen; (*declarar nulo*) für ungültig erklären; (JUR: *matrimonio*) für nichtig erklären; (*acuerdo*) rückgängig machen

invalidez [imbali'ðeθ] *f* **1.** (*nulidad*) Ungültigkeit *f;* (JUR: *de matrimonio*) Nichtigkeit *f;* (*de acuerdo*) Rückgängigmachen *nt* **2.** (MED) Invalidität *f;* **pensión de ~** Invalidenrente *f*

inválido, -a [im'baliðo, -a] **I.** *adj* **1.** (MED) invalid(e) **2.** (*acuerdo*) ungültig; (JUR) nichtig **II.** *m, f* Invalide(r) *mf*

invariable [imbarja'βle] *adj* unveränderlich; (MAT) invariabel

invasión [imba'sjon] *f* **1.** (*t.* MIL) Invasion *f* **2.** (*de plaga*) Heimsuchung *f* **3.** (*en jurisdicción*) Eingriff *m;* (*en privacidad*) Eindringen *nt* **4.** (MED) Invasion *f*

invasor(a) [imba'sor(a)] **I.** *adj* eindringend **II.** *m(f)* Eindringling *m;* (MIL) Eroberer, -in *m, f*

invectiva [imbek'tiβa] *f* Schmährede *f*

invencible [imben̪'θiβle] *adj* **1.** (*inderrotable*) unbesiegbar **2.** (*insuperable*) unübertrefflich **3.** (*obstáculo*) unüberwindbar

invención [imben̪'θjon] *f* Erfindung *f*

invendible [imben̪'diβle] *adj* unverkäuflich; (COM) unabsetzbar

inventar [imbenn̪'tar] *vt* erfinden

inventariar [imben̪ta'rjar] <*1. pres:* **inventarío**> *vt* eine Inventur machen +*gen*

inventario [imben̪'tarjo] *m* **1.** (*recuento*) Bestandsaufnahme *f* **2.** (*lista*) Inventar *nt,* Bestandsverzeichnis *nt*

inventiva [imben̪'tiβa] *f* Erfindungsgabe *f*

invento [im'ben̪to] *m* Erfindung *f*

inventor(a) [imben̪'tor(a)] *m(f)* Erfinder(in) *m(f)*

inverificable [imberifi'kaβle] *adj* **1.** (*que no se puede probar*) nicht nachweisbar **2.** (*incontrolable*) unüberprüfbar

invernadero [imberna'ðero] *m* (BOT) Treibhaus *nt*

invernal [imber'nal] *adj* winterlich; **sueño ~** (ZOOL) Winterschlaf *m*

invernar [imber'nar] <e→ie> *vi* (ZOOL) überwintern; (*los que duermen*) Winterschlaf halten

inverosímil [imbero'simil] *adj* **1.** (*increíble*) unglaubwürdig **2.** (*que no parece verdad*) unwahrscheinlich

inverosimilitud [imberosimili'tuð] *f* **1.** (*falta de credibilidad*) Unglaubwürdigkeit *f* **2.** (*falta de probabilidad*) Unwahrscheinlichkeit *f*

inversión [imber'sjon] *f* **1.** (COM, FIN: *dinero*) Investition *f* **2.** (*al revés*) Inversion *f*

inversionista [imbersjo'nista] *mf* Investor(in) *m(f)*

inverso, -a [im'berso] *adj* umgekehrt

inversor(a) [imber'sor(a)] *m(f)* Investor(in) *m(f)*

invertebrado, -a [imberte'βraðo, -a] *adj* **1.** (ZOOL: *sin columna vertebral*) wirbellos **2.** (*débil*) ohne Rückgrat

invertible [imber'tiβle] *adj* umkehrbar

invertido, -a [imber'tiðo, -a] **I.** *adj* **1.** (*al revés*) umgekehrt **2.** (*sexualmente*) homosexuell **II.** *m, f* Homosexuelle(r) *mf*

invertir [imber'tir] *irr como sentir vt* **1.** (*orden*) umkehren **2.** (*dinero*) anlegen **3.** (*tiempo*) investieren **4.** (INFOR) invertieren

investidura [imbesti'ðura] *f* (*en un cargo*) Einsetzung *f;* (REL) Investitur *f*

investigación [imbestiɣa'θjon] *f* **1.** (*indagación*) Untersuchung *f;* (*averiguación*) Ermittlung *f;* ~ **de mercado** Marktforschung *f* **2.** (*ciencia*) Forschung *f* **3.** (*estudio*) Untersuchung *f*

investigador(a) [imbestiɣa'ðor(a)] **I.** *adj* Forschungs-; **comisión ~a** Untersuchungsausschuss *m* **II.** *m(f)* Forscher(in) *m(f)*

investigar [imbesti'ɣar] <g→gu> *vt* **1.** (*indagar*) untersuchen; (*averiguar*) ermitteln **2.** (*en la ciencia*) erforschen

investir [imbes'tir] *irr como pedir vt* (*en un cargo*) einsetzen

inveterado, -a [imbete'raðo, -a] *adj* **1.** (*costumbre*) althergebracht, tief verwurzelt **2.** (*por adicción*) Gewohnheits-

inviabilidad [imbjaβili'ða^{ð}] *f sin pl* Undurchführbarkeit *f*

inviable [imbi'aβle] *adj* undurchführbar

invicto, -a [im'bikto, -a] *adj* unbesiegt

invidencia [imbi'ðeṇθja] *f* Blindheit *f*

invidente [imbi'ðeṇte] **I.** *adj* blind **II.** *mf* Blinde(r) *mf*

invierno [im'bjerno] *m* **1.** (*estación*) Winter *m* **2.** (*Am: lluvias*) Regenzeit *f* **3.** (*AmC: aguacero*) Platzregen *m*

inviolabilidad [imbjolaβili'ða^{ð}] *f* (POL: *de derechos*) Unverletzbarkeit *f*

inviolable [imbjo'laβle] *adj* (POL: *derechos*) unverletzbar

invisibilidad [imbisiβili'ða^{ð}] *f* Unsichtbarkeit *f*

invisible [imbi'siβle] *adj* unsichtbar

invitación [imbita'θjon] *f* **1.** (*a una fiesta*) Einladung *f* **2.** (*a una acción*) Aufforderung *f* **3.** (*tarjeta*) Einladungsschreiben *nt*

invitado, -a [imbi'taðo, -a] **I.** *adj* eingeladen **II.** *m, f* Gast *m;* ~ **de honor** Ehrengast *m*

invitar [imbi'tar] *vt* **1.** (*convidar*) einladen (*a/para* zu +*dat*); **esta vez invito yo** dieses Mal geht es auf meine Rechnung **2.** (*instar*) auffordern (*a* zu +*dat*); (*rogar*) bitten

invocación [imboka'θjon] *f* Anrufung *f*

invocar [imbo'kar] <c→qu> *vt* **1.** (*dirigirse*) anrufen; (*suplicar*) flehentlich bitten **2.** (*alegar*) anführen **3.** (JUR: *apoyarse en una ley*) sich berufen (auf +*akk*)

involución [imbolu'θjon] *f* **1.** (POL) Rückfall *m* **2.** (BIOL) Rückbildung *f*

involucionista [imboluθjo'nista] **I.** *adj* (POL) reaktionär **II.** *mf* (POL) Reaktionär(in) *m(f)*

involucrar [imbolu'krar] **I.** *vt* verwickeln (*en* in +*akk*) **II.** *vr:* ~**se 1.** (*inmiscuirse*) sich einmischen (*en* in +*akk*) **2.** (*intervenir*) eingreifen (*en* in +*akk*)

involuntariedad [imboluṇtarje'ða^{ð}] *f* **1.** (*por obligación*) Unfreiwilligkeit *f* **2.** (*falta de voluntad*) fehlender Wille *m* **3.** (*sin querer*) Unabsichtlichkeit *f*

involuntario, -a [imboluṇ'tarjo, -a] *adj* **1.** (*por obligación*) unfreiwillig **2.** (*sin querer*) unabsichtlich

involutivo, -a [imbolu'tiβo, -a] *adj* rückschrittlich

invulnerabilidad [imbulneraβili'ða^{ð}] *f* **1.** (*que no puede ser herido*) Unverletzbarkeit *f* **2.** (*insensibilidad*) Unempfindlichkeit *f*

invulnerable [imbulne'raβle] *adj* **1.** (*que no puede ser herido*) unverletzbar **2.** (*insensible*) unempfindlich (*a* für +*akk*); **es ~ a las críticas** Kritik prallt an ihm/ihr ab

inyección [iɲɟe^{y}'θjon] *f* **1.** (MED: *ampolla*) Spritze *f* **2.** (TÉC) Injektion *f;* **motor de ~** Einspritzmotor *m*

inyectable [iɲɟek'taβle] **I.** *adj* (MED) injizierbar **II.** *m* (MED) Injektionsmittel *nt*

inyectar [iɲɟek'tar] *vt* (ein)spritzen

inyector [iɲɟek'tor] *m* (TÉC) Injektor *m;* (*motor*) Einspritzdüse *f;* (*máquina de vapor*) Strahlpumpe *f*

ión [i'on] *m* (QUÍM) Ion *nt*

ionosfera [ionos'fera] *f* Ionosphäre *f*

IPC [ipe'θe] *m* (ECON) *abr de* **Índice de Precios al Consumidor** Verbraucherpreisindex *m*

ir [ir] *irr* **I.** *vi* **1.** (*general*) gehen; **¡voy!** ich komme!; **¡vamos!** los!, auf!; **¡vamos a ver!** mal sehen!; ~ **a pie** zu Fuß gehen; ~ **en bicicleta** (mit dem) Fahrrad fahren; ~ **a caballo** reiten; **tengo que ~ a Paris** ich muss nach Paris (verreisen); ~ **detrás de una chica** einem Mädchen nachlaufen; **dejarse ~** sich gehen lassen; **¿qué tal? – vamos tirando** (*fam*) wie geht's? – na ja, es geht so **2.** (*coger*) holen **3.** (*progresar*) laufen; **¿cómo va la tesina?** was macht die Diplomarbeit?; **¿cómo te va?** wie läuft es bei dir?; **va para médica** sie wird Ärztin; **en lo que va de año** im Laufe dieses Jahres **4.** (*diferencia*): **de dos a cinco van tres** von der Zwei bis zur Fünf sind es drei **5.** (*referirse*): **eso no va por ti** das bezieht sich nicht auf dich; **¿pero tú sabes de lo que va?** weißt du überhaupt, worum es geht? **6.** (*interj: sorpresa*): **¡vaya coche!** was für ein Auto!; **¡qué va!** ach was! **7.** (*con verbo*): **iban charlando** sie gingen und unterhielten sich dabei; **voy a hacerlo** ich werde es tun **8.** (*edad*) zugehen (*para* auf +*akk*) **II.** *vr:* ~**se 1.** (*marcharse*) (weg-, fort)gehen

2.(*dirección*) kommen (*para* nach +*dat*) 3.(*resbalar*) ausrutschen 4.(*perder*) verlieren

ira ['ira] *f* Wut *f*

Irán [i'ran] *m* Iran *m*

iraní [ira'ni] **I.** *adj* iranisch **II.** *mf* Iraner(in) *m(f)*

Iraq [i'rak] *m* Irak *m*

iraquí [ira'ki] **I.** *adj* irakisch **II.** *mf* Iraker(in) *m(f)*

irascible [iras'θiβle] *adj* jähzornig

irgo ['irɣo] *1. pres de* **erguir**

irguió [ir'ɣjo] *3. pret de* **erguir**

iridio [i'riðjo] *m* (QUÍM) Iridium *nt*

iridiscente [iriðis'θeņte] *adj* irisierend

iris ['iris] *m* **1.**(ANAT: *ojo*) Iris *f* **2.**(*loc*): **arco** ~ Regenbogen *m*

irisar [iri'sar] **I.** *vi* Regenbogenfarben annehmen **II.** *vt* in den Regenbogenfarben schillern lassen

Irlanda [ir'laņda] *f* Irland *nt*

irlandés, -esa [irlaņ'des, -esa] **I.** *adj* irisch **II.** *m, f* Ire, -in *m, f*

ironía [iro'nia] *f* Ironie *f*

irónico, -a [i'roniko, -a] **I.** *adj* ironisch **II.** *m, f* Ironiker(in) *m(f)*

ironizar [ironi'θar] <z→c> *vt* ironisieren

IRPF [ierrepe'efe/ierre'pefe] *m abr de* **Impuesto sobre la Renta de las Personas Físicas** *Einkommensteuer der abhängig Beschäftigten, Selb(st)ständigen und Künstler und aus bestimmten Kapitalerträgen*

irracional [irraθjo'nal] *adj* (*contra la razón*) irrational; (*contra la lógica*) unlogisch; **número** ~ (MAT) irrationale Zahl; **ser** ~ Tier *nt*

irracionalidad [irraθjonali'ðaᵈ] *f sin pl* Irrationalität *f*

irradiación [irraðja'θjon] *f* **1.**(*de material nuclear*) Strahlung *f* **2.**(MED: *tratamiento*) Bestrahlung *f;* (*dolor*) Ausstrahlung *f*

irradiar [irra'ðjar] **I.** *vt* **1.**(*emitir*) ausstrahlen **2.**(*difundir*) verbreiten **3.**(*tratamiento*) bestrahlen **II.** *vi* strahlen **III.** *vr:* ~**se** sich verbreiten, ausstrahlen

irrazonable [irraθo'naβle] *adj* unvernünftig

irreal [irre'al] *adj* irreal

irrealidad [irreali'ðaᵈ] *f* Irrealität *f*

irrealizable [irreali'θaβle] *adj* undurchführbar

irrebatible [irreβa'tiβle] *adj,* **irrechazable** [irreʧa'θaβle] *adj* unwiderlegbar

irreconciliable [irrekoņθi'ljaβle] *adj* unversöhnlich

irreconocible [irrekono'θiβle] *adj* unerkennbar

irrecuperable [irrekupe'raβle] *adj* unwiederbringbar

irreductible [irreðuk'tiβle] *adj* unbeugsam

irreflexión [irrefleˠ'sjon] *f* Unbedachtheit *f*

irreflexivo, -a [irrefleˠ'siβo, -a] *adj* **1.**(*acción*) unüberlegt **2.**(*persona*) unbedacht **3.**(*precipitado*) voreilig

irrefrenable [irrefre'naβle] *adj* **1.**(*desarrollo*) unaufhaltsam **2.**(*persona*) nicht zurückzuhalten

irrefutable [irrefu'taβle] *adj* unumstößlich

irregular [irreɣu'lar] *adj* **1.**(*desigual*) unregelmäßig **2.**(*contra las reglas*) regelwidrig; (*sin reglas*) regellos; (*anómalo*) außerplanmäßig

irregularidad [irreɣulari'ðaᵈ] *f* **1.**(*desigualdad*) Unregelmäßigkeit *f* **2.**(*del terreno*) Unebenheit *f* **3.**(*contra las reglas*) Regelwidrigkeit *f;* (*sin reglas*) Regellosigkeit *f*

irrelevante [irrele'βaņte] *adj* irrelevant

irremediable [irreme'ðjaβle] *adj* **1.**(*inevitable*) unvermeidbar **2.**(*irreparable*) nicht wieder gutzumachen **3.**(*daño físico*) unheilbar

irremisible [irremi'siβle] *adj* **1.**(*falta*) unverzeihlich **2.**(*pérdida*) nicht wieder gutzumachen

irrenunciable [irrenuņ'θjaβle] *adj* **1.**(*imprescindible*) unverzichtbar **2.**(*destino*) unentrinnbar

irreparable [irrepa'raβle] *adj* **1.**(*que no se puede reparar*) irreparabel; (*incompensable*) unersetzlich **2.**(*daño físico*) nicht heilbar

irrepetible [irrepe'tiβle] *adj* unwiederholbar

irreprimible [irrepri'miβle] *adj* nicht zu unterdrücken

irreprochable [irrepro'ʧaβle] *adj* tadellos

irreproducible [irreproðu'θiβle] *adj* **1.**(*irrepetible*) unwiederholbar **2.**(*que ya no se puede fabricar*) nicht mehr produzierbar

irresistible [irresis'tiβle] *adj* **1.**(*atractivo*) unwiderstehlich **2.**(*inaguantable*) unerträglich

irresoluble [irreso'luβle] *adj* unlösbar

irresolución [irresolu'θjon] *f* **1.**(*indecisión*) Unentschlossenheit *f* **2.**(*vacilación*) Zögern *nt*

irresoluto, -a [irreso'luto, -a] *adj* **1.**(*indeciso*) unentschlossen **2.**(*vacilante*) zögerlich **3.**(*problema*) ungelöst

irrespetuoso, -a [irrespetu'oso, -a] *adj* respektlos

irrespirable [irrespi'raβle] *adj* **1.**(*por tóxico*) giftig **2.**(*aire*) stickig

irresponsabilidad [irresponsaβili'ðaᵈ] *f* **1.**(*falta de responsabilidad*) Unverantwortlichkeit *f;* (*por minoría de edad*) Unmündigkeit *f* **2.**(*desconsideración*) Verantwortungslosigkeit *f* **3.**(COM: *sociedades*) Nichthaftung *f*

irresponsable [irrespon'saβle] **I.** *adj* **1.**(*no responsable*) nicht verantwortlich (*de* für

+*akk*) **2.** (*desconsiderado*) verantwortungslos **3.** (COM: *sociedades*) nicht haftbar (*de* für +*akk*) **II.** *mf* **1.** (*no responsable*) nicht verantwortliche Person *f* **2.** (*desconsiderado*) verantwortungslose Person *f*

irreverencia [irreβe'ren̩θja] *f* Respektlosigkeit *f*

irreverente [irreβe'ren̩te] *adj* respektlos

irreversible [irreβer'siβle] *adj* irreversibel

irrevocable [irreβo'kaβle] *adj* **1.** (*no revocable*) unwiderruflich; (*firme*) unverrückbar **2.** (*inamovible*) unabsetzbar

irrigación [irriɣa'θjon] *f* **1.** (AGR: *regadío*) Bewässerung *f* **2.** (MED: *del intestino*) Einlauf *m*

irrigar [irri'ɣar] <g→gu> *vt* **1.** (AGR: *regar*) bewässern **2.** (MED: *la sangre*) durchbluten; (*el intestino*) durchspülen

irrisorio, **-a** [irri'sorjo, -a] *adj* lächerlich

irritabilidad [irritaβili'ðað] *f sin pl* Reizbarkeit *f*

irritable [irri'taβle] *adj* reizbar

irritación [irrita'θjon] *f* **1.** (MED: *órgano*) Reizung *f*; (*de piel*) (Haut)ausschlag *m* **2.** (*desatención*) Verwirrung *f* **3.** (*enfado*) Ärger *m*

irritante [irri'tan̩te] *adj* **1.** (*enojar*) ärgerlich **2.** (*molesto*) irritierend **3.** (MED: *órgano*) reizend

irritar [irri'tar] **I.** *vt* **1.** (*enojar*) ärgern **2.** (*molestar*) irritieren **3.** (MED: *órgano*) reizen **II.** *vr:* ~**se** **1.** (*enojarse*) sich aufregen **2.** (MED: *órgano*) sich entzünden

irrompible [irrom'piβle] *adj* **1.** (*material*) unzerbrechlich **2.** (*amistad*) unverbrüchlich *elev*

irrumpir [irrum'pir] *vi* (gewaltsam) eindringen (*en* in +*akk*)

irrupción [irruβ'θjon] *f* **1.** (*entrada*) plötzliches Eindringen *nt* **2.** (MIL: *invasión*) Einfallen *nt*; (*ataque*) Angriff *m*

isla ['isla] *f* Insel *f*

Islam [is'lan] *m* (REL) Islam *m*

islámico, **-a** [is'lamiko, -a] *adj* islamisch

islamización [islamiθa'θjon] *f* Islamisation *f*

islandés, **-esa** [islan̩'des, -esa] **I.** *adj* isländisch **II.** *m, f* Isländer(in) *m(f)*

Islandia [is'lan̩dja] *f* Island *nt*

isleño, **-a** [is'leɲo, -a] **I.** *adj* Insel- **II.** *m, f* Inselbewohner(in) *m(f)*

islote [is'lote] *m* (unbewohnte) Felseninsel *f*

isobara [iso'βara] *f*, **isóbara** [i'soβara] *f* (METEO) Isobare *f*

Israel [i(s)rra'el] *m* Israel *nt*

israelí [i(s)rrae'li] **I.** *adj* israelisch **II.** *mf* Israeli *mf*

israelita [i(s)rrae'lita] **I.** *adj* israelitisch **II.** *mf* Israelit(in) *m(f)*

istmo ['ismo] *m* (GEO) Landenge *f*

Italia [i'talja] *f* Italien *nt*

italiano, **-a** [ita'ljano, -a] **I.** *adj* italienisch **II.** *m, f* Italiener(in) *m(f)*

itálico, **-a** [i'taliko, -a] **I.** *adj* italisch **II.** *m, f* Italiker(in) *m(f)*

itinerante [itine'ran̩te] *adj* Wander-

itinerario [itine'rarjo] *m* **1.** (*ruta*) Strecke *f* **2.** (FERRO: *horario*) (Zug)fahrplan *m* **3.** (AERO: *vuelo*) Flugstrecke *f*

IVA ['iβa] *m abr de* **impuesto sobre el valor añadido** MWSt. *f*

izada [i'θaða] *f* (*Am: alzamiento*) Aufstand *m*

izar [i'θar] <z→c> *vt* hissen

izda. [iθ'kjerða] *adj*, **izdo.** [iθ'kjerðo] *adj abr de* **izquierda, izquierdo** linke(r, s)

izquierda [iθ'kjerða] *f* **1.** (*mano*) linke Hand *f* **2.** (POL) Linke *f* **3.** (*lado*) linke Seite *f*; **a la ~** links; **ser un cero a la ~** (*fam*) eine Null sein

izquierdista [iθkjer'ðista] **I.** *adj* (POL) linksgerichtet **II.** *mf* (POL) Linke(r) *mf*

izquierdo, **-a** [iθ'kjerðo, -a] *adj* linke(r, s)

J

J, j ['xota] *f* J, j *nt;* ~ **de Juan** J wie Julius
ja [xa] *interj* ha
jabalí [xaβa'li] *m* <jabalíes> Wildschwein *nt*
jabalina [xaβa'lina] *f* **1.** (ZOOL) Wildsau *f* **2.** (DEP) Speer *m*
jabato, -a[1] [xa'βato, -a] *adj* kühn
jabato[2] [xa'βato] *m* **1.** (ZOOL) Frischling *m* **2.** (*hombre*) kühner Mann *m;* **luchar como un** ~ sehr mutig kämpfen
jabón [xa'βon] *m* **1.** (*para lavar*) Seife *f;* **pastilla de** ~ Stück Seife; **dar** ~ **a alguien** (*fig*) jdm Honig um den Bart schmieren; **dar un** ~ **a alguien** (*fig*) jdn ausschimpfen **2.** (*PRico, Arg: susto*) Schreck *m*
jabonar [xaβo'nar] *vt* **1.** (*con jabón*) einseifen, abseifen **2.** (*fam: reprender*) schelten, ausschimpfen
jaboncillo [xaβon̩'θiʎo] *m* **1.** (*de tocador*) Toilettenseife *f* **2.** (*de sastre*) Schneiderkreide *f*
jabonera [xaβo'nera] *f* **1.** (*para depositar jabón*) Seifenschale *f* **2.** (BOT) Seifenkraut *nt*
jabonoso, -a [xaβo'noso, -a] *adj* Seifen-, seifig

> **Jabugo: Jamón de Jabugo** bezeichnet einen sehr feinen, luftgetrockneten Schinken aus der gleichnamigen Ortschaft **Jabugo** in der **provincia** von **Huelva** (im Südwesten Andalusiens).

jaca ['xaka] *f* **1.** (*caballo*) kleines Pferd *nt* **2.** (*yegua*) Stute *f* **3.** (*Am: gallo*) Kampfhahn *m*
jacal [xa'kal] *m* (*Méx, Ven*) Hütte *f*
jacalear [xakale'ar] *vi* (*Méx*) klatschen, tratschen *fam*
jácara ['xakara] *f* **1.** (*fam: mentira*) Märchen; (*historia*) Geschichte *f* **2.** (*molestia*) Ärgernis *nt*
jacarandoso, -a [xakaran̩'doso, -a] *adj* fröhlich
jacarero, -a [xaka'rero, -a] *m, f* (*fam*) Spaßvogel *m*
jacinto [xa'θin̩to] *m* (BOT) Hyazinthe *f*
jaco ['xako] *m* (*caballo*) Klepper *m*
jactancia [xak'tan̩θja] *f* Prahlerei *f,* Angeberei *f*
jactancioso, -a [xaktan̩'θjoso, -a] **I.** *adj* angeberisch **II.** *m, f* Angeber(in) *m(f)*
jactarse [xak'tarse] *vr* prahlen (*de* mit +*dat*)
jaculatoria [xakula'torja] *f* Stoßgebet *nt*
jacuz(z)i® [ɟa'kuᵈsi] *m* Whirlpool *m*
jade ['xaðe] *m* Jade *m o f*
jadear [xaðe'ar] *vi* (*persona*) keuchen; (*perro*) hecheln
jaenero, -a [xae'nero, -a], **jaenés, -esa** [xae'nes, -esa] **I.** *adj* aus Jaén **II.** *m, f* Einwohner(in) *m(f)* von Jaén
jaez [xa'eθ] *m* **1.** (*de caballo*) Geschirr *nt* **2.** (*de persona*) Sorte *f;* **persona de mal** ~ bösartiger Mensch; **no te fíes de gente de ese** ~ traue solchen Leuten nicht
jaguar [xa'ɣwar] *m* Jaguar *m*
jaiba ['xai̯βa] **I.** *adj* **1.** (*Ant, Méx: astuto*) gerissen **2.** (*Cuba: perezoso*) faul **II.** *f* (*Am: cangrejo*) Flusskrebs *m*
jalada [xa'laða] *f* (*Méx: fam*) **1.** (*exageración*) Übertreibung *f* **2.** (*fumada*) Zug *m* (an der Zigarette)
jalado, -a [xa'laðo, -a] *adj* **1.** (*Méx: exagerado*) übertrieben **2.** (*Am: demacrado*) abgezehrt **3.** (*Am: obsequioso*) gefällig **4.** (*Am: borracho*) betrunken
jalar [xa'lar] **I.** *vt* **1.** (*una cuerda*) ziehen (an +*dat*) **2.** (*una persona*) anziehen **3.** (*fam: comer*) mampfen **II.** *vi* (*Bol, PRico, Urug: largarse*) abhauen **III.** *vr:* ~**se** (*Am: emborracharse*) sich betrinken
jalbegue [xal'βeɣe] *m* Tünche *f*
jalea [xa'lea] *f* Gelee *nt*
jalear [xale'ar] *vt* (*animar*) anfeuern
jaleo [xa'leo] *m* **1.** (*barullo*) Lärm *m;* (*desorden*) Durcheinander *nt;* **armar** ~ Lärm machen; **me he armado un** ~ **con los nombres** (*fam*) ich habe alle Namen durcheinander gebracht **2.** (*riña*) Streit *m*
jalón [xa'lon] *m* **1.** (*vara*) Absteckpfahl *m* **2.** (*hito*) Meilenstein *m*
jalonar [xalo'nar] *vt* **1.** (*un terreno*) abstecken **2.** (*marcar*) prägen
jamar [xa'mar] *vt, vr:* ~**se** (*fam: comer*) verdrücken
jamás [xa'mas] *adv* nie(mals); ~ **de los jamases** nie und nimmer; ~ **había tenido la oportunidad** nie zuvor hatte ich die Gelegenheit gehabt; **¿habías leído** ~ **algo parecido?** hast du je zuvor so etwas gelesen?; **nunca digas nunca** ~ sag niemals nie
jamba ['xamba] *f* (*de la ventana*) Fensterpfosten *m;* (*de la puerta*) Türpfosten *m*
jamelgo [xa'melɣo] *m* (*fam*) Klepper *m*

J

jamón [xa'mon] *m* Schinken *m;* ~ **dulce** [*o* **de York**] gekochter Schinken; ~ **serrano** luftgetrockneter Schinken; **¡y un ~!** (*fam*) kommt überhaupt nicht in Frage!

jangada [xaŋ'gaða] *f* **1.** (*balsa*) Floß *nt* **2.** (*tontería*) dumme Bemerkung *f* **3.** (*fam: trastada*) gemeiner Trick *m*

Japón [xa'pon] *m* Japan *nt*

japonés, -esa [xapo'nes, -esa] **I.** *adj* japanisch **II.** *m, f* Japaner(in) *m(f)*

jaque ['xake] *m* **1.** (DEP) Schach *nt;* ~ **mate** (Schach)matt *nt;* **dar ~** Schach bieten; **tener a alguien en ~** jdn in Schach halten **2.** (*fam: perdonavidas*) Angeber *m*

jaquear [xake'ar] *vt* (DEP) Schach bieten +*dat*

jaqueca [xa'keka] *f* Migräne *f;* **este tipo me da ~** (*fam*) dieser Kerl geht mir auf die Nerven

jarabe [xa'raβe] *m* Sirup *m;* (*para la tos*) Hustensaft *m;* ~ **de pico** (*fam*) Geschwätz *nt;* **dar ~ de palo a alguien** (*fam*) jdm eine Tracht Prügel verpassen

jarana [xa'rana] *f* **1.** (*juerga*) Gaudi *f o nt;* **ir de ~** (*fam*) einen draufmachen **2.** (*discusión*) Krach *m* **3.** (*Am: burla*) Spaß *m,* Scherz *m* **4.** (*AmC: deuda*) Schuld *f* **5.** (*Col: embuste*) Lüge *f*

jaranero, -a [xara'nero, -a] *adj:* **ser un ~** sehr gern feiern

jardín [xar'ðin] *m* Garten *m;* **los jardines de una ciudad** die Grünanlagen einer Stadt; ~ **de infancia** (*hasta los tres años*) Kinderkrippe *f;* (*a partir de tres años*) Kindergarten *m;* **trabajar en el ~** gärtnern

jardinear [xarðine'ar] *vt* (*Am*) gärtnern

jardinera [xarði'nera] *f* **1.** (*profesión*) Gärtnerin *f;* **a la ~** (GASTR) nach Gärtnerinart **2.** (*maceta*) Blumenkasten *m*

jardinería [xarðine'ria] *f* (*arte*) Gartenkunst *f;* (*cuidado*) Gartenpflege *f*

jardinero, -a [xarði'nero, -a] *m, f* Gärtner(in) *m(f)*

jarra ['xarra] *f* Krug *m;* (*de agua, café*) Kanne *f;* **ponerse de** [*o* **en**] **~s** die Arme in die Hüften stemmen

jarro ['xarro] *m* Krug *m;* (*de agua*) Kanne *f;* **echarle a alguien un ~ de agua fría** (*fig*) jdn um seine Hoffnungen bringen

jarrón [xa'rron] *m* Vase *f*

jartón, -ona [xar'ton, -ona] *m, f* (*AmC, Méx*) Vielfraß *m fam*

jauja ['xau̯xa] *f* Schlaraffenland *nt;* **¡pero te crees que esto es J~!** was hast du bloß für (falsche) Vorstellungen!; **para ti la vida es J~** für dich ist das Leben wohl nur ein einziger Spaß

jaula ['xau̯la] *f* (*para animales*) Käfig *m*

jauría [xau̯'ria] *f* Meute *f*

jayán, -ana [xa'ɟan, -ana] *m, f* Riese, -in *m, f*

jazmín [xaθ'min] *m* Jasmin *m*

jazz [ʤas] *m sin pl* Jazz *m;* **tocar ~** jazzen

jefatura [xefa'tura] *f* **1.** (*cargo*) Leitung *f* **2.** (*sede*): ~ **del gobierno** Amt *nt* des Regierungschefs; ~ **de policía** Polizeipräsidium *nt*

jefazo [xe'faθo] *m* (*fam*) hohes Tier *nt*

jefe, -a ['xefe, -a] *m, f* (*de una organización, empresa*) Chef(in) *m(f);* (*de un departamento*) Leiter(in) *m(f);* (*de una banda*) Anführer(in) *m(f);* ~ **de filas** (DEP) Mannschaftskapitän *m;* ~ **de(l) Estado** Staatsoberhaupt *nt;* ~ **de gobierno** Regierungschef *m;* ~ **de partido** Parteivorsitzende(r) *m;* **redactor ~** Chefredakteur *m;* **en mi casa no soy yo el ~, sino mi mujer** zu Hause hat meine Frau die Hosen an

jengibre [xeŋ'xiβre] *m* Ingwer *m*

jeque ['xeke] *m* Scheich *m*

jerarca [xe'rarka] *mf* Oberhaupt *nt*

jerarquía [xerar'kia] *f* Hierarchie *f*

jerárquico, -a [xe'rarkiko, -a] *adj* hierarchisch

jerez [xe'reθ] *m* Sherry *m*

In und um **Jerez de la Frontera**, also an der Guadalquivirmündung, d.h. im Südwesten von **Andalucía**, wird der gleichnamige Likörwein – **jerez** (Sherry) – angebaut. In **Jerez** selbst kann man diesen Wein in den typischen **bodegas** kosten.

jerga ['xerɣa] *f* (*lenguaje*) Jargon *m*

jergón [xer'ɣon] *m* (*fam: persona*) Fettwanst *m*

jeribeque [xeri'βeke] *m:* **hacer ~s** Grimassen schneiden

jerigonza [xeri'ɣoṇθa] *f* **1.** (*galimatías*) Kauderwelsch *nt* **2.** (*jerga*) Jargon *m*

jeringa [xe'riŋga] *f* (*instrumento*) (Injektions)spritze *f*

jeringar [xeriŋ'gar] <g→gu> *vt* **1.** (*con la jeringa*) spritzen **2.** (*molestar*) belästigen, plagen

jeringuilla [xeriŋ'giʎa] *f* (Injektions)spritze *f*

jeroglífico, -a[1] [xero'ɣlifiko, -a] *adj* hieroglyphisch

jeroglífico[2] [xero'ɣlifiko] *m* **1.** (*signo*) Hieroglyphe *f* **2.** (*pasatiempo*) Bilderrätsel *nt*

jersey [xer'sei̯] *m* Pullover *m;* ~ **de cuello alto** Rollkragenpullover *m*

Jesucristo [xesu'kristo] *m* Jesus Christus *m*

Jesús [xe'sus] *m* Jesus *m;* **¡~!** (*al estornudar*) Gesundheit!; (*interjección*) o mein Gott!; **en un (decir) ~** im Nu

jeta ['xeta] *f* **1.** (*fam: cara*) Visage *f;* **ese tie-**

ne una ~ increíble (*fig*) der ist unglaublich frech **2.** (*labios*) wulstige Lippen *fpl* **3.** (*del cerdo*) Rüssel *m* **4.** (*Arg: nariz*) Nase *f*

ji [xi] **I.** *f* Chi *nt* **II.** *interj* ha!

jíbaro, **-a** ['xiβaro, -a] *adj* **1.** (*Am: campesino*) bäuerlich; (*costumbres, vida*) ländlich **2.** (*Am: planta, animal*) wild **3.** (*Ant, Méx: huraño*) menschenscheu

jibia ['xiβja] *f* Sepia *f*

jibraltareño, **-a** [xiβralta'reɲo, -a] **I.** *adj* gibraltarisch **II.** *m, f* Gibraltarer(in) *m(f)*

jícara ['xikara] *f* (*taza*) (Schokoladen)tasse *f*

jienense, **-a** [xje'nense, -a] **I.** *adj* aus Jaén **II.** *m, f* Einwohner(in) *m(f)* von Jaén

jijona [xi'xona] *m* Mandelnugat *m o nt* (aus Jijona)

jilguero [xil'ɣero] *m* (ZOOL) Distelfink *m*

jinete [xi'nete] *m* (*persona*) Reiter *m;* (*profesional*) Jockei *m*

jinetear [xinete'ar] *vt* (*Am: domar*) zureiten

jira ['xira] *f* **1.** (*jirón*) Fetzen *m* **2.** (*picnic*) Picknick *nt*

jirafa [xi'rafa] *f* **1.** (ZOOL) Giraffe *f* **2.** (*para el micro*) Galgen *m*

jirón [xi'ron] *m* Fetzen *m;* **hacer algo jirones** etw zerreißen

JJ.OO ['xweɣos o'limpikos] *abr de* **Juegos Olímpicos** Olympische Spiele *ntpl*

jo [xo] *interj* **1.** (*so*) hü **2.** (*sorpresa*) Wahnsinn

jobillo [xo'βiʎo] *m* (*PRico: fam*): **irse de ~s** die Schule schwänzen

jockey ['xokei̯] *m* Jockei *m*

jocosidad [xokosi'ða^{ð}] *f* **1.** (*cualidad*) Humor *m* **2.** (*chiste*) Witz *m*

jocoso, **-a** [xo'koso, -a] *adj* witzig

jocundo, **-a** [xo'kun̪do, -a] *adj* heiter, fröhlich

joder [xo'ðer] **I.** *vt* (*vulg*) **1.** (*copular*) ficken **2.** (*fastidiar*) nerven *fam;* **¡no me jodas!** erzähl mir keinen Scheiß!; **¡no te jode!** das ist ja kaum zu fassen!; **¡jódete!** zum Teufel mit dir! *fam* **3.** (*echar a perder*) vermasseln *fam* **4.** (*robar*) klauen *fam* **II.** *vi* (*vulg*) ficken **III.** *vr:* **~se** (*vulg*) **1.** (*fastidiarse*) sich abfinden; **¡hay que ~se!** verdammt noch mal! *fam* **2.** (*echar a perder*): **nuestra amistad se ha jodido** unsere Freundschaft ist im Eimer *fam;* **la tele se ha jodido** der Fernseher ist im Arsch **IV.** *interj* (*vulg*) Scheiße!

jodido, **-a** [xo'ðiðo, -a] *adj* (*vulg*): **estoy ~** (*enfermo*) mir geht's beschissen; (*en un apuro*) ich sitze in der Scheiße; **ser ~** (*difícil*) schwierig sein; **es ~ tener que trabajar tanto** es ist verdammt hart, so viel arbeiten zu müssen

jodón, **-ona** [xo'ðon, -ona] **I.** *adj* (*Méx: fam*) nervtötend **II.** *m, f* (*Méx: fam*) Nervensäge *f*

joint-venture ['dʒoi̯m 'bentʃa], **joint venture** ['dʒoi̯m 'bentʃa] *f* (ECON) Jointventure *nt*

jolgorio [xol'ɣorjo] *m* Gaudi *f o nt*

jolín [xo'lin] *interj,* **jolines** [xo'lines] *interj* verdammt (noch mal)!

jopé [xo'pe] *interj* Mensch!

Jordania [xor'ðanja] *f* Jordanien *nt*

jordano, **-a** [xor'ðano, -a] **I.** *adj* jordanisch **II.** *m, f* Jordanier(in) *m(f)*

jornada [xor'naða] *f* **1.** (*de trabajo*) Arbeitstag *m;* (*tiempo trabajado*) Arbeitszeit *f;* **~ continua** gleitende Arbeitszeit; **~ partida** Arbeitstag mit (langer) Mittagspause; **trabajo media ~** ich arbeite halbtags **2.** (*viaje*) Tagesreise *f;* (*andando*) Tage(s)marsch *m;* **este pueblo está a dos ~s de viaje** dieses Dorf liegt zwei Tagesreisen entfernt

jornal [xor'nal] *m* (*paga*) Tagelohn *m;* **trabajar a ~** als Tagelöhner arbeiten

jornalero, **-a** [xorna'lero, -a] *m, f* Tagelöhner(in) *m(f)*

joroba [xo'roβa] *f* **1.** (*de persona*) Buckel *m* **2.** (*de camello*) Höcker *m* **3.** (*molestia*) Belästigung *f*

jorobado, **-a** [xoro'βaðo, -a] **I.** *adj* buck(e)lig **II.** *m, f* Buck(e)lige(r) *mf*

jorobar [xoro'βar] **I.** *vt* (*fam*) nerven **II.** *vr:* **~se** (*fam*) sich abfinden; **si no le gusta, ¡que se jorobe!** wenn es ihm/ihr nicht passt, hat er/sie Pech gehabt!

jota ['xota] *f* **1.** (*letra*) J *nt;* **no entender** [*o* **saber**] **ni ~** (*fam*) keinen blassen Schimmer haben; **no ver ni ~** (*fam*) stockblind sein **2.** (*baile*) Jota *f*

joven ['xoβen] **I.** *adj* jung; **de muy ~** in früher Jugend **II.** *mf* junger Mann *m,* junge Frau *f;* **los jóvenes** die jungen Leute

jovial [xo'βjal] *adj* fröhlich

joya ['xoɟa] *f* **1.** (*alhaja*) Schmuckstück *nt;* (*piedra*) Juwel *nt o m;* **las ~s** der Schmuck **2.** (*persona, cosa*) Juwel *nt;* **esta mujer de la limpieza es una ~** sie ist ein Juwel von einer Putzfrau; **este niño es una ~** dieses Kind ist ein wahrer Schatz

joyería [xoɟe'ria] *f* Juwelierladen *m*

joyero, **-a**[1] [xo'ɟero, -a] *m, f* Juwelier(in) *m(f)*

joyero[2] [xo'ɟero] *m* Schmuckkästchen *nt*

juanete [xwa'nete] *m* (*del pie*) (Fuß)ballen *m*

jubilación [xuβila'θjon] *f* **1.** (*acción*) Pensionierung *f* **2.** (*pensión*) Rente *f*

jubilado, **-a** [xuβi'laðo, -a] *m, f* Rentner(in) *m(f)*

jubilar [xuβi'lar] **I.** *vt* **1.** (*a alguien*) pensionieren **2.** (*fam: un objeto*) ausrangieren **II.** *vr:* **~se** **1.** (*retirarse*) in Rente gehen **2.** (*AmC: hacer novillos*) schwänzen

júbilo ['xuβilo] *m* Jubel *m*

jubiloso, **-a** [xuβi'loso, -a] *adj* jubelnd; **estar** ~ überglücklich sein

judaico, **-a** [xu'ðai̯ko, -a] *adj* jüdisch

judía [xu'ðia] *f* **1.** (*mujer*) Jüdin *f* **2.** (BOT) Bohne *f*

judicatura [xuðika'tura] *f* **1.** (*cargo*) Richteramt *nt* **2.** (*de un país*) Richterstand *m* **3.** (*ejercicio*) Rechtsprechung *f*, Judikatur *f*; ~ **del trabajo** Arbeitsgerichtsbarkeit *f*

judicial [xuði'θjal] *adj* (*de justicia*) Justiz-; (*de juicio*) Gerichts-; (*de juez*) richterlich

judío, **-a** [xu'ðio, -a] **I.** *adj* jüdisch **II.** *m, f* Jude *m*, Jüdin *f*

judo ['ʤuðo] *m* (DEP) Judo *nt*

juego ['xweɣo] *m* **1.** (*diversión*) Spiel *nt*; ~ **de mesa** Gesellschaftsspiel *nt*; ~ **de los roles** Rollenspiel *nt*; **hacer** ~**s malabares** jonglieren; **hacer trampas en el** ~ falsch spielen; **hay muchos millones en** ~ es wird um viele Millionen gespielt; **perder dinero en el** ~ Geld verspielen; **tengo mal** ~ ich habe schlechte Karten; **poner en** ~ (*fig*) aufs Spiel setzen; **diciendo esto le hace el** ~ **a su rival** seine/ihre Äußerungen kommen seinem/ihrem Gegner zugute; **se le ve fácilmente el** ~ man kann ihn/sie leicht durchschauen; **se toma nuestra relación a** ~ er/sie nimmt unsere Beziehung nicht ernst; **desgraciado en el** ~**, afortunado en amores** (*prov*) Pech im Spiel, Glück in der Liebe **2.** (DEP) Spiel *nt*; ~ **en blanco** Null-zu-Null-Spiel *nt*; ~ **limpio** Fairplay *nt*; ~ **sucio** unfaires Spiel; **fuera de** ~ Abseits *nt*; **entrar en** ~ ins Spiel kommen **3.** (*conjunto de botones, ropa interior*) Garnitur *f*; ~ **de mesa** Service *nt*; **estos colores no hacen** ~ diese Farben passen nicht zusammen **4.** (TÉC) Spiel *nt*; **esta llave no hace** ~ **con la cerradura** dieser Schlüssel passt nicht ins Schloss

juerga ['xwerɣa] *f* Gaudi *f o nt*; **ayer estuve de** ~ (*fam*) ich habe gestern einen draufgemacht; **se le nota en la cara que se ha corrido unas cuantas** ~**s** (*fam*) man sieht ihm/ihr an, dass er/sie ein ausschweifendes Leben geführt hat; **ayer noche se armó una** ~ **increíble en este bar** (*fam*) gestern Abend war in dieser Kneipe der Bär los

jueves ['xweβes] *m inv* Donnerstag *m*; **J**~ **Santo** Gründonnerstag *m*; **no ser nada del otro** ~ nichts Weltbewegendes sein; *v. t.* **lunes**

juez [xweθ] *mf* (*t.* JUR) Richter(in) *m(f)*; ~ **de instrucción** Untersuchungsrichter(in) *m(f)*; ~ **de línea** [*o* **de banda**] (DEP) Linienrichter(in) *m(f)*

jugada [xu'ɣaða] *f* **1.** (DEP) Spielzug *m*; ~ **de ajedrez** Schachzug *m*; ~ **antirreglamentaria** Foul *nt*; **las** ~**s de Michael Jordan encandilan al público** das Publikum ist von der Spielweise Michael Jordans begeistert; **Maradona hizo una** ~ **genial** Maradona spielte einen genialen Ball **2.** (*apuesta*) Wette *f* **3.** (*jugarreta*) Streich *m*; **hacerle** [*o* **gastarle**] **una** ~ **a alguien** jdm übel mitspielen

jugador(a) [xuɣa'ðor(a)] **I.** *adj*: **mi marido es muy** ~ mein Mann ist eine Spielernatur **II.** *m(f)* (*t.* DEP) Spieler(in) *m(f)*; ~ **profesional** Profi *m*

jugar [xu'ɣar] *irr* **I.** *vi* **1.** (*a un juego, deporte*) spielen; ~ **de líbero** auf der Liberoposition spielen; ~ **limpio/sucio** fair/unfair spielen; ~ **a la lotería** (in der) Lotterie spielen; ~ **a policías y ladrones** Räuber und Gendarm spielen; **¿puedo** ~**?** darf ich mitspielen?; **¿a qué juegas?** (*fig*) was soll denn das? **2.** (*bromear*) scherzen; **hacer algo por** ~ etw aus Spaß machen **3.** (*en un negocio*) beteiligt sein (*en* an +*dat*); ~ **a la bolsa** an der Börse spekulieren **4.** (*hacer juego*) zusammenpassen **II.** *vt* **1.** (*un juego, una partida*) spielen; **me la han jugado** (*fig*) man hat mir übel mitgespielt **2.** (*apostar*) wetten; ~ **fuerte** mit hohem Einsatz spielen **3.** (*una carta*) (aus)spielen; (*una torre*) spielen; **¿quién juega?** wer ist dran?; (*al ajedrez*) wer ist am Zug? **III.** *vr*: ~**se** **1.** (*la lotería*) verlost werden **2.** (*apostar*) wetten (um +*akk*), setzen (*a* auf +*akk*); **¿qué te juegas que…?** wollen wir wetten, dass …? **3.** (*arriesgar*) aufs Spiel setzen; ~**se el todo por el todo** alles auf eine Karte setzen

jugarreta [xuɣa'rreta] *f* (*fam*) übler Streich *m*; **hacerle una** ~ **a alguien** jdm übel mitspielen

jugo ['xuɣo] *m* **1.** (*de fruta, carne*) Saft *m*; ~**s gástricos** Magensäfte *mpl* **2.** (*esencia*) Substanz *f*; **declaraciones con mucho** ~ bedeutungsschwere Äußerungen; **este jefe saca el** ~ **a sus trabajadores** dieser Chef beutet seine Arbeitnehmer aus

jugoso, **-a** [xu'ɣoso, -a] *adj* **1.** (*fruta, carne*) saftig **2.** (*color*) frisch

juguete [xu'ɣete] *m* **1.** (*objeto*) Spielzeug *nt*; **el barco era un** ~ **de las olas** das Schiff war ein Spielball der Wellen **2.** *pl* (COM) Spielwaren *fpl*

juguetear [xuɣete'ar] *vi* **1.** (*con las llaves, un boli*) herumspielen; (*con una pelota*) tändeln **2.** (*los niños*) herumtollen

juguetería [xuɣete'ria] *f* Spielwarengeschäft *nt*

juguetón, **-ona** [xuɣe'ton, -ona] *adj* verspielt

juicio ['xwiθjo] *m* **1.** (*facultad para juzgar*) Urteilsfähigkeit *f* **2.** (*razón*) Vernunft *f*, Verstand *m;* **falta de** ~ Unvernunft *f;* **recobrar el** ~ zur Vernunft kommen; **tú no estás en tu sano** ~ du bist wohl nicht bei Verstand **3.** (*opinión*) Meinung *f,* Urteil *nt;* **a mi** ~ meiner Meinung nach; **emitir un** ~ **sobre algo** etw beurteilen **4.** (JUR) Gerichtsverfahren *nt,* Prozess *m;* ~ **criminal** Strafverfahren *nt;* **el día del J~ final** (REL) der jüngste Tag; **llevar a alguien a** ~ jdm den Prozess machen

juicioso, -a [xwi'θjoso, -a] *adj* (*sensato*) vernünftig; (*acertado*) treffend

julepe [xu'lepe] *m* **1.** (*castigo*) Strafe *f;* (*reprimenda*) Standpauke *f;* **dar** ~ **a alguien** (*castigar*) jdn bestrafen; (*dar una reprimenda*) jdm eine Standpauke halten **2.** (*Am: miedo*) Angst *f* **3.** (*Am: ajetreo*) Plackerei *f;* **dar un** ~ **a alguien** (*fam*) jdm zu viel Arbeit aufhalsen

julio ['xuljo] *m* **1.** (FÍS) Joule *nt* **2.** (*mes*) Juli *m; v. t.* **marzo**

juma ['xuma] *f* (*Am: fam*) Rausch *m*

jumado, -a [xu'maðo, -a] *adj* (*Am: fam*) besoffen

jumento [xu'meṇto] *m* Esel *m*

jumo, -a[1] ['xumo, -a] *adj* (*Am: borracho*) betrunken

jumo[2] ['xumo] *m* (*PRico*) Rausch *m*

juncal [xuŋ'kal] *adj* (*gallardo*) stattlich

junco ['xuŋko] *m* **1.** (BOT) Binse *f* **2.** (*bastón*) Spazierstock *m* **3.** (*embarcación*) Dschunke *f*

jungla ['xuŋgla] *f* Dschungel *m*

junio ['xunjo] *m* Juni *m; v. t.* **marzo**

júnior ['ʤunjor] *m* <juniores> Junior *m*

junta ['xuṇta] *f* **1.** (*comité*) Ausschuss *m;* (*consejo*) Rat *m;* ~ **calificadora** (ENS) Prüfungskommission *f;* ~ **directiva** Vorstand *m;* ~ **general** Generalversammlung *f;* ~ **militar** Militärjunta *f;* ~ **municipal** Gemeinderat *m* **2.** (*reunión*) Sitzung *f;* **celebrar** ~ (*de la* ~ *directiva*) eine Vorstandssitzung abhalten; (*de la* ~ *general*) eine Generalversammlung abhalten **3.** (TÉC: *de dos ladrillos, tablas*) Fuge *f;* (*de dos tubos*) Verbindung(sstelle) *f;* (*sellado*) Dichtung *f*

juntar [xuṇ'tar] **I.** *vt* **1.** (*aproximar*): ~ **la mesa a la pared** den Tisch an die Wand rücken; ~ **las sillas** die Stühle zusammenrücken **2.** (*unir*) verbinden **3.** (*reunir: personas*) versammeln; (*objetos*) (an)sammeln; (*dinero*) (an)sparen **4.** (*puerta, ventana*) anlehnen **II.** *vr:* ~**se 1.** (*reunirse*) sich versammeln **2.** (*unirse*) sich zusammenschließen **3.** (*aproximarse*) zusammenrücken **4.** (*liarse con alguien*) zusammenziehen; **se han juntado** sie wohnen zusammen

junto, -a[1] ['xuṇto, -a] *adj* zusammen, gemeinsam; **nos sentamos todos** ~**s** wir saßen alle beieinander; **me las pagarás todas juntas** das wirst du mir büßen

junto[2] ['xuṇto] **I.** *adv:* **hablaba por teléfono y trabajaba en el ordenador, todo** ~ er/sie telefonierte und arbeitete gleichzeitig am PC; **tengo en** ~ **mil pesetas** ich habe alles insgesamt tausend Peseten; **comprar por** ~ in großen Mengen kaufen **II.** *prep* **1.** (*local*): ~ **a** neben +*dat,* an +*dat;* **¿quién es el que está** ~ **a ella?** wer ist der Mann (da) neben ihr?; **estábamos** ~ **a la entrada** wir waren am Eingang; **pasaron** ~ **a nosotros** sie liefen an uns vorbei **2.** (*con movimiento*): ~ **a** neben +*akk,* an +*akk;* **he puesto la botella** ~ **a las otras** ich habe die Flasche neben die anderen gestellt; **pon la silla** ~ **a la mesa** rück den Stuhl an den Tisch **3.** (*con, en compañía de*): ~ **con** mit +*dat*

juntura [xuṇ'tura] *f* (TÉC: *de dos ladrillos, tablas*) Fuge *f;* (*de dos tubos*) Verbindung(sstelle) *f;* (*sellado*) Dichtung *f*

jura ['xura] *f* Eid *m*

jurado, -a[1] [xu'raðo, -a] *adj* vereidigt; **intérprete** ~ Gerichtsdolmetscher *m*

jurado[2] [xu'raðo] *m* **1.** (JUR: *miembro*) Geschworene(r) *mf;* (*tribunal*) Geschworenen *mpl* **2.** (*de un examen*) Prüfungskommission *f* **3.** (*de un concurso*) Jury *f*

juramentar [xurameṇ'tar] **I.** *vt* vereidigen **II.** *vr:* ~**se** sich eidlich verpflichten

juramento [xura'meṇto] *m* **1.** (*t.* JUR: *jura*) Eid *m;* **falso** ~ Meineid *m;* **estar bajo** ~ unter Eid stehen; **tomar** ~ **a alguien** jdn vereidigen **2.** (*blasfemia*) Fluch *m*

jurar [xu'rar] **I.** *vt* schwören (*por* bei +*dat*); ~ **en falso** einen falschen Eid ablegen; ~ **por todos los santos** Stein und Bein schwören; **jurársela(s) a alguien** (*fam*) jdm Rache schwören **II.** *vi* fluchen

jurel [xu'rel] *m* Makrele *f*

jurídico, -a [xu'riðiko, -a] *adj* Rechts-, juristisch

jurisdicción [xurisðiʸ'θjon] *f* **1.** (JUR: *potestad*) Rechtsprechung *f;* ~ **militar** Militärgerichtsbarkeit *f;* **ese caso no está dentro de la** ~ **de este tribunal** dieser Fall fällt nicht in die Zuständigkeit dieses Gerichts **2.** (*territorio*) Gerichtsbezirk *m*

jurisdiccional [xurisðiʸθjo'nal] *adj* gerichtlich; **no** ~ außergerichtlich; **aguas** ~**es** Hoheitsgewässer *nt(pl)*

jurisperito, -a [xurispe'rito, -a] *m, f* Rechtskundige(r) *mf*

jurisprudencia [xurispru'ðeṇθja] *f* **1.** (*ciencia*) Rechtswissenschaft *f* **2.** (*legislación*) Rechtsprechung *f*

jurista [xu'rista] *mf* Jurist(in) *m(f)*

jurungar [xuruŋ'gar] <g→gu> *vt, vr:* ~**se** (*Ven*) (sich) langweilen

justamente [xusta'meṇte] *adv* **1.** (*con justi-*

cia) mit [*o* zu] Recht **2.** (*precisamente*) genau, gerade **3.** (*ajustadamente*): **este vestido viene ~ al cuerpo** das ist ein eng anliegendes Kleid

justicia [xus'tiθja] *f* **1.** (*cualidad*) Gerechtigkeit *f;* **en ~, él merece ganar el premio** genau genommen sollte er den Preis gewinnen; **hacerle ~ a alguien** jdm gerecht werden **2.** (*derecho*) Recht *nt;* **administrar ~** Recht sprechen **3.** (*poder judicial*) Justiz *f*

justiciero, -a [xusti'θjero, -a] *adj* gerechtigkeitsliebend

justificable [xustifi'kaβle] *adj* (*comportamiento*) entschuldbar; (*error*) nachweisbar

justificación [xustifika'θjon] *f* **1.** (*disculpa*) Rechtfertigung *f;* **no hay ~ para lo que has hecho** es gibt keine Entschuldigung für das, was du gemacht hast **2.** (*prueba*) Beweis *m;* (*documento*) Beleg *m*

justificante [xustifi'kaṇte] *m* Beleg *m;* (*de ausencia*) ärztliches Attest *nt*

justificar [xustifi'kar] <c→qu> **I.** *vt* **1.** (*disculpar*) rechtfertigen; **mi desconfianza es justificada** mein Misstrauen ist berechtigt **2.** (*probar*) beweisen; (*con documentos*) belegen **II.** *vr:* **~se** sich rechtfertigen

justipreciar [xustipre'θjar] *vt* (*apreciar*) (ab)schätzen; (*tasar*) taxieren

justiprecio [xusti'preθjo] *m* (*aprecio*) Bewertung *f;* (*tasación*) Taxierung *f*

justo, -a[1] ['xusto, -a] *adj* **1.** (*persona, decisión*) gerecht **2.** (*exacto*) genau; (*acertado*) treffend; **el peso ~** das exakte Gewicht; **¿tiene el dinero ~? es que no tengo cambio** haben Sie das Geld passend? ich habe nämlich kein Kleingeld **3.** (*escaso*) knapp **4.** (*ajustado*) eng; **este abrigo me viene ~** dieser Mantel ist mir zu eng

justo[2] ['xusto] **I.** *adv* **1.** (*exactamente*) genau; **llegué ~ a tiempo** ich kam gerade noch rechtzeitig **2.** (*escasamente*) gerade; **tengo ~ para vivir** mir reicht es gerade so zum Leben **II.** *mpl* Gerechten *pl*

juvenil [xuβe'nil] **I.** *adj* Jugend-, jugendlich *f* **II.** *mf* (DEP): **juego con los ~es** ich spiele in der Jugendmannschaft

juventud [xuβeṇ'tu^{ð}] *f* **1.** (*edad*) Jugend *f* **2.** (*estado*) Jugendlichkeit *f* **3.** (*jóvenes*) Jugend *f,* Jugendliche(n) *mpl*

juzgado [xuθ'ɣaðo] *m* **1.** (*jueces, local*) Gericht *nt* **2.** (*territorio*) Gerichtsbezirk *m*

juzgar [xuθ'ɣar] <g→gu> **I.** *vt* **1.** (*juez: decidir*) richten (über +*akk*); (*condenar*) verurteilen **2.** (*opinar sobre*) beurteilen; (*considerar*) halten; **~ mal a alguien** jdn falsch einschätzen; **juzgo necesario avisarle** ich halte es für angebracht, ihm/ihr Bescheid zu sagen; **le ~on de maleducado** sie hielten ihn für ungezogen; **no te juzgo capaz de hacerlo** ich halte dich nicht für fähig es zu tun **II.** *vi* **1.** (*juez*) richten **2.** (*opinar*) urteilen; **~ sobre apariencias** nach dem äußeren Anschein urteilen; **a ~ por como me mira, debe conocerme** so, wie er/sie mich ansieht, scheint er/sie mich zu kennen

K

K, k [ka] *f* K, k *nt;* ~ **de Kenia** K wie Kaufmann

kaki ['kaki] *adj* khakifarben

kanguro [kaŋ'guro] *m* Känguru *nt*

karate [ka'rate] *m,* **kárate** ['karate] *m* (DEP) Karate *nt*

kart [karᵗ] *m* <karts> Go-Kart *m*

kartin(g) ['kartiŋ] *m* <kartin(g)s> **1.** (DEP) Go-Kart-Rennen *nt* **2.** (*para niños*) Kettcar *nt*

katiuska [ka'tjuska] *f* Gummistiefel *m*

kayac [ka'ɟaᵏ] *m* <kayacs> (DEP) Kajak *m o nt*

Kazajstán [kaθaʸs'tan] *m* Kasachstan *nt*

KB [kilo'βai̯t] *m* (INFOR) *abr de* **kilobyte** KB *nt*

kéfir ['kefir] *m* Kefir *m*

keniano, -a [ke'njano, -a] **I.** *adj* kenianisch **II.** *m, f* Kenianer(in) *m(f)*

keniata [ke'njata] **I.** *adj* kenianisch **II.** *mf* Kenianer(in) *m(f)*

keroseno [kero'seno] *m* Kerosin *nt*

ketchup ['keᵈtʃup] *m* <ketchups> Ketschup *m o nt*

kg ['kilo'ɣramo] *abr de* **kilogramo** kg

kibutz [ki'βuθ] *m* <kibutzs> Kibbuz *m*

kikirikí [kikiri'ki] *m* Kikeriki *nt*

kilo ['kilo] **I.** *m* **1.** (*peso*) Kilo *nt* **2.** (*argot: dinero*) Million *f* Peseten **II.** *adv* (*argot: mucho*) sehr viel

kilocaloría [kilokalo'ria] *f* Kilokalorie *f*

kilociclo [kilo'θiklo] *m* Kilohertz *nt*

kilogramo [kilo'ɣramo] *m* Kilogramm *nt*

kilohercio [kilo'erθjo] *m* Kilohertz *nt*

kilolitro [kilo'litro] *m* Kiloliter *m*

kilometraje [kilome'traxe] *m* **1.** (AUTO) Kilometerstand *m* **2.** (*distancia*) Entfernung *f;* **hay que recorrer un buen** ~ wir müssen einige Kilometer zurücklegen

kilometrar [kilome'trar] *vt* **1.** (*medir*) nach Kilometern messen **2.** (*río, carretera*) kilometrieren

kilométrico, -a [kilo'metriko, -a] *adj* **1.** (*en kilómetros*) kilometrisch **2.** (*muy largo*) kilometerlang; (*escrito*) ellenlang

kilómetro [ki'lometro] *m* Kilometer *m*

kilotón [kilo'ton] *m* Kilotonne *f*

kilovatio [kilo'βatjo] *m* Kilowatt *nt*

kilovatio-hora [kilo'βatjo-'ora] *m* <kilovatios-hora> Kilowattstunde *f*

kínder ['kiṇder] *m inv,* **kindergarten** [kiṇder'ɣarten] *m inv* (*Am*) Kindergarten *m*

kit [kit] *m* <kits> Baukasten *m*

kl [kilo'litro] *abr de* **kilolitro** kl

kleenex® ['klineʸs] *m inv,* **klínex®** ['klineʸs] *m inv* Tempo® *nt*

km [ki'lometro] *abr de* **kilómetro** km

km/h [ki'lometro por 'ora] *abr de* **kilómetro por hora** km/h

kodak® ['koðaᵏ] *f* <kodaks> (*Am:* FOTO) Kleinbildkamera *f*

Kremlin ['kremlin] *m* Kreml *m*

Kurdistán [kurðis'tan] *m* Kurdistan *nt*

kurdo, -a ['kurðo, -a] **I.** *adj* kurdisch **II.** *m, f* Kurde, -in *m, f*

kuwaití [kuβai̯'ti] **I.** *adj* kuwaitisch **II.** *mf* Kuwaiter(in) *m(f)*

kv. [kilo'βatjo] *abr de* **kilovatio** kW

kv/h. [kilo'βatjo 'ora] *abr de* **kilovatio-hora** kWh

L

L, l ['ele] *f* L, l *nt;* ~ **de Lisboa** L wie Ludwig
l ['litro] *abr de* **litro(s)** l
l. ['liβro-lei̯] **1.** *abr de* **libro** Buch **2.** *abr de* **ley** Gesetz
L. [lei̯-'lira] **1.** *abr de* **Ley** Gesetz **2.** *abr de* **lira(s)** L.
la [la] **I.** *art det v.* **el, la, lo II.** *pron pers f sg* **1.** (*objeto directo*) sie; **¡tráeme~!** bring sie mir! **2.** (*enclítico*) es; **¡buena ~ hemos hecho!** da haben wir uns etwas eingebrockt! **3.** (*con relativo*): ~ **que...** die(jenige), die ...; ~ **cual** die **4.** (*laísmo*) ihr **III.** *m* (MÚS) A *nt*
laberíntico, -a [laβe'rin̪tiko, -a] *adj* labyrinthisch; (*fig*) verworren
laberinto [laβe'rin̪to] *m* **1.** (*lugar*) Labyrinth *nt* **2.** (*maraña*) Durcheinander *nt*
labia ['laβja] *f* (*fam*) Zungenfertigkeit *f;* **tener mucha** ~ ein flinkes Mundwerk haben
labial [la'βjal] *adj* Lippen-
lábil ['laβil] *adj* (*carácter, t.* QUÍM) labil; (*frágil*) unsicher
labio ['laβjo] *m* **1.** (*boca*) Lippe *f;* (ZOOL) Lefze *f;* ~ **leporino** Hasenscharte *f;* **los ~s** der Mund; **cerrar los ~s** schweigen; **morderse los ~s** sich *dat* auf die Lippen beißen; (*fig*) sich *dat* das Lachen verbeißen **2.** (*borde*) Rand *m* **3.** *pl* (*vulva*) Schamlippen *fpl*
labor [la'βor] *f* Arbeit *f;* (*manualidad*) Handarbeit *f;* (*labranza*) Feldarbeit *f;* ~ **de ganchillo** Häkelarbeit *f;* **sus ~es** (*formularios*) Hausfrau *f;* **hacer ~es** handarbeiten
laborable [laβo'raβle] *adj* **1.** (AGR) kultivierbar **2.** (*de trabajo*): **día** ~ Werktag *m*
laboral [laβo'ral] *adj* Arbeits-
laborar [laβo'rar] **I.** *vi* **1.** (*gestionar*) sich bemühen (*por/en favor de* um +*akk*) **2.** (*intrigar*) intrigieren **II.** *vt v.* **labrar**
laboratorio [laβora'torjo] *m* Labor *nt*
laborear [laβore'ar] *vt* **1.** *v.* **labrar 2.** (MIN) fördern
laboreo [laβo'reo] *m* **1.** (AGR) Ackerbau *m* **2.** (MIN) Bergbau *m;* ~ **exhaustivo** Raubbau *m*
laboriosidad [laβorjosi'ðaᵈ] *f* Fleiß *m*
laborioso, -a [laβo'rjoso, -a] *adj* **1.** (*trabajador*) fleißig **2.** (*difícil*) mühsam
laborismo [laβo'rismo] *m* (POL) Labourbewegung *f*
laborista [laβo'rista] **I.** *adj:* **partido** ~ Labour Party *f* **II.** *mf* Anhänger(in) *m(f)* der Labour Party
labrado, -a¹ [la'βraðo, -a] *adj* **1.** (*telas*) gemustert; (*objetos*) fein gearbeitet; (*madera*) behauen; (*cristal*) geschliffen **2.** (AGR) bestellt; **campo** ~ Ackerland *nt*
labrado² [la'βraðo] *m* **1.** (*acción*) Bearbeitung *f;* (AGR) Bestellung *f* **2.** (*resultado*) Arbeit *f;* (*dibujo*) Muster *nt;* (*de un cristal*) Schliff *m* **3.** (*campo*) Acker *m* **4.** *pl* (*tierra*) Ackerland *nt*
labrador(a) [laβra'ðor(a)] *m(f)* Landwirt(in) *m(f)*
labrantío, -a¹ [laβran̪'tio, -a] *adj* **1.** (*cultivado*) bebaut **2.** (*cultivable*) anbaufähig
labrantío² [laβran̪'tio] *m* Ackerland *nt*
labranza [la'βran̪θa] *f* **1.** (*cultivo*) Ackerbau *m* **2.** (*trabajo*) Feldarbeit *f* **3.** (*hacienda*) Bauernhof *m*
labrar [la'βrar] *vt* **1.** (*trabajar un material*) bearbeiten; (*un dibujo*) herausarbeiten; (*cristal*) schleifen; **sin** ~ unbearbeitet **2.** (*cultivar*) bestellen; (*arar*) pflügen; (*en jardín*) hacken **3.** (MIN) ausbeuten **4.** (*coser*) nähen; (*bordar*) sticken **5.** (*acuñar*) prägen **6.** (*causar gradualmente*) bewirken; ~ **la felicidad de alguien** jdm zu seinem Glück verhelfen; ~ **la perdición de alguien** jdn ins Verderben stürzen
labriego, -a [la'βrjeɣo, -a] *m, f* Landwirt(in) *m(f)*
laburar [laβu'rar] *vi* (*Arg, Urug*) arbeiten
laca ['laka] *f* **1.** (*pintura*) Lack *m* **2.** (*para el pelo*) Haarlack *m;* (*spray*) Haarspray *m o nt*
lacayo [la'kaɟo] *m* **1.** (*criado*) Lakai *m* **2.** (*pey: adulador*) Speichellecker *m*
lacerante [laθe'ran̪te] *adj* unangenehm; (*dolor*) stechend; (*grito*) gellend
lacerar [laθe'rar] *vt* **1.** (*herir*) verletzen; ~ **el alma** das Herz zerreißen **2.** (*magullar*) quetschen **3.** (*la honra*) Schaden zufügen +*dat*
lacio, -a ['laθjo, -a] *adj* **1.** (*marchito*) welk **2.** (*flojo*) schlaff; (*cabello*) glatt
lacón [la'kon] *m* (luftgetrockneter) Vorderschinken *m*
lacónico, -a [la'koniko, -a] *adj* lakonisch; (*persona*) wortkarg
lacra ['lakra] *f* **1.** (*de una enfermedad*) Folgeerscheinung *f;* (*cicatriz*) Narbe *f* **2.** (*vicio*) Laster *nt*
lacrar [la'krar] *vt* **1.** (*cerrar*) versiegeln **2.** (*contagiar*) anstecken **3.** (*perjudicar*) schädigen
lacre ['lakre] *m* Siegellack *m*
lacrimógeno, -a [lakri'moxeno, -a] *adj:* **gas**

~ Tränengas *nt;* **película lacrimógena** (*pey*) Schnulze *f*

lacrimoso, -a [lakri'moso, -a] *adj* **1.** (*lloroso*) tränend **2.** (*lastimoso*) zu Tränen rührend **3.** (*quejumbroso*) wehleidig

lactancia [lak'taṇθja] *f* **1.** (*acción*) Säugen *nt* **2.** (*período*) Stillzeit *f*

lactante [lak'taṇte] **I.** *adj* stillend **II.** *mf* Säugling *m*

lactar [lak'tar] **I.** *vt* stillen, säugen **II.** *vi* saugen

lacteado, -a [lakte'aðo, -a] *adj* Milch-, milchhaltig; **harina lacteada** Milchpulver *nt*

lácteo, -a ['lakteo, -a] *adj* Milch-; (*parecido*) milchig; **vía láctea** Milchstraße *f*

láctico, -a ['laktiko, -a] *adj* Milch-

lactosa [lak'tosa] *f* Milchzucker *m*

lacustre [la'kustre] *adj* See-; **construcciones ~s** Pfahlbauten *mpl*

ladeado, -a [laðe'aðo, -a] *adj* schief

ladear [laðe'ar] **I.** *vt* **1.** (*inclinar*) (zur Seite) neigen; (*un sombrero*) schief aufsetzen **2.** (*desviar*) ausweichen +*dat;* ~ **un problema** einem Problem aus dem Weg gehen **II.** *vi* (*caminar*) einen Hang entlanglaufen; (*desviarse*) vom Weg abkommen **III.** *vr:* **~se 1.** (*inclinarse*) sich (zur Seite) neigen **2.** (*Chil: enamorarse*) sich verlieben **3.** (*loc*): **~se con alguien** sich auf jds Seite stellen

ladera [la'ðera] *f* Abhang *m*

ladilla [la'ðiʎa] *f* Filzlaus *f*

ladino, -a [la'ðino, -a] *adj* **1.** (*taimado*) abgefeimt **2.** (*políglota*) sprachgewandt

lado ['laðo] *m* **1.** (*lateral, t.* MAT) Seite *f;* **por un ~... y por el otro ~...** einerseits ... und andererseits ...; **a ambos ~s** beiderseits; **por el ~ materno** mütterlicherseits; **ir de un ~ a otro** hin und her gehen; **dormir del ~ izquierdo** auf der linken Seite schlafen; **por todos ~s** überall; **dejar de ~ a alguien** jdn ignorieren; **mirar de ~ a alguien** jdn schief anblicken; **al ~** daneben; **la casa de al ~** das Haus nebenan; **al ~ de** (*estar junto a*) neben +*dat;* (*colocar junto a*) neben +*akk;* **al ~ mío, a mi ~** (*estar*) neben mir; (*colocar*) neben mich **2.** (*borde*) Kante *f;* (*extremo*) Rand *m;* (*parte*) Teil *m* **3.** (*lugar*) Gegend *f;* **por el ~ del río** in der Nähe des Flusses; **ir a algún otro ~** irgendwo anders hingehen **4.** (*punto de vista*) Aspekt *m;* **por el ~ ecológico** vom ökologischen Standpunkt; **el ~ bueno de la vida** die angenehme(n) Seite(n) des Lebens **5.** (*camino*) Weg *m;* **tomar por otro ~** einen anderen Weg einschlagen **6.** (*partido*): **me puse de tu ~** ich ergriff für dich Partei

ladrar [la'ðrar] *vi* (*perro*) bellen; (*amenazar*) kläffen; **perro que ladra no muerde** (*prov*) Hunde, die bellen, beißen nicht

ladrido [la'ðrido] *m* **1.** (*perro*) Gebell *nt* **2.** (*pey: calumnia*) Beschimpfung *f*

ladrillo [la'ðriʎo] *m* **1.** (*de construcción*) Ziegel(stein) *m;* **color ~** Ziegelrot *nt* **2.** (TEAT, LIT) (langweiliger) Schinken *m*

ladrón, -ona[1] [la'ðron, -ona] **I.** *adj* diebisch **II.** *m, f* (*bandido*) Dieb(in) *m(f);* **~ cuatrero** Viehdieb *m;* **la ocasión hace al ~** (*prov*) Gelegenheit macht Diebe

ladrón[2] [la'ðron] *m* (*enchufe*) Mehrfachstecker *m*

ladronzuelo, -a [laðroṇ'θwelo, -a] *m, f* (*ratero*) Taschendieb(in) *m(f)*

lagar [la'ɣar] *m* **1.** (*aceite*) Ölpresse *f;* (*vino*) Kelter *f* **2.** (*edificio*) Kelterei *f*

lagartija [laɣar'tixa] *f* Mauereidechse *f*

lagarto, -a[1] [la'ɣarto, -a] **I.** *adj* verschlagen **II.** *m, f* (*persona*) Luder *nt*

lagarto[2] [la'ɣarto] **I.** *interj* toi, toi, toi! **II.** *m* **1.** (*reptil*) Eidechse *f* **2.** (*Am: caimán*) Kaiman *m*

lagartón, -ona [laɣar'ton, -ona] **I.** *adj* schlau; (*pey*) durchtrieben **II.** *m, f* Schlauberger(in) *m(f) fam;* (*pey*) gerissener Mensch *m*

lago ['laɣo] *m* See *m;* **L~ de Constanza** Bodensee *m*

lágrima ['laɣrima] *f* **1.** (*del ojo*) Träne *f;* **llorar ~s de sangre por algo** wegen etw *gen/dat* heiße Tränen vergießen; **llorar a ~ viva, deshacerse en ~s** bitterlich weinen; **ser el paño de ~s de alguien** jds Trost sein **2.** (*de vino*) Schlückchen *nt*

lagrimal [laɣri'mal] **I.** *adj* Tränen- **II.** *m* Tränensack *m*

lagrimear [laɣrime'ar] *vi* tränen

lagrimoso, -a [laɣri'moso, -a] *adj* tränend

laguna [la'ɣuna] *f* **1.** (*agua salada*) Lagune *f;* (*dulce*) Teich *m* **2.** (*omisión*) Lücke *f;* **~ en la memoria** Gedächtnislücke *f*

laicado [lai̯'kaðo] *m* Laien *mpl*

laico, -a ['lai̯ko, -a] **I.** *adj* weltlich **II.** *m, f* Laie, -in *m, f*

> **laísmo** *m:* Der Begriff **laísmo** bezeichnet die nicht den Regeln entsprechende Verwendung von **la(s)** als Dativobjekt anstelle von **le(s)**, z. B.: **„La regalé una novela de Borges."** statt **„Le regalé una novela de Borges."**

laja ['laxa] *f* Steinplatte *f;* **~ de pizarra** Schieferplatte *f*

lama ['lama] *f* **1.** (*cieno*) Schlick *m* **2.** (*de metal*) Lahn *m*

lameculos [lame'kulos] *mf inv* (*vulg*) Arschkriecher(in) *m(f)*
lamedura [lame'ðura] *f* Lecken *nt*
lamentable [lamen̪'taβle] *adj* jämmerlich
lamentación [lamen̪ta'θjon] *f* (*acción*) (Weh)klagen *nt;* (*expresión*) (Weh)klage *f;* **las lamentaciones** das Gejammer
lamentar [lamen̪'tar] **I.** *vt* beklagen; **lo lamento** ich bedaure es **II.** *vr:* ~**se** sich beklagen (*de* über +*akk*)
lamento [la'men̪to] *m* Wehklagen *nt*
lameplatos [lame'platos] *mf inv* **1.** (*fam: goloso*) Leckermaul *nt* **2.** (*pobre*) armer Schlucker *m*
lamer [la'mer] **I.** *vt* **1.** (*pasar la lengua*) (ab)lecken **2.** (*tocar*) leicht berühren; **las olas lamen las arenas** die Wellen rollen an den Strand; **mejor lamiendo que mordiendo** (*fig*) man erreicht mehr mit Lob als mit Tadel **II.** *vr:* ~**se** sich lecken
lamido, -a[1] [la'miðo, -a] *adj* **1.** (*flaco*) dünn **2.** (*pálido*) blass **3.** (*relamido*) geschniegelt **4.** (*gastado*) abgewetzt
lamido[2] [la'miðo] *m* Lecken *nt*
lámina ['lamina] *f* **1.** (*hojalata*) dünnes Blech *nt;* (*hoja de metal*) Folie *f;* (*segmento*) Lamelle *f;* ~ **para proyector** Overheadfolie *f* **2.** (TIPO) Druckplatte *f* **3.** (*ilustración*) Abbildung *f;* **con** ~**s** illustriert
laminador [lamina'ðor] *m* (*empresa*) Walzwerk *nt*
laminar [lami'nar] **I.** *adj* **1.** (*en forma de lámina*) Folien- **2.** (*formado de láminas*) schichtartig **II.** *vt* **1.** (*cortar*) (aus)walzen **2.** (*guarnecer*) mit Platten verkleiden
lámpara ['lampara] *f* **1.** (*luz*) Lampe *f;* ~ **de alarma** Warnleuchte *f;* ~ **fluorescente** Leuchtstoffröhre *f;* ~ **de pie** Stehlampe *f;* **atizar la** ~ (*fig fam*) noch eine Runde Wein einschenken **2.** (TV, RADIO) Röhre *f* **3.** (*mancha*) Fettfleck *m*
lamparilla [lampa'riʎa] *f* (*luz*) Nachtlampe *f*
lampiño, -a [lam'piɲo, -a] *adj* (*sin barba*) bartlos; (*sin pelo*) haarlos
lana ['lana] *f* **1.** (*material*) Wolle *f;* ~ **esquilada** Schurwolle *f;* **perro de** ~**s** Pudel *m;* **cardarle la** ~ **a alguien** (*fig fam*) jdm gehörig die Meinung sagen **2.** (*tela*) Wollstoff *m* **3.** (*vulg: dinero*) Kohle *f fam*
lanar [la'nar] *adj* Woll-; **ganado** ~ Wollvieh *nt*
lance ['lan̪θe] *m* **1.** (*acción*) Wurf *m;* (*red*) Auswerfen *nt* **2.** (*trance*) kritische Situation *f* **3.** (*pelea*) Streit *m;* ~ **de honor** Duell *nt* **4.** (*juego*) Aktion *f* **5.** (*fam: compra*) Gelegenheit *f;* **comprar de** ~ ein Schnäppchen machen; **de** ~ aus zweiter Hand **6.** (*loc*): ~ **de amor** Liebesabenteuer *nt;* ~ **de fortuna** Schicksalswendung *f*
lancha ['lantʃa] *f* **1.** (*piedra*) Steinplatte *f;* ~ **de pizarra** Schieferplatte *f* **2.** (*bote*) Kahn *m;* ~ **a remolque** Schleppkahn *m;* ~ **de salvamento** Seenotrettungskreuzer *m*
lanchar [lan'tʃar] *vi* (*Ecua*) **1.** (*nublarse*) sich bewölken **2.** (*helar*) (ge)frieren
lancinante [lan̪θi'nan̪te] *adj* (*dolor*) stechend
landa ['lan̪da] *f* Heide *f*
lanero, -a [la'nero, -a] *adj* Woll-
langosta [laŋ'gosta] *f* **1.** (*insecto*) Heuschrecke *f;* **los muchachos son la** ~ (*fam*) vor den Jungen ist nichts (Essbares) sicher; **por esta nevera ha pasado la** ~ der Kühlschrank ist total leer geräumt worden **2.** (*crustáceo*) Languste *f*
langostino [laŋgos'tino] *m* Garnele *f*
langucia [laŋ'guθja] *f* (*Am*) Gefräßigkeit *f*
languidecer [laŋgiðe'θer] *irr como crecer vi* **1.** (*debilitarse*) verkümmern; (*alguien*) dahinsiechen; (*flores*) verwelken; (*fuego*) verglimmen; ~ **de amor** sich vor Liebe verzehren; **la conversación languideció** die Unterhaltung verlief schleppend **2.** (*espíritu*) niedergeschlagen sein
languidez [laŋgi'ðeθ] *f* **1.** (*debilidad*) Mattigkeit *f* **2.** (*espíritu*) Niedergeschlagenheit *f*
lánguido, -a ['laŋgiðo, -a] *adj* **1.** (*débil*) matt **2.** (*espíritu*) niedergeschlagen
lanilla [la'niʎa] *f* (*pelillo*) (Woll)flor *m*
lanolina [lano'lina] *f* Wollfett *nt*
lanoso, -a [la'noso, -a] *adj,* **lanudo, -a** [la'nuðo, -a] *adj* wollig; (*oveja*) wollreich
lanza ['lan̪θa] *f* **1.** (*arma*) Lanze *f;* **quebrar** ~**s** (*fig*) sich verfeinden **2.** (*carro*) Deichsel *f*
lanzabengalas [lan̪θaβeŋ'galas] *m inv* Leuchtpistole *f*
lanzacohetes [lan̪θako'etes] *m inv* Raketenwerfer *m*
lanzada [lan̪'θaða] *f* (*golpe*) Lanzenstoß *m;* (*herida*) Lanzenstich *m*
lanzadera [lan̪θa'ðera] *f* **1.** (*textil*) (Weber)schiffchen *nt* **2.** (AERO) Raumfähre *f*
lanzado, -a [lan̪'θaðo, -a] *adj* **1.** (*decidido*) entschlossen **2.** (*impetuoso*) ungestüm; (*fogoso*) feurig
lanzador(a) [lan̪θa'ðor(a)] *m(f)* Werfer(in) *m(f)*
lanzallamas [lan̪θa'ʎamas] *m inv* Flammenwerfer *m*
lanzamiento [lan̪θa'mjen̪to] *m* Wurf *m;* ~ **de bombas** Bombenabwurf *m;* ~ **comercial** Lancierung *f;* ~ **espacial** Raketenstart *m;* ~ **de peso** Kugelstoßen *nt*
lanzamisiles [lan̪θami'siles] *m inv* Raketenwerfer *m*
lanzar [lan̪'θar] <z→c> **I.** *vt* **1.** (*arrojar*) werfen (*a* auf +*akk*); ~ **peso** kugelstoßen **2.** (*al mercado*) auf den Markt bringen **II.** *vr:* ~**se** sich stürzen (*a/sobre* auf +*akk*);

~se a correr losrennen; ~se al agua ins Wasser springen; ~se en paracaídas mit dem Fallschirm abspringen; ~se en picado im Sturzflug fliegen

lanzaroteño, -a [laṇθaro'teɲo, -a] **I.** *adj* aus Lanzarote **II.** *m, f* Bewohner(in) *m(f)* von Lanzarote

laña ['laɲa] *f* (*grapa*) Metallklammer *f*

lapa ['lapa] *f* **1.** (ZOOL) Napfschnecke *f* **2.** (*fam: persona*) Klette *f*

lapicera [lapi'θera] *f* (*Arg*) Füller *m*

lapicero [lapi'θero] *m* **1.** (*para lápices*) Bleistifthalter *m* **2.** (*lápiz*) Bleistift *m* **3.** (*Am: bolígrafo*) Kugelschreiber *m*

lápida ['lapiða] *f* Steintafel *f;* ~ **conmemorativa** Gedenktafel *f*

lapidar [lapi'ðar] *vt* steinigen

lapidario, -a [lapi'ðarjo, -a] *adj* **1.** (*piedras preciosas*) Edelstein- **2.** (*categórico*) lapidar, kurz und bündig

lápiz ['lapiθ] *m* (*de grafito*) Bleistift *m;* (*cosmético*) Stift *m;* ~ **de color** Buntstift *m;* ~ **de pizarra** Griffel *m*

lapón, -ona [la'pon, -ona] **I.** *adj* lappländisch **II.** *m, f* (*habitante*) Lappländer(in) *m(f),* Lappe, -in *m, f*

Laponia [la'ponja] *f* Lappland *nt*

lapso ['laβso] *m* **1.** (*período*): ~ (**de tiempo**) Zeitraum *m* **2.** *v.* **lapsus**

lapsus ['laβsus] *m* Fehler *m*

laquear [lake'ar] *vt* lackieren

lar [lar] *m* **1.** (*fuego*) Herd *m* **2.** (*hogar*) Heim (und Herd) *nt*

lardo ['larðo] *m* **1.** (*tocino*) Speck *m* **2.** (*grasa*) Schmalz *nt*

largar [lar'ɣar] <g→gu> **I.** *vt* **1.** (*soltar*) loslassen **2.** (*fam: golpe*) versetzen; (*bofetada*) geben **3.** (*fam: discurso*) vom Stapel lassen **II.** *vr:* ~**se 1.** (*irse*) abhauen; (*de casa*) ausreißen **2.** (*Am: comenzar*) in Bewegung setzen; ~**se a hacer algo** etw mit Schwung beginnen **III.** *vi* (*fam*) schwätzen

largo, -a¹ ['larɣo, -a] *adj* **1.** (*tamaño, duración*) lang; **a ~ plazo, a la larga** langfristig; **a la larga o a la corta** über kurz oder lang; **a lo ~ de muchos años** viele Jahre lang; **dar largas a algo** etw auf die lange Bank schieben; **el pantalón te está ~** die Hose ist dir zu lang; **ir de ~** ein langes Kleid tragen; (*de gala*) ein Abendkleid tragen; **pasar de ~** weitergehen; (*fig*) außer Acht lassen; **tener cincuenta años ~s** weit über fünfzig sein; **tiene las manos largas** (*pegar*) ihm/ihr rutscht leicht die Hand aus; (*robar*) er/sie ist ein Langfinger **2.** (*extensivo*) ausführlich; (*mucho*) reichlich; **por ~** ausführlich **3.** (*fam: astuto*) clever

largo² ['larɣo] **I.** *adv* **1.** (*en abundancia*) reichlich; ~ **y tendido** in Hülle und Fülle **2.** (*loc*): **a lo ~ de** (*lugar*) an +*dat* … entlang; (*período*) während; **a lo ~ del día** im Laufe des Tages; **pasear a lo ~ de la playa** am Strand entlanggehen; **¡~ de aquí!** weg hier! **II.** *m* (*longitud*) Länge *f;* **nadar tres ~s** drei Bahnen schwimmen; **diez metros de ~** zehn Meter lang

largometraje [larɣome'traxe] *m* Spielfilm *m*

larguero [lar'ɣero] *m* **1.** (*carpintería*) Holm *m* **2.** (DEP) (Tor)latte *f*

largueza [lar'ɣeθa] *f* **1.** (*largo*) Länge *f* **2.** (*generosidad*) Großzügigkeit *f* **3.** (*liberalidad*) Toleranz *f*

larguirucho, -a [larɣi'rutʃo, -a] *adj* (*fam*) schlaksig

largura [lar'ɣura] *f* Länge *f;* **con ~** spielend

laringe [la'riŋxe] *f* Kehlkopf *m*

larva ['larβa] *f* Larve *f*

larvado, -a [lar'βaðo, -a] *adj* verborgen

las [las] **I.** *art det v.* **el, la, lo II.** *pron pers f pl* **1.** (*objeto directo*) sie; **¡míra~!** schau sie dir an! **2.** (*con relativo*): ~ **que…** die(jenigen), die …; ~ **cuales** die **3.** (*laísmo*) ihnen

lascivia [las'θiβja] *f* **1.** (*lujuria*) Lüsternheit *f* **2.** (*indecencia*) Unanständigkeit *f* **3.** (*sensualidad*) Laszivität *f*

lascivo, -a [las'θiβo, -a] *adj* **1.** (*sensual*) lasziv **2.** (*lujurioso*) lüstern **3.** (*indecente*) unanständig

láser ['laser] *m* Laser *m*

lasitud [lasi'tuᵈ] *f* Mattigkeit *f*

laso, -a ['laso -a] *adj* matt

lástima ['lastima] *f* **1.** (*compasión*) Mitleid *nt;* **dar** [*o* **causar**] ~ Mitleid erwecken; **de** [*o* **por**] ~ aus Mitleid; **estar hecho una ~** in einem jämmerlichen Zustand sein; **¡qué ~!** wie schade! **2.** (*lamentación*) Jammer *m;* **llorar ~s** herumjammern

lastimadura [lastima'ðura] *f* Verletzung *f*

lastimar [lasti'mar] **I.** *vt* **1.** (*herir*) verletzen; **las botas me han lastimado los pies** ich habe mir in den Schuhen die Füße wund gelaufen **2.** (*agraviar*) beleidigen **II.** *vr:* ~**se 1.** (*herirse*) sich verletzen **2.** (*quejarse*) wehklagen (*de* über +*akk*)

lastimero, -a [lasti'mero, -a] *adj,* **lastimoso, -a** [lasti'moso, -a] *adj* mitleiderregend

lastra ['lastra] *f* Steinplatte *f*

lastrar [las'trar] **I.** *vt* **1.** (*poner peso*) (mit Ballast) beladen **2.** (*subrayar*) bekräftigen **II.** *vi* Ballast aufladen

lastre ['lastre] *m* **1.** (*cantera*) Schotterstein *m* **2.** (NÁUT) Ballast *m*

lata ['lata] *f* **1.** (*metal*) Blech *nt* **2.** (*envase*) Blechdose *f,* Blechbüchse *f* **3.** (*conversación*) langweilige Unterhaltung *f* **4.** (*fam: pesadez*) Last *f;* **dar la ~** nerven; **¡vaya ~!** (*fastidio*) das ist echt ätzend!; (*aburrido*) das ist ja stinklangweilig!

latazo [la'taθo] *m* (*fam*) **1.** (*tontería*) Blech

nt **2.** (*pesadez*) Last *f;* **ser un** ~ (*pesado*) lästig sein; (*fastidioso*) ätzend sein; (*aburrido*) stinklangweilig sein; **dar el** ~ nerven

latente [la'teṇte] *adj* latent

lateral [late'ral] *adj* **1.** (*lado*) seitlich **2.** (*secundario*) Neben-

latido [la'tiðo] *m* **1.** (*corazón*) Schlagen *nt;* (*herida, arteria*) Pochen *nt;* **los ~s del corazón** der Herzschlag **2.** (*perro*) kurzes Bellen *nt*

latifundio [lati'fuṇdjo] *m* Großgrundbesitz *m*

latifundista [latifuṇ'dista] *mf* Großgrundbesitzer(in) *m(f)*

latigazo [lati'ɣaθo] *m* **1.** (*golpe*) Peitschenhieb *m* **2.** (*chasquido*) Peitschenknall *m* **3.** (*destino*) Schicksalsschlag *m* **4.** (*reprimenda*) Rüffel *m fam* **5.** (*fam: trago*) Schlückchen *nt*

látigo ['latiɣo] *m* Peitsche *f*

latiguillo [lati'ɣiʎo] *m* (*fam*) **1.** (*efectismo*) Effekthascherei *f* **2.** (*muletilla*) Füllwort *nt;* (*expresión*) stereotype Wendung *f*

latín [la'tin] *m* Latein *nt;* **saber (demasiado)** ~ (*fam fig*) (zu) clever sein

latino, -a [la'tino, -a] **I.** *adj* **1.** (*del latín*) lateinisch; **América Latina** Lateinamerika *nt* **2.** (*de descendientes de pueblos latinizados*) Latino- **3.** (LING) romanisch **II.** *m, f* (*descendiente de pueblos latinizados*) Latino, -a *m, f*

Latinoamérica [latinoa'merika] *f* Lateinamerika *nt*

latinoamericano, -a [latinoameri'kano, -a] **I.** *adj* lateinamerikanisch **II.** *m, f* Lateinamerikaner(in) *m(f)*

latir [la'tir] *vi* **1.** (*corazón*) klopfen; (*arteria, herida*) pochen **2.** (*perros*) kurz bellen

latitud [lati'tu^ð^] *f* **1.** (GEO, ASTR) Breite *f* **2.** (*extensión*) Ausdehnung *f*

lato, -a ['lato, -a] *adj* (*amplio*) weit; (*extendido*) ausgedehnt; **en sentido** ~ im weitesten Sinne

latón [la'ton] *m* Messing *nt*

latoso, -a [la'toso, -a] *adj* lästig

latrocinio [latro'θinjo] *m* Diebstahl *m*

laúd [la'u^ð^] *m* (MÚS) Laute *f*

laudable [lau̯'ðaβle] *adj* lobenswert

laudatorio, -a [lau̯ða'torjo, -a] *adj* lobend; **discurso** ~ Laudatio *f*

laudo ['lau̯ðo] *m* Schiedsspruch *m*

laureado, -a [lau̯re'aðo, -a] *adj* **1.** (*coronado*) lorbeerbekränzt **2.** (*premiado*) preisgekrönt

laurear [lau̯re'ar] *vt* **1.** (*coronar*) mit Lorbeeren bekränzen **2.** (*premiar*) (mit einem Preis) auszeichnen

laurel [lau̯'rel] *m* **1.** (*árbol*) Lorbeer(baum) *m* **2.** (*condimento*) Lorbeer *m* **3.** *pl* (*honor*) Lorbeeren *fpl;* **dormirse en los ~es** sich auf seinen Lorbeeren ausruhen

lauro ['lau̯ro] *m* **1.** *v.* **laurel 2.** (*gloria*) Ruhm *m*

lava ['laβa] *f* (*volcán*) Lava *f*

lavable [la'βaβle] *adj* waschbar; (*color*) waschecht

lavabo [la'βaβo] *m* **1.** (*pila*) Waschbecken *nt* **2.** (*cuarto*) Toilette *f*

lavacoches [laβa'koʧes] *m inv* (*instalación*) Autowaschanlage *f*

lavacristales [laβakris'tales] *mf inv* Fensterputzer(in) *m(f)*

lavadero [laβa'ðero] *m* (*de ropa*) Waschküche *f*

lavado [la'βaðo] *m* Wäsche *f;* (MED) Spülung *f*

lavadora [laβa'ðora] *f* Waschmaschine *f*

lavanda [la'βaṇda] *f* Lavendel *m*

lavandería [laβaṇde'ria] *f* Wäscherei *f*

lavaplatos [laβa'platos] *m inv* Spülmaschine *f*

lavar [la'βar] **I.** *vt* (*limpiar*) waschen; ~ **la cabeza** die Haare waschen; ~ **los platos** das Geschirr spülen **II.** *vr:* **~se** sich waschen; **~se los dientes** sich *dat* die Zähne putzen

lavativa [laβa'tiβa] *f* **1.** (*enema*) Einlauf *m* **2.** (*instrumento*) Klistierspritze *f*

lavavajillas [laβaβa'xiʎas] *m inv* (Geschirr)spülmaschine *f*

lavotear [laβote'ar] **I.** *vt* flüchtig waschen **II.** *vr:* **~se** sich oberflächlich waschen

laxante [la^ɣ^'saṇte] *m* Abführmittel *nt*

laxar [la^ɣ^'sar] *vt* **1.** (*relajar*) lockern **2.** (*vientre*) entleeren

laxitud [la^ɣ^si'tu^ð^] *f* Schlaffheit *f*

laxo, -a ['la^ɣ^so, -a] *adj* **1.** (*flojo*) schlaff **2.** (*moral*) lax

lazada [la'θaða] *f* Schlinge *f*

lazareto [laθa'reto] *m* (*de contagiosos*) Quarantänestation *f*

lazo ['laθo] *m* **1.** (*nudo*) Schlinge *f* **2.** (*para caballos*) Lasso *nt;* (*para conejos*) Fangschlinge *f* **3.** (*cinta*) Schleife *f* **4.** (*vínculo*) Band *nt;* **~s afectivos** emotionale Bindungen

Lda. [limi'taða], **Ldo.** [limi'taðo] *abr de* **limitado, -a** mit beschränkter Haftung

le [le] *pron pers* **1.** *m sg* (*reg: objeto directo*) ihn; (*forma cortés*) Sie **2.** *mf sg* (*objeto indirecto*) ihm, ihr; (*forma cortés*) Ihnen; **¡da~ un beso!** gib ihm/ihr einen Kuss!

leal [le'al] *adj* treu

lealtad [leal̦'ta^ð^] *f* Treue *f*

lebrel [le'βrel] *m* Windhund *m*

lección [le^ɣ^'θjon] *f* **1.** (*lectura*) Lesen *nt* **2.** *(pl)* (*enseñanza escolar*) Unterricht *m;* **tomar lecciones de matemáticas** Mathematikstunden nehmen **3.** (UNIV) Vorlesung *f* **4.** (*tema a estudiar*) Lektion *f;* **dar la** ~

(*fam*) im Unterricht drankommen **5.** (*advertencia*) Lektion *f*; **dar una ~ a alguien** jdm eine Lektion erteilen; **¡que te sirva de ~!** das soll dir eine Lehre sein!

lechada [le'ʧaðа] *f* (*argamasa*) Mörtel *m*

lechal [le'ʧal] **I.** *adj* (*cachorro*) Jung-; **cordero ~** Milchlamm *nt* **II.** *m* (*cordero*) Milchlamm *nt*

lechar [le'ʧar] *adj* **1.** (*cachorro*) Jung-; **corzo ~** Kitz *nt* **2.** (*productor*): **vaca ~** Milchkuh *f*

leche ['leʧe] *f* **1.** (*líquido*) Milch *f*; **~ en polvo** Milchpulver *nt*; **~ desmaquillante** Reinigungsmilch *f* **2.** (*vulg: esperma*) Sperma *nt* **3.** (*loc*): **¡~s!** (*fam*) Scheiße!; **ser la ~** unmöglich sein; **estar de mala ~** (*fam*) mies drauf sein; **tener mala ~** (*fam*) fies sein

lechería [leʧe'ria] *f* Milchgeschäft *nt*

lechero, -a [le'ʧero, -a] **I.** *adj* Milch- **II.** *m, f* Milchmann, -frau *m, f*

lechigada [leʧi'ɣaða] *f* Wurf *m*

lecho ['leʧo] *m* Bett *nt*; (*río*) Flussbett *nt*

lechón, -ona [le'ʧon, -ona] *m, f* Ferkel *nt*

lechoso, -a [le'ʧoso, -a] *adj* **1.** (*como leche*) milchig **2.** (*planta, fruta*) milchhaltig

lechuga [le'ʧuɣa] *f* Kopfsalat *m*; **como una ~** (*fig*) frisch und munter; **ser más fresco que una ~** (*fam*) rotzfrech sein

lechuguino, -a [leʧu'ɣino, -a] *m, f* (*pey: presumido*) Geck *m*, (Mode)püppchen *f*

lechuza [le'ʧuθa] *f* Eule *f*

lectivo, -a [lek'tiβo, -a] *adj*: **ciclo ~** (ENS) Schuljahr *nt*; (UNIV) Vorlesungszeit *f*; **día ~** Unterrichtstag *m*

lector(a)[1] [lek'tor(a)] *m(f)* **1.** (*que lee*) Leser(in) *m(f)*; (*en voz alta*) Vorleser(in) *m(f)* **2.** (*editorial, profesor*) Lektor(in) *m(f)*

lector[2] [lek'tor] *m* (INFOR) Lesegerät *nt*

lectorado [lekto'raðo] *m* Lektorat *nt*

lectura [lek'tura] *f* **1.** (*acción de leer*) Lesen *nt*; (*instrumento*) Ablesen *nt*; (*disertación*) Lesung *f*; **~ (en voz alta)** Vorlesen *nt* **2.** (*obra*) Lektüre *f* **3.** (*conocimientos*) Belesenheit *f*

leer [le'er] *irr vt* **1.** (*percibir*) lesen; (*instrumento*) ablesen; **~ en voz alta** vorlesen **2.** (*interpretar*) deuten; **~ en la cara** vom Gesicht ablesen

legación [leɣa'θjon] *f* Gesandtschaft *f*

legado [le'ɣaðo] *m* **1.** (POL) Gesandte(r) *m*; (REL) Legat *m* **2.** (*herencia*) Vermächtnis *nt*

legajo [le'ɣaxo] *m* Akte *f*

legal [le'ɣal] *adj* **1.** (*determinado por la ley*) gesetzlich; **medicina ~** Gerichtsmedizin *f* **2.** (*conforme a la ley*) legal **3.** (*fiel*) rechtschaffen

legalidad [leɣali'ðaᶞ] *f* Legalität *f*; **al filo de la ~** am Rande der Legalität; **fuera de la ~** illegal

legalista [leɣa'lista] *adj* gesetzestreu

legalización [leɣaliθa'θjon] *f* **1.** (*autorización*) Legalisierung *f* **2.** (*atestamiento*) Beglaubigung *f*

legalizar [leɣali'θar] <z→c> *vt* **1.** (*autorizar*) legalisieren **2.** (*atestar*) beglaubigen

légamo ['leɣamo] *m* (*cieno*) Schlick *m*

legaña [le'ɣaɲa] *f* Tränenflüssigkeit *f*; **tienes ~s** dir tränen die Augen; (*al despertar*) du hast Schlaf in den Augen

legar [le'ɣar] <g→gu> *vt* **1.** (*legado*) vermachen **2.** (*enviar*) entsenden

legendario, -a [lexen̪'darjo, -a] *adj* sagenhaft; (*famoso*) berühmt

legible [le'xiβle] *adj* lesbar

legión [le'xjon] *f* **1.** (MIL) Legion *f* **2.** (*multitud*) Schar *f*

legionario, -a [lexjo'narjo, -a] **I.** *adj* Legion- **II.** *m, f* Legionär(in) *m(f)*

legislación [lexisla'θjon] *f* (*acción*) Gesetzgebung *f*; (*leyes*) Recht *nt*

legislador(a) [lexisla'ðor(a)] **I.** *adj* gesetzgeberisch **II.** *m(f)* **1.** (*que legisla*) Gesetzgeber(in) *m(f)* **2.** (*Am: parlamentario*) Abgeordnete(r) *mf*

legislar [lexis'lar] *vi* Gesetze erlassen

legislativo, -a [lexisla'tiβo, -a] *adj* gesetzgebend; **poder ~** Legislative *f*

legislatura [lexisla'tura] *f* **1.** (*período*) Legislaturperiode *f* **2.** (*Am: parlamento*) Parlament *nt*

legitimación [lexitima'θjon] *f* **1.** (*legalización*) Legalisierung *f* **2.** (*habilitación*) Legitimation *f* **3.** (*hijo*) Anerkennung *f*

legitimar [lexiti'mar] **I.** *vt* **1.** (*dar legitimidad*) für rechtmäßig erklären **2.** (*habilitar*) berechtigen **3.** (*hijo*) anerkennen **II.** *vr*: **~se** sich ausweisen

legítimo, -a [le'xitimo, -a] *adj* **1.** (*legal*) rechtmäßig; **defensa legítima** Notwehr *f* **2.** (*verdadero*) echt **3.** (*hijo*) ehelich

lego, -a ['leɣo, -a] **I.** *adj* **1.** (*no eclesiástico*) weltlich **2.** (*ignorante*) unwissend **II.** *m, f* Laie, -in *m, f*; **ser un ~ en el tema** nichts von der Sache verstehen

legua ['leɣwa] *f* Meile *f*; **a la ~** von weitem

leguleyo, -a [leɣu'leɟo, -a] *m, f* (*pey*) Winkeladvokat(in) *m(f)*

legumbre [le'ɣumbre] *f* Hülsenfrucht *f*; **frutas y ~s** Obst und Gemüse

leíble [le'iβle] *adj* lesbar

leído, -a [le'iðo, -a] *adj* (*persona*) belesen; (*revista*) viel gelesen

leísmo *m*: Der Begriff **leísmo** bezeichnet die nicht den Regeln entsprechende Verwendung von **le(s)** als Akkusativobjekt anstelle von **lo(s)** bzw. **la(s)**, z. B.:

„Les visité ayer, a mis hermanas." anstelle von **„Las visité ayer, a mis hermanas."**

lejanía [lexa'nia] *f* Ferne *f*
lejano, -a [le'xano, -a] *adj* fern (*de* von +*dat*); (*parentesco*) entfernt; **en un futuro no muy ~** in absehbarer Zeit
lejía [le'xia] *f* **1.** (QUÍM) Lauge *f* **2.** (*para lavar*) Waschlauge *f;* (*para decolorar*) Bleichlauge *f*
lejos ['lexos] **I.** *adv* weit (entfernt); **a lo ~** in der Ferne; **de ~** von weitem; **ir demasiado ~** (*fig*) zu weit gehen; **llegar ~** (*fig*) es weit bringen; **sin ir más ~** (*fig*) (so) zum Beispiel **II.** *prep:* **~ de** weit (entfernt) von +*dat;* **está muy ~ de mí hacer algo** (*fig*) es liegt mir fern, etw zu tun
lelo, -a ['lelo, -a] *adj* (*fam*) **1.** *ser* (*tonto*) doof **2.** *estar* (*pasmado*) verdutzt; (*mareado*) benommen
lema ['lema] *m* **1.** (*tema*) Grundgedanke *m;* (*mote*) Motto *nt* **2.** (*contraseña*) Kennwort *nt*
lencería [len̩θe'ria] *f* **1.** (*telas*) Stoffe *mpl;* (*ropa de cama*) Bettwäsche *f* **2.** (*tienda de telas*) Wäschegeschäft *nt;* (*de ropa interior*) Miederwarengeschäft *nt;* **~ de un almacén** Wäscheabteilung eines Kaufhauses **3.** (*ropa interior*) Damen(unter)wäsche *f;* (*que sujeta*) Miederwaren *fpl*
lengua ['leŋgwa] *f* **1.** (ANAT) Zunge *f;* **~ de trapo** (*fam*) Stotterer *m;* **~ viperina** (*fam*) spitze Zunge; **atar la ~ a alguien** jdm den Mund verbieten; **darle a la ~** (*fam*) quasseln; **lo tengo en la punta de la ~** es liegt mir auf der Zunge; **morderse la ~** (*t. fig*) sich *dat* auf die Zunge beißen; **no tener pelos en la ~** kein Blatt vor den Mund nehmen; **parecer que alguien ha comido ~** viel reden; **sacar la ~ a alguien** jdm die Zunge herausstrecken; **se me trabó la ~** ich habe mich verhaspelt; **tener la ~ demasiado larga** ein loses Mundwerk haben; **tirar a alguien de la ~** (*fam fig*) jdm die Würmer aus der Nase ziehen; **aquí alguien se ha ido de la ~** da hat sich wohl jemand verplappert **2.** (LING) Sprache *f;* **~ materna** Muttersprache *f;* **~ oficial** Amtssprache *f* **3.** (*forma*) Zunge *f;* **~ del agua** Uferstreifen *m* **4.** (*de campana*) Glockenklöppel *m*
lenguado [leŋ'gwaðo] *m* Seezunge *f*
lenguaje [leŋ'gwaxe] *m* Sprache *f;* **~ técnico** Fachsprache *f*
lenguaraz [leŋgwa'raθ] *adj* frech
lenguaz [leŋ'gwaθ] *adj* geschwätzig
lengüeta [leŋ'gweta] *f* (*zapato*) Lasche *f;* (*balanza*) Zünglein *nt;* (*flauta*) Zunge *f*
lengüetear [leŋgwete'ar] *vi* (*Am: fam*) schwatzen
lengüilargo, -a [leŋgwi'laryo, -a] *adj* (*fam*) scharfzüngig
lenguón, -ona [leŋ'gwon, -ona] **I.** *adj* (*Am: calumniador*) gehässig; (*chismoso*) klatschhaft **II.** *m, f* (*Am: calumniador*) Verleumder(in) *m(f);* (*chismoso*) Klatschmaul *nt fam*
lenidad [leni'ðað] *f sin pl* Nachsicht *f*
lenificar [lenifi'kar] <c→qu> *vt* lindern
lenitivo, -a [leni'tiβo, -a] *adj* lindernd
lente ['len̩te] *m o f* **1.** (*gafas*) Brille *f;* **llevar ~s** eine Brille tragen **2.** (*cristal, t.* FOTO) Linse *f;* **~ convergente** Sammellinse *f*
lenteja [len̩'texa] *f* Linse *f;* **dar algo por un plato de ~s** (*fig*) etw für ein Linsengericht hergeben
lentejuela [len̩te'xwela] *f* (*adorno*) Paillete *f*
lenticular [len̩tiku'lar] *adj* linsenförmig
lentilla [len̩'tiʎa] *f* Kontaktlinse *f*
lentitud [len̩ti'tuð] *f* Langsamkeit *f;* (*fig*) Trägheit *f;* **con ~** langsam
lento, -a ['len̩to, -a] *adj* langsam; (*fig*) träge; (*enfermedad*) schleichend; **a cámara lenta** in Zeitlupe; **a paso ~** langsamen Schrittes; **quemar a fuego ~** (*fig*) quälen
leña ['leɲa] *f sin pl* **1.** (*madera*) (Brenn)holz *nt;* **echar ~ al fuego** Holz auflegen; (*fig*) Öl ins Feuer gießen; **llevar ~ al monte** (*fig*) Eulen nach Athen tragen **2.** (*castigo*) Prügel *mpl;* **¡~ con él!** gib ihm Saures!; **dar ~** verprügeln; **recibir ~** Prügel einstecken
leñador(a) [leɲa'ðor(a)] *m(f)* Holzfäller(in) *m(f)*
leñazo [le'ɲaθo] *m* (*fam*) Schlag *m;* **¡qué ~ se pegó!** er/sie hat ganz schön was abgekriegt!; **darse un ~ en la cabeza** sich *dat* den Kopf anschlagen
leñe ['leɲe] *interj* verdammt noch mal!
leño ['leɲo] *m* **1.** (*de árbol*) Holzklotz *m* **2.** (*tonto*) Dummkopf *m*
leñoso, -a [le'ɲoso, -a] *adj* holzig
Leo ['leo] *m* (ASTR) Löwe *m*
león [le'on] *m* Löwe *m;* (*Am: puma*) Puma *m;* **~ (marino)** Seelöwe *m;* **no es tan fiero el ~ como lo pintan** (*fam*) nichts ist so schlimm, wie es aussieht
leonado, -a [leo'naðo, -a] *adj* falb
leonera [leo'nera] *f* **1.** (*jaula*) Löwenkäfig *m* **2.** (*habitación*) Rumpelkammer *f*
leonés, -esa [leo'nes, -esa] **I.** *adj* aus León **II.** *m, f* Einwohner(in) *m(f)* von León
leonino, -a [leo'nino, -a] *adj* Löwen-
leontina [leon̩'tina] *f* Uhrkette *f*
leopardo [leo'parðo] *m* Leopard *m*
leotardo(s) [leo'tarðo(s)] *m(pl)* Strumpfhose *f*

lépero, -a ['lepero, -a] **I.** *adj* **1.** (*AmC: grosero*) ordinär; (*vil*) niederträchtig **2.** (*Cuba: perspicaz*) scharfsinnig **3.** (*Ecua: fam: arruinado*) abgebrannt **II.** *m, f* (*AmC*) Schurke, -in *m, f*

leporino, -a [lepo'rino, -a] *adj* hasenartig; **labio ~** Hasenscharte *f*

lepra ['lepra] *f sin pl* Lepra *f*

leproso, -a [le'proso, -a] **I.** *adj* leprös **II.** *m, f* Leprakranke(r) *mf*

lerdo, -a ['lerðo, -a] *adj* schwerfällig

leridano, -a [leri'ðano, -a] **I.** *adj* aus Lérida **II.** *m, f* Einwohner(in) *m(f)* von Lérida

les [les] *pron pers* **1.** *m pl* (*reg: objeto directo*) sie; (*forma cortés*) Sie **2.** *mf pl* (*objeto indirecto*) ihnen; (*forma cortés*) Ihnen

lesbiana [les'βjana] *f* Lesbierin *f*

lésbico, -a ['lesβiko, -a] *adj* lesbisch

lesera [le'sera] *f* (*Am*) Dummheit *f*

lesión [le'sjon] *f* Verletzung *f;* **~ cardiaca** Herzfehler *m*

lesionar [lesjo'nar] **I.** *vt* **1.** (*herir*) verletzen **2.** (*dañar*) schaden *+dat* **II.** *vr:* **~se** sich verletzen

lesivo, -a [le'siβo, -a] *adj* schädlich

leso, -a ['leso, -a] *adj* verletzt

letal [le'tal] *adj* (*elev*) tödlich

letanía [leta'nia] *f* Litanei *f;* **¡ya está éste con su ~!** jetzt fängt der schon wieder mit der alten Leier an!

letárgico, -a [le'tarxiko, -a] *adj* lethargisch

letargo [le'taryo] *m* Lethargie *f;* (*de un animal*) Winterschlaf *m*

letón, -ona [le'ton, -ona] **I.** *adj* lettisch **II.** *m, f* Lette, -in *m, f*

Letonia [le'tonja] *f* Lettland *nt*

letra ['letra] *f* **1.** (*signo*) Buchstabe *m;* **~ de molde** Fettdruck *m;* **~ mayúscula/minúscula** Groß-/Kleinbuchstabe *m;* **con ~ mayúscula/minúscula** groß-/kleingeschrieben; **al pie de la ~** wortwörtlich; **~ por ~** Wort für Wort; **poner cuatro ~s a alguien** jdm ein paar Zeilen schreiben **2.** (*escritura*) Schrift *f* **3.** *pl* (*saber*) Wissen *nt;* (*ciencias*) Geisteswissenschaften *fpl;* **bellas ~s** Literatur *f;* **aprender las primeras ~s** (*fam fig*) sich *dat* die Grundkenntnisse aneignen; **hombre de ~s** gebildeter Mann **4.** (MÚS) Text *m* **5.** (COM): **~ (de cambio)** Wechsel *m;* **~ al portador** Inhaberpapier *nt;* **~ a la vista** Sichtwechsel *m;* **girar una ~ a cargo de alguien** einen Wechsel auf jdn ziehen

letrado, -a [le'traðo, -a] **I.** *adj* gelehrt **II.** *m, f* (JUR) Anwalt, -wältin *m, f*

letrero [le'trero] *m* Schild *nt*

leucemia [leu̯'θemja] *f sin pl* Leukämie *f*

leucocito [leu̯ko'θito] *m* Leukozyt *m*

leva ['leβa] *f* **1.** (MIL) Einberufung *f* **2.** (*barco*) Ablegen *nt*

levadizo, -a [leβa'ðiθo, -a] *adj* hebbar; **puente ~** Zugbrücke *f*

levadura [leβa'ðura] *f* **1.** (*masa*) Hefe *f;* **polvo de ~** Backpulver *nt* **2.** (*hongo*) Hefepilz *m*

levantamiento [leβan̪ta'mjen̪to] *m* **1.** (*amotinamiento*) Aufstand *m* **2.** (*alzar*) Hochheben *nt;* **~ del cadáver** (amtliche) Leichenschau *f*

levantar [leβan̪'tar] **I.** *vt* **1.** (*alzar*) (hoch)heben; (*del suelo*) aufheben; (*algo tumbado/inclinado*) wieder aufrichten; (*polvo*) aufwirbeln; (*telón*) heben; (*cartel*) aufstellen; (*un campamento*) abbrechen; (*las anclas*) lichten; **después del fracaso ya no levantó cabeza** nach dem Unglück hat er/sie sich nicht mehr erholt; **~ el vuelo** zum Flug anheben **2.** (*despertar*) wecken **3.** (*construir*) bauen; (*monumento*) errichten; (*muro*) hochziehen **4.** (*suprimir*) beenden; (*embargo, castigo*) aufheben **5.** (*mapa*) aufnehmen; **~ acta** protokollieren (*de +akk*); **no ~ás falso testimonio** du sollst kein falsches Zeugnis ablegen **6.** (*voz*) heben; **~ la voz a alguien** jdn anschreien **7.** (*mirada, mano*) (er)heben **8.** (*caza*) aufstöbern **II.** *vr:* **~se 1.** (*de la cama*) aufstehen (*de* aus *+dat*); **~se con el pie izquierdo** mit dem linken Fuß zuerst aufstehen **2.** (*sobresalir*) sich erheben **3.** (*sublevarse*) sich erheben; **se ~on pocas voces críticas** es wurden nur wenige kritische Stimmen laut **4.** (*viento*) aufkommen **5.** (*robar*) sich auf und davon machen **6.** (*telón*) aufgehen

levante [le'βan̪te] *m sin pl* Osten *m;* (*viento*) Ostwind *m*

levantisco, -a [leβan̪'tisko, -a] *adj* unruhig

levar [le'βar] *vt:* **~ (las) anclas** die Anker lichten

leve ['leβe] *adj* (*enfermedad*) harmlos; (*peso, error*) leicht; (*sanción*) gnädig; (*pecado*) lässlich

levedad [leβe'ða^{ð}] *f sin pl* Leichtigkeit *f*

levitar [leβi'tar] *vi* in der Luft schweben

lexicalizar [le^{ɣ}sikali'θar] <z→c> *vt* lexikalisieren

léxico ['le^{ɣ}siko] *m* **1.** (*diccionario*) Wörterbuch *nt* **2.** (*vocabulario*) Wortschatz *m*

lexicón [le^{ɣ}si'kon] *m* Wörterbuch *nt*

ley [lei̯] *f* **1.** (JUR, REL, FÍS) Gesetz *nt;* **L~ de cierre de comercios** Ladenschlussgesetz *nt;* **~ del embudo** (*pey fam*) Willkür *f;* **la L~ Fundamental** das Grundgesetz; **L~ General Tributaria** Abgabenordnung *f;* **~ marcial** Standrecht *nt;* **la ~ seca** die Prohibition; **~ de la selva** Recht des Stärkeren; **fuerza de ~** Gesetzeskraft *f;* **proyecto de ~** Gesetzentwurf *m;* **hacer algo con todas las de la ~** etw mit allem, was dazu gehört, machen; **respetar las ~es del juego** die Spielregeln einhalten; **hecha la ~, hecha la trampa** für jedes Gesetz findet sich ein Hintertürchen; **regirse por la ~ del embudo** mit zweierlei Maß messen; **según la ~ vigente** laut geltendem Recht; **se le aplicó la ~ de la fuga** er/sie wurde auf der Flucht erschossen; **ser de ~** (*fam*) recht und billig sein **2.** *pl* (*estudio*) Jura **3.** (*oro*) Feingehalt *m;* (*monedas*) Korn *nt;* **oro de ~** Feingold *nt;* **ser de buena ~** (*fig*) zuverlässig sein

leyenda [le'ɟen̪da] *f* **1.** (LIT, REL) Legende *f* **2.** (*plano*) Legende *f* **3.** (*moneda*) Umschrift *f*

lezna ['leθna] *f* Ahle *f*

liana [li'ana] *f* Liane *f*

liar [li'ar] <*1. pres:* lío> **I.** *vt* **1.** (*fardo*) zusammenbinden; (*paquete*) einwickeln; **~ el petate** (*fam*) sein Bündel schnüren **2.** (*cigarrillo*) drehen **3.** (*fam: engañar*) an der Nase herumführen; (*enredar*) einwickeln **4.** (*loc, fam*): **¡ahora sí que la hemos liado!** jetzt haben wir es vermasselt! **II.** *vr:* **~se 1.** (*fam: juntarse*) sich einlassen **2.** (*embarullarse*) durcheinander kommen; **~se la manta a la cabeza** (*fam*) eine voreilige Entscheidung treffen **3.** (*ponerse a*): **~se a golpes con alguien** sich mit jdm prügeln

libanés, -esa [liβa'nes, -esa] **I.** *adj* libanesisch **II.** *m, f* Libanese, -in *m, f*

Líbano ['liβano] *m:* **El ~** der Libanon

libar [li'βar] *vi* (*abeja*) saugen

libelo [li'βelo] *m* Pamphlet *nt*

libélula [li'βelula] *f* Libelle *f*

liberación [liβera'θjon] *f* Befreiung *f;* (*puesta en libertad*) Freilassung *f*

liberal [liβe'ral] **I.** *adj* (*t.* POL) liberal; (*generoso*) großzügig **II.** *mf* Liberale(r) *mf*

liberalidad [liβerali'ða^ð] *f* (*generosidad*) Großzügigkeit *f*

liberalización [liβeraliθa'θjon] *f* Liberalisierung *f*

liberalizar [liβerali'θar] <z→c> *vt* liberalisieren

liberar [liβe'rar] *vt* befreien; (*soltar*) freilassen; (*eximir*) freistellen

liberiano, -a [liβe'rjano, -a] **I.** *adj* liberianisch **II.** *m, f* Liberianer(in) *m(f)*

líbero ['liβero] *m* (DEP) Libero *m*

libérrimo, -a [li'βerrimo, -a] *adj superl de* **libre**

libertad [liβer'ta^ð] *f* **1.** (*libre arbitrio*) Freiheit *f;* **~ de culto** Glaubensfreiheit *f;* **poner en ~** freilassen; **tomarse demasiadas ~es** sich *dat* zu viel herausnehmen **2.** (*naturalidad*) Unbefangenheit *f*

libertar [liβer'tar] *vt* befreien

libertario, -a [liβer'tarjo, -a] **I.** *adj* anarchistisch **II.** *m, f* Anarchist(in) *m(f)*

libertinaje [liβerti'naxe] *m* Zügellosigkeit *f*

libertino, -a [liβer'tino, -a] **I.** *adj* zügellos **II.** *m, f* zügelloser Mensch *m*

Libia ['liβja] *f* Libyen *nt*

libidinoso, -a [liβiði'noso, -a] *adj* lüstern

libido [li'βiðo] *f sin pl* Trieb *m*

libio, -a ['liβjo, -a] **I.** *adj* libysch **II.** *m, f* Libyer(in) *m(f)*

libra ['liβra] *f* Pfund *nt;* **~ esterlina** Pfund Sterling; **una ~ de judías** ein Pfund Bohnen

Libra ['liβra] *f* (ASTR) Waage *f*

librado, -a [li'βraðo, -a] *adj:* **salir bien ~** mit einem blauen Auge davonkommen *fam;* **salir mal ~** schlecht wegkommen *fam*

libramiento [liβra'mjen̪to] *m,* **libranza** [li'βran̪θa] *f* Zahlungsanweisung *f;* (*de un cheque*) Ausstellung *f*

librar [li'βrar] **I.** *vt* **1.** (*dejar libre*) befreien (*de* von/aus +*dat*); (*salvar*) retten (*de* vor +*dat*); **¡líbreme Dios!** Gott bewahre!; **y líbranos del mal** und befreie uns von dem Bösen **2.** (COM) ausstellen; **~ una letra a cargo de alguien** einen Wechsel auf jdn ziehen **II.** *vi* (*fam: tener libre*) frei haben **III.** *vr:* **~se** (*quedar libre*) sich befreien (*de* von/aus +*dat*); (*salvarse*) sich retten (*de* vor +*dat*); **¡se libró de una buena!** das ging gerade noch gut!

libre ['liβre] <libérrimo> *adj* **1.** (*en general*) frei; (*independiente*) unabhängig; **zona de ~ cambio** Freihandelszone *f;* **~ de franqueo** portofrei; **dar vía ~** grünes Licht geben; **este vestido me deja los brazos ~s** in diesem Kleid kann ich die Arme frei bewegen; **estar ~ de preocupaciones** keine Sorgen haben; **la imaginación es ~** Fantasie kennt keine Grenzen; **eres bien ~ de hacerlo** es steht dir frei, es zu tun **2.** (*soltero*) ledig **3.** (*descarado*) frech

librea [li'βrea] *f* (*traje*) Livree *f*

librecambio [liβre'kambjo] *m sin pl* Freihandel *m*

librería [liβre'ria] *f* **1.** (*tienda*) Buchhandlung *f;* (*papelería*) Schreibwarengeschäft *nt;* **~ de depósito** Sortimentsbuchhandlung *f;* **~ de ocasión** modernes Antiquariat **2.** (*biblioteca*) Bibliothek *f* **3.** (*estantería*) Bücherregal *nt*

librero, -a [li'βrero, -a] *m, f* Buchhändler(in) *m(f)*

libreta [li'βreta] *f* **1.** (*cuaderno*) Heft *nt;* (*para notas*) Notizbuch *nt* **2.** (*de ahorros*) Sparbuch *nt*

libro ['liβro] *m* (*escrito*) Buch *nt;* (*volumen*) Band *m;* **~ de bolsillo** Taschenbuch *nt;* **~ científico** Fachbuch *nt;* **~ de cocina** Kochbuch *nt;* **los ~s de contabilidad** die Geschäftsbücher; **~ de escolaridad** Zeugnisheft *nt;* ~ **de familia** Familienstammbuch *nt;* ~ **ilustrado** Bildband *m;* **los L~s Sagrados** die Heilige Schrift; ~ **de texto** Lehrbuch *nt;* **colgar los ~s** das Studium an den Nagel hängen; **cantar a ~ abierto** vom Blatt singen; **hablar como un ~ abierto** reden wie ein Buch

licencia [li'θeṇθja] *f* **1.** (*permiso*) Erlaubnis *f;* (*para un libro*) Druckerlaubnis *f;* (*Méx: de conducir*) Führerschein *m;* ~ **de obras** Baugenehmigung *f;* ~ **de pesca/de armas** Angel-/Waffenschein *m* **2.** (*soldado*): **estar tres días de** ~ drei Tage Ausgang haben **3.** (*libertad*) Freiheit *f*

licenciado, -a [liθeṇ'θjaðo, -a] *m, f* **1.** (*estudiante*) ≈Akademiker(in) *m(f);* ~ **en economía** Diplomvolkswirt *m* **2.** (*soldado*) Verabschiedete(r) *m*

licenciar [liθeṇ'θjar] **I.** *vt* (*despedir*) entlassen; (*soldado*) verabschieden **II.** *vr:* ~**se** sein Examen machen

licenciatura [liθeṇθja'tura] *f* (*título*) Titel *m;* (*carrera*) Hochschulabschluss *m*

licencioso, -a [liθeṇ'θjoso, -a] *adj* (*persona*) ausschweifend; (*conducta*) anstößig; **mujer licenciosa** Prostituierte *f*

liceo [li'θeo] *m* **1.** (*sociedad*) Klub *m* **2.** (*Am: colegio*) Gymnasium *nt*

licitación [liθita'θjon] *f* **1.** (*concurso*) (öffentliche) Ausschreibung *f* **2.** (*subasta*) Versteigerung *f*

licitador(a) [liθita'ðor(a)] *m(f)* Bieter(in) *m(f)*

licitar [liθi'tar] *vt* bieten

lícito, -a ['liθito, -a] *adj* **1.** (*permitido*) zulässig **2.** (*justo*) gerecht

licitud [liθi'tu^ð] *f sin pl* Zulässigkeit *f*

licor [li'kor] *m* Likör *m*

licuadora [likwa'ðora] *f* Entsafter *m*

licuar [li'kwar] <*1. pres:* **licúo**> *vt* **1.** (FÍS) verflüssigen **2.** (*fruta*) auspressen **3.** (MIN) schmelzen

líder ['liðer] *mf* Führer(in) *m(f);* (*empresa*) Marktführer(in) *m(f);* (DEP) Führende(r) *mf;* (*de una liga*) Tabellenführer *m;* **la empresa ~** das führende Unternehmen; **es el ~ de los jóvenes** er ist ein Idol der Jugend

liderar [liðe'rar] *vt* **1.** (*ser el primero*) anführen; **el equipo que lidera la clasificación** der Tabellenführer **2.** (*dirigir*) leiten

liderato [liðe'rato] *m sin pl,* **liderazgo** [liðe'raθyo] *m sin pl* Führung *f;* **capacidad de ~** Führungsqualitäten *fpl*

lidia ['liðja] *f* Kampf *m;* (TAUR) Stierkampf *m*

lidiar [li'ðjar] *vt, vi* kämpfen (mit +*dat*); ~ (**un toro**) mit einem Stier kämpfen; ~ **con los niños** (*fig*) sich mit den Kindern herumärgern

liebre [lje'βre] *f* Hase *m;* ~ **marina** Seehase *m;* **donde menos se piensa salta la ~** (*fig*) unverhofft kommt oft

lienzo ['ljeṇθo] *m* **1.** (*tela*) Leinen *nt;* (*para cuadros*) Leinwand *f* **2.** (*óleo*) (Öl)gemälde *nt*

liga ['liya] *f* **1.** (*alianza*) Bund *m* **2.** (*prenda*) Strumpfhalter *m* **3.** (DEP) Liga *f*

ligamento [liya'meṇto] *m* Band *nt*

ligar [li'yar] <g→gu> **I.** *vi* (*fam: tontear*) anbändeln **II.** *vt* **1.** (*atar*) (fest)binden **2.** (*metal*) legieren **3.** (*unir*) verbinden **III.** *vr:* ~**se 1.** (*unirse*) sich binden (*a* an +*akk*) **2.** (*fam: tontear*) anbändeln (*a/con* mit +*dat*)

ligazón [liya'θon] *f* (*unión*) Verbindung *f*

ligereza [lixe'reθa] *f* **1.** (*rapidez*) Schnelligkeit *f* **2.** (*levedad*) Leichtigkeit *f* **3.** (*error*) Leichtfertigkeit *f*

ligero, -a [li'xero, -a] *adj* **1.** (*leve, ingrávido*) leicht; (*ruido*) leise; (*tierra*) locker **2.** (*ágil*) flink **3.** (*loc*): ~ **de cascos** (*fam*) oberflächlich; **ir muy ~ de ropa** sehr leicht gekleidet sein; **hacer algo a la ligera** etw tun ohne groß zu überlegen; **tomarse algo a la ligera** etw auf die leichte Schulter nehmen

lignito [liy'nito] *m* Braunkohle *f*

ligón, -ona [li'yon, -ona] *m, f* Anmacher(in) *m(f) pey;* **ser un ~** gerne flirten

ligue ['liye] *m* (*fam*) **1.** (*acción*) Flirt *m* **2.** (*persona*) Freund(in) *m(f)*

liguero, -a[1] [li'yero, -a] *adj* (DEP) Liga-; **competición liguera** Liga *f*

liguero[2] [li'yero] *m* Strumpfhaltergürtel *m*

lija ['lixa] *f* **1.** (*papel*) Sandpapier *nt,* Glaspapier *nt;* (*piel*) Haifischhaut *f* **2.** (ZOOL) Katzenhai *m*

lijadora [lixa'ðora] *f* Schleifmaschine *f*

lijar [li'xar] *vt* (ab)schleifen

lila[1] ['lila] **I.** *adj* lila **II.** *f* (BOT) Flieder *m*

lila[2] ['lila] *m* (*color*) Lila *nt*

liliputiense [lilipu'tjense] **I.** *adj* liliputanisch **II.** *mf* Liliputaner(in) *m(f)*

lima ['lima] *f* **1.** (*instrumento*) Feile *f;* **rebajar con la ~** abfeilen; **comer como una ~** (*fam*) essen wie ein Mähdrescher **2.** (*fruta*) Limette *f;* (*árbol*) Limettenbaum *m*

limadura [lima'ðura] *f* **1.** (*pulido*) (Zurecht)feilen *nt* **2.** *pl* (*partículas*) Feilspäne *mpl*

limar [li'mar] *vt* **1.** (*pulir*) (zurecht)feilen; (*fig*) den letzten Schliff geben +*dat* **2.** (*consumir*) aufreiben

limaza [li'maθa] *f* Nacktschnecke *f*

limbo ['limbo] *m* **1.** (REL) Vorhölle *f;* **estar en el ~** (*fam: distraído*) geistig abwesend sein; (*no enterado*) keine Ahnung haben **2.** (*de vestido*) Rand *m*

limeño, -a [li'meɲo, -a] **I.** *adj* aus Lima **II.** *m, f* Bewohner(in) *m(f)* von Lima

limitación [limita'θjon] *f* Beschränkung *f;* (*de una norma*) Einschränkung *f;* **sin limi-**

L

taciones unbeschränkt; **el plan tiene sus limitaciones pero ha sido eficaz** der Plan war im Großen und Ganzen erfolgreich

limitado, -a [limi'taðo, -a] *adj* **1.** (*poco*) knapp; (*medios*) beschränkt; **un número ~** eine begrenzte Anzahl **2.** (*tonto*) beschränkt

limitar [limi'tar] **I.** *vi* (an)grenzen (*con* an +*akk*) **II.** *vt* begrenzen; (*libertad*) einschränken; (*definir*) (genau) festlegen **III.** *vr:* **~se** sich beschränken (*a* auf +*akk*)

límite ['limite] *m* Grenze *f;* (*inconveniente*) Schranken *fpl;* **~ de crédito** Kreditlinie *f;* **situación ~** Grenzsituation *f;* **sin ~s** grenzenlos; **la fecha ~ para entregarlo es el...** der letzte Abgabetermin ist der ...

limítrofe [li'mitrofe] *adj* angrenzend; **países ~s** Nachbarländer *ntpl*

limo ['limo] *m* Schlamm *m*

limón [li'mon] **I.** *adj* zitronengelb **II.** *m* Zitrone *f*

limonada [limo'naða] *f* (Zitronen)limonade *f;* **~ de vino** Sangria *f*

limonar [limo'nar] *m* **1.** (AGR) Zitronenpflanzung *f* **2.** (*Guat*) *v.* **limonero**

limonero [limo'nero] *m* Zitronenbaum *m*

limosna [li'mosna] *f* Almosen *nt;* **pedir ~** betteln

limosnear [limosne'ar] *vi* betteln

limosnero, -a [limos'nero, -a] **I.** *adj* wohltätig **II.** *m, f* (*Am: pedigüeño*) Bettler(in) *m(f)*

limoso, -a [li'moso, -a] *adj* schlammig

limpiabarros [limpja'βarros] *m inv* Fußabtreter *m*

limpiabotas [limpja'βotas] *mf inv* Schuhputzer(in) *m(f)*

limpiachimeneas [limpjatʃime'neas] *mf inv* Schornsteinfeger(in) *m(f)*

limpiacristales[1] [limpjakris'tales] *mf inv* (*persona*) Fensterputzer(in) *m(f)*

limpiacristales[2] [limpjakris'tales] *m inv* (*producto*) Fensterputzmittel *nt*

limpiador(a)[1] [limpja'ðor(a)] **I.** *adj* reinigend; **leche ~a** Reinigungsmilch *f* **II.** *m(f)* Raumpfleger(in) *m(f)*

limpiador[2] [limpja'ðor] *m* Putzmittel *nt*

limpiamuebles [limpja'mweβles] *m inv* Möbelpolitur *f*

limpiaparabrisas [limpjapara'βrisas] *m inv* Scheibenwischer *m*

limpiar [lim'pjar] **I.** *vt* **1.** (*suciedad*) reinigen; (*zapatos, dientes, casa*) putzen; (*chimenea*) fegen; (*pescado*) ausnehmen; **~ el polvo** Staub wischen **2.** (*librar*) säubern; **~ de culpas** von Schuld reinwaschen **3.** (*fam: robar*) klauen **II.** *vi* (*quitar la suciedad*) putzen, sauber machen **III.** *vr:* **~se** sich reinigen; (*nariz, dientes*) sich *dat* putzen; **~se de fiebre** kein Fieber mehr haben

límpido, -a ['limpiðo, -a] *adj* (*elev: limpio*) klar

limpieza [lim'pjeθa] *f* **1.** (*lavar*) Reinigung *f;* (*casa, zapatos*) Putzen *nt;* (*fig*) Säuberung *f;* **~ de cutis** Gesichtsreinigung *f;* **~ a fondo** Großputz *m;* **hacer la ~** sauber machen; **señora de la ~** Putzfrau *f* **2.** (*estado*) Sauberkeit *f* **3.** (*eliminación*) Säuberung *f* **4.** (*habilidad*) Geschicklichkeit *f*

limpio, -a[1] ['limpjo, -a] *adj* (*cocina, persona*) sauber; (*aire*) rein; (*agua*) klar; (*almendra*) geschält; (*fig*) rein; **acabar a tortazo ~** (*fam*) in eine Schlägerei ausarten; **lo dejaron ~** (*fam: sin dinero*) er war völlig blank

limpio[2] ['limpjo] *adv* **1.** (*sin trampas*) sauber; **jugar ~** fair spielen **2.** (*loc*): **escribir en ~** ins Reine schreiben; **en ~** (*dinero*) netto; **¿qué has sacado en ~ de todo este asunto?** (*fig*) was hat dir diese Sache nun gebracht?

limusina [limu'sina] *f* Limousine *f*

linaje [li'naxe] *m* Abstammung *f;* **de rancio ~** von altem Adelsgeschlecht

linaza [li'naθa] *f* Leinsamen *m;* **aceite de ~** Leinöl *nt*

lince ['lin̩θe] *m* Luchs *m;* **ser un ~** (*fig*) ein Fuchs sein; **tener ojos de ~** Augen wie ein Luchs haben

linchamiento [lintʃa'mjen̩to] *m* Lynchjustiz *f*

linchar [lin'tʃar] *vt* lynchen

lindar [lin̩'dar] *vi* angrenzen (*con* an +*akk*)

linde ['lin̩de] *m o f,* **lindero** [lin̩'dero] *m* (Grundstücks)grenze *f;* (*camino*) Grenzweg *m*

lindeza [lin̩'deθa] *f* **1.** (*bonito*) Niedlichkeit *f* **2.** (*gracioso*) Witzigkeit *f* **3.** *pl* (*irón: insulto*) Schimpfworte *ntpl;* **me dijo esas y otras ~s parecidas** so und ähnlich hat er/sie mich bezeichnet

lindo, -a ['lin̩do, -a] *adj* hübsch; (*niño*) süß; **divertirse a lo ~** sich gut amüsieren

línea ['linea] *f* **1.** (MAT, MIL, ECON) Linie *f;* (*raya*) Strich *m;* **~ de intersección** Schnittstelle *f;* **~ recta** Gerade *f;* **fracasar en toda la ~** auf der ganzen Linie versagen **2.** (*fila*) Reihe *f* **3.** (*renglón*) Zeile *f;* **~ en blanco** Leerzeile *f;* **leer entre ~s** zwischen den Zeilen lesen; **te pongo cuatro ~s para...** ich schreibe dir ein paar Zeilen um ... **4.** (*de transporte*) Linie *f;* (*trayecto*) Strecke *f;* **~ aérea** Fluglinie *f;* **~ férrea** Bahnlinie *f;* **coche de ~** Linienbus *m* **5.** (TEL) Leitung *f;* **~ para el fax** Faxanschluss *m* **6.** (*pariente*) (Verwandtschafts)linie *f;* **por ~ materna** mütterlicherseits **7.** (DEP) Linie *f;* **~ de meta** (*fútbol*) Torlinie *f;* (*atletismo*) Ziellinie *f* **8.** (*tipo*) Linie *f;* **guardar la ~** auf die Linie achten **9.** (*directriz*) Leitlinie *f*

lineal [line'al] *adj* **1.** (*relativo a la línea*) Linien- **2.** (*como una línea*) linienförmig; (*hoja*) länglich **3.** (*proporcional, t.* MAT, ARTE) linear

linfa ['liɱfa] *f* (BIOL) Lymphe *f*

linfático, -a [liɱ'fatiko, -a] *adj* lymphatisch; **gánglio** ~ Lymphknoten *m*

lingotazo [liŋgo'taθo] *m* (*fam*) Schluck *m*; **pegarse un** ~ sich *dat* einen hinter die Binde gießen

lingote [liŋ'gote] *m* Barren *m*; (*de acero*) Block *m*

lingüista [liŋ'gwista] *mf* Sprachwissenschaftler(in) *m(f)*

lingüística [liŋ'gwistika] *f* Sprachwissenschaft *f*

lingüístico, -a [liŋ'gwistiko, -a] *adj* sprachwissenschaftlich

linier [li'njer] *m* (DEP) Linienrichter *m*

linimento [lini'men̪to] *m* Einreibemittel *nt*

lino ['lino] *m* **1.** (BOT) Flachs *m* **2.** (*tela*) Leinen *nt*

linóleo [li'noleo] *m* Linoleum *nt*

linterna [lin̪'terna] *f* **1.** (*de mano*) Taschenlampe *f*; ~ **mágica** Laterna *f* magica **2.** (*farol*) Laterne *f* **3.** (*faro*) Leuchtturm *m*

lío ['lio] *m* **1.** (*de ropa*) Bündel *nt* **2.** (*embrollo*) Durcheinander *nt*; **¡déjame de** ~**s!** damit will ich nichts zu tun haben!; **me hago un** ~ **con tus explicaciones** deine Erklärungen bringen mich durcheinander; **¡me meto en cada** ~**!** ich gerate immer in die unmöglichsten Situationen; **no entiendo ese** ~ das ist mir zu verworren **3.** (*fam: relación*) Verhältnis *nt*; **sé que tienes un** ~ **por ahí** ich weiß, dass du was mit jemandem hast

liofilizar [ljofili'θar] <z→c> *vt* gefriertrocknen

lioso, -a [li'oso, -a] *adj* (*difícil*) verworren; **persona liosa** Intrigant(in) *m(f)*

liquen ['liken] *m* Flechte *f*

liquidación [likiða'θjon] *f* **1.** (*de una mercancía*) Ausverkauf *m*; ~ **por fin de temporada** (*invierno*) Winterschlussverkauf *m*; (*verano*) Sommerschlussverkauf *m*; ~ **total** Räumungsverkauf *m* **2.** (*de una empresa*) Auflösung *f* **3.** (*de una factura*) Begleichung *f*; (*cuenta*) Abrechnung *f*

liquidar [liki'ðar] *vt* **1.** (*licuar*) verflüssigen **2.** (*fam: acabar*) erledigen; (*matar*) töten **3.** (*mercancía*) ausverkaufen; ~ **las existencias** das Lager räumen **4.** (*cerrar*) auflösen **5.** (*factura*) begleichen

liquidez [liki'ðeθ] *f* **1.** (*agua*) Flüssigkeit *f* **2.** (COM) Liquidität *f*

líquido, -a[1] ['likiðo, -a] *adj* **1.** (*material, consonante*) flüssig **2.** (*dinero*) liquid; **renta líquida** Nettoerlös *m*

líquido[2] ['likiðo] *m* **1.** (*agua*) Flüssigkeit *f*; ~ **amniótico** Fruchtwasser *nt*; ~ **de frenos** Bremsflüssigkeit *f* **2.** (*saldo*) Überschuss *m*; ~ **imponible** zu versteuernder Betrag

lira ['lira] *f* **1.** (*moneda*) Lira *f* **2.** (*instrumento*) Lyra *f*, Leier *f*

lírica ['lirika] *f* Lyrik *f*

lírico, -a ['liriko, -a] **I.** *adj* **1.** (LIT) lyrisch **2.** (MÚS) Opern- **II.** *m, f* Lyriker(in) *m(f)*

lirio ['lirjo] *m* Lilie *f*; ~ **de los valles** Maiglöckchen *nt*

lirismo [li'rismo] *m sin pl* **1.** (LIT) Lyrik *f* **2.** (*sentimentalismo*) Schwärmerei *f*

lirón [li'ron] *m* Siebenschläfer *m*; **dormir como un** ~ schlafen wie ein Murmeltier

Lisboa [lis'βoa] *f* Lissabon *nt*

lisboeta [lisβo'eta] **I.** *adj* aus Lissabon **II.** *mf* Lissaboner(in) *m(f)*

lisiado, -a [li'sjaðo, -a] **I.** *adj* verkrüppelt **II.** *m, f* Krüppel *m*

lisiar [li'sjar] **I.** *vt* (*lesionar*) verletzen; (*mutilar*) verstümmeln **II.** *vr:* ~**se** sich verletzen

liso, -a ['liso, -a] *adj* **1.** (*superficie, pelo*) glatt; **los 100 metros** ~**s** der 100-Meter-Lauf **2.** (*tela*) einfarbig; (*vestido*) schlicht

lisonja [li'soŋxa] *f* Schmeichelei *f*

lisonjear [lisoŋxe'ar] *vt* schmeicheln +*dat*

lisonjero, -a [lisoŋ'xero, -a] **I.** *adj* schmeichelnd **II.** *m, f* Schmeichler(in) *m(f)*

lista ['lista] *f* **1.** (*enumeración*) Liste *f*; ~ **de la compra** Einkaufszettel *m*; ~ **electoral** Wählerliste *f*; ~ **única** Einheitsliste *f*; **estar en la** ~ **de espera** auf der Warteliste stehen; **pasar** ~ (*leer*) die Namen aufrufen; (*controlar siempre*) eine Anwesenheitsliste führen **2.** (*tira*) Streifen *m*; (*de madera*) Leiste *f*; **a** ~**s** gestreift

listado, -a[1] [lis'taðo, -a] *adj* gestreift

listado[2] [lis'taðo] *m* Auflistung *f*

listar [lis'tar] *vt* auflisten

listín [lis'tin] *m* (*de teléfonos*) Telefonbuch *nt*

listo, -a ['listo, -a] *adj* **1.** *ser* (*inteligente*) klug; (*sagaz*) gerissen; (*hábil*) geschickt; **pasarse de** ~ zu weit gehen **2.** *estar* (*preparado*) fertig; ~ **para enviar** (INFOR) sendebereit; ~ **para el envío/para el tiraje** versandfertig/druckreif; ~ **para despegar** startklar; **estás** ~ **si crees que...** (*fam*) wenn du meinst, dass ..., hast du dich geschnitten

listón [lis'ton] *m* (*madero*) Latte *f*; **poner el** ~ **muy alto** (*fig*) einen sehr hohen Maßstab anlegen

lisura [li'sura] *f* **1.** (*llano*) Glätte *f* **2.** (*Am: frescura*) Frechheit *f* **3.** (*fig: ingenuidad*) Naivität *f*

litera [li'tera] *f* (*cama*) Etagenbett *nt*; (FERRO) Liegewagenplatz *m*; (NÁUT) Schlafkoje *f*

literal [lite'ral] *adj* wörtlich

literario, -a [lite'rarjo, -a] *adj* literarisch; **lenguaje** ~ Schriftsprache *f*

literato, -a [lite'rato, -a] *m, f* Literat(in) *m(f)*

literatura [litera'tura] *f* Literatur *f;* ~ **barata** Schundliteratur *f;* **¡eso es sólo hacer ~!** das ist bloß leeres Gerede!

litigante [liti'ɣan̪te] **I.** *adj* (*en un juicio*) prozessführend **II.** *mf* Prozessteilnehmer(in) *m(f)*

litigar [liti'ɣar] <g→gu> *vt* **1.** (*disputar, t.* JUR) streiten **2.** (*llevar a juicio*) prozessieren (*con/contra* gegen +*akk*)

litigio [li'tixjo] *m* **1.** (*disputa*) Streit *m;* **en caso de** ~ im Streitfall; **en** ~ strittig **2.** (*juicio*) Prozess *m*

litoral [lito'ral] **I.** *adj* Küsten- **II.** *m* (*costa*) Küste *f;* (*playa*) Strand *m*

litri ['litri] *adj* (*fam*) affektiert

litro ['litro] *m* Liter *m o nt;* **un** ~ **de leche** ein Liter Milch

Lituania [li'twanja] *f* Litauen *nt*

lituano, -a [li'twano, -a] **I.** *adj* litauisch **II.** *m, f* Litauer(in) *m(f)*

liturgia [li'turxja] *f* Liturgie *f*

liviandad [liβjan̪'da^{d}] *f* **1.** (*frivolidad*) Leichtfertigkeit *f* **2.** (*lascivia*) Lüsternheit *f*

liviano, -a [li'βjano, -a] *adj* **1.** (*superficial*) leichtfertig **2.** (*lascivo*) unanständig **3.** (*ligero*) leicht; (*error*) unbedeutend

lividez [liβi'ðeθ] *f* Blässe *f*

lívido, -a ['liβiðo, -a] *adj* **1.** (*amoratado*) dunkelviolett; ~ **de frío** blaugefroren **2.** (*pálido*) blass

llaga ['ʎaɣa] *f* **1.** (*herida*) Wunde *f;* (*úlcera*) Geschwür *nt;* (*ampolla*) Blase *f* **2.** (*pena*) Schmerz *m*

llagar [ʎa'ɣar] <g→gu> **I.** *vt* (*herir*) verwunden; (*rozar*) wund scheuern **II.** *vr:* ~**se** **1.** (*ulcerarse*) eitern **2.** (*herirse*) sich wund reiben; ~**se (los pies)** sich *dat* Blasen (an den Füßen) laufen

llama ['ʎama] *f* **1.** (*fuego*) Flamme *f;* (*fig*) Feuer *nt* **2.** (ZOOL) Lama *nt*

llamada [ʎa'maða] *f* **1.** (*voz*) Ruf *m;* ~ **al orden** Ordnungsruf *m;* ~ **del programa** (INFOR) Programmaufruf *m* **2.** (*de teléfono*) Anruf *m;* ~ **urbana** Ortsgespräch *nt* **3.** (*gesto*) Herbeiwinken *nt* **4.** (*a la puerta*) Klopfen *nt* **5.** (*en un libro*) Hinweis *m* **6.** (MIL) Appell *m*

llamado, -a [ʎa'maðo, -a] *adj* (*conocido como*) sogenannte(r, s)

llamador [ʎama'ðor(a)] *m* **1.** (*picaporte*) (Tür)klopfer *m* **2.** (*timbre*) (Klingel)knopf *m*

llamamiento [ʎama'mjen̪to] *m* **1.** (*exhortación*) Aufruf *m;* (*soldado*) Appell *m;* **hacer un ~ a todos** an alle appellieren **2.** (MIL): ~ **a filas** Einberufung *f* zum Wehrdienst **3.** (JUR: *citación*) Vorladung *f*

llamar [ʎa'mar] **I.** *vt* **1.** (*voz*) rufen; (*por teléfono*) anrufen; ~ **a declarar a alguien** jdn zur Aussage vorladen; ~ **a filas** (MIL) einberufen; **le llaman al teléfono** er wird am Telefon verlangt; ~ **a capítulo a alguien** jdn zur Rechenschaft ziehen; ~ **al perro con un silbido** nach dem Hund pfeifen **2.** (*denominar*) nennen; **lo llamé idiota a la cara** ich sagte ihm ins Gesicht, dass er ein Idiot sei **3.** (*despertar*) (er)wecken; ~ **la atención** (*reprender*) ermahnen; (*ser llamativo*) auffallen; ~ **la atención sobre algo** auf etw aufmerksam machen **II.** *vi* **1.** (*a la puerta*) anklopfen; (*el timbre*) klingeln; **¿quién llama?** wer ist da? **2.** (*fam: gustar*) schmecken; **el chocolate no me llama nada** Schokolade ist nicht mein Ding **III.** *vr:* ~**se** heißen; **¿cómo te llamas?** wie heißt du?; **¡como me llamo… que lo harás!** du machst das, so wahr ich … heiße!

llamarada [ʎama'raða] *f* **1.** (*llama*) Flackerfeuer *nt* **2.** (*rubor*) Röte *f*

llamativo, -a [ʎama'tiβo, -a] *adj* (*traje*) auffällig; (*color*) grell

llamear [ʎame'ar] *vi* lodern

llana ['ʎana] *f* (*herramienta*) Kelle *f*

llaneza [ʎa'neθa] *f sin pl* Umgänglichkeit *f*

llanito, -a [ʎa'nito, -a] *m, f* (*fam*) Einwohner(in) *m(f)* Gibraltars

llano, -a[1] ['ʎano, -a] *adj* **1.** (*liso*) flach; (*terreno*) eben **2.** (*campechano*) umgänglich **3.** (LING) auf der vorletzten Silbe betont **4.** (*loc*): **el pueblo** ~ das (einfache) Volk; **a la pata la llana** ohne Umstände

llano[2] ['ʎano] *m* Ebene *f*

llanta ['ʎan̪ta] *f* (*rueda*) Reifen *m;* (*cerco*) Felge *f*

llantina [ʎan̪'tina] *f* (*fam*) Geflenne *nt*

llanto ['ʎan̪to] *m* Weinen *nt*

llanura [ʎa'nura] *f* Ebene *f*

llave ['ʎaβe] *f* **1.** (*instrumento, t. fig*) Schlüssel *m;* (*reloj*) Uhrschlüssel *m;* ~ **de contacto** (AUTO) Zündschlüssel *m;* ~ **maestra** Hauptschlüssel *m;* **ama de ~s** Wirtschafterin *f;* ~**s en mano** schlüsselfertig; **echar la** ~ abschließen; **estar bajo** ~ unter Verschluss sein; **la** ~ **no entra** der Schlüssel passt nicht; **la** ~ **para descubrir el secreto** der Schlüssel zum Geheimnis; **meter/sacar la** ~ den Schlüssel hineinstecken/abziehen **2.** (MÚS) Ventil *nt* **3.** (*grifo*) Hahn *m* **4.** (*tuerca*) Schraubenschlüssel *m;* ~ **inglesa** Engländer *m* **5.** (*interruptor*) Schalter *m* **6.** (TIPO) Klammer *f* **7.** (DEP) Griff *m*

llavero [ʎa'βero] *m* (*utensilio*) Schlüsselring *m*

llegada [ʎe'ɣaða] *f* **1.** (*al destino*) Ankunft *f* **2.** (*meta*) Ziel *nt*

llegar [ʎe'ɣar] <g→gu> **I.** *vi* **1.** (*al destino*) ankommen; (*avión*) landen; (*barco*) einlaufen; (*correo*) eingehen; ~ **a la meta** (DEP) ins Ziel kommen; **estar al** ~ jeden Augenblick (an)kommen; **¡hasta ahí podíamos ~!** das fehlte gerade noch!; ~ **a Madrid** in Madrid ankommen; ~ **tarde** sich verspäten **2.** (*recibir*): **no me ha llegado el dinero** ich habe das Geld noch nicht erhalten **3.** (*durar*) halten (*a* bis +*akk*); ~ **a viejo** alt werden; ~ **a los ochenta** die achtzig erreichen; **el enfermo no ~á hasta la primavera** der Kranke wird das Frühjahr nicht mehr erleben **4.** (*ascender*) betragen (*a* +*akk*); **la cinta no llega a tres metros** das Band ist keine drei Meter lang; **no ~ a cien pesetas** keine hundert Peseten kosten **5.** (*lograr*): **ese ~á lejos** der wird es weit bringen; ~ **a ser muy rico** steinreich werden; **llegamos a recoger 8.000 firmas** es ist uns gelungen, 8.000 Unterschriften zu sammeln; ~ **a ministro** es zum Minister bringen; **nunca ~é a entenderte** ich werde dich nie verstehen **6.** (*ser suficiente*) (aus)reichen **7.** (*tocar*) reichen (*a/hasta* bis zu +*dat*); **el niño no llega a los productos de limpieza** das Kind kommt nicht an die Putzmittel heran; **no me llegas ni a la suela de los zapatos** du kannst mir nicht das Wasser reichen **8.** (*loc*): **ha llegado a mis oídos que...** ich habe erfahren, dass ...; ~ **al alma** unter die Haut gehen; ~ **a la conclusión de que...** zu dem Schluss kommen, dass ...; **¡todo llega!** alles hat seine Zeit!; **¡ya ~á la primavera!** der Frühling wird schon kommen! **II.** *vr:* **~se** (*ir*) gehen; **~se por casa de alguien** bei jdm vorbeikommen

llenar [ʎe'nar] **I.** *vt* **1.** (*atestar*) füllen (*de* mit +*dat*); **es necesario ~ esa laguna** (*fig*) diese Lücke muss geschlossen werden; **los niños ~on el suelo de papeles** die Kinder ließen überall auf dem Boden Papier herumliegen; **~se los bolsillos de caramelos** sich *dat* die Taschen mit Bonbons voll stopfen **2.** (*comida*) sättigen **3.** (*cumplimentar*) ausfüllen **4.** (*colmar*) erfüllen (*de* mit +*dat*); (*satisfacer*) ausfüllen **5.** (*agradecer*) gefallen +*dat* **II.** *vr:* **~se** (*fam*) **1.** (*comida*) sich voll stopfen (*de* mit +*dat*) **2.** (*irritarse*) genug haben (*de* von +*dat*)

lleno, -a¹ ['ʎeno, -a] *adj* (*recipiente*) voll; **luna llena** Vollmond *m;* ~ **de** voller +*gen/dat,* voll mit +*dat;* **a la planta le da el sol de ~** die Pflanze steht in der prallen Sonne; **el autobús iba ~** der Bus war voll; **estoy ~** (*fam*) ich bin satt

lleno² ['ʎeno] *m:* **ese día en el teatro se logró el ~** an diesem Tag war das Theater ausverkauft

llevadero, -a [ʎeβa'ðero, -a] *adj* erträglich

llevar [ʎe'βar] **I.** *vt* **1.** (*a un destino, acompañar*) bringen; (*transportar*) befördern; (*en brazos*) tragen; (*viento*) wehen; ~ **a alguien en el coche** jdn (im Auto) mitnehmen; ~ **algo a alguien** jdm etw bringen **2.** (*exigir, cobrar*) verlangen; (*costar*) kosten; **este trabajo lleva mucho tiempo** diese Arbeit ist sehr zeitaufwändig **3.** (*tener*): ~ **consigo** dabeihaben **4.** (*conducir*) führen; ~ **de la mano** an der Hand führen; **esto no lleva a ninguna parte** das führt zu nichts **5.** (*ropa*) tragen **6.** (*coche*) fahren **7.** (*finca*) pachten **8.** (*estar*) sein; ~ **estudiando tres años** seit drei Jahren studieren; **llevo cuatro días aquí** ich bin seit vier Tagen hier **9.** (*gestionar*) führen; ~ **las cuentas** die Buchhaltung machen **10.** (*inducir*) bringen (*a* zu +*dat*), dazu bringen (*a* zu +*inf*); ~ **a pensar que...** vermuten lassen, dass ... **11.** (*exceder*) übertreffen; **te llevo dos años** ich bin zwei Jahre älter als du; **me llevas dos centímetros** du bist zwei Zentimeter größer als ich **12.** (*loc*): ~ **a cabo** durchführen; ~ **consigo** [*o* **aparejado**] mit sich bringen; ~ **el compás** den Takt schlagen; ~ **idea de hacer algo** vorhaben etw zu tun; ~ **la voz cantante** das Sagen haben; **a él le gusta ~ la contraria** er widerspricht immer; **dejarse ~ por la ira** in Wut geraten; **llevaba trazas de no acabar nunca** es schien kein Ende zu nehmen; ~ **la corriente a alguien** jdm immer Recht geben; ~ **camino de hacer algo** auf dem (besten) Weg sein etw zu tun; **no te dejes ~ por él** hör nicht auf ihn; **tú llevas las de perder** du wirst den Kürzeren ziehen; **... y me llevo cuatro** (MAT) ... und behalte vier **II.** *vr:* **~se 1.** (*coger*) mitnehmen; **la riada se llevó (por delante) el puente** der Sturzbach riss die Brücke mit sich *dat;* **~se un susto** einen Schrecken bekommen; **~se dos años** zwei Jahre auseinander sein; **~se la palma** den Vogel abschießen **2.** (*ganar*) gewinnen; **~se la mayor/peor parte** den Löwenanteil bekommen/den Kürzeren ziehen **3.** (*estar de moda*) in sein **4.** (*soportarse*) auskommen; **mi jefe y yo nos llevamos bien/mal** ich komme mit meinem Chef gut/schlecht aus

llorar [ʎo'rar] **I.** *vi* **1.** (*lágrimas*) weinen; **desahogarse llorando** sich ausweinen; **la película te hacía ~** der Film rührte dich zu Tränen; **me lloran los ojos** mir tränen die Augen; ~ **de alegría** vor Freude weinen; ~ **como una Magdalena** (*fam*) heulen wie ein Schlosshund; **quien no llora no mama** (*fam*) wer nicht schreit, geht leer aus **2.** (*vid, árbol*) bluten **II.** *vt* **1.** (*lágrimas*) weinen (*por* um +*akk*); (*fig*) trauern (*por/a* um +*akk*); ~ **la muerte de alguien** jdn beweinen **2.** (*quejarse*) beklagen **3.** (*lamentar*) bereuen

llorera [ʎo'rera] *f* (*fam*) Geheule *nt*

L

llorica [ʎo'rika] *mf* (*fam*) Heulpeter *m*, Heulsuse *f*
lloriquear [ʎorike'ar] *vi* wimmern
lloriqueo [ʎori'keo] *m* Gewimmer *nt*
lloro(s) ['ʎoro(s)] *m(pl)* Weinen *nt*; **con estos ~s no conseguirás nada** mit diesen Tränen erreichst du nichts
llorón, -ona [ʎo'ron, -ona] **I.** *adj* weinerlich; **sauce ~** Trauerweide *f* **II.** *m, f* Heulpeter *m fam*, Heulsuse *f fam*
lloroso, -a [ʎo'roso, -a] *adj* verweint
llovedizo, -a [ʎoβe'ðiθo, -a] *adj* (*techo*) undicht; **agua llovediza** Regenwasser *nt*
llover [ʎo'βer] <o→ue> *vi, vt, vimpers* regnen; **está lloviendo** es regnet; **llueve a mares** [*o* **a cántaros**] es regnet in Strömen; **~ sobre mojado** Schlag auf Schlag kommen; **como llovido del cielo** wie aus heiterem Himmel; **llueven las malas noticias** es hagelt schlechte Nachrichten; **me escucha como quien oye ~** (*fam*) es interessiert ihn/sie nicht die Bohne, was ich erzähle; **ya ha llovido mucho desde aquella** (*fig*) seitdem ist schon viel Wasser den Rhein hinabgeflossen
llovizna [ʎo'βiθna] *f* Nieselregen *m*
lloviznar [ʎoβiθ'nar] *vimpers:* **está lloviznando** es nieselt
lluvia ['ʎuβja] *f* **1.** (*chubasco*) Regen *m*; **~ de estrellas** Sternschnuppenschwarm *m*; **época de las ~s** Regenzeit *f* **2.** (*cantidad*) Unmenge *f* **3.** (*Am: ducha*) Dusche *f*
lluvioso, -a [ʎu'βjoso, -a] *adj* regnerisch; **tiempo ~** Regenwetter *nt*
lo [lo] **I.** *art det v.* **el, la, lo II.** *pron pers m y nt sg* **1.** (*objeto: masculino*) ihn; (*neutro*) es; **¡lláma~!** ruf ihn!; **¡haz~!** tu es! **2.** (*con relativo*): **~ que...** (das,) was ...; **~ cual** was; **~ que quiero decir es que...** was ich sagen will ist, dass ...
loa ['loa] *f* (*alabanza*) Lob *nt*
loable [lo'aβle] *adj* löblich
loar [lo'ar] *vt* loben
lobato [lo'βato] *m* **1.** (*lobo*) junger Wolf *m* **2.** (*cachorro*) Welpe *m*
lobezno [lo'βeθno] *m* junger Wolf *m*
lobo, -a ['loβo, -a] *m, f* Wolf *m*, Wölfin *f*; **~ cerval** Luchs *m*; **~ de mar** (*fam fig*) alter Seebär; **~ marino** Seehund *m*; **en esa ocasión le vimos las orejas al ~** wir sind gerade noch einmal davongekommen; **meterse en la boca del ~** sich in die Höhle des Löwen begeben; **ser un ~ con piel de oveja** ein Wolf im Schafspelz sein; **tener un hambre de ~s** einen Bärenhunger haben
lóbrego, -a ['loβreɣo, -a] *adj* finster
lóbulo ['loβulo] *m* (ANAT) Flügel *m*; **~ de la oreja** Ohrläppchen *nt*
local [lo'kal] **I.** *adj* örtlich; **periódico ~** Lokalblatt *nt* **II.** *m* Raum *m*; (COM) Geschäftsraum *m*; **~ público** Lokal *nt*
localidad [lokali'ðaᵈ] *f* **1.** (*municipio*) Ort *m* **2.** (*entrada*) Eintrittskarte *f*; (*asiento*) Sitz(platz) *m*
localismo [loka'lismo] *m* (*pey: chovinismo*) Lokalpatriotismus *m*
localista [loka'lista] *adj* (*pey*) lokalpatriotisch; **escritor ~** Heimatschriftsteller *m*
localización [lokaliθa'θjon] *f* **1.** (*búsqueda*) Aufspüren *nt*; (AERO) Ortung *f* **2.** (*posición*) Standort *m*
localizar [lokali'θar] <z→c> *vt* **1.** (*limitar*) eingrenzen; (AERO) orten; (*fuego, epidemia*) eindämmen **2.** (*encontrar*) finden; **~ por teléfono** telefonisch erreichen
loción [lo'θjon] *f* **1.** (*líquido*) Flüssigkeit *f*; **~ capilar** Haarwasser *nt*; **~ tónica** Gesichtswasser *nt* **2.** (*crema*) Lotion *f*; **~ bronceadora** Sonnenmilch *f*; **~ hidratante** Feuchtigkeitslotion *f* **3.** (*fricción*) Einreibung *f*
loco, -a ['loko, -a] **I.** *adj* **1.** (*chalado*) verrückt; **a lo ~, a tontas y a locas** ohne Sinn und Verstand; **estar ~ de atar** völlig verrückt sein; **estar ~ por la música** Musik lieben; **estar ~ con la bicicleta** furchtbar gern Rad fahren; **estar ~ de contento** sich freuen wie verrückt; **estar medio ~** nicht alle Tassen im Schrank haben *fam* **2.** (*maravilloso*) toll; **tener una suerte loca** unwahrscheinliches Glück haben **II.** *m, f* Verrückte(r) *mf*; **casa de ~s** (*t. fig*) Tollhaus *nt*; **cada ~ con su tema** jedem Tierchen sein Pläsierchen; **hacerse el ~** nicht reagieren; **hacer el ~** herumspinnen; **tener una vena de ~** nicht recht bei Trost sein
locomoción [lokomo'θjon] *f* Fortbewegung *f*
locomotor(a) [lokomo'tor(a)] *adj* Bewegungs-
locomotora [lokomo'tora] *f* Lokomotive *f*
locomotriz [lokomo'triθ] *adj* treibend
locuacidad [lokwaθi'ðaᵈ] *f* Gesprächigkeit *f*; (*charlatanería*) Geschwätzigkeit *f*
locuaz [lo'kwaθ] *adj* gesprächig; (*charlatán*) geschwätzig
locución [loku'θjon] *f* (*expresión*) Wendung *f*; **~ prepositiva** Präpositionalergänzung *f*
locura [lo'kura] *f* **1.** (*enajenación mental*) Wahn(sinn) *m*; **~ bovina** Rinderwahnsinn *m*; **querer con ~** wahnsinnig lieben; **una casa de ~** eine Traumwohnung **2.** (*disparate*) Verrücktheit *f*; **andar haciendo ~s** Unfug treiben
locutor(a) [loku'tor(a)] *m(f)* Sprecher(in) *m(f)*
locutorio [loku'torjo] *m* **1.** (*claustro*) Sprechzimmer *nt* **2.** (TEL) Telefonzelle *f*
lodazal [loða'θal] *m* Morast *m*

lodo ['loðo] *m* Schlamm *m*
logia ['loxja] *f* **1.** (ARQUIT) Loggia *f* **2.** (*reunión*) Loge *f*
lógica ['loxika] *f* Logik *f*
lógico, -a ['loxiko, -a] *adj* logisch; (*normal*) natürlich
logística [lo'xistika] *f* Logistik *f*
logístico, -a [lo'xistiko, -a] *adj* logistisch
logopeda [loɣo'peða] *mf* Logopäde, -in *m, f*
logopedia [loɣo'peðja] *f* Logopädie *f*
logotipo [loɣo'tipo] *m* (*distintivo*) Emblem *nt;* (*de una empresa*) Firmenzeichen *nt;* (*para un producto*) Warenzeichen *nt*
logrado, -a [lo'ɣraðo, -a] *adj* gelungen; **te ha quedado muy ~ el cuadro** das Bild ist dir sehr gut gelungen
lograr [lo'ɣrar] **I.** *vt* erreichen; (*premio*) gewinnen; **logré convencerla** ich schaffte es, sie zu überzeugen **II.** *vr:* **~se** gelingen
logrero, -a [lo'ɣrero, -a] *m, f* Wucherer, -in *m, f*
logro ['loɣro] *m* Erfolg *m*
logroñés, -esa [loɣro'ɲes, -esa] **I.** *adj* aus Logroño **II.** *m, f* Einwohner(in) *m(f)* von Logroño
loma ['loma] *f* Hügel *m*
lombriz [lom'briθ] *f* Wurm *m;* **~ intestinal** Spulwurm *m;* **~ de tierra** Regenwurm *m*
lomo ['lomo] *m* **1.** (*espalda*) Rücken *m;* **agachar el ~** (*fam fig*) malochen; **sobarle el ~ a alguien** (*fam fig*) jdm um den Bart gehen **2.** (*solomillo*) Lende *f* **3.** (*de libro*) Buchrücken *m* **4.** (*de cuchillo*) Rücken *m* **5.** (*loc, fam*): **ser un mentiroso de tomo y ~** es faustdick hinter den Ohren haben
lona ['lona] *f* Plane *f*
loncha ['lonʧa] *f* Scheibe *f*
londinense [lon̪di'nense] **I.** *adj* aus London **II.** *mf* Londoner(in) *m(f)*
Londres ['lon̪dres] *m* London *nt*
longanimidad [loŋganimi'ðaᵈ] *f sin pl* Geduld *f*
longánimo, -a [loŋ'ganimo, -a] *adj* geduldig
longaniza [loŋga'niθa] *f* Bratwurst *f* (*aus Hackfleisch*)
longevidad [loŋxeβi'ðaᵈ] *f sin pl* (*duración*) Lebensdauer *f;* (*larga*) Langlebigkeit *f;* (*edad*) hohes Alter *nt*
longevo, -a [loŋ'xeβo, -a] *adj* (*que dura*) langlebig; (*viejo*) sehr alt
longitud [loŋxi'tuᵈ] *f* Länge *f;* **salto de ~** Weitsprung *m;* **cuatro metros de ~** vier Meter lang; **cincuenta grados ~ este/oeste** fünfzig Grad östlicher/westlicher Länge; **estar en la misma ~ de onda** (*fig*) auf der gleichen Wellenlänge liegen
longitudinal [loŋxituði'nal] *adj:* **corte ~** Längsschnitt *m*
longitudinalmente [loŋxituðinal'men̪te] *adv* der Länge nach
longui(s) ['loŋgi(s)] *mf inv:* **hacerse el ~** (*fam*) sich taub stellen
lonja ['loŋxa] *f* **1.** (COM) Warenbörse *f* **2.** (*loncha*) Scheibe *f*
loor [lo'or] *m* (*elev*) Lob *nt;* **en ~ de la Virgen María** zu Ehren der Jungfrau Maria
loquear [loke'ar] *vi* (*fam*) spinnen
Lorena [lo'rena] *f* Lothringen *nt;* **Alsacia y ~** Elsaß-Lothringen *nt*
loro ['loro] *m* **1.** (ZOOL) Papagei *m;* **repitir como un ~** alles nachplappern **2.** (*fam pey: mujer*) hässliche Frau *f*
los [los] **I.** *art det v.* **el, la, lo II.** *pron pers m y nt pl* **1.** (*objeto directo*) sie; **¡lláma~!** ruf sie! **2.** (*con relativo*): **~ que...** die(jenigen), die ...; **~ cuales** die
losa ['losa] *f* (*piedra*) (Stein)platte *f;* (*lápida*) Grabstein *m;* (*baldosa*) Fliese *f*
lote ['lote] *m* **1.** (*parte*) Teil *m;* (COM) Posten *m* **2.** (*argot*): **darse el ~** knutschen
lotería [lote'ria] *f* Lotterie *f;* **~ primitiva** Lotto *nt;* **administración de ~** Lottoannahmestelle *f;* **a Juan le tocó la ~** Juan hat in der Lotterie gewonnen; **un décimo de la ~** ein (Lotterie)los; **¡con ese hijo te tocó la ~!** mit diesem Sohn hast du richtig Glück gehabt!; **jugar a la ~** in der Lotterie spielen; (*primitiva*) Lotto spielen

> Die **lotería primitiva** ist dem deutschen Glücksspiel Lotto sehr ähnlich: von 49 Nummern muss man sechs ankreuzen, mindestens drei der Nummern müssen mit denen der Gewinnziehung übereinstimmen, um zu gewinnen; bei sechs Richtigen gewinnt man Geldbeträge in Millionenhöhe. Eine Variante der **lotería primitiva** ist die **bonoloto**.

loto¹ ['loto] *m* **1.** (*planta*) Lotus *m* **2.** (*flor*) Lotusblüte *f*
loto² ['loto] *f* (*fam*) Lotto *nt*
Lovaina [lo'βai̯na] *f* Leuven *nt*
loza ['loθa] *f* Steingut *nt;* (*vajilla*) Steingutgeschirr *nt*
lozanía [loθa'nia] *f sin pl* **1.** (*vegetación*) Üppigkeit *f* **2.** (*persona: robustez*) Kraft *f;* (*salud*) Gesundheit *f*
lozano, -a [lo'θano, -a] *adj* **1.** (*planta*) üppig **2.** (*persona: robusta*) kraftvoll; (*saludable*) gesund
lubina [lu'βina] *f* Seebarsch *m*
lubricar [luβri'kar] <c→qu> *vt* (ein)schmieren
lúbrico, -a ['luβriko, -a] *adj* (*obsceno*)

schlüpfrig

lubrificar [luβrifi'kar] <c→qu> *vt* (ein)schmieren

Lucayas [lu'kaɟas] *fpl:* **islas** ~ Bahamas *pl*

lucense [lu'θense] **I.** *adj* aus Lugo **II.** *mf* Einwohner(in) *m(f)* von Lugo

Lucerna [lu'θerna] *f* Luzern *nt*

lucernario [luθer'narjo] *m* Dachfenster *nt*

lucero [lu'θero] *m* **1.** (*estrella*) Stern *m* **2.** (*mancha*) Blesse *f*

lucha ['lutʃa] *f* Kampf *m* (*por* um +*akk*); (DEP) Ringkampf *m;* ~ **cuerpo a cuerpo** Kampf Mann gegen Mann; ~ **contra la droga** Drogenbekämpfung *f*

luchador(a) [lutʃa'ðor(a)] *m(f)* Kämpfer(in) *m(f);* (DEP) Ringer(in) *m(f)*

luchar [lu'tʃar] *vi* kämpfen (*por* um +*akk*), ringen (*por* um +*akk*)

lucidez [luθi'ðeθ] *f sin pl* **1.** (*estado*) Klarheit *f* **2.** (*clarividencia*) Hellsichtigkeit *f;* (*sagacidad*) Scharfsinn *m;* **antes de morir tuvo todavía un momento de** ~ bevor er/sie starb, hatte er/sie noch einen hellen Augenblick

lucido, -a [lu'θiðo, -a] *adj* (*brillante*) fantastisch; (*escogida*) auserlesen

lúcido, -a ['luθiðo, -a] *adj* **1.** (*clarividente*) hell(sichtig); (*sagaz*) scharfsinnig **2.** (*sobrio*) klar

luciérnaga [lu'θjernaɣa] *f* Glühwürmchen *nt*

lucio ['luθjo] *m* (ZOOL) Hecht *m*

lucir [lu'θir] *irr* **I.** *vi* **1.** (*brillar*) leuchten; (*sol*) scheinen; **esa lámpara luce muy poco** diese Lampe gibt sehr wenig Licht **2.** (*compensar*) sich auszahlen; (*verse*) zur Geltung kommen; **el vestido no le luce** das Kleid sieht an ihr nicht gut aus; **es un trabajo pesado y que no luce** die Mühe zahlt sich nicht aus; **ese collar luce mucho con el vestido rojo** diese Kette kommt mit dem roten Kleid gut zur Geltung; **este jersey hecho a mano no luce** man sieht nicht, wie viel Mühe in diesem selbst gestrickten Pullover steckt; **me he pasado la mañana recogiendo, pero no me luce** ich habe den ganzen Morgen aufgeräumt, aber man sieht nicht viel davon; **no te luce el dinero que tienes** man sieht dir nicht an, dass du viel Geld hast **II.** *vt* (*exhibir*) zur Schau stellen **III.** *vr:* ~**se** **1.** (*exhibirse*) sich zeigen **2.** (*destacarse*) sich auszeichnen; **¡ahora sí que nos hemos lucido!** (*irón*) jetzt haben wir uns aber schön blamiert!

lucrarse [lu'krarse] *vr* profitieren

lucrativo, -a [lukra'tiβo, -a] *adj* einträglich; **no** ~ unentgeltlich; **sin fines** ~**s** gemeinnützig

lucro ['lukro] *m* Gewinn *m;* **ánimo de** ~ Gewinnstreben *nt;* **sin ánimo de** ~ gemeinnützig

luctuoso, -a [luktu'oso, -a] *adj* traurig

ludibrio [lu'ðiβrjo] *m* Spott *m;* **hacer** ~ **de alguien** jdn verspotten

lúdico, -a ['luðiko, -a] *adj* **1.** (*relativo al juego*) Spiel- **2.** (*no serio*) spielerisch; **el aspecto** ~ **de la vida** die angenehmen Seiten des Lebens

luego ['lweɣo] **I.** *adv* **1.** (*después*) später; **¡hasta** ~**!** tschüs! **2.** (*entonces*) dann **3.** (*por supuesto*): **desde** ~ selbstverständlich **II.** *conj* **1.** (*así que*) also **2.** (*después de*): ~ **que** nachdem

lugar [lu'ɣar] *m* **1.** (*sitio, localidad*) Ort *m;* (*situación*) Platz *m;* ~ **de autos** Tatort *m;* ~ **de nacimiento** Geburtsort *m;* **en algún** ~ **de la casa** irgendwo im Haus; **hacerse una composición de** ~ das Für und Wider abwägen; **la observación está fuera de** ~ die Bemerkung ist fehl am Platz; **yo en** ~ **de Ud....** ich an Ihrer Stelle ... **2.** (*localidad*) Ortschaft *f* **3.** (*motivo*): **no des** ~ **a que te reprendan** gib ihnen keinen Anlass dich zu tadeln; **dar** ~ **a un escándalo** einen Skandal verursachen **4.** (*loc*): **tener** ~ stattfinden; **en primer/segundo** ~ erstens/zweitens; **en** ~ **de** (an)statt

lugareño, -a [luɣa'reɲo, -a] **I.** *adj* dörflich **II.** *m, f* Dorfbewohner(in) *m(f)*

lugarteniente [luɣarte'njeṇte] *m* Stellvertreter *m*

lúgubre ['luɣuβre] *adj* (*sombrío*) düster

lugués, -esa [lu'ɣes, -esa] **I.** *adj* aus Lugo **II.** *m, f* Bewohner(in) *m(f)* von Lugo

lujo ['luxo] *m* Luxus *m;* **permitirse el** ~ **de...** sich *dat* den Luxus leisten, zu ...; **con gran** ~ **de detalles** sehr ausführlich

lujoso, -a [lu'xoso, -a] *adj* luxuriös

lujuria [lu'xurja] *f* Lüsternheit *f*

lujurioso, -a [luxu'rjoso, -a] **I.** *adj* lüstern **II.** *m, f* Lüstling *m,* lüsterne Frau *f*

lumbago [lum'baɣo] *m* Hexenschuss *m*

lumbar [lum'bar] *adj* Lenden-

lumbre ['lumbre] *f sin pl* (*llamas*) Feuer *nt;* (*brasa*) Glut *f;* **sentados al amor de la** ~ in der Nähe des Kamins sitzend; **poner a la** ~ auf das Feuer stellen

lumbrera [lum'brera] *f* **1.** (*claraboya*) Dachluke *f* **2.** (*talento*) Genie *nt*

luminarias [lumi'narjas] *fpl* (*para fiestas*) (Fest)beleuchtung *f*

luminosidad [luminosi'ða^ð] *f* Leuchten *nt;* (*astro, día*) Helligkeit *f*

luminoso, -a [lumi'noso, -a] *adj* **1.** (*brillante*) leuchtend; (*día*) hell; **anuncio** ~ Leuchtreklame *f;* **potencia luminosa** Lichtstärke *f* **2.** (*excelente*) blendend

luna ['luna] *f* **1.** (ASTR) Mond *m;* (*luz*) Mondlicht *nt;* ~ **creciente/menguante** zunehmender/abnehmender Mond; ~ **llena/nueva** Voll-/Neumond *m;* ~ **de miel** Flitterwochen *fpl;* **media** ~ Halbmond *m;* **a la luz de la** ~ im Mondschein; **estar en la** ~ in den Wolken schweben; **pedir la** ~ nach den Sternen greifen; **quedarse a la** ~ **de Valencia** das Nachsehen haben; **tener** ~**s** (*fig*) launisch sein **2.** (*cristal*) Glas *nt;* (*espejo*) Spiegelglas *nt;* **armario de** ~ Spiegelschrank *m;* ~**s del coche** Autofenster *ntpl*

lunar [lu'nar] **I.** *adj* Mond- **II.** *m* **1.** (*en la piel*) Muttermal *nt* **2.** (*en una tela*) Tupfen *m* **3.** (*mancha*) Fleck *m*

lunático, -a [lu'natiko, -a] *adj* launisch

lunes ['lunes] *m inv* Montag *m;* ~ **de carnaval** Rosenmontag *m;* ~ **de Pascua** Ostermontag *m;* **el** ~ am Montag; **el** ~ **pasado** letzten Montag; **el** ~ **que viene** nächsten Montag; **el** ~ **por la noche/al mediodía/por la mañana/por la tarde** Montagabend/-mittag/-morgen/-nachmittag *m;* **los** ~ **por la noche/al mediodía/por la mañana/por la tarde** montagabends/-mittags/-morgens/-nachmittags; **(todos) los** ~ jeden Montag, montags; **en la noche del** ~ **al martes** in der Nacht von Montag auf Dienstag; **el** ~ **entero** den ganzen Montag (über); **cada dos** ~ **(del mes)** jeden zweiten Montag (im Monat); **hoy es** ~**, once de marzo** heute ist Montag, der elfte März; **pasar de ir al trabajo el** ~ einen blauen Montag machen

luneta [lu'neta] *f* **1.** (*adorno*) Halbmond *m* **2.** (*anteojo*) Glas *nt*

lupa ['lupa] *f* Lupe *f*

lupanar [lupa'nar] *m* Bordell *nt*

lúpulo ['lupulo] *m* Hopfen *m*

lustrar [lus'trar] *vt* polieren; (*zapatos*) putzen

lustre ['lustre] *m* **1.** (*brillo*) Glanz *m;* **sacar** ~ **a los zapatos/a los muebles** die Schuhe blank putzen/die Möbel polieren; **tener** ~ (*fig*) gut aussehen **2.** (*Am: betún*) Schuhcreme *f*

lustro ['lustro] *m* Jahrfünft *nt;* **en el último** ~ in den letzten fünf Jahren

lustroso, -a [lus'troso, -a] *adj* glänzend; **estar** ~ (*fig*) gut aussehen

luto ['luto] *m* Trauer *f;* (*vestido*) Trauerkleid *nt;* **ir de** ~ Trauer tragen; **estar de** ~ **por alguien** um jdn trauern; **declarar día de** ~ **nacional** zum Staatstrauertag erklären

luxación [luʸsa'θjon] *f* Verrenkung *f*

Luxemburgo [luʸsem'burɣo] *m* Luxemburg *nt*

luxemburgués, -esa [luʸsembur'ɣes, -esa] **I.** *adj* luxemburgisch **II.** *m, f* Luxemburger(in) *m(f)*

luz [luθ] *f* **1.** (*resplandor*) Licht *nt;* ~ **corta** Abblendlicht *nt;* ~ **larga** Fernlicht *nt;* ~ **natural** Tageslicht *nt;* **traje de luces** Torerokostüm *nt;* **a la** ~ **del día** bei Tageslicht; **a media** ~ im Zwielicht; **claro como la** ~ **del día** glasklar; **dar a** ~ entbinden; (+ *objeto*) zur Welt bringen; **¡**~ **de mis ojos!** mein Schatz!; **salir a la** ~ (*fig*) ans Licht kommen; **arrojar** ~ **sobre un asesinato** Licht in einen Mordfall bringen; **a la** ~ **de los nuevos datos...** nach den neuen Erkenntnissen ... **2.** (*energía*) Strom *m;* **¡da la** ~**!** mach das Licht an! **3.** (*fuente de luz*) Lichtquelle *f;* (*lámpara*) Lampe *f;* **encender/apagar la** ~ das Licht an-/ausmachen **4.** (ARQUIT) Fenster *nt* **5.** *pl* (*inteligencia*) Verstand *m;* **el Siglo de las Luces** die Aufklärung; **ser de pocas luces** nicht bis drei zählen können; **tener pocas luces** beschränkt sein; **a todas luces** zweifellos

M

M, m ['eme] *f* M, m *nt;* ~ **de María** M wie Martha

Mª [ma'ria] *abr de* **María** María

maca ['maka] *f* (*daño*) (kleiner) Fehler *m;* (*en un mueble*) Schramme *f;* (*fruta*) Druckstelle *f;* (*del carácter*) Makel *m*

macabro, -a [ma'kaβro, -a] *adj* makaber

macana [ma'kana] *f* **1.** (*Am: tontería*) Unsinn *m* **2.** (*mentira*) Lüge *f* **3.** (ECON) Ladenhüter *m* **4.** (*Am: porra*) Knüppel *m*

macanear [makane'ar] **I.** *vi* (*CSur: disparatar*) Unsinn reden; (*hacer tonterías*) Unsinn machen; (*mentir*) schwindeln **II.** *vt* (*fam: chapucear*) verpfuschen

macanudo, -a [maka'nuðo, -a] *adj* (*Am: fam*) toll

macarra [ma'karra] *m* (*fam*) **1.** (*chorizo*) Gauner *m* **2.** (*chulo*) Zuhälter *m*

macarrón [maka'rron] *m* **1.** *pl* (*pasta*) Makkaroni *pl* **2.** (*bollo*) Makrone *f*

macedonia [maθe'ðonja] *f:* ~ (**de frutas**) Obstsalat *m*

macerar [maθe'rar] **I.** *vt* **1.** (*con golpes*) weich klopfen **2.** (*con un líquido*) aufweichen; (*en un líquido*) einweichen; (GASTR) einlegen **3.** (*mortificar*) kasteien **II.** *vr:* ~**se** sich kasteien

maceta [ma'θeta] *f* **1.** (*tiesto*) Blumentopf *m* **2.** (*Chil: ramo*) Blumenstrauß *m* **3.** (*martillo*) Fäustel *m*

macetero [maθe'tero] *m* Blumenständer *m;* (*Am*) Blumenkasten *m*

machacar [matʃa'kar] <c→qu> **I.** *vt* **1.** (*triturar*) zerstampfen **2.** (*insistir*) herumreiten (auf +*dat*) *fam* **3.** (*fam: estudiar*) durchackern **4.** (*fam: destruir*) kleinkriegen **II.** *vr:* ~**se** (*argot*) sich abrackern; **machacársela** (*vulg*) sich *dat* einen runterholen

machacón, -ona [matʃa'kon, -ona] *adj* (*pey*) lästig; **¡no seas ~!** (*no insistas*) hör auf, ständig darauf rumzureiten!

machamartillo [matʃamar'tiʎo]: **a** ~ (*ser*) durch und durch; (*creer*) fest; (*repetir*) ununterbrochen

machete [ma'tʃete] *m* **1.** (*arma*) Säbel *m* **2.** (*cuchillo*) Machete *f* **3.** (*Arg: fam: chuleta*) Spickzettel *m*

machetear [matʃete'ar] **I.** *vt, vi* (*Arg: fam: copiar*) spicken **II.** *vr:* ~**se** (*Méx: trabajar*) hart arbeiten; (*fam: empollar*) büffeln

machista [ma'tʃista] *adj* Macho-, chauvinistisch

macho ['matʃo] **I.** *m* **1.** (ZOOL: *masculino*) Männchen *nt;* ~ **cabrío** Ziegenbock *m* **2.** (*fam: machote*) Kerl *m* **3.** (*pieza*) Haken *m* **4.** (ARQUIT) Pfeiler *m* **II.** *adj* **1.** (*masculino*) männlich **2.** (*fuerte*) stark, kräftig

machona [ma'tʃona] *f* (*Am: fam*) Mannweib *nt*

machote [ma'tʃote] **I.** *m* **1.** (*fam: hombre*) (ganzer) Kerl *m* **2.** (*Am: borrador*) Entwurf *m;* (*modelo*) Modell *nt* **II.** *adj* (*argot*) **1.** (*viril*) männlich **2.** (*atractivo*) toll

machucar [matʃu'kar] <c→qu> *vt* **1.** (*golpear*) einschlagen (auf +*akk*) **2.** (*destruir*) zertrümmern; (*aplastar*) zerquetschen

machucho, -a [ma'tʃutʃo, -a] *adj* **1.** *estar* (*pey: viejo*) nicht mehr ganz jung; **¡qué ~!** so ein alter Knacker! **2.** *ser* (*tranquilo*) besonnen

macilento, -a [maθi'le̹nto, -a] *adj* **1.** (*pálido*) bleich; (*cansado*) abgespannt **2.** (*flaco*) abgezehrt **3.** (*triste*) abgehärmt

macizo, -a[1] [ma'θiθo, -a] *adj* **1.** (*oro, puerta*) massiv; **de plata maciza** massiv silbern **2.** (*persona*) kräftig; **estar** ~ gut gebaut sein; **un tío** ~ ein knackiger Typ **3.** (*sólido*) solide

macizo[2] [ma'θiθo] *m* **1.** (*masa*) Masse *f;* (*trozo*) Block *m* **2.** (GEO) (Gebirgs)massiv *nt* **3.** (*plantas*) Beet *nt* **4.** (ARQUIT) Pfeiler *m* **5.** *pl* (GASTR) (im Fass) eingelegte Sardinen *fpl*

macroinstrucción [makroi^{n}stru^Y'θjon] *f* (INFOR) Makro *nt*

mácula ['makula] *f* **1.** (*mancha*) Fleck *m;* (*fig*) Makel *m;* **sin** ~ (*fig*) makellos **2.** (*fam: engaño*) Schwindel *m*

macuto [ma'kuto] *m* **1.** (*mochila*) Rucksack *m;* (MIL) Tornister *m* **2.** (*argot: joroba*) Buckel *m* **3.** (*Ven: de los mendigos*) Bettelkorb *m*

madeja [ma'ðexa] *f* **1.** (*de hilo*) Knäuel *nt o m;* ~ **sin cuenda** wirres Knäuel; (*fig*) verworrene Angelegenheit; **enredar la** ~ (*fig*) zusätzliche Verwirrung stiften **2.** (*cabello*) Mähne *f* **3.** (*pey: hombre dejado*) Schlamper *m;* (*perezoso*) Faulpelz *m*

madera [ma'ðera] *f* **1.** (*de los árboles*) Holz *nt;* **de** ~ hölzern; **tocar** ~ auf Holz klopfen; **¡toca ~!** toi, toi, toi!; **ser de la misma** ~ aus dem gleichen Holz geschnitzt sein; **tener** [*o* **ser de**] **buena/mala** ~ einen guten/schlechten Charakter haben **2.** (*fam: policía*) Bullen *mpl*

maderaje [maðe'raxe] *m,* **maderamen**

[maðe'ramen] *m* Gebälk *nt;* ~ **de techo** Dachstuhl *m*

madero [ma'ðero] *m* **1.** (*viga*) (Holz)balken *m;* (*tablón*) (Holz)planke *f* **2.** (*persona*) Tölpel *m*

madona [ma'ðona] *f* Madonna *f*

madrastra [ma'ðrastra] *f* **1.** (*pariente*) Stiefmutter *f* **2.** (*pey: mala madre*) Rabenmutter *f*

madraza [ma'ðraθa] *f* (*fam*): **es una verdadera** ~ sie ist mit Leib und Seele Mutter

madre ['maðre] *f* **1.** (*de familia*) Mutter *f;* ~ **de leche** Amme *f;* ~ **política** Schwiegermutter *f;* **¡~ (mía)!** (oh) mein Gott!; **¡~ de Dios!** um Gottes willen!; **como su ~ lo/la parió** (*fam*) (pudel)nackt; **¡la ~ que lo parió!** (*vulg*) dieser Scheißkerl!; **¡la ~ que te parió!** (*vulg*) verdammt noch mal! *fam;* **¡viva la ~ que te parió!** (*fam*) bravo!; **¡tu ~!** (*fam*) von wegen!; **de puta ~** (*vulg*) geil *fam;* **el ciento y la ~** (*fam*) eine Menge Leute **2.** (REL): **la ~ Teresa** Mutter Theresa; ~ **superior** Oberin *f* **3.** (*origen*) Mutter-; ~ **patria** Mutterland *nt;* **ahí está la ~ del cordero** (*fam*) da liegt der Hase im Pfeffer **4.** (GEO) Flussbett *nt* **5.** (TÉC) (Haupt)träger *m* **6.** (GASTR) Bodensatz *m* **7.** (*loc*): **los alquileres se están saliendo de ~** die Mieten geraten außer Kontrolle; **sacar a alguien de ~** jdn aus der Fassung bringen

madreperla [maðre'perla] *f* Perlmuschel *f*

madreselva [maðre'selβa] *f* (BOT) Geißblatt *nt*

madriguera [maðri'ɣera] *f* **1.** (*guarida*) Bau *m* **2.** (*escondrijo*) Schlupfwinkel *m*

madrileño, -a [maðri'leɲo, -a] **I.** *adj* aus Madrid; **las noches madrileñas** die Madrider Nächte **II.** *m, f* Madrider(in) *m(f)*

madrina [ma'ðrina] *f* **1.** (*de bautismo*) (Tauf)patin *f* **2.** (*de boda*): ~ **(de boda)** Trauzeugin *f* **3.** (*de un artista/una asociación*) Förderin *f*

madrugada [maðru'ɣaða] *f* **1.** (*alba*) (Morgen)dämmerung *f;* **en la** [*o* **de**] ~ früh morgens; **salimos de viaje de ~** wir brachen bei Tagesanbruch auf; **a las cinco de la ~** um fünf Uhr früh **2.** (*horas después de la media noche*): **a las tres de la ~** um drei Uhr nachts **3.** (*madrugón*): **pegarse una ~** sehr früh aufstehen

madrugador(a) [maðruɣa'ðor(a)] **I.** *adj* **1.** (*que se levanta pronto*): **ser muy ~** sehr früh aufstehen **2.** (*fam: astuto*) aufgeweckt **II.** *m(f)* Frühaufsteher(in) *m(f)*

madrugar [maðru'ɣar] <g→gu> *vi* (sehr) früh aufstehen; **tienes que ~ más para ganarme** (*fam fig*) um mich auszustechen, musst du früher aufstehen; **a quien madruga, Dios le ayuda** (*prov*) Morgenstund hat Gold im Mund; **no por mucho ~ amanece más temprano** (*prov*) eile mit Weile

madrugón [maðru'ɣon] *m:* **darse un ~** sehr früh aufstehen

maduración [maðura'θjon] *f* **1.** (*acción*) Reifung *f* **2.** (*efecto*) Reife *f*

madurar [maðu'rar] **I.** *vt* **1.** (*hacer maduro*) reifen **2.** (*reflexionar sobre*) durchdenken **II.** *vi, vr:* **~se** (*volverse maduro*) reifen; (*persona*) reifer werden

madurez [maðu'reθ] *f* Reife *f;* (*de un plan*) Ausgereiftheit *f;* **estar en la ~** im reiferen Alter sein

maduro, -a [ma'ðuro, -a] *adj* (*fruta*) reif; (*plan*) ausgereift; (*persona: prudente*) reif; (*mayor*) im reiferen Alter; **una manzana demasiado madura** ein überreifer Apfel; **en la edad madura** im reiferen Alter; **estar a las duras y a las maduras** auch die Nachteile in Kauf nehmen

maestría [maes'tria] *f* **1.** (*habilidad*) Geschicklichkeit *f;* **con ~** meisterhaft **2.** (*título*) Meistertitel *m*

maestro, -a [ma'estro, -a] **I.** *adj* **1.** (*principal*) Haupt- **2.** (*que muestra gran conocimiento*) meisterlich; **obra maestra** Meisterwerk *nt* **3.** (*animal*) Haus- **II.** *m, f* **1.** (*profesor*) Lehrer(in) *m(f);* (*de primera enseñanza*) Grundschullehrer(in) *m(f)* **2.** (*persona de gran conocimiento*) Meister(in) *m(f)* **3.** (*de un taller*) Meister(in) *m(f);* (*capataz*) Vorarbeiter(in) *m(f);* ~ **de cocina** Küchenchef *m;* ~ **de obras** Bauleiter *m* **4.** (*lo que enseña*) Lehrmeister(in) *m(f);* **la vida es la mejor maestra** das Leben ist die beste Schule **5.** (MÚS) Maestro *m*

mafioso, -a [ma'fjoso, -a] **I.** *adj* Mafia- **II.** *m, f* Mafioso, -a *m, f*

magdalena [maɣða'lena] *f* (*pastel*) ≈Biskuit *m o nt;* **estar como una M~** völlig aufgelöst sein; **llorar como una M~** wie ein Schlosshund weinen

magia ['maxja] *f* **1.** (*arte*) Magie *f* **2.** (*poder*) Zauberkraft *f* **3.** (*atractivo*) Zauber *m*

mágico, -a ['maxiko, -a] **I.** *adj* **1.** (*misterioso*) magisch; **varita mágica** Zauberstab *m* **2.** (*maravilloso*) fantastisch **II.** *m, f* Zauberer, -in *m, f*

magín [ma'xin] *m* (*fam*) Fantasie *f*

magisterio [maxis'terjo] *m* **1.** (*labor*) Unterricht *m;* **dedicarse al ~** unterrichten **2.** (*profesión*) Lehramt *nt;* **estudiar ~** auf Lehramt studieren; **dedicarse al ~** im Lehramt tätig sein **3.** (*maestros*) Lehrer *mpl*

magistrado, -a [maxis'traðo, -a] *m, f* (*funcionario superior*) hoher Beamter *m,* hohe Beamtin *f;* (JUR: *juez*) Richter(in) *m(f)*

magistral [maxis'tral] *adj* **1.** (ENS) Unterrichts- **2.** (*con maestría*) meisterhaft **3.** (*tono*) lehrerhaft

magistratura [maxistra'tura] *f* **1.** (*oficio*)

Richteramt *nt;* (*dignidad*) Richterwürde *f* **2.** (*tiempo*) Amtszeit *f* **3.** (*jueces*) Richter *mpl;* (*funcionarios*) Justizbeamte *mpl*

magma ['maɣma] *m* Magma *nt*

magnanimidad [maɣnanimi'ðað] *f* **1.** (*generosidad*) Großzügigkeit *f* **2.** (*nobleza*) Edelmut *m*

magnánimo, -a [maɣ'nanimo, -a] *adj* **1.** (*generoso*) großzügig **2.** (*noble*) edelmütig

magnate [maɣ'nate] *m* Magnat *m;* **~ de las finanzas** Finanzmagnat *m*

magnesio [maɣ'nesjo] *m* Magnesium *nt*

magnético, -a [maɣ'netiko, -a] *adj* magnetisch

magnetismo [maɣne'tismo] *m* Magnetismus *m;* (*fig*) Anziehungskraft *f;* **ejercer un intenso ~ sobre alguien** eine magnetische Anziehungskraft auf jdn ausüben

magnetizar [maɣneti'θar] <z→c> *vt* **1.** (*un cuerpo*) magnetisieren **2.** (*hipnotizar*) hypnotisieren **3.** (*encantar*) verzaubern; (*entusiasmar*) begeistern; (*retener la atención*) fesseln

magnetofón [maɣneto'fon] *m* Tonbandgerät *nt*

magnetofónico, -a [maɣneto'foniko, -a] *adj* Tonband-; **cinta magnetofónica** Tonband *nt*

magnetófono [maɣne'tofono] *m* Tonbandgerät *nt*

magnificencia [maɣnifi'θjen̩θja] *f* **1.** (*esplendor*) Pracht *f* **2.** (*liberalidad*) Großmut *f*

magnífico, -a [maɣ'nifiko, -a] *adj* **1.** (*lujoso*) prachtvoll; (*valioso*) wertvoll **2.** (*estupendo*) herrlich **3.** (*excelente*) großartig **4.** (*liberal*) großmütig **5.** (*título*): **M~ Señor Rector, ...** Eure Magnifizenz, ...

magnitud [maɣni'tuð] *f* **1.** (*tamaño, t.* FÍS) Größe *f* **2.** (*importancia*) Ausmaß *nt;* **la ~ de este problema es alarmante** dieses Problem hat beängstigende Ausmaße angenommen

magno, -a ['maɣno, -a] *adj* (*importante*) bedeutend; **Alejandro M~** Alexander der Große; **aula magna** Audimax *nt*

magnolia [maɣ'nolja] *f* Magnolienblüte *f*

magnolio [maɣ'nolio] *m* (BOT) Magnolie *f*

mago, -a ['maɣo, -a] *m, f* Zauberer, -in *m, f;* **los Reyes M~s** die Heiligen Drei Könige

magra ['maɣra] *f* Scheibe *f* Schinken

magrear [maɣre'ar] *vt* (*vulg*) betatschen *fam*

magro, -a[1] ['maɣro, -a] *adj* mager

magro[2] ['maɣro] *m* (*como el lomo*) (Schweine)filet *nt;* (*fam: carne magra*) (mageres) Fleisch *nt*

maguey [ma'ɣei̯] *m* (*Am*) Agave *f*

magulladura [maɣuʎa'ðura] *f,* **magullamiento** [maɣuʎa'mjen̩to] *m* (*en el cuerpo*) Quetschung *f;* (*en una fruta*) Druckstelle *f*

magullar [maɣu'ʎar] *vt* quetschen

Maguncia [ma'ɣun̩θja] *f* Mainz *nt*

maguntino, -a [maɣun̩'tino, -a] **I.** *adj* Mainzer **II.** *m, f* Mainzer(in) *m(f)*

mahometano, -a [maome'tano, -a] **I.** *adj* mohammedanisch **II.** *m, f* Mohammedaner(in) *m(f)*

mahonesa [mao'nesa] *f* Majonäse *f*

maicena® [mai̯'θena] *f* Maismehl *nt*

maicillo [mai̯'θiʎo] *m* (AGR) Hirse *f*

maíz [ma'iθ] *m* Mais *m*

majada [ma'xaða] *f* **1.** (*aprisco*) Pferch *m* **2.** (*estiércol*) Mist *m*

majaderear [maxaðere'ar] *vt* (*Am*) auf die Nerven gehen +*dat fam*

majadería [maxaðe'ria] *f* **1.** (*tontería*) Blödsinn *m fam;* **¡no hagas caso a sus ~s!** hör nicht auf sein/ihr dummes Geschwätz! **2.** (*imprudencia*) Unverschämtheit *f*

majadero, -a [maxa'ðero, -a] **I.** *adj* **1.** (*insensato*) dämlich **2.** (*porfiado*) lästig **3.** (*imprudente*) unverschämt **II.** *m, f* **1.** (*imbécil*) Idiot(in) *m(f)* **2.** (*porfiador*) Nervensäge *f fam*

majar [ma'xar] *vt* **1.** (*en un mortero*) zerstampfen **2.** (*en la era*) dreschen **3.** (*molestar*) auf die Nerven gehen +*dat fam* **4.** (*fam: azotar*) eindreschen (auf +*akk*)

majara [ma'xara], **majareta** [maxa'reta] **I.** *adj* (*fam*) verrückt **II.** *mf* (*fam*) Spinner(in) *m(f)*

majestad [maxes'tað] *f* **1.** (*título*) Majestät *f;* **Su ~, ...** Eure (Königliche) Hoheit, ... **2.** (*majestuosidad*) Würde *f*

majestuosidad [maxestwosi'ðað] *f* Würde *f*

majestuoso, -a [maxestu'oso, -a] *adj* majestätisch

majeza [ma'xeθa] *f* (*fam*) Großtuerei *f;* **va vestida con ~** sie läuft aufgemacht herum

majo, -a ['maxo, -a] *adj* **1.** (*bonito*) hübsch; (*guapo*) gut aussehend **2.** (*agradable*) nett **3.** (*ataviado*) zurechtgemacht; **ponte maja para la fiesta** mach dich für das Fest hübsch

mal [mal] **I.** *adj v.* **malo II.** *m* **1.** (*daño*) Schaden *m;* (*injusticia*) Unrecht *nt;* (*sufrimiento*) Leid *nt;* **la caída del dólar le ha hecho mucho ~** der Kursverfall des Dollars hat ihm/ihr sehr geschadet **2.** (*lo malo*) Böse *nt;* **el ~ menor** das kleinere Übel; **estoy a ~ con mi vecino** ich habe mich mit meinem Nachbarn zerstritten; **tomarse algo a ~** etw übel nehmen; **tomarse a ~ un consejo** einen Ratschlag in den falschen Hals bekommen; **¡no te lo tomes tan a ~!** nimm es dir doch nicht so zu Herzen!; **de-**

cir ~ de alguien schlecht von jdm reden; **menos ~** Gott sei Dank **3.** (*inconveniente*) Nachteil *m;* **el ~ está en que…** das Üble daran ist, dass … **4.** (*enfermedad*) Krankheit *f;* **~ de montaña** Höhenkrankheit *f;* **~ de vientre** Bauchweh *nt* **5.** (*desgracia*) Unglück *nt;* **no te preocupes, no hay ~ que por bien no venga** mach dir keine Sorgen, es kommen auch mal bessere Zeiten; **no hay ~ que por bien no venga** (*prov*) ≈Glück und Unglück liegen nah beieinander; **bien vengas, ~, si vienes solo** (*prov*) ein Unglück kommt selten allein **III.** *adv* **1.** (*de ~a manera, insuficientemente*) schlecht; **dejar ~ a alguien** jdn blamieren; **esto acabará ~** das wird noch böse enden; **vas a acabar ~** mit dir wird es noch böse enden; **este chico va de ~ en peor** mit diesem Jungen wird es immer schlimmer; **aprobar los exámenes más ~ que bien** die Prüfungen mehr schlecht als recht bestehen; **~ que bien, el negocio sigue funcionando** trotz allem läuft das Geschäft noch; **~ que bien, tendré que ir al dentista este mes** ich muss wohl oder übel diesen Monat zum Zahnarzt; **me sentó ~ que te fueras sin despedirte** es hat mich gekränkt, dass du gegangen bist, ohne dich zu verabschieden; **la nueva compañera me cae ~** die neue Kollegin ist mir unsympathisch; **estar ~ de dinero** schlecht bei Kasse sein **2.** (*equivocadamente*) falsch **3.** (*difícilmente*): **~ podrás ganar con esta moto** mit diesem Motorrad wirst du wohl kaum siegen

malabarismo [malaβa'rismo] *m* (*juegos malabares*) Jonglieren *nt;* **hacer ~s para mantener su puesto de trabajo** (*fig*) Seiltänze vollführen, um seinen Arbeitsplatz zu sichern

malabarista [malaβa'rista] *mf* (*artista*) Jongleur(in) *m(f)*

malaconsejar [malakonse'xar] *vt* schlecht beraten; **actuar malaconsejado** falsch handeln

malacostumbrado, -a [malakostum'braðo, -a] *adj:* **estar ~** (*mimado*) verwöhnt sein; (*sin modales*) schlechte Manieren haben; (*vicioso*) einen schlechten Lebenswandel führen

malacostumbrar [malakostum'brar] **I.** *vt* **1.** (*mimar*) verwöhnen **2.** (*educar mal*) schlecht erziehen **3.** (*viciar*) einen schlechten Einfluss ausüben (*a* auf *+akk*) **II.** *vr:* **~se** sich *dat* einen schlechten Lebenswandel angewöhnen

malagueño, -a [mala'ɣeɲo, -a] **I.** *adj* aus Malaga **II.** *m, f* Einwohner(in) *m(f)* von Malaga

malandante [malan̩'dan̩te] *adj* unglückselig; **persona ~** Pechvogel *m fam*

malandanza [malan̩'dan̩θa] *f* (*desgracia*) Unglück *nt;* (*golpe*) Schicksalsschlag *m*

malandrín, -ina [malan̩'drin, -ina] **I.** *adj* böse **II.** *m, f* Schurke, -in *m, f*

malapata [mala'pata] *mf* **1.** (*patoso*) Tollpatsch *m;* **tener ~** (*poca destreza*) unbeholfen sein; (*malas intenciones*) gemein sein **2.** (*ceniza*) Pechvogel *m fam* **3.** (*loc*): **la cosa tiene ~** da stimmt was nicht

malaria [ma'larja] *f* Malaria *f*

Malasia [ma'lasja] *f* Malaysia *nt*

malasombra [mala'sombra] **I.** *adj* **1.** (*desastrado*) tollpatschig **2.** (*malvado*) gemein **II.** *mf* **1.** (*desastre*) Tollpatsch *m* **2.** (*mala persona*) gemeine Person *f*

malaventura [malaβen̩'tura] *f* **1.** (*desgracia*) Unglück *nt;* (*golpe*) Schicksalsschlag *m* **2.** (*mala suerte*) Pech *nt*

malayo, -a [ma'laɟo, -a] **I.** *adj* (*cultura*) malaiisch; (POL) malaysisch **II.** *m, f* **1.** (*raza*) Malaie, -in *m, f* **2.** (POL) Malaysier(in) *m(f)*

malbaratar [malβara'tar] *vt* **1.** (*vender barato*) zu Schleuderpreisen verkaufen *fam* **2.** (*malgastar*) verprassen; **malbarató toda la herencia en sólo un año** er/sie hat die gesamte Erbschaft in nur einem Jahr durchgebracht

malcarado, -a [malka'raðo, -a] *adj* **1.** (*repulsivo*) abstoßend **2.** (*enfadado*) eingeschnappt; (*furioso*) zähneknirschend; (*malhumorado*) verdrießlich

malcomer [malko'mer] *vi* **1.** (*poco*) nur wenig essen; **el dinero sólo da para ~** das Geld reicht nur für das Nötigste an Essen **2.** (*sin ganas*) ohne Appetit essen **3.** (*cosas de mala calidad*) sich schlecht ernähren

malcriado, -a [malkri'aðo, -a] *adj* (*mal educado*) ungezogen; (*descortés*) unhöflich

malcriar [malkri'ar] <*1. pres:* malcrío> *vt* verziehen

maldad [mal̩'daᶞ] *f* Bosheit *f*

maldecir [mal̩de'θir] *irr* **I.** *vt* verfluchen; **¡te maldigo!** Fluch über dich! **II.** *vi* **1.** (*jurar*) fluchen **2.** (*hablar mal*) schlecht sprechen (*de* über *+akk*); (*difamar*) verleumden (*de +akk*) **3.** (*quejarse*) sich beklagen (*de* über *+akk*)

maldición [mal̩di'θjon] *f* **1.** (*imprecación*) Fluch *m,* Verwünschung *f;* **parece que le ha caído una ~** sein/ihr Leben scheint wie verflucht; **en el mismo año le cayó la ~ del mago** noch im selben Jahr erfüllte sich der Fluch des Zauberers **2.** (*juramento*) Kraftausdruck *m;* **soltar una ~ contra alguien** über jdn fluchen

maldito, -a [mal̩'dito, -a] **I.** *pp de* **maldecir** **II.** *adj* **1.** (*endemoniado*) verdammt; **¡maldita sea!** (*fam*) verdammt noch mal!; **¡~ seas!** (*vulg*) du verfluchter Idiot! *fam;* **mal-**

dita la idea que tengo del tema (*fam*) ich habe nicht die geringste Ahnung von dem Thema; ~ **el caso que me hacen** (*fam*) kein Mensch achtet auf mich; **no vale la maldita pena** (*fam*) es lohnt sich ganz und gar nicht; **¡maldita la gracia** (**que me hace**)! das ist ja eine schöne Bescherung!; **¡malditas las ganas** (**que tengo**)! ich habe nicht die geringste Lust! **2.** (*maligno*) bösartig; **¡vete, ~!** scher dich zum Teufel!; **soltar la maldita** ein loses Mundwerk haben

maleable [male'aβle] *adj* **1.** (*forjable*) schmiedbar **2.** (*flexible*) geschmeidig **3.** (*dócil*) gefügig

maleante [male'an̪te] **I.** *adj* **1.** (*delincuente*) verbrecherisch; **gente** ~ Gesindel *nt* **2.** (*maligno*) boshaft **II.** *mf* **1.** (*delincuente*) Gauner(in) *m(f)*; ~**s** Gesindel *nt* **2.** (*persona maligna*) Schuft *m*

malear [male'ar] **I.** *vt* **1.** (*pervertir*) verderben **2.** (*dañar: a alguien*) Schaden zufügen +*dat*; (*algo*) beschädigen; (*perjudicar*) schaden +*dat* **II.** *vr:* ~**se** (moralisch) verkommen

malecón [male'kon] *m* **1.** (*dique*) Damm *m* **2.** (*rompeolas*) Kai *m* **3.** (FERRO) Bahndamm *m*

maleducado, -a [maleðu'kaðo, -a] *adj* **1.** (*sin modales*) ohne Manieren; (*niño*) ungezogen; **tu amigo es muy** ~ dein Freund hat überhaupt keine Manieren **2.** (*descortés*) unhöflich **3.** (*mimado*) verwöhnt

maleducar [maleðu'kar] *vt* verziehen

maleficio [male'fiθjo] *m* **1.** (*hechizo*) Zauberei *f*; (*efecto*) Zauber *m*; **desligar un** ~ einen Zauber brechen **2.** (*daño*) Schaden *m*

maléfico, -a [ma'lefiko, -a] **I.** *adj* **1.** (*perjudicial*) schädlich **2.** (*que hechiza*) Zauberei betreibend; **poder** ~ Zauberkraft *f*; **temían a la gitana maléfica** sie hatten Angst vor der Zigeunerin und ihrer Hexerei **II.** *m, f* Zauberer, -in *m, f*

malentendido [malen̪ten̪'diðo] *m* Missverständnis *nt*

malestar [males'tar] *m* **1.** (*físico*) Unwohlsein *nt* **2.** (*espiritual*) Unbehagen *nt*

maleta¹ [ma'leta] *f* Koffer *m*; **hacer la** ~ den Koffer packen

maleta² [ma'leta] *m* (*diletante*) Dilettant *m*; (DEP) Anfänger(in) *m(f)*; **este carpintero es un** ~ dieser Schreiner hat zwei linke Hände

maletero, -a¹ [male'tero, -a] *m, f* **1.** (*Chil: ladrón*) (Taschen)dieb(in) *m(f)* **2.** (*en las estaciones*) Gepäckträger(in) *m(f)*

maletero² [male'tero] *m* (AUTO) Kofferraum *m*

maletín [male'tin] *m* (*de aseo*) Kosmetikkoffer *m*; (*para herramientas*) Werkzeugkoffer *m*; (*de un médico*) Arztkoffer *m*; (*en una bici*) Satteltasche *f*; ~ (**de viaje**) Handkoffer *m*

malevolencia [maleβo'len̪θja] *f* **1.** (*malignidad*) Böswilligkeit *f* **2.** (*animosidad*) Missgunst *f*; **no me trates con** ~ sei nicht so gemein zu mir

malévolo, -a [ma'leβolo, -a] *adj* gemein

maleza [ma'leθa] *f* **1.** (*hierbas malas*) Unkraut *nt*; **el jardín se está llenando de** ~ der Garten verwildert zunehmend **2.** (*matorral*) Gestrüpp *nt*

malgastador(a) [malɣasta'ðor(a)] **I.** *adj* verschwenderisch **II.** *m(f)* Verschwender(in) *m(f)*; **ser un** ~ nicht mit Geld umgehen können

malgastar [malɣas'tar] *vt* verschwenden; ~ **todo el dinero en tabaco** sein gesamtes Geld für Zigaretten ausgeben; ~ **dinero en el bingo** Geld beim Bingo verspielen; **con él no haces más que** ~ **tu paciencia** mit ihm verschwendest du nur deine Geduld; ~ **el tiempo charlando** die Zeit verplaudern; ~ **una oportunidad** eine Chance vertun

malhadado, -a [mala'ðaðo, -a] **I.** *adj* **1.** (*desventurado*) unglücklich **2.** (*que trae mala suerte*) Unheil bringend; **es un anillo** ~ dieser Ring bringt nur Unglück **II.** *m, f* Unglücksrabe *m fam*; **ha sido toda su vida un** ~ er war sein Leben lang vom Unglück verfolgt

malhechor(a) [male'ʧor(a)] **I.** *adj* kriminell **II.** *m(f)* Verbrecher(in) *m(f)*

malherir [male'rir] *irr como sentir vt* schwer verletzen

malhumorado, -a [malumo'raðo, -a] *adj* **1.** *ser* übellaunig **2.** *estar* schlecht gelaunt; **estar** ~ schlechte Laune haben

malicia [ma'liθja] *f* **1.** (*intención malévola*) Arglist *f*; **hacer todo con** ~ stets arglistig handeln **2.** (*maldad*) Boshaftigkeit *f* **3.** (*picardía*) Verschlagenheit *f*; **tener mucha** ~ sehr verschlagen sein **4.** (*interpretación maliciosa*) Argwohn *m* **5.** (*fam: sospecha*) Zweifel *m*; **tener sus** ~**s** Zweifel hegen; **no tener** ~ naiv sein

maliciar [mali'θjar] *vt, vr:* ~**se** **1.** (*sospechar*) argwöhnen; **no malicies de cualquiera** sei doch nicht allen gegenüber so argwöhnisch; ~ **de todo** hinter allem etwas Schlechtes wittern **2.** (*pervertir*) verderben

malicioso, -a [mali'θjoso, -a] *adj* **1.** (*con intención malévola*) arglistig **2.** (*maligno*) boshaft **3.** (*que sospecha malicia*) argwöhnisch

malignidad [maliɣni'ðaᵈ] *f* Bösartigkeit *f*

maligno, -a [ma'liɣno, -a] *adj* (*pernicioso*) gefährlich; (*persona*) gemein; (*sonrisa*) hämisch; (MED) bösartig

malintencionado, -a [malin̪ten̪θjo'naðo,

-a] *adj* arglistig

malinterpretar [malin̪terpre'tar] *vt* missverstehen

malla ['maʎa] *f* **1.** (*de un tejido*) Masche *f;* **de ~(s) ancha(s)/estrecha(s)/fina(s)** weit-/eng-/feinmaschig; **caer en las ~s de alguien** in jds Fänge geraten **2.** (*tejido*) Netz *nt* **3.** (*vestido*) (Gymnastik)trikot *nt* **4.** *pl* (*pantalones*) Leggings *fpl* **5.** (*Am: de baño*) Badeanzug *m*

mallorquín, -ina [maʎor'kin, -ina] **I.** *adj* mallorquinisch **II.** *m, f* Mallorquiner(in) *m(f)*

malnutrido, -a [malnu'triðo, -a] *adj* unterernährt

malo, -a ['malo, -a] **I.** *adj* <peor, pésimo> (*precediendo un sustantivo masculino: mal*) **1.** (*en general*) schlecht; **mala gestión** Misswirtschaft *f;* **palabras malas** unanständige Worte; **tengo mala cabeza para los números** ich kann mir Zahlen schlecht merken; **eres ~ de entender** aus dir wird man nicht schlau; **fumar es ~ para la salud** Rauchen schadet der Gesundheit; **de mala gana** widerwillig; **me gusta el piso, lo ~ es que es demasiado caro** mir gefällt die Wohnung, aber leider ist sie zu teuer; **tener mala mano para algo** ungeschickt in etw *dat* sein; **siempre anda con malas mujeres** er verkehrt nur mit Flittchen; **se casó sin decirnos ni una mala palabra** er/sie heiratete, ohne uns ein Sterbenswörtchen davon zu sagen; **es ~ para madrugar** er steht nicht gerne früh auf; **~ sería si no llegáramos a una solución** es wäre ja gelacht, wenn wir zu keiner Lösung gelängen; **tener mala suerte** Pech haben; **hace un tiempo malísimo** das Wetter ist miserabel; **el trabajo en las minas es muy ~** die Arbeit im Bergwerk ist sehr hart; **me vino de malas** er/sie/es kam mir ungelegen; **la chapa de este coche es mala** dieses Auto ist aus billigem Blech; **hacer un trabajo de mala manera** eine Arbeit schlampig ausführen; **hierba mala nunca muere** (*prov*) Unkraut vergeht nicht; **más vale ~ conocido que bueno por conocer** (*prov*) besser den Spatz in der Hand als die Taube auf dem Dach **2.** (*falso*) unecht **3.** (*malévolo*) böse; **tener mal genio** leicht reizbar sein; **una mala persona** ein schlechter Mensch; **venir de malas** böse Absichten haben **4.** (*enfermo*) krank; **caer ~** krank werden **5.** (*travieso*) ungezogen **6.** (*estropeado*) schlecht; (*leche*) sauer; (*ropa*) abgetragen **II.** *adv:* **si no pagas voluntariamente tendré que intentarlo por las malas** wenn du nicht freiwillig bezahlst, muss ich zu anderen Mitteln greifen; **hoy te llevo al dentista aunque sea por las malas** ich bring dich heute zum Zahnart und wenn es mit Gewalt sein muss; **podemos llegar a un acuerdo por las buenas o por las malas** wir können uns im Guten oder im Bösen einigen; **estoy a malas con mi jefe** ich stehe mit meinem Chef auf dem Kriegsfuß; **se pusieron a malas por una tontería** sie haben sich wegen einer Nichtigkeit zerstritten; **andan a malas** sie haben Krach (miteinander); **han vuelto a fallar un penalti, hoy están de ~s** sie haben schon wieder einen Elfmeter verschossen, das Glück steht heute nicht auf ihrer Seite **III.** *m, f* Bösewicht *m*

malograr [malo'ɣrar] **I.** *vt* **1.** (*desaprovechar*) vergeuden; **has malogrado la ocasión** du hast die Chance vertan **2.** (*frustrar*) scheitern lassen **3.** (*estropear*) ruinieren **II.** *vr:* **~se 1.** (*fallar*) scheitern; **se han malogrado mis esperanzas** meine Hoffnungen wurden enttäuscht **2.** (*estropearse*) verderben **3.** (*desarrollarse mal*) missraten **4.** (*morir demasiado pronto*) (zu) früh sterben; (*morir en un accidente*) verunglücken **5.** (*interrumpirse*) beendet werden

maloliente [malo'ljen̪te] *adj* stinkend; **me molestan tus cigarros ~s** mich stört der Gestank deiner Zigarren

malparar [malpa'rar] *vt* (*persona*) übel zurichten; **salió malparado de la pelea** er wurde bei der Schlägerei übel zugerichtet; **salir malparado de un asunto** bei einer Sache schlecht wegkommen

malparir [malpa'rir] *vi* eine Fehlgeburt haben

malpensado, -a [malpen'saðo, -a] *adj* argwöhnisch; **no seas tan ~** denk doch nicht immer gleich an das Schlimmste

malquerencia [malke'ren̪θja] *f* **1.** (*antipatía*) Abneigung *f;* **sentir mucha ~ hacia alguien** eine starke Abneigung gegen jdn verspüren **2.** (*mala voluntad*) Übelwollen *nt;* **sentir ~ hacia alguien** jdm schlecht gesonnen sein

malquistar [malkis'tar] **I.** *vt* entzweien; **me has malquistado con tu familia** du hast deine Familie und mich entzweit **II.** *vr:* **~se** sich zerstreiten

malsano, -a [mal'sano, -a] *adj* **1.** (*insano*) ungesund **2.** (*enfermizo*) kränklich **3.** (*moralmente*) verderblich

malsonante [malso'nan̪te] *adj* (*sonido*) unangenehm (klingend); (*palabra*) unanständig; (*doctrina*) anstößig; **ruidos ~s** Missklänge *mpl*

malta ['mal̪ta] *f* **1.** (AGR) Malz *nt* **2.** (*café*) Malzkaffee *m* **3.** (*Arg: cerveza*) Malzbier *nt*

maltés, -esa [mal̪'tes, -esa] **I.** *adj* maltesisch **II.** *m, f* Malteser(in) *m(f)*

maltratar [mal̪tra'tar] *vt* **1.** (*tratar mal*) schlecht behandeln **2.** (*daño físico/psíquico*) misshandeln; ~ **de obra** handgreiflich werden (gegen *+akk*) **3.** (*insultar*): ~ (**de palabra**) beschimpfen **4.** (*estropear*) übel zurichten

maltrato [mal̪'trato] *m* **1.** (*físico, psíquico*) Misshandlung *f* **2.** (*insulto*) Beschimpfung *f* **3.** (*de una cosa*) Beschädigung *f*

maltrecho, -a [mal̪'tretʃo, -a] *adj* **1.** (*golpeado*) übel zugerichtet **2.** (*deprimido*) am Boden zerstört

malva ['malβa] **I.** *adj* (blass)lila **II.** *f* (BOT) Malve *f*; **estar criando ~s** (*fam fig*) sich *dat* die Radieschen von unten angucken; **ser** (**como**) **una** ~ (*fam*) lammfromm sein

malvado, -a [mal'βaðo, -a] **I.** *adj* ruchlos; **una persona malvada** ein durch und durch schlechter Mensch **II.** *m, f* Unmensch *m*

malvavisco [mal'βisko] *m* Hibiskus *m*

malvender [malβen̪'der] *vt* unter Wert verkaufen

malversar [malβer'sar] *vt* unterschlagen

Malvinas [mal'βinas] *fpl* Falklandinseln *fpl*

malvís [mal'βis] *m inv* Rotdrossel *f*

mama ['mama] *f* **1.** (*de una mujer*) Brust(drüse) *f*; (*de un animal*) Zitze *f*; (*ubre*) Euter *m* **2.** (*fam: mamá*) Mama *f*

mamá [ma'ma] *f* (*fam*) Mama *f*

mamada [ma'maða] *f* **1.** (*acción*) Trinken *nt* (von Muttermilch); **el bebé se queda dormido después de cada** ~ nach dem Stillen schläft das Baby immer ein **2.** (*cantidad mamada*) Brustmahlzeit *f* **3.** (*Am: ganga*) Schnäppchen *nt*; **¡vaya ~!** das ist ja geschenkt! **4.** (*loc, vulg*): **dar una ~ a alguien** jdm einen blasen

mamar [ma'mar] **I.** *vt, vi* **1.** (*en el pecho*) trinken; **no le des de ~ tanto al niño** still das Kind nicht so oft **2.** (*adquirir*): **has mamado la pereza** (**con la leche**) du hast die Faulheit mit der Muttermilch eingesaugt **3.** (*fam: comer*) futtern **4.** (*vulg*): **mamársela a alguien** jdm einen blasen **II.** *vr*: ~**se** **1.** (*vulg: emborracharse*) sich voll laufen lassen *fam* **2.** (*fam: sin esfuerzo*): **se ha mamado este puesto** er/sie hat diese Stelle geschenkt gekriegt; **me lo he mamado** ich habe ihn (locker) in die Tasche gesteckt

mamario, -a [ma'marjo, -a] *adj* (ANAT) Brust(drüsen)-; (ZOOL) Zitzen-; (*ubre*) Euter-

mamarracho [mama'rratʃo] *m* **1.** (*persona que viste mal*) Vogelscheuche *f*; (*ridícula*) Witzfigur *f fam* **2.** (*cosa mal hecha*) Pfusch *m fam*; (*fea*) Ungetüm *nt*; (*sin valor*) Kitsch *m* **3.** (*persona despreciable*) Nichtsnutz *m*

mameluco [mame'luko] *m* **1.** (*bobo*) Dummkopf *m* **2.** (*Am: de bebé*) Strampelanzug *m*

mamífero [ma'mifero] **I.** *adj* Säuge- **II.** *m* Säugetier *nt*

mamón, -ona [ma'mon, -ona] **I.** *adj* (*bebé*) im Säuglingsalter; **niño ~** Säugling *m*; **tiene una niña muy mamona** ihr Baby muss oft gestillt werden **II.** *m, f* **1.** (*niño*) Säugling *m* **2.** (*vulg: insulto*) Wichser *m*, Fotze *f* **3.** (*Am: fam: borracho*) Saufkopf *m*

mamotreto [mamo'treto] *m* **1.** (*pey: libro*) Wälzer *m* **2.** (*armatoste*) Gerümpel *nt*; **esta butaca es un ~** das ist ein Ungetüm von einem Sessel

mampara [mam'para] *f* (*cancel*) Wandschirm *m*

mamporro [mam'porro] *m* (*fam*) Schlag *m*; **darse un ~ contra la barandilla** sich am Geländer anstoßen; **con el hielo me pegué un ~ en medio de la calle** bei der Glätte hat es mich mitten auf der Straße hingeschlagen

mampostería [mamposte'ria] *f* **1.** (*obra*) Mauerwerk *nt*; ~ **de ladrillos en bruto** Rohbau *m* **2.** (*oficio*) Maurerhandwerk *nt*

manada [ma'naða] *f* **1.** (*rebaño*) Herde *f*; (*de peces/aves*) Schwarm *m*; (*de lobos/ciervos*) Rudel *nt*; ~ **de gallinas** Schar Hühner; ~ **de gente** Menschenschar *f*; **una ~ de curiosos** eine Gruppe Neugieriger; **llegaron en** [*o* **a**] **~s al concierto** die Leute kamen scharenweise zum Konzert; **pasamos la frontera en ~** wir überquerten geschlossen die Grenze **2.** (*cantidad*) Hand *f* voll

manantial [manan̪'tjal] **I.** *adj* Quell- **II.** *m* **1.** (*fuente natural*) Quelle *f*; ~ **caliente** Thermalquelle *f*; ~ **medicinal** Heilquelle *f* **2.** (*fuente artificial*) Brunnen *m* **3.** (*origen*) Ursprung *m*

manar [ma'nar] **I.** *vt* hervorbringen; **la fuente mana agua fría** aus dem Brunnen sprudelt eiskaltes Wasser; **la herida no paraba de ~ sangre** aus der Wunde floss ununterbrochen Blut **II.** *vi* **1.** (*surgir*) fließen; **el agua manaba sucia de la fuente** aus dem Brunnen sprudelte schmutziges Wasser **2.** (*fluir fácilmente*) strömen; **las palabras manaban de su boca** die Worte sprudelten förmlich über seine/ihre Lippen **3.** (*abundar*) im Überfluss vorhanden sein; **en esta huerta manan los naranjos** dieser Garten ist reich an Orangenbäumen; **esta familia mana en** [*o* **de**] **dinero** diese Familie schwimmt in Geld

manazas [ma'naθas] *mf inv* Tölpel *m*; **ser un ~** zwei linke Hände haben

mancha ['mantʃa] *f* **1.** (*en la ropa/piel*) Fleck *m*; (*de tinta*) Klecks *m*; (*salpicadura*) Sprenkel *m* **2.** (*toque de color*) (Farb)tupfer *m*; **este perro es blanco con ~s negras** dieser Hund ist gescheckt; **la corbata tiene**

~s **azules y blancas** die Krawatte ist blauweiß gesprenkelt **3.** (*boceto*) Farbskizze *f* **4.** (*deshonra*) Makel *m;* **sin** ~ makellos

Mancha ['manʧa] *f:* **canal de la** ~ Ärmelkanal *m*

manchado, -a [man'ʧaðo, -a] *adj* **1.** (*ropa, mantel*) schmutzig **2.** (*cara, fruta*) fleckig **3.** (*caballos, vacas*) gescheckt; (*salpicado*) gesprenkelt

manchar [man'ʧar] **I.** *vt* **1.** (*ensuciar*) schmutzig machen **2.** (*desprestigiar*) beschmutzen **II.** *vr:* ~**se** (*ensuciarse*) sich schmutzig machen

manchego, -a [man'ʧeɣo, -a] **I.** *adj* aus der spanischen Region La Mancha **II.** *m, f* Bewohner(in) *m(f)* von La Mancha

mancilla [man̪'θiʎa] *f* Makel *m;* **sin** ~ makellos; (*pasado*) tadellos

mancillar [man̪θi'ʎar] *vt* beflecken

manco, -a ['maŋko, -a] **I.** *adj* **1.** (*de un brazo*) einarmig; (*de una mano*) einhändig; **es** ~ **de la mano izquierda/derecha** (*le falta*) ihm fehlt die linke/rechte Hand; (*la tiene inutilizada*) seine linke/rechte Hand ist gelähmt; **no ser** (**cojo ni**) ~ (*ser hábil*) sehr geschickt sein; (*ser largo de manos*) langfing(e)rig sein **2.** (*defectuoso*) fehlerhaft; (*incompleto*) unvollständig **II.** *m, f* (*con un brazo*) Einarmige(r) *mf;* (*con una mano*) Einhändige(r) *mf*

mancomunar [maŋkomu'nar] **I.** *vt* vereinen **II.** *vr:* ~**se** sich zusammenschließen

mancomunidad [maŋkomuni'ðaᵈ] *f* (*comunidad*) Gemeinschaft *f*

manda ['man̪da] *f* Vermächtnis *nt*

mandadero, -a [man̪da'ðero, -a] *m, f* Bote, -in *m, f*

mandado [man̪'daðo] *m* (*encargo*) Auftrag *m;* (*orden*) Befehl *m;* (*compra*) Besorgung *f;* **hacer un** ~ Besorgungen machen

mandamás [man̪da'mas] *mf* (*pey fam*) befehlshaberische Person *f*

mandamiento [man̪da'mjen̪to] *m* **1.** (*orden*) Befehl *m;* ~ **de detención** Haftbefehl *m;* ~ **judicial** gerichtliche Verfügung **2.** (*precepto*) Gebot *nt*

mandar [man̪'dar] **I.** *vt* **1.** (*ordenar*) befehlen; ~ **a alguien que...** +*subj* jdm befehlen zu ... +*inf;* **lo que Ud. mande** zu Ihren Diensten **2.** (*prescribir*) vorschreiben **3.** (*dirigir*) leiten; (*gobernar*) regieren **4.** (*encargar*) veranlassen; ~ **buscar/hacer/venir** holen/machen/kommen lassen **5.** (*enviar*) schicken; ~ **al cuerno** (*fam*) zum Teufel schicken; ~ **a freír espárragos** (*fam*) zum Kuckuck schicken **6.** (*legar*) vermachen **7.** (TÉC) steuern; **mandado a distancia** ferngesteuert **II.** *vr:* ~**se** sich *dat* selbst helfen (können)

mandarina [man̪da'rina] *f* Mandarine *f*

mandatario, -a [man̪da'tarjo, -a] *m, f* Bevollmächtigte(r) *mf;* **primer** ~ (POL) Staatschef *m*

mandato [man̪'dato] *m* **1.** (*orden*) Befehl *m;* (*prescripción*) Vorschrift *f;* (*delegación*) Auftrag *m;* ~ **judicial** gerichtliche Anweisung; ~ **de pago** Mahnbescheid *m;* **por** ~ **de las leyes** auf Grund der gesetzlichen Bestimmungen **2.** (POL) Mandat *nt;* ~ **internacional** völkerrechtliches Mandat; ~ **parlamentario** Abgeordnetensitz *m*

mandíbula [man̪'diβula] *f* **1.** (ANAT) Kiefer *m;* **reír(se) a** ~ **batiente** sich ausschütten vor Lachen **2.** (TÉC) Backe *f;* ~ **prensora/ de sujeción** Klemm-/Greifbacke *f*

mandil [man̪'dil] *m* **1.** (*delantal*) Schürze *f;* (*de cuero*) (Leder)schurz *m* **2.** (*Am: de caballería*) Satteldecke *f*

mandilón [man̪di'lon] *m* (*fam*) Schlappschwanz *m*

mandinga [man̪'diŋga] *m* **1.** (*Am: fam: diablo*) Teufel *m* **2.** (*Arg: fam: muchacho*) Lausbub *m*

mando ['man̪do] *m* **1.** (*poder*) Macht *f;* (MIL) Kommando *nt;* (*del presidente*) Präsidialgewalt *f;* **don de** ~ Führungsqualitäten *fpl;* **estar al** ~ **de** das Kommando haben über; **estar bajo el** ~ **de alguien** unter jds Befehl stehen; **tener el** ~ **y el palo** (*fam*) das (absolute) Sagen haben **2.** (*quien lo tiene*): ~**s intermedios de una empresa** mittleres Management eines Unternehmens; **alto** ~ (MIL) Oberbefehlshaber *m* **3.** (TÉC) Steuerung *f;* ~ **a distancia** Fernsteuerung *f;* ~ **manual** Handantrieb *m;* **botón de** ~ Bedienungsknopf *m*

mandolina [man̪do'lina] *f* Mandoline *f*

mandón, -ona [man̪'don, -ona] **I.** *adj* herrschsüchtig **II.** *m, f* herrschsüchtige Person *f*

manducar [man̪du'kar] <c→qu> *vi, vt* (*fam*) futtern

manducatoria [man̪duka'torja] *f* (*fam*) Essen *nt*

manecilla [mane'θiʎa] *f* **1.** (*del reloj*) Zeiger *m* **2.** (*broche*) Verschluss *m* **3.** (TÉC) Griff *m* **4.** (*signo*) Hinweiszeichen *nt* (in Handform)

manejable [mane'xaβle] *adj* **1.** (*objeto*) handlich **2.** (*persona*) fügsam **3.** (AUTO) wendig

manejar [mane'xar] **I.** *vt* **1.** (*usar*) handhaben; (*máquina*) bedienen; (*fig*) umgehen (mit +*dat*); ~ **el cuchillo** mit dem Messer hantieren; **manejas bien las cifras** du kannst gut mit Zahlen umgehen; **saber** ~ **el dinero** gut mit Geld umgehen können; **'¡manéjese con cuidado!'** 'Vorsicht! Zerbrechlich!' **2.** (INFOR) steuern **3.** (*dirigir*) leiten; ~ **intereses** Interessen vertreten **4.** (*a* *alguien*) manipulieren; **maneja al marido a su antojo** sie macht mit ihrem Mann, was sie will **5.** (*Am: un coche*) lenken **II.** *vr:* ~**se** zurechtkommen; **saber ~se en la vida** sich gut im Leben zurechtfinden; **manejárselas** (*fam*) sich *dat* zu helfen wissen

manejo [ma'nexo] *m* **1.** (*uso*) Handhabung *f;* (*de una máquina*) Bedienung *f;* (*fig*) Umgang *m* (*de* mit +*dat*); (*utilización*) Bedienung *f;* ~ **del agua** Wasserbewirtschaftung *f;* ~ **de animales** Umgang mit Tieren; ~ **a distancia** Fernbedienung *f* **2.** (INFOR) Steuerung *f;* ~ **de errores** Fehlerbehandlung *f;* ~ **de la memoria** Speicherbenutzung *f;* ~ **de información** Informationsaufbereitung *f* **3.** (*trato*) Umgang *m* **4.** (*de un negocio*) Leitung *f* **5.** (*Am: de un coche*) Steuerung *f* **6.** *pl* (*intrigas*) Machenschaften *fpl*

manera [ma'nera] *f* **1.** (*forma, modo*) Art *f,* Weise *f;* ~ **de decir** Redensart *f;* ~ **de obrar** Verhalten *nt;* ~ **de pensar** Ansicht *f;* ~ **de proceder** Vorgehensweise *f;* ~ **de ser** Wesen *nt;* ~ **de ver las cosas** Einstellung *f;* **a la ~ de** in der Art von; **a la ~ de la casa** nach Art des Hauses; **a ~ de** wie; **a mi ~** auf meine Art; **a mi ~ de ver** meiner Ansicht nach; **de la ~ que sea** egal wie; **de cualquier ~** [*o* **de todas ~s**]**, no pienso ir ahí** ich gehe jedenfalls nicht dorthin; **de esta ~** so; **de ~ que** (*finalidad*) so dass; **mañana tienes que madrugar, de ~ que es mejor que te acuestes pronto** morgen musst du früh aufstehen, also ist es besser, wenn du bald ins Bett gehst; **¿de ~ que sacaste mala nota?** du hast also eine schlechte Note bekommen?; **de ninguna ~** keinesfalls; **se echó a gritar de tal ~ que...** er/sie fing derartig an zu schreien, dass ...; **de una ~ o de otra** so oder so; **en cierta ~** in gewisser Weise; **en gran ~** wesentlich; **no hay ~ de...** es ist unmöglich zu ...; **¡qué ~ de llover!** so ein Regen!; **sobre ~** übermäßig (viel); **primero se lo dije de buena ~** erstmal habe ich ihn/sie höflich darauf hingewiesen; **contestar de mala ~** eine freche Antwort geben; **hacer las cosas de mala ~** pfuschen **2.** *pl* (*modales*) Manieren *fpl;* **¡estas no son ~s!** das ist keine Art!

manga ['maŋga] *f* **1.** (*del vestido*) Ärmel *m;* ~ **a la sisa** ärmellos; **de ~s cortas/largas** kurzärm(e)lig/langärm(e)lig; **estar en ~s de camisa** formlos gekleidet sein; **¡a buenas horas ~s verdes!** zu spät ist zu spät!; **ir ~ por hombro** (*fam*) drunter und drüber gehen; **poner algo ~ por hombro** (*fam*) etw heillos durcheinander bringen; **sacarse algo de la ~** (*fig*) etw aus dem Ärmel schütteln; **ser más corto que las ~s de un chaleco** (*fig*) extrem schüchtern sein; **tener** (**la**) [*o* **ser de**] **~ ancha** (*fig*) alles durchgehen lassen **2.** (*tubo*) Schlauch *m* **3.** (AERO): ~ **de aire** Windsack *m* **4.** (METEO): ~ **de viento/de agua** Wind-/Wasserhose *f* **5.** (GASTR) Spritzbeutel *m* **6.** (*fam: borrachera*) Schwips *m* **7.** (*Arg: pey: grupo de personas*) Haufen *m* (Leute) **8.** (*loc*): **hacer ~s y capirotes** (*fam*) unbesonnen handeln; **tirar la ~** (*fam*) sich *dat* Geld pumpen

mangante [maŋ'gaṇte] *mf* (*fam*) **1.** (*ladrón*) Gauner(in) *m(f)* **2.** (*holgazán*) Faulpelz *m* **3.** (*mendigo*) Bettler(in) *m(f)*

manganzón, -ona [maŋgaṇ'θon, -ona] *m, f* (*Am*) Faulenzer(in) *m(f)*

mangar [maŋ'gar] <g→gu> *vt* (*fam*) klauen

mango ['maŋgo] *m* **1.** (*puño*) Griff *m;* (*alargado*) Stiel *m;* **tener la sartén por el ~** (*fig*) das Heft fest in der Hand haben **2.** (*árbol*) Mangobaum *m* **3.** (*fruta*) Mango *f*

mangoneador(a) [maŋgonea'ðor(a)] *adj* **1.** (*entrometido*) zudringlich **2.** (*dominador*) herrschsüchtig **3.** (*vago*) faul

mangonear [maŋgone'ar] **I.** *vi* (*fam*) **1.** (*entrometerse*) sich einmischen (*en* in +*akk*) **2.** (*vaguear*) sich herumtreiben **II.** *vt* (*fam*) bevormunden

mangoneo [maŋgo'neo] *m* (*fam*) **1.** (*entremetimiento*) Einmischung *f* **2.** (*vagancia*) Herumtreiberei *f*

manguear [maŋge'ar] *vt* (*Arg: fam: dinero*) pumpen

manguera [maŋ'gera] *f* (*tubo*) Schlauch *m*

mangueta [maŋ'geta] *f* **1.** (*listón*) Leiste *f* **2.** (*palanca*) Hebel *m* **3.** (*retrete*) Ableitrohr *nt*

manguito [maŋ'gito] *m* **1.** (*mitón*) Muff *m* **2.** (*protección*) Ärmelschoner *m* **3.** (*cilindro hueco*) Manschette *f* **4.** (*anillo*) Schelle *f*

maní [ma'ni] *m* Erdnuss *f*

manía [ma'nia] *f* **1.** (*locura*) Wahn *m* **2.** (*extravagancia*) Marotte *f* **3.** (*obsesión*) fixe Idee *f;* **tener ~ por la moda** ein Modenarr sein **4.** (*fam: aversión*) Abneigung *f;* **tener(le) ~ a alguien** jdn nicht leiden können; **cogerle ~ a alguien** eine Abneigung gegen jdn entwickeln

maniaco, -a [ma'njako, -a], **maníaco, -a** [ma'niako, -a] **I.** *adj* wahnsinnig **II.** *m, f* Wahnsinnige(r) *mf;* ~ **sexual** Sexbesessene(r) *m;* (*delincuente*) Triebtäter *m*

maniatar [manja'tar] *vt* (*persona*) an den Händen fesseln; **lo ~on a la silla** sie haben ihn mit den Händen an den Stuhl gebunden

maniático, -a [ma'njatiko, -a] **I.** *adj* **1.** (*loco*) verrückt **2.** (*extravagante*) seltsam **II.** *m, f* **1.** (*loco*) Wahnsinnige(r) *mf;* **un ~ de futból** ein Fußballfreak; **ser un ~ del cine** ein großer Kinoliebhaber sein **2.** (*extravagante*) Sonderling *m*

manicomio [mani'komjo] *m* Irrenanstalt *f*

manicura [mani'kura] *f* Maniküre *f*

manicuro, -a [mani'kuro, -a] *m, f* Handpfleger(in) *m(f)*, Maniküre *f*

manido, -a [ma'niðo, -a] *adj* **1.** (*alimentos*) leicht verdorben; (*fruta*) überreif **2.** (*objetos*) gebraucht; (*libro*) abgegriffen; (*ropa*) abgetragen **3.** (*trillado*) abgedroschen **4.** (*oculto*) verborgen

manifestación [manifesta'θjon] *f* **1.** (*expresión*) Bekundung *f*; **como ~ de cariño** als Ausdruck der Zuneigung **2.** (*reunión*) Demo(nstration) *f*

manifestante [manifes'tante] *mf* Demonstrant(in) *m(f)*

manifestar [manifes'tar] <e→ie> **I.** *vt* **1.** (*declarar*) erklären **2.** (*mostrar*) zeigen **II.** *vr:* **~se 1.** (*declararse*) sich äußern; **~se a favor/en contra de algo** sich für/gegen etw aussprechen **2.** (*revelarse*) sich zeigen (*en* in +*dat*) **3.** (*política*) demonstrieren

manifiesto, -a[1] [mani'fjesto, -a] *adj* **1.** (*evidente*) eindeutig **2.** (*loc*): **poner de ~** (*revelar*) offenbaren; (*expresar*) zum Ausdruck bringen

manifiesto[2] [mani'fjesto] *m* Manifest *nt*

manija [ma'nixa] *f* (*palanca*) Griff *m*

manilargo, -a [mani'laɣo, -a] **I.** *adj* **1.** (*hurtador*) langfing(e)rig **2.** (*dadivoso*) großzügig **II.** *m, f* Langfinger *m*

manilla [ma'niʎa] *f* **1.** (*pulsera*) Armreif *m* **2.** *pl* (*para prisioneros*) Handschellen *fpl* **3.** *v.* **manija 4.** (*del reloj*) Uhrzeiger *m*

manillar [mani'ʎar] *m* Lenker *m*

maniobra [mani'oβra] *f* **1.** (*operación manual*) Handgriff *m* **2.** (*uso*) Bedienung *f* **3.** (*ardid*) Intrige *fpl;* **~s fraudulentas** betrügerische Handlungen **4.** (MIL) Manöver *nt;* **estar de ~s** im Manöver sein **5.** (*vehículo*) Steuern *nt;* (FERRO) Rangieren *nt;* (*movimiento*) Manöver *nt*

maniobrable [manjo'βraβle] *adj* lenkbar; **un vehículo fácilmente ~** ein wendiges Fahrzeug

maniobrar [manjo'βrar] **I.** *vi* **1.** (MIL) ein Manöver abhalten **2.** (*intrigar*) intrigieren **II.** *vt* **1.** (*manejar*) steuern **2.** (*manipular*) beeinflussen

manipulación [manipula'θjon] *f* **1.** (*empleo*) Handhabung *f* **2.** (*elaboración*) Verarbeitung *f* **3.** (*alteración*) Manipulation *f*

manipular [manipu'lar] *vt* **1.** (*maniobrar*) handhaben; (*máquina*) bedienen **2.** (*elaborar*) verarbeiten **3.** (*alterar*) manipulieren **4.** (*interferir*) eingreifen (in +*akk*) **5.** (*manosear*) hantieren (mit +*dat*)

maniquí [mani'ki] <maniquíes> *m* **1.** (*modelo*) Mannequin *nt* **2.** (*muñeco*) Schaufensterpuppe *f* **3.** (*pelele*) Marionette *f*

manir [ma'nir] *irr como abolir vt* (*carne*) abhängen lassen

manirroto, -a [mani'rroto, -a] *adj* verschwenderisch

manita [ma'nita] *f:* **hacer ~s** Händchen halten; **ser un ~s** handwerklich geschickt sein

manivela [mani'βela] *f* Kurbel *f*

manjar [maŋ'xar] *m* **1.** (*comestible*) Speise *f* **2.** (*exquisitez*) Delikatesse *f*

mano ['mano] *f* **1.** (ANAT) Hand *f;* **a ~ alzada** (*votación*) durch Handzeichen; **a ~ armada** bewaffnet; **a ~s llenas** großzügig; **alzar la ~ contra alguien** gegen jdn die Hand erheben; **apretón de ~s** Handschlag *m;* **bajo ~** unter der Hand; **cargar las ~s** übertreiben; **coger a alguien con las ~s en la masa** jdn auf frischer Tat ertappen; **cogidos de las ~s** Hand in Hand; **comer de la ~ de alguien** (*fig*) jdm aus der Hand fressen; **con la ~ en el corazón** freimütig; **dar de ~** (*al trabajo*) die Arbeit niederlegen; **dar de ~ a alguien** jdn links liegen lassen; **echar una ~ a alguien** jdm helfen; **dejar algo en ~s de alguien** jdm etw überlassen; **echar ~ de alguien** auf jdn zurückgreifen; **ser de ~ abierta/cerrada** großzügig/geizig sein; **estar al alcance de la ~** in Reichweite sein; **estar ~ sobre ~** (*fig*) die Hände in den Schoß legen; **hecho a ~** handgefertigt; **irse a las ~s** handgreiflich werden; **su vida se le había ido de las ~s** er/sie hatte die Kontrolle über sein/ihr Leben verloren; **se le ha ido la ~** (*desmesura*) er/sie hat das Maß überschritten; (*violencia*) er/sie ist handgreiflich geworden; **lavarse las ~s** (**como Pilatos**) seine Hände in Unschuld waschen; **llevar a alguien de la ~** jdn an der Hand führen; (*fig*) Einfluss auf jdn ausüben; **~ a ~** (*fig*) gleichzeitig; **¡~s a la obra!** ans Werk!; **meter ~** sich einmischen; **meter ~ a alguien** (*fam*) jdn befingern; **pedir la ~ de alguien** um jds Hand anhalten; **poner las ~s en el fuego por alguien** für jdn die Hand ins Feuer legen; **si a ~ viene...** wenn es gelegen ist ...; **echar ~ de una oferta** ein Angebot in Anspruch nehmen; **traer algo entre ~s** etw im Schilde führen; **tomarle la ~ a algo** (*fam*) sich in etw einarbeiten; **untar la ~ a alguien** jdn bestechen; **muchas ~s en un plato hacen mucho garabato** (*prov*) viele Köche verderben den Brei **2.** (ZOOL) Vorderfuß *m;* (*de un perro*) Vorderpfote *f;* **~ de ave** Klaue *f;* **~ de elefante** Rüssel *m* **3.** (*reloj*) Zeiger *m* **4.** (*lado*) Seite *f;* **a** [*o* **de**] [*o* **por**] **la ~ derecha** auf der rechten Seite **5.** (*aplicación*) (Farb)auftrag *m;* (*capa*) (Farb)schicht *f;* **una ~ de pintura** ein Anstrich; **la pared necesita una ~ de pintura** die Wand muss noch einmal gestrichen

M

werden; **dar la última ~ a algo** etw *dat* den letzten Schliff geben; **una ~ de azotes** eine Tracht Prügel **6.** (*trabajador*) Arbeiter(in) *m(f)*; ~ **de obra** Arbeitskraft *f*; ~ **de obra especializada** Facharbeiter(in) *m(f)* **7.** (*habilidad*) Geschicklichkeit *f*; **tener buena ~ para coser** im Nähen geschickt sein; **tener ~s verdes** einen grünen Daumen haben **8.** (*de naipes*) Runde *f*; **ser ~** herauskommen **9.** (*de ajedrez*) Partie *f*

manojo [ma'noxo] *m* Hand *f* voll; ~ **de llaves** Schlüsselbund *m o nt*; **ser un ~ de nervios** ein Nervenbündel sein

manopla [ma'nopla] *f* **1.** (*guante*) Fäustling *m* **2.** (*para lavarse*) Waschlappen *m*

manoseado, -a [manose'aðo, -a] *adj* **1.** (*sobado*) gebraucht **2.** (*trillado*) abgedroschen

manosear [manose'ar] *vt* betasten; (*fam pey*) betatschen

manotazo [mano'taθo] *m* Schlag *m*; **dar ~s** um sich schlagen

manotear [manote'ar] *vi* gestikulieren

manotón [mano'ton] *m* Schlag *m*

mansalva [man'salβa] *adv*: **a ~** (*sobre seguro*) sicher; (*traidoramente*) aus dem Hinterhalt; (*en gran cantidad*) massenweise

mansedumbre [manse'ðumbre] *f* **1.** (*suavidad*) Sanftmut *f* **2.** (*sumisión*) Gehorsam *m*

mansión [man'sjon] *f* **1.** (*casa suntuosa*) Villa *f* **2.** (*morada*) Wohnsitz *m* **3.** (*detención*) Rast *f*; **hacer ~** sich aufhalten

manso, -a ['manso] *adj* **1.** (*dócil*) sanft **2.** (*animales*) zahm **3.** (*aguas*) still **4.** (*viento*) lau **5.** (*clima*) mild

manta[1] ['manta] *f* **1.** (*cobertor*) Decke *f*; ~ **de cama** Tagesdecke *f*; **a ~** massenhaft; **liarse la ~ a la cabeza** (*actuar con decisión*) Nägel mit Köpfen machen; (*de modo irreflexivo*) unbedacht handeln; (*aceptar*) sich *dat* etwas aufhalsen lassen; **tirar de la ~** Machenschaften aufdecken **2.** (*zurra*) Tracht *f* Prügel **3.** (ZOOL) Rochen *m*

manta[2] ['manta] *mf* (*persona torpe*) Tölpel *m*

manteca [man'teka] *f* **1.** (*grasa*) Fett *nt*; ~ **de cerdo** Schweineschmalz *nt* **2.** (*mantequilla*) Butter *f*; **como ~** butterweich; **eso no se le ocurre ni al que asó la ~** um so etwas anzustellen, muss man schon ganz schön doof sein

mantecado [mante'kaðo] *m* **1.** (*bollo*) (weihnachtliches) Schmalzgebäck *nt* **2.** (*helado*) Milcheis *nt*

mantecoso, -a [mante'koso, -a] *adj* **1.** (*de manteca*) Butter-; (*sabor*) butt(e)rig **2.** (*consistencia*) butterweich; (*carne*) zart

mantel [man'tel] *m* Tischdecke *f*; **levantar los ~es** (*fig*) nach dem Essen vom Tisch aufstehen; **comer a ~es** fein essen; **estar a mesa y ~** freie Verpflegung haben

mantelería [mantele'ria] *f* Tischwäsche *f*

mantener [mante'ner] *irr como tener* **I.** *vt* **1.** (*conservar*) halten; (*orden, relaciones*) aufrechterhalten; ~ **a punto** instand halten; ~ **la línea** fit bleiben; ~ **la calma** die Ruhe bewahren **2.** (*perseverar*) beharren (auf +*dat*) **3.** (*sustentar*) unterhalten; ~ **correspondencia con alguien** mit jdm in Briefkontakt stehen **4.** (*sostener*) stützen **5.** (*proseguir*) in Gang halten; ~ **una conversación con alguien** mit jdm ein (langes) Gespräch führen **II.** *vr*: ~**se 1.** (*sostenerse*) sich halten **2.** (*continuar*) bleiben **3.** (*perseverar*) festhalten (an +*dat*); ~**se en sus trece** (*fam*) auf seinem Standpunkt beharren **4.** (*sustentarse*) seinen Lebensunterhalt bestreiten (*gracias a* mit +*dat*)

mantenido, -a [mante'niðo, -a] *adj* anhaltend

mantenimiento [manteni'mjento] *m* **1.** (*alimentos*) Unterhalt *m* **2.** (TÉC) Wartung *f*; ~ **de datos** (INFOR) Datenpflege *f*; **sin ~** wartungsfrei

mantequilla [mante'kiʎa] *f* Butter *f*

mantilla [man'tiʎa] *f* **1.** (*de mujer*) Mantille *f* **2.** (*de niño*) Wickeltuch *nt*; **estar en ~s** (*fam fig*) noch in den Windeln stecken; **estar en ~s sobre algo** (*fam*) wenig Ahnung von etw *dat* haben **3.** (*de caballo*) Satteldecke *f*

manto ['manto] *m* **1.** (*prenda*) Umhang *m*; (*talar*) Talar *m* **2.** (*capa*) Schicht *f*; **el ~ ácido de la piel** der Säureschutzmantel der Haut **3.** (*velo*) Schleier *m* **4.** (MIN) (dünne) Erdschicht *f* **5.** (GEO): ~ **terrestre** Erdmantel *m* **6.** (BOT): ~ **vegetal** Pflanzendecke *f*

mantón [man'ton] *m* Umschlagtuch *nt*

manual [manu'al] **I.** *adj* **1.** (*con las manos*) Hand- **2.** (*manejable*) handlich **II.** *m* Handbuch *nt*; ~ **de referencia** Nachschlagewerk *nt*

manubrio [ma'nuβrjo] *m* **1.** (*puño*) Griff *m* **2.** (*manivela*) Kurbel *f*; **piano de ~** Drehorgel *f*

manufacturar [manufaktu'rar] *vt* herstellen

manuscrito, -a[1] [manus'krito, -a] *adj* handschriftlich

manuscrito[2] [manus'krito] *m* **1.** (*escrito a mano*) Handschrift *f* **2.** (*de un autor*) Manuskript *nt*

manutención [manuten'θjon] *f* **1.** (*alimentos*) Unterhalt *m* **2.** (TÉC) Instandhaltung *f*

manzana [man'θana] *f* **1.** (*fruta*) Apfel *m*; **la ~ de la discordia** der Zankapfel; **sano como una ~** kerngesund **2.** (*cuadra*) (Häuser)block *m*; **dar la vuelta a la ~** um den Block gehen

manzanilla [manθa'niʎa] *f* **1.** (*planta*) Kamille *f* **2.** (*flor*) Kamillenblüte *f* **3.** (*infusión*) Kamillentee *m* **4.** (*vino*) Manzanilla(wein) *m*

manzano [maṇ'θano] *m* Apfelbaum *m*

maña ['maɲa] *f* **1.** (*habilidad*) Geschicklichkeit *f;* **darse** [*o* **tener**] **~ para** [*o* **con**] **algo** etw gut können **2.** (*astucia*) Schläue *f;* **más vale ~ que fuerza** List geht über Kraft **3.** *pl* (*caprichos*) Mucken *fpl;* **tener ~s** verwöhnt sein

mañana[1] [ma'ɲana] **I.** *f* (*temprana*) Morgen *m;* (*hasta el mediodía*) Vormittag *m;* **a las 5 de la ~** um 5 Uhr morgens; **de la noche a la ~** über Nacht; **de ~** frühmorgens; **por la ~** morgens/vormittags; **todas las ~s** jeden Morgen/Vormittag; **~ por la ~** morgen früh/Vormittag **II.** *adv* **1.** (*día*) morgen; **¡hasta ~!** bis morgen!; **pasado ~** übermorgen; **~ será otro día** morgen ist auch noch ein Tag; **no dejes para ~ lo que puedas hacer hoy** (*prov*) was du heute kannst besorgen, das verschiebe nicht auf morgen **2.** (*futuro*) in der Zukunft

mañana[2] [ma'ɲana] *m* Zukunft *f;* **el día de ~** in näherer Zukunft

mañanero, -a [maɲa'nero, -a] **I.** *adj* **1.** (*madrugador*) Frühaufsteher- **2.** (*de la mañana*) Morgen- **II.** *m, f* Frühaufsteher(in) *m(f)*

maño, -a ['maɲo, -a] **I.** *adj* aus Aragonien **II.** *m, f* Aragonier(in) *m(f)*

mañoso, -a [ma'ɲoso, -a] *adj* **1.** (*hábil*) geschickt **2.** (*sagaz*) flink **3.** (*caprichoso*) verwöhnt **4.** (*terco*) störrisch

mapa ['mapa] *m* (Land)karte *f;* **~ astronómico** Himmelskarte *f;* **borrar del ~** (*matar*) umbringen; **desaparecer del ~** verschwinden; **no estar en el ~** (*fig*) außergewöhnlich sein

mapache [ma'paʧe] *m,* **mapachín** [mapa'ʧin] *m* (*Am*) Waschbär *m*

maqueta [ma'keta] *f* **1.** (ARQUIT) (Entwurfs)modell *nt* **2.** (*formato*) Lay-out *nt*

maquiavélico, -a [makja'βeliko, -a] *adj* (*retorcido*) heimtückisch

maquillador(a) [makiʎa'ðor(a)] *m(f)* Visagist(in) *m(f);* (TEAT) Maskenbildner(in) *m(f)*

maquillaje [maki'ʎaxe] *m* **1.** (*acción*) Schminken *nt* **2.** (*producto*) Make-up *nt;* (TEAT) Schminke *f*

maquillar [maki'ʎar] **I.** *vt* **1.** (*poner base de fondo*) Make-up auftragen (auf +*akk*); (*con pinturas*) schminken **2.** (*disimular*) beschönigen **II.** *vr:* **~se** (*con base de fondo*) Make-up auflegen; (*con pinturas*) sich schminken

máquina ['makina] *f* **1.** (*artefacto*) Maschine *f;* **~ de afeitar** Rasierapparat *m;* **~ de coser/lavar** Näh-/Waschmaschine *f;* **~ fotográfica** Kamera *f;* **~ de escribir automática** elektrische Schreibmaschine; **~ destructora de documentos** Aktenvernichter *m;* **a toda ~** mit Volldampf *fam;* **escrito a ~** maschinengeschrieben; **hecho a ~** maschinell hergestellt **2.** (*aparato de monedas*) Automat *m;* **~ de tabaco** Zigarettenautomat *m;* **~ tragaperras** (*fam*) Spielautomat *m* **3.** (*tren*) Lokomotive *f*

maquinación [makina'θjon] *f* Intrige *f*

maquinal [maki'nal] *adj* **1.** (*de la máquina*) Maschinen-, maschinell **2.** (*acción, movimiento*) mechanisch

maquinar [maki'nar] *vt* **1.** (*urdir*) aushecken **2.** (*trabajar*) maschinell bearbeiten

maquinaria [maki'narja] *f* **1.** (*máquinas*) Maschinenpark *m* **2.** (*mecanismo*) Mechanismus *m* **3.** (*industria*) Maschinenbauindustrie *f*

maquinilla [maki'niʎa] *f* Rasierapparat *m*

maquinista [maki'nista] *mf* **1.** (*constructor*) Maschinenbauer(in) *m(f)* **2.** (*conductor*) Maschinenführer(in) *m(f);* **~ de trenes** Lokführer(in) *m(f)*

maquinizar [makini'θar] <z→c> *vt* mechanisieren

mar [mar] *m o f* **1.** (GEO) Meer *nt,* See *f;* **M~ Antártico** Südliches Eismeer; **M~ de las Antillas** Karibisches Meer; **M~ de Aral** Aralsee *m;* **M~ Ártico** Nordpolarmeer *nt;* **M~ Báltico** Ostsee *f;* **M~ de Irlanda** Irische See; **M~ Mediterráneo** Mittelmeer *nt;* **M~ del Norte** Nordsee *f;* **en alta ~** auf hoher See; **~ adentro** seewärts; **~ de fondo** Dünung *f;* (*fig*) unterschwellige Spannung; **por ~** auf dem Seeweg; **hacerse a la ~** in See stechen; **arar en el ~** (*fig*) Wasser in den Rhein tragen; **arrojarse a la ~** (*fig*) ins kalte Wasser springen; **quien no se aventura no pasa la ~** (*prov*) wer nicht wagt, der nicht gewinnt **2.** (*fam: abundancia*) Unmenge *f;* **hay la ~ de...** es gibt ... in Hülle und Fülle; **llueve a ~es** es schüttet; **llorar a ~es** wie ein Schlosshund weinen; **sudar a ~es** sehr stark schwitzen; **ser la ~ de aburrido** entsetzlich langweilig sein; **ser la ~ de bonita** äußerst hübsch sein

> Der **Mar Cantábrico** (Kantabrisches Meer) liegt an Spaniens atlantischer Nordküste. Von Westen nach Osten befinden sich folgende **Comunidades Autónomas** an dieser Küste: **Galicia, Asturias, Cantabria** und **País Vasco**.

maraña [ma'raɲa] *f* **1.** (*maleza*) Gestrüpp *nt* **2.** (*lío*) Wirrwarr *m;* **~ de cabello** zerzaustes Haar; **~ de hilo** unentwirrbarer Knäuel **3.** (*embuste*) List *f*

marasmo [ma'rasmo] *m* **1.** (*debilitamiento*) Kräfteverfall *m* **2.** (*inmovilidad*) Stillstand *m*

maratón [mara'ton] *m o f* Marathon *m;* **la reunión fue verdaderamente un ~** es war wahrhaftig eine Marathonsitzung

maravilla [mara'βiʎa] *f* **1.** (*portento*) Wunder *nt;* **a las mil ~s, de ~** wunderbar; **hablar ~s de alguien** jdn in den Himmel loben; **hacer ~s** (*fig*) wahre Wunder vollbringen **2.** (*admiración*) Bewunderung *f* **3.** (*caléndula*) Ringelblume *f*

maravillar [maraβi'ʎar] **I.** *vt* in Bewunderung versetzen **II.** *vr:* **~se** sich wundern (*de* über +*akk*)

maravilloso, -a [maraβi'ʎoso, -a] *adj* wunderbar

marbellí [marβe'ʎi] *adj* aus Marbella

marca ['marka] *f* **1.** (*distintivo*) Kennzeichen *nt;* **~ de agua** Wasserzeichen *nt;* **~ de ganado** Brandzeichen *nt* **2.** (*de productos*) Marke *f;* **~ registrada** eingetragenes Warenzeichen; **ropa de ~** Designerkleider *ntpl;* **un idiota de ~ mayor** ein Idiot ersten Ranges **3.** (*huella*) Spur *f* **4.** (DEP) Rekord *m* **5.** (*medida*) Standard *m*

marcadamente [markaða'meṇte] *adv* **1.** (*claramente*) deutlich **2.** (*singularmente*) besonders, vor allem **3.** (*con énfasis*) nachdrücklich

marcado, -a [mar'kaðo, -a] *adj* **1.** (*señalado*) markiert **2.** (*evidente*) deutlich **3.** (*singular*) sonderbar **4.** (*enfático*) nachdrucksvoll

marcador [marka'ðor(a)] *m* **1.** (*tablero*) Anzeigetafel *f;* **abrir el ~** die ersten Punkte erzielen; **cerraron el ~ con tres tantos** sie beendeten das Spiel mit drei Toren **2.** (*Arg: rotulador*) Filzstift *m*

marcaje [mar'kaxe] *m* (DEP) Deckung *f*

marcapaso(s) [marka'paso(s)] *m* (*inv*) (Herz)schrittmacher *m*

marcar [mar'kar] <c→qu> **I.** *vt* **1.** (*señalar*) markieren; (*ganado*) mit Brandzeichen versehen; (*mercancías*) auszeichnen; **~ una época** eine Epoche prägen; **~ el compás** den Takt (an)geben **2.** (*resaltar*) hervorheben **3.** (*teléfono*) wählen **4.** (*cabello*) (ein)legen **5.** (*naipes*) zinken **6.** (DEP): **~ un gol** ein Tor schießen; **~ un punto** einen Punkt erzielen **7.** (DEP: *a un jugador*) decken **II.** *vr:* **~se** sich abzeichnen

marcha ['martʃa] *f* **1.** (*movimiento*) Gang *m;* **poner en ~** in Gang setzen; (*producción*) aufnehmen **2.** (*caminata*) Lauf *m* **3.** (*curso*) Verlauf *m;* **~ de los negocios** Geschäftsverlauf *m;* **la ~ de los acontecimientos** der Gang der Ereignisse; **sobre la ~** zum richtigen Zeitpunkt **4.** (*velocidad*) Gang *m;* **~ atrás** Rückwärtsgang *m;* **a toda ~** mit voller Geschwindigkeit **5.** (*t.* MIL, MÚS) Marsch *m;* **~ silenciosa** Schweigemarsch *m* **6.** (*salida*) Abreise *f;* **¡en ~!** los geht's! **7.** (*argot: acción*) Stimmung *f;* **¡aquí hay mucha ~!** hier ist die Hölle los!; **ir de ~** ausgehen; **tener ~** unternehmungslustig sein

marchamo [mar'tʃamo] *m* **1.** (*aduanas*) Zollplombe *f* **2.** (*embutidos*) Gütesiegel *nt*

marchante [mar'tʃaṇte] **I.** *adj* kommerziell **II.** *mf* Händler(in) *m(f);* **~ de obras de arte** Kunsthändler(in) *m(f)*

marchar [mar'tʃar] **I.** *vi* **1.** (*ir*) gehen; **¡marchando!** los geht's! **2.** (*funcionar*) laufen; **~ sobre ruedas** (*fig*) wie geschmiert laufen **II.** *vr:* **~se 1.** (*irse*) (weg)gehen; **¿os marcháis?** geht ihr (schon)? **2.** (*huir*) ausreißen; **~se del país** das Land verlassen

marchitar [martʃi'tar] **I.** *vi* **1.** (*plantas*) welken **2.** (*personas*) dahinwelken **II.** *vr:* **~se** verwelken

marchito, -a [mar'tʃito, -a] *adj* welk

marchoso, -a [mar'tʃoso, -a] *adj* **1.** (*salidor*) unternehmungslustig **2.** (*elegante*) schick

marcial [mar'θjal] *adj* kriegerisch; **artes ~es** Kampfsportarten *fpl;* **ley ~** Ausnahmezustand *m*

marcianitos [marθja'nitos] *mpl* (*fam*) kleine grüne Männchen *ntpl*

marciano, -a [mar'θjano, -a] **I.** *adj* Mars- **II.** *m, f* Marsmensch *m*

marco ['marko] *m* **1.** (*recuadro*) Rahmen *m;* (*armazón*) Gestell *nt;* **el ~ legal** der rechtliche Rahmen **2.** (*ambiente*) Rahmen *m* **3.** (*moneda*) Mark *f*

marea [ma'rea] *f* **1.** (*mar*) Gezeiten *pl;* **~ alta** Flut *f;* **~ baja** Ebbe *f;* **~ negra** Ölpest *f;* **~ roja** Algenpest *f;* **~ viva** Springflut *f;* **contra viento y ~** (*fig*) komme, was da wolle **2.** (*multitud*) Menge *f;* **una ~ humana** eine Menschenflut

mareado, -a [mare'aðo, -a] *adj* **1.** (*indispuesto*) krank; (*en el mar*) seekrank; (*al viajar*) reisekrank; **estoy ~** mir ist übel **2.** (*aturdido*) schwind(e)lig; **estoy ~** mir ist schwind(e)lig **3.** (*bebido*) beschwipst *fam*

marear [mare'ar] **I.** *vt* **1.** (*fam: molestar*) auf die Nerven gehen +*dat* **2.** (MED): **algo marea a alguien** jdm wir von etw *dat* schlecht **3.** (*aturdir*) schwind(e)lig machen; (*fig*) überfordern **II.** *vr:* **~se 1.** (*enfermarse*) krank werden; (*en el mar*) seekrank werden; (*al viajar*) reisekrank werden **2.** (*quedar aturdido*): **me mareo** mir wird schwind(e)lig **3.** (*emborracharse*) sich betrinken

marejada [mare'xaða] *f* hoher Seegang *m;* (*fig*) Brodeln *nt*

maremagno [mare'maɣno] *m,* **maremágnum** [mare'maɣnun] *m* **1.** (*multitud*) Unmenge *f* **2.** (*confusión*) Durcheinander *nt*

maremoto [mare'moto] *m* Seebeben *nt*

mareo [ma'reo] *m* **1.** (*malestar*) Übelkeit *f;* (*en el mar*) Seekrankheit *f;* (*al viajar*) Reisekrankheit *f* **2.** (*vértigo*) Schwindelanfall *m* **3.** (*loc*): **¡qué ~ de hombre!** was für ein unausstehlicher Kerl!

marfil [mar'fil] *m* **1.** (*elefante*) Elfenbein *nt* **2.** (*dentadura*) Zahnbein *nt*

marfileño, -a [marfi'leɲo, -a] **I.** *adj* **1.** (*nacionalidad*) von der Elfenbeinküste **2.** (*material*) elfenbeinern **II.** *m, f* Ivorer(in) *m(f)*

margarina [marɣa'rina] *f* Margarine *f*

margarita [marɣa'rita] *f* **1.** (BOT: *mayor*) Margerite *f;* (*menor*) Gänseblümchen *nt;* **deshojar ~s** 'er/sie liebt mich, er/sie liebt mich nicht' spielen **2.** (*bebida*) Margarita *f* **3.** (ZOOL) Perlmuschel *f* **4.** (*perla*) Perle *f;* **echar ~s a puercos** Perlen vor die Säue werfen **5.** (TIPO) Typenrad *nt*

margen ['marxen] *m o f* **1.** (*borde*) Rand *m;* **el ~ del río** das Flussufer; **al ~** abseits; **dejar al ~** ausschließen; **mantenerse al ~ de algo** (*fig*) sich aus etw *dat* heraushalten **2.** (*página*) (Seiten)rand *m* **3.** (*libertad*) Spielraum *m;* **dar ~** Gelegenheit geben **4.** (*ganancia*) Spanne *f;* **~ de costos** Kostenrahmen *m;* **~ de seguridad** Sicherheitsmarge *f*

marginado, -a [marxi'naðo, -a] **I.** *adj* **1.** (*excluído*) diskriminiert **2.** (*aislado*) isoliert **II.** *m, f* Außenseiter(in) *m(f)*

marginal [marxi'nal] *adj* **1.** (*al margen*) Rand- **2.** (*secundario*) nebensächlich

marginar [marxi'nar] *vt* **1.** (*ignorar algo*) beiseite lassen; (*a alguien*) ausgrenzen **2.** (*acotar*) mit Randbemerkungen versehen

maría [ma'ria] *f* **1.** (*fam: ama de casa*) Heimchen *nt* am Herd **2.** (*argot: marihuana*) Gras *nt*

marica [ma'rika] *m* (*vulg*) **1.** (*homosexual*) Schwule(r) *m fam* **2.** (*cobarde*) Hosenscheißer *m* **3.** (*insulto grosero*) Arschloch *nt*

Maricastaña [marikas'taɲa] *f:* **tiempos de ~** (*fam*) Anno Tobak; **desde los tiempos de ~** seit ewigen Zeiten; **este chiste es de los tiempos de ~** dieser Witz ist doch schon uralt

maricón [mari'kon] *m* (*vulg*) *v.* **marica**

mariconada [mariko'naða] *f* (*vulg*) **1.** (*acción malintencionada*) Schweinerei *f fam;* **hacer una ~ a alguien** jdn reinlegen **2.** (*tontería*) Blödsinn *m fam*

marido [ma'riðo] *m* Ehegatte *m;* **mi ~** mein Mann

mariguana [mari'ɣwana] *f sin pl,* **marihuana** [mari'wana] *f sin pl* Marihuana *nt*

marimacho [mari'matʃo] *m* (*fam*) Mannweib *nt*

marimandón, -ona [mariman̩'don, -ona] *m, f* (*fam*) herrschsüchtige Person *f*

marimorena [marimo'rena] *f* (*fam*) Streit *m;* **armar la ~** schweren Streit anfangen; **se armó la ~** ein wüster Streit brach los

marina [ma'rina] *f* **1.** (*flota*) Marine *f* **2.** (ARTE) Seestück *nt* **3.** (GEO) Küstengebiet *nt*

marinero, -a[1] [mari'nero, -a] *adj* **1.** (*relativo al mar*) See-; **buque ~** seetüchtiges Schiff; **pueblo ~** Fischerdorf *nt;* **pescado a la marinera** *Fischgericht mit Tomaten und Muscheln in Weinsoße* **2.** (*relativo a la marina*) Marine-; **nudo ~** Seemannsknoten *m*

marinero[2] [mari'nero] *m* Seemann *m;* **~ de agua dulce** (*irón*) Landratte *f*

marino, -a[1] [ma'rino, -a] *adj* **1.** (*relativo al mar*) See- **2.** (*relativo a la marina*) Marine-

marino[2] [ma'rino] *m* (*navegante*) Seemann *m*

marioneta [marjo'neta] *f* **1.** (*títere*) Marionette *f* **2.** *pl* (*teatro*) Marionettentheater *nt*

mariposa [mari'posa] *f* **1.** (BIOL) Schmetterling *m;* **~ nocturna** Nachtfalter *m* **2.** (*lámpara*) Öllampe *f* **3.** (DEP) Schmetterlingsstil *m* **4.** (*fam pey: afeminado*) Tunte *f*

mariposear [maripose'ar] *vi* **1.** (*ser inconstante*) flatterhaft sein **2.** (*flirtear*) herumflirten **3.** (*rondar*) sich herumdrücken (*a* um +*akk*)

mariquita[1] [mari'kita] *f* **1.** (*insecto*) Marienkäfer *m* **2.** (*perico*) Papagei *m*

mariquita[2] [mari'kita] *m* (*fam*) Schwule(r) *m*

marisabidilla [marisaβi'ðiʎa] *f* (*fam*) Besserwisserin *f*

mariscal [maris'kal] *m* Marschall *m*

marisco [ma'risko] *m* Meeresfrucht *f*

Muscheln und Krebse aus dem Meer werden **marisco** genannt (entspricht im Deutschen ungefähr dem Begriff Meeresfrüchte). Zu ihnen gehören beispielsweise die **almejas** (Venusmuscheln) und die **mejillones** (Miesmuscheln), die **gambas** (Krabben), die **langostinos** (Garnelen) und die **nécoras** (eine kleine Krebsart).

marisma [ma'risma] *f* Marschland *nt*

marisquería [mariske'ria] *f* **1.** (*tienda*) Fachgeschäft *nt* für Meeresfrüchte **2.** (*restaurante*) Spezialitätenrestaurant *nt* für Meeresfrüchte

marital [mari'tal] *adj* ehelich; **vida ~** Eheleben *nt*

marítimo, -a [ma'ritimo, -a] *adj* maritim, See-; **ciudad marítima** Küstenstadt *f;* **seguro ~** Schifffahrtsversicherung *f*

marjal [mar'xal] *m* Moor *nt*
marmita [mar'mita] *f* Kochtopf *m*
mármol ['marmol] *m* Marmor *m;* **frío como el ~** kalt wie Stein; **de ~** marmorn
marmóreo, -a [mar'moreo, -a] *adj* marmorn, Marmor-
marmota [mar'mota] *f* **1.** (ZOOL) Murmeltier *nt* **2.** (*fam: dormilón*) Schlafmütze *f* **3.** (*pey: criada*) Trampel *m o nt*
maroma [ma'roma] *f* **1.** (*cuerda*) Tau *nt* **2.** (*Am: pirueta*) Kunststück *nt* **3.** (*Am: cambio de partido político*) plötzlicher Parteiwechsel *m;* (*de opinión*) plötzliche Meinungsänderung *m*
maromo [ma'romo] *m* (*argot*) Kerl *m*
marqués, -esa [mar'kes, -esa] *m, f* Marquis(e) *m(f)*
marquesina [marke'sina] *f* Markise *f*
marquetería [markete'ria] *f* Intarsie *f*
marrajo, -a[1] [ma'rraxo, -a] *adj* (*toro*) bösartig; (*persona*) verschlagen
marrajo[2] [ma'rraxo] *m* (ZOOL) Mako *m*
marrana [ma'rrana] *f* **1.** (*cerda*) Sau *f* **2.** (*fam pey: mujer sucia*) Schlampe; (*vil*) Miststück *nt*
marranada [marra'naða] *f* (*fam*) Schweinerei *f*
marrano, -a[1] [ma'rrano, -a] *adj* **1.** (*cochino*) ungehobelt **2.** (*sucio*) dreckig
marrano[2] [ma'rrano] *m* **1.** (*cerdo*) Schwein *nt* **2.** (*fam pey: hombre sucio*) Schmutzfink *m;* (*grosero*) ungehobelter Kerl *m;* (*vil*) Schuft *m*
marrar [ma'rrar] *vi* **1.** (*errar*) danebenschießen; **~ el golpe** (*fig*) einen Bock schießen **2.** (*desviarse*) vom rechten Weg abkommen
marras ['marras] *adv:* **tema de ~** Gemeinplatz *m;* **la persona de ~** die besagte Person; **lo de ~** die alte Geschichte
marrón [ma'rron] **I.** *adj* (kastanien)braun **II.** *m* (*Am: martillo*) Vorschlaghammer *m*
marroquí [marro'ki] **I.** *adj* marokkanisch **II.** *mf* Marokkaner(in) *m(f)*
Marruecos [ma'rrwekos] *m* Marokko *nt*
marrullería [marruʎe'ria] *f* aufgesetzte Freundlichkeit *f;* **déjate de ~s** hör auf mit deinem Geschmeichel
marrullero, -a [marru'ʎero, -a] **I.** *adj* übertrieben freundlich **II.** *m, f* (durchtriebener) Schmeichler *m,* (durchtriebene) Schmeichlerin *f*
Marsella [mar'seʎa] *f* Marseille *nt*
marsellés, -esa [marse'ʎes, -esa] **I.** *adj* aus Marseille **II.** *m, f* Marseiller(in) *m(f)*
marsopa [mar'sopa] *f* Schweinswal *m*
marsupial [marsu'pjal] **I.** *adj:* **animal ~** Beuteltier *nt* **II.** *m* Beuteltier *nt*
marta ['marta] *f* **1.** (*animal*) Marder *m;* **~ cebellina** Zobel *m* **2.** (*piel*) Marderfell *nt*
Marte ['marte] *m* Mars *m*
martes ['martes] *m inv* Dienstag *m;* **¡~ y trece!** ≈Freitag, der 13.; *v. t.* **lunes**
martill(e)ar [marti'ʎar/martiʎe'ar] *vt* **1.** (*golpear*) hämmern (auf +*akk*) **2.** (*atormentar*) martern **3.** (*repetir*) ständig wiederholen
martilleo [marti'ʎeo] *m* Gehämmer *nt*
martillo [mar'tiʎo] *m* **1.** (*herramienta, t.* ANAT) Hammer *m;* **pez ~** Hammerhai *m;* **creer algo a macha ~** etw felsenfest glauben **2.** (*subasta*) Auktionshaus *nt*
martín [mar'tin] *m:* **~ pescador** Eisvogel *m;* **~ del río** Nachtreiher *m*
martinete [marti'nete] *m* **1.** (ZOOL) Nachtreiher *m* **2.** (MÚS: *macillo*) (Klavier)hammer *m* **3.** (*mazo*) Fallhammer *m;* (*para clavar estacas*) Pfahlramme *f*
martingala [martiŋ'gala] *f* (*fam*) Trick *m*
mártir ['martir] *mf* Märtyrer(in) *m(f)*
martirio [mar'tirjo] *m* (REL) Martyrium *nt;* (*fig*) Marter *f*
martirizar [martiri'θar] <z→c> *vt* martern
marzo ['marθo] *m* März *m;* **en ~** im März; **a principios/a mediados/a fin(al)es de ~** Anfang/Mitte/Ende März; **el 21 de ~** der 21. März; **el mes de ~ tiene 31 días** der März hat 31 Tage; **el pasado ~ fue muy frío** im vergangenen März war es sehr kalt
mas [mas] **I.** *m* Gehöft *nt* **II.** *conj* (LIT) aber, jedoch
más [mas] **I.** *adv* **1.** (*cantidad*): **~ dinero** mehr Geld **2.** (*comparativo*): **~ grande/pequeño** größer/kleiner; **~ temprano/tarde** früher/später; **correr ~** schneller laufen; **esto me gusta ~** das gefällt mir besser; **es ~ guapo que tú** er sieht besser aus als du **3.** (*superlativo*): **la ~ bella** die Schönste; **el ~ listo de la clase** der Beste der Klasse; **el modelo que ~ se lleva** das Modell, das am meisten getragen wird; **lo que ~ me gusta** was mir am besten gefällt; **lo que ~ quieras** was dir am liebsten ist **4.** (*con numerales/cantidad*): **~ de treinta** über dreißig; **son ~ de las diez** es ist 10 Uhr vorbei **5.** (*preferencia*): **~ quiero la muerte que la esclavitud** lieber möchte ich sterben, als in der Sklaverei zu leben **6.** (*tan*): **¡está ~ guapa!** wie gut sie aussieht!; **¡qué tarde ~ apacible!** was für ein gemütlicher Nachmittag! **7.** (*con pronombre interrogativo/indefinido*): **¿algo ~?** noch etwas?; **no, nada ~** nein, nichts mehr **8.** (*en frases negativas*) nicht mehr; **no puedo ~** ich kann nicht mehr; **nunca ~** nie wieder **9.** (MAT) plus; **tengo tres libros, ~ los que he prestado** ich habe drei Bücher abgesehen von denen, die ich verliehen habe **10.** (*loc*): **~ o menos** mehr oder weniger; **el ~ allá** das Jenseits; **a lo ~** höchstens; **a ~ no poder** bis zum Gehtnichtmehr

fam; **a ~ tardar** spätestens; **a ~ y mejor** nur noch; **llueve a ~ y mejor** es regnet und regnet; **divertirse a ~ y mejor** sich köstlich amüsieren; **cada día** [*o* **vez**] ~ immer mehr; **como el que ~** so wie jedermann; **cuanto ~ mejor** je mehr, je lieber; **de ~** zu viel; **hay comida de ~** es gibt reichlich zu essen; **estar de ~** überflüssig sein; **el que ~ y el que menos** jeder von uns; **es ~, ~ aún** mehr noch; **ayer lo vi; es ~: hablé con él** gestern habe ich ihn gesehen, ja, ich habe sogar mit ihm gesprochen; **de lo ~** äußerst; **lo ~ posible** so sehr es nur geht; **lo ~ pronto posible** so früh wie möglich; **~ acá** hierher; **~ adelante** (*local*) weiter vorn; (*temporal*) später; **~ allá de esto** darüber hinaus; **~ bien** vielmehr; **no es muy delgado; es ~ bien gordo** er ist eher dick als dünn; **~ de la cuenta** viel zu viel; **¿cómo te ha ido? – ~ o menos** wie ist es dir ergangen? – so einigermaßen; **~ o menos** (*aproximadamente*) ungefähr; **le va ~ o menos** es geht ihm/ihr nicht so gut; **~ que nunca** wie nie zuvor; **ni ~ ni menos** genauso; **por ~ que lo intento, no consigo dormirme** so sehr ich mich auch bemühe, ich kann einfach nicht einschlafen; **¿qué ~ da?** was macht das schon?; **quien ~ y quien menos** jeder; **sin ~ acá ni ~ allá** (*fam*) mir nichts, dir nichts; **sin ~ ni ~** aus heiterem Himmel; **tener sus ~ y sus menos** seine Vor- und Nachteile haben; **todo lo ~** höchstens; **el no va ~** das Höchste; **el no va ~ (de la moda)** der letzte Schrei (der Mode) **II.** *m* (MAT) Plus(zeichen) *nt*

masa ['masa] *f* **1.** (*pasta*) Masse *f;* (*para hornear*) Teig *m;* **coger a alguien con las manos en la ~** jdn auf frischer Tat ertappen **2.** (*volumen, muchedumbre*) Masse *f;* **~ monetaria** Geldmenge *f;* **medios de comunicación de ~s** Massenmedien *ntpl*

masacrar [masa'krar] *vt* massakrieren

masacre [ma'sakre] *f* Massaker *nt*

masaje [ma'saxe] *m* Massage *f;* **dar ~s** massieren; **darse ~s** sich massieren lassen

masajista [masa'xista] *mf* Masseur(in) *m(f)*

mascar [mas'kar] <c→qu> *vt* **1.** (*masticar*) kauen **2.** (*mascullar*) murmeln **3.** (*presentir*) vorausahnen

máscara ['maskara] *f* **1.** (*careta*) Maske *f;* **traje de ~** Verkleidung *f;* **quitar la ~ a alguien** (*fig*) jdm die Maske vom Gesicht reißen; **quitarse la ~** (*fig*) die Maske fallen lassen **2.** *pl* (*fiesta*) Maskenball *m* **3.** (*enmascarado*) Maskierte(r) *mf;* (*de Carnaval*) Narr *m,* Närrin *f*

mascarada [maska'raða] *f* **1.** (*baile*) Maskenball *m* **2.** (*farsa*) Täuschung *f*

mascarilla [maska'riʎa] *f* **1.** (*máscara*) Maske *f* **2.** (*protección*) Mundschutz *m* **3.** (*cosmética*) Gesichtspackung *f;* **~ exfoliante** Peelingmaske *f;* **~ facial** Gesichtsmaske *f* **4.** (*molde*) Gesichtsabdruck *m*

mascota [mas'kota] *f* Maskottchen *nt*

masculinidad [maskulini'ðaᵈ] *f* Männlichkeit *f*

masculino, -a[1] [masku'lino, -a] *adj* **1.** (*de hombre*) männlich **2.** (*para hombre*) Männer-; **moda masculina** Herrenmode *f* **3.** (LING): **género ~** maskuliner Genus *m*

masculino[2] [masku'lino] *m* (LING) Maskulinum *nt*

mascullar [masku'ʎar] *vt* murmeln

masía [ma'sia] *f* Gehöft *nt*

masilla [ma'siʎa] *f* Fensterkitt *m*

masivo, -a [ma'siβo, -a] *adj* **1.** (*grande*) massiv **2.** (*fuerte*) stark **3.** (*de masas*) Massen-

masón, -ona [ma'son, -ona] *m, f* Freimaurer(in) *m(f)*

masoquista [maso'kista] **I.** *adj* masochistisch **II.** *mf* Masochist(in) *m(f)*

masticar [masti'kar] <c→qu> *vt* **1.** (*mascar*) kauen **2.** (*meditar*) nachgrübeln (über +*akk*)

mástil ['mastil] *m* **1.** (NÁUT) Mast *m* **2.** (*poste*) Pfahl *m* **3.** (*de un violín*) Hals *m*

mastín [mas'tin] *m* Bulldogge *f*

mastuerzo [mas'twerθo] *m* **1.** (BOT) Kresse *f* **2.** (*hombre*) Tölpel *m*

masturbación [masturβa'θjon] *f* Masturbation *f*

masturbarse [mastur'βarse] *vr* masturbieren

mata ['mata] *f* **1.** (*matorral*) Gestrüpp *nt* **2.** (*planta*) Staude *f;* (*arbusto*) Strauch *m* **3.** *pl* (*fam: cabellera*) Mähne *f* **4.** (*loc, fam*): **a salto de ~** (*repentinamente*) plötzlich; (*superficialmente*) irgendwie; **vivir a salto de ~** von der Hand in den Mund leben

matadero [mata'ðero] *m* **1.** (*desolladero*) Schlachthof *m;* **ir al ~** (*fig*) sich in Lebensgefahr begeben; **llevar al ~** (*fig*) in den sicheren Tod schicken **2.** (*fatiga*) Plackerei *f*

matador(a) [mata'ðor(a)] **I.** *adj* **1.** (*que mata*) tödlich **2.** (*cansador*) erschöpfend **3.** (*fam: feo*) potthässlich **II.** *m(f)* **1.** (*asesino*) Mörder(in) *m(f)* **2.** (TAUR) Matador *m,* a *f*

matamoscas [mata'moskas] *m inv* **1.** (*insecticida*) Insektenspray *nt* **2.** (*objeto*) Fliegenklatsche *f* **3.** (*trampa*) Fliegenfalle *f*

matanza [ma'taṇθa] *f* **1.** (*el matar*) Töten *nt* **2.** (*en batallas*) Gemetzel *nt;* **hacer una ~** ein Gemetzel anrichten **3.** (*carneada*) Schlachtung *f;* **hacer la ~** das Schlachtfest feiern **4.** (GASTR) Schlachtplatte *f*

matar [ma'tar] **I.** *vt* **1.** (*quitar la vida*) töten;

M

~ **a golpes** erschlagen; ~ **a palos** zu Tode prügeln; ~ **a puñaladas** erstechen; ~ **a tiros** erschießen; **que me maten si yo esperaba una cosa así** (*fam fig*) also, so was habe ich im Traum nicht erwartet **2.** (*carnear*) schlachten **3.** (*hambre, sed*) stillen **4.** (*luz, fuego, cal, yeso*) löschen **5.** (*sellos*) abstempeln **6.** (*redondear*) abrunden **7.** (*naipes*) stechen **8.** (*color, brillo*) mattieren **9.** (*acabar con alguien*) zugrunde richten; ~ **a disgustos** zu Tode ärgern **10.** (*aniquilar*) vernichten; (*el tiempo*) totschlagen; (*el aburrimiento/nerviosismo*) überwinden **11.** (*molestar*) quälen; ~ **a preguntas a alguien** jdm ein Loch in den Bauch fragen *fam* **II.** *vr:* ~**se 1.** (*suicidarse*) sich *dat* das Leben nehmen **2.** (*aniquilarse*) sich gegenseitig umbringen **3.** (*trabajar descanso*) sich abrackern; ~**se por algo** für etw leben und sterben

matarife [mata'rife] *mf* Schlachter(in) *m(f)*

matarratas [mata'rratas] *m inv* **1.** (*raticida*) Rattengift *nt* **2.** (*pey fam: aguardiente*) Fusel *m*

matasanos [mata'sanos] *mf inv* (*fam irón*) Arzt *m*, Ärztin *f*; (*pey*) Quacksalber(in) *m(f)*

matasellos [mata'seʎos] *m inv* Poststempel *m*

matasuegras [mata'sweɣras] *m inv* (*fam*) Tröte *f*

match [matʃ] *m* Spiel *nt*

mate ['mate] **I.** *adj* matt **II.** *m* (*ajedrez*) Matt *nt*; **jaque** ~ Schachmatt *nt*

> In Südamerika bezeichnet **mate**: 1. die Matepflanze, 2. die Blätter der Matepflanze, mit denen der Tee zubereitet wird, 3. den Mate(tee) an sich und 4. ein Gefäß, in dem der Tee aufbewahrt wird.

matemáticas [mate'matikas] *fpl* Mathematik *f*

matemático, -a [mate'matiko, -a] **I.** *adj* **1.** (MAT) mathematisch **2.** (*exacto*) exakt **II.** *m, f* Mathematiker(in) *m(f)*

materia [ma'terja] *f* **1.** (*substancia, t.* FÍS) Materie *f*; ~ **gris** (ANAT) graue Substanz; ~ **prima** Rohstoff *m* **2.** (*tema*) Materie *f*; **en ~ de** hinsichtlich +*gen* **3.** (*disciplina*) Sachgebiet *nt*; (ENS) Fach *nt*; ~ **penal** (JUR) Strafrecht *nt*

material [mate'rjal] **I.** *adj* **1.** (*real*) materiell; **daño** ~ Sachschaden *m*; **el autor ~ del hecho** der Hintermann **2.** (*tosco*) prosaisch **II.** *m* Material *nt*; ~**es de construcción** Baustoffe *mpl*; ~ **de enseñanza** Lehrmittel *ntpl*; ~ **de oficina** Büroartikel *mpl*

materialista [materja'lista] **I.** *adj* materialistisch **II.** *mf* Materialist(in) *m(f)*

materializar [materjali'θar] <z→c> **I.** *vt* **1.** (*hacer material*) materialisieren **2.** (*realizar*) verwirklichen **3.** (*hacer aparecer*) erscheinen lassen **II.** *vr:* ~**se 1.** (*tomar cuerpo*) Gestalt annehmen **2.** (*hacerse realidad*) sich verwirklichen **3.** (*aparecerse*) sich materialisieren; (*fantasmas*) erscheinen

materialmente [materjal'men̩te] *adv* tatsächlich; **ser ~ posible** durchaus möglich sein

maternal [mater'nal] *adj* mütterlich, Mutter-

maternidad [materni'ðaᵈ] *f* **1.** (*el ser madre*) Mutterschaft *f* **2.** (*hospital*) Entbindungsheim *nt*; (*en un hospital*) Entbindungsstation *f*

materno, -a [ma'terno, -a] *adj* mütterlich; **abuelo** ~ Großvater mütterlicherseits; **lengua materna** Muttersprache *f*

matinal [mati'nal] *adj* morgendlich

matiné [mati'ne] *f* Matinee *f*

matiz [ma'tiθ] *m* **1.** (*gradación*) Nuance *f* **2.** (*toque*) Touch *m fam* **3.** (*rasgo*) Feinheit *f*

matizar [mati'θar] <z→c> *vt* **1.** (*combinar colores o tonos*) schattieren; ~ **de** [*o* **en**] [*o* **con**] **rojo** rot schattieren **2.** (*graduar*) abtönen (*de/con* mit +*dat*) **3.** (*de un sentido*) nuancieren (*de* mit +*dat*); ~ **una frase de significado irónico** einem Satz eine ironische Nuance geben

matón, -ona [ma'ton, -ona] *m, f* **1.** (*chulo*) Rowdy *m* **2.** (*guardaespaldas*) Leibwächter(in) *m(f)* **3.** (*asesino*) Killer(in) *m(f)*

matorral [mato'rral] *m* Dickicht *nt*

matraca [ma'traka] *f* **1.** (*carraca*) Ratsche *f* **2.** (*instrumento*) Klapper *f* **3.** (*loc*): **dar la ~** quengeln; **ser ~** lästig sein

matraz [ma'traθ] *m* Kolben *m*

matrero, -a [ma'trero, -a] *adj* **1.** (*astuto*) schlau **2.** (*receloso*) misstrauisch **3.** (*engañoso*) trügerisch **4.** (*AmS: fugitivo*) flüchtig

matrícula [ma'trikula] *f* **1.** (*documento*) Anmeldebescheinigung *f* **2.** (*inscripción*) Anmeldung *f*; (UNIV) Immatrikulation *f* **3.** (AUTO: *placa*) Nummernschild *nt*; ~ **de vehículo** Autokennzeichen *nt*; **número de la ~** Autonummer *f* **4.** (*lista*) Verzeichnis *nt* **5.** (*conjunto de alumnos*) Schülerzahl *f* **6.** (*loc*): **aprobar con ~ de honor** mit summa cum laude bestehen

matricular [matriku'lar] **I.** *vt* anmelden; (UNIV) immatrikulieren **II.** *vr:* ~**se en la Universidad** sich an der Universität immatrikulieren; ~**se de oyente** sich als Gasthörer(in) einschreiben

matrimonial [matrimo'njal] *adj* ehelich; **agencia** ~ Heiratsinstitut *nt;* **vida** ~ Eheleben *nt*

matrimonio [matri'monjo] *m* **1.** (*institución*) Ehe *f;* (*ceremonia*) Heirat *f;* ~ **canónico** kirchliche Trauung; ~ **civil** standesamtliche Trauung; **consumar el** ~ die Ehe vollziehen; **contraer** ~ heiraten **2.** (*marido y mujer*) Ehepaar *nt;* **cama de** ~ Ehebett *nt*

matriz [ma'triθ] **I.** *f* **1.** (*útero*) Gebärmutter *f* **2.** (*molde*) Gussform *f* **3.** (TIPO) Matrize *f* **4.** (*de un talonario*) Verwendungsnachweis *m* **5.** (MAT) Matrix *f* **II.** *adj* Stamm-; **lengua** ~ Grundsprache *f*

matrona [ma'trona] *f* **1.** (*comadrona*) Hebamme *f* **2.** (*de familia*) Matrone *f*

maturrango, -a [matu'rraŋgo, -a] **I.** *adj* **1.** (*AmS: mal jinete*) schlecht reitend **2.** (*Chil: tosco*) schwerfällig **II.** *m, f* schlechter Reiter *m,* schlechte Reiterin *f*

matute [ma'tute] *m* **1.** (*contrabando*) Schmuggel *m;* **de** ~ (*fig*) heimlich; **pasar de** ~ schmuggeln; **viajar de** ~ schwarzfahren **2.** (*género*) Schmuggelware *f* **3.** (*casa de juegos*) Spielhölle *f*

matutino, -a [matu'tino, -a] *adj* morgendlich; **periódico** ~ Morgenzeitung *f;* **sesión matutina** Vormittagsvorstellung *f*

maula[1] ['mau̯la] *mf* (*fam*) **1.** (*tramposo*) Betrüger(in) *m(f)* **2.** (*inútil*) Taugenichts *m*

maula[2] ['mau̯la] *f* **1.** (*baratija*) Ramsch *m fam;* **este coche es una** ~ dieses Auto ist eine Schrottkarre *fam* **2.** (*engaño*) List *f*

maullar [mau̯'ʎar] *irr como aullar vi* miauen

maullido [mau̯'ʎiðo] *m* Miauen *nt*

mauritano, -a [mau̯ri'tano, -a] **I.** *adj* mauretanisch **II.** *m, f* Mauretanier(in) *m(f)*

mausoleo [mau̯so'leo] *m* Mausoleum *nt*

maxilar [maˠsi'lar] **I.** *adj* Kiefer- **II.** *m* Kiefer *m*

máxima ['maˠsima] *f* Maxime *f*

máxime ['maˠsime] *adv* vor allem

máximo, -a ['maˠsimo, -a] **I.** *adj* maximal; **rendimiento** ~ Höchstleistung *f;* **triunfo** ~ größter Erfolg; **pon la radio al** ~ lass das Radio ganz laut laufen **II.** *m, f* Maximum *nt;* **como** ~ höchstens; (*temporal*) spätestens

maya ['maɟa] *f* (BOT) Gänseblümchen *nt*

maya[1] **I.** *adj* Maya-; **cultura** ~ Mayakultur *f* **II.** *mf* Maya *mf*

maya[2] ['maɟa] *f* (BOT) Gänseblümchen *nt*

Die **mayas**, ein in Mittelamerika (im heutigen Mexiko, Guatemala und Honduras) beheimateter indianischer Kulturstamm, waren auf sehr vielen Gebieten hoch entwickelt. Davon zeugen die zahlreichen Ruinen, wie die aus Steinblöcken zusammengesetzten Pyramiden, ihre Inschriften und Zeichnungen und nicht zuletzt ihr sehr genaues Kalendersystem.

mayestático, -a [maɟes'tatiko, -a] *adj* majestätisch; **plural** ~ Pluralis majestatis *m*

mayo ['maɟo] *m* **1.** (*mes*) Mai *m; v. t.* **marzo** **2.** (*árbol*) Maibaum *m*

mayonesa [maɟo'nesa] *f* Majonäse *f*

mayor [ma'ɟor] **I.** *adj* **1.** (*tamaño*): ~ **que** größer als; **el** ~ **barco** das größte Schiff; **mal** ~ Unannehmlichkeit *f;* **comercio al por** ~ Großhandel *m;* **se repartieron palos al por** ~ es wurden kräftig Schläge verteilt **2.** (*edad*): ~ **que** älter als; **mi hermano** ~ mein älterer Bruder; **el** ~ **de mis hermanos** mein ältester Bruder; **ser** ~ alt sein; ~ **de edad** volljährig; **persona** ~ älterer Mensch; **los** ~**es** die Erwachsenen **3.** (MÚS) Dur *nt;* **tono** ~ Dur *nt;* **tercera** ~ große Terz; **escala en do** ~ C-Dur-Tonleiter *f* **II.** *m* **1.** (MIL) Major *m* **2.** (*superior*) Vorgesetzte(r) *m* **3.** *pl* (*ascendientes*) Vorfahren *mpl*

mayoral [maɟo'ral] *m* (*capataz*) Vorarbeiter *m*

mayorcito, -a [maɟor'θito, -a] *adj* (*fam*): **¡si ya eres** ~**!** du bist doch schon ein großer Junge!

mayordomo, -a [maɟor'ðomo, -a] *m, f* Hausverwalter(in) *m(f);* (*de una mansión*) Gutsverwalter(in) *m(f)*

mayoría [maɟo'ria] *f* Mehrheit *f;* ~ **de edad** Volljährigkeit *f;* ~ **relativa** einfache Mehrheit; **la** ~ **tiene un coche** die meisten besitzen ein Auto

mayorista [maɟo'rista] **I.** *adj* Großhandels-; **comercio** ~ Großhandel *m* **II.** *mf* Großhändler(in) *m(f)*

mayoritariamente [maɟoritarja'men̩te] *adv* überwiegend

mayoritario, -a [maɟori'tarjo, -a] *adj* Mehrheits-; **tener el apoyo** ~ von der Mehrheit unterstützt werden

mayormente [maɟor'men̩te] *adv* hauptsächlich, vor allem, insbesondere

mayúscula [ma'ɟuskula] *f* Großbuchstabe *m;* **escribirse con** ~ großgeschrieben werden

mayúsculo, -a [ma'ɟuskulo, -a] *adj* **1.** (*fam: grande*) riesig **2.** (*loc*): **letra mayúscula** Großbuchstabe *m*

maza ['maθa] *f* **1.** (*porra*) Keule *f* **2.** (*para machacar*) Stößel *m* **3.** (*percusor*) Schlägel *m*

M

mazacote [maθa'kote] *m* **1.** (*hormigón*) Beton *m;* **esta esponja está hecha un** ~ dieser Schwamm ist ganz hart geworden **2.** (*fam: comida*) ≈Pampe *f*

mazacotudo, -a [maθako'tuðo, -a] *adj* (*Am*) plump

mazapán [maθa'pan] *m* Marzipan *nt*

mazazo [ma'θaθo] *m* Schlag *m;* **dar ~s a alguien** (*fig*) jdm schaden; **la muerte de su hijo fue un ~ para él** der Tod seines Sohnes war ein schwerer Schlag für ihn

mazmorra [maθ'morra] *f* Verlies *nt*

mazo ['maθo] *m* **1.** (*martillo*) Holzhammer *m* **2.** (*maza pequeña*) Stößel *m* **3.** (*manojo*) Bündel *nt* **4.** (*persona pesada*) Nervensäge *f fam*

mazorca [ma'θorka] *f* (*del maíz*) Maiskolben *m;* (*del cacao*) Kakaoschote *f*

me [me] **I.** *pron pers* **1.** (*objeto directo*) mich; **¡míra~!** sieh mich an! **2.** (*objeto indirecto*) mir; **da~ el libro** gib mir das Buch **II.** *pron refl:* ~ **lavo** ich wasche mich; ~ **voy** ich gehe; ~ **he comprado un piso** ich habe mir eine Wohnung gekauft; ~ **lavo el pelo** ich wasche mir die Haare

meada [me'aða] *f* **1.** (*fam: orina*) Pisse *f;* **echar una** ~ pinkeln **2.** (*mancha de orina*) Urinlache *f;* **aquí hay una ~ de gato** eine Katze hat hierhin gepinkelt *fam*

meadero [mea'ðero] *m* (*vulg*) Pissbecken *nt*

meandro [me'an̩dro] *m* (*curva*) Biegung *f*

mear [me'ar] *vi, vr:* **~se** (*fam*) pinkeln; **el niño se ha meado en el pantalón** das Kind hat in die Hose gemacht; **~se de risa** sich totlachen

meato [me'ato] *m* Gang *m;* ~ **auditivo** Gehörgang *m;* ~ **urinario** Harnröhre *f*

mecánica [me'kanika] *f* Mechanik *f*

mecánico, -a [me'kaniko, -a] **I.** *adj* mechanisch **II.** *m, f* Mechaniker(in) *m(f)*

mecanismo [meka'nismo] *m* **1.** (*dispositivo*) Mechanismus *m* **2.** (*funcionamiento*) Verfahren *nt*

mecanizar [mekani'θar] <z→c> *vt* **1.** (*automatizar*) mechanisieren **2.** (*elaborar*) mechanisch bearbeiten

mecano [me'kano] *m* (*juguete*) Baukasten *m*

mecanografía [mekanoɣra'fia] *f* Maschineschreiben *nt*

mecedora [meθe'ðora] *f* Schaukelstuhl *m*

mecenas [me'θenas] *mf inv* Mäzen(in) *m(f)*

mecer [me'θer] <c→z> **I.** *vt* **1.** (*menear*) schütteln **2.** (*balancear*) wiegen; (*columpiar*) schaukeln **II.** *vr:* **~se** **1.** (*menearse*) sich schütteln **2.** (*balancearse*) sich wiegen; (*columpiarse*) schaukeln

mecha ['metʃa] *f* **1.** (*pabilo*) Docht *m;* (*de explosivos*) Zündschnur *f* **2.** (*gasa*) (Verbands)mull *m* **3.** (*mechón*) (Haar)strähne *f* **4.** *pl* (*mechones teñidos*) Strähnchen *ntpl,* gefärbte Haarsträhnen *fpl;* **hacerse ~s** sich *dat* Strähnchen (ins Haar) machen lassen **5.** (*tocino*) Speck(streifen) *m* **6.** (*loc*): **a toda** ~ wie der geölte Blitz; **aguantar** ~ alles über sich ergehen lassen

mechero [me'tʃero] *m* **1.** (*quemador*) Brenner *m* **2.** (*encendedor*) Feuerzeug *nt*

mechón [me'tʃon] *m* Büschel *nt*

Mecklemburgo-Pomerania Occidental [meklem'burɣo pome'ranja oʸθiðen̩'tal] *m* Mecklenburg-Vorpommern *nt*

medalla [me'ðaʎa] *f* Medaille *f;* ~ **militar** Orden *m*

medallista [meða'ʎista] *mf* (*ganador*) Medaillengewinner(in) *m(f)*

medallón [me'ðaʎon] *m* Medaillon *nt*

médano ['meðano] *m,* **medaño** [me'ðaɲo] *m* **1.** (*duna*) Düne *f* **2.** (*bajío*) Sandbank *f*

media ['meðja] *f* **1.** (*promedio*) Mittel *nt* **2.** (*calceta*) Strumpf *m;* (*Am: calcetín*) Socke *f*

mediacaña [meðja'kaɲa] *f* Hohlkehle *f,* Kannele *f*

mediación [meðja'θjon] *f* Vermittlung *f*

mediado, -a [me'ðjaðo, -a] *adj* halb voll; **a ~s de semana** Mitte der Woche

mediador(a) [meðja'ðor(a)] *m(f)* Vermittler(in) *m(f)*

medianero, -a [meðja'nero, -a] **I.** *adj* (*en medio*) Zwischen- **II.** *m, f* (*intermediario*) Vermittler(in) *m(f)*

medianía [meðja'nia] *f* **1.** (*término medio*) Mittelmaß *nt* **2.** (*mediocridad*) Mittelmäßigkeit *f* **3.** (*persona*): **ser una** ~ (*inteligencia*) nicht der Hellste sein

mediano, -a [me'ðjano, -a] *adj* **1.** (*calidad*) mittelmäßig **2.** (*tamaño*) von mittlerer Größe; **talla mediana** Größe M **3.** (ECON) mittelständisch

medianoche [meðja'notʃe] *f* **1.** (*hora*) Mitternacht *f;* **a** ~ mitten in der Nacht **2.** (*panecillo*) ≈Milchbrötchen *nt*

mediante [me'ðjan̩te] **I.** *adj:* **Dios** ~ so Gott will **II.** *prep* mittels *+gen;* (*a través de*) durch *+akk*

mediar [me'ðjar] *vi* **1.** (*intermediar*) vermitteln **2.** (*interceder*) sich einsetzen (*por* für *+akk*) **3.** (*realizar hasta la mitad*) bis zur Hälfte schaffen **4.** (*interponerse*) behindern **5.** (*transcurrir*) vergehen **6.** (*existir*) dazwischen liegen; **entre tú y yo media un abismo** zwischen dir und mir liegen Welten

mediato, -a [me'ðjato, -a] *adj* mittelbar

medicación [meðika'θjon] *f* **1.** (*tratamiento*) Behandlung *f* **2.** (*medicamentos*) ≈Medikamente *ntpl*

medicamento [meðika'men̩to] *m* Medikament *nt;* ~ **circulatorio** Kreislaufmittel *nt*

medicar [meði'kar] <c→qu> **I.** *vt* Medikamente verabreichen *+dat* **II.** *vr:* **~se** Medikamente einnehmen

medicina [meði'θina] *f* Medizin *f;* **la ~ naturista** die Naturheilkunde

medicinal [meðiθi'nal] *adj* medizinisch; **balón ~** Medizinball *m;* **hierba ~** Arzneipflanze *f*

medición [meði'θjon] *f* Messung *f;* **~ de tiempos** Zeitnahme *f*

médico, -a ['meðiko, -a] **I.** *adj* ärztlich, Arzt-; **cuerpo ~** Ärzteschaft *f* **II.** *m, f* Arzt *m,* Ärztin *f;* **Colegio de M~s** Ärztekammer *f;* **~ de cabecera** Hausarzt *m;* **~ forense** Gerichtsmediziner *m;* **~ naturista** Naturheilkundler *m*

medida [me'ðiða] *f* **1.** (*medición*) Messung *f* **2.** (*dimensión*) Maß *nt;* **a la ~** maßgeschneidert; **tomar la(s) ~(s)** Maß nehmen; **hasta cierta ~** in gewissem Maße; **en la ~ de lo posible** im Rahmen des Möglichen; **a ~ que** in dem Maße wie **3.** (LIT) Versmaß *nt* **4.** (*prudencia*) Vorsicht *f;* **con ~** behutsam **5.** (*moderación*) Maß *nt;* **sin ~** maßlos **6.** (*acción*) Maßnahme *f;* **tomar ~s** Maßnahmen ergreifen

medidor(a)[1] [meði'ðor(a)] **I.** *adj* messend; **reloj ~** Messuhr *f* **II.** *m(f)* Vermesser(in) *m(f)*

medidor[2] [meði'ðor] *m* **1.** (*instrumento*) Messgerät *nt* **2.** (*Am: contador*) Zähler *m*

medieval [meðje'βal] *adj* mittelalterlich

medio, -a[1] ['meðjo, -a] **I.** *adj* **1.** (*mitad*) halb; **a las cuatro y media** um halb fünf; **litro y ~** anderthalb Liter; **mi media naranja** (*fig*) meine bessere Hälfte **2.** (*promedio*): **ciudadano ~** Durchschnittsbürger *m* **II.** *adv* halb; **~ vestido** halb nackt; **a ~ asar** halb gegrillt; **~ dormido, dormido a medias** halb eingeschlafen; **tomar a medias** teilen; **ir a medias** halbe-halbe machen *fam*

medio[2] ['meðjo] *m* **1.** (*mitad*) Mitte *f;* **en ~ de** zwischen *+dat;* **en ~ de todo** trotz allem; **meterse por ~** (*fig*) dazwischenfunken *fam;* **quitar de en ~** (*fam fig*) aus dem Weg schaffen **2.** (*instrumento*) Mittel *nt;* **~ de transporte** Verkehrsmittel *nt;* **por ~ de** mittels *+gen* **3.** (PREN, RADIO, TV) Medium *nt;* **~s de comunicación** Massenmedien *ntpl* **4.** (*entorno*) Milieu *nt;* **~ ambiente** Umwelt *f* **5.** (DEP) Mittelfeldspieler *m* **6.** (*Cuba: moneda*) 5-Cent-Münze *f* **7.** *pl* (*fuentes*) Quellen *fpl* **8.** *pl* (*capital*) (finanzielle) Mittel *ntpl;* **estar corto de ~s** knapp bei Kasse sein *fam*

medioambiental [meðjoambjeṇ'tal] *adj* Umwelt-

mediocre [me'ðjokre] *adj* mittelmäßig

mediocridad [meðjokri'ða^ð] *f* Mittelmäßigkeit *f*

mediodía [meðjo'ðia] *m* **1.** (*hora*) Mittag *m;* **al ~** mittags **2.** (*sur*) Süden *m*

medir [me'ðir] *irr como pedir* **I.** *vt* **1.** (*calcular*) messen **2.** (*sopesar*) abwägen; **~ los riesgos** die Risiken abwägen **3.** (*moderar*) mäßigen **II.** *vi* messen **III.** *vr:* **~se** sich messen

meditabundo, -a [meðita'βuṇdo, -a] *adj* nachdenklich

meditación [meðita'θjon] *f* Meditation *f*

meditar [meði'tar] *vt, vi* meditieren (*en/sobre* über *+akk*)

mediterráneo, -a [meðite'rraneo, -a] *adj* mediterran; **isla mediterránea** Mittelmeerinsel *f*

Mediterráneo [meðite'rraneo] *m* Mittelmeer *nt*

medrar [me'ðrar] *vi* **1.** (*crecer*) gedeihen **2.** (*avanzar*) Erfolg haben

medroso, -a [me'ðroso, -a] **I.** *adj* **1.** *estar* verängstigt **2.** *ser* ängstlich **II.** *m, f* Feigling *m*

médula ['meðula] *f* **1.** (ANAT) Knochenmark *nt;* **~ espinal** Rückenmark *nt* **2.** (BOT) Mark *nt* **3.** (*meollo*) Kern *m;* **hay que llegar a la ~ de las cosas** man muss den Sachen auf den Grund gehen; **estar hasta la ~** (*fam*) die Nase (gestrichen) voll haben

medular [meðu'lar] *adj* **1.** (*tuétano*) Knochenmark-; (*médula espinal*) Rückenmark- **2.** (*esencial*) Kern-; **parte ~** Kernstück *nt*

medusa [me'ðusa] *f* Qualle *f*

mefítico, -a [me'fitiko, -a] *adj* **1.** (*dañino*) giftig **2.** (*fétido*) stinkend

megaciclo [meɣa'θiklo] *m* Megahertz *nt*

megáfono [me'ɣafono] *m* Megaphon *nt*

megalomanía [meɣaloma'nia] *f* Größenwahn *m*

megalómano, -a [meɣa'lomano, -a] *adj* größenwahnsinnig; **megavatio** [meɣa'βatjo] *m* Megawatt *nt*

mejicano, -a [mexi'kano, -a] **I.** *adj* mexikanisch **II.** *m, f* Mexikaner(in) *m(f)*

Méjico ['mexiko] *m* Mexiko *nt*

mejilla [me'xiʎa] *f* Wange *f*

mejillón [mexi'ʎon] *m* Miesmuschel *f*

mejor [me'xor] **I.** *adj* **1.** (*compar*) besser; (**es**) **~ que...** *+subj* es ist besser, wenn ...; **cambiar a ~** sich bessern; **pasar a ~ vida** hinscheiden **2.** (*superl*): **el ~ alumno** der beste Schüler; **la ~ nota** die beste Note; **el/la/lo ~** der/die/das Beste; **~ postor** Meistbietende(r) *m;* **el ~ día** eines schönen Tages **II.** *adv* besser; **a lo ~** womöglich; **~ que ~** um so besser; **~ quiero un coche viejo que una moto** ich hätte lieber ein altes Auto als ein Motorrad

mejora [me'xora] *f* **1.** (*mejoramiento*) Verbesserung *f;* **~ salarial** Gehaltsaufbesserung

M

f **2.** (*puja*) höheres Gebot *nt*
mejorable [mexo'raβle] *adj* verbesserungsfähig
mejoramiento [mexora'mjen̩to] *m* Verbesserung *f*
mejorana [mexo'rana] *f* Majoran *m*
mejorar [mexo'rar] **I.** *vt* **1.** (*perfeccionar*) verbessern **2.** (*superar*) übertreffen; (*subasta*) überbieten **II.** *vi, vr:* **~se 1.** (*enfermo*) genesen; **¡que se mejore!** gute Besserung! **2.** (*tiempo*) besser werden
mejoría [mexo'ria] *f* Besserung *f*
mejunje [me'xuŋxe] *m* **1.** (*cosmético, medicamento*) Mixtur *f* **2.** (*pey: bebida*) Gesöff *nt*
melancolía [melaŋko'lia] *f* Melancholie *f*
melancólico, -a [melaŋ'koliko, -a] **I.** *adj* melancholisch **II.** *m, f* Melancholiker(in) *m(f)*
melanina [mela'nina] *f* Melanin *nt*
melanoma [mela'noma] *m* Melanom *nt*
melena [me'lena] *f* **1.** (*crin*) Mähne *f* **2.** (*pelo*) lange Haare; **soltarse la ~** die Haare offen tragen; (*fig*) sich *dat* einen Ruck geben
melenudo, -a [mele'nuðo, -a] **I.** *adj* langhaarig **II.** *m, f* Langhaarige(r) *mf*
melifluo, -a [me'liflwo, -a] *adj* **1.** (*como la miel*) honigsüß **2.** (*amable*) zuckersüß
melillense [meli'ʎense] **I.** *adj* aus Melilla **II.** *mf* Einwohner(in) *m(f)* von Melilla
melindre [me'lin̩dre] *m* **1.** (*con miel y harina*) ≈Honigpfannkuchen *m;* (*con mazapán*) ≈Marzipanschnecke *f* **2.** *pl* (*delicadeza exagerada*) Zimperlichkeit *f;* (*afectada*) Geziertheit *f;* **hacer ~s** sich zieren
melindroso, -a [melin̩'droso, -a] **I.** *adj* (*delicado*) zimperlich; (*afectado*) geziert **II.** *m, f* (*persona delicada*) zimperliche Person *f;* (*afectada*) affektierte Person *f*
melisa [me'lisa] *f* Melisse *f*
mella ['meʎa] *f* **1.** (*hendidura*) Scharte *f* **2.** (*hueco*) Lücke *f* **3.** (*merma*) Schmälerung *f* **4.** (*loc*): **hacer ~** beeindrucken
mellar [me'ʎar] *vt* **1.** (*hacer mellas*) ruinieren **2.** (*disminuir*) schmälern
mellizo, -a [me'ʎiθo, -a] **I.** *adj* **1.** (*gemelo*) Zwillings- **2.** (*igual*) gleich **II.** *m, f* Zwilling *m*
melocotón [meloko'ton] *m* **1.** (*fruto*) Pfirsich *m* **2.** (*fam: borrachera*) Rausch *m*
melocotonero [melokoto'nero] *m* Pfirsichbaum *m*
melodía [melo'ðia] *f* (*sucesión de sonidos*) Melodie *f*
melódico, -a [me'loðiko, -a] *adj* melodisch
melodrama [melo'ðrama] *m* Melodram(a) *nt*
melodramático, -a [meloðra'matiko, -a] *adj* melodramatisch
melón, -ona[1] [me'lon, -ona] *m, f* (*fam*) Dummkopf *m*
melón[2] [me'lon] *m* **1.** (*fruto*) Melone *f* **2.** (*fam: cabeza*) Birne *f*
melopea [melo'pea] *f* (*fam: borrachera*) Rausch *m*
meloso, -a [me'loso, -a] *adj* lieblich
membrana [mem'brana] *f* Membran *f;* **~ mucosa** Schleimhaut *f*
membrete [mem'brete] *m* Briefkopf *m*
membrillo [mem'briʎo] *m* (*árbol*) Quittenbaum *m;* (*fruto*) Quitte *f;* **carne** [*o* **dulce**] **de ~** Quittenbrot *nt*
membrudo, -a [mem'bruðo, -a] *adj* stämmig
memo, -a ['memo, -a] **I.** *adj* dumm **II.** *m, f* Dummkopf *m*
memorable [memo'raβle] *adj* denkwürdig
memorándum [memo'ran̩dun] *m* <memorandos> Memorandum *nt*
memoria [me'morja] *f* **1.** (*facultad*) Gedächtnis *nt;* (*recuerdo*) Erinnerung *f* (*de* an +*akk*); **a la** [*o* **en**] **~ de** im Gedenken an +*akk;* **de ~** auswendig; **flaco de ~** vergesslich; **hacer ~** scharf nachdenken; **traer a la ~** ins Gedächtnis rufen; **venir a la ~** einfallen **2.** (*informe*) Bericht *m* **3.** (INFOR) Speicher *m* **4.** *pl* (*autobiografía*) Memoiren *pl*
memorial [memo'rjal] *m* **1.** (*petición*) Bittschrift *f* **2.** (*agenda*) Notizbuch *nt* **3.** (*boletín*) Mitteilungsblatt *nt*
memorizar [memori'θar] <z→c> *vt* **1.** (*aprender*) auswendig lernen **2.** (INFOR) speichern
mena ['mena] *f* (MIN) Erz *nt*
menaje [me'naxe] *m* Hausrat *m*
mención [men̩'θjon] *f* Erwähnung *f;* **digno de ~** erwähnenswert; **hacer ~ de** erwähnen
mencionar [men̩θjo'nar] *vt* erwähnen
menda ['men̩da] **I.** *pron pers* (*fam*) ich; **aquí el** [*o* **este**] **~ no dijo nada** ich habe nichts gesagt **II.** *pron indef* (*fam*): **un ~** irgendjemand
mendicante [men̩di'kan̩te] **I.** *adj* Bettel- **II.** *mf* Bettler(in) *m(f)*
mendicidad [men̩diθi'ðaᵈ] *f* (*pordiosería*) Bettelei *f;* (*fenómeno social*) Bettlertum *nt;* **vivir de la ~** vom Betteln leben
mendigar [men̩di'ɣar] <g→gu> *vi, vt* betteln (um +*akk*)
mendigo, -a [men̩'diɣo, -a] *m, f* Bettler(in) *m(f)*
mendrugo [men̩'druɣo] *m* **1.** (*trozo de pan*) Stück *nt* trockenes Brot **2.** (*fam: torpe*) Trottel *m*
menear [mene'ar] **I.** *vt* schwenken; (*cabeza*) schütteln; **~ la cola** mit dem Schwanz wedeln **II.** *vr:* **~se 1.** (*moverse*) wackeln **2.** (*fam: apresurarse*) sich sputen

meneo [me'neo] *m* **1.** (*brusco*) Ruck *m* **2.** (*fam: vapuleo*) Abreibung *f;* **dar un ~ a alguien** jdm eine Abreibung verpassen

menester [menes'ter] *m* **1.** (*necesidad*) Notwendigkeit *f;* **ser ~** nötig sein; **haber ~ de algo** etw brauchen **2.** *pl* (*tareas*) Pflichten *fpl* **3.** *pl* (*necesidades fisiológicas*) Bedürfnisse *ntpl*

menesteroso, -a [meneste'roso, -a] **I.** *adj* bedürftig **II.** *m, f* Bedürftige(r) *mf*

menestra [me'nestra] *f* (Gemüse)eintopf *m*

menestral(a) [menes'tral(a)] *m(f)* Handwerker(in) *m(f)*

mengano, -a [meŋ'gano, -a] *m, f:* **fulano y ~** Herr X und Herr Y

mengua ['meŋgwa] *f* **1.** (*disminución*) Rückgang *m;* **sin ~ de** ohne Beeinträchtigung *+gen* **2.** (*carencia*) Mangel *m;* **sin ~** absolut **3.** (*descrédito*) Verruf *m*

menguante [meŋ'gwan̪te] *f* **1.** (*marea*) Ebbe *f;* (*estiaje*) Niedrigwasser *nt* **2.** (*mengua*) Rückgang *m*

menguar [meŋ'gwar] <gu→gü> **I.** *vi* abnehmen **II.** *vt* reduzieren; (*punto*) abnehmen

meninge [me'niŋxe] *f* Hirnhaut *f;* **estrujarse las ~s** (*fam*) sich *dat* das Hirn zermartern

meningitis [meniŋ'xitis] *f inv* Hirnhautentzündung *f*

menisco [me'nisko] *m* Meniskus *m*

menopausia [meno'pau̯sja] *f* (*climaterio*) Wechseljahre *ntpl*

menor [me'nor] **I.** *adj* **1.** (*tamaño*): **Asia M~** Kleinasien *nt;* **~ que** kleiner als; (*número*) niedriger als; **al por ~** detailliert; (COM) en détail; **no dar la ~ importancia a algo** etw *dat* nicht die geringste Bedeutung beimessen **2.** (*edad*): **~ que** jünger als; **~ de edad** minderjährig; **el ~ de mis hermanos** mein jüngster Bruder **3.** (MÚS) Moll; **tono ~** Moll *nt;* **tercera ~** kleine Terz **II.** *mf* (*~ de edad*) Minderjährige(r) *mf;* **esta película no es apta para ~es** dieser Film ist nicht jugendfrei

menorquín, -ina [menor'kin, -ina] **I.** *adj* aus Menorca **II.** *m, f* Einwohner(in) *m(f)* von Menorca

menos ['menos] **I.** *adv* **1.** (*contrario de más*) weniger; **a ~ que** es sei denn; **el/la ~…** der/die am wenigsten …; **el piso (el) ~ caro** die preiswerteste Wohnung; **eso es lo de ~** das ist nicht so wichtig; **lo ~** das Mindeste; **al** [*o* **por lo**] **~** wenigstens; **aún ~** erst recht nicht; **cuanto ~… (tanto) más** je weniger … desto mehr; **de ~** zu wenig; **echar de ~** vermissen; **en ~ de nada** in Null Komma nichts; **ir a ~** herunterkommen; **~ de** weniger als; **~ mal** Gott sei Dank; **¡ni mucho ~!** auf keinen Fall! **2.** (MAT) minus **3.** (*excepto*) außer; **todo ~ eso** alles, nur das nicht **II.** *m* (MAT) Minuszeichen *nt*

menoscabar [menoska'βar] *vt* **1.** (*disminuir*) vermindern **2.** (*dañar*) beschädigen; (*fig*) schaden *+dat* **3.** (*desacreditar*) in Verruf bringen

menoscabo [menos'kaβo] *m* **1.** (*disminución*) Verminderung *f* **2.** (*daño*) Beschädigung *f;* (*fig*) Schaden *m;* **sufrir ~** Schaden nehmen

menospreciable [mensopre'θjaβle] *adj* verachtenswert

menospreciar [menospre'θjar] *vt* **1.** (*despreciar*) verachten **2.** (*desdeñar*) gering schätzen **3.** (*subestimar*) unterschätzen

menosprecio [menos'preθjo] *m* **1.** (*desprecio*) Verachtung *f* **2.** (*desdén*) Geringschätzung *f* **3.** (*subestimación*) Unterschätzung *f*

mensaje [men'saxe] *m* Botschaft *f;* **~ de error** (INFOR) Fehlermeldung *f;* **~ (de) radio** Funkspruch *m;* **~ de socorro** Notruf *m*

mensajero, -a [mensa'xero, -a] **I.** *adj* Boten-; **paloma mensajera** Brieftaube *f* **II.** *m, f* Bote, -in *m, f*

menstruación [me^{n}strwa'θjon] *f* Menstruation *f*

menstruar [me^{n}stru'ar] <*1. pres:* menstrúo> *vi* die Menstruation haben

mensual [mensu'al] *adj* **1.** (*cada mes*) monatlich; **revista ~** Monatszeitschrift *f* **2.** (*que dura un mes*) Monats-

mensualidad [menswali'ða^{d}] *f* **1.** (*sueldo*) Monatseinkommen *nt* **2.** (*paga*) monatliche Zahlung *f;* (*compra aplazada*) Monatsrate *f;* **~ del alquiler** Monatsmiete *f*

mensurar [mensu'rar] *vt* messen

menta ['men̪ta] *f* **1.** (*planta*) Minze *f* **2.** (*infusión*) Pfefferminztee *m* **3.** (*extracto*) Pfefferminzöl *nt;* **caramelo de ~** Pfefferminzbonbon *nt*

mentado, -a [men̪'taðo, -a] *adj* berühmt

mental [men̪'tal] *adj* geistig; **cálculo ~** Kopfrechnen *nt*

mentalidad [men̪tali'ða^{d}] *f* Mentalität *f*

mentar [men̪'tar] <e→ie> *vt* erwähnen; **~ la soga en casa del ahorcado** indiskret sein

mente ['men̪te] *f* **1.** (*pensamiento*) Denken *nt;* **tener en (la) ~** vorhaben; **no puedo quitarme esa idea de la ~** dieser Gedanke geht mir (einfach) nicht aus dem Kopf; **el nombre se me ha ido de la ~** der Name ist mir entfallen; **tener la ~ en blanco** sich nicht erinnern (können); **traer a la ~** ins Gedächtnis rufen **2.** (*intelecto*) Verstand *m*

mentecato, -a [men̪te'kato, -a] **I.** *adj* dumm **II.** *m, f* Dummkopf *m*

mentir [men̪'tir] *irr como sentir vi* **1.** (*engañar*) lügen; **miente más que habla** er/sie

M

lügt wie gedruckt; **¡miento!** falsch!, Irrtum! **2.** (*inducir a error*) täuschen

mentira [meṇ'tira] *f* (*embuste*) Lüge *f;* **¡parece ~!** unglaublich!

mentiroso, -a [meṇti'roso, -a] **I.** *adj* (*persona*) verlogen **II.** *m, f* Lügner(in) *m(f)*

mentís [meṇ'tis] *m inv* Dementi *nt;* **dar un ~ a algo** etw dementieren

mentol [meṇ'tol] *m* Menthol *nt*

mentón [meṇ'ton] *m* Kinn *nt*

mentor [meṇ'tor] *m* Mentor *m*

menú [me'nu] *m* <menús> **1.** (*comida*) Menü *nt* **2.** (*minuta*) Speisekarte *f* **3.** (INFOR) Menü *nt*

menudear [menuðe'ar] **I.** *vi* häufig vorkommen **II.** *vt* häufig tun; **~ sus visitas** häufig zu Besuch kommen

menudencia [menu'ðeṇθja] *f* **1.** (*pequeñez*) Kleinigkeit *f* **2.** (*meticulosidad*) Kleinlichkeit *f* **3.** *pl* (*del cerdo*) (Schweine)innereien *fpl*

menudillos [menu'ðiʎos] *mpl* (*despojos*) Geflügelinnereien *fpl*

menudo, -a [me'nuðo, -a] *adj* **1.** (*minúsculo*) winzig **2.** (*pequeño y delgado*) zierlich **3.** (*fútil*) unbedeutend **4.** (*minucioso*) kleinlich; **relatar algo por ~** etw haarklein erzählen **5.** (*exclamación*): **¡menuda película!** was für ein toller Film!; **¡~ lío has armado!** da hast du dir ja was Schönes eingebrockt! **6.** (*loc*): **a ~** oft; **por** [*o* **a**] **la menuda** (COM) en détail

meñique [me'ɲike] **I.** *m* kleiner Finger *m* **II.** *adj* (*fam*) winzig

meollo [me'oʎo] *m* **1.** (*sesos*) Hirn *nt* **2.** (*médula*) Mark *nt* **3.** (*fundamento*) Kern *m*

mequetrefe [meke'trefe] *m* (*fam*) Volltrottel *m*

meramente [mera'meṇte] *adv* nur

mercachifle [merka'ʧifle] *m* Krämer *m*

mercader [merka'ðer] *m* Händler *m;* **~ de grueso** Großhändler *m*

mercadería [merkaðe'ria] *f* Ware *f*

mercadillo [merka'ðiʎo] *m* Flohmarkt *m*

mercado [mer'kaðo] *m* Markt *m;* **~ de capitales** Kapitalmarkt *m;* **~ de divisas** Devisenbörse *f;* **~ exterior/interior** Auslands-/Binnenmarkt *m;* **el ~ de Madrid** die Madrider Markthalle; **hay ~ los sábados** samstags ist Markttag

mercancía [merkaṇ'θia] *f* Ware *f*

mercante [mer'kaṇte] **I.** *adj* Handels- **II.** *mf* Händler(in) *m(f)*

mercantil [merkaṇ'til] *adj* Handels-

merced [mer'θe^{ð}] *f* Gnade *f;* **~ a** dank *+gen;* **estar a ~ de alguien** jdm ausgeliefert sein

mercenario, -a [merθe'narjo, -a] **I.** *adj* Söldner- **II.** *m, f* Söldner(in) *m(f)*

mercería [merθe'ria] *f* **1.** (*artículos*) Kurzwaren *fpl* **2.** (*tienda*) Kurzwarenhandlung *f*

mercurio [mer'kurjo] *m* (QUÍM) Quecksilber *nt*

Mercurio [mer'kurjo] *m* (ASTR) Merkur *m*

merecedor(a) [mereθe'ðor(a)] *adj* würdig; **hacerse ~ de algo** etw verdienen

merecer [mere'θer] *irr como crecer* **I.** *vt* **1.** (*ser digno de*) verdienen; **merece que...** *+subj* er/sie verdient es, dass ...; **merece respeto de nuestra parte** ihr/ihm gebührt unser Respekt; **este libro merece mención** dieses Buch ist erwähnenswert **2.** (*valer*) wert sein; **no merece la pena** es lohnt sich nicht **II.** *vi:* **~ bien de alguien/algo** sich verdient machen um jdn/etw **III.** *vr:* **~se** verdienen

merecido [mere'θiðo] *m* verdiente Strafe *f;* **se llevó su ~** es geschah ihm/ihr recht

merendar [mereṇ'dar] <e→ie> **I.** *vi, vt* vespern **II.** *vr:* **~se** (*fam*) sich (gegenseitig) ausstechen; **~se a alguien** jdn ausstechen

merendero [mereṇ'dero] *m* Ausflugslokal *nt*

merengue [me'reŋge] *m* **1.** (*dulce*) Baiser *nt* **2.** (*persona débil*) Schwächling *m* **3.** (*CSur: fam: lío*) Chaos *nt*

meridiano, -a^{1} [meri'djano, -a] *adj* **1.** (*del mediodía*) Mittags- **2.** (*evidente*) klar

meridiano^{2} [meri'djano] *m* (ASTR) Meridian *m*

meridional [meridjo'nal] **I.** *adj* südlich; **Andalucía está en la España ~** Andalusien liegt in Südspanien **II.** *mf* Südländer(in) *m(f)*

merienda [me'rjeṇda] *f* **1.** (*comida por la tarde*) Vesper *f* **2.** (*picnic*) Picknick *nt;* **ir de ~** picknicken; **~ de negros** (*fig*) heilloses Durcheinander

mérito ['merito] *m* **1.** (*merecimiento*) Verdienst *nt;* **hacer ~s** sich dienstbeflissen zeigen; **callarse sus ~s** sein Licht unter den Scheffel stellen **2.** (*valor*) Wert *m;* **de ~** (*obra*) beachtlich; (*persona*) verdienstvoll

meritorio, -a [meri'torjo, -a] **I.** *adj* beachtlich **II.** *m, f* (*aprendiz*) Lehrling *m;* (*empleado sin sueldo*) Volontär(in) *m(f);* (*durante poco tiempo*) Praktikant(in) *m(f)*

merlo ['merlo] *m* (*Am*) Dummkopf *m*

merluza [mer'luθa] *f* **1.** (ZOOL) Seehecht *m* **2.** (*vulg: borrachera*) ordentlicher Schwips *m fam;* **coger una buena ~** sich *dat* einen antrinken *fam;* **estar (con la) ~** einen sitzen haben *fam*

merluzo, -a [mer'luθo, -a] *adj* (*fam*) dumm

merma ['merma] *f* Abnahme *f;* **~ de peso** Gewichtsverlust *m*

mermar [mer'mar] **I.** *vt* verringern; (*sueldo*) kürzen; **~ peso** an Gewicht verlieren **II.** *vi, vr:* **~se** sich verringern

mermelada [merme'laða] *f* Marmelade *f*

mero, **-a**[1] ['mero, -a] *adj* **1.** (*sencillo*) einfach **2.** (*sin nada más*) bloß; **la mera verdad** die reine Wahrheit **3.** (*Méx: preciso*) genau **4.** (*Méx: propio*) eigene(r, s)

mero[2] ['mero] **I.** *adv* **1.** (*AmC, Méx: pronto*) bald **2.** (*Méx: muy*) sehr **3.** (*Méx: precisamente*) genau **II.** *m* **1.** (ZOOL) Riesenzackenbarsch *m* **2.** (*Méx: jefe*) Boss *m*

merodear [meroðe'ar] *vi* herumstreichen (*por* in +*dat*); (*saqueando*) plündernd umherziehen (*por* in +*dat*)

mes [mes] *m* **1.** (*período*) Monat *m;* **a principios/a mediados/a fin(al)es de ~** Anfang/Mitte/Ende des Monats; **5000 pesetas al ~** monatlich 5000 Peseten; **todos los ~es** (all)monatlich; **el ~ corriente** der laufende Monat; **el ~ que viene/pasado** (*adv*) nächsten/letzten Monat; **hace un ~** vor einem Monat **2.** (*sueldo*): **~ (de trabajo)** Monatsgehalt *nt;* **con un ~ de anticipo** einen Monat im Voraus **3.** (*fam: menstruación*) Regel *f;* **tener el ~** seine Tage haben

mesa ['mesa] *f* **1.** (*mueble*) Tisch *m;* **~ de despacho** Schreibtisch *m;* **~ de tertulia** Stammtisch *m;* **vino de ~** Tafelwein *m;* **poner/quitar la ~** den Tisch decken/abräumen; **en la ~** (*comiendo*) bei Tisch; **¡a la ~!** zu Tisch, bitte!; **servir una ~** an einem Tisch bedienen; **bendecir la ~** das Tischgebet sprechen; **tener a alguien a ~ y a mantel** jdn sehr gut bewirten; **vivir** [*o* **estar**] **a ~ puesta** ohne Müh und Arbeit leben **2.** (*junta directiva*) Präsidium *nt* **3.** (POL): **~ electoral** Wahlausschuss *m* **4.** (GEO) Hochebene *f* **5.** (INFOR): **~ digitalizadora** Mousepad *nt* **6.** (*pensión*) Verpflegung *f;* **~ y cama** Kost und Logis

mesar [me'sar] *vt, vr:* **~se los** [*o* **~ sus**] **pelos** sich *dat* die Haare raufen

meseta [me'seta] *f* (GEO) Hochebene *f*

mesías [me'sias] *m* Messias *m*

mesilla [me'siʎa] *f* **1.** (*mesa pequeña*) Tischchen *nt;* **~ de noche** Nachttisch *m;* **~ de ruedas** Serviertischchen *nt* **2.** (*descansillo*) Treppenabsatz *m*

mesón [me'son] *m* Gasthaus *nt*

mesonero, **-a** [meso'nero, -a] *m, f* (Gast)wirt(in) *m(f)*

mestizo, **-a** [mes'tiθo, -a] **I.** *adj* **1.** (*entre blancos e indios*) mestizisch **2.** (*entre dos razas*) mischrassig **II.** *m, f* **1.** (*entre blancos e indios*) Mestize, -in *m, f* **2.** (*entre dos razas*) Mischling *m*

> Ein **mestizo** bezeichnet in Lateinamerika einen Mischling aus einem weißen (d.h. europäischen) und einem indianischen Elternteil. (In Brasilien dagegen werden die **mestizos mamelucos** genannt.)

mesura [me'sura] *f* **1.** (*moderación*) Maß *nt* **2.** (*cortesía*) Höflichkeit *f*, Umsicht *f* **3.** (*calma*) Beherrschung *f*

meta[1] ['meta] *f* (*en las carreras, t. fig*) Ziel *nt;* (*portería*) Tor *nt;* **la ~ de su vida** sein/ihr Lebensziel; **fijarse una ~** sich *dat* ein Ziel setzen

meta[2] ['meta] *mf* (*portero*) Torhüter(in) *m(f)*

metabolismo [metaβo'lismo] *m* Stoffwechsel *m*

metadona [meta'ðona] *f* Methadon *nt*

metafísica [meta'fisika] *f* **1.** (FILOS) Metaphysik *f* **2.** (*pedantería*) Pedanterie *f*

metafísico, **-a** [meta'fisiko, -a] **I.** *adj* **1.** (FILOS) metaphysisch **2.** (*difícil*) kompliziert **II.** *m, f* Metaphysiker(in) *m(f)*

metáfora [me'tafora] *f* Metapher *f*

metafórico, **-a** [meta'foriko, -a] *adj* metaphorisch

metal [me'tal] *m* **1.** (*material*) Metall *nt;* **~ noble** Edelmetall *nt;* **~ pesado** Schwermetall *nt* **2.** (*de voz*) Klang *m* **3.** (*instrumento*) Blechblasinstrument *nt* **4.** (*dinero*): **el vil ~** das (leidige) Geld

metálico, **-a**[1] [me'taliko, -a] *adj* **1.** (*parecido al metal*) metallisch **2.** (*que contiene metal*) metallen; **tela metálica** Drahtgitter *nt*

metálico[2] [me'taliko] *m* (*monedas*) Münzgeld *nt;* **en ~** (in) bar; **premio en ~** Geldpreis *m*

metalúrgico, **-a** [meta'lurxiko, -a] **I.** *adj* metallurgisch; **industria metalúrgica** Metallindustrie *f* **II.** *m, f* Metallarbeiter(in) *m(f)*

metamorfosear [metamorfose'ar] **I.** *vt* verändern **II.** *vr:* **~se** sich verwandeln

metamorfosis [metamor'fosis] *f inv* **1.** (ZOOL, GEO) Metamorphose *f* **2.** (*en una persona*) Verwandlung *f*

metano [me'tano] *m* Methan *nt*

metástasis [me'tastasis] *f inv* (MED) Metastase *f*

metedura [mete'ðura] *f:* **¡vaya ~ de pata!** was für eine Blamage!

meteórico, **-a** [mete'oriko, -a] *adj* **1.** (METEO) meteorisch **2.** (*rápido*) kometenhaft

meteorismo [meteo'rismo] *m* Blähungen *fpl*

meteorito [meteo'rito] *m* Meteorit *m*

meteoro [mete'oro] *m* **1.** (METEO) Himmelserscheinung *f* **2.** (ASTR) Meteor *m*

meteorología [meteorolo'xia] *f sin pl* Wetterkunde *f*

meteorológico, **-a** [meteoro'loxiko, -a] *adj*

M

meteorologisch; **informe** ~ Wetterbericht *m;* **estación meteorológica** Wetterwarte *f*

meteorólogo, -a [meteo'roloɣo, -a] *m, f* Meteorologe, -in *m, f*

meter [me'ter] **I.** *vt* **1.** (*introducir*) (hinein)stecken; (*en una caja, una bolsa*) (hinein)legen; **¡mete el enchufe!** steck den Stecker ein!; ~ **un clavo en la pared** einen Nagel in die Wand schlagen; ~ **el coche en el garaje** das Auto in die Garage fahren **2.** (*persona*): ~ **a alguien en la cárcel** jdn ins Gefängnis stecken **3.** (*invertir*) investieren; ~ **en el banco** auf die Bank bringen **4.** (*en costura*) enger machen **5.** (*fam: en cocina*) hinzufügen; **¡no le metas más sal!** mach kein Salz mehr rein! **6.** (DEP): ~ **un gol** ein Tor schießen **7.** (*de contrabando*) (ein)schmuggeln **8.** (*argot: encascar*) aufschwatzen; (*vender*) unterjubeln; (*enjaretar*) aufhalsen; **nos metió una película aburridísima** wir mussten uns bei ihm/ihr einen besonders langweiligen Film anschauen; **le metieron tres meses de cárcel** sie haben ihn/sie zu drei Monaten Gefängnis verdonnert **9.** (*argot: pegar*): ~ **un puñetazo a alguien** jdm einen Fausthieb verpassen **10.** (*provocar*): ~ **miedo/un susto a alguien** jdm Angst/einen Schrecken einjagen; ~ **prisa a alguien** jdn zur Eile antreiben; ~ **ruido** Lärm machen **11.** (*hacer participar*) beteiligen; ~ **a toda la familia en el asunto** die ganze Familie in die Angelegenheit verwickeln **12.** (*emplear*) einstellen (*de* als +*akk*); ~ **a alguien a fregar platos** jdn als Tellerwäscher einstellen; ~ **a una chica de peluquera** ein Mädchen eine Lehre als Friseuse beginnen lassen **13.** (*loc*): ~ **la pata** ins Fettnäpfchen treten; ~ **mano a alguien** (*fam*) jdn befummeln; **a todo** ~ (*argot*) ganz schnell; **me has metido en un buen lío** (*argot*) du hast mich ganz schön hineingeritten **II.** *vr:* ~**se 1.** (*fam: aceptar algo*): **¿cuándo se te** ~**á esto en la cabeza?** wann wirst du das je kapieren? **2.** (*introducirse*) hineinkommen; ~**se el dedo en la nariz** in der Nase bohren; ~**se algo en la cabeza** sich *dat* etw in den Kopf setzen **3.** (*entrar en un lugar*) verschwinden; **le vi** ~**se en un cine** ich sah ihn ins Kino hineingehen; ~**se entre la gente** in der Menschenmenge untertauchen; **se metió en el armario** er/sie hat sich im Schrank versteckt; **¿dónde se habrá metido?** wo steckt er/sie bloß?; ~**se para adentro** hineingehen **4.** (*entrar indebidamente*) eindringen **5.** (*inmiscuirse*) sich einmischen; ~**se donde no lo/la llaman** [*o* **le importa**] sich in etwas einmischen, das einen nichts angeht **6.** (*provocar*): ~**se con alguien** jdn ärgern **7.** (*comenzar un oficio*): ~**se monja** ins Kloster gehen; ~**se a actor** Schauspieler werden **8.** (*loc*): ~**se en camisa de once varas** sich übernehmen; **¡métetelo donde te quepa!** (*argot*) steck's dir sonst wohin!

meticuloso, -a [metiku'loso, -a] **I.** *adj* kleinlich **II.** *m, f* Pedant(in) *m(f)*

metida [me'tiða] *f* (*fam: avance*): **dar una** ~ **a algo** sich mit etw *dat* gründlich befassen; **tengo que darle una buena** ~ **a los estudios** ich muss mich mal richtig (ins Lernen) hineinknien

metido, -a[1] [me'tiðo, -a] *adj* **1.** (*introvertido*): ~ **en sí mismo** introvertiert **2.** (*envuelto*) verwickelt; **sigue estando muy** ~ **en el negocio a pesar de su edad** er ist immer noch voll im Geschäft, trotz seines Alters **3.** (*con abundantes*): **un muchacho** ~ **en carnes** ein beleibter Junge; **una mujer metida en años** eine Frau im fortgeschrittenen Alter **4.** (*fam: relación*): **está muy** ~ **con esa chica** er hat eine enge Beziehung zu diesem Mädchen; **está muy** ~ **con la dirección de la empresa** er hat einen guten Draht zur Geschäftsleitung **5.** (*puesto*): **la llave está metida** der Schlüssel steckt

metido[2] [me'tiðo] *m* (*fam*) **1.** (*reprimenda*) Anpfiff *m;* **pegar un** ~ **a alguien** jdn anpfeifen **2.** (*daño*): **el coche ha dejado un buen** ~ **en la valla** das Auto hat eine ziemliche Delle im Zaun verursacht

metl [me^{d}l] *m* (*Méx*) Agave *f*

metódico, -a [me'toðiko, -a] **I.** *adj* methodisch **II.** *m, f* Methodiker(in) *m(f)*

metodista [meto'ðista] **I.** *adj* methodistisch **II.** *mf* Methodist(in) *m(f)*

método ['metoðo] *m* **1.** (*sistema*) Methode *f;* (*para enseñar*) Lehrmethode *f;* **proceder con** ~ systematisch vorgehen **2.** (*libro*) Lehrbuch *nt;* **un** ~ **de guitarra** eine Gitarrenschule

metodología [metoðolo'xia] *f* **1.** (*ciencia*) Methodologie *f* **2.** (*referente a la enseñanza*) Methodik *f*

metomentodo [metomeņ'toðo] **I.** *adj inv* neugierig **II.** *mf inv* (*fam*) neugieriger Mensch *m;* **ser un** ~ seine Nase überall hineinstecken

metraje [me'traxe] *m* Filmlänge *f;* **película de largo** ~ Film in Langfassung; **película de corto** ~ Kurzfilm *m*

metralla [me'traʎa] *f* **1.** (*munición*) Schrot *m o nt;* **fuego de** ~ Maschinengewehrfeuer *nt* **2.** (*trozos*) (Kugel)splitter *mpl*

metralleta [metra'ʎeta] *f* Schnellfeuerwaffe *f*

métrica ['metrika] *f* Metrik *f*

métrico, -a ['metriko, -a] *adj* metrisch

metro ['metro] *m* **1.** (*unidad*) Meter *m o nt;* ~ **cuadrado** Quadratmeter *m o nt;* ~ **cúbi-**

co Kubikmeter *m o nt;* **no levantar un ~ del suelo** sehr klein sein **2.** (*para medir*) Metermaß *nt;* ~ **de cinta** Maßband *nt;* ~ **plegable** Zollstock *m* **3.** (*metropolitano*) U-Bahn *f* **4.** (*poesía*) Versmaß *nt* **5.** (MÚS) Metrum *nt*

metrópoli [me'tropoli] *f* (*urbe*) Weltstadt *f;* (*capital*) Hauptstadt *f*

metropolitano, -a[1] [metropoli'tano, -a] *adj* **1.** (*de la capital*) hauptstädtisch **2.** (*de la urbe*) weltstädtisch

metropolitano[2] [metropoli'tano] *m* (FERRO) U-Bahn *f*

mexicano, -a [mexi'kano, -a] *adj o m, f v.* **mejicano**

México ['mexiko] *m* Mexiko *nt*

México bzw. **Méjico** (offiziell: **Estados Unidos Mexicanos**) liegt in Mittelamerika und grenzt im Norden an die USA. Die Hauptstadt **Ciudad de México** (Mexiko-Stadt) hat fast zwanzig Millionen Einwohner. **Spanisch** ist die offizielle Landessprache. Die Währungseinheit Mexikos ist der **peso**. Die Ureinwohner Mexikos, die **aztecas** (Azteken), nannten sich selbst **mexica**.

mezcla ['meθkla] *f* **1.** (*sustancia*) Mischung *f;* ~ **de carburantes** Kraftstoffgemisch *nt;* ~ **explosiva** explosives Gemisch; (*fig*) explosive Mischung **2.** (*acto*) Mischen *nt* **3.** (*tela*) Mischgewebe *nt;* **sin** ~ rein **4.** (*argamasa*) Mörtel *m*

mezclar [meθ'klar] **I.** *vt* **1.** (*unir*) (ver)mischen; (GASTR: *añadir*) unterrühren **2.** (*revolver*) durcheinander bringen; (*confundir*) verwechseln **3.** (*involucrar*) hineinziehen **II.** *vr:* ~**se 1.** (*inmiscuirse*) sich einmischen **2.** (*en un grupo de personas*): ~**se entre los espectadores** sich unter die Zuschauer mischen; ~**se con gente de mucho dinero** mit sehr reichen Leuten zusammenkommen **3.** (*revolverse*) durcheinander geraten

mezcolanza [meθko'lan̩θa] *f* (*fam*) Mischmasch *m*

mezquindad [meθkin̩'da^ð] *f* **1.** (*tacañería*) Geiz *m* **2.** (*acto vil*) Gemeinheit *f*

mezquino, -a [meθ'kino, -a] **I.** *adj* **1.** (*tacaño*) geizig **2.** (*innoble*) gemein **3.** (*insuficiente*) dürftig **4.** (*despreciable*) schäbig **II.** *m, f* Geizhals *m*

mezquita [meθ'kita] *f* Moschee *f*

mi [mi] **I.** *adj pos* (*antepuesto*) mein(e); ~ **amigo/amiga/casa** mein Freund/meine Freundin/mein Haus; ~**s amigos/amigas** meine Freunde/Freundinnen **II.** *m inv* (MÚS) e *nt;* ~ **mayor** E-Dur *nt;* ~ **menor** e-Moll *nt*

mí [mi] *pron pers:* **a** ~ (*objeto directo*) mich; (*indirecto*) mir; **para** ~ für mich; **¿y a ~ qué?** na und?; **para** ~ (**que**)... meiner Meinung nach ...; **por** ~ von mir aus; **por ~ que no quede** an mir soll's nicht liegen; **por ~ mismo** allein; **¡a ~ con esas!** erzähl das deiner Großmutter!; **¡a ~!** (*¡socorro!*) (zu) Hilfe!

miaja ['mjaxa] *f* Krümel *m*

miau [mjau̯] miau

mica ['mika] *f* **1.** (MIN) Glimmer *m* **2.** (*And: orinal*) Nachttopf *m* **3.** (*AmC: fam: borrachera*) Vollrausch *m*

micción [miʸ'θjon] *f* Wasserlassen *nt*

mico, -a[1] ['miko, -a] *m, f* **1.** (ZOOL) Affe *m,* Äffin *f* **2.** (*fam: persona fea*) hässlicher Kauz *m,* Vogelscheuche *f* **3.** (*fam: niño*) Äffchen *nt* **4.** (*fam: persona presumida*) koketter Mensch *m*

mico[2] ['miko] *m* (*fam*) **1.** (*hombre lujurioso*) Wüstling *m* **2.** (*loc*): **dar el ~ a alguien** (*engañar*) jdn betrügen; **dar ~ a alguien** (*dejar plantado*) jdn versetzen; **quedarse hecho un** ~ (*avergonzado*) völlig blamiert sein; **volverse** ~ außer Fassung geraten

micro ['mikro] *m* Mikro *nt*

microbio [mi'kroβjo] *m* Mikrobe *f*

microbús [mikro'βus] *m* Kleinbus *m;* **microchip** [mikro'ʧip] *m* Mikrochip *m;* **microficha** [mikro'fiʧa] *f* Mikrofiche *f;* **microfilm** [mikro'film] *m* <microfilm(e)s> Mikrofilm *m;* **microfilmar** [mikrofil'mar] *vt* auf Mikrofilm aufnehmen

micrófono [mi'krofono] *m* Mikrofon *nt*

microonda [mikro'on̩da/mi'kron̩da] *f* (*cocina, t.* FÍS) Mikrowelle *f;* **horno** (**de**) ~**s** Mikrowellenherd *m;* **microorganismo** [mikro(o)rɣa'nismo] *m* Mikrobe *f*

microscópico, -a [mikros'kopiko, -a] *adj* mikroskopisch; (*fam: minúsculo*) winzig (klein); **de tamaño** ~ mikroskopisch klein

microscopio [mikros'kopjo] *m* Mikroskop *nt;* ~ **de 60 aumentos** Mikroskop mit 60facher Vergrößerung; ~ **electrónico** Elektronenmikroskop *nt*

microtenis [mikro'tenis] *m inv* (*Am*) Tischtennis *nt*

miedo ['mjeðo] *m* **1.** (*angustia*) Angst *f* (*a/de* vor +*dat*); **por ~ a** [*o* **de**] aus Angst vor; **por ~ de que...** +*subj* aus Angst davor, dass ...; **meter ~ a alguien** jdm Angst einjagen; **dar** ~ Angst machen; **tener ~ de algo/alguien** vor etw *dat*/jdm Angst haben, sich vor etw *dat*/jdm fürchten; **me entró** [*o* **dio**] ~ ich bekam Angst; **morirse de** ~ eine Sterbensangst haben; **cagarse de** ~ (*vulg*) sich *dat* vor Angst in die Hosen machen *fam;* **al que mal vive, el ~ le sigue**

M

(*prov*) ≈wer unredlich lebt, den verfolgt die Angst; **a quien ~ han, lo suyo le dan** (*prov*) ≈wer gefürchtet wird, bekommt, was er will **2.** (*fam: maravilloso*): **de ~** toll; **el concierto estuvo de ~** das Konzert war sagenhaft **3.** (*fam: terrible*): **de ~** schrecklich; **hace un frío de ~** es ist hundekalt

miedoso, -a [mje'ðoso, -a] **I.** *adj* **1.** *ser* (*temeroso*) ängstlich **2.** *estar* (*asustadizo*) schreckhaft **II.** *m, f* Feigling *m*

miel [mjel] *f* **1.** (*de abeja*) Honig *m;* **~ blanca** Bienenhonig *m;* **~ extraída** Schleuderhonig *m* **2.** (*loc*): **luna de ~** Flitterwochen *fpl;* **quedarse con la ~ en los labios** das Nachsehen haben; **si encima me pagan el viaje ¡~ sobre hojuelas!** wenn sie auch noch die Reisekosten übernehmen, um so besser!; **hacerse de ~** sich einschmeicheln; **hazte de ~ y te comerán las moscas** (*prov*) wer mit den Wölfen heult, wird von den Wölfen gefressen; **no hay ~ sin hiel** (*prov*) keine Rose ohne Dornen

mielga ['mjelɣa] *f* Luzerne *f*

miembro ['mjembro] **I.** *m* **1.** *pl* (*extremidades*) Glieder *ntpl* **2.** (*pene*): **~ (viril)** (männliches) Glied *nt* **3.** (*socio*) Mitglied *nt;* **no ~** Nichtmitglied *nt;* **~ de pleno derecho** Vollmitglied *nt;* **hacerse ~ de** Mitglied werden in *+dat* **4.** (LING, MAT) Glied *nt* **5.** (*parte*) Teil *m* **II.** *adj:* **los Estados ~s** die Mitglied(s)staaten

mientes ['mjen̩tes] *fpl* Gedanken *mpl;* **caer en (las) ~** plötzlich in den Sinn kommen; **parar** [*o* **poner**] **~ en algo** über etw nachdenken; **traer a las ~** in Erinnerung rufen; **todo se le vino a las ~** er/sie erinnerte sich wieder an alles; **¡ni por ~!** niemals!

mientras ['mjen̩tras] **I.** *adv* währenddessen; **~ (tanto)** inzwischen **II.** *conj:* **~ (que)** während; **~ (que)** *+subj* solange; **~ se ríe no se llora** solange man lacht, weint man nicht; **~ más le dan más pide el niño** je mehr das Kind bekommt, desto mehr will es

miércoles ['mjerkoles] *m inv* Mittwoch *m;* **~ de ceniza** Aschermittwoch *m;* **~ santo** Mittwoch vor Gründonnerstag; *v. t.* **lunes**

mierda ['mjerða] *f* (*vulg*) **1.** (*heces*) Scheiße *f* **2.** (*porquería*) Dreck *m fam* **3.** (*loc*): **el maestro nuevo es una ~** der neue Lehrer ist eine Flasche *fam;* **esta película es una ~** dieser Film ist Scheiße; **¡2000 pesetas, una ~!** 2000 Peseten, nie im Leben!; **es una ~ de coche** das ist ein Scheißauto; **cubrirse de ~** (*fig*) sich selbst in die Scheiße reiten; **mandar a la ~** zum Teufel jagen *fam;* **¡(vete) a la ~!** verpiss dich doch! *fam;* **¡eso te importa una ~!** das geht dich einen Scheiß an!; **¡~!** Scheiße!; **¡una ~!** ich glaub du spinnst wohl! *fam;* **¿qué ~ ocurre?** was zum Teufel ist los? *fam;* **irse a la ~** sich zum Teufel scheren *fam;* **no valer una ~** zu nichst nütze sein; **no comerse ni (una) ~** nicht einen einzigen Treffer landen; **¡vaya ~ que cogí ayer!** (*borrachera*) Mensch, war ich gestern voll! *fam*

mies [mjes] *f* **1.** (*cereal maduro*) Korn *nt* **2.** (*temporada*) Ernte(zeit) *f* **3.** *pl* (*campos*) Kornfelder *ntpl*

miga ['miɣa] *f* **1.** (*pan*) Krume *f;* **hacer buenas/malas ~s con alguien** mit jdm gut/schlecht auskommen; **hacer ~s a alguien** jdn fertig machen; **estar hecho ~** (*cansado*) völlig kaputt sein; **hacer ~s** zerfetzen **2.** (*esencia*) Substanz *f;* **esto tiene su ~** das ist komplizierter als man denkt

migaja [mi'ɣaxa] *f* **1.** (*trocito*) Stückchen *nt;* **una ~ de algo** ein ganz klein wenig von etw *dat* **2.** *pl* (*sobras*) Reste *mpl*

migración [miɣra'θjon] *f* **1.** (*emigración*) Auswanderung *f* **2.** (ZOOL) Migration *f*

migraña [mi'ɣraɲa] *f* Migräne *f*

mijo ['mixo] *m* Hirse *f*

mil [mil] **I.** *adj inv* tausend; **dos ~ millones** zwei Milliarden; **ya se lo he dicho ~ veces** ich habe es ihm/ihr schon hundert Mal gesagt; *v. t.* **ocho II.** *m* **1.** (*número*) Tausend *nt; v. t.* **ocho 2.** (*cantidad indefinida*): **~es** Tausende *ntpl;* **a ~es** zu Tausenden; **~es y ~es** Tausende und Abertausende; **varios ~es de dólares** einige Tausend Dollar **3.** (*loc*): **a las ~ (y quinientas)** viel zu spät; **pasar las ~ y una** viel durchmachen

milagro [mi'laɣro] *m* Wunder *nt;* **hacer ~s** Wunder vollbringen; **contar la vida y ~s de alguien** detailliert aus jds Leben erzählen; **esta vez se escapó de ~** dieses Mal hat er/sie noch einmal Glück gehabt; **si sales de ésta, solo saldrás de ~** wenn du es dieses Mal schaffst, dann nur mit sehr viel Glück; **~ (sería) que...** *+subj* es wäre ein Wunder, wenn ...

milagroso, -a [mila'ɣroso, -a] *adj* **1.** (*que hace milagros*) wundertätig **2.** (*ocurrido por milagro*) wundersam **3.** (*maravilloso*) wunderbar

Milán [mi'lan] *m* Mailand *nt*

milanés, -esa [mila'nes, -esa] **I.** *adj* mailändisch **II.** *m, f* Mailänder(in) *m(f)*

milanesa [mila'nesa] *f* (GASTR) (Wiener) Schnitzel *nt*

milano [mi'lano] *m* Milan *m*

milenario, -a[1] [mile'narjo, -a] *adj* tausendjährig

milenario[2] [mile'narjo] *m* (*aniversario*) tausendster Jahrestag *m;* (*fiesta*) Tausendjahrfeier *f*

milenio [mi'lenjo] *m* Jahrtausend *nt*

milenrama [milen'rrama] *f* Schafgarbe *f*

mili ['mili] *f* (*fam*) Wehrdienst *m;* **ir a** [*o* **hacer**] **la ~** den Wehrdienst (ab)leisten; (*en*

Alemania) zum Bund gehen; **¿ya hiciste la ~?** warst du schon beim Bund?; **tener mucha ~** (*argot*) kein unbeschriebenes Blatt mehr sein

milibar [mili'βar] *m* Millibar *nt*

milicia [mi'liθja] *f* **1.** (*tropa*) Miliz *f;* **~ nacional** (*ciudadanos*) Bürgerwehr *f* **2.** (*actividades militares*) Manöver *nt*

miligramo [mili'ɣramo] *m* Milligramm *nt;* **mililitro** [mili'litro] *m* Milliliter *m;* **milímetro** [mi'limetro] *m* Millimeter *m o nt*

militante [mili'tan̪te] **I.** *adj* militant **II.** *mf* (*de una partido*) Mitglied *nt*

militar [mili'tar] **I.** *vi* **1.** (*cumplir el servicio*) dienen (*en* bei/in +*dat*) **2.** (*en un partido*) angehören (*en* +*dat*) **3.** (*loc*): **~ en favor de/contra algo** sich für/gegen etw einsetzen **II.** *adj* Militär-; **los altos mandos ~es** die Militärs **III.** *m* Soldat *m*

milla ['miʎa] *f* Meile *f;* **~ marina** Seemeile *f*

millar [mi'ʎar] *m* Tausend *nt;* **protestaron a ~es** sie protestierten zu Tausenden

millón [mi'ʎon] *m* Million *f;* **mil millones** Milliarde *f;* **cuatro millones de habitantes** vier Millionen Einwohner; **un ~ de gracias** tausend Dank

millonada [miʎo'naða] *f* (*fam: muchísimo dinero*) Vermögen *nt*

millonario, -a [miʎo'narjo, -a] *m, f* Millionär(in) *m(f)*

milpa ['milpa] *f* (*Am*) **1.** (*campo*) Maisfeld *nt* **2.** (*planta*) Mais *m*

milpiés [mil'pjes] *m inv* Tausendfüß(l)er *m*

mimar [mi'mar] *vt* **1.** (*consentir*) verwöhnen; (*excesivamente*) verhätscheln **2.** (*favorecer*) bevorzugen

mimbre ['mimbre] *m* **1.** (*material*) Korbgeflecht *nt;* **de ~** geflochten; **muebles de ~** Rattanmöbel *ntpl;* **silla de ~** Korbstuhl *m* **2.** (*ramita*) Weidenrute *f*

mimbrera [mim'brera] *f* Korbweide *f*

mimeografiar [mimeoɣrafi'ar] <*1. pres:* mimeografío> *vt* (*Am*) vervielfältigen

mimeógrafo [mime'oɣrafo] *m* (*Am*) Kopiergerät *nt*

mimetismo [mime'tismo] *m* (ZOOL) Mimikry *f*

mímica ['mimika] *f* **1.** (*facial*) Mimik *f* **2.** (*señas*) Gebärdensprache *f* **3.** (*ademanes*) Gestik *f*

mímico, -a ['mimiko, -a] *adj* mimisch; (TEAT) schauspielerisch

mimo ['mimo] *m* **1.** (*actor*) Mime, -in *m, f;* **hacer ~ de alguien** jdn mimen **2.** (*caricia*) Zärtlichkeit *f;* **necesitar mucho ~** viele Streicheleinheiten brauchen **3.** (*condescencia*) Verhätschelung *f;* **le dan demasiado ~** er/sie wird zu sehr verhätschelt **4.** (*con cariño*): **realizar su trabajo con ~** seine Arbeit mit Liebe machen

mimosa [mi'mosa] *f* Mimose *f*

mimoso, -a [mi'moso, -a] *adj* **1.** (*mimado*) verhätschelt **2.** *ser* (*cariñoso*) verschmust **3.** *estar* (*apegado*) anhänglich

mina ['mina] *f* **1.** (MIN) Bergwerk *nt;* **~ de carbón** Kohlenbergwerk *nt;* **este negocio es una ~** dieses Geschäft ist eine (wahre) Goldgrube **2.** (*pasillo subterráneo*) Stollen *m* **3.** (*explosivo*) Mine *f;* **~ de mar** Seemine *f;* **~ de tierra** Landmine *f* **4.** (*de lápiz/bolígrafo*) Mine *f*

minar [mi'nar] **I.** *vt* **1.** (*excavar*) unterhöhlen **2.** (*colocar minas*) verminen **3.** (*debilitar*) unterminieren **II.** *vr:* **~se** (*argot: hartarse*) sich *dat* den Bauch voll schlagen

minarete [mina'rete] *m* Minarett *nt*

mineral [mine'ral] **I.** *adj* mineralisch; **agua ~** Mineralwasser *nt* **II.** *m* **1.** (GEO) Mineral *nt* **2.** (MIN) Erz *nt*

mineralogía [mineralo'xia] *f sin pl* Mineralogie *f*

minería [mine'ria] *f* **1.** (*explotación*) Bergbau *m* **2.** (*técnica*) Bergbautechnik *f*

minero, -a [mi'nero, -a] **I.** *adj* bergmännisch **II.** *m, f* (*trabajador*) Bergarbeiter(in) *m(f)*

miniatura [minja'tura] *f* Miniatur *f*

minibús [mini'βus] *m* Kleinbus *m;* **minifalda** [mini'fal̪da] *f* Minirock *m*

minifundio [mini'fun̪djo] *m* landwirtschaftlicher Kleinbetrieb *m*

minifundista [mini'fun̪dista] *mf* Kleinbauer, -bäuerin *m, f*

minigolf [mini'ɣolf] *m* Minigolf *nt*

minimizar [minimi'θar] <z→c> *vt* **1.** (*simplificar*) minimalisieren **2.** (*subestimar*) herunterspielen

mínimo, -a[1] ['minimo, -a] *adj* **1.** *superl de* **pequeño** Mindest-; **las temperaturas mínimas** die Tiefstwerte; **cifra mínima** kleinste Zahl; **la mínima obligación posible** die geringstmögliche Verpflichtung; **sin el más ~ ruido** ohne den geringsten Laut; **no ayudar en lo más ~** kein bisschen helfen **2.** (*minucioso*) minuziös

mínimo[2] ['minimo] *m* Minimum *nt;* **~ de presión** (METEO) Tiefdruckgebiet *nt;* **el ~ de respeto** das Mindeste an Achtung; **como ~** (*cantidad*) mindestens; **como ~ podrías llamar por teléfono** du könntest wenigstens anrufen; **reducir al ~** auf das Mindestmaß reduzieren

minino, -a [mi'nino, -a] *m, f* (*fam*) Kater *m,* Katze *f*

miniserie [mini'serje] *f* Mehrteiler *m*

ministerial [ministe'rjal] *adj* (*de minister*) Ministerial-; (*de gobierno*) Regierungs-

ministerio [minis'terjo] *m* **1.** (*cartera, edificio*) Ministerium *nt* **2.** (*cargo*) Ministeramt *nt* **3.** (*gabinete*) (Regierungs)kabinett *nt*

ministro, -a [mi'nistro, -a] *m, f* **1.** (*de un go-*

bierno) Minister(in) *m(f);* **primera ministra** Ministerpräsidentin *f;* ~ **sin cartera** Minister ohne Geschäftsbereich; **M~ (Federal) del Interior/de Hacienda/de Economía** (Bundes)innen-/(Bundes)finanz-/(Bundes)wirtschaftsminister; **M~ Federal de Educación y Ciencia** Bundesminister für Bildung und Wissenschaft **2.** (JUR) Gerichtsdiener(in) *m(f)* **3.** *(en la embajada)* Gesandte(r) *mf*

minivacaciones [miniβaka'θjones] *fpl* Kurzurlaub *m;* **minivestido** [miniβes'tiðo] *m* Minikleid *nt*

minoría [mino'ria] *f* Minderheit *f;* ~ **de bloqueo** Sperrminorität *f;* ~ **de edad** Minderjährigkeit *f*

minoridad [minori'ðað] *f* Minderjährigkeit *f*

minorista [mino'rista] **I.** *adj* Einzelhandels- **II.** *mf* Einzelhändler(in) *m(f)*

minoritario, -a [minori'tarjo, -a] *adj* Minderheits-

minucia [mi'nuθja] *f* **1.** *(de poca importancia)* Kleinigkeit *f* **2.** *pl (para decorar)* Nippes *m*

minuciosidad [minuθjosi'ðað] *f* Genauigkeit *f*

minucioso, -a [minu'θjoso, -a] *adj* minuziös

minúscula [mi'nuskula] *f* (LING) Kleinbuchstabe *m;* **en ~s** in Kleinbuchstaben; **escribirse con ~** kleingeschrieben werden

minúsculo, -a [mi'nuskulo, -a] *adj* **1.** *(muy pequeño)* sehr klein, winzig **2.** (LING): **letra minúscula** Kleinbuchstabe *m*

minusvalía [minusβa'lia] *f* **1.** *(física)* (körperliche) Behinderung *f* **2.** (COM) Wertverlust *m*

minusválido, -a [minus'βaliðo, -a] **I.** *adj* körperbehindert **II.** *m, f* Körperbehinderte(r) *mf*

minusvalorar [minusβalo'rar] *vt* unterbewerten

minuta [mi'nuta] *f* **1.** *(cuenta)* Honorarrechnung *f* **2.** *(borrador)* Konzept *nt;* *(copia)* Zweitschrift *f* **3.** *(apunte)* Notiz *f* **4.** *(menú)* Menü *nt*

minutero [minu'tero] *m* Minutenzeiger *m*

minuto [mi'nuto] *m* Minute *f;* **sin perder un ~** augenblicklich; **vuelvo en un ~** ich bin gleich wieder da

mío, -a ['mio, -a] *pron pos* **1.** *(de mi propiedad)*: **el libro es ~** das Buch gehört mir; **la botella es mía** das ist meine Flasche; **¡ya es ~!** geschafft! **2.** *(tras artículo)*: **el ~/la mía/lo ~** meine(r, s); **los ~s** meine; *(parientes)* meine Angehörigen; **ésta es la mía** *(fam)* das ist die Gelegenheit für mich; **una de las mías** einer von meinen (wohlbekannten) Streichen; **¡esto sí que es lo ~!** *(lo conozco)* damit kenne ich mich wirklich aus!; *(me gusta)* das ist etwas, das ich wirklich mag! **3.** *(tras substantivo)* mein(e), von mir; **una amiga mía** eine Freundin von mir; **¡amor ~!** mein Liebes!; **(no) es culpa mía** es ist (nicht) meine Schuld

miocardio [mjo'karðjo] *m* Herzmuskel *m*

mioma [mi'oma] *m* Myom *nt*

miope [mi'ope] **I.** *adj* kurzsichtig **II.** *mf* Kurzsichtige(r) *mf*

miopía [mjo'pia] *f* Kurzsichtigkeit *f*

mira ['mira] *f* **1.** *(para apuntar)* Visier *nt* **2.** (MIL) Wachturm *m;* **estar a la ~ de alguien** nach jdm Ausschau halten **3.** *(mirada)* Blick *m;* **poner la ~ en algo/alguien** *(atención)* das Augenmerk auf etw/jdn richten; **poner la ~ en algo** *(aspirar)* etw anstreben; **con amplias ~s** mit Weitblick; **de ~s estrechas** engstirnig; **con ~s a** im Hinblick auf *+akk* **4.** *(pl)* *(intención)* Absicht *f;* **con ~s desinteresadas** in uneigennütziger Absicht

mirada [mi'raða] *f* Blick *m;* ~ **perdida** Blick ins Leere; **devorar con la ~** mit den Augen verschlingen; **echar una ~ a algo** einen (kurzen) Blick auf etw werfen; **levantar la ~** aufblicken; **apartar la ~** wegsehen; **ser el blanco de las ~s** alle Blicke auf sich ziehen

mirado, -a [mi'raðo, -a] *adj* **1.** *(respetuoso)* rücksichtsvoll **2.** *(fam: delicado)* pingelig **3.** *(cuidadoso)* umsichtig **4.** *(respetado)*: **estar bien/mal ~** *(persona)* wohl angesehen/nicht gerne gesehen sein; **está mal ~ ir sin regalo** es wird nicht gern gesehen, wenn man ohne ein Geschenk kommt **5.** *(si bien se mira)*: **bien ~, ...** eigentlich ...

mirador [mira'ðor] *m* **1.** *(atalaya)* Aussichtspunkt *m* **2.** *(balcón)* (verglaster) Balkon *m;* *(ventana)* Erkerfenster *nt*

miramiento [mira'mjento] *m* **1.** *(consideración)* Rücksicht(nahme) *f;* **tener ~ con alguien** auf jdn Rücksicht nehmen; **sin ~** rücksichtslos; **andar con ~s** auf alles und jeden Rücksicht nehmen; **sin ~s de** ungeachtet *+gen* **2.** *(cuidado)* Umsicht *f;* **sin ~** unvorsichtig **3.** *(timidez)* Scheu *f* **4.** *pl (cortesías)* Höflichkeiten *fpl,* Aufmerksamkeiten *fpl*

mirar [mi'rar] **I.** *vt* **1.** *(ver)* (an)schauen; *(observar)* beobachten; ~ **por la ventana** aus dem Fenster schauen; ~ **por un agujero** durch ein Loch schauen; ~ **atrás** zurückblicken; ~ **alrededor** um sich schauen; ~ **fijamente a alguien** jdn anstarren; ~ **por encima** kurz überfliegen **2.** *(buscar)* nachschauen **3.** *(prestar atención)* aufpassen (auf *+akk*); **mira bien el dinero que te devuelven** pass mit dem Wechselgeld auf; **¡mira el bolso!** behalte die Tasche im

Auge! **4.** (*meditar*) überdenken **5.** (*tener en cuenta*) sich richten (nach +*dat*); **siempre estás mirando tu porvenir** du denkst ständig an deine Zukunft; ~ **el dinero** aufs Geld schauen; **siempre miramos por nuestros hijos** wir wollen immer nur das Beste für unsere Kinder **6.** (*dar*): **la casa mira al este** das Haus liegt nach Osten; **la ventana mira al mar** das Fenster geht zum Meer hinaus **7.** (*estimar*): ~ **bien** schätzen; ~ **mal** nicht gern sehen; ~ **algo con buena cara** von etw *dat* angetan sein; ~ **algo con mala cara** etw *dat* abgeneigt sein **II.** *vi* **1.** (*aviso*): **¡mira! ya llega** schau! da kommt er/sie schon **2.** (*amenaza*): **¡pero mira lo que estás haciendo!** Mensch, schau mal, was du da machst! **3.** (*tener en cuenta*): **mira, que no nos queda mucho tiempo** denk daran, wir haben nicht mehr viel Zeit; **mira que si se cae este jarrón** stell dir vor, diese Vase fällt herunter **4.** (*ir a ver*): **mira (a ver) si han llegado ya** geh mal schauen, ob sie schon gekommen ist **5.** (*loc*): **eres de mírame y no me toques** du bist aber sehr empfindlich; **mire, ya se lo he explicado tres veces** schauen Sie mal, ich habe es Ihnen schon dreimal erklärt; **¡pues, mira por donde ...!** (*fam*) sieh mal einer an, (was) ...; **mira, mira, con que tú también apareces por aquí** sieh mal einer an, du kommst also auch hier vorbei; **mira, mira, déjate de tonterías** ach, komm schon, hör mit dem Blödsinn auf; **mira que es tonta, ¿eh?** sie ist aber wirklich sehr doof; **quedarse mirando** (*sorprendido*) ratlos (drein)schauen; **se mire como** [*o* **por donde**] **se mire** wie man es auch dreht und wendet; **por lo que mira a...** was ... +*akk* betrifft; **si bien se mira, mirándolo bien, bien mirado** eigentlich **III.** *vr:* ~**se** (*verse*) sich anschauen; ~**se a los ojos** sich *dat* in die Augen schauen; ~**se en el espejo** sich im Spiegel betrachten

mirasol [mira'sol] *m* Sonnenblume *f*

miriápodo [mi'rjapoðo] *m* Tausendfüß(l)er *m*

mirilla [mi'riʎa] *f* (*en la puerta*) Spion *m;* (*en la pared*) Guckloch *nt;* (FOTO) Sucher *m*

mirlo ['mirlo] *m* **1.** (ZOOL) Amsel *f* **2.** (*argot: lengua*): **achantar el** ~ keinen Pieps sagen

mirón, -ona [mi'ron, -ona] **I.** *adj* schaulustig **II.** *m, f* (*espectador curioso*) Schaulustige(r) *mf;* (*pey: de intimidades*) Spanner(in) *m(f)*

mirra ['mirra] *f* Myrrhe *f*

misa ['misa] *f* (REL: *ceremonia*) Gottesdienst *m;* ~ **de difuntos** Totenmesse *f;* ~ **del gallo** Christmette *f;* **ir a** ~ in die Kirche gehen; **ayudar a** ~ ministrieren; **cantar** ~ Primiz feiern; **decir** ~ einen Gottesdienst halten; **eso va a** ~ (*fam*) darauf kannst du Gift nehmen; **no saber de la** ~ **la media** (*fam*) keinen blassen Schimmer haben

misántropo, -a [mi'santropo, -a] **I.** *adj* menschenfeindlich **II.** *m, f* Menschenfeind *m*

miscelánea [misθe'lanea] *f* (*revoltijo*) Mischung *f*

miserable [mise'raβle] **I.** *adj* **1.** (*pobre*) ärmlich **2.** (*lamentable*) erbärmlich **3.** (*tacaño*) knauserig **4.** (*poco, mísero*) schäbig; **un sueldo** ~ ein Hungerlohn **II.** *mf* **1.** (*desdichado*) Pechvogel *m fam;* (*que da pena*) bedauernswerter Mensch *m* **2.** (*canalla*) gemeiner Mensch *m*

miseria [mi'serja] *f* **1.** (*pobreza*) Elend *nt;* **caer en la** ~ in Not und Elend geraten; **vivir en la** ~ in Armut leben **2.** (*poco dinero*) lächerliche Summe *f* **3.** (*tacañería*) Geiz *m* **4.** *pl* (*infortunios*) Schicksalsschläge *mpl*

misericordia [miseri'korðja] *f* **1.** (*compasión*) Erbarmen *nt* **2.** (*perdón*) Gnade *f*

misericordioso, -a [miserikor'ðjoso, -a] *adj* **1.** (*que siente*) teilnahmsvoll **2.** (*que perdona*) gnädig (*con/para* (*con*) mit +*dat*)

mísero, -a ['misero, -a] *adj v.* **miserable**

misil [mi'sil] *m* Rakete *f;* ~ **antiaéreo** Flugabwehrrakete *f*

misión [mi'sjon] *f* Mission *f*

misionero, -a [misjo'nero, -a] *m, f* Missionar(in) *m(f)*

mismamente [misma'mente] *adv* **1.** (*sólo*) lediglich **2.** (*literalmente*) genauso **3.** (*hasta*) sogar; **da** ~ **escalofríos** da läuft es einem geradezu kalt den Rücken herunter **4.** (*en realidad*) eigentlich **5.** (*precisamente*) gerade; **ayer** ~ **estuvimos hablando de ello** gestern erst haben wir darüber geredet

mismo, -a[1] ['mismo, -a] *adj* **1.** (*idéntico*): **el/lo** ~ derselbe/dasselbe; **la misma** dieselbe; **al** ~ **tiempo** gleichzeitig; **da lo** ~ das ist egal; **por lo** ~ aus demselben Grund; **lo** ~ **José como** [*o* **que**] **María** sowohl José als auch María; **lo** ~ **que coma o no coma, sigo engordando** ob ich nun esse oder nicht, ich nehme weiterhin zu; **lo** ~ **no vienen** es kann gut sein, dass sie gar nicht kommen; **quedar** [*o* **seguir**] **en las mismas** keinen Fortschritt gemacht haben **2.** (*semejante*): **el~/la misma/lo** ~ der/die/das Gleiche; **llevar la misma falda** den gleichen Rock tragen **3.** (*reflexivo*) selbst; **te perjudicas a ti** ~ du schadest dir selbst; **yo misma lo vi** ich habe es selbst gesehen; **lo hizo por sí misma** sie tat es für sich; **lo podemos hacer nosotros** ~**s** wir können es selbst machen **4.** (*precisamente*): **este** ~ **perro fue el que me mordió**

M

genau dieser Hund hat mich gebissen; **¡eso ~!** genau! **5.** (*hasta*) selbst; **el ~ embajador asistió a la fiesta** der Botschafter selbst nahm an der Feier teil; **mi misma familia me abandonó** meine eigene Familie ließ mich im Stich

mismo[2] ['mismo] *adv* **1.** (*incluso*) selbst; **me duele sentado ~** es schmerzt selbst beim Sitzen **2.** (*manera*): **así ~** genauso **3.** (*justamente*): **ahí ~** genau da; **aquí ~** gleich hier; **ayer ~** gerade gestern **4.** (*ejemplo*): **nos podemos ver el miércoles ~** wir können uns zum Beispiel am Mittwoch sehen

miss [mis] *f* Schönheitskönigin *f;* **~ Alemania** Miss Germany

misterio [mis'terjo] *m* (*enigma, secreto*) Geheimnis *nt;* **obrar con ~** geheimnisvoll tun

misterioso, -a [miste'rjoso, -a] *adj* geheimnisvoll

mística ['mistika] *f sin pl* Mystik *f*

místico, -a ['mistiko, -a] **I.** *adj* mystisch **II.** *m, f* Mystiker(in) *m(f)*

mistificar [mistifi'kar] <c→qu> *vt* **1.** (*burlarse*) hereinlegen *fam* **2.** (*falsear*) verfälschen

mitad [mi'ta^{ð}] *f* **1.** (*parte igual*) Hälfte *f;* **~ hombre ~ bestia** halb Mensch, halb Tier; **a ~ de precio** zum halben Preis; **cara ~** (*cónyuge*) bessere Hälfte; **mezcla harina y agua, ~ y ~** vermische Mehl und Wasser im Verhältnis eins zu eins; **¿estás contenta? – ~ y ~** bist du zufrieden? – teils, teils **2.** (*medio*) Mitte *f;* **en ~ del bosque** mitten im Wald; **cortar por la ~** in der Mitte durchschneiden **3.** (DEP) Halbzeit *f*

mítico, -a ['mitiko, -a] *adj* mythisch, Sagen-

mitigar [miti'ɣar] <g→gu> **I.** *vt* **1.** (*dolores*) lindern, mildern; (*laira*) beschwichtigen; (*hambre, sed*) stillen; (*temperamento*) zügeln; **~ la inquietud de alguien** jdn beruhigen **2.** (*colores, calor, luz*) abschwächen; **~ las olas** die Fluten dämmen **II.** *vr:* **~se 1.** (*dolores*) nachlassen **2.** (*color, calor, luz*) sich abschwächen

mitin ['mitin] *m* Treffen *nt*

mito ['mito] *m* Mythos *m,* Sage *f*

mitología [mitolo'xia] *f* Mythologie *f*

mitológico, -a [mito'loxiko, -a] *adj* mythologisch

mitón [mi'ton] *m* fingerloser Handschuh *m*

mitra ['mitra] *f* Mitra *f*

mixto, -a[1] ['misto, -a] *adj* gemischt

mixto[2] ['misto] *m* (*fósforo*) Streichholz *nt*

mixtura [mis'tura] *f* Mischung *f*

ml. [mili'litro] *abr de* **mililitro** ml

mobiliario [moβi'ljarjo] *m* Mobiliar *nt*

moca ['moka] *m* **1.** (*café*) Mokka *m* **2.** (*Ecua: ciénaga*) Sumpf *m*

mocasín [moka'sin] *m* Mokassin *m*

mocedad [moθe'ða^{ð}] *f* Jugend *f*

mocetón, -ona [moθe'ton, -ona] *m, f* (*chico*) strammer Bursche *m;* (*chica*) dralles Mädchen *nt*

mochales [mo'ʧales] *adj inv* (*fam*): **estar ~** bekloppt sein

mochila [mo'ʧila] *f* Rucksack *m;* (*de un soldado*) Tornister *m;* (*de un estudiante*) Ranzen *m;* (*para bebés*) Babytrage *f*

mochilero, -a [moʧi'lero, -a] *m, f* Rucksacktourist(in) *m(f);* **ir de mochilera** backpacken

mocho, -a ['moʧo, -a] *adj* **1.** (*cuerno*) stumpf; (*árbol*) gekappt **2.** (*cabeza*) kahl **3.** (*Am: mutilado*) verstümmelt

mochuelo [mo'ʧwelo] *m* **1.** (ZOOL) Kauz *m* **2.** (*fam: carga*) Bürde *f;* **cargar a alguien con el ~** jdm eine Arbeit aufbürden; **siempre me toca cargar con el ~** immer bleibt es an mir hängen

moción [mo'θjon] *f* **1.** (*movimiento*) Bewegung *f* **2.** (POL) Antrag *m;* **presentar una ~ de censura** einen Misstrauensantrag einbringen

moco, -a[1] ['moko, -a] *adj* (*fam: borracho*) sternhagelvoll; (*drogado*) high

moco[2] ['moko] *m* **1.** (*materia*) Schleim *m;* (*de la nariz*) (Nasen)schleim *m;* **limpiarse los ~s** sich *dat* die Nase putzen; **llorar a ~ tendido** (*fam*) Rotz und Wasser heulen **2.** (*del pavo*) Hautlappen *m* **3.** (*de una mecha*) Dochtende *nt;* **a ~ de candil** bei Kerzenlicht

mocoso, -a [mo'koso, -a] **I.** *adj* rotzig *fam* **II.** *m, f* (*pey*) Rotzbengel *m,* Rotzgöre *f*

moda ['moða] *f* Mode *f;* **vestido/peinado de ~** modische Kleidung/Frisur; **estar de ~** (in) Mode sein; **ponerse/pasar de ~** in Mode/aus der Mode kommen; **ir a la (última) ~** sich nach der neuesten Mode kleiden

modal [mo'ðal] **I.** *adj* modal **II.** *mpl* Manieren *fpl;* **~es de la mesa** Tischsitten *fpl;* **¡qué ~es son estos!** so was gehört sich nicht!; **¿has olvidado tus ~es?** wo bleiben denn deine Manieren?

modalidad [moðali'ða^{ð}] *f* Art *f;* **~es de un contrato** Vertragsbestimmungen *fpl*

modelar [moðe'lar] *vt* modellieren; (*fig*) formen

modelo[1] [mo'ðelo] *m* **1.** (*arquetipo*) Vorbild *nt;* **un político ~** ein vorbildlicher Politiker **2.** (*muestra*) Muster *nt;* **hacer algo según el ~** etw nach einer Vorlage anfertigen **3.** (*maqueta, de coche, t.* COM) Modell *nt;* **~ fuera de mercado** Auslaufmodell *nt* **4.** (*esquema*) Schema *nt* **5.** (*vestido*) Modell *nt*

modelo[2] [mo'ðelo] *mf* **1.** (*de modas*) Model *nt* **2.** (ARTE, FOTO) Modell *nt;* **~ vivo** Aktmodell *nt*

módem ['moðen] *m* Modem *nt o m*

moderación [moðera'θjon] *f* **1.** (*comedimiento*) Mäßigung *f;* **comer con ~** sich beim Essen mäßigen **2.** (TV, RADIO) Moderation *f* **3.** (*de un debate*) Leitung *f*

moderado, -a [moðe'raðo, -a] **I.** *adj* (*fuerza, alegría, propuesta*) gemäßigt; (*velocidad, vida*) mäßig; (*precio, petición*) maßvoll; (*castigo*) mild **II.** *m, f* (POL) gemäßigter Politiker *m*, gemäßigte Politikerin *f*

moderador(a) [moðera'ðor(a)] **I.** *adj* mäßigend **II.** *m(f)* **1.** (TV, RADIO) Moderator(in) *m(f)* **2.** (*de un debate*) Diskussionsleiter(in) *m(f)*

moderar [moðe'rar] **I.** *vt* **1.** (*disminuir*) mäßigen **2.** (TV, RADIO) moderieren **3.** (*debate*) leiten **II.** *vr:* **~se** sich mäßigen

modernismo [moðer'nismo] *m* **1.** (ARTE, LIT) Modernismus *m* **2.** (ARQUIT) Jugendstil *m*

modernización [moðerniθa'θjon] *f* Modernisierung *f*

modernizar [moðerni'θar] <z→c> **I.** *vt* modernisieren **II.** *vr:* **~se** moderner werden; (*en forma de pensar*) moderner denken

moderno, -a [mo'ðerno, -a] *adj* modern; **edad moderna** Neuzeit *f;* **historia moderna** neuere Geschichte

modestia [mo'ðestja] *f* **1.** (*humildad, sencillez*) Bescheidenheit *f;* **~ aparte, pero...** ich will mich ja nicht rühmen, aber ...; **vestir con ~** sich schlicht kleiden **2.** (*conformidad*) Genügsamkeit *f* **3.** (*de una mujer*) Anstand *m*

modesto, -a [mo'ðesto, -a] *adj* **1.** (*humilde, sencillo*) bescheiden **2.** (*poco complicado*) genügsam **3.** (*mujer*) anständig

módico, -a ['moðiko, -a] *adj* (*cantidad*) gering; (*precio*) angemessen

modificación [moðifika'θjon] *f* Veränderung *f;* (*de plan*) Abänderung *f;* (*de tema*) Abwandlung; (LING) Modifikation *f;* **~ de estatutos** Satzungsänderung *f*

modificar [moðifi'kar] <c→qu> **I.** *vt* verändern; (*plan*) abändern; (*texto*) bearbeiten; (*tema*) abwandeln; (LING) modifizieren **II.** *vr:* **~se** sich verändern

modismo [mo'ðismo] *m* (Rede)wendung *f*

modista [mo'ðista] *mf* Damenschneider(in) *m(f)*

modisto [mo'ðisto] *m* Modemacher *m*

modo ['moðo] *m* **1.** (*manera*) Art *f;* **~ de andar** Gang *m;* **~ de hablar** Sprechweise *f;* **hazlo a tu ~** mach es auf deine Art; **hacer algo de cualquier ~** etw oberflächlich machen; **a mi ~ de pensar** nach meiner Auffassung; **no me gusta tu ~ de pensar** mir gefällt deine Einstellung nicht; **encontrar un ~ de resolver el problema** eine Lösung für das Problem finden; **de este ~** so; **he encontrado el ~ de hacerlo** ich habe herausgefunden, wie man es machen kann; **no es ~ de hablar a un superior** in einem solchen Ton spricht man nicht mit einem Vorgesetzten **2.** (LING, INFOR) Modus *m;* **~ de operación** Betriebsart *f* **3.** *pl* (*comportamiento*) Benehmen *nt;* **tener buenos/malos ~s** gute/schlechte Manieren haben; **decir algo con buenos/malos ~s** sich höflich/unhöflich ausdrücken; **¿qué ~s son esos?** was ist denn das für eine Art? **4.** (*loc*): **de cualquier ~ no hubiera ido** ich wäre sowieso nicht hingegangen; **de ~ que lo has conseguido** du hast es also geschafft; **de ningún ~** auf keinen Fall; **utilizar el paraguas a ~ de espada** den Regenschirm als Schwert benutzen; **en cierto ~** gewissermaßen; **de todos ~s no hubo heridos** es gab immerhin keine Verletzten; **de todos ~s, lo volvería a intentar** ich würde es jedenfalls noch einmal versuchen; **de todos ~s es mejor que te vayas** auf alle Fälle ist es besser, wenn du jetzt gehst

modorra [mo'ðorra] *f* **1.** (*somnolencia*) Schläfrigkeit *f* **2.** (*por la bebida*) Katzenjammer *m fam*

modorro, -a [mo'ðorro, -a] *adj* **1.** (*somnoliento*) schläfrig **2.** (*torpe*) schwerfällig **3.** (*atontado*) benommen **4.** (*fruta*) faul

modoso, -a [mo'ðoso, -a] *adj:* **ser** [*o* **estar**] **~** gute Manieren haben

modular [moðu'lar] *vt, vi* modulieren

módulo ['moðulo] *m* **1.** (ARQUIT, ELEC, INFOR) Modul *nt* **2.** (*de una prisión*) Trakt *m* **3.** (*de un mueble*) (Anbau)element *nt* **4.** (ENS) Kurs *m* **5.** (MÚS) Modulation *f* **6.** (AERO): **~ de mando** Raumkapsel *f*

mofa ['mofa] *f* Spott *m;* **hacer ~ de algo** sich über etw lustig machen

mofar [mo'far] *vi, vr:* **~se** sich lustig machen (*de* über +*akk*)

mofeta [mo'feta] *f* **1.** (ZOOL) Stinktier *nt* **2.** (MIN) Grubengas *nt*

moflete [mo'flete] *m* Pausbacke *f*

mofletudo, -a [mofle'tuðo, -a] *adj* pausbäckig

mogollón [moɣo'ʎon] *m* **1.** (*vulg: cantidad*) Haufen *m;* **había ~ de gente en la fiesta** es waren unheimlich viele Leute auf dem Fest; **había ~ de público en el pabellón** die Halle war gerammelt voll *fam* **2.** (*vulg: lío*) Zoff *m fam* **3.** (*gratis*): **entramos al cine de ~** wir kamen umsonst ins Kino **4.** (*vulg: entrometimiento*) Einmischung *f*

mohín [mo'in] *m* Grimasse *f;* **hacer un ~ gracioso** das Gesicht zu einer lustigen Grimasse verziehen

mohíno, -a [mo'ino, -a] *adj* **1.** (*enfadado*)

verärgert; (*de mal humor*) missmutig **2.** (*triste*) traurig

moho ['mo(o)] *m* **1.** (BOT) Moder *m;* (*en la pared/alimentos*) Schimmel *m;* (*en líquidos*) Kahm *m;* **no (dejar) criar ~** (*alimentos*) schnell verzehren; (*un objeto*) ständig benutzen **2.** (*óxido*) Rost *m* **3.** (*desidia*) Arbeitsscheu *f*

mohoso, -a [mo'oso, -a] *adj* **1.** (*de moho*) mod(e)rig; (*pared, alimentos*) schimmelig; (*líquido*) kahmig **2.** (*oxidado*) rostig

mojama [mo'xama] *f* getrockneter Thunfisch *m*

mojar [mo'xar] **I.** *vt* **1.** (*con un líquido*) nass machen; (*ligeramente*) befeuchten; (*para planchar*) einsprengen **2.** (*el pan*) eintauchen **3.** (*fam: celebrar*) begießen **4.** (*fam: apuñalar*) abstechen **II.** *vi* (*fam: en un asunto*) verwickelt sein (*en* in +*akk*) **III.** *vr:* **~se 1.** (*con un líquido*) nass werden; **~se los pies** nasse Füße bekommen **2.** (*fam: comprometerse*) Farbe bekennen

mojicón [moxi'kon] *m* **1.** (GASTR) ≈Biskuit *m o nt* **2.** (*fam: puñetazo*) Schlag *m* ins Gesicht

mojigato, -a [moxi'ɣato, -a] *adj* **1.** (*gazmoño*) duckmäuserisch **2.** (*hipócrita*) heuchlerisch

mojón [mo'xon] *m* **1.** (*hito*) Grenzstein *m;* **~ kilométrico** Kilometerstein *m* **2.** (*poste*) Wegweiser *m*

mol [mol] *m* Mol *nt*

molar [mo'lar] **I.** *adj* **1.** (*de muela*): **diente ~** Backenzahn *m* **2.** (*de moler*) Mühl- **II.** *m* Backenzahn *m* **III.** *vi* (*fam*) **1.** (*gustar*) gefallen +*dat;* **este libro me mola** dieses Buch finde ich gut; **me molan las rubias** ich stehe auf Blondinen; **me mola este tío** dieser Kerl ist genau mein Typ **2.** (*llevarse*) in (Mode) sein; **ahora mola llevar pelo corto** kurze Haare sind jetzt in

Moldavia [mol̯'daβja] *f* Moldawien *nt*

moldavo, -a [mol̯'daβo] **I.** *adj* moldawisch **II.** *m, f* Moldawier(in) *m(f)*

molde ['mol̯de] *m* **1.** (TÉC) (Guss)form *f;* (GASTR) (Back)form *f;* (TIPO) Matrize *f;* **pan de ~** Kastenbrot *nt;* **letras de ~** Druckbuchstaben *mpl;* **este vestido te viene de ~** dieses Kleid passt dir wie angegossen; **me vienes como de ~** du kommst mir wie gerufen; **este director de cine rompe ~s** das ist ein bahnbrechender Regisseur **2.** (*modelo*) Vorbild *nt*

moldeador [mol̯dea'ðor] *m* (*para el cabello*) Lockenstab *m*

moldear [mol̯de'ar] *vt* **1.** (*formar*) formen; **diversas circunstancias han moldeado su vida** verschiedene Begebenheiten haben sein/ihr Leben geprägt **2.** (*vaciar*) (ab)gießen

moldura [mol̯'dura] *f* **1.** (*listón*) Leiste *f* **2.** (ARQUIT) Sims *m o nt*

mole¹ ['mole] *f* (*masa*) Masse *f*

mole² ['mole] *m* (*Méx*) **1.** (*salsa*) Chilisoße *f;* **~ verde** *Soße aus grünen Chilis und grünen Tomaten* **2.** (*guiso*) Chilieintopf *m*

> **Mole** ist die Bezeichnung einer mexikanischen Chilisoße. Der Cayennepfeffer der Chilipflanze verleiht dieser Soße ihren charakteristischen scharfen Geschmack.

molécula [mo'lekula] *f* Molekül *nt*

molecular [moleku'lar] *adj* molekular; **biología ~** Molekularbiologie *f*

moler [mo'ler] <o→ue> *vt* **1.** (*café, trigo*) mahlen; (*aceitunas*) pressen; (*caña de azúcar*) auspressen; **~ a alguien a palos** jdn windelweich prügeln **2.** (*fatigar*) erschöpfen; **estoy molido de la excursión** dieser Ausflug hat mich völlig geschafft **3.** (*molestar*) belästigen **4.** (*estropear*) beschädigen

molestar [moles'tar] **I.** *vt* (*estorbar*) stören; (*fastidiar*) belästigen; (*dolores*) plagen; (*enfadar*) ärgern; **esta camisa me molesta** dieses Hemd ist mir zu eng; **este dolor en la espalda me molesta** dieser Schmerz im Rücken macht mir zu schaffen **II.** *vr:* **~se 1.** (*tomarse la molestia*) sich *dat* die Mühe machen; **ni siquiera te has molestado en comprobarlo** du hast es gar nicht erst überprüft; **no te molestes en ir allí** du brauchst nicht dorthin zu gehen; **no te molestes por mí** mach dir meinetwegen keine Umstände; **no tendrías que haberte molestado** das wäre wirklich nicht nötig gewesen **2.** (*ofenderse*) sich beleidigt fühlen; **se ha molestado por tu comentario** deine Bemerkung hat ihn/sie gekränkt

molestia [mo'lestja] *f* **1.** (*fastidio*) Belästigung *f;* (*por dolores*) Plage *f;* **ser una ~** lästig sein; **no es ninguna ~** das stört überhaupt nicht **2.** (*inconveniente*) Unannehmlichkeit *f;* **no es ninguna ~ (para mí)** das macht mir keine Umstände; **tomarse la ~** sich *dat* die Mühe machen; **perdonen las ~s** bitte entschuldigen Sie die Störung **3.** (*enfado*) Ärger *m* **4.** (*dolor*) Beschwerde *f*

molesto, -a [mo'lesto, -a] *adj* **1.** *ser* (*desagradable*) unangenehm; (*fastidioso*) lästig; **esta comida es molesta para el estómago** dieses Essen liegt schwer im Magen **2.** *estar* (*enfadado*) verärgert (*por* über +*akk*); (*ofendido*) beleidigt (*por* wegen +*gen/dat*) **3.** *estar* (*incómodo*) unbehaglich; **estoy ~ por el vendaje** der Verband stört mich

molicie [mo'liθje] *f* **1.** (*elev: blandura*) Weichheit *f* **2.** (*comodidad*): **vivir en la ~** ein behagliches Leben führen

molido, -a [mo'liðo, -a] *adj* (*fam: cansado*): **estoy ~** ich bin fix und fertig; **el trabajo me ha dejado ~** die Arbeit hat mich völlig geschafft

molinero, -a [moli'nero, -a] **I.** *adj* Mühlen- **II.** *m, f* Müller(in) *m(f)*

molinete [moli'nete] *m* **1.** (*en una ventana*) Ventilator *m* **2.** (*juguete*) Windrad *nt*

molinillo [moli'niʎo] *m* **1.** (*aparato*): **~ de café** Kaffeemühle *f* **2.** (*juguete*) Windrad *nt* **3.** (*para batir*) Quirl *m*

molino [mo'lino] *m* **1.** (*máquina*) Mühle *f;* **~ de agua/de viento** Wasser-/Windmühle *f;* **cada uno lleva el agua a su ~** (*fig*) jeder ist nur auf seinen eigenen Vorteil bedacht **2.** (*inquieto*) Nervenbündel *nt fam* **3.** (*pesado*) Nervensäge *f fam*

In **Miguel de Cervantes' Don Quijote** (erster Teil: 1605, zweiter Teil: 1615), einem der bedeutendsten Romane der Weltliteratur, kämpft der Titelheld gegen **molinos de viento**, die er in seinem Wahnsinn fälschlicherweise für gegnerische Riesen hält. Don Quijotes Reisen und Abenteuer spielen in der heutigen **Comunidad Autónoma Castilla-La Mancha**, deren **molinos de viento**, dank dieser literarischen Figur, berühmt geworden sind.

mollar [mo'ʎar] *adj* **1.** (*fruta*) weich; (*carne*) ohne Knochen **2.** (*persona*) leichtgläubig **3.** (*trabajo*) einträglich

mollejas [mo'ʎexas] *fpl* (GASTR) (Kalbs)bries *nt*

mollera [mo'ʎera] *f* **1.** (*de la cabeza*) Schädeldecke *f* **2.** (*fontanela*) Fontanelle *f;* **la ~ se cierra** die Fontanelle schließt sich; **tiene la ~ cerrada** (*fig*) er/sie ist vernünftig **3.** (*seso*) Verstand *m;* **eso no me entra en la ~** das will mir nicht in den Kopf; **ser duro de ~** schwer von Begriff sein

molón, -ona [mo'lon, -ona] *adj* **1.** (*fam: bonito*) klasse **2.** (*presumido*) angeberisch **3.** (*Guat, Ecua, Méx: fastidioso*) lästig

molusco [mo'lusko] *m* Weichtier *nt*

momentáneo, -a [momen̦'taneo, -a] *adj* **1.** (*instantáneo*) augenblicklich **2.** (*provisional*) provisorisch; **hacer un arreglo ~** notdürftig reparieren **3.** (*temporal*) vorübergehend

momento [mo'men̦to] *m* **1.** (*instante*) Augenblick *m,* Moment *m;* **¡espera un ~!** Augenblick!; **de un ~ a otro** jeden Augenblick; **al ~** sofort; **en cualquier** [*o* **todo**] **~** jederzeit; **en el ~ adecuado** zum geeigneten Zeitpunkt; **en el ~ de la salida** beim Start; **en este ~ hay demasiado paro** heutzutage ist die Arbeitslosigkeit zu hoch; **en este ~ estaba pensando en ti** ich habe gerade an dich gedacht; **de ~, no te puedo decir nada** ich kann dir vorerst nichts sagen; **de ~ leeré el periódico y luego...** ich lese zunächst die Zeitung und dann ...; **de** [*o* **por el**] **~ no sé nada de él** ich weiß immer noch nichts von ihm; **en un ~ de flaqueza** in einem Anfall von Schwäche; **la tensión aumentaba por ~s** die Spannung stieg von Minute zu Minute; **aparecer en el último ~** in letzter Minute auftauchen; **en todo ~ mantuvo la calma** er/sie verlor nie die Ruhe; **no tengo un ~ libre** ich habe keinen Augenblick Ruhe; **hace un ~ que ha salido** er/sie ist gerade eben gegangen; **este estudiante me pregunta a cada ~** dieser Student stellt mir ununterbrochen Fragen **2.** (*período*) Zeitraum *m;* **atravieso un mal ~** ich mache gerade eine schwere Zeit durch **3.** (*actualidad*) Gegenwart *f;* **la música del ~** die Musik von heute **4.** (*situación*) Lage *f* **5.** (FÍS) Moment *nt*

momia ['momja] *f* **1.** (*egipcia*) Mumie *f* **2.** (*persona*) abgemagerter Mensch *m;* (*hombre*) Hering *m fam*

momificar [momifi'kar] <c→qu> *vt* mumifizieren

momio, -a[1] ['momjo, -a] *adj* mager

momio[2] ['momjo] *m* gutes Geschäft *nt;* **este trabajo es un ~** bei dieser Arbeit reißt man sich *dat* kein Bein aus *fam;* **este traje es un ~** dieser Anzug ist ein richtiges Schnäppchen *fam;* **de ~** kostenlos

mona ['mona] *f* **1.** (ZOOL) Äffin *f* **2.** (*fam: borrachera*) Rausch *m;* **coger una ~** sich *dat* einen Rausch antrinken; **estar como una ~** einen Affen (sitzen) haben; **dormir la ~** seinen Rausch ausschlafen; **tener una ~** sternhagelvoll sein **3.** (GASTR): **~ de Pascua** Osterkuchen *m* **4.** (*loc*): **estar hecho una ~** tief beschämt sein; **vete a freír ~s** scher dich zum Teufel

Mónaco ['monako] *m* Monaco *nt*

monada [mo'naða] *f* **1.** (*zalamería*) Schmeichelei *f* **2.** (*gracia*) Drolligkeit *f* **3.** *pl* (*amaneramiento*) affiges Gehabe *nt* **4.** (*algo bonito*): **es una ~ de chica** sie ist ein reizendes Mädchen; **¡qué ~ de vestido!** was für ein entzückendes Kleid!; **este bebé es una ~** dieses Baby ist goldig

monaguillo, -a [mona'ɣiʎo, -a] *m, f* Ministrant(in) *m(f)*

M

monarca [mo'narka] *mf* Monarch(in) *m(f)*
monarquía [monar'kia] *f* Monarchie *f*

Spaniens Staatsform ist eine **monarquía parlamentaria** (konstitutionelle Monarchie), d. h. der König, **Juan Carlos I.**, ist Spaniens Staatsoberhaupt, aber der Staat wird von einer demokratisch gewählten Regierung (Zweikammernsystem seit 1977) regiert.

monárquico, **-a** [mo'narkiko, -a] **I.** *adj* **1.** (*de la monarquía*) monarchisch **2.** (*partidario*) monarchistisch **II.** *m, f* Monarchist(in) *m(f)*
monasterio [monas'terjo] *m* Kloster *nt*
monda ['monda] *f* **1.** (*acción*) Schälen *nt* **2.** (*peladura*) Schale *f* **3.** (*poda*) Beschneiden *nt* **4.** (*loc, fam*): **tus chistes son la ~** deine Witze sind zum Schreien; **este pueblo es la ~, nadie sabe dónde está el cine** dieses Dorf ist ein Witz; keiner weiß, wo das Kino ist
mondadientes [monda'ðjentes] *m inv* Zahnstocher *m*
mondadura [monda'ðura] *f* **1.** (*acción*) Schälen *nt* **2.** *pl* (*peladuras*) Schalen *fpl*
mondar [mon'dar] **I.** *vt* **1.** (*plátano, patata, palo*) schälen; (*guisantes*) enthülsen; (*rama*) entrinden **2.** (*árbol*) beschneiden **II.** *vr:* **~se 1.** (*pelarse*) sich schälen **2.** (*loc*): **~se los dientes** sich *dat* in den Zähnen stochern; **~se de risa** (*fam*) sich totlachen
mondo, **-a** ['mondo, -a] *adj* **1.** (*cabeza*) haarlos **2.** (*de dinero*): **quedarse ~ (y lirondo)** (*fam*) völlig blank sein **3.** (*sin nada más*): **vivo sólo de mi sueldo ~** ich lebe nur von meinem Gehalt; **para comer sólo tenemos un bocadillo ~** zum Essen haben wir nichts als ein Sandwich; **la verdad monda y lironda** (*fam*) die nackte Wahrheit
mondongo [mon'dongo] *m* Eingeweide *ntpl*
moneda [mo'neða] *f* **1.** (*pieza*) Münze *f;* **~ de cinco marcos** Fünfmarkstück *nt;* **~ suelta** Kleingeld *nt;* **teléfono de ~s** Münzfernsprecher *m;* **pagar a alguien con la misma ~** es jdm mit gleicher Münze heimzahlen **2.** (*de un país*) Währung *f;* **~ base** Leitwährung *f;* **~ de curso legal** gesetzliches Zahlungsmittel; **~ extranjera** Devisen *fpl;* **~ fuerte/débil** harte/weiche Währung; **~ nacional** Landeswährung *f* **3.** (*loc*): **la otra cara de la ~** die Kehrseite der Medaille; **esto es ~ corriente** das ist nichts Ungewöhnliches; **si él me ofrece calidad, yo le pago en buena ~** wenn er mir Qualität bietet, werde ich seinen Forderungen entsprechen
monedero [mone'ðero] *m* **1.** (*bolsa*) Geldbeutel *m* **2.** (*persona*): **~ falso** Falschmünzer *m*
monegasco, **-a** [mone'ɣasko, -a] **I.** *adj* monegassisch **II.** *m, f* Monegasse, -in *m, f*
monería [mone'ria] *f* (*gracia*) Drolligkeit *f*
monetario, **-a** [mone'tarjo, -a] *adj* Währungs-; **institución monetaria** Geldinstitut *nt;* **tormentas monetarias** starke Währungsschwankungen
mongólico, **-a** [moŋ'goliko, -a] **I.** *adj* (MED) mongoloid **II.** *m, f* (MED) Mongoloide *mf;* **ser un ~** mongoloid sein
mongolismo [moŋgo'lismo] *m sin pl* (MED) Mongolismus *m*
monigote [moni'ɣote] *m* **1.** (*dibujo mal hecho*) Gekritzel *nt;* (*figura*) (Strich)männchen *nt;* **hacer ~s** (*figuras humanas*) Männchen malen; (*borrones*) herumkritzeln **2.** (*muñeco*) Flickenpuppe *f* **3.** (*persona*) Hampelmann *m*
monitor(a)[1] [moni'tor(a)] *m(f)* (*de un deporte*) Übungsleiter(in) *m(f);* (*de un campamento*) (Gruppen)leiter(in) *m(f);* **~ de natación** Schwimmlehrer *m*
monitor[2] [moni'tor] *m* (TÉC, TV, INFOR) Monitor *m*
monitorio, **-a** [moni'torjo, -a] *adj* ermahnend; **carta monitoria** Mahnschreiben *nt*
monja ['moŋxa] *f* Nonne *f*
monje ['moŋxe] *m* Mönch *m*
monjil [moŋ'xil] **I.** *adj* Nonnen-; **llevar una vida ~** (*fig*) ein sehr bescheidenes Leben führen **II.** *m* Nonnentracht *f*
mono, **-a**[1] ['mono, -a] *adj* (*niño*) süß; (*chica*) hübsch; (*vestido*) entzückend
mono[2] ['mono] *m* **1.** (ZOOL) Affe *m;* **estar de ~s** schmollen; **¿tengo ~s en la cara?** was starrst du mich so an?; **hacer ~s a alguien** jdm schöne Augen machen **2.** (*fantoche*) Hampelmann *m;* **en esta casa soy el último mono ~** in diesem Haus bin ich ein Nichts **3.** (*traje*) Overall *m;* (*de mecánico*) Blaumann *m fam* **4.** (*argot: de drogas*) Turkey *m;* **tener el ~** auf Turkey sein; **le entra el ~** er bekommt Entzugserscheinungen **5.** (*persona fea*) Scheusal *nt* **6.** (*joven tonto*) Lackaffe *m fam* **7.** (*dibujo*) (Strich)männchen *nt*
monóculo [mo'nokulo] *m* Monokel *nt*
monocultivo [monokul'tiβo] *m* Monokultur *f*
monogamia [mono'ɣamja] *f sin pl* Monogamie *f*
monógamo, **-a** [mo'noɣamo, -a] *adj* monogam
monografía [monoɣra'fia] *f* Monographie *f*
monograma [mono'ɣrama] *m* Mono-

gramm *nt*

monolingüe [mono'liŋgwe] *adj* einsprachig

monólogo [mo'noloɣo] *m* Monolog *m*

monopatín [monopa'tin] *m* Skateboard *nt*

monopolio [mono'poljo] *m* Monopol *nt*

monopolizar [monopoli'θar] <z→c> *vt* (COM) monopolisieren; (*fig*) mit Beschlag belegen; ~ **la atención de alguien** jds Aufmerksamkeit auf sich ziehen

monosílabo, -a[1] [mono'silaβo, -a] *adj* einsilbig

monosílabo[2] [mono'silaβo] *m* einsilbiges Wort *nt;* **responder con ~s** einsilbig antworten

monotonía [monoto'nia] *f* Eintönigkeit *f*

monótono, -a [mo'notono, -a] *adj* eintönig

monóxido [mo'noˠsiðo, -a] *m* Monoxid *nt*

monseñor [monse'ɲor] *m* Monsignore *m*

monserga [mon'serɣa] *f* (*fam*) **1.** (*lengua*) dummes Geschwätz *nt;* **¡no me vengas con ~s!** hör auf mit dem Quatsch! **2.** (*lata*) Last *f;* **este trabajo es una ~** diese Arbeit geht mir auf die Nerven

monstruo ['moⁿstrwo] *m* **1.** (*ser fantástico*) Ungeheuer *nt* **2.** (*feo*) Scheusal *nt* **3.** (*perverso*) Unmensch *m* **4.** (*artista*) Meister *m* **5.** (*loc*): **una actuación ~** eine Veranstaltung der Superlative

monstruosidad [moⁿstrwosi'ðaᵈ] *f* Ungeheuerlichkeit *f;* **eso que dices es una ~** das, was du sagst, ist ja ungeheuerlich!

monstruoso, -a [moⁿstru'oso, -a] *adj* **1.** (*desfigurado*) missgestaltet **2.** (*terrible*) abscheulich; **es ~ tener que estudiar durante el verano** es ist eine Zumutung, den Sommer über lernen zu müssen **3.** (*enorme*) riesig

monta ['moṇta] *f* **1.** (*de maquinaria*) Montage *f;* (*de joyas*) Einfassen *nt* **2.** (*de caballo*) Besteigen *nt* **3.** (*importe*) Endsumme *f* **4.** (*importancia*) Bedeutung *f;* **de poca ~** unbedeutend

montacargas [moṇta'karɣas] *m inv* Lastenaufzug *m;* (MIN) Förderkorb *m*

montador(a) [moṇta'ðor(a)] *m(f)* **1.** (TÉC: *de máquinas*) Monteur(in) *m(f);* (*de grandes máquinas*) Maschinenschlosser(in) *m(f)* **2.** (CINE) Cutter(in) *m(f)*

montaje [moṇ'taxe] *m* **1.** (TÉC) Montage *f;* (*de una tribuna*) Aufbau *m* **2.** (CINE, FOTO) Montage *f* **3.** (TEAT) Inszenierung *f* **4.** (*engaño*) abgekartetes Spiel *nt*

montante [moṇ'taṇte] *m* **1.** (*importe*) Endsumme *f* **2.** (*de máquina*) Ständer *m;* (*de escalera/ventana*) Pfosten *m*

montaña [moṇ'taɲa] *f* **1.** (GEO: *monte*) Berg *m;* (*zona*) Gebirge *nt;* **~ rusa** Achterbahn *f;* **prefiero la ~ al mar** ich ziehe die Berge dem Meer vor; **la fe mueve ~s** der Glaube versetzt Berge **2.** (*de cosas*) Haufen *m*

montañero, -a [moṇta'ɲero, -a] *m, f* Bergsteiger(in) *m(f)*

montañés, -esa [noṇta'ɲes, -esa] **I.** *adj* **1.** (*de la montaña*) Berg- **2.** (*de Santander*) aus Santander **II.** *m, f* Einwohner(in) *m(f)* von Santander

montañismo [moṇta'ɲismo] *m* Bergsteigen *nt*

montañoso, -a [moṇta'ɲoso, -a] *adj* gebirgig

montar [moṇ'tar] **I.** *vi* **1.** (*subir a una bici, un caballo*) aufsteigen (*en* auf +*akk*); (*en un coche*) einsteigen (*en* in +*akk*) **2.** (*ir a caballo*) reiten; **~ en bici** Rad fahren **3.** (*una cuenta*) sich belaufen (*a* auf +*akk*) **4.** (*loc*): **~ en cólera** in Zorn geraten; **tanto monta que vaya como que no** es ist egal, ob ich gehe oder nicht **II.** *vt* **1.** (*subir en un caballo*) besteigen; **no montes al niño en el alféizar** setz das Kind nicht aufs Fensterbrett **2.** (*ir a caballo*) reiten **3.** (*acaballar*) decken **4.** (*máquina*) montieren; (*una tribuna*) aufbauen; (*tienda*) aufschlagen **5.** (*clara de huevo*) steif schlagen **6.** (*casa*) einrichten **7.** (*negocio*) eröffnen **8.** (TEAT) inszenieren **9.** (*diamante*) (ein)fassen **10.** (*arma*) spannen **11.** (CINE) cutten **12.** (*fam: excursión*) aufziehen **13.** (*guardia, ejército*) aufstellen **14.** (*loc*): **~la** Krach schlagen; **~ un número** ein Riesentheater veranstalten **III.** *vr:* **~se 1.** (*subir*) hinaufsteigen; **no te montes ahí** steig da nicht hinauf **2.** (*fam: arreglárselas*): **¿cómo te lo montas con el trabajo?** wie kommst du mit der Arbeit zurecht?; **no nos lo montamos muy bien entre nosotros** wir kommen miteinander nicht klar; **me lo monto solo** ich komme alleine zurecht

montaraz [moṇta'raθ] *adj* **1.** (*salvaje*) wild **2.** (*resistente*) abgehärtet **3.** (*tosco*) ungehobelt **4.** (*arisco*) spröde

monte ['moṇte] *m* **1.** (*montaña*) Berg *m;* **el ~ de los Olivos** der Ölberg **2.** (*bosque*) Wald *m;* **~ alto** (Hoch)wald *m;* **~ bajo** Unterholz *nt;* **batir el ~** (*cazar*) auf die Jagd gehen; (*buscar*) den Wald durchforsten; **echarse al ~** in den Untergrund gehen **3.** *pl* (*cordillera*) Gebirge *nt* **4.** (*loc*): **~ de piedad** Pfandhaus *nt;* **no todo el ~ es orégano** (*prov*) ≈alles hat seine Tücken

montepío [moṇte'pio] *m* **1.** (*caja para viudas*) Witwenkasse *f;* (*para huérfanos*) Waisenkasse *f* **2.** (*pensión de viuda*) Witwenrente *f;* (*de huérfano*) Waisenrente *f*

montera [moṇ'tera] *f* **1.** (*gorra*) Kappe *f;* **ponerse el mundo por ~** auf die ganze Welt pfeifen **2.** (*de una galería*) Glasdach *nt*

montería [moṇte'ria] *f* (Treib)jagd *f*

montés, -esa [moṇ'tes, -esa] *adj* wild; **ca-**

M

bra montesa Steinbock *m;* **gato** ~ Wildkatze *f*

montículo [moṇ'tikulo] *m* Hügel *m*

monto ['moṇto] *m* Gesamtbetrag *m*

montón [moṇ'ton] *m* Haufen *m;* **un ~ de ropa** ein Haufen Wäsche; **había un ~ de gente** es waren unheimlich viele Leute da; **tengo problemas a montones** (*fam*) ich habe Probleme ohne Ende; **tomar montones de pastillas** (*fam*) Unmengen von Tabletten schlucken; **ser del** ~ ein Durchschnittsmensch sein; **tener una cara del** ~ ein Allerweltsgesicht haben; **la bomba atómica redujo Hiroshima a un ~ de escombros** die Atombombe legte Hiroshima in Schutt und Asche

montura [moṇ'tura] *f* **1.** (*arnés*) Geschirr *nt;* (*silla*) Sattel *m* **2.** (*animal*) Reittier *nt* **3.** (*de gafas*) Gestell *nt;* (*de una joya*) (Ein)fassung *f*

monumental [monumeṇ'tal] *adj* **1.** (*grande*) enorm; (*de importancia*) monumental; (*error*) gewaltig **2.** (*de monumento*): **el Madrid** ~ die Sehenswürdigkeiten Madrids

monumento [monu'meṇto] *m* Denkmal *nt;* (*grande*) Monument *nt;* **~ funerario** Grabmal *nt;* **~ de la literatura** literarischer Meilenstein; **los ~s de una ciudad** die Sehenswürdigkeiten einer Stadt; **esta casa es un ~ nacional** dieses Haus steht unter Denkmalschutz; **esta chica es un** ~ dieses Mädchen ist bildschön

monzón [moṇ'θon] *m o f* Monsun *m*

moña ['moɲa] *f* **1.** (*lazo*) Schleife *f* **2.** (*fam: borrachera*) Rausch *m;* **estar** ~ betrunken sein

moño ['moɲo] *m* **1.** (*pelo*) Haarknoten *m* **2.** (*lazo*) Schleife *f* **3.** (*plumas*) Schopf *m* **4.** (*Col: capricho*) Marotte *f* **5.** (*Chil: pelo*) Haar *nt;* (*copete*) Schopf *m* **6.** *pl* (*adornos*) Flitterkram *m* **7.** (*loc*): **quitar ~s a alguien** jdm einen Dämpfer versetzen; **ponerse ~s** angeben; **estar hasta el ~ de algo** (*fam*) die Nase gestrichen voll von etw *dat* haben; **se me ha puesto en el ~ de…** ich habe es mir in den Kopf gesetzt zu …

MOPU ['mopu] *m abr de* **Ministerio de Obras Públicas y Urbanismo** Bau- und Stadtplanungsministerium *nt*

moquear [moke'ar] *vi:* **estás moqueando** dir läuft die Nase

moqueta [mo'keta] *f* Teppichboden *m*

mora ['mora] *f* **1.** (*del moral*) Maulbeere *f;* (*de la zarzamora*) Brombeere *f* **2.** (JUR) Verzug *m*

morada [mo'raða] *f* **1.** (*casa*) Wohnung *f* **2.** (*residencia*) Wohnsitz *m* **3.** (*estancia*) Aufenthalt *m;* **la eterna** ~ das Jenseits

morado, -a [mo'raðo, -a] *adj* dunkelviolett; **poner un ojo ~ a alguien** jdm ein blaues Auge verpassen; **pasarlas moradas** Blut und Wasser schwitzen; **ponerse ~ (comiendo)** sich *dat* den Bauch voll schlagen *fam*

moral [mo'ral] **I.** *adj* **1.** (*ético*) moralisch; **código** ~ Sittenkodex *m;* **tengo la certidumbre** ~ ich nehme mit Sicherheit an **2.** (*espiritual*) geistig **II.** *f* Moral *f;* **~ relajada** lockere Moralvorstellungen; **tú y yo no tenemos la misma** ~ wir haben unterschiedliche Moralvorstellungen; **levantar la ~ a alguien** jdn aufrichten; **hay que tener ~ para hacer eso** man muss echt viel Mut aufbringen, um das zu tun; **tener más ~ que el Alcoyano** sich nie geschlagen geben

moraleja [mora'lexa] *f* Moral *f*

moralidad [morali'ða^ð] *f* (*cualidad*) Sittlichkeit *f*

moralista [mora'lista] *mf* Moralist(in) *m(f)*

moralizar [morali'θar] <z→c> **I.** *vi* moralisieren **II.** *vt* moralisch machen

morapio [mo'rapjo] *m* (*fam*) Rotwein *m*

moratón *m* blauer Fleck *m*

moratoria [mora'torja] *f* Aufschub *m;* (FIN) Zahlungsaufschub *m;* **~ nuclear** Atomstopp *m*

mórbido, -a ['morβiðo, -a] *adj* **1.** (*enfermo*) kränklich **2.** (*suave*) zart

morbo ['morβo] *m* **1.** (*enfermedad*) Krankheit *f* **2.** (*interés malsano*) krankhaftes Interesse *nt;* **este partido de fútbol tiene mucho** ~ dieses Fußballspiel erregt die Gemüter; **el color negro me da** ~ die Farbe Schwarz turnt mich an *fam*

morbosidad [morβosi'ða^ð] *f* **1.** (*enfermedad*) Kränklichkeit *f* **2.** (*de placer/imaginación*) Krankhaftigkeit *f*

morboso, -a [mor'βoso, -a] *adj* **1.** (*clima*) ungesund **2.** (*placer, imaginación*) krankhaft

morcilla [mor'θiʎa] *f* **1.** (GASTR) Blutwurst *f* **2.** (TEAT) Extempore *nt* **3.** (*Cuba: mentira*) Lüge *f* **4.** (*loc*): **¡que te den ~!** (*vulg*) du kannst mich mal! *fam*

morcillo [mor'θiʎo] *m* Haxe *f*

mordaz [mor'ðaθ] *adj* **1.** (*palabra*) bissig; (*crítica*) scharf **2.** (*sabor*) scharf **3.** (*corrosivo*) ätzend

mordaza [mor'ðaθa] *f* **1.** (*en la boca*) Knebel *m;* **quieren ponerme una** ~ (*fig*) man will mich mundtot machen **2.** (TÉC) (Klemm)backe *f*

mordedor(a) [morðe'ðor(a)] *adj* bissig; **perro ladrador, poco** ~ (*prov*) Hunde, die (viel) bellen, beißen nicht

mordedura [morðe'ðura] *f* Biss *m*

morder [mor'ðer] <o→ue> **I.** *vt* **1.** (*con los dientes*) beißen (in +*akk*); **te voy a hacer ~ el polvo** ich mache dich fertig *fam;*

está que muerde er/sie ist fuchsteufelswild **2.** (*atrapar*) einklemmen **3.** (*lima*) (ab)schleifen **4.** (*corroer*) zersetzen **5.** (*Am: estafar*) betrügen **II.** *vr:* ~**se** sich beißen; ~**se las uñas** Nägel kauen; ~**se la lengua** sich *dat* auf die Zunge beißen; **no ~se la lengua** kein Blatt vor den Mund nehmen

mordida [mor'ðiða] *f* **1.** (*Méx: fam: acción*) Bestechung *f;* (*dinero*) Bestechungsgeld *nt* **2.** (*Arg*) *v.* **mordisco**

mordisco [mor'ðisko] *m* **1.** (*acción*) Biss *m* **2.** (*herida*) Bisswunde *f* **3.** (*trozo*) Bissen *m*

mordisquear [morðiske'ar] *vt* knabbern (an +*dat*)

morena [mo'rena] *f* **1.** (ZOOL) Muräne *f* **2.** (*pan*) Schwarzbrot *nt* **3.** (GEO) Moräne *f*

moreno, -a[1] [mo'reno, -a] **I.** *adj* dunkel; (*de piel*) braun; (*de cabello*) dunkelhaarig; (*de ojos*) dunkeläugig **II.** *m, f* **1.** (*negro*) Farbige(r) *mf* **2.** (*Cuba: mulato*) Mulatte, -in *m, f*

moreno[2] [mo'reno] *m* Bräune *f*

morera [mo'rera] *f* Maulbeerbaum *m*

morete [mo'rete] *m* (*AmC*), **moretón** [more'ton] *m* (*fam*) blauer Fleck *m*

morfema [mor'fema] *m* Morphem *nt*

morfina [mor'fina] *f* Morphium *nt*

morfinómano, -a [morfi'nomano, -a] **I.** *adj* morphiumsüchtig **II.** *m, f* Morphiumsüchtige(r) *mf*

morgue ['morɣe] *f* (*Am*) Leichenschauhaus *nt*

moribundo, -a [mori'βun̪do, -a] **I.** *adj* im Sterben liegend **II.** *m, f* Sterbende(r) *mf*

morigeración [morixera'θjon] *f* Mäßigung *f*

morigerado, -a [morixe'raðo, -a] *adj* **1.** (*moderado*) mäßig **2.** (*bien criado*) artig **3.** (*de buenas costumbres*) anständig

morigerar [morixe'rar] *vt* mäßigen

morir [mo'rir] *irr* **I.** *vi* **1.** (*perecer*) sterben (*de* an +*dat*); (*en catástrofe, guerra*) umkommen; (*en un accidente*) tödlich verunglücken; ~ **de hambre/de sed** verhungern/verdursten; ~ **ahogado** (*en agua*) ertrinken; (*en humo*) ersticken; ~ **de viejo** an Altersschwäche sterben; ~ **en un incendio** in den Flammen umkommen; ~ **a causa de las graves heridas** seinen schweren Verletzungen erliegen; ~ **al pie del cañón** bis zum letzten Atemzug arbeiten **2.** (*tarde*) zur Neige gehen; (*luz*) erlöschen; (*tradición*) aussterben; (*camino*) enden; (*río*) münden; (*sonido*) ersterben **II.** *vr:* ~**se 1.** (*perecer*) sterben; (*planta*) eingehen; **se le ha muerto su padre** sein/ihr Vater ist verstorben; **¡así te mueras!** (*fam*) hoffentlich krepierst du! **2.** (*con 'de'*): ~**se de hambre/de sed** verhungern/verdursten; ~**se de frío** erfrieren; ~**se de vergüenza** sich zu Tode schämen; ~**se de risa** sich totlachen; ~**se de pena** vor Kummer sterben **3.** (*con 'por'*): **me muero por conocer a tu nueva novia** ich brenne darauf, deine neue Freundin kennen zu lernen; **me muero (de ganas) por saber lo que te dijo** ich bin gespannt, was er/sie dir gesagt hat; **me muero por ella** ich bin total verrückt nach ihr **4.** (*miembro del cuerpo*) einschlafen

moro, -a ['moro, -a] **I.** *adj* (*musulmán*) maurisch **II.** *m, f* Maure, -in *m, f;* **ser un ~** (*fig fam*) sehr eifersüchtig sein; **¡hay ~s en la costa!** (*fig*) Vorsicht!; **¡no hay ~s en la costa!** (*fig*) die Luft ist rein!

morocho, -a [mo'rotʃo, -a] *adj* (*CSur: trigueño*) brünett

morondo, -a [mo'ron̪do, -a] *adj* kahl

moroso, -a [mo'roso, -a] **I.** *adj* **1.** (*deudor*) säumig **2.** (*elev: lento*) langsam; (*estilo*) schwerfällig; **el río avanza de manera morosa** der Fluss fließt träge dahin **II.** *m, f* säumiger Zahler *m,* säumige Zahlerin *f*

morral [mo'rral] *m* **1.** (*de las caballerías*) Futtersack *m* **2.** (*zurrón*) Rucksack *m*

morralla [mo'rraʎa] *f* **1.** (*pescados*) kleine Fische *mpl* **2.** (*gente*) Gesindel *nt* **3.** (*cosas*) Plunder *m*

morrear(se) [morre'ar(se)] *vt, vr* (*vulg*) knutschen *fam*

morriña [mo'rriɲa] *f sin pl* (*fam: nostalgia*) Heimweh *nt*

morro ['morro] *m* **1.** (ZOOL: *hocico*) Schnauze *f;* (*boca*) Maul *nt* **2.** (*pey: de persona*) Schnauze *f;* **beber a ~** aus der Flasche trinken; **caer de ~s** (*fam*) auf die Schnauze fallen; **te voy a partir los ~s** (*fam*) ich poliere dir die Schnauze; **estar de ~(s)** schmollen; **torcer el ~** ein saures Gesicht machen; **tiene un ~ que se lo pisa** (*fam*) er/sie ist unglaublich unverschämt; **lo hizo así, por el ~** (*fam*) er/sie hat das einfach aus Spaß so gemacht; **se quedó el dinero por (todo) el ~** er/sie hat das Geld einfach behalten **3.** (*de pistola*) Mündung *f;* (*de barco/avión/coche*) Nase *f* **4.** (*montículo*) Hügel *m*

morrocotudo, -a [morroko'tuðo, -a] *adj* (*fam*) **1.** (*formidable*) spitze **2.** (*susto, disgusto*) ungeheuer

morrón [mo'rron] **I.** *adj:* **pimiento ~** gebratene rote Paprika *f* **II.** *m* (*fam: golpe*) Schlag *m*

morsa ['morsa] *f* Walross *nt*

morse ['morse] *m* Morsealphabet *nt;* **señal ~** Morsezeichen *nt*

mortadela [morta'ðela] *f* Mortadella *f*

mortaja [mor'taxa] *f* **1.** (*sábana*) Leichentuch *nt;* (*vestidura*) Totenhemd *nt* **2.** (*Am: de cigarrillo*) Zigarettenpapier *nt*

mortal [mor'tal] **I.** *adj* **1.** (*sujeto a la muerte*) sterblich **2.** (*que la causa*) tödlich; **pe-**

M

cado ~ Todsünde *f;* **peligro** ~ Lebensgefahr *f;* **tener un odio** ~ **a alguien** jdn auf den Tod nicht leiden können **3.** (*pesado*) tödlich; (*aburrido*) todlangweilig **II.** *mf* Sterbliche(r) *mf*

mortalidad [mortali'ða^ð] *f* **1.** (*cualidad*) Sterblichkeit *f* **2.** (*número*) Sterblichkeit(srate) *f*

mortandad [mortaṇ'da^ð] *f* Massensterben *nt;* **el virus ébola causó una** ~ **en Zaire** das Ebolavirus kostete in Zaire viele Menschenleben; **la** ~ **de la guerra en Ruanda** das Gemetzel in Ruanda

mortecino, -a [morte'θino, -a] *adj* (*luz*) trüb; (*color*) matt; (*fuego*) erlöschend

mortero [mor'tero] *m* **1.** (*cuenco*) Mörser *m* **2.** (MIL) Mörser *m* **3.** (*cemento*) Mörtel *m*

mortífero, -a [mor'tifero, -a] *adj* tödlich

mortificación [mortifika'θjon] *f* **1.** (*tormento*) Qual *f* **2.** (REL) Kasteiung *f* **3.** (*humillación*) Demütigung *f*

mortificar [mortifi'kar] <c→qu> **I.** *vt* **1.** (*atormentar*) quälen **2.** (REL) kasteien **3.** (*humillar*) demütigen **II.** *vr:* ~**se 1.** (*atormentarse*) sich grämen (*por* über +*akk,* wegen +*gen/dat*) **2.** (REL) sich kasteien **3.** (*Méx: avergonzarse*) sich schämen

mortuorio, -a [mortu'orjo, -a] *adj* Todes-

moruno, -a [mo'runo, -a] *adj* maurisch

mosaico [mo'sai̯ko] *m* Mosaik *nt*

mosca ['moska] *f* **1.** (ZOOL) Fliege *f;* **por si las** ~**s** (*fam*) für alle Fälle; **estar con** [*o* **tener**] **la** ~ **en** [*o* **detrás de**] **la oreja** (*fam*) misstrauisch sein; **estar** ~ (*fam: receloso*) misstrauisch sein; (*enfadado*) eingeschnappt sein; **no se oía el vuelo de una** ~ man hätte eine Stecknadel fallen hören können; **papar** ~**s** (*fam*) Maulaffen feilhalten; **¿qué** ~ **te ha picado?** was ist denn in dich gefahren?; **andar cazando** ~**s** über den Wolken schweben **2.** (*barba*) Fliege *f* **3.** (*persona*) Nervensäge *f fam* **4.** (*fam: dinero*) Kohle *f;* **aflojar la** ~ Geld locker machen

moscada [mos'kaða] *adj:* **nuez** ~ Muskatnuss *f*

moscarda [mos'karða] *f* Schmeißfliege *f*

moscardón [moskar'ðon] *m* **1.** (*moscarda*) Schmeißfliege *f* **2.** (*tábano*) Bremse *f* **3.** (*avispón*) Hornisse *f* **4.** (*persona*) Nervensäge *f fam*

moscatel [moska'tel] *m* Muskateller *m*

moscón, -ona[1] [mos'kon, -ona] *m, f* Nervensäge *f fam*

moscón[2] [mos'kon] *m v.* **moscardón**

moscovita [mosko'βita] **I.** *adj* moskauisch **II.** *mf* Moskauer(in) *m(f)*

Moscú [mos'ku] *m* Moskau *nt*

Mosela [mo'sela] *m* Mosel *f*

mosqueado, -a [moske'aðo, -a] *adj* **1.** (*fam: enfadado*) eingeschnappt; **estar** ~ **con alguien** auf jdn sauer sein **2.** (*moteado*) getüpfelt; (*vaca*) scheckig

mosquearse [moske'arse] *vr* (*fam*) beleidigt sein

mosqueo [mos'keo] *m* Wut *f;* **cogió un** ~ **de aúpa** er/sie raste vor Wut

mosquetón [moske'ton] *m* **1.** (*arma*) Karabiner *m* **2.** (*anilla*) Karabinerhaken *m*

mosquita [mos'kita] *f:* ~ **muerta** Duckmäuser *m;* **se hace la** ~ **muerta** er/sie sieht aus, als ob er/sie keiner Fliege etwas zuleide tun könnte

mosquitero [moski'tero] *m* Moskitonetz *nt*

mosquito [mos'kito] *m* Stechmücke *f;* (*en zonas tropicales*) Moskito *m*

mostaza [mos'taθa] *f* Senf *m;* (*semilla*) Senfsamen *m;* (**de**) **color** ~ senffarben

mosto ['mosto] *m* Most *m*

mostrador [mostra'ðor] *m* **1.** (*tienda*) Ladentisch *m;* (*escaparate*) Schaufenster *nt* **2.** (*bar*) Theke *f* **3.** (*ventanilla*) Schalter *m*

mostrar [mos'trar] <o→ue> **I.** *vt* (*enseñar*) zeigen; (*presentar*) vorzeigen; **¡no muestres tu miedo!** lass dir deine Angst nicht anmerken! **II.** *vr:* ~**se** sich zeigen; ~**se amigo** sich freundlich zeigen

mota ['mota] *f* **1.** (*partícula*) Fremdkörper *m;* ~ (**de polvo**) Staubkorn *nt* **2.** (*mancha*) Fleck *m;* (*lunar*) Punkt *m* **3.** (*tejido*) Knötchen *nt* **4.** (*montaña*) einsamer Hügel *m*

mote ['mote] *m* **1.** (*apodo*) Spitzname *m;* ~ **cariñoso** Kosename *m* **2.** (*Am: maíz*) gekochter Mais *m*

moteado, -a [mote'aðo, -a] *adj* gesprenkelt

motear [mote'ar] *vt* tüpfeln

motejar [mote'xar] *vt* (*tildar*) bezeichnen (*de* als +*akk*)

motel [mo'tel] *m* Motel *nt*

motín [mo'tin] *m* Meuterei *f*

motivación [motiβa'θjon] *f* **1.** (PSICO) Motivation *f* **2.** (*explicación*) Begründung *f*

motivar [moti'βar] *vt* **1.** (*incitar*) motivieren (*a* zu +*dat*) **2.** (*explicar*) begründen (*con/en* mit +*dat*) **3.** (*provocar*) verursachen; **los puntos que motivan el presente contrato son...** die diesem Vertrag zugrunde liegenden Punkte sind ...

motivo [mo'tiβo] *m* **1.** (*causa*) Grund *m;* (*crimen*) Motiv *nt;* **con** ~ **de...** anlässlich +*gen;* **por este** ~ deshalb; **carecer de** ~ **alguno** unbegründet sein **2.** (*composición, sello*) Motiv *nt;* (*tela*) Muster *nt*

moto ['moto] *f* (*fam*) Motorrad *nt;* **ir en** ~ Motorrad fahren; **iba como una** ~ (*argot*) er war voll wie eine Haubitze

motocicleta [motoθi'kleta] *f* Motorrad *nt;* **ir en** ~ Motorrad fahren

motociclismo [motoθi'klismo] *m sin pl*

Motorradsport *m*

motociclista [motoθi'klista] *mf* Motorradfahrer(in) *m(f)*

motoneta [moto'neta] *f* (*Am*) Motorroller *m*

motor(a)[1] [mo'tor] *adj* bewegend; **nervio ~** Bewegungsnerv *m*

motor[2] [mo'tor] *m* **1.** (TÉC: *t. fig*) Motor *m*; **~ de explosión** Verbrennungsmotor *m*; **~ de reacción** Düsentriebwerk *nt*; **vehículo de ~** Kraftfahrzeug *nt* **2.** (*causa*) Beweggrund *m*

motora [mo'tora] *f* Motorboot *nt*

motorismo [moto'rismo] *m sin pl* Motorsport *m*

motorista [moto'rista] *mf* **1.** (DEP) Motorradfahrer(in) *m(f)* **2.** (*chófer*) Kraftfahrer(in) *m(f)* **3.** (*policía*) Polizist(in) *m(f)* auf einem Motorrad

motorizar [motori'θar] <z→c> *vt* motorisieren

motosierra [moto'sjerra] *f* Motorsäge *f*

motriz [mo'triθ] *adj* antreibend; **fuerza ~** Triebkraft *f*

movedizo, -a [moβe'ðiθo, -a] *adj* **1.** (*móvil*) beweglich; **arenas movedizas** Treibsand *m* **2.** (*inconstante*) wankelmütig

mover [mo'βer] <o→ue> **I.** *vt* **1.** (*desplazar*) bewegen; **~ la cola** mit dem Schwanz wedeln; **~ la cabeza** den Kopf schütteln **2.** (*ajedrez*) ziehen **3.** (*incitar*) bewegen **4.** (INFOR) verschieben; **~ archivo** eine Datei verschieben **5.** (*loc*): **~ a compasión** Mitleid erregen; **~ a lágrimas** zu Tränen rühren **II.** *vr:* **~se** sich bewegen; **¿nos movemos o qué?** gehen wir nun oder nicht?; **¡venga, muévete!** los, nun mach schon!

movible [mo'βiβle] *adj* **1.** (*pieza*) beweglich **2.** (*carácter*) wankelmütig

movida [mo'βiða] *f* (*argot*) Szene *f*; **¡qué ~!** (*lío*) was für ein Durcheinander!; (*ambiente*) was für eine Bombenstimmung!

movido, -a [mo'βiðo, -a] *adj* **1.** (*foto*) verwackelt **2.** (*agitado*) bewegt; (*activo*) aktiv; (*vivo*) lebhaft; **he tenido un día muy ~** heute war bei mir viel los **3.** (MÚS) schnell

móvil ['moβil] **I.** *adj* mobil **II.** *m* **1.** (*para colgar*) Mobile *nt* **2.** (*crimen*) Motiv *nt* **3.** (TEL) Handy *nt*

movilidad [moβili'ðað] *f sin pl* Mobilität *f*

movilización [moβiliθa'θjon] *f* **1.** (*recursos, tropas*) Mobilisierung *f* **2.** (*huelga*) Streik *m* **3.** (*dinero*) Bereitstellung *f*

movilizar [moβili'θar] <z→c> *vt* **1.** (*ejército, recursos, fuerzas*) mobilisieren **2.** (*dinero*) flüssig machen

movimiento [moβi'mjento] *m* **1.** (*t.* FÍS) Bewegung *f*; **~ vibratorio** Vibration *f*; **hacer ~s** (ARQUIT) sich setzen; **poner en ~** in Gang setzen; **había mucho ~ en las tiendas** in den Geschäften war viel Betrieb **2.** (*ajedrez*) Zug *m* **3.** (MÚS) Tempo *nt* **4.** (HIST, LIT, POL) Bewegung *f*; **el M~ (Nacional)** der Franco-Putsch **5.** (COM) Umsatz *m*; **~ de cuenta** Kontobewegung *f*; **~s bursátiles** Börsengeschäfte *ntpl*

moza ['moθa] *f* **1.** (*chica*) Mädchen *nt*; **¡está ya hecha una ~!** sie ist schon ein großes Mädchen! **2.** (*criada*): **~ (de cámara)** Dienstmädchen *nt*

mozambiqueño, -a [moθambi'keɲo, -a] **I.** *adj* aus Mozambique **II.** *m, f* Bewohner(in) *m(f)* von Mozambique

mozo, -a[1] ['moθo, -a] **I.** *adj* **1.** (*joven*) jung; **la gente moza** die Jugend **2.** (*soltero*) ledig **II.** *m, f* (*chico*) Junge *m*; (*chica*) Mädchen *nt*; (*joven*) junger Mann *m*, junge Frau *f*; **¡pero si estás hecho un ~!** (*a un chico*) du bist ja schon ein richtiger junger Mann!; (*a un adulto*) du hast dich aber gut gehalten!

mozo[2] ['moθo] *m* **1.** (*criado*) Diener *m*; **~ (de café)** Kellner *m*; **~ (de estación)** Gepäckträger *m* **2.** (*soldado*) Wehrpflichtige(r) *m*

mu [mu] **I.** *interj* (*vaca*) muh **II.** *m:* **no decir ni ~** keinen Pieps sagen

mucamo, -a [mu'kamo, -a] *m, f* (*Am: criado*) Diener *m*; (*criada*) Dienstmädchen *nt*

muceta [mu'θeta] *f* (*del doctor/juez*) Robe *f*

muchachada [muʧa'ʧaða] *f* (*Am*) junge Leute *pl*

muchacho, -a [mu'ʧaʧo, -a] *m, f* **1.** (*chico*) Junge *m*; (*chica*) Mädchen *nt* **2.** (*criado*) Diener *m*; (*criada*) Dienstmädchen *nt*

muchedumbre [muʧe'ðumbre] *f* **1.** (*de cosas*) Menge *f*; **salió volando una ~ de pájaros** ein großer Vogelschwarm flog auf **2.** (*de personas*) Menschenmenge *f*

mucho, -a ['muʧo, -a] **I.** *adj* viel; **esto es ~ para ella** das ist zu viel für sie; **hace ya ~ tiempo que...** es ist schon lange her, dass ...; **muchas veces** oft; **eso me parece ~ decir** das scheint mir etwas gewagt; **mal de ~s, consuelo de tontos** (*prov*) geteiltes Leid ist halbes Leid **II.** *adv* (*intensidad*) sehr; (*cantidad*) viel; (*mucho tiempo*) lange; (*muchas veces*) oft; **lo sentimos ~** es tut uns sehr Leid; **no hace ~ estuvo aquí** vor kurzem war er/sie hier; **es con ~ el más simpático** er ist mit Abstand der Netteste; **¡pero que muy ~!** aber hallo!; **lo tenemos en ~** wir schätzen ihn sehr; **por ~ que se esfuercen, no lo conseguirán** wie sehr sie sich auch anstrengen, sie werden es nicht schaffen; **no era nuestra intención molestarle ni ~ menos** wir wollten Sie wirklich nicht stören; **tener cincuenta años, como ~** höchstens fünfzig

(Jahre alt) sein

mucosa [mu'kosa] *f* Schleimhaut *f*

mucosidad [mukosi'ða^{d}] *f* (*moco*) Schleim *m*

mucoso, -a [mu'koso, -a] *adj* schleimig; **membrana mucosa** Schleimhaut *f*

muda ['muða] *f* **1.** (*ropa interior*) Unterwäsche *f;* (*cama*) Bettwäsche *f* **2.** (*serpiente*) Häuten *nt* **3.** (*pájaro*) Mauser *f* **4.** (*pelo*) Haarwechsel *m* **5.** (*voz*) Stimmbruch *m;* **estar de ~** im Stimmbruch sein

mudable [mu'ðaβle] *adj* veränderlich

mudanza [mu'ðan̪θa] *f* (*de casa*) Umzug *m;* **camión de ~s** Möbelwagen *m;* **estar de ~** umziehen

mudar [mu'ðar] **I.** *vi, vt* **1.** (*cambiar*) ändern; (*por uno nuevo*) wechseln ((*de*) +*akk*); **~ (de) pluma/piel** sich mausern/häuten; **~ de voz** im Stimmbruch sein; **los años le han mudado el** [*o* **de**] **carácter** mit dem Alter hat sich sein/ihr Charakter verändert **2.** (*de ropa*) umziehen **II.** *vr:* **~se 1.** (*casa*) umziehen; **nos mudamos (de aquí)** wir ziehen aus; **~se a Granada** nach Granada ziehen; **~se a una casa nueva** in ein neues Haus ziehen **2.** (*ropa*): **~se (de ropa)** sich umziehen

mudez [mu'ðeθ] *f sin pl* Stummheit *f;* (*silencio*) Schweigen *nt*

mudo, -a ['muðo, -a] **I.** *adj* stumm; **cine ~** Stummfilm *m;* **quedarse ~ de asombro** vor Staunen sprachlos werden **II.** *m, f* Stumme(r) *mf*

mueble ['mweβle] **I.** *m* **1.** (*pieza*) Möbelstück *nt;* **~ bar** Hausbar *f;* **~ biblioteca** Bücherwand *f;* **cama ~** Klappbett *nt;* **~ zapatero** Schuhschrank *m;* **~ de cocina** Küchenschrank *m* **2.** *pl* Möbel *pl;* **~s de cocina** Einbauküche *f;* **~s de época** antike Möbel; **~s tapizados** Polstermöbel *pl* **II.** *adj:* **bienes ~s** bewegliche Güter *ntpl*

mueca ['mweka] *f* Grimasse *f;* **hacer ~s** Grimassen schneiden

muela ['mwela] *f* **1.** (*diente*) Backenzahn *m;* **~s del juicio** Weisheitszähne *mpl;* **~ picada** kariöser Zahn **2.** (*molino*) Mühlstein *m* **3.** (*para afilar*) Schleifscheibe *f* **4.** (*cerro*) Hügel *m*

muelle ['mweʎe] **I.** *m* **1.** (*resorte*) Sprungfeder *f;* (*reloj*) Uhrfeder *f* **2.** (*puerto*) Kai *m;* **~ flotante** Landungsbrücke *f* **3.** (*andén*) Rampe *f* **II.** *adj* (*blando*) weich; (*cómodo*) bequem

muérdago ['mwerðaɣo] *m* Mistel *f*

muerte ['mwerte] *f* Tod *m;* (*asesinato*) Mord *m;* (*destrucción*) Vernichtung *f;* **~ a traición** Meuchelmord *m;* **pena de ~** Todesstrafe *f;* **morir de ~ natural** eines natürlichen Todes sterben; **a ~** erbarmungslos; **a ese tipo lo odio a ~** ich hasse diesen Typen wie die Pest; **de mala ~** elend; **hasta que la ~ os separe** (*matrimonio*) bis dass der Tod euch scheidet; **en caso de ~** im Todesfalle; **luchar contra la ~** mit dem Tode ringen; **estar enfermo de ~** todkrank sein; **llevarse un susto de ~** zu Tode erschrecken; **condenar a ~** zum Tode verurteilen; **en el lecho de ~** am Sterbebett

muerto, -a ['mwerto, -a] **I.** *pp de* **morir II.** *adj* tot; **cal muerta** gelöschter Kalk; **horas muertas** Mußestunden *fpl;* **naturaleza muerta** Stillleben *nt;* **estar ~ (de cansancio)** totmüde sein; **estar ~ de hambre/sed** fast vor Hunger/Durst sterben; **para mí esa está muerta** für mich existiert sie nicht mehr; **no tener dónde caerse ~** (*fam pey*) bettelarm sein **III.** *m, f* Tote(r) *mf;* (*difunto*) Verstorbene(r) *mf;* (*cadáver*) Leiche *f;* **están tocando a ~** sie läuten die Totenglocken; **ahora me cargan el ~ a mí** jetzt wollen sie mir den schwarzen Peter zuschieben; **hacerse el ~** den toten Mann spielen; **hacer el ~ (nadando)** den toten Mann machen

muesca ['mweska] *f* Kerbe *f*

muesli ['mwesli] *m* Müsli *nt*

muestra ['mwestra] *f* **1.** (*mercancía*) Muster *nt;* **~ gratuita** Gratisprobe *f;* **feria de ~s** Messe *f;* **por la ~ se conoce el paño** (*prov*) der Apfel fällt nicht weit vom Stamm **2.** (*prueba*) Probe *f;* **~ hecha al azar** Stichprobe *f* **3.** (*demostración*) Beweis *m;* **dar ~(s) de valor** seinen Mut beweisen; **de ~, un botón** ein Beispiel möge genügen **4.** (*de labores*) Muster *nt;* **~ de bordado/punto** Stick-/Strickmuster *nt* **5.** (*rótulo*) Schild *nt*

muestrario [mwes'trarjo] *m* Katalog *m*

muestreo [mwes'treo] *m* Stichprobenentnahme *f*

mugido [mu'xiðo] *m* **1.** (*vaca*) Muhen *nt* **2.** (*viento, mar*) Tosen *nt*

mugir [mu'xir] <g→j> *vi* **1.** (*vaca*) muhen **2.** (*viento, agua*) tosen

mugre ['muɣre] *f sin pl* Schmutz *m*

mugriento, -a [mu'ɣrjen̪to, -a] *adj* schmutzig

mujer [mu'xer] *f* Frau *f;* **~ de edad** alte Frau; **~ fácil** leichtes Mädchen; **~ fatal** Femme fatale *f;* **~ de la limpieza** Putzfrau *f;* **~ de la calle** Dirne *f;* **una ~ de rompe y rasga** eine Frau, die weiß, was sie will; **le presento a mi ~** ich möchte Ihnen meine Frau vorstellen; **ser una ~ de su casa** eine gute Hausfrau sein; **tomar ~** heiraten; **está hecha toda una ~** sie ist schon eine richtige Frau; **esto es cosa de ~es** das ist Frauensache

mujeriego [muxe'rjeɣo, -a] *m* Frauenheld *m*

muladar [mula'ðar] *m* (*basurero*) Mülldeponie

ponie *f;* (*estiércol*) Mistgrube *f*

mulato, -a [mu'lato, -a] **I.** *adj* (*mestizo*) Mulatten-; (*color*) dunkelbraun **II.** *m, f* Mulatte, -in *m, f*

muleta [mu'leta] *f* **1.** (*apoyo*) Krücke *f;* **andar con ~s** an Krücken gehen **2.** (TAUR) Muleta *f*

muletilla [mule'tiʎa] *f* (*coletilla*) Flickwort *nt*

mullido, -a [mu'ʎiðo, -a] *adj* weich

mullir [mu'ʎir] *<3. pret:* mulló> *vt* **1.** (*cama*) aufschütteln **2.** (*tierra*) aufschütten; (*cepas*) häufeln

mulo, -a ['mulo, -a] *m, f* (*caballo y asna*) Maulesel *m;* (*asno y yegua*) Maultier *nt*

multa ['mul̩ta] *f* Geldstrafe *f;* **poner una ~ a alguien** jdn mit einer Geldstrafe belegen

multar [mul̩'tar] *vt* mit einer Geldstrafe belegen; **me han multado con 3000 pesetas** ich muss 3000 Peseten Strafe zahlen

multicolor [mul̩tiko'lor] *adj* bunt; (TIPO) mehrfarbig

multicopista [mul̩tiko'pista] *f* Kopiergerät *nt*

multiforme [mul̩ti'forme] *adj* vielgestaltig

multilingüe [mul̩ti'liŋgwe] *adj* mehrsprachig

multimedia [mul̩ti'medja] *adj inv* multimedial; **programa ~ de computadora** Multimedia-Computerprogramm *nt*

multimillonario, -a [mul̩timiʎo'narjo, -a] *m, f* Multimillionär(in) *m(f)*

multinacional [mul̩tinaθjo'nal] **I.** *adj* multinational **II.** *f* multinationaler Konzern *m*

múltiple ['mul̩tiple] *adj* mehrfach; (*variado*) vielfältig; **~s veces** mehrmals

multiplicación [mul̩tiplika'θjon] *f* **1.** (MAT) Multiplikation *f* **2.** (*reproducción*) Vermehrung *f*

multiplicar [mul̩tipli'kar] <c→qu> **I.** *vi, vt* **1.** (MAT) multiplizieren (*por* mit +*dat*); **la tabla de ~** das Einmaleins **2.** (*reproducir*) vermehren **3.** (*aumentar*) vervielfachen **II.** *vr:* **~se 1.** (*reproducirse*) sich vermehren; **¡creced y multiplicaos!** (REL) wachset und mehret euch! **2.** (*desvivirse*) überall gleichzeitig sein

multiplicidad [mul̩tipliθi'ðaᵈ] *f* Vielfalt *f*

múltiplo, -a ['mul̩tiplo, -a] **I.** *adj* vielfach **II.** *m, f* Vielfache(s) *nt*

multitud [mul̩ti'tuᵈ] *f* **1.** (*cantidad*) Menge *f;* **una ~ de flores** eine Menge Blumen **2.** (*gente*) (Volks)massen *fpl;* (*vulgo*) gemeines Volk *nt*

multitudinario, -a [mul̩tituði'narjo, -a] *adj* Massen-

multiuso [mul̩ti'uso] *adj inv* Mehrzweck-

mundanal [mun̪da'nal] *adj,* **mundano, -a** [mun̪'dano, -a] *adj* **1.** (*del mundo*) weltlich; (*terrenal*) irdisch **2.** (*extravagante*) mondän

mundial [mun̪'djal] *adj* weltweit; **campeonato ~ de fútbol** Fußballweltmeisterschaft *f;* **guerra ~** Weltkrieg *m;* **a nivel ~** weltweit

mundillo [mun̪'diʎo] *m* **1.** (*ambiente*) Welt *f;* **el ~ de la música** die Welt der Musik; **ella se maneja bien en ese ~** in diesen Kreisen weiß sie sich zu benehmen **2.** (*encaje*) Klöppelkissen *nt*

mundo ['mun̪do] *m* **1.** (*tierra, t. fig*) Welt *f;* (*planeta*) Erde *f;* (*globo*) Erdkugel *f;* **~ profesional** Berufsleben *nt;* **el ~ antiguo** das Altertum; **el otro ~** das Jenseits; **no sabemos si en los otros ~s hay vida** wir wissen nicht, ob es auf den anderen Planeten Leben gibt; **dar la vuelta al ~** eine Weltreise machen; **echar al ~** in die Welt setzen; **venir al ~** auf die Welt kommen; **irse de este ~** sterben; **se bañaban como Dios los/las trajo al ~** sie badeten splitternackt; **ver ~** sich in der Welt umsehen; **andar por esos ~s de Dios** (*fam: estar de viaje*) die Welt bereisen; (*estar perdido*) irgendwo stecken; **recorrer medio ~** in der Welt herumkommen; **con la mayor tranquilidad del ~** in aller Seelenruhe; **rápidamente se le cae el ~ encima** ihm/ihr wird schnell alles zu viel; **vivir en otro ~** (*fig*) hinter dem Mond leben; **este ~ es un pañuelo** die Welt ist ein Dorf; **desde que el ~ es ~** seit die Welt besteht; **ponerse el ~ por montera, reírse del ~** tun und lassen, was man will; **hacer un ~ de algo** aus etw *dat* ein Drama machen; **así va** [*o* **anda**] **el ~** das ist der Lauf der Welt; **¡deja el ~ correr!** lass es gut sein!; **no es nada del otro ~** das ist nichts Besonderes; **por nada del ~** um nichts auf der Welt; **dejó el ~ y se metió monja** sie entsagte der Welt und wurde Nonne **2.** (*humanidad*) Welt *f;* **a la vista de todo el ~** vor allen Leuten; **todo el ~ sabe que...** jedermann weiß, dass ...; **lo sabe medio ~** die halbe Welt weiß es schon **3.** (*experiencia*) Weltkenntnis *f;* **Lola tiene mucho ~** Lola ist eine Frau von Welt

mundología [mun̪dolo'xia] *f sin pl* (*fam*) Lebenserfahrung *f*

Munich ['muniʧ] *m* München *nt*

munición [muni'θjon] *f* (*de armas*) Munition *f*

municipal [muniθi'pal] *adj* städtisch; **parque ~** Stadtpark *m;* **término ~** Gemeindebezirk *m*

municipio [muni'θipjo] *m* **1.** (*población*) Gemeinde *f,* Gemeindebezirk *m* **2.** (*ayuntamiento*) Rathaus *nt* **3.** (*concejo*) Gemeinderat *m*

munificencia [munifi'θen̪θja] *f sin pl* Großzügigkeit *f*

muniqués, **-esa** [muni'kes, -esa] **I.** *adj* münchnerisch **II.** *m, f* Münchner(in) *m(f)*
munir [mu'nir] **I.** *vt* (*CSur*) versehen (*de* mit +*dat*); **ir munido de los documentos necesarios** die erforderlichen Papiere bei sich *dat* haben **II.** *vr:* ~**se** (*CSur*) sich versehen (*de* mit +*dat*); ~**se del equipo necesario** sich ausrüsten; ~**se de suficientes provisiones** sich mit ausreichend Proviant eindecken
muñeca [mu'ɲeka] *f* **1.** (*brazo*) Handgelenk *nt* **2.** (*juguete*) Puppe *f* **3.** (*maniquí*) Schneiderpuppe *f;* ~ **hinchable** Dummy *m* **4.** (*fig: niña*) niedliches Mädchen *nt*
muñeco [mu'ɲeko] *m* **1.** (*juguete*) Puppe *f;* ~ **articulado** Gliederpuppe *f;* ~ **de nieve** Schneemann *m* **2.** (*pey: monigote*) Marionette *f*
muñón [mu'ɲon] *m* Stumpf *m*
mural [mu'ral] **I.** *adj* Wand- **II.** *m* Wandbild *nt*
muralla [mu'raʎa] *f* Mauer *f*
murciélago [mur'θjelaɣo] *m* Fledermaus *f*
murga ['murɣa] *f* (*fam: banda*) schlechte Musikkapelle *f;* **dar la** ~ **a alguien** jdm auf den Wecker gehen; **¡deja de darme la** ~**!** lass mich endlich in Ruhe!
murmullo [mur'muʎo] *m* **1.** (*voz*) Gemurmel *nt;* (*cuchicheo*) Geflüster *nt* **2.** (*hojas, agua*) Rauschen *nt*
murmuración [murmura'θjon] *f* (*calumnia*) üble Nachrede *f;* (*cotilleo*) Klatsch *m fam*
murmurar [murmu'rar] **I.** *vi, vt* (*entre dientes*) murmeln; (*susurrar*) flüstern; ~ **al oído** ins Ohr flüstern **II.** *vi* **1.** (*gruñir*) murren **2.** (*criticar*) herziehen (*de* über +*akk*); (*chismorrear*) klatschen (*de* über +*akk*) **3.** (*agua, hojas*) rauschen
muro ['muro] *m* Mauer *f;* (*pared*) Wand *f;* ~ **de contención** Schutzwall *m;* **M~ de las Lamentaciones** Klagemauer *f;* ~ **medianero** Zwischenwand *f*
murria ['murrja] *f sin pl* (*fam: tristeza*) Trübsinn *m*
murrio, **-a** ['murrjo, -a] *adj* trübsinnig
musa ['musa] *f* Muse *f;* **soplarle a alguien la** ~ von der Muse geküsst werden; (*en un juego*) Glück im Spiel haben
musaraña [musa'raɲa] *f* **1.** (ZOOL) Spitzmaus *f* **2.** (*fig: bicho*) kleines Tier *nt;* (*insecto*) kleines Insekt *nt;* **pensar en las** ~**s** (*fig*) in Gedanken woanders sein **3.** (*nubecilla*) Flimmern *nt*
muscular [musku'lar] *adj* Muskel-
musculatura [muskula'tura] *f* Muskulatur *f*
músculo ['muskulo] *m* Muskel *m;* ~ **deltoide** Schultermuskel *m;* **ser** ~ **puro** nur aus Muskeln bestehen
musculoso, **-a** [musku'loso, -a] *adj* muskulös
muselina [muse'lina] *f* Musselin *m*
museo [mu'seo] *m* Museum *nt;* ~ **etnográfico** Völkerkundemuseum *nt*
musgo ['musɣo] *m* Moos *nt*
música ['musika] *f* **1.** (*sonido*) Musik *f;* (*partituras*) Noten *fpl;* ~ **folclórica** Volksmusik *f;* ~ **ratonera** (*fam fig*) Katzenmusik *f;* ~ **sacra** Kirchenmusik *f;* **banda de** ~ (Musik)kapelle *f;* **caja de** ~ Spieldose *f;* **¡véte con la** ~ **a otra parte!** lass mich in Ruhe!; **tus palabras nos sonaron a** ~ **celestial** deine Worte waren Musik in unseren Ohren; **tener talento para la** ~ musikalisch sein **2.** (*orquesta*) (Musik)kapelle *f*
musical [musi'kal] **I.** *adj* musikalisch; **composición** ~ Musikstück *nt* **II.** *m* Musical *nt*
músico, **-a** ['musiko, -a] **I.** *adj* Musik- **II.** *m, f* Musiker(in) *m(f);* (*compositor*) Komponist(in) *m(f);* ~ **ambulante** (Straßen)musikant *m*
musicología [musikolo'xia] *f sin pl* Musikwissenschaft *f*
musicólogo, **-a** [musi'koloɣo, -a] *m, f* Musikwissenschaftler(in) *m(f)*
musitar [musi'tar] *vi* **1.** (*balbucear*) murmeln; (*susurrear*) flüstern; ~ **al oído** ins Ohr flüstern **2.** (*hojas*) rauschen
muslo ['muslo] *m* (*persona*) Oberschenkel *m;* (*animal*) Keule *f*
mustela [mus'tela] *f* Wiesel *nt*
mustio, **-a** ['mustjo, -a] *adj* **1.** (*flores*) welk **2.** (*triste*) bedrückt
musulmán, **-ana** [musul'man, -ana] **I.** *adj* moslemisch **II.** *m, f* Moslem *m,* Moslime *f*
mutable [mu'taβle] *adj* veränderlich
mutación [muta'θjon] *f* **1.** (*transformación*) (Ver)änderung *f* **2.** (*genes*) Mutation *f* **3.** (TEAT) Szenenwechsel *m* **4.** (METEO) Wetterumschwung *m*
mutilado, **-a** [muti'laðo, -a] *m, f* Krüppel *m;* ~ **de guerra** Kriegsversehrte(r) *m*
mutilar [muti'lar] *vt* **1.** (*cuerpo*) verstümmeln **2.** (*recortar*) kürzen
mutis ['mutis] *m inv* **1.** (TEAT) Abgang *m;* ~ **por el foro** Abgang *m;* **hacer** ~ abgehen **2.** (*loc*): **¡~!** Ruhe!
mutismo [mu'tismo] *m* Schweigsamkeit *f;* **no hay manera de sacarlo de su** ~ es ist unmöglich, ihn aus der Reserve zu locken
mutual [mutu'al] **I.** *adj* gegenseitig **II.** *f* (*CSur*) Sozialversicherung *f*
mutualidad [mutwali'ðaᵈ] *f* **1.** (*reciprocidad*) Gegenseitigkeit *f* **2.** (*cooperativa*) ≈Verein *m* auf Gegenseitigkeit; ~ **de accidentes de trabajo** Berufsgenossenschaft *f;* ~ **obrera** Arbeiterhilfe *f*
mutuo, **-a** ['mutwo, -a] *adj* gegenseitig
muy [mwi] *adv* sehr; **es** ~ **improbable que...** +*subj* es ist höchst unwahrschein-

lich, dass …; ¡**guárdate ~ mucho de irlo contando por ahí!** (*fam*) hüte dich bloß das überall zu erzählen!; ~ **a pesar mío** zu meinem größten Bedauern; ~ **de tarde en tarde** sehr selten; ~ **de mañana** sehr früh morgens; **¿y qué ha hecho el ~ tunante?** und was hat der Schelm gemacht?; **le saluda ~ atentamente, …** (*en cartas*) hochachtungsvoll, …; **¡dejarnos plantados: eso es ~ de María!** uns einfach sitzen zu lassen; das ist typisch Maria!; **es Ud. ~ libre de hacer lo que quiera** es steht Ihnen völlig frei, das zu tun, was Ihnen beliebt

N

N, n ['ene] *f* N, n *nt;* ~ **de Navarra** N wie Nordpol

naba ['naβa] *f* Steckrübe *f*

nabo ['naβo] *m* **1.** (BOT) weiße Rübe *f* **2.** (ARQUIT) Spindel *f* **3.** (*vulg: pene*) Schwanz *m fam*

nácar ['nakar] *m* Perlmutt *nt;* **de** ~ perlmuttern

nacarado, -a [naka'raðo, -a] *adj* perlmuttern

nacarino, -a [naka'rino, -a] *adj* perlmuttern

nacer [na'θer] *irr como crecer* **I.** *vi* **1.** (*venir al mundo*) geboren werden; **nací el 29 de febrero** ich bin am 29. Februar geboren; **no nací ayer** ich bin doch nicht von gestern *fam;* ~ **de pies/cabeza** ein Sonntagskind/Pechvogel sein; **haber nacido para la música** der geborene Musiker sein; **nadie nace enseñado** (*prov*) es ist noch kein Meister vom Himmel gefallen; **no con quien naces, sino con quien paces** (*prov*) sage mir, mit wem du verkehrst, und ich sage dir, wer du bist **2.** (*del huevo*) schlüpfen **3.** (*germinar*) sprießen **4.** (*astro*) aufgehen; (*día*) anbrechen; **al** ~ **el día** bei Tagesanbruch **5.** (*originarse*) seinen Ursprung haben (*de/en* in +*dat*); (*arroyo*) entspringen; (*surgir*) entstehen (*de* aus +*dat, de* durch +*akk*); **nació una duda en su mente** er/sie fing an zu zweifeln **II.** *vr:* ~**se** keimen

nacido, -a [na'θiðo, -a] **I.** *adj:* **bien** ~ (*origen*) aus guter Familie; (*comportamiento*) wohlerzogen; ~ **de padres ricos** aus wohlhabendem Hause **II.** *m, f:* **recién** ~ Neugeborene(s) *nt;* **los** ~**s el 2 de abril** alle am 2. April Geborenen; **un mal** ~ ein Fiesling

naciente[1] [na'θjeṇte] *m* (*oriente*) Orient *m;* (*este*) Osten *m*

naciente[2] [na'θjeṇte] *f* (*Arg, Par*) Quelle *f*

nacimiento [naθi'mjeṇto] *m* **1.** (*venida al mundo*) Geburt *f;* **de** ~ von Geburt an **2.** (*linaje*) Herkunft *f;* **ser de humilde** ~ aus bescheidenen Verhältnissen stammen **3.** (*comienzo*) Anfang *m;* ~ **del pelo** Haaransatz *m*

nación [na'θjon] *f* Nation *f*

nacional [naθjo'nal] *adj* (POL) national; (ECON) inländisch; (*instituciones*) Staats-; **fiesta** ~ Nationalfeiertag *m;* **carretera** ~ (*en Alemania*) Bundesstraße *f;* (*en España*) Nationalstraße *f;* **moneda** ~ Landeswährung *f;* **producto** ~ Inlandsprodukt *nt;* **renta** ~ Volkseinkommen *nt*

nacionalidad [naθjonali'ðað] *f* (*ciudadanía*) Staatsangehörigkeit *f;* **ser de** ~ **española** die spanische Staatsangehörigkeit besitzen

nacionalismo [naθjona'lismo] *m sin pl* Nationalismus *m*

nacionalista [naθjona'lista] **I.** *adj* nationalistisch **II.** *mf* Nationalist(in) *m(f)*

nacionalización [naθjonaliθa'θjon] *f* **1.** (*ente*) Verstaatlichung *f* **2.** (*persona*) Einbürgerung *f*

nacionalizar [naθjonali'θar] <z→c> **I.** *vt* **1.** (*ente*) verstaatlichen **2.** (*persona*) einbürgern **II.** *vr:* ~**se alemán** die deutsche Staatsangehörigkeit annehmen

naco ['nako] *m* **1.** (*AmC: cobarde*) Feigling *m;* (*marica*) Schwule(r) *m fam* **2.** (*Arg: miedo*) Angst *f*

nada ['naða] **I.** *pron indef* nichts; **¡gracias! – ¡de** ~**!** danke! – keine Ursache!; **¡pues** ~**!** also gut!; **por** ~ **se queja** er/sie beschwert sich wegen jeder Kleinigkeit; **como si** ~ als wäre nichts dabei; **le costó** ~ **más y** ~ **menos que...** es kostete ihn/sie die stolze Summe von ...; ~ **menos que el director** der Direktor höchstpersönlich **II.** *adv* nichts; ~ **más** (*solamente*) nur; (*no más*) nichts mehr; **¡**~ **más!** das wär's!; ~ **de** ~ überhaupt nichts; **no ser** ~ **difícil** gar nicht schwierig sein; **¡**~ **de eso!** nichts da! *fam;* **¡casi** ~**!** unglaublich!; **antes de** ~ (*sobre todo*) vor allem; (*primero*) zuallererst; **para** ~ umsonst; **a cada** ~ (*Am*) dauernd **III.** *f* Nichts *nt*

nadador(a) [naða'ðor(a)] *m(f)* Schwimmer(in) *m(f)*

nadar [na'ðar] *vi* schwimmen; ~ **en deudas** sich vor Schulden nicht mehr retten können

nadería [naðe'ria] *f* Nichtigkeit *f*

nadie ['naðje] *pron indef* niemand; **tú no eres** ~ **para...** du hast kein Recht zu ...; **un don** ~ ein Niemand

nado ['naðo] *adv:* **a** ~ schwimmend

nafta ['nafta] *f* (*CSur: gasolina*) Benzin *nt*

nagual [na'ɣwal] *f* (*Méx*) Lüge *f*

nagualear [naɣwale'ar] *vi* (*Méx: mentir*) lügen; (*robar*) klauen

naif [na'if] *adj* naiv

nailon ['nai̯lon] *m* Nylon® *nt*

naipe ['nai̯pe] *m* **1.** (*carta*) (Spiel)karte *f* **2.** *pl* (*baraja*) Kartenspiel *nt*

najarse [na'xarse] *vr* (*fam*) abhauen

nalga ['nalɣa] *f* Gesäßhälfte *f;* **~s** Gesäß *nt*

namibio, -a [na'miβjo, -a] **I.** *adj* namibisch **II.** *m, f* Namibier(in) *m(f)*

nana ['nana] *f* **1.** (*canción*) Wiegenlied *nt* **2.** (*fam: abuela*) Oma *f;* **del año de la ~** uralt **3.** (*niñera*) Kindermädchen *nt*

nanay [na'nai̯] *interj* (*fam*) kommt nicht in die Tüte!

nano, -a ['nano, -a] *adj* (*fam*): **¡qué ~ (que) es!** so ein Zwerg!

nanoya [na'noɟa] *f* (*Guat*) Großmutter *f*

napa ['napa] *f* **1.** (*piel*) Nappa(leder) *nt* **2.** (*fibras*) Vlies *nt*

napia(s) ['napja(s)] *f(pl)* (*fam*) Zinken *m*

Nápoles ['napoles] *m* Neapel *nt*

napolitano, -a [napoli'tano, -a] **I.** *adj* neapolitanisch **II.** *m, f* Neapolitaner(in) *m(f)*

naranja [na'raŋxa] **I.** *f* Orange *f;* **tu media ~** deine bessere Hälfte; **¡~s!** Quatsch! **II.** *adj:* (**de color**) **~** orange(n)

naranjada [naraŋ'xaða] *f* Orangenlimonade *f*

naranjado, -a [naraŋ'xaðo, -a] *adj* orange(n)

naranjo [na'raŋxo] *m* Orangenbaum *m*

narcisismo [narθi'sismo] *m sin pl* Narzissmus *m*

narciso [nar'θiso] *m* **1.** (*persona*) Narziss *m* **2.** (BOT) Narzisse *f*

narco ['narko] *m* (*argot*) Dealer *m*

narcosis [nar'kosis] *f inv* Narkose *f*

narcoterrorismo [narkoterro'rismo] *m sin pl* Drogenterrorismus *m*

narcótico, -a[1] [nar'kotiko, -a] *adj* betäubend

narcótico[2] [nar'kotiko] *m* Betäubungsmittel *nt*

narcotizar [narkoti'θar] <z→c> *vt* betäuben

narcotraficante [narkotrafi'kan̪te] *mf* Drogenhändler(in) *m(f)*

narcotráfico [narko'trafiko] *m* Drogenhandel *m*

narigón, -ona[1] [nari'ɣon, -ona] *adj* mit einer großen Nase

narigón[2] [nari'ɣon] *m* **1.** (*nariz*) große Nase *f* **2.** (*agujero*) Nasenloch *nt* **3.** (*argolla*) Nasenring *m*

narigudo, -a [nari'ɣuðo, -a] *adj* (*narigón*) mit einer großen Nase

nariz [na'riθ] *f* **1.** (ANAT) Nase *f;* **~ chata** Stumpfnase *f;* **~ ganchuda** Hakennase *f;* **~ respingona** Himmelfahrtsnase *f;* (*pequeña*) Stupsnase *f;* **estar hasta las narices** (*fam*) die Nase voll haben; **hasta que se me hinchen las narices** (*fam*) bis mir der Kragen platzt; **darse de narices con alguien** (*fam*) jdm (geradewegs) in die Arme laufen; **por narices** (*fam*) auf jeden Fall; **hago lo que me sale por las narices** (*fam*) ich mache, was ich will; **romper las narices a alguien** jdm die Schnauze polieren *fam;* **¡(qué) narices!** (*fam*) das wär ja noch schöner!; **no ver más allá de sus narices** (*fam*) nicht über den Tellerrand hinausgucken (können); **quedarse con un palmo de narices** (*fam*) in die Röhre schauen **2.** (*intuición*) Riecher *m fam;* **me da en la ~ que…** ich habe das Gefühl, dass …

narración [narra'θjon] *f* Erzählung *f*

narrador(a) [narra'ðor(a)] *m(f)* Erzähler(in) *m(f)*

narrar [na'rrar] *vt* (*contar*) erzählen; (*informar*) berichten

narrativa [narra'tiβa] *f* Prosa *f*

nasal [na'sal] **I.** *adj* **1.** (ANAT) Nasen- **2.** (LING) nasal **II.** *m* (LING) Nasal(laut) *m*

nata ['nata] *f* **1.** (*producto*) Sahne *f;* **~ montada** Schlagsahne *f* **2.** (*sobre un líquido*) Haut *f* **3.** (*lo más selecto*) Erlesenste(s) *nt;* **la crema y ~ de la sociedad** die Crème de la crème der Gesellschaft

natación [nata'θjon] *f* Schwimmen *nt*

natal [na'tal] *adj* Geburts-; **ciudad ~** Heimatstadt *f*

natalicio, -a [nata'liθjo, -a] *adj* Geburtstags-

natalidad [natali'ðaᵈ] *f* Geburtenrate *f;* **de fuerte/baja ~** geburtenstark/geburtenschwach

natatorio, -a [nata'torjo, -a] *adj* Schwimm-

natillas [na'tiʎas] *fpl* ≈Cremespeise *f*

nativo, -a [na'tiβo, -a] **I.** *adj* **1.** (*natal*) Heimat- **2.** (*metal*) rein **3.** (*Am: persona*) einheimisch **II.** *m, f* (*Am*) Einheimische(r) *mf*

nato, -a ['nato, -a] *adj* geboren

natural [natu'ral] **I.** *adj* **1.** (*no artificial, sencillo*) natürlich; (*elaboración*) roh; (*alimentos*) unbehandelt; **al ~** (*comportamiento*) ungekünstelt; **esto es lo más ~ del mundo** (*normal*) das ist doch völlig natürlich; (*lógico*) das ist doch selbstverständlich **2.** (*nacido*): **ser ~ de Alemania** gebürtiger Deutscher sein **II.** *m* Naturell *nt*

naturaleza [natura'leθa] *f* **1.** (*campo*) Natur *f;* **~ muerta** Stillleben *nt;* **en plena ~** in der freien Natur **2.** (*manera*) Natur *f* **3.** (*índole*) Beschaffenheit *f;* **de ~ pública** öffentlich-rechtlich **4.** (*derecho de ciudadano*) Bürgerrecht *nt*

naturalidad [naturali'ðaᵈ] *f sin pl* Natürlichkeit *f*

naturalizar [naturali'θar] <z→c> **I.** *vt* einbürgern; **~ costumbres** Bräuche annehmen; **~ un animal** ein Tier heimisch machen **II.** *vr:* **~se** (*habituarse*) sich einleben

naturalmente *adv* natürlich, selbstverständlich

naufragar [nau̯fra'ɣar] <g→gu> *vi* **1.** (*hundirse*) Schiffbruch erleiden **2.** (*fraca-*

sar) scheitern

naufragio [nau̯'fraxjo] *m* **1.** (*accidente*) Schiffbruch *m* **2.** (*fracaso*) Fehlschlag *m;* (*de negociaciones*) Scheitern *nt*

náufrago, **-a** ['nau̯fraɣo, -a] **I.** *adj* schiffbrüchig **II.** *m, f* Schiffbrüchige(r) *mf*

nauseabundo, **-a** [nau̯sea'βun̪do, -a] *adj* Ekel erregend

náuseas ['nau̯seas] *fpl* Übelkeit *f;* **tengo ~** mir ist schlecht; **dar ~ a alguien** jdn anekeln

náutica ['nau̯tika] *f sin pl* Schifffahrtskunde *f*

náutico, **-a** ['nau̯tiko, -a] *adj* Schifffahrts-

nava ['naβa] *f* Senke *f*

navaja [na'βaxa] *f* **1.** (*cuchillo*) Taschenmesser *nt;* **~ de afeitar** Rasiermesser *nt;* **~ automática** Springmesser *nt* **2.** (ZOOL) Schwertmuschel *f*

navajada [naβa'xaða] *f,* **navajazo** [naβa'xaθo] *m* **1.** (*golpe*) Messerstich *m* **2.** (*herida*) Stichwunde *f*

navajero, **-a** [naβa'xero, -a] *m, f* (*delincuente*) Messerstecher(in) *m(f)*

naval [na'βal] *adj* (*marítimo*) See-; (*referente a barcos*) Schiffs-

navarro, **-a** [na'βarro, -a] **I.** *adj* aus Navarra **II.** *m, f* Einwohner(in) *m(f)* von Navarra

nave ['naβe] *f* **1.** (*barco*) Schiff *nt;* **quemar las ~s** (*fig*) alle Brücken hinter sich *dat* abbrechen **2.** (*en una iglesia*) (Kirchen)schiff *nt;* **~ central** Mittelschiff *nt* **3.** (*almacén*) (Lager)halle *f*

navegable [naβe'ɣaβle] *adj* schiffbar; **rutas ~s** Schifffahrtsstraßen *fpl*

navegación [naβeɣa'θjon] *f* Schifffahrt *f*

navegante [naβe'ɣan̪te] *mf* Seefahrer(in) *m(f)*

navegar [naβe'ɣar] <g→gu> **I.** *vi, vt* (mit einem Schiff) fahren; **~ ocho millas por hora** acht Meilen pro Stunde zurücklegen **II.** *vi* (*vagar*) herumziehen

Navidad [naβi'ðaᵈ] *f* Weihnachten *nt;* **¡feliz ~!** fröhliche Weihnachten!

> In den meisten spanischen **Comunidades Autónomas** gibt es nur einen Weihnachtstag, **el día de Navidad** am 25. Dezember. An **Nochebuena** (Heiligabend) um Mitternacht geht man mit der ganzen Familie zur **misa del gallo** (Christmesse oder -mette). Weihnachtslieder heißen auf Spanisch **villancicos.**

navideño, **-a** [naβi'ðeɲo, -a] *adj* Weihnachts-; (*ambiente*) weihnachtlich

naviero, **-a** [na'βjero, -a] **I.** *m, f* Schiffseigentümer(in) *m(f)* **II.** *adj* Schifffahrts-

navío [na'βio] *m* Schiff *nt*

nazi ['naθi] **I.** *adj* (HIST) Nazi- **II.** *mf* (HIST) Nazi *m*

nazismo [na'θismo] *m sin pl* Nationalsozialismus *m*

N. de la R. ['nota ðe la rreðaᵞ'θjon] *abr de* **Nota de la Redacción** Anm. d. Red.

N. del T. ['nota ðel̪ traðuk'tor] *abr de* **Nota del Traductor** Anm. des Übersetzers

NE [nor'ðeste] *abr de* **Nordeste** NO

neblina [ne'βlina] *f* Bodennebel *m*

neblinoso, **-a** [neβli'noso, -a] *adj* (*nebuloso*) neb(e)lig; (*brumoso*) dunstig

nebuloso, **-a** [neβu'loso, -a] *adj* **1.** (*brumoso*) neb(e)lig **2.** (*nuboso*) bewölkt **3.** (*vago*) nebulös **4.** (*oscuro*) düster

necedad [neθe'ðaᵈ] *f* Dummheit *f;* **no decir más que ~es** nur dummes Zeug reden

necesariamente [neθesarja'men̪te] *adv* zwangsläufig

necesario, **-a** [neθe'sarjo, -a] *adj* notwendig; **es ~ que...** *+subj* es ist notwendig, dass ...; **la lluvia hizo ~ quedarse en casa** wegen des Regens mussten wir zu Hause bleiben

neceser [neθe'ser] *m* **1.** (*de aseo*) Kulturbeutel *m* **2.** (*de costura*) Necessaire *nt*

necesidad [neθesi'ðaᵈ] *f* **1.** (*ser preciso*) Notwendigkeit *f;* **de primera ~** lebensnotwendig; **de toda ~** dringend; **no tiene ~ de trabajar** er/sie braucht nicht zu arbeiten **2.** (*demanda*) Bedarf *m;* **~ del arrendador** Eigenbedarf des Vermieters **3.** (*requerimiento*) Bedürfnis *nt;* **tener ~ de algo** etw brauchen **4.** (*apuro*) Not *f* **5.** *pl* (*evacuación corporal*) Notdurft *f;* **hacer sus ~es** seine Notdurft verrichten

necesitado, **-a** [neθesi'taðo, -a] **I.** *adj* (*pobre*) bedürftig; **estar ~ de amor** Liebe brauchen **II.** *m, f* Bedürftige(r) *mf*

necesitar [neθesi'tar] **I.** *vt* **1.** (*precisar*) brauchen, benötigen; **se necesita piso** Wohnung gesucht **2.** *+inf* (*tener que*) müssen; **necesitas comer algo** du musst etwas essen **II.** *vi* (*precisar*) brauchen (*de +akk*)

necio, **-a** ['neθjo, -a] **I.** *adj* dumm; **a palabras necias, oídos sordos** (*prov*) eine dumme Frage verdient eine dumme Antwort **II.** *m, f* Dummkopf *m*

nécora ['nekora] *f* Krabbe *f*

necrófago, **-a** [ne'krofaɣo, -a] **I.** *adj* Aas fressend **II.** *m, f* Aasfresser *m*

necrología [nekrolo'xia] *f* **1.** (*biografía*) Nachruf *m* **2.** (*nota*) Todesanzeige *f*

necrológico, **-a** [nekro'loxiko, -a] *adj* Todes-

néctar ['nektar] *m* **1.** (*t.* BOT) Nektar *m* **2.** (*licor*) Likör *m*

nectarina [nekta'rina] *f* Nektarine *f*

neerlandés, **-esa** [ne(e)rlaṇ'des, -esa] **I.** *adj* niederländisch **II.** *m, f* Niederländer(in) *m(f)*

nefando, **-a** [ne'faṇdo, -a] *adj* niederträchtig

nefario, **-a** [ne'farjo, -a] *adj* ruchlos

nefasto, **-a** [ne'fasto, -a] *adj* unheilvoll; (*día*) schwarz

nefrítico, **-a** [ne'fritiko, -a] *adj* Nieren-

negación [neɣa'θjon] *f* **1.** (*desmentir*) Leugnen *nt;* (*renegar*) Verleugnen *nt* **2.** (*denegar*) Verweigerung *f* **3.** (LING) Negation *f*

negado, **-a** [ne'ɣaðo, -a] **I.** *adj* ungeeignet **II.** *m, f:* **ser un ~ para las matemáticas** schlecht in Mathematik sein; **ser un ~ para las labores de la casa** im Haushalt zwei linke Hände haben

negar [ne'ɣar] *irr como fregar* **I.** *vt* **1.** (*decir que no*) verneinen; (*desmentir*) leugnen; (*renegar*) verleugnen **2.** (*rehusar*) verweigern; (*rechazar*) abschlagen **II.** *vr:* **~se** sich weigern

negativa [neɣa'tiβa] *f* (*negación*) Nein *nt;* (*rehusamiento*) Weigerung *f;* (*rechazo*) Absage *f*

negativo, **-a**[1] [neɣa'tiβo, -a] *adj* (*t.* MAT, FOTO) negativ; **tu respuesta fue negativa** du hast Nein gesagt

negativo[2] [neɣa'tiβo] *m* (FOTO) Negativ *nt*

negligencia [neɣli'xeṇθja] *f* (*descuido*) Nachlässigkeit *f;* (JUR) Fahrlässigkeit *f*

negligente [neɣli'xeṇte] **I.** *adj* (*descuidado*) nachlässig; (JUR) fahrlässig; **ser ~ en** [*o* **para**] **su trabajo** nachlässig arbeiten **II.** *mf* (JUR) fahrlässig Handelnde(r) *mf*

negociable [neɣo'θjaβle] *adj* verhandelbar; **el precio es ~** Preis nach Vereinbarung

negociación [neɣoθja'θjon] *f* (*convenio*) Verhandlung *f;* **~ colectiva** Tarifverhandlung *f;* **entrar en negociaciones con alguien** mit jdm Verhandlungen aufnehmen

negociado [neɣo'θjaðo] *m* **1.** (*dependencia*) Geschäftsstelle *f;* (ADMIN) Amt *nt* **2.** (*AmS: negocio*) Klüngelei *f*

negociador(a) [neɣoθja'ðor(a)] **I.** *adj* Verhandlungs- **II.** *m(f)* **1.** (*comerciante*) Händler(in) *m(f)* **2.** (*mediador*) Unterhändler(in) *m(f)*

negociante [neɣo'θjaṇte] *mf* Händler(in) *m(f)*

negociar [neɣo'θjar] **I.** *vi* handeln (*en/con* mit +*dat*) **II.** *vi, vt* (*dialogar*) verhandeln **III.** *vt* (*concertar*) aushandeln

negocio [ne'ɣoθjo] *m* **1.** (*comercio*) Geschäft *nt;* **~ al detalle** Einzelhandel *m;* **~ redondo** (*fam*) Bombengeschäft *nt* **2.** (*asunto*) Sache *f*

negrero, **-a** [ne'ɣrero, -a] *m, f* **1.** (*que se dedica a la trata de esclavos*) Sklavenhändler(in) *m(f)* **2.** (*tirano*) Tyrann(in) *m(f)* **3.** (*CSur: aprovechado*) Ausbeuter(in) *m(f)*

negrilla [ne'ɣriʎa] *f,* **negrita** [ne'ɣrita] *f* (TIPO) halbfette Schrift *f*

negro, **-a** ['neɣro, -a] **I.** *adj* schwarz; **~ del sol** sonnengebräunt; **estar/ponerse ~** (*fam*) wütend sein/werden; **verse ~ para...** (*fam*) große Mühe haben zu ...; **verse ~** [*o* **pasarlas negras**] **para encontrar algo** etw nur mit Mühe finden; **las pasé negras** (*fam: sufrí*) es ging mir dreckig; **tener la negra** (*fam*) eine Pechsträhne haben **II.** *m, f* **1.** (*persona*) Schwarze(r) *mf;* **trabajar como un ~** (*fam*) schuften **2.** (*escritor*) Ghostwriter(in) *m(f)* **3.** (*Arg: fam: cariño*) Liebling *m*

negrura [ne'ɣrura] *f* Schwärze *f*

negruzco, **-a** [ne'ɣruθko, -a] *adj* schwärzlich

nene, **-a** ['nene, -a] *m, f* (*fam: niño*) Junge *m,* Mädchen *nt;* (*expresión de cariño*) Kleine(r) *mf*

nenúfar [ne'nufar] *m* Seerose *f*

neocapitalismo [neokapita'lismo] *m sin pl* (ECON) Neokapitalismus *m*

neoclasicismo [neoklasi'θismo] *m sin pl* (ARTE, LIT) Klassizismus *m;* (ARQUIT) Neoklassizismus *m*

neoclásico, **-a** [neo'klasiko, -a] *adj* (ARTE, LIT) klassizistisch; (ARQUIT) neoklassizistisch

neófito, **-a** [ne'ofito, -a] *m, f* **1.** (*bautizado*) Neugetaufte(r) *mf* **2.** (*iniciado*) Anfänger(in) *m(f)*

neolatino, **-a** [neola'tino, -a] *adj* (LING) neulateinisch

neolítico [neo'litiko] *m* Jungsteinzeit *f*

neologismo [neolo'xismo] *m* Neologismus *m*

neón [ne'on] *m* Neon *nt*

neoyorquino, **-a** [neoɟor'kino, -a] **I.** *adj* aus New York **II.** *m, f* New Yorker(in) *m(f)*

neozelandés, **-esa** [neoθelaṇ'des, -esa] **I.** *adj* neuseeländisch **II.** *m, f* Neuseeländer(in) *m(f)*

nepalés, **-esa** [nepa'les, -esa] **I.** *adj* nepalesisch **II.** *m, f* Nepalese, -in *m, f*

nepotismo [nepo'tismo] *m sin pl* Vetternwirtschaft *f*

nervadura [nerβa'ðura] *f* **1.** (ARQUIT) Rippe *f* **2.** (BOT) Äderung *f*

nervio ['nerβjo] *m* **1.** (*conductor*) Nerv *m;* **ataque de ~s** Nervenzusammenbruch *m;* **crispar los ~s a alguien, poner a alguien los ~s de punta** (*fam: enfadar*) jdn auf hundert bringen; (*poner nervioso*) jdn nervös machen; **estar atacado de los ~s** nervlich sehr angespannt sein; **ser un puro ~** (*fam*) das reinste Nervenbündel sein **2.** (*tendón*) Sehne *f* **3.** (BOT) Ader *f* **4.** (*libro*) Heftschnur *f* **5.** (*ímpetu*) Energie *f*

N

6. (*alma*) Triebfeder *f*

nerviosidad [nerβjosi'ða^{d}] *f* **1.** (*tensión*) Nervenanspannung *f* **2.** (*nerviosismo*) Nervosität *f*

nerviosismo [nerβjo'sismo] *m* Nervosität *f*

nervioso, -a [ner'βjoso, -a] *adj* **1.** (ANAT) Nerven- **2.** (*intranquilo*) nervös

nervudo, -a [ner'βuðo, -a] *adj* sehnig

neto, -a ['neto, -a] *adj* **1.** (*claro*) klar **2.** (*no bruto*) netto

neumático [neu̯'matiko, -a] *m* Reifen *m*

neumonía [neu̯mo'nia] *f* (MED) Lungenentzündung *f*

neural [neu̯'ral] *adj* Nerven-

neurología [neu̯rolo'xia] *f sin pl* Neurologie *f*

neurólogo, -a [neu̯'roloɣo, -a] *m, f* Neurologe, -in *m, f*

neurona [neu̯'rona] *f* Neuron *nt*

neurosis [neu̯'rosis] *f inv* Neurose *f*

neurótico, -a [neu̯'rotiko, -a] **I.** *adj* neurotisch **II.** *m, f* Neurotiker(in) *m(f)*

neurotizar [neu̯roti'θar] <z→c> *vt* (*fam*) nerven

neutral [neu̯'tral] **I.** *adj* (*imparcial*) neutral; (*sin partido*) parteilos **II.** *mf* (*persona imparcial*) Unparteiische(r) *mf;* (*sin partido*) Parteilose(r) *mf;* (*Estado*) neutraler Staat *m*

neutralidad [neu̯trali'ða^{d}] *f* Neutralität *f*

neutralización [neu̯traliθa'θjon] *f* Neutralisierung *f*

neutralizar [neu̯trali'θar] <z→c> **I.** *vt* neutralisieren **II.** *vr:* ~**se** sich neutralisieren

neutro, -a ['neu̯tro, -a] *adj* **1.** (*t.* QUÍM) neutral **2.** (ZOOL) geschlecht(s)los **3.** (LING) sächlich; **género** ~ Neutrum *nt*

neutrón [neu̯'tron] *m* Neutron *nt*

nevada [ne'βaða] *f* **1.** (*caída*) Schneefall *m* **2.** (*nieve*) Schnee *m*

nevado, -a [ne'βaðo, -a] *adj* **1.** (*cubierto*) verschneit **2.** (*blanco*) schneeweiß

nevar [ne'βar] <e→ie> *vimpers* schneien

nevera [ne'βera] *f* (*frigorífico*) Kühlschrank *m*

nevisca [ne'βiska] *f* leichter Schneefall *m*

neviscar [neβis'kar] <c→qu> *vimpers* leicht schneien

nexo ['ne^{ɣ}so] *m* Verbindung *f*

ni [ni] *conj:* ~... ~ weder ... noch ...; **no fumo ~ bebo** ich rauche und trinke nicht; ~ (**siquiera**) nicht einmal; **¡~ lo pienses!** auf gar keinen Fall!; **sin más ~ más** plötzlich; **¡~ que fuera tonto!** er ist doch nicht dumm!; ~ **bien** (*Arg*) sobald (als) ...

Nicaragua liegt in Mittelamerika, grenzt im Norden an Honduras, im Süden an Costa Rica, im Osten an die Karibik und im Westen an den Pazifik. Die Hauptstadt Nicaraguas heißt **Managua**. Die offizielle Landessprache ist **Spanisch**. Die Währungseinheit ist der **córdoba**.

nicaragüense [nikara'ɣwense] **I.** *adj* nicaraguanisch **II.** *mf* Nicaraguaner(in) *m(f)*

nicho ['nitʃo] *m* Nische *f;* (*sepultura*) Grabnische *f*

nicotina [niko'tina] *f* Nikotin *nt*

nidada [ni'ðaða] *f* **1.** (*huevos*) Gelege *nt* **2.** (*polluelos*) Brut *f*

nidal [ni'ðal] *m* **1.** (*lugar*) Nest *nt* **2.** (*huevo*) Nestei *nt*

nidificar [niðifi'kar] <c→qu> *vi* nisten

nido ['niðo] *m* **1.** (*lecho*) Nest *nt;* ~ **de discordias** Unruheherd *m;* **caerse del** ~ naiv sein **2.** (*nidal*) Nistplatz *m*

niebla ['njeβla] *f* Nebel *m;* **hace** ~ es ist neb(e)lig

nieto, -a ['njeto, -a] *m, f* Enkel(in) *m(f);* ~ **segundo** Urenkel *m*

nieve ['njeβe] *f* **1.** (*precipitación*) Schnee *m;* ~ **carbónica** Trockeneis *nt* **2.** *pl* Schneefall *m* **3.** (*argot: cocaína*) Schnee *m* **4.** (*AmC: helado*) (Frucht)eis *nt*

NIF [nif] *m abr de* **Número de identificación fiscal** Steuernummer *f*

nigeriano, -a [nixe'rjano, -a] **I.** *adj* nigerianisch **II.** *m, f* Nigerianer(in) *m(f)*

Nilo ['nilo] *m* Nil *m*

nilón [ni'lon] *m* Nylon® *nt*

nimbo ['nimbo] *m* (*aureola*) Heiligenschein *m*

nimiedad [nimje'ða^{d}] *f* **1.** (*insignificancia*) Kleinigkeit *f* **2.** (*minuciosidad*) Kleinlichkeit *f*

nimio, -a ['nimjo, -a] *adj* **1.** (*sin importancia*) unwichtig **2.** (*minucioso*) pedantisch

ninfa ['nimfa] *f* **1.** (*mitología*) Nymphe *f* **2.** (*joven*) Grazie *f* **3.** (ZOOL) Puppe *f*

ningún [niŋ'gun] *adj indef v.* **ninguno**

ninguno, -a [niŋ'guno, -a] **I.** *adj indef* (*precediendo un substantivo masculino singular: ningún*) keine(r, s); **por ningún lado** nirgends; **de ninguna manera** keinesfalls; **ninguna vez** nie; **en sitio** ~ nirgendwo **II.** *pron indef* keine(r, s); (*personas*) niemand; **no quiso venir** ~ niemand wollte kommen

niña ['niɲa] *f* **1.** (*chica*) Mädchen *nt* **2.** (*persona no adulta*) Kind *nt; v. t.* **niño 3.** (ANAT) Pupille *f;* **eres como las ~s de mis ojos** du bist mein Augenstern

niñera [ni'ɲera] *f* Kindermädchen *nt*

niñería [niɲe'ria] *f* **1.** (*de niños*) Kinderei *f* **2.** (*fam: pequeñez*) Kinkerlitzchen *nt*

niñez [ni'ɲeθ] *f* Kindheit *f*
niño ['niɲo] *m* **1.** (*chico*) Junge *m* **2.** (*persona no adulta*) Kind *nt;* ~ **de la bola** Glückspilz *m;* ~ **mimado** (*favorito*) Liebling *m;* ~ **de pecho** Säugling *m;* ~ **probeta** Retortenbaby *nt;* **¡no seas ~!** sei nicht kindisch! **3.** (*reg: joven*) junger Mann *m*
nipón, -ona [ni'pon, -ona] **I.** *adj* japanisch **II.** *m, f* Japaner(in) *m(f)*
níquel ['nikel] *m* Nickel *nt*
niqui ['niki] *m* (*camiseta*) T-Shirt *nt*
nitidez [niti'ðeθ] *f* Klarheit *f;* (FOTO) Schärfe *f*
nítido, -a ['nitiðo, -a] *adj* klar; (FOTO) scharf
nitrato [ni'trato] *m* Nitrat *nt*
nítrico, -a ['nitriko, -a] *adj:* **ácido** ~ Salpetersäure *f*
nitrito [ni'trito] *m* Nitrit *nt*
nitro ['nitro] *m* Salpeter *m*
nitrógeno [ni'troxeno] *m* Stickstoff *m*
nitroglicerina [nitroɣliθe'rina] *f* Nitroglyzerin *nt*
nitroso, -a [ni'troso, -a] *adj* salpet(e)rig
nivel [ni'βel] *m* **1.** (*instrumento*) Wasserwaage *f* **2.** (*horizontalidad, grado, t.* INFOR) Ebene *f;* ~ **estilístico** Stilebene *f;* **a** ~ auf gleicher Höhe **3.** (*cota*) Pegel *m;* ~ **de la riada** Hochwasserpegel *m;* **sobre el** ~ **del mar** über dem Meer(esspiegel) **4.** (*estándar*) Niveau *nt;* ~ **de vida** Lebensstandard *m;* **estar al** ~ **de algo/alguien** mit etw *dat*/jdm mithalten können; **estar al** ~ **de lo exigido** den Anforderungen entsprechen
nivelación [niβela'θjon] *f* Nivellierung *f;* ~ **del presupuesto** Haushaltsausgleich *m*
nivelado, -a [niβe'laðo, -a] *adj* **1.** (*horizontal*) waag(e)recht **2.** (*plano*) eben
nivelar [niβe'lar] **I.** *vt* **1.** (*a igual nivel*) ausgleichen **2.** (*horizontal*) (ein)ebnen; (GEO, TÉC) nivellieren; (*parcela*) planieren **II.** *vr:* ~**se** sich ausgleichen; ~**se con alguien** jds Niveau erreichen
níveo, -a ['niβeo, -a] *adj* schneeweiß
NO [noro'este] *abr de* **Noroeste** NW
no [no] *adv* **1.** (*respuesta*) nein; **¡que ~!** nein, und nochmals nein! **2.** (+ *verbo/adjetivo*) nicht; ~ **protegido** ungeschützt; **hoy** ~ **hay clase** heute ist vorlesungsfrei **3.** (*prefijo*) Nicht- **4.** (*retórica*) oder nicht? **5.** (*loc*): **¡a que ~!** wetten, dass nicht!; **¿cómo ~?** aber klar doch!; ~ **sea que...** +*subj* sonst ... womöglich; **a** ~ **ser que...** +*subj* es sei denn, dass ...; **a** ~ (*Col*) sobald (als) ...; ~**... nada** nichts; ~**... nadie** niemand; ~**... nunca** niemals; ~ **bien...** +*subj* sobald ...; **o, si** ~ anderenfalls; ~ **tal** gar nicht; ~ **ya** nicht nur; **ya** ~ nicht mehr; ~ **tiene más que un abrigo** er/sie hat nur einen Mantel; ~ **quedan más que dos botellas** es sind nur noch zwei Flaschen da; ~ **querer más hijos** keine Kinder mehr wollen; ~ **quiero hablar más de esto** ich will darüber nicht mehr sprechen; **tener un** ~ **sé que** das gewisse Etwas haben
nº ['numero] *abr de* **número** Nr.
nobiliario, -a [noβi'ljarjo, -a] *adj* Adels-
nobilísimo, -a [noβi'lisimo, -a] *adj superl de* **noble**
noble ['noβle] **I.** *adj* <nobilísimo> **1.** (*aristócrata*) ad(e)lig **2.** (*t.* QUÍM) edel **3.** (*bueno*) gutmütig **4.** (*obediente*) gehorsam **II.** *mf* Adlige(r) *mf*
nobleza [no'βleθa] *f* **1.** (*linaje*) Adel *m* **2.** (*hidalguía*) Edelmut *m* **3.** (*bondad*) Gutmütigkeit *f* **4.** (*obediencia*) Gehorsamkeit *f*
noche ['notʃe] *f* **1.** (~ *tardía*) Nacht *f;* ~ **cerrada** stockfinstere Nacht; **N~ Vieja** Silvester *m o nt;* **media** ~ Mitternacht *f;* **pasar una** ~ **en blanco** eine schlaflose Nacht verbringen; **a media** ~ mitten in der Nacht; **por la** ~ nachts; **ayer (por la)** ~ gestern Nacht; **hacerse de** ~ Nacht werden; **hacer** ~ **en** übernachten in +*dat;* **ser como la** ~ **y el día** wie Tag und Nacht sein; **de la** ~ **a la mañana** von heute auf morgen **2.** (~ *temprana*) Abend *m;* **por la** ~ abends **3.** (*oscuridad*) Dunkelheit *f;* **es de** ~ es ist dunkel
Nochebuena [notʃe'bwena] *f* Heiligabend *m;* **en** ~ an Heiligabend
nocherniego, -a [notʃer'njeɣo, -a] *adj o m, f v.* **noctámbulo**
nochero [no'tʃero] *m* **1.** (*CSur: vigilante*) Nachtwächter *m* **2.** (*Col: mesilla*) Nachttisch *m*
Nochevieja [notʃe'βjexa] *f* Silvester *m o nt;* **esta** ~ dieses Jahr an Silvester
noción [no'θjon] *f* **1.** (*idea*) Vorstellung *f* **2.** *pl* (*fundamentos*) Grundkenntnisse *fpl*
nocividad [noθiβi'ða^{d}] *f* Schädlichkeit *f*
nocivo, -a [no'θiβo, -a] *adj* schädlich; ~ **para la salud** gesundheitsschädlich
noctámbulo, -a [nok'tambulo, -a] **I.** *adj* **1.** (*sonámbulo*) schlafwandelnd **2.** (*trasnochador*): **ser** ~ ein Nachtmensch sein; (*salir*) ein Nachtschwärmer sein **II.** *m, f* **1.** (*sonámbulo*) Schlafwandler(in) *m(f)* **2.** (*trasnochador*) Nachtmensch *m;* (*que sale*) Nachtschwärmer(in) *m(f)*
nocturno, -a¹ [nok'turno, -a] *adj* (*de noche*) Nacht-; (BOT, ZOOL) nachtaktiv
nocturno² [nok'turno] *m* (MÚS) Nocturne *f*
nodo ['noðo] *m* Knoten *m*
nodriza [no'ðriθa] *f* **1.** (*ama*) Amme *f* **2.** (*transporte*): **avión** ~ Tankflugzeug *nt;* **buque** ~ Mutterschiff *nt*
nódulo ['noðulo] *m* **1.** (MED) Knoten *m* **2.** (MIN) Knolle *f*
nogal [no'ɣal] *m,* **noguera** [no'ɣera] *f* (Wal)nussbaum *m*
nómada ['nomaða] **I.** *adj* nomadisch; **pueblo** ~ Nomadenvolk *nt* **II.** *mf* Nomade, -in

m, f

nomás [no'mas] *adv* (*Am*) **1.** (*solamente*) nur **2.** (*apenas*) kaum **3.** (*loc*): ~ **que** +*subj* sobald; **¡pase** ~**!** kommen Sie nur herein!

nombradía [nombra'ðia] *f* (*reputación*) Ruf *m;* (*fama*) Berühmtheit *f;* **de gran** ~ berühmt

nombrado, **-a** [nom'braðo, -a] *adj* berühmt

nombramiento [nombra'mjen̪to] *m* **1.** (*designación*) Ernennung *f* **2.** (*documento*) Ernennungsurkunde *f*

nombrar [nom'brar] *vt* **1.** (*citar*) nennen; (*mencionar*) erwähnen **2.** (*llamar*) benennen **3.** (*designar*) ernennen (zu +*dat*); (*abogado*) bestellen

nombre ['nombre] *m* **1.** (*designación*) Name *m;* ~ **y apellido** Vor- und Zuname; ~ **de familia** Nachname *m;* ~ **ficticio** Pseudonym *nt;* ~ **de pila**, **primer** ~ Vorname *m;* ~ **del producto** Produktbezeichnung *f;* ~ **de soltera** Mädchenname *m;* ~ **de soltero** Geburtsname *m;* **sin** ~ namenlos; **a su propio** ~ unter eigenem Namen; **conocer a alguien de** ~ jdn dem Namen nach kennen; **dar su** ~ seinen Namen nennen; **poner un** ~ **a alguien** jdm einen Namen geben; **llamar a las cosas por su** ~ die Dinge beim Namen nennen; **tu conducta no tiene** ~ dein Verhalten ist unerhört; **reservar a** ~ **de X** auf den Namen X reservieren **2.** (*reputación*) Ruf *m;* **de** ~ angesehen **3.** (LING) Substantiv *nt;* ~ **común** Gattungsname *m;* ~ **propio** Eigenname *m*

nomenclátor [nomeŋ'klator] *m* (Namen)verzeichnis *nt*

nomenclatura [nomeŋkla'tura] *f* Nomenklatur *f*

nomeolvides [nomeol'βiðes] *f inv* (BOT) Vergissmeinnicht *nt*

nómina ['nomina] *f* **1.** (*lista*) Verzeichnis *nt;* (*de sueldos*) Gehaltsliste *f* **2.** (*haberes*) Gehalt *nt*

nominación [nomina'θjon] *f* Ernennung *f*

nominal [nomi'nal] *adj* **1.** (*relativo al nombre*) Namen(s)-; **citación** ~ namentliche Nennung; **por llamamiento** ~ namentlich **2.** (*sólo de nombre*) nominal; **sueldo** ~ Nominaleinkommen *nt;* **valor** ~ Nennwert *m* **3.** (LING) nominal

nominalmente [nominal'men̪te] *adv* namentlich

nominar [nomi'nar] *vt* ernennen (zu +*dat*)

nominativo, **-a**[1] [nomina'tiβo, -a] *adj* Namens-

nominativo[2] [nomina'tiβo] *m* (LING) Nominativ *m*

non [non] **I.** *adj* ungerade **II.** *m* **1.** (*número*) ungerade Zahl *f;* **de** ~ ungerade; **estar de** ~ (*fam*) allein sein; **quedar de** ~ (*fam*) übrig bleiben **2.** *pl* (*loc*): **decir** (**que**) ~**es** Nein sagen

nonada [no'naða] *f* Kleinigkeit *f*

nonato, **-a** [no'nato, -a] *adj* **1.** (*nacimiento*) durch Kaiserschnitt zur Welt gebracht **2.** (*no existente*) (noch) nicht vorhanden; (*no acaecido*) (noch) nicht geschehen

nono, **-a** ['nono, -a] *adj* neunte(r, s); *v. t.* **octavo**

noquear [noke'ar] *vt* k.o. schlagen

nordeste [nor'ðeste] *m* **1.** (*dirección*) Nordosten *m;* (NÁUT, METEO) Nordost *m* **2.** (*viento*) Nordostwind *m*

nórdico, **-a** ['norðiko, -a] *adj* nordisch

noria ['norja] *f* **1.** (*para agua*) Wasserrad *nt* **2.** (*fam: trabajo*) Tretmühle *f* **3.** (*columpio*) Riesenrad *nt*

norirlandés, **-esa** [norirlan̪'des, -esa] **I.** *adj* nordirisch **II.** *m, f* Nordire, -in *m, f*

norma ['norma] *f* **1.** (*regla*) Regel *f;* (*general*) Norm *f;* ~**s de circulación** (Straßen)verkehrsregeln *fpl;* ~ **técnica** Standard *m;* **observar la** ~ die Norm erfüllen; **como** ~ (**general**) in der Regel **2.** (*escuadra*) Winkelmaß *nt*

normal [nor'mal] *adj* **1.** (*habitual*) normal **2.** (*según la norma*) vorschriftsmäßig

normalidad *f* Normalität *f;* **volver a la** ~ zur Normalität zurückkehren

normalizar [normali'θar] <z→c> *vt* **1.** (*volver normal*) normalisieren **2.** (*reglar*) normen

normalmente [normal'men̪te] *adv* normal(erweise)

normando, **-a** [nor'man̪do, -a] **I.** *adj* normannisch **II.** *m, f* Normanne, -in *m, f*

normativa [norma'tiβa] *f* (gesetzliche) Regelungen *fpl;* ~ **comunitaria** (UE) Gemeinschaftsrecht *nt*

normativo, **-a** [norma'tiβo, -a] *adj* maßgebend

noroeste [noro'este] *m* **1.** (*dirección*) Nordwesten *m;* (NÁUT, METEO) Nordwest *m* **2.** (*viento*) Nordwestwind *m*

norte ['norte] *m* **1.** (*punto cardinal*) Norden *m;* (METEO, NÁUT) Nord *m;* **el** ~ **de España** Nordspanien *nt;* **al** ~ **de** nördlich von +*dat* **2.** (*viento*) Nordwind *m* **3.** (*polo ártico*) Nordpol *m* **4.** (*guía*) Wegweiser *m* **5.** (*objetivo*) Ziel *nt*

norteamericano, **-a** **I.** *adj* nordamerikanisch **II.** *m, f* Nordamerikaner(in) *m(f)*

norteño, **-a** [nor'teɲo, -a] **I.** *adj* nordisch **II.** *m, f* Nordländer(in) *m(f)*

Noruega [no'rweɣa] *f* Norwegen *nt*

noruego, **-a** [no'rweɣo, -a] **I.** *adj* norwegisch **II.** *m, f* Norweger(in) *m(f)*

nos [nos] **I.** *pron pers* **1.** (*objeto*) uns **2.** (*mayestático*) wir **II.** *pron refl* uns

nosocomio [noso'komjo] *m* (*Am: hospital*) Krankenhaus *nt*

nosotros, **-as** [no'sotros, -as] *pron pers 1. pl* **1.** (*sujeto*) wir **2.** (*tras preposición*) uns

nostalgia [nos'talxja] *f* (*de lugar*) Heimweh *nt;* (*de personas*) Sehnsucht *f* (*de* nach +*dat*); (*del pasado*) Nostalgie *f*

nostálgico, **-a** [nos'talxiko, -a] *adj* (*de alguien*) sehnsuchtsvoll; (*del pasado*) nostalgisch; **sentimiento** ~ Heimweh *nt;* **estar** ~ Heimweh haben

nota ['nota] *f* **1.** (*anotación*) Vermerk *m;* (*explicación*) Anmerkung *f;* (*advertencia*) Hinweis *m;* ~ **al pie de la página** Fußnote *f;* ~ **preliminar** Vorbemerkung *f* **2.** (*apunte*) Notiz *f;* **tomar** ~ sich *dat* Notizen machen; **tomar** (**buena**) ~ **de algo** etw zur Kenntnis nehmen **3.** (*aviso*) Mitteilung *f;* ~ **circular** Rundschreiben *nt* **4.** (*calificación*) Note *f;* **sacar malas** ~**s** schlechte Noten bekommen **5.** (*factura*) Schein *m;* ~ **de caja** Kassenzettel *m* **6.** (*cuenta*) Rechnung *f* **7.** (*detalle*) Merkmal *nt;* **una** ~ **individual** eine individuelle Note **8.** (MÚS) Note *f* **9.** (*crédito*) Ansehen *nt;* **de** ~ (*importante*) wichtig; (*conocido*) bekannt; **de mucha** ~ berühmt **10.** (*loc, fam*): **dar la** ~ unangenehm auffallen; **dejar mala** ~ einen schlechten Eindruck hinterlassen; **forzar la** ~ übertreiben

notabilidad [notaβili'ðaᵈ] *f* **1.** (*importancia*) Wichtigkeit *f* **2.** (*personalidad*) (wichtige) Persönlichkeit *f;* **es una** ~ **en su género** er/sie ist eine Koryphäe auf seinem/ihrem Gebiet

notable [no'taβle] **I.** *adj* beachtlich; (*suma*) beträchtlich **II.** *m* **1.** (*calificación*) Note *f* 'gut'; **sacar cuatro** ~**s** viermal die Note 'gut' bekommen **2.** *pl* (*personas importantes*) Honoratioren *pl*

notación [nota'θjon] *f* **1.** (*sistema*) Zeichensystem *nt;* ~ **musical** Notenschrift *f;* ~ **fonética** phonetische Umschrift **2.** (MAT, QUÍM) Formel *f*

notar [no'tar] *vt* **1.** (*percibir*) (be)merken; (*calor*) spüren; **hacer** ~ hinweisen auf; **hacerse** ~ (*algo*) sich bemerkbar machen; (*alguien*) auffallen; **no te le nota nada** man merkt dir nichts an; **nótese que...** man beachte, dass ... **2.** (*apuntar*) notieren

notaría [nota'ria] *f* Notariat *nt*

notariado, **-a** [nota'rjaðo, -a] *adj* notariell beglaubigt

notarial [nota'rjal] *adj* (JUR) Notariats-; (*hecho por el notario*) notariell

notario, **-a** [no'tarjo, -a] *m, f* Notar(in) *m(f)*

noticia [no'tiθja] *f* Nachricht *f;* ~ **falsa** Falschmeldung *f;* ~ **de prensa** Zeitungsnachricht *f;* **no tener** ~ **de alguien** lange nichts von jdm gehört haben; **tener** ~ **de algo** Kenntnis von etw *dat* haben; **andar atrasado de** ~**s** schlecht informiert sein

noticiario [noti'θjarjo] *m* (RADIO, TV) Nachrichten *fpl;* ~ **deportivo** Sportnachrichten *fpl*

notificación [notifika'θjon] *f* Mitteilung *f;* ~ **de accidentes** Unfallmeldung *f;* ~ **por escrito** schriftlicher Bescheid; ~ **pública** öffentliche Bekanntmachung; ~ **de la sentencia** Urteilsverkündung *f*

notificar [notifi'kar] <c→qu> *vt* mitteilen; **hacer** ~ bekannt machen

notoriedad [notorje'ðaᵈ] *f* **1.** (*nombradía*) Berühmtheit *f;* **adquirir** ~ berühmt werden **2.** (*evidencia*) Offenkundigkeit *f*

notorio, **-a** [no'torjo, -a] *adj* **1.** (*conocido*) allgemein bekannt **2.** (*evidente*) offenkundig

novatada [noβa'taða] *f* **1.** (*broma*) Streich *m;* **gastar la** ~ **a alguien** jdm einen Streich spielen **2.** (*fam: complicación*) Ungeschick *nt*

> Bei der **novatada** handelt es sich um einen (oft gemeinen) Streich, den man einem **novato** oder einer **novata** (Neuling) spielt. Meist werden solche Streiche den Neuankömmlingen bei der **‚mili'** (= **servicio militar**, dem spanischen Wehrdienst), in der **tuna** (einer Art Studentenkapelle) oder in den Studentenwohnheimen gespielt.

novato, **-a** [no'βato, -a] *m, f* (*en sitio*) Neuling *m;* (*en actividad*) Anfänger(in) *m(f)*

novecientos, **-as** [noβe'θjentos, -as] *adj* neunhundert; *v. t.* **ochocientos**

novedad [noβe'ðaᵈ] *f* **1.** (*acontecimiento*) Neuigkeit *f;* **¿hay alguna** ~**?** gibt es was Neues?; **las últimas** ~**es** das Neueste; **el enfermo sigue sin** ~**es** der Zustand des Kranken ist unverändert; **¡sin** ~ **en el frente!** keine Vorkommnisse! **2.** (*cosa*) Neuheit *f;* (*libro*) Neuerscheinung *f*

novedoso, **-a** [noβe'ðoso, -a] *adj* (*Am*) neuartig

novel [no'βel] **I.** *adj* (*futuro*) angehende(r, s); (*sin experiencia*) unerfahren **II.** *mf* Anfänger(in) *m(f)*

novela [no'βela] *f* Roman *m;* ~ **corta** Novelle *f;* ~ **por entregas** Fortsetzungsroman *m;* ~ **policíaca** Krimi(nalroman) *m;* **¡déjate de** ~**s!** erzähl doch keine Märchen!

novelar [noβe'lar] **I.** *vi* Romane schreiben **II.** *vt* in Romanform erzählen

novelesco, **-a** [noβe'lesko, -a] *adj* Roman-; (*parecido*) romanhaft; (*fig*) fantastisch

novelista [noβe'lista] *mf* Romanautor(in)

N

m(f)

novelística [noβe'listika] *f sin pl* Romanliteratur *f*

noveno, -a [no'βeno, -a] **I.** *adj* (*parte*) neuntel; (*numeración*) neunte(r, s) **II.** *m, f* Neuntel *nt; v. t.* **octavo**

noventa [no'βen̩ta] *adj inv* neunzig; *v. t.* **ochenta**

noviazgo [no'βjaθɣo] *m* **1.** (*para casarse*) Brautzeit *f* **2.** (*fam: relación*) Beziehung *f*

novicio, -a [no'βiθjo, -a] **I.** *adj* unerfahren **II.** *m, f* **1.** (REL) Novize, -in *m, f* **2.** (*principiante*) Anfänger(in) *m(f)*

noviembre [no'βjembre] *m* November *m; v. t.* **marzo**

novillada *f*: Einen Stierkampf mit **novillos** (Jungstieren), die man nicht tötet, bezeichnet man als **novillada**. In kleinen Dörfern werden diese **novilladas** während der Volksfeste veranstaltet: junge Burschen reizen und rennen hinter den **novillos** her, zum Vergnügen der restlichen Dorfbewohner.

novillero, -a [noβi'ʎero, -a] *m, f* (*torero*) angehender Stierkämpfer *m,* angehende Stierkämpferin *f*

novillo, -a [no'βiʎo, -a] *m, f* **1.** (*animal*) Jungstier *m,* Jungkuh *f* **2.** (*loc, fam*): **hacer ~s** (die Schule) schwänzen

novio, -a ['noβjo, -a] *m, f* **1.** (*para casarse*) Bräutigam *m,* Braut *f;* **los ~s** das Brautpaar; **viaje de ~s** Hochzeitsreise *f* **2.** (*en relación amorosa*) Freund(in) *m(f);* **echarse novia** sich *dat* eine Freundin zulegen; **tontear con el ~** flirten; **esa chica tiene sólo quince años y ya tiene ~** dieses Mädchen ist erst fünfzehn und hat schon einen Freund

novísimo, -a [no'βisimo, -a] *adj* brandneu; (*noticia*) brandaktuell

nubarrón [nuβa'rron] *m* Gewitterwolke *f*

nube ['nuβe] *f* Wolke *f;* **~ de humo y gases** Smog *m;* **~ de mosquitos** Mückenschwarm *m;* **~ de verano** (METEO) Platzregen *m;* (*enfado*) vorübergehende Verstimmung; (*pequeñez*) Bagatelle *f;* **descargar una ~** regnen; **estar por las ~s** entsetzlich teuer sein; **se puso por las ~s** er/sie ging in die Luft; **andar por las ~s** geistesabwesend sein; **vivir en las ~s** völlig realitätsfern sein; **bajar de las ~s** auf den Boden der Tatsachen zurückkehren; **poner a alguien por las ~s** jdn in den Himmel heben

núbil ['nuβil] *adj* heiratsfähig

nublado [nu'βlaðo] *m* **1.** (METEO) Gewölk *nt* **2.** (*peligro*) drohende Gefahr *f*

nublar [nu'βlar] **I.** *vt* **1.** (*nubes*) bewölken **2.** (*mente, ojos*) trüben **II.** *vr:* **~se 1.** (*nubes*) sich bewölken **2.** (*mente, ojos*) sich trüben; **se me nubla la vista** mir wird schwarz vor Augen

nubosidad [nuβosi'ðaᵈ] *f* Bewölkung *f*

nuboso, -a [nu'βoso, -a] *adj* bewölkt

nuca ['nuka] *f* Genick *nt,* Nacken *m*

nuclear [nukle'ar] *adj* Kern-; **energía ~** Kernenergie *f*

núcleo ['nukleo] *m* (*centro*) Kern *m;* **~ de una idea** Kerngedanke *m;* **~ de población** Siedlung *f;* **~ productivo** Produktionszentrum *nt*

nudillo [nu'ðiʎo] *m* (ANAT) (Finger)knöchel *m*

nudo ['nuðo] *m* **1.** (*atadura*) Knoten *m;* (*mota*) Noppe *f;* **~ corredizo** Schlinge *f;* **deshacer el ~** den Knoten lösen; **hacer un ~ en la garganta** die Kehle zuschnüren **2.** (*madera*) Knorren *m;* **~ de rama** Astloch *nt;* **sin ~s** astfrei **3.** (MED, NÁUT) Knoten *m* **4.** (*punto de reunión*) Knotenpunkt *m;* **~ de comunicaciones** Verkehrsknotenpunkt *m* **5.** (*cosa que une*): **el ~ de la amistad** die Freundschaftsbande **6.** (*dificultad*): **el ~ del problema es...** das Verzwickte an dem Problem ist ...

nudoso, -a [nu'ðoso, -a] *adj* knotig; (*madera*) knorrig

nuera ['nwera] *f* Schwiegertochter *f*

nuestro, -a ['nwestro, -a] **I.** *adj pos* (*antepuesto*) unser(e); **~ perro/gato** unser Hund/unsere Katze; **~s nietos** unsere Enkel; **por nuestra parte** unsererseits; **hacer de las nuestras** was anstellen **II.** *pron pos* **1.** (*propiedad*): **la casa es nuestra** das Haus gehört uns; **¡ya es ~!** (*fig*) wir haben es geschafft! **2.** (*tras artículo*): **el ~/la nuestra/lo ~** der/die/das unsere, unsere(r, s); **los ~s** unsere; (*parientes*) unsere Angehörigen; **¡eso es lo ~!** das ist genau das Richtige für uns!; **ésta es la nuestra** (*fam fig*) das ist die Gelegenheit für uns **3.** (*tras substantivo*) unser(e), von uns; **una amiga nuestra** eine Freundin von uns; **es culpa nuestra** es ist unsere Schuld

nueva ['nweβa] *f* Neuigkeit *f;* **esto me coge de ~s** darauf war ich nicht gefasst; **no te hagas de ~s** tu doch nicht so, als ob du nichts wüsstest!

nuevamente [nweβa'men̩te] *adv* **1.** (*otra vez*) nochmals **2.** (*últimamente*) neuerdings

nueve ['nweβe] *adj inv* neun; *v. t.* **ocho**

nuevo, -a ['nweβo, -a] **I.** *adj* neu; **de ~** von neuem; **hacer de ~** noch einmal machen;

sentirse como ~ sich wie neugeboren fühlen; **¿qué hay de ~?** was gibt's Neues?; **hasta ~ aviso** bis auf weitere Mitteilung; **ponerle a alguien la cara nueva** jdn kräftig verprügeln **II.** *m, f* Neue(r) *mf*

nuez [nweθ] *f* **1.** (BOT) Walnuss *f;* ~ **de anacardo** Cashewnuss *f;* ~ **de coco** Kokosnuss *f;* ~ **moscada** Muskatnuss *f;* **cascar nueces** Nüsse knacken; **mucho ruido y pocas nueces** (*prov*) viel Lärm um nichts **2.** (ANAT) Adamsapfel *m;* **apretar la ~ a alguien** (*fam*) jdn (er)würgen

nulidad [nuli'ðaᵈ] *f* **1.** (*no válido*) Ungültigkeit *f;* **declarar la ~ de algo** etw für ungültig erklären **2.** (*persona*) Niete *f;* **ser una ~** eine Null sein

nulo, -a ['nulo, -a] *adj* **1.** (*inválido*) ungültig; **declarar ~** für nichtig erklären **2.** (*incapaz*) unfähig; **soy ~ para las matemáticas** in Mathematik bin ich eine Niete

núm. ['numero] *abr de* **número** Nr.

numen ['numen] *m* (*del artista*) Inspiration *f*

numeración [numera'θjon] *f* **1.** (*sistema*) Nummerierung *f;* ~ **arábiga** arabisches Zahlensystem; ~ **correlativa** fortlaufende Nummerierung; ~ **decimal** Dezimalsystem *nt* **2.** (*acción*) Zählung *f*

numerador [numera'ðor] *m* **1.** (MAT) Zähler *m* **2.** (*aparato*) Zähler *m;* (*sello*) Nummernstempel *m*

numeral [nume'ral] **I.** *adj* Zahl(en)- **II.** *m* (LING) Zahlwort *nt*

numerar [nume'rar] *vt* **1.** (*poner números*) nummerieren; ~ **correlativamente** durchnummerieren **2.** (*contar*) zählen

numerario, -a¹ [nume'rarjo, -a] *adj* **1.** (*de números*) Zahlen- **2.** (*fijo*) ordentlich

numerario² [nume'rarjo] *m* Bargeld *nt*

numéricamente [numerika'mente] *adv* der Zahl nach

numérico, -a [nu'meriko, -a] *adj* numerisch; **cerradura de combinación numérica** Zahlenschloss *nt*

número ['numero] *m* **1.** (MAT) Zahl *f;* ~ **cardinal** Grundzahl *f;* ~ **primo** Primzahl *f;* ~ **quebrado** Bruchzahl *f;* ~ **de varias cifras** mehrstellige Zahl; **en ~s redondos** aufgerundet; **aprender de ~s** (*fam*) Rechnen lernen; **hacer ~s** Berechnungen anstellen; **hacer ~s para ver si...** ausrechnen, ob ... **2.** (*cantidad*) (An)zahl *f;* ~ **de habitantes** Einwohnerzahl *f;* **sin ~** unzählig **3.** (*cifra*) Nummer *f;* (*en la lotería*) Losnummer *f;* ~ **de matrícula** Kfz-Kennzeichen *nt;* ~ **de zapatos** Schuhgröße *f;* **es el ~ uno de la clase** er/sie ist Klassenbester/Klassenbeste **4.** (*edición*) Nummer *f;* ~ **suelto** Einzelheft *nt;* **el ~ 1000** die tausendste Ausgabe **5.** (LING) Numerus *m*

numeroso, -a [nume'roso, -a] *adj* zahlreich

nunca ['nuŋka] *adv* nie; ~ **jamás** niemals; **más que ~** mehr denn je

nuncio ['nuṇθjo] *m* **1.** (REL) Nuntius *m* **2.** (*que anuncia*) Vorbote *m*

nupcial [nuβ'θjal] *adj* Hochzeits-; **corona ~** Brautkranz *m*

nupcias ['nuβθjas] *fpl* Hochzeit *f;* **segundas ~** zweite Ehe; **posteriores ~** Wiederheirat *f*

nurse ['nurse] *f* (*Am*) **1.** (*niñera*) Kindermädchen *nt* **2.** (*enfermera*) Krankenschwester *f*

nursery ['nurseri] *f* (*Arg*) Geburtsstation *f*

nutria ['nutrja] *f* Fischotter *m*

nutricio, -a [nu'triθjo, -a] *adj* **1.** (*nutritivo*) nahrhaft **2.** (*loc*): **madre nutricia** Pflegemutter *f*

nutrición [nutri'θjon] *f* Ernährung *f*

nutrido, -a [nu'triðo, -a] *adj* **1.** (*alimentado*) genährt; **bien ~** wohlgenährt **2.** (*numeroso*) zahlreich; (*biblioteca*) gut ausgestattet

nutrir [nu'trir] **I.** *vt* **1.** (*alimentar*) ernähren; (*piel*) nähren **2.** (*fortalecer*) stärken **II.** *vr:* **~se** sich ernähren (*con/de* von +*dat*)

nutritivo, -a [nutri'tiβo, -a] *adj* nahrhaft

N

Ñ

Ñ, ñ ['eɲe] *f* Ñ, ñ *nt* (*fünfzehnter Buchstabe des spanischen Alphabets*)

> Der 15. Buchstabe – **la eñe** – ist gleichzeitig das Markenzeichen des spanischen **alfabeto**. Bis vor wenigen Jahren gehörten das ‚ch' – **la che** – (direkt nach dem ‚c') und auch das ‚ll' – **la elle** – (nach dem ‚l') dazu, weil beide eigenständige Laute sind. Das musste geändert werden, um das spanische Alphabet zu internationalisieren, d. h. Alphabeten anderer Sprachen anzupassen.

ñaña ['ɲaɲa] *f* (*Chil*) Amme *f*

ñaque ['ɲake] *m* Gerümpel *nt*

ñata ['ɲata] *f* (*Am: fam*) Nase *f*

ñato, -a ['ɲato, -a] **I.** *adj* **1.** (*CSur: chato*) stumpfnasig **2.** (*Col: gangoso*) nasal **II.** *m, f* (*Am*) Liebling *m*

ñoñería [ɲoɲe'ria] *f* **1.** (*simpleza*) Blödheit *f* **2.** (*dengues*) Zimperlichkeit *f*

ñoño, -a ['ɲoɲo, -a] **I.** *adj* (*fam*) **1.** (*soso*) fade; (*aburrido*) langweilig **2.** (*tonto*) blöd **3.** (*remilgado*) zimperlich **II.** *m, f* (*fam*) **1.** (*dengoso*) Zimperliese *f* **2.** (*tonto*) Dummkopf *m* **3.** (*aburrido*) Langweiler(in) *m(f)*

ñoqui ['ɲoki] *m* Gnocchi *pl*

ñu [ɲu] *m* Gnu *nt*

ñudo ['ɲuðo] *m* Knoten *m;* **al ~** (*Am: fam*) vergebens

O

O, o [o] *f* O, o *nt;* ~ **de Oviedo** O wie Otto

o, ó [o] *conj* oder; ~ **…,** ~ **…** entweder …, oder …; ~ **sea** das heißt; ~ **bien** oder auch

O [o'este] *abr de* **oeste** W

oasis [o'asis] *m inv* Oase *f*

obcecación [oβθeka'θjon] *f* Verblendung *f*

obcecar [oβθe'kar] <c→qu> **I.** *vt* verblenden **II.** *vr:* ~**se** verblendet sein

obedecer [oβeðe'θer] *irr como crecer* **I.** *vt* (*a alguien*) gehorchen +*dat;* (*instrucciones*) befolgen; (*someterse*) sich fügen +*dat;* **hacerse** ~ sich *dat* Gehorsam verschaffen; ~ **una orden** einem Befehl Folge leisten; ~ **a la gravedad** dem Gesetz der Schwerkraft unterliegen **II.** *vi* (*provenir*) zurückzuführen sein (*a* auf +*akk*)

obediencia [oβe'ðjeṇθja] *f* Gehorsam *m*

obediente [oβe'ðjeṇte] *adj* gehorsam

obelisco [oβe'lisko] *m* Obelisk *m*

obertura [oβer'tura] *f* Ouvertüre *f*

obesidad [oβesi'ðaᵈ] *f* Fettleibigkeit *f*

obeso, -a [o'βeso, -a] *adj* fett(leibig)

óbice ['oβiθe] *m* (*elev*): **no ser ~ para que alguien…** +*subj* jdn nicht daran hindern zu … +*inf*

obispado [oβis'paðo] *m* **1.** (*cargo*) Bischofsamt *nt* **2.** (*diócesis*) Bistum *nt*

obispo [o'βispo] *m* (REL) Bischof *m;* ~ **auxiliar** Weihbischof *m;* **trabajar para el** ~ (*fig*) ohne Entgelt arbeiten; **cada muerte de un** ~ (*fig*) alle Jubeljahre

óbito ['oβito] *m* Tod *m*

obituario [oβi'twarjo] *m* **1.** (*libro*) Totenregister *nt* **2.** (*Am: defunción*) Sterbefall *m* **3.** (*Am: del periódico*) Todesanzeigen *fpl*

objeción [oβxe'θjon] *f* Einwand *m;* ~ **de conciencia** Kriegsdienstverweigerung aus Gewissensgründen

objetar [oβxe'tar] *vt* einwenden; **tengo algo que** ~ ich habe etwas dagegen (einzuwenden)

objetividad [oβxetiβi'ðaᵈ] *f* Objektivität *f*

objetivo, -a¹ [oβxe'tiβo, -a] *adj* objektiv

objetivo² [oβxe'tiβo] *m* **1.** (*finalidad*) Ziel *nt;* **tener como** ~ zum Ziel haben **2.** (FOTO) Objektiv *nt* **3.** (*blanco*) Ziel *nt*

objeto [oβ'xeto] *m* **1.** (*cosa*) Gegenstand *m;* ~ **de enseñanza** Lehrmittel *nt;* ~ **de lujo** Luxusartikel *m;* ~ **perdido** Fundsache *f;* **no tener** ~ gegenstandslos sein **2.** (*motivo*) Zweck *m;* **el ~ de la presente es…** Anlass dieses Schreibens ist …; **con (el)** [*o* **al**] ~ **de…** um zu …; **no tener** ~ zwecklos sein; **tener por** ~ bezwecken

objetor(a) [oβxe'tor(a)] *m(f)*: ~ **de conciencia** Kriegsdienstverweigerer *m* aus Gewissensgründen

oblea [o'βlea] *f* **1.** (*hostia*) Oblate *f;* **estar hecho una** ~ (*fam*) spindeldürr sein **2.** (*sello*) Siegelmarke *f*

oblicuidad [oβlikwi'ða^{d}] *f* Schräge *f*

oblicuo, -a [o'βlikwo, -a] *adj* schräg

obligación [oβliɣa'θjon] *f* **1.** (*deber*) Verpflichtung *f;* ~ **alimenticia** Unterhaltspflicht *f;* ~ **de comunicación** Mitteilungspflicht *f;* ~ **de secreto** Schweigepflicht *f;* **contraer una** ~ eine Verpflichtung eingehen; **cumplir con una** ~ eine Verpflichtung erfüllen; **dedicarse a sus obligaciones** seinen Pflichten nachgehen; **faltar a sus obligaciones** seine Pflichten vernachlässigen; **tener la** ~ **de algo** zu etw *dat* verpflichtet sein **2.** (*deuda*) Schuld *f,* (*documento*) Schuldschein *m;* (*título*) Obligation *f*

obligado, -a [oβli'ɣaðo, -a] *adj* **1.** *estar* (*fuerza*) gezwungen (*a* zu +*dat*); (*deber*) verpflichtet (*a* zu +*dat*) **2.** *ser* (*imprescindible*) notwendig; **tema** ~ Pflichtthema *nt;* **es** ~**...** es gehört sich ... **3.** *estar* (*agradecido*) zu Dank verpflichtet (*a* +*dat*)

obligar [oβli'ɣar] <g→gu> **I.** *vt* **1.** (*forzar*) zwingen (*a* zu +*dat*); (*comprometer*) verpflichten (*a* zu +*dat*) **2.** (*Chil, Arg*) zum Trinken einladen **II.** *vr:* ~**se** sich verpflichten (*a* zu +*dat*)

obligatoriedad [oβliɣatorje'ða^{d}] *f* Zwang *m;* **de** ~ **general** allgemein verbindlich; ~ **de visado** Visumspflicht *f;* ~ **del voto** Wahlpflicht *f*

obligatorio, -a [oβliɣa'torjo, -a] *adj* verpflichtend, obligatorisch; **asignatura obligatoria** Pflichtfach *nt;* **compromiso** ~ bindende Abmachung; **no** ~ nicht zwingend (vorgeschrieben); (*oferta*) unverbindlich; **es** ~ **llevar puesto el casco** das Tragen eines Helmes ist Pflicht

oblongo, -a [o'βloŋgo, -a] *adj* länglich

obnubilación [oβnuβila'θjon] *f* **1.** (*trastorno*) Benommenheit *f* **2.** (*ofuscación*) Verblendung *f*

obnubilar [oβnuβi'lar] *vt* (*trastornar*) benebeln; (*ofuscar*) (ver)blenden

oboe [o'βoe] *m* **1.** (*instrumento*) Oboe *f* **2.** (*músico*) Oboist *m*

obra ['oβra] *f* **1.** (*creación, labor*) Werk *nt;* ~ **benéfica** Wohltätigkeit *f;* ~**s completas** gesammelte Werke; ~ **de consulta** Nachschlagewerk *nt;* ~ **meritoria** verdienstvolle Tat; ~ **de teatro** Theaterstück *nt;* **por** ~ (**y gracia**) **de** dank +*gen* **2.** (*institución*): ~ **benéfica** Hilfswerk *nt;* ~ **pía** karitative Stiftung **3.** (*construcción*) Bau *m;* (*edificio*) Bauwerk *nt;* ~ **de caminos, canales y puertos** Tiefbau *m;* ~**s de construcción** Bauarbeiten *fpl;* ~**s públicas** öffentliche Bauten; ~ **de reforma** Umbau *m;* ~ **de romanos** (*fig*) ungeheure Leistung; ~ **vieja** Altbau *m;* **mano de** ~ Arbeitskraft *f;* **estar de** [*o* **hacer**] ~**s** umbauen; ~ **empezada, medio acabada** (*prov*) frisch gewagt ist halb gewonnen

obrador(a)[1] [oβra'ðor(a)] **I.** *adj* arbeitend **II.** *m(f)* Arbeiter(in) *m(f)*

obrador[2] [oβra'ðor] *m* (*taller*) Werkstatt *f;* (*de confitería*) Konditorei *f*

obrar [o'βrar] **I.** *vi* **1.** (*actuar*) handeln; ~ **contra las buenas costumbres** gegen die guten Sitten verstoßen; ~ **a tontas y a locas** (*fam*) unbedacht vorgehen **2.** (*fam: defecar*) Stuhlgang haben **3.** (*encontrarse*) sich befinden **II.** *vi, vt* **1.** (*hacer efecto*) wirken; ~ **buen efecto** eine gute Wirkung haben; ~ **sobre alguien/algo** auf jdn/etw einwirken **2.** (*construir*) bauen **3.** (*hacer*) herstellen; (*trabajar*) bearbeiten; **sin** ~ unbearbeitet

obrerismo [oβre'rismo] *m* **1.** (POL) Arbeiterbewegung *f* **2.** (*conjunto*) Arbeiterschaft *f*

obrerista [oβre'rista] **I.** *adj* Arbeiter- **II.** *mf* Anhänger(in) *m(f)* der Arbeiterbewegung

obrero, -a [o'βrero, -a] **I.** *adj* (*relativo al trabajo*) Arbeits-; (*relativo al obrero*) Arbeiter- **II.** *m, f* Arbeiter(in) *m(f);* ~ **agrícola** Landarbeiter *m;* ~ **asalariado** Lohnarbeiter *m;* ~ **desocupado** Arbeitslose(r) *m;* ~ **especializado** Facharbeiter *m;* ~ **fijo** feste Arbeitskraft; **ser alguien** ~ **de su propia ruina** sich selbst ins Unglück stürzen

obscenidad [oβsθeni'ða^{d}] *f* Obszönität *f*

obsceno, -a [o$^{\beta}$s'θeno, -a] *adj* obszön

obscurecer [o$^{(\beta)}$skure'θer] *irr como crecer vt v.* **oscurecer**

obscuridad [o$^{(\beta)}$skuri'ða^{d}] *f v.* **oscuridad**

obscuro, -a [o$^{(\beta)}$s'kuro, -a] *adj v.* **oscuro**

obsequiar [oβse'kjar] *vt* **1.** (*con atenciones*) beehren; (*con bebidas/comida*) bewirten; (*con regalos*) beschenken **2.** (*agasajar*) zuvorkommend behandeln; (*festejar*) feiern; ~ **con su presencia** mit seiner Anwesenheit beehren; ~ **a alguien con un banquete** zu jds Ehren ein Bankett geben **3.** (*Am: regalar*) schenken

obsequio [oβ'sekjo] *m* **1.** (*agasajo*) Gefälligkeit *f;* **¡hágame Ud. este** ~**!** tun Sie mir den Gefallen!; **en** ~ **de alguien** zu jds Ehren **2.** (*regalo*) Geschenk *nt*

obsequioso, -a [oβse'kjoso, -a] *adj* (*cortés*) zuvorkommend

observación [oβserβa'θjon] *f* **1.** (*contemplación*) Beobachtung *f;* (*vigilancia*) Überwachung *f* **2.** (*comentario*) Bemerkung *f;* ~ **marginal** Randbemerkung *f* **3.** *v.* **observancia**

observador(a) [oβserβa'ðor(a)] **I.** *adj* beobachtend **II.** *m(f)* Beobachter(in) *m(f)*

observancia [oβser'βaṇθja] *f* Beachtung *f;* (*orden*) Befolgung *f;* (*normas, plazos*) Einhaltung *f*

observante [oβser'βaṇte] *adj* (*orden*) streng

observar [oβser'βar] *vt* **1.** (*contemplar*) beobachten **2.** (*cumplir*) beachten; (*orden*) befolgen; (*normas, plazos*) einhalten **3.** (*notar*) bemerken; **hacer ~ algo a alguien** jdn auf etw aufmerksam machen

observatorio [oβserβa'torjo] *m* Observatorium *nt;* ~ **astronómico** Sternwarte *f;* ~ **meteorológico** Wetterwarte *f*

obsesión [oβse'sjon] *f* (*preocupación*) Besessenheit *f;* (*idea*) fixe Idee *f;* (*pasión*) Leidenschaft *f;* (PSICO) Zwangsvorstellung *f*

obsesionado, -a [oβsesjo'naðo, -a] *adj* besessen; **está ~ con ella** er ist verrückt nach ihr

obsesionar [oβsesjo'nar] **I.** *vt* **1.** (*tormentar*) quälen; (*fig*) verfolgen **2.** (*atraer*) in seinen Bann schlagen; **el fútbol le obsesiona** er ist ein Fußballfanatiker **II.** *vr:* **~se** besessen sein (*con* von +*dat*)

obsesivo, -a [oβse'siβo, -a] *adj* Zwangs-

obseso, -a [oβ'seso, -a] **I.** *adj* besessen **II.** *m, f* Besessene(r) *mf*

obsoleto, -a [oβso'leto, -a] *adj* veraltet

obstaculizar [o$^{\beta}$stakuli'θar] <z→c> *vt* behindern; ~ **la carretera** die Straße blockieren; ~ **el progreso** dem Fortschritt im Wege stehen

obstáculo [o$^{\beta}$s'takulo] *m* Hindernis *nt;* **salvar un ~** ein Hindernis nehmen; **triunfar ante todos los ~s** sämtliche Hindernisse überwinden; **poner ~s a alguien** jdm Hindernisse in den Weg legen

obstante [o$^{\beta}$s'taṇte] *adv:* **no ~** trotzdem

obstar [o$^{\beta}$s'tar] **I.** *vi* hinderlich sein +*dat* **II.** *vimpers* entgegenstehen +*dat;* **eso no obsta para que…** … steht nichts entgegen

obstetricia [o$^{\beta}$ste'triθja] *f* Geburtshilfe *f*

obstinación [o$^{\beta}$stina'θjon] *f* Hartnäckigkeit *f*

obstinado, -a [o$^{\beta}$sti'naðo, -a] *adj* hartnäckig

obstinarse [o$^{\beta}$sti'narse] *vr* hartnäckig bestehen (*en* auf +*dat*); ~ **en su silencio** sich durch nichts zum Reden bringen lassen; ~ **contra algo/alguien** et *dat*w/jdm die Stirn bieten

obstrucción [o$^{\beta}$stru$^{\gamma}$'θjon] *f* Blockierung *f;* (MED) Verstopfung *f*

obstruir [o$^{\beta}$stru'ir] *irr como huir* **I.** *vt* **1.** (*el paso, acción*) blockieren **2.** (*una tubería*) verstopfen **II.** *vr:* **~se** sich verstopfen

obtención [oβteṇ'θjon] *f* Erlangung *f;* (QUÍM) Gewinnung *f;* ~ **de alimentos** Nahrungsmittelerzeugung *f;* ~ **de datos** Datenerhebung *f;* ~ **de la velocidad máxima** Erreichen der Höchstgeschwindigkeit

obtener [oβte'ner] *irr como tener vt* erlangen; (QUÍM) gewinnen; (*resultado, ventaja, ganancia*) erzielen; ~ **un pedido** einen Auftrag erhalten; **difícil de ~** schwer zu bekommen

obtenible [oβte'niβle] *adj* erhältlich

obturación [oβtura'θjon] *f* (*cierre*) Verschluss *m;* (*bloqueo*) Verstopfung *f;* (*de dientes*) Füllung *f*

obturador [oβtura'ðor] *m* (FOTO) Blende *f*

obturar [oβtu'rar] *vt* (*cerrar*) verschließen; (*bloquear*) verstopfen; (*los dientes*) plombieren

obtuso, -a [oβ'tuso, -a] *adj* **1.** (*cosa*) stumpf **2.** (*persona*) begriffsstutzig

obús [o'βus] *m* **1.** (*artillería*) Haubitze *f* **2.** (*proyectil*) Granate *f*

obviar [oβ'βjar] **I.** *vi* (*obstar*) hinderlich sein +*dat* **II.** *vt* (*evitar*) abwenden; (*remover*) aus dem Weg räumen; ~ **un problema** ein Problem lösen

obvio, -a ['oββjo, -a] *adj* offensichtlich; **es ~** das liegt auf der Hand; **lo ~ del mensaje** die Eindeutigkeit der Botschaft

oc ['oṇdas 'kortas] *abr de* **ondas cortas** KW

oca ['oka] *f* (ZOOL) Gans *f;* **¡es la ~!** das ist die Höhe!

> El **Juego de la Oca** ist ein spanisches Brettspiel, das aus 64 mit verschiedenen Figuren bemalten Kästchen besteht. Jedes Mal, wenn ein(e) Spieler(in) auf ein Kästchen mit einer **oca** (Gans), und zwar jedes 3. bzw. 4. Kästchen, kommt, muss er/sie Folgendes laut sagen: **De oca a oca y tiro porque me toca.** Dann darf er/sie auf das nächste Kästchen mit einer **oca** und sogar noch einmal würfeln.

ocasión [oka'sjon] *f* Gelegenheit *f;* **coche de ~** Gebrauchtwagen *m;* **aprovechar/desperdiciar la ~** die Gelegenheit nutzen/versäumen; **en esta ~** bei dieser Gelegenheit; **llegada la ~** gegebenenfalls; **contadas ocasiones** seltene Gelegenheiten; **en ocasiones** gelegentlich; **en la primera ~** bei nächster Gelegenheit; **con ~ de** anlässlich +*gen;* **dar a alguien ~ para quejarse** jdm Anlass geben sich zu beschweren; **la ~ la pintan calva** man muss die Gelegenheit beim Schopf(e) fassen; **la ~ hace al ladrón** (*prov*) Gelegenheit macht Diebe

ocasional [okasjo'nal] *adj* **1.** (*no habitual*)

gelegentlich; **trabajo** ~ Gelegenheitsarbeit *f* **2.** (*casual*) zufällig **3.** (*para una ocasión*) Gelegenheits- **4.** (*causante*) verursachend; **enfermedad** ~ Grundleiden *nt*

ocasionar [okasjo'nar] *vt* verursachen; ~ **dolores de cabeza a alguien** jdm Kopfschmerzen bereiten

ocaso [o'kaso] *m* **1.** (ASTR) Untergang *m;* (*del sol*) Sonnenuntergang *m;* (*fig*) Abend *m* **2.** (*decadencia*) Niedergang *m*

occidental [oʸθiðen̪'tal] *adj* westlich; **potencias** ~**es** Westmächte *fpl*

occidente [oʸθi'ðen̪te] *m* Westen *m*

occipucio [oʸθi'puθjo] *m* Hinterkopf *m*

occiso, -a [oʸ'θiso, -a] *adj* ermordet

OCDE [oθeðe'e] *f abr de* **Organización para la Cooperación y el Desarrollo Económicos** OECD *f*

Oceanía [oθea'nia] *f* Ozeanien *nt*

océano [o'θeano] *m* **1.** (*mar*) Ozean *m;* ~ **Austral** Südsee *f;* ~ **Boreal** Nordsee *f;* ~ **Glacial** Eismeer *nt;* ~ **Pacífico** Pazifischer Ozean, Pazifik *m* **2.** (*cantidad*) Unmenge *f;* ~ **de gente** Menschenmasse *f;* **un** ~ **de sangre** Ströme von Blut; **un** ~ **de gente salía del concierto** eine Flut von Menschen strömte aus dem Konzertsaal

oceanografía [oθeanoɣra'fia] *f* Meereskunde *f*

ocelote [oθe'lote] *m* Ozelot *m*

ochenta [o'ʧen̪ta] **I.** *adj inv* achtzig; **los años** ~ die Achtzigerjahre; **un hombre de alrededor de** ~ **años** ein Mann um die achtzig; **una mujer en sus** ~ eine Frau in den Achtzigern **II.** *m* Achtzig *f*

ocho ['oʧo] **I.** *adj inv* acht; **jornada de** ~ **horas** Achtstundentag *m;* ~ **veces mayor/menor que...** achtmal so groß wie .../kleiner als ...; **a las** ~ um acht Uhr; **son las** ~ **y media de la mañana/tarde** es ist halb neun (Uhr) morgens/abends; **las** ~ **y cuarto/menos cuarto** viertel nach acht/vor acht; **las** ~ **en punto** Punkt acht Uhr; **el** ~ **de agosto** der achte August; **dentro de** ~ **días** in acht Tagen; **de aquí a** ~ **días** heute in acht Tagen; **echar a alguien con los** ~**s y los nueves** jdm gehörig die Meinung sagen; **ser más chulo que un** ~ ein aufgeblasener Gockel sein **II.** *m* Acht *f*

ochocientos, -as [oʧo'θjen̪tos, -as] *adj* achthundert

ocio ['oθjo] *m* Muße *f;* ~ **anual** Jahresurlaub *m;* **horas de** ~ Freizeit *f;* **entregarse al** ~ nichts tun

ociosidad [oθjosi'ðaᵈ] *f* Müßiggang *m;* **la** ~ **es madre de todos los vicios** (*prov*) Müßiggang ist aller Laster Anfang

ocioso, -a [o'θjoso, -a] *adj* **1.** *estar* (*inactivo*) müßig **2.** *ser* (*inútil*) unnütz; **palabras ociosas** leeres Gerede

oclusión [oklu'sjon] *f* Verschluss *m*

ocre ['okre] *adj* ocker

octagonal [oktaɣo'nal] *adj* achteckig

octágono [ok'taɣono] *m* Achteck *nt*

octava [ok'taβa] *f* **1.** (LIT, MÚS) Oktave *f* **2.** (REL: *fiesta*) (achttägige) Festwoche *f*

octavilla [okta'βiʎa] *f* (*volante*) Flugblatt *nt;* ~ **difamatoria** Schmähschrift *f*

octavo, -a [ok'taβo, -a] **I.** *adj* achte(r, s); **en** ~ **lugar** an achter Stelle; (*enumeración*) achtens; **estoy en** ~ **curso** ich bin in der achten Klasse; **la octava parte** der achte Teil, ein Achtel **II.** *m, f* Achtel *nt*

octubre [ok'tuβre] *m* Oktober *m; v. t.* **marzo**

óctuplo, -a ['oktuplo, -a] *adj* achtfach

ocular [oku'lar] **I.** *adj* Augen-; **examen** ~ Sehtest *m* **II.** *m* Okular *nt*

oculista [oku'lista] *mf* Augenarzt, -ärztin *m, f*

ocultación [okul̪ta'θjon] *f,* **ocultamiento** [okul̪ta'mjen̪to] *m* Verbergen *nt;* (*secreto*) Verheimlichung *f;* ~ **fiscal** Steuerhinterziehung *f*

ocultar [okul̪'tar] **I.** *vt* (*esconder*) verbergen (*de* vor +*dat*); (*callar*) verschweigen (*de* (vor) +*dat*); (*disimular*) verheimlichen (*de* (vor) +*dat*); ~ **la cara entre** [*o* **con**] **las manos** das Gesicht hintern den Händen verbergen **II.** *vr:* ~**se** sich verstecken

oculto, -a [o'kul̪to, -a] *adj* (*escondido*) verborgen; (*secreto*) geheim; **de** ~ inkognito; **en** ~ insgeheim; **traerse algo** ~ etw im Schilde führen

ocupación [okupa'θjon] *f* **1.** (*trabajo*) Beschäftigung *f;* ~ **lucrativa** Erwerbstätigkeit *f;* ~ **del ocio** Freizeitbeschäftigung *f;* ~ **temporal** befristetes Beschäftigungsverhältnis; **sin** ~ arbeitslos **2.** (*apoderamiento, t.* MIL) Besetzung *f;* ~ **hotelera** Hotelbelegung *f;* **primera** ~ **de un apartamento** Erstbezug einer Wohnung; **zona de** ~ besetztes Gebiet

ocupacional [okupaθjo'nal] *adj* Berufs-

ocupante [oku'pan̪te] **I.** *adj* (MIL) Besatzungs- **II.** *mf* **1.** (*de vehículo*) (Fahrzeug)insasse, -in *m, f;* (*de tren/autobús*) Fahrgast *m;* (*de avión/barco*) Passagier(in) *m(f)* **2.** (*de un edificio*) Bewohner(in) *m(f)*

ocupar [oku'par] **I.** *vt* **1.** (*sitio*) einnehmen **2.** (*un cargo*) innehaben **3.** (*asiento, línea de teléfono*) belegen **4.** (*vivienda*) bewohnen **5.** (MIL) besetzen **6.** (*a una persona*) beschäftigen **7.** (*tiempo*) in Anspruch nehmen **II.** *vr:* ~**se** sich beschäftigen (*con/en/de* mit +*dat*); (*cuidar*) sich kümmern (*de* um +*akk*); **ella se ocupó de todo** sie hat alles arrangiert

ocurrencia [oku'rren̪θja] *f* **1.** (*idea*) Idee *f;* **¡qué** ~ **pensar que es mi culpa!** wie

O

kommst du denn darauf, es sei meine Schuld?; **dijo que podía comerse 20 panecillos, ¡qué ~!** er/sie hat behauptet 20 Brötchen essen zu können – so ein Quatsch!; **se bañó en el mar en pleno invierno, ¡qué ~!** er/sie badete mitten im Winter im Meer – so eine Schnapsidee!; **tener la ~ de...** auf die Idee kommen zu ... **2.** (*acontecimiento*) Vorfall *m*

ocurrente [oku'rrente] *adj* einfallsreich

ocurrir [oku'rrir] **I.** *vi* geschehen; **¿qué ocurre?** was ist los?; **¿qué te ocurre?** was hast du?; **lo que ocurre es que...** die Sache ist so: ...; **cuida de que no vuelva a ~ algo semejante** sorge dafür, dass so etwas nie wieder vorkommt **II.** *vr:* **~se** einfallen +*dat;* **no se me ocurre nada** mir fällt nichts ein; **no se le ocurre más que decir tonterías** er kommt nur auf Dummheiten; **¿cómo se te ocurrió esto/esa tontería?** wie bist du denn auf die Idee/Schnapsidee gekommen?; **nunca se me hubiese ocurrido pensar que...** ich wäre nie auf die Idee gekommen, dass ...

oda ['oða] *f* Ode *f* (*a* an +*akk*)

odiar [o'ðjar] *vt* hassen; **~ a muerte** auf den Tod hassen

odio ['oðjo] *m* Hass *m;* **hacer algo por ~ a alguien** jdm etw aus Hass antun

odioso, -a [o'ðjoso, -a] *adj* **1.** (*hostil*) gehässig **2.** (*repugnante*) widerlich **3.** (*Am: fastidioso*) lästig

odisea [oði'sea] *f* Odyssee *f*

odontología [oðontolo'xia] *f* Zahnmedizin *f*

odontólogo, -a [oðon'toloɣo, -a] *m, f* Zahnarzt, -ärztin *m, f*

odre ['oðre] *m* (*cuero*) (Wein)schlauch *m*

OEA [oe'a] *f abr de* **Organización de los Estados Americanos** OAS *f*

oeste [o'este] *m* **1.** (*punto*) Westen *m;* **el lejano ~** der Wilde Westen; **película del ~** Western *m;* **hacia el ~** westwärts; **al ~ de...** westlich von ... **2.** (*viento*) Westwind *m*

ofender [ofen'der] **I.** *vt* **1.** (*humillar*) beleidigen; **~ la vista** eine Beleidigung für das Auge sein; **~ a Dios** sündigen; **hacerse el ~** schmollen **2.** (*herir*) verletzen **II.** *vr:* **~se** beleidigt sein; **¡no te ofendas conmigo!** sei mir nicht böse!

ofensa [o'fensa] *f* Beleidigung *f;* **dicho sea sin ~ de nadie** mit dem Gesagten möchte ich niemandem zu nahe treten

ofensiva [ofen'siβa] *f* Angriff *m;* **tomar la ~** zum Angriff übergehen

ofensivo, -a [ofen'siβo, -a] *adj* **1.** (*hiriente*) beleidigend **2.** (*dañino*) schädlich; **~ para el medio ambiente** umweltschädlich **3.** (*que ataca*) Angriffs-

ofensor(a) [ofen'sor(a)] *adj* beleidigend

oferta [o'ferta] *f* Angebot *nt;* **~ de empleo** Stellenangebot *nt;* **~ especial** Sonderangebot *nt;* **este supermercado tiene muchas ~s** in diesem Supermarkt sind viele Waren im Angebot; **hacer mayor ~** überbieten

ofertar [ofer'tar] *vt* anbieten; **invitar a alguien a ~** jdn zu einem Angebot auffordern

office ['ofis] *m* Anrichte *f*

oficial [ofi'θjal] *adj* offiziell; **boletín ~** Amtsblatt *nt*

oficial(a) [ofi'θjal(a)] *m(f)* **1.** (*oficio manual*) Geselle, -in *m, f;* (*administrativo*) kaufmännischer Angestellter *m,* kaufmännische Angestellte *f;* **~ de albañil** Maurerpolier *m;* **~ cervecero** Braugehilfe *m;* **~ de obra** Bauhandwerker *m;* **~a de peluquería** Friseurgesellin *f;* **~a (de secretaría)** Sekretärin *f* **2.** (MIL) Offizier *m;* **~ de complemento** Reserveoffizier *m;* **~ marinero** Schiffsoffizier *m* **3.** (*funcionario*) Beamte(r) *mf,* Beamtin *f;* **~ del juzgado** Gerichtsschreiber *m;* **~ de pluma** Dienststellenleiter *m;* **~ del registro civil** Standesbeamte(r) *m*

oficialidad [ofiθjali'ðaᵈ] *f* **1.** (*carácter*) offizieller Charakter *m* **2.** (MIL) Offizierskorps *nt*

oficializar <z→c> *vt* offiziell bestätigen

oficiar [ofi'θjar] **I.** *vt* **1.** (REL) zelebrieren **2.** (*comunicar*) amtlich mitteilen **II.** *vi* (*fam: obrar*) fungieren (*de* als +*nom*); **~ de intérprete** dolmetschen

oficina [ofi'θina] *f* Büro *nt;* **~ de asistencia social** Sozialamt *nt;* **~ de correos** Postamt *nt;* **~ de cuenta** Rechnungshof *m;* **~ de empleo** Arbeitsamt *nt;* **~ de información matrimonial** Eheberatungsstelle *f;* **~ de ingeniería** Konstruktionsbüro *nt;* **~ de maquinaria** Maschinenwerkstatt *f;* **~ de matrícula** Zulassungsstelle *f;* **~ de objetos perdidos** Fundbüro *nt;* **~ de pasaportes** Passbehörde *f*

oficinista [ofiθi'nista] *mf* Büroangestellte(r) *mf*

oficio [o'fiθjo] *m* **1.** (*profesión*) Beruf *m;* **~ de ebanista** Tischlerhandwerk *nt;* **~ especializado** ≈anerkannter Lehrberuf; **ejercer un ~** einem Beruf nachgehen; **sin ~ ni beneficio** ungelernt; **tomar algo por ~** (*fam fig*) etw gewohnheitsmäßig tun; **ser del ~** (*fam*) auf den Strich gehen **2.** (*función*) Amt *nt;* **defensor de ~** Pflichtverteidiger *m;* **de ~** von Amts wegen; **ofrecer sus buenos ~s** seine guten Dienste anbieten **3.** (*escrito*) amtliches Schreiben *nt* **4.** (REL) Gottesdienst *m;* **~ de difuntos** Totenmesse *f;* **Santo O~** Inquisition *f*

oficioso, -a [ofi'θjoso, -a] *adj* **1.** (*activo*) geschäftig **2.** (*servicial*) dienstbeflissen **3.** (*extraoficial*) halbamtlich; **mentira oficiosa**

Notlüge *f*

ofidios [o'fiðjos] *mpl* Schlangen *fpl*

ofimática [ofi'matika] *f* Bürotechnik *f*

ofrecer [ofre'θer] *irr como crecer* **I.** *vt* (*brindar*) anbieten; (*presentar, dar*) bieten; (REL) darbringen; ~ **un banquete** ein Festessen geben; ~ **grandes dificultades** große Schwierigkeiten mit sich bringen; ~ **un sacrificio** ein Opfer bringen; **vamos a** ~ (*fig fam*) wir gehen etwas trinken **II.** *vr:* ~**se 1.** (*brindarse*) sich anbieten; **¿se le ofrece algo?** was darf es sein?; **¿qué se le ofrece?** womit kann ich (Ihnen) dienen? **2.** (*ocurrirse*) einfallen

ofrecimiento [ofreθi'mjen̩to] *m* **1.** (*oferta*) Angebot *nt* **2.** (REL) Darbringung *f*

ofrenda [o'fren̩da] *f* (milde) Gabe *f;* (*sacrificio*) Opfergabe *f*

ofrendar [ofren̩'dar] *vt* spenden; (*sacrificar*) opfern

oftalmía [oftal'mia] *f* Augenentzündung *f*

oftálmico, -a [of'talmiko, -a] *adj* Augen-

oftalmología [oftalmolo'xia] *f* Augenheilkunde *f*

oftalmólogo, -a [oftal'moloɣo, -a] *m, f* Augenarzt, -ärztin *m, f*

ofuscación [ofuska'θjon] *f,* **ofuscamiento** [ofuska'mjen̩to] *m* (*vista*) Blendung *f;* (*de la mente*) Trübung *f;* (*de alguien*) Verblendung *f*

ofuscar [ofus'kar] <c→qu> **I.** *vt* (*cegar*) blenden; (*la mente*) trüben; ~ (**la mente**) **a alguien** jdn verblenden **II.** *vr:* ~**se** beharren (*en* auf +*dat*); ~**se con una idea** von einer Idee besessen sein

ogro ['oɣro] *m* **1.** (*mitología*) Menschen fressender Riese *m* **2.** (*persona*) Scheusal *nt*

ohmio ['omjo] *m* Ohm *nt*

oída [o'iða] *f:* **de** ~**s** vom Hörensagen

oído [o'iðo] *m* **1.** (*sentido*) Gehör *nt;* **tener buen** ~ ein gutes Gehör haben; **aprender de** ~ nach Gehör lernen; **aguzar el** ~ die Ohren spitzen; **aplicar el** ~ aufmerksam zuhören **2.** (ANAT) Ohr *nt;* **cera de** ~**s** Ohrenschmalz *nt;* **zumbido de** ~**s** Ohrensausen *nt;* **me zumban los** ~**s** mir klingen die Ohren; **cerrar los** ~**s a algo** die Ohren vor etw *dat* verschließen; **duro de** ~ schwerhörig; **dar** ~**s a alguien** (*escuchar*) jdm sein Ohr leihen; (*creer*) jdm glauben; **hacer** ~**s de mercader** sich taub stellen; **ladrar a alguien al** ~ jdm in den Ohren liegen; **llegar a** ~**s de alguien** jdm zu Ohren kommen; **¡**~ **al parche!** aufgepasst!; **pegarse al** ~ ins Ohr gehen; **regalar los** ~**s** schmeicheln; **ser todo** ~**s** ganz Ohr sein; **a palabras necias** ~**s sordos** (*prov*) eine dumme Frage verdient eine dumme Antwort

oír [o'ir] *irr vt* (*sentir*) hören; (*escuchar*) anhören; **¡oye!** na hör mal!; **¡oye, ven aquí!** du, komm mal her!; **¿oyes?** hast du verstanden?; **¡oiga!** hallo!; ~ **como quien oye llover** nur mit halbem Ohr hinhören; **¡Dios te oiga!** dein Wort in Gottes Ohr!; ~ **decir que...** hören, dass ...; **parece que no has oído bien** du hast dich wohl verhört; **ya me oirá** der/die hört noch von mir!; **no se oye el vuelo de una mosca** es ist so still, dass man eine Stecknadel fallen hören könnte

ojal [o'xal] *m* **1.** (*para botones*) Knopfloch *nt* **2.** (*ojete*) Öse *f*

ojalá [oxa'la] *interj* hoffentlich; **¡**~ **tuvieras razón!** wenn du nur Recht hättest!

ojeada [oxe'aða] *f:* **echar una** ~ **a algo** einen flüchtigen Blick auf etw werfen; **¿puedes echar una** ~ **a mi maleta?** kannst du bitte meinen Koffer im Auge behalten?

ojear [oxe'ar] *vt* **1.** (*mirar con atención*) beäugen **2.** (*pasar la vista*) durchsehen **3.** (*la caza*) aufscheuchen

ojeras [o'xeras] *fpl* Augenringe *mpl;* **tener** ~ Ringe unter den Augen haben

ojeriza [oxe'riθa] *f* Abneigung *f;* **tener** ~ **a alguien** jdn nicht ausstehen können

ojeroso, -a [oxe'roso, -a] *adj* mit Ringen unter den Augen

ojete [o'xete] *m* **1.** (*ojal*) Öse *f* **2.** (*vulg: ano*) Arschloch *nt* **3.** (*Arg: vagina*) Vagina *f*

ojímetro [o'ximetro] *m* (*fam*): **a** ~ aufs Geratewohl

ojiva [o'xiβa] *f* (*arco*) Spitzbogen *m*

ojival [oxi'βal] *adj* spitzbogig

ojo ['oxo] *m* **1.** (ANAT) Auge *nt;* ~ **de buey** (NÁUT) Bullauge *nt;* ~ **del caldo** Fettauge *nt;* ~ **de gallo** (*fig*) Hühnerauge *nt;* ~**s rasgados** Schlitzaugen *ntpl;* ~**s saltones** Glupschaugen *ntpl;* **a** ~ nach Augenmaß; **a** ~**s cerrados** (*fig*) ohne nachzudenken; **a** ~**s vistas** augenscheinlich; **abrir los** ~**s** (*fig*) die Augen offen halten; **aguzar los** ~**s** die Augen zusammenkneifen; **andar con cien** ~**s** sehr vorsichtig sein; **cerrar los** ~**s a algo** (*fig*) die Augen vor etw *dat* verschließen; **con los** ~**s cerrados** (*fig*) in blindem Vertrauen; **clavar los** ~**s en algo** den Blick auf etw heften; **comerse con los** ~**s** mit den Augen verschlingen; **costar un** ~ **de la cara** ein Vermögen kosten; **echar el** ~ **a algo/alguien** (*querer*) ein Auge auf etw/jdn werfen; (*vigilar*) etw/jdn im Auge behalten; **en un abrir y cerrar de** ~**s** im Nu; **estar entrampado hasta los** ~**s** bis über die Ohren verschuldet sein; **estoy con el agua hasta los** ~**s** das Wasser steht mir bis zum Halse; **hacer del** ~ sich *dat* zublinzeln; **los niños llenan antes los** ~**s que la barriga** bei Kindern sind die Augen meist größer als der Magen; **meter por los** ~**s** aufdrängen; **mirar con buenos/malos** ~**s**

O

gern haben/nicht ausstehen können; **¡mis ~s!** (*fig*) mein Schatz!; **no parecerse ni en el blanco de los ~s** sich *dat* kein bisschen ähnlich sehen; **no pegar ~** kein Auge zutun; **no saber dónde poner los ~s** niemanden haben, an den man sich wenden kann; **no tener ~s en la cara** (*fig*) keine Augen im Kopf haben; **tener ~** (*cuidado*) vorsichtig sein; **¡~!** Vorsicht!; **¡~ con este tipo!** nimm dich vor diesem Kerl in Acht!; **¡~ al dinero que es el amor verdadero!** man kann nicht von Luft und Liebe leben!; **pasar los ~s por algo** etw überfliegen; **poner delante de los ~s de alguien** (*fig*) jdm vor Augen führen; **poner los ~s en blanco** die Augen verdrehen; **¡qué ~ tienes!** dir entgeht aber auch nichts!; **sacarle los ~s a alguien** jdm die Augen auskratzen; **ser el ~ derecho de alguien** jds rechte Hand sein; **ser todo ~s** aufmerksam zusehen; **tener a alguien entre ~s** (*estar enfadado*) auf jdn schlecht zu sprechen sein; (*tener manía*) jdm grollen; **tener ~ a algo** etw im Auge behalten; **tener ~ clínico** gut diagnostizieren können; (*fig*) ein scharfer Beobachter sein; **tiene mucho ~ con los turistas** er/sie versteht es, mit Touristen umzugehen; **~ por ~ (y diente por diente)** (*prov*) Auge um Auge, Zahn um Zahn; **~s que no ven, corazón que no siente** (*prov*) aus den Augen, aus dem Sinn **2.** (*agujero*) Loch *nt;* **~ de aguja** Nadelöhr *nt;* **~ de cerradura** Schlüsselloch *nt;* **~ de patio** Lichthof *m;* **~ de un puente** Brückenbogen *m;* **meterse por el ~ de una aguja** pfiffig sein

ojota [o'xota] *f* (*Am: sandalia*) Sandale *f*

okupa [o'kupa] *mf* (*argot*) Hausbesetzer(in) *m(f)*

ola ['ola] *f* Welle *f;* **~ de calor** Hitzewelle *f*

olé [o'le] *interj* bravo; (TAUR) olé

> **Olé** (bzw. **ole**) ist nicht nur der Ruf zur Aufmunterung beim Stierkampf und beim Flamenco, sondern überhaupt ein Ausruf von Begeisterung und Freude. Weltweit bringt man diesen Ausruf – **¡olé!** – mit Spanien und Spaniens Folklore in Verbindung.

oleada [ole'aða] *f* **1.** (*ola*) Brecher *m* **2.** (*cantidad*) Flut *f;* **~ de gente** Menschenmenge *f;* **derramar ~s de tinta** (*fig*) sich *dat* die Finger wund schreiben

oleaginoso, -a [oleaxi'noso, -a] *adj* (*con aceite*) ölhaltig; (*como aceite*) ölartig

oleaje [ole'axe] *m* Seegang *m*

óleo ['oleo] *m* **1.** (*aceite*) Olivenöl *nt* **2.** (ARTE) Ölfarbe *f;* **cuadro al ~** Ölbild *nt;* **pintar al ~** in Öl malen **3.** (REL): **administrar los ~s** die Letzte Ölung geben

oleoducto [oleo'ðukto] *m* Pipeline *f*

oleoso, -a [ole'oso, -a] *adj* ölig

oler [o'ler] *irr* **I.** *vi* riechen (*a* nach +*dat*); **~ (bien)** duften; **~ (mal)** stinken **II.** *vt* riechen; **~ una flor** an einer Blume riechen; **~ el peligro** die Gefahr wittern

olfatear [olfate'ar] **I.** *vt* **1.** (*oliscar*) beschnuppern **2.** (*husmear*) wittern **II.** *vi* **1.** (*oliscar*) schnuppern **2.** (*curiosear*) herumschnüffeln *fam*

olfativo, -a [olfa'tiβo, -a] *adj* Geruchs-

olfato [ol'fato] *m* Geruchssinn *m;* **tener (buen) ~** (*fig*) einen guten Riecher haben

oligarquía [oliɣar'kia] *f* Oligarchie *f*

oligofrenia [oliɣo'frenja] *f* Schwachsinn *m*

oligofrénico, -a [oliɣo'freniko, -a] **I.** *adj* schwachsinnig **II.** *m, f* Schwachsinnige(r) *mf*

olimpiada [olim'pjaða] *f,* **olimpíada** [olim'piaða] *f* Olympiade *f*

olímpico, -a [o'limpiko, -a] *adj* olympisch

oliscar [olis'kar] <c→qu> *vi* **1.** (*oler*) anfangen zu stinken **2.** *v.* **olfatear**

olisquear [oliske'ar] *vt, vi v.* **olfatear**

oliva [o'liβa] **I.** *adj:* **(verde) ~** oliv(grün) **II.** *f* **1.** (BOT) Olive *f* **2.** (*color*) Oliv(grün) *nt*

oliváceo, -a [oli'βaθeo, -a] *adj* oliv(grün)

olivarero, -a [oliβa'rero, -a] *adj* Oliven-; **región olivarera** Olivenanbaugebiet *nt*

olivo [o'liβo] *m* Olivenbaum *m;* **el Monte de los ~s** (REL) der Ölberg; **tomar el ~** (*fam*) verduften

olla ['oʎa] *f* **1.** (*para cocinar*) Kochtopf *m;* **~ exprés** Dampfkochtopf *m;* **~ de grillos** (*fam*) Tohuwabohu *nt;* **tengo la cabeza como una ~ de grillos** mir schwirrt der Kopf **2.** (GASTR) Eintopf *m;* **ser el garbanzo negro de la ~** (*fam*) das schwarze Schaf sein; **por un garbanzo no se descompone la ~** (*prov*) niemand ist unersetzlich

ollar [o'ʎar] *m* Nüster *f*

olmo ['olmo] *m* Ulme *f;* **pedir peras al ~** etwas Unmögliches verlangen

olor [o'lor] *m* Geruch *m;* **(buen) ~** Duft *m;* **(mal) ~** Gestank *m;* **viene al ~ de tu dinero** er/sie wittert dein Geld; **vivir en ~ de santidad** wie ein Heiliger verehrt werden

oloroso, -a [olo'roso, -a] *adj* duftend

OLP [oele'pe] *f abr de* **Organización para la Liberación de Palestina** PLO *f*

olvidadizo, -a [olβiða'ðiθo, -a] *adj* vergesslich

olvidar(se) [olβi'ðar(se)] *vt, vr* vergessen; (*idioma*) verlernen; **no ~ que...** (*considerar*) bedenken, dass ...; **dejar olvidado** liegen lassen; **se me ha olvidado** [*o* **me he**

olvidado de] tu nombre ich habe deinen Namen vergessen

olvido [ol'βiðo] *m* **1.** (*falta de memoria*) Vergesslichkeit *f* **2.** (*omisión*) Vergessen *nt;* ~ **de sí mismo** Selbstvergessenheit *f;* **caer en (el)** ~ in Vergessenheit geraten; **enterrar en el** ~ für immer vergessen

ombligo [om'bliɣo] *m* **1.** (ANAT) (Bauch)nabel *m;* **se me encoge el** ~ mir wird angst und bange **2.** (*centro*) Mittelpunkt *m;* **el** ~ **del mundo** der Nabel der Welt

ominoso, -a [omi'noso, -a] *adj* ominös

omisión [omi'sjon] *f* **1.** (*supresión*) Auslassung *f* **2.** (*negligencia*) Unterlassung *f;* ~ **de auxilio** unterlassene Hilfeleistung

omiso, -a [o'miso, -a] *adj* (*negligente*) nachlässig; **hacer caso** ~ **de algo** etw nicht beachten

omitir [omi'tir] *vt* **1.** (*no hacer*) unterlassen; **no** ~ **esfuerzos** keine Mühen scheuen **2.** (*pasar por alto*) auslassen; (*coma*) weglassen

ómnibus ['omniβus] *m* (AUTO) (Omni)bus *m*

omnímodo, -a [om'nimoðo, -a] *adj* unumschränkt

omnipotencia [omnipo'teṇθja] *f* Allmacht *f*

omnipotente [omnipo'teṇte] *adj* allmächtig

omnipresencia [omnipre'seṇθja] *f* Allgegenwart *f*

omnipresente [omnipre'seṇte] *adj* allgegenwärtig

omnisciencia [omnis'θjeṇθja] *f* Allwissenheit *f*

omnisciente [omnis'θjeṇte] *adj* allwissend

omnívoro, -a [om'niβoro, -a] **I.** *adj* alles fressend **II.** *m, f* Allesfresser *m*

omoplato [omo'plato] *m,* **omóplato** [o'moplato] *m* Schulterblatt *nt*

OMS [oms] *f abr de* **Organización Mundial de la Salud** WHO *f*

once ['oṇθe] *adj inv* elf; **estar a las** ~ (*fam: ropa*) schlecht sitzen; **estar a las** ~ **y cuarto** (*fig fam*) nicht richtig ticken; **tomar las** ~ eine Frühstückspause machen; *v. t.* **ocho**

> **ONCE** *f* Die **ONCE (Organización Nacional de Ciegos)** ist eine spanische Blindenorganisation, die jedermann kennt, weil die von ihnen angestellten Blinden die **ONCE**-Lotterienlose auf Spaniens Straßen verkaufen. Hauptziel der **ONCE** ist es, blinden und behinderten Menschen dabei zu helfen, sich in die Gesellschaft zu integrieren.

onceno, -a [oṇ'θeno, -a] *adj* elfte(r, s); **el** ~, **no estorbar** (*fam*) das elfte Gebot: du sollst nicht stören; *v. t.* **octavo**

onda ['oṇda] *f* **1.** (*t.* FÍS, RADIO) Welle *f;* ~ **explosiva** Druckwelle *f;* ~**s del pelo** Wellen im Haar; **estar en la** ~ **de algo** (*fam: comprender*) über etw Bescheid wissen; (*seguir*) bei etw *dat* mitmachen **2.** (*Am: loc*): **¡qué buena** ~**!** klasse!; **tener** ~ **con alguien** auf jdn scharf sein *fam*

ondear [oṇde'ar] *vi* (*formar*) sich wellen; (*moverse*) wogen; (*bandera*) flattern

ondulación [oṇdula'θjon] *f* **1.** (*movimiento*) Wellenbewegung *f* **2.** (*formación*) Wellung *f;* ~ **permanente** Dauerwelle *f*

ondulado, -a [oṇdu'laðo, -a] *adj* wellig; **cartón** ~ Wellpappe *f*

ondular [oṇdu'lar] **I.** *vi* (*formar ondas*) sich wellen; (*moverse*) wogen; (*bandera*) flattern; (*culebra*) sich winden **II.** *vt* wellen

ondulatorio, -a [oṇdula'torjo, -a] *adj* wellenförmig; **movimiento** ~ Wellenbewegung *f*

oneroso, -a [one'roso, -a] *adj* **1.** (*molesto*) lästig; (*gravoso*) belastend **2.** (*costoso*) kostspielig **3.** (*remunerable*) entgeltlich

onírico, -a [o'niriko, -a] *adj* Traum-

onomástica [ono'mastika] *f* **1.** (*materia*) Namenkunde *f* **2.** (*día*) Namenstag *m;* **hoy es mi** ~ ich habe heute Namenstag

onomástico, -a [ono'mastiko, -a] *adj* Namen(s)-; **fiesta onomástica** Namenstagsfest *nt*

ONU ['onu] *f abr de* **Organización de las Naciones Unidas** UNO *f*

onubense [onu'βense] **I.** *adj* aus Huelva **II.** *mf* Einwohner(in) *m(f)* von Huelva

onza ['oṇθa] *f* Unze *f*

opacidad [opaθi'ðað] *f* Lichtundurchlässigkeit *f*

opaco, -a [o'pako, -a] *adj* **1.** (*no transparente*) lichtundurchlässig **2.** (*sin brillo*) matt; (*oscuro*) düster; (*voz*) belegt **3.** (*persona*) unscheinbar

opalescente [opales'θeṇte] *adj* schillernd

ópalo ['opalo] *m* Opal *m*

opción [oβ'θjon] *f* **1.** (*elección*) Wahl *f;* (*posibilidad*) Wahlmöglichkeit *f;* ~ **del menú** (INFOR) Menüoption *f;* **a** ~ nach Wahl **2.** (*derecho*) Anrecht *nt* (*a* auf +*akk*); ~ **al cambio** Umtauschrecht *nt* **3.** (ECON, JUR, POL) Option *f;* ~ **de compra** Kaufoption *f*

opcional [oβθjo'nal] *adj* nach Wahl, Wahl-; (INFOR) optional

OPEP [o'pep] *f abr de* **Organización de Países Exportadores de Petróleo** OPEC *f*

ópera ['opera] *f* Oper *f*

operación [opera'θjon] *f* **1.** (MAT, MED, MIL) Operation *f;* ~ **cesárea** Kaiserschnitt *m;* ~ **quirúrgica** chirurgischer Eingriff **2.** (*activi-*

O

dad) Tätigkeit *f;* (*negocio*) Geschäft *nt;* ~ **por acciones** Aktiengeschäft *nt;* ~ **de saneamiento** Sanierungsmaßnahme *f*

operado, **-a** [ope'raðo, -a] *adj* (TÉC) bedient; ~ **a mano** von Hand gesteuert; ~ **por teclado** tastaturgesteuert

operador(a) [opera'ðor(a)] *m(f)* **1.** (CINE) Filmvorführer(in) *m(f);* ~ **de cámara** Kameramann *m* **2.** (INFOR) Operator(in) *m(f)* **3.** (MED) Chirurg(in) *m(f)*

operar [ope'rar] **I.** *vi* **1.** (*actuar*) vorgehen; (MIL) operieren **2.** (COM) handeln; ~ **con bancos** Bankgeschäfte tätigen **3.** (*tener efecto*) wirken **II.** *vt* **1.** (MED) operieren **2.** (*producir un efecto*) bewirken; ~ **milagros** Wunder vollbringen **III.** *vr:* ~**se** sich operieren lassen

operario, **-a** [ope'rarjo, -a] *m, f* Arbeiter(in) *m(f);* ~ **sin cualificar** ungelernter Arbeiter

operativo, **-a** [opera'tiβo, -a] *adj* **1.** (*efectivo*) wirksam **2.** (INFOR): **sistema** ~ Betriebssystem *nt*

operatorio, **-a** [opera'torjo, -a] *adj* (MED) operativ

opereta [ope'reta] *f* Operette *f*

opinable [opi'naβle] *adj* (*discutible*) diskutabel; (*controvertido*) strittig

opinar [opi'nar] *vi, vt* **1.** (*pensar*) meinen; (*creer*) glauben; ~ **bien/mal de algo/alguien** über etw/von jdm eine gute/schlechte Meinung haben; **¿tú qué opinas (de** [*o* **sobre**] **esto**)? was meinst du (dazu)?; **¿qué opinas del nuevo jefe?** was hältst du vom neuen Chef? **2.** (*expresar*) sich äußern (*sobre/en/de* über +*akk*); **¿puedo** ~**?** darf ich meine Meinung dazu äußern?

opinión [opi'njon] *f* Meinung *f;* (*postura*) Stellungnahme *f;* (*punto de vista*) Ansicht *f;* **en mi** ~ meiner Meinung nach; **cambiar de** ~ seine Meinung ändern; **dar su** ~ (**sobre algo**) seine Meinung (zu etw *dat*) äußern; **ser de otra/la misma** ~ anderer/der gleichen Meinung sein; **ser de la** ~ **que...** der Meinung sein, dass ...; **tener buena/mala** ~ **de algo/alguien** über etw/von jdm eine gute/schlechte Meinung haben

opio ['opjo] *m* Opium *nt*

opíparo, **-a** [o'piparo, -a] *adj* opulent

oponente [opo'nente] *mf* Gegner(in) *m(f)*

oponer [opo'ner] *irr como poner* **I.** *vt* **1.** (*enfrentar*) entgegensetzen; (*confrontar*) gegenüberstellen **2.** (*objetar*) einwenden (*a/contra* gegen +*akk*); ~ **reparos** Einwände erheben; ~ **resistencia** Widerstand leisten **II.** *vr:* ~**se 1.** (*rechazar*) dagegen sein; ~**se a algo** gegen etw sein **2.** (*enfrentarse*) sich dagegenstellen **3.** (*obstaculizar*) behindern **4.** (*ser contrario*) völlig unterschiedlich sein **5.** (*estar enfrente*) gegenüberliegen

oporto [o'porto] *m* Portwein *m*

oportunidad [oportuni'ðaᵈ] *f* **1.** (*cualidad*) Opportunität *f;* (*temporal*) Rechtzeitigkeit *f;* (*adecuación*) Zweckmäßigkeit *f* **2.** (*posibilidad*) Gelegenheit *f;* (*ocasión*) Chance *f;* **a la primera** ~ bei der ersten Gelegenheit; **una segunda** ~ eine zweite Chance; **aprovechar la** ~ die Gelegenheit nutzen; **(no) tener** ~ **de...** (keine) Gelegenheit haben zu ... **3.** *pl* (*ofertas*) Sonderangebote *ntpl*

oportuno, **-a** [opor'tuno, -a] *adj* (*adecuado*) angebracht; (*propicio*) günstig; (*adecuado*) zweckmäßig; (*apropiado*) geeignet; (*al caso*) zutreffend; (*permisible*) zulässig; **es muy** ~ das kommt sehr gelegen; **en el momento** ~ im rechten Augenblick; (*cuando llegue*) zu gegebener Zeit

oposición [oposi'θjon] *f* **1.** (*resistencia*) Widerstand *m;* **encontrar** ~ auf Widerstand stoßen; **presentar** ~ Widerstand leisten **2.** (POL) Opposition *f* **3.** (*objeción*) Einwendung *f* **4.** (*contraposición*) Gegensatz *m* **5.** *(pl)* (*examen*) Auswahlprüfung *f* für den öffentlichen Dienst; **por** ~ per Auswahlverfahren; **presentarse a unas oposiciones** an Auswahlprüfungen für den öffentlichen Dienst teilnehmen

opositar [oposi'tar] *vi* sich bewerben (*a* um +*akk*), an den Auswahlprüfungen für den öffentlichen Dienst teilnehmen

opositor(a) [oposi'tor(a)] **I.** *adj* oppositionell; **partido** ~ Oppositionspartei *f* **II.** *m(f)* (*oponente*) Gegner(in) *m(f);* (POL) Mitglied *nt* der Opposition

> **Opositor(a)** wird ein(e) Bewerber(in) für eine Stelle im öffentlichen Dienst, der/die an den Auswahlprüfungen teilnimmt, genannt. Die Prüfungen heißen **oposiciones** und werden regelmäßig im **BOE (Boletín Oficial del Estado)** bekannt gegeben. Viele Spanier(innen) bereiten sich auf diese Prüfungen vor, denn als Beamter(-in) bekommt man eine Arbeitsstelle auf Lebenszeit.

opresión [opre'sjon] *f* **1.** (*angustia*) Beklemmung *f* **2.** (*represión*) Unterdrückung *f* **3.** (*presión*) Druck *m;* (*compresión*) Einengung *f*

opresivo, **-a** [opre'siβo, -a] *adj* **1.** (*agobiante*) bedrückend **2.** (*represivo*) unterdrückend; (*constringente*) beengend **3.** (*apresionante*) drückend; (*comprimente*) einengend

opresor(a) [opre'sor(a)] **I.** *adj* unterdrückend **II.** *m(f)* Unterdrücker(in) *m(f)*

oprimir [opri'mir] *vt* **1.** (*presionar*) drücken; (*comprimir*) einengen **2.** (*agobiar*) bedrücken **3.** (*reprimir*) unterdrücken; (*constreñir*) beengen

oprobio [o'proβjo] *m* Schande *f*

oprobioso, -a [opro'βjoso, -a] *adj* schändlich

optar [op'tar] *vi* **1.** (*escoger*) wählen (*por* +*akk*); (*decidirse*) sich entscheiden (*por* für +*akk*) **2.** (*aspirar*) (für sich) beanspruchen (*a* +*akk*); (*solicitar*) sich bewerben (*a* um +*akk*); ~ **a un cargo** ein Amt anstreben **3.** (*tener acceso*) Anspruch haben (*a* auf +*akk*)

optativo, -a [opta'tiβo, -a] *adj* fakultativ; (**asignatura**) **optativa** Wahl(pflicht)fach *nt*

óptica ['optika] *f* **1.** (FÍS) Optik *f* **2.** (*establecimiento*) Optikergeschäft *nt* **3.** (*punto de vista*) Sichtweise *f;* **bajo esta** ~ aus diesem Blickwinkel betrachtet

óptico, -a ['optiko, -a] **I.** *adj* optisch; **nervio** ~ Sehnerv *m* **II.** *m, f* Optiker(in) *m(f)*

optimar [opti'mar] *vt* optimieren

optimismo [opti'mismo] *m* Optimismus *m*

optimista [opti'mista] **I.** *adj* optimistisch **II.** *mf* Optimist(in) *m(f)*

óptimo, -a[1] ['optimo, -a] **I.** *superl de* **bueno** **II.** *adj* optimal; (*excelente*) ausgezeichnet

óptimo[2] ['optimo] *m* Optimum *nt*

opuesto, -a [o'pwesto, -a] **I.** *pp de* **oponer** **II.** *adj* **1.** (*enfrente*) gegenüberliegend; **al lado** ~ auf der Gegenseite; **en dirección opuesta** in der Gegenrichtung **2.** (*diverso*) gegenteilig; (*contrario*) gegensätzlich; (*enfrentado*) entgegengesetzt; **polo** ~ (*t. fig*) Gegenpol *m;* **el sexo** ~ das andere Geschlecht **3.** (*enemigo*) gegnerisch

opugnar [opuɣ'nar] *vt* (*oponerse*) sich widersetzen +*dat;* (*combatir*) bekämpfen

opulencia [opu'len̩θja] *f* **1.** (*abundancia*) Überfluss *m;* (*exuberancia*) Üppigkeit *f* **2.** (*riqueza*) Reichtum *m*

opulento, -a [opu'len̩to, -a] *adj* **1.** (*abundante*) üppig; (*lujoso*) luxuriös **2.** (*rico*) sehr reich

oquedad [oke'ðaᵈ] *f* **1.** (*concavidad*) Vertiefung *f* **2.** (*vacío*) Hohlraum *m*

ora ['ora] *conj* (*elev*): ~ **...,** ~ **...** bald ..., bald ...

oración [ora'θjon] *f* **1.** (REL) Gebet *nt;* **decir una** ~ ein Gebet sprechen **2.** (*frase*) Satz *m;* (*discurso*) Rede *f;* ~ **coordinada** beigeordneter Satz; ~ **subordinada** Nebensatz *m*

oráculo [o'rakulo] *m* Orakel *nt*

orador(a) [ora'ðor(a)] *m(f)* Redner(in) *m(f);* (*portavoz*) Sprecher(in) *m(f)*

oral [o'ral] *adj* mündlich; **sexo** ~ Oralverkehr *m;* **vista** ~ (JUR) Verhör *nt;* **por vía** ~ (MED) zum Einnehmen

orangután [oraŋgu'tan] *m* Orang-Utan *m*

orar [o'rar] *vi* (*elev*) beten (*por* für +*akk*); (*rogar*) flehen (*por* um +*akk*)

oratoria [ora'torja] *f* **1.** (*retórica*) Redekunst *f* **2.** (*elocuencia*) Redegewandtheit *f*

oratorio, -a[1] [ora'torjo, -a] *adj* rednerisch

oratorio[2] [ora'torjo] *m* (REL) Kapelle *f*

orbe ['orβe] *m* **1.** (*círculo*) Kreis *m;* (*esfera*) Sphäre *f;* (*terráqueo*) Erdkugel *f* **2.** (*mundo*) Welt *f*

órbita ['orβita] *f* **1.** (ASTR, FÍS) Umlaufbahn *f;* ~ **planetaria** Planetenbahn *f;* ~ **terrestre** Erdumlaufbahn *f;* **poner en** ~ in eine Umlaufbahn bringen; **estar en** ~ (*fig*) auf dem Laufenden sein; **estar fuera de** ~ (*fig*) hinter dem Mond leben **2.** (*ámbito*) Bereich *m;* (*de influencia*) Einflussbereich *m* **3.** (ANAT) Augenhöhle *f;* **se me salían los ojos de las** ~**s** (*fig*) mir fielen fast die Augen aus dem Kopf

orca ['orka] *f* Schwertwal *m*

órdago ['orðaɣo] *m:* **de** ~ (*fam*) enorm

orden[1] ['orðen] <órdenes> *m* **1.** (*colocación, organización, t.* BIOL) Ordnung *f;* **en** ~ ordentlich; (*reglamentario*) ordnungsgemäß; **alterar el** ~ die Ordnung stören; **llamar al** ~ zur Ordnung rufen; **poner en** ~ in Ordnung bringen; **ser persona de** ~ ein ordentlicher Mensch sein; (*fig*) ein rechtschaffener Mensch sein; **sin** ~ **ni concierto** planlos **2.** (*sucesión*) Reihenfolge *f;* **en** [*o* **por**] **su** (**debido**) ~ wie es sich gehört; **por** ~ der Reihe nach; **por** ~ **de antigüedad** nach dem Dienstalter **3.** (*categoría*) Rang *m;* **de primer/segundo** ~ erst-/zweitrangig; **del** ~ **de** etwa **4.** (JUR): ~ **constitucional** Verfassung *f;* ~ **jurídico** Rechtsordnung *f* **5.** (ARQUIT) Säulenordnung *f* **6.** (REL) Weihe *f*

orden[2] ['orðen] <órdenes> *f* **1.** (*mandato*) Befehl *m;* (*disposición*) Verfügung *f;* (*ordenamiento*) Verordnung *f;* ~ **de arresto** Haftbefehl *m;* ~ **ministerial** Ministerialerlass *m;* ~ **de registro** Durchsuchungsbefehl *m;* **órdenes son órdenes** Befehl ist Befehl; **¡a la** ~**!** zu Befehl!; **contrario a las órdenes** befehlswidrig; **dar una** ~ einen Befehl erteilen; **cumplir una** ~ einen Befehl ausführen; **estar a las órdenes de alguien** unter jds Befehl stehen; **hasta nueva** ~ bis auf Widerruf; **tus deseos son órdenes para mí** (*irón*) dein Wunsch sei mir Befehl; **estar a la** ~ **del día** (*fig*) an der Tagesordnung sein **2.** (COM, FIN) Order *f;* ~ **de entrega** Lieferschein *m;* ~ **de giro** Überweisungsauftrag *m;* ~ **de pago** Zahlungsanweisung *f;* ~ **permanente** Dauerauftrag *m;* **por** ~ im Auftrag; **por** ~ **de** im Auftrag von **3.** (REL) Orden *m;* **entrar en una** ~ einem

Orden beitreten **4.** (*condecoración*) Orden *m* **5.** (HIST) Orden *m;* ~ **de caballería** Ritterorden *m* **6.** *pl* (REL: *sacramento*) Weihen *fpl;* **las órdenes mayores/menores** die höheren/niederen Weihen

ordenación [orðena'θjon] *f* **1.** (*disposición*) (An)ordnung *f* **2.** (*ordenanza*) Anordnung *f;* (*regulación*) Regelung *f;* ~ **jurídica** Rechtsordnung *f;* ~ **territorial** Raumordnung *f* **3.** (REL) Priesterweihe *f*

ordenado, -a [orðe'naðo, -a] **I.** *adj* **1.** *estar* (*en orden*) geordnet, ordentlich **2.** *estar* (*encaminado*) ausgerichtet (*a* auf +*akk*) **3.** *ser* (*persona*) ordentlich **II.** *m, f* (REL) Ordinierte(r) *mf*

ordenador [orðena'ðor] *m* Computer *m;* ~ **de escritorio** Desktop *m;* ~ **personal** PC *m;* ~ **portátil** Notebook *nt;* **asistido por** ~ computergestützt

ordenamiento [orðena'mjen̩to] *m* (*ordenación*) Anordnung *f;* (*regulación*) Regelung *f;* ~ **constitucional** Verfassung *f;* ~ **jurídico** Rechtsordnung *f*

ordenancista [orðenan̩'θista] *adj* obrigkeitshörig

ordenanza[1] [orðe'nan̩θa] *f* **1.** (*ordenación*) Anordnung *f;* (*medida*) Verordnung *f* **2.** *pl* (ADMIN, MIL) Dienstordnung *f*

ordenanza[2] [orðe'nan̩θa] *m* **1.** (MIL) Ordonnanz *f* **2.** (*botones*) Bote *m*

ordenar [orðe'nar] **I.** *vi* Ordnung schaffen; (*en casa*) aufräumen **II.** *vt* **1.** (*arreglar*) ordnen; (*habitación, armario*) aufräumen; (*colocar*) anordnen; (*clasificar*) ordnen (*por* nach +*dat*) **2.** (*mandar*) anordnen **3.** (REL) ordinieren **III.** *vr:* ~**se** (REL) die Priesterweihe empfangen

ordeñadora [orðeɲa'ðora] *f* Melkmaschine *f*

ordeñar [orðe'ɲar] *vt* melken

ordinal [orði'nal] **I.** *adj* Ordnungs-; **número** ~ Ordnungszahl *f* **II.** *m* Ordnungszahl *f*

ordinariez [orðina'rjeθ] *f* (*vulgaridad*) Vulgarität *f*

ordinario, -a [orði'narjo, -a] *adj* **1.** (*t.* JUR: *regular*) ordentlich **2.** (*habitual*) gewöhnlich; **de** ~ üblicherweise **3.** (*grosero*) ordinär

orear [ore'ar] **I.** *vt* **1.** (*airear*) lüften **2.** (*secar*) (an der Luft) trocknen **II.** *vr:* ~**se** (*fam*) frische Luft schnappen

orégano [o'reɣano] *m* (*especia*) Oregano *m;* (*planta*) Dost *m;* **todo el monte es** ~ (*fig*) alles läuft wie am Schnürchen *fam*

oreja [o'rexa] *f* **1.** (ANAT) Ohr *nt;* (*sentido*) Gehör *nt;* **aguzar las** ~**s** die Ohren spitzen; **con las** ~**s gachas** (*fig*) mit hängendem Kopf; **agachar las** ~**s** klein beigeben; **¡no agaches las** ~**s!** halt die Ohren steif!; **calentar las** ~**s a alguien** jdm eins hinter die Ohren geben; (*fig*) jdm die Ohren lang ziehen; **enseñar la** ~ (*fig*) sein wahres Gesicht zeigen; **ver las** ~**s al lobo** (*fig*) in Teufelsküche geraten; **haber visto las** ~**s al lobo** nochmal mit einem blauen Auge davongekommen sein; **ser todo** ~**s** ganz Ohr sein **2.** (*lateral*) Seitenteil *nt o m;* (*lengüeta*) Zunge *f;* (*del zapato*) Lasche *f;* **sillón de** ~**s** Ohrensessel *m*

orejera [ore'xera] *f* **1.** (*en una gorra*) Ohrenklappe *f* **2.** *pl* (*en una cinta*) Ohrenschützer *mpl*

orensano, -a [oren'sano, -a] **I.** *adj* aus Orense **II.** *m, f* Einwohner(in) *m(f)* von Orense

oreo [o'reo] *m* **1.** (*ventilación*) Lüften *nt* **2.** (*desecación*) Trocknung *f* an der Luft

orfanato [orfa'nato] *m* Waisenhaus *nt*

orfandad [orfan̩'daᶞ] *f* **1.** (*estado*) Verwaisung *f* **2.** (*pensión*) Waisenrente *f*

orfebre [or'feβre] *mf* Kunstschmied(in) *m(f);* (*orífice*) Goldschmied(in) *m(f);* (*platero*) Silberschmied(in) *m(f)*

orfebrería [orfeβre'ria] *f* **1.** (*obra*) Schmiedearbeit *f;* (*en oro*) Goldschmiedearbeit *f* **2.** (*arte*) Schmiedekunst *f;* (*en oro*) Goldschmiedekunst *f*

orfelinato [orfeli'nato] *m* Waisenhaus *nt*

orfeón [orfe'on] *m* Gesangverein *m*

orgánico, -a [or'ɣaniko, -a] *adj* organisch; **Ley Orgánica del Estado** Grundgesetz *nt*

organigrama [orɣani'ɣrama] *m* Organigramm *nt;* ~ **del programa** (INFOR) Programmablaufplan *m*

organillo [orɣa'niʎo] *m* Drehorgel *f*

organismo [orɣa'nismo] *m* **1.** (ANAT, BIOL) Organismus *m* **2.** (*institución*) Einrichtung *f;* ~ **oficial** Behörde *f*

organista [orɣa'nista] *mf* Organist(in) *m(f)*

organización [orɣaniθa'θjon] *f* Organisation *f;* ~ **central** Dachverband *m;* **O**~ **del Tratado del Atlántico Norte** Nordatlantikpakt *m*

organizado, -a [orɣani'θaðo, -a] *adj* **1.** *estar* organisiert **2.** *ser* ordentlich

organizador(a) [orɣaniθa'ðor(a)] **I.** *adj* organisierend; (*organizativo*) organisatorisch; **comité** ~ Organisationsausschuss *m* **II.** *m(f)* (*de un evento*) Veranstalter(in) *m(f);* ~ **de despacho** Bürobutler *m*

organizar [orɣani'θar] <z→c> **I.** *vt* **1.** (*preparar*) organisieren **2.** (*crear*) aufbauen **3.** (*ordenar*) ordnen; (*estructurar*) gliedern **4.** (*realizar*) durchführen; (*celebrar*) veranstalten **II.** *vr:* ~**se** **1.** (*asociarse*) sich zusammenschließen **2.** (*surgir*) zustande kommen; **¡menuda se organizó!** da war der Teufel los!; **se organizó una pelea** es kam zur Schlägerei **3.** (*estructurarse*) sich gliedern **4.** (*ordenar*) haushalten (mit +*dat*); ~**se el tiempo** sich *dat* die Zeit einteilen

organizativo, **-a** [orɣaniθa'tiβo, -a] *adj* organisatorisch

órgano ['orɣano] *m* **1.** (*organismo, t.* ANAT) Organ *nt;* ~ **judicial** Gerichtsbehörde *f;* ~**s sexuales** Geschlechtsorgane *ntpl* **2.** (MÚS) Orgel *f;* ~ **automático** Musikautomat *m;* ~ **electrónico** E-Orgel *f*

orgasmo [or'ɣasmo] *m* Orgasmus *m*

orgía [or'xia] *f* Orgie *f;* (*crápula*) Trinkgelage *nt;* (*desenfreno*) Zügellosigkeit *f*

orgiástico, **-a** [or'xjastiko, -a] *adj* orgiastisch; (*desenfrenado*) zügellos

orgullo [or'ɣuʎo] *m* **1.** (*satisfacción*) Stolz *m* (*por/de* auf +*akk*); ~ **profesional** Berufsehre *f;* **sentir** ~ **por alguien/algo** stolz auf jdn/etw sein; **tener el** ~ **de...** stolz darauf sein, zu ... **2.** (*soberbia*) Hochmut *m*

orgulloso, **-a** [orɣu'ʎoso, -a] *adj* **1.** *estar* (*satisfecho*) stolz (*con/de* auf +*akk*); **sentirse** ~ **de algo/alguien** stolz auf etw/jdn sein **2.** *ser* stolz; (*soberbio*) hochmütig

orientación [orjeṇta'θjon] *f* **1.** (*situación*) Orientierung *f* **2.** (*posición*) Ausrichtung *f* **3.** (*ajuste*) Einstellung *f* **4.** (*asesoramiento*) Beratung *f;* (*dirección*) Lenkung *f* **5.** (*tendencia*) Tendenz *f;* **tu** ~ **política** deine politische Einstellung

oriental [orjeṇ'tal] **I.** *adj* **1.** (*del Este*) östlich; **Alemania O~** Ostdeutschland *nt* **2.** (*Oriente Medio/Próximo*) orientalisch; **alfombra** ~ Orientteppich *m* **3.** (*Extremo Oriente*) fernöstlich; (*asiático*) asiatisch **II.** *mf* **1.** (*Oriente Medio/Próximo*) Orientale, -in *m, f* **2.** (*Extremo Oriente*) Asiate, -in *m, f*

orientar [orjeṇ'tar] **I.** *vt* **1.** (*dirigir*) ausrichten (*a/hacia* auf +*akk*); **orientado a la práctica** praxisorientiert **2.** (*ajustar*) einstellen **3.** (*asesorar*) beraten; (*dirigir*) lenken **II.** *vr:* ~**se** **1.** (*dirigirse*) sich ausrichten; (*fig*) sich orientieren; ~**se bien** eine gute Orientierung haben; **se orientó muy bien en el trabajo** er/sie fand sich sehr gut in die Arbeit hinein **2.** (*tender*) tendieren (*a/hacia* zu +*dat*)

oriente [o'rjeṇte] *m* **1.** (GEO) Osten *m;* (*países*) Orient *m;* **el O~ Próximo, el Cercano O~** der Nahe Osten; **el Extremo** [*o* **Lejano**] **O~** der Ferne Osten **2.** (*viento*) Ostwind *m*

orífice [o'rifiθe] *m* Goldschmied(in) *m(f)*

orificio [ori'fiθjo] *m* (*agujero*) Loch *nt;* (*abertura*) Öffnung *f;* ~ **de salida** Mündung *f*

origen [o'rixen] *m* **1.** (*principio*) Ursprung *m* **2.** (*causa*) Ursache *f;* **dar** ~ **a** [*o* **ser** ~ **de**] **algo** etw verursachen; **tener su** ~ **en algo** von etw *dat* herrühren **3.** (*ascendencia*) Abstammung *f* **4.** (*procedencia*) Herkunft *f;* **de** ~ **español** aus Spanien; **ser de** ~ **español** gebürtiger Spanier/gebürtige Spanierin sein

original [orixi'nal] **I.** *adj* **1.** (*auténtico*) original; **versión** ~ Originalfassung *f* **2.** (*primigenio*) ursprünglich; (*natural*) urwüchsig; **el pecado** ~ die Erbsünde **3.** (*originario*) stammend (*de* aus +*dat*) **4.** (*creativo*) originell **5.** (*singular*) eigenartig **II.** *m* Original *nt;* **fiel al** ~ originalgetreu

originalidad [orixinali'ðaᵈ] *f* **1.** (*autenticidad*) Originalität *f* **2.** (*del origen*) Ursprünglichkeit *f;* (*carácter primigenio*) Urwüchsigkeit *f* **3.** (*creatividad*) Originalität *f* **4.** (*singularidad*) Eigentümlichkeit *f*

originar [orixi'nar] **I.** *vt* (*causar*) verursachen; (*provocar*) hervorrufen **II.** *vr:* ~**se** entspringen; (*surgir*) entstehen; (*proceder*) herrühren (*en* von +*dat*)

originario, **-a** [orixi'narjo, -a] *adj* **1.** (*original*) ursprünglich; (*innato*) angeboren **2.** (*oriundo*) stammend (*de* aus +*dat*); **es** ~ **de Chile** er ist gebürtiger Chilene **3.** (*de origen*): **país** ~ Herkunftsland *nt*

orilla [o'riʎa] *f* **1.** (*borde*) Rand *m* **2.** (*ribera*) Ufer *nt;* **a** ~**s del Rhin** am Rhein(ufer); ~ **de** (*fam*) bei **3.** *pl* (*Am: arrabales*) Stadtrand *m*

orillar [ori'ʎar] *vt* **1.** (*tela*) säumen; (*adornar*) verzieren **2.** (*resolver*) erledigen **3.** (*sortear*) umgehen

orillo [o'riʎo] *m* Webkante *f*

orín [o'rin] *m* **1.** (*pl*) (*orina*) Urin *m* **2.** (*óxido*) Rost *m;* **cubierto de** ~ rostig

orina [o'rina] *f* <orines> Urin *m*

orinal [ori'nal] *m* Nachttopf *m;* (*de niño*) Töpfchen *nt*

orinar [ori'nar] **I.** *vi, vt* urinieren; ~ **sangre** Blut im Urin haben; **ir a** ~ (*fam*) aufs Klo gehen **II.** *vr:* ~**se** unkontrolliert Harn lassen; ~**se en la cama** das Bett nässen; **estoy orinándome** (*fam*) ich muss ganz schnell aufs Klo

oriundo, **-a** [o'rjuṇdo, -a] *adj* stammend (*de* aus +*dat*); **es** ~ **de Méjico** er ist gebürtiger Mexikaner

orla ['orla] *f* (*de tela*) Borte *f;* ~ **de luto** Trauerrand *m*

orlar [or'lar] *vt* (*adornar*) verzieren

ornamentación [ornameṇta'θjon] *f* Verzierung *f*

ornamental *adj* ornamental, verzierend

ornamentar [ornameṇ'tar] *vt* verzieren

ornamento [orna'meṇto] *m* **1.** (*adorno*) Verzierung *f* **2.** *pl* (REL: *vestiduras*) Ornat *m*

ornar [or'nar] *vt* schmücken (*con/de* mit +*dat*)

ornato [or'nato] *m* Zier(de) *f*

ornitorrinco [ornito'rriŋko] *m* Schnabeltier *nt*

oro ['oro] *m* **1.** (*metal*) Gold *nt;* ~ **de ley**

Feingold *nt;* **bañado en** ~ vergoldet; **de** ~ golden; **color** ~ goldfarben; **como los chorros del** ~ (*fam*) wie geleckt; **guardar como** ~ **en paño** wie seinen Augapfel hüten; **pagar a peso de** ~ mit Gold aufwiegen; **prometer a alguien el** ~ **y el moro** (*fam*) jdm das Blaue vom Himmel versprechen; **mi palabra es** ~ auf mein Wort ist Verlass; **valer su peso en** ~ nicht mit Gold aufzuwiegen sein; **no es** ~ **todo lo que reluce** (*prov*) es ist nicht alles Gold, was glänzt **2.** (*dinero*) Gold(geld) *nt;* **hacerse de** ~ steinreich werden; **nadar en** ~ im Geld schwimmen *fam*

orondo, **-a** [o'ron̪do, -a] *adj* **1.** (*recipiente*) (dick)bauchig **2.** (*gordo*) dickbäuchig **3.** (*engreído*) aufgeblasen

oropel [oro'pel] *m* **1.** (*latón*) Flittergold *nt* **2.** (*adorno, t. pey*) Flitter *m*

orquesta [or'kesta] *f* Orchester *nt*

orquestar [orkes'tar] *vt* **1.** (MÚS) orchestrieren **2.** (*pey: organizar*) inszenieren

orquestina [orkes'tina] *f* (*de baile*) Tanzorchester *nt*

orquídea [or'kiðea] *f* Orchidee *f*

ortiga [or'tiɣa] *f* Brennnessel *f*

orto ['orto] *m* (ASTR) Sonnenaufgang *m*

ortodoncia [orto'ðon̪θja] *f* Kieferorthopädie *f*

ortodoxo, **-a** [orto'ðoˠso, -a] **I.** *adj* orthodox; **ser católico** ~ ein strenger Katholik sein **II.** *m, f* Orthodoxe(r) *mf*

ortogonal [ortoɣo'nal] *adj* rechtwinklig

ortografía [ortoɣra'fia] *f* Rechtschreibung *f;* **falta de** ~ Rechtschreibfehler *m*

ortográfico, **-a** [orto'ɣrafiko, -a] *adj* orthographisch; **reglas ortográficas** Rechtschreibung *f;* **reforma ortográfica** Rechtschreibreform *f*

ortopeda [orto'peða] *mf* Orthopäde, -in *m, f*

ortopedia [orto'peðja] *f* Orthopädie *f*

ortopédico, **-a** [orto'peðiko, -a] **I.** *adj* orthopädisch; **pierna ortopédica** Beinprothese *f* **II.** *m, f* Orthopäde, -in *m, f*

ortopedista [ortope'ðista] *mf* Orthopäde, -in *m, f*

oruga [o'ruɣa] *f* **1.** (ZOOL) Raupe *f* **2.** (TÉC) Raupenkette *f*

orujo [o'ruxo] *m* **1.** (*residuo*) Trester *mpl* **2.** (*aguardiente*) Trester(schnaps) *m*

orzuelo [or'θwelo] *m* Gerstenkorn *nt*

os [os] **I.** *pron pers* (*objeto*) euch **II.** *pron refl:* **¿~ marcháis?** geht ihr?

osa ['osa] *f* Bärin *f;* **¡anda la ~!** ach, du liebe Zeit!; **la O~ Mayor/Menor** (ASTR) der Große/Kleine Bär [*o* Wagen]

osadía [osa'ðia] *f* Kühnheit *f*

osado, **-a** [o'saðo, -a] *adj* kühn

osamenta [osa'men̪ta] *f* (*esqueleto*) Gerippe *nt;* (*restos mortales*) Gebein *nt*

osar [o'sar] *vi* wagen; **¿cómo osas decir esto?** wie kannst du es nur wagen, das zu sagen?

oscense [os'θense] **I.** *adj* aus Huesca **II.** *mf* Einwohner(in) *m(f)* von Huesca

oscilación [osθila'θjon] *f* (*vaivén*) Schwingung *f;* (*variación*) Schwankung *f;* (*indecisión*) Unschlüssigkeit *f*

oscilante [osθi'lan̪te] *adj* (*indeciso*) unschlüssig

oscilar [osθi'lar] *vi* (*en vaivén*) schwingen; (*péndulo*) pendeln; (*variar*) schwanken

oscilatorio, **-a** [osθila'torjo, -a] *adj* schwingend

oscurecer [oskure'θer] *irr como crecer* **I.** *vimpers* dunkel werden **II.** *vt* **1.** (*privar de luz, t. fig*) verdunkeln **2.** (*confundir*) verwirren **III.** *vr:* **~se 1.** (*volverse oscuro, t. fig*) sich verdunkeln **2.** (*debilitarse, t. fig*) verblassen **IV.** *m* Abenddämmerung *f;* **al** ~ in der Abenddämmerung

oscurecimiento [oskureθi'mjen̪to] *m* (*t. fig*) Verdunk(e)lung *f;* (*anochecer*) Dunkelwerden *nt*

oscuridad [oskuri'ðaᶞ] *f* **1.** (*falta de luz*) Dunkelheit *f;* **en la** ~ im Dunkeln **2.** (*falta de claridad*) Unklarheit *f;* **en la** ~ im Unklaren

oscuro, **-a** [os'kuro, -a] *adj* (*t. fig*) dunkel; **azul** ~ dunkelblau; **a oscuras** im Dunkeln; **de** ~ **origen** von zweifelhafter Herkunft

óseo, **-a** ['oseo, -a] *adj* knöchern; **restos ~s** Knochen *mpl*

osezno, **-a** [o'seθno, -a] *m, f* Bärenjunge(s) *nt*

osificar [osifi'kar] <c→qu> *vt, vr:* **~se** verknöchern

osmosis [os'mosis] *f inv,* **ósmosis** ['osmosis] *f inv* **1.** (QUÍM, BOT) Osmose *f* **2.** (*influencia*) Beeinflussung *f*

oso ['oso] *m* Bär *m;* ~ **de peluche** Teddy(bär) *m;* ~ **blanco** Eisbär *m;* **fuerte como un** ~ bärenstark

ostensible [osten'siβle] *adj* offenkundig; **hacer** ~ offenbaren

ostensivo, **-a** [osten'siβo, -a] *adj* **1.** (*manifiesto*) offensichtlich **2.** (*ostentoso*) ostentativ

ostentación [osten̪ta'θjon] *f* Zurschaustellen *nt;* (*jactancia*) Prahlerei *f;* **hacer** ~ **de algo** etw zur Schau stellen; (*jactarse*) mit etw *dat* prahlen

ostentar [osten̪'tar] *vt* **1.** (*mostrar*) zur Schau stellen; (*jactarse*) prahlen (mit +*dat*) **2.** (*poseer*) aufweisen; (*puesto, poder*) innehaben

ostentoso, **-a** [osten̪'toso, -a] *adj* **1.** (*jactancioso*) prahlerisch **2.** (*llamativo*) auffallend; (*provocativo*) ostentativ

ostra ['ostra] *f* Auster *f;* **aburrirse como una** ~ sich zu Tode langweilen; **¡~s!** herrje!
ostracismo [ostra'θismo] *m* (*de la vida pública*) Ächtung *f;* (*exilio*) Verbannung *f;* **condenar al** ~ (*fig*) ächten
ostrogodo, -a [ostro'ɣoðo, -a] **I.** *adj* ostgotisch **II.** *m, f* Ostgote, -in *m, f*
otalgia [o'talxia] *f* Ohrenschmerzen *mpl*
OTAN [o'tan] *f abr de* **Organización del Tratado del Atlántico Norte** NATO *f*
otario, -a [o'tarjo, -a] **I.** *adj* (*CSur*) dumm **II.** *m, f* (*CSur*) Dummkopf *m*
otear [ote'ar] **I.** *vt* (*ver*) erspähen; (*escudriñar*) absuchen; (*observar*) beobachten **II.** *vi* spähen; (*desde un alto*) hinabspähen
otero [o'tero] *m* Anhöhe *f*
otitis [o'titis] *f inv* Ohrenentzündung *f;* ~ **media** Mittelohrentzündung *f*
otomana [oto'mana] *f* Ottomane *f*
otomano, -a [oto'mano, -a] **I.** *adj* osmanisch **II.** *m, f* Osmane, -in *m, f*
otoñal [oto'ɲal] *adj* **1.** (*lugar, tiempo*) herbstlich **2.** (*persona*) älter; **un amor** ~ eine späte Liebe
otoño [o'toɲo] *m* (*estación*) Herbst *m;* **a fin(al)es de** ~ im Spätherbst; **el** ~ (**de la vida**) der Herbst des Lebens
otorgamiento [otorɣa'mjen̪to] *m* **1.** (JUR) Verleihung *f;* (*concesión*) Erteilung *f;* (*de documento*) Ausstellung *f;* (*de contrato*) Abschluss *m;* (*de licencia*) Vergabe *f;* ~ **de poder** Vollmachterteilung *f* **2.** (*consentimiento*) Bewilligung *f*
otorgar [otor'ɣar] <g→gu> *vt* **1.** (*conferir*) verleihen; (*conceder*) erteilen; (*ayudas*) gewähren; (*expedir*) ausstellen; ~ **licencia** eine Lizenz vergeben; ~ **un plazo** eine Frist einräumen; ~ **poderes** eine Vollmacht erteilen **2.** (*acceder*) bewilligen; ~ **su consentimiento** seine Zustimmung geben
otorrinolaringólogo, -a [otorrinolariŋ'goloɣo, -a] *m, f* Hals-Nasen-Ohren-Arzt, -Ärztin *m, f*
otro, -a ['otro, -a] *adj o pron indef* **1.** (*distinto*) ein anderer, eine andere; **~s** andere; **el ~/la otra/lo** ~ der/die/das andere; **otra persona,** ~ jemand anders; **ninguna otra persona, ningún** ~ kein anderer; ~ **tanto** noch einmal so viel; **al** ~ **día** am Tag darauf; **el** ~ **día** neulich; **en otra ocasión** ein anderes Mal; **en** ~ **sitio** woanders; **de un sitio a** ~ hin und her; **la otra semana** vorige Woche; **otra cosa** etwas anderes; **¡otra vez será!** ein anderes Mal!; **eso ya es otra cosa** das ist schon besser; **otra vez** noch (ein)mal; **no** ~ **que** kein anderer als; **ésa es otra** (*cosa distinta*) das ist noch einmal etwas anderes; (*irón: aún peor*) das ist ja noch schöner!; **¡a otra cosa mariposa!** Schluss jetzt!; **¡hasta otra** (**vez**)! bis zum nächsten Mal! **2.** (*uno más*) noch eine(r, s); **otras tres personas** noch drei (weitere) Personen; **¡otra, otra!** Zugabe!; **es** ~ **Mozart** er ist ein zweiter Mozart
otrosí [otro'si] *adv* ferner
ovación [oβa'θjon] *f* Beifall *m;* **dar una** ~ Beifall spenden; **recibir una** ~ Beifall ernten
ovacionar [oβaθjo'nar] *vt* Beifall spenden +*dat*
oval [o'βal], **ovalado, -a** [oβa'laðo, -a] *adj* oval
óvalo ['oβalo] *m* (*forma*) Oval *nt*
ovario [o'βarjo] *m* (ANAT) Eierstock *m*
oveja [o'βexa] *f* Schaf *nt;* **cada** ~ **con su pareja** (*prov*) Gleich und Gleich gesellt sich gern
overol [oβe'rol] *m* (*Am*) Overall *m*
ovetense [oβe'tense] **I.** *adj* aus Oviedo **II.** *m* Einwohner(in) *m(f)* von Oviedo
oviducto [oβi'ðukto] *m* Eileiter *m*
ovillar [oβi'ʎar] **I.** *vt* zu einem Knäuel wickeln; (*enrollar*) aufwickeln **II.** *vr:* ~**se** sich zusammenrollen
ovillo [o'βiʎo] *m* Knäuel *m o nt;* (*fig*) Wirrwarr *m;* **hacerse un** ~ (*enredarse*) sich verwickeln; (*encogerse*) sich zusammenrollen; (*al hablar*) sich verhaspeln
ovino, -a [o'βino, -a] **I.** *adj* Schaf-; **ganado** ~ Schafe *ntpl* **II.** *m, f* Schaf *nt*
ovíparo, -a [o'βiparo, -a] *adj* Eier legend
ovni ['oβni] *m* UFO *nt*
ovulación [oβula'θjon] *f* Eisprung *m*
ovular [oβu'lar] *vi* einen Eisprung haben
óvulo ['oβulo] *m* (ANAT) Eizelle *f*
oxidable [oᵞsi'ðaβle] *adj* (*metal*) leicht rostend
oxidación [oᵞsiða'θjon] *f* **1.** (QUÍM) Oxidation *f* **2.** (*metal*) (Ver)rosten *nt*
oxidar [oᵞsi'ðar] **I.** *vt* **1.** (QUÍM) oxidieren **2.** (*metal*) rosten lassen; **un hierro oxidado** ein Stück rostiges Eisen **II.** *vr:* ~**se** **1.** (*metal*) rosten; (*mente*) verkalken; ~**se de no moverse** einrosten **2.** (QUÍM) oxidieren
óxido ['oᵞsiðo] *m* **1.** (QUÍM) Oxid *nt* **2.** (*orín*) Rost *m*
oxigenar [oᵞsixe'nar] **I.** *vt* **1.** (*cabello*) mit Wasserstoffperoxid blondieren; (**rubio**) **oxigenado** wasserstoffblond **2.** (QUÍM) mit Sauerstoff versetzen; **agua oxigenada** Wasserstoffperoxid *nt* **II.** *vr:* ~**se** (*fam*) frische Luft schnappen
oxígeno [oᵞ'sixeno] *m* Sauerstoff *m*
oyente [o'ɟen̪te] *mf* Zuhörer(in) *m(f);* (RADIO) Hörer(in) *m(f);* (**libre**) ~ (UNIV) Gasthörer(in) *m(f)*
ozono [o'θono] *m* Ozon *nt;* **el agujero en la capa de** ~ das Ozonloch

O

P

P, p [pe] *f* P, p *nt;* ~ **de París** P wie Paula

pabellón [paβe'ʎon] *m* **1.** (*tienda*) Zelt *nt* **2.** (*bandera*) Flagge *f* **3.** (ARQUIT) Pavillon *m* **4.** (ANAT: *de la oreja*) Ohrmuschel *f*

pabilo [pa'βilo] *m,* **píbilo** ['paβilo] *m* Docht *m*

pábulo ['paβulo] *m* Nahrung *f;* (*fig*) Nährboden *m;* **dar ~ a rumores** Gerüchte hervorrufen

paca ['paka] *f* (*fardo*) Packen *m;* (*de paja*) Ballen *m*

pacato, -a [pa'kato, -a] *adj* **1.** (*mojigato*) bigott **2.** (*apacible*) ruhig **3.** (*tímido*) furchtsam

pacer [pa'θer] *irr como crecer* **I.** *vi* grasen **II.** *vt* abgrasen

pachá [pa'ʧa] *m* Pascha *m;* **vivir como un ~** leben wie Gott in Frankreich

pachorra [pa'ʧorra] *f* (*fam*) Trägheit *f*

pachucho, -a [pa'ʧuʧo, -a] *adj* **1.** (*fam: persona*) schlapp **2.** (*fruta*) überreif

pachulí [paʧu'li] *m* (BOT) Patschulipflanze *f*

paciencia [pa'θjeṇθja] *f* (*espera*) Geduld *f;* **se me acabó la ~** meine Geduld ist am Ende

paciente [pa'θjeṇte] **I.** *adj* geduldig; **ser ~ con alguien** mit jdm viel Geduld haben **II.** *mf* Patient(in) *m(f)*

pacificación [paθifika'θjon] *f* (*establecer paz*) Befriedung *f;* (*reconciliación*) Aussöhnung *f*

pacificar [paθifi'kar] <c→qu> **I.** *vi* den Frieden wiederherstellen **II.** *vt* (*apaciguar*) befrieden; (*reconciliar*) aussöhnen **III.** *vr:* **~se** sich beruhigen; (*viento*) nachlassen

pacífico, -a [pa'θifiko, -a] *adj* **1.** (*de ánimo tranquilo*) friedfertig; **carácter ~** Friedfertigkeit *f* **2.** (*en estado tranquilo*) ruhig

Pacífico [pa'θifiko] *m* Pazifik *m*

pacifismo [paθi'fismo] *m* Pazifismus *m*

pacifista [paθi'fista] **I.** *adj* pazifistisch **II.** *mf* Pazifist(in) *m(f)*

paco, -a ['pako, -a] *adj* (*Am*) rötlich

pacotilla [pako'tiʎa] *f* **1.** (*calidad inferior*) Schund *m;* **tienda de ~s** Kramladen *m;* **de ~** (*mercancía*) minderwertig; (*restaurante*) zweitklassig; **ser de ~** nichts wert sein; **hacer su ~** zu Geld kommen **2.** (*Am: chusma*) Gesindel *nt*

pactar [pak'tar] **I.** *vi* sich fügen; **¡hay que ~ para sobrevivir!** im Leben muss man Kompromisse machen! **II.** *vt* einen Pakt schließen

pacto ['pakto] *m* Pakt *m;* (*contrato*) Vertrag *m*

padecer [paðe'θer] *irr como crecer* **I.** *vi* leiden **II.** *vt* **1.** (*sufrir*) leiden (unter +*dat*); (*enfermedad*) leiden (an +*dat*); **~ un error** einem Irrtum unterliegen **2.** (*soportar*) ertragen

padecimiento [paðeθi'mjeṇto] *m* **1.** (*sufrimiento*) Leiden *nt* **2.** (*enfermedad*) Krankheit *f*

padrastro [pa'ðrastro] *m* **1.** (*marido de madre*) Stiefvater *m* **2.** (*mal padre*) Rabenvater *m*

padrazo [pa'ðraθo] *m:* **es un ~** (*fam*) er ist ein toller Vater

padre ['paðre] **I.** *m* **1.** (*t.* REL) Vater *m;* **~ espiritual** Seelsorger *m;* **¡tu ~!** (*fam*) verdammt noch mal!; **tal ~, tal hijo** (*prov*) der Apfel fällt nicht weit vom Stamm **2.** *pl* (*antepasados*) Vorfahren *mpl;* **dormir con sus ~s** tot sein **3.** *pl* (*padre y madre*) Eltern *pl* **II.** *adj* (*fam*) riesengroß; **un escándalo ~** ein Riesenskandal; **recibir una paliza de ~ y muy señor mío** windelweich geprügelt werden

padrenuestro [paðre'nwestro] *m* Vaterunser *nt*

padrillo [pa'ðriʎo] *m* (*CSur*) Deckhengst *m*

padrinazgo [paðri'naθɣo] *m* **1.** (*título*) Patenschaft *f* **2.** (*protección*) Schutz *m*

padrino [pa'ðrino] *m* (*de bautizo*) (Tauf)pate *m;* **~** (**de boda**) Trauzeuge *m;* **tener buenos ~s** (*fig*) gute Beziehungen haben

padrón [pa'ðron] *m* **1.** (*nómina*) Einwohnerverzeichnis *nt* **2.** (*irón: infamia*) Schandfleck *m* **3.** (*Am: caballo*) Zuchthengst *m*

padrote [pa'ðrote] *m* (*AmC, Méx*) **1.** (*equino*) Deckhengst *m;* (*bovino*) Zuchtbulle *m* **2.** (*fam: alcahuete*) Zuhälter *m*

paella [pa'eʎa] *f* **1.** (*comida*) Paella *f* **2.** (*utensilio*) Paellapfanne *f*

Die **paella** ist ein spanisches Reisgericht mit verschiedenen Fleisch- und Fischsorten, **marisco** (Meeresfrüchten) und **azafrán** (Safran), der dem Reis seine charakteristische dunkelgelbe Farbe verleiht. Ursprünglich aus **Valen-**

cia ist die Paella heutzutage weltweit bekannt.

paellera [pae'ʎera] *f* (*utensilio*) Paellapfanne *f*

pág. ['paxina] *abr de* **página** S.

paga ['paɣa] *f* **1.** (*sueldo*) Lohn *m* **2.** (*acto*) Zahlung *f*

pagadero, -a [paɣa'ðero, -a] *adj* **1.** (*a pagar*) fällig **2.** (*pagable*) zahlbar

pagado, -a [pa'ɣaðo, -a] *adj* (*en aduana*) verzollt; ~ **de sí mismo** selbstgefällig

pagador(a) [paɣa'ðor(a)] *m(f)* **1.** (*que paga*) Zahler(in) *m(f)* **2.** (*cajero*) Kassenführer(in) *m(f)*

pagaduría [paɣaðu'ria] *f* Zahlstelle *f*

paganismo [paɣa'nismo] *m sin pl* Heidentum *nt*

pagano, -a [pa'ɣano, -a] **I.** *adj* heidnisch **II.** *m, f* **1.** (*infiel*) Heide, -in *m, f* **2.** (*fam: pagador*) Zahler(in) *m(f)*; **hacer de** ~ immer für die anderen zahlen

pagar [pa'ɣar] <g→gu> **I.** *vt* **1.** (*gastos, a alguien*) bezahlen; (*sueldo que se debe*) auszahlen; (*una deuda*) begleichen; ~ **un anticipo** eine Anzahlung leisten; **una cuenta sin** ~ eine unbezahlte Rechnung; ~ **una deuda a plazos** eine Schuld abzahlen; **ahora tiene que** ~ **el pato** (*fig*) jetzt muss er/sie es ausbaden **2.** (*expiar*) büßen; ~ **una condena** eine Strafe verbüßen; **¡me las** ~**ás!** das wirst du mir büßen! **3.** (*recompensar*) vergelten; (*una visita*) erwidern; **¡Dios se lo pague!** vergelt's Gott! **II.** *vr:* ~**se** **1.** (*aficionarse*) eingenommen sein (*de/con* von +*dat*); (*presumir*) angeben (*de* mit +*dat*) **2.** (*contentarse*) sich abspeisen lassen (*de/con* mit +*dat*)

pagaré [paɣa're] *m* Schuldschein *m*

página ['paxina] *f* **1.** (*hoja*) Seite *f*; **pasar la** ~ (**adelante**) (vor)blättern **2.** (*episodio*) Kapitel *nt*

paginación [paxina'θjon] *f* Seitennummerierung *f*

paginar [paxi'nar] *vt* mit Seitenzahlen versehen

pago ['paɣo] *m* **1.** (*reintegro*) Zahlung *f*; ~ **adicional** Nachzahlung *f*; ~ **extraordinario** Zuschlag *m*; ~ **inicial** Anzahlung *f*; ~ **a plazos** Ratenzahlung *f*; **día de** ~ Zahltag *m*; **anticipar el** ~ vorauszahlen; **sujeto a** ~ zahlungspflichtig **2.** (*salario*) Lohn *m*; ~ **anticipado** Vorschuss *m*; ~ **por hora** Stundenlohn *m*; ~ **por incapacidad** Krankengeld *nt* **3.** (*fig: recompensa*) Vergeltung *f*; **¿éste es el** ~ **que me das?** so dankst du es mir? **4.** (*heredad*) Gut *nt* **5.** (*Arg, Perú: de nacimiento*) Heimatort *m*

paila ['pai̯la] *f* (*Am: sartén*) Pfanne *f*

país [pa'is] *m* (GEO, POL) Land *nt*; ~ **comunitario** EU-Land *nt*; ~ **industrializado** Industrienation *f*; ~ **limítrofe** Nachbarland *nt*; ~ **en vías de desarrollo** Entwicklungsland *nt*; ~ **en vías de industrialización** Schwellenland *nt*

paisa ['pai̯sa] *m* (*Am*) *v.* **paisano**

paisaje [pai̯'saxe] *m* Landschaft *f*

paisajista [pai̯sa'xista] *mf* Landschaftsmaler(in) *m(f)*

paisano, -a [pai̯'sano, -a] *m, f* **1.** (*no militar*) Zivilist(in) *m(f)*; **ir de** ~ in Zivil gehen **2.** (*compatriota*) Landsmann, -männin *m, f* **3.** (*campesino*) Bauer *m*, Bäuerin *f*

Países Bajos [pa'ises 'βaxos] *mpl* Niederlande *pl*

paja ['paxa] *f* Stroh *nt*; (*pajilla*) Strohhalm *m*; **cama de** ~ Streu *f*; **apartar el grano de la** ~ (*t. fig*) die Spreu vom Weizen trennen; **no pesar una** ~ völlig unbedeutend sein; **no dormirse en las** ~**s** (*fig*) keine Gelegenheit versäumen; **hacerse una** ~ (*vulg*) sich *dat* einen runterholen

pajar [pa'xar] *m* Scheune *f*; **buscar una aguja en un** ~ (*fig*) eine Stecknadel im Heuhaufen suchen

pájara ['paxara] *f* **1.** (*ave*) kleiner Vogel *m* **2.** (*cometa*) Drachen *m* **3.** (*pey: mujer*) gerissenes Frauenzimmer *nt* **4.** (*loc*): **me entró la** ~ auf einmal fühlte ich mich hundeelend

pajarera [paxa'rera] *f* Voliere *f*

pajarita [paxa'rita] *f* (*corbata*) Fliege *f*

pájaro ['paxaro] *m* Vogel *m*; ~ **bobo** (Riesen)pinguin *m*; ~ **carpintero** Specht *m*; ~ **mosca** Kolibri *m*; ~ **de cuenta** (*fig fam*) schräger Vogel; ~ **gordo** (*fig*) hohes Tier; **tener la cabeza llena de** ~**s** ein Luftikus sein; **voló el** ~ (*fig fam*) der Vogel ist ausgeflogen; **más vale** ~ **en mano que ciento volando** (*prov*) besser einen Spatz in der Hand als eine Taube auf dem Dach

pajarraco [paxa'rrako] *m* (*fam: pillo*) Gauner(in) *m(f)*

paje ['paxe] *m* (*criado*) Page *m*

pajero [pa'xero] *m* (*CSur: vulg*) Wichser *m*

pajita [pa'xita] *f* Strohhalm *m*

pajizo, -a [pa'xiθo, -a] *adj* **1.** (*con/de paja*) Stroh- **2.** (*color*) strohgelb **3.** (*cabello*) strohig

pajolero, -a [paxo'lero, -a] *adj* (*fam*) verflixt

pajonal [paxo'nal] *m* (*Am*) Gestrüpp *nt*

Pakistán [pakis'tan] *m* Pakistan *nt*

pakistaní [pakista'ni] **I.** *adj* pakistanisch **II.** *mf* Pakistaner(in) *m(f)*

pala ['pala] *f* **1.** (*para cavar*) Schaufel *f*; (*cuadrada*) Spaten *m*; ~ **mecánica** Löffelbagger *m*; (*Am*) Bulldozer *m* **2.** (*del timón*) Ruderblatt *nt* **3.** (*raqueta*) Schläger *m;* (*bate*) Schlagholz *nt* **4.** (*del calzado*) Oberleder *nt*

palabra [pa'laβra] *f* Wort *nt;* ~ **clave** Kodewort *nt;* (*t.* INFOR) Passwort *nt;* (*en una conversación*) Stichwort *nt;* ~**s cruzadas** Kreuzworträtsel *nt;* ~ **extranjera** Fremdwort *nt;* ~**s insultantes** Schmähworte *ntpl;* ~ **de matrimonio** Eheversprechen *nt;* ~**s mayores** Schimpfwörter *ntpl;* ~ **técnica** Fachausdruck *m;* **libertad de** ~ Redefreiheit *f;* **bajo** ~ auf Ehrenwort; **buenas** ~**s** leere Worte; **de** ~ (*oral*) mündlich; (*que cumple sus promesas*) zuverlässig; **de pocas** ~**s** wortkarg; **ahorrar** ~**s** nicht viele Worte machen; **aprender las** ~**s** Vokabeln lernen; **beber las** ~**s a alguien** jdm ganz aufmerksam zuhören; **coger a alguien la** ~ jdn beim Wort nehmen; **cumplir la** ~ sein Wort halten; **faltar a la** ~ sein Wort nicht halten; **dejar a alguien con la** ~ **en la boca** jdn nicht ausreden lassen; **hablar a medias** ~**s** nur Andeutungen machen; **llevar la** ~ das Wort führen; **medir las** ~**s** seine Worte genau abwägen; **no entender** ~ kein Wort verstehen; **quitar a alguien la** ~ **de la boca** jdm das Wort aus dem Munde nehmen; **tener el don de** ~ wortgewandt sein; **voy a ponerle dos** ~**s** ich will ihm/ihr ein paar Zeilen schreiben

palabrería [palaβre'ria] *f* leeres Gerede *nt*

palabrero, -a [pala'βrero, -a] **I.** *adj* geschwätzig **II.** *m, f* Schwätzer(in) *m(f)*

palabrota [pala'βrota] *f* Schimpfwort *nt*

palaciego, -a [pala'θjeɣo, -a] **I.** *adj* höfisch, Hof- **II.** *m, f* Höfling *m,* Hofdame *f*

palacio [pa'laθjo] *m* Palast *m;* **P~ de las Cortes** Parlamentsgebäude *nt;* **P~ de Justicia** Gerichtsgebäude *nt;* ~ **municipal** Rathaus *nt*

palada [pa'laða] *f* **1.** (*de la pala*): **una** ~ eine Schaufel voll **2.** (*de remo*) Ruderschlag *m*

paladar [pala'ðar] *m* Gaumen *m;* ~ **blando** Gaumensegel *nt;* **tener buen** ~ ein Feinschmecker sein

paladear [palaðe'ar] *vt* **1.** (*degustar*) schmecken **2.** (*saborear*) auskosten; ~ **un dulce** eine Süßigkeit im Munde zergehen lassen

palanca [pa'laŋka] *f* **1.** (*pértiga*) Hebel *m;* (*palanqueta*) Brechstange *f;* ~ **de mando** (AERO) Steuerknüppel *m;* (INFOR) Joystick *m* **2.** (*influencia*) Einfluss *m;* **tener mucha** ~ sehr einflussreich sein **3.** (*en las piscinas*) Sprungbrett *nt*

palangana [palaŋ'gana] *f* (*jofaina*) (Wasch)becken *nt*

palanganear [palaŋgane'ar] *vi* (*Am: fam*) angeben

palanquear [palaŋke'ar] *vt* (*Am*) **1.** (*apalancar*) mit Hebeln bewegen **2.** (*influenciar*) verschiedene Hebel in Bewegung setzen (für +*akk*)

palanqueta [palaŋ'keta] *f* Brecheisen *nt*

palatal [pala'tal] *adj* Gaumen-

Palatinado [palati'naðo] *m* Pfalz *f*

palatino, -a [pala'tino, -a] **I.** *adj* **1.** (ANAT) Gaumen-; **hueso** ~ Gaumenbein *nt* **2.** (*del palacio*) höfisch; **vida palatina** Hofleben *nt* **3.** (*del Palatinado*) pfälzisch; **conde** ~ Pfalzgraf *m* **II.** *m, f* (*habitante*) Pfälzer(in) *m(f)*

palco ['palko] *m* (*Am*) Tribüne *f;* (TEAT) Loge *f*

palenque [pa'leŋke] *m* **1.** (*estacada*) Umzäunung *f* **2.** (*palestra*) Kampfplatz *m*

paleontología [paleon̪tolo'xia] *f sin pl* Paläontologie *f*

palestino, -a [pales'tino, -a] **I.** *adj* palästinensisch **II.** *m, f* Palästinenser(in) *m(f)*

paleta [pa'leta] *f* **1.** (*pala*) kleine Schaufel *f;* (*del albañil*) Maurerkelle *f* **2.** (*del pintor*) Palette *f* **3.** (*de turbinas*) Schaufel *f* **4.** (*omóplato*) Schulterblatt *nt*

paletada [pale'taða] *f:* **una** ~ **de yeso** eine Kelle voll Gips

paletilla [pale'tiʎa] *f* (*omóplato*) Schulterblatt *nt*

paleto, -a[1] [pa'leto, -a] **I.** *adj* provinziell **II.** *m, f* Provinzler(in) *m(f) fam*

paleto[2] [pa'leto] *m* Damhirsch *m*

paliar [pa'ljar] <*1. pres:* **palío, palio**> *vt* **1.** (*delito*) vertuschen **2.** (*enfermedad*) lindern **3.** (*restar importancia*) verharmlosen

paliativo, -a[1] [palja'tiβo, -a] *adj* (MED) (schmerz)lindernd; **remedio** ~ Schmerzmittel *nt*

paliativo[2] [palja'tiβo] *m* Schmerzmittel *nt*

palidecer [paliðe'θer] *irr como crecer vi* **1.** (*persona*) erblassen **2.** (*cosa*) verblassen

palidez [pali'ðeθ] *f* Blässe *f*

pálido, -a ['paliðo, -a] *adj* blass; (*luz*) fahl; (*estilo*) ausdruckslos

palillo [pa'liʎo] *m* **1.** (*palo*) Stöckchen *nt;* **tener las piernas como** ~**s** Storchenbeine haben **2.** (*para los dientes*) Zahnstocher *m* **3.** (*para el tambor*) Trommelschlägel *m;* **tocar todos los** ~**s** (*fig*) alle Hebel in Bewegung setzen

palio ['paljo] *m* (*baldaquín*) Baldachin *m;* **recibir a alguien bajo** ~ (*fig*) jdn besonders freudig empfangen

palique [pa'like] *m* (*fam*) Geplauder *nt;* **estar de** ~ **con alguien** ein Schwätzchen mit jdm halten

palisandro [pali'san̪dro] *m* Palisanderholz *nt*

paliza [pa'liθa] *f* (*zurra*) (Tracht *f*) Prügel *mpl;* (*esfuerzo*) Anstrengung *f;* **dar una buena** ~ eine ordentliche Tracht Prügel verpassen; **les dieron una buena ~ en el partido** sie wurden beim Spiel ganz schön abgefertigt; **¡qué ~ me he pegado subiendo la montaña!** war das vielleicht anstrengend, den Berg zu besteigen!; **¡no me des la ~!** geh mir nicht auf die Nerven!

palma ['palma] *f* **1.** (*palmera*) Palme *f;* (*hoja de palmera*) Palm(en)blatt *nt* **2.** (*triunfo*) Sieg *m;* **llevarse la ~** den Sieg davontragen **3.** (ANAT) Handfläche *f;* **conozco el barrio como la ~ de mi mano** ich kenne das Viertel wie meine Westentasche; **llevar a alguien en ~s** jdn auf Händen tragen **4.** *pl* (*ruido*) Händeklatschen *nt;* (*aplauso*) Beifall *m;* **tocar las ~s** in die Hände klatschen; (*aplaudir*) Beifall klatschen

palmada [pal'maða] *f* **1.** (*golpe*) Schlag *m* **2.** *pl* (*ruido*) Händeklatschen *nt;* **~s de aplauso** Beifallklatschen *nt;* **dar ~s** in die Hände klatschen

palmar [pal'mar] **I.** *m* Palmenwald *m;* **ser más viejo que un ~** uralt sein **II.** *vi* (*fam*): **~la** sterben

palmario, -a [pal'marjo, -a] *adj* offenkundig; **la diferencia es palmaria** der Unterschied liegt auf der Hand

palmatoria [palma'torja] *f* (*candelero*) Leuchter *m*

palmeado, -a [palme'aðo, -a] *adj* **1.** (*figura*) palmenförmig **2.** (ZOOL) mit Schwimmhäuten; **pata palmeada** Schwimmfuß *m*

palmear [palme'ar] *vi* (*aplaudir*) klatschen

palmense [pal'mense] **I.** *adj* aus Las Palmas de Gran Canaria **II.** *mf* Einwohner(in) *m(f)* von Las Palmas de Gran Canaria

palmera [pal'mera] *f* Palme *f*

palmeral [palme'ral] *m* Palmenwald *m*

palmero, -a [pal'mero, -a] **I.** *adj* aus Santa Cruz de la Palma **II.** *m, f* Einwohner(in) *m(f)* von Santa Cruz de la Palma

palmípedas [pal'mipeðas] *fpl* (ZOOL) Schwimmvögel *mpl*

palmo ['palmo] *m* Handbreit *f;* **~ a ~** Schritt für Schritt; **conocer una ciudad ~ a ~** jeden Winkel einer Stadt kennen; **dejar a alguien con un ~ de narices** (*fam*) jdm eine lange Nase machen; **con un ~ de la lengua fuera** (*fam*) ächzend

palmotear [palmote'ar] *vi* klatschen

palmoteo [palmo'teo] *m* (*aplauso*) Beifallklatschen *nt*

palo ['palo] *m* **1.** (*bastón*) Stock *m;* (*vara*) Stab *m;* (*garrote*) Knüppel *m;* (*estaca*) Pfahl *m;* (NÁUT) Mast *m;* **~ de agua** (*Am*) Regenguss *m;* **~ de la escoba** Besenstiel *m;* **~ de hockey** Hockeyschläger *m;* **~ de mando** (AERO, NÁUT) Steuerknüppel *m;* **~ de la portería** Torpfosten *m;* **~ de tienda** Zeltstange *f;* **ser un ~** (*Am: fig*) eine wichtige Persönlichkeit sein; **cada ~ aguanta su vela** (*prov*) jeder muss für seine (eigenen) Taten geradestehen **2.** (*madera*) Holz *nt;* **de tal ~, tal astilla** (*prov*) der Apfel fällt nicht weit vom Stamm **3.** (*paliza*) Schlag *m;* **andar a ~s** verkracht sein; **dar ~s de ciego** blind um sich schlagen; (*fig*) unüberlegt handeln; **dar un ~ a alguien** jdn fertig machen; **echar a alguien a ~s** jdn gewaltsam rausschmeißen; **liarse a ~s con alguien** sich mit jdm schlagen; **moler a alguien a ~s** jdn windelweich prügeln

paloma [pa'loma] *f* (*ave*) Taube *f;* **~ mensajera** Brieftaube *f;* **ser una ~ sin hiel** (*fig*) keiner Fliege etwas antun können

palomar [palo'mar] *m* Taubenschlag *m*

palomilla [palo'miʎa] *f* **1.** (*mariposa nocturna*) Motte *f* **2.** (*tornillo*) Flügelmutter *f*

palomita [palo'mita] *f* (*de maíz*) Popcorn *nt*

palomo [pa'lomo] *m* Täuberich *m*

palotada [palo'taða] *f* Schlag *m;* **no dar ~** (*fig*) nichts richtig machen

palote [pa'lote] *m* **1.** (*palillo*) (kurzer) Stock *m* **2.** (*ejercicio*) Schreibübung *f*

palpable [pal'paβle] *adj* **1.** (*tangible*) ertastbar **2.** (*evidente*) klar, einleuchtend

palpar [pal'par] *vt* **1.** (*tocar*) abtasten; (*fam: magrear*) betatschen **2.** (*percibir*) spüren; **se palpaba el entusiasmo** die Begeisterung war deutlich spürbar

palpitación [palpita'θjon] *f* **1.** (*estremecimiento*) Zuckung *f* **2.** (*del pulso*) Pulsschlag *m;* (*del corazón*) Herzschlag *m;* (*por estar excitado*) Herzklopfen *nt*

palpitante [palpi'tan̪te] *adj* **1.** (*corazón*) klopfend **2.** (*fig: emocionante*) ergreifend; (*interés*) brennend; **un problema de ~ actualidad** ein akutes Problem

palpitar [palpi'tar] *vi* **1.** (*contraerse*) zucken; (*corazón, pulso*) schlagen **2.** (*manifestarse*): **en sus palabras palpita la dulzura** aus seinen/ihren Worten spricht die Zärtlichkeit

pálpito ['palpito] *m* Vorahnung *f*

palta ['pal̪ta] *f* (*AmS*) Avocado *f*

palúdico, -a [pa'luðiko, -a] *adj* sumpfig; **fiebre palúdica** Sumpffieber *nt*

paludismo [palu'ðismo] *m* (MED) Malaria *f*

palurdo, -a [pa'lurðo, -a] **I.** *adj* ungeschliffen **II.** *m, f* Tölpel *m*

palustre [pa'lustre] **I.** *adj* sumpfig; **planta ~** Sumpfpflanze *f* **II.** *m* Maurerkelle *f*

pamela [pa'mela] *f* Strohhut *m*

pamema [pa'mema] *f* (*fam*) **1.** (*tontería*) Unsinn *m* **2.** (*melindre*) Zimperlichkeit *f*

pampa ['pampa] *f* Pampa *f*

Die **Pampa** ist eine ebene, baumlose

Grassteppenlandschaft in Argentinien. Sie erweist sich als landwirtschaflich sehr produktiv, denn der feuchte Boden, der hauptsächlich aus feinem Sand, Lehm und Schlamm besteht, ist ideal für den Getreideanbau geeignet.

pámpano ['pampano] *m* (*vástago*) Ranke *f;* (*hoja*) Weinblatt *nt;* **echar ~s** sich ranken

pampero, -a [pam'pero, -a] **I.** *adj* aus der Pampa **II.** *m, f* Pampabewohner(in) *m(f)*

pamplina [pam'plina] *f* (*fam: pamema*) Unsinn *m*

pamplonés, -esa [pamplo'nes, -esa] **I.** *adj* aus Pamplona **II.** *m, f* Einwohner(in) *m(f)* von Pamplona

pamplonica [pamplo'nika] *adj o mf* (*fam*) *v.* **pamplonés**

pan [pan] *m* **1.** (*alimento, t. fig*) Brot *nt;* **~ de azúcar** Zuckerhut *m;* **~ candeal** Weizenbrot *nt;* **~ integral** Vollkornbrot *nt;* **~ con mantequilla** Butterbrot *nt;* **~ de molde** Kastenbrot *nt;* **~ de munición** Kommissbrot *nt;* **~ negro de Westfalia** Pumpernickel *m;* **~ rallado** Semmelbrösel *mpl;* **estar a ~ y agua** bei Wasser und Brot sitzen; **¡el ~ de cada día!** (*fig*) immer die gleiche Leier!; **este año hay mucho ~** dieses Jahr fällt die Ernte gut aus; (**llamar**) **al ~, ~ y al vino, vino** die Dinge beim Namen nennen; **comer el ~ de alguien** (*fig*) jdm auf der Tasche liegen; **comer ~ con corteza** (*fig: ser independiente*) selb(st)ständig sein; (*recuperar la salud*) wieder gesund sein; **con su ~ se lo coma** er/sie muss selbst wissen, was er/sie tut; **no cocérsele a alguien el ~** sehr ungeduldig sein; **ser ~ comido** kinderleicht sein; **ser más bueno que el ~, ser un pedazo de ~** herzensgut sein **2.** (*pieza*): **un ~ de jabón** ein Stück Seife **3.** (*laminilla*) Plättchen *nt*

pana ['pana] *f* (*tejido*) Kord(samt) *m*

panacea [pana'θea] *f* Allheilmittel *nt*

panadería [panaðe'ria] *f* Bäckerei *f*

panadero, -a [pana'ðero, -a] *m, f* Bäcker(in) *m(f)*

panal [pa'nal] *m* Wabe *f*

Panamá [pana'ma] *m* Panama *nt*

Panamá wird vom **Panamakanal** in zwei Teile geteilt und verbindet Südamerika mit Mittel- und Nordamerika. Die gleichnamige Hauptstadt -**Panamá**- ist auch die größte Stadt des Landes. Die offizielle Landessprache ist **Spanisch**, auch wenn Englisch sehr viel verwendet wird. Die Währungseinheit Panamas heißt **balboa**.

panameño, -a [pana'meɲo, -a] **I.** *adj* aus Panama **II.** *m, f* Panamaer(in) *m(f)*

pancarta [paŋ'karta] *f* Plakat *nt*

pancho, -a ['pantʃo, -a] *adj* (*tranquilo*) ruhig

pancista [pan̪'θista] *mf* Opportunist(in) *m(f)*

páncreas ['paŋkreas] *m inv* Bauchspeicheldrüse *f*

panda[1] ['pan̪da] *m* (ZOOL) Panda *m*

panda[2] ['pan̪da] *f v.* **pandilla**

pandear [pan̪de'ar] *vi, vr:* **~se** (*pared o viga*) sich durchbiegen

pandereta [pan̪de'reta] *f,* **pandero** [pan̪'dero] *m* (MÚS) Tamburin *nt*

pandilla [pan̪'diʎa] *f* Bande *f;* (*de amigos*) Clique *f;* **~ de ladrones** Verbrecherbande *f*

panecillo [pane'θiʎo] *m* Brötchen *nt*

panegírico, -a[1] [pane'xiriko, -a] *adj* rühmend

panegírico[2] [pane'xiriko] *m* Lobrede *f*

panel [pa'nel] *m* **1.** (*carpintería*) Paneel *nt* **2.** (TÉC) Tafel *f;* **~ de control** Steuerpult *nt* **3.** (*encuesta*) Panel *nt* **4.** (*que discute en público*) Diskussionsrunde *f*

panera [pa'nera] *f* **1.** (*para trigo*) Getreidekammer *f* **2.** (*cesto*) Brotkorb *m*

pánfilo, -a ['paɱfilo, -a] *adj* **1.** (*fácil de engañar*) gutgläubig **2.** (*lento*) schwerfällig

panfleto [paɱ'fleto] *m* Pamphlet *nt*

pánico, -a[1] ['paniko, -a] *adj* panisch

pánico[2] ['paniko] *m* Panik *f;* **entrar en ~** in Panik geraten; **tener ~ a algo** panische Angst vor etw *dat* haben

panificar [panifi'kar] <c→qu> *vt* zu Brot verarbeiten

panizo [pa'niθo] *m* (BOT) Hirse *f*

panocha [pa'notʃa] *f,* **panoja** [pa'noxa] *f* **1.** (*de maíz*) Maiskolben *m* **2.** (*espiga*) Ähre *f;* (*racimo*) Rispe *f*

panoli [pa'noli] **I.** *adj* (*fam*) einfältig **II.** *mf* (*fam*) Simpel *m*

panorama [pano'rama] *m* Panorama *nt;* (*fig*) Überblick *m;* **el ~ de cráteres en la luna** die Kraterlandschaft auf dem Mond

pantagruélico, -a [pan̪ta'ɣrweliko, -a] *adj* (*comidas*) üppig; **banquete ~** Festmahl *nt*

pantalla [pan̪'taʎa] *f* **1.** (*de la lámpara*) Lampenschirm *m* **2.** (*protección*) Abschirmung *f;* **servirse de alguien como ~** hinter jds Rücken Schutz suchen; **servir de ~** (*testaferro*) als Strohmann fungieren **3.** (INFOR, TV) Bildschirm *m;* **~ completa** Gesamtanzeige *f;* **~ cromática** Farbbildschirm *m* **4.** (CINE) Leinwand *f;* **~ panorámica** Breitwand *f;* **estrella de la** ~ Filmstar *m;* **pequeña** ~ (*fam*) Fernsehen *nt*

pantalón [paṇta'lon] *m* Hose *f;* ~ **bombacho** Knickerbocker *pl;* ~ **de pinzas** Bundfaltenhose *f;* ~ **tejano** [*o* **vaquero**] Jeans(hose) *f;* **llevar los pantalones** (*fig*) die Hosen anhaben

pantanal [paṇta'nal] *m* Sumpfgebiet *nt*

pantano [paṇ'tano] *m* **1.** (*laguna, t. fig*) Sumpf *m* **2.** (*embalse*) Stausee *m*

pantanoso, -a [paṇta'noso, -a] *adj* sumpfig

panteón [paṇte'on] *m* **1.** (HIST) Pantheon *nt* **2.** (*sepultura*) Grabstätte *f;* ~ **de familia** Familiengrab *nt* **3.** (*Am: cementerio*) Friedhof *m*

pantera [paṇ'tera] *f* (ZOOL) Panther *m*

pantimedia(s) [paṇti'meðja(s)] *f(pl)* (*Méx*) Strumpfhose *f*

pantis ['paṇtis] *mpl* (*fam*) Nylonstrumpfhose *f*

pantomima [paṇto'mima] *f* Pantomime *f*

pantorrilla [paṇto'rriʎa] *f* Wade *f*

pantufla [paṇ'tufla] *f,* **pantuflo** [paṇ'tuflo] *m* Pantoffel *m*

panza ['paṇθa] *f* **1.** (*barriga, de un recipiente*) Bauch *m;* **llenarse la** ~ sich *dat* den Wanst voll schlagen *fam* **2.** (ZOOL) Pansen *m*

pañal [pa'ɲal] *m* Windel *f;* **dejar en ~es a alguien** (*fig*) jdn weit hinter sich *dat* lassen; **estar aún en ~es** (*fig*) noch in den Kinderschuhen stecken; **sacar a alguien de ~es** (*fig fam*) jdn aus dem Elend erretten; **en física estoy en ~es** von Physik habe ich keine Ahnung

pañería [paɲe'ria] *f* (*comercio*) Tuchhandel *m;* (*tienda*) Tuchhandlung *f*

paño ['paɲo] *m* **1.** (*tejido*) Stoff *m;* (*ancho de una tela*) Stoffbahn *f;* ~ **asargado** Tweed *m;* ~ **tirolés** Loden *m;* **¡conozco el ~!** (*fig*) ich weiß Bescheid!; **hay ~ que cortar** (*fig*) es ist genug von allem da **2.** (*trapo, prenda*) Tuch *nt;* ~ **de cocina** Küchenhandtuch *nt;* **~s menores** Unterwäsche *f;* **aplicar ~s calientes** heiße Umschläge machen; **¡no me vengas con ~s calientes!** (*fig*) komm mir nicht mit nutzlosen Ratschlägen!; **ser el ~ de lágrimas de alguien** (*fig*) jds Tröster sein **3.** (*compresa*) Binde *f;* ~ **higiénico** Damenbinde *f* **4.** (*mancha*) Leberfleck *m*

pañoleta [paɲo'leta] *f* Halstuch *nt*

pañuelo [pa'ɲwelo] *m* **1.** (*moquero*) Taschentuch *nt;* **el mundo es un** ~ die Welt ist ein Dorf **2.** (*pañoleta*) Halstuch *nt;* (*de cabeza*) Kopftuch *nt*

papa[1] ['papa] *m* Papst *m*

papa[2] ['papa] *f* **1.** (*reg, Am: patata*) Kartoffel *f;* **no entender ni** ~ überhaupt nichts verstehen **2.** (*fam*) *v.* **paparrucha** **3.** *pl* (*comida*) Brei *m*

papá [pa'pa] *m* (*fam*) **1.** (*padre*) Papa *m;* **P~ Noel** Weihnachtsmann *m* **2.** *pl:* **los ~s** die Eltern

papachos [pa'paʧos] *mpl* (*Méx*) Streicheleinheiten *fpl;* **hacer** ~ streicheln

papada [pa'paða] *f* (*de la persona*) Doppelkinn *nt;* (*del animal*) Wamme *f*

papagayo [papa'ɣaɟo] *m* **1.** (*loro*) Papagei *m* **2.** (*hablador*) Schwätzer *m;* **hablar como un** ~ unaufhörlich quasseln **3.** (*pez*) Papageifisch *m*

papal [pa'pal] **I.** *adj* päpstlich **II.** *m* (*Am*) Kartoffelfeld *nt*

papamoscas [papa'moskas] *m inv* **1.** (ZOOL) Fliegenschnäpper *m* **2.** (*fam: papanatas*) Trottel *m*

papamóvil [papa'moβil] *m* Papstmobil *nt*

papanatas [papa'natas] *m inv* (*fam*) Trottel *m*

paparrucha [papa'rruʧa] *f* (*fam*), **paparruchada** [paparru'ʧaða] *f* (*fam*) **1.** (*noticia falsa*) Falschmeldung *f;* (*patraña*) Schwindel *m* **2.** (*obra sin valor*) Schund *m;* **ese libro es una** ~ dieses Buch ist der reinste Schund

papaya [pa'paɟa] *f* (*fruta*) Papaya *f*

papayo [pa'paɟo] *m* Papaya *f,* Melonenbaum *m*

papel [pa'pel] *m* **1.** (*para escribir, material*) Papier *nt;* (*escritura*) Schriftstück *nt;* ~ **de barba** Büttenpapier *nt;* ~ **de calcar** Pauspapier *nt;* ~ **cebolla** Durchschlagpapier *nt;* ~ **continuo** Endlospapier *nt;* ~ **de envolver** Einschlagpapier *nt;* ~ **de estraza** Packpapier *nt;* ~ **de fumar** Zigarettenpapier *nt;* ~ **higiénico** Toilettenpapier *nt;* ~ **de hilo** Leinenpapier *nt;* ~ **de lija** Schmirgelpapier *nt;* ~ **maché** Pappmaschee *nt;* ~ **mojado** (*fig*) wertloses Schriftstück; ~ **moneda** Papiergeld *nt;* ~ **de música** Notenpapier *nt;* ~ **pautado** Linienpapier *nt;* ~ **pintado** Tapete *f;* ~ **de plata** Aluminiumfolie *f;* ~ **reciclado** Umweltschutzpapier *nt;* ~ **secante** Löschpapier *nt;* ~ **de tornasol** Lackmuspapier *nt;* **tus palabras fueron ~ mojado** deine Worte waren nichts als leere Versprechungen; **ponerse más blanco que el** ~ kreideweiß werden **2.** (*rol*) Rolle *f;* ~ **protagónico** Hauptrolle *f;* ~ **secundario** Nebenrolle *f;* **hacer su** ~ sich bewähren; **hacer un ~ ridículo** sich lächerlich aufführen; **hacer buen/mal** ~ beeindruckend/lächerlich wirken; **hacer el ~ de malo en la película** im Film den Bösen spielen; **repartir los ~es** die Rollen besetzen **3.** *pl* (*documentos*) Dokumente *ntpl;* (*de identidad*) (Ausweis)papiere *ntpl;* **~es bursátiles** Börsenwertpapiere *ntpl*

papela [pa'pela] *f* (*fam*) Ausweispapiere *ntpl*

P

papeleo [pape'leo] *m* (*trámites*) Papierkram *m fam;* ~ **burocrático** Papierkrieg *m fam pey*

papelera [pape'lera] *f* **1.** (*cesto*) Papierkorb *m* **2.** (*fábrica*) Papierfabrik *f* **3.** (*mueble*) Aktenschrank *m*

papelería [papele'ria] *f* Schreibwarengeschäft *nt*

papelero, -a [pape'lero, -a] **I.** *adj* Papier- **II.** *m, f* (*vendedor*) Schreibwarenhändler(in) *m(f)*

papeleta [pape'leta] *f* (*cédula*) Zettel *m;* (*en el examen*) ausgeloste Prüfungsfrage *f;* ~ **del monte de piedad** Pfandschein *m;* ~ **de propaganda** Flugblatt *nt;* **menuda ~ le ha tocado** er steht vor einer ganz schön schwierigen Aufgabe

papelón [pape'lon] *m* **1.** (*pey: papel inútil*) Wisch *m fam* **2.** (*fam: actuación*) Blamage *f;* **¡qué ~!** wie peinlich!; **hacer un ~** sich blamieren **3.** (*cartón*) dünner Karton *m*

papelote [pape'lote] *m,* **papelucho** [pape'lutʃo] *m* **1.** (*pey: inútil*) Wisch *m fam* **2.** (*reciclable*) Altpapier *nt*

papera [pa'pera] *f* **1.** (*bocio*) Kropf *m* **2.** *pl* (*enfermedad*) Mumps *m*

papi ['papi] *m* (*fam*) Papi *m*

papilla [pa'piʎa] *f* Brei *m;* **dar ~ a alguien** (*fig*) jdm etwas vormachen; **echar la primera ~** sich heftig übergeben; **hacer ~ a alguien** (*fig*) jdn fertig machen; **estar hecho ~** (*fig*) völlig fertig sein

papiro [pa'piro] *m* Papyrus *m*

papo ['papo] *m* **1.** (*buche, fam: bocio*) Kropf *m* **2.** (*papada*) Wamme *f*

paquebote [pake'βote] *m* Passagierschiff *nt*

paquete, -a[1] [pa'kete, -a] *adj* (*Arg*) schick

paquete[2] [pa'kete] *m* **1.** (*t. fig: atado*) Paket *nt;* **meter un ~ a alguien** (*reprender*) jdn zusammenstauchen; (*castigar*) jdn bestrafen **2.** (*fam: hombre*): **ayer ibas hecho un ~** gestern warst du aber herausgeputzt

paquete-bomba [pa'kete-'βomba] *m* <paquetes-bomba> Briefbombe *f*

paquetería [pakete'ria] *f* **1.** (*paquete*) Paketgut *nt* **2.** (*Arg: vanidad*) Eitelkeit *f*

paquidermo [paki'ðermo] **I.** *adj* (ZOOL) dickhäutig **II.** *m* (ZOOL) Dickhäuter *m*

paquistaní [pakista'ni] *adj o mf v.* **pakistaní**

par [par] **I.** *adj* **1.** (*número*) gerade **2.** (*igual*) gleich; **a la ~** gleichzeitig; **esta película entretiene a la ~ que instruye** dieser Film ist unterhaltsam und bildend zugleich; **abrir una ventana de ~ en ~** ein Fenster sperrangelweit öffnen; **sin ~** unvergleichlich **II.** *m* **1.** (*dos cosas*) Paar *nt;* **un ~ de zapatos** ein Paar Schuhe; **un ~ de pantalones/de tijeras** eine Hose/eine Schere **2.** (*algunos*): **un ~ de minutos** ein paar Minuten

para ['para] **I.** *prep* **1.** (*destino*) für *+akk;* **asilo ~ ancianos** Altenheim *nt;* **un regalo ~ el niño** ein Geschenk für das Kind **2.** (*finalidad*) für *+akk,* zu *+dat;* **gafas ~ bucear** Taucherbrille *f;* **servir ~ algo** zu etw *dat* nützlich sein; **las frutas son buenas ~ guardar la línea** Obst ist gut für die schlanke Linie; **¿~ qué es esto?** wozu ist das gut? **3.** (*dirección*) nach *+dat;* **voy ~ Madrid** ich fahre nach Madrid; **mira ~ acá** schau hierher **4.** (*duración*) für *+akk;* (*plazo*) an *+dat;* ~ **siempre** für immer; **con esto tenemos ~ rato** damit kommen wir eine Zeit lang aus; **vendrá ~ Navidad/finales de marzo** er/sie kommt zu Weihnachten/gegen Ende März; **estará listo ~ el viernes** am Freitag ist es fertig; **diez minutos ~ las once** (*Am*) zehn (Minuten) vor elf **5.** (*contraposición*) für *+akk;* **es muy activo ~ la edad que tiene** für sein Alter ist er noch sehr aktiv **6.** (*trato*): ~ (**con**) zu *+dat;* **es muy amable ~ con nosotros** er/sie ist sehr freundlich zu uns **7.** (*loc*): **estar ~ ...** (*disposición*) bereit sein zu ...; (*a punto de*) im Begriff sein zu ...; **no estoy ~ bromas** ich bin nicht zu Späßen aufgelegt; **está ~ llover** es fängt gleich an zu regnen; **está ~ llegar** er/sie muss jeden Augenblick hier sein; **quiere estar ~ sí** er/sie möchte allein sein; ~ **mí, esto no es lo mismo** das ist meiner Ansicht nach nicht dasselbe; ~ **mí que va a llover** ich glaube, dass es gleich regnet **II.** *conj* **1.** *+inf* um ... zu; **he venido ~ darte las gracias** ich bin gekommen, um dir zu danken **2.** *+subj* damit; **te mando al colegio ~ que aprendas algo** ich schicke dich zur Schule, damit du etwas lernst

parabién [para'βjen] *m* Glückwunsch *m;* **dar el ~ a alguien** jdn beglückwünschen

parábola [pa'raβola] *f* **1.** (*alegoría*) Gleichnis *nt* **2.** (MAT) Parabel *f*

parabólica [para'βolika] *f* Parabolantenne *f*

parabólico, -a [para'βoliko, -a] *adj* **1.** (*alegórico*) gleichnishaft; **expresarse en sentido ~** in Gleichnissen reden **2.** (MAT) parabolisch **3.** (TÉC) Parabol-

parabrisas [para'βrisas] *m inv* Windschutzscheibe *f*

paracaídas [paraka'iðas] *m inv* Fallschirm *m*

paracaidismo [parakai̯'ðismo] *m sin pl* Fallschirmspringen *nt*

paracaidista [parakai̯'ðista] *mf* (DEP) Fallschirmspringer(in) *m(f);* (MIL) Fallschirmjäger(in) *m(f)*

parachoques [para'tʃokes] *m inv* Stoßstange *f*

parada [pa'raða] *f* **1.** (*de un autobús/tranvía*) Haltestelle; ~ **de taxis** Taxistand *m* **2.** (*acción de parar*) Anhalten *nt;* ~ **de una**

fábrica Produktionsstopp *m;* **estoy cansada, tenemos que hacer una ~** ich bin müde, wir müssen eine Rast einlegen **3.** (DEP, MIL) Parade *f;* **paso de ~** Stechschritt *m;* **salirle a alguien a la ~** jdm zuvorkommen

paradero [para'ðero] *m* **1.** (*en una autopista*) Rastplatz *m* **2.** (*de una persona*) Aufenthaltsort *m;* (*de una cosa*) Verbleib *m;* **está en ~ desconocido** sein/ihr Aufenthaltsort ist unbekannt; **no logramos descubrir el ~ del paquete** es gelang uns nicht herauszufinden, wo das Paket (gelandet) ist; **si sigues así tendrás mal ~** wenn du so weiter machst, wird es noch böse mit dir enden

paradigma [para'ðiɣma] *m* (*ejemplo*) Modell *nt*

paradisíaco, -a [paraði'siako, -a] *adj* paradiesisch; **un placer ~** ein himmlisches Vergnügen

parado, -a [pa'raðo, -a] **I.** *adj* **1.** (*que no se mueve*) stillstehend; (*fábrica*) stillgelegt; **estar ~** stillstehen; **quedarse ~** stehen bleiben; (*fig*) verblüfft sein; **me quedé tan ~ que no pude decir nada** ich war völlig sprachlos; **me has dejado ~** du hast mich überrascht **2.** (*sin empleo*) arbeitslos **3.** (*remiso*) träge **4.** (*tímido*) scheu **5.** (*loc*): **salir mal/bien ~ de un asunto** bei einer Sache schlecht/gut wegkommen; **fui la peor parada en este negocio** ich habe bei diesem Geschäft den Kürzeren gezogen **II.** *m, f* Arbeitslose(r) *mf;* **~ de larga duración** Langzeitarbeitslose(r) *m*

paradoja [para'ðoxa] *f* **1.** (*absurdidad*) Paradoxie *f;* **esto es una ~** das ist doch widersinnig **2.** (*contradicción*) Widerspruch *m*

parador [para'ðor] *m* Hotel *nt*

paraestatal [paraesta'tal] *adj* halbstaatlich

parafina [para'fina] *f* Paraffin *nt*

parafrasear [parafrase'ar] *vt* paraphrasieren; **~ un término** einen Begriff umschreiben

paráfrasis [pa'rafrasis] *f inv* Paraphrase *f*

parágrafo [pa'raɣrafo] *m* **1.** (*de un texto*) Absatz *m;* **..., ~ aparte ...,** neuer Absatz; (*fam fig*) ..., soweit zu diesem Thema **2.** (*signo ortográfico*) Paragraphzeichen *nt* **3.** (*fam: charla*) Schwätzchen *nt;* **echar un ~** ein Schwätzchen halten; **echar ~s** viel reden

paraguas [pa'raɣwas] *m inv* Regenschirm *m*

Paraguay liegt in Südamerika und grenzt an Bolivien, Brasilien und Argentinien. Es ist ein Binnenland. Die Hauptstadt Paraguays ist **Asunción**. Die offiziellen Landessprachen sind Spanisch und **guaraní**. Auch die Landeswährung heißt **guaraní**.

paraguayo, -a [para'ɣwaɟo, -a] **I.** *adj* aus Paraguay **II.** *m, f* Paraguayer(in) *m(f)*

paragüero [para'ɣwero] *m* (*mueble*) Schirmständer *m*

paraíso [para'iso] *m* **1.** (*en el cielo*) Paradies *nt;* **el ~ terrenal** der Himmel auf Erden; **entrar en el ~** in den Himmel kommen **2.** (TEAT) Galerie *f* **3.** (*Méx: gallinero*) Hühnerstall *m*

paraje [pa'raxe] *m* **1.** (*lugar*) Ort *m;* (*punto*) Stelle *f;* (*paisaje*) Gegend *f* **2.** (*estado*) Zustand *m*

paralela [para'lela] *f* **1.** (MAT) Parallele *f* **2.** *pl* (DEP) Barren *m;* **~s asimétricas** Stufenbarren *m*

paralelo, -a[1] [para'lelo, -a] *adj* parallel (*a* zu +*dat*); **líneas paralelas** Parallelen *fpl;* **las calles son paralelas** die Straßen verlaufen parallel zueinander; **seguir caminos ~s** sich ähnlich entwickeln

paralelo[2] [para'lelo] *m* **1.** (*comparación*) Vergleich *m;* **establecer un ~ entre dos cosas** zwei Dinge miteinander vergleichen; **estos libros no admiten ~** diese Bücher kann man nicht (miteinander) vergleichen **2.** (GEO) Breitenkreis *m* **3.** (ELEC): **conexión en ~** Parallelschaltung *f;* **conectado en ~** parallel geschaltet

paralelogramo [paralelo'ɣramo] *m* Parallelogramm *nt*

parálisis [pa'ralisis] *f inv* Lähmung *f;* **~ infantil** Kinderlähmung *f;* **sufre ~ de las piernas** seine/ihre Beine sind gelähmt

paralítico, -a [para'litiko, -a] **I.** *adj* (*persona*) gelähmt **II.** *m, f* Gelähmte(r) *mf*

paralización [paraliθa'θjon] *f* **1.** (*del cuerpo*) Lähmung *f* **2.** (*de un proyecto*) Abbrechen *nt;* (*de un proceso*) Behinderung *f;* **~ de una obra** Baustopp *m*

paralizar [parali'θar] <z→c> **I.** *vt* **1.** (*persona*) lähmen; **el frío/el miedo la paralizó** sie erstarrte vor Kälte/vor Angst **2.** (*cosa*) lahm legen; **~ un transporte** einen Transport blockieren **II.** *vr:* **~se 1.** (*persona*) erstarren (*de* vor +*dat*) **2.** (*cosa*) zum Erliegen kommen

paramento [para'men̪to] *m* **1.** (*adorno*) Schmuck *m;* (*ornamento*) Verzierung *f;* (*vestidura*) Gewand *nt* **2.** (*para un caballo*) Satteldecke *f*

parámetro [pa'rametro] *m* Parameter *m*

paramilitar [paramili'tar] *adj* paramilitärisch; **fuerzas ~es** paramilitärische Einheiten

páramo ['paramo] *m* **1.** (*terreno desierto*)

Öde *f;* (*infértil*) unfruchtbares Land *nt;* (*yermo*) Brachfeld *nt;* (*altiplano*) Hochebene *f* **2.** (*lugar desamparado*) Einöde *f*

parangón [paraŋ'gon] *m* (*comparación*) Vergleich *m;* (*semejanza*) Entsprechung *f;* **sin ~** unvergleichlich

parangonar [paraŋgo'nar] *vt* **1.** (*comparar*) vergleichen **2.** (TIPO) justieren

paraninfo [para'niɱfo] *m* (*salón*) Aula *f*

paranoia [para'noja] *f* Paranoia *f*

paranoico, -a [para'noi̯ko, -a] **I.** *adj* **1.** (*loco*) paranoid **2.** (*relativo a la paranoia*) paranoisch **II.** *m, f* Paranoiker(in) *m(f)*

parapente [para'pen̪te] *m* Paragliding *nt*

parapetarse [parape'tarse] *vr* sich verschanzen; **~ tras una excusa** eine Entschuldigung vorschieben; **se parapetó en el hecho de que no tenía dinero** er/sie drückte sich unter dem Vorwand, kein Geld zu haben

parapeto [para'peto] *m* **1.** (MIL) Schutzwall *m;* (*barricada*) Barrikade *f* **2.** (*baranda*) Brüstung *f*

paraplejía [paraple'xia] *f* Querschnittslähmung *f*

parapléjico, -a [para'plexiko, -a] **I.** *adj* (*persona*) querschnittsgelähmt **II.** *m, f* Querschnittsgelähmte(r) *mf*

parapsicología [para(β)sikolo'xia] *f* Parapsychologie *f*

parar ['parar] **I.** *vi* **1.** (*detenerse*) anhalten; (*en un discurso*) innehalten; **hablar sin ~** pausenlos reden; **¿para el tren en este pueblo?** hält der Zug in diesem Dorf?; **nunca para en casa** er/sie ist nie zu Hause; **a la vuelta paramos en casa de mi tía** auf dem Rückweg besuchten wir meine Tante; **la máquina funciona sin ~** die Maschine läuft nonstop; **mis hijos no me dejan ~** meine Kinder lassen mich nicht zur Ruhe kommen; **mis remordimientos de conciencia no me dejan ~** mein schlechtes Gewissen lässt mir keine Ruhe **2.** (*terminar*) aufhören; **ha parado de llover** es hat aufgehört zu regnen; **no para de quejarse** er/sie klagt unablässig; **no para (de trabajar)** er/sie ist ständig auf Trab **3.** (*acabar*) enden; **si sigues así irás a ~ a la cárcel/~ás mal** wenn du so weitermachst, endest du noch im Gefängnis/wird es mit dir noch böse enden; **la maleta fué a ~ a Bilbao** der Koffer landete schließlich in Bilbao; **por fin, el paquete fué a ~ a tus manos** das Paket gelangte schließlich doch zu dir; **¿dónde iremos a ~?** wo soll das noch enden?; **¿en qué irá a ~ esto?** wohin soll das führen?; **salimos bien/mal parados del asunto** wir sind bei der Sache gut/schlecht weggekommen; **¿dónde quieres ir a ~ con esto?** worauf willst du damit hinaus?; **siempre venimos a ~ al mismo tema** wir kommen immer wieder auf dasselbe Thema zu sprechen **4.** (*vivir*) sich aufhalten; **no sé dónde para** ich weiß nicht, wo er/sie sich gerade aufhält; **siempre para en el mismo hotel** er/sie übernachtet immer im selben Hotel; **¿paras mucho en este bar?** (*fam*) bist du oft in dieser Kneipe? **5.** (*convertirse*): **la tienda paró en un restaurante** aus dem Laden wurde ein Restaurant **II.** *vt* **1.** (*detener*) anhalten; (*un golpe*) abwehren; (*un gol*) halten; (*el motor*) abstellen; **cuando se enfada no hay quien lo pare** wenn er wütend ist, ist er nicht zu bremsen **2.** (*en el juego*) setzen **III.** *vr:* **~se 1.** (*detenerse*) anhalten; (*reloj*) stehen bleiben; **el reloj se ha parado** die Uhr ist stehen geblieben; **~se a pensar** gründlich nachdenken; **~se a descansar** eine (Ruhe)pause einlegen **2.** (*Am: levantarse*) aufstehen

pararrayos [para'rraɟos] *m inv* Blitzableiter *m*

parásito, -a [pa'rasito, -a] **I.** *adj* **1.** (BIOL) parasitär; **planta parásita** Schmarotzerpflanze *f* **2.** (*persona*) schmarotzerhaft **II.** *m, f* **1.** (BIOL) Parasit *m* **2.** (*persona*) Schmarotzer(in) *m(f)*

parasitos [para'sitos] *mpl* Störgeräusche *ntpl*

parasol [para'sol] *m* **1.** (*quitasol*) Sonnenschirm *m* **2.** (*umbela*) Markise *f* **3.** (*en el coche*) Sonnenblende *f* **4.** (BOT) Parasol(pilz) *m*

parcela [par'θela] *f* **1.** (*terreno*) Grundstück *nt;* **~ de cultivo** Feld *nt;* **~ edificable** Baugrundstück *nt* **2.** (*parte*) (Bruch)teil *m*

parcelar [parθe'lar] *vt* (*dividir*) parzellieren; (*medir*) vermessen

parche ['parʧe] *m* **1.** (*pegote*) Flicken *m;* (*para una herida*) Pflaster *nt;* **bolsillo de ~** aufgesetzte Tasche; **~ para el ojo** Augenklappe *f;* **poner un ~** flicken **2.** (*retoque*) (notdürftige) Ausbesserung *f;* (*de pintura*) (Farb)klecks *m;* **poner ~s** notdürftig ausbessern; (*fig*) sich mit Notlösungen behelfen **3.** (*piel del tambor*) Trommelfell *nt* **4.** (*tambor*) Trommel *f* **5.** (*loc*): **pegar un ~ a alguien** jdn über den Tisch ziehen

parchear [parʧe'ar] *vt* **1.** (*poner parches*) (notdürftig) ausbessern; (*con pegotes*) flicken **2.** (*manosear*) betasten

parchís [par'ʧis] *m* (*juego*) Mensch-ärgere-dich-nicht *nt*

parcial [par'θjal] **I.** *adj* **1.** (*de una parte*) teilweise, Teil-; (*eclips*) partiell; **la venta ~ del terreno** der Verkauf eines Teils des Grundstücks **2.** (*incompleto*) unvollständig **3.** (*arbitrario*) parteiisch; (*crítico*) voreingenommen; (*juez*) befangen **4.** (*partidario*): **ser ~**

de una teoría eine Theorie vertreten **II.** *mf* Anhänger(in) *m(f)*

parcialidad [parθali'ðaᵈ] *f* **1.** (*preferencia*) Parteilichkeit *f* **2.** (*bando*) Fraktion *f;* (*seguidores*) Anhänger *mpl* **3.** (*familiaridad*) Vertrautheit *f* **4.** (*de un pueblo*) Stamm *m*

parco, -a ['parko, -a] *adj* **1.** (*moderado*) bescheiden; (*sobrio*) nüchtern **2.** (*escaso*) spärlich; ~ **en palabras** wortkarg; **ser ~ en conceder favores** mit Gefälligkeiten geizen

pardiez [par'ðjeθ] *interj* Donnerwetter!

pardillo, -a¹ [par'ðiʎo, -a] **I.** *adj* **1.** (*palurdo*) tölpelhaft **2.** (*principiante*) unerfahren **II.** *m, f* **1.** (*palurdo*) Tölpel *m* **2.** (*principiante*) Anfänger(in) *m(f)*

pardillo² [par'ðiʎo] *m* Rotkehlchen *nt*

pardo, -a ['parðo, -a] **I.** *adj* **1.** (*color*) (grau)braun; (*terroso*) erdfarben; **oso ~** Braunbär *m;* **de ojos ~s** braunäugig **2.** (*oscuro*) düster; (*nube*) grau **3.** (*voz*) klanglos **II.** *m, f* (*Am*) Mulatte, -in *m, f*

pardusco, -a [par'ðusko, -a] *adj* bräunlich

parear [pare'ar] *vt* **1.** (*formar parejas*) paarweise zusammentun; (*atar*) paarweise bündeln; (*ropa*) paarweise zusammenlegen **2.** (BIOL) paaren **3.** (*igualar*) aufeinander abstimmen

parecer [pare'θer] **I.** *irr como crecer vi* **1.** (*tener cierto aspecto*) aussehen; (*aparentar*) scheinen; **a lo que parece** anscheinend; **tu idea me parece bien** ich bin mit deiner Idee einverstanden; **parece mayor de lo que es** er/sie sieht älter aus als er/sie ist; **parece mentira que...** +*subj* (es ist) kaum zu glauben, dass ...; **aunque parezca mentira** so unglaublich es auch ist; **me parece que no tienes ganas** ich glaube, du hast keine Lust; **parece que va a llover** es sieht nach Regen aus; **¿qué te parece?** was hältst du davon?; **¿qué te parece el piso?** wie findest du die Wohnung?; **si te parece bien, ...** wenn du einverstanden bist, ...; **parecen hermanos** sie sehen aus wie Geschwister **2.** (*aparecer*) erscheinen; **quien no parece, perece** (*prov*) wer nicht will, der hat schon **II.** *irr como crecer vr:* **~se** sich *dat* ähneln; **se parece a una estrella de cine** er/sie sieht aus wie ein bekannter Filmstar; **te pareces mucho a tu madre** du ähnelst deiner Mutter sehr; **¡esto se te parece!** das sieht dir (wieder einmal) ähnlich! **III.** *m* **1.** (*opinión*) Meinung *f;* (*juicio*) Urteil *nt;* **a mi ~** meiner Meinung nach; **arrimarse al ~ de la mayoría** sich der Mehrheit anschließen; **esto es cuestión de ~es** das ist (reine) Ansichtssache; **toma mi ~** hör auf mich **2.** (*aspecto*) Aussehen *nt;* (*apariencia*) Anschein *m;* **ser de buen ~** gut aussehen; **al ~** anscheinend; **por el bien ~** um den äußeren Schein zu wahren

parecido, -a¹ [pare'θiðo, -a] *adj* **1.** (*semejante*) ähnlich **2.** (*loc*): **ser bien/mal ~** (*persona*) gut/schlecht aussehen; (*cosa*) schicklich/unschicklich sein; **esto no es bien ~** das schickt sich nicht

parecido² [pare'θiðo] *m* Ähnlichkeit *f;* **tienes un gran ~ con tu hermana** du ähnelst deiner Schwester sehr

pared [pa'reð] *f* **1.** (*tabique*) Wand *f;* (*muro*) Mauer *f;* (*de una montaña*) (Fels)wand *f;* (*separación*) (Trenn)wand *f;* (*superficie lateral*) (Seiten)wand *f;* **~ abdominal** Bauchdecke *f;* **~ maestra** tragende Wand; **dejar a alguien pegado a la ~** (*fig*) jdn in die Enge treiben; **quedarse pegado a la ~** (*fig*) sich in die Enge getrieben fühlen; **entre cuatro ~es** von der Außenwelt abgeschnitten; **estar blanco como la ~** kreidebleich sein; **estar entre la espada y la ~** mit dem Rücken zur Wand stehen; **hablar a la ~** in den Wind reden; **¡cuidado, que estas ~es oyen!** Vorsicht, diese Wände haben Ohren!; **subirse por las ~es** (*fig*) die Wände hochgehen; **se subía por las ~es al oír la noticia** die Nachricht brachte ihn/sie auf die Palme; **vivimos ~ por medio** wir leben Tür an Tür **2.** (*personas*) Mauer *f;* (*cosas*) Berg *m*

paredón [pare'ðon] *m* Mauer *f;* **llevar a alguien al ~** jdn an die Wand stellen

pareja [pa'rexa] *f* **1.** (*par*) Paar *nt;* (*de la guardia civil*) Streife *f* der Guardia civil; **~s mixtas** (DEP) gemischtes Doppel; **hacen buena ~** sie passen gut zusammen; **¿dónde está la ~ de este guante?** wo ist das Gegenstück zu diesem Handschuh? **2.** (*compañero*) Partner(in) *m(f);* (*en un baile*) Tanzpartner(in) *m(f)* **3.** *pl* (*en los dados*) Pasch *m;* (*en los naipes*) Pärchen *nt* **4.** (*loc*): **su bondad y su modestia corrían ~s** er/sie war ebenso gütig wie bescheiden; **no correr ~s** nicht vereinbar sein

parejo, -a [pa'rexo, -a] *adj* **1.** (*igual*) gleich; (*semejante*) (sehr) ähnlich; **por (un) ~** gleich; **los caballos iban ~s** die Pferde lagen Kopf an Kopf **2.** (*llano*) eben

parentela [paren̩'tela] *f* Verwandtschaft *f*

parentesco [paren̩'tesko] *m* (*entre familiares*) Verwandtschaft *f;* (*entre cosas*) Bindung *f;* **~ por consanguinidad** Blutsverwandtschaft *f*

paréntesis [pa'ren̩tesis] *m inv* **1.** (*signo*) Klammer *f;* **poner algo entre ~** etw in Klammern setzen; **entre ~, ...** (*fig*) übrigens ...; **abrir/cerrar el ~** Klammer auf/zu; (*fig*) etw unterbrechen/wieder aufnehmen **2.** (*oración*) Parenthese *f* **3.** (*interrupción*) Unterbrechung *f;* **hicimos un ~ para**

almorzar wir legten eine Frühstückspause ein

paridad [pari'ða^{ð}] *f* **1.** (*comparación*) Gleichsetzung *f* **2.** (FIN, ECON) Parität *f;* ~ **adquisitiva** Kaufkraftparität *f;* ~ (**de cambio**) (Währungs)parität *f* **3.** (*igualdad*) Gleichheit *f;* (*semejanza*) (große) Ähnlichkeit *f;* ~ **de fuerzas** Kräftegleichgewicht *nt;* **competir a** ~ **de medios** unter denselben Bedingungen (miteinander) konkurrieren

pariente, -a [pa'rjeṇte, -a] **I.** *adj* **1.** (*parecido*) ähnlich **2.** (*de la misma familia*) verwandt **II.** *m, f* **1.** (*familiar*) Verwandte(r) *mf;* **los ~s** die Verwandtschaft; ~ **mayor** Urahne *m* **2.** (*fam: marido, mujer*) Mann *m,* Frau *f;* **mi** ~ (*irón*) mein Angetrauter

parihuela(s) [pari'wela(s)] *f(pl)* (Trag)bahre *f*

paripé [pari'pe] *m* Show *f;* **hacer el** ~ eine Show abziehen *fam;* (*presumir*) sich aufspielen; (*fingir*) falsche Tatsachen vortäuschen; (*fingir cariño*) Zuneigung heucheln

parir [pa'rir] **I.** *vt* **1.** (*dar a luz*) gebären; (*animal*) werfen **2.** (*producir*) hervorbringen; (*causar*) verursachen **II.** *vi* **1.** (*descubrirse*) ans Licht kommen **2.** (*expresarse*) sich verständlich machen; **pares sin dificultad** du kannst deine Gedanken gut in Worte fassen

París [pa'ris] *m* Paris *nt*

parisiense [pari'sjense] **I.** *adj* pariserisch, Pariser **II.** *mf* Pariser(in) *m(f)*

paritario, -a [pari'tarjo, -a] *adj* paritätisch

paritorio [pari'torjo] *m* **1.** (*sala*) Kreißsaal *m* **2.** (*AmC: parto*) Entbindung *f*

parking ['parkiŋ] *m* <parkings> (*cubierto*) Parkhaus *nt;* (*abierto*) Parkplatz *m*

parlamentar [parlameṇ'tar] *vi* **1.** (*hablar*) sich unterhalten **2.** (*negociar*) verhandeln

parlamentario, -a [parlameṇ'tarjo, -a] **I.** *adj* parlamentarisch; **debate** ~ Parlamentsdebatte *f* **II.** *m, f* **1.** (*diputado*) Parlamentarier(in) *m(f)* **2.** (*negociador*) Unterhändler(in) *m(f)*

parlamento [parla'meṇto] *m* **1.** (*cámara*) Parlament *nt* **2.** (*discurso*) Rede *f;* (TEAT) Monolog *m* **3.** (*negociaciones*) Verhandlungen *f*

parlanchín, -ina [parlan'tʃin, -ina] **I.** *adj* (*fam*) geschwätzig **II.** *m, f* (*fam: persona cotorra*) Quasselstrippe *f;* (*indiscreta*) Klatschmaul *nt*

parlar [par'lar] **I.** *vi* **1.** (*hablar*) sprechen **2.** (*fam: cotorrear*) plappern **II.** *vt* (*revelar*) ausplaudern

parlotear [parlote'ar] *vi v.* **parlar**

parloteo [parlo'teo] *m* **1.** (*charla*) Plappern *nt* **2.** (*conversación*) Schwätzchen *nt*

parné [par'ne] *m* (*fam: dinero*) Kohle *f*

paro ['paro] *m* **1.** (*pararse*) Stillstand *m;* ~ **cardíaco** Herzstillstand *m* **2.** (*parar: una máquina*) Abstellen *nt;* (*una fábrica*) Stilllegung *f;* (*de trabajar*) Arbeitsunterbrechung *f* **3.** (*huelga*): ~ **laboral** Streik *m;* (*por parte de los empresarios*) Aussperrung *f* **4.** (*desempleo*) Arbeitslosigkeit *f;* ~ **forzoso** Arbeitslosigkeit *f;* **estar en** ~ arbeitslos sein **5.** (ZOOL) Meise *f;* ~ **carbonero** Kohlmeise *f*

parodia [pa'roðja] *f* Parodie *f* (*de* auf +*akk*); **hacer una** ~ **de algo** etw parodieren

parodiar [paro'ðjar] *vt* parodieren

parpadear [parpaðe'ar] *vi* **1.** (*ojos*) blinzeln; **sin** ~ (*fig*) ohne mit der Wimper zu zucken **2.** (*luz*) flimmern; (*llama*) flackern

parpadeo [parpa'ðeo] *m* **1.** (*de los ojos*) Blinzeln *nt* **2.** (*de una luz*) Flimmern *nt;* (*de una llama*) Flackern *nt*

párpado ['parpaðo] *m* (Augen)lid *nt*

parque ['parke] *m* **1.** (*jardín*) Park *m;* ~ **de atracciones** Vergnügungspark *m;* **P~ Natural** Naturschutzgebiet *nt;* ~ **zoológico** Zoo *m* **2.** (*depósito*) Lager *nt;* ~ **de bomberos** Feuerwehrhaus *nt;* ~ **militar** Arsenal *nt* **3.** (*conjunto*) Bestand *m;* ~ **industrial** Gewerbepark *m;* ~ **de maquinaria** Maschinenpark *m;* ~ **móvil** öffentlicher Fuhrpark; ~ **de vehículos** Fuhrpark *m* **4.** (*para niños*) Laufstall *m*

parqué [par'ke] *m* Parkett *nt*

parqueadero [parkea'ðero] *m* (*Am*) Parkplatz *m*

parquear [parke'ar] *vt* (*Am*) parken

parquedad [parke'ða^{ð}] *f* **1.** (*en el gasto*) Sparsamkeit *f;* (*en el uso*) Genügsamkeit *f* **2.** (*parsimonia*) Zurückhaltung *f;* **habla con** ~ er/sie ist wortkarg

parquet [par'ke$^{(t)}$] *m* Parkett *nt*

parquímetro [par'kimetro] *m* Parkuhr *f*

parra ['parra] *f* (*vid*) Weinstock *m;* **subirse a la** ~ (*enfadarse*) in die Luft gehen; (*darse importancia*) abheben; (*fam: atreverse*) übermütig werden

párrafo ['parrafo] *m v.* **parágrafo**

parral [pa'rral] *m* **1.** (*parras*) Spalier *nt;* (*techo*) Weinlaube *f* **2.** (*viña*) Weinberg *m*

parranda [pa'rraṇda] *f* (*juerga*) Trubel *m;* (*de bar en bar*) Kneipentour *f;* **ir de** ~ um die Häuser ziehen

parrilla [pa'rriʎa] *f* **1.** (*para la brasa*) (Grill)rost *m;* (*de un horno*) (Ofen)rost *m* **2.** (*establecimiento*) (Grill)restaurant *nt* **3.** (DEP): ~ (**de salida**) Startplatz *m* **4.** (*Am:* AUTO) Dachgepäckträger *m*

parrillada [parri'ʎaða] *f* Grillplatte *f;* ~ **de pescado/de carne** gegrillte Fisch-/Fleischspezialitäten

párroco ['parroko] **I.** *adj* Gemeinde- **II.** *m* Pfarrer *m*

parroquia [pa'rrokja] *f* **1.** (*territorio, fieles*)

Gemeinde *f* **2.** (*iglesia*) (Pfarr)kirche *f* **3.** (*clientela*) (Stamm)kundschaft *f*

parroquial [parro'kjal] *adj* Gemeinde-; **iglesia**~ Pfarrkirche *f*

parroquiano, **-a** [parro'kjano, -a] **I.** *adj* Gemeinde- **II.** *m, f* **1.** (*feligrés*) Gemeindemitglied *nt* **2.** (*cliente*) Stammkunde, -in *m, f*

parsimonia [parsi'monja] *f* **1.** (*calma*) Ruhe *f;* (*lentitud*) Trägheit *f;* **con** ~ in aller Ruhe **2.** (*en los gastos*) Sparsamkeit *f* **3.** (*prudencia*) Rücksicht *f;* (*moderación*) Zurückhaltung *f*

parsimonioso, **-a** [parsimo'njoso, -a] *adj* **1.** (*tranquilo*) ruhig; (*flemático*) träge **2.** (*ahorrador*) sparsam **3.** (*prudente*) rücksichtsvoll; (*moderado*) zurückhaltend

parte[1] ['parte] *f* **1.** (*porción*) Teil *m;* (*elemento*) (Bestand)teil *m;* (*de repuesto*) Ersatzteil *nt;* ~ **alicuota** Bruchteil *m;* ~ **constitutiva** Bestandteil *m;* ~ **esencial** wesentlicher Bestandteil; ~ **del león** Löwenanteil *m;* ~ **del mundo** Erdteil *m;* **una cuarta** ~ ein Viertel; **de varias** ~**s** mehrteilig; **en** ~ teilweise; **en gran** ~ zu einem großen Teil; **en mayor** ~ größtenteils; ~ **por** ~ Stück für Stück; **por** ~**s** der Reihe nach; **tomar** ~ **en algo** an etw *dat* teilnehmen; **tener** ~ **en algo** an etw *dat* beteiligt sein **2.** (*repartición*) Anteil *m* (*de* an +*dat*), Teil *m* (*de* +*gen*); ~ **hereditaria** Erbteil *nt;* **dar** ~ **a alguien en algo** jdn an etw *dat* beteiligen; **llevarse la peor** ~ den Kürzeren ziehen; **llevarse la mejor** ~ am besten abschneiden **3.** (*lugar*) Ort *m;* **¿a qué** ~**?** wohin?; **a ninguna** ~ nirgendwohin; **en ninguna** ~ nirgends; **en cualquier** ~ irgendwo; **por todas** (**las**) ~**s** überall; **en otra** ~ woanders, anderswo; **¿de qué** ~ **de España es tu familia?** aus welcher Gegend Spaniens stammt deine Familie?; **no llevar a ninguna** ~ (*fig*) zu nichts führen; **en todas** ~**s** (**se**) **cuecen habas** (*prov*) das passiert woanders auch; **que no te dé vergüenza, ¡en todas** ~**s** (**se**) **cuecen habas!** schäm dich nicht, das kommt in den besten Familien vor! **4.** (*bando, t.* JUR) Partei *f;* (*en un negocio*) Teilhaber(in) *m(f);* (*en una discusión*) Gesprächsteilnehmer(in) *m(f);* ~ **contratante** Vertragspartner *m;* ~ **laboral** Arbeitnehmerseite *f;* ~ **pública** Staatsanwalt *m* **5.** (*lado*) Seite *f;* ~ **de delante/de atrás** Vorder-/Rückseite *f;* **dale recuerdos de mi** ~ grüß ihn/sie von mir; **somos primos por** ~ **de mi padre/de mi madre** wir sind Cousins väterlicherseits/mütterlicherseits; **por mi** ~ **puedes hacer lo que quieras** von mir aus kannst du tun, was du willst; **estar de** ~ **de alguien** auf jds Seite sein; **ponerse de** ~ **de alguien** jds Partei ergreifen; **saber de buena** ~ aus zuverlässiger Quelle wissen; **me tienes de tu** ~ ich bin auf deiner Seite; **de** ~ **a** ~ (*de un lado a otro*) von rechts nach links; (*de arriba a abajo*) von oben nach unten; **por otra** ~ and(e)rerseits; (*además*) außerdem **6.** (*sección*) Teil *m;* (*tomo*) Band *m;* (*capítulo*) Kapitel *nt* **7.** (TEAT, MÚS: *papel*) Part *m;* (*actor*) Schauspieler(in) *m(f);* (*cantante*) Sänger(in) *m(f)* **8.** *pl* (*genitales*) Geschlechtsteile *ntpl;* **me dió una patada en salva sea la** ~ er/sie trat mich in den Allerwertesten **9.** (*loc*): **no lo tomes** [*o* **eches**] **a mala** ~ versteh mich nicht falsch; **de primeros de mes a esta** ~ seit Beginn dieses Monats; **de unos cuantos días a esta** ~ seit einigen Tagen

parte[2] ['parte] *m* **1.** (*comunicado*) Bericht *m;* (*telegráfico*) Telegramm *nt;* (*por radio*) Funkmeldung *f;* **dar** ~ Bericht erstatten; **tienes que dar** ~ **del robo a la policía** du musst den Diebstahl der Polizei melden **2.** (RADIO, TV) Nachrichten *fpl;* ~ **meteorológico** Wetterbericht *m*

partero, **-a** [par'tero, -a] *m, f* Geburtshelfer(in) *m(f)*

parterre [par'terre] *m* **1.** (*arriate*) Blumenbeet *nt* **2.** (*jardín*) Gartenanlage *f*

partición [parti'θjon] *f* **1.** (*acción de partir*) Aufteilung *f* (*entre* unter +*dat*) **2.** (MAT) Division *f*

participación [partiθipa'θjon] *f* **1.** (*intervención*) Teilnahme *f* (*en* an +*dat*); (*en un negocio*) Beteiligung *f* (*en* an +*dat*); (*en una decisión*) Mitbestimmung *f;* ~ **en los beneficios** Gewinnbeteiligung *f* **2.** (*parte*) Anteil *m* (*en* an +*dat*) **3.** (*billete*) (Lotterie)los *nt;* (*parte que se juega*) (anteiliger) Lotterieeinsatz *m* **4.** (*anuncio*) Anzeige *f;* (*aviso*) Mitteilung *f*

participante [partiθi'pante] *mf* (*en una acción*) Teilnehmer(in) *m(f)* (*en* an +*dat*); (*en una empresa*) Teilhaber(in) *m(f)*

participar [partiθi'par] **I.** *vi* **1.** (*tomar parte*) teilnehmen (*en* an +*dat*); **los países participantes** die Teilnehmerländer; ~ **en un juego** mitspielen; **participo en tu alegría** ich freue mich mit dir **2.** (*tener parte*) beteiligt sein (*en* an +*dat*); ~ **en una herencia** Miterbe sein **II.** *vt* **1.** (*comunicar*) mitteilen **2.** (*tener en común*) teilen (*de* +*akk*); **participamos de la misma opinión** wir sind derselben Meinung

partícipe [par'tiθipe] **I.** *adj* beteiligt **II.** *mf* Beteiligte(r) *mf* (*de* an +*dat*); (*en una empresa*) Teilhaber(in) *m(f);* **hacer a alguien** ~ **de algo** (*compartir*) etw mit jdm teilen; (*informar*) jdm etw mitteilen

participio [parti'θipjo] *m* Partizip *nt;* ~ **activo** [*o* **de presente**] Partizip Präsens; ~ **pasivo** [*o* **de pretérito**] Partizip Perfekt

partícula [par'tikula] *f* **1.** (*t.* FÍS, QUÍM) Teilchen *nt;* ~ **elemental** Elementarteilchen *nt;* ~**s de polvo** Staubpartikel *ntpl o fpl* **2.** (LING) Partikel *f;* ~ **prepositiva** Präfix *nt*

particular[1] [partiku'lar] **I.** *adj* **1.** (*propio*) eigen; (*individual*) individuell; (*típico*) typisch; (*personal*) persönlich; **el sabor ~ del azafrán** der typische Safrangeschmack **2.** (*raro*) eigenartig **3.** (*extraordinario*) besondere(r, s); **caso ~** Sonderfall *m;* **en ~** besonders; **posee un talento ~ para dibujar** er/sie kann außergewöhnlich gut zeichnen **4.** (*privado*) privat; **envíamelo a mi domicilio ~** schick es mir an meine Privatadresse **5.** (*determinado*) bestimmt; **tenemos que concentrarnos en este problema ~** wir müssen uns auf dieses eine Problem konzentrieren **II.** *mf* Privatperson *f*

particular[2] [partiku'lar] *m* Angelegenheit *f*

particularidad [partikulari'ða^ð] *f* **1.** (*especialidad*) Besonderheit *f;* (*singularidad*) Einzigartigkeit *f;* (*peculiaridad*) Außergewöhnliche(s) *nt;* **la ~ de este método estriba en que...** das Besondere an diesem Verfahren ist, dass ... **2.** (*rareza*) Eigenart *f* **3.** (*detalle*) Detail *nt;* (*circunstancia*) Umstand *m;* **las ~es del crimen** die näheren Umstände des Verbrechens **4.** (*en el trato*) Vertraulichkeit *f*

particularizar [partikulari'θar] <z→c> **I.** *vt* **1.** (*explicar*) (detailliert) erläutern **2.** (*mostrar preferencia*) bevorzugen **3.** (*personalizar*) sich konkret beziehen (*en* auf +*akk*) **4.** (*distinguir*) charakterisieren; **sus saques particularizan su estilo de jugar** das Besondere an seinem Spiel ist sein Aufschlag **II.** *vi* (*explicar*) ins Detail gehen

particularmente [partikular'mente] *adv* vor allem

partida [par'tiða] *f* **1.** (*salida*) Abfahrt *f* **2.** (*envío*) Sendung *f* **3.** (FIN) Posten *m;* ~ **doble** doppelte Buchführung **4.** (*anotación*) (Register)eintrag *m;* (*certificado*) Urkunde *f;* ~ **de defunción** Sterbeurkunde *f* **5.** (*juego*) Partie *f;* **jugar una ~ de ajedrez** eine Partie Schach spielen; **jugar una mala ~ a alguien** jdm übel mitspielen **6.** (*grupo*) Gruppe *f;* (MIL) Truppe *f;* (*de amigos*) Clique *f;* (*en un juego*) Mannschaft *f;* (*excursión*) Partie *f;* ~ **de campo** Landpartie *f* **7.** (*muerte*) Tod *m* **8.** (*lugar*) Bezirk *m*

partidario, -a [parti'ðarjo, -a] **I.** *adj* (*parcial*) parteiisch; (*juez*) befangen **II.** *m, f* **1.** (*seguidor*) Anhänger(in) *m(f);* (*afiliado*) Mitglied *nt;* (*de un proyecto, una idea*) Befürworter(in) *m(f);* **ser ~ de algo** etw befürworten **2.** (*guerrillero*) Partisan(in) *m(f)*

partidismo [parti'ðismo] *m* **1.** (*parcialdad*) Parteilichkeit *f;* (*de un juez*) Befangenheit *f;* (*a favor de un partido*) politische Neigung *f* **2.** (POL) Parteitreue *f*

partido, -a[1] [par'tiðo, -a] *adj* (*liberal*) freigebig

partido[2] [par'tiðo] *m* **1.** (POL) Partei *f;* ~ **de clase media** Mittelstandspartei *f;* ~ **de derecha(s)/de izquierda(s)** Rechts-/Linkspartei *f;* ~ **obrero** Arbeiterpartei *f;* ~ **pequeño** Splitterpartei *f;* ~ **popular** Volkspartei *f;* ~ **único** Einheitspartei *f* **2.** (*grupo*) (Interessen)gruppe *f;* **formar ~** sich zusammenschließen; **esta idea tiene mucho ~** diese Idee wird von vielen befürwortet; **el candidato tenía cada vez menos ~** der Kandidat hatte immer weniger Anhänger; **la película tuvo mucho ~ en el extranjero** der Film war im Ausland sehr erfolgreich **3.** (DEP: *juego*) Spiel *nt;* ~ **amistoso** Freundschaftsspiel *nt* **4.** (*equipo*) Mannschaft *f* **5.** (*para casarse*) Partie *f;* **encontrar un buen ~** eine gute Partie machen **6.** (ADMIN) Bezirk *m;* ~ **judicial** Gerichtsbezirk *m;* **cabeza de ~** Bezirkshauptstadt *f* **7.** (*determinación*) Stellungnahme *f;* **tomar ~** (*inclinarse*) Partei ergreifen (*a favor de* für +*akk*); (*opinar*) Stellung beziehen; (*decidirse*) sich entscheiden; (MIL) sich freiwillig melden **8.** (*provecho*) Nutzen *m;* **de esto aún se puede sacar ~** daraus lässt sich noch was machen; **no sacarás ~ de él** er ist ein hoffnungsloser Fall; **saqué ~ del asunto** ich habe von der Sache profitiert **9.** (*Am: del pelo*) Scheitel *m*

partidor [parti'ðor] *m* Verteiler *m*

partir [par'tir] **I.** *vt* **1.** (*dividir*) teilen (*en* in +*akk*); (MAT) dividieren (*en* durch +*akk*); ~ **por la mitad** halbieren **2.** (*romper*) zerbrechen; (*en muchas piezas*) zertrümmern; (*madera*) (zer)hacken; (*una nuez*) knacken; ~ **el pan** (REL) das Brot brechen; ~ **la cabeza a alguien** jdm den Schädel einschlagen **3.** (TÉC) spalten **4.** (*repartir*) aufteilen; (*clasificar*) klassifizieren **5.** (*compartir*) teilen **6.** (*una baraja*) abheben **II.** *vi* **1.** (*tomar como base*) ausgehen (*de* von +*dat*); **a ~ de ahora** von nun an; **a ~ de mañana** ab morgen; **a ~ de las seis** ab sechs Uhr; **a ~ de entonces** von da an **2.** (*salir de viaje*) abreisen; (*ponerse en marcha*) losfahren; (*a pie*) losgehen; **partimos de Heidelberg a las cinco** wir sind um fünf in Heidelberg losgefahren **III.** *vr:* ~**se** (*rajarse*) zerbrechen; (*cristal*) zersplittern; ~**se de risa** sich vor Lachen biegen

partisano, -a [parti'sano, -a] *m, f* Partisan(in) *m(f)*

partitivo, -a [parti'tiβo, -a] *adj* **1.** (LING) partitiv **2.** (*que se puede partir*) teilbar; (*que se puede romper*) zerbrechlich

partitura [parti'tura] *f* Partitur *f*

parto ['parto] *m* (*alumbramiento*) Geburt *f;*

(*de un animal*) Werfen *nt;* ~ **prematuro** Frühgeburt *f;* **dolores de** ~ Wehen *fpl;* **estar de** ~ in den Wehen liegen; **esto es el** ~ **de los montes** der Berg kreißte und gebar eine Maus

parturienta [partu'rjenta] *f* **1.** (*que está de parto*) Gebärende *f* **2.** (*que acaba de parir*) Wöchnerin *f*

parva ['parβa] *f* **1.** (AGR) Dreschgut *nt* **2.** (*montón*) Menge *f;* (*de chiquillos*) Kinderschar *f*

parvedad [parβe'ða^{ð}] *f* **1.** (*escasez*) Spärlichkeit *f;* (*pequeñez*) Winzigkeit *f;* (*poquedad*) Kleinigkeit *f* **2.** (*para comer*) Happen *m*

parvo, -a ['parβo, -a] *adj* (*pequeño*) klein; (*escaso*) spärlich

parvulario [parβu'larjo] *m* Kindergarten *m;* (*educación preescolar*) Vorschule *f*

párvulo, -a ['parβulo, -a] *m, f* Kind *nt* (im Vorschulalter); **escuela de ~s** Vorschule *f;* **clase de ~s** Vorschulklasse *f*

pasa ['pasa] *f* (*uva seca*) Rosine *f;* ~ **de Corinto** Korinthe *f;* **chocolate de ron y ~s** Trauben-Nuss-Schokolade *f;* **estar hecho una** ~ (*fam*) verrunzelt sein

pasable [pa'saβle] *adj* passabel

pasacalle [pasa'kaʎe] *m* Marsch *m*

pasada [pa'saða] *f* **1.** (*paso*) Vorbeigehen *nt;* **hacer varias ~s** mehrmals vorbeigehen; **de** ~ im Vorbeigehen; (*fig*) flüchtig; **dar** ~ **a algo** (*fig*) etw durchgehen lassen **2.** (*mano*) Durchgang *m;* (*pintura*) Anstrich *m;* **dar una** ~ **a algo** etw überarbeiten; **dar otra** ~ **con agua limpia** nochmals mit klarem Wasser drüberwischen **3.** (*fam: comportamiento*) Gemeinheit *f;* **¡vaya (mala)** ~**!** so eine Gemeinheit!; **hacer una mala** ~ **a alguien** jdm übel mitspielen **4.** (*fam: exageración*) Übertreibung *f* **5.** (*puntada*) (Heft)stich *m;* (*costura*) (Heft)naht *f;* **dar unas ~s** heften (*a* +*akk*) **6.** (*con la plancha*): **sólo le voy a dar una** ~ ich bügle nur leicht drüber **7.** (*en un juego*) Durchgang *m*

pasadero, -a [pasa'ðero, -a] *adj* **1.** (*aceptable*) passabel; (*tolerable*) erträglich **2.** (*transitable*) überquerbar

pasadizo [pasa'ðiθo] *m* (*pasillo*) Durchgang *m;* (*entre dos calles*) Passage *f;* ~ **secreto** Geheimgang *m*

pasado, -a[1] [pa'saðo, -a] *adj* **1.** (*de atrás*) vergangen; **el año** ~ letztes Jahr; **la conferencia del año** ~ die letztjährige Konferenz; ~ **mañana** übermorgen; **~s dos meses** nach zwei Monaten; ~ **de moda** veraltet; (*vestido*) altmodisch **2.** (*estropeado*) kaputt; (*fruta*) faul; (*alimentos*) verdorben; (*leche*) sauer; (*mantequilla*) ranzig; (*ropa*) abgetragen; (*flores*) welk; **el yogur está** ~ **de fecha** das Verfallsdatum des Joghurts ist überschritten **3.** (*muy cocido*) übergar; (*verdura*) zerkocht; **¿quieres el filete muy ~?** möchtest du das Steak sehr durchgebraten?; **un huevo** ~ **por agua** ein weichgekochtes Ei

pasado[2] [pa'saðo] *m* **1.** (*tiempo, vida, t.* LING) Vergangenheit *f;* **en el** ~ früher; **son cosas del** ~ das ist Schnee von gestern **2.** *pl* (*antepasados*) Vorfahren *mpl*

pasador [pasa'ðor] *m* **1.** (*alfiler*) (Steck)nadel *f;* (*imperdible*) Sicherheitsnadel *f;* (*broche*) Anstecknadel *f;* (*de corbata*) Krawattennadel *f;* (*para sujetarlo a la camisa*) Krawattenhalter *m* **2.** (*para el cabello*) Haarspange *f* **3.** (*cerrojo*) (Tür)riegel *m* **4.** (*colador*) Sieb *nt* **5.** *pl* (*gemelos*) Manschettenknöpfe *mpl*

pasaje [pa'saxe] *m* **1.** (*paso*) Passieren *nt;* (*de una calle*) Überquerung *f;* (*de un territorio*) Durchquerung *f* **2.** (*derecho*) Wegegeld *nt* **3.** (*en barco*) Schiffspassage *f* **4.** (*billete de avión*) Flugticket *nt;* (*de barco*) Schiffsticket *nt;* (*precio*) Tarif *m* **5.** (*pasajeros*) Passagiere *mpl* **6.** (*pasillo*) Durchgang *m;* ~ **subterráneo** Unterführung *f* **7.** (*estrecho*) Meerenge *f*

pasajero, -a [pasa'xero, -a] **I.** *adj* **1.** (*transitorio*) vorübergehend; (*breve*) kurz(lebig); (*fugaz*) flüchtig; (*perecedero*) vergänglich **2.** (*calle, plaza*) belebt **II.** *m, f* (*viajero*) Reisende(r) *mf;* (*en barco/avión*) Passagier(in) *m(f);* (*en tren/coche*) Fahrgast *m;* **tren de ~s** Personenzug *m*

pasamano(s) [pasa'mano(s)] *m(pl)* (*barandal*) Handlauf *m;* (*barandilla*) Geländer *nt*

pasamontañas [pasamon'taɲas] *m inv* Kopfschützer *m*

pasante [pa'sante] **I.** *adj* (*viajante*) auf der Durchreise **II.** *mf* **1.** (*auxiliar*) Assistent(in) *m(f);* (*de un abogado*) Referendar(in) *m(f);* ~ **de pluma** Schreiber(in) *m(f)* **2.** (*profesor*) Repetitor(in) *m(f)*

pasaporte [pasa'porte] *m* (*para viajar*) (Reise)pass *m;* **dar** ~ **a alguien** (*despedirlo*) jdm den Laufpass geben *fam;* (*matarlo*) jdn umlegen *fam*

pasapuré(s) [pasapu're(s)] *m* (*inv*) Passiersieb *nt*

pasar [pa'sar] **I.** *vi* **1.** (*por delante*) vorbeigehen; (*en coche*) vorbeifahren; ~ **corriendo** vorbeilaufen; ~ **desapercibido** unbemerkt bleiben; ~ **de largo** (*no detenerse*) nicht anhalten; (*no entrar*) nicht hereinkommen; **pásate un momento por mi casa** komm doch auf einen Sprung zu mir; **dejar** ~ (*por delante*) vorbeilassen; **no dejes** ~ **la oportunidad** lass die Gelegenheit nicht ungenutzt; **el avión pasó por encima del Teide** das Flugzeug flog über den Teide **2.** (*por*

P

un hueco) durchgehen; (*en coche*) durchfahren; **el sofa no pasa por la puerta** das Sofa passt nicht durch die Tür; **el Ebro pasa por Zaragoza** der Ebro fließt durch Zaragoza; ~ **por una crisis** eine Krise durchleben **3.** (*trasladarse*) hinübergehen; (*entrar*) hereinkommen; **me hizo** ~ er/sie bat mich herein; **pasemos al comedor** lass uns doch ins Esszimmer gehen **4.** (*acaecer*) passieren; **¿qué pasa?** was ist los?; **¿qué te pasa?** was hast du?; **pase lo que pase** auf jeden Fall; **dejar** ~ **algo** etw zulassen; **lo que pasa es que, ...** es ist Folgendes: ... **5.** (*acabar*) vorübergehen; **ya ha pasado la tormenta** das Gewitter ist vorbei; **cuando pasen las vacaciones...** nach den Ferien ... **6.** (*el tiempo*) vergehen; **han pasado dos semanas sin llover** es hat schon seit zwei Wochen nicht mehr geregnet; **lo pasado, pisado** Schwamm drüber **7.** (*ser transferido*) übergehen; (MED) sich übertragen **8.** (*poder existir*) auskommen; **vamos pasando** es geht uns (einigermaßen) gut **9.** (*aparentar*) durchgehen (*por* als +*nom*); **pasa por nuevo** alle glauben, es sei neu; **podrías** ~ **por alemana** man könnte dich glatt für eine Deutsche halten; **hacerse** ~ **por médico** sich als Arzt ausgeben **10.** (*cambiar*) übergehen (*a* zu +*dat*); **paso a explicarte porqué** ich erzähle dir jetzt, warum; ~ **a mayores** sich verschlimmern **11.** (*ser admisible*) durchgehen; **arreglándolo aún puede** ~ wenn du es reparierst, ist es noch brauchbar; ~ **por un control** einer Prüfung standhalten **12.** (*no jugar*) passen **13.** (*fam: no necesitar*) verzichten (können) (*de* auf +*akk*); **yo paso de salir** ich möchte nicht ausgehen; **paso de esta película** dieser Film interessiert mich nicht; **pasa de todo** ihm/ihr ist alles egal **14.** (*loc*): ~ **por alto** auslassen; ~ **por encima de** (*un obstáculo*) überwinden; (*una persona*) übergehen, ignorieren **II.** *vt* **1.** (*atravesar*) überqueren; (*un territorio*) durchqueren; ~ **el semáforo en rojo** (*a pie*) über eine rote Ampel laufen; (*en coche*) über eine rote Ampel fahren; ~ **el puente** über die Brücke gehen **2.** (*por un hueco*) (durch)führen; ~ **la tarjeta por la ranura** die Karte durch den Schlitz ziehen; ~ **algo por debajo de la puerta** etw unter der Tür durchschieben **3.** (*trasladar*) verlegen; ~ **a limpio** ins Reine schreiben **4.** (*dar*) reichen **5.** (*una temporada*) verbringen; ~ **el invierno en Mallorca** auf Mallorca überwintern; ~**lo bien** sich amüsieren; ~**lo en grande** einen Riesenspaß haben; ~**lo mal** eine schlechte Zeit durchleben; **¡que lo paséis bien!** viel Spaß! **6.** (*sufrir*) leiden; ~ **hambre** hungern; ~ **frío** frieren; **has pasado mucho** du hast viel durchgemacht; **pasé un mal rato** es ging mir schlecht **7.** (*transmitir*) übertragen; (*una película*) vorführen; (*una noticia*) weiterleiten; (*dinero*) überweisen; ~ **un recado** etwas ausrichten; **me has pasado el resfriado** du hast mich mit deiner Erkältung angesteckt; **le paso a la Sra. Ortega** ich verbinde Sie mit Fr. Ortega **8.** (*sobrepasar*) übertreffen; (*cierta edad*) überschreiten; **he pasado los treinta** ich bin schon über dreißig; **te paso en altura** ich bin größer als du **9.** (*hacer deslizar*): ~ **la mano por la mesa** mit der Hand über den Tisch streichen; ~ **la aspiradora** Staub saugen **10.** (*tolerar*) durchgehen lassen **11.** (*aprobar*) bestehen **12.** (*omitir*) auslassen **13.** (*leer sin atención*) überfliegen; (*recitar sin atención*) herunterleiern **14.** (*repasar*) wiederholen; (*estudiar*) durchgehen **15.** (*tragar*) (hinunter)schlucken; **no puedo** ~ **me la pastilla** ich krieg die Tablette nicht runter **16.** (*colar*) passieren **17.** (*la pelota*) abspielen; (*a alguien*) zuspielen **18.** (*las hojas de un libro*) umblättern **19.** (*géneros prohibidos*) schmuggeln **III.** *vr:* ~**se 1.** (*acabarse*) verstreichen; (*dolor*) nachlassen; **se me han pasado las ganas** ich habe keine Lust mehr; **ya se le** ~**á el enfado** sein/ihr Ärger wird schon verfliegen; ~**se de fecha** das Verfallsdatum überschreiten **2.** (*exagerar*) übertreiben; ~**se de la raya** über die Stränge schlagen; ~**se de listo** besonders schlau sein wollen; **te has pasado de listo** da hast du dich selbst überlistet; **te has pasado un poco con la sal** du hast etwas zu viel Salz genommen **3.** (*por un sitio*) vorbeigehen; **me pasé un rato por casa de mi tía** ich habe kurz bei meiner Tante vorbeigeschaut; **se me pasó por la cabeza que...** es ging mir durch den Kopf, dass ...; **no se te pasará ni por la imaginación** du wirst ja wohl nicht im Traum daran denken; ~**se la mano por el pelo** sich *dat* mit der Hand durch die Haare fahren **4.** (*cambiar*) wechseln (*a* zu +*dat*); (MIL) überlaufen (*a* zu +*dat*); **se ha pasado de trabajadora a perezosa** sie ist jetzt nicht mehr fleißig, sondern faul **5.** (*olvidarse*) entfallen; **se me pasó tu cumpleaños** ich habe deinen Geburtstag vergessen **6.** (*estropearse*) verderben; (*fruta*) faul werden; (*alimentos*) schlecht werden; (*leche*) sauer werden; (*mantequilla*) ranzig werden; (*flores*) welken; **se ha pasado el arroz** der Reis ist zerkocht **7.** (*escaparse*) entgehen; **se me pasó la oportunidad** ich verpasste die Chance; **se me pasó el turno** ich merkte nicht, dass ich an der Reihe war **8.** (*loc*): ~**se de moda** aus der Mode kommen

pasarela [pasa'rela] *f* **1.** (*para desfiles*) Laufsteg *m* **2.** (*de un barco*) Gangway *f* **3.** (*puente provisional*) Steg *m;* (*para peatones*) Fußgängerübergang *m*

pasarrato [pasa'rrato] *m* (*Méx, PRico*), **pasatiempo** [pasa'tjempo] *m* (*diversión*) Zeitvertreib *m;* (*hobby*) Freizeitbeschäftigung *f;* **los ~s del periódico** die Rätselecke in der Zeitung

Pascua ['paskwa] *f* **1.** (*de resurrección*) Ostern *nt;* **~ de florida** Ostersonntag *m;* **mona de ~** ≈Osterkuchen *m;* **de ~s a Ramos** sehr selten **2.** (*fiesta judía*) Passah(fest) *nt* **3.** *pl* (*navidad*) Weihnachten *nt;* **dar las ~s** frohe Weihnachten wünschen **4.** *pl* (*pentecostés*) Pfingsten *nt* **5.** (*loc*): **¡y santas ~s!** und damit basta!; **santas ~s** wenn es denn sein muss; **estar como una(s) ~(s)** sich freuen wie ein Schneekönig; **tener cara de ~(s)** (*fam*) strahlen wie ein Honigkuchenpferd; **hacer la ~ a alguien** jdm das Leben schwer machen

pascual [pas'kwal] *adj* **1.** (*relativo a la pascua cristiana*) Oster-, österlich **2.** (*relativo a la pascua judía*) Passah- **3.** (*navideño*) Weihnachts-, weihnachtlich **4.** (*de pentecostés*) Pfingst-, pfingstlich

pase ['pase] *m* **1.** (*desfile*) Modenschau *f* **2.** (DEP) Pass *m* **3.** (CINE) (Film)vorführung *f* **4.** (*en los naipes*) Passen *nt* **5.** (*permiso*) Erlaubnis *f;* (*licencia*) Lizenz *f;* (MIL) Passierschein *m;* (*para entrar gratis*) Freikarte *f;* (*para viajar en tren*) Freifahrkarte *f;* (*durante un largo periodo*) Dauerkarte *f;* **~** (**de transporte**) Transporterlaubnis *f* **6.** (*Am: pasaporte*) (Reise)pass *m*

paseante [pase'aṇte] *mf* Spaziergänger(in) *m(f);* **~** (**en corte**) (*fam*) Müßiggänger(in) *m(f)*

pasear [pase'ar] **I.** *vt* **1.** (*en coche*) spazieren fahren; (*a pie*) spazieren führen; **~ al perro** mit dem Hund Gassi gehen *fam;* **~ a un caballo** einem Pferd Auslauf verschaffen **2.** (*llevar a todas las partes*) (überall) herumzeigen **II.** *vi, vr:* **~se 1.** (*a pie*) spazieren gehen; (*en coche*) spazieren fahren; (*a caballo*) ausreiten (*por* in +*dat*) **2.** (*caballo*) traben **III.** *vr:* **~se 1.** (*discurrir*): **se me pasean miles de ideas por la cabeza** mir schießen tausend Ideen durch den Kopf **2.** (*estar ocioso*) herumhängen

paseo [pa'seo] *m* **1.** (*a pie*) Spaziergang *m;* (*en coche/barco*) Spazierfahrt *f;* (*en caballo*) Ausritt *m;* **dar un ~** spazieren gehen; **¡vete a ~!** hau ab!; **mandar a alguien a ~** jdn zum Teufel jagen **2.** (*para pasear*) Promenade *f;* **~ marítimo** Strandpromenade *f* **3.** (*distancia*) Katzensprung *m;* **de aquí al colegio sólo hay un ~** von hier bis zur Schule ist es nur ein Katzensprung

pasillo [pa'siʎo] *m* (*corredor*) Korridor *m;* (*entre habitaciones/pisos*) Gang *m*

pasión [pa'sjon] *f* **1.** (*ardor*) Leidenschaft *f;* **~ de ánimo** Sehnsucht *f;* **con ~** leidenschaftlich; **sin ~** nüchtern **2.** (*afecto*) Liebe *f;* (*preferencia*) Vorliebe *f;* **sentir ~ por el fútbol** passionierter Fußballfan sein **3.** (*padecimiento*) Leiden *nt* **4.** (*de Jesucristo*) Passion *f*

pasional [pasjo'nal] *adj* **1.** (*ardiente*) leidenschaftlich; **crimen ~** Verbrechen aus Leidenschaft **2.** (REL) Passions-

pasionaria [pasjo'narja] *f* **1.** (BOT) Passionsblume *f* **2.** (*flor*) Passionsblüte *f* **3.** (*fruto*) Passionsfrucht *f*

pasividad [pasiβi'ða^{d}] *f* Passivität *f*

pasivo, -a[1] [pa'siβo, -a] **I.** *adj* **1.** (*que es objeto, indiferente, inactivo*) passiv **2.** (LING) passivisch; **verbo ~** Verb im Passiv; **voz pasiva** Passiv *nt* **3.** (ECON): **haber ~** Rente *f;* **las clases ~s** die Rentenempfänger **II.** *m, f* Rentenempfänger(in) *m(f)*

pasivo[2] [pa'siβo] *m* **1.** (*deuda*) Verbindlichkeiten *fpl* **2.** (*en el balance*) Soll *nt* **3.** (LING) Passiv *nt* **4.** (*pensión*) Rente *f*

pasmado, -a [pas'maðo, -a] **I.** *adj* (*torpe*) tölpelhaft **II.** *m, f* Tölpel *m*

pasmar [pas'mar] **I.** *vt* **1.** (*enfriar*) gefrieren lassen; **la helada ha pasmado las lechugas** die Salatköpfe sind im Frost eingegangen **2.** (*asombrar*) verblüffen; **me has dejado pasmado** ich bin sprachlos; **no te quedes ~** schau nicht so dumm aus der Wäsche **3.** (*enajenar*) begeistern **4.** (*aturdir*) betäuben **II.** *vr:* **~se 1.** (*helarse*) gefrieren; (*planta*) im Frost eingehen **2.** (*asombrarse*) verblüfft sein **3.** (*quedar fascinado*) begeistert sein (*ante* von +*dat*)

pasmo ['pasmo] *m* **1.** (*asombro*) Verwunderung *f;* (*admiración*) Bewunderung *f* **2.** (*objeto*) Erstaunliche(s) *nt;* **ser el ~ de alguien** (*fam: asombrar*) jdn verblüffen; (*enajenar*) jdn begeistern

pasmoso, -a [pas'moso, -a] *adj* unglaublich

paso ['paso] **I.** *m* **1.** (*acción de pasar*) Vorbeiziehen *nt;* (*a pie*) Vorbeischreiten *nt;* (*en coche*) Vorbeifahren *nt;* **al ~** im Vorübergehen; **me salió al ~ en el pasillo** er/sie hielt mich auf dem Gang an; **ceder el ~** (*a una persona*) vorlassen; (*en el tráfico*) Vorfahrt gewähren +*dat;* **estar de ~** auf der Durchreise sein; **al ~ que come ve la tele** er/sie sieht während des Essens fern; **de ~** (*indirectamente*) nebenbei; **de ~ que vas al centro, puedes llevarme a la estación** wenn du in die Stadt fährst, kannst du mich bei der Gelegenheit am Bahnhof absetzen; **nadie salió al ~ de sus mentiras** keiner gebot seinen/ihren Lügen Einhalt **2.** (*movimiento*) Schritt *m;* (*progreso*) Fortschritt *m;* **bailar a ~ de vals** einen Walzer tanzen; **ir al ~** im Schritt gehen; **llevar el ~ al ritmo de una melodía** im Rhythmus einer Melodie marschieren; **marcar el ~** auf der Stelle marschieren; **a cada ~** ständig; **a ~ llano** problemlos; **~ a ~** Schritt für Schritt; **contar los ~s a alguien** jdn auf Schritt und Tritt beobachten; **dar un ~ adelante/atrás** einen Schritt nach vorne/nach hinten machen; **dar un ~ en falso** mit dem Fuß umknicken; (*fig*) einen falschen Schritt machen; **he dado un enorme ~ en mis investigaciones** ich bin in meinen Forschungen einen enormen Schritt vorangekommen **3.** (*velocidad*) Tempo *nt;* **a ~s agigantados** im Eilschritt; (*fig*) rapide; **a buen ~** schnell; **a ~ de tortuga** im Schneckentempo; **a este ~ no llegarás** bei diesem Tempo kommst du nie an; **a este ~ no conseguirás nada** (*fig*) auf diese Art (und Weise) erreichst du nichts **4.** (*sonido*) Schritt *m;* (*de un caballo*) Hufschlag *m* **5.** (*manera de andar*) Gang *m;* **salir de su ~** neue Wege beschreiten **6.** (*pisada*) Fußabdruck *m;* (*de un animal*) Spur *f;* **seguir los ~s de alguien** jdn auf Schritt und Tritt verfolgen; (*fig*) in jds Fußstapfen treten; **volver sobre sus ~s** umkehren **7.** (*distancia*) Schritt *m;* **vive a dos ~s de mi casa** er/sie wohnt gleich bei mir um die Ecke **8.** (*pasillo*) Durchgang *m;* (*en el mar*) Straße *f;* (*entre montañas*) (Berg)pass *m;* **~ subterráneo** Unterführung *f;* **abrirse ~** sich *dat* Durchgang verschaffen; (*fig*) seinen Weg machen; **esta puerta da ~ al jardín** diese Tür führt in den Garten; **¡prohibido el ~!** (*pasar*) Durchgang verboten!; (*entrar*) kein Zutritt!; **andar en malos ~s** auf Abwege geraten; **con este dinero puedo salir del ~** dieses Geld hilft mir aus der Klemme; **sólo lo has dicho para salir del ~** das hast du nur gesagt, um dich aus der Affäre zu ziehen **9.** (*para atravesar algo*) Übergang *m;* **~ cebra** Zebrastreifen *m;* **~ a nivel** (Eisen)bahnübergang *m;* **¡~!** Platz da! **10.** (*medida*) Schritt *m;* **dar todos los ~s necesarios** die erforderlichen Schritte unternehmen; **no dar ~** nichts unternehmen; **dar un ~ en falso** einen Fauxpas begehen **11.** (*de un contador*) Zählereinheit *f;* **marcar los ~s** die Einheiten zählen **12.** (*de un escrito*) Passage *f* **II.** *adv* leise

pasota [pa'sota] **I.** *adj* anarchistisch; (*fig*) cool **II.** *mf* (gesellschaftlicher) Außenseiter *m,* (gesellschaftliche) Außenseiterin *f;* (*fig*) Freak *m;* **ser un ~** (*fig*) über den Dingen stehen

pasquín [pas'kin] *m* Schmähschrift *f*

pasta ['pasta] *f* **1.** (*masa*) Paste *f;* (*para un pastel*) Teig *m;* (*para paredes*) Spachtelmasse *f;* (*para madera, ventanas*) Kitt *m;* **~ de dientes** Zahnpasta *f* **2.** (*fideos*) Nudeln *fpl;* (*comida italiana*) Nudelgericht *nt* **3.** (*pastelería*) Kleingebäck *nt* **4.** (*encuadernación*) Bucheinband *m* **5.** (*fam: dinero*) Knete *f* **6.** (*madera*) Holz *nt;* **tener ~ para algo** das Zeug zu etw *dat* haben; **tiene ~ para ser ministro** er ist aus dem Holz, aus dem man Minister macht; **tener buena ~** ein gutmütiges Wesen haben

pastar [pas'tar] **I.** *vt* weiden lassen **II.** *vi* weiden

pastel [pas'tel] *m* **1.** (*torta*) Kuchen *m;* (*bollo*) Gebäckstück *nt;* (*de carne/pescado*) Pastete *f* **2.** (*lápiz*) Buntstift *m* **3.** (*pintura*) Pastell *nt* **4.** (*chapucería*) Pfusch *m* **5.** (*loc*): **descubrir el ~** Lunte riechen; **vámonos antes de que se descubra el ~** lass uns abhauen, bevor alles auffliegt

pastelear [pastele'ar] *vi* **1.** (*contemporizar*) sich einschmeicheln **2.** (*chanchullear*) mauscheln

pastelería [pastele'ria] *f* **1.** (*comercio, arte*) Konditorei *f* **2.** (*pasteles*) Backwaren *fpl*

pastelero, -a [paste'lero, -a] *m, f* **1.** (*repostero*) Konditor(in) *m(f)* **2.** (*contemporizador*) Wendehals *m;* **ser un ~** sein Fähnchen nach dem Wind drehen; (*transigir fácilmente*) kein Rückgrat haben

pastelillo [paste'liʎo] *m* (*dulce*) Gebäckstück *nt;* (*de carne/pescado*) Pastetchen *nt*

pasteurizar [pasteu̯ri'θar] <z→c> *vt* pasteurisieren

pastiche [pas'titʃe] *m* Plagiat *nt*

pastilla [pas'tiʎa] *f* **1.** (*medicinal*) Tablette *f;* **~ de amoníaco** Salmiakpastille *f;* **~ contra el dolor** Schmerztablette *f;* **~ para la garganta** Lutschtablette *f;* **~ para la tos** Hustenbonbon *nt* **2.** (*dulce*) Bonbon *nt;* **~ de café con leche** Mokkabonbon *nt* **3.** (*trozo*) Stück *nt;* **~ de caldo** Brühwürfel *m;* **~ de chocolate** Tafel Schokolade; **~ de jabón** Stück Seife **4.** (*loc*): **ir a toda ~** (*fam*) einen Affenzahn draufhaben

pastizal [pasti'θal] *m* Weide *f*

pasto ['pasto] *m* **1.** (*pastura*) Weiden *nt* **2.** (*pastizal*) Weide *f* **3.** (*hierba*) Weidegras *nt;* **~ seco** Heu *nt* **4.** (*alimento*) Futter *nt* **5.** (*materia, rumores*) Nahrung *f;* **ser ~ de las llamas** den Flammen zum Opfer fallen; **ser ~ de la murmuración** ein gefundes Fressen für böse Zungen sein **6.** (*loc*): **a todo ~** im Überfluss; **pudimos beber y comer a ~** wir konnten nach Herzenslust essen und trinken; **de ~** für den täglichen Gebrauch; **vino de ~** Tafelwein *m*

pastor(a)[1] [pas'tor(a)] *m(f)* (*de ganado*) (Vieh)hirt(in) *m(f);* (*de ovejas*) Schäfer(in)

m(f)

pastor² [pas'tor] *m* **1.** (REL) Pastor *m;* (*obispo*) Bischof *m* **2.** (ZOOL): ~ **alemán** Schäferhund *m;* **perro** ~ Hirtenhund *m*

pastorear [pastore'ar] *vt* **1.** (*cuidar el ganado*) hüten; (*llevarlo a los pastos*) auf die Weide treiben **2.** (REL) (be)hüten **3.** (*AmC: mimar*) verwöhnen **4.** (*Am: atisbar*) beäugen

pastoreo [pasto'reo] *m* Weiden *nt*

pastoso, -a [pas'toso, -a] *adj* **1.** (*blando*) geschmeidig **2.** (*pegajoso*) klebrig; (*espeso*) zäh(flüssig); **lengua pastosa** belegte Zunge **3.** (*voz*) sonor **4.** (*Am: región*) reich an Weidefläche

pata ['pata] *f* **1.** (ANAT: *fam*) Bein *nt;* (*de un perro*) Pfote *f;* (*de un gato*) Tatze *f;* (*de una silla*) Stuhlbein *nt;* (*de una mesa*) Tischbein *nt;* ~ **de gallo** (BOT) Hahnenfuß *m;* (*dibujo*) Hahnentrittmuster *nt;* ~**s de gallo** (*en el rostro*) Krähenfüße *mpl;* ~ **de palo** Holzbein *nt;* **mala** ~ (*fam*) Pech *nt;* **estirar la** ~ (*fam*) den Löffel abgeben; **ir a** ~ (*fam*) zu Fuß gehen; **meter la** ~ (*cometer una indiscreción*) ins Fettnäpchen treten; (*intervenir*) dazwischenpfuschen; **he metido la** ~ ich habe es verdorben; ~**s arriba** durcheinander; **la habitación está** ~**s arriba** im Zimmer herrscht ein wüstes Durcheinander; **poner todo** ~**s arriba** alles auf den Kopf stellen; **a la** ~ **coja** auf einem Bein; **a (la)** ~ **llana** ungekünstelt; **a cuatro** ~**s** auf allen Vieren; **poner a alguien de** ~**s en la calle** jdn an die (frische) Luft setzen **2.** (ZOOL) Ente *f* **3.** (*fam: cojo*) Hinkebein *nt*

patada [pa'taða] *f* **1.** (*contra algo*) (Fuß)tritt *m;* (*en el suelo*) (Auf)stampfen *nt;* **dar una** ~ **contra la pared** gegen die Wand treten; **dar** ~**s en el suelo** auf den Boden stampfen; **romper una puerta a** ~**s** eine Tür eintreten; **dar la** ~ **a alguien** jdm den Laufpass geben; **me da cien** ~**s** er/sie/es geht mir gegen den Strich; **echar a alguien a** ~**s** jdn hochkant hinauswerfen; **tratar a alguien a** ~**s** jdn mit Füßen treten; **a** ~**s** (*fig*) in Hülle und Fülle **2.** (*fam: paso*) Schritt *m;* (*de un caballo*) Hufschlag *m;* **esto me ha costado muchas** ~**s** (*fig*) ich habe mich dafür ganz schön abstrampeln müssen **3.** (*huella de un pie*) Fußabdruck *m;* (*de una pata*) Spur *f*

Patagonia (Patagonien) liegt im südlichsten Teil Chiles und Argentiniens, noch südlich der Pampa. Diese weite, ärmlich bewachsene, öde Steppe ist im Gegensatz zur Pampa nicht für den Getreideanbau geeignet, sondern wird hauptsächlich für die Schafzucht genutzt.

patalear [patale'ar] *vi* strampeln; (*en el suelo*) trampeln; ~ **de rabia** vor Wut wild auf den Boden stampfen; **está que patalea** er/sie ist außer sich *dat*

pataleo [pata'leo] *m* **1.** (*acción de patalear*) Strampeln *nt;* (*en el suelo*) Trampeln *nt* **2.** (*ruido*) Getrappel *nt* **3.** (*queja*) Protest *m;* **derecho al** ~ Recht auf Widerrede

patán [pa'tan] **I.** *adj* bauernhaft; **ser** ~ (*fig*) keine Manieren haben **II.** *m* Bauer *m*

patata [pa'tata] *f* Kartoffel *f;* ~**s fritas** Pommes frites *pl;* **una bolsa de** ~**s fritas** eine Tüte (Kartoffel)chips; **no entender ni** ~ (*fam: palabra*) kein Wort verstehen; (*ser tonto*) strohdumm sein

patatús [pata'tus] *m inv* (*fam*) **1.** (*desmayo*) Ohnmachtsanfall *m;* **le dio un** ~ er/sie wurde ohmächtig **2.** (*síncope*) Zusammenbruch *m;* **me ha dado un** ~ ich bin zusammengeklappt

patear [pate'ar] **I.** *vt* **1.** (*dar golpes*) treten (gegen +*akk*); ~ **el estómago a alguien** jdm [*o* jdn] in den Magen treten **2.** (*pisotear*) zertrampeln **3.** (*tratar rudamente*) mit Füßen treten **II.** *vi* **1.** (*en el suelo*) trampeln; (*estar enfadado*) (vor Wut) außer sich *dat* sein **2.** (*andar mucho*) viel herumlaufen; **estar pateando todo el día** den ganzen Tag auf Achse sein; **tuve que** ~ **para tener este éxito** für diesen Erfolg habe ich mich abstrampeln müssen

patentar [paten̩'tar] *vt* **1.** (*registrar*) patentieren (lassen) **2.** (*conceder patentes*) genehmigen

patente [pa'ten̩te] **I.** *adj* **1.** (*visible*) sichtbar **2.** (*evidente*) eindeutig; **hacer** ~ aufzeigen; (*comprobar*) beweisen; (*revelar*) ans Licht bringen **II.** *f* **1.** (*documento*) Bescheinigung *f;* (*permiso*) Genehmigung *f;* ~ **de comercio** Gewerbeschein *m;* ~ **de sanidad** Gesundheitspass *m* **2.** (*título*) Patent *nt;* ~ **de piloto** Pilotenschein *m* **3.** (JUR) Patent *nt;* ~ **industrial** gewerbliches Patent; ~ **pendiente** zum Patent angemeldet; ~ **de privilegio** Erfindungspatent *nt;* **solicitar la** ~ zum Patent anmelden

patentizar [paten̩ti'θar] <z→c> *vt* aufzeigen; (*comprobar*) beweisen; (*revelar*) ans Licht bringen

paternal [pater'nal] *adj* väterlich; **amor** ~ Vaterliebe *f*

paternidad [paterni'ðaᵈ] *f* **1.** (*relación*) Vaterschaft *f* **2.** (*calidad*) Väterlichkeit *f* **3.** (REL): **Vuestra P**~ Euer Hochwürden

paterno, -a [pa'terno, -a] *adj* väterlich, Va-

P

ter-; **casa paterna** Elternhaus *nt;* **mi abuelo** ~ mein Großvater väterlicherseits

patético, -a [pa'tetiko, -a] *adj* **1.** (*conmovedor*) ergreifend; (*tierno*) rührend; (*manifestando dolor*) leidend **2.** (*pey: exagerado*) pathetisch

patibulario, -a [patiβu'larjo, -a] *adj* **1.** (*relativo al patíbulo*) Hinrichtungs-; **horca patibularia** Galgen *m* **2.** (*terrible*) schaurig; **novela patibularia** Gruselroman *m*

patíbulo [pa'tiβulo] *m* Schafott *nt;* (*horca*) Galgen *m*

patidifuso, -a [patiði'fuso, -a] *adj* verblüfft; (*de horror*) entsetzt; **me quedé** ~ ich war sprachlos

patilla [pa'tiʎa] *f* **1.** (*de unas gafas*) Bügel *m;* (*de un madero*) Stift *m* **2.** *pl* (*pelo*) Koteletten *pl*

patín [pa'tin] *m* **1.** (*de hielo*) Schlittschuh *m;* (*de ruedas*) Rollschuh *m* **2.** (*patinete*) Roller *m* **3.** (*de vela*) Katamaran *m;* (*de pedales*) Tretboot *nt* **4.** (TÉC) Kufe *f*

patinador(a) [patina'ðor(a)] **I.** *adj* (*sobre cuchillas*) gleitend; (*sobre ruedas*) rollend **II.** *m(f)* (*de hielo*) Schlittschuhläufer(in) *m(f);* (*sobre ruedas*) Rollschuhläufer(in) *m(f);* (*artístico sobre hielo*) Eiskunstläufer(in) *m(f);* (*sobre ruedas*) Rollkunstläufer(in) *m(f);* (*de velocidad*) Eisschnellläufer(in) *m(f)*

patinaje [pati'naxe] *m* **1.** (*sobre hielo*) Schlittschuhlaufen *nt;* (*sobre ruedas*) Rollschuhlaufen *nt;* ~ **artístico** (*sobre hielo*) Eiskunstlauf *m;* (*sobre ruedas*) Rollkunstlauf *m;* ~ **de velocidad** Eisschnelllauf *m* **2.** (*deslizamiento*) (Aus)rutschen *nt;* (*de un vehículo*) Schleudern *nt*

patinar [pati'nar] *vi* **1.** (*sobre patines de hielo*) Eis laufen; (*sobre patines de ruedas*) Rollschuh laufen **2.** (*deslizarse*) ausrutschen; (*un vehículo*) ins Schleudern geraten **3.** (*equivocarse*) sich *dat* einen Ausrutscher leisten

patinazo [pati'naθo] *m* **1.** (*deslizamiento*) (Aus)rutschen *nt;* (*de un vehículo*) Schleudern *nt* **2.** (*equivocación, indiscreción*) Ausrutscher *m*

patinete [pati'nete] *m* Roller *m*

patio ['patjo] *m* **1.** (ARQUIT) Hof *m;* (*interior*) Innenhof *m;* (*entre dos casas*) Hinterhof *m;* ~ **de recreo** Schulhof *m* **2.** (TEAT) Parkett *nt*

patitieso, -a [pati'tjeso, -a] *adj* **1.** (*paralizado*) steif; (*de frío*) starr; **quedarse** ~ **de frío** vor Kälte erstarren **2.** (*sorprendido*) verdutzt; **quedarse** ~ sprachlos sein **3.** (*presumido*) hochnäsig

patito, -a [pa'tito, -a] *adj* (*Am*) (zitronen)gelb

patizambo, -a [pati'θambo, -a] *adj* krummbeinig; **ser** ~ X-Beine haben

pato, -a ['pato, -a] *m, f* **1.** (ZOOL) Ente *f;* (*macho*) Erpel *m;* **pagar el** ~ der/die Leidtragende sein; **estar hecho un** ~ (**de agua**) klatschnass sein **2.** (*fam: torpe*) Trampel *m o nt*

patochada [pato'ʧaða] *f* (*tontería*) Unsinn *m;* **decir ~s** albernes Zeug reden

patógeno, -a [pa'toxeno, -a] *adj* (MED) krankheitserregend; **gérmen** ~ Krankheitserreger *m*

patología [patolo'xia] *f* Pathologie *f*

patológico, -a [pato'loxiko, -a] *adj* (MED) pathologisch; (*fig*) krankhaft

patólogo, -a [pa'toloɣo, -a] *m, f* Pathologe, -in *m, f*

patoso, -a [pa'toso, -a] *adj* **1.** (*soso*) witzlos **2.** (*torpe*) ungeschickt

patraña [pa'traɲa] *f* Lüge *f*

patria ['patrja] *f* Heimat *f;* ~ **adoptiva** Wahlheimat *f;* ~ **celestial** Himmel *m;* **madre** ~ Mutterland *nt;* (*Am*) Spanien *nt*

patriarca [pa'trjarka] *m* (REL) Patriarch *m*

patrimonial [patrimo'njal] *adj* Erb-; **bien** ~ Erbe *nt*

patrimonio [patri'monjo] *m* **1.** (*herencia*) Erbe *nt;* ~ **cultural** Kulturgut *nt* **2.** (*riqueza*) Vermögen *nt*

patrio, -a ['patrjo, -a] *adj* **1.** (*relativo a la patria*) Heimat-, vaterländisch **2.** (*relativo al padre*) väterlich

patriota [pa'trjota] **I.** *adj* patriotisch **II.** *mf* **1.** (*que ama a su patria*) Patriot(in) *m(f)* **2.** (*compatriota*) Landsmann, -männin *m, f*

patriotero, -a [patrjo'tero, -a] **I.** *adj* chauvinistisch **II.** *m, f* Chauvinist(in) *m(f)*

patriótico, -a [pa'trjotiko, -a] *adj* patriotisch

patriotismo [patrjo'tismo] *m* **1.** (*del patriota*) Patriotismus *m* **2.** (*del patriotero*) Chauvinismus *m*

patrocinador(a) [patroθina'ðor(a)] *m(f)* Schirmherr(in) *m(f);* (DEP) Sponsor(in) *m(f)*

patrocinar [patroθi'nar] *vt* unterstützen; (*apadrinar*) die Schirmherrschaft übernehmen *+gen;* (DEP) sponsern

patrocinio [patro'θinjo] *m* **1.** (*protección*) Unterstützung *f;* (*cargo*) Schirmherrschaft *f* **2.** (DEP) Sponsoring *nt*

patrón, -ona[1] [pa'tron, -ona] *m, f* **1.** (*que protege*) Beschützer(in) *m(f)* **2.** (*jefe*) Chef(in) *m(f)* **3.** (*de una casa*) Hausherr(in) *m(f);* (*de una pensión*) Hauswirt(in) *m(f)* **4.** (*santo*) Schutzheilige(r) *mf*

patrón[2] [pa'tron] *m* **1.** (*modelo*) Muster *nt;* (*de costura*) Schnittmuster *nt* **2.** (FIN): ~ **monetario** Ankerwährung *f*

patronal [patro'nal] **I.** *adj* (*empresario*) Arbeitgeber-; **cierre** ~ Aussperrung *f* **II.** *f* Arbeitgeberverband *m*

patronato [patro'nato] *m* **1.** (*protección*) Schirmherrschaft *f* **2.** (ECON) Arbeitgeberverband *m* **3.** (*fundación*) Wohlfahrtsverband *m* **4.** (*junta directiva*) Vorstand *m*

patrono, -a [pa'trono, -a] *m, f* **1.** (*jefe*) Arbeitgeber(in) *m(f)* **2.** (*de un feudo*) Gutsherr(in) *m(f)* **3.** (*miembro del patronato*) Vorstandsmitglied *nt* **4.** (REL) Schutzheilige(r) *mf*

patrulla [pa'truʎa] *f* (MIL) Patrouille *f;* (*de policía*) (Polizei)streife *f;* **estoy de ~** ich bin im Streifendienst; **la policía está de ~** die Polizei geht auf Streife

patrullar [patru'ʎar] *vi, vt* patrouillieren

patucos [pa'tukos] *mpl* (*para bebés*) Babyschühchen *ntpl;* (*para mayores*) Bettschuhe *mpl*

paular [pau̯'lar] *m* (*pantano*) Morast *m*

paulatinamente [pau̯latina'mente] *adv* allmählich

paulatino, -a [pau̯la'tino, -a] *adj* (sehr) langsam

paupérrimo, -a [pau̯'perrimo, -a] *adj superl de* **pobre**

pausa ['pau̯sa] *f* Pause *f;* **con ~** langsam

pausado, -a [pau̯'saðo, -a] *adj* langsam

pauta ['pau̯ta] *f* **1.** (*modelo*) Muster *nt* **2.** (*normas*) Grundsatz *m;* **marcar la ~** eine Regel aufstellen **3.** (*falsilla*) Linien *fpl* **4.** (*regla*) Lineal *nt*

pautado, -a [pau̯'taðo, -a] *adj* liniert

pava ['paβa] *f* **1.** (ZOOL) *v.* **pavo[1]** **2.** (*fam*): **pelar la ~** (*los enamorados*) turteln **3.** (*Am: olla*) Kessel *m;* (*tetera*) Teekanne *f* **4.** (*Am: sombrero*) Strohhut *m* **5.** (*And, AmC: flecos*) Fransen *fpl*

pavada [pa'βaða] *f* **1.** (*CSur: disparate*) Blödsinn *m* **2.** (*CSur: poquísimo*) lächerlicher Betrag *m* **3.** (*AmC: mala suerte*) Pech *nt*

pavear [paβe'ar] **I.** *vi* **1.** (*CSur: hacer el tonto*) herumblödeln **2.** (*CSur: pelar la pava*) turteln **II.** *vt* **1.** (*And, CSur: bromear*) verschaukeln **2.** (*And: asesinar*) hinterhältig umbringen

pavimentar [paβimen'tar] *vt* (*con adoquín*) pflastern; (*con asfalto*) asphaltieren; (*con losas*) fliesen

pavimento [paβi'mento] *m* **1.** (*recubrimiento: en una casa*) Estrich *m;* (*en la carretera*) Unterbau *m* **2.** (*material: en una casa*) (Fuß)bodenbelag *m;* (*en una carretera*) Straßenbelag *m*

pavo, -a[1] ['paβo, -a] **I.** *m, f* **1.** (ZOOL) Truthahn *m,* Pute *f;* **~ real** Pfau *m* **2.** (*persona*) Tölpel *m* **3.** (*loc*): **estar en la edad del ~** in den Flegeljahren sein; **comer ~** (*fam*) ein Mauerblümchen sein; **no es moco de ~** (*fam*) das ist kein Kinkerlitzchen; **se me subió el ~** (*fam*) ich wurde putterrot; **ir de ~** (*Am*) schwarzfahren **II.** *adj* tölpelhaft

pavo[2] ['paβo] *m* (*argot: un duro*) Fünfpesetenstück *nt;* **¡dame diez ~s!** gib mir 50 Peseten!; **soltar el ~** zahlen

pavonearse [paβone'arse] *vr* sich aufspielen (*de* mit +*dat*)

pavor [pa'βor] *m* Entsetzen *nt*

pavoroso, -a [paβo'roso, -a] *adj* entsetzlich

payasada [paɟa'saða] *f* Clownerie *f;* (*pey*) Blödsinn *m*

payasear [paɟase'ar] *vi* herumalbern

payaso, -a [pa'ɟaso, -a] *m, f* **1.** (*del circo*) Clown *m* **2.** (*bromista*) Spaßvogel *m;* **¡deja de hacer el ~!** hör auf den Kasper zu spielen!

payés, -esa [pa'ɟes, -esa] *m, f* (*reg*) Bauer *m,* Bäuerin *f*

paz [paθ] *f* Frieden *m;* (*tratado*) Friedensvertrag *m;* **hacer las paces** sich versöhnen; **no dar ~ a la lengua** ohne Punkt und Komma reden; **estar en ~ con alguien** mit jdm quitt sein; **¡a la ~ de Dios!** Friede sei mit dir!; **¡... y en ~!** ... und Schluss!; **que en ~ descanse** Gott hab ihn/sie selig

pazguato, -a [paθ'ɣwato, -a] **I.** *adj* dumm **II.** *m, f* Dummkopf *m*

pazo ['paθo] *m* Herrensitz *m*

P.C. [pe'θe] *m abr de* **Partido Comunista** KP *f*

P.D. [pos'ðata] *abr de* **posdata** PS

pe [pe] *f* P *nt;* **de ~ a pa** von A bis Z

peaje [pe'axe] *m* **1.** (*de tránsito*) Transitgebühr *f;* (*de carretera*) Autobahngebühr *f,* Mautgebühr *f Österr* **2.** (*taquilla*) Maut *f,* Mautstelle *f Österr*

peana [pe'ana] *f* (*pedestal*) Sockel *m*

peatón, -ona [pea'ton, -ona] *m, f* Fußgänger(in) *m(f)*

peca ['peka] *f* Sommersprosse *f*

pecado [pe'kaðo] *m* Sünde *f;* **~ capital** Todsünde *f;* **~ original** Erbsünde *f;* **sin ~** frei von Sünde; (*fig*) makellos; **pagar sus ~s** seine Fehler teuer bezahlen; **sería un ~ rechazarlos** es wäre eine Sünde, sie nicht anzunehmen; **a ~ nuevo, penitencia nueva** (*prov*) auf neue Sünde folgt neue Reue; **¡estos niños de mis ~s!** (*irón fam*) was soll ich mit diesen Kindern nur machen?; **¡ay, José de mis ~s!** (*irón fam*) ach, mein über alles geliebter José!

pecador(a) [peka'ðor(a)] **I.** *adj* sündig **II.** *m(f)* Sünder(in) *m(f)*

pecar [pe'kar] <c→qu> *vi* **1.** (REL: *t. fig*) sündigen **2.** (*errar*) einen Fehler machen **3.** (*por exceso*): **~ por exceso** es übertreiben; **peca por exceso de confianza** er/sie ist zu vertrauensselig; **éste no peca de hablador** der redet ja nicht gerade viel

pecera [pe'θera] *f* Fischglas *nt*

pechador(a) [petʃa'ðor(a)] *m(f)* (*Arg: fam*) Schnorrer(in) *m(f)*

pechar [pe'tʃar] *vt* **1.** (*pagar*) zahlen **2.** (*em-*

P

pujar) stoßen **3.** (*Arg: fam: pedir*) schnorren; ~ **a alguien** jdn anpumpen

pecho ['petʃo] *m* **1.** (ANAT) Brust *f;* **dar el ~ al bebé** das Baby stillen; **el bebé toma el ~** das Baby wird gestillt; **a ~ descubierto** (*sin armas*) unbewaffnet; (*fig*) (ganz) offen; **dar el ~ a alguien** (*fig*) jdm die Stirn bieten; **gritar a todo ~** aus vollem Halse schreien; **partirse el ~ por alguien** sich *dat* für jdn ein Bein ausreißen **2.** (*pulmones*) Lunge *f* **3.** (*en la costura*) Oberweite *f* **4.** (*conciencia*) Herz *nt;* **abrir su ~ a alguien** jdm sein Herz ausschütten; **tomarse algo muy a ~** sich *dat* etw sehr zu Herzen nehmen **5.** (*coraje*) Mut *m;* **¡~ al agua!** nur Mut!

pechuga [pe'tʃuɣa] *f* **1.** (*pecho de ave*) Geflügelbrust *f;* ~ **de pollo** Hähnchenbrust *f* **2.** (*fam: de mujer*) Dekolletee *nt*

pechugón, **-ona** [petʃu'ɣon, -ona] **I.** *adj* (*Am*) **1.** (*descarado*) frech **2.** (*franco*) offen **II.** *m, f* (*Am: descarado*) freche Person *f*

pecíolo [pe'θiolo] *m* Blattstiel *m*

pecoso, **-a** [pe'koso, -a] *adj* sommersprossig

pectoral [pekto'ral] **I.** *adj* **1.** (ANAT) Brust- **2.** (*contra la tos*) hustenlindernd **II.** *m* (MED) Hustenmittel *nt*

pecuario, **-a** [pe'kwarjo, -a] *adj* Vieh-

pecueca [pe'kweka] *f* (*Col, Ecua, Ven*) **1.** (*pezuña*) Huf *m* **2.** (*olor*) Fußgeruch *m*

peculiar [peku'ljar] *adj* **1.** (*especial*) besondere(r, s) **2.** (*raro*) sonderbar

peculiaridad [pekuljari'ðað] *f* **1.** (*singularidad*) Besonderheit *f* **2.** (*distintivo*) Eigentümlichkeit *f*

peculio [pe'kuljo] *m* Vermögen *nt;* **pagar de su ~** aus eigener Tasche bezahlen

pedagogía [peðaɣo'xia] *f sin pl* Pädagogik *f*

pedagógico, **-a** [peða'ɣoxiko, -a] *adj* pädagogisch

pedagogo, **-a** [peða'ɣoɣo, -a] *m, f* Pädagoge, -in *m, f*

pedal [pe'ðal] *m* Pedal *nt;* **pisar el ~** (AUTO) Gas geben

pedalear [peðale'ar] *vi* (in die Pedale) treten

pedante [pe'ðante] **I.** *adj* besserwisserisch **II.** *mf* Besserwisser(in) *m(f)*

pedantería [peðante'ria] *f* Besserwisserei *f*

pedazo [pe'ðaθo] *m* **1.** (*parte*) Stück *nt;* ~ **de papel** Papierfetzen *m;* **caerse a ~s** zu Bruch gehen; **estoy que me caigo a ~s** (*fam*) ich bin völlig kaputt; **hacerse ~s** kaputtgehen; **hacer ~s** kaputtmachen; (*madera*) in Stücke hacken; (*un pastel*) in Stücke teilen; (*papel*) in Stücke reißen; (*con tijeras*) in Stücke schneiden **2.** (*persona*): ~ **de mi alma** mein Herz; **ser un ~ de pan** sehr gutmütig sein; **¡~ de animal!** (*fam*) du Idiot!; **¡~ de bruto!** (*fam*) du Trampel!; **¡~ de alcornoque!** (*fam*) du Holzkopf!

pederasta [peðe'rasta] *m* Päderast *m*

pedernal [peðer'nal] *m* Feuerstein *m*

pedestal [peðes'tal] *m* **1.** (*cimiento*) Fuß *m;* **tener a alguien en un ~** jdn sehr hoch schätzen **2.** (*apoyo*) Grundlage *f*

pedestre [pe'ðestre] *adj* **1.** (*a pie*) zu Fuß (gehend); **carrera ~** Wettgehen *nt* **2.** (*chabacano*) plump

pediatra [pe'ðjatra] *mf* Kinderarzt, -ärztin *m, f*

pediatría [peðja'tria] *f sin pl* Kinderheilkunde *f*

pedicura [peði'kura] *f* Fußpflege *f;* **hacerse la ~** zur Fußpflege gehen

pedicuro, **-a** [peði'kuro, -a] *m, f* Fußpfleger(in) *m(f)*

pedida [pe'ðiða] *f:* ~ **de mano** Heiratsantrag *m*

pedido, **-a**[1] [pe'ðiðo, -a] *adj* **1.** (*solicitado*) vorgemerkt; **este anillo ya lo tiene ~ mi nieta** dieser Ring ist schon für meine Enkelin vorgemerkt **2.** (*encargado*) bestellt; **el armario ya está ~** der Schrank ist schon in Auftrag gegeben

pedido[2] [pe'ðiðo] *m* (COM: *de un servicio*) Auftrag *m;* (*de un producto*) Bestellung *f;* ~ **suplementario** Nachbestellung *f;* **enviar sobre ~** auf Bestellung liefern; **a ~** auf Bestellung; **a ~ de** im Auftrag von

pedigrí [peði'ɣri] *m* Stammbaum *m*

pedigüeño, **-a** [peði'ɣweɲo, -a] **I.** *adj* quengelig **II.** *m, f* Quengler(in) *m(f)*

pedilón, **-ona** [peði'lon, -ona] *adj* (*Am*) quengelig

pedimento [peði'mento] *m* (*petición*) Antrag *m*

pedir [pe'ðir] *irr vt* **1.** (*rogar*) bitten; ~ **algo a alguien** jdn um etw bitten; **os pido que hagáis menos ruido** ich bitte euch etwas leiser zu sein; **al agradecido, más de lo pedido** (*prov*) dem Dankbaren gebührt mehr als er erbittet **2.** (*exigir, cobrar*) verlangen; (*necesitar*) brauchen; (*solicitar*) beantragen; (*demandar*) fordern; ~ **a gritos algo** (*fig*) förmlich nach etw *dat* schreien; **una paella que no hay más que ~** eine sagenhafte Paella **3.** (*encargar*) bestellen **4.** (*para casarse*): ~ **la mano de alguien** um jds Hand anhalten; ~ **en matrimonio a alguien** jdm einen Heiratsantrag machen **5.** (*mendigar*) betteln; ~ **limosna** um eine milde Gabe bitten; **están pidiendo para la Cruz Roja** sie sammeln für das Rote Kreuz; **ni sirvas a quien sirvió, ni pidas a quien pidió** (*prov*) diene keinem, der gedient hat, und bettle bei keinem, der gebettelt hat

pedo ['peðo] *m* (*vulg*) **1.** (*ventosidad*) Furz *m;* **tirarse un ~** einen fahren lassen *fam* **2.** (*borrachera*) Suff *m fam;* **estar en ~** voll wie eine Haubitze sein *fam;* **ponerse en ~** sich voll laufen lassen *fam*

pedofilia [peðo'filja] *f sin pl* Pädophilie *f*

pedrada [pe'ðraða] *f* **1.** (*lanzar*) Steinwurf *m;* **matar a alguien a ~s** jdn steinigen; **pegar una ~ a alguien** einen Stein nach jdm werfen **2.** (*ofensa*) spitze Bemerkung *f* **3.** (*loc*): **la noticia le sentó como una ~** die Nachricht traf ihn wie ein Schlag; **venir como ~ en ojo de boticario** wie gerufen kommen

pedrea [pe'ðrea] *f* **1.** (*lanzar pedradas*) Steinigung *f* **2.** (METEO) Hagelsturm *m* **3.** (*lotería*) Kleinstlotteriegewinn *m*

pedregal [peðre'ɣal] *m* Schotterplatz *m*

pedregoso, -a [peðre'ɣoso, -a] *adj* steinig

pedrera [pe'ðrera] *f* Steinbruch *m*

pedrería [peðre'ria] *f* Juwelen *ntpl*

pedrisco [pe'ðrisko] *m* (METEO) Hagel *m*

pedrusco [pe'ðrusko] *m* **1.** (*piedra*) Steinblock *m* **2.** (*Am*) *v.* **pedregal**

pedúnculo [pe'ðuŋkulo] *m* Stiel *m*

pega ['peɣa] *f* **1.** (*fam: dificultades*) Haken *m;* **poner ~s a alguien** jdn kritisieren **2.** (*pregunta*) Fangfrage *f* **3.** (*falso*): **de ~** falsch **4.** (*CSur, Méx: argot: trabajo*) Job *m*

pegada [pe'ɣaða] *f* (*CSur*) **1.** (*mentira*) Lüge *f* **2.** (*suerte*) Glückspilz *m*

pegadizo, -a [peɣa'ðiθo, -a] **I.** *adj* **1.** (*pegajoso*) klebrig; (*enfermedad*) ansteckend; **melodía pegadiza** Ohrwurm *m fam* **2.** (*postizo*) künstlich **3.** (*gorrón*) schmarotzend **II.** *m, f* Schmarotzer(in) *m(f)*

pegajoso, -a [peɣa'xoso, -a] *adj* **1.** (*adhesivo*) klebrig **2.** (*pesado*) aufdringlich **3.** (MED) ansteckend

pegamento [peɣa'meṇto] *m* Kleber *m*

pegar [pe'ɣar] <g→gu> **I.** *vt* **1.** (*aglutinar*) kleben; (*madera*) leimen; **~ un sello** eine Briefmarke aufkleben; **no he pegado ni ojo en toda la noche** ich habe die ganze Nacht kein Auge zugetan **2.** (*con hilo/grapa*) heften **3.** (*muebles*): **~ la mesilla a la cama** den Nachttisch nahe an das Bett rücken **4.** (*contagiar*) anstecken **5.** (*fuego*) legen **6.** (*golpear*) schlagen; **~ una paliza a alguien** jdn grün und blau schlagen **7.** (*un grito*) loslassen; (*una patada/bofetada*) verpassen; (*un tiro*) abfeuern; **~ un salto** aufspringen; **~ un susto a alguien** jdm einen Schrecken einjagen **8.** (*Am: argot: tener suerte*): **~la** Schwein haben **9.** (*Méx: atar*) festmachen **II.** *vi* **1.** (*hacer juego*) (gut) zusammenpassen; **te pegan bien los zapatos con el bolso** deine Schuhe passen sehr gut zur Tasche; **esto no pega ni con cola** das passt überhaupt nicht zusammen **2.** (*rozar*) streifen (*en* +*akk*); (*tocar*) stoßen (*en* an +*akk*) **3.** (*golpear*) schlagen (*en* gegen +*akk*) **4.** (*argot: currar*) malochen **5.** (*loc*): **¡cómo pega el sol hoy!** heute ist es ganz schön heiß in der Sonne! **III.** *vr:* **~se** **1.** (*con algo*) sich stoßen (*con* an +*dat*); (*con alguien*) sich schlagen (*con* mit +*dat*); **~se un tortazo en el coche** (*fam*) einen Autounfall bauen **2.** (*quemarse*) anbrennen **3.** (*entrometerse*) sich einmischen (*a* in +*akk*) **4.** (*aficionarse*) sich begeistern (*a* für +*akk*) **5.** (*acompañar siempre*) sich hängen (*a* an +*akk*); **~se a alguien** (*perseguir*) sich an jds Fersen heften; **siempre anda pegado a mí** er hängt an mir wie eine Klette **6.** (*contagiarse*): **finalmente se me pegó el sarampión** schließlich bekam auch ich die Masern **7.** (*fam: loc*): **pegársela a alguien** (*burlarse*) jdn auf den Arm nehmen; **pegársela al marido/a la mujer** fremdgehen; **~se un tiro** sich erschießen; **~se un tiro en la cabeza** sich *dat* eine Kugel durch den Kopf jagen

pegatina [peɣa'tina] *f* Aufkleber *m*

pegote [pe'ɣote] *m* **1.** (*emplasto*) Heftpflaster *nt* **2.** (*pey fam: guisote*) Mansch *m* **3.** (*fam: persona*) Schmarotzer *m* **4.** (*fam: chapuza*) Schlamperei *f* **5.** (*loc*): **esa corbata es un ~** (*fam*) diese Krawatte ist völlig daneben; **tirarse ~s** (*argot*) aufschneiden

peinado, -a[1] [pei̯'naðo, -a] *adj* (*arreglado*) zurechtgemacht; (*relamido*) herausgeputzt

peinado[2] [pei̯'naðo] *m* Frisur *f;* **hacerse un ~** sich frisieren

peinador [pei̯na'ðor(a)] *m* **1.** (*para peinar*) Frisierumhang *m;* (*para afeitar*) Rasierumhang *m* **2.** (*tocador*) Frisiertisch *m*

peinar [pei̯'nar] **I.** *vt* **1.** (*desenredar*) kämmen **2.** (*acicalar*) frisieren **3.** (*rastrear*) durchkämmen **II.** *vr:* **~se** sich kämmen

peine ['pei̯ne] *m* (*para peinarse*) Kamm *m;* **¡te vas a enterar de lo que vale un ~!** (*fig*) du wirst deine gerechte Strafe schon noch bekommen!; **¡ya apareció el ~!** (*fig*) jetzt hab ich's!

peineta [pei̯'neta] *f* Zierkamm *m*

p.ej. [por e'xemplo] *abr de* **por ejemplo** z.B.

pejiguera [pexi'ɣera] *f* (*fam*) Unannehmlichkeiten *fpl*

pela ['pela] *f* **1.** (*fam: dinero*): **me debes 1000 ~s** du schuldest mir 1000 Mäuse; **no me queda ni una sola ~** ich habe nicht einen müden Groschen mehr; **no me quedan más ~s** ich habe keine Knete mehr; **~ larga** Geld wie Heu **2.** (*estar pelando*) Schälen *nt*

pelada [pe'laða] *f* **1.** (*rapada*) (sehr kurzer) Haarschnitt *m* **2.** (*CSur: calva*) Glatze *f* **3.** (*Am: error*) Irrtum *m*

pelado, -a[1] [pe'laðo, -a] *adj* **1.** (*rapado*) kahl geschoren **2.** (*escueto*) einfach **3.** (*despojado*) kahl **4.** (*fam: números*) glatt; **esto vale las 5000 peladas** das kostet glatte 5000 **5.** (*Am: fam: sin dinero*) knapp bei

P

Kasse

pelado[2] [pe'laðo] *m* (*fam: pobretón*) armer Schlucker *m*

peladuras [pela'ðuras] *fpl* (*cáscaras*) Schalen *fpl*

pelagatos [pela'ɣatos] *m inv* (*fam*) armer Teufel *m*

pelaje [pe'laxe] *m* **1.** (*piel*) Fell *nt* **2.** (*pey: pinta*) Art *f*

pelambre [pe'lambre] *m o f* **1.** (*pelo*) Haare *ntpl;* (*de animales*) Fell *nt;* (*pelambrera*) Mähne *f* **2.** (*zona calva*) kahle Stelle *f* **3.** (*Am: habladurías*) Gerede *nt*

pelambrera [pelam'brera] *f* **1.** (*pelo*) Mähne *f* **2.** (*calvicie*) Kahlköpfigkeit *f*

pelandusca [pelan̪'duska] *f* (*fam*) Nutte *f*

pelapatatas [pelapa'tatas] *m inv* Kartoffelschäler *m*

pelar [pe'lar] **I.** *vt* **1.** (*pelo*) schneiden; (*rapar*) scheren; (*plumas*) rupfen; (*frutas, verduras*) schälen; (*animales*) häuten **2.** (*murmurar*) lästern (*a* über +*akk*) **3.** (*robar*) bestehlen **4.** (*en el juego*) ausnehmen **5.** (*difícil*): **duro de** ~ ein harter Brocken **6.** (*Am: argot: dar una paliza*) verprügeln **7.** (*And: argot: morir*): ~**la** ins Gras beißen **II.** *vi* (*fam*): **hace un frío que pela** es ist saukalt **III.** *vr:* ~**se 1.** (*el pelo*) sich *dat* die Haare schneiden lassen; **ir a** ~**se** zum Friseur gehen **2.** (*la piel*) sich schälen **3.** (*vulg: masturbarse*): **pelársela** sich *dat* einen runterholen **4.** (*fam: loc*): **corre que se las pela** er/sie rennt wie der Teufel; **pelárselas por algo** nach etw *dat* verrückt sein; **pelárselas por hacer algo** alles daransetzen, um etw tun zu können

peldaño [pel̪'daɲo] *m* (Treppen)stufe *f;* (*escalera portátil*) Sprosse *f*

pelea [pe'lea] *f* **1.** (*en general*) Streit *m* **2.** (*lucha: personas*) Schlägerei *f;* (*animales*) Kampf *m* **3.** (*verbal*) Auseinandersetzung *f;* (*en matrimonio*) Ehekrach *m*

pelear [pele'ar] **I.** *vi* **1.** (*luchar*) kämpfen **2.** (*discutir*) streiten **3.** (*sufrir*) erdulden **4.** (*trabajar*) sich abmühen (*por* für +*akk*) **5.** (*afanarse*) sich bemühen (*con* um +*akk*) **II.** *vr:* ~**se 1.** (*en general*) sich streiten (*por* um +*akk*) **2.** (*con violencia*) sich prügeln (*por* um +*akk*) **3.** (*enemistarse*) sich zerstreiten

pelele [pe'lele] *m* **1.** (*muñeco*) (Stroh)puppe *f* **2.** (*de bebés*) Strampelanzug *m* **3.** (*fam: persona*) Hampelmann *m*

peleón, **-ona**[1] [pele'on, -ona] *adj* kampflustig

peleón[2] [pele'on] *m* (*fam: vino*) Fusel *m*

peliagudo, **-a** [pelja'ɣuðo, -a] *adj* **1.** (*animal*) langhaarig **2.** (*complicado*) haarig; (*situación*) verzwickt

pelicano [peli'kano] *m,* **pelícano** [pe'likano] *m* Pelikan *m*

película [pe'likula] *f* Film *m;* ~ **en blanco y negro** Schwarzweißfilm *m;* **de** ~ außergewöhnlich; **como de** ~ wie im Märchen; **un matrimonio como de** ~ eine Bilderbuchehe; **poner en** ~ verfilmen; **¡allá** ~**s!** mach, was du willst!

peligrar [peli'ɣrar] *vi* in Gefahr sein; ~ **de hacer algo** Gefahr laufen etw zu tun; **hacer** ~ gefährden

peligro [pe'liɣro] *m* Gefahr *f;* ~ **de incendio** Brandgefahr *f;* **puesta en** ~ Gefährdung *f;* **correr** (**un gran**) ~ in (großer) Gefahr sein; **correr** ~ **de hacer algo** Gefahr laufen etw zu tun; **estar en** ~ **de muerte** in Lebensgefahr sein; **fuera de** ~ außer Gefahr; **poner en** ~ gefährden; **poniendo en** ~ **su propia vida** unter Einsatz des eigenen Lebens

peligroso, **-a** [peli'ɣroso, -a] *adj* gefährlich

pelillo [pe'liʎo] *m* (*fam: pequeñez*) Bagatelle *f;* **echar** ~**s a la mar** das Kriegsbeil begraben; **¡**~**s a la mar!** Schwamm drüber!; **no se para en** ~**s** er/sie hält sich nicht mit Kleinigkeiten auf

pelirrojo, **-a** [peli'rroxo, -a] *adj* rothaarig

pella ['peʎa] *f* **1.** (*masa*) Klumpen *m;* ~ **de algodón** Wattebausch *m* **2.** (*fam: dinero*) Batzen *m* Geld

pelleja [pe'ʎexa] *f* **1.** (*de animal*) Fell *nt* **2.** (*fam: persona muy delgada*) Bohnenstange *f;* **ser una** ~ nur Haut und Knochen sein **3.** (*vulg: prostituta*) Nutte *f fam pey*

pellejo [pe'ʎexo] *m* **1.** (*de animal*) Fell *nt* **2.** (*de persona*) Haut *f;* **arriesgarse el** ~ Kopf und Kragen riskieren; **para esto yo no daría mi** ~ dafür würde ich meinen Kopf nicht hinhalten; **si yo estuviera en tu** ~**...** ich an deiner Stelle ...; **no caber en su** ~ vor Stolz und Zufriedenheit platzen; **pagar con el** ~ mit dem Leben bezahlen; **perder el** ~ (*fig fam*) ins Gras beißen; **quitar el** ~ **a alguien** über jdn lästern; **salvar**(**se**) **el** ~ mit heiler Haut davonkommen; **no tener más que el** ~ nur (noch) Haut und Knochen sein **3.** (*odre*) Weinschlauch *m* **4.** (*fruta*) Haut *f;* (*salchicha*) Pelle *f* **5.** (*de las uñas*) Nagelhaut *f* **6.** (*fam: ebrio*) Trinker *m*

pellizcar [peʎiθ'kar] <c→qu> **I.** *vt* **1.** (*repizcar*) kneifen **2.** (*fam: pizcar algo*) abzwacken; (*comida*) naschen **II.** *vr:* ~**se** sich *dat* einklemmen

pellizco [pe'ʎiθko] *m* **1.** (*pizco*) Kneifen *nt;* **dar un** ~ **a alguien** jdn kneifen **2.** (*poquito*) Stückchen *nt;* (*de sal*) Prise *f;* (*de tu bocadillo*) Bissen *m*

pelma ['pelma] *m* (*fam*), **pelmazo** [pel'maθo] *m* (*fam: pesado*) Nervensäge *f*

pelo ['pelo] *m* **1.** (*cabello*) Haar *nt;* (*de ani-*

mal) Fell *nt;* (*de ave*) Flaum *m;* (*de barba*) Stoppel(n) *f(pl);* **tener el ~ rubio** blondes Haar haben; **tirar el ~** (*perro*) haaren; **por un ~ te caes** (*fig*) um ein Haar wärst du heruntergefallen; **escaparse por un ~** gerade noch entkommen; **agarrarse a un ~** (*fig*) sich an jedem Strohhalm festklammern; **colgado de un ~** (*fig*) am seidenen Faden hängend; **contar algo con ~s y señales** etw haarklein erzählen; **cortar un ~ en el aire** (*cuchillo*) sehr scharf sein; (*listo*) sehr scharfsinnig sein; **estar hasta los ~s** die Nase gestrichen voll haben; **no tener ~s en la lengua** kein Blatt vor den Mund nehmen; **no tocar un ~ (de la ropa) a alguien** jdm kein Haar krümmen; **soltarse el ~** die Haare offen tragen; (*fig*) sagen, was Sache ist; **tomarle el ~ a alguien** jdn auf den Arm nehmen; **no tener (un) ~ de tonto** kein bisschen blöd sein **2.** (*vello, pelusa*) Härchen *ntpl;* (*de tela/plantas/un bebé*) Flaum *m;* (*de alfombra*) Flor *m* **3.** (*loc, fam*): **de ~** betucht; **la gente de medio ~** die kleinen Leute; **luce buen ~** ihm/ihr geht es gut; **a ~** (*la cabeza descubierta*) ohne Kopfbedeckung; (*sin prepararse*) unvorbereitet; **cabalgar a ~** ohne Sattel reiten; **al ~** genau; **todo irá al ~** es wird alles glattgehen; **el traje ha quedado al ~** der Anzug sitzt wie angegossen; **venir al ~** sehr gelegen kommen; **sin venir al ~** völlig unangebracht; **a contra ~** ungelegen; **de ~ en pecho** mutig; **no se mueve ni un ~ de aire** es geht kein bisschen Wind; **no se te ve el ~, ¿por dónde andas?** du lässt dich ja gar nicht mehr blicken, wo steckst du denn?

pelón, -ona [pe'lon, -ona] **I.** *adj* **1.** (*calvo*) glatzköpfig **2.** (*rapado*) kurz geschoren **II.** *m, f* (*fam: pobre*) armer Schlucker *m*

pelota¹ [pe'lota] *f* **1.** (*balón*) Ball *m;* **echar la ~ a alguien** (*fig*) jdm den schwarzen Peter zuspielen **2.** (*esfera, proyectil*) Kugel *f;* **devolver la ~ a alguien** (*argumentar*) den Spieß umdrehen; (*vengarse*) es jdm mit gleicher Münze heimzahlen; **la ~ sigue en el tejado** (*fig*) die Sache ist immer noch ungeklärt **3.** (*juego*) Pelota *f* **4.** *pl* (*vulg: testículos*) Eier *ntpl;* **y esto lo hago así porque me sale de las ~s** und das mache ich so, weil es mir passt *fam;* **¡fíjate, que tiene ~s!** Mensch, der/die hat aber Mumm! *fam;* **tocar las ~s** auf die Eier gehen **5.** (*argot: loc*): **de ~s** geil; **en ~s** splitter(faser)nackt; **dejar a alguien en ~s** (*juego*) jdn völlig ausnehmen; (*ropa*) jdn völlig ausziehen; **pillar a alguien en ~s** (*fig*) jdn unvorbereitet antreffen; **hacer la ~ a alguien** bei jdm schleimen; **¡y esto es así, por ~s!** und das ist und bleibt so, basta!

pelota² [pe'lota] *m* (*fam*) Schleimer *m*

pelotazo [pelo'taθo] *m* **1.** (*con el pie*) (harter) Schuss *m;* (*tirando*) Wurf *m;* (*con la raqueta*) Schlag *m* **2.** (*argot: bebida*) harte Mischung *f;* **meterse un ~** sich *dat* einen hinter die Binde gießen

pelotear [pelote'ar] **I.** *vi* **1.** (DEP) sich einspielen **2.** (*de un sitio al otro*) hin- und herwerfen (*con +akk*) **II.** *vt* (*cuentas*) vergleichen

pelotera [pelo'tera] *f* (*fam*) Auseinandersetzung *f*

pelotón [pelo'ton] *m* **1.** (*enredo*) Wirrwarr *m* **2.** (*de gente*) Ansammlung *f;* (*en carreras*) Feld *nt;* (MIL) Trupp *m*

pelotudo, -a [pelo'tuðo, -a] **I.** *adj* (*CSur: vulg*) saublöd *fam* **II.** *m, f* (*CSur: vulg*) Vollidiot(in) *m(f)*

peluca [pe'luka] *f* Perücke *f;* **usar ~** eine Perücke tragen

peluche [pe'lutʃe] *m* **1.** (*tejido*) Plüsch *m* **2.** (*juguete*) Plüschtier *nt;* **oso ~** Teddybär *m*

pelucón, -ona¹ [pelu'kon, -ona] *adj* (*And: fam*) langhaarig

pelucón² [pelu'kon] *m* (*And: fam*) hohes Tier *nt*

peludo, -a [pe'luðo, -a] *adj* **1.** (*peliagudo*) stark behaart; (*con una barba*) bärtig **2.** (*AmC: fam: difícil*) haarig

peluquería [peluke'ria] *f* Friseursalon *m;* **~ de señoras/señores** Damen-/Herrensalon *m;* **ir a la ~** zum Friseur gehen

peluquero, -a [pelu'kero, -a] *m, f* Friseur, -euse *m, f*

peluquín [pelu'kin] *m* Toupet *nt;* **¡ni hablar del ~!** das kommt gar nicht in Frage!

pelusa [pe'lusa] *f* **1.** (*vello*) Flaum *m;* (*tejido*) Flor *m* **2.** (*de polvo*) Staubfussel *f* **3.** (*fam: celos*) Eifersucht *f;* **sentir ~** eifersüchtig sein **4.** (*envidia*) Neid *m;* **sentir ~** neidisch sein

pelvis ['pelβis] *f inv* (ANAT) Becken *nt*

pena ['pena] *f* **1.** (*tristeza*) Kummer *m;* **ahogar las ~s** seinen Kummer ertränken **2.** (*lástima*): **ser una ~** schade sein; **¡qué ~!** schade!; **me da mucha ~ el gato** die Katze tut mir unwahrscheinlich leid; **me da mucha ~ el tener que verlo así** es tut mir in der Seele weh, ihn so sehen zu müssen **3.** (*sanción*) Strafe *f;* **~ de cadena perpetua** lebenslange Haftstrafe; **~ capital** Todesstrafe *f;* **~ pecuniaria** Geldstrafe *f* **4.** (*dificultad*) Mühsal *f;* **pasar las ~s del purgatorio** die Hölle auf Erden durchmachen; **a duras ~s** mit Mühe und Not; (*apenas*) kaum; **sin ~ ni gloria** mittelmäßig; **valer la ~** sich lohnen; **¡allá ~s!** ist mir doch egal! **5.** (*Am: vergüenza*) Scham *f;* **tener ~** sich schämen **6.** (*loc*): **so ~ que...** *+subj* es sei

P

denn, ...

penable [pe'naβle] *adj* strafbar

penacho [pe'natʃo] *m* **1.** (*adorno, t. de aves*) Federbusch *m* **2.** (*fam: vanidad*) Hochmut *m*

penado, -a [pe'naðo, -a] **I.** *adj* **1.** (*triste*) betrübt **2.** (*difícil*) mühsam **3.** (*Am: tímido*) schüchtern **II.** *m, f* Sträfling *m*

penal [pe'nal] **I.** *adj* (JUR) Straf-; **antecedentes ~es** Vorstrafen *fpl* **II.** *m* **1.** (*prisión*) Gefängnis *nt* **2.** (*Am: falta*) Foul *nt* **3.** (*penalti*) Elfmeter *m;* (*en baloncesto*) Freiwurf *m*

penalidad [penali'ðaᵈ] *f* **1.** (*molestia*) Strapaze *f* **2.** (*sanción*) Strafe *f*

penalización [penaliθa'θjon] *f* Bestrafung *f*

penalizar [penali'θar] <z→c> *vt* bestrafen

penalti [pe'nal̪ti] *m* <penaltis> **1.** (*falta*) Foul *nt;* **área de ~s** Strafraum *m* **2.** (*sanción*) Elfmeter *m;* (*en baloncesto*) Freiwurf *m*

> **‚casarse de penalti'**: Diese Metapher, die aus dem Fußballsport übernommen wurde – **penalti** heißt Elfmeter – bedeutet so viel wie heiraten müssen, weil die Frau schwanger ist. Im übertragenen Sinne ist also die Hochzeit die Strafe dafür, dass man im Strafraum (Gesellschaft?) gegen die (sozialen?) Regeln verstoßen hat.

penar [pe'nar] **I.** *vt* **1.** (*castigar*) bestrafen **2.** (*prever la ley*) unter Strafe stellen **II.** *vi* **1.** (*padecer*) leiden; **~ de amores** Liebeskummer haben **2.** (*ansiar*) sich sehnen (*por* nach +*dat*)

penca ['peŋka] *f* **1.** (*hoja*) Blatt *nt* **2.** (*Am: borrachera*): **agarrarse una ~** sich betrinken **3.** (*And: atractivo*): **una ~ de hombre/de mujer** ein Bild von einem Mann/von einer Frau; **una ~ de casa** ein wunderschönes Haus

penco ['peŋko] *m* **1.** (*jamelgo*) Klepper *m* **2.** (*And: fam: atractivo*): **un ~ de hombre/de mujer** ein Bild von einem Mann/von einer Frau **3.** (*fam: holgazán*) Faulpelz *m;* (*inútil*) Nichtsnutz *m;* (*torpe*) Tollpatsch *m*

pendencia [pen̪'den̪θja] *f* Streit *m;* **armar ~** Streit anfangen

pendenciero, -a [pen̪den̪'θjero, -a] *adj* streitsüchtig

pender [pen̪'der] *vi* **1.** (*colgar*) hängen (*de/en* an +*dat*); (*cernerse*) schweben (*sobre* über +*dat*) **2.** (JUR) abhängen (*ante* von +*dat*)

pendiente¹ [pen̪'djen̪te] **I.** *adj* **1.** (*hacia arriba*) steigend; (*hacia abajo*) fallend **2.** (*problema, asunto, cuenta*) offen; (*trabajo, pedido*) unerledigt; **una cuenta ~ de pago** eine fällige Rechnung; **quedar ~ una asignatura** ein Fach nicht bestehen **3.** (*fam: ocuparse*): **voy a salir un momento, mientras, estate ~ del arroz** ich gehe mal kurz hinaus, pass solange auf den Reis auf; **¡tú estate ~ de lo tuyo!** kümmere du dich um deine Angelegenheiten!; **estar ~ de los labios de alguien** (*estar atento*) an jds Lippen hängen; **de momento, sólo estoy ~ de si me conceden la beca o no** im Augenblick beschäftigt mich nur, ob ich das Stipendium bekomme oder nicht **4.** (*depender*): **estamos ~s de lo que digan nuestros padres** wir müssen erst abwarten, wie unsere Eltern entscheiden **II.** *m* (*de oreja*) Ohrring *m;* (*de nariz*) Nasenring *m*

pendiente² [pen̪'djen̪te] *f* **1.** (*cuesta*) Abhang *m;* **de mucha ~** sehr steil **2.** (*del tejado*) Neigung *f*

péndola ['pen̪dola] *f* **1.** (*de reloj*) Pendel *nt* **2.** (*reloj*) Pendeluhr *f*

pendón [pen̪'don] *m* (*estandarte*) Banner *nt*

pendular [pen̪du'lar] *adj* Pendel-

péndulo ['pen̪dulo] *m* Pendel *nt*

pene ['pene] *m* Penis *m*

penetración [penetra'θjon] *f* **1.** (*acción*) Durchdringung *f* **2.** (*comprensión*) Auffassungsgabe *f;* (*inteligencia*) Scharfsinn *m*

penetrante [pene'tran̪te] *adj* **1.** (*profundo*) tief gehend; (*dolor*) stark **2.** (*frío*) beißend; (*hedor*) penetrant

penetrar [pene'trar] **I.** *vi* eindringen (*en/entre/por* in +*akk*) **II.** *vt* **1.** (*luz, sonido, proyectil*) durchdringen; (*mirada*) durchbohren **2.** (*entender*) verstehen; **~ un misterio** hinter ein Geheimnis kommen; **~ una intención** eine Absicht erkennen; **~ los pensamientos de alguien** jds Gedanken lesen **III.** *vr:* **~se** sich *dat* bewusst werden (*de* über +*akk*)

penicilina [peniθi'lina] *f* Penizillin *nt*

península [pe'ninsula] *f* Halbinsel *f*

> Die **Península Ibérica** (Iberische Halbinsel) umfasst Spanien und Portugal. Im Spanischen macht man von diesem Begriff (und dem entsprechenden Adjektiv: **peninsular**) Gebrauch, wenn man das spanische Festland von den beiden spanischen Inselgruppen (**Baleares y Canarias**) und den spanischen Gebieten in Afrika (**Ceuta y**

Melilla) unterscheiden möchte.

peninsular [peninsu'lar] *adj* Halbinsel-; **las costas ~es** die Küsten der Halbinsel
penique [pe'nike] *m* Penny *m*
penitencia [peni'ten̪θja] *f* **1.** (*pena*) Sühne *f;* **imponer una ~ a alguien** jdm eine Strafe auferlegen **2.** (REL) Buße *f;* **hacer ~** Buße tun **3.** (*arrepentimiento*) Reue *f*
penitenciaría [peniten̪θja'ria] *f* Strafanstalt *f*
penitenciario, -a [peniten̪'θjarjo, -a] *adj* **1.** (*relativo a la penitenciaría*) Gefängnis- **2.** (*relativo a la penitencia*) Straf-
penitente [peni'ten̪te] **I.** *adj* reuig **II.** *mf* (REL) Büßer(in) *m;* (*que se confiesa*) Beichtende(r) *mf*
penoso, -a [pe'noso, -a] *adj* **1.** (*arduo*) heikel **2.** (*dificultoso*) mühselig **3.** (*con pena*) traurig **4.** (*Am: vergonzoso*) scheu
pensado, -a [pen'saðo, -a] *adj* **1.** (*reflexionado*) überdacht; **esto está poco ~** das ist nicht wohl überlegt; **lo tengo bien ~** ich habe mir das genau überlegt; **tener ~ hacer algo** vorhaben etw zu tun; **el día menos ~ volverá** wenn man es am wenigsten erwartet, wird er/sie zurückkommen **2.** (*persona*): **ser un mal ~** immer gleich das Schlimmste vermuten
pensador(a) [pensa'ðor(a)] **I.** *adj* denkend, überlegend **II.** *m(f)* Denker(in) *m(f)*
pensamiento [pensa'mjen̪to] *m* **1.** (*acción*) (Nach)denken *nt* **2.** (*idea*) Idee *f;* (*intención*) Absicht *f* **3.** (*objeto*) Gedanke *m;* **ya el ~ solo me da risa** schon beim bloßen Gedanken daran muss ich lachen **4.** (*mente*) Sinn *m;* **tengo un problema en el ~** ein Gedanke beschäftigt mich; **¿cuándo te vino esa idea al ~?** wann fiel dir das ein? **5.** (*apotegma*) Maxime *f* **6.** (*contenido*) Thema *nt* **7.** (BOT) Stiefmütterchen *nt*
pensar [pen'sar] <e→ie> **I.** *vi, vt* **1.** (*proyectar algo en la mente*) denken (*en* an +*akk*); (*considerar*) bedenken; **todo pasa cuando menos se piensa** (**en ello**) alles geschieht, wenn man am wenigsten damit rechnet; **¡ni ~lo!** nicht im Traum!; **¡no quiero ni ~lo!** nicht auszudenken! **2.** (*reflexionar*) nachdenken; **nos dio mucho que ~ que no hubiera regresado aún** es gab uns zu denken, dass er/sie noch nicht zurück war; **esto es algo para ~lo bien** das ist etwas, was gut überdacht sein muss; **lo hicimos sin ~lo** wir taten es, ohne zu überlegen; **sin ~lo me dió una bofetada** und plötzlich gab er/sie mir eine Ohrfeige; **pensándolo bien** bei genauerer Betrachtung **3.** (*concluir*) beschließen **II.** *vi* (*opinar*) denken; (*suponer*) annehmen; (*imaginarse*) sich *dat* denken können; **pienso que deberíamos irnos** ich denke wir sollten gehen; **~ muy mal de alguien** eine schlechte Meinung von jdm haben **III.** *vt* **1.** (*intención*) vorhaben; **pensábamos venir este fin de semana** wir wollten dieses Wochenende kommen; **lo pensó mejor y no lo hizo** er/sie besann sich eines Besseren und tat es nicht **2.** (*inventar, tramar*) sich *dat* ausdenken
pensativo, -a [pensa'tiβo, -a] *adj* nachdenklich
pensión [pen'sjon] *f* **1.** (*paga*) (Alters)rente *f;* **~ recibida de la empresa** Betriebsrente *f;* **~ de viudez** Witwenrente *f;* **aún no cobra la ~** (*no recibe la paga*) er/sie bekommt noch keine Rente bezahlt; (*no tiene la edad*) er/sie ist noch nicht in Rente **2.** (*para huéspedes*) Pension *f* **3.** (*precio por alojamiento*) Kostgeld *nt;* **~ completa** Vollpension *f*
pensionado, -a[1] [pensjo'naðo, -a] *m, f* (*jubilado*) Rentner(in) *m(f)*
pensionado[2] [pensjo'naðo] *m* (ENS) Internat *nt*
pensionar [pensjo'nar] *vt* pensionieren
pensionista [pensjo'nista] *mf* **1.** (*jubilado*) Rentner(in) *m(f)* **2.** (*huésped*) Pensionsgast *m* **3.** (*alumno*) Internatsschüler(in) *m(f)*
pentagonal [pen̪taɣo'nal] *adj* fünfeckig
pentágono [pen̪'taɣono] *m* Fünfeck *nt*
pentagrama [pen̪ta'ɣrama] *m* Notenlinien *fpl*
pentatlón [pen̪taᶞ'lon] *m* Fünfkampf *m*
Pentecostés [pen̪tekos'tes] *m* (REL) **1.** (*cristiano*) Pfingsten *nt;* **Pascua de ~** Pfingstsonntag *m* **2.** (*judío*) Passah(fest) *nt*
penúltimo, -a [pe'nul̪timo, -a] *adj* vorletzte(r, s)
penumbra [pe'numbra] *f* Halbdunkel *nt;* (ASTR) Halbschatten *m*
penuria [pe'nurja] *f* **1.** (*escasez*) Mangel *m;* (FIN) Geldmangel *m;* **pasar muchas ~s** viel durchmachen **2.** (*pobreza*) Armut *f*
peña ['peɲa] *f* **1.** (*roca*) Fels(en) *m* **2.** (*grupo*) Zirkel *m;* (*de aficionados*) Fanklub *m;* (*tertulia*) Stammtisch *m;* (*de jóvenes*) Clique *f*
peñasco [pe'ɲasko] *m* (*peña*) Felsblock *m*
peñascoso, -a [peɲas'koso, -a] *adj* felsig
peñón [pe'ɲon] *m* **1.** (*peñasco*) Felsblock *m;* **el P~** Gibraltar *nt* **2.** (*monte*) Felsengebirge *nt*
peón [pe'on] *m* **1.** (*obrero*) Hilfsarbeiter *m;* (*jornalero*) Tagelöhner *m;* (AGR) Landarbeiter *m;* (*Méx: aprendiz*) Lehrling *m* **2.** (*en juegos*) Stein *m;* **~ de ajedrez** Bauer *m* **3.** (*juguete*) Brummkreisel *m*

P

peonza [pe'oṇθa] *f* (*juguete*) Kreisel *m*
peor [pe'or] *adv o adj compar de* **mal(o)** (*calidad*) schlechter; (*condición*) schlimmer; **en matemáticas soy ~ que tú** in Mathematik bin ich schlechter als du; **el ~ de la clase** der Schlechteste in der Klasse; **el pequeño es el ~ de los dos** der Kleine ist der Schlimmere von beiden; **y verás, será ~ aún** und du wirst sehen, es kommt noch schlimmer; **el ~ día, verás como te hablará** wenn du es am wenigsten erwartest, wird er/sie dich ansprechen; **en el ~ de los casos** schlimmstenfalls; **pero lo ~ de todo fue...** aber das Allerschlimmste war ...; **vas de mal en ~** es wird immer schlimmer mit dir; **~ es nada** besser als gar nichts
pepa ['pepa] *f* **1.** (*Am: pepita*) Kern *m* **2.** (*And: mentira*) Lügengeschichte *f*
Pepa ['pepa] *f* (*fam*): **¡viva la ~!** (*indiferencia*) mir ist das piepegal; (*regocijo*) Hurra!
Pepe ['pepe] *m*: **ponerse como un ~** (*argot*) es sich *dat* supergut gehen lassen; **ver menos que ~ Leches** (*argot*) blind wie ein Maulwurf sein
pepinillo [pepi'niʎo] *m* Essiggurke *f*
pepino [pe'pino] *m* **1.** (*para ensaladas*) Gurke *f*; **eso me importa un ~** (*fam*) das ist mir total egal **2.** (*melón*) unreife Honigmelone *f*
pepita [pe'pita] *f* (BOT) Kern *m*
pepsina [peβ'sina] *f* Pepsin *nt*
pequeñajo, -a [peke'ɲaxo, -a] **I.** *adj* (*fam*) klein **II.** *m, f* (*fam*) Kleine(r) *mf*
pequeñez [peke'ɲeθ] *f* **1.** (*tamaño*) Kleinheit *f* **2.** (*minucia*) Kleinigkeit *f*
pequeño, -a [pe'keɲo, -a] **I.** *adj* klein; (*cuento, falda*) kurz; **es la misma casa, sólo que en pequeña** das ist das gleiche Haus, nur kleiner; **ya desde ~ solía venir a este sitio** schon als ich klein war, kam ich hierher **II.** *m, f* Kleine(r) *mf*
pequeñoburgués, -esa [pekeɲoβur'ɣes, -esa] **I.** *adj* kleinbürgerlich **II.** *m, f* Kleinbürger(in) *m(f)*
pequinés, -esa[1] [peki'nes, -esa] **I.** *adj* Pekinger **II.** *m, f* Pekinger(in) *m(f)*
pequinés[2] [peki'nes] *m* (ZOOL) Pekinese *m*
pera ['pera] **I.** *adj* schick; **restaurante ~** Nobelrestaurant *nt*; **niño ~** *Kind aus einer besseren Familie* **II.** *f* **1.** (BOT) Birne *f*; **pedir ~s al olmo** das Unmögliche verlangen; **eso es la ~** das ist der Gipfel; **poner a alguien las ~s a cuarto** jdn zurechtweisen **2.** (*barba*) Ziegenbart *m* **3.** (TÉC): **~ de goma** Handblasebalg *m* **4.** (*vulg: loc*): **hacerse una ~** sich *dat* einen runterholen; **tocarse la ~** Däumchen drehen *fam*
peral [pe'ral] *m* Birnenbaum *m*
perca ['perka] *f* Barsch *m*
percance [per'kaṇθe] *m* (*contratiempo*) Zwischenfall *m*; (*por culpa propia*) Missgeschick *nt*; (*de plan/proyecto*) (Rück)schlag *m*
per cápita [per 'kapita] *adv* pro Kopf; **consumo ~** Pro-Kopf-Verbrauch *m*
percatarse [perka'tarse] *vr* (*darse cuenta*) merken (*de* +*akk*); (*comprender*) verstehen (*de* +*akk*)
percepción [perθeβ'θjon] *f* **1.** (*acción*) Wahrnehmung *f* **2.** (*idea*) Gedanke *m*; (*impresión*) Eindruck *m* **3.** (FIN) Erhebung *f*
perceptible [perθep'tiβle] *adj* **1.** (*que puede comprenderse*) fassbar **2.** (FIN) einziehbar
perceptivo, -a [perθep'tiβo, -a] *adj* perzeptorisch
perceptor(a) [perθep'tor(a)] *m(f)* Bezieher(in) *m(f)*
percha ['pertʃa] *f* **1.** (*en el armario*) Kleiderbügel *m* **2.** (*perchero*) Garderobenständer *m*; (*en la tienda*) Kleiderständer *m*; **vestido de ~** Kleid von der Stange **3.** (*AmC: chaqueta*) Sakko *nt* **4.** (*argot: tipo*) Körperbau *m*
perchero [per'tʃero] *m* Garderobe *f*; **~ (de pared)** Garderobenhaken *m*; **~ (de pie)** Garderobenständer *m*
percibir [perθi'βir] *vt* **1.** (*notar*) wahrnehmen **2.** (*darse cuenta*) sehen **3.** (*comprender*) verstehen **4.** (*cobrar*) beziehen
percusión [perku'sjon] *f* **1.** (*golpeo*) Erschütterung *f* **2.** (TÉC) Schlag *m*; **barra de ~** Brecheisen *nt* **3.** (*al examinar*) Abklopfen *nt* **4.** (MÚS) Percussion *f*; **instrumento de ~** Schlaginstrument *nt*
percusionista [perkusjo'nista] *mf* (*de bongos, congas*) Perkussionist(in) *m(f)*; (*de batería*) Schlagzeuger(in) *m(f)*
perdedor(a) [per'ðeðor(a)] **I.** *adj* Verlierer- **II.** *m(f)* Verlierer(in) *m(f)*
perder [per'ðer] <e→ie> **I.** *vt* **1.** (*en general*) verlieren; **~ la cuenta** sich verrechnen; **ayúdame a buscar mis gafas, que las he perdido** hilf mir mal suchen, ich habe meine Brille verlegt; **~ terreno** (*fig*) den Anschluss verlieren **2.** (*malgastar*) vergeuden **3.** (*no aprovechar*): **si llego tarde al espectáculo pierdo la entrada** wenn ich zu spät zur Veranstaltung komme, wird meine Eintrittskarte ungültig **4.** (*peso*) abnehmen; (*costumbre*) ablegen **5.** (*oportunidad, tren*) verpassen **6.** (*ocasionar daños*) zerstören; **el fuego perdió todo el edificio** das Feuer legte das ganze Gebäude in Schutt und Asche; **esa equivocación nos perdió** dieser Fehler wurde uns zum Verhängnis; **el juego le ~á** das Spiel wird ihn noch ins Unglück stürzen; **el régimen lo llevo muy bien, lo que me pierde es ver comer a los demás** die Diät halte ich sehr

gut ein, ich werde nur schwach, wenn ich andere essen sehe **7.** (ENS: *suspender*): ~ **el curso** das Schuljahr wiederholen müssen **II.** *vi* **1.** (*en general*) verlieren; **Portugal perdió por 1 a 2 frente a Italia** Portugal verlor 1 zu 2 gegen Italien; **tener buen** ~ ein guter Verlierer sein; **vas a salir perdiendo** du wirst am Ende den Kürzeren ziehen; **tener todas las de** ~ keine guten Karten haben; **lo echó todo a** ~ er/sie verlor alles; **la comida se quemó y todo se echó a** ~ das Essen verbrannte und es war nichts mehr zu retten; **cómete esos plátanos que sino se echan a** ~ iss diese Bananen, sonst werden sie schlecht **2.** (*decaer*) einbüßen (*en* an +*dat*); **por mi profesión he perdido mucho en salud** durch meinen Beruf habe ich meine Gesundheit vernachlässigt **3.** (*desteñir*) abfärben **III.** *vr:* ~**se 1.** (*extraviarse*) abhanden kommen; **¿qué se le habrá perdido por allí?** (*fig*) was hat er/sie dort bloß verloren? **2.** (*por el camino*) sich verlaufen (*en/por* in +*dat*) **3.** (*bailando*) aus dem Takt kommen; (*leyendo*) in den Zeilen verrutschen; ~**se en palabrerías complicadas** (*hablando*) sich in wilden Verstrickungen verlieren **4.** (*desaparecer*) verschwinden **5.** (*arruinarse*) sich ruinieren (*por* mit +*dat*) **6.** (*desperdiciarse*) verloren gehen; **se pierde mucha agua por falta de conciencia ecológica** aus mangelndem Umweltbewusstsein wird viel Wasser verschwendet **7.** (*ocasión*) verpassen; **si no te vienes, tú te lo pierdes** wenn du nicht mitkommst, bist du selbst schuld **8.** (*extingirse*) aussterben; **poco a poco la minifalda se va perdiendo** der Minirock wird immer weniger getragen **9.** (*exceso*) (ganz) verrückt sein (*por* nach +*dat*)

perdición [perði'θjon] *f* **1.** (*acción, daño*) Verlust *m* **2.** (*moral*) Ruin *m*

pérdida ['perðiða] *f* Verlust *m;* ~ **de cabellos** Haarausfall *m;* ~ **de conciencia** Bewusstlosigkeit *f;* ~ **por fricción** Reibungsverlust *m;* **esto es una** ~ **de tiempo** das ist reine Zeitverschwendung; **es fácil de encontrar, no tiene** ~ es ist leicht zu finden, man kann es gar nicht verfehlen; **el edificio ha sufrido** ~**s enormes después del incendio** das Gebäude hat nach dem Brand erhebliche Schäden erlitten; **el coche tiene una leve** ~ **de aceite** der Öltank des Autos leckt leicht

perdidamente [perðiða'mente] *adv* **1.** (*inútilmente*) umsonst **2.** (*con exceso*): **estar** ~ **enamorado** bis über beide Ohren verliebt sein

perdido, **-a** [per'ðiðo, -a] **I.** *adj* **1.** (*que no se encuentra*) verloren; **dar a alguien por** ~ jdn für vermisst erklären; **dar algo por** ~ die Suche nach etw *dat* aufgeben; (*fig*) etw für verloren geben; **estar** ~ in einer ausweglosen Lage sein **2.** (*vicioso, sin salida*) hoffnungslos; **estar loco** ~ (*fam*) vollkommen verrückt sein **3.** (*loc, fam: manchar*): **poner algo** ~ etw ganz dreckig machen; **ponerse** ~ **de pintura** sich mit Farbe voll schmieren **II.** *m, f* **1.** (*fam: vago*) Taugenichts *m;* (*pobre*) armer Hund *m* **2.** (*libertino*) Windhund *m* **3.** (*fam*): **hacerse el** ~ sich rar machen

perdiz [per'ðiθ] *f* Rebhuhn *nt;* **ni todos los días** ~**, ni todos los días Beatriz** nur nicht übertreiben; **... y fueron felices y comieron perdices.** ... und wenn sie nicht gestorben sind, dann leben sie noch heute.

perdón [per'ðon] *m* **1.** (*absolución*) Verzeihung *f;* (*de pecados*) Vergebung *f* **2.** (*indulto*) Begnadigung *f;* (*gracia*) Gnade *f* **3.** (*disculpa*): **¡~!** Entschuldigung!; **¿~?** (wie) bitte?; **¡con ~!** Verzeihung, darf ich?; **no cabe** ~ es ist unentschuldbar; **pedir** ~ **a alguien** jdn um Verzeihung bitten; **y os tengo que decir, con** ~ **de la mesa, que esto es una porquería** und ich muss euch sagen, bitte verzeiht mir den Ausdruck bei Tisch, dass das hier eine Schweinerei ist

perdonable [perðo'naβle] *adj* verzeihlich

perdonar [perðo'nar] *vt* **1.** (*ofensa*) verzeihen; (*pecado*) vergeben; (*pena, deuda*) erlassen; **no te perdono** ich verzeihe dir nicht; **perdona que te interrumpa** entschuldige, dass ich dich unterbreche; **perdona, ¿puedo pasar?** Entschuldigung, darf ich durch?; **perdona pero estás equivocado** es tut mir leid, aber ich glaube, du irrst dich **2.** (*obligación*) befreien (von +*dat*); **te perdono las 1.000 pesetas** ich schenke dir die 1.000 Peseten; **les he perdonado la tarde a mis empleados** ich habe meinen Angestellten den Nachmittag freigegeben **3.** (*loc*): **no perdono ningún esfuerzo** ich scheue keine Mühe; **no perdono ningún medio** ich lasse kein Mittel unversucht; **la guerra no perdona a nadie** der Krieg verschont niemanden

perdurable [perðu'raβle] *adj* **1.** (*duradero*) dauerhaft **2.** (*eterno*) ewig; **las** ~**s obras de reparación del puente** die unendlich langen Reparaturarbeiten an der Brücke

perdurar [perðu'rar] *vi* **1.** (*todavía*) anhalten **2.** (*indefinidamente*) Bestand haben; **su recuerdo** ~**á para siempre entre nosotros** er/sie wird uns für immer in Erinnerung bleiben

perecedero, **-a** [pereθe'ðero, -a] *adj* **1.** (*pasajero*) vergänglich **2.** (*alimento*) leicht verderblich

P

perecer [pere'θer] *irr como crecer* **I.** *vi* **1.** (*morir*) sterben; (*en accidente/la guerra*) ums Leben kommen; ~ **de sed** verdursten **2.** (*daño, sufrimiento*) leiden (*de +akk*) **II.** *vr:* ~**se** sich sehnen (*por* nach *+dat*)

peregrinación [pereɣrina'θjon] *f* (REL) Wallfahrt *f;* **ir en** ~ pilgern

peregrinar [pereɣri'nar] *vi* **1.** (REL) pilgern **2.** (*viajar: a pie*) (herum)wandern; (*con vehículo*) (herum)reisen; **para matricularme tuve que ~ por ciento de oficinas** für meine Immatrikultion musste ich einen Marsch durch hunderte von Büros auf mich nehmen

peregrino, -a [pere'ɣrino, -a] **I.** *adj* **1.** (*extraño*) fremd **2.** (*raro*) seltsam **3.** (*extraordinario*) außerordentlich **II.** *m, f* Pilger(in) *m(f)*

perejil [pere'xil] *m* **1.** (BOT) Petersilie *f* **2.** *pl* (*adornos*) Flitter *m*

perenne [pe'renne] *adj* **1.** (*perpetuo*) ewig; (BOT) immergrün **2.** (*constante*) ständig; **ser de ~ buen humor** immer gut gelaunt sein

perentorio, -a [peren̩'torjo, -a] *adj* **1.** (*urgente*) dringlich **2.** (*pago*) fällig **3.** (*decisión*) endgültig; **plazo** ~ Ausschlussfrist *f*

pereza [pe'reθa] *f* **1.** (*gandulería*) Faulheit *f* **2.** (*de movimientos*) Trägheit *f;* **me dio ~ ir y me quedé en casa** ich hatte keine Lust zu gehen und blieb zu Hause

perezoso, -a [pere'θoso, -a] *adj* **1.** (*gandul*) faul **2.** (*movimiento*) träge **3.** (*loc*): **y ni corto ni ~ me soltó un sopapo** und ohne lange darüber nachzudenken, verpasste er/sie mir eine Ohrfeige

perfección [perfeᵞ'θjon] *f* Vollkommenheit *f;* **estilo de gran** ~ vollendeter Stil; **hacer algo a la** ~ etw perfekt tun

perfeccionamiento [perfeᵞθjona'mjen̩to] *m* Vervollkommnung *f;* (*de técnica, sistema*) Perfektionierung *f elev;* (*profesional*) Fortbildung *f*

perfeccionar [perfeᵞθjo'nar] *vt* vervollkommnen; (*de técnica, sistema*) perfektionieren

perfeccionista [perfeᵞθjo'nista] **I.** *adj* perfektionistisch **II.** *mf* Perfektionist(in) *m(f)*

perfectamente [perfekta'men̩te] *adv:* **sabes ~ que…** du weißt ganz genau, dass …; **te entiendo** ~ ich verstehe dich voll und ganz; **es ~ comprensible** es ist völlig verständlich; **¡~!** in Ordnung!

perfecto, -a[1] [per'fekto, -a] *adj* **1.** *ser* perfekt; (*obra, belleza, harmonía*) vollkommen; (*ideal*) ideal; **nadie es** ~ nobody is perfect; **habla un alemán** ~ er/sie spricht perfekt Deutsch; **un ~ caballero** ein vollendeter Kavalier; **eres un ~ idiota** du bist ein Vollidiot **2.** *estar* einwandfrei **3.** (LING): **pretérito** ~ Perfekt *nt*

perfecto[2] [per'fekto] *m* (LING) Perfekt *nt*

perfidia [per'fiðja] *f* **1.** (*deslealtad*) Treulosigkeit *f* **2.** (*traición*) Verrat *m*

pérfido, -a ['perfiðo, -a] *adj* **1.** (*desleal*) treulos **2.** (*traidor*) verräterisch

perfil [per'fil] *m* **1.** (*de cara, t.* TÉC) Profil *nt;* **de** ~ im Profil **2.** (*contorno*) Umriss *m* **3.** (*de personalidad/doctrina*) Grundzug *m;* **el ~ del candidato** das Anforderungsprofil des Bewerbers

perfilar [perfi'lar] **I.** *vt* **1.** (*retocar*) abrunden **2.** (*sacar perfil*) die Umrisse skizzieren *+gen;* (TÉC) profilieren **II.** *vr:* ~**se** **1.** (*ponerse de perfil*) sich im Profil zeigen **2.** (*distinguirse*) sich abzeichnen **3.** (*fam: aderezarse*) sich herausputzen

perforación [perfora'θjon] *f* **1.** (*con máquina*) (Durch)bohrung *nt;* (*de oreja*) Durchstechen *nt;* (*de otras partes del cuerpo*) Piercing *nt;* (*de papel*) Lochung *f;* (*con muchos agujeros*) Durchlöcherung *f* **2.** (*agujeros, línea*) Perforation *f*

perforar [perfo'rar] *vt* (*con máquina*) (durch)bohren; (*oreja*) durchstechen; (*papel*) lochen; (*con muchos agujeros*) durchlöchern; (*para decorar/para arrancar*) perforieren

perfumador [perfuma'ðor] *m* (*utensilio*) Parfümzerstäuber *m*

perfumar [perfu'mar] **I.** *vt* parfümieren; **las flores perfuman la habitación** der Blumenduft erfüllt das Zimmer **II.** *vi* duften

perfume [per'fume] *m* **1.** (*sustancia*) Parfüm *nt* **2.** (*olor*) Duft *m*

perfumería [perfume'ria] *f* **1.** (*tienda*) Parfümerie *f* **2.** (*productos*) Parfümartikel *mpl*

pergamino [perɣa'mino] *m* Pergament *nt;* **libro (con encuadernación) en** ~ Pergamentband *m;* **familia de ~s** Familie adliger Herkunft

pericia [pe'riθja] *f* **1.** (*habilidad*) Geschick *nt* **2.** (*práctica*) Erfahrung *f*

pericial [peri'θjal] *adj* sachkundig; **informe** ~ Sachverständigengutachten *nt*

perico [pe'riko] *m* (ZOOL) Sittich *m*

periferia [peri'ferja] *f* Peripherie *f;* (*de ciudad*) Stadtrand *m*

perifollo [peri'foʎo] *m* **1.** (BOT) Kerbel *m* **2.** (*fam: adornos*) Flitter *m*

perífrasis [pe'rifrasis] *f inv* Umschreibung *f*

perifrástico, -a [peri'frastiko, -a] *adj* umschreibend

perilla [pe'riʎa] *f* **1.** (*barba*) Kinnbart *m* **2.** (*loc*): **esto viene de ~s** das kommt wie gerufen

perillán, -ana [peri'ʎan, -ana] *m, f* **1.** (*niño*) Frechdachs *m* **2.** (*adulto*) Schlitzohr *nt*

perímetro [pe'rimetro] *m* (MAT) Umfang *m*

perineo [peri'neo] *m* (ANAT) Damm *m*
perinola [peri'nola] *f* (*peonza*) Kreisel *m*
periodicidad [perjoðiθi'ða^{ð}] *f* Regelmäßigkeit *f*
periódico, -a[1] [pe'rjoðiko, -a] *adj* regelmäßig; **sistema** ~ (QUÍM) Periodensystem *nt*
periódico[2] [pe'rjoðiko] *m* (*diario*) Zeitung *f*
periodismo [perjo'ðismo] *m* **1.** (*profesión*) Journalismus *m* **2.** (*estudios*) Journalistik *f*
periodista [perjo'ðista] *mf* Journalist(in) *m(f)*
periodístico, -a [perjo'ðistiko, -a] *adj* **1.** (*de los periodistas*) journalistisch **2.** (*de los periódicos*) Zeitungs-; **reportaje** ~ Zeitungsbericht *m*
periodo [pe'rjoðo] *m*, **período** [pe'rioðo] *m* **1.** (*tiempo*) Zeitraum *m;* ~ **productivo** Lebensarbeitszeit *f;* ~ **de prueba** Probezeit *f* **2.** (*época*) Zeit *f;* ~ **álgido** Höhepunkt *m;* ~ **glacial** Eiszeit *f* **3.** (*menstruación, t.* MAT, FÍS, GEO) Periode *f*
peripecia [peri'peθja] *f* (*incidente*) Zwischenfall *m;* **ha pasado por muchas ~s en esta vida** er/sie hat in seinem/ihrem Leben schon viele Auf und Abs durchlebt
peripuesto, -a [peri'pwesto, -a] *adj* (*fam*) geschniegelt
periquete [peri'kete] *m:* **esto lo hago yo en un** ~ das erledige ich im Handumdrehen; **estoy lista en un** ~ ich bin gleich fertig
periquito [peri'kito] *m* (ZOOL) Wellensittich *m*
periscopio [peris'kopjo] *m* Fernrohr *nt*
perito, -a [pe'rito, -a] **I.** *adj* sachkundig **II.** *m, f* **1.** (*experto*) Sachverständige(r) *mf* **2.** (UNIV) Diplomingenieur(in) *m(f);* ~ **agrónomo** Diplomlandwirt *m;* ~ **mercantil** Handelsschulabsolvent *m;* **Escuela de P~s** ≈Fachhochschule *f*
peritoneo [perito'neo] *m* Bauchfell *nt*
perjudicar [perxuði'kar] <c→qu> **I.** *vt* **1.** (*causar daño*) schaden +*dat;* (*objeto*) beschädigen; (*naturaleza*) zerstören; (*proceso, desarrollo*) beeinträchtigen; (*organización*) durcheinander bringen; **fumar perjudica la salud** Rauchen gefährdet die Gesundheit **2.** (*causar desventaja*) benachteiligen **II.** *vr:* ~**se** sich *dat* (selbst) schaden
perjudicial [perxuði'θjal] *adj* **1.** (*que causa daño*) schädlich (*a/para* für +*akk*); ~ **para la salud** gesundheitsschädlich **2.** (*desventajoso*) nachteilig (*a/para* für +*akk*)
perjuicio [per'xwiθjo] *m* **1.** (*daño*) Schaden *m* (*a* an +*dat*); (*de imagen*) Schädigung *f;* (*de objeto*) Beschädigung *f;* (*de naturaleza*) Zerstörung *f;* (*de libertad*) Beeinträchtigung *f;* (*de organización*) Durcheinanderbringen *nt;* **causar ~s** Schaden zufügen +*dat;* **sin ~ de que...** +*subj* ungeachtet der Tatsache, dass ... **2.** (*detrimento*) Nachteil *m;* **ir en ~ de alguien** jdm zum Nachteil gereichen
perjurar [perxu'rar] *vi* **1.** (*en falso*) einen Meineid leisten **2.** (*faltar al juramento*) seinen Eid brechen
perjurio [per'xurjo] *m* **1.** (*en falso*) Meineid *m* **2.** (*faltar al juramento*) Eidbruch *m*
perla ['perla] *f* Perle *f;* ~ **cultivada** Zuchtperle *f;* **eso viene de ~s** das kommt wie gerufen
permanecer [permane'θer] *irr como crecer vi* **1.** (*estar*): ~ **quieto** stehen bleiben; ~ **invariable** gleichbleiben **2.** (*seguir*): ~ **dormido** weiterschlafen; ~ **sentado** sitzen bleiben
permanencia [perma'neṇθja] *f* **1.** (*estancia*) Aufenthalt *m;* (*duración*) Dauerhaftigkeit *f* **2.** (*persistencia*) Beständigkeit *f* **3.** (*continuación*) Fortdauer *f;* **luchar para lograr la ~ en primera** (DEP) kämpfen, um nicht in die zweite Liga abzusteigen
permanente [perma'neṇte] **I.** *adj* ständig, permanent; (*relación*) dauerhaft; (*lluvia*) anhaltend; **estado** ~ Dauerzustand *m* **II.** *f* Dauerwelle *f*
permeabilidad [permeaβili'ða^{ð}] *f* Durchlässigkeit *f*
permeable [perme'aβle] *adj* durchlässig; ~ **al agua** wasserdurchlässig
permisible [permi'siβle] *adj* zulässig
permisión [permi'sjon] *f* Erlaubnis *f*
permisividad [permisiβi'ða^{ð}] *f* Nachgiebigkeit *f;* (*moral*) Freizügigkeit *f*
permisivo, -a [permi'siβo, -a] *adj* nachgiebig; (*en lo moral*) freizügig
permiso [per'miso] *m* **1.** (*aprobación, autorizacion*) Erlaubnis *f;* ~ **de residencia/de trabajo** Aufenthalts-/Arbeitserlaubnis *f;* **me dio ~ para hacerlo** er/sie erlaubte mir es zu tun; **pedir ~ a alguien** jdn um Erlaubnis bitten **2.** (*licencia*) Schein *m;* ~ **de conducir** Führerschein *m* **3.** (*vacaciones*) Urlaub *m;* **pedir** ~ Urlaub beantragen; **estar de** ~ (MIL) auf Urlaub sein
permitir [permi'tir] **I.** *vt* **1.** (*consentir*) erlauben; **¿me permite pasar/entrar/salir?** darf ich bitte durch/hinein/hinaus?; **no está permitido fumar** Rauchen ist verboten; **si me permite la expresión** wenn ich mir den Ausdruck erlauben darf **2.** (*autorizar*) genehmigen **3.** (*hacer posible, tolerar*) zulassen; **esta máquina permite trabajar el doble** mit dieser Maschine kann die doppelte Arbeitsleistung erbracht werden; **no permito que me levantes la voz** diesen Ton lasse ich mir nicht gefallen **II.** *vr:* ~**se** sich *dat* erlauben
permuta [per'muta] *f* (Aus)tausch *m*
permutar [permu'tar] *vt* (aus)tauschen
pernear [perne'ar] *vi* **1.** (*piernas*) strampeln

P

2. (*fam: andar*) sich *dat* die Beine wund laufen **3.** (*fam: rabiar*) toben

pernera [per'nera] *f* Hosenbein *nt*

pernicioso, -a [perni'θjoso, -a] *adj* schädlich (*para* für +*akk*); (*tumor*) bösartig

pernil [per'nil] *m* **1.** (*del pantalón*) Hosenbein *nt* **2.** (*del cerdo*) Keule *f*

pernio ['pernjo] *m* Angel *f*

perno ['perno] *m* (*con cabeza*) Bolzen *m*; (*sin cabeza*) Stift *m*

pernoctar [pernok'tar] *vi* übernachten

pero ['pero] **I.** *conj* aber; (*sin embargo*) jedoch; **¡~ si todavía es una niña!** sie ist doch noch ein Kind!; **¡~ si ya le conoces!** du kennst ihn doch!; **¿~ qué es lo que quieres?** was willst du eigentlich? **II.** *m* (*objeción*) Aber *nt*; **el proyecto tiene sus ~s** das Projekt hat so seine Tücken; **sin un ~** ohne Wenn und Aber; **poner ~s a algo** an etw *dat* etwas auszusetzen haben; **¡no hay ~ que valga!** keine Widerrede!; **poner ~s a todo** an allem etwas auszusetzen haben

perogrullada [peroɣru'ʎaða] *f* Binsenweisheit *f*

perol [pe'rol] *m* Kessel *m*

peroné [pero'ne] *m* Wadenbein *nt*

peronista [pero'nista] **I.** *adj* peronistisch **II.** *mf* Peronist(in) *m(f)*

peroración [perora'θjon] *f* (*discurso*) Rede *f*

perorar [pero'rar] *vi* **1.** (*dar discurso*) eine Rede halten; (*pey*) salbadern **2.** (*fam: hablar*) palavern **3.** (*pedir*) inständig bitten

peróxido [pe'roᵞsiðo] *m* Peroxid *nt*

perpendicular [perpeṇdiku'lar] **I.** *adj* senkrecht; (*pared*) lotrecht **II.** *f* Senkrechte *f*

perpetrar [perpe'trar] *vt* begehen

perpetuar [perpetu'ar] <*1. pres:* perpetúo> **I.** *vt* **1.** (*recuerdo, memoria*) bewahren **2.** (*nombre, situación*) verewigen **3.** (*error, mentira*) aufrechterhalten **II.** *vr:* **~se** fortleben

perpetuidad [perpetwi'ðaᵈ] *f* **1.** (*continuidad*) Beständigkeit *f* **2.** (*eternidad*) Ewigkeit *f*; **a ~** auf ewig; **condenar a ~** zu lebenslänglicher Freiheitsstrafe verurteilen **3.** (*de crédito*) Unkündbarkeit *f*

perpetuo, -a [per'petwo, -a] *adj* **1.** (*incesante*) fortwährend; **nieves perpetuas** ewiger Schnee **2.** (*vitalicio*) lebenslänglich; (*renta*) auf Lebenszeit **3.** (*crédito*) unkündbar

perplejo, -a [per'plexo, -a] *adj* verwirrt; **me quedé ~ cuando me lo dijo** ich war wie vor den Kopf geschlagen, als er/sie es mir sagte

perra ['perra] *f* **1.** (ZOOL) Hündin *f* **2.** (*obstinación*) Fimmel *m fam* **3.** (*fam: rabieta*) Wutanfall *m*; **coger una ~** einen Wutanfall bekommen **4.** (*fam: modorra*) Schläfrigkeit *f*; (*pereza*) Faulheit *f* **5.** (*puta*) Hure *f pey* **6.** (*fam: dinero*) Kohle *f*; **no tener una ~** völlig abgebrannt sein **7.** (*fam: borrachera*) Rausch *m*

perrera [pe'rrera] *f* (*casa*) Hundehütte *f*; (*edificio*) Hundezwinger *m*

perrería [perre'ria] *f* (*vileza*) Gemeinheit *f*

perrito [pe'rrito] *m*: **~ caliente** Hotdog *m o nt*

perro, -a¹ ['perro, -a] *adj* gemein; **llevar una vida perra** ein Hundeleben führen

perro² ['perro] *m* (ZOOL: *t. pey*) Hund *m*; **~ callejero** Promenadenmischung *f*; **~ faldero** Schoßhund *m*; **~ de lanas** Pudel *m*; **humor de ~s** Hundslaune *f*; **tiempo de ~s** Hundewetter *nt*; **¡cuidado con el ~!** Vorsicht, bissiger Hund!; **sacar al ~** mit dem Hund Gassi gehen *fam*; **echar los ~s a alguien** jdn fertig machen; **se llevan como el ~ y el gato** sie sind wie Hund und Katze; **morir como un ~** gottverlassen sterben; **¡venga ya, a otro ~ con ese hueso!** das kannst du deiner Großmutter erzählen!; **ser ~ viejo** ein alter Hase sein; **a ~ flaco todo son pulgas** (*prov*) ein Unglück kommt selten allein; **~ ladrador, poco mordedor** (*prov*) Hunde, die bellen, beißen nicht

persa ['persa] **I.** *adj* persisch; **alfombra ~** Perserteppich *m* **II.** *mf* Perser(in) *m(f)*

persecución [perseku'θjon] *f* Verfolgung *f*; **~ en coche** (Auto)verfolgungsjagd *f*

perseguir [perse'ɣir] *irr como seguir vt* verfolgen; (*contrato, chica*) hinterherlaufen; **la policía persigue al fugitivo** die Polizei ist hinter dem Ausbrecher her; **me persigue la mala suerte** ich bin vom Pech verfolgt; **me persiguen los remordimientos** mich plagen Gewissensbisse; **el jefe me persigue todo el día** mein Chef sitzt mir den ganzen Tag im Nacken; **¿qué persigues con esto?** was willst du damit erreichen?

perseverancia [perseβe'raṇθja] *f* **1.** (*insistencia*) Beharrlichkeit *f* (*en* bei +*dat*) **2.** (*en trabajo, actividad*) Ausdauer *f* (*en* bei +*dat*) **3.** (*firmeza*) Standhaftigkeit *f*

perseverante [perseβe'raṇte] *adj* **1.** (*insistente*) beharrlich **2.** (*constante*) ausdauernd **3.** (*firme*) standhaft

perseverar [perseβe'rar] *vi* **1.** (*insistir*) beharren (*en* auf +*dat*) **2.** (*mantener*) durchhalten; **~ en algo** bei etw *dat* nicht aufgeben

Persia ['persja] *f* Persien *nt*

persiana [per'sjana] *f* Rollladen *m*

pérsico, -a ['persiko, -a] *adj* persisch

persignarse [persiɣ'narse] *vr* sich bekreuzigen

persistencia [persis'teṇθja] *f* **1.** (*insisten-*

cia) Beharrlichkeit *f* **2.** (*perduración*) Anhalten *nt* **3.** (*en trabajo, actividad*) Ausdauer *f*

persistente [persi'tente] *adj* **1.** (*persona*) beharrlich **2.** (*acción*) anhaltend; (*recuerdo*) bleibend

persistir [persis'tir] *vi* **1.** (*insistir*) beharren (*en* auf +*dat*) **2.** (*perdurar*) anhalten

persona [per'sona] *f* Person *f*; ~ **de contacto** Ansprechpartner *m*; ~ **(non) grata** Persona (non) grata; **en** ~ persönlich; **ser buena/mala** ~ ein guter/böser Mensch sein; **había muchas** ~**s** es waren viele Leute da; **no había ninguna** ~ **allí** es war niemand da; **se apareció en la** ~ **de...** er/sie erschien in der Gestalt von ...; **ese es una** ~ **de cuidado** bei ihm ist Vorsicht geboten

personaje [perso'naxe] *m* **1.** (*personalidad*) Persönlichkeit *f*; ~ **de culto** Kultfigur *f* **2.** (TEAT, LIT) Person *f*

personal[1] [perso'nal] **I.** *adj* persönlich; **datos** ~**es** Personalien *fpl*; **pronombre** ~ Personalpronomen *nt* **II.** *m* **1.** (*plantilla*) Personal *nt*; (*en empresa*) Belegschaft *f*; ~ **de a bordo** (AERO) Flugzeugbesatzung *f*; ~ **docente** Lehrkräfte *fpl*; ~ **de tierra** (AERO) Bodenpersonal *nt* **2.** (*fam: gente*) Leute *pl*

personal[2] [perso'nal] *f* (DEP) Foul *nt*

personalidad [personali'ðað] *f* Persönlichkeit *f*

personalizar [personali'θar] <z→c> *vt* **1.** (*aludir*) namentlich nennen **2.** (*hacer personal*) persönlich gestalten

personarse [perso'narse] *vr* persönlich erscheinen (*en* bei +*dat*); ~ **en juicio** vor Gericht erscheinen; **persónese ante el director** melden Sie sich beim Chef; **el lunes tengo que personarme en el INEM** am Montag bin ich beim Arbeitsamt vorgeladen

personero, -a [perso'nero, -a] *m, f* (*Am*) Vertreter(in) *m(f)*

personificar [personifi'kar] <c→qu> *vt* verkörpern; **personifica la maldad** er/sie ist die Bosheit in Person

perspectiva [perspek'tiβa] *f* **1.** (*general*) Perspektive *f* **2.** (*vista*) Anblick *m* **3.** *pl* (*posibilidad*) Aussichten *fpl* **4.** (*distancia*): **aún no disponemos de la** ~ **adecuada para valorar este periodo** wir haben noch nicht die nötige Distanz, um diese Periode zu beurteilen

perspicacia [perspi'kaθja] *f* Scharfsinn *m*

perspicaz [perspi'kaθ] *adj* **1.** (*vista*) gut **2.** (*persona*) scharfsinnig

persuadir [perswa'ðir] **I.** *vt* **1.** (*inducir*) überreden; **le** ~**é para que no haga el viaje** ich werde ihm die Reise ausreden **2.** (*convencer*) überzeugen **II.** *vr*: ~**se** sich überzeugen

persuasión [perswa'sjon] *f* **1.** (*acto*) Überredung *f*; **emplear todo su poder de** ~ seine ganze Überredungskunst aufbieten **2.** (*convencimiento*) Überzeugung *f*; **tener la** ~ **de que...** davon überzeugt sein, dass ...

persuasivo, -a [perswa'siβo, -a] *adj* überzeugend

pertenecer [pertene'θer] *irr como crecer vi* **1.** (*ser de*) gehören (*a* +*dat*); **esta casa me pertenece** dieses Haus gehört mir; **esta cita pertenece a Hamlet** dieses Zitat stammt aus Hamlet **2.** (*tener obligación*): **a ti te pertenece barrer** du bist für das Fegen zuständig

perteneciente [pertene'θjente] *adj* (da)zugehörig; **los países** ~**s a la ONU** die Mitglied(s)staaten der UNO; **todo lo** ~ **al caso** alles, was mit dem Fall zu tun hat; **un cuadro** ~ **a la colección de Thyssen** ein Gemälde aus der Thyssen-Sammlung

pertenencia [perte'nenθja] *f* **1.** (*acción*) Zugehörigkeit *f* **2.** *pl* (*bienes*) Eigentum *nt* **3.** *pl* (*accesorios*) Zubehör *nt*

pértiga ['pertiɣa] *f* (*vara*) lange Stange *f*; (DEP) Stabhochsprungstab *m*; **la** ~ **del trole** der Stromabnehmer; **salto de** ~ Stabhochsprung *m*; **saltar con** ~ Stabhochsprung machen

pertinacia [perti'naθja] *f* **1.** (*de lluvia*) Andauern *nt* **2.** (*de persona*) Hartnäckigkeit *f*

pertinaz [perti'naθ] *adj* **1.** (*lluvia, tos*) anhaltend **2.** (*persona*) hartnäckig

pertinente [perti'nente] *adj* **1.** (*oportuno*) angemessen **2.** (*datos, indicación*) sachdienlich; (*pregunta, comentario*) sachbezogen **3.** (*relativo*): **en lo** ~ **a...** was ... betrifft

pertrechar [pertre'ʧar] **I.** *vt* ausrüsten **II.** *vr*: ~**se** (*de alimentos*) sich versorgen (*de/con* mit +*dat*); (*de equipamiento*) sich ausrüsten (*de/con* mit +*dat*)

pertrechos [per'treʧos] *mpl* Ausrüstung *f*

perturbación [perturβa'θjon] *f* Störung *f*; (*social*) Unruhe *f*

perturbado, -a [pertur'βaðo, -a] **I.** *adj* (PSICO) geistesgestört **II.** *m, f*: ~ **(mental)** Geistesgestörte(r) *m*

perturbador(a) [perturβa'ðor(a)] **I.** *adj* **1.** (*noticia*) beunruhigend **2.** (*ruido*) störend **II.** *m(f)* **1.** (*por hacer ruido*) Ruhestörer(in) *m(f)* **2.** (*por alborotar*) Unruhestifter(in) *m(f)*

perturbar [pertur'βar] *vt* stören; (*confundir*) verwirren; (*alterar*) aus der Ruhe bringen

Perú [pe'ru] *m* Peru *nt*

Perú liegt im Westen Südamerikas; es

ist das drittgrößte Land, nach Brasilien und Argentinien. Die Hauptstadt und zugleich größte Stadt Perus ist **Lima**. Offizielle Landessprachen sind sowohl **Spanisch** wie auch **quechua**. Die Währungseinheit Perus ist der **sol**. Die Ureinwohner Perus waren die **incas**.

peruano, -a [pe'rwano, -a] **I.** *adj* peruanisch **II.** *m, f* Peruaner(in) *m(f)*

perversidad [perβersi'ðaᵈ] *f* **1.** (*maldad*) Bösartigkeit *f* **2.** (*sexual*) Perversität *f*

perversión [perβer'sjon] *f* **1.** (*acción*) Pervertierung *f;* (*de costumbres*) Verfall *m;* ~ **de menores** Verführung von Minderjährigen **2.** (*cualidad*) Perversion *f*

perverso, -a [per'βerso, -a] *adj* **1.** (*malo*) böse **2.** (*moral*) verkommen **3.** (*sexual*) pervers

pervertido, -a [perβer'tiβo, -a] **I.** *adj* pervers **II.** *m, f* Perverse(r) *mf*

pervertir [perβer'tir] *irr como sentir* **I.** *vt* **1.** (*costumbres*) verderben **2.** (*a alguien*) verführen **3.** (*corromper*) pervertieren **II.** *vr:* ~**se 1.** (*en costumbres, ideología*) pervertieren **2.** (*depravarse*) verkommen

pesa ['pesa] *f* Gewicht *nt;* (DEP) Hantel *f;* ~ **del reloj** Uhrgewicht *nt;* **hacer** (**entrenamiento de**) ~**s** Krafttraining machen; **levantamiento de** ~**s** Gewichtheben *nt*

pesadez [pesa'ðeθ] *f* **1.** (*de objeto*) Schwere *f* **2.** (*de movimiento*) Schwerfälligkeit *f* **3.** (*de sueño*) Tiefe *f* **4.** (*de tarea*) Lästigkeit *f* **5.** (*de persona*) Aufdringlichkeit *f* **6.** (*de viaje*) Mühsamkeit *f* **7.** (*de lectura*) Langatmigkeit *f* **8.** (*de dibujo*) Überladung *f*

pesadilla [pesa'ðiʎa] *f* Alptraum *m*

pesado, -a [pe'saðo, -a] *adj* **1.** (*que pesa*) schwer; **tengo la cabeza pesada** ich habe einen schweren Kopf; **tengo el estómago** ~ das Essen liegt mir schwer im Magen **2.** (*lento*) schwerfällig **3.** (*molesto*) lästig **4.** (*duro*) mühsam; **hacer un diccionario es** ~ ein Wörterbuch zu schreiben ist eine langwierige Angelegenheit **5.** (*aburrido*) langweilig **6.** (*sueño*) bleiern; (*tiempo*) drückend; (*viaje*) lang; (*lectura*) langatmig; (*dibujo*) schnörkelig

pesadumbre [pesa'ðumbre] *f* Kummer *m*

pésame ['pesame] *m* Beileid *nt;* **dar el** ~ sein Beileid aussprechen; **reciba mi más sincero** ~ **por la muerte de su hermana** zum Tod Ihrer Schwester möchte ich Ihnen mein aufrichtiges Beileid aussprechen

pesantez [pesaṇ'teθ] *f* Schwere *f*

pesar [pe'sar] **I.** *vi* **1.** (*tener peso*) wiegen; **esta caja pesa mucho** diese Kiste ist sehr schwer; **pon encima lo que no pese** stell die leichten Sachen oben drauf **2.** (*cargo, responsabilidad*) (schwer) lasten (auf +*dat*); (*problemas*) belasten +*akk* **3.** (*hipoteca*) lasten (*sobre* auf +*dat*) **II.** *vt* **1.** (*objeto, persona*) wiegen; (*cantidad concreta*) auswiegen; **¿me puede** ~ **la fruta?** können Sie mir das Obst bitte auswiegen? **2.** (*ventajas*) abwägen **3.** (*disgustar*): **me pesa haberte mentido** ich bedauere es, dich belogen zu haben; **mal que te pese...** ob es dir nun gefällt oder nicht, ...; **pese a quien pese** egal, was es kostet; **pese a que...** obwohl ... **III.** *m* **1.** (*pena*) Kummer *m;* **muy a** ~ **mío** zu meinem großen Bedauern **2.** (*remordimiento*) Gewissensbisse *mpl* **3.** (*loc*): **a** ~ **de...** trotz +*gen;* **a** ~ **de todo lo quiere intentar** er/sie will es trotz allem versuchen

pesaroso, -a [pesa'roso, -a] *adj* **1.** (*afligido*) traurig; **está** ~ **por haberlo dicho** er bedauert (es) sehr, es gesagt zu haben **2.** (*disgustado*) verärgert **3.** (*preocupado*) besorgt

pesca ['peska] *f* **1.** (*acción*) Fischfang *m;* **ir de** ~ auf Fischfang gehen **2.** (*oficio, industria*) Fischerei *f;* ~ **de altura** Hochseefischerei *f;* ~ **de bajura** Küstenfischerei *f* **3.** (*captura*) Fang *m*

pescadería [peskaðe'ria] *f* (*tienda*) Fischgeschäft *nt*

pescadilla [peska'ðiʎa] *f* (junger) Seehecht *m*

pescado [pes'kaðo] *m* Fisch *m*

pescador(a) [peska'ðor(a)] *m(f)* (*de caña*) Angler(in) *m(f);* (*de mar*) Fischer(in) *m(f)*

pescar [pes'kar] <c→qu> *vt* **1.** (*con caña*) angeln; (*en barco*) fischen; **ir a** ~ **sardinas** auf Sardinenfang gehen **2.** (*resfriado*) sich *dat* zuziehen **3.** (*fam: novio*) sich *dat* angeln **4.** (*fam: entender*) kapieren **5.** (*sorprender*) erwischen

pescuezo [pes'kweθo] *m* Nacken *m;* **retorcer el** ~ **a alguien** jdm den Hals umdrehen; **sacar el** ~ hochnäsig sein; **salvar el** ~ den Hals aus der Schlinge ziehen

pese ['pese] *adv:* ~ **a** trotz +*gen*

pesebre [pe'seβre] *m* Krippe *f;* (*de Navidad*) Weihnachtskrippe *f*

peseta [pe'seta] *f* Pesete *f;* **cambiar la** ~ (*fig fam*) kotzen

Die offizielle Währungseinheit Spaniens ist die **peseta (pta.)**. Ein Euro ist 166 Peseten wert.
Da Spanien seit dem 1. Januar 1999 an der **Unión Monetaria Europea** (Europäische Währungsunion), wie u. a. auch Deutschland und Österreich,

teilnimmt, wird die **peseta** wohl bald durch den Euro abgelöst werden.

pesetero, -a [pese'tero, -a] *m, f* Raffke *m fam;* **este comerciante es un** ~ dieser Kaufmann denkt nur ans Geld

pesimismo [pesi'mismo] *m sin pl* Pessimismus *m*

pesimista [pesi'mista] **I.** *adj* pessimistisch **II.** *mf* Pessimist(in) *m(f)*

pésimo, -a ['pesimo, -a] *adj* sehr schlecht

peso ['peso] *m* **1.** (*de objeto*) Gewicht *nt;* **coger/perder** ~ zu-/abnehmen; **¿qué ~ tiene?** wie viel wiegt es?; **vender a** ~ nach Gewicht verkaufen; **comprar a ~ de oro** zu einem überhöhten Preis kaufen; **eso cae de su propio** ~ das liegt auf der Hand **2.** (*pesadez*) Schwere *f;* **tener ~ en las piernas** schwere Beine haben **3.** (*importancia*) Bedeutung *f;* **es un gran ~ dentro de la empresa** er/sie ist in der Firma ein großes Tier; **tener una razón de** ~ einen gewichtigen Grund haben **4.** (*carga*) Last *f;* **llevar el ~ de algo** die Verantwortung für etw tragen; **me saco un ~ de encima** mir fällt ein Stein vom Herzen **5.** (DEP: *bola*) Kugel *f* **6.** (DEP: *boxeo*): ~ **gallo** Bantamgewicht *nt* **7.** (*moneda*) Peso *m*

pespuntar [pespuṇ'tar] *vt* (ab)steppen

pespunte [pes'puṇte] *m* **1.** (*acción*) Steppen *nt* **2.** (*costura*) Steppnaht *f* **3.** (*puntada*) Steppstich *m*

pespuntear [pespuṇte'ar] *vt* (ab)steppen

pesquero, -a[1] [pes'kero, -a] *adj* Fischer-

pesquero[2] [pes'kero] *m* Fischdampfer *m*

pesquisa[1] [pes'kisa] *f* Nachforschung *f;* (*de la policía*) Ermittlung *f;* **hacer ~s** Nachforschungen anstellen

pesquisa[2] [pes'kisa] *m* (*Arg, Ecua, Par*) Geheimpolizist *m*

pestaña [pes'taɲa] *f* (ANAT) Wimper *f;* **quemarse las ~s** (*fig*) die ganze Nacht büffeln

pestañ(e)ar [pesta'ɲar/pestaɲe'ar] *vi* blinzeln; **escuchó la sentencia sin** ~ er/sie zuckte nicht einmal mit der Wimper, als er/sie das Urteil hörte

pestañeo [pesta'ɲeo] *m* Blinzeln *nt*

peste ['peste] *f* **1.** (MED) Pest *f;* ~ **bubónica** Beulenpest *f* **2.** (*olor*) Gestank *m;* **aquí hay una ~ increíble** hier stinkt es wie die Pest **3.** (*plaga*) Plage *f* **4.** (*loc*): **echar ~s de alguien** jdn schlecht machen

pesticida [pesti'θiða] *m* Pestizid *nt*

pestífero, -a [pes'tifero, -a] *adj* **1.** (*fétido*) übel riechend **2.** (*pernicioso*) schädlich

pestilencia [pesti'leṇθja] *f* **1.** (MED) Pest *f* **2.** (*olor*) Gestank *m*

pestilente [pesti'leṇte] *adj v.* **pestífero**

pestillo [pes'tiʎo] *m* **1.** (*de puerta: pasador*) Riegel *m;* (*tirador*) (Tür)klinke *f;* **echar el** ~ die Tür verriegeln **2.** (*de la cerradura*) Falle *f;* ~ **de golpe** Schnappschloss *nt*

petaca [pe'taka] *f* **1.** (*para cigarros*) Zigarrenetui *nt;* (*para tabaco*) Tabakbeutel *m* **2.** (*Am: caja*) Lederkoffer *m;* (*baúl*) Schrankkoffer *m;* (*cesto*) (Weiden)korb *m* **3.** (*AmC: joroba*) Buckel *m*

petacón, -ona [peta'kon, -ona] *adj* (*Am*) pummelig

pétalo ['petalo] *m* Blütenblatt *nt*

petanca [pe'taŋka] *f* Boccia *f o nt*

petardo [pe'tarðo] *m* **1.** (*cohete*) Sprengkörper *m;* (*de fiesta*) Böller *m;* **tirar ~s** böllern **2.** (*estafa*) Schwindel *m;* **pegar un ~ a alguien** jdn übers Ohr hauen **3.** (*loc*): **alguien es un** ~ jd ist hässlich wie die Nacht; **algo es un** ~ etw ist stinklangweilig

petate [pe'tate] *m* **1.** (*de soldado*) Gepäck *nt;* (*de marinero*) Seesack *m;* **liar el** ~ (*fig*) sein Bündel schnüren **2.** (*fam: despreciable*) Schuft *m*

petición [peti'θjon] *f* **1.** (*ruego*) Bitte *f;* (*formal*) Ersuchen *nt;* **a ~ de...** auf Ersuchen von ...; **¿has hecho ya la ~ de mano?** hast du schon um die Hand deiner Freundin angehalten? **2.** (*escrito*) Gesuch *nt* **3.** (*solicitud*) Antrag *m*

peticionar [petiθjo'nar] *vt* (*Am*) ersuchen (um +*akk*)

petirrojo [peti'rroxo] *m* Rotkehlchen *nt*

petiso, -a [pe'tiso, -a] **I.** *adj* (*Arg, Urug*) **1.** (*pequeño*) klein; (*muy pequeño*) winzig **2.** (*enano*) kleinwüchsig **II.** *m, f* kleinwüchsige Person *f*

petitorio, -a [peti'torjo, -a] *adj* Bitt-

peto ['peto] *m* **1.** (*de armadura*) Brustpanzer *m* **2.** (*de bebé/delantal*) Latz *m*

pétreo, -a ['petreo, -a] *adj* **1.** (*como piedra*) steinartig **2.** (*pedregoso*) steinig **3.** (*duro*) steinhart

petrificación [petrifika'θjon] *f* Versteinerung *f*

petrificar [petrifi'kar] <c→qu> **I.** *vt* **1.** (*convertir en piedra*) versteinern **2.** (*a alguien*) erstarren lassen **II.** *vr:* **~se** zu Stein werden

petrodólar [petro'ðolar] *m* Petrodollar *m*

petróleo [pe'troleo] *m* **1.** (*carburante*) (Erd)öl *nt* **2.** (*de lámpara*) Petroleum *nt*

petrolero, -a[1] [petro'lero, -a] **I.** *adj* **1.** (*del carburante*) (Erd)öl- **2.** (*de la lámpara*) Petroleum- **II.** *m, f* (*persona*) Brandstifter(in) *m(f)*

petrolero[2] [petro'lero] *m* (*barco*) (Erd)öltanker *m*

petrolífero, -a [petro'lifero, -a] *adj* ölhaltig; **campo** ~ (Erd)ölfeld *nt;* **industria petrolífera** (Erd)ölindustrie *f*

petroquímica [petro'kimika] *f sin pl* Petrolchemie *f*

petulancia [petu'laṇθja] *f* **1.** (*arrogancia*) Arroganz *f* **2.** (*insolencia*) Unverschämtheit *f*

petulante [petu'laṇte] *adj* **1.** (*arrogante*) arrogant; (*creído*) eingebildet **2.** (*insolente*) unverschämt

petunia [pe'tunja] *f* Petunie *f*

peyorativo, -a [peɟora'tiβo, -a] *adj* abwertend

pez¹ [peθ] *m* (ZOOL) Fisch *m;* **estar como el ~ en el agua** sich pudelwohl fühlen; **estar ~ en español** kein Wort Spanisch sprechen; **ese es un buen ~** der ist ein gerissener Bursche

pez² [peθ] *f* **1.** (*betún*) Pech *nt* **2.** (*excremento*) Kindspech *nt*

pezón [pe'θon] *m* **1.** (BOT) Stiel *m* **2.** (*de mujer*) Brustwarze *f* **3.** (*de animal*) Zitze *f*

pezuña [pe'θuɲa] *f* **1.** (*de león, águila*) Klaue *f;* (*de caballo, asno*) Huf *m* **2.** *pl* (*fam: de persona*) Quanten *pl*

PHN [plan iðro'loxiko naθjo'nal] *abr de* **Plan Hidrológico Nacional** staatlicher Plan *m* zur Wasserversorgung

pi [pi] *f* (MAT) Pi *nt*

piadoso, -a [pja'ðoso, -a] *adj* **1.** (*misericordioso*) barmherzig; (*bondadoso*) gutherzig **2.** (*devoto*) fromm

pialar [pja'lar] *vt* (*Am*) mit dem Lasso einfangen

pianista [pja'nista] *mf* Klavierspieler(in) *m(f);* (*profesional*) Pianist(in) *m(f)*

piano [pi'ano] **I.** *m* Klavier *nt;* **~ de cola** Flügel *m* **II.** *adv* (MÚS) piano

piar [pi'ar] <*1. pres:* pío> *vi* **1.** (*pollo*) piep(s)en **2.** (*clamar*): **~ por algo** sich *dat* etw brennend wünschen

piara [pi'ara] *f* Schweineherde *f*

PIB [pei'βe] *m abr de* **Producto Interior Bruto** BIP *nt*

pica ['pika] *f* **1.** (*lanza*) Lanze *f* **2.** (*de cartas*) Pik *nt*

picacho [pi'katʃo] *m* Bergspitze *f*

picada [pi'kaða] *f* **1.** (*de avispa*) Stich *m;* (*de serpiente*) Biss *m;* (*de pez*) Anbiss *m* **2.** (*CSur: tapas*) Häppchen *nt*

picadero [pika'ðero] *m* (*para adiestrar*) Reitbahn *f;* (*escuela*) Reitschule *f*

picadillo [pika'ðiʎo] *m* (*carne picada*) Hackfleisch *nt;* (GASTR) Haschee *nt;* (*para embutido*) Wurstfüllung *f;* (*para salchichas*) Brät *nt;* **hacer ~ a alguien** (*fam*) aus jdm Hackfleisch machen

picado, -a¹ [pi'kaðo, -a] *adj* **1.** (*con picaduras: abrigo*) mottenzerfressen; (*fruta*) angefressen; (*muela*) faul; (*cara*) pockennarbig **2.** (*con agujeros*) durchlöchert **3.** (*mar*) kabbelig **4.** (*fam: enfadado*) pikiert

picado² [pi'kaðo] *m* (*de avión*) Sturzflug *m;* **las acciones cayeron en ~** die Aktien fielen ins Bodenlose; **su fama ha caído en ~** sein/ihr Stern ist rapide gesunken

picador [pika'ðor] *m* **1.** (*adiestrador*) Zureiter(in) *m(f)* **2.** (TAUR) Pikador *m* **3.** (MIN) Hauer *m*

picadura [pika'ðura] *f* **1.** (*de avispa*) Stich *m;* (*de serpiente*) Biss *m* **2.** (*en ropa*) Mottenloch *nt;* (*en metal*) angefressene Stelle *f* **3.** (*tabaco*) Grobschnitt *m* **4.** (*caries*) Karies *f*

picante [pi'kaṇte] **I.** *adj* pikant **II.** *m* **1.** (GASTR) scharf gewürztes Gericht *nt* **2.** (*de comida*) Schärfe *f* **3.** (*de expresión*) Pikanterie *f*

picapica [pika'pika] *f:* (**polvos de**) **~** Juckpulver *nt*

picapleitos [pika'pleitos] *m inv* Winkeladvokat *m*

picaporte [pika'porte] *m* **1.** (*aldaba*) Türklopfer *m* **2.** (*tirador*) Türklinke *f* **3.** (*pestillo*) Riegel *m*

picar [pi'kar] <c→qu> **I.** *vi* **1.** (*sol, ojos*) brennen **2.** (*chile, pimienta*) scharf sein **3.** (*pez, clientes*) anbeißen *fam* **4.** (*de la comida*) kleine Mengen essen **5.** (*tener picazón*) jucken; **me pica la espalda** es juckt mich am Rücken **6.** (*avión*) einen Sturzflug machen **7.** (*puerta*) klopfen (*a* an *+akk*) **8.** (*loc*): **~ muy alto** hoch hinaus wollen; **su actitud pica en valiente** sein/ihr Verhalten kann man als mutig bezeichnen **II.** *vt* **1.** (*con punzón*) stechen **2.** (*sacar*): **~ una oliva de la lata** eine Olive aus der Dose picken **3.** (*insecto*) stechen; (*serpiente*) beißen **4.** (*ave*) picken **5.** (*desmenuzar*) zerkleinern; **carne picada** Hackfleisch *nt;* **tabaco picado** Grobschnitt *m* **6.** (*caballo*) die Sporen geben *+dat* **7.** (*papel, tela*) durchstechen; (*billete*) lochen **8.** (*ofender*) verletzen; **estar picado con alguien** auf jdn sauer sein; **¿qué mosca te ha picado?** welche Laus ist dir über die Leber gelaufen? **9.** (*incitar*) anspornen **10.** (TIPO) eintippen **III.** *vr:* **~se 1.** (*metal*) angefressen werden; (*muela*) faul werden; (*ropa*) (von Motten) zerfressen sein; (*vino*) einen Stich bekommen; (*semillas*) unbrauchbar werden **2.** (*mar*) kabbelig werden **3.** (*ofenderse*) gekränkt sein; (*mosquearse*) sich ärgern; **~se por nada** schnell beleidigt sein; **siempre se pica cuando juega** er/sie kann nicht verlieren **4.** (*Am: embriagarse*) sich betrinken

picardear [pikarðe'ar] **I.** *vi* Unfug treiben **II.** *vr:* **~se** üble Gewohnheiten annehmen

picardía [pikar'ðia] *f* **1.** (*malicia*) Verschmitztheit *f;* **lo dije con ~** ich habe mir meinen Teil gedacht, als ich das sagte

2. (*travesura*) Streich *m* **3.** (*broma*) Spaß *m*

picaresco, -a [pika'resko, -a] *adj* **1.** (*astuto*) schelmisch **2.** (*comentario*) frech

pícaro, -a ['pikaro, -a] **I.** *adj* **1.** (*granuja*) betrügerisch **2.** (*astuto*) schelmisch **3.** (*comentario*) frech **II.** *m, f* (*granuja*) Gauner(in) *m(f)*

picarón [pika'ron] *m* (*Am: buñuelo*) ≈Krapfen *m*

picatoste [pika'toste] *m* geröstetes Brot *nt*

picazón [pika'θon] *f* **1.** (*comezón*) Jucken *nt* **2.** (*disgusto*) Ärger *m*

picha ['pitʃa] *f* (*vulg*) Schwanz *m fam*

pichi ['pitʃi] *m* **1.** (*falda*) Trägerrock *m* **2.** (*CSur: fam: pipí*) Pipi *nt*

pichicato, -a [pitʃi'kato, -a] **I.** *adj* (*AmC*) knauserig **II.** *m, f* (*AmC*) Egoist(in) *m(f)*

pichichi [pi'tʃitʃi] *m* (DEP) Torschützenkönig *m*

pichín [pi'tʃin] *m* (*CSur: fam: pipí*) Pipi *nt*

pichón, -ona[1] [pi'tʃon, -ona] *m, f* (*querido*) Schatz *m*

pichón[2] [pi'tʃon] *m* (ZOOL) junge Taube *f*

pichulear [pitʃule'ar] *vt* **1.** (*Chil: engañar*) betrügen **2.** (*CSur: negociar*) verschachern

picnic ['piɣniᵞ] *m* Picknick *nt*

pico ['piko] *m* **1.** (*pájaro*) Specht *m* **2.** (*del pájaro*) Schnabel *m* **3.** (*fig: boca*) Mund *m;* **~ de oro** ausgezeichneter Redner; **tener un buen ~** ein flinkes Mundwerk haben; **¡él de ~ todo lo que quieras!** versprechen tut er viel!; **alguien se fue del ~** jd hat sich verplappert; **¡ese se perderá por el ~!** der wird sich noch um Kopf und Kragen reden! **4.** (*herramienta*) Spitzhacke *f* **5.** (*montaña*) Spitze *f;* **cortado a ~** steil **6.** (*jarra*) Tülle *f* **7.** (*loc*): **llegar a las cuatro y ~** um kurz nach vier kommen; **tiene bien cuarenta y ~ de años** er/sie ist längst in den Vierzigern

picor [pi'kor] *m* (*en la piel*) Jucken *nt;* (*en la boca*) Brennen *nt*

picota [pi'kota] *f* (*tortura*) Pranger *m;* **poner en la ~ a alguien** jdn an den Pranger stellen

picotada [piko'taða] *f,* **picotazo** [piko'taθo] *m* (*ave*) Schnabelhieb *m;* (*insecto*) Stich *m;* **pegar un ~** stechen; **arrancar a ~s** aushacken

picotear [pikote'ar] **I.** *vi* **1.** (*comer*) ≈knabbern **2.** (*hablar*) schwatzen **II.** *vt* anpicken **III.** *vr:* **~se** **1.** (*personas*) sich zanken **2.** (*pájaros*) schnäbeln

pictograma *m* Piktogramm *nt*

pictórico, -a [pik'toriko, -a] *adj* malerisch; **técnica pictórica** Maltechnik *f*

picudo, -a [pi'kuðo, -a] *adj* **1.** (*puntiagudo*) spitz; (*anguloso*) kantig **2.** (*charlatán*) schwatzhaft

pie [pje] *m* **1.** (*extremidad, medida*) Fuß *m;* **~s planos** Plattfüße *mpl;* **¿qué ~ calza Ud.?** welche Schuhgröße haben Sie?; **al ~ del árbol** am Baumstamm; **al ~ de la carta** am Ende des Briefes; **a(l) ~ de (la) obra** auf der Baustelle; **venir a ~** zu Fuß kommen; **a ~ firme** ohne sich von der Stelle zu rühren; **quedarse de ~** stehen bleiben; **estar de ~** stehen; **ponerse de ~** aufstehen; **estar al ~ del cañón** Gewehr bei Fuß stehen; **seguí al ~ de la letra tu consejo** ich bin deinem Rat aufs Wort gefolgt; **buscarle tres ~s al gato** (*daño*) ein Unglück heraufbeschwören; (*complicaciones*) eine Sache schwieriger machen, als sie ist; **caer de ~s** auf die Füße fallen; **ya sabemos de qué ~ cojea** (*fig*) wir kennen seine/ihre Schwächen schon; **con buen ~** fröhlich; **este informe está hecho con los ~s** dieser Bericht ist sehr schlecht gemacht; **hay que andarse con ~s de plomo** man muss sehr vorsichtig sein; **ya tiene un ~ en el hoyo** er/sie steht schon mit einem Bein im Grab; **echar ~ a tierra** aussteigen; **estar en ~ de guerra** auf (dem) Kriegsfuß stehen; **no hacer ~ en una piscina** in einem Schwimmbecken nicht stehen können; **perder ~** den Boden unter den Füßen verlieren; **se marchó del hospital por su propio ~** er/sie konnte laufen, als er/sie das Krankenhaus verließ; **este nació de ~** der ist unter einem günstigen Stern geboren; **hoy no doy ~ con bola** (*fam*) heute kriege ich nichts geregelt; **estoy cansada: no me tengo en ~** ich bin ganz erschöpft: ich kann nicht mehr stehen; **parar los ~** zur Räson bringen; **~s, ¿para qué os quiero?** nichts wie weg hier!; **poner ~s en polvorosa** sich aus dem Staub machen; **no le des ~ para que se queje de ti** liefere ihm/ihr keinen Anlass sich über dich zu beschweren **2.** (TIPO): **~ de imprenta** Druckvermerk *m;* **~ de página** Fußzeile *f* **3.** (*planta*) Stängel *m;* (*tronco*) Stamm *m;* **~ de vid** Rebstock *m* **4.** (*métrica*) Versfuß *m* **5.** (TEAT) Stichwort *nt* **6.** (*trípode*) Stativ *nt* **7.** (*loc*): **~ de banco** (*fam*) Schnapsidee *f;* **~ de fuerza** (*Am*) Streitkräfte *fpl;* **en ~ de igualdad** gleichberechtigt; **creer a ~ juntillas** ganz fest glauben; **de a ~** normal

piedad [pje'ðaᵈ] *f sin pl* **1.** (REL) Frömmigkeit *f;* (*compasión*) Erbarmen *nt;* **¡ten ~ de nosotros!** erbarme dich unser! **2.** (*loc*): **monte de ~** Pfandhaus *nt*

piedra ['pjeðra] *f* **1.** (GEO, MED) Stein *m;* **~ angular** (*fig*) Eckstein *m;* **~ filosofal** (*fig*) Stein der Weisen; **~ pómez** Bimsstein *m;* **~ preciosa** Edelstein *m;* **~ de toque** (*fig*) Prüfstein *m;* **cartón ~** Pappmaschee *nt;* **edad de ~** Steinzeit *f;* **no te quejes, ¡que menos da una ~!** (*fig*) beklag dich nicht,

P

es hätte auch noch schlimmer kommen können!; **no dejará ~ por mover hasta que lo consiga** (*fig*) er/sie wird alle Hebel in Bewegung setzen, um es zu schaffen; **poner la primera ~** den Grundstein legen; **no quedó ~ sobre ~** kein Stein blieb auf dem anderen; **cuando lo supimos nos quedamos de ~** als wir es erfuhren, waren wir wie versteinert; **tirar la ~ y esconder la mano** nicht für seine Taten einstehen; **tirarse ~s a su propio tejado** sich *dat/akk* ins eigene Fleisch schneiden **2.** (*granizo*) Hagel *m* **3.** (*mechero*) Feuerstein *m*

piel [pjel] *f* **1.** (*de persona*) Haut *f;* **se me puso la ~ de gallina oyendo su historia** ich bekam eine Gänsehaut, als ich seine/ihre Geschichte hörte; **estos niños son de la ~ del diablo** diese Kinder sind richtige Rabauken; **en esa empresa se dejó la ~** er/sie hat sich in außerordentlichem Maße in dieses Unternehmen eingebracht **2.** (*de animal*) Pelz *m;* (*cuero*) Leder *nt* **3.** (*de fruta*) Schale *f*

pienso ['pjenso] *m* (*ganado*) Futter *nt;* **~ completo** Fertigfutter *nt*

pierna ['pjerna] *f* (*extremidad*) Bein *nt;* (*entre la rodilla y el pie*) Unterschenkel *m;* (*ternera*) Keule *f;* **~ ortopédica** Beinprothese *f;* **estirar las ~s** sich *dat* die Beine vertreten; **con las ~s cruzadas** mit übergeschlagenen Beinen; **dormir a ~ suelta** fest schlafen

pieza ['pjeθa] *f* **1.** (*pedazo*) Stück *nt;* (*parte*) Teil *nt;* (*reproducción*) Exemplar *nt;* **~ de artillería** Geschütz *nt;* **~ de recambio** Ersatzteil *nt;* **~ suelta** Einzelteil *nt;* **un traje de dos ~s** ein zweiteiliges Kostüm; **~ por ~** Stück für Stück; **vender a ~s** nach Stück verkaufen; **¡menuda ~ está hecho ese!** das ist mir ein sauberer Vogel!; **se quedó de una ~ al oírlo** als er/sie es hörte, verschlug es ihm/ihr die Sprache **2.** (*caza*) Stück *nt* Wild; (*pesca*) Fisch *m* **3.** (MÚS, TEAT) Stück *nt* **4.** (*damas*) Stein *m;* (*ajedrez*) Figur *f* **5.** (*Am: habitación*) Zimmer *nt* **6.** (*moneda*) Münze *f*

pifia ['pifja] *f* **1.** (*error*) Fauxpas *m* **2.** (*And: escarnio*) Hohn *m*

pigmentación [piɣmen̪ta'θjon] *f* Pigmentierung *f*

pigmento [piɣ'men̪to] *m* (BIOL) Pigment *nt;* (*pintura*) Farbstoff *m*

pignorar [piɣno'rar] *vt* verpfänden

pija ['pixa] *f* (*Am: vulg: pene*) Schwanz *m fam*

pijada [pi'xaða] *f* (*argot: tontería*) Blödsinn *m;* **¡eso son ~s!** das ist doch ausgemachter Blödsinn!

pijama [pi'xama] *m* Schlafanzug *m*

pijo, -a[1] ['pixo, -a] *m, f* (*argot*) Yuppie *m*

pijo[2] ['pixo] *m* (*vulg: pene*) Schwanz *m fam;* **¡y un ~!** verdammte Scheiße!

pijotero, -a [pixo'tero, -a] *adj* **1.** (*pey: fastidioso*) lästig **2.** (*Am: tacaño*) knickerig

pila ['pila] *f* **1.** (*recipiente*) Becken *nt;* (*lavadero*) Spülbecken *nt;* (*fuente*) Brunnenbecken *nt;* (*bautismal*) Taufbecken *nt;* **nombre de ~** Taufname *m* **2.** (FÍS) Batterie *f;* **~ reversible** Akku(mulator)batterie *f* **3.** (*montón*) Stapel *m;* **una ~ de libros** ein Stapel Bücher **4.** (ARQUIT) Brückenpfeiler *m* **5.** (INFOR): **~ de discos** (Magnetplatten)laufwerk *nt*

pila-botón ['pila-βo'ton] *f* <pilas-botón> (*batería*) Babyzelle *f*

pilar [pi'lar] *m* **1.** (*camino*) Wegweiser *m* **2.** (*columna*) Säule *f* **3.** (*fuente*) Brunnenbecken *nt* **4.** (*apoyo*) Stütze *f*

píldora ['pil̪dora] *f* Pille *f;* **la ~ (anticonceptiva)** die (Antibaby)pille; **dorar la ~ a alguien** jdm die bittere Pille versüßen; **me tragué la ~** (*fig*) ich habe es geschluckt

pillaje [pi'ʎaxe] *m* Plünderung *f*

pillar [pi'ʎar] *vt* **1.** (*encontrar*) antreffen; (*en flagrante*) ertappen; **me pillas de buen humor** ich bin heute gut gelaunt; **la noche nos pilló en el monte** die Nacht überraschte uns auf dem Berg; **eso no me pilla de sorpresa** das ist für mich keine Überraschung; **aquí te pillo, aquí te mato** (*fig*) jetzt oder nie; **tu casa nos pilla de camino** dein Haus liegt für uns auf dem Weg; **Correos no nos pilla cerca** die Post ist nicht gerade nah für uns **2.** (*atropellar*) überfahren **3.** (*entender*) verstehen **4.** (*robar*) rauben **5.** (*Arg: orinar*) pinkeln *fam*

pillastre [pi'ʎastre] *m* (*fam*) Gauner *m*

pillín, -ina [pi'ʎin, -ina] *adj* schlau

pillo, -a ['piʎo, -a] **I.** *adj* (*fam*) schlau **II.** *m, f* (*fam*) Gauner(in) *m(f)*

pilón [pi'lon] *m* **1.** (*lavadero*) (Brunnen)becken *nt;* (*abrevadero*) Tränke *f* **2.** (*mortero*) Mörser *m* **3.** (*pesa*) Läufer *m* **4.** (ARQUIT) Säule *f*

piloso, -a [pi'loso, -a] *adj* behaart, Haar-

pilotar [pilo'tar] *vt* (*barco*) lotsen; (*coche, avión*) steuern

pilote [pi'lote] *m* Pfahl *m*

piloto[1] [pi'loto] **I.** *mf* **1.** (NÁUT) Steuermann *m;* (*práctico*) Lotse, -in *m, f* **2.** (AERO) Pilot(in) *m(f);* **poner el ~ automático** den Autopiloten einschalten **3.** (AUTO) Fahrer(in) *m(f);* **~ de carreras** Rennfahrer(in) *m(f)* **II.** *adj* (*de prueba*) Versuchs-; (*de modelo*) Muster-; **experiencia ~** Pilotversuch *m*

piloto[2] [pi'loto] *m* (*lámpara*) Warnlampe *f*

piltrafa [pil̪'trafa] *f* **1.** (*carne*) schlechtes Fleisch *nt* **2.** (*persona*) Wrack *nt*

pilucho, -a [pi'luʧo, -a] *adj* (*Chil*) nackt

pimentero [pimen̪'tero] *m* **1.** (BOT) Pfefferstrauch *m* **2.** (*vasija*) Pfefferstreuer *m*

pimentón [pimeṇ'ton] *m* Paprika *m*

pimienta [pi'mjeṇta] *f* Pfeffer *m*

pimiento [pi'mjeṇto] *m* Paprika *m;* ~ **encarnado** roter Paprika; **me importa un ~ lo que él diga** es ist mir vollkommen wurscht, was er sagt

pimpante [pim'paṇte] *adj* elegant; (*lozano*) stramm

pimpón [pim'pon] *m* (DEP) Tischtennis *nt*

pinacoteca [pinako'teka] *f* Pinakothek *f*

pináculo [pi'nakulo] *m* Giebel *m*

pinar [pi'nar] *m* Kiefernwald *m*

pincel [piṇ'θel] *m* Pinsel *m*

pincelada [piṇθe'laða] *f* Pinselstrich *m;* **dar las últimas ~s** (*fig*) den letzten Schliff geben

pinchar [pin'ʧar] **I.** *vi* **1.** (*rueda*) einen Platten haben **2.** (*fracasar*) versagen; **ese aquí ni pincha ni corta** der hat hier gar nichts zu melden **II.** *vt* **1.** (*alfiler*) stechen **2.** (*estimular*) aufreizen; (*mortificar*) kränken **3.** (*inyección*) eine Spritze geben +*dat;* **tengo que ir al médico para que me pinche** ich muss zum Arzt und mir eine Spritze geben lassen **4.** (*teléfono*) anzapfen **III.** *vr:* **~se 1.** (*alfiler*) sich stechen **2.** (*rueda*): **se nos ha pinchado una rueda** wir haben einen Platten **3.** (*insulina*) sich *dat* spritzen **4.** (*argot: drogarse*) sich *dat* einen Schuss setzen

pinchazo [pin'ʧaθo] *m* **1.** (*espina*) Stich *m;* **me dieron unos ~s insoportables en el estómago** ich spürte heftige Stiche im Magen **2.** (*neumático*) Reifenpanne *f;* **tuvimos un ~ tras la curva** nach der Kurve hatten wir einen Platten

pinche ['pinʧe] *mf* Küchenhilfe *f*

pinchito [pin'ʧito] *m* (*tapa*) Snack *m;* (*en un palillo*) Spieß *m*

pincho ['pinʧo] *m* (*avispa*) Stachel *m;* (*rosa*) Dorn *m*

> **Pincho** ist ein Snack oder Imbiss, eine kleine Mahlzeit für zwischendurch. Da man in Spanien sehr spät zu Mittag isst, ist es üblich zwischen elf und ein Uhr einen **pincho** in einer **bar** (Kneipe) oder in einem Café zu sich zu nehmen. Abends ist es auch typisch, eine Runde durch die **bares** zu machen, um **pinchos** zu essen; das nennt man **ir de pinchos**.

pinciano, -a [piṇ'θjano, -a] **I.** *adj* aus Valladolid **II.** *m, f* Einwohner(in) *m(f)* von Valladolid

pinedo [pi'neðo] *m* (*AmC*) Kiefernwald *m*

pingajo [piŋ'gaxo] *m* (*fam*) Fetzen *m*

pingo ['piŋgo] *m* **1.** (*fam: harapo*) Fetzen *m* **2.** (*fam pey: mujer*) Schlampe *f* **3.** (*CSur: caballo*) Pferd *nt* **4.** (*loc, fam*): **ir de ~** die Zeit vertrödeln; **poner a alguien hecho un ~** jdn ordentlich herunterputzen

pingonear [piŋgone'ar] *vi* (*fam*) die Zeit vertrödeln

ping-pong [piŋ'poŋ] *m sin pl* Tischtennis *nt*

pingüe ['piŋgwe] *adj* (*negocio*) einträglich; **~s beneficios** hohe Gewinne

pingüino [piŋ'gwino] *m* Pinguin *m*

pino ['pino] *m* **1.** (*árbol, madera*) Kiefer *f;* **~ piñonero** Pinie *f* **2.** (*loc*): **hacer el ~** (DEP) einen Handstand machen; **vivir en el quinto ~** sehr weit weg wohnen

pinta ['piṇta] *f* **1.** (*mancha*) Flecken *m;* (*animal*) Tüpfel *m o nt;* **a ~s** getupft **2.** (*fam: aspecto*) Aussehen *nt;* **tener ~ de caro** teuer aussehen; **tener buena ~** (GASTR) lecker aussehen; (*persona*) gut aussehen; **sacar por la ~** am Aussehen erkennen

pintada [piṇ'taða] *f* **1.** (ZOOL) Perlhuhn *nt* **2.** (*pared*) Wandkritzelei *f*

pintado, -a [piṇ'taðo, -a] *adj* (*animal*) gesprenkelt; **papel ~** Tapete *f;* **eso viene como ~** das kommt wie gerufen; **el traje te sienta que ni ~** das Kostüm steht dir ausgezeichnet; **no lo puedo ver ni ~** ich kann ihn nicht ausstehen

pintalabios [piṇta'laβjos] *m inv* Lippenstift *m*

pintar [piṇ'tar] **I.** *vi* **1.** (ARTE) malen **2.** (*bolígrafo*) schreiben **II.** *vt* **1.** (*pared*) (an)streichen; (*con dibujos*) bemalen; **~ de azul** blau (an)streichen; **¡recién pintado!** frisch gestrichen! **2.** (*cuadro*) malen; **¿qué pinta ese aquí?** (*fig*) was hat der denn hier zu suchen?; **no ~ nada** (*fig: persona*) nichts zu sagen haben; (*asunto*) nicht von Bedeutung sein **3.** (*describir*) schildern **III.** *vr:* **~se** sich schminken

pinto, -a ['piṇto, -a] *adj* gesprenkelt

pintor(a) [piṇ'tor(a)] *m(f)* Maler(in) *m(f)*

pintoresco, -a [piṇto'resko, -a] *adj* malerisch

pintura [piṇ'tura] *f* **1.** (*arte*) Malerei *f;* **~ a la aguada** Aquarellmalerei *f;* **~ al óleo** Ölmalerei *f;* **~ rupestre** Höhlenmalerei *f;* **voy a clases de ~** ich habe Malunterricht **2.** (*cuadro*) Gemälde *nt;* **no lo puedo ver ni en ~** ich kann ihn nicht ausstehen **3.** (*color*) Farbe *f;* (*barniz*) Lack *m;* **caja de ~s** Malkasten *m;* **dar una capa de ~ a algo** etw (über)streichen

pinturero, -a [piṇtu'rero, -a] **I.** *adj* eingebildet **II.** *m, f* eingebildeter Mensch *m*

pinza(s) ['piṇθa(s)] *f(pl)* **1.** (*tenacilla*) Zange *f;* (*para la ropa*) Wäscheklammer *f;* (*para* *depilar*) Pinzette *f* **2.** (*costura*) Abnäher *m* **3.** (*cangrejo*) Schere *f*

pinzón [piṇ'θon] *m* Fink *m*

piña ['piɲa] *f* **1.** (*pino*) Kiefernzapfen *m* **2.** (*fruta*) Ananas *f*

piñón [pi'ɲon] *m* **1.** (*pino*) Pinienkern *m;* **estar a partir un ~ con alguien** (*fam*) mit jdm dick befreundet sein **2.** (TÉC) Zahnrad *nt*

pío, -a[1] [pio, -a] *adj* (*piadoso*) fromm; (*bondadoso*) gutherzig; **monte ~** berufsgenossenschaftliche Kasse; **obra pía** karitative Stiftung

pío[2] [pio] *m* Piepen *nt;* **no decir ni ~** keinen Piep sagen *fam;* **¡~, ~, ~!** put, put, put!

piocha ['pjotʃa] *adj* (*Méx: fam: magnífico*) super

piojo ['pjoxo] *m* Laus *f;* **estar como ~s en costura** eingepfercht sein

piojoso, -a [pjo'xoso, -a] **I.** *adj* **1.** (*con piojos*) verlaust; (*miserable*) lumpig; (*sucio*) schmutzig **2.** (*pey: mezquino*) gemein **II.** *m, f* (*pey*) Bösewicht *m*

piola ['pjola] *f* (*AmS: cuerda*) Schnur *f*

piolet [pjo'le^t] *m* Eispickel *m*

piolín [pjo'lin] *m* (*AmS*) Schnur *f*

pionero, -a [pjo'nero, -a] *m, f* Pionier(in) *m(f)*

pipa ['pipa] *f* **1.** (*fumador*) Pfeife *f;* **preparar la ~** die Pfeife stopfen **2.** (*tonel*) Weinfässchen *nt* **3.** (*fruta*) Kern *m* **4.** (*CRi: fam: cabeza*) Rübe *f* **5.** (*argot: pistola*) Ballermann *m* **6.** *pl* (*de girasol*) (geröstete) Sonnenblumenkerne *mpl* **7.** (*loc, fam*): **lo pasamos ~** wir haben uns sehr gut amüsiert

> **Pipas** (Sonnenblumenkerne) richtig essen, ist fast eine Kunst, die man in Spanien schon als Kind lernt, auch **pipas de calabaza** (Kürbiskerne), **maíz tostado** (geröstete und gesalzene Maiskörner) usw. werden gern gegessen. Für einen ‚Anfänger' ist es zunächst einmal ratsam mit **pipas peladas** zu beginnen.

pipe ['pipe] *m* (*AmC: camarada*) Kumpel *m*

pipeta [pi'peta] *f* (QUÍM) Pipette *f*

pipí [pi'pi] *m* (*fam*) Pipi *nt*

pipiolo, -a [pi'pjolo, -a] *m, f* **1.** (*irón: novato*) Anfänger(in) *m(f)* **2.** (*Méx: niño*) Kind *nt*

pique ['pike] *m* **1.** (*rivalidad*) Groll *m;* **menudo ~ se traían entre ellos** sie waren ziemlich wütend aufeinander **2.** (*Arg, Par, Nic: camino*) Schneise *f* **3.** (*loc*): **irse a ~** (NÁUT) sinken; (*plan*) scheitern

piqueta [pi'keta] *f* Spitzhacke *f*

piquete [pi'kete] *m* **1.** (*huelga*) Streikposten *m* **2.** (MIL) Kommando *nt* **3.** (*jalón*) Pflock *m*

pira ['pira] *f* (*hoguera*) Lagerfeuer *nt;* **~ funeraria** Scheiterhaufen *m*

pirado, -a [pi'raðo, -a] **I.** *adj* (*argot*) bekloppt **II.** *m, f* (*argot*) Irre(r) *mf*

piragua [pi'raɣwa] *f* Kanu *nt*

piragüismo [pira'ɣwismo] *m* Kanusport *m*

piramidal [pirami'ðal] *adj* pyramidenförmig

pirámide [pi'ramiðe] *f* Pyramide *f*

piraña [pi'raɲa] *f* Piranha *m*

pirarse [pi'rarse] *vr* (*argot*) verschwinden; **~ de la clase** den Unterricht schwänzen

pirata [pi'rata] **I.** *mf* Pirat(in) *m(f)* **II.** *adj* Raub-; **emisora ~** Piratensender *m*

pirca ['pirka] *f* (*AmC*) Steinmauer *f*

pirenaico, -a [pire'nai̯ko, -a] *adj* Pyrenäen-; **el Aneto es el pico ~ más elevado** der (Pico de) Aneto ist der höchste Gipfel der Pyrenäen

Pirineos [piri'neos] *mpl* Pyrenäen *pl*

piripi [pi'ripi] *adj* (*fam*) leicht beschwipst

pirómano, -a [pi'romano, -a] *m, f* Pyromane, -in *m, f*

piropear [pirope'ar] *vt* (*fam*) Komplimente machen +*dat*

piropo [pi'ropo] *m* **1.** (*fam: lisonja*) Kompliment *nt;* **echar ~s** Komplimente machen **2.** (*granate*) Pyrop *m*

pirotecnia [piro'teɣnja] *f sin pl* Pyrotechnik *f*

pirrarse [pi'rrarse] *vr* (*argot*) verrückt sein (*por* nach +*dat*)

pirueta [pi'rweta] *f* Pirouette *f*

piruleta [piru'leta] *f,* **pirulí** [piru'li] *m* <pirulís> Lutscher *m*

pis [pis] *m* (*fam*) Pipi *nt*

pisa ['pisa] *f* **1.** (*acción de pisar*) Treten *nt* **2.** (*fam: paliza*) Tracht *f* Prügel

pisada [pi'saða] *f* **1.** (*acción*) Tritt *m* **2.** (*huella*) Fußstapfen *m;* **seguir las ~s de alguien** (*fig*) in jds Fußstapfen treten **3.** (*patada*) Fußtritt *m*

pisapapeles [pisapa'peles] *m inv* Briefbeschwerer *m*

pisar [pi'sar] *vt* **1.** (*poner el pie*) treten; **¡no pises las flores!** tritt nicht auf die Blumen!; **me han pisado en el bus** jemand ist mir im Bus auf den Fuß getreten; **ir pisando huevos** (*fig*) wie auf Eiern gehen; **~ los talones a alguien** (*fig*) jdm auf den Fersen folgen; **~ fuerte** (*fig*) selbstbewusst auftreten **2.** (*entrar*) betreten **3.** (*uvas, aceitunas*) keltern; (*tierra*) stampfen **4.** (*humillar*) schikanieren **5.** (*fam: planes*) vereiteln; **con su proyecto me pisan el terreno** mit ihrem Vorhaben kommen sie mir ins

Gehege; **me han pisado el tema** sie sind mir mit dem Thema zuvorgekommen

piscicultura [pisθikuḷ'tura] *f* Fischzucht *f*

piscina [pis'θina] *f* Schwimmbad *nt;* ~ **cubierta** Hallenbad *nt*

Piscis ['pisθis] *m* (ASTR) Fische *mpl*

piscolabis [pisko'laβis] *m inv* (*fam*) Imbiss *m*

piso ['piso] *m* **1.** (*pavimento*) (Fuß)boden *m;* (*calle*) Pflaster *nt* **2.** (*planta*) Stock *m;* **de dos ~s** zweistöckig **3.** (*zapato, t.* MIN) Sohle *f* **4.** (*vivienda*) Wohnung *f*

pisotear [pisote'ar] *vt* niedertreten; (*fig*) mit Füßen treten

pisotón [piso'ton] *m* Tritt *m;* **dar un ~ a alguien** jdm auf den Fuß treten

pispar [pis'par] *vt* (*Arg: oír*) belauern; (*observar*) beobachten

pista ['pista] *f* **1.** (*huella, indicio*) Spur *f;* **estar sobre la buena ~** auf der richtigen Spur sein; **seguirle la ~ a alguien** jdn verfolgen **2.** (*circo, t.* AERO, DEP) Piste *f;* (*de baile*) Tanzfläche *f;* ~ **de esquí de fondo** Loipe *f* **3.** (*camino*) Rollbahn *f* **4.** (INFOR) Trackball *m*

pistacho [pis'taʧo] *m* Pistazie *f*

pistero [pis'tero] *m* (*taza*) Schnabeltasse *f*

pistilo [pis'tilo] *m* (BOT) Stempel *m*

pisto ['pisto] *m* **1.** (*caldo*) Hühnerbrühe *f* **2.** (*fritada*) Gemüsepfanne *f* **3.** (*mezcla*) Mischmasch *m* **4.** (*AmC: dinero*) Geld *nt* **5.** (*loc*): **él se da mucho ~** er ist ein alter Angeber

pistola [pis'tola] *f* **1.** (*arma*) Pistole *f* **2.** (*del pintor*) Spritzpistole *f*

pistolera [pisto'lera] *f* (Pistolen)halfter *m*

pistolero, -a [pisto'lero, -a] *m, f* Bandit(in) *m(f)*

pistoletazo [pistole'taθo] *m* (Pistolen)schuss *m*

pistón [pis'ton] *m* **1.** (*émbolo*) Kolben *m* **2.** (*arma*) Sprengkapsel *f* **3.** (MÚS) Klappe *f*

pistonudo, -a [pisto'nuðo, -a] *adj* (*argot*) stark

pita ['pita] *f* **1.** (BOT) Agave *f* **2.** (*fam: gallina*) Henne *f;* **¡~, ~, ~!** put, put, put!

pitanza [pi'taṇθa] *f* **1.** (*alimentos*) Essen *nt;* (*ración*) Ration *f* **2.** (*precio*) Entgelt *nt*

pitar [pi'tar] **I.** *vt, vi* **1.** (*tocar*) pfeifen; **me pitan los oídos** ich habe Ohrensausen **2.** (*pagar*) zahlen **3.** (*AmS: fumar*) rauchen **4.** (*Chil: engañar*) betrügen **II.** *vi* **1.** (*fam: funcionar*) gut laufen **2.** (*loc*): **salir pitando** eilig davonlaufen; **¡con la mitad vas que pitas!** mit der Hälfte hast du mehr als genug!

pitido [pi'tiðo] *m* Pfiff *m*

pitillera [piti'ʎera] *f* (*estuche*) Zigarettenetui *nt*

pitillo [pi'tiʎo] *m* Zigarette *f*

pito, -a[1] ['pito, -a] *adj* (*fam*) elegant; **iba todo ~** er sah aus wie geleckt

pito[2] ['pito] *m* **1.** (*silbato*) Pfeife *f;* (*claxon*) Hupe *f;* **hacer ~s** (mit den Fingern) schnippen; **por ~s o por flautas no puedes ayudarme** (*fam*) du hast immer einen Grund, weshalb du mir nicht helfen kannst; **tomar a alguien por el ~ del sereno** (*fam*) jdn nicht ernst nehmen; **no me importa un ~** (*fam*) das ist mir schnuppe; **no valer un ~** (*fam*) keinen Pfifferling wert sein **2.** (*canica*) Murmel *f;* **jugar a los ~s** mit Murmeln spielen **3.** (*cigarro*) Zigarette *f* **4.** (*fam: pene*) Pimmel *m*

pitón [pi'ton] *m* **1.** (ZOOL) Pythonschlange *f* **2.** (*cuerno*) Hornspitze *f;* (*toro*) Horn *nt* **3.** (*pitorro*) Schnabel *m*

pitonisa [pito'nisa] *f* Wahrsagerin *f*

pitorrearse [pitorre'arse] *vr* (*fam*) sich lustig machen (*de* über +*akk*)

pitorreo [pito'rreo] *m* (*fam*) Spott *m;* **¡esto es un ~!** das ist ja der reine Hohn!

pitorro [pi'torro] *m* (*fam*) Schnabel *m*

pitufo [pi'tufo] *m* (*fam*) Schlumpf *m*

pituita [pi'twita] *f* Schleim *m*

pituitario, -a [pitwi'tarjo, -a] *adj* schleimig; **glándula pituitaria** Hypophyse *f;* **membrana pituitaria** Nasenschleimhaut *f*

pivote [pi'βote] *m* (TÉC) Zapfen *m*

pixel ['piˠsel] *m* Pixel *nt*

piyama [pi'ɟama] *m* (*Am*) Schlafanzug *m*

pizarra [pi'θarra] *f* **1.** (*roca*) Schiefer *m* **2.** (*encerado*) (Schiefer)tafel *f*

pizarrín [piθa'rrin] *m* Griffel *m*

pizarrón [piθa'rron] *m* (*Am: encerado*) (Wand)tafel *f*

pizca ['piθka] *f* **1.** (*fam: poco*) kleines Stück *nt;* **una ~** ein bisschen; **una ~ de sal** eine Prise Salz; **no tienes ni ~ de vergüenza** du schämst dich wohl überhaupt nicht **2.** (*Méx: cosecha*) Ernte *f*

pizcar [piθ'kar] <c→qu> *vt* (*Méx*) ernten

pizco ['piθko] *m* **1.** (*poco*) kleines Stück *nt;* **un ~** ein bisschen **2.** (*fam: pellizco*) Kneifen *nt*

pizpireta [piθpi'reta] *adj* (*mujer*) lebhaft

pizza ['pitsa] *f* Pizza *f*

placa ['plaka] *f* **1.** (*lámina, plancha, t.* FOTO, INFOR) Platte *f;* ~ **giratoria** Drehscheibe *f* **2.** (*cartel*) Schild *nt;* ~ **conmemorativa** Gedenktafel *f* **3.** (AUTO) Nummernschild *nt* **4.** (MED): ~ **dental** Zahnbelag *m*

placebo [pla'θeβo] *m* (MED) Placebo *nt*

pláceme ['plaθeme] *m* Glückwunsch *m*

placenta [pla'θeṇta] *f* Plazenta *f*

placentero, -a [plaθeṇ'tero, -a] *adj* angenehm

placentino, -a [plaθeṇ'tino, -a] **I.** *adj* aus Plasencia **II.** *m, f* Einwohner(in) *m(f)* von Plasencia

P

placer [pla'θer] **I.** *m* **1.** (*goce*) Freude *f;* **con sumo** ~ mit großem Vergnügen **2.** (*sexual*) Lust *f;* **casa de** ~ Bordell *nt* **3.** (*arena*) Sandbank *f* **II.** *irr como crecer vi* gefallen +*dat;* **¡haré lo que me plazca!** ich werde das tun, wozu ich Lust habe!

placero, -a [pla'θero, -a] *m, f* (*Am: vendedor*) Straßenverkäufer(in) *m(f)*

plácet ['plaθe[t]] *m* (*formal*) Zustimmung *f;* **dar el** ~ **a algo** sein Plazet zu etw *dat* geben

placidez [plaθi'ðeθ] *f* Ruhe *f*

plácido, -a ['plaθiðo, -a] *adj* ruhig

plaga ['plaɣa] *f* **1.** (AGR) Plage *f* **2.** (*calamidades*) Leid *nt;* (*lacra*) Geißel *f* **3.** (*abundancia*) Überfluss *m* (*de* an +*dat*); **este año hemos tenido una** ~ **de cerezas** dieses Jahr hatten wir eine Kirschenschwemme

plagado, -a [pla'ɣaðo -a] *adj* voll (*de* mit +*dat*); **el texto estaba** ~ **de faltas** der Text wimmelte von Fehlern; **la casa está plagada de cucarachas** das Haus ist voller Kakerlaken

plagar [pla'ɣar] <g→gu> **I.** *vt* (*llenar*) voll stopfen (*de* mit +*dat*); ~**on la ciudad de carteles** die Stadt wurde vollkommen zuplakatiert **II.** *vr:* ~**se** heimgesucht werden (*de* von +*dat*); **el pueblo se plagó de ratas** das Dorf wurde von einer Rattenplage heimgesucht

plagiar [pla'xjar] *vt* **1.** (*copiar*) abschreiben **2.** (*Am: secuestrar*) entführen

plagio ['plaxjo] *m* **1.** (*copia*) Plagiat *nt* **2.** (*Am: secuestro*) Entführung *f*

plan [plan] *m* **1.** (*proyecto*) Plan *m;* ~ **de emergencia** Notstandsplan *m;* **si no tienes** ~ **para esta noche paso a buscarte** wenn du heute Abend noch nichts vorhast, hole ich dich ab **2.** (*argot: ligue*) (Liebes)bekanntschaft *f* **3.** (*loc*): **esto no es** ~ (*argot*) so geht es nicht (weiter); **en** ~ **de ...** als ...; **está en un** ~ **que no lo soporto** (*argot*) so, wie er zur Zeit drauf ist, ertrage ich ihn nicht

plana ['plana] *f* **1.** (*folio*) Seite *f;* **a toda** ~ ganzseitig; **un artículo en primera** ~ ein Artikel auf der ersten Seite **2.** (*caligrafía*) Schreibübung *f* **3.** (*planicie*) Ebene *f* **4.** (*loc*): **la** ~ **mayor del partido** die Parteispitze

plancha ['planʧa] *f* **1.** (*lámina*) Platte *f;* (TIPO) Druckplatte *f* **2.** (*para ropa*) Bügeleisen *nt* **3.** (NÁUT) Laufplanke *f* **4.** (*fam: desacierto*) Blamage *f;* **hacer** [*o* **tirarse**] **una** ~ sich blamieren **5.** (GASTR): **a la** ~ gegrillt

planchado, -a[1] [plan'ʧaðo, -a] *adj* **1.** (*AmC: acicalado*) geschniegelt *fam* **2.** (*loc*): **lo dejé** ~ (*fam fig*) er war platt

planchado[2] [plan'ʧaðo] *m* (*acción*) Bügeln *nt;* (*ropa*) Bügelwäsche *f*

planchar [plan'ʧar] *vt* bügeln

plancton ['plaⁿkton] *m sin pl* Plankton *nt*

planeador [planea'ðor] *m* (AERO) Segelflugzeug *nt*

planear [plane'ar] **I.** *vi* (*ave*) schweben; (AERO) gleiten **II.** *vt* planen

planeta [pla'neta] *m* (ASTR) Planet *m*

planetario, -a[1] [plane'tarjo, -a] *adj* Planeten-

planetario[2] [plane'tarjo] *m* Planetarium *nt*

planicie [pla'niθje] *f* Ebene *f*

planificación [planifika'θjon] *f* Planung *f;* ~ **regional** Raumplanung *f*

planificar [planifi'kar] <c→qu> *vt* planen

planisferio [planis'ferjo] *m* Sternkarte *f*

plano, -a[1] ['plano, -a] *adj* flach; **superficie plana** Ebene *f*

plano[2] ['plano] *m* **1.** (MAT) Ebene *f;* ~ **inclinado** schiefe Ebene **2.** (*mapa*) Plan *m;* **levantar un** ~ einen Plan entwerfen **3.** (CINE): **primer** ~ Großaufnahme *f;* **en primer** ~ (*delante*) im Vordergrund **4.** (*loc*): **de** ~ durchaus; **aceptó de** ~ **nuestra propuesta** er/sie nahm unseren Vorschlag ohne Einschränkungen an

planta ['plaṇta] *f* **1.** (BOT) Pflanze *f;* ~ **anual** einjährige Pflanze; ~ **bulbosa** Zwiebelgewächs *nt;* ~ **de interior** Zimmerpflanze *f;* ~ **medicinal** Arzneipflanze *f;* ~ **vivaz** Staude *f* **2.** (*pie*) Fußsohle *f* **3.** (*fábrica*) Anlage *f;* ~ **de abastecimientos de agua** Wasserwerk *nt;* ~ **de compost** Kompostieranlage *f;* ~ **incineradora** Müllverbrennungsanlage *f;* ~ **de reciclaje de basuras** Müllaufbereitungsanlage *f;* ~ **siderúrgica** Stahlwerk *nt* **4.** (*Am:* ELEC): ~ **de energía atómica/hidráulica** Atomkraft-/Wasserkraftwerk *nt* **5.** (*piso*) Stockwerk *nt;* ~ **alta/baja** Ober-/Erdgeschoss *nt* **6.** (ARQUIT) Grundriss *m;* (*proyecto*) Bauplan *m* **7.** (*loc*): **tener buena** ~ gut aussehen

plantación [plaṇta'θjon] *f* Pflanzung *f;* (*finca*) Plantage *f*

plantado, -a [plaṇ'taðo, -a] *adj* (*fam*): **bien** ~ (*atractivo*) gut aussehend

plantar [plaṇ'tar] **I.** *vt* **1.** (*bulbo*) pflanzen; **han plantado el monte** der Berg ist aufgeforstet worden **2.** (*clavar*) befestigen; ~ **una tienda de campaña** ein Zelt aufschlagen **3.** (*fam: tortazo*) versetzen **4.** (*fam: cita*) versetzen; **desapareció y me dejó plantado** er/sie verschwand und ließ mich einfach stehen; **dejó plantada a su novia** er ließ seine Freundin sitzen; **lo** ~**on en la calle** man hat ihn entlassen **5.** (*abandonar*) aufgeben **II.** *vr:* ~**se 1.** (*resistirse*) sich widersetzen (*ante* +*dat*) **2.** (*asno, perro*) nicht von der Stelle wollen **3.** (*aparecer*) auftauchen; **se** ~**on en mi casa en un periquete** sie waren blitzschnell bei mir

4. (*negarse*) sich hartnäckig weigern 5. (*en los naipes*) passen; **aquí me planto** ich passe

planteamiento [plan̪tea'mjen̪to] *m* 1. (*idea*) Gesichtspunkt *m;* **tu ~ de la cuestión no me parece el adecuado** dein Ansatz scheint mir nicht der richtige zu sein 2. (MAT) Ansatz *m*

plantear [plan̪te'ar] **I.** *vt* 1. (*asunto, problema*) angehen; **este problema está mal planteado** dieses Problem ist falsch angegangen worden 2. (*causar*) verursachen; (*discusión*) auslösen **II.** *vr:* **~se** 1. (*reflexionar*) überdenken 2. (*cuestión*) aufwerfen; **ahora me planteo la pregunta si...** für mich wirft sich jetzt die Frage auf, ob ...

plantel [plan̪'tel] *m* 1. (*vivero*) Baumschule *f* 2. (*conjunto*) Gruppe *f* 3. (*Arg: plantilla*) Belegschaft *f*

planteo [plan̪'teo] *m* (*Arg*) Protest *m*

plantificar [plan̪tifi'kar] <c→qu> **I.** *vt* (*golpe*) versetzen **II.** *vr:* **~se** auftauchen; **se plantificó allí al poco tiempo** er/sie war in kürzester Zeit da

plantilla [plan̪'tiʎa] *f* 1. (*empleados*) Belegschaft *f;* **~ de profesores** Lehrerschaft *f* 2. (*zapato*) Einlegesohle *f* 3. (*zapatero*) Brandsohle *f* 4. (*patrón*) Schablone *f* 5. (*equipo*) Mannschaft *f*

plantío [plan̪'tio] *m* 1. (*plantación*) Pflanzung *f* 2. (*terreno*) Garten *m;* (AGR) Plantage *f* 3. (*lo plantado*) Bepflanzung *f*

plantón [plan̪'ton] *m* 1. (AGR) Setzling *m* 2. (*loc*): **dar un ~ a alguien** jdn versetzen; **y ahora estoy de ~** jetzt muss ich hier stehen und warten

plañir [pla'ɲir] <*3. pret:* plañó> *vi* jammern

plaqué [pla'ke] *m* (*de oro*) Goldüberzug *m;* (*de plata*) Silberüberzug *m*

plaqueta [pla'keta] *f* Thrombozyt *m*

plasma ['plasma] *m* Plasma *nt*

plasmar [plas'mar] *vt* 1. (*moldear, t. fig*) gestalten 2. (*representar*) widerspiegeln

plasta[1] ['plasta] *mf* (*pey*) Nervensäge *f*

plasta[2] ['plasta] *f* (*mal hecha*) ≈Pfusch *m;* (*desastre*) Katastrophe *f*

plástica ['plastika] *f* Plastik *f*

plasticidad [plastiθi'ða^{d}] *f* Plastizität *f;* (*fig*) Anschaulichkeit *f*

plástico, -a[1] ['plastiko, -a] *adj* 1. (*materia*) Plastik-; **papel ~** Plastikfolie *f* 2. (*modelable, expresivo*) plastisch; **las artes plásticas** die bildenden Künste

plástico[2] ['plastiko] *m* Kunststoff *m*

plastificar [plastifi'kar] <c→qu> *vt* (in Plastik) einschweißen

plata ['plata] *f* 1. (*metal*) Silber *nt;* **~ labrada** Silber(geschirr) *nt;* **~ de ley** Feinsilber *nt;* **bodas de ~** Silberhochzeit *f* 2. (*moneda*) Silbergeld *nt* 3. (*Am: dinero*) Geld *nt;* **¡adiós mi ~!** (*CSur: fam*) jetzt ist alles verloren! 4. (*loc*): **hablar en ~** Klartext reden

plataforma [plata'forma] *f* 1. (*estrado*) Podium *nt* 2. (*tranvía*) Plattform *f;* (*vagón*) Plattformwagen *m;* **~ de elevación** Hebebühne *f;* **~ giratoria** Drehscheibe *f* 3. (POL) Forum *nt* 4. (GEO): **~ continental** Kontinentalsockel *m*

platal [pla'tal] *m* (*Am: dineral*) viel Geld *nt;* (*fig*) Vermögen *nt*

plátano ['platano] *m* 1. (*árbol frondoso*) Platane *f* 2. (*árbol frutal tropical*) Banane(nstaude) *f;* (*fruta*) Banane *f;* **~ guineo** Kochbanane *f*

platea [pla'tea] *f* Parkett *nt*

plateado, -a [plate'aðo, -a] *adj* silbern

platear [plate'ar] *vt* versilbern

platense [pla'tense] *adj* 1. (*de La Plata*) aus La Plata 2. (*de Río de La Plata*) aus den Rio-de-la-Plata-Ländern

platería [plate'ria] *f* 1. (*tienda*) Juweliergeschäft *nt* 2. (*taller*) Silberschmiede *f* 3. (*vajilla*) Silbergeschirr *nt*

platero, -a [pla'tero, -a] *m, f* Silberschmied(in) *m(f);* (*joyero*) Juwelier(in) *m(f)*

plática ['platika] *f* 1. (*conversación*) Unterhaltung *f;* **estar de ~** plaudern 2. (*sermón*) Predigt *f*

platicar [plati'kar] <c→qu> *vi* (*fam*) sich unterhalten

platija [pla'tixa] *f* Flunder *f*

platillo [pla'tiʎo] *m* 1. (*de una taza*) Untertasse *f* 2. (*balanza*) Waagschale *f* 3. (MÚS) Becken *nt*

platina [pla'tina] *f* 1. (*microscopio*) Objekttisch *m* 2. (TIPO) Tiegel *m* 3. (INFOR) Platine *f*

platino [pla'tino] *m* 1. (QUÍM) Platin *nt* 2. *pl* (AUTO) Unterbrecher *mpl*

plato ['plato] *m* 1. (*vajilla*) Teller *m;* (*para taza*) Untertasse *f;* **tiro al ~** (DEP) Tontaubenschießen *nt;* **ahora tengo que pagar los ~s rotos** (*fig*) nun muss ich die Sache auch ausbaden; **tener cara de no haber roto un ~ en la vida** aussehen, als ob man keiner Fliege etwas zuleide tun könnte; **comer en un mismo ~** (*fig*) wie Pech und Schwefel zusammenhalten 2. (*comida*) Gericht *nt;* **~ combinado** ≈Tellergericht *nt;* **~ fuerte** Hauptgericht *nt;* (*fig*) Hauptthema *nt;* **hoy hay ~ único** heute gibt es nur einen Gang; **nos sirvieron tres ~s y postre** uns wurden drei Gänge und Nachtisch serviert 3. (*balanza*) Waagschale *f*

plató [pla'to] *m* (CINE) Kulisse *f*

platón [pla'ton] *m* (*Am*) Schüssel *f*

platónico, -a [pla'toniko, -a] *adj* platonisch

platudo, -a [pla'tuðo, -a] *adj* (*Am*) steinreich

plausible [plau̯'siβle] *adj* 1. (*loable*) lobenswert **2.** (*admisible*) plausibel

playa ['plaɟa] *f* **1.** (*mar*) Strand *m;* ~ **naturista** FKK-Strand *m* **2.** (*Am: espacio*) Gelände *nt;* ~ **de estacionamiento** Parkplatz *m*

play-back ['plei̯βa^{k}] *m* <play-backs> Play-back *nt*

play-boy [plei̯'βoi̯] *m* <play-boys> Playboy *m*

playeras [pla'ɟeras] *fpl* (*zapatillas*) ≈Turnschuhe *mpl*

plaza ['plaθa] *f* **1.** (*espacio, t.* COM) Platz *m;* (*de mercado*) Marktplatz *m;* (*de toros*) Arena *f;* ~ **de abastos** Markt *m;* **fuimos a la** ~ **a comprar** wir sind auf den Markt einkaufen gegangen **2.** (*asiento*) Sitzplatz *m;* (*de garaje/parking*) Stellplatz *m* **3.** (*empleo*) Stelle *f* **4.** (*en instituciones/viajes*) Platz *m*

> Die **Plaza Mayor** ist der Marktplatz bzw. Hauptplatz in einer Stadt. Man sagt, dass Spaniens schönster Marktplatz **Salamancas Plaza Mayor** ist. Wenn man als Fremder in **Salamanca** einen Treffpunkt ausmacht, dann bestimmt **debajo del reloj de la Plaza Mayor**.

plazo ['plaθo] *m* **1.** (*vencimiento*) Frist *f;* ~ **de entrega** Lieferzeit *f;* ~ **de preaviso** Kündigungsfrist *f;* **a corto/largo** ~ kurz-/langfristig; **fuera del** ~ nicht fristgemäß; **en el** ~ **de un mes** innerhalb eines Monats; **en el banco tengo dos millones a** ~ **fijo** ich habe auf der Bank zwei Millionen festgelegt; **¿cúando vence el** ~ **para la presentación de solicitudes?** wann läuft die Bewerbungsfrist ab? **2.** (*cantidad*) Rate *f;* **a** ~**s** auf Raten

plazoleta [plaθo'leta] *f dim de* **plaza**

pleamar [plea'mar] *f* Flut *f*

plebe ['pleβe] *f sin pl* **1.** (HIST) Plebs *f* **2.** (*pey: chusma*) Gesindel *nt*

plebeyo, -a [ple'βeɟo, -a] **I.** *adj* **1.** (*t.* HIST) plebejisch **2.** (*sin linaje*) bürgerlich **3.** (*inculto*) ungebildet; (*grosero*) ungehobelt **II.** *m, f* **1.** (*t.* HIST) Plebejer(in) *m(f)* **2.** (*sin linaje*) Bürgerliche(r) *mf* **3.** (*grosero*) Grobian *m*

plebiscito [pleβis'θito] *m* Volksbefragung *f*

plegable [ple'ɣaβle] *adj* (*papel*) faltbar; (*mueble*) zusammenklappbar; **silla** ~ Klappstuhl *m*

plegar [ple'ɣar] *irr como fregar* **I.** *vt* **1.** (*doblar*) zusammenfalten; (*muebles*) zusammenklappen **2.** (*imprenta*) falzen **II.** *vr:* ~**se** sich fügen

plegaria [ple'ɣarja] *f* Gebet *nt*

pleitear [plei̯te'ar] *vt* (JUR) prozessieren

pleito ['plei̯to] *m* **1.** (JUR) Prozess *m* **2.** (*disputa*) Streit *m*

plenario, -a [ple'narjo, -a] *adj:* **asamblea plenaria** Vollversammlung *f;* **sesión plenaria** Plenarsitzung *f*

plenipotenciario, -a [plenipoten̹'θjarjo, -a] **I.** *adj* bevollmächtigt **II.** *m, f* Bevollmächtigte(r) *mf*

plenitud [pleni'tu^{d}] *f* **1.** (*totalidad*) Fülle *f;* **sensación de** ~ vollkommene Zufriedenheit **2.** (*apogeo*) Höhepunkt *m;* **en la** ~ **de sus facultades físicas** auf der Höhe seiner/ihrer körperlichen Fähigkeiten

pleno, -a[1] ['pleno, -a] *adj* voll; ~ **empleo** Vollbeschäftigung *f;* **en el** ~ **uso de sus facultades mentales** unter Einsatz all seiner/ihrer geistigen Fähigkeiten; **le robaron a plena luz del día** er wurde am helllichten Tag ausgeraubt; **en** ~ **verano** im Hochsommer

pleno[2] ['pleno] *m* Plenum *nt;* **el ayuntamiento en** ~ die gesamte Stadtverwaltung

pletórico, -a [ple'toriko, -a] *adj* strotzend (*de* vor +*dat*); ~ **de salud** kerngesund

pleura ['pleu̯ra] *f* Brustfell *nt*

pleuresía [pleu̯re'sia] *f* Rippenfellentzündung *f*

plexiglás® [ple$^{\gamma}$si'ɣlas] *m sin pl* Plexiglas® *nt*

plica ['plika] *f* versiegelter Umschlag *m*

pliego ['pljeɣo] *m* **1.** (*hoja*) Bogen *m* **2.** (*documento*) Schrift *f;* ~ **de cargos** Anklageschrift *f;* ~ **de condiciones** Ausschreibungsbedingungen *fpl* **3.** (*libro*) Heft *nt* **4.** (*comunicación*) Postsendung *f*

pliegue ['pljeɣe] *m* (*doblez, t.* GEO) Falte *f;* **el mantel cae hasta el suelo haciendo** ~**s** die Tischdecke fällt in Falten bis auf den Boden

plinto ['plin̹to] *m* **1.** (ARQUIT) Plinthe *f* **2.** (DEP) Bock *m*

plisar [pli'sar] *vt* plissieren

plomada [plo'maða] *f* (*albañilería*) Lot *nt;* **echar la** ~ ausloten

plomazo [plo'maθo] *m* **1.** (*fam: pesado*) Nervensäge *f* **2.** (*perdigón*) Schusswunde *f*

plomizo, -a [plo'miθo, -a] *adj* **1.** (*color*) bleigrau **2.** (*material*) bleiern

plomo ['plomo] *m* **1.** (*metal*) Blei *nt;* **gasolina sin** ~ bleifreies Benzin; **andarse con pies de** ~ (*fig*) sehr vorsichtig sein; **caer a** ~ der Länge nach hinfallen; **ser un** ~ sehr lästig sein **2.** (*plomada*) Bleilot *nt* **3.** (*bala*) Kugel *f* **4.** *pl* (ELEC) Sicherung *f*

pluma ['pluma] *f* **1.** (*ave*) Feder *f;* **cambiar la** ~ sich mausern; **quedarse cacareando y sin** ~**s** trotz eines Misserfolgs noch frohlocken; **vestirse de ~s ajenas** sich mit fremden Federn schmücken **2.** (*escribir*) Feder *f;* ~ **estilográfica** Füllfederhalter *m* **3.** (*escritor*) Schriftsteller *m* **4.** (*estilo*) Stil *m*

plumada [plu'maða] *f* Federstrich *m*

plumaje [plu'maxe] *m* **1.** (*ave*) Gefieder *nt* **2.** (*adorno*) Federbusch *m*

plumazo [plu'maθo] *m* (*trazo*) Federstrich *m;* **suprimieron de un ~ las subvenciones** alle Subventionen wurden auf einmal gestrichen

plúmbeo, -a ['plumbeo, -a] *adj* bleischwer; (*fig*) bleiern

plumear [plume'ar] *vt* (*Am: escribir*) schreiben

plumero [plu'mero] *m* **1.** (*limpieza*) Staubwedel *m* **2.** (*plumier*) Griffelkasten *m* **3.** (*adorno*) Federbusch *m* **4.** (*loc*): **a ése se le ve el ~** der ist leicht zu durchschauen

plumilla [plu'miʎa] *f* Feder *f*

plumón [plu'mon] *m* **1.** (*ave*) Daune *f* **2.** (*cama*) Federbett *nt*

plural [plu'ral] **I.** *adj* vielfältig; **número ~** Plural *m* **II.** *m* Plural *m;* ~ **mayestático** Pluralis majestatis *m*

pluralidad [plurali'ða^{ð}] *f* Vielfältigkeit *f;* **a ~ de votos** mehrheitlich

pluralizar [plurali'θar] <z→c> *vt* **1.** (*generalizar*) verallgemeinern; **tú cuenta lo que te pasó a ti y no pluralices** erzähl, was dir passiert ist, und sprich nicht im Plural **2.** (LING) die Pluralform bilden (von +*dat*)

pluriempleo [pluriem'pleo] *m* Mehrfachbeschäftigung *f*

plurifamiliar [plurifami'ljar] *adj* Mehrfamilien-

pluripartidismo [pluriparti'ðismo] *m* Mehrparteiensystem *nt*

plus [plus] *m* (*gratificación*) Zulage *f;* (*ventaja*) Vorteil *m;* **de ~** zusätzlich; ~ **por trabajar en días festivos** Feiertagszulage *f*

pluscuamperfecto [pluskwamper'fekto] *m* Plusquamperfekt *nt*

plusmarquista [plusmar'kista] *mf* Rekordhalter(in) *m(f);* **ser el ~ mundial de lanzamiento de jabalina** den Weltrekord im Speerwerfen halten

plusvalía [plusβa'lia] *f sin pl* Mehrwert *m*

plutonio [plu'tonjo] *m* Plutonium *nt*

pluvial [plu'βjal] *adj* Regen-

pluviosidad [pluβjosi'ða^{ð}] *f* Niederschlagsmenge *f*

P.M. [pe'eme] *f abr de* **policía militar** Militärpolizei *f*

PN ['peso 'neto] *m abr de* **peso neto** Nettogewicht *nt*

PNB [pe(e)ne'be] *m abr de* **producto nacional bruto** BSP *nt*

PNN [pe'nene] *m abr de* **producto nacional neto** Nettosozialprodukt *nt*

> Der **PNV (Partido Nacionalista Vasco)**, die wichtigste nationalistische Partei in **Euskadi/País Vasco** (Baskenland), wurde schon 1894 gegründet. Ihr jetziger Führer heißt **Xavier Arzalluz**.

p.o. [por 'orðen] *abr de* **por orden** i.A.

población [poβla'θjon] *f* **1.** (*habitantes*) Bevölkerung *f;* ~ **activa** (ECON) erwerbstätige Bevölkerung **2.** (*localidad*) Ort *m* **3.** (BIOL) Population *f*

poblado, -a[1] [po'βlaðo, -a] *adj* **1.** (*habitado*) bewohnt **2.** (*cejas*) dicht

poblado[2] [po'βlaðo] *m* (*pueblo*) Dorf *nt;* (*colonia*) Siedlung *f*

poblador(a) [poβla'ðor(a)] *m(f)* (*habitante*) Bewohner(in) *m(f);* (*colono*) Siedler(in) *m(f)*

poblar [po'βlar] <o→ue> **I.** *vi, vt* **1.** (*colonizar*) besiedeln **2.** (BOT) bepflanzen (*de* mit +*dat*); **han poblado el monte de pinos** der Berg ist mit Pinien aufgeforstet worden **3.** (*habitar*) bewohnen **4.** (ZOOL): **distintas especies pueblan el fondo del mar** verschiedene Arten leben auf dem Meeresgrund **II.** *vr:* ~**se** sich füllen; **la costa se pobló rápidamente** die Küste war bald voller Menschen

pobre ['poβre] **I.** *adj* <paupérrimo> arm (*de* an +*dat*); (*desgraciado*) unglücklich; (*humilde*) elend; **¡~ de ti si dices mentiras!** wehe dir, wenn du lügst!; **es una lengua ~ de expresiones** in dieser Sprache gibt es kaum Redewendungen **II.** *mf* Arme(r) *mf;* (*mendigo*) Bettler(in) *m(f)*

pobremente [poβre'mente] *adv* (*con pobreza*) ärmlich; (*con escasez*) spärlich

pobreza [po'βreθa] *f* **1.** (*necesidad*) Armut *f* **2.** (*pusilanimidad*) Kleinmütigkeit *f*

pocho, -a ['potʃo, -a] *adj* **1.** (*fruta*) verdorben **2.** (*persona*) matt

pochoclo [po'tʃoklo, -a] *m* (*Arg*) Popcorn *nt*

pocilga [po'θilɣa] *f* Schweinestall *m*

pócima ['poθima] *f,* **poción** [po'θjon] *f* Arznei *f;* (*pey: brebaje*) Gesöff *nt;* **la ~ mágica** der Zaubertrank

poco, -a[1] ['poko, -a] <poquísimo> *adj* wenig, gering; ~**s de los presentes lo sabían** nur wenige der Anwesenden wussten es; **aquí hay poca comida para dos personas** das ist zu wenig Essen für zwei Personen; **hay pocas colecciones mejores que ésta** es gibt kaum eine bessere Sammlung als diese; **las probabilidades son po-**

P

cas die Wahrscheinlichkeit ist gering; **tiene pocas probabilidades de aprobar** er/sie hat wenig Chancen zu bestehen

poco[2] ['poko] **I.** *m* **1.** (*cantidad*): **un ~ de azúcar** ein bisschen Zucker; **acepta el ~ de dinero que te puedo dar** nimm das wenige Geld, das ich dir geben kann; **espera un ~** warte ein wenig **2.** *pl* wenige; **los ~s que vinieron...** die wenigen, die kamen ...; **es un envidioso como hay ~s** er ist ein Neidhammel wie sonst keiner **II.** *adv* wenig; **escribir ~** wenig schreiben; **es ~ simpático** er ist nicht sehr sympathisch; **nos da ~ más o menos lo mismo** es ist uns relativ egal; **~ a ~** Schritt für Schritt; **~ a ~ dejamos de creerle** allmählich haben wir aufgehört ihm zu glauben; **a ~ de llegar...** kurz nachdem er gekommen war ...; **~ después** bald darauf; **dentro de ~** bald; **desde hace ~** seit kurzem; **hace ~** vor kurzem; **a** [*o* **con**] [*o* **por**] **~ que se esfuerze lo conseguirá** wenn er/sie sich nur ein wenig anstrengt, wird es ihm/ihr gelingen; **por ~ me estrello** beinahe hätte ich einen Unfall gehabt; **tener en ~ a alguien** nicht viel von jdm halten; **y por si fuera ~...** und obendrein ...

podadera [poða'ðera] *f* (*tijeras*) Baumschere *f;* (*navaja*) Gartenmesser *nt*

podar [po'ðar] *vt* beschneiden

podenco [po'ðeŋko] *m* (spanischer) Jagdhund *m*

poder [po'ðer] **I.** *irr vi* können; **no ~ más de hambre** schrecklichen Hunger haben; **yo a ti te puedo** (*fam*) ich bin stärker als du; **no ~ con el alma** hundemüde sein; **no puedes cogerlo sin permiso** du darfst das nicht unerlaubt nehmen; **no podemos abandonarlo** wir können ihn nicht einfach im Stich lassen; **bien pod(r)ías habérmelo dicho** du hättest mir das sehr wohl sagen können; **bien puede haber aquí un millón de abejas** es ist gut möglich, dass es hier eine Million Bienen gibt; **no puedo verlo todo el día sin hacer nada** ich halte es nicht aus, ihn den ganzen Tag so untätig zu sehen; **no puedo con mi madre** ich komme mit meiner Mutter nicht klar; **la sala se llenó a más no ~** der Saal war zum Bersten voll; **de ~ ser, no dudes que lo hará** wenn er/sie kann, wird er/sie es zweifellos tun; **no pude menos que preguntarle qué hacía por allí** ich konnte nicht umhin ihn/sie zu fragen, was er/sie dort tat **II.** *irr vimpers:* **puede ser que después vuelva** vielleicht komme ich später zurück; **¡puede!** kann sein!; **¿se puede?** darf man (hereinkommen)? **III.** *m* **1.** (*autoridad, t.* POL) Macht *f;* **~ absoluto** unumschränkte Macht; **~ ejecutivo** Exekutive *f;* **~ judicial** Judikative *f;* **~ legislativo** Legislative *f;* **los ~es fácticos** die tatsächliche Macht; **los ~es públicos** die Behörden; **la división de ~es** die Gewaltenteilung; **el partido en el ~** die Regierungspartei; **subir al ~** die Macht übernehmen; **los documentos están en ~ del juez** die Dokumente sind in der Gewalt des Richters; **haré todo lo que esté en mi ~** ich werde alles tun, was in meiner Macht steht **2.** (*autorización*) Vollmacht *f;* **~ de decisión** Entscheidungsbefugnis *f* **3.** (*fuerza*) Kraft *f;* **~ adquisitivo** (ECON) Kaufkraft *f*

poderío [poðe'rio] *m* **1.** (*autoridad*) Macht *f* **2.** (*riqueza*) Reichtum *m* **3.** (*fuerza*) Kraft *f*

poderoso, -a [poðe'roso, -a] *adj* **1.** (*influyente*) mächtig **2.** (*rico*) reich **3.** (*eficaz*) wirkungsvoll

podio ['poðjo] *m* (*tarima*) Podium *nt;* (DEP) Podest *nt;* (ARQUIT) Sockel *m*

podredumbre [poðre'ðumbre] *f* **1.** (*putrefacción*) Fäulnis *f* **2.** (*depravación*) Verkommenheit *f*

podrido, -a [po'ðriðo, -a] *adj* faul; (*fig*) verdorben; **estar ~ de dinero** stinkreich sein

podrir [po'ðrir] *irr vt, vr v.* **pudrir**

poema [po'ema] *m* Gedicht *nt;* **~ épico** Epos *nt;* **~ en prosa** lyrische Prosa; **¡fue todo un ~!** (*gracioso*) das war vielleicht lustig!

poesía [poe'sia] *f* **1.** (*género*) Poesie *f* **2.** (*poema*) Gedicht *nt;* **libro de ~(s)** Gedichtband *m*

poeta, -isa [po'eta, poe'tisa] *m, f* Dichter(in) *m(f)*

poética [po'etika] *f* Poetik *f*

poético, -a [po'etiko, -a] *adj* dichterisch; (*t. fig*) poetisch; **arte poética** Poetik *f;* **licencia poética** dichterische Freiheit

poetisa [poe'tisa] *f v.* **poeta**

póker ['poker] *m sin pl* Poker *nt o m;* **poner cara de ~** ein Pokerface aufsetzen

polaco, -a [po'lako, -a] **I.** *adj* polnisch **II.** *m, f* Pole, -in *m, f*

polaina [po'lai̯na] *f* Gamasche *f*

polar [po'lar] *adj* polar; **Círculo P~ Ártico/Antártico** nördlicher/südlicher Polarkreis

polaridad [polari'ðaᵈ] *f* (FÍS) Polarität *f;* (*fig*) Gegensätzlichkeit *f*

polarización [polariθa'θjon] *f* Polarisierung *f*

polarizar [polari'θar] <z→c> *vt* (FÍS) polarisieren; (*fig*) anziehen; **el espectáculo polarizó la atención de los visitantes** das Stück zog die Zuschauer in seinen Bann

polca ['polka] *f* Polka *f*

polea [po'lea] *f* Rolle *f;* (*roldana*) Seilrolle *f;* **sistema de ~s** Flaschenzug *m*

polémica [po'lemika] *f* Polemik *f*

polémico, -a [po'lemiko, -a] *adj* strittig
polemizar [polemi'θar] <z→c> *vi* polemisieren (*con/contra* gegen +*akk*)
polen ['polen] *m* Pollen *m;* **tengo alergia al ~** ich habe eine Pollenallergie
polera [po'lera] *f* **1.** (*Chil: camiseta*) T-Shirt *nt* **2.** (*Arg: de cuello alto*) Rollkragenpulli *m*
poli ['poli] *f* (*fam*) Polente *f*
poliamida [polja'miða] *f* Polyamid *nt*
policía[1] [poli'θia] *f* Polizei *f;* **agente de ~** Polizist(in) *m(f);* **coche de ~** Streifenwagen *m;* **comisaría de ~** Polizeiwache *f;* **jefatura de ~** Polizeipräsidium *nt*
policía[2] [poli'θia] *mf* Polizist(in) *m(f);* **perro ~** Polizeihund *m*
policiaco, -a [poli'θjako, -a] *adj,* **policíaco, -a** [poli'θiako, -a] *adj* polizeilich; **Estado ~** Polizeistaat *m;* **película/novela policíaca** Kriminalfilm *m/*-roman *m*
policial [poli'θjal] *adj v.* **policíaco**
policlínica [poli'klinika] *f,* **policlínico** [poli'kliniko] *m* Poliklinik *f*
polideportivo [poliðepor'tiβo] *m* Sportzentrum *nt*
poliéster [po'ljester] *m* Polyester *m*
polietileno [poljeti'leno] *m* Polyäthylen *nt*
polifacético, -a [polifa'θetiko, -a] *adj* vielseitig
poligamia [poli'ɣamja] *f sin pl* Polygamie *f*
polígamo, -a [po'liɣamo, -a] *adj* polygam
políglota [po'liɣlota] **I.** *adj* polyglott **II.** *mf* Polyglotte(r) *mf*
poligonal [poliɣo'nal] *adj* vieleckig
polígono [po'liɣono] *m* **1.** (MAT) Vieleck *nt* **2.** (*loc*): **~ industrial** Industriegebiet *nt*
polilla [po'liʎa] *f* Motte *f;* **no tener ~ en la lengua** kein Blatt vor den Mund nehmen
polimorfo, -a [poli'morfo, -a] *adj* vielgestaltig
polinesio, -a [poli'nesjo, -a] **I.** *adj* polynesisch **II.** *m, f* Polynesier(in) *m(f)*
polinización [poliniθa'θjon] *f* Bestäubung *f*
polio ['poljo] *f inv* Kinderlähmung *f*
pólipo ['polipo] *m* Polyp *m*
polisemia [poli'semja] *f sin pl* Polysemie *f*
polisílabo, -a [poli'silaβo, -a] *adj* mehrsilbig
politécnico, -a [poli'teɣniko, -a] *adj* polytechnisch
política [po'litika] *f* Politik *f;* **P~ Agraria Común** (UE) Gemeinsame Agrarpolitik; **~ interior/exterior** Innen-/Außenpolitik *f;* **~ pesquera** Fischereipolitik *f*
político, -a [po'litiko, -a] **I.** *adj* **1.** (POL) politisch; **ciencias políticas** Politikwissenschaften *fpl;* **economía política** Volkswirtschaft(slehre) *f* **2.** (*parentesco*) Schwieger-; **hermano ~** Schwager *m;* **hermana política** Schwägerin *f* **II.** *m, f* Politiker(in) *m(f)*
politizar [politi'θar] <z→c> *vt, vr:* **~se** (sich) politisieren
politólogo, -a [poli'toloɣo, -a] *m, f* Politologe, -in *m, f*
póliza ['poliθa] *f* **1.** (JUR) Police *f;* **me he hecho una ~ de seguros** ich habe eine Versicherungspolice abgeschlossen **2.** (*sello*) Stempelmarke *f*
polizón [poli'θon] *mf* blinder Passagier *m*
polizonte [poli'θonte] *m* (*pey*) Bulle *m fam*
polla ['poʎa] *f* **1.** (*gallina*) Junghenne *f;* **~ de agua** (ZOOL) Blesshuhn *nt* **2.** (*chica*) junges Mädchen *nt* **3.** (*vulg: pene*) Schwanz *m fam* **4.** (*Am: carrera*) Pferderennen *nt*
pollera [po'ʎera] *f* **1.** (*gallinero*) Hühnerstall *m* **2.** (*Am: falda*) Rock *m*
pollería [poʎe'ria] *f* Geflügelhandlung *f*
pollerudo [poʎe'ruðo] **I.** *adj* (*CSur*) **1.** (*chismoso*) klatschhaft **2.** (*blando*) weichlich; **niño ~** Mamasöhnchen *nt;* **hombre ~** Memme *f* **II.** *m* (*CSur: pey: clérigo*) Priester *m*
pollino, -a [po'ʎino, -a] *m, f* **1.** (*borrico*) junger Esel *m,* junge Eselin *f* **2.** (*fig: tonto*) Dummkopf *m*
pollito, -a [po'ʎito, -a] *m, f* (*t. fig*) Küken *nt*
pollo ['poʎo] *m* **1.** (GASTR) Hähnchen *nt;* **~ asado** Brathähnchen *nt* **2.** (*cría*) (Vogel)junge(s) *nt;* (*de gallina*) junges Huhn *nt;* **sacar ~s** Hühner züchten; **voló el ~** (*fig*) die Hoffnung ist dahin **3.** (*joven*) junger Bursche *m*
polluelo [po'ʎwelo] *m* Küken *nt*
polo ['polo] *m* **1.** (GEO, FÍS, ASTR) Pol *m;* **~ ártico** [*o* **boreal**] Nordpol *m;* **~ antártico** [*o* **austral**] Südpol *m;* **~ industrial** Entwicklungsregion *f* **2.** (DEP) Polo *nt* **3.** (*camiseta*) Polohemd *nt* **4.** (*helado*) Eis *nt* am Stiel
pololear [pulole'ar] *vi* (*AmS*) gehen (*con* mit +*dat*)
polonesa [polo'nesa] *f* Polonäse *f*
Polonia [po'lonja] *f* Polen *nt*
poltrón, -ona [pol'tron, -ona] *adj* faul
poltrona [pol'trona] *f* Lehnstuhl *m*
polución [polu'θjon] *f* **1.** (*contaminación*) Verschmutzung *f;* **~ ambiental** Umweltverschmutzung *f* **2.** (*semen*) Samenerguss *m*
polvareda [polβa'reða] *f* Staubwolke *f;* **levantar una ~** (*fig*) viel Staub aufwirbeln
polvera [pol'βera] *f* Puderdose *f*
polvo ['polβo] *m* **1.** (*limpieza*) Staub *m;* **quitar el ~** abstauben; **hacer ~** (*algo*) kaputtmachen; (*a alguien*) fertig machen; **estoy hecho ~** (*fam*) ich bin fix und fertig; **hacer morder el ~ a alguien** jdn ins Gras beißen lassen; **sacudir a alguien el ~** (*fig*) jdn verprügeln **2.** (*sustancia*) Pulver *nt;* **levadura en ~** Backpulver *nt* **3.** (*vulg: coíto*) Nummer *f fam;* **echar un ~** eine Nummer schieben *fam* **4.** *pl* (*cosmética*) Puder *m*

P

pólvora ['polβora] *f* (Schieß)pulver *nt;* **no haber inventado la ~** das Pulver auch nicht (gerade) erfunden haben

polvoriento, -a [polβo'rjento, -a] *adj* staubig

polvorín [polβo'rin] *m* Pulverkammer *f;* **estamos sentados sobre un ~** (*fig*) wir sitzen auf einem Pulverfass

polvorón [polβo'ron] *m* ≈Schmalzgebäck *nt*

polvoso, -a [pol'βoso, -a] *adj* (*Am*) staubig

pomada [po'maða] *f* Salbe *f;* **~ contra mosquitos** Mückenschutzsalbe *f*

pomelo [po'melo] *m* Grapefruit *f*

Pomerania [pome'ranja] *f* Pommern *nt*

pómez ['pomeθ] *f* Bimsstein *m*

pompa ['pompa] *f* **1.** (*burbuja*) Blase *f* **2.** (*esplendor*) Pracht *f;* (*ostentación*) Pomp *m;* **~s fúnebres** Bestattungsinstitut *nt*

pompis ['pompis] *m inv* (*fam*) Po(po) *m*

pomposidad [pomposi'ðaᵈ] *f* Prunk *m*

pomposo, -a [pom'poso, -a] *adj* pompös; (*grandilocuente*) hochtrabend; (*estilo*) geschwollen

pómulo ['pomulo] *m* Backenknochen *m*

ponchada [pon'tʃaða] *f* (*CSur: fam*): **una ~ de** ein Haufen *+gen*

ponche ['pontʃe] *m* Punsch *m*

poncho, -a[1] ['pontʃo, -a] *adj* (*Am*) faul

poncho[2] ['pontʃo] *m* Poncho *m*

ponderación [pondera'θjon] *f* **1.** (*elogio*) Lob *nt* **2.** (*el sopesar*) Abwägen *nt;* **con ~** vorsichtig **3.** (*el pesar*) Abwiegen *nt* **4.** (*exageración*) Übertreibung *f*

ponderar [ponde'rar] *vt* **1.** (*sopesar*) abwägen **2.** (*encomiar*) preisen

ponencia [po'nenθja] *f* Referat *nt;* (*informe*) Bericht *m*

ponente [po'nente] *mf* Referent(in) *m(f);* (*informador*) Berichterstatter(in) *m(f)*

poner [po'ner] *irr* **I.** *vt* **1.** (*colocar*) stellen; (*horizontalmente*) legen; (*inyección*) geben; (*sellos, etiqueta*) aufkleben; (*tirita*) auflegen; (*huevos*) legen; **pon el espejo mirando hacia mí** dreh den Spiegel zu mir hin; **pon la ropa en el tendedero** häng die Wäsche auf den Ständer; **¿dónde habré puesto...?** wo habe ich nur ... gelassen?; **lo pongo en tus manos** (*fig*) ich lege es in deine Hände; **eso es querer ~ barreras al campo** (*prov*) das ist eine Zumutung **2.** (*disponer*) herrichten; (*la mesa*) decken; **~ algo a disposición de alguien** jdm etw zur Verfügung stellen **3.** (*encender*) anmachen; **pon el despertador para las cuatro** stell den Wecker auf vier Uhr; **~ en marcha** in Gang bringen **4.** (*convertir*) machen; **~ de mal humor a alguien** jdm die Laune verderben; **la noticia me puso de buen humor** die Nachricht versetzte mich in gute Laune; **~ colorado a alguien** jdn verlegen machen; **el sol te pondrá moreno** in der Sonne wirst du braun werden **5.** (*suponer*) annehmen; **pon que no viene** stell dir mal vor, er/sie kommt nicht; **pongamos que resolvemos el problema en dos días...** nehmen wir mal an, wir lösen dieses Problem in zwei Tagen ...; **pongamos por** [*o* **el**] **caso que no llegue a tiempo** gesetzt den Fall, er/sie kommt nicht rechtzeitig **6.** (*exponer*): **~ la ropa a secar al sol** die Wäsche zum Trocknen in der Sonne ausbreiten; **~ la leche al fuego** die Milch auf den Herd stellen; **~ en peligro** aufs Spiel setzen **7.** (*contribuir*) beitragen; (*juego*) setzen; **¿cúanto has puesto tú en el fondo común?** wie viel hast du in die Kasse gezahlt?; **pusimos todo de nuestra parte** wir haben von uns aus alles getan **8.** (*una expresión*) machen; **~ mala cara** ein böses Gesicht machen **9.** (*tratar*) behandeln; **~ a alguien a parir** jdn übel beschimpfen; **~ a alguien por las nubes** jdn in den Himmel heben; **~ de idiota** (*pey*) wie einen Trottel behandeln **10.** (*denominar*) nennen; **le pusieron por** [*o* **de**] **nombre Manolo** sie haben ihn Manolo genannt; **¿qué nombre le van a ~?** welchen Namen soll er/sie bekommen? **11.** (*espectáculo*) zeigen; **~ en escena** inszenieren; **¿qué ponen hoy en el cine?** was läuft heute im Kino? **12.** (*imponer*): **hoy nos han puesto muchos deberes** heute haben wir viele Hausaufgaben aufbekommen; **~ una multa** eine Strafe auferlegen; **~ condiciones** Bedingungen stellen **13.** (*instalar*) einrichten **14.** (*a trabajar*): **tendré que ~ a mis hijos a trabajar** ich werde meinen Kindern eine Arbeit suchen müssen; **puse a mi hijo de aprendiz de panadero** ich habe meinem Sohn eine Lehrstelle als Bäcker gesucht **15.** (*añadir*) hinzufügen **16.** (*escribir*) schreiben; (*un telegrama*) aufgeben; **~ entre comillas** in Anführungszeichen setzen; **~ la firma** unterschreiben; **~ un anuncio** inserieren; **~ por escrito la propuesta** den Vorschlag schwarz auf weiß niederschreiben; **te pongo cuatro letras para decirte que...** ich schreibe dir ein paar Zeilen, um dir zu sagen, dass ... **17.** (*estar escrito*) stehen **18.** (*vestido, zapato*) anziehen; (*anillo*) anstecken; (*gafas*) aufsetzen; **le puso el collar al cuello** er/sie legte ihm/ihr die Kette um **19.** (*teléfono*) verbinden; **me puse al habla con mi amigo** ich setzte mich mit meinem Freund in Verbindung **20.** (*loc*): **~ aparte** beiseite legen; **~ atención** aufpassen; **~ en la calle** (*fig*) auf die Straße setzen; **pusieron a diez trabajadores en la calle** zehn Arbeiter sind entlassen worden; ~ (**en**) **claro** klarstellen; ~ **algo en conocimiento de alguien** jdn von etw *dat* in Kenntnis setzen; ~ **a alguien al corriente de algo** jdn über etw informieren; ~ **por delante** vorschieben; ~ **al día** auf den neuesten Stand bringen; ~ **por encima** bevorzugen; ~ **en evidencia** beweisen; ~ **el grito en el cielo** sich empören; ~ **en movimiento** in Bewegung setzen; ~ **peros a algo** Bedenken gegen etw haben; ~ **algo en práctica** etw in die Tat umsetzen; ~ **algo en tela de juicio** an etw *dat* zweifeln; ~ **a la venta** verkaufen **II.** *vr:* ~**se 1.** (*vestido, zapato*) sich anziehen; **ponte guapo** mach dich hübsch; ~**se de invierno** sich winterlich kleiden; ~**se de luto** Trauer tragen; ~**se de largo** sich festlich kleiden **2.** (ASTR) untergehen; **el sol se pone por el oeste** die Sonne geht im Westen unter **3.** (*mancharse*): **se pusieron perdidos de barro** sie waren von oben bis unten voller Matsch **4.** (*comenzar*) anfangen; **por la tarde se puso a llover** nachmittags fing es an zu regnen **5.** (*con adjetivo*) werden; **se puso chulo y no nos dejó entrar** er wollte sich aufspielen und ließ uns nicht hinein; **estás en tu casa, ponte cómodo** fühl dich wie zu Hause, mach es dir bequem **6.** (*loc*): **¡no te pongas así que no es para tanto!** stell dich doch nicht so an!; **díle que se ponga al teléfono** sag ihm/ihr, er/sie soll ans Telefon kommen; ~**se las botas** bis zum Umfallen essen; **nos pusimos de acuerdo para comprarle un regalo** wir haben uns darauf geeinigt, ein gemeinsames Geschenk zu kaufen; **¡póngase en mi lugar!** versetzen Sie sich in meine Lage!

póney ['poni] *m* Pony *nt*

pongo ['poŋgo] *1. pres de* **poner**

poni ['poni] *m* Pony *nt*

poniente [po'njen̦te] *m* **1.** (*oeste*) Westen *m* **2.** (*viento*) Westwind *m*

pontevedrés, -esa [pon̦teβe'ðres, -esa] **I.** *adj* aus Pontevedra **II.** *m, f* Einwohner(in) *m(f)* von Pontevedra

ponzoña [pon̦'θoɲa] *f* Gift *nt*

ponzoñoso, -a [pon̦θo'ɲoso, -a] *adj* giftig; (*fig*) schädlich

pop [pop] **I.** *adj inv* Pop- **II.** *m inv* Popmusik *f*

popa ['popa] *f* **1.** (*barco*) Heck *nt;* **viento en** ~ Rückenwind *m;* **a** ~ achtern **2.** (*fam: trasero*) Hintern *m*

populacho [popu'laʧo] *m* Pöbel *m*

popular [popu'lar] *adj* **1.** (*del pueblo*) volkstümlich; **aire** ~ Volkslied *nt* **2.** (*conocido*) populär; (*admirado*) beliebt

popularidad [populari'ðaᵈ] *f* Popularität *f*

popularizar [populari'θar] <z→c> **I.** *vt* populär machen; (*extender*) verbreiten **II.** *vr:* ~**se** populär werden

populoso, -a [popu'loso, -a] *adj* dicht besiedelt

popurrí [popu'rri] *m* Potpourri *nt*

poquedad [poke'ðaᵈ] *f* **1.** (*escasez*) Knappheit *f* **2.** (*pusilanimidad*) Kleinmut *m* **3.** (*insignificancia*) Kleinigkeit *f*

póquer ['poker] *m* Poker *nt o m*

poquito [po'kito] *adv* wenig; **bébelo ~ a poco** trink es Schluck für Schluck

por [por] *prep* **1.** (*lugar: a través de*) durch +*akk;* (*vía*) über +*akk;* (*en*) in +*dat;* ~ **aquí** hier entlang; **limpia la botella ~ dentro/fuera** spül die Flasche von innen/außen; **pasé ~ Madrid hace poco** ich war vor kurzem in Madrid; **adelantar ~ la izquierda** links überholen; **volar ~ encima de los Alpes** über die Alpen fliegen; **ese pueblo está ~ Castilla** das Dorf liegt irgendwo in Kastilien; **la cogió ~ la cintura** er/sie fasste sie um die Taille **2.** (*tiempo*) für +*akk,* um +*akk;* ~ **la**(**s**) **mañana**(**s**) morgens; **mañana ~ la mañana** morgen früh; ~ **la tarde** nachmittags; **ayer ~ la noche** gestern Abend; ~ **noviembre** im November; ~ **fin** endlich; **tengo un contrato ~ tres años** ich habe einen Vertrag für drei Jahre **3.** (*a cambio de*) für +*akk;* (*en lugar de*) statt +*gen;* (*sustituyendo a alguien*) anstelle +*gen;* **le cambié el libro ~ el álbum** ich habe das Buch gegen das Album getauscht **4.** (*agente*) von +*dat* **5.** (MAT: *multiplicación*) mal **6.** (*reparto*) pro; **toca a cuatro ~ cabeza** jeder von uns bekommt vier; **el ocho ~ ciento** acht Prozent **7.** (*finalidad*) für +*akk* **8.** (*causa*) wegen +*gen/dat;* (*en cuanto a*) von … aus; **lo merece ~ los esfuerzos que ha hecho** er/sie hat es verdient, weil er/sie sich so bemüht hat; **lo hago ~ ti** ich tue es dir zuliebe; ~ **desesperación** aus Verzweiflung; ~ **consiguiente** folglich; ~ **eso** deshalb; ~ **lo que a eso se refiere** was das betrifft; ~ **mí que se vayan** meinetwegen können sie gehen; **no te preocupes ~ hacer muchas fotocopias** mach dir keine Sorgen wegen der vielen Fotokopien **9.** (*preferencia*) für +*akk;* **estoy ~ dejarlo plantado** ich bin kurz davor, ihn sitzen zu lassen; **estar loco ~ alguien** verrückt nach jdm sein **10.** (*dirección*): **voy** (**a**) ~ **tabaco** ich gehe Zigaretten holen **11.** (*pendiente*): **este pantalón está ~ lavar** diese Hose muss gewaschen werden **12.** (*aunque*) trotz +*gen;* ~ **muy cansado que esté no lo dejará a medias** trotz seiner Müdigkeit wird er es fertig stellen **13.** (*medio*) per +*akk;* (*alguien*) durch +*akk;* **poner ~ escrito** aufschreiben; **al ~**

P

mayor en gros **14.** (*interrogativo*): **¿~ (qué)?** warum? **15.** (*final*): **~ que** +*subj* damit; **hizo todo ~ que no viniera** er/sie tat alles, damit er/sie nicht käme; **lo hago ~ si acaso** ich mache es vorsichtshalber **16.** (*casi*): **~ poco** fast; **por ~ me ahogo** ich wäre beinahe ertrunken

porcelana [porθe'lana] *f* Porzellan *nt;* **~ de Sajonia** Meißner Porzellan

porcentaje [porθeṇ'taxe] *m* Prozentsatz *m;* **~ de derechos del autor** Tantiemen *fpl*

porcentual [porθeṇtu'al] *adj* prozentual

porche ['portʃe] *m* **1.** (*pórtico*) Vorhalle *f* **2.** (*cobertizo*) Veranda *f*

porcino, -a [por'θino, -a] *adj* Schweine-

porción [por'θjon] *f* Teil *m,* Portion *f*

pordiosear [porðjose'ar] *vi* betteln

pordiosero, -a [porðjo'sero, -a] *m, f* Bettler(in) *m(f)*

porfía [por'fia] *f* Hartnäckigkeit *f;* **a ~** mit großem Eifer

porfiador(a) [porfja'ðor(a)] **I.** *adj* streitsüchtig **II.** *m(f)* Starrkopf *m*

porfiar [porfi'ar] <*1. pres:* porfío> *vi* **1.** (*insistir*) beharren (*en* auf +*dat*); **porfió en cerrar la puerta** er/sie wollte unbedingt die Tür schließen **2.** (*disputar*) streiten

pormenor [porme'nor] *m* Einzelheit *f*

pormenorizado, -a [pormenori'θaðo, -a] *adj* detailliert

pormenorizar [pormenori'θar] <z→c> *vt* genau beschreiben

porno ['porno] **I.** *adj inv* (*fam*) pornografisch **II.** *m* (*fam*) Porno *m*

pornografía [pornoɣra'fia] *f* Pornografie *f*

pornográfico, -a [porno'ɣrafiko, -a] *adj* pornografisch

poro ['poro] *m* Pore *f*

pororó [poro'ro] *m* (*CSur: palomitas*) Popcorn *nt*

poroso, -a [po'roso, -a] *adj* porös

poroto [po'roto] *m* (*AmS*) Bohne *f;* (*guiso*) Bohnengericht *nt*

porque ['porke] *conj* **1.** (*causal*) weil; **lo hizo ~ sí** er/sie tat es aus Eigensinn **2.** +*subj* (*final*) damit; **recemos ~ llueva** lasst uns um Regen beten

porqué [por'ke] *m* Grund *m*

porquería [porke'ria] *f* (*fam*) **1.** (*suciedad*) Dreck *m* **2.** (*acto*) Schweinerei *f* **3.** (*comida*) Schweinefraß *m* **4.** (*cacharro*) Mistding *nt* **5.** (*pequeñez*) Kleinigkeit *f*

porqueriza [porke'riθa] *f* Schweinestall *m*

porra ['porra] *f* **1.** (*bastón*) Schlagstock *m* **2.** (*churro*) *gebratenes Spritzgebäck* **3.** (*loc, fam*): **¡vete a la ~!** scher dich zum Teufel!; **¡~(s)!** verdammt!

porrazo [po'rraθo] *m* Schlag *m*

porreta [po'rreta] *f:* **en ~(s)** splitternackt

porro ['porro] *m* **1.** (*argot: canuto*) Joint *m* **2.** (*puerro*) Lauch *m* **3.** (*fam: torpe*) Trampel *m o nt*

porrón [po'rron] *m* Wasserkrug *m*

> Der **porrón** ist außerdem auch ein gläsernes Trinkgefäß für Wein mit einer langen Tülle. Wie auch bei der **bota (de vino)** wird der **vino** direkt aus dem **porrón** getrunken. Man hebt also den **porrón** mit einer Hand in die Höhe und lässt den Wein von der Tülle in den Mund fließen.

portaaviones [porta(a)βi'ones] *m inv* Flugzeugträger *m*

portada [por'taða] *f* **1.** (*fachada*) Portal *nt* **2.** (TIPO) Titelblatt *nt;* (PREN) Titelseite *f*

portador(a) [porta'ðor(a)] *m(f)* **1.** (*de gérmenes*) Träger(in) *m(f)* **2.** (COM) Inhaber(in) *m(f)*

portaequipaje(s) [portaeki'paxe(s)] *m* (*inv*) **1.** (*maletero*) Kofferraum *m* **2.** (*baca, de bicicleta*) Gepäckträger *m* **3.** (*tren*) Gepäcknetz *nt*

portafolios [porta'foljos] *m inv* Aktentasche *f*

portal [por'tal] *m* Eingangsbereich *m;* (*soportal*) Vorhalle *f;* **~ de Belén** (REL) Krippe *f*

portalámpara(s) [porta'lampara(s)] *m* (*inv*) Fassung *f*

portaligas [porta'liɣas] *m inv* (*Am: liguero*) Strumpfhalter *m*

portalón [porta'lon] *m* **1.** (ARQUIT) Tor *nt* **2.** (NÁUT) Fallreeptür *f*

portamaletas [portama'letas] *m inv* (AUTO) Kofferraum *m*

portaminas [porta'minas] *m inv* Druckbleistift *m,* Drehbleistift *m*

portamonedas [portamo'neðas] *m inv* Geldbörse *f*

portante [por'taṇte] *m:* **tomar el ~** (*fam*) verduften; **dar el ~ a alguien** jdn entlassen

portar [por'tar] **I.** *vt* (*perro*) apportieren **II.** *vr:* **~se** sich benehmen; **~se bien con alguien** jdm gegenüber zuvorkommend sein; **el niño se porta bien/mal** das Kind ist artig/unartig; **~se como un hombre** tapfer sein; **nuestro equipo se ha portado** unsere Mannschaft hat sich glänzend geschlagen

portátil [por'tatil] *adj* tragbar; **máquina de escribir ~** Reiseschreibmaschine *f;* **ordenador ~** Laptop *m*

portavoz[1] [porta'βoθ] *mf* (*persona*) Sprecher(in) *m(f)*

portavoz[2] [porta'βoθ] *m* **1.** (*periódico*) Organ *nt* **2.** (*bocina*) (Trichter)sprachrohr *nt*

portazo [por'taθo] *m* Zuschlagen *nt* (einer

Tür); **dar un** ~ die Tür heftig zuschlagen; **despedirse con un** ~ die Tür hinter sich *dat* zuschlagen; **darle a alguien un** ~ **en las narices** (*fam*) jdm die Tür vor der Nase zuschlagen

porte ['porte] *m* **1.** (*transporte*) Beförderung *f;* ~ **aéreo** Luftfracht *f;* **gastos de** ~ Frachtspesen *pl;* **a** ~ **debido** Fracht zahlt Empfänger **2.** (*gastos de transporte*) Fracht(gebühr) *f* **3.** (*correo*) Porto *nt;* ~ **por expreso** Eilzustellgebühr *f;* ~ **de un paquete** Paketgebühr *f;* ~ **suplementario** Nachporto *nt* **4.** (*buque*) Ladefähigkeit *f*; **buque de gran** ~ Seeschiff *nt* **5.** (*aspecto*) Auftreten *nt;* **es un hombre de** ~ **distinguido** er ist eine vornehme Erscheinung; **mostrar un** ~ **severo** streng wirken

portear [porte'ar] **I.** *vi* Fenster/Türen zuschlagen **II.** *vt* befördern

portento [por'ten̪to] *m* Wunder *nt* (*de* an +*dat*); **niño** ~ Wunderkind *nt;* **un** ~ **de energía** ein Energiebündel; **admirar un** ~ nicht schlecht staunen

portentoso, -a [porten̪'toso, -a] *adj* wunderbar

portería [porte'ria] *f* **1.** (*cuarto*) Pförtnerloge *f;* (*casa*) Pförtnerhaus *nt* **2.** (*empleo del portero*) Pförtnerstelle *f* **3.** (DEP) Tor *nt*

portero, -a [por'tero, -a] *m, f* **1.** (*conserje*) Pförtner(in) *m(f);* ~ **automático** (Gegen)sprechanlage *f* **2.** (*Arg: administrador*) Hausverwalter(in) *m(f)* **3.** (DEP: *fútbol*) Torwart, -frau *m, f*

pórtico ['portiko, -a] *m* **1.** (*porche*) Säulenhalle *f;* (*galería*) Säulengang *m* **2.** (INFOR) Schnittstelle *f*

portilla [por'tiʎa] *f* (NÁUT) Bullauge *nt*

portillo [por'tiʎo] *m* **1.** (*abertura*) Durchschlupf *m* **2.** (*postigo*) Pförtchen *nt* **3.** (*entre montañas*) Engpass *m* **4.** (*punto débil*) Schwachstelle *f*

portorriqueño, -a [portorri'keɲo, -a] **I.** *adj* puertoricanisch **II.** *m, f* Puertoricaner(in) *m(f)*

portuario, -a [por'twarjo, -a] **I.** *adj* Hafen- **II.** *m, f* Hafenarbeiter(in) *m(f)*

Portugal *m* Portugal *nt*

portugués, -esa [portu'ɣes, -esa] **I.** *adj* portugiesisch **II.** *m, f* Portugiese, -in *m, f*

porvenir [porβe'nir] *m* Zukunft *f;* **en el** ~ **lejano** in ferner Zukunft; **lleno de** ~ zukunftsträchtig; **tener el** ~ **asegurado** eine gesicherte Zukunft haben; **un joven de** ~ ein junger Mann, der eine viel versprechende Zukunft vor sich *dat* hat

pos [pos] **I.** *adv:* **ir en** ~ **de algo** hinter etw *dat* hergehen; **ir en** ~ **de alguien** jdm nachgehen; **van en** ~ **del éxito** sie laufen dem Erfolg hinterher **II.** *conj* (*Méx: fam*) *v.* **pues**

posada [po'saða] *f* **1.** (*parador*) Raststätte *f;* (*fonda*) Gasthof *m;* (*pensión*) Pension *f* **2.** (*hospedaje*) Beherbergung *f;* **dar** ~ **a alguien** jdn beherbergen; **hacer** ~ einkehren; **pedir** ~ um Unterkunft bitten **3.** (*apartamento*) Wohnung *f*

posaderas [posa'ðeras] *fpl* (*fam*) Hintern *m*

posadero, -a [posa'ðero, -a] *m, f* Gastwirt(in) *m(f)*

posar [po'sar] **I.** *vi* **1.** (*reposar*) sich ausruhen **2.** (*modelo*) posieren **3.** (*hospedarse*) logieren **II.** *vt* **1.** (*poner suavemente*) sanft auflegen (*sobre* auf +*akk*) **2.** (*carga*) absetzen **3.** (*mirada*) richten (*sobre* auf +*akk*) **III.** *vr:* ~**se** sich setzen; **el sol se posaba en el mar** die Sonne ging über dem Meer unter; **la golondrina se posó en el árbol** die Schwalbe landete auf dem Baum

posdata [pos'ðata] *f* Postskriptum *nt*

pose ['pose] *f* (*postura*) Pose *f*

poseedor(a) [pose(e)'ðor(a)] *m(f)* Besitzer(in) *m(f)*

poseer [po'ser/pose'er] *irr como leer* **I.** *vt* besitzen; ~ **bien un idioma** eine Sprache gut beherrschen; ~ **una importante posición social** eine bedeutende gesellschaftliche Stellung einnehmen; ~ **a alguien a la fuerza** jdn vergewaltigen **II.** *vr:* ~**se** sich beherrschen

poseído, -a [pose'iðo, -a] **I.** *adj* besessen (*de/por* von +*dat*); ~ **de odio** hasserfüllt; **una chica poseída de su belleza** ein Mädchen, das sich *dat* auf seine Schönheit viel einbildet **II.** *m, f* Besessene(r) *mf;* **gritar como un** ~ wie ein Wahnsinniger schreien

posesión [pose'sjon] *f* (*propiedad*) Besitz *m;* **estoy en** ~ **de su atenta carta...** ich habe Ihr freundliches Schreiben erhalten ...

posesionar [posesjo'nar] **I.** *vt:* ~ **a alguien de algo** jdm etw überlassen **II.** *vr:* ~**se** Besitz ergreifen; ~**se de un nuevo cargo** ein neues Amt antreten

posesivo, -a [pose'siβo, -a] *adj* **1.** (*persona*) Besitz ergreifend **2.** (LING) possessiv; **pronombre** ~ Possessivpronomen *nt*

poseso, -a [po'seso, -a] **I.** *adj* besessen **II.** *m, f* Besessene(r) *mf*

posguerra [pos'ɣerra] *f* Nachkriegszeit *f*

posibilidad [posiβili'ðaᵈ] *f* **1.** (*lo posible*) Möglichkeit *f;* **tener grandes** ~**es de éxito** gute Aussichten auf Erfolg haben **2.** (*aptitud*) Eignung *f;* **tienes** ~**es de llegar a ser un buen actor** du hast das Zeug zu einem guten Schauspieler **3.** (*facultad*) Fähigkeit *f;* **esto está por encima de mis** ~**es** das übersteigt meine Kräfte **4.** *pl* (*medios económicos*) Vermögen *nt;* **estás viviendo por encima de tus** ~**es** du lebst über deine Verhältnisse

posibilitar [posiβili'tar] *vt* ermöglichen

posible [po'siβle] **I.** *adj* möglich; **hacer ~** ermöglichen; **hacer lo ~ para que...** *+subj* sich anstrengen, um zu ... *+inf;* **hacer todo lo ~** sein Möglichstes tun; **hacer todo lo humanamente ~** das Menschenmögliche tun; **es ~ que...** *+subj* vielleicht ...; **es muy ~ que...** *+subj* es ist sehr wahrscheinlich, dass ...; **¡no es ~!** das kann nicht wahr sein!; **¿será ~?** soll man es für möglich halten?; **si es ~** wenn möglich; **en lo ~** nach Möglichkeit; **lo antes ~** möglichst bald; **no lo veo ~** ich sehe keine Möglichkeit **II.** *m* **1.** (*lo probable*) Mögliche(s) *nt* **2.** *pl* (*recursos*) Mittel *ntpl*

posiblemente [posiβle'mente] *adv* möglicherweise

posición [posi'θjon] *f* (*colocación, postura, t.* MIL) Stellung *f;* **~ clave** Schlüsselposition *f;* **~ del cuerpo** Körperhaltung *f;* **~ del cursor** Cursorposition *f;* **la ~ económica** die wirtschaftlichen Verhältnisse; **~ de empleado** Angestelltenverhältnis *nt;* **la ~ geográfica** die geographische Lage; **en buena ~** wirtschaftlich gut gestellt; **de ~** hoch gestellt, von Rang; **mi ~ ante este asunto...** meine Einstellung zu dieser Frage ...; **tomar ~** Stellung beziehen

positivo, -a[1] [posi'tiβo, -a] *adj* **1.** (*afirmativo, favorable, t.* MAT, FÍS) positiv **2.** (*cierto*) tatsächlich **3.** (*seguro*) sicher **4.** (*práctico*) sachlich; **un hombre ~** ein Optimist

positivo[2] [posi'tiβo] *m* (FOTO) Positiv *nt*

poso ['poso] *m* **1.** (*sedimento*) Bodensatz *m;* **hasta los ~s** (*fig*) bis zur Neige **2.** (*descanso*) Ruhe *f*

posponer [pospo'ner] *irr como poner vt* **1.** (*postergar*) zurückstellen **2.** (*aplazar*) verschieben

postal [pos'tal] **I.** *adj* postalisch, Post-; **una fotografía tamaño ~** ein Foto im Postkartenformat **II.** *f* Postkarte *f*

poste ['poste] *m* **1.** (*pilar*) Pfosten *m;* (ELEC, TEL) Mast *m;* **~ indicador** Wegweiser *m;* **~ kilométrico** Kilometerstein *m;* **dar ~ a alguien** jdn lange warten lassen; **estar hecho un ~** untätig herumstehen; **más serio que un ~** todernst; **no contestar más un ~** überhaupt keine Antwort geben; **oler el ~** Lunte riechen; **ser un ~** (*lerdo*) sehr träge sein; (*fam: sordo*) stocktaub sein **2.** (*castigo*): **dar ~ a alguien** jdn in die Ecke stellen

postema [pos'tema] *f* (*Méx: pus*) Eiter *m*

póster ['poster] *m* Poster *nt o m*

postergar [poster'ɣar] <g→gu> *vt* **1.** (*aplazar*) verschieben; **~ la fecha** zurückdatieren **2.** (*posponer injustamente*) übergehen; **~ al saber** das Wissen nicht gebührend würdigen; **~ el ascenso de alguien** jdn bei der Beförderung übergehen

posteridad [posteri'ða[ð]] *f* **1.** (*descendencia*) Nachkommenschaft *f* **2.** (*generaciones venideras*) Nachwelt *f* **3.** (*futuro*) Zukunft *f* **4.** (*fama póstuma*) Nachruhm *m;* **pasar a la ~** berühmt werden

posterior [poste'rjor] *adj* **1.** (*de tiempo*) spätere(r, s); **~ a** nach *+dat* **2.** (*de lugar*) hintere(r, s); **~ a alguien** hinter jdm; **la parte ~ de la cabeza** der Hinterkopf; **en la parte ~ del coche está el maletero** im hinteren Teil des Autos befindet sich der Kofferraum

posterioridad [posterjori'ða[ð]] *f* spätere Zeit *f;* **~ de fecha** späteres Datum; **con ~** nachträglich

posteriormente [posterjor'mente] *adv* nachher

postigo [pos'tiɣo] *m* **1.** (*puerta falsa*) Blendtür *f* **2.** (*portillo*) Pförtchen *nt;* (*puerta pequeña en otra mayor*) kleine Nebentür *f* **3.** (*contraventana*) Fensterladen *m*

postín [pos'tin] *m* **1.** (*lujo*) Luxus *m;* **de ~** luxuriös **2.** (*presunción*) Wichtigtuerei *f;* **darse mucho ~** sich aufspielen

postinear [postine'ar] *vi* sich aufspielen

postinero, -a [posti'nero, -a] *adj* (*fam*) aufgeblasen

postizo, -a[1] [pos'tiθo, -a] *adj* künstlich; **cuello ~** Stehkragen *m;* **dentadura postiza** (falsches) Gebiss *nt;* **nombre ~** Spitzname *m;* **ojo ~** Glasauge *nt;* **pelo ~** Perücke *f*

postizo[2] [pos'tiθo] *m* Haarteil *nt*

postor(a) [pos'tor(a)] *m(f)* Bieter(in) *m(f);* **mejor ~** Meistbietende(r) *m*

postración [postra'θjon] *f* **1.** (*humillación*) Kniefall *m* **2.** (*por enfermedad*) Entkräftung *f;* (*por aflicción*) Niedergeschlagenheit *f;* **~ nerviosa** Nervenzusammenbruch *m*

postrado, -a [pos'traðo, -a] *adj* **1.** (*arrodillado*) auf der Erde kniend **2.** (*humillado*) erniedrigt **3.** (*abatido*) kraftlos; **~ de dolor** schmerzgebeugt; **~ en cama** bettlägerig; **quedar ~ por una enfermedad** daniederliegen **4.** (*desanimado*) niedergeschlagen

postrar [pos'trar] **I.** *vt* **1.** (*derribar*) niederwerfen **2.** (*humillar*) demütigen **3.** (*debilitar*) schwächen **II.** *vr:* **~se 1.** (*arrodillarse*) (sich) niederknien (*ante* vor *+dat*) **2.** (*perder las fuerzas*) zusammenbrechen

postre ['postre] *m* Nachtisch *m;* **servir los ~s** den Nachtisch auftragen; **a (la) ~** (*fig*) letztendlich; **llegar a los ~s** (*fig*) zu spät kommen

postrero, -a [pos'trero, -a] *adj* letzte(r, s)

postrimerías [postrime'rias] *fpl* **1.** (*personas*) Lebensabend *m;* **estar en sus ~** mit dem Tode ringen **2.** (*tiempo*) letzter Abschnitt *m;* **en las ~ del siglo pasado** gegen Ende des letzten Jahrhunderts

postulado [postu'laðo, -a] *m* Forderung *f*

postulante, -a [postu'lante, -a] *m, f* **1.** (*solicitante*) Bewerber(in) *m(f)* **2.** (REL) Postulant(in) *m(f)* **3.** (*colecta*) Sammler(in) *m(f)* von Geldspenden

postular [postu'lar] *vt* **1.** (*pedir*) bitten (um +*akk*); (*donativos*) sammeln **2.** (*solicitar*) sich bewerben (um +*akk*)

póstumo, -a ['postumo, -a] **I.** *adj* post(h)um; (*hijo*) nachgeboren; **fama póstuma** Nachruhm *m* **II.** *m, f* Nachgeborene(r) *mf*

postura [pos'tura] *f* **1.** (*colocación*) Stellung *f* **2.** (*actitud*) Einstellung *f* **3.** (*subasta*) Gebot *nt;* **~ mayor** Meistgebot *nt;* **hacer ~** bieten **4.** (*cantidad*) Einsatz *m* **5.** (*convenio*) Abkommen *nt* **6.** (*de las aves*) Gelege *nt;* (*poner huevos*) Eierlegen *nt* **7.** (BOT) Setzling *m* **8.** (*loc*): **~ del sol** Sonnenuntergang *m*

post-venta [pos'βenta] **I.** *adj:* **servicio ~** Kundendienst *m* **II.** *f* Garantiezeit *f*

potable [po'taβle] *adj* **1.** (*bebible*) trinkbar; **agua ~** Trinkwasser *nt* **2.** (*fam: aceptable*) annehmbar; **Juan es una persona ~** Juan ist ganz nett

potaje [po'taxe] *m* **1.** (*sopa*) (Gemüse)suppe *f;* (*guiso*) (Gemüse)eintopf *m* **2.** (*legumbres secas*) Dörrgemüse *nt* **3.** (*brebaje*) Gebräu *nt* **4.** (*fam: mezcla*) Mischmasch *m*

potasio [po'tasjo] *m* Kalium *nt*

pote ['pote] *m* **1.** (*de barro*) irdenes Gefäß *nt;* (*de metal*) Blechbüchse *f;* (*para plantas*) Blumentopf *m* **2.** (*para cocinar*) Kochtopf *m* **3.** (GASTR) Eintopf **4.** (*loc*): **a ~** in Hülle und Fülle; **darse ~** sich wichtig machen

potencia [po'tenθja] *f* **1.** (*fuerza*) Kraft *f;* (*capacidad*) Vermögen *nt;* **~ de carga** Tragkraft *f;* **~ explosiva** Sprengkraft *f;* **~ generativa** Potenz *f;* **~ imaginativa** Einbildungskraft *f;* **~ intelectual** geistiges Leistungsvermögen; **~ mágica** Zauberkraft *f;* **~ del motor** Motorleistung *f;* **~ motriz** Antriebsleistung *f;* **~ visual** Sehvermögen *nt* **2.** (*poder*) Macht *f;* **gran ~** Großmacht *f* **3.** (INFOR): **~ de entrada/de salida** Eingangs-/Ausgangsleistung *f* **4.** (FILOS) Möglichkeit *f;* **en ~** potenziell **5.** (MAT) Potenz *f;* **elevar a ~s** potenzieren

potencial [poten'θjal] **I.** *adj* **1.** (*que tiene potencia*) leistungsstark **2.** (*posible*) potenziell **3.** (LING): **el modo ~** der Konditional **II.** *m* **1.** (*poder, capacidad*) Potenzial *nt;* **~ financiero** Finanzkraft *f* **2.** (FÍS) Potenzial *nt;* (ELEC) Spannung *f* **3.** (LING) Konditional *m*

potente [po'tente] *adj* **1.** (*poderoso*) mächtig **2.** (*eficiente*) leistungsfähig **3.** (*sexualidad*) potent

potestad [potes'taᵈ] *f* Amtsgewalt *f;* **~ electoral** Wahlberechtigung *f;* **~ legislativa** Legislative *f;* **~ reglamentaria** Verordnungsgewalt *f;* **patria ~** Sorgerecht *nt*

potingue [po'tiŋge] *m* (*pey*) **1.** (*bebida*) Gebräu *nt* **2.** (*fam: cosmético*) Schminke *f;* **darse ~s** sich anmalen

potranco, -a [po'traŋko, -a] *m, f* Fohlen *nt*

potro ['potro] *m* **1.** (ZOOL) Fohlen *nt* **2.** (DEP) (Turn)bock *m* **3.** (*de tortura*) Folterbank *f;* **tener a alguien en el ~** (*fig*) jdn auf die Folter spannen **4.** (*de herrar*) Notstall *m* **5.** (*lo que atormenta*) Qual *f*

poza ['poθa] *f* (*charca*) Pfütze *f*

pozal [po'θal] *m* (*cubo*) Schöpfeimer *m*

pozo ['poθo] *m* **1.** (*manantial*) Brunnen *m;* **~ de garrucha** Ziehbrunnen *m* **2.** (*hoyo profundo*) Schacht *m;* **~ de abono líquido** Jauchegrube *f;* **~ airón** tiefe Grube; **~ de extracción** Förderschacht *m;* **~ de lobos** Fallgrube *f;* **~ negro** Fäkaliengrube *f;* **~ petrolífero** Ölquelle *f;* **~ de retrete** Latrine *f;* **~ séptico** biologische Klärgrube; **caer en un ~** (*fig*) in Vergessenheit geraten; **ser un ~ sin fondo** (*fig*) ein Fass ohne Boden sein; **ser un ~ de ciencia** (*fig*) ein unerschöpfliches Wissen haben **3.** (*CSur: bache*) Schlagloch *nt*

p.p. [por po'ðer] *abr de* **por poder** pp.

PP *m:* **1996** gewann die konservative Partei – **PP (Partido Popular)** –, mit **José María Aznar** an der Spitze, die spanischen Parlamentswahlen. Davor hatte 13 Jahre lang der **PSOE** regiert.

práctica ['praktika] *f* **1.** (*experiencia*) Praxis *f;* **~ en la conducción** Fahrpraxis *f;* **una ~ de muchos años** langjährige Erfahrung; **adquirir ~** Erfahrung sammeln; **perder la ~** aus der Übung kommen; **tener ~ en algo** Übung in etw *dat* haben; **la ~ hace al maestro** (*prov*) Übung macht den Meister **2.** (*ejercitación*) Übung *f* **3.** (*ejercicio de algo*) Ausübung *f;* **~ profesional** Berufsausübung *f* **4.** (*cursillo*) Praktikum *nt;* **~ preprofesional** Berufspraktikum *nt* **5.** (*realización*) Ausführung *f;* **en la ~** in der Praxis; **llevar a la ~** in die Praxis umsetzen; **poner en ~** realisieren; **poner en ~ una posibilidad** von einer Möglichkeit Gebrauch machen **6.** (*costumbre*) Brauch *m;* **~ judicial** Rechtspflege *f;* **la ~ de los negocios** die Geschäftsgepflogenheiten **7.** (*modo*) Art und Weise *f;* (*método*) Methode *f;* **la ~ comercial** die Geschäftsmethoden

practicable [prakti'kaβle] *adj* **1.** (*realizable*) realisierbar, durchführbar **2.** (*camino*) begehbar; (*calle*) befahrbar **3.** (*puerta, ventana*) benutzbar

practicar [prakti'kar] <c→qu> **I.** *vi* ein Praktikum absolvieren **II.** *vt* praktizieren; ~ **deporte** Sport treiben; **estudió medicina, pero no practica** er/sie hat Medizin studiert, übt aber den Beruf nicht aus; ~ **el español** die spanische Sprache sprechen; ~ **una operación** eine Operation durchführen

práctico, -a[1] ['praktiko, -a] **I.** *adj* praktisch; (*experimentado*) erfahren **II.** *m, f* Praktiker(in) *m(f)*

práctico[2] ['praktiko] *m* Lotse *m;* ~ **de aeropuerto** Fluglotse *m*

pradera [pra'ðera] *f* große Wiese *f*

pradería [praðe'ria] *f* Weideland *nt*

prado ['praðo] *m* (*para ganado*) Weide *f;* (*para pasear*) Wiese *f*

Praga ['praɣa] *f* Prag *nt*

pragmático, -a [praɣ'matiko, -a] **I.** *adj* pragmatisch **II.** *m, f* Pragmatiker(in) *m(f)*

praguense [pra'ɣense] **I.** *adj* Prager **II.** *mf* Prager(in) *m(f)*

prángana ['praŋgana] *f* (*Méx, PRico*) bittere Armut *f*

preámbulo [pre'ambulo] *m* Präambel *f;* **sin ~s** (*fig*) ohne Umschweife; **no andarse con ~s** mit der Tür ins Haus fallen; **¡déjese de ~s!** kommen Sie zur Sache!

preaviso [prea'βiso] *m* Voranmeldung *f*

prebenda [pre'βen̩da] *f* **1.** (REL) Pfründe *f* **2.** (*fam: trabajo*) ruhiger Posten *m*

precalentar [prekalen̩'tar] <e→ie> **I.** *vt* vorwärmen **II.** *vr:* **~se** (DEP) sich aufwärmen

precario, -a [pre'karjo, -a] *adj* **1.** (*de poca estabilidad*) prekär **2.** (JUR) widerruflich

precaución [prekau̯'θjon] *f* Vorsicht *f;* **tomar precauciones** Vorkehrungen treffen

precaver [preka'βer] **I.** *vt* (*prevenir*) vorbeugen +*dat;* (*evitar*) verhindern **II.** *vr:* **~se** sich schützen (*de* vor +*dat, contra* gegen +*akk*); **hay que ~se de todas las eventualidades** man muss auf alles gefasst sein

precavido, -a [preka'βiðo, -a] *adj* vorsichtig

precedencia [preθe'ðen̩θja] *f* **1.** (*prioridad*) Vorrang *m,* Vorzug *m;* **dar ~ a alguien** jdm den Vortritt lassen **2.** (*superioridad*) Überlegenheit *f*

precedente [preθe'ðen̩te] **I.** *adj* vorhergehende(r, s) **II.** *m* Präzedenzfall *m;* **sentar un ~** einen Präzedenzfall schaffen; **sin ~s** beispiellos

preceder [preθe'ðer] *vt* **1.** (*anteceder*) vorausgehen +*dat;* **un banquete precedido de varios discursos** ein Festessen, dem mehrere Reden vorausgehen **2.** (*tener primacía*) Vorrang haben (*a* vor +*dat*); ~ **en categoría** höher gestellt sein

preceptista [preθep'tista] **I.** *adj* lehrmeisterhaft **II.** *mf* Lehrmeister(in) *m(f);* (LIT) Theoretiker(in) *m(f)*

preceptiva [preθep'tiβa] *f* Grundregeln *fpl*

preceptivo, -a [preθep'tiβo, -a] *adj* vorschriftsmäßig

precepto [pre'θepto] *m* **1.** (*mandamiento*) Befehl *m* **2.** (*norma*) Vorschrift *f;* ~ **básico** Grundsatz *m;* ~ **de conducta** Verhaltensregel *f;* ~ **jurídico** Rechtssatz *m;* ~ **de ley** gesetzliche Vorschrift

preceptor(a) [preθep'tor(a)] *m(f)* Lehrer(in) *m(f);* (*que viene a casa*) Hauslehrer(in) *m(f)*

preceptuar [preθeptu'ar] <*1. pres:* preceptúo> *vt* vorschreiben

preces ['preθes] *fpl* **1.** (*oraciones*) Gebet *nt* **2.** (*súplicas*) Bitte *f*

preciado, -a [pre'θjaðo, -a] *adj* **1.** (*estimado*) geschätzt **2.** (*jactancioso*) angeberisch; ~ **de sí mismo** eingebildet

preciarse [pre'θjarse] *vr* sich brüsten (*de* mit +*dat*)

precintar [preθin̩'tar] *vt* **1.** (*aduana*) plombieren **2.** (*cigarrillos*) banderolieren

precinto [pre'θin̩to] *m* (*sello*) Siegel *nt;* ~ **de aduana** Zollplombe *f*

precio ['preθjo] *m* Preis *m;* ~ **abordable** erschwinglicher Preis; ~ **alzado** Pauschalbetrag *m;* ~ **astronómico** Wucherpreis *m;* ~ **al consumidor** Verbraucherpreis *m;* ~ **al contado** Nettopreis *m;* ~ **de coste** Selbstkostenpreis *m;* ~ **al detalle** Einzelhandelspreis *m;* ~ **de fábrica** Herstellerpreis *m;* ~ **irrisorio** Schleuderpreis *m;* ~ **de liquidación** Räumungspreis *m;* ~ **al por mayor** Mengenpreis *m;* ~ **preferente** Vorzugspreis *m;* ~ **de presentación** Einführungspreis *m;* ~ **al productor** Erzeugerpreis *m;* ~ **prohibitivo** unerschwinglicher Preis; ~ **razonable** angemessener Preis; ~ **recomendado** Preisempfehlung *f;* ~ **de rescate** Lösegeld *nt;* ~ **de salvación** Bergelohn *m;* ~ **solicitado** Preis auf Anfrage; ~ **de tarifa** Listenpreis *m;* ~ **de temporada** saisonbedingter Preis; **~s únicos** Einheitspreise *mpl;* ~ **unitario** Einzelpreis *m;* ~ **de venta al público** Verkaufspreis *m;* **a buen ~** günstig; **a ~ controlado** preisgebunden; **a mitad de ~** zum halben Preis; **a poco ~** billig; **a ~ de oro** sehr teuer; **poner el ~** mit einer Preisangabe versehen; **¿qué ~ tiene el libro?** wie viel kostet das Buch?; **de todos los ~s** in allen Preislagen; **no tener ~** (*fig*) unbezahlbar sein; **al ~ de la salud** auf Kosten der Gesundheit; **querer conseguir algo a cualquier ~** etw um jeden Preis erreichen wollen; **poner ~ a la cabeza de alguien** einen Preis auf jds Kopf aussetzen

preciosidad [preθosi'ða^{ð}] *f* Kostbarkeit *f;* **este cuadro es una ~** dieses Bild ist sehr kostbar; (*fig*) dieses Bild ist eine Augenweide; **esta chica es una ~** dieses Mädchen ist entzückend

precioso, -a [pre'θjoso, -a] *adj* **1.** (*valioso*) kostbar **2.** (*hermoso*) entzückend

precipicio [preθi'piθjo] *m* Abgrund *m;* **estar al borde del ~** (*fig*) am Rande des Abgrunds stehen

precipitación [preθipita'θjon] *f* **1.** (*prisa*) Hast *f;* **con ~** übereilt **2.** (METEO) Niederschlag *m*

precipitadamente [preθipitaða'mente] *adv* überstürzt

precipitado, -a [preθipi'taðo, -a] *adj* (*apresurado*) übereilt; **~ en el hablar** vorlaut

precipitar [preθipi'tar] **I.** *vt* **1.** (*arrojar*) (hinab)stürzen; **lo ~on por la ventana** sie stürzten ihn aus dem Fenster **2.** (*apresurar*) übereilen; (*accelerar*) beschleunigen **II.** *vr:* **~se 1.** (*arrojarse*) sich (hinab)stürzen (*a* in *+akk, por/desde* von *+dat*) **2.** (*atacar*) sich stürzen (*sobre* auf *+akk*) **3.** (*acontecimientos*) sich überstürzen; (*personas*) überstürzt handeln; **¡no se precipite!** nur keine Hast!

precisamente [preθisa'mente] *adv* genau; **¿tiene que ser ~ hoy?** muss es ausgerechnet heute sein?; **~ por eso** eben deshalb

precisar [preθi'sar] **I.** *vi* unbedingt nötig sein **II.** *vt* **1.** (*determinar*) präzisieren **2.** (*necesitar*) benötigen; **preciso tu ayuda** ich brauche deine Hilfe **3.** (*obligar*) zwingen

precisión [preθi'sjon] *f* **1.** (*exactitud*) Genauigkeit *f;* **aparato de ~** Präzisionsgerät *nt;* **~ de funcionamiento** Zuverlässigkeit *f;* **~ de tiro** Treffsicherheit *f;* **hablar con ~** deutlich sprechen **2.** (*determinación*) Bestimmtheit *f* **3.** (*necesidad*) Notwendigkeit *f;* **tener ~ de hacer algo** etw tun müssen

preciso, -a [pre'θiso, -a] *adj* **1.** (*necesario*) notwendig; **es ~ que...** *+subj* es ist notwendig, dass ...; **es ~ que nos veamos** wir müssen uns unbedingt sehen; **si es ~ ...** falls erforderlich ... **2.** (*exacto*) genau; (*estilo*) klar; **a la hora precisa** pünktlich

preclaro, -a [pre'klaro, -a] *adj* berühmt

precocidad [prekoθi'ða^{ð}] *f* **1.** (*del niño*) Frühreife *f* **2.** (*de tiempo*) Frühzeitigkeit *f*

precocinado, -a [prekoθi'naðo, -a] *adj* vorgekocht; **plato ~** Fertiggericht *nt*

preconcebido, -a [prekonθe'βiðo, -a] *adj* vorgefasst; **tener ideas preconcebidas** Vorurteile haben

preconizable [prekoni'θaβle] *adj* anerkennenswert

preconizar [prekoni'θar] <z→c> *vt* **1.** (*recomendar*) befürworten **2.** (*encomiar*) lobpreisen

precoz [pre'koθ] *adj* frühreif

precursor(a) [prekur'sor(a)] **I.** *adj* bahnbrechend **II.** *m(f)* Vorläufer(in) *m(f)*

predecesor(a) [preðeθe'sor(a)] *m(f)* **1.** (*en el cargo*) Vorgänger(in) *m(f)* **2.** (*antepasados*) Vorfahr(in) *m(f)*

predecir [preðe'θir] *irr como decir vt* voraussagen

predestinado, -a [preðesti'naðo, -a] *adj* **1.** (*elegido*) auserkoren **2.** (*destino*) vorherbestimmt; **estar ~ al crimen** zum Verbrecher prädestiniert sein

predestinar [preðesti'nar] *vt* vorherbestimmen

predeterminar [preðetermi'nar] *vt* vorausbestimmen

prédica ['preðika] *f* Predigt *f;* (*discurso*) Rede *f*

predicación [preðika'θjon] *f* **1.** (*sermonear*) Predigen *nt* **2.** (*sermón*) Predigt *f*

predicado [preði'kaðo] *m* (LING) Prädikat *nt*

predicador(a) [preðika'ðor(a)] **I.** *adj* predigend **II.** *m(f)* Prediger(in) *m(f)*

predicar [preði'kar] <c→qu> *vt* **1.** (*sermonear*) predigen; **~ en desierto** tauben Ohren predigen; **hay que ~ con el ejemplo** man muss mit gutem Beispiel vorangehen; **una cosa es ~ y otra dar trigo** (*prov*) ≈Reden und Handeln ist zweierlei; **no se puede ~ y andar en la procesión** (*prov*) man kann nicht auf zwei Hochzeiten tanzen **2.** (*publicar*) verkünden **3.** (*elogiar*) überschwänglich loben **4.** (*amonestar*) die Leviten lesen *+dat fam*

predicativo, -a [preðika'tiβo, -a] *adj* (LING) prädikativ

predicción [preðiɣ'θjon] *f* Vorhersage *f;* **~ económica** Wirtschaftsprognose *f*

predilección [preðileɣ'θjon] *f* Vorliebe *f*

predilecto, -a [preði'lekto, -a] *adj* bevorzugt; **hijo ~** Lieblingskind *nt;* **plato ~** Leibgericht *nt*

predio ['preðjo] *m* **1.** (JUR) Grundstück *nt;* **~ familiar** Familienbesitz *m;* **~ grande** Großbesitz *m* **2.** (*finca*) Gut *nt;* **~ familiar** Familienbetrieb *m;* **~ pequeño** bäuerlicher Kleinbetrieb

predisponer [preðispo'ner] *irr como poner* **I.** *vt* **1.** (*fijar por anticipado*) im Voraus festlegen; **predispongamos ya la fecha de nuestra próxima reunión** lass uns jetzt schon den Termin unserer nächsten Sitzung festlegen; **venía predispuesto a pelearse** er war auf Streit aus, als er kam **2.** (*influir*) beeinflussen; **~ a alguien a favor/en contra de alguien** jdn für/gegen jdn einnehmen **3.** (*inclinar*) empfänglich machen (*a* für +*akk*); (MED) anfällig machen (*a* für +*akk*) **II.** *vr:* ~**se 1.** (*prepararse*) sich einstellen (*a* auf +*akk*) **2.** (*tomar partido*) sich *dat* vorschnell ein Urteil bilden (*respecto a/de* über +*akk*); ~**se a favor/en contra de alguien** jdm gegenüber positiv/negativ eingestellt sein

predisposición [preðisposi'θjon] *f* Veranlagung *f;* (*tendencia*) Neigung *f;* (MED) Prädisposition *f;* ~ **al crimen** kriminelle Veranlagung; **tener** ~ **a engordar** zum Dickwerden neigen

predispuesto, **-a** [preðis'pwesto, -a] **I.** *pp de* **predisponer II.** *adj* **1.** *ser* (*sensible*) anfällig; **ser** ~ **a coger todos los virus** für jegliche Art von Viren empfänglich sein **2.** *estar* (*prevenido*) voreingenommen; **estar (mal)** ~ **contra alguien** jdm gegenüber voreingenommen sein

predominar [preðomi'nar] *vi, vt* **1.** (*prevalecer*) überwiegen; **aquí predomina el compañerismo** bei uns wird Kameradschaft groß geschrieben; **en este parque las palomas predominan en número sobre los gorriones** in diesem Park sind die Tauben den Spatzen zahlenmäßig weit überlegen **2.** (*sobresalir*) überragen ((*sobre*) +*akk, en* an +*dat*)

predominio [preðo'minjo] *m* **1.** (*poder*) Vorherrschaft *f* (*en* in +*dat*) **2.** (*preponderancia*) Übergewicht *nt* (*en* an +*dat*) **3.** (*superioridad*) Vorrang *m* (*sobre* vor +*dat*)

preeminencia [pre(e)mi'nen̩θja] *f* Vorrang *m*

preeminente [pre(e)mi'nen̩te] *adj* vorrangig

preescolar [pre(e)sko'lar] *adj* vorschulisch; **edad** ~ Vorschulalter *nt*

preestreno [pre(e)s'treno] *m* Voraufführung *f*

preexistir [pre(e)ʸsis'tir] *vi* vorher bestehen

prefabricado, **-a** [prefaβri'kaðo, -a] *adj* vorgefertigt; **casa prefabricada** Fertighaus *nt*

prefacio [pre'faθjo] *m* (*libro*) Vorwort *nt;* (*discurso*) Vorrede *f*

preferencia [prefe'ren̩θja] *f* **1.** (*elección, trato*) Bevorzugung *f* (*por* +*gen*); **mostrar** ~ **por alguien** jdn bevorzugen **2.** (*predilección*) Vorliebe *f* (*por* für +*akk*); **sentir** ~ **por alguien** eine Vorliebe für jdn haben **3.** (*prioridad*) Vorrang *m;* ~ **de paso** Vorfahrt *f;* **precio de** ~ Vorzugspreis *m;* **sitio de** ~ Rangloge *f;* **tener** ~ **ante alguien** den Vortritt vor jdm haben; **dar** ~ den Vorzug geben; **de** ~ vorzugsweise

preferentemente [preferen̩te'men̩te] *adv* hauptsächlich

preferible [prefe'riβle] *adj* vorzuziehen; **sería** ~ **que lo hicieras** du solltest es besser tun

preferiblemente [preferiβle'men̩te] *adv* besser

preferido, **-a** [prefe'riðo, -a] *adj* bevorzugt, Lieblings-

preferir [prefe'rir] *irr como sentir vt* vorziehen; **prefiero que...** +*subj* es ist mir lieber, wenn ...; **prefiero ir a pie** ich gehe lieber zu Fuß

prefijar [prefi'xar] *vt* **1.** (*determinar*) (im Voraus) festsetzen **2.** (LING) präfigieren

prefijo [pre'fixo] *m* **1.** (LING) Präfix *nt* **2.** (TEL) Vorwahl(nummer) *f*

pregón [pre'ɣon] *m* öffentliche Bekanntmachung *f;* **con/sin** ~ (*fig*) mit (großem)/ohne (jegliches) Aufsehen

pregonar [preɣo'nar] *vt* **1.** (*en público*) öffentlich ausrufen; ~ **una mercancía** eine Ware anpreisen **2.** (*lo que estaba oculto*) ausposaunen *fam;* ~ **a los cuatro vientos** (*fam*) an die große Glocke hängen; ~ **a tambor batiente** ausplaudern **3.** (*alabar*) öffentlich loben

pregonero, **-a** [preɣo'nero, -a] *m, f* **1.** (*público*) Ausrufer(in) *m(f);* (*en el mercado*) Marktschreier(in) *m(f)* **2.** (*fam: chismoso*) Klatschmaul *nt*

pregunta [pre'ɣun̩ta] *f* **1.** (*demanda*) Frage *f;* ~ **capciosa** Fangfrage *f;* **hacer** ~**s capciosas a alguien** jdn aufs Glatteis führen *fam;* **estar a la cuarta** ~ schlecht bei Kasse sein; **estrechar a** ~**s a alguien** jdm Löcher in den Bauch fragen *fam;* **a tal** ~ **tal respuesta** auf dumme Fragen bekommt man dumme Antworten **2.** (*de datos*) Abfrage *f*

preguntar [preɣun̩'tar] **I.** *vt* fragen; ~ **la lección** abfragen; ~ **a un sospecho** einen Verdächtigen verhören; ~ **por alguien** nach jdm fragen; **quien pregunta no yerra** (*prov*) mit Fragen kommt man durch die Welt **II.** *vr:* ~**se** sich fragen

preguntón, **-ona** [preɣun̩'ton, -ona] *adj* wissbegierig

prehistórico, **-a** [preis'toriko, -a] *adj* prähistorisch

prejubilación [prexuβila'θjon] *f* Vorruhestand *m*

prejuicio [pre'xwiθjo] *m* Vorurteil *nt*

prejuzgar [prexuθ'ɣar] <g→gu> *vt* vorschnell beurteilen

preliminar [prelimi'nar] *adj* **1.** (*inicial*) einleitend, Vor- **2.** (*preparatorio*) vorbereitend

preludio [pre'luðjo] *m* **1.** (*principio*) Einleitung *f* **2.** (*composición*) Präludium *nt*

premamá [prema'ma] *adj inv:* **vestido** ~ Umstandskleid *nt*

prematuro, **-a** [prema'turo, -a] *adj* **1.** (*persona*) frühreif **2.** (*antes de tiempo*) vorzeitig; (*apresurado*) voreilig; **detección prematura del cáncer** Krebsfrüherkennung *f;*

nacimiento ~ Frühgeburt *f*

premeditación [premeðita'θjon] *f* Vorsatz *m;* **con** ~ vorsätzlich

premeditadamente [premeðitaða'mente] *adv* vorsätzlich

premeditado, -a [premeði'taðo, -a] *adj* wissentlich

premeditar [premeði'tar] *vt* (*pensar*) sich *dat* vorher überlegen; (*planear*) planen; (JUR) vorsätzlich planen

premiado, -a [pre'mjaðo, -a] **I.** *adj* preisgekrönt **II.** *m, f* Preisträger(in) *m(f)*

premiar [pre'mjar] *vt* **1.** (*recompensar*) belohnen **2.** (*dar un premio*) prämiieren

premier [pre'mjer] *mf* Premierminister(in) *m(f)*

premio ['premjo] *m* **1.** (*galardón*) Preis *m;* ~ **Nobel (de literatura)** Nobelpreis *m* (für Literatur); **conceder un** ~ einen Preis verleihen **2.** (*recompensa*) Belohnung *f;* ~ **por hallazgo** Finderlohn *m* **3.** (*remuneración*) Prämie *f;* ~ **al ahorro** Sparprämie *f;* ~ **de antigüedad** Dienstalterszulage *f;* ~ **de constancia** Treueprämie *f;* ~ **de natalidad** Mutterschaftsgeld *nt* **4.** (*lotería*) Lotteriegewinn *m;* **el** ~ **gordo** der Haupttreffer **5.** (*ganador*) Preisträger(in) *m(f);* **García Márquez es** ~ **Nobel de literatura** García Márquez ist Literaturnobelpreisträger

premioso, -a [pre'mjoso, -a] *adj* **1.** (*ajustado*) eingeengt **2.** (*molesto*) lästig **3.** (*estrecho*) eng **4.** (*torpe*) schwerfällig **5.** (*estricto*) streng

premisa [pre'misa] *f* **1.** (*condición*) Voraussetzung *f* **2.** (*indicio*) Kennzeichen *nt*

premonición [premoni'θjon] *f* (*presentimiento*) Vorahnung *f*

premunir [premu'nir] **I.** *vt* (*Am*) versorgen (*de* mit +*dat*) **II.** *vr:* ~**se** (*Am*) sich eindecken (*de* mit +*dat*)

premura [pre'mura] *f* **1.** (*apuro*) Dringlichkeit *f* **2.** (*prisa*) Eile *f* **3.** (*falta*) Mangel *m* (*de* an +*dat*)

prenatal [prena'tal] *adj* vorgeburtlich

prenda ['prenda] *f* **1.** (*fianza*) Pfand *nt;* **en** ~ als Pfand; **en** ~**s** als Beweis; **hacer** ~ als Pfand einbehalten; **soltar** ~ sich verpflichten; **no soltar** ~ (*fam*) nichts herauslassen; **a mí no me duelen** ~**s** es macht mir gar nichts aus **2.** (*pieza*) Kleidungsstück *nt;* ~**s interiores** Unterwäsche *f;* ~ **protectora** Schutzkleidung *f* **3.** (*cariño*) Schatz *m;* **la** ~ **de mi corazón** mein Herzallerliebster/meine Herzallerliebste **4.** (*cualidades*) Gabe *f;* ~**s del espíritu** Geistesgaben *fpl;* **un hombre de** ~**s** ein begabter Mensch

prendar [pren'dar] **I.** *vt* **1.** (*tomar como prenda*) pfänden **2.** (*ganar el afecto*) für sich gewinnen **II.** *vr:* ~**se** sich verlieben (*de* in +*akk*)

prendedor [prende'ðor] *m* (*broche*) Brosche *f;* (*de corbata*) Krawattennadel *f*

prender [pren'der] **I.** *vi* (*planta*) Wurzeln schlagen; (*medicamentos*) anschlagen; (*ideas*) sich verbreiten; **sus ideas prendieron fácilmente en la juventud** seine/ihre Ideen fanden bei der Jugend sofort Anklang **II.** *vt* **1.** (*sujetar*) befestigen; (*con alfileres*) feststecken; (*con cola*) festkleben; (*en un gancho*) aufhängen; (*el pelo*) hochstecken; (*juntar el pelo*) zusammenbinden; ~ **un babero a un niño** einem Kind ein Lätzchen umbinden; ~ **un alfiler de corbata** eine Krawattennadel anstecken **2.** (*detener*) festnehmen **3.** (*fuego*): **el coche prendió fuego** das Auto fing Feuer **4.** (*Am: encender*) anzünden; (*luz*) anmachen; ~ **un cigarillo** eine Zigarette anstecken **III.** *vr:* ~**se 1.** (*mujeres*) sich herausputzen; ~**se una flor en el ojal** sich *dat* eine Blume ins Knopfloch stecken **2.** (*PRico: emborracharse*) sich betrinken

prensa ['prensa] *f* **1.** (*máquina*) Presse *f;* ~ **de uvas** Weinpresse *f* **2.** (*imprenta*) Druckerei *f;* **dar a la** ~ in Druck geben; **estar en** ~ sich im Druck befinden **3.** (PREN) Presse *f;* ~ **amarilla** Sensationspresse *f;* ~ **especializada** Fachpresse *f;* **secretario de** ~ Pressesprecher *m;* **P**~ **y Relaciones Públicas** Presse- und Öffentlichkeitsarbeit *f;* **tener buena/mala** ~ (*fig*) einen guten/schlechten Ruf haben

prensar [pren'sar] *vt* pressen; (*uvas*) keltern

prensil [pren'sil] *adj* Greif-

preñada [pre'ɲaða] *adj* (*mujer*) schwanger

preñado, -a [pre'ɲaðo, -a] *adj* **1.** (*animal*) trächtig **2.** (*lleno*) voll (*de* mit +*dat*); **una nube preñada de agua** eine regenschwere Wolke; **una palabra preñada** ein tiefsinniges Wort; ~ **de dificultades** voller Schwierigkeiten; ~ **de emoción** gefühlvoll

preñar [pre'ɲar] *vt* **1.** (*mujer*) schwängern **2.** (*animal*) decken **3.** (*llenar*) füllen

preñez [pre'ɲeθ] *f* **1.** (*de la mujer*) Schwangerschaft *f* **2.** (*del animal*) Trächtigkeit *f* **3.** (*incertidumbre*) Ungewissheit *f;* (*dificultad*) Schwierigkeit *f*

preocupación [preokupa'θjon] *f* **1.** (*desvelo*) Sorge *f* (*por* um +*akk,* wegen +*gen/dat*); **¡déjate de preocupaciones!** mach dir nicht so viele Gedanken!; **sin preocupaciones** sorglos **2.** (*pesadumbre*) Kummer *m;* **causar preocupaciones a alguien** jdm Kummer bereiten **3.** (*obsesión*) fixe Idee *f;* **tu única** ~ **es el dinero** du denkst nur ans Geld **4.** (*prejuicio*) Voreingenommenheit *f;* (JUR) Befangenheit *f*

preocupado, -a [preoku'paðo, -a] *adj* (*inquieto*) besorgt (*por* wegen +*gen/dat,* über +*akk*); **mi padre anda bastante** ~ mein

P

Vater macht sich *dat* ziemlich große Sorgen; **tener el espíritu ~ por algo** völlig mit etw *dat* beschäftigt sein

preocupante [preoku'paṇte] *adj* Besorgnis erregend

preocupar [preoku'par] **I.** *vt* **1.** (*inquietar*) beunruhigen, Sorgen machen *+dat;* **¿por qué preocupas tanto a tus padres?** warum bereitest du deinen Eltern solche Sorgen? **2.** (*prevenir*) einnehmen (*por* für *+akk, contra* gegen *+akk*) **II.** *vr:* **~se 1.** (*inquietarse*) sich *dat* Sorgen machen (*por* um *+akk,* wegen *+gen/dat*); **¡no se preocupe!** seien Sie unbesorgt!; **¡no te preocupes tanto!** mach dir nicht so viele Gedanken! **2.** (*encargarse*) sich kümmern (*de* um *+akk*); **no se preocupa de arreglar el asunto** er/sie hält es nicht für nötig, die Sache in Ordnung zu bringen **3.** (*tener prejuicios*) voreingenommen sein

preparación [prepara'θjon] *f* **1.** (*de un asunto*) Vorbereitung *f* **2.** (*de la comida*) Zubereitung *f* **3.** (*de materias primas*) Aufbereitung *f;* **~ de datos** (INFOR) Datenaufbereitung *f* **4.** (*formación*) Ausbildung *f;* **~ académica** Hochschulausbildung *f;* **~ especializada** Fachausbildung *f;* **~ profesional** Berufsausbildung *f;* **sin ~** ohne Vorbildung **5.** (*farmacéutica*) Präparat *nt*

preparado, -a[1] [prepa'raðo, -a] *adj* (*listo*) bereit; **~ (para funcionar)** betriebsbereit; **tener ~** bereithalten; **~ para recepción** empfangsbereit

preparado[2] [prepa'raðo] *m* Präparat *nt;* **~ listo** Fertigpräparat *nt*

preparar [prepa'rar] **I.** *vt* **1.** (*disponer*) vorbereiten; (*la comida*) zubereiten; (*materias primas*) aufbereiten; **en esta escuela profesional te preparan bien** auf dieser Berufsschule erhältst du eine gute Ausbildung; **en inglés me prepara una profesora nativa** ich werde von einer Engländerin in Englisch unterrichtet; **~ un buque para zarpar** ein Schiff klarmachen zum Auslaufen; **~ el camino** den Weg bahnen; **~ una casa para vivir en ella** ein Haus herrichten; **~ un discurso** eine Rede ausarbeiten; **~ las maletas** die Koffer packen; **ya puedes ~ la maleta** (*fam*) es kann jederzeit losgehen; **~ la tierra** den Boden bearbeiten **2.** (QUÍM) ansetzen **3.** (INFOR: *datos*) aufbereiten; (*programa*) erstellen **4.** (ANAT) präparieren **II.** *vr:* **~se** sich vorbereiten (*para/a* auf/für *+akk*); **me preparaba a salir, cuando empezó a llover** ich wollte mich gerade zum Gehen fertigmachen, da fing es an zu regnen; **se prepara una tormenta** es braut sich ein Unwetter zusammen; **~se para cualquier eventualidad** sich auf alles gefasst machen

preparativo, -a[1] [prepara'tiβo, -a] *adj* vorbereitend

preparativo[2] [prepara'tiβo] *m* Vorbereitung *f*

preparatorio, -a [prepara'torjo, -a] *adj* vorbereitend; **curso ~** Vorbereitungskurs *m;* **trabajos ~s** Vorarbeiten *fpl*

prepo ['prepo] (*Arg*): **de ~** mit Gewalt

preponderancia [prepoṇde'raṇθja] *f* Übergewicht *nt*

preponderante [prepoṇde'raṇte] *adj* vorherrschend

preponderar [prepoṇde'rar] *vi* überwiegen

preposición [preposi'θjon] *f* Präposition *f*

prepotente [prepo'teṇte] *adj* **1.** (*superior*) übermächtig **2.** (*arrogante*) überheblich

prerrogativa [prerroɣa'tiβa] *f* (*privilegio*) Vorrecht *nt*

presa ['presa] *f* **1.** (*acción*) (Ein)fangen *nt;* **las llamas hicieron ~ en la casa** das Haus wurde ein Opfer der Flammen **2.** (*objeto, de caza*) Beute *f;* **hacer una ~** Beute machen; (*un ave*) Beute schlagen; **ser ~ del terror** von Panik ergriffen werden **3.** (ZOOL): **animal de ~** Raubtier *nt* **4.** (*dique: en valle*) Talsperre *f;* (*en río*) Staudamm *m* **5.** (*colmillo*) Fangzahn *m* **6.** (*uña*) Kralle *f* **7.** (*acequia*) Bewässerungskanal *m* **8.** (*de comida*) Stück *nt* **9.** (DEP) Griff *m;* **~ de brazo** (*judo*) Armhebel *m*

presagiar [presa'xjar] *vt* voraussagen; **estas nubes presagian tormenta** diese Wolken sehen nach Gewitter aus

presagio [pre'saxjo] *m* **1.** (*señal*) Omen *nt* **2.** (*presentimiento*) Vorahnung *f*

presbicia [pres'βiθja] *f* Weitsichtigkeit *f*

presbiterio [presβi'terjo] *m* Altarraum *m*

presbítero [pres'βitero] *m* Priester *m*

prescindible [presθiṇ'diβle] *adj* entbehrlich

prescindir [presθiṇ'dir] *vi* **1.** (*renunciar a*) verzichten (*de* auf *+akk*); **tenemos que ~ del coche** wir müssen ohne Auto auskommen; **no podemos ~ de él** wir kommen ohne ihn nicht zurecht **2.** (*pasar por alto*) übergehen (*de +akk*); **han prescindido de mi opinión** sie haben meine Meinung ignoriert **3.** (*no contar*) nicht rechnen (*de* mit *+dat*)

prescribir [preskri'βir] *irr como escribir* **I.** *vi* (*delito*) verjähren **II.** *vt* **1.** (*indicar*) vorschreiben; **prescrito por la ley** gesetzlich vorgeschrieben **2.** (MED) verordnen; (*recetar*) verschreiben

prescripción [preskriβ'θjon] *f* **1.** (*indicación*) Vorschrift *f* **2.** (MED) Verordnung *f;* (*receta*) Rezept *nt* **3.** (*de delito*) Verjährung *f*

presencia [pre'seṇθja] *f* **1.** (*asistencia*) Gegenwart *f;* **sin la ~ del ministro** ohne Beisein des Ministers **2.** (*aspecto*) Aussehen *nt;* **buena ~** gepflegtes Äußeres; **tener buena ~** gut aussehen **3.** (*existencia*): **estamos en ~ del aeropuerto más grande de Europa** wir haben den größten Flughafen Europas vor uns; **los vecinos están asustados por la ~ de ladrones** die Nachbarn haben Angst vor den Dieben; **la constante ~ de ese recuerdo no le dejaba dormir** die ständige Erinnerung daran brachte ihn um den Schlaf

presencial [presen̩'θjal] *adj:* **testigo ~** Augenzeuge, -in *m, f*

presenciar [presen̩'θjar] *vt* **1.** (*asistir*) beiwohnen *+dat;* **10.000 personas ~on el concierto** 10.000 Leute besuchten das Konzert **2.** (*ver*) sehen

presentable [presen̩'taβle] *adj:* **este trabajo está ~** diese Arbeit ist akzeptabel; **este trabajo es ~** diese Arbeit kann man vorzeigen; **ponerse ~** sich zurechtmachen; **vestido así no estás ~** in diesem Aufzug kannst du dich nicht sehen lassen

presentación [presen̩ta'θjon] *f* **1.** (*de una novela, t.* TV, RADIO) Präsentation *f;* (*de una máquina/un número artístico*) Vorführung *f;* (TEAT) Inszenierung *f* **2.** (*de instancia/dimisión/trabajo*) Einreichen *nt;* **el plazo de ~ de solicitudes finaliza hoy** die Frist für die Antragstellung läuft heute ab **3.** (*de argumentos*) Vorbringen *nt;* (*de pruebas*) Beibringen *nt;* (*de propuesta*) Unterbreitung *f* **4.** (*de pasaporte/documento*) Vorlage *f;* **a su ~** (**de la letra**) bei Vorlage (des Wechsels) **5.** (*aspecto*) Aussehen *nt;* (*de un libro*) Aufmachung *f* **6.** (*Am: súplica*) Gesuch *nt*

presentador(a) [presen̩ta'ðor(a)] *m(f)* (*de programa*) Moderator(in) *m(f);* (*de telediario*) Nachrichtensprecher(in) *m(f)*

presentar [presen̩'tar] *vt* **1.** (*mostrar*) vorstellen; (*moda*) vorführen **2.** (*ofrecer*) aufweisen; **el viaje presenta dificultades** die Reise birgt Schwierigkeiten in sich; **la ciudad presenta un aspecto de gala** die Stadt zeigt sich in vollem Glanz; **este informe presenta los sucesos de una manera clara** dieser Bericht legt die Geschichte deutlich dar **3.** (TV, RADIO) präsentieren; (TEAT) aufführen; (*presentador*) moderieren **4.** (*instancia, dimisión, trabajo*) einreichen **5.** (*argumentos*) vorbringen; (*pruebas*) beibringen; (*propuesta*) unterbreiten **6.** (*pasaporte, documento*) vorlegen **7.** (*persona*) vorstellen; **te presento a mi marido** darf ich dir meinen Mann vorstellen? **8.** (*candidato*) vorschlagen

presente¹ [pre'sen̩te] **I.** *adj* **1.** (*que está*) anwesend; **¡~!** hier!; **estar ~** dabei sein **2.** (*actual*) gegenwärtig **3.** (*este*): **la ~ edición** diese Ausgabe; **la ~ tesina** die vorliegende Diplomarbeit **4.** (*loc*): **hay que tener ~ las circunstancias** man muss sich *dat* die Umstände vor Augen führen; **por la ~ deseo comunicarle que...** (*en una carta*) hiermit möchte ich Ihnen mitteilen, dass ...; **ten ~ lo que te he dicho** denk daran, was ich dir gesagt habe **II.** *mf* (*asistente*) Anwesende(r) *mf*

presente² [pre'sen̩te] *m* **1.** (*actualidad*) Gegenwart *f;* **hasta el ~** bis jetzt; **por el ~** augenblicklich **2.** (LING) Präsens *nt* **3.** (*regalo*) Geschenk *nt*

presentimiento [presen̩ti'mjen̩to] *m* Vorahnung *f;* **tengo el ~ de que...** ich habe das Gefühl, dass ...

presentir [presen̩'tir] *irr como sentir vt* vorausahnen; **presiento que mañana lloverá** ich habe das Gefühl, dass es morgen regnen wird

preservación [preserβa'θjon] *f* Schutz *m*

preservar [preser'βar] **I.** *vt* schützen (*de/contra* vor *+dat*) **II.** *vr:* **~se** sich schützen (*de/contra* vor *+dat*)

preservativo [preserβa'tiβo] *m* Präservativ *nt*

presidencia [presi'ðen̩θja] *f* **1.** (*mandato*) Präsidentschaft *f;* **asumir la ~** das Präsidentenamt antreten; **esta orden viene de ~** dieser Befehl kommt vom Präsidenten selbst **2.** (*edificio*) Amtssitz *m* des Präsidenten **3.** (*de organización/asamblea: conjunto*) Präsidium *nt;* (*individuo*) Vorsitzende(r) *mf;* **asumir la ~** den Vorsitz übernehmen

presidencial [presiðen̩'θjal] *adj* **1.** (POL) präsidial, Präsidenten- **2.** (*de asamblea*) Vorstands-

presidente [presi'ðen̩te] *mf* **1.** (POL) Präsident(in) *m(f);* **~ alemán Rau** Bundespräsident Rau; **el ~ de Baden-Württemberg** der Ministerpräsident von Baden-Württemberg **2.** (*de asociación*) Vorsitzende(r) *mf*

Am 3. März **1996** gewann der **PP (Partido Popular)**, d. h. die konservative (Volks)partei in Spanien, die vorgezogenen Parlamentswahlen, und **José María Aznar** wurde zwei Monate später, am 4. Mai 1996, zum **presidente de gobierno** (Ministerpräsident) ernannt. Vor ihm war 13 Jahre lang **Felipe González presidente de gobierno** gewesen.

presidiario, -a [presi'ðjarjo, -a] *m, f* Häftling *m*

presidio [pre'siðjo] *m* Gefängnis *nt;* **conde-**

P

nar a 20 años de ~ zu 20 Jahren Gefängnis verurteilen

presidir [presi'ðir] *vt* **1.** (*ocupar presidencia*) den Vorsitz (inne)haben (in +*dat*) **2.** (*mandar*) leiten **3.** (*dominar*) dominieren

presilla [pre'siʎa] *f* Schlaufe *f*

presión [pre'sjon] *f* Druck *m;* ~ **arterial** Blutdruck *m;* ~ **competitiva** Konkurrenzdruck *m;* ~ **fiscal** Steuerbelastung *f;* ~ **social** sozialer Zwang; **grupo de** ~ Lobby *f;* **zona de altas presiones** (METEO) Hochdruckgebiet *nt;* **cerrar a** ~ unter Druck verschließen; **¿a qué** ~ **llevas las ruedas?** mit welchem Reifendruck fährst du?; **estar bajo** ~ unter Druck stehen; **hacer** ~ **sobre alguien** jdn unter Druck setzen; **no acepto presiones de nadie** ich lasse mich nicht unter Druck setzen; **Arantxa se ha sabido sacar muy bien la** ~ **de encima con este golpe** Arantxa hat sich mit diesem Schlag aus der Bedrängnis befreit

presionar [presjo'nar] *vt* **1.** (*apretar*) drücken **2.** (*coaccionar*) unter Druck setzen

preso, -a ['preso, -a] *m, f* Häftling *m*

prestación [presta'θjon] *f* **1.** (*de ayuda/servicio*) Leistung *f;* ~ **por desempleo** Arbeitslosengeld *nt;* **prestaciones en especie** Sachleistungen *fpl;* ~ **de servicios** Erbringung von Dienstleistungen; **P~ Social Sustitutoria** Zivildienst *m* **2.** *pl* (*de coche*) Extras *ntpl;* **un coche con todas las prestaciones técnicas** ein Auto mit allen technischen Finessen

prestado, -a [pres'taðo, -a] *adj:* **voy de ~, el traje me lo han dejado** der Anzug gehört mir nicht, ich habe ihn mir nur geliehen; **vivir de** ~ **en casa de alguien** umsonst bei jdm wohnen

prestamista [presta'mista] *mf* (Geld)verleiher(in) *m(f);* (*profesional, contra fianza*) Pfandleiher(in) *m(f);* (*banco*) Darlehensgeber(in) *m(f)*

préstamo ['prestamo] *m* **1.** (*acción*) (Aus)leihen *nt* **2.** (*lo prestado: para exposición*) Leihgabe *f;* (FIN) Darlehen *nt;* ~ **hipotecario** Bauspardarlehen *nt;* ~ **a interés fijo** Darlehen mit festen Zinssätzen; **la duración de un** ~ die Laufzeit eines Darlehens **3.** (LING) Lehnwort *nt*

prestancia [pres'tan̪θja] *f* **1.** (*excelencia*) Vorzüglichkeit *f* **2.** (*distinción*) Vornehmheit *f*

prestar [pres'tar] **I.** *vt* **1.** (*dejar*) (aus)leihen, borgen; (*pagando a cambio*) (ver)leihen; **¿me prestas la bici, por favor?** kannst du mir bitte dein Fahrrad (aus)leihen?; **el banco me ha prestado el dinero** die Bank hat mir das Geld geliehen **2.** (*dedicar*): ~ **ayuda/servicios** Hilfe/Dienste leisten; ~ **colaboración** mithelfen; ~ **apoyo** Unterstützung zusagen **3.** (*declaración*) abgeben; (*juramento*) leisten **4.** (*silencio*) bewahren; (*paciencia*) aufbringen; (*atención*) schenken; ~ **oídos** Aufmerksamkeit schenken **II.** *vi* **1.** (*dar de sí*): **los zapatos son pequeños pero ya ~án** die Schuhe sind klein, aber sie werden sich schon weiten; **este pantalón presta mucho** diese Hose dehnt sich sehr; **esta cuerda no presta** dieses Seil reicht nicht **2.** (*ser útil*) taugen **III.** *vr:* **~se 1.** (*ofrecerse*) sich anbieten (*para* für +*akk*); **se prestó a ayudarme en la mudanza** er/sie bot mir seine/ihre Hilfe beim Umzug an **2.** (*avenirse*) sich bequemen (*a* zu +*dat*) **3.** (*dar motivo*) verursachen; **tus palabras se prestan a confusión** deine Worte stiften Verwirrung

prestatario, -a [presta'tarjo, -a] *m, f* Darlehensnehmer(in) *m(f)*

presteza [pres'teθa] *f* Schnelligkeit *f;* (*de ejecución*) Promptheit *f*

prestidigitación [prestiðixita'θjon] *f* Taschenspielerei *f;* **un número de** ~ ein Taschenspielerkunststück

prestidigitador(a) [prestiðixita'ðor(a)] *m(f)* Taschenspieler(in) *m(f)*

prestigio [pres'tixjo] *m* Ansehen *nt;* **una cuestión de** ~ eine Prestigesache; **hoy viene un conferenciante de** ~ der heutige Redner gilt als Kapazität auf seinem Gebiet

prestigioso, -a [presti'xjoso, -a] *adj* angesehen; **muy** ~ hoch angesehen

presto, -a[1] ['presto, -a] *adj* **1.** (*listo*) bereit **2.** (*rápido*) prompt

presto[2] ['presto] *adv* **1.** (*rápidamente*) schnell **2.** (*al instante*) sofort

presumido, -a [presu'miðo, -a] *adj* **1.** (*arrogante*) arrogant **2.** (*vanidoso*) eitel

presumir [presu'mir] **I.** *vi* **1.** (*vanagloriarse*) angeben (*de* mit +*dat*) **2.** (*cuidarse*) sich herausputzen; ~ **más que una mona** (*fam*) ein Lackaffe/ein Modepüppchen sein **II.** *vt* annehmen

presunción [presun̪'θjon] *f* **1.** (*sospecha*) Annahme *f* **2.** (*petulancia*) Angeberei *f* **3.** (*vanidad*) Einbildung *f*

presunto, -a [pre'sun̪to, -a] *adj* **1.** (*supuesto*) vermutlich; **el** ~ **asesino** der mutmaßliche Mörder **2.** (*equivocamente*) vermeintlich

presuntuoso, -a [presun̪tu'oso] *adj* eitel

presuponer [presupo'ner] *irr como poner vt* **1.** (*suponer*) voraussetzen **2.** (*calcular*) veranschlagen

presupuestar [presupwes'tar] *vt* **1.** (POL, ECON) den Haushaltsplan aufstellen (für +*akk*) **2.** (*gastos*) veranschlagen; ~ **los gastos en tres millones** die Kosten mit drei Millionen veranschlagen

presupuestario, -a [presupwes'tarjo, -a] *adj* (*proyecto*) Budget-; (*política, déficit*) Haushalts-; (*razón*) budgetär

presupuesto [presu'pwesto] *m* **1.** (POL, ECON) Haushalt(splan) *m;* ~ **anual** Jahresetat *m;* **P~ General del Estado** Staatshaushalt *m;* **la confección del** ~ die Aufstellung des Haushaltsplanes **2.** (*cálculo*) (Kosten)voranschlag *m* **3.** (*suposición*) Voraussetzung *f*

presuroso, -a [presu'roso, -a] *adj* eilig; **iba ~ por la calle** er eilte durch die Straße

pretender [preten̩'der] *vt* **1.** (*aspirar a*) streben (nach +*dat*); ~ **subir de categoría** eine Beförderung anstreben **2.** (*pedir*) beanspruchen; **¿qué pretendes que haga?** was soll ich tun?; **no puedes ~ que te traten con corrección si...** du kannst nicht verlangen, dass die Leute höflich zu dir sind, wenn ... **3.** (*tener intención*) vorhaben; **no pretendía molestar** ich wollte nicht stören **4.** (*intentar*) versuchen **5.** (*afirmar*) behaupten **6.** (*puesto*) sich bewerben (um +*akk*) **7.** (*cortejar*) werben (um +*akk*)

pretendiente [preten̩'djen̩te] *m* (*de trabajo*) Bewerber *m;* (*de mujer*) Verehrer; (*a la corona*) Thronanwärter *m*

pretensión [preten'sjon] *f* **1.** (*derecho*) Anspruch *m;* ~ **económica** Gehaltsforderung *f* **2.** (*ambición*) Ehrgeiz *m;* (*aspiración*) Streben *nt;* **es una persona con muchas pretensiones** er/sie will hoch hinaus; **es una persona con pocas pretensiones** er/sie gibt sich mit wenig zufrieden; **tener muchas pretensiones laborales** Karriere machen wollen; **tiene la ~ de que vaya con él** er/sie erwartet, dass ich mit ihm gehe **3.** *pl* (*vanidad*): **tiene pretensiones de actor** er spielt sich als Schauspieler auf **4.** (*solicitud*) Bewerbung *f*

pretérito, -a¹ [pre'terito, -a] *adj* vergangen

pretérito² [pre'terito] *m* (LING) Präteritum *nt*

pretextar [pretes'tar] *vt* vorschieben; **pretextó que estaba enfermo** er gab vor krank zu sein; **siempre pretexta algo** er/sie findet immer einen Vorwand

pretexto [pre'testo] *m* Vorwand *m;* **a ~ de...** unter dem Vorwand ...

pretil [pre'til] *m* **1.** (*de puente*) Brüstung *f* **2.** (*Am: atrio*) Vorhalle *f*

pretina [pre'tina] *f* **1.** (*cinta*) (Hosen)schnalle *f* **2.** (*de calzoncillos*) Gummizug *m* **3.** (*de prenda*) Gürtel *m* **4.** (*cintura*) Taille *f*

prevalecer [preβale'θer] *irr como crecer vi* **1.** (*imponerse*) sich durchsetzen (*entre/sobre* gegenüber +*dat*); **la verdad prevaleció sobre la mentira** die Wahrheit siegte über die Lüge **2.** (*predominar*) vorherrschen; **en esta ciudad prevalecen los de derechas sobre los de izquierdas** in dieser Stadt gibt es mehr Rechte als Linke **3.** (*triunfar*) siegen **4.** (BOT) Wurzeln schlagen **5.** (*prosperar*) gedeihen

prevaleciente [preβale'θjen̩te] *adj* (*moda*) aktuell; (*costumbre*) weit verbreitet

prevaricación [preβarika'θjon] *f* **1.** (*del deber*) Pflichtverletzung *f* **2.** (JUR) Rechtsbeugung *f*

prevaricar [preβari'kar] <c→qu> *vi* **1.** (*faltar al deber*) seine Pflicht verletzen **2.** (JUR) das Recht beugen **3.** (*fam: desvariar*) spinnen

prevención [preβen̩'θjon] *f* **1.** (*preparativo*) Vorbereitung *f* **2.** (*precaución*) Vorkehrung *f;* ~ **de accidentes** Unfallverhütung *f;* ~ **de siniestros** Schadensvorbeugung *f* **3.** (MED) Vorbeugung *f;* ~ **del cáncer** Krebsvorsorge *f*

prevenido, -a [preβe'niđo, -a] *adj* **1.** *estar* (*alerta*): **estar ~** auf der Hut sein **2.** *ser* (*previsor*) vorsichtig; **hombre ~ vale por dos** (*prov*) Vorsicht ist besser als Nachsicht

prevenir [preβe'nir] *irr como venir* **I.** *vt* **1.** (*preparar*) vorbereiten; ~ **las armas** zum Kampf rüsten **2.** (*proveer*) versorgen (*de* mit +*dat*) **3.** (*protegerse de*) vorbeugen +*dat;* (*evitar*) verhindern; **más vale ~ que curar** (*prov*) vorbeugen ist besser als heilen **4.** (*advertir*) warnen **5.** (*predisponer*): ~ **a alguien a favor/en contra de alguien** jdn für/gegen jdn einnehmen **II.** *vr:* **~se** **1.** (*proveerse*) sich versorgen (*de* mit +*dat*), sich versehen (*de* mit +*dat*) **2.** (*tomar precauciones*) Vorkehrungen treffen **3.** (*contra alguien*) feindlich eingestellt sein (*contra* gegenüber +*dat*)

preventivo, -a [preβen̩'tiβo, -a] *adj* vorbeugend; **guerra preventiva** Präventivkrieg *m;* **medida preventiva** Vorbeugungsmaßnahme *f;* **prisión preventiva** Untersuchungshaft *f*

prever [pre'βer] *irr como ver vt* vorhersehen

previo, -a¹ ['preβjo, -a] *adj* vorherige(r, s); (**sin**) **~ aviso** (ohne) Vorankündigung; **previa presentación del D.N.I.** bei Vorlage des Personalausweises; **~ pago de la matrícula** gegen eine Einschreibegebühr; **tuve una entrevista previa con él** ich hatte zuvor eine Besprechung mit ihm

previo² ['preβjo] *m* (TV, CINE) Play-back *nt*

previsible [preβi'siβle] *adj* **1.** (*probable*) voraussichtlich **2.** (*que se puede prever*) voraussehbar; **dentro de un futuro ~** in absehbarer Zeit; **era ~** das war vorauszusehen

previsión [preβi'sjon] *f* **1.** (*de prever*) Vorhersage *f;* ~ **del tiempo** Wettervorhersage *f;* **las previsiones económicas** die Wirtschaftsprognosen; **esto supera todas las previsiones** das übertrifft alle Erwartungen; **en ~ de...** falls ... **2.** (*precaución*)

Vorsorge *f;* **hay que tener ~ de futuro** man muss für die Zukunft vorsorgen **3.** (*cálculo*) Voranschlag *m*

previsor(a) [preβi'sor(a)] *adj* **1.** (*con visión*) vorausschauend; (*política*) weit blickend **2.** (*precavido*) vorsorglich

previsto, -a [pre'βisto, -a] *adj:* **el éxito estaba ~** der Erfolg war zu erwarten; **todo lo necesario está ~** es ist für alles Notwendige gesorgt

prez [preθ] *m o f* **1.** (*honor*) Ehre *f* **2.** (*gloria*) Ruhm *m*

prieto, -a ['prjeto, -a] *adj* **1.** (*apretado*) eng **2.** (*negro*) schwarz; (*negruzco*) schwärzlich **3.** (*tacaño*) geizig

prima ['prima] *f* **1.** (*pariente*) Kusine *f;* **~ hermana/segunda** Kusine ersten/zweiten Grades **2.** (FIN) Prämie *f*

primacía [prima'θia] *f* **1.** (*supremacía*) Vorrangstellung *f;* (MIL, POL) Vormachtstellung *f* **2.** (*prioridad*) Vorrang *m*

primada [pri'maða] *f* (*fam*): **no hagas la ~ de comprarte este traje** sei nicht so dumm dir den Anzug zu kaufen; **me han hecho una ~** man hat mich übers Ohr gehauen

primar [pri'mar] **I.** *vi:* **en esta escuela prima el orden** in dieser Schule ist Ordnung das Wichtigste; **aquí priman los enchufes sobre la capacidad personal** hier sind Beziehungen wichtiger als persönliche Fähigkeiten **II.** *vt* eine Prämie bezahlen *+dat*

primario, -a [pri'marjo, -a] *adj* **1.** (*principal, primero*) primär; **corriente primaria** (ELEC) Primärstrom *m;* **enseñanza primaria** Grund- und Hauptschule *f;* **necesidades primarias** Grundbedürfnisse *ntpl* **2.** (*persona*) simpel

primate [pri'mate] *m* Primat *m*

primavera [prima'βera] **I.** *adj* simpel **II.** *f* **1.** (*estación*) Frühling *m;* **estar en la ~ de la vida** im Frühling des Lebens stehen **2.** (BOT) Primel *f* **3.** *pl* (*años*) Lenze *mpl*

primaveral [primaβe'ral] *adj* Frühlings-

primer [pri'mer] *adj v.* **primero, -a**

primera [pri'mera] *f* **1.** (AUTO) erster Gang *m;* **ir en ~** im ersten Gang fahren **2.** (FERRO, AERO): **viajar en ~** erster Klasse reisen **3.** (*loc*): **de ~** erstklassig; **fue eliminado a las ~s de cambio** er schied bereits nach ein paar Runden aus; **a las ~s de cambio** (*de repente*) plötzlich; **lo hice a la ~** ich habe es auf Anhieb geschafft

primeriza [prime'riθa] *f* Erstgebärende *f*

primerizo, -a [prime'riθo, -a] *m, f* (*novato*) Neuling *m*

primero, -a¹ [pri'mero, -a] **I.** *adj* (*ante sustantivo masculino: primer*) erste(r, s); **primera calidad** Topqualität *f;* **primera edición** Erstausgabe *f;* **el Primer Ministro** der Premierminister; **primera representación** Uraufführung *f;* **estado ~** ursprünglicher Zustand; **a primera hora (de la mañana)** früh morgens; **a ~s de mes** am Monatsanfang; **de primera calidad** erstklassig; **desde un primer momento** von Anfang an; **en primer lugar** zuerst; **ocupar una de las primeras posiciones** einen der vorderen Plätze belegen; **lo ~ es lo ~** immer der Reihe nach; **para mí tú eres lo ~** du kommst für mich an erster Stelle; **lo ~ es ahora la familia** die Familie hat jetzt Vorrang **II.** *m, f* Erste(r) *mf;* **el ~ de la carrera** der Erstplatzierte im Rennen; **el ~ de la clase** der Klassenbeste; **estar entre los ~s** unter den Ersten sein; **eres el ~ en llegar** du bist als Erster angekommen

primero² [pri'mero] *adv* **1.** (*en primer lugar*) zuerst; **~..., segundo...** erstens ..., zweitens ...; **~ dice una cosa, luego otra** er/sie sagt einmal hü und einmal hott *fam* **2.** (*antes*) lieber

primicia [pri'miθja] *f* **1.** (*lo primero*) Erstling *m* **2.** (PREN, TV, RADIO) Exklusivmeldung *f* **3.** *pl* (*frutos*): **las ~s** die ersten Früchte

primitivo, -a [primi'tiβo, -a] *adj* primitiv; **los habitantes ~s** die Ureinwohner; **lotería primitiva** (*spanisches*) *Lotto;* **palabra primitiva** (LING) Stammwort *nt*

primo, -a¹ ['primo, -a] *adj* **1.** (*primero*): **materia prima** Rohstoff *m* **2.** (*primoroso*) geschickt **3.** (*excelente*) vortrefflich **4.** (MAT): **número ~** Primzahl *f*

primo² ['primo] *m* **1.** (*pariente*) Cousin *m;* **~ hermano/segundo** Vetter ersten/zweiten Grades **2.** (*fam: ingenuo*) Einfaltspinsel *m;* **he hecho el ~: he pagado 1.000 pesetas por esto** man hat mich übers Ohr gehauen: ich habe dafür 1.000 Peseten bezahlt; **¡no seas ~!** sei doch kein Dummkopf!

primogénito, -a [primo'xenito, -a] **I.** *adj* erstgeboren **II.** *m, f* Erstgeborene(r) *mf*

primor [pri'mor] *m* **1.** (*habilidad*) Geschicklichkeit *f* **2.** (*esmero*) Sorgfältigkeit *f;* **hacer algo con ~** etw sorgfältig machen **3.** (*cosa*) Meisterwerk *nt* **4.** (*loc*): **llueve que es un ~** es regnet in Strömen

primordial [primor'ðjal] *adj* **1.** (*más importante*) vorrangig; **este asunto es de interés ~** diese Angelegenheit hat Vorrang **2.** (*fundamental*) wesentlich; **para vivir en Alemania es ~ hablar alemán** um in Deutschland zu leben, muss man unbedingt Deutsch sprechen

primoroso, -a [primo'roso, -a] *adj* **1.** (*hábil*) geschickt **2.** (*con esmero*) sorgfältig; **es un bordado ~** das ist eine sauber gearbeitete Stickerei **3.** (*excelente*) vortrefflich; **labios ~s** sehr schöne Lippen

prímula ['primula] *f* Primel *f*

princesa [prin̥'θesa] *f v.* **príncipe**[2]

principado [prin̥θi'paðo] *m* Fürstentum *nt;* **el P~** Katalonien *nt;* **el P~ de Andorra** Andorra *nt*

principal[1] [prin̥θi'pal] **I.** *adj* **1.** (*más importante*) hauptsächlich; **el problema ~** das Hauptproblem; **su carrera profesional era lo ~ para él** seine Karriere war für ihn das Wichtigste **2.** (*esencial*) wesentlich **II.** *mf* (*de negocio*) Geschäftsinhaber(in) *m(f)*

principal[2] [prin̥θi'pal] *m* **1.** (*piso*) erster Stock *m* **2.** (*edición*) Erstausgabe *f*

principalmente [prin̥θipal'men̥te] *adv* hauptsächlich; **él ha sido ~ el que ha hecho el trabajo** im Wesentlichen hat er die Arbeit erledigt

príncipe[1] ['prin̥θipe] *adj:* **edición ~** Erstausgabe *f*

príncipe[2] ['prin̥θipe, prin̥'θesa] *m,* **princesa** *f* **1.** (*soberano*) Fürst(in) *m(f)* **2.** (*hijo del rey*) Prinz *m,* Prinzessin *f;* **~ heredero** Kronprinz *m;* **el P~ de Asturias** der spanische Kronprinz; **el ~ azul** der Märchenprinz

principesco, -a [prin̥θi'pesko, -a] *adj* fürstlich

principiante [prin̥θi'pjan̥te] *mf* Anfänger(in) *m(f)*

principio [prin̥'θipjo] *m* **1.** (*comienzo*) Anfang *m;* **al ~** am Anfang; **ya desde el ~** bereits am Anfang; **desde un ~** von Anfang an; **a ~s de diciembre** Anfang Dezember; **dar ~ a algo** mit etw *dat* anfangen **2.** (*causa*) Ursache *f;* (*origen*) Ursprung *m;* **el ~ de la discusión** der Auslöser der Diskussion **3.** (*fundamento, t.* FÍS) Prinzip *nt;* **en ~** im Prinzip **4.** (QUÍM) Element *nt* **5.** *pl* (*de ciencia*) Abriss *m*

pringar [priŋ'gar] <g→gu> **I.** *vt* **1.** (*manchar*) beschmieren (*de/con* mit +*dat*) **2.** (*mojar*) eintauchen (*en* in +*akk*) **3.** (*fam: herir*) verwunden **4.** (*fam: desacreditar*) runtermachen **II.** *vi* **1.** (*fam: en negocio*) beteiligt sein (*en* an +*dat*) **2.** (*fam: trabajar*) schuften **3.** (*Am: lloviznar*) nieseln **4.** (*fam: morir*) abkratzen **III.** *vr:* **~se 1.** (*mancharse*) sich beschmieren (*de/con* mit +*dat*) **2.** (*en negocio*) beteiligt sein (*en* an +*dat*) **3.** (*loc*): **se ha pringado en 200 marcos** er/sie hat 200 Mark mitgehen lassen

pringoso, -a [priŋ'goso, -a] *adj* schmierig

pringue ['priŋge] *m* **1.** (*grasa*) Fett *nt* **2.** (*suciedad*) Schmutz *m* **3.** (*loc*): **¿que tienes que repetir el trabajo? ¡vaya ~ tío!** (*fam*) was, du musst die Arbeit nochmal machen? so eine Schweinerei!

prioridad [prjori'ðaᵈ] *f* **1.** (*anterioridad*) Vorzeitigkeit *f* **2.** (*urgencia*) Priorität *f;* **de máxima ~** von allerhöchster Dringlichkeit; **dar ~ a un asunto** eine Angelegenheit vorrangig behandeln **3.** (AUTO) Vorfahrt *f*

prioritario, -a [prjori'tarjo, -a] *adj* vorrangig; **este plan es ~** dieser Plan hat Vorrang

prisa ['prisa] *f* Eile *f;* **a toda ~** in aller Eile; **de ~** schnell; **de ~ y corriendo** (*con demasiada prisa*) hastig; (*rápidamente*) schleunigst; **no corre ~** es hat Zeit; **¡date ~!** beeil dich!; **meter ~** zur Eile drängen; **tengo ~** ich habe es eilig; **no tengas ~** lass dir Zeit

prisión [pri'sjon] *f* **1.** (*reclusión*) Haft *f;* (*de guerra*) Gefangenschaft *f;* **~ celular** Einzelhaft *f;* **~ preventiva** Untersuchungshaft *f* **2.** (*edificio*) Gefängnis *nt;* **~ de alta seguridad** Hochsicherheitsgefängnis *nt;* **estar en ~** im Gefängnis sitzen

prisionero, -a [prisjo'nero, -a] *m, f* Gefangene(r) *mf,* (*convicto*) Häftling *m;* **hacer a alguien** jdn gefangen nehmen

prisma ['prisma] *m* (*figura*) Prisma *nt*

prismáticos [pris'matikos] *mpl* Fernglas *nt*

privación [priβa'θjon] *f* **1.** (*desposesión*) Entzug *m;* **~ de libertad** (JUR) Freiheitsberaubung *f;* (*cárcel*) Freiheitsentzug *m* **2.** (*carencia*) Entbehrung *f*

privado, -a[1] [pri'βaðo, -a] *adj* **1.** (*reunión, fiesta*) privat; (*sesión*) nicht öffentlich **2.** (*personal, confidencial*) privat; **vida privada** Privatleben *nt;* **en el trabajo es insoportable, pero en ~...** bei der Arbeit ist er/sie unerträglich, aber privat ...; **quisiera hablar en ~ contigo** ich möchte mit dir unter vier Augen sprechen **3.** (*falto*): **~ de...** ohne ...; **~ de flexibilidad** (*cosa*) ungeschmeidig; (*persona*) unflexibel; **~ de inteligencia** beschränkt; **~ de la libertad** inhaftiert; **~ de medios** mittellos

privado[2] [pri'βaðo] *m* (*de rey*) Günstling *m;* (*de ministro*) Protegé *m*

privanza [pri'βan̥θa] *f* (*de príncipe*) Gunst *f;* (*de ministro*) Protektion *f*

privar [pri'βar] **I.** *vt* **1.** (*desposeer*): **~ a alguien del permiso de conducir** jdm die Fahrerlaubnis entziehen; **~ a alguien de libertad** jdn seiner Freiheit berauben; **~ a alguien de un derecho** jdm ein Recht aberkennen; **~ a alguien de un cargo** jdn eines Amtes entheben **2.** (*prohibir*) verbieten; **no me prives de visitarte** erlaub mir bitte dich zu besuchen **3.** (*gustar*) schwärmen (für +*akk*); **está privado por esa chica** er hat an diesem Mädchen einen Narren gefressen **II.** *vi* **1.** (*estar de moda*) in Mode sein **2.** (*influir*) in Gunst stehen (*con* bei +*dat*) **III.** *vr:* **~se** verzichten (*de* auf +*akk*); **no se privan de nada** es fehlt ihnen an nichts

privativo, -a [priβa'tiβo, -a] *adj* (*propio*) eigen (*de* +*dat*); **esta facultad es privativa del presidente** dazu ist ausschließlich der

Präsident befugt

privatización [priβatiθa'θjon] *f* Privatisierung *f*

privatizar [priβati'θar] <z→c> *vt* privatisieren

privilegiado, **-a** [priβile'xjaðo, -a] **I.** *adj* privilegiert; (*memoria*) hervorragend **II.** *m, f* Privilegierte(r) *mf*

privilegiar [priβile'xjar] *vt* privilegieren

privilegio [priβi'lexjo] *m* Privileg *nt;* ~ **fiscal** Steuererleichterung *f*

pro [pro] **I.** *m o f* **1.** (*provecho*) Pro *nt;* **valorar los ~s y los contras** Pro und Kontra abwägen; **en ~ de** zugunsten *+gen;* **campaña en ~ de la erradicación de las pruebas nucleares** Kampagne gegen Atomtests **2.** (*loc*): **un hombre de ~** ein rechtschaffener Mann **II.** *prep* für *+akk,* pro *+akk*

proa ['proa] *f* (NÁUT) Bug *m;* **poner la ~ en un asunto** eine Sache energisch anpacken; **poner la ~ a alguien** jdm die Stirn bieten

probabilidad [proβaβili'ða^ð] *f* **1.** (*verosimilitud*) Wahrscheinlichkeit *f;* **con toda ~** aller Wahrscheinlichkeit nach **2.** (*posibilidad*) Aussicht *f;* **hay ~es de rescatar los rehenes** es besteht Aussicht auf Befreiung der Geiseln

probable [pro'βaβle] *adj* **1.** (*verosímil*) wahrscheinlich; **un resultado ~** ein mögliches Ergebnis; **el ~ campeón** der voraussichtliche Sieger **2.** (*que se puede probar*) nachweisbar

probablemente [proβaβle'meṇte] *adv* wahrscheinlich

probado, **-a** [pro'βaðo, -a] *adj* **1.** (*cosa, cualidad, método*) erprobt; (*trabajador*) bewährt **2.** (*demostrado*) bewiesen

probador [proβa'ðor] *m* Umkleidekabine *f*

probar [pro'βar] <o→ue> **I.** *vt* **1.** (*demostrar*) beweisen; **todavía no está probado que sea culpable** seine/ihre Schuld ist noch nicht erwiesen **2.** (*experimentar*) ausprobieren; (*aparato*) (aus)testen **3.** (*a alguien*) auf die Probe stellen **4.** (*vestido*) anprobieren **5.** (GASTR) probieren; **no he probado nunca una paella** ich habe noch nie Paella gegessen **II.** *vi* **1.** (*intentar*) versuchen **2.** (*ser conveniente*): **~ bien/mal** gut/schlecht bekommen

probatorio, **-a** [proβa'torjo, -a] *adj* Beweis-

probatura [proβa'tura] *f* (*fam*) Versuch *m;* (TEAT, CINE) Probe *f*

probeta [pro'βeta] *f* (*tubo*) Reagenzglas *nt;* ~ **graduada** Messglas *nt*

probidad [proβi'ða^ð] *f* **1.** (*honradez*) Rechtschaffenheit *f* **2.** (*integridad*) Integrität *f*

problema [pro'βlema] *m* **1.** (*cuestión*) Frage *f* **2.** (*dificultad*) Problem *nt;* **~s de adaptación** Anpassungsschwierigkeiten *fpl;* ~ **de liquidez** Liquiditätsengpass *m;* **el planteamiento del ~** die Problemstellung **3.** (*ejercicio*) Aufgabe *f*

problemática [proβle'matika] *f* Problematik *f*

problemático, **-a** [proβle'matiko, -a] *adj* problematisch

probo, **-a** ['proβo, -a] *adj* **1.** (*honrado*) rechtschaffen **2.** (*íntegro*) integer

probóscide [pro'βosθiðe] *f* Rüssel *m*

procacidad [prokaθi'ða^ð] *f* **1.** (*insolencia*) Unverschämtheit *f* **2.** (*grosería*) Grobheit *f*

procaz [pro'kaθ] *adj* **1.** (*insolente*) unverschämt **2.** (*grosero*) grob

procedencia [proθe'ðeṇθja] *f* **1.** (*origen*) Herkunft *f;* **anunciar la ~ del tren** ankündigen, woher der Zug kommt **2.** (JUR) Zulässigkeit *f*

procedente [proθe'ðeṇte] *adj* **1.** (*oportuno*) angebracht **2.** (*que viene de*) aus; **el tren ~ de Hamburgo con destino a Múnich** der Zug von Hamburg nach München **3.** (JUR) berechtigt

proceder [proθe'ðer] **I.** *m* **1.** (*comportamiento*) Verhalten *nt* **2.** (*actuación*) Vorgehen *nt* **II.** *vi* **1.** (*familia*) abstammen (*de* von *+dat*); (*de un lugar*) kommen (*de* aus *+dat*); (*idea*) entstehen (*de* aus *+dat*); (*pasión*) herrühren (*de* von *+dat*) **2.** (*actuar*) verfahren **3.** (*ser oportuno*) angebracht sein; **no ~** unangebracht sein; **ahora procede guardar silencio** wir sollten jetzt ganz ruhig sein; **táchese lo que no proceda** Unzutreffendes bitte streichen **4.** (*pasar a*) schreiten (*a* zu *+dat*) **5.** (JUR: *iniciar un proceso*) ein Verfahren einleiten; (*procesar*) prozessieren

procedimiento [proθeði'mjeṇto] *m* **1.** (*actuación*) Vorgehen *nt;* **¿qué ~ se puede seguir aquí?** wie kann man hier vorgehen? **2.** (*método*) Verfahren *nt* **3.** (JUR) Gerichtsverfahren *nt*

prócer ['proθer] **I.** *adj* bedeutend **II.** *m* bedeutende Persönlichkeit *f*

procesado, **-a** [proθe'saðo, -a] *m, f* Angeklagte(r) *mf*

procesador [proθesa'ðor] *m* Prozessor *m*

procesal [proθe'sal] *adj* (*costos, actuación*) Prozess-; (*regla, derecho*) Verfahrens-

procesamiento [proθesa'mjeṇto] *m* **1.** (JUR) Prozessführung *f* **2.** (INFOR) Verarbeitung *f;* ~ **en línea** Onlineverarbeitung *f*

procesar [proθe'sar] *vt* **1.** (JUR) prozessieren (*a* gegen *+akk*); **le procesan por violación** er steht wegen Vergewaltigung vor Gericht **2.** (TÉC) verarbeiten

procesión [proθe'sjon] *f* **1.** (*marcha*) Marsch *m;* (REL) Prozession *f* **2.** (*hilera*) Reihe *f;* (*de personas*) Schlange *f* **3.** (*loc*): **permaneció tranquilo aunque la ~ iba por**

dentro er blieb ruhig, obwohl es in seinem Innern ganz anders aussah

proceso [pro'θeso] *m* **1.** (*desarrollo*) Prozess *m,* Vorgang *m;* ~ **de una enfermedad** Krankheitsentwicklung *f* **2.** (*procedimiento*) Verfahren *nt* **3.** (JUR: *causa*) Prozess *m* **4.** (*intervalo*): **en el ~ de un mes** innerhalb eines Monats; **en el ~ de esta semana** im Laufe der Woche

proclama [pro'klama] *f* **1.** (*matrimonial*) Aufgebot *nt* **2.** (*política*) Aufruf *m*

proclamación [proklama'θjon] *f* Verkündigung *f*

proclamar [prokla'mar] **I.** *vt* **1.** (*hacer público*) verkünden; ~ **la República** die Republik ausrufen **2.** (*aclamar*) zujubeln *+dat* **3.** (*sentimiento*) offenbaren **4.** (*ganador*) ausrufen; **fue proclamado Premio Nobel** er wurde mit dem Nobelpreis ausgezeichnet **II.** *vr:* **~se presidente** sich zum Präsidenten erklären; **~se ganador** gewinnen

proclive [pro'kliβe] *adj* geneigt (*a* zu *+dat*)

procrear [prokre'ar] *vt* **1.** (*engendrar*) zeugen **2.** (*reproducirse*) sich fortpflanzen

procurador(a) [prokura'ðor(a)] *m(f)* Bevollmächtigte(r) *mf;* (*en negocios*) Prokurist(in) *m(f);* (*en tribunal*) Klagevertreter(in) *m(f)*

procurar [proku'rar] **I.** *vt* **1.** (*intentar*) versuchen; **procura hacerlo lo mejor que puedas** versuch dein Bestes zu tun; **procura que no te vean más por aquí** lass dich hier nicht mehr blicken; **procura que no te oigan** pass auf, dass dich niemand hört **2.** (*proporcionar*) verschaffen **II.** *vr:* **~se** sich *dat* verschaffen, sich *dat* besorgen

prodigalidad [proðiɣali'ðað] *f* **1.** (*despilfarro*) Verschwendung *f* **2.** (*abundancia*) Fülle *f*

prodigar [proði'ɣar] <g→gu> **I.** *vt* **1.** (*malgastar*) verschwenden **2.** (*dar*) überhäufen (*de* mit *+dat*) **II.** *vr:* **se prodigó en toda clase de atenciones con nosotros** er/sie erwies uns allerlei Gefälligkeiten; **se prodigó en elogios hacia él** er/sie lobte ihn überschwänglich; **se prodiga tanto en las explicaciones que nadie la entiende** ihre Erklärungen sind so umständlich, dass niemand sie versteht

prodigio [pro'ðixjo] *m* Wunder *nt;* **niño ~** Wunderkind *nt*

prodigioso, -a [proði'xjoso, -a] *adj* **1.** (*extraordinario*) außerordentlich **2.** (*maravilloso*) wunderbar

pródigo, -a ['proðiɣo, -a] *adj* **1.** (*malgastador*) verschwenderisch **2.** (*generoso*) großzügig ((*para*) *con* gegenüber *+dat*); **la pródiga naturaleza** die reiche Natur **3.** (*loc*): **el hijo ~** der verlorene Sohn

producción [proðuɣ'θjon] *f* **1.** (*de frutos*) Hervorbringung *f* **2.** (*de cereales*) Produktion *f* **3.** (*fabricación, t.* CINE) Produktion *f;* (*cuadro*) Anfertigung *f;* (*libro*) Herstellung *f;* ~ **en cadena** Fließbandfertigung *f;* ~ **por encargo** Auftragsfertigung *f;* ~ **en masa** Massenproduktion *f;* ~ **a medida** Fertigung nach Maß **4.** (JUR: *de pruebas*) Erbringung *f;* (*de documentos*) Beibringung *f*

producir [proðu'θir] *irr como traducir* **I.** *vt* **1.** (*frutos*) hervorbringen **2.** (*fabricar, t.* CINE) produzieren, herstellen; (*energía*) erzeugen; (*cuadro*) anfertigen **3.** (*beneficios*) (ein)bringen; (*intereses*) tragen **4.** (*alegría*) bereiten; (*aburrimiento*) hervorrufen; (*miedo*) auslösen; (*daño*) zufügen; (*impresión*) machen; ~ **tristeza** traurig stimmen **5.** (JUR: *pruebas*) erbringen; (*documentos*) beibringen **II.** *vr:* **~se 1.** (*fabricarse*) produziert werden **2.** (*tener lugar*) sich ereignen; **se produjo una crisis** es kam zu einer Krise; **se ha producido una mejora** es ist eine Besserung eingetreten **3.** (*ocurrir*) sich ergeben; **cuando se produzca el caso...** wenn der Fall eintritt ...

productividad [proðuktiβi'ðað] *f* Produktivität *f;* (*de máquina*) Leistungsfähigkeit *f;* (*de mina*) Ergiebigkeit *f;* (*de negocio*) Einträglichkeit *f;* (*de tierra*) Fruchtbarkeit *f*

productivo, -a [proðuk'tiβo, -a] *adj* produktiv; (*máquina*) leistungsfähig; (*mina*) ertragreich; (*negocio*) einträglich; (*tierra*) ertragreich

producto [pro'ðukto] *m* **1.** (*objeto, t.* QUÍM, MAT) Produkt *nt,* Erzeugnis *nt;* ~ **abastecido** Zulieferprodukt *nt;* ~ **agrícola** Agrarprodukt *nt;* ~ **alimenticio** Nahrungsmittel *nt;* **~s alimenticios** Lebensmittel *ntpl;* ~ **de belleza** Kosmetikartikel *m;* ~ **estancado** Monopolware *f;* **~s a granel** Massengüter *ntpl;* ~ **de marca** Markenartikel *m;* **~s químicos** Chemikalien *fpl;* ~ **(semi)manufacturado** (Halb)fertigware *f;* ~ **terminado** Fertigprodukt *nt* **2.** (*de un negocio*) Ertrag *m;* (*de una venta*) Erlös *m;* **P~ Interior Bruto** Bruttoinlandsprodukt *nt;* **P~ Nacional Bruto** Bruttosozialprodukt *nt*

productor(a) [proðuk'tor(a)] **I.** *adj* Produktions-, produzierend **II.** *m(f)* Produzent(in) *m(f)*

proemio [pro'emjo] *m* Vorwort *nt*

proeza [pro'eθa] *f* Heldentat *f*

profanar [profa'nar] *vt* **1.** (*templo, cementerio*) entweihen **2.** (*memoria, nombre*) beschmutzen

profano, -a [pro'fano, -a] *adj* **1.** (*secular*) weltlich, profan **2.** (*irreverente*) respektlos **3.** (*ignorante*) unerfahren; **soy ~ en esta materia** ich habe von diesem Thema keine Ahnung

profecía [profe'θia] *f* Prophezeiung *f*

proferir [profe'rir] *irr como sentir vt* von sich *dat* geben; (*insulto, grito*) ausstoßen; (*queja*) äußern

profesar [profe'sar] **I.** *vt* **1.** (*oficio*) ausüben **2.** (*admiración*) bekunden **3.** (*religión, doctrina*) sich bekennen (zu +*dat*) **4.** (ENS) lehren **II.** *vi, vr:* ~**se** die Ordensgelübde ablegen

profesión [profe'sjon] *f* **1.** (*empleo*) Beruf *m;* **la ~ más antigua del mundo** das älteste Gewerbe der Welt; **trabajar en una ~ liberal** freiberuflich arbeiten **2.** (*de admiración*) Bekundung *f* **3.** (*de religión, doctrina*) Bekenntnis *nt* (*de* zu +*dat*); **~ de fe** Glaubensbekenntnis *nt* **4.** (*loc*): **hacer ~ de algo** (*jactarse*) mit etw *dat* prahlen

profesional [profesjo'nal] **I.** *adj* **1.** (*de la profesión*) beruflich; **ética ~** Berufsethos *nt;* **secreto ~** Schweigepflicht *f* **2.** (*no aficionado*) professionell; **deportista ~** Profi *m* **3.** (*académico*) akademisch **II.** *mf* **1.** (*experto, no aficionado*) Profi *m* **2.** (*académico*) Akademiker(in) *m(f)*

profesionista [profesjo'nista] *mf* (*Méx*) Akademiker(in) *m(f)*

profesor(a) [profe'sor(a)] *m(f)* (*no universitario*) Lehrer(in) *m(f);* (*universitario*) Dozent(in) *m(f);* (*catedrático*) Professor(in) *m(f);* **~ agregado** außerordentlicher Professor; **~ numerario** ordentlicher Professor

profesorado [profeso'raðo] *m* **1.** (*cargo no universitario*) Lehramt *nt* **2.** (*conjunto*) Lehrkörper *m;* (*en la escuela*) Lehrerschaft *f*

profeta, -isa [pro'feta, profe'tisa] *m, f* Prophet(in) *m(f);* **nadie es ~ en su tierra** der Prophet gilt nichts im eigenen Land(e)

profetizar [profeti'θar] <z→c> *vt* prophezeien

profiláctico, -a [profi'laktiko, -a] *adj* prophylaktisch

profilaxis [profi'laᵞsis] *f inv* Prophylaxe *f*

prófugo, -a[1] ['profuγo, -a] *m, f* Flüchtige(r) *mf*

prófugo[2] ['profuγo] *m* (MIL) Fahnenflüchtige(r) *m*

profundamente [profuṇda'meṇte] *adv* tief; **~ ofendido** zutiefst beleidigt; **~ sentido** tief empfunden; **una persona ~ moral** ein äußerst moralischer Mensch

profundidad [profuṇdi'ðaᵈ] *f* Tiefe *f;* **analizar en ~** ergründen; **tener mucha/poca ~** sehr tief/nicht sehr tief sein; **una cueva de cinco metros de ~** eine fünf Meter tiefe Höhle

profundizar [profuṇdi'θar] <z→c> **I.** *vt* vertiefen **II.** *vi:* **~ en algo** etw vertiefen

profundo, -a [pro'fuṇdo, -a] *adj* tief; (*capa, estrato*) tief liegend; (*observación*) tiefsinnig; (*pena*) tief empfunden; (*dificultad*) tief greifend; **psicología profunda** Tiefenpsychologie *f;* **en lo más ~ de mi corazón** im Grunde meines Herzens

profusión [profu'sjon] *f* Fülle *f* (*de* an +*dat*); **~ de ideas** Ideenreichtum *m;* **~ de trabajo** Übermaß an Arbeit; **con ~ de detalles** detailliert; **hay gran ~ de noticias** es gibt viele Neuigkeiten

profuso, -a [pro'fuso, -a] *adj* übermäßig

progenie [pro'xenje] *f* **1.** (*casta*) Geschlecht *nt* **2.** (*clan*) Sippe *f*

progenitor(a) [proxeni'tor(a)] *m(f)* **1.** (*antepasado*) direkter Vorfahr(e) *m,* direkte Vorfahrin *f* **2.** (*mayor*) Vater *m,* Mutter *f;* **los ~es** die Eltern

programa [pro'γrama] *m* Programm *nt;* **~ de las clases (de la Universidad)** Vorlesungsverzeichnis *nt;* **~ de estudios** Lehrplan *m;* **~ de trabajo** Arbeitsplan *m;* **~ antivirus** Antivirenprogramm *nt;* **~ aplicativo** Anwendungsprogramm *nt;* **~ contaminado** virusverseuchte Software; **~ de demostración** Demosoftware *f;* **~ de gráficas** Grafikprogramm *nt;* **~ de tratamiento de textos** Textverarbeitungsprogramm *nt;* **~s utilitarios** Utilities *pl*

programación [proγrama'θjon] *f* **1.** (*acción*) Programmierung *f* **2.** (TV, RADIO) Programm *nt*

programador(a) [proγrama'ðor(a)] *m(f)* Programmierer(in) *m(f)*

programar [proγra'mar] *vt* programmieren; **la conferencia está programada para el domingo** der Vortrag steht für Sonntag auf dem Programm; **¿qué tienes programado para esta tarde?** was hast du heute Nachmittag vor?

progre ['proγre] **I.** *adj* (*fam*) fortschrittlich; (POL) links; **sus ideas son ~s** er/sie ist links eingestellt **II.** *mf* Progressist(in) *m(f);* (POL) Linke(r) *mf*

progresar [proγre'sar] *vi* Fortschritte machen (*en* in +*dat,* bei +*dat*); (*enfermedad*) fortschreiten; (*ciencia*) sich weiterentwickeln; **~ profesionalmente** beruflich vorwärts kommen

progresión [proγre'sjon] *f* **1.** (*avance*) Fortschreiten *nt* **2.** (MAT) Reihe *f* **3.** (MÚS) Sequenz *f*

progresista [proγre'sista] **I.** *adj* fortschrittlich, progressiv **II.** *mf* Progressist(in) *m(f)*

progresivamente [proγresiβa'meṇte] *adv* zunehmend; **recuperarse ~** sich nach und nach erholen

progresivo, -a [proγre'siβo, -a] *adj* (*que progresa*) fortschreitend; (*que aumenta*) zunehmend; (FIN) progressiv; **aspecto ~** (LING) Verlaufsform *f*

progreso [pro'γreso] *m* Fortschritt *m*

prohibición [proi̯βi'θjon] *f* Verbot *nt*

prohibido, **-a** [proi̯'βiðo, -a] *adj:* ~ **fumar** Rauchen verboten; **fruto** ~ verbotene Früchte

prohibir [proi̯'βir] *irr vt* verbieten; **en los hospitales prohiben fumar** in Krankenhäusern herrscht Rauchverbot

prohibitivo, **-a** [proi̯βi'tiβo, -a] *adj* Verbots-; **a precio** ~ unerschwinglich

prohijar [proi'xar] *irr como airar vt* **1.** (*a alguien*) adoptieren **2.** (*doctrina*) übernehmen

prójimo ['proximo] *m* **1.** (*semejante*) Mitmensch *m;* **amor al** ~ Nächstenliebe *f* **2.** (*pey: sujeto*) Typ *m;* **¡menudo** ~ **tenemos de vecino!** da haben wir ja einen schönen Nachbarn!

prole ['prole] *f* Kinder *ntpl;* **padre con numerosa** ~ Vater einer kinderreichen Familie

prolegómeno [prole'ɣomeno] *m* (*a un escrito*) Vorbemerkung *f;* (*al hablar*) Vorrede *f;* **déjate de** ~**s y ve al grano** (*fam*) spar dir deine (langen) Vorreden und komm zur Sache

proletariado [proleta'rjaðo] *m* Proletariat *nt*

proletario, **-a** [prole'tarjo, -a] **I.** *adj* proletarisch; **barrio** ~ Arbeiterviertel *nt* **II.** *m, f* Proletarier(in) *m(f);* **tiene modales de** ~ er benimmt sich wie ein Prolet

proliferación [prolifera'θjon] *f* **1.** (*en cantidad*) Vermehrung *f* **2.** (*incontrolada, t.* MED) Wuchern *nt* **3.** (*de armas*) Verbreitung *f;* **tratado de no** ~ **de armas nucleares** Atom(waffen)sperrvertrag *m*

proliferar [prolife'rar] *vi* **1.** (*en cantidad*) sich vermehren **2.** (*incontroladamente, t.* MED) wuchern **3.** (*epidemia, rumor*) um sich greifen

prolífico, **-a** [pro'lifiko, -a] *adj* fruchtbar; (*escritor*) äußerst produktiv

prolijo, **-a** [pro'lixo, -a] *adj* **1.** (*extenso*) weitschweifig **2.** (*esmerado*) minuziös **3.** (*cargante*) umständlich

prólogo ['proloɣo] *m* (*de libro*) Vorwort *nt;* (TEAT, DEP) Prolog *m*

prolongación [prolonga'θjon] *f* Verlängerung *f;* (*de decisión*) Hinauszögerung *f*

prolongado, **-a** [prolon'gaðo, -a] *adj* länglich; **un sobre** ~ ein Umschlag im Querformat

prolongar [prolon'gar] <g→gu> **I.** *vt* verlängern; (*decisión*) hinauszögern; (*un estado*) in die Länge ziehen **II.** *vr:* ~**se** sich verlängern; (*un estado*) sich in die Länge ziehen; (*reunión*) länger dauern; **la fiesta se prolongó hasta bien entrada la noche** das Fest dauerte bis tief in die Nacht; **las negociaciones se están prolongando demasiado** die Verhandlungen ziehen sich zu sehr in die Länge

promediar [prome'ðjar] **I.** *vt* **1.** (*repartir*) halbieren **2.** (*sacar promedio*) den Durchschnitt ermitteln +*gen* **II.** *vi* **1.** (*mediar*) vermitteln **2.** (*temporal*): **antes de** ~ **el año** in der ersten Jahreshälfte; **promediaba el mes cuando...** es war Mitte des Monats, als ...

promedio [pro'meðjo] *m* Durchschnitt *m;* **veo la tele un** ~ **de dos horas al día** ich sehe jeden Tag durchschnittlich zwei Stunden fern

promesa [pro'mesa] *f* Versprechen *nt;* (REL) Gelübde *nt;* ~ **de matrimonio** Verlobung *f;* **el director me ha dado su** ~ **de que...** der Direktor hat mir zugesagt, dass ...

prometedor(**a**) [promete'ðor(a)] *adj* viel versprechend

prometer [prome'ter] **I.** *vt* versprechen; (REL) geloben; **te prometo que lo haré** du kannst dich darauf verlassen, dass ich es tue; **te prometo por mis muertos que...** ich gebe dir mein Ehrenwort, dass ...; ~ **el oro y el moro** das Blaue vom Himmel versprechen; **lo prometido es deuda** (*prov*) was man verspricht, muss man auch halten **II.** *vi:* **este negocio promete** das ist ein viel versprechendes Geschäft **III.** *vr:* ~**se** **1.** (*novios*) sich verloben **2.** (*esperar*) sich *dat* versprechen; **prometérselas muy felices** sich *dat* viel versprechen

prometido, **-a** [prome'tiðo, -a] *m, f* Verlobte(r) *mf*

prominencia [promi'nen̪θja] *f* **1.** (*abultamiento*) hervortretende Stelle *f* **2.** (*del terreno*) Anhöhe *f* **3.** (MED) Auswuchs *m*

prominente [promi'nen̪te] *adj* **1.** (*pómulo*) vorstehend; (*nariz*) vorspringend **2.** (*persona*) hervorragend

promiscuidad [promiskwi'ðaᶞ] *f* **1.** (*mezcla*) Mischung *f* **2.** (*de sexos*): **aboga a favor de la** ~ **de sexos en las escuelas** er/sie ist für gemischte Schulen **3.** (*sexual*) Promiskuität *f*

promiscuo, **-a** [pro'miskwo, -a] *adj* **1.** (*pey: mezclado*) gemischt **2.** (*ambiguo*) zweideutig **3.** (*sexualmente*) promiskuitiv

promoción [promo'θjon] *f* **1.** (*de empresa/alguien*) Förderung *f* **2.** (*de categoría*) Beförderung *f* **3.** (*de producto/película, t.* DEP) Promotion *f* **4.** (*de licenciados*) Jahrgang *m*

promocionar [promoθjo'nar] **I.** *vt* **1.** (*a empresa/alguien*) fördern **2.** (*de categoría*) befördern **3.** (*producto, película*) werben (für +*akk*); **está promocionando su nueva película** er/sie ist auf Promotiontour für seinen/ihren neuen Film **II.** *vi* (DEP) um den Aufstieg spielen

promontorio [promon̪'torjo] *m* **1.** (*terre-*

no) Anhöhe *f;* (*montes*) Vorgebirge *nt* **2.** (*de papeles*) Stapel *m*

promotor(a) [promo'tor(a)] *m(f)* **1.** (*de altercado*) Anstifter(in) *m(f),* Rädelsführer(in) *m(f)* **2.** (*patrocinador*) Förderer, -in *m, f;* (*deportivo, artístico*) Promoter(in) *m(f);* (*de espectáculo*) Veranstalter(in) *m(f)*

promover [promo'βer] <o→ue> *vt* **1.** (*querella*) erheben; (*proceso*) anstrengen; (*recurso*) einlegen **2.** (*en el cargo*) befördern **3.** (*escándalo, aplausos*) auslösen; (*altercado*) anfangen

promulgación [promulɣa'θjon] *f* Verkündung *f;* (*divulgación*) Verbreitung *f*

promulgar [promul'ɣar] <g→gu> *vt* verkünden; (*divulgar*) verbreiten

pronombre [pro'nombre] *m* Pronomen *nt*

pronominal [pronomi'nal] *adj* pronominal, Pronominal-; **verbo ~** reflexives Verb

pronosticar [pronosti'kar] <c→qu> *vt* vorhersagen

pronóstico [pro'nostiko] *m* Voraussage *f;* (ECON, MED) Prognose *f;* (DEP) Tipp *m;* **lesiones de ~ reservado** ziemlich schwere Verletzungen

prontitud [pron̩ti'tuᵈ] *f* **1.** (*celeridad*) Schnelligkeit *f;* (*de ejecución*) Promptheit *f* **2.** (*de ingenio*) Scharfsinn *m*

pronto, -a[1] ['pron̩to, -a] *adj* **1.** (*rápido*) prompt; (*despierto*) flink; **inteligencia pronta** wache Intelligenz **2.** (*dispuesto*) bereit; **estar ~** (*CSur*) fertig sein

pronto[2] ['pron̩to] **I.** *adv* **1.** (*rápido*) prompt **2.** (*enseguida*) bald; (*inmediatamente*) gleich **3.** (*temprano*) früh **4.** (*loc*): **al ~** sofort; **de ~** auf einmal; **¡hasta ~!** bis bald!; **por de** [*o* **lo**] **~** fürs erste **II.** *conj:* **tan ~ como** sobald; **tan ~ como llegaron/lleguen** sobald sie ankamen/ankommen

prontuario [pron̩'twarjo] *m* **1.** (*resumen*) Abriss *m* **2.** (*manual*) Handbuch *nt*

pronunciación [pronun̩θja'θjon] *f* **1.** (LING) Aussprache *f* **2.** (JUR) Verlesung *f*

pronunciado, -a [pronun̩'θjaðo, -a] *adj* ausgesprochen; (*marcado*) ausgeprägt; **arrugas pronunciadas** tiefe Falten; **una curva pronunciada** eine scharfe Kurve; **rasgos ~s** markante (Gesichts)züge

pronunciamiento [pronun̩θja'mjen̩to] *m* **1.** (*alzamiento*) Putsch *m* **2.** (JUR) Fällung *f;* **~ judicial** Richterspruch *m;* **~ de sentencia** Urteilsverkündung *f*

pronunciar [pronun̩'θjar] **I.** *vt* **1.** (*articular*) aussprechen; **~ un brindis por alguien** auf jdn einen Trinkspruch ausbringen; **~ un discurso** eine Rede halten; **~ unas palabras** ein paar Worte sprechen; **~ sentencia** das Urteil verkünden **2.** (*resaltar*) betonen **II.** *vr:* **~se** **1.** (*levantarse*) putschen **2.** (*apoyar*) sich aussprechen **3.** (*opinar*) Stellung nehmen (*sobre* zu +*dat*) **4.** (*acentuarse*) ausgeprägter werden

propagación [propaɣa'θjon] *f* **1.** (*multiplicación*) Vermehrung *f;* (*reproducción*) Fortpflanzung *f* **2.** (*extensión*) Verbreitung *f;* (*transmisión*) Ausbreitung *f*

propaganda [propa'ɣan̩da] *f* **1.** (MIL, POL) Propaganda *f* **2.** (*publicidad*) Werbung *f;* (*promoción*) Publicity *f*

propagar [propa'ɣar] <g→gu> **I.** *vt* **1.** (*multiplicar*) vermehren; (*reproducir*) fortpflanzen **2.** (*extender, divulgar*) verbreiten; **~ un rumor** ein Gerücht in die Welt setzen **II.** *vr:* **~se** **1.** (*multiplicarse*) sich vermehren; (*reproducirse*) sich fortpflanzen **2.** (*extenderse, divulgarse*) sich verbreiten; (*incendio, enfermedad*) sich ausbreiten; (*epidemia*) grassieren; (*propalarse*) ruchbar werden **3.** (*transmitirse*) sich übertragen

propalar [propa'lar] **I.** *vt* verbreiten **II.** *vr:* **~se** ruchbar werden

propano [pro'pano] *m* Propan(gas) *nt*

propasar [propa'sar] **I.** *vt* überschreiten **II.** *vr:* **~se** (*extralimitarse*) zu weit gehen; (*excederse*) über das Ziel hinausschießen (*en* bei +*dat*); **~se con alguien** jdm an die Wäsche wollen

propender [propen̩'der] *vi* neigen (*a* zu +*dat*); (MED) anfällig sein (*a* für +*akk*)

propensión [propen'sjon] *f* Neigung *f* (*a* zu +*dat*); (MED) Anfälligkeit *f* (*a* für +*akk*); **~ al consumo** Konsumbereitschaft *f;* **tener gran ~ a resfriarse** sich sehr leicht erkälten

propenso, -a [pro'penso, -a] *adj* (*a enfermedades*) anfällig (*a* für +*akk*); (*dispuesto*) bereit (*a* zu +*dat*); **ser ~ a algo** zu etw *dat* neigen

propiamente [propja'men̩te] *adv* eigentlich; (*realmente*) wirklich; (*exactamente*) genau; **~ dicho** genau genommen

propiciar [propi'θjar] **I.** *vt* **1.** (*aplacar*) versöhnen **2.** (*favorecer*) begünstigen; (*posibilitar*) ermöglichen; **el viento propició la extensión de las llamas** durch den Wind griff der Brand um sich **II.** *vr:* **~se** (*conseguir*) gewinnen; **con sus palabras se propició el respeto de todos** seine Worte verschafften ihm/ihr bei allen Respekt

propicio, -a [pro'piθjo, -a] *adj* **1.** (*favorable*) günstig; **en el momento ~** im günstigsten Moment **2.** (*dispuesto*) bereit (*a* zu +*dat*); **mostrarse (poco) ~ a/para...** sich (wenig) geneigt zeigen zu ...

propiedad [propje'ðaᵈ] *f* **1.** (*pertenencia*) Eigentum *nt;* (*inmuebles*) Besitz *m;* (*derechos*) Urheberrecht *nt;* **~ exclusiva** Alleinbesitz *m;* **~ horizontal** Wohnungseigentum *nt;* ~ **industrial/intelectual** gewerbliches/geistiges Eigentum; ~ **(in)mobiliaria** (Im)mobilien *pl;* ~ **rústica** landwirtschaftlicher Grundbesitz; **un piso de mi** ~ eine Eigentumswohnung; **en** ~ Eigentums-; **ser** ~ **de alguien** jdm gehören **2.** (*cualidad, t.* FÍS) Eigenschaft *f;* ~**es** Beschaffenheit *f* **3.** (*corrección*) Richtigkeit *f;* (*exactitud*) Genauigkeit *f;* **expresarse con** ~ sich treffend ausdrücken

propietario, -a [propje'tarjo, -a] **I.** *adj* besitzend **II.** *m, f* Eigentümer(in) *m(f);* (*terrateniente*) Grundbesitzer(in) *m(f);* (*casero*) Vermieter(in) *m(f)*

propina [pro'pina] *f* Trinkgeld *nt;* **de** ~ (*fig*) obendrein

propinar [propi'nar] *vt* (*golpes*) versetzen

propio, -a ['propjo, -a] *adj* **1.** (*de uno mismo*) eigene(r, s); **con la propia mano** eigenhändig; **con sus propias manos** mit eigenen Händen; **entregar en propia mano** persönlich übergeben; **en defensa propia** in Notwehr; **es tu propia culpa** du bist selbst schuld; **lo he visto con mis** ~**s ojos** ich habe es mit eigenen Augen gesehen; **tengo piso** ~ ich habe eine Eigentumswohnung **2.** (*mismo*) selbst; **lo** ~ dasselbe; **el** ~ **interesado** der Interessent selbst; **al** ~ **tiempo** zur gleichen Zeit; **nombre** ~ (LING) Eigenname *m* **3.** (*característico*) eigen(tümlich); **los productos** ~**s del país** die heimischen Produkte des Landes; **eso (no) es** ~ **de ti** das passt (nicht) zu dir **4.** (*apropiado*) angemessen

proponer [propo'ner] *irr como poner* **I.** *vt* **1.** (*sugerir, presentar*) vorschlagen (*como* als +*akk, para* für +*akk*); ~ **un brindis por alguien** auf jdn ein Hoch ausbringen **2.** (*plantear*) stellen; ~ **un acertijo** ein Rätsel aufgeben; ~ **una cuestión** eine Frage aufwerfen **3.** (*solicitar*) beantragen **II.** *vr:* ~**se** sich *dat* vornehmen; (*tener intención*) vorhaben; **¿qué te propones?** was hast du eigentlich vor?

proporción [propor'θjon] *f* **1.** (*relación*) Verhältnis *nt;* **no guardar** ~ **con algo** in keinem Verhältnis zu etw *dat* stehen **2.** (*porcentaje*) Anteil *m* **3.** *pl* (*dimensión*) Ausmaß *nt;* **un accidente de enormes proporciones** ein Unfall größten Ausmaßes

proporcional [proporθjo'nal] *adj* proportional; (*relativo*) anteilig; **reparto** ~ proportionale Verteilung; **sistema** ~ (POL) Verhältniswahlsystem *nt*

proporcionar [proporθjo'nar] *vt* **1.** (*dar proporción*) proportionieren; (*adecuar*) anpassen (*a* an +*akk*) **2.** (*repartir*) proportional aufteilen **3.** (*facilitar*) beschaffen; (*conseguir*) besorgen; (*procurar*) verschaffen; (*crear*) schaffen; (*producir*) bringen; ~ **víveres a alguien** jdn mit Lebensmitteln versorgen **4.** (*ocasionar*) bewirken; ~ **disgustos a alguien** jdm Sorgen bereiten

proposición [proposi'θjon] *f* **1.** (*propuesta*) Vorschlag *m;* (*solicitud*) Antrag *m;* (*oferta*) Angebot *nt;* ~ **de ley** Gesetzesvorlage *f;* ~ **de matrimonio** Heiratsantrag *m* **2.** (*oración*) Satz *m*

propósito [pro'posito] **I.** *m* **1.** (*intención*) Absicht *f;* (*plan*) Plan *m;* **buenos** ~**s** gute Vorsätze; **tener el** ~ **de...** vorhaben zu ... **2.** (*objetivo*) Ziel *nt* **3.** (*loc*): **a** ~ (*adrede*) absichtlich; (*adecuado*) angemessen; (*por cierto*) übrigens; **fuera de** ~ unangebracht; **¡a** ~**! tu hermana viene mañana** apropos, deine Schwester kommt morgen **II.** *prep:* **a** ~ **de** über +*akk*

propuesta [pro'pwesta] *f* (*proposición*) Vorschlag *m;* (*solicitud*) Antrag *m;* (*oferta*) Angebot *nt;* (*recomendación*) Empfehlung *f;* (*presentación*) Aufstellung *f;* ~ **global** Verhandlungspaket *nt;* **a** ~ **de alguien** auf jds Antrag hin; **formular una** ~ einen Antrag stellen

propugnar [propuɣ'nar] *vt* (*defender*) verfechten; (*apoyar*) eintreten (für +*akk*); (*promover*) fördern

propulsar [propul'sar] *vt* **1.** (TÉC) antreiben **2.** (*fomentar*) fördern

propulsión [propul'sjon] *f* (TÉC) Antrieb *m;* ~ **delantera/trasera** (AUTO) Vorderrad-/Hinterradantrieb *m;* ~ **a hélice** Propellerantrieb *m;* ~ **por reacción** Düsenantrieb *m;* ~ **total** (AUTO) Allradantrieb *m*

prorrata [pro'rrata] *f* (*parte*) Anteil *m;* (*cuota*) Rate *f*

prórroga ['prorroɣa] *f* **1.** (*prolongación*) Verlängerung *f;* (ECON) Stundung *f;* ~ **de pago** Zahlungsaufschub *m* **2.** (*dilatoria*) Aufschub *m;* (*retraso*) Verschiebung *f;* (*aplazamiento*) Verlegung *f;* (*cambio de fecha*) Vertagung *f*

prorrogación [prorroɣa'θjon] *f* Verlängerung *f*

prorrogar [prorro'ɣar] <g→gu> *vt* **1.** (*prolongar*) verlängern; (ECON) stunden **2.** (*dilatar*) aufschieben; (*retrasar*) verschieben; (*aplazar*) verlegen; (*cambiar de fecha*) vertagen; (JUR) prorogieren

prorrumpir [prorrum'pir] *vi* **1.** (*salir*) hervorbrechen **2.** (*estallar*) ausbrechen

prosa ['prosa] *f* Prosa *f;* **texto en** ~ Prosatext *m*

prosaico, -a [pro'sai̯ko, -a] *adj* prosaisch

prosapia [pro'sapja] *f* Abstammung *f;* **de mucha** ~ ad(e)lig

proscribir [proskri'βir] *irr como escribir vt* ächten

proscrito, -a [pros'krito, -a] **I.** *pp de* **pros-**

cribir II. *m, f* Geächtete(r) *mf*

prosecución [proseku'θjon] *f* **1.** (*continuación*) Fortsetzung *f* **2.** (*de un fin, t.* JUR) Verfolgung *f;* ~ **criminal** Strafverfolgung *f*

prosecutor(a) [proseku'tor(a)] *m(f)* (JUR) öffentlicher Ankläger *m,* öffentliche Anklägerin *f*

proseguir [prose'ɣir] *irr como seguir* **I.** *vi* (*alguien*) weitermachen; (METEO) anhalten; ~ **con** [*o* **en**] **algo** (*mantener*) etw beibehalten; (*continuar con*) etw fortsetzen **II.** *vt* **1.** (*continuar*) fortsetzen **2.** (*un fin*) verfolgen **3.** (JUR) verfolgen; ~ **diligencias** das Strafmaß ermitteln

prosista [pro'sista] *mf* Prosaschriftsteller(in) *m(f)*

prospección [prospeɣ'θjon] *f* (MIN) Prospektierung *f;* ~ **petrolífera** Erdölsuche *f;* ~ **de mercado** (ECON) Marktforschung *f*

prospecto [pros'pekto] *m* (*folleto*) Prospekt *m o nt;* (*de instrucciones*) Bedienungsanleitung *f;* (*informativo*) Broschüre *f;* (*de un medicamento*) Packungsbeilage *f*

prosperar [prospe'rar] *vi* **1.** (*crecer*) gedeihen; (*avanzar*) gut vorankommen; (*florecer*) florieren; (*tener éxito*) Erfolg haben **2.** (*imponerse*) sich einbürgern

prosperidad [prosperi'ðad] *f* (*bienestar*) Wohlstand *m;* ~ **económica** Wirtschaftsaufschwung *m*

próspero, -a ['prospero, -a] *adj* **1.** (*feliz*) glücklich; **¡P~ Año Nuevo!** frohes neues Jahr!; (*brindis*) prosit Neujahr! **2.** (*floreciente*) florierend **3.** (*rico*) wohlhabend; (*con éxito*) erfolgreich

próstata ['prostata] *f* Prostata *f*

prosternarse [proster'narse] *vr* sich niederwerfen

prostíbulo [pros'tiβulo] *m* Bordell *nt*

prostitución [prostitu'θjon] *f* Prostitution *f;* **ejercer la** ~ der Prostitution nachgehen

prostituir [prostitu'ir] *irr como huir* **I.** *vt* auf den Strich schicken **II.** *vr:* ~**se** auf den Strich gehen; (*fig*) sich prostituieren; (*denigrarse*) sich erniedrigen

prostituto, -a [prosti'tuto, -a] *m, f* Prostituierte(r) *mf*

protagonista [protaɣo'nista] **I.** *adj:* **la actriz** ~ die Hauptdarstellerin; **el papel** ~ die Hauptrolle **II.** *mf* Hauptperson *f;* (CINE, TEAT) Hauptdarsteller(in) *m(f);* (LIT) (Roman)held(in) *m(f)*

protagonizar [protaɣoni'θar] <z→c> *vt* (*un papel*) spielen; **un gran actor protagoniza esta película** in diesem Film spielt ein namhafter Schauspieler die Hauptrolle

protección [proteɣ'θjon] *f* Schutz *m;* (*recubrimiento*) Abdeckung *f;* (*apoyo*) Unterstützung *f;* (*mecenazgo, t.* POL) Protektion *f;* (MIL) Deckung *f;* (*patrocinio*) Schirmherrschaft *f;* ~ **acústica** Lärmschutz *m;* ~ **antiaérea** Luftschutz *m;* ~ **anticopia** Kopierschutz *m;* ~ **contra incendios** Brandschutz *m;* ~ **a la maternidad** Mutterschutz *m;* ~ **del medio ambiente** Umweltschutz *m;* ~ **de menores** Jugendschutz *m;* ~ **sanitaria** Gesundheitsschutz *m;* **ser de alta** ~ (*crema*) einen hohen Schutzfaktor haben; **poner a alguien bajo** ~ jdn unter Schutz stellen; **tomar a alguien bajo su** ~ jdn in Schutz nehmen

protector(a)[1] [protek'tor(a)] **I.** *adj* schützend; **casco** ~ Schutzhelm *m;* **sociedad** ~**a de animales** Tierschutzverein *m* **II.** *m(f)* (*persona*) Beschützer(in) *m(f);* (*mecenas*) Gönner(in) *m(f);* (*proxeneta*) Zuhälter *m;* (POL) Protektor(in) *m(f);* (*patrocinador*) Schirmherr(in) *m(f)*

protector[2] [protek'tor] *m* Schutz *m;* ~ **labial** Lippen(schutz)pomade *f;* ~ **solar** Sonnen(schutz)creme *f*

protectorado [protekto'raðo] *m* Protektorat *nt*

proteger [prote'xer] <g→j> **I.** *vt* **1.** (*resguardar*) (be)schützen (*de/contra* vor +*dat*) **2.** (*asegurar*) (ab)sichern **3.** (ECOL) unter Naturschutz stellen; (*como mecenas*) fördern **4.** (POL) protegieren **II.** *vr:* ~**se** sich schützen (*de/contra* vor +*dat*); ~**se los ojos** seine Augen schützen

protegido, -a [prote'xiðo, -a] **I.** *adj* geschützt; ~ **contra escritura** (INFOR) schreibgeschützt; ~ **contra el uso indebido** missbrauchgeschützt; ~ **por patente** patentgeschützt **II.** *m, f* Protegé *m;* (*pupilo*) Mündel *nt*

proteína [prote'ina] *f* Protein *nt*

prótesis ['protesis] *f inv* Prothese *f;* ~ **auditiva** Hörgerät *nt*

protesta [pro'testa] *f* **1.** (*queja*) Protest *m* **2.** (JUR) Einspruch *m* **3.** (*aseveración*) Beteuerung *f*

protestante [protes'tante] **I.** *adj* (REL) protestantisch **II.** *mf* (REL) Protestant(in) *m(f)*

protestar [protes'tar] **I.** *vi* **1.** (*oponerse, quejarse*) protestieren **2.** (*aseverar*) beteuern (*de* +*akk*) **II.** *vt* **1.** (*confesar*) bekennen **2.** (JUR) anfechten

protestón, -ona [protes'ton, -ona] **I.** *adj* (*fam*) nörglerisch **II.** *m, f* (*fam*) Meckerfritze, -liese *m, f*

protocolo [proto'kolo] *m* Protokoll *nt*

protón [pro'ton] *m* Proton *nt*

prototipo [proto'tipo] *m* Prototyp *m*

protuberancia [protuβe'ranθja] *f* Höcker *m;* (*bulto*) Wulst *m o f;* (*excrecencia*) Auswuchs *m*

protuberante [protuβe'rante] *adj* hervortretend

provecho [pro'βetʃo] *m* **1.** (*aprovechamien-*

to) Nutzen *m;* (*ventaja*) Vorteil *m;* (*producto*) Ertrag *m;* (*beneficio*) Gewinn *m;* **propio** ~ Eigennutz *m;* **de** ~ von Nutzen; **nada de** ~ nichts Brauchbares; **en** ~ **de alguien** zu jds Wohl(e); **sacar** ~ **de algo** aus etw *dat* Nutzen ziehen; **sacar** ~ **de alguien** jdn ausnutzen **2.** (*progreso*) Fortschritt *m;* (*mejora*) Besserung *f* **3.** (*de alimentos*) Bekömmlichkeit *f;* **¡buen** ~**!** guten Appetit!; **hacer** (**buen**) ~ gut bekommen

provechoso, -a [proβe'ʧoso, -a] *adj* einträglich; (*productivo*) ertragreich; (*útil*) nützlich; (*ventajoso*) vorteilhaft; (*saludable*) gesund; (*digestivo*) bekömmlich

proveedor(a) [proβe(e)'ðor(a)] **I.** *adj* Liefer- **II.** *m(f)* Lieferant(in) *m(f)*

proveer [pro'βer/proβe'er] *irr* **I.** *vi* sorgen (*a* für +*akk*); ~ **a las necesidades de alguien** jdn versorgen; **¡Dios** ~**á!** der Herrgott wird's schon richten! **II.** *vt* **1.** (*abastecer*) versorgen (*de* mit +*dat*); (*equipar*) ausstatten (*de* mit +*dat*); (*dotar*) versehen (*de* mit +*dat*); (*suministrar*) beliefern (*de* mit +*dat*) **2.** (*un puesto*) besetzen; (*conceder*) vergeben **3.** (JUR) entscheiden (*sobre* über +*akk*) **III.** *vr:* ~**se** sich eindecken (*de* mit +*dat*)

proveniente [proβe'njen̪te] *adj:* **el tren** ~ **de Madrid** der Zug aus Madrid

provenir [proβe'nir] *irr como venir vi* herkommen (*de* von +*dat*); (*proceder*) herrühren (*de* von +*dat*); (*ser originario*) stammen (*de* aus +*dat*)

proverbial [proβer'βjal] *adj* sprichwörtlich; (*sabido*) allgemein bekannt

proverbio [pro'βerβjo] *m* Sprichwort *nt;* (*pensamiento*) Spruch *m*

providencia [proβi'ðen̪θja] *f* **1.** (*prevención*) Vorsehung *f* **2.** (*medida*) Vorsorge *f* **3.** (JUR) Verfügung *f;* (*disposición*) Entscheidung *f;* ~ **ejecutoria** Vollstreckungsbescheid *m*

provincia [pro'βin̪θja] *f* Provinz *f;* (*Arg: estado*) (Glied)staat *m;* **ciudad de** ~**s** Kleinstadt *f*

> Die 17 **Comunidades Autonómas** Spaniens sind in 52 **provincias** untergliedert. So besteht, beispielsweise, die Comunidad de Castilla-León aus den folgenden neun **provincias**: **Ávila, Burgos, León, Palencia, Salamanca, Segovia, Soria, Valladolid** und **Zamora**.

provincial [proβin̪'θjal] **I.** *adj* Provinz(ial)-; **capital** ~ Provinzhauptstadt *f;* **delegación** ~ Provinzialbehörde *f* **II.** *m* (REL) Provinzial *m*

provinciano, -a [proβin̪'θjano, -a] **I.** *adj* provinziell; (*pey*) provinzlerisch **II.** *m, f* Provinzbewohner(in) *m(f);* (*pey*) Provinzler(in) *m(f)*

provisión [proβi'sjon] *f* **1.** (*reserva*) Vorrat *m;* **provisiones** Proviant *m* **2.** (*suministro*) Versorgung *f* **3.** (*cobertura*) Deckung *f;* (*reserva*) Rücklage *f* **4.** (*comisión*) Provision *f* **5.** (*medida*) Vorsichtsmaßnahme *f* **6.** (*de un cargo*) Besetzung *f* **7.** (JUR) Anordnung *f*

provisional [proβisjo'nal] *adj* provisorisch; (*temporal*) vorläufig; **gobierno** ~ Interimsregierung *f;* **medida** ~ Übergangslösung *f*

provisto, -a [pro'βisto, -a] **I.** *pp de* **proveer** **II.** *adj:* ~ **al efecto** dafür vorgesehen

provocación [proβoka'θjon] *f* **1.** (*ataque*) Provokation *f;* (*instigación*) Anstiftung *f* **2.** (*causa*) Hervorrufen *nt;* (MED) Auslösen *nt*

provocador(a)[1] [proβoka'ðor(a)] **I.** *adj* provokant; (*excitante*) aufreizend; (MED) auslösend **II.** *m(f)* (POL) Provokateur(in) *m(f)*

provocador[2] [proβoka'ðor] *m* Auslöser *m;* (MED) Erreger *m*

provocar [proβo'kar] <c→qu> **I.** *vt* **1.** (*incitar*) provozieren; (*irritar*) aufregen; (*excitar*) aufreizen; (*instigar*) anstiften; (POL) aufwiegeln; **¡no me provoques!** geh mir nicht auf die Nerven!; (*advertencia*) ich warne dich! **2.** (*causar*) provozieren; (MED) auslösen; (*artificialmente*) einleiten; ~ **risa a alguien** jdn zum Lachen bringen; ~ **lástima a alguien** jds Mitleid erregen; ~ **un cambio/una guerra** zu einer Wende/einem Krieg führen; ~ **una escena** eine Szene machen; ~ **un incendio** einen Brand verursachen **II.** *vi* (*Am: apetecer*): (**no**) **me provoca** ich habe (keine) Lust

provocativo, -a [proβoka'tiβo, -a] *adj* provokativ; (*excitante*) aufreizend

proxeneta [proˠse'neta] *mf* (*de prostitutas*) Zuhälter *m;* (*alcahuete*) Kuppler(in) *m(f)*

próximamente [proˠsima'men̪te] *adv* demnächst

proximidad [proˠsimi'ðaᵈ] *f* **1.** (*cercanía*) Nähe *f;* ~**es** Nachbarschaft *f;* **en las** ~**es** in der Nähe **2.** (*parentesco*) Verwandtschaftsgrad *m*

próximo, -a ['proˠsimo, -a] *adj* **1.** (*cercano*) nahe (*a* bei/zu +*dat*); (*local*) nahe gelegen; (*temporal*) nahe bevorstehend; **en fecha próxima** demnächst; **estar** ~ **a...** drauf und dran sein zu ... **2.** (*siguiente*) nächste(r, s); **el** ~ **año** nächstes Jahr; **el** ~ **viernes** am nächsten Freitag; **el** ~ **3 de octubre** am 3. Oktober diesen Jahres; **la próxi-**

P

ma vez nächstes Mal; **¡hasta la próxima!** bis bald!; ~ **al próximo tema** zum nächsten Thema übergehen

proyección [proɟeʏ'θjon] *f* **1.** (FÍS, FOTO, CINE) Projektion *f;* (*sesión*) Vorführung *f;* (*lanzamiento*) Werfen *nt;* (*impulso*) Schleudern *nt;* ~ **de sombras** Schattenwurf *m* **2.** (*cartografía*) Projektion *f* **3.** (ARQUIT, MAT) Grundriss *m* **4.** (*influencia*) Einfluss *m;* (*orientación*) Orientierung *f;* **una empresa de ~ internacional** eine weltweit orientierte Firma **5.** (*proyecto*) Planung *f*

proyectable [proɟek'taβle] *adj:* **asiento ~** (AERO) Schleudersitz *m*

proyectar [proɟek'tar] **I.** *vt* **1.** (FÍS, FOTO, CINE) projizieren; (*lanzar*) werfen (*hacia* auf +*akk*); (*impulsar*) schleudern (*hacia* gegen +*akk*); ~ **luz/sombra** Licht/Schatten werfen **2.** (*planear*) planen; (*diseñar*) entwerfen; (TÉC) konstruieren **3.** (*proponerse*) vorhaben **II.** *vr:* ~**se 1.** (*luz, sombra*) fallen (*sobre* auf +*akk*) **2.** (PSICO) sich projizieren (*en* auf +*akk*) **3.** (*orientarse*) sich orientieren

proyectil [proɟek'til] *m* Geschoss *nt;* ~ **anticarro** Panzerabwehrgeschoss *nt*

proyecto [pro'ɟekto] *m* Projekt *nt;* (*proyección*) Planung *f;* (*borrador*) Entwurf *m;* (*pormenorizado*) Ausarbeitung *f;* (*propuesta*) Vorschlag *m;* ~ **fin de carrera** (UNIV) Diplomarbeit *f;* (*en Letras*) Magisterarbeit *f;* ~ **de gobierno** Kabinettsentwurf *m;* ~ **de ley** Gesetz(es)entwurf *m;* **en ~** geplant; **tener ~s** Pläne haben; **tener algo en ~** etw vorhaben

proyector [proɟek'tor] *m* (FOTO, CINE) Projektor *m;* (*lanzador*) Werfer *m;* ~ **de cine** Filmprojektor *m;* ~ **de luz** Scheinwerfer *m;* ~ **de luz diurna** Tageslichtprojektor *m*

prudencia [pru'ðen̩θja] *f* **1.** (*precaución*) Vorsicht *f;* (*previsión*) Bedachtsamkeit *f;* (*cautela*) Behutsamkeit *f* **2.** (*cordura*) Vernunft *f;* (*astucia*) Klugheit *f* **3.** (*moderación*) Mäßigkeit *f*

prudencial [pruðen̩'θjal] *adj* (*razonable*) vernünftig; (*adecuado*) angebracht; (*previsor*) bedachtsam; **una cantidad ~** eine angemessene Menge

prudenciarse [pruðen̩'θjarse] *vr* (*Am*) **1.** (*ser prudente*) vorsichtig sein **2.** (*moderarse*) sich mäßigen **3.** (*conservar la calma*) Ruhe bewahren

prudente [pru'ðen̩te] *adj* **1.** (*precavido*) vorsichtig; (*previsor*) bedacht; (*cauteloso*) behutsam **2.** (*razonable*) vernünftig; (*avisado*) klug **3.** (*adecuado*) angemessen

prueba ['prweβa] *f* **1.** (*examen*) Prüfung *f;* (*test*) Test *m;* (*experimento*) Versuch *m;* (*comprobación*) Probe *f;* (*ensayo*) Erprobung *f;* (DEP: *competición*) Wettkampf *m;* (*de ropa*) Anprobe *f;* (TIPO) Probeabzug *m;* (TÉC) Probelauf *m;* ~ **de acceso** Aufnahmeprüfung *f;* ~ **de alcoholemia** (Blut)alkoholtest *m;* ~ **de aptitud** Eignungstest *m;* ~ **al azar** Stichprobe *f;* ~ **de azúcar en la sangre** Blutzuckertest *m;* ~ **clasificatoria/eliminatoria** Qualifikations-/Ausscheidungsspiel *nt;* ~ **de degustación** Kostprobe *f;* (*cata*) Weinprobe *f;* ~ **de fuego** (*fig*) Feuerprobe *f;* ~ **de imprenta** Druckfahne *f;* ~**s nucleares** Atomversuche *mpl;* **período de ~** Probezeit *f;* **poner a ~** auf die Probe stellen; **someter a ~** einer Prüfung unterziehen; **sufrir una dura ~** eine schwere Prüfung durchmachen; **a ~ de agua** wasserdicht; **a ~ de balas** kugelsicher; **a ~ de robo** diebstahlsicher; **a título de ~** zur Probe; **a toda ~** voll erprobt; (*fig*) mit allen Wassern gewaschen **2.** (*testimonio*) Beweis *m;* (*verificación*) Nachweis *m;* ~ **circunstancial** Indizienbeweis *m;* ~ **documental** Urkundenbeweis *m;* **dar ~s de afecto** Zuneigung beweisen; **en ~ de nuestro reconocimiento** als Zeichen unserer Anerkennung; **presentar la ~** den Nachweis erbringen; **ser ~ de algo** ein Beweis für etw sein; **tener ~s de que...** beweisen können, dass ...

prurito [pru'rito] *m* **1.** (*picor*) Juckreiz *m* **2.** (*afán*) innerer Ansporn *m*

Prusia ['prusja] *f* Preußen *nt*

prusiano, -a [pru'sjano, -a] **I.** *adj* preußisch **II.** *m, f* Preuße, -in *m, f*

P.S. [pos es'kriptun] *abr de* **post scriptum** PS

(p)seudonónimo [seu'ðonimo] *m* Pseudonym *nt*

(p)sicoanálisis [sikoa'nalisis] *m sin pl* Psychoanalyse *f*

(p)sicoanalista [sikoana'lista] *mf* Psychoanalytiker(in) *m(f)*

(p)sicodélico, -a [siko'ðeliko, -a] *adj* psychedelisch

(p)sicofármaco [siko'farmako, -a] *m* Psychopharmakon *nt*

(p)sicología [sikolo'xia] *f sin pl* **1.** (*ciencia*) Psychologie *f;* ~ **infantil** Kinderpsychologie *f* **2.** (*vida anímica*) Psyche *f*

(p)sicológico, -a [sikolo'xiko, -a] *adj* psychologisch; **terror ~** Psychoterror *m*

(p)sicólogo, -a [si'koloɣo, -a] *m, f* Psychologe, -in *m, f;* **es muy/poco ~** (*fam*) er ist sehr/wenig einfühlsam

(p)sicópata [si'kopata] *mf* Psychopath(in) *m(f);* ~ **sexual** Triebtäter *m*

(p)sicosis [si'kosis] *f inv* Psychose *f;* ~ **colectiva** Massenpsychose *f*

(p)sicosomático, -a [sikoso'matiko, -a] *adj* psychosomatisch

(p)sicoterapeuta [sikotera'peu̯ta] *mf* Psychotherapeut(in) *m(f)*
(p)sicoterapia [sikote'rapja] *f* Psychotherapie *f*
(p)sique ['sike] *f* Psyche *f*
(p)siquiatra [si'kjatra] *mf* Psychiater(in) *m(f)*
(p)siquiatría [sikja'tria] *f* Psychiatrie *f*
(p)siquiátrico, -a [si'kjatriko, -a] *adj* psychiatrisch
(p)síquico, -a [si'kiko, -a] *adj* psychisch

PSOE, d.h. der **Partido Socialista Obrero Español**, ist die sozialistische Arbeiterpartei in Spanien. Sie regierte 13 Jahre lang, von 1983 bis 1996. In dieser Zeit war ihr Führer, **Felipe González, presidente de gobierno** (Ministerpräsident). Ihr jetziger Führer heißt **Joaquín Almunia**.

pta. [pe'seta] *f* <pt(a)s.> *abr de* **peseta** Pesete *f*
púa ['pua] *f* **1.** (*espina*) Stachel *m* **2.** (*del peine*) Zinke *f;* (*pico*) Zacken *m* **3.** (MÚS) Plektron *nt*
pub [pa$^{\beta}$] <pubs> *m* Pub *m o nt*
púber ['puβer] *adj* geschlechtsreif
pubertad [puβer'ta^{ð}] *f* Pubertät *f*
púbico, -a ['puβiko, -a] *adj* Scham-; **zona púbica** Schamgegend *f*
pubis ['puβis] *m inv* (*zona*) Scham(gegend) *f;* (*hueso*) Schambein *nt*
publicable [puβli'kaβle] *adj* druckreif
publicación [puβlika'θjon] *f* **1.** (*acción*) Veröffentlichung *f;* (*anuncio*) Bekanntmachung *f;* (*proclamación*) Verkündung *f;* (JUR) Offenlegung *f* **2.** (*edición*) Publikation *f;* ~ **reciente** Novität *f*
publicar [puβli'kar] <c→qu> **I.** *vt* veröffentlichen; (*anunciar*) bekannt geben; (JUR) offen legen; (*proclamar*) verkünden **II.** *vr:* ~**se** erscheinen
publicidad [puβliθi'ða^{ð}] *f* **1.** (*carácter público*) Öffentlichkeit *f;* **dar** ~ bekannt machen; **este programa le ha dado mucha** ~ durch diese Sendung ist er/sie sehr bekannt geworden **2.** (*propaganda*) Werbung *f,* Reklame *f;* (*promoción*) Publicity *f;* ~ **disimulada** Schleichwerbung *f;* ~ **sobreimpresa** Werbeeinblendung *f;* ~ **en TV** Fernsehwerbung *f;* **hacer** ~ **de algo** für etw werben
publicista [puβli'θista] *mf* Publizist(in) *m(f)*
publicitario, -a [puβliθi'tarjo, -a] *adj* Werbe-
público, -a[1] ['puβliko, -a] *adj* **1.** (*no privado*) öffentlich; (*estatal*) staatlich; **deuda pública** öffentliche Anleihe; **relaciones públicas** Publicrelations *pl;* **el sector** ~ die öffentliche Hand; **transporte** ~ öffentliche Verkehrsmittel **2.** (*común*) allgemein; **de utilidad pública** gemeinnützig **3.** (*conocido*) allgemein bekannt; **escándalo** ~ öffentlicher Skandal; **hacer** ~ publik machen; **hacerse** ~ bekannt werden; **ser del dominio** ~ allgemein bekannt sein
público[2] ['puβliko] *m* **1.** (*colectividad*) Öffentlichkeit *f;* **en** ~ in aller Öffentlichkeit; **aparecer en** ~ öffentlich auftreten; **el gran** ~ die breite Masse **2.** (*asistente*) Publikum *nt;* **para todos los** ~**s** für jeden Geschmack; (CINE) freigegeben ab 6 Jahren; **abierto/cerrado al** ~ für den Publikumsverkehr geöffnet/geschlossen; **hoy hay poco** ~ heute ist wenig Betrieb
pucha ['putʃa] *interj* (*CSur: caramba*): **¡la ~!** Donnerwetter!
pucherazo [putʃe'raθo] *m* (*electoral*) Wahlbetrug *m*
puchero [pu'tʃero] *m* **1.** (*olla*) Kochtopf *m* **2.** (GASTR) ≈Eintopf *m* **3.** (*fam: alimento*) das tägliche Brot; **hay que ganarse el** ~ man muss ja seine Brötchen verdienen **4.** (*loc*): **hacer** ~**s** eine Schnute ziehen
pucho ['putʃo] *m* (*Am: resto*) Rest *m;* (*colilla*) Zigarettenstummel *m*
pudibundo, -a [puði'βun̦do, -a] *adj* (*pey*) prüde
púdico, -a ['puðiko, -a] *adj v.* **pudoroso**
pudiente [pu'ðjen̦te] *adj* wohlhabend
pudin ['puðin] *m* Pudding *m*
pudor [pu'ðor] *m* **1.** (*recato*) Sittsamkeit *f;* (*decencia*) Züchtigkeit *f;* (*vergüenza*) Schamhaftigkeit *f* **2.** (*modestia*) Bescheidenheit *f*
pudoroso, -a [puðo'roso, -a] *adj* **1.** (*recatado*) sittsam; (*vergonzoso*) schamhaft; (*decente*) züchtig **2.** (*modesto*) bescheiden
pudridero [puðri'ðero, -a] *m* (*estercolero*) Misthaufen *m;* (*muladar*) Mistgrube *f;* (*de cadáveres*) Leichenkammer *f*
pudrir [pu'ðrir] *irr* **I.** *vt* **1.** (*descomponer*) zum Faulen bringen; (*fig*) verderben; **estar podrido de dinero** (*vulg*) vor Geld stinken *fam* **2.** (*fam: molestar*) stinken +*dat* **II.** *vr:* ~**se** (ver)faulen; (*descomponerse*) verrotten; (*estropearse*) vergammeln; (*fig*) verderben; ~**se en la cárcel** (*argot*) im Knast verschimmeln; **¡ahí te pudras!** (*vulg*) von mir aus kannst du verrecken! *fam*
pueblerino, -a [pweβle'rino, -a] **I.** *adj* dörflich; (*pey*) bäurisch **II.** *m, f* Dorfbewohner(in) *m(f);* (*pey*) Bauerntölpel *m*
pueblo ['pweβlo] *m* **1.** (*nación*) Volk *nt;* (*tribu*) Volksstamm *m;* **el** ~ **bajo** das gemeine Volk; **un hombre del** ~ ein Mann aus dem

Volke **2.** (*población*) Dorf *nt;* ~ **costero** Küstenort *m;* ~ **de mala muerte** (*fam*) trostloses Kaff; ~ **joven** (*Am*) Slums *pl;* **de** ~ Land-; (*pey*) bäurisch

puente ['pwen̩te] *m* **1.** (*construcción*) Brücke *f;* ~ **aéreo** Luftbrücke *f;* (AERO) Luftpendelverkehr *m* **2.** (*de las gafas*) Brillensteg *m;* (*de un instrumento*) Steg *m;* ~ **dental** (Zahn)brücke *f* **3.** (NÁUT) Brückendeck *nt;* ~ **de mando** Kommandobrücke *f;* ~ **de maniobras/de paseo** Arbeits-/Promenadendeck *nt* **4.** (ELEC) Überbrückung *f;* **hacer un** ~ **a un coche** ein Auto kurzschließen **5.** (*loc*): **hacer/tener** ~ einen Brückentag machen/haben

puerco, -a ['pwerko, -a] **I.** *adj* **1.** *estar* (*fam: sucio*) saudreckig **2.** *ser* (*indecente*) schweinisch *fam* **II.** *m, f* **1.** (*cerdo*) Schwein *nt;* (*macho*) Eber *m;* (*hembra*) Sau *f;* ~ **espín** Stachelschwein *nt* **2.** (*fam: persona sucia*) Schlamper *m,* Schlampe *f;* (*obsceno*) Schweinigel *m* **3.** (*fam: canalla*) Schweinehund *m*

puericultor(a) [pwerikul̩'tor(a)] *m(f)* (MED) Kinderkrankenpfleger, -schwester *m, f;* (*en la guardería*) Kindergärtner(in) *m(f)*

puericultura [pwerikul̩'tura] *f sin pl* Kinderkrankenpflege *f*

pueril [pwe'ril] *adj* **1.** (*infantil*) kindlich; **edad** ~ Kindesalter *nt* **2.** (*inmaduro*) kindisch

puerro ['pwerro] *m* Lauch *m*

puerta ['pwerta] *f* **1.** (*abertura*) Tür *f;* (*portal*) Pforte *f;* (*portalón*) Tor *nt;* (*acceso*) Zugang *m;* ~ **de la calle** Haustür *f;* ~ **corredera** Schiebetür *f;* ~ **cortafuego** Brandschutztür *f;* ~ **del maletero** Kofferraumklappe *f;* ~ **de servicio** Lieferanteneingang *m;* ~ **de socorro** Notausgang *m;* **día de ~s abiertas** Tag der offenen Tür; **quinta** ~ (AUTO) Heckklappe *f;* **a la ~ de casa** vor der Haustür; **a ~ abierta** (*t.* JUR) öffentlich; **a ~ cerrada** (*t.* JUR) nicht öffentlich; **a las ~s de la muerte** an der Schwelle des Todes; **enseñar la ~ a alguien** jdm die Tür weisen; **estar a las ~s** (*fig*) vor der Tür stehen; **dar a alguien con la ~ en las narices** jdm die Tür vor der Nase zuschlagen; **de ~s adentro** (*fig*) intern; **ir de ~ en ~** von Haus zu Haus gehen; **cerrar las ~s a alguien** (*fig*) jdm den Weg versperren; **poner a alguien en la ~ (de la calle)** jdn vor die Tür setzen; **por la ~ grande** (TAUR: *t. fig*) mit Glanz und Gloria; **tiene todas las ~s abiertas** (*fig*) ihm/ihr stehen alle Türen offen **2.** (DEP) Tor *nt;* **disparo a ~** Torschuss *m*

puerto ['pwerto] *m* **1.** (NÁUT) Hafen *m;* (*ciudad*) Hafenstadt *f;* ~ **deportivo** Jachthafen *m;* ~ **franco** Freihafen *m;* ~ **interior** Binnenhafen *m;* ~ **marítimo** Seehafen *m;* ~ **de matrícula** Heimathafen *m;* **tomar** ~ den Hafen anlaufen **2.** (*de montaña*) Bergpass *m* **3.** (INFOR) Schnittstelle *f;* ~ **para modem** Modemanschluss *m;* ~ **de transmisión en paralelo/en serie** Parallel-/Serienschnittstelle *f* **4.** (*refugio*) Zuflucht *f*

Puerto Rico, ein seit 1952 an die USA assoziierter Staat, besteht aus einer Hauptinsel und mehreren kleinen Inseln, in den Großen Antillen gelegen. Die Hauptstadt Puerto Ricos ist **San Juan**. Die offiziellen Landessprachen sind sowohl **Spanisch** als auch **Englisch**.

puertorriqueño, -a [pwertorri'keɲo, -a] **I.** *adj* puertoricanisch **II.** *m, f* Puertoricaner(in) *m(f)*

pues [pwes] **I.** *adv* **1.** (*entonces*) dann; (*así que*) also; **Ana quiere conocerte – ~ que venga** Ana möchte dich kennen lernen – dann soll sie kommen; **he vuelto a suspender – ~ estudia más** ich bin schon wieder durchgefallen – dann musst du eben mehr lernen; ~ **entonces, nada** dann eben nicht **2.** (*ilativo*) also; ~ **bien** also gut; **la consecuencia es, ~, ...** daraus folgt also ...; **dejémoslo, ~** lassen wir es also lieber sein **3.** (*causal*) nämlich; **estudio alemán – ¡ah, ~ yo también!** ich lerne Deutsch – ach, ich auch!; **yo soy de Salamanca – ~ yo, de Soria** ich komme aus Salamanca – und ich aus Soria; **¿quién es? – ~ no sé** wer ist es? – ich weiß es nicht **4.** (*expletivo*) doch; **¿estuvisteis por fin en Toledo? – ~ no/sí** wart ihr schließlich in Toledo? – nein, doch nicht/ja; **¡~ esto no es nada!** das ist noch gar nichts!; **estoy muy cansado – ~ aún queda mucho camino** ich bin sehr müde – wir haben aber noch eine ziemlich lange Strecke vor uns; **¡qué caro! – ¿sí? ~ a mí me parece barato** wie teuer! – findest du? ich finde es eher billig **5.** (*exclamativo*): **¡~ vaya lata!** so ein Mist!; **¡~ no faltaría más!** das wäre ja noch schöner! **6.** (*interrogativo*): **no voy a salir – ¿~ cómo es eso?** ich gehe nicht aus – wieso das denn?; **¿~ qué quieres?** was willst du denn?; **¿y ~?** ja, und?; **¿~ qué ha pasado?** was ist denn passiert? **7.** (*atenuación*): **¿por qué no viniste a la fiesta? – ~ es que tenía mucho que hacer** warum bist du nicht zur Party gekommen? – tja, ich hatte viel zu tun; **¿nos vemos mañana? – ~ no sé todavía** sehen wir uns morgen? – tja, ich weiß noch nicht **8.** (*insistencia*): ~ **así es** so ist es halt; ~ **claro** aber klar; **¡vamos ~!** na, los!; **¡~ entonces!** na, dann! **II.** *conj* **1.** (*causal*): ~ **no me queda otro remedio, venderé el coche** da mir nichts anderes übrig bleibt, werde ich das Auto verkaufen; **no voy de viaje,** ~ **no tengo dinero** ich mache keine Reise, denn ich habe kein Geld **2.** (*elev*): ~ **que** da

puesta ['pwesta] *f* **1.** (*general*) Stellung *f;* ~ **a cero** Nullstellung *f;* (*calibrar*) Eichung *f;* ~ **al día** Aktualisierung *f;* ~ **en escena** (TEAT) Inszenierung *f;* ~ **en función** Betätigung *f;* ~ **en funcionamiento** Inbetriebnahme *f;* ~ **en hora** Zeiteinstellung *f;* ~ **en libertad** Haftentlassung *f;* ~ **en marcha** Inbetriebnahme *f;* (AUTO) Anlassen *nt;* ~ **en práctica** Verwirklichung *f;* ~ **a punto** Generalrevision *f;* (AUTO) (Urlaubs)check *m* **2.** (*de aves*) Gelege *nt* **3.** (*de sol*) Sonnenuntergang *m* **4.** (*en el juego*) Einsatz *m*

puestero, -a [pwes'tero, -a] *m, f* Standverkäufer(in) *m(f);* (*en el mercado*) Markthändler(in) *m(f)*

puesto, -a[1] ['pwesto, -a] **I.** *pp de* **poner II.** *adj* **1.** (COM) (frei) ab; ~ **en ésta** frei ab hier; ~ **en fábrica** ab Werk **2.** (*loc*): ~ **al día** auf dem neuesten Stand; **ir muy bien** ~ (*fam*) schick angezogen sein; **tienen el piso muy bien** ~ (*fam*) sie haben die Wohnung sehr gut eingerichtet; **tenerlos muy bien ~s** (*vulg*) ein ganzer Kerl sein *fam;* **estar** ~ **en un tema** (*fam*) sich in einem Thema auskennen **III.** *conj:* ~ **que** da

puesto[2] ['pwesto] *m* **1.** (*lugar*) Platz *m;* (*posición*) Stellung *f;* ~ **de información** Auskunftsstelle *f;* ~ **de observación** (ASTR) Beobachtungsstation *f;* (MED) Wachstation *f;* **ceder/mantener el** ~ (DEP) den Listenplatz verlieren/halten **2.** (*empleo*) (Arbeits)stelle *f;* (*cargo*) Amt *nt;* (*posición*) Position *f* **3.** (*tenderete*) (Markt)stand *m;* (*feria de muestras*) Messestand *m;* (*chiringuito*) Imbissstand *m;* ~ **de periódicos** Zeitungskiosk *m* **4.** (MIL) Posten *m* **5.** (*guardia*) Wache *f;* ~ **de policía** Polizeiwache *f;* ~ **de socorro** Rettungswache *f* **6.** (*caza*) Hochsitz *m*

pugna ['puɣna] *f* (*lucha*) Kampf *m;* (*conflicto*) Streit *m*

pugnar [puɣ'nar] *vi* **1.** (*pelear*) streiten; (*fig*) hadern **2.** (*esforzarse*) ringen (*por* um +*akk*) **3.** (*intentar*) kämpfen (*por* um +*akk*)

puja ['puxa] *f* **1.** (*esfuerzo*) Anstrengung *f* **2.** (*en una subasta*) höheres Gebot *nt;* ~ **mínima** Mindestgebot *nt*

pujante [pu'xaṇte] *adj* kräftig; (*fig*) aufstrebend

pujanza [pu'xaṇθa] *f* (*fuerza*) Kraft *f;* (*impulso*) Schwung *m;* (*brío*) Elan *m*

pujar [pu'xar] *vi* **1.** (*esforzarse*) sich anstrengen; ~ **por** sich bemühen zu **2.** (*en una subasta*) höher bieten

pularda [pu'larða] *f* Poularde *f*

pulcritud [pulkri'tu^ð] *f* **1.** (*aseo*) Reinlichkeit *f* **2.** (*cuidado*) Sorgfalt *f;* (*finura*) Feinheit *f*

pulcro, -a ['pulkro, -a] <pulquérrimo> *adj* **1.** (*aseado*) reinlich **2.** (*cuidadoso*) sorgfältig; (*fino*) fein

pulga ['pulɣa] *f* Floh *m;* (INFOR) (Programm)fehler *m;* **tener malas ~s** (*fam*) schnell aus der Haut fahren; **buscar las ~s a alguien** (*fam*) jdn auf die Palme bringen

pulgada [pul'ɣaða] *f* (*medida*) Zoll *m;* (*fam: aproximada*) Daumenbreite *f*

pulgar [pul'ɣar] **I.** *adj:* **dedo** ~ Daumen *m* **II.** *m* Daumen *m*

pulgón [pul'ɣon] *m* Blattlaus *f*

pulido, -a[1] [pu'liðo, -a] *adj* **1.** (*brillante*) blank **2.** (*fino*) fein; (*estilo*) ausgefeilt

pulido[2] [pu'liðo] *m* Polieren *nt;* (*abrillantado*) Glätten *nt;* (*esmerilado*) Schliff *m;* (*con cera*) Bohnern *nt*

pulidor(a)[1] [puli'ðor(a)] *adj* (TÉC) Polier-

pulidor[2] [puli'ðor] *m* (TÉC) Poliermaschine *f;* (*con cera*) Bohnermaschine *f;* (*esmeriladora*) Schleifmaschine *f*

pulimentar [pulimeṇ'tar] *vt* polieren; (*alisar*) glätten; (*esmerilar*) schleifen

pulimento [puli'meṇto] *m* **1.** *v.* **pulido 2.** (*sustancia*) Politur *f*

pulir [pu'lir] **I.** *vt* **1.** (*abrillantar*) polieren; (*suavizar*) glätten; (*esmerilar*) schleifen; (*con cera*) bohnern **2.** (*perfeccionar*) den letzten Schliff geben +*dat;* (*refinar*) Schliff verpassen +*dat* **II.** *vr:* ~**se 1.** (*refinarse*) Schliff bekommen **2.** (*derrochar*) verschwenden

pulla ['puʎa] *f* Stichelei *f*

pullman ['pulman] *m* (*Am: coche cama*) Schlafwagen *m*

pulmón [pul'mon] *m* Lunge *f;* ~ **de acero** eiserne Lunge; ~ **acuático** Unterwasseratemgerät *nt;* **a pleno** ~ aus voller Lunge; **enfermo de** ~ lungenkrank; **padecer de los pulmones** es auf der Lunge haben

pulmonar [pulmo'nar] *adj* Lungen-

pulmonía [pulmo'nia] *f* Lungenentzündung *f*

pulóver [pu'loβer] *m* (*Am: jersey*) Pullover *m*

pulpa ['pulpa] *f* **1.** (ANAT) Mark *nt;* ~ **cerebral** Gehirnmasse *f;* ~ **dental** Pulpa *f* **2.** (*de la fruta*) Fruchtfleisch *nt;* ~ **de madera** Holzmasse *f*

pulpería *f.* In Lateinamerika ist eine

P

pulpería ein Kolonialwarengeschäft, wo man Waren aller Art kaufen kann, mit Ausschank alkoholischer Getränke. Diese **pulperías** sind den kleinen **tiendas de pueblo**, die man in Spanien noch relativ oft in kleinen Dörfern vorfindet, sehr ähnlich.

púlpito ['pulpito] *m* Kanzel *f*

pulpo ['pulpo] *m* **1.** (ZOOL) Krake *m;* **como un ~ en un garaje** (*fam*) fehl am Platze **2.** (*sujeción*) Gepäckspinne *f*

Speziell in **Galicia** wird sehr viel **pulpo** (Krake) gegessen. Der **pulpo a la gallega** wird folgendermaßen zubereitet: Zuerst wird der **pulpo** gekocht, dann schneidet man ihn in Scheiben, schließlich wird er mit Olivenöl, Salz und scharfem Paprika angemacht; man serviert den **pulpo** immer auf einem Holzteller.

pulquérrimo, -a [pul'kerrimo, -a] *adj superl de* **pulcro**

pulsación [pulsa'θjon] *f* **1.** (ANAT: *latido*) Pulsschlag *m* **2.** (*de una tecla*) Tastendruck *m;* (*mecanografía*) Anschlag *m;* **~ doble** (INFOR) Überschreiben *nt*

pulsador [pulsa'ðor] *m* (*tecla*) Taste *f;* (*botón*) Knopf *m;* (*conmutador*) Schalter *m*

pulsar [pul'sar] **I.** *vi* (*latir*) pulsieren **II.** *vt* **1.** (*oprimir*) drücken; (*teclado*) anschlagen; **~ el timbre** klingeln **2.** (*tomar el pulso*) den Puls fühlen +*dat;* **~ la opinión pública** die öffentliche Meinung sondieren

pulsera [pul'sera] *f* Armband *nt;* **reloj de ~** Armbanduhr *f*

pulso ['pulso] *m* Puls *m;* (*fig*) Behutsamkeit *f;* **a ~** (*sin apoyarse*) freihändig; (*por su propio esfuerzo*) auf eigene Faust; **con ~** behutsam; **echar un ~ a alguien** mit jdm Arm drücken; **tener buen ~** eine ruhige Hand haben; **tomar el ~ a alguien** jdm den Puls fühlen

pulular [pulu'lar] *vi* **1.** (*brotar*) sprießen **2.** (*multiplicarse*) wuchern **3.** (*bullir*): **los turistas pululaban por la plaza** der Platz wimmelte von Touristen

pulverizador [pulβeriθa'ðor] *m* (*aparato*) Sprühgerät *nt;* (*botella*) Sprühflasche *f;* (*atomizador*) Zerstäuber *m;* (*spray*) Sprühdose *f*

pulverizar [pulβeri'θar] <z→c> **I.** *vt* **1.** (*reducir a polvo*) pulverisieren; (*rallar*) zerreiben; (*moler*) zermahlen **2.** (*atomizar*) zerstäuben **3.** (*fig: aniquilar*) vernichten; (*argumento*) entkräften **II.** *vr:* **~se** zu Staub werden

pum [pun] *interj* bums!; **ni ~** (*fam*) nicht die Bohne

puma ['puma] *m* Puma *m*

pumita [pu'mita] *f* Bimsstein *m*

puna ['puna] *f* (*AmS*) **1.** (*altiplano*) Puna *f* **2.** (*malestar*) Höhenkrankheit *f*

punción [puṇ'θjon] *f* Einstich *m*

pundonor [puṇdo'nor] *m* **1.** (*honorabilidad*) Anständigkeit *f* **2.** (*honor*) Ehre *f*

pundonoroso, -a [puṇdono'roso, -a] *adj* (*honorable*) grundanständig

punible [pu'niβle] *adj* strafbar; **no ~** straffrei

punición [puni'θjon] *f* Bestrafung *f*

punitivo, -a [puni'tiβo, -a] *adj* Straf-, strafend

punki ['puŋki] **I.** *adj* punkig **II.** *mf* Punk(er) *m,* Punkerin *f*

punta ['puṇta] *f* Spitze *f;* (*pico*) Zacken *m;* (*extremo*) Ende *nt;* (*de tierra*) Landzunge *f;* (*un poco*) Körnchen *nt;* **a ~ de navaja/pistola** mit gezücktem Messer/gezogener Pistole; **acabar en ~** spitz zulaufen; **estar de ~ con alguien** mit jdm zerstritten sein liegen; **de ~ a ~** restlos; **de ~ en blanco** (*fam*) herausgeputzt; **hora(s) ~** Stoßzeit *f;* **ponerse de ~ con alguien** sich mit jdm anlegen; **se me pusieron los pelos de ~** die Haare standen mir zu Berge; **sacar ~** (*afilar*) anspitzen; **lo tenía en la ~ de la lengua** es lag mir auf der Zunge

puntada [puṇ'taða] *f* (*costura*) Nahtstich *m;* (*pinchazo*) Nadelstich *m;* (*fig*) Stichelei *f*

puntaje [puṇ'taxe] *m* (*Am*) *v.* **puntuación**

puntal [puṇ'tal] *m* **1.** (*madero*) Balken *m;* (*fig: apoyo*) Stütze *f* **2.** (*Am: refrigerio*) Häppchen *nt*

puntapié [puṇta'pje] *m* Fußtritt *m;* **a ~s** mit Fußtritten; **pegar un ~ a alguien** jdm einen Tritt versetzen; **tratar a alguien a ~s** (*fig*) jdn mit Füßen treten

puntear [puṇte'ar] *vt* **1.** (*marcar con puntos*) punktieren; (*motear*) tüpfeln **2.** (*tachar*) abhaken **3.** (*dar puntadas*) sticheln (gegen +*akk*) **4.** (MÚS) zupfen

puntería [puṇte'ria] *f* **1.** (*apuntar*) Zielen *nt* **2.** (*destreza*) Treffsicherheit *f;* **tener buena/mala ~** ein guter/schlechter Schütze sein

puntero, -a¹ [puṇ'tero, -a] **I.** *adj* **1.** (*con puntería*) treffsicher **2.** (*sobresaliente*) führend; **el equipo ~** (DEP) die Spitzenmannschaft **II.** *m, f* Spitzenreiter(in) *m(f)*

puntero² [puṇ'tero] *m* (*vara*) Zeigestock *m*

puntiagudo, -a [puṇtja'ɣuðo, -a] *adj* spitz

puntilla [puṇ'tiʎa] *f* **1.** (*encaje*) Spitzenbordüre *f* **2.** (*marcador*) (Schreib)griffel *m* **3.** (*golpe de gracia*) Gnadenstoß *m;* **dar la ~ a alguien** (*fig*) jdm den Rest geben **4.** (*loc*): **de ~s** auf Zehenspitzen; **andar de ~s** auf Zehenspitzen gehen; **ponerse de ~s** sich auf die Zehenspitzen stellen

punto ['punto] *m* **1.** (*general*) Punkt *m;* **~ álgido** Höhepunkt *m;* **~ y aparte** (LING) neuer Absatz; **~ de arranque** Ausgangspunkt *m;* **¡~ en boca!** Mund zu!; **~ cardinal** Himmelsrichtung *f;* **~ cero** Nullpunkt *m;* **~ clave** Angelpunkt *m;* **~ y coma** (LING) Semikolon *nt;* **sin ~ de comparación** ohne möglichen Vergleich; **~ de destino** Bestimmungsort *m;* **~ de ebullición** Siedepunkt *m;* **~ de encuentro** Treffpunkt *m;* **~ esencial** Schwerpunkt *m;* **~ final** (*t. fig*) Schlusspunkt *m;* **~ fuerte** Stärke *f;* **~ de intersección** Schnittpunkt *m;* **~ máximo** Höhepunkt *m;* **~ muerto** (AUTO) Leerlauf *m;* **~ de referencia** Anhaltspunkt *m;* **~ y seguido** (LING) Punkt *m* (ohne neuen Absatz); **~s suspensivos** Auslassungspunkte *mpl;* **~ a tratar** Tagesordnungspunkt *m;* **~ de venta** Verkaufsstelle *f;* **~ de vista** Standpunkt *m;* **dos ~s** (LING) Doppelpunkt *m;* **dar el ~** den letzten Schliff geben *+dat;* **derrotar/ganar por ~s** nach Punkten schlagen/gewinnen; **poner ~ final a algo** den Schlussstrich unter etw ziehen; **poner a ~** (TÉC) checken; (*ajustar*) justieren; **poner los ~s sobre las íes** (*fig*) Klartext sprechen; **tener a ~** bereithalten; **al ~** (*en seguida*) sofort; **hasta tal ~ que...** dermaßen, dass ...; **con ~s y comas** haarklein; **de todo ~** durchaus; **la una en ~** Punkt ein Uhr; **en ~ a** bezüglich *+gen;* **hasta cierto ~** gewissermaßen; **¿hasta qué ~?** inwiefern?; **¡y ~!** und damit basta!; **¡vamos por ~s!** jetzt aber langsam! **2.** (*calceta*) Stricken *nt;* (*labor*) Strickarbeit *f;* **~ de media** Stricken *nt;* **de ~** gestrickt; **chaqueta de ~** Strickjacke *f;* **hacer ~** stricken **3.** (*puntada*) Stich *m;* **~ de sutura** Stich *m;* **la herida necesitó diez ~s** die Wunde wurde mit zehn Stichen genäht **4.** (*pey: tipo*) Individuum *nt;* **es un ~ filipino** er/sie ist eine miese Kanaille **5.** (*loc*): **a ~** (*preparado*) bereit; (GASTR) gar; **a ~ de** kurz davor zu; **a ~ fijo** bestimmt; **a ~ de nieve** (GASTR) steif geschlagen; **en su ~** (GASTR) gar; (*fig*) genau richtig

puntuación [puntwa'θjon] *f* **1.** (LING) Zeichensetzung *f;* **signo de ~** Satzzeichen *nt* **2.** (*calificación*) Bewertung *f;* (*escuela*) Benotung *f;* (DEP) Punktzahl *f;* **sistema de ~** Punktsystem *nt*

puntual [puntu'al] *adj* **1.** (*concreto*) punktuell **2.** (*exacto*) genau **3.** (*sin retraso*) pünktlich

puntualidad [puntwali'ðað] *f* Pünktlichkeit *f;* **falta de ~** Unpünktlichkeit *f*

puntualizar [puntwali'θar] <z→c> *vt* (*especificar*) im Einzelnen anführen; (*precisar*) präzisieren; (*aclarar*) klarstellen

puntuar [puntu'ar] <*1. pres:* puntúo> *vt* **1.** (*un escrito*) Satzzeichen setzen (in *+dat*) **2.** (*conseguir puntos*) punkten **3.** (*calificar*) benoten; (DEP) mit Punkten bewerten

punzada [pun'θaða] *f* (*dolor*) stechender Schmerz *m;* (*en los costados*) Seitenstechen *nt*

punzante [pun'θante] *adj* **1.** (*puntiagudo*) spitz **2.** (*mordaz*) bissig

punzar [pun'θar] <z→c> **I.** *vt* **1.** (*pinchar*) stechen; (*agujererar*) lochen; (*grabar*) stanzen **2.** (*conciencia*) nagen (an *+dat*) **II.** *vi* (*dolor*) stechen

punzón [pun'θon] *m* Ahle *f;* (*sello*) Punze *f;* (*cincel*) Stichel *m;* (*taladro*) Bohrmeißel *m;* (*buril*) Griffel *m*

puñado [pu'ɲaðo] *m* Handvoll *f;* **a ~s** (*mucho*) haufenweise; **un ~** (*argot: mucho*) total

puñal [pu'ɲal] *m* Dolch *m;* **poner a alguien el ~ al pecho** jdm das Messer an die Kehle setzen

puñalada [puɲa'laða] *f* Dolchstoß *m;* (*herida*) Dolchstich *m;* (*fig*) Stoß *m* (ins Herz); **coser a ~s** mit Stichen durchlöchern; **dar una ~ trapera a alguien** (*fig*) jdm in den Rücken fallen

puñeta [pu'ɲeta] *f* (*vulg*) **1.** (*molestia*): **¡(qué) ~(s)!** so ein Scheiß!; **hacer la ~ a alguien** jdm eine schöne Suppe einbrocken *fam;* (*adrede*) jdn schikanieren **2.** (*bobada*) dummes Zeug *nt fam;* **¡déjate de ~s!** hör mit dem Scheiß auf!; **¿qué ~s estás diciendo?** was redest du da für einen Scheiß?; **en la quinta ~** am Arsch der Welt **3.** (*Am: masturbación*) Wichsen *nt;* **mandar a alguien a hacer ~s** jdn zum Teufel schicken *fam;* **¡vete a hacer ~s!** scher dich zum Teufel! *fam*

puñetazo [puɲe'taθo] *m* Faustschlag *m*

puñetero, -a [puɲe'tero, -a] *adj* (*fam*) verdammt; **el muy ~ no me ayudó** der Scheißkerl hat mir nicht geholfen

puño ['puɲo] *m* **1.** (*mano*) Faust *f;* **~ cerrado** geballte Faust; **apretar los ~s** (*fig*) die Zähne zusammenbeißen; **comerse los ~s** (*fig*) einen Bärenhunger haben; **como un ~** faustgroß; **con el ~ en alto** mit erhobener Faust; **verdades como ~s** die reine Wahrheit; **de su ~ y letra** eigenhändig; **meter a alguien en un ~** jdn in die Enge treiben; **tener a alguien en un ~** jdn unter der Fuchtel haben **2.** (*puñado*) Hand *f* voll **3.** (*mango*) Griff *m;* (*pomo*) Knauf *m* **4.** (*de la ropa*) Manschette *f;* (*de punto*) Arm-

P

bund *m;* (*adorno*) Ärmelbesatz *m;* ~ **vuelto** Ärmelaufschlag *m*

pupa ['pupa] *f* **1.** (*ampolla*) Lippenbläschen *nt;* (*heridilla*) kleine Wunde *f* **2.** (*fam: dolor*) Wehweh(chen) *nt;* **¡~!** aua! **3.** (ZOOL) Puppe *f*

pupila [pu'pila] *f* (ANAT) Pupille *f;* **tener ~** (*fam*) ausgefuchst sein

pupilaje [pupi'laxe] *m* (*tutela*) Vormundschaft *f*

pupilar [pupi'lar] *adj* **1.** (ANAT) Pupillen- **2.** (JUR) Mündel-

pupilo, -a [pu'pilo, -a] *m, f* Mündel *nt*

pupitre [pu'pitre] *m* **1.** (*escritorio*) (Schreib)pult *nt;* (*en la escuela*) Schulbank *f* **2.** (TÉC) Pult *nt;* ~ **de control** Schaltpult *nt;* ~ **de mezclas** Mischpult *nt*

purasangre [pura'saŋgre] **I.** *adj* Vollblut- **II.** *m* Vollblut(pferd) *nt*

puré [pu're] *m* Püree *nt;* **hacer ~** pürieren; (*fig*) zerstampfen; **estar hecho ~** (*fig fam*) fix und fertig sein

pureza [pu'reθa] *f* Reinheit *f;* (*integridad*) Lauterkeit *f*

purga ['purɣa] *f* **1.** (*medicamento*) Abführmittel *nt* **2.** (*eliminación*) Säuberung *f*

purgación [purɣa'θjon] *f* **1.** (MED) Abführen *nt* **2.** (TÉC) Ablassen *nt* **3.** *pl* (*fam: blenorragia*) Tripper *m*

purgante [pur'ɣan̪te] **I.** *adj* **1.** (MED) abführend **2.** (TÉC) reinigend **II.** *m* **1.** (MED) Abführmittel *nt* **2.** (TÉC) Reinigungsmittel *nt*

purgar [pur'ɣar] <g→gu> **I.** *vt* **1.** (*limpiar*) säubern; (*aguas*) klären; (*fig*) reinigen **2.** (MED) purgieren **3.** (*evacuar*) ablassen **4.** (*expiar*) büßen; (JUR) verbüßen **II.** *vr:* **~se 1.** (*limpiarse, t. fig*) sich reinigen (*de* von +*dat*) **2.** (MED) ein Abführmittel einnehmen

purgativo, -a [purɣa'tiβo, -a] *adj* abführend

purgatorio [purɣa'torjo] *m* Fegefeuer *nt*

purificador(a)[1] [purifika'ðor(a)] *adj:* **planta ~a** Kläranlage *f*

purificador[2] [purifika'ðor] *m* Reiniger *m;* ~ **de humos** Rauchfilter *m*

purificar [purifi'kar] <c→qu> **I.** *vt* (*limpiar*) reinigen; (*fig*) befreien **II.** *vr:* **~se** sich läutern; (*fig*) sich befreien

purista [pu'rista] **I.** *adj* puristisch **II.** *mf* Purist(in) *m(f)*

puritano, -a [puri'tano, -a] **I.** *adj* puritanisch **II.** *m, f* Puritaner(in) *m(f)*

puro, -a[1] ['puro, -a] *adj* rein; (*inmaculado*) makellos; (*auténtico*) echt; (*sin mezcla*) pur; (*íntegro*) lauter; **por pura cortesía** aus reiner Höflichkeit; **pura lana** reine Schurwolle; **la pura verdad** die reine Wahrheit; **pura casualidad** purer Zufall; **de ~ miedo** vor lauter Angst; **se cae de ~ bueno/tonto** er ist einfach zu gut/blöd

puro[2] ['puro] *m* Zigarre *f*

púrpura ['purpura] **I.** *adj* purpurrot **II.** *f* (*color*) Purpur *m*

purpúreo, -a [pur'pureo, -a] *adj* purpurrot

purulento, -a [puru'len̪to, -a] *adj* eitrig

pus [pus] *m sin pl* Eiter *m*

pusilánime [pusi'lanime] *adj* zaghaft

pústula ['pustula] *f* Pustel *f*

puta ['puta] *f* (*vulg*) Nutte *f fam;* **casa de ~s** Puff *m fam;* (*fig*) Sauladen *m fam;* **ir de ~s** (herum)huren *fam*

putada [pu'taða] *f* (*vulg*) Sauerei *f fam;* **hacer una ~ a alguien** jdm übel mitspielen *fam*

putañear [putaɲe'ar] *vi* (*fam*) (herum)huren

putativo, -a [puta'tiβo, -a] *adj* vermeintlich

puteada [pute'aða] *f* (*CSur: vulg*) Fluch *m;* **dar ~s** fluchen

putear [pute'ar] **I.** *vi* (*fam: ir de putas*) (herum)huren **II.** *vt* (*argot: fastidiar*) schikanieren; **me putea tanta gilipollez** der ganze Scheiß geht mir auf den Sack; **estoy puteado** ich bin völlig am Arsch; **¡te han puteado bien!** die haben dich ganz schön angeschmiert!

puticlub [puti'kluβ] *m* (*argot*) Bumslokal *nt*

puto, -a ['puto, -a] *adj* (*vulg*) verdammt *fam;* **¡de puta madre!** geil! *fam;* **¡qué puta suerte!** so ein Schweineglück! *fam;* **el ~ coche no arranca** das Scheißauto springt nicht an; **ni puta idea** keinen blassen Schimmer *fam;* **las estoy pasando putas** es geht mir völlig dreckig *fam*

putrefacción [putrefaɣ'θjon] *f* Verrottung *f*

putrefacto, -a [putre'fakto, -a] *adj* verrottet

pútrido, -a ['putriðo, -a] *adj* faul

puya ['puɟa] *f* **1.** (*punta*) Spitze *f* **2.** (*injuria*) Stichelei *f;* **echar una ~ a alguien** gegen jdn sticheln

puzzle ['puθle] *m* Puzzle *nt;* **hacer un ~** puzzeln

PVP ['preθjo ðe 'βen̪ta (a)l 'puβliko] *m abr de* **Precio de Venta al Público** Ladenverkaufspreis *m*

Q

Q, q [ku] *f* Q, q *nt;* ~ **de Quebec** Q wie Quelle
qm [kin̩'tal 'metriko] *abr de* **quintal métrico** 100 Kilo, q *Österr, Schweiz*
que [ke] **I.** *pron rel* **1.** (*con antecedente*) der/die/das; **la pelota ~ está pinchada** der Ball, der kaputt ist; **la pelota ~ compraste** der Ball, den du gekauft hast; **el rey al ~ sirvo** der König, dem ich diene; **la historia de ~ te hablé** die Geschichte, von der ich dir erzählt habe; **reacciones a las ~ estamos acostumbrados** Reaktionen, an die wir gewöhnt sind; **el proyecto en el ~ trabajo** das Projekt, an dem ich arbeite; **la empresa para la ~ trabajo** die Firma, für die ich arbeite **2.** (*sin antecedente*): **el/la/lo ~...** der(jenige)/die(jenige)/das(jenige), der/die/das ...; **los ~ hayan terminado** diejenigen, die fertig sind; **el ~ quiera, ~ se marche** wer will, kann gehen; **es de los ~...** er gehört zu denen, die ...; **el ~ más y el ~ menos** jeder; **es todo lo ~ sé** das ist alles, was ich weiß; **lo ~ haces** (das,) was du machst; **no sabes lo difícil ~ es** du weiß nicht, wie schwer das ist; (*con preposición*); **de lo ~ habláis** wovon ihr sprecht **II.** *conj* **1.** (*completivo*) dass; **me pidió ~ le ayudara** er/sie bat mich um Hilfe **2.** (*estilo indirecto*): **ha dicho ~...** er/sie hat gesagt, dass ... **3.** (*comparativo*): **más alto ~** größer als; **lo mismo ~** genauso viel wie **4.** (*porque*) denn; **le ayudaré, seguro, ~ se lo he prometido** ich helfe ihm/ihr bestimmt, ich habe es ihm/ihr doch versprochen **5.** (*para ~*): **dio órdenes a los trabajadores ~ trabajaran más rápido** er/sie befahl den Arbeitern schneller zu arbeiten **6.** (*sin ~*): **no voy de vacaciones, ~ no me roben** im Urlaub werde ich immer bestohlen **7.** (*de manera ~*): **corre ~ vuela** er/sie ist äußerst schnell **8.** (*o, ya*): **~ paguen, ~ no paguen, eso ya se verá** ob sie zahlen oder nicht, werden wir ja sehen **9.** (*y*): **lo hizo él, ~ no yo** er hat es getan, ich nicht **10.** (*frecuentativo*): **y él dale ~ dale con la guitarra** und er spielte unaufhörlich Gitarre **11.** (*explicativo*): **es ~, hoy no vendré, es ~ estoy cansado** ich komme heute nicht, ich bin nämlich müde; **no es ~ no pueda, es ~ no quiero** nicht, dass ich nicht könnte, aber ich will einfach nicht; **¿es ~ no puedes venir?** kannst du etwa nicht kommen? **12.** (*enfático*): **¡~ sí/no!** aber ja doch!/nein, auf keinen Fall!; **sí ~ lo haré** ja, ich tue es ganz bestimmt **13.** (*de duda*): **¿~ no está en casa?** er/sie soll nicht zu Hause sein? **14.** (*exclamativo*): **¡~ me canso!** ich kann nicht mehr!; **¡~ sea yo el que tenga que hacerlo!** ausgerechnet ich soll es tun! **15.** (*con verbo*): **hay ~ trabajar más** man muss mehr arbeiten; **tener ~ hacer algo** etw tun müssen; **dar ~ hablar** Anlass zum Gerede geben **16.** (*loc*): **antes ~** bevor; **por mucho ~ tú digas...** was du auch sagst ...; **a menos ~ ...** +*subj* es sei denn, ...; **con tal (de) ~...** +*subj* vorausgesetzt, dass ...; **a la ~ llegue** wenn er/sie kommt; **yo ~ tú...** ich an deiner Stelle ...
qué [ke] *adj o pron inter* **1.** (*general*) was; (*cuál*) welche(r, s); (*qué clase de*) was für eine(r, s); **¿por ~?** warum?; **¿en ~ piensas?** woran denkst du?; **¿para ~?** wozu?, wofür?; **¿de ~ hablas?** wovon redest du?; **¿a ~ esperas?** worauf wartest du?; **¿~ día llega?** an welchem Tag kommt er/sie?; **¿~ cerveza tomas?** was für ein Bier trinkst du?; **¿a ~ vienes?** was suchst du hier?; **¿~ edad tiene?** wie alt ist er/sie?; **según ~ gente no la soporto** bestimmte Leute ertrage ich nicht **2.** (*exclamativo*): **¡~ alegría!** das freut mich sehr!; **¡~ gracia!** wie witzig!; **¡~ suerte!** welch ein Glück! **3.** (*cuán*): **¡~ magnífica vista!** so ein schöner Blick!; **¡mira ~ contento está!** sieh, wie glücklich er ist! **4.** (*cuánto*): **¡~ de gente!** wie viele Leute! **5.** (*loc*): **¿~?** wie bitte?, was? *fam;* **¿~ tal?** wie geht's?; **¿~ tal si...?** wie wär's, wenn ...?; **¿y ~?** na und?; **¿y a mí ~?** was geht mich das an?; **~, ¿vienes o no?** was ist nun, kommst du oder nicht?
quebrada [ke'βraða] *f* **1.** (*paso*) Pass *m* **2.** (*hendidura*) Schlucht *f* **3.** (*Am: arroyo*) Bach *m*
quebradizo, -a [keβra'ðiθo, -a] *adj* **1.** (*objeto*) zerbrechlich **2.** (*de salud*) kränklich; (*persona mayor*) gebrechlich **3.** (*voz*) brüchig
quebrado, -a[1] [ke'βraðo, -a] *adj* **1.** (*empresa*) bankrott **2.** (*herniado*) an einem Leistenbruch leidend **3.** (*terreno*) holp(e)rig **4.** (*rostro*) blass
quebrado[2] [ke'βraðo] *m* (MAT) Bruch *m*
quebrantado, -a [keβran̩'taðo, -a] *adj* **1.** (*pared*) rissig **2.** (*salud*): **tengo las espaldas quebrantadas** mir tut der Rü-

cken weh; **la operación me ha dejado muy** ~ die Operation hat mich körperlich sehr mitgenommen

quebrantar [keβraṇ'tar] **I.** *vt* **1.** (*romper*) zerbrechen; (*cascar*) (auf)knacken; (*sello*) aufbrechen; (*machacar*) zermalmen; ~ **la prisión** aus dem Gefängnis ausbrechen **2.** (*ley*) brechen; (*obligación*) nicht nachkommen +*dat;* (*secreto*) preisgeben **3.** (*furia*) schwächen; (*autoridad*) unterminieren; (*salud*) ruinieren **II.** *vr:* ~**se** (*estado de salud*) ruiniert sein; (*fuerza*) abnehmen

quebranto [ke'βraṇto] *m* **1.** (*de romper*) Zerbrechen *nt;* (*de cascar*) (Auf)knacken *nt;* (*de machacar*) Zermalmen *nt* **2.** (*económico*) Zusammenbruch *m* **3.** (*moral*) Niedergeschlagenheit *f;* (*físico*) Erschöpfung *f* **4.** (*pena*) Kummer *m*

quebrar [ke'βrar] <e→ie> **I.** *vt* **1.** (*romper*) zerbrechen **2.** (*interrumpir*) unterbrechen **3.** (*el cuerpo*) beugen **4.** (*rostro*) erblassen lassen **5.** (*ley*) brechen **6.** (*suavizar*) abschwächen **II.** *vi* **1.** (*con alguien*) Schluss machen **2.** (*ceder*) nachlassen **3.** (COM) Konkurs machen **4.** (*intento*) scheitern **5.** (*Méx: darse por vencido*) sich geschlagen geben **III.** *vr:* ~**se 1.** (MED) sich *dat* einen Bruch heben **2.** (*la voz*) sich überschlagen **3.** (*rostro*) erblassen **4.** (*cuerpo*) sich beugen; ~**se de dolor** sich vor Schmerzen krümmen

quechua ['ketʃwa] **I.** *adj* Quechua- **II.** *mf* (*persona*) Quechua *mf*

> **Quechua** (Ketschua/Quechua) bezeichnet sowohl die Ureinwohner **Perus** wie auch deren Sprache. Das Quechua ist die zweite offizielle Landessprache Perus.

quedar [ke'ðar] **I.** *vi* **1.** (*permanecer*) bleiben; **los problemas quedan atrás** die Probleme sind gelöst; **¿cuánta gente queda?** wie viele Leute sind noch da?; ~ **a deber algo** etw schulden **2.** (*sobrar*) übrig bleiben; **no nos queda otro remedio que...** uns bleibt nichts anderes übrig als zu ...; **no queda pan** es gibt kein Brot mehr; **no queda ningún ejemplar de este libro** das Buch ist vergriffen **3.** (*resultar*): **todo quedó en una simple discusión** am Ende wurde nur noch gestritten; ~ **acordado** vereinbart werden; ~ **cojo** hinken; ~ **eliminado** ausscheiden; ~ **fuera de servicio** (ECON) den Betrieb einstellen; ~ **en ridículo** sich lächerlich machen **4.** (*acordar*) vereinbaren (*en* +*akk*); **¿en qué habéis quedado?** wie seid ihr verblieben?; **quedamos a las 10** wir haben uns um 10 Uhr verabredet; **¿quedamos a las 10?** wollen wir uns um 10 Uhr treffen?; **primero dices una cosa y luego otra, ¿en qué quedamos?** zuerst behauptest du das eine, dann das andere – was ist nun? **5.** (*estar situado*) liegen; ~ **por** [*o* **hacia**] **el norte** im Norden liegen; ~ **lejos de algo** weit von etw *dat* entfernt sein **6.** (*faltar*): **quedan aún 100 km para llegar a casa** es sind immer noch 100 km bis nach Hause; **aún queda mucho por hacer** es gibt noch viel zu tun **7.** (*terminar*) zu Ende sein; **... y ahí quedó el concierto** ... und das war das Ende des Konzerts **8.** (*en una subasta*): **el cuadro queda por un millón de marcos** das Gebot von einer Million Mark erhält den Zuschlag **9.** (+ *por*): ~ **por cobarde** für einen Feigling gehalten werden **10.** (*loc*): **por mí que no quede** an mir soll es nicht liegen; ~ **bien/mal** einen guten/schlechten Eindruck hinterlassen; ~ **mal en un examen** bei einer Prüfung schlecht abschneiden; ~ **mal con un amigo** sich mit einem Freund entzweien; ~ **como un señor** einen guten Eindruck hinterlassen; ~ **como un idiota** als völliger Idiot dastehen **II.** *vr:* ~**se 1.** (*permanecer*) bleiben; ~**se atrás** zurückbleiben; ~**se colgado** (*ordenador*) abstürzen; **durante la tormenta nos quedamos a oscuras** während des Gewitters fiel der Strom aus; **cuando me lo dijo me quedé muda/de piedra** als er/sie es mir sagte, verschlug es mir die Sprache/erstarrte ich vor Schreck **2.** (*resultar*): ~**se ciego** blind werden; ~**se viudo** verwitwen; **al freír la carne se ha quedado en nada** nach dem Braten war das Fleisch zusammengeschrumpft **3.** (*conservar, adquirir*): **me quedo con el coche pequeño** ich nehme das kleine Auto; **quédate el libro** du kannst das Buch behalten; ~**se sin nada** alles verlieren; **entre el mar y la montaña me quedo con el mar** ich ziehe das Meer dem Gebirge vor **4.** (*burlarse*): ~**se con alguien** jdn an der Nase herumführen

quehacer [kea'θer] *m* Aufgabe *f;* **los** ~**es de la casa** die Hausarbeit; **dar** ~ **a alguien** jdm Mühe bereiten

queja ['kexa] *f* Klage *f;* **no tengo** ~ **de él** ich kann mich über ihn nicht beklagen

quejarse [ke'xarse] *vr* **1.** (*formular queja*) sich beklagen (*de* über +*akk*); **se queja del frío** er/sie jammert über die Kälte; **¿qué tal te va el negocio? – bien, gracias, no puedo quejarme** wie läuft dein Geschäft? – danke, ich kann nicht klagen **2.** (*gemir*) stöhnen (*de* über +*akk*)

quejica [ke'xika] **I.** *adj* (*por dolor*) wehleidig; (*por manera de ser*) nörg(e)lig; **¡no seas ~, hombre!** hör auf zu meckern! **II.** *mf* Jammerlappen *m;* (*criticón*) Nörgler(in) *m(f)*

quejido [ke'xiðo] *m* Jammern *nt;* (*constante*) Gejammer *nt;* ~ **de dolor** Schmerzensschrei *m;* **dar ~s** jammern

quejoso, -a [ke'xoso, -a] *adj:* **estar ~ de alguien** sich über jdn beklagen

quejumbroso, -a [kexum'broso, -a] *adj* (*voz*) weinerlich; (*por dolor*) wehleidig

quelite [ke'lite] *m* (*Méx*) Gemüse *nt*

quelonio [ke'lonjo] *m* (ZOOL) Schildkröte *f*

quema ['kema] *f* **1.** (*acción*) Verbrennen *nt;* (*completa*) Niederbrennen *nt* **2.** (*incendio*) Brand *m;* (*fuego*) Feuer *nt;* **huir de la ~** (*fig*) die Gefahr meiden

quemado, -a [ke'maðo, -a] *adj:* **este político está ~** (*fam*) dieser Politiker ist völlig ausgebrannt; **estar ~ con alguien** (*fam*) mit jdm böse sein

quemadura [kema'ðura] *f* Brandwunde *f;* ~ **de primer grado** Verbrennung ersten Grades

quemar [ke'mar] **I.** *vi* brennen; **cuidado, esta sopa quema** vorsicht, diese Suppe ist heiß **II.** *vt* **1.** (*objeto*) verbrennen; (*casa: completamente*) niederbrennen; ~ **un bosque** einen Wald in Brand stecken **2.** (*comida*) anbrennen lassen **3.** (*aguardiente*) brennen **4.** (*sol*) verbrennen **5.** (*licor, pimienta*) brennen; **este chili quema la garganta/la lengua** dieser Chili brennt im Hals/auf der Zunge **6.** (*lejía*) ätzen **7.** (*planta: calor*) ausdörren; (*planta: frío*) erfrieren lassen **8.** (*fortuna*) vergeuden **9.** (*fastidiar*) ärgern **10.** (*AmC: denunciar*) anzeigen **III.** *vr:* **~se 1.** (*arder*) (ver)brennen; **el bosque se quema** der Wald brennt (ab); **me he quemado los cabellos** ich habe mir die Haare versengt **2.** (*herir*) verbrennen **3.** (*comida*) verbrennen; (*ligeramente*) anbrennen **4.** (*tener calor*): **me estoy quemando** mir ist sehr heiß **5.** (*por una pasión*): **~se de amor** vor Liebe vergehen **6.** (*acertar*): **¡que te quemas!** (ganz) heiß!

quemarropa [kema'rropa]: **disparar a ~** aus kürzester Entfernung schießen; **hacer preguntas a ~** rundheraus fragen

quemazón [kema'θon] *f* **1.** (*quema*) (Ver)brennen *nt* **2.** (*calor*) große Hitze *f* **3.** (*ardor*): **siento una ~ en el estómago** ich verspüre ein Brennen im Magen **4.** (*dicho*) spitze Bemerkung *f*

> **quena** *f.* Die **indios** Südamerikas, insbesondere die **yarabí**, spielen die **quena**. Zu dieser Flötenmusik wird gesungen und getanzt.

quepi(s) ['kepi(s)] *m* (*inv*) (*Am: gorro militar*) Käppi *nt*

quepo ['kepo] *1. pres de* **caber**

queque ['keke] *m* (*Chil, Perú: bollo*) Rührkuchen *m*

querella [ke'reʎa] *f* **1.** (JUR) Klage *f;* ~ **criminal** Anklage *f;* **poner una ~ contra alguien** gegen jdn klagen **2.** (*discordia*) Streit *m*

querellarse [kere'ʎarse] *vr* **1.** (*quejarse*) sich beklagen (*de/por* über *+akk*) **2.** (JUR) klagen

querencia [ke'reṇθja] *f* (*aprecio*) Anhänglichkeit *f;* (*cariño*) Zuneigung *f;* (*afición*) Vorliebe *f;* **tomar ~ a algo/alguien** etw/jdn lieb gewinnen

querer [ke'rer] *irr* **I.** *vt* **1.** (*desear*) wollen; (*más suave*) mögen; **como tú quieras** wie du willst [*o* möchtest]; **has ganado – ¿qué más quieres?** du hast gewonnen – was willst du mehr?; **hacer algo queriendo/sin ~** etw mit Absicht/unbeabsichtigt tun; **quisiera tener 20 años menos** ich wäre gern 20 Jahre jünger; **eso es lo que quería decir** genau das meinte ich; **quiero que sepáis que...** ihr sollt wissen, dass ...; **y yo, ¡qué quieres que le haga!** was soll ich denn tun!; ~ **es poder** wer will, der kann **2.** (*amar*) gern haben, mögen; (*más fuerte*) lieben; **te quiero con locura** ich bin ganz verrückt nach dir **3.** (*pedir*) wollen, verlangen **4.** (*requerir*): **estas plantas quieren mucha agua** diese Pflanzen brauchen viel Wasser **5.** (*loc*): **donde quiera que esté** wo immer er/sie auch sein mag; **¡por lo que más quieras, deja ese tema!** ich bitte dich, lass das Thema!; **como quiera que sea** auf jeden Fall **II.** *vimpers:* **parece que quiere llover** es sieht (ganz) nach Regen aus **III.** *m* Liebe *f*

querido, -a [ke'riðo, -a] **I.** *adj* lieb **II.** *m, f* (*amante*) Geliebte(r) *mf;* (*como vocativo*) Liebling *m*

queroseno [kero'seno] *m* Kerosin *nt*

quesera [ke'sera] *f* (*plato*) Käseglocke *f*

queso ['keso] *m* **1.** (GASTR) Käse *m;* ~ **de bola** Edamer Käse; ~ **rallado** Reibkäse *m;* **darla con ~ a alguien** jdn reinlegen **2.** (*fam: pie*) Fuß *m;* **te huelen los ~s** du hast Käsefüße

quicio ['kiθjo] *m* **1.** (*de puerta*) Türangel *f;* (*de ventana*) Fensterangel *f* **2.** (*loc*): **sacar de ~** auf die Palme bringen; **me saca de ~ ver maltratar a un niño** wenn jemand ein Kind misshandelt, sehe ich einfach rot; **me saca de ~ verla llorar** es macht mich

Q

wahnsinnig, sie weinen zu sehen; **no saques las cosas de** ~ übertreibe nicht; **en esta casa todo está fuera de** ~ in diesem Haus ist alles aus den Fugen geraten

quico ['kiko] *m* (*fam*) geröstetes Maiskorn *nt*

quid [kiᵈ] *m:* **ese es el** ~ **de la cuestión** das ist der springende Punkt; **dar en el** ~ den Nagel auf den Kopf treffen

quiebra ['kjeβra] *f* **1.** (COM) Konkurs *m;* **dar en** ~ Konkurs machen **2.** (*hendidura*) Spalte *f;* (*rotura*) Riss *m* **3.** (*fracaso*) Scheitern *nt;* (*pérdida*) Verlust *m,* Einbuße *f;* **la** ~ **de los valores** der Verfall der Werte; **este asunto no tiene** ~ diese Sache kann nicht schief gehen

quiebro ['kjeβro] *m* **1.** (*movimiento*) Ausweichen *nt;* **Maradona le hizo un** ~ **al defensa** Maradona wich dem Verteidiger aus **2.** (*gorgorito*) Trillern *nt*

quien [kjen] *pron rel* **1.** (*con antecedente*) der/die/das, welche(r, s); **el chico de** ~**...** der Junge, von dem ...; **las chicas con** ~**es...** die Mädchen, mit denen ... **2.** (*sin antecedente*) der(jenige)/die(jenige)/das(jenige), der/die/das ...; **no hay** ~ **lo aguante** es ist nicht auszuhalten mit ihm; **hay** ~ **dice que...** manche sagen, dass ...; ~ **opine eso...** wer das meint, ...; ~ **más,** ~ **menos, todos tenemos problemas** jeder hat Probleme, der eine mehr, der andere weniger

quién [kjen] *pron inter* wer; **¿**~ **es?** (*llama*) wer ist da?; **¿**~**es son tus padres?** wer sind deine Eltern?; **¿a** ~ **has visto?** wen hast du gesehen?; **¿a** ~ **se lo has dado?** wem hast du es gegeben?; **¿**~ **eres tú para decirme esto?** mit welchem Recht sagst du mir das?; **¿por** ~ **me tomas?** für wen hälst du mich?; **¡**~ **tuviera 20 años!** wäre ich doch wieder 20!

quienquiera [kjeŋ'kjera] *pron indef* <quienesquiera> (irgend)wer; ~ **que sea que pase** wer auch immer da ist, er/sie soll eintreten

quieto, -a [kjeto, -a] *adj* **1.** (*tranquilo*) ruhig; **no puede estar nunca** ~ (*niño*) er kann nicht stillsitzen **2.** (*parado*) stillstehend; **quedarse** ~ sich nicht bewegen; **el asunto está** ~ die Sache geht nicht voran

quietud [kje'tuᵈ] *f* **1.** (*calma*) Ruhe *f* **2.** (*inmovilidad*) Unbeweglichkeit *f*

quijada [ki'xaða] *f* Kiefer *m*

quilate [ki'late] *m* Karat *nt;* **de muchos** ~**s** (*t. fig*) hochkarätig

quilla ['kiʎa] *f* (NÁUT) Kiel *m*

quilo ['kilo] *m* **1.** (*peso*) Kilo *nt* **2.** (*fam: dinero*) Million *f* Peseten **3.** (*loc*): **sudar el** ~ sich abrackern

quilombo [ki'lombo] *m* **1.** (*Chil: burdel*) Puff *m o nt fam* **2.** (*Ven: choza*) Hütte *f* **3.** (*Arg: jaleo*) Durcheinander *nt*

quimba ['kimba] *f* **1.** (*Am: garbo*) Anmut *f* **2.** (*Am: sandalia*) Sandale *f* **3.** (*Col: conflicto*) Auseinandersetzung *f*

quimera [ki'mera] *f* (*ilusión*) Trugbild *nt;* (*aprensión*) fixe Idee *f*

química ['kimika] *f* Chemie *f*

químico, -a ['kimiko, -a] **I.** *adj* chemisch; **productos** ~**s** Chemikalien *fpl* **II.** *m, f* Chemiker(in) *m(f)*

quimono [ki'mono] *m* Kimono *m*

quina ['kina] *f* Chinarinde *f;* **ser más malo que la** ~ ein übler Bursche sein; **tragar** ~ (*fig*) die (bittere) Pille schlucken

quincalla [kiŋ'kaʎa] *f* **1.** (*objetos*) Eisenwaren *fpl* **2.** (*adornos*) Flitter(kram) *m*

quincallería [kiŋkaʎe'ria] *f* **1.** (*tienda*) Eisenwarenhandlung *f* **2.** (*objetos*) Eisenwaren *fpl* **3.** (*adornos*) Flitter(kram) *m*

quince ['kin̪θe] **I.** *adj inv* fünfzehn; **dentro de** ~ **días** in vierzehn Tagen **II.** *m* Fünfzehn *f; v. t.* **ocho**

quincena [kin̪'θena] *f* (*días*) vierzehn Tage *mpl,* zwei Wochen *fpl*

quincenal [kin̪θe'nal] *adj* vierzehntägig; **revista** ~ Halbmonatsschrift *f*

quiniela [ki'njela] *f* **1.** (*juego*) (Fußball)toto *nt;* **jugar a las** ~**s** im Toto tippen **2.** (*boleto*) Totoschein *m* **3.** (*CSur: lotería*) Lotterie *f*

quinientos, -as [ki'njen̪tos, -as] *adj* fünfhundert; *v. t.* **ochocientos**

quinqué [kiŋ'ke] *m* Petroleumlampe *f*

quinqui ['kiŋki] *mf* (*fam*) Verbrecher(in) *m(f)*

quinta ['kin̪ta] *f* **1.** (MIL): **entrar en** ~**s** einberufen werden; **ese es de mi** ~ er gehört zu meinem Jahrgang **2.** (*casa*) Landhaus *nt*

quintaesencia [kin̪tae'sen̪θja] *f* Quintessenz *f*

quintal [kin̪'tal] *m* Zentner *m,* Quintal *m Österr, Schweiz;* ~ **métrico** hundert Kilo

quintar [kin̪'tar] *vt* (MIL) einberufen

quinteto [kin̪'teto] *m* (MÚS) Quintett *nt*

quintillizo, -a [kin̪ti'ʎiθo, -a] *m, f* Fünfling *m*

Quintín [kin̪'tin] *m:* **se armó la de San** ~ (*fam*) es gab einen Mordskrach

quinto, -a[1] ['kin̪to, -a] **I.** *adj* (*parte*) fünftel; (*numeración*) fünfte(r, s) **II.** *m, f* Fünftel *nt; v. t.* **octavo**

quinto[2] ['kin̪to] *m* Wehrpflichtige(r) *m*

quintuplicar [kin̪tupli'kar] <c→qu> *vt* verfünffachen

quíntuplo, -a ['kin̪tuplo, -a] *adj* fünffach; *v. t.* **óctuplo**

quiosco ['kjosko] *m* **1.** (*de jardín*) Pavillon *m* **2.** (*de periódicos*) Kiosk *m*

quiquiriquí [kikiri'ki] *m* **1.** (*onomatopeya*) Kikeriki *nt* **2.** (*persona*) Großmaul *nt*

quirófano [ki'rofano] *m* Operationssaal *m;* **pasar por el ~** operiert werden
quirúrgico, -a [ki'rurxiko, -a] *adj* chirurgisch
quirurgo, -a [ki'ruryo, -a] *m, f* Chirurg(in) *m(f)*
quisicosa [kisi'kosa] *f* (*fam*) Rätsel *nt*
quiso ['kiso] *3. pret de* **querer**
quisque ['kiske] *pron indef* (*fam*), **quisqui** ['kiski] *pron indef* (*vulg*): **cada ~** jeder; **todo ~** alle (Welt); **se lo dijo a todo ~** er/sie hing es an die große Glocke
quisquilla [kis'kiʎa] *f* **1.** (*pequeñez*) Kleinigkeit *f* **2.** (ZOOL) Garnele *f*
quisquilloso, -a [kiski'ʎoso, -a] *adj* **1.** (*susceptible*) überempfindlich **2.** (*meticuloso*) pingelig
quiste ['kiste] *m* Zyste *f*
quitaesmalte [kitaes'malte] *m* Nagellackentferner *m*
quitaipón [kitai̯'pon] *m:* **de ~** abnehmbar
quitamanchas [kita'mantʃas] *m inv* Fleck(en)entferner *m*
quitamiedos [kita'mjeðos] *m inv* (*en carretera*) Leitplanke *f*
quitanieves [kita'njeβes] *f inv* Schneepflug *m*
quitar [ki'tar] **I.** *vt* **1.** (*piel, funda*) abziehen; (*sombrero, tapa*) abnehmen; (*jersey, zapato*) ausziehen; (*botón*) abtrennen; **~ la mesa** den Tisch abräumen; **una capucha de quita y pon** eine abnehmbare Kapuze **2.** (*desposeer*) wegnehmen; (*robar*) stehlen; **me lo has quitado de la boca** du hast mir das Wort aus dem Munde genommen; **el café me quita el sueño** wenn ich Kaffee trinke, kann ich nicht schlafen; **ese asunto me quita el sueño** diese Sache raubt mir den Schlaf **3.** (*mancha*) entfernen; (*obstáculo*) beseitigen; (*dolor*) abklingen lassen; (*vida*) nehmen **4.** (*de plan, horario, texto*) streichen **5.** (*regla*) abschaffen **6.** (*apartar*) wegnehmen; (*mueble*) wegstellen; **¡quita!** (*¡no me molestes!*) geh mir aus dem Weg!; (*¡deja eso!*) lass das!; (*¡déjate de tonterías!*) hör auf! **7.** (MAT) abziehen; **quitando dos** bis auf zwei **8.** (*loc*): **el médico me ha quitado de fumar** der Arzt hat mir das Rauchen verboten; **ese ni quita ni pone en la empresa** der hat in der Firma nicht viel zu sagen **II.** *vr:* **~se 1.** (*anillo*) abziehen; (*barba, sombrero, gafas*) abnehmen; (*jersey, zapatos*) ausziehen; (*vida*) sich *dat* nehmen; **~se de la bebida** sich *dat* das Trinken abgewöhnen **2.** (*loc*): **~se de encima algo/a alguien** sich *dat* etw/jdn vom Halse schaffen; **quítate de mi vista** geh mir aus dem Weg; **~se años (de encima)** sich jünger machen
quitasol [kita'sol] *m* Sonnenschirm *m*
quizá(s) [ki'θa(s)] *adv* vielleicht; **~ y sin ~** ganz bestimmt

Q

R

R, r ['erre] *f* R, r *nt;* ~ **de Ramón** R wie Richard

rabadilla [rraβa'ðiʎa] *f* (ANAT) Steißbein *nt*

rabanito [rraβa'nito] *m* Radieschen *nt*

rábano ['rraβano] *m* Rettich *m;* ~ **picante** Meerrettich *m;* **déjame tu coche – ¡y un ~!** (*fam*) leih mir dein Auto – nichts da!; **tu hermano es más listo que tú – ¡y un ~!** (*fam*) dein Bruder ist schlauer als du – von wegen!; **me importa un ~** (*fam*) das ist mit piepegal; **tomar el ~ por las hojas** (*fam: interpretación*) es völlig missverstehen; (*ejecución*) das Pferd am Schwanz aufzäumen

rabí [rra'βi] *m* <rabíes> Rabbi *m*

rabia ['rraβja] *f* **1.** (*hidrofobia*) Tollwut *f* **2.** (*furia*) Wut *f;* **¡qué ~!** wie ärgerlich!; **tener/tomar ~ a alguien** (*enfado*) auf jdn wütend sein/werden; (*manía*) jdn nicht ausstehen können; **me da ~ sólo pensarlo** schon der Gedanke daran macht mich wütend **3.** (*fam*): **con ~** (*mucho*) maßlos

rabiar [rra'βjar] *vi* **1.** (*padecer rabia: animal*) tollwütig sein; (*persona*) an Tollwut erkrankt sein **2.** (*enfadarse*) vor Wut rasen; **hacer ~ a alguien** jdn bis aufs Blut reizen **3.** (*sufrir*) rasen (*de* vor +*dat*) **4.** (*ansiar*) brennen (*por* auf +*akk*) **5.** (*desear*) erpicht sein (*por* auf +*akk*) **6.** (*loc*): **a ~** (*mucho*) wahnsinnig; **está que rabia** (*fam: picante*) es ist höllisch scharf

rabieta [rra'βjeta] *f* Wutanfall *m*

rabino [rra'βino] *m* Rabbiner *m*

rabioso, -a [rra'βjoso, -a] *adj* **1.** (*hidrofóbico*) tollwütig **2.** (*furioso*) wütend; (*desconsiderado*) rabiat **3.** (*fam: picante*) höllisch scharf **4.** (*fig: vehemente*) brennend; **un tema de rabiosa actualidad** ein hochaktuelles Thema

rabo ['rraβo] *m* **1.** (*cola*) Schwanz *m;* **salir con el ~ entre las piernas** (*fam fig*) den Schwanz einziehen; **aún queda el ~ por desollar** (*fam fig*) das dicke Ende kommt noch **2.** (*extremo*) Ende *nt* **3.** (*tallo*) Stängel *m* **4.** (*vulg: pene*) Schwanz *m fam*

racanear [rrakane'ar] *vi, vt* (*fam*) knausern; ~ **algo a alguien** mit etw *dat* jdm gegenüber knausern; ~ **dinero a alguien** jdn kurz halten

rácano, -a ['rrakano, -a] *adj* **1.** (*fam: tacaño*) knauserig **2.** (*reg: enclenque*) mick(e)rig **3.** (*fam: gandul*) arbeitsscheu

racha ['rratʃa] *f* **1.** (*de aire*) Windstoß *m* **2.** (*fase*) Phase *f;* **a** [*o* **por**] ~**s** phasenweise; **tener buena/mala ~** eine Glückssträhne/Pechsträhne haben **3.** (*loc*): **arrancar un coche a ~s, dar una ~ a un coche** ein Auto anschieben

racial [rra'θjal] *adj* (*étnico*) rassisch; **disturbios ~es** Rassenunruhen *fpl*

racimo [rra'θimo] *m* Traube *f;* ~ **de uvas** Traube Weinbeeren

raciocinar [rraθjoθi'nar] *vi* (*razonar*) rational denken; (*deducir*) schlussfolgern

raciocinio [rraθjo'θinjo] *m* (*facultad*) rationales Denken *nt;* (*razón*) Vernunft *f;* (*proceso mental*) Gedankenfolge *f*

ración [rra'θjon] *f* **1.** (*tapa*) Portion *f;* **una ~ de patatas fritas** eine Portion Pommes; **una ~ de queso** ein Käseteller **2.** (MIL) Ration *f;* **poner a alguien a media ~** (*fig*) jdn auf halbe Ration setzen

racional [rraθjo'nal] *adj* rational

racionalización [rraθjonaliθa'θjon] *f* (ECON, PSICO) Rationalisierung *f*

racionalizar [rraθjonali'θar] <z→c> *vt* rationalisieren

racionamiento [rraθjona'mjen̩to] *m* Rationierung *f*

racionar [rraθjo'nar] *vt* **1.** (*repartir*) in Rationen aufteilen **2.** (*limitar*) rationieren

racismo [rra'θismo] *m sin pl* Rassismus *m*

racista [rra'θista] **I.** *adj* rassistisch **II.** *mf* Rassist(in) *m(f)*

radar [rra'ðar] *m* Radar *m o nt;* **por ~** über Radar

radiación [rraðja'θjon] *f* Strahlung *f;* (*irradiación*) Ausstrahlung *f;* (*tratamiento*) Bestrahlung *f;* ~ **solar** Sonnen(ein)strahlung *f*

radiactividad [rraðjaktiβi'ða^{ð}] *f* Radioaktivität *f*

radiactivo, -a [rraðjak'tiβo, -a] *adj* radioaktiv

radiado, -a [rra'ðjaðo, -a] *adj* **1.** (*forma*) strahlenförmig **2.** (RADIO) Rundfunk-

radiador [rraðja'ðor] *m* **1.** (*calefacción*) Heizkörper *m* **2.** (AUTO) Kühler *m*

radial [rra'ðjal] *adj* **1.** (*forma*) strahl(enförm)ig; (TÉC) radial; (BIOL, MAT) radiär; **músculo ~** (ANAT) Speichenmuskel *m* **2.** (*Am:* RADIO) Rundfunk-

radiante [rra'ðjan̩te] *adj* (*brillante*) glänzend; ~ **de alegría/felicidad** freude-/glückstrahlend; **estás ~ con ese vestido** in diesem Kleid siehst du glänzend aus; **está ~ con su nuevo trabajo** er/sie strahlt vor

Glück über seine/ihre neue Stelle

radiar [rra'ðjar] **I.** *vi* **1.** (*irradiar*) strahlen **2.** (*emitir*) funken **II.** *vt* **1.** (*irradiar, t.* RADIO) ausstrahlen; **un debate radiado** eine im Rundfunk übertragene Diskussion **2.** (MED) bestrahlen **3.** (*Am: eliminar*) streichen

radical [rraði'kal] **I.** *adj* **1.** (*extremado*) radikal **2.** (*t.* BOT: *de la raíz*) Wurzel- **3.** (MAT) radikal **4.** (*fundamental*) gründlich **II.** *m* **1.** (LING) Stamm *m* **2.** (MAT, QUÍM, PSICO) Radikal *nt* **3.** (MAT: *signo*) Wurzelzeichen *nt* **III.** *mf* (POL) Radikale(r) *mf;* ~ **de derecha** Rechtsradikale(r) *mf*

radicalizar [rraðikali'θar] <z→c> **I.** *vt* radikalisieren **II.** *vr:* ~**se 1.** (*extremar*) sich radikalisieren **2.** (*agudizarse*) sich verschärfen

radicar [rraði'kar] <c→qu> **I.** *vi* **1.** (*t.* BOT: *arraigar*) Wurzeln schlagen; (*fig*) wurzeln (*en* in +*dat*); **el problema radica en su comportamiento** das Problem liegt in seinem/ihrem Verhalten **2.** (*estar asentado*) ansässig sein **3.** (*basarse*) beruhen (*en* auf +*dat*); (*consistir*) bestehen (*en* in +*dat*) **II.** *vr:* ~**se** (*establecerse*) sich niederlassen

radio[1] ['rraðjo] *f* (RADIO, TEL) **1.** (*radiodifusión*) Rundfunk *m;* **hablar por la** ~ im Radio sprechen; **retransmitir por** ~ im Rundfunk übertragen **2.** (*receptor*) Radio(gerät) *nt;* (*radiotelefonía*) Funk(sprech)gerät *nt;* ~ **del coche** Autoradio *nt;* **dirigido por** ~ funkgesteuert **3.** (*emisora*) (Radio)sender *m;* ~ **pirata** Piratensender *m*

radio[2] ['rraðjo] *m* **1.** (MAT) Radius *m* **2.** (*en la rueda*) (Rad)speiche *f* **3.** (ANAT) Speiche *f* **4.** (QUÍM) Radium *nt* **5.** (*ámbito*) Bereich *m;* (*esfera*) Kreis *m;* ~ **de acción** Aktionsradius *m;* (*fig*) Wirkungsbereich *m;* ~ **de alcance** Reichweite *f;* ~ **de atracción** Einzugsgebiet *nt;* ~ **visual** Sichtfeld *nt;* **en un** ~ **de varios kilómetros** im Umkreis von mehreren Kilometern

radioactivo, -a [rraðjoak'tiβo, -a] *adj* radioaktiv

radioaficionado, -a [rraðjoafiθjo'naðo, -a] *m, f* Amateurfunker(in) *m(f)*

radiocasete [rraðjoka'sete] *m o f* Radiorekorder *m*

radiocomunicación [rraðjokomunika'θjon] *f* **1.** (*radioenlace*) Funk(sprech)verbindung *f* **2.** (*radioconferencia*) Funkgespräch *nt*

radiodespertador [rraðjoðesperta'ðor] *m* Radiowecker *m*

radiodifusión [rraðjoðifu'sjon] *f* Rundfunk *m;* (*radiotransmisión*) Rundfunkübertragung *f*

radiodifusora [rraðjoðifu'sora] *f* (*Am*) Rundfunksender *m*

radioescucha [rraðjoes'kutʃa] *mf v.* **radioyente**

radiofonía [rraðjofo'nia] *f* **1.** (*radiodifusión*) Rundfunk *m* **2.** (*radiotelefonía*) Sprechfunk *m*

radiofónico, -a [rraðjo'foniko, -a] *adj* (RADIO, TEL) Radio-; **guión** ~ Hörspiel *nt;* **programa** ~ (*programación*) Radioprogramm *nt;* (*emisión*) Rundfunkprogramm *nt*

radiografía [rraðjoɣra'fia] *f* **1.** (*técnica*) Radiografie *f* **2.** (*placa*) Röntgenaufnahme *f*

radiografiar [rraðjoɣrafi'ar] <*1. pres:* radiografío> *vt* **1.** (RADIO, TEL) funken **2.** (MED) röntgen

radiólogo, -a [rra'ðjoloɣo, -a] *m, f* Radiologe, -in *m, f*

radiopatrulla [rraðjopa'truʎa] *f* Funkstreife *f*

radioso, -a [rra'ðjoso, -a] *adj* (*Am*) *v.* **radiante**

radiotaxi [rraðjo'taʏsi] *m* Funktaxi *nt*

radiotelegrafiar [rraðjoteleɣrafi'ar] <*1. pres:* radiotelegrafío> *vt* funken

radioterapia [rraðjote'rapja] *f* Bestrahlung *f*

radioyente [rraðjo'ɟen̩te] *mf* (RADIO) Hörer(in) *m(f);* ~ **clandestino** Schwarzhörer *m*

R.A.E. ['rrae] *f abr de* **Real Academia Española de la Lengua** Spanische Sprachakademie *f*

> Die im Jahr 1714 gegründete **RAE** hat sich die Pflege der spanischen Sprache als Ziel gesetzt.

raedera [rrae'ðera] *f* Schaber *m*

raedura [rrae'ðura] *f* **1.** (*rascado*) Schabsel *nt;* (*brizna*) Schäbe *f* **2.** (MED) Ausschaben *nt*

raer [rra'er] *irr vt* **1.** (*raspar*) (ab)schaben; (MED) ausschaben **2.** (*desgastar*) abscheuern; (*deslucir*) abwetzen

ráfaga ['rrafaɣa] *f* **1.** (*de aire*) Windstoß *m* **2.** (*de lluvia*) (Regen)schauer *m* **3.** (*de luz*) Lichtblitz *m* **4.** (*inspiración*) Erleuchtung *f* **5.** (*de disparos*) Salve *f*

ragú [rra'ɣu] <ragús> *m* Ragout *nt*

raído, -a [rra'iðo, -a] *adj* (*deslucido*) schäbig; (*gastado*) abgetragen; (*rozado*) abgewetzt

raigambre [rrai̯'ɣambre] *f* **1.** (BOT: *raíces*) Wurzelwerk *nt* **2.** (*fig: tradición*) Verwurzelung *f;* **sin** ~ traditionslos; **tener** ~ verwurzelt sein; **mi familia es de** ~ **conservadora** meine Familie ist von jeher konservativ gewesen

raíl [rra'il] *m* Schiene *f*

raíz [rra'iθ] *f* **1.** (ANAT, BOT: *t. fig*) Wurzel *f*; **de ~** (*fig*) völlig; **arrancar de ~** (*fig*) mit Stumpf und Stiel ausrotten; **atajar de ~** (*fig*) im Keim ersticken; **echar raíces** (*fig*) Wurzeln schlagen; **como si hubiera echado raíces** (*fig*) wie angewurzelt; **tener sus raíces en un lugar** (*fig*) an einem Ort fest verwurzelt sein **2.** (*causa*) Ursache *f*; (*origen*) Ursprung *m*; **a ~ de** als Folge von; **tener su ~ en algo** in etw *dat* begründet liegen **3.** (LING) Stamm *m* **4.** (MAT) Wurzel *f*; **~ cuadrada/cúbica** Quadrat-/Kubikwurzel *f*; **extraer la ~** die Wurzel ziehen

raja ['rraxa] *f* **1.** (*grieta*) Riss *m*; (*resquebrajadura*) Sprung *m*; (*hendedura*) Spalt *m* **2.** (*abertura*) Schlitz *m*; (*separación*) Ritze *f*; (*vulg: vulva*) Möse *f*; (*~ del culo*) Arschritze *f* **3.** (*rodaja*) Scheibe *f*

rajar [rra'xar] **I.** *vi* **1.** (*pey: hablar mal*) tratschen (*de* über *+akk*) **2.** (*fam: charlar*) quatschen **II.** *vt* **1.** (*cortar*) schneiden (in *+akk*); (*abrir*) (auf)schlitzen; (*hender*) aufspalten; (*quitar*) abschneiden; (*partir*) zerlegen; (*en rajas*) in Scheiben schneiden **2.** (*fam: apuñalar*) einstechen (auf *+akk*) **III.** *vr:* **~se 1.** (*abrirse*) aufplatzen; (*agrietarse*) aufspringen **2.** (*argot: echarse atrás*) kneifen **3.** (*argot: disculparse*) absagen **4.** (*cortarse*) sich schneiden (in *+akk*)

rajatabla [rraxa'taβla]: **a ~** (*estrictamente*) sehr streng; (*exactamente*) haargenau; (*a toda costa*) um jeden Preis

ralea [rra'lea] *f* (*pey*) Gesindel *nt*; **son todos de la misma ~** das ist alles die gleiche Sippschaft

ralentí [rralen̪'ti] *m sin pl* **1.** (CINE) Zeitlupe *f*; **al ~** (*fig*) im Zeitlupentempo **2.** (AUTO) Leerlauf *m*; **en ~** im Leerlauf

rallador [rraʎa'ðor] *m* Raspel *f*

ralladura [rraʎa'ðura] *f* Raspel *m*

rallar [rra'ʎar] *vt* reiben; (*verdura, nueces, chocolate*) raspeln; **pan rallado** Semmelbrösel *pl*

rally(e) ['rrali] <rallys> *m* Rallye *f*

ralo, -a ['rralo, -a] *adj* **1.** (*escaso*) spärlich; (*árboles*) licht; (*cabello*) schütter; (*tejido*) fadenscheinig **2.** (*CSur: insustancial*) fadenscheinig

rama ['rrama] *f* **1.** (*de árbol, t.* BOT, MAT) Ast *m*; (*ramo*) Zweig *m*; **~ florida** Blütenzweig *m*; **~s secas** Reisig *nt*; **algodón en ~** Rohbaumwolle *f*; (*preparado*) Watte *f*; **canela en ~** Zimtstangen *fpl*; **andarse por las ~s** (*rodeos*) um den heißen Brei herumreden; **irse por las ~s** (*desviarse*) abschweifen **2.** (*ámbito*) Zweig *m*; (*sector*) Gebiet *nt*; (ECON) Branche *f* **3.** (*derivación*) Abzweigung *f* **4.** (*parentesco*) Linie *f*; **por la ~ materna/paterna** mütterlicher-/väterlicherseits

ramaje [rra'maxe] *m* Geäst *nt*; (*follaje*) Gezweig *nt*

ramal [rra'mal] *m* **1.** (*cabo*) Strang *m* **2.** (*ramificación*) Abzweigung *f*; (*de un río*) Seitenarm *m*; (FERRO) Nebenbahn *f*

ramalazo [rrama'laθo] *m* **1.** (*trallazo*) Hieb *m*; (*marca*) Striemen *m*; (*fig: de dolor*) Stechen *nt* **2.** (*fam: parecido*) Hauch *m*; **tener un ~ a su padre** etwas von seinem Vater haben; **tener un ~ de loco** etwas Verrücktes an sich *dat* haben; **tener ~** (*aire de homosexual*) tuntig sein

rambla ['rrambla] *f* (*paseo*) Allee *f*

ramera [rra'mera] *f* Hure *f*

ramificación [rramifika'θjon] *f* Verzweigung *f*

ramificarse [rramifi'karse] <c→qu> *vr* sich verzweigen

ramillete [rrami'ʎete] *m* Sträußchen *nt*; (*para la mesa*) Blumengesteck *nt*

ramo ['rramo] *m* **1.** (*de flores*) Strauß *m* **2.** (*de árbol*) Zweig *m* **3.** (*ámbito*) Zweig *m*; (*sector*) Gebiet *nt*; (ECON) Branche *f*; **~ de la construcción** Baugewerbe *nt*; **del ~** vom Fach

rampa ['rrampa] *f* **1.** (*inclinación*) Rampe *f*; (*en carretera*) Auffahrt *f*; **en ~** am Hang **2.** (*fam: contracción*) Krampf *m*

ramplón, -ona [rram'plon, -ona] *adj* **1.** (*basto*) grob; (*chapucero*) pfuscherhaft **2.** (*vulgar*) derb; (*chabacano*) geschmacklos **3.** (*simplón*) platt

rana ['rrana] *f* (ZOOL) Frosch *m*; **~ de San Antonio** Laubfrosch *m*; **hombre ~** Froschmann *m*; **el príncipe ~** der Froschkönig; **tener ojos de ~** Glupschaugen haben; **salir ~ a alguien** (*fam*) jdn schwer enttäuschen; **cuando las ~s críen pelo** am Sankt-Nimmerleins-Tag

ranchero, -a [rran'ʧero, -a] *m, f* **1.** (MIL) Feldkoch, -köchin *m, f* **2.** (*granjero*) Rancher(in) *m(f)*; (*pey*) Bauerntölpel *m* **3.** (*colono*) Siedler(in) *m(f)*

rancho ['rranʧo] *m* **1.** (*t.* MIL: *comida*) Verpflegung; (*pey: de mala calidad*) Fraß *m*; **hacer el ~** kochen; **hacer ~ aparte** (*fig*) sein eigenes Süppchen kochen **2.** (*granja*) Ranch *f*

ranciarse [rran̪'θjarse] *vr* ranzig werden

rancio, -a ['rran̪θjo, -a] *adj* **1.** (*antiguo*) uralt; (*pey: anticuado*) altbacken **2.** (*grasas*) ranzig

rancotán [rraŋko'tan] *adv* (*Am: al contado*) (in) bar

rango ['rraŋgo] *m* (*categoría, puesto*) Rang *m*; (*ordenación*) Rangordnung *f*; **de primer/segundo ~** erst-/zweitrangig; **según el ~** rangabhängig; **de (alto) ~** hochrangig

rangoso, -a [rraŋ'goso, -a] *adj* (*AmC*) **1.** (*generoso*) großzügig **2.** (*ostentoso*) prahlerisch

ranúnculo [rra'nuŋkulo] *m* Ranunkel *f*

ranura [rra'nura] *f* Schlitz *m;* (*muesca*) Nut *f;* (*junta*) Fuge *f;* (*fisura*) Ritze *f*

rapacidad [rrapaθi'ðaᵈ] *f* Raffgier *f*

rapapolvo [rrapa'polβo] *m* (*fam*) Rüffel *m;* **echar un ~ a alguien** jdn abkanzeln

rapar [rra'par] *vt* **1.** (*pelo*) stutzen **2.** (*fam: mangar*) klauen

rapaz(a)[1] [rra'paθ(a)] *m(f)* (kleines) Kind *nt;* (*muchacho*) (kleiner) Junge *m;* (*niña*) (kleines) Mädchen *nt*

rapaz[2] [rra'paθ] **I.** *adj* (*ávido*) raffgierig; (*expoliador*) räuberisch; **ave ~** Greifvogel *m* **II.** *f* Greifvogel *m*

rape ['rrape] *m* **1.** (*pescado*) Seeteufel *m* **2.** (*fam: afeitado*) Blitzrasur *f;* **al ~** (*pelo*) kahl geschoren; (*a la orilla*) haarscharf geschnitten

rapé [rra'pe] *m* Schnupftabak *m;* **polvos de ~** Schnupftabak *m*

rapidez [rrapi'ðeθ] *f* Schnelligkeit *f;* **~ de reflejos** gute Reflexe; **con (gran) ~** rasend schnell

rápido, -a[1] ['rrapiðo, -a] *adj* **1.** (*veloz*) schnell **2.** (*breve*) flüchtig **3.** (*corriente*) reißend

rápido[2] ['rrapiðo] *m* **1.** (*tren*) Eilzug *m* **2.** *pl* (*de un río*) Stromschnelle *f*

rapiña [rra'piɲa] *f* Raub *m;* (*saqueo*) Plünderung *f;* **animal de ~** Raubtier *nt*

rapiñar [rrapi'ɲar] *vt* rauben; (*saquear*) plündern

raposo, -a [rra'poso, -a] *m, f* **1.** (*zorro*) Fuchs *m,* Füchsin *f* **2.** (*astuto*) Schlitzohr *nt*

raptar [rrap'tar] *vt* entführen

rapto ['rrapto] *m* **1.** (*secuestro*) Entführung *f;* **~ de un niño** Kindesentführung *f* **2.** (*arrebato*) Anfall *m;* **en un ~ de celos** in einem Anfall von Eifersucht; **en un ~ de generosidad** in einer Anwandlung von Großzügigkeit

raptor(a) [rrap'tor(a)] *m(f)* Entführer(in) *m(f)*

raque ['rrake] *adj* (*Ven*) dürr

raqueta [rra'keta] *f* **1.** (DEP: *pala*) Schläger *m* **2.** (DEP: *tenista*) Tennisspieler(in) *m(f)* **3.** (*para nieve*) Schneeschuh *m* **4.** (*del croupier*) Rateau *nt*

raquítico, -a [rra'kitiko, -a] *adj* **1.** (MED) rachitisch **2.** (*fam: enclenque*) mick(e)rig **3.** (*débil*) schwächlich

raquitismo [rraki'tismo] *m sin pl* Rachitis *f*

raramente [rrara'meṇte] *adv* **1.** (*casi nunca*) selten **2.** (*extrañamente*) seltsamerweise

rareza [rra'reθa] *f* **1.** (*escasez*) Seltenheit *f* **2.** (*cualidad*) Seltsamkeit *f* **3.** (*curiosidad*) Rarität *f* **4.** (*peculiaridad*) Eigenartigkeit *f;* (*manía*) Marotte *f;* **tener sus ~s** (*ser caprichoso*) seine Launen haben

raro, -a ['rraro, -a] *adj* **1.** (*extraño, inesperado*) seltsam; **¡(qué) cosa más rara!** (wie) komisch! **2.** (*inusual*) selten; (*escaso*) rar; **rara vez** selten; **raras personas** (nur) wenige Menschen; **no es ~ que...** +*subj* es kommt nicht selten vor, dass ... **3.** (FÍS, QUÍM) dünn; **gases ~s** Edelgase *ntpl*

ras [rras] *m* Höhengleichheit *f;* **a(l) ~ de** auf der Höhe von; **a ~ de agua** auf Wasserhöhe; **a ~ de tierra** ebenerdig; **volar a ~ de suelo** dicht am Boden (entlang)fliegen; **al ~** gestrichen voll

rasante [rra'saṇte] **I.** *adj* rasant **II.** *f* Gefälle *nt;* **cambio de ~** Gefälle *nt*

rasar [rra'sar] **I.** *vt* **1.** (*igualar*) abstreichen **2.** (*rozar*) streifen **3.** (*arrasar*) dem Erdboden gleichmachen **II.** *vr:* **~se** (*cielo*) aufklaren

rascacielos [rraska'θjelos] *m inv* Wolkenkratzer *m*

rascar [rras'kar] <c→qu> **I.** *vt* **1.** (*arrascar*) kratzen **2.** (*raspar*) abkratzen; (*con espátula*) abschaben **3.** (*fam irón: instrumento*): **~ la guitarra** auf der Gitarre herumklimpern; **~ el violín** auf der Geige kratzen **II.** *vr:* **~se** **1.** (*arrascarse*) sich kratzen; **~se la barriga** (*reg: fam fig*) sich auf die faule Haut legen; **~se la faltriquera** (*fam*) das Portmonee zücken; **no tener tiempo ni para ~se** (*fam fig*) keine freie Minute haben **2.** (*AmS: achisparse*) sich *dat* einen antrinken

rasgadura [rrasɣa'ðura] *f* Riss *m*

rasgar [rras'ɣar] <g→gu> **I.** *vt* **1.** (*romper por un lado*) einreißen; (*en dos*) durchreißen; (*en pedazos*) zerreißen; (*abrir*) aufreißen; **ojos rasgados** Schlitzaugen *ntpl* **2.** (*cortar*) aufschlitzen **II.** *vr:* **~se** **1.** (*desgarrarse*) reißen **2.** (*Am: vulg: diñarla*) abkratzen *fam*

rasgo ['rrasɣo] *m* **1.** (*del rostro*) Gesichtszug *m;* (*del carácter*) Charakterzug *m* **2.** (*acción*) Handlung *f;* **un ~ de generosidad** eine großzügige Geste **3.** (*trazo*) Linienführung *f;* **a grandes ~s** in großen Zügen

rasgón [rras'ɣon] *m* Riss *m*

rasguear [rrasɣe'ar] **I.** *vi* (*en la escritura*) (Feder)striche ziehen **II.** *vt* (MÚS) anschlagen

rasguñar [rrasɣu'ɲar] **I.** *vt* **1.** (*arañar*) zerkratzen; (*herir*) aufkratzen; (*cortar*) aufritzen **2.** (ARTE) skizzieren **II.** *vr:* **~se** (*arañarse*) sich kratzen; (*herirse*) sich aufkratzen; (*cortarse*) sich aufritzen; (*excoriarse*) sich aufschürfen (*con* an +*dat*)

rasguño [rras'ɣuɲo] *m* (*arañazo*) Kratzer *m;* (*rasponazo*) Schramme *f;* (*excoriación*) Abschürfung *f;* **sin un ~** (*fig*) völlig unversehrt

raso, -a[1] ['rraso, -a] *adj* **1.** (*liso*) glatt; (*llano*) flach **2.** (*cielo*) klar; **al ~** im Freien **3.** (*al*

R

borde) randvoll; **una cucharada rasa** ein gestrichener Esslöffel

raso[2] ['rraso] *m* Satin *m*

raspa ['rraspa] *f* **1.** (*del pescado*) Gräte *f* **2.** (*del cereal*) Granne *f* **3.** (*Am: ramera*) Straßenhure *f* **4.** (*fam fig: delgado*) dünner Hering *m*

raspado [rras'paðo] *m* **1.** (TÉC) (Ab)schaben *nt;* (*limado*) Raspeln *nt* **2.** (MED) Ausschabung *f*

raspador [rraspa'ðor] *m* **1.** (*instrumento*) Schaber *m;* (*lima*) Raspel *f;* (MED) Kürette *f* **2.** (*de fósforos*) Reibfläche *f*

raspadura [rraspa'ðura] *f* **1.** (*raspado*) Abkratzen *nt;* (*con espatúla*) Abschaben *nt* **2.** (*brizna*) Späne *mpl*

raspar [rras'par] **I.** *vi* (*ser rasposo*) kratzen; (*en sorteos*) rubbeln **II.** *vt* **1.** (*rascar*) abkratzen **2.** (MED) ausschaben **3.** (*rozar*) streifen **4.** (*Am: fam: mangar*) klauen **5.** (*AmS: fam: abroncar*) anschnauzen **III.** *vr:* **~se** sich aufschürfen (*con* an +*dat*)

rasponazo [rraspo'naθo] *m* Schramme *f*

rasposo, **-a** [rras'poso, -a] *adj* rau

rasquiña [rras'kiɲa] *f* (*Am: comezón*) Juckreiz *m*

rastra ['rrastra] *f* **1.** (*rastrillo*) Harke *f* **2.** (*rastro*) Spur *f* **3.** (*loc*): **a ~s** widerwillig; **ir a ~s** (*fam*) sich dahinschleppen; **llevar a ~s** mitschleifen

rastrear [rrastre'ar] **I.** *vt* **1.** (*seguir*) nachspüren +*dat* **2.** (*investigar*) nachforschen +*dat* **3.** (*llevar arrastrando*) schleppen **4.** (*registrar*) durchkämmen **5.** (*minas*) suchen **II.** *vi* **1.** (*investigar*) nachforschen **2.** (*rastrillar*) harken

rastrillar [rrastri'ʎar] *vt* harken

rastrillo [rras'triʎo] *m* **1.** (*herramienta*) Harke *f* **2.** (*mercadillo*) Flohmarkt *m*

rastro ['rrastro] *m* **1.** (*indicio, pista*) Spur *f;* **ni ~** keine Spur; **sin dejar** (**ni**) **~** spurlos; **seguir el ~ a** [*o* **de**] **alguien** jdm nachspüren **2.** (*mercadillo*) Flohmarkt *m* **3.** (*herramienta*) Harke *f*

rastrojo [rras'troxo] *m* (*residuo*) Stoppel *f*

rasurar [rrasu'rar] **I.** *vt* rasieren **II.** *vr:* **~se** sich rasieren

rata[1] ['rrata] *f* (ZOOL) Ratte *f;* **~ de alcantarilla** Kanalratte *f;* **~ de biblioteca** (*fig*) Bücherwurm *m;* **más pobre que las ~s** arm wie eine Kirchenmaus; **escabullirse como una ~** sich davonstehlen

rata[2] ['rrata] *mf* **1.** (*descuidero*) Dieb(in) *m(f)* **2.** (*rácano*) Geizkragen *m*

ratear [rrate'ar] **I.** *vi* (*gatear*) krabbeln **II.** *vt* **1.** (*fam: mangar*) mitgehen lassen **2.** (*fam: racanear*) knausern (mit +*dat*) **3.** (*prorratear*) aufteilen

ratería [rrate'ria] *f* **1.** (*hurto*) (kleiner) Diebstahl *m* **2.** (*racanería*) Knauserei *f*

ratero, **-a** [ra'tero, -a] *m, f* Dieb(in) *m(f)*

raticida [rrati'θiða] *m* Rattengift *nt*

ratificación [rratifika'θjon] *f* **1.** (JUR, POL) Ratifizierung *f* **2.** (*confirmación*) Bestätigung *f*

ratificar [rratifi'kar] <c→qu> **I.** *vt* **1.** (JUR, POL) ratifizieren **2.** (*confirmar*) bestätigen **II.** *vr:* **~se** **1.** (JUR, POL) in Kraft treten **2.** (*reafirmarse*) beharren (*en* auf +*dat*)

Ratisbona [rratis'βona] *f* Regensburg *nt*

rato ['rrato] *m* Weile *f;* (*momento*) Augenblick *m;* **a ~s** von Zeit zu Zeit; **a cada ~** immer wieder; **al** (**poco**) **~** (kurz) darauf; **de ~ en ~** ab und zu; **todo el ~** die ganze Zeit; **un buen ~** eine ganze Weile; **en un ~ perdido** in einer Mußestunde; **pasar un buen/mal ~** eine gute/schlechte Zeit verbringen; **pasar el ~** sich *dat* die Zeit vertreiben; **tener para ~** noch viel vor sich *dat* haben; **aún hay para ~** das wird noch dauern; **¡hasta otro ~!** bis zum nächsten Mal!; **un ~** (**largo**) (*fam fig*) jede Menge; **me gusta un ~** (*fam*) es gefällt mir unheimlich gut; **es un ~ tonto** (*fam*) er/sie ist so was von blöd

ratón [rra'ton] *m* Maus *f;* **~** (**electrónico**) (INFOR) Maus *f;* **~ de biblioteca** (*fig*) Bücherwurm *m*

ratonera [rrato'nera] *f* **1.** (*trampa*) Mausefalle *f;* (*fig*) Falle *f;* **estar en una ~** (*fig*) in der Falle sitzen; **caer en la ~** (*fig*) in die Falle tappen **2.** (*agujero*) Mauseloch *nt*

ratonero [rrato'nero] *m* (Mäuse)bussard *m*

raudal [rrau̯'ðal] *m* Flut *f;* **~ de palabras** Redeschwall *m;* **a ~es** (*fig*) in Hülle und Fülle; **por la ventana entra la luz a ~es** das Licht flutet durchs Fenster

raudo, **-a** ['rrau̯ðo, -a] *adj* rasch

raya ['rraɟa] *f* **1.** (*línea*) Strich *m;* (*sobre la calzada*) Fahrbahnbegrenzung *f;* (*guión*) Gedankenstrich *m;* (*de quebrado*) Bruchstrich *m;* **a ~s** strichweise; **pasar**(**se**) **de la ~** (*fig*) zu weit gehen; **tener a alguien a ~** jdn im Zaume halten **2.** (*franja*) Streifen *m;* (*cortafuegos*) Waldschneise *f;* **a ~s** (*estampado*) gestreift **3.** (*del pelo*) Scheitel *m;* **~ al lado/en medio** Seiten-/Mittelscheitel *m;* **hacer la ~** das Haar scheiteln **4.** (ZOOL) Rochen *m* **5.** (*doblez*) (Bügel)falte *f*

rayado [rra'ɟaðo, -a] *m* (*líneas*) Linierung *f;* (*plumeado*) Schraffur *f;* (*rayajo*) Gekritzel *nt*

rayano, **-a** [rra'ɟano, -a] *adj* angrenzend (*en* an +*akk*)

rayar [rra'ɟar] **I.** *vi* **1.** (*lindar*) (an)grenzen (*con* an +*akk*) **2.** (*asemejarse*) grenzen (*en* an +*akk*) **3.** (*amanecer*): **~ el alba** dämmern; **al ~ el día** bei Tagesanbruch **II.** *vt* **1.** (*marcar con rayas*) linieren; (*plumear*) schraffieren **2.** (*tachar*) (durch)streichen **3.** (*arañar*) verkratzen **4.** (*grabar*) ritzen **III.**

vr: ~**se** einen Kratzer abbekommem

rayo ['rraɟo] *m* **1.** (*de luz*) Strahl *m;* ~ **de luna** Mondschein *m* **2.** (*radiación*): ~**s infrarrojos** Infrarotstrahlen *mpl;* ~**s X** Röntgenstrahlen *mpl;* **emitir** ~**s** strahlen **3.** (*relámpago*) Blitz *m;* **¡**~**s** (**y centellas**)! (Himmel)donnerwetter!; **ha caído un** ~ **en la torre** ein Blitz hat in den Turm eingeschlagen; **como un** ~ (*fig*) blitzschnell; **como tocado por el** ~ (*fig*) wie vom Blitz getroffen; **echar** ~**s y centellas** (*fig*) Gift und Galle speien; **¡mal** ~ **te parta!** (*fam*) der Teufel soll dich holen!; **que un** ~ **me parta si no es verdad** (*fam*) mich soll der Schlag treffen, wenn es nicht stimmt **4.** (*infortunio*) (Schicksals)schlag *m* **5.** (*radio*) Speiche *f*

raza ['rraθa] *f* **1.** (*casta*) Rasse *f,* (*estirpe*) Geschlecht *nt;* (*pueblo*) Volk *nt;* **de** ~ reinrassig; **de** ~ **blanca/negra** weiß/schwarz **2.** (*temperamento*) Rassigkeit *f;* **de** (**pura**) ~ rassig

razón [rra'θon] **I.** *f* **1.** (*discernimiento*) Vernunft *f;* (*entendimiento*) Verstand *m;* **puesto en** ~ vernünftig; **entrar en** ~ zur Vernunft kommen; **meter en** ~ zur Vernunft bringen; **hacer perder la** ~ **a alguien** jdn um den Verstand bringen; **privar de la** ~ **a alguien** jdn seiner Sinne berauben **2.** (*argumento*) Begründung *f;* (*razonamiento*) Argumentation *f;* (**no**) **atender a razones** sich (nicht) überzeugen lassen; **ponerse a razones con alguien** sich mit jdm auseinander setzen; **venirse a razones con alguien** mit jdm übereinkommen **3.** (*motivo*) Grund *m;* (*justificación*) Berechtigung *f;* ~ **de Estado** Staatsräson *f;* ~ **de ser** Daseinsberechtigung *f;* ~ **de más para...** +*inf,* ~ **de más para que...** +*subj* ein Grund mehr zu ... +*inf;* **la** ~ **por la que...** der Grund, aus dem ...; **fuera de** ~ grundlos; **por** ~ **de** auf Grund von; **por razones de seguridad** aus Sicherheitsgründen; **por una u otra** ~ aus dem einen oder anderen Grund; **tener razones para...** +*inf* Grund haben zu ... +*inf* **4.** (*acierto*) Recht *nt;* **la** ~ **de la fuerza** das Recht des Stärkeren; **¡con** (**mucha**) ~**!** (völlig) zu Recht!; **sin** ~ zu Unrecht; **cargarse de** ~ sich völlig im Recht fühlen; **dar la** ~ **a alguien** jdm Recht geben; **llevar la** ~ das Recht auf seiner Seite haben; **tener** (**mucha**) ~ (vollkommen) Recht haben; **en eso** (**no**) **tienes** ~ da hast du (Un)recht; **me asiste la** ~ ich habe das Recht auf meiner Seite; **perder la** ~ (*fig*) den Ton verfehlen **5.** (*información*) Auskunft *f;* (*recado*) Nachricht *f;* ~ **aquí** Näheres hier; **dar** ~ **de alguien** Auskunft über jdn erteilen; **dar** ~ **de sí** von sich *dat* hören lassen; (*fig*) seinen Mann stehen; **mandar** ~ **a alguien de algo** jdm etw ausrichten lassen; **pedir** ~ **de alguien** sich nach jdm erkundigen **6.** (MAT: *proporción*) Verhältnis *nt;* **a** ~ **de tres por persona** drei pro Kopf; **a** ~ **del 10%** zu 10%; **a** ~ **de 200 pesetas el kilo** zu 200 Peseten pro Kilo; **este coche consume a** ~ **de seis litros por 100 kilómetros** dieses Auto verbraucht sechs Liter auf 100 Kilometer **7.** (JUR): ~ **social** Firma *f* **II.** *prep:* **en** ~ **de** (*en cuanto a*) hinsichtlich +*gen;* (*a causa de*) aufgrund +*gen*

razonable [rraθo'naβle] *adj* **1.** (*sensato*) vernünftig **2.** (*justo*) angemessen; (*adecuado*) angebracht

razonamiento [rraθona'mjen̩to] *m* **1.** (*pensamientos*) Gedankengang *m;* (*reflexión*) Überlegung *f* **2.** (*argumentación*) Argumentation *f;* (*exposición*) Erörterung *f;* (*fundamentación*) Begründung *f;* **tus** ~**s no son convincentes** deine Ausführungen sind nicht stichhaltig **3.** (*conversación*) Diskussion *f*

razonar [rraθo'nar] **I.** *vi* **1.** (*pensar*) (nach)denken; (*juzgar*) urteilen; (*reflexionar*) überlegen; (*deducir*) Schlüsse ziehen **2.** (*argumentar*) argumentieren **3.** (*conversar*) diskutieren **4.** (*corresponder*) eingehen (*con* auf +*akk*); **es inútil tratar de** ~ **con él** es bringt nichts, sich mit ihm auseinander zu setzen **II.** *vt* **1.** (*exponer*) darlegen **2.** (*fundamentar*) begründen

re [rre] *m* (MÚS) d, D *nt;* ~ **bemol** Des *nt*

reabrir [rrea'βrir] *irr como abrir vt* wieder eröffnen; (JUR) wieder aufnehmen

reacción [rreaʸ'θjon] *f* Reaktion *f;* ~ **en cadena** Kettenreaktion *f;* ~ **excesiva** Überreaktion *f;* **avión a** ~ Düsenflugzeug *nt*

reaccionar [rreaʸθjo'nar] *vi* reagieren (*a/ante* auf +*akk*); (*responder*) antworten (*a* auf +*akk*); (*repercutir*) sich auswirken (*en/sobre* auf +*akk*); (*sobreponerse*) überwinden (*a* +*akk*); (*entrar en calor*) sich aufwärmen; **el cuerpo no reacciona a las pastillas** der Körper spricht nicht auf die Tabletten an

reaccionario, -a [rreaʸθjo'narjo, -a] **I.** *adj* reaktionär **II.** *m, f* Reaktionär(in) *m(f)*

reacio, -a [rre'aθjo, -a] *adj* abgeneigt (*a* +*dat*); **el pintor era** ~ **a mostrarse en público** der Maler zeigte sich ungern in der Öffentlichkeit; **es** ~ **a las fiestas** er geht nur ungern auf Feste

reactivar [rreakti'βar] *vt* reaktivieren; (ECON) ankurbeln

reactivo [rreak'tiβo] *m* Reagens *nt;* (*indicador*) Indikator *m;* (*fig*) Auslöser *m*

reactor [rreak'tor] *m* **1.** (*motor*) Reaktor *m* **2.** (*propulsor*) Düsentriebwerk *nt* **3.** (*avión*) Düsenflugzeug *nt*

readaptación [rreaðapta'θjon] *f* Wiederan-

R

passung *f* (*a* an +*akk*); (*reintegración*) Wiedereingliederung *f* (*a* in +*akk*); ~ **profesional** Umschulung *f*

readaptar [rreaðap'tar] **I.** *vt* wieder anpassen (*a* an +*akk*); (*reintegrar*) wieder eingliedern (*a* in +*akk*); (*profesión*) umschulen **II.** *vr:* ~**se** sich wieder anpassen (*a* an +*akk*); (*reintegrarse*) sich wieder eingliedern (*a* in +*akk*)

readmisión [rreaðmi'sjon] *f* Wiederzulassung *f;* (*de despedidos*) Wiedereinstellung *f*

readmitir [rreaðmi'tir] *vt* wieder zulassen; (*despedidos*) wieder einstellen

reafirmar [rreafir'mar] **I.** *vt* **1.** (*apoyar*) bekräftigen **2.** (*poner firme*) stärken; (*la piel*) straffen **3.** (*insistir*) beharren (auf +*dat*) **II.** *vr:* ~**se** **1.** (*confirmarse*) sich erneut behaupten (*como* als +*nom*) **2.** (*insistir*) beharren (*en* auf +*dat*)

reagrupar [rreaɣru'par] **I.** *vt* umgruppieren; (*redistribuir*) neu einteilen **II.** *vr:* ~**se** sich neu gruppieren

reajustar [rreaxus'tar] *vt* **1.** (*adaptar*) neu anpassen; (*reestructurar*) umgestalten; (*reorganizar*) neu gestalten **2.** (TÉC) nachjustieren **3.** (ECON) angleichen

reajuste [rrea'xuste] *m* **1.** (*adaptación*) Neuanpassung *f;* (*reestructuración*) Umgestaltung *f;* (*reorganización*) Neugestaltung *f* **2.** (TÉC) Nachjustierung *f* **3.** (ECON) Angleichung *f;* ~ **salarial** Lohnausgleich *m*

real [rre'al] **I.** *adj* **1.** (*verdadero*) wirklich; (*verídico*) wahr; (*auténtico*) echt; (MAT) reell; (FILOS) real; (ECON, JUR) Real- **2.** (*del rey*) königlich; **Alteza** ~ Königliche Hoheit; **palacio** ~ Königspalast *m* **3.** (*espléndido*) prachtvoll **II.** *m* **1.** (*dinero*) Real *m;* **estar sin un** ~ (*fam*) keinen roten Heller mehr haben **2.** (*de la feria*) Messplatz *m;* (*prado*) Festwiese *f*

realce [rre'aḷθe] *m* **1.** (*relieve*) Reliefarbeit *f* **2.** (*esplendor*) Glanz *m;* (*acento*) Betonung *f;* **dar** ~ unterstreichen

realeza [rrea'leθa] *f* **1.** (*dignidad*) Königswürde *f* **2.** (*grandeza*) Herrlichkeit *f;* (*boato*) Pracht *f*

realidad [rreali'ða^{ð}] *f* Realität *f;* (*verdad*) Wahrheit *f;* **ajeno a la** ~ wirklichkeitsfremd; **en** ~ in Wirklichkeit; **hacer** ~ verwirklichen; **hacerse** ~ sich verwirklichen; (*cumplirse*) sich erfüllen

realismo [rrea'lismo] *m sin pl* **1.** (ARTE, LIT, FILOS, CINE) Realismus *m* **2.** (*ideología*) Realistik *f* **3.** (POL) Royalismus *m*

realista [rrea'lista] **I.** *adj* **1.** (ARTE, LIT, FILOS, CINE) realistisch **2.** (POL) royalistisch **II.** *mf* **1.** (ARTE, LIT, FILOS, CINE) Realist(in) *m(f)* **2.** (POL) Royalist(in) *m(f)*

realizable [rreali'θaβle] *adj* **1.** (*practicable*) realisierbar; (*factible*) machbar **2.** (ECON) verwertbar; **bienes** ~**s** Vermögensgegenstände *mpl*

realización [rrealiθa'θjon] *f* **1.** (*materialización*) Verwirklichung *f;* (*cumplimiento*) Erfüllung *f* **2.** (*ejecución*) Durchführung *f* **3.** (*organización*) Gestaltung *f* **4.** (ECON) Realisierung *f;* ~ **de un pedido** Auftragsabwicklung *f;* ~ **de plusvalías** Gewinnmitnahme *f* **5.** (CINE) Realisation *f*

realizador(a) [rrealiθa'ðor(a)] *m(f)* (CINE, TV) Regisseur(in) *m(f)*

realizar [rreali'θar] <z→c> **I.** *vt* **1.** (*hacer realidad*) verwirklichen; (*sueños*) erfüllen **2.** (*efectuar*) durchführen; (*hacer*) unternehmen **3.** (ECON) realisieren; (*ganancia, aportaciones*) einbringen **4.** (CINE, TV) realisieren **5.** (*Am: notar*) (be)merken **II.** *vr:* ~**se** **1.** (*desarrollarse*) sich selbst verwirklichen **2.** (*materializarse*) sich verwirklichen; (*hacerse realidad*) Wirklichkeit werden; (*cumplirse*) in Erfüllung gehen

realmente [rreal'men̩te] *adv* (*en efecto*) wirklich; (*verdaderamente*) wahrhaftig; (*auténticamente*) echt; (*de hecho*) tatsächlich

realquilar [rrealki'lar] *vt* untervermieten; **vivir en una vivienda realquilada** zur Untermiete wohnen

realzar [rreaḷ'θar] <z→c> *vt* **1.** (*labrar*) herauswölben **2.** (*acentuar*) betonen; (*subrayar*) unterstreichen

reamargo, -a [rrea'marɣo, -a] *adj* (*Am*) sehr bitter

reamigo, -a [rrea'miɣo, -a] *m, f* (*Am*) sehr guter Freund *m,* sehr gute Freundin *f;* **son** ~**s del director** sie sind sehr gut mit dem Direktor befreundet

reanimación [rreanima'θjon] *f* Wiederbelebung *f*

reanimar [rreani'mar] **I.** *vt* **1.** (*reavivar*) wieder beleben **2.** (*reactivar*) reaktivieren **3.** (*animar*) ermutigen **II.** *vr:* ~**se** **1.** (*recuperar el conocimiento*) wieder zu sich *dat* kommen **2.** (*restablecerse*) wieder aufleben **3.** (*animarse*) neuen Mut schöpfen

reanudar [rreanu'ðar] *vt* wieder aufnehmen

reapertura [rreaper'tura] *f* Wiedereröffnung *f;* (JUR) Wiederaufnahme *f*

reata [rre'ata] *f* **1.** (*correa, animales*) Koppel *f;* **una** ~ **de mulos** eine Koppel Maultiere; **de** ~ (*sucesivamente*) der Reihe nach; (*en hilera*) in Reihen **2.** (*Am: de flores*) Blumenbeet *nt*

reavivar [rreaβi'βar] **I.** *vt* wieder beleben **II.** *vr:* ~**se** wieder aufleben

rebaba [rre'βaβa] *f* Grat *m*

rebaja [rre'βaxa] *f* **1.** (*oferta*) Sonderangebot *nt;* ~**s de verano** Sommerschlussverkauf *m;* **estar de** ~**s** heruntergesetzte Waren haben **2.** (*descuento*) Rabatt *m;* (*reducción*)

Preisnachlass *m;* **ya vendrá el tío Paco con la** ~ (*fam fig*) irgendeinen Haken wird die Sache schon haben

rebajar [rreβa'xar] **I.** *vt* **1.** (*abaratar*) reduzieren **2.** (*humillar*) demütigen **3.** (*mitigar*) dämpfen; (*t.* FOTO: *debilitar*) abschwächen; (*disminuir*) mindern **4.** (*una bebida*) verdünnen **5.** (*dispensar*) vom Dienst freistellen **6.** (*limar*) abfeilen; (*pulir*) abschleifen; (*acepillar*) abhobeln **II.** *vr:* ~**se 1.** (*humillarse*) sich herabwürdigen **2.** (*condescender*) sich herablassen (*a* zu +*dat*) **3.** (*dispensarse*) sich vom Dienst freistellen lassen

rebanada [rreβa'naða] *f* Scheibe *f*

rebanar [rreβa'nar] *vt* **1.** (*hacer rebanadas*) in Scheiben schneiden **2.** (*partir*) abschneiden

rebañar [rreβa'ɲar] *vt* **1.** (*apurar*) auskratzen **2.** (*pey: recoger*) raffen

rebaño [rre'βaɲo] *m* Herde *f;* (*fig*) Horde *f*

rebasar [rreβa'sar] *vt* **1.** (*sobrepasar*) überschreiten; (MIL) stürmen; ~ **el límite** (*fig*) über das Ziel hinausschießen; **esto rebasa los límites de mi paciencia** ich bin mit meiner Geduld am Ende **2.** (*exceder*) übertreffen (*en* um +*akk*)

rebatir [rreβa'tir] *vt* **1.** (*discutir*) bestreiten; (*refutar*) widerlegen; (*rechazar*) zurückweisen **2.** (*repeler*) zurückschlagen **3.** (*batir*) klopfen **4.** (*abatir*) zusammenklappen

rebato [rre'βato] *m* **1.** (*llamamiento*) Sturmläuten *nt;* **tocar a** ~ die Sturmglocke läuten; (*fig*) Alarm schlagen **2.** (*ataque*) Überraschungsangriff *m*

rebeca [rre'βeka] *f* Strickjacke *f*

rebeco [rre'βeko] *m* Gämse *f*

rebelarse [rreβe'larse] *vr* rebellieren; (*oponerse*) sich auflehnen

rebelde [rre'βel̦de] **I.** *adj* **1.** (*indócil*) rebellisch; (*levantisco*) aufsässig; (*fig*) widerspenstig **2.** (*insurrecto*) aufständisch **3.** (*persistente*) hartnäckig **4.** (*difícil*) verzwickt **5.** (JUR) säumig **II.** *mf* (*indócil, insurrecto*) Rebell(in) *m(f);* (*revoltoso*) Aufrührer(in) *m(f)*

rebeldía [rreβel̦'dia] *f* **1.** (*cualidad*) Aufsässigkeit *f;* (*fig*) Widerspenstigkeit *f* **2.** (*oposición*) Widerstand *m* **3.** (*insubordinación*) Aufsässigkeit *f;* (MIL) Gehorsamsverweigerung *f* **4.** (JUR) Nichterscheinen *nt;* **declarar en** ~ für säumig erklären; **juzgar en** ~ in Abwesenheit verurteilen

rebelión [rreβe'ljon] *f* Rebellion *f;* (*levantamiento*) Aufstand *m*

reblandecer [rreβlan̦de'θer] *irr como crecer* **I.** *vt* weich machen **II.** *vr:* ~**se** weich werden

rebobinar [rreβoβi'nar] *vt* (*retroceder*) zurückspulen

rebosante [rreβo'san̦te] *adj* überfüllt; (*vaso*) randvoll; (*fig*) überquellend (*de* vor +*dat*); ~ **de salud** vor Gesundheit strotzend

rebosar [rreβo'sar] *vi* **1.** (*desbordar*) überlaufen; (*fig*) überquellen (*de* vor +*dat*); **le rebosa el dinero/la soberbia** er/sie strotzt vor Geld/Hochmut; **la gota que hizo** ~ **el vaso** der Tropfen, der das Fass zum Überlaufen brachte **2.** (*estar lleno*) wimmeln (*de* vor +*dat*); (**lleno**) **a** ~ brechend voll **3.** (*abundar*) schwimmen

rebotar [rreβo'tar] **I.** *vi* **1.** (*botar*) abprallen; (*repetidamente*) hüpfen **2.** (*chocar*) prallen (*contra/en* gegen/auf +*akk*); **salir rebotado** zurückprallen; (*fig*) hochkant rausfliegen **II.** *vt* **1.** (*botar*) prellen **2.** (*fam: enfadar*) verprellen **III.** *vr:* ~**se 1.** (*vino*) umschlagen **2.** (*fam: enfadarse*) sauer werden

rebote [rre'βote] *m* (*bote*) Abprall *m;* (DEP) Abpraller *m;* (*golpe*) Prellen *nt;* **de** ~ (*como resultado*) als indirekte Folge; (*sentimiento*) wieder aufflackernd

rebozar [rreβo'θar] <z→c> **I.** *vt* **1.** (*envolver*) verhüllen **2.** (GASTR) panieren **II.** *vr:* ~**se** sich verhüllen

rebozo [rre'βoθo] *m* **1.** (*velo*) Verhüllung *f* **2.** (*pretexto*) Vorwand *m;* **sin** ~ aufrichtig

rebujo [rre'βuxo] *m* Knäuel *m o nt;* (*trapos*) Bündel *nt;* **hacer un** ~ **con la ropa** die Wäsche zu einem Bündel zusammenknäulen

rebullir [rreβu'ʎir] <*3. pret:* rebulló> *vi, vr:* ~**se** sich bewegen; **sin** ~**se** ganz ruhig

rebuscado, -a [rreβus'kaðo, -a] *adj* gekünstelt; (*palabras*) gespreizt

rebuscar [rreβus'kar] <c→qu> **I.** *vi* herumsuchen **II.** *vt* (*buscar*) durchsuchen **III.** *vr:* **rebuscárselas** (*CSur: defenderse*) sich durchschlagen

rebuznar [rreβuθ'nar] *vi* (*burro*) iahen

rebuzno [rre'βuθno] *m* Eselsschrei *m*

recabar [rreka'βar] *vt* **1.** (*obtener*) erhalten (*de* bei/von +*dat*); (*datos*) erheben **2.** (*pedir*) sich bemühen (um +*akk*)

recadero, -a [rreka'ðero, -a] *m, f* Bote, -in *m, f*

recado [rre'kaðo] *m* **1.** (*mensaje*) Nachricht *f;* **dar el** ~ **a alguien** jdm Bescheid geben; **¿puedes darle el siguiente** ~**?** kannst du ihm/ihr Folgendes ausrichten? **2.** (*encargo*) Besorgung *f*

recaer [rreka'er] *irr como caer vi* **1.** (*culpa, herencia*) fallen (*en/sobre* auf +*akk*) **2.** (*enfermedad*) einen Rückfall erleiden **3.** (*delito*) rückfällig werden; ~ **en el mismo error una y otra vez** immer wieder in den gleichen Fehler verfallen; ~ **en la bebida** wieder anfangen zu trinken

recaída [rreka'iða] *f* Rückfall *m*

recalar [rreka'lar] **I.** *vi* **1.** (NÁUT) anlaufen (*en* +*akk*) **2.** (*persona*) erscheinen (*en* bei/in

+*dat*) **II.** *vt* durchtränken **III.** *vr:* ~**se** durchtränkt werden

recalcar [rrekal'kar] <c→qu> *vt* **1.** (*palabras*) betonen **2.** (*apretar*) zusammenpressen **3.** (*llenar*) voll stopfen; ~ **la cuba con mosto** das Fass mit Most füllen

recalcitrante [rrekal̥θi'tran̪te] *adj* hartnäckig

recalentar [rrekalen̪'tar] <e→ie> **I.** *vt* **1.** (*comida*) aufwärmen **2.** (*aparato*) überhitzen **II.** *vr:* ~**se** (*motor*) heißlaufen

recámara [rre'kamara] *f* **1.** (*para ropa*) Kleiderkammer *f* **2.** (*arma*) Patronenlager *nt*

recambiar [rrekam'bjar] *vt* **1.** (*intercambiar*) wieder umtauschen **2.** (*sustituir*) auswechseln

recambio [rre'kambjo] *m* (*repuesto*) Ersatz *m;* (*envase*) Nachfüllpackung *f*

recapacitar [rrekapaθi'tar] **I.** *vt* überdenken **II.** *vi* nachdenken

recapitulación [rrekapitula'θjon] *f* Zusammenfassung *f*

recapitular [rrekapitu'lar] *vt* zusammenfassen

recargado, **-a** [rrekar'ɣaðo, -a] *adj* (*exagerado*) übertrieben; (*lenguaje*) gespreizt

recargar [rrekar'ɣar] <g→gu> *vt* **1.** (*pila*) aufladen **2.** (*impuesto*) heraufsetzen **3.** (*decorar*) überladen; **el vestido recargado de lazos y botones no se vendió** das Kleid mit den vielen Schleifen und Knöpfen wurde nicht gekauft **4.** (*carga*) überladen; ~ **de trabajo** mit Arbeit überhäufen

recargo [rre'karɣo] *m* **1.** (*tasas*) Zuschlag *m;* (*sobreprecio*) Aufschlag *m;* **llamada sin** ~ gebührenfreier Anruf **2.** (*fiebre*) starker Fieberanfall *m*

recatado, **-a** [rreka'taðo, -a] *adj* **1.** (*decoroso*) sittsam; (*modesto*) bescheiden **2.** (*cauto*) zurückhaltend

recato [rre'kato] *m* **1.** (*decoro*) Sittsamkeit *f* **2.** (*cautela*) Zurückhaltung *f;* (*pudor*) Scheu *f*

recauchutar [rrekau̯ʧu'tar] *vt* (*llanta*) runderneuern

recaudación [rrekau̯ða'θjon] *f* **1.** (*cobro*) Einnehmen *nt;* (*cantidad*) Einnahmen *fpl;* ~ **diaria** Tageseinnahmen *fpl* **2.** (*de impuestos*) Steuererhebung *f;* (*cantidad*) Steuerbetrag *m*

recaudar [rrekau̯'ðar] *vt* (*impuestos*) erheben; (*dinero*) einziehen

recaudo [rre'kau̯ðo] *m* **1.** (*ganancia*) Einnehmen *nt* **2.** (JUR) Kaution *f* **3.** (*loc*): **poner algo a buen** ~ etw in Sicherheit bringen

recelar [rreθe'lar] **I.** *vt* (*temer*) argwöhnen **II.** *vi, vr:* ~**se** misstrauen (*de* +*dat*); **(me) recelo de mi secretaria** ich traue meiner Sekretärin nicht ganz

recelo [rre'θelo] *m* Argwohn *m;* **mirar con** ~ argwöhnisch betrachten

receloso, **-a** [rreθe'loso, -a] *adj* argwöhnisch; **estar** ~ **de alguien** jdm misstrauen; **ponerse** ~ Argwohn schöpfen; **poner** ~ **a alguien** jds Argwohn erregen

recensión [rreθen'sjon] *f* Rezension *f*

recepción [rreθeβ'θjon] *f* Empfang *m,* Rezeption *f*

recepcionista [rreθeβθjo'nista] *mf* Empfangschef, -dame *m, f*

receptáculo [rreθep'takulo] *m* (*cavidad*) Behälter *m*

receptividad [rreθeptiβi'ðaᵈ] *f* Aufnahmefähigkeit *f;* (MED) Anfälligkeit *f*

receptivo, **-a** [rreθep'tiβo, -a] *adj* **1.** (*curioso*) aufmerksam **2.** (MED) anfällig

receptor(a)[1] [rreθep'tor(a)] *m(f)* **1.** (*recipiente*) Empfänger(in) *m(f)* **2.** (JUR) Gerichtsvollzieher(in) *m(f)*

receptor[2] [rreθep'tor] *m* (*radio*) Empfänger *m;* (*teléfono*) Hörer *m*

recesión [rreθe'sjon] *f* Rezession *f*

receso [rre'θeso] *m* (*Am: vacaciones*) Urlaub *m*

receta [rre'θeta] *f* Rezept *nt;* **con** ~ **médica** auf Rezept; **venta con** ~ rezeptpflichtig

recetar [rreθe'tar] *vt* **1.** (MED) verordnen **2.** (*fam: pedir*) bestellen; ~ **largo** viele Wünsche haben

recetario [rreθe'tarjo] *m* **1.** (GASTR) Kochbuch *nt* **2.** (MED: *libro*) Arzneibuch *nt;* (*talonario*) Rezeptblock *m;* (*de un enfermo*) Krankenblatt *nt*

rechazar [rreʧa'θar] <z→c> *vt* zurückweisen; (*denegar, no tolerar*) ablehnen; (*órgano*) abstoßen; ~ **de plano las acusaciones** die Anschuldigungen weit von sich *dat* weisen

rechazo [rre'ʧaθo] *m* Zurückweisung *f;* (*denegación*) Ablehnung *f;* (*de un órgano*) Abstoßen *nt*

rechiflar [rreʧi'flar] **I.** *vt* auspfeifen **II.** *vr:* ~**se** sich lustig machen (*de* über +*akk*)

rechinamiento [rreʧina'mjen̪to] *m* Knarren *nt;* ~ **de dientes** Zähneknirschen *nt*

rechinar [rreʧi'nar] *vi* knarren; ~ **los dientes** mit den Zähnen knirschen

rechistar [rreʧis'tar] *vi* (sich) mucksen

rechoncho, **-a** [rre'ʧonʧo, -a] *adj* (*fam*) pummelig

rechupete [rreʧu'pete]: **de** ~ ausgezeichnet; **la tarta estaba de** ~ der Kuchen war sehr lecker

recibidor [rreθiβi'ðor] *m* Vorzimmer *nt*

recibimiento [rreθiβi'mjen̪to] *m* **1.** (*acogida*) Empfang *m;* **le dispensaron un** ~ **multitudinario** sie empfingen ihn/sie mit großer Begeisterung **2.** (*recibidor*) Vorzimmer *nt*

recibir [rreθi'βir] **I.** *vt* **1.**(*tomar*) bekommen, erhalten **2.**(*personas*) empfangen **3.**(*aceptar*) aufnehmen **II.** *vi* (*médico*) Sprechstunde haben; (*ministro*) Besucher empfangen **III.** *vr:* **~se** die Staatsprüfung bestehen (*de* als *+nom*); (*médico, farmacéutico*) die Approbation erlangen; **~se de abogado** als Anwalt zugelassen werden

recibo [rre'θiβo] *m* **1.**(*de la luz, del agua*) Rechnung *f;* **~ de entrega** Lieferschein *m* **2.**(*de una carta*) Empfang *m* **3.**(*recibidor*) Vorzimmer *nt* **4.**(*loc*): **ser de ~** annehmbar sein; **si llaman, abre tú porque yo no estoy de ~** wenn sie klingeln, mach du auf; ich bin noch nicht fertig

reciclaje [rreθi'klaxe] *m* Recycling *nt;* **~ profesional** (*fig*) Umschulung *f*

reciclar [rreθi'klar] *vt* wieder verwerten

recién [rre'θjen] *adv* **1.**(*acabado de*) soeben; **~ cocido/pintado** frisch gebacken/gestrichen; **los ~ casados** die Jungvermählten; **el ~ nacido** das Neugeborene **2.**(*Am: en cuanto*) sobald

reciente [rre'θjen̩te] *adj* **1.**(*nuevo*) neu; (*fresco*) frisch **2.**(*que acaba de suceder*) jüngst; **a causa de una enfermedad ~ no puedo moverme** wegen einer Krankheit, die mich vor kurzem befallen hat, kann ich mich nicht bewegen; **un libro de ~ publicación** ein gerade erschienenes Buch

recientemente [rreθjen̩te'men̩te] *adv* vor kurzem

recinto [rre'θin̩to] *m* Gelände *nt;* **~ fortificado** Festung *f;* **~ universitario** Campus *m*

recio, -a ['rreθjo, -a] **I.** *adj* **1.**(*fuerte*) stark **2.**(*rígido*) hart; **en lo más ~ del invierno** mitten im strengsten Winter **3.**(*raudo*) schnell **II.** *adv* heftig; **hablar ~** laut sprechen

recipiente [rreθi'pjen̩te] *m* Behälter *m;* (*de vidrio/barro*) Gefäß *nt*

reciprocidad [rreθiproθi'ða^{d}] *f* Gegenseitigkeit *f*

recíproco, -a [rre'θiproko, -a] *adj* gegenseitig; **... y a la recíproca** ... und umgekehrt

recital [rreθi'tal] *m* (MÚS) Konzert *nt;* (LIT) Dichterlesung *f*

recitar [rreθi'tar] *vt* vortragen; **~ maquinalmente el menú** den Speiseplan herunterrasseln

reclamación [rreklama'θjon] *f* **1.**(*recurso*) Einspruch *m;* (*queja*) Beschwerde *f;* (*de defectos*) Reklamation *f* **2.**(*exigencia*) Forderung *f;* (*de deuda*) Mahnung *f*

reclamar [rrekla'mar] **I.** *vi* (*protestar*) Einspruch erheben; (*quejarse*) sich beschweren (*por* über *+akk, a* bei *+dat*); (*defectos*) reklamieren (*ante* bei *+dat*) **II.** *vt* (*pedir*) fordern; (*una deuda*) anmahnen; **nos reclama el dinero que nos prestó hace un mes** er/sie verlangt das Geld zurück, das er/sie uns vor einem Monat geliehen hat; **el terrorista es reclamado por la justicia sueca a Italia** die schwedische Justiz verlangt von Italien die Auslieferung des Terroristen; **España reclama Gibraltar a Inglaterra desde hace siglos** seit Jahrhunderten macht Spanien gegenüber England Ansprüche auf Gibraltar geltend

reclamo [rre'klamo] *m* **1.**(*caza*) Lockvogel *m;* (*utensilio*) Lockpfeife *f;* (*grito*) Lockruf *m;* **acudir al ~** in die Falle gehen **2.**(COM) Reklame *f*

reclinable [rrekli'naβle] *adj* verstellbar; **asiento ~** Liegesitz *m*

reclinar [rrekli'nar] **I.** *vt* anlehnen; (*hacia atrás*) zurücklehnen; **reclinó su cabeza contra** [*o* **en**] [*o* **sobre**] **mis hombros** er/sie lehnte seinen/ihren Kopf an meine Schulter **II.** *vr:* **~se** (*inclinarse*) sich (an)lehnen (*contra/en/sobre* an/gegen *+akk*); (*apoyarse*) sich (auf)stützen (*en/sobre* auf *+akk*)

recluir [rreklu'ir] *irr como huir* **I.** *vt* einsperren **II.** *vr:* **~se** sich zurückziehen

reclusión [rreklu'sjon] *f* **1.**(JUR) Haft *f* **2.**(*aislamiento*) Zurückgezogenheit *f*

recluso, -a [rre'kluso, -a] **I.** *adj* (*preso*) inhaftiert; **la población reclusa vive en condiciones inhumanas** Häftlinge leben unter unmenschlichen Bedingungen **II.** *m, f* Häftling *m*

recluta [rre'kluta] *mf* Rekrut(in) *m(f)*

reclutamiento [rrekluta'mjen̩to] *m* Rekrutierung *f*

reclutar [rreklu'tar] *vt* rekrutieren

recobrar [rreko'βrar] **I.** *vt* wiederbekommen; **~ las fuerzas** wieder zu Kräften kommen; **~ las pérdidas** den Verlust wettmachen; **~ el sentido** wieder zu sich *dat* kommen; **~ la vista** das Sehvermögen wiedererlangen; **~ las ganas de vivir** neuen Lebensmut schöpfen **II.** *vr:* **~se** sich erholen

recodo [rre'koðo] *m* (*río*) Biegung *f*

recogedor [rrekoxe'ðor] *m* Kehrschaufel *f*

recogepelotas [rrekoxepe'lotas] *mf inv* (DEP: *chico*) Balljunge *m;* (*chica*) Ballmädchen *nt*

recoger [rreko'xer] <g→j> **I.** *vt* **1.**(*buscar*) abholen; **te voy a ~ a la estación** ich hole dich vom Bahnhof ab; **recogen las cartas a las ocho** die Briefkästen werden um acht geleert **2.**(*coger*) einsammeln; (*ordenar*) aufräumen; (*guardar*) wegräumen; **~ del suelo** vom Boden aufheben; **¡es hora de ~!** Schluss für heute! **3.**(*juntar*) sammeln **4.**(*cosecha*) ernten; **~ la fruta de su trabajo** die Früchte seiner Arbeit ernten; **quien siembra vientos, recoge tempestades** (*prov*) wer Wind sät, wird Sturm ernten **5.** (*acoger*) aufnehmen **6.** (*arremangar: vestido*) raffen; (*pantalón*) hochziehen **7.** (*cabello*) hochstecken **8.** (*enrollar: velas*) einholen; (*cortinas*) zusammenraffen **II.** *vr:* ~**se 1.** (*a casa*) nach Hause gehen; (*a la cama*) ins Bett gehen **2.** (REL) sich sammeln

recogida [rreko'xiða] *f* (*juntar*) Einsammeln *nt;* (*buscar*) Abholen *nt;* ~ **de basuras** Abfallentsorgung *f;* ~ **de beneficios** (FIN) Gewinnmitnahme *f;* ~ **del correo** Briefkastenleerung *f;* ~ **de equipajes** (AERO) Gepäckausgabe *f*

recogido, -a [rreko'xiðo, -a] *adj* **1.** (*acogedor*) gemütlich **2.** (*retirado*) zurückgezogen

recolección [rrekole^{y}'θjon] *f* (AGR) Ernte *f;* (*periodo*) Erntezeit *f*

recolectar [rrekolek'tar] *vt* **1.** (*cosas*) sammeln **2.** (*frutos*) ernten

recomendable [rrekomeṇ'daβle] *adj* ratsam

recomendación [rrekomeṇda'θjon] *f* Empfehlung *f;* **con la ayuda de tu** ~ auf deine Empfehlungen hin; **por** ~ **de mi médico** auf Empfehlung meines Arztes; **al ser hijo del alcalde tiene muchas recomendaciones** als Sohn des Bürgermeisters hat er gute Beziehungen

recomendado, -a [rrekomeṇ'daðo, -a] **I.** *adj* (*precio*) unverbindlich; **precio de venta al público** ~ unverbindliche Preisempfehlung **II.** *m, f* (*enchufado*) Schützling *m*

recomendar [rrekomeṇ'dar] <e→ie> *vt* empfehlen; **nos recomendó no salir de casa** er/sie riet uns, nicht aus dem Haus zu gehen

recomenzar [rrekomeṇ'θar] *irr como empezar vt* nochmal anfangen (*a* zu +*inf*)

recompensa [rrekom'pensa] *f* Belohnung *f;* **ofrecer una** ~ **de 100 marcos por algo** eine Belohnung von 100 Mark für etw aussetzen; **¿es ésta la** ~ **a todos mis esfuerzos?** ist das der Dank für (all) meine Mühe?; **en** ~ als Belohnung

recompensar [rrekompen'sar] *vt* **1.** (*a alguien*) belohnen (*de/por* für +*akk*); ~ **de un daño** entschädigen; **fue recompensado por sus gastos** ihm wurden seine Auslagen vergütet **2.** (*un servicio*) vergüten

recomponer [rrekompo'ner] *irr como poner vt* reparieren

reconcentrar [rrekoṇθeṇ'trar] **I.** *vt* konzentrieren (*en* auf +*akk*) **II.** *vr:* ~**se** sich in Gedanken vertiefen; ~**se en algo** sich in etw vertiefen

reconciliación [rrekoṇθilja'θjon] *f* Versöhnung *f;* **darse la mano en señal de** ~ sich *dat* die Hand zur Versöhnung reichen

reconciliar [rrekoṇθi'ljar] **I.** *vt* versöhnen **II.** *vr:* ~**se** sich versöhnen

recóndito, -a [rre'koṇdito, -a] *adj* verborgen; **la casa está en lo más** ~ **del bosque** das Haus ist tief im Wald verborgen; **en lo más** ~ **de mi corazón** im Innersten meines Herzens

reconfortar [rrekoɱfor'tar] *vt* trösten

reconocer [rrekono'θer] *irr como crecer* **I.** *vt* **1.** (*identificar*) erkennen; ~ **por la voz** an der Stimme erkennen; **el pintor reconoció el cuadro como suyo** der Maler hat das Bild als seins erkannt **2.** (*admitir*) zugestehen; (*un error*) zugeben; ~ **como hijo** als Sohn anerkennen **3.** (*examinar*) überprüfen; (MED) untersuchen **4.** (POL) anerkennen **5.** (MIL) aufklären **6.** (*advertir*) erkennen; **reconociendo que...** in der Erkenntnis, dass ... **II.** *vr:* ~**se 1.** (*declararse*) sich bekennen; ~**se culpable** sich schuldig bekennen **2.** (*loc*): **no se reconoció a sí misma** sie kannte sich selbst nicht mehr; **no me reconocí en la novela** ich habe mich in dem Roman nicht wieder erkannt

reconocido, -a [rrekono'θiðo, -a] *adj* (*agradecido*) dankbar

reconocimiento [rrekonoθi'mjeṇto] *m* **1.** (POL) Anerkennung *f;* **el no** ~ **de Bosnia-Herzegovina** die Nichtanerkennung von Bosnien-Herzegowina **2.** (*exploración*) Erkundung *f;* ~ **médico** ärztliche Untersuchung; ~ **precoz** (MED) Früherkennung *f;* **vuelo de** ~ Aufklärungsflug *m* **3.** (*gratitud*) Dankbarkeit *f;* **en** ~ **de mi labor** als Dank für meine Leistungen **4.** (INFOR): ~ **de errores** Fehlererkennung *f*

reconquista [rrekoŋ'kista] *f* Wiedereroberung *f*

> Die **Reconquista** (711 - 1492) wurde nach acht Jahrhunderten maurischer Besetzung mit der Rückeroberung des Königreiches von **Granada** beendet. Acht Jahrhunderte lang war es das einzige Ziel der christlichen Herrscher gewesen, die Araber von der **Península Ibérica** zu vertreiben. Die Mauren und Juden, die in Spanien bleiben wollten, mussten zum christlichen Glauben konvertieren.

reconquistar [rrekoŋkis'tar] *vt* zurückerobern; (*fig*) wiedergewinnen

reconstituir [rreko^{n}stitu'ir/rreko^{n}sti'twir] *irr como huir vt* **1.** (*restablecer*) wiederherstellen **2.** (*rehacer*) rekonstruieren; ~ **una escena histórica** eine Szene historisch getreu nachbilden

reconstituyente [rreko^{n}stitu'ɟeṇte] *m*

(MED) Kräftigungsmittel *nt*

reconstrucción [rreko^{n}stru^{y}'θjon] *f* **1.** (*país*) Wiederaufbau *m* **2.** (JUR) Rekonstruktion *f*

reconstruir [rreko^{n}stru'ir/rreko^{n}s'trwir] *irr como huir vt* **1.** (*reedificar*) wieder aufbauen **2.** (*componer*) rekonstruieren; (*completar*) zusammenfügen

recontar [rrekon̩'tar] <o→ue> *vt* **1.** (*cantidad*) nachzählen; (*votos*) zählen **2.** (*cuento*) nacherzählen

recontra [rre'kon̩tra] (*Am: fam*): **¡idiota! – ¡que te ~!** Blödmann! – selber Blödmann!

recontrabueno, -a [rrekon̩tra'βweno, -a] *adj* (*Am: fam*) echt gut

recontracaro, -a [rrekon̩tra'karo, -a] *adj* (*Am: fam*) total überteuert

reconvenir [rrekombe'nir] *irr como venir vt* (*reprender*) tadeln (*por* wegen +*gen/dat*)

Recopa [rre'kopa] *f* (DEP) Pokal *m* der Pokalsieger

recopilación [rrekopila'θjon] *f* Sammlung *f*

recopilar [rrekopi'lar] *vt* zusammenstellen

récord ['rrekor$^{(ð)}$] <récords> *m* Rekord *m*

recordar [rrekor'ðar] <o→ue> **I.** *vi, vt* **1.** (*acordarse*) sich erinnern (an +*akk*) **2.** (*traer a la memoria, semejar*) erinnern (an +*akk*); **recuérdale a mamá que me traiga el libro** erinnere Mama daran, dass sie mir das Buch mitbringen soll; **este paisaje me recuerda (a) la Toscana** diese Landschaft erinnert mich an die Toskana; **si mal no recuerdo** wenn ich mich recht erinnere **II.** *vi, vr:* **~se** (*Arg, Méx: despertarse*) aufwachen **III.** *vr:* **~se** (*acordarse*) sich erinnern

recordatorio [rrekorða'torjo] *m* **1.** (*comunión*) Erinnerungskarte *f* zur Kommunion; (*fallecimiento*) Todesanzeige *f* **2.** (*advertencia*) Mahnung *f* (*de* an +*akk*)

recorrer [rreko'rrer] *vt* **1.** (*atravesar*) durchqueren; (*viajar por*) bereisen; **~ Europa en bicicleta** mit dem Fahrrad durch Europa reisen **2.** (*trayecto*) zurücklegen; **recorrimos tres kilómetros a pie** wir sind drei Kilometer zu Fuß gelaufen **3.** (*registrar*) durchsuchen; (*terreno*) absuchen **4.** (*texto*) überlesen; **~ con la vista** überfliegen

recortable [rrekor'taβle] *adj* zum Ausschneiden; **muñeca ~** Anziehpuppe *f*

recortado, -a [rrekor'taðo, -a] *adj* (*hoja*) ausgezackt; (*costa*) gezackt

recortar [rrekor'tar] **I.** *vt* **1.** (*figuras*) ausschneiden; (*barba, uñas*) schneiden; (*quitar*) abschneiden **2.** (*disminuir*) kürzen **II.** *vr:* **~se** sich abzeichnen; **el perfil de las montañas se recorta sobre el horizonte** die Silhouette der Berge zeichnet sich am Horizont ab

recorte [rre'korte] *m* **1.** (*periódico*) Ausschnitt *m* **2.** (*rebajamiento*) Kürzung *f* **3.** *pl* (*cortaduras*) Abfall *m;* **~s de papel** Papierschnitzel *mpl o ntpl;* **~s de tela** Stoffreste *mpl*

recostar [rrekos'tar] <o→ue> **I.** *vt* (*apoyar*) (auf)stützen (*en/sobre* auf +*akk*); (*inclinar*) (an)lehnen (*contra/en* an/gegen +*akk*); **~ la espalda contra una columna** sich mit dem Rücken gegen eine Säule lehnen **II.** *vr:* **~se** (*inclinarse*) sich (an)lehnen (*contra/en* an/gegen +*akk*); (*apoyarse*) sich (auf)stützen (*en/sobre* auf +*akk*)

recoveco [rreko'βeko] *m* **1.** (*escondrijo*) Schlupfwinkel *m* **2.** (*falta de claridad*) Undurchschaubarkeit *f;* **sin ~** ehrlich; **persona con ~** undurchsichtige Person **3.** (*vuelta*) Biegung *f*

recreación [rrekrea'θjon] *f* **1.** (*reproducción*) Nachahmung *f* **2.** (*diversión*) Zeitvertreib *m*

recrear [rrekre'ar] **I.** *vt* **1.** (*reproducir*) nachahmen **2.** (*divertir*) unterhalten **II.** *vr:* **~se** sich zerstreuen; **se recrea contemplando cuadros** er/sie schaut sich *dat* gern Bilder an

recreativo, -a [rrekrea'tiβo, -a] *adj* entspannend; (**salón de juegos**) **~s** Spielhölle *f*

recreo [rre'kreo] *m* (Schul)pause *f;* **de ~** Freizeit-; **casa de ~** Wochenendhaus *nt;* **puerto de ~** Jachthafen *m*

recriminación [rrekrimina'θjon] *f* **1.** (*reproche*) Vorwurf *m* **2.** (*acusación*) Beschuldigung *f*

recriminar [rrekrimi'nar] *vt* **1.** (*reprochar*) Vorwürfe machen +*dat* **2.** (*acusar*) beschuldigen

recrudecer [rrekruðe'θer] *irr como crecer vi, vr:* **~se** sich verschlimmern; (*conflicto*) sich verschärfen

recrudecimiento [rrekruðeθi'mjen̩to] *m* Verschlimmerung *f;* (*combate*) Verschärfung *f*

recta ['rrekta] *f* Gerade *f;* **entrar en la ~ final** (DEP: *t. fig*) in die Zielgerade einlaufen

rectamente [rrekta'men̩te] *adv* (*honradamente*) redlich

rectangular [rrektaŋgu'lar] *adj* rechteckig

rectángulo, -a[1] [rrek'taŋgulo, -a] *adj* rechtwinklig

rectángulo[2] [rrek'taŋgulo] *m* Rechteck *nt*

rectificación [rrektifika'θjon] *f* (*corrección*) Berichtigung *f;* (*de alguien*) Verbesserung *f*

rectificar [rrektifi'kar] <c→qu> *vt* **1.** (*corregir*) berichtigen; (*a alguien*) verbessern **2.** (*carretera*) begradigen

rectilíneo, -a [rrekti'lineo, -a] *adj* **1.** (*forma*) geradlinig **2.** (*persona*) streng

rectitud [rrekti'tu^{ð}] *f* (*honradez*) Rechtschaffenheit *f*

recto, -a[1] ['rrekto, -a] *adj* **1.** (*t.* MAT: *forma*)

R

gerade; **ángulo** ~ rechter Winkel; **línea recta** Gerade *f* **2.** (*sin desviarse*) geradewegs; (*dirección*) geradeaus; **siga todo** ~ gehen Sie geradeaus weiter **3.** (*honrado*) rechtschaffen

recto² ['rrekto] *m* (ANAT) Mastdarm *m*

rector(a) [rrek'tor(a)] **I.** *adj* leitend **II.** *m(f)* Rektor(in) *m(f)*

rectorado [rrekto'raðo] *m* Rektorat *nt*

recua ['rrekwa] *f* Herde *f* (*von Lasttieren*); **con él llegó toda su ~ de amigos** (*fam*) mit ihm kam eine ganze Horde von Freunden

recuadro [rre'kwaðro] *m* (*casilla*) Kästchen *nt*

recubierto [rreku'βjerto] *pp de* **recubrir**

recubrimiento [rrekuβri'mjento] *m* Beschichtung *f*

recubrir [rreku'βrir] *irr como abrir vt* überziehen

recuento [rre'kwento] *m* Nachzählung *f;* ~ **de votos** Stimmenauszählung *f*

recuerdo [rre'kwerðo] *m* **1.** (*evocación*) Erinnerung *f;* **en** [*o* **como**] ~ **de nuestro encuentro** zum Andenken an unsere Begegnung; **traer al** ~ ins Gedächtnis rufen; **tener un buen** ~ **de algo** etw in guter Erinnerung haben **2.** (*de un viaje*) Souvenir *nt* **3.** *pl* (*saludos*) Grüße *mpl;* **dales muchos ~s de mi parte** sag ihnen viele Grüße von mir; **María te manda muchos ~s** María lässt dich herzlich grüßen

recular [rreku'lar] *vi* **1.** (*retroceder*) zurückweichen; (*automóvil*) rückwärts fahren; (*para aparcar*) (rückwärts) einparken **2.** (*fam: ceder*) nachgeben

recuperación [rrekupera'θjon] *f* **1.** (*recobrar*) Wiedergewinnung *f;* ~ **de datos** (INFOR) Datenwiederherstellung *f* **2.** (ECON) Aufschwung *m;* ~ **de las cotizaciones** Kurserholung *f;* **la** ~ **de los precios** das Wiederanziehen der Preise **3.** (*enfermo*) Genesung *f* **4.** (*materiales*) Recycling *nt* **5.** (*asignatura*) Bestehen *nt;* **examen de** ~ Wiederholungsklausur *f* **6.** (*rescate*) Bergung *f*

recuperar [rrekupe'rar] **I.** *vt* **1.** (*recobrar*) wiedererlangen; (MIL) zurückerobern **2.** (*tiempo*) nachholen **3.** (*papel, hierro*) wieder verwerten **4.** (*rescatar*) bergen **5.** (*asignatura*) (im zweiten Anlauf) bestehen; **mi hijo no recuperó la física en el examen de septiembre** mein Sohn ist bei der Physikprüfung auch im zweiten Anlauf im September durchgefallen **II.** *vr:* **~se** sich erholen

recurrir [rreku'rrir] *vi* **1.** (JUR) Beschwerde einlegen **2.** (*dirigirse*) sich wenden (*a* an +*akk*); (*acudir*) zurückgreifen (*a* auf +*akk*); ~ **a la justicia** den Rechtsweg beschreiten; ~ **a todos los medios** alle Hebel in Bewegung setzen; **no tener a quien** ~ niemanden haben, an den man sich wenden kann; **si no me pagas ~é a un abogado** wenn du nicht zahlst, werde ich einen Anwalt einschalten

recurso [rre'kurso] *m* **1.** (JUR): ~ (**de apelación**) Berufung *f;* ~ **de amparo** Verfassungsbeschwerde *f;* ~ **de queja** Beschwerde *f;* **interponer un** ~ **contra la sentencia** gegen das Urteil Einspruch erheben **2.** (*remedio*) Hilfe *f;* (*expediente*) Zuflucht *f;* **no me queda otro ~ que...** es bleibt mir nichts anderes übrig als ... **3.** *pl* (*bienes*) Mittel *ntpl;* **familias sin ~s** mittellose Familien **4.** *pl* (*reservas*) Vorräte *mpl;* **~s naturales** natürliche Ressourcen; **el país cuenta con abundantes ~s minerales** das Land ist reich an Bodenschätzen **5.** (*loc*): **ser una persona de ~s** ein findiger Kopf sein

recusar [rreku'sar] *vt* ablehnen

red [rre^ð] *f* Netz *nt;* ~ **comercial** Vertriebsnetz *nt;* ~ **vial** Straßennetz *nt;* **echar las ~es** die Netze auswerfen; **han desarticulado una ~ de carteristas** sie haben einen Ring von Taschendieben zerschlagen; **caer en la** ~ (*fig*) in die Falle gehen

redacción [rreðaᵞ'θjon] *f* **1.** (ENS) Aufsatz *m* **2.** (PREN) Redaktion *f*

redactar [rreðak'tar] *vt* verfassen; (*documento*) aufsetzen; (*testamento*) abfassen

redactor(a) [rreðak'tor(a)] *m(f)* Verfasser(in) *m(f);* (PREN) Redakteur(in) *m(f)*

redada [rre'ðaða] *f* **1.** (*de la policía*) Razzia *f* **2.** (*pescado, t. fig*) Fischzug *m*

redaño [rre'ðaɲo] *m* **1.** (ANAT) Gekröse *nt* **2.** (*loc*): **tener muchos ~s** Mut haben

redecilla [rreðe'θiʎa] *f* (*pelo*) Haarnetz *nt;* (*equipaje*) Gepäcknetz *nt*

rededor [rreðe'ðor] *m:* **al** [*o* **en**] ~ ringsherum; **al** ~ **de la casa** rings um das Haus

redención [rreðen'θjon] *f* **1.** (REL) Erlösung *f* **2.** (*cautivo*) Befreiung *f* **3.** (*finca*) Ablösung *f*

redentor(a) [rreðen'tor(a)] *m(f)* Erlöser(in) *m(f)*

redescubrir *vt* wieder entdecken, neu entdecken

redicho, -a [rre'ðitʃo, -a] *adj* (*fam*) affektiert

redil [rre'ðil] *m* Pferch *m;* **volver al** ~ (*fig*) wieder auf den rechten Weg kommen

redimir [rreði'mir] *vt* **1.** (REL) erlösen **2.** (*esclavo*) loskaufen **3.** (*finca*) ablösen

redistribución [rreðistriβu'θjon] *f* Umverteilung *f*

rédito ['rreðito] *m* Rendite *f*

redituar [rreðitu'ar] <*3. pres:* reditúa> *vt* abwerfen

redoblar [rreðo'βlar] **I.** *vt* **1.** (*aumentar*)

verdoppeln **2.** (*clavo*) umbiegen **II.** *vi* (*tambor*) einen Trommelwirbel schlagen; (*tormenta, t. fig*) heftiger werden

redoble [rre'ðoβle] *m* (Trommel)wirbel *m*

redomado, -a [rreðo'maðo, -a] *adj* gerissen

redonda [rre'ðon̩da] *f* **1.** (*dehesa*) Aue *f;* **en tres kilómetros a la ~** im Umkreis von drei Kilometern **2.** (MÚS) ganze Note *f*

redondear [rreðon̩de'ar] *vt* (ab)runden; **~ por defecto/por exceso** ab-/aufrunden

redondel [rreðon̩'del] *m* Kreis *m*

redondez [rreðon̩'deθ] *f* Rundung *f;* **en toda la ~ de la Tierra** auf dem ganzen Erdenrund

redondo, -a [rre'ðon̩do, -a] *adj* (*circular, t.* MAT) rund; (*redondeado*) abgerundet; **mirar con unos ojos ~s como platos** anstarren; **hacer un negocio ~** ein gutes Geschäft machen; **se cayó ~** (*derrumbarse*) er/sie ist der Länge nach hingefallen; (*quedarse mudo*) ihm/ihr blieb die Sprache weg; **negarse en ~** sich rundheraus weigern

reducción [rreðuʸ'θjon] *f* **1.** (*disminución, t.* QUÍM) Reduktion *f;* (*de precios, gastos*) Senkung *f;* (*rebaja*) Rabatt *m;* (*de personal*) Abbau *m;* **~ de la jornada laboral** Arbeitszeitverkürzung *f* **2.** (ECON) Kürzung *f;* (JUR) Minderung *f* **3.** (*fotografía, dibujo*) Verkleinerung *f* **4.** (FÍS, MAT) Reduktion *f;* **~ de quebrados** Bruchkürzung *f;* **tabla de ~** Umrechnungstabelle *f* **5.** (MED) Einrenken *nt*

reducido, -a [rreðu'θiðo, -a] *adj* (*pequeño*) klein; (*estrecho*) eng

reducir [rreðu'θir] *irr como traducir* **I.** *vt* **1.** (*disminuir, t.* QUÍM) reduzieren; (*personal*) abbauen; (*gastos*) senken; (*precios*) herabsetzen **2.** (*foto, dibujo*) verkleinern; **~ de escala** in einem kleineren Maßstab wiedergeben **3.** (*someter*) unterwerfen; **la policía redujo al agresor** die Polizei überwältigte den Täter **4.** (*convertir*) verwandeln (*a* in +*akk*); **el fuego redujo la casa a cenizas** bei dem Feuer brannte das Haus völlig nieder; **~/quedar reducido a escombros** in Schutt und Asche legen/liegen; **~ al absurdo algo** etw ad absurdum führen **5.** (*limitar*) beschränken (*a* auf +*akk*) **6.** (*resumir*) zusammenfassen; (*acortar*) kürzen **7.** (MED) einrenken **8.** (MAT) umrechnen; **~ al común denominador** (*t. fig*) auf einen gemeinsamen Nenner bringen **II.** *vi* (AUTO) zurückschalten **III.** *vr:* **~se** sich beschränken (*a* auf +*akk*)

redundancia [rreðun̩'dan̩θja] *f* Redundanz *f*

redundante [rreðun̩'dan̩te] *adj* überflüssig

redundar [rreðun̩'dar] *vi:* **eso redunda en beneficio nuestro** das liegt in unserem eigenen Interesse; **eso redunda en beneficio de todos** das wirkt sich vorteilhaft für alle aus; **eso ~á en perjuicio vuestro** das wird schlimme Folgen für euch haben

reedición [rre(e)ði'θjon] *f* Neuauflage *f*

reedificación [rre(e)ðifika'θjon] *f* Wiederaufbau *m*

reedificar [rre(e)ðifi'kar] <c→qu> *vt* wieder aufbauen

reeditar [rre(e)ði'tar] *vt* neu auflegen

reeducación [rre(e)ðuka'θjon] *f* (MED) Krankengymnastik *f*

reelección [rre(e)leʸ'θjon] *f* Wiederwahl *f*

reelegir [rre(e)le'xir] *irr como elegir vt* wieder wählen

reembolsar [rre(e)mbol'sar] *vt* zurückerstatten

reembolso [rre(e)m'bolso] *m* (*devolución*) Rückerstattung *f;* **me enviarán el paquete contra ~** ich bekomme das Paket per Nachnahme geschickt

reemplazar [rre(e)mpla'θar] <z→c> *vt* ersetzen; (*representar*) vertreten

reemplazo [rre(e)m'plaθo] *m* **1.** (*sustitución*) Austausch *m;* (DEP) Auswechseln *nt* **2.** (*tropas*) Reserve *f;* **ser del mismo ~** demselben Jahrgang angehören

reencarnación [rre(e)ŋkarna'θjon] *f* Reinkarnation *f*

reencontrar [rre(e)ŋkon̩'trar] <o→ue> *vt* wieder treffen

reencuentro [rre(e)ŋ'kwen̩tro] *m* **1.** (*encuentro*) Wiedersehen **2.** (*choque*) Zusammenstoß *m* **3.** (MIL) Gefecht *nt*

reenviar [rre(e)mbi'ar] <*1. pres:* reenvío> *vt* (*al remitente*) zurückschicken (*a* an +*akk*); (*a un nuevo destinatario*) weitersenden (*a* an +*akk*)

reestreno [rre(e)s'treno] *m* Wiederaufführung *f*

reestructurar [rre(e)struktu'rar] *vt* umstrukturieren

refacción [rrefaʸ'θjon] *f* Imbiss *m*

refaccionar [rrefaʸθjo'nar] *vt* (*Am: edificios*) renovieren

refectorio [rrefek'torjo] *m* Speisesaal *m*

referencia [rrefe'ren̩θja] *f* **1.** (*relación*) Bezug *m;* (*alusión*) Anspielung *f* (*a* auf +*akk*); (*indicación*) Hinweis *m* (*a* auf +*akk*); **punto de ~** Anhaltspunkt *m;* **con ~ a** bezüglich +*gen;* **hacer una pequeña ~ a alguien** jdn am Rande erwähnen **2.** *pl* (*informes*) Referenzen *fpl* **3.** (*nota*) (Akten)zeichen *nt;* **nuestra/su ~** (*en un escrito*) unser/Ihr Zeichen **4.** (*relato*) Erzählung *f*

referéndum [rrefe'ren̩dun] <referéndums> *m* (*popular*) Volksabstimmung *f;* (*sindical*) Urabstimmung *m*

referente [rrefe'ren̩te] *adj* bezüglich (*a* +*gen*); (**en lo**) **~ a su queja** mit Bezug auf

Ihre Klage

referir [rrefe'rir] *irr como sentir* **I.** *vt* berichten **II.** *vr:* **~se** sich beziehen (*a* auf +*akk*); **en** [*o* **por**] **lo que se refiere a nuestras relaciones** was unsere Beziehungen betrifft; **no me estaba refiriendo a Ud.** damit habe ich nicht Sie gemeint

refilón [rrefi'lon]: **mirar de ~** schräg ansehen; **el sol da en mi ventana de ~** die Sonne scheint nicht direkt in mein Zimmer

refinado, -a [rrefi'naðo, -a] *adj* raffiniert

refinamiento [rrefina'mjen̩to] *m* Raffinesse *f*

refinar [rrefi'nar] **I.** *vt* (*petróleo, azúcar*) raffinieren; (*grasas*) verfeinern; (*metal*) veredeln **II.** *vr:* **~se** sich *dat* bessere Manieren angewöhnen

refinería [rrefine'ria] *f* Raffinerie *f*

refino, -a [rre'fino, -a] *adj* hochfein

reflector(a)[1] [rreflek'tor(a)] *adj* reflektierend

reflector[2] [rreflek'tor] *m* (*foco*) Rückstrahler *m*

reflejar [rrefle'xar] **I.** *vi, vt* widerspiegeln; **tus palabras reflejan miedo** deine Worte verraten Angst **II.** *vr:* **~se** sich (wider)spiegeln

reflejo, -a[1] [rre'flexo, -a] *adj* reflektiert; **dolor ~** ausstrahlender Schmerz; **movimiento ~** Reflexbewegung *f*

reflejo[2] [rre'flexo] *m* **1.** (*luz*) Reflex *m;* **las esmeraldas despiden unos preciosos ~s verdes** Smaragde haben einen wunderschönen grünen Glanz **2.** (*imagen*) (Wider)spiegelung *f;* **su comportamiento es un fiel ~ de su estado de ánimo** sein/ihr Verhalten spiegelt seinen/ihren Gemütszustand genau wider **3.** (MED, PSICO) Reflex *m;* **para ello hay que ser rápido de ~s** dafür braucht man sehr gute Reflexe

reflexión [rrefleᵞ'sjon] *f* **1.** (*consideraciones*) Überlegung *f* **2.** (*rayos*) Reflexion *f*

reflexionar [rrefleᵞsjo'nar] *vi, vt* nachdenken (*sobre/en* über +*akk*); **reflexiona bien antes de dar ese paso** überleg es dir gut, bevor du diesen Schritt unternimmst

reflexivo, -a [rrefleᵞ'siβo, -a] *adj* **1.** (*sensato*) besonnen; (*reflectante*) nachdenklich **2.** (LING) reflexiv

refluir [rreflu'ir] *irr como huir vi* zurückfließen

reflujo [rre'fluxo] *m* Ebbe *f*

refocilarse [rrefoθi'larse] *vr* (*pey*) sich weiden (*con/en* an +*dat*)

reforma [rre'forma] *f* **1.** (*mejora*) Verbesserung *f;* (*modificación*) Reform *f;* **~ educativa** Schulreform *f;* **~ del sistema tributario** Steuerreform *f* **2.** (ARQUIT: *reestructuración*) Umbau *m;* (*renovación*) Renovierung *f;* **hacer una ~ en el cuarto de baño** das Badezimmer renovieren **3.** (REL): **R~ Protestante** Reformation *f* **4.** (*reparación*) Wiederherstellung *f*

reformar [rrefor'mar] **I.** *vt* **1.** (*mejorar*) verbessern; (*modificar*) reformieren; **~ su conducta** sich besser benehmen **2.** (*a alguien*) umerziehen **3.** (ARQUIT: *reestructurar*) umbauen; (*renovar*) renovieren **4.** (REL) reformieren **5.** (*rehacer*) wiederherstellen **6.** (*deshacer*) auflösen **II.** *vr:* **~se** sich bessern; **~se en el vestir** sich besser kleiden

reformatorio, -a[1] [rreforma'torjo, -a] *adj* (*que mejora*) verbessernd; (*que modifica*) reformerisch

reformatorio[2] [rreforma'torjo] *m* Erziehungsanstalt *f;* **~ para delincuentes juveniles** Jugendvollzugsanstalt *f*

reformista [rrefor'mista] **I.** *adj* (*que reforma*) Reform-; (*partidario de reformas*) reformfreudig; **tendencias ~s** Reformbestrebungen *fpl;* **ser ~** (*ejecutar reformas*) Reformen durchführen; (*ser partidario*) sich für Reformen einsetzen **II.** *mf* Reformer(in) *m(f)*

reforzamiento [rreforθa'mjen̩to] *m* **1.** (*de algo*) Verstärkung *f;* (*con vigas*) Verstrebung *f* **2.** (*de alguien*) Ermutigung *f*

reforzar [rrefor'θar] *irr como forzar* **I.** *vt* **1.** (*fortalecer*) verstärken; (*con vigas*) verstreben **2.** (*animar*) ermutigen **II.** *vr:* **~se** Mut fassen

refractar [rrefrak'tar] **I.** *vt* brechen **II.** *vr:* **~se** sich brechen

refractario, -a [rrefrak'tarjo, -a] *adj* **1.** (*rebelde*) störrisch; **ser ~ a algo** etw ablehnen **2.** (*inmune*) immun (*a* gegen +*akk*) **3.** (QUÍM, FÍS) feuerfest

refrán [rre'fran] *m* Sprichwort *nt*

refregar [rrefre'ɣar] *irr como fregar* **I.** *vt* **1.** (*frotar*) abreiben; **~ con un cepillo** scheuern; **~ la cacerola con un estropajo, ~ un estropajo por la cacerola** den Topf (mit einem Putzschwamm) blank scheuern **2.** (*fam: reprochar*) vorhalten; **~ algo a alguien** (**por las narices**) jdm etw unter die Nase reiben **II.** *vr:* **~se** sich (ab)reiben; **~se los ojos** sich *dat* die Augen reiben; **~se la manga contra la puerta recién pintada** mit dem Ärmel die frisch gestrichene Tür streifen

refrenar [rrefre'nar] **I.** *vt* zügeln **II.** *vr:* **~se** sich zügeln

refrendar [rrefren̩'dar] *vt* **1.** (*autorizar*) gegenzeichnen **2.** (*un pasaporte*) mit Sichtvermerk versehen **3.** (*aceptar*) zustimmen +*dat*

refrescante [rrefres'kan̩te] *adj* (*que refresca*) kühl; (*a alguien*) erfrischend

refrescar [rrefres'kar] <c→qu> **I.** *vt* **1.** (*a algo*) abkühlen; (*a alguien*) erfrischen; **el**

baño me ha refrescado das Bad war sehr erfrischend **2.** (*cosas olvidadas*) auffrischen; (*sentimiento*) neu aufleben lassen; ~ **la memoria** dem Gedächtnis nachhelfen **II.** *vi* **1.** (*aire*) abkühlen **2.** (*dar fresco*) erfrischen; **esta bebida refresca mucho** das ist ein sehr erfrischendes Getränk **3.** (*beber*) eine Erfrischung zu sich *dat* nehmen **4.** (*reponerse*) sich ausruhen **5.** (*viento*) auffrischen **III.** *vr:* ~**se 1.** (*aire, cosa*) (sich) abkühlen; **el día se ha refrescado** es ist kühler geworden **2.** (*persona: mojarse*) sich abkühlen, sich erfrischen; (*beber*) eine Erfrischung zu sich *dat* nehmen; **voy a ducharme para** ~**me** ich geh mich mal unter der Dusche abkühlen; ~**se con una cerveza** sich mit einem Bier erfrischen **3.** (*reponerse*) sich ausruhen **4.** (*tomar el fresco*) an die frische Luft gehen **5.** (*viento*) auffrischen **IV.** *vimpers:* **por la tarde refresca** abends kühlt es ab

refresco [rre'fresko] *m* **1.** (*bebida*) Erfrischung *f;* (*gaseosa, naranjada*) Erfrischungsgetränk *nt* **2.** (*comidas y bebidas*) Imbiss *m;* (*refrigerio*) Snack *m*

refriega [rre'frjeɣa] *f* **1.** (MIL) Scharmützel *nt* **2.** (*fam: pelea*) Streit *m;* (*violenta*) Schlägerei *f*

refrigeración [rrefrixera'θjon] *f* Kühlung *f;* (*de una habitación*) Klimatisierung *f;* ~ **por aire/agua** Luft-/Wasserkühlung *f*

refrigerador(a)[1] [rrefrixera'ðor(a)] *adj* kühlend; **aparato** ~ (*para comestibles*) Kühlanlage *f;* (*para habitaciones*) Klimaanlage *f*

refrigerador[2] [rrefrixera'ðor] *m* **1.** (*nevera*) Kühlschrank *m;* (*cámara*) Kühlkammer *f;* (*instalación*) Kühlanlage *f* **2.** (*de un automóvil*) Kühler *m*

refrigerar [rrefrixe'rar] **I.** *vt* (*enfriar*) kühlen; (*una habitación*) klimatisieren **II.** *vr:* ~**se 1.** (*enfriarse*) (sich) abkühlen **2.** (*reponer fuerzas*) sich stärken

refrigerio [rrefri'xerjo] *m* Imbiss *m*

refuerzo [rre'fwerθo] *m* **1.** (*reforzamiento*) Verstärkung *f;* (*viga*) Verstrebung *f;* (*parche*) Flicken *m* **2.** (*ayuda*) Unterstützung *f;* (*complemento*) Nachschub *m* **3.** *pl* (MIL) Verstärkung *f*

refugiado, -a [rrefu'xjaðo, -a] *m, f* Flüchtling *m*

refugiarse [rrefu'xjarse] *vr* (*en un lugar*) Zuflucht suchen (*en* in +*dat*); (*de algo*) sich in Sicherheit bringen (*de* vor +*dat*); ~ **en una mentira** zu einer Lüge greifen; **se refugió en mis brazos** er/sie suchte in meinen Armen Trost

refugio [rre'fuxjo] *m* **1.** (*protección, consuelo*) Zuflucht *f* (*de* vor +*dat*) **2.** (*lugar*) Zufluchtsort *m;* (*construcción*) Schutzhütte *f;* ~ (**montañero**) Berghütte *f* **3.** (MIL) Bunker *m* **4.** (*para mendigos*) Obdachlosenasyl *nt* **5.** (*persona*) Stütze *f* **6.** (*tráfico*) Verkehrsinsel *f*

refulgencia [rreful'xen̩θja] *f* Leuchten *nt*

refulgir [rreful'xir] <g→j> *vi* leuchten

refundir [rrefun̩'dir] **I.** *vt* **1.** (*metal: fundir*) einschmelzen; (*modificar*) umschmelzen **2.** (*revisar*) überarbeiten; (*libro*) neu bearbeiten **3.** (*reunir*) (miteinander) verschmelzen **4.** (*perder*) verlieren **II.** *vr:* ~**se 1.** (*reunirse*) verschmelzen **2.** (*AmC: perderse*) abhanden kommen

refunfuñar [rrefuɱfu'ɲar] *vi* murren

refunfuñón, -ona [rrefuɱfu'ɲon, -ona] **I.** *adj* mürrisch, brummig **II.** *m, f* Brummbär *m*

refutación [rrefuta'θjon] *f* **1.** (*acción, palabras*) Widerlegung *f* **2.** (*argumento*) (Gegen)argument *nt;* (*prueba*) (Gegen)beweis *m*

refutar [rrefu'tar] *vt* widerlegen

regadera [rreɣa'ðera] *f* **1.** (*recipiente*) Gießkanne *f* **2.** (*reguera*) Bewässerungsgraben *m* **3.** (*loc*): **estar como una** ~ (*fam*) spinnen

regadío, -a[1] [rreɣa'ðio, -a] *adj* **1.** (*de riego*) bewässert **2.** (*que se puede regar*) bewässerbar

regadío[2] [rreɣa'ðio] *m* Bewässerungsgelände *nt;* **estos campos son de** ~ diese Felder werden (künstlich) bewässert

regalado, -a [rreɣa'laðo, -a] *adj* **1.** (*cómodo*) angenehm; **llevar una vida regalada** ein sorgloses Leben führen **2.** (*barato*) spottbillig; **vender algo a precio** ~ etw zu einem Schleuderpreis verkaufen; **a este precio el vestido es** ~ zu diesem Preis ist das Kleid (fast) geschenkt **3.** (*delicado*) verweichlicht **4.** (*deleitoso*) entzückend; (*sabroso*) köstlich

regalar [rreɣa'lar] **I.** *vt* **1.** (*obsequiar*) schenken; **en esta tienda regalan la fruta** (*fig*) in diesem Laden ist Obst spottbillig **2.** (*mimar*) verwöhnen **3.** (*deleitar*) ergötzen **4.** (*acariciar*) liebkosen **II.** *vr:* ~**se 1.** (*llevar buena vida*) es sich *dat* gut gehen lassen; ~**se la buena vida** ein sorgloses Leben führen **2.** (*proporcionarse*) sich *dat* gönnen (*con* +*akk*) **3.** (*deleitarse*) sich ergötzen (*con* an +*dat*)

regalía [rreɣa'lia] *f* **1.** (*privilegio*) Privileg *nt;* (*del Estado, la Corona*) Hoheitsrecht *nt* **2.** (*pago*) Gehaltszuschlag *m* **3.** (*tasa*) Lizenzgebühr *f*

regaliz [rreɣa'liθ] *m* **1.** (*golosina*) Lakritze *f* **2.** (BOT) Süßholzstrauch *m*

regalo [rre'ɣalo] *m* **1.** (*obsequio*) Geschenk *nt;* **a este precio el coche es un** ~ zu diesem Preis ist der Wagen geschenkt **2.** (*gus-*

R

to) Genuss *m;* ~ **para la vista** Augenschmaus *m* **3.** (*comodidad*) Komfort *m*

regalón, -ona [rreɣa'lon, -ona] *adj* (*fam*) verwöhnt

regañadientes [rreɣaɲa'ðjeṇtes]: **a** ~ zähneknirschend

regañar [rreɣa'ɲar] **I.** *vt* (*fam*) schimpfen (mit +*dat*) **II.** *vi* **1.** (*reñir*) (sich) streiten; (*dejar de tener trato*) sich zerstreiten; **ha regañado con su novio** (*reñir*) sie hat sich mit ihrem Freund gestritten; (*separarse*) sie hat sich von ihrem Freund getrennt; **estoy regañado con mis vecinos** meine Nachbarn und ich sind zerstritten **2.** (*refunfuñar*) murren

regañina [rreɣa'ɲina] *f* **1.** (*reprensión*) Schelte *f;* **echar una** ~ **a alguien** mit jdm schimpfen **2.** (*riña*) Reiberei *f;* **tener una** ~ **por algo** sich wegen etw *gen/dat* streiten

regaño [rre'ɣaɲo] *m* **1.** (*fam: reprensión*) Schelte *f;* **echar un** ~ **a alguien** mit jdm schimpfen **2.** (*gesto*) saure Miene *f*

regañón, -ona [rreɣa'ɲon, -ona] **I.** *adj* **1.** (*pendenciero*) streitsüchtig **2.** (*refunfuñón*) mürrisch **II.** *m, f* **1.** (*pendenciero*) Streithahn *m fam* **2.** (*refunfuñón*) Brummbär *m*

regar [rre'ɣar] *irr como fregar vt* **1.** (*con agua: una planta, el jardín*) gießen; (*las calles, el césped*) sprengen; (AGR) bewässern **2.** (*con un líquido*) voll spritzen; (*mojar*) nass machen; (*con algo menudo*) bestreuen; ~ **el suelo con arena** Sand auf den Boden streuen; ~ **la alfombra con pintura** Farbe auf dem Teppich verschütten; ~ **algo con lágrimas** etw mit Tränen benetzen **3.** (*atravesar*) durchfließen

regata [rre'ɣata] *f* (DEP) Regatta *f*

regate [rre'ɣate] *m* Ausweichmanöver *nt*

regatear [rreɣate'ar] **I.** *vi* **1.** (*mercadear*) handeln **2.** (*hacer regates*) ausweichen **II.** *vt* **1.** (*debatir*) aushandeln **2.** (*escasear*) geizen (mit +*dat*); **no** ~ **esfuerzos** keine Mühen scheuen **3.** (*vender*) (wieder) verkaufen

regateo [rreɣa'teo] *m sin pl* Handeln *nt*

regazo [rre'ɣaθo] *m* Schoß *m*

regencia [rre'xeṇθja] *f* **1.** (*gobierno*) Regentschaft *f* **2.** (*dirección*) Leitung *f;* (*de un negocio*) Geschäftsführung *f*

regeneración [rrexenera'θjon] *f* **1.** (*t.* BIOL) Regenerierung *f* **2.** (ELEC) Rückkopplung *f*

regenerar [rrexene'rar] **I.** *vt* **1.** (*algo*) regenerieren **2.** (*a alguien*) bessern **3.** (ELEC) rückkoppeln **II.** *vr:* ~**se** **1.** (*renovarse*) sich regenerieren; (*cabello*) nachwachsen **2.** (*reformarse*) sich bessern

regentar [rrexeṇ'tar] *vt* **1.** (*dirigir*) leiten **2.** (*ejercer*) innehaben

regente [rre'xeṇte] *mf* **1.** (*que gobierna*) Herrscher(in) *m(f)* **2.** (*que dirige*) Leiter(in) *m(f);* (*un negocio*) Geschäftsführer(in) *m(f)*

régimen ['rreximen] *m* <regímenes> **1.** (*sistema*) System *nt;* (*reglamentos*) Ordnung *f;* ~ **abierto** (*en una prisión*) Freigang *m;* ~ **legal de la seguridad social para jubilación e invalidez** gesetzliche Rentenversicherung; ~ **de patentes** Patentwesen *nt;* ~ **penitenciario** Strafvollzugsrecht *nt* **2.** (POL) Regierungssystem *nt* **3.** (*dieta*) Diät *f;* ~ **de adelgazamiento** Schlankheitsdiät *f;* **estar a** ~ Diät essen; **poner a** ~ auf Diät setzen **4.** (*manera de vivir*) Lebensweise *f;* **llevar un** ~ **de austeridad** enthaltsam leben **5.** (LING) Rektion *f*

regimiento [rrexi'mjeṇto] *m* Regiment *nt*

regio, -a ['rrexjo, -a] *adj* **1.** (*real*) königlich **2.** (*magnífico*) prächtig

región [rre'xjon] *f* **1.** (*territorio*) Gegend *f,* Gebiet *nt* **2.** (*espacio*) Bereich *m;* (*del cuerpo*) Region *f;* ~ **abdominal** Bauchgegend *f*

regional [rrexjo'nal] *adj* regional

regir [rre'xir] *irr como elegir* **I.** *vt* **1.** (*gobernar*) regieren; (*dirigir*) leiten **2.** (*guiar*) lenken; (*ley*) regeln **3.** (LING) regieren **II.** *vi* **1.** (*tener validez*) gelten **2.** (*funcionar*) funktionieren **3.** (*fam: estar cuerdo*) bei Verstand sein; **¡tú no riges!** du tickst wohl nicht richtig! **III.** *vr:* ~**se** sich richten (*por* nach +*dat*)

registrador(a) [rrexistra'ðor(a)] **I.** *adj* Registrier- **II.** *m(f)* **1.** (*funcionario*) Registrator, -in *m, f;* ~ **de la propiedad** Grundbuchführer(in) *m(f)* **2.** (TÉC) Schreiber *m;* ~ **de sonidos** (Ton)aufnahmegerät *nt*

registrar [rrexis'trar] **I.** *vt* **1.** (*examinar*) durchsuchen; **¡a mí que me registren!** (*fig*) ich habe damit nichts zu tun! **2.** (*inscribir*) registrieren; (*una empresa, un patente*) anmelden; **marca registrada** (eingetragene) Schutzmarke *f* **3.** (*incluir*) aufnehmen **4.** (*señalar*) registrieren; (*grabar*) aufzeichnen **II.** *vr:* ~**se** **1.** (*inscribirse*) sich einschreiben **2.** (*observarse*) zu verzeichnen sein

registro [rre'xistro] *m* **1.** (*examinación*) Durchsuchung *f;* ~ **de la casa** Haus(durch)suchung *f* **2.** (*con un instrumento*) Registrierung *f;* (*grabación*) Aufzeichnung *f* **3.** (*inscripción*) Registrierung *f;* (*inclusión*) Aufnahme *f;* (*de una empresa, una patente*) Anmeldung *f;* (*de datos*) Erfassung *f* **4.** (*nota*) (Register)eintrag *m;* (*protocolo*) Protokoll *nt;* ~ **de entrada/de salida** Eingangs-/Ausgangsvermerk *m;* ~ **de inventario** Inventurliste *f* **5.** (*libro*) Register *nt;* ~ **de autores** Autorenkatalog *m;* ~ **electoral** Wählerverzeichnis *nt;* ~ **de entradas/salidas** Eingangs-/Ausgangsbuch *nt;* ~ **de la propiedad** Grundbuch *nt* **6.** (*oficina*) Amt *nt;* (*archivo*) Registratur *f;* ~ **civil** Standesamt *nt;* ~ **de la propiedad** Grundbuchamt *nt;* ~ **de la propiedad industrial** Patentamt *nt* **7.** (*abertura*) Schieber *m* **8.** (*de un mecanismo*) Regler *m* **9.** (*de un libro*) Register *nt* **10.** (MÚS) Register *nt;* **tiene un** ~ **muy amplio** er/sie hat einen großen Stimmumfang; **tocar todos los** ~**s** (*fig*) alle Register ziehen

regla ['rreɣla] *f* **1.** (*instrumento*) Lineal *nt;* ~ **de cálculo** Rechenschieber *m* **2.** (*norma*) Regel *f;* ~**s de exportación** (COM) Ausfuhrbestimmungen *fpl;* **por** ~ **general** in der Regel; **estar en** ~ in Ordnung sein; **poner en** ~ regeln; **salir de la** ~ zu weit gehen; **ser la** ~ üblich sein; **la** ~ **es que...** +*subj* es ist üblich, dass ...; **por qué** ~ **de tres** ... warum in aller Welt ...; **la excepción confirma la** ~ (*prov*) Ausnahmen bestätigen die Regel **3.** (MAT): ~ **de tres** Dreisatz *m;* **las cuatro** ~**s** die vier Grundrechenarten **4.** (*moderación*) Maß *nt;* **beber con** ~ in Maßen trinken **5.** (*menstruación*) Regel *f;* **le viene la** ~ sie bekommt ihre Tage

reglamentación [rreɣlamen̪ta'θjon] *f* **1.** (*acción*) Regelung *f;* (*pey*) Reglementierung *f* **2.** (*reglas*) Vorschriften *fpl;* (*escrita*) Ordnung *f*

reglamentar [rreɣlamen̪'tar] *vt* regeln; (*con leyes*) gesetzlich regeln; (*pey*) reglementieren

reglamentario, -a [rreɣlamen̪'tarjo, -a] *adj* **1.** (*relativo al reglamento*) Ordnungs- **2.** (*conforme al reglamento*) vorgeschrieben; (*acto, comportamiento*) vorschriftsgemäß

reglamento [rreɣla'men̪to] *m* Vorschriften *fpl;* (*escrito*) Ordnung *f;* (JUR, ADMIN) Verfügung *f;* (DEP) Reglement *nt;* (*de una organización*) Statut *nt;* (*del legislador*) Verordnung *f;* (*de una empresa*) Betriebsordnung *f;* ~ (**de funcionarios**) Dienstordnung *f;* ~ (**interno**) Geschäftsordnung *f;* ~ **de tráfico** Straßenverkehrsordnung *f*

reglar [rre'ɣlar] **I.** *vt* **1.** (*reglamentar*) regeln **2.** (*con líneas*) linieren **3.** (TÉC) normen **II.** *vr:* ~**se 1.** (*sujetarse*) sich richten (*por* nach +*dat*) **2.** (*moderarse*) sich beschränken (*a* auf +*akk*)

regocijado, -a [rreɣoθi'xaðo, -a] *adj* fröhlich

regocijar [rreɣoθi'xar] **I.** *vr:* ~**se 1.** (*alegrarse*) sich freuen (*con* über +*akk*) **2.** (*divertirse*) Spaß haben (*con* an +*dat*) **II.** *vt* erfreuen

regocijo [rreɣo'θixo] *m* **1.** (*alegría*) Freude *f;* (*diversión*) Spaß *m;* **esperar algo con** ~ sich auf etw freuen **2.** (*júbilo*) Jubel *m;* ~**s públicos** Feierlichkeiten *fpl*

regodearse [rreɣoðe'arse] *vr* **1.** (*gozar*) genießen (*con/en* +*akk*); (*alegrarse*) sich freuen (*con/en* über +*akk*); **se regodea viéndome sufrir** es macht ihm/ihr Spaß, mich leiden zu sehen **2.** (*fam: chacotear*) spaßen

regodeo [rreɣo'ðeo] *m* **1.** (*placer*) Vergnügen *nt* **2.** (*fam: chacoteo*) Spaßen *nt;* (*burla*) Spaß *m* **3.** (*fam: fiesta*) Fest *nt*

regoldar [rreɣol̪'dar] *vi* rülpsen *fam*

regordete, -a [rreɣor'ðete, -a] *adj* mollig

regresar [rreɣre'sar] **I.** *vi* (*volver*) zurückkehren **II.** *vt* (*Méx: devolver*) zurückgeben **III.** *vr:* ~**se** (*Am: volver*) zurückkehren

regresión [rreɣre'sjon] *f* Rückgang *m*

regresivo, -a [rreɣre'siβo, -a] *adj* rückläufig

regreso [rre'ɣreso] *m* (*vuelta*) Rückkehr *f;* (**viaje de**) ~ Rückreise *f;* **estar de** ~ zurück sein

reguero [rre'ɣero] *m* **1.** (*chorro*) Rinnsal *nt* **2.** (*señal*) Spur *f;* **expandirse como un** ~ **de pólvora** (*fig*) sich wie ein Lauffeuer verbreiten

regulación [rreɣula'θjon] *f* **1.** (*reglamentación*) Regelung *f;* ~ **administrativa** Verwaltungserlass *m* **2.** (*t.* TÉC: *organización, ajustación*) Regulierung *f;* (*de un río*) Begradigung *f;* **de** ~ **automática** selbst regulierend; ~ **de la demanda** (ECON) Nachfragesteuerung *f*

regulado, -a [rreɣu'laðo, -a] *adj* (*reglamentario*) vorschriftsgemäß

regulador [rreɣula'ðor(a)] *m* Regler *m*

regular [rreɣu'lar] **I.** *vt* **1.** (*t.* TÉC: *organizar, ajustar*) regulieren; (*el volumen*) einstellen **2.** (*reglamentar*) regeln **3.** (*poner en orden*) in Ordnung bringen **II.** *adj* **1.** (*conforme a una regla*) regulär; **verbos** ~**es** regelmäßige Verben; **por lo** ~ gewöhnlich; **tu comportamiento no me parece ni medio** ~ (*fam*) ich finde dein Verhalten völlig daneben **2.** (*reglamentado, ordenado*) geregelt **3.** (*estable*) konstant **4.** (*uniforme*) gleichmäßig **5.** (*mediano*) durchschnittlich; (*mediocre*) mittelmäßig; (*nota*) befriedigend; **de tamaño** ~ mittelgroß **III.** *adv* mittelmäßig

regularidad [rreɣulari'ðað] *f* **1.** (*conformidad*) Ordnungsmäßigkeit *f* **2.** (*periodicidad*) Regelmäßigkeit *f;* **con** ~ regelmäßig **3.** (*uniformidad*) Gleichmäßigkeit *f* **4.** (*estabilidad*) Konstanz *f* **5.** (*medianía*) Durchschnittlichkeit *f;* (*mediocridad*) Mittelmäßigkeit *f* **6.** (*puntualidad*) Pünktlichkeit *f*

regularizar [rreɣulari'θar] <z→c> **I.** *vt* (*poner en orden*) in Ordnung bringen; (*normalizar*) normalisieren **II.** *vr:* ~**se** (*regularse*) in Ordnung kommen; (*normalizarse*) sich normalisieren

R

regularmente [rreɣular'mente] *adv* (*ordinariamente*) normalerweise
regurgitar [rreɣurxi'tar] *vi, vt* erbrechen
regusto [rre'ɣusto] *m* (*que queda*) Nachgeschmack *m;* (*secundario*) Beigeschmack *m;* **el cuadro tiene un cierto ~ surrealista** das Bild erinnert an surrealistische Werke
rehabilitación [rreaβilita'θjon] *f* **1.** (*t.* JUR, MED: *de alguien*) Rehabilitierung *f;* (*restitución*) Wiedereinsetzung *f* **2.** (*de una cosa*) Wiederherstellung *f;* (*de un edificio*) Wiederaufbau *m*
rehabilitar [rreaβili'tar] **I.** *vt* **1.** (*t.* JUR, MED: *a alguien*) rehabilitieren; (*restituir*) wieder einsetzen **2.** (*una cosa*) wiederherstellen; (*un edificio*) wieder aufbauen; **~ la memoria** [*o* **la buena fama**] **de alguien** jdn rehabilitieren **II.** *vr:* **~se** sich rehabilitieren
rehacer [rrea'θer] *irr como hacer* **I.** *vt* **1.** (*volver a hacer*) noch einmal machen; **~ una carta** einen Brief neu schreiben **2.** (*reconstruir*) wiederherstellen; (*reparar*) reparieren; (*un edificio*) wieder aufbauen; **~ su vida con alguien** einen neuen Anfang mit jdm wagen **II.** *vr:* **~se** (*recuperar las fuerzas*) wieder zu Kräften kommen; (*la salud*) gesund werden; (*la tranquilidad*) die Fassung wiedergewinnen; **~se de una desgracia** sich von einem Schicksalsschlag erholen
rehecho, -a [rre'etʃo, -a] **I.** *pp de* **rehacer II.** *adj* (*robusto*) gedrungen
rehén [rre'en] *m* **1.** (*persona*) Geisel *f* **2.** (*cosa*) Unterpfand *nt*
rehogar [rreo'ɣar] <g→gu> *vt* andünsten
rehuir [rreu'ir] *irr como huir vt* **1.** (*eludir*) (ver)meiden; **~ a alguien** jdm aus dem Weg gehen; **~ una obligación** sich einer Verpflichtung entziehen; **rehuye fregar los platos** er/sie drückt sich vor dem Spülen **2.** (*rechazar*) verweigern; **rehuye decir la verdad** er/sie weigert sich die Wahrheit zu sagen
rehusar [rreu'sar] *vt* ablehnen; (*el pago*) verweigern; (*una reclamación*) abweisen; **¡rehusado!** Annahme verweigert!; **rehusa verme** er/sie weigert sich mich zu sehen
reimpresión [rreimpre'sjon] *f* Neuauflage *f;* **~ pirata** Raubdruck *m*
reimprimir [rreimpri'mir] *irr como imprimir vt* neu auflegen
reina ['rrei̯na] *f* **1.** (*soberana, la mejor, t.* ZOOL) Königin *f;* **~ madre** Königinmutter *f;* **~ abeja** Bienenkönigin *f* **2.** (*fam: cariño*) Schatz *m* **3.** (*dama*) Dame *f* **4.** (BOT): **~ luisa** Melisse *f*
reinado [rrei̯'naðo] *m* **1.** (*gobierno*) Herrschaft *f;* (*tiempo*) Regierungszeit *f* **2.** (*auge*) Blütezeit *f* **3.** (*predominio*) Vorherrschaft *f*
reinar [rrei̯'nar] *vi* **1.** (*gobernar*) regieren, herrschen **2.** (*dominar*) vorherrschen **3.** (*existir*) herrschen
reincidencia [rreinθi'ðenθja] *f* Rückfall *m*
reincidente [rreinθi'ðente] **I.** *adj* rückfällig **II.** *mf* Rückfalltäter(in) *m(f)*
reincidir [rreinθi'ðir] *vi* **1.** (*error*) erneut begehen (*en* +*akk*); **~ en un delito** rückfällig werden; **~ siempre en el mismo error** immer wieder in den alten Fehler verfallen **2.** (MED) einen Rückfall erleiden
reincorporar [rreiŋkorpo'rar] **I.** *vt* wieder eingliedern (*a* in +*akk*); **~ a alguien a un puesto** jdn wieder einstellen; **~ al servicio** wieder in den Dienst aufnehmen **II.** *vr:* **~se** (*a un territorio/una corporación*) wieder beitreten (*a* +*dat*); (*a un servicio/un empleo*) wieder aufnehmen (*a* +*akk*); **~se al trabajo** wieder arbeiten (gehen)
reino ['rrei̯no] *m* Reich *nt;* (*de un monarca*) Königreich *nt;* **R~ Unido** Vereinigtes Königreich; **mi ~ por una silla** ein Himmelreich für einen Stuhl
reintegración [rreinteɣra'θjon] *f* **1.** (*reincorporación*) Wiedereingliederung *f;* (*en un cargo*) Wiedereinsetzung *f* **2.** (*de gastos*) Erstattung *f;* **~ de los daños** Schaden(s)ersatz *m*
reintegrar [rreinte'ɣrar] **I.** *vt* **1.** (*reincorporar*) wieder aufnehmen; (*en un cargo*) wieder einsetzen; **~ a alguien a su puesto de trabajo** jdn wieder einstellen **2.** (*devolver*) zurückgeben; (*dinero*) erstatten; (*desembolsos*) ersetzen **II.** *vr:* **~se 1.** (*reincorporarse*) sich wieder eingliedern; (*a una organización*) wieder eintreten; **~se al trabajo** wieder arbeiten (gehen) **2.** (*recobrar*) zurückerhalten (*de* +*akk*)
reintegro [rrein'teɣro] *m* **1.** (*reintegración*) Wiedereingliederung *f;* (*en un cargo*) Wiedereinsetzung *f* **2.** (*premio*): **me tocó un ~** ich habe den Einsatz zurückgewonnen **3.** (*pago*) Auszahlung *f;* (*de la cuenta*) Abhebung *f;* (*devolución*) Erstattung *f*
reír [rre'ir] *irr* **I.** *vi* **1.** (*desternillarse*) lachen; **echarse a ~** auflachen; **no me hagas ~** (*fig*) mach dich nicht lächerlich; **me río de tu dinero** (*fig*) ich pfeife auf dein Geld; **el que ríe último ríe mejor** (*prov*) wer zuletzt lacht, lacht am besten **2.** (*sonreír*) lächeln **II.** *vr:* **~se 1.** (*desternillarse*) lachen (*de* über +*akk*); **~se a carcajadas** aus vollem Hals lachen; **~se en las barbas de alguien** jdm ins Gesicht lachen; **~se hasta de su sombra** über jede Kleinigkeit lachen **2.** (*sonreír*) lächeln **3.** (*burlarse*) sich lustig machen (*de* über +*akk*); (*de alguien t.*) auslachen (*de* +*akk*); (*no tomar en serio*) lachen (*de* über +*akk*) **4.** (*fam: romperse*) kaputtgehen **III.** *vt* belachen, lachen (über +*akk*)

reiteración [rreitera'θjon] *f* Wiederholung *f;* (JUR) Rückfall *m*

reiteradamente [rreiteraða'mente] *adv* wiederholt

reiterar [rreite'rar] **I.** *vt* wiederholen; **te reitero las gracias** ich möchte dir nochmals danken; **reiteró su intención de ayudarme** er/sie betonte immer wieder, dass er/sie mir helfen wolle **II.** *vr:* **~se** (sich) wiederholen; **se reiteró en su decisión de dejar de fumar** er/sie betonte immer wieder, dass er/sie das Rauchen aufgeben wolle

reivindicación [rreiβindika'θjon] *f* Forderung *f* (*de* nach +*dat*)

reivindicar [rreiβindi'kar] <c→qu> *vt* **1.**(*pedir*) fordern **2.**(*recobrar*) zurückgewinnen **3.**(*una acción*) sich bekennen (zu +*dat*); **~ un atentado** sich zu einem Attentat bekennen

reja ['rrexa] *f* **1.**(*barras*) Gitter *nt;* **estar entre ~s** (*fam fig*) hinter Gittern sitzen **2.**(*del arado*) Pflugschar *f* **3.**(*labor*) Umpflügen *nt*

rejilla [rre'xiʎa] *f* (*enrejado*) Gitter *nt;* (*parrilla*) Rost *m;* (*brasero*) Ofen *m;* (*tejido*) Geflecht *nt;* (*para equipaje*) Gepäcknetz *nt*

rejo ['rrexo] *m* **1.**(*punta*) Stachel *m* **2.**(*Am: látigo*) Peitsche *f*

rejón [rre'xon] *m* (*barra*) Lanze *f*

rejuvenecer [rrexuβene'θer] *irr como crecer* **I.** *vt* **1.**(*hacer más joven*) verjüngen; **este peinado te rejuvenece** diese Frisur macht dich jünger **2.**(*modernizar*) modernisieren **II.** *vr:* **~se** jünger aussehen

relación [rrela'θjon] *f* **1.**(*entre cosas/hechos*) Zusammenhang *m;* **~ entre la causa y el efecto** Kausalzusammenhang *m;* **hacer ~ a** sich beziehen auf +*akk;* **con ~** [*o* **en ~**] **a su escrito** bezüglich Ihres Schreibens **2.**(*entre dos magnitudes*) Verhältnis *nt;* **~ calidad-precio** Preis-Leistungs-Verhältnis *nt;* **los gastos no guardan ~ con el presupuesto** die Ausgaben stehen in keinem Verhältnis zum Kostenvoranschlag **3.**(*entre personas*) Beziehung *f;* **relaciones públicas** Publicrelations *fpl;* **tener relaciones con alguien** Kontakt zu jdm haben; **tener muchas relaciones** (*amigos*) einen großen Bekanntenkreis haben; (*influyentes*) gute Beziehungen haben; **tienen buenas/malas relaciones** sie haben ein gutes/schlechtes Verhältnis (zueinander) **4.** *pl* (*noviazgo*) Verlobung *f;* **han roto sus relaciones** sie haben ihre Verlobung gelöst **5.** *pl* (*amoría*) Verhältnis *nt;* **mantienen relaciones** sie haben ein Verhältnis miteinander; **mantener relaciones sexuales con alguien** Geschlechtsverkehr mit jdm haben **6.**(*relato*) Schilderung *f;* (*informe*) Bericht *m;* **hacer una ~ de algo** etw schildern; **hacer una ~ detallada de algo** ausführlich über etw berichten **7.**(*lista*) Verzeichnis *nt*

relacionar [rrelaθjo'nar] **I.** *vt* **1.**(*poner en relación*) in Zusammenhang bringen **2.**(*relatar*) schildern **II.** *vr:* **~se 1.**(*estar relacionado*) zusammenhängen **2.**(*iniciar relaciones*) in Beziehung treten (*con* zu +*dat*); (*mantener relaciones*) Kontakt haben (*con* zu +*dat*); **~se mucho** (*tener amigos*) einen großen Bekanntenkreis haben; (*influyentes*) gute Beziehungen haben

relajación [rrelaxa'θjon] *f* **1.**(*distensión, distracción*) Entspannung *f* **2.**(*malas costumbres*) Zügellosigkeit *f* **3.**(*debilitación*) Erschlaffung *f* **4.**(*atenuación*) Lockerung *f;* **~ de la pena** Strafmilderung *f* **5.**(MED) Verstauchung *f;* (*de la hernia*) Leistenbruch *m*

relajado, -a [rrela'xaðo, -a] *adj* **1.**(*débil*) schlaff **2.**(*vicioso*) zügellos

relajar [rrela'xar] **I.** *vt* **1.**(*distender, distraer*) entspannen **2.**(*suavizar*) lockern; (*la pena*) mildern **II.** *vr:* **~se 1.**(*distenderse, descansar*) sich entspannen **2.**(*debilitarse*) erschlaffen **3.**(*suavizarse*) lockerer werden **4.**(*viciarse*) in schlechte Gewohnheiten verfallen **5.**(*lesionarse*) sich *dat* verstauchen; (*herniarse*) sich *dat* einen Leistenbruch zuziehen

relamer [rrela'mer] **I.** *vt* ablecken **II.** *vr:* **~se 1.**(*los labios*) sich *dat* die Lippen lecken **2.**(*gozar*) genießen (*con* +*akk*); **~se con un manjar** eine Speise für sein Leben gern essen **3.**(*gloriarse*) prahlen (*de* mit +*dat*) **4.**(*arreglarse*) sich herausputzen **5.**(*animal*) sich putzen

relamido, -a [rrela'miðo, -a] *adj* **1.**(*arreglado*) geleckt **2.**(*afectado*) affektiert

relámpago [rre'lampaɣo] *m* Blitz *m;* **ser** (**veloz como**) **un ~** schnell wie der Blitz sein

relampaguear [rrelampaɣe'ar] *vi, vimpers* blitzen

relatar [rrela'tar] *vt* schildern

relativamente *adv* relativ, verhältnismäßig

relatividad [rrelatiβi'ðað] *f sin pl* Relativität *f*

relativizar [rrelatiβi'θar] <z→c> *vt* relativieren

relativo, -a[1] [rrela'tiβo, -a] *adj* **1.**(*referente*) betreffend; **un artículo ~ a...** ein Artikel über ... **2.**(*dependiente*) relativ; **pronombre ~** Relativpronomen *nt;* **ser ~ a** abhängig sein von +*dat* **3.**(*poco*) gering

relativo[2] [rrela'tiβo] *m* (*pronombre*) Relativpronomen *nt;* **oración de ~** Relativsatz *m*

relato [rre'lato] *m* Schilderung *f,* Bericht *m;* (LIT) Erzählung *f;* **~ corto** Kurzgeschichte *f*

relé [rre'le] *m* Relais *nt*

relegar [rrele'ɣar] <g→gu> *vt* (*apartar*)

verweisen; (*desterrar*) des Landes verweisen; ~ **algo a un plano secundario** etw in den Hintergrund drängen; **ser relegado al olvido** in Vergessenheit geraten

relente [rre'lente] *f* (Nacht)tau *m*

relevancia [rrele'βanθja] *f* Wichtigkeit *f*

relevante [rrele'βante] *adj* **1.** (*importante*) wichtig **2.** (*sobresaliente*) herausragend

relevar [rrele'βar] **I.** *vt* **1.** (*acentuar*) hervorheben **2.** (*liberar*) befreien; ~ **de un juramiento** von einem Eid entbinden; ~ **a alguien de sus deudas** jdm seine Schulden erlassen; ~ **a alguien de sus culpas** jdm seine Sünden vergeben **3.** (JUR: *destituir*) entheben; ~ **a alguien de un cargo** jdn eines Amtes entheben **4.** (*reemplazar*) ersetzen; (MIL, DEP) ablösen **II.** *vr:* ~**se** sich abwechseln

relevo [rre'leβo] *m* **1.** (*reemplazo*) Ablösung *f* **2.** *(pl)* (*competición*) Staffel *f;* **carrera de ~s** Staffellauf *m*

relieve [rre'ljeβe] *m* **1.** (ARTE, GEO) Relief *nt;* **en bajo** ~ vertieft **2.** (*renombre*) Ansehen *nt;* **de** ~ bedeutend **3.** (*loc*): **poner de** ~ hervorheben

religión [rreli'xjon] *f* **1.** (*creencia, doctrina*) Religion *f;* ~ **reformada** Protestantismus *m;* **sin** ~ konfessionslos **2.** (*virtud*) Frömmigkeit *f* **3.** (*orden*): **entrar en** ~ ins Kloster gehen

religiosidad [rrelixjosi'ðaᵈ] *f* **1.** (*observancia*) Religiosität *f* **2.** (*piedad*) Frömmigkeit *f* **3.** (*puntualidad*) Pünktlichkeit *f;* (*exactitud*) Gewissenhaftigkeit *f*

religioso, **-a** [rreli'xjoso, -a] **I.** *adj* **1.** (*relativo a una doctrina*) religiös **2.** (*que cree*) gläubig **3.** (*pío*) fromm **4.** (*puntual*) pünktlich; (*exacto*) gewissenhaft **5.** (*relativo a una orden*) Ordens- **II.** *m, f* Mönch *m,* Nonne *f*

relinchar [rrelin'tʃar] *vi* wiehern

relincho [rre'lintʃo] *m* **1.** (*de un caballo*) Wiehern *nt* **2.** (*de alguien*) Jauchzer *m*

reliquia [rre'likja] *f* **1.** (*resto*) Relikt *nt* **2.** (REL) Reliquie *f* **3.** (*achaque*) Beschwerden *fpl*

rellano [rre'ʎano] *m* (*de escalera*) Treppenabsatz *m*

rellenar [rreʎe'nar] **I.** *vt* **1.** (*t.* GASTR: *llenar*) füllen (*de/con* mit +*dat*); (*una almohada*) ausstopfen; (*un sillón*) polstern; ~ **los agujeros de yeso** die Löcher vergipsen **2.** (*por completo*) ganz voll machen; (*demasiado*) voll stopfen **3.** (*volver a llenar*) nachfüllen, auffüllen **4.** (*completar*) ausfüllen **5.** (*fam: dar de comer*) (mit Essen) voll stopfen **II.** *vi* **1.** (*llenarse*) sich (an)füllen (*de* mit +*dat*) **2.** (*fam: comer*) sich voll stopfen (*de* mit +*dat*)

relleno, **-a**[1] [rre'ʎeno, -a] *adj* **1.** (*lleno*) gefüllt; (*demasiado*) voll gestopft **2.** (*fam: gordo*) pummelig

relleno[2] [rre'ʎeno] *m* **1.** (*t.* GASTR: *material*) Füllung *f* **2.** (*superfluidad*) Füllsel *nt;* **palabra de** ~ Füllwort *nt*

reloj [rre'lox] *m* Uhr *f;* ~ **despertador** Wecker *m;* ~ **de pulsera** Armbanduhr *f;* ~ **para fichar** Stechuhr *f;* **carrera contra** ~ Zeitfahren *nt;* **trabajar contra** ~ gegen die Zeit arbeiten; **ser** (**como**) **un** ~ (*mecanismo*) wie am Schnürchen laufen; (*persona*) auf die Minute pünktlich sein

relojería [rreloxe'ria] *f* Uhrmacherei *f*

relojero, **-a** [rrelo'xero, -a] *m, f* Uhrmacher(in) *m(f)*

reluciente [rrelu'θjente] *adj* glänzend; ~ **de limpio** blitzblank

relucir [rrelu'θir] *irr como lucir vi* **1.** (*despedir luz*) leuchten; (*reflejar luz*) glänzen **2.** (*sobresalir*) glänzen **3.** (*loc*): **sacar/salir a** ~ zur Sprache bringen/kommen

reluctante [rreluk'tante] *adj* widerstrebend

relumbrar [rrelum'brar] *vi* **1.** (*emitir luz*) leuchten, strahlen; (*reflejar*) glänzen **2.** (*sobresalir*) glänzen

relumbrón [rrelum'bron] *m* **1.** (*destello*) Aufleuchten *nt* **2.** (*oropel*) Talmi *nt* **3.** (*loc*): **de** ~ (*cosa*) nicht wirklich wertvoll; (*cargo*) nicht wirklich einflussreich

remachado, **-a** [rrema'tʃaðo, -a] *adj* **1.** (*nariz*) platt **2.** (*Col: callado*) wortkarg

remachar [rrema'tʃar] **I.** *vt* **1.** (*golpear*) einhämmern **2.** (*doblar*) umschlagen; (*aplastar*) breit schlagen **3.** (*sujetar*) (ver)nieten **4.** (*subrayar*) nochmals betonen; ~ **algo a alguien** jdm etw einhämmern **II.** *vr:* ~**se** (*Col*) schweigen

remanente [rrema'nente] **I.** *adj* übrig **II.** *m* Rest *m*

remangar [rremaŋ'gar] <g→gu> **I.** *vt* hochkrempeln **II.** *vr:* ~**se** **1.** (*las mangas*) sich *dat* die Ärmel hochkrempeln **2.** (*fam: decidirse*) sich aufraffen

remansarse [rreman'sarse] *vr* sich stauen

remanso [rre'manso] *m* (*represa*) angestautes Wasser *nt;* (*agua muerta*) stehendes Gewässer *nt;* ~ **de paz** friedlicher Ort *m*

remar [rre'mar] *vi* (*bogar*) rudern

rematado, **-a** [rrema'taðo, -a] *adj* vollkommen; **un tonto** ~ ein ausgesprochener Dummkopf

rematar [rrema'tar] **I.** *vt* **1.** (*concluir*) beenden; (*terminar de hacer*) fertig stellen; **nunca rematas lo que has empezado** du bringst das, was du anfängst, nie zu Ende **2.** (*de un tiro*) den Gnadenschuss geben +*dat;* (*de una puñalada*) den Gnadenstoß versetzen +*dat* **3.** (*una costura*) vernähen **4.** (*gastar*) aufbrauchen **5.** (DEP) aufs Tor schießen **6.** (*adjudicar*) zuschlagen **7.** (*ven-*

der) ausverkaufen **II.** *vi* **1.** (DEP) aufs Tor schießen **2.** (*terminar*) enden (*en* in +*dat*); **la torre remata en punta** der Turm läuft nach oben spitz zu

remate [rre'mate] *m* **1.** (*conclusión*) Beendigung *f;* (*de un producto*) Fertigstellung *f;* **dar ~ a un edificio** ein Gebäude fertig stellen **2.** (*final, extremo*) Abschluss *m;* **poner ~ a un mueble** bei einem Möbelstück eine Abschlussverzierung anbringen **3.** (*puñalada*) Gnadenstoß *m;* (*tiro*) Gnadenschuss *m* **4.** (*adjudicación*) Zuschlag *m* **5.** (*oferta*) Höchstgebot *nt* **6.** (DEP) Abschluss *m* **7.** (*consumo*) Verbrauch *m;* **dar ~** aufbrauchen **8.** (*venta*) Ausverkauf *m* **9.** (*loc*): **estar loco de ~** vollkommen verrückt sein; **ser tonto de ~** ausgesprochen dumm sein; **para ~** zu allem Unglück; **por ~** am Ende

remecer [rreme'θer] *irr como crecer vt, vr:* **~se** (*Am: sacudir*) rütteln

remedar [rreme'ðar] *vt* (*imitar*) nachahmen; (*parodiar*) parodieren

remediar [rreme'ðjar] *vt* **1.** (*evitar*) vermeiden; (*un perjuicio*) verhindern; **no me cae bien, no puedo ~lo** ich kann mir nicht helfen, er/sie ist mir nicht sympathisch **2.** (*acabar con, reparar*) beheben; (*compensar*) wieder gutmachen; **llorando no remedias nada** davon, dass du weinst, wird es auch nicht besser; **más vale prevenir que tener que ~** (*prov*) Vorsicht ist besser als Nachsicht **3.** (*corregir*) verbessern **4.** (*ayudar*) helfen +*dat*

remedio [rre'meðjo] *m* **1.** (*arreglo*) Behebung *f;* (*compensación*) Wiedergutmachung *f;* (*corrección*) Verbesserung *f;* **poner ~ a un mal** einem Übel abhelfen; **no hay ~** da ist nichts zu machen; **no llores, ya no tiene ~** weine nicht, da ist nichts mehr zu machen; **eso tiene fácil ~** dem ist leicht abzuhelfen; **tu problema no tiene ~** dein Problem ist nicht zu lösen; **mi hermano no tiene ~** bei meinem Bruder ist alle Mühe umsonst; **sin ~** hoffnungslos; **un idealista sin ~** ein unverbesserlicher Idealist **2.** (*evitación*) Vermeidung *f;* (*de un perjuicio*) Verhinderung *f;* **sin ~** unvermeidlich; **la crisis no tiene ~** die Krise ist nicht zu vermeiden **3.** (*ayuda*) Hilfe *f;* **buscar ~ en sus amigos** bei seinen Freunden Trost suchen; **buscar ~ en la bebida** Zuflucht zum Alkohol nehmen **4.** (*medio*) Mittel *nt;* **~ naturalista** Naturheilmittel *nt;* **no hay/no tenemos más ~ que...** es gibt/uns bleibt keine andere Wahl als ...

remedo [rre'meðo] *m* **1.** (*imitación*) Nachahmung *f;* (*mal hecha*) Abklatsch *m* **2.** (*parodia*) Parodie *f*

rememorar [rrememo'rar] *vt* sich erinnern (an +*akk*)

remendar [rremen̩'dar] <e→ie> *vt* **1.** (*reparar*) ausbessern; (*con parches*) flicken; (*zurcir*) stopfen **2.** (*corregir*) verbessern **3.** (*añadir*) hinzufügen; **~ la salsa con vinagre** der Soße Essig zufügen

remero, -a [rre'mero, -a] *m, f* Ruderer, -in *m, f*

remesa [rre'mesa] *f* Sendung *f;* (FIN) Überweisung *f*

remezón [rreme'θon] *m* (*Am: sacudida*) Ruck *m*

remiendo [rre'mjen̩do] *m* **1.** (*reparación*) (notdürftige) Reparatur *f;* (*con parches*) Flickarbeit *f;* (*zurcidura*) Stopfarbeit *f* **2.** (*corrección*) Verbesserung *f* **3.** (*extra*) Zusatz *m* **4.** (*parche*) Flicken *m* **5.** (*mancha*) Fleck *m*

remilgado, -a [rremil'ɣaðo, -a] *adj* geziert

remilgo [rre'milɣo] *m* Gehabe *nt;* **sin ~s** ohne sich zu zieren; **hacer ~s** sich zieren

reminiscencia [rreminis'θen̩θja] *f* **1.** (*recuerdo*) (vage) Erinnerung *f* (*de* an +*akk*); **me quedan ~s de mi primera comunión** ich erinnere mich noch vage an meine erste Kommunion **2.** (*en una obra*) Anklang *m* (*de* an +*akk*); **la ópera tiene ~s wagnerianas** die Oper enthält Anklänge an Wagner **3.** (*lo que sobrevive*) Überbleibsel *nt* (*de* aus +*dat*)

remirar [rremi'rar] **I.** *vt* (*volver a mirar*) nochmals betrachten; (*mirar intensamente*) eingehend betrachten; **por más que miro y remiro no encuentro tu libro** so sehr ich auch suche, ich finde dein Buch nicht **II.** *vr:* **~se 1.** (*poner cuidado*) umsichtig vorgehen **2.** (*mirar*) mit Genugtuung betrachten

remisible [rremi'siβle] *adj* (*deuda, pena*) erlässlich; (*pecado*) verzeihlich

remisión [rremi'sjon] *f* **1.** (*de una obligación*) Befreiung *f;* (*de los pecados*) Vergebung *f;* (*de una deuda/una pena*) Erlass *m;* **sin ~** rettungslos **2.** (*referencia*) Verweis *m* (*a* auf +*akk*) **3.** (*atenuación*) Rückgang *m* **4.** (*envío*) Versendung *f;* (*a alguien*) Zusendung *f*

remiso, -a [rre'miso, -a] *adj* (*reacio*) unwillig; (*irresoluto*) zögerlich; (*lento*) träge; **mostrarse ~ a hacer algo** keine(rlei) Anstalten machen etw zu tun

remite [rre'mite] *m* Absender *m*

remitente [rremi'ten̩te] *mf* Absender(in) *m(f)*

remitir [rremi'tir] **I.** *vt* **1.** (*enviar*) (ab)senden; (FIN) überweisen; **~ algo a alguien** jdm etw (zu)schicken **2.** (*referirse*) verweisen (*a* auf +*akk*) **3.** (*de una obligación*) befreien; **~ a alguien de una pena/deuda** jdm eine Strafe/Schuld erlassen; **~ a alguien de sus pecados** jdm seine Sünden

R

vergeben **4.** (*aplazar*) verschieben; (*un juicio*) vertagen **5.** (*confiar*) überlassen **6.** (*ceder*) einstellen **II.** *vi* (*calmarse*) nachlassen **III.** *vr:* **~se 1.** (*referirse*) sich beziehen (*a* auf +*akk*) **2.** (*calmarse*) nachlassen **3.** (*confiarse*) sich anvertrauen; **~se al juez** sich der Entscheidung des Richters unterwerfen

remo ['rremo] *m* **1.** (*pala*) Ruder *nt;* **tomar el ~** (*fig fam*) die Führung übernehmen **2.** (DEP) Rudern *nt;* **a(l) ~** rudernd; (*fig*) mit Mühe; **a ~ y vela** (*fam*) ruck, zuck; **andar al ~** (*fam fig*) schuften

remodelación [rremoðela'θjon] *f* Umgestaltung *f;* **~ del gabinete** Kabinettsumbildung *f*

remodelar [rremoðe'lar] *vt* umgestalten; (*gobierno*) umbilden

remojar [rremo'xar] **I.** *vt* **1.** (*mojar*) nass machen; (*humedecer*) anfeuchten; (*empapar*) durchnässen; (*sumergir*) eintauchen; (*ablandar*) einweichen **2.** (*celebrar*) begießen **II.** *vr:* **~se** (*mojarse*) nass werden; (*bañarse*) (sich) baden

remojo [re'moxo] *m* **1.** (*empapamiento*) Durchnässen *nt;* (*sumersión*) Eintauchen *nt;* (*baño*) Bad *nt;* **poner en ~** einweichen **2.** (*celebración*) Umtrunk *m*

remojón [rremo'xon] *m* (*empapamiento*) Durchnässen *nt;* (*sumersión*) Eintauchen *nt;* (*baño*) Bad *nt;* **como no llevaba paraguas me di un ~** weil ich keinen Schirm dabeihatte, wurde ich bis auf die Haut nass; **darse un ~ en la piscina** im Pool baden

remolacha [rremo'latʃa] *f* Rübe *f*

remolcador(a)[1] [rremolka'ðor(a)] *adj* Schlepp-; **grúa ~a** Abschleppwagen *m*

remolcador[2] [rremolka'ðor] *m* Schlepper *m*

remolcar [rremol'kar] <c→qu> *vt* **1.** (*arrastrar*) schleppen; (*un vehículo averiado*) abschleppen **2.** (*convencer*) überreden

remolino [rremo'lino] *m* **1.** (*movimiento*) Wirbel *m;* (*de agua*) Strudel *m;* **~ de viento** Wirbelwind *m* **2.** (*pelo*) (Haar)wirbel *m* **3.** (*gente*) Gewimmel *nt* **4.** (*confusión*) Trubel *m* **5.** (*fam: persona*) Wirbelwind *m*

remolón, -ona [rremo'lon, -ona] **I.** *adj* faul **II.** *m, f* (*vago*) Faulenzer(in) *m(f);* (*que evita algo*) Drückeberger(in) *m(f) fam;* **hacerse el ~** (*vaguear*) faulenzen; **siempre se hace el ~ a la hora de fregar** er drückt sich immer vor dem Abwasch

remolonear(se) [rremolone'ar(se)] *vi, vr* (*vaguear*) faulenzen; (*evitar*) sich drücken

remolque [rre'molke] *m* **1.** (*arrastre*) Schleppen *nt;* (*de un vehículo averiado*) Abschleppen *nt* **2.** (*vehículo*) Anhänger *m* **3.** (*cuerda*) Schlepptau *nt;* (*para averías*) Abschleppseil *nt;* **llevar a ~** im Schlepptau haben; (*un coche averiado*) abschleppen; **hacer algo a ~** (*fig*) etw nur widerwillig tun

remontar [rremon̩'tar] **I.** *vt* **1.** (*superar*) überwinden **2.** (*subir*) hinaufgehen; (*en coche/barco*) hinauffahren; **~ un río** (*navegar*) flussaufwärts fahren; (*nadar*) flussaufwärts schwimmen **3.** (*elevar*) aufsteigen lassen **4.** (*la caza*) verscheuchen **5.** (*el calzado*) besohlen; (*un pantalón*) flicken; (*una silla*) aufpolstern **II.** *vr:* **~se 1.** (*volar*) aufsteigen; (*ave*) sich in die Lüfte erheben **2.** (*gastos*) sich belaufen (*a* auf +*akk*) **3.** (*pertenecer, retroceder*) zurückgehen; **la construcción de la iglesia se remonta al siglo pasado** der Bau der Kirche geht ins letzte Jahrhundert zurück; **el discurso se remonta a los orígenes del automóvil** die Rede geht bis zu den Ursprüngen des Automobils zurück

remorder [rremor'ðer] <o→ue> **I.** *vt* **1.** (*atormentar*) quälen; **me remuerde (la conciencia) no haber ayudado** ich habe ein schlechtes Gewissen, weil ich nicht geholfen habe **2.** (*morder*) erneut beißen **II.** *vr:* **~se** sich quälen

remordimiento [rremorði'mjen̩to] *m* Gewissensbiss *m;* **tener ~s (de conciencia) por algo** Gewissensbisse wegen etw *gen/dat* haben; **el ~ no lo deja dormir** sein schlechtes Gewissen plagt ihn

remotamente [rremota'men̩te] *adv* **1.** (*vagamente*) vage **2.** (*lejos*) weit weg; (*apartadamente*) abgelegen; (*hace tiempo*) vor langer Zeit **3.** (*loc*): **ni ~** nicht im Entferntesten

remoto, -a [rre'moto, -a] *adj* **1.** (*lejano*) fern; (*hechos*) weit zurückliegend; **en tiempos ~s** in ferner Vergangenheit **2.** (*improbable*) unwahrscheinlich; **no existe ni la más remota posibilidad** es besteht nicht die geringste Chance; **no tener ni la más remota idea** nicht die blasseste Ahnung haben; **ni por lo más ~** nicht im Entferntesten

remover [rremo'βer] <o→ue> **I.** *vt* **1.** (*eliminar*) entfernen; (*apartar*) wegräumen; (*dificultades*) aus dem Weg räumen **2.** (*agitar*) aufwühlen; (*dar vueltas*) umrühren **3.** (*activar*) aufrühren **4.** (*destituir*) absetzen; **~ a alguien (de un cargo)** jdn eines Amtes entheben **II.** *vi* herumwühlen **III.** *vr:* **~se 1.** (*moverse*) sich wälzen **2.** (*aguas*) in Wallung kommen

remozar [rremo'θar] <z→c> *vt* **1.** (*algo*) modernisieren **2.** (*a alguien*) verjüngen

remunerable [rremune'raβle] *adj* entgeltlich

remuneración [rremunera'θjon] *f* **1.** (*pago*) Bezahlung *f,* Vergütung *f;* (*sueldo*) Lohn *m* **2.** (*recompensa*) Belohnung *f* **3.** (*rendimiento*) Gewinn *m*

remunerar [rremune'rar] *vt* **1.** (*pagar*) bezahlen; (*un trabajo*) vergüten; ~ **a alguien por un servicio** jdn für eine Dienstleistung entlohnen **2.** (*recompensar*) belohnen **3.** (*rendir*) Gewinn bringen; **este negocio no te va a** ~ das wird kein Gewinn bringendes Geschäft für dich

remunerativo, -a [rremunera'tiβo, -a] *adj* einträglich

renacentista *adj* Renaissance-; **pintor** ~ Renaissancemaler *m*

renacer [rrena'θer] *irr como crecer vi* **1.** (*volver a nacer*) wieder geboren werden **2.** (*regenerarse*) aufleben; **sentirse** ~ sich wie neugeboren fühlen

renacimiento [rrenaθi'mjeṇto] *m* **1.** (ARTE, LIT) Renaissance *f* **2.** (FILOS, REL) Wiedergeburt *f* **3.** (*regeneración*) Aufleben *nt*

renacuajo, -a[1] [rrena'kwaxo, -a] *m, f* (*pey: chico*) Knirps *m;* (*chica*) unscheinbares Mädchen *nt*

renacuajo[2] [rrena'kwaxo] *m* (ZOOL) Kaulquappe *f*

renal [rre'nal] *adj* Nieren-

Renania [rre'nanja] *f* Rheinland *nt*

Renania-Palatinado [rre'nanja-palati'naðo] *m* Rheinland-Pfalz *nt*

Renania-Westfalia [rre'nanja-βes'falja] *f* Nordrhein-Westfalen *nt*

renano, -a [rre'nano, -a] **I.** *adj* **1.** (*del Rin*) rheinisch; **provincia renana** Rheinprovinz *f* **2.** (*de Renania*) rheinländisch **II.** *m, f* Rheinländer(in) *m(f)*

rencilla [rreṇ'θiʎa] *f* Streit *m*

rencor [rreŋ'kor] *m* Groll *m;* **guardar** ~ **a alguien** (mit) jdm böse sein

rencoroso, -a [rreŋko'roso, -a] *adj* **1.** (*vengativo*) nachtragend **2.** (*resentido*) verärgert

rendición [rreṇdi'θjon] *f* **1.** (*capitulación*) Kapitulation *f* **2.** (*entrega*) Übergabe *f;* ~ **de cuentas** Rechnungslegung *f* **3.** (*sumisión*) Hingabe *f* **4.** (*utilidad*) Ertrag *m* **5.** (*fatiga*) Erschöpfung *f* **6.** (*conquista*) Eroberung *f*

rendidamente [rreṇdiða'meṇte] *adv* hingebungsvoll; **estar** ~ **enamorado** unsterblich verliebt sein

rendido, -a [rreṇ'diðo, -a] *adj* **1.** (*cansado*) todmüde **2.** (*sumiso*) ergeben; **cayó** ~ **ante su belleza** er erlag ihrer Schönheit

rendija [rreṇ'dixa] *f* Spalte *f*

rendimiento [rreṇdi'mjeṇto] *m* **1.** (*productividad*) Leistung *f;* (ECON: *máximo*) Kapazität *f;* **a pleno** ~ voll ausgelastet **2.** (*beneficio*) Ertrag *m;* **de gran** ~ sehr ertragreich **3.** (*cansancio*) Erschöpfung *f* **4.** *pl* (*ingresos*) Einkünfte *fpl* **5.** (*humildad*) Unterwürfigkeit *f* **6.** (*obsequiosidad*) Zuvorkommenheit *f*

rendir [rreṇ'dir] *irr como pedir* **I.** *vt* **1.** (*rentar*) einbringen; ~ **utilidad** Gewinn bringen; ~ **fruto** Früchte tragen; **la inversión ha rendido mucho** die Investition hat sich bezahlt gemacht **2.** (*trabajar*) leisten; **estas máquinas rinden mucho** diese Maschinen sind sehr leistungsfähig **3.** (*tributar*) erweisen; ~ **las gracias a alguien** jdm seinen Dank abstatten; ~ **importancia a algo** etw *dat* Bedeutung beimessen **4.** (*entregar*) abgeben; (*pruebas*) erbringen; (*una confesión*) ablegen; ~ **cuentas** abrechnen; (*fig*) Rechenschaft ablegen; ~ **un informe** Bericht erstatten; ~ **obsequios a alguien** jdn beschenken; ~ **la comida** das Essen erbrechen; ~ **las armas** kapitulieren **5.** (*vencer*) besiegen, bezwingen **6.** (*cansar*) ermüden; **me rindió el sueño** der Schlaf übermannte mich **7.** (*substituir*) ablösen **II.** *vr:* ~**se** **1.** (*entregarse*) sich ergeben; ~**se al enemigo** vor dem Feind kapitulieren; ~**se a la evidencia de algo** etw einsehen; ~**se a las razones de alguien** sich von jds Argumenten überzeugen lassen **2.** (*cansarse*): ~**se de cansancio** vor Müdigkeit umfallen

renegado, -a [rrene'ɣaðo, -a] **I.** *adj* **1.** (*religión*) abtrünnig **2.** (*fam: carácter*) schroff **II.** *m, f* **1.** (*religión*) Abtrünnige(r) *mf* **2.** (*fam: carácter*) Miesepeter *m*

renegar [rrene'ɣar] *irr como fregar* **I.** *vi* **1.** (*protestar*) fluchen (*de* über +*akk*) **2.** (*renunciar*) sich lossagen; ~ **de la fe** vom Glauben abfallen; ~ **del partido** aus der Partei austreten **II.** *vt* **1.** (*negar*) verleugnen **2.** (*detestar*) verabscheuen

> **RENFE** *f* ist das Kurzwort für **Red Nacional de Ferrocarriles**, die spanische Eisenbahngesellschaft, die **1941** gegründet wurde.

renglón [rreŋ'glon] *m* **1.** (*línea*) Zeile *f;* **a** ~ **seguido** sofort **2.** (*partida*) Posten *m*

rengo, -a ['rreŋgo, -a] *adj* (*CSur: cojo*) hinkend

renguear [rreŋge'ar] *vi* (*CSur: cojear*) hinken

reno ['rreno] *m* Ren(tier) *nt*

renombrado, -a [rrenom'braðo, -a] *adj* (*célebre*) renommiert, angesehen

renombrar [rrenom'brar] *vt* umbenennen

renombre [rre'nombre] *m* (guter) Ruf *m;* **una empresa de gran** ~ ein namhaftes Unternehmen; **una persona de** ~ eine angesehene Person; **adquirir** ~ Ruhm erlangen; **gozar de** ~ Ruhm genießen

renovación [rrenoβa'θjon] *f* Erneuerung *f;* (*del pasaporte*) Verlängerung *f;* (*de un edificio*) Renovierung *f*

R

renovar [rreno'βar] <o→ue> *vt* erneuern; (*una casa*) renovieren; (*el pasaporte*) verlängern; (*un país*) reformieren; **~ un pedido** nachbestellen; **~ la pintura** den Anstrich erneuern; **~ la memoria** das Gedächtnis auffrischen; **~ un aviso** eine Mitteilung wiederholen

renquear [rreŋke'ar] *vi* (*persona*) hinken; (*animal*) lahmen

renta ['rreṇta] *f* **1.** (*beneficio*) Ertrag *m;* (*ingresos*) Einkommen *nt;* **~ per cápita** Pro-Kopf-Einkommen *nt;* **~s públicas** Staatseinkünfte *fpl* **2.** (*pensión*) Rente *f;* **~ por incapacidad laboral** Erwerbsunfähigkeitsrente *f;* **~ vitalicia** Rente auf Lebenszeit; **~ de viudez** Witwenrente *f* **3.** (*alquiler*) Miete *f;* **en ~** zur Miete; **tomar a ~ un negocio** ein Geschäft pachten

rentabilidad [rreṇtaβili'ða^{d}] *f* Wirtschaftlichkeit *f;* **~ competitiva** Wettbewerbsfähigkeit *f;* **dar una ~ de…** einen Gewinn von … abwerfen

rentable [rreṇ'taβle] *adj* rentabel

rentar [rreṇ'tar] **I.** *vt* **1.** (*beneficio*) einbringen **2.** (*Am: alquilar*) mieten **II.** *vi* Gewinn bringen; **~ bien** sich rentieren

rentista [rreṇ'tista] *mf* **1.** (*pensionista*) Rentner(in) *m(f)* **2.** (*hacendista*) Finanzfachmann, -frau *m, f*

renuencia [rre'nweṇθja] *f* Widerspenstigkeit *f*

renuente [rre'nweṇte] *adj* widerspenstig

renuevo [rre'nweβo] *m* **1.** (*tallo*) Trieb *m* **2.** (*renovación*) Erneuerung *f*

renuncia [rre'nuṇθja] *f* **1.** (*abandono*) Verzicht *m* (*a/de* auf *+akk*); **~ del cargo** Amtsniederlegung *f;* **~ al contrato** Rücktritt vom Vertrag; **presentar su ~** kündigen **2.** (*escrito*) Entlassungsurkunde *f*

renunciar [rrenuṇ'θjar] *vi* **1.** (*desistir*) verzichten (*a* auf *+akk*); **~ al trono** abdanken; **~ a un cargo** ein Amt niederlegen; **~ a una herencia** ein Erbe ausschlagen **2.** (*rechazar*) ablehnen (*a +akk*)

reñido, -a [rre'ɲiðo, -a] *adj* **1.** (*enojado*) zerstritten; **estoy ~ con él** ich bin böse auf ihn; **estar ~** (*fig*) unvereinbar sein **2.** (*encarnizado*) erbittert

reñir [rre'ɲir] *irr como ceñir* **I.** *vi* streiten; **¿has reñido con tu novio?** hast du dich mit deinem Freund gestritten? **II.** *vt* schelten

reo, -a ['rreo, -a] **I.** *adj* schuldig **II.** *m, f* (*culpado*) Angeklagte(r) *mf;* (*autor*) Täter(in) *m(f);* **~ de asesinato** Mörder *m;* **~ habitual** Gewohnheitsverbrecher *m;* **~ preventivo** Untersuchungshäftling *m*

reojo [rre'oxo] *m:* **mirar de ~** (*con hostilidad*) schief ansehen; (*con disimulo*) verstohlen ansehen

reorganización [rreorɣaniθa'θjon] *f* Reorganisation *f;* **~ del gobierno** Regierungsumbildung *f*

reorganizar [rreorɣani'θar] <z→c> *vt* reorganisieren; (*gobierno*) umbilden

reorientación [rreorjeṇta'θjon] *f* Neuorientierung *f;* **~ política** (politischer) Kurswechsel *m*

repanchigarse [rrepanʧi'ɣarse] <g→gu> *vr,* **repantigarse** [rrepaṇti'ɣarse] <g→gu> *vr* sich rekeln

reparable [rrepa'raβle] *adj* (*arreglable*) reparabel

reparación [rrepara'θjon] *f* **1.** (*arreglo*) Reparatur *f* **2.** (*indemnización*) Entschädigung *f;* (*enmienda*) Wiedergutmachung *f;* **~ de perjuicios** Schaden(s)ersatz *m*

reparar [rrepa'rar] **I.** *vt* **1.** (*arreglar*) reparieren; **~ el daño** den Schaden beheben **2.** (*indemnizar*) ersetzen; (*enmendar*) wieder gutmachen **3.** (*advertir*) merken (*en +akk*); (*considerar*) achten (*en* auf *+akk*); **sin ~ en gastos** ohne Rücksicht auf die Kosten; **no ~ en sacrificios/en gastos** kein Opfer/keine Kosten scheuen **4.** (*recuperar*): **~ fuerzas** wieder zu Kräften kommen; **con la siesta reparo fuerzas** der Mittagsschlaf gibt mir neue Kraft **II.** *vr:* **~se** sich beherrschen

reparo [rre'paro] *m* **1.** (*arreglo*) Ausbesserung *f* **2.** (*inconveniente*) Bedenken *nt;* **sin ~ alguno** ganz ungeniert; **me da ~ decírselo** ich scheue mich davor, es ihm/ihr zu sagen **3.** (*objeción*) Einwand *m* (*a* gegen *+akk*); **sin ~** anstandslos; **no andar con ~s** sich *dat* seiner Sache sicher sein; **poner ~s a algo** Einwände gegen etw haben

repartición [rreparti'θjon] *f* **1.** *v.* **repartimiento** **2.** (*Am: oficina*) Amt *nt*

repartidor(a) [rreparti'ðor(a)] *m(f)* (*recadero*) Zusteller(in) *m(f);* **~ de periódicos** Zeitungsbote, -in *m, f*

repartimiento [rreparti'mjeṇto] *m* (*distribución*) Verteilung *f;* (*división*) Aufteilung *f*

repartir [rrepar'tir] **I.** *vt* verteilen; (*correos*) zustellen; **~ leña** (*fig*) Prügel austeilen **II.** *vr:* **~se** **1.** (*colocarse*) sich verteilen **2.** (*dividir*) aufteilen; **~se el mercado** den Markt unter sich aufteilen

reparto [rre'parto] *m* **1.** (*distribución*) Verteilung *f;* (*división*) Aufteilung *f;* **~ de contribuciones** Steuerveranlagung *f;* **~ domiciliario** Hauszustellung *f;* **~ de equipajes** Gepäckausgabe *f;* **~ postal** Postzustellung *f* **2.** (*relación*) Verhältnis *nt;* **~ de poderes** (ECON) Machtverhältnisse *ntpl*

repasar [rrepa'sar] *vt* **1.** (*la ropa*) ausbessern **2.** (*un texto, la lección*) noch einmal durchgehen; **segunda edición repasada y corregida** zweite neu bearbeitete Auflage

3. (*la cuenta*) nachprüfen 4. (*un coche*) überholen 5. (*una carta*) überfliegen

repaso [rre'paso] *m* 1. (*revisión*) Überarbeitung *f* 2. (*inspección*) (Über)prüfung *f;* (*de un coche*) Überholung *f*

repatear [rrepate'ar] *vt* (*fam*) nerven

repatriar [rrepa'trjar] *vt* in die Heimat zurückschicken

repecho [rre'petʃo] *m* Böschung *f*

repeinar [rrepei̯'nar] I. *vt* sorgfältig kämmen; (*pey*) schniegeln II. *vr:* ~**se** sich sorgfältig kämmen; (*pey*) sich schniegeln

repelente [rrepe'len̪te] I. *adj* 1. (*rechazador*) abweisend; ~ **al agua** Wasser abweisend 2. (*repugnante*) abstoßend 3. (*redicho*) besserwisserisch II. *mf* (*sabelotodo*) Besserwisser(in) *m(f)*

repeler [rrepe'ler] *vt* 1. (*rechazar*) abweisen; (*un ataque*) abwehren; **los imanes se repelen mutuamente** Magnete stoßen sich gegenseitig ab 2. (*repugnar*) anwidern

repelo [rre'pelo] *m* 1. (*pelo*) Gegenstrich *m;* **a** ~ gegen den Strich 2. (*repugnancia*) Widerwille *m*

repelón [rrepe'lon] *m* (*del pelo*): **dar repelones** an den Haaren ziehen; **a repelones** (*con dificultad*) mit Mühe und Not; (*con resistencia*) widerwillig; **de** ~ (*fig*) flüchtig; **ser más viejo que el** ~ abgedroschen sein

repeluzno [rrepe'luθno] *m* (*escalofrío*) Schauder *m*

repensar [rrepen'sar] <e→ie> *vt* durchdenken

repente [rre'pen̪te] *m* plötzliche Bewegung *f;* **de** ~ plötzlich; **hablar de** ~ aus dem Stegreif reden; **tocar de** ~ vom Blatt spielen

repentino, -a [rrepen̪'tino, -a] *adj* plötzlich

repercusión [rreperku'sjon] *f* 1. (*efecto*) (Aus)wirkung *f;* **tener gran** ~ (*éxito*) großen Anklang finden 2. (*del choque*) Rückprall *m*

repercutir [rreperku'tir] *vi* 1. (*efecto*) sich auswirken (*en* auf +*akk*); ~ **en la salud** der Gesundheit schaden 2. (*del choque*) zurückprallen 3. (*eco*) widerhallen

repertorio [rreper'torjo] *m* 1. (*lista*) Verzeichnis *nt;* ~ **legislativo** Gesetzessammlung *f* 2. (*t.* TEAT) Repertoire *nt* (*de* an +*dat*)

repesca [rre'peska] *f* (*fam*) Wiederholungsprüfung *f*

repescar [rrepes'kar] <c→qu> *vt* (*fam*) erneut zulassen

repetición [rrepeti'θjon] *f* Wiederholung *f;* ~ **de orden** Nachbestellung *f;* **fusil de** ~ Repetiergewehr *nt;* **en caso de** ~ im Wiederholungsfall

repetido, -a [rrepe'tiðo, -a] *adj* wiederholt; **repetidas veces** mehrmals; **tengo muchos sellos** ~**s** ich habe viele Briefmarken doppelt

repetidor(a)[1] [rrepeti'ðor(a)] I. *adj* wiederholend II. *m(f)* 1. (*estudiante*) Wiederholer(in) *m(f)* 2. (*profesor*) Repetitor(in) *m(f)*

repetidor[2] [rrepeti'ðor] *m* (TÉC) Verstärker *m*

repetir [rrepe'tir] *irr como pedir* I. *vi* 1. (*sabor*) aufstoßen; **los ajos repiten mucho** Knoblauch stößt einem immer wieder auf 2. (*plato*): ~ **de un plato de comida** noch eine Portion essen II. *vt* 1. (*reiterar*) wiederholen; ~ **curso** sitzen bleiben; ~ **un pedido de mercancía** Ware nachbestellen 2. (*recitar*) aufsagen III. *vr:* ~**se** sich wiederholen

repicar [rrepi'kar] <c→qu> I. *vi* (*campanas*) läuten; (*castañuelas*) klappern II. *vt* 1. (*campanas*) läuten; (*instrumento*) schlagen; **no se puede estar en misa y** ~ man kann nicht auf zwei Hochzeiten gleichzeitig tanzen; **ponerse el traje de cuando repican gordo** sich in Schale werfen 2. (*despedazar*) klein hacken III. *vr:* ~**se** sich brüsten (*de* mit +*dat*)

repipi [rre'pipi] *adj* etepetete

repique [rre'pike] *m* 1. (*de las campanas*) Läuten *nt* 2. (*fam: riña*) Streiterei *f*

repiquetear [rrepikete'ar] *vi, vt* läuten; (*castañuelas*) schlagen

repiqueteo [rrepike'teo] *m* Geläute *nt;* (*castañuelas*) Klappern *nt*

repisa [rre'pisa] *f* Konsole *f;* ~ **de chimenea** Kaminsims *m;* ~ **de ventana** Fensterbrett *nt*

replantear [rreplan̪te'ar] *vt* 1. (*asunto*) wieder aufwerfen; (*plan*) neu konzipieren 2. (ARQUIT) abstecken

replegar [rreple'ɣar] *irr como fregar* I. *vt* 1. (*doblar*) mehrmals falten 2. (*para atrás*) zurückklappen II. *vr:* ~**se** (MIL) sich zurückziehen

repleto, -a [rre'pleto, -a] *adj* prall gefüllt (*de* mit +*dat*); (*demasiado*) voll gestopft (*de* mit +*dat*); **tener una cartera repleta de billetes** eine Brieftasche voller Geldscheine haben; **el tren está** ~ der Zug ist total überfüllt; **estoy** ~ ich bin vollkommen satt; **está repleta de energía** sie sprüht vor Energie

réplica ['rreplika] *f* 1. (*respuesta*) Antwort *f;* (*objeción*) Widerrede *f* 2. (ARTE) Nachbildung *f*

replicar [rrepli'kar] <c→qu> I. *vt* erwidern II. *vi* 1. (*replicar*) antworten 2. (*contradecir*) widersprechen; **obedecer sin** ~ ohne Widerspruch gehorchen

repliegue [rre'pljeɣe] *m* 1. (*dobladura*) Falte *f* 2. (MIL) Rückzug *m*

repoblación [rrepoβla'θjon] *f* Wiederbevölkerung *f;* ~ **forestal** Wiederaufforstung *f*

repoblar [rrepo'βlar] <o→ue> *vt* wieder

bevölkern; (*de árboles*) wieder aufforsten
repollo [rre'poʎo] *m* Kohl *m*
reponer [rrepo'ner] *irr como poner* **I.** *vt* **1.** (*volver a poner*) wieder hinstellen; (*teléfono*) auflegen; (*máquina*) wieder in Betrieb setzen; (*en su cargo*) wieder einsetzen **2.** (*reemplazar*) ersetzen **3.** (*completar*) auffüllen **4.** (*replicar*) erwidern **5.** (CINE, TEAT) wieder aufführen **II.** *vr:* ~**se** sich erholen
reportaje [rrepor'taxe] *m* Bericht *m;* ~ **gráfico** Bildbericht *m*
reportar [rrepor'tar] **I.** *vt* **1.** (*refrenar*) zurückhalten **2.** (*proporcionar*) einbringen **3.** (*Am: informar*) berichten **II.** *vr:* ~**se** sich zusammenreißen
reporte [rre'porte] *m* (*noticia*) Nachricht *f*
reportear [rreporte'ar] *vt* (*Am: entrevistar*) interviewen
repórter [rre'porter] *m* (*Am*), **reportero, -a** [rrepor'tero, -a] *m, f* Reporter(in) *m(f)*
reposabrazos [rreposa'βraθos] *m inv* Armlehne *f*
reposacabezas [rreposaka'βeθas] *m inv* Kopfstütze *f*
reposado, -a [rrepo'saðo, -a] *adj* ruhig; (*agua*) abgestanden
reposapiés [rreposa'pjes] *m inv* Fußstütze *f*
reposar [rrepo'sar] **I.** *vi* (aus)ruhen; **aquí reposan los restos mortales de...** hier ruht in Frieden ... **II.** *vt* zur Ruhe bringen; ~ **la comida** Mittagsruhe halten **III.** *vr:* ~**se** (*líquidos*) sich (ab)setzen; (*vino*) ablagern
reposera [rrepo'sera] *f* (*Am: tumbona*) Liegestuhl *m*
reposición [rreposi'θjon] *f* **1.** (*de un objeto*) Ersetzung *f;* ~ **de existencias** Lagerauffüllung *f;* ~ **de maquinaria** Maschinenerneuerung *f* **2.** (*de lugar*) Rückstellung *f;* ~ **al cero** Nullstellung *f* **3.** (*del mercado*) Wiederbelebung *f* **4.** (*de una persona*) Erholung *f* **5.** (*de una situación*) Beruhigung *f* **6.** (TEAT) Neuinszenierung *f*
reposo [rre'poso] *m* (*tranquilidad*) Ruhe *f;* (*descanso*) Erholung *f;* ~ **en cama** Bettruhe *f;* **una máquina en** ~ eine Maschine im Stillstand
repostada [rrepos'taða] *f* (*AmC: contestación*) Retourkutsche *f*
repostar [rrepos'tar] *vt* **1.** (*provisiones*) sich neu versorgen (mit +*dat*) **2.** (*combustible*) auftanken
repostería [rreposte'ria] *f* **1.** (*pastelería, oficio*) Konditorei *f* **2.** (*productos*) Feingebäck *nt* **3.** (*mueble*) Anrichte *f* **4.** (NÁUT) Pantry *f*
repostero, -a [rrepos'tero, -a] *m, f* Konditor(in) *m(f)*
reprender [rrepren̪'der] *vt* tadeln; ~**le algo a alguien** jdm etw vorwerfen
reprensión [rrepren'sjon] *f* Tadel *m;* (JUR) Verwarnung *f*
represa [rre'presa] *f* **1.** (*estancamiento*) Stauung *f* **2.** (*construcción*) Staudamm *m*
represalia [rrepre'salja] *f* Repressalie *f;* **en ~ por...** als Vergeltung für ...
represar [rrepre'sar] **I.** *vt* (*agua*) stauen; (*fig*) unterdrücken **II.** *vr:* ~**se** sich stauen
representación [rrepresen̪ta'θjon] *f* **1.** (*substitución, delegación*) Vertretung *f;* ~ **colectiva** Arbeitnehmervertretung *f;* ~ **exclusiva** Alleinvertretung *f;* ~ **mayoritaria** Mehrheitswahl *f;* ~ **proporcional** Verhältniswahl *f;* **por** [*o* **en**] ~ stellvertretend **2.** (TEAT) Aufführung *f* **3.** (*reproducción*) Darstellung *f;* (*ilustración*) Abbildung *f;* ~ **digital** Digitalanzeige *f* **4.** (*idea*) Begriff *m* **5.** (*autoridad*) Ansehen *nt;* **ser hombre de** ~ eine angesehene Persönlichkeit sein
representante [rrepresen̪'tan̪te] *mf* **1.** (*delegado*) Abgeordnete(r) *mf;* (*suplente*) Vertreter(in) *m(f);* ~ **especial** Sonderbeauftragte(r) *mf* **2.** (*actor*) Darsteller(in) *m(f)*
representar [rrepresen̪'tar] **I.** *vt* **1.** (*sustituir*) vertreten **2.** (*actuar*) spielen; (*una obra*) aufführen; ~ **el papel de amante** den Liebhaber spielen **3.** (*significar*) bedeuten **4.** (*encarnar, reproducir*) darstellen; (*personificar*) verkörpern; (*ilustrar*) abbilden; ~ **visualmente** (INFOR) auf dem Bildschirm anzeigen **5.** (*aparentar*) aussehen; **representa ser más joven** er/sie sieht jünger aus, als er/sie ist **6.** (*evocar*) schildern **II.** *vr:* ~**se** sich *dat* vorstellen
representativo, -a [rrepresen̪ta'tiβo, -a] *adj* repräsentativ; **gobierno** ~ parlamentarische Regierung
represión [rrepre'sjon] *f* (*contención*) Unterdrückung *f;* (*limitación*) Beschränkung *f;* ~ **de crímenes** Verbrechensbekämpfung *f*
reprimenda [rrepri'men̪da] *f* Tadel *m;* (*oficial*) Verweis *m*
reprimir [rrepri'mir] **I.** *vt* unterdrücken **II.** *vr:* ~**se** **1.** (*contenerse*) sich beherrschen; ~**se de hablar** sich mit Worten zurückhalten **2.** (*cohibirse*) sich verkrampfen
reprobable [rrepro'βaβle] *adj* verwerflich
reprobación [rreproβa'θjon] *f* (*condenación*) Missbilligung *f;* (*rechazamiento*) Verwerfung *f*
reprobar [rrepro'βar] <o→ue> *vt* missbilligen
réprobo, -a ['rreproβo, -a] **I.** *adj* verdammt **II.** *m, f* Verdammte(r) *mf*
reprochable [rrepro'tʃaβle] *adj* tadelnswert
reprochar [rrepro'tʃar] *vt* vorwerfen
reproche [rre'protʃe] *m* Vorwurf *m;* **en son de** ~ in vorwurfsvollem Ton; **hacer ~s a alguien por algo** jdm Vorwürfe wegen etw

gen/dat machen

reproducción [rreproðuɣ'θjon] *f* **1.** (*procreación*) Fortpflanzung *f;* ~ **bovina** Rinderzucht *f* **2.** (*repetición*) Reproduktion *f;* (*copia*) Vervielfältigung *f;* ~ (**de un libro**) Nachdruck *m;* ~ **de un discurso** Wiederholung eines Vortrags **3.** (*representación*) Wiedergabe *f;* ~ **magnetofónica** Bandaufnahme *f;* ~ **radiofónica** Rundfunkübertragung *f*

reproducir [rreproðu'θir] *irr como traducir* **I.** *vt* **1.** (*procrear*) fortpflanzen **2.** (*repetir*) reproduzieren; (*copiar*) vervielfältigen; (*un libro*) nachdrucken **3.** (*representar*) wiedergeben; (*imitar*) nachahmen; (*contar*) nacherzählen **II.** *vr:* ~**se** sich fortpflanzen

reproductor(a)[1] [rreproðuk'tor(a)] **I.** *adj* Fortpflanzungs- **II.** *m(f)* (*animal*) Zuchttier *nt*

reproductor[2] [rreproðuk'tor] *m* (*aparato*) Wiedergabegerät *nt;* ~ **de discos compactos** CD-Player *m*

reptar [rrep'tar] *vi* kriechen

reptil [rrep'til] *m* Reptil *nt*

república [rre'puβlika] *f* Republik *f;* **R**~ **Federal de Alemania** Bundesrepublik Deutschland; ~ **miembro** Mitgliedsstaat *m*

> Die **República Dominicana** (Dominikanische Republik), deren Hauptstadt **Santo Domingo** heißt, ist rund 50.000 Quadratkilometer groß. **Spanisch** ist die offizielle Landessprache. Weltbekannt ist der dominikanische Nationaltanz, der sog. **merengue**.

republicano, -a [rrepuβli'kano, -a] **I.** *adj* republikanisch **II.** *m, f* Republikaner(in) *m(f)*

repudiar [rrepu'ðjar] *vt* **1.** (*rechazar*) ablehnen **2.** (*parientes*) verstoßen

repudio [rre'puðjo] *m* **1.** (*rechazo*) Ablehnung *f* **2.** (*de parientes*) Verstoßung *f*

repuesto, -a[1] [rre'pwesto, -a] *pp de* **reponer**

repuesto[2] [rre'pwesto] *m* **1.** (*pieza*) Ersatzteil *nt* **2.** (*de alimentos*) Vorrat *m* (*de* an +*dat*)

repugnancia [rrepuɣ'naṇθja] *f* **1.** (*repulsión*) Abneigung *f* (*a* gegen +*akk*); (*asco*) Ekel *m* (*a* vor +*dat*); **tener** ~ **al pescado** sich vor Fisch ekeln **2.** (*resistencia*) Widerwille *m;* **hacer algo con** ~ etw widerwillig tun

repugnante [rrepuɣ'naṇte] *adj* ekelhaft

repugnar [rrepuɣ'nar] **I.** *vi* **1.** (*producir aversión*) abstoßen; (*asquear*) anekeln; **me repugna la carne grasosa** fettes Fleisch finde ich ekelhaft **2.** (*disgustar*) widerstreben +*dat* **II.** *vt* (*rehusar*) ablehnen **III.** *vr:* ~**se** (*contradecirse*) sich (gegenseitig) ausschließen

repujar [rrepu'xar] *vt* (*metal*) treiben; (*cuero*) punzen

repulsa [rre'pulsa] *f* (*rechazo*) Ablehnung *f*

repulsar [rrepul'sar] *vt* (*persona*) zurückweisen; (*deseo*) abschlagen

repulsión [rrepul'sjon] *f* (*aversión*) Abneigung *f;* (*asco*) Ekel *m*

repulsivo, -a [rrepul'siβo, -a] *adj* ekelhaft

reputación [rreputa'θjon] *f* Ruf *m;* **mujer de mala** ~ Prostituierte *f;* **tener muy buena /mala** ~ höchst angesehen/sehr schlecht angesehen sein; **un local con mala** ~ ein berüchtigtes Lokal

reputar [rrepu'tar] *vt* **1.** (*considerar*) halten (*por* für +*akk*) **2.** (*apreciar*) schätzen

requebrar [rreke'βrar] <e→ie> *vt* (*a una mujer*) Komplimente machen +*dat*

requemado, -a [rreke'maðo, -a] *adj* **1.** (*color*) schwärzlich; (*piel*) stark verbrannt **2.** (*persona*) verwirrt

requemar [rreke'mar] **I.** *vt* **1.** (*asar bien*) durchbraten; (*demasiado*) anbrennen lassen **2.** (*plantas*) ausdörren **3.** (*doler*): ~ **la garganta/la lengua** im Hals/auf der Zunge brennen **II.** *vr:* ~**se 1.** (*quemarse*) anbrennen **2.** (*enfadarse*) sich grämen **3.** (*de un sentimiento*) sich verzehren (*de* vor +*dat*) **4.** (*plantas*) verdorren

requenete [rreke'nete] *adj* (*Ven: rechoncho*) pummelig

requerimiento [rrekeri'mjeṇto] *m* **1.** (*requisitoria*) Ersuchen *nt* (*de* um +*akk*); (*escrito*) Antrag *m* (*de* auf +*akk*); ~ **de información** Anfrage *f;* **a** ~ **de** auf Verlangen von; **hacer el** ~ **para la publicación de las proclamas** das Aufgebot bestellen **2.** (*exigencia*) Anforderung *f* **3.** (*aviso*) Aufforderung *f* (*de* zu +*dat*)

requerir [rreke'rir] *irr como sentir vt* **1.** (*necesitar*) erfordern; **esto requiere toda la atención** hier ist höchste Aufmerksamkeit geboten; **este asunto requiere mucho tiempo** diese Angelegenheit ist sehr Zeit raubend **2.** (*amorosamente*) den Hof machen +*dat;* ~ **de amores** Liebeserklärungen machen +*dat* **3.** (*intimar*) auffordern; ~ **a alguien que...** +*subj* jdn auffordern zu ... +*inf*

requesón [rreke'son] *m* Quark *m*

requetebién [rrekete'βjen] *adv* (*fam*) super

requetebueno, -a [rrekete'βweno, -a] *adj* (*Am: fam*) echt gut

requetecaro, -a [rrekete'karo, -a] *adj* (*Am: fam*) übermäßig teuer

requiebro [rre'kjeβro] *m* Kompliment *nt*

réquiem ['rrekjen] *m* Requiem *nt*

requisa [rre'kisa] *f* **1.** (*inspección*) Inspektion *f* **2.** (*confiscación*) Beschlagnahme *f*

requisar [rreki'sar] *vt* beschlagnahmen

requisito [rreki'sito] *m* (*requerimiento*) Anforderung *f;* (*condición*) Voraussetzung *f;* ~ **previo** Vorbedingung *f;* **exigir ciertos ~s** gewisse Anforderungen stellen; **con todos los ~s** (*fam fig*) mit allem Drum und Dran

res [rres] *f* **1.** (*animal*) Vieh *nt;* **~es de matadero** Schlachtvieh *nt* **2.** (*Am: vaca*) Rind *nt*

resabio [rre'saβjo] *m* **1.** (*sabor*) (schlechter) Nachgeschmack *m* **2.** (*costumbre*) schlechte Angewohnheit *f*

resaca [rre'saka] *f* **1.** (*fam: malestar*) Kater *m* **2.** (*olas*) Brandung *f*

resalado, -a [rresa'laðo, -a] *adj* anmutig

resaltar [rresal̩'tar] *vi* **1.** (*rebotar*) zurückprallen **2.** (*sobresalir*) hervorragen **3.** (*desprenderse*) abspringen **4.** (*distinguirse*) ins Auge springen; **hacer** ~ hervorheben

resalte [rre'sal̩te] *m,* **resalto** [rre'sal̩to] *m* (*saliente*) Absatz *m*

resanar [rresa'nar] *vt* ausbessern; (*con oro*) neu vergolden

resarcir [rresar'θir] <c→z> **I.** *vt* **1.** (*compensar*) entschädigen (*de* für +*akk*) **2.** (*reparar*) ausbessern **II.** *vr:* **~se 1.** (*de un daño*) sich schadlos halten (*de* für +*akk, de* an +*dat*) **2.** (*de las fatigas*) sich erholen

resbaladizo, -a [rresβala'ðiθo, -a] *adj* rutschig

resbalar [rresβa'lar] *vi* rutschen, gleiten; (*sin querer*) ausrutschen; **¡cuidado con no ~!** Vorsicht Glatteis!; **mis palabras le resbalan** meine Worte lassen ihn/sie kalt

resbalón [rresβa'lon] *m* Ausrutscher *m;* **dar un** ~ ausrutschen

rescatar [rreska'tar] *vt* **1.** (*a un prisionero*) befreien; (*con dinero*) auslösen **2.** (*a un náufrago*) retten **3.** (*algo perdido*) wieder finden **4.** (*una deuda*) begleichen **5.** (*tiempo*) zurückgewinnen; **quisiera ~ mi juventud** ich wäre gerne wieder jung **6.** (*culpas viejas*) wieder gutmachen **7.** (*Am: mercancías*) Tauschhandel betreiben (mit +*dat*)

rescate [rres'kate] *m* **1.** (*de un prisionero*) Befreiung *f;* (*con dinero*) Auslösung *f* **2.** (*de un náufrago*) Rettung *f* **3.** (*de una prenda*) (Pfand)einlösung *f* **4.** (*recuperación*) Rückkauf *m;* **con facultad de** ~ mit Rückkaufrecht **5.** (*dinero para rescatar*) Lösegeld *nt*

rescindir [rresθin̩'dir] *vt* (*la ley*) aufheben; (*un contratante*) (auf)kündigen

rescisión [rresθi'sjon] *f* (*la ley*) Ungültigkeitserklärung; (*un contratante*) Kündigung *f;* ~ **de una deuda** Erlöschen einer Schuld

rescoldo [rres'kol̩do] *m* **1.** (*borrajo*) glimmende Asche *f;* **donde candelita hubo, siempre ~ quedó** (*prov*) alte Liebe rostet nicht **2.** (*escrúpulos*) Gewissensbisse *mpl*

resecar [rrese'kar] <c→qu> *vt* (*secar mucho*) austrocknen

reseco, -a [rre'seko, -a] *adj* **1.** (*muy seco*) sehr trocken **2.** (*flaco*) (spindel)dürr

resentido, -a [rresen̩'tiðo, -a] *adj* **1.** *estar* (*ofendido*) beleidigt **2.** *estar* (*débil*) angeschlagen **3.** *ser* nachtragend

resentimiento [rresen̩ti'mjen̩to] *m* Groll *m*

resentirse [rresen̩'tirse] *irr como sentir vr* **1.** (*ofenderse*) sich ärgern (*por/de* über +*akk*) **2.** (*sentir dolor*) leiden (*de/con* unter +*dat*); ~ **del costado** Seitenstechen haben; **todavía se resiente de las heridas del accidente** die Unvallverletzungen machen ihm/ihr immer noch zu schaffen **3.** (*debilitarse*) nachgeben; (*muros*) bersten; **los edificios se resintieron cuando abrieron el túnel del metro** als der Schacht für die U-Bahn gebaut wurde, bekamen die Gebäude Risse

reseña [rre'seɲa] *f* **1.** (*de un libro*) Rezension *f* **2.** (*de una persona*) (Personen)beschreibung *f* **3.** (*narración*) Bericht *m* **4.** (MIL) Musterung *f*

reseñar [rrese'ɲar] *vt* **1.** (*un libro*) besprechen **2.** (*una persona*) beschreiben **3.** (*resumir*) berichten (über +*akk*) **4.** (MIL) mustern

reserva [rre'serβa] *f* **1.** (*previsión*) Vorrat *m;* (FIN) Reserve *f;* (*fondos*) Rücklage *f;* ~ **de equipajes** (*Am*) Gepäckaufbewahrung(sstelle) *f;* **tener algo en** ~ etw vorrätig haben **2.** (*de plazas*) Reservierung *f* **3.** (*biológica*) Reservat *nt* **4.** (MIL) Reserve *f;* **pasar a la** ~ zur Reserve abgestellt werden **5.** (*discreción*) Zurückhaltung *f;* **guardar la** ~ Verschwiegenheit bewahren **6.** (*circunspección*) Vorbehalt *m;* ~ **mental** stillschweigender Vorbehalt; **a ~ de que...** +*subj* vorausgesetzt, dass ...; **sin la menor** ~ vorbehaltslos

reservadamente [rreserβaða'men̩te] *adv* im Vertrauen

reservado, -a[1] [rreser'βaðo, -a] *adj* **1.** (*derecho*) vorbehalten; **quedan ~s todos los derechos** alle Rechte vorbehalten **2.** (*callado*) reserviert **3.** (*confidencial*) vertraulich **4.** (*cauteloso*) vorsichtig

reservado[2] [rreser'βaðo] *m* **1.** (FERRO) Sonderabteil *nt* **2.** (*habitación*) Nebenzimmer *nt*

reservar [rreser'βar] **I.** *vt* **1.** (*retener plaza*) reservieren; ~ **un asiento** (*ocupar*) einen Sitzplatz belegen; (*para un viaje*) einen Sitzplatz reservieren **2.** (*guardar*) zurückbehalten; (*dinero*) zurücklegen **3.** (*ocultar*) verheimlichen (*de* vor +*dat*) **II.** *vr:* **~se**

1. (*conservarse*) sich schonen **2.** (*cautelarse*) sich zurückhalten

resfriado [rresfri'aðo] *m* Erkältung *f*

resfriar [resfri'ar] <*3. pres:* resfría> **I.** *vi, vt* abkühlen **II.** *vr:* ~**se 1.** (*enfriarse*) abkühlen **2.** (MED) sich erkälten

resfrío [rres'frio] *m* (*Am*) Erkältung *f*

resguardar [rresɣwar'ðar] **I.** *vt* **1.** (*proteger*) (be)schützen (*de* vor +*dat*) **2.** (*poner en seguridad*) sicherstellen; ~ **los derechos** alle Rechte vorbehalten **II.** *vr:* ~**se** sich schützen (*de* vor +*dat*); ~**se con un muro** hinter einer Mauer Schutz suchen

resguardo [rres'ɣwarðo] *m* **1.** (*protección*) Schutz *m* **2.** (*guardia*) Sicherstellung *f;* ~ **de la legalidad** Wahrung der Gesetzlichkeit **3.** (*recibo*) Quittung *f;* ~ **de almacén/de entrega** Lager-/Lieferschein *m;* ~ **de transferencia** Überweisungsbeleg *m*

residencia [rresi'ðeṇθja] *f* **1.** (*domicilio*) Wohnsitz *m;* ~ **habitual** ständiger Wohnsitz; **cambiar de** ~ den Wohnort wechseln **2.** (*estancia*) Aufenthalt *m* **3.** (*casa lujosa*) Residenz *f;* ~ **real** Königspalast *m;* ~ **señorial** Herrenhaus *nt* **4.** (*internado*) Heim *nt;* (*colegio*) Internat *nt;* ~ **de ancianos** Altersheim *nt;* ~ **de huérfanos** Waisenhaus *nt* **5.** (*hostal*) Pension *f*

residencial [rresiðeṇ'θjal] **I.** *adj* Wohn- **II.** *m* (*urbanización*) Wohnanlage *f*

residente [rresi'ðeṇte] **I.** *adj* (*persona*) wohnhaft; (*por mucho tiempo*) ansässig; ~ **en el lugar** ortsansässig **II.** *mf* Einwohner(in) *m(f)*

residir [rresi'ðir] *vi* **1.** (*habitar*) wohnen **2.** (*radicar*) liegen

residual [rresiðu'al] *adj* Rest-, Abfall-

residuo [rre'siðwo] *m* **1.** (*resto*) Rest *m;* (QUÍM) Rückstand *m* **2.** *pl* (*basura*) Abfall *m;* (*géneros defectuosos*) Ausschuss *m;* ~**s de las fábricas** Fabrikabfälle *mpl;* ~**s radiactivos** Atommüll *m;* ~**s tóxicos** Giftmüll *m*

resignación [rresiɣna'θjon] *f* Resignation *f;* (*renuncia*) Verzicht *m*

resignar [rresiɣ'nar] **I.** *vt* niederlegen **II.** *vr:* ~**se** resignieren; ~**se con** [*o* a] **algo** sich mit etw *dat* abfinden

resina [rre'sina] *f* Harz *nt*

resistencia [rresis'teṇθja] *f* Widerstand *m* (*a* gegen +*akk*); ~ **a la autoridad** Widerstand gegen die Staatsgewalt; ~ **al choque** Stoßfestigkeit *f;* ~ **al frío** Kältebeständigkeit *f;* ~ **al pago** Zahlungsverweigerung *f;* ~ **a la publicidad** Werbemüdigkeit *f;* ~ **a la rotura** Bruchfestigkeit *f;* **carrera de** ~ Dauerlauf *m;* **plato de** ~ Hauptgericht *nt;* **oponer** ~ Widerstand leisten; **formar parte de la** ~ im Widerstand sein; **la** ~ **alemana** die deutschen Widerstandskämpfer

resistente [rresis'teṇte] **I.** *adj* widerstandsfähig (*a* gegen +*akk*); ~ **al calor** hitzebeständig; ~ **a la intemperie** wetterfest; ~ **a la lavadora** waschmaschinenfest; ~ **a la luz** lichtecht; ~ **a la rotura** bruchsicher **II.** *mf* Widerstandskämpfer(in) *m(f)*

resistir [rresis'tir] **I.** *vi, vt* standhalten +*dat;* ~ **a una tentación** einer Versuchung widerstehen; ~ **al enemigo** dem Feind Widerstand leisten; **resistió la enfermedad** er/sie hat die Krankheit überstanden; **¡no resisto más!** ich halte das nicht länger aus!; **no resisto la comida pesada** ich kann schweres Essen nicht vertragen; **no puedo** ~ **a esta persona** ich kann diese Person nicht ausstehen **II.** *vr:* ~**se** sich weigern

resollar [rreso'ʎar] *vi* **1.** (*aspirar*) schnaufen; ~ **comiendo** schlürfen; **beber algo sin** ~ (*fig*) etw in einem Zug austrinken; **trabajar horas y horas sin** ~ (*fig*) pausenlos arbeiten **2.** (*fam: dar noticia de sí*) von sich *dat* hören lassen

resolución [rresolu'θjon] *f* **1.** (*firmeza*) Entschlossenheit *f* **2.** (*decisión*) Entschluss *m;* (POL) Resolution *f;* ~ **administrativa** Bescheid *m;* ~ **arbitral** Schiedsspruch *m;* ~ **judicial** Gerichtsentscheidung *f;* **tomar una** ~ einen Beschluss fassen **3.** (*solución*) Auflösung *f*

resoluto, -a [rreso'luto, -a] *adj* resolut

resolver [rresol'βer] *irr como volver* **I.** *vt* **1.** (*acordar*) beschließen **2.** (*solucionar*) lösen; ~ **un problema** ein Problem lösen **3.** (*decidir*) beschließen **4.** (*disolver*) auflösen **II.** *vr:* ~**se 1.** (*solucionarse*) sich klären **2.** (*decidirse*) sich entscheiden **3.** (*disolverse*) sich auflösen

resonancia [rreso'naṇθja] *f* Resonanz *f;* **caja de** ~ Resonanzboden *m;* **de** ~ **universal** weltbewegend; **este libro no tiene** ~ dieses Buch findet keinen Anklang

resonante [rreso'naṇte] *adj* (*importante*) nachhaltig; **con éxito** ~ mit glänzendem Erfolg; **una victoria** ~ ein bedeutender Sieg

resonar [rreso'nar] <o→ue> *vi* (wider)hallen; **los gritos de angustia resuenan todavía en mis oídos** ich höre immer noch die Angstschreie in meinen Ohren; ~ **fuera de las fronteras** (*fig*) über die Grenzen hinweg bekannt werden

resoplar [rreso'plar] *vi* schnauben; ~ **de rabia** vor Wut schnauben

resorte [rre'sorte] *m* Feder *f;* (*fig*) Triebfeder *f;* **tocar todos los** ~**s** (*fig*) alle Hebel in Bewegung setzen

respaldar [rrespaḷ'dar] **I.** *vt* **1.** (*apoyar*) unterstützen **2.** (*proteger*) decken **3.** (*anotar*) auf der Rückseite vermerken **II.** *vr:* ~**se 1.** (*apoyarse*) sich anlehnen; (*hacia atrás*) sich zurücklehnen; ~**se contra la pared**

R

sich an die Wand lehnen; **~se en el sillón** sich im Sessel zurücklehnen **2.** (*ampararse*) sich *dat* Rückendeckung verschaffen **III.** *m* Rückenlehne *f*

respaldo [rres'pal̩do] *m* **1.** (*respaldar*) Rückenlehne *f* **2.** (*reverso*) Rückseite *f;* **en el ~** auf der Rückseite **3.** (*apoyo*) Unterstützung *f;* (*protección*) Rückendeckung *f*

respectar [rrespek'tar] *vi* (*verbo defectivo*) betreffen; **por** [*o* **en**] **lo que respecta a él...** was ihn betrifft ...

respectivamente [rrespektiβa'men̩te] *adv:* **le hemos regalado ~ un coche** wir haben jedem/jeder ein Auto geschenkt; **Anne y Maite compran la fruta y el pan,** ~ Anne und Maite kaufen ein, die eine das Obst und die andere das Brot

respectivo, -a [rrespek'tiβo, -a] *adj* betreffende(r, s)

respecto [rres'pekto] *m* Hinsicht *f;* **(con) ~ a** bezüglich *+gen;* **con ~ a eso, al ~** diesbezüglich; **a este ~** in dieser Hinsicht; **al ~ de** im Verhältnis zu *+dat*

respetabilidad [rrespetaβili'ðaᵈ] *f* Achtbarkeit *f*

respetable [rrespe'taβle] *adj* **1.** (*digno de respeto*) achtbar; **persona ~** Respektsperson *f* **2.** (*notable*) beachtlich

respetar [rrespe'tar] *vt* **1.** (*honrar*) respektieren; **hacerse ~** sich *dat* Respekt verschaffen **2.** (*considerar*) Rücksicht nehmen (auf *+akk*) **3.** (*cumplir*) beachten

respeto [rres'peto] *m* **1.** (*veneración*) Respekt *m;* **~ a las leyes** Achtung vor dem Gesetz; **~ de un plazo** Einhaltung einer Frist; **falta de ~** Respektlosigkeit *f;* **una persona de ~** eine angesehene Person; **faltar al ~ a alguien** jdm keinen Respekt entgegenbringen; **ofrecer los ~s a alguien** jdm seine Aufwartung machen; **¡mis ~s a su señora!** meine Empfehlungen an Ihre Frau Gemahlin!; **tener mucho ~ a las tormentas** große Angst vor Gewittern haben; **campar por sus ~s** auf seinen eigenen Nutzen bedacht sein **2.** (*loc*): **de ~** Not-

respetuoso, -a [rrespetu'oso, -a] *adj* respektvoll; **ser ~ con las leyes** die Gesetze beachten

respingar [rrespiŋ'gar] <g→gu> *vi* **1.** (*refunfuñar*) murren **2.** (*animal*) bocken **3.** (*falda*) abstehen

respingo [rres'piŋgo] *m* **1.** (*refunfuño*) Murren *nt* **2.** (*movimiento*) Ruck *m;* (*animal*) Aufbäumen *nt;* **dar un ~** erschreckt in die Höhe fahren

respingón, -ona [rrespiŋ'gon, -ona] *adj* **1.** (*animal*) bockig **2.** (*levantado*) abstehend; **nariz respingona** Stupsnase *f*

respiración [rrespira'θjon] *f* (*inhalación*) Atmung *f;* (*aliento*) Atem *m;* **~ artificial** künstliche Beatmung; **~ boca a boca** Mund-zu-Mund-Beatmung *f;* **hacer la ~ boca a boca a alguien** jdn Mund-zu-Mund beatmen; **dificultad de ~** Atemnot *f;* **cortar la ~** (*fig*) den Atem verschlagen

respirar [rrespi'rar] *vi* atmen; **~ aliviado** erleichtert aufatmen; **~ trabajosamente** nach Luft schnappen; **sin ~** (*fig*) pausenlos; **escuchar sin ~** (*fig*) gespannt zuhören; **¡déjame que respire!** lass mich doch mal verschnaufen!; **no me atrevo a ~ delante de él** in seiner Gegenwart wage ich kaum zu atmen; **ahora sé por donde respira** jetzt weiß ich, wo es bei ihm/ihr langgeht

respiratorio, -a [rrespira'torjo, -a] *adj* Atmungs-; **vías respiratorias** Atemwege *mpl*

respiro [rres'piro] *m* **1.** (*respiración*) Atmen *nt* **2.** (*pausa*) Atempause *f* **3.** (*de alivio*) Seufzer *m*

resplandecer [rresplan̩de'θer] *irr como crecer vi* (*lucir*) leuchten; (*reflejar*) glänzen; **~ de alegría** vor Glück strahlen; **~ por su inteligencia** durch seine Intelligenz hervorstechen

resplandeciente [rresplan̩de'θjen̩te] *adj* glänzend; **~ de limpio** blitzblank

resplandor [rresplan̩'dor] *m* Glanz *m*

responder [rrespon̩'der] *vi* **1.** (*contestar*) antworten; **el perro responde por el nombre de...** der Hund hört auf den Namen ... **2.** (*contradecir*) widersprechen *+dat* **3.** (*corresponder*) entsprechen *+dat;* (*cumplir con*) erfüllen *+akk* **4.** (*ser responsable*) verantwortlich sein (*por* für *+akk*) **5.** (*garantizar*) einstehen (*de/por/con* für *+akk*); (*con dinero*) haften (*de/por/con* für *+akk*); **~ de una deuda** für eine Schuld aufkommen

respondón, -ona [rrespon̩'don, -ona] **I.** *adj* frech **II.** *m, f* frecher Mensch *m*

responsabilidad [rresponsaβili'ðaᵈ] *f* **1.** (*por un niño*) Verantwortung *f* (*de/por* für *+akk*); **~ propia** Eigenverantwortung *f;* **exigir ~** zur Verantwortung ziehen **2.** (*por un daño*) Haftung *f* (*de/por* für *+akk*); **~ civil** Haftpflicht *f;* **~ del daño** Schaden(s)ersatzpflicht *f;* **incurrir en ~** haftbar gemacht werden; **no acepto la ~** ich komme nicht dafür auf

responsabilizar [rresponsaβili'θar] <z→c> **I.** *vt* verantwortlich machen (*de* für *+akk*) **II.** *vr:* **~se** (*asumir la responsabilidad*) die Verantwortung übernehmen (*de* für *+akk*); (*garantizar*) einstehen (*de* für *+akk*); (JUR) die Haftung übernehmen (*de* für *+akk*)

responsable [rrespon'saβle] **I.** *adj* verantwortlich (*de* für *+akk*); **ser civilmente ~** persönlich haften **II.** *mf* Verantwortliche(r) *mf*

respuesta [rres'pwesta] *f* Antwort *f* (*a* auf +*akk*); ~ **negativa** abschlägige Antwort; **en ~ a su carta del...** in Beantwortung Ihres Schreibens vom ...; **dar la callada por ~** überhaupt nicht antworten; **por toda ~ se encogió de hombros** seine/ihre einzige Antwort war ein Achselzucken

resquebrajadura [rreskeβraxa'ðura] *f* Riss *m*

resquebrajar [rreskeβra'xar] **I.** *vt* spalten **II.** *vr:* ~**se** Risse bekommen

resquemor [rreske'mor] *m* **1.** (*escozor*) Prickeln *nt* **2.** (*resentimiento*) Groll *m*

resquicio [rres'kiθjo] *m* **1.** (*abertura*) Ritze *f,* Spalt *m* **2.** (*ocasión*) Ausweg *m;* ~ **de esperanza** Hoffnungsschimmer *m*

resta ['rresta] *f* Subtrahieren *nt*

restablecer [rrestaβle'θer] *irr como crecer* **I.** *vt* wiederherstellen **II.** *vr:* ~**se** sich erholen

restablecimiento [rrestaβleθi'mjen̪to] *m* **1.** (*recuperación*) Wiederherstellung *f* **2.** (*cura*) Genesung *f*

restallar [rresta'ʎar] *vi* knallen; **hacer ~ el látigo** mit der Peitsche knallen

restante [rres'tan̪te] **I.** *adj* restlich; **cantidad ~** Restbetrag *m* **II.** *m* Rest *m*

restañar [rresta'ɲar] *vt* (*la sangre*) stillen; ~ **las heridas** (*fig*) dem Ärger Einhalt gebieten

restar [rres'tar] **I.** *vi* übrig bleiben; **aún restan algunos días para finalizar el año** bis zum Jahresende fehlen noch einige Tage **II.** *vt* abziehen; ~ **energías a alguien** jdm Kräfte entziehen; **no ~ un ápice del mérito** nicht im geringsten den Erfolg schmälern; ~**se años** sich für jünger ausgeben, als man ist

restauración [rrestau̯ra'θjon] *f* Wiederherstellung *f;* (ARTE) Restauration *f;* ~ **de la monarquía** Wiedereinführung der Monarchie

restaurante [rrestau̯'ran̪te] *m* Restaurant *nt*

restaurar [rrestau̯'rar] *vt* wiederherstellen; (ARTE) restaurieren

restitución [rrestitu'θjon] *f* **1.** (*devolución*) Rückgabe *f;* (FIN) Erstattung *f* **2.** (*reposición*) Wiederherstellung *f*

restituir [rrestitu'ir] *irr como huir* **I.** *vt* **1.** (*devolver*) zurückgeben; (FIN) (zurück)erstatten **2.** (*restablecer*) wiederherstellen **II.** *vr:* ~**se** zurückkehren (*a* an +*akk*)

resto ['rresto] *m* (*lo que sobra*) Rest *m;* ~**s de un buque** Schiffswrack *nt;* **los ~s mortales** die sterblichen Überreste; **lo recordaré el ~ de mis días** ich werde ihn bis ans Ende meiner Tage nicht vergessen

restregar [rrestre'ɣar] *irr como fregar* **I.** *vt* scheuern; ~**le a alguien algo por las narices** (*fig*) jdm etw unter die Nase reiben **II.** *vr:* ~**se** sich abreiben; ~**se los ojos** sich *dat* die Augen reiben

restregón [rrestre'ɣon] *m* Abreibung *f,* (Ab)reiben *nt*

restricción [rrestriɣ'θjon] *f* (*limitación*) Beschränkung *f;* (*recorte*) Kürzung *f;* ~ **de la natalidad** Geburtenregelung *f;* ~ **mental** stiller Vorbehalt; **sin restricciones** unbeschränkt

restrictivo, -a [rrestrik'tiβo, -a] *adj* einschränkend

restringir [rrestriŋ'xir] <g→j> *vt* einschränken (*a* auf +*akk*)

resucitar [rresuθi'tar] **I.** *vi* auferstehen **II.** *vt* **1.** (*de la muerte*) vom Tode erwecken **2.** (*un estilo, una moda*) neu beleben

resuello [rre'sweʎo] *m* Keuchen *nt;* **sin ~** außer Atem; **meterle a alguien el ~ en el cuerpo** jdn einschüchtern

resuelto, -a [rre'swel̪to, -a] **I.** *pp de* **resolver II.** *adj* resolut

resulta [rre'sul̪ta] *f* **1.** (*resultado*) Ergebnis *nt* **2.** (*consecuencia*) Folge *f;* **de ~s de** infolge von

resultado [rresul̪'taðo] *m* Ergebnis *nt,* Resultat *nt;* ~ **del reconocimiento (médico)** Befund *m;* **dar buen/mal ~** gelingen/misslingen; **tener por ~** zur Folge haben

resultar [rresul̪'tar] *vi* **1.** (*deducirse*) sich ergeben (*de* aus +*dat*) **2.** (*surtir*) sein; ~ **muerto en un accidente** tödlich verunglücken **3.** (*tener éxito*) erfolgreich sein **4.** (*comprobarse*) sich erweisen (als +*nom*) **5.** (*loc*): ~ **en beneficio de alguien** zu jds Gunsten verlaufen

resumen [rre'sumen] *m* **1.** (*sumario*) Zusammenfassung *f;* **en ~** kurz und gut **2.** (*extracto*) Auszug *m*

resumir [rresu'mir] **I.** *vt* zusammenfassen **II.** *vr:* ~**se** sich beschränken (*en* auf +*akk*)

resurgimiento [rresurxi'mjen̪to] *m* Wiederaufleben *nt*

resurgir [rresur'xir] <g→j> *vi* **1.** (*reaparecer*) wieder erscheinen **2.** (*renacer*) auferstehen **3.** (*revivir*) wieder aufleben

resurrección [rresurreɣ'θjon] *f* **1.** (REL) Auferstehung *f;* **Pascua de R~** Ostern *nt* **2.** (*restablecimiento*) Wiederbelebung *f*

retaguardia [rreta'ɣwarðja] *f* (MIL) Nachhut *f;* **a** [*o* **en**] ~ (*tarde*) verspätet; **a ~ de** (*detrás de*) hinter; **estar a la ~ de algo** (*fig*) auf etw lauern; **quedarse en la ~** (*fig*) im Hintergrund bleiben

retahíla [rreta'ila] *f* Reihe *f;* **soltar la ~** eine Liste runterbeten

retal [rre'tal] *m* Rest *m*

retama [rre'tama] *f* Ginster *m*

retar [rre'tar] *vt* herausfordern (*a* zu +*dat*)

retardar [rretar'ðar] **I.** *vt* verzögern **II.** *vr:* ~**se** sich verzögern; **me he retardado** ich bin in Verzug geraten

retardo [rre'tarðo] *m* Verzögerung *f;* **sufrir un** ~ sich verzögern; **tener** ~ **con algo** mit etw *dat* in Verzug sein

retazo [rre'taθo] *m* **1.** (*retal*) Stoffrest *m* **2.** (*fragmento*) Fragment *nt;* (*de conversación*) Bruchstück *nt*

retemblar [rretem'blar] <e→ie> *vi* beben; **hacer** ~ erbeben lassen

retén [rre'ten] *m* Reserve *f*

retención [rreteṇ'θjon] *f* **1.** (*custodia*) Einbehaltung *f;* (*deducción*) Abzug *m;* ~ **fiscal** Steuerabzug *m;* **certificado de retenciones** Bescheinigung über einbehaltene Abzüge **2.** (*memorizar*) Behalten *nt* **3.** (*moderación*) Zurückhaltung *f* **4.** (*tráfico*) Stau *m*

retener [rrete'ner] *irr como tener* **I.** *vt* **1.** (*conservar*) zurückhalten; (*el pasaporte*) einbehalten; (*la respiración*) anhalten **2.** (*recordar, detener*) behalten **II.** *vr:* ~**se** sich zurückhalten

retentiva [rreteṇ'tiβa] *f* Gedächtnis *nt*

reticencia [rreti'θeṇθja] *f* **1.** (*indirecta*) Anspielung *f;* **andar con** ~**s** (nur) Andeutungen machen **2.** (*renuencia*) Widerwille *m* **3.** (*reserva*) Vorbehalt *m* (*ante* gegen +*akk*)

reticente [rreti'θeṇte] *adj* zögerlich

retículo [rre'tikulo] *m* (*red*) Netz *nt*

retina [rre'tina] *f* Netzhaut *f*

retintín [rretiṇ'tin] *m* **1.** (*son*) Nachklang *m* **2.** (*tonillo*) (ironischer) Unterton *m*

retirada [rreti'raða] *f* **1.** (*abandono*) Rücktritt *m;* (MIL) Rückzug *m* **2.** (*eliminación*) Beseitigung *f*

retirado, **-a** [rreti'raðo, -a] **I.** *adj* **1.** (*lejos*) abgelegen **2.** (*jubilado*) pensioniert **II.** *m, f* Pensionär(in) *m(f)*

retirar [rreti'rar] **I.** *vt* **1.** (*apartar*) weglegen; (*ropas*) abziehen; (*dinero*) abheben **2.** (*echar*) verweisen; ~**on de la sala a los manifestantes** die Demonstranten wurden des Saales verwiesen **3.** (*recoger*) abholen **4.** (*quitar*) entziehen **5.** (*desdecirse*) zurücknehmen **6.** (*negar*) verweigern **7.** (*jubilar*) in den Ruhestand versetzen **II.** *vr:* ~**se 1.** (*t.* MIL: *abandonar*) sich zurückziehen (*de* aus +*dat*) **2.** (*retroceder*) zurücktreten (*de* von +*dat*) **3.** (*jubilarse*) in den Ruhestand treten

retiro [rre'tiro] *m* **1.** (*pensión*) Pension *f* **2.** (*refugio*) abgelegener Ort *m* **3.** (*retraimiento*) Zurückgezogenheit *f*

reto ['rreto] *m* Herausforderung *f*

retocar [rreto'kar] <c→qu> *vt* (*repasar*) überarbeiten; (*perfeccionar*) ausbessern; (FOTO) retuschieren

retoñar [rreto'ɲar] *vi* (BOT) wieder sprießen; (*fig*) wieder auftreten

retoño [rre'toɲo] *m* **1.** (*vástago*) Spross *m* **2.** (*persona*) Sprössling *m*

retoque [rre'toke] *m* **1.** (*corrección*) Ausbesserung *f;* (FOTO) Retusche *f* **2.** (FIN) Bereinigung *f*

retorcer [rretor'θer] *irr como cocer* **I.** *vt* **1.** (*torcer*) verdrehen **2.** (*enroscar*) winden **II.** *vr:* ~**se 1.** (*enroscarse*) sich verdrehen **2.** (*de dolor*) sich winden (*de* vor +*dat*)

retorcido, **-a** [rretor'θiðo, -a] *adj* **1.** (*conceptuoso*) geschraubt **2.** (*maligno*) falsch **3.** (*complicado*): **pensar de manera retorcida** um zwei Ecken denken; **¡qué ~!** das ist doppelt gemoppelt!

retorcimiento [rretorθi'mjeṇto] *m* **1.** (*torcedura*) Verdrehung *f* **2.** (*vuelta*) Windung *f* **3.** (*encorvadura*) Verkrümmung *f*

retórica [rre'torika] *f* Rhetorik *f*

retórico, **-a** [rre'toriko, -a] **I.** *adj* rhetorisch **II.** *m, f* Rhetoriker(in) *m(f)*

retornable [rretor'naβle] *adj:* **botella** ~ Mehrwegflasche *f;* **botella no** ~ Einwegflasche *f*

retornar [rretor'nar] **I.** *vi* zurückkehren **II.** *vt* **1.** (*devolver*) zurückgeben **2.** (*retroceder*) umwenden, umdrehen

retorno [rre'torno] *m* **1.** (*regreso*) Rückkehr *f* **2.** (*devolución*) Rückgabe *f*

retorta [rre'torta] *f* Retorte *f*

retortijón [rretorti'xon] *m* **1.** (*ensortijamiento*) Verkrümmung *f* **2.** (*dolor*) Stechen *nt;* **tengo un ~ de estómago** ich habe Magenkrämpfe

retozar [rreto'θar] <z→c> *vi* **1.** (*brincar*) tollen **2.** (*coquetear*) turteln

retozón, **-ona** [rreto'θon, -ona] *adj* verspielt

retracción [rretra$^{\gamma}$'θjon] *f* **1.** (JUR) Zurücknahme *f* **2.** (*retroceso*) Rückkehr *f* **3.** (*impedimento*) Verhinderung *f* **4.** (*retiro*) Rücktritt *m* **5.** (MED) Schrumpfung *f*

retractación [rretrakta'θjon] *f* Widerruf *m*

retractar [rretrak'tar] **I.** *vt* (*desdecirse*) zurücknehmen (*de* +*akk*); (JUR) widerrufen (*de* +*akk*) **II.** *vr:* ~**se** widerrufen (*de* +*akk*)

retráctil [rre'traktil] *adj* einziehbar

retraer [rretra'er] *irr como traer* **I.** *vt* **1.** (*traer*) wiederbringen **2.** (JUR) zurücknehmen **3.** (*impedir*) hindern (*de* an +*dat*) **4.** (*encoger*) einziehen **II.** *vr:* ~**se 1.** (*retirarse*) zurücktreten (*de* von +*dat*) **2.** (*aislarse*) sich zurückziehen (*a/en* in +*akk*) **3.** (*retroceder*) sich zurückversetzen (*a* in +*akk*)

retraído, **-a** [rretra'iðo, -a] *adj* (*reservado*) zurückhaltend

retraimiento [rretrai̯'mjeṇto] *m* Zurückhaltung *f*

retransmisión [rretra^{n}smi'sjon] *f* Übertragung *f;* ~ **deportiva** Sportberichterstattung *f;* ~ **por televisión** Fernsehübertragung *f*

retransmitir [rretra^{n}smi'tir] *vt* übertragen

retrasado, **-a** [rretra'saðo, -a] *adj* **1.** (*atrasado*) verspätet **2.** (*anticuado*) rückständig; ~

en tecnología technologisch rückständig **3.** (*no actual*) alt **4.** (*subdesarrollado*) zurückgeblieben; ~ **mental** geistig zurückgeblieben

retrasar [rretra'sar] **I.** *vt* **1.** (*demorar*) verzögern **2.** (*el reloj*) zurückstellen **II.** *vi* **1.** (*el reloj*) nachgehen **2.** (*no estar al día*) zurückbleiben **III.** *vr:* ~**se** sich verspäten

retraso [rre'traso] *m* **1.** (*demora*) Verspätung *f* **2.** (*del desarrollo*) Rückständigkeit *f* **3.** (*de la deuda*) Verzug *m;* **tener ~ en los pagos** mit den Zahlungen in Verzug sein

retratar [rretra'tar] *vt* porträtieren

retratista [rretra'tista] *mf* (*dibujante*) Porträtmaler(in) *m(f);* (*fotógrafo*) Porträtfotograf(in) *m(f)*

retrato [rre'trato] *m* **1.** (*representación*) Porträt *nt;* (FOTO) Porträtaufnahme *f* **2.** (*parecido*) Ebenbild *nt;* **ser el vivo ~ de alguien** jdm zum Verwechseln ähnlich sein

retrato-robot [rre'trato-rro'βo^{t}] <retratos-robot> *m* Phantombild *nt*

retreta [rre'treta] *f* Zapfenstreich *m*

retrete [rre'trete] *m* Toilette *f*

retribución [rretriβu'θjon] *f* Vergütung *f;* (*sueldo*) Gehalt *nt;* **retribuciones dinerarias** Geldbezüge *pl;* **retribuciones en especie** Sachbezüge *pl*

retribuir [retriβu'ir] *irr como huir vt* **1.** (*remunerar*) vergüten **2.** (*Am: compensar*) sich erkenntlich zeigen (für +*akk*)

retroactividad [rretroaktiβi'ða^{ð}] *f* Rückwirkung *f*

retroactivo, -a [rretroak'tiβo, -a] *adj* rückwirkend

retroalimentación [rretroalimen̪ta'θjon] *f* Rückkopplung *f*

retroceder [rretroθe'ðer] *vi* **1.** (*regresar*) zurückgehen **2.** (*desistir*) zurückweichen

retroceso [rretro'θeso] *m* **1.** (*regresión*) Rückgang *m;* **~ en las negociaciones** Rückschlag bei den Verhandlungen **2.** (MED) Rückfall *m*

retrógrado, -a [re'troɣraðo, -a] **I.** *adj* **1.** (*que retrocede*) retrograd **2.** (*pey: reaccionario*) reaktionär **II.** *m, f* Reaktionär(in) *m(f)*

retropropulsión [rretropropul'sjon] *f* Rückstoßantrieb *m*

retroproyector [rretroproɟek'tor] *m* Overheadprojektor *m*

retrospectivo, -a [rretrospek'tiβo, -a] *adj* retrospektiv

retrovisor [rretroβi'sor] *m* Rückspiegel *m;* **~ exterior** Außenspiegel *m;* **mirar por el espejo ~** in den Rückspiegel schauen

retumbar [rretum'bar] *vi* dröhnen

reuma ['rreu̯ma] *m o f,* **reúma** [rre'uma] *m o f* Rheuma *nt*

reumático, -a [rreu̯'matiko, -a] *adj* rheumatisch

reumatismo [rreu̯ma'tismo] *m sin pl* Rheumatismus *m*

reunificación [rreunifika'θjon] *f* Wiedervereinigung *f*

reunificar [rreunifi'kar] <c→qu> *vt* wieder vereinigen

reunión [rreu'njon] *f* **1.** (*encuentro, asamblea*) Versammlung *f;* **~ de los trabajadores** Betriebsversammlung *f* **2.** (*conferencia*) Besprechung *f;* **estar en ~** in einer Besprechung sein; **celebrar una ~** eine Besprechung abhalten **3.** (*el juntar*) Sammlung *f* **4.** (*grupo, invitados*) Gesellschaft *f*

reunir [rreu'nir] *irr* **I.** *vt* **1.** (*congregar*) versammeln **2.** (*unir*) vereinigen **3.** (*juntar*) sammeln **II.** *vr:* ~**se** **1.** (*congregarse*) sich versammeln **2.** (*unir*) sich vereinigen **3.** (*juntarse*) sich sammeln

reválida [rre'βaliða] *f* **1.** (*confirmación*) Bestätigung *f* **2.** (*examen*) Abschlussprüfung *f*

revalidar [rreβali'ðar] **I.** *vt* bestätigen **II.** *vr:* ~**se** anerkannt werden

revaloración [rreβalora'θjon] *f* Neubewertung *f*

revalorización [rreβaloriθa'θjon] *f* Aufwertung *f*

revalorizar [rreβalori'θar] <z→c> *vt* aufwerten

revaluación [rreβalwa'θjon] *f* Neubewertung *f;* (*elevamiento*) Aufwertung *f*

revaluar [rreβalu'ar] <*1. pres:* **revalúo**> *vt* neu bewerten; (*subir el valor*) aufwerten

revancha [rre'βantʃa] *f* **1.** (*desquite*) Revanche *f;* **tomarse la ~ por algo** sich für etw revanchieren **2.** (*venganza*) Vergeltung *f;* **tomarse la ~** sich rächen

revelación [rreβela'θjon] *f* **1.** (*descubrimiento*) Enthüllung *f* **2.** (REL) Offenbarung *f*

revelado [rreβe'laðo] *m* (FOTO) Entwicklung *f*

revelar [rreβe'lar] *vt* **1.** (*dar a conocer*) enthüllen; (*un secreto*) lüften **2.** (FOTO) entwickeln **3.** (REL) offenbaren

revellín [rreβe'ʎin] *m* **1.** (*Cuba: dificultad*) Schwierigkeit *f* **2.** (*loc*): **echar ~** vor Wut schäumen

revender [rreβen̪'der] *vt* wieder verkaufen

revenir [rreβe'nir] *irr como venir vi, vr:* ~**se** **1.** (*encoger*) schrumpfen **2.** (*agriarse*) sauer werden **3.** (*secarse*) austrocknen

reventa [rre'βen̪ta] *f* Wiederverkauf *m*

reventar [rreβen̪'tar] <e→ie> **I.** *vi* **1.** (*romperse*) platzen (*de/por* vor +*dat*); **lleno hasta ~** zum Bersten voll; **la agonía del pobre, ~ por que no sobre** (*prov*) lieber den Magen verrenkt, als dem Wirt was geschenkt **2.** (*vulg: morir*) verrecken *fam;* **¡que reviente!** soll er/sie doch von mir aus verrecken! *fam* **II.** *vt* **1.** (*romper*) zum Platzen bringen **2.** (*fam: molestar*) nerven **III.** *vr:* **~se 1.** (*romperse*) platzen **2.** (*vulg: morirse*) verrecken *fam*

reventón [rreβen̪'ton] *m* (AUTO): **tener un ~** einen Platten haben

reverberación [rreβerβera'θjon] *f* (*de la luz*) Reflexion *f;* (*del sonido*) Widerhall *m*

reverberar [rreβerβe'rar] *vi* (*luz*) reflektiert werden; (*sonido*) widerhallen

reverbero [rreβer'βero] *m* **1.** *v.* **reverberación** **2.** (*farol*) (Straßen)laterne *f;* (AUTO) Scheinwerfer *m* **3.** (*Am: hornillo*) Spirituskocher *m*

reverdecer [rreβerðe'θer] *irr como crecer vi* **1.** (*verdear*) (wieder) ergrünen **2.** (*vigorizar*) erstarken

reverencia [rreβe'ren̪θja] *f* **1.** (*veneración*) Hochachtung *f;* **Su R~** Euer Hochwürden **2.** (*inclinación*) Verbeugung *f*

reverenciar [rreβeren̪'θjar] *vt* ehren

reverendísimo, -a [rreβeren̪'disimo, -a] *adj* hochwürdig; **Su R~** Euer Hochwürden

reverendo, -a [rreβe'ren̪do, -a] **I.** *adj* ehrwürdig **II.** *m, f* Pfarrer(in) *m(f)*

reverente [rreβe'ren̪te] *adj* ehrerbietig

reversibilidad [rreβersiβili'ðað] *f* Umkehrbarkeit *f*

reversible [rreβer'siβle] *adj* umkehrbar; (*prenda de vestir*) Wende-

reversión [rreβer'sjon] *f* Umkehrung *f*

reverso [rre'βerso] *m* (*dorso*) Rückseite *f;* **el ~ de la medalla** (*fig*) die Kehrseite der Medaille

revertir [rreβer'tir] *irr como sentir vi* zurückfallen (*a* an +*akk*); **revirtió en su beneficio** es verlief zu seinen/ihren Gunsten

revés [rre'βes] *m* **1.** (*reverso*) Rückseite *f;* **al** [*o* **del**] **~** umgekehrt; **te has puesto el jersey del ~** du hast deinen Pullover linksherum angezogen; **poner a alguien del ~** (*confundir*) jdn durcheinander bringen; (*poner a caldo*) jdm die Meinung ins Gesicht sagen **2.** (*golpe*) Schlag *m* mit dem Handrücken **3.** (DEP) Rückhand *f* **4.** (*infortunio*) Rückschlag *m;* **~ de fortuna** Schicksalsschlag *m*

revestimiento [rreβesti'mjen̪to] *m* Verkleidung *f* (*con/de* mit +*dat*)

revestir [rreβes'tir] *irr como pedir* **I.** *vt* **1.** (*recubrir*) verkleiden (*con/de* mit +*dat*); **~ de cinc** verzinken **2.** (*tener*): **~ importancia** bedeutungsvoll sein **II.** *vr:* **~se** (*aparentar*) sich wappnen (*con/de* mit +*dat*)

reviejo, -a [rre'βjexo, -a] *adj* uralt

revisar [rreβi'sar] *vt* überprüfen; (TÉC) überholen; (*textos*) überarbeiten; (*edición*) neu bearbeiten

revisión [rreβi'sjon] *f* Überprüfung *f;* (TÉC) Überholung *f;* (JUR, TIPO) Revision *f;* (MED) Untersuchung *f*

revisor(a) [rreβi'sor(a)] *m(f)* **1.** (*controlador*) Prüfer(in) *m(f);* **~ de cuentas** Buchprüfer *m* **2.** (FERRO) Schaffner(in) *m(f)*

revista [rre'βista] *f* **1.** (PREN) Zeitschrift *f;* **las ~s del corazón** die Regenbogenpresse; **~ especializada** Fachzeitschrift *f;* **~ ilustrada** Illustrierte *f* **2.** (*inspección*) Überprüfung *f;* (MIL) Truppenbesichtigung *f;* **pasar ~ a las tropas** die Truppe besichtigen **3.** (*espectáculo*) Revue *f*

revival [rri'βai̯βal] *m* Revival *nt*

revivificar [rreβiβifi'kar] <c→qu> *vt* beleben

revivir [rreβi'βir] **I.** *vi* wieder aufleben **II.** *vt* zu neuem Leben erwecken

revocación [rreβoka'θjon] *f* (*anulación*) Widerruf *m*

revocar [rreβo'kar] <c→qu> **I.** *vt* **1.** (*anular*) widerrufen, aufheben **2.** (*apartar*) abbringen **3.** (*hacer retroceder*) zurückdrängen **4.** (*enlucir*) tünchen **II.** *vi* (*humo*) abziehen

revolcar [rreβol'kar] *irr como volcar* **I.** *vt* **1.** (*derribar*) zu Boden werfen **2.** (*fam: vencer*) in den Sack stecken **3.** (*fam: suspender*) durchfallen lassen **II.** *vr:* **~se 1.** (*restregarse*) sich wälzen (*por* auf +*dat*) **2.** (*obstinarse*) sich versteifen (*en* auf +*akk*)

revolcón [rreβol'kon] *m:* **dar un ~ a alguien** (*fig*) jdm einen schweren Schlag versetzen

revolotear [rreβolote'ar] *vi* flattern

revoloteo [rreβolo'teo] *m* Flattern *nt*

revoltijo [rreβol̪'tixo] *m* **1.** (*embrollo*) Durcheinander *nt* **2.** (*tripas*) Eingeweide *ntpl*

revoltoso, -a [rreβol̪'toso, -a] **I.** *adj* **1.** (*travieso*) unbändig, ungestüm **2.** (*rebelde*) aufsässig **3.** (*intrincado*) verworren **II.** *m, f* Störenfried *m*

revolución [rreβolu'θjon] *f* **1.** (*t.* POL: *cambio*) Revolution *f* **2.** (*inquietud*) Aufruhr *m* **3.** (*rotación*) Umdrehung *f;* **número de revoluciones** Drehzahl *f* **4.** (ASTR) Umlauf *m*

revolucionar [rreβoluθjo'nar] *vt* **1.** (*amotinar*) aufwiegeln **2.** (*transformar*) revolutionieren **3.** (*excitar*) in Aufregung versetzen **4.** (TÉC) die Drehzahl erhöhen +*gen*

revolucionario, -a [rreβoluθjo'narjo, -a] **I.** *adj* revolutionär **II.** *m, f* Revolutionär(in) *m(f)*

revoluta [rreβo'luta] *f* (*AmC*) *v.* **revolución**

revolver [rreβol'βer] *irr como volver* **I.** *vt* **1.** (*mezclar*) umrühren **2.** (*desordenar*) durcheinander bringen **3.** (*soliviantar*) aufwühlen **4.** (*investigar*) durchforsten **II.** *vr:* **~se 1.** (*moverse*) sich wälzen; **se me revuelve el estómago** da dreht sich mir der Magen um **2.** (*enfrentarse*) sich widersetzen (*contra* +*dat*) **3.** (*el tiempo*) umschlagen

revólver [rre'βolβer] *m* Revolver *m*

revoque [rre'βoke] *m* **1.**(*acción*) Tünchen *nt* **2.**(*material*) Tünche *f*

revuelco [rre'βwelko] *m* (*golpe*) Schlag *m*

revuelo [rre'βwelo] *m* **1.**(*segundo vuelo*) Rückflug *m;* **de ~** (*fig*) wie im Fluge **2.**(*turbación*) Aufruhr *m;* **causar ~** für Aufruhr sorgen

revuelta [rre'βwel̪ta] *f* **1.**(*tumulto*) Tumult *m* **2.**(*rebelión*) Revolte *f* **3.**(*encorvadura*) Krümmung *f;* **carretera con muchas ~s** kurvenreiche Straße **4.**(*cambio*) Umschwung *m*

revuelto, -a [rre'βwel̪to, -a] **I.** *pp de* **revolver II.** *adj* **1.**(*agitado*) aufgewühlt **2.**(*desordenado*) durcheinander **3.**(*tiempo*) wechselhaft **4.**(*irritado*) aufgebracht **5.**(*intrincado*) verworren

rey [rrei̯] *m* König *m;* **los R~es Magos** die Heiligen Drei Könige; **el día de ~es** am Dreikönigsfest; **en tiempo del ~ Perico** anno dazumal; **ni quitar ni poner ~** (*fig*) sich raushalten; **ni ~ ni roque** überhaupt niemand; **no temer ~ ni roque** weder Tod noch Teufel fürchten; **vivir a cuerpo de ~** leben wie Gott in Frankreich

Der Ehrentitel **Reyes Católicos** wurde **Fernando** und **Isabel** von Papst Alexander VI. verliehen. Während ihrer Herrschaft wurden die Mauren von der Iberischen Halbinsel vertrieben und **Cristóbal Colón** entdeckte Amerika.

El día de Reyes wird am 6. Januar gefeiert. Am Vorabend finden überall Straßenumzüge statt, wo die **Reyes Magos de Oriente** (die Heiligen Drei Könige) und ihre **pajes** (Pagen) den Kindern Bonbons zuwerfen. Während der Nacht werden die Kinder von den **Reyes** beschert.

reyerta [rre'ɟerta] *f* heftige Auseinandersetzung *f*

reyezuelo [rreɟe'θwelo] *m* (ZOOL) Zaunkönig *m*

rezagado, -a [reθa'ɣaðo, -a] *m, f* Nachzügler(in) *m(f)*

rezagar [rreθa'ɣar] <g→gu> **I.** *vt* **1.**(*dejar atrás*) zurücklassen **2.**(*suspender*) aufschieben **II.** *vr:* **~se** zurückbleiben

rezar [rre'θar] <z→c> **I.** *vt* beten (*a* zu +*dat, por* für +*akk*); **~ una oración** ein Gebet sprechen **II.** *vi* **1.**(*decir*) lauten **2.**(*corresponder*) passen (*con* zu +*dat*)

rezo ['rreθo] *m* **1.**(*el rezar*) Beten *nt* **2.**(*oración*) Gebet *nt*

rezongar [rreθoŋ'gar] <g→gu> *vi* murren

rezongón, -ona [rreθoŋ'gon, -ona] **I.** *adj* (*fam*) mürrisch **II.** *m, f* (*fam*) Brummbär *m*

rezumar [rreθu'mar] **I.** *vi* **1.**(*filtrarse*) (durch)sickern (*por* durch +*akk*); **el sudor le rezumaba por la frente** der Schweiß stand ihm/ihr auf der Stirn **2.**(*rebosar*) strotzen (vor +*dat*) **II.** *vr:* **~se** (*traslucirse*) (durch)sickern

RFA [erre(e)fe'a] *f v.* **República Federal de Alemania** BRD *f*

ría ['rria] *f* **1.**(GEO) Ria *f* **2.**(DEP) Wassergraben *m*

riachuelo [rrja'ʧwelo] *m* Bach *m*

riada [rri'aða] *f* Hochwasser *nt*

ribazo [rri'βaθo] *m* Böschung *f*

ribera [rri'βera] *f* (*orilla*) Ufer *nt;* (*tierra*) Uferlandschaft; (*vega*) Aue *f*

ribete [rri'βete] *m* **1.**(*galón*) Besatz *m* **2.**(*adorno*) Verzierung *f;* (*de una narración*) Ausschmückung *f* **3.** *pl* (*indicios*) Züge *mpl*

ribetear [rriβete'ar] *vt* einfassen

ricamente [rrika'men̪te] *adv* **1.**(*con abundancia*) reichlich **2.**(*con placer*) genüsslich

ricino [ri'θino] *m* Rizinus *m*

rico, -a ['rriko, -a] **I.** *adj* **1.**(*acaudalado*) reich; **es muy ~** er ist steinreich **2.**(*sabroso*) lecker; **la comida está muy rica** das Essen schmeckt sehr gut **3.**(*abundante*) reich (*en* an +*dat*) **4.**(*fructífero*) fruchtbar **5.**(*excelente*) prächtig **6.**(*simpático*) reizend **II.** *m, f* **1.**(*rico*) Reiche(r) *mf;* **nuevo ~** Neureiche(r) *m* **2.**(*apelativo*) Schatz *m*

ricura [rri'kura] *f* (*fam*): **ser una ~** eine Wucht sein; **¡anda, ~!** auf geht's, mein Schatz!

ridiculez [rriðiku'leθ] *f* **1.**(*lo ridículo, nimiedad*) Lächerlichkeit *f;* **me pagan la ~ de dos marcos** sie zahlen mir lausige zwei Mark **2.**(*tontería*) Unsinn *m*

ridiculizar [rriðikuli'θar] <z→c> *vt* lächerlich machen

ridículo, -a [rri'ðikulo, -a] *adj* **1.**(*risorio*) lächerlich; **poner(se) en ~** (sich) lächerlich machen **2.**(*tacaño*) geizig

riego ['rrjeɣo] *m* Bewässerung *f;* **~ sanguíneo** Durchblutung *f*

riel [rrjel] *m* Schiene *f*

rienda ['rrjen̪da] *f* **1.**(*correa*) Zügel *m;* **a ~ suelta** zügellos; **aflojar las ~s** (*fig*) die Zügel lockern; **dar ~ suelta** (*fig*) die Zügel schießen lassen; **llevar las ~s** (*fig*) die Zügel in der Hand haben; **tirar de la ~** (*fig*)

R

die Zügel anziehen; **tener las ~s del poder** (*fig*) an den Schalthebeln der Macht sitzen **2.** *pl* (*gobierno*) Führung *f*

riesgo ['rrjesɣo] *m* Risiko *nt;* **~ monetario** Währungsrisiko *nt;* **a ~ de que...** +*subj* auf die Gefahr hin, dass ...; **a ~ y ventura de...** auf Risiko von ...; **por cuenta y ~ propios** auf eigene Gefahr; **asumir un ~** ein Risiko eingehen; **correr el ~ de...** Gefahr laufen zu ...; **estar asegurado a todo ~** (AUTO) vollkaskoversichert sein; **exponer a un ~** in Gefahr bringen; **exponerse a un ~** sich in Gefahr begeben

rifa ['rrifa] *f* **1.** (*sorteo*) Verlosung *f* **2.** (*riña*) Streitigkeit *f*

rifar [rri'far] **I.** *vt* verlosen **II.** *vi* (sich) streiten

rifle ['rrifle] *m* Gewehr *nt*

rigidez [rrixi'ðeθ] *f* **1.** (*inflexibilidad*) Starrheit *f* **2.** (*severidad*) Strenge *f*

rígido, -a ['rrixiðo, -a] *adj* **1.** (*inflexible*) starr **2.** (*severo*) streng

rigor [rri'ɣor] *m* **1.** (*severidad*) Strenge *f* **2.** (*exactitud*) Genauigkeit *f;* **en ~** genau genommen **3.** (METEO): **~ del invierno** Strenge des Winters; **~ del verano** Hitze des Sommers **4.** (*loc*): **de ~** unerlässlich

riguroso, -a [rriɣu'roso, -a] *adj* **1.** (*severo*) rigoros **2.** (*exacto*) genau **3.** (METEO) extrem

rija ['rrixa] *f* (*riña*) Streit *m*

rijoso, -a [rri'xoso, -a] *adj* **1.** (*pendenciero*) streitlustig **2.** (*lujurioso*) lüstern; (*animal*) brünstig

rima ['rrima] *f* **1.** (LIT) Reim *m;* **tener ~** sich reimen **2.** (*montón*) Stapel *m*

rimar [rri'mar] **I.** *vi* **1.** (*versificar*) reimen **2.** (*tener rima*) sich reimen (*con* auf +*akk*) **II.** *vt* reimen (*con* auf +*akk*, *con* mit +*dat*)

rimbombante [rrimbom'bante] *adj* bombastisch

rímel ['rrimel] *m* Wimperntusche *f*

Rin [rrin] *m* Rhein *m*

rincón [rriŋ'kon] *m* **1.** (*esquina*) Ecke *f;* **por todos los rincones** (*fig*) überall **2.** (*escondrijo*) Winkel *m;* (*tranquilo*) stiller Winkel *m* **3.** (*fam: habitación*) Bude *f*

ringlera [rriŋ'glera] *f* Reihe *f*

rinoceronte [rrinoθe'ronte] *m* Nashorn *nt*

riña ['rriɲa] *f* Streit *m;* **~ de gallos** Hahnenkampf *m*

riñón [rri'ɲon] *m* **1.** (*órgano*) Niere *f;* **tener piedras en el ~** Nierensteine haben; **costar un ~** eine (schöne) Stange Geld kosten; **tener riñones** (*fig*) Schneid haben; **tener el ~ bien cubierto** (*fig*) gut betucht sein **2.** *pl* (*parte de la espalda*) Kreuz *nt* **3.** (*centro*) Kern *m*

riñonera [rriɲo'nera] *f* **1.** (*faja*) Nierengurt *m* **2.** (*cinturón con bolsa*) Gürteltasche *f*

río ['rrio] *m* Fluss *m,* Strom *m;* **~ abajo** flussabwärts; **~ arriba** flussaufwärts; **pescar en ~ revuelto** (*fig*) im Trüben fischen; **tener un ~ de oro** einen Goldesel haben; **no hay tío pásame el ~** daran kommt man nicht vorbei; **no llegará el agua al ~** (*fig*) so weit wird es nicht kommen

> Der **Rioja** ist wohl der bekannteste spanische Wein im deutschsprachigen Raum. Die **Comunidad Autónoma La Rioja** ist eine der wichtigsten Weingegenden Spaniens und erhielt als erste den offiziellen Titel **„Denominación de Origen"**, was so viel heißt wie amtlich anerkanntes Weinbaugebiet mit besonderer Qualifikation.

riojano, -a [rrio'xano, -a] **I.** *adj* aus Rioja **II.** *m, f* Einwohner(in) *m(f)* von Rioja

rioplatense [rriopla'tense] **I.** *adj* vom Rio de la Plata **II.** *mf* Person *f* vom Rio de la Plata

ripio ['rripjo] *m* **1.** (*cascajo*) Bauschutt *m;* **no valer un ~** (*sin valor*) nicht viel wert sein; (*feo*) eher hässlich sein **2.** (*palabra inútil*) Füllwort *nt;* **meter ~** Füllwörter verwenden; **no perder ~** sich *dat* nichts entgehen lassen

riqueza [rri'keθa] *f* Reichtum *m*

risa [rri'sa] *f* Lachen *nt;* **digno de ~** lächerlich; **mondarse de ~** sich kaputtlachen; **llorar de ~** Tränen lachen; **tener un ataque de ~** einen Lachkrampf haben; **tomar algo a ~** etw nicht ernst nehmen; **no quiero oír ~s a mis espaldas** ich möchte nicht, dass hinter meinem Rücken gelacht wird; **¡qué ~!** (wie) köstlich!; **no estoy para ~s** mir ist nicht zum Lachen zumute

risco ['rrisko] *m* steiler Felsen *m*

risotada [rriso'taða] *f* Gelächter *nt;* **soltar una gran ~** in schallendes Gelächter ausbrechen

ríspido, -a ['rrispiðo, -a] *adj* (*Am: rudo*) grob

ristra ['rristra] *f* **1.** (*trenza*) Zopf *m* **2.** (*fam: sarta*) Reihe *f*

> Damit **los ajos** (Knoblauch) und **las cebollas** (Zwiebeln) trocken und bequem gelagert werden können, werden sie jeweils mit ihren eigenen Stängeln und Blättern in **ristras** zusammengebunden.

risueño, -a [rri'sweɲo, -a] *adj* **1.** (*alegre*) heiter **2.** (*placentero*) behaglich **3.** (*próspero*) verheißungsvoll

rítmico, -a ['rriᵈmiko, -a] *adj* rhythmisch

ritmo ['rriᵈmo] *m* Rhythmus *m*

rito ['rrito] *m* Ritual *nt*

ritual [rritu'al] **I.** *adj* rituell **II.** *m* Ritual *nt*

rival [rri'βal] **I.** *adj* rivalisierend **II.** *mf* Rivale, -in *m, f*

rivalidad [rriβali'ðaᵈ] *f* Rivalität *f*

rivalizar [rriβali'θar] <z→c> *vi* rivalisieren (*con* mit +*dat*, *por* um +*akk*)

rizado, -a [rri'θaðo, -a] *adj* (*cabello*) lockig

rizar [rri'θar] <z→c> **I.** *vt* **1.** (*encrespar*) kräuseln **2.** (*plegar*) fälteln **II.** *vr:* ~**se** sich kräuseln

rizo, -a¹ ['rriθo, -a] *adj* kraus

rizo² ['rriθo] *m* **1.** (*mechón*) Locke *f;* **rizar el** ~ (*imponerse*) sich durchboxen; (*complicar*) die Sache unnötig komplizieren **2.** (*terciopelo*) Plüsch *m* **3.** (AERO) Looping *m o nt;* **rizar el** ~ einen Looping drehen

rizoma [rri'θoma] *m* Wurzelstock *m*

RNE ['rraðjo naθjo'nal̪ de (e)s'paɲa] *f abr de* **Radio Nacional de España** Staatlicher Spanischer Rundfunk *m*

robar [rro'βar] *vt* **1.** (*hurtar*) stehlen; **me ~on en París** ich wurde in Paris bestohlen; **me robó la novia** (*fam*) er hat mir die Freundin ausgespannt; **esto roba mucho tiempo** das ist sehr zeitaufwändig **2.** (*un río*) fortspülen **3.** (*estafar*) übervorteilen **4.** (*en juegos*) ziehen

robellón [rroβe'ʎon] *m* Steinpilz *m*

roble ['rroβle] *m* Eiche *f;* **estar como un** ~ (sehr) robust sein

robo ['rroβo] *m* **1.** (*hurto*) Raub *m;* ~ **con homicidio** Raubmord *m;* ~ **a mano armada** bewaffneter Raubüberfall **2.** (*presa*) Beute *f* **3.** (*estafa*) Übervorteilung *f*

robot [rro'βoᵗ] <robots> *m* Roboter *m*

robustecer [rroβuste'θer] *irr como crecer* **I.** *vt* stärken **II.** *vr:* ~**se** sich stärken

robusto, -a [rro'βusto, -a] *adj* robust

roca ['rroka] *f* **1.** (*materia*) Gestein *nt;* **ese hombre es una** ~ dieser Mann hat ein Herz aus Stein **2.** (*peña*) Felsen *m*

rocalla [rro'kaʎa] *f* Gesteinsbrocken *mpl*

roce ['rroθe] *m* **1.** (*fricción*) Reibung *f* **2.** (*huella*) Streifen *m* **3.** (*contacto*) Umgang *m;* **tener mucho ~ con alguien** mit jdm gut bekannt sein **4.** (*pelea*) Reiberei *f*

rociar [rroθi'ar] <*3. pres:* **rocía**> **I.** *vimpers* tauen **II.** *vt* **1.** (*regar*) besprühen **2.** (*esparcir*) bestreuen (*de/con* mit +*dat*)

rocín [rro'θin] *m* **1.** (*jamelgo*) Klepper *m pey;* **ir de ~ a ruin** vom Regen in die Traufe kommen **2.** (*fam: tosco*) Tölpel *m*

rocío [rro'θio] *m* **1.** (*relente*) Tau *m;* **cae** ~ es taut **2.** (*lluvia*) Sprühregen *m* **3.** (*rociada*) Berieselung *f*

rock [rroᵏ] **I.** *adj* Rock-; **grupo de música** ~ Rockband *f* **II.** *m* (MÚS) Rock *m*

rockero, -a [rro'kero, -a] **I.** *adj* rockig **II.** *m, f* Rocker *m,* Rockerbraut *f*

rocoso, -a [rro'koso, -a] *adj* felsig; **Montañas Rocosas** Rocky Mountains

rodaballo [rroða'βaʎo] *m* (ZOOL) Steinbutt *m*

rodada [rro'ðaða] *f* Reifenspur *f*

rodado, -a [rro'ðaðo, -a] *adj* **1.** (*fluido*) eingespielt; **venir** ~ (*sin dificultades*) wie geschmiert laufen; (*de perlas*) wie gerufen kommen **2.** (AUTO): **tráfico** ~ Straßenverkehr *m* **3.** (*caballo*) gescheckt, scheckig

rodaja [rro'ðaxa] *f* Scheibe *f*

rodaje [rro'ðaxe] *m* **1.** (CINE) Dreharbeiten *fpl* **2.** (*rodar*) Einfahren *nt* **3.** (*impuesto*) Kraftfahrzeugsteuer *f* **4.** (*ruedas*) Räderwerk *nt*

Ródano ['rroðano] *m* Rhone *f*

rodar [rro'ðar] <o→ue> **I.** *vi* **1.** (*dar vueltas, moverse sobre ruedas*) rollen; ~ **por el suelo** über den Boden rollen; **echarlo todo a** ~ (*fig*) alles über Bord werfen **2.** (*girar sobre el eje*) rotieren **3.** (*deslizarse*) (herunter)rollen **4.** (*abundar*) in großer Menge vorhanden sein; **antes rodaban más las enfermedades infecciosas** früher traten Infektionskrankheiten häufiger auf **5.** (*ir*) umherlaufen; **he rodado de tienda en tienda** ich bin von Geschäft zu Geschäft gelaufen **II.** *vt* **1.** (*hacer dar vueltas*) rollen **2.** (*película*) drehen **3.** (*coche*) einfahren

rodear [rroðe'ar] **I.** *vi* **1.** (*circunvalar*) einen Umweg machen **2.** (*divagar*) Umschweife machen **II.** *vt* **1.** (*cercar*) umgeben (*de* mit +*dat*) **2.** (*hacer dar vueltas*) drehen **3.** (*un tema*) herumreden (um +*akk*) **III.** *vr:* ~**se** sich umgeben (*de* mit +*dat*)

rodeo [rro'ðeo] *m* **1.** (*desvío*) Umweg *m;* **dar un** ~ einen Umweg machen; **conseguir algo con ~s** etw auf Umwegen erreichen **2.** (*evasiva*) Ausflucht *f;* **sin ~s** ohne Umschweife; **andarse con ~s** um den heißen Brei herumreden; **dejarse de ~s** Klartext reden **3.** (DEP) Rodeo *m o nt*

rodilla [rro'ðiʎa] *f* **1.** (ANAT) Knie *nt;* **de ~s** kniend; **ponerse de ~s** sich hinknien **2.** (*paño*) Scheuerlappen *m*

rodillera [rroði'ʎera] *f* **1.** (*protección*) Knieschützer *m,* Knieschoner *m* **2.** (*del pantalón*) ausgebeulte Knie *ntpl;* **para que no salgan ~s al pantalón** damit sich die Hose am Knie nicht ausbeult

rodillo [rro'ðiʎo] *m* **1.** (TÉC) Walze *f* **2.** (*de cocina*) Nudelholz *nt*

roedor [rroe'ðor] *m* Nagetier *nt*

roer [rro'er] *irr vt* nagen (*a* an +*dat*); **los ratones royeron mi libro** die Mäuse haben

R

mein Buch zerfressen; ~ **se las uñas** an den Nägeln kauen; **las preocupaciones me roen el alma** die Sorgen nagen an mir

rogar [rro'ɣar] *irr como colgar vt* bitten; (JUR) beantragen; **rogamos nos contesten inmediatamente nuestra carta** wir bitten um sofortige Beantwortung unseres Schreibens; **¡te ruego que me escuches!** hör mir doch bitte zu!; **le gusta hacerse de** ~ er/sie lässt sich gerne bitten

rojizo, **-a** [rro'xiθo, -a] *adj* rötlich

rojo, **-a** ['rroxo, -a] *adj* (*t.* POL) rot; (*persona*) rothaarig; ~ **chillón/subido/burdeos** knallrot/tiefrot/weinrot; **al** ~ (**vivo**) rot glühend; (*fig*) außer sich *dat* vor Wut; **poner** ~ **a alguien** jdn in Verlegenheit bringen; **ponerse** ~ erröten

rol [rrol] *m* **1.** (*lista*) Verzeichnis *nt;* ~ **de pago** Gehaltsstreifen *m* **2.** (*papel*) Rolle *f;* **desempeñar un** ~ eine Rolle spielen

rollizo, **-a** [rro'ʎiθo, -a] *adj* **1.** (*robusto*) stramm **2.** (*cilíndrico*) walzenförmig

rollo ['rroʎo] *m* **1.** (*de papel, alambre*) Rolle *f;* (FOTO) Rollfilm *m;* **hacer un** ~ **de algo** etw zusammenrollen **2.** (*fam: cosa aburrida*) langweilige Sache *f;* **¡qué** ~ **de película!** so ein langweiliger Film!; **soltar siempre el mismo** ~ immer wieder die alte Platte laufen lassen **3.** (*argot: tipo de vida*) Lebensweise *f;* (*asunto*) Geschichte *f;* **montarse el** ~ sich *dat* sein Leben gestalten; **ir a su** ~ nur an sich selbst denken; **tener mucho** ~ viel reden; **traerse un mal** ~ auf die schiefe Bahn geraten sein; **acaba con el** ~**, muchacho** mach Schluss damit, Junge; **corta el** ~ (*palabrería*) hör auf (mit dem Gequatsche); (*mentiras*) erzähl das deiner Großmutter; **¿de qué va el** ~**?** worum geht es? **4.** (*del cuerpo*) Rettungsring(e) *m(pl) fam* **5.** (GASTR) Kringel *m;* **este niño está hecho un** ~ **de manteca** dieses Kind ist gut beisammen

Roma ['rroma] *f* Rom *nt;* **revolver** ~ **con Santiago para conseguir algo** alle Hebel in Bewegung setzen, um etw zu erreichen; **hablando de** ~ **por la puerta asoma** (*prov*) wenn man vom Teufel spricht, kommt er; **todos los caminos llevan a** ~ (*prov*) alle Wege führen nach Rom

romana [rro'mana] *f* Schnellwaage *f*

romance [rro'man̪θe] **I.** *adj* romanisch **II.** *m* **1.** (*aventura, t.* LIT) Romanze *f;* ~ **de ciego** Bänkelsängerlied *nt;* **tiene un** ~ **con la vecina** er hat eine Affäre mit der Nachbarin **2.** (HIST: *castellano*) Spanisch(e) *nt;* **hablar en** ~ (*fig*) klar und verständlich sprechen **3.** *pl* (*monsergas*) Geschwätz *nt;* **sólo son** ~**s** (*excusas*) das sind pure Ausflüchte!

románico, **-a** [rro'maniko, -a] *adj* romanisch

romanista [rroma'nista] *mf* Romanist(in) *m(f)*

romano, **-a** [rro'mano, -a] **I.** *adj* **1.** (*de Roma*) römisch **2.** (REL) römisch-katholisch **3.** (*latín*) lateinisch **II.** *m, f* (*de Roma*) Römer(in) *m(f)*

romanticismo [rroman̪ti'θismo] *m sin pl* Romantik *f*

romántico, **-a** [rro'man̪tiko, -a] **I.** *adj* romantisch **II.** *m, f* Romantiker(in) *m(f)*

romaza [rro'maθa] *f* Ampfer *m*

rombal [rrom'bal] *adj* rautenförmig

rombo ['rrombo] *m* Raute *f*

romería [rrome'ria] *f* **1.** (*peregrinaje*) Wallfahrt *f* **2.** (*fiesta*) Volksfest *nt* **3.** (*muchedumbre*) Menschenmenge *f*

> Zu **Semana Santa** (Karwoche) machen viele **andaluces** (Andalusier) eine **romería** (Wallfahrt). Zur **romería**, die im Prinzip aus religiösen Gründen unternommen wird, gehören nach dem langen Wandern auch ein gutes Essen, Wein, Musik und Tanz.

romerito [rrome'rito] *m* (*Méx*) Gemüse *nt*

romero, **-a**[1] [rro'mero, -a] **I.** *adj* pilgernd, Pilger- **II.** *m, f* Pilger(in) *m(f)*

romero[2] [rro'mero] *m* (BOT) Rosmarin *m*

romo, **-a** ['rromo, -a] *adj* **1.** (*sin punta*) stumpf **2.** (*de nariz pequeña*) stumpfnasig **3.** (*tosco*) plump

rompecabezas [rrompeka'βeθas] *m inv* (*juego*) Puzzle *nt;* (*acertijo*) Rätsel *nt*

rompehielos [rrompe'ɟelos] *m inv* (NÁUT) Eisbrecher *m*

rompehuelgas [rrempe'welɣas] *mf inv* Streikbrecher(in) *m(f)*

rompeolas [rreompe'olas] *m inv* Wellenbrecher *m*

romper [rrom'per] **I.** *vi* **1.** (*las olas*) brechen **2.** (*empezar bruscamente*) (plötzlich) anfangen (*a* zu + *inf*); ~ **a llorar** in Tränen ausbrechen **3.** (*el día*) anbrechen; **al** ~ **el día** bei Tagesanbruch **4.** (*separarse*) sich trennen **II.** *vt* **1.** (*destrozar*) kaputtmachen; (*quebrar*) zerbrechen; (*un cristal*) einschlagen; (*un plato*) zerschlagen; (*papel, tela*) zerreißen; (*el pan*) brechen; (*los zapatos*) durchlaufen; (*un terreno*) roden; ~ **a martillazos/a golpes** zerhämmern/zerschlagen; ~ **doblando** abknicken; ~ **una ventana a pedradas** ein Fenster einwerfen; ~ **la cara a alguien** (*fam*) jdm den Schädel einschlagen **2.** (*negociaciones, relaciones*) abbrechen; (*contrato, promesa*) brechen; ~ **el silencio/el encanto** das Schweigen brechen/den Zauber lösen; ~ **el hilo del discurso** das Gespräch unterbrechen; ~ **(las) filas** (MIL) wegtreten **3.** (*iniciar*): ~ **el fuego** das Feuer eröffnen; **los pájaros rompen vuelo** die Vögel fliegen auf; **una persona de rompe y rasga** ein Draufgänger **III.** *vr:* ~**se** **1.** (*hacerse pedazos*) zerbrechen **2.** (*fracturarse*) sich *dat* brechen; ~**se la cabeza** (*fig*) sich *dat* den Kopf zerbrechen; **¿qué tripa se te ha roto?** (*fam fig*) warum bist du so schlecht drauf?

rompiente [rrom'pjeṇte] *m* natürlicher Wellenbrecher *m*

rompimiento [rrompi'mjeṇto] *m* (*rotura*) Bruch *m;* (*de negociaciones/relaciones*) Abbruch *m*

ron [rron] *m* Rum *m*

roncar [rroŋ'kar] <c→qu> *vi* (*persona*) schnarchen; (*gamo*) röhren; (*viento*) heulen; (*olas*) brausen; (*suelo*) knarren

roncha ['rronʧa] *f* **1.** (*hinchazón*) Schwellung *f;* (*cardenal*) blauer Fleck *m;* (*picadura*) Quaddel *f* **2.** (*loncha*) dünne Scheibe *f;* **una** ~ **de chorizo** eine dünne Scheibe Paprikawurst **3.** (*fam: timo*) Prellerei *f*

ronco, -a ['rroŋko, -a] *adj* (*afónico*) heiser; (*áspero*) rau

ronda ['rroṇda] *f* **1.** (*de vigilancia*) Streife *f;* **hacer una** ~ **de inspección por la fábrica** einen Rundgang durch die Fabrik machen **2.** (*de copas*) Runde *f;* **pagar una** ~ **de vino** eine Runde Wein ausgeben **3.** (POL) Runde *f* **4.** (*jóvenes*) Rondasänger *mpl;* (*serenata*) (nächtliches) Ständchen *nt;* **andar de** ~ (*tocar música*) nächtliche Ständchen bringen; (*buscar aventura*) auf Liebesabenteuer aus sein **5.** (*avenida*) Ringstraße *f*

rondalla [rroṇ'daʎa] *f* **1.** (*música*) Straßenmusik *f* **2.** (*conjunto musical*) Straßenmusikanten *mpl*

rondar [rroṇ'dar] **I.** *vi* **1.** (*vigilar*) die Runde machen **2.** (*andar paseando de noche*) nachts umherstreifen **II.** *vt* **1.** (*a las mujeres*) den Hof machen +*dat* **2.** (*rodear*) umkreisen; **las mariposas nocturnas rondan la luz** die Nachtfalter umschwärmen das Licht; **lo ronda a todas horas para conseguir el empleo** er/sie ist ständig hinter ihm her, um den Job zu bekommen; **esta mujer anda rondando los setenta años** diese Frau ist um die siebzig

ronquera [rroŋ'kera] *f* Heiserkeit *f*

ronquido [rroŋ'kiðo] *m* (*de una persona*) Schnarchen *nt;* (*del viento*) Heulen *nt;* (*del mar*) Brausen *nt;* (*de la sierra*) Kreischen *nt;* (*del suelo*) Knarren *nt;* (*del gamo*) Röhren *nt*

ronronear [rronrrone'ar] *vi* (*gato*) schnurren

ronzar [rroṇ'θar] <z→c> **I.** *vi* knacken **II.** *vt* (*mascar*) knabbern

roña ['rroɲa] *f* **1.** (*sarna de carneros*) Schafräude *f* **2.** (*mugre*) Schmutz *m* **3.** (*mezquindad*) Schäbigkeit *f;* (*tacañería*) Knauserigkeit *f* **4.** (*orín*) Rost *m*

roñería [rroɲe'ria] *f* (*mezquindad*) Schäbigkeit *f;* (*tacañería*) Knauserei *f*

roñoso, -a [rro'ɲoso, -a] *adj* **1.** (*sarnoso*) räudig **2.** (*sucio*) schmutzig **3.** (*oxidado*) verrostet **4.** (*tacaño*) geizig

ropa ['rropa] *f* **1.** (*géneros de tela*) Wäsche *f;* ~ **blanca** Kochwäsche *f;* ~ **de color** Buntwäsche *f;* ~ **delicada** Feinwäsche *f;* ~ **(interior)** Unterwäsche *f;* **cambiar la** ~ **de cama** das Bett frisch beziehen; **¡cuidado que hay** ~ **tendida!** (*fig*) Achtung: Feind hört mit! **2.** (*vestidos, traje*) Kleidung *f;* ~**s hechas** Konfektionskleidung *f;* **cambiar(se) la** ~ (sich) umziehen; **estar en** ~**s menores** in Unterwäsche dastehen; **poner(se) la** ~ (sich) anziehen; **ponerse** ~ **de abrigo** sich warm anziehen; **ligero de** ~ leicht gekleidet; **a quema** ~ unvermittelt; **disparar a quema** ~ aus unmittelbarer Nähe schießen; **de buena** ~ aus gutem Hause; **de poca** ~ armselig; **no tocarle la** ~ **a alguien** jdm nicht zu nahe treten

ropaje [rro'paxe] *m* **1.** (*ropas*) Kleidung *f* **2.** (*ropa elegante*) Robe *f*

ropero [rro'pero] *m* **1.** (*armario*) Kleiderschrank *m* **2.** (*asociación benéfica*) Kleidersammelstelle *f*

roque ['rroke] *m* **1.** (*ajedrez*) Turm *m;* **lo mismo me da rey que** ~ (*fig*) es ist mir vollkommen schnuppe *fam* **2.** (*loc*): **quedarse** ~ fest einschlafen

roqueño, -a [rro'keɲo, -a] *adj* **1.** (*rocoso*) felsig **2.** (*duro*) steinhart

roquero, -a [rro'kero, -a] **I.** *adj* **1.** (*de rocas*) Felsen-; **castillo** ~ Ritterburg *f* **2.** (MÚS) Rock- **II.** *m, f* Rocker(in) *m(f)*

rosa ['rrosa] **I.** *adj* rosa; ~ **pálido/antiguo/fucsia** hellrosa/altrosa/pink **II.** *f* (BOT) Rose *f;* ~ **de azafrán** Safranblüte *f;* ~ **náutica** Windrose *f;* **color de** ~ Rosa *nt;* (*como adjetivo*) rosafarben; **esencia de** ~**s** Rosenöl *nt;* **tener la piel como una** ~ eine Pfirsichhaut haben; **encontrarse como las propias** ~**s** sich pudelwohl fühlen; **verlo todo color de** ~ alles durch die rosarote Brille sehen; **su vida no ha sido ningún camino de** ~**s** er/sie war nicht auf Rosen gebettet; **no hay** ~ **sin espinas** (*prov*) keine Rose ohne Dornen

rosáceo, -a [rro'saθeo, -a] *adj* rosig

rosado, -a [rro'saðo, -a] *adj* (*color*) rosa; **vino** ~ Rosé(wein) *m*

rosal [rro'sal] *m* Rosenstock *m*

rosaleda [rrosa'leða] *f* Rosengarten *m*

rosario [rro'sarjo] *m* **1.** (REL) Rosenkranz *m;*

tener el ~ al cuello y el diablo en el cuerpo scheinheilig sein; **acabar como el ~ de la aurora** ein böses Ende nehmen **2.** (*serie*) Reihe *f;* **un ~ de coches/de injurias** eine Autoschlange/eine Flut von Schimpfworten

rosbif [rros'βif] <rosbifs> *m* Roastbeef *nt*

rosca ['rroska] *f* **1.** (TÉC) Gewinde *nt;* **el tornillo se pasó de ~** das Schraubengewinde ist ausgeleiert; **pasarse de ~** (*fig*) zu weit gehen **2.** (*forma de espiral*) Windung *f;* **hecho una ~** zusammengerollt; **hacerse ~** (*gato, serpiente*) sich zusammenrollen **3.** (*bollo*) Kringel *m;* (*torta*) Kranz *m;* **~ de Reyes** (*Méx*) Dreikönigskuchen *m;* **no comerse una ~** (*fig*) keinen Erfolg bei Männern/Frauen haben **4.** (*loc*): **hacer la ~ a alguien** jdm schmeicheln; **tirarse una ~** bei der Prüfung durchrasseln

rosco ['rrosko] *m* (*bollo*) Kringel *m;* **~ de viento** ≈Spritzkuchen *m*

roscón [rros'kon] *m* Kranzkuchen *m;* **~ de Reyes** Dreikönigskuchen *m*

rosetón [rrose'ton] *m* (ARQUIT) Rosette *f;* (*en iglesias*) Fensterrose *f*

rosquilla [rros'kiʎa] *f* Kringel *m;* **venderse como ~s** (*fig*) weggehen wie warme Semmeln

rostro ['rrostro] *m* **1.** (*cara*) Gesicht *nt;* **echar en ~ algo a alguien** (*fig*) jdm etw vorhalten; **hacer ~ al enemigo** dem Feind die Stirn bieten; **tener mucho ~** sehr dreist sein **2.** (*pico*) Schnabel *m*

rotación [rrota'θjon] *f* Umdrehung *f;* (FÍS) Rotation *f;* **~ de cultivos** (AGR) Fruchtfolge *f;* **~ del capital** Kapitalumsatz *m;* **~ de mercancías** Warenumschlag *m*

rotativo, -a[1] [rrota'tiβo, -a] *adj* rotierend; **impresión rotativa** (TIPO) Rotationsdruck *m*

rotativo[2] [rrota'tiβo] *m* Zeitung *f*

rotatorio, -a [rrota'torjo, -a] *adj* rotierend

roto, -a[1] ['rroto, -a] **I.** *pp de* **romper II.** *adj* **1.** (*despedazado*) kaputt; **un vestido/un florero/un cristal ~** ein zerrissenes Kleid/eine zerbrochene Vase/eine eingeschlagene Scheibe; **no cayó en saco ~** (*fig*) die Mühe war nicht umsonst **2.** (*andrajoso*) zerlumpt **3.** (*licencioso*) ausschweifend **4.** (*destrozado*) zerstört

roto[2] ['rroto] *m* (*desgarrón*) Riss *m;* (*agujero*) Loch *nt*

rotoso, -a [rro'toso, -a] **I.** *adj* (*Am*) schäbig **II.** *m, f* zerlumpter Mensch *m*

rótula ['rrotula] *f* **1.** (ANAT) Kniescheibe *f* **2.** (TÉC) Kugelgelenk *nt*

rotulador [rrotula'ðor] *m* Filzstift *m*

rotuladora [rrotula'ðora] *f* Etikettiermaschine *f*

rotular [rrotu'lar] *vt* (*letreros*) beschriften; (*mercancías*) etikettieren; (CINE) mit Untertiteln versehen

rótulo ['rrotulo] *m* Aufschrift *f;* (*encabezamiento*) Überschrift *f;* (*etiqueta*) Etikett *nt;* (*letrero*) Schild *nt;* (*anuncio público*) Anschlag *m;* (CINE) Untertitel *m;* **~ de población** Ortsschild *nt*

rotundamente [rrotun̪da'men̪te] *adv* **1.** (*sin rodeos*) rundheraus **2.** (*terminantemente*) rundweg; **negar ~** strikt ablehnen

rotundo, -a [rro'tun̪do, -a] *adj* **1.** (*terminante*) entschieden, kategorisch; **un éxito ~** ein durchschlagender Erfolg; **una negativa rotunda** eine glatte Absage **2.** (*lleno y sonoro*) voll tönend; **palabras rotundas** gehaltvolle Worte

rotura [rro'tura] *f* Bruch *m*

roturar [rrotu'rar] *vt* (AGR) roden

roya ['rroɟa] *f* Rost(pilz) *m*

roza ['rroθa] *f,* **rozado** [rro'θaðo] *m* (*Arg:* AGR) Rodung *f*

rozadura [rroθa'ðura] *f* Schramme *f;* (*de la piel*) Hautabschürfung *f*

rozamiento [rroθa'mjen̪to] *m* **1.** (*fricción*) Reibung *f* **2.** (*roce*) Streifen *nt* **3.** (*desavenencias*) Reibereien *fpl*

rozar [rro'θar] <z→c> **I.** *vi* streifen; **roza (por) los cincuenta** er/sie ist um die fünfzig **II.** *vt* **1.** (*t. fig: tocar ligeramente*) streifen **2.** (*frotar*) reiben **3.** (AGR) roden; (*animales*) abgrasen **III.** *vr:* **~se 1.** (*restregarse*) sich durchscheuern **2.** (*tropezarse*) stolpern **3.** (*trabarse la lengua*) stammeln **4.** (*relacionarse*) Umgang haben

rte. [rremi'ten̪te] *abr de* **remitente** Abs.

RTVE [erreteuβe'e] *f abr de* **Radio Televisión Española** Spanische Rundfunk- und Fernsehanstalt *f*

rúa ['rrua] *f* Straße *f*

ruana ['rrwana] *f* (*AmS: poncho*) Poncho *m*

rubéola [rru'βeola] *f sin pl* Röteln *pl*

rubí [rru'βi] *m* Rubin *m*

rubicundo, -a [rruβi'kun̪do, -a] *adj* **1.** (*pelo*) rotblond **2.** (*rostro*) rotwangig

rubio, -a ['rruβjo, -a] **I.** *adj* blond **II.** *m, f* Blonde(r) *mf;* (*mujer*) Blondine *f*

rubor [rru'βor] *m* **1.** (*color*) Röte *f;* (*de vergüenza*) Schamröte *f* **2.** (*vergüenza*) Schamhaftigkeit *f;* **lo confieso con el ~ de mi cara** ich gestehe es zu meiner eigenen Schande; **el ~ le quema la cara** sein/ihr Gesicht ist schamrot

ruborizado, -a [rruβori'θaðo, -a] *adj* schamrot

ruborizar [rruβori'θar] <z→c> **I.** *vt* zum Erröten bringen **II.** *vr:* **~se** erröten

ruboroso, -a [rruβo'roso, -a] *adj* **1.** (*vergonzoso*) schamhaft **2.** (*ruborizado*) schamrot

rúbrica ['rruβrika] *f* **1.** (*firma*) Namenszeichen *nt;* (*después del nombre*) (Unterschrifts)schnörkel *m* **2.** (*epígrafe*) Überschrift *f*

rubricar [rruβri'kar] <c→qu> *vt* **1.** (*firmar*) mit dem Namenszeichen versehen; (*ratificar*) unterzeichnen **2.** (*sellar*) besiegeln

rucio, -a ['rruθjo, -a] *adj* (*animales*) grau; **caballo ~** Grauschimmel *m*

rudeza [rru'ðeθa] *f* **1.** (*brusquedad*) Grobheit *f* **2.** (*tosquedad*) Plumpheit *f* **3.** (*torpeza*) Ungeschicklichkeit *f*

rudimentario, -a [rruðimen̩'tarjo, -a] *adj* rudimentär

rudo, -a ['rruðo, -a] *adj* **1.** (*material*) rau; (*sin trabajar*) roh **2.** (*persona tosca*) plump; (*brusca*) grob; (*torpe*) ungeschickt; (*poco inteligente*) ungebildet **3.** (*penoso*) schwer; (*invierno*) hart

rueda ['rrweða] *f* **1.** (*que gira*) Rad *nt*; **~ de aspas** Windrad *nt*; **~ elevadora** Schöpfrad *nt*; **~ de paletas** Schaufelrad *nt*; **~ de repuesto** Ersatzreifen *m*; **vapor de ~s** Raddampfer *m*; **comulgar con ~s de molino** sich *dat* einen Bären aufbinden lassen; **todo marcha sobre ~s** (*fig*) alles läuft wie am Schnürchen; **el pavo hace la ~** der Pfau schlägt ein Rad; **hacer la ~** (*fig*) sich aufplustern; **hacer la ~ a una mujer** einer Frau den Hof machen **2.** (*de personas*) Runde *f*; **~ de prensa** Pressekonferenz *f* **3.** (*rodaja*) Scheibe *f*; **una ~ de salami** eine Scheibe Salami **4.** (*orden sucesivo*) Reihenfolge *f*

ruedo ['rrweðo] *m* **1.** (*contorno*) Umkreis *m* **2.** (*borde*) Rand *m*; (*del vestido*) Saum *m* **3.** (TAUR) Arena *f*; **echarse al ~** (*fig*) sich ins Abenteuer stürzen **4.** (*estera*) (runde) Matte *f*

ruego ['rrweɣo] *m* Bitte *f*; **~s y preguntas** (POL) Anfragen im Parlament; **no valen ~s ni súplicas** da hilft kein Bitten und Flehen

rufián [rru'fjan] *m* **1.** (*chulo*) Zuhälter *m* **2.** (*granuja*) Gauner *m*

rugido [rru'xiðo] *m* (*del león*) Brüllen *nt*; (*del viento*) Brausen *nt*; (*de las tripas*) Knurren *nt*

rugir [rru'xir] <g→j> **I.** *vi* (*león*) brüllen; (*viento*) brausen; (*estómago*) knurren; **sus tripas rugen** sein/ihr Magen knurrt; **este hombre está que ruge** dieser Mann tobt vor Wut **II.** *vimpers* ruchbar werden

rugoso, -a [rru'ɣoso, -a] *adj* **1.** (*arrugado*) runz(e)lig **2.** (*áspero*) rau **3.** (*ondulado*) uneben

ruibarbo [rrwi'βarβo] *m* Rhabarber *m*

ruido ['rrwiðo] *m* **1.** (*sonido*) Geräusch *nt*; (ELEC) Rauschen *nt*; **~s parásitos** Nebengeräusche *ntpl* **2.** (*estrépito*) Lärm *m*; **nivel de ~** Lärmpegel *m*; **mucho ~ y pocas nueces** (*fig*) viel Lärm um nichts; **hacer ~** (*fig*) Aufsehen erregen; **querer ~** (*fig*) auf Streit aus sein; **quitarse de ~s** (*fig*) sich aus gefährlichen Angelegenheiten heraushalten

ruidoso, -a [rrwi'ðoso, -a] *adj* laut; (*fig*) Aufsehen erregend; **una carcajada ruidosa** ein schallendes Gelächter; **tener un éxito ~** einen durchschlagenden Erfolg haben

ruin [rrwin] *adj* **1.** (*malvado*) niederträchtig; (*vil*) gemein **2.** (*tacaño*) knauserig **3.** (*enclenque*) mick(e)rig

ruina ['rrwina] *f* **1.** (*destrucción*) Einsturz *m* **2.** (ARQUIT) Ruine *f*; **las ~s de un castillo** die Burgruine; **este hombre está hecho una ~** dieser Mann ist nur noch ein Wrack **3.** *pl* (*escombros*) Trümmer *pl*; **convertir una ciudad en ~s** eine Stadt in Schutt und Asche legen; **declarar una casa en ~s** ein Haus für baufällig erklären **4.** (*perdición*) Ruin *m*; **causar la ~ de alguien** jdn zugrunde richten; **estar en la ~** ruiniert sein; **salvar a alguien de la ~** jdn vor dem Untergang bewahren

ruindad [rrwin̩'da^ð] *f* **1.** (*maldad*) Gemeinheit *f* **2.** (*tacañería*) Knauserigkeit *f*

ruinoso, -a [rrwi'noso, -a] *adj* **1.** (*edificios*) baufällig **2.** (*perjudicial*) schädlich; (ECON) ruinös

ruiseñor [rrwise'ɲor] *m* Nachtigall *f*

ruleta [rru'leta] *f* **1.** (*juego*) Roulette *nt* **2.** (TÉC) Rändelrad *nt*

ruletero, -a [rrule'tero, -a] *m, f* (*AmC, Méx: conductor*) Taxifahrer(in) *m(f)*

rulo ['rrulo] *m* **1.** (*del cabello*) Locke *f* **2.** (*rizador*) Lockenwickler *m* **3.** (TÉC) Walze *f*

ruma ['rruma] *f* (*AmS: montón*): **una ~ de...** ein Haufen ... *+gen*; **~s de...** Berge von ... *+dat*

Rumania [rru'manja] *f*, **Rumanía** [rruma'nia] *f* Rumänien *nt*

rumano, -a [rru'mano, -a] **I.** *adj* rumänisch **II.** *m, f* Rumäne, -in *m, f*

rumba ['rrumba] *f* Rumba *f*

rumbo ['rrumbo] *m* **1.** (*dirección*) (Fahrt)richtung *f*; (AERO, NÁUT: *t. fig*) Kurs *m*; **tomar ~ a un puerto** einen Hafen ansteuern; **dar otro ~ a la conversación** dem Gespräch eine neue Wendung geben; **no tengo ~ fijo** ich habe kein bestimmtes Ziel; **la negociación está tomando un ~ favorable** das Geschäft lässt sich gut an; **tomar otro ~** (POL) einen anderen Kurs einschlagen **2.** (*pompa*) Pracht *f*; **de ~** prunkvoll; **una fiesta con mucho ~** ein pompöses Fest

rumboso, -a [rrum'boso, -a] *adj* **1.** (*generoso*) großzügig **2.** (*pomposo*) prunkvoll

rumiante [rru'mjan̩te] *m* Wiederkäuer *m*

rumiar [rru'mjar] *vt* **1.** (*vacas*) wiederkäuen **2.** (*fam: cavilar*) nachgrübeln (über *+akk*) **3.** (*fam: refunfuñar*) murren

rumor [rru'mor] *m* **1.** (*chisme*) Gerücht *nt*;

R

a título de ~ gerüchteweise; **poner un ~ en circulación** ein Gerücht in die Welt setzen; **corren ~es de que...** es geht das Gerücht, dass ... **2.** (*ruido*) Geräusch *nt;* (*de las olas*) Brausen *nt;* (*del viento*) Säuseln *nt;* (*del bosque*) Rauschen *nt;* **~ de voces** Stimmengewirr *nt*

rumorearse [rrumore'arse] *vr:* **se rumorea que...** es geht das Gerücht um, dass ...

rumoroso, -a [rrumo'roso, -a] *adj* geräuschvoll; (*olas*) brausend; (*viento*) säuselnd; (*bosque*) rauschend

runrún [rrun'rrun] *m* (*fam*) **1.** (*ruido*) Geräusch *nt;* (*murmullo*) Gemurmel *nt* **2.** (*chisme*) Gerücht *nt*

rupestre [rru'pestre] *adj* Felsen-; **pintura ~** Höhlenmalerei *f*

ruptura [rrup'tura] *f* Bruch *m;* (*de relaciones*) Abbruch *m*

rural [rru'ral] **I.** *adj* ländlich; **vida ~** Landleben *nt* **II.** *m* **1.** (*Am: t. pey: rústico*) Bauer *m* **2.** *pl* (*Méx: policía*) Landpolizei *f*

Rusia ['rrusja] *f* Russland *nt*

ruso, -a ['rruso, -a] **I.** *adj* russisch; **ensaladilla rusa** ≈Kartoffelsalat *m* **II.** *m, f* Russe, -in *m, f*

rústico, -a ['rrustiko, -a] **I.** *adj* **1.** (*campestre*) rustikal; **finca rústica** Bauernhof *m* **2.** (*tosco*) ungeschliffen; **en rústica** (TIPO) ungebunden **II.** *m, f* Bauer *m,* Bäuerin *f*

ruta ['rruta] *f* Weg *m;* **~ federal** (*Am*) Bundesstraße *f;* **~ de itinerario** Reiseroute *f;* **~ de vuelo** Flugstrecke *f;* **tienes que cambiar de ~ para aprobar el examen** um die Prüfung zu bestehen, musst du einen anderen Weg einschlagen

rutina [rru'tina] *f* **1.** (*costumbre*) Routine *f;* **~ cotidiana** Alltag *m* **2.** (INFOR) Programm *nt*

rutinario, -a [rruti'narjo, -a] *adj* routinemäßig; **un hombre ~** ein Gewohnheitsmensch

S

S, s ['ese] *f* S, s *nt;* ~ **de Soria** S wie Siegfried

S. [san] *abr de* **San** St.

S.A. [ese'a] *f* **1.** *abr de* **Sociedad Anónima** AG *f* **2.** *abr de* **Su Alteza** I.H.

sábado ['saβaðo] *m* **1.** (*día*) Samstag *m; v. t.* **lunes 2.** (*judaísmo*) Sabbat *m*

sabana [sa'βana] *f* Savanne *f*

sábana ['saβana] *f* (Bett)laken *nt;* ~ **ajustable** Spannbetttuch *nt;* **se me han pegado las ~s** (*fam*) ich habe verschlafen

sabandija [saβaṇ'dixa] *f* **1.** (*insecto*) Ungeziefer *nt* **2.** (*pey: persona*) Schurke, -in *m, f;* **¡qué ~s!** was für ein Gesindel!

sabañón [saβa'ɲon] *m* Frostbeule *f;* **comer como un** ~ (*fam pey*) wie ein Scheunendrescher essen

sabático, -a [sa'βatiko, -a] *adj* **1.** (*judaísmo*) Sabbat- **2.** (*universidad*): **un año** ~ ≈ein Forschungsjahr

sabelotodo [saβelo'toðo] *mf inv* (*fam*) Besserwisser(in) *m(f)*

saber [sa'βer] *irr* **I.** *vt* **1.** (*estar informado*) wissen; **a** ~ nämlich; **¡(véte tu) a** ~ **(si es cierto)!** wer weiß(, ob das stimmt)!; **(al menos) que yo sepa** soweit ich weiß; ~ **más que Lepe** (*fam*) ein schlauer Fuchs sein; **¿se puede** ~ **si...?** darf man fragen, ob ...?; **no** ~ **ni jota** (*fam*) keine Ahnung haben; **sin** ~**lo yo** ohne mein Wissen; **¡va a** ~ **quién soy yo!** er/sie wird mich noch kennen lernen!; **¡no sé ni por dónde ando!** (*fam*) ich weiß nicht, wo mir der Kopf steht!; **¡pues no sé qué te diga!** ich weiß nicht so recht; **tener (un) no sé qué de raro** irgendetwas Seltsames an sich *dat* haben; **se sabe que...** bekanntlich ... **2.** (*habilidad para hacer algo*) können; **él sabe (hablar) ruso** er kann Russisch (sprechen); **no** ~**(se) la poesía** das Gedicht nicht (auswendig) können **3.** (*nombre*) kennen; **¿sabes mi nombre?** weißt du, wie ich heiße? **4.** (*conocer un arte*) sich auskennen ((*de*) mit/in +*dat*); ~ **mucho de literatura** sich in der Literatur gut auskennen **5.** (*noticia*) erfahren (*por* durch +*akk,* aus +*dat*); **lo supe por mi hermano/por el periódico** ich habe es von meinem Bruder/aus der Zeitung erfahren; **la prensa lo hizo** ~ **anoche** die Presse gab es gestern Abend bekannt **II.** *vi* **1.** (*tener sabor*) schmecken (*a* nach +*dat*); **(me) supo a quemado** es schmeckte verbrannt; **la conferencia me supo a poco** ich hätte mehr von der Konferenz erwartet; **sabe a traición** es riecht nach Verrat; **me supo mal aquella respuesta** die Antwort hat mich geärgert **2.** (*tener noticia*) unterrichtet sein (*de* über +*akk*); **no sé nada de mi hermano** ich habe nichts von meinem Bruder gehört **3.** (*tener la habilidad*) fähig sein; **él no sabe resolver ni los ejercicios más fáciles** er ist nicht einmal fähig die einfachsten Aufgaben zu lösen **III.** *vr:* **ésa se las sabe todas** (*fam*) der kann keiner etwas vormachen **IV.** *m sin pl* Wissen *nt;* **el** ~ **no ocupa lugar** (*prov*) Wissen schadet nie

sabido, -a [sa'βiðo, -a] *adj* **1.** (*conocido*) bekannt; **es cosa sabida** das ist eine altbekannte Tatsache; **dar por** ~ als bekannt voraussetzen **2.** (*leído*) gebildet

sabiduría [saβiðu'ria] *f* **1.** (*conocimientos*) Wissen *nt;* (*ciencia*) Wissenschaft *f* **2.** (*sensatez*) Weisheit *f* **3.** (*erudición*) Gelehrsamkeit *f*

sabiendas [sa'βjeṇdas]: **a** ~ bewusst; **lo hizo a** ~ **de que me molestaba** er/sie störte mich mit Absicht

sabihondo, -a [saβi'oṇdo, -a] *m, f v.* **sabiondo**

sabio, -a ['saβjo, -a] **I.** *adj* weise **II.** *m, f* Weise(r) *mf;* **errar es de ~s** (*prov*) Irren ist menschlich

sabiondo, -a [saβi'oṇdo, -a] *m, f* Besserwisser(in) *m(f);* (*niño*) Naseweis *m*

sablazo [sa'βlaθo] *m* **1.** (*golpe*) Säbelhieb *m* **2.** (*fam*): **dar a alguien un** ~ jdn um Geld anpumpen

sable ['saβle] *m* Säbel *m*

sablear [saβle'ar] *vi* (*fam*) schnorren

sabor [sa'βor] *m* Geschmack *m;* **tener (un)** ~ **a naranja** nach Orangen schmecken; **de** ~ **romántico** mit einem Hauch von Romantik; **dejar un mal** ~ **de boca** einen üblen Nachgeschmack hinterlassen

saborear [saβore'ar] *vt* auskosten

sabotaje [saβo'taxe] *m* Sabotage *f*

sabotear [saβote'ar] *vt* sabotieren; (*plan*) vereiteln

sabroso, -a [sa'βroso, -a] *adj* **1.** (*sazonado*) schmackhaft **2.** (*gracioso*) pikant **3.** (*salado*) salzig

saca ['saka] *f* **1.** (*saco*) großer Sack *m* **2.** (*extracción*) Entnahme *f* **3.** (*exportación*) (Waren)ausfuhr *f* **4.** (*copia*) Abschrift *f*

sacabocados [sakaβo'kaðos] *m inv* Lochzange *f*

sacacorchos [saka'kortʃos] *m inv* Korkenzieher *m;* **tener que sacar las cosas a alguien con** ~ jdm die Worte aus der Nase ziehen müssen

sacamanchas [saka'mantʃas] *m inv* Fleck(en)entferner *m*

sacapuntas [saka'pun̪tas] *m inv* (Bleistift)spitzer *m*

sacar [sa'kar] <c→qu> **I.** *vt* **1.** (*de un sitio*) herausnehmen; (*agua*) schöpfen; (*diente, espada*) ziehen; ~ **a bailar** zum Tanz auffordern; ~ **a alguien de la cama** (*fig*) jdn aus dem Bett jagen; ~ **a alguien de la cárcel** jdn aus dem Gefängnis holen; ~ **a alguien de quicio** jdn aus dem Häuschen bringen; ~ **a pasear** spazieren führen; **¡sácalo del garaje!** hol es aus der Garage!; **¡saca las plantas al balcón!** bring die Pflanzen hinaus auf den Balkon!; **¿de dónde lo has sacado?** wo hast du es her?; **recién sacado del horno** frisch gebacken; **¡te voy a ~ los ojos!** (*fig*) dir werde ich es noch zeigen! **2.** (*de una situación*) retten; ~ **adelante** (*persona, negocio*) vorwärts bringen; (*niño*) großziehen; (*con esfuerzo*) durchbringen; ~ **a alguien del atolladero/de la pobreza** jdm aus der Klemme/aus der Not helfen **3.** (*solucionar*) lösen **4.** (*reconocer*) erkennen; **lo saqué por sus gafas** ich habe ihn an seiner Brille erkannt **5.** (*entrada*) lösen **6.** (*obtener*) erreichen; (*premio*) gewinnen; (*votos*) bekommen; (*información*) entlocken; ~ **las consecuencias** Schlussfolgerungen ziehen; ~ **provecho de algo** aus etw *dat* Nutzen ziehen; ~ **el gordo** das große Los ziehen; **no ~ ni para vivir** kaum genug zum Leben verdienen; ~ **a alguien 1.000 pesetas** jdn um 1.000 Peseten anpumpen *fam* **7.** (MIN) fördern **8.** (*aceite, vino*) auspressen **9.** (*parte del cuerpo*) herausstrecken **10.** (*foto*) machen; (*dibujo*) zeichnen; **¡sácame una foto!** fotografier mich mal!; **el pintor te sacó muy bien** der Maler hat dich gut getroffen **11.** (*mancha*) entfernen **12.** (*producto*) herausbringen; (*libro*) herausgeben; ~ **un apodo a alguien** sich *dat* für jdn einen Spitznamen ausdenken **13.** (*mostrar*) zeigen; (*desenterrar*) ausgraben; ~ **en hombros** auf die Schultern nehmen; ~ **a relucir** (*pey*) wieder aufwärmen **14.** (*ventaja*): **mi hermana me sacó dos minutos** meine Schwester war zwei Minuten schneller als ich **15.** (*tenis*) aufschlagen; (*fútbol*) anspielen **II.** *vr:* ~**se los zapatos** sich *dat* die Schuhe ausziehen; **se sacó una pestaña del ojo** er/sie wischte sich *dat* eine Wimper aus dem Auge

sacarina [saka'rina] *f sin pl* Süßstoff *m*

sacerdote [saθer'ðote] *m* Priester *m*

saciado, -a [sa'θjaðo, -a] *adj* satt

saciar [sa'θjar] **I.** *vt* (*hambre, curiosidad*) stillen; (*instintos sexuales*) befriedigen **II.** *vr:* ~**se** (*t. fig*) satt werden; **me sacié de salchichas** ich habe mich an Würstchen satt gegessen

saciedad [saθje'ðaᵈ] *f sin pl* Sattheit *f;* **repetir hasta la** ~ bis zum Überdruss wiederholen

saco ['sako] *m* **1.** (*bolsa*) Sack *m;* (*fig*) Haufen *m;* **hombre del** ~ Buhmann *m;* ~ **de trigo** Sack Weizen; **echar en ~ roto** (*fig fam*) in den Wind schlagen; **tu consejo no cayó en ~ roto** dein Ratschlag hat gewirkt; **meter en el mismo** ~ (*fig*) in einen Topf werfen **2.** (*prenda*) Sakko *m o nt* **3.** (*bahía*) Einbuchtung *f* **4.** (*saqueo*) Plünderung *f;* **entrar a** ~ (aus)plündern

sacramento [sakra'men̪to] *m* Sakrament *nt;* **el ~ de la Eucaristía** das heilige Abendmahl; **administrar a alguien los últimos ~s** jdm die Sterbesakramente erteilen; **con todos los ~s** (*fig*) in aller Form

sacratísimo, -a [sakra'tisimo, -a] *adj superl de* **sagrado**

sacrificar [sakrifi'kar] <c→qu> **I.** *vt* **1.** (*ofrecer*) opfern; (*t. fig*) widmen **2.** (*animal*) schlachten **II.** *vr:* ~**se** (*t. fig*) sich (auf)opfern (*por* für +*akk*)

sacrificio [sakri'fiθjo] *m* Opfer *nt;* **el Santo S~** die heilige Messe

sacrilegio [sakri'lexjo] *m* Schändung *f;* (*fig*) Sakrileg *nt*

sacrílego, -a [sa'krileɣo, -a] *adj* frevelhaft; **acción sacrílega** Freveltat *f*

sacristán [sakris'tan] *m* Küster *m;* **¡ése es un buen ~!** (*fam*) das ist ein gerissener Kerl!; **los dineros del ~ cantando se vienen y cantando se van** (*prov*) wie gewonnen, so zerronnen

sacristía [sakris'tia] *f* (*lugar*) Sakristei *f*

sacro, -a ['sakro, -a] *adj* **1.** (*sagrado*) heilig **2.** (ANAT) sakral; **hueso** ~ Kreuzbein *nt*

sacrosanto, -a [sakro'san̪to, -a] *adj* hochheilig; (*fig*) unantastbar

sacudida [saku'ðiða] *f* Erschütterung *f;* ~ **eléctrica** elektrischer Schlag; ~ **sísmica** Erdstoß *m;* **el coche pegaba ~s** das Auto wackelte (hin und her); **¡dale una ~ a la alfombra!** klopf den Teppich aus!

sacudido, -a [saku'ðiðo, -a] *adj* **1.** (*intratable*) störrisch **2.** (*atrevido*) kühn

sacudir [saku'ðir] **I.** *vt* schütteln; (*noticia, terremoto*) erschüttern; (*pegar*) verprügeln; (*alfombras*) ausklopfen; ~ **el rabo** mit dem Schwanz wedeln; ~ **a alguien por los hombros** jdn an den Schultern packen und schütteln; **un estremecimiento le sacudió todo el cuerpo** ein Schauder fuhr ihm/ihr durch den Körper **II.** *vr:* ~**se** sich schütteln; ~**se la duda** jeden Zweifel von sich *dat* weisen; ~**se el yugo** das Joch abschütteln; ~**se a alguien de encima** jdn loswerden

sádico, -a ['saðiko, -a] **I.** *adj* sadistisch **II.** *m, f* Sadist(in) *m(f)*

sadismo [sa'ðismo] *m sin pl* Sadismus *m*

saeta [sa'eta] *f* **1.** (*flecha*) Pfeil *m* **2.** (*reloj*) (Uhr)zeiger *m;* (*brújula*) Magnetnadel *f*

sagacidad [saɣaθi'ðaᵈ] *f sin pl* Scharfsinn *m*

sagaz [sa'ɣaθ] *adj* scharfsinnig

Sagitario [saxi'tarjo] *m* (ASTR) Schütze *m*

sagrado, -a [sa'ɣraðo, -a] <sacratísimo> *adj* heilig

sagrario [sa'ɣrarjo] *m* (*para las hostias*) Tabernakel *m*

sahumar [sau'mar] *vt* räuchern

sahumerio [sau'merjo] *m* Räuchern *nt*

sainete [sai̯'nete] *m* (TEAT) Schwank *m*

sajón, -ona [sa'xon, -ona] **I.** *adj* sächsisch **II.** *m, f* Sachse *m,* Sächsin *f*

Sajonia [sa'xonja] *f* Sachsen *nt;* **Baja** ~ Niedersachsen *nt*

sal [sal] *f* **1.** (*condimento*) Salz *nt;* ~ **común** Speisesalz *nt;* **poner demasiada** ~ **a algo** etw versalzen; **tener poca** ~ **en la mollera** (*fig fam*) wenig Grütze im Kopf haben **2.** *pl* (*perfume*) Riechsalz *nt;* ~**es de baño** Badesalz *nt* **3.** (*gracia*) Witz *m;* (*encanto*) Charme *m;* **la** ~ **de la vida** die Würze des Lebens **4.** (*Am: mala suerte*) Pech *nt*

sala ['sala] *f* **1.** (*habitación*) Raum *m;* (*grande*) Saal *m;* ~ **de espera** Wartezimmer *nt;* ~ **de estar** Wohnzimmer *nt;* ~ **de fiestas** Tanzlokal *nt* **2.** (JUR) Kammer *f;* **S~ de lo Civil/Penal** Zivil-/Strafkammer *f*

salado, -a [sa'laðo, -a] *adj* **1.** (*comida*) salzig **2.** (*gracioso*) witzig; (*encantador*) charmant **3.** (*Am: infortunado*) unglücklich

saladura [sala'ðura] *f* Pökeln *nt*

salamandra [sala'mandra] *f* (ZOOL) Salamander *m;* ~ **acuática** Molch *m*

salamanquesa [salamaŋ'kesa] *f* Gecko *m;* ~ **de agua** (Wasser)molch *m*

salame [sa'lame] *m* (*CSur*) **1.** (*salami*) Salami *f* **2.** (*papanatas*) Trottel *m*

salar [sa'lar] *vt* **1.** (*condimentar*) salzen; ~ **demasiado** versalzen **2.** (*para conservar*) (ein)pökeln **3.** (*Am: echar a perder*) verderben

salarial [sala'rjal] *adj* Lohn-

salario [sa'larjo] *m* Lohn *m;* ~ **en especie** Naturallohn *m*

salazón [sala'θon] *m* **1.** (*saladura*) Pökeln *nt* **2.** *pl* (*carne*) Pökelfleisch *nt;* (*pescado*) Pökelfisch *m*

salchicha [sal'ʧiʧa] *f* Wurst *f;* ~ **asada** Bratwurst *f;* **perro** ~ (*fam*) Dackel *m*

salchichón [salʧi'ʧon] *m* ≈Salami *f*

saldar [sal̩'dar] *vt* **1.** (*cuenta, deuda*) begleichen; **todavía no hemos saldado nuestras diferencias** wir haben unsere Unstimmigkeiten noch nicht beigelegt **2.** (*mercancía*) ausverkaufen; **la tienda salda** das Geschäft macht Räumungsverkauf

saldo ['sal̩do] *m* **1.** (*diferencia*) Saldo *m;* (*pago*) Zahlung *f;* ~ **acreedor** Guthaben *nt;* ~ **de cuenta** Kontostand *m* **2.** *pl* (*rebajas*) Räumungsverkauf *m*

salero [sa'lero] *m* **1.** (*objeto*) Salzstreuer *m* **2.** (*gracia*) Witz *m;* (*encanto*) Charme *m*

saleroso, -a [sale'roso, -a] *adj* (*fam: ingenioso*) witzig; (*encantador*) charmant

salida [sa'liða] *f* **1.** (*puerta*) Ausgang *m;* ~ **para coches** Ausfahrt *f;* **a la** ~ **del teatro** nach der Vorstellung; **callejón sin** ~ Sackgasse **2.** (*de un tren*) Abfahrt *f;* (*de un avión*) Start *m;* (*de un barco*) Auslaufen *nt* **3.** (*astro*) Aufgang *m* **4.** (DEP) Start *m;* **dar la** ~ das Startzeichen geben **5.** (COM) Absatz *m;* (*partida*) Ausgabe *f;* **este producto no tiene** ~ dieses Produkt ist unverkäuflich **6.** (*fam: ocurrencia*) Einfall *m;* ~ **de tono** unangebrachte Bemerkung; **¡menuda** ~**!** was für eine Schnapsidee! **7.** (*pretexto*) Ausrede *f* **8.** (*solución*) Ausweg *m;* **en este asunto no hay** ~ diese Sache ist ausweglos

saliente [sa'ljen̩te] *adj* **1.** (*excelente*) hervorragend **2.** (*ojos*) hervorstehend **3.** (*ministro*) scheidend

salina [sa'lina] *f* (*instalación*) Salzwerk *nt;* (*mina*) Salzgrube *f*

salinidad [salini'ðaᵈ] *f sin pl* Salzgehalt *m*

salino, -a [sa'lino, -a] *adj* (*salobre*) salzig

salir [sa'lir] *irr* **I.** *vi* **1.** (*de un sitio*) herauskommen (*de* aus +*dat*); (*ir fuera*) gehen (*de* aus +*akk*) **2.** (*de viaje*) abfahren; (*avión*) starten; ~ **del huevo** (aus dem Ei) schlüpfen; ~ **pitando** (*fam*) davoneilen; **para** ~ **de dudas le pregunté directamente** um mir Klarheit zu verschaffen, habe ich ihn/sie direkt gefragt; ~ **por peteneras** (*fam*) vom Thema abschweifen **3.** (*aparecer*) erscheinen; (*sol*) aufgehen; (*fuente*) entspringen; (*flores*) sprießen; ~ **a la luz** ans Licht kommen; ~ **en la tele** ins Fernsehen kommen **4.** (*convertirse*) werden; **salió un buen artista** aus ihm ist ein guter Künstler geworden **5.** (*parecerse*) ähneln (*a* +*dat*); **este niño ha salido a su padre** der Junge kommt ganz nach seinem Vater **6.** (INFOR) verlassen (*de* +*akk*) **7.** (DEP) starten **8.** (*costar*) kosten; **nos sale a 20 pesetas el metro** es kostet uns 20 Peseten pro Meter **9.** (*loc*): ~ **adelante** (irgendwie) weiterkommen; ~ **con alguien** (*fam*) mit jdm gehen; ~ **a dar una vuelta** spazieren gehen; ~ **mal con alguien** sich mit jdm entzweien **II.** *vr:* ~**se 1.** (*derramarse*) verlassen; (*líquido*) überlaufen; (*leche*) überkochen; (*vasi-*

S

ja) undicht sein; ~**se de la Iglesia** aus der Kirche austreten; **el río se salió** (**de madre**) der Fluss ist über die Ufer getreten **2.** (*loc*): ~**se con la suya** seinen Kopf durchsetzen

salitre [sa'litre] *m* Salpeter *m*

saliva [sa'liβa] *f* Speichel *m;* **gastar ~ en balde** (*fig fam*) sich *dat* den Mund fusselig reden; **tragar ~** (*fig fam*) seinen Ärger hinunterschlucken

salmantino, **-a** [salman̪'tino, -a] **I.** *adj* aus Salamanca **II.** *m, f* Einwohner(in) *m(f)* von Salamanca

salmo ['salmo] *m* Psalm *m;* **cantarle a alguien el ~** (*fig fam*) jdm die Leviten lesen

salmón [sal'mon] **I.** *adj* lachsfarben **II.** *m* Lachs *m*

salmonete [salmo'nete] *m* Meerbarbe *f*

salmuera [sal'mwera] *f* Lake *f*

salobre [sa'loβre] *adj* salzig

salón [sa'lon] *m* **1.** (*de casa*) Wohnzimmer *nt* **2.** (*local*) Salon *m;* ~ **de baile** Tanzsaal *m;* ~ **de belleza** Schönheitssalon *m* **3.** (*muebles*) Wohnzimmermöbel *pl* **4.** (*feria*) Ausstellung *f*

salpicadero [salpika'ðero] *m* Armaturenbrett *nt*

salpicadura [salpika'ðura] *f* (*acción*) (Be)spritzen *nt;* (*mancha*) (Spritz)fleck *m*

salpicar [salpi'kar] <c→qu> *vt* **1.** (*rociar*) bespritzen (*con/de* mit +*dat*); (*con pintura*) besprenkeln; ~ **la mesa de flores** den Tisch mit Blumen schmücken **2.** (*manchar*) beschmutzen (*con/de* mit +*dat*) **3.** (*con chistes*) würzen

salpicón [salpi'kon] *m v.* **salpicadura**

> In **Colombia** und **Ecuador** ist der **salpicón** ein kaltes Fruchtsaftgetränk.
> In Spanien dagegen versteht man unter **salpicón** eine kalte Fleisch-, Fisch- oder Meeresfrüchteplatte.

salpimentar [salpimen̪'tar] <e→ie> *vt* mit Salz und Pfeffer würzen; (*fig*) würzen (*con/de* mit +*dat*)

salsa ['salsa] *f* **1.** (GASTR) Soße *f;* (*caldo*) Brühe *f;* ~ **mayonesa** Majonäse *f;* ~ **verde** Petersiliensoße *f;* **la ~ de San Bernardo** (*fig fam*) einen Bärenhunger; **estar en su propia ~** (*fig fam*) in seinem Element sein **2.** (*gracia*) Reiz *m;* **este libro tiene mucha ~** dieses Buch ist sehr spannend; **esa es la ~ de la vida** (*fam*) das macht das Leben lebenswert **3.** (MÚS) Salsa *f*

salsera [sal'sera] *f* Soßenschüssel *f*

saltado, **-a** [sal̪'taðo, -a] *adj* **1.** (*desprendido*) herausgefallen **2.** (*saltón*) hervorspringend; **ojos ~s** Glotzaugen *ntpl*

saltador(a)[1] [sal̪ta'ðor(a)] **I.** *adj* springend **II.** *m(f)* **1.** (*atleta*) Springer(in) *m(f);* ~ **de altura** Hochspringer *m;* ~ **de longitud** Weitspringer *m;* ~ **de pértiga** Stabhochspringer *m* **2.** (*saltimbanqui*) Seiltänzer(in) *m(f)*

saltador[2] [sal̪ta'ðor] *m* (*comba*) Springseil *nt*

saltamontes [sal̪ta'mon̪tes] *m inv* Heuschrecke *f*

saltar [sal̪'tar] **I.** *vi* **1.** (*botar*) springen; (*chispas*) sprühen; ~ **por los aires** explodieren; (*fig*) schief gehen; ~ **de alegría** vor Freude in die Luft springen; ~ **a la cuerda** seilspringen; ~ **en pedazos** in Stücke zerspringen; **los jugadores ~on al terreno de juego** die Spieler liefen auf das Spielfeld **2.** (*lanzarse*) springen; ~ **al agua/a la calle** ins Wasser/auf die Straße springen; ~ **con paracaídas** fallschirmspringen **3.** (*explotar*) platzen; (*bomba*) explodieren; (*costura*) reißen **4.** (*atención*): **eso salta a la vista** das ist offensichtlich **5.** (*picarse*) (zornig) auffahren **6.** (*irrumpir*) herausplatzen (*con* mit +*dat*) **7.** (*trabajo*) eine steile Karriere machen; (*ser destituido*) abgesetzt werden **8.** (*desprenderse*) abspringen **II.** *vt* **1.** (*movimiento*) springen (über +*akk*); **andar a la que salta** auf jede günstige Gelegenheit lauern **2.** (*animal*) decken **III.** *vr:* ~**se 1.** (*ley, norma*) missachten **2.** (*línea, párrafo*) überspringen **3.** (*desprenderse*) abspringen; **se me saltó un botón** ich habe einen Knopf verloren; **se me ~on las lágrimas** mir kamen die Tränen

saltarín, **-ina** [sal̪ta'rin, -ina] **I.** *adj* (*saltar*) springend; (*bailar*) tanzend **II.** *m, f* **1.** (*bailarín*) Tänzer(in) *m(f)* **2.** (*zarandillo*) Luftikus *m fam*

salteador(a) [sal̪tea'ðor(a)] *m(f)* Straßenräuber(in) *m(f)*

saltear [sal̪te'ar] *vt* **1.** (*asaltar*) überfallen **2.** (GASTR) sautieren

saltimbanqui [sal̪tim'baŋki] *m* Gaukler(in) *m(f)*

salto ['sal̪to] *m* **1.** (*en general*) Sprung *m;* ~ **de agua** Wasserfall *m;* (*presa*) Talsperre *f;* **de** [*o* **en**] **un ~** schnell; **apartarse de un ~** beiseite springen; **dar un ~** aufspringen; (*fig*) rasch vorwärtskommen; **dar ~s de alegría** vor Freude an die Decke springen; **dar un ~ atrás** zurückspringen; **me pegó un ~ el corazón** mein Herz tat einen Sprung; **moverse a ~s** sich sprunghaft bewegen; **vivir a ~ de mata** (*fig*) mehr schlecht als recht leben **2.** (INFOR): ~ **de página** Seitenumbruch *m* **3.** (DEP) Sprung *m;* ~ **de altura** Hochsprung *m;* ~ **de longitud**

Weitsprung *m;* ~ **con pértiga** Stabhochsprung *m;* ~ **del potro** Bockspringen *nt* **4.**(*trabajo*) Beförderung *f* **5.**(*bata*): ~ **de cama** Morgenrock *m*

saltón, -ona [saḷ'ton, -ona] *adj* **1.**(*saltarín*) springend **2.**(*sobresaliente*) hervorspringend; **ojos saltones** Glotzaugen *ntpl*

salubre [sa'luβre] *adj* <salubérrimo> (*saludable*) gesund; (*curativo*) heilsam

salubridad [saluβri'ðaᵈ] *f sin pl* Zuträglichkeit *f;* (*Am: higiene*) Hygiene *f*

salud [sa'luᵈ] *f sin pl* (*estado físico*) Gesundheit *f;* **¡~!** (*al estornudar*) Gesundheit!; (*saludo*) grüß Gott!; **a la ~ de...** auf das Wohl von ...; **rebosante de ~** kerngesund; **¡~, dinero y amor!** (*fam*) prost!; **curarse en ~** (*fig*) es nicht darauf ankommen lassen; **gastar ~** sich wohl fühlen; **lo juro por la de mis hijos** ich schwöre es bei meiner Seele

saludable [salu'ðaβle] *adj* **1.**(*sano*) gesund **2.**(*provechoso*) nützlich

saludar [salu'ðar] *vt* (*al encontrar*) grüßen; (MIL) salutieren; (*recibir*) begrüßen; (*mandar saludos*) einen Gruß bestellen +*dat;* **le saluda afectuosamente su...** (*formal*) es grüßt Sie herzlich Ihr ...; **he ido a ~ a mis padres** ich bin kurz bei meinen Eltern vorbeigegangen; **estos ya ni se saludan** die reden kein Wort mehr miteinander

saludo [sa'luðo] *m* Gruß *m;* (*recibimiento*) Begrüßung *f;* (*carta*) Grußformel *f;* **con un cordial ~** (*formal*) mit herzlichen Grüßen; **¡déle ~s de mi parte!** grüßen Sie ihn/sie von mir!; **tu madre te manda ~s** deine Mutter lässt dich grüßen; **¡muchos ~s a tu hermano de mi parte!** grüße deinen Bruder von mir!

salutación [saluta'θjon] *f* Gruß *m;* (*recibimiento*) Begrüßung *f;* (*oración*) Avemaria *nt*

salva ['salβa] *f* Salve *f;* ~ **de aplausos** Beifallssturm *m*

salvación [salβa'θjon] *f* Rettung *f;* (REL) Erlösung *f;* **Ejército de S~** Heilsarmee *f*

salvado [sal'βaðo] *m* Kleie *f*

salvador(a) [salβa'ðor(a)] **I.** *adj* rettend; (REL) erlösend; (*curativo*) heilend **II.** *m(f)* Retter(in) *m(f);* (REL) Erlöser *m*

> Die Republik **El Salvador** liegt im nordöstlichen Teil Mittelamerikas. Die Hauptstadt heißt **San Salvador**. Die offizielle Landessprache ist **Spanisch**. Die Währungseinheit in **El Salvador** ist der **colón**. Es ist das kleinste und am dichtesten besiedelte Land Mittelamerikas.

salvadoreño, -a [salβaðo'reɲo, -a] **I.** *adj* salvadorianisch **II.** *m, f* Salvadorianer(in) *m(f)*

salvaguardar [salβaɣwar'ðar] *vt* beschützen; (*derchos, intereses*) wahren

salvaguardia [salβa'ɣwarðja] *f* **1.**(*protección*) Schutz *m;* (*de intereses*) Wahrung *f* **2.**(MIL) Geleit *nt* **3.**(*salvoconducto*) Geleitbrief *m*

salvajada [salβa'xaða] *f* Gräueltat *f*

salvaje [sal'βaxe] **I.** *adj* (*planta, animal*) wild; (*persona*) unzivilisiert; (*acto*) grausam **II.** *mf* Wilde(r) *mf;* (*persona ruda*) Barbar(in) *m(f)*

salvajismo [salβa'xismo] *m sin pl* (*animal*) Wildheit *f;* (*gamberrismo*) Vandalismus *m;* (*crueldad*) Grausamkeit *f*

salvamanteles [salβamaṇ'teles] *m inv* Untersetzer *m*

salvamento [salβa'meṇto] *m* Rettung *f;* (*accidente, naufragio*) Bergung *f*

salvar [sal'βar] **I.** *vt* **1.**(*peligro*) retten (*de* vor +*dat*); (REL) erlösen; ~ **del peligro** aus der Gefahr retten **2.**(*foso*) überspringen; (*distancia*) zurücklegen; (*obstáculo*) überwinden; ~ **las apariencias** den Schein wahren **II.** *vr:* **~se** sich retten (*de* vor +*dat*); (REL) erlöst werden; **~se por los pelos** nur knapp entkommen

salvavidas [salβa'βiðas] *m inv* Rettungsring *m;* **bote ~** Rettungsboot *nt;* **chaleco ~** Schwimmweste *f*

salvedad [salβe'ðaᵈ] *f* **1.**(*excepción*) Ausnahme *f* **2.**(*condición*) Vorbehalt *m;* **con la ~ de que...** unter dem Vorbehalt, dass ...

salvia ['salβja] *f* Salbei *m o f*

salvo, -a[1] ['salβo, -a] *adj* heil; **poner a ~** in Sicherheit bringen

salvo[2] ['salβo] *prep* außer +*dat;* ~ **que** [*o* **si**]**...** +*subj* es sei denn, dass ...; ~ **error u omisión** (*formal*) Irrtum bzw. Auslassung vorbehalten; ~ **aviso en contrario** (*formal*) vorbehaltlich anders lautender Mitteilungen

salvoconducto [salβokoṇ'dukto] *m* Passierschein *m*

san [san] *adj v.* **santo**

sanar [sa'nar] **I.** *vi* gesund werden (*de* von +*dat*) **II.** *vt* heilen

sanatorio [sana'torjo] *m* Sanatorium *nt*

sanción [saṇ'θjon] *f* **1.**(*multa*) Strafe *f;* (ECON) Sanktion *f* **2.**(*ley*) Gesetz *nt* **3.**(*autorización*) Genehmigung *f*

sancionable [saṇθjo'naβle] *adj* strafbar

sancionar [saṇθjo'nar] *vt* **1.**(*castigar*) bestrafen; (ECON: *aplicar sanciones*) Sanktionen verhängen (*a* gegen +*akk*) **2.**(*aprobar*) billigen; (JUR) sanktionieren

sancochar [saŋko'ʧar] *vt* (*Am:* GASTR: *reho-*

S

gar) anbraten

sancocho [saŋ'kotʃo] *m* **1.** (*AmC, PRico, Ven: lío*) Durcheinander *nt* **2.** (*And, Ven*) ≈Eintopf *m*

sandalia [saṇ'dalja] *f* Sandale *f*

sándalo ['saṇdalo] *m* (*árbol*) Sandelbaum *m;* (*madera*) Sandelholz *nt*

sandez [saṇ'deθ] *f* Dummheit *f;* **no decir más que sandeces** nur Unsinn reden

sandía [saṇ'dia] *f* Wassermelone *f*

sandunga [saṇ'duŋga] *f* (*fam*) **1.** (*gracia*) Anmut *f* **2.** (*Col, Chil, PRico*) ≈Gaudi *f*

sándwich ['saŋgwitʃ] *m* Sandwich *m o nt;* **día ~** (*Arg: fam*) Brückentag *m*

saneado, **-a** [sane'aðo, -a] *adj* (*renta, haber*) lastenfrei

saneamiento [sanea'mjeṇto] *m* **1.** (ARQUIT, ECON: *t. fig*) Sanierung *f* **2.** (JUR) Mängelhaftung *f*

sanear [sane'ar] *vt* **1.** (ARQUIT, ECON) sanieren **2.** (JUR) haften (für +*akk*); **~ un vicio** einen Mangel beheben

> **Sanfermines** *mpl* heißt das wichtigste Volksfest **Pamplonas,** das am 7. Juli beginnt. Touristen aus aller Welt und die Einwohner Pamplonas, mit einer weißen Hose, rotem T-Shirt und rotem Halstuch bekleidet, stürzen auf die Straßen, um bei den wohl bekanntesten **encierros** dabei zu sein.

sangrar [saŋ'grar] **I.** *vi* bluten; **estar sangrando por la nariz** Nasenbluten haben; **estar sangrando** (*fig*) ganz frisch sein **II.** *vt* **1.** (MED) zur Ader lassen; (*cerdo*) abstechen **2.** (*dinero*) schröpfen **3.** (*agua, resina*) abzapfen **4.** (TIPO) einrücken

sangre ['saŋgre] *f* Blut *nt;* (*linaje*) Abstammung *f;* (*carácter*) Gemüt *nt;* **a ~ fría** kaltblütig; **de ~ azul** blaublütig; **animales de ~ caliente/fría** Warm-/Kaltblüter *mpl;* (**caballo de**) **pura ~** Vollblut(pferd) *nt;* **chupar la ~** (**de las venas**) **a alguien** (*fam*) jdn ausnutzen; **conservar la ~ fría** ruhig Blut bewahren; **dar la ~ de sus venas** (*fig*) zu jedem Opfer bereit sein; **hacerse mala ~** sich *dat* graue Haare wachsen lassen; **le hierve la ~** er/sie kocht vor Wut; **no llegar la ~ al río** (*fam*) Pack schlägt sich, Pack verträgt sich; **llevar algo en la ~** etw im Blut haben; **se le sube la ~ a la cabeza** (*fig*) er/sie platzt vor Wut; **tener mala ~** (*fam*) hundsgemein sein; **la ~ se me heló en las venas** mir erstarrte das Blut in den Adern

sangría [saŋ'gria] *f* **1.** (MED) Aderlass *m;* **una ~ de votos** ein hoher Stimmenverlust; **lo mismo son ~s que ventosas** (*fig fam*) da hilft weder das eine noch das andere **2.** (*brazo*) Armbeuge *f* **3.** (*aguas*) Abzapfung *f* **4.** (*bebida*) Sangria *f*

> Die **sangría** ist eine Bowle aus Rotwein, Wasser, Zucker, Zitrone und Orange. Sie wird normalerweise in einer **jarra de barro** (Tonkrug) serviert.

sangriento, **-a** [saŋ'grjeṇto, -a] *adj* blutig; (*injusticia*) grausam; **hecho ~** Bluttat *f*

sanguijuela [saŋgi'xwela] *f* (ZOOL) Blutegel *m;* (*pey: persona*) Blutsauger *m*

sanguinario, **-a** [saŋgi'narjo, -a] *adj* (*persona, animal*) blutrünstig; (*hecho*) grausam

sanguíneo, **-a** [saŋ'gineo, -a] *adj* **1.** (MED) Blut-; **rojo ~** blutrot **2.** (*temperamento*) sanguinisch

sanguinolento, **-a** [saŋgino'leṇto, -a] *adj* blutig; (*color*) blutrot; (*ojos*) blutunterlaufen

sanidad [sani'ðaᶞ] *f sin pl* Gesundheit *f;* **~** (**pública**) (öffentliches) Gesundheitswesen *nt*

sanitario, **-a¹** [sani'tarjo, -a] **I.** *adj* gesundheitlich; (*aparatos, medidas*) sanitär **II.** *m, f* Sanitäter(in) *m(f)*

sanitario² [sani'tarjo] *m* (*váter*) Toilette *f*

sano, **-a** ['sano, -a] *adj* **1.** (*robusto, saludable*) gesund; **~ de juicio** zurechnungsfähig; **cortar por lo ~** das Übel an der Wurzel packen; **estar más ~ que una manzana** kerngesund sein; **salir ~ y salvo** mit heiler Haut davonkommen **2.** (*no roto*) heil **3.** (*sincero*) ehrlich

santanderino, **-a** [saṇtaṇde'rino, -a] **I.** *adj* aus Santander **II.** *m, f* Einwohner(in) *m(f)* von Santander

santero, **-a** [saṇ'tero, -a] **I.** *adj* (*pey: beato*) frömmelnd; **ese es muy ~** das ist ein Betbruder **II.** *m, f* **1.** (*pey: beato*) Betbruder, -schwester *m, f* **2.** (*guardián*) ≈Kirchendiener(in) *m(f)*

santiaguino, **-a** [saṇtja'ɣino, -a] **I.** *adj* aus Santiago de Chile **II.** *m, f* Einwohner(in) *m(f)* von Santiago de Chile

santiamén [saṇtja'men] *m:* **en un ~** im Nu

santidad [saṇti'ðaᶞ] *f* Heiligkeit *f*

santificar [saṇtifi'kar] <c→qu> *vt* **1.** (*consagrar*) heiligen **2.** (*canonizar*) heilig sprechen **3.** (*respetar*) heilig halten

santiguar [saṇti'ɣwar] <gu→gü> **I.** *vt* **1.** (*signarse*) segnen **2.** (*fam: maltratar*) misshandeln **II.** *vr:* **~se** sich bekreuzigen

santo, **-a** ['saṇto, -a] **I.** *adj* heilig; (*piadoso*) fromm; (*planta*) heilsam; (*inviolable*) unantastbar; **la Santa Sede** der Heilige Stuhl; **campo ~** Friedhof *m;* **Jueves S~** Gründonnerstag *m;* **Semana Santa** Karwoche *f;* **Viernes S~** Karfreitag *m;* **¿qué haces en Semana Santa?** was machst du zu Ostern?; **se pasó todo el ~ día haciendo...** den lieben langen Tag machte er/sie ... **II.** *m, f* **1.** (*personaje*) Heilige(r) *mf;* **día de Todos los S~s** Allerheiligen *nt;* **se me ha ido el ~ al cielo** ich habe den Faden verloren; **no sé a ~ de qué me dijo eso** ich weiß beim besten Willen nicht, warum er/sie mir das gesagt hat; **¡ésta se come los ~s!** (*fig fam*) das ist eine Betschwester!; **hoy tengo el ~ de cara/espalda** heute habe ich richtig Glück/Pech; **yo creía que era llegar y besar el ~** (*fig*) ich habe mir das einfacher vorgestellt; **ése no es ~ de mi devoción** er ist nicht gerade mein Fall; **dormirse como un ~ (bendito)** (*fam*) sofort einschlafen; **ése hace perder la paciencia a un ~** er ist eine richtige Nervensäge; **alzarse con el ~ y la limosna** (*fig fam*) sich *dat* die Rosinen herauspicken; **quedarse para vestir ~s** (*fam: una mujer*) keinen Mann finden; **ser mano de ~** (*fam*) ein wunderbares Mittel sein **2.** (*fiesta*) Namenstag *m;* **el día de mi ~** an meinem Namenstag **3.** (*imagen*) (Heiligen)bild *nt;* **ver los ~s de un libro** sich *dat* die Bilder in einem Buch anschauen

santuario [san̪tu'arjo] *m* **1.** (*templo*) Tempel *m;* (*capilla*) Kapelle *f* **2.** (*Col: tesoro*) Schatz *m*

santurrón, -ona [san̪tu'rron, -ona] **I.** *adj* frömmelnd; (*hipócrita*) scheinheilig **II.** *m, f* Frömmler(in) *m(f);* (*hipócrita*) Scheinheilige(r) *mf*

saña ['saɲa] *f* **1.** (*ira*) Wut *f* **2.** (*rencor*) Hass *m;* **lo hizo con toda la mala ~** er/sie tat es auf eine ganz gehässige Art

sapiencia [sa'pjen̪θja] *f sin pl* **1.** (*conocimientos*) Wissen *nt* **2.** (*sensatez*) Weisheit *f*

sapo ['sapo] *m* **1.** (ZOOL) Kröte *f;* **pisar el ~** (*fam fig*) spät aufstehen; **echar por la boca ~s y culebras** (*fam*) Gift und Galle spucken **2.** (*persona*) schwerfällige Person *f* **3.** (*fam: bicho*) Ungeziefer *nt*

saque ['sake] *m* **1.** (*fútbol*) Anstoß *m;* (*tenis*) Aufschlag *m;* **~ de esquina** Eckstoß *m* **2.** (*loc*): **tener buen ~** (*fam: apetito*) einen guten Appetit haben

saquear [sake'ar] *vt* plündern

saqueo [sa'keo] *m* Plünderung *f*

sarampión [saram'pjon] *m sin pl* (MED) Masern *pl*

sarao [sa'rao] *m* (*fiesta*) Tanzabend *m;* **¡menudo ~ se armó allí!** da war was los!

sarape [sa'rape] *m* (*Méx*) Poncho *m*

sarasa [sa'rasa] *m* (*pey*) Tunte *f*

sarcasmo [sar'kasmo] *m sin pl* Sarkasmus *m*

sarcástico, -a [sar'kastiko, -a] *adj* sarkastisch

sardina [sar'ðina] *f* (ZOOL) Sardine *f;* **~s en aceite** Ölsardinen *fpl;* **entierro de la ~** ≈Aschermittwochstreffen *nt;* **arrimar el ascua a su ~** (*fig*) seine Schäfchen ins Trockene bringen

sardo, -a ['sarðo, -a] **I.** *adj* sardi(ni)sch **II.** *m, f* Sardinier(in) *m(f)*

sardónico, -a [sar'ðoniko, -a] *adj* (*movimiento*) krampfhaft; (*rostro*) verzerrt; (*risa*) hämisch

sargento [sar'xen̪to] *m* Feldwebel *m*

sargo ['saryo] *m* Weißbrasse *f*

sarmentoso, -a [sarmen̪'toso, -a] *adj* (*extremidades*) knochig

sarmiento [sar'mjen̪to] *m* (*tallo*) Ranke *f*

sarna ['sarna] *f sin pl* Krätze *f;* (*de los animales*) Räude *f;* **ser más viejo que la ~** (*fam*) steinalt sein; **~ con gusto no pica(, pero mortifica)** (*prov*) was nicht tötet, härtet ab

sarpullido [sarpu'ʎiðo] *m* (*irritación*) Hautausschlag *m*

sarracina [sarra'θina] *f* Schlägerei *f*

Sarre ['sarre] *m* **1.** (*estado federado*) Saarland *nt* **2.** (*río*) Saar *f*

sarro ['sarro] *m* **1.** (MED: *de los dientes*) Zahnstein *m;* (*en la lengua*) Belag *m* **2.** (*poso*) Bodensatz *m*

sarta ['sarta] *f* **1.** (*hilo*) Schnur *f* **2.** (*serie*) Reihe *f;* **decir una ~ de tonterías** eine Dummheit nach der anderen sagen

sartén [sar'ten] *f* Pfanne *f;* **ella es la que tiene la ~ por el mango** (*fam fig*) sie hat das Heft in der Hand; **saltar de la ~ y dar en las brasas** (*fam*) vom Regen in die Traufe kommen

sastre, -a ['sastre, -a] *m, f* Schneider(in) *m(f);* **traje ~** Kostüm *nt;* **de eso, será lo que tase un ~** (*fam*) das werden wir schon sehen

sastrería [sastre'ria] *f* Schneiderei *f*

satánico, -a [sa'taniko, -a] *adj* teuflisch

satélite [sa'telite] *m* (ASTR, TEC) Satellit *m;* **(país) ~** Satellitenstaat *m*

satén [sa'ten] *m* Satin *m*

satinado, -a [sati'naðo, -a] *adj:* **papel ~** Glanzpapier *nt*

sátira ['satira] *f* Satire *f*

satírico, -a [sa'tiriko, -a] **I.** *adj* satirisch **II.** *m, f* Satiriker(in) *m(f)*

satirizar [satiri'θar] <z→c> *vt* spötteln (über +*akk*)

sátiro ['satiro] *m* (*hombre lascivo*) Lustmolch *m*

satisfacción [satisfaʏ'θjon] *f* **1.** (*pago*) Bezahlung *f* **2.** (REL) Buße *f* **3.** (*estado*) Zufriedenheit *f;* (*alegría*) Freude *f;* **a mi entera ~**

S

zu meiner vollen Zufriedenheit **4.** (*de deseos*) Befriedigung *f*

satisfacer [satisfa'θer] *irr como hacer* **I.** *vt* **1.** (*pagar*) (be)zahlen; ~ **la penitencia por sus pecados** für seine Sünden büßen **2.** (*deseo, curiosidad*) befriedigen; (*hambre*) stillen; (*sed*) löschen; (*demanda*) decken; ~ **todos los caprichos de sus hijos** seinen Kindern jeden Wunsch erfüllen **3.** (*requisitos*) entsprechen +*dat* **4.** (*agravio*) wieder gutmachen **II.** *vr:* ~**se 1.** (*contentarse*) zufrieden sein **2.** (*agravio*) sich *dat* Genugtuung verschaffen

satisfactorio, -a [satisfak'torjo, -a] *adj* (*solución*) befriedigend; **no ser** ~ unbefriedigend sein; **resulta** ~ **comprobar que...** es ist erfreulich festzustellen, dass ...

satisfecho, -a [satis'fetʃo, -a] **I.** *pp de* **satisfacer II.** *adj* (*contento*) zufrieden; (*exigencias, deseo sexual*) befriedigt; ~ **de sí mismo** selbstzufrieden; **estar** ~ (*harto*) satt sein

saturación [satura'θjon] *f* Sättigung *f*

saturar [satu'rar] *vt* sättigen

sauce ['sau̯θe] *m* Weide *f;* ~ **llorón** Trauerweide *f*

saúco [sa'uko] *m* Holunder *m*

saudí [sau̯'ði] <saudíes>, **saudita** [sau̯'ðita] **I.** *adj* saudiarabisch; **Arabia S~** Saudiarabien *nt* **II.** *mf* Saudiaraber(in) *m(f)*

sauna ['sau̯na] *f* Sauna *f*

savia ['saβja] *f* **1.** (BOT) Pflanzensaft *m;* (*de árbol*) Baumsaft *m* **2.** (*energía*) Kraft *f*

saxofón [saᵞso'fon] *m,* **saxófono** [saᵞ'sofono] *m* Saxophon *nt*

saya ['saɟa] *f* (*de mujer*) Unterrock *m*

sayo ['saɟo] *m* (*fam: vestido*) Kleid *nt;* **cortar a alguien un** ~ (*fig*) über jdn herziehen

sazón [sa'θon] *f* **1.** (*condimento*) Würze *f* **2.** (*madurez*) Reife *f;* **estar en** ~ reif sein **3.** (*loc*): **a la** ~ damals; **en** ~ zur rechten Zeit; **fuera de** ~ zu einem ungünstigen Zeitpunkt

sazonado, -a [saθo'naðo, -a] *adj* **1.** (*comida*) schmackhaft **2.** (*fruta*) reif **3.** (*frase*) witzig

sazonar [saθo'nar] *vt* **1.** (*comida*) würzen **2.** (*madurar*) reifen lassen

se [se] *pron pers* **1.** (*forma reflexiva*) sich **2.** (*objeto indirecto*): **mi hermana** ~ **lo prestó a su amiga** meine Schwester hat es ihrer Freundin geliehen **3.** (*oración impers*) man **4.** (*oración pasiva*): ~ **confirmó la sentencia** das Urteil wurde bestätigt; ~ **ruega no fumar** bitte nicht rauchen

sé [se] *1. pres de* **saber**

sebear [seβe'ar] *vi* (*Ven*) miteinander schlafen

sebo ['seβo] *m* Fett *nt;* **hacer** ~ (*Arg: fam*) (faul) herumlungern

seboso, -a [se'βoso, -a] *adj* fettig

secadero [seka'ðero, -a] *m* (*local*) Trockenraum *m;* (*recinto*) Trockenplatz *m*

secado [se'kaðo, -a] *m* Trocknen *nt*

secador [seka'ðor] *m* (*para la ropa*) Wäscheständer *m;* (*para las manos*) Trockner *m;* (*para el pelo*) Trockenhaube *f;* ~ (**de mano**) Föhn *m*

secadora [seka'ðora] *f* (Wäsche)trockner *m*

secano [se'kano] *m* **1.** (*tierra*) unbewässertes Land *nt;* **cultivo de** ~ Trockenkultur *f;* **ése es de** ~ (*fam*) der zieht das Land dem Meer vor **2.** (*isleta*) Sandbank *f*

secante[1] [se'kan̩te] **I.** *adj* schneidend; **línea** ~ Sekante *f* **II.** *m* **1.** (*pintura*) Trockenmittel *nt* **2.** (*papel*) Löschpapier *nt*

secante[2] [se'kan̩te] *f* (MAT) Sekante *f*

secar [se'kar] <c→qu> **I.** *vt* **1.** (*deshumedecer*) trocknen; **papel secante** Löschpapier *nt* **2.** (*enjugar*) abtrocknen **3.** (*agostar*) austrocknen **4.** (*cicatrizar*) abheilen **II.** *vr:* ~**se 1.** (*deshumedecer*) trocknen **2.** (*enjugar*) sich abtrocknen **3.** (*desecarse*) austrocknen; (*fuente*) versiegen; (*agostarse*) vertrocknen **4.** (*curarse*) abheilen **5.** (*enflaquecer*) abmagern **6.** (*insensibilizarse*) abstumpfen **7.** (*estar sediento*) verdursten; ~**se de sed** eingehen vor Durst

sección [seᵞ'θjon] *f* **1.** (*cortadura, dibujo del perfil*) Schnitt *m* **2.** (*parte*) Teil *m,* Abschnitt *m;* ~ **por** ~ abschnitt(s)weise **3.** (*departamento*) Abteilung *f*

seccionar [seᵞθjo'nar] *vt* zerteilen

secesión [seθe'sjon] *f* (*separación*) Abspaltung *f;* (*fracción de Estado*) Sezession *f*

seco, -a ['seko, -a] *adj* **1.** (*sin agua*) trocken; **golpe** ~ dumpfer Schlag; **a secas** nur; **en** ~ plötzlich; **dejar** ~ **a alguien** jdn auf der Stelle umbringen; **estar** ~ großen Durst haben; **quedarse** ~ sterben **2.** (*desecado*) getrocknet; **frutos** ~**s** Trockenfrüchte *fpl* **3.** (*río*) ausgetrocknet **4.** (*marchito*) verwelkt **5.** (*flaco*) dürr **6.** (*cicatriz*) abgeheilt **7.** (*tajante*) trocken **8.** (*vino*) trocken

secreción [sekre'θjon] *f* **1.** (*sustancia*) Sekret *nt* **2.** (*el segregar*) Sekretion *f*

secretar [sekre'tar] *vt* absondern

secretaría [sekreta'ria] *f* **1.** (*oficina*) Sekretariat *nt* **2.** (*cargo*) Sekretärsposten *m* **3.** (*Am: ministerio*) Ministerium *nt*

secretariado [sekreta'rjaðo] *m* **1.** (*oficina*) Sekretariat *nt* **2.** (*cargo*) Sekretärsposten *m* **3.** (*carrera*) Sekretärslaufbahn *f*

secretario, -a [sekre'tarjo, -a] *m, f* **1.** (*de oficina*) Sekretär(in) *m(f);* ~ **con idiomas** Fremdsprachensekretär *m* **2.** (*Am: ministro*) Minister(in) *m(f)*

secretear [sekrete'ar] *vi* (*fam*) tuscheln

secreter [sekre'ter] *m* (*mueble*) Sekretär *m*

secreto, -a[1] [se'kreto, -a] *adj* **1.** (*oculto*) geheim; **puerta secreta** Geheimtür *f* **2.** (*callado*) schweigsam

secreto² [se'kreto] *m* **1.** (*misterio*) Geheimnis *nt;* ~ **profesional** Schweigepflicht *f;* ~ **a voces** offenes Geheimnis; **en** ~ heimlich; **mantener en** ~ geheim halten; **guardar un** ~ ein Geheimnis hüten **2.** (*receta, método*) Geheimrezept *nt* **3.** (*reserva*) Vorsicht *f* **4.** (*lugar*) Geheimfach *nt*

secta ['sekta] *f* (*grupo*) Sekte *f*

sectario, -a ['sek'tarjo, -a] **I.** *adj* **1.** (*de secta*) sektiererisch **2.** (*fanático*) fanatisch **II.** *m, f* **1.** (*de una secta*) Sektenmitglied *nt* **2.** (*fanático*) Fanatiker(in) *m(f)*

sector [sek'tor] *m* **1.** (*t.* MAT) Sektor *m;* ~ **circular** Kreisausschnitt *m;* ~ **económico** Wirtschaftszweig *m;* ~ **hotelero** Hotelgewerbe *nt;* ~ **de la informática** Computerbranche *f;* ~ **de inicialización** (INFOR) Bootsektor *m;* ~ **multimedia** Multimediabereich *m;* ~ **servicios** Dienstleistungssektor *m* **2.** (*grupo*) Fraktion *f*

secuaz [se'kwaθ] *mf* (*pey*) Parteigänger(in) *m(f)*

secuela [se'kwela] *f* Folge *f;* ~ (**de una enfermedad**) Folgeerscheinung *f;* **dejar** ~**s** Spuren hinterlassen

secuencia [se'kweṇθja] *f* **1.** (*serie*) Reihe *f;* ~ **de caracteres** (*t.* INFOR) Zeichenfolge *f* **2.** (CINE) Sequenz *f* **3.** (*orden de las palabras*) Wortstellung *f*

secuestrador(a) [sekwestra'ðor(a)] *m(f)* Entführer(in) *m(f)*

secuestrar [sekwes'trar] *vt* **1.** (*raptar*) entführen **2.** (*embargar*) beschlagnahmen

secuestro [se'kwestro] *m* **1.** (*rapto*) Entführung *f* **2.** (*bienes*) beschlagnahmte Ware *f* **3.** (*embargo*) Beschlagnahmung *f*

secular [seku'lar] *adj* säkular

secundar [sekuṇ'dar] *vt* unterstützen

secundario, -a [sekuṇ'darjo, -a] *adj* (*segundo*) zweitrangig; (*cargo*) untergeordnet; **papel** ~ (CINE, TEAT) Nebenrolle *f;* **esto es** ~ das ist nebensächlich

sed [seᵈ] *f* **1.** (*falta de agua*) Durst *m* **2.** (*de plantas*) Wasserbedarf *m;* **tener** ~ Wasser brauchen **3.** (*afán*) Durst *m* (*de* nach +*dat*); ~ **de amor** Liebesbedürfnis *nt;* ~ **de poder** Machthunger *m*

seda ['seða] *f* **1.** (ZOOL) Spinnfaden *m* **2.** (*tela, hilo*) Seide *f;* **de** ~ **natural** reinseiden; **como una** ~ (*tacto*) seidenweich; (*persona*) pflegeleicht; (*sin tropiezos*) wie am Schnürchen **3.** (*cerda*) Borste *f*

sedal [se'ðal] *m* (*para pescar*) Angelschnur *f*

sedante [se'ðaṇte] **I.** *adj:* (**de efecto**) ~ schmerzlindernd **II.** *m* Schmerzmittel *nt*

sedar [se'ðar] *vt* lindern

sedativo, -a [seða'tiβo, -a] *adj* schmerzstillend

sede ['seðe] *f* (*residencia*) Sitz *m;* **la Santa S**~ der Heilige Stuhl

sedente [se'ðeṇte] *adj* sitzend

sedición [seði'θjon] *f* Aufstand *m*

sedicioso, -a [seði'θjoso, -a] **I.** *adj* aufständisch; **acto** ~ Aufstand *m* **II.** *m, f* Aufständische(r) *mf*

sediento, -a [se'ðjeṇto, -a] *adj* durstig (*de* nach +*dat*); ~ **de poder** machthungrig

sedimentación [seðimeṇta'θjon] *f* Ablagerung *f*

sedimentar [seðimeṇ'tar] **I.** *vt* (*sosegar*) beruhigen **II.** *vr:* ~**se** **1.** (*depositarse*) sich ablagern **2.** (*sosegarse*) sich beruhigen

sedimento [seði'meṇto] *m* Sediment *nt,* Bodensatz *m*

sedoso, -a [se'ðoso, -a] *adj* seidig

seducción [seðuɣ'θjon] *f* **1.** (*persuasión*) Verführung *f* **2.** (*tentación*) Verlockung *f*

seducir [seðu'θir] *irr como traducir vt* **1.** (*persuadir*) verführen **2.** (*fascinar*) verlocken

seductor(a) [seðuk'tor(a)] **I.** *adj* verführerisch; **artes** ~**as** Verführungskünste *fpl* **II.** *m(f)* Verführer(in) *m(f)*

sefardí **I.** *adj* sephardisch **II.** *mf* <sefardíes> Spaniole *mf;* **los** ~**es** die Sephardim

> **Sefardí** wird der Nachfahre eines aus Spanien oder Portugal stammenden Juden genannt. Auch die Sprache heißt **sefardí** (oder **ladino**). Die **sefardíes** wurden Ende des 15. Jahrhunderts von der Iberischen Halbinsel vertrieben. Sie siedelten sich dann in Nordafrika und einigen europäischen Ländern an.

segador(a) [seɣa'ðor(a)] **I.** *adj* Mäh- **II.** *m(f)* Mäher(in) *m(f)*

segadora [seɣa'ðora] *f* Mähmaschine *f*

segar [se'ɣar] *irr como fregar vt* **1.** (*cortar*) abschneiden; (*hierba*) mähen; ~ **algo en flor** (*fig*) etw im Keim ersticken **2.** (*frustrar*) zerstören

seglar [se'ɣlar] *adj* weltlich

segmentar [seɣmeṇ'tar] *vt* segmentieren

segmento [seɣ'meṇto] *m* (*parte*) Teil *m;* (MAT) Segment *nt*

segoviano, -a [seɣo'βjano, -a] **I.** *adj* aus Segovia **II.** *m, f* Einwohner(in) *m(f)* von Segovia

segoviense [seɣo'βjense] *adj o mf v.* **segoviano**

segregación [seɣreɣa'θjon] *f* Trennung *f*

segregar [seɣre'ɣar] <g→gu> *vt* trennen

seguido, -a [se'ɣiðo, -a] *adj* **1.** (*continuo*) ununterbrochen; **un año** ~ ein ganzes Jahr

S

2. (*en línea recta*) geradeaus; **por aquí** ~ auf diesem Weg

seguidor(a) [seɣi'ðor(a)] *m(f)* Anhänger(in) *m(f)*

seguimiento [seɣi'mjen̩to] *m* (*cumplimiento*) Befolgung *f;* (*persecución*) Verfolgung *f;* (*sucesión*) Folge *f*

seguir [se'ɣir] *irr* **I.** *vt* **1.** (*suceder, ser adepto*) folgen *+dat* **2.** (*perseguir*) verfolgen **3.** (*cursar*): ~ **un curso de informática** einen Informatikkurs besuchen **4.** (*acompañar*) folgen *+dat* **5.** (*continuar*): ~ **adelante** weitermachen; **¡que sigas bien!** lass es dir weiterhin gut gehen! **II.** *vi:* **sigue por esta calle** geh diese Straße entlang **III.** *vr:* ~**se** folgen

según [se'ɣun] **I.** *prep* gemäß *+dat,* laut *+gen/dat;* ~ **eso** demnach; ~ **la ley** laut Gesetz; ~ **tus propias/tu sonrisa** deinen Worten/deinem Lächeln nach **II.** *adv* **1.** (*como*) wie; ~ **lo convenido** wie vereinbart **2.** (*mientras*) während; **podemos hablar** ~ **vamos andando** wir können uns beim Laufen unterhalten **3.** (*eventualidad*): ~ (**y como**) je nachdem; ~ **el trabajo iré o no** je nachdem, ob ich viel Arbeit habe, werde ich gehen oder nicht

segunda [se'ɣun̩da] *f* **1.** (AUTO) zweiter Gang *m* **2.** (*loc*): **con** ~**s** mit Hintergedanken

segundero [seɣun̩'dero] *m* Sekundenzeiger *m*

segundo, -a[1] [se'ɣun̩do, -a] **I.** *adj* zweite(r, s); **primo** ~ Cousin zweiten Grades; **segunda intención** Hintergedanke *m;* **vivir en el** ~ im zweiten Stock wohnen **II.** *m, f* Stellvertreter(in) *m(f)*

segundo[2] [se'ɣun̩do] *m* (*tiempo*) Sekunde *f*

segundón, -ona [seɣun̩'don, -ona] *m, f* Zweitgeborene(r) *mf*

segur [se'ɣur] *f* **1.** (*hacha*) Beil *nt* **2.** (*hoz*) Sichel *f*

seguramente [seɣura'men̩te] *adv* **1.** (*de modo seguro*) mit Sicherheit **2.** (*probablemente*) sicherlich

seguridad [seɣuri'ða^{ð}] *f* **1.** (*protección*) Sicherheit *f;* **S~ Social** (ADMIN) Sozialversicherungssystem *nt;* **agentes de** ~ Sicherheitspolizei *f;* **departamento de** ~ Polizeirevier *nt* **2.** (*certeza*) Sicherheit *f,* Gewissheit *f;* **para mayor** ~ sicherheitshalber **3.** (*firmeza*) Sicherheit *f;* **habla con mucha** ~ er/sie ist sehr sicher im Sprechen **4.** (*garantía*) Garantie *f* **5.** (*confiabilidad*) Zuverlässigkeit *f*

seguro, -a[1] [se'ɣuro, -a] *adj* **1.** (*exento de peligro*) sicher **2.** (*firme*) fest **3.** (*sólido*) solide **4.** (*convencido*) sicher; ~ **de sí mismo** selbstsicher; **¿estás ~?** bist du (dir) sicher?

seguro[2] [se'ɣuro] **I.** *m* **1.** (*contrato*) Versicherung *f;* ~ **médico** Krankenversicherung *f;* ~ **de protección jurídica** Rechtsschutzversicherung *f;* ~ **a riesgo parcial** (AUTO) Teilkaskoversicherung *f;* ~ **a todo riesgo** (AUTO) Vollkaskoversicherung *f* **2.** (*mecanismo*) Sicherung *f* **II.** *adv* sicher(lich); **a** (**buen**) [*o* **de**] ~ sicher(lich); **sobre** ~ ohne Risiko; **en** ~ unbeschadet; **tener** ~ **algo** (sich *dat*) etw *gen* sicher sein

seis [sei̯s] **I.** *adj inv* sechs; *v. t.* **ocho II.** *m inv* Sechs *f*

seisavo, -a [sei̯'saβo, -a] *adj* sechstel; *v. t.* **octavo**

seiscientos, -as [sei̯s'θjen̩tos, -as] *adj* sechshundert; *v. t.* **ochocientos**

seísmo [se'ismo] *m* Erdbeben *nt*

selección [sele^{ɣ}'θjon] *f* Auswahl *f;* ~ **natural** natürliche Auslese; ~ **nacional de fútbol** Fußballnationalmannschaft *f*

seleccionador(a) [sele^{ɣ}θjona'ðor(a)] *m(f)* (DEP) Trainer(in) *m(f)*

seleccionar [sele^{ɣ}θjo'nar] *vt* auswählen

> **selectividad** *f* Die **Selectividad** ist eine staatliche Abschlussprüfung, die alle Schüler und Schülerinnen nach dem **Bachillerato** ablegen müssen, wenn sie sich an einer spanischen Universität immatrikulieren möchten.

selectivo, -a [selek'tiβo, -a] *adj* selektiv; **método** ~ Auswahlmethode *f*

selecto, -a [se'lekto, -a] *adj* erlesen

selector(a)[1] [selek'tor(a)] *adj* Wähl-

selector[2] [selek'tor] *m* Regler *m;* ~ **de cambio de marcha** Schalthebel *m*

self-service [sel^{f}'serβis] *m sin pl* Selbstbedienung *f*

sellado, -a [se'ʎaðo, -a] *adj* (*timbrado*) abgestempelt

sellar [se'ʎar] *vt* **1.** (*timbrar*) stempeln **2.** (*dejar huella*) Spuren hinterlassen (in/auf *+dat*) **3.** (*concluir*) besiegeln **4.** (*precintar*) siegeln; (*cerrar*) versiegeln; ~ **los labios** Stillschweigen bewahren

sello ['seʎo] *m* **1.** (*instrumento, marca*) Stempel *m;* ~ **de garantía** Gütezeichen *nt;* ~ **oficial** Dienststempel *m* **2.** (*viñeta*) Marke *f;* ~ (**postal**) Briefmarke *f* **3.** (*precinto*) Siegel *nt;* **cerrar con un** ~ versiegeln **4.** (*distintivo*) Kennzeichen *nt;* **esta película lleva el ~ de su director** dieser Film trägt die Handschrift seines Regisseurs **5.** (*anillo*) Siegelring *m* **6.** (MED) Oblate *f*

selva ['selβa] *f* Wald *m;* ~ (**virgen**) Urwald *m*

selvático, -a [sel'βatiko, -a] *adj* **1.** (*de la sel-*

va) Wald-; (*de jungla*) Urwald- **2.** (*salvaje*) wild

semáforo [se'maforo] *m* **1.** (*de circulación*) (Verkehrs)ampel *f* **2.** (*telégrafo*) Signalmast *m*

semana [se'mana] *f* Woche *f*; **S~ Santa** Karwoche *f*; **fin de ~** Wochenende *nt*; **durante ~s (enteras)** wochenlang; **entre ~** unter der Woche

semanal [sema'nal] *adj* wöchentlich; **revista ~** Wochenzeitschrift *f*

semanario, -a[1] [sema'narjo, -a] *adj* Wochen-

semanario[2] [sema'narjo] *m* Wochenzeitung *f*

semántica [se'maṇtika] *f sin pl* Semantik *f*

semblante [sem'blaṇte] *m* **1.** (*cara*) Gesicht *nt* **2.** (*expresión*) Gesichtsausdruck *m*; **tener un ~ alegre** einen glücklichen Eindruck machen; **componer el ~** ein ernstes Gesicht machen

semblanza [sem'blaṇθa] *f* **1.** (*parecido*) Ähnlichkeit *f* **2.** (*bosquejo biográfico*) Kurzbiografie *f*

sembrar [sem'brar] <e→ie> *vt* **1.** (*plantar*) säen **2.** (*esparcir*) streuen; **~ una calle de flores** eine Straße mit Blumen bestreuen; **~ para el futuro** für die Zukunft vorsorgen; **~ el terror** Angst verbreiten

semejante [seme'xaṇte] **I.** *adj* **1.** (*similar*) ähnlich **2.** (*tal*) solch; **~ persona** solch eine Person **II.** *m* Mitmensch *m*

semejanza [seme'xaṇθa] *f* (*similitud*) Ähnlichkeit *f*

semejar [seme'xar] **I.** *vi* ähneln +*dat* **II.** *vr:* **~se** sich *dat* ähneln; **~se a alguien** jdm ähneln

semen ['semen] *m* **1.** (*espermatozoide*) Sperma *nt* **2.** (*semilla*) Samen *m*

semental [semeṇ'tal] **I.** *adj* **1.** (AGR) Saat- **2.** (ZOOL) Zucht-; **caballo ~** Zuchthengst *m* **II.** *m* Zuchttier *nt*

sementar [semeṇ'tar] <e→ie> *vt* säen

sementera [semeṇ'tera] *f* **1.** (*siembra*) Aussaat *f* **2.** (*sembrado*) Saatfeld *nt* **3.** (*cosa sembrada*) Saat *f* **4.** (*tiempo*) Saatzeit *f*

semestral [semes'tral] *adj* halbjährig; (UNIV) Semester-

semestre [se'mestre] *m* Halbjahr *nt*; (UNIV) Semester *nt*

semiautomático, -a [semiauṭo'matiko, -a] *adj* halbautomatisch; **semicírculo** [semi'θirkulo] *m* (MAT) Halbkreis *m*; **semiconductor** [semikoṇduk'tor] *m* Halbleiter *m*; **semiconsciente** [semikons'θeṇte] *adj* halb bei Bewusstsein; **semidesnatado, -a** [semiðesna'taðo, -a] *adj* halbfett; **semidiós, -osa** [semi'ðjos, -osa] *m, f* Halbgott, -göttin *m, f*; **semidormido, -a** [semiðor'miðo, -a] *adj* im Halbschlaf; **semielaborado, -a** [semielaβo'raðo, -a] *adj* halb fertig; **semifinal** [semifi'nal] *f* Halbfinale *nt*; **pasar a la ~** das Halbfinale erreichen

semilla [se'miʎa] *f* Samen *m*; (*fig*) Keim *m*

semillero [semi'ʎero] *m* **1.** (*sementera*) Saatfeld *nt* **2.** (*origen*) Keim *m*

semilunar [semilu'nar] *adj* halbmondförmig

seminal [semi'nal] *adj* Samen-

seminario [semi'narjo] *m* **1.** (ENS, REL) Seminar *nt* **2.** (*origen*) Keim *m* **3.** (*sementera*) Saatfeld *nt*

semioscuridad [semioskuri'ðað] *f* Halbdunkel *nt*

semiprecioso, -a [semipre'θjoso, -a] *adj:* **piedra semipreciosa** Halbedelstein *m*; **semiproducto** [semipro'ðukto] *m* Halbfertigware *f*; **semirrecto, -a** [semi'rrekto, -a] *adj:* **ángulo ~** 45°-Winkel *m*

sémola ['semola] *f* Grieß *m*

sempiterno, -a [sempi'terno, -a] *adj* ewig

Sena ['sena] *m* Seine *f*

senado [se'naðo] *m* Senat *m*

> Der **senado de los diputados**, d.h. der spanische Senat, setzt sich insgesamt aus 255 Senatoren zusammen: 208 von ihnen werden direkt gewählt, die restlichen 47 von den **Comunidades Autónomas**.

senador(a) [sena'ðor(a)] *m(f)* Senator(in) *m(f)*

sencillamente [seṇθiʎa'meṇte] *adv* schlichtweg

sencillez [seṇθi'ʎeθ] *f* **1.** (*simplicidad*) Einfachheit *f* **2.** (*naturalidad*) Schlichtheit *f* **3.** (*sinceridad*) Aufrichtigkeit *f* **4.** (*candidez*) Einfältigkeit *f*

sencillo, -a [seṇ'θiʎo, -a] *adj* **1.** (*simple*) einfach **2.** (*natural*) schlicht; **gente sencilla** einfache Leute **3.** (*sincero*) aufrichtig **4.** (*cándido*) einfältig

senda ['seṇda] *f*, **sendero** [seṇ'dero] *m* **1.** (*camino*) Pfad *m*; **~ del jardín** Gartenweg *m* **2.** (*método*) Weg *m*

sendos, -as ['seṇdos, -as] *adj:* **llegamos en ~ coches** wir kamen jeder mit seinem Wagen

senectud [senek'tuð] *f* Alter *nt*

senegalés, -esa [seneɣa'les, -esa] **I.** *adj* senegalesisch **II.** *m, f* Senegalese, -in *m, f*

senil [se'nil] *adj* **1.** (*de la vejez*) Alters- **2.** (*decrépito*) senil

senilidad [senili'ðað] *f* (*decrepitud*) Senilität *f*

sénior ['senjor] **I.** *adj* senior **II.** *mf* Senior(in) *m(f)*

seno ['seno] *m* **1.** (*concavidad*) Vertiefung *f* **2.** (ANAT, MAT) Sinus *m;* ~ **frontal** Stirnhöhle *f* **3.** (*matriz*) Schoß *m* **4.** (*pecho*) Brust *f*

sensación [sensa'θjon] *f* **1.** (*sentimiento*) Gefühl *nt* **2.** (*novedad*) Sensation *f* **3.** (*reacción*): **causar** ~ Aufsehen erregen; **de** ~ Aufsehen erregend

sensacional [sensaθjo'nal] *adj* sensationell

sensacionalismo [sensaθjona'lismo] *m sin pl* Sensationsgier *f*

sensacionalista [sensaθjona'lista] *adj* sensationslüstern; **prensa** ~ Sensationspresse *f*

sensatez [sensa'teθ] *f* Besonnenheit *f*

sensato, -a [sen'sato, -a] *adj* besonnen

sensibilidad [sensiβili'ða^{ð}] *f* Sensibilität *f*

sensibilizar [sensiβili'θar] <z→c> *vt* sensibilisieren

sensible [sen'siβle] *adj* **1.** (*sensitivo*) empfindlich (*a* gegen +*akk*); (*impresionable*) sensibel; ~ **a los cambios de tiempo** wetterfühlig; ~ **a la luz** lichtempfindlich **2.** (*perceptible*) wahrnehmbar

sensiblemente [sensiβle'mente] *adv* **1.** (*perceptible*) spürbar **2.** (*doloroso*) schmerzlich

sensiblería [sensiβle'ria] *f* Gefühlsduselei *f*

sensiblero, -a [sensi'βlero, -a] *adj* gefühlsdus(e)lig

sensitiva [sensi'tiβa] *f* Mimose *f*

sensitivo, -a [sensi'tiβo, -a] *adj* **1.** (*sensorial*) Sinnes-; **tacto** ~ Gefühlssinn *m* **2.** (*sensible*) sensibel **3.** (*sensual*) sinnlich

sensor [sen'sor] *m* Sensor *m*

sensorial [senso'rjal] *adj* sensorisch; **órgano** ~ Sinnesorgan *nt*

sensorio, -a[1] [sen'sorjo, -a] *adj v.* **sensorial**

sensorio[2] [sen'sorjo] *m* Bewusstsein *nt*

sensual [sensu'al] *adj* sinnlich

sensualidad [senswali'ða^{ð}] *f sin pl* Sinnlichkeit *f*

sentada [sen'taða] *f* (*protesta*) Sitzstreik *m*

sentado, -a [sen'taðo, -a] *adj* **1.** (*sensato*) besonnen **2.** (*loc*): **dar algo por** ~ etw nicht in Frage stellen; **doy por** ~ **que él acudirá** für mich steht fest, dass er kommt

sentar [sen'tar] <e→ie> **I.** *vi:* ~ **bien/mal** (*comida*) gut/schlecht bekommen; (*vestidos*) gut/schlecht stehen; ~ **como un tiro** auf den Magen schlagen **II.** *vt* setzen; **estar sentado** sitzen; **estar bien sentado** (*fig*) gut situiert sein **III.** *vr:* ~**se 1.** (*asentarse*) sich setzen; **¡siéntese!** nehmen Sie Platz! **2.** (*establecerse*) sich niederlassen **3.** (*estabilizarse*) sich stabilisieren

sentencia [sen'tenθja] *f* **1.** (*proverbio*) (Sinn)spruch *m* **2.** (JUR) Urteil *nt;* **dictar** ~ das Urteil sprechen

sentenciar [senten'θjar] *vt* **1.** (*decidir*) urteilen (über +*akk*) **2.** (*condenar*) verurteilen (*a* zu +*dat*)

sentido, -a[1] [sen'tiðo, -a] *adj* **1.** (*conmovido*) innig **2.** (*sensible*) empfindlich; **ser muy** ~ keinen Spaß verstehen

sentido[2] [sen'tiðo] *m* **1.** (*facultad, significado*) Sinn *m;* ~ **común** gesunder Menschenverstand; ~ **del deber** Pflichtgefühl *nt;* ~ **del humor** Sinn für Humor; **costar un** ~ sündhaft teuer sein; **estar con los cinco** ~**s en el asunto** voll bei der Sache sein; **estar sin** ~ bewusstlos sein; **perder el** ~ in Ohnmacht fallen **2.** (*dirección*) Richtung *f;* **en el** ~ **de la flecha** in Pfeilrichtung; **en el** ~ **de las agujas del reloj** im Uhrzeigersinn

sentimental [sentimen'tal] *adj* sentimental

sentimentalismo [sentimenta'lismo] *m* Sentimentalität *f*

sentimiento [senti'mjento] *m* **1.** (*emoción*) Gefühl *nt;* **sin** ~**s** gefühllos **2.** (*pena*) Bedauern *nt;* **le acompaño en el** ~ (mein) herzliches Beileid

sentir [sen'tir] *irr* **I.** *vt* **1.** (*percibir*) fühlen; **siento frío** mir ist kalt; **sin** ~ unvermittelt **2.** (*opinar*) meinen **3.** (*lamentar*) bedauern; **lo siento mucho** es tut mir sehr leid; **siento que...** +*subj* schade, dass ... **II.** *vr:* ~**se 1.** (*estar*) sich fühlen **2.** (*padecer*) Beschwerden haben (*de* in +*dat*) **III.** *m* **1.** (*opinión*) Meinung *f;* ~ **popular** öffentliche Meinung; **en mi** ~ meiner Meinung nach **2.** (*sentimiento*) Gefühl *nt*

seña ['seɲa] *f* **1.** (*gesto*) Zeichen *nt;* **hacer** ~**s** winken **2.** (*particularidad*) Kennzeichen *nt;* ~**s mortales** unverwechselbare Kennzeichen; **por más** ~**s** außerdem **3.** *pl* (*dirección*) Adresse *f*

señal [se'ɲal] *f* **1.** (*particularidad*) Kennzeichen *nt* **2.** (*signo*) Zeichen *nt;* **en** ~ **de** als Zeichen +*gen;* **dar** ~**es de vida** (*fig*) von sich *dat* hören lassen **3.** (*teléfono*) Freizeichen *nt* **4.** (*huella*) Spur *f* **5.** (*cicatriz*) Narbe *f* **6.** (*adelanto*) Anzahlung *f;* **paga y** ~ Anzahlung *f;* **dejar una** ~ eine Anzahlung leisten

señalado, -a [seɲa'laðo, -a] *adj* **1.** (*famoso*) berühmt **2.** (*importante*) bedeutend, wichtig **3.** (*insigne*) hervorragend

señalar [seɲa'lar] **I.** *vt* **1.** (*anunciar*) signalisieren **2.** (*marcar*) kennzeichnen **3.** (*estigmatizar*) brandmarken **4.** (*mostrar*) zeigen **5.** (*indicar*) hinweisen (auf +*akk*) **6.** (*fijar*) festlegen **7.** (*firmar*) abzeichnen **II.** *vr:* ~**se** sich hervorheben

señalización [seɲaliθa'θjon] *f* Beschilderung *f*

señalizar [seɲali'θar] <z→c> *vt* beschildern

señera [se'ɲera] *f* (*bandera*) Banner *nt*

señero, -a [se'ɲero, -a] *adj* **1.** (*solitario*) einsam **2.** (*único*) einzigartig **3.** (*importante*) bedeutend

señor(a) [se'ɲor(a)] **I.** *adj* (*fam*) **1.** (*noble*) vornehm **2.** (*enorme*) gewaltig; **~a casa** Mordshaus *nt* **II.** *m(f)* **1.** (*dueño*) Herr(in) *m(f)* (*de* über +*akk*) **2.** (*hombre*) Mann *m;* (*mujer*) Frau *f;* (*dama*) Dame *f;* **~a de compañía** Anstandsdame *f;* **¡~as y ~es!** meine Damen und Herren! **3.** (*título*) Herr *m,* Frau *f;* **el ~/la ~a García** Herr/Frau García; **los ~es García** Herr und Frau García; **muy ~ mío: ...** sehr geehrter Herr, ...; **¡no, ~!** keineswegs!; **¡sí, ~!** aber natürlich! **4.** (REL): **el S~** der Herr; **nuestra S~a** die Heilige Maria; **descansar en el S~** entschlafen

señorear [seɲore'ar] **I.** *vt* **1.** (*dominar*) beherrschen **2.** (*sobresalir*) überragen **II.** *vr:* **~se** sich bemächtigen (*de* +*gen*)

señoría [seɲo'ria] *f* Herrschaft *f;* **Su S~** Eure Gnaden

señori(a)l [seɲo'ril/seɲo'rjal] *adj* herrschaftlich; **casa ~** Herrenhaus *nt*

señorío [seɲo'rio] *m* **1.** (*dominio*) Herrschaft *f* **2.** (*territorio*) herrschaftlicher Besitz *m* **3.** (*dignidad*) Würde *f* **4.** (*personas*) Herrschaften *pl*

señorita [seɲo'rita] *f* **1.** (*tratamiento*) Fräulein *nt* **2.** (*cigarro*) Zigarillo *m o nt*

señorito [seɲo'rito] *m* junger Herr *m*

señuelo [se'ɲwelo] *m* Lockvogel *m;* (*fig*) Köder *m;* **caer en el ~** in die Falle gehen

separación [separa'θjon] *f* **1.** (*desunión*) Trennung *f* **2.** (*espacio*) Zwischenraum *m*

separado [sepa'raðo] *adv:* **por ~** getrennt; **contar por ~** einzeln zählen

separar [sepa'rar] **I.** *vt* **1.** (*desunir*) trennen (*de* von +*dat*) **2.** (*apartar*) aussortieren **3.** (*destituir*) entlassen (*de* aus +*dat*) **II.** *vr:* **~se** sich trennen (*de* von +*dat*)

separo [se'paro] *m* (*Méx: celda*) (Gefängnis)zelle *f*

sepelio [se'peljo] *m* Begräbnis *nt*

sepia ['sepja] *f* Sepia *f;* **de color ~** sepia(braun)

septentrión [septeṇ'trjon] *m* **1.** (*polo ártico*) Nordpol *m* **2.** (*norte*) Norden *m;* (**viento**) **~** Nordwind *m*

septentrional [septeṇtrjo'nal] *adj* nördlich

septicemia [septi'θemja] *f* Blutvergiftung *f*

septiembre [sep'tjembre] *m* September *m; v. t.* **marzo**

séptimo, -a ['septimo, -a] **I.** *adj* (*parte*) siebtel; (*numeración*) siebte(r, s) **II.** *m, f* Siebtel *nt; v. t.* **octavo**

séptuplo, -a ['septuplo, -a] *adj* siebenfach; *v. t.* **óctuplo**

sepulcral [sepul'kral] *adj* Grab-; **silencio ~** Grabesstille *f*

sepulcro [se'pulkro] *m* **1.** (*tumba*) Grab *nt;* **ser un ~** (*fig*) verschwiegen wie ein Grab sein **2.** (*relicario*) Schrein *m*

sepultar [sepuḷ'tar] **I.** *vt* **1.** (*inhumar, t. fig*) begraben **2.** (*cubrir*) unter sich *dat* begraben **II.** *vr:* **~se** (*sumergir*) versinken

sepultura [sepuḷ'tura] *f* **1.** (*sepelio*) Begräbnis *nt* **2.** (*tumba*) Grab *nt;* **dar ~ a alguien** jdn zu Grabe tragen; **estar cavando su ~** sich *dat* sein eigenes Grab schaufeln

sepulturero, -a [sepuḷtu'rero, -a] *m, f* Totengräber(in) *m(f)*

sequedad [seke'ðaᵈ] *f* **1.** (*aridez*) Trockenheit *f* **2.** (*descortesía*) Unfreundlichkeit *f;* **con ~** unwirsch

sequía [se'kia] *f* Dürre *f*

séquito ['sekito] *m* Gefolge *nt*

ser [ser] *irr* **I.** *aux* **1.** (*construcción de la pasiva*): **las casas fueron vendidas** die Wohnungen wurden verkauft; **el triunfo fue celebrado** der Sieg wurde gefeiert **2.** (*en frases pasivas*): **es de suponer que vendrán** es ist anzunehmen, dass sie kommen werden; **era de esperar** das war zu erwarten; **es de esperar que...** +*subj* man darf hoffen, dass ... **II.** *vi* **1.** (*absoluto, copulativo, existir, constituir*) sein; **cuatro y cuatro son ocho** vier und vier ist acht; **éramos cuatro** wir waren zu viert; **¿quién es?** (*puerta*) wer ist da?; (*teléfono*) wer ist am Apparat?; **soy Pepe** (*al teléfono*) hier spricht Pepe; **es de noche** es ist Nacht; **son las cuatro** es ist vier Uhr; **el que fue director del teatro** der ehemalige Intendant des Theaters **2.** (*tener lugar*): **el examen es mañana** die Klausur ist morgen; **el concierto es en el pabellón** das Konzert findet in der Sporthalle statt; **eso fue en 1995** das geschah (im Jahre) 1995 **3.** (*costar*): **¿a cuánto es el pollo?** wie viel kostet das Hühnchen?; **¿cuánto es todo?** wie viel macht alles zusammen? **4.** (*estar*): **el cine es en la otra calle** das Kino ist in der anderen Straße **5.** (*convertirse en*): **¿qué quieres ~ de mayor?** was willst du werden, wenn du groß bist?; **¿qué es de él?** was macht er?; **qué ha sido de ella?** was ist aus ihr geworden?; **llegó a ~ ministro** er brachte es bis zum Minister **6.** (*depender*): **todo es que se decida pronto** alles hängt nur davon ab, wie schnell er/sie eine Entscheidung trifft **7.** (*con 'de': posesión*): **¿de quién es esto?** wem gehört das?; **el paquete es de él** das Paket gehört ihm; **el anillo es de plata** der Ring ist aus Silber; **el coche es de color azul** das Auto ist blau; **ser de Suabia** aus Schwaben kommen; **~ de 100 pesetas** 100 Peseten kosten; **es de 30 años** er/sie ist 30 (Jahre alt); **lo que ha hecho es muy de ella** was sie gemacht hat, ist typisch für sie; **esta manera de hablar no es de un catedrático** diese Ausdrucksweise passt nicht zu einem

Professor; **es de lo más guay** es ist einfach spitze; **eres de lo que no hay** du bist einzigartig; **es de un cobarde que no veas** er/sie ist schrecklich feige **8.** (*con 'para'*): **yo no soy para tutearlo** ich traue mich nicht ihn zu duzen; **este estilo no es para ti** dieser Stil passt nicht zu dir; **¿para quién es el vino?** wer bekommt den Wein?; **la película no es para niños** der Film ist nicht für Kinder geeignet; **no es para ponerse así** reg dich deshalb nicht so auf; **es como para no hablarte más** ich hätte guten Grund nicht mehr mit dir zu reden **9.** (*con 'que'*): **esto es que no lo has visto bien** wahrscheinlich hast du es nicht richtig gesehen; **es que ahora no puedo** ich kann jetzt nämlich nicht; **si es que merece la pena** wenn es sich überhaupt lohnt; **¡y es que tenía unas ganas de acabarlo!** wie habe ich mir gewünscht damit fertig zu werden! **10.** (*oraciones enfáticas, interrogativas*): **¡esto es!** (*así se hace*) gut so!; (*así se dice*) gut gesagt!; (*correcto*) richtig!; **¿pero qué es esto?** was soll denn das (sein)?; **¿cómo es eso?** wie ist das möglich?; **¡como debe ~¡** wie es sich gehört!; **¡no puede ~!** das kann doch nicht wahr sein!; **¿no puede ~?** ist es nicht möglich?; **¡eso es cantar!** das nennt man Singen! **11.** (*en futuro*): **¿~á capaz?** wird er/sie das können?; **¡~á capaz!** der Typ ist echt dreist; **~á lo que ~á** mal sehen, was daraus wird **12.** (*en infinitivo*): **manera de ~** Wesen *nt;* **razón de ~** Daseinsberechtigung *f;* **a no ~ que...** *+subj* es sei denn, dass ...; **todo puede ~** alles ist möglich; **quizá ganemos el campeonato – todo puede ~** vielleicht gewinnen wir die Meisterschaft – alles ist noch offen; **por lo que pueda ~** für alle Fälle; **con ~ su marido, no puede tragarla** obwohl er ihr Mann ist, kann er sie nicht ausstehen **13.** (*en indicativo, condicional*): **es más** ja mehr noch; **siendo así** wenn das so ist; **y eso es todo** das wär's; **~ más/menos que alguien** besser/schlechter als jd sein; **es igual** (*no importa*) macht nichts; **yo soy de los que piensan que...** ich gehöre zu denen, die glauben, dass ...; **de no haber sido por ti...** wenn du nicht gewesen wärst ...; **no es lo que tú piensas** es ist nicht so, wie du denkst; **con el carisma que tiene sería un buen líder (de un partido)** bei seinem Charisma gäbe er einen guten (Partei)chef ab; **el lema electoral es: ...** die Wahlparole lautet: ... **14.** (*en subjuntivo*): **si yo fuera tú** wenn ich du wäre; **si no fuera por eso...** wenn das nicht wäre ...; **si por mí fuera** wenn es nach mir ginge; **me tratas como si fuera un niño** du behandelst mich wie ein Kind; **sea lo que sea** wie dem auch sei; **lo que sea ~á** es kommt wie es kommen muss; **hazlo sea como sea** tu es, egal wie; **sea quien sea** egal wer; **dos reales, o sea, 50 céntimos** zwei Reales, das heißt, 50 Céntimos; **el color que quieras, pero que no sea rojo** irgendeine Farbe, außer Rot; **cómprame un chupachups o lo que sea** kauf mir einen Lutscher oder sonst was; **cómprame un chupa-chups ni que sea** kauf mir wenigstens einen Lutscher; **por listo que sea...** möge er noch so schlau sein ...; **cualquiera que sea el día** an irgendeinem Tag **III.** *m* **1.** (*criatura*) Wesen *nt;* **~ vivo** Lebewesen *nt* **2.** (*esencia*) Wesen *nt* **3.** (FILOS) Sein *nt*

sera ['sera] *f* Trag(e)korb *m*

serba ['serβa] *f* Vogelbeere *f*

Serbia ['serβja] *f* Serbien *nt*

serbio, -a ['serβjo, -a] **I.** *adj* serbisch **II.** *m, f* Serbe, -in *m, f*

serenar [sere'nar] **I.** *vt* (*calmar*) beruhigen **II.** *vi, vr:* **~se** (*calmarse*) sich beruhigen; (*tiempo*) aufklaren

serenata [sere'nata] *f* Serenade *f*

serenidad [sereni'ða^ð] *f sin pl* **1.** (*sosiego*) Gelassenheit *f* **2.** (*príncipe*): **Su S~** Seine/Ihre Durchlaucht

sereno, -a[1] [se'reno, -a] *adj* **1.** (*sosegado*) ruhig **2.** (*sin nubes*) heiter

sereno[2] [se'reno] *m* **1.** (*humedad*) Tau *m;* **al ~** (nachts) im Freien **2.** (*vigilante*) ≈Nachtwächter *m*

serial [se'rjal] *m* (RADIO, TV) Serie *f;* (*publicación*) Reihe *f*

serie ['serje] *f* **1.** (*sucesión*) Serie *f;* **~ de artículos** Produktreihe *f;* **~ televisiva** Fernsehserie *f;* **fuera de ~** herausragend **2.** (*gran cantidad, t.* MAT) Reihe *f* **3.** (DEP) Vorrunde *f*

seriedad [serje'ða^ð] *f sin pl* Ernsthaftigkeit *f*

serio, -a ['serjo, -a] *adj* **1.** (*grave*) ernst(haft) **2.** (*severo*) streng **3.** (*formal*) seriös **4.** (*responsable*) verantwortungsbewusst **5.** (*sin burla*) ernst(haft); **esto va en ~** das ist jetzt ernst gemeint; **¿en ~?** wirklich?

sermón [ser'mon] *m* Predigt *f;* **echar un ~ a alguien** jdm eine Standpauke halten

sermonear [sermone'ar] **I.** *vi* predigen **II.** *vt* (*fam*) eine Standpauke halten *+dat*

seropositivo, -a [seroposi'tiβo, -a] *adj* HIV-positiv

serosidad [serosi'ða^ð] *f* Lymphe *f*

serpear [serpe'ar] *vi* sich schlängeln

serpenteante [serpen̩te'an̩te] *adj* gewunden; **carretera ~** Serpentinenstraße *f*

serpentear [serpen̩te'ar] *vi* sich schlängeln

serpenteo [serpen̩'teo] *m* Serpentine *f*

serpentina [serpen̩'tina] *f* (*de papel*) Luftschlange *f*

serpiente [ser'pjeṇte] *f* Schlange *f;* ~ **de cascabel** Klapperschlange *f;* ~ **de vidrio** Blindschleiche *f*

serrado, **-a** [se'rraðo, -a] *adj* gezackt

serraduras [serra'ðuras] *fpl* Sägespäne *mpl*

serranía [serra'nia] *f* Bergland *nt*

serrano, **-a** [se'rrano, -a] *adj* Gebirgs-; **jamón** ~ luftgetrockneter Schinken

serrar [se'rrar] <e→ie> *vt* sägen

serrín [se'rrin] *m* Sägemehl *nt*

serrucho [se'rrutʃo] *m* (*sierra*) Fuchsschwanz *m*

servible [ser'βiβle] *adj* brauchbar

servicial [serβi'θjal] *adj* zuvorkommend

servicio [ser'βiθjo] *m* **1.** (*acción de servir*) Dienst *m;* ~ **civil sustitutorio** Zivildienst *m;* ~ **de información telefónica** Telefonauskunft *f;* ~ **militar** Wehrdienst *m;* ~ **postal express** Eilzustellung *f;* ~ **posventa** Kundendienst *m;* **estar de** ~ im Dienst sein; **hacer el** ~ den Wehrdienst ableisten; **hacer un** ~ **a alguien** jdm einen Dienst erweisen; **hacer un flaco** ~ **a alguien** jdm einen Bärendienst erweisen **2.** (*servidumbre*) Hauspersonal *nt;* **entrada de** ~ Dienstboteneingang *m* **3.** (*culto*) Gottesdienst *m* **4.** (*cubierto*) Geschirr *nt;* ~ **de té** Teeservice *nt* **5.** (*retrete*) Toilette *f* **6.** (DEP) Aufschlag *m* **7.** (ECON) Dienstleistung *f* **8.** (MED) Einlauf *m*

servidor(**a**) [serβi'ðor(a)] *m(f)* (*criado*) Diener(in) *m(f);* **un** ~ **se va a dormir** ich gehe schlafen; **¿quién es el último? –** ~ wer ist der Letzte? – ich

servidumbre [serβi'ðumbre] *f* **1.** (*personal*) Dienerschaft *f* **2.** (*esclavitud*) Leibeigenschaft *f* **3.** (*trabajo de siervo*) Fron(arbeit) *f* **4.** (*sujeción*) Hörigkeit *f* **5.** (JUR) Dienstbarkeit *f*

servil [ser'βil] **I.** *adj* unterwürfig **II.** *m* Kriecher *m*

servilismo [serβi'lismo] *m sin pl* Unterwürfigkeit *f*

servilleta [serβi'ʎeta] *f* Serviette *f;* **doblar la** ~ (*fig fam*) den Löffel abgeben

servilletero [serβiʎe'tero] *m* Serviettenhalter *m;* (*aro*) Serviettenring *m*

servir [ser'βir] *irr como pedir* **I.** *vi* **1.** (*ser útil*) nützen; **no sirve de nada** es bringt nichts; **no sirve para nada** das ist für nichts gut **2.** (*ser soldado/criado*) dienen **3.** (*ayudar*) behilflich sein; **¿en qué puedo ~le?** womit kann ich Ihnen dienen?; **¡para ~le!** zu Ihren Diensten! **4.** (*atender a alguien*) bedienen **5.** (DEP) aufschlagen **6.** (*suministrar*) (aus)liefern **7.** (*poner en el plato*) auftun **8.** (*en el vaso*) einschenken **II.** *vr:* **~se 1.** (*utilizar*) sich bedienen (*de* +*gen*) **2.** (*dignarse*): **sírvase cerrar la ventana** seien Sie so freundlich und schließen Sie bitte das Fenster

servoasistido, **-a** [serβoasis'tiðo, -a] *adj* Servo-; **servodirección** [serβoðireᵞ'θjon] *f* (AUTO) Servolenkung *f*

sésamo ['sesamo] *m* (BOT) Sesam *m;* **¡ábrete,** ~**!** Sesam, öffne dich!; **barrio** ~ (TV) Sesamstraße *f*

sesenta [se'seṇta] **I.** *adj inv* sechzig **II.** *m* Sechzig *f; v. t.* **ochenta**

sesera [se'sera] *f* **1.** (*cerebro*) Gehirn *nt* **2.** (*fam: cabeza*) Birne *f;* (*inteligencia*) Köpfchen *nt*

sesgar [ses'ɣar] <g→gu> *vt* **1.** (*cortar*) schräg schneiden **2.** (*torcer*) zur Seite biegen

sesgo ['sesɣo] *m* **1.** (*oblicuidad*) Schräge *f;* **al** ~ schräg **2.** (*orientación*) Verlauf *m*

sesión [se'sjon] *f* **1.** (*reunión*) Sitzung *f;* ~ **a puerta cerrada** nichtöffentliche Sitzung; **abrir/levantar la** ~ die Sitzung eröffnen/schließen **2.** (*representación*) Vorstellung *f;* ~ **de noche** Spätvorstellung *f*

seso ['seso] *m* **1.** (ANAT) Gehirn *nt* **2.** (*inteligencia*) Verstand *m;* **beber**(**se**) **los ~s** (*fig*) den Verstand verlieren; **calentarse los ~s** (*fam*) sich *dat* das Hirn zermartern; **tener sorbido el** ~ **a alguien** (*fam*) jdn voll im Griff haben **3.** *pl* (GASTR) Hirn *nt*

sesudo, **-a** [se'suðo, -a] *adj* **1.** (*inteligente*) intelligent **2.** (*sensato*) vernünftig

set [set] *m* <sets> **1.** (DEP) Satz *m* **2.** (*conjunto*) Set *nt*

seta ['seta] *f* Pilz *m;* **crecer como ~s** wie Pilze aus dem Boden schießen

setecientos, **-as** [sete'θjeṇtos, -as] *adj* siebenhundert; *v. t.* **ochocientos**

setenta [se'teṇta] **I.** *adj inv* siebzig **II.** *m* Siebzig *f; v. t.* **ochenta**

setiembre [se'tjembre] *m v.* **septiembre**

seto ['seto] *m* Zaun *m;* ~ **vivo** Hecke *f*

seudónimo [seu̯'ðonimo] *m* Pseudonym *nt*

Seúl [se'ul] *m* Seoul *nt*

severidad [seβeri'ðaᵈ] *f sin pl* Strenge *f*

severo, **-a** [se'βero, -a] *adj* streng (*con* zu +*dat*)

sevillanas *fpl* (MÚS) Sevillanas *fpl*

> Die **Sevillanas** sind wohl der bekannteste spanische Tanz im Ausland. Denkt man an Spanien, dann hat man meist die ‚rassige Carmen' in einem volantreichen Sevillanakleid vor Augen. Seinen Namen verdankt der Tanz der Stadt **Sevilla**, der Hauptstadt Andalusiens, wo sich diese Variante der **seguidilla** entwickelt hat.

sevillano, **-a** [seβi'ʎano, -a] **I.** *adj* aus Sevilla **II.** *m, f* Einwohner(in) *m(f)* von Sevilla
sexista [seʏ'sista] **I.** *adj* sexistisch **II.** *mf* Sexist(in) *m(f)*
sexo ['seʏso] *m* **1.** (*conjunto de individuos, t.* BIOL) Geschlecht *nt* **2.** (*órganos*) Geschlechtsorgane *ntpl* **3.** (*actividad*) Sex *m*
sextante [ses'tan̩te] *m* Sextant *m*
sexteto [ses'teto] *m* Sextett *nt*
sexto, **-a** ['sesto, -a] **I.** *adj* (*parte*) sechstel; (*numeración*) sechste(r, s) **II.** *m, f* Sechstel *nt; v. t.* **octavo**
séxtuplo, **-a** ['sestuplo, -a] **I.** *adj* sechsfach **II.** *m, f* Sechsfache(s) *nt; v. t.* **óctuplo**
sexual [seʏsu'al] *adj* **1.** (BIOL) geschlechtlich; **órganos ~es** Geschlechtsorgane *ntpl* **2.** (*sexualidad*) sexuell, Sexual-
sexualidad [seʏswali'ðaᵈ] *f sin pl* Sexualität *f*
shock [ʃoᵏ/ʧoᵏ] *m* Schock *m*
si [si] **I.** *conj* **1.** (*condicional*) wenn; **~ acaso** wenn etwa; **~ no** sonst, andernfalls; **por ~...** für den Fall, dass ...; **por ~ acaso** für alle Fälle **2.** (*en preguntas indirectas*) ob **3.** (*en oraciones concesivas*): **~ bien** obwohl **4.** (*comparación*): **como ~...** +*subj* als ob ...; **el padre está más nervioso que ~ fuera él mismo a dar a luz** der Vater ist so nervös, als müsste er selbst entbinden **5.** (*en frases desiderativas*): **¡~ hiciera un poco más de calor!** wenn es nur ein bisschen wärmer wäre! **6.** (*protesta, sorpresa*) doch; **¡pero ~ ella se está riendo!** aber sie lacht doch! **7.** (*énfasis*): **fíjate ~ es tonto que...** er ist so einfältig, dass ... **II.** *m* (MÚS) h *nt*
sí [si] **I.** *adv* ja; **¡~, señor!** jawohl, der Herr!; **porque ~** einfach so; **¡(claro) que ~!** aber ja doch!; **creo que ~** ich denke schon; **¡eso ~ que no!** das kommt nicht in Frage!; **por ~ o por no** in jedem Fall; **¡~ que está buena la tarta!** Mensch, schmeckt der Kuchen gut! **II.** *pron pers* sich; **a ~ mismo** zu sich *dat;* **de ~** von sich *dat* aus; **dar de ~** genügen; (*tela*) sich weiten; **el tema da mucho de ~** es ist ein sehr umfangreiches Thema; **en** [*o* **de por**] **~** an sich; **estar fuera de ~** außer sich *dat* sein; **hablar entre ~** untereinander reden; **por ~** per se; **mirar por ~** egoistisch sein **III.** *m* Ja *nt;* **dar el ~** Ja sagen; (*casamiento*) das Jawort geben; **tener el ~ de la madre** die Erlaubnis der Mutter haben; **no hay entre ellos ni un ~ ni un no** sie sind sich vollkommen einig
siamés, **-esa** [sja'mes, -esa] *adj* siamesisch; **gato ~** Siamkatze *f*
sibarita [siβa'rita] **I.** *adj* genusssüchtig **II.** *mf* Genießer(in) *m(f)*
Siberia [si'βerja] *f* Sibirien *nt*
siberiano, **-a** [siβe'rjano, -a] **I.** *adj* sibirisch **II.** *m, f* Sibir(i)er(in) *m(f)*
sicalíptico, **-a** [sika'liptiko, -a] *adj* obszön
sicario [si'karjo] *m* Killer *m*
Sicilia [si'θilja] *f* Sizilien *nt*
siciliano, **-a** [siθi'ljano, -a] **I.** *adj* sizilianisch **II.** *m, f* Sizilianer(in) *m(f)*
sicología [sikolo'xia] *f v.* **(p)sicología**
sida ['siða], **SIDA** ['siða] *m abr de* **síndrome de inmunodeficiencia adquirida** Aids *nt*
siderurgia [siðe'rurxja] *f* Eisenindustrie *f*
siderúrgico, **-a** [siðe'rurxiko, -a] *adj* Eisen-; **productos ~s** Produkte der Eisenindustrie
sidoso, **-a** [si'ðoso, -a] **I.** *adj* Aids-; **enfermo ~** Aidskranke(r) *m* **II.** *m, f* Aidskranke(r) *mf*
sidra ['siðra] *f* Apfelwein *m*
siega ['sjeɣa] *f* **1.** (*el segar*) Mähen *nt* **2.** (*tiempo*) Mähzeit *f* **3.** (*mieses*) Gemähte(s) *nt*
siembra ['sjembra] *f* **1.** (*el sembrar*) Aussaat *f* **2.** (*tiempo*) Saatzeit *f* **3.** (*terreno*) Saatfeld *nt*
siempre ['sjempre] *adv* immer; **de ~** seit jeher; **a la hora de ~** zur gewohnten Zeit; **una amistad de ~** eine langjährige Freundschaft; **eso es así desde ~** das war schon immer so; **~ pasa lo mismo** es ist immer das Gleiche; **¡hasta ~!** leb(e) wohl!; **por ~** auf ewig; **por ~ jamás** für immer und ewig; **~** [*o* **y cuando**] **que...** +*subj* vorausgesetzt, dass ...
sien [sjen] *f* Schläfe *f*
sierpe ['sjerpe] *f* **1.** (ZOOL) große Schlange *f;* **tener una lengua de ~** (*fig*) eine böse Zunge haben **2.** (*persona feroz*) fürchterlicher Mensch *m;* (*colérica*) zorniger Mensch *m;* (*fea*) hässlicher Mensch *m*
sierra ['sjerra] *f* **1.** (*herramienta*) Säge *f;* **~ continua** Bandsäge *f;* **~ mecánica** Motorsäge *f* **2.** (*lugar*) Sägewerk *nt* **3.** (GEO) Gebirgskette *f;* **~ de peñascos cortados** Kammgebirge *nt*
siervo, **-a** ['sjerβo, -a] *m, f* **1.** (*esclavo*) Sklave, -in *m, f* **2.** (*servidor*) Diener(in) *m(f)*
siesta ['sjesta] *f* **1.** (*descanso*) Mittagsschlaf *m;* (*pausa del mediodía*) Mittagsruhe *f;* **echar** [*o* **dormir**] **la ~** einen Mittagsschlaf halten **2.** (*hora de calor*) Mittagshitze *f*
siete ['sjete] **I.** *adj inv* sieben; **comer por ~** essen wie ein Scheunendrescher; **pícaro de ~ suelas** (*fam*) Erzgauner *m; v. t.* **ocho II.** *m* **1.** (*número*) Sieben *f; v. t.* **ocho 2.** (*fam: rasgón*) Riss *m* **3.** (*carpintería*) Schraubstock *m* **4.** (*AmS, Méx: vulg: ano*) Arsch *m*
sietemesino, **-a** [sjeteme'sino, -a] **I.** *adj:* **niño ~** Siebenmonatskind *nt* **II.** *m, f* **1.** (*prematuro*) Siebenmonatskind *nt* **2.** (*fam: chico presumido*) Milchbart *m*
sifón [si'fon] *m* **1.** (*tubo*) Saugheber *m* **2.** (*tubería, botella*) Siphon *m* **3.** (*soda*) So-

da(wasser) *nt*
siga ['siɣa] *f* (*Chil*) Verfolgung *f*
sigilar [sixi'lar] *vt* **1.** (*ocultar*) verheimlichen **2.** (*sellar*) versiegeln
sigilo [si'xilo] *m* **1.** (*discreción*) Verschwiegenheit *f*; ~ **profesional** (berufliche) Schweigepflicht *f* **2.** (*secreto*) Geheimnis *nt*; ~ **sacramental** Beichtgeheimnis *nt* **3.** (*sello*) Siegel *nt*
sigla ['siɣla] *f* **1.** (*letra inicial*) Anfangsbuchstabe *m* **2.** (*rótulo de siglas*) Akronym *nt*; ~ **de fabricante** Herstellerzeichen *nt*
siglo ['siɣlo] *m* Jahrhundert *nt*; **S~ de las Luces** Zeitalter der Aufklärung; **el ~ XX** das 20. Jahrhundert; **por los ~s de los ~s** bis in alle Ewigkeit; **hace un ~ que no te veo** ich habe dich (schon) seit einer Ewigkeit nicht mehr gesehen; **retirarse del ~** sich aus dem weltlichen Leben zurückziehen
signar [siɣ'nar] **I.** *vt* **1.** (*marcar*) abzeichnen **2.** (*firmar*) unterschreiben **3.** (REL) bekreuzen **II.** *vr:* ~**se** sich bekreuzigen
signatario, -a [siɣna'tarjo, -a] **I.** *adj* unterzeichnend; **poder ~** (JUR) Unterschriftsvollmacht *f* **II.** *m, f* Unterzeichner(in) *m(f)*
signatura [siɣna'tura] *f* **1.** (*firma*) Unterschrift *f* **2.** (TIPO) Signatur *f*
significación [siɣnifika'θjon] *f* Bedeutung *f*
significado [siɣnifi'kaðo] *m* Bedeutung *f*
significar [siɣnifi'kar] <c→qu> **I.** *vt, vi* bedeuten; **¿qué significa eso?** was soll das bedeuten? **II.** *vr:* ~**se** sich auszeichnen (*por* durch +*akk*)
significativo, -a [siɣnifika'tiβo, -a] *adj* bezeichnend
signo ['siɣno] *m* **1.** (*señal, t.* LING, MAT) Zeichen *nt*; ~ **de enfermedad** Krankheitssymptom *nt*; ~ **de más/menos** Plus-/Minuszeichen *nt*; ~ **de la multiplicación** Malzeichen *nt*; ~ **de puntuación** Satzzeichen *nt* **2.** (*escrito*) Schriftzeichen *nt* **3.** (ASTR) Sternzeichen *nt* **4.** (LIT: *destino*) Schicksal *nt*
siguiente [si'ɣjen̪te] **I.** *adj* folgende(r, s); **de la ~ manera** folgendermaßen **II.** *mf* Nächste(r) *mf*; **¡el ~!** der Nächste, bitte!
sílaba ['silaβa] *f* Silbe *f*; ~ **aguda** betonte Silbe; **de dos ~s** zweisilbig
silba ['silβa] *f* Auspfeifen *nt*
silbar [sil'βar] *vi, vt* **1.** (*chiflar*) pfeifen; (*serpiente*) zischen; (*sirena*) heulen **2.** (*abuchear*) auspfeifen
silbatina [silβa'tina] *f* (*AmS*) Auspfeifen *nt*
silbato [sil'βato] *m* Pfeife *f*
silbido [sil'βiðo] *m* Pfiff *m*; (*serpiente*) Zischen *nt*; (*sirena*) Geheul *nt*; (*viento*) Pfeifen *nt*; ~ **de los oídos** Ohrensausen *nt*
silbo ['silβo] *m* **1.** (*silbido*) Pfiff *m* **2.** (*voz, serpiente*) Zischen *nt*; (*viento*) Pfeifen *nt*
silenciador [silen̪θja'ðor] *m* Schalldämpfer *m*
silenciar [silen̪'θjar] *vt* **1.** (*callar*) verschweigen **2.** (*hacer callar*) zum Schweigen bringen
silencio [si'len̪θjo] *m* **1.** (*falta de ruido*) Stille *f*; **¡~!** Ruhe! **2.** (*el callar*) Schweigen *nt*; **en ~** stillschweigend; **entregar algo al ~** (*fig*) über etw schweigen; **guardar ~ sobre algo** über etw Stillschweigen bewahren; **imponer ~** Schweigen gebieten; **pasar algo en ~** etw unerwähnt lassen; **reducir al ~** zum Schweigen bringen; **romper el ~** das Schweigen brechen **3.** (MÚS) Pause *f*
silencioso, -a [silen̪'θjoso, -a] *adj* **1.** (*poco hablador*) schweigsam **2.** (*callado*) schweigend **3.** (*sin ruido*) still; (*motor*) geräuscharm
Silesia [si'lesja] *f* Schlesien *nt*
silesio, -a [si'lesjo, -a] **I.** *adj* schlesisch **II.** *m, f* Schlesier(in) *m(f)*
silicona [sili'kona] *f* Silikon *nt*
silla ['siʎa] *f* **1.** (*asiento, t.* REL) Stuhl *m*; ~ **de manos** Sänfte *f*; ~ **plegable** Klappstuhl *m*; ~ **de ruedas** Rollstuhl *m* **2.** (*montura*) Sattel *m*
sillín [si'ʎin] *m* Sattel *m*
sillón [si'ʎon] *m* (*butaca*) (Arm)sessel *m*
silueta [si'lweta] *f* Silhouette *f*; **cuidar la ~** auf die Figur achten
silvestre [sil'βestre] *adj* wild
silvicultura [silβikul̪'tura] *f* **1.** (*cultivo*) Forstwirtschaft *f* **2.** (*ciencia*) Forstwissenschaft *f*
sima ['sima] *f* Erdspalte *f*
simbólico, -a [sim'boliko, -a] *adj* symbolisch
simbolismo [simbo'lismo] *m* **1.** (*sistema, significado*) Symbolik *f* **2.** (ARTE, LIT) Symbolismus *m*
simbolizar [simboli'θar] <z→c> *vt* symbolisieren
símbolo ['simbolo] *m* Symbol *nt*
simetría [sime'tria] *f* Symmetrie *f*
simétrico, -a [si'metriko, -a] *adj* symmetrisch
simiente [si'mjen̪te] *f* Samen *m*
símil ['simil] **I.** *adj* ähnlich **II.** *m* Vergleich *m*
similar [simi'lar] *adj* ähnlich
similitud [simili'tu^ð] *f* Ähnlichkeit *f*
simio ['simjo] *m* Affe *m*
simpatía [simpa'tia] *f* **1.** (*agrado*) Sympathie *f*; **sentir ~ por algo** etw *dat* wohlwollend gegenüberstehen; **tener ~ por alguien** für jdn Sympathie empfinden **2.** (*carácter*) sympathisches Wesen *nt*
simpático, -a [sim'patiko, -a] *adj* sympathisch
simpatizante [simpati'θan̪te] *mf* Sympathisant(in) *m(f)*

S

simpatizar [simpati'θar] <z→c> *vi* sympathisieren

simple ['simple] <simplísimo *o* simplicísimo> **I.** *adj* **1.** (*sencillo*) einfach **2.** (*fácil*) leicht, einfach **3.** (*mero*) bloß; **a ~ vista** mit bloßem Auge **4.** (*mentecato*) einfältig **II.** *m* **1.** (*persona*) einfältige Person *f* **2.** (*tenis*) Einzel *nt*

simplemente [simple'men̪te] *adv* nur, schlicht und einfach

simpleza [sim'pleθa] *f* **1.** (*bobería*) Einfältigkeit *f* **2.** (*tontería*) Dummheit *f* **3.** (*insignificancia*) Kleinigkeit *f*

simplicidad [simpliθi'ða^{ð}] *f sin pl* **1.** (*sencillez*) Einfachheit *f* **2.** (*ingenuidad*) Naivität *f*

simplicísimo, -a [simpli'θisimo, -a] *adj superl de* **simple**

simplificar [simplifi'kar] <c→qu> *vt* **1.** (*facilitar*) vereinfachen **2.** (MAT) kürzen

simulación [simula'θjon] *f* Vortäuschung *f*

simulacro [simu'lakro] *m* **1.** (*apariencia*) Trugbild *nt* **2.** (*acción simulada*) Übung *f*

simulador(a)[1] [simula'ðor(a)] *m(f)* Simulant(in) *m(f)*

simulador[2] [simula'ðor] *m* (TÉC) Simulator *m*

simular [simu'lar] *vt* vortäuschen

simultanear [simul̪tane'ar] *vt* gleichzeitig tun

simultaneidad [simul̪tanei̯'ða^{ð}] *f sin pl* Gleichzeitigkeit *f*

simultáneo, -a [simul̪'taneo, -a] *adj* gleichzeitig; **interpretación simultánea** Simultandolmetschen *nt*

sin [sin] **I.** *prep* ohne +*akk;* **~ dormir** ohne zu schlafen; **~ querer** ungewollt; (*mala intención*) ohne Absicht; **~ más** ohne weiteres; **~ más ni más** mir nichts, dir nichts **II.** *adv:* **~ embargo** trotzdem

sinagoga [sina'ɣoɣa] *f* Synagoge *f*

sincerarse [sin̪θe'rarse] *vr* sich aussprechen (*ante* bei +*dat*)

sinceridad [sin̪θeri'ða^{ð}] *f* Aufrichtigkeit *f;* **con toda ~** in aller Offenheit

sincero, -a [sin̪'θero, -a] *adj* aufrichtig

sincrónico, -a [siŋ'kroniko, -a] *adj* synchron

sincronizador(a) [siŋkroniθa'ðor(a)] *m(f)* Synchronsprecher(in) *m(f)*

sincronizar [siŋkroni'θar] <z→c> *vt* synchronisieren

sindical [sin̪di'kal] *adj* Gewerkschafts-

sindicalismo [sin̪dika'lismo] *m* **1.** (*movimiento*) Gewerkschaftsbewegung *f* **2.** (*doctrina*) Syndikalismus *m*

sindicalista [sin̪dika'lista] **I.** *adj* (*sindical*) gewerkschaftlich **II.** *mf* (*miembro*) Gewerkschaft(l)er(in) *m(f)*

sindicar [sin̪di'kar] <c→qu> **I.** *vt* **1.** (*organizar*) gewerkschaftlich organisieren **2.** (*delatar*) verraten **3.** (*poner bajo sospecha*) verdächtigen **II.** *vr:* **~se** einer Gewerkschaft beitreten

sindicato [sin̪di'kato] *m* Gewerkschaft *f*

síndico ['sin̪diko] *m* **1.** (*administrador de la quiebra*) Konkursverwalter *m* **2.** (*representante*) gewählter Vertreter *m*

síndrome ['sin̪drome] *m* Syndrom *nt;* **~ de abstinencia** Entzugserscheinungen *fpl*

sinfín [siɱ'fin] *m* Unmenge *f* (*de* an/von +*dat, de* +*gen*)

sinfonía [siɱfo'nia] *f* Sinfonie *f*

sinfónico, -a [siɱ'foniko, -a] *adj:* **orquesta sinfónica** Sinfonieorchester *nt*

singular [siŋgu'lar] **I.** *adj* **1.** (*único*) einzeln; **ejemplar ~** Einzelexemplar *nt* **2.** (*excepcional*) einzigartig; **en ~** insbesondere **II.** *m* (LING) Einzahl *f;* **¡habla en ~!** (*fig*) sprich nur für dich!

singularidad [siŋgulari'ða^{ð}] *f* **1.** (*unicidad*) Einmaligkeit *f* **2.** (*excepcionalidad*) Einzigartigkeit *f* **3.** (*distinción*) Besonderheit *f*

singularizar [siŋgulari'θar] <z→c> **I.** *vt* (*particularizar*) herausheben **II.** *vr:* **~se** sich hervorheben

singularmente [siŋgular'men̪te] *adv* besonders

siniestro, -a[1] [si'njestro, -a] *adj* **1.** (*izquierdo*) linke(r, s); **a diestra y siniestra** kreuz und quer **2.** (*maligno*) böse **3.** (*funesto*) unheilvoll

siniestro[2] [si'njestro] *m* (*accidente*) Unfall *m;* (*catástrofe*) Unglück *nt*

sinnúmero [sin'numero] *m sin pl* Unzahl *f* (*de* an/von +*dat, de* +*gen*)

sino ['sino] **I.** *m* Schicksal *nt* **II.** *conj* **1.** (*al contrario*) sondern **2.** (*solamente*): **no espero ~ que me creas** ich hoffe nur, dass du mir glaubst **3.** (*excepto*) außer +*dat*

sinónimo, -a[1] [si'nonimo, -a] *adj* synonym

sinónimo[2] [si'nonimo] *m* Synonym *nt*

sinopsis [si'noβsis] *f inv* **1.** (*resumen*) Zusammenfassung *f* **2.** (*esquema*) Diagramm *nt*

sinóptico, -a [si'noptiko, -a] *adj* (*resumido*) zusammenfassend; (*esquemático*) schematisch

sinrazón [sinrra'θon] *f* Unrecht *nt*

sinsabor [sinsa'βor] *m* **1.** (*insipidez*) Fadheit *f* **2.** (*disgusto*) Verdruss *m*

sinsentido [sinsen̪'tiðo] *m* Unsinn *m*

sintáctico, -a [sin̪'taktiko, -a] *adj* syntaktisch

sintaxis [sin̪'ta^{ɣ}sis] *f inv* Syntax *f*

síntesis ['sin̪tesis] *f inv* Synthese *f;* **en ~** kurzum

sintético, -a [sin̪'tetiko, -a] *adj* synthetisch

sintetizador [sin̪tetiθa'ðor(a)] *m* (MÚS) Synthesizer *m*

sintetizar [sin̪teti'θar] <z→c> *vt* **1.** (QUÍM)

synthetisieren **2.** (*resumir*) zusammenfassen

síntoma ['sin̪toma] *m* Symptom *nt*

sintomático, -a [sin̪to'matiko, -a] *adj* symptomatisch

sintomatología [sin̪tomatolo'xia] *f* Symptomatik *f*

sintonía [sin̪to'nia] *f* **1.** (*adecuación*) Abstimmung *f* **2.** (*señal sonora*) Jingle *m* **3.** (*loc*): **estar en ~ (con alguien)** (mit jdm) auf der gleichen Wellenlänge liegen

sintonizar [sin̪toni'θar] <z→c> **I.** *vt* abstimmen; **~ una emisora** einen Sender einstellen **II.** *vi* übereinstimmen

sinuosidad [sinwosi'ða^{d}] *f* **1.** (*curvación*) Krümmung *f* **2.** (*concavidad*) Einbuchtung *f*

sinuoso, -a [sinu'oso, -a] *adj* **1.** (*curvado*) kurvig **2.** (*montañoso*) bergig **3.** (*retorcido*) heimtückisch

sinvergüenza [simber'ɣwen̪θa] **I.** *adj* unverschämt **II.** *mf* unverschämte Person *f*

síquico, -a ['sikiko, -a] *adj v.* **(p)síquico**

siquiera [si'kjera] **I.** *adv* wenigstens; **ni ~** nicht einmal **II.** *conj +subj* auch wenn

sirena [si'rena] *f* Sirene *f*

sirga ['sirɣa] *f* Schlepptau *nt*

Siria ['sirja] *f* Syrien *nt*

sirio, -a ['sirjo, -a] **I.** *adj* syrisch **II.** *m, f* Syr(i)er(in) *m(f)*

siroco [si'roko] *m* (METEO) Schirokko *m*

sirope [si'rope] *m* (*AmC, Col: jarabe*) Sirup *m*

sirviente [sir'βjen̪te] *mf* (*criado*) Bedienstete(r) *mf;* (*servidor*) Diener(in) *m(f)*

sisa ['sisa] *f* **1.** (*corte*) (Arm)ausschnitt *m* **2.** (*dinero*) geklautes Geld *nt fam*

sisar [si'sar] *vt* **1.** (*cortar una sisa*) den (Arm)ausschnitt schneiden (in *+akk*) **2.** (*hurtar*) klauen *fam*

sisear [sise'ar] *vt* auszischen

siseo [si'seo] *m* Zischen *nt*

sisirisco [sisi'risko] *m* (*Méx*) **1.** (*ano*) After *m* **2.** (*miedo*) Angst *f*

sismo ['sismo] *m* Erdbeben *nt*

sismógrafo [sis'moɣrafo] *m* Seismograph *m*

sistema [sis'tema] *m* System *nt;* **~ de alarma** Alarmanlage *f;* **~ antibloqueo de frenos** (AUTO) Antiblockiersystem *nt;* **~ operativo** (INFOR) Betriebssystem *nt;* **~ periódico** (QUÍM) Periodensystem *nt;* **~ planetario** (ASTR) Planetensystem *nt;* **por ~** grundsätzlich

sistemático, -a [siste'matiko, -a] *adj* systematisch

sistematizar [sistemati'θar] <z→c> *vt* systematisieren

sitiar [si'tjar] *vt* belagern; (*fig*) in die Enge treiben

sitio ['sitjo] *m* **1.** (*espacio*) Platz *m;* **~ de veraneo** Urlaubsort *m;* **en cualquier ~** irgendwo; **en ningún ~** nirgends; **en todos los ~s** überall; **guardar el ~ a alguien** jdm einen Platz freihalten; **hacer ~** Platz machen; **ocupar mucho ~** viel Platz beanspruchen; **poner a alguien en su ~** (*fig*) jdm den Kopf waschen; **quedarse en su ~** (*fig*) auf der Stelle tot sein **2.** (MIL) Belagerung *f*

sito, -a ['sito, -a] *adj* gelegen

situación [sitwa'θjon] *f* **1.** (*ubicación*) Lage *f* **2.** (*estado*) Situation *f;* **estar en ~ desahogada** wohlhabend sein

situado, -a [situ'aðo, -a] *adj* gelegen; **estar ~** liegen; **estar bien ~** (*trabajo*) gut situiert sein

situar [situ'ar] <*1. pres:* **sitúo**> **I.** *vt* (*colocar*) stellen; (*emplazar*) platzieren **II.** *vr:* **~se 1.** (*ponerse en un lugar*) sich stellen **2.** (*abrirse paso*) eine gehobene Position erreichen **3.** (DEP) sich platzieren

siútico, -a [si'utiko, -a] *adj* (*Chil: fam*) **1.** (*de mal gusto*) kitschig **2.** (*de nuevo rico*) neureich

SME [ese(e)me'e] *m abr de* **Sistema Monetario Europeo** EWS *nt*

so [so] **I.** *interj* brr! **II.** *prep* unter *+dat;* **~ pena de...** sonst droht die Strafe, dass ...; **~ pretexto de que...** unter dem Vorwand, dass ... **III.** *m* (*fam*): **¡~ imbécil!** du Idiot!

SO [suðo'este] *abr de* **sudoeste** SW

soba ['soβa] *f* (*fam*) **1.** (*manoseo*) Fummelei *f* **2.** (*zurra*) Tracht *f* Prügel

sobaco [so'βako] *m* Achsel(höhle) *f*

sobado, -a[1] [so'βaðo, -a] *adj* **1.** (*objetos*) abgenutzt **2.** (*papel*) abgegriffen **3.** (*tema*) abgedroschen

sobado[2] [so'βaðo] *m* Schmalzgebäck *nt*

sobaquina [soβa'kina] *f* Achselgeruch *m*

sobar [so'βar] *vt* **1.** (*manosear*) betasten **2.** (*ablandar*) durchkneten **3.** (*pegar*) prügeln **4.** (*molestar*) belästigen

soberanamente [soβerana'men̪te] *adv* (*extremadamente*) äußerst; **divertirse ~** sich köstlich amüsieren

soberanía [soβera'nia] *f* **1.** (POL) Souveränität *f;* **~ territorial** Gebietshoheit *f* **2.** (*majestad*) Erhabenheit *f*

soberano, -a [soβe'rano, -a] **I.** *adj* **1.** (POL) souverän **2.** (*excelente*) erhaben **3.** (*fam: enorme*) gewaltig **II.** *m, f* (*monarca*) Herrscher(in) *m(f);* (*príncipe*) Fürst(in) *m(f)*

soberbia [so'βerβja] *f* **1.** (*orgullo*) Hochmut *m* **2.** (*suntuosidad*) Pracht *f* **3.** (*ira*) Jähzorn *m*

soberbio, -a [so'βerβjo, -a] *adj* **1.** (*orgulloso*) hochmütig **2.** (*suntuoso*) prächtig **3.** (*fam: enorme*) gewaltig

sobón, -ona [so'βon, -ona] *adj* **1.** (*impertinente*) plump-vertraulich **2.** (*fam: vago*) arbeitsscheu

sobornar [soβor'nar] *vt* bestechen

soborno [so'βorno] *m* **1.** (*acción*) Bestechung *f* **2.** (*dinero*) Bestechungsgeld *nt;* (*regalo*) Bestechungsgeschenk *nt*

sobra ['soβra] *f* **1.** (*exceso*) Überfluss *m;* **de ~** (*en abundancia*) im Überfluss; (*inútilmente*) überflüssig; **saber algo de ~** etw nur zu gut wissen **2.** *pl* (*desperdicios*) Abfall *m;* (*restos*) Reste *mpl*

sobradamente [soβraða'meṇte] *adv* zur Genüge

sobrado, -a[1] [so'βraðo, -a] *adj* **1.** (*demasiado*) übermäßig viel; **estar ~ de algo** etw in Hülle und Fülle haben **2.** (*atrevido*) kühn **3.** (*rico*) wohlhabend, vermögend

sobrado[2] [so'βraðo] **I.** *m* Dachboden *m* **II.** *adv* zur Genüge

sobrante [so'βraṇte] **I.** *adj* **1.** (*que sobra*) übrig; (COM, FIN) überschüssig **2.** (*de más*) überflüssig **II.** *m* (*que sobra*) Übriggebliebene(s) *nt;* (*superávit*) Überschuss *m;* (*saldo*) Saldo *m*

sobrar [so'βrar] *vi* **1.** (*quedar*) übrig bleiben; **nos sobra bastante tiempo** uns bleibt noch genügend Zeit **2.** (*abundar*) zu viel sein; **me sobran cinco kilos** ich habe fünf Kilo zu viel; **aquí sobran las palabras** hier wäre jedes Wort zu viel **3.** (*estar de más*) überflüssig sein; (*molestar*) stören; **creo que sobras aquí** ich glaube, du bist hier fehl am Platz

sobre ['soβre] **I.** *m* **1.** (*para una carta*) (Brief)umschlag *m;* **~ monedero** Geldbrief *m;* **~ de ventanilla** Fensterbriefumschlag *m;* **un ~ de levadura** ein Päckchen Backpulver **2.** (*fam: cama*) Bett *nt;* **irse al ~** in die Falle gehen **II.** *prep* **1.** (*local: encima de*) auf +*dat;* (*por encima de*) über +*dat* **2.** (*poner, movimiento*) auf +*akk;* **deja el periódico ~ la mesa** leg die Zeitung auf den Tisch; **marchar ~ la ciudad** bis in die Stadt vordringen **3.** (*cantidad aproximada*): **pesar ~ los cien kilos** (so) um die hundert Kilo wiegen **4.** (*aproximación temporal*): **llegar ~ las tres** (so) gegen drei Uhr (an)kommen; **irse de vacaciones ~ el 20** (so) um den 20. (herum) in Urlaub fahren **5.** (*tema, asunto*) über +*akk;* **~ ello** darüber **6.** (*reiteración*) über +*akk;* **le caía lágrima ~ lágrima** er/sie war in Tränen aufgelöst **7.** (*además de*) außer +*dat* **8.** (*vigilar*): **estar ~ alguien** jdn kontrollieren **9.** (*superioridad*): **el boxeador triunfó ~ su adversario** der Boxer besiegte seinen Gegner; **destacar ~ alguien por su estatura** größer als jd sein **10.** (*porcentajes*) von +*dat;* **tres ~ cien** drei von hundert **11.** (FIN): **un préstamo ~ una casa** ein Darlehen auf ein Haus; **préstame cien marcos ~ este anillo** leih mir hundert Mark für diesen Ring

sobreabundancia [soβreaβuṇ'daṇθja] *f* Überfluss *m* (*de* an +*dat*)

sobreabundar [soβreaβuṇ'dar] *vi* im Überfluss vorhanden sein

sobrealimentación [soβrealimeṇta'θjon] *f* Überernährung *f*

sobrealimentar [soβrealimeṇ'tar] *vt* überernähren; (*animales*) überfüttern

sobrecama [soβre'kama] *f* Tagesdecke *f*

sobrecarga [soβre'karɣa] *f* (*de peso*) Überbelastung *f;* (*de tareas*) Überlastung *f*

sobrecargar [soβre'karɣar] **I.** *vt* (*por peso*) überladen; (*por esfuerzo*) überbeanspruchen **II.** *vr:* **~se** sich übernehmen; **~se de trabajo** sich *dat* zu viel Arbeit aufbürden

sobrecoger [soβre'koxer] **I.** *vt* **1.** (*sorprender*) überraschen **2.** (*espantar*) erschrecken **II.** *vr:* **~se 1.** (*asustarse*) sich erschrecken **2.** (*sorprenderse*) erstaunt sein

sobrecubierta [soβre'kuβjerta] *f* Überdecke *f;* (*de libro*) Schutzumschlag *m*

sobredicho, -a [soβre'ðitʃo, -a] *adj* oben genannt

sobredorar [soβreðo'rar] *vt* **1.** (*con oro*) vergolden **2.** (*con palabras*) beschönigen

sobredosis [soβre'ðosis] *f inv* Überdosis *f*

sobreentender [soβre(e)ṇteṇ'der] <e→ie> **I.** *vt* **1.** (*adivinar*) zwischen den Zeilen lesen; **de todo ello sobreentendemos que…** aus all(e)dem schließen wir, dass … **2.** (*presuponer*) voraussetzen **II.** *vr:* **~se** (*ser evidente*) sich von selbst verstehen; **aquí queda sobreentendido que…** (*implicado*) das impliziert hier gleichzeitig, dass …

sobreesdrújulo, -a [soβre(e)s'druxulo, -a] *adj* (*palabra*) *auf der viertletzten Silbe betont*

sobreestimar [soβre(e)sti'mar] *vt* überschätzen

sobreexceder [soβre(e)sθe'ðer] **I.** *vt* übertreffen **II.** *vr:* **~se** ausschweifen

sobreexcitar [soβre(e)sθi'tar] **I.** *vt* (*órgano*) überreizen **II.** *vr:* **~se** sich übermäßig aufregen

sobreexpuesto, -a [soβre(e)s'pwesto, -a] *adj* **1.** (FOTO) überbelichtet **2.** (*arriba mencionado*) oben genannt

sobrehilado [soβrei'laðo] *m* **1.** (*acción*) Heften *nt* **2.** (*puntada*) Heftstich *m*

sobrehilar [soβrei'lar] *vt* heften

sobrehumano, -a [soβreu'mano, -a] *adj* übermenschlich

sobrellevar [soβreʎe'βar] *vt* **1.** (*aguantar*) ertragen; **~ mal** schwer nehmen; **~ bien** mit Fassung tragen **2.** (*peso*): **~ algo a alguien** jdm etw abnehmen

sobremanera [soβrema'nera] *adv* außerordentlich

sobremesa [soβre'mesa] *f* **1.** (*mantel*) Tischtuch *nt* **2.** (*postre*) Nachtisch *m* **3.** (*loc*): **de** ~ (*después*) nach dem Essen; **conversación de** ~ Tischgespräch *nt;* **programa de** ~ (TV) (Nach)mittagsprogramm *nt;* **estar de** ~ nach dem Essen noch (gemütlich) bei Tisch sitzen

sobrenadar [soβrena'ðar] *vi* (auf der Oberfläche) schwimmen

sobrenatural [soβrenatu'ral] *adj* **1.** (*preternatural*) übernatürlich; **ciencias ~es** Okkultismus *m;* **la vida** ~ das Leben nach dem Tod **2.** (*extraordinario*) unglaublich

sobrenombre [soβre'nombre] *m* **1.** (*calificativo*) Beiname *m* **2.** (*apodo*) Spitzname *m*

sobrentender [soβre(e)nten'der] <e→ie> *vt, vr v.* **sobreentender**

sobreparto [soβre'parto] *m* Wochenbett *nt;* **dolores de** ~ Nachwehen *fpl;* **morir de** ~ im Wochenbett sterben

sobrepasar [soβrepa'sar] *vt* **1.** (*en cantidad*) übersteigen; (*límite*) überschreiten; ~ **su ámbito de responsabilidades** seine Befugnisse überschreiten **2.** (*aventajar*) übertreffen; (*un récord, el mejor*) schlagen **3.** (*adelantar*) überholen

sobreponer [soβrepo'ner] *irr como poner* **I.** *vt* **1.** (*encima de algo*) obenauf legen, obenauf stellen; (*cubierta*) legen; (*funda*) überziehen; (*bordado*) aufsetzen; (*añadir*) hinzugeben **2.** (*en consideración/rango/autoridad*) stellen (*a* über +*akk*); (*anteponer*) den Vorzug geben +*dat;* ~ **a alguien a todos los demás** jdn über alle anderen stellen **II.** *vr:* ~**se 1.** (*calmarse*) sich beherrschen **2.** (*al enemigo, a una enfermedad*) besiegen; (*al miedo, a un susto*) überwinden

sobreprecio [soβre'preθjo] *m* Aufpreis *m*

sobrepujar [soβrepu'xar] *vt* übertreffen (*en* in +*dat*)

sobresaliente [soβresa'ljente] **I.** *adj* **1.** (*excelente*) hervorragend **2.** (ENS: *nota*) sehr gut **II.** *m* (ENS: *nota*) Sehr gut *nt*

sobresalir [soβresa'lir] *irr como salir vi* **1.** (*por tamaño/estatura, t.* ARQUIT) herausragen (*de* aus +*dat*) **2.** (*distinguirse*) sich abheben (*entre/por/de* von +*dat*) **3.** (*ser excelente*) sich auszeichnen (*en* durch +*akk*)

sobresaltar [soβresal'tar] **I.** *vi* hervorstechen **II.** *vt* erschrecken **III.** *vr:* ~**se** (sich) erschrecken (*con/de* bei +*dat*)

sobresalto [soβre'salto] *m* (*susto*) Schrecken *m;* (*turbación*) Bestürzung *f;* **con** ~ bestürzt; **de** ~ plötzlich

sobresdrújulo, -a [soβres'ðruxulo, -a] *adj v.* **sobreesdrújulo**

sobreseer [soβrese'er] *irr como leer* **I.** *vt* (JUR: *dejar*) einstellen; (*aplazar*) vertagen; (*interrumpir*) aussetzen **II.** *vi* verzichten (*de/en* auf +*akk*); ~ **en los pagos** die Zahlungen einstellen

sobreseimiento [soβresei̯'mjento] *m* (JUR: *fin*) Einstellung *f;* (*aplazamiento*) Aufschub *m;* (*interrupción*) Aussetzung *f;* (*renuncia*) Verzicht *m* (*de/en* auf +*akk*)

sobrestante [soβres'tante] *m* (*capataz*) Polier *m;* ~ **de turno** Vorarbeiter *m*

sobrestimar [soβresti'mar] *vt* überschätzen

sobresueldo [soβre'sweldo] *m* Gehaltszulage *f*

sobretasa [soβre'tasa] *f* (*suplemento*) Zuschlag *m;* ~ **por retraso** Säumniszuschlag *m*

sobretodo [soβre'toðo] *m* (Über)mantel *m*

sobrevenir [soβreβe'nir] *irr como venir vi* (*epidemia*) (plötzlich) aufkommen; (*desgracia, guerra*) hereinbrechen; (*tormenta*) losbrechen

sobreviviente [soβreβi'βjente] *mf* Überlebende(r) *mf*

sobrevivir [soβreβi'βir] *vi* (*a acontecimientos/alguien*) überleben (*a* +*akk*); (*después de cierta fecha*) weiterleben; **pero ella sigue sobreviviendo en mi recuerdo** aber sie lebt in meiner Erinnerung fort

sobrevolar [soβreβo'lar] <o→ue> *vt* überfliegen

sobrexceder [soβresθe'ðer] *vt, vr v.* **sobreexceder**

sobrexcitar [soβresθi'tar] *vt, vr v.* **sobreexcitar**

sobriedad [soβrje'ðað] *f sin pl* **1.** (*sin comer/beber*) Nüchternheit *f* **2.** (*moderación*) Genügsamkeit *f* **3.** (*prudencia*) Besonnenheit *f* **4.** (*estilo*) Schlichtheit *f*

sobrino, -a [so'βrino, -a] *m, f* Neffe *m,* Nichte *f*

sobrinonieto, -a [soβrino'njeto, -a] *m, f* Großneffe *m,* Großnichte *f*

sobrio, -a ['soβrjo, -a] *adj* **1.** (*en ayunas, no borracho*) nüchtern **2.** (*moderado*) genügsam **3.** (*prudente*) besonnen; ~ **de palabras** wortkarg **4.** (*estilo*) nüchtern

socaire [so'kai̯re] *m* Windschatten *m;* **al** ~ im Windschatten; **al** ~ **de** (*fig: protección*) im Schutz +*gen;* (*pretexto*) unter dem Vorwand +*gen;* **estar al** ~ (*fam: vaguear*) herumlungern

socaliña [soka'liɲa] *f* (*astucia*) List *f*

socarrar [soka'rrar] **I.** *vt* leicht anbrennen; (*tela*) ansengen **II.** *vr:* ~**se** anbrennen

socarrón, -ona [soka'rron, -ona] **I.** *adj* **1.** (*sarcástico*) spöttisch **2.** (*astuto*) durchtrieben **II.** *m, f* **1.** (*pícaro*) Schelm *m* **2.** (*taimado*) verschlagene Person *f*

socavar [soka'βar] *vt* untergraben

socavón [soka'βon] *m* **1.** (MIN) Stollen *m* **2.** (*en el suelo*) Schlagloch *nt*

sociable [so'θjaβle] *adj* **1.** (*tratable*) gesellig; (*que no discute*) verträglich **2.** (*comunicativo*) kontaktfreudig **3.** (*afable*) kameradschaftlich

social [so'θjal] *adj* **1.** (*relativo a la sociedad*) gesellschaftlich; (*a la convivencia*) sozial **2.** (*por parte del estado*): **asistencia** ~ Sozialhilfe *f;* **asistente** ~ Sozialarbeiter *m;* **Estado S**~ Wohlfahrtsstaat *m* **3.** (JUR, ECON) gesellschaftlich, Gesellschafts-

socialcristiano, -a [soθjalkris'tjano, -a] *adj* christlich-sozial

socialdemócrata [soθjalde'mokrata] **I.** *adj* sozialdemokratisch **II.** *mf* Sozialdemokrat(in) *m(f)*

socialismo [soθja'lismo] *m sin pl* Sozialismus *m*

socialista [soθja'lista] **I.** *adj* sozialistisch **II.** *mf* Sozialist(in) *m(f)*

socializar [soθjali'θar] <z→c> *vt* verstaatlichen

sociedad [soθje'ða^{d}] *f* **1.** (*población, humanidad*) Gesellschaft *f;* ~ **del bienestar** Wohlstandsgesellschaft *f* **2.** (*trato*) Gesellschaft *f;* **la** ~ **con la que tratas** der Umgang, den du hast **3.** (*empresa*) Gesellschaft *f;* ~ **anónima** Aktiengesellschaft *f* **4.** (*asociación*) Verein *m;* **la S**~ **de Jesús** der Jesuitenorden **5.** (JUR): ~ **conyugal** Ehegemeinschaft *f* **6.** (*mundo elegante*) Gesellschaft *f;* **la buena** [*o* **alta**] ~ die Highsociety

socio, -a ['soθjo, -a] *m, f* **1.** (*de una asociación*) Mitglied *nt* **2.** (*en sociedad comercial*) Gesellschafter(in) *m(f);* ~ **comercial** Handelspartner *m* **3.** (*argot: compañero*) Kumpel *m*

socioeconómico, -a [soθjoeko'nomiko, -a] *adj* sozioökonomisch

sociología [soθjolo'xia] *f sin pl* Soziologie *f*

sociólogo, -a [so'θjoloɣo, -a] *m, f* Soziologe, -in *m, f*

sociopolítico, -a [soθjopo'litiko, -a] *adj* gesellschaftspolitisch

socorrer [soko'rrer] *vt* helfen +*dat;* ~ **a alguien con algo** jdm mit etw *dat* aushelfen

socorrido, -a [soko'rriðo, -a] *adj* **1.** (*útil*) hilfreich **2.** (*que ayuda*) hilfsbereit **3.** (*comprobado*) (alt)bewährt **4.** (*común*) alltäglich; (*trillado*) abgedroschen

socorrista [soko'rrista] *mf* (*de playas*) Rettungsschwimmer(in) *m(f);* (*en piscinas*) Bademeister(in) *m(f)*

socorro [so'korro] *m* **1.** (*ayuda*) Hilfe *f;* (*salvamento*) Rettung *f;* **pedir** ~ um Hilfe rufen **2.** (*dinero*) Vorschuss *m*

soda ['soða] *f* (*bebida*) Sodawasser *nt*

sodio ['soðjo] *m* Natrium *nt*

soez [so'eθ] *adj* obszön

sofá [so'fa] <sofás> *m* Sofa *nt*

sofá-cama [so'fa-'kama] <sofás-cama> *m* Schlafsofa *nt*

sofisticado, -a [sofisti'kaðo, -a] *adj* **1.** (*afectado*) gekünstelt **2.** (TÉC) hoch entwickelt

sofisticar [sofisti'kar] <c→qu> *vt* **1.** (*falsificar*) verfälschen **2.** (*pey: refinar*) künstlich wirken lassen

sofocación [sofoka'θjon] *f* **1.** (*ahogo*) Atemnot *f* **2.** (*calor*) Hitzewallung *f* **3.** (*bochorno*) Beschämung *f*

sofocado, -a [sofo'kaðo, -a] *adj:* **estar** ~ außer Atem sein

sofocante [sofo'kante] *adj* **1.** (*asfixiante*) beklemmend; (*ambiente, aire*) stickig; **hace un calor** ~ es ist unerträglich schwül **2.** (*avergonzante*) beschämend

sofocar [sofo'kar] <c→qu> **I.** *vt* **1.** (*asfixiar*) ersticken **2.** (*impedir que progrese*) hemmen; (*fuego*) ersticken; (*revolución*) im Keim ersticken; (*epidemia*) unterdrücken **3.** (*avergonzar*) beschämen **4.** (*enojar*) aufregen *fam* **II.** *vr:* ~**se 1.** (*ahogarse*) keine Luft (mehr) bekommen **2.** (*sonrojar*) sich schämen **3.** (*excitarse*) sich aufregen; (*enojarse*) aufbrausen

sofoco [so'foko] *m* **1.** (*ahogo*) Atemnot *f;* (*después de un esfuerzo*) Kurzatmigkeit *f* **2.** (*excitación*) Aufregung *f* **3.** (*calor*) Hitzewallung *f*

sofocón [sofo'kon] *m* (*fam*) **1.** (*enojo*) (Riesen)ärger *m* **2.** (*excitación*) Wut *f*

sofreír [sofre'ir] *irr como reír vt* anbraten

soga ['soɣa] *f* Seil *nt;* **dar** ~ das Seil langsam laufen lassen; **dar** ~ **a alguien** (*fig*) jdn einfach reden lassen; (*burlarse*) sich über jdn lustig machen; **Pedro está con la** ~ **al cuello** (*fig*) Pedro steht das Wasser bis zum Hals

sois [soi̯s] *2. pres pl de* **ser**

soja ['soxa] *f* (BOT) Soja *f;* **semilla de** ~ Sojabohne *f*

sojuzgar [soxuθ'ɣar] <g→gu> *vt* unterwerfen

sol [sol] *m* **1.** (*astro*) Sonne *f;* (*luz*) Sonnenschein *m;* **al** ~ **puesto** im Morgengrauen; **de** ~ **a** ~ von (früh)morgens bis (spät)abends; **día de** ~ sonniger Tag; **ponerse al** ~ (*tumbarse*) sich in die Sonne legen; (*sentarse*) sich in die Sonne setzen; **tomar el** ~ sich sonnen; **hoy hace** ~ heute scheint die Sonne; **no dejar a alguien ni a** ~ **ni a sombra** nicht von jds Seite weichen; **arrimarse al** ~ **que más calienta** (*fig*) ein Trittbrettfahrer sein **2.** (GASTR): ~ **y sombra** *Mixgetränk aus Anis und Weinbrand* **3.** (*moneda*) Sol *m* **4.** (*fam: alabanza*) Goldstück *nt* **5.** (MÚS) g, G *nt;* ~ **mayor** G-Dur *nt*

Sol y sombra (also: Sonne und Schatten) ist der Name eines spanischen Mixgetränks aus **anís** (Anislikör) und **brandy** (Weinbrand).

solamente [sola'mente] *adv* **1.** (*únicamente*) nur **2.** (*expresamente*) einzig und allein

solana [so'lana] *f* **1.** (*en edificios*) Südseite *f;* (*en montañas*) Südhang *m* **2.** (*galería*) Wintergarten *m*

solano [so'lano] *m* Ostwind *m*

solapa [so'lapa] *f* **1.** (*chaqueta*) Revers *nt o m* **2.** (*libro*) Klappe *f* **3.** (*pretexto*) Vorwand *m*

solapado, -a [sola'paðo, -a] *adj* arglistig

solapar [sola'par] **I.** *vi* sich überlappen **II.** *vt* **1.** (*cubrir*) überlappen **2.** (*chaqueta, vestido*) umschlagen **3.** (*disimular*) vertuschen

solar [so'lar] **I.** *adj* Sonnen-; **plexo** ~ Solarplexus *m* **II.** *m* **1.** (*terreno*) Grundstück *nt;* ~ **para edificaciones** Baugrundstück *nt* **2.** (*casa*) Stammsitz *m* **3.** (*linaje*) Abstammung *f;* **venir del** ~ **de...** aus dem Hause der ... kommen **4.** (*AmC: patio*) Innenhof *m* **III.** <o→ue> *vt* **1.** (*pavimentar*) fliesen **2.** (*calzado*) besohlen

solariego, -a [sola'rjeɣo, -a] **I.** *adj* **1.** (*de linaje noble*) adelig **2.** (*propiedad*) Stamm-; **casa solariega** Stammsitz *m* **II.** *m, f* **1.** (*noble*) Gutsherr(in) *m(f)* **2.** (*propiedad*) Stammgut *nt*

solaz [so'laθ] *m* **1.** (*recreo*) Erholung *f* **2.** (*esparcimiento*) Vergnügung *f*

solazar [sola'θar] <z→c> **I.** *vt* **1.** (*recrear*) erfrischen **2.** (*divertir*) erheitern; (*entretener*) zerstreuen **II.** *vr:* ~**se** **1.** (*recrearse*) sich erholen **2.** (*divertirse*) sich vergnügen; (*entretenerse*) sich zerstreuen

soldada [sol'daða] *f* (*salario*) Lohn *m;* (MIL) Sold *m*

soldado, -a [sol'daðo, -a] *m, f* **1.** (MIL) Soldat(in) *m(f)* **2.** (*defensor*) Befürworter(in) *m(f)*

soldador [solda'ðor] *m* Lötkolben *m*

soldadura [solda'ðura] *f* (TÉC) **1.** (*trabajo*) Schweißarbeit(en) *f(pl)* **2.** (*punto de unión*) Schweißnaht *f*

soldar [sol'dar] <o→ue> **I.** *vt* (*con metal fundido*) löten; (*unir*) zusammenlöten; (*sólo mediante el calor*) schweißen; (*unir*) verschweißen; (*con pegamento*) zusammenkleben **II.** *vr:* ~**se** (*herida*) verheilen; (*huesos*) zusammenwachsen

soleado, -a [sole'aðo, -a] *adj* sonnig

solear [sole'ar] **I.** *vt* in die Sonne legen/stellen; (*blanquear*) bleichen **II.** *vr:* ~**se** sich sonnen

soledad [sole'ðað] *f* Einsamkeit *f*

solemne [so'lemne] *adj* **1.** (*ceremonioso*) feierlich; **discurso** ~ Festrede *f* **2.** (*mentira*) ungeheuer; (*error*) gewaltig

solemnidad [solemni'ðað] *f* **1.** (*cualidad*) Feierlichkeit *f* **2.** (REL: *festividad*) Fest *nt* **3.** *pl* (*formalidades*) Förmlichkeiten *fpl*

solemnizar [solemni'θar] <z→c> *vt* feierlich begehen

soler [so'ler] <o→ue> *vi:* ~ **hacer** gewöhnlich tun; **en España se suelen celebrar los santos** in Spanien ist es üblich, den Namenstag zu feiern; **suele ocurrir que...** es kommt oft vor, dass ...

solera [so'lera] *f* **1.** (*puntal*) Stützbalken *m* **2.** (*del molino*) Mühlstein *m* **3.** (*del vino*) Bodensatz *m* **4.** (*abolengo*) Tradition *f;* **un país de** ~ **celta** ein Land mit keltischer Tradition; **con mucha** ~ traditionsreich

solfa ['solfa] *f* **1.** (MÚS: *signos*) Noten *fpl;* (*arte de solfear*) Solfeggieren *nt;* (*melodía*) Melodie *f;* **estar** (**escrito**) **en** ~ völlig unleserlich sein **2.** (*fam: zurra*) Tracht *f* Prügel **3.** (*loc*): **poner algo en** ~ (*ridiculizar*) etw lächerlich machen; (*con arte y orden*) etw sehr ordentlich machen

solfear [solfe'ar] *vt* **1.** (MÚS) solfeggieren **2.** (*pegar*) verprügeln **3.** (*fam: reprender*) anmotzen

solfeo [sol'feo] *m* **1.** (MÚS: *acción*) Solfeggieren *nt;* (*fragmento*) Solfeggio *nt* **2.** (*fam: zurra*) Tracht *f* Prügel

solicitación [soliθita'θjon] *f* **1.** (*petición*) Bitte *f* **2.** (*para un trabajo*) Bewerbung *f*

solicitante [soliθi'tante] *mf* **1.** (*de una petición*) Antragsteller(in) *m(f);* ~ **de asilo** Asylbewerber(in) *m(f)* **2.** (*para un trabajo*) Bewerber(in) *m(f)*

solicitar [soliθi'tar] *vt* **1.** (*pedir*) bitten (um +*akk*); (*gestionar*) beantragen; (*un trabajo*) sich bewerben (um +*akk*); ~ **un médico** nach einem Arzt verlangen **2.** (*compañía, amor, atención*) werben (um +*akk*); ~ **la mano de una mujer** um die Hand einer Frau anhalten; **te solicitan en todas partes** du bist heiß begehrt

solícito, -a [so'liθito, -a] *adj* (*diligente*) fleißig; (*cuidadoso*) sorgfältig

solicitud [soliθi'tuð] *f* **1.** (*diligencia*) Fleiß *m;* (*cuidado*) Gewissenhaftigkeit *f* **2.** (*petición*) Bitte *f;* (*formal*) Antrag *m;* ~ **de empleo** Bewerbung *f*

solidaridad [soliðari'ðað] *f sin pl* Solidarität *f;* **por** ~ **con** aus Solidarität mit +*dat*

solidario, -a [soli'ðarjo, -a] *adj* solidarisch; **hacerse** ~ **de alguien** für jdn eintreten

solidarizarse [soliðari'θarse] <z→c> *vr* sich solidarisieren; **me solidarizo con tu opinión** ich teile deine Meinung

solidez [soli'ðeθ] *f* Festigkeit *f;* (*estabilidad*)

Haltbarkeit *f*

solidificación [soliðifika'θjon] *f* (FÍS) Verfestigung *f*

solidificar [soliðifi'kar] <c→qu> **I.** *vt* fest werden lassen; (*fig*) festigen **II.** *vr:* ~**se** sich verfestigen

sólido, -a[1] ['soliðo, -a] *adj* (*t.* FÍS) fest; (*material, construcción*) stabil; (*colores*) farbecht; (*ingreso*) sicher; (*precios*) stabil; (*voz*) nachdrücklich

sólido[2] ['soliðo] *m* **1.** (FÍS) fester Körper *m* **2.** (*geometría*) Körper *m*

soliloquio [soli'lokjo] *m* Selbstgespräch *nt;* (TEAT) Monolog *m*

solio ['soljo] *m* Thron *m;* ~ **pontífico** Papsttum *nt*

solista [so'lista] *mf* Solist(in) *m(f)*

solitaria [soli'tarja] *f* Bandwurm *m*

solitario, -a[1] [soli'tarjo, -a] **I.** *adj* **1.** (*sin compañía*) allein; (*abandonado*) einsam; **en** ~ im Alleingang **2.** (*lugar*) einsam **II.** *m, f* Einsiedler(in) *m(f)*

solitario[2] [soli'tarjo] *m* **1.** (*diamante*) Solitär *m* **2.** (*cartas*) Patience *f*

soliviantar [soliβjan̩'tar] *vt* **1.** (*incitar*) aufwiegeln **2.** (*enojar*) verärgern **3.** (*encandilar*) Flausen in den Kopf setzen +*dat* **4.** (*inquietar*) aufregen; **los celos le tienen soliviantado** er ist krank vor Eifersucht

sollozar [soʎo'θar] <z→c> *vi* schluchzen

sollozo [so'ʎoθo] *m* Schluchzen *nt*

solo, -a[1] ['solo, -a] *adj* **1.** (*sin compañía*) allein; (*sin familia*) allein stehend; (*abandonado*) einsam; **a solas** ganz allein; **por sí** ~ von selber; **lo hace como ella sola** sie macht es wie nur sie allein es kann **2.** (*único*) einzig; **ni una sola vez** nicht ein einziges Mal **3.** (*sin añadir nada*) allein; (*café*) schwarz; **comer el pan** ~ das Brot ohne Aufstrich essen

solo[2] ['solo] *m* **1.** (*baile, t.* MÚS) Solo *nt* **2.** (*cartas*) Patience *f*

sólo ['solo] *adv* **1.** (*únicamente*) nur; ~ **que…** es ist nur so, dass …; **tan** ~ wenigstens; **aunque** ~ **sean 10 minutos de deporte al día…** (auch) mit nur 10 Minuten Sport am Tag … **2.** (*expresamente*) einzig und allein

solomillo [solo'miʎo] *m* Filet *nt*

solsticio [sols'tiθjo] *m* Sonnenwende *f*

soltar [sol̩'tar] *irr* **I.** *vt* **1.** (*dejar de sujetar*) loslassen; (*liberar*) freilassen; (*dejar caer*) fallen lassen **2.** (*nudo*) lösen; (*quitar las ligaduras*) losbinden **3.** (*para independizarse*) loslassen **4.** (*expresión, grito*) loslassen; (*tacos*) ausstoßen; ~ **una carcajada** laut loslachen **5.** (*paliza*) verpassen; (*tiro*) abfeuern; ~ **una bofetada a alguien** jdm eine runterhauen **6.** (*puesto*) aufgeben **7.** (*lágrimas*) vergießen **8.** (AUTO: *embrague*) kommen lassen; (*frenos*) lösen; (*cinturón*) abschnallen **9.** (*gases*): ~ **un pedo** (*fam*) einen fahren lassen **10.** (*fam: dinero*) ausgeben; ~ **la mosca** ein paar Kröten springen lassen **II.** *vr:* ~**se 1.** (*liberarse*) sich befreien; (*de unas ataduras*) sich losmachen; ~**se de la mano** sich von der Hand losreißen **2.** (*un nudo/lazo/tiro*) sich lösen **3.** (*al hablar*) sich gehenlassen; (*una palabra, expresión*) herausrutschen; **se me soltó la lengua** ich redete zu viel **4.** (*desenvoltura*) sicher werden; ~**se a hacer algo** allmählich anfangen etw zu tun **5.** (*para independizarse*) sich lösen

soltero, -a [sol̩'tero, -a] **I.** *adj* ledig **II.** *m, f* Junggeselle, -in *m, f;* **apellido de soltera** Mädchenname *m;* **de solteras solíamos salir mucho** als wir noch unverheiratet waren, gingen wir viel aus

solterón, -ona [sol̩te'ron, -ona] *m, f* alter Junggeselle *m,* alte Junggesellin *f;* (*pey: mujer*) alte Jungfer *f*

soltura [sol̩'tura] *f* Gewandtheit *f;* (*de forma relajada*) Ungezwungenheit *f;* (*al hablar*) Redegewandtheit *f*

soluble [so'luβle] *adj* **1.** (*líquido*) löslich; ~ **en agua** wasserlöslich **2.** (*problema*) lösbar

solución [solu'θjon] *f* **1.** (*líquido*) Lösung *f;* ~ **anticongelante** Frostschutzmittel *nt* **2.** (*de un problema*) Lösung *f;* **no tener** ~ unlösbar sein; (*situación*) ausweglos sein; **no hay más** ~ man kann nichts weiter tun **3.** (*interrupción*): ~ **de continuidad** Unterbrechung *f*

solucionar [soluθjo'nar] *vt* lösen

solvencia [sol'βen̩θja] *f* **1.** (FIN) Zahlungsfähigkeit *f* **2.** (*responsabilidad*) Vertrauenswürdigkeit *f;* ~ **moral** Charakter *m;* **de toda** ~ **moral** hochanständig

solventar [solβen̩'tar] *vt* **1.** (*problema*) lösen; (*asunto*) erledigen; (*desavenencia*) beilegen **2.** (*deuda, cuenta*) begleichen

solvente [sol'βen̩te] **I.** *adj* **1.** (FIN) zahlungsfähig **2.** (*sin deudas*) schuldenfrei **3.** (*reputación*) redlich **II.** *m* (QUÍM) Lösungsmittel *nt*

sombra ['sombra] *f* **1.** (*proyección*) Schatten *m;* ~**s chinescas** Schattentheater *nt;* ~ **de ojos** (*producto cosmético*) Lidschatten *m;* **hacer** ~ Schatten werfen; **hacer** ~ **a alguien** (*fig*) jdn in den Schatten stellen; **dar (una) buena** ~ viel Schatten spenden; **sentarse a la** ~ **de un árbol** sich in den Schatten eines Baumes setzen; **quita de ahí que me haces** ~ verschwinde da, du stehst mir in der Sonne; **esta persona se ha convertido en mi** ~ diese Person verfolgt mich überallhin; **no ver más que** ~**s a su alrededor** immer nur schwarz sehen; **no fiarse ni de su (propia)** ~ niemandem über den

Weg trauen; **no es ~ de lo que era** er/sie ist nur noch der Schatten seiner/ihrer selbst **2.** *pl* (*oscuridad*) Dunkelheit *f* **3.** (*clandestinidad*): **trabajar en la ~** schwarzarbeiten **4.** (ARTE) Schattierung *f* **5.** (*cantidad mínima*) Schimmer *m;* **esto no tiene la más mínima ~ de verdad** da ist absolut nichts Wahres dran; **una ~ de tristeza** ein Anflug von Traurigkeit **6.** (*de un difunto*) Geist *m* **7.** (*defecto*) dunkler Fleck *m* **8.** (*fam: carcel*): **a la ~** im Knast; **poner a la ~** einlochen **9.** (*loc*): **ni por ~** nicht im Traum; **adiós, ¡y vete por la ~!** (*fam*) tschüs, und pass auf dich auf!; **tener buena ~** (*tener chiste*) geistreich sein; (*ser simpático*) sympathisch sein; (*tener suerte*) Glück haben; **tener mala ~** (*tener mala suerte*) ein Pechvogel sein; (*ser antipático*) unsympathisch sein

sombreado [sombre'aðo] *m* Schattierung *f*

sombrear [sombre'ar] *vt* **1.** (*dar sombra*) Schatten werfen (auf +*akk*); (*a alguien*) Schatten spenden +*dat;* **~ los ojos** Lidschatten auftragen **2.** (ARTE) schattieren

sombrero [som'brero] *m* (*prenda, t.* BOT) Hut *m;* **~ de copa** Zylinder *m;* **quitarse el ~ ante algo** den Hut vor etw *dat* ziehen

sombrilla [som'briʎa] *f* Sonnenschirm *m*

sombrío, -a [som'brio, -a] *adj* **1.** (*en la sombra*) schattig; (*oscuro*) dunkel **2.** (*triste*) düster; (*pesimista*) schwermütig

somero, -a [so'mero, -a] *adj* **1.** (*aguas*) seicht **2.** (*superficial*) oberflächlich; (*vago*) vage

someter [some'ter] **I.** *vt* **1.** (*dominar*) unterwerfen; (*subyugar*) unterjochen; **~ la voluntad** den Willen brechen **2.** (*a una acción/un tratamiento*) unterziehen (*a* +*dat*); (*a efectos*) aussetzen (*a* +*dat*) **3.** (*plano, proyecto, ideas, oferta*) unterbreiten +*dat* **4.** (*encomendar*): **el asunto es sometido a los Tribunales** das Gericht hat über die Angelegenheit zu befinden **5.** (*subordinar*) unterordnen; **todo está sometido a tu decisión** alles hängt von deiner Entscheidung ab **II.** *vr:* **~se 1.** (*en una lucha*) sich ergeben **2.** (*a una acción/un tratamiento*) sich unterziehen (*a* +*dat*) **3.** (*a una decisión/opinión*) sich beugen (*a* +*dat*); **~se a las órdenes/a la voluntad de alguien** sich jds Anordnungen/Willen fügen

somier [so'mjer] <somieres> *m* (*de la cama*) (Sprungfeder)rahmen *m*

somnífero, -a[1] [som'nifero, -a] *adj* einschläfernd

somnífero[2] [som'nifero] *m* Schlafmittel *nt*

somnolencia [somno'len̪θja] *f* (*sueño*) Schläfrigkeit *f*

somnoliento, -a [somno'ljen̪to, -a] *adj* (*con sueño*) schläfrig; (*al despertarse*) verschlafen

somos ['somos] *1. pres pl de* **ser**

son [son] **I.** *m* **1.** (*sonido*) Klang *m;* **bailar al ~ de una guitarra** zum Klang einer Gitarre tanzen **2.** (*rumor, voz*) Gerücht *nt;* **corre el ~ de que...** es geht das Gerücht um, dass ... **3.** (*loc*): **¿a ~ de qué?, ¿a qué ~?** warum?; **bailar al ~ que le tocan** (*fam*) nach der Pfeife anderer tanzen; **hacer algo a su ~** etw auf seine Art machen; **venir en ~ de paz** in friedlicher Absicht kommen; **en ~ de broma** als Witz; **sin ~** grundlos; **sin ton ni ~** völlig grundlos; **hablar sin ton ni ~** zusammenhangloses Zeug reden **II.** *3. pres pl de* **ser**

sonado, -a [so'naðo, -a] *adj* **1.** (*corriente*) geläufig; (*famoso*) bekannt; (*escandaloso*) Aufsehen erregend; (*sensacional*) sensationell **2.** (*loc, fam*): **estar ~** nicht richtig ticken

sonajero [sona'xero] *m* Rassel *f*

sonambulismo [sonambu'lismo] *m sin pl* Schlafwandeln *nt*

sonámbulo, -a [so'nambulo, -a] **I.** *adj* schlafwandlerisch **II.** *m, f* Schlafwandler(in) *m(f)*

sonante [so'nan̪te] *adj:* **dinero contante y ~** Bargeld *nt*

sonar [so'nar] <o→ue> **I.** *vi* **1.** (*hacer ruido: timbre, teléfono*) klingeln; (*campanas*) läuten; (*instrumento*) erklingen; **me suenan las tripas** mir knurrt der Magen **2.** (*tener cierto sonido, parecerse, t.* LING, MÚS) klingen; **~ a algo** wie etw klingen; **~ a hueco** hohl klingen; **esto me suena** das kommt mir bekannt vor; (**tal y**) **como suena** (*lo digo*) genauso, wie ich es sage **3.** (*loc*): **lo que sea ~á** was geschehen muss, das soll geschehen **II.** *vt* **1.** (*instrumento*) spielen **2.** (*la nariz*) schnäuzen; **~le la nariz a un niño** einem Kind die Nase putzen **III.** *vr:* **~se** sich schnäuzen **IV.** *vimpers:* (**se**) **suena que...** es heißt, dass ...

sonata [so'nata] *f* Sonate *f*

sonda ['son̪da] *f* **1.** (*acción*) Sondieren *nt* **2.** (*catéter*) Sonde *f* **3.** (NÁUT) Lot *nt;* **~ acústica** Echolot *nt*

sondar [son̪'dar] *vt* **1.** (MED) sondieren **2.** (NÁUT) (aus)loten **3.** (*explorar*) erkunden

sondear [son̪de'ar] *vt* **1.** (MIN) Probebohrungen machen (von +*dat*) **2.** (*fam: intención*) unter die Lupe nehmen

sondeo [son̪'deo] *m* **1.** (MED) Sondierung *f* **2.** (MIN) (Probe)bohrungen *fpl* **3.** (NÁUT) (Aus)loten *nt* **4.** (*averiguación*) Erforschung *f;* **~ de mercado** (ECON) Marktforschung *f*

soneto [so'neto] *m* Sonett *nt*

songa-songa ['soŋga-'soŋga] (*AmC, Chil, Ecua*): **a la ~** klammheimlich

S

songo, **-a** ['soŋgo, -a] *adj* (*Col, Méx*) **1.** (*tonto*) blöd **2.** (*taimado*) hinterlistig
sonido [so'niðo] *m* **1.** (*ruido*) Ton *m* **2.** (*manera de sonar, t.* MÚS) Klang *m* **3.** (*fonema*) Laut *m* **4.** (FÍS) Schall *m* **5.** (RADIO) Ton *m;* ~ **estereofónico** Stereoton *m*
sonoridad [sonori'ða^ð] *f* **1.** (*características, t.* MÚS) Klang *m;* (*agradable*) Wohlklang *m* **2.** (LING) Stimmhaftigkeit *f*
sonorizar [sonori'θar] <z→c> *vt* **1.** (CINE) vertonen **2.** (LING) stimmhaft aussprechen
sonoro, **-a** [so'noro, -a] *adj* **1.** (*que puede sonar*) klingend; (*acústico*) akustisch; (*bóveda*) (wider)hallend **2.** (*fuerte*) laut; (*agradable*) wohlklingend; **una voz sonora/poco sonora** eine kräftige/leise Stimme **3.** (LING) stimmhaft **4.** (FÍS) Schall- **5.** (CINE): **banda sonora** Soundtrack *m;* **película sonora** Tonfilm *m*
sonreír [sonrre'ir] *irr como reír* **I.** *vi, vr:* ~**se** (*reír levemente*) lächeln; (*fugazmente*) schmunzeln; ~ **a alguien** jdn anlächeln; ~ **maliciosamente** grinsen; ~ **de felicidad** vor Glück strahlen **II.** *vi* (*la vida, la suerte*) lachen; **le sonríe la fortuna** das Glück ist auf seiner/ihrer Seite
sonriente [son'rri̯en-] *adj* **1.** (*sonriéndose*) lächelnd **2.** (*contentísimo*) strahlend, heiter, fröhlich
sonrisa [son'rrisa] *f* (*leve*) Lächeln *nt;* (*fugaz*) Schmunzeln *nt;* (*maliciosa*) Grinsen *nt*
sonrojar [sonrro'xar] **I.** *vt* erröten lassen **II.** *vr:* ~**se** erröten
sonrojo [son'rroxo] *m* **1.** (*acción*) Erröten *nt* **2.** (*rubor*) Schamröte *f* **3.** (*causa*) Beschämung *f*
sonrosar [sonrro'sar] **I.** *vt* rot werden lassen **II.** *vr:* ~**se** rot werden
sonsacar [sonsa'kar] <c→qu> *vt* **1.** (*indagar*) herausbekommen (*a* aus +*dat*); (*secreto*) entlocken **2.** (*empleado*) abwerben
sonsear [sonse'ar] *vi* (*CSur: tontear*) blödeln
sonso, **-a** ['sonso, -a] *m, f* (*CSur: tonto*) Dumme(r) *mf*
sonsonete [sonso'nete] *m* **1.** (*golpecitos*) Klopfen *nt;* (*lluvia*) Prasseln *nt* **2.** (*de mofa*) spöttischer Unterton *m* **3.** (*monotonía*) Leiern *nt*
soñado, **-a** [so'ɲaðo, -a] *adj* (*con que se sueña*) erträumt; **el hombre** ~ der Traummann
soñador(a) [soɲa'ðor(a)] **I.** *adj* träumerisch **II.** *m(f)* Träumer(in) *m(f)*
soñar [so'ɲar] <o→ue> *vi, vt* träumen (*con* von +*dat*); ~ **despierto** tagträumen; **¡ni ~lo!** nie im Leben!; **siempre he soñado con ser médico** mein Traum war schon immer, Arzt zu werden; **sueño con volver a verte** ich wünsche mir sehnlichst dich wieder zu sehen
soñoliento, **-a** [soɲo'lje̯nto, -a] *adj* schläfrig
sopa ['sopa] *f* **1.** (*caldo*) Suppe *f* **2.** *pl* (*pan*) eingetunktes Brot *nt* **3.** (*loc, fam*): **comer la** [*o* **andar a la**] ~ **boba** auf Kosten anderer leben; **estar** ~ sehr erkältet sein; **como una** ~, **hecho una** ~ (*mojado*) völlig durchnässt; **poner a alguien como la** ~ **de Pascua** jdm ordentlich die Leviten lesen; **ver hasta en la** ~ ständig und überall antreffen; **ése os da** ~**s con honda a todos vosotros** der steckt euch alle in die Tasche
sopapo [so'papo] *m* **1.** (*puñetazo*) Fausthieb *m* **2.** (*fam: bofetada*) Ohrfeige *f;* **te voy a dar un** ~ ich knall dir gleich eine!
sopera [so'pera] *f* Suppenschüssel *f*
sopero, **-a** [so'pero, -a] **I.** *adj* Suppen-; **ser muy** ~ sehr gerne Suppe essen **II.** *m, f* Suppenfreund *m*
sopesar [sope'sar] *vt* (in der Hand) wiegen; (*fig*) abwägen
sopetón [sope'ton] *m* Schlag *m;* **de** ~ völlig unvermittelt
soplar [so'plar] **I.** *vi* blasen; (*viento*) wehen; (*poco viento*) gehen; **¡sopla!** sag bloß! **II.** *vt* **1.** (*con la boca*) blasen; (*apartar*) wegblasen; (*velas*) ausblasen; (*hinchar*) aufblasen; (*fuego*) anfachen; **soplado a boca** mundgeblasen **2.** (*en un examen*) vorsagen; (TEAT) soufflieren **3.** (*delatar*) verraten; (*entre alumnos*) verpetzen **4.** (*fam: hurtar*) klauen; (*cobrar*) abknöpfen **5.** (*golpe*) verpassen **6.** (*loc*): **hoy no te sopla la musa** heute wirst du nicht von der Muse geküsst **III.** *vr:* ~**se** (*fam*) **1.** (*comer*) verdrücken; (*beber*) hinunterstürzen **2.** (*engreírse*) sich aufblasen
soplete [so'plete] *m* Gebläse *nt;* ~ **soldador** Schweißbrenner *m*
soplo ['soplo] *m* **1.** (*acción*) Blasen *nt;* **apagar las velas de un** ~ alle Kerzen auf einmal ausblasen **2.** (*viento leve*) Hauch *m;* ~ **de viento** Windstoß *m* **3.** (*tiempo*): **como un** ~ in Windeseile **4.** (*denuncia*) Hinweis *m* **5.** (*sonido*) Pfeifen *nt*
soplón, **-ona** [so'plon, -ona] *m, f* Verräter(in) *m(f);* (*entre alumnos*) Petze *f*
soponcio [so'pon̪θjo] *m* **1.** (*desmayo*) Ohnmacht *f* **2.** (*mareo*) Schwindelanfall *m*
sopor [so'por] *m* Schläfrigkeit *f;* (MED) Sopor *m*
soporífero, **-a**[1] [sopo'rifero, -a] *adj* **1.** (*que da sueño*) einschläfernd; (*té*) schlaffördernd **2.** (*aburrido*) langweilig
soporífero[2] [sopo'rifero] *m* Schlafmittel *nt*
soportable [sopor'taβle] *adj* erträglich
soportal [sopor'tal] *m* **1.** (*entrada*) überdachter (Haus)eingang *m* **2.** (*porche*) Säulengang *m*

soportar [sopor'tar] *vt* **1.** (*sostener*) halten **2.** (*aguantar*) ertragen, aushalten

soporte [so'porte] *m* (*apoyo, t. fig*) Stütze *f;* (*pilar*) Träger *m;* (*de madera*) Balken *m;* **~ para bicicletas** Fahrradständer *m*

soprano¹ [so'prano] *m* (*voz*) Sopran *m*

soprano² [so'prano] *mf* Sopranist(in) *m(f)*

soquete [so'kete] *m* (*Am: calcetín*) Socke *f*

sor [sor] *f* (Ordens)schwester *f*

sorber [sor'βer] *vt* **1.** (*con los labios*) schlürfen; (*por una pajita*) trinken; (*por la nariz*) einziehen; (*tabaco*) schnupfen; (MED) inhalieren **2.** (*empaparse de*) aufsaugen **3.** (*escuchar*) in sich aufsaugen

sorbete [sor'βete] *m* Sorbet(t) *m o nt*

sorbo ['sorβo] *m* (*cantidad, trago*) Schluck *m;* **beber a ~s** in kleinen Schlucken trinken; **tomar de un ~** in einem Schluck trinken; **échame otro ~** schenk mir noch ein bisschen nach

sordera [sor'ðera] *f* **1.** (*privación*) Taubheit *f* **2.** (*disminución*) Schwerhörigkeit *f*

sordo, -a ['sorðo, -a] **I.** *adj* **1.** (*que no oye*) taub; **~ de un oído** auf einem Ohr taub; **hacer oídos ~s** sich taub stellen; **~ como una tapia** stocktaub **2.** (*que oye mal*) schwerhörig **3.** (*algo que no hace ruido*) leise; **a sordas, a lo ~, a la sorda** still und leise **4.** (*de timbre oscuro*) dumpf **5.** (*que no presta atención*) sich taub stellend **6.** (*sentimiento, pasión*) still **7.** (LING) stumm **II.** *m, f* **1.** (*que no oye*) Taube(r) *mf;* **hacerse el ~** sich taub stellen; **predicar a los ~s** tauben Ohren predigen **2.** (*que oye mal*) Schwerhörige(r) *mf*

sordomudo, -a [sorðo'muðo, -a] **I.** *adj* taubstumm **II.** *m, f* Taubstumme(r) *mf*

soriano, -a [so'rjano, -a] **I.** *adj* aus Soria **II.** *m, f* Einwohner(in) *m(f)* von Soria

sorna ['sorna] *f* **1.** (*al obrar*) Schwerfälligkeit *f* **2.** (*al hablar*) Spott *m*

sorprendente [sorpren̪'den̪te] *adj* **1.** (*inesperado*) überraschend; (*desarrollo, evolución*) ungeahnt; (*asombroso*) erstaunlich; **es ~ que...** +*subj* es ist erstaunlich, dass ... **2.** (*que salta a la vista*) auffallend; **poseer una estatura ~** auffallend groß sein **3.** (*extraordinario*) außergewöhnlich; **no es ~ que...** +*subj* es ist nicht (weiter) verwunderlich, dass ...

sorprender [sorpren̪'der] **I.** *vt* **1.** (*coger desprevenido*) überraschen; (*asombrar*) erstaunen, verblüffen; (*extrañar*) wundern; **no me ~ía que viniera** es würde mich nicht wundern, wenn er/sie käme; **durante un momento me quedé sorprendida** ich stutzte einen Augenblick lang **2.** (*descubrir algo*) entdecken **3.** (*pillar*) erwischen **4.** (MIL: *atacar*) überfallen **II.** *vr:* **~se** (*no esperar*) überrascht sein; (*asombrarse*) erstaunt sein (*de* über +*akk*); (*extrañarse*) sich wundern; (*dudar*) stutzen

sorpresa [sor'presa] *f* **1.** (*acción*) Überraschen *nt;* **coger a alguien de** [*o* **por**] **~** jdn überraschen **2.** (*efecto*) Überraschung *f;* (*asombro*) Erstaunen *nt;* (*extrañeza*) Verwunderung *f* **3.** (*regalo, noticia*) Überraschung *f*

sorpresivo, -a [sorpre'siβo, -a] *adj* (*Am*) **1.** (*inesperado*) überraschend; (*asombroso*) erstaunlich **2.** (*repentino*) plötzlich

sortear [sorte'ar] *vt* **1.** (*decidir*) auslosen; (*destino*) losen; (*rifar*) verlosen **2.** (*esquivar*) ausweichen +*dat*

sorteo [sor'teo] *m* **1.** (*decisión*) Auslosen *nt;* (*rifa*) Verlosung *f;* (*lotería*) Ziehung *f* **2.** (*esquivación*) Umgehung *f*

sortija [sor'tixa] *f* **1.** (*joya*) Ring *m;* (*con sello*) Siegelring *m* **2.** (*rizo*) (Haar)locke *f*

sortilegio [sorti'lexjo] *m* **1.** (*brujería*) Hexerei *f;* **hacer ~** zaubern **2.** (*vaticinio*) Wahrsagung *f;* **hacer ~** wahrsagen

sosegado, -a [sose'ɣaðo, -a] *adj* **1.** (*apacible*) friedfertig **2.** (*tranquilo*) ruhig

sosegar [sose'ɣar] *irr como fregar* **I.** *vt* (*calmar*) beruhigen **II.** *vi, vr:* **~se** (*descansar*) zur Ruhe kommen **III.** *vr:* **~se** (*calmarse*) sich beruhigen

sosería [sose'ria] *f* Fadheit *f;* **esto es una ~** hier ist absolut nichts los

sosia ['sosja] *m* Doppelgänger *m*

sosiego [so'sjeɣo] *m* Ruhe *f;* **hacer algo con ~** etw in aller Ruhe machen

soslayar [sosla'ɟar] *vt* **1.** (*objeto*) schräg halten **2.** (*evitar*) ausweichen +*dat;* (*encuentro*) vermeiden

soslayo, -a [sos'laɟo, -a] *adj* schräg; **mirar a alguien de ~** jdn aus den Augenwinkeln betrachten; **pasar de ~ por la casa de la abuela** im Vorbeigehen bei der Oma reinschauen; **pasar por un tema de** [*o* **al**] **~** ein Thema streifen

soso, -a ['soso, -a] *adj* **1.** (*sin sal*) ungesalzen; (*sin sabor*) fade **2.** (*persona*) fade

sospecha [sos'petʃa] *f* **1.** (*suposición*) Vermutung *f* **2.** (*desconfianza*) Misstrauen *nt* **3.** (*de un crimen*) Verdacht *m;* (*contra alguien concreto*) Verdächtigung *f;* **bajo ~ de asesinato** unter Mordverdacht

sospechar [sospe'tʃar] **I.** *vt* **1.** (*creer posible*) vermuten; **¡ya lo sospechaba!** das hatte ich mir schon gedacht! **2.** (*recelar*) befürchten **II.** *vi* verdächtigen (*de* +*akk*)

sospechoso, -a [sospe'tʃoso, -a] **I.** *adj* verdächtig; **me resulta ~ que...** +*subj* es kommt mir verdächtig vor, dass ... **II.** *m, f* Verdächtige(r) *mf*

sostén [sos'ten] *m* **1.** (*apoyo, t. fig*) Stütze *f;* **pilar de ~** Stützpfeiler *m* **2.** (*prenda*) BH *m* **3.** (*de familia*) Unterhalt *m;* (*alimentos*)

Nahrung *f*

sostener [soste'ner] *irr como tener* **I.** *vt* **1.** (*sujetar*) (fest)halten; **esta cuerda sostiene la pata de la mesa** an diesem Seil ist das Tischbein festgemacht **2.** (*aguantar*) halten; (*por debajo*) tragen; (*por debajo, por los lados*) stützen **3.** (*afirmar*) behaupten; (*idea, teoría*) vertreten **4.** (*persona*) unterstützen **5.** (*lucha*) bestehen; (*tren de vida*) durchhalten; (*velocidad, posición*) beibehalten; ~ **una larga conversación** ein langes Gespräch führen **II.** *vr:* ~**se** **1.** (*sujetarse*) sich festhalten **2.** (*aguantarse*) sich halten **3.** (*en pie*) sich aufrecht halten; (*sobre agua, en el aire*) sich halten **4.** (*económicamente*): **apenas me puedo** ~ ich kann kaum meinen Lebensunterhalt bestreiten **5.** (*en opinión*) beharren (*en* auf/bei +*dat*)

sostenido, -a^1 [soste'niðo, -a] *adj* **1.** (*esfuerzo*) ausdauernd **2.** (MÚS) erhöht; **fa** ~ Fis *nt*

sostenido^2 [soste'niðo] *m* (MÚS) Kreuz *nt;* **poner un** ~ erhöhen (*a* +*akk*)

sostenimiento [sosteni'mjeṇto] *m* **1.** (*acción*) Halten *nt* **2.** (*apoyo*) Halt *m* **3.** (*manutención*) Unterhalt *m* **4.** (*mantenimiento*) Aufrechterhaltung *f*

sota ['sota] *f* (*naipe*) ≈Bube *m*

sotana [so'tana] *f* Soutane *f*

sótano ['sotano] *m* **1.** (*piso*) Untergeschoss *nt* **2.** (*habitación*) Keller *m*

sotavento [sota'βeṇto] *m* Lee *f o nt*

soterrar [sote'rrar] <e→ie> *vt* **1.** (*enterrar*) vergraben **2.** (*esconder*) verstecken; (*sentimientos*) verbergen

sotreta [so'treta] *adj* (*Arg, Bol, Urug*) **1.** (*caballo*) störrisch **2.** (*holgazán*) faul; (*no fiable*) unzuverlässig

soturno, -a [so'turno, -a] *adj* (*Ven: taciturno*) verschlossen

soy [soi̯] *1. pres de* **ser**

spaguetti [^{e}spa'γeti] *mpl* Spaghetti *pl*

spot [es'po^{t}] *m* <spots> (Werbe)spot *m*

spray [es'prai̯] *m* <sprays> Spray *m o nt*

sprint [es'priṇ^{t}] *m* Sprint *m;* **hacer un** ~ sprinten

sprintar [espriṇ'tar] *vt* (DEP) sprinten

squash [es'kwaʃ] *m sin pl* Squash *nt*

Sr. [se'ɲor] *abr de* **señor** H.; (*en direcciones*) Hrn.

Sra. [se'ɲora] *abr de* **señora** Fr.

Srta. [seɲo'rita] *f abr de* **señorita** Frl.

Sta. ['saṇta] *f abr de* **santa** St.

stand [es'tan] *m* <stands> (Messe)stand *m*

status [es'tatus] *m inv* Status *m*

stick [es'ti^{k}] *m* Schläger *m*

Sto. ['saṇto] *abr de* **santo** St.

stop [es'top] *m* **1.** (*parada*) Stopp *m* **2.** (*señal*) Stoppschild *nt*

su [su] *adj* (*de él*) sein(e); (*de ella*) ihr(e); ~ **familia** seine/ihre Familie

Suabia ['swaβja] *f* Schwaben *nt*

suabo, -a ['swaβo, -a] **I.** *adj* schwäbisch **II.** *m, f* Schwabe *m,* Schwäbin *f*

suampo ['swampo] *m* (*AmC: ciénaga*) Sumpf *m*

suave [su'aβe] *adj* **1.** (*superficie*) glatt; (*piel*) zart; (*jersey, cepillo, cabello, droga*) weich; (*masaje*) sanft; (*viento, noche*) mild; (*sopa, salsa*) sämig **2.** (*aterrizaje*) sanft; (*contacto*) sacht; (*curva, subida*) sanft; (*temperatura, tabaco*) mild **3.** (*carácter*) sanft; (*maneras*) geschliffen; (*palabras*) freundlich

suavidad [swaβi'ða^{ð}] *f sin pl* **1.** (*de superficie*) Glätte *f;* (*de piel*) Zartheit *f;* (*de jersey/cepillo*) Weichheit *f;* (*de masaje*) Sanftheit *f;* (*de viento/noche/temperatura*) Milde *f;* (*de sopa*) Sämigkeit *f* **2.** (*de aterrizaje/caricia/curva/subida*) Sanftheit *f* **3.** (*de carácter*) Sanftheit *f;* (*de palabras*) Freundlichkeit *f*

suavizante [swaβi'θaṇte] **I.** *adj:* **crema** ~ Hautcreme *f* **II.** *m* **1.** (*para la ropa*) Weichspüler *m* **2.** (*para el cabello*) Spülung *f*

suavizar [swaβi'θar] <z→c> *vt* **1.** (*hacer suave*) weicher machen; (*pelo, piel*) geschmeidiger machen; (*superficie*) glätten; (*navaja*) schärfen **2.** (*expresión, posición*) mildern; (*situación*) entspannen **3.** (*persona*) besänftigen **4.** (*recorrido, trabajo*) erleichtern; (*velocidad*) reduzieren

subalimentación [suβalimeṇta'θjon] *f* Unterernährung *f*

subalterno, -a [suβal'terno, -a] **I.** *adj* untergeben **II.** *m, f* (*empleado*) Untergebene(r) *mf*

subarrendar [suβarreṇ'dar] <e→ie> *vt* (*ceder: piso*) untervermieten; (*finca*) unterverpachten

subarriendo [suβa'rrjeṇdo] *m* (*cesión: de piso*) Untervermietung *f;* (*de finca*) Unterverpachtung *f*

subasta [su'βasta] *f* **1.** (*venta*) Versteigerung *f;* ~ **forzada** Zwangsversteigerung *f;* **sacar a** ~ **pública** öffentlich versteigern **2.** (*de plaza pública*) Ausschreibung *f*

subastador(a) [suβasta'ðor(a)] *m(f)* Auktionator(in) *m(f)*

subastar [suβas'tar] *vt* **1.** (*vender*) versteigern **2.** (*plaza pública*) ausschreiben

subcampeón, -ona [suβkampe'on, -ona] *m, f* Vizemeister(in) *m(f);* ~ **mundial** Vizeweltmeister *m*

subconsciencia [suβko^{n}s'θjeṇθja] *f* Unterbewusstsein *nt*

subconsciente [suβko^{n}s'θjeṇte] *adj* unterbewusst

subcontinente [suβkoṇti'neṇte] *m* Subkontinent *m*

subcontratante [suβkontra'tante] *mf* Subunternehmer(in) *m(f)*

subcontratar [suβkontra'tar] **I.** *vt* an einen Subunternehmer vergeben **II.** *vi* einen Subunternehmer verpflichten

subcultura [suβkul'tura] *f* Subkultur *f*

subcutáneo, -a [suβku'taneo, -a] *adj* subkutan

subdesarrollado, -a [suβðesarro'ʎaðo, -a] *adj* unterentwickelt

subdirector(a) [suβðirek'tor(a)] *m(f)* stellvertretender Direktor *m*, stellvertretende Direktorin *f*

súbdito, -a ['suβðito, -a] *m, f* **1.** (*sometido*) Untertan(in) *m(f)* **2.** (POL) Staatsbürger(in) *m(f)*

subdividir [suβðiβi'ðir] *vt* unterteilen

subdivisión [suβðiβi'sjon] *f* Unterteilung *f*

subempleo [suβem'pleo] *m* Unterbeschäftigung *f*

subestimar [suβesti'mar] **I.** *vt* unterschätzen **II.** *vr:* ~**se** sich unterschätzen

subgrupo *m* Untergruppe *f*

subida [su'βiða] *f* **1.** (*de una calle*) Steigung *f;* (*de un río*) Anstieg *m* **2.** (*cuesta*) Steigung *f;* **la calle hace** ~ die Straße steigt an **3.** (*de precios/temperaturas/costes: acción*) Steigerung *f;* (*efecto*) Anstieg *m* **4.** (*en coche, teleférico*) Auffahrt *f* **5.** (POL): ~ **al poder** Machtergreifung *f;* ~ **al trono** Thronbesteigung *f*

subido, -a [su'βiðo, -a] *adj* **1.** (*color*) intensiv; (*olor*) scharf; **rojo/blanco** ~ knallrot/schneeweiß **2.** (*fam: persona*) eingebildet; (*tono*) überheblich **3.** (*precio*) überhöht

subinquilino, -a [suβiŋki'lino, -a] *m, f* Untermieter(in) *m(f)*

subir [su'βir] **I.** *vi* **1.** (*ascender: calle, cuesta*) ansteigen; (*humo*) aufsteigen; (*sol, pastel*) aufgehen; (*globo*) hochsteigen; (*río*) ansteigen; ~ **a la cima** zum Gipfel aufsteigen; ~ **a primera** (DEP) in die erste Liga aufsteigen; **la marea ha subido** es ist Flut **2.** (*andando*) hochgehen; (*en ascensor*) hochfahren; **sube a por tus cosas** geh hoch und hol deine Sachen **3.** (*aumentar*) steigen (*en* um +*akk*); **la gasolina ha subido** das Benzin ist teurer geworden **4.** (*montar: coche, metro*) einsteigen (*a* in +*akk*); (*caballo, globo, bici*) aufsteigen (*a* auf +*akk*); (*árbol*) klettern (*a* auf +*akk*) **II.** *vt* **1.** (*precio*) erhöhen; **hacer** ~ **los precios** die Preise hochtreiben **2.** (*música*) lauter stellen; (*voz*) erheben **3.** (*andando*) hinauflaufen; (*en coche*) hinauffahren; (*montaña*) besteigen **4.** (*poner más alto: brazos*) heben; (*cortina, persiana*) hochziehen; (*cuello de abrigo*) hochschlagen; (*cabeza*) hochhalten; (*pesas*) stemmen; ~ **a un niño en brazos** ein Kind auf den Arm nehmen **5.** (*llevar*) hinauftragen; ~ **al tercer piso** in den dritten Stock hinauftragen **6.** (*pared*) hochziehen **III.** *vr:* ~**se 1.** (*al tren, coche, a un globo*) einsteigen (*en* in +*akk*); (*a una bici*) aufsteigen (*en* auf +*akk*); (*a un árbol*) klettern (*a* auf +*akk*); (*a una silla*) steigen (*a* auf +*akk*) **2.** (*loc*): **se me ha subido el vino a la cabeza** der Wein ist mir zu Kopf gestiegen; ~**se a las barbas de alguien** (*fam*) jdm auf der Nase herumtanzen; **se me han subido los colores a la cabeza** ich bin schamrot geworden

súbito, -a[1] ['suβito, -a] *adj* **1.** (*repentino*) plötzlich **2.** (*inesperado*) unerwartet **3.** (*carácter, genio*) hitzig

súbito[2] ['suβito] *adv* plötzlich; **de** ~ (*repentinamente*) plötzlich; (*inesperadamente*) unerwartet(erweise)

subjefe, -a [suβ'xefe, -a] *m, f* stellvertretender Leiter *m*, stellvertretende Leiterin *f*

subjetividad [suβxetiβi'ða^{ð}] *f sin pl* Subjektivität *f*

subjetivizar [suβxetiβi'θar] <z→c> *vt* subjektivieren

subjetivo, -a [suβxe'tiβo, -a] *adj* subjektiv

subjuntivo [suβxun'tiβo, -a] *m* Konjunktiv *m*

sublevación [suβleβa'θjon] *f* Aufstand *m*

sublevar [suβle'βar] **I.** *vt* **1.** (*amotinar*) aufwiegeln **2.** (*irritar*) sehr ärgern **II.** *vr:* ~**se** sich auflehnen

sublimación [suβlima'θjon] *f* **1.** (*de alguien*) Verherrlichung *f* **2.** (PSCIO, QUÍM) Sublimierung *f*

sublimar [suβli'mar] *vt* **1.** (*a alguien*) verherrlichen **2.** (PSICO, QUÍM) sublimieren

sublime [su'βlime] *adj* erhaben

subliminal [suβlimi'nal] *adj* unterschwellig

submarinismo [su^{β}mari'nismo/su^{m}mari'nismo] *m sin pl* Tauchsport *m;* **hacer** ~ tauchen

submarinista [su^{β}mari'nista/su^{m}mari'nista] *mf* (Sport)taucher(in) *m(f)*

submarino, -a[1] [su^{β}ma'rino, -a/su^{m}ma'rino, -a] *adj* Unterwasser-; (*vida*) unterseeisch

submarino[2] [su^{β}ma'rino/su^{m}ma'rino] *m* U-Boot *nt*

subnormal [suβnor'mal] **I.** *adj* geistig behindert **II.** *mf* (*persona*) geistig Behinderte(r) *mf;* **¡eres un ~!** (*pey*) du bist ja nicht ganz richtig im Kopf!

subordinación [suβorðina'θjon] *f* Unterordnung *f;* (*obediencia*) Gehorsam *m*

subordinado, -a [suβorði'naðo, -a] **I.** *adj* **1.** (*en el trabajo*) untergeben **2.** (LING): **oración subordinada** Nebensatz *m* **II.** *m, f* (*en el trabajo*) Untergebene(r) *mf*

subordinar [suβorði'nar] *vt* unterordnen

S

subproducto [suβpro'ðukto, -a] *m* Nebenprodukt *nt*

subrayado [suβrra'ɟaðo] *m* Unterstreichung *f*

subrayar [suβrra'ɟar] *vt* **1.** (*con raya*) unterstreichen **2.** (*recalcar*) betonen

subrepticio, -a [suβrrep'tiθjo, -a] *adj* **1.** (*pey: obtenido*) erschlichen **2.** (*a escondidas*) heimlich

subrogante [suβrro'ɣan̩te] *adj* (*Chil: interino*) stellvertretend

subrogar [suβrro'ɣar] <g→gu> *vt* **1.** (*a alguien: temporalmente*) vertreten; (*definitivamente*) ersetzen **2.** (*algo*) ersetzen

subsanar [suβsa'nar] *vt* **1.** (*falta*) hinwegsehen (über +*akk*) **2.** (*error*) wieder gutmachen; (*defecto*) beheben; (*mal*) abhelfen +*dat* **3.** (*dificultad*) überwinden

subscripción [su$^{\beta}$skriβ'θjon] *f v.* **suscripción**

subsecretario, -a [suβsekre'tarjo, -a] *m, f* **1.** (POL) Staatssekretär(in) *m(f)* **2.** (*en oficina*) stellvertretender Sekretär *m*, stellvertretende Sekretärin *f*

subseguir [suβse'ɣir] *irr como seguir vi, vr:* ~**se** **1.** (*seguir*) unmittelbar folgen (*a* auf +*akk*) **2.** (*deducirse*) sich ergeben (*de* aus +*dat*)

subsidiar [suβsi'ðjar] *vt* unterstützen

subsidiario, -a [suβsi'ðjarjo, -a] *adj* **1.** (*de subsidio*) unterstützend; **órgano** ~ (*institución*) Hilfsorgan *nt* **2.** (*secundario*) sekundär

subsidio [suβ'siðjo] *m* Beihilfe *f;* ~ **de paro** Arbeitslosengeld *nt*

subsiguiente [suβsi'ɣjen̩te] *adj* nachfolgend

subsistencia [suβsis'ten̩θja] *f* **1.** (*hecho*) Existenz *f* **2.** *pl* (*alimentos*) Nahrung *f* **3.** (*material*) Lebensunterhalt *m*

subsistente [suβsis'ten̩te] *adj* (*existente*) bestehend

subsistir [suβsis'tir] *vi* **1.** (*vivir*) leben **2.** (*perdurar*) anhalten; (*creencia*) fortbestehen; (*empresa*) weiterbestehen

substancia [su$^{(\beta)}$s'tan̩θja] *f v.* **sustancia**

substantivo [su$^{(\beta)}$stan̩'tiβo] *adj o m v.* **sustantivo**

substitución [su$^{(\beta)}$stitu'θjon] *f v.* **sustitución**

substraer [su$^{(\beta)}$stra'er] *irr como traer vt v.* **sustraer**

subsuelo [suβ'swelo] *m* Untergrund *m;* **riquezas del** ~ Bodenschätze *mpl*

subterfugio [suβter'fuxjo] *m* (*evasiva*) Ausrede *f;* (*pretexto*) Vorwand *m*

subterráneo, -a [suβte'rraneo, -a] *adj* unterirdisch

subtitular [suβtitu'lar] *vt* untertiteln; **película subtitulada en alemán** Film mit deutschen Untertiteln

subtítulo [suβ'titulo] *m* Untertitel *m*

subtropical [suβtropi'kal] *adj* subtropisch

suburbano, -a [suβur'βano, -a] *adj* (*teatro, cine*) Vorstadt-; (*barrio*) vorstädtisch; **línea suburbana** Vorortbahn *f*

suburbio [su'βurβjo] *m* **1.** (*alrededores*) Vorstadt *f;* **vivir en los ~s de París** am Stadtrand von Paris wohnen **2.** (*barrio*) Vorort *m*

subvención [suββen̩'θjon] *f* Zuschuss *m;* (POL) Subvention *f*

subvencionar [suββen̩θjo'nar] *vt* finanziell unterstützen; (POL) subventionieren; (ADMIN) bezuschussen

subvenir [suββe'nir] *irr como venir vi:* ~ **a las necesidades de alguien** jdn unterstützen; ~ **a los gastos** die Kosten tragen

subversión [suββer'sjon] *f* Umsturz *m*

subversivo, -a [suββer'siβo, -a] *adj* umstürzlerisch

subvertir [suββer'tir] *irr como sentir vt* **1.** (*sistema, gobierno*) (um)stürzen **2.** (*valor moral*) untergraben **3.** (*orden social*) zerrütten

subyacente [suβɟa'θen̩te] *adj* **1.** (*capa*) tiefer liegend **2.** (*problema*) zugrunde liegend

subyugar [suβɟu'ɣar] <g→gu> *vt* **1.** (*oprimir*) unterwerfen **2.** (*sugestionar*) bezaubern

succión [su$^{\gamma}$'θjon] *f* Saugen *nt;* **efecto de** ~ Saugwirkung *f*

succionar [su$^{\gamma}$θjo'nar] *vt* (ein)saugen; (*tierra, esponja*) aufsaugen

sucedáneo, -a[1] [suθe'ðaneo, -a] *adj* Ersatz-

sucedáneo[2] [suθe'ðaneo] *m* Ersatz *m*

suceder [suθe'ðer] **I.** *vi* **1.** (*seguir*) folgen (*a* auf +*akk*) **2.** (*en cargo*) nachfolgen; ~ **al rey** die Thronfolge antreten **3.** (*heredar*) beerben +*akk* **II.** *vt* geschehen; **¿qué sucede?** was ist los?; **por lo que pueda** ~ für alle Fälle; **suceda lo que suceda** komme, was wolle; **lo más que puede ~ es que...** +*subj* im schlimmsten Fall ...; **sucede que...** die Sache ist die, dass ...

sucedido [suθe'ðiðo] *m* Ereignis *nt*

sucesión [suθe'sjon] *f* **1.** (*acción*) Folge *f* **2.** (*serie*) Aufeinanderfolge *f* **3.** (*en el cargo*) Nachfolge *f;* (*de título*) Erbfolge *f;* (*del trono*) Thronfolge *f* **4.** (*herencia*) Erbe *nt* **5.** (*descendencia*) Nachkommenschaft *f*

sucesivo, -a [suθe'siβo, -a] *adj* (aufeinander) folgend; **en lo** ~ von nun an; **hicimos el examen en dos días ~s** wir hatten zwei Tage hintereinander Prüfung

suceso [su'θeso] *m* **1.** (*hecho*) Ereignis *nt;* (*repentino*) Vorfall *m* **2.** (*transcurso*) Verlauf *m*

sucesor(a) [suθe'sor(a)] *m(f)* **1.** (*a un cargo*) Nachfolger(in) *m(f);* (*al trono*) Thronfolger(in) *m(f)* **2.** (*heredero*) Erbe, -in *m, f*

sucesorio, -a [suθe'sorjo, -a] *adj* Nachfolge-; **comunidad sucesoria** Erbengemeinschaft *f*

suche ['sutʃe] **I.** *adj* (*Ven: agrio*) säuerlich **II.** *m* (*Chil*) **1.** (*subalterno*) Untergebene(r) *m* **2.** (*rufián*) Gauner *m*

suciedad [suθje'ða^{ð}] *f* **1.** (*cualidad*) Schmutzigkeit *f* **2.** (*porquería*) Schmutz *m* **3.** (*jugada*) Gemeinheit *f*

sucinto, -a [su'θinto, -a] *adj* kurz

sucio, -a[1] ['suθjo, -a] *adj* schmutzig; (*que se mancha fácilmente*) schmutzempfindlich; (*jugado*) unfair; **tengo los apuntes en ~** ich habe die Notizen nur ins Unreine geschrieben; **hacer el trabajo ~** die Drecksarbeit machen

sucio[2] ['suθjo] *adv*: **jugar ~** unfair spielen

suculento, -a [suku'lento, -a] *adj* **1.** (*sabroso*) schmackhaft **2.** (*nutritivo*) nahrhaft **3.** (*jugoso*) saftig

sucumbir [sukum'bir] *vi* **1.** (*rendirse*) erliegen +*dat;* (JUR) unterliegen +*dat;* **Agassi sucumbió ante Pete Sampras** Agassi wurde von Pete Sampras geschlagen **2.** (*morir*) ums Leben kommen

sucursal [sukur'sal] *f* **1.** (*de empresa*) Niederlassung *f;* (*de banco/negocio*) Filiale *f* **2.** (*negociado*) Geschäftsstelle *f*

sudado, -a [su'ðaðo, -a] *adj* verschwitzt; (*rostro*) schweißbedeckt

Sudáfrica [su'ðafrika] *f* Südafrika *nt*

sudafricano, -a [suðafri'kano, -a] **I.** *adj* südafrikanisch **II.** *m, f* Südafrikaner(in) *m(f)*

Sudamérica [suða'merika] *f* Südamerika *nt*

sudamericano, -a [suðameri'kano, -a] **I.** *adj* südamerikanisch **II.** *m, f* Südamerikaner(in) *m(f)*

Sudán [su'ðan] *m* Sudan *nt*

sudanés, -esa [suða'nes, -esa] **I.** *adj* sudanesisch **II.** *m, f* Sudanese, -in *m, f*

sudar [su'ðar] **I.** *vi, vt* schwitzen; **me sudan los pies** ich schwitze an den Füßen; **estoy sudando a chorros** ich bin schweißgebadet **II.** *vi* (*fam: trabajar*) sich abrackern **III.** *vt* **1.** (*camisa*) verschwitzen; **~ la gota gorda** Blut und Wasser schwitzen **2.** (*conseguir*): **gano mucho pero lo sudo** ich verdiene zwar viel, muss aber auch schwer dafür schuften

sudeste [su'ðeste] *m* Südosten *m*

sudoeste [suðo'este] *m* Südwesten *m*

sudor [su'ðor] *m* (*de la piel*) Schweiß *m;* **con el ~ de mi frente** im Schweiße meines Angesichts

sudoroso, -a [suðo'roso, -a] *adj* schweißbedeckt

Suecia ['sweθja] *f* Schweden *nt*

sueco, -a ['sweko, -a] **I.** *adj* schwedisch **II.** *m, f* Schwede, -in *m, f;* **hacerse el ~** sich dumm stellen

suegro, -a ['sweɣro, -a] *m, f* Schwiegervater *m,* Schwiegermutter *f;* **los ~s** die Schwiegereltern

suela ['swela] *f* **1.** (*del zapato*) (Schuh)sohle *f;* **echar las medias ~s** die Schuhe besohlen (lassen); **tú no me llegas a la ~ del zapato** du kannst mir nicht das Wasser reichen **2.** (*loc, fam*): **es un tonto de siete ~s** er ist saudumm

sueldo ['sweldo] *m* (*por horas*) Lohn *m;* (*de empleado*) Gehalt *nt;* (*de funcionario*) Bezüge *mpl;* (MIL) Sold *m;* **~ fijo** Fixum *nt;* **¿qué ~ ganas?** wie viel verdienst du?

suelo ['swelo] *m* **1.** (*de la tierra*) (Erd)boden *m;* **~ natal** Heimat *f;* **poner una maleta en el ~** einen Koffer abstellen; **dar consigo en el ~** hinfallen; **besar el ~** auf die Nase fallen; **está muy hondo, no toco (el) ~** es ist sehr tief, ich komme nicht auf den Grund; **no toca con los pies en el ~ de contento** (*fig*) er kriegt sich vor Freude kaum ein **2.** (*de casa*) (Fuß)boden *m* **3.** (*terreno*) Grundstück *nt;* **~ edificable** Bauland *nt* **4.** (*de vasija*) Boden *m* **5.** (*poso*) Bodensatz *m* **6.** (DEP) Bodenturnen *nt;* **ejercicios de ~** Bodenübungen *fpl* **7.** (*loc*): **estar por los ~s** (*deprimido*) am Boden zerstört sein; **poner por el ~** durch den Schmutz ziehen; **no te dejes arrastrar por el ~** (*fig*) lass dich nicht so schlecht machen; **el plan se ha venido al ~** der Plan ist ins Wasser gefallen; **los pisos están por los ~s** (*fam*) die Wohnungen sind äußerst günstig

suelto, -a[1] ['swelto, -a] *adj* **1.** (*desenganchado: tornillo, arroz, lana*) locker **2.** (*desatado: cordón, pelo*) lose; (*broche*) offen; (*perro*) frei laufend **3.** (*no sujeto: hojas*) lose; **dinero ~** Kleingeld *nt;* **un prisionero anda ~** ein Gefangener läuft frei herum **4.** (*separado*) einzeln; **pieza suelta** Einzelteil *nt* **5.** (*vestido*) weit **6.** (*incontrolado*): **tener la lengua suelta** ein loses Mundwerk haben **7.** (*estilo*) gewandt; (*lenguaje*) flüssig; **dibujar con mano suelta** sehr geschickt zeichnen **8.** (*no envasado*) lose **9.** (*fam: no agarrotado*) locker; **eso lo hago yo fácil y ~** das schaffe ich locker **10.** (*loc*): **voy ~ de vientre** ich habe Durchfall

suelto[2] ['swelto] *m* **1.** (*dinero*) Kleingeld *nt* **2.** (*artículo*) Kurznachricht *f*

sueño ['sweɲo] *m* **1.** (*acto de dormir*) Schlaf *m;* **me cogió el ~** der Schlaf überkam mich; **descabezar** [*o* **echarse**] **un ~** ein Nickerchen machen; **entre ~s** im Halbschlaf **2.** (*ganas de dormir*) Müdigkeit *f;* **tener ~** müde sein; **caerse de ~** vor Müdigkeit fast umfallen; **quitar el ~** den Schlaf rauben

S

3. (*fantasía*) Traum *m;* **ni en** [*o* **por**] **~s haces tú eso** das schaffst du im Traum nicht; **un coche que es un ~** ein Traumauto; **los ~s, ~s son** (*prov*) Träume sind Schäume

suero ['swero] *m* **1.** (*de leche*) Molke *f* **2.** (MED) Serum *nt*

suerte ['swerte] *f* **1.** (*fortuna*) Glück *nt;* **¡buena ~!** viel Glück!; **tener buena/mala ~** Glück/Pech haben; **por ~** zum Glück; **probar ~** sein Glück versuchen; **ser cuestión de ~** Glückssache sein; **tener una ~ loca** ein Glückspilz sein; **dentro de la desgracia aún has tenido ~** du hast Glück im Unglück gehabt **2.** (*destino*) Schicksal *nt;* **echar algo a ~(s)** etw durch Los entscheiden; **¿quién sabe la ~ que te espera?** wer weiß, was noch auf dich zukommt? **3.** (*casualidad*) Zufall *m* **4.** (*manera*) Weise *f;* **de ~ que...** so dass ...; **de esta ~** so **5.** (*tipo*) Sorte *f;* **tratar con toda ~ de gente** mit allen möglichen Menschen verkehren **6.** (*condición*) Situation *f*

suéter ['sweter] *m* Pullover *m*

suficiencia [sufi'θjeṇθja] *f* **1.** (*lo bastante*) Hinlänglichkeit *f* **2.** (*presunción*) Einbildung *f;* **decir con aires de ~** in einem anmaßenden Ton sagen **3.** (*pedantería*) Pedanterie *f* **4.** (*aptitud*) Eignung *f*

suficiente [sufi'θjeṇte] **I.** *adj* **1.** (*bastante*) genug, ausreichend; **ser ~** genügen; **~ que conozco eso yo** das kenne ich zur Genüge **2.** (*presumido*) eingebildet **3.** (*pedante*) pedantisch **II.** *m* (ENS: *nota*) Note *f* 'ausreichend'

sufijo [su'fixo] *m* Suffix *nt*

sufragar [sufra'ɣar] <g→gu> **I.** *vt* **1.** (*ayudar*) unterstützen **2.** (*costear: gastos*) bestreiten; (*tasa*) entrichten; (*beca*) finanzieren; (*vicios*) bezahlen **II.** *vi* (*Am: votar*) stimmen (*por* für +*akk*)

sufragio [su'fraxjo] *m* **1.** (*voto*) Stimme *f* **2.** (*derecho*) Wahlrecht *nt;* **~ universal** allgemeines Wahlrecht **3.** (*sistema*) Wahlsystem *nt;* **~ (universal) directo** (allgemeine) Direktwahl *f* **4.** (REL) Fürbitte *f*

sufrible [su'friβle] *adj* erträglich

sufrido, -a [su'friðo, -a] *adj* **1.** (*persona*) ergeben; **eres demasiado ~** du lässt dir zu viel gefallen **2.** (*color*) gedeckt; **una tela sufrida** ein strapazierfähiger Stoff **3.** (*marido*) zu nachsichtig

sufrimiento [sufri'mjeṇto] *m* **1.** (*acción*) Leiden *nt* **2.** (*moral*) Leid *nt;* (*físico*) Schmerz *m*

sufrir [su'frir] *vt* **1.** (*aguantar*) ertragen; (*peso*) tragen; (*a alguien*) ausstehen können **2.** (*padecer*) erleiden; (*enfermedad*) leiden (*de* an +*dat*); **~ de celos** krank vor Eifersucht sein; **~ de la espalda** Rückenschmerzen haben; **~ persecuciones** Verfolgungen ausgesetzt sein; **~ quejas** Klagen über sich ergehen lassen; **~ las consecuencias** unter den Folgen leiden **3.** (*experimentar: cambio, recaída, derrota*) erleiden; (*examen*) ablegen; (*desengaño*) erleben; (*accidente*) haben; (*pena*) büßen; **~ una operación** sich einer Operation unterziehen

sugerencia [suxe'reṇθja] *f* **1.** (*inspiración*) Anregung *f* **2.** (*propuesta*) Vorschlag *m* **3.** (*recomendación*) Empfehlung *f*

sugerir [suxe'rir] *irr como sentir vt* **1.** (*inspirar*) anregen **2.** (*proponer*) vorschlagen **3.** (*insinuar*) andeuten **4.** (*evocar*) heraufbeschwören

sugestión [suxes'tjon] *f* **1.** (*inspiración*) Anregung *f* **2.** (*propuesta*) Vorschlag *m* **3.** (*de sugestionar*) Suggestion *f*

sugestionar [suxestjo'nar] **I.** *vt* **1.** (*ideas*) suggerieren **2.** (*dominar*) beeinflussen **II.** *vr:* **~se** Autosuggestion praktizieren

sugestivo, -a [suxes'tiβo, -a] *adj* **1.** (*que sugiere*) anregend **2.** (*que influencia*) beeinflussend **3.** (*plan*) verlockend

suich [switʃ] *m* (*Méx: botón*) Schalter *m;* (*de un coche*) Anlasser *m*

suicida [swi'θiða] **I.** *adj* selbstmörderisch **II.** *mf* Selbstmörder(in) *m(f)*

suicidarse [swiθi'ðarse] *vr* sich umbringen

suicidio [swi'θiðjo] *m* Selbstmord *m*

suite [swit] *f* Suite *f*

Suiza ['swiθa] *f* Schweiz *f*

suizo, -a[1] ['swiθo, -a] **I.** *adj* schweizerisch; **chocolate ~** Schweizer Schokolade **II.** *m, f* Schweizer(in) *m(f)*

suizo[2] ['swiθo] *m* (GASTR) heiße Schokolade *f* mit Sahne

sujeción [suxe'θjon] *f* **1.** (*dominio*) Beherrschung *f;* (*sometimiento*) Unterwerfung *f;* (*dependencia*) Abhängigkeit *f* **2.** (*agarre*) Festhalten *nt* **3.** (*aseguramiento*) Befestigung *f* **4.** (*a un convenio/una promesa*) Gebundenheit *f*

sujetador [suxeta'ðor] *m* **1.** (*sostén*) BH *m* **2.** (*del bikini*) (Bikini)oberteil *nt*

sujetapapeles [suxetapa'peles] *m inv* Büroklammer *f*

sujetar [suxe'tar] **I.** *vt* **1.** (*dominar*) beherrschen **2.** (*someter*) unterwerfen **3.** (*agarrar*) festhalten (*por* an +*dat*) **4.** (*asegurar*) befestigen; (*pelo*) feststecken; (*con clavos*) festnageln; (*con tornillos*) festschrauben **II.** *vr:* **~se** **1.** (*agarrarse*) sich festhalten (*a* an +*dat*) **2.** (*a reglamento*) sich halten (*a* an +*akk*)

sujeto, -a[1] [su'xeto, -a] *adj* (*expuesto a*) verpflichtet (*a* zu +*dat*); (*a revisión/restricciones*) unterworfen (*a* +*dat*); **~ a comprobación/aduana** nachweis-/zollpflichtig; **~ a la inflación** inflationsanfällig; **estar ~ a**

fluctuaciones Schwankungen ausgesetzt sein

sujeto[2] [su'xeto] *m* **1.**(*tema*) Thema *nt* **2.**(*pey: individuo*) Subjekt *nt*

sulfato [sul'fato] *m* Sulfat *nt*

sulfurar [sulfu'rar] **I.** *vt* **1.**(*con azufre*) schwefeln **2.**(*exasperar*) wütend machen (*por* mit +*dat*) **II.** *vr:* ~**se por algo/alguien** über etw/auf jdn wütend sein

sulfúrico, -a [sul'furiko, -a] *adj* Schwefel-

sulfuro [sul'furo] *m* Schwefel *m*

sultán, -ana [sul̦'tan, -ana] *m, f* Sultan(in) *m(f)*

suma ['suma] *f* **1.**(MAT: *acción*) Addition *f;* (*resultado*) Summe *f;* ~ **y sigue** (*fig fam*) und so weiter und so fort **2.**(*cantidad*) Summe *f* **3.**(*esencia*) Essenz *f* **4.**(*loc*): **en** ~ kurz und gut

sumamente [suma'men̦te] *adv* äußerst

sumar [su'mar] **I.** *vt* **1.**(MAT) addieren **2.**(*una obra*) zusammenfassen; (*hechos*) summieren **II.** *vr:* ~**se** (*a una manifestación/una idea*) sich anschließen (*a* +*dat*); (*a una discusión*) sich beteiligen (*a* an +*dat*)

sumario, -a[1] [su'marjo, -a] *adj* **1.**(*explicación*) kurz gefasst **2.**(JUR): **juicio** ~ Schnellverfahren *nt*

sumario[2] [su'marjo] *m* **1.**(JUR) Ermittlungsverfahren *nt* **2.**(*resumen*) Zusammenfassung *f;* (*de hechos*) Sammlung *f*

sumergible [sumer'xiβle] **I.** *adj* **1.**(*reloj*) wasserdicht **2.**(*submarino*) tauchfähig **II.** *m* Tauchboot *nt*

sumergir [sumer'xir] <g→j> **I.** *vt* (ein)tauchen **II.** *vr:* ~**se** versinken

sumidero [sumi'ðero] *m* (*rejilla*) Abflussgitter *nt;* (*de la calle*) Gully *m o nt*

suministrador(a)[1] [suministra'ðor(a)] **I.** *adj* Liefer- **II.** *m(f)* (*persona*) Lieferant(in) *m(f);* (*empresa*) Lieferfirma *f*

suministrador[2] [suministra'ðor] *m* (COM) Zulieferer *m*

suministrar [suminis'trar] *vt* **1.**(*datos, información, t.* COM) liefern **2.**(*abastecer*) versorgen **3.**(*facilitar*) beschaffen

suministro [sumi'nistro] *m* **1.**(*de datos, información, t.* COM) Lieferung *f;* ~ **de informaciones** Auskunfterteilung *f* **2.**(*abastecimiento*) Versorgung *f;* ~ **de calorías** Kalorienzufuhr *f*

sumir [su'mir] **I.** *vt* (*hundir*) (ein)tauchen; ~ **en la miseria a alguien** jdn ins Elend stürzen **II.** *vr:* ~**se** versinken

sumisión [sumi'sjon] *f* **1.**(*acción*) Unterwerfung *f* **2.**(*carácter*) Unterwürfigkeit *f* **3.**(*obediencia*) Gehorsamkeit *f*

sumiso, -a [su'miso, -a] *adj* **1.**(*que se somete*) unterwürfig **2.**(*que no rechista*) gehorsam

sumo, -a ['sumo, -a] *adj* **1.**(*más alto*) höchste(r, s); **a lo** ~ höchstens; **en grado** ~ hochgradig **2.**(*mayor*) größte(r, s)

suntuario, -a [sun̦tu'arjo] *adj* Luxus-

suntuosidad [sun̦twosi'ðaᵈ] *f* **1.**(*lujo*) Luxus *m* **2.**(*opulencia*) Üppigkeit *f* **3.**(*aparatosidad*) Prunk *m*

suntuoso, -a [sun̦tu'oso, -a] *adj* **1.**(*lujoso*) luxuriös **2.**(*opulento*) üppig **3.**(*aparatoso*) aufwändig

supeditar [supeði'tar] **I.** *vt* **1.**(*someter*) unterwerfen **2.**(*subordinar*) unterordnen **3.**(*condicionar*) abhängig machen (*a* von +*dat*) **II.** *vr:* ~**se** sich unterordnen

súper[1] ['super] **I.** *adj* (*fam*) super **II.** *m* Supermarkt *m*

súper[2] ['super] *f* Super(benzin) *nt*

superable [supe'raβle] *adj* **1.**(*récord*) verbesserbar **2.**(*situación*) überwindbar

superabundancia [superaβun̦'dan̦θja] *f* (*en cantidad*) Überfluss *m* (*de* an +*dat*); (*en diversidad*) Überfülle *f* (*de* von +*dat*)

superabundante [superaβun̦'dan̦te] *adj:* ~ **en...** (*positivo*) reich an ...; (*negativo*) mit übermäßig viel ...

superación [supera'θjon] *f* **1.**(*de récord*) Verbesserung *f* **2.**(*de situación*) Überwindung *f*

superar [supe'rar] **I.** *vt* **1.**(*sobrepasar: a alguien*) übertreffen; (*límite*) überschreiten; (*récord*) brechen; ~ **todo lo que se había visto hasta ahora** alles bisher Dagewesene in den Schatten stellen **2.**(*prueba*) bestehen **3.**(*situación*) überwinden **II.** *vr:* ~**se** sich selbst übertreffen

superávit [supe'raβit] *m* <superávit(s)> Überschuss *m*

superchería [supertʃe'ria] *f* (*engaño*) Betrug *m;* (*mentira*) Lüge *f*

superdotado, -a [superðo'taðo, -a] *adj* hochbegabt

superferolítico, -a [superfero'litiko, -a] *adj* (*fam*) gekünstelt

superficial [superfi'θjal] *adj* oberflächlich; (*detalle*) äußerlich; **efecto** ~ Oberflächenwirkung *f*

superficialidad [superfiθjali'ðaᵈ] *f* Oberflächlichkeit *f*

superficie [super'fiθje] *f* **1.**(*parte externa*) Oberfläche *f;* ~ **cultivable** Anbaufläche *f;* **salir a la** ~ (*submarino*) auftauchen; (*minero*) auffahren; (*fig*) zum Vorschein kommen **2.**(MAT) Fläche *f;* (*área*) Flächeninhalt *m* **3.**(*apariencia*) äußerer Eindruck *m*

superfluo, -a [su'perflwo, -a] *adj* überflüssig; (*gastos*) unnötig

superhombre [super'ombre] *m* Übermensch *m*

superintendente [superin̦ten̦'den̦te] *mf* Leiter(in) *m(f);* (*de policía*) Hauptkommis-

S

sar(in) *m(f)*

superior(a)[1] [supe'rjor(a)] *m(f)* **1.** (REL) Obere(r), -in *m, f* **2.** (*jefe*) Vorgesetzte(r) *mf*

superior[2] [supe'rjor] *adj* **1.** (*más alto*) obere(r, s) *m;* **el curso ~ de un río** der Oberlauf eines Flusses; **el piso ~ al mío** die Wohnung über mir **2.** (*en calidad*) besser; (*en rango*) höher; (*en inteligencia/fuerza*) überlegen **3.** (*excelente*) hervorragend; **mujer ~** Superfrau *f*

superioridad [superjori'ða^{ð}] *f* (*ventaja*) Überlegenheit *f* (*sobre* über +*akk*); **hablar con un tono de ~** in einem anmaßendem Ton sprechen

superlativo, -a[1] [superla'tiβo, -a] *adj* überragend; (LING) superlativisch

superlativo[2] [superla'tiβo] *m* (LING) Superlativ *m*

supermercado [supermer'kaðo] *m* Supermarkt *m*

supermoderno, -a [supermo'ðerno, -a] *adj* hochmodern

supernumerario, -a [supernume'rarjo, -a] **I.** *adj* **1.** (*número*) überzählig **2.** (*funcionario*) außerplanmäßig **II.** *m, f* Beamtenanwärter(in) *m(f)*

superpetrolero [superpetro'lero] *m* Supertanker *m*

superpoblación [superpoβla'θjon] *f* Übervölkerung *f*

superponer [superpo'ner] *irr como poner vt* **1.** (*dos cosas*) aufeinander legen; **~ algo a algo** etw auf etw legen **2.** (*dar prioridad*) Vorrang geben +*dat*

superpotencia [superpo'ten̪θja] *f* Großmacht *f;* **superproducción** [superproðu^{γ}'θjon] *f* **1.** (COM) Überproduktion *f* **2.** (CINE) Mammutproduktion *f*

supersónico, -a [super'soniko, -a] *adj* Überschall-

superstición [supersti'θjon] *f* Aberglaube *m*

supersticioso, -a [supersti'θjoso, -a] *adj* abergläubisch

supervalorar [superβalo'rar] *vt* überbewerten

superventas [super'βen̪tas] *m inv* Verkaufsschlager *m;* (*libro*) Bestseller *m*

supervisar [superβi'sar] *vt* beaufsichtigen; (*en un examen*) Aufsicht führen (über +*akk*)

supervisión [superβi'sjon] *f* **1.** (*vigilancia*) Beaufsichtigung *f* **2.** (*en examen*) Aufsicht *f*

supervisor(a) [superβi'sor(a)] *m(f)* Aufseher(in) *m(f);* (*funcionario*) Aufsichtsbeamte(r) *mf,* -beamtin *f*

supervivencia [superβi'βen̪θja] *f* Überleben *nt*

superviviente [superβi'βjen̪te] **I.** *adj* überlebend **II.** *mf* Überlebende(r) *mf*

supino, -a [su'pino, -a] *adj* **1.** (*posición*) auf dem Rücken (liegend) **2.** (*excesivo*): **ignorancia supina** völlige Unwissenheit

suplantar [suplan̪'tar] *vt* **1.** (*en el trabajo*) unbefugt vertreten **2.** (*escrito*) fälschen

suplementario, -a [suplemen̪'tarjo, -a] *adj* ergänzend; **tomo ~** Ergänzungsband *m*

suplemento [suple'men̪to] *m* **1.** (*complemento*) Ergänzung *f* **2.** (*tomo*) Ergänzungsband *m* **3.** (*de periódico*) Beilage *f* **4.** (*precio*) Aufpreis *m;* (*del tren*) Zuschlag *m;* (*plus*) Zulage *f;* **~ por turnos** Schichtzulage *f*

suplencia [su'plen̪θja] *f* Vertretung *f*

suplente [su'plen̪te] **I.** *adj* vertretend; **maestro ~** Aushilfslehrer *m* **II.** *mf* Vertretung *f;* (DEP) Ersatzspieler(in) *m(f)*

supletorio, -a[1] [suple'torjo, -a] *adj* zusätzlich

supletorio[2] [suple'torjo] *m* (TEL) Nebenanschluss *m*

súplica ['suplika] *f* Flehen *nt;* (*escrito*) Bittgesuch *nt*

suplicar [supli'kar] <c→qu> *vt* **1.** (*rogar*) anflehen; (*algo*) inständig bitten (um +*akk*); **~ de rodillas** auf Knien anflehen **2.** (JUR) Einspruch einlegen (gegen +*akk*)

suplicio [su'pliθjo] *m* **1.** (*tortura*) Folter *f* **2.** (*tormento*) Qual *f;* **el viaje fue un ~** die Reise war eine einzige Strapaze

suplir [su'plir] *vt* **1.** (*completar*) ergänzen **2.** (*sustituir*) ersetzen; **~ el bolígrafo por un lápiz** einen Bleistift statt eines Kugelschreibers benutzen **3.** (*en el trabajo*) vertreten

supo ['supo] *3. pret de* **saber**

suponer [supo'ner] *irr como poner vt* **1.** (*dar por sentado*) annehmen; **vamos a ~ que...** nehmen wir an, dass ...; **se supone que...** es ist anzunehmen, dass ...; **suponiendo que...** in der Annahme, dass ...; **supongamos que...** wenn wir davon ausgehen, dass ...; **dar algo por supuesto** etw für selbstverständlich halten **2.** (*figurar*) annehmen; **supongo que vendrás, ¿no? – supongo que sí** ich nehme an, du kommst, oder? – wahrscheinlich schon; **no supongo que...** +*subj* ich glaube nicht, dass ...; **puedes ~ que...** du kannst sicher sein, dass ...; **¿estás suponiendo que...?** willst du damit andeuten, dass ...? **3.** (*atribuir*): **le supongo unos 40 años** ich schätze ihn/sie auf etwa vierzig; **no le suponía tan fuerte** ich habe ihn nicht für so stark gehalten **4.** (*significar*) bedeuten; (*demostrar*) beweisen; **~ un duro golpe para alguien** ein harter Schlag für jdn sein; **esto me supone 10.000 pesetas al mes** das kostet mich monatlich 10.000 Peseten; **no ~ molestia alguna** keine Mühe bereiten

suposición [suposi'θjon] *f* Annahme *f,* Vermutung *f;* (*presunción*) Mutmaßung *f*
supositorio [suposi'torjo] *m* (MED) Zäpfchen *nt*
supremacía [suprema'θia] *f* (*superioridad*) Überlegenheit *f;* (*política, económica*) Vorherrschaft *f;* (*prioridad*) Vorrang *m*
supremo, -a [su'premo, -a] *adj* (*altísimo*) höchste(r, s); (*fig*) äußerste(r, s); **el instante ~** der Höhepunkt
supresión [supre'sjon] *f* **1.** (*eliminación*) Abschaffung *f;* (*de fronteras*) Abbau *m;* (*de obstáculos*) Beseitigung *f;* (*de una regla*) Aufhebung *f* **2.** (*omisión*) Streichung *f*
suprimir [supri'mir] *vt* **1.** (*poner fin*) abschaffen; (*fronteras*) abbauen; (*controles, obstáculos, amenaza*) beseitigen; (*regla*) aufheben **2.** (*omitir*) streichen **3.** (*silenciar*) verschweigen
supuesto, -a¹ [su'pwesto, -a] *adj* (*ladrón, asesino*) mutmaßlich; (*testigo, nombre*) angeblich; (*causa*) vermutlich; **por ~** selbstverständlich; **dar algo por ~** etw für selbstverständlich halten
supuesto² [su'pwesto] *m* Annahme *f*
supurar [supu'rar] *vi* eitern
sur [sur] *m* **1.** (*punto*) Süden *m;* (METEO) Süd *m;* **el ~ de España** Südspanien *nt* **2.** (*viento*) Südwind *m*
surafricano, -a [surafri'kano, -a] **I.** *adj* südafrikanisch **II.** *m, f* Südafrikaner(in) *m(f)*

> **Surazo** *m* bezeichnet in **Argentina** und **Bolivia** einen sehr starken Wind, der vom **sur** (Süden) kommt.
> Die Wortbildung dieses meteorologischen Begriffes ist sehr einfach: das Substantiv **sur** und das Augmentativsuffix (Vergrößerungsform, die durch eine angehängte Nachsilbe gebildet wird) **-azo**.

surcar [sur'kar] <c→qu> *vt* **1.** (*tierra*) (durch)furchen **2.** (*mar*): **~ el mar** durch das Meer gleiten
surco ['surko] *m* **1.** (*en tierra*) Furche *f* **2.** (*arruga*) Falte *f* **3.** (*en disco*) Rille *f*
sureste [sur'este] *m* Südosten *m*
surf [surf] *m sin pl* Surfing *nt;* **hacer ~** surfen
surfista [sur'fista] *mf* Surfer(in) *m(f)*
surgir [sur'xir] <g→j> *vi* **1.** (*agua*) herausquellen **2.** (*aparecer: dificultades*) aufkommen; (*posibilidad*) sich ergeben; (*pregunta*) sich stellen; (*persona*) auftauchen **3.** (*edificio*) emporragen
suroeste [suro'este] *m* Südwesten *m*
surrealismo [surrea'lismo] *m sin pl* (ARTE) Surrealismus *m*
surrealista [surrea'lista] **I.** *adj* surrealistisch **II.** *mf* Surrealist(in) *m(f)*
surtido, -a¹ [sur'tiðo, -a] *adj* **1.** (*mezclado*) gemischt; **galletas surtidas** Keksmischung *f* **2.** (*variado*) sortiert
surtido² [sur'tiðo] *m* Sortiment *nt*
surtidor [surti'ðor] *m* **1.** (*chorro*) Fontäne *f;* (*fuente*) Springbrunnen *m* **2.** (*de gasolina*) Zapfsäule *f*
surtir [sur'tir] **I.** *vt* **1.** (*proveer*) versorgen (*de* mit +*dat*) **2.** (*loc*): **~ efecto** (*palabras*) Wirkung haben; (*medicamento*) wirken **II.** *vi* herausquellen **III.** *vr:* **~se** sich versorgen (*de* mit +*dat*)
susceptibilidad [susθeptiβili'ða^ð] *f* (*sensibilidad*) (Über)empfindlichkeit *f;* (MED) Anfälligkeit *f*
susceptible [susθep'tiβle] *adj* **1.** (*cosa*): **~ de mejora** verbesserungsfähig; **materiales ~s de ser reutilizados** wieder verwendbare Stoffe **2.** (*persona: sensible*) (über)empfindlich; (*irritable*) reizbar
suscitar [susθi'tar] *vt* (*sospecha*) (er)wecken; (*discusión*) auslösen; (*escándalo*) verursachen; (*odio*) schüren; (*comentarios*) provozieren; (*problema*) schaffen; (*discordia*) entfachen; (*conflicto*) anstiften; (*antipatías, curiosidad*) hervorrufen
suscribir [suskri'βir] *irr como escribir* **I.** *vt* **1.** (*escrito*) unterschreiben **2.** (*opinión*) teilen **3.** (*acciones*) zeichnen **II.** *vr:* **~se a una revista** eine Zeitschrift abonnieren
suscripción [suskriβ'θjon] *f* **1.** (*firma*) Unterzeichnung *f* **2.** (*de acciones*) Zeichnung *f* **3.** (*a una revista*) Abonnement *nt*
suscri(p)tor(a) [suskri(p)'tor(a)] *m(f)* **1.** (*firmante*) Unterzeichner(in) *m(f)* **2.** (*de acciones*) Zeichner(in) *m(f)* **3.** (*de una revista*) Abonnent(in) *m(f)*
susodicho, -a [suso'ðitʃo, -a] *adj* (*dicho arriba*) oben genannt; (*dicho antes*) zuvor erwähnt
suspender [suspen̩'der] *vt* **1.** (*tener en el aire*) aufhängen (*de* an +*dat*) **2.** (*trabajador*) suspendieren; (*deportista*) sperren **3.** (*en un examen*) durchfallen lassen; **he suspendido matemáticas** ich bin in Mathe durchgefallen **4.** (*interrumpir: sesión*) unterbrechen; (*tratamiento*) aussetzen; (*embargo*) aufheben; **~ las disputas** den Streit beenden; **se ha suspendido la función de esta noche** die heutige Nachtvorstellung fällt aus **5.** (*embelesar*) bezaubern
suspense [sus'pense] *m* Spannung *f;* **una película de ~** ein spannender Film
suspensión [suspen'sjon] *f* **1.** (TÉC) Aufhängung *f;* (AUTO) Federung *f* **2.** (*laboral*) Sus-

pendierung *f;* (DEP) Sperre *f* **3.** (*interrupción: de sesión*) Unterbrechung *f;* (*de tratamiento*) Aussetzung *f;* (*de disputas*) Beendigung *f;* (*de producción*) Einstellung *f;* (*de embargo*) Aufhebung *f;* ~ **de armas** Waffenruhe *f;* ~ **de la pena** Strafaussetzung *f*

suspensivo, -a [suspen'siβo, -a] *adj:* **puntos ~s** Auslassungspunkte *mpl*

suspenso, -a¹ [sus'penso, -a] *adj* (*perplejo*) erstaunt

suspenso² [sus'penso] *m* **1.** (ENS): **sacar un ~** durchfallen **2.** (*Am*) *v.* **suspense**

suspensores [suspen'sores] *mpl* (*Am: tiradores*) Hosenträger *mpl*

suspicacia [suspi'kaθja] *f* **1.** (*cualidad*) Misstrauen *nt* **2.** (*actitud*) misstrauisches Wesen *nt*

suspicaz [suspi'kaθ] *adj* misstrauisch

suspirado, -a [suspi'raðo, -a] *adj* ersehnt; **muy ~** heiß ersehnt

suspirar [suspi'rar] *vi* **1.** (*dar suspiros*) seufzen **2.** (*anhelar*) sich sehnen (*por* nach +*dat*)

suspiro [sus'piro] *m* (*de persona*) Seufzer *m;* (*del viento*) Säuseln *nt*

sustancia [sus'taṇθja] *f* **1.** (*materia, esencia*) Substanz *f;* ~ **activa** Wirkstoff *m;* **la ~ gris** (ANAT) die graue Substanz; **este ensayo no tiene ~** dieses Essay ist gehaltlos **2.** (*de alimentos*) Nährwert *m* **3.** (*juicio*): **un fundamento sin ~** eine fadenscheinige Begründung; **decir cosas sin ~** Unsinn reden; **un comentario sin ~** eine überflüssige Bemerkung **4.** (*loc*): **en ~** kurz und gut

sustancial [sustaṇ'θjal] *adj* **1.** (*esencial*) wesentlich; (*fundamental*) grundlegend **2.** (*comida*) nahrhaft **3.** (*libro*) gehaltvoll

sustancioso, -a [sustaṇ'θjoso, -a] *adj* **1.** (*comida*) nahrhaft **2.** (*libro*) gehaltvoll

sustantivo, -a¹ [sustaṇ'tiβo, -a] *adj* **1.** (*esencial*) wesentlich; (*fundamental*) grundlegend **2.** (LING) substantivisch

sustantivo² [sustaṇ'tiβo] *m* Substantiv *nt*

sustentáculo [susteṇ'takulo] *m* Stütze *f*

sustentar [susteṇ'tar] **I.** *vt* **1.** (*una cosa*) halten; (*columna*) stützen **2.** (*esperanza*) aufrechterhalten **3.** (*familia*) unterhalten **II.** *vr:* **~se 1.** (*alimentarse*) sich ernähren (*con/de* von +*dat*) **2.** (*aguantarse*) sich stützen (*en* auf +*akk*)

sustento [sus'teṇto] *m* **1.** (*mantenimiento*) (Lebens)unterhalt *m* **2.** (*apoyo*) Stütze *f*

sustitución [sustitu'θjon] *f* Ersatz *m;* (*temporal de alguien*) Vertretung *f*

sustituir [sustitu'ir] *irr como huir vt* **1.** (*algo*) ersetzen **2.** (DEP) auswechseln **3.** (*a alguien: temporalmente*) vertreten; (*definitivamente*) ersetzen

sustitutivo, -a¹ [sustitu'tiβo, -a] *adj* Ersatz-

sustitutivo² [sustitu'tiβo] *m* Ersatz *m*

sustituto, -a [susti'tuto, -a] *m, f* Vertreter(in) *m(f)*

susto ['susto] *m* Schreck(en) *m;* **poner cara de ~** ein erschrockenes Gesicht machen; **dar un ~** einen Schreck einjagen; **pegarse un ~** erschrecken; **pegarle un ~ a alguien** jdn erschrecken; **no ganar para ~s** keinen Augenblick Ruhe haben

sustraer [sustra'er] *irr como traer* **I.** *vt* **1.** (*restar*) abziehen **2.** (*robar*) stehlen **3.** (*privar*) entziehen **4.** (*separar*) trennen **II.** *vr:* **~se de algo** sich etw *dat* entziehen; **~se de los periodistas** den Journalisten aus dem Wege gehen

susurrar [susu'rrar] **I.** *vi* **1.** (*hablar bajo*) flüstern; (*no claro*) murmeln; **~ algo a alguien** jdm etw zuflüstern **2.** (*viento*) rauschen **II.** *vr:* **~se** umgehen **III.** *vimpers:* **se susurra que...** man munkelt, dass ...

susurro [su'surro] *m* **1.** (*al hablar: bajo*) Flüstern *nt;* (*no claro*) Murmeln *nt* **2.** (*del viento*) Rauschen *nt*

sutil [su'til] *adj* **1.** (*velo, hilo*) fein; (*rebanada*) dünn **2.** (*sabor*) fein; (*aroma*) zart **3.** (*diferencia, ironía*) subtil; (*jugada, sistema*) raffiniert **4.** (*persona*) spitzfindig

sutileza [suti'leθa] *f,* **sutilidad** [sutili'ðað] *f* **1.** (*de velo/hilo*) Feinheit *f* **2.** (*de sabor*) Feinheit *f;* (*de aroma*) Zartheit *f* **3.** (*de diferencia, ironía*) Subtilität *f;* (*de jugada, sistema*) Raffiniertheit *f* **4.** (*de persona*) Spitzfindigkeit *f*

sutilizar [sutili'θar] <z→c> *vt* **1.** (*hacer sutil*) verfeinern **2.** (*diferencia*) nuancieren; (*jugada*) verbessern **3.** (*discurrir*) austüfteln

sutura [su'tura] *f* Naht *f;* **punto de ~** Stich *m*

suturar [sutu'rar] *vt* (ver)nähen

suyo, -a ['suɟo, -a] *adj o pron* (*de él*) seine(r); (*de ella, ellos, ellas*) ihre(r); (*de usted, ustedes*) Ihre(r); **el regalo es ~** das Geschenk ist von ihm/ihr; **este encendedor es ~** dieses Feuerzeug gehört ihm/ihr; **siempre habla de los ~s** er/sie redet immer von seiner/ihrer Familie; **~ afectísimo...** hochachtungsvoll, Ihr ...; **darle a alguien lo ~** jdm geben, was er verdient; **ya ha hecho otra de las suyas** (*fam*) er/sie hat schon wieder was Schönes angerichtet; **leer 'Fausto' tiene lo ~** (*es difícil*) 'Faust' zu lesen hat es in sich; (*es interesante*) 'Faust' zu lesen hat etwas für sich; **el problema es ya de ~ difícil de resolver** das Problem an sich ist schon schwer lösbar; **hacerse ~ a alguien** jdn für sich gewinnen; **hacer suyas las quejas de los alumnos** sich den Beschwerden der Schüler anschließen; **Albert es**

muy ~ Albert ist sehr eigen; **eso es muy** ~ das ist typisch für ihn/sie; **ir a lo** ~ eigene Wege gehen

swazilandés, -esa [swaθilaṇ'des] **I.** *adj* swasiländisch **II.** *m, f* Swasi *mf*

Swazilandia [swaθi'laṇdja] *f* Swasiland *nt*

S

T

T, t [te] *f* T, t *nt;* ~ **de Tarragona** T wie Theodor

taba ['taβa] *f* (ANAT) Sprungbein *nt;* **menear las** ~**s** (*fam: andar*) schnell laufen; (*fig*) alle Hände voll zu tun haben

tabacalero, -a [taβaka'lero, -a] **I.** *adj* Tabak(s)- **II.** *m, f* Tabakpflanzer(in) *m(f)*

tabaco [ta'βako] *m* **1.** (*planta, producto*) Tabak *m;* **de color** ~ tabakbraun; ~ **rubio** heller Tabak **2.** (*cigarrillo*) Zigarette *f;* (*cigarro*) Zigarre *f;* **¿tienes** ~**?** hast du Zigaretten?

tabalear [taβale'ar] **I.** *vt, vr:* ~**se** schaukeln **II.** *vi* mit den Fingern trommeln

tábano ['taβano] *m* **1.** (ZOOL) Bremse *f* **2.** (*persona*) Nervensäge *f fam*

tabaquera [taβa'kera] *f* Tabakdose *f*

tabardo [ta'βarðo] *m* Mantel *m*

tabarra [ta'βarra] *f* Plage *f;* **dar la** ~ nerven

taberna [ta'βerna] *f* Kneipe *f*

tabernáculo [taβer'nakulo] *m* (*sagrario*) Tabernakel *nt o m*

tabernario, -a [taβer'narjo, -a] *adj* **1.** (*de la taberna*) Kneipen- **2.** (*pey*) derb

tabernero, -a [taβer'nero, -a] *m, f* Wirt(in) *m(f)*

tabicar [taβi'kar] <c→qu> **I.** *vt* zumauern **II.** *vr:* ~**se** verstopfen

tabique [ta'βike] *m* Trennwand *f;* ~ **nasal** Nasenscheidewand *f*

tabla ['taβla] *f* **1.** (*plancha*) Brett *nt;* ~ **de cocina** Schneidebrett *nt;* **ser la única** ~ **de salvación** (*fig*) die einzige Rettung sein **2.** (*de libro*) Inhaltsverzeichnis *nt* **3.** (*lista*) Tabelle *f;* (*cuadro*) Tafel *f;* **las T**~**s de la Ley** die Gesetzestafeln; **decir la** ~ das Einmaleins aufsagen **4.** (*de vestido*) Plisseefalte *f* **5.** (*pintura*) Tafelbild *nt* **6.** (AGR: *para plantas*) Beet *nt;* (*más grande*) Feld *nt* **7.** *pl* (DEP) Remis *nt* **8.** *pl* (TEAT) Bühne *f* **9.** *pl* (*experiencia*): **un político con muchas** ~**s** ein Politiker mit großer Erfahrung **10.** (*loc*): **a raja** ~ koste es, was es wolle; **hacer** ~ **rasa de algo** mit etw *dat* Tabula rasa machen

tablado [ta'βlaðo] *m* **1.** (*suelo*) Holzboden *m* **2.** (*entarimado*) Podium *nt* **3.** (*del escenario*) Bühne *f*

tablao [ta'βlao] *m* **1.** (*escenario*) Bühne *f* **2.** (*local*) Flamencolokal *nt*

tablear [taβle'ar] *vt* **1.** (*madero*) in Bretter schneiden **2.** (*tela*) plissieren **3.** (*terreno*) in Beete unterteilen **4.** (*tierra*) einebnen

tablero [ta'βlero] *m* **1.** (*de madera*) Holztafel *f;* ~ **de anuncios** schwarzes Brett **2.** (*pizarra*) Tafel *f* **3.** (DEP): ~ **de ajedrez/damas** Schach-/Damebrett *nt* **4.** (*de mesa*) Tischplatte *f* **5.** (AUTO) Armaturenbrett *nt* **6.** (*ábaco*) Rechenbrett *nt*

tableta [ta'βleta] *f* **1.** (MED) Tablette *f* **2.** (*de chocolate*) Tafel *f*

tabletear [taβlete'ar] *vi* (*puerta*) klappern; (*máquina*) rattern

tabloide [ta'βloi̯ðe] *m* (*Am*) Boulevardzeitung *f*

tablón [ta'βlon] *m* **1.** (*de andamio*) Brett *nt;* ~ **de anuncios** schwarzes Brett **2.** (*borrachera*) Rausch *m* **3.** (*Am: para plantas*) Beet *nt;* (*más grande*) Feld *nt*

tabú [ta'βu] *m* <tabúes> Tabu *nt*

tabuco [ta'βuko] *m* (*pey*) Bude *f*

tabulador [taβula'ðor] *m* (*tecla*) Tabulator *m*

tabular [taβu'lar] *vt* (*listar*) tabellieren

taburete [taβu'rete] *m* (*sin respaldo*) Hocker *m;* (*con respaldo*) Stuhl *m*

tacada [ta'kaða] *f* **1.** (*golpe*) Stoß *m;* **de una** ~ auf einmal **2.** (*carambolas*) Punkte *mpl*

tacañear [takaɲe'ar] *vi* knausern

tacañería [takaɲe'ria] *f* Knauserigkeit *f*

tacaño, -a [ta'kaɲo, -a] **I.** *adj* knauserig **II.** *m, f* Geizhals *m*

tacha ['tatʃa] *f* **1.** (*defecto*) Fehler *m;* **sin** ~ fehlerlos **2.** (*tachuela*) Tapeziernagel *m*

tachadura [tatʃa'ðura] *f* **1.** (*acción*) Streichung *f* **2.** (*tachón*) Strich *m*

tachar [ta'tʃar] *vt* **1.** (*rayar*) (durch)streichen **2.** (*atribuir*) bezeichnen (*de* als +*akk*)

tacho ['tatʃo] *m* (*Am*) **1.** (*vasija*) Kessel *m* **2.** (*hojalata*) Blech *nt* **3.** (*cubo*) Mülleimer *m*

tachón [ta'tʃon] *m* **1.** (*borrón*) Strich *m* **2.** (*tachuela*) Tapeziernagel *m*

tachonado, -a [tatʃo'naðo, -a] *adj:* ~ **de estrellas** mit Sternen übersät

tachonar [tatʃo'nar] *vt* **1.** (*clavetear*) mit Tapeziernägeln befestigen **2.** (*adornar*) verzieren (*de/con* mit +*dat*)

tachuela [ta'tʃwela] *f* Tapeziernagel *m*

tácito, -a ['taθito, -a] *adj* stillschweigend

taciturno, -a [taθi'turno, -a] *adj* **1.** (*callado*) schweigsam **2.** (*melancólico*) niedergeschlagen

taco ['tako] *m* **1.** (*pedazo*) Block *m;* ~**s de salida** Startblöcke *mpl* **2.** (*de arma*) Pfropf *m* **3.** (*de billar*) Queue *nt* **4.** (*de bota*) Stollen *m;* ~ **de rosca** Schraubenstollen *m*

5. (*de papel*) Block *m;* (*calendario*) Kalenderblock *m* **6.** (*fam: de jamón*) Würfel *m;* (*de vino*) Schluck *m* Wein; (*bocado*) Happen *m* **7.** (TÉC) Dübel *m* **8.** (*fam: palabrota*) Schimpfwort *nt;* **decir** [*o* **soltar**] **~s** fluchen **9.** (*fam: lío*) Durcheinander *nt;* **dejar hecho un ~** verwirren **10.** (*Am: tacón*) Absatz *m* **11.** *pl* (*fam: años*) Jahre *ntpl*

tacómetro [ta'kometro] *m* Tachometer *m*

tacón [ta'kon] *m* Absatz *m;* **~ de aguja** Stöckelabsatz *m*

taconear [takone'ar] **I.** *vi* **1.** (*suelo*) aufstampfen **2.** (*arrogantemente*) stolzieren **II.** *vr:* **~se todas las oficinas** alle Büros ablaufen

taconeo [tako'neo] *m* Aufstampfen *nt*

táctica ['taktika] *f* Taktik *f;* **ir con ~** taktisch vorgehen

táctico, -a ['taktiko, -a] **I.** *adj* taktisch **II.** *m, f* Taktiker(in) *m(f)*

táctil ['taktil] *adj* Tast-

tacto ['takto] *m* **1.** (*sentido*) Tastsinn *m;* **ser áspero al ~** sich rau anfühlen **2.** (*contacto*) Berührung *f* **3.** (*habilidad*) Takt *m;* **no tener ~** taktlos sein

tafetán [tafe'tan] *m* (*tela*) Taft *m*

tahona [ta'ona] *f* (*panadería*) Bäckerei *f*

tahonero, -a [tao'nero, -a] *m, f* Bäcker(in) *m(f)*

tahúr [ta'ur] *m* Spieler(in) *m(f);* (*tramposo*) Falschspieler(in) *m(f)*

tailandés, -esa [tai̯lan̪'des, -esa] **I.** *adj* thailändisch **II.** *m, f* Thailänder(in) *m(f)*

Tailandia [tai̯'lan̪dja] *f* Thailand *nt*

taimado, -a [tai̯'maðo, -a] *adj* (*maligno*) verschlagen

Taiwán [tai̯'wan] *m* Taiwan *nt*

taiwanés, -esa [tai̯wa'nes, -esa] **I.** *adj* taiwanisch **II.** *m, f* Taiwaner(in) *m(f)*

tajada [ta'xaða] *f* **1.** (*porción*) Scheibe *f;* **sacar ~ de algo** von etw *dat* profitieren **2.** (*fam: ronquera*): **tener una ~** einen Frosch im Hals haben **3.** (*fam: borrachera*) Rausch *m*

tajamar [taxa'mar] *m* **1.** (*espolón*) Rammsporn *m* **2.** (*de puente*) Wellenbrecher *m*

tajante [ta'xan̪te] *adj* **1.** (*respuesta*) kategorisch; (*actitud*) unnachgiebig; (*medidas*) drastisch **2.** (*absoluto*) völlig **3.** (*cortante*) scharf

tajar [ta'xar] *vt* (durch)schneiden

tajo ['taxo] *m* **1.** (*corte*) Schnitt *m;* **darse un ~ en el dedo** sich *dat/akk* in den Finger schneiden **2.** (GEO) Steilwand *f* **3.** (*filo*) Schneide *f* **4.** (*trabajo*) Arbeit *f;* **ir al ~** arbeiten gehen **5.** (*de carnicero*) Hackblock *m;* (*para decapitar*) Richtblock *m*

tal [tal] **I.** *adj* **1.** (*igual*) so; **~ día hace un año** heute vor einem Jahr; **en ~ caso** in so einem Fall; **no digas ~ cosa** sag so etwas nicht; **no he dicho nunca ~ cosa** das habe ich nie gesagt **2.** (*tanto*) so; **la distancia es ~ que...** die Entfernung ist so groß, dass ... **3.** (*cierto*) gewiss **II.** *pron* **1.** (*alguien*): **~ habrá que piense así** es gibt sicher jemanden, der so denkt; **el ~** der Dings; **~ o cual** irgendjemand; **¡ése es otro que ~!** das ist auch so einer! **2.** (*cosa*): **no haré ~** ich mache so etwas nicht; **¡no hay ~!** das ist nicht wahr!; **hablar de ~ y cual** von diesem und jenem reden; **... y ~** (*enumeración*) ... und dergleichen **III.** *adv* **1.** (*así*) so **2.** (*de la misma manera*) genauso; **es ~ cual lo buscaba** das ist genau das, wonach ich gesucht habe; **son ~ para cual** sie sind einer wie der andere; **estar ~ cual** sich nicht verändert haben; **~ y como** genauso wie **3.** (*cómo*): **¿qué ~ (te va)?** wie geht's (dir)?; **¿qué ~ el viaje?** wie war die Reise?; **¿qué ~ te lo has pasado?** wie war's?; **¿qué ~ si tomamos una copa?** wie wär's mit einem Drink?; **~ y como están las cosas** so wie die Dinge stehen **IV.** *conj:* **con ~ de...** *+inf,* **con ~ de que...** *+subj* (*mientras*) wenn nur ...; (*condición*) vorausgesetzt, dass...

tala ['tala] *f* **1.** (*de árboles*) Fällen *nt* **2.** (*destrucción*) Verwüstung *f*

taladradora [talaðra'ðora] *f* Bohrmaschine *f*

taladrar [tala'ðrar] *vt* **1.** (*con taladro*) durchbohren **2.** (*oídos*) durchdringen

taladro [ta'laðro] *m* Bohrer *m*

talante [ta'lan̪te] *m* **1.** (*modo*) Art *f* **2.** (*humor*) Laune *f;* **de buen/mal ~** gut/schlecht gelaunt **3.** (*gana*): **de buen ~** gerne

talar [ta'lar] **I.** *adj:* **túnica ~** Talar *m* **II.** *vt* **1.** (*árboles*) fällen **2.** (*destruir*) verwüsten

talco ['talko] *m* **1.** (*mineral*) Talk *m* **2.** (*polvos*) Puder *m o nt*

talega [ta'leɣa] *f* **1.** (*bolsa*) Beutel *m* **2.** (*fam: dinero*) Kohle *f*

talego [ta'leɣo] *m* **1.** (*talega*) Beutel *m* **2.** (*fam: persona*) Brocken *m* **3.** (*argot: cárcel*) Knast *m* **4.** (*argot: 1.000 pts*) 1.000 Peseten

talento [ta'len̪to] *m* (*capacidad*) Talent *nt;* **de gran ~** hochbegabt; **tener ~ para los idiomas** sprachbegabt sein

talentoso, -a [talen̪'toso, -a] *adj* begabt

Talgo *m*: Der **Talgo**, d. h. **Tren Articulado Ligero Goicoechea Oriol**, ist dem Intercity vergleichbar.
Der schnellste Zug in Spanien ist aber der **AVE (Alta Velocidad Española)**, der die Strecke **Madrid-Sevilla** fährt.

T

talismán [talis'man] *m* Talisman *m*
talla ['taʎa] *f* **1.** (*de diamante*) Schliff *m* **2.** (*en madera*) Schnitzerei *f;* (*en piedra*) Meißelung *f* **3.** (*estatura*) Körpergröße *f;* **¿qué ~ haces?** wir groß bist du?; **ser de poca ~** klein sein; **no dar la ~** (MIL) wehrdienstuntauglich sein; (*fig*) der Situation nicht gewachsen sein **4.** (*medidor*) Messstab *m* **5.** (*de vestido*) (Konfektions)größe *f;* **un pantalón de la ~ 42** eine Hose in Größe 42 **6.** (*moral, intelectual*) Format *nt*
tallar [ta'ʎar] *vt* **1.** (*diamante*) schleifen **2.** (*madera*) schnitzen; (*en piedra*) meißeln **3.** (*la estatura*) messen **4.** (*en juego*) Bankhalter sein
tallarín [taʎa'rin] *m* Bandnudel *f*
talle ['taʎe] *m* **1.** (*cintura, del vestido*) Taille *f* **2.** (*figura*) Figur *f*
taller [ta'ʎer] *m* **1.** (TÉC) Werkstatt *f;* **~ artesanal** Handwerksbetrieb *m* **2.** (*seminario*) Workshop *m* **3.** (*estudio*) Atelier *nt*
tallo ['taʎo] *m* **1.** (BOT) Stiel *m* **2.** (*renuevo*) Schössling *m* **3.** (*germen*) Keim *m*
talludo, -a [ta'ʎuðo, -a] *adj* **1.** (BOT) langstielig **2.** (*mayor*) betagt **3.** (*espigado*) hochgeschossen
talón [ta'lon] *m* **1.** (*del pie/zapato/calcetín*) Ferse *f;* **pisar a alguien los talones** (*fam: perseguir*) jdm auf den Fersen sein; (*emular*) mit jdm wetteifern **2.** (*cheque*) Scheck *m;* **hazme un ~ de 10.000 pts.** stell mir einen Scheck über 10.000 Peseten aus **3.** (*resguardo*) Abholschein *m;* (*recibo*) Quittung *f*
talonario [talo'narjo] *m* **1.** (*de cheques*) Scheckheft *nt* **2.** (*de recibos*) Quittungsheft *nt*
talud [ta'lu^{ð}] *m* Böschung *f*
tamango [ta'maŋgo] *m* (*CSur: calzado*) Schuhwerk *nt*
tamaño, -a[1] [ta'maɲo, -a] *adj* **1.** (*grande*) groß **2.** (*pequeño*) klein **3.** (*semejante*) so; **tamaña tontería** so eine Dummheit
tamaño[2] [ta'maɲo] *m* **1.** (*medida*) Größe *f;* **de ~ natural** lebensgroß; **¿de qué ~ es?** wie groß ist es? **2.** (*formato*) Format *nt;* **en ~ grande** großformatig
tambalear [tambale'ar] *vi, vr:* **~se** schwanken; (*fig*) ins Wanken geraten; **después de la operación se le tambaleaban las piernas** nach der Operation war er/sie sehr schwach auf den Beinen
tambar [tam'bar] *vt* (*Ecua: engullir*) verschlingen
tambarria [tam'barrja] *f* (*Am: holgorio*) Rummel *m;* (*Perú: fiesta*) Fest *nt*
también [tam'bjen] *adv* auch
tambo ['tambo] *m* (*Am: vaquería*) Molkerei *f*
tambor [tam'bor] *m* **1.** (*cilíndro, instrumento*) Trommel *f;* **tocar el ~** trommeln; **proclamar algo a ~ batiente** für etw die Trommel rühren **2.** (*músico*) Trommler(in) *m(f)* **3.** (ANAT) Trommelfell *nt*
tamboril [tambo'ril] *m* Handtrommel *f*
tamborilear [tamborile'ar] *vi* **1.** (*tocar*) die Handtrommel spielen **2.** (*con dedos*) (mit den Fingern) trommeln
Támesis ['tamesis] *m:* **el ~** die Themse
tamiz [ta'miθ] *m* Sieb *nt;* **pasar por el ~** sieben
tamizar [tami'θar] <z→c> *vt* sieben; (*fig*) aussieben
tampoco [tam'poko] *adv* auch nicht; **ni puedo ni ~ quiero** ich kann und will nicht
tampón [tam'pon] *m* **1.** (*de tinta*) Stempelkissen *nt* **2.** (*para la mujer*) Tampon *m*
tan [tan] *adv* so; **~ ... como ...** so ...wie ...; **~ es así que no he podido hacerlo** um es kurz zu machen: ich konnte es nicht tun; **de ~ simpático me resulta insoportable** er ist so sympathisch, dass ich ihn kaum ertrage; **~ siquiera una vez** wenigstens einmal; **ni ~ siquiera** nicht einmal
tanda ['tanda] *f* **1.** (*turno*) Reihe *f;* **estar en la ~** anstehen; **¿me puedes guardar la ~?** kannst du für mich anstehen? **2.** (*serie*) Reihe *f;* **por ~s** reihenweise; **en ~s de ocho** (*en filas*) in Achterreihen; (*en grupos*) in Achtergruppen; **~ de palos** Tracht Prügel **3.** (*de trabajo, capa*) Schicht *f* **4.** (*trabajo*) Arbeit *f,* Job *m fam*
tándem ['tanden] *m* Tandem *nt*
tanga ['taŋga] *m* Tanga *m*
tangente [taŋ'xente] *f* Tangente *f;* **salirse** [*o* **irse**] **por la ~** (*fig*) einer Frage aus dem Wege gehen
tangible [taŋ'xiβle] *adj* berührbar; (*fig*) handfest
tango ['taŋgo] *m* Tango *m*
tanque ['taŋke] *m* **1.** (MIL) Panzer *m* **2.** (*cisterna*) Tank *m* **3.** (*vehículo*) Tankwagen *m* **4.** (*fam: de cerveza*) Halbe *f* **5.** (*vulg: gordo*) Brocken *m fam* **6.** (*Am: estanque*) Teich *m*
tantán [tan'tan] *m* Gong *m*
tantara(n)tán [tantara(n)'tan] *m* **1.** (*onomatopeya*) Trommeln *nt* **2.** (*golpe*) heftiger Stoß *m*
tanteador [tantea'ðor] *m* **1.** (*aparato*) Anzeigetafel *f* **2.** (*persona*) Anschreiber *m*
tantear [tante'ar] *vt* **1.** (*calcular: cantidad*) (grob) berechnen; (*tamaño, volumen*) (grob) ausmessen; (*a ojo*) (ab)schätzen; (*precio*) überschlagen **2.** (*probar*) prüfen; (*sondear a alguien*) vorfühlen (bei +*dat*); **~ el terreno** (*fig*) die Lage sondieren **3.** (*dibujo*) skizzieren **4.** (DEP: *puntos*) erzielen; (*goles*) schießen
tanteo [tan'teo] *m* **1.** (*cálculo: cantidad*)

(grobe) Berechnung *f;* (*de tamaño, volumen*) (grobe) Ausmessung *f;* (*a ojo*) (Ab)schätzung *f;* (*de precio*) Überschlag *m;* **al** [*o* **por**] ~ ungefähr **2.** (*sondeo*) Sondierung *f* **3.** (DEP: *de puntos*) Punktestand *m;* (*de goles*) Spielstand *m;* ~ **final** Endergebnis *nt*

tanto, -a[1] ['tan̪to, -a] **I.** *adj* **1.** (*comparativo*) so viel; **no tengo ~s años como tú** ich bin nicht so alt wie du **2.** (*tal cantidad, ponderativo*) so viel; **tantas posibilidades** so viele Möglichkeiten; **¡hace ~ tiempo!** es ist so lange her!; **¡hace ~ tiempo que no te veo!** ich habe dich so lange nicht mehr gesehen!; ~ **gusto en conocerle** ich habe mich sehr gefreut, Sie kennenzulernen; **¿a qué se debe tanta risa?** worüber wird hier so gelacht? **3.** *pl* (*número indefinido*): **en mil novecientos ochenta y ~s** irgendwann in den Achtzigerjahren; **estamos a ~s de enero** wir haben den soundsovielten Januar; **tener 40 y ~s años** über vierzig sein; **venir a las tantas** (*fam*) sehr spät kommen **II.** *pron dem:* ~**s** so viele; **coge ~s como quieras** nimm, so viel du möchtest; **no llego a ~** da bin ich überfordert; **no me imaginaba que iba a llegar a ~** ich habe nicht geglaubt, dass es so weit kommen würde; **jamás podré llegar a ~** ich werde es nie so weit bringen

tanto[2] ['tan̪to] **I.** *m* **1.** (*cantidad*) bestimmte Menge *f;* (COM) Teilbeitrag *m;* ~ **alzado** Pauschalpreis *m;* ~ **por ciento** Prozentsatz *m;* **me pagan a ~ la hora** ich bekomme so viel die Stunde; **costar otro ~** genauso viel kosten **2.** (*punto*) Punkt *m;* (*gol*) Tor *nt* **3.** (*loc*): **apuntarse un ~ a favor** einen Pluspunkt erzielen; **estar al ~ de algo** über etw auf dem Laufenden sein; **estar un ~ harto de algo** von etw *dat* die Nase ziemlich voll haben **II.** *adv* **1.** (*de tal modo*) so (sehr); **no es para ~** so schlimm ist es nun auch wieder nicht; **pensé que vendrías; ~ es así que no salí de casa** ich dachte du würdest kommen und blieb deshalb zu Hause **2.** (*en tal cantidad*) so viel; **no me das ni ~ así de pena** du tust mir nicht im Geringsten Leid **3.** (*de duración*) so lange; **tu respuesta tardó ~ que...** deine Antwort kam so spät, dass ... **4.** (*comparativo*) (genau)so viel; ~ **mejor/peor** um so besser/schlechter; ~ **como** (+ *subst*) genau(so) wie; **eso era ~ como no decir nada** das hieß so gut wie gar nichts; ~ **cuanto necesito para vivir** alles, was ich zum Leben brauche; ~ **si llueve como si no...** egal, ob es regnet oder nicht, ... **5.** (*loc*): **entre ~** währenddessen, inzwischen; **por** (**lo**) ~ also; ~**... como...** sowohl ..., als auch ...; **¡ni ~ ni tan calvo!** lass uns mal nicht so übertreiben!; **por lo ~ mejor callar** also, besser nichts sagen; **en ~** (**que**) +*subj* (*mientras*) solange

Tanzania [tan̪'θanja] *f* Tansania *nt*

tanzano, -a [tan̪'θano, -a] **I.** *adj* tansanisch **II.** *m, f* Tansanier(in) *m(f)*

tañer [ta'ɲer] <*3. pret:* tañó> **I.** *vt* **1.** (*instrumento*) spielen **2.** (*campanas*) läuten **II.** *vi* (mit den Fingern) trommeln

tañido [ta'ɲiðo] *m* Klang *m*

tapa ['tapa] *f* **1.** (*cubierta*) Deckel *m;* ~ **de rosca** Schraubverschluss *m;* **libro de ~s duras** Hardcover *nt;* **levantarle a alguien la ~ de los sesos** jdm eine Kugel durch den Kopf jagen **2.** (*de zapato*) Absatz *m* **3.** (GASTR) Snack *m;* **una ~ de aceitunas** eine Portion Oliven

> **Tapa** ist ein Synonym für **pincho**, also ein Imbiss oder Snack. In **Andalucía** aber besteht eine **tapa** exklusiv aus **embutido y/o jamón** (luftgetrockneter Wurst und/oder Schinken). Man bekommt sie zu Wein oder Bier serviert.

tapaboca(s) [tapa'βoka(s)] *m* (*inv*) (*bufanda*) Schal *m*

tapadera [tapa'ðera] *f* **1.** (*de vasija*) Deckel *m* **2.** (*negocio*) Tarnung *f*

tapadillo [tapa'ðiʎo] *m:* **de ~** heimlich

tapado, -a[1] [ta'paðo, -a] *adj* (*Am: animal*) einfarbig

tapado[2] [ta'paðo] *m* (*AmS: abrigo*) Mantel *m*

tapar [ta'par] **I.** *vt* **1.** (*cuerpo*) bedecken; (*cazuela, en cama*) zudecken **2.** (*puerta*) zumauern; (*desagüe*) verstopfen; (*agujero*) zustopfen; (*botella*) verschließen **3.** (*vista*): **¿te tapo?** versperre ich dir die Sicht?; **la pared nos tapa el viento** die Wand schützt uns gegen den Wind **4.** (*ocultar*) verheimlichen **II.** *vr:* ~**se** **1.** (*con ropa*) sich einpacken *fam;* (*en cama*) sich zudecken; (*completamente*) (sich) einmummen; (*con velo*) sich verschleiern **2.** (*oídos, ojos*) sich *dat* zuhalten; ~**se la cara** sich *dat* die Hände vor das Gesicht halten

taparrabo(s) [tapa'rraβo(s)] *m* (*inv*) **1.** (*de Tarzán*) Lendenschurz *m* **2.** (*bañador*) Badehose *f*

tapete [ta'pete] *m* Tischdecke *f;* ~ **verde** (*fig*) Spieltisch *m;* **estar sobre el ~** (*fig*) zur Diskussion stehen; **poner sobre el ~** (*fig*) zur Sprache bringen

tapia ['tapja] *f* Lehmwand *f;* (*de jardín*) Gartenmauer *f;* **estar más sordo que una ~** stocktaub sein

T

tapiar [ta'pjar] *vt* **1.** (*cerrar*) zumauern **2.** (*rodear*) ummauern

tapicería [tapiθe'ria] *f* **1.** (*tapices*) Wandteppiche *mpl* **2.** (*tienda: de tapices*) Teppichgeschäft *nt;* (*de muebles, t. taller*) Polsterei *f* **3.** (*arte*) Gobelinstickerei *f* **4.** (*tela*) Polsterstoff *m;* **muebles de ~** Polstermöbel *ntpl*

tapicero, **-a** [tapi'θero, -a] *m, f* **1.** (*de sillones*) Polsterer, -in *m, f* **2.** (*de paredes*) Tapezierer(in) *m(f)*

tapiz [ta'piθ] *m* Wandteppich *m;* (*con dibujos*) Gobelin *m*

tapizar [tapi'θar] <z→c> *vt* (*muebles*) (mit Stoff) beziehen; (*acolchar*) polstern

tapón [ta'pon] *m* **1.** (*obturador*) Verschluss *m;* (*cilindro, de fregadero*) Stöpsel *m;* (*de corcho*) Korken *m;* (*de cuba*) Spund *m;* (AUTO) Tankdeckel *m* **2.** (*persona*) pummeliger Mensch *m* **3.** (MED) Tampon *m;* (*para el oído*) Ohrstöpsel *m* **4.** (*cerumen*) Wachspfropf *m* **5.** (*de tráfico*) Stau *m*

taponar [tapo'nar] *vt* **1.** (*cerrar*) verschließen; (*con corcho*) verkorken; (*de plástico*) zustöpseln; (*cuba*) verspunden; (*con espátula*) zuspachteln; (*desagüe*) verstopfen **2.** (*herida*) tamponieren

tapujarse [tapu'xarse] *vr* (*fam*) sich vermummen

tapujo [ta'puxo] *m* **1.** (*embozo*) Kragen *m* **2.** (*fam: disimulo*) Verhüllung *f;* **andar con ~s** (*obrar*) heimlich tun; **no andarse con ~s** (*hablar*) kein Blatt vor den Mund nehmen

taquear [take'ar] **I.** *vi* (*Am*) **1.** (*jugar*) Billard spielen **2.** (*arma*) schießen **3.** (*llenar*) voll stopfen **II.** *vr:* **~se** (*Am*) sich voll stopfen

taquigrafía [takiɣra'fia] *f* Stenografie *f*

taquigrafiar [takiɣrafi'ar] <*1. pres:* **taquigrafío**> *vt* stenografieren

taquígrafo, **-a** [ta'kiɣrafo, -a] *m, f* Stenograf(in) *m(f)*

taquilla [ta'kiʎa] *f* **1.** (*armario*) Schließfach *nt;* (*archivador*) Fach *nt* **2.** (TEAT, CINE, DEP) Kasse *f;* (FERRO) (Fahrkarten)schalter *m;* (*de apuestas*) Wettannahme *f;* **éxito de ~** Kassenerfolg *m* **3.** (*recaudación*) Einnahmen *fpl*

taquillero, **-a** [taki'ʎero, -a] **I.** *adj:* **artista ~/película taquillera** Kassenmagnet *m* **II.** *m, f* (FERRO) Schalterbeamte(r) *mf,* Schalterbeamtin *f;* (TEAT, CINE) Kartenverkäufer(in) *m(f)*

taquimecanógrafo, **-a** [takimeka'noɣrafo, -a] *m, f* Stenotypist(in) *m(f)*

tara ['tara] *f* (*defecto*) Mangel *m*

tarabilla [tara'βiʎa] *f* **1.** (*fam: parlanchín*) Quasselstrippe *f;* **hablar como una ~ descompuesta** wie ein Wasserfall reden **2.** (*palabra*) Geplapper *nt* **3.** (*de ventana*) (Fenster)riegel *m*

taracea [tara'θea] *f* Einlegearbeit *f*

taracear [taraθe'ar] *vt* mit Intarsien verzieren

tarado, **-a** [ta'raðo, -a] **I.** *adj* **1.** (*objeto*) schadhaft **2.** (*alocado*) verrückt; (*imbécil*) doof **II.** *m, f* (*loco*) Spinner(in) *m(f)*

tarambana [taram'bana] *mf* (*fam*) Spinner(in) *m(f)*

tarántula [ta'ran̩tula] *f* Tarantel *f*

tarará [tara'ra] *m v.* **tararí**

tararear [tarare'ar] *vt* trällern; (*con labios cerrados*) summen

tararí [tara'ri] *m* **1.** (*de trompeta*) Schmettern *nt* **2.** (*loc*): **estar ~** einen Rausch haben

tardanza [tar'ðan̩θa] *f* Verspätung *f;* **perdona la ~ en escribirte** verzeih mir, dass ich dir so spät schreibe

tardar [tar'ðar] *vi* **1.** (*emplear tiempo*) brauchen; **a más ~** spätestens; **sin ~** unverzüglich; **no tardo nada** ich brauche nicht lange **2.** (*demasiado tiempo*): **~ en llegar** zu spät kommen; (FERRO) mit Verspätung eintreffen; **~ en responder** mit der Antwort zögern; **~án mucho en arreglarlo** es wird lange dauern, bis es repariert ist; **no ~é en volver** ich bin bald wieder da; **¡no tardes!** komm bald zurück!

tarde ['tarðe] **I.** *f* **1.** (*primeras horas*) Nachmittag *m;* **por la ~** nachmittags; **¡buenas ~s!** guten Tag! **2.** (*últimas horas*) Abend *m;* **¡buenas ~s!** guten Abend!; (**todos**) **los viernes por la ~** jeden Freitagabend **II.** *adv* spät; **~ o temprano** früher oder später; **de ~ en ~** von Zeit zu Zeit; **se me hace ~** ich bin spät dran; **más vale ~ que nunca** (*prov*) besser spät als nie

tardecer [tarðe'θer] *irr como crecer vimpers:* **tardece** es wird dunkel

tardío, **-a** [tar'ðio, -a] *adj* **1.** (*atrasado*) spät; **es un consejo ~** dieser Rat kommt zu spät **2.** (*lento*) langsam **3.** (*vulg: sordo*) schwerhörig

tardo, **-a** ['tarðo, -a] *adj* langsam; **~ de oído** schwerhörig

tardón, **-ona** [tar'ðon, -ona] **I.** *adj* **1.** (*lento*) langsam **2.** (*tonto*) begriffsstutzig **II.** *m, f* **1.** (*lento*) Trödler(in) *m(f) fam;* **es un ~** er verspätet sich immer **2.** (*tardo*) Spätzünder *m fam*

tarea [ta'rea] *f* **1.** (*faena*) Aufgabe *f* **2.** (*trabajo*) Arbeit *f;* **~s de la casa** Hausarbeit *f* **3.** *pl* (ENS) Hausaufgaben *fpl*

tarifa [ta'rifa] *f* Tarif *m*

tarima [ta'rima] *f* Podium *nt*

tarjeta [tar'xeta] *f* Karte *f;* **~ de embarque** (AERO) Bordkarte *f;* **~ de sonido** (INFOR) Soundkarte *f*

tarjetero [tarxe'tero] *m* Geldbörse *f*

tarquín [tar'kin] *m* Schlick *m*
tarraconense [tarrako'nense] **I.** *adj* aus Tarragona **II.** *mf* Einwohner(in) *m(f)* von Tarragona
tarro ['tarro] *m* **1.** (*envase*) Becher *m;* (*de cristal*) Glas *nt* **2.** (*fam: cabeza*) Schädel *m;* **comer el ~ a alguien** auf jdn einschwätzen
tarso ['tarso] *m* (ANAT) Fußwurzel *f*
tarta ['tarta] *f* Torte *f*
tartajear [tartaxe'ar] *vi* stottern
tartamudear [tartamuðe'ar] *vi* stottern
tartamudo, -a [tarta'muðo, -a] **I.** *adj* stott(e)rig **II.** *m, f* Stotterer, -in *m, f*
tartera [tar'tera] *f* **1.** (*para tartas*) Kuchenform *f* **2.** (*fiambrera*) Frischhaltebox *f*
tarugo [ta'ruɣo] *m* **1.** (*trozo*) Klotz *m* **2.** (*clavija*) Pflock *m* **3.** (*pan*) Brotkanten *m* **4.** (*persona*) Trottel *m*
tarumba [ta'rumba] *adj* (*fam*): **estar ~** durcheinander sein; **volver a alguien ~** jdn verrückt machen
tasa ['tasa] *f* **1.** (*valoración*) Schätzung *f* **2.** (*precio*) Preis *m;* (*derechos*) Gebühr *f;* (*de impuesto*) Satz *m* **3.** (*de joya*) Schätzwert *m* **4.** (*porcentaje*) Rate *f;* **~ de desempleo** Arbeitslosenquote *f;* **~ de interés** Zinssatz *m*
tasación [tasa'θjon] *f* **1.** (*de producto*) Festlegung *f* des Preises; (*de impuesto*) Veranlagung *f* **2.** (*de joya*) Schätzung *f*
tasajo [ta'saxo] *m* **1.** (*trozo*) Stück *nt* Fleisch **2.** (*salado*) Dörrfleisch *nt*
tasar [ta'sar] *vt* **1.** (*precio*) den Preis festsetzen (für +*akk*); (*impuesto*) besteuern **2.** (*valorar*) schätzen (*en* auf +*akk*); (*trabajo*) berechnen; **~ en exceso** überbewerten **3.** (*tabaco, comida*) dosieren; (*libertad*) einschränken
tasca ['taska] *f* (*taberna*) Kneipe *f*
tata[1] ['tata] *f* (*fam*) Kindermädchen *nt*
tata[2] ['tata] *m* (*Am: papá*) Vati *m*
tatarabuelo, -a [tatara'βwelo, -a] *m, f* Ururgroßvater *m,* Ururgroßmutter *f*
tataranieto, -a [tatara'njeto, -a] *m, f* Ururenkel(in) *m(f)*
tate ['tate] *interj* **1.** (*cuidado*) aufgepasst! **2.** (*despacito*) sachte! **3.** (*sorpresa*) (ach) du meine Güte!
tatuaje [tatu'axe] *m* Tätowierung *f*
tatuar [tatu'ar] <*1. pres:* **tatúo**> *vt* tätowieren
taumaturgia [tau̯ma'turxja] *f* Wunderkraft *f*
taumaturgo, -a [tau̯ma'turɣo, -a] *m, f* Wundertäter(in) *m(f)*
taurino, -a [tau̯'rino, -a] *adj* **1.** (*del toro*) Stier- **2.** (*de la corrida*) Stierkampf-
Tauro ['tau̯ro] *m* (ASTR) Stier *m;* **soy (de) ~** ich bin (ein) Stier
tauromaquia [tau̯ro'makja] *f sin pl* Stierkampfkunst *f*
taxativo, -a [taɣsa'tiβo, -a] *adj* beschränkend; (*categórico*) kategorisch
taxi ['taɣsi] *m* Taxi *nt*
taxímetro [taɣ'simetro] *m* Taxameter *m o nt*
taxista [taɣ'sista] *mf* Taxifahrer(in) *m(f)*
taza ['taθa] *f* **1.** (*de café*) Tasse *f;* **una ~ de café** (*con café*) eine Tasse Kaffee; (*para el café*) eine Kaffeetasse **2.** (*del wáter*) Klobecken *nt* **3.** (*de fuente*) Becken *nt*
tazón [ta'θon] *m* Schale *f*
te [te] **I.** *f* T *nt* **II.** *pron pers* **1.** (*objeto directo*) dich; **¡míra~!** schau dich mal an! **2.** (*objeto indirecto*) dir **III.** *pron refl:* **~ vistes** du ziehst dich an; **~ levantas** du stehst auf; **¿~ has lavado los dientes?** hast du dir die Zähne geputzt?
té [te] *m* Tee *m;* **dar a alguien el ~** (*fig*) jdm auf die Nerven gehen
tea ['tea] *f* **1.** (*astillas*) Kienspan *m;* (*antorcha*) Kienfackel *f* **2.** (*fam: borrachera*) Rausch *m*
teatral [tea'tral] *adj* Theater-; (*efecto, experiencia, autor*) Bühnen-; (*fig*) theatralisch
teatralidad [teatrali'ðad] *f* Theatralik *f*
teatro [te'atro] *m* **1.** (TEAT: *t. fig*) Theater *nt;* **obra de ~** Theaterstück *nt;* (LIT) Schauspiel *nt;* **el ~ de Calderón** Calderons Dramen; **hacer ~** (*t. fig*) Theater spielen; (*exagerar*) Theater machen **2.** (*escenario*) Schauplatz *m*
tebeo [te'βeo] *m* Comic(heft) *nt;* **esto está más visto que el ~** (*fam*) das ist ein alter Hut
teca ['teka] *f* Teak *nt*
techado [te'ʧaðo] *m* Dach *nt*
techar [te'ʧar] *vt* überdachen
techo ['teʧo] *m* **1.** (*de habitación*) (Zimmer)decke *f* **2.** (*de casa*) Dach *nt;* **vivir bajo el mismo ~** unter einem Dach leben **3.** (*tope*) Limit *nt;* (*de evolución*) Höhepunkt *m*
techumbre [te'ʧumbre] *f* **1.** (*techo*) Dach *nt* **2.** (*estructura*) Dachkonstruktion *f*
tecla ['tekla] *f* **1.** (*de piano, ordenador*) Taste *f;* **tocar una ~** (*piano, máquina de escribir*) eine Taste anschlagen; (*ordenador*) eine Taste drücken; **dar en la ~** (*fam fig*) den richtigen Dreh finden; **hay que tocar muchas ~s para averiguar eso** man muss alle Register ziehen, um das herauszufinden **2.** (*materia*) heikles Thema *nt*
teclado [te'klaðo] *m* Tastatur *f;* **tocar los ~s en un grupo** als Keyboarder in einer Band spielen
teclear [tekle'ar] *vi* **1.** (*piano*) die Tasten anschlagen; (*ordenador*) tippen **2.** (*dedos*) mit den Fingern trommeln (auf +*akk*)

T

técnica ['teɣnika] *f* Technik *f*
tecnicismo [teɣni'θismo] *m* Fachausdruck *m*
técnico, -a ['teɣniko, -a] **I.** *adj* **1.** (*de la técnica*) technisch **2.** (*de especialidad*) fachlich; **término** ~ Fachausdruck *m* **II.** *m, f* (*especialista*) Fachmann, -frau *m, f;* (TÉC) Techniker(in) *m(f)*
tecnócrata [teɣ'nokrata] **I.** *adj* technokratisch **II.** *mf* Technokrat(in) *m(f)*
tecnología [teɣnolo'xia] *f* **1.** (TÉC, ECON) Technologie *f;* ~ **punta** Spitzentechnologie *f* **2.** (*técnica*) Technik *f*
tecnológico, -a [teɣno'loxiko, -a] *adj* **1.** (TÉC) Technologie-; (*desarrollo*) technologisch; **parque** ~ Technologiepark **2.** (*técnico*) technisch
tecolote [teko'lote] *m* (*AmC, Méx: búho*) Uhu *m*
tedioso, -a [te'ðjoso, -a] *adj* langweilig
teja ['texa] *f* **1.** (*del tejado*) Dachziegel *m* **2.** (*sombrero*) Priesterhut *m* **3.** (*loc*): **pagar a toca** ~ bar auf den Tisch zahlen; **de ~s abajo** hier auf der Erde; **de ~s arriba** überirdisch
tejado [te'xaðo] *m* Dach *nt;* **empezar la casa por el** ~ (*fig*) das Pferd von hinten aufzäumen; **la pelota sigue en el** ~ (*fig*) die Sache ist noch nicht entschieden; **tirar piedras sobre su propio** ~ (*fig*) sich *dat/akk* ins eigene Fleisch schneiden; **quien tiene el ~ de vidrio, no tire piedras al de su vecino** (*prov*) wer im Glashaus sitzt, soll nicht mit Steinen werfen
tejano, -a [te'xano, -a] **I.** *adj* **1.** (*de Tejas*) texanisch **2.** (*ropa*) Jeans-; **pantalón** ~ Jeans(hose) *f* **II.** *m, f* Texaner(in) *m(f)*
tejanos [te'xanos] *mpl* (*pantalones*) Jeans *f*
tejar [te'xar] **I.** *vt* decken **II.** *m* Ziegelei *f*
tejedor(a) [texe'ðor(a)] *m(f)* Weber(in) *m(f)*
tejemaneje [texema'nexe] *m* (*fam*) **1.** (*actividad*) reges Treiben *nt;* **traerse un ~ increíble con los papeles** geschäftig mit den Papieren herumhantieren **2.** (*intriga*) Machenschaften *fpl*
tejer [te'xer] *vt* **1.** (*tela*) weben; ~ **y destejer** (*fig*) schalten und walten **2.** (*cestos, trenzas*) flechten **3.** (ZOOL) spinnen **4.** (*intrigas, plan*) schmieden
tejido [te'xiðo] *m* **1.** (*textura, t.* ANAT) Gewebe *nt* **2.** (*tela*) Stoff *m;* **los ~s** die Textilien
tejo ['texo] *m* **1.** (*disco*) Stück *nt* Dachziegel; **tirar los ~s a alguien** (*fam*) jdm Avancen machen **2.** (BOT) Eibe *f*
tejón [te'xon] *m* Dachs *m*
tejuelo [te'xwelo] *m* (TIPO) Signatur *f*
tela ['tela] *f* **1.** (*tejido*) Stoff *m;* ~ **de araña** Spinnennetz *nt;* ~ **metálica** Maschendraht *m;* ~ **de punto** Trikot *m o nt* **2.** (*en leche*) Haut *f* **3.** (*fam: asunto*) Thema *nt;* **hay ~ para rato** [*o* **marinera**] (*para discutir*) der Gesprächsstoff ist bei weitem nicht erschöpft; (*para trabajar*) es ist noch (unheimlich) viel zu erledigen; **este asunto trae** ~ es steckt einiges hinter dieser Sache; **este problema tiene** ~ dies ist ein äußerst heikles Problem **4.** (*lienzo*) Leinwand *f;* **una ~ de Barceló** ein Gemälde von Barceló **5.** (*fam: dinero*) Kohle *f* **6.** (*loc*): **llegar a las ~s del corazón** unter die Haut gehen; **poner algo en ~ de juicio** (*dudar*) etw in Frage [*o* infrage] stellen; (*tener reparos*) Bedenken gegen etw äußern
telar [te'lar] *m* (*máquina*) Webstuhl *m*
telaraña [tela'raɲa] *f* (*de araña*) Spinnennetz *nt;* **mirar las ~s** (*fig*) zerstreut sein; **tener ~s en los ojos** (*fig*) verblendet sein
tele ['tele] *f* (*fam*) *abr de* **televisión: ver la** ~ Fernsehen gucken
teleadicto, -a [telea'ðikto, -a] *adj* fernsehsüchtig
telebanco [tele'βaŋko] *m* Telebanking *nt*
telecabina [teleka'βina] *f* Seilbahn *f*
telecomedia [teleko'meðja] *f* **1.** (*serie*) Fernsehserie *f* **2.** (*película*) Fernsehfilm *m*
telecomunicación [telekomunika'θjon] *f* **1.** (*sistema*) Telekommunikation *f,* Nachrichtentechnik *f;* **ingeniero de Telecomunicaciones** Nachrichtentechniker *m* **2.** *pl* (*empresa*) Fernmeldewesen *nt*
teleconcurso [telekoŋ'kurso] *m* Fernsehquiz *nt*
telediario [teleði'arjo] *m* (Fernseh)nachrichten *fpl*
teledirigir [telediri'xir] <g→j> *vt* fernsteuern
teleférico [tele'feriko] *m* (Draht)seilbahn *f*
telefilm [tele'film] *m* <telefilm(e)s> Fernsehfilm *m*
telefonazo [telefo'naθo] *m* (*fam*) Anruf *m;* **dar un ~ a alguien** jdn kurz anrufen
telefonear [telefone'ar] **I.** *vt* **1.** (*comunicar*) telefonisch mitteilen **2.** (*fam: a alguien*) anrufen **II.** *vi* telefonieren
telefonía [telefo'nia] *f* Fernmeldewesen *nt*

> **Telefónica** *f.* Bis vor wenigen Jahren war **Telefónica** ein Monopol, die einzige Telefongesellschaft in Spanien.
> Um sich dem internationalen Markt anzupassen hat **Teléfonica** ihr Firmenzeichen neuerdings geändert, die **tilde** fällt jetzt weg: Telefonica.

telefónico, -a [tele'foniko, -a] *adj* **1.** (*de teléfono*) telefonisch; **cabina telefónica** Telefonzelle *f;* **guía telefónica** Telefonbuch *nt;* **llamada telefónica** Anruf *m* **2.** (*de telefonía*) Fernmelde-

telefonista [telefo'nista] *mf* Telefonist(in) *m(f)*

teléfono [te'lefono] *m* **1.** (*sistema, aparato*) Telefon *nt;* ~ **público** öffentlicher Fernsprecher; **por** ~ telefonisch; **hablar por** ~ telefonieren; **llamar por** ~ anrufen **2.** (*número*) Telefonnummer *f* **3.** *pl* (*compañía*) Telefongesellschaft *f*

telegrafía [teleɣra'fia] *f* Telegrafie *f*

telegrafiar [teleɣrafi'ar] <*3. pret:* **telegrafió**> *vt, vi* telegrafieren

telegráfico, -a [tele'ɣrafiko, -a] *adj* **1.** (*por telégrafo*) telegrafisch **2.** (*relativo a la telegrafía*) Telegrafen-

telégrafo [te'leɣrafo] *m* **1.** (*aparato*) Telegraf *m* **2.** *pl* (*administración*) Telegrafenamt *nt*

telegrama [tele'ɣrama] *m* Telegramm *nt*

telele [te'lele] *m* (*fam*) Anfall *m;* **como me digas que no, me da un** ~ wenn du Nein sagst, kriege ich einen Anfall

telemando [tele'man̪do] *m* Fernsteuerung *f;* (*de la televisión*) Fernbedienung *f*

telemática [tele'matika] *f* Datenfernübertragung *f*

telémetro [te'lemetro] *m* Entfernungsmesser *m*

telenovela [teleno'βela] *f* Seifenoper *f*

telenque [te'leŋke] **I.** *adj* **1.** (*Chil: temblón*) zitt(e)rig; (*enfermizo*) kränklich **2.** (*ElSal: torcido*) krumm **II.** *m* (*Guat: cachivache*) Sonderling *m*

teleobjetivo [teleoβxe'tiβo] *m* Teleobjektiv *nt*

telepatía [telepa'tia] *f sin pl* Telepathie *f*

telera [te'lera] *f* **1.** (*travesaño*) Querbalken *m* **2.** (*de un arado, carro*) Lenkscheit *m* **3.** (*de una prensa*) (Klemm)backe *f*

telescópico, -a [teles'kopiko, -a] *adj* teleskopisch

telescopio [teles'kopjo] *m* Teleskop *nt*

telesilla [tele'siʎa] *f* Sessellift *m*

telespectador(a) [telespekta'ðor(a)] *m(f)* Fernsehzuschauer(in) *m(f)*

telesquí [teles'ki] *m* (Ski)lift *m*

teletexto [tele'testo] *m* Videotext *m*

teletienda [tele'tjen̪da] *f* Teleshopping *nt*

teletipo [tele'tipo] *m* Fernschreiber *m*

televidente [teleβi'ðen̪te] *mf v.* **telespectador**

televisar [teleβi'sar] *vt* senden; (*en directo*) übertragen

televisión [teleβi'sjon] *f* **1.** (*sistema, organización*) Fernsehen *nt;* ~ **digital** digitales Fernsehen; ~ **de pago** Pay-TV *nt* **2.** (*fam: televisor*) Fernseher *m;* ~ **en color** Farbfernseher *m*

televisivo, -a [teleβi'siβo, -a] *adj* **1.** (*relativo a*) Fernseh- **2.** (*apto para*) fürs Fernsehen geeignet

televisor [teleβi'sor] *m* Fernsehgerät *nt*

télex ['teleˠs] *m* Telex *nt*

telón [te'lon] *m* Vorhang *m;* **el** ~ **de acero** der eiserne Vorhang; ~ **de fondo** Hintergrund *m*

tema ['tema] *m* (*t.* MÚS, LIT) Thema *nt;* **cada loco con su** ~ jedem Tierchen sein Pläsierchen; **ése es el** ~ **de mi sermón** (*fig*) (das ist) meine Rede

temario [te'marjo] *m* Themenkreis *m*

temática [te'matika] *f* Thematik *f*

temático, -a [te'matiko, -a] *adj* thematisch

temblar [tem'blar] <e→ie> *vi* zittern; ~ **de miedo** vor Angst zittern; ~ **por alguien** um jdn zittern; **te tiemblan las carnes** du zitterst wie Espenlaub; **dejar temblando** (*comer*) fast ganz aufessen; (*beber*) fast leer trinken

tembleque [tem'bleke] *m* (*fam*) **1.** (*temblor*) Zittern *nt;* **me dio un** ~ ich fing (plötzlich) an zu zittern **2.** (*persona*) zitt(e)riger Mensch *m*

temblequear [tembleke'ar] *vi* (*fam*) zitt(e)rig sein

temblón, -ona[1] [tem'blon, -ona] *adj* (*fam*) zitt(e)rig

temblón[2] [tem'blon] *m* **1.** (BOT): (**álamo**) ~ Zitterpappel *f* **2.** (ZOOL) Zitterrochen *m*

temblor [tem'blor] *m* (*tembleque*) Zittern *nt;* (*escalofrío*) Schauder *m;* ~ **de frío** Schüttelfrost *m;* ~ (**de tierra**) Erdbeben *nt*

tembloroso, -a [temblo'roso] *adj* zitt(e)rig

temer [te'mer] **I.** *vt* **1.** (*sentir temor*) fürchten **2.** (*sospechar*) (be)fürchten **II.** *vi* sich fürchten; ~ **por alguien** um jdn bangen **III.** *vr:* ~**se** (be)fürchten

temerario, -a [teme'rarjo, -a] *adj* **1.** (*imprudente*) waghalsig **2.** (*sin fundamento*) unüberlegt

temeridad [temeri'ðaᵈ] *f sin pl* **1.** (*imprudencia*) Waghalsigkeit *f* **2.** (*insensatez*) unüberlegte Handlung *f*

temeroso, -a [teme'roso, -a] *adj* **1.** (*medroso*) ängstlich; ~ **de Dios** gottesfürchtig; ~ **de que...** *+subj* aus Angst davor, dass ... **2.** (*temible*) Furcht erregend

temible [te'miβle] *adj* Furcht erregend

temor [te'mor] *m* **1.** (*miedo*) Furcht *f* (*a/de* vor *+dat*); **por** ~ **a lo que diga la gente** aus Angst vor dem, was die Leute sagen **2.** (*sospecha*) Befürchtung *f*

témpano ['tempano] *m* **1.** (*pedazo*) Scheibe *f;* (*de hielo*) (Eis)scholle *f;* (*de tocino*) Speckscheibe *f;* **quedarse como un** ~ starr vor Kälte sein; **tener las manos como un** ~ eiskalte Hände haben **2.** (*tambor*) Pauke *f;* (*piel*) Trommelfell *nt*

temperamental [temperamen̩'tal] *adj* **1.** (*del temperamento*) Temperaments-; **característica** ~ Charaktereigenschaft *f* **2.** (*persona*) temperamentvoll

temperamento [tempera'men̩to] *m* (*carácter, vivacidad*) Temperament *nt;* **tener mucho** ~ sehr temperamentvoll sein

temperante [tempe'ran̩te] **I.** *adj* (*AmS: abstemio*) abstinent **II.** *mf* (*AmS*) Abstinenzler(in) *m(f)*

temperar [tempe'rar] **I.** *vt* mäßigen; (MED) mildern **II.** *vr:* ~**se** sich mäßigen

temperatura [tempera'tura] *f* Temperatur *f;* (*de una persona*) Körpertemperatur *f;* (*fiebre*) Fieber *nt;* **el niño tiene mucha** ~ der Kleine hat hohes Fieber; **tengo algo de** ~ ich habe (erhöhte) Temperatur

tempestad [tempes'taᵈ] *f* (*tormenta*) Gewitter *nt;* (*marejada*) Sturm *m;* (*agitación*) Aufruhr *f;* ~ **de aplausos** Beifallssturm *m;* ~ **de injurias** Flut von Beschimpfungen; ~ **de silbidos** Pfeifkonzert *nt;* **levantar** ~**es** Unruhe stiften; **levantar una** ~ **de protestas** einen Proteststurm auslösen

tempestivo, -a [tempes'tiβo, -a] *adj* (*elev*) gelegen, zeitlich günstig

tempestuoso, -a [tempestu'oso, -a] *adj* stürmisch; (*ambiente*) geladen

templado, -a [tem'plaðo, -a] *adj* **1.** (*tibio*) lau(warm) **2.** (*temperado*) mild **3.** (*moderado*) maßvoll; **ser** ~ **en la bebida** nur wenig trinken **4.** (*sereno*) ruhig **5.** (*valiente*) mutig **6.** (*fam: bebido*) beschwipst; **estar** ~ einen Schwips haben

templanza [tam'plan̩θa] *f* **1.** (*moderación*) Enthaltsamkeit *f* **2.** (*clima, temperatura*) Milde *f*

templar [tem'plar] **I.** *vt* **1.** (*moderar*) mäßigen; (*suavizar*) lindern; (*calmar*) beruhigen **2.** (*calentar*) (auf)wärmen **3.** (MÚS) stimmen; ~ **a alguien la gaita** jdn zurechtweisen **4.** (*apretar*) anziehen **5.** (*mezclar*) verdünnen **6.** (*acero*) härten **II.** *vr:* ~**se** **1.** (*moderarse*) sich mäßigen (*en* bei/in +*dat*) **2.** (*calentarse*) wärmer werden; (*enfriarse*) abkühlen **3.** (*Am: enamorarse*) sich verlieben **4.** (*Col, Perú: emborracharse*) sich betrinken

temple ['temple] *m* **1.** (*valentía*) Mut *m* **2.** (*carácter*) Gemüt *nt;* (*humor*) Laune *f;* **estar de buen/mal** ~ gut/schlecht gelaunt sein **3.** (*temperatura*) Temperatur *f;* (*tiempo*) Wetter *nt* **4.** (*del acero: proceso*) Härtung *f;* (*dureza*) Härtegrad *m* **5.** (MÚS) Stimmen *nt* **6.** (ARTE) Temperafarbe *f*

templete [tem'plete] *m* (*armazón*) Schrein *m*

templo ['templo] *m* Tempel *m;* **una verdad como un** ~ (*fam*) eine unumstößliche Wahrheit

temporada [tempo'raða] *f* (*tiempo*) Zeit *f;* (*época*) Saison *f;* ~ **alta** Hauptsaison *f;* ~ **baja** (*anterior*) Vorsaison *f;* (*posterior*) Nachsaison *f;* **fruta de** ~ Obst der Jahreszeit; **llevo una** ~ **que salgo poco** in letzter Zeit bin ich wenig ausgegangen

temporal [tempo'ral] **I.** *adj* **1.** (*relativo al tiempo*) zeitlich **2.** (*no permanente*) vorübergehend; (*no eterno*) vergänglich; **contrato** ~ Zeitvertrag *m* **3.** (*secular*) weltlich **4.** (ANAT): **hueso** ~ Schläfenbein *nt* **II.** *m* **1.** (*tormenta*) Gewitter *nt;* (*marejada*) Sturm *m;* **capear el** ~ (*fig*) Schwierigkeiten meistern **2.** (ANAT) Schläfenbein *nt*

temporario, -a [tempo'rarjo, -a] *adj* (*Am*) zeitweilig

temporero, -a [tempo'rero, -a] **I.** *adj* Aushilfs-; **trabajador** ~ Aushilfe *f* **II.** *m, f* Aushilfe *f;* (AGR) Saisonarbeiter(in) *m(f)*

tempranero, -a [tempra'nero, -a] **I.** *adj* **1.** (*anticipado*) vorzeitig; (*fruta*) frühreif **2.** (*madrugador*): **ser** ~ ein Frühaufsteher sein; **¡qué** ~ **estás hoy!** heute bist du aber schon früh auf den Beinen! **II.** *m, f* Frühaufsteher(in) *m(f)*

temprano, -a[1] [tem'prano, -a] *adj* früh; **a edad temprana** in jungen Jahren

temprano[2] [tem'prano] *adv* **1.** (*a primera hora*) früh; ~ **por la mañana** frühmorgens **2.** (*antes*) vorzeitig; **llegar** (**demasiado**) ~ zu früh sein

tenacidad [tenaθi'ðaᵈ] *f sin pl* **1.** (*persona*) Hartnäckigkeit *f;* (*porfía*) Sturheit *f* **2.** (*material*) Widerstandsfähigkeit *f* **3.** (*dolor, mancha*) Hartnäckigkeit *f*

tenacillas [tena'θiʎas] *fpl* Zange *f;* (*para rizar*) Lockenschere *f;* (*para depilar*) Pinzette *f*

tenaz [te'naθ] *adj* **1.** (*perserverante*) beharrlich; (*cabezota*) stur; **ser** ~ **en sus decisiones** sich nicht von seinen Entscheidungen abbringen lassen **2.** (*resistente*) robust **3.** (*persistente*) hartnäckig; (*niebla*) dicht

tenaza(s) [te'naθa(s)] *f(pl)* Zange *f;* **no me pudieron sacar la verdad ni con** ~**s** es war unmöglich, die Wahrheit aus mir herauszubekommen; **no les podemos sacar el reloj ni con** ~**s** was wir auch tun, sie rücken die Uhr nicht raus

tenca ['teŋka] *f* Schleie *f*

tendajo [ten̩'daxo] *m* (*fam*) Kramladen *m*

tendal [ten̩'dal] *m* (*toldo*) Sonnendach *nt*

tendear [ten̩de'ar] *vi* (*Méx*) bummeln

tendedero [ten̩de'ðero] *m* **1.** (*lugar*) Trockenplatz *m* **2.** (*armazón*) Wäscheständer *m;* (*cuerdas*) Wäscheleine *f*

tendencia [ten̩'den̩θja] *f* **1.** (*inclinación*) Neigung *f* (*a* zu +*dat*); **tener** ~ **a algo** zu etw *dat* neigen **2.** (*dirección*) Tendenz *f;* ~ **alcista** Aufwärtstrend *m;* ~ **al alza/a la**

baja steigende/rückläufige Tendenz; **las últimas ~s de la moda** die aktuellen Modetrends **3.** (*aspiración*) Streben *nt* (*a* nach +*dat*); **~s autonomistas** Autonomiebestreben *nt*

tendencioso, **-a** [teņdeņ'θjoso, -a] *adj* (*pey*) tendenziös

tender [teņ'der] <e→ie> **I.** *vt* **1.** (*desdoblar, esparcir*) ausbreiten (*sobre* auf +*dat*); ~ **la cama** (*Am*) das Bett machen; ~ **la mesa** (*Am*) den Tisch decken **2.** (*tumbar*) hinlegen (*sobre/en* auf +*akk*); (*de golpe*) zu Boden strecken **3.** (*colocar: ropa*) aufhängen; (*cuerda*) spannen; (*puente*) schlagen; (*línea, vía*) verlegen **4.** (*aproximar*) reichen; ~ **la mano a alguien** (*fig*) jdm helfen **II.** *vi* **1.** (*tirar*) tendieren; **tu cabello tiende a rojizo** deine Haarfarbe geht ins Rötliche **2.** (*inclinarse*) neigen (*a* zu +*dat*); **tiendo a salir poco** ich gehe nur ungern aus **3.** (MAT) gehen (*a* gegen +*akk*) **4.** (*aspirar*) streben (*a* nach +*dat*); (*estar dirigido*) abzielen (*a* auf +*akk*) **III.** *vr:* **~se 1.** (*tumbarse*) sich hinlegen (*sobre/en* auf +*akk*) **2.** (*abandonarse*) nachlässig werden

tenderete [teņde'rete] *m* (COM) Stand *m*

tendero, **-a** [teņ'dero, -a] *m, f* **1.** (*dueño*) Ladenbesitzer(in) *m(f)* **2.** (*dependiente*) Verkäufer(in) *m(f)*

tendido, **-a**[1] [teņ'diðo, -a] *adj* (*galope*) gestreckt; **largo y** ~ ausführlich

tendido[2] [teņ'diðo] *m* **1.** (*de un cable*) Verlegen *nt* **2.** (*cables*) Leitungen *fpl* **3.** (*ropa*) (zum Trocknen aufgehängte) Wäsche *f* **4.** (TAUR) Sperrsitze *mpl* **5.** (*Am: de la cama*) Bettwäsche *f*

tendón [teņ'don] *m* Sehne *f*

tenebroso, **-a** [tene'βroso, -a] *adj* (*oscuro, t. fig*) finster; (*tétrico*) düster

tenedor(a)[1] [tene'ðor(a)] *m(f)* **1.** (*propietario*) Inhaber(in) *m(f)*; ~ **de tierras** Pächter *m* **2.** (FIN): ~ **de libros** Buchhalter *m*

tenedor[2] [tene'ðor] *m* (*para comer*) Gabel *f*

teneduría [teneðu'ria] *f* Buchhaltung *f*

tenencia [te'neņθja] *f* (JUR) Besitz *m*; ~ **ilícita de armas** unerlaubter Waffenbesitz

tener [te'ner] *irr* **I.** *vt* **1.** (*poseer, disfrutar, sentir, padecer*) haben; ~ **los ojos azules** blaue Augen haben; ~ **29 años** 29 (Jahre alt) sein; ~ **poco de tonto** alles andere als dumm sein; **no** ~ **nada de especial** nichts Besonderes sein; **¿(con que) ésas tenemos?** so ist das also!; **~la tomada con alguien** (*fam*) jdn auf dem Kieker haben; **no ~las todas consigo** schlechte Karten haben; **no** ~ **nada que perder** nichts zu verlieren haben; **no** ~ **precio** unbezahlbar sein; ~ **cariño a alguien** jdn lieb haben; ~ **la culpa de algo** an etw *dat* schuld sein; **¿tienes frío?** ist dir kalt?; **le tengo lástima** er/sie tut mir leid; ~ **sueño** müde sein **2.** (*considerar*) halten (*por* für +*akk*); ~ **a alguien en menos/mucho** wenig/viel von jdm halten; **ten por seguro que...** du kannst dich darauf verlassen, dass ...; **tengo para mí que...** ich persönlich glaube, dass ... **3.** (*guardar*) aufbewahren **4.** (*contener*) beinhalten; **el frasco ya no tiene miel** es ist kein Honig mehr im Glas **5.** (*coger*) nehmen **6.** (*sujetar*) festhalten; ~ **a alguien por el brazo** jdn am Arm festhalten **7.** (*recibir*) bekommen; **ha tenido un niño** sie hat ein Kind gekriegt **8.** (*hacer sentir*): **me tienes preocupada** ich mache mir deinetwegen Sorgen; **me tienes loca** du machst mich ganz verrückt; **me tienes hasta las narices** (*fam*) ich habe die Nase voll von dir; **la tengo hasta las narices con mis preguntas** (*fam*) sie hat die Nase voll von meinen Fragen **9.** (*cumplir*): ~ **su palabra** sein Wort halten **10.** (*loc*): ~ **cuidado** vorsichtig sein; **me tiene sin cuidado** das ist mir egal; ~ **prisa** es eilig haben; ~ **en cuenta** berücksichtigen; ~ **presente algo** sich *dat* etw vor Augen halten **II.** *vr:* **~se 1.** (*considerarse*) sich halten (*por* für +*akk*); **~se en mucho** viel auf sich halten **2.** (*sostenerse*) sich halten; **~se de pie** stehen (bleiben); **~se firme** aufrecht stehen (bleiben); (*fig*) standhaft bleiben; **estoy que no me tengo** ich bin todmüde **3.** (*dominarse*) sich beherrschen **4.** (*atenerse*) sich halten (*a* an +*akk*) **III.** *aux* **1.** (*con participio concordante*): ~ **pensado hacer algo** vorhaben etw zu tun; **ya tengo comprado todo** ich habe schon alles gekauft; **me lo tenía callado** ich habe kein Sterbenswort gesagt; **ya me lo tenía pensado** das habe ich mir bereits gedacht **2.** (*obligación, necesidad*): ~ **que** müssen; ~ **mucho que hacer** viel zu tun haben; **¿qué tiene que ver esto conmigo?** was hat das mit mir zu tun?

Tenerife [tene'rife] *m* Teneriffa *nt*

tenia ['tenja] *f* (ZOOL) Bandwurm *m*

tenida [te'niða] *f* (*Chil*) Kleidung *f*; (*traje*) Anzug *m*; (*uniforme*) Uniform *f*

teniente [te'njeņte] **I.** *adj* **1.** (*fam: sordo*) schwerhörig **2.** (*inmaduro*) unreif **II.** *m* (MIL) Leutnant *m*; ~ **coronel** Oberstleutnant *m*

tenis ['tenis] *m sin pl* Tennis *nt*

tenista [te'nista] *mf* Tennisspieler(in) *m(f)*

tenor [te'nor] *m* **1.** (*contenido, t.* MÚS) Tenor *m*; **a este** ~ in diesem Stil; **a** ~ **de** gemäß +*dat* **2.** (*constitución*) Beschaffenheit *f*

tenorio [te'norjo] *m* Don Juan *m*

tensar [ten'sar] *vt* straffen

tensión [ten'sjon] *f* **1.** (FÍS) Spannung *f* **2.** (*estado: cosa*) Gespanntheit *f*; (*cuerda,*

T

piel) Straffheit *f;* (*nervios, músculos*) Anspannung *f;* (*impaciencia*) Spannung *f;* **película de** ~ Thriller *m;* **estar en** ~ (*nervioso*) sehr angespannt sein; (*impaciente*) gespannt sein **3.** (MED): ~ **arterial** Blutdruck *m* **4.** *pl* (*conflicto*) Spannungen *fpl*

tenso, -a ['tenso, -a] *adj* (*cosa, situación*) gespannt; (*cuerda, piel*) straff; (*músculos, nervios*) angespannt; (*impaciente*) gespannt

tentación [teṇta'θjon] *f* Versuchung *f;* **me dan tentaciones de...** ich bin versucht zu ...

tentáculo [teṇ'takulo] *m* Fangarm *m*

tentador(a) [teṇta'ðor(a)] **I.** *adj* verführerisch **II.** *m(f)* Verführer(in) *m(f)*

tentar [teṇ'tar] <e→ie> *vt* **1.** (*palpar*) betasten; (*reconocer*) ertasten **2.** (*atraer*) (ver)locken; (*seducir*) verführen (*a* zu +*dat*); **no me tientes** führe mich nicht in Versuchung

tentativa [teṇta'tiβa] *f* Versuch *m;* ~ **de robo** versuchter Diebstahl

tentempié [teṇtem'pje] *m* (*fam: refrigerio*) Snack *m*

tenue ['tenwe] *adj* **1.** (*delgado*) dünn; (*delicado*) fein **2.** (*sutil*) zart; (*débil*) schwach; **luz** ~ Dämmerlicht *nt* **3.** (*sencillo*) schlicht

teñir [te'ɲir] *irr como ceñir vt, vr:* ~**se** (sich) färben; ~(**se**) **de rojo** (sich) rot färben; ~**se el cabello de negro** sich *dat* die Haare schwarz färben; ~ **de tristeza** mit Trauer erfüllen

teología [teolo'xia] *f* Theologie *f*

teólogo, -a [te'oloɣo, -a] **I.** *adj* theologisch **II.** *m, f* Theologe, -in *m, f;* (*estudiante*) Theologiestudent(in) *m(f)*

teorema [teo'rema] *m* Lehrsatz *m*

teoría [teo'ria] *f* Theorie *f;* ~ **de los colores** Farbenlehre *f;* **en** ~ theoretisch

teórica [te'orika] *f* Theorie *f*

teórico, -a [te'oriko, -a] **I.** *adj* theoretisch **II.** *m, f* Theoretiker(in) *m(f)*

teorizar [teori'θar] <z→c> **I.** *vt* theoretisch behandeln **II.** *vi* theoretisieren

tequila [te'kila] *m* (GASTR) Tequila *m*

TER [ter] *m abr de* **Tren Español Rápido** TER *m* (*spanischer IC*)

terapeuta [tera'peu̯ta] *mf* Therapeut(in) *m(f)*

terapéutica [tera'peu̯tika] *f* Therapeutik *f*

terapéutico, -a [tera'peu̯tiko, -a] *adj* therapeutisch

terapia [te'rapja] *f* Therapie *f*

tercer [ter'θer] *adj v.* **tercero**

tercera [ter'θera] *f* **1.** (AUTO) dritter Gang *m* **2.** (MÚS) Terz *f* **3.** (FERRO) dritte Klasse *f*

tercería [terθe'ria] *f* (*mediación*) Vermittlung *f*

tercermundista [terθermuṇ'dista] *adj* Dritte-Welt-

Tercer Mundo [ter'θer 'muṇdo] *m sin pl* Dritte Welt *f*

tercero, -a[1] [ter'θero, -a] **I.** *adj* (*delante de un sustantivo masculino: tercer*) dritte(r, s); **terceras personas** Dritte *pl;* **en tercer lugar** drittens; **a la tercera va la vencida** (*prov*) aller guten Dinge sind drei; *v. t.* **octavo II.** *m, f* Vermittler(in) *m(f)*

tercero[2] [ter'θero] **I.** *m* **1.** (*t.* JUR) Dritte(r) *m* **2.** (*alcahuete*) Kuppler *m* **II.** *adv* drittens

terceto [ter'θeto] *m* Terzett *nt*

tercia ['terθja] *f* (REL) Terz *f*

terciar [ter'θjar] **I.** *vt* **1.** (*dividir*) dritteln **2.** (*atravesar*) (quer) umhängen **3.** (*la carga*) gleichmäßig verteilen **4.** (*Am: aguar*) panschen **II.** *vi* **1.** (*intervenir*) eingreifen **2.** (*mediar*) vermitteln (*con* bei +*dat*) **3.** (*participar*) mitmachen (*en* bei +*dat*); ~ **en un juego** mitspielen **III.** *vr, vimpers:* ~**se 1.** (*ocasión*) sich ergeben; **si se tercia** wenn es sich ergibt; **prepararse por lo que se pueda** ~ für alle Fälle gerüstet sein **2.** (*ponerse*) sich *dat* (quer) umhängen

terciario, -a[1] [ter'θjarjo, -a] *adj* (*t.* GEO) tertiär

terciario[2] [ter'θjarjo] *m* (GEO) Tertiär *nt*

tercio ['terθjo] *m* **1.** (*parte*) Drittel *nt; v. t.* **octavo 2.** (*loc*): **hacer buen/mal** ~ **a alguien** jdm einen guten/schlechten Dienst erweisen

terciopelo [terθjo'pelo] *m* Samt *m;* **de** ~ samten

terco, -a ['terko, -a] **I.** *adj* **1.** (*persona*) stur **2.** (*niño*) trotzig **3.** (*animal*) störrisch **4.** (*cosa*) steif **II.** *m, f* Dickkopf *m*

tere ['tere] *adj* (*Col*) **1.** (*llorón*) weinerlich **2.** (*enclenque*) schwächlich

tereque [te'reke] *m* (*Col, Dom, PRico, Ven: cachivache*) Gerümpel *nt*

tergiversar [terxiβer'sar] *vt* (*hechos*) verfälschen; (*la verdad*) verdrehen; (*palabras*) falsch wiedergeben

termal [ter'mal] *adj* thermal; **aguas** ~**es** Thermalquelle *f*

termas ['termas] *fpl* (*baños*) Thermalbad *nt;* (*de los romanos*) Thermen *fpl*

termes ['termes] *m inv* Termite *f*

térmico, -a ['termiko, -a] *adj* thermisch; **central térmica** Wärmekraftwerk *nt*

terminación [termina'θjon] *f* **1.** (*acción*) Beendung *f;* (*de un proyecto*) Abschluss *m;* (*producción*) Fertigstellung *f;* (*de un plazo*) Ablauf *m* **2.** (*final*) Ende *nt;* (*borde*) Abschluss *m*

terminal[1] [termi'nal] **I.** *adj* End-; **parte** ~ Schlussteil *m;* **un enfermo** ~ ein sich im Endstadium befindender Kranker **II.** *m* (INFOR) Terminal *nt*

terminal[2] [termi'nal] *f* **1.** (*estación*) Endstation *f;* (FERRO) Endbahnhof *m* **2.** (*de (aero)puerto*) Terminal *m o nt;* ~ **aérea** Flughafenterminal *m o nt*

terminante [termi'nante] *adj* **1.** (*claro*) eindeutig **2.** (*definitivo*) endgültig

terminar [termi'nar] **I.** *vt* **1.** (*finalizar*) beenden; (*proyecto*) abschließen; **¿cuándo terminas?** wann bist du fertig? **2.** (*producir*) fertig stellen; **¿cuándo van a ~ el puerto?** wann wird der Hafen fertig gestellt?; **estar bién terminado** sorgfältig verarbeitet sein **3.** (*consumir*) aufbrauchen; (*beber*) austrinken; (*comer*) aufessen **II.** *vi* **1.** (*tener fin*) enden; (*plazo, contrato*) ablaufen; ~ **en punta** spitz zulaufen; **¿cuándo termina la película?** wann ist der Film zu Ende?; **la escuela termina a las dos** die Schule ist um zwei aus **2.** (*acercarse al final*) zu Ende gehen; **ya termina la película** der Film ist bald zu Ende **3.** (*poner fin*) aufhören **4.** (*destruir*) vernichten (*con +akk*); **el tabaco va a ~ contigo** das Rauchen macht dich noch kaputt **5.** (*de hacer algo*): ~ **de construir** fertig stellen; ~ **de hacer/coser/comer** fertig machen/nähen/essen; **cuando termines de comer...** wenn du mit dem Essen fertig bist, ... **6.** (*separarse*) Schluss machen **7.** (*llegar a*): ~ **por hacer algo** schließlich etw tun; **terminaron peléandose** am Ende stritten sie sich **8.** (*haber hecho*): ~ **de hacer algo** gerade etwas getan haben **9.** (DEP) ins Ziel kommen **III.** *vr:* ~**se 1.** (*aproximarse al final*) zu Ende gehen **2.** (*no haber más*) ausgehen; **se me está terminando la paciencia** ich bin bald mit meiner Geduld am Ende

término ['termino] *m* **1.** (*fin*) Ende *nt;* **me bajé en el ~** ich stieg an der Endstation aus; **he llegado al ~ de mi paciencia** ich bin mit meiner Geduld am Ende; **dar ~ a algo** etw beenden; **llevar a ~** zu Ende bringen; **poner ~ a algo** etw *dat* ein Ende machen; **sin ~** endlos **2.** (*plazo*) Zeitraum *m;* **en el ~ de quince días** innerhalb von zwei Wochen **3.** (*linde*) Grenze *f* **4.** (ADMIN) Bezirk *m* **5.** (*vocablo*) Ausdruck *m;* (*especial*) Terminus *m;* **en buenos ~s** gelinde gesagt; **en otros ~s** mit anderen Worten; **contestar en malos ~s** barsch antworten **6.** (*parte*) Teil *m* **7.** *pl* (*de un contrato*) Bestimmungen *fpl* **8.** (*loc*): ~ **medio** Durchschnitt *m;* **por ~ medio** durchschnittlich; **en primer ~** an erster Stelle; **en último ~** letztendlich; **estar en buenos/malos ~s** sich gut/schlecht verstehen; **separarse en buenos/malos ~s** gütlich/im Streit auseinander gehen

terminología [terminolo'xia] *f* Fachwortschatz *m*

terminológico, -a [termino'loxiko, -a] *adj* fachsprachlich; **diccionario ~** Fachwörterbuch *nt*

termita [ter'mita] *f* (ZOOL) Termite *f*

termo ['termo] *m* Thermosflasche *f*

termómetro [ter'mometro] *m* Thermometer *nt;* ~ **clínico** Fieberthermometer *nt*

termosifón [termosi'fon] *m* (*calentador*) Boiler *m*

termostato [termos'tato] *m,* **termóstato** [ter'mostato] *m* Thermostat *m,* Temperaturregler *m*

termotecnia [termo'teɣnja] *f* Wärmetechnik *f*

terna ['terna] *f* (*candidatos*) Kandidatenliste *f* (*mit drei Vorschlägen*)

ternario, -a [ter'narjo, -a] *adj* Dreier-; (*de tres unidades*) dreiteilig

terne ['terne] **I.** *adj* **1.** (*fam: bravucón*) großmäulig **2.** (*fam: cabezota*) stur **3.** (*recio*) kräftig **II.** *m* (*fam: bravucón*) Großmaul *nt*

ternera [ter'nera] *f* (*carne*) Kalbfleisch *nt*

ternero, -a [ter'nero, -a] *m, f* Kalb *nt*

terneza [ter'neθa] *f v.* **ternura**

ternilla [ter'niʎa] *f* Knorpel *m*

terno ['terno] *m* **1.** (*conjunto*) Dreiheit *f* **2.** (*traje*) dreiteiliger Anzug *m* **3.** (*juramento*) Kraftausdruck *m;* **echar ~s** fluchen

ternura [ter'nura] *f* **1.** (*cariño*) Zärtlichkeit *f* **2.** (*dulzura*) Lieblichkeit *f* **3.** (*blandura, delicadeza, suavidad, sensibilidad*) Zartheit *f* **4.** (*Chil, Ecua, Guat: inmadurez*) Unreife *f*

terquedad [terke'ðað] *f* **1.** (*testarudez*) Sturheit *f* **2.** (*porfía*) Rechthaberei *f* **3.** (*de un niño*) Trotz *m* **4.** (*de un animal*) Störrischkeit *f*

terracota [terra'kota] *f* Terrakotta *f*

terrado [te'rraðo] *m* (Flach)dach *nt;* (*terraza*) (Dach)terrasse *f*

terral [te'rral] **I.** *adj:* **viento ~** Landwind *m* **II.** *m* (METEO) Landwind *m*

Terranova [terra'noβa] *f* Neufundland *nt*

terraplén [terra'plen] *m* **1.** (*montón*) (Erd)aufschüttung *f;* (*protección*) (Erd)wall *m* **2.** (*desnivel*) Damm *m;* ~ **de un ferrocarril** Bahndamm *m*

terráqueo, -a [te'rrakeo, -a] **I.** *adj* Erd-; **globo ~** Erdkugel *f* **II.** *m, f* Erdbewohner(in) *m(f)*

terrario [te'rrarjo] *m* Terrarium *nt*

terrateniente [terrate'njente] *mf* Großgrundbesitzer(in) *m(f)*

terraza [te'rraθa] *f* (*jardín, terrado*) Terrasse *f;* (*balcón*) Balkon *m*

terremoto [terre'moto] *m* Erdbeben *nt*

terrenal [terre'nal] *adj* irdisch; **paraíso ~** Paradies auf Erden

terreno, -a[1] [te'rreno, -a] *adj* irdisch

terreno[2] [te'rreno] *m* **1.** (*suelo*) (Erd)boden *m;* (GEO) Formation *f;* ~ **arcilloso** Tonboden *m* **2.** (*espacio*) Gelände *nt;* (*parcela*)

Grundstück *nt;* (*campo*) Feld *nt;* (DEP) Spielfeld *nt;* ~ **edificable** Bauland *nt;* **vehículo todo** ~ Geländefahrzeug *nt* **3.** (*esfera*) Gebiet *nt;* ~ **desconocido** Neuland *nt;* **está en su propio** ~ er/sie kennt sich auf diesem Gebiet aus **4.** (*loc*): **sobre el** ~ an Ort und Stelle; **explorar el** ~ (*fig*) das Terrain sondieren; **ganar/perder** ~ an Boden gewinnen/verlieren; **minar el** ~ **a alguien** (*fig*) jdm Fallstricke legen; **preparar el** ~ **para las negociaciones** das Terrain für die Verhandlungen vorbereiten

terrera [te'rrera] *f* (ZOOL) Lerche *f*

terrestre [te'rrestre] **I.** *adj* **1.** (*de la Tierra*) Erd-; **globo** ~ Erdkugel *f* **2.** (*en la tierra*) Land-; **animal** ~ Landlebewesen *nt;* **transporte** ~ Beförderung auf dem Landweg **3.** (*terrenal*) irdisch **II.** *mf* Erdbewohner(in) *m(f)*

terrible [te'rriβle] *adj* schrecklich; **hace un frío** ~ es ist schrecklich kalt; **tener un hambre** ~ furchtbar hungrig sein

terrífico, -a [te'rrifiko, -a] *adj* schrecklich

territorial [territo'rjal] *adj* **1.** (GEO, POL) territorial; **división** ~ Gebietsteilung *f* **2.** (ZOOL) Revier-

territorio [terri'torjo] *m* **1.** (*región*) Gebiet *nt;* (POL) Territorium *nt;* (JUR) Bezirk *m;* ~ **jurisdiccional** Gerichtsbezirk *m* **2.** (ZOOL) Revier *nt*

terrón [te'rron] *m* **1.** (*masa*) Klumpen *m;* ~ (**de azúcar**) Stück Zucker; ~ (**de tierra**) Erdklumpen *m;* **azúcar de** ~ Würfelzucker *m* **2.** *(pl)* (*fam: campo*) Scholle *f*

terror [te'rror] *m* **1.** (*miedo*) (panische) Angst *f;* **película de** ~ Horrorfilm *m;* **las arañas me dan** ~ ich habe panische Angst vor Spinnen; **me domina el** ~ ich bin von großer Angst geplagt **2.** (*que provoca miedo*) Schrecken *m* **3.** (POL) Terror *m;* **reino de** ~ Terrorherrschaft *f*

terrorífico, -a [terro'rifiko, -a] *adj* schrecklich

terrorismo [terro'rismo] *m sin pl* **1.** (*lucha*) Terrorismus *m* **2.** (*dominación*) Terrorisierung *f*

terrorista [terro'rista] **I.** *adj* terroristisch; **organización** ~ Terrororganisation *f* **II.** *mf* Terrorist(in) *m(f)*

terroso, -a [te'rroso, -a] *adj* erdig; (*color*) erdfarben

terruño [te'rruɲo] *m* **1.** (*trozo*) (Erd)scholle *f* **2.** (*comarca*) Gegend *f;* (*patria*) Heimat *f* **3.** (*terreno*) Grundstück *nt;* (AGR) Scholle *f*

terso, -a ['terso, -a] *adj* **1.** (*liso*) glatt; (*tirante*) straff **2.** (*limpio*) sauber; (*transparente*) klar; (*brillante*) glänzend **3.** (*sencillo*) klar; (*fluido*) flüssig

tertulia [ter'tulja] *f* **1.** (*reunión*) Treffen *nt;* (*para conversar*) (Gesprächs)kreis *m;* (*en un bar*) Stammtisch *m;* ~ **literaria** literarischer Zirkel **2.** (*para jugar*) Spielsaal *m*

tesina [te'sina] *f* Diplomarbeit *f;* (*en Letras*) Magisterarbeit *f*

tesis ['tesis] *f inv* **1.** (*proposición*) These *f* **2.** (*trabajo*) Dissertation *f*

tesitura [tesi'tura] *f* **1.** (*disposición*) Stimmung *f* **2.** (MÚS) Stimmlage *f*

tesón [te'son] *m* Beharrlichkeit *f;* **trabajar con** ~ hart arbeiten

tesonero, -a [teso'nero, -a] *adj* (*Am*) **1.** (*perseverante*) beharrlich **2.** (*tenaz*) zielstrebig

tesorería [tesore'ria] *f* **1.** (*cargo*) Schatzmeisteramt *nt* **2.** (*despacho, t.* FIN) Kasse *f*

tesorero, -a [teso'rero, -a] *m, f* Schatzmeister(in) *m(f)*

tesoro [te'soro] *m* **1.** (*de gran valor*) Schatz *m;* **ser un** ~ **de una persona** ein wunderbarer Mensch sein; **valer un** ~ Gold wert sein **2.** (*fortuna*) Vermögen *nt;* ~ (**público**) Fiskus *m* **3.** (*cariño*) Schatz *m*

test [tes^t] *m* Test *m*

testa ['testa] *f* **1.** (*cabeza*) Haupt *nt;* ~ **dura** Dickkopf *m;* ~ **de ferro** Strohmann *m* **2.** (*frente*) Vorderseite *f* **3.** (*fam: sensatez*) Köpfchen *nt*

testaferro [testa'ferro] *m* Strohmann *m*

testamentario, -a [testamen̪'tarjo, -a] **I.** *adj* testamentarisch **II.** *m, f* Testamentsvollstrecker(in) *m(f)*

testamento [testa'men̪to] *m* Testament *nt;* ~ **abierto** öffentliches Testament; **hacer** ~ sein Testament machen

testar [tes'tar] *vi* sein Testament machen

testarada [testa'raða] *f* Schlag *m* mit dem Kopf; **darse una** ~ sich *dat* den Kopf anschlagen; **darse una** ~ **con alguien** (*t. fig*) mit jdm zusammenstoßen

testarudez [testaru'ðeθ] *f* **1.** (*cualidad*) Dickköpfigkeit *f* **2.** (*acción*) stures Verhalten *nt*

testarudo, -a [testa'ruðo, -a] **I.** *adj* dickköpfig **II.** *m, f* Dickkopf *m*

testera [tes'tera] *f* **1.** (*de la cabeza*) Stirn *f* **2.** (*parte*) Vorderseite *f;* (*fachada*) Fassade *f*

testículo [tes'tikulo] *m* Hoden *m*

testificar [testifi'kar] <c→qu> **I.** *vt* **1.** (*declarar*) erklären; (*testigo*) aussagen **2.** (*afirmar: testigo*) bezeugen; (*documento*) bescheinigen **3.** (*demostrar*) beweisen **II.** *vi* (als Zeuge) aussagen

testigo[1] [tes'tiɣo] *mf* (*t.* JUR) Zeuge, -in *m, f;* ~ **de cargo/de descargo** Belastungs-/Entlastungszeuge *m;* ~ **de matrimonio** Trauzeuge *m;* ~ **ocular** Augenzeuge *m;* **fui** ~ **del accidente** ich habe den Unfall gesehen; **examinar** ~**s** Zeugen vernehmen; **poner a alguien por** ~ sich auf jdn berufen

testigo[2] [tes'tiɣo] *m* (*prueba*) Zeugnis *nt;*

ser ~ de algo von etw *dat* zeugen

testimonial [testimo'njal] *adj* **1.** (*que afirma*) Zeugen-; **declaración ~** Zeugenaussage *f* **2.** (*que prueba*) Beweis-

testimoniar [testimo'njar] **I.** *vt* **1.** (*declarar*) aussagen **2.** (*afirmar*) bezeugen **3.** (*dar muestra*) bekunden **4.** (*probar*) beweisen **II.** *vi* (als Zeuge) aussagen

testimonio [testi'monjo] *m* **1.** (*declaración*) Aussage *f*; **dar ~** aussagen **2.** (*afirmación*) Bezeugung *f* **3.** (*muestra*) Bekundung *f* **4.** (*prueba*) Beweis *m*

testuz [tes'tuθ] *m o f* **1.** (*frente*) Stirn *f* **2.** (*nuca*) Nacken *m*

teta ['teta] *f* **1.** (*pecho*) Brust *f*; **niño de ~** Säugling *m*; **dar la ~** stillen; **quitar la ~** abstillen **2.** (*ubre*) Euter *m* **3.** (*pezón: mujer*) Brustwarze *f*; (*animal*) Zitze *f*

tétano(s) ['tetano(s)] *m* (*inv*) Wundstarrkrampf *m*

tetera [te'tera] *f* **1.** (*para té*) Teekanne *f* **2.** (*Am: tetilla*) Sauger *m* **3.** (*Am*) *v.* **tetero**

tetero [te'tero] *m* (*Am*) (Saug)flasche *f*

tetilla [te'tiʎa] *f* **1.** (*biberón*) Sauger *m* **2.** (*animal*) Zitze *f*

> Der wohl typischste galicische Käse ist der **queso de tetilla**. Diesen Namen verdankt er seiner busenartigen Form (**teta** bedeutet Brust/Busen).

tétrico, -a ['tetriko, -a] *adj* düster; **estar de un humor ~** niedergeschlagen sein

textil [tes'til] **I.** *adj* textil; **planta ~** Faserpflanze *f* **II.** *m* (Textil)faser *f*

texto ['testo] *m* Text *m*; (*pasaje*) Textstelle *f*; (**libro de**) **~** Schulbuch *nt*

textual [testu'al] *adj* **1.** (*relativo al texto*) textuell; (*escrito*) schriftlich **2.** (*conforme al texto*) textgemäß; (*literal*) wörtlich; (*exacto*) genau; **con las palabras ~es** (wort)wörtlich

textura [tes'tura] *f* **1.** (*acción*) Weben *nt* **2.** (*tejido*) Gewebe *nt* **3.** (*estructura*) Struktur *f*; (GEO, QUÍM) Textur *f*

tez [teθ] *f* (Gesichts)haut *f*; **de ~ morena** dunkelhäutig

ti [ti] *pron pers:* **a ~** (*objeto directo*) dich; (*indirecto*) dir; **de ~** von dir; **de ~ para mí** unter uns gesagt; **para ~** für dich; **por ~** deinetwegen

tía ['tia] *f* **1.** (*pariente, señora*) Tante *f*; **¡(cuéntaselo a) tu ~!** (*fam*) das kannst du deiner Großmutter erzählen!; **no hay tu ~** (*fam*) da ist nichts zu machen **2.** (*fam: mujer*) Frau *f*; (*pey*) Tante *f*; **¡qué ~ más buena!** so ein Klasseweib!; **vaya ~ más tonta** so eine blöde Kuh **3.** (*fam: ramera*) Nutte *f* **4.** (*fam: tratamiento*): **pero ~, ¿qué te pasa, ~?** Mensch, was ist denn mit dir los?

tiarrón, -ona [tja'rron, -ona] *m, f* (*fam*) großer Mann *m*, große Frau *f*

tibetano, -a [tiβe'tano, -a] **I.** *adj* tibetisch **II.** *m, f* Tibeter(in) *m(f)*

tibia ['tiβja] *f* (ANAT) Schienbein *nt*

tibiarse [ti'βjarse] *vr* (*AmC, Ven: irritarse*) böse werden

tibiera [ti'βjera] *f* (*Ven*) **1.** (*molestia*) Belästigung *f* **2.** (*fastidio*) Ärger *m*

tibieza [ti'βjeθa] *f* Lauheit *f*

tibio, -a ['tiβjo, -a] *adj* **1.** (*temperatura*) lau(warm) **2.** (*carácter, sentimiento*) lau **3.** (*Am: fam: enfadado*) sauer **4.** (*loc*): **ponerse ~** sich *dat* den Bauch voll schlagen; **poner ~ a alguien** jdn fertig machen; (*hablar mal*) kein gutes Haar an jdm lassen

tiburón [tiβu'ron] *m* Hai(fisch) *m*

tic [ti^k] **I.** *interj* tick **II.** *m* <tics> Tick *m*

tictac [tik'tak] **I.** *interj* ticktack; **hacer ~** ticken **II.** *m sin pl* Ticken *nt*

tiemple ['tjemple] *m* (*Chil*) **1.** (*amor*) Liebe *f* **2.** (*pasión*) Leidenschaft *f*

tiempo ['tjempo] *m* **1.** (*momento, duración, periodo*) Zeit *f*; **~ libre** Freizeit *f*; **~ de pago** Zahlungsfrist *f*; **los buenos ~s** die gute alte Zeit; **a ~** rechtzeitig; **a su ~** zu gegebener Zeit; **todo a su ~** alles zu seiner Zeit; **al (mismo) ~, a un ~** gleichzeitig; **al ~ que…** während …; **antes de ~** vorzeitig; **llegar antes de ~** zu früh kommen; **andando el ~** im Laufe der Zeit; **con ~** frühzeitig; **llegué a la estación con ~** ich war früh genug am Bahnhof; **hazlo con ~** lass dir Zeit; **de ~ en ~** von Zeit zu Zeit; **desde hace mucho ~** seit langem; **durante cierto ~** eine Zeit lang; **en ~s** früher; **en ~s de Franco** zu Francos Zeiten; **en mis ~s** zu meiner Zeit; **el ~ pasa volando** die Zeit vergeht wie im Fluge; **amanecerán ~s mejores** es kommen auch mal bessere Zeiten; **dar ~ al ~** abwarten; **este problema ya viene de ~** dieses Problem besteht schon seit geraumer Zeit; **hace ~ que…** es ist schon lange (Zeit) her, dass …; **hace ~ que no voy al cine** ich war schon lange nicht mehr im Kino; **hacer ~** sich *dat* die Zeit vertreiben; **hay ~** wir haben genug Zeit; **matar el ~** die Zeit totschlagen; **mucho/demasiado ~** (*adv*) lange/zu lange; **perder el ~** die Zeit vergeuden; **sin perder ~** unverzüglich; **si me da ~…** wenn ich Zeit habe, …; **ya es ~ que…** *+subj* es wird Zeit, dass …; **el ~ es oro** (*prov*) Zeit ist Geld **2.** (*época*) Zeit *f*; (*estación*) Jahreszeit *f* **3.** (METEO) Wetter *nt*; **chaqueta de medio ~** Übergangsjacke *f*; **cerveza del ~** ungekühltes Bier; **el ~ amenaza lluvia** es sieht nach Regen aus; **hoy hace mal ~** heu-

T

te ist schlechtes Wetter; **a(l) mal ~ buena cara** (*prov*) gute Miene zum bösen Spiel **4.** (LING) Tempus *nt;* ~ **presente** Präsens *nt* **5.** (*edad*) Alter *nt;* **¿cuánto ~ tiene el niño?** wie alt ist das Kind? **6.** (DEP): (**medio**) ~ Halbzeit *f;* ~ **muerto** Auszeit *f* **7.** (*velocidad,* MÚS) Tempo *nt;* (TÉC) Takt *m;* **motor de dos ~s** Zweitakter *m*

tienda ['tjeṇda] *f* **1.** (*establecimiento*) Laden *m;* ~ **de comestibles** Lebensmittelgeschäft *nt* **2.** (*alojamiento*): ~ (**de campaña**) Zelt *nt*

tienta ['tjeṇta] *f* **1.** (MED) Sonde *f* **2.** (*astucia*) Schlauheit *f* **3.** (*loc*): **andar a ~s** (*fig*) im Dunkeln tappen

tiento ['tjeṇto] *m* **1.** (*acción*) Betasten *nt;* **a ~** tastend **2.** (*prueba*) Probieren *nt;* **darle un ~ a la botella** (*fam*) einen Schluck aus der Flasche nehmen **3.** (*examinación*) Untersuchung *f;* **dar un ~** prüfen **4.** (*tacto*) Behutsamkeit *f;* (*cautela*) Vorsicht *f;* **con ~** behutsam; (*cuidado*) vorsichtig **5.** (*de un ciego*) Blindenstock *m* **6.** (*tentáculo*) Fangarm *m* **7.** (*pulso*) Ruhe *f;* **con ~** mit ruhiger Hand

tierno, -a ['tjerno, -a] **I.** *adj* **1.** (*blando*) zart; (*pan, dulces*) mürb(e) **2.** (*suave, delicado, sensible*) zart; **a la tierna edad de...** im zarten Alter von ...; **a tierna edad** als Kind; **desde mi más tierna edad...** von Kindesbeinen an ...; **en mi más tierna niñez** in meiner frühesten Kindheit **3.** (*cariñoso*) zärtlich **4.** (*Chil, Ecua, Guat: inmaduro*) unreif **II.** *m, f* (*Guat, Nic*) Säugling *m*

tierra ['tjerra] *f* **1.** (*materia, superficie, planeta*) Erde *f;* ~ **vegetal** Komposterde *f;* **toma de ~** (ELEC) Erdung *f;* **bajo ~** (MIN) unter Tage; **echar ~ a algo** (*fig*) etw vertuschen; **estar bajo ~** unter der Erde liegen; **caer por ~** (*fig*) den Bach runtergehen *fam;* **dar en ~** stürzen; **echar por ~** zu Boden werfen; (*fig*) zunichte machen; **me falta ~** (*fig*) mir fehlt die nötige Sicherheit; **¡trágame, ~!** ich würde (vor Scham) am liebsten in den (Erd)boden versinken!; **parece que se lo ha tragado la ~** er scheint wie vom Erdboden verschwunden **2.** (*firme*) (Fest)land *nt;* ~ **adentro** landeinwärts; **poner ~ por medio** das Weite suchen; **tomar ~** (AERO) landen; (NÁUT) anlegen; **como no lleguemos pronto a la estación, nos vamos a quedar en ~** wenn wir nicht bald am Bahnhof sind, verpassen wir unseren Zug **3.** (*región*) Gegend *f;* **T~ Santa** Heiliges Land; ~ (**natal**) Heimat *f* **4.** (*hacienda*) Land *nt;* ~ **de labor** Ackerland *nt;* ~ **de pastos** Weideland *nt;* **poseer ~s** Land besitzen

tierral [tje'rral] *m* (*Am: polvareda*) Staubwolke *f*

tieso, -a[1] ['tjeso, -a] *adj* **1.** (*rígido*) steif; **dejar ~ a alguien** (*fam*) jdn kaltmachen; **quedarse ~** (*de frío*) vor Kälte erstarren; (*miedo*) vor Angst erstarren; (*morirse*) sterben; (*dormirse*) einschlafen **2.** (*erguido*) aufrecht; (*orejas*) gespitzt **3.** (*terco*) stur; **tenérselas tiesas** nicht nachgeben **4.** (*serio*) steif **5.** (*engreído*) arrogant; **no te pongas ~** jetzt werd bloß nicht unverschämt **6.** (*tirante*) straff **7.** (*valiente*) mutig **8.** (*robusto*) kräftig; (*sano*) fit

tieso[2] ['tjeso] *adv* kräftig

tiesto ['tjesto] *m* Blumentopf *m*

tiesura [tje'sura] *f* Steifheit *f*

tifón [ti'fon] *m* **1.** (*huracán*) Taifun *m* **2.** (*tromba*) Wasserhose *f*

tifus ['tifus] *m inv* Typhus *m*

tigre, -a[1] ['tiɣre, -a] *m, f* (*Am*) Jaguar *m*

tigre(sa)[2] ['tiɣre, ti'ɣresa] *m(f)* **1.** (ZOOL) Tiger(in) *m(f)* **2.** (*persona*) Ungeheuer *nt*

tijera [ti'xera] *f* **1.** (*pl*) (*utensilio, con esta forma*) Schere *f;* **silla de ~** Klappstuhl *m;* **echar ~ a algo** (*fam*) etw abschneiden **2.** (*persona*) Lästermaul *nt fam* **3.** (DEP) Schere *f*

tijereta [tixe'reta] *f* (ZOOL) Ohrwurm *m*

tijeretada [tixere'taða] *f,* **tijeretazo** [tixere'taθo] *m* Schnitt *m* mit der Schere

tijeretear [tixerete'ar] **I.** *vt* herumschnippeln (an +*dat*) **II.** *vi* **1.** (*cortar*) herumschnippeln **2.** (*fam: entrometerse*) sich einmischen

tila ['tila] *f* **1.** (*tilo*) Linde *f* **2.** (*flor*) Lindenblüte *f* **3.** (*té*) Lindenblütentee *m*

tildar [til'dar] *vt* **1.** (*con acento*) mit Akzent versehen **2.** (*la ñ*) mit Tilde versehen **3.** (*a alguien*) bezeichnen (*de* als +*akk*) **4.** (*tachar*) durchstreichen

tilde ['tilde] *f* **1.** (*acento*) Akzent *m* **2.** (*de la ñ*) Tilde *f* **3.** (*tacha*) Makel *m* **4.** (*cosa mínima*) Kleinigkeit *f*

tiliches [ti'litʃes] *mpl* (*AmC, Méx: trastos*) Gerümpel *nt*

tilín [ti'lin] *m sin pl* **1.** (*sonido*) Klingeln *nt;* **¡~!** klingeling! **2.** (*loc*): **hacer ~** gefallen; **el pastel no me hace ~** der Kuchen schmeckt mir nicht besonders

tilingo, -a [ti'liŋgo, -a] *adj* **1.** (*CSur, Méx: atolondrado*) leichtsinnig **2.** (*Arg: demente*) schwachsinnig

tilo ['tilo] *m* Linde *f*

timador(a) [tima'ðor(a)] *m(f)* Betrüger(in) *m(f)*

timar [ti'mar] **I.** *vt* **1.** (*estafar*) ergaunern **2.** (*engañar*) betrügen; (*mentir*) beschwindeln **II.** *vr:* **~se** (*hacerse guiños*) sich *dat* zuzwinkern; (*tontear*) turteln

timba ['timba] *f* (*fam*) **1.** (*partida*) Spiel *nt* **2.** (*lugar*) Spielhölle *f* **3.** (*Am: barriga*)

Bauch *m*

timbal [tim'bal] *m* **1.** (MÚS) Trommel *f;* (*grande*) Pauke *f* **2.** (GASTR) Pastete *f*

timbrar [tim'brar] *vt* (*pegar*) mit einer Marke versehen; (*estampar*) (ab)stempeln

timbrazo [tim'braθo] *m* Klingeln *nt*

timbre ['timbre] *m* **1.** (*aparato*) Klingel *f;* **han tocado el** ~ es hat geklingelt **2.** (*sonido, t.* MÚS) Timbre *nt* **3.** (*sello que se pega*) Marke *f;* (*que se estampa*) Stempel *m* **4.** (*acción*) Verdienst *nt;* ~ **de gloria** Ruhmestat *f;* **ser un** ~ **de gloria para alguien** jdm zur Ehre gereichen

timidez [timi'ðeθ] *f* Schüchternheit *f*

tímido, -a ['timiðo, -a] *adj* schüchtern

timo ['timo] *m* **1.** (*fraude*) Betrug *m;* **dar un** ~ **de 5000 ptas a alguien** jdn um 5000 Ptas prellen **2.** (*glándula*) Thymusdrüse *f*

timón [ti'mon] *m* Steuer *nt;* **llevar el** ~ **de una empresa** (*fam*) ein Unternehmen leiten

timonel [timo'nel] *mf* Steuermann, -frau *m, f*

timorato, -a [timo'rato, -a] *adj* **1.** (*de Dios*) gottesfürchtig; (*pey*) prüde **2.** (*tímido*) zaghaft

tímpano ['timpano] *m* **1.** (ANAT: *membrana*) Trommelfell *nt* **2.** (*instrumento*) Pauke *f*

tina ['tina] *f* Kübel *m;* (*Am: bañera*) Badewanne *f*

tinaja [ti'naxa] *f* Tonkrug *m*

tincar [tiŋ'kar] <c→qu> *vt* **1.** (*Chil: presentir*) ahnen **2.** (*Arg, Chil: pelota*) anschneiden

tinerfeño, -a [tiner'feɲo, -a] **I.** *adj* aus Teneriffa **II.** *m, f* Einwohner(in) *m(f)* Teneriffas

tinga ['tiŋga] *f* (*Méx: alboroto*) Remmidemmi *nt fam*

tinglado [tiŋ'glaðo] *m* **1.** (*cobertizo*) Schuppen *m* **2.** (*artimaña*) Intrige *f* **3.** (*fam: lío*) Durcheinander *nt* **4.** (*tablado*) Bretterbühne *f*

tiniebla [ti'njeβla] *f* Finsternis *f;* **estar en ~s sobre algo** (*fig*) keine Ahnung von etw *dat* haben

tino ['tino] *m* **1.** (*puntería*) Treffsicherheit *f* **2.** (*destreza*) Geschicklichkeit *f* **3.** (*moderación*) Mäßigkeit *f;* **a buen** ~ nach Gefühl; **sin** ~ ohne Maß und Ziel; **estar a** ~ gelegen sein; **sacar de** ~ **a alguien** jdn aus der Fassung bringen **4.** (*tina*) Kübel *m*

tinta ['tin̪ta] *f* **1.** (*para escribir*) Tinte *f;* ~ **china** Tusche *f;* ~ **de imprenta** Druckfarbe *f;* **a dos ~s** zweifarbig; **saber algo de buena** ~ etw aus guter Quelle haben; **sudar** ~ sich abmühen; **recargar las ~s** es übertreiben; **sobre este asunto han corrido ríos de** ~ über dieses Thema ist viel Tinte verschrieben worden **2.** (*color*) Farbton *m;* **ser medias ~s** weder Fisch noch Fleisch sein

tintar [tin̪'tar] *vt* färben

tinte ['tin̪te] *m* **1.** (*teñidura*) Färben *nt* **2.** (*colorante*) Färbemittel *nt* **3.** (*tintorería*) Reinigung *f* **4.** (*matiz*) Färbung *f;* (*apariencia*) (An)schein *m;* **un cierto** ~ **de ironía** ein leichter Anflug von Ironie; **tus palabras tenían un cierto** ~ **de alegría** in deinen Worten schwang Freude mit

tintero [tin̪'tero] *m* Tintenfass *nt;* **dejar(se) algo en el** ~ (*fig*) etw nicht erwähnen

tintín [tin̪'tin] *m* Klingklang *m*

tintin(e)ar [tin̪ti'nar/tin̪tine'ar] *vi* klingeln

tinto, -a ['tin̪to, -a] *adj* (*rojo oscuro*) weinrot; (*uvas*) rot; **vino** ~ Rotwein *m*

tintorería [tin̪tore'ria] *f* (chemische) Reinigung *f*

tintorro [tin̪'torro] *m* (*fam*) (schlechter) Rotwein *m*

tintura [tin̪'tura] *f* **1.** (*tinte*) Färben *nt* **2.** (*colorante*) Färbemittel *nt* **3.** (*maquillaje*) Schminke *f* **4.** (MED) Tinktur *f*

tiña ['tiɲa] *f* **1.** (MED) Grind *m* **2.** (*fam: miseria*) Schäbigkeit *f*

tiñoso, -a [ti'ɲoso, -a] *adj* **1.** (MED) grindig **2.** (*fam: mísero*) schäbig

tío, -a ['tio, -a] *m, f* **1.** (*pariente*) Onkel *m,* Tante *f;* **tener un** ~ **en América** einen reichen Onkel haben **2.** (*fam: hombre*) Kerl *m;* **¡oye** ~ **!** Mensch!; **ser un** ~ **bueno** stark aussehen

tiovivo [tio'βiβo, -a] *m* Karussell *nt;* **dar más vueltas que un** ~ von Pontius zu Pilatus laufen

típico, -a ['tipiko, -a] *adj* typisch (*de* für +*akk*)

tiple[1] ['tiple] *mf* (*persona*) Sopran *m*

tiple[2] ['tiple] *m* (*voz*) Sopranstimme *f*

tipo, -a[1] ['tipo, -a] *m, f* (*fam*) Mann *m,* Frau *f;* (*pey*) Type *f*

tipo[2] ['tipo] *m* **1.** (*modelo*) Modell *nt* **2.** (*muestra*) Muster *nt;* (*espécimen*) Typ(us) *m* **3.** (*cuerpo*) Körperbau *m;* **tener buen** ~ eine gute Figur haben; **arriesgar el** ~ (*fam*) sein Leben aufs Spiel setzen; **mover el** ~ (*fam*) tanzen **4.** (*clase*) Art *f* **5.** (FIN) Satz *m;* ~ **de cambio** Wechselkurs *m* **6.** (TIPO) Drucktype *f*

tiquear [tike'ar] *vt* **1.** (*AmC, PRico: chequear*) überprüfen **2.** (*Chil: perforar*) lochen

tiquet ['tiket] *m* <tiquets> Ticket *nt;* (*de viaje*) Fahrschein *m;* (*de espectáculos*) Eintrittskarte *f;* (*de compra*) Kassenzettel *m*

tiquismiquis[1] [tikis'mikis] *mf inv* (*remilgado*) umständlicher Mensch *m*

tiquismiquis[2] [tikis'mikis] *mpl* **1.** (*remilgo*) übertriebene Bedenken *ntpl* **2.** (*noñería*) Getue *nt*

tira ['tira] *f* **1.** (*banda*) Band *nt,* Streifen *m;* **hacer ~s algo** etw zerreißen **2.** (*argot: mu-*

cho): **esto me ha gustado la ~** das hat mir super gefallen

tirabuzón [tiraβu'θon] *m* **1.** (*rizo*) (Korkenzieher)locke *f* **2.** (*sacacorchos*) Korkenzieher *m*

tirachinas [tira'tʃinas] *m inv* Gummischleuder *f*

tirada [ti'raða] *f* **1.** (*edición*) Auflage *f;* **de una ~** (*fig*) auf einen Streich **2.** (*distancia*) Entfernung *f*

tirado, -a [ti'raðo, -a] **I.** *adj* **1.** *estar* (*fam: barato*) spottbillig **2.** *ser* (*pey: descuidado*) schlampig **3.** *estar* (*fam: fácil*) kinderleicht **II.** *m, f* (*argot*) Penner(in) *m(f)*

tirador(a)[1] [tira'ðor(a)] *m(f)* (*disparador*) Schütze, -in *m, f*

tirador[2] [tira'ðor] *m* **1.** (*agarradero*) Griff *m* **2.** (*cordón*) Klingelzug *m* **3.** (*tirachinas*) Schleuder *f*

tiragomas [tira'ɣomas] *m inv* Schleuder *f*

tiralevitas [tirale'βitas] *mf inv* Schmeichler(in) *m(f)*

tiranía [tira'nia] *f* Tyrannei *f;* **someterse a la ~ de la moda** sich dem Diktat der Mode unterwerfen

tiránico, -a [ti'raniko, -a] *adj* tyrannisch

tiranizar [tirani'θar] <z→c> *vt* tyrannisieren

tirano, -a [ti'rano, -a] **I.** *adj* tyrannisch **II.** *m, f* Tyrann(in) *m(f)*

tirante [ti'ran̩te] **I.** *adj* **1.** (*tieso*) straff; **el pantalón me está ~** die Hose kneift **2.** (*conflictivo*) gespannt; **estar ~ con alguien** eine gespannte Beziehung zu jdm haben **II.** *m* **1.** (*cinta, travesaño*) Träger *m;* **~s (elásticos)** Hosenträger *mpl* **2.** (*de caballería*) Strang *m*

tirantez [tiran̩'teθ] *f* **1.** (*tensión*) Spannung *f* **2.** (*extensión*) Längsausdehnung *f*

tirar [ti'rar] **I.** *vi* **1.** (*arrastrar*) ziehen (*de* an +*dat*); **tira y afloja** Tauziehen *nt;* **a todo ~** höchstens; **~ de la lengua a alguien** jdm die Würmer aus der Nase ziehen **2.** (*atraer*) anziehen; **no me tiran los libros** ich mache mir nichts aus Büchern **3.** (*sacar*) hervorziehen (*de* +*akk*) **4.** (*chimenea, t.* AUTO) ziehen **5.** (*colores*): **~ a rojo** ins Rote spielen **6.** (*vestidos*): **esta camisa me tira de los hombros** diese Bluse spannt an den Schultern **7.** (*querer lograr*): **~ para director** Direktor werden wollen **8.** (*parecerse*) ähneln (*a* +*dat*) **9.** (*torcer*) abbiegen; **aquí cada uno tira por su lado** hier trennen sich unsere Wege **10.** (*disparar*) schießen (*a* auf +*akk*); **~ al blanco** das Ziel treffen **11.** (*loc*): **¿cómo estás? – voy tirando** wie geht's? – es geht so **II.** *vt* **1.** (*lanzar*) werfen; **~ piedras a alguien** mit Steinen nach jdm werfen **2.** (*malgastar*) verschwenden **3.** (*desechar*) wegwerfen **4.** (*disparar*) schießen; (*bombas*) abwerfen; (*cohetes*) abfeuern **5.** (*derribar*) zu Boden werfen; (*árbol*) fällen; (*edificio*) abreißen **6.** (*trazar*) ziehen **7.** (*imprimir*) drucken **8.** (*extender*) spannen **9.** (FOTO) schießen **10.** (*loc*): **~ un mordisco** beißen; **~ un pellizco** kneifen **III.** *vr:* **~se 1.** (*lanzarse*) sich stürzen (*a* in +*akk, sobre* auf +*akk*) **2.** (*echarse*) sich hinlegen (*en* auf +*akk*) **3.** (*fam: pasar*) verbringen; **~se una hora esperando** eine ganze Stunde warten **4.** (*acometer*) (los)stürzen (*a* in +*akk, sobre* auf +*akk*) **5.** (*vulg: copular*): **~se a alguien** es mit jdm treiben *fam*

tirita [ti'rita] *f* (Heft)pflaster *nt*

tiritar [tiri'tar] *vi* frösteln (*de* vor +*dat*); **se me ha quedado la cuenta del banco tiritando** mein Bankkonto ist fast leer

tiritón [tiri'ton] *m* Schauder *m;* **dar tiritones** frösteln

tiro ['tiro] *m* **1.** (*lanzamiento*) Wurf *m;* **~ a portería** Torwurf *m;* **estar a un ~ de piedra** einen Steinwurf entfernt sein **2.** (*disparo*) Schuss *m;* **~ al aire** Warnschuss *m;* **barraca de ~ al blanco** Schießbude *f;* **~ con arco** Bogenschießen *nt;* **a ~** in Schussweite; (*fig*) erreichbar; **a ~ limpio** mit Waffengewalt; **dar un ~** einen Schuss abgeben; **¡que le den un ~!** verrecken soll er/sie!; **darse un ~** sich *dat* eine Kugel durch den Kopf jagen; (*argot: heroína*) sich *dat* einen Schuss setzen; **no van por ahí los ~s** (*fam*) die Sache verhält sich anders; **me salió el ~ por la culata** (*fam*) der Schuss ging nach hinten los **3.** (*munición*) Schuss *m* **4.** (*daño*) Einschuss *m* **5.** (*alcance*) Reichweite *f* **6.** (*arrastre*) Ziehen *nt* **7.** (*caballerías*) Gespann *nt* **8.** (*arreos*) Zuggurt *m;* **poner el ~ a los caballos** die Pferde anspannen **9.** (*corriente de aire*) Zug *m* **10.** (*loc*): **de ~s largos** piekfein; **ni a ~s** nicht um alles in der Welt; **sentar como un ~** (*comida*) schlecht bekommen +*dat;* (*noticia*) umhauen +*akk*

tiroides [ti'roi̯ðes] **I.** *adj inv:* **glándula ~** Schilddrüse *f* **II.** *m inv* (MED) Schilddrüse *f*

tirolés, -esa [tiro'les, -esa] **I.** *adj* tirol(er)isch **II.** *m, f* Tiroler(in) *m(f)*

tirón [ti'ron] *m* (*acción*) Zerren *nt;* (*efecto*) Ruck *m;* **de un ~** (*bruscamente*) mit einem Ruck; (*de una vez*) in einem Zug; **no lo sacan de aquí ni a dos tirones** ihn bringen keine zehn Pferde von hier weg

tironear [tirone'ar] *vt* zerren

tirotear [tirote'ar] **I.** *vt* beschießen **II.** *vr:* **~se 1.** (*disparar*) sich gegenseitig beschießen **2.** (*disputar*) sich herumstreiten

tiroteo [tiro'teo] *m* Schießerei *f*

tirria ['tirrja] *f* (*fam*) Voreingenommenheit *f;* **tener ~ a alguien** jdm gegenüber voreingenommen sein

tisana [ti'sana] *f* Heilkräutertee *m*

tísico, -a ['tisiko, -a] **I.** *adj* (MED) schwindsüchtig **II.** *m, f* Schwindsüchtige(r) *mf*

tisis ['tisis] *f inv* Schwindsucht *f*

tisú [ti'su] *m* Lamé *m*

titán [ti'tan] *m* Titan *m*

titanio [ti'tanjo] *m* (QUÍM) Titan *nt*

títere ['titere] *m* **1.** (*muñeco*) Handpuppe *f;* (*t. fig: marioneta*) Marionette *f;* **no dejar ~ con cabeza** alles kurz und klein schlagen **2.** (*tipejo*) Trottel *m* **3.** *pl* (*espectáculo*) Puppentheater *nt*

titilar [titi'lar] *vi* **1.** (*temblar*) zittern **2.** (*centellear*) funkeln

titiritero, -a [titiri'tero, -a] *m, f* **1.** (*titerista*) Puppenspieler(in) *m(f)* **2.** (*acróbata*) Seiltänzer(in) *m(f)*

tito, -a ['tito, -a] *m, f* (*fam*) *dim de* **tío**

titubear [tituβe'ar] *vi* **1.** (*vacilar*) schwanken; (*fig*) zögern **2.** (*balbucear*) stammeln

titubeo [titu'βeo] *m* **1.** (*vacilación*) Schwanken *nt;* (*fig*) Zögern *nt;* **deja a un lado tus ~s** zaudere nicht länger **2.** (*balbuceo*) Stammeln *nt*

titulación [titula'θjon] *f* (*denominación*) Betitelung *f;* (*académica*) akademischer Titel *m*

titulado, -a [titu'laðo, -a] **I.** *adj* diplomiert **II.** *m, f* Titelträger(in) *m(f);* **~ (universitario)** Hochschulabsolvent *m*

titular[1] [titu'lar] **I.** *adj:* **médico ~** leitender Arzt; **profesor ~** außerordentlicher Professor **II.** *mf* Inhaber(in) *m(f);* **~ de acciones** Aktionär(in) *m(f)*

titular[2] [titu'lar] **I.** *m* Überschrift *f;* **aparecer en los ~es** Schlagzeilen machen; **ocupar los ~es** die Schlagzeilen beherrschen **II.** *vt* (*poner título*) betiteln; **el libro se titula…** das Buch trägt den Titel … **III.** *vr:* **~se** einen akademischen Grad erwerben

título ['titulo] *m* **1.** (*rótulo, dignidad*) Titel *m;* **tu composición no lleva ~** dein Aufsatz hat keine Überschrift **2.** (*diploma*) Diplom *nt* **3.** (*motivo*) Grund *m;* **¿a ~ de qué hace Ud. eso?** aus welchem Grund machen Sie das?; **a justo ~** mit vollem Recht **4.** (*en calidad de*): **a ~ de** als; **a ~ de devolución** mit der Bitte um Rückgabe; **a ~ gratuito** unentgeltlich; **a ~ de prueba** versuchsweise **5.** (*valor comercial*) Wertpapier *nt*

tiza ['tiθa] *f* Kreide *f*

tiznar [tiθ'nar] **I.** *vt* **1.** (*ennegrecer*) schwärzen **2.** (*desacreditar*) anschwärzen **II.** *vr:* **~se** (*entiznarse*) verrußen

tizne ['tiθne] *m o f* (*hollín*) Ruß *m*

tiznón [tiθ'non] *m* Rußfleck *m*

tizón [ti'θon] *m* **1.** (*palo*) halb verbranntes Holzscheit *nt;* **más negro que un ~** kohlrabenschwarz **2.** (*deshonra*) dunkler Punkt *m*

toalla [to'aʎa] *f* Handtuch *nt;* **arrojar la ~** (*fig*) das Handtuch werfen

toallero [toa'ʎero] *m* Handtuchhalter *m*

toba ['toβa] *f* **1.** (*piedra*) Stein *m* **2.** (*sarro*) Zahnstein *m* **3.** (*capa*) Belag *m*

tobera [to'βera] *f* Düse *f*

tobillera [toβi'ʎera] *f* Stützverband *m* (*am Knöchel*)

tobillo [to'βiʎo] *m* (Fuß)knöchel *m*

tobo ['toβo] *m* (*Ven: cubo*) Eimer *m*

tobogán [toβo'ɣan] *m* **1.** (*trineo*) (Rodel)schlitten *m* **2.** (*pista*) Rodelbahn *f* **3.** (*deslizadero*) Rutschbahn *f*

toca ['toka] *f* Haube *f*

tocadiscos [toka'ðiskos] *m inv* Plattenspieler *m*

tocado, -a[1] [to'kaðo, -a] *adj* **1.** (*perturbado*) verrückt; **estar ~ (de la cabeza)** nicht recht bei Verstand sein **2.** (*lesionado*) angeschlagen **3.** (*medio podrido*) angefault **4.** (*cubierto en la cabeza*): **ir ~ de un sombrero** einen Hut tragen

tocado[2] [to'kaðo] *m* **1.** (*peinado*) Frisur *f* **2.** (*complemento*) Kopfschmuck *m*

tocador(a)[1] [toka'ðor(a)] *m(f)* (MÚS): **~ de guitarra** Gitarrenspieler *m*

tocador[2] [toka'ðor] *m* **1.** (*mueble*) Toilettentisch *m* **2.** (*habitación*) Toilette *f* **3.** (*estuche*) Kulturbeutel *m*

tocante [to'kante] *adj:* **~ a** in Bezug auf *+akk*

tocar [to'kar] <c→qu> **I.** *vt* **1.** (*contacto*) berühren; **¡tócala!** schlag ein!; **¡toca madera!** klopf auf Holz!; **no ~ ni un pelo a alguien** jdm kein Haar krümmen; **~ un tema** ein Thema streifen; **¡mejor no toquemos el tema!** lassen wir das Thema lieber!; **~ de cerca algo** (*fig*) sich mit etw *dat* auskennen **2.** (MÚS) spielen; (*campana*) läuten; (*tambor*) schlagen; **~ la bocina** hupen; **~ alarma** Alarm schlagen; **~ a fuego** Feueralarm auslösen; **~ a misa** zur Messe läuten; **~ a muerto** die Totenglocke läuten; **~ todos los registros** alle Register ziehen; **~ el timbre** klingeln **3.** (*modificar*) (ver)ändern **4.** (*chocar*) leicht anstoßen (*en* an *+dat*) **5.** (*afectar*) betreffen; **~ en el corazón** zu Herzen gehen **6.** (*peinar*) frisieren **II.** *vi* **1.** (*corresponder*) zustehen; **te toca jugar** du bist dran; **hoy me toca salir** heute habe ich Ausgang **2.** (*obligación*): **me toca barrer el patio todas las mañanas** es ist meine Aufgabe, jeden Morgen den Hof zu kehren **3.** (*llegar el momento oportuno*) an der Zeit sein; **toca ir a la compra** es ist an der Zeit, einkaufen zu gehen **4.** (*caer en suerte*) entfallen (*a* auf *+akk*) **5.** (*estar muy cerca*) hart an der Grenze sein (*en* zu *+dat*) **6.** (*ser parientes*) verwandt sein (*a* mit

T

+*dat*) **III.** *vr:* ~**se** **1.** (*estar en contacto*) sich berühren; **los extremos se tocan** (*prov*) Gegensätze ziehen sich an **2.** (*peinarse*) sich frisieren **3.** (*cubrirse la cabeza*): ~**se con un sombrero** einen Hut aufsetzen; ~**se con un pañuelo** sich *dat* ein Tuch um den Kopf binden **4.** (*loc*): **tocárselas** (*fam*) Reißaus nehmen

tocateja [toka'texa]: **a** ~ in bar

tocayo, -a [to'kaɟo, -a] *m, f* Namensvetter(in) *m(f)*

tocho, -a¹ ['toʧo, -a] *adj* **1.** (*tosco*) ungehobelt **2.** (*necio*) einfältig

tocho² ['toʧo] *m* **1.** (*hierro*) Eisenblock *m* **2.** (*fam: libro*) Schinken *m*

tocineta [toθi'neta] *f* (*Col*) *v.* **tocino**

tocino [to'θino] *m* **1.** (*lardo*) Speck *m;* **confundir la velocidad con el** ~ die Begriffe durcheinander werfen **2.** (*reg: cerdo*) Schwein *nt*

tocología [tokolo'xia] *f sin pl* Geburtshilfe *f*

tocólogo, -a [to'koloɣo, -a] *m, f* Geburtshelfer(in) *m(f)*

tocón [to'kon] *m* (BOT) (Baum)stumpf *m*

todavía [toða'βia] *adv* **1.** (*aún*) noch; ~ **no** noch nicht **2.** (*sin embargo*) trotzdem

todo, -a¹ ['toðo, -a] *adj indef* **1.** (*entero*) ganz; **toda la familia** die ganze Familie; **toda España** ganz Spanien; **a toda prisa** in aller Eile **2.** (*cada*) jede(r, s); **a toda costa** um jeden Preis; **toda precaución es poca** man kann nicht vorsichtig genug sein **3.** *pl* alle; **día de T~s los Santos** Allerheiligen *nt;* ~**s los niños** alle Kinder; ~**s y cada uno** alle samt und sonders; **a todas horas** zu jeder Tages- und Nachtzeit; **en todas partes** überall; **de** ~**s modos** auf alle Fälle; **de todas todas** so oder so **4.** (*intensificación*): **su cara es toda nariz** sein/ihr Gesicht besteht nur aus Nase; **ser** ~ **nervios** ein einziges Nervenbündel sein

todo² ['toðo] **I.** *pron indef* alles; ~ **lo que** [*o* **cuanto**]**...** alles, was ...; (**o**) ~ **o nada** (entweder) alles oder nichts; **ante** [*o* **sobre**] ~ vor allem; **antes que** ~ zuallererst; **después de** ~ (*fam*) letztendlich; **en** ~ **y por** ~ in jeder Hinsicht; **y** ~ sogar; **me invitó a comer y** ~ er/sie hat mich sogar zum Essen eingeladen **II.** *adv* (*fam*) ganz, völlig **III.** *m sin pl* **1.** (*la totalidad*) Ganze(s) *nt;* **del** ~ ganz und gar; **no del** ~ nicht ganz; **jugarse el** ~ **por el** ~ aufs Ganze gehen; **ser el** ~ die Hauptperson sein **2.** (*de charada*) Lösungswort *nt*

todopoderoso, -a [toðopoðe'roso, -a] *adj* allmächtig

todoterreno [toðote'rreno] **I.** *adj inv* geländegängig **II.** *m* (AUTO) Geländefahrzeug *nt;* **ser un** ~ (*fig*) überall einsatzfähig sein

toga ['toɣa] *f* Talar *m;* (*romana*) Toga *f*

Togo ['toɣo] *m* Togo *nt*

togolés, -esa [toɣo'les, -esa] **I.** *adj* togoisch **II.** *m, f* Togoer(in) *m(f)*

toldo ['tol̦do] *m* **1.** (*marquesina*) Sonnendach *nt;* (*en el balcón*) Markise *f* **2.** (*de carro*) Wagenplane *f* **3.** (*engreimiento*) Dünkel *m*

tole ['tole] *m* **1.** (*bulla*) Tumult *m;* **se armó un** ~ **tremendo** ein heftiger Tumult erhob sich **2.** (*rumor*) Gerede *nt* **3.** (*loc*): **tomar el** ~ (*fam*) verduften

toledano, -a [tole'ðano, -a] **I.** *adj* aus Toledo; **noche toledana** (*fig*) schlaflose Nacht **II.** *m, f* Einwohner(in) *m(f)* Toledos

tolerado, -a [tole'raðo, -a] *adj* (*película*) jugendfrei

tolerancia [tole'ran̦θja] *f* **1.** (*indulgencia*) Toleranz *f* **2.** (*resistencia*) Widerstandsfähigkeit *f*

tolerante [tole'ran̦te] *adj* tolerant

tolerar [tole'rar] *vt* **1.** (*soportar*) ertragen; (*alimentos, medicinas*) vertragen **2.** (*permitir*) dulden **3.** (*aceptar*) tolerieren

tolete [to'lete] *m* **1.** (*Am: garrote*) Schlagstock *m* **2.** (*Col, Cuba: trozo*) Brocken *m*

toma ['toma] *f* **1.** (*adquisición*) Nehmen *nt;* ~ **de conciencia** Bewusstwerdung *f;* ~ **de decisiones** Entscheidungsfindung *f;* ~ **de poder** Machtergreifung *f;* ~ **de posesión** Amtsübernahme *f;* ~ **de rehenes** Geiselnahme *f* **2.** (*conquista*) Einnahme *f;* ~ **por asalto** Erstürmung *f* **3.** (*dosis*) Dosis *f* **4.** (TÉC) Anschluss *m;* ~ **de tierra** Erd(ungs)leitung *f* **5.** (*grabación*) Aufnahme *f*

tomadura [toma'ðura] *f* Nehmen *nt;* ~ **de pelo** Scherz *m*

tomar [to'mar] **I.** *vi* abbiegen; ~ **por la derecha** nach rechts abbiegen **II.** *vt* **1.** (*coger*) nehmen; (*préstamo*) aufnehmen; (*aliento, fuerzas*) schöpfen; ~ **las armas** zu den Waffen greifen; ~ **una decisión** eine Entscheidung treffen; ~ **medidas** Maßnahmen ergreifen; ~ **el sol** sich sonnen; **toma buena nota de lo que te digo ahora** merk dir gut, was ich dir jetzt sage **2.** (*comer, beber*) zu sich *dat* nehmen; ~ **café** Kaffee trinken **3.** (*interpretar*) auffassen; ~ **a la ligera** auf die leichte Schulter nehmen; ~ **a mal** übel nehmen; ~ **muy a pecho** sehr schwer nehmen; ~ **a risa** als Scherz auffassen; ~ **en serio** ernst nehmen; ~ **a alguien por ladrón** jdn für einen Dieb halten **4.** (*adquirir*) erwerben; ~ **conciencia de algo** sich *dat* einer Sache bewusst werden **5.** (*sentir*) empfinden; ~ **cariño/odio a alguien** jdn lieb gewinnen/jdn hassen; ~ **confianza a alguien** zu jdm Vertrauen fassen; ~ **aborrecimiento a algo** etw verabscheuen **6.** (*conquistar*) einnehmen **7.** (*co-

piar) übernehmen **8.** (*contratar*) einstellen; ~ **un abogado** sich *dat* einen Anwalt nehmen **9.** (*alquilar*) mieten **10.** (*hacerse cargo*) übernehmen; ~ **sobre sí** auf sich nehmen **11.** (*quitar*) wegnehmen **12.** (*fotografiar, filmar*) aufnehmen **13.** (*sobrevenir*) überkommen **14.** (*llevar*) mitnehmen **15.** (*calcular*) messen **16.** (*Am: emborracharse*): ~**la** sich betrinken **17.** (ZOOL: *copular*) decken; **¡vete a ~ por culo!** (*vulg*) leck mich am Arsch! **18.** (*loc*): **¡toma!** sieh mal an!; **haberla tomado con algo/alguien** es auf etw/jdn abgesehen haben; ~ **las de Villadiego** (*fam*) Reißaus nehmen **III.** *vr:* ~**se 1.** (*coger*) sich *dat* nehmen; ~**se libertades** sich *dat* Freiheiten herausnehmen; ~**se unas vacaciones** sich *dat* ein paar Tage Urlaub nehmen **2.** (*comer, beber*) zu sich *dat* nehmen; **me he tomado un vaso de leche** ich habe ein Glas Milch getrunken **3.** (*cubrirse de*): ~**se de moho** anlaufen; ~**se de orín** rostig werden; ~**se de polvo** verstauben **4.** (*Am: emborracharse*): **tomársela** sich betrinken **5.** (*loc*): **¡tómate esa!** das hat gesessen!

tomate [to'mate] *m* **1.** (*planta*) Tomate *f;* **ponerse rojo como un** ~ knallrot werden; **poner a alguien el culo como un** ~ (*fam*) jdm gehörig den Hintern versohlen **2.** (*fam: agujero*) Kartoffel *f* **3.** (*fam: jaleo*) Durcheinander *nt*

tomatera [toma'tera] *f* Tomate *f*

tomavistas[1] [toma'βistas] *m inv* (*cámara*) Filmkamera *f*

tomavistas[2] [toma'βistas] *mf inv* (*operador*) Kameramann, -frau *m, f*

tómbola ['tombola] *f* Tombola *f*

tomillo [to'miʎo] *m* Thymian *m*

tomo ['tomo] *m* **1.** (*volumen*) Band *m;* **de cuatro ~s** vierbändig **2.** (*loc*): **de ~ y lomo** (*fam*) mordsmäßig

ton [ton] (*fam*): **sin ~ ni son** völlig grundlos

tonada [to'naða] *f* **1.** (*canción*) Lied *nt* **2.** (*melodía*) Weise *f,* Melodie *f* **3.** (*Am: tonillo*) Tonfall *m*

tonalidad [tonali'ða^{d}] *f* **1.** (LING) Tonfall *m* **2.** (MÚS) Tonart *f* **3.** (ARTE) Schattierung *f*

tonel [to'nel] *m* **1.** (*barril*) Fass *nt* **2.** (*fam: persona gorda*) Tonne *f*

tonelada [tone'laða] *f* (*peso*) Tonne *f*

tonelaje [tone'laxe] *m* **1.** (*capacidad*) Tonnage *f* **2.** (*peso*) Ladegewicht *nt*

tongo ['toŋgo] *m* (DEP) illegale Absprache *f*

tónica ['tonika] *f* **1.** (MÚS) Grundton *m* **2.** (*bebida*) Tonic(water) *nt* **3.** (*tono general*) Grundstimmung *f*

tónico, -a[1] ['toniko, -a] *adj* **1.** (LING) betont **2.** (MÚS) tonisch; **nota tónica** Grundton *m* **3.** (MED) stärkend

tónico[2] ['toniko] *m* **1.** (MED) Tonikum *nt* **2.** (*para el rostro*) Gesichtswasser *nt;* (*para el cabello*) Haarwasser *nt*

tonificar [tonifi'kar] <c→qu> *vt* stärken

tonillo [to'niʎo] *m* **1.** (*deje*) Tonfall *m* **2.** (*habla monótona*) monotoner Tonfall *m* **3.** (*retintín*) spöttischer Unterton *m*

tono ['tono] *m* **1.** (*altura*) Tonlage *f;* ~ **agudo/grave** hohe/tiefe Tonlage **2.** (*señal*) Ton *m;* ~ **de marcar** (TEL) Freizeichen *nt* **3.** (*intensidad*) Lautstärke *f;* **bajar el** ~ die Lautstärke dämpfen **4.** (*deje, estilo, grado de color*) Ton *m;* **en ~ de reproche** in vorwurfsvollem Ton; **bajar el** ~ seinen Ton mäßigen; **dar el** ~ den Ton angeben; **darse** ~ sich wichtig machen; **estar a ~ con algo** mit etw *dat* harmonieren; **subirse de** ~ sich aufs hohe Ross setzen **5.** (*atmósfera*) Stimmung *f* **6.** (*maneras*): **el buen** ~ der gute Ton; **de buen** ~ höflich; **de mal** ~ unhöflich **7.** (MED) Tonus *m* **8.** (MÚS: *modo*) Tonart *f;* ~ **mayor/menor** Dur-/Molltonart *f*

tontaina [toṇ'tai̯na] *mf* (*fam*) Dummkopf *m*

tontear [toṇte'ar] *vi* **1.** (*bobear*) (herum)albern **2.** (*fam*) flirten

tontera [toṇ'tera] *f* Dummheit *f*

tontería [toṇte'ria] *f* **1.** (*memez*) Dummheit *f* **2.** (*nadería*) Lappalie *f*

tonto, -a ['toṇto, -a] **I.** *adj* dumm; **ser más ~ que Picio** (*fam*) dümmer sein, als die Polizei erlaubt; **hacer algo a tontas y a locas** etw aufs Geratewohl tun; **ponerse** ~ (*fam*) sich *dat* ganz schön was einbilden **II.** *m, f* Dummkopf *m*

topacio [to'paθjo] *m* Topas *m*

topar [to'par] **I.** *vi* **1.** (*chocar*) zusammenstoßen (*con* mit +*dat*), stoßen (*contra/en* gegen +*akk*) **2.** (*hallar*) stoßen (*con* auf +*akk*) **3.** (*consistir*) bestehen (*en* in +*dat*) **4.** (*fam: salir bien*) klappen; **por si topa** für alle Fälle **5.** (*en el juego*) mithalten **II.** *vt* **1.** (*chocar*) stoßen (an +*akk*) **2.** (*hallar: algo*) stoßen (auf +*akk*); (*a alguien*) treffen (*a* +*akk*) **III.** *vr:* ~**se 1.** (*chocar*) zusammenstoßen **2.** (*encontrar*) zufällig treffen (*con* +*akk*)

tope ['tope] **I.** *adj* Höchst- **II.** *m* **1.** (*extremo*) Spitze *f;* **estar hasta el** ~ (*lleno*) überfüllt sein; (*harto*) die Nase voll haben; **estoy a ~ de trabajo** ich stecke bis zum Hals in Arbeit **2.** (*parachoques*) Puffer *m;* (AUTO) Stoßstange *f* **3.** (*para impedir un movimiento*) Anschlag *m;* (*puerta*) Türstopper *m* **4.** (*obstáculo*) Hindernis *nt* **5.** (*riña*) Zusammenstoß *m*

topera [to'pera] *f* Maulwurfbau *m*

topetada [tope'taða] *f* Zusammenstoß *m*

topetar [tope'tar] *vi, vt* (mit den Hörnern) stoßen

topetazo [tope'taθo] *m* Zusammenstoß *m*
topetear [topete'ar] *vi, vt* (mit den Hörnern) stoßen
tópico, -a[1] ['topiko, -a] *adj* **1.** (*trivial*) banal **2.** (*local*) örtlich **3.** (MED) topisch; **de uso ~** zur äußerlichen Anwendung
tópico[2] ['topiko] *m* **1.** (*lugar común*) Gemeinplatz *m* **2.** (*estereotipo*) Klischee *nt* **3.** (MED) Medikament *nt* zur äußerlichen Anwendung
topless ['toβles] *m:* **en ~** oben ohne
topo ['topo] *m* **1.** (*roedor, espía*) Maulwurf *m;* **ser un ~** (*fam*) blind wie ein Maulwurf sein **2.** (*persona torpe*) Tölpel *m*
topografía [topoɣra'fia] *f* Topographie *f*
topónimo [to'ponimo] *m* Ortsname *m*
toposo, -a [to'poso, -a] *adj* (*Ven*) **1.** (*entrometido*) zudringlich **2.** (*pedante*) eingebildet
toque ['toke] *m* **1.** (*roce*) Berührung *f* **2.** (*golpe*) Klopfen *nt;* **dar un ~ en la puerta** an die Tür klopfen **3.** (*sonido*): **~ de atención** Warnsignal *nt;* **~ de campanas** Glockengeläut(e) *nt;* **~ de queda** Ausgangssperre *f;* **~ de tambor** Trommelschlag *m* **4.** (*advertencia*) Hinweis *m* **5.** (*matiz*) Hauch *m* **6.** (*modificación*) kleinere Veränderung *f;* **dar los últimos ~s a algo** etw *dat* den letzten Schliff geben **7.** (*pincelada*) leichter Pinselstrich *m* **8.** (*ensayo*) Prüfen *nt;* **piedra de ~** Probierstein *m* **9.** (*lo principal*) Knackpunkt *m fam* **10.** (*aplicación medicinal*) Betupfen *nt*
toquetear [tokete'ar] *vt* (*fam*) befummeln
toquilla [to'kiʎa] *f* (*pañuelo*) Schultertuch *nt*
torada [to'raða] *f* Stierherde *f*
tórax ['toraˠs] *m inv* Brustkorb *m*
torbellino [torβe'ʎino] *m* Wirbel *m;* **ser un ~** ein richtiger Wirbelwind sein
torcaz [tor'kaθ] *adj:* **paloma ~** Ringeltaube *f*
torcer [tor'θer] *irr como cocer* **I.** *vi* abbiegen; **~ a la izquierda** nach links abbiegen **II.** *vt* **1.** (*encorvar*) biegen **2.** (*dar vueltas, desviar*) (ver)drehen; **~ el cuello a alguien** jdm den Hals umdrehen; **~ las intenciones de alguien** jdn von seinen Vorsätzen abbringen; **~ las manos** die Hände ringen; **~ la vista** schielen **3.** (*referente al gesto*): **~ el gesto** das Gesicht verziehen **III.** *vr:* **~se 1.** (*encorvarse*) sich biegen **2.** (*dislocarse*) sich *dat* zerren; **me he torcido el pie** ich bin mit dem Fuß umgeknickt **3.** (*corromperse*) auf Abwege geraten; (*fracasar*) scheitern **4.** (*agriarse*) sauer werden
torcida [tor'θiða] *f* Docht *m*
torcido, -a [tor'θiðo, -a] *adj* **1.** (*ladeado*) schief **2.** (*encorvado*) krumm **3.** (*artero*) unaufrichtig
tordo, -a[1] ['torðo, -a] **I.** *adj* **1.** (*color*): **yegua torda** Grauschimmelstute *f* **2.** (*torpe*) unbeholfen **II.** *m, f* Grauschimmel *m*
tordo[2] ['torðo] *m* Drossel *f*
torear [tore'ar] **I.** *vi* (*lidiar*) mit Stieren kämpfen **II.** *vt* **1.** (*lidiar*) kämpfen (mit +*dat*) **2.** (*evitar*) geschickt aus dem Wege gehen +*dat* **3.** (*engañar*) etwas vormachen +*dat* **4.** (*tomar el pelo*) hänseln
toreo [to'reo] *m* **1.** (*tauromaquia*) Stierkampfkunst *f* **2.** (*lidia*) Stierkampf *m* **3.** (*burla*) Hänselei *f*
torera [to'rera] *f* Bolero *m*
torero, -a [to'rero, -a] **I.** *adj* (*fam*) Stierkampf-; **valor ~** Mut eines Stierkämpfers **II.** *m, f* Stierkämpfer(in) *m(f);* **saltarse algo a la torera** sich um etw nicht scheren

Torero ist das spanische Wort für Stierkämpfer.
Auch als Ausruf des Beifalls wird **torero** verwendet, dabei wird das Wort mehrere Male wiederholt: **¡Torero, torero, torero...!**

toril [to'ril] *m* Stierzwinger *m*
tormenta [tor'meṇta] *f* **1.** (*temporal, t. fig*) Gewitter *nt* **2.** (*agitación*) Sturm *m;* **una ~ de celos** ein Eifersuchtsanfall
tormento [tor'meṇto] *m* **1.** (*castigo*) Folter *f;* **potro de ~** Folterbank *f;* **dar ~ a alguien** jdn foltern **2.** (*congoja*) Qual *f*
tormentoso, -a [tormeṇ'toso, -a] *adj* stürmisch
torna ['torna] *f* **1.** (*devolución*) Rückgabe *f* **2.** (*regreso*) Rückkehr *f* **3.** (*loc*): **se vuelven las ~s** das Blatt wendet sich
tornadizo, -a [torna'ðiθo, -a] *adj* wetterwendisch
tornado [tor'naðo] *m* Wirbelsturm *m*
tornar [tor'nar] **I.** *vi* zurückkehren; **~ en sí** wieder zu sich *dat* kommen; **~ a hacer algo** etw wieder tun **II.** *vt* **1.** (*devolver*) zurückgeben **2.** (*cambiar*) verwandeln; **~ triste** traurig machen **III.** *vr:* **~se** sich verwandeln; **~se gris** grau werden
tornasol [torna'sol] *m* **1.** (*girasol*) Sonnenblume *f* **2.** (*reflejo*) Schillern *nt* **3.** (QUÍM) Lackmus *nt o m*
tornear [torne'ar] **I.** *vi* **1.** (*dar vueltas*) sich drehen **2.** (*en un torneo*) an einem Turnier teilnehmen **3.** (*cavilar*) seine Gedanken kreisen lassen **II.** *vt* (*metal*) drehen; (*madera*) drechseln
torneo [tor'neo] *m* Turnier *nt*
tornero, -a [tor'nero, -a] *m, f* (*de metal*) Dreher(in) *m(f);* (*de madera*) Drechsler(in)

m(f)

tornillo [tor'niʎo] *m* **1.** (*clavo con rosca*) Schraube *f;* **apretar un** ~ eine Schraube anziehen; **apretar los** ~**s a alguien** (*fig*) jdm die Daumenschrauben anlegen; **te falta un** ~ bei dir ist eine Schraube locker **2.** (*fam: deserción*) Fahnenflucht *f* **3.** (*abrazadera*) Schraubzwinge *f*

torniquete [torni'kete] *m* (*puerta*) Drehkreuz *nt*

torniscón [tornis'kon] *m* (*fam*) **1.** (*bofetón*) Ohrfeige *f* **2.** (*pellizco*) Kneifen *nt*

torno ['torno] *m* **1.** (*máquina*) Drehbank *f;* (*para madera*) Drechslerbank *f;* (*de alfarero*) Drehscheibe *f* **2.** (*cabrestante*) Winde *f* **3.** (*giro*) Runde *f* **4.** (*freno*) Handbremse *f* **5.** (*de un río*) (Fluss)biegung *f* **6.** (*loc*): **en** **a** um herum; **en** ~ **a ese tema** zu diesem Thema

toro ['toro] *m* **1.** (*animal*) Stier *m;* **coger el** ~ **por los cuernos** (*fig*) den Stier bei den Hörnern packen; **¡otro** ~**!** (*fig*) Themawechsel! **2.** *pl* (*toreo*) Stierkampf *m;* **ver los** ~**s desde las barreras** (*fig*) das Geschehen aus sicherer Entfernung verfolgen **3.** (*hombre*) kräftiger Mann *m*

> Spaniens Landstraßen entlang wird man oft einem riesigen **toro** begegnen. Es ist das Markenzeichen einer sehr traditionsreichen Wein- und Sherrykellerei in **Jerez de la Frontera**.

toronja [to'roŋxa] *f* **1.** (*naranja*) Pomeranze *f* **2.** (*pomelo*) Grapefruit *f*

toronjil [toroŋ'xil] *m* (Zitronen)melisse *f*

torpe ['torpe] *adj* **1.** (*pesado*) schwerfällig **2.** (*inhábil*) ungeschickt **3.** (*obsceno*) unzüchtig

torpedear [torpeðe'ar] *vt* torpedieren

torpedo [tor'peðo] *m* Torpedo *m*

torpeza [tor'peθa] *f* **1.** (*pesadez*) Schwerfälligkeit *f* **2.** (*inhabilidad*) Ungeschicklichkeit *f* **3.** (*obscenidad*) Unzüchtigkeit *f* **4.** (*tontería*) Dummheit *f*

torrar [to'rrar] *vt* rösten

torre ['torre] *f* Turm *m;* ~ **de alta tensión** Hochspannungsmast *m;* ~ **de viento** (*fig*) Luftschloss *nt*

torrefacción [torrefaᵞ'θjon] *f* Röstung *f*

torrefacto, **-a** [torre'fakto, -a] *adj* geröstet

torreja [to'rrexa] *f* (*Am:* GASTR) ≈armer Ritter *m*

torrencial [torreṇ'θjal] *adj:* **lluvia** ~ sündflutartiger Regen

torrente [to'rreṇte] *m* **1.** (*corriente*) Sturzbach *m* **2.** (*multitud*) Schwall *m*

torrentoso, **-a** [torreṇ'toso, -a] *adj* (*Am: lluvia*) strömend; (*caudal*) flutartig

torrero, **-a** [to'rrero, -a] *m, f* Turmwächter(in) *m(f);* (*de un faro*) Leuchtturmwärter(in) *m(f)*

torrezno [to'rreθno] *m* gebratene Speckscheibe *f*

tórrido, **-a** ['torriðo, -a] *adj* (*elev*) heiß

torrija [to'rrixa] *f* (GASTR) ≈armer Ritter *m*

torsión [tor'sjon] *f* (*desviación*) Drall *m;* ~ **hacia la izquierda** Linksdrall *m*

torso ['torso] *m* Rumpf *m;* (ARTE) Torso *m*

torta ['torta] *f* **1.** (*pastel*) Kuchen *m;* (*Am*) Torte *f;* **no saber ni** ~ (*fam*) keinen blassen Schimmer haben; **ser** ~**s y pan pintado** (*fam*) halb so schlimm sein **2.** (*fam: bofetada*) Ohrfeige *f;* (*golpe*) Schlag *m;* **darse una** ~ sich stoßen **3.** (*fam: borrachera*) Rausch *m*

tortazo [tor'taθo] *m* (*fam*) **1.** (*bofetada*) Ohrfeige *f* **2.** (*choque*) Stoß *m;* **darse un** ~ sich heftig stoßen

tortilla [tor'tiʎa] *f* (*de huevos*) Omelett(e) *nt;* (*Am: de harina*) Maisfladen *m;* **hacer** ~ **a alguien** jdn zusammenschlagen; **hacer** ~ **algo** etw kurz und klein schlagen; **se ha vuelto la** ~ das Blatt hat sich gewendet

> In Spanien versteht man unter **tortilla** eine Art Omelett; eine **tortilla de patatas** ist ein Omelett mit Kartoffeln und Zwiebeln; **tortillas** gibt es auch mit anderen Zutaten: Spinat, Thunfisch, Spargel usw. In Lateinamerika, speziell in Mexiko, bezeichnet die **tortilla** ein Fladenbrot, das mit Maismehl zubereitet wird. Die **tortilla** ist hier Grundnahrungsmittel.

tortillera [torti'ʎera] *m* (*vulg*) Lesbe *f fam*

tórtola ['tortola] *f* Turteltaube *f*

tórtolo ['tortolo] *m* **1.** (*ave*) Turteltauber(ich) *m* **2.** (*hombre*) Verliebte(r) *m* **3.** *pl* (*enamorados*) Turteltauben *fpl*

tortuga [tor'tuɣa] *f* Schildkröte *f;* **a paso de** ~ im Schneckentempo

tortuoso, **-a** [tortu'oso, -a] *adj* **1.** (*sinuoso*) geschlängelt **2.** (*astuto*) verschlagen

tortura [tor'tura] *f* (*suplicio*) Folter *f;* **sufrir** ~**s** gefoltert werden

torturar [tortu'rar] *vt* foltern

torvo, **-a** ['torβo, -a] *adj* wild; (*mirada*) finster

torzal [tor'θal] *m* Zwirn *m*

tos [tos] *f* Husten *m;* ~ **ferina** Keuchhusten *m*

tosco, **-a** ['tosko, -a] *adj* grob

T

toser [to'ser] *vi* husten; **no hay quien te tosa** niemand kann es mit dir aufnehmen

tostada [tos'taða] *f* Toast *m;* **olerse la ~** (*fam*) den Braten riechen; **pegar una ~ a alguien** (*fam*) jdm eins auswischen

tostadero [tosta'ðero] *m* Rösterei *f*

tostador [tosta'ðor] *m* Toaster *m*

tostar [tos'tar] <o→ue> **I.** *vt* **1.** (*torrar*) rösten; (*pan*) toasten **2.** (*curtir*) bräunen **II.** *vr:* **~se** sich bräunen

tostón [tos'ton] *m* **1.** (*de pan*) Croûton *m* **2.** (*cochinillo*) gebratenes Spanferkel *nt* **3.** (*persona pesada*) Klette *f;* (*molesta*) Nervensäge *f*

total [to'tal] **I.** *adj* total; **importe ~** Gesamtbetrag *m;* **en ~** insgesamt **II.** *m* (MAT) (Gesamt)summe *f* **III.** *adv* also

totalidad [totali'ða^{d}] *f sin pl* Gesamtheit *f;* **en su ~** in vollem Umfang

totalitario, -a [totali'tarjo, -a] *adj* **1.** (*completo*) umfassend **2.** (*dictatorial*) totalitär

totalizar [totali'θar] <z→c> *vt* zusammenzählen

totalmente [total'mente] *adv* völlig

tóxico, -a[1] ['to^{ɣ}siko, -a] *adj* giftig

tóxico[2] ['to^{ɣ}siko] *m* Giftstoff *m*

toxicomanía [to^{ɣ}sikoma'nia] *f sin pl* Rauschgiftsucht *f*

toxicómano, -a [to^{ɣ}si'komano, -a] **I.** *adj* rauschgiftsüchtig **II.** *m, f* Rauschgiftsüchtige(r) *mf*

tozudo, -a [to'θuðo, -a] **I.** *adj* dickköpfig **II.** *m, f* Dickkopf *m*

traba ['traβa] *f* **1.** (*trabamiento*) Verbindung *f* **2.** (*cuerda*) Fessel *f* **3.** (*obstáculo*) Hindernis *nt*

trabajado, -a [traβa'xaðo, -a] *adj* **1.** (*cansado*) erschöpft **2.** (*con esmero*) ausgefeilt

trabajador(a) [traβaxa'ðor(a)] **I.** *adj* fleißig **II.** *m(f)* Arbeiter(in) *m(f)*

trabajar [traβa'xar] **I.** *vi* arbeiten; **~ de vendedora** als Verkäuferin arbeiten; **en edad de ~** im arbeitsfähigen Alter **II.** *vt* **1.** (*tratar*) bearbeiten; (*caballo*) zureiten **2.** (*inquietar*) zu schaffen machen *+dat* **III.** *vr:* **~se** sich bemühen

trabajo [tra'βaxo] *m* Arbeit *f;* **~ en cadena** Fließbandarbeit *f;* **~ a destajo** Akkordarbeit *f;* **~ estacional** Saisonarbeit *f;* **~s forzados** Zwangsarbeit *f;* **con/sin ~** mit Mühe/mühelos; **costar ~** Mühe kosten; **tomarse el ~ de hacer algo** sich *dat* die Mühe machen etw zu tun

trabajoso, -a [traβa'xoso, -a] *adj* mühsam

trabalenguas [traβa'leŋgwas] *m inv* Zungenbrecher *m*

trabar [tra'βar] **I.** *vt* **1.** (*juntar*) verbinden **2.** (*coger*) ergreifen **3.** (*atar*) fesseln **4.** (*impedir*) behindern **5.** (*espesar*) andicken **6.** (*comenzar*) beginnen; (*contactos*) knüpfen **7.** (*embargar bienes*) beschlagnahmen **II.** *vi* greifen **III.** *vr:* **~se** sich verheddern; **~se la lengua** stottern

trabazón [traβa'θon] *f* **1.** (*enlace*) Verbindung *f* **2.** (*el espesar*) Eindickung *f*

trabilla [tra'βiʎa] *f* Schlaufe *f;* (*en la pernera*) Steg *m*

trabucar [traβu'kar] <c→qu> **I.** *vt* durcheinander bringen **II.** *vr:* **~se** (*al hablar*) sich versprechen; (*al escribir*) sich verschreiben

tracción [tra^{ɣ}'θjon] *f* **1.** (*tirar*) Ziehen *nt* **2.** (*accionar*) Antrieb *m;* **~ a cuatro ruedas** Allradantrieb *m;* **~ delantera/trasera** Vorderrad-/Hinterradantrieb *m*

tractor [trak'tor] *m* Traktor *m*

tradición [traði'θjon] *f* Tradition *f*

tradicional [traðiθjo'nal] *adj* traditionell

traducción [traðu^{ɣ}'θjon] *f* Übersetzung *f;* **~ al/del inglés** Übersetzung ins Englische/aus dem Englischen

traducir [traðu'θir] *irr vt* übersetzen

traductor(a) [traðuk'tor(a)] **I.** *adj* Übersetzungs- **II.** *m(f)* Übersetzer(in) *m(f)*

traer [tra'er] *irr* **I.** *vt* **1.** (*llevar: a alguien*) bringen; (*consigo*) bei sich *dat* haben; (*vestido*) anhaben; **tengo una carta para ti – trae** ich habe einen Brief für dich – gib ihn her; **¿has traído la carta?** hast du den Brief mitgebracht?; **lo traigo en la cartera** ich habe es im Geldbeutel **2.** (*ir a por*) holen **3.** (*atraer*) anziehen **4.** (*ocasionar*) mit sich bringen **5.** (*más adjetivo*): **~ convencido** überzeugt sein; **~ preocupado a alguien** jdm Sorgen machen; **~ frito a alguien** (*fam*) jdn den letzten Nerv kosten; **esta mujer me trae perdido** diese Frau macht mich verrückt **6.** (*más sustantivo*): **~ retraso** mit Verspätung kommen; **~ prisa** es eilig haben; **~ hambre** Hunger haben; **traes cara de palo** (*fam*) was ziehst denn du für ein Gesicht! **7.** (*tener pendiente*): **~ un pleito con alguien** gegen jdn prozessieren **8.** (*razones, ejemplos*) anführen **9.** (*más 'a'*): **~ a colación** zur Sprache bringen; **~ a cuento** aufs Tapet bringen; **~ a alguien a razones** jdn zur Vernunft bringen; **~ a la memoria** ins Gedächtnis rufen **10.** (*loc*): **~ a alguien arrastra(n)do** jdn strapazieren; **¿qué te trae por aquí?** was führt dich hierher?; **el jefe me trae de aquí para allí todo el día** der Chef lässt mich keine Minute in Ruhe; **esto me trae sin cuidado** das ist mir egal **II.** *vr:* **~se 1.** (*llevar a cabo*): **~se algo entre manos** etw laufen haben **2.** (*vestirse*): **~se bien** sich gut kleiden **3.** (*loc*): **este examen se las trae** diese Prüfung hat es in sich; **hace un frío que se las trae** es ist bitterkalt

traficante [trafi'kante] *mf* Händler(in) *m(f);* (*de drogas*) Dealer(in) *m(f);* (*de asilados/*

coches) Schlepper(in) *m(f)*
traficar [trafi'kar] <c→qu> *vi* handeln (*en* mit +*dat*); (*con drogas*) dealen (*con/en* mit +*dat*); (*con asilados*) schleppen (*con/en* +*akk*)
tráfico ['trafiko] *m* **1.** (COM) Handel *m;* (*de drogas*) Drogenhandel *m;* (*de asilados/coches*) Schlepperei *f;* ~ **de contrabando** Schmuggel *m;* ~ **de influencias** Vetternwirtschaft *f* **2.** (*de vehículos*) Verkehr *m;* ~ **por carretera** Straßenverkehr *m*
tragaderas [traɣa'ðeras] *fpl* **1.** (*faringe*) Rachen *m;* **tener buenas** ~ (*fam*) ein Vielfraß sein **2.** (*fam: credulidad*): **tener** ~ leichtgläubig sein **3.** (*fam: tolerancia*): **tener buenas/malas** ~ tolerant/intolerant sein
tragaldabas [traɣal'daβas] *mf inv* Vielfraß *m fam*
tragaluz [traɣa'luθ] *m* (*grande*) Dachfenster *nt;* (*pequeño*) Fensterluke *f*
traganíqueles [traɣa'nikeles] *f inv* (*Nic: fam: tragaperras*) Spielautomat *m*
tragaperras [traɣa'perras] *f inv* Münzautomat *m;* (*de juego*) Spielautomat *m*
tragar [tra'ɣar] <g→gu> **I.** *vt, vr:* ~**se** **1.** (*comida, bebida, crítica*) (hinunter)schlucken; (*historia, mentira*) schlucken; **tuve que** ~**me el enfado** ich musste meinen Ärger hinunterschlucken; **ése se lo traga todo** (*fig*) der lässt sich *dat* alles aufbinden **2.** (*devorar, t. fig*) verschlingen; **¡trágame tierra!** ich möchte vor Scham am liebsten im Erdboden versinken! **II.** *vt* **1.** (*soportar*): **no** ~ **a alguien** jdn nicht ausstehen können **2.** (*consumir*) verbrauchen; (*absorber*) absorbieren
tragedia [tra'xeðja] *f* Tragödie *f*
trágico, -a ['traxiko, -a] **I.** *adj* tragisch; **no te pongas** ~ stell dich nicht so an **II.** *m, f* **1.** (TEAT) Tragödiendarsteller(in) *m(f)* **2.** (LIT) Tragödiendichter(in) *m(f)*
trago ['traɣo] *m* **1.** (*de bebida*) Schluck *m;* **a** ~**s** schluckweise; **a** ~**s largos** in langen Zügen; **de un** ~ in einem Zug **2.** (*bebida*) Drink *m;* **tomar un** ~ **de más** (*fam*) einen über den Durst trinken **3.** (*vicio*) Trinken *nt,* Trunksucht *f* **4.** (*experiencia*) bitteres Erlebnis *nt*
tragón, -ona ['traɣon, -ona] *m, f* (*fam*) Vielfraß *m*
traición [trai̯'θjon] *f* Verrat *m;* **matar a** ~ hinterrücks ermorden
traicionar [trai̯θjo'nar] *vt* verraten; (*adulterio*) betrügen; **la memoria me traiciona** mein Gedächtnis lässt mich im Stich
traicionero, -a [trai̯θjo'nero, -a] **I.** *adj* (*persona*) verräterisch; (*acción*) heimtückisch; (*memoria*) trügerisch; (*animal*) tückisch **II.** *m, f* Verräter(in) *m(f)*
traída [tra'iða] *f:* ~ **de aguas** Wasserzufuhr *f*
traidor(a) [trai̯'ðor(a)] **I.** *adj* verräterisch; (*falso*) falsch **II.** *m(f)* Verräter(in) *m(f)*
traigo ['trai̯ɣo] *1. pres de* **traer**
traílla [tra'iʎa] *f* **1.** (*correa*) (Hunde)leine *f* **2.** (*dos perros*) Meute *f* **3.** (AGR) Egge *f*
traje ['traxe] *m* **1.** (*vestidura*) Kleidung *f;* ~ **de baño** Badeanzug *m;* ~ **de luces** Toreroanzug *m* **2.** (*de hombre*) Anzug *m;* ~ **de etiqueta** Galaanzug *m;* ~ **hecho a la medida** Maßanzug *m;* ~ **de confección** Anzug von der Stange **3.** (*de mujer*) Kleid *nt;* ~ **de noche** Abendkleid *nt;* ~ (**de**) **chaqueta** Schneiderkostüm *nt* **4.** (*popular*) Tracht *f* **5.** (*de época*) Kostüm *nt*
trajeado, -a [traxe'aðo, -a] *adj:* **ir bien/mal** ~ gut/schlecht gekleidet sein
trajín [tra'xin] *m* **1.** (*de mercancías*) Transport *m* **2.** (*ajetreo*) geschäftiges Treiben *nt;* **el** ~ **de la ciudad** das Gewühl in der Stadt; **había un gran** ~ es herrschte reger Betrieb
trajinar [traxi'nar] **I.** *vt* befördern **II.** *vi* herumhantieren; **llevo todo el día trajinando** ich war heute sehr beschäftigt
tralla ['traʎa] *f* **1.** (*cuerda*) Peitschenschnur *f* **2.** (*látigo*) Peitsche *f*
trama ['trama] *f* **1.** (*de hilos*) Schuss *m* **2.** (LIT) Handlung *f* **3.** (*intriga*) Intrige *f*
tramar [tra'mar] *vt* **1.** (*traición*) anzetteln; (*intriga, plan*) schmieden; **¿qué estarán tramando?** was führen sie nur im Schilde?; **aquí se está tramando algo** hier ist etwas im Gange **2.** (*tejidos*) (ein)schießen
tramitar [trami'tar] *vt* **1.** (*asunto*) erledigen; (*negocio*) abwickeln; **está tramitando el divorcio** er/sie hat die Scheidung eingereicht **2.** (*expediente*) bearbeiten
trámite ['tramite] *m* **1.** (*diligencias*): ~ **burocrático** Verfahrensweg *m;* **pasar por todos los** ~**s** alle Instanzen durchlaufen **2.** (*formalidad*) Formalität *f;* **el asunto está en** ~ die Angelegenheit wird gerade bearbeitet; **esto es puro** ~ das ist eine reine Routineangelegenheit; **¿has hecho los** ~**s para el pasaporte?** hast du schon deinen Pass beantragt?
tramo ['tramo] *m* **1.** (*de camino*) Abschnitt *m;* (FERRO) Streckenabschnitt *m* **2.** (*de escalera*) Treppenabschnitt *m*
tramoya [tra'moɟa] *f* **1.** (TEAT) Bühnenmaschinerie *f* **2.** (*engaño*) Schwindel *m,* Betrug *m*
trampa ['trampa] *f* **1.** (*para personas, animales*) Falle *f;* **poner una** ~ **a un animal/a alguien** einem Tier/jdm eine Falle stellen; **caer en la** ~ (*animal*) in die Falle gehen; (*persona*) hereinfallen **2.** (*trampilla*) Falltür *f* **3.** (*del mostrador*) (Ladentisch)klappe *f* **4.** (*engaño*) Schwindel *m;* (*en los juegos*) Mogelei *f fam;* **hacer** ~ (*engañar*) schwindeln; (*jugando*) mogeln; (*en*

T

el deporte) tricksen; **sin ~ ni cartón** ohne Tricks; **hecha la ley hecha la ~** (*prov*) jedes Gesetz hat sein Hintertürchen **5.** (*fam: deuda*) Schuld *f*

trampear [trampe'ar] *vi* **1.** (*fam: estafar*) betrügen **2.** (*de penuria*) sich *dat* in der Not zu helfen wissen **3.** (*ir tirando*) sich durchschlagen

trampilla [tram'piʎa] *f* **1.** (*en habitación*) Falltür *f* **2.** (*portezuela*) Klappe *f* **3.** (AUTO) Sonnendach *nt*

trampolín [trampo'lin] *m* (*de piscina*) Sprungbrett *nt;* (*de gimnasia*) Trampolin *nt;* (*de esquí*) (Sprung)schanze *f*

tramposo, -a [tram'poso, -a] **I.** *adj* betrügerisch **II.** *m, f* **1.** (*estafador*) Betrüger(in) *m(f)* **2.** (*en los juegos*) Falschspieler(in) *m(f)*

tranca ['traŋka] *f* **1.** (*palo*) Knüppel *m;* (*de la puerta*) Türriegel *m* **2.** (*fam: borrachera*) Rausch *m* **3.** (*loc*): **a ~s y barrancas** (*fam*) mit Müh und Not

trance ['traṇθe] *m* **1.** (*momento*): **pasar un ~ difícil** Schweres durchmachen **2.** (*hipnótico*) Trance *f* **3.** (*loc*): **estar en ~ de hacer algo** gerade dabei sein etw zu tun; **estar en ~ de muerte** im Sterben liegen; **querer hacer algo a todo ~** etw unbedingt machen wollen

tranco ['traŋko] *m* **1.** (*paso*) großer Schritt *m;* **andar a ~s** mit großen Schritten gehen; **subir una escalera a ~s** eine Treppe hinauffliegen **2.** (*umbral*) Schwelle *f* **3.** (*loc*): **a ~s** hastig

tranqui ['traŋki] *adj* (*fam*): **¡oye, ~!** reg dich wieder ab!

tranquilamente [traŋkila'meṇte] *adv* in Ruhe

tranquilidad [traŋkili'ða^{d}] *f* (*calma, serenidad*) Ruhe *f;* (*de mar*) Stille *f;* (*autocontrol*) Gelassenheit *f;* (*despreocupación*) Unbekümmertheit *f;* **~ de conciencia** Seelenruhe *f;* **con mucha ~** seelenruhig; **trabajar con ~** ungestört arbeiten; **debo decirte para tu ~ que...** ich muss dir zu deiner Beruhigung sagen, dass ...

tranquilizante [traŋkili'θaṇte] *m* Beruhigungsmittel *nt*

tranquilizar [traŋkili'θar] <z→c> **I.** *vt* beruhigen; (*con palabras*) beschwichtigen **II.** *vr:* **~se** sich beruhigen

tranquilla [traŋ'kiʎa] *f* **1.** (*pasador*) Riegel *m* **2.** (*para desorientar*) Fallstrick *m*

tranquillo [traŋ'kiʎo] *m:* **coger le el ~ a algo** bei etw *dat* den Dreh heraushaben

tranquilo, -a [traŋ'kilo, -a] *adj* **1.** (*no agitado*) ruhig; (*mar*) still; **¡déjame ~!** lass mich in Ruhe!; **mientras no te digan nada, tú ~** solange sie nichts zu dir sagen, kannst du ruhig weitermachen **2.** (*persona: serena*) ruhig; (*con autocontrol*) gelassen; (*despreocupada*) unbekümmert; **tú ~, que no pasará nada** sei ruhig unbesorgt, es wird nichts geschehen

transacción [transak'θjon] *f* **1.** (JUR) Vergleich *m;* (POL) Kompromiss *m* **2.** (COM) Geschäft *nt;* (FIN) Transaktion *f*

transandino, -a [transaṇ'dino, -a] *adj* jenseits der Anden

transar [tran'sar] *vi* (*Am: transigir*) Kompromisse eingehen

transatlántico, -a[1] [transað'laṇtiko, -a] *adj* überseeisch; **barco ~** Passagierdampfer *m*

transatlántico[2] [transað'laṇtiko] *m* Passagierdampfer *m*

transbordador [tra^{n}sβorða'ðor] *m* **1.** (NÁUT) Fähre *f* **2.** (AERO) Raumfähre *f*

transbordar [tra^{n}sβor'ðar] **I.** *vt* **1.** (*por río*) übersetzen (*a* auf +*akk*) **2.** (*mercancías*) umladen (*a* in/auf +*akk*); (*en grandes cantidades*) umschlagen; (*entre barcos*) umschiffen **II.** *vi* umsteigen

transcender [tra^{n}sθeṇ'der] <e→ie> *vi v.* **trascender**

transcribir [tra^{n}skri'βir] *irr como escribir vt* **1.** (*copiar*) abschreiben **2.** (*transliterar, t.* MÚS) transkribieren

transcurrir [tra^{n}sku'rrir] *vi* (*el tiempo*) vergehen

transcurso [tra^{n}s'kurso] *m* Verlauf *m;* **en el ~ del día** im Laufe des Tages

transeúnte [transe'uṇte] **I.** *adj* vorübergehend; (*habitante*) nicht ortsansässig **II.** *mf* **1.** (*peatón*) Passant(in) *m(f)* **2.** (*habitante*): **los ~s** die Leute, die nicht ortsansässig sind

transferencia [tra^{n}sfe'reṇθja] *f* **1.** (*traslado*) Verlegung *f* **2.** (FIN) Überweisung *f;* **a través de una ~ de orden permanente** per Dauerauftrag **3.** (*de propiedad*) Übertragung *f*

transferir [tra^{n}sfe'rir] *irr como sentir vt* **1.** (*trasladar*) verlegen (*a* nach +*dat*) **2.** (*posponer*) verlegen **3.** (FIN) überweisen (*a* auf +*akk*, an +*akk*) **4.** (*propiedad, derecho*) übertragen (*a* auf +*akk*)

transfigurar [tra^{n}sfiɣu'rar] *vt* verwandeln

transformación [tra^{n}sforma'θjon] *f* Verwandlung *f;* (*de costumbres*) Veränderung *f*

transformador [tra^{n}sforma'ðor] *m* (ELEC) Transformator *m*

transformar [tra^{n}sfor'mar] *vt* verwandeln; (*costumbres*) verändern; **desde el accidente está transformado** seit dem Unfall ist er wie umgewandelt

tránsfuga ['tra^{n}sfuɣa] *mf* **1.** (MIL) Überläufer(in) *m(f)* **2.** (POL) Abtrünnige(r) *mf*

transfundir [tra^{n}sfuṇ'dir] *vt* (*líquido*) umfüllen

transfusión [tra^{n}sfu'sjon] *f* **1.** (*de líquido*) Umfüllung *f* **2.** (MED) (Blut)transfusion *f*

transgredir [tra^{n}sɣre'ðir] *irr como abolir vt* (*ley*) übertreten; (*orden*) verstoßen (gegen +*akk*)

transgresión [tra^{n}sɣre'sjon] *f* (*ley*) Übertretung *f;* (*orden*) Verstoß *m*

transición [transi'θjon] *f* Übergang *m*

transido, -a [tran'siðo, -a] *adj* (*elev*): ~ **de dolor** von Schmerz geplagt; ~ **de emoción** überwältigt vor Rührung; ~ **de hambre** (völlig) ausgehungert

transigencia [transi'xen̩θja] *f* **1.** (*condescendencia*) Nachgiebigkeit *f* **2.** (*tolerancia*) Toleranz *f* **3.** (POL) Kompromissbereitschaft *f*

transigente [transi'xen̩te] *adj* **1.** (*condescendiente*) nachgiebig **2.** (*tolerante*) tolerant **3.** (POL) kompromissbereit

transigir [transi'xir] <g→j> *vi* **1.** (*ceder*) nachgeben +*dat* **2.** (*tolerar*) dulden (*con* +*akk*) **3.** (POL) einen Kompromiss finden; (JUR) sich vergleichen (*sobre* hinsichtlich +*gen*)

transistor [transis'tor] *m* Transistor *m*

transitable [transi'taβle] *adj* (*en coche*) befahrbar; (*a pie*) begehbar

transitar [transi'tar] *vi* (*en coche*) fahren (*por* auf +*dat*); (*por un túnel*) durchfahren (*por* +*akk*); (*a pie*) entlanggehen (*por* +*akk*); **una calle muy transitada** eine viel befahrene Straße; **nadie transitaba por la calle** es war kein Mensch auf der Straße

transitivo, -a [transi'tiβo, -a] *adj* (LING) transitiv

tránsito ['transito] *m* **1.** (*circulación*) Verkehr *m;* **de mucho** ~ verkehrsreich; **el** ~ **por esta calle es algo complicado** durch diese Straße zu fahren ist ziemlich kompliziert **2.** (*de personas*) Durchreise *f;* (COM) Transit *m*

transitorio, -a [transi'torjo, -a] *adj* **1.** (*temporal*) vorübergehend; (*ley, periodo, disposición*) Übergangs- **2.** (*pasajero*) vergänglich

translúcido, -a [tra^{n}s'luθiðo, -a] *adj* durchscheinend

transmigrar [tra^{n}smi'ɣrar] *vi* **1.** (*personas*) auswandern **2.** (REL) wandern

transmisible [tra^{n}smi'siβle] *adj* übertragbar; (*por herencia*) vererblich

transmisión [tra^{n}smi'sjon] *f* **1.** (*de noticia*) Übermitt(e)lung *f* **2.** (TV, RADIO, INFOR) Übertragung *f* **3.** (*enfermedad*) Übertragung *f* **4.** (TÉC) Übertragung *f;* (*mecanismo*) Transmission *f;* (*propulsión*) Antrieb *m;* (AUTO) Getriebe *nt* **5.** (FÍS) Leitung *f* **6.** (*por herencia*) Vererbung *f*

transmisor(a)[1] [tra^{n}smi'sor(a)] *adj:* **estación** ~**a** Sender *m*

transmisor[2] [tra^{n}mi'sor] *m* (TÉC) Sender *m*

transmitir [tra^{n}smi'tir] *vt* **1.** (*noticia*) übermitteln **2.** (TV, RADIO, TÉC) übertragen **3.** (*enfermedad*) übertragen **4.** (*por herencia*) vererben **5.** (FÍS) leiten

transmutar [tra^{n}smu'tar] *vt* umwandeln

transparencia [tra^{n}spa'ren̩θja] *f* **1.** (*calidad*) Durchsichtigkeit *f* **2.** (*de intención*) Durchschaubarkeit *f* **3.** (FOTO) Dia(positiv) *nt* **4.** (*para un proyector*) Folie *f*

transparentar [tra^{n}sparen̩'tar] **I.** *vt* durchscheinen lassen **II.** *vi, vr:* ~**se** (*ser transparente*) durchsichtig sein **III.** *vr:* ~**se** (*dejarse ver/adivinar*) durchscheinen

transparente [tra^{n}spa'ren̩te] **I.** *adj* **1.** (*material*) durchsichtig **2.** (*intenciones*) durchschaubar **II.** *m* Transparent *nt*

transpiración [tra^{n}spira'θjon] *f* (*persona*) Schweißabsonderung *f*

transpirar [tra^{n}spi'rar] *vi* (*persona*) schwitzen

transponer [tra^{n}spo'ner] *irr como poner* **I.** *vt* (*persona*) umsetzen; (*cosa*) umstellen; (*trasplantar*) umpflanzen **II.** *vr:* ~**se** **1.** (*persona*) sich verstecken **2.** (*sol*) untergehen **3.** (*dormirse*) einschlafen

transportar [tra^{n}spor'tar] **I.** *vt* (*trasladar*) bringen; (*en brazos*) tragen; (*en un vehículo*) befördern; ~ **por barco** verschiffen **II.** *vr:* ~**se** entzückt sein

transporte [tra^{n}s'porte] *m* **1.** (COM) Transport *m;* (*de personas, t.* TÉC) Beförderung *f;* ~ **aéreo/marítimo** Beförderung per Flugzeug/Schiff; ~ **por carretera** Beförderung per LKW; **compañía de** ~**s** Spedition *f* **2.** (*vehículo*): ~**s públicos** öffentliche Verkehrsmittel *ntpl;* **¿qué** ~ **utilizas para ir a la ciudad?** wie fährst du in die Stadt? **3.** *pl* (*conjunto*) Verkehrswesen *nt* **4.** (*exaltación*) Entzückung *f*

transportista [tra^{n}spor'tista] *mf* (*empresa, agente*) Spediteur *m*

transpuesto, -a [tra^{n}s'pwesto, -a] **I.** *pp de* **transponer** **II.** *adj:* **quedarse** ~ einschlafen

transversal [tra^{n}sβer'sal] *adj* (*atravesado, perpendicular*) quer; **calle** ~ Querstraße *f*

transverso, -a [tra^{n}s'βerso, -a] *adj v.* **transversal**

transvestido [tra^{n}sβes'tiðo] *m* Transvestit *m*

tranvía [tram'bia] *m* Straßenbahn *f*

trapa ['trapa] *m o f* **1.** (*de los pies*) Getrampel *nt* **2.** (*vocerío*) Geschrei *nt*

trapacear [trapaθe'ar] *vi* betrügen

trapacería [trapaθe'ria] *f* Betrug *m*

trapacero, -a [trapa'θero, -a] *m, f* Gauner(in) *m(f)*

trapajoso, -a [trapa'xoso, -a] *adj* **1.** (*en el vestir*) schäbig **2.** (*en el hablar*): **tener una lengua trapajosa** nuscheln

trápala[1] ['trapala] *f* **1.** (*de gente*) Geschrei *nt* **2.** (*de caballo*) Getrappel *nt* **3.** (*fam: em-*

buste) Betrug *m*

trápala[2] ['trapala] *m* (*fam*) Geschwätzigkeit *f*

trápala[3] ['trapala] *mf* **1.** (*trapacero*) Gauner(in) *m(f)* **2.** (*parlanchín*) Schwätzer(in) *m(f)*

trapalear [trapale'ar] *vi* **1.** (*caballo*) trappeln **2.** (*hablar*) schwätzen

trapatiesta [trapa'tjesta] *f* (*fam*) **1.** (*riña: verbal*) Krach *m;* (*con puñetazos*) Schlägerei *f* **2.** (*jaleo*) Radau *m*

trapear [trape'ar] *vt* (*Am: limpiar*) wischen

trapecio [tra'peθjo] *m* **1.** (*de circo, t.* MAT) Trapez *nt* **2.** (ANAT) Trapezmuskel *m*

trapecista [trape'θista] *mf* Trapezkünstler(in) *m(f)*

trapichear [trapiʧe'ar] *vi* **1.** (*fam: enredos*) krumme Sachen machen; (*intrigar*) intrigieren; (*con artimañas*) tricksen; ~ **en los negocios** krumme Geschäfte machen **2.** (*comerciar*) Kleinhandel treiben

trapicheo [trapi'ʧeo] *m* (*fam*) **1.** (*enredo*) krumme Sache *f;* (*negocio*) krummes Geschäft *nt* **2.** (*intriga*) Intrige(n) *f(pl);* (*artimaña*) List *f;* **ha habido ~s en las elecciones** bei den Wahlen wurde getrickst

trapío [tra'pio] *m* **1.** (*de mujer*) Anmut *f* **2.** (TAUR) Stattlichkeit *f*

trapisonda [trapi'soṇda] *f* **1.** (*riña, alboroto*) Krach *m* **2.** (*intriga*) Intrige *f*

trapo ['trapo] *m* **1.** (*tela*) Lumpen *m* **2.** (*para limpiar*) Lappen *m;* **pasar el ~ por algo** etw mit einem Tuch abwischen **3.** *pl* (*fam: vestidos*) Klamotten *pl* **4.** (NÁUT) Segel *nt;* **a todo ~** mit vollen Segeln; **el coche iba a todo ~** (*fam*) das Auto hatte einen Affenzahn drauf; **poner la música a todo ~** (*fam*) die Musik auf volle Lautstärke stellen **5.** (TEAT) (Bühnen)vorhang *m* **6.** (*loc, fam*): **poner a alguien como un ~** jdn durch den Schmutz ziehen; **sacar los ~s sucios a relucir** schmutzige Wäsche (vor anderen Leuten) waschen; **soltar el ~** (*reír*) losplatzen; (*llorar*) in Tränen ausbrechen; **estar hecho un ~** fix und fertig sein

tráquea ['trakea] *f* Luftröhre *f*

traquetear [trakete'ar] **I.** *vi* (*chapa, vajilla*) klappern; (*motor, ametralladora*) rattern; (*sillas, carro*) poltern **II.** *vt* schütteln

traqueteo [trake'teo] *m* Krach *m;* (*chapa, vajilla*) Geklapper *nt;* (*ametralladora, motor*) Rattern *nt;* (*de sillas, carro*) Poltern *nt*

traquido [tra'kiðo] *m* (*pistola*) Knall *m;* (*madera*) Knacken *nt*

tras [tras] **I.** *prep* **1.** (*temporal*) nach +*dat* **2.** (*espacial: detrás de*) hinter +*dat;* (*orden*) nach +*dat;* **voy ~ tuyo** (*en la cola*) ich bin nach dir dran; (*en el coche*) ich fahre dir nach; **ir ~ alguien** (*perseguir*) hinter jdm her sein **3.** (*con movimiento*) hinter +*akk;* **ponerse uno ~ otro** sich hintereinander aufstellen **4.** (*además de*) außer +*dat;* ~ **de ser de pésima calidad es caro** es ist nicht nur von miserabler Qualität, sondern dazu auch noch teuer **II.** *m* (*fam*) Hintern *m* **III.** *interj:* **¡~ ~!** klopf, klopf!

trasbordar [trasβor'ðar] *vt, vi v.* **transbordar**

trascendencia [trasθeṇ'deṇθja] *f* (*importancia*) Bedeutung *f;* **no tener ~** unbedeutend sein; **un incidente sin más ~** ein Vorfall ohne schlimmere Folgen

trascendental [trasθeṇdeṇ'tal] *adj* **1.** (*importante*) von großer Bedeutung [*o* Tragweite] **2.** (FILOS) transzendent(al)

trascender [trasθeṇ'der] <e→ie> *vi* **1.** (*hecho, noticia*) durchsickern **2.** (*efecto, consecuencias*) sich auswirken (*a* auf +*akk*) **3.** (*ir más allá*) hinausgehen (*de* über +*akk*) **4.** (*olor*) durchdringen

trascurrir [trasku'rrir] *vi v.* **transcurrir**

trasegar [trase'ɣar] *irr como fregar vt* **1.** (*objetos: desordenar*) durcheinander bringen; (*cambiar*) umstellen **2.** (*líquidos*) umfüllen; (*de garrafa a botella*) abfüllen **3.** (*alcohol*) (viel) trinken

trasera [tra'sera] *f* Rückseite *f*

trasero, -a[1] [tra'sero, -a] *adj* hintere(r, s); **asiento ~** Rücksitz *m;* **luz trasera** Rücklicht *nt;* **parte trasera** Hinterseite *f;* **propulsión trasera** Heckantrieb *m;* **rueda trasera** Hinterrad *nt*

trasero[2] [tra'sero] *m* (*fam*) Hintern *m*

trasferir [trasfe'rir] *irr como sentir vt v.* **transferir**

trasfigurar [trasfiɣu'rar] *vt* verwandeln

trasfondo [tras'foṇdo] *m* Hintergrund *m*

trasiego [tra'sjeɣo] *m* **1.** (*de objetos: desorden*) Durcheinander *nt* **2.** (*cambio*) Umstellung *f* **3.** (*de líquidos*) Umfüllen *nt;* (*a botella*) Abfüllung *f*

traslación [trasla'θjon] *f* **1.** (*de cosas*) Umstellen *nt;* (*de cuerpo*) Überführung *f;* (*de tropa*) Verlegung *f* **2.** (*traducción*) Übersetzung *f* (*a* in +*akk, de* aus +*dat*)

trasladar [trasla'ðar] **I.** *vt* **1.** (*cosas*) umstellen; (*cuerpo*) überführen; (*tropa, tienda*) verlegen; (*prisionero: a otra prisión*) verlegen; (*a otra comisaría*) überstellen **2.** (*funcionario*) versetzen (*a* in +*akk,* nach +*dat*) **3.** (*fecha*) verschieben (*a* auf +*akk*) **4.** (*traducir*) übersetzen (*a* in +*akk*) **5.** (*idea, obra*): ~ **al papel** zu Papier bringen; ~ **a la pantalla** verfilmen **6.** (*orden, medida*) übertragen (*a* auf +*akk*) **7.** (*escrito*) kopieren **II.** *vr:* **~se 1.** (*ir a*) sich begeben; **~se en coche** mit dem Auto fahren **2.** (*mudarse*) umziehen (*a* nach +*dat*)

traslado [tras'laðo] *m* **1.** (*de cosas*) Umstellen *nt;* (*cuerpo*) Überführung *f;* (*tropa*) Verlegung *f;* (*prisionero: de prisión*) Verlegung *f;* (*de comisaría*) Überstellung *f* **2.** (*de funcionario*) Versetzung *f* **3.** (*de fecha*) Verschiebung *f* **4.** (*mudanza*) Umzug *m* **5.** (*copia*) Kopie *f* **6.** (*de orden, medida*) Übertragung *f*

traslucir [traslu'θir] *irr como lucir* **I.** *vt* (*cara*) widerspiegeln; **dejar ~ algo** (*alguien*) etw andeuten **II.** *vr:* **~se** **1.** (*ser translúcido*) lichtdurchlässig sein **2.** (*verse, notarse*) durchschimmern **3.** (*hecho, intención*) durchschaubar sein

trasluz [tras'luθ] *m* Schein *m;* **mirar al ~** gegen das Licht betrachten

trasmano [tras'mano]: **no puedo cogerlo, me pilla a ~** ich komme nicht ran, es ist zu weit weg; **su casa cae tan a ~ que apenas lo visito** sein Haus ist so abgelegen, dass ich ihn kaum besuche

trasmigrar [trasmi'ɣrar] *vi v.* **transmigrar**

trasmitir [trasmi'tir] *vt v.* **transmitir**

trasmutar [trasmu'tar] *vt* umwandeln

trasnochado, -a [trasno'ʧaðo,-a] *adj* **1.** (*comida*) verdorben **2.** (*idea, plan*) überholt **3.** (*persona*) übernächtigt

trasnochador(a) [trasnoʧa'ðor(a)] *m(f)* Nachtschwärmer(in) *m(f)*

trasnochar [trasno'ʧar] **I.** *vi* **1.** (*no dormir*) nicht schlafen gehen; (*ir de juerga*) die ganze Nacht durchmachen; (*trabajando*) die Nacht zum Tage machen **2.** (*acostarse tarde*) spät schlafen gehen **3.** (*pernoctar*) übernachten **II.** *vt* überschlafen

traspapelar [traspape'lar] **I.** *vt* verlegen **II.** *vr:* **~se** verloren gehen

trasparentar(se) [trasparen̪'tar(se)] *vt, vr v.* **transparentar**

traspasar [traspa'sar] *vt* **1.** (*atravesar: arma*) durchbohren; (*rayos*) durchdringen; (*líquido*) durchsickern; (*calle, río*) überqueren **2.** (*pasar a*) übertragen (*a* auf +*akk*); (FIN) überweisen (*a* auf +*akk*) **3.** (*sentidos*): **~ el corazón** das Herz zerreißen **4.** (*límite*) hinausgehen (über +*akk*); (*ley*) überschreiten

traspaso [tras'paso] *m* **1.** (*de arma*) Durchbohrung *f;* (*de rayos*) Durchdringung *f;* (*de líquido*) Durchsickern *nt;* (*de calle, río*) Überquerung *f* **2.** (*de piso, negocio*) Übertragung *f;* (*dinero*) Abstandssumme *f* **3.** (*de límite*) Überschreitung *f*

traspié(s) [tras'pje(s)] *m* (*inv*) Stolpern *nt;* (*fig*) Ausrutscher *m;* **dar un ~** (*tropezar*) stolpern; (*resbalar*) ausgleiten; (*meter la pata*) ins Fettnäpfchen treten; (*en sociedad*) einen Fauxpas begehen

trasplantar [trasplan̪'tar] **I.** *vt* **1.** (*planta*) umpflanzen **2.** (*personas*) umsiedeln **3.** (MED) transplantieren **II.** *vr:* **~se** umsiedeln

trasplante [tras'plan̪te] *m* **1.** (*de plantas*) Umpflanzung *f* **2.** (*de persona*) Umsiedlung *f* **3.** (MED) Transplantation *f*

trasponer(se) [traspo'ner(se)] *irr como poner vt, vr v.* **transponer**

trasportar(se) [traspor'tar(se)] *vt, vr v.* **transportar**

trasquilar [traski'lar] *vt* **1.** (*persona*) stutzen **2.** (*animal*) scheren **3.** (*fam: cosa*) schmälern

trastada [tras'taða] *f* **1.** (*fam: travesura*) Streich *m;* **hacerle una ~ a alguien** jdm einen Streich spielen **2.** (*mala pasada*) übler Streich *m*

trastazo [tras'taθo] *m* (*fam*) heftiger Schlag *m;* **pegarse un ~** sich *dat* den Kopf anschlagen; **pegarse un ~ contra algo** gegen etw knallen

traste ['traste] *m* **1.** (*de guitarra*) Bund *m* **2.** (*Am: trasto*) Gerümpel *nt* **3.** (*loc*): **irse al ~** ins Wasser fallen; **dar al ~ con algo** etw kaputtmachen *fam*

trastear [traste'ar] **I.** *vt:* **~ a alguien** (*fam*) jdn nach seiner Pfeife tanzen lassen **II.** *vi* (*trastos*) umräumen

trastero, -a [tras'tero, -a] *adj:* **cuarto ~** Abstellkammer *f*

trastienda [tras'tjen̪da] *f* **1.** (*de tienda*) Hinterzimmer *nt* **2.** (*fam: astucia*): **tener mucha ~** raffiniert sein

trasto ['trasto] *m* **1.** (*mueble*) Möbelstück *nt;* (*utensilio*) Haushaltsgerät *nt;* **tirarse los ~s por la cabeza** sich in die Haare kriegen **2.** *pl* (*herramientas*) Ausrüstung *f* **3.** *pl* (*para tirar*) Gerümpel *nt* **4.** (*persona*): **mi hijo es un ~** mein Sohn ist ein Tunichtgut; **tratar como un ~** wie ein Stück Dreck behandeln

trastornado, -a [trastor'naðo, -a] *adj* (*confundido*) durcheinander; (*sicológicamente*) verwirrt; (*loco*) verrückt

trastornar [trastor'nar] **I.** *vt* **1.** (*cosa*) durcheinander bringen; (*de arriba abajo*) auf den Kopf stellen **2.** (*orden, plan, ideas*) zunichte machen; (*orden público*) stören **3.** (*sicológicamente*) aus dem Gleichgewicht bringen; (*por amor*) verrückt machen; **la muerte de su marido la trastornó** der Tod ihres Mannes hat sie stark mitgenommen **4.** (*encantar*): **me trastornan los coches** ich bin verrückt nach Autos **II.** *vr:* **~se** den Verstand verlieren

trastorno [tras'torno] *m* **1.** (*desorden*) Durcheinander *nt* **2.** (*del orden público*) Störung *f;* **~s políticos** politische Unruhen; **ocasionar ~s** Unannehmlichkeiten verursachen **3.** (*sicológicamente*) Verwirrung *f* **4.** (MED) Störung *f;* **~s estomacales** Magenbeschwerden *fpl*

trastrabillar [trastaβi'ʎar] *vi* **1.** (*dar tras-*

T

piés) stolpern **2.** (*tambalear*) taumeln **3.** (*tartamudear*) stottern

trastrocar [trastro'kar] <c→qu> *vt* **1.** (*el orden*) durcheinander bringen **2.** (*de sitio*) vertauschen **3.** (*el sentido*) verdrehen **4.** (*el estado*) umwandeln

trasunto [tra'suṇto] *m* **1.** (*escrito*) Kopie *f* **2.** (*imitación*) Abbild *nt;* **ser un ~ de algo** (*reflectar*) etw widerspiegeln

tratable [tra'taβle] *adj* umgänglich

tratado [tra'taðo] *m* **1.** (*t.* POL) Vertrag *m;* **~ de no agresión** Nichtangriffspakt *m;* **~ comercial** Handelsabkommen *nt* **2.** (*científico*) Abhandlung *f* (*de* über +*akk*)

tratamiento [trata'mjeṇto] *m* **1.** (*de asunto, t.* MED, QUÍM) Behandlung *f* **2.** (*elaboración, t.* INFOR) Verarbeitung *f;* **~ de agua potable** Trinkwasseraufbereitung *f* **3.** (*de cortesía*) Anrede *f;* **el ~ de Ud.** das Siezen; **¿qué ~ se le da a un cardenal?** wie spricht man einen Kardinal an?

tratante [tra'taṇte] *mf* Händler(in) *m(f)*

tratar [tra'tar] **I.** *vt* **1.** (*manejar, portarse*) behandeln; **no es una persona fácil de ~** der Umgang mit ihm/ihr ist keineswegs leicht **2.** (MED, QUÍM) behandeln **3.** (*elaborar, t.* INFOR) verarbeiten; (*agua, minerales*) aufbereiten **4.** (*dar tratamiento*) anreden; **~ de tú/usted** duzen/siezen; **~ a alguien de loco** jdn als verrückt bezeichnen **5.** (*tema, asunto*) behandeln **II.** *vi* **1.** (*libro, película*) handeln (*de/sobre* von +*dat*) **2.** (*intentar*) versuchen; **trata de concentrarte** versuche dich zu konzentrieren **3.** (*con alguien*) verkehren **4.** (COM) handeln (*en* mit +*dat*) **III.** *vr:* **~se 1.** (*tener trato*) miteinander verkehren; **no me trato con él** ich habe keinen Kontakt zu ihm **2.** (*ser cuestión de*) sich handeln (*de* um +*akk*); **¿de qué se trata?** worum geht es?; **tratándose de ti…** in deinem Fall …

trato ['trato] *m* **1.** (*manejo, comportamiento*) Behandlung *f;* **malos ~s** Misshandlungen *fpl;* **recibir un buen ~** gut behandelt werden **2.** (*contacto*) Umgang *m;* **~ carnal** Geschlechtsverkehr *m;* **tener ~ de gentes** gut mit Menschen umgehen können; **romper el ~ con alguien** den Kontakt zu jdm abbrechen; **no querer ~s con alguien** mit jdm nichts zu tun haben wollen; **es una señora de un ~ exquisito** sie ist eine Dame mit gepflegten Umgangsformen **3.** (*pacto*) Abmachung *f;* (*negocio*) Geschäft *nt;* **cerrar un ~ con alguien** mit jdm zu einer Einigung kommen; **entrar en ~s con alguien** mit jdm Geschäfte machen; **¡~ hecho!** abgemacht!

trauma ['trau̯ma] *m* Trauma *nt*

traumático, -a [trau̯'matiko, -a] *adj* traumatisch

traumatismo [trau̯ma'tismo] *m* Verletzung *f;* (MED) Trauma *nt*

través [tra'βes] **I.** *m* **1.** (*inclinación*) Neigung *f* **2.** (*contratiempo*) Missgeschick *nt* **3.** (*loc*): **colocar de ~** quer stellen; **dar al ~ con algo** etw zunichte machen; **mirar de ~** schief ansehen **II.** *prep:* **a ~ de** (*de un lugar*) quer über +*akk;* (*de la radio*) über +*akk*

travesaño [traβe'saɲo] *m* **1.** (ARQUIT) Querbalken *m* **2.** (DEP) Querlatte *f* **3.** (*de una escalera*) Sprosse *f*

travesía [traβe'sia] *f* **1.** (*por aire*) Flugreise *f;* (*por mar*) Überfahrt *f* **2.** (*distancia*) Entfernung *f* **3.** (*calle*) Querstraße *f*

travesti [tra'βesti] *mf,* **travestí** [traβes'ti] *mf,* **travestido, -a** [traβes'tiðo, -a] *m, f* Transvestit *m*

travesura [traβe'sura] *f* (*fuerte*) Streich *m*

traviesa [tra'βjesa] *f* **1.** (FERRO) Schwelle *f* **2.** (*de poste*) Querbalken *m*

travieso, -a [tra'βjeso, -a] *adj* **1.** (*de través*) quer; **correr a campo ~** querfeldein laufen **2.** (*niño*) ungezogen **3.** (*adulto*) scharfsinnig

trayecto [tra'ɟekto] *m* (*trecho*) Strecke *f;* (*ruta*) Weg *m*

trayectoria [traɟek'torja] *f* **1.** (*de cuerpo*) (Flug)bahn *f;* **~ de la Luna** Mondbahn *f* **2.** (*profesional*) Werdegang *m*

traza ['traθa] *f* **1.** (*plan, t.* ARQUIT) Plan *m* **2.** (*habilidad*) Geschick *nt;* **tener ~ para escribir** Talent zum Schreiben haben; **tener ~ para hablar** redegewandt sein **3.** (*aspecto*) Aussehen *nt;* **por las ~s** dem Aussehen nach; **lleva todas las ~s de acabar mal** das scheint kein gutes Ende zu nehmen

trazado, -a[1] [tra'θaðo, -a] *adj:* **bien ~** wohlgeformt; **mal ~** missgestaltet

trazado[2] [tra'θaðo] *m* **1.** (*de plan, t.* ARQUIT) Plan *m* **2.** (*recorrido*) Strecke *f;* (FERRO) Trasse *f* **3.** (*dirección*) Verlauf *m*

trazar [tra'θar] <z→c> *vt* **1.** (*líneas*) ziehen; (*esquemáticamente*) skizzieren; (*dibujos*) zeichnen **2.** (*plan, t.* ARQUIT) entwerfen **3.** (*describir*) umreißen

trazo ['traθo] *m* **1.** (*de boli, lápiz*) Strich *m;* **dibujar al ~** skizzieren **2.** (*de escritura*) Schriftzug *m* **3.** (*dibujo*) Skizze *f* **4.** (*de la cara*) Falte *f*

trebejo [tre'βexo] *m* Gerät *nt;* **~s de pesca** Angelausrüstung *f*

trébol ['treβol] *m* **1.** (*planta*) Klee *m;* (*hoja*) Kleeblatt *nt* **2.** (*cartas*) Kreuz *nt*

trece ['treθe] **I.** *adj inv* dreizehn; **seguir en sus ~** dabei bleiben **II.** *m* Dreizehn *f; v. t.* **ocho**

trecho ['treʧo] *m* **1.** (*recorrido*) Strecke *f* **2.** (*trozo*) Stück *nt;* **a ~s…, a ~s…** teils …,

teils …; **a ~s** hier und da; **hacer algo a ~s** etw mit Unterbrechungen tun; **el jersey lo he hecho a ~s** ich habe mal hier, mal dort an dem Pulli gestrickt

tregua ['treɣwa] *f* **1.** (MIL) Waffenstillstand *m* **2.** (*discurso*) (Ruhe)pause *f;* **dar ~s** (*dolor*) kommen und gehen

treinta ['trei̯n̪ta] **I.** *adj inv* dreißig **II.** *m* Dreißig *f; v. t.* **ochenta**

treintavo, -a [trei̯n̪'taβo, -a] *adj* dreißigstel; *v. t.* **ochentavo**

treintena [trei̯n̪'tena] *f* **1.** (*treinta unidades*): **una ~** dreißig Stück; **una ~ de años** dreißig Jahre **2.** (*parte*) Dreißigstel *nt*

tremebundo, -a [treme'βun̪do, -a] *adj* schrecklich

tremendo, -a [tre'men̪do, -a] *adj* **1.** (*temible*) schrecklich **2.** (*enorme*) riesig **3.** (*niño*) ungezogen **4.** (*respetable*) ansehnlich **5.** (*loc*): **querer conseguir algo por la tremenda** etw auf Biegen oder Brechen erreichen wollen; **siempre te tomas las cosas a la tremenda** du nimmst immer alles so schwer

trementina [tremen̪'tina] *f* Terpentin *nt*

tremolar [tremo'lar] *vi* wehen

tremolina [tremo'lina] *f* **1.** (*del viento*) Brausen *nt* **2.** (*bulla*) Lärm *m*

trémulo, -a ['tremulo, -a] *adj* (*elev*) zitternd; (*luz*) flackernd

tren [tren] *m* **1.** (FERRO) Zug *m;* **~ interurbano** Intercity(zug) *m;* **~ de juguete** Spielzeugeisenbahn *f;* **~ rápido** D-Zug *m* **2.** (TÉC): **~ de lavado** Autowaschanlage *f* **3.** (*lujo*): **~ de vida** Lebensstandard *m;* **llevar un gran ~ de vida** auf großem Fuß leben **4.** (*loc*): **imponer un fuerte ~ en la carrera** das Rennen schnell machen; **perder el último ~** (*fig*) den Anschluss verpassen; **estar como un ~** (*fam: persona*) umwerfend sein; **hay sangría como para parar un ~** es gibt jede Menge Sangria

trena ['trena] *f* (*fam*) Knast *m*

trenca ['treŋka] *f* (*abrigo*) Anorak *m*

trenza ['tren̪θa] *f* **1.** (*de pelo*) Zopf *m* **2.** (*de cintas*) Flechte *f*

trenzar [tren̪'θar] <z→c> *vt* flechten

trepa ['trepa] *f* (*astucia*) Trick *m*

trepador(a) [trepa'ðor(a)] **I.** *adj:* **planta ~a** Kletterpflanze *f* **II.** *m(f)* (*arribista*) Emporkömmling *m*

trepar [tre'par] **I.** *vi, vt* **1.** (*al árbol*) (hinauf)klettern (*a* auf +*akk*) **2.** (*planta*) hochklettern **II.** *vt* durchbohren

trepidar [trepi'ðar] *vi* **1.** (*temblar*) beben **2.** (*Am: vacilar*) zögern

tres [tres] **I.** *adj inv* drei; **esta traducción no me sale ni a la de ~** das kann ich im Leben nie übersetzen; **esto es así como ~ y dos son cinco** das ist so sicher wie das Amen in der Kirche **II.** *m inv* Drei *f; v. t.* **ocho**

trescientos, -as [tres'θjen̪tos, -as] *adj* dreihundert; *v. t.* **ochocientos**

tresillo [tre'siʎo] *m* (*mueble*) Couchgarnitur *f*

treta ['treta] *f* Trick *m*

Tréveris ['treβeris] *m* Trier *nt*

tría ['tria] *f* Auswahl *f*

triangular [triaŋgu'lar] *adj* dreieckig

triángulo [tri'aŋɣulo] *m* **1.** (*figura*) Dreieck *nt* **2.** (MÚS) Triangel *m* **3.** (*sentimental*) Dreiecksbeziehung *f*

triar [tri'ar] <*1. pres:* trío> *vt* (aus)wählen

tribu ['triβu] *f* Stamm *m*

tribulación [triβula'θjon] *f* **1.** (*pena*) Kummer *m* **2.** (*sufrimiento*) Leiden *nt* **3.** (*adversidad*) Widrigkeit *f*

tribuna [tri'βuna] *f* **1.** (*en parlamento*) Rednerpult *nt* **2.** (*en desfile/estadio*) Tribüne *f* **3.** (JUR): **~ de jurados** Geschworenenbank *f*

tribunal [triβu'nal] *m* **1.** (JUR) Gericht *nt;* **T~ de Cuentas** Rechnungshof *m;* **T~ de Justicia Europeo** Europäischer Gerichtshof; **llevar a los ~es** verklagen **2.** (*comisión*): **~ examinador** Prüfungsausschuss *m*

tributación [triβuta'θjon] *f* **1.** (*acción*) Besteuerung *f* **2.** (*tributo*) Steuer *f;* **~ por utilidades** Einkommenssteuer *f* **3.** (*sistema*) Steuersystem *nt*

tributar [triβu'tar] *vt* **1.** (*impuestos*) zahlen **2.** (*honor*) erweisen; (*respeto*) zollen; **~ un homenaje a alguien** jdm huldigen

tributario, -a [triβu'tarjo, -a] *adj* Steuer-; (*imponible*) besteuerbar; **agencia tributaria** Finanzamt *nt*

tributo [tri'βuto] *m* **1.** (*impuesto*) Steuer *f* **2.** (*homenaje*) Tribut *m;* **pagar ~** Tribut zollen

triciclo [tri'θiklo] *m* Dreirad *nt*

tricolor [triko'lor] *adj* dreifarbig

tricota [tri'kota] *f* (*Am: chaqueta*) Strickjacke *f*

tricotar [triko'tar] *vt* stricken

tridimensional [triðimensjo'nal] *adj* dreidimensional

trienal [trie'nal] *adj* **1.** (*duración*) dreijährig **2.** (*cada 3 años*) dreijährlich

trifulca [tri'fulka] *f* (*fam*) Streit *m*

trigal [tri'ɣal] *m* Weizenfeld *nt*

trigo ['triɣo] *m* (BOT) **1.** (*planta*) Weizen *m* **2.** (*grano*) Weizenkorn *nt;* **no ser ~ limpio** (*fig*) nicht ganz einwandfrei sein

trigueño, -a [tri'ɣeɲo, -a] **I.** *adj* bräunlich; (*pelo*) dunkelblond; (*piel*) goldbraun; (*Am: persona*) farbig **II.** *m, f* (*Am*) Farbige(r) *mf*

trilingüe [tri'liŋgwe] *adj* dreisprachig

trilla ['triʎa] *f* **1.** (*acción*) Dreschen *nt* **2.** (*época*) Dreschzeit *f* **3.** (*Am: argot: paliza*) Tracht *f* Prügel **4.** (*trillo*) Dreschmaschine *f*

trillado, -a [tri'ʎaðo, -a] *adj* (*fam: asunto*) abgedroschen

trilladora [triʎa'ðora] *f* (AGR) Dreschmaschine *f*

trillar [tri'ʎar] *vt* **1.** (*grano*) dreschen **2.** (*usar*) abnutzen **3.** (*Am: argot: golpear*) verdreschen

trillón [tri'ʎon] *m* Trillion *f*

trimestral [trimes'tral] *adj* **1.** (*duración*) dreimonatig **2.** (*cada tres meses*) vierteljährlich

trimestre [tri'mestre] *m* **1.** (*período*) Vierteljahr *nt* **2.** (*paga*) Vierteljahreszahlung *f;* (*alquiler*) Vierteljahresmiete *f*

trinar [tri'nar] *vi* **1.** (*persona*) trillern; (*pájaro*) zwitschern **2.** (*fam: rabiar*): **está que trina** er/sie ist auf 180

trincar [triŋ'kar] <c→qu> **I.** *vt* **1.** (*con cuerdas*) festbinden **2.** (*detener*) festnehmen **3.** (*romper*) zerbrechen; (*papel*) zerreißen **4.** (*argot: robar*) klauen **5.** (*argot: matar*) umbringen **6.** (*Am: apretar*) quetschen **II.** *vr:* **~se** (*argot: emborracharse*) sich voll laufen lassen

trinchar [trin'ʧar] *vt* transchieren

trinchera [trin'ʧera] *f* **1.** (MIL) Schützengraben *m;* **guerra de ~s** Stellungskrieg *m* **2.** (*gabardina*) Trenchcoat *m*

trineo [tri'neo] *m* Schlitten *m*

trinidad [trini'ða^{ð}] *f* Dreifaltigkeit *f*

trinquete [triŋ'kete] *m* **1.** (TÉC) Sperrmechanismus *m* **2.** (*mástil*) Fockmast *m*

trío ['trio] *m* Trio *nt*

tripa ['tripa] *f* **1.** (*intestino*) Darm *m* **2.** *pl* (*vísceras*) Eingeweide *ntpl;* (*comestibles*) Innereien *fpl;* **echar las ~s** (*fam: vomitar*) sich übergeben; **hacer de ~s corazón** (*fam*) Mut fassen; **¿qué ~ se te ha roto?** (*fam*) was ist denn jetzt schon wieder?; **me suenan las ~s** mir knurrt der Magen; **quitarle las ~s a un pez** einen Fisch ausnehmen; **se me revuelven las ~s** mir dreht sich der Magen um; **¡te voy a sacar las ~s!** (*fam*) ich drehe dir den Hals um!; **tener malas ~s** (*fam*) grausam sein **3.** (*vientre*) Bauch *m;* **echar ~** (*fam*) einen Bauch bekommen; **llenar(se) la ~** (*fam*) sich *dat* den Bauch voll schlagen; **estar con ~** (*embarazada*) schwanger sein; **dejar con ~** (*argot*) schwängern **4.** *pl* (*interior*) Innere(s) *nt;* (*de fruta*) Herz *nt*

triple ['triple] **I.** *adj* dreifach; (*de tres capas*) dreilagig **II.** *m* (*cantidad*) Dreifache(s) *nt;* **ser el ~ de grande** dreimal so groß sein

triplicado, -a [tripli'kaðo, -a] *adj* verdreifacht; **por ~** (*acta*) in dreifacher Ausfertigung

triplicar [tripli'kar] <c→qu> **I.** *vt* verdreifachen **II.** *vr:* **~se** sich verdreifachen

trípode ['tripoðe] *m* (FOTO) Stativ *nt*

tripudo, -a [tri'puðo, -a] **I.** *adj* (*fam*) dickbäuchig **II.** *m, f* Dickbauch *m*

tripulación [tripula'θjon] *f* (*avión, barco*) Crew *f*

tripular [tripu'lar] *vt* **1.** (*proveer de tripulación*) bemannen **2.** (*conducir: coche*) lenken; (*avión, barco*) steuern

triquiñuela [triki'ɲwela] *f* Trick *m*

triquitraque [triki'trake] *m* **1.** (*ruido*) Geklirre *nt* **2.** (*tira*) Platzpatronenstreifen *m*

tris [tris] *m inv* Knall *m;* **en un ~** im Handumdrehen; **estar en un ~ de hacer algo** drauf und dran sein etw zu tun; **por un ~** um ein Haar

triscar [tris'kar] <c→qu> **I.** *vi* **1.** (*patalear*) stampfen **2.** (*jugar*) herumtollen; (*travesuras*) Streiche spielen **II.** *vt* **1.** (*mezclar*) vermengen **2.** (*confundir*) durcheinander bringen **3.** (*AmC: mofar*) Witze reißen (*a* über +*akk*)

triste ['triste] *adj* traurig; (*mustio, pálido*) trist; (*descolorido*) fade; (*paisaje*) öde; (*flor*) welk; **un ~ sueldo** ein jämmerliches Einkommen; **aún no he comido ni un ~ bocadillo** ich habe noch nicht mal ein einfaches Brötchen gegessen; **aún no he ganado ni una ~ peseta** ich habe noch nicht eine müde Pesete verdient; **es ~ que no podamos ir** es ist schade, dass wir nicht hingehen können

tristeza [tris'teθa] *f* Traurigkeit *f*

tristón, -ona [tris'ton, -ona] *adj* bedrückt

tristura [tris'tura] *f* (*Am*) Traurigkeit *f*

tritón [tri'ton] *m* Molch *m*

trituradora [tritura'ðora] *f* (TÉC) Brecher *m;* (*de la cocina*) Reibemühle *f;* **~ de carne** Fleischwolf *m;* **~ de forraje** Häckselmaschine *f;* **~ de papel** Reißwolf *m*

triturar [tritu'rar] *vt* **1.** (*desmenuzar*) zerkleinern; (*moler*) zermahlen; (*al masticar*) zerkauen **2.** (*maltratar*) zermalmen; (*destruir*) vernichten **3.** (*criticar*) durch die Mangel drehen

triunfal [trjuɱ'fal] *adj* triumphal; **canto ~** Siegeslied *nt*

triunfar [trjuɱ'far] *vi* **1.** (*en general*) siegen (*de/sobre* über +*akk*); (*tener éxito*) Erfolg haben **2.** (*exultar*) jubeln (*de* über +*akk*) **3.** (*naipes*) Trumpf sein; (*jugar un triunfo*) trumpfen; **triunfan corazones** Herz ist Trumpf

triunfo ['trjuɱfo] *m* **1.** (*victoria*) Sieg *m;* (*éxito*) Erfolg *m;* **arco del ~** Triumphbogen *m;* **costar un ~** viel Mühe kosten **2.** (*naipe*) Trumpf *m*

trivial [tri'βjal] *adj* trivial

trivialidad [triβjali'ða^{ð}] *f* **1.** (*cualidad*) Trivialität *f* **2.** (*dicho*) Plattitüde *f*

trivializar [triβjali'θar] <z→c> *vt* **1.** (*restar importancia*) herunterspielen **2.** (*simplifi-

car) zu stark vereinfachen

triza ['triθa] *f* Stück *nt;* **estar hecho ~s** fix und fertig sein; **hacer ~s** in Stücke schlagen; (*papel*) zerreißen; (*película*) verreißen; **hacerse ~s** völlig kaputtgehen; (*jarrón*) in tausend Stücke zerbrechen; **hacer ~s a alguien** jdn fertig machen

trocar [tro'kar] *irr como volcar* **I.** *vt* **1.** (*cambiar*) tauschen (*por* gegen +*akk*); (*palabras*) austauschen **2.** (*dinero*) wechseln (*en* in +*akk*) **3.** (*confundir*) verwechseln **4.** (*vomitar*) sich übergeben **5.** (*CSur: vender*) verkaufen **II.** *vr:* **~se** (*cambiar*) sich verändern; (*transformarse*) sich verwandeln

trocear [troθe'ar] *vt* zerstückeln

trocha ['troʧa] *f* **1.** (*senda*) Pfad *m;* (*atajo*) Abkürzung *f* **2.** (*Am:* FERRO) Spurweite *f*

trochemoche [troʧe'moʧe]: **a ~** (*sin orden*) völlig durcheinander; (*desparramado*) kreuz und quer

trofeo [tro'feo] *m* **1.** (*señal*) Trophäe *f;* **~ de guerra** Kriegsbeute *f* **2.** (*victoria*) Sieg *m;* (*éxito*) Erfolg *m*

trola ['trola] *f* (*fam: mentira*) Lüge *f*

trole ['trole] *m* (ELEC) Stromabnehmer *m*

trolebús [trole'βus] *m* Trolleybus *m*

tromba ['tromba] *f* (METEO): **~ (de agua)** Wasserhose *f;* **~ (terrestre)** Wirbelwind *m;* **en ~** heftig

trombón [trom'bon] *m* (MÚS) **1.** (*instrumento*) Posaune *f* **2.** (*músico*) Posaunist(in) *m(f)*

trombosis [trom'bosis] *f inv* Thrombose *f*

trompa¹ ['trompa] *f* **1.** (ZOOL: *elefante*) Rüssel *m;* (*insectos*) Saugrüssel *m;* **~ de Falopio** Eileiter *m* **2.** (*fam: nariz*) Zinken *m* **3.** (*Am: fam: labios*) (volle) Lippen *fpl;* **¡cierra la ~!** halt den Schnabel! **4.** (MÚS: *instrumento*) Horn *nt* **5.** (*peonza*) Brummkreisel *m* **6.** (METEO) *v.* **tromba** **7.** (*fam: borrachera*) Rausch *m;* **coger una ~** sich *dat* einen hinter die Binde kippen; **estar ~** einen in der Kanne haben

trompa² ['trompa] *mf* **1.** (*músico*) Hornist(in) *m(f)* **2.** (*CSur: fam: patrón*) Boss *m*

trompada [trom'paða] *f,* **trompazo** [trom'paθo] *m* (*porrazo*) (heftiger) Schlag *m;* (*choque*) Zusammenstoß *m;* (*puñetazo*) Fausthieb *m*

trompear [trompe'ar] **I.** *vt* (*Am: fam*) schlagen **II.** *vr:* **~se** (*fam*) **1.** (*emborracharse*) sich betrinken **2.** (*Am: pelearse*) sich prügeln

trompeta¹ [trom'peta] *mf* (*músico*) Trompeter(in) *m(f)*

trompeta² [trom'peta] *f* (*instrumento*) Trompete *f*

trompicar [trompi'kar] <c→qu> *vi* straucheln

trompicón [trompi'kon] *m* **1.** (*tropezón*) Straucheln *nt;* **a trompicones** stoßweise **2.** (*AmC: puñetazo*) Fausthieb *m*

trompo ['trompo] *m* Brummkreisel *m;* **ponerse como un ~** (*fam: comiendo*) sich *dat* den Bauch voll schlagen; (*bebiendo*) sich voll laufen lassen

tronada [tro'naða] *f* Gewitter *nt*

tronado, -a [tro'naðo, -a] *adj* **1.** (*desgastado*) alt **2.** (*fam: loc*): **estar ~** (*loco*) nicht ganz richtig ticken; (*arruinado*) abgebrannt sein; (*Am: drogado*) high sein

tronar [tro'nar] <o→ue> **I.** *vimpers* (METEO) donnern **II.** *vi* **1.** (*ruido*) donnern; (*gritar*) brüllen **2.** (*oponerse*) wettern **III.** *vt* (*Méx: fusilar*) erschießen

troncha ['tronʧa] *f* (*Arg, Chil, Perú: lonja*) Scheibe *f*

tronchar [tron'ʧar] **I.** *vt* **1.** (*tronco*) entwurzeln; (*rama*) abbrechen **2.** (*vida*) beenden; (*esperanzas*) zerschlagen **II.** *vr:* **~se** zerbrechen; **~se de risa** (*fam*) sich totlachen

troncho ['tronʧo] *m* **1.** (BOT) Stiel *m;* (*de hortaliza*) Strunk *m* **2.** (*CSur: trozo*) Stück *nt*

tronco ['troŋko] *m* **1.** (*árbol*) Stamm *m;* (*flor*) Stiel *m;* (*hortaliza*) Strunk *m;* (*de un árbol talado*) Stumpf *m;* (*leño*) Scheit *nt;* **dormir como un ~** wie ein Stein schlafen **2.** (*cuerpo*) Rumpf *m* **3.** (*de familia*) Abstammung *f* **4.** (*amigo*) Kumpel *m* **5.** (*conducto*) Ast *m*

tronera¹ [tro'nera] *f* **1.** (*ventana*) Luke *f;* (*en el tejado*) Dachluke *f* **2.** (MIL) (Schieß)scharte *f* **3.** (*billar*) Loch *nt* **4.** (*Méx: chimenea*) Kamin *m*

tronera² [tro'nera] *mf* (*tarambana*) Windhund *m*

trono ['trono] *m* (*asiento*) Thron *m;* **subir al ~** den Thron besteigen; **sucesor al ~** Thronfolger *m*

tropa ['tropa] *f* **1.** (*multitud*) Schar *f;* (*pey: grupo*) Meute *f;* **en ~** scharenweise **2.** (MIL) Truppe *f*

tropel [tro'pel] *m* **1.** (*mucha gente*) Getümmel *nt;* **en ~** scharenweise **2.** (*prisa*) Hast *f* **3.** (*desorden*) Wirrwarr *m*

tropelía [trope'lia] *f* **1.** (*prisa*) Hast *f* **2.** (*abuso de autoridad*) Amtsmissbrauch *m;* (*acto violento*) Gewalttat *f*

tropezar [trope'θar] *irr como empezar* **I.** *vi* **1.** (*con los pies*) stolpern (*en/contra* über +*akk*) **2.** (*reñir*) aneinander geraten **3.** (*cometer un error*) stolpern (*en/contra* über +*akk*); (*moralmente*) einen Fehltritt begehen **4.** (*topar*) stoßen (*con* auf +*akk*) **II.** *vr:* **~se** (*encontrarse*) stoßen (*con* auf +*akk*)

tropezón [trope'θon] *m* **1.** (*acción*) Stolpern *nt;* **dar un ~** stolpern; **a tropezones** stoßweise; (*fig*) mit Ach und Krach **2.** (*error*) Fehltritt *m;* (*moralmente*) Ausrutscher *m* **3.** (*persona*) Tollpatsch *m* **4.** (*en*

sopas, legumbres) Fleischeinlage *f*
tropical [tropi'kal] *adj* (GEO) tropisch; **clima ~** Tropenklima *nt*
trópico ['tropiko] *m:* **~s** (GEO) Tropen *pl;* **~ de Cáncer** Wendekreis des Krebses; **pasar los ~s** (*AmC: fig*) schwere Zeiten durchmachen
tropiezo [tro'pjeθo] *m* **1.** (*en el camino*) Hindernis *nt;* **dar un ~** stolpern **2.** (*error*) Fehltritt *m;* (*moralmente*) Ausrutscher *m* **3.** (*desgracia*) Unglück *nt;* (*en el amor*) Enttäuschung *f* **4.** (*discusión*) Meinungsverschiedenheit *f*
troquel [tro'kel] *m* Stempel *m*
trotamundos [trota'mun̩dos] *mf inv* Globetrotter *m*
trotar [tro'tar] *vi* **1.** (*caballos*) traben; (*jinete*) Trab reiten **2.** (*con prisas*) auf Trab sein
trote ['trote] *m* **1.** (*caballos*) Trab *m;* **ir al ~** traben **2.** (*con prisa*) Hin und Her *nt;* **a(l) ~** schnell **3.** (*ropa*): **para todo ~** zum Alltagsgebrauch; **ser de mucho ~** sehr strapazierfähig sein **4.** (*loc*): **meterse en malos ~s** sich in dunkle Angelegenheiten verwickeln; **es demasiado viejo, ya no está para estos ~s** (*prisas*) er ist schon zu alt, er kann nicht mehr so schnell; (*emociones*) er ist schon zu alt, er darf sich nicht so sehr aufregen
trova ['troβa] *f* (*verso*) Vers *m;* (*poema*) Gedicht *nt;* (*canción*) Minne(ge)sang *m*
trovador [troβa'ðor] *m* Minnesänger *m*
trozo ['troθo] *m* Stück *nt;* **a ~s** in Stücken
trucaje [tru'kaxe] *m* **1.** (*con trampa*) Trickserei *f* **2.** (CINE: *método*) Trickfilm *m;* (FOTO) Fotomontage *f*
trucha ['trutʃa] *f* **1.** (ZOOL: *pez*) Forelle *f;* **~ de río** Bachforelle *f* **2.** (*AmC:* COM: *caseta*) Stand *m*
truco ['truko] *m* **1.** (*trampa*) Trick *m;* **esto tiene ~** da ist ein Trick dabei; **ése tiene muchos ~s** der hat viele Tricks auf Lager; **coger el ~** den Dreh heraushaben; **el ~ del almendruco** (*fam*) Trick 17 **2.** *pl* (*billar*) (Pool)billard *nt*
truculento, -a [truku'len̩to, -a] *adj* **1.** (*cruel*) grausam **2.** (*terrible*) schrecklich
trueno ['trweno] *m* **1.** (*ruido*) Donner *m* **2.** (*fam: juerguista*) Nachtschwärmer *m;* (*alborotador*) Unruhestifter *m;* **ir de ~** einen draufmachen **3.** (*And: argot: pistola*) Schießeisen *nt*
trueque ['trweke] *m* Austausch *m;* (COM: *sin dinero*) Tauschhandel *m;* **a ~ de** im Tausch gegen +*akk*
trufa ['trufa] *f* **1.** (*dulce, t.* BOT: *hongo*) Trüffel *m* **2.** (*mentira*) Lüge *f;* (*embuste*) Betrug *m;* (*fanfarronada*) Aufschneiderei *f*
trufar [tru'far] **I.** *vi* (*mentir*) schwindeln; (*engañar*) betrügen; (*fanfarronear*) aufschneiden **II.** *vt* (*rellenar*) mit Trüffeln füllen
truhán [tru'an] *m* (*estafador*) Gauner *m;* (*charlatán*) Scharlatan *m*
truncado, -a [truŋ'kaðo, -a] *adj* (*incompleto*) unvollständig
truncar [truŋ'kar] <c→qu> *vt* **1.** (*cortar*) wegschneiden; (*la cabeza*) enthaupten; (*una extremidad*) verstümmeln **2.** (*texto*) verkürzen; (*significado*) verstümmeln; (*cita*) entstellen **3.** (*desarrollo*) stoppen; (*esperanzas, ilusiones*) zunichte machen
trusa ['trusa] *f* (*Méx, Perú: bragas*) Schlüpfer *m*
tu [tu] *adj pos* dein(e); **~ padre/blusa/libro** dein Vater/deine Bluse/dein Buch; **~s hermanos/hermanas** deine Brüder/Schwestern
tú [tu] *pron pers 2. sg* du; **yo que ~** ich an deiner Stelle; **tratar de ~** duzen
tuba ['tuβa] *f* Tuba *f*
tubérculo [tu'βerkulo] *m* **1.** (BOT) Knolle *f* **2.** (*bulto, t.* MED) Knoten *m*
tuberculosis [tuβerku'losis] *f inv* Tuberkulose *f*
tubería [tuβe'ria] *f* **1.** (*tubo*) Rohr *nt* **2.** (*conjunto*) Rohre *ntpl*
Tubinga [tu'βiŋga] *f* Tübingen *nt*
tubo ['tuβo] *m* **1.** (*para fluidos/gases*) Rohr *nt;* **~ de chimenea** Ofenrohr *nt;* **~ digestivo** Verdauungstrakt *m;* **~ de ensayo** Reagenzglas *nt;* **~ de escape** (AUTO) Auspuff *m;* **~ de respiración** Luftröhre *f;* **tienes que pasar por el ~** (*fig*) da musst du durch **2.** (RADIO, TV) Röhre *f* **3.** (*recipiente*) Tube *f* **4.** (*Am:* TEL: *auricular*) Hörer *m* **5.** (*argot: metro*) U-Bahn *f*
tucán [tu'kan] *m* Tukan *m*
tuerca ['twerka] *f* (Schrauben)mutter *f;* **~ mariposa** Flügelmutter *f*
tuerto, -a ['twerto, -a] **I.** *adj* **1.** (*de sólo un ojo*) einäugig **2.** (*torcido*) krumm **II.** *m, f* Einäugige(r) *mf*
tuétano ['twetano, -a] *m* **1.** (*médula*) (Knochen)mark *nt* **2.** (*corazón, esencia*) Innere(s) *nt,* Innerste(s) *nt;* **hasta los ~s** durch und durch; **enamorado hasta los ~s** bis über beide Ohren verliebt; **llegar al ~ de un asunto** einer Sache auf den Grund gehen
tufarada [tufa'raða] *f* Gestank *m;* **¡qué ~ a cerveza echaba!** der/die hatte aber eine Bierfahne!
tufo ['tufo] *m* **1.** (*vapor*) Dampf *m* **2.** (*olor malo*) Gestank *m;* (*de cuerpo*) Körpergeruch *m;* (*halitosis*) Mundgeruch *m;* (*a alcohol*) Fahne *f* **3.** (*rizo*) Locke *f* **4.** *pl* (*vanidad*) Hochmut *m*
tugurio [tu'ɣurjo] *m* **1.** (*chabola*) Barracke *f;* (*cuartucho*) Loch *nt* **2.** *pl* (*barrio*) Slumviertel *nt*

tul [tul] *m* Tüll *m*
tulipa [tu'lipa] *f* Lampenschirm *m*
tulipán [tuli'pan] *m* Tulpe *f*
tullido, -a [tu'ʎiðo, -a] **I.** *adj* (*persona*) gelähmt; (*pey*) verkrüppelt; (*brazo*) lahm **II.** *m, f* Gelähmte(r) *mf*
tullir [tu'ʎir] <*3. pret:* tulló> *vt* **1.** (*maltratar*) misshandeln **2.** (*herir*) verletzen; (*lisiar*) zum Krüppel machen; **te voy a ~ a palos** ich schlage dich windelweich **3.** (*paralizar*) lähmen **4.** (*agotar*) ermüden
tumba ['tumba] *f* **1.** (*sepulcro*) Grab *nt;* **ser (como) una ~** (*callado*) schweigsam wie ein Grab sein; **llevar a alguien a la ~** jdn ins Grab bringen; **hablar a ~ abierta** offen reden; **lanzarse a ~ abierta en algo** sich Hals über Kopf in etw stürzen; **tu abuelo se revolvería en su ~** dein Großvater würde sich im Grabe umdrehen **2.** (*voltereta*) Purzelbaum *m* **3.** (*Am: tala*) Abholzung *f;* (*claro*) Lichtung *f*
tumbar [tum'bar] **I.** *vt* **1.** (*tirar*) niederwerfen; (*pegando*) niederschlagen; (*fam: matar*) umnieten; **estar tumbado** liegen **2.** (ENS: *fam: suspender*) durchrasseln lassen **3.** (*fam: perturbar, impresionar*) umhauen **4.** (*Am: árboles*) abholzen; (*tierra*) roden **5.** (*vulg: copular*) flachlegen *fam* **II.** *vr:* **~se 1.** (*acostarse*) sich hinlegen; **~se en la cama** sich auf das Bett legen **2.** (*desistir*) aufgeben **3.** (*fam: en el trabajo*) sich *dat* einen faulen Lenz machen
tumbo ['tumbo] *m* **1.** (*caída*) Sturz *m* **2.** (*vaivén*) Taumeln *nt;* **dar un ~** taumeln; **ir por la vida dando ~s** im Leben immer wieder auf die Nase fallen **3.** (*voltereta*) Purzelbaum *m*
tumbón, -ona [tum'bon, -ona] **I.** *adj* faul **II.** *m, f* Faulpelz *m*
tumbona [tum'bona] *f* Liegestuhl *m*
tumefacción [tumefaʸ'θjon] *f* Schwellung *f*
tumor [tu'mor] *m* Tumor *m*
tumulto [tu'mul̩to] *m* Tumult *m*
tuna ['tuna] *f* **1.** (MÚS) Studentenkapelle *f* **2.** (*vida picaresca*) Müßiggang *m;* **correr la ~** dem Müßiggang frönen

Die **tuna** ist eine Gruppe von Studenten, die sich zusammentun, um Musik zu spielen und zu singen. Bis vor kurzem wurden nur männliche Studenten in die **tunas** aufgenommen, in den letzten Jahren haben sich neue **tunas** nur für Studentinnen gebildet. Um Mitglied einer **tuna** zu werden, muss man gewisse Mutproben ablegen.

tunante [tu'nan̩te] *m v.* **tuno**
tunda ['tun̩da] *f* **1.** (*paliza*) Tracht *f* Prügel **2.** (*esfuerzo*) Anstrengung *f* **3.** (*de paños*) Scheren *nt*
tundir [tun̩'dir] *vt* **1.** (*pegar*) schlagen **2.** (*paños*) scheren **3.** (*hierba*) mähen
tunecino, -a [tune'θino, -a] **I.** *adj* tunesisch **II.** *m, f* Tunesier(in) *m(f)*
túnel ['tunel] *m* Tunnel *m;* **~ aerodinámico** Windkanal *m;* **~ de lavado** Waschstraße *f*
Túnez ['tuneθ] *m* **1.** (*país*) Tunesien *nt* **2.** (*capital*) Tunis *nt*
túnica ['tunika] *f* **1.** (*vestidura*) Tunika *f* **2.** (*membrana*) Membran *f*
tuno, -a ['tuno, -a] **I.** *adj* **1.** (*astuto*) schlau **2.** (*pícaro*) frech **II.** *m, f* **1.** (*truhán*) Gauner *m* **2.** (*astuto*) schlauer Fuchs *m fam* **3.** (*niño*) Frechdachs *m*
tuntún [tun̩'tun] *m:* **al (buen) ~** aufs Geratewohl; **juzgar al buen ~** voreilige Schlüsse ziehen
tupé [tu'pe] *m* **1.** (*cabello*) Toupet *nt* **2.** (*frescura*) Frechheit *f*
tupido, -a [tu'piðo, -a] **I.** *adj* **1.** (*denso*) dicht **2.** (*Am: obstruido*) verstopft **3.** (*Méx: frecuente*) weit verbreitet **4.** (*con tesón*) hartnäckig **II.** *adv* (*a menudo*) häufig
tupir [tu'pir] **I.** *vt* **1.** (*apretar*) zusammendrücken; (*tapar agujeros*) abdichten **2.** (*obstruir*) verstopfen **II.** *vr:* **~se 1.** (*comer mucho*) sich *dat* den Bauch voll schlagen *fam;* (*beber mucho*) sich *dat* einen antrinken *fam* **2.** (*Am: obstruirse*) verstopfen
turba ['turβa] *f* **1.** (*materia*) Torf *m* **2.** *v.* **turbamulta**
turbación [turβa'θjon] *f* **1.** (*disturbio*) Störung *f* **2.** (*alarma*) Unruhe *f* **3.** (*vergüenza*) Scham *f* **4.** (*confusión*) Verwirrung *f*
turbamulta [turβa'mul̩ta] *f* Menschenmenge *f;* (*pey*) Pöbel *m*
turbante [tur'βan̩te] *m* Turban *m*
turbar [tur'βar] **I.** *vt* **1.** (*disturbar*) stören **2.** (*alarmar*) beunruhigen **3.** (*avergonzar*) beschämen **4.** (*desconcertar*) verwirren **5.** (*agua*) trüben **II.** *vr:* **~se 1.** (*ser disturbado*) sich gestört fühlen **2.** (*alarmarse*) sich aufregen **3.** (*avergonzarse*) sich schämen **4.** (*desconcertarse*) durcheinander kommen **5.** (*agua*) trüb werden
turbina [tur'βina] *f* Turbine *f*
turbio, -a ['turβjo, -a] *adj* (*líquido*) trübe; (*asunto*) verworren; (*sin transparencia, carácter*) undurchsichtig; (*negocio*) schmutzig; (*vista*) getrübt
turbión [tur'βjon] *m* **1.** (*aguacero*) Regenschauer *m;* (*devastador*) Wolkenbruch *m* **2.** (*todo a la vez*) Schwall *m;* **~ de balas** Kugelhagel *m*
turbulencia [turβu'len̩θja] *f* **1.** (*agua, aire*) Turbulenz *f* **2.** (*alboroto*) Unruhe *f;* (*confusión*) Verwirrung *f* **3.** (*sin transparencia*)

T

Trübung *f*

turbulento, **-a** [turβu'lento, -a] *adj* **1.** (*agua, aire*) turbulent **2.** (*alborotado*) unruhig; (*confuso*) wirr **3.** (*rebelde*) aufsässig **4.** (*turbio*) trübe

turco, **-a** ['turko, -a] **I.** *adj* türkisch **II.** *m, f* Türke, -in *m, f;* **cabeza de ~** (*fig*) Sündenbock *m*

turgencia [tur'xenθja] *f* (*hinchazón*) Schwellung *f*

turgente [tur'xente] *adj* **1.** (*hinchado*) geschwollen **2.** (*abultado*) massiv; (*pechos*) üppig

Turingia [tu'riŋxja] *f* Thüringen *nt*

turismo [tu'rismo] *m* **1.** (*viajar*) Tourismus *m;* **industria del ~** Tourismusbranche *f;* **oficina de ~** Fremdenverkehrsamt *nt;* **hacer ~** als Tourist reisen **2.** (AUTO) Personenwagen *m*

turista [tu'rista] *mf* Tourist(in) *m(f)*

turístico, **-a** [tu'ristiko, -a] *adj* touristisch; **viaje ~** Urlaubsreise *f*

turnar [tur'nar] *vi, vr:* **~se** sich abwechseln

turno ['turno] *m* **1.** (*en la fábrica*) Schicht *f;* **cambio de ~** Schichtablösung *f;* **estar de ~** Dienst haben; **trabajar por ~s** Schicht arbeiten **2.** (*orden*) Reihenfolge *f;* **a** [*o* **por**] **~s** abwechselnd; **es tu ~** du bist an der Reihe

turón [tu'ron] *m* Iltis *m*

turquesa[1] [tur'kesa] **I.** *adj* türkis **II.** *m* (*color*) Türkis *nt*

turquesa[2] [tur'kesa] *f* (*piedra*) Türkis *m*

Turquía [tur'kia] *f* Türkei *f*

> **turrón** *m*: In Spanien darf an Weihnachten der **turrón** nicht fehlen, so wie im deutschsprachigen Raum der Stollen nicht fehlen darf. Beim traditionellen **turrón** handelt es sich um harte oder weiche Nuss- oder Mandelhonigtafeln. Der **turrón** wird vor allem in **Levante**, dort speziell in **Jijona** und **Alicante,** hergestellt.

turulato, **-a** [turu'lato, -a] *adj* verblüfft; **dejar a alguien ~** jdn verblüffen

tute ['tute] *m Kartenspiel;* **darse un ~** sich abmühen

tutear [tute'ar] **I.** *vt* duzen **II.** *vr:* **~se** sich duzen

tutela [tu'tela] *f* **1.** (*cargo*) Vormundschaft *f* (*de* über *+akk*); **poner bajo la ~ de alguien** unter jds Vormundschaft stellen **2.** (*amparo*) Schutz *m;* **estar bajo la ~ de alguien** unter jds Schutz stehen

tutelar [tute'lar] **I.** *adj* **1.** (JUR) vormundschaftlich; **juez ~** Vormundschaftsrichter *m* **2.** (*protector*) schützend **II.** *vt* **1.** (*ejercer la tutela*) die Vormundschaft haben (über *+akk*) **2.** (*proteger*) schützen **3.** (*velar*) beaufsichtigen

tuteo [tu'teo] *m* Duzen *nt*

tutiplén [tuti'plen] *adv* (*fam*): **a ~** reichlich; **comer a ~** essen wie ein Scheunendrescher

tutor(a) [tu'tor(a)] *m(f)* **1.** (JUR) Vormund *m* **2.** (*protector*) (Be)schützer(in) *m(f)* **3.** (*profesor*) Privatlehrer(in) *m(f)* **4.** (ENS, UNIV) Tutor(in) *m(f);* (*de doctorado*) Doktorvater *m,* Doktormutter *f*

tutoría [tuto'ria] *f* **1.** (JUR) Vormundschaft *f* **2.** (UNIV) Sprechstunde *f*

tuyo, **-a** ['tuɟo, -a] *pron pos* **1.** (*propiedad*): **el perro es ~** der Hund gehört dir; **la botella/la casa es tuya** das ist deine Flasche/dein Haus; **¡ya es ~!** du hast es geschafft! **2.** (*tras artículo*): **el ~/la tuya/lo ~** deine(r, s); **mi coche está roto, vamos en el ~** mein Auto ist kaputt, fahren wir mit deinem; **los ~s** deine; (*parientes*) deine Angehörigen; **ésta es la tuya** (*fam fig*) das ist die Gelegenheit für dich; **una de las tuyas** (*travesura*) einer von deinen Streichen **3.** (*tras substantivo*) dein(e), von dir; **una amiga tuya** eine Freundin von dir; **es culpa tuya** es ist deine Schuld

TVE [teuβe'e] *f abr de* **Televisión Española** *staatlicher spanischer Fernsehsender*

U

U, u [u] *f* <úes> U, u *nt;* ~ **de Uruguay** U wie Ulrich

u [u] *conj* oder

ubérrimo, -a [u'βerrimo, -a] *adj* fruchtbar

ubicación [uβika'θjon] *f* **1.** (*lugar*) Stelle *f;* (*de una empresa*) Sitz *m* **2.** (*situación*) Lage *f* **3.** (*Am: colocación*) Platzierung *f*

ubicar [uβi'kar] <c→qu> **I.** *vi* sich befinden **II.** *vt* (*Am: situar*) platzieren; (*guardar*) unterbringen **III.** *vr:* ~**se** sich befinden

ubicuo, -a [u'βikwo, -a] *adj* allgegenwärtig

ubre [u'βre] *f* (*de la vaca*) Euter *nt;* (*de otros mamíferos*) Zitze *f*

UC [u'θe] *f abr de* **Unión de Consumidores** ≈Verbraucherverband *m*

Ucrania [u'kranja] *f* Ukraine *f*

ucrani(an)o, -a [ukra'nj(an)o, -a] **I.** *adj* ukrainisch **II.** *m, f* Ukrainer(in) *m(f)*

Ud(s). [us'teðes] *abr de* **usted(es)** Sie

UE [u'e] *f* (ECON, POL) *abr de* **Unión Europea** EU *f*

uf [uf] *interj* **1.** (*de asco*) i!, igitt(igitt)! **2.** (*de fastidio*) Mensch!

ufanarse [ufa'narse] *vr* prahlen (*con/de* mit +*dat*)

ufanía [ufa'nia] *f* **1.** (*orgullo*) Stolz *m* **2.** (*engreimiento*) Einbildung *f;* (*arrogancia*) Hochnäsigkeit *f* **3.** (*satisfacción*) Zufriedenheit *f*

ufano, -a [u'fano, -a] *adj* **1.** (*orgulloso*) stolz **2.** (*engreído*) eingebildet; (*arrogante*) hochnäsig **3.** (*satisfecho*) zufrieden (*de* mit +*dat*); **va muy ~ con su nueva moto** er ist sehr stolz auf sein neues Motorrad **4.** (*planta*) üppig, kräftig

ufología [ufolo'xia] *f sin pl* Ufologie *f*

ugandés, -esa [uγan̪'des, -esa] **I.** *adj* ugandisch **II.** *m, f* Ugander(in) *m(f)*

> **UGT** *f* ist die Kurzform für **Unión General de Trabajadores**, die sozialistische Gewerkschaft Spaniens, **1888** in **Barcelona** gegründet. Natürlich war dieser **sindicato** (Gewerkschaft) während des Franco-Regimes verboten. Seit 1977 ist die **UGT** wieder eine gesetzlich anerkannte Gewerkschaft.

ujier [u'xjer] *m* **1.** (*de un tribunal*) Gerichtsdiener *m* **2.** (*de un palacio*) Saaldiener *m*

úlcera ['ul̪θera] *f* Geschwür *nt*

ulcerar [ul̪θe'rar] **I.** *vt* ein Geschwür verursachen (an/in +*dat*) **II.** *vr:* ~**se** geschwürig werden

ulsterización [ulsteriθa'θjon] *f:* **la ~ del País Vasco** die Terrorisierung des Baskenlandes

ulterior [ul̪te'rjor] *adj* (*posterior*) spätere(r, s); (*más*) weitere(r, s)

ulteriormente [ul̪terjor'men̪te] *adv* später

ultimación [ul̪tima'θjon] *f* Abschluss *m;* (*de una obra*) Fertigstellung *f*

últimamente [ul̪tima'men̪te] *adv* **1.** (*recientemente*) in letzter Zeit **2.** (*hace poco*) neulich **3.** (*por último*) schließlich

ultimar [ul̪ti'mar] *vt* **1.** (*proyecto, acuerdo*) abschließen; (*obra*) fertig stellen **2.** (*Am: matar*) umbringen

ultimátum [ul̪ti'matun] *m sin pl* Ultimatum *nt;* **dar el ~ a alguien** jdm ein Ultimatum stellen

último, -a ['ul̪timo, -a] *adj* **1.** (*en orden*) letzte(r, s); **el ~ de cada mes** am jeweils Letzten des Monats; **a ~s de mes** gegen Monatsende; **soy el ~ de la clase** ich bin der Schlechteste in der Klasse; **fue el ~ en firmar** er unterzeichnete als Letzter; **siempre llega el ~** er kommt immer zuletzt; **por última vez** zum letzten Mal; **hacia la última parte la película mejora** gegen Ende wird der Film besser; **la última moda** die neueste Mode; **unos estudian ciencias, otros letras. Los ~s...** die einen studieren Naturwissenschaften, die anderen Geisteswissenschaften. Letztere ... **2.** (*espacio*): **la última fila** die hintere Reihe; **en el ~ piso** im obersten Stock; **ocupar la última posición de la tabla** am Tabellenende stehen; **el ~ rincón del mundo** wo sich Hase und Fuchs gute Nacht sagen **3.** (*loc*): **por ~** schließlich; **en ~ término** letzten Endes; **no en ~ término** nicht zuletzt; **en ~ caso** schlimmstenfalls; **estar en las últimas** (*muriéndose*) in den letzten Zügen liegen; (*arruinado*) am Ende sein; **¡es lo ~!** das ist doch wirklich das Letzte!

ultra ['ul̪tra] **I.** *adj* rechtsextremistisch; (*radical*) rechtsradikal **II.** *mf* Rechtsextremist(in) *m(f);* (*radical*) Rechtsradikale(r) *mf* **III.** *adv* außerdem

ultracongelado, -a [ul̪trakoŋxe'laðo, -a] *adj* tiefgekühlt; **ultraconservador(a)** [ul̪trakonserβa'ðor(a)] *adj* erzkonservativ; **ultrafino, -a** [uḷtra'fino, -a] *adj* hauchdünn

ultrajar [uḷtra'xar] *vt* **1.** (*insultar*) beleidigen; (*monumento*) schänden; ~ **de palabra** beschimpfen **2.** (*humillar*) demütigen **3.** (*ajar*) zerknautschen

ultraje [uḷ'traxe] *m* Beleidigung *f;* ~ **a la bandera** Schändung der Flagge

ultramar [uḷtra'mar] *m sin pl* Übersee *f;* **ultramarino, -a** [uḷtrama'rino, -a] *adj* überseeisch; **ultramarinos** [uḷtrama'rinos] *mpl* **1.** (*tienda*) Lebensmittelgeschäft *nt* **2.** (*víveres*) Lebensmittel *ntpl;* **ultramoderno, -a** [uḷtramo'ðerno, -a] *adj* hochmodern

ultranza [uḷ'traṇθa] **1.** (*a muerte*): **defender algo a** ~ etw bis aufs Äußerste verteidigen; **luchar a** ~ auf Leben und Tod kämpfen **2.** (*resueltamente*): **ser de izquierda a** ~ ein radikaler Linker sein; **ser un ecologista a** ~ ein überzeugter Umweltschützer sein

ultrarrápido, -a [uḷtra'rrapiðo, -a] *adj* sehr schnell; **tren** ~ Hochgeschwindigkeitszug *m;* **ultrasecreto, -a** [uḷtrase'kreto, -a] *adj* streng geheim; **ultrasensible** [uḷtrasen'siβle] *adj* überempfindlich; **ultrasónico, -a** [uḷtra'soniko, -a] *adj* Ultraschall-; **ultrasonido** [uḷtraso'niðo] *m sin pl* Ultraschall *m;* **ultratumba** [uḷtra'tumba] *f sin pl* Jenseits *nt;* **ultravioleta** [uḷtraβjo'leta] *adj inv* ultraviolett; **rayos** ~ UV-Strahlen *mpl*

ulular [ulu'lar] *vi* **1.** (*animal*) heulen; (*perro*) jaulen **2.** (*persona*) schreien **3.** (*viento*) heulen

umbilical [umbili'kal] *adj* Nabel-

umbráculo [um'brakulo] *m* Sonnendach *nt*

umbral [um'bral] *m* **1.** (*de puerta*) (Tür)schwelle *f;* **atravesar los ~es de una casa** über die Schwelle treten **2.** (*principio*) Anfang *m* **3.** (ECON): ~ **de rentabilidad** Gewinnschwelle *f;* **país** ~ Schwellenland *nt*

umbrío, -a [um'brio, -a] *adj* schattig

umbroso, -a [um'broso, -a] *adj* **1.** (*con sombra*) schattig **2.** (*que causa sombra*) Schatten spendend

un, una [un, 'una] <unos, -as> **I.** *art indet* **1.** (*no determinado*) ein(e); **un perro/puente/niño** ein Hund/eine Brücke/ein Kind; **una mujer/mesa/chica** eine Frau/ein Tisch/ein Mädchen; **¡tiene una jeta!** er/sie ist dermaßen unverschämt! **2.** *pl* (*algunos*) einige, ein paar **3.** *pl* (*aproximadamente*): **unos 1000 marcos** ungefähr 1000 DM **II.** *adj v.* **uno**[1]

unánime [u'nanime] *adj* **1.** (*opinión*) einmütig **2.** (*decisión*) einstimmig

unanimidad [unanimi'ða^{ð}] *f* **1.** (*de opinión*) Einmütigkeit *f* **2.** (*de decisión*) Einstimmigkeit *f;* **aprobar algo por** ~ etw einstimmig beschließen

uncir [uṇ'θir] <c→z> *vt* (ins Joch) einspannen

ungir [uŋ'xir] <g→j> *vt* **1.** (*con aceite*) einölen, einreiben **2.** (REL) salben

ungüento [uŋ'gweṇto] *m* **1.** (MED) Salbe *f* **2.** (*remedio*) Balsam *m*

únicamente [unika'meṇte] *adv* nur

unicameral [unikame'ral] *adj* Einkammer-; **unicelular** [uniθelu'lar] *adj* einzellig

unicidad [uniθi'ða^{ð}] *f* Einzigartigkeit *f*

único, -a ['uniko, -a] *adj* **1.** (*solo*) einzig; **calle de dirección única** Einbahnstraße *f;* **heredero** ~ Alleinerbe *m;* **hijo** ~ Einzelkind *nt;* **hoy hay plato** ~ heute gibt es nur einen (einzigen) Gang **2.** (*extraordinario*) einzigartig, einmalig

unicornio [uni'kornjo] *m* Einhorn *nt*

unidad [uni'ða^{ð}] *f* **1.** (*entidad, medida, t.* MIL) Einheit *f;* ~ **familiar** Haushalt *m* **2.** (MAT) Einer *m* **3.** (*de organización*) Abteilung *f* **4.** (*de hospital*) Station *f;* **U~ de Cuidados Intensivos** Intensivstation *f* **5.** (LIT) Einheitlichkeit *f* **6.** (TÉC: *aparato*) Anlage *f;* ~ **de control** Steuergerät *nt;* ~ **externa de disco duro** (INFOR) externes Festplattenlaufwerk; ~ **móvil** (TV, RADIO) Ü-Wagen *m*

unidimensional [uniðimensjo'nal] *adj* eindimensional

unido, -a [u'niðo, -a] *adj* (*frente, equipo*) geschlossen; (*nación, partido*) geeint; **estamos muy ~s** wir stehen uns sehr nahe

unifamiliar [unifami'ljar] *adj:* **casa** ~ Einfamilienhaus *nt*

unificación [unifika'θjon] *f* **1.** (*unión*) Vereinigung *f;* **la ~ política** die politische Einigung **2.** (*uniformización*) Vereinheitlichung *f*

unificar [unifi'kar] <c→qu> *vt* **1.** (*pueblos*) verein(ig)en; (*esfuerzos*) vereinen; ~ **posiciones** verschiedene Standpunkte in Einklang bringen **2.** (*uniformar*) vereinheitlichen

uniformar [unifor'mar] *vt* **1.** (*hacer unitario*) vereinheitlichen; (*impreso*) standardisieren **2.** (*vestir*) uniformieren; **ir uniformado** Uniform tragen

uniforme [uni'forme] **I.** *adj* (*igual*) einheitlich; (*de la misma forma*) gleichförmig; (*calor, movimiento*) gleichmäßig **II.** *m* Uniform *f;* **vestir de** ~ Uniform tragen

uniformidad [uniformi'ða^{ð}] *f* (*constancia*) Einheitlichkeit *f;* (*similaridad*) Gleichförmigkeit *f;* (*de calor, movimiento*) Gleichmäßigkeit *f*

uniformizar [uniformi'θar] <z→c> *vt* vereinheitlichen; (*mezclar*) vermischen

unigénito, -a [uni'xenito, -a] *adj:* **ser** ~ Einzelkind sein

unilateral [unilate'ral] *adj* (*visión*) einseitig; (POL) unilateral

unión [u'njon] *f* **1.** (*de dos elementos, t.* TÉC) Verbindung *f;* **no hay muchos puntos de ~ entre nosotros** uns verbindet nicht viel **2.** (*territorial*) Vereinigung *f;* (ECON) Zusammenschluss *m;* **en ~ con** zusammen mit **3.** (*matrimonio*) Heirat *f* **4.** (COM) Verband *m* **5.** (POL) Union *f* **6.** (*armonía*) Einigkeit *f;* **la ~ hace la fuerza** (*prov*) Einigkeit macht stark

unipersonal [uniperso'nal] *adj* **1.** (*de una persona*) Einpersonen-; (*individual*) individuell **2.** (LING) unpersönlich

unir [u'nir] **I.** *vt* **1.** (*dos elementos, t.* TÉC) verbinden **2.** (*territorios, familia*) verein(ig)en; **nos une una gran amistad** uns verbindet eine enge Freundschaft **3.** (*ingredientes*) verrühren **4.** (*esfuerzos*) vereinen **II.** *vr:* **~se** (*territorios*) sich vereinigen; (ECON) sich zusammenschließen; (*dos personas*) sich zusammentun; **~se en matrimonio** heiraten

unisex [uni'se^ɣs] *adj* unisex; **moda ~** Mode für Mann und Frau; **peluquería ~** Damen- und Herrensalon *m*

unísono, -a¹ [u'nisono, -a] *adj* **1.** (*de un solo tono*) unisono **2.** (*de una sola voz*) einstimmig

unísono² [u'nisono] *m* (MÚS) Unisono *nt;* **protestaron al ~** sie klagten einstimmig; **trabajar al ~** harmonisch zusammenarbeiten; **actuar al ~** in Übereinstimmung handeln

unitario, -a [uni'tarjo, -a] *adj* einheitlich; **escuela unitaria** Einheitsschule *f*

universal [uniβer'sal] *adj* **1.** (*del universo*) universal; **receptor ~** (RADIO) Weltempfänger *m* **2.** (*del mundo*) Welt-; **de renombre ~** weltberühmt **3.** (*general, amplio*) universell; **regla ~** allgemein gültige Regel; **persona de educación ~** universell gebildeter Mensch **4.** (TÉC: *tractor*) Allzweck-; (*máquina*) Mehrzweck-; **detergente ~** Allzweckreiniger *m*

universalidad [uniβersali'ða^ð] *f* (*de regla*) Allgemeingültigkeit *f*

universalizar [uniβersali'θar] <z→c> *vt* verallgemeinern

universalmente [uniβersal'mente] *adv* **1.** (*en todo el mundo*): **~ conocido** weltberühmt **2.** (*generalmente*) allgemein

universidad [uniβersi'ða^ð] *f* Universität *f;* **ir a la ~** auf die Universität gehen; **¿a qué ~ vas?** an welcher Universität bist du?

> Die älteste und wohl traditionsreichste Universität Spaniens ist die **Universidad de Salamanca**. Sie wurde schon 1218 gegründet. Heutzutage studieren rund 30.000 Studenten an der **Universidad de Salamanca**.

universitario, -a [uniβersi'tarjo, -a] **I.** *adj* Universitäts-; **catedrático ~** Professor *m;* **profesor ~** Dozent *m;* **tener estudios ~s** ein Hochschulstudium abgeschlossen haben **II.** *m, f* Student(in) *m(f)*

universo [uni'βerso] *m* (*cosmos*) Universum *nt*

unívoco, -a [u'niβoko, -a] *adj* eindeutig

uno, -a¹ ['uno, -a] **I.** *adj* **1.** (*número*) eins; **a la una** (*hora*) um eins; **¡(a la) una, (a las) dos y (a las) tres!** eins, zwei, drei!; **fila ~** erste Reihe **2.** (*único*): **sólo hay una calle** es gibt nur eine einzige Straße **II.** *pron indef* **1.** (*alguno*) eine(r, s); **cada ~** jeder; **~s cuantos** einige; **~..., el otro...** der eine ..., der andere ...; **~ de tantos** einer von vielen; **aquí hay ~ que pregunta por ti** da ist jemand, der nach dir fragt; **una de dos, o... o...** eins von beiden, entweder ... oder ...; **una que otra vez** dann und wann **2.** *pl* (*algunos*) einige **3.** (*indeterminado*) man **4.** (*loc*): **cantar a una** zusammen singen; **luchar todos a una** Schulter an Schulter kämpfen; **de ~ en ~** einzeln, Stück für Stück; **me ha dejado pero me he quedado el piso, lo ~ por lo otro** er/sie hat mich verlassen, aber ich behalte die Wohnung, damit sind wir quitt; **no acierto una** (*fig*) alles läuft bei mir schief

uno² ['uno] *m* Eins *f*

untar [un̩'tar] **I.** *vt* **1.** (*con mantequilla*) bestreichen **2.** (*mojar*) eintauchen **3.** (*con grasa*) (ein)fetten; (*con aceite*) (ein)ölen; (*el cuerpo*) eincremen **4.** (*sobornar*) bestechen, schmieren *fam* **II.** *vr:* **~se 1.** (*mancharse*) sich beschmieren **2.** (*con crema*) sich eincremen **3.** (*dinero*) sich bereichern (*con* an +*dat*)

unto ['un̩to] *m* **1.** (*grasa*) Schmiermittel *nt* **2.** (MED) Salbe *f* **3.** (*Chil: betún*) Schuhcreme *f*

unt(u)oso, -a [un̩'toso, -a/un̩tu'oso, -a] *adj* **1.** (*pingüe*) schmierig **2.** (*jabón*) schlüpfrig **3.** (*pegajoso*) klebrig

untura [un̩'tura] *f* **1.** (MED) Salbe *f* **2.** (*grasa*) Schmiermittel *nt*

uña ['uɲa] *f* **1.** (*de persona*) Nagel *m;* (*de gato*) Kralle *f;* **~s de los pies** Zehennägel *mpl;* **hacerse las ~s** die Nägel maniküren (lassen); **comerse las ~s** an den Nägeln kauen; (*fig*) wüten **2.** (*pezuña*) Huf *m* **3.** (*del alacrán*) Stachel *m* **4.** (*de instru-*

U

mento) Haken *m* **5.** (*de planta*) (gebogener) Stachel *m* **6.** (TÉC: *muesca*) Kerbe *f;* (*saliente*) Klaue *f* **7.** (*loc*): **afilar(se) las ~s** sich geistig anstrengen; **estar de ~s con alguien** mit jdm auf (dem) Kriegsfuß stehen; **dejarse las ~s en el trabajo** sich abrackern; **ser largo de ~s** (*fig*) ein Langfinger sein; **ser ~ y carne** ein Herz und eine Seele sein; **defenderse con ~s y dientes** sich mit Händen und Füßen wehren

uñada [u'ɲaða] *f* **1.** (*arañazo*) Kratzer *m* **2.** (*señal*) Markierung *f* mit dem Nagel

uñero [u'ɲero] *m* (*inflamación*) Nagelbettentzündung *f*

upa ['upa] **I.** *interj* auf!, hoch!; **llevar a ~ (un niño)** (ein Kind) tragen **II.** *adj* (*Ecua, Perú: tonto*) dumm

upar [u'par] *vt* hochheben

Urales [u'rales] *mpl* Ural *m*

uranio [u'ranjo] *m* (QUÍM) Uran *nt*

urbanidad [urβani'ðaᵈ] *f* Höflichkeit *f*

urbanismo [urβa'nismo] *m* (*planificación*) Stadtplanung *f*

urbanístico, -a [urβa'nistiko, -a] *adj* städtebaulich; **plan ~** Bebauungsplan *m*

urbanización [urβaniθa'θjon] *f* **1.** (*acción*) Bebauung *f* **2.** (*de casas*) (Wohn)siedlung *f*

urbanizar [urβani'θar] <z→c> **I.** *vt* bebauen **II.** *vt, vr:* **~se** verstädtern

urbano, -a¹ [ur'βano, -a] *adj* **1.** (*de la ciudad*) städtisch; **conferencia urbana** (TEL) Ortsgespräch *nt;* **un hombre ~** ein Stadtmensch; **planificación urbana** Stadtplanung *f* **2.** (*cortés*) höflich

urbano² [ur'βano] *m* Verkehrspolizist *m*

urbe ['urβe] *f* Großstadt *f*

urdir [ur'ðir] *vt* (*conspiración*) anzetteln; **~ intrigas** Intrigen spinnen

urgencia [ur'xen̟θja] *f* **1.** (*cualidad*) Dringlichkeit *f* **2.** (*caso*) Notfall *m;* **llamada de ~** Notruf *m;* **en caso de ~** im Notfall; **tratar algo con la debida ~** etw mit der notwendigen Eile behandeln **3.** *pl* (*en hospital*) Notaufnahme *f;* **servicio de ~s** (*en ambulatorio*) Bereitschaftsdienst *m;* **médico de ~s** Notarzt *m*

urgente [ur'xen̩te] *adj* dringend; (*carta, telegrama, pedido*) Eil-; **¿es ~?** eilt es?

urgir [ur'xir] <g→j> *vi* eilen

urinario, -a¹ [uri'narjo, -a] *adj* Urin-; **aparato ~** (MED) Harnwege *mpl*

urinario² [uri'narjo] *m* Pissoir *nt*

urna ['urna] *f* **1.** (*para cenizas, t.* POL) Urne *f;* **acudir a las ~s** zur Wahl gehen **2.** (*caja de cristal*) Glaskasten *m*

uro ['uro] *m* Auerochse *m*

urogallo [uro'ɣaʎo] *m* Auerhahn *m*

urraca [u'rraka] *f* **1.** (ZOOL) Elster *f* **2.** (*cotorra*) Quasselstrippe *f;* **hablar más que una ~** reden wie ein Wasserfall

URSS [urrs] *f abr de* **Unión de Repúblicas Socialistas Soviéticas** UdSSR *f*

> **Uruguay** (offiziell: **República Oriental del Uruguay**) liegt im Südosten Südamerikas. Die Hauptstadt und auch bedeutendste Stadt Uruguays ist **Montevideo**. **Spanisch** ist die offizielle Landessprache. Die Währungseinheit ist der **peso uruguayo**.

uruguayo, -a [uru'ɣwaɟo, -a] **I.** *adj* uruguayisch **II.** *m, f* Uruguayer(in) *m(f)*

usado, -a [u'saðo, -a] *adj* (*libro*) zerlesen; (*vestido*) abgetragen; (*esterilla*) abgetreten; (*sello*) (ab)gestempelt; (*expresión*) abgedroschen; (*coche*) gebraucht

usanza [u'san̟θa] *f* Brauch *m*

usar [u'sar] **I.** *vt* **1.** (*utilizar*) benutzen, gebrauchen; (*palabra, libro*) verwenden; (*labia, persuasión*) aufwenden; (*razón*) walten lassen; (*máquina*) einsetzen; (*técnica, fuerza*) anwenden; (*ropa, gafas*) tragen; (*derecho*) geltend machen; **tuve que ~ (de) mis influencias** ich musste meine Beziehungen spielen lassen **2.** (*cargo, oficio*) ausüben **3.** (*soler*): **usa nadar en esta piscina** er/sie geht gewöhnlich in dieses Schwimmbad **II.** *vr:* **~se 1.** (*utilizar*) benutzt [*o* gebraucht] werden; **esta palabra ya no se usa** dieser Ausdruck ist nicht mehr gebräuchlich **2.** (*ropa*) in Mode sein

usina [u'sina] *f* (*Am: de gas*) Gaswerk *nt;* (*de electricidad*) Elektrizitätswerk *nt*

uso ['uso] *m* **1.** (*utilización*) Benutzung *f,* Gebrauch *m;* (*de palabras, libros*) Verwendung *f;* (*de labia, persuasión*) Aufwendung *f;* (*de técnica, fuerza*) Anwendung *f;* **~ ilegal** Missbrauch *m;* **de ~ externo** zur äußerlichen Anwendung; **hacer ~ de algo** etw benutzen; **hacer ~ de la palabra** das Wort ergreifen; **una expresión de ~ corriente** ein geläufiger Ausdruck; **tener muchos ~s** vielseitig verwendbar sein; **en buen ~** (*fam*) in gutem Zustand; **desde que tengo ~ de razón...** seit meiner frühesten Kindheit ...; **estar en pleno ~ de sus facultades** voll zurechnungsfähig sein **2.** (*moda*) Mode *f* **3.** (*costumbre*) Brauch *m;* **métodos al ~** übliche Methoden; **estar en/fuera de ~** üblich/unüblich sein

usted [us'teᵈ] *pron* Sie; **~es** (*en España*) Sie; (*Am: vosotros*) ihr; **tratar de ~ a alguien** jdn siezen; **¡gracias! – ¡a ~!** danke! – ich habe zu danken!

usual [usu'al] *adj* **1.** (*de siempre*) üblich **2.** (*común*) gebräuchlich **3.** (*tradicional*) herkömmlich

usuario, -a [usu'arjo, -a] *m, f* Benutzer(in) *m(f);* (INFOR) Anwender(in) *m(f)*

usura [u'sura] *f* Wucher *m;* **pagar con ~ un favor** sich mehr als angemessen für einen Gefallen revanchieren

usurario, -a [usu'rarjo, -a] *adj* wucherisch

usurero, -a [usu'rero, -a] *m, f* Wucherer, -in *m, f*

usurpador(a) [usurpa'ðor(a)] **I.** *adj* usurpatorisch **II.** *m(f)* Usurpator(in) *m(f)*

usurpar [usur'par] *vt* an sich reißen; (*derecho*) sich *dat* anmaßen

utensilio [uten'siljo] *m* Gerät *nt;* (*herramienta*) Werkzeug *nt;* **~s de pintor** Malutensilien *pl*

uterino, -a [ute'rino, -a] *adj* (ANAT) Gebärmutter-; (MED) uterin; **furor ~** Nymphomanie *f;* **hermano ~** Halbbruder mütterlicherseits

útero ['utero] *m* Gebärmutter *f*

útil ['util] **I.** *adj* **1.** (*objeto*) nützlich, brauchbar; **¿en qué puedo serle ~?** wie kann ich Ihnen behilflich sein? **2.** (*persona*) geeignet; **ser declarado ~** (MIL) für (wehrdienst)tauglich befunden werden **3.** (*ayuda*) wertvoll **4.** (*inversión*) nutzbringend **5.** (*loc*): **día ~** Arbeitstag *m* **II.** *mpl* Geräte *ntpl*

utilidad [utili'ðað] *f* **1.** (*de objeto*) Brauchbarkeit *f,* Nützlichkeit *f;* **ser de ~** nützlich sein **2.** (*de persona*) Tauglichkeit *f* **3.** (*de inversión*) Nutzen *m* **4.** (INFOR) Hilfsprogramm *nt*

utilitario, -a[1] [utili'tarjo, -a] *adj* (*persona, punto de vista*) utilitaristisch; (*objetivo*) utilitär; **pensamiento ~** Nützlichkeitsdenken *nt*

utilitario[2] [utili'tarjo] *m* Nutzfahrzeug *nt*

utilizable [utili'θaβle] *adj* benutzbar; (*terreno*) nutzbar; (*calle*) befahrbar; (*restos*) verwertbar

utilización [utiliθa'θjon] *f* Benutzung *f,* Gebrauch *m;* (*de un derecho*) Inanspruchnahme *f;* (*de una persona*) Ausnutzung *f;* (*de restos*) Verwertung *f*

utilizar [utili'θar] <z→c> *vt, vr:* **~se** benutzen, gebrauchen; (*derecho, hospitalidad*) in Anspruch nehmen; (*tiempo*) nutzen; (*a alguien*) ausnutzen; (*terreno, instalación*) nutzbar machen; (*restos*) verwerten

utillaje [uti'ʎaxe] *m* Ausrüstung *f*

utopía [uto'pia] *f* Utopie *f*

utópico, -a [u'topiko, -a] *adj* utopisch

uva ['uβa] *f* Traube *f;* **~ pasa** Rosine *f;* **estar de mala ~** schlecht gelaunt sein; **tener mala ~** übel gesinnt sein; **de ~s a peras** alle Jubeljahre (mal)

An Sylvester, genau zwölf Sekunden vor Mitternacht, ist es ein spanischer Brauch mit jeder **campanada** (Glockenschlag), die in Sekundenabstand im Fernsehen zu hören ist, eine (weiße) **uva** (Weintraube) zu essen, das soll nämlich Glück im Neuen Jahr bringen.

uve ['uβe] *f* V *nt;* **~ doble** W *nt*

UVI ['uβi] *f abr de* **Unidad de Vigilancia Intensiva** Intensivstation *f*

úvula ['uβula] *f* Zäpfchen *nt*

Uzbekistán [uθβekis'tan] *m* Usbekistan *nt*

uzbeko, -a [uθ'βeko, -a] **I.** *adj* usbekisch **II.** *m, f* Usbeke, -in *m, f*

V

V, v ['uβe] *f* V, v *nt;* ~ **de Valencia** V wie Viktor

vaca ['baka] *f* **1.** (ZOOL) Kuh *f;* ~ **marina** Seekuh *f;* ~ **de San Antón** Marienkäfer *m;* **síndrome de las ~s locas** Rinderwahnsinn *m;* **~s gordas/flacas** (*fig*) gute/schlechte Zeiten **2.** (*carne*) Rindfleisch *nt* **3.** (*cuero*) Rind(s)leder *nt*

vacaciones [baka'θjones] *fpl* (*del trabajo*) Urlaub *m;* (*de la escuela*) Ferien *pl;* **estar de** ~ im Urlaub sein; **irse de ~ a Tenerife** auf Teneriffa Urlaub machen

vacante [ba'kaṇte] **I.** *adj* frei **II.** *f* freie Stelle *f*

vacar [ba'kar] <c→qu> *vi* **1.** (*cargo: quedar vacante*) frei werden; (*estar vacante*) unbesetzt sein **2.** (*alguien*) vorübergehend aussetzen

vaciado [baθi'aðo] *m* **1.** (*molde*) Abguss *m* **2.** (*ahuecamiento*) Entleeren *nt*

vaciar [baθi'ar] <*1. pres:* vacío> *vt* **1.** (*dejar vacío*) leeren; (*habitación, mueble*) ausräumen; (*dejar sin gente*) räumen; ~ **con bomba de agua** leer pumpen **2.** (*verter*) ausleeren **3.** (*hueco*) aushöhlen **4.** (*escultura*) gießen **5.** (*afilar*) schleifen

vaciedad [baθje'ða^{d}] *f sin pl* (*fig*) Albernheit *f*

vacilación [baθila'θjon] *f* (*duda*) Zögern *nt;* (*irresolución*) Unschlüssigkeit *f;* **sin vacilaciones** ohne zu zögern

vacilante [baθi'laṇte] *adj* (*indeciso*) unschlüssig; (*no firme*) wackelig; (*voz*) zittrig; (*pasos*) unsicher

vacilar [baθi'lar] *vi* **1.** (*balancearse*) schwanken; (*borracho*) taumeln; (*llama*) flackern **2.** (*dudar*) zögern **3.** (*argot: tomar el pelo*) an der Nase herumführen; **no me vaciles** erzähl mir keine Märchen

vacío, -a[1] [ba'θio, -a] *adj* **1.** (*sin contenido, gente*) leer; (*hueco*) hohl; **envasado al** ~ vakuumverpackt; **peso en** ~ Leergewicht *nt;* **volví de** ~ (*fig*) ich kam zurück, ohne etwas erreicht zu haben **2.** (*insustancial*) inhaltslos; (*superficial*) oberflächlich

vacío[2] [ba'θio] *m sin pl* **1.** (*espacio, ausencia*) Leere *f;* (FÍS) Vakuum *nt;* (*hueco*) Lücke *f;* (*abismo*) Abgrund *m;* ~ **legal** Gesetzeslücke *f;* ~ **de poder** Machtvakuum *nt;* **hacer el** ~ (FÍS) ein Vakuum herstellen; **hacer el ~ a alguien** jdm aus dem Weg gehen; **la propuesta cayó en el** ~ der Vorschlag fand keinen Anklang **2.** (ANAT) Weiche *f*

vacuidad [bakwi'ða^{d}] *f sin pl* Leere *f*

vacuna [ba'kuna] *f* **1.** (*substancia*) Impfstoff *m;* ~ **anticolérica** Choleraimpfstoff *m* **2.** (*vacunación*) Impfung *f;* ~ **antirrábica** Tollwutimpfung *f;* **eso te servirá de** ~ (*fig*) das wird dir eine Lehre sein **3.** (*de las vacas*) Kuhpocken *fpl*

vacunación [bakuna'θjon] *f* Impfung *f;* **cartilla de** ~ Impfpass *m*

vacunar [baku'nar] **I.** *vt* impfen **II.** *vr:* **~se** sich impfen lassen

vacuno, -a[1] [ba'kuno, -a] *adj* Rind(er)-; (**carne de**) ~ Rindfleisch *nt;* **ganado** ~ Rinder *ntpl*

vacuno[2] [ba'kuno] *m* Rind *nt*

vacuo, -a ['bakwo, -a] *adj* leer

vade ['baðe] *m* Schulmappe *f*

vadeable [baðe'aβle] *adj* **1.** (*río*) seicht **2.** (*dificultad*) überwindbar

vadear [baðe'ar] *vt* **1.** (*río*) durchwaten **2.** (*dificultad*) überwinden

vado ['baðo] *m* **1.** (*río*) Furt *f;* **tentar el** ~ das Wasser ausloten **2.** (*loc*): ~ **permanente** Halteverbot *nt*

vagabundear [baɣaβuṇde'ar] *vi* vagabundieren

vagabundo, -a [baɣa'βuṇdo, -a] **I.** *adj* vagabundierend; (*perro*) streunend; (*fig*) rastlos **II.** *m, f* Landstreicher(in) *m(f)*

vagancia [ba'ɣaṇθja] *f sin pl* Faulheit *f*

vagar [ba'ɣar] **I.** <g→gu> *vi* **1.** (*vagabundear*) vagabundieren; (*errar*) umherirren **2.** (*descansar*) faulenzen **II.** *m* Muße *f*

vagido [ba'xiðo] *m* Schreien *nt* (*eines Neugeborenen*)

vagina [ba'xina] *f* Scheide *f*

vago, -a ['baɣo, -a] **I.** *adj* **1.** (*perezoso*) faul **2.** (*impreciso*) vage **3.** (*vagante*) vagabundierend; (*errante*) umherirrend **II.** *m, f* **1.** (*vagabundo*) Landstreicher(in) *m(f)* **2.** (*holgazán*) Faulpelz *m;* **hacer el** ~ faulenzen

vagón [ba'ɣon] *m* Wagen *m;* (*mercancías t.*) Waggon *m;* ~ **cisterna** Tankwagen *m;* ~ **restaurante** Speisewagen *m*

vaguada [ba'ɣwaða] *f* (Tal)sohle *f*

vaguear [baɣe'ar] *vi* **1.** (*holgazanear*) faulenzen **2.** (*vagar*) sich herumtreiben

vaguedad [baɣe'ða^{d}] *f* **1.** (*imprecisión*) Unklarheit *f* **2.** (*palabras*) vages Gerede *nt*

vaharada [ba(a)'raða] *f* **1.** (*aliento*) Atem *m* **2.** (*vapor*) (Dunst)wolke *f;* (*olor*) (Duft)wolke *f*

vahear [bae'ar] *vi* dampfen; **te habrás quedado vaheando** (*irón*) da musstest du ja ganz schön deinen Grips anstrengen
vahído [ba'iðo] *m* Ohnmacht *f;* **me dio un ~** mir wurde schwind(e)lig
vaho ['bao] *m* **1.** (*vapor*) Dampf *m* **2.** (*aliento*) Atem *m* **3.** *pl* Inhalation *f*
vaina[1] ['bai̯na] *f* **1.** (*de la espada*) Scheide *f* **2.** (BOT) Hülse *f*
vaina[2] ['bai̯na] *m* (*pey*) Idiot *m*
vainilla [bai̯'niʎa] *f* Vanille *f;* **~ azucarada** Vanillezucker *m*
vaivén [bai̯'βen] *m* (*horizontal*) Hin und Her *nt;* (*vertical*) Auf und Ab *nt;* (*balanceo*) Wiegen *nt;* (*sacudida*) Rütteln *nt*
vajilla [ba'xiʎa] *f* Geschirr *nt*
vale ['bale] *m* Gutschein *m;* (FIN) Gutschrift *f*
valedero, -a [bale'ðero, -a] *adj* (*válido*) gültig; (*vigente*) geltend; **ser ~ por seis meses** sechs Monate gültig sein
valedor(a) [bale'ðor(a)] *m(f)* (*que protege*) Beschützer(in) *m(f);* (*que favorece*) Gönner(in) *m(f)*
valencia [ba'len̩θja] *f* Valenz *f*
valenciano, -a [balen̩'θjano, -a] **I.** *adj* aus Valencia **II.** *m, f* Valencianer(in) *m(f)*
valentía [balen̩'tia] *f* **1.** (*valor*) Mut *m* **2.** (*hazaña*) Heldentat *f*
valentón, -ona [balen̩'ton, -ona] **I.** *adj* (*pey*) angeberisch **II.** *m, f* (*pey*) Großmaul *nt*
valer [ba'ler] *irr* **I.** *vt* **1.** (*costar*) kosten; **vale tanto oro como pesa** (*fig: cosa*) es ist sein Gewicht in Gold wert; (*persona*) er/sie ist ein Goldstück **2.** (*funcionar*) nutzen; **esta vez no te valdrán tus excusas** diesmal werden dir deine Entschuldigungen nichts nützen; **yo no sé para qué vale este trasto** ich weiß nicht, wofür dieses Ding gut sein soll **3.** (*equivaler*) entsprechen +*dat* **4.** (*producir*) einbringen **5.** (*proteger*) (be)schützen; **¡válgame Dios!** (ach) du meine Güte! **6.** (*loc*): **¡vale!** in Ordnung!; **¡vale ya!** jetzt ist's (aber) genug!; **... valga la expresión** ... wenn ich das so sagen darf; **vale la pena ver la película** es lohnt sich, den Film anzuschauen; **vale más que te olvides de él** am besten vergisst du ihn; **hacer ~ sus derechos** seine Rechte geltend machen; **más vale un pájaro en mano que ciento volando** (*prov*) besser ein Spatz in der Hand als eine Taube auf dem Dach; **más vale tarde que nunca** (*prov*) besser spät als nie **II.** *vi* **1.** (*ropa*) passen **2.** (*tener validez*) gültig sein; **no ~** ungültig sein **3.** (*tener mérito*) (etwas) taugen; **~ poco/nada** wenig/nichts taugen **4.** (*estar permitido*) erlaubt sein; **¡eso no vale!** das gilt nicht! **III.** *vr:* **~se 1.** (*servirse*) zurückgreifen (*de* auf +*akk*); **~se de los servicios de alguien** jds Dienste in Anspruch nehmen; **~se de sus contactos** seine Beziehungen spielen lassen **2.** (*desenvolverse*) zurechtkommen; **ya no poder ~se** nicht mehr alleine zurechtkommen
valeriana [bale'rjana] *f* Baldrian *m*
valeroso, -a [bale'roso, -a] *adj* mutig
valía [ba'lia] *f sin pl* Wert *m*
validar [bali'ðar] *vt* gültig machen
validez [bali'ðeθ] *f sin pl* Gültigkeit *f;* **periodo de ~** Geltungsdauer *f;* **dar ~ a algo** etw *dat* Gültigkeit verleihen; **tener ~** gültig sein; (*ley*) in Kraft sein; **no tener ~** ungültig sein; (*ley*) außer Kraft sein
válido, -a ['baliðo, -a] *adj* gültig; **no ser ~** ungültig sein
valiente [ba'ljen̩te] *adj* mutig; **¡~ amigo tienes que...!** (*irón*) ein schöner Freund ist das, der ...!
valija [ba'lixa] *f* Handkoffer *m;* (*del cartero*) Posttasche *f*
valioso, -a [ba'ljoso, -a] *adj* wertvoll
valla ['baʎa] *f* **1.** (*tapia*) Zaun *m;* (*barrera*) Absperrung *f;* (*defensa*) Schutzwall *m* **2.** (*publicitaria*) Plakatwand *f* **3.** (DEP) Hürde *f*
vallado [ba'ʎaðo] *m* Zaun *m*
vallar [ba'ʎar] *vt* einzäunen; **~ con un muro** mit einer Mauer umgeben
valle ['baʎe] *m* Tal *nt;* **~ de lágrimas** Jammertal *nt*
vallunco, -a [ba'ʎuŋko, -a] *adj* (*AmC*) **1.** (*rústico*) ländlich **2.** (*campesino*) bäuerlich
valor [ba'lor] *m* **1.** (*valentía*) Mut *m;* **~ cívico** Zivilcourage *f;* **armarse de ~** Mut fassen **2.** (*desvergüenza*) Frechheit *f* **3.** (*valía, t.* COM, MÚS) Wert *m;* (*cuantía*) Geldbetrag *m;* (*significado*) Bedeutung *f;* **~ actual** Istwert *m;* **~ nutritivo** Nährwert *m* **4.** *pl* (FIN) Wertpapiere *ntpl;* **~es bursátiles** Börsenpapiere *ntpl;* **~es declarados** Wertsendung *f*
valoración [balora'θjon] *f* Bewertung *f;* (*del precio*) Schätzung *f;* (*análisis*) Auswertung *f*
valorar [balo'rar] *vt* schätzen (*en* auf +*akk*); **valoro muchísimo tu generosidad** ich weiß deine Großzügigkeit sehr zu schätzen
valorizar [balori'θar] <z→c> *vt v.* **valorar**
vals [bals] *m* (MÚS) Walzer *m*
valsar [bal'sar] *vi* Walzer tanzen
valse ['balse] *m* (*Am*) *v.* **vals**
valuar [balu'ar] <*1. pres:* valúo> *vt* schätzen (*en* auf +*akk*)
valva ['balβa] *f* Schale *f*
válvula ['balβula] *f* **1.** (ANAT) Klappe *f* **2.** (TÉC) Ventil *nt*
vampiresa [bampi'resa] *f* Vamp *m*
vampiro [bam'piro] *m* Vampir *m;* (*fig*) Blut-

V

sauger *m*
vanagloriarse [banaɣlo'rjarse] *vr* prahlen (*de* mit +*dat*)
vanaglorioso, -a [banaɣlo'rjoso, -a] *adj* eingebildet
vanamente [bana'mente] *adv* vergeblich
vandalismo [banda'lismo] *m sin pl* Vandalismus *m*
vándalo, -a ['bandalo, -a] **I.** *adj* vandalisch **II.** *m, f* Vandale, -in *m, f*
vanguardia [baŋ'gwarðja] *f* **1.** (MIL) Vorhut *f* **2.** (*movimiento*) Avantgarde *f;* (POL) Vorkämpfer *mpl;* **de ~** avantgardistisch
vanguardista [baŋgwar'ðista] **I.** *adj* avantgardistisch **II.** *mf* Avantgardist(in) *m(f);* (*fig*) Pionier(in) *m(f)*
vanidad [bani'ðaᵈ] *f* **1.** (*presunción*) Eitelkeit *f* **2.** (*caducidad*) Vergänglichkeit *f*
vanidoso, -a [bani'ðoso, -a] *adj* eingebildet
vano, -a[1] ['bano, -a] *adj* **1.** (*ineficaz*) vergeblich **2.** (*infundado*) unbegründet; **es una vana ilusión** das ist nur eine Illusion
vano[2] ['bano] *m* (ARQUIT) Öffnung *f*
vánova ['banoβa] *f* (*Arg*) Bettdecke *f*
vapor [ba'por] *m* (*vaho*) Dampf *m;* (**barco de**) **~** Dampfer *m;* **cocer al ~** dünsten
vaporizador [baporiθa'ðor] *m* (*perfume*) Zerstäuber *m*
vaporizar [bapori'θar] <z→c> **I.** *vt* **1.** (*evaporar*) verdunsten (lassen) **2.** (*perfume*) zerstäuben **II.** *vr:* **~se** verdunsten
vaporoso, -a [bapo'roso, -a] *adj* **1.** (*tela*) leicht, luftig **2.** (*humeante*) dampfend
vapulear [bapule'ar] *vt* **1.** (*zurrar*) prügeln; (*zarandear*) schütteln **2.** (*criticar*) scharf kritisieren
vapuleo [bapu'leo] *m* Tracht *f* Prügel
vaquería [bake'ria] *f* (*explotación*) Kuhstall *m;* (*lechería*) Milchverkaufsstelle *f*
vaquero, -a [ba'kero, -a] **I.** *adj* Viehhirten- **II.** *m, f* Viehhirt(in) *m(f);* (*norteamericano*) Cowboy *m;* (*sudamericano*) Gaucho *m*
vaquero(s) [ba'kero(s)] *m(pl)* Jeans *pl*
vaqueta [ba'keta] *f* Rind(s)leder *nt*
vara ['bara] *f* **1.** (*rama*) Rute *f;* (*palo*) Stab *m* **2.** (*medida*) Elle *f;* **meterse en camisa de once ~s** (*fig*) sich in fremde Angelegenheiten mischen **3.** (ADMIN) Stab *m;* **tener alta ~** einflussreich sein; **doblar la ~ de la justicia** das Recht beugen
varadero [bara'ðero] *m* Stapel *m*
varado, -a [ba'raðo, -a] *adj* (*anclado*) verankert
varal [ba'ral] *m* Stange *f;* (*de un carro*) Deichsel *f*
varapalo [bara'palo] *m* **1.** (*rapapolvo*) Schimpfkanonade *f* **2.** (*golpe*) Schlag *m;* (*paliza*) Tracht *f* Prügel; **dar un ~ a alguien** jdn verprügeln **3.** (*palo*) Stock *m*
varar [ba'rar] **I.** *vi* **1.** (*encallar*) stranden; (*fig*) stecken bleiben **2.** (*Am: coche*) eine Panne haben **II.** *vt* an Land ziehen
varear [bare'ar] *vt* **1.** (*fruta*) (vom Baum) abschlagen **2.** (*lana*) klopfen
varga ['barɣa] *f* **1.** (*pez*) Seeaal *m* **2.** (*pendiente*) steilste Stelle *f*
variable [ba'rjaβle] **I.** *adj* veränderlich; (*carácter*) unstet **II.** *f* (MAT) Variable *f*
variación [barja'θjon] *f* **1.** (MAT, MÚS) Variation *f* **2.** (*cambio*) (Ver)änderung *f;* (*oscilación*) Schwankung *f*
variado, -a [ba'rjaðo, -a] *adj* (*no siempre igual*) abwechslungsreich; (*distinto*) verschieden, unterschiedlich; (*colores*) bunt
variante [ba'rjante] *f* **1.** (*variedad*) Variante *f;* (*versión*) Version *f* **2.** (*diferencia*) Unterschied *m* **3.** (*carretera*) Umgehungsstraße *f*
variar [bari'ar] <*1. pres:* varío> **I.** *vi* **1.** (*modificarse*) wechseln; (*t.* MÚS) variieren **2.** (*ser distinto*) sich unterscheiden **3.** (*cambiar*) ändern; **~ de comida** abwechslungsreich kochen; **~ de peinado** die Haare anders tragen **II.** *vt* **1.** (*cambiar*) (ver)ändern **2.** (*dar variedad*) variieren; **y para ~ ...** und zur Abwechslung ...
varicela [bari'θela] *f sin pl* Windpocken *pl*
variedad [barje'ðaᵈ] *f* **1.** (*clase*) Sorte *f* **2.** (*pluralidad*) Vielfalt *f;* **una gran ~ de ofertas** ein breites Angebot; **en la ~ está el gusto** Abwechslung muss sein **3.** *pl* (*espectáculo*) Varietee *nt*
vario, -a ['barjo, -a] *adj* **1.** (*diferente*) verschieden **2.** *pl* (*algunos*) einige; **varias veces** mehrmals
variz [ba'riθ] *f* Krampfader *f*
varón [ba'ron] *m* **1.** (*hombre*) Mann *m;* (*niño*) Junge *m* **2.** (NÁUT) Ruderkette *f*
varonil [baro'nil] *adj* männlich; **voz ~** Männerstimme *f*
Varsovia [bar'soβja] *f* Warschau *nt*
vasallo, -a [ba'saʎo, -a] *m, f* Vasall *m*
vasco, -a ['basko, -a] **I.** *adj* baskisch; **País V~** Baskenland *nt* **II.** *m, f* Baske, -in *m, f*
Vascongadas [baskoŋ'gaðas] *fpl* ≈Baskenland *nt*
vascongado, -a [baskoŋ'gaðo, -a] **I.** *adj* baskisch **II.** *m, f* Baske, -in *m, f*
vascuence [bas'kwenθe] *m* **1.** (*lengua*) Baskisch(e) *nt* **2.** (*fam: ininteligible*) Chinesisch *nt*
vaselina [base'lina] *f* Vaseline *f*
vasija [ba'sixa] *f* (*recipiente*) Gefäß *nt*
vaso ['baso] *m* **1.** (*recipiente*) Glas *nt;* **~ de papel** (Papp)becher *m;* **un ~ de agua** ein Glas Wasser **2.** (ANAT) Gefäß *nt*
vástago ['bastaɣo] *m* **1.** (BOT) Trieb *m* **2.** (*fig: hijo*) Sohn *m* **3.** (TÉC) Schaft *m*
vasto, -a ['basto, -a] *adj* weit; (*saber*) umfassend; (*conocimientos*) weit reichend
vate ['bate] *m* **1.** (*adivino*) Wahrsager *m*

2. (*poeta*) Dichter *m*
váter ['bater] *m* WC *nt*
vaticano, -a [bati'kano, -a] *adj* vatikanisch
Vaticano [bati'kano] *m* Vatikan *m;* **la Ciudad del** ~ die Vatikanstadt
vaticinador(a) [batiθina'ðor(a)] *m(f)* Wahrsager(in) *m(f)*
vaticinar [batiθi'nar] *vt* prophezeien
vaticinio [bati'θinjo] *m* Prophezeiung *f*
vatio ['batjo] *m* Watt *nt;* **una bombilla de 100 ~s** eine 100-Watt-Glühbirne
Vd. [us'teð] *pron pers abr de* **usted** Sie
vda. ['bjuða] *abr de* **viuda** Wwe.
V.E. ['bwestra esθe'leṇθja] *abr de* **Vuestra Excelencia** S.E.
vecinal [beθi'nal] *adj* Gemeinde-
vecindad [beθiṇ'dað] *f* Nachbarschaft *f;* **chisme de** ~ (*fam*) Klatsch *m*
vecindario [beθiṇ'darjo] *m* **1.** (*vecindad*) Nachbarn *mpl;* (*ciudadanos*) Bürger *mpl;* (*comunidad*) Gemeinde *f* **2.** (*padrón*) Melderegister *nt*
vecino, -a [be'θino, -a] **I.** *adj* benachbart (*de* mit +*dat*); (*cercano*) nahe; **pueblo** ~ Nachbardorf *nt* **II.** *m, f* **1.** (*que vive cerca*) Nachbar(in) *m(f);* **hijo de** ~ (*fam*) jedermann **2.** (*habitante*) Bewohner(in) *m(f);* **José García, ~ de Villavieja** José García, wohnhaft in Villavieja
vector [bek'tor] *m* Vektor *m*
veda ['beða] *f* (*prohibición*) Verbot *nt;* (*temporada*) Schonzeit *f;* **levantar la ~ de animales de caza** Wild zum Abschuss freigeben
vedado [be'ðaðo] *m* Sperrgebiet *nt;* **~ de caza** Jagdrevier *nt*
vedar [be'ðar] *vt* verbieten
vedette [be'ðet/be'ðete] *f* Diva *f*
vedija [be'ðixa] *f* (*de lana*) Wollflocke *f;* (*de pelo*) Haarbüschel *nt*
vega ['beɣa] *f* **1.** (*de un río*) (Fluss)aue *f* **2.** (*Cuba: tabacal*) Tabakpflanzung *f* **3.** (*Chil: terreno pantanoso*) Sumpfgebiet *nt*
vegetación [bexeta'θjon] *f* **1.** (BOT) Vegetation *f* **2.** *pl* (ANAT) Wucherungen *fpl*
vegetal [bexe'tal] **I.** *adj* pflanzlich; **aceite** ~ Pflanzenöl *nt;* **carbón** ~ Holzkohle *f* **II.** *m* (BOT) Pflanze *f*
vegetar [bexe'tar] *vi* **1.** (BOT) wachsen **2.** (*enfermo*) dahinvegetieren **3.** (*pey: persona*) vegetieren
vegetariano, -a [bexeta'rjano, -a] **I.** *adj* vegetarisch **II.** *m, f* Vegetarier(in) *m(f)*
vehemencia [be(e)'meṇθja] *f sin pl* **1.** (*ímpetu*) Nachdruck *m* **2.** (*entusiasmo*) Begeisterung *f*
vehemente [be(e)'meṇte] *adj* **1.** (*impetuoso*) vehement **2.** (*ardiente*) leidenschaftlich **3.** (*persona*) gefühlsbetont
vehículo [be'ikulo] *m* **1.** (*transporte*) Fahrzeug *nt;* **~ industrial** Nutzfahrzeug *nt;* **~ de motor** Kraftfahrzeug *nt* **2.** (*medio*) Mittel *nt;* (MED) Überträger *m*
veinte ['bei̯ṇte] *adj inv* zwanzig; *v. t.* **ochenta**
veintena [bei̯ṇ'tena] *f* (*unidades*) zwanzig Stück *nt;* (*años*) zwanzig Jahre *ntpl;* (*días*) zwanzig Tage *mpl;* **una ~ de** zwanzig; (*aproximadamente*) um die zwanzig
veintitantos [bei̯ṇti'taṇtos] *adj inv* über zwanzig
vejación [bexa'θjon] *f,* **vejamen** [be'xamen] *m* Schikane *f*
vejar [be'xar] *vt* schikanieren
vejatorio, -a [bexa'torjo, -a] *adj* demütigend
vejestorio, -a [bexes'torjo, -a] *m, f* (*pey*) alter Knacker *m,* alte Frau *f*
vejete [be'xete] *m* (*fam*) Alte(r) *m*
vejez [be'xeθ] *f sin pl* (*ancianidad*) Alter *nt;* (*envejecimiento*) Altern *nt;* **pasar su ~ en Mallorca** seinen Lebensabend auf Mallorca verbringen; **a la ~, viruelas** (*prov*) Alter schützt vor Torheit nicht
vejiga [be'xiɣa] *f* Blase *f;* **se me levantaron ~s en los pies** ich hatte Blasen an den Füßen
vela ['bela] *f* **1.** (*luz*) Kerze *f;* **estaba derecho como una** ~ (*fig*) er stand kerzengerade; **se está acabando la** ~ die Kerze geht aus; **¿a ti quién te ha dado ~ en este entierro?** (*fig*) wer hat dich hierher bestellt?; **estar a dos ~s** (*fig*) arm wie eine Kirchenmaus sein; **poner una ~ a San Miguel y otra al diablo** auf zwei Hochzeiten zugleich tanzen **2.** (NÁUT) Segel *nt;* **~ cuadra** Quersegel *nt;* **~ mayor** Großsegel *nt;* **alzar ~s** Segel setzen; (*fig*) sich davonmachen; **a toda** ~ mit vollen Segeln; (*fig*) mit vollem Einsatz; **ser un aficionado a la** ~ gern segeln gehen; **recoger ~s** (*fig*) zurückweichen **3.** (*loc*): **pasar la noche en** ~ die ganze Nacht kein Auge zutun
velación [bela'θjon] *f* (*de un difunto*) Totenwache *f*
velada [be'laða] *f* Abend *m;* (LIT, MÚS, TEAT) Soiree *f*
velador [bela'ðor] *m* **1.** (*mesita*) (rundes) Tischchen *nt* (*mit nur einem Fuß*) **2.** (*candelero*) Leuchter *m*
veladora [bela'ðora] *f* (*Am: vela*) Kerze *f*
velamen [be'lamen] *m* (NÁUT) Segelwerk *nt*
velar [be'lar] **I.** *vi* **1.** (*no dormir*) wachen; (*trabajar*) nachts arbeiten; (*estudiar*) nachts lernen **2.** (*cuidar*) wachen (*por* über +*dat*); **~ bien por sus intereses** seine Interessen vertreten **II.** *vt* **1.** (*vigilar*) bewachen; **~ al enfermo** am Krankenbett wachen; **~ a un muerto** Totenwache halten **2.** (*cubrir, ocultar*) verschleiern **III.** *vr:* **~se** sich verschlei-

V

ern
velatorio [bela'torjo] *m* Totenwache *f*
veleidad [beleį'ða^ð] *f* Wankelmut *m*
veleidoso, -a [beleį'ðoso, -a] *adj* wankelmütig; (*caprichoso*) launisch
velero [be'lero] *m* Segelschiff *nt*
veleta[1] [be'leta] *f* (*banderilla*) Windfahne *f*
veleta[2] [be'leta] *mf* (*persona*) wankelmütiger Mensch *m*
vello ['beʎo] *m sin pl* **1.** (*corporal*) (Körper)behaarung *f*; ~ **de las axilas** Achselhaare *ntpl* **2.** (BOT) Flaumhaar *nt*
vellón [be'ʎon] *m* (*piel*) Vlies *nt*
velloso, -a [be'ʎoso, -a] *adj* behaart
velludo, -a [be'ʎuðo, -a] *adj* stark behaart
velo ['belo] *m* **1.** (*tela, prenda*) Schleier *m*; **(des)correr el** ~ (*fig*) den Schleier lüften; **corramos un tupido ~ sobre esa cuestión** lasst uns über all dies nicht mehr sprechen **2.** (ANAT): ~ **del paladar** Gaumensegel *nt*
velocidad [beloθi'ða^ð] *f* **1.** (*t.* FÍS, INFOR) Geschwindigkeit *f*; ~ **de crucero** Reisegeschwindigkeit *f*; ~ **de transferencia** Übertragungsrate *f*; **exceso de** ~ überhöhte Geschwindigkeit; **a toda** ~ (*fam*) sehr schnell **2.** (*marcha*) Gang *m*; **cambio de ~es** Gangschaltung *f*
velocímetro [belo'θimetro] *m* Tachometer *m o nt*
velódromo [be'loðromo] *m* Radrennbahn *f*
velón [be'lon] *m* (*lámpara*) Öllampe *f*
velorio [be'lorjo] *m* **1.** (*velatorio*) Totenwache *f* **2.** (*fiesta*) Fest *nt*
veloz [be'loθ] *adj* schnell; (*ágil*) flink; **raudo y** ~ rasch
vena ['bena] *f* **1.** (ANAT) Ader *f*, Vene *f*; ~ **yugular** Drosselvene *f* **2.** (BOT) Blattader *f* **3.** (*filón*) Erzader *f*; ~ **de agua** Wasserader *f* **4.** (*inspiración*) Ader *f*
venablo [be'naβlo] *m* Jagdspieß *m*; **echar ~s** (*fig*) Gift und Galle speien
venado [be'naðo] *m* (*ciervo*) Hirsch *m*; (*caza mayor*) Hochwild *nt*
venal [be'nal] *adj* **1.** (ANAT) Ader- **2.** (*vendible*) käuflich **3.** (*sobornable*) bestechlich
venalidad [benali'ða^ð] *f sin pl* Bestechlichkeit *f*
vencedor(a) [beṇθe'ðor(a)] **I.** *adj* siegreich; **equipo** ~ Siegermannschaft *f* **II.** *m(f)* Sieger(in) *m(f)*
vencejo [beṇ'θexo] *m* (ZOOL) Mauersegler *m*
vencer [beṇ'θer] <c→z> **I.** *vi* **1.** (*derrotar*) siegen; (*ganar*) gewinnen **2.** (*plazo*) ablaufen; (*cheque*) fällig werden **II.** *vt* **1.** (*enemigos*) besiegen; (*ganar*) schlagen; **¡no te dejes ~!** lass dich nicht unterkriegen!; **a la tercera va la vencida** (*prov*) aller guten Dinge sind drei **2.** (*obstáculo, sueño*) überwinden; (*dificultad*) meistern; **me venció el sueño** ich wurde vom Schlaf übermannt **3.** (*peso*) zu schwer sein (für +*akk*) **III.** *vr*: ~**se** sich beherrschen
vencimiento [beṇθi'mjeṇto] *m* (COM) Fälligkeit *f*
venda ['beṇda] *f* (MED) Binde *f*; **tener una ~ en los ojos** die Augen verbunden haben; (*fig*) mit Blindheit geschlagen sein
vendaje [beṇ'daxe] *m* Verband *m*
vendar [beṇ'dar] *vt* verbinden
vendaval [beṇda'βal] *m* (*del sur*) Südwind *m*; (*del suroeste*) Südwestwind *m*; (*huracán*) Sturm *m*
vendedor(a) [beṇde'ðor(a)] *m(f)* Verkäufer(in) *m(f)*; (*comerciante*) Händler(in) *m(f)*; ~ **ambulante** Straßenhändler *m*; ~ **a domicilio** Vertreter *m*
vender [beṇ'der] **I.** *vt* verkaufen (*por/en/a* für +*akk*); (*bebidas*) ausschenken **II.** *vr*: ~**se 1.** (COM) verkauft werden; **se vende** zu verkaufen; **se ha vendido todo** es ist alles ausverkauft; ~**se como rosquillas** (*fig*) wie warme Semmeln weggehen; ~**se muy caro** (*fig*) sich sehr bitten lassen **2.** (*alguien*) sich verkaufen
vendible [beṇ'diβle] *adj* verkäuflich
vendimia [beṇ'dimja] *f* Weinlese *f*
vendimiar [beṇdi'mjar] *vt* (ver)lesen
Venecia [be'neθja] *f* Venedig *nt*
veneciano, -a [bene'θjano, -a] **I.** *adj* venezianisch **II.** *m, f* Venezianer(in) *m(f)*
veneno [be'neno, -a] *m* Gift *nt*
venenoso, -a [bene'noso, -a] *adj* giftig; **serpiente venenosa** Giftschlange *f*
venera [be'nera] *f* **1.** (*concha*) Jakobsmuschel *f* **2.** (*insignia*) Ritterkreuz *nt*; **no se te caerá la** ~ (*fig*) es wird dir kein Zacken aus der Krone fallen **3.** (*manantial*) Wasserquelle *f*
venerable [bene'raβle] *adj* ehrwürdig
veneración [benera'θjon] *f sin pl* (*adoración*) Verehrung *f*; (*respeto*) Ehrfurcht *f*
venerar [bene'rar] *vt* verehren
venéreo, -a [be'nereo, -a] *adj* Geschlechts-
venero [be'nero] *m* **1.** (*manantial, t. fig*) Quelle *f* **2.** (*yacimiento*) Erzader *f*
venezolano, -a [beneθo'lano, -a] **I.** *adj* venezolanisch **II.** *m, f* Venezolaner(in) *m(f)*

Venezuela *f* (offiziell: **República de Venezuela**) grenzt im Norden sowohl an das Karibische Meer wie an den Atlantischen Ozean, im Osten an Guyana, im Süden an Brasilien und im Westen an Kolumbien. Die Hauptstadt heißt **Caracas**. **Spanisch** ist die offizielle Landessprache. Die Währungseinheit Venezuelas ist der **bolívar**.

vengador(a) [beŋga'ðor(a)] **I.** *adj* (*que se venga*) rächend; (*propenso a*) rachsüchtig **II.** *m(f)* Rächer(in) *m(f)*

venganza [beŋ'gaṇθa] *f* Rache *f;* **deseo de ~** Rachgier *f*

vengar [beŋ'gar] <g→gu> **I.** *vt* rächen; **~ la muerte de alguien** jdn rächen **II.** *vr:* **~se** sich rächen (*por* für +*akk*, *en* an +*dat*)

vengativo, -a [beŋga'tiβo, -a] *adj* **1.** (*vengador*) rachsüchtig **2.** (*rencoroso*) nachtragend

venia ['benja] *f sin pl* Erlaubnis *f*

venial [be'njal] *adj* (*pecado*) lässlich

venida [be'niða] *f* **1.** (*llegada*) Ankunft *f;* (*vuelta*) Rückkehr *f* **2.** (*de un río*) Hochwasser *nt*

venidero, -a [beni'ðero, -a] *adj* kommend

venir [be'nir] *irr* **I.** *vi* **1.** (*trasladarse*) kommen; (*llegar*) ankommen; **vengo (a) por la leche** ich komme die Milch holen; **el que venga detrás, que arree** (*fig*) nach mir die Sündflut **2.** (*ocurrir*) geschehen; **vino la guerra** es gab Krieg **3.** (*proceder*) herkommen; **el dinero me viene de mi padre** ich habe das Geld von meinem Vater; **~ de una familia muy rica** aus einer sehr reichen Familie stammen **4.** (*idea, ganas*) überkommen; **me vinieron ganas de reír** ich verspürte Lust zu lachen; **no sé porqué me vino eso a la memoria** ich weiß nicht, warum mir das eingefallen ist **5.** (*tiempo*) kommen; (*seguir*) folgen; **el mes que viene** nächsten Monat; **ya viene la primavera** nun fängt schon der Frühling an **6.** (*figurar*) stehen **7.** (*prenda*) passen **8.** (*aproximadamente*): **vienen a ser unas 3000 pesetas para cada uno** das wären also ungefähr 3000 Peseten für jeden **9.** (*elev: servir para*): **aquel suceso vino a turbar nuestra tranquilidad** jenes Ereignis hat unsere Ruhe gestört **10.** (*terminar por*): **vino a dar con sus huesos en la cárcel** (*fam*) und schließlich landete er/sie im Gefängnis; **~ a querer decir que...** in etwa sagen wollen, dass ... **11.** (*persistir*) bereits tun; **ya te lo vengo advirtiendo hace mucho tiempo** ich warne dich schon seit längerer Zeit (davor) **12.** (*loc*): **a mí eso ni me va ni me viene** das ist mir ganz egal; **¿a qué viene ahora hacerme esos reproches?** was soll das, mir jetzt Vorwürfe zu machen?; **el dinero me viene muy bien** das Geld kommt mir wie gerufen; **es una familia venida a menos** die Familie ist ziemlich verarmt; **por motivos que no vienen aquí al caso** aus Gründen, die hier nicht weiter erwähnt werden müssen; **¿te viene bien mañana después de comer?** passt es dir morgen nach dem Mittagessen?; **me viene mal darte la clase por la tarde** es ist für mich ungünstig, dich nachmittags zu unterrichten; **¡venga esa mano!** schlag ein!; **ahora no me vengas con cuentos chinos** komm mir jetzt nicht mit Märchen **II.** *vr:* **~se 1.** (*ir a*) kommen **2.** (*hundirse*): **~se abajo** einstürzen; (*fig*) scheitern

venta ['beṇta] *f* **1.** (COM) Verkauf *m;* (*de vino*) Ausschank *m;* **~ callejera** Straßenverkauf *m;* **~ a domicilio** Haus-zu-Haus-Verkauf *m;* **precio de ~ al público** Verkaufspreis *m;* **volumen de ~s** Umsatz *m;* **en ~** zu verkaufen; **estar a la** [*o* **en**] **~** zum Verkauf stehen; **poner a la** [*o* **en**] **~** verkaufen **2.** (*posada*) Gasthof *m*

ventada [beṇ'taða] *f* Windstoß *m*

ventaja [beṇ'taxa] *f* (*beneficio, superioridad*) Vorteil *m;* (DEP) Vorsprung *m;* **~ competitiva** Wettbewerbsvorteil *m;* **sacar ~ de la debilidad del contrincante** die Schwächen des Gegners ausnutzen; **tener ~ sobre alguien** jdm gegenüber im Vorteil sein; **dar 300 metros de ~** 300 Meter Vorsprung geben

ventajista [beṇta'xista] **I.** *adj* skrupellos **II.** *mf* skrupelloser Mensch *m*

ventajoso, -a [beṇta'xoso, -a] *adj* vorteilhaft; (*negocio*) einträglich

ventana [beṇ'tana] *f* **1.** (*abertura*) Fenster *nt;* **~ corrediza** Schiebefenster *nt;* **~ de doble cristal** Doppelfenster *nt;* **echar la casa por la ~** sich in Unkosten stürzen **2.** (ANAT): **~ de la nariz** Nasenloch *nt*

ventanal [beṇta'nal] *m* (großes) Fenster *nt*

ventanilla [beṇta'niʎa] *f* Fenster *nt;* **sobre con ~** Fensterbriefumschlag *m;* (*taquilla*) Schalter *m*

ventear [beṇte'ar] **I.** *vt* **1.** (*olfatear*) wittern; (*fig*) aufspüren **2.** (*airear*) lüften **II.** *vi* (*fig*) herumschnüffeln **III.** *vimpers:* **ventea** es ist windig

ventilación [beṇtila'θjon] *f* Lüftung *f*

ventilador [beṇtila'ðor] *m* Ventilator *m;* (AUTO) Gebläse *nt*

ventilar [beṇti'lar] *vt, vr:* **~se 1.** (*airear*) lüften **2.** (*persona*) einen klaren Kopf bekommen **3.** (*resolver*) erörtern

ventisca [beṇ'tiska] *f* Schneetreiben *nt*

ventolera [beṇto'lera] *f* **1.** (*viento*) Windstoß *m* **2.** (*juguete*) Windmühle *f* **3.** (*loc*): **le ha dado la ~ de...** er/sie hat sich *dat* in den Kopf gesetzt zu ...

ventosa [beṇ'tosa] *f* **1.** (*objeto, t.* ZOOL) Saugnapf *m* **2.** (*abertura*) Entlüftungsventil *nt*

ventosear [beṇtose'ar] *vi* Blähungen haben

ventoso, -a [beṇ'toso, -a] *adj* windig

ventral [beṇ'tral] *adj* Bauch-

ventrículo [beṇ'trikulo] *m* Kammer *f;* (*del corazón*) Herzkammer *f;* (*del cerebro*) Gehirnkammer *f;* (*estómago*) Magengrube *f*

V

ventrílocuo, -a [beṇ'trilokwo, -a] *m, f* Bauchredner(in) *m(f)*

ventrudo, -a [beṇ'truðo, -a] *adj* dickbäuchig

ventura [beṇ'tura] *f* Glück *nt;* **mala** ~ Pech *nt;* **a la (buena)** ~ auf gut Glück; **echar la buena ~ a alguien** jdm wahrsagen; **por** ~ mit viel Glück; **probar** ~ sein Glück versuchen; **viene ~ a quien la procura** (*prov*) hilf dir selbst, dann hilft dir Gott

venturero, -a [beṇtu'rero, -a] **I.** *adj* **1.** (*casual*) zufällig **2.** (*irregular*) unregelmäßig **II.** *m, f* Abenteurer(in) *m(f)*

venturoso, -a [beṇtu'roso, -a] *adj* glücklich

veo-veo ['beo-'βeo] *m:* **jugar a yo** ~ 'ich sehe was, was du nicht siehst' spielen

ver [ber] *irr* **I.** *vi, vt* **1.** (*con los ojos*) sehen; **llegar a ~ la paz** den Frieden erleben; **no se ve ni torta** man sieht die Hand nicht vor den Augen; **tengo un sueño que no veo** ich bin so müde, dass mir die Augen zufallen; **véase la página dos** siehe Seite zwei; **¡que se vean los forzudos!** na los, die Starken vor!; **lo nunca visto** das noch nie Dagewesene; **¡habrase visto!** nicht zu glauben!; **a** ~ lass/lasst mal sehen; **si no lo veo, no lo creo** das hätte ich nie und nimmer für möglich gehalten; ~ **y creer** erst sehen, dann glauben **2.** (*con la inteligencia*) (ein)sehen; **a mi modo de** ~ meiner Ansicht nach; **¿no ves que...?** siehst du denn nicht, dass ...?; **quiero hacerte ~ esto** ich möchte dir das deutlich machen; **veo bien que te cases** ich finde es gut, dass du heiratest; **ya lo veo** jetzt sehe ich es auch ein **3.** (*observar*) anschauen; (*documentos, información*) durchsehen **4.** (*visitar*) besuchen; (*encontrarse*) sehen; **es de** ~ (*fam*) das muss man gesehen haben **5.** (*comprobar*) nachschauen **6.** (*algo desagradable*) befürchten; **te veo venir** ich weiß, was du vorhast; **veo que hoy me tocará a mí** ich sehe es schon kommen, dass ich heute dran bin **7.** (*tema, asunto*) behandeln; **..., como vimos ayer en la conferencia** wie wir gestern im Vortrag gehört haben, ... **8.** (JUR: *causa*) verhandeln **9.** (*relación*): **tener que ~ con algo** mit etw *dat* zu tun haben **10.** (*duda*): **eso está por** ~ das bleibt abzuwarten; **estoy por ~ si me dan el crédito** es bleibt abzuwarten, ob sie mir den Kredit gewähren; **habrá que ~ si eso es verdad** ob das stimmt, wird sich erst noch herausstellen **11.** (*intentar*): **~é de hablarle** ich werde mal schauen, ob ich ihn sprechen kann **12.** (*loc*): **a ~ cómo lo hacemos** mal sehen, wie wir das machen können; **¡a ~, escuchadme todos!** hey, hört mal alle her!; **a ~, venga** also, komm schon; **bueno, ya ~emos** nun, das sehen wir dann; **¡hay que ~!** das gibt's doch gar nicht!; **luego ya ~emos** danach werden wir schon weitersehen; **veamos, ...** schauen wir mal, ...; **¡~ás!** na warte!; **~ás como al final te engaña** du wirst schon sehen, dass er/sie dich letztendlich doch hereinlegt; **~emos, ...** nun, ...; ~ **y callar** den Mund halten; **no veas lo contenta que se puso** du kannst dir nicht vorstellen, wie sehr sie sich freute; **no haberlas visto nunca más gordas** es noch nie so schwer gehabt haben; **¡para que veas!** so, da hast du's!; **no veas la que se armó allí** du glaubst gar nicht, was da los war; **hay que ~ lo tranquilo que es** es ist kaum zu glauben, wie ruhig er ist **II.** *vr:* **~se 1.** (*encontrarse*) sich sehen **2.** (*estado*) sich fühlen; **~se apurado** sich in Schwierigkeiten befinden; **~se enfermo** erkranken; **~se negro** große Schwierigkeiten haben; **~se pobre** verarmen **3.** (*imaginarse*) sehen; **me lo estoy viendo de médico** ich sehe ihn schon als Arzt vor mir **4.** (*parecer*): **se ve que no tienen tiempo** sie haben scheinbar keine Zeit **5.** (*Am: tener aspecto*) aussehen **III.** *m* **1.** (*aspecto*) Aussehen *nt;* **tener buen** ~ gut aussehen **2.** (*opinión*) Ansicht *f;* **a mi** ~ meiner Ansicht nach

vera ['bera] *f* **1.** (*orilla*) Rand *m;* ~ **de un río** Ufer *nt* **2.** (*lado*) Seite *f;* **a la ~ de** neben

veracidad [beraθi'ðað] *f* Wahrhaftigkeit *f;* (*de una declaración*) Richtigkeit *f*

veraneante [berane'aṇte] *mf* Sommerurlauber(in) *m(f)*

veranear [berane'ar] *vi:* ~ **en Ibiza** den Sommer(urlaub) auf Ibiza verbringen; **estar veraneando en Marruecos** in Marokko Urlaub machen

veraneo [bera'neo] *m* Sommerurlaub *m;* **lugar de** ~ Urlaubsort *m;* **estar de** ~ im Urlaub sein; **estar de ~ en la Sierra** in der Sierra Urlaub machen

veraniego, -a [bera'njeɣo, -a] *adj* sommerlich; **tiempo** ~ Sommerwetter *nt*

veranillo [bera'niʎo] *m:* ~ **de San Miguel** [*o* **de San Juan** *Am*] Altweibersommer *m*

verano [be'rano] *m* Sommer *m*

veras ['beras] *f* (*verdad*) Wahrheit *f;* **de** ~ (*de verdad*) wirklich; (*en serio*) im Ernst; **esto va de** ~ jetzt mal im Ernst

veraz [be'raθ] *adj* **1.** (*hechos*) wahr **2.** (*persona*) wahrheitsliebend

verbal [ber'βal] *adj* **1.** (*del verbo*) verbal; **frase** ~ Verbalphrase *f* **2.** (*oral*) mündlich **3.** (*del sentido*) wörtlich

verbalizar [berβali'θar] <z→c> *vt* (*expresar*) in Worte fassen

verbena [ber'βena] *f* **1.** (*fiesta*) Fest *nt;* (*feria*) Jahrmarkt *m* **2.** (BOT) Eisenkraut *nt*

verbigracia [berβi'ɣraθja] *adv* zum Beispiel

verbo ['berβo] *m* **1.** (*expresa acción*) Verb *nt;* ~ **auxiliar** Hilfsverb *nt* **2.** (*palabra*) Wort *nt*

verborrea [berβo'rrea] *f,* **verbosidad** [berβosi'ða^{ð}] *f* **1.** (*locuacidad*) Redseligkeit *f;* (*pey*) Geschwätzigkeit *f* **2.** (*palabras*) Wortschwall *m*

verboso, -a [ber'βoso, -a] *adj* redselig

verdad [ber'ða^{ð}] *f* Wahrheit *f;* ~ **de Perogrullo** Binsenweisheit *f;* **a la** ~ in Wahrheit; **bien es** ~ **que...** es stimmt zwar, dass ...; **bueno, a decir** ~, ... nun, ehrlich gesagt, ...; **¡de ~!** (das stimmt) wirklich!; **¡es ~!** stimmt!; **faltar a la** ~ nicht die Wahrheit sagen; **hay una parte de** ~ **en esto** da ist (et)was Wahres dran; **la** ~ **lisa y llana** die volle Wahrheit; **pues la** ~**, no lo sé** ehrlich gesagt, weiß ich es nicht; **ser** ~ wahr sein; **si bien es** ~ **que...** obwohl es zwar stimmt, dass ...; **un héroe de** ~ ein wahrhafter Held; **¿~?** stimmt's?; **¿~ que no fuiste tú?** du warst es doch nicht, oder?; **~es como puños** knallharte Tatsachen; **la** ~ **es que hace frío** Tatsache ist, dass es kalt ist; **decirle cuatro ~es a alguien** jdm die Meinung sagen

verdaderamente [berðaðera'mente] *adv* wirklich

verdadero, -a [berða'ðero, -a] *adj* **1.** (*cierto*) wahr **2.** (*real*) echt **3.** (*persona*) wahrheitsliebend

verde ['berðe] **I.** *adj* **1.** (*color, t.* POL) grün; ~ **oliva** olivgrün **2.** (BOT: *no maduro*) unreif; (*no seco*) frisch; **segar la hierba en** ~ das Gras mähen während es noch grün ist; **estar** ~ (*principiante*) ein Grünschnabel sein; (*inocente*) noch feucht hinter den Ohren sein; **estar a las ~s y a las maduras** auf gute wie auf schlechte Zeiten vorbereitet sein **3.** (*chistes, canciones*) unanständig **4.** (*personas*) lüstern; **viejo** ~ Lustmolch *m* **5.** (*loc*): **poner** ~ **a alguien** (*fam*) jdn herunterputzen; **estar** ~ **de envidia** grün und gelb vor Neid sein **II.** *m* **1.** (*color*) Grün *nt* **2.** (*hierba*) Gras *nt;* (*pienso*) Grünfutter *nt* **3.** (*del árbol*) Blattwerk *nt* **4.** (*fam: billete*) 1.000-Peseten-Schein *m* **5.** (*CSur: pasto*) Weide *f* **6.** (*CSur: mate*) Mate(tee) *m* **7.** (*CSur: ensalada*) grüner Salat *m* **8.** (*AmC, Méx: campo*) (Stück) Land *nt* **9.** (*loc*): **darse un** ~ **de algo** (*fam: hartarse*) sich *dat* mit etw *dat* gehörig den Bauch voll schlagen; **darse un** ~ **de conciertos** Dutzende von Konzerten besuchen

verdear [berðe'ar] *vi* **1.** (*mostrarse verde*) grün sein **2.** (*tirar a verde*) einen Grünstich haben **3.** *v.* **verdecer 4.** (*CSur: beber*) Mate(tee) trinken

verdecer [berðe'θer] *irr como crecer vi* (er)grünen

verderón [berðe'ron] *m* Grünfink *m*

verdín [ber'ðin] *m* **1.** (*del cobre*) Grünspan *m* **2.** (*verde*) erstes Grün *nt* **3.** (*musgo*) Moosschicht *f*

verdor [ber'ðor] *m* **1.** (BOT) (Pflanzen)grün *nt* **2.** (*juventud*) Jugend *f*

verdoso, -a [ber'ðoso, -a] *adj* grünlich

verdugo [ber'ðuɣo, -a] *m* **1.** (*de ejecuciones*) Scharfrichter *m* **2.** (*tirano*) Tyrann *m;* (*atormentador*) Peiniger *m* **3.** (*tormento*) Pein *f* **4.** (*látigo*) Peitsche *f* **5.** (*hematoma*) Strieme *f* **6.** (BOT) Trieb *m*

verdugón [berðu'ɣon] *m* **1.** (*hematoma*) Strieme *f* **2.** (BOT) Trieb *m*

verdulero, -a [berðu'lero, -a] *m, f* Gemüsehändler(in) *m(f)*

verdura [ber'ðura] *f* **1.** (*hortalizas*) Gemüse *nt* **2.** (*verdor*) Grün *nt* **3.** (*obscenidad*) Unanständigkeit *f*

verdusco, -a [ber'ðusko, -a] *adj* dunkelgrün

vereda [be'reða] *f* **1.** (*sendero*) Pfad *m;* **entrar en** ~ (*cumplir*) seinen Verpflichtungen nachkommen; (*vida ordenada*) ein geregeltes Leben führen; **ir por la** ~ (*fig*) auf dem richtigen Weg sein; **hacer entrar en** ~ **a alguien** jdn auf den richtigen Weg bringen **2.** (*Am: acera*) Gehsteig *m*

veredicto [bere'ðikto] *m* (JUR) Urteil *nt;* ~ **de culpabilidad** Schuldspruch *m;* ~ **de inculpabilidad** Freispruch *m*

verga ['berɣa] *f* **1.** (*vara*) Stange *f* **2.** (ANAT) Glied *nt*

vergel [ber'xel] *m* Garten *m*

vergonzante [berɣon'θante] *adj* **1.** (*acción*) schändlich **2.** (*persona*) schamhaft

vergonzoso, -a [berɣon'θoso, -a] *adj* **1.** (*persona*) schamhaft; (*tímido*) schüchtern **2.** (*acción*) schändlich

vergüenza [ber'ɣwenθa] *f* **1.** (*rubor*) Scham *f;* **se me cae la cara de** ~ ich schäme mich in Grund und Boden; **me da** ~ es ist mir peinlich; **¿no te da ~?** schämst du dich (denn) nicht?; **pasar** ~ sich schämen; **¡qué ~!** (mein Gott) wie peinlich! **2.** (*pundonor*) Anstand *m;* **perder la** ~ sich gehen lassen; **perder la** ~ **ante alguien** jdm gegenüber unverschämt werden; **tener poca** ~ unverschämt sein **3.** (*persona, acción*) Schande *f;* (*escándalo*) Skandal *m;* **sacar a alguien a la** ~ (**pública**) jdn an den Pranger stellen **4.** (*cortedad*) Schüchternheit *f;* (*sexual*) Schamhaftigkeit *f;* **le da** ~ **al hablar** er/sie wird beim Reden ganz verlegen **5.** *pl* (ANAT) Geschlechtsteile *ntpl*

vericueto [beri'kweto] *m* unwegsame Strecke *f*

verídico, -a [be'riðiko, -a] *adj* **1.** (*verdadero*) wahr **2.** (*muy probable*) sehr wahrscheinlich **3.** (*sincero*) wahrheitsliebend

verificación [berifika'θjon] *f* **1.** (*inspec-*

V

ción) (Über)prüfung *f;* (*test*) Test *m* **2.** (*prueba*) Beweis *m* **3.** (*realización*) Durchführung *f* **4.** (*de una profecía*) Eintreten *nt*

verificar [berifi'kar] <c→qu> **I.** *vt* **1.** (*comprobar*) beweisen **2.** (*controlar*) (über)prüfen **3.** (*realizar*) durchführen; (*ceremonia*) vornehmen **II.** *vr:* ~**se 1.** (*acto solemne*) stattfinden **2.** (*una profecía*) eintreten; (*deseos*) sich erfüllen; (*temores*) sich bewahrheiten

verja ['berxa] *f* (*rejas*) Gitter *nt;* (*cerca*) Zaun *m;* (*puerta*) Gatter *nt*

vermú [ber'mu] *m,* **vermut** [ber'mu] *m* <vermús> **1.** (*licor*) Wermut *m* **2.** (*And, CSur:* TEAT) Nachmittagsvorstellung *f*

vernáculo, -a [ber'nakulo, -a] *adj* einheimisch; **lengua vernácula** Landessprache *f*

vero ['bero] *m* Zobel *m*

verosímil [bero'simil] *adj* **1.** (*probable*) wahrscheinlich **2.** (*creíble*) glaubwürdig

verosimilitud [berosimili'tu^{ð}] *f* Wahrscheinlichkeit *f*

verraco [be'rrako] *m* **1.** (*para procrear*) Zuchteber *m* **2.** (*AmC: jabalí*) Wildschwein *nt*

verraquear [berrake'ar] *vi* (*fam*) **1.** (*gruñir*) knurren **2.** (*llorar*) plärren

verraquera [berra'kera] *f* (*fam*) **1.** (*llanto*) Geplärre *nt* **2.** (*AmC: borrachera*) Rausch *m*

verruga [be'rruɣa] *f* Warze *f;* (*fig*) Plage *f*

verrugoso, -a [berru'ɣoso, -a] *adj* **1.** (*con verrugas*) warzig **2.** (*parecido*) warzenartig

versado, -a [ber'saðo, -a] *adj* versiert

versal [ber'sal] **I.** *adj:* **letra** ~ Großbuchstabe *m* **II.** *f* Großbuchstabe *m*

versalita [bersa'lita] **I.** *adj:* **letra** ~ Kapitälchen *nt* **II.** *f* Kapitälchen *nt*

versar [ber'sar] *vi* **1.** (*tratar*) handeln (*sobre* von +*dat*); **la conferencia ~á sobre las vacunas** der Vortrag wird das Thema Impfungen behandeln **2.** (*dar vueltas*) sich drehen **3.** (*AmC: escribir*) dichten **4.** (*AmC: charlar*) sich unterhalten **5.** (*Méx: bromear*) witzeln

versátil [ber'satil] *adj* **1.** (*que se vuelve*) (um)drehbar; (*que se dobla*) faltbar **2.** (*persona*) wankelmütig

versatilidad [bersatili'ða^{ð}] *f* **1.** (*inconstancia*) Wankelmut *m* **2.** (*flexibilidad*) Flexibilität *f*

versículo [ber'sikulo] *m* **1.** (REL) Bibelspruch *m* **2.** (*poema*) Vers *m*

versificar [bersifi'kar] <c→qu> **I.** *vt* in Verse bringen **II.** *vi* Verse schreiben

versión [ber'sjon] *f* **1.** (*interpretación*) Version *f;* (*descripción*) Darstellung *f;* ~ **resumida** Kurzfassung *f* **2.** (*traducción*) Übersetzung *f*

verso ['berso] *m* **1.** (*palabras*) Vers *m;* **en ~s** in Versform **2.** (*género*) Versdichtung *f* **3.** (*poema*) Gedicht *nt*

vértebra ['berteβra] *f* Wirbel *m*

vertebrado [berte'βraðo] *m* Wirbeltier *nt*

vertebral [berte'βral] *adj* Wirbel-; **columna** ~ Wirbelsäule *f*

vertedero [berte'ðero] *m* (*escombrero*) Mülldeponie *f;* (*no autorizado*) Müllkippe *f;* ~ **ilegal** wilde Müllkippe

verter [ber'ter] <e→ie> **I.** *vt* **1.** (*vaciar*) schütten; (*líquido*) gießen; (*sin querer*) verschütten; (*recipiente*) ausleeren; (*basura*) abladen; ~ **el café en las tazas** Kaffee einschenken **2.** (*traducir*) übersetzen **3.** (*ideas, conceptos*) einbringen **II.** *vi* fließen

vertical [berti'kal] **I.** *adj* senkrecht **II.** *f* Senkrechte *f*

vértice ['bertiθe] *m* Scheitel *m*

vertiente [ber'tjen̩te] *f* **1.** (*declive*) Abhang *m;* (*lado*) Seite *f* **2.** (*aspecto*) Aspekt *m;* (*punto de vista*) Ansicht *f* **3.** (*And, CSur, Méx: fuente*) Springbrunnen *m*

vertiginoso, -a [bertixi'noso, -a] *adj* **1.** (*que marea*) Schwindel erregend **2.** (*velocidad*) rasend

vértigo ['bertiɣo] *m* **1.** (*mareo*) Schwindelgefühl *nt;* (*por las alturas*) Höhenangst *f;* **causar ~(s)** Schwindel erregen **2.** (*desmayo*) Ohnmachtsanfall *m* **3.** (*frenesí*) Rausch *m;* (*locura*) Wahnsinn *m* **4.** (*loc*): **de** ~ (*jaleo*) ohrenbetäubend; (*increíble*) unglaublich; (*fantástico*) fantastisch; (*rápidamente*) rasend schnell

vesania [be'sanja] *f* **1.** (*locura*) Wahnsinn *m* **2.** (*ira*) Zorn *m*

vesícula [be'sikula] *f* Blase *f;* (*en la epidermis*) Bläschen *nt*

vespertino, -a [besper'tino, -a] *adj* Abend-, abendlich

vespino [bes'pino] *m* Mofa *nt*

vestíbulo [bes'tiβulo] *m* (*de un piso*) (Haus)flur *m;* (*de un hotel*) Empfangshalle *f;* (TEAT) Foyer *nt;* (*atrio*) Atrium *nt*

vestido [bes'tiðo] *m* **1.** (*prenda*) Kleidungsstück *nt;* (*de mujer*) Kleid *nt* **2.** (*ropa*) Kleidung *f*

vestidura [besti'ðura] *f* **1.** (*ropa*) Kleidung *f* **2.** *pl* (REL) Gewand *nt*

vestigio [bes'tixjo] *m* **1.** (*huella*) Spur *f* **2.** (*señal*) Anzeichen *nt*

vestimenta [besti'men̩ta] *f* Kleidung *f*

vestir [bes'tir] *irr como pedir* **I.** *vt* **1.** (*cuerpo, persona*) (be)kleiden; (*estatua, pared*) bedecken; (*adornar*) schmücken; **estar vestido de pirata** (*disfrazado*) als Pirat verkleidet sein; ~ **a alguien con un abrigo** jdn in einen Mantel hüllen **2.** (*llevar*) tragen; (*ponerse*) anziehen **3.** (*confeccionar*) (ein)kleiden; **¿qué sastre le viste?** welcher

Schneider arbeitet für Sie? **4.** (*expresión*): ~ **el rostro de seriedad** ein ernstes Gesicht machen **II.** *vi* **1.** (*persona*) sich kleiden; ~ **de blanco** sich (in) Weiß kleiden; ~ **de uniforme** Uniform tragen; **el mismo que viste y calza** (*fig*) eben der; ~ **siempre muy bien** immer sehr gut angezogen sein **2.** (*loc*): **de** ~ (*elegante*) elegant; (*para una ocasión*) angebracht **III.** *vr:* ~**se** **1.** (*la ropa*) sich anziehen; (*cubrirse*) sich bedecken (*de* mit +*dat*); ~**se a la moda** sich modisch kleiden; ~**se de azul** Blau tragen; **los árboles se visten de verde** die Bäume werden grün; **los campos se visten de blanco** die Felder sind schneebedeckt; ~**se en Milán** (*comprar*) sich in Mailand einkleiden **2.** (*estado de ánimo*): ~**se de cierta actitud** eine bestimmte Haltung einnehmen; ~**se de severidad** ein strenges Gesicht machen

vestón [bes'ton] *m* (*Chil: saco*) Jacke *f*

vestuario [bes'twarjo] *m* **1.** (*conjunto*) Garderobe *f* **2.** (*cuarto,* TEAT) Garderobe *f;* (DEP) Umkleidekabine *f*

veta ['beta] *f* **1.** (MIN) (Erz)ader *f* **2.** (*en madera, mármol*) Maser *f*

vetar [be'tar] *vt* sein Veto einlegen (gegen +*akk*)

vetear [bete'ar] *vt* **1.** (*como la madera*) masern **2.** (*como el mármol*) marmorieren

veterano, -a[1] [bete'rano, -a] **I.** *adj* **1.** (MIL) altgedient **2.** (*experimentado*) erfahren **II.** *m, f* **1.** (*en una empresa*) langjähriger Mitarbeiter *m,* langjährige Mitarbeiterin *f* **2.** (*experto*) Experte, -in *m, f*

veterano[2] [bete'rano] *m* (MIL) Veteran *m*

veterinaria [beteri'narja] *f sin pl* Tiermedizin *f*

veterinario, -a [beteri'narjo, -a] *m, f* Tierarzt, -ärztin *m, f*

veto ['beto] *m* Veto *nt;* (**inter**)**poner** (**su**) ~ **a algo** sein Veto gegen etw einlegen

vetusto, -a [be'tusto, -a] *adj* **1.** (*persona*) greis **2.** (*cosa*) sehr alt; (*pey*) antiquiert

vez [beθ] *f* **1.** (*acto repetido*) Mal *nt;* **a la** ~ gleichzeitig; **a** [*o* **algunas**] **veces** manchmal; **alguna que otra** ~ gelegentlich; **cada** ~ **me gusta menos** es gefällt mir immer weniger; **cada** ~ **que..** jedes Mal, wenn ...; **de una** ~ (*en un solo acto*) mit einem Mal; (*sin interrupción*) auf einmal; (*definitivamente*) endgültig; **de** ~ **en cuando** ab und zu; **dilo otra** ~ sag es noch einmal; **acabemos de una** ~ lass es uns ein für alle Mal hinter uns bringen; **por primera** ~ zum ersten Mal; **aquella** ~ damals; **esta** ~ diesmal; **alguna** ~ einmal; **muchas veces** oft; **otra** ~ **será** dann eben ein anderes Mal; **pocas veces, rara** ~ selten; **tal** ~ vielleicht; **una y otra** ~ immer wieder; **una** ~ **que haya terminado, ...** wenn ich erst einmal fertig bin, ...; **érase una** ~**...** es war einmal ... **2.** (*con número*) Mal *nt;* **una** ~ ein Mal; **una y mil veces** hunderttausend Mal; **3 veces 9** (MAT) 3 mal 9; **repetidas veces** öfter(s); **de una** ~ **por todas** ein für allemal; **dos veces más que** doppelt so viel wie; **una** ~ **al año no hace daño** (*prov*) ein Mal ist kein Mal **3.** (*turno*): **cuando llegue mi** ~ wenn ich an der Reihe bin; **él a su** ~ **no respondió** er seinerseits antwortete nicht; **en** ~ **de** (an)statt; **hacer las veces de algo** als etw dienen; **hacer las veces de alguien** an jds Stelle treten; **ceder la** ~ **en una cola** in einer Schlange seinen Platz abtreten

viable *adj* **1.** (*sano*) lebensfähig **2.** (*factible*) machbar **3.** (*camino*) gangbar, begehbar; (*para coches*) befahrbar

vía ['bia] *f* **1.** (*camino*) Weg *m,* (*calle*) Straße *f;* ~ **aérea** (*correos*) Luftpost *f;* ~ **láctea** Milchstraße *f;* ~ **pública** Bürgersteig *m;* **por** ~ **aérea** auf dem Luftwege; (*correos*) per Luftpost; **¡**~ **libre!** Platz da! **2.** (*ruta*) via; **a Madrid** ~ **Paris** nach Madrid via Paris **3.** (*carril*) Spur *f;* (FERRO) Gleis *nt;* ~ **férrea** Eisenbahn *f;* **por** ~ **férrea** auf dem Schienenweg; ~ **muerta** Abstellgleis *nt;* **de** ~ **estrecha** schmalspurig; (*fig*) mies; **de** ~ **única** eingleisig **4.** (ANAT) Röhre *f;* ~**s digestivas** Verdauungstrakt *m;* ~**s respiratorias** Luftröhre *f;* ~**s urinarias** Harnröhre *f;* **por** ~ **oral** oral **5.** (*procedimiento*) Weg *m;* **por** ~ **judicial** auf dem Rechtsweg **6.** (INFOR) Pfad *m* **7.** (*loc*): **país en** ~**s de desarrollo** Entwicklungsland *nt;* **en** ~**s de recuperación** auf dem Wege der Genesung

vía crucis ['bia'kruθis] *m inv* Kreuzweg *m;* (*fig*) Leidensweg *m*

viada ['bjaða] *f* (*And*) Geschwindigkeit *f*

viaducto [bja'ðukto] *m* Viadukt *m o nt;* (FERRO) Bahnbrücke *f*

viajante [bja'xante] *mf* Reisende(r) *mf;* (COM) Handelsreisende(r) *mf*

viajar [bja'xar] *vi* reisen; ~ **por Italia** durch Italien reisen; ~ **en avión** fliegen

viaje [bi'axe] *m* **1.** (*general*) Reise *f;* ~ **de novios** Hochzeitsreise *f;* **estar de** ~ verreist sein; **irse de** ~ verreisen; **salir de** ~ abreisen **2.** (*carga*) Fuhre *f;* (*recorrido*) Fahrt *f;* **un** ~ **de leña** eine Fuhre Holz; **hacer la mudanza en cinco** ~**s** für den Umzug fünf Fahrten machen; **de un** ~ (*AmC: fig*) in einem Aufwasch **3.** (*argot: drogas*) Trip *m*

viajero, -a [bja'xero, -a] **I.** *adj* reisend; (ZOOL) Wander-; **ave viajera** Zugvogel *m* **II.** *m, f* Reisende(r) *mf;* (*pasajero*) Passagier(in) *m(f);* ~ **diario** Pendler *m*

vial [bi'al] **I.** *adj* (*caminos*) Wege-; (FERRO)

V

Schienen-; (*tráfico*) Verkehrs-; **circulación** ~ Straßenverkehr *m;* (**poca**) **fluidez** ~ (hohes) Verkehrsaufkommen *nt;* **reglamento** ~ Straßenverkehrsordnung *f* **II.** *m* Allee *f*

vianda [bi'an̪da] *f* (*alimento*) Nahrung *f;* (*comida*) Speise *f*

viandante [bjan̪'dan̪te] *mf* (*peatón*) Fußgänger(in) *m(f)*

viaraza [bja'raθa] *f* (*Am: rapto de ira*) Wutanfall *m;* **me dio la** ~ ich tobte vor Wut

viático [bi'atiko] *m* **1.** (REL) Viatikum *nt* **2.** (*alimentos*) Proviant *m* **3.** (*subvención*) Reisespesen *pl*

víbora ['biβora] *f* **1.** (ZOOL) Viper *f* **2.** (*pey: persona*) (falsche) Schlange *f*

vibración [biβra'θjon] *f* **1.** (*vaivén*) Vibration *f* **2.** (*temblor*) Zittern *nt* **3.** (*agitación*) (leichte) Erschütterung *f*

vibrador [biβra'ðor] *m* Vibrator *m*

vibrante [bi'βran̪te] *adj* **1.** (*sonoro*) kraftvoll **2.** (*entusiasta*) schwungvoll

vibrar [bi'βrar] **I.** *vi* **1.** (*oscilar*) vibrieren **2.** (*voz*) zittern **II.** *vt* **1.** (*agitar*) rütteln **2.** (LING) rollen

vicario [bi'karjo] *m* Vikar *m*

vicedirector(a) [biθeðirek'tor(a)] *m(f)* stellvertretender Direktor *m,* stellvertretende Direktorin *f*

vicenal [biθe'nal] *adj* **1.** (*que dura*) zwanzigjährig **2.** (*que se repite*) sich alle 20 Jahre ereignend

vicepresidente, -a [biθepresi'ðen̪te, -a] *m, f* (POL) Vizepräsident(in) *m(f);* (*en juntas*) stellvertretender Vorsitzender *m,* stellvertretende Vorsitzende *f*

vicerrector(a) [biθerrek'tor(a)] *m(f)* **1.** (UNIV) Prorektor(in) *m(f)* **2.** (ENS) Konrektor(in) *m(f)*

vicetiple [biθe'tiple] *f* Backgroundsängerin *f*

viceversa [biθe'βersa] *adv* umgekehrt

vichar [bi'ʧar] *vt* (*Arg, Urug*) **1.** (*espiar*) ausspionieren **2.** (*ver*) sehen **3.** (*buscar con la mirada*) spähen (nach +*dat*)

viciado, -a [bi'θjaðo, -a] *adj* (*aire*) stickig

viciar [bi'θjar] **I.** *vt* **1.** (*anular*) annullieren **2.** (*falsear*) verfälschen; (*deformar*) entstellen **II.** *vr:* ~**se** **1.** (*costumbres*) verkommen; (*persona*) verderben **2.** (*ser adicto*) süchtig sein (*con* nach +*dat*); **haberse viciado con la televisión** fernsehsüchtig sein **3.** (*deformarse*) sich verformen; (*romperse*) defekt sein

vicio ['biθjo] *m* **1.** (*mala costumbre*) Laster *nt;* (*adicción*) Sucht *f;* **el** ~ **de siempre** das alte Laster; **hacer algo por** ~ etw aus reiner Gewohnheit tun; **no poder quitarse el** ~ **de fumar** sich *dat* das Rauchen nicht abgewöhnen können; **tener el** ~ **de comerse las uñas** die schlechte Angewohnheit haben, an den Nägeln zu kauen **2.** (*objeto*) Defekt *m* **3.** (JUR: *error*) Fehler *m;* (*en un documento*) Formfehler *m* **4.** (*capricho*) Laune *f;* **le concedes demasiados** ~**s a ese niño** du bist zu nachgiebig mit dem Kind; **quejarse de** ~ ewig unzufrieden sein **5.** (BOT): **tener mucho** ~ wuchern

vicioso, -a [bi'θjoso, -a] **I.** *adj* **1.** (*carácter*) verdorben **2.** (*que produce vicio*) lasterhaft **3.** (*defecto*) defekt **4.** (*niño*) verwöhnt **5.** (BOT) üppig **II.** *m, f:* **en lo que respecta a la bebida es un** ~ er ist ein Gewohnheitstrinker

vicisitud [biθisi'tu^{ð}] *f* **1.** (*acontecimiento*) Ereignis *nt;* (*desgracia*) Unglück *nt* **2.** (*cambio*) Wende *f* **3.** *pl* (*alternancia*) Auf und Ab *nt*

víctima ['biktima] *f* Opfer *nt;* (*afectado*) Betroffene(r) *mf;* **ser** ~ **de un fraude** Opfer eines Betrugs werden

victimar [bikti'mar] *vt* (*Am*) **1.** (*herir*) verwunden **2.** (*matar*) töten

victoria [bik'torja] *f* Sieg *m;* ~ **por puntos** Sieg nach Punkten; **cantar** ~ sich eines Sieges rühmen

victorioso, -a [bikto'rjoso, -a] *adj* siegreich

vid [bi^{ð}] *f* **1.** (*parra*) Weinstock *m* **2.** (*uva*) (Wein)rebe *f*

vida ['biða] *f* **1.** (*existencia, actividad*) Leben *nt;* ~ **íntima** Privatleben *nt;* ~ **perra** Hundeleben *nt;* **¿cómo te va la** ~**?** wie geht's dir?; **complicarse la** ~ sich *dat* das Leben schwer machen; **darse la** ~ **padre** sich *dat* ein schönes Leben machen; **dejarse la** ~ **en algo** sein ganzes Leben etw *dat* widmen; **¡en** ~**!** nie im Leben!; **estar aún con** ~ noch am Leben sein; **estar entre la** ~ **y la muerte** in Lebensgefahr schweben; **este material es de corta** ~ dieses Material ist kurzlebig; **hacer por la** ~ (*fam*) essen; **hacer** ~ **marital** eheähnlich zusammenleben; **llevar una** ~ **miserable** ein kümmerliches Dasein fristen; **me va la** ~ **en este asunto** diese Angelegenheit ist lebenswichtig für mich; **partir de esta** ~ sterben; **pasarse la** ~ **haciendo algo** die ganze Zeit damit verbringen, etw zu tun; **perder la** ~ ums Leben kommen; **¿qué es de tu** ~**?** was gibt's Neues bei dir?; **quitarle la** ~ **a alguien** jdn töten; **quitarse la** ~ sich *dat* das Leben nehmen; **salir con** ~ mit dem Leben davonkommen; **de por** ~ zu Lebzeiten **2.** (*sustento*) Lebensunterhalt *m;* **buscarse la** ~ sich durchschlagen **3.** (*biografía*) Lebensgeschichte *f;* **de toda la** ~ schon immer; **la** ~ **y milagros de alguien** jds ganzes Leben **4.** (*placer*) Wohltat *f;* **este sol es** ~ dieser Sonnenschein ist eine wahre Wohltat **5.** (*alegría*) Lebensfreude *f* **6.** (*cariño*): **¡mi** ~**!** (mein) Schatz! **7.** (*prostituta*): **mujer de la** ~ Dirne *f;* **hacer la** ~ (*argot*) auf den Strich gehen

videncia [bi'ðeṇθja] *f* (Hell)sehen *nt*

vidente [bi'ðeṇte] *mf* (Hell)seher(in) *m(f)*

vídeo ['biðeo] *m* **1.** (*aparato*) Videorekorder *m;* **cámara de ~** Videokamera *f;* **editar en ~** als Videokassette herausbringen; **grabar en ~** auf Video aufnehmen **2.** (*película*) Video *nt*

videocámara [biðeo'kamara] *f* Videokamera *f*

videocasete [biðeoka'sete] *f* Videokassette *f*

videojuego [biðeo'xweɣo] *m* Videospiel *nt*

videoteléfono [biðeote'lefono] *m* Bildtelefon *nt*

videotexto [biðeo'testo] *m* Videotext *m*

vidriado [bi'ðrjaðo] *m* **1.** (*barniz*) Glasur *f* **2.** (*loza*) glasiertes Steingut *nt*

vidriar [bi'ðrjar] **I.** *vt* (*loza*) glasieren **II.** *vr:* **~se 1.** (*hacerse transparente*) glasig werden **2.** (*asunto*) heikel werden

vidriera [bi'ðrjera] *f* **1.** (*ventana*) Fenster *nt;* **puerta ~** Glastür *f* **2.** (*Am: escaparate*) Schaufenster *nt*

vidrio ['biðrjo] *m* **1.** (*material*) Glas *nt;* **~ de color** Buntglas *nt;* **~ opalino** Milchglas *nt;* **pagar los ~s rotos** (*fam fig*) die Suppe auslöffeln; **¡~!** (*frágil*) zerbrechlich!; (*cristal*) Achtung Glas! **2.** (*placa*) (Glas)scheibe *f;* (*de una ventana*) Fensterscheibe *f* **3.** (*objeto*) Glasarbeit *f;* (*productos*) Glaswaren *fpl*

vidrioso, -a [bi'ðrjoso, -a] *adj* **1.** (*como vidrio*) gläsern; (*mirada*) starr **2.** (*transparente*) glasig; **ojos ~s** glasige Augen **3.** (*frágil*) zerbrechlich **4.** (*superficie*) glatt **5.** (*persona*) empfindlich **6.** (*asunto*) heikel

viejales [bje'xales] *m inv* (*fam*) alter Knacker *m*

viejo, -a ['bjexo, -a] **I.** *adj* alt; (*usado*) gebraucht; (*gastado*) abgenutzt; (*ropa*) abgetragen; **Noche Vieja** Silvester *nt;* **tan ~ como Canalillo** (*fam*) uralt **II.** *m, f* Alte(r) *mf*

Viena ['bjena] *f* Wien *nt*

vienés, -esa [bje'nes, -esa] **I.** *adj* wienerisch **II.** *m, f* Wiener(in) *m(f)*

viento ['bjeṇto] *m* **1.** (*corriente*) Wind *m;* **~ ascendente** Aufwind *m;* **~ de cola** Rückenwind *m;* **~ de frente** Gegenwind *m;* **~ huracanado** (Wirbel)sturm *m;* **instrumento de ~** Blasinstrument *nt;* **hace ~** es ist windig; **beber los ~s por algo** (*desearlo*) sich *dat* etw innigst wünschen; **como el ~** in Windeseile; (*fig*) trotz aller Schwierigkeiten und Widrigkeiten; **corren malos ~s para...** (*fig*) es ist ein ungünstiger Augenblick um ...; **corre un poquito de ~** es weht ein leichter Wind; **un pequeño soplo de ~** ein Lüftchen; **estar lleno de ~** (*vacío*) leer sein; (*vanidoso*) aufgeblasen sein; **el negocio va ~ en popa** das Geschäft läuft bestens **2.** (NÁUT: *rumbo*) Kurs *m;* (*dirección*) Himmelsrichtung *f;* **a los cuatro ~s** in alle (vier Himmels)richtungen; **pregonar algo a los cuatro ~s** etw an die große Glocke hängen **3.** (*fam: irse*): **tomar ~** sich verziehen; **¡vete a tomar ~!** (*argot*) verpiss dich! **4.** (*olor*) Witterung *f;* (*olfato*) Spürsinn *m;* **me da el ~ que...** ich vermute, dass ... **5.** (*AmC:* MED) Rheumatismus *m* **6.** (*fam: loc*): **echar a alguien con ~ fresco** jdn hochkant hinauswerfen

vientre ['bjeṇtre] *m* **1.** (*abdomen*) Unterleib *m;* **hacer de ~** Stuhlgang haben; **regir bien el ~** regelmäßigen Stuhlgang haben **2.** (*barriga*) Bauch *m* **3.** (*matriz*) Mutterleib *m* **4.** (*interior*) Innere(s) *nt*

viernes ['bjernes] *m inv* Freitag *m;* **V~ Santo** Karfreitag *m;* **la semana que no tenga ~** am Sankt-Nimmerleins-Tag, *v. t.* **lunes**

vietnamita [bje^ðna'mita] **I.** *adj* vietnamesisch **II.** *mf* Vietnamese, -in *m, f*

viga ['biɣa] *f* (*de madera*) Balken *m;* (*de metal*) Träger *m*

vigencia [bi'xeṇθja] *f* Gültigkeit *f;* **estar en ~** in Kraft sein; **entrar en ~** in Kraft treten; **perder ~** ungültig werden

vigente [bi'xeṇte] *adj* gültig

vigía[1] [bi'xia] *f* Wach(t)turm *m*

vigía[2] [bi'xia] *mf* Wach(t)posten *m*

vigilancia [bixi'laṇθja] *f* **1.** (*cuidado*) Wachsamkeit *f* **2.** (*observación*) Überwachung *f;* (*servicio*) Aufsicht *f;* **tener a alguien bajo ~** jdn überwachen

vigilante [bixi'laṇte] **I.** *adj* (*despierto*) wachsam; (*en alerta*) vorsichtig **II.** *mf* **1.** (*guardián*) Wächter(in) *m(f);* (*de cárcel*) Aufseher(in) *m(f);* (*en tienda*) Kaufhausdetektiv(in) *m(f);* (*en museo*) Aufsichtsperson *f;* **~ nocturno** Nachtwächter *m;* **~ de seguridad** Wachmann *m* **2.** (*CSur: policía*) Polizist(in) *m(f)*

vigilar [bixi'lar] **I.** *vt* überwachen; (*niños*) beaufsichtigen **II.** *vi* achten (*por/sobre* auf *+akk*)

vigilia [bi'xilja] *f* **1.** (*en el trabajo*) Nachtdienst *m* **2.** (*víspera*) Vorabend *m* **3.** (*sin comer*) Fasten *nt;* (*comida*) fleischlose Kost *f;* **día de ~** Fastentag *m;* **comer de ~** fasten **4.** (*no dormir*) Wachen *nt* **5.** (*falta de sueño*) Schlaflosigkeit *f*

vigor [bi'ɣor] *m* **1.** (*fuerza*) Kraft *f;* (*espiritual*) Stärke *f;* (*energía*) Energie *f;* **con ~** kraftvoll; **sin ~** kraftlos **2.** (*vitalidad*) Vitalität *f;* (*empuje*) Antrieb *m* **3.** (*al hablar*) Nachdruck *m* **4.** (*vigencia*) Gültigkeit *f;* **entrar en ~** in Kraft treten; **poner en ~** in Kraft setzen

vigorizar [biɣori'θar] <z→c> *vt* **1.** (*fortalecer*) stärken **2.** (*revitalizar*) beleben **3.** (*ani-*

V

mar) motivieren **4.** (*dar firmeza*) festigen

vigoroso, -a [biɣo'roso, -a] *adj* **1.** (*fuerte*) stark; (*resistente*) robust **2.** (*animado*) motiviert; (*vital*) vital **3.** (*protesta*) energisch

viguería [biɣe'ria] *f* (*de madera*) Gebälk *nt;* (*de metal*) Trägerkonstruktion *f*

vigués, -esa [bi'ɣes, -esa] **I.** *adj* aus Vigo **II.** *m, f* Einwohner(in) *m(f)* von Vigo

vigueta [bi'ɣeta] *f* kleiner Balken *m*

VIH [uβei'atʃe] *m sin pl abr de* **virus de inmunodeficiencia humana** HIV *nt*

vil [bil] *adj* (*malo*) gemein; (*bajo*) niederträchtig; (*infame*) verwerflich

vileza [bi'leθa] *f* Gemeinheit *f*

vilipendiar [bilipen̪'djar] *vt* **1.** (*despreciar*) verachten; (*tratar*) geringschätzig behandeln **2.** (*denunciar*) verleumden

villa ['biʎa] *f* **1.** (*casa*) Villa *f* **2.** (*población*) Kleinstadt *f*

Villadiego [biʎa'ðjeɣo] *m* (*fam*): **tomar las de ~** abhauen

villancico [biʎan̪'θiko] *m:* ~ (**de Navidad**) Weihnachtslied *nt*

villanía [biʎa'nia] *f* **1.** (*bajeza*) Gemeinheit *f* **2.** (*expresión*) Unanständigkeit *f*

villano, -a [bi'ʎano, -a] **I.** *adj* **1.** (*bajo*) gemein **2.** (*rústico*) bäurisch; (*expresión*) ordinär **II.** *m, f* (*pey: grosero*) Bauer *m*

villorrio [bi'ʎorrjo, -a] *m* (*fam pey*) Kaff *nt*

vilo ['bilo] *adv:* **en ~** in der Schwebe; (*fig*) unruhig; **tener en ~** auf die Folter spannen; **estar en ~** gespannt sein

vinagre [bi'naɣre] *m* **1.** (*condimento*) Essig *m* **2.** (*persona*) Griesgram *m*

vinagrera [bina'ɣrera] *f* **1.** (*recipiente*) Essigflasche *f* **2.** *pl* (*para la mesa*) Menage *f* **3.** (*Am:* MED: *ardor*) Sodbrennen *nt*

vinagreta [bina'ɣreta] *f* Vinaigrette *f*

vincha ['bintʃa] *f* (*AmS: cinta*) Haarband *nt*

vinculación [biŋkula'θjon] *f* (Ver)bindung *f*

vincular [biŋku'lar] *vt* **1.** (*ligar*) binden (*a/con* an +*akk*); (*unir*) verbinden **2.** (*obligar*) verpflichten

vínculo ['biŋkulo] *m* **1.** (*unión*) (Ver)bindung *f;* **el ~ conyugal** das Band der Ehe; **~s familiares** Familienbande *pl;* **~s naturales** Blutsverwandtschaft *f;* **los ~s con el extranjero** die Beziehungen mit dem Ausland **2.** (*obligación*) Verpflichtung *f*

vindicación [bin̪dika'θjon] *f* **1.** (*venganza*) Rache *f* **2.** (*defensa*) Verteidigung *f* **3.** (*justificación*) Rechtfertigung *f* **4.** (*reivindicación*) Zurückforderung *f*

vindicar [bin̪di'kar] <c→qu> *vt* **1.** (*vengar*) rächen **2.** (*defender*) verteidigen **3.** (*justificar*) rechtfertigen **4.** (*reivindicar*) zurückfordern

vinícola [bi'nikola] **I.** *adj* Wein-; (*cultivo*) Weinbau- **II.** *mf* Winzer(in) *m(f)*

vinicultor(a) [binikul̪'tor(a)] *m(f)* Winzer(in) *m(f)*

vinicultura [binikul̪'tura] *f* Weinbau *m*

vino ['bino] *m* Wein *m;* **~ caliente** Glühwein *m;* **~ de mesa** Tafelwein *m;* **~ de Jerez** Sherry *m;* **~ moscatel** Muskateller *m;* **~ de Oporto** Portwein *m;* **~ peleón** Fusel *m;* **~ rosado** Rosé(wein) *m;* **~ tinto** Rotwein *m;* **echar agua al ~** (*fig*) von einer Behauptung Abstand nehmen; **tener buen/mal ~** von Wein lustig/aggressiv werden

viña ['biɲa] *f* **1.** (*monte*) Weinberg *m;* **ser una ~** (*fig*) eine Goldgrube sein; **tener una ~ con algo** sich *dat* an etw *dat* eine goldene Nase verdienen; **de todo hay en la ~ del Señor** (*prov*) es gibt nichts, was es nicht gibt **2.** (*planta*) Weinstock *m*

viñador(a) [biɲa'ðor(a)] *m(f)* Winzer(in) *m(f)*

viñedo [bi'ɲeðo] *m* **1.** (*monte*) Weinberg *m* **2.** (*planta*) Weinstock *m*

viola ['bjola] *f* **1.** (*instrumento*) Bratsche *f* **2.** (BOT) Veilchen *nt*

violáceo, -a [bjo'laθeo, -a] *adj* veilchenblau

violación [bjola'θjon] *f* **1.** (*infracción*) Verletzung *f;* (*de una ley*) Verstoß *m* (*de* gegen +*akk*); **~ de contrato** Vertragsbruch *m* **2.** (*de una mujer*) Vergewaltigung *f* **3.** (*invasión*) Überfall *m* **4.** (*de sepulturas*) Schändung *f*

violado, -a [bjo'laðo, -a] *adj* (*color*) violett

violar [bjo'lar] *vt* **1.** (*mujer*) vergewaltigen **2.** (*sepulturas*) schänden **3.** (*ley, principio*) verstoßen (gegen +*akk*); (*contrato*) brechen

violencia [bjo'len̪θja] *f* **1.** (*condición*) Gewalt *f;* (*fuerza*) Wucht *f;* **no ~** Gewaltlosigkeit *f;* **con ~** gewaltsam; **sin ~** gewaltlos; (*manifestación*) gewaltfrei; **costarle ~ a alguien** jdn Überwindung kosten; **hacer ~ a alguien** jdn zwingen **2.** (*acción*) Gewalttätigkeit *f*

violentar [bjolen̪'tar] **I.** *vt* **1.** (*obligar*) zwingen; (*sexualmente*) vergewaltigen **2.** (*puerta*) auftreten; (*cajón*) aufbrechen **3.** (*una casa*) einbrechen (in +*akk*); (*un banco*) überfallen **4.** (*principio*) verletzen **5.** (*al interpretar*) entstellen **II.** *vr:* **~se** (*obligarse*) sich zwingen

violento, -a [bjo'len̪to, -a] *adj* **1.** (*impetuoso*) gewaltig; (*esfuerzo*) mächtig; (*discusión*) heftig; (*temperamento*) stürmisch **2.** (*brutal*) brutal; (*con violencia*) gewaltsam; **acto ~** Gewalttat *f* **3.** (*persona*) aufbrausend **4.** (*postura*) unnatürlich **5.** (*acto*) gezwungen; (*cohibido*) gehemmt; (*duro*) hart; **me es muy ~ tener que aceptarlo** es geht mir (gehörig) gegen den Strich, es akzeptieren zu müssen; **me resulta ~ decirle que no** es fällt mir sehr schwer, es ihm/ihr abzuschlagen **6.** (*tergiversado*) entstellt **7.** (*Am: de repente*) plötzlich

violeta [bjo'leta] **I.** *adj* violett **II.** *f* (BOT) Veilchen *nt*

violín [bjo'lin] *m* (*instrumento*) Geige *f*

violinista [bjoli'nista] *mf* Geiger(in) *m(f)*

violón [bjo'lon] *m* (*instrumento*) Bassgeige *f;* **tocar el** ~ (*fig*) Blödsinn reden

violoncelista [bjoloṇθe'lista] *mf* Cellist(in) *m(f)*

violonc(h)elo [bjoloṇ'θelo/bjolon'ʧelo] *m* Cello *nt*

vip [bi^{p}], **VIP** [bi^{p}] *m abr de* **Very Important Person** VIP *f;* **sala** ~ VIP-Lounge *f*

viraje [bi'raxe] *m* **1.** (*giro*) Wendung *f;* (*curva*) Kurve *f;* ~ **en horquilla** Haarnadelkurve *f;* **hacer** [*o* **dar**] **un** ~ eine Kurve nehmen **2.** (*cambio*) Wende *f;* (*de opinión*) Umschwung *m;* (*de dirección*) Kurswechsel *m*

virar [bi'rar] **I.** *vi* **1.** (*girar*) wenden; (*curva*) eine Kurve nehmen; ~ **en redondo** (*t. fig*) eine Kehrtwende machen; **la grúa viró a la izquierda** der Kran schwenkte nach links (aus) **2.** (*cambiar*) sich ändern; (*de opinión*) umschwenken **II.** *vt* **1.** (*girar*) wenden **2.** (*el volante*) herumreißen

virgen ['birxen] **I.** *adj* jungfräulich; (*fig*) rein; (*cinta*) unbespielt; (*tierras*) unbebaut **II.** *f* (REL): **la V~** die Jungfrau; **la Santísima V~ María** die Heilige Jungfrau Maria; **¡Santísima V~!** (*fam*) Heilige Mutter Gottes!; **ser de la V~ del puño** geizig sein; **ser un viva la V~** ein Faulpelz sein

virginal [birxi'nal] *adj* (*inmaculado*) unberührt; (*puro*) rein

virginidad [birxini'ða$^{\eth}$] *f sin pl* Jungfräulichkeit *f*

Virgo ['birɣo] *m* (ASTR) Jungfrau *f*

viril [bi'ril] *adj* **1.** (*masculino*) männlich; **edad** ~ Mannesalter *nt* **2.** (*enérgico*) mannhaft

virilidad [birili'ða$^{\eth}$] *f sin pl* **1.** (*masculinidad*) Männlichkeit *f* **2.** (*energía*) Entschlossenheit *f* **3.** (*potencia*) Manneskraft *f* **4.** (*edad*) Mannesalter *nt*

virola [bi'rola] *f* Zwinge *f*

virrey, **-reina** [bi'rrei̯, -na] *m, f* Vizekönig(in) *m(f)*

virtual [birtu'al] *adj* virtuell

virtud [bir'tu$^{\eth}$] *f* **1.** (*en las personas*) Tugend *f* **2.** (*poder*) Fähigkeit *f;* **tener la** ~ **de aliviar** eine lindernde Wirkung haben **3.** (*loc*): **en** ~ **de** aufgrund *+gen*

virtuoso, **-a** [birtu'oso, -a] *adj* **1.** (*con gran habilidad*) virtuos **2.** (*lleno de virtudes*) tugendhaft **3.** (*que alivia*) wirksam

viruela [bi'rwela] *f* (MED) **1.** (*enfermedad*) Pocken *pl;* ~ **loca** Windpocken *pl* **2.** (*pústula*) Pocke *f;* **picado de** ~**s** pockennarbig; **señales de (la)** ~ Pockennarben *fpl*

virulento, **-a** [biru'leṇto, -a] *adj* **1.** (MED) ansteckend **2.** (*maligno*) bösartig

virus ['birus] *m* (MED) Virus *nt o m*

viruta [bi'ruta] *f* Span *m;* **un** ~**s** (*fam irón: carpintero*) ein Schreiner

vis [bis] *f:* ~ **cómica** Witz *m*

visa ['bisa] *m o f* (*Am*), **visado** [bi'saðo] *m* Visum *nt;* ~ **de entrada/de salida** Einreise-/Ausreisevisum *nt*

visaje [bi'saxe] *m* (*mueca*) Grimasse *f;* **hacer** ~**s** Grimassen schneiden

visar [bi'sar] *vt* (*pasaporte*) mit einem Visum versehen

víscera ['bisθera] *f* Eingeweide *nt*

viscosa [bis'kosa] *f* Viskose *f*

viscosidad [biskosi'ða$^{\eth}$] *f* **1.** (*consistencia*) Zähflüssigkeit *f* **2.** (*mucosidad*) Schleim *m*

viscoso, **-a** [bis'koso, -a] *adj* **1.** (*espeso*) zäh(flüssig) **2.** (*glutinoso*) schleimig; (*blando*) glibberig

visera [bi'sera] *f* **1.** (HIST, MIL) Visier *nt* **2.** (*de una gorra*) Schirm *m*

visibilidad [bisiβili'ða$^{\eth}$] *f* (*cualidad*) Sichtbarkeit *f;* (*distancia*) Sichtverhältnisse *ntpl*

visible [bi'siβle] *adj* **1.** (*perceptible*) sichtbar **2.** (*obvio*) offensichtlich **3.** (*persona*) auffällig **4.** (*fam: presentable*) vorzeigbar

visigodo, **-a** **I.** *adj* (HIST) westgotisch **II.** *m, f* (HIST) Westgote, -in *m, f*

visillo [bi'siʎo] *m* Gardine *f*

visión [bi'sjon] *f* **1.** (*vista*) Sicht *f* **2.** (*aptitud*) Sehvermögen *nt;* **perder la** ~ **de un ojo** die Sehkraft eines Auges verlieren **3.** (*aparición*) Vision *f;* **ver visiones** (*fig*) Gespenster sehen; **me quedé (como) viendo visiones** (*fig*) ich traute meinen Augen nicht **4.** (*punto de vista*) Sichtweise *f;* ~ **de conjunto** Überblick *m;* ~ **del mundo** Weltanschauung *f* **5.** (*fam pey: mamarracho*) Vogelscheuche *f;* **ir hecho una** ~ schauderhaft aussehen

visionario, **-a** [bisjo'narjo, -a] **I.** *adj* **1.** (*con imaginación*) visionär **2.** (*adivinatorio*) seherisch **3.** (*soñador*) wirklichkeitsfremd; (*pey*) spinnig **II.** *m, f* **1.** (*con imaginación*) Visionär(in) *m(f)* **2.** (*adivinador*) Seher(in) *m(f)* **3.** (*soñador*) Traumtänzer(in) *m(f);* (*pey*) Fantast(in) *m(f)*

visita [bi'sita] *f* **1.** (*visitante*) Besucher(in) *m(f)* **2.** (*acción*) Besuch *m;* (*a un museo, una ciudad*) Besichtigung *f;* ~ **del médico** Visite *f;* ~ **guiada** Führung *f;* ~ **oficial** (POL) Staatsbesuch *m;* **estar de** ~ **en casa de alguien** bei jdm zu Besuch sein; **ir de** ~ jdn besuchen gehen; **rendir** ~ **a alguien** jdm einen Besuch abstatten; **tener (a alguien de)** ~ (jdn zu) Besuch haben

visitante [bisi'taṇte] **I.** *adj* besuchend; **comisión** ~ Gastkommission *f* **II.** *mf* Besu-

V

cher(in) *m(f)*

visitar [bisi'tar] *vt* besuchen; (MED) Visite machen (bei *+dat*); (ADMIN, JUR) inspizieren; (*una ciudad, un museo*) besichtigen

vislumbrar [bislum'brar] *vt* **1.** (*ver*) durchschimmern sehen **2.** (*conjeturar*) erahnen

vislumbre [bis'lumbre] *f* **1.** (*resplandor*) Schimmer *m* **2.** (*idea*) Ahnung *f;* **no tener ni la más leve ~ de algo** keinen blassen Schimmer von etw *dat* haben

viso ['biso] *m* **1.** (*resplandor*) Schimmer *m;* (*aspecto*) Anschein *m;* **esto tiene ~s de no acabar nunca** das scheint kein Ende nehmen zu wollen; **tiene ~s de llover** es sieht nach Regen aus **2.** (*irisación*) Schillern *nt;* **hacer ~s** schillern

visón [bi'son] *m* Nerz *m*

visor [bi'sor] *m* **1.** (MIL) Visier *nt;* **~ de luz infrarroja** Infrarotsichtgerät *nt* **2.** (FOTO) Sucher *m*

víspera ['bispera] *f* (*noche anterior*) Vorabend *m;* (*día anterior*) Vortag *m;* **en ~s de** kurz vor *+dat;* **estar en ~s de hacer algo** im Begriff sein etw zu tun

vista ['bista] *f* **1.** (*visión*) Sicht *f;* (*capacidad*) Sehvermögen *nt;* (*mirada*) Blick *m;* **~ de lince** Adleraugen *ntpl;* **aguzar la ~** den Blick schärfen; **al/fuera del alcance de la ~** in/außer Sicht(weite); **a la ~** (*al parecer*) anscheinend; (*visible*) offensichtlich; (*previsible*) absehbar; **a la ~ de todos** vor aller Augen; **a la ~ está** sieht ganz so aus; **alzar/bajar la ~** den Blick heben/senken; **apartar la ~** wegschauen; **no apartar la ~ de alguien** jdn unaufhörlich anschauen; **a primera ~** auf den ersten Blick; **a simple ~** mit dem bloßen Auge; (*fig*) auf einen Blick; **comerse a alguien con la ~** jdn mit den Augen verschlingen; **con la ~ puesta en algo** den Blick auf etw gerichtet; **con ~s a...** im Hinblick auf ... *+akk;* **corto de ~** kurzsichtig; **dejar vagar la ~** den Blick schweifen lassen; **dirigir la ~ a algo** den Blick auf etw richten; **a Paco no hay quien le eche la ~ encima** Paco ist völlig von der Bildfläche verschwunden; **de ~** vom Sehen; **en vista de que...** angesichts der Tatsache, dass ...; **está a la ~ quién va a ganar** es ist abzusehen, wer gewinnen wird; **¡fuera de mi ~!** geh mir aus den Augen!; **hacer la ~ gorda** ein Auge zudrücken; **¡hasta la ~!** auf Wiedersehen!; **hasta donde alcanza la ~** so weit das Auge reicht; **nublar la ~** den Blick trüben; **se me nubla la ~** (*desmayo*) mir wird schwarz vor den Augen; **no perder de ~** nicht aus den Augen lassen; **pagadero a la ~** (COM) zahlbar bei Sicht; **perder de ~** aus den Augen verlieren; **quedar a la ~** zum Vorschein kommen; **saltar a la ~** ins Auge springen; **tener buena ~** gute Augen haben; **volver la ~ (atrás)** zurückblicken; **tener ~** (*fig*) ein Schlitzohr sein **2.** (*panorama*) Aussicht *f;* **~ panorámica** Panoramablick *m;* (*mirador*) Aussichtspunkt *m;* **con ~s al mar** mit Blick auf das Meer **3.** (*imagen, perspectiva*) Ansicht *f;* (FOTO) Aufnahme *f;* **~ aérea** Luftaufnahme *f;* (ARQUIT) Aufsicht *f;* **~ general** Gesamtbild *nt;* **~ de pájaro** Vogelperspektive *f;* **a ~ de pájaro** aus der Vogelperspektive **4.** (*aspecto*) Aussehen *nt;* **tener buena ~** gut aussehen **5.** (JUR) Verhandlung *f;* **~ oral** Hauptverhandlung *f*

vistazo [bis'taθo] *m* (flüchtiger) Blick *m;* **de un ~** mit einem Blick; **echar un ~ a algo** einen Blick auf etw werfen; **voy a dar un ~** ich gehe mal nachschauen

visto, **-a** ['bisto, -a] **I.** *pp de* **ver** **II.** *adj* **1.** (*considerado*) angesehen **2.** (*anticuado*) veraltet; **está muy ~** (*fig*) das ist Schnee von gestern **3.** (JUR): **~ para sentencia** hauptverhandlungsfähig **4.** (ADMIN, JUR) gesehen und genehmigt **5.** (*loc*): **el pastel desapareció ~ y no ~** ehe man es sich versah, war der Kuchen weg; **está ~ que no puede ser de otra forma** offensichtlich kann es nicht anders sein; **este abrigo está muy ~** diesen Mantel trägt wirklich Hinz und Kunz; **nunca ~** nie dagewesen; (*inaudito*) unerhört; **por lo ~** allem Anschein nach **III.** *conj:* **~ que...** angesichts der Tatsache, dass ...

visto bueno ['bisto 'βweno] *m* (ADMIN, JUR) Sichtvermerk *m;* **dar el ~ a algo** (*fig*) sein Plazet zu etw *dat* geben

vistoso, **-a** [bis'toso, -a] *adj* (*atractivo*) ansehnlich; (*llamativo*) auffällig; (*hermoso*) prächtig

visual [bi'swal] **I.** *adj* visuell; **campo ~** Gesichtsfeld *nt* **II.** *f* Augenlinie *f*

visualización [biswaliθa'θjon] *f* Veranschaulichung *f;* (*display, t.* INFOR) Anzeige *f;* **~ por cristal líquido** LCD-Anzeige *f;* **~ por diodo luminoso** LED-Anzeige *f*

visualizar [biswali'θar] <z→c> *vt* **1.** (*representar*) veranschaulichen **2.** (*Am: divisar*) erblicken **3.** (INFOR) anzeigen

vital [bi'tal] *adj* **1.** (*t.* MED) vital, Lebens-; **constantes ~es** Vitalfunktionen *f;* **fuerza ~** Lebenskraft *f* **2.** (*necesario*) lebenswichtig **3.** (*vivaz*) vital

vitalicio, **-a** [bita'liθjo, -a] *adj* (ADMIN, FIN) auf Lebenszeit; **renta vitalicia** Leibrente *f;* **seguro ~** Lebensversicherung *f*

vitalidad [bitali'ða^{ð}] *f sin pl* **1.** (*importancia*) (lebenswichtige) Bedeutung *f* **2.** (*energía*) Vitalität *f;* (*alegría de vivir*) Lebensfreude *f*

vitalizar [bitali'θar] <z→c> *vt* (*vivificar*)

beleben; (*fortalecer*) kräftigen

vitamina [bita'mina] *f* Vitamin *nt;* **pobre en ~s** vitaminarm; **rico en ~s** vitaminreich

vitaminar [bitami'nar] *vt* mit Vitaminen anreichern

vitícola [bi'tikola] *adj* Weinbau-

viticultor(a) [bitikul̩'tor(a)] *m(f)* Winzer(in) *m(f)*

viticultura [bitikul̩'tura] *f* Weinbau *m*

vítor ['bitor] *m* Hochruf *m;* **prorrumpir en ~es** in Hochrufe ausbrechen

vitorear [bitore'ar] *vt* hochleben lassen

vitoriano, -a [bito'rjano, -a] **I.** *adj* aus Vitoria **II.** *m, f* Einwohner(in) *m(f)* von Vitoria

vítreo, -a ['bitreo, -a] *adj* **1.** (*de vidrio*) gläsern, Glas- **2.** (*similar al vidrio*) glasartig; (*vidrioso*) glasig

vitrina [bi'trina] *f* Vitrine *f;* (*Am: escaparate*) Schaufenster *nt*

vituallas [bi'twaʎas] *fpl* (MIL) Proviant *m*

vituperable [bitupe'raβle] *adj* (*inmoral*) verwerflich; (*censurable*) tadelnswert; (*despreciable*) verachtenswert

vituperación [bitupera'θjon] *f* (*reprobación*) Verwerfung *f;* (*censura*) Tadel *m,* Rüge *f*

vituperar [bitupe'rar] *vt* (*reprobar*) verwerfen; (*censurar*) tadeln

vituperio [bitu'perjo] *m* (*censura*) Tadel *m;* (*injuria*) Beleidigung *f*

viudedad [bjuðe'ðað] *f* **1.** *v.* **viudez 2.** (*pensión*) Witwenrente *f*

viudez [bju'ðeθ] *f* (*de la mujer*) Witwenstand *m;* (*del hombre*) Witwerstand *m*

viudo, -a ['bjuðo, -a] **I.** *adj* verwitwet; **quedarse ~** verwitwen **II.** *m, f* Witwer *m,* Witwe *f*

viva ['biβa] **I.** *interj* hoch (soll er/sie leben)!; **¡~ el rey!** es lebe der König!; **¡~n los novios!** ein Hoch dem Brautpaar! **II.** *m* Hochruf *m;* **dar ~s a alguien** jdm zujubeln; **recibir con ~s** unter Hochrufen empfangen

vivacidad [biβaθi'ðað] *f sin pl* **1.** (*viveza*) Lebhaftigkeit *f* **2.** (*energía*) Lebenskraft *f* **3.** (*movilidad*) Regsamkeit *f;* (*agilidad*) Rührigkeit *f* **4.** (*agudeza*) Aufgewecktheit *f*

vivales [bi'βales] *m inv* gerissener Bursche *m*

vivaracho, -a [biβa'ratʃo, -a] *adj* **1.** (*vivo*) lebhaft **2.** (*despierto*) aufgeweckt

vivaz [bi'βaθ] *adj* **1.** (BOT) mehrjährig; (*perenne*) immergrün **2.** (*vivaracho*) lebhaft **3.** (*enérgico*) voller Lebenskraft **4.** (*despierto*) aufgeweckt

vivencia [bi'βen̩θja] *f* Erlebnis *nt*

víveres ['biβeres] *mpl* Lebensmittel *ntpl;* (MIL) Proviant *m*

vivero [bi'βero] *m* **1.** (*de plantas*) Gärtnerei *f;* (*de árboles*) Baumschule *f* **2.** (*de peces*) Zuchtteich *m;* (*en un restaurante*) Bassin *nt*

viveza [bi'βeθa] *f* **1.** (*celeridad*) Behändigkeit *f;* (*agilidad*) Regsamkeit *f* **2.** (*energía*) Lebendigkeit *f* **3.** (*agudeza*) Aufgewecktheit *f* **4.** (*de colores*) Leuchtkraft *f*

vívido, -a ['biβiðo, -a] *adj* lebendig

vivienda [bi'βjen̩da] *f* **1.** (*piso*) Wohnung *f;* (*casa*) Wohnhaus *nt;* (*residencia*) Wohnsitz *m;* **sin ~** obdachlos; **el problema de la ~** das Wohnungsproblem **2.** (*Am: modo de vida*) Lebensweise *f*

viviente [bi'βjen̩te] *adj* lebendig; **seres ~s** Lebewesen *ntpl;* **ni alma ~** (*fig*) keine Menschenseele

vivificar [biβifi'kar] <c→qu> *vt* **1.** (*vitalizar*) beleben **2.** (*animar*) Kraft spenden +*dat*

vivir [bi'βir] **I.** *vi* **1.** (*estar vivo*) leben; **~ al día** in den Tag hineinleben; **~ a lo grande** auf großem Fuß leben; **~ como un rey** wie Gott in Frankreich leben; **~ de rentas** (*fig*) vom Ruhm seiner Vergangenheit zehren; **¡~ para ver!** (*asombro*) wer hätte das gedacht!; (*confianza*) das wird sich noch zeigen!; **no dejar ~ a alguien** jdm das Leben zur Hölle machen; **no ~ de preocupación** vor Sorgen fast umkommen **2.** (*habitar*) wohnen **3.** (*durar*) überdauern; (*perdurar*) fortleben **II.** *vt* erleben; (*experiencias negativas*) durchmachen; **~ su (propia) vida** sein (eigenes) Leben führen **III.** *m* Leben *nt;* (*modo de vida*) Lebensweise *f;* **de mal ~** anrüchig

vivo, -a[1] ['biβo, -a] **I.** *adj* **1.** (*viviente*) lebend(ig); **cal viva** ungelöschter Kalk; **ser ~** Lebewesen *nt;* **a fuego ~** (GASTR) bei starker Hitze; **a lágrima viva** tränenüberströmt; **a lo ~** bei lebendigem Leibe; **al rojo ~** blutrot; **a viva fuerza** mit Gewalt; **de viva voz** persönlich; **en carne viva** wund; **en ~** (MÚS) live; **estar ~** am Leben sein; **herir en lo más ~** (*fig*) tief verletzen; **tener el ~ deseo de que** +*subj* den lebhaften Wunsch haben, dass … **2.** (*vivaz*) lebhaft **3.** (*enérgico*) heftig; **de genio ~** (leicht) aufbrausend **4.** (*color*) leuchtend **5.** (*actual*) frisch; (*presente*) präsent; (*duradero*) beständig **6.** (*vívido*) lebendig **7.** (*avispado*) aufgeweckt; (*pey*) gerissen **II.** *m, f* **1.** (*ser viviente*) Lebende(r) *mf* **2.** (*zorro*) schlauer Fuchs *m*

vivo[2] ['biβo] *m* **1.** (*borde*) Rand *m* **2.** (*tira*) Biese *f*

vizcaíno, -a [biθka'ino, -a] **I.** *adj* aus Biscaya **II.** *m, f* Einwohner(in) *m(f)* Biscayas

Vizcaya [biθ'kaɟa] *f* Biscaya *nt*

V.O. [ber'sjon orixi'nal] *abr de* **versión original** O.F.

vocablo [bo'kaβlo] *m* Vokabel *f*

vocabulario [bokaβu'larjo] *m* **1.** (*léxico*) Wortschatz *m;* **~ especializado** Fachwort-

V

schatz *m;* **tener un buen** ~ einen breiten Wortschatz haben **2.** (*lista*) Glossar *nt*

vocación [boka'θjon] *f* Berufung *f;* ~ **artística** künstlerische Ader; **por** ~ aus Berufung; **sentir** ~ sich berufen fühlen; **tener** ~ berufen sein

vocal[1] [bo'kal] **I.** *adj* (MÚS) vokal **II.** *f* (LING) Vokal *m,* Selbstlaut *m*

vocal[2] [bo'kal] *mf* Mitglied *nt;* (*portavoz*) Wortführer(in) *m(f)*

vocear [boθe'ar] **I.** *vi* schreien; (*enfadado*) zetern **II.** *vt* **1.** (*manifestar*) herausschreien **2.** (*llamar*) rufen **3.** (*pregonar*) ausrufen **4.** (*divulgar*) ausposaunen **5.** (*aclamar*) zujubeln +*dat* **6.** (*presumir*) angeben (mit +*dat*)

vocerío [boθe'rio] *m* (*griterío*) Geschrei *nt;* (*discusión*) Gezeter *nt*

vocero, -a [bo'θero, -a] *m, f* (*Am: portavoz*) Sprecher(in) *m(f)*

vociferar [boθife'rar] **I.** *vi* brüllen **II.** *vt* **1.** (*gritar*) herausschreien **2.** (*pey: proclamar*) ausposaunen

vocinglero, -a [boθiŋ'glero, -a] *adj* (*pey*) brüllend; **ser** ~ ein Schreihals sein

vodka ['boθka] *m o f* Wodka *m*

volado, -a [bo'laðo, -a] *adj* **1.** (ARQUIT) vorspringend **2.** (*fam: loco*) übergeschnappt **3.** (*Am: ausente*) abwesend; (*enamorado*) verschossen *fam* **4.** (*CSur*): ~ **de genio** (*fam*) leicht entzündlich **5.** (*inquieto*) aufgewühlt

volador(a) [bola'ðor(a)] *adj* fliegend; **aparato** ~ Fluggerät *nt*

voladura [bola'ðura] *f* Sprengung *f*

volandas [bo'landas] *fpl:* **en** ~ (*en el aire*) in der Luft (schwebend); (*deprisa*) im Nu; **llevar en** ~ mit sich *dat* fortreißen

volandero, -a [bolan'dero, -a] *adj* **1.** (*volantón*) flügge **2.** (*móvil*) beweglich **3.** (*fig: inquieto*) flatterhaft

volante [bo'lante] **I.** *adj* (*móvil*) beweglich; **rueda** ~ Schwungrad *nt* **II.** *m* **1.** (AUTO) Lenkrad *nt;* **ir al** ~ am Steuer sitzen; **ponerse al** ~ sich ans Steuer setzen **2.** (TÉC) Schwungrad *nt;* (*manual*) Handrad *nt;* ~ **de maniobra** Schaltrad *nt* **3.** (*del reloj*) Unruh *f* **4.** (*adorno*) Volant *m* **5.** (*escrito*) Flugblatt *nt* **6.** (MED) Überweisungsschein *m* **7.** (DEP) Federball *m* **8.** (*Am: conductor*) Autofahrer(in) *m(f);* (DEP) Rennfahrer(in) *m(f)*

volantín [bolan'tin] *m* **1.** (*sedal*) Wurfangelschnur *f* **2.** (*Am: cometa*) Drachen *m* **3.** (*Am: voltereta*) Überschlag *m;* (*acrobacia*) Salto *m*

volar [bo'lar] <o→ue> **I.** *vi* **1.** (*en el aire*) fliegen; **echar a** ~ losfliegen; **el tiempo vuela** die Zeit vergeht wie im Fluge **2.** (*desaparecer*) verschwinden; **el dinero ha volado** das Geld ist weg **3.** (*apresurarse*) eilen; **¡voy volando!** ich fliege!; ~ **a** +*inf* sich beeilen zu +*inf* **4.** (*argot: con drogas*) high sein **II.** *vt* **1.** (*hacer explotar*) sprengen **2.** (*enfadar*) aufregen **3.** (*hacer volar*) fliegen lassen; (*ave*) aufscheuchen; **hacer** ~ **una cometa** einen Drachen steigen lassen **4.** (TIPO) hochstellen **5.** (*AmC: loc, fam*): ~ **diente** (*comer*) futtern; ~ **lengua** (*hablar*) schwatzen; ~ **pata** (*caminar*) sich *dat* die Beine vertreten **III.** *vr:* ~**se 1.** (*huir*) entfliegen **2.** (*desaparecer*) sich davonmachen **3.** (*Am: enfadarse*) sich aufregen

volatería [bolate'ria] *f* (*pájaros*) Geflügel *nt*

volátil [bo'latil] **I.** *adj* **1.** (*volador*) fliegend **2.** (QUÍM) flüchtig **3.** (*inconstante*) flatterhaft **II.** *m* Federvieh *nt*

volatilizar [bolatili'θar] <z→c> **I.** *vt* (QUÍM) verflüchtigen **II.** *vr:* ~**se** (QUÍM) sich verflüchtigen; (*fig*) sich in Luft auflösen

volcán [bol'kan] *m* **1.** (GEO) Vulkan *m* **2.** (*Am: fig: montón*) Berg *m*

volcánico, -a [bol'kaniko, -a] *adj* **1.** (GEO) vulkanisch **2.** (*ardiente*) feurig

volcar [bol'kar] *irr* **I.** *vi* (*tumbarse*) (um)kippen; (*caer*) umfallen; (AERO) kippen **II.** *vt* **1.** (*hacer caer*) umwerfen; (*verter*) auskippen **2.** (*dar la vuelta*) umdrehen **III.** *vr:* ~**se 1.** (*darse la vuelta*) (um)kippen; (*caer*) umfallen; (*dar una voltereta*) sich überschlagen **2.** (*esforzarse*) sich bemühen; ~**se con alguien en atenciones/amabilidad** jdm gegenüber extrem aufmerksam/überaus liebenswürdig sein; ~**se en** [*o* **con**] **alguien** sich *dat* für jdn ein Bein ausreißen

volea [bo'lea] *f v.* **voleo**

volear [bole'ar] *vi, vt* (*tenis*) volley schlagen; (*fútbol*) volley schießen

voleibol [bolei̯'βol] *m* Volleyball *m*

voleiplaya [bolei̯'plaɟa] *m* Strandvolleyball *m*

voleo [bo'leo] *m* (DEP) Volley *m;* **a** ~ volley; (*fig*) massenhaft; (*descuidadamente*) aufs Geratewohl

volovelismo [boloβe'lismo] *m sin pl* (DEP) Segelfliegen *nt*

volquete [bol'kete] *m* Kipplore *f;* (*camión*) Kippwagen *m*

voltaje [bol'taxe] *m* Spannung *f*

voltear [bolte'ar] **I.** *vi* **1.** (*dar vueltas: persona*) sich herumwälzen; (*cosa*) sich drehen **2.** (*volcar*) sich überschlagen **3.** (*Am: torcer*) abbiegen; (*girarse*) sich umdrehen; ~ **a** +*inf* wieder +*inf* **4.** (*Am: pasear*) spazieren gehen **II.** *vt* **1.** (*invertir*) umdrehen; (*volver del revés*) umstülpen **2.** (*hacer girar*) zum Drehen bringen; ~ **las campanas** die Glocken läuten **3.** (*Am: volcar*) umkippen; (*volver*) (um)drehen; ~ **la espalda a alguien** jdm den Rücken zudrehen **4.** (*Am: lanzar al* *aire*) in die Luft werfen; (*el lazo*) schwingen **III.** *vr:* **~se** **1.** (*dar vueltas*) sich drehen; (*volcar*) sich überschlagen **2.** (*Am: volcar*) umkippen; (*darse la vuelta*) sich umdrehen

voltereta [bol̩te'reta] *f* **1.** (*cabriola*) Purzelbaum *m;* (*en el aire*) Salto *m;* **dar una ~** einen Purzelbaum schlagen; (*en el aire*) einen Salto machen **2.** (*vuelco*) Umschwung *m*

voltio ['bol̩tjo] *m* Volt *nt*

volubilidad [boluβili'ðaᵈ] *f* **1.** (QUÍM) Flüchtigkeit *f* **2.** (*inconstancia*) Unbeständigkeit *f;* (*imprevisibilidad*) Unberechenbarkeit *f*

voluble [bo'luβle] *adj* **1.** (QUÍM) flüchtig **2.** (*inconstante*) unbeständig; (*imprevisible*) unberechenbar **3.** (BOT) Schling-

volumen [bo'lumen] *m* **1.** (*tamaño*) Umfang *m,* (*t.* FÍS, MAT) Volumen *nt;* (*cabida*) Fassungsvermögen *nt;* (*cantidad*) (Gesamt)menge *f;* (*del pelo*) Fülle *f;* **~ de ventas** Umsatz *m;* **de gran ~** von großem Umfang **2.** (*de sonido*) Lautstärke *f;* **a todo ~** sehr laut; **poner la música a todo ~** die Musik voll aufdrehen **3.** (*tomo*) Band *m;* **en dos/varios volúmenes** zwei-/mehrbändig

voluminoso, -a [bolumi'noso, -a] *adj* voluminös; (*poco manejable*) sperrig; (*grueso*) umfangreich; (*corpulento*) korpulent

voluntad [bolun̩'tad] *f* **1.** (*intención*) Wille *m;* (*fuerza de ~*) Willenskraft *f;* (JUR) Vorsatz *m;* **~ de vivir** Lebenswille *m;* **buena ~** Gutwilligkeit *f;* **mala ~** Böswilligkeit *f;* **a ~** nach Belieben; **con buena ~** aus gutem Willen; **con mucha/poca ~** willig/unwillig; **contra su ~** widerwillig; **de última ~** letztwillig; **hacer su santa ~** seinen Willen durchsetzen; **poner ~ en algo** mit seinem ganzen Willen hinter etw *dat* stehen; **por propia ~** freiwillig; **quitar a alguien la ~ de algo** jdn von etw *dat* abbringen; **tener mucha/poca ~** einen starken/schwachen Willen haben **2.** (*cariño*) Zuneigung *f;* **dar la ~** eine kleine Zuwendung geben; **ganarse la ~ de alguien** jdn für sich gewinnen; **tener (mucha) ~ a alguien** jdm (sehr) zugeneigt sein

voluntariedad [bolun̩tarje'ðaᵈ] *f* **1.** (*carácter voluntario*) Freiwilligkeit *f;* (JUR) Wille *m* **2.** (*arbitrariedad*) Willkür *f* **3.** (*fuerza de voluntad*) Willenskraft *f;* (*perseverancia*) Zielstrebigkeit *f*

voluntario, -a [bolun̩'tarjo, -a] **I.** *adj* **1.** (*libre*) freiwillig **2.** (*arbitrario*) willkürlich **II.** *m, f* Freiwillige(r) *mf;* **ofrecerse ~ para algo** sich für etw freiwillig melden

voluntarioso, -a [bolun̩ta'rjoso, -a] *adj* willensstark; (*perseverante*) zielstrebig; (*caprichoso*) eigenwillig

voluptuosidad [boluptwosi'ðaᵈ] *f* **1.** (*pasión*) Wollust *f* **2.** (*sensualidad*) Sinnlichkeit *f*

voluptuoso, -a [boluptu'oso, -a] *adj* **1.** (*apasionado*) wollüstig **2.** (*sensual*) sinnlich

volver [bol'βer] *irr* **I.** *vi* **1.** (*dar la vuelta*) umdrehen; **~ atrás** umkehren **2.** (*regresar*) zurückkehren; **~ a casa** heimkehren; **al ~ a casa me acosté** als ich nach Hause kam, ging ich schlafen; **al ~ compra el pan** kauf auf dem Rückweg Brot; **al ~ me llamó** nach seiner/ihrer Rückkehr rief er/sie mich an; **he vuelto por la autopista** ich bin auf der Autobahn zurückgefahren; **~ en sí** wieder zu sich *dat* kommen; **~ sobre sí** in sich gehen; **volviendo al tema** um auf das Thema zurückzukommen **3.** (*repetir*): **~ a** *+inf* wieder *+inf;* **he vuelto a cometer el mismo error** ich habe schon wieder denselben Fehler begangen; **he vuelto a casarme** ich habe wieder geheiratet **II.** *vt* **1.** (*dar la vuelta*) umdrehen; **~ la espalda a alguien** (*t. fig*) jdm den Rücken zukehren; **~ la vista a algo** den Blick auf etw richten **2.** (*poner del revés*) wenden; (*manga*) umkrempeln **3.** (*transformar*) verwandeln (in *+akk*); **~ furioso** wild machen; **~ a su estado original** in den ursprünglichen Zustand zurückbringen **4.** (*devolver*) zurückgeben; **~ algo a su sitio** etw (an seinen Platz) zurückstellen **III.** *vr:* **~se** **1.** (*darse la vuelta*) sich umdrehen (*a/hacia* nach *+dat*) **2.** (*dirigirse*) sich wenden (*a/hacia* an *+akk*); **~se contra alguien** sich gegen jdn wenden; **~se (para) atrás** umkehren; (*fig*) einen Rückzieher machen; **no tengo dónde ~me** ich habe niemanden, an den ich mich wenden kann **3.** (*regresar*) zurückkehren **4.** (*convertirse*) sich verwandeln (in *+akk*); (*ponerse*) werden; **~se viejo/rico** alt/reich werden

vomitar [bomi'tar] **I.** *vi* sich übergeben; **es para ~** (*argot*) es ist zum Kotzen; **este salchichón me da ganas de ~** von dieser Salami wird mir ganz übel; **me dan ganas de ~** mir ist schlecht **II.** *vt* erbrechen; (*fig*) spucken; (*insultos*) ausstoßen; (*sangre*) speien

vomitivo, -a [bomi'tiβo, -a] *adj* **1.** (MED) Brechreiz erregend **2.** (*argot: asqueroso*) ekelhaft; **ese es ~** der Typ ist ein echter Kotzbrocken

vómito ['bomito] *m* (*acción*) Erbrechen *nt;* (*lo vomitado*) Erbrochene(s) *nt;* **~ de sangre** Blutsturz *m;* **provocar ~s a alguien** jdn zum Erbrechen bringen

vorágine [bo'raxine] *f* **1.** (*remolino*) Strudel *m* **2.** (*confusión*) Trubel *m*

voraz [bo'raθ] *adj* (*pey: glotón*) gefräßig; (*hambriento*) heißhungrig; (*t. fig: devo-*

V

rador) alles verzehrend; **apetito** ~ Heißhunger *m*

vórtice ['bortiθe] *m* (*de agua*) Strudel *m;* (*de un ciclón*) Auge *nt* eines Wirbelsturms

vos [bos] *pron pers* **1.** (HIST: *usted*) Ihr *pl* **2.** (*Am: tú*) du **3.** (*Am: con preposición*): **esto es para** ~ das ist für dich; **voy con** ~ ich komme mit dir

> **vosear:** Der Begriff **vosear** bezeichnet folgendes linguistische Phänomen: mit **‚vos'** anstatt **‚tú'** zu duzen, was sehr üblich in **Argentina** und auch anderen spanischsprachigen Ländern Lateinamerikas ist.

Vosgos ['bosɣos] *mpl:* **los** ~ die Vogesen

vosotros, -as [bo'sotros, -as] *pron pers* **1.** (*sujeto*) ihr **2.** (*tras preposición*) euch

votación [bota'θjon] *f* Abstimmung *f;* ~ **a mano alzada** Abstimmung durch Handzeichen; **someter algo a** ~ über etw abstimmen (lassen)

votar [bo'tar] **I.** *vi* **1.** (*decidir*) abstimmen; (*elegir*) stimmen (*a/por* für *+akk*) **2.** (REL) ein Gelöbnis ablegen **3.** (*maldecir*) fluchen; **¡voto a tal!** verflucht! **II.** *vt* **1.** (*decidir*) abstimmen (über *+akk*); (*elegir*) stimmen (für *+akk*); ~ **una ley/un presupuesto** ein Gesetz/einen Haushalt verabschieden **2.** (REL) geloben

voto ['boto] *m* **1.** (POL: *opinión*) Stimme *f;* (*acción*) Abstimmung *f;* ~ **afirmativo** [*o* **a favor**] Jastimme *f;* ~ **en blanco** Abgabe eines leeren Stimmzettels; ~ **de censura** Misstrauensvotum *nt;* ~ **por correo** Briefwahl *f;* ~ **negativo** [*o* **en contra**] Neinstimme *f;* **derecho a** ~ Stimmrecht *nt;* **dar su** ~ **a algo** für etw stimmen; **emitir su** ~ seine Stimme abgeben; **tener** (**derecho a**) ~ stimmberechtigt sein; **acción sin** ~ (FIN) Aktie ohne Stimmrecht **2.** (REL: *promesa*) Gelübde *nt;* **hacer** ~**s por** *+inf,* **hacer** ~**s por que...** *+subj* (*t. fig*) beten, dass …

voy [boi̯] *1. pres de* **ir**

voz [boθ] *f* **1.** (*sonido, expresión, facultad, voto*) Stimme *f;* ~ **afeminada** Fistelstimme *f;* ~ **aguardentosa** Stimme wie ein Reibeisen; ~ **cantante** Solostimme *f;* ~ **de mando** Kommando *nt;* **a dos/cuatro voces** (MÚS) zwei-/vierstimmig; **aclarar la** ~ sich räuspern; **ahuecar la** ~ seine Stimme anheben; **levantar/bajar la** ~ lauter/leiser sprechen; **levantar la** ~ **a alguien** gegen jdn die Stimme erheben; **a media** ~ halblaut; **correr la** ~ **de algo** etw weitersagen; **de viva** ~ persönlich; **hablar en** ~ **alta/baja** laut/leise sprechen; **hacer oír su** ~ Gehör finden; **leer en** ~ **alta** vorlesen; **llevar la** ~ **cantante** (*fig*) den Ton angeben; **no tener ni** ~ **ni voto** nicht mitreden dürfen; (*fig*) nichts zu melden haben; **se me quebró la** ~ mir versagte die Stimme; (*fig*) es verschlug mir die Sprache; **tener** ~ **en algo** bei etw *dat* Mitspracherecht haben; (*fig*) bei etw *dat* ein Wörtchen mitzureden haben **2.** (*grito*) Ruf *m;* **voces** Geschrei *nt;* **a voces** schreiend; **a** ~ **en cuello** lauthals; **dar una** ~ **a alguien** jdm zurufen; **dar voces** schreien; **dar la** ~ **de alarma** Alarm schreien; **pegar** (**cuatro**) **voces** laut werden; **pedir algo a voces** nach etw *dat* schreien **3.** (*sonido*) Klang *m* **4.** (*rumor*) Gerücht *nt;* **corre la** ~ **de que te casas** man munkelt, dass du heiratest **5.** (*vocablo*) Wort *nt;* ~ **técnica** Fachterminus *m;* **de viva** ~ mündlich **6.** (*del verbo*): ~ **activa/pasiva** Aktiv *nt*/Passiv *nt*

vuelco ['bwelko] *m* (*tumbo*) Umkippen *nt;* (*voltereta*) Überschlag *m;* (*cambio*) Umschwung *m;* **dar un** ~ sich überschlagen; (*fig*) eine Kehrtwendung machen; **me dio un** ~ **el corazón** mir blieb das Herz stehen

vuelo ['bwelo] *m* **1.** (*en el aire*) Flug *m;* ~ **acrobático** Kunstflug *m;* ~ **en globo** Ballonfahrt *f;* ~ **sin motor** Segelflug *m;* ~ **nacional/internacional** Inland-/Auslandflug *m;* ~ **rasante** Tiefflug *m;* ~ **regular** Linienflug *m;* **levantar el** ~ emporfliegen; **al** ~ in der Luft; (*fig*) im Fluge; **cogerlas al** ~ (*fig*) im Nu kapieren; **cortar los** ~**s a alguien** jdm die Flügel stutzen; **de altos** ~**s** großspurig; **oír el** ~ **de una mosca** (*fig*) eine Stecknadel fallen hören; **tomar** ~ (*fig*) auffliegen **2.** (*de la ropa*) Weite *f;* **falda de** ~ weiter Rock

vuelta ['bwel̪ta] *f* **1.** (*giro*) (Um)drehung *f;* ~ **de campana** (AUTO) Überschlagen *nt;* **andar a** ~**s con algo** (*fam*) sich mit etw *dat* herumschlagen; **buscar las** ~**s a alguien** jdn übers Ohr hauen; **dar la** ~ wenden; (*poner cabeza abajo*) auf den Kopf stellen; (*llave*) herumdrehen; **dar muchas** ~**s a algo** (*fig*) sich *dat* über etw den Kopf zerbrechen; **darle cien** ~**s a alguien** (*fig*) jdm haushoch überlegen sein; **darse la** ~ sich umdrehen; (*de campana*) sich überschlagen; **dar** ~**s a algo** etw drehen; **dar(se)** ~ **media** sich umdrehen; **dar(se) una** ~ spazieren gehen; **no tiene** ~ **de hoja** (*fig*) so ist es nun mal; **poner a alguien de** ~ **y media** an jdm kein gutes Haar lassen **2.** (*regreso*) Rückkehr *f;* (*viaje*) Rückfahrt *f;* ~ **atrás** Umkehr *f;* (*fig*) Rückzieher *m;* (CINE) Rückblende *f;* **a la** ~ **pasaremos por vuestra casa** auf dem Rückweg werden wir bei euch vorbeischauen; **a la** ~ **empezaré a**

Hispanoamérica

Die hispanoamerikanischen Länder

Países de habla hispana
Die spanischsprachige Welt

España
Spanien

Baleares
Balearen

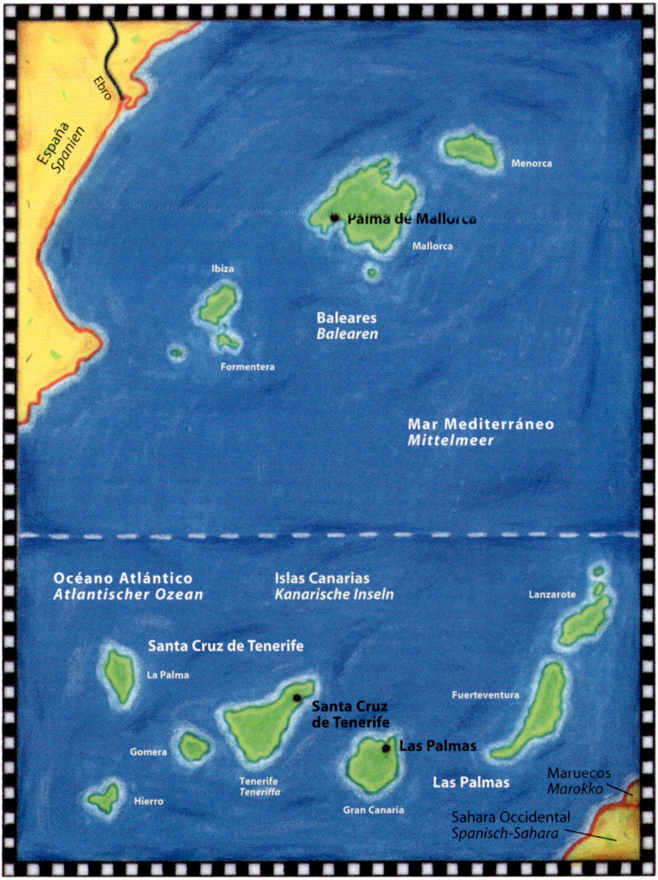

Islas Canarias
Kanarische Inseln

Alemania
Deutschland

Austria
Österreich
República Checa
Tschechische Republik
Eslovaquia
Slowakei
Alemania
Deutschland
Baja Austria
Niederösterreich
Alta Austria
Oberösterreich
Linz
Danubio
Donau
Viena
Wien
Viena
Wien
Sankt Pölten
St. Pölten
Eisenstadt
Enns
Salzburgo
Salzburg
Lago de Constanza
Bodensee
región subalpina
Alpenvorland
Bregenz
Vorarlberg
Tirol
Inn
Innsbruck
Arlberg
Liechtenstein
Alpes de Ötztal
Ötztaler Alpen
Brenner
Suiza
Schweiz
Salzach
Alto Tauern
Hohe Tauern
Salzburgo
Salzburg
Grossglockner
Großglockner
Tirol
BajoTauern
Niedere Tauern
Semmering
Estiria
Steiermark
Burgen-
land
Graz
Hungría
Ungarn
Carintia
Kärnten
Drave
Drau
Klagenfurt
Italia
Italien
Eslovenia
Slowenien
Croacia
Kroatien

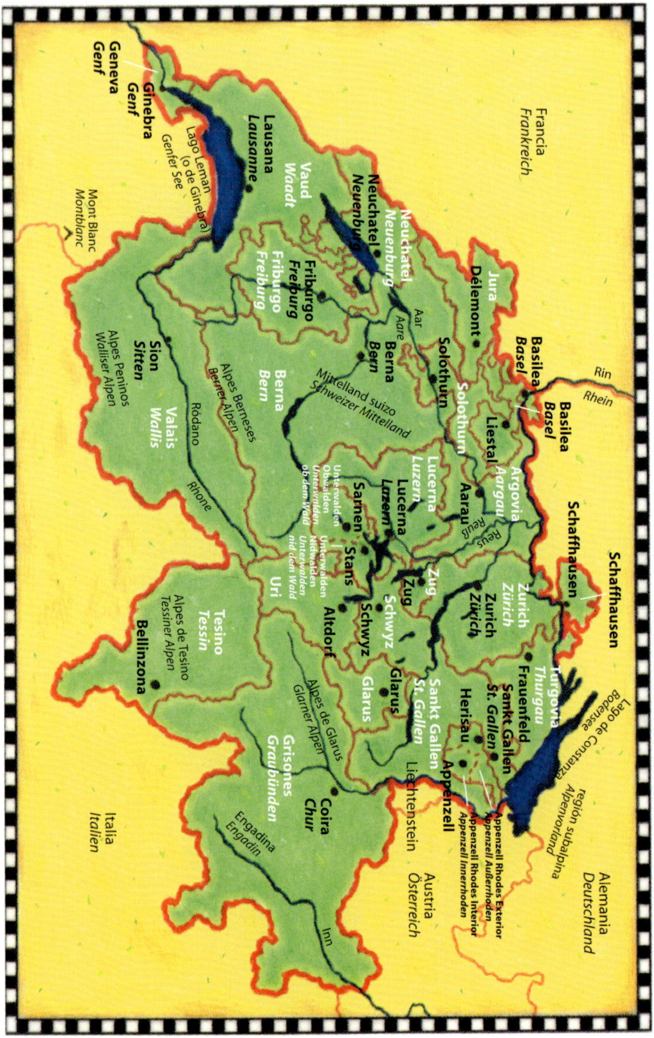

Suiza
Schweiz

tortilla de patatas

jamón serrano

mejillones a la marinera

croquetas

boquerones en vinagre

albóndigas con salsa de tomate

chipirones fritos

gambas a la plancha

los altavoces = die Lautsprecher
la pantalla = der Bildschirm
el teclado = die Tastatur
una tecla = eine Taste
el joystick, la palanca de mando = der Joystick
un disquete/diskette = eine Diskette
el ratón = die Maus
la alfombrilla = das Mauspad
la palanca de control (o de mando) = das Gamepad

el streamer = der Streamer
el lector de CD-ROM = das CD-ROM-Laufwerk
el disco duro = die Festplatte
CALIBURN
Star Flight
la disquetera = das Diskettenlaufwerk
un CD-ROM = eine CD-ROM
el scanner (o escáner) = der Scanner
el ordenador portátil = der Laptop
un videojuego = ein Videospiel

eine Currywurst

ein Heringsbrötchen

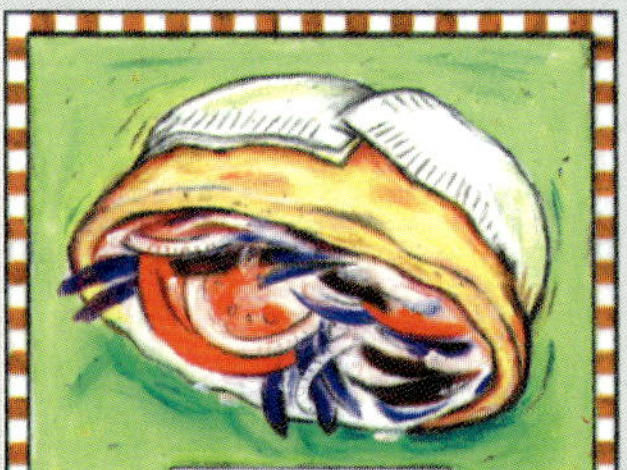

ein Döner

Pommes frites

eine Frikadelle

eine Minipizza

ein Leberkäse-
brötchen

eine Bockwurst

trabajar nach meiner Rückkehr werde ich anfangen zu arbeiten; **de ~ a casa** auf dem Rückweg nach Hause; **estar de ~** zurück(gekehrt) sein; **estar de ~ de todo** (*fig*) ein alter Hase sein **3.** (*curva*) Biegung *f;* **dar ~s y revueltas** sehr kurvenreich sein **4.** (*dinero*) Wechselgeld *nt;* **dar la ~** herausgeben **5.** (*cambio*) Wende *f;* **la vida da muchas ~s** erstens kommt es anders, und zweitens als man denkt; **¡las ~s que da la vida!** das Leben ist ein einziges Auf und Ab! **6.** (DEP) Runde *f;* **~ ciclista** Tour *f* **7.** (POL) Wahlgang *m* **8.** (*devolución*) Rückgabe *f* **9.** (*reverso*) Rückseite *f* **10.** (*de la ropa*) Aufschlag *m* **11.** (*del tejido*) Reihe *f* **12.** (*loc*): **a ~ de correo** postwendend; **a la ~ de** (*lugar*) um *+akk;* (*tiempo*) nach *+dat*

vuelto, -a[1] ['bwel̥to, -a] *pp de* **volver**

vuelto[2] ['bwel̥to] *m* (*Am: cambio*) Wechselgeld *nt;* **dar el ~** herausgeben

vuestro, -a ['bwestro, -a] **I.** *adj* euer, eu(e)re; **~ coche** euer Auto; **vuestra hija** eure Tochter; **~s vecinos** eure Nachbarn **II.** *pron pos* **1.** (*de vuestra propiedad*) euer(e); **¿es ~?** gehört es euch? **2.** (*tras artículo*): **el ~/la vuestra/lo ~** eure(r, s); **los ~s** eure; (*parientes*) eure Angehörigen; **mi radio no funciona, ¿me dejáis la vuestra?** mein Radio geht nicht, leiht ihr mir eures?; **ésta es la vuestra** (*fam*) das ist die Gelegenheit für euch **3.** (*tras substantivo*) eure(r), von euch; **un amigo ~** ein Freund von euch; (**no**) **es culpa vuestra** es ist (nicht) eure Schuld

vulgar [bul'ɣar] *adj* **1.** (*común*) gemein; (*ordinario*) gewöhnlich **2.** (*pey: ordinario*) vulgär **3.** (*bajo*) niedrig **4.** (*ramplón*) platt

vulgaridad [bulɣari'ðaᵈ] *f* **1.** (*normalidad*) Gewöhnlichkeit *f* **2.** (*pey: grosería*) Derbheit *f* **3.** (*ramplonería*) Plattheit *f*

vulgarizar [bulɣari'θar] <z→c> **I.** *vt* **1.** (*simplificar*) vereinfachen **2.** (*popularizar*) popularisieren **II.** *vr:* **~se** **1.** (*pey: persona*) vulgär werden **2.** (*trivializarse*) abflachen **3.** (*popularizarse*) populär werden

vulgo ['bulɣo] *m* **1.** (*mayoría*) breite Allgemeinheit *f;* (*pey: masa*) Masse *f* **2.** (*pueblo, profanos*) gemeines Volk *nt*

vulnerabilidad [bulneraβili'ðaᵈ] *f* Verletzlichkeit *f;* (*de la salud, de máquinas*) Anfälligkeit *f*

vulnerable [bulne'raβle] *adj* verletzlich

vulneración [bulnera'θjon] *f* Verletzung *f*

vulnerar [bulne'rar] *vt* verletzen

vulva ['bulβa] *f* Schamgegend *f;* **labios de la ~** Schamlippen *fpl*

V

W

W, w ['uβe 'ðoβle] *f* W, w *nt;* ~ **de Washington** W wie Wilhelm
wampa ['wampa] *f* (*Méx: ciénaga*) Sumpf *m*
warrant ['warran^t] <warrants> *m* (FIN) Lager(pfand)schein *m*
wáter ['bater] *m,* **water-closet** ['bater-'kloset] *m* Toilette *f*
waterpolo [bater'polo] *m* Wasserball *m*
watt [ba^t] *m* Watt *nt*
W.C. ['uβe θe] *m abr de* **water-closet** WC *nt*
windsurf ['win̩^dsurf] *m* **1.** (DEP) (Wind)surfen *nt* **2.** (*tabla*) Surfbrett *nt*
windsurfing [win̩^d'surfiŋ] *m sin pl* (Wind)surfen *nt*
wing [wiŋ] *m* (*Am*) **1.** (*extremo delantero*) Außenstürmer *m* **2.** (*extrema delantera*) Flügel *m*

X

X, x ['ekis] *f* **1.** (*letra*) X, x *nt;* ~ **de xilófono** X wie Xanthippe; **rayos** ~ Röntgenstrahlen *mpl;* **en** (**forma de**) ~ x-förmig **2.** (MAT) x; ~ **veces** x-mal **3.** (*fig: indeterminado*) x-beliebig **4.** (*numeración romana*) X
xenofobia [seno'foβja] *f* Fremdenfeindlichkeit *f*
xenófobo, -a [se'nofoβo, -a] *adj* fremdenfeindlich
xilófono [si'lofono] *m* Xylophon *nt*
xilografía [siloɣra'fia] *f* Holzschnitt *m*
xirgo, -a ['sirɣo, -a] *adj* (*Méx*) **1.** (*desaseado*) schlampig **2.** (*hirsuto*) zottelig

Y

Y, y [i 'ɣrjeɣa] *f* Y, y *nt;* ~ **de yema** Y wie Ypsilon

y [i] *conj* und; **¿~ qué?** na und?; **días ~ días** tagelang; **me voy de vacaciones – ¿~ tu trabajo?** ich mache Urlaub – und was ist mit deiner Arbeit?; **¿~ tu marido(, qué tal)?** wie geht es deinem Mann?; **¿~ mi monedero? – en el coche** wo ist denn mein Geldbeutel? – im Auto; **¿~ este paquete? – de mis padres** von wem ist dieses Paket? – von meinen Eltern; **¿~ esta chaqueta? – de mi madre** wem gehört diese Jacke? – meiner Mutter; ~ **eso que** obwohl

ya [ɟa] **I.** *adv* **1.** (*en el pasado*) schon; ~ **es hora de que cambies** es wird (höchste) Zeit, dass du dich änderst **2.** (*pronto*) gleich, sofort; **¡~ voy!** ich komme schon!; ~ **verás** du wirst schon (noch) sehen **3.** (*ahora*) jetzt; ~ **falta poco para Navidades** bald ist Weihnachten **4.** (*negación*): ~ **no fumo** ich rauche nicht mehr; **no ~** [*o* ~ **no**]**… sino…** nicht nur …, sondern auch … **5.** (*afirmación*) ja; ~**,** ~ jaja, soso; **¡ah ~!** ach so!; **¡anda ~!** ach was!; **¡pues ~!** aber klar doch! **II.** *conj* **1.** (*porque*): ~ **que** da, weil **2.** (*aprovechando que*): ~ **que estás aquí…** wenn du schon hier bist, …; ~ **que lo mencionas…** weil du gerade davon anfängst, … **3.** (*o*): ~ **por …,** ~ **por….** mal wegen …, mal wegen … **III.** *interj* ach so!

yacer [ɟa'θer] *irr vi* **1.** (*estar echado*) liegen **2.** (*estar enterrado*) ruhen **3.** (*acostarse*) schlafen **4.** (*estar*) sich befinden

yacija [ɟa'θixa] *f* **1.** (*pey: cama*) (Nacht)lager *nt;* (*de paja*) Strohlager *nt* **2.** (*sepultura*) Grabstätte *f*

yacimiento [ɟaθi'mjen̪to] *m* (GEO, MIN) Vorkommen *nt;* (*capa*) Flöz *nt*

yaguré [ɟaɣu're] *m* (*Am:* ZOOL) Stinktier *nt,* Skunk *m*

yak [ɟak] *m* Jak *nt*

yámbico, -a ['ɟambiko, -a] *adj* (LIT) jambisch

yambo ['ɟambo] *m* (LIT) Jambus *m*

yanqui ['ɟaŋki] **I.** *adj* (nord)amerikanisch **II.** *mf* (US-)Amerikaner(in) *m(f)*

yapa ['ɟapa] *f* (*Am*) **1.** (*a un precio*) Zuschlag *m* **2.** (*objeto*) Zugabe *f;* **de ~** zudem

yapar [ɟa'par] *vt* (*Am*) **1.** (*el precio*) einen Zuschlag erheben (auf +*akk*) **2.** (*un objeto*) dazugeben

yarda ['ɟarða] *f* Yard *nt*

yate ['ɟate] *m* Jacht *f*

yayo, -a ['ɟaɟo, -a] *m, f* (*fam*) Opa *m,* Oma *f*

yazco ['ɟaθko], **yazgo** ['ɟaθɣo] *1. pres de* **yacer**

ye [ɟe] *f* Ypsilon *nt*

yedra ['ɟeðra] *f* Efeu *m*

yegua ['ɟeɣwa] *f* **1.** (ZOOL) Stute *f* **2.** (*AmC: colilla*) Zigarettenstummel *m*

> **yeísmo** *m:* Der Begriff yeísmo bezeichnet das Aussprechen des ‚ll' wie ein ‚y', z. B. **‚gayo'** statt **‚gallo'**. Der **yeísmo** ist weit verbreitet, vor allem unter der Stadtbevölkerung.

yelmo ['ɟelmo] *m* Helm *m*

yema ['ɟema] *f* **1.** (*de un huevo*) Eigelb *nt,* (Ei)dotter *m o nt* **2.** (*de un dedo*) Fingerkuppe *f* **3.** (GASTR) Eierkonfekt *nt* **4.** (BOT) Knospe *f* **5.** (*centro*) Mitte *f;* **en la ~ del invierno** im tiefsten Winter; **dar en la ~** (*fig fam*) den Nagel auf den Kopf treffen **6.** (*parte mejor*) Beste(s) *nt*

Yemen ['ɟemen] *m* Jemen *m*

yemení [ɟeme'ni], **yemenita** [ɟeme'nita] **I.** *adj* jemenitisch **II.** *mf* Jemenit(in) *m(f)*

yendo ['ɟen̪do] *ger de* **ir**

yerba ['ɟerβa] *f* **1.** (*planta*) Kraut *nt;* ~ **mate** (*RíoPl*) Matepflanze *f;* (*producto*) Mate(tee) *m* **2.** (*césped*) Gras *nt;* (*pasto*) Gras *nt;* (*seco*) Heu *nt*

yerbear [ɟerβe'ar] *vi* (*Am*) Mate(tee) trinken

yergo ['ɟerɣo] *1. pres de* **erguir**

yermo, -a¹ ['ɟermo, -a] *adj* **1.** (*inhabitado*) unbewohnt **2.** (AGR) brach(liegend); **dejar ~** brachlegen

yermo² ['ɟermo] *m* **1.** (*terreno*) Einöde *f* **2.** (AGR) Brachfeld *nt,* Brache *f*

yerno ['ɟerno] *m* Schwiegersohn *m*

yernocracia [ɟerno'kraθja] *f* (*fam*) Vetternwirtschaft *f*

yero ['ɟero] *m* (BOT) Wicke *f*

yerro ['ɟerro] *m* (*equivocación*) Irrtum *m;* (*falta*) Fehler *m*

yerto, -a ['ɟerto, -a] *adj* starr; **quedar ~ (de un susto)** (vor Schreck) erstarren

yesca ['ɟeska] *f* Zunder *m*

yeso ['ɟeso] *m* (*material*) Gips *m;* **de ~** gipsern; **dar de ~ una pared** eine Wand verputzen

yesquero [ɟes'kero] *m* (Zunder)feuerzeug *nt*
yeta ['ɟeta] *f* (*Arg, Urug*) Pech *nt*
yé-yé [ɟe'ɟe] *adj* (*fam*): **hoy vas muy** ~ heute bist du aber flippig angezogen
yo [ɟo] **I.** *pron pers* ich; ~ **que tú...** ich an deiner Stelle ...; **esto queda entre tú y** ~ das bleibt unter uns **II.** *m* (*t.* PSICO) Ich *nt*
yod [ɟoᵈ] *f* (LING) Jot *nt*
yodo ['ɟoðo] *m* Jod *nt*
yoga ['ɟoɣa] *m* Joga *nt o m*
yogui ['ɟoɣi] *mf* Jogi *m*, Jogin *f*
yogur ['ɟoɣur] <yogures> *m* **1.** (GASTR) Joghurt *m* **2.** (*argot: genio*): **estar de mal** ~ schlecht drauf sein; **tener muy mal** ~ gemein sein
yolo ['ɟolo] *m* (*Méx: fam: corazón*) Herz *nt*; **¡~ mío!** mein Schatz!
yonqui ['ɟoŋki] *mf* (*argot*) Junkie *m*
yóquei ['ɟokei̯] *m*, **yoqui** ['ɟoki] *m* (DEP) Jockei *m*
yoyó *m*, **yoyo** *m* Jo-Jo *nt*
yuca ['ɟuka] *f* (*palma*) Yucca(palme) *f*
yudo ['ɟuðo] *m* Judo *nt*
yugo ['ɟuɣo] *m* **1.** (*dominio, t.* AGR) Joch *nt*; **someterse al** ~ sich unterwerfen **2.** (*de la campana*) Glockenstuhl *m*
Yugoslavia [ɟuɣos'laβja] *f* Jugoslawien *nt*
yugoslavo, **-a** [ɟuɣos'laβo, -a] **I.** *adj* jugoslawisch **II.** *m, f* Jugoslawe, -in *m, f*
yugular [ɟuɣu'lar] **I.** *vt* **1.** (*decapitar*) köpfen **2.** (*detener*) zum Stillstand bringen; (*acabar*) unterbinden **II.** *adj* Hals-
yunque ['ɟuŋke] *m* (*para forjar, t.* ANAT) Amboss *m*
yunta ['ɟun̪ta] *f* **1.** (*par*) Gespann *nt*, Joch *nt* **2.** *pl* (*PRico, Urug, Ven*) Paar *nt* Manschettenknöpfe
yuppy ['ɟupi] *mf* Yuppie *m*
yute ['ɟute] *m* Jute *f*
yuxtaponer [ɟustapo'ner] *irr como poner* **I.** *vt* (*a otra cosa*) stellen (*a* neben +*akk*); (*dos cosas*) nebeneinander stellen **II.** *vr*: ~**se** hinzukommen (*a* zu +*dat*)
yuxtaposición [ɟustaposi'θjon] *f* (*acción*) Nebeneinanderstellen *nt*; (*efecto*) Nebeneinanderliegen *nt*; (LING, GEO) Juxtaposition *f*
yuxtapuesto, **-a** [ɟusta'pwesto, -a] *adj* nebeneinander liegend; (LING) aneinander gereiht
yuyal [ɟu'ɟal] *m* (*CSur*) Gebüsch *nt*
yuyo ['ɟuɟo] *m* **1.** (*CSur: yerbajo*) Unkraut *nt* **2.** *pl* (*Col, Ecua: condimento*) Gewürzkräuter *ntpl* **3.** *pl* (*Perú: verdura*) Gemüse *nt* **4.** (*AmC: ampolla*) Blase *f*

Z

Z, z ['θeta/'θeða] *f* Z, z *nt;* ~ **de Zaragoza** Z wie Zeppelin

zabuir [θa'bwir] *vi* (*Col, PRico: zambullir*) eintauchen

zacate [θa'kate] *m* (*Am: paja*) Stroh *nt*

zafacón [θafa'kon] *m* (*PRico, RDom: cubo de la basura*) Abfalleimer *m*

zafado, -a [θa'faðo, -a] *adj* (*Arg: descarado*) frech

zafadura [θafa'ðura] *f* (*Am: luxación*) Ausrenkung *f*

zafar [θa'far] **I.** *vt* (NÁUT) klar machen **II.** *vr:* ~**se 1.** (*de una persona*) loswerden (*de* +*akk*) **2.** (*de un compromiso*) sich drücken (*de* vor +*dat*) **3.** (TÉC: *correa*) abgehen **4.** (*Am: dislocarse*) sich *dat* ausrenken

zafarrancho [θafa'rranʧo] *m* **1.** (NÁUT) Klarmachen *nt* **2.** (*fam: limpieza*) Großreinemachen *nt* **3.** (*fam: riña*) Zank *m* **4.** (*fam: destrozo*) Verwüstung *f*

zafio, -a ['θafjo, -a] *adj* **1.** (*grosero*) ordinär **2.** (*tosco*) ungehobelt, ungeschliffen

zafiro [θa'firo] *m* Saphir *m*

zafo, -a[1] ['θafo, -a] *adj* **1.** (NÁUT) klar **2.** (*indemne*) heil; **salir** ~ ungeschoren davonkommen

zafo[2] ['θafo] *adv* (*Am: salvo*) abgesehen von +*dat*, bis auf +*akk*

zafra ['θafra] *f* **1.** (*cosecha*) Zuckerrohrernte *f* **2.** (*fabricación*) Zuckerherstellung *f* **3.** (*tiempo*) Zuckerrohrsaison *f* **4.** (*jarra*) Ölkrug *m*

zaga ['θaɣa] *f* **1.** (*parte posterior*) hinterer Teil *m;* **ir a la** ~ **de alguien** hinter jdm hergehen; **el vicepresidente no le va a la** ~ **al presidente** der Vizepräsident steht dem Präsidenten in nichts nach **2.** (DEP) Verteidigung *f*

zagal(a) [θa'ɣal(a)] *m(f)* (*muchacho*) Junge *m;* (*muchacha*) Mädchen *nt*

zaguán [θa'ɣwan] *m* **1.** (*vestíbulo*) Diele *f* **2.** (*exterior*) Vorhalle *f*

zaguero, -a[1] [θa'ɣero, -a] *adj* hintere(r, s)

zaguero[2] [θa'ɣero] *m* (DEP: *en pelota*) Deckungsspieler *m;* (*en fútbol*) Verteidiger *m*

zahareño, -a [θa(a)'reɲo, -a] *adj* spröde

zaherir [θae'rir] *irr como sentir vt* **1.** (*reprender*) tadeln, rügen **2.** (*mortificar*) kränken

zahorí [θao'ri] <zahoríes> *m* **1.** (*vidente*) Hellseher(in) *m(f)* **2.** (*perspicaz*) Gedankenleser(in) *m(f)*

zaino, -a ['θai̯no, -a] *adj* **1.** (*persona*) hinterlistig; **mirar a lo** ~ verstohlen ansehen **2.** (*res*) schwarz; (*caballo*) dunkelbraun

zaireño, -a [θai̯'reɲo, -a] **I.** *adj* zairisch **II.** *m, f* Zairer(in) *m(f)*

zalamería [θalame'ria] *f* Schmeichelei *f*

zalamero, -a [θala'mero, -a] **I.** *adj* schmeichlerisch **II.** *m, f* Schmeichler(in) *m(f)*

zalema [θa'lema] *f* **1.** (*reverencia*) Verbeugung *f* **2.** (*zalamería*) Schmeichelei *f*

zamarra [θa'marra] *f* **1.** (*de pastor*) Hirtenjacke *f* (*aus Schaffell*) **2.** (*chaqueta*) pelzgefütterte Jacke *f* **3.** (*piel*) Schaffell *nt*

zamarro [θa'marro] *m* **1.** (*chaqueta*) pelzgefütterte Jacke *f* **2.** (*piel*) Schaffell *nt* **3.** (*rústico*) Rüpel *m* **4.** (*bribón*) Gauner *m* **5.** *pl* (*Am: pantalones*) Reiterhosen *fpl*

Zambia ['θambja] *f* Sambia *nt*

zambiano, -a [θam'bjano, -a] **I.** *adj* sambisch **II.** *m, f* Sambier(in) *m(f)*

zambo, -a ['θambo, -a] *adj* (*piernas*) X-beinig

zambombazo [θambom'baθo, -a] *m* (*fam*) **1.** (*porrazo*) Schlag *m* **2.** (*explosión*) Knall *m*

zambombo [θam'bombo] *m* (*fam*) Rüpel *m*

zambra ['θambra] *f* **1.** (*bulla*) Trubel *m* **2.** (*riña*) Radau *m*

zambucar [θambu'kar] <c→qu> *vt* (*fam*) wegstecken

zambullir [θambu'ʎir] <*3. pret:* zambulló> **I.** *vt* eintauchen **II.** *vr:* ~**se 1.** (*en el agua*) (ein)tauchen **2.** (*en un asunto*) sich stürzen **3.** (*ocultarse*) sich verstecken; (*cubrirse*) sich einmummen *fam*

zamorano, -a [θamo'rano, -a] **I.** *adj* aus Zamora **II.** *m, f* Einwohner(in) *m(f)* von Zamora

zampabollos [θampa'βoʎos] *mf inv* (*fam*) Vielfraß *m*

zampar [θam'par] **I.** *vt* **1.** (*ocultar*) rasch wegstecken **2.** (*comer*) verschlingen **3.** (*tirar*) (hin)werfen **II.** *vr:* ~**se 1.** (*en un lugar*) plötzlich auftauchen **2.** (*comer*) verschlingen **3.** (*pey: invitarse*) reinplatzen

zampatortas [θampa'tortas] *mf inv* (*fam*) Vielfraß *m*

zampón, -ona [θam'pon, -ona] **I.** *adj* (*fam*) gefräßig **II.** *m, f* (*fam*) Vielfraß *m*

zampoña [θam'poɲa] *f* Panflöte *f*

zamuro [θa'muro] *m* (*Ven: buitre*) Geier *m*

zanahoria [θana'orja] *f* Mohrrübe *f*, Karotte

Z

f

zanca ['θaŋka] *f* **1.** (*del ave*) Vogelbein *nt* **2.** (*fam: del hombre*) langes Bein *nt*

zancada [θaŋ'kaða] *f* langer Schritt *m;* **dar ~s** große Schritte machen; **se recorrió la ciudad en dos ~s** er/sie besichtigte die Stadt in ein paar Minuten

zancadilla [θaŋka'ðiʎa] *f:* **poner la ~ a alguien** jdm ein Bein stellen; (*fig*) jdm das Leben schwer machen

zancadillear [θaŋkaðiʎe'ar] *vt* ein Bein stellen *+dat;* (*fig*) das Leben schwer machen *+dat*

zanco ['θaŋko] *m* Stelze *f*

zancudo, -a[1] [θaŋ'kuðo, -a] *adj* langbeinig

zancudo[2] [θaŋ'kuðo] *m* (*Am*) Moskito *m*

zanganear [θaŋgane'ar] *vi* (*fam*) faulenzen

zángano ['θaŋgano] *m* **1.** (*vago, t.* ZOOL) Drohne *f* **2.** (*torpe*) Tollpatsch *m*

zangón [θaŋ'gon] *m* (*fam*) Nichtstuer *m*

zanguanga [θaŋ'gwaŋga] *f:* **hacer la ~** sich krank stellen

zanguango, -a [θaŋ'gwaŋgo, -a] **I.** *adj* (*fam*) faul **II.** *m, f* (*fam*) Faulpelz *m*

zanja ['θaŋxa] *f* **1.** (*excavación*) Graben *m* **2.** (*Am: arroyada*) Flusstal *nt*

zanjar [θaŋ'xar] *vt* **1.** (*abrir zanjas*) Gräben ziehen **2.** (*asunto*) lösen; (*disputa*) beilegen

zanquilargo, -a [θaŋki'larɣo, -a] *adj* (*fam*) langbeinig

zanquivano, -a [θaŋki'βano, -a] *adj* (*fam*) storchbeinig

zapa ['θapa] *f* (*pala*) Spaten *m;* **labor de ~** (*fig*) heimtückisches Vorgehen

zapallo [θa'paʎo] *m* **1.** (*Am: calabaza*) Kürbis *m* **2.** (*Arg, Chil: chiripa*) Glück *nt*

zapar [θa'par] *vi* (*cavar*) graben

zapata [θa'pata] *f* (AUTO) Bremsschuh *m*

zapatear [θapate'ar] **I.** *vt* **1.** (*golpear*) mit einem Schuh schlagen **2.** (*bailando*) mit dem Fuß (auf)stampfen **II.** *vi* (*velas*) (heftig) flackern

zapatería [θapate'ria] *f* **1.** (*tienda*) Schuhgeschäft *nt* **2.** (*fábrica*) Schuhfabrik *f* **3.** (*taller*) Schuhmacherwerkstatt *f* **4.** (*oficio*) Schuhmacherei *f*

zapatero, -a [θapa'tero, -a] **I.** *adj* eingeschrumpft **II.** *m, f* Schuhmacher(in) *m(f);* **~ a tus zapatos** (*prov*) Schuster bleib bei deinen Leisten

zapatilla [θapa'tiʎa] *f* **1.** (*para casa*) Hausschuh *m* **2.** (*de deporte*) Turnschuh *m;* **~s de clavos** Spikes *mpl;* **~s de tenis** Tennisschuhe *mpl*

zapato [θa'pato] *m* Schuh *m;* **tú no me llegas a la suela del ~** (*fig fam*) du kannst mir nicht das Wasser reichen

zape ['θape] *interj* **1.** (*animal*) husch **2.** (*peligro*) du meine Güte

zapear [θape'ar] *vt* **1.** (*espantar*) verscheuchen **2.** (TV: *fam*) zappen

zaque ['θake] *m* **1.** (*odre*) kleiner Weinschlauch *m* **2.** (*fam: borracho*) Säufer *m*

zaquizamí [θakiθa'mi] *m* **1.** (*desván*) Dachboden *m* **2.** (*pey: cuarto*) Loch *nt*

zar [θar, θa'rina] *m,* **zarina** *f* Zar(in) *m(f)*

zaragata [θara'ɣata] *f* **1.** (*alboroto*) Tumult *m* **2.** *pl* (*zalamerías*) schmeichelnde Worte *ntpl*

zaragozano, -a [θaraɣo'θano, -a] **I.** *adj* aus Zaragoza **II.** *m, f* Einwohner(in) *m(f)* von Zaragoza

zarandajas [θaran̩'daxas] *fpl* Kleinigkeiten *fpl*

zarandear [θaran̩de'ar] **I.** *vt* **1.** (*cribar*) sieben **2.** (*sacudir: cosa*) schütteln; (*persona*) schubsen **3.** (*ajetrear*) schikanieren **4.** (*Am: ridiculizar*) bloßstellen **II.** *vr:* **~se 1.** (*ajetrearse*) sich plagen **2.** (*burlarse*) sich lustig machen (*de* über *+akk*)

zarcillo [θar'θiʎo] *m* **1.** (*pendiente*) Ohrring *m* **2.** (BOT) Ranke *f*

zarco, -a ['θarko, -a] *adj* hellblau

zarina [θa'rina] *f v.* **zar**

zarpa ['θarpa] *f* **1.** (*barco*) Auslaufen *nt* **2.** (*del león*) Pranke *f;* (*fam: del hombre*) Pfote *f;* **echar la ~** (*animal*) mit den Pranken zuschlagen; (*persona*) mit Gewalt zupacken

zarpar [θar'par] *vi* (*barco*) auslaufen

zarrapastroso, -a [θarrapas'troso, -a] *adj* (*fam*) schlampig

zarza ['θarθa] *f* Dornbusch *m*

zas [θas] *interj* **1.** (*de rapidez*) zack **2.** (*de golpe*) peng

zascandil [θaskan̩'dil] *m* (*fam*) **1.** (*chismoso*) Klatschmaul *nt* **2.** (*entrometido*) Schnüffler *m*

zascandilear [θaskan̩dile'ar] *vi* (*fam*) **1.** (*chismorrear*) klatschen **2.** (*entrometerse*) herumschnüffeln

zepelín [θepe'lin] *m* Zeppelin *m*

zeta ['θeta] *f* Z *nt*

zigzag [θiɣ'θaɣ] *m* <zigzagues *o* zigzags> Zickzack *m*

Zimbabue [θim'baβwe] *m* Simbabwe *nt*

zimbabuo, -a [θim'baβwo, -a] **I.** *adj* simbabwisch **II.** *m, f* Simbabwer(in) *m(f)*

zinc [θiŋ] *m* <cines *o* zines> Zink *nt;* **óxido de ~** Zinkoxid *nt*

zíper ['θiper] *m* (*Méx: cremallera*) Reißverschluss *m*

zipizape [θipi'θape] *m* (*fam: riña*) Radau *m;* (*con golpes*) Schlägerei *f*

zócalo ['θokalo] *m* Sockel *m*

zodíaco [θo'diako] *m* Tierkreis *m;* **signos del ~** Sternzeichen *ntpl*

zombi ['θombi] *m* **1.** (*muerto*) Zombie *m* **2.** (*atontado*): **estar ~** völlig benommen sein

zona ['θona] *f* **1.** (*general, t.* POL, GEO, METEO) Zone *f;* (*terreno*) Gebiet *nt;* (*área*) Bereich *m;* ~ **de ensanche** erschlossenes Baugebiet; ~ **franca** Zollfreigebiet *nt;* ~ **de influencia** Einflussbereich *m;* ~ **peatonal** Fußgängerzone *f;* ~ **urbana** Stadtgebiet *nt;* ~ **verde** Grünzone *f* **2.** (DEP: *baloncesto: área*) Freiwurfraum *m;* (*defensa*) Raumdeckung *f;* (*falta*) Dreisekundenfehler *m*

zoncera [θon̪'θera] *f* (*Am*), **zoncería** [θon̪θe'ria] *f* (*tontería*) Albernheit *f*

zonzo, **-a** ['θon̪θo, -a] *adj* **1.** (*aburrido*) langweilig, fade **2.** (*Am: tonto*) dumm

zoo ['θoo] *m* Zoo *m*

zoología [θo(o)lo'xia] *f sin pl* Zoologie *f*

zoológico, **-a** [θo(o)'loxiko, -a] *adj* zoologisch; **parque** ~ Zoo *m*

zoólogo, **-a** [θo'oloɣo, -a] *m, f* Zoologe, -in *m, f*

zopenco, **-a** [θo'peŋko, -a] **I.** *adj* dumm, doof *fam* **II.** *m, f* Trottel *m*

zopilote [θopi'lote] *m* (ZOOL) Geier *m*

zopo, **-a** ['θopo, -a] *adj* verkrüppelt

zoquete [θo'kete] *m* **1.** (*madera*) Holzklotz *m* **2.** (*tarugo*) Dummkopf *m*

zorra ['θorra] *f* **1.** (ZOOL) Füchsin *f* **2.** (*astuta*) gerissene Frau *f* **3.** (*fam: prostituta*) Hure *f* **4.** (*fam: borrachera*) Rausch *m*

zorrera [θo'rrera] *f* **1.** (*de zorros*) Fuchsbau *m* **2.** (*habitación*) miefiger Raum *m* **3.** (*modorra*) Schläfrigkeit *f*

zorrería [θorre'ria] *f* Schläue *f*

zorrillo [θo'rriʎo] *m* (*Am: mofeta*) Stinktier *nt*

zorro ['θorro] *m* **1.** (ZOOL) Fuchs *m* **2.** (*piel*) Fuchsfell *nt* **3.** (*fam: astuto*) (schlauer) Fuchs *m* **4.** (*loc, fam*): **hacerse el** ~ sich dumm stellen; **estar hecho unos** ~**s** fix und fertig sein; **poner a alguien hecho unos** ~**s** jdn heruntermachen

zorzal [θor'θal] *m* **1.** (ZOOL) Drossel *f* **2.** (*listo*) schlauer Mensch *m* **3.** (*Am: papanatas*) Trottel *m*

zote ['θote] **I.** *adj* schwer von Begriff **II.** *mf* Dummkopf *m*

zozobrar [θoθo'brar] **I.** *vi* **1.** (*barco*) kentern **2.** (*plan*) scheitern **3.** (*persona*) sich ängstigen **II.** *vt* **1.** (*barco*) zum Kentern bringen **2.** (*plan*) zunichte machen

zueco ['θweko] *m* Clog *m*

zulla ['θuʎa] *f* **1.** (BOT) Klee *m* **2.** (*fam: excremento*) Kot *m*

zullarse [θu'ʎarse] *vr* (*fam*) **1.** (*cagarse*) sein Geschäft verrichten **2.** (*ventosear*) pupsen

zumba ['θumba] *f* **1.** (*cencerro*) Kuhglocke *f* **2.** (*juguete*) Knarre *f* **3.** (*burla*) Neckerei *f* **4.** (*Am: paliza*) Tracht *f* Prügel

zumbado, **-a** [θum'baðo, -a] *adj:* **estar** ~ (*fam*) spinnen

zumbador [θumba'ðor] *m* (ELEC) Summer *m*

zumbar [θum'bar] **I.** *vi* **1.** (*abejorro, máquina*) summen; **salir zumbando** davoneilen **2.** (*oídos*) dröhnen **II.** *vt* **1.** (*golpe*) versetzen **2.** (*Am: arrojar*) (weg)schmeißen; (*expulsar*) (raus)schmeißen **3.** (*guasear*) necken **III.** *vr:* ~**se** sich lustig machen (*de* über +*akk*)

zumbido [θum'biðo] *m* **1.** (*ruido*) Summen *nt;* ~ **de los oídos** Ohrensausen *nt* **2.** (*fam: golpe*) Schlag *m*

zumbón, **-ona** [θum'bon, -ona] *m, f* (*fam*) Spaßvogel *m*

zumo ['θumo] *m* **1.** (*de frutas*) Saft *m* **2.** (*fig: utilidad*) Nutzen *m;* **sacar** ~ **de algo** Nutzen aus etw *dat* ziehen

zuncho ['θuntʃo] *m* Klammer *f*

zupay [θu'pai̯] *m* (*Am: demonio*) Teufel *m*

zuque ['θuke] *m* **1.** (*Col: golpe*) Schlag *m* **2.** (*Méx: fam*): **estar** ~ pleite sein

zurcir [θur'θir] <c→z> *vt* **1.** (*agujero*) stopfen; (*siete*) zunähen **2.** (*loc*): **¡que te zurzan!** (*fam*) du kannst mich mal!

zurda ['θurða] *f* linke Hand *f;* **hacer algo a** ~**s** etw mit der linken Hand machen

zurdo, **-a** ['θurðo, -a] **I.** *adj* linkshändig **II.** *m, f* Linkshänder(in) *m(f)*

zurra ['θurra] *f* **1.** (*de la piel*) Gerben *nt* **2.** (*paliza*) Tracht *f* Prügel; **dar una** ~ **a alguien** jdn verprügeln

zurrapa [θu'rrapa] *f* **1.** (*poso*) Bodensatz *m* **2.** (*fam: cosa*) Abscheulichkeit *f;* (*persona*) verachtenswerter Mensch *m*

zurraposo, **-a** [θurra'poso, -a] *adj* trübe

zurrar [θu'rrar] *vt* **1.** (*pieles*) gerben **2.** (*fam: apalizar*) versohlen **3.** (*fam: criticar*) heruntermachen

zurriagar [θurrja'ɣar] <g→gu> *vt* auspeitschen

zurriagazo [θurrja'ɣaθo] *m* **1.** (*latigazo*) Peitschenhieb *m* **2.** (*desgracia*) Unglück *nt* **3.** (*desdén*) Verachtung *f*

zurriago [θu'rrjaɣo] *m* (*látigo*) Peitsche *f*

zurribanda [θurri'βan̪da] *f* (*fam*) **1.** (*tunda*) Tracht *f* Prügel **2.** (*riña*) Streiterei *f*

zurullo [θu'ruʎo] *m* (*fam*) **1.** (*grumo*) Klumpen *m* **2.** (*excremento*) Haufen *m*

zutano, **-a** [θu'tano, -a] *m, f:* **fulano y** ~ Hinz und Kunz; **fulano y** ~ **se han casado** der und die Soundso haben geheiratet

PONS

Schülerwörterbuch

Deutsch – Spanisch
Spanisch – Deutsch

Ernst Klett Verlag
Stuttgart · Düsseldorf · Leipzig

A

A, a *nt* <-, -> **1.** (*Buchstabe*) A, a *f;* ~ **wie Anton** A de Antonio; **das ~ und O einer Sache** (*fam*) lo esencial de una cosa; **von ~ bis Z** (*fam*) de cabo a rabo **2.** (MUS) la *m*

a *Abk. von* **Ar** a

A 1. *Abk. von* **Ampere** A **2.** *Abk. von* **Autobahn** autopista *f*

à *präp* +*akk* a... (cada uno); **10 Stück ~ drei Mark** 10 unidades a tres marcos cada una

AA 1. (POL) *Abk. von* **Auswärtiges Amt** Ministerio *m* de Asuntos Exteriores **2.** *Abk. von* **Anonyme Alkoholiker** Alcohólicos *mpl* Anónimos

Aachen *nt* <-s> Aquisgrán *m*

Aal *m* <-(e)s, -e> anguila *f*

aalen *vr:* **sich ~** (*fam*) repantingarse; **sich in der Sonne ~** tumbarse al sol

aalglatt *adj* (*abw*) escurridizo

a.a.O *Abk. von* **am angegebenen Ort, am aufgeführten Ort** ib(íd).

Aargau *m* <-s> (*Kanton der Schweiz*) Argovia *f*

Aas *nt* <-es, -e> **1.** (*Tierleiche*) carroña *f* **2.** (*fam: Luder*) mal bicho *m*

Aasgeier *m* (*a. fig, abw*) buitre *m*

ab I. *präp* +*dat* **1.** (*räumlich*) desde; ~ **Hamburg** desde Hamburgo; ~ **Werk** (COM) salida de fábrica **2.** (*zeitlich*) desde, a partir de; ~ **dem 28. November** a partir del 28 de noviembre; ~ **wann?** ¿desde cuándo?; ~ **sofort** desde ya **3.** (*ebenso viel und mehr*) a partir de, de... en adelante; **Kinder ~ 12 Jahren** niños de 12 años en adelante **II.** *adv* **1.** (*räumlich*): **die dritte Straße rechts ~** hay que torcer la tercera calle a la derecha; **Stuttgart ~ 8.30 Uhr** (*Bus-, Bahnabfahrtszeit*) salida de Stuttgart a las 8.30 horas **2.** (*zeitlich*): ~ **und zu** de vez en cuando **3.** (*Wend*): ~ **sein** (*fam: abgelöst*) haberse caído; (*erschöpft*) estar hecho polvo

ab|ändern *vt* modificar, cambiar

Abänderung *f* <-en> modificación *f,* cambio *m;* **abänderungsfähig** *adj* modificable

ab|arbeiten I. *vt* (*Pensum*) terminar; **eine Schuld ~** pagar una deuda trabajando **II.** *vr:* **sich ~** matarse trabajando

abartig *adj* **1.** (*anormal*) anormal; (*pervers*) pervertido **2.** (*fam: verrückt*) loco

Abb. *Abk. von* **Abbildung** ilust.

Abbau *m ohne Pl* <-(e)s> **1.** (*Auseinandernehmen*) desmontaje *m* **2.** (*Reduzierung*) disminución *f,* reducción *f* **3.** (*von Ängsten*) superación *f* **4.** (CHEM) desintegración *f* **5.** (BERGB) explotación *f* **6.** (MED: *Verfall*) debilitamiento *m;* (*Knochen*) descalcificación *f*

abbaubar *adj* (CHEM) degradable; **biologisch ~** biodegradable

ab|bauen I. *vi* (*Kräfte einbüßen*) debilitarse **II.** *vt* **1.** (*zerlegen*) desmontar **2.** (*verringern*) disminuir; (*Steuern, Personal*) reducir **3.** (*Ängste*) superar **4.** (CHEM) descomponer **5.** (BERGB) explotar **6.** (MED) desgastar

Abbauprodukt *nt* (CHEM) producto *m* de desintegración

ab|beißen *irr* **I.** *vi* morder; **beiß mal ab!** ¡prueba! **II.** *vt* morder; **ich beiße mir lieber die Zunge ab, als ...** prefiero morir que...

ab|beizen *vt* tratar con decapante

ab|bekommen* *irr vt* **1.** (*Schaden, Teil*) recibir, llevarse; **das Auto hat ganz schön was ~** el coche se dio un buen golpe **2.** (*entfernen können*) lograr quitar

ab|bestellen* *vt* anular; (*Telefon*) dar de baja

Abbestellung *f* <-en> anulación *f,* baja *f*

ab|bezahlen* *vt:* (**in Raten**) ~ pagar a plazos

ab|biegen *irr* **I.** *vi sein* (*Richtung ändern*) torcer; (*beim Fahren*) girar, voltear *Am;* **nach rechts/links ~** doblar a la derecha/a la izquierda **II.** *vt* (*krümmen*) torcer

Abbiegespur *f* carril *m* de giro

Abbild *nt* <-(e)s, -er> reproducción *f,* copia *f*

ab|bilden *vt* reproducir; (MATH) proyectar; **er ist in der Zeitschrift abgebildet** hay una foto suya en el periódico

Abbildung *f* <-en> **1.** (*das Abbilden*) reproducción *f,* copia *f* **2.** (*Bild*) ilustración *f,* lámina *f* **3.** (MATH) proyección *f*

ab|binden *irr* **I.** *vi* (ARCHIT) fraguar **II.** *vt* **1.** (*losbinden*) desatar **2.** (MED) comprimir (con ligadura) **3.** (GASTR: *Soße*) espesar

ab|blasen *irr vt* **1.** (*Staub*) quitar soplando **2.** (*fam: absagen*) suspender

ab|blättern *vi sein* desconcharse

ab|blenden *vi* **1.** (FOTO) diafragmar **2.** (AUTO) bajar las luces

Abblendlicht *nt ohne Pl* <-(e)s> (AUTO) luz *f* de cruce

ab|blitzen *vi sein* (*fam*): **jdn ~ lassen** darle calabazas a alguien

ab|blocken *vt* bloquear; (*Angriff*) rechazar; (*Vorhaben*) impedir

ab|brechen *irr* **I.** *vi sein* **1.** (*Stück*) romperse **2.** (*unvermittelt aufhören*) interrumpirse **II.** *vt* **1.** (*Zweig*) romper **2.** (*Gebäude*) derribar **3.** (*Gespräch*) interrumpir **4.** (INFOR: *Programm*) cerrar

ab|bremsen *vi, vt* frenar

ab|brennen *irr* **I.** *vi sein* quemarse **II.** *vt* quemar

ab|bringen *irr vt* desviar (*von* de), apartar (*von* de); **ich lasse mich von meiner Meinung nicht** ~ nada ni nadie me hará cambiar de opinión

ab|bröckeln *vi sein* (*Mauer*) desmenuzarse; (*Verputz*) desconcharse

Abbruch[1] *m ohne Pl* <-(e)s> (*zerlegen*) desmontaje *m;* (*Lager*) levantamiento *m;* (*Haus*) derribo *m;* **das tut der Sache keinen** ~ (*fam*) esto no perjudica la cosa para nada

Abbruch[2] *m* <-(e)s, -brüche> (*Beendigung*) ruptura *f;* (*Wettkampf, Spiel*) suspensión *f*

abbruchreif *adj* (en estado) ruinoso

ab|buchen *vt* (FIN) cargar (en cuenta)

Abbuchung *f* <-en> (FIN) adeudo *m*

ab|büßen *vt* **1.** (*Strafe*) cumplir **2.** (REL) expiar

ab|checken *vt* (*kontrollieren*) controlar, chequear *Am*

Abc-Schütze *m* <-n, -n> alumno, -a *m, f* de primer grado

ABC-Waffen *fPl* armas *fpl* atómicas, biológicas y químicas

ab|danken *vi* (*König*) abdicar; (*Minister*) dimitir

Abdankung *f* <-en> (*König*) abdicación *f;* (*Minister*) dimisión *f*

ab|decken *vt* **1.** (*wegnehmen*) quitar **2.** (*freimachen*) destapar; (*Tisch*) quitar; (*Haus*) destejar **3.** (*bedecken*) tapar **4.** (*Thema*) cubrir **5.** (FIN: *Schulden*) saldar; (*Risiko*) cubrir

Abdeckung *f* <-en> cubierta *f*

ab|dichten *vt* (*isolieren*) aislar (*gegen* contra); (*gegen Lärm*) insonorizar; (*gegen Wasser*) impermeabilizar

Abdichtung *f* <-en> (*Isolierung*) aislamiento *m;* (*gegen Lärm*) insonorización *f;* (*gegen Feuchtigkeit*) impermeabilización *f*

ab|drehen **I.** *vt* **1.** (*ausschalten*) apagar; (*zudrehen*) cerrar **2.** (*abwenden*) apartar **II.** *vi haben o sein* (*den Kurs wechseln*) girar (*nach* a), virar (*nach* a) **III.** *vr:* **sich** ~ volverse; **er/sie drehte sich ab** volvió la espalda

ab|driften *vi sein* perder el rumbo; (NAUT) abatir; (*abtreiben*) ir a la deriva; **nach rechts** ~ desviarse a la derecha; **in den Suff** ~ (*fam*) caer en la bebida

Abdruck[1] *m* <-(e)s, -e> (*a. Vorgang*) reproducción *f;* (*Kopie*) copia *f*

Abdruck[2] *m* <-(e)s, -drücke> impresión *f;* (*in etwas Weichem*) impronta *f;* (*Spur*) huella *f;* (*Abguss*) molde *m*

ab|drucken *vt* imprimir; (*veröffentlichen*) publicar

ab|drücken **I.** *vi* (*schießen*) apretar el gatillo **II.** *vt* **1.** (*nachbilden*) moldear **2.** (MED: *Arterie*) estrangular **3.** (*fam*): **Geld** ~ soltar la gallina **III.** *vr:* **sich** ~ marcarse

ab|dunkeln *vt* oscurecer; (*Farbe*) matar *fam*

ab|ebben *vi sein* (*Wut*) aplacarse; (*Erregung*) sosegarse; (*Lärm*) ir disminuyendo

abend *adv s.* **Abend 1.**

Abend *m* <-s, -e> **1.** (*bis gegen 20 oder 21 Uhr*) tarde *f;* (*ab etwa 20 oder 21 Uhr*) noche *f;* **Heiliger** ~ Nochebuena *f;* **am frühen** ~ a última hora de la tarde; **am selben** ~ la misma tarde [*o* noche]; **am** ~ **des 23. März** la tarde [*o* noche] del 23 de marzo; **gegen** ~ al atardecer; ~ **für** ~ todas las tardes [*o* noches]; **eines** ~**s** una tarde [*o* noche]; **heute/gestern/morgen** ~ hoy/ayer/mañana por la tarde [*o* por la noche]; **es wird** ~ atardece; **zu** ~ **essen** cenar; **guten** ~**!** ¡buenas tardes [*o* noches]!; **es ist noch nicht aller Tage** ~ todavía puede pasar de todo **2.** (*Veranstaltung*) velada *f;* **bunter** ~ velada con programa variado; **Abendandacht** *f* <-en> misa *f* vespertina; **Abendbrot** *nt* cena *f;* ~ **essen** cenar; **Abenddämmerung** *f* crepúsculo *m* (vespertino), nochecita *f Am;* **Abendessen** *nt* <-s, -> cena *f;* **abendfüllend** *adj* que dura toda la noche; **Abendkasse** *f* taquilla *f,* boletería *f Am;* **Abendkleid** *nt* traje *m* de noche; **Abendkurs** *m* curso *m* nocturno

Abendland *nt* <-(e)s> Occidente *m*

abendländisch *adj* occidental

abendlich *adj* vespertino; **zu** ~**er Stunde** por la tarde

Abendmahl *nt ohne Pl* <-(e)s> **1.** (REL: *Sakrament*) Eucaristía *f* **2.** (REL: *Empfang des Sakraments*) comunión *f;* **Abendrot** *nt ohne Pl* <-(e)s> crepúsculo *m*

abends *adv* (*bis gegen 20 oder 21 Uhr*) por la tarde; (*ab etwa 20 oder 21 Uhr*) por la noche; **um acht Uhr** ~ a las ocho de la tarde; **spät** ~ muy de noche; **dienstags** ~ el martes por la tarde [*o* la noche]

Abendschule *f* <-n> colegio *m* nocturno; **Abendsonne** *f ohne Pl* sol *m* poniente; **Abendständchen** *nt* serenata *f;* **Abendstunde** *f* anochecer *m;* **in den frühen** ~**n** al caer la tarde; **Abendvorstellung** *f* (THEAT) función *f* de noche; (FILM) sesión *f* de noche

Abenteuer *nt* <-s, -> **1.** (*Wagnis*) aventura *f* **2.** (*Liebesaffäre*) aventura *f* (amorosa); **Abenteuerferien** *Pl* vacaciones *fpl* de aventuras

abenteuerlich *adj* **1.** (*abenteuerlustig*) aventurero **2.** (*unwahrscheinlich*) fantástico **3.** (*riskant*) arriesgado; **das ist ja ~!** ¡eso sí que es aventurado!

Abenteuerlust *f ohne Pl* espíritu *m* aventurero, afán *m* de aventuras; **abenteuerlustig** *adj* aventurero; **Abenteuerroman** *m* novela *f* de aventuras; **Abenteuerspielplatz** *m* parque *m* de aventuras

Abenteuerer(in) *m(f)* <-s, -; -nen> aventurero, -a *m, f*

aber **I.** *konj* pero, sin embargo **II.** (*Verstärkungspartikel*) bueno, pero; **~, ~, meine Herren!** ¡bueno, bueno, señores!; **~ so setzen Sie sich doch!** ¡pero siéntese!; **~ ja!** ¡claro que sí! **III.** *adv:* **~ und abermals** una y otra vez

Aber *nt* <-s, – *fam:* -s> pero *m;* **kein ~!** ¡y no hay peros que valgan!

Aberglaube(n) *m ohne Pl* <-(n)s> superstición *f*

abergläubisch *adj* supersticioso

ab|erkennen* *irr vt* (JUR): **jdm Rechte ~** privar a alguien de derechos

Aberkennung *f* <-en> (JUR) desposeimiento *m,* privación *f*

abermals *adv* otra vez

ab|ernten *vt* cosechar por completo

abertausend *adj inv* (*geh*) miles (de); **tausend und ~** miles y miles (de)

aberwitzig *adj* demente; (*Vorhaben*) absurdo

Abf. *Abk. von* **Abfahrt** salida *f*

abfahrbereit *adj s.* **abfahrtbereit**

ab|fahren *irr* **I.** *vi sein* (*wegfahren*) salir; **auf den Typ fahre ich ab** este tío me alucina; **sie ließ ihn ~** lo mandó a paseo **II.** *vt haben o sein* (*Strecke*) recorrer

Abfahrt *f* <-en> **1.** (*Zug*) salida *f* **2.** (*Abreise*) partida *f* **3.** (SPORT) descenso *m* **4.** (*Autobahn~*) salida *f;* **abfahrtbereit** *adj* dispuesto para salir; **Abfahrtslauf** *m* <-(e)s, -läufe> (SPORT) (prueba *f* de) descenso *m;* **Abfahrt(s)zeit** *f* hora *f* de partida

Abfall[1] *m ohne Pl* <-(e)s> **1.** (*Lossagung*) apostasía *f* **2.** (*Abnahme*) disminución *f*

Abfall[2] *m* <-(e)s, -fälle> (*Müll*) basura *f,* desecho *m;* **radioaktiver ~** residuos radi(o)activos

Abfallaufbereitung *f* tratamiento *m* de los residuos; **Abfallbeseitigung** *f ohne Pl* eliminación *f* de residuos; **Abfalleimer** *m* <-s, -> cubo *m* de la basura

ab|fallen *irr vi sein* **1.** (*herunterfallen*) caerse; **alle Furcht fiel von ihm ab** sus temores se desvanecieron **2.** (*Gelände*) descender **3.** (*fam: übrig bleiben*) sobrar **4.** (*von einer Partei*) abandonar (*von*) **5.** (*von seinem Glauben*) apostatar (*von* de), renegar (*von* de) **6.** (SPORT) rendir menos (que de costumbre)

Abfallhaufen *m* <-s, -> montón *m* de basura

abfällig *adj* (*Bemerkung*) despectivo; (*Kritik*) adverso; **sich ~ über jdn äußern** hablar despectivamente de alguien

Abfallprodukt *nt* producto *m* secundario; **Abfallsortierung** *f* <-en> clasificación *f* de los residuos; **Abfallstoffe** *mPl* residuos *mpl,* desechos *mpl;* **Abfallvermeidung** *f* <-en> contención *f* de la producción de residuos; **Abfallverwertung** *f* aprovechamiento *m* de residuos

ab|fangen *irr vt* **1.** (*Brief*) interceptar **2.** (ARCHIT) apuntalar **3.** (*unter Kontrolle bringen*) lograr dominar **4.** (SPORT: *Gegner*) alcanzar; (*Ball*) interceptar

ab|färben *vi* desteñir; **auf jdn ~** (*fig*) contagiar a alguien

ab|fassen *vt* redactar

ab|faulen *vi sein* pudrirse

ab|federn *vt* **1.** (TECH) equipar de un amortiguador **2.** (*Stoß*) amortiguar

ab|fertigen *vt* **1.** (*Waren*) despachar **2.** (*bedienen*) atender **3.** (*fam: unfreundlich behandeln*) atender muy mal

Abfertigung *f* <-en> **1.** (*von Waren*) expedición *f* **2.** (*Bedienung, ~sstelle*) despacho *m;* **Abfertigungshalle** *f* (AERO) terminal *f;* **Abfertigungsschalter** *m* <-s, -> (AERO) mostrador *m* de facturación

ab|feuern *vt* (*Rakete*) lanzar; (*Schuss*) disparar

ab|finden *irr* **I.** *vt* compensar, indemnizar; **mit leeren Versprechungen ~** engañar con promesas vanas **II.** *vr:* **sich ~** **1.** (*sich einigen*) llegar a un acuerdo **2.** (*sich zufrieden geben*) conformarse

Abfindung *f* <-en> **1.** (*Entschädigung*) indemnización *f* **2.** (*Ausgleich*) compensación *f*

ab|flachen **I.** *vi sein* **1.** (*flacher werden*) reducirse **2.** (*Unterhaltung*) perder nivel **II.** *vt* aplanar **III.** *vr:* **sich ~** disminuir

ab|flauen *vi sein* **1.** (*Wind*) calmarse **2.** (*Konjunktur*) retroceder

ab|fließen *irr vi sein* (*Wasser, Geld*) salir

Abflug *m* <-(e)s, -flüge> (AERO) salida *f;* **abflugbereit** *adj* (AERO) dispuesto para despegar; **Abflughalle** *f* (AERO) terminal *f* de salidas; **Abflugzeit** *f* (AERO) hora *f* de despegue

Abfluss[RR] *m* <-es, -flüsse>, **Abfluß** *m* <-sses, -flüsse> (*Rohr*) desagüe *m;* (*Wassermenge*) caudal *m;* **den reibungslosen ~ des Verkehrs behindern** impedir la circulación fluida en las carreteras; **Abflussrinne**[RR] *f* (*Haus*) canalón *m;* (*Straße*) cuneta *f;* **Abflussrohr**[RR] *nt* <-(e)s, -e> cañería *f* de desagüe

Abfolge *f* <-n> sucesión *f;* (*Takt*) ritmo *m*

Abfrage *f* <-n> (INFOR: *von Daten*) consulta *f*

ab|fragen *vt* **1.** (*prüfen*) preguntar **2.** (INFOR: *Daten*) consultar

Abfuhr *f* <-en> **1.** (*Abtransport*) transporte *m;* (*von Müll*) recogida *f* **2.** (*Zurückweisung*) negativa *f;* **jdm eine ~ erteilen** dar calabazas a alguien **3.** (SPORT) derrota *f*

ab|führen I. *vi* (MED) tener un efecto purgante; **etw zum A~ verschreiben** recetar algo como laxante **II.** *vt* **1.** (*Verbrecher*) llevar detenido **2.** (*Geld*) pagar (*an* a) **3.** (*a. fig: ableiten*) apartar (*von* de), desviar (*von* de)

Abführmittel *nt* laxante *m*

Abführtee *m* infusión *f* purgante

Abführung *f* <-en> **1.** (*Festnahme*) detención *f* **2.** (FIN: *Steuer*) pago *m,* liquidación *f* **3.** (*Ableitung*) desviación *f*

ab|füllen I. *vt* **1.** (*Flüssigkeiten*) trasegar (*in* a); (*in Flaschen*) embotellar; (*in Gefäße*) envasar; (*in Säcke*) ensacar **2.** (*fam: betrunken machen*) emborrachar **II.** *vr:* **sich ~** (*fam*) emborracharse

Abgabe[1] *f ohne Pl* (*Einreichung, Stimm~*) entrega *f*

Abgabe[2] *f* <-n> **1.** (*Steuer*) impuesto *m;* **öffentliche ~n** impuestos *mpl;* **~n erheben/entrichten** cobrar/pagar impuestos **2.** (*von Wärme, einer Erklärung*) emisión *f* **3.** (*Verkauf*) venta *f*

abgabenfrei *adj* (FIN) libre de impuestos; **abgabenpflichtig** *adj* (FIN) sujeto a impuestos

Abgabetermin *m* fecha *f* de entrega

Abgang *m ohne Pl* <-(e)s> **1.** (*Fortgehen*) salida *f,* partida *f;* (THEAT) mutis *m inv* **2.** (*Absendung*) despacho *m,* salida *f* **3.** (MED: *Absonderung*) secreción *f;* (*Fehlgeburt*) aborto *m* (involuntario) **4.** (COM: *Absatz*) venta *f;* **~ finden** tener salida

Abgangszeugnis *nt* (SCH) *certificado para alguien que deja los estudios*

Abgas *nt* <-es, -e> (gas *m* de) escape *m;* **abgasarm** *adj* (AUTO) pobre en gases de escape; **Abgaskatalysator** *m* (AUTO) catalizador *m* de gas de escape; **Abgas(sonder)untersuchung** *f* (AUTO) control *m* de los gases de combustión (*obligatoria al pasar la inspección técnica de vehículos*)

ab|geben *irr* **I.** *vt* **1.** (*zur Aufbewahrung*) depositar **2.** (*verkaufen*) vender **3.** (*Schuss*) disparar **4.** (*Meinung, Erklärung*) dar; (*Urteil, Stimme*) emitir **5.** (*Wärme*) irradiar **6.** (*teilen*) dar una parte (*von* de); **er hat mir die Hälfte abgegeben** me ha dado la mitad **7.** (*überlassen*) ceder **8.** (SPORT: *Punkte*) perder; (*Ball*) entregar **9.** (*fam: Aussehen*) ofrecer **II.** *vr:* **sich ~** (*abw: sich einlassen*) tener trato; **mit diesen Leuten geben wir uns nicht ab** no queremos tener trato con esa gente

abgebrannt I. *pp von* **abbrennen II.** *adj* (*fam: pleite*) sin blanca

abgebrüht *adj* (*fam: unempfindlich*) curado de espantos

abgedroschen *adj* (*fam*) trillado

abgefuckt *adj* (*vulg*) jodido

abgehackt I. *adj* **1.** (*Stil*) entrecortado **2.** (*Bewegungen*) brusco **II.** *adv* a trompicones

abgehangen *pp von* **abhängen**

ab|gehen *irr* **I.** *vi sein* **1.** (*sich entfernen*) marchar(se); (*Zug*) partir, salir; (THEAT) hacer mutis; **von der Schule ~** dejar la escuela **2.** (*Farbe*) irse; (*Knopf*) caerse; (*Schuss*) dispararse **3.** (*fehlen*) faltar; **sich** *dat* **nichts ~ lassen** no privarse de nada **4.** (*abweichen*): **nicht von seinen Grundsätzen ~** insistir en sus principios **5.** (*verlaufen*): **alles ging gut ab** todo salió bien **6.** (*sl: los sein*): **hier geht es ab!** ¡menuda marcha hay aquí! **7.** (*vulg*): **ihm ging einer ab** se corrió **II.** *vt* (*Grundstück*) recorrer (para inspeccionar)

abgehoben *pp von* **abheben**

abgekartet *adj* (*fam*) amañado

abgeklärt *adj* (*ausgeglichen*) sereno

abgelegen *adj* distante

abgeneigt *adj* contrario; **etw/jdm ~ sein** ser contrario a algo/alguien; (**nicht**) **~ sein etw zu tun** (no) tener inconveniente en hacer algo

Abgeordnete(r) *mf* <-n, -n; -n> (*im Parlament*) diputado, -a *m, f,* legislador(a) *m(f) Am;* (*Vertreter*) delegado, -a *m, f;* **Abgeordnetenhaus** *nt* Congreso *m,* Cámara *f* de los Diputados

abgerissen I. *pp von* **abreißen II.** *adj* **1.** (*zerlumpt*) andrajoso **2.** (*unzusammenhängend*) deslabazado

Abgesandte(r) *mf* <-n, -n; -n> enviado, -a *m, f*

abgeschieden I. *pp von* **abscheiden II.** *adj* (*geh*) **1.** (*entlegen*) retirado; (*einsam*) solitario **2.** (*verstorben*) fallecido

Abgeschiedenheit *f ohne Pl* aislamiento *m*

abgeschlagen I. *pp von* **abschlagen II.** *adj* **1.** (SPORT) de los últimos; (*Partei*) sin peso **2.** (*reg: erschöpft*) rendido **3.** (*Geschirr*) desportillado

abgeschlossen I. *pp von* **abschließen II.** *adj* **1.** (*verschlossen*) cerrado **2.** (*isoliert*) aislado **3.** (*vollendet*) acabado

abgeschmackt *adj* de mal gusto

abgeschnitten *pp von* **abschneiden**

abgesehen *pp von* **absehen**

abgespannt *adj* fatigado; **er sieht ~ aus** parece fatigado

abgestanden **I.** *pp von* **abstehen** **II.** *adj* **1.** (*Wasser*) reposado; (*Bier*) insípido **2.** (*fig*) manido

abgestorben *pp von* **absterben**

abgetragen *pp von* **abtragen**

abgetreten *pp von* **abtreten**

abgewetzt *adj* (*Stoff*) gastado

ab|gewinnen* *irr vt* **1.** (*Geld*) ganar **2.** (*finden*) sacar **3.** (*Gefallen finden*): **ich kann dieser Sache nichts** ~ esto no me hace (ninguna) gracia

abgewogen *pp von* **abwägen, abwiegen**

ab|gewöhnen* *vt* deshabituar (de), desacostumbrar (de); **jdm etw** ~ quitar a alguien la costumbre de algo; **sich** *dat* **etw** ~ perder la costumbre de hacer algo; **ich muss mir das Rauchen** ~ tengo que dejar de fumar

abgezehrt *adj* (*Gesicht*) demacrado; (*Körper*) enflaquecido

Abglanz *m ohne Pl* <-es> reflejo *m;* (*a. fig*) vislumbre *f*

ab|gleiten *irr vi sein* (*geh*) **1.** (*abrutschen*) resbalar **2.** (*abschweifen*) desviarse; (*Gedanken*) divagar **3.** (*fig: absinken*) hundirse **4.** (*abprallen*) rebotar; **er ließ die Vorwürfe einfach an sich** ~ le resbalaban los reproches

Abgott *m* <-(e)s, -götter> ídolo *m*

abgöttisch *adv* con idolatría; **jdn** ~ **lieben** idolatrar a alguien

ab|grasen *vt* **1.** (*Weide*) comer la hierba (de); **das Thema ist abgegrast** (*fam*) el tema está agotado **2.** (*fam: systematisch absuchen*) recorrer

ab|grenzen **I.** *vt* (*begrenzen*) delimitar; (*abtrennen*) separar (*gegen/von* de) **II.** *vr:* **sich** ~ diferenciarse (*von* de); (*sich distanzieren*) distanciarse (*von* de)

Abgrenzung *f* <-en> (de)limitación *f;* (*eines Feldes*) demarcación *f*

Abgrund *m* <-(e)s, -gründe> precipicio *m;* (*a. fig*) abismo *m*

abgrundhässlich[RR] *adj* (*fam*) feo como el demonio

abgrundtief *adj* enorme

ab|gucken **I.** *vi* (*sl*) copiar; **bei jdm** ~ copiar de alguien **II.** *vt* (*fam*): **etw bei jdm** ~ copiar algo de alguien

Abguss[RR] *m* <-es, -güsse>, **Abguß** *m* <-sses, -güsse> **1.** (KUNST) vaciado *m* **2.** (*Gussstück*) (pieza *f* de) fundición *f*

ab|hacken *vt* cortar

ab|haken *vt* **1.** (*loshaken*) descolgar, soltar **2.** (*markieren*) marcar (con una cruz); (*in einer Liste*) puntear; (*fig: als erledigt ansehen*) dar por resuelto

ab|halten *irr vt* **1.** (*fernhalten*) mantener a distancia **2.** (*hindern*) impedir; **jdn davon** ~**, etw zu tun** impedir a alguien que haga algo; **lass dich nicht** ~**!** (*fam: beirren*) ¡tú sigue (a lo tuyo)! **3.** (*Sitzung*) celebrar; **ein Seminar** ~ organizar un seminario **4.** (*Unterricht*) dar

ab|handeln *vt* **1.** (*abkaufen*) comprar; (*bekommen*) obtener; (*Rabatt*) regatear; **jdm fünf Mark** ~ regatearle cinco marcos a alguien **2.** (*erörtern*) tratar

abhanden *adv:* ~ **kommen** extraviarse, refundirse *ZAm*

Abhandlung *f* <-en> tratamiento *m* (de); (*Essay*) tratado *m* (*über* sobre)

Abhang *m* <-(e)s, -hänge> pendiente *f,* guindo *m Guat*

ab|hängen[1] *irr vi* **1.** (*angewiesen sein*) depender (*von* de); **das hängt ganz davon ab** depende de las circunstancias **2.** (GASTR: *Fleisch*) manir

ab|hängen[2] *vt* **1.** (*Bild*) descolgar; (*Decke*) bajar **2.** (*abkoppeln*) desenganchar **3.** (*fam: abschütteln*): **jdn** ~ quitarse a alguien de encima

abhängig *adj* dependiente; **ich mache das von der Bedingung** ~**, dass ...** eso dependerá de si...

Abhängige(r) *mf* <-n, -n; -n> adicto, -a *m, f* (*von* a)

Abhängigkeit *f* <-en> dependencia *f* (*von* de); (*Sucht*) adicción *f* (*von* a); **gegenseitige** ~ interdependencia *f;* **Abhängigkeitsverhältnis** *nt* relación *f* de dependencia

ab|härten **I.** *vi* robustecer el cuerpo (*gegen* contra/frente a) **II.** *vt* endurecer; (*Körper*) fortalecer (*gegen* contra/frente a) **III.** *vr:* **sich** ~ endurecerse; (*Körper*) fortalecerse (*gegen* contra/frente a)

Abhärtung *f* <-en> endurecimiento *m* (*gegen* contra/frente a); (*des Körpers*) fortalecimiento *m* (*gegen* contra/frente a), robustecimiento *m* (*gegen* contra/frente a)

ab|hauen[1] <haut ab, haute ab, abgehauen> *vi sein* (*fam: verschwinden*) largarse; **hau ab!** ¡lárgate!

ab|hauen[2] *irr vt* (*abschlagen*) cortar; (*Baum*) talar; (*Putz*) quitar

ab|heben *irr* **I.** *vi* **1.** (AERO) despegar, decolar *SAm* **2.** (*fig: realitätsfremd werden*) apartarse de la realidad **3.** (*hinweisen*) aludir (*auf* a) **II.** *vt* **1.** (*herunternehmen*) quitar; (*Deckel*) destapar; (*Telefonhörer*) descolgar; (*Karten*) cortar; (*Masche*) pasar **2.** (FIN: *Geld*) retirar **III.** *vr:* **sich** ~ **1.** (*sich ablösen*) levantarse **2.** (*optisch hervortreten*) recortarse (*von/gegen* sobre) **3.** (*unterscheiden*) destacar (*von* entre), destacarse (*von* de/de entre)

ab|heften *vt* (*Schriftstücke*) archivar, failear *Am*

ab|heilen *vi* curarse; (*Wunde*) cerrarse

ab|helfen *irr vi* poner remedio (a); **dem ist**

leicht abzuhelfen tiene fácil remedio

Abhilfe *f ohne Pl* remedio *m;* **einer Situation ~ schaffen** poner remedio a una situación; **für ~ sorgen** proporcionar remedio

ab|hobeln *vt* cepillar

abholbereit *adj* listo para recoger

ab|holen *vt* recoger; (*fam fig: verhaften*) trincar

Abholmarkt *m* mercado *m* de recogida; **Abholpreis** *m* precio *m* de recogida

ab|holzen *vt* **1.** (*Bäume*) talar, tumbar *Am* **2.** (*Gebiet*) deforestar

Abholzung *f* <-en> **1.** (*Bäume*) tala *f* **2.** (*Waldgebiet*) deforestación *f*

Abhöraktion *f* acción *f* de escucha; **Abhöranlage** *f* dispositivo *m* de escucha

ab|horchen *vt* escuchar (aguzando el oído); (MED) auscultar

ab|hören *vt* **1.** (*Gelerntes*) repasar **2.** (MED) auscultar **3.** (*Anrufbeantworter*) escuchar **4.** (*Telefonleitung*) interceptar, pinchar *fam*

abhörsicher *adj* antiescucha *inv*

ab|hungern I. *vt* adelgazar **II.** *vr:* **sich ~** pasar hambre

Abi *nt* <-s, -s> (*fam*) bachillerato *m;* (*Prüfung*) examen *m* final de bachillerato (*equivalente a las pruebas de Selectividad*)

Abitur *nt* <-s, -e> bachillerato *m;* (*Prüfung*) examen *m* final de bachillerato (*equivalente a las pruebas de Selectividad*)

Abiturient(in) *m(f)* <-en, -en; -nen> preuniversitario, -a *m, f,* bachiller *mf Am*

Abiturzeugnis *nt* título *m* de bachiller

Abk. *Abk. von* **Abkürzung** abr

ab|kapseln I. *vt* aislar **II.** *vr:* **sich ~** enquistarse; (*fig*) aislarse

ab|kassieren* *vt* (*fam*) cobrar; **die Getränke/den Gast ~** cobrar las bebidas/al cliente; **er hat beim Poker richtig abkassiert** en la partida de póker hizo su agosto

ab|kauen *vt* comer; **sich die Fingernägel ~** morderse las uñas

ab|kaufen *vt* **1.** (*Ware*): **jdm etw ~** comprar algo a alguien **2.** (*fam: glauben*) tragarse; **das kaufe ich dir nicht ab!** ¡eso no me lo trago!

Abkehr *f ohne Pl* alejamiento *m* (*von* de), abandono *m* (*von* de)

ab|kehren I. *vt* **1.** (*abwenden*) apartar **2.** (*abfegen*) barrer **II.** *vr:* **sich ~** (*sich abwenden*) apartarse

ab|kippen I. *vi* caer, volcarse **II.** *vt* **1.** (*fallen lassen*) bajar **2.** (*abladen*) descargar, volcar; (*Müll*) verter

ab|klappern *vt* (*fam*) recorrer

ab|klären *vt* aclarar

Abklatsch *m* <-(e)s, -e> (KUNST) copia *f;* (*fig, abw*) mala copia *f,* plagio *m*

ab|klemmen *vt* **1.** (TECH) desconectar **2.** (MED: *Ader*) estrangular

ab|klingen *irr vi sein* decrecer; (*Lärm*) disminuir; (*Fieber*) ceder, bajar; (*Begeisterung*) reducirse

ab|klopfen *vt* **1.** (*säubern*) sacudir **2.** (MED) percutir **3.** (*kritisch betrachten*) examinar (*auf* en busca de)

ab|knallen *vt* (*fam abw*) matar a tiros

ab|knicken I. *vi sein* **1.** (*Zweig*) doblarse, troncharse **2.** (*Straße*) girar **II.** *vt* **1.** (*abbrechen*) cortar **2.** (*umknicken*) doblar, tronchar

ab|knöpfen *vt* **1.** (*Angeknöpftes*) desabotonar **2.** (*fam: Geld*) sacar; **jdm Geld ~** dar un sablazo a alguien

ab|knutschen I. *vt* (*fam*) comer(se) a besos; (*abw*) besuquear **II.** *vr:* **sich ~** (*abw*) besuquearse

ab|kochen *vt* **1.** (*kochen*) hervir **2.** (*keimfrei machen*) esterilizar

ab|kommandieren* *vt* (MIL) destinar, destacar

ab|kommen *irr vi sein* **1.** (*abweichen*) perderse; **wir kamen vom Weg ab** nos perdimos; **vom Thema ~** irse por las ramas **2.** (*aufgeben*) dejar (*von*), abandonar (*von*); (*sich entfernen*) alejarse (*von* de); **von seiner Meinung ~** cambiar de opinión **3.** (*aus der Mode kommen*) pasarse de moda

Abkommen *nt* <-s, -> convenio *m,* acuerdo *m*

abkömmlich *adj* disponible

Abkömmling *m* <-s, -e> **1.** (*a.* JUR: *Nachkomme*) descendiente *mf* **2.** (*iron fam: Sprössling*) vástago *m,* hijo *m*

ab|können *irr vt* (*nordd: mögen*) llevarse bien (con); (*vertragen*) soportar

ab|koppeln I. *vt* (*Fahrzeug*) desenganchar; (*Raumfähre*) separar **II.** *vr:* **sich ~** (*fam: Organisation*) descolgarse

ab|kratzen I. *vi sein* (*fam: sterben*) estirar la pata, rasgarse *Am* **II.** *vt* (*entfernen*) rascar

ab|kriegen *vt* (*fam*) **1.** (*erhalten*) llevarse su parte (de) **2.** (*erleiden*) sufrir; **er hat ganz schön was abgekriegt** ha recibido lo suyo **3.** (*entfernen*) conseguir quitar

ab|kühlen I. *vr:* **sich ~** (*kühler werden*) enfriarse; (*Wetter*) refrescar; (*Beziehungen*) enfriarse; (*Leidenschaft*) calmarse **II.** *vt* (*Speisen*) (poner a) enfriar

Abkühlung *f* <-en> enfriamiento *m;* (TECH) refrigeración *f;* (*Wetter*) descenso *m* de las temperaturas; **sich** *dat* **eine ~ verschaffen** refrescarse

Abkunft *f ohne Pl* (*geh: Herkunft*) origen *m;* (*Abstammung*) ascendencia *f;* **er ist slawischer ~** es de origen eslavo

ab|kürzen *vt* acortar; (*Weg*) atajar; (*Besuch, Verfahren*) abreviar; **„Jahrhundert“ wird durch „Jh.“ abgekürzt** “Jh.” es la abreviatura de “Jahrhundert”

Abkürzung *f* <-en> **1.** (*Weg*) atajo *m*, trilla *f ZAm;* **eine ~ nehmen** tomar un atajo **2.** (*von Verfahren*) abreviación *f*, reducción *f* **3.** (LING) abreviatura *f*

ab|laden *irr vt* **1.** (*Fahrzeug, Schiff*) descargar; (*Fracht*) desembarcar; (*Müll*) verter; (*Kisten*) sacar (*von* de); (*fig: Ärger*) descargar **2.** (*Arbeit, Schuld*) cargar (*auf* sobre)

Ablage *f* <-n> **1.** (*Archiv, Vorrichtung*) archivo *m* **2.** (*Schweiz: Annahmestelle*) despacho *m* de lotería

ab|lagern I. *vi* (*Wein*) añejarse; (*Holz, Tabak*) curarse; **abgelagerter Wein** vino añejo **II.** *vt* almacenar **III.** *vr:* **sich ~** (*sich absetzen*) posarse; (MED, GEO) sedimentarse

Ablagerung *f* <-en> **1.** (GEO, MED: *Vorgang*) sedimentación *f;* (*Material*) depósito *m*, sedimento *m* **2.** (GASTR: *Wein*) poso *m*

Ablass[RR] *m* <-es, -lässe>, **Ablaß** *m* <-sses, -lässe> (REL) bula *f*, indulgencia *f*

ab|lassen *irr* **I.** *vi* (*nicht weiterverfolgen*) desistir (*von* de), abandonar (*von*); **er lässt nicht von seinem Vorhaben ab** no desiste de sus propósitos **II.** *vt* **1.** (*Flüssigkeit*) dejar salir; (*Dampf*) purgar; (*Wasser*) desaguar; (*Behälter*) vaciar **2.** (*fam: nicht aufsetzen/anlegen*) no poner(se) **3.** (*ermäßigen*): **jdm etwas vom Preis ~** rebajar algo el precio a alguien

Ablauf *m* <-(e)s, -läufe> **1.** (*Verlauf*) (trans)curso *m*, desarrollo *m* **2.** (*einer Frist, Gültigkeit*) vencimiento *m*, expiración *f;* **nach ~ von zwei Stunden** al cabo de dos horas **3.** (*Abflussrohr*) desagüe *m* **4.** (GEO: *See*) canal *m* de vaciado

ab|laufen *irr sein* **I.** *vi* **1.** (*Flüssigkeit*) escurrirse; (*abfließen*) desaguar **2.** (*Film, Tonband*) desenrollarse **3.** (*stehen bleiben*) pararse **4.** (*Pass*) caducar **5.** (*Frist*) finalizar; **die Frist ist abgelaufen** el plazo ha expirado **6.** (*verlaufen*) transcurrir; **ist alles gut abgelaufen?** ¿ha ido todo bien? **II.** *vt* **1.** (*Schuhe*) (des)gastar **2.** (*Strecke, Stadt*) recorrer (*nach* en busca de)

ab|lecken *vt* lamer

ab|legen I. *vi* (*Schiff*) zarpar **II.** *vt* **1.** (*ausziehen*) quitarse, sacarse *Am;* **bitte, legen Sie ab!** ¡quítese el abrigo, por favor! **2.** (*Gewohnheit*) quitarse; **Vorurteile ~** deshacerse de prejuicios **3.** (*hinlegen*) depositar; (*Akten*) archivar, failear *ZAm;* (*Karten*) descartarse (de) **4.** (*Eid, Geständnis*) hacer, prestar; **über etw Rechenschaft ~** rendir cuentas de algo; **eine Prüfung ~** dar un examen (*in* en), examinarse (*in* en) *Am*

Ableger *m* <-s, -> **1.** (BOT) esqueje *m* **2.** (WIRTSCH) sucursal *f*

ab|lehnen *vt* **1.** (*zurückweisen*) rechazar; **er lehnte es ab, uns zu helfen** se negó a ayudarnos **2.** (JUR: *Gesuch*) denegar; (*Zeugen*) recusar

ablehnend *adj* negativo; **etw** *dat* **eher ~ gegenüberstehen** no estar mucho por algo

Ablehnung *f* <-en> **1.** (*Verweigerung*) negativa *f;* (*Zurückweisung*) rechazo *m;* (*von Anträgen*) denegación *f*, rechazo *m;* (JUR) recusación *f* **2.** (*Missbilligung*) rechazo *m*, repudio *m;* **er stieß bei ihnen auf ~** lo rechazaron

ab|leisten *vt* (*Wehrdienst*) cumplir

ab|leiten I. *vt* **1.** (*umlenken*) desviar **2.** (*a.* MATH: *herleiten*) derivar (*aus* de) **II.** *vr:* **sich ~** (LING) derivarse (*aus/von* de)

Ableitung *f* <-en> (MATH) derivación *f;* (LING) derivado *m*

ab|lenken I. *vi* (*ausweichen*) desviarse (*von* de) **II.** *vt* **1.** (PHYS: *Strahlen*) desviar **2.** (*abbringen*) distraer (*von* de)

Ablenkung *f* <-en> **1.** (*Richtungsänderung*) desviación *f* **2.** (*Zerstreuung*) distracción *f;* **sich** *dat* **~ verschaffen** distraerse;
Ablenkungsmanöver *nt* maniobra *f* de distracción

ab|lesen *irr* **I.** *vt* (*vorlesen*) leer **II.** *vi* **1.** (*lesen*): **vom Blatt ~** leer la hoja; **den Zähler ~** leer el contador **2.** (*erkennen*) notarse (*von* en); **das konnte man ihr vom Gesicht ~** eso se le notaba en la cara

ab|lichten *vt* **1.** (*fotokopieren*) fotocopiar **2.** (*fotografieren*) fotografiar

ab|liefern *vt* entregar

ab|lösen I. *vt* **1.** (*abmachen*) quitar; (*Aufgeklebtes*) despegar **2.** (*Wachposten*) relevar; (*bei der Arbeit*) reemplazar **3.** (*Hypothek*) amortizar; (*Schuld*) pagar **II.** *vr:* **sich ~ 1.** (*abgehen*) desprenderse **2.** (*sich abwechseln*) alternarse

Ablösesumme *f* (SPORT) traspaso *m*

Ablösung *f* <-en> **1.** (*das Sichablösen*) desprendimiento *m* **2.** (*Wechsel mit anderen*) relevo *m* **3.** (*aus dem Amt*) reemplazo *m*, sustitución *f* **4.** (FIN) amortización *f*

ab|luchsen *vt* (*fam: Geld*) sacar; (*Geheimnis*) sonsacar

ABM *f* <-(s)> (WIRTSCH) *Abk. von* **Arbeitsbeschaffungsmaßnahme** *plan de fomento de empleo*

ab|machen *vt* **1.** (*fam: entfernen*) quitar; (*Aufgeklebtes*) despegar **2.** (*vereinbaren*) acordar; (*Termin, Preis*) fijar; **wir haben abgemacht, dass …** hemos quedado en que…; **abgemacht!** ¡de acuerdo! **3.** (*fam: ableisten*) cumplir

Abmachung *f* <-en> acuerdo *m;* (*a.* POL, WIRTSCH) convenio *m;* **mit jdm eine ~ treffen** llegar a un acuerdo con alguien

ab|magern I. *vi sein* adelgazar; **bis auf die Knochen abgemagert sein** estar en los huesos **II.** *vt* reducir

Abmagerungskur *f* cura *f* de adelgazamiento

ab|malen *vt* (*abzeichnen*) pintar; (*porträtieren*) retratar; (*kopieren*) copiar

Abmarsch *m* <-(e)s, -märsche> (MIL) salida *f*, marcha *f*; ~! ¡en marcha!

ab|melden *vt* darse de baja (*bei* en); (*Zeitung*) anular la suscripción; **sich polizeilich** ~ dar parte a la policía (de su salida); **das Telefon** ~ darse de baja del teléfono

Abmeldung *f* <-en> baja *f*; (*einer Zeitung*) anulación *f* de la suscripción; (*von der Schule*) aviso *m* de baja; (*beim Einwohnermeldeamt*) aviso *m* de cambio de residencia

ab|messen *irr vt* **1.** (*ausmessen*) medir **2.** (*abschätzen*) calcular

Abmessung *f* <-en> medida *f*, dimensión *f*

ABM-Kraft *f* (WIRTSCH) *trabajador o trabajadora temporal en un plan de fomento de empleo*

ab|montieren* *vt* desmontar

ABM-Stelle *f* (WIRTSCH) *puesto de trabajo proporcionado por el Plan de Fomento de Empleo*

ab|mühen *vr*: **sich** ~ esforzarse mucho

ab|nabeln **I.** *vt* (*Neugeborenes*) cortar el cordón umbilical (a) **II.** *vr*: **sich** ~ (*fam: sich lösen*) librarse; (*sich unabhängig machen*) independizarse

ab|nagen *vt* roer

Abnäher *m* <-s, -> pinza *f*

Abnahme *f* <-n> **1.** (*das Entfernen*) desmontaje *m*; (MED) amputación *f* **2.** (*Herunternahme*) descenso *m* **3.** (*Verminderung*) disminución *f*, descenso *m* **4.** (*Kauf*) compra *f*; **bei** ~ **von 100 Stück** con la compra de 100 unidades; ~ **finden** (WIRTSCH) tener salida **5.** (*einer Parade*) revista *f*; (*eines Autos*) inspección *f*

ab|nehmen *irr* **I.** *vi* **1.** (*Macht, Kräfte*) declinar; (*Interesse*) disminuir; (*Geschwindigkeit*) bajar; (*Mond*) menguar **2.** (*Gewicht verlieren*) adelgazar **3.** (TEL) descolgar; **es nimmt keiner ab** no contesta nadie **II.** *vt* **1.** (*Hut, Bart*) quitar(se); (MED) amputar; (*Blut*) sacar; (*abkaufen*) comprar; (*wegnehmen*) quitar; (*im Spiel*) sacar; (*abverlangen*) pedir; (*Maschen*) menguar **2.** (*übernehmen*) coger; **jdm eine Arbeit** ~ librar a alguien de un trabajo **3.** (*entgegennehmen*) coger; (*Eid*) tomar; (*Beichte*) escuchar; **jdm das Versprechen** ~**, zu …** hacer prometer a alguien que… **4.** (*Gebäude, Fahrzeug*) inspeccionar; (*Prüfung*) realizar; (MIL) pasar revista (a) **5.** (*fam: glauben*) creer

Abnehmer(in) *m(f)* <-s, -; -nen> comprador(a) *m(f)*, cliente *mf*; ~ **finden** encontrar compradores

Abneigung *f* <-en> antipatía *f* (*gegen* hacia), rechazo *m* (*gegen* hacia/contra)

abnormal *adj* anormal, anómalo

ab|nötigen *vt* (*geh*) imponer; **er nötigt mir Respekt ab** me impone respeto

ab|nutzen **I.** *vt* (des)gastar; (*strapazieren*) deteriorar **II.** *vr*: **sich** ~ desgastarse, deteriorarse

Abnutzung *f* <-en> desgaste *m*, deterioro *m*

Abo *nt* <-s, -s> (*fam*) suscripción *f*

Abonnement *nt* <-s, -s> (*Zeitung*) suscripción *f*; (*Konzertkarten*) abono *m*; **ein** ~ **für etw haben** estar suscrito a algo; **ein** ~ **abbestellen** anular la suscripción

Abonnent(in) *m(f)* <-en, -en; -nen> suscriptor(a) *m(f)*, abonado, -a *m, f*

abonnieren* *vt* suscribirse (a)

ab|ordnen *vt* delegar

Abordnung *f* <-en> delegación *f*, comisión *f*

Abort *m* <-(e)s, -e> **1.** (MED) aborto *m* **2.** (*Toilette*) retrete *m*, servicio *m*

ab|passen *vt* aguardar; **den richtigen Augenblick** ~ aguardar el momento oportuno; **jdn** ~ salir al paso de alguien

ab|pausen *vt* calcar

ab|pfeifen *irr vt* (SPORT): **das Spiel** ~ pitar el fin del partido

Abpfiff *m* <-(e)s, -e> (SPORT) pitada *f* final

ab|plagen *vr*: **sich** ~ afanarse (*mit* en), agobiarse (*mit* con)

Abprall *m* <-(e)s, -e> rebote *m*

ab|prallen *vi sein* (*Ball*) rebotar; **die Kritik prallte an ihr ab** la crítica le resbaló

ab|pumpen *vt* **1.** (*Öl, Wasser*) extraer **2.** (*fam: pumpen*) sablear

ab|putzen *vt* limpiar

ab|quälen *vr*: **sich** ~ desriñonarse; **sich** *dat* **ein Lächeln** ~ esforzarse por sonreír

ab|qualifizieren* **I.** *vt* descalificar **II.** *vr*: **sich** ~ desacreditarse (*mit/durch* con)

ab|rackern *vr*: **sich** ~ (*fam*) matarse a trabajar

ab|rahmen *vt* desnatar, descremar

ab|rasieren* *vt* afeitar; (*fam: zerstören*) arrasar

ab|raten *irr vi*: **jdm von etw** ~ desaconsejar algo a alguien

ab|räumen *vt* recoger; (*Teller*) retirar; (SPORT: *Kegel*) derribar; **den Tisch** ~ recoger la mesa

ab|reagieren* **I.** *vt* (*Ärger*) descargar (*an* en), desahogar (*an* contra) **II.** *vr*: **sich** ~ desfogarse

ab|rechnen **I.** *vi* **1.** ((*Schluss*)*rechnung*) echar la cuenta **2.** (*zur Rechenschaft ziehen*) ajustar las cuentas; **mit ihm werde ich noch** ~! ¡ya le ajustaré las cuentas! **II.** *vt* (*abziehen*) descontar

Abrechnung *f* <-en> **1.** (*Abzug*) descuento *m* **2.** (*Bilanz*) cuenta *f*, planilla *f Am*; **die** ~

machen hacer las cuentas **3.** (*Rache*) ajuste *m* de cuentas

Abrede *f ohne Pl:* **etw in ~ stellen** negar algo

ab|reiben *irr vt* **1.** (*Schmutz*) quitar frotando; (*Schuhe, Hände*) limpiar frotando **2.** (*trockenreiben*) secar (frotando) **3.** (*mit dem Reibeisen*) rallar

Abreibung *f* <-en> **1.** (*a.* MED) fricción *f* **2.** (*fam: Prügel*) paliza *f,* trilla *f Am;* **eine ~ kriegen/verpassen** recibir/dar una paliza

Abreise *f* <-n> salida *f,* partida *f*

ab|reisen *vi sein* salir (*nach* para), partir (*nach* para)

ab|reißen *irr* **I.** *vi sein* **1.** (*sich lösen*) arrancarse; (*abspringen*) saltar **2.** (*unterbrochen werden*) cortarse **II.** *vt* **1.** (*Papier, Heftpflaster*) arrancar **2.** (*Gebäude*) derribar **3.** (*fam: abnutzen*) destrozar

Abreißkalender *m* almanaque *m*

ab|richten *vt* amaestrar

ab|riegeln *vt* **1.** (*Tür*) echar el cerrojo (de) **2.** (MIL: *Gebiet*) cercar; (*Straße*) cortar

Abrieg(e)lung *f* <-en> cierre *m;* (*Riegel*) cerrojo *m;* (MIL) cerco *m;* (*von Straßen*) control *m;* (*durch die Polizei*) cordón *m*

ab|ringen *irr vt* (*Zugeständnis*) arrancar; **sich** *dat* **ein Lächeln ~** forzar una sonrisa

Abriss[1RR] *m ohne Pl* <-es> (*Abbruch*) derribo *m*

Abriss[2RR] *m* <-es, -e> **1.** (*von Eintrittskarten*) resguardo *m* (de control de entrada) **2.** (*Übersicht*) resumen *m,* compendio *m*

Abriß *m s.* **Abriss**

ab|rücken **I.** *vi sein* **1.** (*wegrücken*) apartarse (*von* de); **von einer Meinung ~** cambiar de opinión **2.** (MIL) retirarse **II.** *vt* (*wegschieben*) correr

Abruf *m ohne Pl* <-(e)s> **1.** (*abrufbar sein*): **auf ~ zur Verfügung stehen** estar disponible **2.** (INFOR) demanda *f;* **abrufbereit** *adj* **1.** (*Menschen*) a disposición **2.** (INFOR) recuperable

ab|rufen *irr vt* **1.** (*wegrufen*) llamar **2.** (INFOR: *Daten*) pedir

ab|runden *vt* **1.** (*rund machen, a.* MATH) redondear **2.** (*ausgewogener machen*) completar

abrupt *adj* abrupto; (*unerwartet*) inesperado; (*plötzlich*) repentino

ab|rüsten *vi* desarmar

Abrüstung *f ohne Pl* desarme *m;* **Abrüstungsverhandlungen** *fPl* negociaciones *fpl* de desarme

ab|rutschen *vi sein* resbalar(se); (*fig*) hundirse (*in* en)

Abs. **1.** *Abk. von* **Absender** Rte. **2.** *Abk. von* **Absatz** párrafo *m*

ab|sacken *vi sein* (*fam*) **1.** (*sinken*) descender; (*Boden*) hundirse; (*Blutdruck*) bajar de golpe; (*Flugzeug*) perder altura; (FIN) caer; (*nachlassen*) disminuir (*in* en), bajar (*in* en) **2.** (*fig: herunterkommen*) hundirse

Absage *f* <-n> (respuesta *f*) negativa *f;* **jdm eine ~ erteilen** dar una negativa a alguien

ab|sagen **I.** *vi* excusarse; **jdm ~** anular una cita con alguien **II.** *vt* (*Treffen*) anular; (*Vorstellung*) suspender

ab|sägen *vt* **1.** (*Ast*) (a)serrar **2.** (*fam: kündigen*) echar; (POL) defenestrar

ab|sahnen **I.** *vi* (*fam*) hacer su agosto **II.** *vt* (*fam: Profit*) forrarse (con)

ab|satteln *vi, vt* desensillar

Absatz *m* <-(e)s, -sätze> **1.** (*am Schuh*) tacón *m,* taco *m Am;* **auf dem ~ kehrtmachen** (*fig*) dar media vuelta y marcharse **2.** (*im Text*) párrafo *m;* (**neuer**) **~** (*beim Diktieren*) punto y aparte; **kein ~** (*beim Diktieren*) punto y seguido **3.** (*Treppe*) descansillo *m,* tramo *m* **4.** (*Verkauf*) venta *f;* **großen ~ finden** tener mucha salida; **Absatzflaute** *f* (WIRTSCH) estancamiento *m* de las ventas; **Absatzmarkt** *m* (WIRTSCH) mercado *m* de consumo

ab|saugen *vt* aspirar; **Fett ~** absorber la grasa

ab|schaben *vt* raer

ab|schaffen *vt* **1.** (*aufheben*) abolir; (*Gesetz*) derogar **2.** (*fortgeben*) deshacerse (de)

Abschaffung *f* <-en> abolición *f;* (JUR) derogación *f*

ab|schalten **I.** *vi* (*fam*) **1.** (*unaufmerksam werden*) desconectar **2.** (*sich entspannen*) relajarse **II.** *vt* (*ausmachen*) apagar

ab|schätzen *vt* **1.** (*taxieren*) calcular; (COM) tasar **2.** (*beurteilen*) valorar

abschätzig *adj* despectivo

ab|schauen **I.** *vi* (*fam*): **bei jdm ~** copiar de alguien **II.** *vt* (*fam*): **etw von jdm ~** copiar algo de alguien

Abschaum *m ohne Pl* <-(e)s> (*abw*): **der ~ der Menschheit** la escoria de la humanidad

ab|scheiden *irr* **I.** *vi sein* (*geh*) fallecer **II.** *vt* desprender; (MED) supurar **III.** *vr:* **sich ~** (*geh*) separarse (*von* de)

Abscheu *m o f ohne Pl* <-(e)s> (*Widerwille*) repugnancia *f;* (*Ekel*) asco *m;* **vor jdm/etw ~ haben** tener asco de alguien/algo; **jds ~ erregen** repeler a alguien

abscheulich *adj* **1.** (*ekelhaft*) repugnante **2.** (*verwerflich*) abominable **3.** (*fam: unangenehm viel*) horrible

ab|schicken *vt* enviar

ab|schieben *irr* **I.** *vi sein* (*fam: weggehen*) largarse **II.** *vt* **1.** (*abrücken*) apartar (*von* de); (*Schuld*) achacar (*auf* a); (*Verantwortung*) cargar (*auf* a) **2.** (*ausweisen*) expulsar **3.** (*loswerden*) deshacerse (de)

Abschiebestopp[RR] *m* (POL) suspensión *f* de la expulsión de extranjeros
Abschiebung *f* <-en> expulsión *f*
Abschied *m* <-(e)s, -e> **1.** (*Trennung*) despedida *f;* **von jdm ~ nehmen** despedirse de alguien **2.** (*aus dem Amt*) retiro *m;* (*Abdankung*) dimisión *f;* **Abschiedsbrief** *m* (*fam*) carta *f* de despedida; **Abschiedsfeier** *f* fiesta *f* de despedida; **Abschiedsgruß** *m* fórmula *f* de despedida; **Abschiedsszene** *f* (*iron*) escenita *f* de despedida
ab|schießen *irr vt* **1.** (*Geschoss*) disparar; (*Rakete*) lanzar **2.** (*Wild*) cazar; (*Mensch*) pegar un tiro (a) **3.** (*Flugzeug*) derribar; (*Panzer*) destruir **4.** (*fam: entlassen*) despachar
ab|schirmen *vt* **1.** (*schützen*) proteger (*gegen* de/contra) **2.** (*Licht*) matizar
Abschirmung *f* <-en> **1.** (*einer Gefahr*) protección *f* (*gegen* de/contra) **2.** (*des Lichtes*) matización *f*
ab|schlachten *vt* **1.** (*Tiere*) matar **2.** (*grausam töten*) matar brutalmente; (*viele Menschen*) masacrar
ab|schlaffen **I.** *vi sein* (*fam*) cansarse, desmadejarse **II.** *vt* cansar, desmadejar
Abschlag *m* <-(e)s, -schläge> **1.** (SPORT) saque *m* de puerta **2.** (FIN, WIRTSCH: *Preisnachlass*) descuento *m;* (*Rate*) plazo *m;* (*Vorschuss*) adelanto *m;* **etw auf ~ kaufen** comprar algo a plazos
ab|schlagen *irr vt* **1.** (SPORT) sacar (de puerta) **2.** (*Baum*) talar **3.** (MIL) repeler **4.** (*ablehnen*) rechazar; **jdm eine Bitte ~** negarle a alguien un favor
abschlägig *adj* (*formal*) negativo; **jdm eine ~e Antwort geben** dar a alguien una respuesta negativa
Abschlagszahlung *f* **1.** (*Ratenzahlung*) pago *m* a plazos **2.** (*Vorauszahlung*) pago *m* (por) adelantado; (*Vorschuss*) adelanto *m*
ab|schleifen *irr* **I.** *vt* rebajar; (*entfernen*) quitar lijando; (*Edelsteine*) tallar; (*Kristall*) biselar **II.** *vr:* **sich ~** desgastarse; (*a. fig*) suavizarse
Abschleppdienst *m* servicio *m* de remolque
ab|schleppen *vt* **1.** (*Auto*) remolcar **2.** (*fam: Person*) arrastrar
Abschleppseil *nt* cuerda *f* de remolcar; **Abschleppwagen** *m* grúa *f*
ab|schließen *irr* **I.** *vi* **1.** (*mit Schlüssel*) cerrar con llave **2.** (*zum Schluss kommen*) concluir; **mit jdm ~** romper con alguien **3.** (*Abschluss bilden*) cerrar **II.** *vt* **1.** (*Tür*) cerrar con llave **2.** (*beenden*) concluir; (*Studium*) terminar; (*Tagung*) clausurar **3.** (*vereinbaren*) acordar; (*Geschäft*) concertar; (*Vertrag*) cerrar **4.** (FIN: *Bücher*) hacer balance (de); (*Konto*) saldar **5.** (COM: *Geschäftsjahr*) cerrar **III.** *vr:* **sich ~** (*sich isolieren*) aislarse (*von* de)
abschließend **I.** *adj* último **II.** *adv* por último
Abschluss[RR] *m* <-es, -schlüsse>, **Abschluß** *m* <-sses, -schlüsse> **1.** (*Verschluss*) cierre *m* **2.** (*Ende*) conclusión *f,* término *m;* **zum ~ kommen** terminar; **etw zum ~ bringen** concluir algo **3.** (*Examen*) diploma *m,* título *m* **4.** (*eines Vertrags, einer Wette*) cierre *m* **5.** (COM) transacción *f,* operación *f;* **Abschlussprüfung**[RR] *f* examen *m* final; **Abschlusszeugnis**[RR] *nt* diploma *m;* (*nach acht Schuljahren*) título *m* de graduado escolar; (*Abitur*) título *m* de bachiller
ab|schmecken *vt* **1.** (*kosten*) probar **2.** (GASTR: *verfeinern*) sazonar
ab|schminken **I.** *vt* desmaquillar; **das kannst du dir ~!** (*fig*) ¡eso ya te lo puedes quitar de la cabeza! **II.** *vr:* **sich ~** desmaquillarse
ab|schnallen **I.** *vi* (*fam*) **1.** (*abschalten*) desconectar **2.** (*fassungslos sein*) quedarse de una pieza; **da schnallste ab!** (*fam*) ¡si no lo veo, no lo creo! **II.** *vt* (*abnehmen*) desabrochar **III.** *vr:* **sich ~** (*Gurt lösen*) desabrocharse
ab|schneiden *irr* **I.** *vi* **1.** (*Weg*) acortar **2.** (*Ergebnis erzielen*): **gut/schlecht ~** tener/no tener éxito; **bei einer Prüfung gut/schlecht ~** sacar buena/mala nota en un examen **II.** *vt* **1.** (*abtrennen*) cortar **2.** (*absperren*) cortar, acordonar **3.** (*abkürzen*) acortar; **jdm das Wort ~** interrumpir a alguien **4.** (*isolieren*) aislar; **von der Außenwelt abgeschnitten sein** estar incomunicado
Abschnitt *m* <-(e)s, -e> **1.** (*im Text*) párrafo *m* **2.** (*eines Gebietes*) sector *m* **3.** (*Zeitspanne*) lapso *m,* etapa *f* **4.** (*Wertmarke*) cupón *m;* (*eines Formulars*) resguardo *m;* (*bei Eintrittskarten*) resguardo *m* (de control de entrada) **5.** (MATH) segmento *m*
ab|schöpfen *vt* **1.** (*obere Schicht*) quitar **2.** (*Gewinn*) retirar
ab|schotten **I.** *vt* **1.** (NAUT) cerrar con mamparos **2.** (*isolieren*) aislar (*von* de) **II.** *vr:* **sich ~** aislarse (*von* de)
ab|schrauben *vt* desatornillar
ab|schrecken *vt* **1.** (*entmutigen*) desanimar; (*einschüchtern*) intimidar **2.** (*Nudeln*) pasar por agua fría **3.** (TECH) enfriar bruscamente; (*Eisen*) templar
abschreckend *adj* intimidatorio; (*warnend*) disuasorio
Abschreckung *f* <-en> intimidación *f;* **nukleare ~** intimidación nuclear
ab|schreiben *irr vt* **1.** (*kopieren*) copiar (*von* de) **2.** (WIRTSCH) amortizar **3.** (*fam: verloren geben*) dar por perdido; **ich hatte ihn**

längst abgeschrieben hacía tiempo que le había borrado de mi lista

Abschreibung *f* <-en> (WIRTSCH) **1.** (*steuerliche Absetzung*) deducción *f* **2.** (*Wertverminderung*) desvalorización *f*

Abschrift *f* <-en> copia *f*

ab|schürfen *vt* despellejar; (MED) excoriar

Abschürfung *f* <-en> (MED) excoriación *f*

AbschussRR *m* <-es, -schüsse>, **Abschuß** *m* <-sses, -schüsse> **1.** (*einer Waffe*) disparo *m* **2.** (*einer Rakete*) lanzamiento *m* **3.** (*eines Flugzeugs*) derribo *m* **4.** (*bei der Jagd*) derribo *m*; **Tiere zum ~ freigeben** levantar la veda de animales

abschüssig *adj* (*Gelände*) empinado; (*Küste*) escarpado

AbschusslisteRR *f* (*fig*) lista *f* negra; **auf der ~ stehen** estar en la lista negra; **Abschussrampe**RR *f* plataforma *f* de lanzamiento

ab|schütteln *vt* **1.** (*entfernen*) sacudir (*von* de) **2.** (*Person*) librarse (de); **die Müdigkeit ~** sacudir(se) la pereza

ab|schwächen **I.** *vt* **1.** (*Wirkung*) debilitar **2.** (*Eindruck, Formulierung*) atenuar **3.** (*Stoß*) amortiguar **II.** *vr:* **sich ~** debilitarse

ab|schwatzen *vt* (*fam*) sacar; (*Geld, Geheimnis*) sonsacar

ab|schweifen *vi sein* **1.** (*geh: vom Weg*) desviarse (*von* de) **2.** (*Gedanke*) divagar (*von* de)

ab|schwellen *irr vi sein* **1.** (*Geschwulst*) deshincharse; **der Finger ist abgeschwollen** la inflamación del dedo ha bajado **2.** (*Lärm*) disminuir

ab|schwören *irr vi* **1.** (*dem Glauben*) abjurar (+*dat* de) **2.** (*dem Alkohol*) renunciar (+*dat* a)

ab|segnen *vt* (*fam*) dar el visto bueno (a)

absehbar *adj* previsible; **in ~er Zeit** en breve

ab|sehen *irr* **I.** *vi* descontar (*von* de); (*verzichten*) prescindir (*von* de); (*nicht berücksichtigen*) no tener en cuenta (*von*); **von einer Strafe ~** prescindir de un castigo; **abgesehen von ...** a excepción de... *Am;* **abgesehen davon** aparte de eso; **abgesehen davon, dass ...** aparte de que... **II.** *vt* **1.** (*lernen*) fijarse; **jdm etw ~** fijarse en cómo hace alguien algo **2.** (*voraussehen*) prever; **es ist abzusehen, dass ...** es de prever que... **3.** (*im Auge haben*) pretender; **es auf jdn abgesehen haben** (*gern haben wollen*) pretender conseguir a alguien; (*schikanieren*) tomarla con alguien

ab|seilen *vr:* **sich ~ 1.** (SPORT) descender en rapel **2.** (*fam: verschwinden*) esfumarse

ab|sein *irr vi s.* **ab II.3.**

abseits **I.** *präp* +*gen* lejos de **II.** *adv* **1.** (*fern*) alejado **2.** (SPORT) fuera de juego

Abseits *nt ohne Pl* <-> (SPORT) fuera *m* de juego

ab|senden *irr vt* (*Paket, Telegramm*) enviar; (*Waren*) expedir

Absender(in) *m(f)* <-s, -; -nen> remitente *mf;* (*~adresse*) remite *m;* (COM) expedidor(a) *m(f)*

ab|servieren* *vt* **1.** (*Geschirr, Tisch*) quitar **2.** (*fam: kaltstellen*) marginar; (*entlassen*) echar a la calle **3.** (*fam: ermorden*) eliminar

ab|setzen **I.** *vt* **1.** (*Hut, Brille*) quitarse **2.** (*hinstellen*) poner (*auf* en); (GEO) depositar **3.** (*Feder*) levantar (del papel); (*Gewehr*) descansar; (*Glas*) posar **4.** (*den Reiter abwerfen*) derribar **5.** (*aussteigen lassen*) dejar (*an/in* en) **6.** (*Minister*) destituir; (*Beamte*) deponer **7.** (*absagen*) suspender; (*Theaterstück*) quitar del cartel **8.** (COM) vender **9.** (FIN) deducir (*von* de); **von der Steuer ~** deducir [*o* desgravar] de los impuestos **10.** (MED: *Behandlung*) abandonar; (*Medikament*) dejar de tomar **II.** *vr:* **sich ~ 1.** (*sich niederschlagen*) acumularse; (*in Flüssigkeiten*) depositarse **2.** (*fam: verschwinden*) escaparse **3.** (*sich unterscheiden*) destacarse (*von/gegen* de (entre)) **4.** (SPORT) ir a la cabeza **5.** (MIL) retirarse

ab|sichern **I.** *vt* (*Unfallstelle*) asegurar **II.** *vr:* **sich ~** (*sich schützen*) asegurarse

Absicht *f* <-en> intención *f,* propósito *m;* (*Ziel*) objetivo *m;* **gute/böse ~en haben** tener buenas/malas intenciones; **etw mit/ohne ~ tun** hacer algo a propósito/sin querer; **es war ~** fue con intención; **das war nicht meine ~** no era mi intención; **er hat die ~ zu verreisen** tiene la intención de salir de viaje; **in der ~ etw zu tun** con el propósito de hacer algo

absichtlich **I.** *adj* intencionado **II.** *adv* a propósito, adifés *Ven;* **das hast du ~ getan** lo has hecho a propósito

ab|sinken *irr vi sein* (*Niveau*) descender; (*Schiff*) hundirse

ab|sitzen *irr* **I.** *vi sein* (*vom Pferd*) desmontar **II.** *vt* (*fam: Strafe, Dienstzeit*) cumplir

absolut **I.** *adj* absoluto *f* **II.** *adv* absolutamente; (*in negativen Sätzen*) en absoluto; **das ist ~ unmöglich** es de todo punto imposible; **~ nichts** nada en absoluto

Absolution *f* <-en> (REL) absolución *f*

Absolutismus *m ohne Pl* <-> absolutismo *m*

absolutistisch *adj* absolutista

Absolvent(in) *m(f)* <-en, -en; -nen> (*vor dem Examen*) examinando, -a *m, f;* (*nach dem Examen*) ex alumno, -a *m, f*

absolvieren* *vt* **1.** (*Schule, Studium*) terminar; (*Prüfung*) aprobar; (*ableisten*) cumplir **2.** (REL) absolver

absonderlich *adj* raro, singular

Absonderlichkeit *f* <-en> singularidad *f,*

particularidad *f;* (*Geschehnis*) hecho *m* curioso

ab|sondern I. *vt* **1.** (*Kranke*) separar; (*Häftlinge*) incomunicar **2.** (*ausscheiden*) segregar; (*Sekret*) secretar **II.** *vr:* **sich** ~ apartarse (*von* de)

Absonderung *f* <-en> **1.** (*Isolierung*) separación *f,* aislamiento *m* **2.** (BIOL, MED: *Vorgang*) segregación *f;* (*Sekret*) secreción *f*

absorbieren* *vt* (*a. fig*) absorber

ab|spalten I. *vt* escindir; (CHEM) disociar **II.** *vr:* **sich** ~ escindirse (*von* de)

ab|speichern *vt* (INFOR) almacenar (*auf* en)

ab|speisen *vt* (*fam*) despachar; **jdn mit leeren Versprechungen** ~ despachar a alguien con promesas vacías

abspenstig *adj:* **jdm etw ~ machen** mangar algo a alguien

ab|sperren *vt* **1.** (*Gebiet*) bloquear; (*Straße*) cortar **2.** (*Österr, südd: abschließen*) cerrar (con llave)

Absperrung *f* <-en> **1.** (*das Absperren*) bloqueo *m;* (*von Straßen*) corte *m* de carreteras **2.** (*Gitter*) reja *f;* (*Sperre*) barrera *f*

ab|spielen I. *vt* **1.** (*Schallplatte*) poner **2.** (*vom (Noten)blatt*) tocar sin preparación **3.** (SPORT) pasar **II.** *vr:* **sich** ~ ocurrir

Absprache *f* <-n> acuerdo *m;* **nach vorheriger/ohne vorherige** ~ según/sin acuerdo previo; **eine ~ treffen** llegar a un acuerdo

ab|sprechen *irr vt* **1.** (*vereinbaren*) acordar **2.** (*aberkennen*) privar (de), negar

ab|springen *irr vi sein* **1.** (*herunterspringen*) saltar (*von* de), arrojarse (*von* de); (SPORT) coger impulso **2.** (*Fahrradkette*) soltarse; (*Lack*) saltar **3.** (*fam: zurückziehen*) abandonar (*von*), retirarse (*von* de); (*Teilnehmer*) irse (*von* de); (*Vertragspartner*) volverse atrás

Absprung *m* <-(e)s, -sprünge> salto *m;* (*Fallschirmspringen*) salto *m* (en paracaídas), descenso *m;* (*vom Turngerät*) salida *f;* **den ~ schaffen/verpassen** (*fam fig*) aprovechar/dejar pasar el momento adecuado

ab|stammen *vi* descender (*von* de), proceder (*von* de)

Abstammung *f ohne Pl* **1.** (*Herkunft*) ascendencia *f,* origen *m* **2.** (*Geschlecht*) linaje *m* **3.** (BIOL, LING) origen *m,* procedencia *f*

Abstand *m* <-(e)s, -stände> **1.** (*räumlich*) distancia *f* **2.** (*zeitlich*) distancia *f,* intervalo *m;* **in regelmäßigen Abständen** a intervalos regulares **3.** (*Distanz*) distancia *f;* **von etw ~ gewinnen** (*fig*) cobrar distancia de algo; **davon ~ nehmen, etw zu tun** (*geh*) renunciar a hacer algo **4.** (*Unterschied*) diferencia *f;* (*im Sport*) ventaja *f;* **mit großem ~ führen** tener gran ventaja **5.** (*fam: Abfindung*) indemnización *f*

ab|statten *vt* (*geh*): **jdm einen Besuch** ~ rendir visita a alguien

ab|stauben *vt* **1.** (*putzen*) desempolvar, quitar el polvo (a) **2.** (*fam: nicht verdienen*) sacar (sin merecerlo); (*schnorren*) gorronear

ab|stechen *irr* I. *vi* (*sich abheben*) contrastar (*von* con) **II.** *vt* **1.** (*Tier*) degollar; (*sl: Menschen*) rajar **2.** (*Torf, Rasen*) cortar

Abstecher *m* <-s, -> **1.** (*Ausflug*) excursión *f* **2.** (*Umweg*) vuelta *f*

ab|stecken *vt* **1.** (*mit Pfählen*) jalonar; (*Grenze*) demarcar **2.** (*Saum*) marcar con alfileres **3.** (*Ziel*) definir

ab|stehen *irr vi* (*herausragen*) destacarse; **~de Ohren** orejas de soplillo

Absteige *f* <-n> (*fam abw*) pensión *f* de mala muerte

ab|steigen *irr vi sein* **1.** (*abwärts gehen*) ir hacia abajo; **auf dem ~den Ast sein** (*fam*) ir de capa caída **2.** (*vom Pferd, Fahrrad*) desmontar (*von* de), bajar (*von* de) **3.** (*übernachten*): **in einer Pension** ~ parar en una pensión **4.** (SPORT) descender

ab|stellen *vt* **1.** (*hinstellen*) colocar, poner; (*deponieren*) dejar **2.** (*parken*) aparcar **3.** (*Wasser*) cerrar; (*Strom*) cortar; (*ausmachen*) apagar, parar **4.** (*abkommandieren*) destinar, enviar (*für* a)

Abstellgleis *nt* apartadero *m,* vía *f* de depósito; **Abstellraum** *m* <-(e)s, -räume> (cuarto *m*) trastero *m*

ab|stempeln *vt* **1.** (*Briefe, Urkunden*) sellar; (*Briefmarken*) matasellar **2.** (*bezeichnen*) tildar (*als/zu* de)

ab|sterben *irr vi sein* **1.** (*Zellen, Blätter*) morirse **2.** (*Glieder*) entumecerse

Abstieg *m* <-(e)s, -e> bajada *f,* descenso *m;* (*Abhang*) pendiente *f;* (*Niedergang*) descenso *m;* (SPORT) descenso *m* a la categoría inferior

ab|stillen *vi, vt* destetar

ab|stimmen I. *vi* (*Stimme abgeben*) votar (*über* sobre); **über etw ~ lassen** someter algo a votación **II.** *vt* (*harmonisieren*) ajustar (*auf* a), compaginar (*auf* con); **sich mit jdm** ~ ponerse de acuerdo con alguien

Abstimmung *f* <-en> **1.** (*Wahl*) votación *f;* **geheime** ~ votación secreta; **zur ~ bringen** someter a votación **2.** (*Absprache*) coordinación *f,* armonización *f*

abstinent *adj* abstinente, temperante *Am*

Abstinenz *f ohne Pl* abstinencia *f*

Abstinenzler(in) *m(f)* <-s, -; -nen> abstinente *mf,* temperante *mf Am*

ab|stoßen *irr* I. *vt* **1.** (*Boot*) alejar (*von* de) **2.** (MED: *Organ*) rechazar **3.** (*verkaufen*) deshacerse (de) **4.** (*beschädigen*) desportillar **5.** (*anekeln*) asquear **II.** *vi* (*abstoßend sein*) repugnar

abstoßend *adj* (*ekelig*) repugnante

abstrahieren* **I.** *vi* (*geh*) hacer abstracción (*von* de) **II.** *vt* abstraer (*aus* de)

abstrakt *adj* abstracto

Abstraktion *f* <-en> abstracción *f*

ab|streifen *vt* **1.** (*entfernen*) quitar **2.** (*Vorurteile*) deshacerse (de); (*Unarten*) quitarse **3.** (*absuchen*) inspeccionar

ab|streiten *irr vt* negar

Abstrich *m* <-(e)s, -e> **1.** (*Kürzung*) reducción *f;* (*Preise*) rebaja *f;* **wir müssen ~e machen** tenemos que reducir gastos **2.** (MED) frotis *m inv*

ab|stufen *vt* **1.** (*stufenförmig machen*) escalonar **2.** (*Farben*) matizar **3.** (*im Lohn herabsetzen*) bajar de categoría

Abstufung *f* <-en> **1.** (*des Lohnes*) descenso *m* de categoría salarial **2.** (FIN: *Staffelung*) clasificación *f* **3.** (*Schattierung*) matización *f*

ab|stumpfen **I.** *vi sein* (*fig*) embrutecerse; (*Gefühl*) embotarse **II.** *vt* truncar; (*fig*) embrutecer

Absturz *m* <-(e)s, -stürze> **1.** (*Fall*) caída *f* **2.** (INFOR) fallo *m* general

ab|stürzen *vi sein* **1.** (*Flugzeug*) estrellarse; (*Bergsteiger*) caer **2.** (*steil abfallen*) caer en picado **3.** (INFOR: *Programm*) producirse un error de tipo general (en); **mein Computer ist abgestürzt** (*fam*) se me ha quedado colgado el ordenador

ab|stützen **I.** *vt* apoyar **II.** *vr:* **sich ~** apoyarse

ab|suchen *vt* buscar por todas partes; (*Gelände*) batir

absurd *adj* absurdo

Absurdität *f* <-en> absurdo *m;* (*Unsinn*) disparate *m*

AbszessRR *m* <-es, -e>, **Abszeß** *m* <-sses, -sse> (MED) absceso *m*

Abt *m,* **Äbtissin** *f* <-(e)s, Äbte; -nen> abad(esa) *m(f)*

ab|tasten *vt* **1.** (*befühlen*) tentar; (MED) palpar; (*bei einer Durchsuchung*) registrar **2.** (INFOR) leer

ab|tauen **I.** *vt* **1.** (*Kühlschrank*) descongelar **2.** (*Eis*) derretir **II.** *vi* deshelarse

Äbte *Pl von* **Abt**

Abtei *f* <-en> abadía *f*

Abteil *nt* <-(e)s, -e> compartim(i)ento *m*

ab|teilen *vt* **1.** (*Raum*) dividir **2.** (*abtrennen*) separar

Abteilung *f* <-en> **1.** (*Abtrennung*) división *f* **2.** (*im Betrieb, Kaufhaus*) sección *f;* (*im Museum*) sala *f;* (*im Krankenhaus*) unidad *f* **3.** (MIL) destacamento *m;* **Abteilungsleiter(in)** *m(f)* <-s, -; -nen> jefe, -a *m, f* de sección

Äbtissin *f* <-nen> *s.* **Abt**

ab|töten *vt* matar

ab|tragen *irr vt* **1.** (*Gelände*) aplanar **2.** (*Mauer*) derribar **3.** (*Kleidung*) (des)gastar **4.** (*geh: Schulden*) ir pagando **5.** (*geh*): **Teller ~** retirar los platos

abträglich *adj* (*geh*) perjudicial

ab|transportieren* *vt* **1.** (*Güter*) transportar **2.** (*Person*) evacuar

ab|treiben *irr* **I.** *vi* **1.** *sein* (*Boot*) derivar; (*Flugzeug*) desviarse del rumbo **2.** (*Schwangerschaft abbrechen*) abortar **II.** *vt* **1.** (*weglenken*) arrastrar, apartar **2.** (*Schwangerschaft abbrechen*) abortar

Abtreibung *f* <-en> aborto *m;* **Abtreibungspille** *f* píldora *f* abortiva

ab|trennen *vt* **1.** (*Angenähtes*) descoser **2.** (*abteilen*) separar

ab|treten *irr* **I.** *vi sein* **1.** (MIL) romper filas **2.** (THEAT) retirarse (*von* de) **II.** *vt* **1.** (*abnutzen. Teppich*) gastar; (*Absätze*) desgastar **2.** (*überlassen*) ceder; (*Geschäft*) traspasar **3.** (*säubern*) limpiar

Abtreter *m* <-s, -> (*fam*) felpudo *m*

Abtretung *f* <-en> cesión *f,* traspaso *m*

ab|trocknen *vt* secar

ab|tropfen *vi sein* escurrir

abtrünnig *adj* **1.** (REL) renegado; **dem Glauben ~ werden** apostatar de la fe **2.** (POL) disidente

Abtrünnige(r) *mf* <-n, -n; -n> **1.** (REL) apóstata *mf* **2.** (POL) disidente *mf*

ab|tun *irr vt* **1.** (*fam: Kleidung, Brille*) quitarse **2.** (*zurückweisen*) rechazar; **etw als belanglos ~** minimizar algo; **etw mit einem Achselzucken ~** rechazar algo encogiéndose de hombros

ab|tupfen *vt* **1.** (*Wunde*) taponar **2.** (*Stirn, Tränen*) secar, empapar

ab|verlangen* *vt* exigir (con descaro); **jdm etw ~** exigir algo a alguien

ab|wägen *irr vt* ponderar, sopesar

ab|wählen *vt* **1.** (*Politiker*) anular la elección (de) **2.** (SCH: *Fach*) no elegir

ab|wälzen *vt* (*Schuld*) echar (*auf* a); (*Arbeit*) descargar (*auf* en)

ab|wandeln *vt* modificar

ab|wandern *vi sein* emigrar

ab|warten *vt, vi* esperar; **die Ergebnisse ~** esperar los resultados

abwartend *adj* expectante; **eine ~e Haltung einnehmen** estar a la expectativa

abwärts *adv* hacia abajo

Abwärtstrend *m* <-(e)s, -s> tendencia *f* descendente

Abwasch *m ohne Pl* <-(e)s> (*fam*) **1.** (*Abspülen*) fregado *m* de la vajilla; **den ~ machen** fregar **2.** (*Geschirr*) vajilla *f* por fregar

abwaschbar *adj* lavable

ab|waschen *irr* **I.** *vi* fregar **II.** *vt* **1.** (*Geschirr*) fregar **2.** (*Schmutz*) limpiar

Abwasser *nt* <-s, -wässer> aguas *fpl* residuales; **Abwasseraufbereitung** *f* trata-

miento *m* de las aguas residuales; **Abwasserkanal** *m* alcantarilla *f*, acequia *f Mex*
ab|wechseln *vi, vr:* **sich** ~ alternar(se); (*Personen*) turnarse
abwechselnd *adv* alternativamente, por turnos; **sie passten ~ auf die Kinder auf** se turnaban para cuidar a los niños
Abwechs(e)lung *f* <-en> cambio *m;* **zur ~** para variar; **abwechslungsreich** *adj* variado; (*ereignisreich*) rico en impresiones
Abwege *mPl:* **auf ~ geraten** apartarse del buen camino
abwegig *adj* desacertado
Abwehr *f ohne Pl* (*Verteidigung*) defensa *f;* (*Abstoßung*) rechazo *m*
ab|wehren I. *vi* rehusar **II.** *vt* **1.** (*fernhalten*) mantener a distancia; (*Krankheitserreger*) protegerse (de) **2.** (*ablehnen, a.* MIL) rechazar; (*Verdacht*) descartar **3.** (SPORT) despejar
Abwehrkräfte *fPl* (MED) defensas *fpl* (del organismo); **Abwehrreaktion** *f* <-en> (PSYCH, MED) reacción *f* de defensa
ab|weichen *irr vi sein* **1.** (*vom Kurs, Thema*) desviarse (*von* de) **2.** (*sich unterscheiden*) divergir (*von* de); (*Meinung*) discrepar
Abweichung *f* <-en> **1.** (*das Abweichen*) desviación *f* **2.** (TECH) anomalía *f*, irregularidad *f* **3.** (*Differenz*) divergencia *f*
ab|weisen *irr vt* **1.** (*Antrag*) rechazar; (*Anklage*) refutar **2.** (*wegschicken*) no recibir
abweisend *adj* (*ablehnend*) negativo; (*zurückweisend*) reservado
ab|wenden *irr* **I.** *vt* **1.** (*Blick*) apartar (*von* de), volver **2.** (*Gefahr*) evitar **II.** *vr:* **sich ~** (*sich wegdrehen*) apartarse (*von* de), volverse
ab|werben *irr vt* (WIRTSCH) quitar; **der Konkurrenz Mitarbeiter ~** hacerse con los colaboradores de la competencia
ab|werfen *irr* **I.** *vt* **1.** (*Reiter*) derribar; (*Latte*) tirar; (*Geweih*) echar; (*Blätter*) perder; (*Bomben*) lanzar **2.** (*Gewinn*) rendir **3.** (*Karten*) echar **II.** *vi* (SPORT: *vom Tor*) hacer un saque de puerta
ab|werten *vt* **1.** (FIN) devaluar **2.** (*herabsetzen*) despreciar, quitar valor (a)
abwertend *adj* (*negativ*) peyorativo; (*verächtlich*) despectivo
Abwertung *f* <-en> (FIN) devaluación *f*
abwesend *adj* **1.** (*nicht zugegen*) ausente **2.** (*zerstreut*) distraído
Abwesenheit *f* <-en> **1.** (*körperlich*) ausencia *f* **2.** (*geistig*) distracción *f*
ab|wickeln *vt* **1.** (*Knäuel*) deshacer; (*Garn*) desenrollar **2.** (*Geschäft*) llevar a cabo
ab|wiegen *irr vt* pesar
ab|wimmeln *vt* (*fam: Arbeit*) quitarse de encima; (*Besucher*) deshacerse (de)
ab|winken *irr vi* hacer un gesto negativo con la mano
ab|wischen *vt* **1.** (*Staub, Schmutz*) limpiar; **wisch dir den Mund mit der Serviette gut ab!** ¡límpiate bien con la servilleta! **2.** (*Tisch*) limpiar, pasar con una bayeta **3.** (*abtrocknen*) secar, enjugar *geh*
Abwurf *m* <-(e)s, -würfe> **1.** (*von Bomben*) lanzamiento *m* **2.** (SPORT) saque *m*
ab|zahlen *vt* pagar; (*in Raten*) pagar a plazos
ab|zählen *vt* contar; **das kannst du dir doch an fünf Fingern ~!** (*fam*) ¡eso lo ve hasta un ciego!
Abzahlung *f* <-en> **1.** (*Ratenzahlung*) pago *m* a plazos; **etw auf ~ kaufen** comprar algo a plazos **2.** (*Rückzahlung*) importe *m* total
Abzeichen *nt* <-s, -> **1.** (MIL) condecoración *f* **2.** (*Anstecknadel*) distintivo *m*
ab|zeichnen I. *vt* **1.** (*kopieren*) copiar **2.** (*signieren*) firmar **II.** *vr:* **sich ~ 1.** (*sich abheben*) destacarse (*auf* de), perfilarse (*auf* sobre) **2.** (*deutlich werden*) perfilarse
Abziehbild *nt* calcomanía *f*
ab|ziehen *irr* **I.** *vi* **1.** (*Rauch*) salir(se); (*Gewitter*) alejarse **2.** (*Truppen, Zugvögel*) irse **3.** (*fam: weggehen*) largarse **II.** *vt* **1.** (*wegnehmen*) sacar (*von* de); (*entfernen*) quitar (*von* de); **das Bett ~** quitar las sábanas **2.** (*Tier*) despellejar **3.** (FOTO, TYPO) sacar copias (de) **4.** (MATH) restar **5.** (*vom Lohn, Preis*) deducir (*von* de), descontar (*von* de) **6.** (MIL) retirar **7.** (*Schweiz: ausziehen*) desnudar **III.** *vr:* **sich ~** (*Schweiz: sich ausziehen*) desnudarse
ab|zielen *vi* (*Bemerkung*) referirse (*auf* a); (*anstreben*) tener como meta (*auf*)
ab|zocken *vt* (*sl: im Spiel*) desplumar
Abzug *m* <-(e)s, -züge> **1.** (MIL) retirada *f*, salida *f* **2.** (*Lohn~*) retención *f;* **nach ~ der Kosten** deducidos los gastos **3.** (CHEM) abductor *m* **4.** (FOTO) copia *f* **5.** (*am Gewehr*) gatillo *m* **6.** (*Luft, Kamin*) tiro *m*
abzüglich *präp +gen* descontando; **~ der Kosten** previa deducción de los costes
abzugsfrei *adj* (FIN) libre de deducciones fiscales
Abzugshaube *f* campana *f* extractora
ab|zweigen I. *vi sein* desviarse (*von* de, *zu* hacia) **II.** *vt* (*Geld*) apartar
Accessoire *nt* <-s, -s> accesorio *m*
Aceton *nt ohne Pl* <-s> (CHEM) acetona *f*
ach *interj* ah; **~ was!** ¿qué dices?; **~ ja!** ¡ah, claro (que sí)!; **~ so!** ¡ah, eso es otra cosa!; **~, du lieber Himmel!** ¡ay, Dios mío!; **~ nee!** ¡no me digas!
Ach *nt* <-s, -(s)> (*fam*): **mit ~ und Krach** a trancas y barrancas
Achse *f* <-n> (TECH, POL, MATH) eje *m;* **sich um die eigene ~ drehen** girar sobre su propio eje; **immer auf ~ sein** (*fam*) estar

siempre fuera

Achsel *f* <-n> **1.** (*~höhle*) axila *f* **2.** (*Schulter*) hombro *m;* **mit den ~n zucken** encogerse de hombros; **Achselhöhle** *f* axila *f,* sobaco *m;* **Achselzucken** *nt ohne Pl* <-s> encogimiento *m* de hombros

Achsenbruch *m* (TECH) rotura *m* del eje

acht[1] *adj inv* ocho; **es ist gleich ~ (Uhr)** van a ser las ocho (horas); **alle ~ Tage** cada ocho días; **mit ~ (Jahren)** a los ocho años; **um/gegen ~ (Uhr)** a las/sobre las ocho (horas); **zu je ~** de a ocho; **zu ~** de ocho en ocho; **in ~ Tagen** dentro de ocho días; **vor ~ Tagen** hace ocho días; **heute in ~ Tagen** de hoy en ocho días; **morgen in ~ Tagen** mañana en ocho días

acht[2] *s.* **Acht**[2] **1.**

Acht[1] *f* <-en> (*Zahl*) ocho *m*

Acht[2] *f ohne Pl* **1.** (*Aufmerksamkeit*) atención *f;* **~ geben** prestar atención (*auf* a); (*auf Personen/die Gesundheit*) cuidar (*auf* de); **etw außer aller ~ lassen** prescindir de algo; **sich (vor jdm) in ~ nehmen** cuidarse (de alguien); **gib ~!** ¡cuidado!; **gib ~, wohin du trittst!** ¡ten cuidado de dónde pisas!; **gib auf dich ~!** ¡cuídate! **2.** (HIST) proscripción *f*

achtbar *adj* respetable

achte(r, s) *adj* octavo; **der ~ Dezember** el ocho de diciembre; **am ~n Dezember** el ocho de diciembre; **wir treffen uns Sonntag, den ~n Dezember** nos veremos el domingo, ocho de diciembre; **im ~n Stock** en el octavo piso; **das ~ Mal** la octava vez; **Heinrich der A~** Enrique VIII; **jeden ~n Tag** cada ocho días; **du bist der A~, der mich das fragt** eres la octava persona que me pregunta eso

Achteck *nt* octógono *m,* octágono *m*

achteckig *adj* octógono, octágono; **der Grundriss des Baptisteriums ist ~** la planta del baptisterio es octágona

achtel *adj inv* octavo; **ein ~ Zentner** la octava parte de un quintal

Achtelfinale *nt* (SPORT) octavos *mpl* de final; **Achtelnote** *f* <-n> (MUS) corchea *f*

achten I. *vi* **1.** (*beachten*) atender (*auf* a), cuidar (*auf* de); (*auf den Weg*) fijarse (*auf* en), prestar atención (*auf* a); **sie achtet darauf, dass ...** se cuida de que... *+subj* **2.** (*beaufsichtigen*) cuidar (*auf* de) **II.** *vt* **1.** (*schätzen*) estimar; (*Ansichten*) respetar **2.** (*befolgen*) observar

ächten *vt* (HIST) proscribir; (*verbannen*) desterrar; (*fig: ausstoßen*) aislar

achtens *adv* en octavo lugar; (*bei einer Aufzählung*) octavo; **... und ~ gilt es, in Zukunft über neue Maßnahmen nachzudenken** ... y octavo, es necesario reflexionar en lo sucesivo sobre nuevas medidas

Achterbahn *f* montaña *f* rusa

achterlei *adj inv* de ocho clases diferentes, ocho clases (diferentes) de; **es standen ~ Sorten Käse auf dem Tisch** en la mesa había ocho clases diferentes de quesos; **auf ~ Weise** de ocho formas diferentes

achtfach I. *adj* óctuplo; **die ~e Menge** ocho veces la cantidad; **der Antrag muss in ~er Ausfertigung zugesandt werden** hay que mandar ocho copias de la candidatura **II.** *adv* ocho veces

acht|geben *irr vi s.* **Acht**[2] **1.**

achthundert *adj inv* ochocientos; **dieser Baum ist mehr als ~ Jahre alt** este árbol tiene más de ochocientos años

achtkantig *adj* octogonal; **jdn ~ hinauswerfen** (*fam*) echar a alguien con cajas destempladas

achtlos *adj* **1.** (*sorglos*) descuidado **2.** (*zerstreut*) distraído **3.** (*rücksichtslos*) desconsiderado **4.** (*unbesonnen*) despreocupado; **~ mit etw umgehen** tratar algo con descuido

Achtlosigkeit *f ohne Pl* descuido *m,* dejadez *f;* (*Unbesonnenheit*) despreocupación *f*

achtmal *adv* ocho veces; **~ so viel(e)** ocho veces más; **~ täglich** ocho veces al día; **ich war schon ~ in Madrid** ya he estado ocho veces en Madrid

achtsam *adj* (*geh*) **1.** (*aufmerksam*) atento **2.** (*sorgfältig*) cuidadoso

Achtsamkeit *f ohne Pl* cuidado *m,* atención *f*

Achtstundentag *m* <-(e)s, -e> jornada *f* (laboral) de ocho horas

achttägig *adj* de ocho días; **ein ~er Aufenthalt im Ausland** una estancia de ocho días en el extranjero

achttausend *adj inv* ocho mil; **dieser Stein ist ~ Jahre alt** esta piedra tiene ocho mil años

Achtundsechziger(in) *m(f)* <-s, -; -nen> sesentaiochista *mf* (*participante en el mayo del 68*)

Achtung *f ohne Pl* **1.** (*Aufmerksamkeit*) atención *f;* **~ Stufe!** ¡cuidado con el escalón!; **~, fertig, los!** ¡preparados, listos, ya! **2.** (*Wertschätzung*) respeto *m* (*vor* a); **sich** *dat* **~ verschaffen** hacerse respetar

Ächtung *f* <-en> (HIST) proscripción *f;* (*Verbannung*) destierro *m;* (*fig: Verdammung*) aislamiento *m*

achtzehn *adj inv* dieciocho; **wann wirst du ~?** ¿cuándo cumples los 18?; **der Film ist erst ab ~ (freigegeben)** la película no es autorizada para menores de dieciocho años; *s. a.* **acht**[1]

achtzig *adj inv* ochenta; **mit ~ (Stundenkilometern) fahren** ir a ochenta (por hora); **etwa ~ (Jahre alt)** sobre los ochenta (años); **mit ~ (Jahren)** a los [*o* con] ochenta (años); **über/unter ~** más de/menos de ochenta; **jdn auf ~ bringen** (*fam*) poner a alguien a cien; **die ~er Jahre** los años ochenta

achtzigste(r, s) *adj* octogésimo; **heute ist ihr ~r Geburtstag** hoy es su octogésimo aniversario

ächzen *vi* **1.** (*Person*) gemir (*vor* de) **2.** (*Bretter, Gebälk*) crujir

Acker *m* <-s, Äcker> campo *m;* **Ackerbau** *m ohne Pl* <-s> agricultura *f;* **Ackerland** *nt ohne Pl* <-(e)s> tierra *f* de labor, tierras *fpl* de labranza

ackern *vi* **1.** (AGR) arar **2.** (*fam: arbeiten*) trabajar duramente

Ackersalat *m* <-(e)s, -e> (BOT) rapónchigo *m,* ruiponce *m*

Acryl *nt ohne Pl* <-s> (CHEM) fibra *f* acrílica

Action *f ohne Pl* acción *f;* **Actionfilm** *m* <-(e)s, -e> película *f* de acción

a.d. *Abk. von* **an der: Frankfurt a.d. Oder** Francfort del Oder

ADAC *m* <-> *Abk. von* **Allgemeiner Deutscher Automobil-Club** *Automóvil Club de Alemania*

ad acta: etw ~ legen dar carpetazo a algo

Adamsapfel *m* nuez *f* de Adán; **Adamskostüm** *nt* (*fam*): **im ~** en pelotas

adäquat *adj* adecuado

addieren* *vt* sumar (*zu* a)

Addition *f* <-en> adición *f* (*zu* a)

Additiv *nt* <-s, -e> (CHEM) aditivo *m;* **bleihaltige ~e** aditivos conteniendo plomo

ade *interj* (*reg*) adiós; **jdm ~ sagen** decir(le) adiós a alguien

Adel *m ohne Pl* <-s> **1.** (*Klasse, Stand*) nobleza *f,* aristocracia *f;* **von ~ sein** tener abolengo **2.** (*Titel*) título *m* de nobleza

adelig *adj* noble

Adelige(r) *mf* <-n, -n; -n> noble *mf,* aristócrata *mf*

adeln *vt* ennoblecer

Adelstitel *m* <-s, -> título *m* nobiliario

Ader *f* <-n> **1.** (*Blutgefäß*) vena *f* **2.** (*Anlage*) vena *f;* **eine künstlerische ~ haben** tener dotes artísticas **3.** (*von Gestein, Holz*) veta *f;* (*Blatt*) nervio *m*

Aderlass[RR] *m* <-es, -lässe>, **Aderlaß** *m* <-sses, -lässe> sangría *f,* sangradera *f Am*

ADFC *m* <-> *Abk. von* **Allgemeiner Deutscher Fahrrad-Club** *Club Alemán de Usuarios de la Bicicleta*

adieu *interj* (*reg*) adiós; **jdm ~ sagen** despedirse de alguien

Adjektiv *nt* <-s, -e> (LING) adjetivo *m*

adjektivisch *adj* (LING) adjetivo

Adler *m* <-s, -> águila *f;* (*Jungtier*) aguilucho *m;* **Adlernase** *f* <-n> nariz *f* aguileña

adlig *adj s.* **adelig**

Adlige(r) *mf* <-n, -n; -n> *s.* **Adelige(r)**

Administration *f* <-en> **1.** (*Verwaltung*) administración *f* **2.** (*Schweiz: einer Firma*) gestión *f*

administrativ *adj* administrativo

Admiral(in)[1] *m(f)* <-s, -e *o* -äle; -nen> (MIL) almirante *mf*

Admiral[2] *m* <-s, -e> (ZOOL) vanesa *f* atlanta

adoptieren* *vt* adoptar

Adoption *f* <-en> adopción *f*

Adoptiveltern *Pl* padres *mpl* adoptivos; **Adoptivkind** *nt* <-(e)s, -er> hijo, -a *m, f* adoptivo, -a

Adr. *Abk. von* **Adresse** dir.

Adrenalin *nt ohne Pl* <-s> (MED) adrenalina *f;* **Adrenalinstoß** *m* <-es, -stöße> (MED) descarga *f* de adrenalina

Adressat(in) *m(f)* <-en, -en; -nen> destinatario, -a *m, f*

Adressbuch[RR] *nt,* **Adreßbuch** *nt* directorio *m*

Adresse *f* <-n> **1.** (*Anschrift*) dirección *f,* señas *fpl;* **an der falschen ~ sein** (*fam*) haberse equivocado de persona; **die erste ~ für Weine** la mejor tienda para comprar vinos **2.** (INFOR) dirección *f*

adressieren* *vt* **1.** (*Postsendung*) poner la dirección **2.** (*richten*) dirigir (*an* a)

Adria *f* Adriático *m*

adriatisch *adj* adriático; **A~es Meer** Mar Adriático

A-Dur *nt ohne Pl* <-> (MUS) la *m* mayor

Advent *m* <-(e)s, -e> Adviento *m;* **Adventskalender** *m* calendario *m* de Adviento; **Adventskranz** *m* corona *f* de Adviento

Adverb *nt* <-s, -verbien> (LING) adverbio *m*

adverbial *adj* (LING) adverbial; **~e Ergänzung** complemento circunstancial

Advokat(in) *m(f)* <-en, -en; -nen> (*reg: Anwalt*) abogado, -a *m, f*

Advokatur *f ohne Pl* (*Schweiz: Amt eines Anwalts*) abogacía *f*

Aerobic *nt ohne Pl* <-s> aerobic *m,* gimnasia *f* aeróbica

Aerodynamik *f* (PHYS) aerodinámica *f*

Affäre *f* <-n> **1.** (*Skandal*) affaire *m;* **sich mit etw aus der ~ ziehen** salir del apuro con algo; **in eine ~ verwickelt sein** estar envuelto en un affaire; **das ist doch keine ~** eso no es nada **2.** (*Liebesabenteuer*) aventura *f* amorosa

Affe *m,* **Äffin** *f* <-n, -n; -nen> mono, -a *m, f;* **mich laust der ~** (*fam*) eso me deja patitieso; **einen ~n (sitzen) haben** (*fig*) tener una mona

Affekt *m* <-(e)s, -e> arrebato *m* (pasional); **im ~ handeln** (JUR, PSYCH) actuar impulsado por un arrebato pasional; **Affekthandlung** *f* (JUR, PSYCH) delito *m* pasional

affektiert *adj* (*abw*) afectado

affenartig *adj* (*fam: affenähnlich*) simiesco; **mit ~er Geschwindigkeit fahren** (*fam*) ir a toda mecha

affengeil *adj* (*sl*) de puta madre; **Affenhitze** *f* (*fam*) calor *m* infernal; **Affentempo** *nt ohne Pl* <-s> (*fam*) velocidad *f* loca; **in einem ~** a toda mecha

Affiche *f* <-n> (*Schweiz: Plakat*) cartel *m*

affig *adj* (*fam*) afectado

Äffin *f s.* **Affe**

Afghane, -in *m, f* <-n, -n; -nen> (*Person*) afgano, -a *m, f*

afghanisch *adj* afgano

Afghanistan *nt* <-s> Afganistán *m*

Afrika *nt* <-s> África *f*

Afrikaner(in) *m(f)* <-s, -; -nen> africano, -a *m, f*

afrikanisch *adj* africano

afroamerikanisch *adj* afroamericano

Afrolook *m ohne Pl* <-s> afro-look *m*

After *m* <-s, -> (ANAT) ano *m*

Aftershave *nt* <-(s), -s> aftershave *m*

AG *f* <(-s)> **1.** *Abk. von* **Aktiengesellschaft** S.A. *f* **2.** *Abk. von* **Arbeitsgruppe** grupo *m* de trabajo **3.** *Abk. von* **Arbeitsgemeinschaft** cooperativa *f* laboral

Ägäis *f* Egeo *m*

Agave *f* <-n> (BOT) agave *m o f*, maguey *m Am*, metl *m Mex*

Agent(in) *m(f)* <-en, -en; -nen> agente *mf*; (*Spion*) espía *mf*

Agentur *f* <-en> agencia *f*

Agglomeration *f* <-en> **1.** (*geh: Anhäufung*) aglomeración *f* **2.** (*Schweiz: Ballungsraum*) aglomeración *f* urbana

Aggregat *nt* <-(e)s, -e> **1.** (TECH) grupo *m* **2.** (WIRTSCH) agregado *m*; **Aggregatzustand** *m* (CHEM) estado *m* de agregación

Aggression *f* <-en> **1.** (*Angriff*) agresión *f* **2.** (*Angriffslust*) agresividad *f*

aggressiv *adj* **1.** (*streitsüchtig*) agresivo **2.** (*zerstörend*) corrosivo

Aggressivität *f* <-en> **1.** (PSYCH) agresividad *f* **2.** (*aggressive Handlung*) agresión *f*, ataque *m*

agieren* *vi* actuar (*als* de/como)

agil *adj* ágil; (*geschickt*) mañoso

Agitation *f* <-en> (POL) agitación *f* (política), propaganda *f*; **~ treiben** provocar los ánimos

Agitator(in) *m(f)* <-s, -en; -nen> (POL) agitador(a) *m(f)*

agitatorisch *adj* (POL) agitador

Agonie *f* <-n> (*geh a.* MED) agonía *f*

Agrarfläche *f* área *f* agrícola; **Agrarmarkt** *m* mercado *m* de productos agrarios; **Agrarpolitik** *f* política *f* agraria; **Gemeinsame ~** (EU) Política agraria común; **Agrarwirtschaft** *f ohne Pl* economía *f* agrícola

Ägypten *nt* <-s> Egipto *m*

Ägypter(in) *m(f)* <-s, -; -nen> egipcio, -a *m, f*

ägyptisch *adj* egipcio

ah *interj* ah

Ah *Abk. von* **Amperestunde** Ah

aha *interj* ajá, ya

Aha-Erlebnis *nt* (PSYCH) revelación *f*

ahnden *vt* castigar

ähneln *vi:* **jdm ~** parecerse a alguien

ahnen *vt* **1.** (*voraussehen*) prever; (*vorausfühlen*) presentir; **nichts Böses ~** no presentir nada malo **2.** (*vermuten*) sospechar; (*schwach erkennen*) vislumbrar; **sie lachten nichts ~d** se reían sin sospechar nada; **so etwas habe ich doch geahnt** ya me figuraba algo semejante

Ahnen *mPl* antepasados *mpl;* **Ahnenforschung** *f ohne Pl* genealogía *f*; **Ahnenreihe** *f* <-n> línea *f* genealógica; **Ahnentafel** *f* tabla *f* genealógica

ähnlich *adj* parecido, semejante; **bei ~er Gelegenheit** en semejantes circunstancias; **das sieht ihm ~** (*fam*) ¡seguro que es una de las suyas!

Ähnlichkeit *f* <-en> semejanza *f*, parecido *m;* **mit jdm/etw große ~ haben** tener mucho parecido con alguien/algo

Ahnung *f* <-en> **1.** (*Vorgefühl*) presentimiento *m;* **ich habe so eine ~, als ob es heute passiert** tengo el presentimiento de que va a pasar hoy **2.** (*Wissen*) idea *f;* **keine ~ von etw haben** no tener ni idea de algo; **keine ~!** ¡ni idea!; **ahnungslos I.** *adj* **1.** (*nichts ahnend*) desprevenido **2.** (*unwissend*) ignorante; **ich war völlig ~** no tenía ni (la menor) idea **II.** *adv* (*nichts ahnend*) sin sospechar nada

Ahorn *m* <-s, -e> (*Baum, Holz*) arce *m*

Ähre *f* <-n> espiga *f*

Aids *nt ohne Pl* <-> (MED) sida *m*, SIDA *m;* **Aidshilfe** *f* **1.** (MED) ayuda *f* contra el SIDA **2.** (*Organisation*) organización *f* contra el SIDA; **Aidskranke(r)** *mf* sidoso, -a *m, f*, enfermo, -a *m, f* de SIDA; **Aidstest** *m* <-s, -s> prueba *f* del SIDA; **Aidsübertragung** *f* infección *f* del SIDA; **Aidsvirus** *nt* <-, -viren> virus *m* del SIDA

Airbag *m* <-s, -s> (AUTO) airbag *m*, bolsa *f* de aire

Airbus *m* <-ses, -se> (AERO) aerobús *m*

Akademie *f* <-n> academia *f*

Akademiker(in) *m(f)* <-s, -; -nen> académico, -a *m, f*, profesionista *mf Mex*

akademisch *adj* académico

Akazie *f* <-n> acacia *f*

akklimatisieren* *vr:* **sich ~** aclimatarse (*an* a)

Akklimatisierung *f ohne Pl* aclimatación *f* (*an* a)

Akkord *m* <-(e)s, -e> **1.** (WIRTSCH) destajo

m; **im ~ arbeiten** trabajar a destajo **2.** (MUS) acorde *m;* **Akkordarbeit** *f* <-en> (WIRTSCH) trabajo *m* a destajo

Akkordeon *nt* <-s, -s> acordeón *m*

akkurat *adj* (*sorgfältig*) meticuloso; (*genau*) exacto

Akkusativ *m* <-s, -e> (LING) acusativo *m;* **Akkusativobjekt** *nt* (LING) complemento *m* directo

Akne *f* <-n> (MED) acné *m*

akribisch *adj* (*geh*) meticuloso

Akrobat(in) *m(f)* <-en, -en; -nen> acróbata *mf*

Akrobatik *f ohne Pl* acrobacia *f*

akrobatisch *adj* acrobático

Akronym *nt* <-s, -e> (LING) sigla *f,* acrónimo *m*

Akt[1] *m* <-(e)s, -e> **1.** (*Handlung, Zeremonie*) acto *m;* **ein ~ der Verzweiflung** un acto de desesperación; **das ist doch kein ~** (*fam*) no es gran cosa **2.** (THEAT) acto *m* **3.** (JUR) acción *f* judicial, actuación *f* judicial **4.** (KUNST) desnudo *m* **5.** (*im Zirkus*) prueba *f,* número *m* **6.** (*Geschlechts~*) acto *m* carnal

Akt[2] *m* <-(e)s, -en> (*Österr*) *s.* **Akte**

Akte *f* <-n> (*Dokumentation*) acta *f;* (*in der Verwaltung*) dossier *m,* expediente *m;* **etw zu den ~n legen** (*fig*) dar carpetazo a algo; **Aktenkoffer** *m* maletín *m* (para documentos); **aktenkundig** *adj* que consta en acta; **Aktenordner** *m* <-s, -> archivador *m;* **Aktenschrank** *m* (armario *m*) archivador *m;* **Aktentasche** *f* portafolios *m inv,* cartera *f;* **Aktenzeichen** *nt* número *m* de registro

Aktfoto *nt* <-s, -s> foto *f* de desnudo

Aktie *f* <-n> (FIN) acción *f;* **die ~n steigen/fallen** las acciones suben/bajan; **Aktienfonds** *m* (FIN) fondo *m* de acciones; **Aktiengesellschaft** *f* <-en> (FIN) sociedad *f* anónima; **Aktienindex** *m* (FIN) índice *m* de las cotizaciones de (las) acciones; **Aktienkurs** *m* (FIN) cotización *f* de (las) acciones

Aktion *f* <-en> **1.** (*Kampagne*) acción *f;* (COM) promoción *f* **2.** (*das Agieren*) acción *f;* **in ~ sein/treten** estar/entrar en acción

Aktionär(in) *m(f)* <-s, -e; -nen> accionista *mf*

Aktionsradius *m* radio *m* de acción

aktiv *adj* **1.** (*a.* LING) activo **2.** (MIL) en activo

Aktiva *Pl* (FIN, WIRTSCH) activo *m*

aktivieren *vt* (*a.* CHEM) activar

Aktivierung *f* <-en> (*a.* CHEM) activación *f*

Aktivist(in) *m(f)* <-en, -en; -nen> activista *mf*

Aktivität *f* <-en> actividad *f*

Aktmalerei *f* (KUNST) desnudo *m;* **Aktmodell** *nt* (KUNST) modelo *mf* (*para pintar desnudos*)

aktualisieren* *vt* actualizar

Aktualisierung *f* <-en> actualización *f*

Aktualität *f ohne Pl* actualidad *f*

aktuell *adj* actual, de actualidad

Aktzeichnung *f* (KUNST) desnudo *m*

Akupressur *f* <-en> (MED) acupresión *f*

akupunktieren* *vi, vt* hacer acupuntura (a)

Akupunktur *f* <-en> (MED) acupuntura *f*

Akustik *f ohne Pl* (*a.* PHYS) acústica *f*

akustisch *adj* acústico

akut *adj* **1.** (*aktuell*) agudo; (*hochaktuell*) candente **2.** (MED) grave; (*konkrete Krankheit*) agudo

AKW *nt* <-s, -s> *Abk. von* **Atomkraftwerk** central *f* nuclear

Akzent *m* <-(e)s, -e> (*a.* LING) acento *m* (*auf* en); **den ~ auf etw legen** poner el acento en algo; **~e setzen** (*fig*) marcar la pauta; **akzentfrei** *adj* sin acento

akzentuieren* *vt* (*geh*) acentuar

akzeptabel *adj* aceptable

akzeptieren* *vt* aceptar

Alabaster *m* <-s, -> alabastro *m*

Alarm *m* <-(e)s, -e> alarma *f;* **falscher ~** falsa alarma; **~ auslösen** provocar alarma; **~ schlagen** (*a. fig*) tocar la alarma; **Alarmanlage** *f* sistema *m* de alarma; **Alarmbereitschaft** *f ohne Pl* estado *m* de alerta; **in ~ sein** estar en (estado de) alerta

alarmieren* *vt* alarmar

Alarmsignal *nt* señal *f* de alarma; **Alarmstufe** *f* grado *m* de alarma; **~ Rot** alerta roja

Alaska *nt* <-s> Alaska *f*

Albaner(in) *m(f)* <-s, -; -nen> albanés, -esa *m, f*

Albanien *nt* <-s> Albania *f*

albanisch *adj* albanés

Albatros *m* <-, -se> albatros *m inv*

Alben *Pl von* **Album**

albern[1] *adj* (*abw*) tonto; (*kindisch*) pueril; **sich ~ benehmen** hacer el bobo

albern[2] *vi* (*abw*) tontear

Albernheit *f* <-en> (*abw*) sandez *f,* tontería *f,* pendejada *f Am;* (*kindisches Benehmen*) puerilidad *f*

Albino *m* <-s, -s> albino *m*

Albtraum[RR] *m s.* **Alptraum**

Album *nt* <-s, Alben> álbum *m*

Alchimie *f ohne Pl* alquimia *f*

Alge *f* <-n> alga *f*

Algebra *f ohne Pl* (MATH) álgebra *f*

Algerien *nt* <-s> Argelia *f*

Algerier(in) *m(f)* <-s, -; -nen> argelino, -a *m, f*

algerisch *adj* argelino

Algorithmus *m* <-, Algorithmen> (MATH, INFOR) algoritmo *m*

alias *adv* alias

Alibi *nt* <-s, -s> coartada *f*

Alien *m* <-, -s> alien *m,* extraterrestre *mf*

Alimente *Pl* manutención *f*

Alkohol *m* <-s, -e> alcohol *m;* **Alkoholeinfluss**[RR] *m ohne Pl* <-es> efectos *mpl* del alcohol; **unter ~ stehen** estar alcoholizado; **Alkoholfahne** *f* <-n> (*fam*) aliento *m* a vino, tufillo *m* a vino; **alkoholfrei** *adj* sin alcohol; **Alkoholgehalt** *m* <-(e)s, -e> graduación *f* alcohólica, grado *m* alcohólico; **alkoholhaltig** *adj* alcohólico

Alkoholiker(in) *m(f)* <-s, -; -nen> alcohólico, -a *m, f*

alkoholisch *adj* alcohólico; **~e Getränke** bebidas alcohólicas

Alkoholismus *m ohne Pl* <-> alcoholismo *m*

Alkoholmissbrauch[RR] *m ohne Pl* <-es> abuso *m* del alcohol; **Alkoholspiegel** *m* nivel *m* de alcohol en la sangre; **Alkoholtest** *m* prueba *f* de alcoholemia; **Alkoholverbot** *nt* prohibición *f* de (consumición de) alcohol; **Alkoholvergiftung** *f* (MED) intoxicación *f* etílica; **Alkoholwirkung** *f* efecto *m* alcohólico

all *pron indef* todo; **~ die Mühe** todo el esfuerzo; **nach ~ dem Geschehenen** después de todo lo sucedido; *s. a.* **alle(r, s)**

All *nt ohne Pl* <-s> universo *m,* espacio *m*

allabendlich *adj* de cada tarde [*o* noche]

alle *adv* (*fam*): **es ist ~** se acabó; **ich bin total ~** (*fam*) estoy hecho polvo

alle(r, s) *pron indef* **1.** *Sg* todo; **wer war ~s da?** ¿quiénes estaban?; **~s, was du willst** todo lo que quieras; **ist das ~s?** ¿eso es todo?; **~s in ~m** (*insgesamt*) en total; (*kurzum*) en resumen; **was es nicht ~s gibt!** ¡hay de todo en este mundo!; **~s auf einmal** todo de una vez; **~s Gute!** ¡mis mejores deseos!; **~s Mögliche** de todo; **vor ~m** sobre [*o* ante] todo; **was soll das ~s?** ¿qué significa todo esto?; **in ~r Frühe** de madrugada; **mit ~r Deutlichkeit** con toda claridad **2.** *Pl* todos; **es waren ~ da** estaban todos; **~, die ...** todos los que...; **~ auf einmal** todos a la vez; **~ beide/drei** los dos/tres; **~ zehn Minuten** cada diez minutos; **auf ~ Fälle** de todos modos; (*so oder so*) sea como sea; **für ~ Zeiten** para siempre

Allee *f* <-n> avenida *f,* carrera *f Am*

allein I. *adj* **1.** (*getrennt, für sich*) solo, a solas; **~ stehend** soltero; **kann ich dich einen Augenblick ~ sprechen?** ¿te puedo hablar un momento a solas? **2.** (*ohne Hilfe*) solo; **er macht das ganz ~** lo hace completamente solo **3.** (*einsam*) solo; **ich bin so oft ~** estoy tantas veces solo **II.** *adv* (*nur*) sólo, solamente; **du ~ bist schuld daran** sólo tú tienes la culpa; **nicht ~ ..., sondern auch ...** no sólo... sino también...; **einzig und ~** únicamente; **~ schon die Vorstellung macht mir Angst** me da miedo sólo imaginarlo **III.** *konj* (*geh*) pero, sin embargo

alleine *adj o adv* (*fam*) *s.* **allein**

Alleinerbe, -in *m, f* <-n, -n; -nen> heredero, -a *m, f* único, -a; **Alleinerziehende(r)** *mf* <-n, -n; -n> (*Vater*) padre *m* soltero; (*Mutter*) madre *f* soltera; **Alleinherrschaft** *f* autocracia *f;* **Alleinherrscher(in)** *m(f)* autócrata *mf*

alleinig *adj* solo, único

Alleinsein *nt ohne Pl* <-s> soledad *f;* **alleinstehend** *adj s.* **allein I.1.**; **Alleinunterhalter(in)** *m(f)* <-s, -; -nen> animador(a) *m(f)*

allemal *adv* siempre; **ein für ~** de una vez para siempre

allenfalls *adv* en el mejor de los casos

allerbeste(r, s) *adj* mejor (de todos); **meine ~ Freundin** mi mejor amiga; **es wäre am ~n, wenn ...** lo mejor sería, si... *+subj*

allerdings *adv* **1.** (*einschränkend*) no obstante **2.** (*bekräftigend*) naturalmente; **bist du selbst da gewesen? – ~!** ¿has estado en persona? – ¡ya lo creo!

allererste(r, s) *adj* primero (de todos)

Allergie *f* <-n> (MED) alergia *f* (*gegen* a); **Allergietest** *m* <-(e)s, -s> test *m* de alergia

Allergiker(in) *m(f)* <-s, -; -nen> (MED) alérgico, -a *m, f*

allergisch *adj* alérgico (*gegen* a)

allerhand *adj inv* (*fam*) **1.** (*ziemlich viel*): **das ist ~ Geld** eso es bastante dinero **2.** (*allerlei*) de toda clase; **dort gab es ~ Leute** allí había gente de todo tipo

Allerheiligen *nt ohne Pl* <-> (día *m* de) Todos los Santos

allerlei *adj inv:* **~ Tiere** animales de todas clases; **es wird ~ geredet** se dice de todo

allerletzte(r, s) *adj* último (de todos); **das ist das A~!** ¡esto es lo último!; **allerliebste(r, s)** *adj* más querido; **mir wäre am ~n, wenn ...** lo que más me gustaría sería que...; **allermeiste(r, s)** *adj:* **die ~n Menschen** la mayor parte [*o* la mayoría] de la gente; **am ~n** sobre todo; **allerneuste(r, s)** *adj* más nuevo; **auf dem ~n Stand sein** estar (muy) al día

Allerseelen *nt ohne Pl* <-> día *m* de Difuntos

allerseits *adv* (*von allen*) por todo el mundo; **guten Abend ~!** ¡buenas tardes a todo el mundo!

allerspätestens *adv* a más tardar, como tarde

allerwenigste(r, s) *adj* la minoría de; **das ist doch das A~** eso es lo mínimo

allesamt *adv* todos juntos

Allesfresser *m* <-s, -> (ZOOL) omnívoro *m;* **Alleskleber** *m* <-s, -> pegamento *m* universal, pegalotodo *m fam*

allg. *Abk. von* **allgemein** general
Allgäu *nt* <-s> Algoia *f*
allgegenwärtig *adj* omnipresente
allgemein **I.** *adj* **1.** (*Kenntnisse*) general **2.** (*alle betreffend*) universal; (*allen gemeinsam*) común; **dies stößt auf ~e Ablehnung** eso choca con el rechazo general; **im A~en** en general **II.** *adv* en general; (**ganz**) **~ gesprochen** hablando en general; **~ gültig** universal; **~ üblich/verbreitet** generalizado; **~ verständlich** comprensible para todos; **es ist ~ bekannt, dass ...** es de todos sabido que...; **Allgemeinbefinden** *nt* (MED) estado *m* de salud; **Allgemeinbildung** *f* cultura *f* general; **allgemeingültig** *adj s.* **allgemein II.**
Allgemeinheit *f ohne Pl* público *m,* opinión *f* pública; **im Interesse der ~** para el interés general
Allgemeinmedizin *f ohne Pl* medicina *f* general; **allgemeinverständlich** *adj s.* **allgemein II.**; **Allgemeinwissen** *nt* conocimientos *mpl* generales; **Allgemeinwohl** *nt* bienestar *m* público
Allheilmittel *nt* panacea *f,* curalotodo *m fam*
Allianz *f* <-en> alianza *f*
Alligator *m* <-s, -en> aligator *m,* caimán *m*
alliiert *adj* aliado
Alliierte(r) *mf* <-n, -n; -n> aliado, -a *m, f;* **die ~n** los aliados
alljährlich **I.** *adj* de todos los años, anual **II.** *adv* todos los años, cada año
Allmacht *f ohne Pl* omnipotencia *f*
allmächtig *adj* omnipotente; **~er Gott!** (*fam*) ¡Dios mío!
allmählich **I.** *adj* paulatino **II.** *adv* poco a poco; **es wird ~ Zeit!** (*iron*) ¡ya va siendo hora!
allseitig *adj* universal, general
allseits *adv* en todas partes
Alltag *m ohne Pl* <-(e)s> **1.** (*Tagesablauf*) día *m* normal **2.** (*geh: tägliches Einerlei*) vida *f* cotidiana; (*Routine*) rutina *f* (diaria)
alltäglich *adj* **1.** (*jeden Tag*) diario **2.** (*gewöhnlich*) banal
alltags *adv* en días laborables
allwissend *adj* omnisciente
Allwissenheit *f ohne Pl* (REL, PHILOS) omnisciencia *f*
allzu *adv* demasiado; **~ gern** encantado; **~ häufig** con mucha frecuencia; **~ sehr** demasiado; **~ viel** demasiado; **das ist mir ~ blöd** esto me resulta demasiado tonto; **das mag er ~ gern** eso le encanta; **das mag sie nicht ~ gern** eso no le hace demasiada gracia; **allzugern** *adv s.* **allzu**; **allzuhäufig** *adv s.* **allzu**; **allzusehr** *adv s.* **allzu**; **allzuviel** *adv s.* **allzu**
Allzweckhalle *f* salón *m* de actos; **Allzweckreiniger** *m* limpiador *m* general
Alm *f* <-en> pasto *m* de alta montaña
Almosen *nt* <-s, -> limosna *f*
Alpaka *nt* <-s, -s> alpaca *f*
Alpen *Pl* Alpes *mpl;* **Alpenpass**[RR] *m* puerto *m* alpino; **Alpenveilchen** *nt* ciclamen *m,* ciclamino *m;* **Alpenvorland** *nt* región *f* subalpina
Alphabet *nt* <-(e)s, -e> alfabeto *m,* abecedario *m*
alphabetisch *adj* alfabético; **~e Reihenfolge** orden alfabético; **~ geordnet** clasificado por orden alfabético
alphabetisieren* *vt* **1.** (*lesen lehren*) alfabetizar **2.** (*alphabetisch ordnen*) poner en orden alfabético, alfabetizar
alphanumerisch *adj* (INFOR) alfanumérico
Alphastrahlen *mPl* (PHYS) rayos *mpl* alfa
alpin *adj* alpino
Alpinismus *m ohne Pl* <-> (SPORT) alpinismo *m*
Alptraum *m* pesadilla *f*
als *konj* **1.** (*gleichzeitig*) (justo) cuando, al +*inf;* **~ der Krieg ausbrach, ...** al estallar la guerra...; **gerade ~ wir losgehen wollten, begann es zu regnen** justo cuando íbamos a salir, empezó a llover **2.** (*vorzeitig, nachzeitig*) cuando **3.** (*~ ob*) como si, que; **es sieht nicht so aus, ~ würden wir das Spiel verlieren** no parece que vayamos a perder el partido; **er sprach so klug, ~ ob er das studiert hätte** habló como si fuera un bachiller; **er ist zu anständig, ~ dass er so etwas tun könnte** es demasiado correcto como para hacer una cosa así **4.** (*bei Vergleichen*) que; **ich bin klüger ~ vorher** soy más listo que antes **5.** (*in der Eigenschaft*) como, de; **er kam ~ Freund zu uns** vino como amigo (a nuestra casa); **~ Belohnung waren 1.000 Mark ausgesetzt** fijaron 1.000 marcos de recompensa
alsbald *adv* inmediatamente
alsbaldig *adj* (*formal*) inmediato
also **I.** *adv* **1.** (*folglich*) así, por consiguiente; **das heißt ~, dass ...** entonces esto quiere decir que...; **hier bist du ~!** ¡así que estás aquí! **2.** (*das heißt*) o sea **II.** (*Partikel*) bueno; **~, so was!** ¡bueno, mira tú!; **na ~!** ¡(pues) entonces!
Alsterwasser *nt* (GASTR) ≈clara *f* (*cerveza con limonada o gaseosa*)
alt *adj* <älter, am ältesten> **1.** (*auf das Alter bezogen*) viejo; (*bejahrt*) anciano; **A~ und Jung** viejos y jóvenes; **wie ~ bist du?** ¿cuántos años tienes?; **ich bin 17 Jahre ~** tengo 17 años; **er war erst wenige Tage ~** no tenía más que unos días; **sie ist doppelt so ~ wie ich** me dobla la edad; **hier siehst du aber ~ aus** (*fam fig*) con este asunto vas a acabar muy mal **2.** (*gebraucht*) usado; **zum ~en Eisen gehören** ser de la vieja

guardia **3.** (*lange bestehend*) viejo; **ein ~er Freund von mir** un viejo amigo mío; **das A~e Testament** el Antiguo Testamento; **die A~e Welt** el viejo continente; **es bleibt alles beim A~en** todo sigue igual; **das Buch befindet sich am ~en Platz** el libro se encuentra en el sitio donde estaba antes **4.** (*klassisch*) clásico **5.** (*ehemalig*) antiguo; **seine ~en Schüler** sus antiguos alumnos

Alt[1] *m ohne Pl* <-s> (MUS) contralto *mf*

Alt[2] *nt* <-s, -> (*Altbier*) cerveza *f* negra

Altar *m* <-s, Altäre> altar *m*

altbacken *adj* **1.** (*Brot*) de ayer **2.** (*abw: altmodisch*) anticuado

Altbau *m* <-(e)s, -ten> edificio *m* antiguo

altbekannt *adj* bien conocido; **das ist doch** eso ya se sabía; **altbewährt** *adj* probado

Altbier *nt* cerveza *f* negra

altdeutsch *adj* (*Möbel, Stil*) alemán antiguo (*s. XV-XVI*)

Alte(r) *mf* <-n, -n; -n> **1.** (*alter Mensch*) anciano, -a *m, f;* (*abw*) viejo, -a *m, f* **2.** (*fam: Vater, Mutter*) viejo, -a *m, f* **3.** (*fam abw: Ehemann, -frau*) viejo, -a *m, f* **4.** (*fam: Vorgesetzter*) patrón, -ona *m, f*

alteingesessen *adj* arraigado

Alteisen *nt ohne Pl* <-s> chatarra *f*

Altenheim *nt* <-(e)s, -e> residencia *f* de ancianos; **Altenhilfe** *f* asistencia *f* a los ancianos; **Altenpflege** *f* cuidados *mpl* a ancianos; **Altenpflegeheim** *nt* residencia *f* asistida de ancianos; **Altenpfleger(in)** *m(f)* cuidador(a) *m(f)* de ancianos; **Altenwohnheim** *nt* residencia *f* de ancianos

Alter *nt ohne Pl* <-s> **1.** (*Lebensabschnitt*) vejez *f;* **im ~** en la vejez **2.** (*Anzahl der Jahre*) edad *f;* **im ~ von drei Jahren** a la edad de tres años; **ein Herr mittleren ~s** un señor de mediana edad; **er ist in deinem ~** es de tu edad

älter *adj kompar von* **alt**

altern *vi sein* envejecer

alternativ *adj* alternativo

Alternative *f* <-n> alternativa *f*

Alternativreisende(r) *mf* <-n, -n; -n> viajero, -a *m, f* alternativo, -a

alters *adv:* **von ~ her** (*geh*) desde hace mucho tiempo

Altersarmut *f* pobreza *f* entre los ancianos; **altersbedingt** *adj* debido a la edad; **Altersbeschwerden** *fPl* achaques *mpl;* **Alterserscheinung** *f* síntoma *m* de vejez; **Altersgenosse, -in** *m, f* coetáneo, -a *m, f;* **Altersgrenze** *f* límite *m* de edad; (*Rentenalter*) edad *f* de jubilación; **Altersgruppe** *f* grupo *m* de personas de la misma edad; **die Kinder gehören alle der gleichen ~ an** los niños tienen todos la misma edad; **Altersheim** *nt* <-(e)s, -e> residencia *f* de ancianos; **Alterspyramide** *f* pirámide *f* de edades; **Altersruhegeld** *nt* <-(e)s, -er> renta *f* de jubilación; **altersschwach** *adj* **1.** (*Person*) decrépito **2.** (*Gegenstand*) acabado; **Altersschwäche** *f ohne Pl* decrepitud *f;* **Altersstufe** *f* edad *f;* **Altersunterschied** *m* diferencia *f* de edad; **Altersversorgung** *f* <-en> pensión *f* de ancianidad, jubilación *f*

Altertum *nt ohne Pl* <-s> antigüedad *f*

altertümlich **I.** *adj* **1.** (*alt*) antiguo **2.** (*veraltet*) anticuado **II.** *adv* a la antigua

Altertumswert *m ohne Pl* <-es> valor *m* por la antigüedad

Alterung *f ohne Pl* envejecimiento *m;* **Alterungsprozess**[RR] *m* proceso *m* de envejecimiento

älteste(r, s) *adj superl von* **alt**

Älteste(r) *mf* <-n, -n; -n> mayor *mf*

Ältestenrat *m* <-(e)s, -räte> **1.** (JUR) consejo *m* de representantes de los partidos **2.** (POL) parlamento *m,* junta *f* de portavoces

Altglas *nt ohne Pl* <-(e)s> (botellas *fpl* de) vidrio *m* reciclable; **Altglascontainer** *m* contenedor *m* de vidrio reciclable

altgriechisch *adj* griego clásico [*o* antiguo]

althergebracht *adj* tradicional

Althochdeutsch *nt ohne Pl* <-(s)> antiguo alto alemán *m*

Altkleidersammlung *f* <-en> recogida *f* de ropas usadas

altklug *adj* sabi(h)ondo

Altlasten *fPl* vertederos *mpl* de residuos contaminantes

ältlich *adj* avejentado

Altmaterial *nt* (TECH) material *m* viejo; (*noch brauchbar*) material *m* reciclable; **Altmetall** *nt* chatarra *f;* **altmodisch** *adj* chapado a la antigua; **Altöl** *nt* aceites *mpl* usados

Altpapier *nt ohne Pl* <-s> papel *m* reciclable; **Altpapiersammlung** *f* recogida *f* de papel reciclable

Altschulden *fPl* deuda *f* heredada

Altstadt *f* barrio *m* antiguo, casco *m* antiguo

Altstimme *f* <-n> (MUS) voz *f* de contralto

Altstoff *m* <-(e)s, -e> (ÖKOL) material *m* reciclable; **Altstoffcontainer** *m* (ÖKOL) contenedor *m* de materiales reciclables

Altwarenhändler(in) *m(f)* chamarilero, -a *m, f,* trapero, -a *m, f*

Altweiberfastnacht *f* (*reg*) jueves *m* gordo; **Altweibersommer** *m* veranillo *m* de San Miguel, veranillo *m* de San Juan *Am*

Alu *nt ohne Pl* <-(s)> (CHEM, TECH) *Abk. von* **Aluminium** aluminio *m;* **Alufolie** *f* papel *m* de aluminio

Aluminium *nt ohne Pl* <-s> (CHEM) aluminio *m*

Alzheimerkrankheit[RR] *f ohne Pl* enfermedad *f* de Alzheimer

am **I.** (*Superlativbildung*): **Lothar fährt ~ schnellsten** Lothar es el que más rápido conduce **II.** = **an dem** *s.* **an** **III.** (*fam: Verlaufsform*): **ich bin ~ Arbeiten** estoy trabajando

Amalgam *nt* <-s, -e> (*fig a.* CHEM) amalgama *f*

Amateur(in) *m(f)* <-(e)s, -e; -nen> **1.** (*Nichtfachmann*) aficionado, -a *m, f*, diletante *mf* **2.** (*abw: Dilettant*) chapucero, -a *m, f*; **Amateurliga** *f* (SPORT) liga *f* de aficionados

Amazonas *m* <-> Amazonas *m*

ambitioniert *adj* ambicioso

ambivalent *adj* ambivalente

AmbossRR *m* <-es, -e>, **Amboß** *m* <-sses, -sse> (TECH, MED) yunque *m*

ambulant *adj* ambulante; (MED) ambulatorio; **~e Behandlung** tratamiento ambulatorio; **jdn ~ behandeln** tratar a alguien en régimen ambulatorio

Ambulanz *f* <-en> (MED) ambulatorio *m*

Ameise *f* <-n> hormiga *f*; **Ameisenbär** *m* <-en, -en> oso *m* hormiguero; **Ameisenhaufen** *m* hormiguero *m*; **Ameisensäure** *f ohne Pl* (CHEM) ácido *m* fórmico

amen *adv* amén; **zu allem ja und ~ sagen** (*fam*) decir amén a todo

Amerika *nt* <-s> América *f*

Amerikaner(in) *m(f)* <-s, -; -nen> americano, -a *m, f*

amerikanisch *adj* americano

amerikanisieren* *vt* americanizar

Amethyst *m* <-(e)s, -e> amatista *f*

Aminosäure *f* <-n> (CHEM) aminoácido *m*

Amme *f* <-n> nodriza *f*, ñaña *f Chil*; **Ammenmärchen** *nt* (*fam*) cuento *m* de viejas

Ammoniak *nt ohne Pl* <-s> (CHEM) amoníaco *m*

Amnestie *f* <-n> (JUR, POL) amnistía *f*

amnestieren* *vt* (JUR, POL) amnestiar

Amöbe *f* <-n> ameba *f*

Amok *m ohne Pl* <-s>: **~ laufen/fahren** *ir enloquecido, destruyendo o matando;* **Amokläufer(in)** *m(f)* <-s, -; -nen> loco, -a *m, f* homicida

a-Moll *nt ohne Pl* <-> (MUS) la *m* menor

amoralisch *adj* amoral

Amortisation *f* <-en> (WIRTSCH) amortización *f*

amortisieren* **I.** *vt* (WIRTSCH: *Schuld*) amortizar **II.** *vr:* **sich ~** (*Investition*) amortizarse

amourös *adj* (*geh*) amoroso

Ampel *f* <-n> **1.** (*Verkehrs~*) semáforo *m* **2.** (*Blumen~*) maceta *f* colgante

Ampere *nt* <-(s), -> (PHYS) amperio *m*; **Amperemeter** *nt* (PHYS) amperímetro *m*

Amphetamin *nt* <-s, -e> (CHEM) anfetamina *f*

Amphibie *f* <-n> (ZOOL) anfibio *m*

Amphitheater *nt* <-s, -> anfiteatro *m*

Ampulle *f* <-n> ampolla *f*

Amputation *f* <-en> (MED) amputación *f*

amputieren* *vt* (MED) amputar

Amsel *f* <-n> mirlo *m*

Amt *nt* <-(e)s, Ämter> **1.** (*offizielle Stellung*) cargo *m*; **ein hohes ~** un alto cargo; **im ~ sein** estar en funciones; **sein ~ niederlegen** demitir de su cargo **2.** (*übernommene Aufgabe*) obligaciones *fpl*; **seines ~es walten** atender a sus obligaciones **3.** (*Behörde, Gebäude*) departamento *m*; **Auswärtiges ~** (POL) Ministerio de Asuntos Exteriores; **von ~s wegen** prescrito (por la autoridad) **4.** (TEL) central *f* telefónica

Ämterhäufung *f* <-en> (ADMIN) acumulación *f* de cargos públicos

amtieren* *vi* estar en funciones; (*vorübergehend*) actuar (*als* de)

amtlich *adj* **1.** (*behördlich*) oficial; **~es Kennzeichen** matrícula *f* **2.** (*glaubwürdig*) (de fuente) oficial

Amtsantritt *m* entrada *f* en funciones; (*a.* POL) asunción *f* del mando; **Amtsarzt, -ärztin** *m, f* médico, -a *m, f* oficial; **Amtsdeutsch** *nt* (*abw*) jerga *f* administrativa; **Amtseid** *m* jura *f* del cargo; **Amtsgericht** *nt* juzgado *m* de primera instancia e instrucción, juzgado *m* municipal; **Amtshandlung** *f* acto *m* oficial; **Amtsmissbrauch**RR *m ohne Pl* <-(e)s> (*a.* JUR) prevaricación *f*; **Amtsrichter(in)** *m(f)* juez *mf* de primera instancia; **Amtssprache** *f* **1.** (*Verwaltungsjargon*) jerga *f* administrativa **2.** (*offizielle Landessprache*) idioma *m* oficial; (EU) lengua *f* oficial; **Amtsweg** *m* vía *f* oficial; **den ~ beschreiten** hacer los trámites oficiales; **Amtszeit** *f* (duración *f* de un) cargo *m*

Amulett *nt* <-(e)s, -e> amuleto *m*, payé *m CSur*

amüsant *adj* **1.** (*unterhaltsam*) entretenido **2.** (*lustig*) divertido

amüsieren* **I.** *vt* divertir **II.** *vr:* **sich ~** **1.** (*sich vergnügen*) divertirse **2.** (*sich lustig machen*) burlarse (*über* de)

Amüsierviertel *nt* barrio *m* de diversiones; (*Rotlichtviertel*) barrio *m* bajo

an **I.** *präp +dat* **1.** (*nahe bei*) en, junto a; **~ der Ecke** en la esquina; **~ der gleichen Stelle** en el mismo lugar; **am Fenster sitzen** estar sentado junto a la ventana; **er geht ~ mir vorbei** pasa por mi lado; **Tür ~ Tür wohnen** vivir puerta con puerta **2.** (*geographisch gelegen*) (a orillas) de; **Frankfurt ~ der Oder/am Main** Francfort del Oder/del Meno **3.** (*zeitlich*) a; **am Abend** por la tarde; **am Anfang** al principio; **am 29. November 1991** el 29 de noviembre de 1991 **4.** (*weitere Verwendungen*): **reich ~ Nährstoffen** rico en sustancias nutritivas; **das Entscheidende ~ der Sache ist, dass ...** lo decisivo del asunto es que...; **das gefällt mir nicht ~ ihm** esto no me acaba de gustar de él; **es ist ~ dir, etw zu tun** está en tu mano (el) hacer algo **II.** *präp +akk* **1.** (*in Richtung auf*) a, contra; **sich ~ die Wand lehnen** apoyarse contra la pared; **er trat ~s Fenster** fue hacia la ventana; **~ die Arbeit!** ¡al trabajo! **2.** (*für*) a, para; **ein Brief ~ seinen Sohn** una carta a su hijo; **ich habe eine Frage ~ dich** tengo una pregunta que hacerte; **~ (und für) sich** de por sí **3.** (*ungefähr*) aproximadamente, unos; **sie verdient ~ die 4.000 Mark** cobra unos 4.000 marcos **III.** *adv* **1.** (*beginnend*): **von ... ~** a partir de...; **von hier ~** a partir de aquí; **von Anfang ~** desde el [*o* un] principio **2.** (*bei Ankunftszeiten*) a; **Münster ~: 12.40 Uhr** llegada a Münster a las 12.40 **3.** (*eingeschaltet*) encendido; **~ sein** (*fam: Licht*) estar encendido; (*Motor*) estar en marcha; (*Radio*) estar puesto

Anabolikum *nt* <-s, Anabolika> (MED, CHEM) anabolizante *m*

anal *adj* (MED, PSYCH) anal

analog *adj* análogo; (INFOR) analógico

Analogie *f* <-n> analogía *f*

Analphabet(in) *m(f)* <-en, -en; -nen> analfabeto, -a *m, f*

Analphabetentum *nt ohne Pl* <-s> analfabetismo *m*

Analyse *f* <-n> análisis *m inv*

analysieren* *vt* analizar

Analytiker(in) *m(f)* <-s, -; -nen> analista *mf*

analytisch *adj* analítico

Anämie *f* <-n> (MED) anemia *f*

Ananas *f* <-(se)> piña *f*, ananá(s) *m Am*

Anarchie *f* <-n> anarquía *f*

Anarchist(in) *m(f)* <-en, -en; -nen> anarquista *mf*

anarchistisch *adj* anarquista

Anatolien *nt* <-s> Anatolia *f*

Anatomie *f ohne Pl* anatomía *f*

anatomisch *adj* anatómico

an|bahnen **I.** *vt* (*anknüpfen*) iniciar **II.** *vr:* **sich ~** iniciarse

an|bändeln *vi* (*fam*) **1.** (*Liebesbeziehung*) ligar **2.** (*Streit*) meterse

Anbau[1] *m* <-(e)s, -ten> ampliación *f*; (*Nebengebäude*) anexo *m*

Anbau[2] *m ohne Pl* <-s> (*von Nutzpflanzen*) cultivo *m;* **aus kontrolliert-biologischem/konventionellem ~** de cultivo biológico controlado/convencional

an|bauen *vt* **1.** (*Gebäude*) ampliar (*an*) **2.** (*Gemüse*) cultivar

Anbaufläche *f* (AGR) superficie *f* de cultivo; **Anbaugebiet** *nt* (AGR) zona *f* de cultivo

anbei *adv* (*formal*) adjunto

an|beißen *irr* **I.** *vi* **1.** (*Fisch*) picar **2.** (*fam: Person*) aceptar **II.** *vt* (*Brot*) morder (en), dar un mordisco (a); **er sieht zum A~ aus** (*fam*) está para comérselo

anbelangen* *vt:* **was das/mich anbelangt ...** en cuanto a esto/a mí...

an|bellen *vt* ladrar (a)

an|beraumen* *vt* (*formal: Sitzung*) convocar; (*Termin*) fijar

an|beten *vt* **1.** (REL) venerar **2.** (*Personen*) adorar

Anbetracht: **in ~ +*gen*** en vista de; **in ~ dessen, dass ...** considerando que...

an|biedern *vr:* **sich ~** congraciarse (*bei* con), hacerse el simpático (*bei* con)

an|bieten *irr* **I.** *vt* **1.** (*Kaffee, Hilfe*) ofrecer **2.** (*Waren*) ofertar **3.** (*vorschlagen*) proponer **II.** *vr:* **sich ~ 1.** (*zur Verfügung stellen*) ofrecerse (*als* como/de, *zu* a/para), brindarse (*zu* a); **sie bietet sich als Vermittlerin an** se ofrece como mediadora; **sie bot sich an ihm zu helfen** se brindó a ayudarle **2.** (*geeignet sein*) ser apropiado

Anbieter *m* <-s, -> (WIRTSCH) vendedor *m;* (*Ausschreibung*) licitador *m*

an|binden *irr vt* atar (a), ligar (a); (*Boot*) amarrar (a); (*mit einer Kette*) encadenar (a); **kurz angebunden** (*fig*) seco

Anblick[1] *m ohne Pl* <-(e)s> (*das Anblicken*) vista *f*; **beim ersten ~** a primera vista

Anblick[2] *m* <-(e)s, -e> (*Aussehen*) aspecto *m*

an|blicken *vt* mirar; (*betrachten*) contemplar; (*flüchtig*) echar un vistazo (a)

an|brechen *irr* **I.** *vi sein* (*geh: Epoche*) empezar; (*Tag*) rayar; (*Nacht*) entrar **II.** *vt* **1.** (*Vorrat*) empezar; (*Packung*) abrir **2.** (*teilweise brechen*) romper en parte

an|brennen *irr* **I.** *vi sein* (*Speisen*) quemarse; **angebrannt riechen/schmecken** oler a/saber a quemado **II.** *vt* (*anzünden*) encender, prender fuego (a)

an|bringen *irr vt* **1.** (*herbeibringen*) traer **2.** (*befestigen*) colocar; (*installieren*) instalar **3.** (*äußern*) mencionar; (*Beschwerde*) presentar; (*Gründe*) alegar; (*Änderungen*) hacer

Anbruch *m ohne Pl* <-(e)s> principio *m*, comienzo *m;* **bei ~ der Nacht** al caer la noche; **bei ~ der Dunkelheit** al anochecer

an|brüllen *vt* gritar (a), echar una bronca (a)

Anchovis *f* <-> *s.* **Anschovis**

Andacht[1] *f* <-en> (*Gottesdienst*) misa *f*, oficio *m* divino

Andacht[2] *f ohne Pl* (*Versenkung*) recogimiento *m*

andächtig *adj* **1.** (REL) devoto **2.** (*konzen-*

triert) atento

Andalusien *nt* <-s> Andalucía *f*

Andalusier(in) *m(f)* <-s, -; -nen> andaluz(a) *m(f)*

andalusisch *adj* andaluz

an|dauern *vi* durar; (*weitergehen*) seguir

andauernd *adj* continuo

Anden *Pl* Andes *mpl*

Andenken¹ *nt ohne Pl* <-s> (*Erinnerung*) recuerdo *m* (*an* de), memoria *f* (*de* an); **zum ~ an jdn** en conmemoración de alguien

Andenken² *nt* <-s, -> (*Souvenir*) recuerdo *m*

andere(r, s) *pron indef* **1.** (*verschieden*) otro; **mit ~n Worten** con otras palabras; **das ist etw ~s** es otra cosa; **zum einen ..., zum ~n ...** por una parte..., por la otra...; **ich bin ~r Meinung** soy de otra opinión; **alle ~n** todos los demás; **es blieb mir nichts ~s übrig** no tuve otro remedio; **unter ~m** entre otras cosas; **der eine oder ~** el uno o el otro; **der eine ..., der ~ ...** el uno..., el otro...; **es kam eins zum ~n** lo uno trajo lo otro; **jemand ~s** otra persona; **einer nach dem ~n** uno tras otro; **eins nach dem ~n** una cosa tras otra **2.** (*folgend*) siguiente; **von einem Tag auf den ~n** de la noche a la mañana; **am ~n Tag** al día siguiente

anderenfalls *adv* en caso contrario

and(e)rerseits *adv* por otro lado, por otra parte; **einerseits ..., ~ ...** por una parte..., por otra, ...

andermal *adv*: **ein ~** en otra ocasión

ändern **I.** *vt* cambiar; **daran lässt sich nichts ~** esto no se puede cambiar; **seine Meinung ~** cambiar de opinión **II.** *vr*: **sich ~** cambiar

andernfalls *adv s.* **anderenfalls**

anders *adv* de otra manera (*als* que), de otro modo (*als* que); (*unterschiedlich*) distinto (*als* a/de); (*im Gegensatz*) al contrario (*als* que); **~ ausgedrückt** dicho de otra manera; **~ denkend** de otra opinión; **~ Denkender** persona de diferente parecer; **~ gläubig** que tiene otras creencias; **sie sieht ~ aus als ihre Schwester** tiene otro aspecto que su hermana; **ich habe es nicht ~ erwartet** no había esperado otra cosa; **so und nicht ~** así y de ningún otro modo; **es geht nicht ~** no se puede hacer de otro modo; **ich habe es mir ~ überlegt** cambié de opinión; **wie sollte es auch ~ sein?** no podía haber sido de otra manera; **~ als sein Bruder, ...** al contrario que su hermano, ...

andersartig *adj* distinto; **andersdenkend** *adj s.* **anders**; **Andersdenkende(r)** *mf* <-n, -n; -n> persona *f* de diferente parecer; **andersgläubig** *adj s.* **anders**; **andersherum** *adv* al revés; **anderswo** *adv* en (cualquier) otra parte

anderthalb *adj inv* uno y medio

Änderung *f* <-en> **1.** (*Umgestaltung*) modificación *f* **2.** (*Wechsel*) cambio *m*; **Änderungsschneider(in)** *m(f)* <-s, -; -nen> modista *mf* de arreglos; **Änderungsvorschlag** *m* propuesta *f* de enmienda

anderweitig *adj* **1.** (*sonstig*) otro **2.** (*an anderer Stelle*) en otra parte

an|deuten **I.** *vt* **1.** (*Wunsch*) indicar **2.** (*kurz erwähnen*) aludir (a); (*zu verstehen geben*) dar a entender; (*anspielen*) insinuar **3.** (*skizzieren*) esbozar **II.** *vr*: **sich ~** vislumbrarse

Andeutung *f* <-en> **1.** (*Anspielung*) alusión *f*; **~en über etw machen** hacer alusiones respecto a algo **2.** (*Anzeichen*) asomo *m*, indicio *m*; **andeutungsweise** *adv* indirectamente

Andorra *nt* <-s> Andorra *f*

Andorraner(in) *m(f)* <-s, -; -nen> andorrano, -a *m, f*

andorranisch *adj* andorrano

Andrang *m ohne Pl* <-(e)s> **1.** (*Gedränge*) aglomeración *f* de gente, gentío *m* **2.** (*Zuströmen*) afluencia *f* (*auf* a)

an|drehen *vt* **1.** (*Wasser, Heizung*) abrir; (*Licht, Radio*) encender; (*Maschine*) poner en marcha **2.** (*festdrehen*) apretar **3.** (*Wend*): **jdm etw ~** (*fam*) endosar algo a alguien

an|drohen *vt*: **jdm etw ~** amenazar a alguien con algo

an|eignen *vr*: **sich** *dat* **~** **1.** (*nehmen*) apropiarse (de), adueñarse (de); (*widerrechtlich*) usurpar; (*Gebiet*) anexionar **2.** (*Wissen*) adquirir; (*Meinung*) adoptar; (*Gewohnheit*) contraer

aneinander *adv* el uno al otro; **~ denken** pensar el uno en el otro; **~ fügen** unir; **~ reihen** colocar pegados unos a los otros; **sich ~ reihen** sucederse; **aneinander|fügen** *vt s.* **aneinander**; **aneinander|reihen** **I.** *vt s.* **aneinander** **II.** *vr*: **sich ~** *s.* **aneinander**

Anekdote *f* <-n> anécdota *f*

an|ekeln *vt* repugnar, dar asco (a)

Anemone *f* <-n> anémona *f*

anerkannt **I.** *pp von* **anerkennen** **II.** *adj* (*angesehen, unbestritten*) reconocido

an|erkennen* *irr vt* **1.** (*akzeptieren*) aceptar; (*Schuld*) confesar **2.** (*öffentlich bestätigen*) reconocer; (*gesetzlich*) legitimar; (*Vaterschaft*) reconocer

anerkennend *adj* de reconocimiento; **ein ~es Lächeln** una sonrisa aprobatoria

Anerkennung *f ohne Pl* **1.** (*Würdigung*) reconocimiento *m*, aprobación *f*; **~ finden** hallar aprobación **2.** (*Abschlüsse*) homologación *f*

an|fachen *vt* (*geh*) **1.**(*Feuer*) atizar **2.**(*Leidenschaft*) avivar

an|fahren *irr* **I.** *vi sein* **1.**(*starten*) arrancar **2.**(*sich nähern*) acercarse (en un vehículo) **II.** *vt* **1.**(*heranschaffen*) acarrear **2.**(*ansteuern*) parar (en); (*Hafen*) arribar (a); **sie fuhren München an** se dirigieron a Munich **3.**(*anstoßen*) chocar (contra); (*Person*) atropellar **4.**(*schelten*) increpar **5.**(TECH: *Maschine*) poner en marcha

Anfahrt *f* <-en> **1.**(*Strecke*) trayecto *m*, recorrido *m* para ir [*o* venir] **2.**(*Zeit*) tiempo *m* para ir [*o* venir]

Anfall *m* <-(e)s, -fälle> (MED) ataque *m*; **in einem ~ von Zorn** en un ataque de cólera

an|fallen *irr* **I.** *vi sein* (*sich ergeben*) producirse; (*Probleme*) presentarse **II.** *vt* (*angreifen*) atacar

anfällig *adj* propenso (*für* a), predispuesto (*für* a); (*schwächlich*) achacoso

Anfälligkeit *f ohne Pl* **1.**(MED) propensión *f* (*für* a), predisposición *f* (*für* a) **2.**(TECH) mala calidad *f*

Anfang *m* <-(e)s, -fänge> comienzo *m*, principio *m*; **am ~ des Jahres** a principios del año; **~ nächster Woche** a principios de la próxima semana; **er ist ~ fünfzig** tiene poco más de cincuenta (años); **den ~ machen** comenzar; **einen neuen ~ machen** empezar de nuevo; **von ~ an** desde un principio; **das ist der ~ vom Ende** es el principio del fin; **von ~ bis Ende** de principio a fin; **aller ~ ist schwer** (*prov*) el primer paso es el que cuesta

an|fangen *irr* **I.** *vi* (*beginnen*) empezar, comenzar; **das fängt ja gut an!** ¡vaya comienzo!; **klein ~** empezar desde abajo **II.** *vt* **1.**(*beginnen*) empezar (*mit* con/por, *zu* a); (*plötzlich*) echarse (*zu* a), romper (*zu* a); (*einleiten*) iniciar; (*Gespräch*) entablar; **es fing an zu regnen** empezó a llover **2.**(*machen*) hacer; **was sollen wir jetzt nur ~?** pero, ¿qué hacemos ahora?; **damit kann ich nichts ~** no me sirve para nada

Anfänger(in) *m(f)* <-s, -; -nen> principiante *mf*

anfänglich *adj* primero, inicial; **nach ~em Zögern/~en Schwierigkeiten** tras los titubeos/las dificultades iniciales

anfangs **I.** *präp +gen* (*fam*) a principios de; **~ des Monats** a principios de mes **II.** *adv* al principio; **Anfangsbuchstabe** *m* (letra *f*) inicial *f*; **Anfangsschwierigkeit** *f* dificultad *f* inicial; **Anfangsstadium** *nt* fase *f* inicial

an|fassen **I.** *vi* (*mithelfen*) ayudar **II.** *vt* **1.**(*berühren*) tocar; (*greifen*) tomar, coger; (*stärker*) agarrar **2.**(*behandeln*) tratar; (*Problem*) enfocar; **jdn hart ~** tratar a alguien con dureza; **du hast die Sache verkehrt angefasst** has enfocado mal el asunto **III.** *vr:* **sich ~** **1.**(*bei der Hand nehmen*) cogerse de la mano **2.**(*sich anfühlen*): **der Stoff fasst sich wie Seide an** el tejido tiene un tacto como de seda

an|fauchen *vt* **1.**(*Katze*) bufar **2.**(*zurechtweisen*) echar una bronca (a)

anfechtbar *adj* **1.**(*Testament, Urteil*) impugnable **2.**(*Behauptung*) refutable

an|fechten *irr vt* **1.**(*bestreiten*) refutar; (*Urteil, Testament*) impugnar; (*Recht*) disputar; (*Berufung einlegen*) recurrir (de/contra) **2.**(*geh: bekümmern*) inquietar

an|fertigen *vt* **1.**(*machen*) hacer **2.**(*herstellen*) fabricar; (*Kleidung*) confeccionar **3.**(*Schriftstück*) redactar

Anfertigung *f* <-en> fabricación *f*; (*Schneider*) confección *f*; (*Schreiben*) redacción *f*

an|feuchten *vt* humedecer; (*stärker*) mojar

an|feuern *vt* (*anheizen*) encender; (*anspornen*) enardecer

an|flehen *vt* implorar; (REL) impetrar

an|fliegen *irr* **I.** *vi sein* (*herankommen*) acercarse (volando) **II.** *vt* (*ansteuern*) dirigirse (a), acercarse (a); (*zur Zwischenlandung*) hacer escala (en)

Anflug *m* <-(e)s, -flüge> **1.**(AERO) vuelo *m* de aproximación **2.**(*Andeutung*) asomo *m* (*von* de), deje *m* (*von* de); **ein ~ von Heiterkeit** un asomo de alegría

an|fordern *vt* pedir; (*stärker*) reclamar, exigir

Anforderung *f* <-en> **1.**(*das Anfordern*) demanda *f* **2.**(*Anspruch*) exigencia *f*, requisito *m*; **den ~en nicht entsprechen** no reunir los requisitos

Anfrage *f* <-n> pregunta *f* (*bei* a); (POL) interpelación *f*; **auf ~** a petición (*von* de)

an|fragen *vi* preguntar (*bei* a), pedir informes (*bei* a); (POL) interpelar

an|freunden *vr:* **sich ~** **1.**(*Freundschaft schließen*) trabar amistad (*mit* con), amistarse *CSur;* (*enger*) intimar (*mit* con) **2.**(*sich gewöhnen*) familiarizarse (*mit* con), acostumbrarse (*mit* a)

an|fühlen *vr:* **sich hart/weich ~** ser duro/blando al tacto; **der Stoff fühlt sich gut an** el tejido tiene un buen tacto

Anfuhr *f ohne Pl* transporte *m*; (*mit LKW*) camionaje *m*

an|führen *vt* **1.**(*vorangehen*) encabezar **2.**(*leiten*) dirigir **3.**(*vorbringen*) aducir **4.**(*zitieren*) citar

Anführer(in) *m(f)* <-s, -; -nen> jefe, -a *m, f*; (POL) líder *mf*; (*einer Bande*) cabecilla *mf*

Anführungsstrich *m* <-(e)s, -e> comilla *f*; **~e unten/oben** abrir/cerrar comillas

Angabe[1] *f* <-n> **1.**(*Information*) indicación *f*, dato *m*; **~n zur Person** datos personales;

nähere ~n zu etw machen describir algo más detalladamente **2.** (SPORT: *Aufschlag*) saque *m*

Angabe² *f ohne Pl* (*Prahlerei*) fanfarronería *f,* chulería *f*

an|geben *irr* **I.** *vi* **1.** (*fam: prahlen*) fanfarronear (*mit* de), palanganear *Am* **2.** (SPORT) sacar **3.** (*beim Kartenspiel*) jugar primero **II.** *vt* **1.** (*nennen*) indicar; (*mitteilen*) decir; (*im Einzelnen*) detallar; (*Gründe*) alegar **2.** (*Richtung*) determinar **3.** (*anzeigen*) denunciar; (*melden*) declarar

Angeber(in) *m(f)* <-s, -; -nen> (*fam*) fanfarrón, -ona *m, f,* chévere *mf SAm;* (*Aufschneider*) chulo, -a *m, f*

Angeberei *f* <-en> (*fam*) fanfarronada *f;* (*Aufschneiderei*) chulería *f*

angeblich **I.** *adj* supuesto **II.** *adv* según dicen

angeboren *adj* de nacimiento

Angebot *nt* <-(e)s, -e> **1.** (*Vorschlag*) ofrecimiento *m,* oferta *f* **2.** (WIRTSCH) oferta *f;* **~ und Nachfrage** oferta y demanda **3.** (*Auswahl*) surtido *m*

angebracht **I.** *pp von* **anbringen** **II.** *adj* (*passend*) oportuno; (*ratsam*) recomendable

angebunden *pp von* **anbinden**

angegossen *adj* (*fam*): **etw passt wie ~** algo queda que ni pintado

angegriffen *pp von* **angreifen**

angeheitert *adj* achispado

an|gehen *irr* **I.** *vi sein* **1.** (*fam: beginnen*) empezar **2.** (*fam: Licht*) encenderse **3.** (*bekämpfen*) luchar (*gegen* contra); (*sich widersetzen*) oponerse (*gegen* a) **4.** (*vertretbar sein*): **es geht nicht an, dass ...** no puede ser que... *+subj* **II.** *vt* **1.** (*angreifen*) arremeter (contra), atacar **2.** (*in Angriff nehmen*) acometer **3.** (*betreffen*) afectar; **das geht ihn gar nichts an** eso le importa un comino; **was deine Frage angeht, ...** con respecto a tu pregunta...

angehende(r, s) *adj* futuro

an|gehören* *vi* pertenecer (a), ser (de); (*als Mitglied*) ser miembro (de)

Angehörige(r) *mf* <-n, -n; -n> **1.** (*der Familie*) pariente *mf* **2.** (*Mitglied*) miembro *m*

Angeklagte(r) *mf* <-n, -n; -n> acusado, -a *m, f*

Angel *f* <-n> **1.** (*für Fischfang*) caña *f* de pescar **2.** (*Türscharnier*) gozne *m;* **zwischen Tür und ~** (*fam*) deprisa y corriendo

Angelegenheit *f* <-en> asunto *m,* cuestión *f;* **das ist meine ~** esto es asunto mío; **sich in fremde ~en mischen** meterse en asuntos ajenos

angelernt *adj* **1.** (*Wissen*) aprendido **2.** (*Arbeiter*) especialista

Angelhaken *m* anzuelo *m*

angeln **I.** *vi, vt* (*Fische*) pescar (con caña) **II.** *vr:* **sich** *dat* **~** (*fam: erwischen*) pescar; **sich** *dat* **einen Mann ~** pescar marido

Angelpunkt *m* piedra *f* angular; **der Dreh- und ~ einer Sache sein** ser el punto crucial de una cosa

Angelrute *f* caña *f* de pescar

angemessen *adj* adecuado; (*Preis*) razonable; (*ausreichend*) suficiente; **etw für ~ halten** considerar algo adecuado

angenehm *adj* agradable; (*Unterhaltung*) ameno; (*Mensch*) simpático; **es wäre mir ~, wenn ...** me gustaría mucho que... *+subj;* **~!** (*bei einer Begrüßung*) ¡encantado!; **~en Aufenthalt!** ¡feliz estancia!

angenommen *pp von* **annehmen**

angepasst[RR] *adj,* **angepaßt** *adj* (*Person*) conformista

angeregt *adj* animado; **sich ~ unterhalten** tener una conversación animada

angesagt *adj* (*fam*) anunciado; **heute ist Regen ~** para hoy han anunciado lluvia

angeschlagen **I.** *pp von* **anschlagen** **II.** *adj* (*erschöpft*) agotado; **seine Gesundheit ist ~** su salud está quebrantada

angesehen **I.** *pp von* **ansehen** **II.** *adj* estimado

Angesicht *nt* <-(e)s, -er> (*geh*) cara *f,* rostro *m;* **von ~ zu ~** cara a cara

angesichts *präp +gen* (*geh*) **1.** (*beim Anblick*) ante, al ver **2.** (*hinsichtlich*) en vista de, ante; **~ der Tatsache, dass ...** en vista del hecho de que...

angespannt *adj* **1.** (*Lage, Muskeln*) tenso **2.** (*intensiv*) intenso

angestaubt *adj* empolvado; (*fam fig*) anticuado; **~e Ansichten** ideas pasadas de moda

Angestellte(r) *mf* <-n, -n; -n> empleado, -a *m, f*

angetan **I.** *pp von* **antun** **II.** *adj:* **von jdm ~ sein** sentir mucha simpatía por alguien; **von etw ~ sein** estar encantado con algo

angetrunken **I.** *pp von* **antrinken** **II.** *adj* achispado

angewandt *pp von* **anwenden**

angewiesen **I.** *pp von* **anweisen** **II.** *adj:* **auf jdn/etw ~ sein** depender de alguien/algo

an|gewöhnen* *vt:* **jdm etw ~** acostumbrar alguien a algo; **sich** *dat* **etw ~** acostumbrarse a algo

Angewohnheit *f* <-en> costumbre *f* (adquirida)

angewurzelt *adj:* **wie ~ stehen bleiben** quedarse de piedra

Angina *f* <Anginen> anginas *fpl;* **eine ~ haben** tener (las) anginas

an|gleichen *irr vt* **1.** (*vereinheitlichen*) igualar **2.** (*anpassen*) adaptar (*an* a), ajustar (*an* a); (*Gehälter*) reajustar (*an* a); **sich jdm/etw ~** adaptarse a alguien/a algo

Angleichung *f* <-en> **1.** (*Gehalt, Gesetz*) equiparación *f* (*an* a) **2.** (*gegenseitig*) armonización *f*

Angler(in) *m(f)* <-s, -; -nen> pescador(a) *m(f)* de caña

an|gliedern *vt* **1.** (*an eine Organisation*) asociar (*an* a); (*hinzufügen*) añadir (*an* a) **2.** (*Gebiet*) anexionar (*an* a)

Angliederung *f* <-en> incorporación *f* (*an* a); (POL) anexión *f* (*an* a)

anglikanisch *adj* (REL) anglicano

Anglistik *f ohne Pl* filología *f* inglesa

an|glotzen *vt* (*fam abw*) mirar boquiabierto

angreifbar *adj* atacable

an|greifen *irr vt* **1.** (MIL, SPORT) atacar; (*überfallen*) asaltar; (*tätlich*) agredir **2.** (*kritisieren*) atacar **3.** (*schwächen*) debilitar; (*ermüden*) cansar; (*Gesundheit*) perjudicar; (*psychisch*) emocionar **4.** (CHEM) corroer **5.** (*Vorräte*) empezar a consumir; (*Ersparnisse*) empezar a gastar

Angreifer(in) *m(f)* <-s, -; -nen> agresor(a) *m(f)*, asaltante *mf*; (*Angriffsspieler*) atacante *mf*

an|grenzen *vi* limitar (*an* con), (co)lindar (*an* con)

Angriff *m* <-(e)s, -e> (*a.* MIL, SPORT) ataque *m*; (*Überfall*) asalto *m*; **etw in ~ nehmen** (*fig*) emprender algo; **angriffslustig** *adj* agresivo; **Angriffspunkt** *m* punto *m* de ataque

Angst *f* <Ängste> miedo *m* (*vor* a/de), julepe *m Am*; (*schwächer*) temor *m* (*vor* a/de); (*stärker*) espanto *m*; **vor jdm/vor etw ~ haben** tener miedo de alguien/a algo; **sie bekam ~** cogió miedo; **keine ~!** ¡no tengas miedo!; **jdm ~ einjagen** meterle miedo a alguien; **sie hat ~, dass ...** tiene miedo de que... *+subj*; **Angsthase** *m* (*fam*) miedica *mf*, gallina *mf*

ängstigen **I.** *vt* (*Angst einjagen*) amedrentar; (*beunruhigen*) inquietar **II.** *vr*: **sich ~ 1.** (*Angst haben*) tener miedo (*vor* a/de) **2.** (*sich sorgen*) inquietarse (*um* por)

ängstlich *adj* **1.** (*verängstigt*) miedoso; (*schüchtern*) apocado; **ein ~es Gesicht machen** poner cara de miedo **2.** (*besorgt*) preocupado

Ängstlichkeit *f ohne Pl* pusilanimidad *f*, apocamiento *m*

Angstschweiß *m ohne Pl* <-sses> sudor *m* frío

an|gucken *vt* (*fam*) mirar; **sich** *dat* **etw ~** mirar algo

an|gurten *vr*: **sich ~** (AUTO) ponerse el cinturón de seguridad

an|haben *irr vt* **1.** (*Kleidung*) llevar (puesto) **2.** (*Schaden zufügen*): **jdm/etw nichts ~ können** no poder hacerle nada a alguien/a algo

an|haften *vi* **1.** (*kleben*) estar adherido (*an* a) **2.** (*zugehören*) traer (consigo)

an|halten *irr* **I.** *vi* **1.** (*andauern*) durar; (*weitergehen*) seguir **2.** (*stoppen*) parar(se) **3.** (*werben*) solicitar; **um jds Hand ~** pedir la mano de alguien **II.** *vt* **1.** (*Fahrzeug, Uhr*) parar; (*Atem*) contener; (*Ton*) sostener **2.** (*anleiten*) animar (*zu* a), incitar (*zu* a)

anhaltend *adj* constante, continuo

Anhalter(in) *m(f)* <-s, -; -nen> auto(e)stopista *mf*; **per ~ fahren** ir a dedo

Anhaltspunkt *m* punto *m* de referencia; (*Indiz*) indicio *m*

anhand *präp +gen* mediante

Anhang *m* <-(e)s, -hänge> apéndice *m*

an|hängen **I.** *irr vi* **1.** (*anhaften*) colgar (de); **das schlechte Image hing ihm noch lange an** el sambenito le quedó colgado por mucho tiempo **2.** (*zugehören*) seguir **II.** *vt* **1.** (*aufhängen*) colgar (*an* de/en); **jdm etw ~** (*fam*) colgar (el sambenito de) algo a alguien **2.** (*ankuppeln*) enganchar (*an* a) **3.** (*anfügen*) añadir (*an* a)

Anhänger(in)[1] *m(f)* <-s, -; -nen> (*Person*) seguidor(a) *m(f)*, adepto, -a *m, f*; (SPORT) aficionado, -a *m, f*

Anhänger[2] *m* <-s, -> **1.** (AUTO) remolque *m*, acoplado *m RíoPl* **2.** (*Schmuckstück*) colgante *m* **3.** (*für Koffer*) etiqueta *f*

Anhängerschaft *f* <-en> (SPORT) aficionados *mpl*; (*einer Doktrin*) seguidores *mpl*

anhänglich *adj* apegado

Anhänglichkeit *f ohne Pl* apego *m*

an|häufen **I.** *vt* acumular **II.** *vr*: **sich ~** acumularse; (*Menschen*) aglomerarse

Anhäufung *f* <-en> acumulación *f*, acopio *m*

an|heben *irr vt* **1.** (*hochheben*) levantar **2.** (*erhöhen*) aumentar

Anhebung *f* <-en> (*Gehalt, Preis*) incremento *m*; (*Mindestalter*) aumento *m*

an|heften *vt* fijar (*an* a/en), pegar (*an* a/en); (*mit Heftklammern*) grapar; (*mit einem Faden*) hilvanar

anheim[RR] (*geh*): **etw** *dat* **~ fallen** ser víctima de algo; **jdm etw ~ stellen** dejar algo al criterio de alguien

anheim|fallen *irr vi sein s.* **anheim**; **anheim|stellen** *vt s.* **anheim**

an|heuern **I.** *vi* (NAUT) enrolarse (*auf* en) **II.** *vt* (*anwerben*) enrolar

Anhieb *m ohne Pl*: **auf ~** (*fam*) al primer intento

an|himmeln *vt* (*fam*) adorar; (*mit Blicken*) comer con los ojos

Anhöhe *f* <-n> elevación *f*, alto *m*

an|hören *vt* **1.** (*Gehör schenken*) escuchar; **das hört sich gut an** esto suena bien **2.** (JUR) oír

Anhörung *f* <-en> (JUR, EU) comparecencia *f;* (*Experten*) consulta *f;* **nach ~ der Parteien** oídas las partes

Animateur(in) *m(f)* <-s, -e; -nen> animador(a) *m(f)*

animieren* *vt* animar (*zu* a)

Anis *m* <-(es), -e> anís *m*

Ank. *Abk. von* **Ankunft** llegada *f*

an|kämpfen *vi* luchar (*gegen* contra)

Ankauf *m* <-(e)s, -käufe> compra *f,* adquisición *f*

an|kaufen *vt* comprar, adquirir

Anker *m* <-s, -> (NAUT) ancla *f;* **den ~ auswerfen/lichten** echar/levar anclas

ankern *vi* (NAUT) anclar

Ankerplatz *m* <-es, -plätze> (NAUT) ancladero *m*

an|ketten *vt* encadenar (*an* a)

Anklage *f* <-n> (JUR) acusación *f* (fiscal); (*~vertretung*) acusación *f;* **~ gegen jdn erheben** acusar a alguien; **unter ~ stehen** estar acusado; **Anklagebank** *f* <-bänke> banco *m* de los acusados, banquillo *m;* **auf der ~ sitzen** estar en el banquillo

an|klagen *vt* **1.** (JUR) acusar (*wegen* de) **2.** (*Missstände*) denunciar **3.** (*beschuldigen*) incriminar

anklagend *adj* de denuncia

Ankläger(in) *m(f)* <-s, -; -nen> (JUR) acusador(a) *m(f)*

Anklageschrift *f* (JUR) escrito *m* de acusación

Anklang *m* <-(e)s, -klänge> **1.** (*Zustimmung*) resonancia *f;* **bei jdm ~ finden** hallar resonancia en alguien; **großen ~ finden** tener éxito **2.** (*Ähnlichkeit*) reminiscencia *f;* **Anklänge an Wagner/an die Romantik** reminiscencias wagnerianas/románticas

an|kleben *vt* pegar (*an* a/en), fijar (*an* a/en)

an|kleiden **I.** *vt* (*geh*) vestir **II.** *vr:* **sich ~** (*geh*) vestirse

Ankleideraum *m* <-(e)s, -räume> (*Warenhaus, a.* THEAT) probador *m;* (SPORT) vestuario *m*

an|klicken *vt* pinchar

an|klopfen *vi* **1.** (*anpochen*) llamar (a la puerta) **2.** (*fam: bitten*) preguntar (*um* por)

an|knabbern *vt* roer

an|knipsen *vt* (*fam*) encender

an|knüpfen **I.** *vt* **1.** (*anknoten*) atar (*an* a) **2.** (*Gespräch*) entablar **II.** *vi:* **an etw ~** fundarse en algo; (*fortführen*) continuar (algo)

an|kommen *irr vi sein* **1.** (*eintreffen*) llegar (*in/bei/auf* a); (*Schiff*) arribar (*in* a) **2.** (*fam: sich wenden*): **jdm mit etw ~** irle a alguien con algo **3.** (*fam: Resonanz finden*) gustar; **er kommt bei seinen Schülern gut an** tiene buena acogida entre los alumnos **4.** (*abhängen*) depender (*auf* de); **es kommt darauf an, ob ...** depende de si...; **ich würde es nicht darauf ~ lassen** (*fam*) yo no esperaría sentado **5.** (*wichtig sein*) ser importante; **es kommt darauf an, dass ...** es importante que... *+subj* **6.** (*sich durchsetzen*): **gegen jdn ~** imponerse a alguien

Ankömmling *m* <-s, -e> recién llegado, -a *m, f*

an|kotzen *vt* (*vulg: anekeln*) dar asco (a)

an|kreiden *vt:* **jdm etw ~** tomar a mal algo a alguien

an|kreuzen *vt* marcar con una cruz

an|kündigen **I.** *vt* anunciar **II.** *vr:* **sich ~** anunciarse; (*beginnen*) comenzar, empezar; (*spürbar sein*) hacerse sentir

Ankündigung *f* <-en> anuncio *m;* (*Plakat*) cartel *m;* (*schriftlich*) notificación *f*

Ankunft *f ohne Pl* llegada *f;* (*Schiff*) arribada *f*

an|kurbeln *vt* **1.** (TECH) poner en marcha **2.** (*in Schwung bringen*) estimular; (*Wirtschaft*) fomentar

Ankurb(e)lung *f* <-en> (WIRTSCH) fomento *m*

an|lächeln *vt* mirar sonriendo; **jdn ~** sonreír a alguien

an|lachen *vt* mirar riendo; **sich** *dat* **jdn ~** (*fam*) pescar a alguien

Anlage *f* <-n> **1.** (*Veranlagung*) disposición *f* (*zu* para); (MED) predisposición *f* (*zu* a); (*Begabung*) talento *m* (*zu* para) **2.** (*Bau*) construcción *f;* (*Park*) jardín *m,* parque *m;* (*Sportplatz*) polideportivo *m;* **sanitäre ~n** instalaciones sanitarias **3.** (TECH) dispositivo *m;* (*Industrie~*) planta *f;* (*Stereo~*) equipo *m* **4.** (WIRTSCH) inversión *f* **5.** (*Beilage*) anejo *m;* **in der ~ erhalten Sie ...** adjunto le remitimos...

an|langen **I.** *vi sein* (*eintreffen*) llegar (*an/zu* a) **II.** *vt* **1.** (*betreffen*) concernir; **was mich/diese Sache anlangt, ...** en lo que se refiere a mí/a esto... **2.** (*reg: anfassen*) tocar

Anlass[RR] *m* <-es, -lässe>, **Anlaß** *m* <-sses, -lässe> **1.** (*Grund*) motivo *m* (*zu* para), razón *f* (*zu* para); (*Ursache*) causa *f* (*zu* de); **das gibt ~ zur Sorge** esto es motivo de preocupación **2.** (*Gelegenheit*) ocasión *f;* **bei diesem ~** aprovechando la ocasión; **ein willkommener ~** una buena ocasión; **jdm ~ geben zu ...** dar a alguien la ocasión de...

an|lassen *irr* **I.** *vt* **1.** (*Motor*) poner en marcha; (*Wagen*) arrancar **2.** (*Licht, Radio*) dejar encendido **3.** (*fam: Kleidung*) dejar puesto; **du kannst deine Schuhe ruhig ~** puedes dejarte los zapatos puestos **II.** *vr:* **sich ~**

(*fam: sich entwickeln*) presentarse; (*positiv*) prometer (éxito)

Anlasser *m* <-s, -> (AUTO) motor *m* de arranque

anlässlichRR *präp +gen,* **anläßlich** *präp +gen* con motivo de

an|lasten *vt:* **jdm etw ~** imputar algo a alguien

Anlauf *m* <-(e)s, -läufe> **1.** (SPORT) carrerilla *f;* **~ nehmen** tomar carrerilla **2.** (*Versuch*) intento *m*

an|laufen *irr* **I.** *vi sein* **1.** (*angelaufen kommen*) llegar corriendo **2.** (*beginnen*) empezar; (*Film*) estrenarse; (*Motor*) ponerse en marcha **3.** (*sich verfärben: Silber*) deslucirse; **rot ~** enrojecer; **blau ~** amoratarse **4.** (*beschlagen*) empañarse **5.** (SPORT) tomar la salida **II.** *vt* (NAUT): **einen Hafen ~** tocar en un puerto

Anlaufstelle *f* <-n> (ADMIN) sección *f* de coordinación

Anlaut *m* <-(e)s, -e> (LING) sonido *m* inicial

an|legen **I.** *vi* (*landen*) atracar **II.** *vt* **1.** (*Maßstab*) aplicar; (*Spielstein*) colocar; **letzte Hand ~** dar los últimos toques **2.** (*anlehnen*) poner; (*Leiter*) apoyar; (*Gewehr*) encarar **3.** (*geh: anziehen*) ponerse **4.** (*einrichten*) instalar; (*Garten*) plantar; (*Straße*) trazar; (*gründen*) fundar; (*bauen*) construir; (*Akte*) abrir; (*Vorräte*) almacenar; (*Liste*) hacer **5.** (*investieren*) invertir (*in* en) **6.** (*bezahlen*) pagar **7.** (*absehen*): **du legst es wohl auf einen Streit mit mir an** me parece que te empeñas en reñir conmigo **8.** (*ausrichten*): **der Film ist auf drei Stunden angelegt** la película dura tres horas **9.** (*anbringen*): **jdm einen Verband ~** aplicar una venda a alguien **III.** *vr:* **sich ~** (*streiten*) pelearse

Anlegeplatz *m* <-es, -plätze> (NAUT) atracadero *m*

an|lehnen **I.** *vt* (*Tür*) entornar; (*aufstützen*) apoyar (*an* en/contra) **II.** *vr:* **sich ~** (*sich abstützen*) apoyarse (*an* en); **sich an etw/jdn ~** (*a. fig*) apoyarse en algo/alguien; (*zum Vorbild nehmen*) imitar algo/a alguien

Anlehnung *f* <-en> apoyo *m*

an|leiern *vt* (*fam*) montar; **wer hat das angeleiert?** ¿quién ha organizado esto?

Anleihe *f* <-n> **1.** (FIN) empréstito *m,* préstamo *m* **2.** (*von Ideen*) inspiración *f*

an|leiten *vt* **1.** (*unterweisen*) iniciar **2.** (*lehren*) instruir

Anleitung *f* <-en> **1.** (*Vorgang*) dirección *f;* **unter ~ (von)** bajo la dirección (de) **2.** (*Text*) instrucciones *fpl;* (*Lehrbuch*) manual *m*

an|lernen *vt* instruir

an|lesen *irr vt* **1.** (*den Anfang lesen*) iniciar la lectura (de) **2.** (*sich aneignen*): **sich** *dat* **seine Kenntnisse ~** adquirir sus conocimientos a través de la lectura

an|liefern *vt* (COM) suministrar

an|liegen *irr vi* **1.** (*fam: anstehen*) estar por hacer; **was liegt heute an?** ¿qué hay que hacer hoy? **2.** (*sich anschmiegen*) ajustarse

Anliegen *nt* <-s, -> (*Wunsch*) deseo *m;* (*Bitte*) petición *f*

anliegend *adj* **1.** (*benachbart*) adyacente **2.** (*beigefügt*) adjunto **3.** (*Kleidung*) ceñido

Anlieger *m* <-s, -; -nen> vecino *m*

an|locken *vt* atraer

an|lügen *irr vt* mentir (a)

Anm. *Abk. von* **Anmerkung** nota *f*

an|machen *vt* **1.** (*einschalten*) encender **2.** (*Mörtel*) amasar **3.** (GASTR: *Salat*) aderezar **4.** (*fam: anbändeln*) ligar (con) **5.** (*anbringen*) fijar (*an* a/en) **6.** (*reizen*) atraer

an|malen *vt* pintar

an|maßen *vr:* **sich** *dat* **~** permitirse; (*Rechte*) arrogarse; (*Fähigkeiten*) atribuirse

anmaßend *adj* arrogante

Anmaßung *f* <-en> **1.** (*unberechtigter Anspruch*) arrogación *f* **2.** (*Überheblichkeit*) arrogancia *f*

Anmeldegebühr *f* tasas *fpl* de inscripción

an|melden **I.** *vt* **1.** (*ankündigen*) anunciar; **Konkurs ~** declararse en quiebra **2.** (*Fahrzeug, an einer Schule*) matricular; **ein Ferngespräch ~** pedir conferencia **3.** (*Ansprüche*) presentar **II.** *vr:* **sich ~** matricularse; (*Wohnsitz*) empadronarse

anmeldepflichtig *adj* sujeto a registro

Anmeldung *f* <-en> **1.** (*Ankündigung*) aviso *m* **2.** (*Schule*) matrícula *f;* (*Kurs*) inscripción *f;* (*Patent*) registro *m* **3.** (*fam: Rezeption*) recepción *f*

an|merken *vt* **1.** (*notieren*) señalar **2.** (*ergänzend bemerken*) decir, añadir **3.** (*bemerken*) notar; **ich ließ mir nichts ~** procuré que no se me notase nada

Anmerkung *f* <-en> **1.** (*kurze Bemerkung*) observación *f,* advertencia *f* **2.** (*Fußnote*) nota *f* a pie de página; **~ des Übersetzers** nota del traductor **3.** (*Kommentar*) comentario *m*

Anmut *f ohne Pl* (*geh*) gracia *f,* quimba *f Am;* (*der Landschaft*) amenidad *f*

anmutig *adj* (*geh: Wesen, Landschaft*) encantador; (*Bewegung*) garboso

an|nähen *vt* coser (*an* a)

an|nähern **I.** *vt* acercar (*an* a) **II.** *vr:* **sich ~** acercarse (*an* a)

annähernd **I.** *adj* (*ungefähr*) aproximado **II.** *adv* más o menos, alrededor de

Annäherung *f* <-en> aproximación *f;* (*an einen Menschen*) acercamiento *m;* **Annäherungsversuch** *m* tentativa *f* de acercamiento; (*aufdringlich*) insinuación *f*

annäherungsweise *adv* aproximadamente
Annahme *f* <-n> **1.** (*Vermutung*) suposición *f;* **in der ~, dass ...** suponiendo que...; **ich bin der ~, dass ...** supongo que... **2.** (*das Annehmen*) recibo *m;* (*eines Briefs*) admisión *f;* (*eines Gesetzes*) aceptación *f* **3.** (*~ stelle*) recepción *f*
Annahmestelle *f* <-n> **1.** (*Lotto*) despacho *m* de billetes **2.** (*Schrott*) depósito *m* de entrega **3.** (*für Aufträge, Filme*) despacho *m* de entrega
annehmbar *adj* aceptable; (*zulässig*) admisible; (*Preis*) aceptable
an|nehmen *irr* **I.** *vt* **1.** (*entgegennehmen*) recibir; **das kann ich doch nicht ~** no puedo aceptar eso **2.** (*Auftrag*) aceptar; (*Rat*) seguir; (*Antrag*) acceder (a) **3.** (*Urteil*) aprobar **4.** (*Religion, Meinung, Kind*) adoptar; (*Gewohnheit*) contraer; (*Umfang*) adquirir; **etw nimmt Gestalt an** algo va tomando forma; **nimm doch endlich Vernunft an!** ¡entra en razón de una vez! **5.** (*vermuten*) suponer, asumir *Am;* **das nehme ich nicht an** no lo creo; **ich nehme an, dass ...** supongo que...; **angenommen, dass ...** en el caso de que... +*subj* **II.** *vr:* **sich jds ~** cuidar de alguien; **sich etw** *gen* **~** encargarse de algo
Annehmlichkeit *f* <-en> amenidad *f;* (*Vorteil*) ventaja *f*
annektieren* *vt* anexionar
anno *adv,* **Anno** *adv* en el año; **es war Winter, ~ 1941, als ...** era invierno del año 1941 cuando...; **von ~ dazumal** del tiempo de Maricastaña
Annonce *f* <-n> anuncio *m,* aviso *m Am*
annoncieren* **I.** *vi* (*inserieren*) poner un anuncio **II.** *vt* (*Stelle, Hochzeit*) anunciar
annullieren* *vt* anular
an|öden *vt* (*fam*) aburrir
anomal *adj* anómalo
Anomalie *f* <-n> anomalía *f*
anonym *adj* anónimo; **~ bleiben** quedar(se) en el anonimato
Anonymität *f ohne Pl* anonimato *m*
Anorak *m* <-s, -s> anorak *m*
an|ordnen *vt* **1.** (*befehlen*) ordenar **2.** (*aufstellen*) colocar; (*mit System*) ordenar
Anordnung *f* <-en> **1.** (*Befehl*) orden *f;* **auf jds ~** por orden de alguien **2.** (*Ordnung*) orden *m;* (*Aufstellung*) colocación *f;* (*Verteilung*) distribución *f*
anorganisch *adj* inorgánico
anormal *adj* anormal
an|packen **I.** *vi* (*helfen*) ayudar, echar una mano **II.** *vt* **1.** (*anfassen*) agarrar, coger **2.** (*handhaben*) abordar; **eine Arbeit richtig/falsch ~** abordar un trabajo correctamente/erróneamente **3.** (*fam: behandeln*) tratar
an|passen **I.** *vt* adaptar (*an* a) **II.** *vr:* **sich ~** amoldarse (*an* a)
Anpassung *f* <-en> **1.** (WIRTSCH: *Produktion, Verfahren*) ajuste *m* (*an* a), adaptación *f* (*an* a) **2.** (*Gehalt, Rente*) actualización *f* **3.** (*Angleichung*) (re)ajuste *m;* **anpassungsfähig** *adj* adaptable (*an* a), flexible; **Anpassungsfähigkeit** *f* <-en> adaptabilidad *f,* flexibilidad *f*
an|peilen *vt* **1.** (NAUT) dirigirse (a/hacia) **2.** (TEL) interceptar **3.** (*bessere Position*) estar resuelto a conseguir **4.** (*jdn*) tener la mirada puesta (en)
an|pfeifen *irr* **I.** *vi, vt* (SPORT) dar el pitido inicial (de) **II.** *vt* (*fam*) abroncar
Anpfiff *m* <-(e)s, -e> **1.** (SPORT) pitido *m* inicial **2.** (*fam: Tadel*) bronca *f*
an|pflanzen *vt* plantar; (*Nutzpflanzen*) cultivar
an|pirschen *vr:* **sich ~** acercarse sigilosamente
an|prangern *vt* denunciar
an|preisen *irr vt* **1.** (*empfehlen*) recomendar **2.** (*loben*) elogiar
Anprobe *f* <-n> prueba *f*
an|probieren *vt* probar(se)
an|pumpen *vt* (*fam*): **jdn um 100 Mark ~** dar a alguien un sablazo de 100 marcos
an|rechnen *vt* **1.** (*in Rechnung stellen*) facturar **2.** (*gutschreiben*) abonar (*auf* en) **3.** (*Studienzeiten*) convalidar (*auf* con) **4.** (*schätzen*) valorar; **ich rechne es ihm hoch an, dass er mir geholfen hat** valoro muchísimo el que me haya ayudado
Anrecht *nt* <-(e)s, -e> derecho *m* (*auf* a)
Anrede *f* <-n> tratamiento *m;* (*im Brief*) encabezamiento *m*
an|reden *vt* hablar (a), dirigir la palabra (a); **jdn mit Du/mit Sie ~** tratar a alguien de tú/de Ud.
an|regen **I.** *vi* (*beleben*) estimular **II.** *vt* **1.** (*Appetit, Kreislauf*) excitar, estimular **2.** (*vorschlagen*) proponer, sugerir
anregend *adj* (*Tee, Kaffee*) excitante; (*a.* MED) estimulante; (*Gespräch*) sugestivo
Anregung[1] *f* <-en> (*Vorschlag*) sugerencia *f,* propuesta *f;* (*Inspiration*) inspiración *f;* **auf jds ~** por sugerencia de alguien
Anregung[2] *f ohne Pl* (*Belebung*) estímulo *m*
an|reichern *vt* (*a.* CHEM) enriquecer
an|reisen *vi sein* llegar; **mit dem Zug ~** llegar en tren
Anreiz *m* <-es, -e> estímulo *m,* aliciente *m;* (*finanziell*) incentivo *m*
an|rempeln *vt* (*fam*) empujar
an|rennen *irr* **I.** *vi sein* **1.** (*herbeieilen*) llegar corriendo **2.** (*anstürmen*) arremeter (*gegen* contra) **3.** (*ankämpfen*) luchar (*gegen* contra); **gegen den Wind ~** correr con el viento en contra **II.** *vt* (*fam: anstoßen*)

chocar (*an* con/contra), golpear (*an* con/contra)

Anrichte *f* <-n> aparador *m*, bufete *m*

an|richten *vt* **1.** (*garnieren*) aderezar **2.** (*servieren*) servir; **es ist angerichtet** (*geh*) está servido **3.** (*verursachen*) causar; **was hast du denn da wieder angerichtet?** ¡ya has vuelto a armar una buena!

anrüchig *adj* de mala fama, sospechoso

Anruf *m* <-(e)s, -e> **1.** (*laute Anrede*) llamada *f*; (*Appell*) llamado *m*, llamamiento *m* **2.** (TEL) llamada *f*; **Anrufbeantworter** *m* <-s, -> contestador *m* automático

an|rufen *irr vt* **1.** (*laut anreden*) llamar **2.** (*bitten*) pedir (a); (*flehend*) implorar (a), invocar; (JUR) acudir (a); **das Gericht** ~ acudir a los tribunales **3.** (*telefonieren*) llamar (por teléfono)

Anrufer(in) *m(f)* <-s, -; -nen> persona *f* que hace una llamada (telefónica)

an|rühren *vt* **1.** (*berühren*) tocar **2.** (*zu sich nehmen*) probar; **du hast das Essen kaum angerührt** apenas has probado la comida **3.** (*Teig*) amasar

ans = **an das** *s.* **an**

Ansage *f* <-n> anuncio *m*; (TV) presentación *f*; **die** ~ **machen** hacer la presentación

an|sagen **I.** *vt* (*ankündigen*) anunciar; (TV) presentar **II.** *vr:* **sich** ~ anunciarse

Ansager(in) *m(f)* <-s, -; -nen> (RADIO) locutor(a) *m(f)*; (TV) presentador(a) *m(f)*

an|sammeln **I.** *vt* amontonar; (*Reichtümer*) atesorar **II.** *vr:* **sich** ~ amontonarse

Ansammlung *f* <-en> aglomeración *f*

ansässig *adj* (*Person*) domiciliado; (*Firma*) establecido

Ansatz *m* <-es, -sätze> **1.** (TECH) prolongación *f* **2.** (*Ablagerung*) depósito *m*, sedimento *m* **3.** (*Anzeichen*) comienzo *m*, principio *m*; **im** ~ en una primera fase; **Ansatzpunkt** *m* punto *m* de partida

ansatzweise *adv:* **er hat es** ~ **verstanden** ha empezado a entenderlo; **das Problem konnte nur** ~ **gelöst werden** el problema no se pudo solucionar completamente

an|schaffen **I.** *vt* (*kaufen*) comprar(se), adquirir **II.** *vi* (*fam: Prostituierte*) prostituirse; ~ **gehen** hacer la calle

Anschaffung *f* <-en> compra *f*, adquisición *f*; ~**en machen** hacer compras

an|schalten *vt* **1.** (*Licht, Fernseher*) encender **2.** (*Atomkraftwerk*) poner en funcionamiento

an|schauen *vt* mirar

anschaulich *adj* plástico; **etw** ~ **machen** ilustrar algo

Anschaulichkeit *f ohne Pl* **1.** (*Beispiel, Vortrag*) claridad *f* **2.** (*Beschreibung*) plasticidad *f*

Anschauung *f* <-en> **1.** (*Vorstellung*) concepto *m*, idea *f*; **etw aus eigener** ~ **wissen** saber algo por experiencia propia **2.** (*Ansicht*) opinión *f*, parecer *m*; **nach meiner** ~ según mi parecer; **Anschauungsmaterial** *nt* material *m* ilustrativo

Anschein *m ohne Pl* <-(e)s> apariencia *f*; (*Eindruck*) impresión *f*; **allem** ~ **nach** según todas las apariencias

anscheinend *adv* al parecer

an|schicken *vr:* **sich** ~ **etw zu tun** (*geh*) disponerse a hacer algo

an|schieben *irr vt* empujar

an|schießen *irr* **I.** *vi sein* (*heranrasen*) llegar como una bala **II.** *vt* (*verletzen*) herir de un tiro

Anschlag *m* <-(e)s, -schläge> **1.** (*Plakat*) cartel *m*, anuncio *m* **2.** (*Überfall*) atentado *m* (*auf* contra); **einen** ~ **auf jdn verüben** atentar contra alguien; **einem** ~ **zum Opfer fallen** ser víctima de un atentado **3.** (FIN, WIRTSCH) cálculo *m* **4.** (*am Klavier, an der Schreibmaschine*) pulsación *f* **5.** (TECH) tope *m*; **bis zum** ~ hasta el tope **6.** (MIL) posición *f* de tiro; **Anschlagbrett** *nt* tablón *m* de anuncios

an|schlagen *irr* **I.** *vi* **1.** *sein* (*anprallen*) chocar (*an* contra) **2.** (*Tabletten*) surtir efecto **3.** (SPORT) tocar la meta **4.** (*Laut geben: Hund*) ladrar; (*Vogel*) cantar **5.** (*fam: dick machen*) (hacer) engordar **II.** *vt* **1.** (*Plakat*) fijar (*an* a/en) **2.** (*beschädigen*) romper **3.** (*Taste*) pulsar **4.** (MUS: *Akkord*) tocar; (*Melodie*) entonar **5.** (*Fass*) espitar

an|schleichen *irr vr:* **sich** ~ acercarse sigilosamente (*an* a)

an|schließen *irr* **I.** *vt* **1.** (*festmachen*) sujetar (*an* a) **2.** (*Waschmaschine, Telefon*) conectar (*an* a) **3.** (*Bemerkung*) añadir (*an* a) **II.** *vr:* **sich** ~ **1.** (*sich zugesellen*) unirse (*an* a), juntarse (*an* con) **2.** (*folgen*) seguir (*an* a) **3.** (*beipflichten*) adherirse (a), mostrarse de acuerdo (con)

anschließend **I.** *adj* (*folgend*) posterior **II.** *adv* a continuación

Anschluss[RR] *m* <-es, -schlüsse>, **Anschluß** *m* <-sses, -schlüsse> **1.** (*an eine Partei*) adhesión *f* (*an* a), afiliación *f* (*an* a); (POL) unión *f* (*an* a) **2.** (*an ein Netz*) conexión *f* (*an* con); (TEL) comunicación *f* (*an* con) **3.** (*Verkehr*) enlace *m*, entronque *m* ZAm **4.** (*Kontakt*) compañía *f*; ~ **suchen/finden** buscar/encontrar compañía; **im** ~ **an ...** a continuación de...

an|schmiegen *vr:* **sich** ~ (*Person*) arrimarse cariñosamente (*an* a)

anschmiegsam *adj* (*Person*) tierno

an|schnallen **I.** *vt* (*festbinden*) sujetar **II.** *vr:* **sich** ~ (*Auto, Flugzeug*) ponerse el cinturón de seguridad

Anschnallpflicht *f ohne Pl* uso *m* obligatorio

del cinturón de seguridad

an|schneiden *irr vt* **1.** (*Brot*) cortar **2.** (*Thema*) abordar **3.** (*Kurve*) cortar en diagonal **4.** (SPORT: *Ball*) jugar con efecto

Anschovis *f* <-> anchoa *f*

an|schrauben *vt* atornillar (*an* a/en)

an|schreiben *irr vt* **1.** (*nicht sofort bezahlen*) comprar al fiado **2.** (*Person*) escribir (a) **3.** (*an eine Tafel*) escribir (*an* en)

an|schreien *irr vt* gritar (a), levantar la voz (a)

Anschrift *f* <-en> dirección *f*, señas *fpl*

an|schuldigen *vt* (*geh*) acusar (*wegen* de), inculpar (*wegen* en)

Anschuldigung *f* <-en> acusación *f*, inculpación *f*

an|schwellen *irr vi sein* **1.** (*Körperteil*) hincharse **2.** (*Lärm*) crecer

Anschwellung *f* <-en> **1.** (MED) hinchazón *f* **2.** (*Lärm*) crecimiento *m*, aumento *m* **3.** (*Fluss*) crecida *f*

an|schwemmen *vt* acarrear

an|schwindeln *vt* (*fam*) engañar

an|sehen *irr vt* **1.** (*betrachten*) mirar; (*prüfend*) examinar; (*Film*) (ir a) ver; (*besichtigen*) visitar; **ich kann das nicht länger mit ~** no puedo soportarlo más **2.** (*erachten*) considerar; **ich sehe es als meine Pflicht an ...** lo considero mi deber... **3.** (*anmerken*) notar; **man sieht dir dein Alter nicht an** no aparentas la edad que tienes

Ansehen *nt ohne Pl* <-s> **1.** (*Anschein*) apariencia *f*; **dem ~ nach zu urteilen** a juzgar por las apariencias **2.** (*Achtung*) reputación *f*; **großes ~ genießen** gozar de buena reputación

ansehnlich *adj* **1.** (*beträchtlich*) considerable **2.** (*gut aussehend*) vistoso

an|seilen *vt* encordar

an|sein *irr vi s.* **an III.3.**

an|sengen *vt* chamuscar

an|setzen **I.** *vi* **1.** (*beginnen*) comenzar (*zu* a); **die Maschine setzt zur Landung an** el avión inicia el aterrizaje **2.** (*anbrennen*) pegarse **II.** *vt* **1.** (*in Position bringen*) poner, colocar **2.** (*Glas*) llevarse a los labios **3.** (*bilden*) echar; **Fett ~** (*fam*) echar carnes **4.** (*vorbereiten*) preparar **5.** (*Termin, Kosten*) fijar (*für* para) **6.** (*auf eine Spur*) poner bajo la pista (*auf* de)

Ansicht *f* <-en> **1.** (*Meinung*) opinión *f* (*über* sobre); **sie vertritt/teilt die ~, dass ...** sostiene/comparte la opinión de que...; **meiner ~ nach** en mi opinión; **ich bin ganz ihrer ~** soy de su misma opinión **2.** (*Abbildung*) vista *f* **3.** (*Blick*) vista *f*; **zur ~** como muestra; **Ansichtskarte** *f* (tarjeta *f*) postal *f*; **Ansichtssache** *f* cuestión *f* de pareceres

an|siedeln **I.** *vt* **1.** (*Menschen*) asentar **2.** (*Tierart*) introducir **II.** *vr:* **sich ~** establecerse

Ansied(e)lung *f* <-en> asentamiento *m*

ansonsten *adv* **1.** (*im Übrigen*) por lo demás **2.** (*andernfalls*) en caso contrario; (*wenn nicht*) si no

an|spannen *vt* **1.** (*Pferde*) enganchar **2.** (*Seil*) tensar **3.** (*Muskeln*) contraer

Anspannung *f* <-en> tensión *f*

Anspiel *nt* <-(e)s, -e> (SPORT: *beim Fußball*) saque *m*; (*bei Spielen*) apertura *f* del juego

an|spielen **I.** *vi* (*hinweisen*) aludir (*auf* a), referirse (*auf* a) **II.** *vt* **1.** (SPORT) pasar la pelota (a) **2.** (MUS: *Instrument*) probar; (*Melodie*) empezar a tocar

Anspielung *f* <-en> alusión *f* (*auf* a), insinuación *f* (*auf* sobre)

an|spitzen *vt* afilar; **den Bleistift ~** sacar punta al lápiz

Ansporn *m ohne Pl* <-(e)s> estímulo *m*, acicate *m*

an|spornen *vt* **1.** (*anfeuern*) estimular (*zu* a), incitar (*zu* a) **2.** (*Pferd*) espolear, picar

Ansprache *f* <-n> discurso *m* (*an* a/ante); (*kurz*) alocución *f* (*an* a/ante); (*feierlich*) arenga *f* (*an* a/ante)

ansprechbar *adj* (*Kranker*) capaz de reaccionar; **nicht ~ sein** (*fam*) estar de mal humor

an|sprechen *irr* **I.** *vi* (MED) reaccionar (*auf* a) **II.** *vt* **1.** (*erwähnen*) mencionar; (*Thema*) abordar **2.** (*eine Gruppe*) dirigirse (a), dirigir la palabra (a); **jdn ~** hablar a alguien **3.** (*gefallen*) gustar (a); (*anrühren*) llegar (a)

ansprechend *adj* agradable, grato; (*Person*) atractivo, simpático

an|springen *irr* **I.** *vi sein* **1.** (*Motor*) arrancar **2.** (*fam: reagieren*) aceptar **II.** *vt* (*anfallen*) embestir

Anspruch *m* <-(e)s, -sprüche> **1.** (*Anrecht*) derecho *m* (*auf* a); (*Forderung*) pretensión *f* (*auf* sobre) **2.** (*Anforderung*) exigencia *f* (*auf* de); **hohe Ansprüche an jdn stellen** ser muy exigente con alguien; **den Ansprüchen gerecht werden** satisfacer las exigencias; **etw in ~ nehmen** hacer uso de algo; **das nimmt sehr viel Zeit in ~** eso exige mucho tiempo; **er ist sehr in ~ genommen** está muy ocupado

anspruchslos *adj* poco exigente; (*bescheiden*) modesto; (*belanglos*) intrascendente

Anspruchslosigkeit *f ohne Pl* **1.** (*anspruchsloses Wesen*) modestia *f*, sencillez *f* **2.** (*Trivialität*) trivialidad *f*; (*Belanglosigkeit*) intra(n)scendencia *f*

anspruchsvoll *adj* exigente

an|spucken *vt* escupir (a)

an|stacheln *vt* incitar (*zu* a), pinchar (*zu* a) *fam*

Anstalt *f* <-en> **1.** (*Einrichtung*) establecimiento *m,* institución *f* **2.** (*fam: Psychiatrie*) centro *m* (p)siquiátrico **3.** *Pl* (*Vorbereitungen*) preparativos *mpl;* **er machte keine ~en zu gehen** no dio muestras de irse; **~en zu etw treffen** hacer preparativos para algo

Anstand *m ohne Pl* <-(e)s> decencia *f,* buenos modales *mpl*

anständig I. *adj* **1.** (*sittsam*) decente; (*ehrlich*) honrado, honesto; (*einwandfrei*) correcto **2.** (*fam: zufrieden stellend*) aceptable; **das sieht ganz ~ aus** esto tiene un aspecto bastante aceptable; **sie wird ~ bezahlt** le pagan bien **3.** (*fam: ziemlich*) considerable; **eine ~e Tracht Prügel bekommen** llevarse una buena paliza **II.** *adv* **1.** (*korrekt*) como es debido **2.** (*fam: ziemlich*) bastante; **~ draufzahlen müssen** tener que pagar bastante más

anständigerweise *adv* decentemente; **sie hat ~ geschwiegen** ha callado por decencia

Anständigkeit *f ohne Pl* decencia *f,* decoro *m*

Anstandsbesuch *m* visita *f* de cortesía; **Anstandsdame** *f* <-n> dama *f* de compañía

anstandshalber *adv* por decencia, por decoro

anstandslos *adv* sin más, sin objeción alguna

an|starren *vt* mirar fijamente, clavar los ojos (en)

anstatt I. *präp +gen* en vez de, en lugar de **II.** *konj:* **~ etw zu tun** en vez de hacer algo

an|stauen *vr:* **sich ~** estancarse, acumularse

an|stechen *irr vt* pinchar; (*Fass*) espitar

an|stecken I. *vt* **1.** (*befestigen*) poner **2.** (*reg: anzünden*) prender fuego (a); (*Zigarette*) encender **3.** (*infizieren, a. fig*): **jdn mit etw ~** contagiarle algo a alguien **II.** *vr:* **sich ~** contagiarse; **ich habe mich bei ihr angesteckt** ella me ha contagiado

ansteckend *adj* contagioso

Ansteckung *f* <-en> (MED) contagio *m*

an|stehen *irr vi* **1.** (*Arbeit, Problem*) quedar por hacer **2.** (*Termin*) estar fijado **3.** (*Schlange stehen*) hacer cola

an|steigen *irr vi sein* **1.** (*aufwärts führen*) subir; **steil ~d** empinado **2.** (*Preis, Temperatur*) subir

anstelle *präp +gen* en lugar de

an|stellen I. *vt* **1.** (*Maschine*) poner en marcha **2.** (*Fernseher*) encender **3.** (*beschäftigen*) contratar **4.** (*anlehnen*) colocar (*an* contra) **5.** (*vornehmen*) efectuar, realizar; **Vermutungen ~** hacer conjeturas **6.** (*fam: fertig bringen*) arreglárselas (con); **ich weiß nicht, wie ich es ~ soll** no sé cómo arreglármelas **7.** (*fam: anrichten*) hacer; **was hast du da wieder angestellt?** ¿qué has hecho ahora? **II.** *vr:* **sich ~ 1.** (*fam: sich verhalten*) obrar; **sich dumm ~** hacer el tonto **2.** (*fam: sich zieren*) hacer melindres; **stell dich nicht so an!** ¡déjate de comedias! **3.** (*in einer Schlange*) ponerse a la cola

Anstellung *f* <-en> **1.** (*das Anstellen*) contratación *f* **2.** (*Stelle*) empleo *m*

Anstich *m* <-(e)s, -e> **1.** (*eines Fasses*) acción *f* de espitar **2.** (*erster Ausschank*) primer trago *m* (de un barril)

Anstieg[1] *m* <-(e)s, -e> (*Aufstieg*) ascenso *m,* ascensión *f*

Anstieg[2] *m ohne Pl* <-(e)s> **1.** (*Steigung*) pendiente *f* **2.** (*Zunahme*) subida *f*

an|stiften *vt* **1.** (*Unheil*) causar, provocar **2.** (*Verschwörung*) tramar

Anstifter(in) *m(f)* <-s, -; -nen> (*Straftat*) inductor(a) *m(f);* (*Verschwörung*) instigador(a) *m(f)*

Anstiftung *f* <-en> instigación *f,* inducción *f*

an|stimmen *vt* (*Lied*) entonar

Anstoß *m* <-es, -stöße> **1.** (*Ruck*) empujón *m* **2.** (*Impuls*) iniciativa *f,* impulso *m* **3.** (SPORT) saque *m* **4.** (*geh: Ärgernis*) molestia *f,* disgusto *m;* **~ erregen bei jdm** causar escándalo a alguien; **an etw ~ nehmen** escandalizarse por algo

an|stoßen *irr* **I.** *vi* **1.** *sein* (*gegenstoßen*) golpearse (*an* en/contra) **2.** (*mit den Gläsern*) brindar (*auf* por) **3.** (SPORT) sacar, hacer el saque inicial **II.** *vt* (*Stoß geben*) empujar

anstößig *adj* indecente, escandaloso

an|strahlen *vt* **1.** (*anleuchten*) alumbrar; (FILM, THEAT) enfocar **2.** (*strahlend ansehen*) mirar con ojos radiantes

an|streben *vt* pretender, aspirar (a)

an|streichen *irr vt* **1.** (*mit Farbe*) pintar; **etw gelb ~** pintar algo de amarillo **2.** (*Fehler*) señalar

Anstreicher(in) *m(f)* <-s, -; -nen> pintor(a) *m(f);* (*abw: Maler*) pintor(a) *m(f)* de brocha gorda

an|strengen I. *vi* (*ermüden*) cansar, fatigar **II.** *vt* **1.** (*Verstand*) aguzar; (*Gehör*) afinar **2.** (JUR: *Verfahren*) poner, presentar; (*eine Klage ~*) proceder (judicialmente) **III.** *vr:* **sich ~** (*sich bemühen*) esforzarse

anstrengend *adj* (*körperlich*) duro, agotador, cansador *Arg;* (*geistig*) laborioso, trabajoso

Anstrengung *f* <-en> esfuerzo *m*

Anstrich[1] *m* <-(e)s, -e> (*Farbe*) pintura *f*

Anstrich[2] *m ohne Pl* <-(e)s> **1.** (*das Anstreichen*) pintura *f* **2.** (*Anschein*) aire(s) *m(pl),* toque *m*

Ansturm *m* <-(e)s, -stürme> **1.** (*Angriff*) asalto *m* (*auf* a) **2.** (*Andrang*) concurrencia *f;* (*von Kunden*) afluencia *f*

Antagonist(in) *m(f)* <-en, -en; -nen> antagonista *mf*

Antarktis *f* Antártida *f*

antarktisch *adj* antártico

an|tasten *vt* **1.** (*Ehre*) ofender; (*Rechte*) usurpar **2.** (*Geld*) empezar a gastar

Anteil *m* <-(e)s, -e> **1.** (*Teil*) parte *f* **2.** (*Beteiligung*) participación *f* **3.** (*Interesse*) interés *m* **4.** (*Mitgefühl*) compasión *f*; **an etw ~ nehmen** compartir algo

anteilig *adj* proporcional

Anteilnahme *f ohne Pl* **1.** (*Beteiligung*) participación *f* (*an* en) **2.** (*Mitgefühl*) interés *m* (*an* por) **3.** (*Beileid*) pésame *m*

Antenne *f* <-n> (TEL, ZOOL) antena *f*

Anthrazit *m* <-s, -e> antracita *f*

Anthroposoph(in) *m(f)* <-en, -en; -nen> antropósofo, -a *m, f*

Anthroposophie *f ohne Pl* antroposofía *f*

anthroposophisch *adj* antroposófico

Antialkoholiker(in) *m(f)* antialcohólico, -a *m, f*

antialkoholisch *adj* antialcohólico

antiautoritär *adj* antiautoritario

Antibabypille *f* píldora *f* anticonceptiva

Antibiotikum *nt* <-s, Antibiotika> (MED) antibiótico *m*

Antiblockiersystem *nt* (AUTO) sistema *m* antibloqueo de frenos

Antidepressivum *nt* <-s, -depressiva> (MED) antidepresivo *m*

Antifaltencreme *f* crema *f* antiarrugas

Antifaschismus *m ohne Pl* antifascismo *m*

Antifaschist(in) *m(f)* antifascista *mf*

antifaschistisch *adj* antifascista

antik *adj* antiguo

Antike *f ohne Pl* Antigüedad *f*

antiklerikal *adj* anticlerical

Antikörper *m* <-s, -> (MED) anticuerpo *m*

Antillen *Pl* Antillas *fpl*

Antilope *f* <-n> antílope *m*

Antipathie *f* <-n> (*geh*) antipatía *f*

Antiquariat *nt* <-(e)s, -e> librería *f* de viejo; **modernes ~** librería de ocasión

antiquarisch *adj* (*Druckwerke*) de segunda mano, usado

antiquiert *adj* (*abw*) anticuado

Antiquität *f* <-en> antigüedad *f*; **Antiquitätengeschäft** *nt* <-(e)s, -e> tienda *f* de antigüedades

Antisemit(in) *m(f)* <-en, -en; -nen> antisemita *mf*

antisemitisch *adj* antisemita

Antisemitismus *m ohne Pl* <-> antisemitismo *m*

antiseptisch *adj* (MED) antiséptico

Antivirenprogramm *nt* (INFOR) programa *m* antivirus

Antlitz *nt* <-es, -e> (*geh*) rostro *m*

an|törnen *vt* (*sl*) dar marcha (*an*), enrollar

Antrag *m* <-(e)s, -träge> **1.** (*an eine Behörde*) solicitud *f* (*auf* de); **einen ~ auf etw stellen** presentar una solicitud de algo **2.** (*Formular*) (formulario *m* de) solicitud *f* **3.** (POL) moción *f* (*auf* de) **4.** (*Heirats~*) propuesta *f* de matrimonio

an|tragen *irr vt* **1.** (*geh*) ofrecer **2.** (*beantragen*) solicitar

Antragsformular *nt* (formulario *m* de) solicitud *f*; (*Vordruck*) (modelo *m* de) instancia *f*

Antragsteller(in) *m(f)* <-s, -; -nen> solicitante *mf*; (POL) autor(a) *m(f)* de una moción

Antragstellung *f* <-en> presentación *f* de una solicitud

an|treffen *irr vt* encontrar(se), localizar

an|treiben *irr* **I.** *vi sein* (*anschwimmen*) llegar flotando **II.** *vt* **1.** (TECH: *vorwärts treiben*) impulsar, propulsar **2.** (*anschwemmen*) arrojar, acarrear **3.** (*veranlassen*) incitar (*zu* a), julepear *Kol*; **sie trieb ihn zur Eile an** le metió prisa

an|treten *irr* **I.** *vi sein* **1.** (MIL) formarse; **in Zweierreihen ~** formar filas de a dos; **zum Dienst ~** empezar el servicio **2.** (SPORT) enfrentarse (*gegen* a/con) **II.** *vt* **1.** (*Reise*) emprender **2.** (*Strafe*) (empezar a) cumplir **3.** (*Erbe*) recibir **4.** (*Stelle*) incorporarse (a) **5.** (*Amt*) asumir

Antrieb *m* <-(e)s, -e> **1.** (TECH) tracción *f*, propulsión *f* **2.** (*Impuls*) estímulo *m*, acicate *m*; **aus eigenem ~** por iniciativa propia; **Antriebskraft** *f* (TECH) fuerza *f* motriz; (*fig*) motor *m*; **Antriebswelle** *f* (TECH) árbol *m* de accionamiento

Antritt *m ohne Pl* <-(e)s> **1.** (*Beginn*) comienzo *m* **2.** (*eines Amtes*) toma *f* de posesión; (*einer Erbschaft*) adición *f*; (*der Regierung*) acceso *m* al poder; (*einer Stellung*) comienzo *m*; **Antrittsbesuch** *m* visita *f* de cumplido; **Antrittsrede** *f* discurso *m* inaugural

an|tun *irr* **I.** *vt* (*zufügen*): **jdm etw ~** hacer(le) algo a alguien; **tu mir das nicht an!** (*fam*) ¡no me hagas eso!; **das werde ich mir nicht ~** no pienso pasar por eso; **sich** *dat* **etwas ~** atentar contra la propia vida **II.** *vi* (*Sympathie erregen*) encantar; **diese Gegend hat es ihm angetan** esta región le ha encantado

Antwort *f* <-en> respuesta *f* (*auf* a); (*brieflich*) contestación *f* (*auf* a); **keine ~ bekommen** no recibir respuesta; **jdm Rede und ~ stehen** rendir cuentas a alguien; **um ~ wird gebeten** se agradecerá respuesta

antworten *vt* responder (*auf* a); (*brieflich*) contestar (*auf* a); **jdm auf einen Brief ~** contestar la carta de alguien

Antwortschreiben *nt* (escrito *m* de) respuesta *f*, (escrito *m* de) contestación *f*

an|vertrauen* **I.** *vt* **1.** (*überlassen*) confiar, encomendar **2.** (*vertraulich erzählen*) confiar, revelar **II.** *vr:* **sich ~** (*sich offenbaren*) confiarse

an|visieren* *vt* **1.** (*anstreben*) poner la mira (en) **2.** (MIL) visar

an|wachsen *irr vi sein* **1.** (*Wurzeln schlagen*) echar raíces **2.** (MED: *Knochen*) crecer; (*Haut*) adherirse **3.** (*zunehmen*) crecer, aumentar

Anwalt, -wältin *m, f* <-(e)s, -wälte; -nen> **1.** (JUR) abogado, -a *m, f;* **sich** *dat* **einen ~ nehmen** recurrir a un abogado **2.** (*Fürsprecher*) defensor(a) *m(f);* **Anwaltsbüro** *nt* bufete *m*

Anwaltschaft *f* <-en> (JUR) **1.** (*Vertretung eines Klienten*) defensa *f* **2.** (*Gesamtheit der Anwälte*) abogacía *f*

Anwaltskosten *Pl* honorarios *mpl* de abogado

Anwandlung *f* <-en> capricho *m;* (*von Furcht*) arrebato *m*

Anwärter(in) *m(f)* <-s, -; -nen> candidato, -a *m, f* (*auf* a); (*Verehrer*) pretendiente *mf*

Anwartschaft *f* <-en> expectativa *f* (*auf* de)

an|weisen *irr vt* **1.** (*anleiten*) instruir **2.** (FIN) girar **3.** (*zuweisen*) señalar, indicar **4.** (*beauftragen*) encargar

Anweisung *f* <-en> **1.** (*Befehl*) orden *f* **2.** (*Gebrauchs~*) instrucciones *fpl* de uso **3.** (FIN) giro *m,* tra(n)sferencia *f*

anwendbar *adj* aplicable (*in* en, *auf* a)

an|wenden *irr vt* **1.** (*Technik, Heilmittel*) aplicar **2.** (*List, Gewalt*) recurrir (a)

Anwender(in) *m(f)* <-s, -; -nen> usuario, -a *m, f;* **Anwenderprogramm** *nt* (INFOR) programa *m* del usuario

Anwendung *f* <-en> **1.** (*das Anwenden*) uso *m,* aplicación *f;* **zur ~ kommen** aplicarse **2.** (MED) aplicación *f;* **Anwendungsbereich** *m* campo *m* de aplicación

an|werben *irr vt* (*Soldaten*) alistar, reclutar; (*Arbeitskräfte*) contratar

Anwesen *nt* <-s, -> propiedad *f,* mansión *f*

anwesend *adj* presente; (*bei einer Veranstaltung*) asistente; **bei einer Sitzung ~ sein** asistir a una reunión

Anwesende(r) *mf* <-n, -n; -n> presente *mf;* **die hier ~n** los aquí presentes

Anwesenheit *f ohne Pl* **1.** (*von Personen*) presencia *f;* (*bei einer Veranstaltung*) asistencia *f;* **in jds ~** en presencia de alguien **2.** (*Vorhandensein*) existencia *f*

an|widern *vt* (*abw*) dar asco (a)

Anwohner(in) *m(f)* <-s, -; -nen> vecino, -a *m, f*

Anzahl *f ohne Pl* número *m;* (*Menge*) cantidad *f*

an|zahlen *vt* pagar el primer plazo (de)

Anzahlung *f* <-en> **1.** (*Rate*) primer plazo *m* **2.** (*Teilbetrag*) depósito *m*

an|zapfen *vt* **1.** (*Fass*) espitar **2.** (*fam: Leitung*) interceptar

Anzeichen *nt* <-s, -> señal *f;* (MED) síntoma *m*

Anzeige *f* <-n> **1.** (*Inserat*) anuncio *m,* aviso *m Am;* (*bei Tod*) esquela *f* **2.** (JUR) denuncia *f,* denuncio *m And;* **~ erstatten** formular una denuncia **3.** (TECH) indicador *m;* (SPORT) marcador *m* **4.** (INFOR) visualización *f,* despliegue *m*

an|zeigen *vt* **1.** (JUR) denunciar **2.** (*in einer Zeitung*) publicar (en un periódico) **3.** (*ankündigen*) indicar, señalar **4.** (INFOR) visualizar, indicar

Anzeigenannahme *f* despacho *m* de anuncios; **Anzeigenblatt** *nt* hoja *f* de anuncios; **Anzeigenteil** *m* <-(e)s, -e> sección *f* de anuncios

Anzeigetafel *f* panel *m* de anuncios; (TECH) panel *m* indicador; (SPORT) marcador *m*

an|zetteln *vt* (*abw*) urdir, tramar

an|ziehen *irr* **I.** *vi* **1.** (*in Bewegung setzen*) arrancar **2.** (*sich erhöhen*) ir subiendo **II.** *vt* **1.** (*ankleiden*) vestir **2.** (*Kleidungsstück*) poner **3.** (*Beine*) encoger, encogerse (de) **4.** (*festziehen*) apretar **5.** (*aufsaugen*) absorber **6.** (*Anziehungskraft ausüben*) atraer **III.** *vr:* **sich ~** vestirse; **sich warm ~** (*a. fig*) abrigarse; **ich ziehe mir den Mantel an** me pongo el abrigo

anziehend *adj* (*ansprechend*) atractivo; (*sympathisch*) simpático

Anziehung *f* <-en> atracción *f*

Anziehungskraft[1] *f* <-kräfte> (PHYS) fuerza *f* de atracción; (*Schwerkraft*) gravitación *f*

Anziehungskraft[2] *f ohne Pl* (*Attraktivität*) atracción *f*

Anzug[1] *m* <-(e)s, -züge> (*Kleidung*) traje *m,* percha *f ZAm*

Anzug[2] *m ohne Pl* <-(e)s>: **ein Gewitter ist im ~** está a punto de caer una tormenta

anzüglich *adj* **1.** (*frech*) mordaz, ofensivo **2.** (*zweideutig*) picante

an|zünden *vt* (*Zigarette*) encender; (*Gebäude*) prender fuego (a)

an|zweifeln *vt* dudar (de), poner en duda

apart *adj* atractivo

Apartheid *f ohne Pl* apartheid *m*

Apartment *nt* <-s, -s> apartam(i)ento *m,* departamento *m Am*

Apathie *f* <-n> apatía *f*

apathisch *adj* apático

Aperitif *m* <-s, -s *o* -e> aperitivo *m,* copetín *m Mex*

Apfel *m* <-s, Äpfel> manzana *f;* **in den sauren ~ beißen** (*fam fig*) hacer de tripas corazón; **der ~ fällt nicht weit vom Stamm** (*prov*) el hijo de la rata ratones mata; **Apfelbaum** *m* manzano *m;* **Apfel-**

kuchen *m* pastel *m* de manzana; **Apfelmus** *nt ohne Pl* <-es> ≈compota *f* de manzana; **Apfelsaft** *m* zumo *m* de manzana, jugo *m* de manzana *Am*

Apfelsine *f* <-n> naranja *f*

Apfelwein *m* <-(e)s, -e> vino *m* de manzana, sidra *f*

apolitisch *adj* (POL) apolítico

Apostel *m* <-s, -> (REL) apóstol *m;* **Apostelgeschichte** *f* <-n> (REL) Hechos *mpl* de los Apóstoles

Apostroph *nt* <-s, -e> (LING) apóstrofo *m*

Apotheke *f* <-n> farmacia *f;* **apothekenpflichtig** *adj* de venta exclusiva en farmacias

Apotheker(in) *m(f)* <-s, -; -nen> farmacéutico, -a *m, f*

App. *Abk. von* **Appartement** apartam(i)ento *m,* departamento *m Am*

Apparat *m* <-(e)s, -e> aparato *m;* **am ~!** (*Telefon*) ¡al habla!

Apparatur *f* <-en> conjunto *m* de aparatos, equipo *m* técnico

Appartement *nt* <-s, -s> apartam(i)ento *m,* departamento *m Am*

Appell *m* <-s, -e> **1.** (*Aufruf*) llamamiento *m;* **einen ~ an jdn richten** hacer un llamamiento a alguien **2.** (MIL) llamada *f*

appellieren* *vi* hacer un llamamiento (*an* a), apelar (*an* a)

Appenzell *nt* <-s> (*Stadt*) Appenzell *f;* (*Kanton*) Appenzell *m*

Appetit *m ohne Pl* <-(e)s> apetito *m* (*auf* de), antojo *m Mex;* **jdm den ~ verderben** quitar(le) a alguien el apetito; **guten ~!** ¡que aproveche!; **worauf haben Sie ~?** ¿qué le apetece?; **appetitanregend** *adj* estimulador del apetito; **Appetithappen** *m* bocado *m,* piscolabis *m inv fam;* **appetithemmend** *adj* inhibidor del apetito

appetitlich *adj* apetitoso, sabroso

Appetitlosigkeit *f ohne Pl* inapetencia *f*

Appetitzügler *m* <-s, -> (MED) inhibidor *m* del apetito

applaudieren* *vi* aplaudir

Applaus *m* <-es, -e> (*Lob*) aplauso(s) *m(pl)*

Après-Ski *nt ohne Pl* <-> après-ski *m*

Aprikose *f* <-n> albaricoque *m,* damasco *m Am*

April *m* <-(s), -e> abril *m;* **jdn in den ~ schicken** (*fam fig*) gastar(le) una inocentada a alguien; *s. a.* **März**; **Aprilscherz** *m* inocentada *f;* **Aprilwetter** *nt* tiempo *m* tornadizo

a priori *adv* (*geh*) a priori

apropos *adv* (*geh: übrigens*) por cierto; **~ Weihnachten, was wünscht du dir denn?** hablando de Navidades, ¿qué es lo que quieres?

Apsis *f* <Apsiden> (ARCHIT) ábside *m*

Aquädukt *m o nt* <-(e)s, -e> acueducto *m*

Aquamarin *m* <-s, -e> aguamarina *f;* **aquamarinblau** *adj* verdemar

Aquaplaning *nt ohne Pl* <-(s)> (AUTO) aquaplaning *m*

Aquarell *nt* <-s, -e> acuarela *f*

Aquarium *nt* <-s, Aquarien> acuario *m*

Äquator *m ohne Pl* <-s> (GEO) ecuador *m*

äquivalent *adj* equivalente

Ar *nt o m* <-s, -e> área *f*

Ära *f* <Ären> era *f,* época *f*

Araber(in) *m(f)* <-s, -; -nen> árabe *mf*

Arabien *nt* <-s> Arabia *f*

arabisch *adj* árabe

aragonesisch *adj* aragonés

Aragonien *nt* <-s> Aragón *m*

Aragonier(in) *m(f)* <-s, -; -nen> aragonés, -esa *m, f*

Arbeit *f* <-en> **1.** (*Tätigkeit*) trabajo *m;* (*Feld~, Hand~*) labor *f;* (*Arbeitsplatz*) empleo *m;* **an die ~ gehen** empezar a trabajar; **sich an die ~ machen** poner manos a la obra; **etw ist in ~** algo está en marcha; **viel ~ haben** tener mucho trabajo; **bei der ~ sein** estar trabajando; **einer ~ nachgehen** dedicarse a un trabajo; **zur ~ gehen** ir al trabajo; **keine ~ haben** no tener trabajo; **sich ~ suchend melden** buscar un trabjo (en la oficina de desempleo) **2.** (*Mühe*) trabajo *m;* (*Anstrengung*) esfuerzo *m;* **etw macht/kostet viel ~** algo da/cuesta mucho trabajo **3.** (*Schule, Uni*) trabajo *m;* (*Prüfung*) examen *m;* **eine ~ schreiben** escribir un examen

arbeiten I. *vi* **1.** (*tätig sein*) trabajar; **er arbeitet als Rechtsanwalt/in einer Firma** trabaja como abogado/en una empresa; **die ~de Bevölkerung** la población activa; **die Zeit arbeitet für/gegen uns** el tiempo está a nuestro favor/en contra de nosotros **2.** (*Maschine*) funcionar **3.** (*Holz*) alabearse **II.** *vt* (*herstellen*) hacer, producir **III.** *vr:* **sich nach oben ~** (*fig*) abrirse camino hacia los puestos más altos; **sich kaputt ~** (*fam*) matarse trabajando

Arbeiter(in) *m(f)* <-s, -; -nen> trabajador(a) *m(f);* (*Stand*) obrero, -a *m, f,* obrador(a) *m(f) Am;* **Arbeiterbewegung** *f ohne Pl* (POL) movimiento *m* obrero; **Arbeiterfamilie** *f* familia *f* obrera

Arbeiterin *f* <-nen> *s.* **Arbeiter**

Arbeiterschaft *f ohne Pl* obreros *mpl,* clase *f* obrera, faena *f Chil*

Arbeiterviertel *nt* barrio *m* obrero; **Arbeiterwohlfahrt** *f* asociación *f* de asistencia social para trabajadores

Arbeitgeber(in) *m(f)* <-s, -; -nen> patrón, -ona *m, f,* empleador(a) *m(f) Am;* (*Unternehmer*) empresario, -a *m, f;* **Arbeitgeberanteil** *m* cuota *f* patronal

Arbeitgeberverband *m* federación *f* patronal

Arbeitnehmer(in) *m(f)* <-s, -; -nen> **1.** (*Angestellter*) empleado, -a *m, f*, asalariado, -a *m, f* **2.** (*Arbeiter*) trabajador(a) *m(f)*; **Arbeitnehmeranteil** *m* cuota *f* obrera

Arbeitsablauf *m* desarrollo *m* del trabajo

arbeitsam *adj* trabajador

Arbeitsamt *nt* oficina *f* de empleo; **Arbeitsaufwand** *m* cantidad *f* de trabajo; **das erfordert einen hohen ~** esto requiere mucho trabajo; **Arbeitsausfall** *m* <-(e)s, -fälle> pérdida *f* de horas de trabajo; **Arbeitsbedingungen** *fPl* condiciones *fpl* de trabajo

Arbeitsbeschaffungsmaßnahme *f plan de fomento de empleo*

Arbeitseifer *m* ganas *fpl* de trabajar; **Arbeitseinstellung** *f* **1.** (*Streik*) huelga *f* **2.** (*Auffasung*) actitud *f* laboral; **Arbeitserlaubnis** *f* permiso *m* de trabajo; **Arbeitsessen** *nt* <-s, -> (*nachmittags*) comida *f* de trabajo; **arbeitsfähig** *adj* en condiciones de trabajar; **Arbeitsgang** *m* <-(e)s, -gänge> fase *f* de trabajo; **Arbeitsgemeinschaft** *f* colectivo *m* (de trabajo); **Arbeitsgericht** *nt* (JUR) Magistratura *f* laboral [*o* de(l) trabajo]; **arbeitsintensiv** *adj* costoso, de mucho trabajo; **Arbeitskampf** *m* lucha *f* laboral; **Arbeitskleidung** *f* <-en> ropa *f* de trabajo; **Arbeitsklima** *nt ohne Pl* <-s> ambiente *m* laboral; **Arbeitskollege, -in** *m, f* compañero, -a *m, f* de trabajo, colega *mf*

Arbeitskraft[1] *f* <-kräfte> (*Personal*) mano *f* de obra

Arbeitskraft[2] *f ohne Pl* (*Leistungskraft*) capacidad *f* productiva

Arbeitskreis *m* grupo *m* de trabajo; **Arbeitslager** *nt* campo *m* de trabajos forzados; **Arbeitslohn** *m* salario *m*

arbeitslos *adj* parado, sin trabajo

Arbeitslose(r) *mf* <-n, -n; -n> parado, -a *m, f*, cesante *mf Am*; **Arbeitslosengeld** *nt* subsidio *m* de desempleo [*o* de paro]; **Arbeitslosenhilfe** *f ohne Pl* ayuda *f* a los parados; **Arbeitslosenquote** *f* <-n> tasa *f* de desempleo, índice *m* de paro; **Arbeitslosenziffer** *f* número *m* de parados

Arbeitslosigkeit *f ohne Pl* desempleo *m*, paro *m*, cesantía *f Am*

Arbeitsmarkt *m* mercado *m* de trabajo [*o* laboral]; **Arbeitsmittel** *nt* instrumento *m* de trabajo; (*Werkstoff*) material *m* de trabajo; **Arbeitsniederlegung** *f* huelga *f*, paro *m*; **Arbeitspensum** *nt* volumen *m* de trabajo

Arbeitsplatz *m* <-es, -plätze> **1.** (*Platz*) lugar *m* de trabajo **2.** (*Arbeitsstätte*) trabajo *m* **3.** (*Stelle*) puesto *m* de trabajo; **Arbeitsplatz-Gifte** *ntPl* tóxicos *mpl* en el puesto de trabajo; **Arbeitsplatzteilung** *f* partimiento *m* de puesto de trabajo; **Arbeitsplatzwechsel** *m* cambio *m* de puesto de trabajo

Arbeitsprobe *f* muestra *f* del trabajo realizado; **Arbeitsrecht** *nt ohne Pl* <-(e)s> Derecho *m* Laboral; **Arbeitsrichter(in)** *m(f)* juez *mf* de trabajo; **arbeitsscheu** *adj* gandul; **Arbeitsspeicher** *m* (INFOR) memoria *f* de trabajo [*o* con acceso inmediato]; **Arbeitsstätte** *f* centro *m* de trabajo; **Arbeitsstelle** *f* puesto *m* de trabajo; **Arbeitssuche** *f ohne Pl* búsqueda *f* de trabajo; **Arbeitstag** *m* jornada *f* (de trabajo); (*Montag bis Freitag*) día *m* laboral; **Arbeitsteilung** *f ohne Pl* división *f* del trabajo; **arbeitsuchend** *adj s.* **Arbeit 1.**; **Arbeitsuchende(r)** *mf* <-n, -n; -n> demandante *mf* de trabajo

arbeitsunfähig *adj* **1.** (*krank*) enfermo **2.** (*behindert*) inválido

Arbeitsunfähigkeit *f* incapacidad *f* laboral; **Arbeitsunfall** *m* accidente *m* laboral; **Arbeitsverhältnis** *nt* relación *f* jurídica entre patrono y obrero; **in einem ~ stehen** tener un contrato laboral; **Arbeitsvermittlung** *f* tramitación *f* de trabajo; **Arbeitsvertrag** *m* contrato *m* de trabajo; **Arbeitsverweigerung** *f* negativa *f* a trabajar; **Arbeitsweise** *f* **1.** (*Mensch*) modo *m* de trabajar **2.** (*Maschine*) sistema *m* de funcionamiento; **arbeitswillig** *adj* dispuesto a trabajar; (*beim Streik*) antihuelguista; **Arbeitswoche** *f* semana *f* laboral; **arbeitswütig** *adj* afanoso

Arbeitszeit *f* horario *m* de trabajo; (*Öffnungszeiten*) horas *fpl* de oficina; **verkürzte ~** jornada reducida; **Arbeitszeitverkürzung** *f* reducción *f* de jornada

Arbeitszeugnis *nt* certificado *m* de trabajo; **Arbeitszimmer** *nt* cuarto *m* de trabajo; (*Büro*) despacho *m*

archaisch *adj* arcaico

Archäologe, -in *m, f* <-n, -n; -nen> arqueólogo, -a *m, f*

Archäologie *f ohne Pl* arqueología *f*

archäologisch *adj* arqueológico

Arche *f* <-n> arca *f*; **die ~ Noah** el arca de Noé

Architekt(in) *m(f)* <-en, -en; -nen> arquitecto, -a *m, f*

architektonisch *adj* arquitectónico

Architektur *f ohne Pl* arquitectura *f*

Archiv *nt* <-s, -e> archivo *m*

Archivar(in) *m(f)* <-s, -e; -nen> archivero, -a *m, f*

archivieren* *vt* archivar

Areal *nt* <-s, -e> **1.** (*Fläche*) área *f* **2.** (*Bezirk*) distrito *m*

Ären *Pl von* **Ära**

Arena *f* <Arenen> **1.** (*Kampfplatz*) arena *f* **2.** (*Stierkampf~*) plaza *f* de toros **3.** (*Zirkus*) pista *f*

arg <ärger, am ärgsten> **I.** *adj* (*reg*) **1.** (*schlimm*) malo; **der ärgste Feind** el peor enemigo; **etw liegt im A~en** (*geh*) algo va por mal camino; **etw noch ärger machen** empeorar algo aún más; **jdm ~ mitspielen** jugar una mala pasada a alguien **2.** (*ernst*) grave; **in ~e Verlegenheit kommen** verse en un grave apuro **II.** *adv* (*reg: sehr*) muy, mucho; **es hat mir nicht so ~ gefallen** no me ha gustado demasiado

Argentinien *nt* <-s> Argentina *f*

Argentinier(in) *m(f)* <-s, -; -nen> argentino, -a *m, f*

argentinisch *adj* argentino

ärger *adj kompar von* **arg**

Ärger *m ohne Pl* <-s> **1.** (*Unmut*) fastidio *m*, disgusto *m*, boche *m Chil, Peru* **2.** (*Zorn*) enojo *m*, bronca *f Am* **3.** (*Wut*) rabia *f*; **seinen ~ hinunterschlucken** (*fam fig*) tragarse el enfado **4.** (*Schwierigkeiten*) dificultades *fpl*; **~ bekommen** llevarse una bronca; **es gab ~** hubo problemas; **mit jdm ~ haben** tener problemas con alguien; **jdm ~ machen** poner dificultades a alguien

ärgerlich *adj* **1.** (*verärgert*) enfadado; **über jdn/über etw ~ sein** estar enfadado con alguien/por algo **2.** (*erbost*) indignado, enojado **3.** (*unerfreulich*) desagradable, molesto, chocante *Am*

ärgern I. *vt* (*ärgerlich machen*) fastidiar, molestar, embromar *Am* **II.** *vr*: **sich ~** (*böse werden*) enfadarse (*über* por); **ich habe mich sehr über dich geärgert** me he enfadado muchísimo por tu culpa; **sich schwarz ~** (*fam*) ponerse negro

Ärgernis[1] *nt* <-ses, -se> (*Ärger*) fastidio *m*, volado *m Mex*

Ärgernis[2] *nt ohne Pl* <-ses> (*Anstoß*) escándalo *m*; **Erregung öffentlichen ~ses** (JUR) provocación de escándalo público

Arglist *f ohne Pl* **1.** (*geh: Heimtücke*) malicia *f*; (*geh: Hinterlist*) astucia *f*, maña *f* **2.** (JUR) dolo *m*

arglistig *adj* **1.** (*gemein*) malicioso; (*verschlagen*) astuto **2.** (JUR) doloso

arglos *adj* sin malicia, de buena fe; (*naiv*) ingenuo, inocente

ärgste(r, s) *adj superl von* **arg**

Argument *nt* <-(e)s, -e> argumento *m*, alegato *m Peru*

argumentieren* *vi* argumentar (*für* en pro de, *gegen* contra)

Argwohn *m ohne Pl* <-(e)s> (*geh*) sospecha *f*, suspicacia *f*; (*Misstrauen*) recelo *m*, desconfianza *f*; **jds ~ erregen** despertar la desconfianza de alguien

argwöhnisch I. *adj* (*geh*) desconfiado, receloso **II.** *adv* (*geh*) con recelo

Arie *f* <-n> aria *f*

Arier(in) *m(f)* <-s, -; -nen> ario, -a *m, f*

arisch *adj* ario

Aristokrat(in) *m(f)* <-en, -en; -nen> aristócrata *mf*

Aristokratie *f* <-n> aristocracia *f*

aristokratisch *adj* aristocrático

Arithmetik *f ohne Pl* (MATH) aritmética *f*

arithmetisch *adj* (MATH) aritmético

Arkade *f* <-n> arcada *f*

Arktis *f* Ártico *m*, regiones *fpl* árticas

arktisch *adj* ártico

arm *adj* <ärmer, am ärmsten> **1.** (*bedürftig*) pobre, necesitado; (*mittellos*) sin recursos **2.** (*bedauernswert*) pobre; **ein ~er Irrer** un pobre imbécil; **du Ärmste!** ¡pobrecita de ti!; **er ist ~ dran** (*fam*) le van mal las cosas

Arm *m* <-(e)s, -e> **1.** (*Körperteil*) brazo *m*; **er nahm sie in den ~** la tomó en sus brazos; **sich** *dat* **in den ~en liegen** estar abrazados (el uno al otro); **jdn auf den ~ nehmen** (*fam*) tomar el pelo a alguien; **jdm unter die ~e greifen** echar una mano a alguien; **jdn mit offenen ~en aufnehmen** recibir a alguien con los brazos abiertos; **~ in ~ gehen** ir de(l) brazo; **jds verlängerter ~ sein** (*fig*) ser el brazo derecho de alguien **2.** (TECH) brazo *m* **3.** (*eines Flusses*) brazo *m* **4.** (*Ärmel*) manga *f*

Armaturen *fPl* **1.** (*sanitär*) grifería *f* **2.** (*Schaltinstrumente*) mandos *mpl*; **Armaturenbrett** *nt* cuadro *m* de mandos

Armband *nt* <-(e)s, -bänder> pulsera *f*, brazalete *m*; (*Uhr~*) correa *f*; **Armbanduhr** *f* reloj *m* de pulsera

Armbinde *f* <-n> **1.** (*als Kennzeichen*) brazal *m* **2.** (*Tragetuch*) cabestrillo *m*

Armee *f* <-n> ejército *m*

Ärmel *m* <-s, -> manga *f*; **die ~ hochkrempeln** (*a. fig*) arremangarse; **etw aus dem ~ schütteln** (*fam*) sacarse algo de la manga; **Ärmelaufschlag** *m* bocamanga *f*

Ärmelkanal *m* <-s> Canal *m* de la Mancha

Armenhaus *nt* asilo *m* de pobres

Armenien *nt* <-s> Armenia *f*

Armenier(in) *m(f)* <-s, -; -nen> armenio, -a *m, f*

armenisch *adj* armenio

Armenviertel *nt* barrio *m* (de gente) pobre

ärmer *adj kompar von* **arm**

Armlehne *f* (*am Sessel*) brazo *m*; (*im Auto*) reposabrazos *m inv*; **Armleuchter** *m* **1.** (*Kerzenhalter*) candelabro *m*; (*Kronleuchter*) araña *f* **2.** (*fam abw: Dummkopf*) imbécil *mf*

ärmlich *adj* **1.** (*arm*) pobre, humilde **2.** (*elend*) miserable, mísero

armselig *adj* **1.** *s.* **ärmlich** **2.** (*unbedeutend*) insignificante

ärmste(r, s) *adj superl von* **arm**

Armut *f ohne Pl* pobreza *f,* indigencia *f,* pránganga *f Mex, PRico;* **Armutsgrenze** *f* umbral *m* de pobreza; **Armutszeugnis** *nt* muestra *f* de incapacidad

Aroma *nt* <-s, -s *o* Aromen *o* Aromata> aroma *m;* **Aromastoff** *m* <-(e)s, -e> sustancia *f* aromática

Aromata *Pl von* **Aroma**

Aromatherapie *f* aromaterapia *f*

aromatisch *adj* aromático

aromatisieren* *vt* (CHEM) aromatizar

Aromen *Pl von* **Aroma**

arrangieren* **I.** *vt* **1.** (*organisieren*) organizar **2.** (*zusammenstellen*) combinar **3.** (MUS) arreglar **II.** *vr:* **sich ~** (*sich einigen*) llegar a un acuerdo

Arrest *m* <-(e)s, -e> **1.** (JUR) arresto *m* **2.** (*Beschlagnahmung*) confiscación *f*

arrogant *adj* arrogante

Arroganz *f ohne Pl* arrogancia *f*

Arsch *m* <-(e)s, Ärsche> (*vulg*) culo *m,* orto *m CSur;* **du ~!** ¡hijo de puta!; **jdm in den ~ kriechen** lamer el culo a alguien; **leck mich am ~!** ¡que te den por culo!; **am ~ der Welt** (*fam*) en el quinto coño; **Arschficker** *m* <-s, -> (*vulg*) maricón *m;* **Arschkriecher** *m* <-s, -> (*vulg abw*) lameculos *mf inv;* **Arschloch** *nt* <-(e)s, -löcher> (*vulg*) **1.** (*Körperteil*) ojo *m* del culo **2.** (*Schimpfwort*) cabrón, -ona *m, f,* orto *m CSur*

Arsen *nt ohne Pl* <-s> (CHEM) arsénico *m*

Arsenal *nt* <-s, -e> arsenal *m*

Art[1] *f* <-en> **1.** (*Klasse*) clase *f,* tipo *m* **2.** (BIOL) especie *f;* **eine vom Aussterben bedrohte ~** una especie amenazada de extinción **3.** (*Weise*) modo *m;* **~ und Weise** modo (y manera); **auf diese ~** de este modo; **nach ~ des Hauses** de la casa

Art[2] *f ohne Pl* (*Wesens~*) carácter *m,* naturaleza *f;* **das ist nun mal meine ~** yo soy así

Art. (*a.* JUR) *Abk. von* **Artikel** art.

Artenschutz *m* protección *f* de especies (en peligro de extinción); **Artenvielfalt** *f* diversidad *f* de especies

Arterhaltung *f* (BIOL) conservación *f* de las especies

Arterie *f* <-n> (MED) arteria *f;* **Arterienverkalkung** *f* (*fam*) arterio(e)sclerosis *f inv*

artfremd *adj* (BIOL) de otra especie; **Artgenosse, -in** *m, f* congénere *mf;* **artgerecht** *adj* acorde con la especie

artig *adj* obediente; **jetzt sei aber ~!** ¡ahora sé obediente!

Artikel *m* <-s, -> (LING, PUBL, JUR) artículo *m*

Artikulation *f* <-en> articulación *f*

artikulieren* **I.** *vt* (*Laut, Gedanken*) articular **II.** *vr:* **sich ~** (*ausdrücken*) expresarse

Artillerie *f* <-n> (MIL) artillería *f*

Artischocke *f* <-n> alcachofa *f,* alcaucil *m Arg*

Artist(in) *m(f)* <-en, -en; -nen> **1.** (*im Varietee, Zirkus*) artista *mf* **2.** (*Akrobat*) acróbata *mf*

artistisch *adj* artístico

artverwandt *adj* afín

Arznei *f* <-en> medicamento *m;* **Arzneiflasche** *f* frasco *m* de medicina; **Arzneiformel** *f* receta *f,* fórmula *f*

Arzneimittel *nt* medicamento *m;* **Arzneimittelabhängigkeit** *f* adicción *f* a los medicamentos; **Arzneimittelallergie** *f* alergia *f* a los medicamentos; **Arzneimittelgesetz** *nt* (JUR) legislación *f* sobre medicamentos; **Arzneimittelmissbrauch**[RR] *m ohne Pl* <-(e)s> abuso *m* de medicamentos; **Arzneimittelsucht** *f* dependencia *f* de los medicamentos; **Arzneimittelvergiftung** *f* intoxicación *f* con medicinas

Arzt *m,* **Ärztin** *f* <-es, Ärzte; -nen> médico, -a *m, f,* doctor(a) *m(f);* **praktischer ~** médico (de medicina) general; **zum ~ gehen** ir al médico

Arztbesuch *m* visita *f* médica

Ärztekammer *f* colegio *m* de médicos

Ärzteschaft *f ohne Pl* cuerpo *m* médico

Arzthelfer(in) *m(f)* asistente *mf* médico, -a

Ärztin *f* <-nen> *s.* **Arzt**

ärztlich *adj* médico; **~es Attest** certificado médico

Arztpraxis *f* <-praxen> consulta *f* médica

As[1] *nt* <-, -> (MUS) la *m* bemol

As[2] *nt s.* **Ass**

Asbest *m* <-(e)s, -e> amianto *m*

aschblond *adj* rubio ceniza

Asche *f ohne Pl* ceniza *f;* **Aschenbahn** *f* pista *f* de ceniza; **Aschenbecher** *m* cenicero *m*

Aschenbrödel *nt* <-s, ->, **Aschenputtel** *nt* <-s, -> cenicienta *f*

Ascher *m* <-s, -> cenicero *m*

Aschermittwoch *m* miércoles *m* de ceniza

aschgrau *adj* gris ceniza

ASCII-Code *m* (INFOR) código *m* ASCII

asexuell *adj* asexual

Asiat(in) *m(f)* <-en, -en; -nen> asiático, -a *m, f*

asiatisch *adj* asiático

Asien *nt* <-s> Asia *f*

Askese *f ohne Pl* ascetismo *m,* ascética *f*

Asket(in) *m(f)* <-en, -en; -nen> asceta *mf*

asketisch *adj* ascético

asozial *adj* asocial; (*rücksichtslos*) incívico

Aspekt *m* <-(e)s, -e> aspecto *m;* **unter diesem ~** bajo ese aspecto

Asphalt *m* <-(e)s, -e> asfalto *m,* asfaltado *m Am*

asphaltieren* *vt* asfaltar

Aspirin® *nt* <-s, -> aspirina *f*

Ass[RR] *nt* <-es, -e> as *m*

aß *3. imp von* **essen**
Assel *f* <-n> cochinilla *f*
Assimilation *f* <-en> (*a.* BIOL: *geh*) asimilación *f* (*an* a)
assimilieren* *vt* (*a.* BIOL: *geh*) asimilar
Assistent(in) *m(f)* <-en, -en; -nen> asistente *mf*
Assistenzarzt, -ärztin *m, f* médico, -a *m, f* asistente
assistieren* *vi* asistir (*bei* en)
Assoziation *f* <-en> asociación *f*
assoziieren* *vt* asociar
Ast *m* <-(e)s, Äste> **1.** (*vom Baum*) rama *f* **2.** (*im Holz*) nudo *m*
Aster *f* <-n> áster *f*
Astgabel *f* horcadura *f*
Ästhet(in) *m(f)* <-en, -en; -nen> esteta *mf*
Ästhetik *f ohne Pl* estética *f*
ästhetisch *adj* estético
Asthma *nt ohne Pl* <-s> (MED) asma *m o f*
Asthmatiker(in) *m(f)* <-s, -; -nen> (MED) asmático, -a *m, f*
asthmatisch *adj* (MED) asmático
astrein *adj* (*fam*) **1.** (*sehr schön*) genial **2.** (*moralisch einwandfrei*): **die Sache ist nicht ganz ~** aquí hay gato encerrado
Astrologe, -in *m, f* <-n, -n; -nen> astrólogo, -a *m, f*
Astrologie *f ohne Pl* astrología *f*
astrologisch *adj* astrológico
Astronaut(in) *m(f)* <-en, -en; -nen> astronauta *mf*
Astronom(in) *m(f)* <-en, -en; -nen> astrónomo, -a *m, f*
Astronomie *f ohne Pl* astronomía *f*
astronomisch *adj* (*a. fig*) astronómico
Asturien *nt* <-s> Asturias *f*
Asturier(in) *m(f)* <-s, -; -nen> asturiano, -a *m, f*
asturisch *adj* asturiano
Asyl *nt* <-(e)s, -e> asilo *m*
Asylant(in) *m(f)* <-en, -en; -nen> asilado, -a *m, f*
Asylantenwohnheim *nt* <-(e)s, -e> residencia *f* de asilados
Asylantrag *m* solicitud *f* de asilo; **Asylbewerber(in)** *m(f)* solicitante *mf* de asilo; **Asylrecht** *nt ohne Pl* <-(e)s> derecho *m* de asilo
Asymmetrie *f* <-n> (*a.* MATH) asimetría *f*
asymmetrisch *adj* (*a.* MATH) asimétrico
Atelier *nt* <-s, -s> estudio *m*
Atem *m ohne Pl* <-s> aliento *m;* (*Atmung*) respiración *f;* **den ~ anhalten** contener la respiración; **wieder zu ~ kommen** recuperar el aliento; **~ holen** tomar aliento; **jdn in ~ halten** tener a alguien en vilo; **außer ~ sein** estar sin aliento; **das verschlägt mir den ~** eso me deja sin palabras; **atemberaubend** *adj* **1.** (*beeindruckend*) impresionante **2.** (*spannend*) emocionante **3.** (*sensationell*) sensacional; **Atemgerät** *nt* <-(e)s, -e> (MED) aparato *m* respiratorio; **Atemlähmung** *f ohne Pl* (MED) parálisis *f inv* respiratoria
atemlos *adj* **1.** (*außer Atem*) sin aliento, jadeante **2.** (*gespannt*) absorto; **~ lauschen** escuchar sin parpadear
Atemnot *f ohne Pl* asfixia *f,* ahogo *m;* (MED) apnea *f;* **Atempause** *f* **1.** (*zum Atmen*) pausa *f* respiratoria **2.** (*Ruhepause*) descanso *m;* **Atemstillstand** *m* paro *m* respiratorio; **Atemwege** *mPl* vías *fpl* respiratorias; **Atemzug** *m* <-(e)s, -züge> respiración *f;* **im selben ~** de un aliento
Atheismus *m ohne Pl* <-> ateísmo *m*
Atheist(in) *m(f)* <-en, -en; -nen> ateo, -a *m, f*
atheistisch *adj* ateo
Athen *nt* <-s> Atenas *m*
Athener(in) *m(f)* <-s, -; -nen> ateniense *mf*
Äther *m ohne Pl* <-s> (CHEM) éter *m*
ätherisch *adj* etéreo; **~e Öle** aceites etéreos
Äthiopien *nt* <-s> Etiopía *f*
Äthiopier(in) *m(f)* <-s, -; -nen> etíope *mf*
äthiopisch *adj* etíope
Athlet(in) *m(f)* <-en, -en; -nen> atleta *mf*
athletisch *adj* atlético
Atlanten *Pl von* **Atlas**
Atlantik *m* <-s> Atlántico *m*
atlantisch *adj* atlántico; **der A~e Ozean** el Océano Atlántico
Atlas *m* <-(ses), Atlanten> atlas *m*
atmen *vi, vt* respirar
Atmosphäre *f* <-n> **1.** (*Lufthülle der Erde*) atmósfera *f* **2.** (*Stimmung*) ambiente *m*
atmosphärisch *adj* atmosférico
Atmung *f ohne Pl* respiración *f*
Ätna *m* <-s> Etna *m*
Atoll *nt* <-s, -e> atolón *m*
Atom *nt* <-s, -e> átomo *m*
Atomangriff *m* ataque *m* nuclear
atomar *adj* nuclear, atómico; **~e Rüstung/Bedrohung** armamento/amenaza nuclear; **~e Waffen** armas nucleares
Atombombe *f* bomba *f* atómica; **Atombombenexplosion** *f* explosión *f* de bomba atómica; **Atombombenversuch** *m* prueba *f* nuclear
Atombunker *m* refugio *m* atómico; **Atomenergie** *f ohne Pl* energía *f* nuclear; **Atomexplosion** *f* explosión *f* atómica; **Atomforschungszentrum** *nt* (PHYS) centro *m* de investigaciones atómicas [*o* nucleares]; **Atomgegner(in)** *m(f)* antinuclear *mf,* opositor(a) *m(f)* a la energía nuclear; **Atomindustrie** *f* (WIRTSCH) industria *f* atómica
atomisieren* *vt* atomizar
Atomkern *m* núcleo *m* atómico

Atomkraft *f ohne Pl* energía *f* nuclear; **Atomkraftwerk** *nt* central *f* nuclear
Atomkrieg *m* guerra *f* nuclear; **Atommacht** *f* <-mächte> potencia *f* atómica
Atommüll *m* residuos *mpl* radi(o)activos; **Atommüllagerung** *f s.* **Atommülllagerung**; **Atommüllendlager** *nt* depósito *m* definitivo de residuos radi(o)activos; **Atommülllagerung**RR *f* almacenaje *m* de residuos radi(o)activos
Atomphysik *f* física *f* atómica; **Atomrakete** *f* <-n> misil *m* nuclear; **Atomreaktor** *m* reactor *m* nuclear [*o* atómico]; **Atomspaltung** *f* (PHYS) fisión *f* nuclear; **Atomsprengkopf** *m* (MIL) cabeza *f* atómica; **Atomtest** *m* prueba *f* nuclear; **Atomteststopp** *m* stop *m* a las pruebas nucleares
Atomuhr *f* (TECH) reloj *m* atómico
Atomwaffe *f* arma *f* atómica [*o* nuclear]; **atomwaffenfrei** *adj* desnuclearizado; **~e Zone** zona desnuclearizada
Atomzeitalter *nt ohne Pl* <-s> era *f* atómica
Atomzerfall *m* (PHYS) desintegración *f* atómica
atoxisch *adj* atóxico
Atrium *nt* <-s, Atrien> (ARCHIT) atrio *m*, pretil *m Am*
ätsch *interj* (*fam*) toma ya, chúpate esa
Attacke *f* <-n> **1.** (*Angriff*) agresión *f* (*auf/gegen* contra), ataque *m* (*auf/gegen* contra) **2.** (MED) ataque *m*, acceso *m*
Attentat *nt* <-(e)s, -e> atentado *m* (*auf* contra); **ein ~ auf jdn verüben** atentar contra (la vida de) alguien
Attentäter(in) *m(f)* <-s, -; -nen> autor(a) *m(f)* del atentado
Attest *m* <-(e)s, -e> (*ärztliches*) certificado *m* médico
Attitüde *f* <-n> pose *f*
Attraktion1 *f* <-en> (*Glanznummer*) atracción *f*
Attraktion2 *f ohne Pl* (*Anziehung*) atractivo *m*
attraktiv *adj* atractivo
Attraktivität *f ohne Pl* atractivo *m*
Attrappe *f* <-n> objeto *m* de imitación [*o* de pega]
Attribut *nt* <-(e)s, -e> (*a.* LING) atributo *m*
attributiv *adj* (LING) atributivo
atypisch *adj* atípico (*für* de)
ätzen *vi, vt* **1.** (CHEM) corroer **2.** (MED) cauterizar
ätzend *adj* **1.** (*Lauge*) cáustico; (*Säure*) corrosivo **2.** (*sl: furchtbar*) horrible; (*nervtötend*) cabreante
au *interj* **1.** (*Schmerz*) ay **2.** (*Begeisterung*) ay, uau; **~ ja!** ¡uau, sí!
aua *interj* ay
Aubergine *f* <-n> berenjena *f*

auch *adv* **1.** (*ebenfalls*) también; **~ nicht** tampoco; **~ gut** bien también; **ich ~** yo también; **~ das noch!** ¡lo que faltaba! **2.** (*sogar*) incluso, ni siquiera; **ohne ~ nur zu fragen** sin ni siquiera preguntar; **~ wenn es regnen sollte** incluso si lloviese **3.** (*tatsächlich*) en efecto, de hecho; **das hat ~ niemand behauptet** de hecho nadie lo ha dicho **4.** (*außerdem*) además, también; **~ wäre es falsch zu glauben, dass ...** además sería erróneo pensar que... +*subj;* **so was aber ~!** ¡qué cosas!; **wozu ~?** ¿para qué, realmente?; **wo ~ immer** dondequiera que (sea); **wie es ~ sei** sea como sea; **solange ich ~ wartete ...** por más que esperé...
Audienz *f* <-en> audiencia *f*
Audiokassette *f* (audio)cas(s)et(t)e *m o f;* **audiovisuell** *adj* audiovisual
Auditorium *nt* <-s, Auditorien> **1.** (*Räumlichkeit*) auditorio *m* **2.** (*geh: Zuhörer*) auditorio *m*
Aue *f* <-n> **1.** (*geh: Gelände*) vega *f* **2.** (*reg: Insel*) isla *f*
Auerhahn *m* (ZOOL) urogallo *m*, gallo *m* silvestre; **Auerochse** *m* uro *m*
auf I. *präp +dat* **1.** (*oben darauf*) sobre, encima de, en; **~ dem Tisch** encima de la mesa; **~ dem Boden** en el suelo; **ich habe es ~ einem Bild gesehen** lo he visto en una foto **2.** (*darauf befindlich*) en; **~ Mallorca** en Mallorca; **~ der Straße** en la calle **3.** (*drinnen*) en; **~ der Bank/der Post/dem Polizeirevier** en el banco/Correos/la comisaría de policía; **~ dem Land(e)** en el campo; **~ meinem Konto** en mi cuenta **4.** (*während*) durante; **~ Reisen** de viaje; **~ der Flucht** durante la fuga; **~ der Geburtstagsfeier** en la fiesta de cumpleaños **II.** *präp +akk* **1.** (*nach oben*) a, en; **~ einen Berg steigen** subir a un monte; **sie setzte sich ~ die Bank** se sentó en el banco **2.** (*hin zu*) a, hacia; **sich ~ den Weg machen** ponerse en camino; **ich muss noch ~ die Post** tengo que ir todavía a Correos; **~ die Erde fallen** caer al suelo; **~s Land ziehen** irse a vivir al campo; **er kam ~ mich zu** vino hacia mí **3.** (*zeitlich*): **~ einmal** de repente; **Heiligabend fällt ~ einen Dienstag** Nochebuena cae en martes; **~ lange Sicht** a la larga; **die Sitzung wurde ~ morgen verschoben** la conferencia se aplazó a mañana; **bleib doch noch ~ eine Tasse Kaffee** quédate a tomar una taza de café; **~s Neue** de nuevo **4.** (*in einer bestimmten Art*) de; **~ diese Weise** de esta manera; **~ gut Glück** a la buena de Dios **5.** (*infolge*): **~ seinen Rat (hin)** siguiendo su consejo; **..., ~ Grund dessen ...** por cuyo motivo **6.** (*im Hinblick ~*): **~**

Kosten von ... a cuenta de...; ~ **dein Wohl!** ¡a tu salud!; ~ **eigene Gefahr** por propia cuenta y riesgo **III.** *adv* **1.** (*hinauf*) arriba; ~ **und ab** arriba y abajo; **er ist ~ und davon** (*fam*) puso pies en polvorosa **2.** (*fam: nicht im Bett*): ~ **sein** estar levantado **3.** (*offen, geöffnet*) abierto **4.** (*aufwärts*) arriba; ~**!** ¡arriba!; ~ **geht's!** ¡vamos!

auf|arbeiten *vt* **1.** (*erledigen*) acabar **2.** (*erneuern*) modificar, renovar **3.** (*bewältigen*) superar

auf|atmen *vi* tomar aire, respirar hondamente

auf|bahren *vt:* **einen Toten ~** velar a un muerto

Aufbau[1] *m* <-(e)s, -ten> (*das Aufgebaute*) construcción *f* adicional

Aufbau[2] *m ohne Pl* <-(e)s> **1.** (*Tätigkeit*) construcción *f,* montaje *m;* (*Schaffung*) creación *f* **2.** (*Gliederung*) estructura *f* **3.** (INFOR, TEL: *Leitung, Grafik*) formato *m*

auf|bauen I. *vt* **1.** (*errichten*) construir, edificar; (*Zelt*) montar **2.** (*anordnen*) colocar, disponer **3.** (*Institution, Industrie*) erigir, fundar **4.** (*Armee, Geschäft*) crear **5.** (*Land*) desarrollar **6.** (*gliedern*) estructurar **7.** (*aufmuntern*) animar **8.** (*sich stützen*) basarse (*auf* en) **9.** (*fördern*) promocionar **II.** *vr:* **sich ~ 1.** (*sich bilden, entstehen*) formarse **2.** (*fam: sich hinstellen*) ponerse (*vor* ante/delante de), plantarse (*vor* ante/delante de)

auf|bäumen *vr:* **sich ~ 1.** (*Pferd*) encabritarse, bellaquearse *Am* **2.** (*sich auflehnen*) rebelarse (*gegen* contra)

auf|bauschen *vt* **1.** (*aufblähen*) inflar **2.** (*übertreiben*) exagerar

auf|begehren* *vi* rebelarse (*gegen* contra)

auf|behalten* *irr vt* (*fam*) dejar puesto

auf|bereiten* *vt* **1.** (*Trinkwasser*) purificar, depurar; (*behandeln*) tratar **2.** (*Rohstoffe*) preparar, procesar; **wieder ~** reciclar **3.** (*Daten*) elaborar

Aufbereitung *f* <-en> **1.** (*von Trinkwasser*) purificación *f,* depuración *f;* (*Behandlung*) tratamiento *m* **2.** (*von Rohstoffen*) preparación *f,* elaboración *f* **3.** (*von Daten*) elaboración *f*

auf|bessern *vt* **1.** (*Gehalt*) aumentar **2.** (*Kenntnisse*) perfeccionar

auf|bewahren* *vt* guardar; (*Lebensmittel*) conservar

Aufbewahrung *f ohne Pl* **1.** (*das Aufbewahren*) conservación *f* **2.** (*Bewachen*) custodia *f* **3.** (*Ort*) depósito *m;* (*für Garderobe*) guardarropa *m;* (*für Gepäck*) consigna *f*

auf|bieten *irr vt* **1.** (*einsetzen*) emplear **2.** (*Brautpaar*) amonestar

auf|binden *irr vt* **1.** (*Schnürsenkel*) desatar **2.** (*Schleife*) soltar **3.** (*fam: weismachen*): **jdm einen Bären ~** contar a alguien un cuento chino

auf|blähen I. *vt* (*aufschwellen*) inflar **II.** *vr:* **sich ~ 1.** (*Segel*) inflarse **2.** (*abw: sich großtun*) engreírse

auf|blasen *irr* **I.** *vt* (*mit Luft*) hinchar, inflar **II.** *vr:* **sich ~** (*fam: sich wichtig tun*) hincharse

auf|bleiben *irr vi sein* **1.** (*Person*) no acostarse, quedarse levantado **2.** (*Geschäft, Tür*) quedar abierto

auf|blenden *vi* **1.** (AUTO) poner las luces largas **2.** (FILM, FOTO) abrir el diafragma

auf|blicken *vi* **1.** (*hochschauen*) alzar la vista (*zu* hacia) **2.** (*bewundernd*) admirar (*zu* a)

auf|blitzen *vi* **1.** (*aufleuchten*) encenderse [*o* iluminarse] de pronto **2.** *sein* (*Idee*) ocurrirse (*in* a)

auf|blühen *vi sein* **1.** (*Blumen*) abrirse **2.** (*sich entfalten*) florecer, prosperar

auf|brauchen *vt* consumir

auf|brausen *vi sein* (*wütend werden*) encolerizarse

auf|brechen *irr* **I.** *vi sein* **1.** (*Knospen*) abrirse **2.** (*weggehen*) marcharse **II.** *vt* **1.** (*Straßendecke*) abrir **2.** (*Schloss, Auto*) forzar

auf|bringen *irr vt* **1.** (*Geld, Geduld*) reunir; **sie brachte nicht den Mut auf es ihm zu sagen** no reunió el valor suficiente para decírselo **2.** (*in Wut bringen*) enfurecer **3.** (*Gerücht*) hacer correr

Aufbruch[1] *m* <-(e)s, -brüche> (*geh: geistiges Erwachen*) resurgimiento *m,* auge *m*

Aufbruch[2] *m ohne Pl* <-(e)s> (*Abreise*) partida *f,* salida *f*

auf|brühen *vt* (*Tee, Kaffee*) hacer, preparar

auf|brummen *vt* (*fam*): **jdm etw ~** endilgar algo a alguien

auf|bürden *vt* (*geh*) cargar (con); **jdm etw ~** cargarle algo a alguien

auf|decken *vt* **1.** (*Zusammenhänge*) descubrir **2.** (*Bett*) abrir **3.** (*Karten*) enseñar **4.** (*Topf*) destapar **5.** (*enthüllen*) revelar

auf|donnern *vr:* **sich ~** (*fam abw*) emperejilarse

auf|drängen I. *vt* (*aufzwingen*) imponer **II.** *vr:* **sich ~ 1.** (*Gedanke*) imponerse **2.** (*zudringlich sein*) importunar, agobiar

auf|drehen I. *vi* **1.** (*fam: beschleunigen*) acelerar **2.** (*fam: in Stimmung kommen*) ponerse a tono **II.** *vt* **1.** (*fam: Wasserhahn*) abrir **2.** (*Schraubverschluss*) desenroscar **3.** (*Schraube*) aflojar **4.** (*fam: Radio*) subir el volumen (de)

aufdringlich *adj* (*Person*) pesado, molesto; (*Geruch*) intenso

Aufdringlichkeit *f* <-en> (*einer Person*) importunidad *f;* (*eines Geruchs*) intensidad *f*

auf|drücken *vt* **1.** (*Tür*) abrir **2.** (*Pickel*) apretar **3.** (*aufprägen*) estampar

aufeinander *adv* **1.** (*räumlich*) uno encima del otro; (**sich**) ~ **häufen** amontonar(se), acumular(se) **2.** (*zeitlich*) uno tras otro; ~ **folgen** sucederse **3.** (*gegen*) uno contra el otro; ~ **stoßen** chocar (uno con otro); (*sich zufällig begegnen*) encontrarse

aufeinander|folgen *vi sein s.* **aufeinander 2.**

aufeinander|häufen *vt, vr:* **sich** ~ *s.* **aufeinander 1.**; **aufeinander|stoßen** *irr vi sein s.* **aufeinander 3.**

Aufenthalt *m* <-(e)s, -e> **1.** (*kurze Anwesenheit*) estancia *f* **2.** (*kurze Unterbrechung*) parada *f* **3.** (*Wohnort*) domicilio *m*, residencia *f*; **Aufenthaltserlaubnis** *f* permiso *m* de residencia; **Aufenthaltsort** *m* paradero *m*; (*ständiger*) lugar *m* de residencia; **Aufenthaltsraum** *m* <-(e)s, -räume> sala *f* de descanso; (*Warteraum*) sala *f* de espera

auf|erlegen* *vt* (*geh*) **1.** (*Strafe*) imponer, inflingir **2.** (*Steuern*) gravar (con)

auf|erstehen* *irr vi sein* (REL) resucitar

Auferstehung *f* <-en> (REL) resurrección *f*

auf|essen *irr* **I.** *vi* comer(se) todo **II.** *vt* comerse

auf|fahren *irr* **I.** *vi sein* **1.** (*aufprallen*) chocar (*auf* contra) **2.** (*dicht anschließen*) acercarse **3.** (*aufschrecken*) levantarse sobresaltado **4.** (*wütend werden*) encolerizarse **5.** (MIL) ponerse en posición **II.** *vt* (*fam: Speisen*) poner en la mesa

Auffahrt *f* <-en> **1.** (*das Hinauffahren*) subida *f* **2.** (*Zufahrt*) entrada *f*; (*Rampe*) rampa *f* de acceso; (*zur Autobahn*) acceso *m* a la autopista

auf|fallen *irr vi sein* llamar la atención; (*bemerkt werden*) notarse; **unangenehm** ~ causar mala impresión

auffallend *adj* (*auffällig*) vistoso, llamativo; (*beeindruckend*) espectacular; (*sonderbar*) raro

auffällig *adj* **1.** (*prunkvoll*) ostentoso **2.** (*außergewöhnlich*) extraño, que llama la atención **3.** (*Farben*) llamativo

auf|fangen *irr vt* **1.** (*Ball*) recoger **2.** (*Gesprächsfetzen*) pillar **3.** (*Schlag*) parar **4.** (*Stoß, Aufprall*) amortiguar **5.** (*Flüssigkeit*) recoger **6.** (*negative Auswirkungen*) mitigar

auf|fassen *vt* **1.** (*auslegen*) interpretar **2.** (*begreifen*) entender

Auffassung *f* <-en> **1.** (*Ansicht*) opinión *f*, parecer *m*; **er ist der ~, dass ...** opina que... **2.** (*Deutung*) interpretación *f*; **Auffassungsgabe** *f ohne Pl* entendimiento *m*

auf|finden *irr vt* encontrar

auf|fliegen *irr vi sein* **1.** (*Vogel*) echarse a volar **2.** (*Tür*) abrirse de golpe **3.** (*fam: scheitern*) irse a pique

auf|fordern *vt* **1.** (*bitten*) pedir (a), requerir (*zu* para); **er forderte sie zum Tanz auf** la sacó a bailar **2.** (*befehlen*) mandar (a), exigir (a/de) **3.** (*ermuntern*) animar

Aufforderung *f* <-en> **1.** (*freundlich*) invitación *f* (*zu* a); (*stärker*) requerimiento *m* (*zu* de) **2.** (*streng*) exhortación *f* (*zu* a) **3.** (*Befehl*) mandato *m* (*zu* de), exigencia *f* (*zu* de)

auf|forsten *vt* repoblar

Aufforstung *f* <-en> repoblación *f* forestal, reforestación *f*

auf|fressen *irr vt* (*Futter*) comer(se)

auf|frischen **I.** *vi* (*Wind*) soplar más fuerte **II.** *vt* **1.** (*Farbe*) renovar **2.** (*Kenntnisse*) refrescar **3.** (*Impfung*) renovar

auf|führen **I.** *vt* **1.** (*Theaterstück, Oper*) representar **2.** (*darlegen*) presentar; (*Zeugen*) nombrar; (*Beispiele*) dar **II.** *vr:* **sich** ~ (*sich benehmen*) (com)portarse

Aufführung *f* <-en> (THEAT) representación *f*; (FILM) proyección *f*; (MUS) actuación *f*

auf|füllen *vt* **1.** (*Behälter*) rellenar (*mit* de/con) **2.** (*Flüssigkeit*) echar **3.** (*Vorräte*) reponer

Aufgabe *f* <-n> **1.** (*Auftrag*) tarea *f*; (*Pflicht*) obligación *f*, deber *m* **2.** (*Hausaufgaben*) deberes *mpl*; (*Übung*) ejercicio *m*; (MATH) problema *m* **3.** (*Aufhören*) cese *m*; (*eines Geschäftes*) liquidación *f* **4.** (MIL) rendición *f*; (SPORT) retirada *f* **5.** (*Verzicht*) abandono *m* (*von* de) **6.** (*von Gepäck*) facturación *f*; (*eines Pakets*) expedición *f*; (*einer Anzeige*) inserción *f*

auf|gabeln *vt* (*fam*) pescar, pillar

Aufgabenbereich *m* área *f* de actividades, ámbito *m* de funciones

Aufgang *m* <-(e)s, -gänge> **1.** (*eines Gestirns*) salida *f* **2.** (*Aufstieg*) subida *f* (*zu* a); (*Zugang*) acceso *m* (*zu* a); (*Treppe*) escalera *f* (*zu* a)

auf|geben *irr* **I.** *vi* (*sich geschlagen geben*) darse por vencido, rendirse **II.** *vt* **1.** (*Paket, Telegramm*) expedir; (*Koffer*) facturar; (*Anzeige*) poner **2.** (*Widerstand*) abandonar; (*Hoffnung*) perder; (*Beruf*) dejar

aufgeblasen **I.** *pp von* **aufblasen** **II.** *adj* (*fam*) arrogante; (*angeberisch*) fanfarrón, engreído

Aufgebot *nt* <-(e)s, -e> **1.** (*Anzahl*) cantidad *f* **2.** (*Heiratsankündigung*) publicación *f* de las amonestaciones

aufgebracht **I.** *pp von* **aufbringen** **II.** *adj* (*wütend*) enojado, furioso

aufgedreht *adj* (*fam: lebhaft*) pasado de rosca

aufgedunsen *adj* (*Körper*) abotargado, abultado; (*Gesicht*) hinchado

auf|gehen *irr vi sein* **1.** (*Gestirn*) salir **2.** (*Tür, Vorhang, Reißverschluss*) abrirse; (*Armband*) desabrocharse **3.** (*Saat*) brotar, salir **4.** (*Rechnung*) no dejar resto **5.** (*Hefeteig*) subir **6.** (*Wend*): **in der Arbeit** ~ vivir sólo para el trabajo

aufgehoben *pp von* **aufheben**

aufgeklärt *adj* (PHILOS) ilustrado

aufgekratzt *adj* (*fam: lebhaft*) pasado de rosca

aufgelegt *adj:* **gut/schlecht** ~ **sein** estar de buen/mal humor

aufgelöst *adj* **1.** (*verwirrt*) confuso; (*außer sich*) fuera de sí **2.** (*erschöpft*) agotado; (*benommen*) deshecho

aufgeregt *adj* excitado, agitado; (*nervös*) nervioso

aufgeschlossen I. *pp von* **aufschließen II.** *adj* (*offen*) abierto; (*aufnahmefähig*) receptivo; (*mitteilsam*) comunicativo; (*zugänglich*) accesible; ~ **für etw sein** ser receptivo a algo; **etw** *dat* ~ **gegenüberstehen** estar abierto a algo

aufgeschmissen *adj* (*fam*): **ohne sie sind wir völlig** ~ sin ella estamos perdidos

aufgeweckt *adj* (*geistig*) despierto, bagre *ZAm;* (*Kind*) avispado

auf|gießen *irr vt* **1.** (*Tee, Kaffee*) hacer **2.** (*Wasser*) echar

auf|gliedern *vt* (sub)dividir; (*a.* WIRTSCH) desglosar

Aufgliederung *f* <-en> (sub)división *f;* (*a.* WIRTSCH) desglose *m*

auf|greifen *irr vt* **1.** (*Idee*) retomar **2.** (*festnehmen*) capturar, aprehender

aufgrund *präp +gen* a causa de, por

Aufguss[RR] *m* <-es, -güsse>, **Aufguß** *m* <-sses, -güsse> **1.** (*Lösung*) infusión *f* **2.** (*Sauna*) humidificación *f;* (*fig, abw: Abklatsch*) refrito *m*

auf|haben *irr* **I.** *vi* (*Geschäfte*) estar abierto **II.** *vt* **1.** (*Hut, Brille*) tener puesto **2.** (*fam: Schulaufgaben*) tener que hacer

auf|halten *irr* **I.** *vt* **1.** (*zurückhalten*) detener; (*Entwicklung*) impedir; (*Verkehr*) parar **2.** (*stören*) molestar; (*bei der Arbeit*) no dejar trabajar **3.** (*Tür*) mantener abierto **II.** *vr:* **sich** ~ **1.** (*bleiben*) quedarse; (*wohnen*) encontrarse **2.** (*Zeit verschwenden*) demorarse, dilatarse *Am*

auf|hängen I. *vi* (*Telefongespräch beenden*) colgar **II.** *vt* **1.** (*Bild, Mantel, Telefonhörer*) colgar (*an* de/en); (*Wäsche*) tender **2.** (*töten*) colgar **III.** *vr:* **sich** ~ ahorcarse

Aufhänger *m* <-s, -> **1.** (*für Kleider*) cinta *f* **2.** (*Anlass*) motivo *m*

auf|heben *irr vt* **1.** (*aufbewahren*) guardar; **gut aufgehoben sein** estar en buenas manos **2.** (*Gesetz*) derogar, anular; (*Urteil*) revocar **3.** (*Verbot, Sitzung*) levantar **4.** (*vom Boden*) recoger (*von* de) **5.** (*ausgleichen*) compensar; (*Wirkung*) neutralizar

Aufheben *nt ohne Pl* (*geh*): **viel** ~(**s**) **von etw machen** meter mucho ruido a propósito de algo

Aufhebung *f* <-en> **1.** (*Abschaffung*) abolición *f,* supresión *f* **2.** (*Beendigung*) levantamiento *m;* (*eines Streiks*) desconvocatoria *f;* (*einer Wirkung*) neutralización *f* **3.** (JUR: *eines Urteils*) revocación *f;* (*eines Gesetzes*) abrogación *f*

auf|heitern I. *vt* (*Person*) animar **II.** *vr:* **sich** ~ (*Himmel*) despejarse

Aufheiterung *f* <-en> **1.** (METEO) despejo *m* **2.** (*Erheiterung*) animación *f*

auf|hellen I. *vt* (*Haar*) aclarar **II.** *vr:* **sich** ~ **1.** (*Gesicht*) alegrarse **2.** (*Himmel*) despejarse

auf|hetzen *vt* **1.** (*aufwiegeln*) incitar (*gegen* contra), ahuchar *Kol, Mex* **2.** (*aufstacheln*) instigar (*zu* a), incitar (*zu* a)

auf|holen I. *vi* (SPORT) ganar terreno **II.** *vt* **1.** (*Verspätung, Lernstoff*) recuperar **2.** (*Anker*) levar

auf|horchen *vi* aguzar los oídos; **diese Nachricht ließ alle** ~ esta noticia les llamó la atención a todos

auf|hören *vi* terminar; **hör doch endlich auf!** ¡déjalo ya!; **da hört sich doch alles auf!** (*fam*) ¡es el colmo!

auf|kaufen *vt* acaparar

auf|keimen *vi sein* **1.** (*Saatgut*) (empezar a) germinar **2.** (*Hoffnung, Liebe*) nacer, surgir

aufklappbar *adj* (des)plegable

auf|klappen *vt* (*Koffer, Buch*) abrir; (*hochschlagen*) levantar

auf|klären I. *vt* **1.** (*Missverständnis, Irrtum*) clarificar, poner en claro; (*Verbrechen*) esclarecer **2.** (*belehren*) informar (*über* de/sobre); (*sexuell*) instruir en el terreno sexual **3.** (MIL) explorar **II.** *vr:* **sich** ~ **1.** (*Fall, Rätsel*) resolverse **2.** (*Himmel*) despejarse

Aufklärer *m* <-s, -> (MIL) avión *m* de reconocimiento

Aufklärung[1] *f* <-en> **1.** (*völlige Klärung*) aclaración *f,* esclarecimiento *m;* (*Fall, Verbrechen*) resolución *f* **2.** (MIL) exploración *f*

Aufklärung[2] *f ohne Pl* **1.** (PHILOS) Ilustración *f* **2.** (*Belehrung*) instrucción *f* (*über* de/sobre); **sexuelle** ~ educación sexual

auf|kleben *vt* pegar (*auf* a/en)

Aufkleber *m* <-s, -> adhesivo *m,* pegatina *f fam*

auf|knöpfen *vt* desabotonar, desabrochar

auf|kochen I. *vi sein* romper a hervir **II.** *vt* **1.** (*zum Kochen bringen*) llevar a ebullición **2.** (*kurz kochen*) dar un hervor (a)

auf|kommen *irr vi sein* **1.** (*entstehen*) surgir, aparecer; (*Gewitter, Wind*) levantarse; **keine Zweifel** ~ **lassen** no dejar lugar a dudas 2. (*sich ausbreiten*) propagarse 3. (*bezahlen*) pagar (*für*); (*unterhalten*) mantener (*für*); **sie muss für ihren Mann ~** tiene que mantener a su marido 4. (*haften*) responder (*für* de) 5. (*landen*) aterrizar

Aufkommen *nt* <-s, -> 1. (METEO) formación *f* 2. (*von Schadstoffen*) propagación *f*; (*von Verkehr*) formación *f*

auf|kreischen *vi* lanzar un chillido; (*fig: Bremse, Maschine*) chirriar (de repente)

auf|krempeln *vt* arremangar(se)

auf|kreuzen *vi sein* (*fam*) aparecer (*in/bei* en/por)

Aufl. *Abk. von* **Auflage** ed.

auf|lachen *vi* echarse a reír

auf|laden *irr* I. *vt* 1. (*Batterie*) recargar; **wieder aufladbar sein** ser recargable 2. (*Ladegut*) cargar 3. (*fam: aufbürden*): **jdm etw ~** cargar a alguien con algo II. *vr:* **sich ~** (*sich elektrisch laden*) cargarse

Auflage *f* <-n> 1. (*eines Buchs*) edición *f*; (*einer Zeitung*) tirada *f* 2. (*Bedingung*) condición *f*; **mit der ~, dass ...** a condición de que... +*subj*; **es wurde ihm zur ~ gemacht sein Haus nicht zu verlassen** se le puso la condición de que no abandonara su casa 3. (*Überzug*) capa *f*, recubrimiento *f*;

Auflagenhöhe *f* tirada *f*

auf|lassen *irr vt* (*fam*) 1. (*Tür*) dejar abierto 2. (*Mütze, Brille*) dejar puesto

auf|lauern *vi:* **jdm ~** acechar a alguien

Auflauf *m* <-(e)s, -läufe> 1. (*Menschen~*) gentío *m* 2. (*Speise*) gratinado *m*

auf|laufen *irr vi sein* 1. (*Zinsen*) acumularse 2. (NAUT) encallar

auf|leben *vi sein* 1. (*Mensch*) despabilar(se) 2. (*Bräuche*) reavivarse

auf|legen I. *vi* (*Telefongespräch beenden*) colgar II. *vt* 1. (*Tischdecke, Schallplatte*) poner 2. (*Kompresse, Make-up*) aplicar 3. (*Hörer*) colgar 4. (*Buch*) editar; **neu ~** reeditar

auf|lehnen *vr:* **sich ~** sublevarse (*gegen* contra), alzarse *Am*

auf|lesen *irr vt* recoger (*von* de)

auf|leuchten *vi* destellar; (*Blitz*) fulgurar; (*Augen*) iluminarse

auf|listen *vt* listar

auf|lockern I. *vt* 1. (*Boden*) ahuecar 2. (*Programm*) variar 3. (*Atmosphäre*) relajar II. *vr:* **sich ~** (*Bewölkung*) despejarse, aclararse

Auflockerung *f* <-en> 1. (*Boden*) mullimiento *m* 2. (*Unterricht, Muskeln*) relajación *f* 3. (*Bewölkung*) despejo *m*

auf|lösen I. *vt* 1. (*Pulver*) disolver 2. (MATH) reducir 3. (*Haushalt*) liquidar; (*Versammlung*) disolver; (*Ehe*) anular; (*Verlobung*) deshacer; (*Demonstration*) dispersar; (*Konto*) cancelar 4. (*Schwierigkeiten, Rätsel*) resolver; (*Widerspruch*) clarificar II. *vr:* **sich ~** 1. (*Nebel*) disiparse 2. (*Menschenmenge*) disolverse 3. (*in Flüssigkeit*) disolverse 4. (*sich zersetzen*) descomponerse (*in* en)

Auflösung *f* <-en> 1. (*eines Vertrags, einer Einrichtung, des Nebels*) disolución *f* 2. (*Zerlegung*) desintegración *f* 3. (*Lösung*) (re)solución *f* 4. (*Bildqualität, a.* INFOR) definición *f*

auf|machen I. *vi* (*fam: Geschäfte, Banken*) abrir II. *vt* (*fam*) 1. (*Tür, Geschenk*) abrir; (*Haarknoten*) soltar; (*Knoten*) deshacer 2. (*gründen*) poner 3. (PUBL: *gestalten*) componer; (*darstellen*) representar III. *vr:* **sich ~** (*aufbrechen*) irse (*zu* a)

Aufmachung *f* <-en> presentación *f*

aufmerksam *adj* 1 (*konzentriert*) atento; (*wachsam*) alerta; **jdn auf jdn/etw ~ machen** llamar la atención de alguien sobre alguien/algo; **~ zuhören** escuchar con atención 2. (*höflich*) atento, cortés; **vielen Dank, sehr ~ von Ihnen!** ¡muchas gracias, es Ud. muy amable!

Aufmerksamkeit *f* <-en> 1. (*Wachsamkeit*) atención *f*; **darf ich um Ihre ~ bitten!** ruego su atención 2. (*Zuvorkommenheit*) amabilidad *f*; (*Geschenk*) obsequio *m*

auf|muntern *vt* (*fam*) reconfortar; (*ermutigen*) animar

Aufnahme *f* <-n> 1. (*Empfang*) recibimiento *m*, acogida *f*; (*Beherbergung*) alojamiento *m*; (*Empfangsraum im Krankenhaus*) recepción *f* 2. (*Zulassung*) admisión *f* (*in* en); (*in eine Schule, Partei*) ingreso *m* (*in* en) 3. (*Eingliederung*) incorporación *f* (*in* en) 4. (*auf Tonband*) grabación *f*; (FOTO) foto *f*; (FILM) toma *f* 5. (*Beginn*) comienzo *m*; **die ~ von diplomatischen Beziehungen** el establecimiento de relaciones diplomáticas; **aufnahmefähig** *adj* receptivo; **Aufnahmegebühr** *f* cuota *f* de ingreso; **Aufnahmelager** *nt* campo *m* de acogida; **Aufnahmeprüfung** *f* prueba *f* de acceso

auf|nehmen *irr vt* 1. (*beginnen*) comenzar, iniciar; (*Verhandlungen*) entablar; **ein Gespräch wieder ~** reanudar una conversación 2. (*Gedanke*) retomar 3. (*aufsaugen*) absorber; (*Nahrung*) ingerir; (*geistig*) comprender 4. (*Kredit*) pedir 5. (*hochnehmen*) recoger (*von* de) 6. (*auf Tonband*) grabar (*auf* en) 7. (*empfangen*) acoger; (*über Nacht*) hospedar; (*im Krankenhaus*) ingresar (*in* en); (*im Verein*) admitir (*in* en); **wieder aufgenommen werden** ser readmitido 8. (*sich messen*): **es mit jdm/etw ~ können** (poder) medirse con alguien/algo

auf|nötigen *vt* obligar a aceptar

auf|opfern *vr:* **sich ~** sacrificarse (*für* por)

auf|passen *vi* 1. (*aufmerksam sein*) tener cuidado; **aufgepasst!** ¡atención! 2. (*beauf-*

sichtigen) cuidar

Aufpasser(in) *m(f)* <-s, -; -nen> (*abw*) **1.** (*Spitzel*) confidente *mf* **2.** (*Wächter*) guardián, -ana *m, f*

auf|peitschen *vt* **1.** (*Meer*) picar **2.** (*Menschen, Sinne*) excitar

auf|platzen *vi sein* (*Naht*) reventar; (*Wunde*) abrirse

auf|plustern **I.** *vt* (*Gefieder*) ahuecar **II.** *vr:* **sich** ~ (*Vogel*) hincharse; (*abw: Mensch*) pavonearse

Aufprall *m* <-(e)s, -e> choque *m* (*auf* con/contra/en); (*Ball*) bote *m* (*auf* en/contra)

auf|prallen *vi sein* chocar (*auf* con/contra/en), rebotar (*auf* en/contra)

Aufpreis *m* <-es, -e> recargo *m,* sobreprecio *m;* **gegen** ~ pagando un sobreprecio

auf|pumpen *vt* inflar

auf|putschen *vt* (*abw*) **1.** (*erregen*) excitar **2.** (*aufhetzen*) acalorar

Aufputschmittel *nt* estimulante *m*

auf|quellen *irr vi sein* hincharse

auf|raffen **I.** *vt* (*aufheben*) recoger (*von* de) **II.** *vr:* **sich** ~ **1.** (*sich entschließen*) animarse (*zu* a) **2.** (*mühsam aufstehen*) levantarse a duras penas

auf|räumen **I.** *vi* **1.** (*ordnen*) ordenar **2.** (*beenden*): **mit etw** ~ acabar con algo **II.** *vt* (*Zimmer*) arreglar

Aufräumungsarbeiten *fPl* trabajos *mpl* de descombro

aufrecht *adj* **1.** (*gerade*) erguido **2.** (*ehrlich*) íntegro, correcto

aufrecht|erhalten* *irr vt* mantener

auf|regen **I.** *vt* (*erregen*) alterar; (*ärgern*) irritar; (*empören*) exaltar; (*stärker*) exasperar **II.** *vr:* **sich** ~ alterarse (*über* por), excitarse (*über* por), volarse *Am;* (*sich ärgern*) irritarse (*über* por); (*sich empören*) exaltarse (*über* por); (*stärker*) exasperarse (*über* por)

aufregend *adj* excitante

Aufregung *f* <-en> excitación *f,* agitación *f,* batifondo *m CSur;* (*Sorge*) zozobra *f*

aufreibend *adj* (*zermürbend*) agotador

auf|reihen **I.** *vt* (*Dinge*) colocar en fila **II.** *vr:* **sich** ~ (*Personen*) ponerse en fila

auf|reißen *irr* **I.** *vi sein* (*Naht*) romperse **II.** *vt* **1.** (*Tür, Fenster*) abrir de un golpe **2.** (*durch Reißen öffnen*) rasgar **3.** (*beschädigen*) romper, desgarrar **4.** (*Straße*) abrir **5.** (*fam: anmachen*): **jdn** ~ pescar a alguien

aufreizend *adj* provocador; (*erregend*) excitante

auf|richten **I.** *vt* **1.** (*gerade stellen*) enderezar, poner derecho **2.** (*seelisch*) fortalecer **II.** *vr:* **sich** ~ **1.** (*hinsetzen*) enderezarse **2.** (*hinstellen*) ponerse de pie

aufrichtig *adj* sincero

Aufrichtigkeit *f ohne Pl* sinceridad *f*

auf|rollen **I.** *vt* **1.** (*zusammenrollen*) enrollar **2.** (*auseinander rollen*) desenrollar **3.** (*Prozess, Problem*) desarrollar, retomar **II.** *vr:* **sich** ~ enrollarse

auf|rücken *vi sein* **1.** (*zusammenrücken*) correrse **2.** (*befördert werden*) ascender (*zu* a)

Aufruf *m* <-(e)s, -e> **1.** (*das Aufrufen*) llamamiento *m,* llamada *f* **2.** (INFOR) llamada *f* **3.** (*öffentlicher Appell*) llamamiento *m* (*zu* a); (*zum Streik*) convocatoria *f* (*zu* de)

auf|rufen *irr vt* **1.** (*Schüler, Zeugen*) llamar **2.** (INFOR: *Programm*) acceder (a) **3.** (*auffordern*) llamar (*zu* a); **zum Streik** ~ convocar una huelga

Aufruhr *m ohne Pl* <-(e)s> **1.** (*Revolte*) rebelión *f;* (*Tumult*) tumulto *m* **2.** (*Erregung*) agitación *f,* irritación *f*

aufrührerisch *adj* insurrecto

auf|runden *vt* redondear

auf|rüsten *vt* **1.** (MIL) rearmar **2.** (TECH: *Computer*) armar

Aufrüstung *f* <-en> rearme *m*

auf|rütteln *vt* sacudir (*aus* de); (*fig*) arrancar (*aus* de)

aufs (*fam*) = **auf das** *s.* **auf**

auf|sagen *vt* decir (de memoria); (*Gedicht*) recitar

auf|sammeln *vt* recoger

aufsässig *adj* rebelde

Aufsatz *m* <-es, -sätze> **1.** (*in der Schule*) redacción *f;* (*Abhandlung*) artículo *m* **2.** (*Aufbau*) elemento *m* sobrepuesto

auf|saugen *vt* (*Flüssigkeit*) absorber, chupar

auf|schauen *vi* alzar la vista (*zu* hacia)

auf|scheuchen *vt* espantar

auf|schichten *vt* apilar

auf|schieben *irr vt* **1.** (*öffnen*) abrir (empujando), correr **2.** (*verzögern*) aplazar

Aufschlag *m* <-(e)s, -schläge> **1.** (*das Aufschlagen*) golpe *m* (*auf* contra/en), choque *m* **2.** (SPORT) saque *m* **3.** (*Verteuerung*) subida *f,* aumento *m;* (*Zuschlag*) suplemento *m* (*auf* sobre), recargo *m* (*auf* con/contra/en) **4.** (*an Kleidung*) vuelta *f*

auf|schlagen *irr* **I.** *vi* **1.** *sein* (*anschlagen*) dar (*auf* contra/en) **2.** (SPORT) sacar **II.** *vt* **1.** (*Buch, Augen*) abrir; (*Bettdecke*) quitar; (*Ei*) romper **2.** (*Zelt*) montar **3.** (*verletzen*) abrirse; **ich habe mir das Knie aufgeschlagen** me he abierto la rodilla **4.** (COM: *hinzurechnen*) añadir (*auf* a)

auf|schließen *irr* **I.** *vi* (SPORT) avanzar **II.** *vt* (*öffnen*) abrir (con llave)

auf|schlitzen *vt* abrir (con cuchillo)

AufschlussRR *m* <-es, -schlüsse>, **Aufschluß** *m* <-sses, -schlüsse> información *f;* (*Erklärung*) explicación *f;* **jdm** ~ **über etw geben** dar información a alguien acerca de algo

auf|schlüsseln *vt* repartir
aufschlussreich[RR] *adj* revelador; (*lehrreich*) instructivo
auf|schnappen *vt* (*fam*) coger al vuelo
auf|schneiden *irr* **I.** *vi* (*fam abw: prahlen*) fanfarronear, blofear *ZAm, Mex* **II.** *vt* **1.** (*Verpackung*) cortar; (*Geschwür*) abrir **2.** (*Braten*) trinchar; (*Torte*) cortar
Aufschneider(in) *m(f)* <-s, -; -nen> fanfarrón, -ona *m, f*, blofista *m ZAm*
Aufschnitt *m ohne Pl* <-(e)s> fiambre *m*, embutido *m*
auf|schnüren *vt* desatar
auf|schrauben *vt* **1.** (*öffnen: Gefäß*) abrir; (*Deckel*) desenroscar **2.** (*befestigen: Schild*) atornillar
auf|schrecken[1] <schreckt *o* schrickt auf, schreckte *o* schrak auf, aufgeschreckt> *vi sein:* **aus dem Schlaf** ~ despertarse sobresaltado
auf|schrecken[2] *vt* espantar, asustar
Aufschrei *m* <-(e)s, -e> grito *m*
auf|schreiben *irr vt* **1.** (*notieren*) apuntar **2.** (*verordnen*) recetar
Aufschrift *f* <-en> **1.** (*Etikett*) etiqueta *f* **2.** (*Beschriftung*) inscripción *f*
Aufschub *m* <-(e)s, -schübe> (*Verzögerung*) demora *f;* (*Verschiebung*) aplazamiento *m;* (*einer Frist*) prórroga *f*
auf|schütten *vt* (*Wasser*) echar; (*Sand*) amontonar, acumular; (*Damm*) construir, levantar (acumulando tierra)
auf|schwatzen *vt* endilgar, endosar
Aufschwung *m* <-(e)s, -schwünge> **1.** (*innerer Antrieb*) impulso *m* **2.** (WIRTSCH) auge *m* **3.** (SPORT) elevación *f*
auf|sehen *irr vi* **1.** (*hochschauen*) alzar la vista (*zu* hacia) **2.** (*bewundernd*) admirar (*zu* a)
Aufsehen *nt ohne Pl* <-s> sensación *f;* (*negativ*) escándalo *m;* ~ **erregend** llamativo; (*negativ*) escandaloso
aufsehenerregend *adj s.* **Aufsehen**
Aufseher(in) *m(f)* <-s, -; -nen> **1.** (*Wächter*) vigilante *mf* **2.** (*über Arbeiter*) capataz(a) *m(f)* **3.** (*in Museen*) celador(a) *m(f)*
auf|sein *irr vi s.* **auf III.1., III.2.**
aufseiten[RR] *adv:* ~ **der Schwächeren** de parte de los más débiles
auf|setzen **I.** *vi* (*Flugzeug*) aterrizar **II.** *vt* **1.** (*Essen*) poner al fuego **2.** (*Brille, Hut*) ponerse; **eine unfreundliche Miene** ~ poner cara de disgusto **3.** (*Fuß*) pisar (*auf* en) **4.** (*Text*) redactar; (*Urkunde*) extender **5.** (*darauf bauen*) agregar (*auf* a) **6.** (*aufnähen*) coser (*auf* sobre), aplicar (*auf* a) **III.** *vr:* **sich** ~ (*sich aufrichten*) incorporarse, sentarse
Aufsicht[1] *f ohne Pl* **1.** (*Überwachung*) vigilancia *f;* **unter** ~ **stehen** estar bajo vigilancia **2.** (*Kontrolle*) control *m*, inspección *f*
Aufsicht[2] *f* <-en> **1.** (*Leitung*) dirección *f* **2.** (*Person*) vigilante *mf* **3.** (*Draufsicht: Perspektive*) vista *f* en planta
Aufsichtsrat *m* <-(e)s, -räte> consejo *m* de administración
auf|sitzen *irr vi sein* **1.** (*aufsteigen*) montar (*auf* en) **2.** (*hereinfallen*): **einem Betrüger** ~ dejarse engañar por un estafador
auf|spannen *vt* (*Schirm*) abrir; (*Saite*) poner
auf|sparen *vt* (*Geld*) ahorrar; (*Vorräte*) dejar para más adelante
auf|sperren *vt* **1.** (*fam: weit öffnen*) abrir de par en par **2.** (*südd, Österr: aufschließen*) abrir con llave
auf|spielen **I.** *vi* (*zum Tanz*) tocar **II.** *vr:* **sich** ~ (*fam: angeben*) darse (mucho) tono
auf|spießen *vt* **1.** (*mit der Gabel*) pinchar; (*auf einen Spieß*) ensartar **2.** (*auf Hörner*) empitonar; (*Stier*) coger
auf|springen *irr vi sein* **1.** (*hochspringen*) saltar; (*vom Sitz*) levantarse de repente; (*Ball*) botar **2.** (*sich plötzlich öffnen*) abrirse de golpe **3.** (*auf ein Fahrzeug*) saltar (*auf* a) **4.** (*Haut*) agrietarse; (*Knospen*) abrirse
auf|spüren *vt* detectar
auf|stacheln *vt* **1.** (*aufwiegeln*) incitar (*zu* a) **2.** (*anspornen*) pinchar (*zu* para), estimular (*zu* a)
Aufstand *m* <-(e)s, -stände> levantamiento *m*, sublevación *f*
Aufständische(r) *mf* <-n, -n; -n> (POL) insurrecto, -a *m, f*, rebelde *mf*
auf|stapeln *vt* apilar
auf|stauen **I.** *vt* (*Fluss*) embalsar **II.** *vr:* **sich** ~ acumularse; (*Wasser*) estancarse
auf|stehen *irr vi* **1.** *sein* (*sich erheben*) ponerse de pie; (*morgens aus dem Bett*) levantarse **2.** (*offen stehen*) estar abierto
auf|steigen *irr vi sein* **1.** (*Nebel, Rauch*) subir; (*Gewitter*) levantarse; (*Flugzeug*) tomar altura; (*Ballon*) ascender **2.** (*beruflich*) ascender (*zu* a); (SPORT) pasar a una categoría superior, ascender (*in* a) **3.** (*auf ein Pferd, Fahrrad*) montar(se) (*auf* en) **4.** (*Gedanken*) ocurrir; (*Bedenken*) surgir
auf|stellen **I.** *vt* **1.** (*aufbauen*) poner, colocar; (*Denkmal*) erigir; (*Zelt*) montar; (*Maschine*) instalar; (*in einer Reihe*) alinear **2.** (*aufrichten*) levantar **3.** (*Mannschaft*) alinear; (*Regierung, Truppen*) formar; (*Liste, Bilanz*) hacer **4.** (*Kandidat*) designar **5.** (*Rekord, Regel*) establecer; (*Theorie*) formular; (*Bedingung*) fijar; (*Plan*) trazar **II.** *vr:* **sich** ~ (*sich postieren*) apostarse, ponerse; (*in einer Reihe*) ponerse en fila
Aufstellung *f* <-en> **1.** (*Regel, Plan*) establecimiento *m;* (*Schild, Denkmal*) colocación *f;* (*Maschine*) instalación *f* **2.** (*Mannschafts~*) alineación *f* **3.** (*Truppen~*) forma-

ción f **4.** (Kandidaten) designación f **5.** (Liste) relación f, lista f; (Tabelle) tabla f

Aufstieg m <-(e)s, -e> **1.** (das Aufsteigen) ascenso m; (eines Ballons) ascensión f; (beim Bergsteigen) escalada f **2.** (Weg) subida f **3.** (beruflich, sportlich) ascenso m; **Aufstiegschance** f oportunidad f de ascenso

auf|stöbern vt **1.** (Wild) levantar, rastrear **2.** (entdecken) descubrir, encontrar

auf|stocken vt **1.** (Vorräte) aumentar **2.** (Kapital) ampliar (um con), aumentar (um en) **3.** (Gebäude) añadir un piso (a)

auf|stoßen irr **I.** vi **1.** (rülpsen) eructar **2.** sein (fam: missfallen) molestar **3.** (hart aufsetzen) golpear (auf contra/en) **II.** vt **1.** (öffnen) abrir de un empujón **2.** (verletzen): **ich habe mir den Ellbogen aufgestoßen** me he dado un golpe en el codo

auf|stützen **I.** vt (Ellbogen, Kopf) apoyar (auf en/sobre) **II.** vr: **sich ~** apoyarse (auf en/sobre)

auf|suchen vt (Bekannte) ir a ver; (Arzt) consultar

Auftakt m <-(e)s, -e> **1.** (Beginn) comienzo m **2.** (MUS) anacrusa f

auf|tanken vt **1.** (Auto, Flugzeug) repostar (combustible) **2.** (fig: sammeln) tomar

auf|tauchen vi sein **1.** (Taucher, U-Boot) emerger, salir a la superficie **2.** (Person) presentarse; (Gegenstand) aparecer **3.** (Zweifel) surgir

auf|tauen **I.** vi sein **1.** (Eis, Schnee) derretirse; (Fluss, See) deshelarse **2.** (gesprächig werden) soltarse **II.** vt descongelar

auf|teilen vt **1.** (verteilen) repartir (unter entre, an a) **2.** (unterteilen) dividir (in en, nach según)

Aufteilung f <-en> **1.** (Verteilung) distribución f **2.** (Unterteilung) división f

auf|tischen vt **1.** (Speisen) servir **2.** (fam abw): **jdm Lügen ~** (fam fig) meter una bola a alguien

Auftrag m <-(e)s, -träge> **1.** (Anweisung) orden f; **einen ~ erteilen** dar una orden; **im ~ von ...** por orden de... **2.** (Bestellung) pedido m, encargo m; **etw in ~ geben** encomendar algo **3.** (Aufgabe) misión f, comisión f **4.** (Farbe) mano f, capa f

auf|tragen irr **I.** vt **1.** (geh: servieren) servir **2.** (Salbe, Make-up) darse (auf en), ponerse (auf en); **Farbe ~** pintar; **dick ~** (fam fig) cargar las tintas **3.** (Kleidung) gastar **4.** (beauftragen) encargar **II.** vi (Kleidungsstück) hacer gordo

Auftraggeber(in) m(f) <-s, -; -nen> comitente mf, mandante mf; (Kunde) cliente mf

auf|treiben irr vt (fam) encontrar; (Geld) reunir

auf|trennen vt deshacer, descoser

auf|treten irr **I.** vi sein **1.** (mit den Füßen) pisar **2.** (erscheinen) presentarse; (Schauspieler) actuar; **er tritt als Zeuge auf** declara como testigo **3.** (sich benehmen) comportarse; **sicher ~** actuar con aplomo **4.** (sich zeigen) surgir, aparecer **II.** vt (öffnen) abrir a patadas

Auftreten nt ohne Pl <-s> **1.** (Erscheinung) aparición f; (Schauspieler) actuación f **2.** (Benehmen) conducta f; **ein sicheres ~ haben** tener aplomo

Auftrieb m ohne Pl <-(e)s> **1.** (PHYS) fuerza f ascensional **2.** (Schwung) ánimo(s) m(pl), estímulo m

Auftritt m <-(e)s, -e> **1.** (THEAT: Auftreten) salida f a escena, entrada f en escena; (Vorstellung) actuación f **2.** (Streit) escena f

auf|trumpfen vi demostrar su superioridad

auf|tun **I.** vt (fam: entdecken) descubrir **II.** vr: **sich ~** (geh) **1.** (sich öffnen) abrirse **2.** (sich darbieten) ofrecerse, presentarse

auf|wachen vi sein despertar(se) (aus de)

auf|wachsen irr vi sein criarse

auf|wallen vi sein (a. fig) hervir

Aufwand m ohne Pl <-(e)s> **1.** (Einsatz) esfuerzo m **2.** (Prunk) pompa f, suntuosidad f; **viel ~ mit etw treiben** hacer mucha ceremonia con algo **3.** (Kosten) gastos mpl

aufwändig[RR] adj (kostspielig) costoso; (luxuriös) lujoso

Aufwandsentschädigung f reembolso m de los gastos

auf|wärmen **I.** vt **1.** (Essen) recalentar **2.** (Erinnerungen) rememorar **II.** vr: **sich ~** **1.** (SPORT) calentar, hacer un precalentamiento **2.** (sich wärmen) calentarse

aufwärts adv (hacia) arriba; **von einem bestimmten Betrag ~** a partir de una determinada cantidad; **Aufwärtstrend** m tendencia f ascendente

auf|wecken vt despertar

auf|weichen **I.** vi sein (weich werden) reblandecer **II.** vt (Boden, Brot) ablandar, reblandecer

auf|weisen irr vt **1.** (erkennen lassen) mostrar, tener **2.** (aufzeigen) presentar, exponer

auf|wenden irr vt (Zeit) dedicar, invertir; (Kraft) poner; (Energie, Geld) emplear, gastar

aufwendig adj s. **aufwändig**

auf|werfen irr vt **1.** (Damm) levantar **2.** (Tür) abrir bruscamente **3.** (Probleme) plantear

auf|werten vt **1.** (Währung) revalorizar **2.** (Ansehen) mejorar

Aufwertung f <-en> revalorización f

auf|wickeln vt devanar

auf|wiegeln vt incitar (gegen contra, zu a);

(*Truppen*) amotinar, sublevar

auf|wiegen *irr vt* contrapesar; (*ausgleichen*) compensar

Aufwind *m* <-(e)s, -e> **1.** (METEO) corriente *f* ascendente, viento *m* ascendente **2.** (*fig: Auftrieb*) impulso *m*, estímulo *m*

auf|wirbeln *vt* arremolinar; **viel Staub ~** (*a. fig*) levantar una gran polvareda

auf|wischen *vt* **1.** (*Raum*) fregar **2.** (*Flüssigkeit*) limpiar (con un trapo)

auf|wühlen *vt* **1.** (*Erde*) (re)mover, escarbar; (*Meer*) agitar **2.** (*erregen*) emocionar

auf|zählen *vt* enumerar; (*einzeln*) detallar

Aufzählung *f* <-en> enumeración *f*, relación *f*; (*Liste*) lista *f*

auf|zäumen *vt* embridar

auf|zeichnen *vt* **1.** (*Plan, Muster*) dibujar, trazar **2.** (*Sendung*) grabar

Aufzeichnung *f* <-en> **1.** *Pl* (*Notizen*) apuntes *mpl* **2.** (*Bild-, Tonaufnahme*) grabación *f*

auf|zeigen *vt* (*geh: darlegen*) mostrar; (*klarmachen*) demostrar, evidenciar

auf|ziehen *irr* **I.** *vi sein* **1.** (*Gewitter*) levantarse **2.** (MIL: *Truppen*) desplegarse **II.** *vt* **1.** (*hochziehen*) subir, levantar; (*Flagge*) izar **2.** (*öffnen*) abrir (tirando); (*Vorhang*) descorrer; (*Schleife*) deshacer **3.** (*Uhr*) dar cuerda (a) **4.** (*Kind, Tier*) criar; (*Pflanze*) cultivar **5.** (*fam: organisieren*) organizar, montar **6.** (*Foto*) fijar (*auf* en); (*Saiten*) poner (*auf* a) **7.** (*Spritze, Serum*) preparar **8.** (*fam: verspotten*): **jdn ~** tomar el pelo a alguien

Aufzucht *f ohne Pl* **1.** (*von Tieren*) crianza *f* **2.** (*von Pflanzen*) cultivo *m*

Aufzug *m* <-(e)s, -züge> **1.** (*das Aufmarschieren*) despliegue *m*; (*das Herankommen*) acercamiento *m*, llegada *f* **2.** (*Lift*) ascensor *m*, elevador *m ZAm*; (*für Lasten*) montacargas *m inv* **3.** (*abw: Kleidung*) pinta *f* **4.** (THEAT) escena *f*, acto *m*

auf|zwingen *irr vt*: **jdm etw ~** imponer algo a alguien

Augapfel *m* <-s, -äpfel> globo *m* ocular [*o* del ojo]; **etw wie seinen ~ hüten** guardar algo como la niña de sus ojos

Auge *nt* <-s, -n> **1.** (*Sehorgan*) ojo *m*; (*Sehvermögen*) vista *f*; **~ in ~ mit jdm** cara a cara con alguien; **vor aller ~n** a la vista de todos; **ein blaues ~ haben** tener un ojo a la funerala; **mit bloßem ~** a simple vista; **große ~n machen** (*fam*) poner ojos como platos; **die ~n offen halten** mantener los ojos abiertos; **jdm die ~n öffnen** (*fig*) abrir a alguien los ojos; **sich** *dat* **etw vor ~n führen** (*fig*) tener algo presente; **etw ins ~ fassen** (*fig*) proponerse hacer algo; **etw im ~ haben** (*fig*) tener la intención de hacer algo; **beide ~n zudrücken** (*fig*) hacer la vista gorda; **so weit das ~ reicht** hasta donde alcanza la vista; **sie traute ihren ~n nicht** no daba crédito a sus ojos; **jdn nicht aus den ~n lassen** no quitar a alguien los ojos de encima; **jdn unter vier ~n sprechen** hablar a alguien a solas; **etw springt ins ~** (*fig*) algo salta a la vista; **ins ~ gehen** (*fam fig*) acabar mal; **ich habe die ganze Nacht kein ~ zugetan** (*fig*) no he pegado ojo en toda la noche; **mir wurde schwarz vor ~n** perdí el sentido; **das passt wie die Faust aufs ~** (*fam*) viene como a un Santo Cristo un par de pistolas; **jdm schöne ~n machen** (*fam*) poner ojitos a alguien; **mit einem blauen ~ davonkommen** (*fam fig*) salir bien parado; **aus den ~n, aus dem Sinn** (*prov*) ojos que no ven, corazón que no siente **2.** (*beim Würfel*) punto *m* **3.** (*Fett~*) ojo *m* **4.** (*einer Kartoffel*) grillo *m* **5.** (*eines Taifuns*) ojo *m*; **Augenarzt, -ärztin** *m, f* oculista *mf*; **Augenaufschlag** *m* mirada *f*

Augenblick *m* <-(e)s, -e> momento *m*, instante *m*; **er wird jeden ~ hier eintreffen** llegará de un momento a otro

augenblicklich **I.** *adj* **1.** (*gegenwärtig*) momentáneo, actual **2.** (*unverzüglich*) inmediato **II.** *adv* (*gegenwärtig*) de [*o* por el] momento

Augenbraue *f* ceja *f*; **die ~n hochziehen** arquear las cejas

augenfällig *adj* obvio, manifiesto

Augenfarbe *f* color *m* de los ojos; **Augenheilkunde** *f* (MED) oftalmología *f*; **Augenhöhe** *f ohne Pl*: **in ~** a la altura de los ojos; **Augenhöhle** *f* órbita *f* ocular, cuenca *f* del ojo; **Augenklappe** *f* anteojera *f*; **Augenlicht** *nt ohne Pl* <-(e)s> (*geh*) vista *f*; **Augenlid** *m* párpado *m*; **Augenmaß** *nt ohne Pl* <-es> sentido *m* de la(s) proporción(es)

Augenmerk *nt ohne Pl* <-(e)s>: **sein ~ auf etw/jdn richten** fijar la atención en algo/alguien

Augenringe *mPl* ojeras *fpl*; **Augenschein** *m ohne Pl* <-(e)s> (*geh*) vista *f*; (*Anschein*) apariencia *f*; **etw in ~ nehmen** examinar algo

augenscheinlich **I.** *adj* evidente, patente **II.** *adv* por lo visto

Augentropfen *mPl* (MED) colirio *m*; **Augenweide** *f ohne Pl* deleite *m* para los ojos; **Augenwinkel** *m* rabillo *m* del ojo; **jdn aus den ~n anschauen** mirar a alguien por el rabillo del ojo; **Augenwischerei** *f* <-en> patraña *f*; **Augenzeuge, -in** *m, f* testigo *mf* ocular; **Augenzwinkern** *nt ohne Pl* <-s> guiño *m*

August *m* <-(e)s, -e> agosto *m*; *s. a.* **März**

Auktion *f* <-en> subasta *f*, remate *m Am*

Auktionator(in) *m(f)* <-s, -en; -nen> subastador(a) *m(f)*

Auktionshaus *nt* casa *f* de subastas

Aula *f* <Aulen> salón *m* de actos; (*einer Universität*) paraninfo *m*

Au-pair-Mädchen *nt* <-s, -> *s.* **Aupairmädchen**

AupairmädchenRR *nt* au pair *f*

Aura *f ohne Pl* (*geh*) aura *f*

aus I. *präp +dat* **1.** (*heraus*) de, por; **er sah ~ dem Fenster** miró por la ventana; **~ der Flasche trinken** beber de la botella; **~ der Mode kommen** pasar de moda; **~ dem Gleichgewicht kommen** perder el equilibrio **2.** (*herkommend von*) de; **er ist ~ Leipzig** es de Leipzig **3.** (*beschaffen*) de; **~ Glas** de cristal **4.** (*mittels*) de, por; **~ Erfahrung** por experiencia; **~ dem Gedächtnis** de memoria **5.** (*infolge von*) de, por; **~ Angst** por miedo; **~ dem (einfachen) Grunde, dass ...** por el (simple y sencillo) motivo de que...; **~ diesem Anlass** por este motivo **II.** *adv* **1.** (*fam: vorbei*): **das Spiel ist ~** el partido ha terminado; **zwischen ihnen ist es ~** han cortado; **~ und vorbei** se acabó **2.** (*ausgeschaltet*) apagado; **Licht ~!** ¡apaguen la luz! **3.** (SPORT) fuera; **der Ball war ~** la pelota fue fuera de juego **4.** (*Wend*): **~ sein** (*fam: sich vergnügen*) haber salido; (*zu Ende sein*) haberse acabado; **auf etw ~ sein** ir detrás de algo; **von hier ~** desde aquí; **von sich** *dat* **~** por iniciativa propia; **von mir ~** (*fam: okay*) por mí

Aus *nt ohne Pl* <-> **1.** (SPORT) fuera *m* de banda **2.** (*Ende*) final *m*

aus|arbeiten *vt* (*Plan*) elaborar; (*Vortrag*) redactar

aus|arten *vi sein* degenerar (*in* en)

aus|atmen *vi, vt* espirar

aus|baden *vt* (*fam*): **es ~ müssen** tener que pagar los platos rotos

Ausbau *m ohne Pl* <-(e)s> **1.** (*Erweiterung*) ampliación *f* **2.** (*Abbau*) desmontaje *m* **3.** (*Intensivierung*) intensificación *f*

aus|bauen *vt* **1.** (*herausmontieren*) desmontar, sacar **2.** (*Gebäude, Organisation*) ampliar; (*verbreitern*) ensanchar **3.** (*weiterentwickeln*) desarrollar; (*vertiefen*) intensificar

ausbaufähig *adj* ampliable; (*weiter entwickelbar*) desarrollable

aus|beißen *irr vt:* **sich** *dat* **einen Zahn ~** romperse un diente (al morder); **ich habe mir daran die Zähne ausgebissen** (*fig*) me dejé los cuernos en ello

aus|bessern *vt* reparar; (*Kleidung*) arreglar; (*flicken*) remendar

aus|beulen *vt* **1.** (*Ärmel, Hose*) deformar **2.** (*Kotflügel*) desabollar

Ausbeute *f ohne Pl* **1.** (*Ertrag*) producto *m*, rendimiento *m* **2.** (WIRTSCH) beneficio *m*

aus|beuten *vt* explotar

Ausbeuter(in) *m(f)* <-s, -; -nen> (*abw*) explotador(a) *m(f)*, negrero, -a *m, f CSur*

Ausbeutung *f ohne Pl* explotación *f*

aus|bezahlen* *vt* (*Geld*) pagar

aus|bilden I. *vt* **1.** (*Lehrling*) formar **2.** (*Fähigkeiten, Stimme*) desarrollar, cultivar **II.** *vr:* **sich ~** (*entstehen*) desarrollarse, formarse

Ausbilder(in) *m(f)* <-s, -; -nen> instructor(a) *m(f)*

Ausbildung *f* <-en> (*beruflich*) formación *f* profesional; **Ausbildungsplatz** *m* <-es, -plätze> puesto *m* de aprendizaje

aus|blasen *irr vt* apagar (de un soplo); **die Kerze ~** soplar la vela

aus|bleiben *irr vi sein* **1.** (*nicht eintreten*) no haber, no darse **2.** (*fernbleiben*) no venir, no aparecer

aus|blenden I. *vt* (*Musik*) quitar; (*Ton*) suprimir; (FILM: *Szene*) hacer un fundido **II.** *vr:* **sich ~** (TV, RADIO) desconectarse (*aus* de), salirse de la emisión

Ausblick *m* <-(e)s, -e> **1.** (*in die Ferne*) vista *f* (*auf* de) **2.** (*in die Zukunft*) perspectiva *f* (*auf* de)

aus|borgen I. *vt* (*reg: verleihen*) prestar **II.** *vr:* **sich** *dat* **etw ~** (*reg: sich ausleihen*) tomar prestado algo

aus|brechen *irr vi sein* **1.** (*Sturm*) estallar; (*Krieg*) estallar, declararse; (*Streik*) producirse; (*Vulkan*) entrar en erupción; (*Feuer, Epidemie*) declararse **2.** (*sich befreien*) escapar(se) (*aus* de) **3.** (*Gefühl zeigen*) prorrumpir (*in* en), estallar (*in* en); **in Tränen ~** romper a llorar

Ausbrecher(in) *m(f)* <-s, -; -nen> (*fam: Gefangener*) fugitivo, -a *m, f*

aus|breiten I. *vt* **1.** (*Landkarte*) abrir; (*Decke*) extender **2.** (*Arme*) extender; (*Flügel*) desplegar **3.** (*einzelne Gegenstände*) exponer, presentar; **sein Leben vor jdm ~** (*fig*) contarle a alguien toda su vida **II.** *vr:* **sich ~** **1.** (*Nachricht, Feuer*) propagarse **2.** (*sich erstrecken*) extenderse

Ausbreitung *f* <-en> **1.** (*Nachricht, Feuer*) propagación *f*; (*Rassismus*) expansión *f* **2.** (*Größe*) ampliación *f* **3.** (*eines Plans, Details*) exposición *f*

Ausbruch *m* <-(e)s, -brüche> **1.** (*Flucht*) evasión *f* (*aus* de), fuga *f* (*aus* de) **2.** (*Beginn*) comienzo *m*; **zum ~ kommen** declararse **3.** (*Eruption*) erupción *f*; (*Gefühlsentladung*) arrebato *m*

aus|brüten *vt* **1.** (*Eier*) incubar, empollar **2.** (*fam: Plan*) urdir, tramar

aus|büchsen *vi sein* (*fam: ausreißen*) largarse, pirárselas

Ausbund *m ohne Pl* <-(e)s> (*a. iron*): **ein ~ an etw sein** ser un modelo de algo

aus|bürgern *vt* expatriar, desterrar
Ausbürgerung *f* <-en> expatriación *f*, destierro *m*
aus|bürsten *vt* cepillar; **sich** *dat* **die Haare** ~ cepillarse el pelo
Ausdauer *f ohne Pl* (*Beharrlichkeit*) constancia *f*, perseverancia *f*; (*körperlich*) resistencia *f*; (*anhaltender Fleiß*) tesón *m*; (*Geduld*) paciencia *f*; (*Zähigkeit*) tenacidad *f*
ausdauernd *adj* (*beharrlich*) perseverante, constante
aus|dehnen **I.** *vt* **1.** (*dehnen*) ensanchar **2.** (*erweitern*) ampliar **3.** (*verlängern*) prolongar **II.** *vr:* **sich** ~ **1.** (*größer werden*) dilatarse, extenderse **2.** (*zeitlich*) prolongarse
Ausdehnung *f* <-en> **1.** (*Größe, Umfang*) extensión *f* **2.** (*Erweiterung, a. physikalisch*) expansión *f*; (*des Umfangs*) ampliación *f*; (*Dehnung*) dilatación *f*
aus|denken *irr vt* **1.** (*überlegen*) concebir **2.** (*vorstellen, erfinden*) imaginar, inventar
aus|drehen *vt* **1.** (*Licht, Radio*) apagar **2.** (*Gas, Wasserhahn*) cerrar
Ausdruck[1] *m* <-(e)s, -drücke> (*Wort*) término *m*, palabra *f*; (*Wendung*) expresión *f*, giro *m*; **sich im** ~ **vergreifen** equivocarse de tono
Ausdruck[2] *m* <-(e)s, -e> (*a.* INFOR, TYPO) impreso *m*
Ausdruck[3] *m ohne Pl* <-(e)s> **1.** (*Stil*) expresión *f* **2.** (*Bekundung*) manifestación *f*, expresión *f*; **etw zum** ~ **bringen** expresar algo
aus|drucken *vt* (*a.* INFOR, TYPO) imprimir
aus|drücken **I.** *vt* **1.** (*Schwamm*) estrujar; (*Frucht*) exprimir **2.** (*Zigarette*) apagar **3.** (*äußern*) expresar **II.** *vr:* **sich** ~ (*sich äußern*) expresarse
ausdrücklich *adj* expreso, explícito; (*Verbot*) categórico
ausdruckslos *adj* inexpresivo
ausdrucksvoll *adj* expresivo, lleno de expresividad
Ausdrucksweise *f* <-n> forma *f* de expresión
auseinander *adv* separadamente; ~ **brechen** (*zerbrechen*) romper(se); (*Partei*) dividirse; ~ **bringen** (*fam: trennen*) separar; (*entzweien*) enemistar; ~ **fallen** (*zerfallen*) caerse en pedazos; (*Familie, Partei*) desintegrarse; ~ **falten** desdoblar; ~ **gehen** (*sich trennen*) separarse; (*sich verzweigen*) bifurcarse; (*Meinungen*) discrepar, diferir; (*fam: kaputtgehen*) romperse; (*fam: dick werden*) echar carnes; ~ **halten** distinguir; ~ **nehmen** (*Motor*) desmontar; (*Radio*) desarmar; ~ **setzen** (*erklären*) explicar; **sich mit etw** ~ **setzen** (*beschäftigen*) ocuparse de algo; (*streiten*) discutir algo; **dieses Wort schreibt man** ~ esta palabra se escribe separada; **die beiden sind ein Jahr** ~ (*vom Alter her*) se llevan un año; **auseinander|brechen** *irr* **I.** *vi sein s.* **auseinander** **II.** *vt s.* **auseinander**; **auseinander|bringen** *irr vt s.* **auseinander**; **auseinander|fallen** *irr vi sein s.* **auseinander**; **auseinander|falten** *vt s.* **auseinander**; **auseinander|gehen** *irr vi sein s.* **auseinander**; **auseinander|halten** *irr vt s.* **auseinander**; **auseinander|nehmen** *irr vt s.* **auseinander**; **auseinander|setzen** **I.** *vt s.* **auseinander** **II.** *vr:* **sich** ~ *s.* **auseinander**
Auseinandersetzung *f* <-en> **1.** (*Beschäftigung*) análisis *m inv* (*mit* de) **2.** (*Diskussion*) discusión *f* (*über* acerca de), disputa *f* (*über* acerca de), quimba *f Kol* **3.** (*Streit*) conflicto *m*
auserlesen *adj* (*geh*) selecto
aus|erwählen* *vt* (*geh*) elegir
ausfahrbar *adj* (TECH) replegable; (*Antenne*) extensible
aus|fahren *irr* **I.** *vi sein* (*hinausfahren*) salir; (*Schiff*) zarpar **II.** *vt* **1.** (*verteilen*) repartir **2.** (*spazieren fahren*) pasear **3.** (TECH) desplegar; **das Fahrgestell** ~ desplegar el tren de aterrizaje
Ausfahrt *f* <-en> salida *f*; **bitte die** ~ **freihalten!** ¡por favor, dejar la salida libre!
Ausfall[1] *m ohne Pl* <-(e)s> **1.** (*Haare, Zähne*) caída *f* **2.** (*Maschine*) avería *f*
Ausfall[2] *m* <-(e)s, -fälle> **1.** (MIL) ataque *m* **2.** (*Veranstaltung*) suspensión *f*; (*Verdienst*) pérdida *f*, merma *f*
aus|fallen *irr vi sein* **1.** (*herausfallen*) caerse **2.** (*nicht stattfinden*) no tener lugar, suspenderse; **die Schule fällt aus** no hay clase **3.** (*durch Krankheit*) estar de baja **4.** (*nicht funktionieren*) fallar **5.** (*beschaffen sein*) resultar, quedar
ausfallend *adj* **1.** (*grob*) agresivo **2.** (*beleidigend*) insultante, grosero
Ausfallstraße *f* carretera *f* de salida
aus|fechten *irr vt* combatir hasta el fin
aus|feilen *vt* (*Text*) pulir, perfeccionar
aus|fertigen *vt* (*Pass*) expedir; (*Dokument*) extender; (*Zahlungsanweisungen*) librar
Ausfertigung *f* <-en> **1.** (*Vorgang*) redacción *f*; (*amtlich*) despacho *m* **2.** (*Schriftstück*) documento *m*; (*zweite*) copia *f*; **in doppelter** ~ por duplicado
ausfindig *adv:* **jdn/etw** ~ **machen** localizar a alguien/algo
aus|fließen *irr vi sein* derramarse
aus|flippen *vi sein* (*fam*) **1.** (*durch Drogen*) fliparse **2.** (*durchdrehen*) flipar
Ausflucht *f* <-flüchte> excusa *f*
Ausflug *m* <-(e)s, -flüge> excursión *f*
Ausflügler(in) *m(f)* <-s, -; -nen> excursionista *mf*
Ausfluss[RR] *m* <-es, -flüsse>, **Ausfluß** *m*

<-sses, -flüsse> **1.** (*das Auslaufen*) salida *f* **2.** (*Abfluss*) desagüe *m* **3.** (MED) flujo *m*

aus|formulieren* *vt* formular (con todo detalle); (*Text*) redactar

aus|fragen *vt:* **jdn** (**über etw**) ~ interrogar a alguien (sobre algo)

aus|fransen *vi sein* deshilacharse

aus|fressen *irr vt* (*fam*): **etw** ~ hacer algo malo

Ausfuhr *f* <-en> (COM) exportación *f*

Ausfuhrbestimmungen *fPl* (COM) reglamentos *mpl* de exportación

aus|führen *vt* **1.** (*spazieren führen*) llevar de paseo **2.** (*exportieren*) exportar **3.** (*durchführen*) llevar a cabo; (*Auftrag*) ejecutar, cumplir; (*Verbrechen*) cometer **4.** (SPORT: *Ecke*) sacar; (*Schuss*) efectuar **5.** (*erklären*) exponer, explicar; (*im Einzelnen*) detallar

ausführlich **I.** *adj* detallado **II.** *adv* con todo detalle

Ausführlichkeit *f ohne Pl* detalle *m;* **in aller** ~ con todo detalle

Ausführung *f* <-en> **1.** (*das Realisieren*) realización *f*, ejecución *f;* (*Befehl, Auftrag*) cumplimiento *m;* (*Verbrechen*) perpetración *f;* **zur** ~ **gelangen** llevarse a cabo **2.** (SPORT) ejecución *f* **3.** (*Typ*) modelo *m*, tipo *m* **4.** *Pl* (*Darlegung*) declaraciones *fpl*, explicaciones *fpl;* (*Vortrag*) intervención *f*

Ausfuhrzoll *m* <-(e)s, -zölle> (COM) derechos *mpl* de exportación

aus|füllen *vt* **1.** (*Loch*) llenar **2.** (*Formular*) (re)llenar, cumplimentar **3.** (*befriedigen*) satisfacer

Ausgabe[1] *f ohne Pl* **1.** (*das Verteilen*) distribución *f;* (*von Waren*) entrega *f* **2.** (*von Banknoten*) emisión *f*

Ausgabe[2] *f* <-n> **1.** (*Ausgabestelle*) despacho *m* **2.** (*eines Buches*) edición *f;* (*Zeitschrift*) número *m* **3.** (TV: *Sendung*) emisión *f* **4.** (INFOR) salida *f* **5.** *Pl* (*Kosten*) gastos *mpl*

Ausgang[1] *m* <-(e)s, -gänge> **1.** (*Tür*) (puerta *f* de) salida *f* **2.** (*an einem Organ*) boca *f* **3.** (*Spaziergang*) paseo *m* **4.** (*freier Tag*) (día *m* de) salida *f;* ~ **haben** tener permiso de salida

Ausgang[2] *m ohne Pl* <-(e)s> **1.** (*Ergebnis*) resultado *m*, desenlace *m;* (*erfolgreich*) éxito *m* **2.** (*Anfang*) origen *m*, punto *m* de partida

Ausgangsbasis *f* punto *m* de partida

Ausgangssperre *f* toque *m* de queda

aus|geben *irr* **I.** *vt* **1.** (*austeilen*) distribuir; (*Fahrkarten*) expender; **einen** ~ (*fam*) invitar (a una ronda) **2.** (INFOR) imprimir **3.** (FIN: *Aktien*) emitir **4.** (*Befehl, Parole*) dar **5.** (*Geld*) gastar (*für* en) **II.** *vr:* **sich** ~ (*so tun als ob*) hacerse pasar (*als/für* por)

ausgebrannt **I.** *pp von* **ausbrennen** **II.** *adj* (*körperlich erschöpft*) rendido; (*geistig erschöpft*) saturado

ausgebucht *adj* completo

ausgedehnt *adj* **1.** (*zeitlich*) amplio, extenso **2.** (*räumlich*) extenso, vasto

ausgefallen **I.** *pp von* **ausfallen** **II.** *adj* (*ungewöhnlich*) extravagante

ausgeglichen **I.** *pp von* **ausgleichen** **II.** *adj* equilibrado

Ausgeglichenheit *f ohne Pl* equilibrio *m*

aus|gehen *irr vi sein* **1.** (*weggehen*) salir **2.** (*erlöschen*) apagarse **3.** (*Haare, Zähne*) caerse **4.** (*abzweigen*) salir (*von* de) **5.** (*seinen Ursprung nehmen*) partir (*von* de), basarse (*von* en); **wir können davon ~, dass ...** podemos partir de la base de que... **6.** (*enden*) salir, acabar; **leer** ~ irse con las manos vacías **7.** (*zu Ende gehen*) acabarse

ausgehungert *adj* (*hungrig*) hambriento; (*Hunger leidend*) famélico

ausgeklügelt *adj* (*fam*) ingenioso, bien pensado

ausgekocht *adj* (*fam abw*) cuco, taimado

ausgelassen **I.** *pp von* **auslassen** **II.** *adj* muy alegre; (*Kind*) travieso, retozón

Ausgelassenheit *f ohne Pl* (*auf einem Fest*) alegría *f;* (*der Stimmung*) desenfado *m*

ausgemacht *adj* **1.** (*abgemacht*) convenido, acordado; (*entschieden*) decidido **2.** (*vollkommen*) de remate, redomado

ausgemergelt *adj* demacrado

ausgenommen **I.** *pp von* **ausnehmen** **II.** *präp +akk* a excepción de; **Anwesende** ~ a excepción de los presentes **III.** *konj:* **~, dass ...** a no ser que... *+subj*

ausgeprägt *adj* (*deutlich*) pronunciado, marcado

ausgerechnet *adv* (*fam*) precisamente, justamente; **muss das ~ heute sein?** ¿tiene que ser precisamente hoy?

ausgeschlossen **I.** *pp von* **ausschließen** **II.** *adj* (*unmöglich*) imposible; **es ist nicht ~, dass ...** no se excluye que... *+subj*

ausgeschnitten **I.** *pp von* **ausschneiden** **II.** *adj* (*dekolletiert*) escotado

ausgesprochen **I.** *pp von* **aussprechen** **II.** *adj* (*ausgeprägt*) pronunciado, marcado; (*offensichtlich*) manifiesto, patente **III.** *adv* (*sehr*) realmente

ausgestorben **I.** *pp von* **aussterben** **II.** *adj* **1.** (*Volk, Pflanzen, Tiere*) extinguido **2.** (*Ort*) desierto

ausgesucht *adj* **1.** (*hervorragend*) selecto, escogido **2.** (*ausgesprochen*) pronunciado

ausgewachsen **I.** *pp von* **auswachsen** **II.** *adj* **1.** (*voll entwickelt*) formado, desarrollado; (*erwachsen*) adulto **2.** (*vollkommen*) puro, de tomo y lomo

ausgewogen **I.** *pp von* **auswiegen** **II.** *adj* (*ausgeglichen*) armonioso, equilibrado

ausgezeichnet *adj* (*hervorragend*) excelente, magnífico

ausgiebig I. *adj* abundante; (*Essen*) opulento; **einen ~en Mittagsschlaf halten** echarse una larga siesta II. *adv* con abundancia

aus|gießen *irr vt* 1. (*Gefäß*) vaciar 2. (*Flüssigkeit*) echar 3. (*verschütten*) derramar, verter

Ausgleich *m ohne Pl* <-(e)s> compensación *f* (*für* por); (*Entschädigung*) indemnización (*für* por); (SPORT) empate *m*; **als ~ für etw** como compensación por algo

aus|gleichen *irr* I. *vi* (SPORT) igualar, empatar II. *vt* 1. (*Unterschiede*) nivelar 2. (FIN) saldar, liquidar 3. (*Konflikt*) equilibrar 4. (*Mangel*) compensar III. *vr:* **sich ~** compensarse

aus|graben *irr vt* 1. (*Altertümer, Schätze*) desenterrar 2. (*Vergessenes*) desempolvar

Ausgrabung *f* <-en> 1. (*das Ausgraben*) excavación *f* 2. (*Fundstätte, Fund*) excavación *f* arqueológica

aus|grenzen *vt* excluir

Ausguss[RR] *m* <-es, -güsse>, **Ausguß** *m* <-sses, -güsse> 1. (*Becken*) pila *f* 2. (*reg: Tülle*) pitorro *m*

aus|haben *irr* I. *vi* (*fam: Schluss haben*) terminar II. *vt* (*fam*) 1. (*Kleidung*) haberse quitado 2. (*Buch*) haber terminado (de leer)

aus|halten *irr* I. *vi* (*durchhalten*) aguantar II. *vt* 1. (*ertragen*) soportar, aguantar; **das ist ja nicht auszuhalten!** ¡esto es insoportable! 2. (*standhalten*) resistir 3. (*fam abw: Lebensunterhalt bezahlen*) mantener, sostener

aus|handeln *vt* regatear; (*Vertrag, Löhne*) negociar

aus|händigen *vt* 1. (*Preis*) hacer entrega (de) 2. (*Urkunde, Geld, Schreiben*) entregar

Aushang *m* <-(e)s, -hänge> anuncio *m*, aviso *m Am*

aus|hängen[1] *irr vi* (*aufgehängt sein*) estar colgado (en el tablón de anuncios)

aus|hängen[2] *vt* 1. (*aufhängen*) publicar, hacer público 2. (*Tür, Fenster*) desquiciar

Aushängeschild *nt* <-(e)s, -er> rótulo *m*

aus|harren *vi* (*geh*) perseverar, aguantar

aus|hauchen *vt* (*geh: Atem, Rauch*) expirar, exhalar

aus|heben *irr vt* 1. (*Graben*) excavar 2. (*Verbrechernest*) descubrir 3. (*Schweiz: Truppen, Rekruten*) reclutar

aus|hecken *vt* (*fam*) tramar, maquinar

aus|helfen *irr vi* ayudar; **sie half ihm mit Werkzeug aus** le ayudó aportando herramientas

aus|heulen *vr:* **sich ~** (*fam*) desahogarse (llorando) (*bei* con)

Aushilfe *f* <-n> 1. (*das Aushelfen*) ayuda *f* 2. (*Person*) auxiliar *mf*, suplente *mf*

aushilfsweise *adv* temporalmente

aus|höhlen *vt* 1. (*hohlmachen*) ahuecar 2. (*schwächen*) minar

aus|holen *vi* 1. (*Schwung*) tomar impulso (*zu* para); **mit dem Arm ~** levantar el brazo (para golpear) 2. (*zurückgreifen*) divagar; **bei einer Erzählung weit ~** empezar con Adán y Eva

aus|horchen *vt* tantear

aus|kennen *irr vr:* **sich ~** conocer bien; (*in einem Fach*) estar versado (*in/mit* en); **damit kenne ich mich gar nicht aus** de eso no entiendo nada

aus|klammern *vt* dejar de lado

Ausklang *m* <-(e)s, -klänge> (*geh: Ende*) final *m*

ausklappbar *adj* plegable; (*Platte*) abatible

aus|kleiden I. *vt* 1. (*geh: entkleiden*) desvestir 2. (*Raum, Wand*) revestir (*mit* de); (*mit Holz ~*) entarimar II. *vr:* **sich ~** desvestirse

aus|klingen *irr vi sein* 1. (*Tag, Fest*) terminar 2. (*Ton*) acabar de sonar

aus|klügeln *vt* idear

aus|knipsen *vt* (*fam*) apagar

aus|kochen *vt* 1. (GASTR) cocer 2. (*sterilisieren*) esterilizar

aus|kommen *irr vi sein* 1. (*sich vertragen*) entenderse; **wir kommen gut miteinander aus** nos llevamos bien; **mit ihm kann man nicht ~** no hay quien le aguante 2. (*mit etw zurechtkommen*) arreglarse; (*ausreichend haben*) alcanzar

Auskommen *nt ohne Pl* <-s> (*Einkommen*) ingresos *mpl*, sustento *m*; **sein ~ haben** arreglárselas para vivir; **sein ~ finden** sacarse lo suficiente para vivir

aus|kosten *vt* (*geh*) disfrutar (de)

aus|kratzen *vt* rascar; (*Speisereste*) rebañar; **jdm die Augen ~** sacar(le) los ojos a alguien

aus|kugeln *vt* dislocar, zafar *Am*

aus|kundschaften *vt* indagar; (*Gegend*) explorar

Auskunft *f* <-künfte> 1. (*Information*) información *f*; (*über eine Person*) referencias *fpl* (*über* de); **jdm (eine) ~ geben** proporcionar a alguien (una) información 2. (*~sstelle*) información *f*

aus|kuppeln *vi* (AUTO) desembragar

aus|kurieren* I. *vt* (*fam*) curar (completamente) II. *vr:* **sich ~** (*fam*) curarse (completamente)

aus|lachen *vt* reírse (de), burlarse (de)

aus|laden *irr vt* 1. (*Fracht, Fahrzeug*) descargar 2. (*Einladung zurücknehmen*): **jdn ~** retirar a alguien la invitación

Auslage *f* <-n> 1. (*von Waren*) exposición *f*,

muestra *f* **2.** (*Schaufenster*) escaparate *m*, vidriera *f Am* **3.** *Pl* (*Geldbetrag*) desembolso *m*

Ausland *nt ohne Pl* <-(e)s> (país *m*) extranjero *m*

Ausländer(in) *m(f)* <-s, -; -nen> extranjero, -a *m, f*; **ausländerfeindlich** *adj* xenófobo; **Ausländerfeindlichkeit** *f ohne Pl* xenofobia *f*

ausländisch *adj* extranjero

Auslandsaufenthalt *m* estancia *f* en el extranjero; **Auslandsgespräch** *nt* (TEL) conferencia *f* internacional; **Auslandskorrespondent(in)** *m(f)* corresponsal *mf* en el extranjero

aus|lassen *irr* **I.** *vt* **1.** (*Wort*) omitir **2.** (*Butter*) derretir **3.** (*fam: Radio, Licht*) dejar apagado **4.** (*abreagieren*) descargar (*an* sobre), desahogarse (*an* con) **II.** *vr:* **sich** ~ (*sich mitteilen*) manifestarse (*über* sobre); (*lästern*) criticar (*über*); **er hat sich nicht näher darüber ausgelassen** no entró en detalles

Auslassung *f* <-en> **1.** (*Weggelassenes*) omisión *f*, supresión *f* **2.** *Pl* (*abw: Äußerungen*) comentarios *mpl*; **Auslassungspunkte** *mPl* (LING) puntos *mpl* suspensivos

aus|lasten *vt* **1.** (*Maschine*) utilizar a pleno rendimiento **2.** (*Person*) ocupar en su totalidad

Auslauf *m* <-(e)s, -läufe> **1.** (*Ausfluss*) derrame *m* **2.** (*der Tiere*) corral *m*

aus|laufen *irr vi sein* **1.** (*Flüssigkeit*) derramarse; (*Gefäß*) vaciarse **2.** (*in See stechen*) zarpar **3.** (*aufhören*) terminar; (*Vertrag*) expirar

Ausläufer *m* <-s, -> (GEO) estribación *f*

aus|laugen *vt* (*Nährstoffe entziehen*) dejar sin sustancias nutritivas; (*erschöpfen*) agotar

Auslaut *m* <-(e)s, -e> (LING) sonido *m* final; **im** ~ a final de la palabra

aus|leben *vr:* **sich** ~ gozar de la vida, vivir la vida

aus|leeren *vt* **1.** (*Gefäß*) vaciar **2.** (*Flüssigkeit*) echar, verter

aus|legen *vt* **1.** (*Köder*) poner **2.** (*Leitungen, Kabel*) tender **3.** (*Waren im Schaufenster*) exponer **4.** (*Geld*) adelantar **5.** (*auskleiden*) revestir (*mit* con/de) **6.** (*bedecken*) cubrir (*mit* de/con); (*mit Teppich* ~) enmoquetar, alfombrar **7.** (*Worte, Text*) interpretar

Auslegung *f* <-en> interpretación *f*

aus|leiern **I.** *vi sein* (*fam*) dar(se) de sí; (*Gewinde*) pasarse de rosca **II.** *vt* (*fam*) deformar; (*Gewinde*) pasar de rosca

Ausleihe *f* <-n> **1.** (*das Ausleihen*) préstamo *m* **2.** (*Raum*) sección *f* de préstamos

aus|leihen *irr vt* (*verleihen*) prestar; (*sich borgen*) tomar prestado; **jdm etw** ~ prestar algo a alguien

aus|lernen *vi* terminar el aprendizaje; **man lernt nie aus** siempre se aprende algo nuevo

Auslese *f* <-n> **1.** (*Auswahl*) selección *f* **2.** (*Wein*) vino *m* de uvas escogidas

aus|lesen *irr vt* **1.** (*Buch*) terminar (de leer) **2.** (*aussondern*) separar; (*entfernen*) sacar **3.** (INFOR) seleccionar

aus|liefern *vt* entregar; (JUR) extraditar; **ich bin ihr völlig ausgeliefert** (*fam*) estoy en sus manos

Auslieferung *f* <-en> entrega *f*; (JUR) extradición *f*

aus|liegen *irr vi* **1.** (*Zeitschriften*) estar a disposición (de los lectores) **2.** (*Schlingen, Netze*) estar expuesto

aus|löschen *vt* **1.** (*Licht*) apagar; (*Feuer*) extinguir **2.** (*Schrift, Spuren*) borrar **3.** (*geh: Menschenleben*) apagar, extinguir

aus|losen *vt* rifar, sortear

aus|lösen *vt* **1.** (*Schuss*) disparar **2.** (*hervorrufen*) producir, provocar **3.** (*befreien*) rescatar, pagar el rescate (de/por)

Auslöser *m* <-s, -> **1.** (TECH) mecanismo *m* de disparo **2.** (*Anlass*) (factor *m*) desencadenante *m* (*für* de)

Auslosung *f* <-en> sorteo *m*

aus|machen *vt* **1.** (*fam: Radio, Licht, Feuer*) apagar **2.** (*vereinbaren*) concertar **3.** (*klären*) resolver, arreglar **4.** (*erkennen*) divisar **5.** (*darstellen*) constituir; **ihm fehlt alles, was einen Wissenschaftler ausmacht** le falta todo aquello que constituye un científico **6.** (*betragen*) elevarse (a) **7.** (*bedeuten*) importar; **macht es Ihnen etwas aus, wenn …?** ¿le importa que…+*subj*?

aus|malen **I.** *vt* (*mit Farbe*) pintar (*mit* de), colorear (*mit* de) **II.** *vr:* **sich** *dat* **etw** ~ (*fig: sich vorstellen*) imaginarse algo

Ausmaß *nt* <-es, -e> **1.** (*räumlich*) dimensión *f*, extensión *f* **2.** (*Grad, Umfang*) dimensión *f*; **bis zu einem gewissen** ~ hasta (un) cierto punto; **in großem** ~ a gran escala

aus|merzen *vt* **1.** (*Ungeziefer*) exterminar, eliminar **2.** (*Fehler*) subsanar **3.** (*Missstände*) eliminar

aus|messen *irr vt* medir, tomar la medida (de)

aus|misten *vt* **1.** (*Stall*) sacar el estiércol (de) **2.** (*fam: Schrank, Zimmer*) poner en orden

aus|mustern *vt* **1.** (*aussortieren*) desechar **2.** (MIL) declarar inútil

Ausnahme *f* <-n> excepción *f*; **eine ~ machen** hacer una excepción; **mit ~ von …** a excepción de…; **ohne ~** sin excepción; **Ausnahmefall** *m* <-(e)s, -fälle> caso *m* excepcional, excepción *f*; **Ausnahmezustand** *m* estado *m* de excepción

ausnahmslos *adj* sin excepción
ausnahmsweise *adv* excepcionalmente, como excepción
aus|nehmen *irr* **I.** *vt* **1.** (*Fisch*) limpiar **2.** (*Kaninchen, Geflügel*) destripar **3.** (*ausschließen*) exceptuar (*von* de) **4.** (*fam abw: Geld abnehmen*) desplumar, desvalijar **II.** *vr:* **sich ~** (*geh: wirken*) hacer efecto
ausnehmend *adv* (*geh*) extraordinariamente
aus|nutzen *vt* **1.** (*Gelegenheit, Situation*) aprovechar, sacar provecho de **2.** (*Stellung, Notlage*) aprovecharse (de)
aus|packen **I.** *vt* **1.** (*Koffer*) deshacer **2.** (*Geschenk*) abrir, desenvolver **3.** (*Waren, Paket*) desembalar, abrir **II.** *vi* (*fam: erzählen, verraten*) cantar, irse de la lengua
aus|peitschen *vt* azotar, latiguear *Am*
aus|pfeifen *irr vt* abuchear, silbar
aus|plaudern *vt* divulgar
aus|plündern *vt* **1.** (*Dorf, Laden*) saquear **2.** (*fam: Kühlschrank*) vaciar
aus|posaunen* *vt* (*fam*) pregonar, decir a los cuatro vientos
aus|pressen *vt* (*Saft*) extraer; (*Frucht*) exprimir
aus|probieren* *vt* probar
Auspuff *m* <-(e)s, -e> (AUTO) escape *m;* **Auspuffrohr** *nt* <-(e)s, -e> (AUTO) tubo *m* de escape
aus|pumpen *vt* **1.** (*Wasser*) bombear; (*leeren*) vaciar bombeando; **völlig ausgepumpt sein** (*fam fig*) estar hecho polvo **2.** (*fam: ausleihen*) prestar
aus|quartieren* *vt* desalojar
aus|quetschen *vt* **1.** (*Frucht*) exprimir, estrujar **2.** (*fam: ausfragen*) acosar a preguntas
aus|radieren* *vt* **1.** (*Geschriebenes*) borrar **2.** (*abw: zerstören*) destruir, arrasar
aus|rangieren* *vt* (*fam*) desechar
aus|rasten *vi sein* **1.** (TECH) soltarse, desclavarse **2.** (*fam: zornig werden*) enfurecerse
aus|rauben *vt* desvalijar
aus|räumen *vt* **1.** (*Schrank*) vaciar; (*Bücher*) sacar; (*Zimmer*) desamueblar **2.** (*Missverständnis*) arreglar **3.** (*Schwierigkeit*) allanar **4.** (*Zweifel*) disipar
aus|rechnen *vt* (*Summe*) calcular
Ausrede *f* <-n> excusa *f;* (*Vorwand*) pretexto *m;* (*Ausflüchte*) evasiva *f*
aus|reden **I.** *vi* (*zu Ende reden*) acabar de hablar **II.** *vt* (*umstimmen*): **jdm etw ~** disuadir a alguien de algo **III.** *vr:* **sich ~** (*Österr: sich aussprechen*) desahogarse
aus|reichen *vt* bastar, ser suficiente
ausreichend *adj* **1.** (*genug*) bastante, suficiente **2.** (*Schulnote*) suficiente
Ausreise *f* <-n> salida *f* (*aus* de); **Ausreiseerlaubnis** *f* <-se> permiso *m* de salida
aus|reisen *vi sein* salir (*aus* de)
Ausreisevisum *nt* visado *m* de salida
aus|reißen *irr* **I.** *vi sein* **1.** (*abreißen*) arrancarse **2.** (*fam: weglaufen*) huir, escapar(se) **II.** *vt* (*entfernen*) arrancar
Ausreißer(in) *m(f)* <-s, -; -nen> (*fam*) fugitivo, -a *m, f*
aus|reiten *irr vi* salir a caballo
aus|renken *vt* dislocar, zafar *Am*
aus|richten **I.** *vt* **1.** (*Nachricht*) dar; **soll ich ihr etwas ~?** ¿quiere que le dé algún recado? **2.** (*einstellen*) ajustar (a), adaptar (*auf* a) **3.** (*erreichen*) conseguir; **ich konnte bei ihm nichts ~** no pude conseguir nada de él **4.** (*veranstalten*) organizar **II.** *vr:* **sich ~** orientarse (*auf* a/hacia)
Ausrichtung *f ohne Pl* **1.** (*Sicheinstellen*) ajuste *m* (*auf* a) **2.** (*Veranstalten*) organización *f* **3.** (*Orientierung*) orientación *f*
Ausritt *m* <-(e)s, -e> paseo *m* a caballo
aus|rollen *vt* **1.** (*Teppich*) desenrollar **2.** (*Teig*) extender con el rodillo
aus|rotten *vt* **1.** (*Tiere, Volk*) exterminar **2.** (*Unsitte*) erradicar
Ausrottung *f* <-en> **1.** (*Tiere, Volk*) exterminación *f* **2.** (*Unsitte*) erradicación *f*
aus|rücken **I.** *vi sein* **1.** (MIL) salir (del cuartel), marcharse **2.** (*Feuerwehr*) salir **3.** (*fam: ausreißen*) escapar(se) **II.** *vt* (TYPO) sangrar
Ausruf *m* <-(e)s, -e> exclamación *f*
aus|rufen *irr vt* **1.** (*rufend nennen*) llamar; (*Abflug, Abfahrt*) anunciar (por altavoz) **2.** (*Streik*) convocar **3.** (*Notstand, Republik*) proclamar
Ausrufezeichen *nt* signo *m* de exclamación, (signo *m* de) admiración *f*
aus|ruhen *vi, vr:* **sich ~** descansar (*von* de), reposar
aus|rüsten *vt* **1.** (*Person*) equipar (*mit* de/con), abastecer (*mit* de/con) **2.** (*Flugzeug, Expedition*) equipar, dotar
Ausrüstung *f* <-en> equipo *m*
aus|rutschen *vi sein* resbalar
Ausrutscher *m* <-s, -> (*fam: Fauxpas*) desliz *m*
Aussaat *f* <-en> **1.** (*Aussäen*) siembra *f* **2.** (*Saatgut*) semillas *fpl*
aus|säen *vt* sembrar
Aussage *f* <-n> **1.** (JUR) declaración *f;* **eine ~ machen** prestar declaración; **die ~ verweigern** negarse a declarar **2.** (*Inhalt*) mensaje *m;* (LING) enunciado *m;* **aussagekräftig** *adj* (de gran valor) informativo
aus|sagen **I.** *vi* (JUR) declarar **II.** *vt* (*ausdrücken*) expresar
Aussatz *m ohne Pl* <-es> (MED) lepra *f*
Aussätzige(r) *mf* <-n, -n; -n> (*a. fig*) leproso, -a *m, f*
aus|saugen *vt* (*Frucht, Wunde*) chupar; (*Kolonie*) explotar

aus|schalten *vt* **1.** (*Motor, Licht*) apagar **2.** (*Konkurrenz, Gegner*) eliminar

Ausschank *m ohne Pl* <-(e)s> (*Tätigkeit*) despacho *m* de bebidas

Ausschau *f ohne Pl:* **nach jdm/etw** *dat* **~ halten** buscar a alguien/algo con la vista

aus|schauen *vi* **1.** (*Ausschau halten*) buscar con la vista (*nach*) **2.** (*südd, Österr: Eindruck erwecken*) parecer

aus|scheiden *irr* **I.** *vi sein* **1.** (*aus einem Amt, einer Firma*) dimitir (*aus* de), retirarse (*aus* de) **2.** (*aus einem Club*) darse de baja (*aus* de/en) **3.** (SPORT) ser eliminado (*aus* de) **4.** (*Bewerber*) no entrar en consideración **5.** (*Möglichkeit*) quedar excluido **II.** *vt* **1.** (MED) segregar **2.** (*aussondern*) excluir

Ausscheidung *f* <-en> **1.** (MED) excreción *f* **2.** (SPORT) eliminatoria *f*

aus|schenken *vt* **1.** (*gießen*) echar **2.** (*im Lokal*) vender

aus|scheren *vi sein* salirse (de la fila)

aus|schimpfen *vt* reprender, reñir

aus|schlafen *irr* **I.** *vi, vr:* **sich ~** dormir a su gusto **II.** *vt:* **seinen Rausch ~** dormir la mona

Ausschlag *m* <-(e)s, -schläge> **1.** (MED) erupción *f* cutánea **2.** (*der Waage*) caída *f;* (*des Pendels*) oscilación *f;* (*der Magnetnadel*) desviación *f;* **den ~ geben** ser decisivo

aus|schlagen *irr* **I.** *vi* **1.** (*Pferd*) cocear **2.** *haben o sein* (*Baum*) brotar, retoñar **3.** *haben o sein* (*Zeiger*) oscilar; (*Kompassnadel*) desviarse **II.** *vt* **1.** (*Angebot*) rehusar **2.** (*Zahn*) partir **3.** (*mit Stoff*) forrar (*mit* de/con), revestir (*mit* de/con)

ausschlaggebend *adj* decisivo (*für* para)

aus|schließen *irr vt* **1.** (*Zweifel, Irrtum*) descartar; **es ist nicht auszuschließen, dass ...** no se puede descartar la posibilidad de que... *+subj* **2.** (*im Widerspruch stehen*) excluir; **das eine schließt das andere nicht aus** lo uno no excluye lo otro **3.** (JUR: *Öffentlichkeit*) excluir **4.** (*aus einer Gemeinschaft*) expulsar (*aus* de)

ausschließlich **I.** *adj* (*alleinig*) exclusivo **II.** *adv* únicamente; (*nur*) sólo **III.** *präp +gen* con exclusión de, excluido

aus|schlüpfen *vi sein* salir del huevo

Ausschluss[RR] *m* <-es, -schlüsse>, **Ausschluß** *m* <-sses, -schlüsse> exclusión *f* (*aus* de); (SPORT) descalificación *f;* **unter ~ der Öffentlichkeit** (JUR) a puerta cerrada

aus|schmücken *vt* **1.** (*Raum*) adornar, decorar **2.** (*Geschichte*) adornar, embellecer

aus|schneiden *irr vt* **1.** (*Bild*) recortar (*aus* de) **2.** (*Büsche*) podar

Ausschnitt *m* <-(e)s, -e> **1.** (*Teil*) parte *f,* fragmento *m* **2.** (*aus einem Film*) escena *f* **3.** (MATH) sector *m* **4.** (*bei Kleidung*) escote *m* **5.** (*aus einer Zeitung*) recorte *m*

aus|schöpfen *vt* **1.** (*Flüssigkeit*) sacar, extraer **2.** (*Gefäß*) vaciar **3.** (*Möglichkeiten*) aprovechar; (*Reserven*) agotar

aus|schreiben *irr vt* **1.** (*Wort*) escribir entero; (*Zahl*) escribir en letra **2.** (*Wettbewerb, Wahlen*) convocar; (*Stelle*) sacar a concurso **3.** (*Rechnung*) hacer; (*Scheck*) extender

Ausschreibung *f* <-en> convocatoria *f;* (*von Stellen*) concurso *m*

Ausschreitungen *fPl* disturbios *mpl*

Ausschuss[1RR] *m* <-es, -schüsse> (*Komitee*) comisión *f*

Ausschuss[2RR] *m ohne Pl* <-es> (*minderwertige Ware*) desecho *m*

Ausschuß *m s.* **Ausschuss**

aus|schütteln *vt* sacudir

aus|schütten *vt* **1.** (*Flüssigkeit*) verter, derramar **2.** (*Gefäß*) vaciar; **jdm sein Herz ~** (*fig*) abrir su corazón a alguien **3.** (*Dividende*) repartir

Ausschüttung *f* <-en> (FIN) reparto *m*

ausschweifend *adj* **1.** (*Leben*) libertino, disoluto **2.** (*Fantasie*) desenfrenado

Ausschweifung *f* <-en> desenfreno *m*

aus|schweigen *irr vr:* **sich ~** guardar silencio (*über* sobre)

aus|schwenken *vt* **1.** (*Kran*) girar hacia fuera; **nach links ~** girar a la izquierda **2.** (*Wäsche*) aclarar

aus|sehen *irr vi* parecer, tener aspecto (*nach* de); **gut ~** tener buen aspeto; (*Sache*) ser bonito; (*Person*) estar guapo; **gut ~d** bien parecido; **es sieht nach Regen aus** parece que va a llover; **wie sieht's aus?** (*fam*) ¿qué tal van las cosas?; **es sieht so au, als ob ...** parece como si ... *+subj;* **er sieht aus wie sein Vater** se parece a su padre

Aussehen *nt ohne Pl* <-s> aspecto *m*

aus|sein *irr vi s.* **aus II.**

außen *adv* fuera; **von ~** por fuera; **den Schein nach ~ hin wahren** guardar las apariencias; **~ vor sein** quedar fuera; **Außenbezirk** *m* barrio *m* periférico, extrarradio *m*

Außenbordmotor *m* motor *m* fuera borda

aus|senden *irr vt* **1.** (*Expedition, Boten*) enviar **2.** (*Strahlen, Signale*) emitir

Außendienst *m ohne Pl* <-(e)s> servicio *m* externo; **Außenhandel** *m* (COM) comercio *m* exterior; **Außenminister(in)** *m(f)* (POL) ministro, -a *m, f* de Asuntos Exteriores, canciller *m Am;* **Außenministerium** *nt* (POL) Ministerio *m* de Asuntos Exteriores, cancillería *f Am;* **Außenpolitik** *f* (POL) política *f* exterior; **außenpolitisch** *adj* (POL) referente a la política exterior; **Außenseite** *f* (parte *f*) exterior *m;* **Außenseiter(in)** *m(f)* <-s, -; -nen> marginado, -a *m, f;* (SPORT) outsider *mf;* **Außenspiegel** *m* (AUTO) espejo *m* retrovisor exterior; **Außenstände** *mPl*

(WIRTSCH, FIN) atrasos *mpl;* **Außenstehende(r)** *mf* <-n, -n; -n> persona *f* ajena, profano, -a *m, f;* **Außenstelle** *f* agencia *f;* **Außenstürmer(in)** *m(f)* (SPORT) extremo, -a *m, f* delantero, -a; **Außentemperatur** *f* temperatura *f* exterior; **Außenwelt** *f ohne Pl* mundo *m* exterior; **Außenwirtschaft** *f ohne Pl* (WIRTSCH) economía *f* exterior

außer **I.** *präp +dat* **1.** (*räumlich*) fuera de; ~ **Sicht sein** no ser visible; ~ **Haus** fuera de casa **2.** (*Zustand*) fuera de; ~ **Betrieb/Gefahr** fuera de servicio/de peligro; ~ **Dienst sein** estar retirado; ~ **Atem** sin aliento; **sie war ~ sich vor Freude** estaba fuera de sí de alegría **3.** (*ausschließlich*) excepto, a excepción de **4.** (*abgesehen von*) aparte de **II.** *präp +gen* (*räumlich*) fuera de; ~ **Landes** fuera del país **III.** *konj* excepto, a excepción de; ~ **dass** excepto que *+subj;* ~ **wenn** excepto si

außerdem *adv* además, aparte

äußere(r, s) *adj* exterior, externo

Äußere(s) *nt ohne Pl* <-n> aspecto *m;* (*Gesicht, Körper*) físico *m*

außerehelich *adj* **1.** (*Beziehung*) extramatrimonial **2.** (*Kind*) natural, ilegítimo; **außergewöhnlich** *adj* excepcional; (*ungewöhnlich*) desacostumbrado

außerhalb **I.** *präp +gen* fuera de; ~ **der Stadt** fuera de la ciudad **II.** *adv* fuera; **wir wohnen** ~ vivimos en las afueras

außerirdisch *adj* extraterrestre

äußerlich *adj* **1.** (*außen*) externo; **nur ~ anwenden** (*Aufschrift auf Medikamenten*) sólo para uso externo; **rein ~ betrachtet** visto solamente por fuera **2.** (*oberflächlich*) superficial **3.** (*scheinbar*) aparente

Äußerlichkeit *f* <-en> apariencia *f*

äußern **I.** *vt* expresar; **seine Meinung** ~ dar su opinión **II.** *vr:* **sich** ~ **1.** (*seine Meinung sagen*) pronunciarse **2.** (*sich zeigen*) mostrarse

außerordentlich **I.** *adj* extraordinario, excepcional **II.** *adv* (*sehr*) sumamente, mucho; **etw ~ schätzen** apreciar algo extraordinariamente

außerorts *adv* (*Schweiz, Österr*) en las afueras

außerplanmäßig *adj* extraordinario, fuera de norma

äußerst *adv* muy, extraordinariamente

außerstande *adv:* ~ **sein etw zu tun** no estar en condiciones de hacer algo

äußerste(r, s) *adj* **1.** (*weit entfernt*) extremo; **am ~n Ende der Stadt** en el límite de la ciudad **2.** (*größtmöglich*) máximo, sumo

äußerstenfalls *adv* a lo sumo

außertariflich *adj* (WIRTSCH) fuera de tarifa

Äußerung *f* <-en> declaración *f;* (*Bemerkung*) observación *f*

aus|setzen **I.** *vi* **1.** (*Atmung, Herz*) cesar **2.** (*unterbrechen*) interrumpirse; **zwei Runden** ~ pasar dos turnos; **ohne auszusetzen** sin parar **II.** *vt* **1.** (*Tier*) abandonar **2.** (JUR: *Verhandlung*) aplazar; **die Strafe wurde zur Bewährung ausgesetzt** le concedieron remisión condicional de la pena **3.** (*bemängeln*) criticar, poner reparos (a) **4.** (*Belohnung*) ofrecer; (*Preis*) fijar **5.** (*preisgeben*): **jdn etw** *dat* ~ exponer a alguien a algo

Aussicht *f* <-en> **1.** (*Blick*) vista *f* (*auf* de), panorama *m* (*auf* de) **2.** (*Zukunftsmöglichkeit*) perspectiva *f* (*auf* de), esperanza *f* (*auf* de); **etw in ~ haben** tener algo en perspectiva; **etw hat ~ auf Erfolg** algo tiene probabilidad de éxito; **jdm etw in ~ stellen** prometer algo a alguien; **gute ~en haben** tener buenas perspectivas

aussichtslos *adj* sin esperanza; (*verzweifelt*) desesperado; (*unnütz*) inútil

Aussichtslosigkeit *f ohne Pl* falta *f* de perspectivas

Aussichtspunkt *m* mirador *m;* **aussichtsreich** *adj* prometedor; **Aussichtsturm** *m* <-(e)s, -türme> mirador *m*

aus|siedeln *vt* evacuar

Aussiedler(in) *m(f)* <-s, -; -nen> expatriado, -a *m, f*

aus|söhnen *vr:* **sich** ~ (re)conciliarse

Aussöhnung *f* <-en> reconciliación *f*

aus|sortieren* *vt* desechar, separar

aus|spannen **I.** *vi* (*sich erholen*) descansar **II.** *vt* **1.** (*Netz*) (ex)tender **2.** (*Pferde*) desenganchar **3.** (*fam*): **jdm den Freund** ~ quitar(le) a alguien el novio

aus|sperren **I.** *vt* **1.** (*aus der Wohnung*) cerrar la puerta (a, *aus* de) **2.** (*Arbeiter*) dejar en la calle mediante un lock-out **II.** *vr:* **sich** ~ (*aus der Wohnung*) quedarse fuera sin llaves (*aus* de)

Aussperrung *f* <-en> cierre *m,* lock-out *m*

aus|spielen **I.** *vt* **1.** (*Karte*) jugar **2.** (SPORT: *Gegenspieler*) regatear **3.** (*aufwiegeln*): **jdn gegen jdn** ~ aprovecharse de la rivalidad entre dos personas **II.** *vi* (*beim Kartenspiel*) salir

aus|spionieren* *vt* espiar

Aussprache *f* <-n> **1.** (*Artikulation*) pronunciación *f* **2.** (*Akzent*) acento *m* **3.** (*Unterredung*) discusión *f,* debate *m;* **eine ~ mit jdm haben** hablar francamente con alguien

aus|sprechen *irr* **I.** *vi* (*zu Ende sprechen*) terminar (la frase) **II.** *vt* **1.** (*Wörter, Laute*) pronunciar **2.** (*Lob, Verdächtigung*) expresar; **sie sprachen der Regierung ihr Vertrauen aus** expresaron su confianza al gobierno **3.** (*Verbot*) notificar **III.** *vr:* **sich** ~ **1.** (*sein Herz ausschütten*) desahogarse (*bei* con) **2.** (*befürworten*) abogar (*für* por)

Ausspruch *m* <-(e)s, -sprüche> dicho *m,* frase *f* ingeniosa

aus|spucken *vi, vt* escupir

aus|spülen *vt* enjuagar

aus|staffieren* *vt* ataviar (*mit* con/de), proveer (*mit* de)

Ausstand *m ohne Pl* <-(e)s> **1.** (*Streik*) huelga *f* **2.** (*Schweiz: Ausscheiden*) retirada *f* (*aus* de); **seinen ~ geben** celebrar su despedida del trabajo

aus|statten *vt* proveer (*mit* de), dotar (*mit* con/de)

Ausstattung *f* <-en> **1.** (*mit Geräten*) equipo *m* **2.** (*eines Buches*) presentación *f*

aus|stechen *irr vt* **1.** (*Unkraut*) extraer (con una pala); (*Auge*) vaciar **2.** (*übertreffen*) aventajar

aus|stehen *irr* **I.** *vi* (*fehlen*) faltar, estar pendiente **II.** *vt* (*ertragen*) aguantar, soportar; **ich kann ihn nicht ~** no le soporto

aus|steigen *irr vi sein* **1.** (*aus einem Fahrzeug*) bajar (*aus* de) **2.** (*fam: aufhören*) retirarse (*aus* de), abandonar (*aus*)

aus|stellen *vt* **1.** (*Waren, Bilder*) exhibir, exponer **2.** (*Bescheinigung, Zeugnis*) expedir; (*Scheck*) extender (*über* por) **3.** (*Gerät*) apagar

Aussteller(in) *m(f)* <-s, -; -nen> **1.** (*bei Ausstellungen*) expositor(a) *m(f)* **2.** (*von Urkunden*) otorgante *mf* **3.** (*von Wechseln*) librador(a) *m(f)*

Ausstellung *f* <-en> **1.** (*Veranstaltung*) exposición *f* **2.** (*von Schriftstücken*) expedición *f* **3.** (*von Schecks*) extensión *f* (*über* por); **Ausstellungshalle** *f* pabellón *m* de exposiciones

aus|sterben *irr vi sein* (*Pflanze, Tierart, Sprache*) desaparecer; (*Brauch*) perderse, caer en desuso; **wie ausgestorben** (*Ort*) desierto

Aussteuer *f ohne Pl* ajuar *m,* canastilla *f Arg, PRico;* (*Geld*) dote *f*

Ausstieg *m* <-(e)s, -e> **1.** (*das Heraussteigen*) bajada *f* **2.** (*Ausgang*) salida *f* **3.** (*fam: Beendigung*) abandono *m*

aus|stopfen *vt* rellenar; (*Tier*) disecar

aus|stoßen *irr vt* **1.** (*Atem, Abgase*) expulsar; (*Dampf, Rauchwolken*) expeler; (*Lava*) arrojar **2.** (*Seufzer*) lanzar **3.** (*produzieren*) producir **4.** (*ausschließen*) expulsar (*aus* de)

aus|strahlen *vt* **1.** (*Licht, Wärme*) emitir; (*Ruhe, Heiterkeit*) irradiar **2.** (RADIO) emitir, radiar; (TV) televisar

Ausstrahlung *f* <-en> **1.** (RADIO, TV) emisión *f* **2.** (*Charisma*) carisma *m*

aus|strecken **I.** *vt* (*Beine*) estirar **II.** *vr:* **sich ~** estirarse

aus|streuen *vt* esparcir, dispersar; (*Gerüchte*) difundir

aus|strömen **I.** *vi sein* (*Wasser*) derramarse; (*Gas, Dampf*) escaparse, salir **II.** *vt* (*Duft*) despedir, exhalar; (*Wärme*) despedir

aus|suchen *vt* escoger, elegir

Austausch *m ohne Pl* <-(e)s> (inter)cambio *m;* **im ~ für etw** a cambio de algo

austauschbar *adj* (inter)cambiable; (*ersetzbar*) sustituible

aus|tauschen **I.** *vt* **1.** (*auswechseln*) cambiar **2.** (*Erfahrungen, Erinnerungen*) intercambiar **3.** (*Schüler*) intercambiar; (*Gefangene*) canjear **II.** *vr:* **sich untereinander/mit jdm ~** cambiar impresiones uno con otro/con alguien

aus|teilen *vt* repartir (*an* a, *unter* entre); (*Ohrfeige, Karten*) dar, repartir

Auster *f* <-n> ostra *f*

Austernpilz *m* <-es, -e> champiñón *m* chino

aus|toben *vr:* **sich ~** (*Kinder*) desfogarse; (*beim Spielen*) jugar a lo loco

aus|tragen *irr vt* **1.** (*Briefe*) repartir **2.** (*Konflikt*) poner en claro **3.** (*Wend*): **ein Kind ~** (decidir) tener el niño

Australien *nt* <-s> Australia *f*

Australier(in) *m(f)* <-s, -; -nen> australiano, -a *m, f*

australisch *adj* australiano

aus|treiben *irr* **I.** *vt* **1.** (*Vieh*) sacar a pastar **2.** (*Teufel*) exorcizar **3.** (*Blüten*) echar **4.** (*abgewöhnen*): **jdm etw ~** quitar a alguien algo de la cabeza **II.** *vi* (*Pflanze*) echar hojas

Austreibung *f* <-en> **1.** (*von Menschen*) expulsión *f* **2.** (*vom Teufel*) exorcismo *m*

aus|treten *irr* **I.** *vi sein* **1.** (*Gas*) escaparse (*aus* por); (*Blut*) salir(se) (*aus* de) **2.** (*aus der Kirche, Partei*) salir (*aus* de); (*aus einem Verein*) darse de baja (*aus* en) **3.** (*fam: zur Toilette gehen*) ir al servicio **II.** *vt* **1.** (*Treppenstufen*) gastar; (*Schuhe*) (des)gastar **2.** (*Feuer*) apagar con los pies; (*Zigarette*) pisar

aus|trinken *irr vi, vt* terminar(se) de beber

Austritt *m* <-(e)s, -e> **1.** (*aus einer Organisation*) abandono *m,* dimisión *f* **2.** (*von Flüssigkeit*) salida *f;* (*von Gas*) escape *m*

aus|trocknen **I.** *vi sein* (re)secarse **II.** *vt* secar

aus|üben *vt* **1.** (*Beruf, Macht*) ejercer; (*Amt*) desempeñar **2.** (*Druck, Einfluss*) ejercer (*auf* sobre)

Ausübung *f ohne Pl* **1.** (*Beruf*) ejercicio *m* **2.** (*Dienst, Pflicht*) cumplimiento *m*

Ausverkauf *m* <-(e)s, -käufe> rebajas *fpl*

ausverkauft *adj* agotado

Auswahl[1] *f ohne Pl* (*Wahl*) selección *f;* **die (freie) ~ haben** poder escoger a su gusto; **zur ~** a escoger

Auswahl[2] *f* <-en> **1.** (*Angebot*) surtido *m* **2.** (SPORT) selección *f*

aus|wählen *vt* elegir (*aus* de), escoger (*unter* de/entre)

Auswanderer, -in *m, f* <-s, -; -nen> emigrante *mf*

aus|wandern *vi sein* emigrar (*aus* de, *nach* a)

Auswanderung *f* <-en> emigración *f* (*aus* de, *nach* a)

auswärtig *adj* **1.** (*nicht einheimisch*) forastero, de fuera; (*ausländisch*) extranjero **2.** (*das Ausland betreffend*) exterior; **der ~e Dienst** el servicio exterior

auswärts *adv* **1.** (*nach außen*) hacia fuera **2.** (*nicht zu Hause*) fuera (de casa); **von ~** de fuera; **Auswärtsspiel** *nt* (SPORT) partido *m* fuera de casa

aus|waschen *irr vt* lavar, limpiar; (GEO) erosionar

auswechselbar *adj* (inter)cambiable

aus|wechseln *vt* cambiar; (TECH) (re)cambiar

Auswechs(e)lung *f* <-en> cambio *m;* (TECH) (re)cambio *m*

Ausweg *m* <-(e)s, -e> salida *f* (*aus* de), solución *f* (*aus* para)

ausweglos *adj* sin salida, sin solución; (*verzweifelt*) desesperado

aus|weichen *irr vi sein:* **jdm ~** hacer sitio a alguien; **etw** *dat* **~** (*fig*) evitar algo; **eine ~de Antwort geben** responder con una evasiva; **auf etw anderes ~** decidirse por otra cosa

Ausweichmöglichkeit *f* <-en> alternativa *f*

aus|weinen *vr:* **sich ~** desahogarse (llorando); **sich bei jdm ~** desahogarse con alguien

Ausweis *m* <-es, -e> documento *m,* cartilla *f Am;* (*Studenten~*) carnet *m* de estudiante; (*Personal~*) documento *m* nacional de identidad

aus|weisen *irr* **I.** *vt* **1.** (*fortschicken*) expulsar (*aus* de) **2.** (*identifizieren*) identificar (*als* como/de), probar la identidad (*als* de/como) **II.** *vr:* **sich ~** (*Ausweis zeigen*) identificarse

Ausweispapiere *ntPl* documentación *f*

Ausweisung *f* <-en> (POL) expulsión *f*

aus|weiten **I.** *vt* (*vergrößern*) ampliar **II.** *vr:* **sich ~ 1.** (*weiter werden*) ensancharse, ampliarse **2.** (*sich auswachsen*) llegar a convertirse (*zu* en)

auswendig *adv* de memoria; **etw ~ können** saberse algo de memoria

aus|werfen *irr vt* **1.** (*Anker, Netz*) echar **2.** (*geh: Blut, Schleim*) escupir **3.** (*produzieren*) fabricar, producir **4.** (INFOR: *Daten*) emitir, arrojar

aus|werten *vt* **1.** (*analysieren*) analizar **2.** (*verwerten*) utilizar

Auswertung *f* <-en> **1.** (*Bewertung*) evaluación *f,* análisis *m inv* **2.** (*Verwertung*) utilización *f*

aus|wickeln *vt* desenvolver

aus|wirken *vr:* **sich ~** repercutir (*auf* en)

Auswirkung *f* <-en> repercusión *f* (*auf* en), consecuencia *f* (*auf* en/para)

aus|wischen *vt* **1.** (*Staub*) quitar **2.** (*Glas, Schrank*) limpiar **3.** (*Wend*): **jdm eins ~** (*fam*) jugar(le) a alguien una mala pasada

aus|wringen *irr vt* escurrir, retorcer

Auswuchs *m* <-es, -wüchse> **1.** (MED) excrecencia *f;* (*Geschwulst*) tumor *m* **2.** *Pl* (*Übersteigerung*) aberración *f*

Auswurf[1] *m ohne Pl* <-(e)s> (*das Auswerfen*) expulsión *f*

Auswurf[2] *m* <-(e)s, -würfe> (MED) esputo *m*

aus|zahlen **I.** *vt* pagar **II.** *vr:* **sich ~** merecer la pena

aus|zählen *vt* **1.** (*Stimmen*) escrutar **2.** (*beim Boxen*) contar al límite

Auszahlung *f* <-en> pago *m*

aus|zeichnen **I.** *vt* **1.** (*kennzeichnen, a. Waren*) marcar **2.** (*hervorheben*) distinguir **3.** (*ehren*) honrar **II.** *vr:* **sich ~** destacarse (*durch* por)

Auszeichnung *f* <-en> **1.** (*Ehrung*) distinción *f;* (SCH) matrícula *f* de honor; **mit ~** con mención honorífica **2.** (MIL) condecoración *f,* distinción *f*

ausziehbar *adj* extensible

aus|ziehen *irr* **I.** *vi sein* (*Wohnung räumen*) mudarse, cambiar(se) de casa **II.** *vt* **1.** (*Kleidung ablegen*) quitar; (*entkleiden*) desnudarse **2.** (*Tisch*) alargar **III.** *vr:* **sich ~** (*Kleidung*) desnudarse, quitarse la ropa, encuerarse *Am*

Ausziehtisch *m* mesa *f* extensible

Auszubildende(r) *mf* <-n, -n; -n> aprendiz(a) *m(f)*

Auszug *m* <-(e)s, -züge> **1.** (*aus der Wohnung*) mudanza *f* (*aus* de) **2.** (*Weggang*): **der ~ aus Ägypten** el éxodo de Egipto **3.** (*Extrakt*) extracto *m* **4.** (*aus einem Buch*) fragmento *m,* extracto *m*

auszugsweise *adv* en extracto; (*zusammengefasst*) en resumen

autark *adj* autárquico

Autarkie *f* <-n> autarquía *f*

authentisch *adj* auténtico

Authentizität *f ohne Pl* autenticidad *f*

Auto *nt* <-s, -s> coche *m,* auto *m Am;* **mit dem ~ fahren** ir en coche; **Autoatlas** *m* <-, -atlanten *o* -se> mapa *m* de carreteras

Autobahn *f* autopista *f;* **Autobahnauffahrt** *f* entrada *f* a la autopista; **Autobahnausfahrt** *f* salida *f* de la autopista; **Autobahngebühr** *f* peaje *m;* **Autobahnraststätte** *f*

área *f* de servicio

Autobiografie[RR] *f* <-n> autobiografía *f*

autobiografisch[RR] *adj* autobiográfico

Autobiographie *f* <-n> *s.* **Autobiografie**

autobiographisch *adj s.* **autobiografisch**

Autobombe *f* (*sl*) coche-bomba *m;* **Autobus** *m* autobús *m;* **Autocar** *m* <-s, -s> (*Schweiz*) autocar *m*

Autodidakt(in) *m(f)* <-en, -en; -nen> autodidacta *mf*

autodidaktisch *adj* autodidáctico

Autofahrer(in) *m(f)* conductor(a) *m(f),* automovilista *mf,* volante *mf Am;* **Autofahrt** *f* viaje *m* en coche, paseo *m* en auto; **Autofriedhof** *m* (*fam*) cementerio *m* de coches

autogen *adj* **1.** (TECH) autógeno **2.** (MED): **~es Training** técnica *f* de autorrelajación

Autogramm *nt* <-s, -e> autógrafo *m*

Autokarte *f* mapa *m* de carreteras; **Autokino** *nt* auto-cine *m*

Autokrat(in) *m(f)* <-en, -en; -nen> autócrata *mf*

Autokratie *f* <-n> autocracia *f*

autokratisch *adj* autocrático

Automat *m* <-en, -en> autómata *m;* (*Getränke~, Tabak~*) distribuidor *m* automático, máquina *f fam;* (*Geld~*) cajero *m* (automático)

Automatik *f* <-en> (TECH) automatismo *m;* **ein Fotoapparat mit ~** una cámara fotográfica automática

automatisch *adj* automático

automatisieren* *vt* automatizar

Automatisierung *f* <-en> automatización *f*

Automechaniker(in) *m(f)* mecánico, -a *m, f* de coches

Automobil *nt* <-s, -e> automóvil *m;* **Automobilindustrie** *f* industria *f* del automóvil

autonom *adj* autónomo

Autonome(r) *mf* <-n, -n; -n> autonomista *mf*

Autonomie *f* <-n> autonomía *f;* **Autonomieverhandlungen** *fPl* (POL) negociaciones *fpl* de autonomía

Autonummer *f* <-n> matrícula *f* del coche

Autopilot *m* <-en, -en> (TECH) piloto *m* automático

Autopsie *f* <-n> (MED) autopsia *f*

Autor(in) *m(f)* <-s, -en; -nen> autor(a) *m(f)*

Autoradio *nt* autorradio *f;* **Autoreifen** *m* neumático *m* del coche, caucho *m Kol, Ven;* **Autorennen** *nt* carrera *f* de coches [*o* de automóviles]

autorisieren* *vt* autorizar (*zu* para/a)

autoritär *adj* autoritario

Autorität *f* <-en> autoridad *f*

Autoschlange *f* caravana *f* de coches; **Autoschlosser(in)** *m(f)* mecánico, -a *m, f* de coches; **Autoskooter** *m* <-s, -> autochoque *m;* **Autostopp** *m ohne Pl:* **per ~ fahren** hacer auto(e)stop

Autosuggestion *f ohne Pl* autosugestión *f*

Autotelefon *nt* teléfono *m* de automóvil; **Autounfall** *m* accidente *m* de automóvil; **Autoverleih** *m* alquiler *m* de coches, establo *m Cuba;* **Autowerkstatt** *f* taller *m* de coches

autsch *interj* ay

avancieren* *vi sein* ascender (*zu* a)

Avantgarde *f* <-n> vanguardia *f*

avantgardistisch *adj* vanguardista, de vanguardia

Aversion *f* <-en> aversión *f* (*gegen* contra)

Avocado *f* <-s> aguacate *m,* palta *f Am,* ahuacatl *m Mex*

Axiom *nt* <-s, -e> axioma *m*

Axt *f* <Äxte> hacha *f*

Azalee *f* <-n> azalea *f*

Azeton *nt ohne Pl* <-s> (CHEM) acetona *f*

Azoren *Pl:* **die ~** las Azores

Azteke, -in *m, f* <-n, -n; -nen> azteca *mf*

Azubi *mf* <-s, -s; -s> (*fam*) *Abk. von* **Auszubildende(r)** aprendiz(a) *m(f)*

B

B, b *nt* <-, -> **1.** (*Buchstabe*) B, b *f;* ~ **wie Berta** B de Barcelona **2.** (MUS: *Ton*) si *m* bemol **3.** (MUS: *Erniedrigungszeichen*) bemol *m*

B *f Abk. von* **Bundesstraße** (*in Deutschland*) carretera *f* federal; (*in Spanien*) ≈N *f*

Baby *nt* <-s, -s> bebé *m*

babysitten *vi* (*fam*) hacer de babysitter

Babysitter(in) *m(f)* <-s, -; -nen> babysitter *mf,* canguro *mf*

Babyspeck *m ohne Pl* <-(e)s> (*fam*) redondez *f* de recién nacido; **Babystrich** *m* <-(e)s, -e> (*fam*) prostitución *f* de menores; **Babytragetasche** *f* portabebés *m inv;* **Babyzelle** *f* pila *f* eléctrica baby

Bach *m* <-(e)s, Bäche> arroyo *m,* quebrada *f Am*

Bachstelze *f* <-n> (ZOOL) lavandera *f*

Backblech *nt* <-(e)s, -e> bandeja *f* de horno

Backbord *nt ohne Pl* <-(e)s> (NAUT, AERO) babor *m*

backbord(s) *adv* (NAUT, AERO) a babor

Backe *f* <-n> **1.** (*fam: Wange*) carrillo *m;* (*Pausbacke*) moflete *m* **2.** (*fam: Hinterbacke*) moflete *m* **3.** (TECH: *einer Bremse*) zapata *f;* (*eines Schraubstocks*) mandíbula *f*

backen <backt *o* bäckt, backte, gebacken> **I.** *vi* (*gar werden*) cocer **II.** *vt* (*Brot, Kuchen*) hacer (en el horno)

Backenknochen *m* pómulo *m;* **Backenzahn** *m* muela *f*

Bäcker(in) *m(f)* <-s, -; -nen> **1.** (*Person*) panadero, -a *m, f* **2.** (*Geschäft*) panadería *f*

Bäckerei *f* <-en> panadería *f*

Bäckermeister(in) *m(f)* maestro, -a *m, f* panadero, -a

Backfisch *m* **1.** (GASTR) pescad(it)o *m* frito **2.** (*junges Mädchen*) pollita *f;* **Backform** *f* <-en> molde *m* de horno; **Backmischung** *f* preparado *m* para un pastel; **Backofen** *m* horno *m*

Backpfeife *f* (*reg*) bofetada *f,* torta *f*

Backpulver *nt* levadura *f* en polvo

Backslash *m* <-s, -s> (INFOR) barra *f* inversa, barra *f* de directorio (*en MS-DOS*)

Backstein *m* ladrillo *m;* **Backstube** *f* horno *m* de pan, tahona *f*

bäckt *3. präs von* **backen**

Backwaren *fPl* productos *mpl* de panificación y pastelería

Bad *nt* <-(e)s, Bäder> **1.** (*das Baden*) baño *m,* bañada *f Am;* **ein ~ nehmen** tomar un baño **2.** (*Badewasser*) (agua *m* para el) baño *m;* **sich ein ~ einlassen** prepararse un baño **3.** (*Badezimmer*) (cuarto *m* de) baño *m,* lavatorio *m Am* **4.** (*Heil~, See~*) balneario *m* **5.** (CHEM) baño *m*

Badeanstalt *f* piscina *f* (municipal); **Badeanzug** *m* <-(e)s, -züge> traje *m* de baño, mallas *fpl Am;* **Badehose** *f* bañador *m,* entrepierna *f Chil;* **Badekappe** *f* gorro *m* de baño; **Bademantel** *m* albornoz *m;* **Bademeister(in)** *m(f)* bañero, -a *m, f*

baden I. *vi* **1.** (*schwimmen*) bañarse **2.** (*ein Bad nehmen*) tomar un baño **II.** *vt* (*waschen*) bañar

Baden-Württemberg *nt* <-s> Baden-Wurtemberg *m*

Badeort *m* (*Seebad*) lugar *m* de vacaciones (*en la costa*); (*Kurort*) balneario *m;* **Badeschuhe** *mPl* chancletas *fpl* de baño; **Badetuch** *nt* <-(e)s, -tücher> toalla *f* de baño; **Badewanne** *f* <-n> bañera *f,* bañadera *f Am;* **Badewasser** *nt ohne Pl* <-s> agua *f* para el baño; **Badezimmer** *nt* cuarto *m* de baño, lavatorio *m Am*

Badminton *nt ohne Pl* <-> (SPORT) bádminton *m*

baff *adj* (*fam*): ~ **sein** quedar(se) boquiabierto

Bafög, BAföG *nt* <-(s)> *Abk. von* **Bundesausbildungsförderungsgesetz** Ley *f* Federal de Promoción de la Enseñanza (*crédito oficial a estudiantes para sufragar los estudios*)

Bagatelle *f* <-n> bagatela *f*

bagatellisieren* *vt* quitar importancia (a)

Bagatellschaden *m* daño *m* insignificante; (JUR) siniestro *m* leve

Bagdad *nt* <-s> Bagdad *m*

Bagger *m* <-s, -> excavadora *f*

baggern *vi* **1.** (*graben*) excavar, dragar **2.** (*Volleyball*) rematar

Baggersee *m* <-s, -n> lago *m* (artificial)

Baguette *nt* <-s, -s> barra *f* de pan (*blanco, estilo francés*)

Bahamas *Pl:* **die** ~ las Bahamas

Bahn *f* <-en> **1.** (*Weg*) camino *m,* paso *m;* **freie ~ haben** tener vía libre; **etw verläuft in gewohnten ~en** algo sigue su ritmo normal; **auf die schiefe ~ geraten** ir por mal camino **2.** (*Zug*) tren *m;* (*Eisenbahn*) ferrocarril *m;* **mit der ~ fahren** ir en tren **3.** (*aus Stoff*) tira *f* **4.** (SPORT) calle *f,* vía *f* **5.** (ASTR: *von Planeten*) órbita *f* **6.** (*einer Ra-*

kete) trayectoria *f;* **Bahnbeamte(r)** *mf,* **-beamtin** *f* (empleado, -a *m, f*) ferroviario, -a *m, f*

bahnbrechend *adj* revolucionario

Bahndamm *m* terraplén *m* de vías férreas

bahnen *vt* (*Weg*) abrir; **jdm den Weg ~** (*fig*) preparar(le) el camino a alguien

Bahnfahrt *f* <-en> viaje *m* en tren; **Bahngleis** *nt* raíl *m,* vía *f*

Bahnhof *m* estación *f* (de ferrocarril); **Bahnhofshalle** *f* vestíbulo *m* de la estación; **Bahnhofsvorsteher(in)** *m(f)* jefe, -a *m, f* de estación

Bahnlinie *f* línea *f* ferroviaria; **Bahnpolizei** *f ohne Pl* servicio *m* de seguridad de la estación; **Bahnschranke** *f* <-n> barrera *f* de un paso a nivel; **Bahnsteig** *m* <-(e)s, -e> andén *m;* **Bahnübergang** *m* paso *m* a nivel; **Bahnunterführung** *f* paso *m* subterráneo; **Bahnverbindung** *f* comunicación *f* ferroviaria; **Bahnwärter(in)** *m(f)* guardabarros *mf inv*

Bahre *f* <-n> **1.** (*Trage*) parihuela *f;* (*Liege*) camilla *f* **2.** (*für Tote*) féretro *m*

Bai *f* <-en> bahía *f*

Baiser *nt* <-s, -s> (GASTR) merengue *m*

Baisse *f* <-n> (FIN) baja *f,* caída *f;* **auf ~ spekulieren** jugar a la baja

Bajonett *nt* <-(e)s, -e> bayoneta *f*

Bakterie *f* <-n> (BIOL, MED) bacteria *f*

bakteriell *adj* (BIOL, MED) bacterial, bactérico

Bakteriologe, -in *m, f* <-n, -n; -nen> bacteriólogo, -a *m, f*

Bakteriologie *f ohne Pl* bacteriología *f*

bakteriologisch *adj* bacteriológico

Balance *f* <-n> equilibrio *m*

balancieren* **I.** *vi sein* hacer equilibrios **II.** *vt* (*im Gleichgewicht halten*) equilibrar

bald <eher, am ehesten> *adv* **1.** (*in Kürze*) pronto, en breve; **so ~ wie möglich** cuanto antes; **~ darauf** poco después; **bis ~!** ¡hasta pronto! **2.** (*fam: beinahe*) casi, por poco; **ich wäre ~ hingefallen** por poco me caigo **3.** (*einmal*): **~ regnete es, ~ schien die Sonne** tan pronto llovía como salía el sol

Baldachin *m* <-s, -e> **1.** (*Schutzdach*) baldaquín *m,* baldaquino *m;* (*Betthimmel*) dosel *m* **2.** (*bei Prozessionen*) palio *m*

baldig *adj* pronto; **baldigst** *adv,* **baldmöglichst** *adv* lo antes posible

Baldrian *m* <-s, -e> valeriana *f*

Balearen *Pl:* **die ~** las Baleares

Balg[1] *m* <-(e)s, Bälge> **1.** (*Fell*) piel *f,* pellejo *m* **2.** (*Blasebalg*) fuelle *m*

Balg[2] *m o nt* <-(e)s, Bälger> (*fam abw: Kind*) diablillo *m,* concho *m CSur*

balgen *vr:* **sich ~** pelearse (*um* por)

Balgerei *f* <-en> pelea *f*

Balkan *m* <-s>: **der ~** los Balcanes; **auf dem ~** en los Balcanes; **Balkanländer** *ntPl* países *mpl* balcánicos

Balken *m* <-s, -> **1.** (*aus Holz, Stahl*) viga *f* **2.** (SPORT: *Schwebe~*) barra *f* de equilibrio **3.** (TYPO: *dicker Strich*) raya *f;* **Balkendecke** *f* techo *m* de trabes; **Balkenwaage** *f* balanza *f* (de brazos)

Balkon *m* <-s, -e *o* -s> **1.** (ARCHIT) balcón *m* **2.** (THEAT) palco *m;* **Balkontür** *f* puerta *f* del balcón

Ball *m* <-(e)s, Bälle> **1.** (SPORT) pelota *f,* balón *m;* **~ spielen** jugar a la pelota; **am ~ bleiben** (*fam*) no perder de vista **2.** (*Tanzveranstaltung*) baile *m*

Ballade *f* <-n> balada *f;* (LIT) romance *m*

Ballast *m* <-(e)s, -e> (*a.* NAUT, AERO) carga *f;* **Ballaststoffe** *mPl* (MED) fibras *fpl* vegetales

ballen **I.** *vt* (*Faust*) apretar, empuñar *Chil;* **die Hand zur Faust ~** cerrar los puños **II.** *vr:* **sich ~** **1.** (*Menschenmenge*) aglomerarse **2.** (*Wolken*) acumularse **3.** (*Verkehr*) concentrarse

Ballen *m* <-s, -> **1.** (*Stoff~*) paca *f* **2.** (*an Hand-, Fußflächen*) pulpejo *m* **3.** (*einer Pflanze*) cepellón *m*

Ballerina *f* <Ballerinen> bailarina *f*

ballern **I.** *vi* (*fam: mehrmals schießen*) tirotear, abalear *Am* **II.** *vt* (*fam*): **jdm eine ~** sacudir(le) una bofetada a alguien

Ballett *nt* <-(e)s, -e> ballet *m;* **Balletttänzer(in)**[RR] *m(f)* bailarín, -ina *m, f* de ballet

Balljunge *m* <-n, -n> (SPORT) recogepelotas *m inv*

Ballkleid *nt* traje *m* de fiesta

Ballon *m* <-s, -s *o* -e> **1.** (AERO) globo *m* **2.** (*Glasbehälter*) balón *m* **3.** (*fam: Kopf*) coco *m*

Ballsaal *m* salón *m* de baile

Ballspiel *nt* juego *m* de pelota

Ballung *f* <-en> aglomeración *f;* **Ballungsgebiet** *nt* zona *f* de aglomeración

Ballwechsel *m* (SPORT) juego *m* (*de la pelota*)

Balsam *m ohne Pl* <-s> bálsamo *m*

balsamieren* *vt* embalsamar

Balte, -in *m, f* <-n, -n; -nen> báltico, -a *m, f*

Baltikum *nt* <-s> países *mpl* bálticos

baltisch *adj* báltico

Balustrade *f* <-n> balaustrada *f*

balzen *vi* estar en (época de) celo

Bambus *m* <-(ses), -se> bambú *m;* **Bambusrohr** *nt* <-(e)s, -e> caña *f* de bambú; **Bambussprossen** *fPl* (GASTR) brotes *mpl* tiernos de bambú

Bammel *m ohne Pl* <-s> (*fam*) miedo *m*

banal *adj* banal

Banalität *f* <-en> banalidad *f*

Banane *f* <-n> plátano *m,* banana *f Am;* **Bananenschale** *f* cáscara *f* de plátano, cáscara *f* de banana *Am*

Banause *m* <-n, -n> (*abw*) inculto, -a *m, f*

band *3. imp von* **binden**

Band[1] *f* <-s> (*Musikgruppe*) grupo *m;* (*in Kennerkreisen*) banda *f*

Band[2] *m* <-(e)s, Bände> (*Buch*) tomo *m,* volumen *m;* **dein Gesicht spricht Bände** (*fam*) tu cara lo dice todo

Band[3] *nt* <-(e)s, Bänder> **1.** (*Stoff~*) cinta *f,* lazo *m;* (*Auszeichnung*) banda *f* **2.** (*Fließ~*) cadena *f* de fabricación; **am ~ arbeiten** trabajar en la cadena de montaje; **am laufenden ~** (*fam*) continuamente **3.** (TECH: *Ton~*) cinta *f* magnetofónica; (*Farb~*) cinta *f* mecanográfica; (*Maß~*) cinta *f* métrica; (*Klebe~*) cinta *f* adhesiva; **ich habe dir aufs ~ gesprochen** (*fam*) te dejé un mensaje (en el contestador) **4.** (*am Gelenk*) ligamento *m* **5.** (*Frequenzbereich*) banda *f* de frecuencia

Bandage *f* <-n> vendaje *m*

bandagieren* *vt* vendar

Bandaufnahme *f* grabación *f* en cinta (magnetofónica); **Bandbreite** *f* **1.** (RADIO) anchura *f* de banda **2.** (*fig: Vielfalt*) diversidad *f* **3.** (FIN) margen *m o f* de fluctuación

Bande *f* <-n> **1.** (*abw: Gruppe*) banda *f,* trinca *f And, CSur* **2.** (*Umrandung*) banda *f*

Banderole *f* <-n> precinto *m*

Bänderriss[RR] *m* (MED) rotura *f* de ligamentos

bändigen *vt* **1.** (*Tier*) domar; (*Mensch*) calmar **2.** (*Gefühle*) refrenar

Bandit(in) *m(f)* <-en, -en; -nen> bandido, -a *m, f*

Bandmaß *nt* <-es, -e> cinta *f* métrica; **Bandnudel** *f* tallarín *m*

Bandscheibe *f* (MED) disco *m* intervertebral

Bandwurm *m* tenia *f*

bang(e) *adj* (*reg*) miedoso; **es ist mir ~ (zumute)** tengo miedo

Bange *f ohne Pl* (*reg*) temor *m* (*vor* a), miedo *m* (*vor* de/a)

bangen **I.** *vi* (*geh*) **1.** (*Angst haben*) tener miedo (*vor* a) **2.** (*sich sorgen*) temer (*um* por) **II.** *vt* (*geh*) temer **III.** *vunpers:* **mir bangt davor** lo temo

Bank[1] *f* <Bänke> **1.** (*Sitz~*) banco *m;* (SPORT) banquillo *m;* **durch die ~** sin excepción; **etw auf die lange ~ schieben** dar largas a algo **2.** (*Sand~*) banco *m* de arena

Bank[2] *f* <-en> **1.** (*Kreditinstitut*) banco *m* **2.** (*beim Spiel*) banca *f*

Bankangestellte(r) *mf* empleado, -a *m, f* de banco; **Bankautomat** *m* cajero *m* automático; **Bankdirektor(in)** *m(f)* director(a) *m(f)* de banco, jefe, -a *m, f* de banco

Banker *m* <-s, -; -nen> (WIRTSCH) banquero *m*

Bankett *nt* <-(e)s, -e> festín *m,* banquete *m*

Bankgeheimnis *nt* secreto *m* bancario; **Bankgeschäft** *nt* <-(e)s, -e> negocio *m* bancario; (*Transaktion*) transacción *f* bancaria

Bankier *m* <-s, -s> banquero, -a *m, f*

Bankkauffrau *f* empleada *f* titulada bancaria; **Bankkaufmann** *m* empleado *m* titulado bancario; **Bankkonto** *nt* cuenta *f* bancaria; **Bankkredit** *m* crédito *m* bancario; **Bankleitzahl** *f* código *m* de identificación bancaria; **Banknote** *f* <-n> billete *m* de banco; **Bankraub** *m* <-(e)s, -e> robo *m* de banco; **Bankräuber(in)** *m(f)* atracador(a) *m(f)* de bancos

bankrott *adj* en bancarrota, en quiebra

Bankrott *m* <-(e)s, -e> bancarrota *f,* quiebra *f;* **~ machen** ir a la quiebra

Bankschließfach *nt* casilla *f* bancaria; **Banküberfall** *m* atraco *m* a un banco; **Banküberweisung** *f* transferencia *f* bancaria; **Bankverbindung** *f* cuenta *f* bancaria; **Bankwesen** *nt ohne Pl* <-s> (WIRTSCH) banca *f*

Bann *m* <-(e)s, -e> **1.** (REL) excomunión *f* **2.** (*geh: Zauber*) encantamiento *m,* hechizo *m;* **jdn in seinen ~ ziehen** cautivar a alguien; **in jds ~ geraten** estar hechizado por alguien

bannen *vt* **1.** (*Gefahr, Geister*) conjurar **2.** (*Zuschauer*) cautivar **3.** (*festhalten*) dejar inmóvil (como por encanto) (*auf* en); **wie gebannt zuhören** escuchar como hechizado **4.** (*den Bann aussprechen*) excomulgar

Banner *nt* <-s, -> estandarte *m*

bar *adj* **1.** (FIN) en efectivo; **etw (in) ~ bezahlen** pagar algo al contado **2.** (*geh: rein*) puro, verdadero; **das ist ~er Unsinn/Zufall** esto es pura sandez/coincidencia

Bar[1] *f* <-s> **1.** (*Lokal*) bar *m;* (*Nachtlokal*) boite *f,* club *m* nocturno **2.** (*Theke*) barra *f*

Bar[2] *nt* <-s, -s> (PHYS) bar(o) *m*

Bär(in) *m(f)* <-en, -en; -nen> oso, -a *m, f;* **jdm einen ~en aufbinden** (*fig fam*) contar a alguien un cuento chino

Baracke *f* <-n> barraca *f,* chabola *f*

Barbar(in) *m(f)* <-en, -en; -nen> bárbaro, -a *m, f*

Barbarei *f* <-en> barbarie *f*

barbarisch *adj* bárbaro

Barbe *f* <-n> (GASTR, ZOOL) barbo *m*

Barbier *m* <-s, -e> barbero *m*

Bardame *f* <-n> camarera *f* de un club nocturno

bärenstark *adj* (*fam*) fuerte como un toro

Barett *nt* <-(e)s, -e *o* -s> boina *f;* (*Geistlicher*) birreta *f;* (*Richter, Professor*) birrete *m*

barfuß *adj* descalzo

barg *3. imp von* **bergen**

Bargeld *nt* dinero *m* al contado

bargeldlos *adj* por cheque, por transacción; **~er Zahlungsverkehr** pagos por giro o cheque
Barhocker *m* <-s, -> taburete *m* de bar
Bariton *m* <-s, -e> (MUS) barítono *m*
Barium *nt ohne Pl* <-s> (CHEM) bario *m*
Barkasse *f* <-n> barcaza *f*, lancha *f*
Barkauf *m* <-(e)s, -käufe> compra *f* al contado
Barke *f* <-n> barca *f*
Barkeeper *m* <-s, -> barman *m*
barmherzig *adj* misericordioso, caritativo
Barmherzigkeit *f ohne Pl* misericordia *f*
barock *adj* barroco
Barock *m o nt ohne Pl* <-s> barroco *m*
Barometer *nt* <-s, -> barómetro *m*
Baron(in) *m(f)* <-s, -e; -nen> barón, -onesa *m, f*
Barren *m* <-s, -> **1.** (*Metall*) barra *f* **2.** (SPORT) (barras *fpl*) paralelas *fpl*
Barriere *f* <-n> barrera *f*
Barrikade *f* <-n> barricada *f*; **für etw auf die ~n gehen** (*fig*) luchar por algo
barsch *adj* rudo, áspero
Barsch *m* <-(e)s, -e> (ZOOL, GASTR) perca *f*
Barscheck *m* <-s, -s> cheque *m* abierto
barst *3. imp von* **bersten**
Bart *m* <-(e)s, Bärte> **1.** (*bei Männern*) barba *f*; **sich einen ~ wachsen lassen** dejarse crecer la barba; **etw in den ~ murmeln** (*fam*) murmurar algo entre dientes; **jdm um den ~ gehen** (*fam*) hacer la pelotilla a alguien **2.** (*Katze, Robbe*) bigote(s) *m(pl)* **3.** (*Schlüssel~*) paletón *m*
bärtig *adj* barbudo
bartlos *adj* sin barba
Bartstoppeln *fPl* cañones *mpl* de la barba
Barzahlung *f* pago *m* al contado
Basar *m* <-s, -e> bazar *m*
Base *f* <-n> **1.** (*südd: Cousine*) prima *f* **2.** (*Schweiz: Tante*) tía *f* **3.** (CHEM) base *f*
Baseball[1] *m ohne Pl* <-s> (SPORT: *Spiel*) béisbol *m*; **~ spielen** jugar al béisbol
Baseball[2] *m* <-s, -s> (SPORT: *Ball*) pelota *f* de béisbol
Basel *nt* <-s> Basilea *f*
Bas(e)ler(in) *m(f)* <-s, -; -nen> habitante *mf* de Basilea
Basen *Pl von* **Base, Basis**
basieren* *vi* basarse (*auf* en), fundarse (*auf* en)
Basilika *f* <Basiliken> basílica *f*
Basilikum *nt ohne Pl* <-s> albahaca *f*
Basis *f* <Basen> **1.** (*Grundlage*) base *f* **2.** (ARCHIT, POL, MATH) base *f* **3.** (MIL) base *f* militar
basisch *adj* (CHEM) básico
Basiswissen *nt ohne Pl* <-s> conocimientos *mpl* básicos
Baske, -in *m, f* <-n, -n; -nen> vasco, -a *m, f*; **Baskenland** *nt* <-(e)s> País *m* Vasco, Euskadi *m*; **Baskenmütze** *f* chapela *f*, boina *f* vasca
Basketball[1] *m ohne Pl* <-(e)s> (*Sportart*) baloncesto *m*
Basketball[2] *m* <-(e)s, -bälle> (*Ball*) pelota *f* de baloncesto
baskisch *adj* vasco; (*Sprache*) vascuence, euskera
Basler(in) *m(f)* <-s, -; -nen> *s.* **Bas(e)ler**
Bass[RR] *m* <-es, Bässe>, **Baß** *m* <-sses, Bässe> **1.** (*Stimmlage, Sänger*) bajo *m* **2.** (*Instrument*) contrabajo *m*; (*elektrisch verstärkt*) bajo *m*
Bassin *nt* <-s, -s> depósito *m* de agua
Bassist(in) *m(f)* <-en, -en; -nen> **1.** (*Sänger*) bajo *m* **2.** (*Bassspieler*) contrabajo *mf*; (*elektrisch verstärkt*) bajo *mf*
Bassschlüssel[RR] *m* (MUS) clave *f* de fa
Bast *m* <-(e)s, -e> rafia *f*
basta *interj* basta; **du kommst, (und damit) ~!** ¡vienes, y no se hable más!
Bastard *m* <-(e)s, -e> bastardo *m*; (BIOL) híbrido *m*
basteln I. *vi* **1.** (*Handarbeiten*) hacer trabajos manuales; (*Hobbyheimwerk*) dedicarse al bricolaje **2.** (*reparieren*) (intentar) arreglar (*an*) **II.** *vt* hacer (a mano)
Bastion *f* <-en> bastión *m*
Bastler(in) *m(f)* <-s, -; -nen> aficionado, -a *m, f* a las manualidades
bat *3. imp von* **bitten**
Bataillon *nt* <-s, -e> (MIL) batallón *m*
Batik *f* <-en> batik *m* (*método de teñir tejidos*)
Batist *m* <-(e)s, -e> batista *f*
Batterie *f* <-n> **1.** (*Stromspeicher*) pila *f* **2.** (AUTO, MIL) batería *f* **3.** (*fam: Anzahl*) pila *f*; **eine ganze ~ (von) Maßnahmen** una artillería de medidas; **batteriebetrieben** *adj* accionado por batería; **ein ~es Radiogerät** una radio a pilas
Bau[1] *m ohne Pl* <-(e)s> **1.** (*das Bauen*) construcción *f*; (*von Gebäuden*) edificación *f*; **sich im ~ befinden** estar en construcción **2.** (*fam: Baustelle*) construcción *f*, obra *f*; **auf dem ~ arbeiten** trabajar en la construcción **3.** (*sl: Gefängnis*) chirona *f* **4.** (*Konstitution*) constitución *f*
Bau[2] *m* <-(e)s, Bauten> (*Gebäude*) edificio *m*
Bau[3] *m* <-(e)s, -e> (*Erdhöhle*) madriguera *f*
Bauabschnitt *m* tramo *m* en construcción; **Bauamt** *nt* oficina *f* de obras y construcciones; **Bauarbeiten** *fPl* obras *fpl* de construcción; **Bauarbeiter(in)** *m(f)* obrero, -a *m, f* de la construcción
Bauch *m* <-(e)s, Bäuche> **1.** (*bei Mensch, Tier*) vientre *m*, barriga *f*, tripa *f fam*, timba *f Am*; **mein Vater hat einen ~ bekom-**

men mi padre ha echado barriga; **sich** *dat* **den ~ mit etw voll schlagen** (*fam*) darse una panzada de algo; **etw aus dem ~ heraus entscheiden** (*fam fig*) decidir algo por intuición **2.** (*bei Flasche, Vase*) vientre *m,* panza *f;* (*bei Schiff, Flugzeug*) casco *m;* **Bauchbinde** *f* **1.** (MED) faja *f* **2.** (*Zigarre*) vitola *f* **3.** (*Buch*) tira *f*

Bauchfell *nt* (ANAT) peritoneo *m;* **Bauchfellentzündung** *f* (MED) peritonitis *f inv*

Bauchhöhle *f* <-n> (ANAT) cavidad *f* abdominal

bauchig *adj* barrigudo; (*Gefäß*) abombado

Bauchladen *m* <-s, -läden> buhonería *f;* **Bauchlandung** *f* (AERO) aterrizaje *m* ventral; **Bauchnabel** *m* <-s, -> ombligo *m;* **Bauchredner(in)** *m(f)* ventrílocuo, -a *m, f;* **Bauchschmerzen** *mPl* dolores *mpl* de barriga; **Bauchspeicheldrüse** *f* <-n> páncreas *m inv;* **Bauchtanz** *m* danza *f* oriental; **Bauchtänzerin** *f* <-nen> danzarina *f* oriental; **Bauchweh** *nt ohne Pl* <-s> (*fam*) dolor *m* de barriga

Baudenkmal *nt* monumento *m* conmemorativo

bauen I. *vt* **1.** (*errichten*) construir; (*Gebäude*) edificar; (*Nest*) hacer **2.** (*fam: verursachen*) hacer; (*Unfall*) tener; **da hast du Mist gebaut** (*fam*) has metido la pata **II.** *vi* **1.** (*vertrauen*) confiar (*auf* en) **2.** (*sich verlassen*) contar (*auf* con)

Bauer[1] *m,* **Bäuerin** *f* <-n *o* -s, -; -nen> **1.** (*Landwirt*) agricultor(a) *m(f);* (*Landarbeiter*) labrador(a) *m(f),* campesino, -a *m, f,* concho, -a *m, f ZAm* **2.** (*abw: ungebildeter Mensch*) paleto, -a *m, f,* rural *mf Am* **3.** (*Schachfigur*) peón *m* **4.** (*Spielkarte*) ≈sota *f*

Bauer[2] *m o nt* <-s, -> (*Vogelkäfig*) jaula *f*

Bäuerchen *nt* <-s, -> (*fam*) regüeldo *m,* eructo *m;* **ein ~ machen** soltar un eructo

Bäuerin *f* <-nen> *s.* **Bauer**[1]

bäuerlich *adj* campesino, jíbaro *Am;* (*abw*) rústico

Bauernfänger(in) *m(f)* <-s, -; -nen> (*abw*) estafador(a) *m(f),* engañabobos *mf inv*

Bauernhaus *nt* casa *f* de labranza; **Bauernhof** *m* granja *f;* **Bauernregel** *f* almanaque *m* campesino; **bauernschlau** *adj* astuto; **Bauernverband** *m* asociación *f* de agricultores

baufällig *adj* ruinoso, en ruina

Baufirma *f* empresa *f* constructora; **Baugelände** *nt* <-s, -> zona *f* de edificación; **Baugenehmigung** *f* permiso *m* de edificación; **Baugerüst** *nt* andamio *m;* **Baugesellschaft** *f* <-en> empresa *f* constructora; **Baugewerbe** *nt ohne Pl* <-s> ramo *m* de la construcción; **Baugrube** *f* zanja *f* (de una obra); **Baugrundstück** *nt* solar *m;* **Bauherr(in)** *m(f)* <-(e)n, -(e)n; -nen> propietario, -a *m, f;* **Bauholz** *nt* <-es, -hölzer> madera *f* de construcción; **Bauingenieur(in)** *m(f)* ingeniero, -a *m, f* civil; **Baujahr** *nt* **1.** (*von Gebäuden*) año *m* de construcción **2.** (*von Fahrzeugen*) año *m* de fabricación; **Baukasten** *m* juego *m* de construcción (con cubos); **Bauklotz** *m* cubo *m* aplicable; **Bauklötze staunen** (*fam*) quedarse atónito; **Bauland** *nt ohne Pl* <-(e)s> terreno *m* de edificación; **Bauleiter(in)** *m(f)* <-s, -; -nen> director(a) *m(f)* de la obra

baulich *adj* arquitectónico; **~e Veränderungen vornehmen** realizar cambios arquitectónicos

Baum *m* <-(e)s, Bäume> **1.** (BOT) árbol *m;* **stark wie ein ~** (*fam fig*) fuerte como un roble; **Bäume ausreißen können** (*fam fig*) rebosar de vitalidad **2.** (INFOR: *Struktur*) árbol *m*

Baumarkt *m* mercado *m* de materiales para la construcción; **Baumaterial** *nt* material *m* de construcción

Baumbestand *m* <-(e)s, -stände> arbolado *m*

Baumeister(in) *m(f)* (*Erbauer*) constructor(a) *m(f);* (*Beruf*) arquitecto, -a *m, f* técnico, -a

baumeln *vi* (*fam*) bambolearse

Baumgrenze *f* límite *m* de la arboleda; **Baumkrone** *f* copa *f;* **Baumrinde** *f* corteza *f;* **Baumschule** *f* <-n> plantel *m,* semillero *m;* **Baumstamm** *m* <-(e)s, -stämme> tronco *m;* **Baumsterben** *nt ohne Pl* <-s> muerte *f* de los bosques; **Baumstruktur** *f* (INFOR) estructura *f* en árbol; **Baumstumpf** *m* tocón *m;* (*Ballen*) cepellón *m;* **Baumwipfel** *m* cima *f* de un árbol

Baumwolle *f ohne Pl* algodón *m*

Baumzucht *f ohne Pl* (AGR) arboricultura *f*

Bauordnung *f* <-en> (ADMIN) ordenanza *f* de construcciones; **Bauplan** *m* **1.** (*Entwurf*) plan *m* de ejecución de las obras **2.** (*Bauvorhaben*) proyecto *m* de construcción; **Bauplanung** *f* planificación *f* de construcciones; **Bauplatz** *m* <-es, -plätze> solar *m;* **Bauruine** *f* (*fam*) construcción *f* sin terminar

Bausch *m* <-(e)s, -e *o* Bäusche> (*Watte*) pelota *f* (de algodón); **in ~ und Bogen** a bulto

bauschig *adj* **1.** (*weich, füllig*) mullido **2.** (*weit, gewölbt*) abombado

Bauschutt *m ohne Pl* <-(e)s> escombros *mpl*

bausparen *vi* ahorrar para vivienda

Bausparkasse *f* caja *f* de ahorro(s) para la construcción; **Bausparvertrag** *m* cuenta-vivienda *f*

Baustein *m* **1.** (ARCHIT) piedra *f* de construcción **2.** (*Bestandteil*) componente *m;* **elektronischer ~** (INFOR) chip *m;* **Baustelle** *f* obras *fpl;* **Betreten der ~ verboten!** ¡prohibida la entrada a toda persona ajena a las obras!; **Baustil** *m* (ARCHIT) estilo *m* arquitectónico; **Baustoff** *m* <-(e)s, -e> **1.** (*Baumaterial*) material *m* de construcción **2.** (BIOL) substancia *f* orgánica; **Bausubstanz** *f ohne Pl* estructura *f* (del edificio); **Bauteil** *nt* <-(e)s, -e> (*Teil zum Bauen*) elemento *m;* (*Teil einer Maschine*) componente *m* (de una máquina)

Bauten *Pl von* **Bau**[2]

Bauunternehmen *nt* compañía *f* de construcciones; **Bauunternehmer(in)** *m(f)* contratista *mf* de obras; **Bauvorhaben** *nt* proyecto *m* de construcción; **Bauweise** *f* método *m* constructivo; (*Stil*) estilo *m;* **Bauwerk** *nt* edificio *m,* construcción *f*

Bauxit *m* <-s, -e> bauxita *f*

Bayer(in) *m(f)* <-n, -n; -nen> bávaro, -a *m, f*

bay(e)risch *adj* bávaro

Bayern *nt* <-s> Baviera *f*

Bazillus *m* <-, Bazillen> bacilo *m*

Bd. *Abk. von* **Band** t., vol.

B-Dur *nt ohne Pl* <-s> (MUS) si *m* bemol mayor

beabsichtigen* *vt* tener la intención (de); **das war nicht beabsichtigt!** ¡no fue intencionado!

beachten* *vt* **1.** (*Aufmerksamkeit schenken*) prestar atención (a); (*Rat*) seguir; **nicht ~** pasar por alto **2.** (*Vorschrift*) cumplir (con) **3.** (*berücksichtigen*) tener en cuenta, considerar **4.** (*bemerken*) fijarse (en); **beachtenswert** *adj* notable

beachtlich *adj* **1.** (*beträchtlich*) considerable **2.** (*wichtig*) importante

Beachtung *f ohne Pl* atención *f;* (*der Gesetze*) observancia *f;* **etw** *dat* **(keine) ~ schenken** (no) hacer caso a algo

Beamte(r) *mf* <-n, -n; -n>, **-beamtin** *f* <-nen> funcionario, -a *m, f* del Estado; **Beamtenlaufbahn** *f* (ADMIN) carrera *f* de funcionario

Beamtentum *nt ohne Pl* <-s> funcionariado *m*

Beamtenverhältnis *nt:* **im ~ stehen** tener calidad de funcionario

beamtet *adj* empleado como funcionario

beängstigen* *vt* atemorizar, dar miedo

beängstigend *adj* alarmante

beanspruchen* *vt* **1.** (*fordern*) exigir, reclamar **2.** (*Zeit, Platz*) exigir, requerir **3.** (*Hilfe*) recurrir (a) **4.** (*Geduld*) poner a prueba; (*Maschine*) usar; (*Person*) ocupar

Beanspruchung *f* <-en> **1.** (*das Inanspruchnehmen*) utilización *f;* (*Benutzung*) empleo *m* **2.** (*eines Menschen*) exigencia *f* **3.** (*Abnutzung*) desgaste *m*

beanstanden* *vt* poner reparos (a), objetar

Beanstandung *f* <-en> objeción *f,* reparo *m*

beantragen* *vt* solicitar

beantworten* *vt* responder; (*Brief*) contestar

bearbeiten* *vt* **1.** (*behandeln*) tratar, trabajar; (*Stein*) labrar; (*Rohstoffe*) elaborar **2.** (*sich befassen mit*) ocuparse (de); (*Fall, Antrag*) tramitar **3.** (*Musikstück*) transcribir; (*Thema*) trabajar; (*Text*) revisar; (*für den Film*) adaptar **4.** (*schlagen*) pegar **5.** (*fam: einreden*): **jdn ~** tratar de persuadir a alguien

Bearbeiter(in) *m(f)* <-s, -; -nen> **1.** (*Sachbearbeiter*) encargado, -a *m, f* **2.** (*Text*) autor(a) *m(f),* corrector(a) *m(f);* (MUS) arreglista *mf,* adaptador(a) *m(f)*

Bearbeitung *f* <-en> **1.** (*das Bearbeiten*) (trabajo *m* de) elaboración *f;* (*Buch*) revisión *f;* **etw ist in ~** algo está en tramitación **2.** (*überarbeitete Fassung*) adaptación *f* **3.** (MUS) transcripción *f;* **Bearbeitungsgebühr** *f* (ADMIN) tarifa *f* de tramitación

beargwöhnen* *vt* (*geh*) sospechar (de), desconfiar (de)

Beat *m ohne Pl* <-(s)> (MUS) beat *m*

beatmen* *vt* (MED) practicar la respiración artificial

beaufsichtigen* *vt* **1.** (*Schüler*) vigilar **2.** (*Arbeit, Bau*) controlar, supervisar

beauftragen* *vt* encargar, encomendar; **jdn mit etw ~** encomendar algo a alguien

Beauftragte(r) *mf* <-n, -n; -n> encargado, -a *m, f,* comisionado, -a *m, f*

bebauen* *vt* **1.** (*mit Gebäuden*) edificar (en); (*verstädten*) urbanizar **2.** (*Acker*) cultivar

Bebauung *f* <-en> edificación *f,* urbanización *f*

beben *vi* temblar

Beben *nt* <-s, -> seísmo *m,* terremoto *m*

bebildern* *vt* ilustrar

Becher *m* <-s, -> vaso *m;* (*Joghurt~*) tarrina *f*

bechern *vi* (*fam*) empinar el codo

Becken *nt* <-s, -> **1.** (*Wasch~*) lavabo *m;* (*Spül~*) pila *f;* (*Schwimm~*) piscina *f* **2.** (ANAT) pelvis *f inv* **3.** (MUS) platillos *mpl* **4.** (GEO) cuenca *f*

bedacht *adj* (*umsichtig*) cuidadoso; (*überlegt*) deliberado; **~ handeln** actuar premeditadamente; **darauf ~ sein, dass ...** cuidar de que *+subj*

Bedacht *m ohne Pl* (*geh*): **etw mit ~ tun** (*überlegt*) hacer algo deliberadamente; (*vorsichtig*) hacer algo con cuidado

bedächtig *adj* **1.** (*langsam*) mesurado, lento

2. (*vorsichtig*) prudente

bedanken* *vr:* **sich bei jdm für etw ~** dar las gracias a alguien por algo

Bedarf *m ohne Pl* <-(e)s> **1.** (*Bedürfnis*) necesidad *f*, falta *f*; **bei ~** cuando sea necesario; (**je**) **nach ~** según las necesidades; **danke, kein ~!** (*fam*) ¡gracias, no me interesa! **2.** (COM) demanda *f*, necesidad *f*; **den ~ an etw decken** satisfacer la demanda de algo; **Bedarfsfall** *m* <-(e)s, -fälle>: **im ~** en caso de necesidad

bedauerlich *adj* lamentable, lastimoso

bedauerlicherweise *adv* lamentablemente

bedauern* *vt* **1.** (*Verlust*) lamentar; **wir ~ Ihnen mitteilen zu müssen, dass ...** lamentamos tener que comunicarle(s) que...; **bedaure!** ¡lo lamento! **2.** (*Mensch*) compadecer (a)

Bedauern *nt ohne Pl* <-s> pesar *m*; (*für einen Menschen*) compasión *f*; **zu meinem größten ~ ...** muy a pesar mío...

bedauernswert *adj* **1.** (*Sache*) lamentable **2.** (*Mensch*) digno de lástima

bedecken* *vt* cubrir (*mit* de/con)

bedeckt *adj* (*Himmel*) encapotado

Bedeckung *f* <-en> cubierta *f*; (MIL) escolta *f*

bedenken* *irr vt* **1.** (*überlegen*) pensar(se) **2.** (*beachten*) considerar, tener en cuenta; **wenn man es recht bedenkt** considerándolo bien; **zu ~ geben, dass ...** señalar que...

Bedenken[1] *nt ohne Pl* <-s> (*das Überlegen*) reflexión *f*; **nach kurzem ~** después de una breve reflexión

Bedenken[2] *ntPl* (*Zweifel*) duda *f*; (*Einwand*) reparo *m*; **ohne ~** sin reparos

bedenkenlos *adj* **1.** (*ohne zu zögern*) sin vacilar; **da kannst du ~ hingehen** no dudes en pasarte por allí **2.** (*ohne Überlegung*) irreflexivo **3.** (*skrupellos*) sin escrúpulos

bedenklich *adj* **1.** (*zweifelhaft*) dudoso, sospechoso **2.** (*Besorgnis erregend*) preocupante **3.** (*besorgt*) preocupado

Bedenkzeit *f ohne Pl* tiempo *m* de reflexión

bedeuten* *vt* **1.** (*bezeichnen, meinen*) significar, querer decir; **das hat nichts zu ~** no quiere decir nada **2.** (*wichtig sein*) significar **3.** (*geh: zu verstehen geben*) dar a entender

bedeutend **I.** *adj* **1.** (*wichtig*) importante **2.** (*bemerkenswert*) notable, notorio **3.** (*bedeutsam*) significativo **4.** (*beachtlich*) considerable **II.** *adv* (*beträchtlich*) bastante, notoriamente

bedeutsam *adj* (*wichtig*) importante; (*viel sagend*) significativo

Bedeutung[1] *f* <-en> (*Sinn*) significado *m*, sentido *m*; **in übertragener/wörtlicher ~** en sentido figurado/literal

Bedeutung[2] *f ohne Pl* (*Wichtigkeit*) importancia *f*; **etw ist von ~** algo es de importancia

bedeutungslos *adj* insignificante

Bedeutungslosigkeit *f ohne Pl* insignificancia *f*

bedienen* **I.** *vt* **1.** (*im Geschäft*) atender; (*im Restaurant*) servir; **werden Sie schon bedient?** ¿ya le atienden?; **damit ist er noch gut bedient** (*fam*) con ello puede darse por satisfecho; **ich bin bedient!** (*fam*) ¡estoy servido! **2.** (*beim Kartenspiel*) servir **3.** (*Maschinen*) manejar **4.** (FIN: *Schulden*) saldar **II.** *vr:* **sich ~** (*geh: benutzen*): **sich einer Sache ~** servirse de algo; **~ Sie sich!** ¡sírvase usted mismo!

bedienerfreundlich *adj* de fácil manejo

Bedienstete(r) *mf* <-n, -n; -n> **1.** (ADMIN: *Beschäftigter*) empleado, -a *m, f*; (*Beamter*) funcionario, -a *m, f* **2.** (*Dienstbote*) sirviente *mf*

Bedienung[1] *f* <-en> (*Kellner*) camarero, -a *m, f*; **hallo, ~!** ¡(oiga,) camarero!

Bedienung[2] *f ohne Pl* **1.** (*eines Gastes*) servicio *m* **2.** (*eines Gerätes*) manejo *m*

Bedienungsanleitung *f* instrucciones *fpl* de manejo; **Bedienungsfehler** *m* fallo *m* operacional

bedingen* **I.** *vt* **1.** (*bewirken*) causar, producir; (*bestimmen*) condicionar **2.** (*voraussetzen*) suponer **3.** (*erfordern*) requerir **II.** *vr:* **sich ~** condicionarse

bedingt **I.** *adj* **1.** (*von Bedingungen abhängig*) relativo; (*beschränkt*) limitado; **~ durch ...** debido a... **2.** (JUR) condicionado **II.** *adv* **1.** (*teilweise*): **das ist nur ~ richtig** esto sólo es correcto hasta cierto punto **2.** (JUR) a condición

Bedingung *f* <-en> **1.** (*Voraussetzung*) condición *f*; **etw zur ~ machen** poner algo como condición; **unter der ~, dass ...** a condición de que... +*subj*; **unter keiner ~ werde ich das tun** no lo haré por nada del mundo **2.** (*Forderung*) condiciones *fpl*; **~en stellen** poner condiciones **3.** *Pl* (*Umstände*) condiciones *fpl*; **unter erschwerten ~en arbeiten** trabajar bajo condiciones difíciles

bedingungslos *adj* sin condiciones

bedrängen* *vt* **1.** (*Gegner*) acosar **2.** (*belästigen*) importunar

Bedrängnis *f* <-se> (*geh*) apuro *m*; **in ~ geraten** verse en un apuro; **jdn in ~ bringen** poner a alguien en un apuro

bedrohen* *vt* amenazar

bedrohlich *adj* amenazante, amenazador

Bedrohung *f* <-en> amenaza *f*

bedrucken* *vt* estampar (*mit* con)

bedrücken* *vt* oprimir

bedrückend *adj* opresivo; (*beklemmend*)

oprimente

bedrückt *adj* deprimido, apolismado *Mex, Ven*

Beduine, -in *m, f* <-n, -n; -nen> beduino, -a *m, f*

bedürfen* *irr vi* (*geh*) necesitar (de), requerir (de); **das bedarf keiner weiteren Erklärung** eso no requiere (de) más explicaciones

Bedürfnis *nt* <-ses, -se> necesidad *f;* **ein ~ verspüren etw zu tun** sentir la necesidad de hacer algo; **jds ~se befriedigen** satisfacer las necesidades de alguien; **Bedürfnisanstalt** *f:* **öffentliche ~** retrete *m* público

bedürftig *adj* menesteroso, necesitado

Beefsteak *nt* bistec *m*

beehren* **I.** *vt* (*geh*) honrar; **jdn mit einem Besuch ~** conceder a alguien el honor de su visita **II.** *vr:* **sich ~ etw zu tun** tener el honor de hacer algo

beeiden* *vt* (*Aussage*) jurar

beeidigen* *vt* (JUR) juramentar

beeilen* *vr:* **sich ~** darse prisa, apurarse *Am*

beeindrucken* *vt* impresionar

beeindruckend *adj* impresionante

beeinflussbar[RR] *adj,* **beeinflußbar** *adj* (*Person*) influenciable

beeinflussen* *vt* influir (en/sobre), ejercer una influencia (sobre)

Beeinflussung *f* <-en> influjo *m*

beeinträchtigen* *vt* **1.** (*vermindern*) disminuir **2.** (*stören*) dañar, perjudicar

Beeinträchtigung *f* <-en> perjuicio *m;* (*Verminderung*) merma *f;* **~ der Fahrtüchtigkeit** reducción del buen estado de marcha

beenden* *vt* acabar (con), terminar (con); (INFOR) terminar; **die Sitzung ~** finalizar la reunión

Beendigung *f ohne Pl* término *m,* fin *m;* **nach ~ des Kurses** al finalizar el curso

Beendung *f ohne Pl* conclusión *f*

beengen* *vt* (*Kleidung*) apretar; (*Umgebung*) cohibir; **beengt wohnen** vivir estrechos; **sich beengt fühlen** sentirse cohibido

beerben* *vt* heredar

beerdigen* *vt* enterrar

Beerdigung *f* <-en> entierro *m;* **Beerdigungsfeier** *f* funerales *mpl;* **Beerdigungsinstitut** *nt* funeraria *f*

Beere *f* <-n> baya *f;* **Beerenauslese** *f* vendimia *f* de uvas seleccionadas

Beet *nt* <-(e)s, -e> (*mit Gemüse*) bancal *m,* cantero *m Am;* (*mit Blumen*) arriate *m,* macizo *m*

Beete *f* <-n>: **Rote ~** remolacha *f* (colorada), betarraga *f Am*

befähigen* *vt* capacitar (*zu* para); **er ist dazu befähigt** está capacitado para ello

befähigt *adj* capacitado

Befähigung *f* <-en> **1.** (*Fähigkeit*) capacidad *f;* (*Qualifikation*) cualificación *f;* **dazu fehlt ihr die ~** para ello no está capacitada **2.** (*Begabung*) talento *m*

befahl *3. imp von* **befehlen**

befahrbar *adj* transitable

befahren* *irr vt* circular (por); (*Schiff*) navegar (por); **die Strecke wird wenig/stark ~** este trecho está poco/muy transitado

Befall *m ohne Pl* <-(e)s> ataque *m;* (*mit Schädlingen*) plaga *f*

befallen* *irr vt* **1.** (*geh: Angst*) invadir **2.** (*geh: Krankheit*) acometer; (*Hunger, Müdigkeit*) entrar **3.** (*Schädlinge*) infestar

befangen *adj* **1.** (*schüchtern*) tímido; (*gehemmt*) apocado, inhibido **2.** (JUR) parcial

Befangenheit *f ohne Pl* **1.** (*Schüchternheit*) timidez *f;* (*Gehemmtsein*) apocamiento *m* **2.** (JUR) parcialidad *f*

befassen* **I.** *vr:* **sich ~ 1.** (*Angelegenheit*) ocuparse (*mit* de), dedicarse (*mit* a) **2.** (*handeln von*) tratar (*mit* de) **II.** *vt* (*beauftragen*) encargar (*mit* de)

Befehl *m* <-(e)s, -e> orden *f;* (MIL) mando *m;* (INFOR) orden *f,* comando *m;* **einen ~ ausführen** (*a.* INFOR) ejecutar una orden; **den ~ geben zu …** dar la orden de…; **auf jds ~ handeln** actuar por orden de alguien; **~ von oben** órdenes superiores; **zu ~!** ¡a sus órdenes!

befehlen <befiehlt, befahl, befohlen> *vi, vt* mandar, ordenar; **er hat befohlen, dass …** ha ordenado que… *+subj*

befehligen* *vt* (MIL) mandar, capitanear

Befehlsform *f* <-en> (LING) modo *m* imperativo; **befehlsgemäß** *adv* con respecto a las órdenes; **Befehlsgewalt** *f ohne Pl* mando *m* (*über* de); **Befehlshaber(in)** *m(f)* <-s, -; -nen> (MIL) comandante *mf,* capitán *mf;* **Befehlsverweigerung** *f* (MIL) desobediencia *f* a una orden; **Befehlszeile** *f* (INFOR) línea *f* de programación

befeinden* *vt* enemistar

befestigen* *vt* **1.** (*Haken*) sujetar (*an* a), empatar *CRi* **2.** (*Straße*) reforzar **3.** (MIL) fortificar

Befestigung *f* <-en> **1.** (*einer Straße, eines Dammes*) refuerzo *m* **2.** (MIL) fortificación *f,* cota *f Phili* **3.** (*Vorrichtung*) fijación *f* (de un dispositivo)

befeuchten* *vt* humedecer

befiehlt *3. präs von* **befehlen**

befinden* *irr* **I.** *vr:* **sich ~** encontrarse; (*sein*) estar; **meine Wohnung befindet sich im zweiten Stock** mi apartamento está en el segundo piso; **sich auf dem Weg der Besserung ~** encontrarse en vías de mejora **II.** *vi* (*entscheiden*) decidir (*über* sobre) **III.** *vt* (*geh: erachten*) considerar (*für*); **jdn für schuldig ~** declarar culpable a alguien

Befinden *nt ohne Pl* <-s> **1.** (*Gesundheitszustand*) (estado *m* de) salud *f* **2.** (*geh: Meinung*) parecer *m*

befindlich *adj* (*Ort, Zustand*) situado, existente; **ein in Haft ~er Mann** un hombre en prisión

Befindlichkeit *f* <-en> estado *m* de ánimo [*o* de salud]

beflaggen* *vt* embanderar

beflecken* *vt* **1.** (*mit Flecken*) manchar **2.** (*geh: entehren*) deshonrar; **jds Ehre/Ruf ~** manchar el honor/el nombre de alguien

befleißigen* *vr:* **sich ~** aplicarse; **Sie sollten sich größerer Zurückhaltung ~** debería usted esforzarse en ser más discreto

beflissen *adj* aplicado; (*hilfsbereit*) servicial

Beflissenheit *f ohne Pl* empeño *m*, dedicación *f*

beflügeln* *vt* (*geh*) hacer volar; **die Angst beflügelte seine Schritte** el miedo aligeraba sus pasos

befohlen *pp von* **befehlen**

befolgen* *vt* (*Befehl*) cumplir; (*Ratschlag*) seguir; (*Gesetz*) obedecer

befördern* *vt* **1.** (*Waren*) transportar; **jdn an die frische Luft ~** (*fam*) mandar a alguien a tomar viento fresco **2.** (*im Beruf*) ascender (*zu* a); **sie wurde zur Abteilungsleiterin befördert** ascendió a directora de sección

Beförderung *f* <-en> **1.** (*Transport*) transporte *m* **2.** (*beruflich*) ascenso *m*; **Beförderungsmittel** *nt* medio *m* de transporte

befrachten* *vt* **1.** (*beladen*) cargar (*mit* con) **2.** (*geh: Rede*) cargar (*mit* de)

befragen* *vt* interrogar; (*Arzt, Karten*) consultar (*wegen* por)

Befragte(r) *mf* <-n, -n; -n> interrogado, -a *m, f*

Befragung *f* <-en> **1.** (JUR) interrogatorio *m* **2.** (*Umfrage*) encuesta *f*

befreien* **I.** *vt* **1.** (*Volk*) liberar (*aus/von* de); **jdn aus einer schwierigen Lage ~** sacar a alguien de un aprieto **2.** (*Gefangene*) poner en libertad, liberar (*aus/von* de) **3.** (*freistellen*) liberar (*von* de), dispensar (*von* de); (*vom Militärdienst*) exentar **4.** (*von Schmerzen, Angst*) liberar (*von* de), quitar (*von* de); **ein ~des Lachen** una risa abierta **5.** (*von Schmutz*) limpiar **II.** *vr:* **sich ~ 1.** (*Volk*) liberarse **2.** (*entkommen*) escaparse, evadirse

Befreier(in) *m(f)* <-s, -; -nen> libertador(a) *m(f)*

Befreiung *f* <-en> **1.** (*eines Landes, Menschen*) liberación *f*; **etw als ~ empfinden** considerar algo como una liberación; **die ~ der Frau** la emancipación de la mujer **2.** (*von einer Pflicht*) exención (*von* de); **Befreiungskampf** *m* lucha *f* por la libertad (política); **Befreiungsorganisation** *f* organización *f* para la liberación

befremden* *vt* extrañar; **es befremdet mich, dass ...** me extraña que... +*subj*

Befremden *nt ohne Pl* <-s> asombro *m*, extrañeza *f*

befremdend *adj* sorprendente

befremdlich *adj* (*geh*) extraño; (*erstaunlich*) sorprendente; (*ungewöhnlich*) insólito

befreunden* *vr:* **sich mit jdm ~** hacerse amigo de alguien

befreundet *adj* amigo (*mit* de); **sie sind (eng) ~** son amigos (íntimos); **mit jdm ~ sein** ser amigo de alguien; **ein ~es Paar** una pareja amiga

befrieden* *vt* (*geh*) pacificar

befriedigen* **I.** *vt* satisfacer **II.** *vr:* **sich ~** (*masturbieren*) masturbarse

befriedigend *adj* satisfactorio; (*Schulnote*) ≈bien

Befriedigung *f* <-en> satisfacción *f*; **sie stellte mit ~ fest, dass ...** comprobó con satisfacción que...

befristen* *vt* fijar un plazo (para), limitar (*auf* a/hasta)

befristet *adj* limitado; **jdn ~ einstellen** contratar a alguien por un plazo limitado

Befristung *f* <-en> limitación *f*

befruchten* *vt* **1.** (BIOL) fecundar; (*Blüten*) polinizar **2.** (*geh: geistig anregen*) fructificar

Befruchtung *f* <-en> (BIOL) fecundación *f*; **künstliche ~** inseminación artificial

Befugnis *f* <-se> autorización *f*; **keine ~ zu etw haben** no estar autorizado para algo

befugt *adj:* **zu etw (nicht) ~ sein** (no) estar autorizado para hacer algo

befühlen* *vt* palpar, tocar

Befund *m* <-(e)s, -e> (MED) diagnóstico *m*; **ohne ~** sin diagnóstico

befürchten* *vt* temer; **es ist zu ~, dass ...** es de temer que... +*subj*

Befürchtung *f* <-en> temor *m*; (*Vermutung*) sospecha *f*; **die ~ haben, dass ...** sospechar que...

befürworten* *vt* (*dafür sein*) aprobar, defender; (*empfehlen*) recomendar

Befürworter(in) *m(f)* <-s, -; -nen> defensor(a) *m(f)*, adicto, -a *m, f CSur*

begabt *adj* dotado; **hoch ~** muy inteligente; (*Wunderkind*) superdotado; **durchschnittlich/vielseitig ~ sein** tener un talento medio/polifacético

Begabung *f* <-en> **1.** (*Anlage*) talento *m*, dotes *fpl* **2.** (*begabter Mensch*) talento *m*

begann *3. imp von* **beginnen**

begatten* *vt, vr:* **sich** ~ (ZOOL) aparear(se)

begeben* *irr* **I.** *vr:* **sich** ~ (*geh*) **1.** (*stattfinden*) ocurrir **2.** (*beginnen*) empezar (*an* a); **sich an die Arbeit** ~ ponerse a trabajar **3.** (*gehen*) dirigirse (*zu/in* a), irse (*zu/in* a); **sich zu Bett** ~ irse a la cama; **sich in ärztliche Behandlung** ~ ponerse bajo tratamiento médico; **sich auf den Heimweg** ~ dirigirse a casa; **sich in Gefahr** ~ ponerse en peligro **II.** *vt* (FIN: *Wertpapiere*) emitir

Begebenheit *f* <-en> suceso *m,* acontecimiento *m*

begegnen* *vi sein* **1.** (*treffen*): **jdm** ~ encontrarse a alguien; **einander** ~ encontrarse **2.** (*stoßen auf*): **etw** *dat* ~ encontrarse con algo **3.** (*widerfahren*) suceder, pasar; **so etwas ist mir ja noch nie begegnet!** ¡en mi vida (no) me pasó semejante cosa! **4.** (*geh: behandeln*) tratar; **man begegnete ihr mit Achtung** la trataban con respeto

Begegnung *f* <-en> (*a.* SPORT) encuentro *m;* **Begegnungsstätte** *f* <-n> sitio *m* de encuentro

begehen* *irr vt* **1.** (*Weg*) transitar (por); **eine Baustelle** ~ entrar en una obra **2.** (*Fehler*) cometer; **Selbstmord** ~ suicidarse; **ein Verbrechen/einen Mord** ~ cometer un crimen/un asesinato **3.** (*geh: Jubiläum*) celebrar

begehren* *vt* (*geh*) **1.** (*wünschen*) ansiar, anhelar; (*habgierig*) codiciar; (*sexuell*) desear **2.** (*fordern*) pedir, solicitar

Begehren *nt ohne Pl* <-s> (*geh*) ansia *f,* anhelo *m;* (*Wunsch*) deseo *m;* **begehrenswert** *adj* deseable

begehrlich *adj* (*geh: heftig wünschend*) ansioso

begehrt *adj* (*Person, Freundschaft, Ware*) solicitado; (*Ferienort*) popular

begeistern* **I.** *vt* entusiasmar (*für* por), apasionar (*für* por/con) **II.** *vr:* **sich** ~ entusiasmarse (*für* por/con), apasionarse (*für* por)

begeistert *adj* entusiasmado (*von* con/por); ~**er Beifall** aplausos entusiasmados

Begeisterung *f ohne Pl* entusiasmo *m* (*für* por); **in** ~ **geraten** entusiasmarse; **etw mit** ~ **tun** hacer algo con entusiasmo; **begeisterungsfähig** *adj* entusiasta

Begierde *f* <-n> ansias *fpl* (*nach* de), avidez *f* (*nach* de)

begierig *adj* ávido (*auf* de), ansioso (*auf* de/por)

begießen* *irr vt* **1.** (*Pflanzen*) regar **2.** (*fam: feiern*) celebrar con una copa

Beginn *m ohne Pl* <-(e)s> comienzo *m,* inicio *m;* **zu** ~ al inicio

beginnen <beginnt, begann, begonnen> **I.** *vi* comenzar (a), empezar (a); **es beginnt zu regnen** comienza a llover **II.** *vt* comenzar, empezar

beglaubigen* *vt* **1.** (*Urkunde*) certificar (de); (*Kopie*) compulsar **2.** (*Diplomaten*) acreditar

Beglaubigung *f* <-en> **1.** (*Schriftstück*) certificación *f;* (*einer Kopie*) autentificación *f* **2.** (POL) acreditación *f*

begleichen* *irr vt* (*geh*) saldar

Begleitbrief *m* <-(e)s, -e> carta *f* adjunta

begleiten* *vt* (*a.* MUS) acompañar

Begleiter(in) *m(f)* <-s, -; -nen> acompañante *mf;* (*Gefährte*) compañero, -a *m, f*

Begleiterscheinung *f* efecto *m* secundario; **Begleitmusik** *f* música *f* de acompañamiento; **Begleitperson** *f* acompañante *mf,* compañía *f;* **Begleitumstände** *mPl* (JUR) circunstancias *fpl* concomitantes

Begleitung *f* <-en> **1.** (*a.* MUS) acompañamiento *m;* **sie kam in** ~ **eines Freundes** vino acompañada de un amigo **2.** (*Begleiter*) acompañante *mf;* (*Gefolge*) séquito *m*

beglücken* *vt* (*geh*) deleitar (*mit* con), satisfacer (*mit* con); **ein** ~**des Gefühl** una sensación satisfactoria

beglückwünschen* *vt* felicitar (*zu* por); **er beglückwünschte sie zum Geburtstag/zur bestandenen Prüfung** la felicitó por su cumpleaños/por haber aprobado el examen

begnadet *adj* altamente dotado

begnadigen* *vt* indultar

Begnadigung *f* <-en> (POL) amnistía *f;* **Begnadigungsgesuch** *nt* (JUR) petición *f* de indulto

begnügen* *vr:* **sich** ~ conformarse (*mit* con)

Begonie *f* <-n> (BOT) begonia *f*

begonnen *pp von* **beginnen**

begraben* *irr vt* **1.** (*Tote*) enterrar **2.** (*verschütten*) sepultar **3.** (*Streit*) poner fin (a); (*Hoffnung*) renunciar (a); **lass uns unseren Streit** ~ echemos tierra a nuestra disputa

Begräbnis *nt* <-ses, -se> entierro *m,* ancuviña *f Chil*

begradigen* *vt* (*Fluss*) encauzar; (*Straße*) rectificar

begreifbar *adj* comprensible; **wie kann ich es dir** ~ **machen?** ¿cómo puedo hacértelo entender?

begreifen* *irr* **I.** *vt* comprender; **es ist einfach nicht zu** ~**, dass ...** es sencillamente inconcebible que... +*subj* **II.** *vr:* **sich** ~ (*sich auffassen*) considerarse (*als*); **er begreift sich als Experte** se considera un experto

begreiflich *adj* comprensible; **es ist einfach nicht** ~**, wie er so etwas tun konnte** es sencillamente incomprensible cómo pudo hacer algo parecido

begreiflicherweise *adv* comprensiblemente

begrenzen* *vt* **1.** (*Gebiet*) delimitar **2.** (*beschränken*) limitar (*auf* a)

begrenzt *adj* limitado; **er hat einen ~en Horizont** tiene una visión limitada

Begrenztheit *f* <-en> (*Möglichkeiten*) restricción *f*, limitación *f*

Begrenzung *f* <-en> **1.** (*das Begrenzen*) limitación *f*, restricción *f* **2.** (*Grenze*) límite *m*

Begriff *m* <-(e)s, -e> **1.** (*Ausdruck*) concepto *m* **2.** (*Vorstellung*) idea *f*, noción *f*; **sich** *dat* **einen ~ von etw machen** hacerse una idea de algo; **du machst dir keinen ~ davon, was heute los war** no te puedes imaginar lo que pasó hoy; **für meine ~e** en mi opinión; **das ist mir ein ~** me suena; **im ~ sein etw zu tun** estar a punto de hacer algo; **schwer von ~ sein** (*fam*) ser corto de mollera

begriffen I. *pp von* **begreifen II.** *adj* con intención (*zu* de); **die Gäste sind im Aufbruch ~** los invitados están a punto de marcharse

begrifflich *adj* conceptual

begriffsstutzig *adj* tardo (en comprender)

begründen* *vt* **1.** (*Gründe aufführen*) justificar; **wie willst du das ~?** ¿cómo lo quieres justificar?; **womit willst du das ~?** ¿en qué lo quieres basar? **2.** (*gründen*) fundar; **wohl begründet** (*geh*) (muy) bien fundado

Begründer(in) *m(f)* <-s, -; -nen> iniciador(a) *m(f)*, fundador(a) *m(f)*

Begründung *f* <-en> **1.** (*Grund*) motivo *m*, causa *f* **2.** (*Gründung*) fundación *f*

begrünen* *vt* ajardinar

begrüßen* *vt* **1.** (*Gast*) saludar; **ich würde mich sehr freuen, Sie bei mir ~ zu dürfen** estaría encantado de poder recibirle en mi casa **2.** (*Vorschlag*) celebrar; **wir ~ es sehr, dass ...** celebramos mucho que... *+subj*; **ich würde es ~, wenn ...** celebraría que... *+subj*; **begrüßenswert** *adj* plausible; **es ist ~, dass ...** celebramos que... *+subj*

Begrüßung *f* <-en> saludo *m*; (*Empfang*) recibimiento *m*; **Begrüßungsansprache** *f* discurso *m* de bienvenida; **Begrüßungsgeld** *nt* <-(e)s, -er> dinero *m* de bienvenida

begünstigen* *vt* **1.** (*förderlich sein*) favorecer; **er war vom Schicksal begünstigt** era un hombre de suerte **2.** (JUR: *Verbrechen*) encubrir **3.** (*bevorzugen*) favorecer, privilegiar

Begünstigung *f* <-en> **1.** (*Förderung*) favorecimiento *m* **2.** (JUR) encubrimiento *m* **3.** (*Bevorzugung*) trato *m* preferente

begutachten* *vt* emitir un dictamen (sobre)

Begutachtung *f* <-en> dictamen *m*; (*Untersuchung*) inspección *f*

begütert *adj* acaudalado, adinerado

behaart *adj* peludo, velludo

Behaarung *f* <-en> vellosidad *f*, pelo *m*; (*Tiere*) pelaje *m*

behäbig *adj* (*beleibt*) corpulento; (*phlegmatisch*) indolente

behaftet *adj*: **mit etw** *dat* **~ sein** tener algo; **mit einem Mangel ~ sein** tener un defecto

behagen* *vi*: **etw behagt jdm** algo agrada a alguien

Behagen *nt ohne Pl* <-s> gusto *m*, satisfacción *f*

behaglich *adj* **1.** (*Wärme*) agradable **2.** (*bequem*) cómodo, confortable; (*Leben*) desahogado, placentero

Behaglichkeit *f ohne Pl* confort *m*, comodidad *f*

behalten* *irr vt* **1.** (*nicht wegwerfen*) conservar, guardar **2.** (*Glanz, gute Laune, Wert*) mantener; (*Geheimnis*) guardar; **die Nerven ~** no perder los nervios **3.** (*sich merken*) retener (en la cabeza) **4.** (*nicht abgeben*) quedarse (con); (*Hut*) dejar puesto; **der Kranke kann nichts bei sich ~** el enfermo no puede retener alimento alguno; **~ Sie (doch) Platz!** ¡no se levante!; **er muss immer seinen Willen ~** siempre quiere salirse con la suya

Behälter *m* <-s, -> **1.** (*Gefäß*) recipiente *m* **2.** (*Container*) contenedor *m*

behämmert *adj* (*fam*) idiota, lelo

behänd(e)[RR] *adj* (*flink*) ágil; (*gewandt*) hábil

behandeln* *vt* **1.** (*Mensch, Thema, Material*) tratar (*mit* con); **das Gericht behandelt heute den Fall X gegen Y** el tribunal se ocupa hoy del caso X contra Y; **er behandelt sie gut/schlecht** la trata bien/mal **2.** (*Krankheit*) tratar; (*heilen*) curar

behändigen* *vt* (*Schweiz: ergreifen*) coger

Behandlung *f* <-en> **1.** (*Umgang*) trato *m* **2.** (*Therapie*) tratamiento *m*; (*Betreuung*) asistencia *f* médica; **ambulante/stationäre ~** tratamiento ambulatorio/hospitalario; **bei wem sind Sie in ~?** ¿con quién está usted en tratamiento? **3.** (*eines Themas*) tratamiento *m* **4.** (TECH) tratamiento *m*; **Behandlungskosten** *Pl* costes *mpl* del tratamiento; **Behandlungsmethode** *f* método *m* terapéutico

behängen* **I.** *vt* decorar (*mit* con) **II.** *vr*: **sich ~** (*fam abw*) llenarse (*mit* de)

beharren* *vi* insistir (*auf* en); **er beharrte darauf, dass ...** insistía en que...; **er muss aber auch immer bei seiner Meinung ~** pero es que siempre tiene que aferrarse a su opinión

beharrlich *adj* (*nachdrücklich*) insistente;

(*standhaft*) constante, perseverante

Beharrlichkeit *f ohne Pl* **1.** (*Standhaftigkeit*) constancia *f*, perseverancia *f* **2.** (*Nachdruck*) insistencia *f*

behauen <behaut, behaute, behauen> *vt* tallar

behaupten* **I.** *vt* **1.** (*These*) afirmar; **es wird (von ihm) behauptet, dass ...** se dice (de él) que... **2.** (*Platz, Stelle*) defender **II.** *vr:* **sich ~ 1.** (*sich durchsetzen*) afirmarse; **sich gegen jdn ~** vencer a alguien **2.** (*Preise*) mantenerse firme

Behauptung *f* <-en> afirmación *f*; **eine ~ aufstellen** sostener una afirmación

Behausung *f* <-en> (*geh*) morada *f*

beheben* *irr vt* **1.** (*beseitigen*) eliminar; (*Missstand*) remediar; (*Schaden*) reparar **2.** (*Österr: abheben*) retirar

beheimatet *adj* **1.** (*gebürtig*) oriundo (*in* de), natural (*in* de) **2.** (*wohnhaft*) establecido (*in* en)

beheizen* *vt* calentar

Behelf *m* <-(e)s, -e> recurso *m*, solución *f* de emergencia

behelfen* *irr vr:* **sich ~** defenderse (*mit* con, *ohne* sin), arreglárselas (*mit* con, *ohne* sin) *fam*

behelfsmäßig *adj* provisorio, provisional

behelligen* *vt* molestar (*mit* con)

behend(e) *adj s.* **behänd(e)**

beherbergen* *vt* alojar

beherrschen* **I.** *vt* **1.** (*Macht haben*) dominar; (*regieren*) gobernar **2.** (*zügeln*) controlar, dominar **3.** (*Handwerk, Sprache, Instrument*) conocer a fondo, dominar; (*Situation*) ser dueño (de), dominar **II.** *vr:* **sich ~** (*sich zügeln*) contenerse, dominarse

beherrscht *adj* controlado

Beherrschung *f ohne Pl* **1.** (*Selbst~*) autocontrol *m*; **die ~ verlieren** perder el control **2.** (*Wissen, Können*) dominio *m*

beherzigen* *vt* tomar en consideración

beherzt *adj* resuelto, audaz

behilflich *adj:* **jdm (bei etw) ~ sein** ayudar(le) a alguien (en algo)

behindern* *vt* **1.** (*stören*) molestar, estorbar (*bei* en); (*Verkehr*) impedir; (*Sicht*) dificultar **2.** (*verhindern*) entorpecer

behindert *adj* (*körperlich*) minusválido; (*geistig*) retrasado

Behinderte(r) *mf* <-n, -n; -n> minusválido, -a *m, f*; **behindertengerecht** *adj* acondicionado para disminuidos

Behinderung *f* <-en> **1.** (*des Verkehrs*) impedimento *m*; (*einer Sache*) estorbo *m* **2.** (MED) minusvalía *f*

Behörde *f* <-n> **1.** (*Amt*) autoridad *f* **2.** (*Gebäude*) administración *f*

behördlich *adj* oficial

behüten* *vt* (*schützen*) proteger (*vor* de); **Gott behüte!** ¡no lo quiera Dios!, ¡Dios nos libre!

behutsam **I.** *adj* (*sorgsam*) cuidadoso, concienzudo; (*rücksichtsvoll*) atento **II.** *adv* con cautela, con precaución

Behutsamkeit *f ohne Pl* prudencia *f*, precaución *f*

bei *präp +dat* **1.** (*in der Nähe von*) cerca de, junto a; **in Unna ~ Dortmund** en Unna cerca de Dortmund; **die Schlacht ~ Leipzig** la batalla de Leipzig; **dicht ~ der Fabrik** junto a la fábrica; **ich saß ~ ihm** estuve sentado a su lado; **~ Tisch** a la mesa; **~m Bäcker** en la panadería **2.** (*für Firmen*) en; **sie arbeitet ~ der Bahn** trabaja en la compañía ferroviaria **3.** (*für Wohnbereich*) en casa de, con; **wir sind ~ Susanne zum Abendessen eingeladen** estamos invitados a cenar en casa de Susanne; **er wohnt ~ seinen Eltern** vive con sus padres **4.** (*an sich tragend*) encima; **ich habe kein Geld ~ mir** no llevo dinero encima **5.** (*während*) durante, en; **~ der Arbeit** durante el trabajo; **~ Nacht** durante la noche; **vorsicht ~m Aussteigen!** ¡cuidado al bajar!; **~ Gelegenheit** en alguna ocasión; **~m Lesen des Artikels** al leer el artículo; **~ näherer Betrachtung** en un examen más detallado **6.** (*jemanden betreffend*): **das kommt oft ~ ihm vor** esto le sucede a menudo; **~ Kräften sein** estar robusto; **du bist nicht recht ~ Trost** (*fam*) no estás en tus cabales **7.** (*mit*) con; **~ offenem Fenster schlafen** dormir con la ventana abierta; **~ seinen Fähigkeiten** con sus aptitudes **8.** (*falls*) en caso de; **~ Nebel** en caso de niebla; **„~ Feuer Scheibe einschlagen"** "en caso de incendio, rómpase el cristal"

bei|behalten* *irr vt* mantener, conservar

Beiboot *nt* (NAUT) bote *m* de servicio

bei|bringen *irr vt* **1.** (*beschaffen*) aportar **2.** (*lehren*) enseñar; **jdm etw ~** enseñar algo a alguien **3.** (*mitteilen*) decir, comunicar **4.** (*zufügen*): **jdm etw ~** causar algo a alguien

Beichte *f* <-n> (*a.* REL) confesión *f*

beichten *vi, vt* confesar(se)

Beichtgeheimnis *nt* (REL) secreto *m* de confesión; **Beichtstuhl** *m* (REL) confes(i)onario *m*; **Beichtvater** *m* (REL) confesor *m*

beide *adj* los dos, ambos; **ihr habt ~ Recht** los/las dos tenéis razón; **wie geht es euch ~n ?** ¿como estáis vosotros dos?; **alle ~** ambos, los dos; **keiner von ~n** ninguno de los dos; **ihre ~n Schwestern** sus dos hermanas; **~ Mal** en ambas ocasiones

beidemal *adv s.* **beide**

beiderlei *adj inv* de los dos, de ambos; **~ Geschlechts** de ambos sexos

beiderseitig *adj* de ambas partes; (*gegensei-*

tig) recíproco, mutuo; **in ~em Einvernehmen** de mutuo acuerdo

beiderseits I. *präp +gen* a ambos lados de; **~ des Rheins** a ambos lados del Rhin **II.** *adv* de ambas partes; (*gegenseitig*) mutuamente, recíprocamente; **sie haben ~ versprochen nichts zu sagen** ambos/ambas prometieron no decir nada por su parte

beidseitig *adj* de doble lado; (MED) de doble cara; **zur ~en Zufriedenheit** para satisfacción de ambas partes

beieinander *adv* junto, reunido

Beifahrer(in) *m(f)* <-s, -; -nen> acompañante *mf*, copiloto *mf*; **Beifahrersitz** *m* asiento *m* de copiloto

Beifall *m ohne Pl* <-(e)s> **1.** (*Applaus*) ovación *f*; (*Akklamation*) aclamación *f*; **jdm ~ spenden** conceder una ovación a alguien **2.** (*Zustimmung*) aprobación *f*, favor *m*; **jds ~ finden** lograr la aprobación de alguien; **~ klatschen** aplaudir

beifällig *adj* aprobatorio; **~ nicken** hacer un gesto aprobatorio con la cabeza

bei|fügen *vt* **1.** (*Unterlagen*) incluir, adosar *Am* **2.** (*dazusagen*) añadir

Beigabe *f* <-n> añadido *m*

beige *adj* beige

bei|geben *irr* **I.** *vi* (*geh: sich fügen*) doblegarse, someterse (a); **klein ~** ceder **II.** *vt* (*geh: hinzufügen*): **etw** *dat* **etw ~** añadir algo a algo

Beigeschmack *m ohne Pl* <-(e)s> gustillo *m*

Beiheft *nt* <-(e)s, -e> suplemento *m*

Beihilfe[1] *f* <-n> (*finanzielle Unterstützung*) ayuda *f* (económica), subsidio *m*; (*zum Studium*) beca *f*

Beihilfe[2] *f ohne Pl* (JUR) complicidad *f*; **~ zum Mord** complicidad en el asesinato

bei|kommen *irr vi sein* **1.** (*zu fassen bekommen*): **jdm ~** coger a alguien; **ihr ist einfach nicht beizukommen** no hay modo de acercarse a ella **2.** (*bewältigen*): **etw** *dat* **~** resolver algo

beil. *Abk. von* **beiliegend** adjunto

Beil *nt* <-(e)s, -e> **1.** (*Axt*) hacha *f* **2.** (*Fall~*) guillotina *f*

Beilage *f* <-n> **1.** (PUBL) suplemento *m* **2.** (GASTR) guarnición *f*

beiläufig I. *adj* (*Frage*) casual **II.** *adv* de paso; **~ gesagt** dicho sea de paso

bei|legen *vt* **1.** (*aus der Welt schaffen*) poner fin (a), concluir **2.** (*hinzulegen*) adjuntar, adosar *Am*; **er legte dem Brief ein Foto bei** adjuntó una foto a la carta **3.** (*zuschreiben*) conceder, otorgar; **etw** *dat* **Gewicht/Wert ~** otorgarle peso/valor a algo

beileibe *adv*: **~ nicht** en ningún caso

Beileid *nt ohne Pl* <-(e)s> pésame *m*; **mein aufrichtiges ~** mi más sincero pésame; **jdm sein ~ ausdrücken** dar el pésame a alguien; **Beileidskarte** *f* tarjeta *f* de condolencia

bei|liegen *irr vi* estar incluido

beiliegend *adj* adjunto

beim = **bei dem** *s.* **bei**

bei|mengen *vt* añadir

bei|messen *irr vt* atribuir, conceder

bei|mischen *vt* añadir, agregar

Bein *nt* <-(e)s, -e> **1.** (*Körperteil*) pierna *f*; **die ~e übereinander schlagen** cruzar las piernas; **er stellt ihm ein ~** le pone la zancadilla; **sich** *dat* **(k)ein ~ ausreißen** (*fam fig*) (no) matarse trabajando; **mit einem ~ im Grab stehen** (*fam fig*) estar con un pie en la tumba; **sich** *dat* **die ~e in den Bauch stehen** (*fam fig*) estar de plantón; **mit beiden ~en im Leben stehen** (*fam fig*) tener los pies en el suelo; **jdm ~e machen** (*fam fig*) echar a alguien; **die ~e in die Hand nehmen** (*fam fig*) salir disparado; **etw auf die ~e stellen** (*fam fig*) montar algo; **er ist schon wieder auf den ~en** (*fam*) ya se ha recuperado totalmente **2.** (*eines Tieres, Stuhls*) pata *f* **3.** (*geh: Knochen*) hueso *m*; **etw geht jdm durch Mark und ~** (*fam*) algo le parte el alma a alguien

beinah(e) *adv* casi, por poco

Beiname *m* <-ns, -n> sobrenombre *m*

Beinbruch *m* fractura *f* de la pierna; **das ist (doch) kein ~!** (*fam*) ¡no es para tanto!; **Hals- und ~!** ¡(buena) suerte!

beinhalten* *vt* incluir, contener

Beinprothese *f* <-n> (MED) prótesis *f inv* de la pierna, pierna *f* artificial

bei|ordnen *vt* **1.** (LING) coordinar **2.** (*beigeben*) agregar

Beipackzettel *m* hoja *f* de instrucciones

bei|pflichten *vi*: **jdm ~** secundar a alguien; **einem Vorhaben ~** apoyar un proyecto

Beirat *m* <-(e)s, -räte> consejo *m* consultivo

beirren* *vt* desconcertar, confundir; **lass dich dadurch nicht ~!** ¡no te dejes confundir por eso!

Beirut *nt* <-s> Beirut *m*

beisammen *adv* **1.** (*zusammen*) juntos, reunidos **2.** (*in guter Verfassung*): **~ sein** (*körperlich*) estar fuerte; (*geistig*) estar cuerdo; **er ist noch gut ~** aún está en sus cabales; **beisammen|sein** *irr vi s.* **beisammen 2.**

Beisammensein *nt ohne Pl* <-s> reunión *f*

Beischlaf *m ohne Pl* <-(e)s> (*geh*) coito *m*; (JUR) cohabitación *f*; **außerehelicher ~** adulterio *m*

Beisein *nt*: **in/ohne jds ~** en presencia/sin la presencia de alguien

beiseite *adv* a un lado, aparte; **Geld ~ legen** ahorrar dinero; **Spaß ~!** ¡bromas aparte!; **jdn ~ nehmen** hablar a solas con alguien

bei|setzen *vt* (*geh*) inhumar

Beisetzung *f* <-en> (*geh*) inhumación *f*

Beisitzer(in) *m(f)* <-s, -; -nen> **1.** (*am Gericht*) asesor(a) *m(f)* **2.** (*eines Ausschusses*) vocal *mf*

Beispiel *nt* <-(e)s, -e> ejemplo *m;* (**wie**) **zum** ~ (como) por ejemplo; **jdm ein** ~ **geben** dar ejemplo a alguien; **an ihm kannst du dir ein** ~ **nehmen** puedes tomar ejemplo de él; **mit gutem** ~ **vorangehen** predicar con el ejemplo

beispielhaft *adj* ejemplar, modelo

beispiellos *adj* sin precedente; (*unerhört*) inaudito; (*unvergleichbar*) sin igual, sin par

beispielsweise *adv* por ejemplo

beißen <beißt, biss, gebissen> **I.** *vi, vt* (*zubeißen*) morder; **in den Apfel** ~ morder la manzana; **ich habe mir auf die Zunge gebissen** me mordí la lengua; **nichts zu** ~ **haben** (*fam*) no tener nada que llevarse a la boca **II.** *vi* (*Geruch, Geschmack*) picar; **der Rauch beißt in den Augen** me pican los ojos del humo **III.** *vr:* **sich** ~ (*fam: Farben*) desentonar, no armonizar

beißend *adj* (*Geschmack*) picante, mordaz; (*Geruch, Qualm*) fuerte, picante; (*Spott*) mordaz, agudo

Beißzange *f* tenazas *fpl*

Beistand *m* <-(e)s, -stände> **1.** (*geh: Hilfe*) ayuda *f;* (*Unterstützung*) apoyo *m;* **jdm** ~ **leisten** prestar ayuda a alguien **2.** (JUR) asistencia *f;* (*Beratung*) asesoramiento *m;* **rechtlicher** ~ asistencia jurídica

bei|stehen *irr vi:* **jdm** ~ apoyar a alguien, ayudar a alguien

bei|steuern *vt* contribuir con (*zu* a)

bei|stimmen *vi* aprobar

Beistrich *m* <-(e)s, -e> (*Österr: Komma*) coma *f*

Beitrag *m* <-(e)s, -träge> **1.** (*Anteil, Mitwirkung*) contribución *f;* **seinen** ~ **zu etw leisten** contribuir a algo **2.** (*Geldbetrag*) cuota *f* **3.** (*Aufsatz, Artikel*) artículo *m*

bei|tragen *irr vt* contribuir (*zu* a), ayudar (*zu* a)

beitragspflichtig *adj* sujeto a pago; **Beitragssatz** *m* <-es, -sätze> (FIN) cuota *f;* **Beitragszeit** *f* periodo *m* de cotización

bei|treten *irr vi sein* **1.** (*einem Pakt*) adherirse (a) **2.** (*einer Organisation*) ingresar (en); (*einer Partei*) afiliarse (a)

Beitritt *m* <-(e)s, -e> adhesión *f* (*zu* a), ingreso *m* (*zu* en); (*zu einer Partei*) afiliación *f* (*zu* a); **seinen** ~ **erklären** ingresar; **Beitrittserklärung** *f* <-en> declaración *f* de ingreso

Beiwagen *m* <-s, -> sidecar *m*

Beiwerk *nt* <-(e)s, -e> (*geh*) accesorio *m*

bei|wohnen *vi* (*geh*) asistir (a), presenciar

Beize *f* <-n> **1.** (*für Metall*) decapante *m;* (*für Textilien*) mordiente *m* **2.** (*für Holz*) barniz *m* **3.** (*zum Gerben*) adobo *m* **4.** (GASTR) escabeche *m*

beizeiten *adv* a tiempo

beizen *vt* **1.** (*Metall*) decapar; (*Textilien*) tratar con mordiente **2.** (*Holz*) barnizar **3.** (GASTR) adobar, escabechar

bejahen* *vt* **1.** (*Frage*) contestar afirmativamente **2.** (*Leben, Vorschlag*) decir que sí (a)

bejahend *adj* afirmativo

bejahrt *adj* (*geh*) entrado en años

bejammern* *vt* lamentar

bejammernswert *adj* lamentable, deplorable

bejubeln* *vt* ovacionar, vitorear

bekämpfen* *vt* combatir

Bekämpfung *f* <-en> lucha *f* (*von* contra)

bekannt I. *pp von* **bekennen II.** *adj* **1.** (*Person*) conocido; (*Sache*) conocido; ~ **geben** dar a conocer; (*veröffentlichen*) hacer público; ~ **machen** hacer saber; (*öffentlich*) publicar, (llegar a) conocerse; **wohl** ~ (*geh*) muy [*o* bien] conocido; **das ist uns wohl** ~ lo conocemos muy bien; **als** ~ **voraussetzen** dar por sabido; **das kommt mir** ~ **vor** me suena de algo; **darf ich Sie mit Herrn X** ~ **machen?** ¿puedo presentarle al señor X? **2.** (*berühmt*) famoso (*für* por)

Bekannte(r) *mf* <-n, -n; -n> conocido, -a *m, f;* **Bekanntenkreis** *m* (círculo *m* de) conocidos *mpl*

Bekanntgabe *f* <-n> notificación *f;* (*in einer Zeitung*) publicación *f*

bekannt|geben *irr vt s.* **bekannt II.1.**

bekanntlich *adv* como es sabido

bekannt|machen *vt s.* **bekannt II.1.**

Bekanntmachung *f* <-en> **1.** (*Veröffentlichung*) publicación *f;* (*eines Gesetzes*) promulgación *f* **2.** (*amtlicher Anschlag*) edicto *m,* bando *m*

Bekanntschaft *f* <-en> **1.** (*persönliche Beziehung*) amistad *f;* **jds** ~ **machen** conocer a alguien **2.** (*Bekannter*) conocido, -a *m, f*

bekannt|werden *irr vi sein s.* **bekannt II.1.**

bekehren* **I.** *vt* **1.** (REL) convertir (*zu* a) **2.** (*zu einer Ansicht*) hacer adoptar **II.** *vr:* **sich** ~ convertirse (*zu* a)

Bekehrung *f* <-en> (REL) conversión *f*

bekennen* *irr* **I.** *vt* (*zugeben*) reconocer; (*Attentat*) reivindicar; **Farbe** ~ (*fam*) quitarse la careta **II.** *vr:* **sich** ~ **1.** (*eintreten für*) declararse (*zu* en favor de) **2.** (*einstehen für*) confesar, declararse; **ich bekenne mich schuldig** me confieso culpable

Bekenntnis *nt* <-ses, -se> (*a.* REL) confesión *f;* (*Erklärung*) declaración *f* (*zu* en favor de)

beklagen* **I.** *vt* (*Unglück, Schaden*) lamentar **II.** *vr:* **sich** ~ lamentarse (*über* de); (*sich *beschweren*) quejarse (*über* de); **ich kann mich nicht** ~ no me puedo quejar

beklagenswert *adj* lamentable, deplorable

Beklagte(r) *mf* <-n, -n; -n> (JUR) demandado, -a *m, f*

beklauen* *vt* (*fam*) robar; **jdn** ~ mangar a alguien

bekleckern* **I.** *vt* (*fam*) manchar (*mit* con/de); (*beschmieren*) pringar (*mit* con/de) **II.** *vr:* **sich** ~ mancharse (*mit* de), pringarse (*mit* de); **er hat sich nicht gerade mit Ruhm bekleckert** (*iron*) no se ha cubierto de gloria precisamente

beklecksen* **I.** *vt* pringar (*mit* de/con) *fam;* **etw mit Farbe** ~ manchar algo de pintura **II.** *vr:* **sich** ~ ensuciarse (*mit* de/con), pringarse (*mit* de) *fam*

bekleiden* *vt* **1.** (*geh: Amt, Rang*) ocupar **2.** (*anziehen*) vestir; **leicht bekleidet** con ropa ligera **3.** (*bedecken*) revestir (*mit* de)

Bekleidung[1] *f ohne Pl* (*eines Amtes*) ejercicio *m* (de cargo)

Bekleidung[2] *f* <-en> **1.** (*Kleidung*) ropa *f* **2.** (*Bedeckung*) revestimiento *m*

Bekleidungsstück *nt* prenda *f* de vestir

beklemmend *adj* angustioso; (*bedrückend*) oprimente

Beklemmung *f* <-en> agobio *m,* angustia *f,* prendimiento *m Chil;* (*physisch*) opresión *f*

beklommen *adj* agobiado; (*bedrückt*) abatido

Beklommenheit *f* <-en> opresión *f,* angustia *f*

bekloppt *adj* (*fam*) como una cabra

beknackt *adj* (*fam*) ido, alelado

beknien* *vt* (*fam*) pedir de rodillas

bekommen* *irr* **I.** *vt* **1.** (*erhalten*) recibir; (*Recht, Einblick*) obtener, conseguir; **was ~ Sie (dafür)?** ¿cuánto le debo?; **sie bekommt 20 DM (für) die Stunde** le pagan 20 marcos la hora; **etw zu essen** ~ recibir algo de comer; **ich habe es geschenkt** ~ me lo han regalado; **eine Ohrfeige** ~ recibir una bofetada; **er bekam ein Jahr Gefängnis** le cayó un año de cárcel **2.** (*Zug*) coger, alcanzar, pillar *sl;* **wenn ich ihn zu fassen bekomme** como le coja **3.** (*Krankheit*) contraer; (*Komplexe*) desarrollar; (*Zähne*) echar, salir; **ein Kind** ~ tener un hijo; **er bekommt graue Haare** le salen canas; **er bekommt eine Glatze** se está quedando calvo; **wir ~ anderes Wetter** tendremos un cambio de tiempo; **er bekam Hunger/Angst** le entró hambre/miedo; **er bekam Lust schwimmen zu gehen** le entraron ganas de ir a nadar; **ich bekomme ihn nicht dazu mir zu helfen** no consigo que me ayude **II.** *vi* **1.** (*bedient werden*) estar atendido; ~ **Sie es schon?** ¿ya le atienden? **2.** *sein* (*Speisen*): **jdm gut/schlecht** ~ sentar(le) bien/mal a alguien; **wohl bekomm's!** ¡que aproveche!

bekömmlich *adj* (*Speisen*): **leicht** ~ fácil de digerir, ligero; **schwer** ~ indigesto

beköstigen* *vt* alimentar

bekräftigen* *vt* confirmar, afirmar

Bekräftigung *f* <-en> apoyo *m,* confirmación *f*

bekränzen* *vt* coronar (*mit* de), enguirnaldar

bekreuzigen* *vr:* **sich** ~ santiguarse

bekriegen* *vt* hacer la guerra (a); (*bekämpfen*) combatir, luchar (contra)

bekritzeln* *vt* garabatear (en)

bekümmern* *vt* (*besorgt machen*) preocupar; (*beunruhigen*) intranquilizar

bekümmert *adj* (*besorgt*) preocupado (*über* por); (*betrübt*) afligido (*über* por)

bekunden* *vt* **1.** (*geh: Absicht, Mitgefühl*) mostrar, manifestar **2.** (JUR: *bezeugen*) testificar

belächeln* *vt* mofarse (de)

beladen* *irr* **I.** *vt* cargar (*mit* de/con) **II.** *vr:* **sich** ~ cargar (*mit* con), cargarse (*mit* de)

Belag *m* <-(e)s, -läge> (*Zungen~*) saburra *f;* (*Zahn~*) sarro *m;* (*Straßen~, Fußboden~*) pavimento *m;* (*Brems-, Fußboden~*) revestimiento *m*

Belagerer, -in *m, f* <-s, -; -nen> sitiador(a) *m(f)*

belagern* *vt* **1.** (MIL) sitiar, cercar **2.** (*fam: sich drängen*) rodear, acorralar

Belagerung *f* <-en> (MIL) sitio *m;* **Belagerungszustand** *m* (JUR) estado *m* de sitio

belämmert[RR] *adj* (*fam*) **1.** (*verlegen*) confuso; (*eingeschüchtert*) intimidado **2.** (*scheußlich*) horrible; (*abstoßend*) repugnante

Belang *m ohne Pl* <-(e)s> (*Bedeutung*) importancia *f;* **etw ist von/ohne ~ für jdn/etw** algo es de/carece de importancia para alguien/algo

Belange *mPl* (*Angelegenheiten*) intereses *mpl*

belangen* *vt* (JUR) demandar judicialmente

belanglos *adj* sin importancia

Belanglosigkeit *f* <-en> insignificancia *f;* **über ~en sprechen** hablar de naderías

belassen* *irr vt* dejar; **wir wollen es dabei** ~ dejémoslo así

belastbar *adj* **1.** (*Material*) resistente; **eine bis zu zehn Tonnen ~e Brücke** un puente con una capacidad de carga de diez toneladas **2.** (*Mensch*) fuerte, resistente; **die Umwelt ist nicht weiter** ~ no se puede sobrecargar más el medio ambiente

Belastbarkeit *f ohne Pl* (capacidad *f* de) resistencia *f,* aguante *m fam*

belasten* **I.** *vt* **1.** (JUR: *beschuldigen*) imputar, incriminar; **~des Material** material incriminatorio **2.** (*mit Gewicht*) cargar **3.** (*bedrücken*) pesar; (*nervlich*) agobiar **4.** (ÖKOL) contaminar **5.** (FIN: *Grundstück*) hipotecar; (*Konto*) debitar **II.** *vr:* **sich** ~ **1.** (JUR) endeudarse, empeñarse **2.** (*sich aufbürden*): **sich mit etw** ~ cargarse de algo

belästigen* *vt* molestar (*mit* con)

Belästigung *f* <-en> molestia *f*, odiosidad *f Am;* **sexuelle** ~ acoso sexual

Belastung *f* <-en> **1.** (PSYCH) carga *f* **2.** (JUR) cargo *m* **3.** (ÖKOL) perjuicio *m* para el medio ambiente **4.** (MED: *Kreislauf, Organ*) sobrecarga *f* **5.** (FIN) carga *f;* **Belastungsmaterial** *nt ohne Pl* <-s> (JUR) pruebas *fpl* de cargo; **Belastungsprobe** *f* **1.** (TECH: *Material, Brücke*) prueba *f* de carga **2.** (MED) prueba *f* de esfuerzo **3.** (*Ehe, Koalition*) prueba *f* de resistencia; **Belastungszeuge, -in** *m, f* (JUR) testigo *mf* de cargo

belaubt *adj* cubierto de hojas

belauern* *vt* acechar

belaufen* *irr vr:* **sich** ~ elevarse (*auf* a), ascender (*auf* a)

belauschen* *vt* escuchar; (*spionieren*) espiar

beleben* **I.** *vt* estimular, reanimar, vitalizar *Am;* **wieder** ~ (*Person*) reanimar; (*Wirtschaft*) reactivar **II.** *vr:* **sich** ~ (*Straße*) animarse, cobrar vida

belebend *adj* estimulante; (*stärker*) excitante

belebt *adj* **1.** (*lebendig*) animado **2.** (*Straße*) concurrido

Belebung *f* <-en> vivificación *f*

Beleg *m* <-(e)s, -e> **1.** (*Quittung*) recibo *m* **2.** (*Beweis*) prueba *f*

belegen* *vt* **1.** (*Platz*) reservar, ocupar **2.** (*Seminar*) inscribirse (en) **3.** (SPORT) ocupar; **er belegte den zweiten Platz** ocupó el segundo puesto **4.** (*Behauptung*) documentar **5.** (*Brot, Fußboden*) cubrir (*mit* con) **6.** (*mit Zoll, Bußgeld*) cargar (*mit* de/con), gravar (*mit* con)

Belegexemplar *nt* (*Zeitschrift, Buch*) original *m*

Belegschaft *f* <-en> personal *m*, plantel *m Arg*

belegt *adj* **1.** (*Hotel*) completo; (*Zimmer, Platz*) ocupado **2.** (*Stimme*): ~**e Stimme** voz tomada **3.** (*Brot*) untado; ~**es Brötchen** bocadillo **4.** (*Zunge*) saburroso

belehren* *vt* instruir (*über* sobre)

belehrend *adj* instructivo

Belehrung *f* <-en> **1.** (*Erklärung*) instrucción *f* **2.** (*Zurechtweisung*) reprimenda *f* **3.** (JUR) informe *m*

beleibt *adj* corpulento

beleidigen* *vt* ofender, insultar

beleidigend *adj* ofensivo

Beleidigung *f* <-en> ofensa *f*, insulto *m*

beleihen* *irr vt* (*Haus*) hipotecar; (*Wertpapiere*) pignorar

belemmert *adj s.* **belämmert**

belesen *adj* (*Person*) leído, culto

beleuchten* *vt* **1.** (*mit Licht*) iluminar, alumbrar **2.** (*Frage*) analizar

Beleuchtung *f* <-en> iluminación *f*, luz *f*

Belgien *nt* <-s> Bélgica *f*

Belgier(in) *m(f)* <-s, -; -nen> belga *mf*

belgisch *adj* belga

Belgrad *nt* <-s> Belgrado *m*

belichten* *vt* (FOTO) exponer (a la luz)

Belichtung *f* <-en> (FOTO) exposición *f;* **Belichtungsmesser** *m* fotómetro *m;* **Belichtungszeit** *f* tiempo *m* de exposición

Belieben *nt ohne Pl* <-s> voluntad *f*, gusto *m;* **nach** ~ al gusto

belieben* **I.** *vi* (*geh*) desear; **wann es Ihnen beliebt** cuando Ud. guste **II.** *vunpers:* **es beliebte ihm bei uns vorbeizukommen** le entraron deseos de pasar a visitarnos

beliebig **I.** *adj* cualquiera; **jede** ~**e Arbeit annehmen** aceptar cualquier trabajo; **in** ~**er Reihenfolge** por el orden que se desee **II.** *adv* a gusto, a voluntad

beliebt *adj* (*Person*) estimado, apreciado; (*Ware*) solicitado; (*Thema*) popular; **sich** ~ **machen** hacerse querer

Beliebtheit *f ohne Pl* popularidad *f* (*bei* entre); **jd/etw erfreut sich großer** ~ alguien/algo goza de gran popularidad

beliefern* *vt* suministrar, abastecer (*mit* con)

Belieferung *f* <-en> suministro *m*, entrega *f*

bellen *vi* ladrar

Belletristik *f ohne Pl* bellas letras *fpl*

belohnen* *vt* recompensar (*für* por); (*mit einem Preis*) premiar (*für* por)

Belohnung *f* <-en> recompensa *f;* (*Preis*) premio *m;* **eine** ~ **aussetzen** ofrecer una recompensa

Belüftung *f* <-en> ventilación *f;* **Belüftungsschacht** *m* (BERGB) túnel *m* de ventilación

belügen* *irr vt* mentir

belustigen* **I.** *vt* (*zum Lachen bringen*) divertir **II.** *vr:* **sich** ~ (*geh: sich lustig machen*) reírse (*über* de)

bemächtigen* *vr* (*geh*): **sich etw** *gen*/**jds** ~ apoderarse de algo/alguien

bemalen* **I.** *vt* pintar **II.** *vr:* **sich** ~ pintarse

Bemalung *f* <-en> pintura *f;* (*Graffiti*) pintada *f;* (*Kriegs~*) pintura *f* (de guerra)

bemängeln* *vt* censurar, criticar

bemannt *adj* (*Raumschiff*) tripulado

bemerkbar *adj* perceptible; **sich** ~ **machen** hacerse notar; (*durch Gesten*) atraer la atención

bemerken* *vt* **1.** (*wahrnehmen*) notar, darse cuenta (de) **2.** (*äußern*) decir, observar; (*erwähnen*) mencionar; **nebenbei bemerkt** dicho sea de paso; **bemerkenswert** *adj* notable

Bemerkung *f* <-en> comentario *m*, observación *f*

bemessen* *irr* **I.** *vt* (*messen*) medir, calcular; **meine Zeit ist knapp ~** estoy corto de tiempo **II.** *vr:* **sich ~** (*sich bestimmen*) tasarse (*nach* de acuerdo con)

bemitleiden* *vt* compadecer; **sich selbst ~** autocompadecerse; **bemitleidenswert** *adj* deplorable

bemühen* **I.** *vr:* **sich ~** (*sich Mühe geben*) esforzarse (*um* por), esmerarse (*um* por); **bitte ~ Sie sich nicht!** ¡por favor, no se moleste!; **sich um etw ~** esforzarse para conseguir algo; **sich um jdn ~** esforzarse por alguien; **wärst du so freundlich dich zu mir zu ~?** ¿serías tan amable de pasarte por mi casa? **II.** *vt* (*geh: bitten*) pedir; (*benutzen*) servirse (de); **er bemühte sie zu sich** le pidió que fuera a verle

bemüht *adj* esforzado; **~ sein etw zu tun** molestarse en hacer algo; **um etw/jdn ~ sein** esforzarse por algo/alguien

Bemühung *f* <-en> **1.** (*Anstrengung*) molestia *f* **2.** *Pl* (*Dienstleistungen*) diligencia *f*

bemuttern* *vt* mimar

benachbart *adj* vecino

benachrichtigen* *vt* informar (*von* de), avisar (*von* de)

Benachrichtigung *f* <-en> aviso *m;* (*offiziell*) parte *m;* (*Warnung*) advertencia *f*

benachteiligen* *vt* perjudicar, discriminar (*wegen* por)

Benachteiligte(r) *mf* perjudicado, -a *m, f*

Benachteiligung *f* <-en> perjuicio *m*, discriminación *f*

benebelt *adj* (*fam*) mareado; (*vom Alkohol*) achispado

Benefizkonzert *nt* <-(e)s, -e> concierto *m* de beneficencia

Benehmen *nt ohne Pl* <-s> **1.** (*Verhalten*) comportamiento *m* **2.** (*Manieren*) modales *mpl;* **kein ~ haben** no tener modales

benehmen* *irr vr:* **sich ~** (com)portarse (*wie* como); **benimm dich!** ¡pórtate bien!

beneiden* *vt* envidiar (*um* por); **er ist nicht zu ~** no es de envidiar; **ich beneide dich um dein Glück** envidio tu suerte; **beneidenswert** *adj* envidiable

Beneluxländer *ntPl* (POL) (Estados *mpl* del) Benelux *m*

benennen* *irr vt* **1.** (*Namen geben*) nombrar, poner nombre (*nach* de) **2.** (*Kandidaten*) designar

Benennung *f* <-en> nombramiento *m*

benetzen* *vt* (*geh*) humedecer

Bengel *m* <-s, -(s)> (*fam*) **1.** (*frecher Bursche*) granujilla *m* **2.** (*kleiner Junge*) chaval *m*, pendejo *m CSur*

benommen **I.** *pp von* **benehmen** **II.** *adj* aturdido (*von* por), abombado (*von* por) *SAm*

Benommenheit *f ohne Pl* estupor *m;* (*Ohnmacht*) vahído *m*

benoten* *vt* calificar, poner nota

benötigen* *vt* necesitar

benutzen* *vt* **1.** (*gebrauchen*) usar; (*verwenden*) emplear; (*Zug, Bus*) tomar **2.** (*ausnutzen*) aprovechar; **er benutzte die Gelegenheit um zu fliehen** aprovechó la ocasión para escapar; **etw als Vorwand ~** poner algo como excusa; **ich fühle mich (von ihr) benutzt** me siento utilizado (por ella)

benützen* *vt* (*reg*) *s.* **benutzen**

Benutzer(in) *m(f)* <-s, -; -nen> (*a.* INFOR) usuario, -a *m, f;* **benutzerfreundlich** *adj* de fácil manejo para el usuario; **Benutzerhandbuch** *nt* (INFOR) manual *m* de usuarios; **Benutzername** *m* <-ns, -n> (INFOR) nombre *m* del usuario; **Benutzeroberfläche** *f* <-n> (INFOR) superficie *f* de utilización

Benutzung *f* <-en> uso *m*, empleo *m;* **etw in ~ haben/nehmen** tener/tomar algo en uso; **Benutzungsgebühr** *f* tasa *f* de utilización; (*für Straßen*) peaje *m*

Benzin *nt* <-s, -e> gasolina *f*, nafta *f CSur;* **Benzinfeuerzeug** *nt* encendedor *m* de gasolina; **Benzinkanister** *m* <-s, -> bidón *m* de gasolina; **Benzinpumpe** *f* (AUTO) bomba *f* de gasolina; **Benzintank** *m* (AUTO) tanque *m* de gasolina; **Benzinverbrauch** *m* <-(e)s, -bräuche> (AUTO) consumo *m* de gasolina

Benzol *nt* <-s, -e> (CHEM) benzol *m*

beobachten* *vt* **1.** (*betrachten*) observar **2.** (*überwachen*) vigilar **3.** (*bemerken*) observar (*an* en), notar (*an* en)

Beobachter(in) *m(f)* <-s, -; -nen> observador(a) *m(f)*

Beobachtung *f* <-en> observación *f;* **~en anstellen** hacer observaciones; **Beobachtungsgabe** *f* capacidad *f* de observación; **sie hat eine gute ~** tiene buenas dotes de observación

beordern* *vt* ordenar

bepacken* *vt* cargar (*mit* con)

bepflanzen* *vt* plantar (*mit* de)

bequatschen* *vt* (*fam*) **1.** (*besprechen*) conversar **2.** (*überreden*) convencer, persuadir

bequem *adj* **1.** (*Möbel*) cómodo; **machen Sie es sich ~!** ¡póngase cómodo! **2.** (*abw: Person*) comodón

bequemen* *vr:* **sich ~** (*geh abw*) dignarse

(*zu* a)

Bequemlichkeit[1] *f* <-en> (*Komfort*) comodidad *f*

Bequemlichkeit[2] *f ohne Pl* (*Trägheit*) pereza *f;* **aus** (**purer**) ~ por (pura) pereza

beraten* *irr* **I.** *vt* **1.** (*Rat geben*) aconsejar; (*fachlich*) asesorar **2.** (*besprechen*) deliberar (*über* sobre), discutir **II.** *vr:* **sich** ~ (*sich besprechen*) asesorarse (*mit* con), consultarse (*mit* con)

beratend *adj* consultivo

Berater(in) *m(f)* <-s, -; -nen> consejero, -a *m, f,* asesor(a) *m(f)*

beratschlagen* *vi, vt* aconsejar

Beratung *f* <-en> **1.** (*Ratschlag*) consejo *m;* (*fachlich*) asesoramiento *m* **2.** (*Besprechung*) deliberación *f;* **Beratungsstelle** *f* <-n> consultorio *m*

berauben* *vt* robar; (*eines Rechtes*) privar (de)

berauschen* **I.** *vt* (*geh: Alkohol, Droge*) embriagar **II.** *vr:* **sich** ~ (*geh: sich betrinken*) embriagarse (*an* con); (*fig*) extasiarse (*an* ante)

berauschend *adj* (*Alkohol, Droge*) embriagador; **diese Aussichten sind nicht gerade** ~ las perspectivas no son precisamente muy risueñas

Berber(in)[1] *m(f)* <-s, -; -nen> **1.** (*Volk*) beréber *mf,* berberisco, -a *m, f* **2.** (*fam: Nichtsesshafte*) vagabundo, -a *m, f*

Berber[2] *m* <-s, -> (*Teppich*) alfombra *f* berberisca

berechenbar *adj* (*Kosten*) calculable; (*Verhalten*) previsible

Berechenbarkeit *f* <-en> previsibilidad *f*

berechnen* *vt* **1.** (*Preis, Zinsen, Entfernung*) calcular **2.** (*kalkulieren*) calcular, evaluar **3.** (*in Rechnung stellen*) cobrar (*für* por)

berechnend *adj* (*abw*) calculador

Berechnung *f* <-en> **1.** (*von Kosten*) cálculo *m* **2.** (*abw: Eigennutz*) interés *m;* **etw aus** ~ **tun** hacer algo en su propio interés

berechtigen* *vt* autorizar (*zu* para); **das berechtigt zu der Annahme, dass ...** esto nos permite suponer que...; **berechtigt sein etw zu tun** tener derecho a hacer algo

berechtigt *adj* **1.** (*befugt*) autorizado (*zu* para) **2.** (*Zweifel*) fundado

berechtigterweise *adv* justificadamente, de manera justificada

Berechtigung *f ohne Pl* **1.** (*Recht*) derecho *m* (*zu* a); (*Befugnis*) autorización *f* (*zu* para); (*Befähigung*) habilitación *f* (*zu* para) **2.** (*Rechtmäßigkeit*) legitimidad *f*

bereden* **I.** *vt* **1.** (*besprechen*) hablar (*mit* con) **2.** (*überreden*) persuadir (de) **II.** *vr:* **sich** ~ (*beraten*) hablar

Beredsamkeit *f ohne Pl* elocuencia *f*

beredt *adj* (*Person*) elocuente

Bereich *m* <-(e)s, -e> **1.** (*Gebiet*) zona *f,* área *f;* **das liegt** (**nicht**) **im** ~ **des Möglichen** esto (no) está dentro de lo posible **2.** (*Sachgebiet*) terreno *m,* sector *m* **3.** (*Zuständigkeit*) competencia *f*

bereichern* **I.** *vt* (*vergrößern*) enriquecer (*mit* con) **II.** *vr:* **sich** ~ (*Gewinn machen*) enriquecerse (*an* con)

Bereicherung *f* <-en> enriquecimiento *m*

bereifen* *vt* (AUTO) poner neumáticos

Bereifung *f* <-en> (AUTO) neumáticos *mpl*

bereinigen* *vt* (*Missverständnis*) aclarar; (*Angelegenheit*) arreglar

bereisen* *vt* viajar (por); (*a.* COM) recorrer

bereit *adj* **1.** (*fertig*) preparado (*zu/für* para) **2.** (*gewillt*) dispuesto (*zu* para/a + *inf*); **sich** ~ **erklären etw zu tun** mostrarse dispuesto a hacer algo

bereiten* *vt* **1.** (*Speisen, Bad*) preparar **2.** (*Überraschung, Ärger*) dar, causar; (*Schwierigkeiten*) crear; (*Empfang*) dispensar; **das bereitet mir großes Vergnügen** esto me causa un gran placer; **etw** *dat* **ein Ende** ~ poner fin a algo

bereit|halten *irr* **I.** *vt* tener preparado **II.** *vr:* **sich** ~ estar a disposición; **bereit|legen** *vt* preparar, disponer; **bereit|liegen** *irr vi* estar preparado, estar listo; **bereit|machen** *vt, vr:* **sich** ~ preparar(se) (*für* para)

bereits *adv* ya

Bereitschaft *f* <-en> disposición *f;* **in** ~ **sein** (MIL) estar en alerta; ~ **haben** (*Arzt*) estar de servicio; (*Apotheke*) estar de guardia; **Bereitschaftsarzt, -ärztin** *m, f* médico, -a *m, f* de guardia; **Bereitschaftsdienst** *m* servicio *m* de urgencia; ~ **haben** estar de guardia

bereit|stehen *irr vi* estar preparado, estar listo; **bereit|stellen** *vt* **1.** (*vorbereiten*) preparar **2.** (*zur Verfügung stellen*) poner a disposición

bereitwillig **I.** *adj* solícito **II.** *adv* de buena gana

Bereitwilligkeit *f* <-en> buena voluntad *f*

bereuen* *vt* arrepentirse (de)

Berg *m* <-(e)s, -e> **1.** (*Erhebung*) monte *m,* montaña *f;* **in die** ~**e fahren** ir a la montaña; **jdm stehen die Haare zu** ~**e** (*fig fam*) se le ponen los pelos de punta a alguien; **heute bin ich nicht auf dem** ~ (*fig fam*) hoy no estoy muy católico; (**noch nicht**) **über den** ~ **sein** (*fig fam*) (no) haber superado (aún) las dificultades; **längst über alle** ~**e sein** (*fig fam*) haber puesto pies en polvorosa; **mit etw hinter dem** ~ **halten** (*fig fam*) ocultar algo; ~**e versetzen** (**können**) (*fig fam*) (poder) mover montañas **2.** (*Menge*) montón *m,* volcán *m Am*

bergab *adv* cuesta abajo; ~ **gehen** (*Weg*) ir

cuesta abajo; (*Geschäft*) ir de mal en peor; **es geht ~ mit ihm** (*fam*) va de mal en peor

Bergabhang *m* falda *f* de la montaña

Bergamotte *f* <-n> (BOT) bergamota *f*

Bergarbeiter(in) *m(f)* minero, -a *m, f*

bergauf *adv* cuesta arriba; **es geht steil ~** es una subida empinada; **langsam geht es wieder ~ mit ihm** (*fam*) se va recuperando poco a poco

Bergbahn *f* ferrocarril *m* de montaña

Bergbau *m ohne Pl* <-(e)s> minería *f*

Bergbesteigung *f* <-en> escalamiento *m* de una montaña; **Bergbewohner(in)** *m(f)* montañero, -a *m, f;* **Bergdorf** *nt* aldea *f* de montaña

bergen <birgt, barg, geborgen> *vt* **1.** (*retten*) rescatar **2.** (*geh: enthalten*) albergar, contener; (*verbergen*) esconder **3.** (*schützen*) proteger (*vor* de)

Bergführer(in) *m(f)* <-s, -; -nen> guía *mf* (de montaña); **Berggipfel** *m* cima *f,* pico *m;* **Berghütte** *f* refugio *m* (de montaña)

bergig *adj* montañoso

Bergkette *f* cadena *f* montañosa; (*Gebirge*) sierra *f;* **Bergland** *nt* <-(e)s, -länder> montaña *f;* **Bergpredigt** *f ohne Pl* (REL) Sermón *m* de la Montaña; **Bergrücken** *m* cresta *f* (de la montaña); **Bergrutsch** *m* desprendimiento *m;* **Bergschuh** *m* bota *f* de montaña; **Bergsteigen** *nt ohne Pl* <-s> alpinismo *m,* montañismo *m,* andinismo *m Am;* **Bergsteiger(in)** *m(f)* <-s, -; -nen> alpinista *mf,* andinista *mf Am;* **Bergtour** *f* excursión *f* por la montaña

Bergung *f* <-en> salvamento *m,* rescate *m;* **Bergungsarbeiten** *fPl* trabajos *mpl* de rescate; **Bergungsmannschaft** *f* equipo *m* de salvamento

Bergwacht *f ohne Pl* servicio *m* de salvamento de montaña; **Bergwand** *f* peña *f;* **Bergwanderung** *f* caminata *f* por la montaña

Bergwerk *nt* (BERGB) mina *f*

Bericht *m* <-(e)s, -e> informe *m;* (TV, RADIO) reportaje *m;* (MIL, MED) parte *m;* **jdm über etw ~ erstatten** informar a alguien sobre algo

berichten* *vi, vt* **1.** (*informieren*) informar (*über* sobre/de), reportar (*über* sobre/de) *Am* **2.** (*erzählen*) narrar, contar (*von* de) **3.** (*mitteilen*) comunicar, informar; **uns wird soeben berichtet, dass ...** nos acaban de informar de que...

Berichterstatter(in) *m(f)* <-s, -; -nen> reportero, -a *m, f*

Berichterstattung *f* información *f*

berichtigen* *vt* rectificar, corregir

Berichtigung *f* <-en> rectificación *f*

berieseln* *vt* rociar; **sich mit Musik ~ lassen** (*fam fig*) bañarse en música

Berieselung *f* <-en> (*mit Wasser*) riego *m* (*mit* con); (*fig: mit Musik*) baño *m* (*mit* en); (*fam: mit Werbung*) bombardeo *m* (*mit* de)

beritten *adj* montado, a caballo

Berlin *nt* <-s> Berlín *m*

Berliner(in) *m(f)* <-s, -; -nen> berlinés, -esa *m, f*

berlinerisch *adj* (*fam*) berlinés

Bermudas *Pl* **1.** (*Inselgruppe*) Islas *fpl* Bermudas **2.** (*Hose*) bermudas *mpl o fpl*

Bern *nt* <-s> Berna *f*

Berner(in) *m(f)* <-s, -; -nen> habitante *mf* de Berna

Bernhardiner *m* <-s, -> **1.** (*Mönch*) (monje *m*) bernardino *m* **2.** (*Hund*) (perro *m* de) San Bernardo *m*

Bernstein *m* <-(e)s, -e> ámbar *m*

bersten <birst, barst, geborsten> *vi sein* (*a. fig*) estallar; **zum B~ voll sein** estar lleno a reventar; **vor Zorn ~** estallar en ira

berüchtigt *adj* de mala fama

berücksichtigen* *vt* tener en cuenta; **man muss dabei ~, dass ...** en esto hay que tener en cuenta que...

Berücksichtigung *f ohne Pl* consideración *f;* **unter ~ aller Umstände** considerando todas las circunstancias

Beruf *m* <-(e)s, -e> profesión *f;* **er ist Bäcker von ~** es panadero de profesión; **von ~s wegen** profesionalmente

berufen[1] *adj* competente; **sich zu etw ~ fühlen** sentirse designado para algo; **sich ~ fühlen zu helfen** sentirse llamado a ayudar

berufen*[2] *irr* **I.** *vt* **1.** (*ernennen*) nombrar; (*in ein Amt*) designar; **sie haben ihn zum Minister ~** lo han nombrado ministro **2.** (*beschwören*) conjurar **II.** *vr:* **sich ~** (*sich stützen*) remitirse (*auf* a)

beruflich *adj* profesional; **ihr ~er Werdegang** su carrera profesional; **was macht er ~?** ¿a qué se dedica profesionalmente?

Berufsarmee *f* (MIL) ejército *m* profesional; **Berufsausbildung** *f* <-en> formación *f* profesional; **Berufsaussichten** *fPl* perspectivas *fpl* profesionales; **Berufsberater(in)** *m(f)* asesor(a) *m(f)* de orientación profesional; **Berufsberatung** *f* orientación *f* profesional; **Berufsbezeichnung** *f* denominación *f* de la profesión; **Berufsbild** *nt* configuración *f* de una profesión; **berufserfahren** *adj* con experiencia profesional; **Berufserfahrung** *f* experiencia *f* profesional; **Berufsgeheimnis** *nt* secreto *m* profesional; **Berufsgenossenschaft** *f* cooperativa *f* para la prevención y el seguro de accidentes laborales; **Berufsgruppe** *f* grupo *m* de profesionales; **Berufskleidung** *f* ropa *f* de trabajo; **Berufskrankheit** *f* enfermedad *f* causada por el trabajo; **Berufsleben** *nt ohne Pl* <-s> vida *f* profesional; **noch im ~**

stehen estar todavía en activo

berufsmäßig *adj* profesional; **etw ~ betreiben** dedicarse profesionalmente a algo

Berufsrisiko *nt* <-s, -risiken> riesgo *m* profesional; **Berufsschule** *f* <-en> escuela *f* de formación profesional; **Berufssoldat(in)** *m(f)* (MIL) soldado *m* profesional; **Berufssportler(in)** *m(f)* deportista *mf* profesional; **berufstätig** *adj:* **~ sein** trabajar; **halbtags ~ sein** trabajar media jornada; **Berufstätige(r)** *mf* <-n, -n; -n> empleado, -a *m, f,* activo, -a *m, f;* **berufsunfähig** *adj* incapacitado profesionalmente; **Berufsunfähigkeit** *f* <-en> incapacidad *f* profesional; **Berufsunfall** *m* accidente *m* laboral [*o* de trabajo]; **Berufsverband** *m* asociación *f* de profesionales; **Berufsverbot** *nt* inhabilitación *f* profesional; **Berufsverkehr** *m* tráfico *m* en las horas punta; **Berufswahl** *f ohne Pl* elección *f* de la profesión; **Berufswechsel** *m* cambio *m* de profesión

Berufung *f* <-en> **1.** (*Befähigung, innerer Auftrag*) vocación *f* **2.** (*Ernennung*) nombramiento *m* **3.** (JUR) apelación *f;* **er legte gegen das Urteil ~ ein** apeló contra la sentencia; **in die ~ gehen** interponer un recurso de apelación; **Berufungsinstanz** *f* (JUR) instancia *f* de apelación; **Berufungsklage** *f* apelación *f*

beruhen* *vi* basarse (*auf* en); **unser Vertrauen beruht auf Gegenseitigkeit** nuestra confianza es mutua; **etw auf sich ~ lassen** dejar las cosas como están

beruhigen* **I.** *vt* tranquilizar, calmar **II.** *vr:* **sich ~** (*Mensch, Tier*) tranquilizarse, calmarse; (*Meer*) calmarse, sosegarse; (*Sturm*) ceder; (*Lage*) estabilizarse

Beruhigung *f* <-en> apaciguamiento *m;* (*der Lage*) estabilización *f;* **zu Ihrer ~ kann ich sagen ...** para su tranquilidad le puedo decir...; **Beruhigungsmittel** *nt* tranquilizante *m,* calmante *m*

berühmt *adj* famoso (*für* por); **über Nacht ~ werden** hacerse famoso de la noche a la mañana; **deine Leistungen waren nicht gerade ~** (*fam abw*) lo que hiciste no fue nada del otro mundo; **berühmt-berüchtigt** *adj* tristemente célebre

Berühmtheit[1] *f ohne Pl* (*das Berühmtsein*) fama *f*

Berühmtheit[2] *f* <-en> (FILM) estrella *f;* (SPORT) as *m*

berühren* *vt* **1.** (*anfassen*) tocar; (*streifen*) rozar **2.** (*betreffen, bewegen*) conmover **3.** (*Thema*) mencionar, tocar de pasada

Berührung *f* <-en> **1.** (*das Anfassen*) toque *m;* (*Streifen*) roce *m* **2.** (*Kontakt*) contacto *m;* **mit etw** *dat*/**jdm in ~ kommen** entrar en contacto con algo/alguien; **Berührungsangst** *f* (PSYCH) hafefobia *f;* **Berührungspunkt** *m* punto *m* de contacto

bes. *Abk. von* **besonders** particularmente

besagen* *vt* **1.** (*ausdrücken*) (querer) decir **2.** (*bedeuten*) significar; **das hat nichts zu ~** esto no significa nada

besagte(r, s) *adj* antes mencionado, susodicho

besaiten* *vt* poner cuerdas (a); **zart besaitet sein** (*Person*) ser sensible

besamen* *vt* inseminar

besänftigen* *vt* calmar, tranquilizar

Besänftigung *f* <-en> apaciguamiento *m*

Besatz *m* <-es, -sätze> (*Borte*) ribete *m*

Besatzung *f* <-en> **1.** (*Garnison*) guarnición *f;* (*Truppen*) tropas *fpl* de ocupación **2.** (NAUT, AERO) tripulación *f;* **Besatzungsgebiet** *nt* (MIL) territorio *m* ocupado; **Besatzungsmacht** *f* <-mächte> potencia *f* ocupante; **Besatzungszone** *f* <-n> (MIL) zona *f* de ocupación

besaufen* *irr vr:* **sich ~** (*fam*) emborracharse

Besäufnis *nt* <-ses, -se> (*fam*) borrachera *f,* bebedera *f Mex*

beschädigen* *vt* deteriorar, dañar

Beschädigung *f* <-en> deterioro *m;* (*leicht*) desperfecto *m*

beschaffen[1] *adj:* **gut/schlecht ~ sein** estar en buenas/malas condiciones; **so ~ sein, dass ...** estar hecho de manera que...

beschaffen*[2] *vt* procurar, proporcionar

Beschaffenheit *f ohne Pl* (*Zustand*) estado *m,* calidad *f;* (*Art*) naturaleza *f;* (*Zusammensetzung*) composición *f*

Beschaffung *f ohne Pl* provisión *f,* aprovisionamiento *m*

beschäftigen* **I.** *vt* **1.** (*einstellen*) emplear **2.** (*mit einer Aufgabe*) ocupar (*mit* en/con); (*mit einem Spiel*) entretener (*mit* con) **3.** (*gedanklich*) preocupar **II.** *vr:* **sich ~** (*sich befassen*) dedicarse (*mit* a)

beschäftigt *adj* **1.** (*befasst*) ocupado (*mit* con), atareado; **viel ~** muy ocupado **2.** (*angestellt*) empleado (*bei* en)

Beschäftigung *f* <-en> **1.** (*Tätigkeit*) ocupación *f,* actividad *f* **2.** (*geistige Auseinandersetzung*) dedicación *f* (*mit* a) **3.** (*Beruf*) trabajo *m;* (*Anstellung*) empleo *m;* **Beschäftigungslage** *f* (WIRTSCH) situación *f* laboral; **Beschäftigungspolitik** *f* política *f* laboral; **Beschäftigungstherapie** *f* (MED) ergoterapia *f,* terapia *f* ocupacional; **das ist die reinste ~!** (*fam*) ¡esto es matar el tiempo!

beschämen* *vt* avergonzar; (*demütigen*) humillar; **das beschämt mich sehr** me avergüenza mucho

beschämend *adj* vergonzoso; (*demütigend*) humillante

beschämt *adj* avergonzado, escurrido *Mex,*

PRico; (*gedemütigt*) humillado
beschatten* *vt* vigilar
Beschattung *f* <-en> (ADMIN, MIL) vigilancia *f* (secreta), observación *f* (secreta)
beschauen* *vt* (*reg*) mirar; (*genau*) examinar
beschaulich *adj* (*ruhig*) tranquilo; (*friedlich*) apacible
Beschaulichkeit *f ohne Pl* tranquilidad *f*
Bescheid *m* <-(e)s, -e> (*Auskunft*) información *f;* (*Nachricht*) aviso *m;* (*Antwort*) respuesta *f;* ~ **sagen, dass .../ob ...** avisar que.../si...; **Sie bekommen** ~ le informaremos; **er weiß gut** ~ está bien informado; **damit du** ~ **weißt!** ¡para que te enteres!
bescheiden[1] *adj* **1.** (*anspruchslos*) modesto, humilde; **in** ~**en Verhältnissen leben** vivir modestamente **2.** (*einfach*) sencillo **3.** (*fam: schlecht*) asqueroso
bescheiden*[2] *irr* **I.** *vt* (ADMIN: *mitteilen*) comunicar; **das Gesuch wurde abschlägig beschieden** la petición fue rechazada **II.** *vr:* **sich** ~ (*geh: sich begnügen*) darse por satisfecho (*mit* con)
Bescheidenheit *f ohne Pl* modestia *f,* humildad *f;* **nur keine falsche** ~**!** ¡todo, menos falsa modestia!
bescheinigen* *vt* certificar, atestar; **den Empfang von etw** ~ acusar recibo de algo
Bescheinigung *f* <-en> **1.** (*Vorgang*) certificación *f* **2.** (*Schriftstück*) certificado *m*
bescheißen* *irr vt* (*fam*) clavar, estafar
beschenken* *vt* regalar, obsequiar (*mit* con)
bescheren* *vt* regalar
Bescherung *f* <-en> **1.** (*zu Weihnachten*) reparto *m* de regalos **2.** (*fam iron: Missgeschick*) sorpresa *f* desagradable; **das ist ja eine schöne** ~**!** ¡maldita la gracia!
bescheuert *adj* (*fam*) como una cabra; **eine** ~**e Situation** una situación sin pies ni cabeza
beschichten* *vt* (TECH) revestir (*mit* de)
Beschichtung *f* <-en> (TECH) recubrimiento *m*
beschießen* *irr vt* tirotear, balear *SAm;* (PHYS: *Atomkern*) bombardear
beschildern* *vt* señalizar
Beschilderung *f* <-en> (AUTO) señalización *f*
beschimpfen* *vt* insultar
Beschimpfung *f* <-en> insulto *m*
beschissen **I.** *pp von* **bescheißen** **II.** *adj* (*fam*) hecho un asco; **so ein** ~**es Wetter!** ¡qué tiempo más asqueroso!; **gestern ging es mir** ~ ayer estaba hecho una mierda
Beschlag *m* <-(e)s, -schläge> **1.** (*Metallstück*) herraje *m* **2.** (*Hufeisen*) herradura *f* **3.** (*auf Glas*) empaño *m;* **jdn/etw in** ~ **nehmen** acaparar a alguien/algo; **etw mit** ~ **belegen** monopolizar algo
beschlagen[1] *adj* (*fam*) entendido (*in* en), versado (*in* en)
beschlagen*[2] *irr* **I.** *vi sein* (*Glas*) empañarse; (*Metall*) perder brillo **II.** *vt* **1.** (*Möbel*) guarnecer **2.** (*Huftiere*) herrar
beschlagnahmen* *vt* **1.** (JUR: *Vermögen*) confiscar **2.** (*fam: in Anspruch nehmen*) retener, apropiarse (de)
Beschlagnahmung *f* <-en> (JUR, ADMIN) confiscación *f*
beschleunigen* **I.** *vi* acelerar **II.** *vt* **1.** (*Tempo*) acelerar; **den Schritt** ~ acelerar el paso **2.** (*Entwicklung*) activar **III.** *vr:* **sich** ~ (*Tempo*) aumentar
Beschleunigung *f* <-en> aceleración *f*
beschließen* *irr vt* **1.** (*entscheiden*) decidir; (*gemeinsam*) acordar **2.** (*beenden*) terminar
Beschluss[RR] *m* <-es, -schlüsse>, **Beschluß** *m* <-sses, -schlüsse> decisión *f,* resolución *f;* **einen** ~ **fassen** tomar una decisión; **beschlussfähig**[RR] *adj* (JUR, POL) capacitado para tomar acuerdos; **beschlussunfähig**[RR] *adj* (JUR) sin reunir (el) quórum
beschmieren* *vt* **1.** (*Brot*) untar, empavonar *Am* **2.** (*Kleidung, Person*) ensuciar; (*mit Fett*) pringar; (*mit Dreck*) enlodar **3.** (*abw: voll schreiben*) garabatear
beschmutzen* *vt* manchar (*mit* de), ensuciar (*mit* de)
beschneiden* *irr vt* **1.** (*stutzen*) cortar; (*Bäume*) podar **2.** (*Ausgaben, Löhne*) reducir, recortar; (*Freiheit*) limitar **3.** (MED) circuncidar
Beschneidung *f* <-en> **1.** (BOT) poda *f* **2.** (*von Rechten, Ausgaben*) reducción *f,* recorte *m* **3.** (MED) circuncisión *f*
beschnüffeln* *vt* (*a. fig*) husmear, olfatear
beschnuppern* *vt* olfatear, olisquear
beschönigen* *vt* disimular
beschränken* **I.** *vt* limitar (*auf* a) **II.** *vr:* **sich** ~ limitarse (*auf* a)
beschränkt *adj* **1.** (*eingeschränkt*) limitado, escaso **2.** (*abw: dumm*) de pocas luces **3.** (*engstirnig*) limitado
Beschränkung *f* <-en> restricción *f* (*auf* a), limitación *f* (*auf* a)
beschreiben* *irr vt* **1.** (*darstellen*) describir **2.** (*vollführen*) describir, ejecutar **3.** (*voll schreiben*) escribir (en)
Beschreibung *f* <-en> **1.** (*Darstellung*) descripción *f* **2.** (*Gebrauchsanleitung*) instrucciones *fpl* de uso
beschreiten* *irr vt* (*geh*) seguir
beschriften* *vt* rotular; (*mit Etikett*) etiquetar
Beschriftung *f* <-en> rótulo *m;* (*Aufschrift*) inscripción *f;* (*mit Etikett*) etiquetado *m*
beschuldigen* *vt* acusar, inculpar; **er wurde des Diebstahls beschuldigt** fue acusado de robo

Beschuldigte(r) *mf* <-n, -n; -n> (JUR) acusado, -a *m, f*

Beschuldigung *f* <-en> acusación *f*

Beschuss[RR] *m ohne Pl* <-es>, **Beschuß** *m ohne Pl* <-sses> **1.** (MIL) fuego *m,* ametrallamiento *m;* **jdn unter ~ nehmen** (*a. fig*) apuntar contra alguien; **unter ~ geraten** (*fam*) ser blanco de críticas **2.** (PHYS: *durch Neutronen*) bombardeo *m*

beschützen* *vt* proteger (*vor* de/contra)

Beschützer(in) *m(f)* <-s, -; -nen> protector(a) *m(f)*

beschwatzen* *vt* (*fam*) **1.** (*überreden*) engatusar (*zu* para que *+subj*) **2.** (*Thema*) charlar (sobre)

Beschwerde *f* <-n> **1.** *Pl* (MED) molestia *f* **2.** (*Klage*) queja *f,* protesta *f;* **~ einlegen/einreichen** elevar/formular una protesta

beschweren* **I.** *vt* poner un peso; (*Briefe*) poner un pisapapeles **II.** *vr:* **sich ~** (*sich beklagen*) quejarse (*über* de); (*protestieren*) protestar (*über* contra)

beschwerlich *adj* (*mühsam*) pesado; (*lästig*) molesto

beschwichtigen* *vt* tranquilizar, calmar

beschwindeln* *vt* (*fam: belügen*) mentir; (*betrügen*) engañar, embaucar

beschwingt *adj* animado, alegre; **mit ~en Schritten** con paso ligero

beschwipst *adj* (*fam*) achispado, abombado *Chil*

beschwören* *irr vt* **1.** (*beeiden*) jurar **2.** (*anflehen*) suplicar, implorar **3.** (*Erinnerung*) evocar **4.** (*bannen*) conjurar

beseelen* *vt* animar, alentar

besehen* *irr vt* mirar; (*genau*) examinar

beseitigen* *vt* **1.** (*Schmutz, Gegenstand*) quitar; (*Verdacht*) eliminar; (*Schaden*) reparar; (*Zweifel*) disipar **2.** (*fam: umbringen*) eliminar

Beseitigung *f* <-en> **1.** (*das Entfernen*) eliminación *f;* (*von Schaden*) arreglo *m* **2.** (*Ermordung*) eliminación *f*

Besen *m* <-s, -> escoba *f;* **ich fresse einen ~, wenn das stimmt** (*fam*) ¡juro en chino si es verdad!; **Besenstiel** *m* mango *m* de la escoba

besessen **I.** *pp von* **besitzen** **II.** *adj* (*von einer Idee*) obsesionado (*von* con), poseído (*von* por); **wie vom Teufel ~** como un endemoniado

Besessenheit *f ohne Pl* obsesión *f,* posesión *f*

besetzen* *vt* **1.** (*Sitzplatz, Stelle, a.* MIL) ocupar; **besetzt!** ¡ocupado!; **es ist besetzt** (TEL) está comunicando **2.** (*Haus*) okupar **3.** (*Amt*) cubrir (*mit* con); (*Rolle*) repartir (los papeles) **4.** (*verzieren*) (re)cubrir (*mit* de)

Besetztzeichen *nt* (TEL) señal *f* de ocupado

Besetzung *f* <-en> **1.** (*Zustand*) ocupación *f* **2.** (*einer Stelle*) provisión *f* **3.** (THEAT) reparto *m* **4.** (SPORT) alineación *f;* (*Mannschaft*) equipo *m*

besichtigen* *vt* (*Wohnung*) examinar; (*Stadt*) visitar

Besichtigung *f* <-en> **1.** (*von Sehenswürdigkeiten*) visita *f* **2.** (*Begutachtung*) inspección *f*

besiedeln* *vt* poblar, colonizar

Besied(e)lung *f* <-en> (*a.* GEO) colonización *f*

besiegeln* *vt* sellar; **damit war ihr Schicksal besiegelt** con esto firmó su propia sentencia

besiegen* *vt* **1.** (*Gegner*) vencer, derrotar **2.** (*Müdigkeit*) vencer; (*Schwierigkeiten*) superar

Besiegte(r) *mf* <-n, -n; -n> vencido, -a *m, f*

besinnen* *irr vr:* **sich ~** **1.** (*überlegen*) reflexionar; **sie besann sich eines Besseren** cambió de opinión **2.** (*sich erinnern*) acordarse (*auf* de), recordar

besinnlich *adj* contemplativo; (*nachdenklich*) pensativo

Besinnung *f ohne Pl* **1.** (*Verstand*) juicio *m;* **die ~ verlieren** perder el juicio **2.** (*Nachdenken*) reflexión *f*

besinnungslos *adj* sin conocimiento

Besinnungslosigkeit *f ohne Pl* (MED) desmayo *m*

Besitz *m ohne Pl* <-es> posesión *f;* (*Eigentum*) propiedad *f;* (*Güter*) bienes *mpl;* (*von Waffen*) tenencia *f;* **von etw ~ ergreifen** tomar posesión de algo

besitzen* *irr vt* poseer, tener

Besitzer(in) *m(f)* <-s, -; -nen> (*von Immobilien*) dueño, -a *m, f,* propietario, -a *m, f;* (*von Aktien, Werten*) tenedor(a) *m(f)*

besitzergreifend *adv* posesivo

besitzlos *adj* sin bienes

Besitztum *nt* <-s, -tümer> **1.** (*Eigentum*) propiedades *fpl* **2.** (*Landgut*) finca *f*

besoffen **I.** *pp von* **besaufen** **II.** *adj* (*fam*) como una cuba, jumo *Am*

besohlen* *vt* poner suelas

besolden* *vt* pagar el sueldo

Besoldung *f* <-en> (*das Besolden*) soldada *f;* (*das Gehalt*) sueldo *m*

besondere(r, s) *adj* **1.** (*speziell*) especial, particular; **im B~n** en particular; **nichts B~s** nada de particular **2.** (*eigentümlich*) singular, peculiar **3.** (*außergewöhnlich*) extraordinario

Besonderheit *f* <-en> **1.** (*Eigentümlichkeit*) peculiaridad *f,* singularidad *f* **2.** (*Kennzeichen*) particularidad *f*

besonders *adv* **1.** (*außerordentlich*) particularmente, especialmente; **wie geht es dir? – nicht ~** ¿cómo estás? – regular; **ich finde das nicht ~ lustig** no lo encuentro especialmente divertido **2.** (*vor allem*) especialmente, en particular

besonnen **I.** *pp von* **besinnen** **II.** *adj* sensato, juicioso; (*vorsichtig*) prudente; (*rücksichtsvoll*) considerado

Besonnenheit *f ohne Pl* buen juicio *m;* (*Verständigkeit*) sensatez *f;* (*Vorsicht*) prudencia *f*

besorgen* *vt* **1.** (*beschaffen*) proporcionar, conseguir; (*kaufen*) comprar **2.** (*erledigen*) despachar

Besorgnis *f* <-se> preocupación *f,* inquietud *f;* **besorgniserregend** *adj* preocupante; **höchst ~** muy preocupante

besorgt *adj* preocupado (*über/wegen* por)

Besorgung[1] *f* <-en> (*Einkauf*) compra *f;* **~en machen** hacer compras

Besorgung[2] *f ohne Pl* (*von Geschäften*) despacho *m*

bespannen* *vt* (*mit Stoff*) revestir (*mit* de); (*mit Saiten*) encordar (*mit* de)

bespielen* *vt* **1.** (*Kassette*) registrar **2.** (*Sportplatz*) jugar (en)

bespitzeln* *vt* espiar

besprechen* *irr* **I.** *vt* **1.** (*Angelegenheit*) hablar (de), discutir; **wie besprochen** según lo convenido **2.** (*Film, Buch*) reseñar **3.** (*Tonband*) grabar **II.** *vr:* **sich ~** (*sich beraten*) conversar (*mit* con)

Besprechung *f* <-en> **1.** (*Unterredung*) conferencia *f;* (*Sitzung*) reunión *f;* (*Gespräch*) entrevista *f* **2.** (*Rezension*) reseña *f,* crítica *f*

bespritzen* *vt* (*nass machen*) mojar (*mit* con); (*schmutzig machen*) salpicar (*mit* de)

besser *adj kompar von* **gut** mejor (*als* que); **~ Verdienende** persona mejor remunerada; **jdn eines B~en belehren** abrirle los ojos a alguien; **hast du nichts B~es zu tun?** (*fam*) ¿no tienes nada mejor que hacer?; **das gefällt mir ~** eso me gusta más; **~ gehen** estar mejor; **~ werden** mejorar; **alles ~ wissen** saberlo todo mejor; **es kommt noch ~** ahora viene algo mejor; **das ist auch ~ so** es mejor así; **~ gesagt** mejor dicho; **besser|gehen** *irr vunpers sein s.* **besser**

bessern **I.** *vt* (*besser machen*) mejorar **II.** *vr:* **sich ~** (*moralisch*) cambiar (de vida), componerse *Am;* (*Wetter*) mejorar(se)

Besserung *f ohne Pl* mejora *f;* (*gesundheitlich*) mejoría *f,* restablecimiento *m;* **er befindet sich auf dem Wege der ~** se encuentra en vías de restablecimiento; **gute ~!** ¡que se mejore!, ¡que te mejores!

Besserverdienende(r) *mf* <-n, -n; -n> persona *f* mejor remunerada

Besserwisser(in) *m(f)* <-s, -; -nen> sabelotodo *mf,* pendejo, -a *m, f CSur*

Bessrung[RR] *f ohne Pl,* **Beßrung** *f ohne Pl s.* **Besserung**

Bestand[1] *m ohne Pl* <-(e)s> (*Bestehen*) existencia *f;* (*Fortdauer*) duración *f,* continuidad *f;* **~ haben** perdurar

Bestand[2] *m* <-(e)s, -stände> (*Vorrat*) existencias *fpl* (*an* en); (*Kassen~*) efectivo *m* en caja

bestanden **I.** *pp von* **bestehen** **II.** *adj* (SCH, UNIV) aprobado

beständig *adj* **1.** (*dauernd*) permanente, continuo **2.** (*Material*) consistente, resistente (*gegen* a/contra); (*gegen Hitze*) refractario **3.** (*Wetter*) estable

Beständigkeit *f ohne Pl* **1.** (*Dauerhaftigkeit*) duración *f,* continuidad *f* **2.** (*Ausdauer*) constancia *f* **3.** (*von Material*) resistencia *f*

Bestandsaufnahme *f* inventario *m* de las existencias

Bestandteil *m* <-(e)s, -e> componente *m;* (*Einzelteil*) parte *f;* **etw löst sich in seine ~e auf** algo se descompone; **etw in seine ~e zerlegen** desmontar algo

bestärken* *vt* reforzar, fortalecer; (*unterstützen*) consolidar; **das hat mich in meinem Verdacht bestärkt, dass ...** esto ha reforzado mi sospecha de que...

bestätigen* *vt* **1.** (*These, Urteil*) confirmar, probar **2.** (*amtlich*) certificar; **hiermit wird bestätigt, dass ...** por la presente se certifica que... **3.** (*anerkennen*) ratificar, revalidar; **jdn im Amt ~** ratificar a alguien en el cargo

Bestätigung *f* <-en> **1.** (*einer These*) confirmación *f* **2.** (*Bescheinigung*) certificado *m;* (*Empfangs~*) (acuse *m* de) recibo *m*

bestatten* *vt* (*geh*) dar sepultura

Bestattung *f* <-en> (*geh*) sepelio *m,* ancuviña *f Chil*

bestäuben* *vt* (BIOL) polinizar

Bestäubung *f* <-en> (BOT) polinización *f*

bestaunen* *vt* contemplar con asombro

beste(r, s) *adj superl von* **gut** mejor, óptimo; **ich will nur dein B~s** sólo deseo lo mejor para ti; **sein B~s geben** dar lo mejor de sí mismo; **ich werde mein B~s tun** haré todo lo que pueda; **der/die/das erste B~** el primero/la primera/lo primero que se presente; **etw zum B~n geben** contar algo; **in den ~n Jahren sein** estar en sus mejores años; **mit den ~n Wünschen** con los mejores deseos; **ich halte es für das B~, wenn wir gehen** considero que lo mejor es que nos vayamos; **wir wollen das B~ hoffen** esperemos lo mejor

bestechen* *irr* **I.** *vt* (*mit Geld*) sobornar; (*Beamte*) cohechar, corromper **II.** *vi* (*beeindrucken*) impresionar (*durch* por), convencer (*durch* por)

bestechlich *adj* sobornable, corruptible

Bestechlichkeit *f ohne Pl* corruptibilidad *f,*

venalidad *f*

Bestechung *f* <-en> soborno *m,* corrupción *f,* acomodo *m Am;* (*von Beamten*) cohecho *m;* **Bestechungsgeld** *nt* <-(e)s, -er> soborno *m,* mordido *m Am*

Besteck *nt* <-(e)s, -e> **1.** (*Ess~*) cubiertos *mpl;* **silbernes ~** cubertería de plata **2.** (MED) instrumental *m* **3.** (NAUT) estima *f*

bestehen* *irr* **I.** *vi* **1.** (*existieren*) existir; **es besteht keine Möglichkeit** no existe ninguna posibilidad; **~ bleiben** mantenerse **2.** (*sich zusammensetzen*) constar (*aus* de), consistir (*in* en); **unsere Artikel ~ alle aus natürlichen Materialien** todos nuestros productos están hechos de materiales naturales; **worin besteht das Problem?** ¿en qué consiste el problema? **3.** (*beharren*) insistir (*auf* en), empeñarse (*auf* en) **II.** *vt* **1.** (*Prüfung*) aprobar; **nicht ~** suspender **2.** (*Gefahr, Krise*) superar

Bestehen *nt ohne Pl* <-s> **1.** (*Vorhandensein*) existencia *f;* **seit ~ der Firma** desde la fundación de la empresa **2.** (*einer Prüfung*) aprobado *m*

bestehen|bleiben *irr vi sein s.* **bestehen I.1.**

bestehlen* *irr vt* robar; **jdn um 100 DM ~** robar a alguien 100 marcos

besteigen* *irr vt* subir (a); **den Thron ~** subir al trono

bestellen* *vt* **1.** (*Essen, Waren*) pedir; **haben Sie schon bestellt?** ¿ya han pedido? **2.** (*kommen lassen*) hacer venir, llamar; (*mit Termin*) citar; **dastehen wie bestellt und nicht abgeholt** estar plantado como un pasmarote **3.** (*reservieren*) reservar **4.** (*ausrichten*): **jdm Grüße ~** dar(le) recuerdos a alguien; **sie lässt ~, dass ...** ha dado recado de que... **5.** (*Acker*) labrar, cultivar **6.** (*ernennen*) nombrar

Bestellnummer *f* <-n> número *m* de pedido; **Bestellschein** *m* <-(e)s, -e> hoja *f* de pedido

Bestellung *f* <-en> (*Auftrag*) encargo *m;* (*bestellte Ware*) pedido *m;* **eine ~ aufgeben** hacer un pedido

besten *superl von* **gut**: **am ~** lo (que) mejor; **am ~n würden wir gleich gehen** lo mejor sería que nos fuéramos enseguida

bestenfalls *adv* en el mejor de los casos; (*höchstens*) como mucho

bestens *adv* estupendamente

besteuern* *vt* (WIRTSCH) gravar (con impuestos)

Besteuerung *f* <-en> (WIRTSCH) imposición *f*

Bestform *f ohne Pl* (SPORT) mejor forma *f*

bestialisch *adj* bestial

Bestialität *f* <-en> bestialidad *f*

besticken* *vt* bordar

Bestie *f* <-n> bestia *f,* fiera *f*

bestimmen* **I.** *vi* **1.** (*entscheiden*) decidir; (*befehlen*) mandar; **du hast hier nichts zu ~** tú aquí no tienes ni voz ni voto **2.** (*verfügen*) disponer (*über* de) **II.** *vt* **1.** (*Termin, Preis*) determinar, fijar **2.** (*Stadtbild, Epoche*) caracterizar **3.** (*ernennen*) nombrar **4.** (*ausersehen*) destinar (*für/zu* para); **wir waren füreinander bestimmt** estábamos destinados el uno para el otro **5.** (*Begriff*) definir; (*festlegen*) determinar; (*zuordnen*) clasificar **6.** (CHEM) analizar, determinar

bestimmt **I.** *adj* **1.** (*feststehend*) determinado; (*sicher*) seguro, concreto; **niemand weiß etwas B~es** nadie sabe nada concreto **2.** (*entschieden*) decidido, impositivo *CSur;* **höflich, aber ~** amable pero decidido **II.** *adv* (*sicherlich*) seguro, seguramente

Bestimmtheit *f ohne Pl* **1.** (*Gewissheit*) certeza *f;* **das kann ich nicht mit ~ sagen** no lo puedo decir con certeza **2.** (*Entschiedenheit*) resolución *f,* firmeza *f*

Bestimmung *f* <-en> **1.** (*Festsetzung*) fijación *f* **2.** (*Vorschrift*) disposición *f;* **gesetzliche ~en** disposiciones oficiales; **nach den geltenden ~en** según las disposiciones vigentes **3.** (*eines Begriffes*) definición *f;* (LING) complemento *m* **4.** (CHEM) análisis *m inv* **5.** (*Schicksal*) destino *m;* **Bestimmungsort** *m* lugar *m* de destino

Bestleistung *f* (SPORT) mejor marca *f*

bestmögliche(r, s) *adj* el mejor posible; **sein B~s tun** hacer todo lo que está al alcance de su mano

bestrafen* *vt* castigar (*mit* con, *wegen* por); (*mit Geld*) imponer una multa

Bestrafung *f* <-en> castigo *m,* sanción *f*

bestrahlen* *vt* **1.** (*beleuchten*) iluminar, alumbrar **2.** (MED) radiar

Bestrahlung *f* <-en> **1.** (*Bühne*) iluminación *f* **2.** (MED) radiación *f;* (*mit Röntgenstrahlen*) tratamiento *m* con rayos X

Bestreben *nt ohne Pl* <-s> empeño *m,* afán *m;* **das ~ haben, etw zu tun** empeñarse en hacer algo

bestrebt *adj* afanado, esforzado; **wir sind ~, unser Bestmögliches zu tun** nos esforzamos por hacer todo cuanto esté en nuestras manos

bestreichen* *irr vt* (*mit Butter*) untar (*mit* con); (*mit Farbe*) cubrir (*mit* con)

bestreiken* *vt* boicotear (con huelgas)

bestreiten* *irr vt* **1.** (*abstreiten*) negar, refutar **2.** (*Unterhalt*) cargar con; **sie bestreitet ihren Unterhalt selbst** se mantiene por su propia cuenta **3.** (*Gespräch*) mantener, llevar

bestreuen* *vt* espolvorear (*mit* con)

Bestseller *m* <-s, -> best seller *m*

bestürmen* *vt* **1.** (*Festung*) asaltar **2.** (*bedrängen*) asediar (*mit* con), acosar (*mit*

con); **jdn mit Fragen** ~ asediar a alguien a preguntas
bestürzt *adj* atónito; (*verblüfft*) desconcertado
Bestürzung *f ohne Pl* (*Fassungslosigkeit*) consternación *f;* (*Schrecken*) sobresalto *m*
Bestzeit *f* (SPORT) mejor tiempo *m;* **er lief seine persönliche** ~ batió su propio récord
Besuch *m* <-(e)s, -e> **1.** (*das Besuchen*) visita *f;* (*der Schule*) asistencia *f;* **jdm einen** ~ **abstatten** hacer una visita a alguien; **bei jdm zu** ~ **sein** estar de visita en casa de alguien **2.** (*Person*) visita *f;* ~ **haben/bekommen** tener/recibir visita
besuchen* *vt* **1.** (*Person, Ort*) visitar, ir a ver **2.** (*Veranstaltung*) asistir (a); **gut besucht** muy concurrido; **eine Schule** ~ ir a un colegio
Besucher(in) *m(f)* <-s, -; -nen> visitante *mf*
Besuchszeit *f* hora *f* de visita, horario *m* de visita
besudeln* *vt* ensuciar (*mit* de/con), manchar (*mit* de/con); (*abw*) pringar (*mit* de/con) *fam*
betagt *adj* (*geh*) de avanzada edad
betasten* *vt* palpar
Betastrahlung *f* (PHYS) emisión *f* de rayos beta
betätigen* **I.** *vt* (*Hebel, Maschine*) accionar, poner en funcionamiento **II.** *vr* (*tätig sein*): **sich politisch** ~ dedicarse a la política; **sich als Künstlerin/Sportler** ~ trabajar como artista/deportista
Betätigung¹ *f ohne Pl* (*einer Maschine*) puesta *f* en marcha
Betätigung² *f* <-en> (*Tätigkeit*) actividad *f,* función *f*
Betätigungsfeld *nt* campo *m* de actividades
betäuben* *vt* ensordecer; (MED) anestesiar; (*Schmerz*) mitigar, aliviar; (*benommen machen*) aturdir; **ein** ~**der Duft** un perfume embriagador; **er betäubte seinen Kummer mit Alkohol** ahogó sus penas en alcohol
Betäubung *f* <-en> **1.** (MED) anestesia *f;* **örtliche** ~ anestesia local **2.** (*Benommenheit*) aturdimiento *m;* **Betäubungsmittel** *nt* anestésico *m;* (*a. Rauschgift*) narcótico *m*
Bete *f* <-n>: **Rote** ~ remolacha *f* (colorada), betarraga *f Am*
beteiligen* **I.** *vt* (*teilhaben lassen*) hacer participar (*an/bei* en) **II.** *vr:* **sich** ~ (*teilnehmen*) participar (*an* en); (*sich einsetzen*) implicarse (*an* en); (*finanziell*) contribuir (*an* a)
beteiligt *adj* **1.** (*Plan, Unfall*) implicado (*an* en) **2.** (*Konzern, Umsatz*) partícipe, participante; **sie ist mit 49% an seiner Firma** ~ participa en su empresa con un 49%
Beteiligte(r) *mf* <-n, -n; -n> participante *mf;* (*an Verbrechen*) implicado, -a *m, f;* (JUR) parte *f* interesada
Beteiligung *f* <-en> **1.** (*an einer Veranstaltung*) participación *f;* (*Mitwirken*) colaboración *f;* (*Einsatz*) implicación *f;* **eine schwache** ~ poca concurrencia **2.** (COM) participación *f* **3.** (JUR) implicación *f*
beten *vi, vt* rezar (*für* por, *um* por, *zu* a)
beteuern* *vt* proclamar, reiterar
Bethlehem *nt* <-s> Belén *m*
betiteln* *vt* titular (*als* de)
Beton *m* <-s, -s *Österr:* -e> hormigón *m,* concreto *m Am*
betonen* *vt* **1.** (*Silbe, Note*) acentuar; **auf der zweiten Silbe** ~ acentuar en la segunda sílaba **2.** (*nachdrücklich*) subrayar; (*hervorheben*) poner de relieve
betonieren* *vt* hormigonar
Betonklotz *m* (*abw*) mole *f* de cemento; **Betonmischer** *m* <-s, -> (TECH) mezcladora *f* de hormigón
betont *adj* marcado, manifiesto
Betonung *f* <-en> **1.** (*Akzent*) acento *m* (prosódico), acentuación *f* **2.** (*einer Tatsache*) insistencia *f*
betören* *vt* (*geh*) **1.** (*entzücken*) fascinar, perturbar **2.** (*verführen*) seducir, embriagar
betr. (COM) *Abk. von* **betrifft, betreffs, betreffend** respecto a
Betracht *m:* **etw in** ~ **ziehen** tomar algo en consideración; **etw außer** ~ **lassen** dejar algo de lado; (**nicht**) **in** ~ **kommen** (no) entrar en consideración
betrachten* *vt* **1.** (*anschauen*) contemplar; (*genau*) examinar; **genau betrachtet** mirándolo bien; **etw aus der Nähe** ~ examinar algo de cerca **2.** (*einschätzen*) considerar (*als* como)
Betrachter(in) *m(f)* <-s, -; -nen> observador(a) *m(f)*
beträchtlich *adj* considerable
Betrachtung¹ *f ohne Pl* (*eines Bildes*) contemplación *f;* **bei näherer/flüchtiger** ~ mirándolo de cerca/por encima
Betrachtung² *f* <-en> (*Überlegung*) reflexión *f;* **philosophische** ~**en anstellen** hacer reflexiones filosóficas
Betrag *m* <-(e)s, -träge> importe *m;* (*Gesamtbetrag*) total *m;* ~ **dankend erhalten** importe recibido, pagado, cobrado
Betragen *nt ohne Pl* <-s> comportamiento *m*
betragen* *irr* **I.** *vi* (*sich belaufen auf*) ascender (a); (*Rechnung*) elevarse (a) **II.** *vr:* **sich** ~ (*sich benehmen*) comportarse
betrauen* *vi* encomendar, confiar; **jdn mit etw** ~ encomendar algo a alguien
betrauern* *vt* deplorar

Betreff *m* <-(e)s, -e> (*Briefkopf*) asunto *m*
betreffen* *irr vt* **1.** (*angehen*) concernir, referirse (a); **was mich betrifft ...** en lo que a mí se refiere... **2.** (*seelisch*) afectar
betreffend *adj* respectivo, en cuestión; **der oder die B~e möge sich bitte melden** que se presente la persona en cuestión; **unser letztes Schreiben ~ ...** respecto a nuestro último escrito...
betreffs *präp +gen* en relación a
betreiben* *irr vt* **1.** (*Studien, Politik*) dedicarse (a) **2.** (SPORT) practicar **3.** (*Handwerk*) ejercer **4.** (*Geschäft*) regentar **5.** (JUR): **einen Prozess ~** seguir una causa **6.** (*Angelegenheit*) gestionar; **auf jds B~ hin** por iniciativa de alguien
Betreiber(in) *m(f)* <-s, -; -nen> (*Firma, Träger*) explotador(a) *m(f)*
betreten[1] *adj* (*verlegen*) turbado, cortado *fam;* **es herrschte ~es Schweigen** reinaba un silencio embarazoso
betreten*[2] *irr vt* (*Raum, Gebäude*) entrar (en); (*Rasen*) pisar; (*Podium*) subir (a); (*Spielfeld*) hacer su entrada (en); **B~ verboten!** ¡Prohibida la entrada!
betreuen* *vt* (*Kranke*) cuidar; (*Reisegruppe*) acompañar; **ein Projekt ~** dirigir un proyecto
Betreuer(in) *m(f)* <-s, -; -nen> tutor(a) *m(f);* (*Assistent*) asistente *mf;* (*Berater*) asesor(a) *m(f)*
Betreuung *f ohne Pl* asistencia *f;* (SCH, UNIV) tutoría *f*
Betrieb[1] *m* <-(e)s, -e> **1.** (*Unternehmen*) empresa *f;* (*handwerklich*) taller *m* **2.** (*Belegschaft*) personal *m*
Betrieb[2] *m ohne Pl* <-(e)s> **1.** (*Tätigkeit*) marcha *f,* funcionamiento *m;* **in ~ sein** estar en funcionamiento; **etw in ~ nehmen** poner algo en marcha; **etw außer ~ setzen** poner algo fuera de servicio **2.** (*fam: Treiben*) tumulto *m*
betrieblich *adj* empresarial
betriebsam *adj* activo
Betriebsamkeit *f* <-en> actividad *f*
Betriebsanleitung *f* instrucciones *fpl* de servicio; **Betriebsarzt, -ärztin** *m, f* médico, -a *m, f* de empresa; **Betriebsausflug** *m* excursión *f* con la empresa; **betriebseigen** *adj* perteneciente a la empresa; **Betriebsferien** *Pl* vacaciones *fpl* colectivas de la empresa; **Betriebsfest** *nt* fiesta *f* de la empresa; **Betriebsgeheimnis** *nt* secreto *m* empresarial [*o* de producción]; **Betriebshof** *m* cocheras *fpl;* **betriebsintern** *adj* interno (de la empresa); **Betriebsklima** *nt ohne Pl* <-s> ambiente *m* en la empresa; **Betriebskosten** *Pl* gastos *mpl* de producción; **Betriebsleitung** *f* dirección *f* de una empresa; **Betriebsprüfung** *f* (WIRTSCH) revisión *f* (de empresa)
Betriebsrat, -rätin[1] *m, f* <-(e)s, -räte; -nen> (*Mitglied*) representante *mf* del comité de empresa
Betriebsrat[2] *m* <-(e)s, -räte> (*Organ*) comité *m* de empresa
Betriebsschließung *f* (WIRTSCH) cierre *m* de una empresa; **Betriebsschluss**[RR] *m ohne Pl* <-es> fin *m* de la jornada laboral; **nach ~** después del trabajo; **Betriebsstilllegung**[RR] *f* (WIRTSCH) cierre *m* de una empresa; **Betriebsstörung** *f* (TECH) perturbación *f* en el funcionamiento; **Betriebssystem** *nt* (INFOR) sistema *m* operativo; **Betriebsunfall** *m* accidente *m* de trabajo; **Betriebsversammlung** *f* asamblea *f* general de la empresa; **Betriebswirt(in)** *m(f)* (técnico, -a *m, f*) economista *mf*
Betriebswirtschaft *f ohne Pl* ciencias *fpl* empresariales
betriebswirtschaftlich *adj* de la economía de la empresa
Betriebswirtschaftslehre *f ohne Pl* economía *f* industrial
betrinken* *irr vr:* **sich ~** emborracharse, jalarse *Am*
betroffen I. *pp von* **betreffen II.** *adj* **1.** (*von Maßnahmen*) afectado (*von* por) **2.** (*bestürzt*) consternado
Betroffene(r) *mf* <-n, -n; -n> afectado, -a *m, f*
Betroffenheit *f ohne Pl* consternación *f*
betrüben* *vt* afligir
betrüblich *adj* triste
Betrübnis *f* <-se> aflicción *f*
betrübt *adj* (*geh*) afligido (*über* de/por); **tief ~** profundamente afligido
Betrug *m ohne Pl* <-(e)s> engaño *m;* (JUR) fraude *m;* (*beim Spiel*) trampa *f*
betrügen* *irr* **I.** *vt* engañar, morder *Am;* **sich um etw betrogen fühlen/sehen** sentirse/verse decepcionado por algo; **jahrelang betrog sie ihn mit ihrem Zahnarzt** durante años lo engañaba con su dentista **II.** *vr:* **sich (selbst) ~** engañarse (a sí mismo)
Betrüger(in) *m(f)* <-s, -; -nen> estafador(a) *m(f);* (*beim Spiel*) tramposo, -a *m, f*
Betrügerei *f* <-en> estafa *f,* fraude *m*
betrügerisch *adj* fraudulento, dañero *Ven*
betrunken I. *pp von* **betrinken II.** *adj* borracho, bolo *Am*
Betrunkene(r) *mf* <-n, -n; -n> borracho, -a *m, f,* bolo, -a *m, f Am*
Bett *nt* <-(e)s, -en> **1.** (*Möbelstück*) cama *f;* **das ~ machen** hacer la cama; **im ~ liegen** estar en (la) cama; **ans ~ gefesselt sein** estar postrado en cama; **ins [*o* zu] ~ gehen** ir(se) a la cama; **das ~ hüten müssen** tener que guardar cama; **mit jdm ins ~**

gehen (*fam*) acostarse con alguien; **an jds ~ sitzen** estar sentado junto al lecho de alguien; **er macht ins ~** (*fam*) se mea en la cama; **sich ins gemachte ~ legen** (*fig*) encontrárselo todo hecho **2.** (*Fluss~*) cauce *m*, lecho *m* **3.** (*Feder~*) edredón *m*; **Bettbezug** *m* <-(e)s, -züge> funda *f* de edredón; **Bettcouch** *f* sofá-cama *m*; **Bettdecke** *f* **1.** (*Tagesdecke*) colcha *f* **2.** (*Federbett*) edredón *m*

bettelarm *adj* pobre como una rata

Bettelei *f* <-en> (*abw*) pordiosería *f*

Bettelmönch *m* fraile *m* mendicante

betteln *vi* pedir limosna, mendigar

betten *vt* (*geh*) recostar; **jdn zur letzten Ruhe ~** sepultar a alguien

Bettgeflüster *nt* (*fam: Klatsch*) rumor *m*; **Bettgestell** *nt* armadura *f* de cama; **Betthupferl** *nt* <-s, -> (*reg*) *dulce que se da a los niños antes de acostarse*; **Bettkante** *f* borde *m* de la cama

bettlägerig *adj* postrado en cama

Bettlaken *nt* sábana *f*; **Bettlektüre** *f* lectura *f* entretenida, *para antes de dormir*

Bettler(in) *m(f)* <-s, -; -nen> mendigo, -a *m, f*

Bettnässer(in) *m(f)* <-s, -; -nen> (*fam*) meón, -ona *m, f* (*niño o niña que sufre de incontinencia nocturna de orina*)

bettreif *adj* (*fam*) con ganas de irse a dormir; **Bettruhe** *f* reposo *m* en cama; **Betttuch**[RR] *nt* <-(e)s, -tücher> sábana *f*; **Bettwäsche** *f* ropa *f* de cama, sábanas *fpl*, cobija *f Am*; **Bettzeug** *nt* (*fam*) ropa *f* de cama, sábanas *fpl*

betucht *adj* (*fam*) adinerado, fondeado *Am*; **gut ~ sein** estar forrado (de dinero)

betulich *adj* (*hilfsbereit*) solícito; (*abw*) exageradamente atento

Beugehaft *f* (JUR) arresto *m* reflexivo

beugen **I.** *vt* **1.** (*Arm*) doblar; **den Kopf ~** inclinar la cabeza; **vor Kummer gebeugt sein** estar postrado por las penas **2.** (*Recht*) violar **3.** (LING: *Verb*) conjugar; (*Substantiv*) declinar **II.** *vr:* **sich ~** **1.** (*sich neigen*) inclinarse (*über* sobre); **er beugte sich leicht nach vorn/zu mir** se inclinó ligeramente hacia delante/hacia mí **2.** (*sich fügen*) someterse (a)

Beugung *f* <-en> **1.** (ANAT, LING) flexión *f* **2.** (PHYS: *Licht*) difracción *f*

Beule *f* <-n> **1.** (*Verletzung*) chichón *m* **2.** (*Delle*) abolladura *f* **3.** (MED) buba *f*; **Beulenpest** *f* (MED) peste *f* bubónica

beunruhigen* **I.** *vt* inquietar **II.** *vr:* **sich ~** preocuparse (*über* de), inquietarse (*über* con/por), indigestarse (*über* con/de/por) *Am*

beunruhigend *adj* inquietante

Beunruhigung *f* <-en> inquietud *f*

beurkunden* *vt* dar fe (de), documentar

beurlauben* *vt* **1.** (*Urlaub geben*) conceder vacaciones; (MIL) dar permiso **2.** (*von Amtspflichten*) dar licencia; **beurlaubt sein** tener licencia **3.** (UNIV): **sich ~ lassen** tomarse un semestre libre

beurteilen* *vt* juzgar; (*schätzen*) valorar, estimar

Beurteilung *f* <-en> **1.** (*Einschätzung*) juicio *m*, apreciación *f* **2.** (*Gutachten*) dictamen *m*

Beute *f ohne Pl* **1.** (*Fang*) botín *m*; (*eines Tieres*) presa *f*; **reiche ~ machen** (*fam*) sacar un buen botín **2.** (*geh: Opfer*) víctima *f*; **leichte ~ für jdn sein** ser una víctima fácil para alguien

Beutel *m* <-s, -> **1.** (*Behältnis*) bolsa *f* **2.** (ZOOL: *des Kängurus*) marsupio *m*, bolsa *f* **3.** (*fam: Geldbeutel*) monedero *m*; **Beuteltier** *nt* (ZOOL) marsupial *m*

bevölkern* *vt* poblar; **ein dicht/dünn bevölkertes Gebiet** una zona densamente/poco poblada

Bevölkerung *f* <-en> población *f*; **die einheimische/ländliche ~** la población nacional/rural; **Bevölkerungsdichte** *f ohne Pl* densidad *f* de (la) población; **Bevölkerungsexplosion** *f* explosión *f* demográfica; **Bevölkerungsrückgang** *m ohne Pl* <-(e)s> regresión *f* de la población; **Bevölkerungsschicht** *f* nivel *m* social; **Bevölkerungszuwachs** *m ohne Pl* <-es> aumento *m* de (la) población

bevollmächtigen* *vt* apoderar (*zu* a), autorizar (*zu* para), capacitar (*zu* para) *Am*

Bevollmächtigte(r) *mf* <-n, -n; -n> mandatario, -a *m, f*, capacitado, -a *m, f Am*

Bevollmächtigung *f* <-en> autorización *f*, capacitación *f Am*

bevor *konj* antes de +*inf*, antes de que +*subj*; **gieß bitte die Blumen, ~ du gehst** por favor, riega las plantas antes de irte; **ich will mit dem Essen fertig sein, ~ sie kommen** quiero haber terminado con la comida antes de que lleguen

bevormunden* *vt* poner bajo tutela

Bevormundung *f* <-en> tutela *f*

bevor|stehen *irr vi* ser inminente; **der ~de Krieg** la guerra inminente; **es steht uns noch sehr viel Arbeit bevor** aún nos queda mucho trabajo por delante; **die Wahlen stehen unmittelbar bevor** las elecciones están muy próximas

bevorzugen* *vt* preferir, favorecer

Bevorzugung *f* <-en> preferencia *f*

bewachen* *vt* vigilar, custodiar

bewachsen *adj* cubierto (*mit* de)

Bewachung *f* <-en> **1.** (*das Bewachen*) custodia *f*, vigilancia *f* **2.** (*Wache*) guardia *f*

bewaffnen* *vt* armar (*mit* con); **er war bis**

an die Zähne bewaffnet estaba armado hasta los dientes

Bewaffnung *f* <-en> **1.** (*Vorgang*) armamento *m* **2.** (*Waffen*) armas *fpl*

bewahren* *vt* **1.** (*beschützen*) proteger (*vor* de); **Gott bewahre!** ¡Dios me [*o* nos] libre! **2.** (*Stillschweigen*) guardar; (*in Erinnerung*) recordar; **bitte ~ Sie Ruhe!** ¡guarde(n) calma, por favor!; **seine gute Laune ~** conservar su buen humor **3.** (*geh: aufbewahren*) guardar

bewähren* *vr:* **sich ~** (*Person*) acreditarse; (*Sache*) dar buen resultado

bewahrheiten* *vr:* **sich ~** confirmarse

bewährt *adj* acreditado; (*Mittel, Methode*) probado

Bewährung *f* <-en> prueba *f;* (JUR) libertad *f* condicional; **er bekam drei Jahre mit/ohne ~** le condenaron a tres años con/sin libertad condicional; **Bewährungsfrist** *f* (JUR) período *m* de prueba; **Bewährungshelfer(in)** *m(f)* asistente *mf* durante el plazo de prueba

bewältigen* *vt* (*Problem*) vencer, superar; (*Aufgabe*) llevar a cabo

bewandert *adj* experto (*in* en)

Bewandtnis *f* <-se> motivo *m,* explicación *f;* **damit hat es folgende ~** el caso es el siguiente

bewässern* *vt* regar

Bewässerung *f* <-en> riego *m;* (AGR) irrigación *f*

Bewässrung[RR] *f* <-en>, **Bewäßrung** *f* <-en> *s.* **Bewässerung**

bewegen*[1] **I.** *vt* **1.** (*Arm, Lippen*) mover; (*in Gang setzen*) poner en marcha; **er konnte den Koffer kaum von der Stelle ~** casi no podía mover del lugar la maleta **2.** (*innerlich*) conmover, emocionar **II.** *vr:* **sich ~ 1.** (*Fahrzeug, Person*) moverse; **endlich bewegt sich etwas!** ¡por fin ocurre algo! **2.** (*schwanken*) variar (*um* en), oscilar (*um* alrededor de, *zwischen* entre); **die Preise ~ sich um die 100 Mark** los precios se sitúan sobre los 100 marcos **3.** (*Erde, Sonne*) girar (*um* alrededor de)

bewegen[2] <bewegt, bewog, bewogen> *vt* (*veranlassen*) inducir (*zu* a), mover (*zu* a); **was hat dich dazu bewogen?** ¿qué te movió a hacerlo?

Beweggrund *m* <-(e)s, -gründe> motivo *m*

beweglich *adj* **1.** (*flexibel*) móvil; (*geistig*) flexible; **sie ist geistig noch sehr ~** todavía tiene la mente muy viva **2.** (*bewegbar*) movible; **~e Habe** bienes muebles

bewegt *adj* **1.** (*See, Wasser*) agitado **2.** (*fig: Person*) conmovido; (*Leben, Zeiten*) turbulento; **tief ~** profundamente conmovido

Bewegung *f* <-en> **1.** (*a.* POL) movimiento *m;* **etw in ~ bringen** poner algo en marcha; **sich** *dat* **~ verschaffen** hacer ejercicio; **keine ~!** ¡que nadie se mueva!; **in ~ sein** estar en movimiento; **alle Hebel in ~ setzen** tocar todos los resortes **2.** (*Anteilnahme*) emoción *f;* **Bewegungsablauf** *m* transcurso *m* del movimiento; **Bewegungsfreiheit** *f ohne Pl* libertad *f* de acción; (*Platz*) libertad *f* de movimiento

bewegungslos *adj* inmóvil

bewegungsunfähig *adj* incapaz de moverse

beweihräuchern* **I.** *vt* **1.** (*mit Weihrauch umgehen*) incensar *fam abw* **2.** (*verherrlichen*) ensalzar (excesivamente) **II.** *vr:* **sich selbst ~** (*fam abw*) ensalzarse

beweinen* *vt* llorar (a/por)

Beweis *m* <-es, -e> prueba *f;* **aus Mangel an ~en** por falta de pruebas; **als ~** como prueba; **etw unter ~ stellen** dar prueba de algo; **den ~ antreten/erheben** presentar/administrar pruebas; **Beweisaufnahme** *f* (JUR) registro *m* de pruebas

beweisbar *adj* probable, demostrable

beweisen* *irr vt* probar, demostrar (de); **man konnte ihm die Tat nicht ~** no se pudo demostrar que hubiera sido él

Beweisführung *f* <-en> (JUR) argumentación *f;* **Beweiskraft** *f ohne Pl* (JUR) fuerza *f* probatoria; **beweiskräftig** *adj* concluyente; **Beweislage** *f* (JUR) situación *f* probatoria; **Beweismaterial** *nt* material *m* de prueba; **Beweisstück** *nt* (JUR) pieza *f* justificativa

bewenden *vi:* **es bei etw ~ lassen** darse por satisfecho con algo

bewerben* *irr* **I.** *vr:* **sich ~** solicitar (*um* a/para, *bei* en), postular *Am;* **sich als Sekretärin ~** solicitar un puesto de secretaria **II.** *vt* (*Produkt*) promocionar

Bewerber(in) *m(f)* <-s, -; -nen> solicitante *mf;* (*um eine Stelle*) aspirante *mf*

Bewerbung *f* <-en> solicitud *f;* **eine schriftliche ~** una solicitud por escrito; **Bewerbungsgespräch** *nt* entrevista *f* personal; **Bewerbungsunterlagen** *fPl* papeles *mpl* para una solicitud (de trabajo); **Bewerbungsverfahren** *nt* (ADMIN) tramitación *f* de solicitudes

bewerfen* *irr vt* arrojar (*mit*); **jdn mit Schmutz ~** (*fig*) vilipendiar a alguien

bewerkstelligen* *vt* realizar, efectuar

bewerten* *vt* evaluar, valorar; (*Arbeit*) calificar

Bewertung *f* <-en> evaluación *f;* (*einer Arbeit*) calificación *f;* (SPORT) puntuación *f;* **Bewertungsmaßstab** *m* escala *f* de valoración

bewilligen* *vt* autorizar; (*Kredit*) conceder; (*Antrag*) aprobar

Bewilligung *f* <-en> concesión *f;* (*eines Antrags*) aprobación *f*
bewirken* *vt* **1.**(*verursachen*) provocar, causar **2.**(*erreichen*) conseguir
bewirten* *vt* atender, festinar *Am;* **wir wurden fürstlich bewirtet** nos trataron a cuerpo de rey
bewirtschaften* *vt* **1.**(*Gaststätte, Hof*) administrar **2.**(*Acker*) cultivar **3.**(*kontrollieren*) controlar
Bewirtschaftung *f* <-en> **1.**(WIRTSCH: *Nutzung*) explotación *f;* (*Verwaltung*) administración *f* **2.**(AGR: *Anbau*) cultivo *m*
Bewirtung *f* <-en> (*das Bewirten*) agasajo *m*
bewog *3. imp von* **bewegen**
bewogen *pp von* **bewegen**
bewohnbar *adj* habitable
bewohnen* *vt* habitar
Bewohner(in) *m(f)* <-s, -; -nen> habitante *mf*
bewölken* *vr:* **sich ~** nublarse; (*mit dunklen Wolken*) encapotarse
bewölkt *adj* nublado, nuboso
Bewölkung *f ohne Pl* nubosidad *f*
Bewunderer, -in *m, f* <-s, -; -nen> admirador(a) *m(f)*
bewundern* *vt* admirar (*wegen* por); **bewundernswert, bewundernswürdig** *adj* admirable
Bewunderung *f ohne Pl* admiración *f;* **voller ~** lleno de admiración
bewusst[RR], **bewußt** **I.** *adj* **1.**(*wissend*) consciente; (**sich** *dat*) **~ machen** concienciar(se); **sich** *dat* **etw** *gen* **~ sein/werden** ser consciente/tomar conciencia de algo; **ich bin mir keiner Schuld ~** no me siento culpable; **es war ihm ~, dass ...** era consciente de que... **2.**(*besagt*) consabido, en cuestión; **es war an jenem ~en Tag** ocurrió aquel día en cuestión **3.**(*absichtlich*) intencionado **II.** *adv* **1.**(*absichtlich*) a propósito **2.** (*überlegt*) conscientemente
bewusstlos[RR] *adj,* **bewußtlos** *adj* sin conocimiento; **~ werden** perder el conocimiento
Bewusstlosigkeit[RR] *f ohne Pl,* **Bewußtlosigkeit** *f ohne Pl* pérdida *f* del conocimiento; (*Ohnmacht*) desmayo *m*
bewußtlmachen **I.** *vt s.* **bewusst I.1. II.** *vr:* **sich** *dat* **~** *s.* **bewusst I.1.**
Bewusstsein[RR] *nt ohne Pl* <-s>, **Bewußtsein** *nt ohne Pl* <-s> conciencia *f,* conocimiento *m;* **mir ist erst jetzt zu(m) ~ gekommen, dass ...** ahora mismo me he dado cuenta de que...; **sich** *dat* **etw ins ~ rufen** traer algo a la memoria; **das ~ verlieren** perder el conocimiento; **wieder zu ~ kommen** recobrar el conocimiento; **Bewusstseinsstörung**[RR] *f* (PSYCH) perturbación *f* del conocimiento; **Bewusstseinsveränderung**[RR] *f* (PSYCH) cambio *m* de la personalidad
bez. 1. *Abk. von* **bezahlt** pagado **2.** *Abk. von* **bezüglich** referente a
bezahlen* *vt* pagar; **gut bezahlt** bien pagado; **hoch bezahlt** muy bien remunerado; **sich (nicht) bezahlt machen** (no) valer la pena
Bezahlung *f ohne Pl* **1.**(*einer Rechnung*) pago *m* **2.**(*Lohn*) paga *f;* (*Vergütung*) remuneración *f;* **gegen ~** por dinero
bezähmen* **I.** *vt* (*Hunger, Neugier*) dominar, contener **II.** *vr:* **sich ~** (*sich zurückhalten*) dominarse, contenerse
bezaubern* *vt* fascinar (*durch* por); **ein ~des Mädchen** una chica encantadora
bezeichnen* *vt* **1.**(*beschreiben*) describir **2.**(*nennen*) designar (*als* como); (*benennen*) denominar (*als* como); **wie bezeichnet man es, wenn ...?** ¿cómo se dice cuando...?
bezeichnend *adj* típico (*für* de), característico (*für* de)
Bezeichnung *f* <-en> denominación *f*
bezeugen* *vt* atestiguar; (JUR) testificar; **er konnte ~, dass ...** pudo atestiguar que...
bezichtigen* *vt* acusar; **jdn ~ etw zu tun** acusar a alguien de hacer algo
beziehen* *irr* **I.** *vt* **1.**(*überziehen*) revestir (*mit* de); (*Bett*) poner ropa limpia (a) **2.**(*Wohnung, Haus*) instalarse (en) **3.**(*Einkommen*) cobrar; **Prügel ~** (*fam*) recibir una paliza **4.**(*kaufen*) adquirir; (*Zeitung*) estar suscrito (a) **5.**(*in Beziehung setzen*) relacionar (*auf* con), referir (*auf* a); **diese Bemerkung brauchst du nicht auf dich zu ~** no tienes que darte por aludido por esta observación **6.**(*Posten*) ocupar **II.** *vr:* **sich ~ 1.**(*Himmel*) nublarse; (*mit dunklen Wolken*) encapotarse **2.**(*sich berufen*) referirse (*auf* a)
Bezieher(in) *m(f)* <-s, -; -nen> (*Einkommen*) beneficiario, -a *m, f;* (*Zeitung*) subscriptor(a) *m(f);* (*Ware*) comprador(a) *m(f)*
Beziehung *f* <-en> **1.** *Pl* (*Kontakt*) relación *f;* **gute ~en haben** tener buenas relaciones; **seine ~en spielen lassen** (*fam*) tocar todos los resortes; **diplomatische ~en** relaciones diplomáticas **2.**(*Hinsicht*) aspecto *m;* **er hat in mancher/jeder ~ Recht** tiene razón en algunos/en todos los aspectos **3.**(*Verhältnis*) relación *f* (*zwischen* entre); (*Liebes~*) relación *f* amorosa; **in ~ stehen zu etw** estar relacionado con algo; **zwei Dinge zueinander in ~ setzen** relacionar una cosa con otra; **eine ~ eingehen** empezar una relación; **er hat keine ~ zur Literatur** no le dice nada la literatura
beziehungslos *adj* sin relación

beziehungsweise *konj* **1.** (*genauer gesagt*) por lo menos, mejor dicho **2.** (*oder, und*) respectivamente; **die Karten zu 50 ~ zu 30 DM sind schon ausverkauft** las entradas a 50 y 30 marcos respectivamente ya se agotaron
beziffern* **I.** *vt* (*schätzen*) cifrar (*auf* en) **II.** *vr:* **sich ~** (*sich belaufen*) cifrarse (*auf* en)
Bezirk *m* <-(e)s, -e> **1.** (*Gebiet*) comarca *f* **2.** (*Stadtbezirk*) barrio *m* **3.** (ADMIN) distrito *m*
bezug *s.* **Bezug[1] 3.**
Bezug[1] *m* <-(e)s, -züge> **1.** (*Überzug*) funda *f* **2.** *Pl* (*Gehalt*) sueldo *m*
Bezug[2] *m ohne Pl* <-(e)s> **1.** (*Kauf*) adquisición *f;* (*von Zeitschriften*) suscripción *f* **2.** (*Beziehung nehmen*) referencia *f;* **in ~ auf** (con) respecto a; **mit ~ auf Ihr Schreiben vom ...** con referencia a su carta del...; **auf etw ~ nehmen** remitirse a algo; **den ~ zu etw herstellen** establecer la relación hacia algo
bezüglich **I.** *adj* al respecto; **alle darauf ~en Fragen** todas las cuestiones al respecto **II.** *präp +gen* en relación a, respecto a; **~ Ihres Schreibens vom ...** en relación a su escrito del...
Bezugnahme *f* <-n>: **unter ~ auf** con referencia a
bezugsfertig *adj* (*Haus*) llave en mano
Bezugsperson *f* <-en> persona *f* de referencia
Bezugsquelle *f* (WIRTSCH) suministradores *mpl*
bezuschussen* *vt* conceder una subvención
bezwecken* *vt* perseguir; **was willst du damit ~?** ¿qué persigues con esto?
bezweifeln* *vt* poner en duda, dudar
bezwingen* *irr vt* vencer; (*zügeln*) dominar; (*besiegen*) derrotar
BGB *nt ohne Pl* <-> (JUR) *Abk. von* **Bürgerliches Gesetzbuch** Código *m* Civil
BH *m* <-s, -s> (*fam*) *Abk. von* **Büstenhalter** sujetador *m,* brasier *m Am*
Bhagvan *m ohne Pl* <-s>, **Bhagwan** *m ohne Pl* <-s> Bhagwan *m*
Bhf. *Abk. von* **Bahnhof** estación *f* de ferrocarril
bi *adj* (*fam*) bisexual
Biathlon *nt* <-s, -s> (SPORT) biatlón *m*
bibbern *vi* (*fam*) tiritar
Bibel *f* <-n> Biblia *f;* **bibelfest** *adj* versado en la Biblia; **Bibelstelle** *f* <-n> pasaje *m* bíblico
Biber *m* <-s, -> (*Tier, Pelz*) castor *m*
Bibliografie[RR] *f* <-n> bibliografía *f*
bibliografieren*[RR] *vt* (*Buch, Titel*) registrar bibliográficamente
Bibliographie *f* <-n> *s.* **Bibliografie**
bibliographieren* *vt s.* **bibliografieren**
Bibliothek *f* <-en> biblioteca *f*
Bibliothekar(in) *m(f)* <-s, -e; -nen> bibliotecario, -a *m,f*
biblisch *adj* bíblico; **ein ~es Alter haben** tener una edad bíblica
Bidet *nt* <-s, -s> bidé *m*
bieder *adj* (*abw*) conservador; **Biedermann** *m* (*abw*) burgués *m*
biegen <biegt, bog, gebogen> **I.** *vi sein* (*Kurve machen*) torcer; (*mit dem Auto*) girar; **um die Ecke ~** doblar la esquina; **auf B~ und Brechen** (*fam*) a toda costa **II.** *vt* **1.** (*Zweige, Glieder*) doblar **2.** (*Österr: flektieren*) declinar **III.** *vr:* **sich ~** (*krumm werden*) doblarse; **sie bog sich vor Lachen** (*fam*) se partió de (la) risa
biegsam *adj* flexible
Biegsamkeit *f ohne Pl* flexibilidad *f*
Biegung *f* <-en> curvatura *f;* (*Kurve*) curva *f*
Biene *f* <-n> abeja *f,* colmena *f Mex;* **Bienenhonig** *m* miel *f* de abejas; **Bienenkönigin** *f* <-nen> abeja *f* reina; **Bienenschwarm** *m* enjambre *m;* **Bienenstich** *m* <-(e)s, -e> **1.** (*Verletzung*) picadura *f* de abeja **2.** (GASTR) *pastel relleno con crema de vainilla y recubierto de una capa de almendras, mantequilla y azúcar;* **Bienenstock** *m* <-(e)s, -stöcke> colmena *f;* **Bienenvolk** *nt* <-(e)s, -völker> colmena *f;* **Bienenwabe** *f* panal *m;* **Bienenwachs** *nt ohne Pl* <-es> cera *f* de abejas; **Bienenzucht** *f ohne Pl* apicultura *f;* **Bienenzüchter(in)** *m(f)* apicultor(a) *m(f)*
Biennale *f* <-n> (KUNST, FILM) bienal *f*
Bier *nt* <-(e)s, -e> cerveza *f;* **dunkles/helles ~** cerveza rubia/negra; **das ist nicht mein ~** (*fig fam*) eso no es asunto mío; **Bierbrauerei** *f* fábrica *f* de cerveza; **Bierdeckel** *m* posavasos *m inv* de cartón; **Bierdose** *f* lata *f* de cerveza; **bierernst** *adj* (*fam*) exageradamente serio; **Bierfass[RR]** *nt* barril *m* de cerveza; **Bierflasche** *f* botella *f* de cerveza; **Biergarten** *m* cervecería *f* al aire libre; **Bierhefe** *f ohne Pl* levadura *f* de cerveza; **Bierkneipe** *f* cervecería *f;* **Bierkrug** *m* jarra *f* de cerveza; **Bierschaum** *m ohne Pl* <-(e)s> espuma *f* de la cerveza; **Bierzelt** *nt tienda en la que se vende y bebe cerveza en las romerías*
Biest *nt* <-(e)s, -er> (*fam*) **1.** (*Tier*) bicho *m;* (*abw*) bestia *f* **2.** (*Mensch*) mal bicho *m*
biestig *adj* infame
bieten <bietet, bot, geboten> **I.** *vt* **1.** (*Anblick, Gelegenheit*) ofrecer, presentar; **sie boten ein trauriges Bild** ofrecían un triste aspecto; **das lasse ich mir nicht ~** esto no se lo permito a nadie; **jdm die Stirn ~** hacer frente a alguien **2.** (*anbieten*) ofrecer (*für* para) **II.** *vi* (*bei Versteigerung*)

pujar, dar; **wer bietet mehr?** ¿quién da más? **III.** *vr:* **sich ~** (*sich anbieten*) presentarse; **bei der nächsten sich ~den Gelegenheit** en la próxima ocasión que se presente

Bigamie *f* <-n> bigamia *f*

Bigamist(in) *m(f)* bígamo, -a *m, f*

bigott *adj* (*frömmig*) beato; (*scheinheilig*) mojigato

Bikini *m* <-s, -s> biquini *m*

Bilanz *f* <-en> (*a.* WIRTSCH) balance *m;* **eine ~ aufstellen** confeccionar un balance; **die ~ ziehen** hacer (el) balance; **~ machen** revisar el dinero que se tiene en mano

bilanzieren* *vt* (FIN: *Konto*) hacer (el) balance (de)

Bilanzprüfer(in) *m(f)* <-s, -; -nen> (WIRTSCH) revisor(a) *m(f)* de balances

bilateral *adj* bilateral

Bild *nt* <-(e)s, -er> **1.** (*Gemälde*) cuadro *m,* pintura *f;* (*Abbildung*) ilustración *f;* (*beim Kartenspiel*) figura *f;* (*im Spiegel*) imagen *f;* **ein ~ von einem Mann/einer Frau** una belleza escultural; **ein ~ für die Götter** (*fam*) una escena graciosísima; **ein ~ des Jammers bieten** ofrecer un aspecto desolador **2.** (TV) imagen *f;* (FOTO) foto *f;* **ein ~ machen** sacar una foto **3.** (*Vorstellung*) idea *f;* **sich** *dat* **ein ~ von etw machen** hacerse una idea de algo **4.** (*Ansicht*) aspecto *m* **5.** (*Metapher*) metáfora *f* **6.** (*auf dem Laufenden*): **im ~e sein** estar al corriente; **jdn ins ~ setzen über etw** poner al corriente a alguien sobre algo; **Bildband** *m* <-(e)s, -bände> libro *m* con fotos

bilden **I.** *vt* **1.** (*Menschen*) educar **2.** (*formen*) formar; (*künstlerisch*) modelar; **~de Kunst** artes plásticas; **sich** *dat* **eine Meinung über etw ~** formarse una opinión sobre algo **3.** (*Regierung*) formar, crear; (*Mannschaft*) integrar, formar **4.** (*Höhepunkt, Ausnahme*) ser, constituir **II.** *vr:* **sich ~** **1.** (*entstehen*) formarse **2.** (*lernen*) educarse, formarse

Bilderbogen *m* hoja *f* con dibujos; **Bilderbuch** *nt* libro *m* de dibujos; **ein Wetter wie im ~** un tiempo de película; **Bildergalerie** *f* pinacoteca *f;* **Bildergeschichte** *f* <-n> historieta *f;* **Bilderrahmen** *m* <-s, -> marco *m* para cuadros; **Bilderrätsel** *nt* jeroglífico *m;* **Bilderschrift** *f* escritura *f* ideográfica, pictografía *f;* **Bilderstreit** *m* (HIST) iconoclasmo *m;* **Bildersturm** *m* (HIST) iconoclas(t)ia *f,* luchas *fpl* iconoclastas

Bildfläche *f* plano *m* de la imagen; **auf der ~ erscheinen** (*fam*) aparecer en pantalla; **von der ~ verschwinden** (*fam*) desaparecer del mapa; **Bildfunk** *m* (TEL) radiofoto(grafía) *f*

bildhaft *adj* plástico, gráfico

Bildhauer(in) *m(f)* <-s, -; -nen> escultor(a) *m(f)*

Bildhauerei *f ohne Pl* escultura *f*

bildhübsch *adj* precioso, guapísimo

Bildlaufleiste *f* (INFOR) barra *f* de desplazamiento

bildlich *adj* **1.** (*Darstellung*) gráfico, plástico **2.** (*Sinn*) figurado; (*Ausdruck*) metafórico

Bildnis *nt* <-ses, -se> (*geh*) imagen *f;* (*Foto*) retrato *m*

Bildqualität *f* (TV) calidad *f* de la imagen; **Bildreportage** *f* reportaje *m* gráfico; **Bildröhre** *f* (TV) tubo *m* de imagen; **Bildschärfe** *f* <-n> (TV) nitidez *f* de la imagen

Bildschirm *m* (*a.* INFOR) pantalla *f;* (*Monitor*) monitor *m;* **Bildschirmarbeit** *f* (INFOR, TEL) trabajo *m* frente a un monitor; **Bildschirmgerät** *nt* <-(e)s, -e> (INFOR) unidad *f* de pantalla; **Bildschirmschoner** *m* (INFOR) salvapantallas *m inv;* **Bildschirmtext** *m ohne Pl* <-(e)s> (TEL, INFOR) teletexto *m*

bildschön *adj* bellísimo, hermosísimo

Bildstelle *f* fototeca *f;* **Bildstörung** *f* (TV) interrupción *f* de la imagen; **Bildtelefon** *nt* (TEL) videoteléfono *m*

Bildung *f ohne Pl* **1.** (*Schaffung*) creación *f;* (*Gründung*) fundación *f;* (*Gestaltung*) formación *f,* constitución *f* **2.** (*Erziehung*) educación *f;* (*Allgemeinwissen*) formación *f,* cultura *f;* **höhere ~** formación superior; **Bildungsbürger(in)** *m(f)* burgués, -esa *m, f* culto, -a; **Bildungseinrichtung** *f* <-en> centro *m* de enseñanza; **Bildungsgut** *nt* patrimonio *m* cultural; **Bildungslücke** *f* laguna *f* cultural; **Bildungspolitik** *f* (POL) política *f* educativa; **Bildungsreform** *f* (POL) reforma *f* educativa; **Bildungsreise** *f* viaje *m* de estudios y de formación; **bildungssprachlich** *adj* de lenguaje culto; **Bildungssystem** *nt* (POL) sistema *m* de educación; **Bildungsurlaub** *m* vacaciones *fpl* de formación; **Bildungsweg** *m* vía *f* de formación; **auf dem zweiten ~** en vía subsidiaria de formación

Bildverarbeitung *f* (INFOR) procesamiento *m* de imágenes; **Bildzuschrift** *f* carta *f* con foto (*como respuesta a un anuncio*)

bilingual *adj* bilingüe

Billard *nt ohne Pl* <-s> billar *m;* **~ spielen** jugar al billar, taquear *Am;* **Billardkugel** *f* bola *f* de billar; **Billardstock** *m* <-(e)s, -stöcke> taco *m;* **Billardtisch** *m* (mesa *f* de) billar *m*

Billett *nt* <-(e)s, -e *o* -s> **1.** (*Schweiz: Fahr- oder Eintrittskarte*) billete *m* **2.** (*Österr: Brief*) esquela *f,* billete *m*

Billiarde *f* <-n> mil billones *mpl*

billig *adj* **1.** (*preiswert*) barato; **~ abzugeben** se vende barato; **~ davonkommen** (*fam*) salir bien parado **2.** (*abw: minderwer-*

tig) barato; (*Ausrede*) poco convincente; **das ist ein ~er Trost** es poco consuelo

billigen *vt* aprobar; **etw stillschweigend ~** admitir algo tácitamente

Billigflug *m* <-(e)s, -flüge> vuelo *m* chárter

Billigung *f ohne Pl* aprobación *f;* **jds ~ finden** contar con la aprobación de alguien

Billion *f* <-en> billón *m*

Bimbam *m:* **(ach) du heiliger ~!** ¡(ay) Dios mío!

Bimmel *f* <-n> (*fam*) campanilla *f*

bimmeln *vi* (*fam: Glocke*) repicar; (*Telefon*) sonar

Bimsstein *m* piedra *f* pómez, pumita *f*

bin *1. präs von* **sein**

binär *adj* (MATH, INFOR) binario

Binde *f* <-n> **1.** (*Verband*) venda *f* **2.** (*Armschlinge*) cabestrillo *m* **3.** (*Monats~*) compresa *f* **4.** (*Wend*): **sich** *dat* **einen hinter die ~ kippen** (*fam fig*) empinar el codo

Bindegewebe *nt* tejido *m* conjuntivo

Bindeglied *nt* vínculo *m;* (*einer Kette*) eslabón *m*

Bindehaut *f* (MED) conjuntiva *f;* **Bindehautentzündung** *f* (MED) conjuntivitis *f inv*

Bindemittel *nt* aglutinante *m*

binden <bindet, band, gebunden> **I.** *vt* **1.** (*zusammenbinden*) atar; (*Strauß*) hacer; (*Buch*) encuadernar; **mir sind die Hände gebunden** (*fig*) tengo las manos atadas **2.** (*befestigen*) sujetar; (*Krawatte*) anudar **3.** (GASTR) espesar **4.** (*verpflichten*) comprometer, vincular; **eine ~de Zusage** una promesa vinculante **5.** (CHEM, PHYS) ligar, fijar **6.** (*Laute*) rimar **II.** *vr:* **sich ~** (*sich verpflichten*) vincularse (*an* a), comprometerse (*an* a)

bindend *adj* **1.** (*fig*) vinculante (*für* para) **2.** (*Leim*) aglutinante **3.** (JUR) vinculatorio

Bindestrich *m* <-(e)s, -e> guión *m;* **Bindewort** *nt* <-(e)s, -wörter> (LING) conjunción *f*

Bindfaden *m* cordón *m;* **es regnet Bindfäden** (*fig*) llueve a cántaros

Bindung *f* <-en> **1.** (*Partnerschaft*) relación *f;* (*feste Beziehung*) compromiso *m* **2.** (*an Heimat, Person*) apego *m* **3.** (*am Ski*) fijación *f* **4.** (CHEM) enlace *m*

binnen *präp +dat, geh: gen* en (el transcurso de); (COM) en el término de; **~ kurzem** en breve; **~ einiger Stunden** en algunas horas

Binnengewässer *nt* aguas *fpl* continentales; **Binnenhafen** *m* puerto *m* fluvial; **Binnenland** *nt* <-(e)s, -länder> país *m* sin acceso al mar; **Binnenmarkt** *m* mercado *m* interior; **Europäischer ~** mercado único europeo; **Binnenmeer** *nt* mar *m* interior; **Binnenschifffahrt**[RR] *f* navegación *f* fluvial; **Binnensee** *m* <-s, -n> lago *m* (continental)

Binse *f* <-n> junco *m;* **etw geht in die ~n** (*fam*) algo se echa a perder; **Binsenweisheit** *f* <-en> perogrullada *f*

bioaktiv *adj* (ÖKOL) biológicamente activo; **Biobrennstoff** *m* (ÖKOL) biocombustible *m;* **Biochemie** *f* (CHEM) bioquímica *f;* **biochemisch** *adj* (CHEM) bioquímico; **Biochip** *m* (INFOR) biochip *m;* **biodynamisch** *adj* biodinámico; **Bioethik** *f ohne Pl* (PHILOS) bioética *f;* **Biogas** *nt* <-es, -e> (ÖKOL) biogas *m*

Biografie[RR] *f* <-n> biografía *f*

biografisch[RR] *adj* biográfico

Biographie *f* <-n> *s.* **Biografie**

biographisch *adj s.* **biografisch**

Biokost *f* alimentación *f* biológica; **Bioladen** *m* <-s, -läden> (*fam*) tienda *f* de productos naturales

Biologe, -in *m, f* <-n, -n; -nen> biólogo, -a *m, f*

Biologie *f ohne Pl* biología *f*

biologisch *adj* biológico; **~ abbaubar** biodegradable

Biomüll *m ohne Pl* <-s> (ÖKOL) basura *f* orgánica, compost *m;* **Biophysik** *f* (PHYS) biofísica *f;* **Biorhythmus** *m* (BIOL) biorritmo *m;* **Biosphäre** *f ohne Pl* (GEO, BIOL) biosfera *f;* **Biotechnik** *f ohne Pl* (MED, BIOL) biotecnología *f;* **Biotonne** *f* (ÖKOL) contenedor *m* para la basura orgánica

Biotop *nt o m* <-s, -e> (BIOL) biótopo *m*

Biotreibstoff *m* (ÖKOL) biocarburante *m;* **Biowaschmittel** *nt* (ÖKOL) detergente *m* biodegradable

BIP *nt ohne Pl* <-> (WIRTSCH) *Abk. von* **Bruttoinlandsprodukt** PIB *m*

birgt *3. präs von* **bergen**

Birke *f* <-n> (BOT) abedul *m*

Birkhuhn *nt* (ZOOL) gallo *m* lira

Birma *nt* <-s> Birmania *f*

Birnbaum *m* peral *m*

Birne *f* <-n> **1.** (*Frucht*) pera *f* **2.** (*Glüh~*) bombilla *f* **3.** (*fam: Kopf*) coco *m*

birnenförmig *adj* en forma de pera, piriforme

birst *3. präs von* **bersten**

bis **I.** *präp +akk* **1.** (*räumlich, zeitlich*) hasta; **von … ~ …** de… a…, desde… hasta…; **~ wohin fahren Sie?** ¿hasta dónde va Ud.?; **~ Seite 30** hasta la página 30; **ich habe ~ drei Uhr gewartet** esperé hasta las tres; **von Freitag ~ Sonntag** de viernes a domingo; **von 9 ~ 11 Uhr** de 9 a 11; **~ morgen/Montag!** ¡hasta mañana/el lunes!; **~ bald/später!** ¡hasta pronto/luego!; **~ jetzt** hasta ahora; **~ dahin** hasta ahí; **noch fünf Minuten ~ zur Pause** faltan cinco minutos para el intermedio; **Jugendliche ~ zu 18 Jahren** jóvenes hasta los 18 años **2.** (*außer*): **~ auf** excepto, aparte de; **~ auf ihren**

Bruder waren alle da aparte de su hermano estaban todos **3.** (*nicht mehr als*): **~ zu** como máximo, hasta; **~ zu 50.000 Menschen passen in das Stadion** en el estadio caben como máximo 50.000 personas **4.** (*Zahlenangabe*) de… a…, entre… y…; **das kostet zwei- ~ dreihundert Mark** cuesta entre dos(cientos) y trescientos marcos; **drei ~ vier Tage** de tres a cuatro días **II.** *konj* (*~ zu einem Zeitpunkt*) hasta *+inf*, hasta que *+subj*; **ich sage lieber nichts, ~ ich ihn persönlich kennen lerne** prefiero no decir nada hasta conocerlo personalmente; **ich warte, ~ er zurückkommt** espero hasta que vuelva **III.** *adv* (MUS) bis

Bisam *m* <-s, -e *o* -s> **1.** (*Moschus*) almizcle *m* **2.** (*Pelz*) castor *m;* **Bisamratte** *f* rata *f* almizclera

Biscaya *f s.* **Biskaya**

Bischof *m*, **Bischöfin** *f* <-s, Bischöfe; -nen> obispo, -a *m, f*

bischöflich *adj* obispal, episcopal

Bischofsamt *nt* <-(e)s, -ämter> (REL) obispado *m;* **Bischofssitz** *m* sede *f* episcopal; **Bischofsstab** *m* (REL) báculo *m* pastoral

bisexuell *adj* bisexual

bisher *adv* hasta ahora

bisherige(r, s) *adj* antecedente, anterior; **der ~ Minister** el ex-ministro; **sein ~s Verhalten** su comportamiento hasta ese momento

Biskaya *f* Golfo *m* de Vizcaya

Biskuit *nt o m* <-(e)s, -e *o* -s> bizcocho *m*

bislang *adv s.* **bisher**

Bismarckhering *m* (GASTR) arenque *m* (sin espinas) en escabeche

Bison *m* <-s, -s> bisonte *m*

biss[RR] *3. imp von* **beißen**

Biss[RR] *m* <-es, -e> **1.** (*das Zubeißen*) mordisco *m* **2.** (*Bisswunde*) mordedura *f*

biß *s.* **biss**

Biß *m* <-sses, -sse> *s.* **Biss**

bisschen[RR] *adj inv*, **bißchen** *adj inv:* **ein ~** un poco, un poquito; **ein kleines ~** un poquitín; **ich habe kein ~ Zeit für dich** no tengo nada de tiempo para ti; **nicht ein ~ mehr** ni una pizca más; **es geht mir kein ~ besser** no me encuentro ni un poquito mejor; **das ist ein ~ wenig** es muy poco; **ach du liebes ~!** ¡ay, Dios mío!

Bissen *m* <-s, -> bocado *m*

bissig *adj* (*Hund*) mordedor; (*Bemerkung*) mordaz

Bisswunde[RR] *f* (*von einer Schlange*) mordedura *f;* (*von einem Hund*) mordisco *m*

bist *2. präs von* **sein**

Bistum *nt* <-s, Bistümer> obispado *m*

bisweilen *adv* de vez en cuando, a veces

Bit *nt* <-(s), -(s)> (INFOR) bit *m*

bitte *adv* por favor; **~ sehr!**, **~ schön!** (*anbietend*) ¡tome!; (*auf Dank*) ¡de nada!; **Entschuldigung! – ~!** ¡perdone! – ¡no ha sido nada!; (**wie**) **~?** ¿cómo dice?; **ja, ~?** ¿diga?; **~ nach Ihnen!** ¡por favor, Ud. primero!; **zahlen ~!** ¡por favor, la cuenta!; **na ~!** ¿lo ves?; **~, wie du willst** bueno, como quieras

Bitte *f* <-n> ruego *m;* (*Ersuchen*) solicitud *f*, aplicación *f Am;* **auf ihre ~ hin** a su ruego; **ich habe eine große ~ an dich** quisiera pedirte un favor muy grande; **ich habe nur die eine ~, dass …** quiero pedirte únicamente que… *+subj*

bitten <bittet, bat, gebeten> *vt* **1.** (*Wunsch äußern*) pedir, rogar; **er bat um Geduld/Verzeihung** pidió paciencia/disculpas; **es wird gebeten nicht zu rauchen** se ruega no fumar; **wenn ich ~ darf** si me permite; **er lässt sich nicht lange ~** no se hace de rogar; **ich muss doch sehr ~!** ¡pero por favor!; **darum möchte ich gebeten haben** (*geh*) eso se sobreentiende; **darf ich um Aufmerksamkeit ~** ruego que presten atención **2.** (*auffordern*) hacer pasar; (*als Gast*) invitar; **darf ich Sie in mein Büro ~?** ¿quiere pasar a mi despacho, por favor?; **ich lasse ~** que entre **3.** (*anflehen*) suplicar

bitter *adj* **1.** (*Geschmack, Wahrheit, Klage*) amargo **2.** (*Kälte*) intenso, fuerte; (*Unrecht*) grande; **~e Armut** extremada pobreza; **es ist mir ~er Ernst** estoy hablando muy en serio; **sich** *dat* **~e Vorwürfe machen** hacerse vivos reproches; **etw ~ bereuen** arrepentirse amargamente de algo; **etw ~ nötig haben** estar necesitadísimo de algo

bitterböse *adj* furioso, muy enojado; **bitterernst** *adj* totalmente serio; **bitterkalt** *adj* terriblemente frío, friísimo

Bitterkeit *f ohne Pl* **1.** (*Geschmack*) amargor *m* **2.** (*Verbitterung*) amargura *f*

bitterlich **I.** *adj* amargo; (*Beigeschmack*) amarguillo **II.** *adv:* **~ weinen** llorar amargamente; (*Kind*) llorar a moco tendido

Bitternis *f* <-se> amargura *f*

Bitterstoff *m* <-(e)s, -e> substancia *f* amarga; **bittersüß** *adj* dulceamargo; (*süßsauer*) agridulce

Bittschrift *f* petición *f*

Bittsteller(in) *m(f)* <-s, -; -nen> peticionario, -a *m, f*

Biwak *nt* <-s, -s *o* -e> vivac *m*

bizarr *adj* (*seltsam*) raro; (*wunderlich*) extravagante, estrafalario

Bizeps *m* <-(es), -e> bíceps *m inv*

BKA *nt ohne Pl* <-> *Abk. von* **Bundeskriminalamt** Oficina *f* Federal de Investigación Criminal

Blabla *nt ohne Pl* <-s> (*fam*) blablá *m*

Black-out[RR] *nt o m* <-(s), -s>, **Blackout** *nt o m* <-(s), -s> **1.** (MED: *Gedächtnislücke*)

laguna *f;* (*Gedächtnisverlust*) pérdida *f* de memoria; **ein ~ haben** quedarse en blanco **2.** (*Stromausfall*) apagón *m*

blähen **I.** *vt* hinchar **II.** *vr:* **sich ~** hincharse **III.** *vi* (MED) provocar gases

Blähung *f* <-en> flato *m,* gases *mpl fam*

blamabel *adj* vergonzoso

Blamage *f* <-n> plancha *f fam*

blamieren* **I.** *vt* poner en ridículo **II.** *vr:* **sich ~** hacer el ridículo

blanchieren* *vt* (GASTR) escaldar

blank *adj* **1.** (*glänzend*) reluciente **2.** (*unbedeckt*) desnudo; **ich bin völlig ~** (*fam*) estoy sin blanca; **auf dem ~en Boden schlafen** dormir en el suelo raso **3.** (*rein*) puro; **das ist ~er Unsinn** eso es un solemne disparate

Blankoscheck *m* cheque *m* en blanco; **Blankovollmacht** *f* carta *f* blanca

Blase *f* <-n> **1.** (*Luft~*) burbuja *f* **2.** (*Haut~*) ampolla *f,* yuyo *m ZAm* **3.** (*Harn~*) vejiga *f*

Blasebalg *m* <-(e)s, -bälge> fuelle *m*

blasen <bläst, blies, geblasen> **I.** *vi* (*Wind*) soplar **II.** *vt* **1.** (*Glas*) soplar **2.** (MUS) tocar (un instrumento de viento) **3.** (*fam*): **jdm was ~** (*jdm die Meinung sagen*) decirle cuatro verdades a alguien **4.** (*vulg*): **jdm einen ~** mamársela a alguien

Blasenentzündung *f* (MED) cistitis *f inv;* **Blasenschwäche** *f* (MED) incontinencia *f* de orina; **Blasentee** *m* (MED) infusión *f* para la vejiga

Bläser(in) *m(f)* <-s, -; -nen> músico, -a *m, f* (*que toca un instrumento de viento*)

blasiert *adj* (*abw*) altanero, engreído

Blasinstrument *nt* instrumento *m* de viento; **Blaskapelle** *f* (MUS) orquesta *f* de instrumentos de viento; **Blasmusik** *f ohne Pl* música *f* de instrumentos de viento

Blasphemie *f* <-n> blasfemia *f*

Blasrohr *nt* <-(e)s, -e> (*Waffe*) cerbatana *f;* (*Düse*) tobera *f*

blass[RR] *adj,* **blaß** *adj* pálido, niste *Nic;* (*weißlich*) blanquecino; **~ werden** palidecer; **keinen ~en Schimmer von etw haben** (*fam*) no tener ni idea de algo

Blässe *f ohne Pl* palidez *f*

blässlich[RR] *adj,* **bläßlich** *adj* paliducho

bläst *3. präs von* **blasen**

Blatt *nt* <-(e)s, Blätter> **1.** (BOT) hoja *f;* **kein ~ vor den Mund nehmen** (*fam fig*) no tener pelos en la lengua **2.** (*Papier*) hoja *f;* (*Buchseite*) página *f;* (*Zeitung*) periódico *m;* (*Zeitschrift*) revista *f;* **lose Blätter** hojas sueltas; **das steht auf einem anderen ~** (*fam*) eso es harina de otro costal; **ein unbeschriebenes ~ sein** (*fam fig*) ser una persona sin antecedentes; **vom ~ spielen/singen** repentizar/cantar a primera vista **3.** (*Spielkarten*) carta *f;* **ein gutes ~ (auf der Hand) haben** tener un buen juego **4.** (*von einer Säge*) hoja *f* **5.** (*an Ruder, Propeller*) pala *f;* **Blattader** *f* (BOT) vena *f* de las hojas

Blättchen *nt* <-s, -> (*Zigarettenpapier*) papelillo *m*

blättern *vi* hojear; **in einem Buch ~** hojear un libro

Blätterteig *m ohne Pl* <-(e)s> hojaldre *m,* hojuela *f Cuba, Guat*

Blattfall *m ohne Pl* <-(e)s> (ÖKOL) caída *f* de las hojas; **Blattgold** *nt* (KUNST) oro *m* batido, pan *m* de oro; **Blattgrün** *nt ohne Pl* (BOT) clorofila *f;* **Blattlaus** *f* (ZOOL) pulgón *m;* **Blattpflanze** *f* (BOT) planta *f* de hojas; **Blattsalat** *m* <-(e)s, -e> (GASTR) lechuga *f;* **Blattstiel** *m* (BOT) pecíolo *m;* **Blattwerk** *nt ohne Pl* <-(e)s> (BOT) follaje *m*

blau *adj* **1.** (*Farbe*) azul; (*Lippen*) amoratado; **~es Auge** ojo morado; **~er Fleck** moratón *m;* **du wirst noch dein ~es Wunder erleben** (*fam*) te vas a llevar la sorpresa de tu vida **2.** (*fam: betrunken*) borracho, jumo *Am*

blauäugig *adj* **1.** (*mit blauen Augen*) de ojos azules **2.** (*leichtgläubig*) confiado

Blaubeere *f* arándano *m*

Blaue *nt* <-n> azul *m;* **das ~ vom Himmel versprechen** (*fam*) prometer el oro y el moro; **eine Fahrt ins ~ machen** (*fam*) hacer un viaje al azar; **ins ~ hinein reden** (*fam*) hablar sin ton ni son

Blaufuchs *m* (ZOOL) zorro *m* azul; **blaugrau** *adj* gris azulado; **blaugrün** *adj* verde azulado

Blauhelm *m* (*UNO-Soldat*) casco *m* azul

Blaukraut *nt ohne Pl* <-(e)s> (*südd, Österr: Rotkohl*) (col *f*) lombarda *f*

bläulich *adj* azulado

Blaulicht *nt* sirena *f;* **blau|machen** *vi* (*fam: Schule*) fumarse la clase; (*Arbeit*) no ir al trabajo; **Blaumann** *m* (*fam: Arbeitsanzug*) mono *m* azul; **Blaumeise** *f* (ZOOL) herrerillo *m;* **Blausäure** *f ohne Pl* (CHEM) ácido *m* cianhídrico

Blauschimmelkäse *m* <-s, -> (GASTR) queso *m* azul

blauschwarz *adj* negro azulado; **Blauwal** *m* (ZOOL) ballena *f* azul

Blazer *m* <-s, -> blazer *m*

Blech[1] *nt ohne Pl* <-(e)s> (*fam: Unsinn*) disparates *mpl,* tontería *f*

Blech[2] *nt* <-(e)s, -e> **1.** (*Metallplatte*) chapa *f* de metal; (*Weiß~*) (hoja)lata *f* **2.** (*Back~*) bandeja *f* del horno

Blechblasinstrument *nt* instrumento *m* de metal; **Blechdose** *f* lata *f*

blechen *vi, vt* (*fam*) apoquinar

blechern *adj* **1.** (*Material*) de hojalata **2.** (*Klang*) metálico

Blechlawine *f* (*fam*) caravana *f;* **Blechschaden** *m* (AUTO) daños *mpl* de carrocería; **Blechtrommel** *f* tambor *m* de hojalata

Blei *nt ohne Pl* <-(e)s> (CHEM) plomo *m;* **es liegt mir wie ~ im Magen** me ha caído como una piedra en el estómago; (*fig*) tengo un gran pesar sobre mí

Bleibe *f* <-n> alojamiento *m*

bleiben <bleibt, blieb, geblieben> *vi sein* **1.** (*nicht weggehen*) quedarse; **~ Sie am Apparat!** ¡no cuelgue!; **hängen ~** (*an einem Ort*) quedarse; (*Wissen*) quedar en la memoria; (*Schüler*) suspender; **an etw hängen ~** (*kleben*) pegarse en algo; (*sich verhaken*) engancharse en algo; **wo bleibt er nur so lange?** ¿dónde se ha metido todo este rato?; **das bleibt unter uns!** ¡esto queda entre nosotros!; **sieh zu, wo du bleibst!** ¡apáñatelas como puedas! **2.** (*nicht ändern*) mantener(se); (*beharren*) perseverar; **gleich ~** no cambiar; **gleich ~d** constante; (*beständig*) permanente; **er bleibt bei seiner Behauptung, dass ...** mantiene su afirmación de que...; **es bleibt dabei** no hay cambios; **hier ist alles beim Alten geblieben** aquí sigue todo como antes; **die Frage blieb unbeantwortet** la pregunta quedó sin respuesta; **er ist derselbe geblieben** no ha cambiado; **er ist und bleibt ein Ganove** ha sido y es un bandido; **am Leben ~** quedar con vida; **liegen ~** (*Person*) quedarse tumbado; (*nicht verkauft werden*) no venderse; (*Auto*) quedar tirado; (*Arbeit*) quedar sin hacer; **offen ~** (*Tür, Fenster*) quedar abierto; (*Frage*) quedar pendiente; **~ Sie doch sitzen!** ¡quédese sentado!; **stehen ~** quedarse de pie; (*anhalten*) detenerse; **stecken ~** (*festsitzen*) quedar fijo; (*im Schlamm*) quedar atascado; (*fam: beim Sprechen*) atascarse **3.** (*anhalten*) seguir, continuar; **das bleibt abzuwarten** hay que esperar; **es bleibt mir nichts weiter zu tun, als ...** no me queda otro remedio que...

bleibend *adj* duradero, persistente; **von ~em Wert** de valor duradero

bleiben|lassen *irr vt s.* **lassen** [2] **3.**

bleich *adj* pálido

bleichen **I.** *vt* (*Wäsche*) blanquear; (*entfärben*) desteñir; (*Haare*) oxigenar **II.** *vi* (*seine Farbe verlieren*) desteñirse

Bleichgesicht *nt* (*fam: blasser Mensch*) persona *f* pálida; (*Weißer*) rostro *m* pálido; **Bleichmittel** *nt* descolorante *m*

bleiern *adj* **1.** (*Material*) de plomo **2.** (*Langeweile*) pesado **3.** (*geh: bleifarben*) plomizo

bleifrei *adj* sin plomo; **Super ~** gasolina super sin plomo

bleihaltig *adj* plomífero

Bleikristall *nt ohne Pl* <-s> cristal *m* de Bohemia; **bleischwer** *adj* pesado como el plomo

Bleistift *m* <-(e)s, -e> lápiz *m;* **Bleistiftspitzer** *m* afilalápices *m inv;* **Bleistiftzeichnung** *f* dibujo *m* a lápiz

Blende *f* <-n> **1.** (*Lichtschutz*) pantalla *f* **2.** (FOTO) diafragma *m* **3.** (*an Fassaden: Tür*) puerta *f* ciega; (*Fenster*) ventana *f* ciega; (*an Kleidung*) tira *f* de tela (de adorno)

blenden **I.** *vi* (*Licht, Sonne*) cegar **II.** *vt* **1.** (*beeindrucken*) impresionar, deslumbrar **2.** (*blind machen*) cegar

blendend *adj* **1.** (*großartig*) estupendo; **sich ~ amüsieren/unterhalten** entretenerse/divertirse estupendamente **2.** (*strahlend*) deslumbrante, cegador; **~ weiß** blanco deslumbrante

Blendung *f* <-en> deslumbramiento *m*

Blesse *f* <-n> estrella *f,* lucero *m*

Blick[1] *m* <-(e)s, -e> (*Hinsehen, Ausdruck*) mirada *f;* (*kurz*) vistazo *m;* **alles auf einen ~** todo de una sola mirada; **einen ~ auf etw werfen** echar un vistazo a algo; **einen guten ~ für etw haben** tener buen ojo para algo; **keinen ~ für etw haben** no entender de algo; **auf den ersten ~** a primera vista; **jdn keines ~es würdigen** hacer caso omiso de alguien; **sie erwiderte seine ~e** le devolvió la mirada

Blick[2] *m ohne Pl* <-(e)s> (*Aussicht*) vista *f,* panorama *m;* **mit ~ auf den Dom** con vistas a la catedral

blicken *vi* mirar; **weit ~d** previsor; (*scharfsinnig*) clarividente; **sich ~ lassen** aparecer

Blickfang *m* <-(e)s, -fänge> centro *m* de atención; **Blickfeld** *nt* campo *m* visual; **Blickkontakt** *m* contacto *m* visual; **Blickpunkt** *m* centro *m* de interés; (*Gesichtspunkt*) punto *m* de vista; **Blickwinkel** *m* punto *m* de vista

blieb *3. imp von* **bleiben**

blies *3. imp von* **blasen**

blind *adj* **1.** (*a. fig: ohne Sehvermögen*) ciego; **~ werden** perder la vista; **auf einem Auge ~** tuerto; **~er Gehorsam** obediencia ciega; **jdm ~ vertrauen** confiar en alguien ciegamente; **~ vor Wut** ciego de ira; **~ vor Eifersucht/Hass** cegado por los celos/el odio **2.** (*maßlos*) desmedido, sin límites **3.** (*Spiegel*) empañado

Blinddarm *m* (ANAT) apéndice *m;* **Blinddarmentzündung** *f* apendicitis *f inv*

Blind Date *nt* <-(s), -s> cita *f* a ciegas

Blinde(r) *mf* <-n, -n; -n> ciego, -a *m, f*

Blindekuh *f ohne Pl:* **~ spielen** jugar a la gallina ciega

Blindenhund *m* (perro *m*) lazarillo *m;* **Blindenschrift** *f ohne Pl* (alfabeto *m*) Braille *m*

Blindflug *m* vuelo *m* sin visibilidad; **Blindgänger** *m* <-s, -> **1.** (*Geschoss*) proyectil *m* sin estallar **2.** (*fam: Versager*) fracasado *m*
Blindheit *f ohne Pl* ceguera *f;* **mit ~ geschlagen sein** tener una venda en los ojos
blindlings *adv* (*unvorsichtig*) sin precaución; (*unüberlegt*) a ciegas; (*ins Ungewisse*) al azar
Blindschleiche *f* <-n> lución *m*
blinken *vi* **1.** (*funkeln*) fulgurar; (*Stern*) centellear **2.** (*Blinkzeichen geben*) destellar **3.** (AUTO) poner el intermitente
Blinker *m* <-s, -> (AUTO) intermitente *m;* (*zum Angeln*) cebo *m* metálico destellante
Blinklicht *nt* (luz *f*) intermitente *m*
blinzeln *vi* parpadear
Blitz *m* <-es, -e> **1.** (PHYS, METEO) rayo *m;* (*zwischen Wolken*) relámpago *m;* **die Nachricht schlug wie ein ~ ein** (*fam fig*) la noticia cayó como un rayo; **wie vom ~ getroffen** (*fam fig*) como tocado por el rayo **2.** (FOTO) flash *m;* **Blitzableiter** *m* <-s, -> pararrayos *m inv*
blitzartig *adj* fulminante
blitzblank *adj* reluciente, resplandeciente
blitzen *vi* **1.** (*strahlen*) brillar, relucir **2.** (*beim Gewitter*) relampaguear; **es blitzt und donnert** hay truenos y relámpagos
Blitzgerät *nt* <-(e)s, -e> (FOTO) flash *m;* **Blitzlicht** *nt* (FOTO) flash *m*
blitzsauber *adj* (*fam*) limpio como una patena
Blitzschlag *m* rayo *m*
blitzschnell *adj* (*fam*) (rápido) como un rayo
Blizzard *m* <-s, -s> ventisca *f*
Block[1] *m* <-(e)s, Blöcke> **1.** (*Stein*) bloque *m* **2.** (POL) bloque *m*
Block[2] *m* <-(e)s, -s *o* Blöcke> **1.** (*Häuser~*) manzana *f,* bloque *m* **2.** (*Schreib~*) bloc *m*
Blockade *f* <-n> bloqueo *m*
blocken *vi, vt* (SPORT) blocar
Blockflöte *f* <-n> flauta *f* dulce
Blockfreiheit *f ohne Pl* (POL) no alineación *f*
Blockhütte *f* cabaña *f* de madera
blockieren* **I.** *vi* (*Räder, Bremsen*) bloquear **II.** *vt* (*Zugang, Verkehr*) cerrar, bloquear
Blocksatz *m ohne Pl* <-es> (TYPO) composición *f* en forma de bloque; **Blockschrift** *f ohne Pl* letra *f* de imprenta
blöd(e) *adj* (*fam*) **1.** (*dumm*) tonto, apantallado *Mex* **2.** (*unangenehm*) fastidioso; **lass dich nicht ~ anmachen!** (*fam*) ¡no te dejes enrollar mal!
blödeln *vi* hacer el tonto
blöderweise *adj* desgraciadamente
Blödheit *f* <-en> estupidez *f,* tontería *f*
Blödmann *m* imbécil *m;* (*Schimpfwort*) gilipollas *m inv;* **Blödsinn** *m ohne Pl* <-(e)s> (*fam*) disparate *m,* tontería *f,* pavada *f CSur;* **mach keinen ~!** ¡no hagas tonterías!
blödsinnig *adj* **1.** (*schwachsinnig*) imbécil **2.** (*fam: blöd*) idiota
blöken *vi* balar
blond *adj* rubio
blondieren* *vt* teñir de rubio
Blondine *f* <-n> rubia *f*
bloß **I.** *adj* **1.** (*unbedeckt*) descubierto; (*nackt*) desnudo **2.** (*nichts als*) puro, mero; **mit ~em Auge** a simple vista; **der ~e Gedanke macht mich nervös** sólo pensar en ello, me pone nervioso; **aus ~er Neugier** por pura curiosidad **II.** *adv* (*fam: nur*) únicamente, sólo; **lass das ~!** ¡no se te ocurra meterte en eso!; **was hast du ~?** ¿pero qué te pasa?; **sag ~!** ¡no me digas!
Blöße *f* <-n> **1.** (*geh: Nacktheit*) desnudez *f* **2.** (*Schwachstelle*) punto *m* débil; **sich eine ~ geben** mostrar su punto débil
bloß|legen *vt* descubrir; (*enthüllen*) sacar a la luz; **bloß|stellen** **I.** *vt* (*Person*) desenmascarar, zarandear *Am* **II.** *vr:* **sich ~** exponerse
Blue Jeans[RR] *Pl,* **Bluejeans** *Pl* vaquero(s) *m(pl),* tejano(s) *m(pl)*
Blues *m* <-, -> (MUS) blues *m inv*
Bluff *m* <-s, -s> (*abw*) fanfarronada *f,* bolazo *m RíoPl*
bluffen *vi* (*abw*) fanfarronear, blofear *ZAm, Mex*
blühen *vi* **1.** (*Pflanzen*) florecer, florear *Am* **2.** (*Geschäft*) prosperar, florear *Am* **3.** (*fam: bevorstehen*) suceder; **das kann mir auch noch ~** esto también me puede suceder a mí
blühend *adj* **1.** (*Pflanze, Sprache*) florido; (*Frau*) fresco; (*Gesichtsfarbe*) saludable **2.** (*Geschäft, Stadt*) próspero; (*Fantasie*) exuberante; **sie starb im ~en Alter** murió en la flor de la vida
Blume *f* <-n> **1.** (BOT) flor *f;* **~n planzen/pflücken/säen** plantar/coger/sembrar flores; **er hat es ihr durch die ~ gesagt** le soltó una indirecta **2.** (*von Wein*) bouquet *m,* aroma *m* **3.** (*auf Bier*) espuma *f;* **Blumenbeet** *nt* arriate *m,* macizo *m* de flores; **Blumenkasten** *m* jardinera *f,* macetero *m Am;* **Blumenkohl** *m* coliflor *f;* **Blumenladen** *m* <-s, -läden> floristería *f;* **Blumenstrauß** *m* <-es, -sträuße> ramo *m* de flores, maceta *f Chil;* **Blumentopf** *m* maceta *f,* tiesto *m;* **Blumenvase** *f* florero *m;* **Blumenzwiebel** *f* bulbo *m*
blumig *adj* **1.** (*Wein*) con bouquet **2.** (*Stil*) florido; (*abw*) amanerado
Bluse *f* <-n> blusa *f*
Blut *nt ohne Pl* <-(e)s> sangre *f;* **blaues ~ haben** tener sangre azul; **jdm ~ abnehmen** sacar sangre a alguien; **ruhig ~ be-**

wahren guardar la sangre fría; ~ **vergießen** derramar sangre; **jdn bis aufs ~ reizen** (*fam*) pudrirle [*o* quemarle] la sangre a alguien; **etw liegt jdm im ~** alguien lleva algo en la sangre; ~ **und Wasser schwitzen** (*fam*) sudar la gota gorda; **jdm gefriert das ~ in den Adern** (*fig*) a alguien se le hiela la sangre en las venas; **er hat ~ geleckt** (*fam*) ha tomado gusto; **blutarm** *adj* (MED) anémico; **Blutarmut** *f* (MED) anemia *f;* **Blutbad** *nt* derramamiento *m* de sangre; **Blutbahn** *f* (ANAT) sistema *m* circulatorio; (*Adern*) vasos *mpl* sanguíneos; **Blutbank** *f* <-en> (MED) banco *m* de sangre; **Blutbild** *nt* (MED) cuadro *m* sanguíneo; **Blutbildung** *f* (MED) formación *f* de sangre

Blutdruck *m ohne Pl* <-(e)s> (MED) tensión *f* arterial; **hohen/niedrigen ~ haben** tener la tensión alta/baja; **den ~ messen** tomar la tensión; **Blutdruckmessgerät**[RR] *nt* <-(e)s, -e> (MED) esfigmomanómetro *m*

Blüte[1] *f* <-n> **1.** (BOT) flor *f* **2.** (*fam: Banknote*) billete *m* falso

Blüte[2] *f ohne Pl* **1.** (*das Blühen*) floración *f;* **in voller ~ stehen** estar en plena floración **2.** (*Wohlstand*) prosperidad *f,* florecimiento *m* **3.** (*Höhepunkt*) florecimiento *m,* apogeo *m*

Blutegel *m* <-s, -> sanguijuela *f*

bluten *vi* sangrar; **mir blutet das Herz** (*fig*) se me rompe el corazón

Blütenblatt *nt* (BOT) pétalo *m;* **Blütenkelch** *m* (BOT) cáliz *m;* **Blütenstaub** *m ohne Pl* <-(e)s> (BOT) polen *m*

Blutentnahme *f* (MED) extracción *f* de sangre

blütenweiß *adj* blanquísimo

Bluter(in) *m(f)* <-s, -; -nen> (MED) hemofílico, -a *m, f*

Bluterguss[RR] *m* (MED) derrame *m* sanguíneo

Bluterkrankheit *f* (MED) hemofilia *f*

Blütezeit *f* floración *f;* (*fig*) apogeo *m*

Blutfaktor *m* (MED) factor *m* sanguíneo; **Blutfleck** *m* mancha *f* de sangre; **Blutgefäß** *nt* (ANAT) vaso *m* sanguíneo; **Blutgerinnsel** *nt* (MED) coágulo *m* de sangre; **Blutgerinnung** *f* (MED) coagulación *f* de la sangre; **Blutgruppe** *f* (MED) grupo *m* sanguíneo; **Bluthund** *m* perro *m* de presa

blutig *adj* **1.** (*blutbefleckt*) ensangrentado **2.** (*Kampf*) sangriento **3.** (*verstärkend*) muy, mucho; **ein ~er Anfänger** un novato

blutjung *adj* muy joven

Blutkonserve *f* (MED) conserva *f* de sangre; **Blutkörperchen** *nt* <-s, -> (MED) glóbulo *m* de sangre, hematocito *m;* **Blutkrebs** *m* (MED) leucemia *f;* **Blutkreislauf** *m* (MED) circulación *f* sanguínea; **Blutlache** *f* <-n> charco *m* de sangre; **blutleer** *adj* exangüe, desangrado; **Blutorange** *f* sanguina *f;* **Blutplasma** *nt* (MED) plasma *m* sanguíneo; **Blutplättchen** *nt* <-s, -> (MED) trombocito *m;* **Blutprobe** *f* (MED) prueba *f* de sangre; **Blutrache** *f* vendetta *f;* **blutrot** *adj* rojo vivo

blutrünstig *adj* sangriento

Blutsauger *m* **1.** (*Tier*) sanguijuela *f* **2.** (*abw: Mensch*) sanguijuela *f,* vampiro *m*

Blutsbruder *m* amigo *m* íntimo (*con el que la amistad se selló con sangre*)

Blutschande *f* incesto *m;* **Blutspende** *f* (MED) donación *f* de sangre; **Blutspender(in)** *m(f)* <-s, -; -nen> donante *mf* de sangre; **Blutspur** *f* huella *f* de sangre

blutstillend *adj* hemostático

Blutstropfen *m* (MED) gota *f* de sangre; **blutsverwandt** *adj* consanguíneo; **Blutsverwandte(r)** *mf* pariente *mf* consanguíneo, -a; **Blutsverwandtschaft** *f* <-en> parentesco *m* por consanguinidad

Bluttat *f* acto *m* cruento; (*Mord*) asesinato *m*

Bluttransfusion *f* (MED) transfusión *f* de sangre; **blutüberströmt** *adj* bañado en sangre

Blutung *f* <-en> hemorragia *f;* **die monatliche ~** la menstruación

blutunterlaufen *adj* inyectado en sangre; **Blutuntersuchung** *f* (MED) análisis *m inv* de sangre; **Blutvergießen** *nt ohne Pl* <-s> (*geh*) derramamiento *m* de sangre; **Blutvergiftung** *f* (MED) intoxicación *f* de la sangre; **Blutverlust** *m ohne Pl* <-(e)s> (MED) pérdida *f* de sangre; **Blutwäsche** *f* <-n> (MED) depuración *f* de la sangre; **Blutwurst** *f* (GASTR) morcilla *f*

BLZ (FIN) *Abk. von* **Bankleitzahl** código *m* de identificación bancaria

b-Moll *nt ohne Pl* <-s> (MUS) si *m* bemol menor

Bö *f* <-en> racha *f*

Boa *f* <-s> (*a.* ZOOL) boa *f*

Bob *m* <-s, -s> bob(sleigh) *m*

Bock *m* <-(e)s, Böcke> **1.** (ZOOL) macho *m;* (*Ziegen~*) macho *m* cabrío; **einen ~ schießen** (*fig*) meter la pata **2.** (*fam: Mensch*) tío *m,* tipo *m;* **er ist ein sturer ~** es un tío tozudo **3.** (*fam: Lust*) gana(s) *f(pl)* (*auf* de) **4.** (SPORT) potro *m* **5.** (*Gestell*) caballete *m* **6.** (*Hebe~*) cabria *f;* (AUTO) gato *m* **7.** (*Kutsch~*) pescante *m*

Bockbier *nt* cerveza *f* fuerte

bocken *vi* **1.** (*Kind, Tier*) ponerse terco **2.** (*Motor*) andar a trancas y barrancas

bockig *adj* tozudo, cabezota

Bockshorn *nt ohne Pl* <-s> (*fam*): **jdn ins ~ jagen** intimidar a alguien

Bockspringen *nt ohne Pl* <-s> (SPORT) salto *m* de potro

Bockwurst *f* salchicha *f* cocida

Boden *m* <-s, Böden> **1.** (*Erd~*) tierra *f;*

(*Fuß~*) suelo *m;* (*Gelände*) terreno *m;* **auf italienischem** ~ en territorio italiano; **zu** ~ **fallen** caer al suelo; **an** ~ **gewinnen** ganar terreno; (**wieder**) **festen** ~ **unter den Füßen haben** (*fig*) (volver a) tener el porvenir asegurado; **den** ~ **unter den Füßen verlieren** perder pie; **jdm den** ~ **unter den Füßen wegziehen** privar a alguien de su base existencial; **am** ~ **zerstört sein** estar con el ánimo por los suelos **2.** (*von Gefäß, Meer*) fondo *m* **3.** (*Dach~*) desván *m;* (*Dachwohnung*) ático *m* **4.** (*Grundlage*) base *f,* fundamento *m;* **auf dem** ~ **der Tatsachen stehen** estar con los pies en el suelo **5.** (*eines Regals*) balda *f;* **Bodenbelag** *m* pavimento *m;* **Bodenbelastung** *f* contaminación *f* del suelo; **Bodenerosion** *f* (ÖKOL) erosión *f* del suelo; **Bodenfrost** *m ohne Pl* <-(e)s> helada *f* del suelo; **Bodenhaftung** *f* (AUTO) adherencia *f* de las ruedas al suelo

bodenlos *adj* **1.** (*tief*) sin fondo **2.** (*fam: unerhört*) increíble; **eine** ~**e Frechheit** una desfachatez sin nombre

Bodenpersonal *nt ohne Pl* <-s> (AERO) personal *m* de tierra; **Bodenprobe** *f* (AGR, ÖKOL) prueba *f* del suelo; **Bodenreform** *f* (JUR) reforma *f* agraria; **Bodensatz** *m* <-es, -sätze> poso *m,* sedimento *m;* **Bodenschätze** *mPl* riquezas *fpl* naturales

Bodensee *m* <-s> lago *m* de Constanza

bodenständig *adj* arraigado

Bodenstation *f* (TEL) estación *f* de tierra; **Bodenstreitkräfte** *fPl* (MIL) infantería *f;* **Bodenturnen** *nt ohne Pl* <-s> (SPORT) gimnasia *f* de suelo; **Bodenuntersuchung** *f* (AGR, ÖKOL) examinación *f* de la composición del suelo

Body *m* <-s, -s> (*Kleidungsstück*) body *m*

Bodybuilding *nt ohne Pl* <-s> culturismo *m*

Böe *f* <-n> ráfaga *f,* racha *f*

bog *3. imp von* **biegen**

Bogen *m* <-s, – *südd, Österr:* Bögen> **1.** (*Kurve*) curva *f;* **einen großen** ~ **um jdn/etw machen** (*fam*) evitar a alguien/algo; **er hat den** ~ **raus** (*fam*) ya sabe por dónde van los tiros; **jdn in hohem** ~ **hinauswerfen** (*fam*) mandar a alguien a freír espárragos **2.** (*Sportgerät*) arco *m;* **den** ~ **überspannen** (*fam*) ir demasiado lejos **3.** (ARCHIT, MUS, MATH) arco *m* **4.** (*Blatt Papier*) hoja *f,* pliego *m*

bogenförmig *adj* arqueado

Bogengang *m* <-(e)s, -gänge> (ARCHIT) arcada *f;* **Bogenschießen** *nt ohne Pl* <-s> (SPORT) tiro *m* de arco; **Bogenschütze, -in** *m, f* <-n, -n; -nen> (SPORT) arquero, -a *m, f*

Böhmen *nt* <-s> Bohemia *f*

böhmisch *adj* bohemio; **das sind** ~**e Dörfer für mich** (*fam*) esto me suena a chino

Bohne *f* <-n> **1.** (BOT) judía *f,* poroto *m SAm;* **grüne** ~**n** judías verdes, ejotes *mpl ZAm* **2.** (*Kaffee~*) grano *m* de café; **nicht die** ~**!** (*fam*) ¡ni pizca!; **Bohnenkaffee** *m ohne Pl* <-s> café *m* en grano; **Bohnenstange** *f* rodrigón *m;* **Bohnensuppe** *f* <-n> sopa *f* de alubias

bohnern *vi, vt* encerar

Bohnerwachs *nt* cera *f* para el piso

bohren I. *vt* **1.** (*Loch*) perforar, hacer; (*Brunnen*) (ex)cavar; **ein Loch** ~ hacer un agujero **2.** (*mit Bohrer in Material*) taladrar, barrenar; **in der Nase** ~ meterse el dedo en la nariz; ~**de Zweifel** dudas atormentadoras **II.** *vi* **1.** (*fam: fragen*) insistir **2.** (*Öl, Wasser*) buscar (*nach*) **3.** (*Zahnarzt*) taladrar **III.** *vr:* **sich in etw** ~ penetrar en algo

Bohrer *m* <-s, -> taladro *m,* barrena *f*

Bohrinsel *f* plataforma *f* de sondeo; **Bohrloch** *nt* agujero *m* de perforación; (*für Erdöl*) pozo *m* de sondeo; **Bohrmaschine** *f* taladradora *f;* **Bohrturm** *m* castillete *m* de sondeo

Bohrung *f* <-en> **1.** (*das Bohren*) perforación *f* **2.** (*Bohrloch*) agujero *m* de perforación

böig *adj* racheado

Boiler *m* <-s, -> calentador *m* (de agua), calefón *m Arg*

Boje *f* <-n> (NAUT) boya *f*

Bolero *m* <-s, -s> **1.** (*Tanz*) bolero *m* **2.** (*Jäckchen*) torera *f*

Bolivianer(in) *m(f)* <-s, -; -nen> boliviano, -a *m, f*

bolivianisch *adj* boliviano

Bolivien *nt* <-s> Bolivia *f*

Bollwerk *nt* <-(e)s, -e> **1.** (NAUT) muelle *m* **2.** (*fig: Festung*) baluarte *m*

Bolschewismus *m ohne Pl* <-> bolchevismo *m*

bolschewistisch *adj* bolchevique

Bolzen *m* <-s, -> perno *m,* clavija *f*

Bombardement *nt* <-s, -s *Schweiz:* -e> (MIL) bombardeo *m*

bombardieren* *vt* **1.** (MIL) bombardear **2.** (*fam: überhäufen*) acribillar (*mit* a)

bombastisch *adj* (*abw*) rimbombante

Bombe *f* <-n> bomba *f;* **eine** ~ **legen** poner una bomba; **Bombenangriff** *m* (MIL) bombardeo *m;* **Bombenanschlag** *m* (MIL) atentado *m* con bomba(s); **Bombenerfolg** *m* (*fam*) éxito *m* rotundo; **Bombengeschäft** *nt* <-(e)s, -e> (*fam*) negocio *m* redondo; **bombensicher** *adj* **1.** (TECH) a prueba de bomba; (*fig*) infalible **2.** (*fam*) totalmente seguro; **Bombenstimmung** *f ohne Pl* (*fam*) ambiente *m* fantástico

Bomber *m* <-s, -> (MIL) bombardero *m*

bombig *adj* (*fam*) fantástico, magnífico

Bon *m* <-s, -s> **1.** (*Gutschein*) vale *m* **2.** (*Kassenzettel*) tiquet *m*

Bonbon *m o nt* <-s, -s> caramelo *m*
Bongo *nt* <-(s), -s>, *f* <-s> bongó *m*
Boni *Pl von* **Bonus**
Bonn *nt* <-s> Bonn *m*
Bonner(in) *m(f)* <-s, -; -nen> habitante *mf* de Bonn
Bonsai *m* <-(s), -s> bonsai *m*
Bonus *m* <- *o* Bonusses, – *o* Bonusse *o* Boni> (COM) gratificación *f*
Bonze *m* <-n, -n> (*abw*) cacique *m*
Boom *m* <-s, -s> boom *m*
boomen *vi* (WIRTSCH: *fam: Geschäft*) prosperar; (*Literatur, Mode*) experimentar un auge
Boot *nt* <-(e)s, -e> barca *f;* **wir sitzen alle im gleichen ~** (*fam*) todos tiramos de una cuerda; **Bootsfahrt** *f* viaje *m* en barca; **Bootshaus** *nt* casa *f* guardabotes; **Bootsmann** *m* <-(e)s, -leute> (NAUT) contramaestre *m;* **Bootsverleih** *m* alquiler *m* de barcas
Bor *nt ohne Pl* <-s> (CHEM) boro *m*
Bord[1] *m ohne Pl* <-(e)s> (NAUT) borda *f;* (*äußerlich*) bordo *m;* **an ~** a bordo; **alle Mann an ~!** ¡todos a bordo!; **über ~ gehen** caer por la borda; **von ~ gehen** desembarcar; **an ~ gehen** embarcarse; **alle Bedenken über ~ werfen** olvidarse de todas las dudas
Bord[2] *nt* <-(e)s, -e> **1.** (*Wandbrett*) estante *m* **2.** (*Schweiz: Rand, Böschung*) borde *m*
Bordbuch *nt* libro *m* de a bordo; **Bordcomputer** *m* ordenador *m* de a bordo
Bordell *nt* <-s, -e> burdel *m*
Bordkarte *f* (AERO) tarjeta *f* de embarque; **Bordpersonal** *nt* (AERO) tripulación *f*
Bordstein *m* bordillo *m,* cordón *m CSur*
borgen *vt* **1.** (*ausleihen*) tomar prestado **2.** (*verleihen*) prestar
Borke *f* <-n> (*nordd*) **1.** (*Rinde*) corteza *f* **2.** (*Kruste einer Wunde*) costra *f;* **Borkenkäfer** *m* <-s, -> escarabajo *m* de la corteza
borniert *adj* (*abw*) estrecho de miras
Börse *f* <-n> (FIN) bolsa *f;* **Börsenbericht** *m* (FIN) informe *m* bursátil; **Börsenkrach** *m* (FIN) caída *f* de la bolsa; **Börsenkurs** *m* (FIN) cotización *f* bursátil; **Börsenspekulant(in)** *m(f)* (FIN) especulador(a) *m(f)* de bolsa
Börsianer(in) *m(f)* <-s, -; -nen> (*fam*) bolsista *mf*
Borste *f* <-n> (ZOOL: *künstlich*) cerda *f*
borstig *adj* hirsuto
Borte *f* <-n> ribete *m*
Borwasser *nt* agua *f* boricada
bösartig *adj* **1.** (*Mensch, Tier*) malo, malvado, canijo *Am;* (*Bemerkung*) malicioso **2.** (*Krankheit*) pernicioso; (*Geschwulst*) maligno; (*Fieber, Husten*) fuerte
Böschung *f* <-en> **1.** (*an der Straße*) terraplén *m* **2.** (*Abhang*) declive *m*
böse **I.** *adj* **1.** (*schlecht*) malo; (*Kind*) maleducado **2.** (*unangenehm*) malo; **ein ~s Erwachen geben** una gran desilusión; **das wird ~ Folgen haben** eso tendrá graves consecuencias **3.** (*verärgert*) enfadado (*auf/mit* con), enojado (*auf/mit* con); **im B~n auseinander gehen** separarse por las malas; **ich bin (mit) ihm** [*o* **auf ihn**] **~** estoy enojado con él **II.** *adv* mal; **es wird ~ enden** eso terminará mal; **das sieht ~ aus** eso tiene mal aspecto; **Bösewicht** *m* <-(e)s, -e *o* -er> bribón *m,* malvado *m*
boshaft *adj* malvado
Bosheit *f* <-en> maldad *f,* malicia *f*
Bosnien *nt* <-s> Bosnia *f;* **Bosnien-Herzegowina** *nt* <-s> Bosnia-Herzegovina *f*
Bosnier(in) *m(f)* <-s, -; -nen> bosnio, -a *m, f*
Boss[nn] *m* <-es, -e>, **Boß** *m* <-sses, -sse> jefe *m,* trompa *m CSur: fam*
böswillig **I.** *adj* malévolo **II.** *adv* con mala intención
Böswilligkeit *f* <-en> malevolencia *f*
bot *3. imp von* **bieten**
Botanik *f ohne Pl* botánica *f*
botanisch *adj* botánico
Bote, -in *m, f* <-n, -n; -nen> recadero, -a *m, f;* **Botengang** *m* <-(e)s, -gänge> recado *m*
Botschaft *f* <-en> **1.** (*geh: Nachricht*) mensaje *m* **2.** (POL) embajada *f*
Botschafter(in) *m(f)* <-s, -; -nen> (POL) embajador(a) *m(f)*
Bottich *m* <-(e)s, -e> cuba *f,* tina *f*
Bouillon *f* <-s> (GASTR, MED) caldo *m*
Boulevard *m* <-s, -s> bulevar *m;* **Boulevardpresse** *f ohne Pl* prensa *f* sensacionalista [*o* amarilla]
Bourgeoisie *f* <-n> (*geh*) burguesía *f*
Boutique *f* <-n> boutique *f*
Bowle *f* <-n> (GASTR) ponche *m* (*bebida hecha de vino, champán, azúcar y frutas*)
Bowling *nt ohne Pl* <-s> bowling *m*
Box *f* <-en> **1.** (*für Pferde, Rennwagen*) box *m* **2.** (*Lautsprecher*) bafle *m* **3.** (*Behälter*) caja *f*
boxen **I.** *vi* (SPORT) boxear **II.** *vt* (*schlagen*) pegar **III.** *vr:* **sich gegenseitig ~** boxearse
Boxen *nt ohne Pl* <-s> (SPORT) boxeo *m*
Boxer(in)[1] *m(f)* <-s, -; -nen> (*Sportler*) boxeador(a) *m(f)*
Boxer[2] *m* (*Hund*) bóxer *m*
Boxershorts *Pl,* **Boxer-Shorts** *Pl* shorts *mpl*
Boxhandschuh *m* guante *m* de boxeo; **Boxkampf** *m* combate *m* de boxeo, box *m Am*
Boykott *m* <-(e)s, -e *o* -s> boicot *m*
boykottieren* *vt* boicotear
brach **I.** *3. imp von* **brechen** **II.** *adj* yermo
Brachland *nt ohne Pl* <-(e)s> (AGR) barbecho *m*
brach|liegen *irr vi* **1.** (*Acker*) estar en barbe-

B

cho **2.** (*Talent*) estar desaprovechado

brachte *3. imp von* **bringen**

Brainstorming *nt ohne Pl* <-s> brainstorming *m*

Branche *f* <-n> ramo *m;* **Branchenverzeichnis** *nt* (TEL) páginas *fpl* amarillas

Brand[1] *m* <-(e)s, Brände> (*Feuer*) fuego *m,* incendio *m;* **etw in ~ setzen/stecken** pegar/prender fuego a algo; **in ~ geraten** (empezar a) arder

Brand[2] *m ohne Pl* <-(e)s> **1.** (*fam: Durst*) sed *f* abrasadora **2.** (MED) gangrena *f*

brandaktuell *adj* de gran actualidad; **Brandanschlag** *m* atentado *m* de incendio; **Brandblase** *f* ampolla *f* de quemadura

branden *vi* (*geh: Wellen*) romper (*an/gegen* contra)

Brandenburg *nt* <-s> Brandeburgo *m*

Brandherd *m* foco *m* del incendio; **Brandmal** *nt* <-(e)s, -e *o* -mäler> (*geh*) señal *f* de quemadura; (*bei Zuchtvieh*) marca *f*

brandmarken *vt* denunciar públicamente

brandneu *adj* (*fam*) novísimo, flamante

Brandsatz *m* <-es, -sätze> bomba *f* incendiaria; **Brandschaden** *m* daño *m* causado por un incendio; **Brandschutz** *m* protección *f* contra incendios; **Brandstifter(in)** *m(f)* incendiario, -a *m, f;* **Brandstiftung** *f* incendio *m* provocado

Brandung *f* <-en> oleaje *m*

Brandwunde *f* <-n> quemadura *f*

Brandy *m* <-s, -s> brandi *m*

brannte *3. imp von* **brennen**

Branntwein *m* <-(e)s, -e> aguardiente *m*

Brasilianer(in) *m(f)* <-s, -; -nen> brasileño, -a *m, f*

brasilianisch *adj* brasileño

Brasilien *nt* <-s> Brasil *m*

brät *3. präs von* **braten**

Bratapfel *m* manzana *f* asada

braten <brät, briet, gebraten> *vt* asar; (*in der Pfanne*) freír

Braten *m* <-s, -> asado *m;* **Bratensaft** *m* jugo *m* del asado; **Bratensoße** *f* salsa *f* del asado

Brathähnchen *nt* pollo *m* asado; **Brathering** *m* arenque *m* frito; **Bratkartoffeln** *fPl* *patatas cocidas y después salteadas con cebolla y especias;* **Bratpfanne** *f* <-n> sartén *f;* **Bratrost** *m* <-(e)s, -e> parrilla *f*

Bratsche *f* <-n> (MUS) viola *f*

Bratwurst *f* salchicha *f* frita

Brauch *m* <-(e)s, Bräuche> costumbre *f,* uso *m*

brauchbar *adj* **1.** (*nützlich*) útil **2.** (*geeignet*) apropiado; (*Schüler*) capaz

brauchen *vt* **1.** (*benötigen*) necesitar; (*Zeit*) llevar; **wie lange brauchst du dafür** [*o* **dazu**]**?** ¿cuánto tiempo necesitas para esto? **2.** (*fam: gebrauchen*) utilizar, emplear; **kannst du die Sachen ~?** ¿te sirven estas cosas? **3.** (*verbrauchen*) gastar, consumir **4.** (*müssen*) hacer falta (*zu +inf, dass* que *+subj*), ser necesario (*zu +inf, dass* que *+subj*); **du brauchst nicht gleich zu schreien** no es necesario que te pongas a chillar enseguida; **ich brauche heute nicht zu arbeiten** hoy no tengo que trabajar

Brauchtum *nt* <-s, -tümer> costumbres *fpl*

Braue *f* <-n> ceja *f*

brauen *vt* **1.** (*Bier*) hacer **2.** (*fam: Kaffee*) preparar

Brauer(in) *m(f)* <-s, -; -nen> cervecero, -a *m, f*

Brauerei *f* <-en>, **Brauhaus** *nt* cervecería *f,* fábrica *f* de cerveza

braun *adj* **1.** (*Farbe*) marrón, pancho *Chil;* (*Haare*) castaño; (*Augen*) marrón; (*Teint*) moreno; **~ werden** ponerse moreno **2.** (*abw: nationalsozialistisch*) nazi

Braunbär *m* <-en, -en> oso *m* pardo

Bräune *f ohne Pl* bronceado *m*

bräunen **I.** *vt* **1.** (*Körper*) broncear **2.** (GASTR) dorar **II.** *vr:* **sich ~** (*sich sonnen*) broncearse

Braunkohle *f ohne Pl* lignito *m*

Brause *f* <-n> **1.** (*Dusche*) ducha *f* **2.** (*Limonade*) (limonada *f*) gaseosa *f*

brausen *vi* **1.** (*Wind*) bramar; **~der Beifall** aplauso cerrado **2.** *sein* (*rasen*) ir a toda velocidad

Brausetablette *f* pastilla *f* efervescente

Braut *f* <Bräute> novia *f;* **Brautführer** *m* <-s, -> padrino *m* de bodas

Bräutigam *m* <-s, -e> novio *m*

Brautjungfer *f* <-n> doncella *f* de honor; **Brautkleid** *nt* traje *m* de novia; **Brautpaar** *nt* (*verlobt*) novios *mpl;* (*verheiratet*) pareja *f* de recién casados

brav *adj* **1.** (*Kind, Tier*) bueno; (*gut erzogen*) bien educado **2.** (*Kleidung*) serio; (*fade*) soso

bravo *interj* bravo, bien

Bravour *f ohne Pl,* **Bravur**[RR] *f ohne Pl* **1.** (*Tapferkeit*) bravura *f* **2.** (*Brillanz*) brillantez *f;* **etw mit ~ bestehen** pasar [*o* acabar] algo con brillantez

BRD *f* (POL) *Abk. von* **Bundesrepublik Deutschland** RFA *f*

Breakdance *m ohne Pl* <-(s)> (MUS) breakdance *m*

Brechdurchfall *m* (MED) cólera *m* nostras

Brecheisen *nt* palanqueta *f*

brechen <bricht, brach, gebrochen> **I.** *vi* **1.** *sein* (*zerbrechen*) romperse; **mir bricht das Herz** (*fig*) se me parte el corazón; **auf Biegen und B~** a toda costa **2.** (*Freundschaft*) romper (*mit* con) **3.** (*fam: erbrechen*) vomitar **II.** *vt* **1.** (*durchbre-*

chen) romper, partir; **in Stücke** ~ romper en pedazos; **sich** *dat* **einen Arm/ein Bein** ~ romperse un brazo/una pierna; **den Waffenstillstand** ~ romper el alto el fuego; **das Eis** ~ (*fig*) romper el hielo **2.** (*Widerstand*) romper; (*Rekord*) batir **3.** (*nicht einhalten*) violar, quebrantar; (*Gesetz*) infringir; (*Streik*) boicotear; **die Ehe** ~ cometer adulterio; **sein Wort** ~ faltar a su palabra **4.** (*Wellen*) romper; (*Licht*) refractar **5.** (*geh: Blume*) arrancar **III.** *vr:* **sich** ~ **1.** (*Licht*) refractarse **2.** (*Wellen*) romperse

Brecher *m* <-s, -> cachón *m*, ola *f* grande

Brechmittel *nt* vomitivo *m;* **Brechreiz** *m* náuseas *fpl*

Brechung *f* <-en> **1.** (MED) fractura *f* **2.** (PHYS) refracción *f*

Brei *m* <-(e)s, -e> (*für Kinder*) papilla *f;* (*Kartoffel~*) puré *m;* **jdn zu ~ schlagen** (*fam*) moler a alguien a palos; **um den heißen ~ herumreden** (*fam*) andarse con rodeos

breiig *adj* pastoso

breit *adj* ancho; (*ausgedehnt*) amplio; **etw weit und ~ verkünden** pregonar algo a los cuatro vientos; **der Fluss ist 20 m** ~ el río tiene 20 m de ancho; **die ~e Öffentlichkeit** el gran público; **sich ~ machen** (*sich ausbreiten*) extenderse; (*fam: Platz beanspruchen*) acomodarse; (*sich niederlassen*) instalarse; ~ **sein** (*reg: fam*) estar borracho

breitbeinig *adj* despatarrado

Breite *f* <-n> ancho *m*, anchura *f;* (*Ausdehnung*) extensión *f;* (GEO) latitud *f;* **in voller** ~ extensamente; **in die ~ gehen** (*fam*) engordar; **Breitengrad** *m* (GEO) grado *m* de latitud

breit|machen *vr:* **sich** ~ *s.* **breit**

breitrandig *adj* con borde ancho

breit|schlagen *irr vt* (*fam*) engatusar; **du hast dich schon wieder von ihm ~ lassen** te has vuelto a dejar engatusar por él

breitschult(e)rig *adj* ancho de hombros

breit|treten *irr vt* (*fam: Thema*) tratar detallada y repetidamente; (*Nichtigkeiten*) dar más importancia de lo necesario

Bremer(in) *m(f)* <-s, -; -nen> habitante *mf* de Brema

Bremsbacke *f* (AUTO) zapata *f* de freno

Bremse *f* <-n> **1.** (AUTO) freno *m* **2.** (ZOOL) tábano *m*

bremsen *vi, vt* **1.** (*Fahrzeug*) frenar; **scharf** ~ frenar con fuerza **2.** (*fam: Entwicklung*) refrenar; **er ist nicht zu** ~ no hay quien le pare

Bremsflüssigkeit *f* <-en> (AUTO) líquido *m* de frenos; **Bremsklotz** *m* zapata *f* de freno; **Bremslicht** *nt* luz *f* de freno; **Bremspedal** *nt* pedal *m* de freno; **Bremsspur** *f* huella *f* de frenado

Bremsung *f* <-en> frenado *m*

Bremsweg *m* distancia *f* de frenado

brennbar *adj* combustible; (*leicht entzündbar*) inflamable

Brennelement *nt* elemento *m* combustible

brennen <brennt, brannte, gebrannt> **I.** *vi* **1.** (*Feuer*) arder; (*Material*) quemarse, arder; (*Zigarette, Licht*) estar encendido; **es brennt!** ¡hay un incendio!; **lichterloh** ~ arder en llamas; **wo brennt's denn?** (*fam*) ¿cuál es el problema?; **darauf ~ etw zu tun** morirse por hacer algo **2.** (*Wunde*) arder; (*Augen*) escocer; (*Gewürz*) picar **3.** (*Sonne*) quemar **II.** *vt* **1.** (*Ziegel*) cocer **2.** (*Schnaps*) destilar **3.** (*Kaffee*) tostar

brennend *adj* **1.** (*Holz*) ardiente; (*in Flammen*) en llamas **2.** (*Schmerz*) agudo **3.** (*Frage*) candente; (*Interesse*) vivo; **das interessiert mich** ~ me interesa vivamente

Brenner *m* <-s, -> quemador *m*

Brennerei *f* <-en> destilería *f*

Brennessel *f* <-n> *s.* **Brennnessel**

Brennglas *nt* <-es, -gläser> vidrio *m* ustorio; **Brennholz** *nt ohne Pl* <-es> leña *f;* **Brennmaterial** *nt* combustible(s) *m(pl);* **Brennnessel**[RR] *f* <-n> ortiga *f;* **Brennpunkt** *m* **1.** (PHYS) foco *m* **2.** (*Mittelpunkt*) centro *m*, primer plano *m;* **im ~ stehen** figurar en el primer plano; **Brennspiritus** *m ohne Pl* <-> alcohol *m* para quemar; **Brennstab** *m* (PHYS) barra *f* de combustible nuclear; **Brennstoff** *m* <-(e)s, -e> combustible *m;* **Brennweite** *f* (PHYS, FOTO) distancia *f* focal

brenzlig *adj* (*fam*) crítico, delicado

Bresche *f* <-n> brecha *f;* **eine ~ schlagen** abrir una brecha

Bretagne *f* Bretaña *f*

Bretone, -in *m, f* bretón, -ona *m, f*

bretonisch *adj* bretón

Brett *nt* <-(e)s, -er> **1.** (*aus Holz*) tabla *f;* **schwarzes** ~ cartelera *f;* (*Schaukasten*) tablón de anuncios; **ein ~ vor dem Kopf haben** (*fam*) no ver más allá de sus narices **2.** (*Spiel~*) tablero *m* **3.** *Pl* (*Skier*) esquí(e)s *mpl*

Bretterzaun *m* valla *f*

Brettspiel *nt* juego *m* de tablero

Brezel *f* <-n> *rosquilla salada típica del sur de Alemania*

bricht *3. präs von* **brechen**

Bridge *nt ohne Pl* <-> bridge *m*

Brief *m* <-(e)s, -e> carta *f;* **ein offener/versiegelter** ~ una carta abierta/lacrada; **einen ~ zustellen/aufgeben** entregar/enviar una carta; **Briefbeschwerer** *m* <-s, -> pisapapeles *m inv;* **Briefblock** *m* <-s, -s *o* -blöcke> bloc *m* de cartas; **Briefbogen** *m* pliego *m* de papel de cartas; **Briefbombe** *f* carta *f* bomba, carta-bomba *f;* **Brief-**

freund(in) *m(f)* amigo, -a *m, f* por correspondencia; **Briefgeheimnis** *nt ohne Pl* <-ses> secreto *m* postal

Briefing *nt* <-s, -s> **1.** (MIL) breve conferencia *f* sobre la situación **2.** (*Informationsgespräch*) briefing *m*

Briefkasten *m* buzón *m;* **elektronischer ~** buzón *m* electrónico; **Briefkastenfirma** *f* empresa *f* buzón

Briefkopf *m* membrete *m*

brieflich *adj* por carta, por escrito

Briefmarke *f* sello *m,* estampilla *f Am;* **Briefmarkenautomat** *m* expendedor *m* de sellos de correo; **Briefmarkensammler(in)** *m(f)* filatelista *mf;* **Briefmarkensammlung** *f* colección *f* de sellos de correo [*o* de estampillas]

Brieföffner *m* abrecartas *m inv;* **Briefpapier** *nt* papel *m* de cartas; **Briefroman** *m* novela *f* epistolar; **Brieftasche** *f* cartera *f,* billetera *f ZAm, Arg, Chil;* **Brieftaube** *f* paloma *f* mensajera; **Briefträger(in)** *m(f)* <-s, -; -nen> cartero, -a *m, f;* **Briefumschlag** *m* <-(e)s, -schläge> sobre *m,* cierro *m Chil;* **Briefwaage** *f* pesacartas *m inv;* **Briefwahl** *f* voto *m* por correo; **Briefwechsel** *m* correspondencia *f,* carteo *m;* **in ~ mit jdm stehen** cartearse con alguien

briet *3. imp von* **braten**

Brigade *f* <-n> (MIL) brigada *f*

Brikett *nt* <-s, -s> briqueta *f*

brillant *adj* excelente, magnífico

Brillant *m* <-en, -en> brillante *m*

Brillantine *f* <-n> brillantina *f*

Brillanz *f ohne Pl* brillantez *f*

Brille *f* <-n> (*Augenglas*) gafas *fpl,* anteojos *mpl Am;* **etw durch eine rosarote/schwarze ~ sehen** ver algo de color de rosa/negro; **Brillenetui** *nt* estuche *m* para gafas; **Brillengestell** *nt* montura *f* de las gafas; **Brillenglas** *nt* <-es, -gläser> cristal *m* de gafas; **Brillenschlange** *f* **1.** (ZOOL) cobra *f* **2.** (*fam abw: Brillenträger*) cuatrojos *mf inv;* **Brillenträger(in)** *m(f)* <-s, -; -nen> persona *f* que lleva gafas

bringen <bringt, brachte, gebracht> *vt* **1.** (*herbringen*) traer; (*hinbringen*) llevar; (*befördern*) transportar; (*begleiten*) acompañar; **das Essen auf den Tisch ~** poner la comida en la mesa; **etw in Ordnung ~** poner algo en orden; **jdn vor Gericht ~** llevar a alguien a juicio; **Ärger ~** traer problemas; **Glück ~** traer buena suerte; **jdn in Verlegenheit ~** poner a alguien en un apuro; **etw an den Tag ~** revelar algo; **jdm etw nahe ~** despertar el interés de alguien por algo; **jdn auf die Palme ~** (*fam*) enfurecer a alguien; **jdn auf Touren ~** acuciar a alguien; **jdn aus dem Konzept ~** confundir a alguien; **etw zur Sprache ~** hablar de algo; **etw zu Papier ~** anotar algo; **etw auf den Markt ~** lanzar algo al mercado; **ein Kind zur Welt ~** dar a luz un niño; **es zu etwas ~** hacer carrera; **etw an sich ~** apoderarse de algo; **etw mit sich ~** traer algo consigo; **etw hinter sich ~** conseguir terminar algo; **sie wollen sie unbedingt unter die Haube ~** la quieren casar a toda costa; **seine Schäfchen ins Trockene ~** (*fig*) llevar el agua a su molino; **jdn um die Ecke ~** (*fam*) cargarse a alguien **2.** (*Ertrag, Gewinn*) rendir; **das bringt's!** (*fam*) ¡esto es!; **was bringt das?** ¿qué se consigue con esto?; **das bringt doch überhaupt nichts!** esto no conduce a nada **3.** (*fam: veröffentlichen*) traer, publicar; (*Wetterbericht, Nachrichten*) emitir **4.** (*wegnehmen*) quitar (*um*); **jdn ums Leben ~** matar a alguien; **jdn um den Verstand** volver loco a alguien **5.** (*bekommen*) conseguir (*zu +inf*); **jdn zum Lachen ~** hacer reír a alguien; **etw nicht übers Herz ~** no ser capaz de hacer algo; **du bringst mich nicht dazu, das zu tun** no vas a conseguir que lo haga

brisant *adj* explosivo; **ein ~es Thema** un tema explosivo

Brisanz[1] *f ohne Pl* (*Aktualität*) actualidad *f*

Brisanz[2] *f* <-en> (*Sprengkraft*) fuerza *f* explosiva

Brise *f* <-n> brisa *f*

Britannien *nt* <-s> Gran Bretaña *f*

Brite, -in *m, f* <-n, -n; -nen> británico, -a *m, f*

britisch *adj* británico

bröckelig *adj* quebradizo, deleznable

bröckeln *vi sein* (*Steine*) desmoronarse; (*Putz, Lehm*) desmoronar; (*Brot*) desmigajarse

Brocken *m* <-s, -> trozo *m,* pedazo *m;* **ein paar ~ Spanisch verstehen** entender un poco de español; **die Prüfung ist ein harter ~ für ihn** el examen es muy duro para él

bröcklig *adj s.* **bröckelig**

brodeln *vi* **1.** (*Wasser*) hervir a borbotones **2.** (*Österr: fam: trödeln*) obrar con cachaza

Brokat *m* <-(e)s, -e> brocado *m*

Broker(in) *m(f)* <-s, -; -nen> (FIN) broker *mf*

Brokkoli *Pl* brécol *m,* bróculi *m*

Brom *nt ohne Pl* <-s> (CHEM) bromo *m*

Brombeere *f* <-n> (zarza)mora *f*

Brombeerstrauch *m* <-(e)s, -sträucher> zarzal *m*

Bronchialkatarr(h)[RR] *m* <-s, -e> (MED) catarro *m* bronquial

Bronchie *f* <-n> (ANAT) bronquio *m*

Bronchitis *f* <Bronchitiden> (MED) bronquitis *f inv*

Bronze *f* <-n> bronce *m*

B

bronzefarben adj bronceado
Bronzemedaille f (SPORT) medalla f de bronce
bronzen adj de bronce
Bronzezeit f ohne Pl Edad f del Bronce
Brosche f <-n> broche m
Broschüre f <-n> folleto m
Brösel m <-s, -> miga f
Brot nt <-(e)s, -e> pan m; ein Laib ~ un pan; sich dat sein ~ verdienen ganarse el pan; **Brotbelag** m ohne Pl <-(e)s> fiambre, queso, chocolate… para poner en el pan
Brötchen nt <-s, -> panecillo m; belegte ~ bocadillos mpl; kleine ~ backen (fig) conformarse con poco; **Brötchengeber(in)** m(f) <-s, -; -nen> (fam) patrono, -a m, f
Broteinheit f (MED) unidad f alimenticia
Brotkasten m panera f; **Brotkorb** m cesta f del pan; **Brotkrume** f, **Brotkrümel** m miga f de pan, borona f Am
brotlos adj: eine ~e Kunst una profesión poco lucrativa
Brotmesser nt cuchillo m del pan; **Brotrinde** f corteza f de pan; **Brotschneidemaschine** f <-n> máquina f de cortar pan; **Brotzeit** f (reg) hora m del bocadillo; ~ machen hacer una pausa para comer un bocadillo
Browser m <-s, -> (INFOR, TEL) browser m, explorador m, buscador m
Bruch m <-(e)s, Brüche> 1. (das Zerbrechen) rotura f, fractura f; zu ~ gehen hacerse añicos; ihre Ehe ging in die Brüche su matrimonio fracasó 2. (Zerbrochenes) despojos mpl 3. (MED: Knochen) fractura f; (Eingeweide) hernia f; sich dat einen ~ heben herniarse, quebrarse 4. (MATH) fracción f 5. (eines Verhältnisses, Vertrages) ruptura f; (Gesetz) infracción f; (Eid) perjurio m; (Vertrauen) indiscreción f, abuso m de confianza; **Bruchbude** f (fam abw) ruina f; **bruchfest** adj irrompible
brüchig adj 1. (Gestein) quebradizo; (Glas) frágil 2. (Stoff, Stimme) cascado
Bruchlandung f aterrizaje m forzoso
Bruchrechnen nt ohne Pl <-s> (MATH) cálculo m de fracciones
Bruchstück nt fragmento m, trozo m
bruchstückhaft adj fragmentario
Bruchteil m <-(e)s, -e> fracción f; im ~ einer Sekunde en una fracción de segundo; **Bruchzahl** f (MATH) número m fraccionario
Brücke f <-n> 1. (ARCHIT, MED, SPORT, NAUT) puente m; alle ~n hinter sich abbrechen (fig) quemar las naves 2. (Teppich) alfombra f corta; **Brückenbau** m ohne Pl <-s> construcción f de puentes; **Brückenpfeiler** m pilar m de puente
Bruder m <-s, Brüder> 1. (Verwandter) hermano m; mein großer/kleiner ~ mi hermano mayor/menor 2. (Ordens~) fraile m; (vor dem Namen) fray m 3. (fam abw: Kerl) tipo m; **Bruderkrieg** m guerra f entre hermanos
brüderlich adj fraterno, fraternal
Brüderlichkeit f ohne Pl hermandad f
Brudermord m fratricidio m
Bruderschaft f <-en> hermandad f; (REL) congregación f
Brüderschaft f ohne Pl relación f amistosa; mit jdm ~ trinken ofrecerle el tuteo a alguien (tomando una copa)
Brühe f <-n> 1. (GASTR) caldo m 2. (abw: Schmutzwasser) agua f sucia
brühen vt (GASTR) escaldar
brühwarm adj: jdm eine Nachricht ~ weitererzählen (fam) ir con la noticia fresca a alguien; **Brühwürfel** m pastilla f para caldo, cubito m de caldo
brüllen vi 1. (Stier) bramar; (Raubtier) rugir; (Kalb) berrear 2. (Mensch) gritar, vociferar
Brummbär m <-en, -en> (fam) gruñón m
brummen I. vi 1. (Bär, Mensch) gruñir; (Fliege, Motor) zumbar; mir brummt der Schädel tengo la cabeza como un bombo 2. (fam: in Haft sein) estar en chirona II. vt refunfuñar
Brummer m <-s, -> (fam) 1. (Fliege) moscardón m 2. (LKW) camión m pesado
Brummschädel m <-s, -> (fam) dolor m de cabeza
Brunch m <-(e)s, -(e)s o -e> brunch m (combinación entre desayuno y almuerzo)
brünett adj (Mensch) moreno, morocho CSur
Brunnen m <-s, -> 1. (Schöpf~) pozo m, cachimba f Urug 2. (Spring~) fuente f 3. (Heilquelle) fuente f; **Brunnenschacht** m pozo m
Brunst f <Brünste> (época f de) celo m
brünstig adj en celo, alunado CRi
brüsk adj brusco; (unhöflich) descortés
brüskieren* vt ofender, tratar con brusquedad
Brüssel nt <-s> Bruselas f
Brüss(e)ler[RR] adj inv bruselense; ~ Spitzen encajes de Bruselas
Brust f <Brüste> pecho m; (Busen) seno m, casco m Peru; (Geflügel~) pechuga f; mit (vor Stolz) geschwellter ~ lleno de orgullo; jdn an die ~ drücken estrechar a alguien contra el pecho; aus voller ~ singen cantar a pleno pulmón; dem Säugling die ~ geben dar el pecho al bebé; **Brustbein** nt (ANAT) esternón m; **Brustbeutel** m monedero colgado del cuello
brüsten vr: sich ~ (abw) presumir (mit de)
Brustfell nt (ANAT) pleura f; **Brustkasten** m (ANAT) tórax m inv; **Brustkorb** m (ANAT) tó-

rax *m inv;* **Brustkrebs** *m* cáncer *m* de mama; **Brustmuskel** *m* (ANAT) músculo *m* pectoral; **Brustschwimmen** *nt ohne Pl* <-s> (SPORT) estilo *m* braza; **Brusttasche** *f* bolsillo *m* interior; **Brustumfang** *m* ancho *m* del pecho

Brüstung *f* <-en> **1.** (*Balkon~*) pretil *m* **2.** (*Fenster~*) antepecho *m*

Brustwarze *f* (*bei Frauen*) pezón *m;* (*bei Männern*) tetilla *f*

Brut[1] *f* <-en> **1.** (*das Brüten*) incubación *f* **2.** (*Vogeljunge*) nidada *f;* (*Fische*) freza *f*

Brut[2] *f ohne Pl* (*abw: Gesindel*) gentuza *f*

brutal *adj* brutal

Brutalität *f* <-en> brutalidad *f*

Brutapparat *m* (AGR, MED) incubadora *f*

brüten *vi* **1.** (*Vögel*) empollar **2.** (*geh: Sonne*) quemar; **~de Hitze** calor aplastante **3.** (*nachgrübeln*) meditar (*über* sobre), reflexionar (*über* sobre)

brütendheiß *adj s.* **heiß 1.**

Brüter *m* <-s, -> (PHYS) reactor *m* (reproductor); **schneller ~** reactor rápido

Brutkasten *m* (MED) incubadora *f;* **Brutstätte** *f* lugar *m* de incubación

brutto *adv* bruto; **Bruttoeinkommen** *nt* (WIRTSCH) ingresos *mpl* brutos; **Bruttogehalt** *nt* <-(e)s, -hälter> (WIRTSCH) sueldo *m* bruto; **Bruttogewinn** *m* <-(e)s, -e> (WIRTSCH) ganancia *f* bruta; **Bruttoinlandsprodukt** *nt* (WIRTSCH) producto *m* interior bruto; **Bruttolohn** *m* (WIRTSCH) salario *m* bruto; **Bruttosozialprodukt** *nt* (WIRTSCH) producto *m* nacional bruto

brutzeln **I.** *vi* freírse **II.** *vt* (*fam*) freír

BSE *Abk. von* **Bovine Spongiforme Encephalopathie** (**Rinderwahnsinn**) encefalopatía *f* bovina

BSP *nt ohne Pl* <-> (WIRTSCH) *Abk. von* **Bruttosozialprodukt** PNB *m*

bt (INFOR) *Abk. von* **Bit** bit *m*

btto *Abk. von* **brutto** bruto

Btx *nt ohne Pl* <-> (TEL, INFOR) *Abk. von* **Bildschirmtext** videotexto *m*

Bub *m* <-en, -en> (*südd, Österr, Schweiz*) niño *m,* chico *m*

Bube *m* <-n, -n> (*Spielkarte*) sota *f*

Bubenstreich *m* chiquillada *f*

Buch *nt* <-(e)s, Bücher> **1.** (LIT) libro *m;* (*Dreh~*) guión *m;* **ein Gentleman wie er im ~e steht** un caballero como Dios manda; **er ist ein ~ mit sieben Siegeln für mich** es un enigma para mí; **das ~ der Bücher** la Biblia; **er redet wie ein ~** (*fam*) habla como un libro; **das Goldene ~ der Stadt** el libro de oro de la ciudad **2.** (FIN) libro(s) *m(pl);* **über etw ~ führen** llevar la contabilidad de algo; **etw schlägt zu ~e** (*fig*) algo tiene consecuencias; **Buchbinder(in)** *m(f)* <-s, -; -nen> encuadernador(a) *m(f),* empastador(a) *m(f) Am;* **Buchbinderei** *f* <-en> taller *m* de encuadernación; **Buchdruck** *m ohne Pl* <-(e)s> tipografía *f;* **Buchdrucker(in)** *m(f)* <-s, -; -nen> tipógrafo, -a *m, f*

Buche *f* <-n> haya *f*

Buchecker *f* <-n> hayuco *m*

buchen *vt* **1.** (*Reise, Platz*) reservar **2.** (COM) contabilizar **3.** (*fig*): **das kannst du als Erfolg für dich ~** puedes apuntarte un tanto

Buchenholz *nt* <-es, -hölzer> (madera *f* de) haya *f*

Bücherbrett *nt* estante *m*

Bücherei *f* <-en> biblioteca *f*

Bücherregal *nt* estantería *f* de libros; **Bücherschrank** *m* biblioteca *f;* **Büchersendung** *f* envío *m* de libros; **Bücherwurm** *m* (*fam*) ratón *m* de biblioteca

Buchfink *m* pinzón *m*

Buchführung *f* <-en> (COM) contabilidad *f*

Buchhalter(in) *m(f)* <-s, -; -nen> (COM) contable *mf*

buchhalterisch *adj* (COM) relativo a la contabilidad

Buchhaltung *f ohne Pl* (COM) contabilidad *f*

Buchhandel *m* librería(s) *f(pl);* **im ~ erhältlich** de venta en librerías; **Buchhändler(in)** *m(f)* librero, -a *m, f;* **Buchhandlung** *f* librería *f*

Buchmacher(in) *m(f)* <-s, -; -nen> corredor(a) *m(f)* de apuestas

Buchmesse *f* feria *f* del libro; **Buchprüfer(in)** *m(f)* revisor(a) *m(f)* de cuentas; **Buchprüfung** *f* revisión *f* de cuentas

Buchsbaum *m* <-(e)s, -bäume> boj *m*

Buchse *f* <-n> **1.** (TECH) cojinete *m* **2.** (ELEK) enchufe *m*

Büchse *f* <-n> **1.** (*Behälter*) bote *m* **2.** (*Konservendose*) lata *f* **3.** (*fam: Sammel~*) hucha *f* **4.** (*Gewehr*) escopeta *f;* **Büchsenmilch** *f* leche *f* condensada; **Büchsenöffner** *m* abrelatas *m inv*

Buchstabe *m* <-n, -n> letra *f;* **nach dem ~n des Gesetzes** según lo que dice la ley; **buchstabengetreu** *adj* al pie de la letra

buchstabieren* *vi, vt* deletrear

buchstäblich *adj* literal, textual; **ich war ~ in Schweiß gebadet** estaba literalmente empapado en sudor

Buchstütze *f* atril *m*

Bucht *f* <-en> (GEO) bahía *f;* (*Meeresbusen*) golfo *m*

Buchung *f* <-en> **1.** (FIN) asiento *m* **2.** (*Reservierung*) reserva *f*

Buchweizen *m ohne Pl* <-s> alforfón *m*

Buckel *m* <-s, -> **1.** (*fam: Rücken*) espalda *f,* chepa *f fam;* **er kann mir den ~ runterrutschen** (*fam fig*) se puede ir a freír espárragos; **seine 80 Jahre auf dem ~ haben** (*fam fig*) tener 80 años a cuestas **2.** (ANAT)

joroba *f*

buckelig *adj* (*Mensch*) jorobado, cheposo *fam*

Buckelige(r) *mf* <-n, -n; -n> jorobado, -a *m, f*

buckeln *vi* (*fam*) **1.** (*Katze*) encorvarse **2.** (*abw: unterwürfig sein*) someterse (*vor* a); (*fig*) humillarse (*vor* ante)

bücken *vr:* **sich ~** (*nach unten*) agacharse; (*nach vorne*) inclinarse; **sich nach etw ~** agacharse para recoger algo

bucklig *adj s.* **buckelig**

Bucklige(r) *mf* <-n, -n; -n> *s.* **Buckelige(r)**

Bückling *m* <-s, -e> **1.** (*Fisch*) arenque *m* ahumado **2.** (*fam: Verbeugung*) reverencia *f*

Budapest *nt* <-s> Budapest *m*

buddeln *vt* (*fam*) cavar

Buddhismus *m ohne Pl* <-> budismo *m*

Buddhist(in) *m(f)* <-en, -en; -nen> budista *mf*

buddhistisch *adj* budista

Bude *f* <-n> **1.** (*Kiosk*) chiringuito *m*, trucha *f ZAm* **2.** (*fam abw: Laden*) tenducho *m* **3.** (*fam: Zimmer*) habitación *f*, cuarto *m;* **Leben in die ~ bringen** (*fam*) animar el ambiente

Budget *nt* <-s, -s> (POL, COM) presupuesto *m*

budgetieren* *vi, vt* (POL, COM) elaborar un presupuesto

Büfett *nt* <-(e)s, -e *o* -s> **1.** (*Anrichte*) bufet *m;* **kaltes ~** bufet frío **2.** (*Theke*) mostrador *m*

Büffel *m* <-s, -> búfalo *m*

büffeln *vi, vt* (*fam*) empollar, chapar

Buffett *nt* <-s, -s>, **Büffett** *nt* <-s, -s> (*Österr, Schweiz*) *s.* **Büfett**

Bug[1] *m* <-(e)s, -e> **1.** (NAUT) proa *f* **2.** (AERO) morro *m*

Bug[2] *m* <-s, -s> (INFOR) defecto *m*

Bügel *m* <-s, -> **1.** (*Kleider~*) percha *f* **2.** (*Griff*) manija *f*, asa *f* **3.** (*Brillen~*) patilla *f* **4.** (*Steig~*) estribo *m* **5.** (*Geldbörse, Reisetasche*) estribo *m* **6.** (*Gewehr*) fiador *m* **7.** (*am Schlepplift*) estribo *m*

Bügelbrett *nt* tabla *f* de planchar; **Bügeleisen** *nt* plancha *f*; **Bügelfalte** *f* <-n> raya *f* del pantalón

bügelfrei *adj* no necesita plancha

bügeln *vi, vt:* (**glatt**) **~** planchar

buh *interj* fuera

buhen *vi* (*fam*) abuchear

buhlen *vi* (*geh abw*) luchar (*um* por)

Buhmann *m* (*fam*) oveja *f* negra

Bühne *f* <-n> **1.** (THEAT) escenario *m;* **etw über die ~ bringen** (*fam*) llevar algo a cabo; **etw geht gut über die ~** (*fam*) algo se resuelve sin problemas **2.** (*Schauspielhaus*) teatro *m* **3.** (*Hebe~*) plataforma *f* elevadora; **Bühnenbearbeitung** *f* adaptación *f* a la escena; **Bühnenbild** *nt* decorado *m*, escenografía *f*; **Bühnenbildner(in)** *m(f)* <-s, -; -nen> escenógrafo, -a *m, f*; **bühnenreif** *adj* maduro para ser puesto en escena; **dein Auftritt war wirklich ~** (*iron*) tu actuación ha sido realmente digna de ser puesta en escena; **Bühnenstück** *nt* pieza *f* de teatro; **bühnenwirksam** *adj* con gran efecto teatral

Buhruf *m* <-(e)s, -e> abucheo *m*

Bukarest *nt* <-s> Bucarest *m*

Bukett *nt* <-(e)s, -e *o* -s> **1.** (*geh: Blumenstrauß*) ramo *m* **2.** (*von Wein*) bouquet *m*

Bulette *f* <-n> (*reg*) albóndiga *f*

Bulgare, -in *m, f* <-n, -n; -nen> búlgaro, -a *m, f*

Bulgarien *nt* <-s> Bulgaria *f*

bulgarisch *adj* búlgaro

Bullauge *nt* <-s, -n> (NAUT) portilla *f*

Bulldogge *f* <-n> (ZOOL) bulldog *m*, perrón *m* de presa

Bulldozer *m* <-s, -> bulldozer *m*

Bulle *m* <-n, -n> **1.** (*Rind*) toro *m* **2.** (*fam abw: Mann*) tiarrón *m* **3.** (*fam abw: Polizist*) madero *m*

bullenstark *adj* (*fam*) súper

Bullerei *f ohne Pl* (*fam abw: Polizei*) maderos *mpl*, poli *f*

Bulletin *nt* <-s, -s> boletín *m*

Bumerang *m* <-s, -s *o* -e> bumerán *m*

Bummel *m* <-s, -> (*fam*) vuelta *f*; **einen kleinen ~ durch die Stadt machen** dar una vuelta por la ciudad

Bummelei *f* <-en> (*fam*) **1.** (*Trödelei*) lentitud *f* **2.** (*Faulenzerei*) holgazanería *f*

bummeln *vi* **1.** *sein* (*fam: spazieren gehen*) dar una vuelta, remoler *Chil, Peru* **2.** (*fam abw: trödeln*) remolonear

Bummelstreik *m* huelga *f* de celo; **Bummelzug** *m* <-(e)s, -züge> (*fam*) *tren que para en todas las estaciones*

bums *interj* zas, cataplún

bumsen *vi* **1.** *sein* (*anprallen*) darse (*gegen* contra) **2.** (*schlagen, klopfen*) dar (*gegen* contra) **3.** (*dumpf dröhnen*): **an der Ecke hat es gebumst** (*fam*) hubo un accidente en la esquina **4.** (*vulg: Geschlechtsverkehr haben*) follar, coger *Am*

Bund[1] *m* <-(e)s, Bünde> **1.** (*Vereinigung*) unión *f*; (*Pakt*) alianza *f*; **den ~ fürs Leben schließen** (*geh*) casarse; **mit jdm im ~e sein** estar aliado con alguien **2.** (*an Hosen*) pretina *f*

Bund[2] *m* <-(e)s, -e> (*Karotten*) manojo *m*

Bund[3] *m ohne Pl* <-(e)s> **1.** (POL) Estado *m* federal, confederación *f*; **~ und Länder** el Estado federal y los Länder **2.** (*fam: Bundeswehr*) mili *f*

BUND *m ohne Pl* <-> (ÖKOL) *Abk. von* **Bund für Umwelt und Naturschutz Deutsch-**

land Liga *f* Alemana para la Protección del Medio Ambiente y de la Naturaleza

Bündchen *nt* <-s, -> (*Ärmel*) puño *m;* (*Halsausschnitt*) cuello *m*

Bündel *nt* <-s, -> **1.** (*Packen*) lío *m;* (*Ballen*) fardo *m;* (*von Holz, Stroh*) haz *m;* **ein ~ an Maßnahmen** un paquete de medidas; **jeder hat sein ~ zu tragen** cada uno tiene que cargar con lo suyo **2.** (*von Akten*) legajo *m* **3.** (*Geldscheine*) fajo *m*

bündeln *vt* **1.** (*zusammenschnüren*) hacer fardos (de); (*Stroh*) agavillar **2.** (*Strahlen*) enfocar

Bundesanstalt *f* instituto *m* federal; **die ~ für Arbeit** el instituto federal (para mediación) del trabajo; **Bundesausbildungsförderungsgesetz** *nt* (JUR) Ley *f* Federal de Promoción de la Enseñanza (*crédito oficial a estudiantes para sufragar los estudios*); **Bundesbahn** *f* (EISENB) Ferrocarriles *mpl* Federales; **Bundesbank** *f ohne Pl* (ADMIN, FIN) Banco *m* Federal; **Bundesbehörde** *f* (ADMIN) autoridad *f* federal; **Bundesbürger(in)** *m(f)* ciudadano, -a *m, f* de la República Federal de Alemania; **Bundesgebiet** *nt ohne Pl* <-(e)s> territorio *m* federal; **Bundesgenosse** *m* <-n, -n> (POL) confederado *m,* aliado *m*

Bundesgericht *nt* (*Schweiz:* ADMIN, JUR) Tribunal *m* de la Confederación Helvética; **Bundesgerichtshof** *m ohne Pl* <-(e)s> (ADMIN, JUR) Tribunal *m* Federal Supremo

Bundesgesetzblatt *nt* (ADMIN, JUR) Boletín *m* Oficial del Estado; **Bundesgrenzschutz** *m* (ADMIN) policía *f* de fronteras de la República Federal de Alemania; **Bundeshauptstadt** *f* (ADMIN) capital *f* federal; **Bundesinnenminister(in)** *m(f)* (ADMIN) ministro, -a *m, f* de asuntos interiores

Bundeskanzler(in) *m(f)* (ADMIN) canciller *mf* federal; **Bundeskanzleramt** *nt ohne Pl* <-(e)s> (ADMIN) Cancillería *f* Federal

Bundeskartellamt *nt* (ADMIN) servicio *m* federal de defensa de la competencia; **Bundesland** *nt* <-(e)s, -länder> (ADMIN) estado *m* federal, land *m;* **Bundesliga** *f* (SPORT) primera división *f;* **Bundesminister(in)** *m(f)* (ADMIN) ministro, -a *m, f* federal; **Bundesministerium** *nt* (ADMIN) ministerio *m* federal; **Bundespost** *f* Correos *mpl* Federales; **Bundespräsident(in)** *m(f)* (ADMIN) **1.** (*in Deutschland*) Presidente, -a *m, f* de la República Federal de Alemania; (*in Österreich*) Presidente, -a *m, f* de la República **2.** (*Vorsitzender des Bundesrates in der Schweiz*) Presidente, -a *m, f* de la Confederación; **Bundesrat** *m ohne Pl* <-(e)s> (ADMIN) **1.** (*in Deutschland*) Bundesrat *m,* Cámara *f* Alta de la República Federal; (*in Österreich*) Cámara *f* de Representantes **2.** (*zentrale Regierung in der Schweiz*) Consejo *m* Federal; **Bundesregierung** *f* (ADMIN) gobierno *m* federal; **Bundesrepublik** *f ohne Pl* (ADMIN): **~ Deutschland** República Federal de Alemania; **Bundesstaat** *m* (ADMIN) **1.** (*Mitgliedsstaat in einem Bund*) estado *m* (con)federado [*o* federal] **2.** (*Staatenbund*) confederación *f;* **Bundesstraße** *f* carretera *f* federal; (*in Spanien*) ≈carretera *f* nacional

Bundestag *m ohne Pl* <-(e)s> (ADMIN) Cámara *f* Baja del Parlamento alemán, Bundestag *m;* **Bundestagswahl** *f* (ADMIN) elección *f* al Parlamento alemán

Bundestrainer(in) *m(f)* <-s, -; -nen> (SPORT) entrenador(a) *m(f)* de la selección nacional; **Bundesverdienstkreuz** *nt* <-(e)s, -e> (ADMIN) Cruz *f* Federal del Mérito; **Bundesverfassungsgericht** *nt ohne Pl* <-(e)s> (ADMIN, JUR) Tribunal *m* Constitucional Federal; **Bundesversammlung** *f ohne Pl* (ADMIN) Asamblea *f* Federal; **Bundeswehr** *f ohne Pl* (MIL) ejército *m* de la República Federal de Alemania; **bundesweit** *adj* en todo el territorio federal

Bundfaltenhose *f* pantalón *m* de pinzas

bündig *adj* **1.** (*kurz*) conciso; (*bestimmt*) preciso; **kurz und ~** sin rodeos **2.** (*überzeugend*) convincente

Bündnis *nt* <-ses, -se> (POL) alianza *f*

Bungalow *m* <-s, -s> bungalow *m,* bóngalo *m Am*

Bungee-Springen *nt ohne Pl* <-s> salto *m* elástico

Bunker *m* <-s, -> búnker *m*

bunkern *vt* almacenar

bunt *adj* **1.** (*mehrfarbig*) de varios colores; **~ kariert** de cuadros multicolores; **er ist bekannt wie ein ~er Hund** (*fam*) está más visto que el tebeo **2.** (*abwechslungsreich*): **~ gemischt** variado; **eine ~e Menge** una multitud abigarrada; **das wird ein ~er Abend** será una noche muy variada; **ein ~es Durcheinander** una mezcla **3.** (*wirr*) desordenado; **jetzt wird's mir aber zu ~!** (*fam*) ¡eso pasa de castaño oscuro!; **buntgemischt** *adj s.* **bunt 2.**; **buntkariert** *adj s.* **bunt 1.**

Buntsandstein *m ohne Pl* <-(e)s> (GEO) arenisca *f* abigarrada

Buntspecht *m* pico *m* picapinos; **Buntstift** *m* <-(e)s, -e> lápiz *m* de color; **Buntwäsche** *f ohne Pl* ropa *f* de color

Bürde *f* <-n> (*geh*) carga *f*

Burg *f* <-en> castillo *m*

Bürge, -in *m, f* <-n, -n; -nen> fiador(a) *m(f)*

bürgen *vi* garantizar, avalar; **ich bürge für ihn** respondo de él

Bürger(in) *m(f)* <-s, -; -nen> **1.** (*Staats~*)

ciudadano, -a *m, f* **2.** (*Einwohner*) habitante *mf* **3.** (*Bourgeois*) burgués, -esa *m, f*; **Bürgerinitiative** *f* iniciativa *f* ciudadana; **Bürgerkrieg** *m* guerra *f* civil

bürgerlich *adj* **1.** (*Schicht, Einstellung*) burgués **2.** (JUR) civil; **das B~e Gesetzbuch** el Código Civil

Bürgermeister(in) *m(f)* alcalde(sa) *m(f)*, regente *mf Mex;* **bürgernah** *adj* cerca del pueblo; **Bürgernähe** *f* proximidad *f* al pueblo; **Bürgerrecht** *nt* <-(e)s, -e> derecho *m* civil; **Bürgerrechtler(in)** *m(f)* <-s, -; -nen> defensor(a) *m(f)* de los derechos humanos y civiles

Bürgerrechtsbewegung *f* movimiento *m* por los derechos civiles

Bürgerschaft *f ohne Pl* ciudadanía *f*; (*Bevölkerung*) población *f*; **Bürgersteig** *m* <-(e)s, -e> acera *f*, vereda *f Am*

Bürgertum *nt ohne Pl* <-(e)s> burguesía *f*

Bürgerversammlung *f* <-en> (ADMIN) reunión *f* vecinal

Burgruine *f* <-n> castillo *m* en ruinas

Bürgschaft *f* <-en> **1.** (JUR) aval *m*, garantía *f*; **für jdn eine ~ leisten** hacerse garante de alguien **2.** (*Betrag*) fianza *f*

Burgund *nt* <-s> Borgoña *f*

burgundisch *adj* borgoñón

burlesk *adj* burlesco, jocoso

Büro *nt* <-s, -s> oficina *f*, archivo *m Kol;* **Büroangestellte(r)** *mf* empleado, -a *m, f* de oficina, oficinista *mf;* **Büroarbeit** *f* trabajo *m* de oficina; **Bürobedarf** *m* material *m* de oficina; **Bürohaus** *nt* edificio *m* de oficinas; **Bürokauffrau** *f* administrativa *f*; **Bürokaufmann** *m* <-(e)s, -männer> administrativo *m;* **Büroklammer** *f* sujetapapeles *m inv*, ataché *m ZAm*

Bürokrat(in) *m(f)* <-en, -en; -nen> (*abw*) burócrata *mf*

Bürokratie *f ohne Pl* burocracia *f*, oficialismo *m Arg*

bürokratisch *adj* burocrático, oficialista *Am*

Bürostunden *fPl* horas *fpl* de despacho

Bursche *m* <-n, -n> chico *m*, chaval *m*

Burschenschaft *f* <-en> (*Studentenverbindung*) asociación *f* de estudiantes

burschikos *adj* (*Person*) campechano; (*ungezwungen*) desenvuelto

Bürste *f* <-n> cepillo *m*

bürsten *vt* cepillar; **sich** *dat* **die Haare ~** cepillarse el pelo

Bus *m* <-ses, -se> **1.** (*Fahrzeug*) bus *m*, guagua *f Cuba, PRico* **2.** (INFOR) conductor *m* común; **Busbahnhof** *m* estación *f* de autobuses

Busch *m* <-(e)s, Büsche> **1.** (*Strauch*) arbusto *m*, mata *f*; **hier ist etwas im ~** (*fam*) aquí hay gato encerrado; **sich in die Büsche schlagen** (*fam*) desaparecer a la chita callando; **mit etw hinterm ~ halten** (*fam*) callar algo **2.** (*in den Tropen*) selva *f* **3.** (*Feder~*) penacho *m;* **Buschbohne** *f* (BOT) judía *f* enana

Büschel *nt* <-s, -> (*Gras, Heu*) haz *m;* (*Haare*) mechón *m*

büschelweise *adv* (*Gras, Heu*) en haces; (*Haare*) a mechones; **die Haare sind ihm ~ ausgegangen** el pelo se le cayó a mechones

buschig *adj* peludo

Buschmesser *nt* machete *m*, colín *m ZAm, Ant*

Busen *m* <-s, -> seno *m;* (*Brust*) pecho *m;* **Busenfreund(in)** *m(f)* amigo, -a *m, f* íntimo, -a

Busfahrer(in) *m(f)* conductor(a) *m(f)* de autobús; **Bushaltestelle** *f* parada *f* de autobuses; **Buslinie** *f* línea *f* de autobuses

Bussard *m* <-s, -e> águila *f* ratonera

Buße *f* <-n> **1.** (REL) penitencia *f*; **~ tun** hacer penitencia **2.** (*a. Schweiz:* JUR) multa *f*

Bussel *nt* <-s, – *o* -n> (*südd, Österr*) *s.* **Busserl**

büßen *vt* **1.** (REL) expiar **2.** (*Tat*) pagar; **das wirst du mir ~** esto me lo vas a pagar **3.** (*Schweiz: mit Geldbuße belegen*) multar

Büßer(in) *m(f)* <-s, -; -nen> (REL) penitente, -a *m, f*

Busserl *nt* <-s, -(n)> (*südd, Österr*) beso *m*

Bußgeld *nt* <-(e)s, -er> (JUR) multa *f*; **Bußgeldbescheid** *m* (JUR) aviso *m* de multa

Bussi *nt* <-s, -s> (*fam*) besito *m*

Bußtag *m* (REL) día *m* de penitencia; **Buß- und Bettag** día de ayuno

Büste *f* <-n> busto *m*

Büstenhalter *m* <-s, -> sostén *m*, corpiño *m CSur*

Büstier *nt* <-s, -s> bustier *m*

Butangas *nt ohne Pl* <-es> gas *m* butano

Butt *m* <-(e)s, -e> (*Scholle*) platija *f*; (*Stein~*) rodaballo *m*

Bütte *f* <-n> tina *f*; **Büttenrede** *f* (*reg*) discurso *m* carnavalesco

Butter *f ohne Pl* mantequilla *f*; **es ist alles in ~** (*fam*) todo está en orden; **er gönnt ihm nicht die ~ auf dem Brot** le envidia todo

Butterblume *f* (BOT) botón *m* de oro

Butterbrot *nt* (rebanada *f* de) pan *m* con mantequilla; **etw für ein ~ bekommen** (*fam*) recibir algo por un pedazo de pan; **für ein ~ arbeiten** (*fam*) trabajar por un pedazo de pan; **Butterbrotpapier** *nt* <-s, -e> papel *m* pergamino

Buttermilch *f* leche *f* batida; **Butterschmalz** *nt ohne Pl* <-es> mantequilla *f* derretida; **butterweich** *adj* (*Frucht*) como manteca; (*Metall, Plastik*) muy dúctil; (*Landung*) muy suave

Button *m* <-s, -s> insignia *f*

Butzenscheibe *f vidrio abombado en el centro con el que se construyen ventanas emplomadas*

BVG *nt ohne Pl* <-> (JUR) *Abk. von* **Bundesverfassungsgericht** Tribunal *m* Constitucional Federal

b.w. *Abk. von* **bitte wenden** continúa al dorso

BWL *Abk. von* **Betriebswirtschaftslehre** teoría *f* de la empresa, economía *f* industrial

Byte *nt* <**-s, -s**> (INFOR) byte *m*

byzantinisch *adj* (HIST) bizantino

Byzanz *nt* <-> Bizancio *m*

bzw. *Abk. von* **beziehungsweise** o sea, respectivamente

C

C, c *nt* <-, -> **1.** (*Buchstabe*) C, c *f*; ~ **wie Cäsar** C de Carmen **2.** (MUS) do *m*

ca. *Abk. von* **circa** cerca de, aproximadamente

Cabriolet *nt* <-s, -s> cabriolé *m*, descapotable *m*

Café *nt* <-s, -s> café *m*

Cafeteria *f* <Cafeterien> cafetería *f*

Calcium *nt ohne Pl* <-s> (CHEM) calcio *m*

Callboy *m* <-s, -s> call-boy *m*; **Callgirl** *nt* <-s, -s> call-girl *f*

Camcorder *m* <-s, -> camcórder *m*

Camembert *m* <-s, -s> (GASTR) queso *m* camembert

Camion *m* <-s, -s> (*Schweiz*) camión *m*

Camp *nt* <-s, -s> campamento *m*

campen *vi* (a)campar, hacer camping

Camping *nt ohne Pl* <-s> camping *m*; **Campingplatz** *m* <-es, -plätze> camping *m*

Cannabis *m ohne Pl* <-> (BOT) cáñamo *m*; (*sl: Haschisch*) hachís *m inv*

Cappuccino *m* <-(s), -(s)> capuchino *m*

Car *m* <-s, -s> (*Schweiz*) autocar *m*

Caravan *m* <-s, -s> **1.** (*Kombiwagen*) vehículo *m* compacto de carga, pick-up *m* **2.** (*Wohnwagen*) caravana *f*

Cartoon *m* <-(s), -s> **1.** (*Karikatur*) caricatura *f* **2.** (*Bildgeschichte*) historieta *f* de dibujos animados

Casino *nt* <-s, -s> casino *m*

Cayennepfeffer *m* pimienta *f* de Cayena, ají *m SAm, Ant*

CB-Funk *m* citizen band *f*

CD *f* <-(s)> *Abk. von* **Compact Disk** CD *m*; **CD-Player** *m* <-s, -> compact disc *m*

CD-ROM *f* <-s> (INFOR) CD-ROM *m*; **CD-ROM-Laufwerk** *nt* (INFOR) lector *m* de CD-ROM

CDU *f Abk. von* **Christlich Demokratische Union (Deutschlands)** Partido *m* de la Unión Demócratacristiana de Alemania

C-Dur *nt ohne Pl* <-> (MUS) do *m* mayor

Cellist(in) *m(f)* <-en, -en; -nen> violonc(h)elista *mf*

Cello *nt* <-s, -s *o* Celli> violonc(h)elo *m*

Cellophan® *nt ohne Pl* <-s> celofán® *m*

Celsius: **30 Grad** ~ 30 grados centígrados

Cembalo *nt* <-s, -s *o* Cembali> clavecín *m*

Ces *nt* <-, -> (MUS) do *m* bemol

Ceylon *nt* <-s> (HIST) Ceilán *m*

Chamäleon *nt* <-s, -s> (ZOOL: *a. fig*) camaleón *m*

Champagner *m* <-s, -> champán *m*

Champignon *m* <-s, -s> champiñón *m*

Champion *m* <-s, -s> (SPORT) campeón, -ona *m, f*

Chance *f* <-n> **1.** (*Gelegenheit*) oportunidad *f* (*zu* de), ocasión *f* (*zu* de); **eine ~ wahrnehmen** aprovechar una ocasión; **ich gebe dir noch eine letzte ~** aún te doy una última oportunidad **2.** (*Aussicht*) perspectiva *f* (*auf/zu* de); (*Möglichkeit*) posibilidad *f* (*auf/zu* de); **sich** *dat* **gute ~n ausrechnen** contar con buenas posibilidades; **~n auf einen Gewinn** perspectivas de ganar; **~n bei jdm haben** (*fam*) tener buenas posibilidades con alguien; **Chancengleichheit** *f ohne Pl* igualdad *f* de oportunidades

Chanson *nt* <-s, -s> canción *f*

Chaos *nt ohne Pl* <-> caos *m inv*

Chaot(in) *m(f)* <-en, -en; -nen> **1.** (*unbeherrschter Mensch*) persona *f* caótica **2.** (*abw: Radikaler*) extremista *mf*

chaotisch *adj* caótico; (*unordentlich*) desordenado; **es geht ~ zu** es un caos

Charakter *m* <-s, -e> carácter *m*; **er hat ~** tiene carácter; **sie sind ganz gegensätzliche ~e** son de naturaleza totalmente contraria; **die Unterredung hatte vertraulichen ~** la conversación ha sido de carácter confidencial; **Charaktereigenschaft** *f* rasgo *m* característico; **charakterfest** *adj* de carácter firme

charakterisieren* *vt* caracterizar (*als* de); **dieser Film charakterisiert das 18. Jahrhundert** esta película caracteriza el siglo XVIII; **Stress und Lärm ~ das Stadtleben** el estrés y el ruido caracterizan la vida en las ciudades

Charakterisierung *f* <-en> caracterización *f*

Charakteristik *f* <-en> característica *f*

Charakteristikum *nt* <-s, Charakteristika> (*geh*) rasgo *m* característico

charakteristisch *adj* característico (*für* de); (*typisch*) típico (*für* de)

charakterlich *adj* de carácter; **er hat einige ~e Schwächen** tiene algunos defectos de carácter

charakterlos *adj* sin carácter

Charakterzug *m* <-(e)s, -züge> rasgo *m* (característico)

charmant *adj* encantador

Charme *m ohne Pl* <-s> encanto *m*; **seinen**

ganzen ~ aufbieten servirse de todo su encanto
Charta *f* <-s> (POL) carta *f* constitucional
Charter *m* <-s, -s> (*a.* WIRTSCH) fletamento *m;* **Charterflug** *m* (AERO) (vuelo *m*) chárter *m;* **Charterflugzeug** *nt* (AERO) (avión *m*) chárter *m*
chartern *vt* fletar
Chassis *nt* <-, -> **1.** (AUTO) chasis *m inv* **2.** (ELEK) placa *f* de base
Chat *m* <-s, -s> (INFOR, TEL: *sl*) charla *f* (*por Internet*)
Chauffeur(in) *m(f)* <-s, -e; -nen> chófer *mf*
Chaussee *f* <-n> avenida *f*
Chauvi *m* <-s, -s> (*fam*) machista *m*
Chauvinismus *m ohne Pl* <-> (*abw*) **1.** (*Nationalismus*) chovinismo *m* **2.** (*Sexismus*) machismo *m*
chauvinistisch *adj* (*abw*) **1.** (*nationalistisch*) chovinista **2.** (*frauenfeindlich*) machista
checken *vt* **1.** (*überprüfen*) revisar, chequear *Am* **2.** (*fam: kapieren*) captar **3.** (*Eishockey*) empujar
Checkliste *f* <-n> **1.** (*Notizzettel*) recordatorio *m* **2.** (AERO) lista *f* de embarque
Chef(in) *m(f)* <-s, -s; -nen> jefe, -a *m, f;* **Chefarzt, -ärztin** *m, f* (MED: *eines Krankenhauses*) director(a) *m(f);* (*einer Station*) médico, -a *m, f* jefe; **Chefetage** *f* departamento *m* de ejecutivos; **Chefkoch, -köchin** *m, f* cocinero, -a *m, f* jefe; **Chefredakteur(in)** *m(f)* redactor(a) *m(f)* jefe; **Chefsekretär(in)** *m(f)* <-s, -e; -nen> secretario, -a *m, f* de dirección
Chemie *f ohne Pl* química *f;* **Chemiefaser** *f* fibra *f* sintética; **Chemiekonzern** *m* empresa *f* multinacional química; **Chemiemüll** *m* residuos *mpl* químicos
Chemikalie *f* <-n> sustancia *f* química
Chemiker(in) *m(f)* <-s, -; -nen> químico, -a *m, f*
chemisch *adj* químico; **~e Reinigung** limpieza en seco
Chemotherapie *f* <-n> (MED) quimioterapia *f*
chic *adj* elegante, paquete *Arg;* **sich ~ machen** vestirse elegantemente; **es gilt als ~, in dieses Lokal zu gehen** está de moda ir a este local
Chicorée *m ohne Pl* <-s>, **Chicorée** *f ohne Pl* achicoria *f* (amarga)
Chiffre *f* <-n> cifra *f*
chiffrieren* *vt* cifrar
Chile *nt* <-s> Chile *m*
Chilene, -in *m, f* <-n, -n; -nen> chileno, -a *m, f*
chilenisch *adj* chileno
Chili *nt ohne Pl* <-s> (GASTR: *Pfefferschote*) chile *m,* chilli *m Mex;* (*Pfeffersoße*) ají *m;* **Chili-Sauce** *f* (GASTR) chilmole *m*
China *nt* <-s> China *f;* **Chinakohl** *m* col *f* rizada
Chinese, -in *m, f* <-n, -n; -nen> chino, -a *m, f*
chinesisch *adj* chino
Chip *m* <-s, -s> **1.** (*Spielmarke*) ficha *f* **2.** *Pl* (*gebackene Kartoffelscheiben*) patatas *fpl* fritas **3.** (INFOR) chip *m;* **Chipkarte** *f* (INFOR) tarjeta *f* chip
Chirurg(in) *m(f)* <-en, -en; -nen> cirujano, -a *m, f*
Chirurgie[1] *f ohne Pl* (*Fach*) cirugía *f*
Chirurgie[2] *f* <-n> (*Abteilung*) sección *f* de cirugía
chirurgisch *adj* quirúrgico
Chlor *nt ohne Pl* <-s> (CHEM) cloro *m*
chloren *vt* clorar
Chlorid *nt* <-(e)s, -e> (CHEM) cloruro *m*
Chloroform *nt ohne Pl* <-s> (CHEM) cloroformo *m*
Chlorophyll *nt ohne Pl* <-s> (BOT) clorofila *f*
Chlorwasserstoff *m* (CHEM) ácido *m* clorhídrico
Choke *m* <-s, -s> (AUTO) aire *m,* estárter *m;* **den ~ ziehen** sacar el aire
Cholera *f ohne Pl* (MED) cólera *m*
Choleriker(in) *m(f)* <-s, -; -nen> colérico, -a *m, f*
cholerisch *adj* colérico, furioso
Cholesterin *nt ohne Pl* <-s> (MED) colesterol *m*
Chopsuey[RR] *nt* <-(s), -s> (GASTR) chop suey *m*
Chor *m* <-(e)s, Chöre> (MUS, ARCHIT) coro *m;* **im ~ sprechen/singen** hablar/cantar a coro
Choral *m* <-s, Choräle> (MUS) cántico *m,* (composición *f*) coral *m*
Choreograf(in)[RR] *m(f)* <-en, -en; -nen> coreógrafo, -a *m, f*
Choreografie[RR] *f* <-n> coreografía *f*
choreografisch[RR] *adj* coreográfico
Choreograph(in) *m(f)* <-en, -en; -nen> *s.* **Choreograf**
Choreographie *f* <-n> *s.* **Choreografie**
choreographisch *adj s.* **choreografisch**
Chorknabe *m* <-n, -n> (MUS) niño *m* de coro
Chr. *Abk. von* **Christus, Christi** Cristo *m*
Christ(in) *m(f)* <-en, -en; -nen> cristiano, -a *m, f*
Christbaum *m* árbol *m* de Navidad
Christenheit *f ohne Pl* cristiandad *f*
Christentum *nt ohne Pl* <-s> cristianismo *m*
Christi *gen von* **Christus: vor ~ Geburt** antes de Cristo
Christkind *nt ohne Pl* <-(e)s> niño *m* Jesús
christlich *adj* cristiano

Christmesse *f* (REL), **Christmette** *f* <-n> (REL) misa *f* de(l) gallo
Christus *m* <Christi> Cristo *m;* **vor** ~ antes de Cristo
Chrom *nt ohne Pl* <-s> (CHEM) cromo *m*
chromatisch *adj* (PHYS, MUS) cromático
Chromosom *nt* <-s, -en> (BIOL) cromosoma *m*
Chronik *f* <-en> crónica *f*
chronisch *adj* crónico, pasmuno *PRico*
Chronist(in) *m(f)* <-en, -en; -nen> cronista *mf*
Chronologie *f* <-n> cronología *f*
chronologisch *adj* cronológico; **in ~er Reihenfolge** por orden cronológico
Chronometer *m* <-s, -> (TECH) cronómetro *m*
Chrysantheme *f* <-n> crisantemo *m*
circa *adv* cerca de, aproximadamente; ~ **drei Stunden/150 DM** tres horas/150 marcos aproximadamente; ~ **ein km** cerca de un km
Cis *nt* <-, -> (MUS) do *m* sostenido
cl *Abk. von* **Zentiliter** cl
Clan *m* <-s, -s> clan *m*
Clinch *m ohne Pl* <-(e)s> (*fam*) disputa *f;* **mit jdm im ~ liegen** (*fam*) andar a la greña con alguien
Clip *m* <-s, -s> **1.** (*Schmuck*) clip *m* **2.** (*Verschluss*) cierre *m* **3.** (*Video~*) video-clip *m*
Clique *f* <-n> **1.** (*Freunde*) pandilla *f,* percha *f Mex* **2.** (*abw: in der Politik*) camarilla *f*
Clou *m* <-s, -s> (*fam*) atracción *f* principal; **das war der ~** eso fue lo mejor
Clown *m* <-s, -s> payaso *m,* clown *m;* **den ~ spielen** (*fam*) hacer el payaso
Club *m* <-s, -s> club *m*
cm *Abk. von* **Zentimeter** cm
c-Moll *nt ohne Pl* <-> (MUS) do *m* menor
Coach *m* <-(s), -s> entrenador(a) *m(f)*
Cockpit *nt* <-s, -s> (AERO, AUTO) cabina *f* de pilotaje
Cocktail *m* <-s, -s> (*Party*) cóctel *m;* (*Getränk*) cóctel *m,* copetín *m Arg;* **Cocktailbar** *f* <-s> coctelería *f*
Code *m* <-s, -s> código *m*
Codex[1] *m* <-es, -e *o* Codizes> (HIST) códice *m*
Codex[2] *m* <-es, -e> **1.** (JUR) código *m* **2.** (*alte Handschriften*) códice *m*
codieren* *vt* **1.** (TECH) cifrar **2.** (LING) codificar
Codierung *f* <-en> codificación *f*
Codizes *Pl von* **Codex** [1]
Cognac® *m* <-s, -s> coñac *m*
Coiffeur, -euse *m, f* <-s, -e; -n> (*Schweiz*) peluquero, -a *m, f*
Collage *f* <-n> colage *m*
College *nt* <-(s), -s> (SCH, UNIV) instituto *m*
Colt® *m* <-s, -s> revólver *m*
Come-back[RR] *nt* <-(s), -s>, **Comeback** *nt* <-(s), -s> vuelta *f,* regreso *m;* **sie feiert ihr ~** está celebrando sus nuevos éxitos
Comic *m* <-s, -s> cómic *m,* cartón *m Am;* **Comicheft** *nt* cómic *m,* tebeo *m*
Compact Disc *f* <-s> disco *m* compacto, compact disc *m*
Computer *m* <-s, -> ordenador *m,* computador *m,* computadora *f Am;* **auf ~ umstellen** informatizar; **computergesteuert** *adj* controlado por ordenador; **computergestützt** *adj* informatizado; **~es Lernen** enseñanza asistida por ordenador
computerisieren* *vt* (INFOR) computerizar
computerlesbar *adj* legible para el ordenador; **Computerlinguist(in)** *m(f)* linguista *mf* informático, -a; **Computerlinguistik** *f* procesamiento *m* lingüístico de datos
computern* *vi* (*fam*) trabajar con (el) ordenador
Computersimulation *f* <-en> simulación *f* por ordenador; **Computerspiel** *nt* juego *m* de ordenador; **Computersystem** *nt* (INFOR) sistema *m* de ordenadores; **computerunterstützt** *adj* asistido por ordenadores; **Computervirus** *m* (INFOR) virus *m inv* informático
Comtesse *f* <-n> condesa *f*
Conférencier *m* <-s, -s> presentador(a) *m(f),* animador(a) *m(f)*
Consulting *nt ohne Pl* <-s> (WIRTSCH) consulting *m,* asesoría *f*
Container *m* <-s, -> contenedor *m,* container *m;* **Containerschiff** *nt* portacontenedores *m inv*
cool *adj* (*fam*) tranqui
Copilot(in) *m(f)* <-en, -en; -nen> copiloto *mf*
Copyright *nt* <-s, -s> copyright *m*
Cord *m* <-(e)s, -e *o* -s> pana *f*
Cordon bleu *nt* <- -, -s -s> (GASTR) cordon bleu *m*
Corner *m* <-s, -> (*Schweiz, Österr: Eckstoß im Fußball*) córner *m*
Cornflakes *Pl* cereales *mpl*
Cornichon *nt* <-s, -s> (GASTR) pepinillo *m*
Cortison *nt ohne Pl* <-s> (MED) cortisona *f*
Costa Rica *nt* <-s> Costa Rica *f*
Costaricaner(in) *m(f)* <-s, -; -nen> costarricense *mf,* costarriqueño, -a *m, f*
costaricanisch *adj* costarricense, costarriqueño
Couch *f* <-s *o* -en> diván *m*
Count-down[RR] *m* <-s, -s>, **Countdown** *m* <-s, -s> cuenta *f* atrás; **der ~ läuft** ha empezado la cuenta atrás
Coup *m* <-s, -s> golpe *m;* **einen ~ landen** dar el golpe
Coupé *nt* <-s, -s> **1.** (AUTO) cupé *m* **2.** (*Österr: Zugabteil*) compartimiento *m*

Coupon *m* <-s, -s> **1.** (*Beleg*) resguardo *m* **2.** (FIN) cupón *m* **3.** (*Stoffabschnitt*) retal *m*

Cousin(e) *m(f)* <-s, -s; -n> primo, -a *m, f*

Couvert *nt* <-s, -s> **1.** (*Bettbezug*) funda *f* (para el edredón) **2.** (*reg: Briefumschlag*) sobre *m* **3.** (*geh: Gedeck*) cubierto *m*

Cover *nt* <-s, -> (*Schallplatte, Buch, Zeitschrift*) portada *f*

Cowboy *m* <-s, -s> cowboy *m*, vaquero *m*

Creme *f* <-s> (*a.* GASTR) crema *f*

cremefarben *adj* de color crema

Cremetorte *f* (GASTR) tarta *f* de crema

cremig *adj* cremoso

Crêpe[1] *f* <-s> (GASTR) crepe *f*, panqueque *m Am*

Crêpe[2] *m* <-s, -> (*Stoff*) crespón *m*; ~ **de Chine** crespón de China

Crew *f* <-s> (NAUT, AERO) tripulación *f*

Croissant *nt* <-s, -s> cruasán *m*, medialuna *f Am*

Croupier *m* <-s, -s> crupier *m*

C-Schlüssel *m* (MUS) clave *f* de do

CSU *f Abk. von* **Christlich Soziale Union (Deutschlands)** Partido *m* de la Unión Cristiano-Social de Alemania

Cup *m* <-s, -s> (SPORT) copa *f*

Curry *m o nt* <-s, -s> curry *m*; **Currywurst** *f* salchicha *f* con salsa de curry

Cursor *m* <-s, -s> (INFOR) cursor *m*

Cutter(in) *m(f)* <-s, -; -nen> montador(a) *m(f)*

CVP *f* (POL: *in der Schweiz*) *Abk. von* **Christlichdemokratische Volkspartei** Partido *m* Popular Cristiano-Demócrata

Cybercafé *nt* <-s, -s> ciberbar *m*; **Cybergeld** *nt ohne Pl* <-(e)s> (INFOR) monedero *m* electrónico, cybercash *m*; **Cyberpatrol** *m* <-(s), -s> (INFOR, TEL) ciberpatrulla *f*; **Cyberspace** *m ohne Pl* <-> (INFOR) ciberespacio *m*

D

D, d *nt* <-, -> **1.** (*Buchstabe*) D, d *f;* ~ **wie Dora** D de Dolores **2.** (MUS) re *m*

da I. *adv* **1.** (*dort*) allí, allá; (*hier*) ahí, aquí; ~ **draußen** allí fuera; ~ **kommt er** allí viene; ~**, wo …** allí donde…; ~ **drüben** allí enfrente; ~ **oben/unten** aquí arriba/abajo; **gehen sie** ~ **herum** vaya por allí; ~ **ist/sind …** aquí hay…; **gibst du mir bitte mal das Buch? –** ~**!** por favor, ¿me das el libro? – ¡aquí tienes! **2.** (*zeitlich*) entonces; **es ist zwei Jahre her,** ~ **haben sie die Kirche restauriert** han pasado dos años desde que restauraron la iglesia; **als ich das machte,** ~ **…** mientras estaba haciendo esto…; ~ **fällt mir gerade ein, …** a todo esto se me acaba de ocurrir que…; **von** ~ **an** desde entonces **3.** (*in diesem Falle*) en este caso; ~ **haben Sie aber nicht Recht** pero en este caso Ud. no tiene razón; **und** ~ **wagst du es noch zu kommen?** ¿y después de todo esto aún te atreves a venir? **4.** (*vorhanden*): ~ **sein** estar presente; (*vorrätig*) haber; **es ist niemand** ~ no hay nadie; **ich bin gleich wieder** ~ vuelvo enseguida; **war Thomas gestern** ~ ¿estuvo Tomás ayer?; **ist noch Milch** ~**?** ¿queda leche todavía?; **das stellt alles** ~ **Gewesene in den Schatten** esto es algo que no tiene precedentes; ~ **ist er** aquí está **5.** (*zur Verfügung*): ~ **sein für jdn** estar a disposición de alguien; **er ist immer für mich** ~ siempre está ahí cuando lo necesito **II.** *konj* **1.** (*weil*) ya que, como; **es geht nicht,** ~ **die Zeit nicht reicht** no se puede hacer, ya que no llega el tiempo **2.** (*geh: als, wenn*) cuando; **sehnsüchtig erwartet er die Stunde,** ~ **sie bei ihm sein wird** ansiosamente espera la hora en la que ella estará junto a él

dabei *adv* **1.** (*örtlich*) incluido; **sind die Lösungen** ~**?** ¿trae las soluciones incluidas? **2.** (*währenddessen*) al mismo tiempo; **er arbeitete und hörte** ~ **Radio** trabajaba y escuchaba la radio al mismo tiempo; **sie fühlt sich wohl** ~ se siente a gusto haciendo esto **3.** (*bei dieser Sache*) en esto, en ello; **ich bleibe** ~**, dass …** mantengo que…; **wichtig** ~ **ist, dass …** lo importante en esto es que… +*subj;* **was hast du dir denn** ~ **gedacht?** ¿qué te imaginaste con esto?; ~ **darf man nicht vergessen, dass …** en ello no se puede olvidar que… **4.** (*außerdem*) además; (*gleichzeitig*) a la vez; **sie ist reich und** ~ **bescheiden** es rica y a la vez modesta **5.** (*obgleich*) aunque; **er ist traurig,** ~ **hat er gar keinen Grund dazu** está triste sin tener motivo para estarlo **6.** (*Wend*): **bei etw** ~ **sein** (*anwesend sein*) asistir a algo; (*mitmachen*) participar en algo; ~ **sein etw zu tun** estar haciendo algo; **dabei|bleiben** *irr vi* (*Tätigkeit*) continuar (*bei* con); (*Mitgliedschaft*) permanecer (*bei* en); **dabei|sein** *irr vi sein s.* **dabei 6.**; **dabei|stehen** *irr vi* estar (ahí)

da|bleiben *irr vi sein* quedarse (ahí)

Dach *nt* <-(e)s, Dächer> techo *m;* (*Ziegel*~) tejado *m;* (AUTO) cubierta *f;* **unterm** ~ **wohnen** vivir en la buhardilla; **etw unter** ~ **und Fach bringen** (*fam fig*) rematar algo; **ein** ~ **über dem Kopf haben** (*fam fig*) tener una vivienda; **mit jdm unter einem** ~ **wohnen** (*fam fig*) vivir bajo un mismo techo con alguien; **eins aufs** ~ **kriegen** (*fam fig*) recibir una reprimenda; **jdm aufs** ~ **steigen** (*fam fig*) decir a alguien cuatro verdades; **Dachbalken** *m* viga *f;* **Dachboden** *m* <-s, -böden> desván *m;* **Dachdecker(in)** *m(f)* <-s, -; -nen> tejador(a) *m(f);* **Dachfenster** *nt* tragaluz *m;* **Dachfirst** *m* caballete *m* del tejado; **Dachgepäckträger** *m* <-s, -> (AUTO) baca *f,* portaequipajes *m inv;* **Dachgeschoss**[RR] *nt* ático *m;* **Dachkammer** *f* guardilla *f;* **Dachrinne** *f* canalón *m*

Dachs *m* <-es, -e> tejón *m*

Dachschaden *m ohne Pl* <-s>: **einen** ~ **haben** (*fam*) no estar bien de la cabeza

Dachstuhl *m* entramado *m* del tejado

dachte *3. imp von* **denken**

Dachverband *m* federación *f* central, holding *m;* **Dachwohnung** *f* ático *m;* **Dachziegel** *m* teja *f*

Dackel *m* <-s, -> perro *m* salchicha

Dadaismus *m ohne Pl* <-> (KUNST) dadaísmo *m*

dadurch *adv* **1.** (*örtlich*) por allí, por ahí **2.** (*auf diese Weise*) con ello, de esta manera; ~**, dass …** dado que…

dafür *adv* **1.** (*für das*) de esto, para esto; **etwas/nichts** ~ **können** tener/no tener la culpa; **wir haben kein Geld** ~ no tenemos dinero para esto; **der Grund** ~ **ist, dass …** la razón de esto es que…; **ich bin** ~ estoy a favor; **alles spricht** ~ todo está a favor **2.** (*zum Ausgleich*) en cambio; **in Englisch ist sie schlecht,** ~ **ist sie gut in Mathematik** es mala en inglés, pero en cambio sabe mucho de matemáticas **3.** (*in Hinblick darauf*) teniendo en cuenta que; ~, **dass er so klein ist, spielt er ganz gut Basketball** teniendo en cuenta lo bajo que es, juega muy bien al baloncesto **4.** (*weil*) por algo, para algo; **sie kannte sich in Grammatik aus,** ~ **war sie ja Linguistin** sabía mucho de gramática, por algo era lingüista; **dafür|können** *irr vi s.* **dafür 1.**

dagegen *adv* **1.** (*räumlich*) contra ello **2.** (*ablehnend*) en contra; **haben Sie was** ~, **wenn ich rauche?** ¿le molesta si fumo?; ~ **ist nichts einzuwenden** no tengo nada en contra; **wer ist dafür und wer** ~, **dass ...?** ¿quién está a favor y quién en contra de que...? *+subj* **3.** (*als Gegenmaßnahme*) contra; **es gibt kein Mittel** ~ contra eso no hay remedio **4.** (*verglichen mit*) en comparación; (*im Gegensatz*) en cambio; **es war dort unglaublich kalt, der Winter hier ist nichts** ~ allí hacía un frío increíble, en comparación con eso el invierno aquí no es nada; **dagegen|halten** *irr vt* objetar; **da kann man nichts** ~ no hay nada que oponer

daheim *adv* (*südd*) en casa; **bei uns** ~ en nuestra casa

daher *adv* **1.** (*von dort her*) de ahí; **das kommt** ~, **dass ...** esto viene de que... **2.** (*deshalb*) por eso; **von** ~ de ahí que *+subj;* **er hat viel gelesen,** ~ **weiß er das** ha leído mucho, por eso lo sabe; **daher|reden** *vi, vt* (*fam*) hablar sin ton ni son; **red doch nicht so blöd daher!** ¡no digas tantos disparates!

dahin *adv* **1.** (*an diesen Ort*) allí, ahí; ~ **gehe ich nie wieder** allí no vuelvo nunca más **2.** (*in diese Richtung*) hacia allí, hacia ahí; **seine Bemühungen gehen** ~, **dass ...** todos sus esfuerzos van encaminados a... *+inf;* ~ **gehend, dass** en el sentido de que **3.** (*so weit*) a tal extremo, a tal punto; **es ist** ~ **gekommen, dass ...** se ha llegado a tal punto que...; **er wird es** ~ **bringen, dass ...** va a llegar a tal extremo que... **4.** (*zeitlich*): **bis** ~ hasta entonces **5.** (*Wend*): ~ **sein** estar perdido; **dahingestellt** *adj* indeciso; **etw bleibt** ~ algo está en tela de juicio; **lassen wir es** ~ (**sein**), **ob ...** nos abstenemos de decidir si...; **dahin|raffen** *vt* (*geh*) aniquilar; **dahin|sagen** *vt:* **etw nur so** ~ no decir algo en serio; **dahin|schleppen** *vr:* **sich** ~ (*Mensch*) arrastrarse; (*Zeit*) no pasar; (*Verhandlungen*) no avanzar

dahinten *adv* allí atrás, allá atrás

dahinter *adv* detrás; ~ **kommen** (*fam: herausfinden*) averiguar; (*verstehen*) caer en la cuenta; **es wird vermutet, dass die Mafia** ~ **steckt** (*fam*) se supone que la Mafia tiene algo que ver con eso; **er redet viel, aber es steckt nichts** ~ (*fam*) habla mucho, pero todo es paja; **da steckt doch was** ~ (*fam fig*) aquí hay gato encerrado; **da ist nichts** ~ (*fam fig*) eso no tiene fondo; **dahinter|kommen** *irr sein vi, vt s.* **dahinter**; **dahinter|stecken** *vi s.* **dahinter**

Dahlie *f* <-n> (BOT) dalia *f*

da|lassen *irr vt* (*fam*) dejar; (*hier*) dejar aquí; (*dort*) dejar allí

damalige(**r**, **s**) *adj* de entonces, de aquel tiempo

damals *adv* entonces, en aquel tiempo; **seit** ~ desde entonces; ~, **als ...** en aquel tiempo, cuando...

Damast *m* <-(e)s, -e> damasco *m* de seda

Dame[1] *f ohne Pl* (*Brettspiel*) juego *m* de damas

Dame[2] *f* <-n> **1.** (*Frau*) señora *f;* **meine** ~**n und Herren** señoras y señores; **die** ~ **des Hauses** el ama (de la casa) **2.** (*im Schach, beim Damespiel, Spielkarte*) dama *f*

Damebrett *nt* tablero *m* de damas

Damenbinde *f* compresa *f;* **Damenfahrrad** *nt* bicicleta *f* de señora

damenhaft *adj* mujeril

Damenmode *f* moda *f* femenina; **Damenoberbekleidung** *f ohne Pl* ropa *f* de mujer; **Damensitz** *m ohne Pl* <-es> silla *f* de amazona, galápago *m Hond, Peru, Ven;* **im** ~ **reiten** montar a mujeriegas; **Damentoilette** *f* <-n> lavabo *m* para señoras; **Damenwahl** *f ohne Pl baile en el cual son las mujeres las que sacan a bailar a los hombres*

Damespiel *nt* juego *m* de damas; **Damestein** *m* peón *m*

Damhirsch *m* <-(e)s, -e> (ZOOL) gamo *m*

damisch *adj* (*südd, Österr*) **1.** (*fam: dumm*) tonto, baboso *Am* **2.** (*fam: schwindlig*) atolondrado

damit **I.** *adv* con ello; **was soll ich** ~**?** ¿qué hago yo con esto?; ~ **befasse ich mich nicht** no me ocupo de esto; **es fing** ~ **an, dass ...** empezó con que...; **weg** ~**!** ¡fuera con esto!; **hör** ~ **auf!** ¡deja eso!; **ich bin** ~ **zufrieden, dass ...** estoy contento de que... *+subj* **II.** *konj* para *+inf,* para que *+subj*

dämlich *adj* (*fam*) tonto, baboso *Am*

Damm *m* <-(e)s, Dämme> **1.** (*Bahn~, Straßen~*) terraplén *m;* **wieder auf dem** ~ **sein** (*fam fig*) sentirse bien de nuevo **2.** (*Deich*) dique *m* **3.** (ANAT) perineo *m*

dämmen *vt* **1.** (*geh: aufstauen*) estancar **2.** (TECH: *Schall*) absorber

dämmerig *adj* crepuscular; **es wird** ~ (*morgens*) amanece; (*abends*) atardece

Dämmerlicht *nt ohne Pl* <-(e)s> penumbra *f*

dämmern **I.** *vi* **1.** (*anbrechen*): **der Abend dämmert** cae el día; **der Morgen dämmert** apunta el día **2.** (*fam: bewusst werden*) darse cuenta; **es dämmert ihm, dass ...** se está dando cuenta de que... **II.** *vunpers:* **es dämmert** (*morgens*) amanece; (*abends*) atardece

Dämmerung *f* <-en> crepúsculo *m;* (*Abend~*) ocaso *m;* (*Morgen~*) alba *f;* **in der** ~ en el crepúsculo

dämmrig *adj s.* **dämmerig**

Dämon *m* <-s, -en> demonio *m*

dämonisch *adj* endemoniado

Dampf *m* <-(e)s, Dämpfe> vapor *m;* **unter ~ stehen** (*fam*) estar bajo presión; **jdm ~ machen** (*fam*) meter prisa a alguien; **~ ablassen** (*fam fig*) desahogarse; **Dampfbad** *nt* baño *m* de vapor; **Dampfbügeleisen** *nt* <-s, -> plancha *f* de vapor; **Dampfdruck** *m* <-(e)s, -drücke> presión *f* del vapor

dampfen *vi* **1.** (*Speisen*) echar humo, humear **2.** *sein* (*fahren*) salir echando humo

dämpfen *vt* **1.** (GASTR) cocinar al vapor **2.** (*Licht*) atenuar; (*Lärm*) rebajar; (*Schall, Stoß*) amortiguar; (*Stimme*) bajar **3.** (*Ärger*) calmar; (*Schmerzen*) mitigar

Dampfer *m* <-s, -> buque *m* de vapor; **auf dem falschen/richtigen ~ sein** (*fam fig*) estar equivocado/en lo cierto

Dämpfer *m* <-s, -> (MUS) sordina *f;* **einen ~ bekommen** (*fam*) llevarse un chasco

Dampfkochtopf *m* olla *f* a presión; **Dampfkraftwerk** *nt* (TECH) central *f* termoeléctrica; **Dampflokomotive** *f* (EISENB) locomotora *f* de vapor; **Dampfmaschine** *f* (TECH) máquina *f* de vapor; **Dampfschiff** *nt* (NAUT) buque *m* de vapor; **Dampfturbine** *f* (TECH) turbina *f* a vapor; **Dampfwalze** *f* apisonadora *f* de vapor

danach *adv* **1.** (*zeitlich*) despúes; (*später*) más tarde; (*anschließend*) a continuación; **~ bin ich dran** después me toca a mí **2.** (*räumlich*) después, detrás; **sie griff ~** lo cogió **3.** (*dementsprechend*) como corresponde; **es sieht ganz ~ aus, als ob ...** tiene todo el aspecto como si... *+subj;* **richte dich bitte ~!** ¡compórtate de acuerdo con eso!

Däne, -in *m, f* <-n, -n; -nen> danés, -esa *m, f*

daneben *adv* **1.** (*räumlich*) al lado; **links/rechts ~** al lado a la izquierda/derecha; **im Haus ~** en la casa de al lado **2.** (*verglichen mit*) por el contrario **3.** (*außerdem*) además; (*gleichzeitig*) al mismo tiempo; **daneben|benehmen*** *irr vr:* **sich ~** (*fam*) meter la pata; **daneben|gehen** *irr vi sein* **1.** (*Schuss*) errar el blanco **2.** (*fam: scheitern*) irse al traste, chingarse *Am;* **daneben|liegen** *irr vi* (*fam*) estar equivocado

Dänemark *nt* <-s> Dinamarca *f*

dänisch *adj* danés

dank *präp +gen/dat* gracias a, merced a

Dank *m ohne Pl* <-(e)s> gracias *fpl;* **besten ~!** ¡muchas gracias!; **das ist nun der ~ dafür** así me lo pagan; **zum ~ für ...** en recompensa de...; **jdm ~ schulden** quedar agradecido a alguien; **ich bin Ihnen zu ~ verpflichtet** le estoy agradecido

dankbar *adj* **1.** (*Mensch*) agradecido; **ich bin Ihnen sehr ~** se lo agradezco mucho **2.** (*Aufgabe*) satisfactorio **3.** (*fam: strapazierfähig*) resistente

Dankbarkeit *f ohne Pl* agradecimiento *m,* gratitud *f*

danke *interj* gracias; **~ schön/vielmals!** ¡muchas/muchísimas gracias!; **nein, ~!** no ¡gracias!

danken **I.** *vi* (*Dank aussprechen*) dar las gracias (*für* por), agradecer (*für*); **wir ~ für die Einladung** agradecemos la invitación; **~d annehmen/ablehnen** aceptar/rechazar agradecido; **nichts zu ~!** ¡no hay de qué! **II.** *vt* agradecer; **die ganze Mühe dankt dir keiner** nadie te agradece el esfuerzo;

dankenswert *adj* digno de agradecimiento

Danksagung *f* <-en> agradecimiento *m*

dann *adv* **1.** (*danach*) luego; (*später*) más tarde; (*Zeitpunkt*) entonces; **~ und wann** de vez en cuando; **und was ~?** ¿y entonces qué?; **bis ~!** ¡hasta luego! **2.** (*zu dem Zeitpunkt*) en aquel momento; **das Telefon klingelt immer ~, wenn ich gerade dusche** el teléfono suena siempre cuando me estoy duchando **3.** (*außerdem*) además **4.** (*unter diesen Umständen*) entonces; **~ eben nicht!** ¡entonces no!; **selbst ~, wenn ...** incluso si... (*+subj*); **wenn nicht er, wer ~?** ¿si no él, quién entonces?

daran *adv* **1.** (*räumlich*) al lado, por allí; **nahe ~** muy cerca; **wir kommen häufig ~ vorbei** pasamos muchas veces por allí; **du kannst dich ~ lehnen** puedes apoyarte en esto **2.** (*zeitlich*): **im Anschluss ~** a continuación; **er war nahe ~ das zu tun** estuvo a punto de hacerlo **3.** (*an dieses, an diesem*) en esto; **ich muss immer ~ denken** pienso continuamente en esto; **~ wird sich nichts ändern** esto no cambiará; **er ist ~ schuld** él tiene la culpa (de esto); **daran|gehen** *irr vi sein* ponerse (*zu* a); **daran|machen** *vr:* **sich ~** (*fam*) ponerse (*zu* a); **daran|setzen** **I.** *vt* (*einsetzen*) hacer; **du musst alles ~, um ...** tienes que hacer todo lo posible para... **II.** *vr:* **sich ~** (*fam: in Angriff nehmen*) ponerse (*zu* a)

darauf *adv* **1.** (*räumlich*) encima; **im Zimmer stand ein Tisch, ~ lagen Bücher** en la habitación había una mesa con libros encima **2.** (*zeitlich*) después; **bald** ~ poco después; **am ~ folgenden Tag** al día siguiente; **~ sagte er ...** a lo que dijo... **3.** (*deshalb*) por lo que, en consecuencia **4.** (*auf dieses*): **ich bin stolz ~, dass ...** estoy orgulloso de que... (*+subj*); **sich ~ verlassen, dass ...** contar con que... (*+subj*); **das kommt ~ an** depende; **lasst uns ~ anstoßen** brindemos por ello; **darauffolgende(r, s)** *adj s.* **darauf 2.**; **daraufhin** *adv* **1.** (*danach*) a continuación **2.** (*infolgedessen*) en consecuencia, a lo cual

daraus *adv* de ello; **~ folgt, dass ...** de esto se deduce que...; **ich mache mir nichts ~** (*fam*) esto me importa un comino

dar|bieten *irr* **I.** *vt* (*geh: vorführen*) (re)presentar **II.** *vr:* **sich ~** (*geh: Gelegenheit*) presentarse; (*sich anbieten*) ofrecerse

Darbietung *f* <-en> **1.** (*geh: das Darbieten*) presentación *f* **2.** (*Darstellung*) representación *f;* (*Vorstellung*) función *f*

darf *3. präs von* **dürfen**

darin *adv* **1.** (*räumlich*) dentro **2.** (*in dieser Beziehung*) en esto, en eso; **~ ist er ganz groß** es un experto en esto; **wir stimmen ~ überein, dass ...** estamos de acuerdo en que...

dar|legen *vt* **1.** (*Plan, Ansichten*) explicar **2.** (*Gründe*) exponer

Darlehen *nt* <-s, -> préstamo *m,* avío *m Cuba, Chil, Peru;* **ein ~ aufnehmen/gewähren** tomar/conceder un préstamo

Darm *m* <-(e)s, Därme> intestino *m;* **Darmgrippe** *f* (MED) gripe *f* intestinal; **Darmverschluss**[RR] *m* (MED) oclusión *f* intestinal

dar|reichen *vt* (*geh: Speisen*) servir; (*anbieten*) ofrecer; (*Hand*) dar

dar|stellen I. *vt* **1.** (*schildern*) exponer, presentar; (*beschreiben*) describir; (*schematisch*) esquematizar; (*durch Symbole*) simbolizar **2.** (*abbilden*) representar **3.** (THEAT) hacer el papel (de) **4.** (*bedeuten*) significar **II.** *vr:* **sich ~** (*zeigen*) plantearse; **so wie sich mir die Sache darstellt** tal como se me plantea el asunto

Darsteller(in) *m(f)* <-s, -; -nen> actor *m,* actriz *f*

Darstellung *f* <-en> **1.** (THEAT: *Wiedergabe*) representación *f* **2.** (*Schilderung*) exposición *f;* (*Beschreibung*) descripción *f*

darüber *adv* **1.** (*räumlich*) encima; **die Wohnung ~ steht leer** la vivienda de arriba está vacía; **~ stehen** (*fig*) estar por encima **2.** (*mehr*) más; **~ hinaus möchte ich noch bemerken, dass ...** además quisiera resaltar que... **3.** (*zeitlich*) en esto, mientras tanto; **~ verging die Zeit** en esto se nos pasó el tiempo **4.** (*über eine Angelegenheit*) de esto, sobre esto; **er hat sich ~ beschwert** se quejó de esto; **~ nachdenken** pensarlo; **darüber|stehen** *irr vi s.* **darüber 1.**

darum *adv* **1.** (*deshalb*) por eso; **sie hat es nur ~ getan, weil ...** sólo lo hizo porque...; **warum? – ~!** ¿por qué? – ¡porque sí! **2.** (*räumlich*) en torno a, alrededor **3.** (*um diese Angelegenheit*): **es handelt sich ~, dass ...** se trata de que...; **red nicht lange ~ herum!** ¡no te vayas por otro camino!; **~ geht es mir gar nicht** no es eso lo que me importa; **ich bitte dich ~** te lo pido

darunter *adv* **1.** (*räumlich*) debajo; **die Wohnung ~ steht leer** la vivienda de abajo está vacía **2.** (*weniger*) menos **3.** (*dabei*) entre ellos; **es waren viele Kinder ~** había muchos niños entre ellos **4.** (*unter dieser Angelegenheit*): **er litt ~, dass ...** le apesadumbraba el que... *+subj;* **was versteht man ~?** ¿qué quiere decir esto?

das *art best o pron dem o pron rel s.* **der, die, das**

da|sein *irr vi sein s.* **da I.4., I.5.**

Dasein *nt ohne Pl* <-s> **1.** (*Vorhandensein*) existencia *f* **2.** (*Leben*) vida *f* **3.** (*Anwesenheit*) presencia *f;* **Daseinsberechtigung** *f* (*von Personen*) derecho *m* de vivir; (*von Dingen*) razón *f* de ser

da|sitzen *irr vi* estar sentado

dasjenige *pron dem s.* **derjenige, diejenige, dasjenige**

dass[RR] *konj,* **daß** *konj* que; **bis ~** hasta que *+subj;* **ohne ~** sin que *+subj;* **so ~** de modo que (*+subj*); **so ..., ~ ...** tan(to)... que...; **~ er nicht zur Hilfe kam, ist nicht zu entschuldigen** el que no viniera a ayudar no tiene disculpa; **es begann damit, ~ ...** empezó con que...; **~ du mir pünktlich nach Hause kommst!** ¡que vuelvas pronto a casa!

dasselbe *pron dem s.* **derselbe, dieselbe, dasselbe**

da|stehen *irr vi* **1.** (*örtlich*) estar allí (de pie) **2.** (*in einer Situation*) estar; **gut/schlecht ~** (*Geschäft*) marchar bien/mal; **er steht gut da** está en una buena posición

Datei *f* <-en> (INFOR) fichero *m,* archivo *m;* **Dateiname** *m* (INFOR) nombre *m* del fichero

Daten *Pl* **1.** *Pl von* **Datum 2.** (*Angaben, a.* INFOR) datos *mpl*

Datenabruf *m* (INFOR) consulta *f* de datos; **Datenaufbereitung** *f* (INFOR) elaboración *f* de datos; **Datenautobahn** *f* (INFOR, TEL) autopista *f* de datos; **Datenbank** *f* <-en> (INFOR) banco *m* de datos; **Dateneingabe** *f* (INFOR) entrada *f* de datos; **Datenerfassung** *f* <-en> (INFOR) registro *m* de datos; **Datenfernübertragung** *f* (INFOR, TEL) transmisión *f* de datos; **Datenhandschuh** *m* (INFOR) guante *m* cibernético; **Datenmissbrauch**RR *m* (INFOR) abuso *m* de datos informáticos; **Datennetz** *nt* (INFOR) red *f* de datos; **Datenschutz** *m* (JUR) protección *f* de datos; **Datenträger** *m* <-s, -> (INFOR) soporte *m* de datos; **Datentypist(in)** *m(f)* <-en, -en; -nen> (INFOR) operador(a) *m(f)* de un terminal (de datos); **Datenübertragung** *f* (INFOR) transmisión *f* de datos; **Datenverarbeitung** *f* <-en> (INFOR) tratamiento *m* de datos; **elektronische ~** tratamiento electrónico de datos

datieren* **I.** *vt* fechar, datar; **datiert sein auf ...** llevar fecha de... **II.** *vi* datar (*aus* de)

Dativ *m* <-s, -e> (LING) dativo *m;* **Dativobjekt** *nt* (LING) complemento *m* indirecto

dato *adv:* **bis ~** hasta la fecha (de hoy)

Dattel *f* <-n> (BOT, GASTR) dátil *m;* **Dattelpalme** *f* (BOT) palma *f* datilera

Datum *nt* <-s, Daten> fecha *f;* **das Werk ist jüngeren ~s** la obra es de fecha reciente; **welches ~ haben wir heute?** ¿a qué fecha estamos hoy?; **mit ~ vom 10. Oktober** con fecha del 10 de octubre; **~ des Poststempels** fecha del matasellos

Dauer *f ohne Pl* duración *f;* (*Zeitspanne*) período *m;* **für die ~ eines Jahres** por un período de un año; **das war nicht von ~** esto no duró mucho; **auf die ~** a la larga; **Dauerauftrag** *m* (FIN) orden *f* permanente; **Dauerbetrieb** *m ohne Pl* <-(e)s> (TECH) régimen *m* continuo; **Dauerbrenner** *m* **1.** (*Ofen*) estufa *f* de combustión lenta **2.** (*fam: Erfolg*) éxito *m* permanente; **Dauererfolg** *m* éxito *m* permanente

dauerhaft *adj* duradero; (*beständig*) permanente

Dauerkarte *f* (billete *m* de) abono *m;* **Dauerlauf** *m* <-(e)s, -läufe> (SPORT) carrera *f* de resistencia

dauern **I.** *vi* durar; (*lange*) tardar; **das dauert und dauert** tarda horas y horas; **das dauert wieder!** ¡cómo tarda!; **das dauert mir zu lange** tarda demasiado; **wie lange dauert es denn noch?** ¿cuánto tiempo más va durar eso?; **es dauerte nicht lange, bis sie zurückkehrte** no tardó en volver; **die Verhandlungen ~ schon drei Tage** las negociaciones duran ya tres días **II.** *vt* (*geh: leid tun*) dar pena

dauernd *adv* a cada momento; (*unaufhörlich*) sin cesar

dauernde(r, s) *adj* constante; (*ständig*) permanente

Dauerschaden *m* (MED) daño *m* permanente; **Dauerstellung** *f* empleo *m* fijo; **Dauerwelle** *f* permanente *f;* **Dauerwirkung** *f* efecto *m* duradero; **Dauerzustand** *m* estado *m* permanente

Daumen *m* <-s, -> (dedo *m*) pulgar *m;* **am ~ lutschen** chupar el dedo; **jdm die ~ drücken** (*fam*) desearle suerte a alguien

Daune *f* <-n> plumón *m;* **Daunendecke** *f* edredón *m*

DaviscupRR *m ohne Pl* <-s> (SPORT) copa *f* Davis

davon *adv* **1.** (*räumlich*) de aquí, de allí; **nicht weit ~** no muy lejos de aquí; **einige Meter ~ entfernt** a unos metros de aquí; **er ist auf und ~** tomó las de Villadiego **2.** (*Anteil*) de esto; **die Hälfte ~** la mitad de esto **3.** (*damit*) de esto; **~ kann man eine Suppe kochen** de esto se puede preparar una sopa **4.** (*Angelegenheit*) de ello, de esto; **hast du dich ~ erholt?** ¿te has recuperado de ello?; **das hängt ~ ab, ob ...** esto depende de si...; **was habe ich denn ~?** ¿qué saco yo de esto? **5.** (*dadurch*): **~ kannst du krank werden** con eso te puedes enfermar; **ich bin ~ aufgewacht** me desperté por eso; **das kommt ~, dass ...** esto viene de que...; **davon|fliegen** *irr vi* alzar el vuelo, echar a volar; **davon|jagen** **I.** *vi sein* (*sich entfernen*) salir pitando **II.** *vt* (*vertreiben*) echar; **davon|kommen** *irr vi sein* librarse; (*mit dem Leben*) salvarse; **mit einem blauen Auge ~** (*fig*) salir sin mayores perjuicios; **mit dem Schrecken ~** llevarse (sólo) un susto; **du kommst mir nicht ungeschoren davon** no te vas a librar (del castigo); **davon|laufen** *irr vi sein* **1.** (*weglaufen*) echar a correr; (*fliehen*) huir **2.** (*fam: verlassen*) escaparse; **von zu Hause ~** escaparse de casa; **davon|machen** *vr:* **sich ~** (*fam*) largarse; **davon|tragen** *irr vt* **1.** (*Dinge*) llevarse **2.** (*geh: Sieg*) conseguir **3.** (*Verletzungen*) sufrir

davor *adv* **1.** (*räumlich*) delante **2.** (*zeitlich*) antes; **kurz ~** poco antes **3.** (*im Hinblick auf*) de esto, de ello; **er hat mich ~ gewarnt** me previno acerca de esto; **sie hat keine Angst ~** esto no le da miedo

dazu *adv* **1.** (*räumlich*) a esto; **wozu gehört das? – ~** ¿a qué pertenece esto? – a esto **2.** (*außerdem*) además; **noch ~, wo ...** y además porque... **3.** (*dafür*) para esto, para eso; **ich brauche ~ einen Hammer** para esto me hace falta un martillo; **er/das ist ~ da, um ...** él/esto está para...; **ich habe keine Lust ~** no tengo ganas **4.** (*darüber*) al respecto; **was meinst du ~?** ¿qué opinas al respecto? **5.** (*Wend*): **das führt ~, das ...** esto lleva a que... +*subj;* **wie komme ich denn ~?** (*warum bekomme ich das?*) ¿de dónde me viene eso?; (*warum sollte ich es tun?*) ¿porqué (diablos) lo voy a hacer?; **dazu|geben** *irr vt* añadir (*zu* a); **dazu|gehören*** *vi* formar parte (*zu* de); **das gehört eben auch dazu** esto también forma parte del asunto; **es gehört schon einiges dazu** se requiere cierta valentía para hacerlo

dazugehörige(r, s) *adj* correspondiente

dazu|gesellen* *vr:* **sich** ~ unirse (*zu* a); **dazu|kommen** *irr vi sein* **1.** (*ankommen*) llegar (en el momento en que) **2.** (*hinzugefügt werden*) agregarse (*zu* a); **dazu kommt noch, dass er gelogen hat** y a esto hay que añadir que mintió; **dazu|lernen** *vt* aprender (algo nuevo); **dazu|tun** *irr vt* añadir

dazwischen *adv* **1.** (*räumlich*) en medio **2.** (*zeitlich*) en medio, de por medio; **es liegen einige Jahre** ~ hay un par de años de por medio; **dazwischen|kommen** *irr vi sein* **1.** (*hineinreichen*) caber; **mit der Hand komme ich dazwischen** me cabe la mano **2.** (*Ereignis*) ocurrir; (*Problem, Aufgabe*) surgir; **mir ist leider etwas dazwischengekommen** desgraciadamente me ha surgido un imprevisto; **dazwischen|reden** *vi* interrumpir; **dazwischen|treten** *irr vi* imponerse; (*eingreifen*) intervenir

DB *f Abk. von* **Deutsche Bahn** Ferrocarriles *mpl* Alemanes

DDR *f* (HIST) *Abk. von* **Deutsche Demokratische Republik** RDA *f*

D-Dur *nt ohne Pl* <-> (MUS) re *m* mayor

Deal *m* <-s, -s> (*sl*) acuerdo *m;* (*Geschäft*) negocio *m*

dealen *vi* traficar

Dealer(in) *m(f)* <-s, -; -nen> (*Drogen~*) traficante *mf* de droga(s), camello *m fam*

Debatte *f* <-n> (*a.* POL) debate *m;* **etw zur ~ stellen** poner algo a debate; **was steht zur ~?** ¿qué tenemos en el programa?

debattieren* *vi, vt* debatir (*über* sobre)

Debüt *nt* <-s, -s> estreno *m,* debut *m;* **sein ~ geben** hacer su debut

dechiffrieren* *vt* descifrar

Deck *nt* <-(e)s, -s> (NAUT) cubierta *f;* **alle Mann an ~!** ¡todo el mundo a cubierta!

Deckblatt *nt* **1.** (PUBL: *Titelblatt*) portada *f* **2.** (BOT) bráctea *f*

Decke *f* <-n> **1.** (*Woll~*) manta *f* (de lana); (*Bett~*) manta *f,* cobertor *m;* (*Tages~*) colcha *f;* (*Pferde~*) manta *f* (para caballerías); **mit jdm unter einer ~ stecken** (*fam fig*) hacer causa común con alguien **2.** (*Tisch~*) mantel *m* **3.** (*Zimmer~*) techo *m;* **an die ~ gehen** (*fam fig*) subirse a la parra; **jdm fällt die ~ auf den Kopf** (*fam fig*) a alguien se le cae la casa encima **4.** (*Asphalt~*) pavimento *m* (de asfalto) **5.** (*Mantel eines Autoreifens*) cubierta *f*

Deckel *m* <-s, -> **1.** (*von Gefäßen*) tapa *f,* tapadera *f* **2.** (*Buch~*) tapa *f* **3.** (*fam: Hut*) sombrero *m;* **eins auf den ~ kriegen** (*fam fig*) llevarse una bronca

decken I. *vt* **1.** (*be~*) cubrir; (*zu~*) tapar; **ein Tuch über etw ~** cubrir algo con un paño **2.** (*Bedarf*) cubrir; (*Nachfrage*) satisfacer **3.** (*Tisch*) poner; **den Tisch ~** poner la mesa **4.** (SPORT) marcar **5.** (*ein Verbrechen*) cubrir **6.** (FIN: *Scheck*) cubrir; **der Scheck ist nicht gedeckt** el cheque no está cubierto **7.** (ZOOL: *weibliche Tiere*) cubrir; (*Stuten*) acaballar **II.** *vr:* **sich ~** (*übereinstimmen*) coincidir

Deckenbeleuchtung *f* alumbrado *m* de techo

Deckmantel *m* pretexto *m;* **unter dem ~ ...** *+gen* bajo pretexto de...; **Deckname** *m* nombre *m* falso

Deckung *f ohne Pl* **1.** (MIL) defensa *f;* **jdm ~ geben** cubrir a alguien; **in ~ gehen** ponerse a cubierto **2.** (*eines Verbrechers*) encubrimiento *m* **3.** (*von Bedarf, Scheck*) cobertura *f* **4.** (*Übereinstimmung*) armonía *f;* **unterschiedliche Standpunkte zur ~ bringen** armonizar diferentes puntos de vista **5.** (SPORT: *der Spieler*) marcaje *m;* (*Verteidigung*) defensa *f;* **deckungsgleich** *adj* congruente

Decoder *m* <-s, -> (INFOR, TV) descodificador *m*

defekt *adj* defectuoso; (*nicht funktionstüchtig*) averiado

Defekt *m* <-(e)s, -e> **1.** (TECH) avería *f* **2.** (MED) defecto *m*

defensiv *adj* defensivo

Defensive *f* <-n> defensiva *f;* **in die ~ gehen** ponerse a la defensiva

definieren* *vt* definir

Definition *f* <-en> definición *f*

definitiv *adj* definitivo

Defizit *nt* <-s, -e> **1.** (WIRTSCH) déficit *m inv* **2.** (*Mangel*) falta *f* (*an* de); **die Partei hat ein ~ an Popularität** el partido carece de popularidad

Deflation *f* <-en> (WIRTSCH) deflación *f*

deformieren* *vt* deformar

deftig *adj* **1.** (*Essen: kräftig*) fuerte; (*nahrhaft*) substancioso **2.** (*Spaß*) fuerte; (*anzüglich*) verde

Degen *m* <-s, -> espada *f*

degenerieren* *vi sein* (*a.* BIOL, MED) degenerar

degradieren* *vt* (*a.* MIL) degradar (*zu* a)

dehnbar *adj* **1.** (*Material*) elástico; (*in die Länge*) extensible; (PHYS) dilatable **2.** (*Begriff*) vago

dehnen I. *vt* **1.** (*Material*) estirar; (PHYS) dilatar; (MED: *Bänder*) extender **2.** (*Laute*) alargar **II.** *vr:* **sich ~ 1.** (*weiter werden*) ensancharse **2.** (*sich recken*) estirarse **3.** (*lange dauern*) dilatarse

Deich *m* <-(e)s, -e> dique *m*

Deichsel *f* <-n> lanza *f*

dein, deine, dein *pron poss* (*adjektivisch*) tu, tus *pl;* ~ **Mantel/Buch** tu abrigo/libro; ~**e Freunde/Eltern** tus amigos/padres; **viele Grüße, ~ Peter** muchos saludos, Peter; **du rauchst wohl auch so ~e drei Schachteln am Tag** tú también te fumarás unos tres paquetes al día

deine(r, s) *pron poss* (*substantivisch*) (el) tuyo *m,* (la) tuya *f,* (los) tuyos *mpl,* (las) tuyas *fpl;* **der Wagen in der Einfahrt, ist das ~r?** el coche que está en la entrada, ¿es tuyo?; *s. a.* **dein, deine, dein**

deiner *pron pers gen von* **du** de ti; **wir werden stets ~ gedenken** (*geh*) siempre pensaremos en ti

deinerseits *adv* de tu parte

deinesgleichen *pron indef* de tu condición, tus semejantes; ~ **kenne ich schon allzu gut** a los de tu calaña los conozco muy bien

deinetwegen *adv* por ti; (*negativ*) por tu culpa

deinetwillen *adv:* **um ~** en consideración a ti, por ti

deinige *pron poss:* **der/die/das** ~ *geh für* **deine(r, s)** el tuyo/la tuya; **die ~n** los tuyos, las tuyas

deins *pron poss s.* **deine(r, s)**

Dekade *f* <-n> década *f*

dekadent *adj* decadente

Dekadenz *f ohne Pl* decadencia *f;* (LIT) decadentismo *m*

Dekan(in)[1] *m(f)* <-s, -e; -nen> (UNIV) decano, -a *m, f*

Dekan[2] *m* <-s, -e> (REL) deán *m*

Dekanat *nt* <-(e)s, -e> (UNIV, REL) decanato *m*

deklamieren* *vt* declamar

deklarieren* *vt* declarar

Deklination *f* <-en> (*a.* LING) declinación *f*

deklinieren* *vt* (LING) declinar

dekodieren* *vt* (INFOR) descodificar

Dekolletee[RR] *nt* <-s, -s>, **Dekolleté** *nt* <-s, -s> escote *m*

Dekor *m o nt* <-s, -s *o* -e> decoración *f*

Dekorateur(in) *m(f)* <-s, -e; -nen> decorador(a) *m(f)*

Dekoration *f* <-en> decoración *f*

dekorativ *adj* decorativo

dekorieren* *vt* decorar

Dekret *nt* <-(e)s, -e> decreto *m*

Delegation *f* <-en> delegación *f*

delegieren* *vt* delegar (*an* en)

Delegierte(r) *mf* <-n, -n; -n> delegado, -a *m, f*

Delfin[RR] *m* <-s, -e> *s.* **Delphin**

delikat *adj* (*geh*) **1.** (*wohlschmeckend*) delicioso; (*auserlesen*) exquisito **2.** (*heikel*) delicado

Delikatesse *f* <-n> **1.** (*Leckerbissen*) exquisitez *f* **2.** (*geh: Zartgefühl*) delicadeza *f*

Delikt *nt* <-(e)s, -e> (JUR) delito *m,* felonía *f Am*

Delinquent(in) *m(f)* <-en, -en; -nen> (*geh*) delincuente *mf*

Delirium *nt* <-s, Delirien> delirio *m*

Delphin *m* <-s, -e> (ZOOL) delfín *m,* bufeo *m Ant, Hond, Mex*

Delta[1] *nt* <-s, -s *o* Delten> (GEO) delta *m*

Delta[2] *nt* <-(s), -s> (*griechischer Buchstabe*) delta *f*

Delten *Pl von* **Delta**[1]

dem *art best o pron dem o pron rel dat von* **der, das** *s.* **der, die, das**

Demagoge, -in *m, f* <-n, -n; -nen> (*abw*) demagogo, -a *m, f*

Demagogie *f* <-n> (*abw*) demagogia *f*

demagogisch *adj* (*abw*) demagógico

demaskieren* *vt* desenmascarar

Dementi *nt* <-s, -s> mentís *m inv*

dementieren* *vt* desmentir

dementsprechend **I.** *adj* correspondiente **II.** *adv* conforme a, por consiguiente; **sie wurden ~ behandelt** los trataron conforme a lo ocurrido; ~ **war sie als Erste zu Hause** por consiguiente fue la primera en llegar a casa

demgegenüber *adv* por el contrario; **sie behauptete ~, dass …** afirmó por el contrario que…

Demission *f* <-en> (POL: *Rücktritt*) dimisión *f*

demnach *adv* por lo tanto; **es ist ~ unmöglich, dass …** por lo tanto es imposible que… +*subj*

demnächst *adv* próximamente, dentro de poco

Demo *f* <-s> (*fam*) mani *f*

Demokrat(in) *m(f)* <-en, -en; -nen> demócrata *mf*

Demokratie *f* <-n> democracia *f*

demokratisch *adj* democrático; (*Person*) demócrata

demokratisieren* *vt* democratizar

Demokratisierung *f* <-en> democratización *f*

demolieren* *vt* demoler

Demonstrant(in) *m(f)* <-en, -en; -nen> manifestante *mf*

Demonstration *f* <-en> **1.** (*Protestmarsch*) manifestación *f* (*für* a favor de, *gegen* en contra de) **2.** (*geh: Bekundung*) demostración *f*

demonstrativ **I.** *adj* demostrativo **II.** *adv* ostensivamente; **Demonstrativpronomen** *nt* (LING) pronombre *m* demostrativo

demonstrieren* **I.** *vi* (*protestieren*) manifestarse (*für* a favor de, *gegen* en contra de) **II.** *vt* (*bekunden*) demostrar

demontieren* *vt* desmontar, desarmar

demoralisieren* *vt* desmoralizar

D

demselben *pron dem dat von* **derselbe, dasselbe** *s.* **derselbe, dieselbe, dasselbe**

Demut *f ohne Pl* humildad *f;* **in ~** con humildad

demütig *adj* humilde; (*unterwürfig*) sumiso

demütigen *vt* humillar

Demütigung *f* <-en> humillación *f*

demzufolge *adv* (*folglich*) por lo tanto, por consiguiente

den *art best o pron dem o pron rel akk von* **der** *dat von Pl* **die** *s.* **der, die, das**

denen *pron dem o pron rel dat von Pl* **die** *s.* **der, die, das**

Den Haag *nt* <-s> La Haya *f*

denkbar I. *adj* posible **II.** *adv* (*sehr*) sumamente; **ein ~ günstiges Angebot** una oferta sumamente favorable

denken <denkt, dachte, gedacht> **I.** *vi* **1.** (*überlegen*) pensar (*an* en, *über/von* de); (*logisch*) razonar; **laut ~** (*fam*) pensar en voz alta; **das gibt mir zu ~** esto me da que pensar; **solange ich ~ kann** hasta donde mi memoria alcanza; **ich denke nicht daran, dass zu tun!** ¡no pienso hacerlo!; **ich darf gar nicht daran ~** no quiero ni pensarlo; **wie denkst du darüber?** ¿qué piensas tú de eso? **2.** (*sich erinnern*) acordarse (*an* de), recordar (*an*); **denk daran!** ¡recuérdalo!; **wenn ich so an früher denke** al recordar los tiempos pasados **3.** (*annehmen*) pensar, suponer; **wer hätte das gedacht** quién lo hubiera pensado; **man sollte ~, dass …** debería suponerse que…; **ich denke schon** creo que sí; **denkste!** (*fam*) ¡y un jamón!; **wo ~ Sie hin!** ¿qué se ha figurado Ud.? **4.** (*wollen*) querer; **ganz wie Sie ~** como Ud. quiera **II.** *vt* (*sich vorstellen*) imaginarse, figurarse; **was denkst du gerade?** ¿qué estás pensando?; **das hätte ich nicht von ihm gedacht!** ¡no me hubiera imaginado esto de él!; **wie hast du dir das gedacht?** ¿cómo te lo has figurado?; **das kann ich mir ~** ya me lo imagino; **das hast du dir wohl so gedacht!** ¡eso te gustaría!; **ich habe mir nichts Böses dabei gedacht** no lo hice con mala intención; **für jdn/etw gedacht sein** ser para alguien/algo

Denken *nt ohne Pl* <-s> **1.** (*Nach~*) reflexión *f* **2.** (*logisches ~*) raciocinio *m;* **positives ~** pensamiento positivo

Denker(in) *m(f)* <-s, -; -nen> pensador(a) *m(f);* **Denkfehler** *m* error *m* de lógica

Denkmal *nt* <-s, -mäler *o* -e> monumento *m;* **jdm ein ~ setzen** erigir un monumento a alguien; **Denkmal(s)schutz** *m ohne Pl* <-es> protección *f* de monumentos; **etw unter ~ stellen** declarar algo monumento nacional

Denksportaufgabe *f* rompecabezas *m inv*

denkwürdig *adj* memorable; **Denkzettel** *m* lección *f;* **jdm einen ~ verpassen** dar a alguien una lección

denn I. *part* pues; **was ist ~ passiert?** ¿qué ha pasado, pues?; **warum/wo ~?** pues ¿por qué/dónde?; **wieso ~ nicht?** ¡cómo que no!; **kannst du ~ nicht aufpassen?** ¿pero no puedes prestar atención?; **geschweige ~** y menos **II.** *konj* **1.** (*weil*) pues, porque; **ich wollte gehen, ~ es wurde schon dunkel** quería irme, pues se estaba haciendo de noche; **es sei ~, dass …** a no ser que… +*subj* **2.** (*geh: als*) que; **mehr ~ je** más que nunca

dennoch *adv* a pesar de todo, no obstante

denselben *pron dem o pron dem akk von* **derselbe** *dat von* **dieselben** *s.* **derselbe, dieselbe, dasselbe**

Denunziant(in) *m(f)* <-en, -en; -nen> (*abw*) denunciante *mf*

denunzieren* *vt* (*abw*) denunciar, batir *CSur*

Deo *nt* <-s, -s>, **Deodorant** *nt* <-s, -e *o* -s> desodorante *m;* **Deoroller** *m* desodorante *m* de bola; **Deospray** *m* desodorante *m* atomizador

Departement *nt* <-s, -s> (ADMIN: *Frankreich, Schweiz*) departamento *m*

Depesche *f* <-n> telegrama *m*

Deponie *f* <-n> vertedero *m*

deponieren* *vt* depositar

deportieren* *vt* deportar

Depot *nt* <-s, -s> **1.** (*für Waren, Wertsachen*) depósito *m* **2.** (*Fahrzeugpark*) terminal *m* **3.** (GASTR: *bei Wein*) bodega *f* **4.** (*Schweiz: Flaschenpfand*) fianza *f* para el casco

Depression *f* <-en> (PSYCH, WIRTSCH, GEO) depresión *f*

depressiv *adj* **1.** (*Stimmung*) depresivo **2.** (WIRTSCH) recesivo

deprimieren* *vt* deprimir

Deputierte(r) *mf* <-n, -n; -n> (POL) diputado, -a *m, f*

der *art best o pron dem gen/dat von* **die** *gen von Pl* **die** *s.* **der, die, das**

der, die, das <die> **I.** *art best* el *m,* la *f,* los *mpl,* las *fpl* **II.** *pron dem* **1.** (*adjektivisch: hier*) este, -a *m, f,* estos *mpl,* estas *fpl;* (*da*) ese, -a *m, f,* esos *mpl,* esas *fpl;* **das Kind dort** aquel niño **2.** (*substantivisch*) éste, -a *m, f,* esto *nt,* éstos *mpl,* éstas *fpl;* **was ist das?** ¿qué es eso?; **das hier/da** esto (de aquí)/eso (de ahí); **~/die dort** el/la de allí; **das bin ich** éste soy yo; **~ mit dem Koffer** ése de la maleta; **ist das Ihr Auto?** ¿es (éste) su coche?; **wie dem auch sei** sea como sea; **ich bin mir dessen bewusst** soy consciente de esto; **nach dem, was ich gehört habe** según lo que me han dicho;

s. a. **diese(r, s)**, **jene(r, s)**, **derjenige** **III.** *pron rel* que, quien, quienes *pl,* el/la cual, los/las cuales *pl;* **der Mensch, ~ das getan hat** la persona que lo ha hecho; **der Mann, bei dem er wohnt** el hombre con quien [*o* con el cual] vive; **der Nachbar, dessen Hund so oft bellt** el vecino cuyo perro ladra tan a menudo

derart *adv* de tal manera, tanto; **~, dass ...** de tal manera que...

derartig **I.** *adj* de este tipo, semejante **II.** *adv* de tal manera, tanto; **er schnarchte ~, dass ...** roncaba de tal manera que...

derb *adj* **1.** (*kräftig*) recio **2.** (*stabil*) sólido **3.** (*Ausdruck*) vulgar **4.** (*Person*) grosero, pelado *Mex*

Derby *nt* <-s, -s> (SPORT) derby *m*

deren *pron dem o pron rel gen von* **die** *s.* **der**, **die**, **das**

derentwegen *adv* (*relativisch*) por los cuales; (*demonstrativisch*) por causa de ellos; **derentwillen** *adv:* **um ~** (*ihr zuliebe*) por ella; (*ihnen zuliebe*) por ellos

derer *pron dem gen von Pl* **die** *s.* **der**, **die**, **das**

dergestalt *adv* (*geh*) de tal manera; **~, dass ...** de tal manera que...

dergleichen *pron dem inv* semejante, parecido; **und ~ mehr** y más cosas parecidas

derjenige, **diejenige**, **dasjenige** <diejenigen> *pron dem* (*hier*) el *m,* la *f,* lo *nt;* (*weiter entfernt*) aquel *m,* aquella *f,* aquello *nt;* **~, der am lautesten schreit** el que más alto grita; **~ Schüler, der das getan hat** aquel alumno que lo haya hecho; **ist das ~, welcher ...?** (*fam*) ¿es aquél que...?

derjenigen *pron dem dat/gen von* **diejenige** *gen von* **diejenigen** *s.* **derjenige**, **diejenige**, **desjenige**

derlei *pron dem inv s.* **dergleichen**

dermaßen *adv* tanto, de tal modo; **~, dass ...** de tal modo que...; **die Freude war ~ groß** la alegría fue tan grande

derselbe, **dieselbe**, **dasselbe** <dieselben> *pron dem* el mismo, la misma, lo mismo (*wie* que); **er ist immer noch ganz ~** es el mismo de siempre; **das ist doch ein und dasselbe** pero si es exactamente lo mismo

derweil(en) **I.** *adv* mientras tanto, entretanto **II.** *konj* mientras (que)

derzeit *adv* actualmente; **die ~ beste Methode** el mejor método actualmente

derzeitig *adj* actual; **der ~e Regierungschef** el actual jefe de gobierno

des *art best gen von* **der, das** *s.* **der**, **die**, **das**

Des *nt ohne Pl* <-> (MUS) re *m* bemol

Desaster *nt* <-s, -> desastre *m*

Deserteur(in) *m(f)* <-s, -e; -nen> desertor(a) *m(f)*

desertieren* *vi haben o sein* desertar

desgleichen *adv* asimismo, igualmente

deshalb *adv* por eso; **ich habe das ~ getan, weil ...** lo hice porque...; **~ frage ich ja** por eso pregunto; **gerade ~** por eso mismo

Design *nt* <-s, -s> diseño *m*

Designer(in) *m(f)* <-s, -; -nen> diseñador(a) *m(f)*

Desinfektion *f* <-en> desinfección *f;* **Desinfektionsmittel** *nt* desinfectante *m*

desinfizieren* *vt* desinfectar

Desinteresse *nt ohne Pl* <-s> desinterés *m* (*an/für* por)

desinteressiert *adj* desinteresado (*an/für* por)

desorientiert *adj* desorientado, desubicado *Am*

Desorientierung *f* <-en> desorientación *f*

Despot(in) *m(f)* <-en, -en; -nen> déspota *mf*

despotisch *adj* despótico

desselben *pron dem gen von* **derselbe, dasselbe** *s.* **derselbe**, **dieselbe**, **dasselbe**

dessen *pron dem o pron rel gen von* **der, das** *s.* **der**, **die**, **das**

dessenungeachtet *adv s.* **ungeachtet**

Dessert *nt* <-s, -s> postre *m*

Dessous *nt* <-, -> ropa *f* interior

Destillat *nt* <-(e)s, -e> (CHEM) (producto *m*) destilado *m*

destillieren* *vt* (CHEM) destilar

desto *konj* (tanto) más, tanto; **~ besser!** ¡tanto mejor!; **je mehr ... ~ mehr ...** cuanto más... (tanto) más...; **je früher, ~ besser** cuanto antes, mejor

destruktiv *adj* destructivo

deswegen *adv s.* **deshalb**

Detail *nt* <-s, -s> detalle *m;* **ins ~ gehen** entrar en detalles

detailliert **I.** *adj* detallado **II.** *adv* en detalles, con pormenores

Detektei *f* <-en> agencia *f* de informes

Detektiv(in) *m(f)* <-s, -e; -nen> detective *mf*

detektivisch *adj* detectivesco

Detektivroman *m* (LIT) novela *f* detectivesca

Detonation *f* <-en> detonación *f*

detonieren* *vi sein* detonar

deuten **I.** *vi* **1.** (*zeigen*) señalar (*auf*) **2.** (*hinweisen*) indicar (*auf*); **alles deutet darauf hin, dass ...** todo indica que... **II.** *vt* (*Text*) interpretar; (*Sterne*) leer (en)

deutlich **I.** *adj* **1.** (*klar*) claro; (*Handschrift*) legible; **jdm etw ~ machen** explicar algo a alguien; **jdm etw klar und ~ sagen** decir algo a alguien clara e inteligiblemente **2.** (*eindeutig*) obvio; **es wurde ~, dass ...** fue obvio que... **II.** *adv* (*spürbar*) bastante; **hier ist es ~ kälter** aquí hace bastante más frío

Deutlichkeit *f ohne Pl* **1.** (*Klarheit*) claridad *f* **2.** (*Nachdruck*) franqueza *f;* **etw mit aller ~ sagen** decir algo con toda franqueza
deutsch *adj* alemán; **D~e Mark** marco alemán
Deutsch *nt ohne Pl* <-> alemán *m;* **~ sprechen/lernen** hablar/aprender alemán; **etw ins ~e/aus dem ~en übersetzen** traducir algo al alemán/del alemán; **wir haben uns auf ~ unterhalten** conversamos en alemán; **auf gut ~ gesagt** dicho llanamente
Deutsche(r) *mf* <-n, -n; -n> alemán, -ana *m, f*
Deutschland *nt* <-s> Alemania *f;* **das vereinte/vereinigte ~** la Alemania unida/reunificada
deutschsprachig *adj* de habla alemana
deutschsprachlich *adj* de habla alemana; **~er Unterricht** clases en alemán
Deutung *f* <-en> interpretación *f*
Devise *f* <-n> **1.** (*Wahlspruch*) lema *m* **2.** *Pl* (*Währung*) divisas *fpl;* **Devisenhandel** *m* (FIN) comercio *m* de divisas
Dezember *m* <-(s)> diciembre *m; s. a.* **März**
dezent *adj* **1.** (*taktvoll*) decente **2.** (*Farbe*) discreto
Dezernat *nt* <-(e)s, -e> negociado *m*
Dezernent(in) *m(f)* <-en, -en; -nen> jefe, -a *m, f* de negociado
Deziliter *m o nt* <-s, -> decilitro *m*
dezimal *adj* decimal; **Dezimalstelle** *f* (MATH) parte *f* decimal; **Dezimalsystem** *nt ohne Pl* <-s> (MATH) sistema *m* decimal
Dezimeter *m o nt* <-s, -> decímetro *m*
dezimieren* *vt* diezmar
DFÜ *f* (INFOR, TEL) *Abk. von* **Datenfernübertragung** transmisión *f* de datos
DGB *m* <-> *Abk. von* **Deutscher Gewerkschaftsbund** Confederación *f* de los Sindicatos Alemanes
d.h. *Abk. von* **das heißt** o sea, esto es
Dia *nt* <-s, -s> diapositiva *f*
Diabetes *m ohne Pl* (MED) diabetes *f inv*
Diabetiker(in) *m(f)* <-s, -; -nen> (MED) diabético, -a *m, f*
diabolisch *adj* (*geh*) diabólico
Diadem *nt* <-s, -e> diadema *f*
Diagnose *f* <-n> (MED, PSYCH) diagnóstico *m;* **eine ~ stellen** establecer un diagnóstico
diagnostizieren* *vt* diagnosticar
diagonal *adj* diagonal
Diagonale *f* <-n> línea *f* diagonal
Diagramm *nt* <-s, -e> diagrama *m*
Diakon[1] *m* <-s *o* -en, -e *o* -en> (*katholisch, orthodox, anglikanisch*) diácono *m*
Diakon(in)[2] *m(f)* <-s *o* -en, -e *o* -en; -nen> (*evangelisch*) hermano, -a *m, f* de la caridad
Diakonie *f ohne Pl* (REL) diaconía *f*
Diakonissin *f* <-nen> diaconisa *f*
Dialekt *m* <-(e)s, -e> dialecto *m*
dialektal *adj* (LING) dialectal
Dialektik *f ohne Pl* (PHILOS) dialéctica *f*
Dialog *m* <-(e)s, -e> (*a.* INFOR) diálogo *m*
Diamant *m* <-en, -en> diamante *m;* **Diamantring** *m* anillo *m* de diamantes
Diaprojektor *m* (FOTO) proyector *m* de diapositivas
Diät *f* <-en> **1.** (*Abmagerungskur*) dieta *f,* régimen *m;* **streng ~ leben** seguir un régimen estricto; **eine ~ machen** hacer una dieta; **jdn auf ~ setzen** poner a alguien a dieta **2.** *Pl* (POL) dietas *fpl*
diätetisch *adj* (*a.* MED) dietético
Diätkur *f* (MED) régimen *m* dietético
Diavortrag *m* conferencia *f* con diapositivas
dich I. *pron pers akk von* **du** te; (*betont*) a ti (te); (*mit Präposition*) ti; **ich sehe ~ nachher** luego te veo; **~ wollte ich fragen** a ti quería preguntarte; **es geht um ~** se trata de ti; **pass auf ~ auf!** ¡cuídate! **II.** *pron refl akk von* **du** te; **benimm ~!** ¡compórtate!
dicht I. *adj* **1.** (*Wald, Verkehr, Nebel*) denso; (*Haar*) tupido; **~ gedrängt** apretado **2.** (*undurchlässig*) hermético; (*wasser~*) impermeable **3.** (*fam: geschlossen*) cerrado **4.** (*Wend*): **nicht ganz ~ sein** (*fam fig*) no estar muy bien de la cabeza **II.** *adv* (*nahe*): **~ an** [*o* **bei**] cerca de; **~ an ~ stehen** estar uno junto al otro; **~ davor/daneben** justo delante/al lado
Dichte *f* <-n> (*a.* PHYS) densidad *f*
dichten *vi, vt* **1.** (*verfassen*) componer **2.** (*Leck*) tapar
Dichter(in) *m(f)* <-s, -; -nen> poeta *m,* poetisa *f*
dichterisch *adj* poético
dichtgedrängt *adj s.* **dicht I.1.**; **dicht|halten** *irr vi* (*fam*) callarse; **er hat nicht dichtgehalten** se ha ido de la lengua; **dicht|machen** *vi, vt* (*fam: Laden, Fabrik*) cerrar; (*Grenze, Strecke*) bloquear
Dichtung *f* <-en> **1.** (*Gattung*) poesía *f* **2.** (*Gedicht*) poema *m* **3.** (TECH) junta *f*
dick *adj* **1.** (*von großer Masse*) gordo; (*beleibt*) grueso; (*umfangreich*) voluminoso; **~ werden** engordar; **ein ~es Fell haben** (*fig*) ser duro de pellejo; **~ auftragen** (*fam abw: überteiben*) exagerar **2.** (*fam: geschwollen*) hinchado **3.** (*Flüssigkeit*) espeso; (*Qualm, Nebel*) denso; **es herrscht ~e Luft** (*fam fig*) está la atmósfera cargada; **das ist ein ~er Hund!** (*fam fig*) ¡eso sí que es fuerte!; **sie sind ~ befreundet** (*fam*) son íntimos amigos; **dickbäuchig** *adj* barrigudo, pipón *Ant, Arg, Ecua: fam;* **Dickdarm** *m* (ANAT) intestino *m* grueso
Dicke *f* <-n> (*von Feststoffen*) grosor *m;*

(*von Flüssigkeiten*) espesor *m*

dickfellig *adj* (*fam: unempfindlich*) insensible; (*gleichgültig*) indiferente

dickflüssig *adj* espeso

Dickhäuter *m* <-s, -> (*Tier*) paquidermo *m;* (*fam: Mensch*) persona *f* insensible

Dickicht *nt* <-s, -e> maleza *f*

Dickkopf *m* (*fam: Mensch*) cabezota *mf;* **einen ~ haben** ser un cabezota

dickköpfig *adj* (*fam*) cabezota

dicklich *adj* gordezuelo

Dickwanst *m* (*fam abw*) panzudo, -a *m, f*

Didaktik *f ohne Pl* didáctica *f*

didaktisch *adj* didáctico

die *art best o pron dem o pron rel s.* **der**, **die**, **das**

Dieb(in) *m(f)* <-(e)s, -e; -nen> ladrón, -ona *m, f,* chorro, -a *m, f CSur: fam;* **haltet den ~!** ¡al ladrón!

diebisch *adj* **1.** (*Mensch*) ladrón **2.** (*Vergnügen*) enorme

Diebstahl *m* <-(e)s, -stähle> robo *m*

diejenige(n) *pron dem s.* **derjenige**, **diejenige**, **dasjenige**

Diele *f* <-n> **1.** (*Brett*) tabla *f* del suelo **2.** (*Vorraum*) vestíbulo *m*

dienen *vi* **1.** (*nützlich sein*) servir (*zu* para, *als* de); **das dient einem guten Zweck** esto es para una buena causa; **damit ist mir nicht gedient** esto no me sirve de ayuda; **womit kann ich ~?** ¿en qué puedo servirle?; **ich weiß nicht, wozu das ~ soll** no sé de qué sirve eso **2.** (MIL) hacer el servicio militar

Diener[1] *m* <-s, -> (*fam: Verbeugung*) reverencia *f*

Diener(in)[2] *m(f)* <-s, -; -nen> criado, -a *m, f;* (*Hausangestellte*) sirviente, -a *m, f,* mucamo, -a *m, f Am*

Dienerschaft *f* <-en> criados *mpl;* (*Hausangestellte*) servidumbre *f*

dienlich *adj* útil; **jdm/etw ~ sein** ser útil a alguien/algo

Dienst *m* <-(e)s, -e> servicio *m;* (*Amt*) función *f;* (*Aufgabe*) oficio *m;* (*Arbeitsschicht*) turno *m;* (MIL) retirado *m;* **öffentlicher ~** servicio público; **außer ~** jubilado; **zum ~ gehen** ir al trabajo; **~ haben** estar de servicio; **~ habend** (MIL) de servicio; (*Arzt*) de turno; **den ~ antreten** (*Schicht*) empezar el turno; (*Amt*) entrar en funciones; **den ~ quittieren** dimitir del cargo; **in jds ~en stehen** estar al servicio de alguien; **jdm einen schlechten ~ erweisen** hacerle a alguien un flaco favor; **sich in den ~ einer Sache stellen** ponerse al servicio de una causa; **seine Beine versagten ihm den ~** ya no pudo mantenerse de pie

Dienstag *m* <-(e)s, -e> martes *m; s. a.* **Montag**

dienstagabends[RR] *adv* los martes por la noche

dienstags *adv* los martes

Dienstanweisung *f* instrucción *f;* **Dienstausweis** *m* tarjeta *f* de identidad; **Dienstbote, -in** *m, f* doméstico, -a *m, f;* **Diensteifer** *m* celo *m;* **dienstfrei** *adj* libre; **Dienstgeheimnis** *nt* secreto *m* profesional; **Dienstgrad** *m* (MIL) grado *m*

diensthabend *adj s.* **Dienst**

Dienstjahr *nt* año *m* de servicio [*o* de trabajo]; **Dienstleistung** *f* (prestación *f* de) servicio *m;* **Dienstleistungsgewerbe** *nt ohne Pl* <-s> (industria *f* del) sector *m* terciario

dienstlich *adj* oficial; **~ unterwegs sein** estar de viaje por razones de trabajo

Dienstmädchen *nt* criada *f,* muchacha *f Am,* china *f And, CSur;* **Dienstpersonal** *nt* personal *m* de servicio; **Dienstreise** *f* viaje *m* de trabajo; **Dienststelle** *f* departamento *m;* **die zuständige ~** el departamento correspondiente; **Dienststunden** *fPl* horas *fpl* de servicio; (*einer Behörde*) horas *fpl* de oficina; **Dienstwagen** *m* coche *m* de servicio; **Dienstzeit** *f* **1.** (*Arbeitszeit*) horario *m* de trabajo **2.** (*Amtsdauer*) años *mpl* de servicio

dies *pron dem s.* **diese(r, s)**

diesbezüglich **I.** *adj* correspondiente **II.** *adv* en relación a esto

diese(r, s) <diese> *pron dem* **1.** (*adjektivisch*) este *m,* esta *f;* (*weiter entfernt*) ese *m,* esa *f;* **Anfang ~s Jahres** a principios de este año **2.** (*substantivisch*) éste *m,* ésta *f,* esto *nt;* (*weiter entfernt*) ése *m,* ésa *f,* eso *nt;* **~r hier** éste de aquí; **dies und das** esto y lo otro; **~s und jenes** esto y aquello

Diesel[1] *m ohne Pl* <-s> (*fam*) gasoil *m*

Diesel[2] *m* <-(s), -> (*fam: Motor, Auto*) diesel *m*

dieselbe(n) *pron dem s.* **derselbe**, **dieselbe**, **dasselbe**

Dieselmotor *m* motor *m* diesel; **Dieselöl** *nt* gasóleo *m*

diesig *adj* brumoso

diesjährige(r, s) *adj* de este año

diesmal *adv* esta vez

diesseits **I.** *präp +gen* a este lado de; (*bei Flüssen*) a esta orilla de **II.** *adv* a este lado

Diesseits *nt ohne Pl* <-> este mundo *m*

Dietrich *m* <-s, -e> (TECH) ganzúa *f*

Differential *nt* <-s, -e> *s.* **Differenzial**; **Differentialrechnung** *f s.* **Differenzialrechnung**

Differenz *f* <-en> **1.** (*Unterschied*) diferencia *f;* (COM) déficit *m inv* **2.** (*Streit*) disputa *f*

Differenzial[RR] *nt* <-s, -e> (MATH) diferencial *f;* **Differenzialrechnung[RR]** *f* (MATH) cálculo *m* diferencial

differenzieren* *vt, vi* (*a.* MATH) diferenciar

differenziert *adj* (*geh: fein unterscheidend*) detallado

digital *adj* digital

digitalisieren* *vt* (INFOR) digitalizar

Diktat *nt* <-(e)s, -e> **1.** (*Nachschrift*) dictado *m;* **nach ~ schreiben** escribir al dictado **2.** (*Befehl*) imposición *f;* (POL) tratado *m* impuesto

Diktator(in) *m(f)* <-s, -en; -nen> dictador(a) *m(f)*

diktatorisch *adj* dictatorial

Diktatur *f* <-en> dictadura *f*

diktieren* *vt* **1.** (*Text*) dictar **2.** (*geh: aufzwingen*) imponer

Diktiergerät *nt* <-(e)s, -e> dictáfono *m*

Dilemma *nt* <-s, -s *o* Dilemmata> dilema *m*

Dilettant(in) *m(f)* <-en, -en; -nen> **1.** (*Laie*) diletante *mf* **2.** (*abw: Stümper*) chapucero, -a *m, f*

Dill *m* <-s, -e> eneldo *m*

Dimension *f* <-en> dimensión *f*

DIN *f Abk. von* **Deutsche Industrie-Norm(en)** normas *fpl* DIN

Dinar *m* <-s, -e> dinar *m*

Ding[1] *nt* <-(e)s, -e> **1.** (*Gegenstand*) objeto *m;* (*Sache*) cosa *f;* **aller guten ~e sind drei** (*prov*) a la tercera va la vencida **2.** (*Angelegenheit*) asunto *m;* **vor allen ~en** sobre todo; **guter ~e sein** (*geh*) tener buen humor; **das geht nicht mit rechten ~en zu** aquí hay gato encerrado; **das ist ein ~ der Unmöglichkeit** es algo imposible; **so wie die ~e liegen ...** tal y como están las cosas...

Ding[2] *nt* <-(e)s, -er> (*fam: unbestimmte Sache*) cosa *f;* **krumme ~er** negocios turbios; **ein junges ~** una jovencilla inocente

dingfest *adj:* **jdn ~ machen** arrestar a alguien

Dings[1] *mf ohne Pl* <-> (*fam: Person*) fulano, -a *m, f*

Dings[2] *nt ohne Pl* <-> (*fam: Sache*) cosa *f*

Dingsbums *mfnt ohne Pl* <->, **Dingsda** *mfnt ohne Pl* <-> *s.* **Dings**

Dinosaurier *m* <-s, -> dinosaurio *m*

Diode *f* <-n> (ELEK) diodo *m*

Dioptrie *f* <-n> (*Optik*) dioptría *f*

Diphtherie *f* <-n> (MED) difteria *f*

Diphthong *m* <-s, -e> (LING) diptongo *m*

Dipl. *Abk. von* **Diplom** diplomado *m*

Dipl.-Ing. *Abk. von* **Diplomingenieur(in)** ingeniero, -a *m, f* diplomado, -a

Diplom *nt* <-s, -e> diploma *m;* **sein ~ machen (in etw)** licenciarse (en algo)

Diplomat(in) *m(f)* <-en, -en; -nen> diplomático, -a *m, f*

Diplomatie *f ohne Pl* diplomacia *f*

diplomatisch *adj* diplomático; **~e Beziehungen zu ... unterhalten** mantener relaciones diplomáticas con...

Diplomingenieur(in) *m(f)* ingeniero, -a *m, f* diplomado, -a

dir **I.** *pron pers dat von* **du** te; (*betont*) a ti (te); (*mit Präposition*) ti; **ich habe ~ etwas mitgebracht** te he traído una cosa; **~ verrate ich nicht, was ich vorhabe!** ¡a ti no te contaré mis planes!; **hinter/vor/unter/über ~** detrás de/delante de/debajo de/encima de ti; **ein Freund von ~** un amigo tuyo **II.** *pron refl dat von* **du** te; **was hast du ~ gekauft?** ¿qué te has comprado?

direkt **I.** *adj* **1.** (*ohne Umweg, unmittelbar*) directo; (*Frage*) sin rodeos; **~e Rede** (LING) estilo directo; **~ am Bahnhof** en la misma estación; **~ vor dem Haus** justo delante de la casa **2.** (*unverzüglich*) inmediato **II.** *adv* **1.** (*ohne Umweg*) derecho; **die Straße führt ~ ins Zentrum** la calle lleva directamente al centro; **~ übertragen** (RADIO, TV) tra(n)smitir en directo **2.** (*unverzüglich*) enseguida, directamente **3.** (*fam: ausgesprochen*) realmente; **das ist ja ~ gefährlich, was du machst** es realmente peligroso lo que haces

Direktion *f* <-en> **1.** (*Leitung*) dirección *f* **2.** (*Schweiz: kantonales Ministerium*) departamento *m* cantonal

Direktor(in) *m(f)* <-s, -en; -nen> director(a) *m(f)*

Direktorium *nt* <-s, Direktorien> directorio *m*

Direktrice *f* <-n> sastra-directriz *f*

Direktübertragung *f* <-en> transmisión *f* en directo

Direktzugriff *m* (INFOR) acceso *m* directo

Dirigent(in) *m(f)* <-en, -en; -nen> (*a.* MUS) director(a) *m(f)* de orquesta

dirigieren* *vt* (*a.* MUS) dirigir

Dirndl *nt* <-s, -> (*österreichisch*) traje *m* tradicional tirolés; (*bayrisch*) vestido *m* tradicional bávaro

Dirne *f* <-n> prostituta *f*

Dis *nt* <-, -> (MUS) re *m* sostenido

Disco *f* <-s> disco *f*

Disken *Pl von* **Diskus**

Diskette *f* <-n> (INFOR) disquete *m;* **Diskettenlaufwerk** *nt* (INFOR) disquetera *f*

Diskjockey *m* pinchadiscos *mf inv,* discjockey *mf*

Disko *f* <-s> disco *f*

Diskont *m* <-s, -e> (FIN) descuento *m;* **Diskontsatz** *m* <-es, -sätze> (FIN) tipo *m* de descuento

Diskothek *f* <-en> discoteca *f*

Diskrepanz *f* <-en> discrepancia *f*

diskret *adj* discreto

Diskretion *f ohne Pl* discreción *f;* (WIRTSCH) confidencialidad *f*

diskriminieren* *vt* discriminar
diskriminierend *adj* discriminatorio
Diskriminierung *f* <-en> discriminación *f*
Diskus *m* <- *o* -ses, -se *o* Disken> (SPORT) disco *m*
Diskussion *f* <-en> discusión *f*, argumento *m Am;* **ein Thema zur ~ stellen** poner un tema a debate
Diskuswerfen *nt ohne Pl* <-s> (SPORT) lanzamiento *m* de disco
diskutieren* *vi, vt* discutir (*über* de/sobre)
Display *nt* <-s, -s> (INFOR) display *m*
disponieren* *vi* (*geh*) disponer (*über* de)
Disposition *f* <-en> (*geh*) **1.** (*Verwendung*) disposición *f;* **(jdm) zur ~ stehen** estar a disposición (de alguien) **2.** (*Planung*) planes *mpl* **3.** (MED: *Anlage*) predisposición *f*
Disput *m* <-(e)s, -e> (*geh*) disputa *f*
Disqualifikation *f* <-en> (*a.* SPORT) descalificación *f*
disqualifizieren* *vt* (*a.* SPORT) descalificar
Dissertation *f* <-en> tesis *f inv* doctoral
Dissident(in) *m(f)* <-en, -en; -nen> disidente *mf*
Dissonanz *f* <-en> (*a.* MUS) disonancia *f*
Distanz *f* <-en> distancia *f;* **~ wahren** guardar las distancias
distanzieren* *vr:* **sich ~** distanciarse
Distel *f* <-n> (BOT) cardo *m*
Distrikt *m* <-(e)s, -e> distrito *m*
Disziplin *f* <-en> disciplina *f*
disziplinarisch *adj* disciplinario
Disziplinarverfahren *nt* (ADMIN) procedimiento *m* disciplinario
diszipliniert *adj* disciplinado
disziplinlos *adj* indisciplinado
Diva *f* <-s *o* Diven> diva *f*
Divergenz *f* <-en> (*a.* MATH) divergencia *f*
divergieren* *vi* (*a.* MATH) divergir
divers(e) *adj* (*geh*) **1.** (*mehrere*) diverso **2.** (*verschiedene*) diferente; **~er Ansicht sein** tener una opinión diferente
Dividende *f* <-n> (FIN, WIRTSCH) dividendo *m;* **eine ~ ausschütten** repartir un dividendo
dividieren* *vt* (MATH) dividir (*durch* por)
Division *f* <-en> (MATH, MIL) división *f* (*durch* por)
Diwan *m* <-s, -e> (*Liegesofa*) diván *m*
DKP *f Abk. von* **Deutsche Kommunistische Partei** Partido *m* Comunista Alemán
dm *Abk. von* **Dezimeter** dm
DM *f inv Abk. von* **Deutsche Mark** marco *m* alemán
d-Moll *nt* (MUS) re *m* menor
D-Netz *nt* (TEL: *europaweites Mobilfunknetz*) sistema *m* de comunicación móvil europeo
DNS *f Abk. von* **Desoxyribonukleinsäure** A.D.N. *m*

doch I. *adv* **1.** (*dennoch*) sin embargo, a pesar de todo; **er hatte ~ Recht** a pesar de todo tenía razón **2.** (*aber*) pero; **du weißt ~, wie ich das meine** pero ya sabes qué quiero decir; **das habe ich mir ~ gedacht** ya me lo había imaginado **3.** (*denn*) pues; **er sagte nichts, wusste er ~, dass sie Recht hatte** no dijo nada pues sabía que ella tenía razón **4.** (*Antwort*) sí, claro que sí; **kommst du nicht mit? – ~!** ¿no vienes? – ¡pues claro que sí! **5.** (*Betonung*) sí que…; **es schmeckt ~** sí que está bueno **II.** *part* **1.** (*verstärkend*) pero, pues; **das ist ~ die Höhe!** ¡esto sí que es el colmo!; **nehmen Sie ~ Platz!** ¡pero tome asiento!; **du hast ~ nicht etwa …?** ¿no habrás…?; **wie hieß er ~ gleich?** ¿cómo se llamaba? **2.** (*auffordernd*): **gib ~ mal her!** ¡dámelo de una vez!; **soll er ~!** ¡que lo haga si quiere! **3.** (*Zustimmung fordernd*) ¿verdad?; **hier darf man ~ rauchen?** aquí se puede fumar, ¿verdad? **III.** *konj* (*aber*) pero; **ich würde es gern tun, ~ ich traue mich nicht** me gustaría hacerlo pero no me atrevo
Docht *m* <-(e)s, -e> mecha *f*
Dock *nt* <-(e)s, -s> dique *m;* **das Schiff liegt im ~** el barco se encuentra en dique
Dogge *f* <-n> (perro *m*) dogo *m*
Dogma *nt* <-s, Dogmen> dogma *m*
dogmatisch *adj* dogmático
Dogmen *Pl von* **Dogma**
Dohle *f* <-n> (ZOOL) grajilla *f*
Doktor(in) *m(f)* <-s, -en; -nen> doctor(a) *m(f);* (*a.* MED) médico, -a *m, f;* **Herr/Frau ~** doctor/doctora; **sie ist ~ der Philosophie** es doctora en filosofía; **den ~ machen** hacer el doctorado
Doktorand(in) *m(f)* <-en, -en; -nen> doctorando, -a *m, f*
Doktorarbeit *f* tesis *f inv* doctoral; **Doktortitel** *m* doctorado *m;* **den ~ erwerben** doctorarse
Doktrin *f* <-en> doctrina *f*
Dokument *nt* <-(e)s, -e> documento *m*
Dokumentarfilm *m* <-(e)s, -e> (película *f*) documental *m*
dokumentarisch *adj* documental
Dokumentation *f* <-en> documentación *f*
dokumentieren* *vt* documentar
Dolch *m* <-(e)s, -e> puñal *m*
Dollar *m* <-(s), -s> dólar *m;* **Dollarkurs** *m* (FIN) cotización *f* del dólar
dolmetschen I. *vi* hacer de intérprete **II.** *vt* traducir (oralmente)
Dolmetscher(in) *m(f)* <-s, -; -nen> intérprete *mf*
Dolomiten *Pl:* **die ~** los dolomitas
Dom *m* <-(e)s, -e> (*Kathedrale*) catedral *f*
Domäne *f* <-n> **1.** (*Staatsgut*) finca *f* estatal **2.** (*Betätigungsfeld*) esfera *f;* (*Spezialge-*

D

biet) especialidad *f*

dominant *adj* dominante

Dominante *f* <-n> (MUS) dominante *f*

Dominanz *f* <-en> (*a.* BIOL) dominancia *f*

dominieren* **I.** *vi* (*vorherrschen*) (pre)dominar **II.** *vt* (*beherrschen*) dominar

Dominikanische Republik *f* República *f* Dominicana

Domino *nt* <-s, -s> dominó *m*

Domizil *nt* <-s, -e> (*geh*) domicilio *m*

Dompfaff *m* <-s *o* -en, -en> (ZOOL) pardillo *m*

Dompteur, -euse *m, f* <-s, -e; -n> domador(a) *m(f)*

Donau *f*: **die** ~ el Danubio

Donner *m* <-s, -> trueno *m*, pillán *m Chil;* **wie vom** ~ **gerührt** atónito

donnern **I.** *vunpers* (METEO) tronar; **es donnert** truena **II.** *vi* (*lärmen*) retumbar

Donnerstag *m* <-(e)s, -e> jueves *m; s. a.* **Montag**

donnerstagabends[RR] *adv* los jueves por la noche

donnerstags *adv* los jueves

Donnerwetter *nt* <-s, -> (*fam*) bronca *f;* **zum** ~! ¡diablos!; ~, **das ist eine Leistung!** ¡caramba, vaya rendimiento!

doof <doofer *o* döfer, am doofsten *o* döfsten> *adj* (*fam abw*) tonto, estúpido, upa *Ecua, Peru;* **so was D~es!** ¡qué estupidez!; **unser ~er Englischlehrer** el estúpido de nuestro profesor de inglés; **Doofmann** *m* (*fam*) tonto *m*

Dope *nt ohne Pl* <-s> (*sl: Haschisch*) chocolate *m*

dopen **I.** *vt* (SPORT) dopar **II.** *vi, vr:* **sich** ~ (SPORT) doparse

Doping *nt* <-s, -s> (SPORT) doping *m*, dopaje *m*

Doppel *nt* <-s, -> **1.** (*Kopie*) copia *f;* (*Duplikat*) duplicado *m* **2.** (SPORT) dobles *mpl;* **gemischtes** ~ dobles mixtos; **Doppelbelastung** *f* doble carga *f;* **Doppelbett** *nt* cama *f* de matrimonio

Doppeldecker *m* <-s, -> **1.** (AERO) biplano *m* **2.** (*fam: Bus*) omnibús *m* de dos pisos

doppeldeutig *adj* ambiguo, equívoco

Doppelgänger(in) *m(f)* <-s, -; -nen> doble *mf*

Doppelhaus *nt* dos casas *fpl* adosadas; **Doppelkinn** *nt* papada *f;* **Doppelleben** *nt* doble vida *f;* **ein** ~ **führen** llevar una doble vida; **Doppelmoral** *f ohne Pl* doble moral *f;* **Doppelmord** *m* doble asesinato *m* (*an* de); **Doppelname** *m* nombre *m* compuesto; **Doppelpunkt** *m* dos puntos *mpl;* **Doppelstecker** *m* (ELEK) enchufe *m* doble

doppelt **I.** *adj* doble; **in ~er Ausführung** por duplicado; **ich bin** ~ **so alt wie Hans** le doblo la edad a Hans; **auf das D~ steigen** duplicarse; **um das D~ erhöhen** doblar; **mit jdm ein ~es Spiel treiben** hacer doble juego con alguien **II.** *adv* repetido, dos veces; **die Briefmarke habe ich** ~ tengo este sello repetido; ~ **so viel** el doble; ~ **sehen** ver doble; **alles** ~ **und dreifach sagen müssen** tener que repetir todo treinta mil veces; ~ **genäht hält besser!** (*prov*) lo que abunda no daña

Doppelverdiener(in) *m(f)* <-s, -; -nen> **1.** (*Einzelperson*) persona *f* con dos sueldos **2.** *Pl* (*Paar*) matrimonio *m* con dos sueldos; **Doppelzentner** *m* quintal *m* métrico; **Doppelzimmer** *nt* <-s, -> habitación *f* doble

Dorf *nt* <-(e)s, Dörfer> pueblo *m*, aldea *f;* **das olympische** ~ la ciudad olímpica; **auf dem** ~ **wohnen** vivir en el pueblo; **vom** ~ **kommen** ser de pueblo; **Dorfbewohner(in)** *m(f)* aldeano, -a *m, f*, pueblerino, -a *m, f*

Dorfschaft *f* <-en> (*Schweiz*) aldea *f*, pueblo *m*

Dorftrottel *m* tonto, -a *m, f* del pueblo

Dorn[1] *m* <-(e)s, -en> (BOT) espina *f;* **er war dem Chef schon lange ein** ~ **im Auge** (*fig*) hace tiempo que el jefe se sentía disgustado por él

Dorn[2] *m* <-(e)s, -e> (TECH: *Metallstift*) espiga *m;* (*Werkzeug*) mandril *m;* (*zum Lochen*) punzón *m*

Dornbusch *m* zarzal *m*

Dornenkrone *f* corona *f* de espinas

dornig *adj* espinoso

Dornröschen *nt ohne Pl* <-s>: ~ la Bella Durmiente *f*

dörren *vt* secar

Dörrobst *nt* (GASTR) frutos *mpl* secos

Dorsch *m* <-(e)s, -e> (ZOOL) abadejo *m*

dort *adv* allí, allá; **der Mann** ~ el hombre allá; ~ **oben/hinten** allí arriba/atrás; **ich komme gerade von** ~ justamente vengo de allí; **dorther** *adv* de allí; **von** ~ de allí; **dorthin** *adv* hasta allí, hacia ahí; **dorthinaus** *adv* por allí; **bis** ~ (*fam*) hasta el no va más; **dorthinein** *adv* allí dentro

dortige(r, s) *adj* de allí

Dose *f* <-n> **1.** (*mit Keksen*) caja *f;* (*Bier*) bote *m;* (*Konserven~*) lata *f* **2.** (*Steck~*) enchufe *m*

Dosen *Pl von* **Dosis, Dose**

dösen *vi* (*fam*) dormitar

Dosenmilch *f* leche *f* condensada; **Dosenöffner** *m* abrelatas *m inv*

dosieren* *vt* dosificar

Dosierung[1] *f ohne Pl* (*das Dosieren*) dosificación *f*

Dosierung[2] *f* <-en> (*Dosis*) dosis *f inv*

Dosis *f* <Dosen> dosis *f inv*

Dossier *nt* <-s, -s> expediente *m*

dotieren* *vt* dotar (*mit* con/de); **gut dotiert** (*Stellung*) bien remunerado
Dotter *m o nt* <-s, -> yema *f*
Dotterblume *f* (BOT) calta *f*
doubeln *vi, vt* (FILM) hacer de doble (en un filme)
Double *nt* <-s, -s> (FILM) doble *m*
Downlink *nt* <-(s), -s> (TEL) enlace *m* descendente
Download *nt* <-(s), -s> (INFOR) carga *f* descendente [*o* por teleproceso], download *m* (*transferencia de un ordenador a otro*)
downloaden *vt* (INFOR) bajar
Downsyndrom *nt* <-s, *ohne pl*> (MED) mongolismo *m*
Dozent(in) *m(f)* <-en, -en; -nen> profesor(a) *m(f)* universitario, -a
dozieren* *vi* dar clases (magistrales) (*über* sobre)
Dr. *mf* <Dres.> *Abk. von* **Doktor** doctor(a) *m(f)*; **Herr/Frau ~ Müller** doctor/doctora Müller
Drache *m* <-n, -n> dragón *m*
Drachen *m* <-s, -> **1.** (*aus Papier*) cometa *f*, volantín *m Am*; **~ steigen lassen** echar (a volar) cometas **2.** (*fam abw: zänkische Frau*) furia *f*
Drachenflieger(in) *m(f)* <-s, -; -nen> (SPORT) deportista *mf* de ala delta
Drachme *f* <-, -n> (FIN) dracma *f*
Dragee *nt* <-s, -s>, **Dragée** *nt* <-s, -s> (MED) gragea *f*
Draht *m* <-(e)s, Drähte> alambre *m*, hilo *m* metálico; **einen ~ zu jdm haben** (*fam*) simpatizar con alguien; **auf ~ sein** (*fam*) estar en buena forma; **Drahtbürste** *f* cepillo *m* de púas de metal; **Drahtesel** *m* <-s, -> (*fam*) bici *f*; **Drahtgitter** *nt* alambrado *m*
drahtig *adj* (*Figur*) vigoroso
drahtlos **I.** *adj* inalámbrico **II.** *adv*: **~ telegrafieren** radiotelegrafiar
Drahtseil *nt* cable *m* metálico; **Drahtseilbahn** *f* teleférico *m*
Drahtzieher(in) *m(f)* <-s, -; -nen> instigador(a) *m(f)*
drall *adj* (*Person*) robusto; (*Körperteil*) regordete
Drama *nt* <-s, Dramen> tragedia *f*, drama *m*
Dramatiker(in) *m(f)* <-s, -; -nen> autor(a) *m(f)* dramático, -a
dramatisch *adj* (*a.* THEAT, LIT) dramático
dramatisieren* *vt* **1.** (*Roman*) adaptar a la escena **2.** (*aufbauschen*) dramatizar
Dramaturg(in) *m(f)* <-en, -en; -nen> (*a.* THEAT) asesor(a) *m(f)* artístico, -a
Dramaturgie *f* <-n> (*a.* THEAT) dramaturgia *f*, dramática *f*
Dramen *Pl von* **Drama**
dran *adv* (*fam*): **du bist ~** es tu turno; **jetzt ist er ~** ahora le toca a él; **sind Sie noch ~?** (*Telefon*) ¿todavía está en la línea?; **er ist schlecht/gut ~** le va mal/bien; **früh/spät ~ sein** tener/no tener tiempo; **ich bin spät ~** ya no tengo tiempo; **da ist was ~** hay algo de verdad en ello; **an dem Radio ist alles ~, was man braucht** la radio tiene todo lo que se necesita; *s. a.* **daran**; **dran\|bleiben** *irr vi sein* (*fam*) **1.** (*verfolgen*) no soltar (*an*), seguir la pista (*an* de) **2.** (*Telefon*) no colgar (*an*)
drang *3. imp von* **dringen**
Drang *m ohne Pl* <-(e)s> **1.** (*Trieb*) impulso *m*; (*Sehnsucht*) ansia *f* (*nach/zu* de); **aus innerem ~** por un impulso instintivo; **einen plötzlichen ~ nach etw verspüren** desear algo ardientemente **2.** (*Zwang*) apremio *m*
Drängelei *f* <-en> (*abw*) **1.** (*Schubsen*) apretujones *mpl* **2.** (*Bettelei*) ruegos *mpl* continuos y molestos
drängeln *vi, vt* (*fam*) **1.** (*schieben*) empujar; **nur nicht ~!** ¡no empujen! **2.** (*betteln*) apremiar
drängen **I.** *vi* **1.** (*eilen*) urgir, correr prisa; **es drängt nicht** no corre prisa **2.** (*schieben*) empujar **3.** (*fordern*) insistir (*auf* en); **er drängt zur Eile** mete prisa **II.** *vt* **1.** (*schieben*) empujar; (*durch die Menge*) abrirse paso **2.** (*antreiben*) apremiar (*zu* para que +*subj*) **III.** *vr*: **sich ~** apiñarse
Drangsal *f* <-e> (*geh*) pena *f*, sufrimientos *mpl*
drangsalieren* *vt* (*abw*) torturar
dran\|halten *irr* **I.** *vt* (*fam: zum Vergleich*) acercar (para comparar) **II.** *vr*: **sich ~** (*sich beeilen*) apurarse, apresurarse; **dran\|hängen** **I.** *vt* (*fam: an etw befestigen*) colgar (*an* en); (*verlängern*) prolongar (por); **wir könnnen an unseren Urlaub noch eine Woche ~** podemos prolongar nuestras vacaciones por una semana **II.** *irr vi* (*fam: an etw hängen*) tener cariño [*o* apego] (*an* a) **III.** *vr*: **sich ~** (*fam: verfolgen*) perseguir (*an*); **dran\|kommen** *irr vi sein* (*fam*) **1.** (*an die Reihe kommen*) tocar; **du kommst als Nächste dran** ahora te toca a ti **2.** (SCH: *aufgerufen werden*) ser llamado para decir la lección **3.** (*abgefragt werden*) tocar; **welches Thema kommt denn dran?** ¿qué tema toca hoy? **4.** (*erreichen*) alcanzar; **dran\|nehmen** *irr vt* (*fam: Schüler*) preguntar; (*Kunden, Patienten*) atender
drapieren* *vt* (*schmücken*) adornar; (*aufwändig falten*) drapear (*um* por)
drastisch *adj* drástico
drauf *adv* (*fam*): **gut/schlecht ~ sein** estar de buenas/de mala leche; **wie ist der denn ~?** ¿a éste qué mosca le picó?; **~ und**

dran sein zu … estar a punto de…

Draufgänger(in) *m(f)* <-s, -; -nen> atrevido, -a *m, f*

drauf|gehen *irr vi sein* (*fam*) **1.** (*sterben*) palmarla **2.** (*Geld*) volar **3.** (*Sache*) romperse; **drauf|haben** *irr vt* (*fam*): **etw ~** tener idea (de algo); **drauf|kommen** *irr vi sein* (*sich einfallen lassen*): **ich komme nicht drauf!** ¡no se me ocurre!; **drauf|kriegen** *vi* (*fam*): **eins ~** caerle a alguien una bronca; **drauf|legen** *vt* (*fam*) **1.** (*Betrag*) añadir (*auf* a) **2.** (*hinlegen*) poner encima (*auf* de)

drauflos *adv* sin darle más vueltas; **drauflos|reden** *vi* (*fam: unüberlegt*) hablar sin pensar; (*ohne Scheu*) hablar sin cortarse

drauf|machen *vt* (*fam*): **einen ~** correrse una juerga; **Draufsicht** *f* <-en> vista *f* de arriba; (*Zeichnung*) proyección *f* horizontal; **drauf|zahlen I.** *vi* (*fam*) pagar más **II.** *vt* (*fam*) añadir

draus *adv* (*fam*) *s.* **daraus**

draußen *adv* **1.** (*außerhalb*) fuera; (*im Freien*) al aire libre; **nach ~** hacia fuera; **von ~** de fuera **2.** (*weit entfernt*) lejos (de aquí); **~ auf dem Lande** allá en el campo

drechseln *vi, vt* tornear

Drechsler(in) *m(f)* <-s, -; -nen> tornero, -a *m, f*

Dreck *m ohne Pl* <-(e)s> **1.** (*fam: Schmutz*) suciedad *f;* (*Schlamm*) lodo *m;* (*Abfall*) basura *f;* **jdn wie den letzten ~ behandeln** (*fam*) tratar a alguien como a un perro, basurear a alguien *Arg, Urug;* **er hat ~ am Stecken** (*fig*) tiene las manos sucias; **jdn in den ~ ziehen** (*fam fig*) poner verde a alguien **2.** (*abw fam: Kleinigkeit*) asuntillo *m;* **sich einen ~ um etw kümmern** importarle algo a alguien un comino; **die Nase in jeden ~ stecken** meter las narices en todas partes; **das geht dich einen ~ an** eso no te importa para nada

Dreckarbeit *f* (*abw*) *s.* **Drecksarbeit**

Dreckfink *m* (*fam*) guarro, -a *m, f*

dreckig *adj* (*fam*) **1.** (*schmutzig*) sucio, pichoso *Ven;* **sich ~ machen** ensuciarse **2.** (*unanständig*) obsceno **3.** (*Wend*): **es geht mir ~** estoy fatal

Dreckkerl *m* (*fam abw*) *s.* **Dreckskerl**

Drecksarbeit *f* (*abw: die dreckig macht*) trabajo *m* sucio; (*die verabscheut wird*) trabajo *m* asqueroso

Dreckskerl *m* (*fam abw*) sinvergüenza *m*

Dreh *m* <-(e)s, -s *o* -e> (*fam*) truco *m;* **den ~ heraushaben** conocer el truco

Dreharbeiten *fPl* (FILM) rodaje *m*

Drehbank *f* <-bänke> torno *m*

drehbar *adj* giratorio

Drehbleistift *m* portaminas *m inv*

Drehbuch *nt* guión *m;* **Drehbuchautor(in)** *m(f)* guionista *mf*

drehen I. *vt* **1.** (*um die Achse*) girar; (*Schraube*) enroscar; **den Kopf ~** volver la cabeza; **das Radio leiser ~** (*fam*) bajar la radio; **wie man es auch dreht und wendet** por más vueltas que se le dé **2.** (*Strick*) torcer; (*Faden*) hilar; (*Pillen*) fabricar; (*Zigarette*) liar **3.** (FILM) rodar **4.** (*fam abw: aussehen lassen*) influir (en); **vielleicht können wir die Sache so ~, dass …** tal vez podamos influir en el asunto de manera que… +*subj* **II.** *vi* **1.** (*Wind*) cambiar; (*Schiff*) virar; (*Auto*) dar la vuelta **2.** (*am Schalter, Steuerrad*) girar (*an*) **III.** *vr:* **sich ~ 1.** (*rotieren*) girar, dar vueltas; **mir dreht sich alles im Kopf** la cabeza me da vueltas; **er drehte sich auf den Rücken** se puso boca arriba **2.** (*betreffen*) girar (*um* en torno a)

Dreher(in) *m(f)* <-s, -; -nen> tornero, -a *m, f*

Drehkreuz *nt* <-es, -e> torniquete *m;* **Drehorgel** *f* organillo *m;* **Drehort** *m* (FILM) lugar *m* de rodaje; **Drehscheibe** *f* **1.** (EISENB) placa *f* giratoria **2.** (*des Töpfers*) torno *m;* **Drehstuhl** *m* silla *f* giratoria; **Drehtür** *f* <-en> puerta *f* giratoria

Drehung *f* <-en> giro *m;* (*Umdrehung*) vuelta *f;* (*um die Achse*) rotación *f;* **eine ~ um 180 Grad** un giro de 180 grados

Drehwurm *m:* **einen ~ kriegen** marearse

Drehzahl *f* número *m* de revoluciones

drei *adj inv* tres; **~ Viertel** tres cuartos; **es ist ~ viertel zwei** (*südd*) son las dos menos cuarto; **er tut so, als könne er nicht bis ~ zählen** (*fam*) hace como si ni supiera contar hasta diez; **aller guten Dinge sind ~** (*prov*) a la tercera va la vencida; *s. a.* **acht**[1]

Drei *f* <-en> tres *m;* (*Schulnote*) bien *m*

dreidimensional *adj* tridimensional

Dreieck *nt* <-(e)s, -e> triángulo *m*

dreieckig *adj* triangular

Dreiecksverhältnis *nt* ménage *m* à trois

dreieinhalb *adj inv* tres y medio

Dreieinigkeit *f ohne Pl* (REL) Trinidad *f*

dreierlei *adj inv* de tres clases diferentes, tres clases (diferentes) de; *s. a.* **achterlei**

dreifach I. *adj* triple; **in ~er Ausfertigung** por triplicado **II.** *adv* tres veces; *s. a.* **achtfach**

Dreifaltigkeit *f ohne Pl* (REL) Trinidad *f*

dreihundert *adj inv* trescientos; *s. a.* **achthundert**

dreijährig *adj* trienal

Dreikampf *m* (SPORT) triatlón *m*

Dreikäsehoch *m* <-s, -s> (*fam*) taponcito *m*

Dreikönige *Pl:* **nach ~** después de Reyes

Dreiländereck *nt ohne Pl* <-(e)s> punto *m* de encuentro de las fronteras de tres países

dreimal *adv* tres veces; **~ darfst du raten**

(*fam*) ¿por qué preguntas si ya lo sabes?; *s. a.* **achtmal**
drein *adv* (*fam*) *s.* **darein**
drein|blicken *vi:* **finster** ~ poner mala cara
Dreirad *nt* **1.** (*für Kinder*) triciclo *m* **2.** (*Lieferwagen*) camioneta *f* de tres ruedas; **Dreisatz** *m* <-es, -sätze> (MATH) regla *f* de tres
dreißig *adj inv* treinta; *s. a.* **achtzig**
dreißigjährig *adj* de treinta años; **der D~e Krieg** la Guerra de los Treinta Años
dreißigste(r, s) *adj* trigésimo; *s. a.* **achtzigste(r, s)**
dreist *adj* (*unverschämt*) descarado; (*frech*) fresco
dreistellig *adj* de tres cifras
Dreistigkeit *f* <-en> impertinencia *f*, insolencia *f*
dreistimmig *adj* (MUS) a tres voces
Dreitagebart *m* barba *f* de tres días
dreitausend *adj inv* tres mil; *s. a.* **achttausend**
dreiteilig *adj* (*Service*) de tres piezas; (*Fernsehserie*) de tres capítulos
dreiviertel *adj inv s.* **drei**; **dreiviertellang** *adj* (*Rock, Hose*) de tres cuartos; **Dreiviertelstunde** *f* tres cuartos *mpl* de hora; **in einer** ~ en tres cuartos de hora; **Dreivierteltakt** *m ohne Pl* <-(e)s> (MUS) compás *m* de tres por cuatro
Dreizack *m* <-(e)s, -e> (*Stab mit drei Zinken*) tridente *m*
dreizehn *adj inv* trece; **jetzt schlägt's aber** ~ (*fam*) esto es el colmo; *s. a.* **acht**[1]
dreizehnte(r, s) *adj* decimotercero; *s. a.* **achte(r, s)**
Dreizimmerwohnung *f* piso *m* de tres habitaciones
dreschen <drischt, drosch, gedroschen> *vt* **1.** (*Getreide*) trillar; **Phrasen** ~ (*fam*) hablar con clichés **2.** (*verprügeln*) zurrar
Dreschmaschine *f* (AGR) trilladora *f*
Dresden *nt* <-s> Dresde *m*
dressieren* *vt* (*Tier*) adiestrar
Dressman *m* <-s, -men> maniquí *m* masculino
Dressur *f* <-en> adiestramiento *m*
dribbeln *vi* (SPORT) driblar
driften *vi sein* (*a.* NAUT) derivar (*nach* hacia)
Drill *m ohne Pl* <-(e)s> (MIL) entrenamiento *m*
Drillbohrer *m* (TECH) broca *f* espiral de Arquímedes
drillen *vt* **1.** (TECH) taladrar **2.** (MIL) instruir (*auf* en)
Drilling *m* <-s, -e> (*Kind*) trillizo *m*
drin *adv* (*fam*) dentro; **es ist noch alles** ~ (*fig*) todavía todo está dentro de lo posible; **das ist nicht** ~ (*fig*) esto no está previsto; *s. a.* **darin**
dringen <dringt, drang, gedrungen> *vi* **1.** *sein:* **durch etw** ~ atravesar algo; **in etw** ~ penetrar en algo; **aus etw** ~ (*Flüssigkeit, Gas*) salir de algo; (*Geräusch*) venir de algo; **in jdn** ~ asediar a alguien; **bis zu etw** ~ penetrar hasta algo; **an die Öffentlichkeit** ~ trascender al público **2.** (*verlangen*): **auf etw** ~ insistir en algo
dringend *adj* **1.** (*eilig*) urgente **2.** (*nachdrücklich*) enérgico; ~ **davon abraten etw zu tun** desaconsejar seriamente de hacer algo; ~ **verdächtig** altamente sospechoso
dringlich *adj* urgente
Dringlichkeit *f* <-en> urgencia *f*
drinnen *adv* dentro; ~ **und draußen** dentro y fuera; **ich gehe nach** ~ voy adentro
drin|stecken *vi* (*fam*) **1.** (*beschäftigt sein*) estar (muy) metido (*in* en) **2.** (*investiert sein*) costar; **da steckt eine Menge Arbeit drin** ha costado mucho trabajo **3.** (*verwickelt sein*) estar metido (*in* en); **drin|stehen** *irr vi Österr, Schweiz, südd: sein* (*fam: in Raum*) estar (*in* en); (*in Buch*) poner (*in* en), decir (*in* en)
drischt *3. präs von* **dreschen**
dritt *adv:* **zu** ~ los tres
dritte(r, s) *adj* tercero; **D~ Welt** tercer mundo; *s. a.* **achte(r, s)**
drittel *adj inv* tercio; *s. a.* **achtel**
drittens *adv* en tercer lugar; (*bei Aufzählung*) tercero; *s. a.* **achtens**
Dritte-Welt-Laden *m* <-s, -Läden> *negocio que vende productos de los países del tercer mundo*
drittklassig *adj* (*abw*) malo; (*Beschaffenheit*) de mala calidad
Drittländer *ntPl* (EU) países *mpl* terceros
DRK *nt* <-> *Abk. von* **Deutsches Rotes Kreuz** Cruz *f* Roja Alemana
droben *adv* (*geh*) arriba; **da** ~ ahí arriba
Droge *f* <-n> droga *f*, pichicata *f Arg*
drogenabhängig *adj* drogadicto; **Drogenabhängige(r)** *mf* drogadicto, -a *m, f*; **Drogenabhängigkeit** *f ohne Pl* drogadicción *f*; **Drogenhandel** *m* narcotráfico *m*; **Drogenmissbrauch**[RR] *m ohne Pl* <-(e)s> abuso *m* de drogas; **Drogenszene** *f* ambiente *m* de las drogas
Drogerie *f* <-n> droguería *f*
Drogist(in) *m(f)* <-en, -en; -nen> droguista *mf*
Drohbrief *m* carta *f* conminatoria
drohen *vi* **1.** (*einschüchtern*) amenazar; **sie drohte ihm mit der Polizei** le amenazaba con llamar a la policía **2.** (*bevorstehen*) amenazar, ser inminente; **ihm droht Gefängnis** la condena es inminente **3.** (*zu befürchten sein*): **er drohte einzuschlafen** era de temer que se durmiera

D

drohend *adj* **1.** (*Gebärde*) amenazador **2.** (*Gefahr*) inminente
Drohne *f* <-n> (ZOOL) zángano *m*
dröhnen *vi* (*Geräusch*) retumbar; (*Schritte*) resonar; (*Ohren*) zumbar; **mir dröhnt der Kopf** tengo la cabeza como un bombo
Drohung *f* <-en> amenaza *f*
drollig *adj* **1.** (*Geschichte*) gracioso **2.** (*Kind*) salado
Dromedar *nt* <-s, -e> (ZOOL) dromedario *m*
Drops *m* <-, -> caramelo *m* ácido
drosch *3. imp von* **dreschen**
Droschke *f* <-n> coche *m* de plaza, simón *m*
Drossel *f* <-n> (ZOOL) tordo *m*
drosseln *vt* bajar; (*Tempo*) moderar; (*Inflation*) frenar; (*Ausgaben*) reducir
drüben *adv* al otro lado, enfrente; **hier/da ~** aquí/allá enfrente
drüber *adv* (*fam*) *s.* **darüber**
Druck[1] *m ohne Pl* <-(e)s> **1.** (*das Drücken*) presión *f;* (*Beklemmung*) opresión *m;* **durch einen ~ auf den Knopf** pulsando el botón **2.** (*Zwang*) estrés *m;* **~ hinter etw machen** meter prisa a un asunto; **unter ~ stehen** estar en pleno estrés; **jdn unter ~ setzen** presionar a alguien **3.** (*das Drucken*) impresión *f;* **in ~ gehen** ser imprimido
Druck[2] *m* <-(e)s, Drücke> **1.** (PHYS) presión *f* **2.** (*sl: Schuss Rauschgift*) pinchazo *m*
Druck[3] *m* <-(e)s, -e> (KUNST) grabado *m*
Druckbleistift *m* portaminas *m inv;* **Druckbuchstabe** *m* letra *f* de imprenta
Drückeberger(in) *m(f)* <-s, -; -nen> (*fam abw*) gandul(a) *m(f)*
drucken *vt* (TYPO) imprimir (*auf* en); **klein gedruckt** impreso en letras pequeñas; **das klein Gedruckte** la letra pequeña
drücken **I.** *vt* **1.** (*pressen*) apretar, trincar *Am;* (*Schalter*) pulsar; **jdm die Hand ~** estrecharle la mano a alguien; **jdm etw in die Hand ~** dar algo a alguien **2.** (*wegschieben*) empujar, apartar; **er drückte sie zur Seite** la empujó a un lado; **„~"** (*an einer Tür*) "empujar" **3.** (*Kleidung*) apretar **4.** (*umarmen*) apretar entre los brazos **5.** (*Preise*) bajar **II.** *vi* (*Kleidung, Last*) apretar; (*Hitze*) pesar; **das trübe Wetter drückt auf die Stimmung** el tiempo nubloso agobia **III.** *vr:* **sich ~** (*fam*) escaquearse (*vor* de); **sie hat sich vor der** [*o* **um die**] **Arbeit gedrückt** se ha escaqueado del trabajo
drückend *adj* (*Sorgen, Last*) abrumador; (*Wetter*) bochornoso; (*Hitze*) agobiante
Drucker(in)[1] *m(f)* <-s, -; -nen> impresor(a) *m(f);* (*Buch~*) tipógrafo, -a *m, f*
Drucker[2] *m* <-s, -> (INFOR) impresora *f*
Drücker *m* <-s, -> **1.** (*Klinke*) picaporte *m* **2.** (*Tür~*) portero *m* automático **3.** (*am Gewehr*) gatillo *m;* **am ~ sitzen** (*fam*) tener la decisión en la propia mano; **auf den letzten ~** (*fam*) en el último momento
Druckerei *f* <-en> imprenta *f;* (*für Bücher*) tipografía *f*
Druckerlaubnis *f* permiso *m* de impresión
Druckerschwärze *f* (TYPO) tinta *f* de imprenta
Druckerzeugnis *nt* (TYPO) impreso *m;* **Druckfehler** *m* (TYPO) errata *f;* **druckfrisch** *adj* (TYPO) recién impreso; **Druckkabine** *f* (AERO) cabina *f* presurizada; **Druckknopf** *m* (TECH) botón *m* pulsador; **Druckluft** *f ohne Pl* (PHYS) aire *m* presión; **Druckmaschine** *f* (TYPO) máquina *f* de imprimir; **Druckmesser** *m* (PHYS) manómetro *m;* **Druckmittel** *nt* (*Maßnahme*) medida *f* de presión; **druckreif** *adj* listo para la imprenta; **Drucksache** *f* (*a.* TYPO) impreso *m;* **Druckschrift** *f* <-en> (TYPO) letra *f* de imprenta
drucksen *vi* (*fam*) titubear, hacerse el remolón
Druckstelle *f* huella *f* de presión
Druckwelle *f* (PHYS) onda *f* expansiva; (*bei einer Explosion*) onda *f* explosiva
drum *adv* (*fam*): **sei's ~** sea; **mit allem D~ und Dran** con pelos y señales; *s. a.* **darum**
Drumherum *nt ohne Pl* <-s> (*fam*): **das ganze ~** todo lo que hace parte
drunten *adv* (*südd, Österr*) abajo
drunter *adv* (*fam*): **es ging alles ~ und drüber** estaba todo revuelto; *s. a.* **darunter**
Drüse *f* <-n> glándula *f*
Dschungel *m* <-s, -> jungla *f*
Dschunke *f* <-n> junco *m*
dt. *Abk. von* **deutsch** alemán
du *pron pers 2. Sg* tú; **bist ~ es?** ¿eres tú?; **wenn ich ~ wäre** yo que tú; **mit jdm per D~ sein** tutear a alguien; **jdm das D~ anbieten** ofrecerle el tuteo a alguien
Dualsystem *nt* <-s, -e> (*a.* MATH) sistema *m* binario
Dübel *m* <-s, -> taco *m*
ducken **I.** *vt* (*abw: demütigen*) humillar **II.** *vr:* **sich ~** **1.** (*sich bücken*) agacharse; (*niederkauern*) agazaparse **2.** (*unterwürfig sein*) doblegarse
Duckmäuser *m* <-s, -> (*fam*) acoquinado, -a *m, f*
dudeln *vi* (*fam*) **1.** (RADIO) sonar **2.** (*musizieren*) tocar un instrumento
Dudelsack *m* <-(e)s, -säcke> gaita *f*
Duell *nt* <-s, -e> **1.** (*mit Waffen*) duelo *m;* **jdn zum ~ fordern** retar a alguien a duelo **2.** (SPORT) competición *f*
duellieren* *vr:* **sich ~** batirse en duelo
Duett *nt* <-(e)s, -e> (MUS) dueto *m*
Duft *m* <-(e)s, Düfte> olor *m;* (*angenehm*) aroma *m;* (*unangenehm*) hedor *m*

duften *vi* oler (*nach* a)
duftend *adj* oloroso; (*parfümiert*) perfumado
Duftstoff *m* <-(e)s, -e> sustancia *f* aromática
dulden *vt* **1.** (*zulassen*) tolerar; (*Widerspruch*) admitir; **die Sache duldet keinen Aufschub** el asunto no admite prórroga **2.** (*geh: ertragen*) soportar
duldsam *adj* (*nachsichtig*) indulgente (*gegen* con/para/para con); (*tolerant*) tolerante (*gegen* con)
Duldung *f* <-en> tolerancia *f*
dumm *adj* <dümmer, am dümmsten> **1.** (*einfältig*) tonto, estúpido, pendejo *Am,* acicuatado *Ant, Mex,* upa *Ecua, Peru;* **~es Zeug reden** decir disparates; **sich ~ anstellen** hacerse el tonto, **ein ~es Gesicht machen** (*fam*) poner cara de bobo; **das ist gar nicht so ~** no es ninguna tontería; **jdn für ~ verkaufen** (*fam*) tratar a alguien como un tonto **2.** (*unwissend*) ignorante **3.** (*unangenehm*) fastidioso; **jdm ~ kommen** (*fam*) fastidiar a alguien; **so etwas D~es!** ¡qué fastidio!
dummerweise *adv* desafortunadamente
Dummheit[1] *f ohne Pl* (*Mangel an Intelligenz*) estupidez *f;* (*Unwissenheit*) ignorancia *f*
Dummheit[2] *f* <-en> (*Handlung*) tontería *f,* estupidez *f,* pendejada *f Am*
Dummkopf *m* (*abw*) tonto, -a *m, f,* estúpido, -a *m, f,* merlo *m Am*
dumpf *adj* **1.** (*Geräusch*) sordo **2.** (*stumpfsinnig*) apático **3.** (*Ahnung*) vago; (*Schmerz*) sordo **4.** (*muffig*) enmohecido
Düne *f* <-n> duna *f*
Dung *m ohne Pl* <-(e)s> estiércol *m*
Düngemittel *nt* abono *m;* (*künstlich*) fertilizante *m*
düngen *vt* abonar, fertilizar
Dünger *m* <-s, -> abono *m;* (*künstlich*) fertilizante *m*
dunkel *adj* **1.** (*finster*) oscuro; **es wird ~** está oscureciendo; **im D~n** a oscuras; **im D~n tappen** andar a tientas **2.** (*Farbe*) oscuro **3.** (*Ton*) bajo; (*Stimme*) grave **4.** (*unbestimmt*) vago; **sich ~ an etw erinnern** acordarse vagamente de algo; **etw liegt noch im D~n** algo está por aclarar **5.** (*rätselhaft*) misterioso **6.** (*abw: zwielichtig*) oscuro; (*verdächtig*) sospechoso; **eine dunkle Vergangenheit haben** tener un pasado oscuro
Dunkel *nt ohne Pl* <-s> (*a. fig*) oscuridad *f*
dunkelblau *adj* azul oscuro; **dunkelblond** *adj* rubio oscuro; **dunkelgrün** *adj* verde oscuro
dunkelhaarig *adj* moreno
dunkelhäutig *adj* moreno
Dunkelheit *f ohne Pl* oscuridad *f;* **bei Einbruch der ~** al anochecer
Dunkelkammer *f* (FOTO) laboratorio *m*
dunkelrot *adj* rojo oscuro; **Dunkelziffer** *f* cifra *f* negra
dünn *adj* **1.** (*Ast, Scheibe*) fino; **ein ~es Buch** un librito **2.** (*schlank*) delgado; (*mager*) flaco; **sie ist sehr ~ geworden** ha adelgazado mucho **3.** (*spärlich*) escaso; (*Haar*) ralo; **Butter ~ auftragen** poner un poco de mantequilla **4.** (*fein, zart*) fino; (*Stimme*) débil **5.** (*Suppe*) aguado; (*Kaffee*) flojo
Dünndarm *m* (ANAT) intestino *m* delgado
dünnflüssig *adj* (muy) fluido
Dunst[1] *m* <-(e)s, Dünste> (*Dampf*) vapor *m;* (*Ausdünstung*) vaho *m;* (*Rauch*) humo *m*
Dunst[2] *m ohne Pl* <-(e)s> (*Nebel*) neblina *f*
Dunstabzugshaube *f* campana *f* extractora de humos
dünsten *vt* (GASTR) rehogar
Dunstglocke *f* <-n> smog *m*
dunstig *adj* **1.** (*neblig*) nebuloso **2.** (*verräuchert*) cargado de humo
Dunstwolke *f* (*Ausdünstung*) vaharada *f;* (*Rauchwolke*) humareda *f*
Duo *nt* <-s, -s> (MUS) dúo *m*
Duplikat *nt* <-(e)s, -e> duplicado *m*
Dur *nt ohne Pl* <-> (MUS) tono *m* mayor
durch **I.** *präp +akk* **1.** (*örtlich*) por, a través de; **~ eine Straße gehen** ir por una calle; **~ das Fenster schauen** mirar por la ventana **2.** (*mittels*) por (medio de); **~ Zufall** por casualidad **3.** (*infolge von*) a causa de, por; **~ das viele Rauchen** por fumar tanto **4.** (*zeitlich*) durante; **die ganze Nacht ~** durante toda la noche **5.** (*teilen*) por; (MATH) dividido por; **~ drei teilen** dividir por tres **6.** (*Agens*) por; **das Fahrzeug wird ~ Motoren getrieben** el vehículo es impulsado por motores **II.** *adv* (*fam*): **es ist schon drei Uhr ~** ya son las tres pasadas; **der Zug ist gerade ~** el tren acaba de pasar; **das Fleisch ist ~** la carne está a punto; **ich hab das Buch ~** he acabado de leer el libro; **die Sohle ist ~** la suela está gastada; **~ und ~** completamente
durch|arbeiten **I.** *vt* (*Buch*) estudiar a fondo **II.** *vi* (*ohne Pause*) trabajar sin descanso **III.** *vr:* **sich ~** (*Haufen Arbeit*) vencer (*durch*), acabar (*durch*); (*Dschungel*) abrirse paso (*durch* por/a través de); **durch|atmen** *vi* respirar hondo
durchaus *adv* **1.** (*völlig*) absolutamente; **~ nicht** en absoluto; **das ist ~ nicht leicht** no es nada fácil **2.** (*unbedingt*) de todas formas
durch|blättern *vt* hojear; **Durchblick** *m* <-(e)s, -e> (*fam: Überblick*) visión *f* de

conjunto; **den ~ haben** estar al corriente; **durch|blicken** *vi* **1.** (*durchschauen*) mirar (*durch* por) **2.** (*fam: verstehen*) entender; **etw ~ lassen** (*andeuten*) dejar entrever algo; (*zu verstehen geben*) dar algo a entender; **durchbluten*** *vt* irrigar; **gut durchblutet werden** tener buena circulación

Durchblutung *f* <-en> riego *m* sanguíneo; **Durchblutungsstörung** *f* trastorno *m* circulatorio

durch|bohren¹ *vt* (*Loch bohren*) taladrar

durchbohren*² *vt* (*durchdringen*) atravesar; **von Kugeln durchbohrt** acribillado a balas

durch|braten *irr vt* (GASTR) asar bien; (*in der Pfanne*) freír bien

durchbrechen*¹ *irr vt* **1.** (*durchdringen*) romper; (*Hindernis*) derribar **2.** (*Prinzip*) quebrantar

durch|brechen² *irr* **I.** *vi sein* **1.** (*entzweigehen*) romperse **2.** (*Zähne, Sonne*) salir **3.** (*Hass, Wut*) manifestarse **II.** *vt* (*zerbrechen*) romper

durch|brennen *irr vi sein* **1.** (*Birne, Sicherung*) fundirse **2.** (*fam: ausreißen*) escaparse; **durch|bringen** *irr vt* **1.** (*Kranke*) curar **2.** (*Prüfling*): **jdn ~** conseguir que apruebe alguien **3.** (*ernähren*) sustentar; (*Kinder*) sacar adelante **4.** (*vergeuden*) derrochar; **durchbrochen I.** *pp von* **durchbrechen¹** **II.** *adj* (*Spitze*) quebrado

Durchbruch *m* <-(e)s, -brüche> **1.** (*eines Zahns*) aparición *f;* (*des Blinddarms*) rotura *f* **2.** (MIL) irrupción *f* **3.** (*Erfolg*) éxito *m;* **jdm/etw zum ~ verhelfen** fomentar el éxito de alguien/algo **4.** (*Stelle*) brecha *f*

durchdenken* *irr vt* examinar a fondo; **wohl durchdacht** (*geh*) (muy) bien reflexionado; **durch|drehen I.** *vi* **1.** *sein* (*Räder*) derrapar **2.** *haben o sein* (*fam: die Nerven verlieren*) volverse loco **II.** *vt:* **das Fleisch durch den Wolf ~** pasar la carne por la máquina de picar

durch|dringen¹ *irr vi sein* **1.** (*Flüssigkeit, Kälte*) atravesar, penetrar; (*Gerücht*) trascender; (*Sonne*) salir; **die Nachricht ist bis zu uns durchgedrungen** la noticia ha trascendido hasta nosotros **2.** (*hingelangen*) llegar (*bis zu* a)

durchdringen*² *irr vt* **1.** (*durchstoßen*) atravesar; (*Flüssigkeit*) penetrar, atravesar **2.** (*erfüllen*) llenar; (*in seinen Bann schlagen*) obsesionar; **er ist von der Idee durchdrungen, dass ...** está obsesionado con la idea que...

durch|drücken *vt* **1.** (*Knie*) estirar **2.** (*fam: durchsetzen*) imponer **3.** (*durch ein Sieb*) pasar (*durch* por)

durcheinander *adv* (*unordentlich*) revuelto, mezclado; (*verwirrt*) confuso; **~ bringen** (*in Unordnung bringen*) revolver; (*verwechseln*) confundir; (*verwirren*) desconcertar; **~ laufen** correr a trochemoche; **~ reden** hablar todos a la vez

Durcheinander *nt ohne Pl* <-s> **1.** (*Unordnung*) desorden *m,* despelote *m Am* **2.** (*Verwirrung*) confusión *f*

durcheinander|bringen *irr vt s.* **durcheinander**; **durcheinander|laufen** *irr vi s.* **durcheinander**; **durcheinander|reden** *vi s.* **durcheinander**

durch|fahren¹ *irr vi sein* **1.** (*ohne Pause*) no parar; **die ganze Nacht ~** conducir sin parar durante toda la noche; **bis zur nächsten Ampel ~** seguir hasta el próximo semáforo **2.** (*durchqueren*) pasar (*durch* por)

durchfahren*² *irr vt* **1.** (*bereisen*) recorrer **2.** (*durchqueren*) atravesar; (*Meer*) surcar **3.** (*durchzucken*): **ein Schreck durchfuhr ihn** se estremeció del susto

Durchfahrt *f* <-en> paso *m;* (*das Durchfahren*) pasaje *m;* **~ freihalten!** ¡prohibido aparcar!; **~ verboten!** ¡se prohibe el paso!; **auf der ~ sein** estar de paso; **Durchfahrtsstraße** *f* calle *f* de tránsito

Durchfall *m ohne Pl* <-(e)s> (MED) diarrea *f,* obradera *f Kol, Guat, Pan*

durch|fallen *irr vi sein* **1.** (*durch ein Loch*) caer (*durch* por) **2.** (*fam: keinen Erfolg haben*) fracasar **3.** (*durch eine Prüfung*) suspender (*durch*); **durch|feiern** *vi* (*fam: ohne Pause feiern*) festejar sin parar

durch|fließen¹ *irr vi sein* pasar (*durch* por), correr (*durch* por)

durchfließen*² *irr vt* pasar (por)

durchforschen* *vt* **1.** (*wissenschaftlich*) investigar a fondo **2.** (*Taschen*) registrar **3.** (*Land*) explorar a fondo; **durch|fragen** *vr:* **sich ~** abrirse camino a preguntas

durch|führen I. *vi* (*Weg*) llevar (*durch* por); (*verlaufen*) ir (*durch* por) **II.** *vt* **1.** (*ausführen*) llevar a cabo, implementar *Am;* (*verwirklichen*) realizar **2.** (*veranstalten*) efectuar **3.** (*geleiten*) guiar (*durch* por)

Durchführung *f* <-en> ejecución *f;* (*Verwirklichung*) realización *f;* **zur ~ gelangen** llevarse a cabo

Durchgang¹ *m ohne Pl* <-(e)s> (*das Durchgehen*) paso *m;* **~ verboten!** ¡prohibido el paso!

Durchgang² *m* <-(e)s, -gänge> **1.** (*Weg*) pasaje *m,* paso *m;* **den ~ versperren** cortar el paso **2.** (*einer Wahl, eines Wettkampfs*) vuelta *f*

durchgängig I. *adj* general **II.** *adv* en general

Durchgangslager *nt* campo *m* de tránsito; **Durchgangsstraße** *f* carretera *f* de tránsito

durch|geben *irr vt* dar (*durch* por); (*übermit-*

teln) tra(n)smitir (*durch* por)
durchgefroren *adj* completamente helado
durch|gehen *irr sein* **I.** *vi* **1.** (*durch Tür*) pasar (*durch* por); **der Zug geht durch** es un tren directo **2.** (*Gesetz, Antrag*) ser aprobado **3.** (*toleriert werden*) ser tolerado; **wir lassen das nicht länger** ~ ya no lo toleramos más **4.** (*weglaufen*) escaparse; (*Pferd*) desbocarse, disparar *Am* **5.** (*gehalten werden für*) pasar (*für* por) **6.** (*fam: dazwischenpassen*) caber (*durch/unter* por) **II.** *vt* (*Text: prüfen*) examinar; (*überarbeiten*) revisar
durchgehend *adj* (*Zug*) directo; (*Öffnungszeiten*) continuo; ~ **geöffnet** horario continuo
durch|greifen *irr vi* **1.** (*einschreiten*) intervenir (enérgicamente) **2.** (*mit der Hand*) pasar la mano (*durch* por)
durchgreifend *adj* radical
durch|halten *irr vi, vt* aguantar
Durchhaltevermögen *nt ohne Pl* <-s> capacidad *f* de resistencia
Durchhänger *m* <-s, -> (*fam*) mala racha *f*
durch|kämmen[1] *vt* (*Haare*) peinar
durchkämmen*[2] *vt* (*Gelände*) registrar (a fondo)
durch|kommen *irr vi sein* **1.** (*durch einen Ort, die Menge*) pasar (*durch* por) **2.** (*fam: bei einer Prüfung*) aprobar; (*Antrag*) ser aprobado **3.** (*durchpassen*) caber (*durch* por) **4.** (*fam: überleben*) salvarse **5.** (*Erfolg haben*) tener éxito (*mit* con); **damit kommst du bei mir nicht durch** (*fam*) con esto no logras nada conmigo; **durchkreuzen*** *vt* cruzar; (*Pläne*) contrariar; **durch|lassen** *irr vt* **1.** (*Person, Licht*) dejar pasar **2.** (*fam: Taten*) dejar pasar; (*tolerieren*) tolerar; **das kann ich ihm nicht** ~ (*fam*) no se lo puedo tolerar
durchlässig *adj* (*für Flüssigkeiten*) permeable; (*für Licht*) tra(n)slúcido
durch|laufen[1] *irr* **I.** *vi sein* **1.** (*durch Tür, Ort*) pasar (corriendo) (*durch* por) **2.** (*ohne Unterbrechung*) correr (sin pausa) **3.** (*Flüssigkeit*) colarse; (*durchsickern*) filtrarse **II.** *vt* (*Schuhe*) (des)gastar
durchlaufen*[2] *irr vt* **1.** (*Strecke*) recorrer **2.** (*absolvieren: Schule*) ir (a); (*Lehre*) hacer
durchleben* *vt* vivir, pasar; **durchleiden*** *irr vt* (*geh*) sufrir, pasar; **durch|lesen** *irr vt* leer; **durchleuchten*** *vt* **1.** (*Licht*) alumbrar **2.** (MED) examinar con rayos X **3.** (*Angelegenheit*) analizar; **durch|machen** **I.** *vi* (*fam*) **1.** (*durcharbeiten*) trabajar sin descanso **2.** (*durchfeiern*) festejar sin descanso **II.** *vt* (*fam*) **1.** (*erleiden*) sufrir **2.** (*Kurs*) seguir; **Durchmarsch** *m* <-(e)s, -märsche> (MIL) marcha *f;* **auf dem** ~ **sein** estar de paso; **durch|marschieren*** *vi sein* pasar (*durch* por)
Durchmesser *m* <-s, -> (MATH) diámetro *m;* **ein Meter im** ~ un metro de diámetro
durch|mogeln *vr:* **sich** ~ (*fam abw*) apañarse; **durchnässen*** *vt* empapar, ensopar *Am;* **ich bin völlig durchnässt** estoy calado hasta los huesos; **durch|nehmen** *irr vt* (*Lektion, Thema*) estudiar, tratar; **durch|nummerieren*** RR *vt* numerar; **durch|pausen** *vt* calcar; **durchqueren*** *vt* atravesar; **durch|rasseln** *vi sein* (*fam: bei einer Prüfung*) suspender
Durchreise *f* <-n> tránsito *m* (*durch* por); **auf der** ~ **sein** estar de paso
durch|reisen[1] *vi sein* pasar sin detenerse (*durch* por)
durchreisen*[2] *vt* recorrer
durch|reißen *irr* **I.** *vi sein* romperse, desgarrarse **II.** *vt* romper, desgarrar; **durch|ringen** *irr vr:* **sich** ~ decidirse finalmente (*zu* a); **sich zu einem Entschluss** ~ llegar a tomar una decisión; **durch|rosten** *vi sein* oxidarse (por completo); **durch|rühren** *vt* mezclar bien; **durch|rütteln** *vt* sacudir bien
durchs = **durch das** *s.* **durch**
Durchsage *f* <-n> aviso *m;* (*Mitteilung*) comunicado *m*
durch|sagen *vt* anunciar; (*im Radio*) tra(n)smitir; **durch|sägen** *vt* serrar
durchschaubar *adj* (*verständlich*) comprensible; **ein schwer/leicht ~er Mensch** una persona difícil/fácil de comprender
durchschauen*[1] *vt:* **jds Absichten** [*o* **jdn**] ~ descubrir(le) a alguien el juego
durch|schauen[2] *vi, vt* (*reg*) *s.* **durchsehen**
durch|scheinen *irr vi* **1.** (*Licht*) filtrarse (*durch* por) **2.** (*Schrift, Muster*) tra(n)sparentarse; **durch|schlafen** *irr vi* dormir sin despertarse
Durchschlag *m* <-(e)s, -schläge> **1.** (*Kopie*) copia *f* **2.** (*Sieb*) colador *m*
durch|schlagen[1] *irr* **I.** *vi sein* **1.** (*Sicherung*) fundirse **2.** (*Feuchtigkeit*) filtrarse **3.** (*Eigenschaft*) salir **II.** *vt* **1.** (*entzweischlagen*) partir (en dos) **2.** (*durch ein Sieb*) pasar (*durch* por) **3.** (*Wand*) abrir **III.** *vr:* **sich** ~ (*durchkommen*) ir tirando, rebuscárselas *Arg, Chil, Par*
durchschlagen*[2] *irr vt* romper, atravesar
durchschlagend *adj* (*Beweis*) irrefutable; (*Erfolg*) arrollador; (*Sieg*) aplastante; (*Maßnahme*) eficaz; (*Argument*) contundente
Durchschlagpapier *nt* papel *m* carbón
Durchschlagskraft *f* (*Geschoss*) fuerza *f* de percusión; (*Argument*) eficacia *f*
durch|schleusen *vt* **1.** (*Schiff*) hacer pasar por una esclusa **2.** (*durch eine Kontrolle*) infiltrar (*durch* por), colar (*durch* por)
durch|schneiden[1] *irr vt* cortar; **er schnitt**

das Blatt in der Mitte durch cortó la hoja por la mitad

durchschneiden*[2] *irr vt* **1.** (*geh: Meer*) surcar **2.** (*mit einem Messer*) cortar **3.** (*Schrei*) romper

Durchschnitt *m* <-(e)s, -e> promedio *m;* **im ~** por término medio; **über/unter dem ~ liegen** estar por encima/por debajo del promedio

durchschnittlich **I.** *adj* **1.** (*im Durchschnitt*) medio **2.** (*mittelmäßig*) mediano **3.** (*gewöhnlich*) corriente **II.** *adv* por término medio; **er arbeitet ~ acht Stunden am Tag** por término medio trabaja ocho horas al día

Durchschnittsalter *nt* <-s, -> promedio *m* de edad; **Durchschnittseinkommen** *nt* ingreso(s) *m(pl)* medio(s); **Durchschnittsgeschwindigkeit** *f* velocidad *f* media; **Durchschnittstemperatur** *f* temperatura *f* media

Durchschrift *f* <-en> copia *f;* **Durchschuss**[RR] *m* <-es, -schüsse> **1.** (*Kugel*) penetración *f* **2.** (TYPO: *Zeilenzwischenraum*) espacio *m* interlineal **3.** (*Schussfaden*) trama *f*

durch|schütteln *vt* (*Kissen, Person*) sacudir (bien); (*Mischung*) agitar (bien); **durch|schwitzen** *vt* empapar de sudor; **durch|sehen** *irr* **I.** *vi* (*hindurchschauen*) mirar (*durch* por) **II.** *vt* **1.** (*überprüfen*) revisar **2.** (*durchblättern*) hojear

durch|setzen[1] **I.** *vt* (*verwirklichen*) realizar; (*erreichen*) lograr; (*Willen*) imponer; **sie muss immer ihren Kopf ~** siempre quiere salirse con la suya **II.** *vr:* **sich ~** (*Person, Trend*) imponerse; **du musst dich gegen ihn ~** tienes que imponerte a él

durchsetzen*[2] *vt* (*mit Fehlern*) (entre)mezclar (*mit* con/de)

Durchsetzungsvermögen *nt ohne Pl* <-s> capacidad *f* de imponerse

Durchsicht *f ohne Pl* revisión *f;* **zur ~** para revisión

durchsichtig *adj* **1.** (*Material*) tra(n)sparente **2.** (*Lügen*) manifiesto

durch|sickern *vi sein* **1.** (*Nachricht*) trascender **2.** (*Flüssigkeit*) filtrarse (*durch* por/a través de); **durch|spielen** *vt* reconstruir; (*simulieren*) simular; **durch|sprechen** *irr vt* discutir punto por punto; **durchstechen*** *irr vt* perforar; **durch|stehen** *irr vt* **1.** (*Prüfung, Krankheit*) aguantar **2.** (*Qualen*) sufrir; **durch|stellen** *vi, vt* (*verbinden*) comunicar; **einen Moment noch, ich stelle Sie durch** un momento, ahora le comunico; **durchstöbern*** *vt* (*fam: durchsuchen*) registrar

durch|stoßen[1] *irr* **I.** *vi sein* (MIL) avanzar (*zu* hasta) **II.** *vt* (*Gegenstand*) atravesar (*durch* por)

durchstoßen*[2] *irr vt* (*stoßend durchdringen*) penetrar

durch|streichen[1] *irr vt* tachar

durchstreichen*[2] *vt* (*geh*) *s.* **durchstreifen**

durchstreifen* *vt* **1.** (*wandern*) vagar (por); (*ablaufen*) recorrer **2.** (*Polizei*) rastrear; **durchströmen*** *vt* (*geh: Gefühl, Energie*) invadir; **durchsuchen*** *vt* **1.** (*Person*) cachear **2.** (*Gebäude, Gepäck*) registrar

Durchsuchung *f* <-en> **1.** (*von Personen*) cacheo *m* **2.** (*von Gebäuden*) registro *m*

durchtrainiert *adj* bien entrenado

durch|treten *irr* **I.** *vi sein* **1.** (*Gas, Flüssigkeit*) salir (*durch* por) **2.** (*fam: hineingehen*) pasar **II.** *vt* (*Pedal*) pisar a fondo

durchtrieben *adj* astuto

durchwachsen *adj* **1.** (*Speck*) entreverado **2.** (*fam: mittelmäßig*) mediocre

Durchwahl *f ohne Pl* (TEL) **1.** (*Möglichkeit*) comunicación *f* automática, discado *m* directo *Am* **2.** (*fam: ~nummer*) número *m* directo

durch|wählen *vi* (TEL) marcar directamente

durchweg *adv* sin excepción, en su totalidad

durchwegs *adv* (*Österr: fam*) *s.* **durchweg**

durch|wühlen[1] **I.** *vt* (*Zimmer, Haus*) poner patas arriba **II.** *vr:* **sich ~** (*fam: sich durcharbeiten*) abrirse paso (*durch* por entre)

durchwühlen*[2] *vt* **1.** (*Erde*) revolver **2.** (*Gepäck*) revolver (en); (*durchsuchen*) registrar

durch|zählen **I.** *vi* (*abzählen*) hacer un recuento **II.** *vt* (*zählen*) contar

durch|ziehen[1] *irr* **I.** *vt* **1.** (*hindurchziehen*) hacer pasar (*durch* por) **2.** (*fam: beenden*) acabar **II.** *vi sein* (*durchqueren*) atravesar, pasar (*durch* por)

durchziehen*[2] *irr vt* **1.** (*Land*) recorrer; (*durchqueren*) atravesar **2.** (*sich erstrecken*) extenderse (por)

durchzucken* *vt* **1.** (*Blitz*) cruzar **2.** (*Gedanke*) venir (*a*)

Durchzug[1] *m* <-(e)s, -züge> (*das Durchqueren*) paso *m*

Durchzug[2] *m ohne Pl* <-(e)s> (*Luftzug*) corriente *f* de aire

dürfen[1] <darf, durfte, dürfen> *vt Modalverb* **1.** (*Erlaubnis haben*) poder, tener permiso (de/para); **darf ich etwas fragen?** ¿puedo preguntar una cosa?; **darf man hier rauchen?** ¿está permitido fumar aquí?; **wenn ich bitten darf** si me permite/permiten; **ich darf wohl sagen, dass ...** se me permitirá decir que... **2.** (*sollen*) deber, poder; **was darf es sein?** ¿qué desea?; **du darfst ihm das nicht übel nehmen** no debes tomárselo a mal; **das darf doch nicht wahr sein!** ¡no puede ser cierto!; **das dürfte wohl das Beste sein** esto sería lo mejor

dürfen[2] <darf, durfte, gedurft> *vi* poder, tener permiso; **ich habe nicht gedurft** no me han dejado

durfte *3. imp von* **dürfen**

dürftig *adj* **1.** (*Unterkunft*) pobre, mísero; (*Gehalt*) miserable **2.** (*Beweis, Kenntnisse*) insuficiente; (*Beleuchtung*) débil

dürr *adj* **1.** (*vertrocknet*) seco **2.** (*Boden*) árido **3.** (*mager*) flaco

Dürre *f* <-n> aridez *f;* (*Trockenheit*) sequía *f*

Durst *m ohne Pl* <-(e)s> sed *f;* **ich habe ~** tengo sed; **seinen ~ löschen/stillen** apagar/calmar su sed; **einen über den ~ trinken** (*fam*) beber más de la cuenta

dursten *vi* (*geh*) estar sediento

dürsten *vunpers, vi* (*geh*) **1.** (*Verlangen haben*) estar sediento (*nach* de) **2.** (*Durst haben*) tener sed; **mich dürstet** tengo sed

durstig *adj* sediento (*nach* de); **~ sein** tener sed

durstlöschend *adj,* **durststillend** *adj* que apaga la sed; **Durststrecke** *f* período *m* difícil

Dusche *f* <-n> ducha *f,* regadera *f Kol, Mex,* lluvia *f Chil, Arg, Nic;* **unter die ~ gehen** ir a ducharse; **eine ~ nehmen** tomar una ducha

duschen I. *vi, vr:* **sich ~** duchar(se) **II.** *vt* duchar

Duschkabine *f* cabina *f* de ducha

Düse *f* <-n> (*beim Flugzeug*) tobera *f;* (*Rohrstück*) boquilla *f*

Dusel *m ohne Pl* <-s> (*fam: Glück*) suerte *f*

düsen *vi sein* (*fam*) ir a toda mecha

Düsenantrieb *m* propulsión *f* reacción; **mit ~** con turbopropulsor; **Düsenflugzeug** *nt* avión *m* a reacción

duss(e)lig[RR] *adj,* **dußlig** *adj* (*fam*) **1.** (*einfältig*) simple; (*dumm*) bobo **2.** (*reg: benommen*) atontado

düster *adj* **1.** (*dunkel*) oscuro **2.** (*Ort*) sombrío; (*Zukunft*) negro **3.** (*Wesen*) melancólico; (*Stimmung*) tétrico

Dutzend *nt* <-s, -e> docena *f;* **ein halbes ~** media docena; **~e von Büchern** montones de libros

dutzendfach I. *adj* una y mil veces **II.** *adv* a docenas

dutzendmal *adv* docenas de veces

dutzendweise *adv* **1.** (*im Dutzend*) por docenas **2.** (*fam: in Mengen*) a docenas

duzen I. *vt* tutear; **ich duze sie** la tuteo **II.** *vr:* **sich ~** tutearse; **ich duze mich mit ihm** me tuteo con él

DV *f* (INFOR) *Abk. von* **Datenverarbeitung** procesamiento *m* de datos

Dynamik *f ohne Pl* (*a.* PHYS) dinámica *f*

dynamisch *adj* (*a.* PHYS) dinámico

Dynamit *nt ohne Pl* <-s> dinamita *f*

Dynamo *m* <-s, -s> dinamo *f,* dínamo *f*

Dynastie *f* <-n> dinastía *f*

D-Zug *m* <-(e)s, -Züge> tren *m* rápido

E

E, e *nt* <-, -> **1.** (*Buchstabe*) E, e *f;* ~ **wie Emil** E de España **2.** (MUS) mi *m*

Eau de Cologne *nt o f* <-, Eaux de Cologne> agua *f* de colonia

Ebbe *f* <-n> marea *f* baja, bajamar *f;* **es ist ~** la marea está baja

eben **I.** *adj* **1.** (*flach*) llano **2.** (*glatt*) liso **II.** *adv* **1.** (*in diesem Augenblick*) en este momento; **ich wollte dich ~ anrufen** estaba a punto de llamarte por teléfono **2.** (*gerade vorhin*) hace un momento; **sie sind ~ angekommen** acaban de llegar **3.** (*kurz*) un momento; **hilfst du mir ~ mal?** ¿me ayudas un momento? **4.** (*knapp*) justo; **mit seinem Lohn kommt er so ~ aus** su sueldo le alcanza justo **5.** (*nun mal*): **~!** ¡justamente!; **das ist ~ so** esto es así; **er ist ~ ein Idiot** es que es un idiota; **gut, dann ~ nicht** bien, pues entonces nada

Ebenbild *nt* fiel retrato *m*

ebenbürtig *adj* igual; **sie ist ihm an Ausdauer ~** es igual de perseverante que él

ebenda *adv* (*in Verweisen*) íbidem; (*geh: genau dort*) allí mismo; **ebendarum** *adv* por esto; **ebendas** *pron dem s.* **ebender, ebendie, ebendas**; **ebender, ebendie, ebendas** <ebendie> *pron dem* (*genau der/die/das*) precisamente él/ella/eso; **ebendeshalb** *adv s.* **ebendarum**; **ebendie** *pron dem s.* **ebender, ebendie, ebendas**; **ebendiese(r, s)** *pron dem* (*geh: genau dieser/diese/dieses: adjektivisch*) precisamente es(t)e/es(t)a; (*substantivisch*) precisamente és(t)e/és(t)a/es(t)o

Ebene *f* <-n> **1.** (*Flachland*) llanura *f* **2.** (*Niveau*) nivel *m* **3.** (MATH) plano *m*

ebenfalls *adv* igualmente, asimismo

Ebenmaß *nt* <-es, -e> **1.** (*harmonisches Verhältnis*) armonía *f* **2.** (TECH) proporción *f*

ebenmäßig *adj* proporcionado

ebenso *adv* igualmente, del mismo modo; **~ wie** así como; **~ gern** de igual manera; **~ gern wie** igual que; **~ gut** de igual manera; **~ gut wie** igual (de bien) que; **~ lang(e) wie** tan largo como; **~ oft wie** con la misma frecuencia que; **~ schön wie** tan bonito como; **~ sehr** indistintamente; **~ sehr wie** tanto como; **~ viel wie** tanto como; **~ wenig wie** tan poco como; **ebensogern** *adv s.* **ebenso**; **ebensogut** *adv s.* **ebenso**; **ebensolang(e)** *adv s.* **ebenso**; **ebensooft** *adv s.* **ebenso**; **ebensosehr** *adv s.* **ebenso**; **ebensoviel** *adv s.* **ebenso**; **ebensowenig** *adv s.* **ebenso**

Eber *m* <-s, -> cerdo *m* macho

ebnen *vt* allanar

EC *m* <-(s), -s> **1.** (EISENB) *Abk. von* **Eurocity(zug)** Eurocity *m* **2.** (FIN) *Abk. von* **Eurocheque** eurocheque *m*

E-Cash *nt* <- -s, *ohne pl*> (FIN) efectivo *m* electrónico, moneda *f* electrónica

Echo *nt* <-s, -s> eco *m;* **sein Vorschlag fand ein lebhaftes ~** su propuesta tuvo un gran eco; **Echolot** *nt* <-(e)s, -e> (NAUT) sonar *m*

Echse *f* <-n> (ZOOL) lagarto *m*

echt **I.** *adj* **1.** (*Dokument, Geldschein*) auténtico; (*Haar, Perle*) natural; (*Kunstwerk*) original; (*Farbe*) sólido; **~ golden** de oro legítimo **2.** (*Freundschaft, Problem*) auténtico **3.** (*typisch*) típico **II.** *adv* (*fam*) realmente; **~?** ¿de verdad?

Echtheit *f ohne Pl* **1.** (*von Dokument*) autenticidad *f* **2.** (*von Gefühlen*) pureza *f* **3.** (*von Farben*) solidez *f*

Eck *nt* <-(e)s, -e> **1.** (*Österr, südd: Ecke*) esquina *f;* **über ~** en triángulo **2.** (SPORT: *des Tores*) ángulo *m*

EC-Karte *f* (FIN) tarjeta *f* para eurocheques

Eckball *m* (SPORT) saque *m* de esquina, córner *m*

Ecke *f* <-n> **1.** (*außen*) esquina *f;* **er wohnt gleich um die ~** vive a la vuelta de la esquina; **jdn um die ~ bringen** (*fam*) cargarse a alguien; **an allen ~n und Enden wird gespart** se ahorra en todas partes **2.** (*innen*) rincón *m;* **sich nicht in eine bestimmte ~ stellen lassen** no dejarse encajonar **3.** (SPORT) córner *m* **4.** (*reg: Gegend*) parte *f*

eckig *adj* **1.** (*Gegenstand*) cuadrado; (*Gesicht*) anguloso **2.** (*Bewegungen*) brusco

Eckpfeiler *m* (ARCHIT) pilastra *f* angular; (*eines Bogens*) estribo *m;* **Eckstein** *m* **1.** (ARCHIT) piedra *f* angular; (*Prellstein*) guardacantón *m* **2.** (*Markstein*) hito *m;* **Eckzahn** *m* colmillo *m*

Ecu *m* <-(s), -(s)> (FIN), **ECU** *m* <-(s), -(s)> (FIN) *Abk. von* **European Currency Unit** (**europäische Währungseinheit**) ECU *m,* ecu *m*

Ecuador *nt* <-s> Ecuador *m*

Ecuadorianer(in) *m(f)* <-s, -; -nen> ecuatoriano, -a *m, f*

ecuadorianisch *adj* ecuatoriano

edel *adj* **1.** (*Tier*) de pura raza **2.** (*geh:*

Mensch, Tat) noble **3.** (*Stein*) precioso; (*Holz*) noble; **Edelfrau** *f* (HIST) noble *f;* **Edelgas** *nt* <-es, -e> (CHEM) gas *m* noble; **Edelkastanie** *f* (BOT: *Baum*) castaño *m* (común); (*Frucht*) castaña *f* comestible; **Edelmann** *m* <-(e)s, -leute> (HIST) noble *m;* **Edelmetall** *nt* metal *m* noble; **Edelmut** *m* (*geh*) generosidad *f,* nobleza *f,* distinción *f*

edelmütig *adj* generoso

Edelstahl *m* acero *m* fino; **Edelstein** *m* piedra *f* preciosa; **Edeltanne** *f* (BOT) abeto *m* blanco; **Edelweiß** *nt* <-(es), -e> (BOT) leontopodio *m*

Edikt *nt* <-(e)s, -e> (HIST) edicto *m*

editieren* *vt* (INFOR) editar

Edition *f* <-en> edición *f*

Editor(in)[1] *m(f)* <-s, -en; -nen> (PUBL) editor(a) *m(f)*

Editor[2] *m* <-s, -en> (INFOR) editor *m*

E-Dur *nt ohne Pl* <-> (MUS) mi *m* mayor

Edutainment *nt ohne Pl* <-s> (INFOR) edutainment *m,* edutenimiento *m*

EDV *f ohne Pl* (INFOR) *Abk. von* **elektronische Datenverarbeitung** proceso *m* electrónico de datos; **EDV-gestützt** *adj* (INFOR) asistido por ordenador

Efeu *m ohne Pl* <-s> (BOT) hiedra *f*

Effeff (*fam*): **etw aus dem ~ können** saber algo al dedillo

Effekt *m* <-(e)s, -e> efecto *m;* (*Ergebnis*) resultado *m*

Effekten *Pl* (FIN) valores *mpl*

effektiv *adj* **1.** (*wirksam*) efectivo **2.** (*tatsächlich*) real, definitivo

effektvoll *adj* de gran efecto

effizient *adj* (*geh*) eficiente

EG *f Abk. von* **Europäische Gemeinschaft** CE *f*

egal *adj* igual; **das ist mir ganz ~** (*fam*) me da lo mismo; **~ wie** (*fam*) sea como sea; **~ wer** (*fam*) sea quien sea; **~ was** (*fam*) sea lo que sea

Egge *f* <-n> grada *f,* rastra *f*

Egoismus *m ohne Pl* <-> egoísmo *m*

Egoist(in) *m(f)* <-en, -en; -nen> egoísta *mf,* gorrón, -ona *m, f MAm*

egoistisch *adj* egoísta

EG-Staat *m* estado *m* comunitario

eh **I.** *konj s.* **ehe** **II.** *adv* **1.** (*schon immer*): **seit ~ und je** desde siempre **2.** (*Österr, südd: fam: sowieso*) de todas formas **III.** *interj* (*fam*) eh

ehe *konj* antes de +*inf,* antes de que +*subj;* **~ ich es vergesse** antes de que se me olvide

Ehe *f* <-n> matrimonio *m;* **meine Kinder aus erster ~** los hijos de mi primer matrimonio; **in wilder ~ leben** vivir amancebados; **mit jdm die ~ schließen** contraer matrimonio con alguien; **die ~ brechen** cometer adulterio; **eheähnlich** *adj* (JUR) similar al matrimonio; **~e Gemeinschaft** cohabitación como marido y mujer; **Ehebett** *nt* lecho *m* matrimonial; (*Doppelbett*) cama *f* de matrimonio

Ehebrecher(in) *m(f)* <-s, -; -nen> adúltero, -a *m, f*

Ehebruch *m* adulterio *m;* **~ begehen** cometer adulterio; **Ehefrau** *f* esposa *f,* mujer *f;* **Ehegatte, -in** *m, f* (*geh*) esposo, -a *m, f;* (JUR) cónyuge *mf;* **Ehegatten-Splitting** *nt ohne Pl* <-s> partición *f* de los impuestos entre cónyuges (*pagando cada uno de ellos sólo la mitad del impuesto sobre la renta*); **Eheleben** *nt ohne Pl* <-s> vida *f* matrimonial; **Eheleute** *Pl* cónyuges *mpl*

ehelich *adj* matrimonial; (JUR) conyugal; (*Kind*) legítimo; **nicht ~** ilegítimo

ehelos *adj* soltero

ehemalige(r, s) *adj* antiguo, ex

ehemals *adv* antiguamente, antes

Ehemann *m* esposo *m,* marido *m;* **Ehepaar** *nt* matrimonio *m*

eher *adv kompar von* **bald** **1.** (*früher*) antes (*als* que), más temprano; **ich komme nicht ~ als bis ...** no vengo antes de que... +*subj* **2.** (*lieber*) antes (*als* que); **ich würde ~ zu Fuß gehen als den Bus zu nehmen** preferiría ir andando antes que tomar el autobús **3.** (*vielmehr*) más bien

Ehering *m* alianza *f;* **Ehescheidung** *f* (JUR) divorcio *m;* **Eheschließung** *f* casamiento *m*

ehest *adv* (*Österr: baldigst*) lo antes posible

ehesten *superl von* **bald**: **am ~** (*frühestmöglich*) lo más pronto posible; (*am wahrscheinlichsten*) lo más probable; (*am liebsten*) lo más preferible

ehestens *adv* (*frühestens*) lo antes posible

Ehevermittlung *f* tramitación *f* matrimonial; **Eheversprechen** *nt* promesa *f* de matrimonio

ehrbar *adj* honorable; (*achtbar*) respetable; (*ehrlich*) honrado

Ehrbegriff *m* concepto *m* del honor

Ehre *f* <-n> honor *m;* (*Ruhm*) honra *f;* **das Werk macht ihm alle ~** la obra le honra; **auf ~ und Gewissen** por mi palabra y honor; **dir zu ~n** para honrarte; **es ist mir eine große ~ Sie kennen zu lernen** es un gran honor para mí conocerle; **mit wem habe ich die ~?** ¿con quién tengo el honor?; **etw in ~n halten** honrar algo; **jdm die letzte ~ erweisen** rendirle a alguien el último homenaje; **wir geben uns die ~ zu ...** nos permitimos...; **was verschafft mir die ~?** ¿a qué debo el honor (de esta visita)?

ehren *vt* honrar; (*achten*) respetar; **sehr geehrte Damen und Herren** distinguidos señores y señoras; (*Briefanrede*) muy señores mios; **ich fühle mich sehr geehrt** me siento muy honrado

Ehrenamt *nt* cargo *m* honorífico; **ehrenamtlich** *adj* honorífico; **Ehrenbürger(in)** *m(f)* ciudadano, -a *m, f* de honor; **Ehrendoktor** *m* <-s, -en> doctor *m* honoris causa; **Ehrengast** *m* invitado, -a *m, f* de honor

ehrenhaft *adj* honorable

Ehrenmal *nt* <-(e)s, -e *o* -mäler> monumento *m* conmemorativo; **Ehrenmann** *m* hombre *m* de honor; **Ehrenplatz** *m* <-es, -plätze> puesto *m* de honor; **Ehrenrettung** *f* salvación *f* del honor; **zu seiner ~ muss ich einräumen, dass ...** debo reconocer en su favor que...; **Ehrenrunde** *f* (SPORT) vuelta *f* de honor; **eine ~ drehen** (*die Schulklasse wiederholen*) tener que repetir el curso; **Ehrensache** *f* cuestión *f* de honor; **Ehrentag** *m* día *m* memorable; **Ehrenurkunde** *f* diploma *m* de honor; **ehrenvoll** *adj* honroso; **ehrenwert** *adj* honorable; **Ehrenwort** *nt* <-(e)s, -e> palabra *f* de honor

ehrerbietig *adj* respetuoso

Ehrfurcht *f* (*Achtung*) profundo respeto *m* (*vor* hacia); (*Verehrung*) veneración *f* (*vor* por); **vor etw** *dat* **~ haben** respetar algo

ehrfürchtig *adj*, **ehrfurchtsvoll** *adj* respetuoso

Ehrgefühl *nt ohne Pl* <-(e)s> sentimiento *m* del honor

Ehrgeiz *m* ambición *f;* **ehrgeizig** *adj* ambicioso

ehrlich *adj* honrado; (*aufrichtig*) sincero; **er meint es ~ mit uns** obra de buena fe con nosotros; **~ gesagt** a decir verdad; **ich war krank, ~** (*fam*) estuve enfermo, de verdad; **wir haben ~ geteilt** compartimos honradamente

Ehrlichkeit *f ohne Pl* honradez *f;* (*Aufrichtigkeit*) sinceridad *f*

ehrlos *adj* deshonrado

Ehrlosigkeit *f ohne Pl* falta *f* de honor

Ehrung *f* <-en> homenaje *m* (a)

Ehrwürden: **Euer ~** Reverendo Padre

ehrwürdig *adj* venerable; (*achtbar*) respectable

Ei *nt* <-(e)s, -er> **1.** (*Vogel~, Hühner~*) huevo *m*, blanquillo *m Guat, Mex;* **ein hartes/weiches ~** un huevo duro/pasado por agua; **wie aus dem ~ gepellt** (*fam*) de punta en blanco; **jdn wie ein rohes ~ behandeln** (*fig*) tratar a alguien con guante de seda; **sich** *dat* **gleichen wie ein ~ dem anderen** parecerse como dos gotas de agua **2.** (*Keimzelle*) óvulo *m* **3.** *Pl* (*vulg: Hoden*) huevos *mpl* **4.** *Pl* (*fam: Geld*) pelas *fpl*

Eibe *f* <-n> tejo *m*

Eiche *f* <-n> roble *m*

Eichel *f* <-n> **1.** (BOT) bellota *f* **2.** (ANAT) glande *m*

eichen *vt* (*Maße*) contrastar; (*Instrumente*) calibrar; (*Fässer*) marcar; (*Messglas*) graduar

Eichhörnchen *nt* (ZOOL) ardilla *f*

Eid *m* <-(e)s, -e> juramento *m;* **an ~es statt erklären** (JUR) declarar bajo juramento; **unter ~ stehen** estar bajo juramento; **einen ~ ablegen** prestar juramento; **eidbrüchig** *adj* perjuro; **~ werden** perjurar

Eidechse *f* <-n> (ZOOL) lagarto *m*, iguana *f Am*

eidesstattlich *adj* (JUR) jurado; **~e Erklärung** declaración jurada; **etw ~ erklären** declarar algo bajo juramento

Eidgenosse, -in *m, f* confederado, -a *m, f;* (*Schweizer Bürger*) suizo, -a *m, f*

Eidgenossenschaft *f* confederación *f;* **Schweizerische ~** Confederación Helvética

eidgenössisch *adj* (*schweizerisch*) suizo; (*im Gegensatz zu kantonal*) confederado

eidlich **I.** *adj* jurado **II.** *adv* bajo juramento

Eidotter *nt o m* yema *f* de huevo

Eierbecher *m* huevero *m;* **Eierkohle** *f* <-n> carbón *m* ovoide; **Eierkuchen** *m* (*Pfannkuchen*) ≈torta *f* (de huevo); (*Omelett*) tortilla *f* francesa; (*süß*) crepe *f;* **Eierlikör** *m* licor *m* de huevo

eiern *vi* (*fam*) **1.** *sein* (*Person*) tambalearse **2.** (*Sache*): **das Rad eiert** la rueda está torcida

Eierschale *f* cáscara *f* de huevo

Eierstock *m* <-(e)s, -stöcke> (ANAT) ovario *m*

Eieruhr *f* reloj *m* de arena (*para medir el tiempo de cocción de los huevos*)

Eifer *m ohne Pl* <-s> afán *m;* (*Streben*) empeño *m;* **im ~ des Gefechts** en el calor de la disputa

eifern *vi* **1.** (*geh: streben*) ambicionar (*nach*) **2.** (*schmähen*) clamar (*gegen* contra)

Eifersucht *f ohne Pl* celos *mpl;* **aus ~** por celos; **eifersüchtig** *adj* celoso (*auf* de); **jdn ~ machen** poner celoso a alguien; **auf jdn ~ sein** tener celos de alguien

Eiffelturm *m* <-(e)s> torre *f* Eiffel

eifrig **I.** *adj* apasionado; (*emsig*) diligente; (*fleißig*) aplicado **II.** *adv* con empeño

Eigelb *nt* <-(e)s, -e, *nach Zahlen:* -> yema *f*

eigen *adj* **1.** (*zugehörig*) propio; **etw mit ~en Augen gesehen haben** haber visto algo con sus propios ojos; **etw sein E~nennen** (*geh*) declarar algo de su propiedad; **in ~er Person** personalmente **2.** (*persönlich*) propio; (*unabhängig*) independiente; (*gesondert*) aparte; **eine ~e Meinung haben** tener una opinión propia; **sein ~er Herr sein** ser independiente **3.** (*charakteristisch*) característico (de); (*ty-*

pisch) típico (de); **mit dem ihm ~en Zynismus** con el cinismo que le caracteriza **4.** (*wunderlich*) raro

Eigenart[1] *f ohne Pl* (*Eigentümlichkeit*) particularidad *f*

Eigenart[2] *f* <-en> **1.** (*Besonderheit*) singularidad *f* **2.** (*Wesenszug*) característica *f*

eigenartig *adj* raro

Eigenbedarf *m* (*an Gütern*) consumo *m* propio; (*einer Wohnung*) necesidad *f* propia

Eigenbrötler(in) *m(f)* <-s, -; -nen> (*abw*) tipo, -a *m, f* raro, -a

Eigendynamik *f* dinámica *f* propia

eigenhändig **I.** *adj* (*Unterschrift*) de su puño y letra; (*Testament*) (h)ológrafo **II.** *adv* con sus propias manos

Eigenheim *nt* <-(e)s, -e> casa *f* propia; **Eigeninitiative** *f* iniciativa *f* propia; **Eigenkapital** *nt* (FIN) capital *m* propio; **Eigenliebe** *f* amor *m* propio; **eigenmächtig** **I.** *adj* arbitrario **II.** *adv* por cuenta propia; **~ handeln** obrar por cuenta propia; **Eigenname** *m* nombre *m* propio

Eigennutz *m ohne Pl* <-es> interés *m* personal

eigennützig **I.** *adj* interesado; (*egoistisch*) egoísta **II.** *adv* por interés

eigens *adv* expresamente

Eigenschaft *f* <-en> cualidad *f;* (*Merkmal*) característica *f;* **in seiner ~ als Vorsitzender** en su calidad de presidente; **Eigenschaftswort** *nt* <-(e)s, -wörter> adjetivo *m*

eigensinnig *adj* testarudo

eigenständig *adj* independiente

eigentlich **I.** *adj* **1.** (*wirklich*) verdadero; (*eigen*) propio; **sein ~er Name lautet ...** su verdadero nombre es... **2.** (*ursprünglich*) original **II.** *adv* (*tatsächlich*) en realidad; (*ehrlich gesagt*) a decir verdad; (*im Grunde genommen*) en el fondo; **was willst du ~?** ¿qué es lo que quieres en realidad?

Eigentor *nt* <-(e)s, -e> (SPORT) gol *m* en propia puerta

Eigentum *nt ohne Pl* <-s> propiedad *f;* **geistiges ~** propiedad intelectual

Eigentümer(in) *m(f)* <-s, -; -nen> propietario, -a *m, f*

eigentümlich *adj* **1.** (*charakteristisch*) característico; (*typisch*) típico **2.** (*sonderbar*) curioso

Eigentümlichkeit[1] *f* <-en> (*Charakteristikum*) característica *f*

Eigentümlichkeit[2] *f ohne Pl* (*Sonderbarkeit*) particularidad *f*

Eigentumswohnung *f* piso *m* propio, condominio *m Am*

Eigenverantwortung *f ohne Pl* responsabilidad *f* propia; **etw in ~ tun** hacer algo bajo su propia responsabilidad; **eigenwillig** *adj* **1.** (*egoistisch*) egoísta **2.** (*sonderbar*) particular; (*unkonventionell*) original **3.** (*eigensinnig*) caprichoso **4.** (*störrisch*) testarudo

eignen *vr:* **sich für etw** [*o* **zu etw** *dat*] **~** (*Person*) reunir las cualidades necesarias para algo; (*Sache*) prestarse para algo, ser apropiado para algo

Eignung *f ohne Pl* aptitud *f;* **Eignungstest** *m* prueba *f* de aptitud

Eilbote, -in *m, f* mensajero, -a *m, f;* **per ~** exprés; **Eilbrief** *m* carta *f* urgente

Eile *f ohne Pl* (*Hast*) prisa *f,* apuro *m Am;* (*Dringlichkeit*) urgencia *f;* **in ~ sein** tener prisa, estar apurado *Am;* **das hat keine ~** eso no corre prisa; **in aller ~** a toda prisa

Eileiter *m* <-s, -> (ANAT) trompa *f* (de Falopio)

eilen *vi* **1.** (*dringend sein*) correr prisa; **eilt!** ¡urgente!; **damit eilt es nicht** esto no corre prisa **2.** *sein* (*Mensch*) ir corriendo (*zu* a); (*sich beeilen*) apresurarse; **jdm zu Hilfe ~** acudir corriendo en socorro de alguien

Eilgut *nt* mercancías *fpl* urgentes

eilig *adj* **1.** (*schnell*) rápido, apurado *Am;* **es ~ haben** tener prisa, estar apurado *Am* **2.** (*dringend*) urgente

Eilzug *m* <-(e)s, -züge> (tren *m*) expreso *m*

Eimer *m* <-s, -> cubo *m;* **im ~ sein** (*fig*) haberse ido al traste

ein *adv:* **E~/Aus** (*auf Geräten*) on/off; **bei jdm ~ und aus gehen** entrar como Pedro por su casa; **nicht mehr ~ noch aus wissen** estar totalmente desconcertado

ein, eine, ein **I.** *adj* (*Zahlwort*) un, una; **das kostet ~e Mark** cuesta un marco; **es ist ~ Uhr** es la una; **sie ist sein E~ und Alles** ella lo es todo para él; **das ist doch ~ und dasselbe** pero si es exactamente lo mismo; **~ für allemal** de una vez por todas; **in ~em fort** de un tirón **II.** *art unbest* un, una; **~es Tages** un día; **was für ~e Hitze!** ¡qué calor!

Einakter *m* <-s, -> pieza *f* (de teatro) en un acto

einander *pron refl* el uno al otro, mutuamente; (*wechselseitig*) recíprocamente; **sie helfen ~** se ayudan mutuamente; **zwei ~ widersprechende Aussagen** dos declaraciones contradictorias

ein|arbeiten **I.** *vt* **1.** (*Mitarbeiter*) iniciar (*in* en) **2.** (*einfügen*) introducir (*in* en) **II.** *vr:* **sich ~** integrarse (*in* en)

Einarbeitungszeit *f* período *m* de adaptación

einarmig *adj* manco

ein|äschern *vt* (*Leichnam*) incinerar

ein|atmen **I.** *vi* respirar **II.** *vt* inspirar; (MED) inhalar

einäugig *adj* tuerto
Einbahnstraße *f* calle *f* de sentido único
ein|balsamieren* *vt* (*Leiche*) embalsamar
Einband *m* <-(e)s, -bände> encuadernación *f*
einbändig *adj* en [*o* de] un tomo
Einbau[1] *m ohne Pl* <-(e)s> (*Montage*) montaje *m;* (*Installation*) instalación *f*
Einbau[2] *m* <-(e)s, -ten> (*Teil*) módulos *mpl*
ein|bauen *vt* **1.** (*hineinmontieren*) montar (*in* en); (*eingliedern*) incorporar (*in* en); (*installieren*) instalar (*in* en) **2.** (*einfügen*) insertar (*in* en)
Einbauküche *f* cocina *f* de módulos (intercambiables); **Einbauschrank** *m* armario *m* empotrado
ein|behalten* *irr vt* retener
ein|berufen* *irr vt* **1.** (*Versammlung*) convocar (*zu* a) **2.** (MIL) llamar a filas
Einberufung *f* <-en> **1.** (*einer Versammlung*) convocatoria *f* (*zu* a) **2.** (MIL) llamamiento *m* a filas
ein|betten *vt* intercalar (*in* en)
Einbettzimmer *nt* <-s, -> habitación *f* de una cama
ein|beziehen* *irr vt* incluir (*in* en)
ein|biegen *irr vi sein* doblar; (*beim Fahren*) girar; **nach links** ~ doblar a la izquierda
ein|bilden *vr:* **sich** ~ **1.** (*sich vorstellen*): **sich** *dat* **etw** ~ imaginarse algo; **was bildest du dir eigentlich ein?** (*fam*) ¿qué te crees? **2.** (*stolz sein*): **sich** *dat* **etwas** ~ **auf** estar orgulloso de
Einbildung[1] *f* <-en> (*Trugbild*) ilusión *f,* quimera *f*
Einbildung[2] *f ohne Pl* **1.** (*Vorstellung*) imaginación *f* **2.** (*Überheblichkeit*) presunción *f*
Einbildungskraft *f ohne Pl* (poder *m* de) imaginación *f*
ein|blenden **I.** *vt* (*Musik*) intercalar (*in* en) **II.** *vr:* **sich** ~ (TV, RADIO) conectar (*in* con)
Einblick *m* <-(e)s, -e> **1.** (*Aussicht*) vista *f* **2.** (*prüfendes Einsehen*) inspección *f;* **jdm** ~ **in etw gewähren** permitir a alguien que se entere de algo **3.** (*Einsicht*) idea *f;* **einen** ~ **in etw gewinnen** formarse una idea de algo
ein|brechen *irr vi* **1.** *sein* (*stürzen*) hundirse; **sie ist auf dem Eis eingebrochen** se hundió en el hielo **2.** *sein* (*Dunkelheit*) irrumpir **3.** *haben o sein* (*eindringen*) entrar a robar
Einbrecher(in) *m(f)* <-s, -; -nen> ladrón, -ona *m, f*
ein|bringen *irr* **I.** *vt* **1.** (*Ernte*) recolectar **2.** (*Gewinn*) rendir; (*Zinsen*) producir; (*Werte*) aportar (*in* a) **3.** (*Antrag*) presentar; (*Vorschläge, Ideen*) aportar (*in* a) **II.** *vr:* **sich** ~ participar (*in* en)
ein|brocken *vt* (*fam*): **jdm etwas** ~ meter a alguien en un lío
Einbruch *m* <-(e)s, -brüche> **1.** (*in Gebäude*) robo *m* **2.** (*Beginn*) comienzo *m;* **bei** ~ **der Dämmerung** a la caída de la tarde **3.** (*Einsturz*) derrumbamiento *m;* (*des Bodens*) hundimiento *m* **4.** (*Niederlage*) derrota *f*
ein|bürgern **I.** *vt* **1.** (*Person*) naturalizar **2.** (*Tiere, Pflanzen*) aclimatar **3.** (*Brauch*) introducir **II.** *vr:* **sich** ~ (*Brauch, Fremdwort*) generalizarse
Einbuße *f* <-n> pérdida *f;* ~**n an etw** *dat* **erleiden** sufrir pérdidas de algo
ein|büßen *vt* perder (*an* parte de)
ein|cremen **I.** *vt* aplicar [*o* dar] crema (en) **II.** *vr:* **sich** ~ darse crema
ein|dämmen *vt* **1.** (*beschränken*) restringir **2.** (*Fluss*) encauzar
ein|decken **I.** *vt* (*fam: überhäufen*) colmar (*mit* de), llenar (*mit* de) **II.** *vr:* **sich** ~ (*versorgen*) aprovisionarse (*mit* de), premunirse (*mit* de) *Am*
eindeutig *adj* **1.** (*unmissverständlich*) inequívoco **2.** (*deutlich*) claro
ein|dicken **I.** *vt* (GASTR: *sämiger machen*) (dejar) espesar, amelcochar *Arg, Mex, Par* **II.** *vi sein* (*zähflüssiger werden*) espesar
eindimensional *adj* unidimensional
ein|dösen *vi sein* (*fam*) adormecerse
ein|dringen *irr vi sein* penetrar (*in* en), entrar (*in* en/a); (MIL) invadir (*in*); **auf jdn** ~ amenazar a alguien
eindringlich **I.** *adj* insistente **II.** *adv* con insistencia
Eindringling *m* <-s, -e> intruso, -a *m, f,* quitagusto *m Ecua, Peru*
Eindruck *m* <-(e)s, -drücke> **1.** (*Wirkung*) impresión *f;* **ich habe den** ~**, dass ...** tengo la impresión de que...; **den** ~ **erwecken, dass ...** dar la impresión de que...; ~ (**auf jdn**) **machen** impresionar (a alguien) **2.** (*Druckstelle*) impresión *f;* (*Spur*) huella *f*
ein|drücken *vt* (*Blech*) abollar; (*Scheibe*) romper
eindrücklich *adj* (*Schweiz*), **eindrucksvoll** *adj* impresionante
eine **I.** *adj o art unbest s.* **ein, eine, ein** **II.** *pron indef s.* **eine(r, s)**
eine(r, s) *pron indef* uno, una; **weder der** ~ **noch der andere** ni el uno ni el otro; **das** ~ **sag' ich dir ...** (*fam*) te digo una cosa...
ein|ebnen *vt* nivelar; (*Gelände*) allanar
eineiig *adj* univitelino
eineinhalb *adj inv* uno y medio; **es hat** ~ **Stunden gedauert** ha durado hora y media
ein|engen *vt* **1.** (*Kleidung*) apretar **2.** (*beschränken*) coartar; (*einschränken*) limitar
einer **I.** *art unbest gen/dat von* **eine** *s.* **ein, eine, ein** **II.** *pron indef gen/dat von* **eine** *s.* **eine(r, s)**

Einer *m* <-s, -> **1.** (MATH) unidad *f* **2.** (SPORT) esquife *m*

einerlei *adj inv* **1.** (*gleichgültig*) igual; **das ist mir ganz ~** me es igual **2.** (*gleichartig*) de la misma clase; *s. a.* **achterlei**

Einerlei *nt ohne Pl* <-s> monotonía *f*

einerseits *adv* por una parte, por un lado; **~ bin ich neugierig, andererseits habe ich Angst davor** por una parte tengo curiosidad, por la otra tengo miedo

einfach I. *adj* **1.** (*nur einmal*) simple; **eine ~e Fahrkarte** un billete de ida **2.** (*leicht*) fácil; **du machst es dir zu ~** te lo haces demasiado fácil **3.** (*schlicht*) modesto, sencillo **II.** *adv* simplemente; **es klappt ~ nicht** sencillamente no funciona; **du kannst doch nicht ~ verschwinden** no puedes irte así como así

Einfachheit *f ohne Pl* simplicidad *f;* (*Schlichtheit*) sencillez *f;* **der ~ halber** para simplificar

ein|fädeln I. *vt* **1.** (*Nadel*) enhebrar **2.** (*fam: anbahnen*) urdir **II.** *vr:* **sich ~** (*im Verkehr*) integrarse (*in* en)

ein|fahren *irr* **I.** *vi sein* (*Zug, Schiff*) entrar (*in* a/en) **II.** *vt* **1.** (*beschädigen*) derribar **2.** (*Ernte, Fahrwerk*) recoger **3.** (*Auto*) rodar **III.** *vr:* **sich ~** (*sich einspielen*) normalizarse

Einfahrt[1] *f ohne Pl* (*eines Zuges*) entrada *f* (*in* a/en); (*Ankunft*) llegada *f* (*in* a)

Einfahrt[2] *f* <-en> (*Weg*) entrada *f;* **~ freihalten!** ¡prohibido estacionar!

Einfall *m* <-(e)s, -fälle> **1.** (*Idee*) idea *f,* ocurrencia *f* **2.** (*von Licht*) incidencia *f* **3.** (MIL) invasión *f* (*in*)

ein|fallen *irr vi sein* **1.** (*in den Sinn kommen*) ocurrir; **was fällt Ihnen ein!** ¡qué se cree Ud.!; **du musst dir etwas ~ lassen** tienes que pensar algo **2.** (*in Erinnerung kommen*) venir a la memoria **3.** (*zusammenstürzen*) derrumbarse **4.** (*Gesicht, Wangen*) hundirse **5.** (MIL) invadir (*in* en) **6.** (*einstimmen*) acompañar (*in*) **7.** (*Licht*) entrar

einfallslos *adj* sin imaginación; (*langweilig*) aburrido

Einfalt *f ohne Pl* (*Naivität*) ingenuidad *f;* (*Dummheit*) simpleza *f*

einfältig *adj* **1.** (*töricht*) simple; (*Dummkopf*) mentecato, pendejo *Am* **2.** (*naiv*) ingenuo

Einfaltspinsel *m* (*fam abw*) panoli *mf,* guanaco, -a *m, f Am*

Einfamilienhaus *nt* casa *f* unifamiliar

einfarbig *adj* unicolor; (*Tier*) tapado *Am*

ein|fassen *vt* **1.** (*Gebiet*) limitar **2.** (*mit Borte*) orlar **3.** (*Edelstein*) engastar

ein|fetten *vt* engrasar

ein|finden *irr vr:* **sich ~** presentarse (*in* en)

ein|flößen *vt* **1.** (*Medizin*) administrar **2.** (*Bewunderung*) causar; (*Furcht*) infundir; (*Vertrauen*) inspirar

Einflugschneise *f* (AERO) corredor *m* de entrada

Einfluss[RR] *m* <-es, -flüsse>, **Einfluß** *m* <-sses, -flüsse> **1.** (*Einwirkung*) influencia *f* (*auf* sobre); **einen guten ~ auf jdn ausüben** ejercer una buena influencia sobre alguien **2.** (*Wirkung*) efecto *m;* **unter dem ~ von Alkohol stehen** estar bajo los efectos del alcohol **3.** (*Ansehen*) prestigio *m*

einflussreich[RR] *adj,* **einflußreich** *adj* influyente, cogotudo *MAm, Ant*

ein|fordern *vt* (*geh*) reclamar

einförmig *adj* uniforme; (*monoton*) monótono

ein|frieden *vt* (*mit Mauer*) cercar; (*mit Grenzstein*) acotar

ein|frieren *irr* **I.** *vi sein* (*Wasserrohr*) congelarse **II.** *vt* (*Lebensmittel, Löhne*) congelar

ein|fügen I. *vt* **1.** (*einarbeiten*) insertar (*in* en) **2.** (*bemerken*) añadir (*in* a) **3.** (INFOR) intercalar **II.** *vr:* **sich ~** (*anpassen*) adaptarse (*in* a); (*sich integrieren*) integrarse (*in* en)

ein|fühlen *vr:* **sich ~** (*in eine Situation*) compenetrarse (*in* con); (*in einen Menschen*) identificarse (*in* con)

einfühlsam *adj* (*Mensch*) comprensivo; (*Worte*) sugestivo

Einfühlungsvermögen *nt ohne Pl* <-s> sensibilidad *f*

Einfuhr *f* <-en> importación *f;* **Einfuhrbestimmung** *f* <-en> régimen *m* de importación

ein|führen *vt* **1.** (*anleiten*) iniciar (*in* en) **2.** (*hineinschieben*) introducir (*in* en) **3.** (COM) importar (*nach* a) **4.** (*bekannt machen*) presentar (*bei* a) **5.** (*etw Neues*) introducir (*in* en); (*Ware*) lanzar (*in* a); (*System*) establecer (*in* en) **6.** (*Wend*): **wieder ~** (*Brauch*) restablecer; (*Ware*) reimportar

Einführung *f* <-en> **1.** (*Hineinschieben*) introducción *f* **2.** (*von Maßnahmen*) adopción *f;* (*von Steuern*) imposición *f* **3.** (*Anleitung*) introducción *f* **4.** (*Vorstellung*) presentación *f*

Einfuhrzoll *m* <-(e)s, -zölle> (COM) derechos *mpl* de importación

Eingabe *f* <-n> **1.** (*Antrag*) petición *f,* solicitud *f* **2.** (INFOR) entrada *f* de datos; **Eingabedaten** *Pl* (INFOR) datos *mpl* de entrada; **Eingabetaste** *f* (INFOR) tecla *f* de entrada

Eingang[1] *m* <-(e)s, -gänge> **1.** (*Tür*) entrada *f* **2.** *Pl* (*Geld*) entradas *fpl;* (*Post*) correspondencia *f*

Eingang[2] *m ohne Pl* <-(e)s> (*von Post*) llegada *f;* (*von Geld*) entrada *f*

eingängig *adj* (*Erklärung*) clara; (*Melodie*) pegadizo

eingangs **I.** *präp +gen* al principio de **II.** *adv* al principio
ein|geben *irr vt* **1.** (INFOR) introducir (*in* en) **2.** (*Arznei*) administrar **3.** (*geh: Idee*) sugerir
eingebildet *adj* (*abw*) **1.** (*hochmütig*) presuntuoso; (*eitel*) presumido, facistol *Am;* (*anmaßend*) engreído **2.** (*nicht wirklich*) imaginario
eingeboren *adj* indígena
Eingeborene(r) *mf* <-n, -n; -n> indígena *mf*
Eingebung *f* <-en> (*geh*) inspiración *f*
eingefahren *adj* arraigado
eingefallen *adj* enflaquecido; **~e Wangen** mejillas hundidas
eingefleischt *adj* arraigado; **ein ~er Junggeselle** un solterón empedernido
ein|gehen *irr sein* **I.** *vi* **1.** (*sich auseinander setzen*) ocuparse (*auf* de); **auf diese Frage gehe ich später näher ein** me ocuparé de esta pregunta más adelante **2.** (*zustimmen*) aceptar (*auf*); **auf einen Vorschlag ~** aceptar una propuesta **3.** (*Post*) llegar **4.** (*Kleidung*) encoger **5.** (*fam: sterben*) morir(se); (*Betrieb*) cerrar **6.** (*fam: verstehen*) entrar; **es geht mir nicht ein, dass ...** no me entra que... *+subj* **7.** (*Wend*): **in die Geschichte ~** pasar a la historia **II.** *vt* **1.** (*Vertrag*) ultimar **2.** (*Risiko*) correr; **ich gehe jede Wette ein, dass er gewinnt** apuesto lo que sea a que gana él **3.** (*Ehe*) contraer
eingehend *adj* (*ausführlich*) exhaustivo; (*in allen Einzelheiten*) detallado
Eingemachte(s) *nt ohne Pl* <-n> confituras *fpl;* **ans ~ gehen** (*fam fig*) ir al grano
eingeschnappt *adj* (*fam abw*) mosqueado
eingeschrieben *adj* (*Brief*) certificado
eingespannt *adj* (*beschäftigt*) ocupado
Eingeständnis *nt* <-ses, -se> confesión *f*
ein|gestehen* *irr vt* confesar; (*zugeben*) admitir
eingetragen *adj* (*Mitglied*) inscrito; (*Verein*) registrado
Eingeweide *ntPl* vísceras *fpl*
Eingeweihte(r) *mf* <-n, -n; -n> iniciado, -a *m, f*
eingleisig *adj* de una sola vía
ein|gliedern *vt* incorporar (*in* a); (*integrieren*) integrar (*in* en)
ein|graben *irr* **I.** *vt* (*vergraben*) enterrar (*in* en) **II.** *vr:* **sich ~** (*Tier*) esconderse bajo tierra; **etw gräbt sich ins Gedächtnis ein** (*fig*) algo se graba en la memoria
ein|gravieren* *vt* grabar (*in* en)
ein|greifen *irr vi* **1.** (*Einfluss nehmen*) intervenir (*in* en) **2.** (TECH) engranar (*in* en)
ein|grenzen *vt* (*Problem*) delimitar
Eingriff *m* <-(e)s, -e> **1.** (MED) intervención *f* **2.** (*Übergriff*) intromisión *f* (*in* en)
ein|haken **I.** *vi* (*fam: in Gespräch*) intervenir **II.** *vt* (*befestigen*) enganchar (*in* en) **III.** *vr:* **sich bei jdm ~** tomar a alguien de brazo
Einhalt (*geh*): **jdm/etw** *dat* **~ gebieten** poner coto a alguien/a algo
ein|halten *irr* **I.** *vt* (*Termin*) atenerse (a); (*Bedingung*) respetar; (*Versprechen*) cumplir (con); (*Richtung, Diät*) seguir; (*Abstand*) mantener **II.** *vi* (*geh: aufhören*) parar; **mit der Arbeit ~** parar de trabajar
ein|handeln *vr* (*fam*): **sich** *dat* **etw ~** recibir algo
einhändig *adj* manco, con una sola mano
ein|hängen **I.** *vi* (*Hörer*) colgar **II.** *vt* (*Tür, Fenster*) enquiciar **III.** *vr:* **sich bei jdm ~** tomar a alguien de brazo
ein|heften *vt* archivar
einheimisch *adj* (*Bevölkerung, Pflanzen*) autóctono, nativo *Am;* (*Produkt*) nacional
Einheimische(r) *mf* <-n, -n; -n> autóctono, -a *m, f,* nativo, -a *m, f Am*
ein|heiraten *vi* emparentar (*in* con)
Einheit *f* <-en> (*a.* MIL) unidad *f;* (TEL) paso *m* de contador
einheitlich *adj* **1.** (*in sich geschlossen*) unitario; (*homogen*) uniforme **2.** (*genormt*) estandarizado
Einheitspreis *m* precio *m* único; **Einheitswährung** *f* (FIN, POL) moneda *f* unitaria
einhellig **I.** *adj* unánime **II.** *adv* por unanimidad
ein|holen *vt* **1.** (*erreichen*) alcanzar **2.** (*wettmachen*) recuperar **3.** (*Netz*) recoger; (*Fahne, Segel*) arriar **4.** (*Auskunft*) pedir **5.** (*fam: einkaufen*) comprar
Einhorn *nt* <-(e)s, -hörner> unicornio *m*
ein|hüllen *vt* envolver (*in* en/con)
einhundert *adj inv* cien; *s. a.* **achthundert**
einig *adj* **1.** (*geeint*) unido **2.** (*einer Meinung*) acorde; **sich** *dat* **über etw ~ sein/werden** estar/ponerse de acuerdo sobre algo
einige(r, s) *pron indef* algún *m,* alguno, -a *m, f,* algunos *mpl,* algunas *fpl;* **in ~n Tagen** dentro de algunos días; **nach ~r Zeit** después de algún tiempo; **in ~r Entfernung** a cierta distancia; **~ glaubten, dass ...** algunos pensaron que...; **das wird ~s kosten** esto va costar bastante
einigen **I.** *vt* (*einig machen*) unificar; (*aussöhnen*) conciliar **II.** *vr:* **sich ~** llegar a un acuerdo (*über* sobre)
einigermaßen *adv* hasta cierto punto; (*ziemlich*) bastante
Einigkeit *f ohne Pl* unidad *f;* (*Übereinstimmung*) concordia *f,* conformidad *f;* **in diesem Punkt herrschte ~** hubo conformidad sobre este punto
Einigung *f* <-en> **1.** (*Übereinstimmung*) acuerdo *m;* (*Versöhnung*) conciliación *f;* **zu**

einer ~ kommen llegar a un acuerdo **2.** (*Vereinigung*) unificación *f*

ein|impfen *vt* (*fam*): **jdm etw ~** inculcar algo a alguien

ein|jagen *vt* dar, meter; **jdm Angst ~** meterle miedo a alguien

einjährig *adj* **1.** (*Kind, Kurs*) de un año **2.** (*Pflanze*) anual

ein|kalkulieren* *vt* contar (con)

ein|kassieren* *vt* **1.** (*Geld*) cobrar **2.** (*fam: festnehmen*) detener **3.** (*fam: wegnehmen*) mangar

Einkauf *m* <-(e)s, -käufe> (*Kauf*) compra *f;* **Einkäufe machen** hacer compras

ein|kaufen I. *vi, vt* (*Waren*) comprar; **~ gehen** ir de compras **II.** *vr:* **sich ~** (*Teilhaber werden*) adquirir una parte (*in* de)

Einkäufer(in) *m(f)* <-s, -; -nen> comprador(a) *m(f)*

Einkaufsbummel *m* vuelta *f* por las tiendas; **einen ~ machen** ir de tiendas; **Einkaufspreis** *m* precio *m* de compra; **Einkaufswagen** *m* carrito *m* de la compra; **Einkaufszentrum** *nt* centro *m* comercial

ein|kehren *vi sein* **1.** (*geh: Ruhe*) llegar **2.** (*in Gasthof*) ir a tomar algo

ein|klagen *vt* (JUR) demandar

ein|klammern *vt* poner entre paréntesis

Einklang *m ohne Pl* <-(e)s> **1.** (MUS) unisonancia *f* **2.** (*geh: Harmonie*) armonía *f;* **in ~ mit etw** *dat* **stehen** armonizar con algo

ein|kleben *vt* pegar (*in* en)

ein|kleiden *vt* **1.** (*Person*) vestir **2.** (*Rekruten*) equipar

ein|klemmen *vt* pillar; **sich den Finger in der Tür ~** pillarse el dedo con la puerta

ein|kochen I. *vi sein* (*Soße*) espesarse (al fuego) **II.** *vt* (*Obst*) confitar

Einkommen *nt* <-s, -> sueldo *m;* (*Einkünfte*) ingresos *mpl;* **einkommensschwach** *adj* (WIRTSCH) de pocos ingresos; **einkommensstark** *adj* (WIRTSCH) de ingresos altos; **Einkommen(s)steuer** *f* <-n> impuesto *m* sobre la renta

ein|kreisen *vt* cercar, rodear

Einkünfte *Pl* ingresos *mpl*

ein|laden *irr vt* **1.** (*Gäste*) invitar (*zu* a) **2.** (*Ladung*) cargar (*in* en)

einladend *adj* (*verlockend*) tentador; (*verführerisch*) seductor

Einladung *f* <-en> invitación *f* (*zu* a)

Einlage *f* <-n> **1.** (*im Schuh*) plantilla *f* ortopédica **2.** (*Zahn~*) empaste *m* provisional **3.** (*Slip~*) salvaslip *m* **4.** (*in der Zeitung*) suplemento *m* **5.** (THEAT) actuación *f* estelar **6.** (FIN: *Spar~*) depósito *m;* (*Kapital~*) inversión *f*

ein|lagern *vt* almacenar

Einlass[RR] *m ohne Pl* <-es>, **Einlaß** *m ohne Pl* <-sses> entrada *f;* (*Zutritt*) admisión *f;* **sich** *dat* **~ in etw verschaffen** ser admitido en un lugar

ein|lassen *irr* **I.** *vt* **1.** (*hereinlassen*) dejar entrar (*in* en); **sich** *dat* **ein Bad ~** prepararse un baño **2.** (*zulassen*) admitir **3.** (*einpassen*) empotrar (*in* en) **II.** *vr:* **sich ~ 1.** (*Umgang pflegen*) mezclarse (*mit* con) **2.** (*mitmachen*) comprometerse (*auf* a); **ich lasse mich auf keine Diskussion ein** no quiero discutir el tema para nada

Einlauf *m* <-(e)s, -läufe> **1.** (MED) lavativa *f* **2.** (SPORT) llegada *f* (a la línea de meta)

ein|laufen *irr* **I.** *vi sein* **1.** (*Schiff, a.* SPORT) entrar (*in* en/a); (*Zug*) llegar (*in* a) **2.** (*Kleidung*) encoger **II.** *vt* (*Schuhe*) adaptar al pie **III.** *vr:* **sich ~** (SPORT) hacer ejercicios de precalentamiento

ein|leben *vr:* **sich ~** aclimatarse (*in* a)

ein|legen *vt* **1.** (*hineintun*) meter; (*Film*) poner **2.** (FIN) depositar **3.** (*Berufung, Protest*) interponer; (*Pause*) intercalar; **ein gutes Wort für jdn ~** hablar en favor de alguien **4.** (*Haare*) marcar **5.** (GASTR) macerar; (*marinieren*) marinar; (*in Tunke*) adobar; (*in Essig*) escabechar **6.** (KUNST: *intarsieren*) incrustar

ein|leiten *vt* **1.** (*beginnen*) comenzar; **die entsprechenden Schritte ~ um zu ...** hacer las gestiones correspondientes par ... **2.** (*vorbereiten*) preparar; (*Geburt*) provocar; (*Verhandlungen*) entablar; (*Prozess, Untersuchung*) instruir **3.** (*Flüssigkeit*) verter (*in* en/a)

einleitend I. *adj* preliminar; (*einführend*) introductorio **II.** *adv:* **~ möchte ich erwähnen, dass ...** para empezar quisiera mencionar que...

Einleitung *f* <-en> **1.** (*eines Textes, im Buch*) introducción *f* **2.** (*Eröffnung*) comienzo *m*

ein|lenken *vi* (*nachgeben*) ceder

ein|leuchten *vi* ser obvio; **das will mir nicht ~** esto no me convence

einleuchtend *adj* (*offensichtlich*) obvio, evidente; (*überzeugend*) convincente

ein|liefern *vt* entregar; (*Person*) ingresar (*in* en)

Einlieferung *f* <-en> entrega *f;* (*ins Krankenhaus*) ingreso *m* (*in* en); (*ins Gefängnis*) entrada *f* (*in* en)

ein|loggen *vr:* **sich ~** (INFOR) entrar (*in* en)

ein|lösen *vt* **1.** (*Pfand*) desempeñar **2.** (*Scheck*) cobrar; (*Gutschein*) canjear **3.** (*geh: Versprechen*) cumplir

ein|machen *vt* **1.** (*Obst*) confitar **2.** (*in Essig*) poner en vinagre

Einmachglas *nt* <-es, -gläser> tarro *m* para conservas

einmal *adv* **1.** (*ein Mal*) una vez; **noch ~** otra vez; **~ eins ist eins** uno por uno es uno; **auf** ~ de repente; ~ **ist keinmal** una vez no cuenta; **ich möchte erst** ~ **hier bleiben** por ahora quiero quedarme aquí **2.** (*früher*) antes; **es war** ~ **...** érase una vez... **3.** (*irgendwann*) un día **4.** (*verstärkend*): **er hat sie nicht** ~ **besucht** ni siquiera la fue a visitar; **das ist nun** ~ **so** ¡qué se le va a hacer!; **wieder** ~ nuevamente

Einmaleins *nt ohne Pl* <-> tabla *f* de multiplicar

einmalig *adj* **1.** (*außergewöhnlich*) excepcional **2.** (*einzigartig*) único

Einmalspritze *f* jeringuilla *f* de un solo uso

Einmannbetrieb *m* <-(e)s, -e> **1.** (WIRTSCH) empresa *f* unipersonal **2.** (*Fahrer*) agente *mf* único, -a

Einmarsch *m* <-(e)s, -märsche> entrada *f* (*in* en); (MIL) ocupación *f* (*in* de); **ein|marschieren*** *vi sein* **1.** (*hineingehen*) entrar (*in* en) **2.** (*gewaltsam*) invadir (*in*)

ein|mischen *vr:* **sich** ~ (entro)meterse (*in* en); **Einmischung** *f* <-en> intromisión *f*

einmotorig *adj* (AERO) monomotor

ein|münden *vi haben o sein* desembocar; **Einmündung** *f* <-en> (*a.* GEO) desembocadura *f*

einmütig **I.** *adj* unánime **II.** *adv* por unanimidad

Einnahme[1] *f ohne Pl* (MIL, MED) toma *f*

Einnahme[2] *f* <-n> (*Geld*) ingresos *mpl*

Einnahmequelle *f* fuente *f* de ingresos

ein|nehmen *irr vt* **1.** (*Geld*) cobrar; (*Steuern*) recaudar **2.** (*Arznei, Mahlzeit*) tomar **3.** (*Standpunkt*) adoptar; (*Stellung, Posten*) ocupar; **seinen Platz** ~ tomar asiento **4.** (*erobern*) tomar **5.** (*beanspruchen*) ocupar **6.** (*Wend*): **jdn für sich** ~ ganarse las simpatías de alguien; **von sich** *dat*/**jdm eingenommen sein** tener un alto concepto de sí mismo/de alguien

ein|nicken *vi sein* (*fam*) echar una cabezada

ein|nisten *vr:* **sich** ~ anidar; (*abw: Person*) apalancarse (*bei* en casa de)

Einöde *f* <-n> soledad *f;* (*Wüste*) desierto *m*

ein|ordnen **I.** *vt* ordenar; (*in Regal*) poner en su sitio; (*in Gruppen*) clasificar; (*einfügen*) meter (*in* en) **II.** *vr:* **sich** ~ **1.** (*sich unterordnen*) integrarse (*in* en) **2.** (AUTO) situarse en un carril; **sich links/falsch** ~ situarse en el carril de la izquierda/equivocarse de carril

ein|packen **I.** *vt* **1.** (*Koffer*) meter (*in* en); (*in Papier*) envolver (*in* en); (*zum Versand*) empaquetar **2.** (*fam: warm anziehen*) abrigar **II.** *vi* (*fam fig*): **dann können wir** ~ en este caso apaga y vámonos

ein|parken *vt, vi* aparcar

ein|passen *vt* (*einsetzen*) encajar (*in* en); (*passend machen*) ajustar (*in* a)

ein|pendeln *vr:* **sich** ~ estabilizarse

ein|pferchen *vt* (*Vieh*) acorralar

ein|pflanzen *vt* **1.** (*Pflanze*) plantar **2.** (MED) implantar

ein|prägen **I.** *vt* (*ins Bewusstsein*) inculcar; **sich** *dat* **etw** ~ grabarse algo en la memoria **II.** *vr:* **sich** ~ (*Eindruck hinterlassen*) grabarse

einprägsam *adj* fácil de retener; (*Melodie*) pegadizo

ein|quartieren* **I.** *vt* **1.** (MIL) acuartelar **2.** (*unterbringen*) alojar (*bei* en casa de) **II.** *vr:* **sich** ~ hospedarse (*bei* en casa de)

ein|rahmen *vt* enmarcar

ein|rasten *vi sein* encajar

ein|räumen *vt* **1.** (*Bücher*) guardar (*in* en); (*Wohnung*) amueblar **2.** (*zugestehen*) admitir; (*Kredit*) conceder

ein|reden **I.** *vi:* **auf jdn** ~ tratar de convencer a alguien **II.** *vt:* **jdm etw** ~ hacer creer algo a alguien; **sich** *dat* **etw** ~ meterse algo en la cabeza

ein|reiben *irr vt* aplicar (en); (*mit Sonnenöl*) poner; **jdn mit etw** *dat* ~ dar a alguien fricciones con algo

ein|reichen *vt* (*Unterlagen*) presentar; (*übergeben*) entregar; (*Scheidung*) pedir

ein|reihen **I.** *vt* incluir (*in* en) **II.** *vr:* **sich** ~ unirse (*in* a)

Einreise *f* <-n> entrada *f;* **Einreisegenehmigung** *f* permiso *m* de entrada

ein|reisen *vi sein* entrar (*in/nach* en)

Einreisevisum *nt* visado *m* de entrada

ein|reißen *irr* **I.** *vi sein* **1.** (*Papier*) romperse **2.** (*Übel*) echar raíces; **so etwas darf man erst gar nicht** ~ **lassen** no debe permitirse que una cosa así se generalice **II.** *vt* **1.** (*Papier*) rasgar **2.** (*Haus*) derribar

ein|renken *vt* **1.** (MED) componer **2.** (*fam: in Ordnung bringen*) arreglar

ein|richten **I.** *vt* **1.** (*gründen*) crear, fundar; (*Konto*) abrir **2.** (*Wohnung*) equipar; (*möblieren*) amueblar **3.** (*einstellen*) ajustar (*auf* a) **4.** (*arrangieren*) arreglar; (*Termin*) organizar **5.** (MED) reducir **II.** *vr:* **sich** ~ (*sich anpassen*) acomodarse (*auf* a); (*sich einstellen*) prepararse (*auf* para)

Einrichtung[1] *f* <-en> **1.** (*Mobiliar*) mobiliario *m;* (*Ausrüstung*) equipamiento *m* **2.** (*Institution*) institución *f* **3.** (*Anlage*) instalación *f*

Einrichtung[2] *f ohne Pl* (*Gründung*) fundación *f;* (*einer Verkehrslinie*) apertura *f;* **für die** ~ **eines Kontos** para abrir una cuenta

ein|rollen **I.** *vt* enrollar **II.** *vr:* **sich** ~ enrollarse

ein|rosten *vi sein* **1.** (*Schraube*) oxidarse **2.** (*fam: Knochen*) entumecerse **3.** (*fam: geistig*) anquilosarse

ein|rücken **I.** *vi sein* (MIL) **1.** (*einmarschieren*) entrar (*in* en) **2.** (*eingezogen werden*) ser llamado a filas **II.** *vt* **1.** (TYPO, INFOR) sangrar **2.** (*Anzeige*) insertar

eins *adj inv* **1.** (*Zahl*) uno; **Punkt** ~ primer punto; *s. a.* **acht**[1] **2.** (*Uhrzeit*): **sie kam um (Punkt)** ~ vino a la una (en punto); *s. a.* **acht**[1] **3.** (*verbunden*): **sie fühlen sich ~ miteinander** están totalmente de acuerdo el uno con el otro **4.** (*einerlei*): **das ist** ~ (*fam*) da lo mismo

Eins *f* <-en> uno *m;* (*Schulnote*) sobresaliente *m*

einsam *adj* **1.** (*allein*) solo; (*verlassen*) abandonado; **sich ~ fühlen** sentirse solo **2.** (*abgelegen*) aislado; **~e Spitze sein** ser genial **3.** (*menschenleer*) desierto

Einsamkeit *f ohne Pl* soledad *f*

ein|sammeln *vt* recoger; (*Spenden*) recaudar

Einsatz[1] *m* <-es, -sätze> **1.** (*Teil*) pieza *f* insertada **2.** (*Geld*) apuesta *f* **3.** (MUS) entrada *f* **4.** (MIL) (entrada *f* en) acción *f*

Einsatz[2] *m ohne Pl* <-es> **1.** (*von Polizei*) movilización *f;* (SPORT) alineación *f;* **im** ~ en acción; **zum ~ kommen** entrar en acción **2.** (*Engagement*) esfuerzo *m;* **unter ~ seines Lebens** arriesgando su vida

einsatzbereit *adj* listo; (TECH) dispuesto para funcionar; (MIL) listo para el combate; **Einsatzbereitschaft** *f ohne Pl* disponibilidad *f*

ein|saugen *irr vt* (*Luft*) aspirar; (*Flüssigkeit*) absorber, chupar

ein|scannen *vt* (INFOR) escanear

ein|schalten I. *vt* **1.** (*Radio*) poner; (*Maschine*) poner en marcha; (*Licht*) encender, prender *Am* **2.** (*hinzuziehen*) recurrir (a) **II.** *vr:* **sich** ~ **1.** (*angehen*) ponerse en funcionamiento; (*Licht*) encenderse **2.** (*sich einmischen*) intervenir (*in* en)

ein|schärfen *vt* inculcar

ein|schätzen *vt* valorar; **wie ich die Lage einschätze** tal como yo veo la situación; **etw/jdn hoch** ~ estimar algo/a alguien en mucho; **Einschätzung** *f* <-en> **1.** (*Meinung*) parecer *m* **2.** (*Bewertung*) evaluación *f;* **nach meiner** ~ según mis estimaciones

ein|schenken *vt* servir

ein|schicken *vt* enviar (*an* a)

ein|schieben *irr vt* **1.** (*hineinschieben*) meter (*in* en) **2.** (*einfügen*) intercalar (*in* en)

ein|schiffen I. *vt* embarcar **II.** *vr:* **sich** ~ embarcarse (*nach* para)

einschl. *Abk. von* **einschließlich** inclusive

ein|schlafen *irr vi sein* **1.** (*Person, Gliedmaßen*) dormirse **2.** (*Freundschaft*) entibiarse

ein|schläfern *vt* **1.** (*zum Schlafen bringen*) adormecer **2.** (*narkotisieren*) narcotizar **3.** (*Tier*) matar

einschläfernd *adj* **1.** (*Geräusch*) adormecedor; (*Substanz*) soporífero **2.** (MED) somnífero

Einschlag *m* <-(e)s, -schläge> **1.** (*eines Geschosses, Blitzes*) impacto *m* **2.** (*Anteil*) matiz *m;* **ein|schlagen** *irr* **I.** *vi* **1.** (*Blitz, Bombe*) caer; (*Geschoss*) hacer impacto; **auf jdn** ~ golpear a alguien **2.** (*Anklang finden*) tener eco; **das hat wie eine Bombe eingeschlagen** esto cayó como una bomba **3.** (*Lenkrad*) girar el volante **II.** *vt* **1.** (*Tür*) romper; (*Zähne*) partir; (*Schädel*) romper **2.** (*Nagel*) clavar (*in* en) **3.** (*einwickeln*) envolver (*in* en) **4.** (*Lenkrad*) girar **5.** (*Richtung*) tomar **6.** (*Stoff*) doblar

einschlägig *adj* correspondiente; **~e Literatur** bibliografía especializada

ein|schleichen *irr vr:* **sich** ~ (*Person*) entrar a hurtadillas (*in* en); (*unbemerkt eindringen*) colarse (*in* en); (*Verdacht*) surgir (*in* en); (*Fehler*) escaparse (*in* en)

ein|schleppen *vt* **1.** (*Krankheit*) introducir **2.** (NAUT) remolcar

ein|schließen *irr* **I.** *vt* **1.** (*einsperren*) encerrar (*in* en); (*Gegenstand*) guardar bajo llave **2.** (*umgeben*) rodear; (*umzäunen*) cercar **3.** (*mit einbeziehen*) incluir (*in* en) **II.** *vr:* **sich** ~ encerrarse

einschließlich I. *präp +gen/dat* inclusive, incluido; ~ **Frank** incluido Frank; ~ **Büchern und Briefen** libros y cartas inclusive **II.** *adv* inclusive, incluido; **geöffnet vom 3. bis 8. Mai** ~ abierto del 3 al 8 de mayo inclusive; **bis Nr. 50** ~ hasta el nº 50 incluido

ein|schmeicheln *vr:* **sich** ~ engatusar (*bei* a) *fam*

einschmeichelnd *adj* insinuante

ein|schmieren I. *vt* (*fam: mit Fett*) untar (*mit* con) **II.** *vr:* **sich (mit Creme)** ~ (*fam*) darse crema

ein|schnappen *vi sein* **1.** (*Tür*) encajar **2.** (*fam abw: beleidigt sein*) mosquearse

ein|schneiden *irr* **I.** *vi* (*in Haut*) clavarse (*in* en) **II.** *vt* (*schneiden*) cortar

einschneidend *adj* incisivo; (*drastisch*) drástico

Einschnitt *m* <-(e)s, -e> **1.** (*Schnitt*) corte *m;* (MED) incisión *f* **2.** (*im Leben*) hito *m*

ein|schränken I. *vt* restringir; (*reduzieren*) reducir; (*Freiheit*) coartar; **dem kann ich nur eingeschränkt zustimmen** sólo lo puedo aceptar con reservas **II.** *vr:* **sich** ~ (*sparsam leben*) economizar

Einschränkung *f* <-en> **1.** (*Verringerung*) reducción *f;* (*von Rechten*) limitación *f* **2.** (*das Einsparen*) restricción *f* **3.** (*Vorbehalt*) reserva *f;* **ohne/mit** ~ sin/con reservas

ein|schreiben *irr* **I.** *vt* (*eintragen*) apuntar (*in* en); (*in Liste*) inscribir (*in* en) **II.** *vr:* **sich** ~ (SCH, UNIV) matricularse (*in* en)

Einschreiben *nt* <-s, -> certificado *m;* **etw per ~ schicken** mandar algo certificado

Einschreibung *f* <-en> inscripción *f;* (SCH, UNIV) matrícula *f*

ein|schreiten *irr vi sein* intervenir

Einschub *m* <-(e)s, -schübe> inserción *f,* intercalación *f*

ein|schüchtern *vt* intimidar

ein|schulen *vt* escolarizar

Einschuss[RR] *m* <-es, -schüsse>, **Einschuß** *m* <-sses, -schüsse> (*von Geschoss*) impacto *m*

ein|schweißen *vt* (*in Folie*) plastificar; (TECH) soldar

ein|sehen *irr vt* **1.** (*Raum*) ver **2.** (*Schriftstücke*) echar un vistazo (a); (*prüfen*) examinar **3.** (*verstehen*) comprender; (*Irrtum, Notwendigkeit*) reconocer; **ich sehe nicht ein, warum ich das tun soll** no veo por qué he de hacerlo; **(k)ein E~ (für jdn/etw) haben** (no) mostrar comprensión (por alguien/algo)

ein|seifen *vt* (*mit Seife*) enjabonar; (*mit Schnee*) restregar (con nieve)

einseitig *adj* **1.** (POL) unilateral; (*nur eine Person betreffend*) unipersonal **2.** (*Muster, Lähmung*) de un lado **3.** (*parteiisch*) parcial; **eine ~e Sicht der Dinge** una visión unilateral del asunto **4.** (*Ernährung*) incompleto

Einseitigkeit *f* <-en> parcialidad *f;* (*der Ernährung*) desequilibrio *m*

ein|senden *irr vt* enviar (*an* a), remitir (*an* a)

Einsender(in) *m(f)* <-s, -; -nen> remitente *mf*

Einsendeschluss[RR] *m ohne Pl* <-es> plazo *m* de envío

ein|setzen I. *vi* (*beginnen*) empezar **II.** *vt* **1.** (*einfügen*) colocar (*in* en); (*Pflanze*) plantar (*in* en) **2.** (*ernennen*) designar; (*als Erben*) instituir; (*in ein Amt*) instalar (*in* en); (*Ausschuss*) constituir; **wieder ~** reinstalar **3.** (*Hilfsmittel, Maschine*) emplear; (*Bus, Zug*) poner **4.** (*Polizei*) movilizar **5.** (*Geld*) poner en juego; (*Leben*) jugarse **III.** *vr:* **sich ~** (*sich anstrengen*) emplearse a fondo; **sich für etw/jdn ~** interceder a favor de algo/alguien

Einsicht[1] *f ohne Pl* (*in Akten*) vista *f* (*in* de); (*Einsichtnahme*) inspección *f* (*in* de); **jdm ~ in etw gewähren** permitir a alguien el examen de algo

Einsicht[2] *f* <-en> **1.** (*Verständnis*) comprensión *f;* (*Vernunft*) razón *f* **2.** (*Erkenntnis*): **ich bin zu der ~ gekommen, dass ...** he llegado a la conclusión de que...; **neue ~en gewinnen** obtener nuevos conocimientos

einsichtig *adj* **1.** (*vernünftig*) razonable; (*verständnisvoll*) comprensivo **2.** (*verständlich*) comprensible; (*überzeugend*) convincente

Einsichtnahme *f* <-n> (*formal*) inspección *f* (*in* de)

Einsiedler(in) *m(f)* <-s, -; -nen> eremita *mf*

einsilbig *adj* **1.** (LING) monosilábico **2.** (*wortkarg*) seco, de pocas palabras

ein|sinken *irr vi sein* hundirse (*in* en)

ein|spannen *vt* **1.** (*Blatt*) introducir (*in* en); (*Werkstück*) sujetar **2.** (*Zugtiere*) uncir **3.** (*fam: arbeiten lassen*) hacer trabajar; **er hat ihn für seine Zwecke eingespannt** se ha valido de él para sus propios fines

ein|sparen *vt* ahorrar

ein|sperren *vt* **1.** (*einschließen*) encerrar (*in* en) **2.** (*fam: ins Gefängnis*) meter en chirona

ein|spielen I. *vt* **1.** (FILM, THEAT: *Geld*) rentar **2.** (RADIO, TV: *Beitrag*) intercalar **II.** *vr:* **sich ~ 1.** (MUS, SPORT) ejercitarse **2.** (*zur Gewohnheit werden*) normalizarse **3.** (*gut zusammenwirken*) compenetrarse

einsprachig *adj* (*Wörterbuch*) monolingüe

ein|springen *irr vi sein:* **für jdn ~** reemplazar a alguien

Einspruch *m* <-(e)s, -sprüche> **1.** (*Protest*) protesta *f* **2.** (POL) veto *m* **3.** (JUR) recurso *m* (*bei* ante); **~ erheben** protestar; **~ einlegen** interponer recurso; **einem ~ stattgeben** admitir (el) recurso

einspurig *adj* **1.** (*Eisenbahn*) de una sola vía; (*Straße*) de un solo carril **2.** (*abw: Denken*) de ideas fijas

einst *adv* (*geh*) **1.** (*früher*) antiguamente **2.** (*zukünftig*) algún día

Einstand[1] *m* <-(e)s, -stände> (*Arbeitsstelle*) ingreso *m;* **seinen ~ geben** celebrar su ingreso

Einstand[2] *m ohne Pl* (SPORT: *Tennis*) empate *m*

ein|stecken *vt* **1.** (*hineinstecken*) meter (*in* en); (*Stecker*) enchufar **2.** (*mitnehmen*) llevar **3.** (*fam: Brief*) echar **4.** (*fam: überlegen sein*) superar **5.** (*ertragen*) tragar(se)

ein|stehen *irr vi* **1.** (*verantworten*) hacerse responsable (*für* de) **2.** (*sich verbürgen*): **für etw/jdn ~** garantizar algo/responder de alguien

ein|steigen *irr vi sein* **1.** (*in Fahrzeug*) subir (*in* a) **2.** (*fam: sich beteiligen*) contribuir (*mit* con) **3.** (*anfangen*) entrar (*in* en); **er ist in die Politik eingestiegen** se ha metido en política

ein|stellen I. *vt* **1.** (*hineinstellen*) poner (*in* en) **2.** (*anstellen*) contratar, conchabar *Am* **3.** (*beenden*) parar; (*Kämpfe, Zahlung, Arbeit*) suspender; (JUR: *Verfahren*) sobreseer; **die Arbeit ~** dejar de trabajar; **das Feuer ~** dar el alto el fuego **4.** (*regulieren*) ajustar;

(*Sender*) sintonizar; (FOTO) enfocar **5.** (SPORT: *Rekord*) igualar **II.** *vr:* **sich ~** **1.** (*erscheinen*) aparecer; (*Folgen*) hacerse sentir; (*Personen*) acudir **2.** (*sich richten nach*) adaptarse (*auf* a) **3.** (*sich vorbereiten*) prepararse (*auf* para)
einstellig *adj* de una cifra
Einstellung *f* <-en> **1.** (*Anstellung*) contratación *f* **2.** (*Beendigung*) suspensión *f* **3.** (JUR: *Verfahren*) sobreseimiento *m* **4.** (*Regulierung*) ajuste *m* **5.** (FILM) enfoque *m* **6.** (*Gesinnung*) opinión *f*
Einstich *m* <-(e)s, -e> pinchazo *m*
Einstieg *m* <-(e)s, -e> **1.** (*das Einsteigen*) entrada *f* (*in* en); (*in den Zug*) subida *f* (*in* a) **2.** (*in ein Thema*) acceso *m* (*in* a)
einstige(r, s) *adj* anterior
ein|stimmen **I.** *vi* (MUS) unir su voz (*in* a) **II.** *vt* **1.** (*Instrument*) afinar **2.** (*vorbereiten*) preparar (*auf* para)
einstimmig **I.** *adj* **1.** (MUS) unísono **2.** (*ohne Gegenstimme*) unánime **II.** *adv* **1.** (MUS) al unísono **2.** (*ohne Gegenstimme*) por unanimidad
einstöckig *adj* de un piso
Einstrahlung *f* <-en> (METEO) insolación *f*
ein|streuen *vt* esparcir; (*Bemerkungen*) entremezclar
ein|studieren *vt* (*Rolle, Antwort*) estudiar
ein|stufen *vt* clasificar (*in* en), encasillar (*in* en)
einstündig *adj* de una hora
Einsturz *m* <-es, -stürze> derrumbamiento *m;* **ein|stürzen** *vi sein* (*Gebäude*) derrumbarse; (*Dach*) hundirse; **auf jdn ~** (*Ereignisse*) precipitarse sobre alguien
Einsturzgefahr *f ohne Pl* peligro *m* de derrumbamiento
einstweilen *adv* **1.** (*im Moment*) por el momento, por ahora **2.** (*unterdessen*) mientras tanto
einstweilig *adj* temporal; (*provisorisch*) provisional
eintägig *adj* de un día
Eintagsfliege *f* **1.** (ZOOL) efímera *f* **2.** (*fam: kurzer Erfolg*) flor *f* de un día
ein|tauchen **I.** *vi sein* (*untertauchen*) sumergirse (*in* en) **II.** *vt* sumergir (*in* en); (*eintunken*) mojar (*in* en)
ein|tauschen *vt* cambiar (*gegen* por)
eintausend *adj inv* mil; *s. a.* **achttausend**
ein|teilen *vt* **1.** (*untergliedern*) dividir (*in* en); (*in Klassen*) clasificar (*in* en) **2.** (*für Aufgabe*) asignar (*zu*); **er wurde zum Nachtdienst eingeteilt** le asignaron el turno de noche **3.** (*Geld, Arbeit, Zeit*) repartir
Einteilung *f* <-en> **1.** (*Untergliederung*) división *f;* (*Einsortierung*) clasificación *f* **2.** (*von Vorräten*) organización *f;* (*Verteilung*) reparto *m* **3.** (*für Arbeit*) designación *f*
eintönig *adj* monótono
Eintopf *m* <-(e)s, -töpfe> (GASTR) potaje *m,* hervido *m SAm*
Eintracht *f ohne Pl* concordia *f*
einträchtig **I.** *adj* concorde **II.** *adv* en armonía
Eintrag *m* <-(e)s, -träge> **1.** (*in Liste*) inscripción *f;* (*im Wörterbuch*) entrada *f* **2.** (*Vermerk*) nota *f*
ein|tragen *irr* **I.** *vt* **1.** (*einschreiben*) apuntar (*in* en); (*in eine Liste*) inscribir (*in* en); (*einzeichnen*) marcar (*in* en) **2.** (ADMIN) registrar; **eingetragener Verein** asociación registrada **3.** (*Gewinn*) producir; (*Kritik*) originar **II.** *vr:* **sich ~** inscribirse (*in* en)
einträglich *adj* lucrativo
Eintragung *f* <-en> **1.** (*das Eintragen*) inscripción *f;* (ADMIN) registro *m* **2.** (*Vermerk*) nota *f*
ein|treffen *irr vi sein* **1.** (*ankommen*) llegar (*in* a) **2.** (*sich bewahrheiten*) hacerse realidad; (*in Erfüllung gehen*) cumplirse
ein|treiben *irr vt* **1.** (*Schulden*) cobrar; (*Steuern*) recaudar **2.** (*hineinschlagen*) clavar (*in* en)
ein|treten *irr* **I.** *vi sein* **1.** (*hineingehen*) entrar (*in* a/en) **2.** (*Ereignis*) suceder, ocurrir **3.** (*Mitglied werden*) ingresar (*in* en) **4.** (*sich einsetzen*) abogar (*für* por) **II.** *vt* (*zertrümmern*) derribar a patadas
ein|trichtern *vt* (*fam*): **jdm etw ~** meter algo a alguien con cuchara
Eintritt *m* <-(e)s, -e> **1.** (*in Zimmer*) entrada *f* **2.** (*in Armee*) incorporación *f;* (*in Verein*) ingreso *m* **3.** (*Beginn*) comienzo *m* **4.** (*~sgebühr*) entrada *f;* **~ frei!** ¡entrada libre!; **Eintrittskarte** *f* entrada *f,* boleto *m Am*
ein|trudeln *vi sein* (*fam*) aparecer
ein|tunken *vt* (*reg*) mojar (*in* en)
ein|üben *vt* practicar; (THEAT, MUS) ensayar
ein|verleiben* *vr:* **sich** *dat* **~** **1.** (*Besitz*) apropiarse (de) **2.** (*Speisen*) comerse
Einvernehmen *nt ohne Pl* <-s> acuerdo *m;* (*Einigkeit*) conformidad *f;* **im ~ mit jdm** de acuerdo con alguien
einverstanden *adj* de acuerdo (*mit* con), conforme (*mit* con); **~!** ¡de acuerdo!, ¡aceptado! *Am;* **sich mit etw** *dat* **~ erklären** declararse conforme con algo
Einverständnis *nt* <-ses, -se> **1.** (*Billigung*) conformidad *f;* (*Einigkeit*) acuerdo *m;* **in gegenseitigem ~** de mutuo acuerdo **2.** (*Übereinstimmung*) consentimiento *m*
Einwahlknoten *m* <-s, -> (INFOR, TEL) nodo *m* de conmutación
Einwand *m* <-(e)s, -wände> objeción *f* (*gegen* a); (*Bedenken*) reparo *m* (*gegen* a); **Einwände gegen etw erheben** poner re-

paros a algo

Einwanderer, **-wanderin** *m, f* <-s, -; -nen> inmigrante *mf*

ein|wandern *vi sein* inmigrar

Einwanderung *f* <-en> inmigración *f*

einwandfrei *adj* **1.** (*fehlerlos*) correcto **2.** (*tadellos*) impecable **3.** (*eindeutig*) claro; **es steht ~ fest, dass ...** está claro que...

Einwandrerin *f* <-nen> *s.* **Einwanderer**

einwärts *adv* hacia dentro

Einwegflasche *f* botella *f* no retornable

ein|weichen *vt* poner en remojo, ensopar *SAm*

ein|weihen *vt* **1.** (*eröffnen*) inaugurar **2.** (*fam: erstmalig benutzen*) estrenar **3.** (*vertraut machen*) poner al corriente (*in* de); **sie ist eingeweiht** está al corriente

Einweihung *f* <-en> **1.** (*Eröffnung*) inauguración *f* **2.** (*in Geheimnis*) revelación *f* (*in* de)

ein|weisen *irr vt* **1.** (*in Tätigkeit*) instruir (*in* en) **2.** (*Fahrzeug*) dirigir (*in* a) **3.** (*ins Krankenhaus*) hospitalizar

ein|wenden *irr vt* objetar (*gegen* a); (*entgegenhalten*) oponer (*gegen* a); **dagegen lässt sich nichts ~** no hay nada que objetar a esto

ein|werfen *irr vt* **1.** (*Brief*) echar (*in* en); (*Geld*) introducir (*in* en) **2.** (*zertrümmern*) destrozar; (*Scheibe*) romper **3.** (*bemerken*) mencionar **4.** (SPORT) sacar de banda

ein|wickeln *vt* **1.** (*einpacken*) envolver (*in* en) **2.** (*fam: überreden*) embaucar

ein|willigen *vi* consentir (*in* en)

Einwilligung *f* <-en> consentimiento *m* (*in* para)

ein|wirken *vi* actuar (*auf* sobre); (*beeinflussen*) influir (*auf* en)

Einwirkung *f* <-en> influencia *f* (*auf* en/sobre)

Einwohner(in) *m(f)* <-s, -; -nen> habitante *mf;* **Einwohnermeldeamt** *nt* oficina *f* de empadronamiento

Einwurf *m* <-(e)s, -würfe> **1.** (*das Hineinwerfen*) inserción *f* **2.** (*Bemerkung*) observación *f* **3.** (*für Münzen*) ranura *f* **4.** (SPORT) saque *m* de banda

Einzahl *f* <-en> (LING) (número *m*) singular *m*

ein|zahlen *vt* pagar (*auf* a); (*überweisen*) ingresar (*auf* en), enterar *Kol, Mex, CRi;* **Geld aufs Konto ~** ingresar dinero en la cuenta

Einzahlung *f* <-en> pago *m* (*auf* a); (*Überweisung*) ingreso *m* (*auf* en)

ein|zäunen *vt* cercar, vallar

Einzel *nt* <-s, -> (SPORT) (partido *m*) individual *m;* **Einzelfahrschein** *m* billete *m* sencillo; **Einzelfall** *m* <-(e)s, -fälle> **1.** (*konkreter Fall*) caso *m* particular **2.** (*Ausnahme*) caso *m* especial

Einzelgänger(in) *m(f)* <-s, -; -nen> solitario, -a *m, f*

Einzelhaft *f* detención *f* en régimen de incomunicación; **Einzelhandel** *m* comercio *m* al por menor

Einzelhändler(in) *m(f)* minorista *mf*

Einzelheit *f* <-en> **1.** (*einzelnes Teil*) elemento *m* **2.** (*Detail*) detalle *m;* **in allen ~en** con pelos y señales

Einzelkind *nt* hijo, -a *m, f* único, -a

einzeln *adv* uno por uno; (*getrennt*) por separado; **~ aufführen** enumerar uno por uno; **etw im E~en besprechen** discutir algo detalladamente

einzelne(r, s) *adj* **1.** (*allein*) único, solo; **jeder/jede E~** cada uno/una; **jede ~ Schülerin** cada una de las alumnas **2.** (*verschieden*) diferente; **die ~n Teile** las diferentes partes **3.** (*speziell*) particular **4.** (*separat*) separado **5.** *Pl* (*einige*) algunos

Einzelperson *f* persona *f* sola; **Einzelstück** *nt* pieza *f* única; **Einzelteil** *nt* <-(e)s, -e> elemento *m;* (*Bestandteil*) componente *m;* **etw in seine ~e zerlegen** desmontar algo en todos sus componentes; **Einzelzimmer** *nt* habitación *f* individual

ein|ziehen *irr* **I.** *vi sein* **1.** (*beziehen*) instalarse (*in* en) **2.** (*Einzug halten*) entrar (*in* a/en) **3.** (*Creme*) ser absorbido (*in* por); (*Flüssigkeit*) penetrar (*in* en) **II.** *vt* **1.** (*Segel, Flagge*) arriar; (*Fahrgestell*) replegar; (*Kopf*) bajar; (*Bauch*) meter; (*Bein*) recoger; (*Fühler, Krallen*) retraer; (*Papier*) sangrar **2.** (*Schulden*) cobrar; (*Steuern*) recaudar **3.** (*beschlagnahmen*) confiscar; (*Führerschein, Geld*) retirar **4.** (*Wand*) levantar; (*Decke*) construir; (*Balken*) poner **5.** (*Rekruten*) llamar a filas **6.** (*Erkundigungen*) pedir

einzig *adj* único, solo; **~ und allein** únicamente; **das ist das ~ Wahre** esta es la única verdad; **ein ~es Mal** una sola vez

einzigartig *adj* único

Einzigartigkeit *f ohne Pl* unicidad *f*

Einzug *m* <-(e)s, -züge> **1.** (*von Steuern*) recaudación *f* **2.** (*das Hineingehen*) entrada *f* (*in* en); (*ins Parlament*) ingreso *m* (*in* en); **beim ~ in die neue Wohnung** al instalarse en el nuevo piso **3.** (*Papier*) sangría *f*

ein|zwängen *vt* meter apretando

Eis *nt ohne Pl* <-es> **1.** (*gefrorenes Wasser*) hielo *m;* **~ laufen** patinar sobre hielo; **etw auf ~ legen** (*fig*) suspender algo; **das ~ brechen** (*fig*) romper el hielo **2.** (*Speise~*) helado *m;* **ein ~ am Stiel** un polo, una paleta *MAm, Mex;* **Eisbahn** *f* pista *f* de patinaje sobre hielo; **Eisbär** *m* <-en, -en> oso *m* polar; **Eisbecher** *m* copa *f* de helado; **Eisbein** *nt* lacón *m;* **Eisberg** *m* iceberg *m;* **Eisblume** *f* escarcha *f* en forma de flor (en

las ventanas); **Eisbrecher** *m* rompehielos *m inv*
Eischnee *m* (GASTR) clara *f* a punto de nieve
Eiscreme *f* helado *m;* **Eisdiele** *f* heladería *f*
Eisen *nt* <-s, -> hierro *m,* fierro *m Am;* **zwei ~ im Feuer haben** (*fam fig*) encender una vela a Dios y otra al diablo; **zum alten ~ gehören** (*fam fig*) ser de la vieja guardia; **ein heißes ~ anfassen** (*fig*) tocar un tema delicado; **man muss das ~ schmieden, solange es heiß ist** (*prov*) al hierro caliente, batir de repente
Eisenbahn *f* <-en> ferrocarril *m,* carril *m Chil*
Eisenbahner(in) *m(f)* <-s, -; -nen> ferroviario, -a *m, f*
Eisenbahnfähre *f* tra(n)sbordador *m* de trenes; **Eisenbahnnetz** *nt* red *f* ferroviaria; **Eisenbahnwagen** *m* vagón *m*
eisenhaltig *adj* (*Flüssigkeit*) ferruginoso; (*Feststoff*) ferroso; **Eisenindustrie** *f* industria *f* del hierro; **Eisenmangel** *m ohne Pl* <-s> falta *f* de hierro; **Eisenstange** *f* vara *f* de hierro; **Eisenträger** *m* <-s, -> soporte *m* de hierro
Eisenwaren *fPl* utensilios *mpl* de ferretería; **Eisenwarenhandlung** *f* ferretería *f,* abarrotería *f Am*
eisern *adj* **1.** (*aus Eisen*) de hierro, férreo **2.** (*unnachgiebig*) rígido; **~e Disziplin** disciplina férrea **3.** (*Wend*): **~e Reserve** última reserva
Eisfläche *f* superficie *f* helada; **eisgekühlt** *adj* helado; **Eisglätte** *f* hielo *m;* **Eisheiligen** *mPl:* **die (drei) ~** (*fechas – en el Norte de Alemania del 11 al 13 de mayo y en el Sur del 12 al 15 – hasta las cuales son esperables bruscos descensos de temperatura*); **Eishockey** *nt* (SPORT) hockey *m* sobre hielo
eisig *adj* (*Wasser*) helado; (*Kälte, a. fig*) glacial
Eiskaffee *m* <-s, -s, *nach Zahlen:* -> café *m* frío con helado y nata montada; **eiskalt I.** *adj* (*a. fig*) helado **II.** *adv* con frialdad; **jdm ~ die Meinung sagen** (*fam*) decirle cuatro verdades a alguien
Eiskunstlauf *m ohne Pl* <-(e)s> (SPORT) patinaje *m* artístico (sobre hielo)
eis|laufen *irr vi s.* **Eis 1.**
Eisläufer(in) *m(f)* <-s, -; -nen> patinador(a) *m(f)* sobre hielo; **Eismeer** *nt* (GEO) océano *m* glacial; **Eispickel** *m* picahielo *m*
Eisprung *m* (ZOOL, MED) ovulación *f*
Eisschnelllauf[RR] *m ohne Pl* <-(e)s> (SPORT) patinaje *m* de velocidad; **Eisscholle** *f* <-n> témpano *m* de hielo; **Eisschrank** *m* frigorífico *m;* **Eiswürfel** *m* cubito *m* de hielo; **Eiszapfen** *m* carámbano *m;* **Eiszeit** *f* era *f* glacial

eitel *adj* vanidoso, vano
Eitelkeit *f* <-en> vanidad *f*
Eiter *m ohne Pl* <-s> pus *m,* postema *f Mex,* maleza *f Arg, Chil*
eiterig *adj* purulento
eitern *vi* supurar
eitrig *adj* purulento
Eiweiß *nt* <-es, -e *nach Zahlen:* -> **1.** (*vom Ei*) clara *f* **2.** (CHEM) albúmina *f* **3.** (BIOL) proteína *f*
Eizelle *f* óvulo *m*
Ejakulation *f* <-en> eyaculación *f*
ejakulieren* *vi* eyacular
Ekel[1] *m ohne Pl* <-s> asco (*vor* a); (*Widerwille*) repugnancia *f* (*vor* a/de); **~ erregen** dar asco; **~ erregend** asqueroso, bascoso *Ecua, Kol*
Ekel[2] *nt* <-s, -> (*fam: Person*) asqueroso, -a *m, f*
ekelerregend *adj s.* **Ekel**[1]
ekelhaft *adj,* **ekelig** *adj* asqueroso, bascoso *Ecua, Kol*
ekeln I. *vr:* **er ekelt sich vor Ratten** las ratas le dan asco **II.** *vunpers:* **es ekelt mich davor** me da asco
EKG *nt* <-s, -s> (MED) *Abk. von* **Elektrokardiogramm** electrocardiograma *m*
eklig *adj s.* **ekelig**
Eklipse *f* <-n> (ASTR) eclipse *m*
Ekstase *f* <-n> éxtasis *m inv*
Ekzem *nt* <-s, -e> (MED) eczema *m*
Elan *m ohne Pl* <-s> (*geh*) ímpetu *m*
elastisch *adj* elástico
Elastizität *f* <-en> elasticidad *f*
Elbe *f* (*Fluss*) Elba *m*
Elch *m* <-(e)s, -e> (ZOOL) alce *m*
Electronic Cash *nt* <- -s, *ohne pl*> (FIN) efectivo *m* electrónico, moneda *f* electrónica; **Electronic Publishing** *nt* <- -s, *ohne pl*> (PUBL) autoedición *f* electrónica
Elefant *m* <-en, -en> elefante *m*
elegant *adj* elegante
Eleganz *f ohne Pl* elegancia *f*
elektrifizieren* *vt* electrificar
Elektrik *f* <-en> sistema *m* eléctrico
Elektriker(in) *m(f)* <-s, -; -nen> electricista *mf*
elektrisch *adj* eléctrico
elektrisieren* *vt* (*a. fig*) electrizar
Elektrizität *f ohne Pl* electricidad *f;* **Elektrizitätswerk** *nt* central *f* eléctrica, usina *f Am*
Elektroauto *nt* coche *m* eléctrico
Elektrode *f* <-n> electrodo *m*
Elektrogerät *nt* <-(e)s, -e> aparato *m* eléctrico; (*Haushaltsgerät*) electrodoméstico *m;* **Elektrogeschäft** *nt* <-(e)s, -e> tienda *f* de electrodomésticos; **Elektroherd** *m* cocina *f* eléctrica; **Elektroingenieur(in)** *m(f)* ingeniero, -a *m, f* electrotécnico, -a;

Elektroinstallateur(in) *m(f)* electricista *mf;* **Elektrokardiogramm** *nt* <-s, -e> (MED) electrocardiograma *m;* **Elektrolok** *f* (EISENB) locomotora *f* eléctrica; **Elektromagnet** *m* electroimán *m;* **elektromagnetisch** *adj* electromagnético; **Elektromotor** *m* (TECH) electromotor *m*

Elektron *nt* <-s, -en> (PHYS) electrón *m;* **Elektronenmikroskop** *nt* microscopio *m* electrónico

Elektronik *f ohne Pl* electrónica *f*

elektronisch *adj* electrónico

Elektrorasierer *m* maquina *f* de afeitar; **Elektroschock** *m* (MED) electrochoque *m;* **Elektrosmog** *m* <-(s), -s> electrosmog *m;* **Elektrotechnik** *f ohne Pl* electrotécnica *f,* electrotecnia *f;* **Elektrotechniker(in)** *m(f)* electrotécnico *mf*

Element *nt* <-(e)s, -e> elemento *m*

elementar *adj* elemental; (*grundlegend*) fundamental

elend *adj* **1.** (*armselig*) miserable **2.** (*abw: gemein*) vil, miserable **3.** (*krank*) enfermizo

Elend *nt ohne Pl* <-(e)s> miseria *f;* **das heulende ~ haben** (*fam*) estar depre

Elendsviertel *nt* barrio *m* de chabolas, barrio *m* joven *Am*

elf *adj inv* once; *s. a.* **acht**[1]

Elf *f* <-en> (*Zahl, Fußballmannschaft*) once *m*

Elfe *f* <-n> sílfide *f*

Elfenbein *nt ohne Pl* <-(e)s> marfil *m;* **elfenbeinfarben** *adj* de color marfil; **Elfenbeinküste** *f* Costa *f* de Marfil

Elfmeter *m* <-s, -> (SPORT) penalti *m;* **Elfmeterschießen** *nt ohne Pl* <-s> (SPORT) tanda *f* de penaltis

elfte(r, s) *adj* undécimo; *s. a.* **achte(r, s)**

eliminieren* *vt* eliminar

elitär *adj* elitista

Elite *f* <-n> élite *f*

Elixier *nt* <-s, -e> elixir *m*

Ellbogen *m* <-s, -> codo *m;* **die ~ aufstützen** apoyar los codos

Elle *f* <-n> **1.** (MED) cúbito *m* **2.** (*Maß*) yarda *f*

Ellenbogen *m* <-s, -> *s.* **Ellbogen**

ellenlang *adj* (*fam*) larguísimo

Ellipse *f* <-n> **1.** (MATH) elipse *f* **2.** (LING) elipsis *f inv*

elliptisch *adj* (MATH, LING) elíptico

E-Lok *f* <-s> (EISENB) *Abk. von* **elektrische Lokomotive** locomotora *f* eléctrica

El Salvador *nt* <-s> El Salvador *m*

Elsass[RR] *nt* <-(es)>, **Elsaß** *nt* <-(sses)> Alsacia *f*

Elsässer(in) *m(f)* <-s, -; -nen> alsaciano, -a *m, f*

elsässisch *adj* alsaciano

Elsass-Lothringen[RR] *nt* <-s> Alsacia-Lorena *f*

Elster *f* <-n> (ZOOL) urraca *f*

elterlich *adj* paterno, de los padres

Eltern *Pl* padres *mpl;* **Elternhaus** *nt* casa *f* paterna

Email *nt* <-s, -s> esmalte *m*

E-Mail *f* <-s> (INFOR) correo *m* electrónico, e-mail *m;* **~-Adresse** dirección *f* electrónica; **eine Nachricht per ~ verschicken** [*o* **übermitteln**] enviar [*o* transmitir] una noticia por correo electrónico

Emaille *f* <-n> *s.* **Email**

Emanze *f* <-n> (*fam abw*) feminista *f*

Emanzipation *f* <-en> emancipación *f*

emanzipatorisch *adj* emancipatorio

emanzipieren* *vr:* **sich ~** emanciparse (*von* de)

Embargo *nt* <-s, -s> embargo *m*

Emblem *nt* <-s, -e *o* Emblemata> emblema *m*

Embolie *f* <-n> (MED) embolia *f*

Embryo *m* <-s, -nen *o* -s> (MED, BIOL) embrión *m*

embryonal *adj* (MED, BIOL) embrional

Embryonen *Pl von* **Embryo**

Emigrant(in) *m(f)* <-en, -en; -nen> (*aus politischen Gründen*) emigrado, -a *m, f;* (*aus wirtschaftlichen Gründen*) emigrante *mf*

Emigration *f* <-en> emigración *f*

emigrieren* *vi sein* emigrar

Emirat *nt* <-(e)s, -e> emirato *m;* **Vereinigte Arabische ~e** Emiratos Arabes Unidos

Emission *f* <-en> (FIN, PHYS) emisión *f*

Emmentaler *m* <-s, -> (GASTR) queso *m* em(m)ental

e-Moll *nt ohne Pl* <-> (MUS) mi *m* menor

Emotion *f* <-en> emoción *f*

emotional *adj* emocional

empfahl *3. imp von* **empfehlen**

empfand *3. imp von* **empfinden**

Empfang *m* <-(e)s, -fänge> **1.** (*im Hotel*) recepción *f* **2.** (TECH, RADIO, TV) recepción *f* **3.** (*von Waren*): **etw in ~ nehmen** recibir algo; **den ~ bestätigen** acusar recibo **4.** (*Feier*) recepción *f* **5.** (*Begrüßung*) recibimiento *m;* (*Aufnahme*) acogida *f*

empfangen <empfängt, empfing, empfangen> *vt* **1.** (*Waren, a.* RADIO, TV) recibir **2.** (*Gast*) recibir; (*aufnehmen*) acoger

Empfänger(in)[1] *m(f)* <-s, -; -nen> receptor(a) *m(f);* (*von Post*) destinatario, -a *m, f;* (*einer Summe*) perceptor(a) *m(f);* (*einer Unterstützung*) beneficiario, -a *m, f;* (*von Waren*) consignatario, -a *m, f;* **~ unbekannt/verzogen** destinatario desconocido/ausente sin señas

Empfänger[2] *m* <-s, -> (RADIO, TV) (aparato *m*) receptor *m*

empfänglich *adj* sensible (*für* a)

Empfängnis *f ohne Pl* concepción *f;* **Empfängnisverhütung** *f* anticoncepción *f*

Empfangsbescheinigung *f* acuse *m* de recibo; **Empfangschef(in)** *m(f)* jefe, -a *m, f* de recepción; **Empfangsdame** *f* <-n> recepcionista *f*

empfängt *3. präs von* **empfangen**

empfehlen <empfiehlt, empfahl, empfohlen> **I.** *vt* (*raten*) recomendar **II.** *vr:* **sich** ~ **1.** (*geh: sich verabschieden*) despedirse **2.** (*geeignet sein*) ser apto (*als/für* para); **es empfiehlt sich das zu tun** conviene hacerlo; **empfehlenswert** *adj* recomendable

Empfehlung *f* <-en> **1.** (*Fürsprache*) recomendación *f;* **auf ~ von jdm** por recomendación de alguien **2.** (*geh: Gruß*) saludo *m* respetuoso; **mit den besten ~en** con mis mejores saludos; **Empfehlungsschreiben** *nt* carta *f* de recomendación

empfiehlt *3. präs von* **empfehlen**

empfinden <empfindet, empfand, empfunden> *vt* sentir

empfindlich *adj* **1.** (*Person, Gerät*) sensible (*gegen* a); (*krankheitsanfällig, zerbrechlich*) delicado **2.** (*reizbar*) susceptible; **jdn an seiner ~en Stelle treffen** tocar a alguien en su punto débil; **sei nicht so ~!** ¡no seas tan susceptible! **3.** (*Kälte*) penetrante **4.** (*Verlust*) doloroso

Empfindlichkeit *f ohne Pl* **1.** (*Feinfühligkeit*) sensibilidad *f* **2.** (*Reizbarkeit*) susceptibilidad *f* **3.** (*Anfälligkeit*) propensión *f* (*gegen* a)

empfindsam *adj* sensible

Empfindung *f* <-en> **1.** (*Wahrnehmung*) sensación *f* **2.** (*Gefühl*) sentimiento *m*

empfing *3. imp von* **empfangen**

empfohlen *pp von* **empfehlen**

empfunden *pp von* **empfinden**

empor *adv* (*geh*) hacia arriba; **empor|arbeiten** *vr:* **sich** ~ (*geh*) ascender (*zu* a)

Empore *f* <-n> galería *f*

empören* **I.** *vt* indignar; **ich bin empört** estoy indignado **II.** *vr:* **sich** ~ **1.** (*sich aufregen*) indignarse (*über* por) **2.** (*sich auflehnen*) sublevarse (*gegen* contra)

empörend *adj* indignante; (*skandalös*) escandaloso

Emporkömmling *m* <-s, -e> (*abw*) advenedizo, -a *m, f,* arribista *mf*

empor|ragen *vi* (*geh*) sobresalir; **empor|steigen** *irr* **I.** *vi sein* (*Rauch*) subir; (*Zweifel*) aparecer (*in* en) **II.** *vt sein* (*Stufen*) subir

empört *adj* indignado

Empörung[1] *f ohne Pl* (*Entrüstung*) indignación *f* (*über jdn* con alguien, *über etw* por algo)

Empörung[2] *f* <-en> (*Aufstand*) sublevación *f* (*gegen* contra)

emsig *adj* laborioso; (*unermüdlich*) asiduo

Emu *m* <-s, -s> (ZOOL) emú *m*

Endabrechnung *f* (FIN) saldo *m* final

Ende[1] *nt ohne Pl* **1.** (*Endpunkt*) final *m;* (*Abschluss*) término *m;* (*Film, Buch*) fin *m;* **bis ans ~ der Welt** hasta el fin del mundo **2.** (*zeitlich*) fin *m;* **~ des Jahres** a fines de año; **~ Mai** a fines de mayo **3.** (*Wend*): **zu ~** finalizado; **der Film ist zu ~** la película se ha acabado; **ein Buch zu ~ lesen** terminar de leer un libro; **der Tag geht zu ~** el día llega a su fin; **er ist ~ vierzig** tiene los cuarenta largos; **am ~ sein** (*fam*) estar en las últimas; **letzten ~s** al fin y al cabo; **bis zum bitteren ~** hasta el triste final; **ein gutes/böses ~ nehmen** acabar bien/mal; **am ~ seiner Kräfte sein** estar al límite de sus fuerzas; **etw** *dat* **ein ~ machen** (*geh*) poner fin a algo; **kein ~ finden** no acabar nunca; **kein ~ absehen** no ver el final; **seinem ~ zugehen** irse acabando; **das dicke ~ kommt noch** (*fam*) aún queda el rabo por desollar; **~ gut, alles gut!** (*prov*) bien está lo que bien acaba

Ende[2] *nt* <-s, -n> (*Endstück*) extremo *m;* (*Geweihspitze*) punta *f;* **am vorderen/hinteren ~ der Reihe** en el extremo superior/inferior de la hilera; **am anderen ~ der Stadt** en el otro extremo de la ciudad

Endeffekt *m* resultado *m;* **im ~** al fin y al cabo

enden *vi* terminar, acabar; (*Frist*) vencer; **nicht ~ wollender Beifall** aplauso ininterrumpido; **wie wird das mit ihm ~?** ¿cómo va a acabar lo suyo?

Endergebnis *nt* resultado *m* final; **endgültig** *adj* definitivo; **jetzt ist ~ Schluss** ahora se acabó definitivamente; **Endhaltestelle** *f* estación *f* final

Endivie *f* <-n> escarola *f*

Endkampf *m* (SPORT) final *f;* **Endlagerung** *f* <-en> almacenamiento *m* definitivo

endlich **I.** *adj* **1.** (*begrenzt*) limitado **2.** (MATH) finito **II.** *adv* por fin; (*schließlich*) finalmente; **hör ~ damit auf!** ¡deja eso de una vez!

endlos *adj* inacabable; (*unbegrenzt*) ilimitado

Endlosigkeit *f ohne Pl* (*räumlich*) infinito *m;* (*zeitlich*) eternidad *f*

Endlospapier *nt* (INFOR) papel *m* continuo

Endphase *f* fase *f* final; **Endprodukt** *nt* producto *m* final; **Endrunde** *f* (SPORT) fase *f* final; **Endsilbe** *f* (LING) última sílaba *f;* **Endspiel** *nt* (SPORT) final *f;* **Endspurt** *m* <-(e)s, -s *o* -e> (SPORT) sprint *m* final; **Endstadium** *nt* última fase *f;* **Endstation** *f* (estación *f*) terminal *f;* **Endsumme** *f* suma *f* total

Endung *f* <-en> (LING) desinencia *f*
Endverbraucher(in) *m(f)* consumidor(a) *m(f)* final
Endziffer *f* última cifra *f*
Energie *f* <-n> energía *f;* **alternative ~n** energías alternativas; **erneuerbare ~n** energías renovables; **~ sparen** ahorrar energía; **Energiebedarf** *m* demanda *f* energética
Energiedrink *m* <-s, -s> bebida *f* energética; **Energiegewinnung** *f* <-en> obtención *f* de energía; **Energiequelle** *f* fuente *f* energética; **Energiesparen** *nt ohne Pl* <-s> ahorro *m* de energía; **Energieverbrauch** *m* consumo *m* de energía; **Energieversorgung** *f* abastecimiento *m* de energía; **Energievorkommen** *nt* recursos *mpl* energéticos; **Energievorräte** *mPl* reservas *fpl* de energía; **nicht erneuerbare ~** reservas agotables de energía
energisch *adj* enérgico; (*entschlossen*) decidido
eng I. *adj* **1.** (*Straße*) estrecho **2.** (*Kleidung*) ajustado; **~ anliegend** (*Kleid*) ceñido; **sich** *dat* **ein Kleid ~er machen** estrecharse un vestido **3.** (*dicht*) denso; (*gedrängt*) apretado **4.** (*eingeschränkt*) estricto; (*begrenzt*) limitado; **im ~eren Sinne** en sentido estricto; **in die ~ere Wahl kommen** llegar a la última selección **5.** (*Beziehung*) íntimo; **~ befreundet sein** ser íntimos amigos **II.** *adv:* **die Hose sitzt sehr ~** los pantalones quedan apretados; **sie sitzen ~ beieinander** están sentados muy juntos; **sieh das doch nicht so ~** no seas tan estricto
Engagement[1] *nt ohne Pl* compromiso *m;* (*Begeisterung*) entusiasmo *m*
Engagement[2] *nt* <-s, -s> (THEAT) contrata *f*
engagieren* **I.** *vt* (*Künstler*) contratar **II.** *vr:* **sich ~** comprometerse (*in* en); (*sich einsetzen*) intervenir (*für* a favor de); **er hat sich dafür engagiert, dass …** intervino a favor de que… *+subj*
engagiert *adj* comprometido
enganliegend *adj s.* **eng I.2.**
Enge *f ohne Pl* (*räumlich*) estrechez *f;* **jdn in die ~ treiben** poner a alguien entre la espada y la pared
Engel *m* <-s, -> ángel *m*
engherzig *adj* mezquino
England *nt* <-s> Inglaterra *f*
Engländer(in) *m(f)* <-s, -; -nen> inglés, -esa *m, f*
englisch *adj* inglés
engmaschig *adj* de malla estrecha
Engpass[RR] *m,* **Engpaß** *m* **1.** (*Stelle*) paso *m* estrecho; (*eines Flusses*) pongo *m Ecua, Peru* **2.** (*in Versorgung*) dificultades *fpl*
engstirnig *adj* (*abw*) estrecho de miras
Enkel(in) *m(f)* <-s, -; -nen> nieto, -a *m, f;* **Enkelkind** *nt* nieto, -a *m, f*
enorm *adj* enorme
Ensemble *nt* <-s, -s> **1.** (THEAT) compañía *f* de teatro; (MUS) orquesta *f* **2.** (*Kleidungsstück*) conjunto *m*
entarten* *vi sein* degenerar
entbehren* **I.** *vt* **1.** (*geh: vermissen*) echar de menos **2.** (*verzichten*) prescindir (de) **II.** *vi* (*geh: fehlen*) carecer (*+gen* de)
entbehrlich *adj* prescindible; (*überflüssig*) superfluo
Entbehrung *f* <-en> privación *f*
entbinden* *irr* **I.** *vi* (*gebären*) dar a luz, acostar *MAm, Mex* **II.** *vt* **1.** (*von einer Pflicht*) eximir (*von* de) **2.** (*Frau*) asistir en el parto
Entbindung *f* <-en> (MED) parto *m;* **Entbindungsstation** *f* (MED) sala *f* de maternidad
entblößen* **I.** *vt* (*Körperteil*) descubrir **II.** *vr:* **sich ~** (*sich ausziehen*) desnudarse
entbrannt *pp von* **entbrennen**
entbrennen* *irr vi sein* (*geh: Kampf, Streit*) desencadenarse
entbunden *pp von* **entbinden**
entdecken* *vt* **1.** (*Unbekanntes*) descubrir **2.** (*finden*) encontrar, hallar; **etw wieder ~** redescubrir algo
Entdecker(in) *m(f)* <-s, -; -nen> descubridor(a) *m(f)*
Entdeckung *f* <-en> descubrimiento *m;* **Entdeckungsreise** *f* viaje *m* de exploración
Ente *f* <-n> **1.** (ZOOL) pato *m* **2.** (*Zeitungs~*) camelo *m,* borrego *m Am* **3.** (AUTO) dos caballos *m inv*
entehren* *vt* deshonrar; (*herabwürdigen*) desprestigiar
enteignen* *vt* expropiar
Enteignung *f* <-en> expropiación *f*
enterben* *vt* desheredar
Enterich *m* <-s, -e> pato *m* macho
entern *vt* abordar
Entertainer(in) *m(f)* <-s, -; -nen> animador(a) *m(f)*
Enter-Taste *f* (INFOR) tecla *f* return
entfachen* *vt* (*geh*) **1.** (*Feuer*) atizar **2.** (*Leidenschaft, Hass*) encender; (*Krieg*) provocar
entfahren* *irr vi sein* (*Worte*) escaparse
entfallen* *irr vi sein* **1.** (*wegfallen*) suprimirse **2.** (*erhalten*) tocar; (*zukommen*) corresponder; **auf die Losnummer 113 ~ 100.000 Mark** al número 113 le corresponden 100.000 marcos **3.** (*geh: entgleiten*) escaparse **4.** (*vergessen*) olvidarse
entfalten* **I.** *vt* **1.** (*Serviette*) desdoblar **2.** (*Gedankengang*) explicar **3.** (*Talent*) revelar; (*beweisen*) mostrar **II.** *vr:* **sich ~** **1.** (*Knospe, Fallschirm*) abrirse **2.** (*Fähigkeiten*) desarrollar(se)
Entfaltung *f* <-en> desarrollo *m*

entfärben* *vt* desteñir

entfernen* I. *vt* 1. (*Schmutz*) quitar (*aus* de) 2. (MED) extirpar 3. (*abbringen*) alejar II. *vr:* **sich ~** 1. (*weggehen*) alejarse; (*verlassen*) irse; **die Schritte entfernten sich langsam** los pasos se alejaron lentamente 2. (*vom Thema*) alejarse; (*abkommen*) apartarse

entfernt *adj* 1. (*fern*) distante; (*abgelegen*) alejado; **300 Meter von hier ~** a 300 metros de aquí; **nicht im E~esten** en absoluto 2. (*weitläufig*) lejano; **er ist ~ mit mir verwandt** es un pariente lejano 3. (*Ähnlichkeit*) vago

Entfernung *f* <-en> 1. (*Abstand*) distancia *f*; **aus der ~** de lejos 2. (*Wegnahme*) eliminación *f*; (*aus dem Amt*) destitución *f*

entfesseln* *vt* desencadenar, desatar

entflammen* I. *vi sein* 1. (*Streit*) desencadenarse 2. (*sich begeistern*) apasionarse (*für* por) II. *vt* (*Hass, Liebe*) provocar III. *vr:* **sich ~** (*Gas*) inflamarse

entfliehen* *irr vi sein* huir (*aus* de); **entflohene Sträflinge** presos fugados

entflochten *pp von* **entflechten**

entflohen *pp von* **entfliehen**

entfremden* *vt* 1. (*Person*) distanciar; **etw seinem Zweck ~** hacer mal uso de algo 2. (PHILOS) alienar

Entfremdung *f* <-en> 1. (*Abstand*) distancia *f* 2. (PHILOS) alienación *f*

entführen* *vt* secuestrar, plagiar *Am*

Entführer(in) *m(f)* <-s, -; -nen> secuestrador(a) *m(f)*

Entführung *f* <-en> secuestro *m*, plagio *m Am*

entgangen *pp von* **entgehen**

entgegen I. *adv* 1. (*Richtung*) en la dirección (de); **der Zukunft ~** hacia el futuro 2. (*zuwider*) en contra II. *präp +dat* (*im Gegensatz*) en oposición a, en contra de

entgegen|bringen *irr vt* (*Interesse*) mostrar; **entgegen|fiebern** *vi* esperar con gran impaciencia; **entgegen|gehen** *irr vi sein* (*einer Person*) avanzar (hacia); **dem Ende ~** ir terminando

entgegengesetzt *adj* 1. (*gegenteilig*) contrario; **in ~er Richtung** en sentido contrario; **am ~en Ende der Stadt** en el otro extremo de la ciudad 2. (*widersprechend*) contradictorio

entgegen|halten *irr vt* 1. (*darbieten*) ofrecer; (*entgegenstrecken*) extender; **jdm die Hand ~** (*a. fig*) tender la mano a alguien 2. (*einwenden*) oponer; **entgegen|kommen** *irr vi sein* 1. (*sich nähern: Person*) salir al encuentro (de); (*Fahrzeug*) venir de frente 2. (*nachgeben*) hacer concesiones 3. (*entsprechen*) convenir

entgegenkommend *adj* 1. (*gefällig*) complaciente; (*zuvorkommend*) servicial 2. (*aufmerksam*) atento 3. (*Fahrzeug*) en sentido opuesto

entgegen|nehmen *irr vt* (*Waren*) recibir; (*Aufgabe*) hacerse cargo (de); **entgegen|sehen** *irr vi* aguardar; **entgegen|setzen** *vt* oponer (a); **entgegen|stehen** *irr vi* 1. (*hinderlich sein*) obstaculizar 2. (*im Gegensatz stehen*) oponerse (a); **dem steht nichts entgegen** no hay inconvenientes; **entgegen|wirken** *vi* contrarrestar

entgegnen* *vt* contestar; (*schärfer*) replicar

entgehen* *irr vi sein* 1. (*einer Strafe*) escapar(se) (*+dat* a) 2. (*unbemerkt bleiben*) escaparse 3. (*Wend*): **sich** *dat* **etw (nicht) ~ lassen** (no) perderse algo

entgeistert *adj* atónito

Entgelt *nt* <-(e)s, -e> 1. (*Bezahlung*) retribución *f*; **ohne/gegen ~** gratis/pagando 2. (*Entschädigung*) indemnización *f* 3. (*Gebühr*) tasa *f*

entgiften* *vt* desintoxicar; (*reinigen*) purificar

entgleisen* *vi sein* 1. (*Zug*) descarrilar, desrielar *Am* 2. (*Mensch*) salirse de tono

entgleiten* *irr vi sein* (*geh*) escurrirse; **jdm entgleitet die Kontrolle über etw** alguien pierde el control sobre algo

entglitten *pp von* **entgleiten**

enthaaren* I. *vt* depilar II. *vr:* **sich ~** depilarse

Enthaarung *f* <-en> depilación *f*; **Enthaarungscreme** *f* crema *f* depilatoria

enthalten* *irr* I. *vt* (*beinhalten*) contener; (*einschließen*) incluir; **Frühstück ist im Preis ~** el desayuno está incluido en el precio II. *vr:* **sich ~** (*geh a.* POL) abstenerse (de); (*verzichten*) contener; **sie enthielt sich (der Stimme)** se abstuvo (en la votación)

enthaltsam *adj* abstinente; (*vom Alkohol*) abstemio; (*sexuell*) continente

Enthaltsamkeit *f ohne Pl* abstinencia *f*; (*sexuell*) continencia *f*

Enthaltung *f* <-en> abstención *f*

enthärten* *vt* (*Wasser*) rebajar el grado hidrométrico

enthaupten* *vt* decapitar

entheben* *irr vi* (*geh*): **jdn seines Amtes ~** suspender a alguien de su cargo

enthemmen* *vi, vt* desinhibir

enthoben *pp von* **entheben**

enthüllen* *vt* 1. (*Denkmal*) descubrir 2. (*geh: Geheimnis*) revelar; (*Skandal*) destapar

Enthüllung *f* <-en> 1. (*von Denkmal*) inauguración *f* 2. (*von Geheimnis*) revelación *f*

Enthusiasmus *m ohne Pl* <-> entusiasmo *m*

enthusiastisch I. *adj* entusiasta II. *adv* con entusiasmo

entjungfern* *vt* desvirgar; (MED) desflorar
entkalken* *vt* descalcificar
entkernen* *vt* **1.** (*Kirschen*) deshuesar; (*Wassermelone*) quitar las pepitas (a/de) **2.** (ARCHIT) hacer más espacioso (quitando edificios)
entknoten* *vt* desanudar
entkoffeiniert *adj* descafeinado
entkommen* *irr vi sein* escaparse (*aus* de); (*fliehen*) huir (*aus* de); **jdm ~** escapar(se) de alguien; **aus der Lage gab es kein E~** no había salida a la situación
entkorken* *vt* descorchar
entkräften* *vt* **1.** (*Person*) debilitar **2.** (*Verdacht*) anular; (*Behauptung*) invalidar
entladen* *irr* **I.** *vt* (*LKW, Schiff*) descargar **II.** *vr:* **sich ~** (*Batterie, Zorn*) descargarse
entlang I. *präp +gen/dat* a lo largo de; **~ des Weges** [*o* **dem Weg**] a lo largo del camino **II.** *präp +akk* a lo largo de; **die Wand ~** a lo largo de la pared **III.** *adv:* **am Fluss ~** a lo largo del río; **hier ~** (siguiendo) por aquí; **entlang|gehen** *irr* **I.** *vi sein:* **an etw** *dat* **~** caminar a lo largo de algo **II.** *vt sein* (*Straße*) pasar (por); (*folgen*) seguir
entlarven* *vt* descubrir
entlassen* *irr vt* **1.** (*kündigen*) despedir, fletar *Arg, Chil, Urug;* **er wurde fristlos ~** fue despedido sin previo aviso **2.** (*aus Krankenhaus*) dar de alta; (*aus Gefängnis*) soltar; (*aus Armee*) licenciar; (*aus Schule*) dejar; (*aus Vertrag*) librar
Entlassung *f* <-en> **1.** (*aus Arbeitsverhältnis*) despido *m* **2.** (*aus Gefängnis*) excarcelación *f*
entlasten* *vt* **1.** (*Balken, Achse*) descargar; (*Telefonleitung, Verkehr*) descongestionar; (*Person, Gewissen*) aliviar; **er sollte den Chef etwas ~** tendría que quitar trabajo al jefe **2.** (*Angeklagte*) exculpar
Entlastung *f* <-en> **1.** (JUR) exculpación *f* **2.** (*des Verkehrsaufkommens*) descongestión *f*
entlaufen* *irr vi sein* (*Mensch*) escaparse; (*Tier*) extraviarse
entlausen* *vt* despiojar
entledigen* *vr* (*geh*): **sich etw** *gen* **~** deshacerse de algo; (*einer Verpflichtung*) librarse de algo
entleeren* *vt* vaciar
entlegen *adj* (*entfernt*) distante; (*abgelegen*) retirado
entleihen* *irr vt* tomar prestado
entliehen *pp von* **entleihen**
entlocken* *vt:* **jdm etw ~** arrebatar algo a alguien
entlohnen* *vt* remunerar
Entlohnung *f* <-en> **1.** (*das Entlohnen*) remuneración *f* **2.** (*Lohn*) salario *m*
entmachten* *vt* derrocar
entmilitarisieren* *vt* desmilitarizar
entmündigen* *vt* poner bajo tutela
Entmündigung *f* <-en> incapacitación *f*
entmutigen* *vt* desanimar
Entnahme *f* <-n> toma *f*
entnehmen* *irr vt* **1.** (*herausnehmen*) tomar, sacar **2.** (*folgern*) deducir; **ich entnahm seiner Äußerung, dass ...** deduje de su observación que...
entnommen *pp von* **entnehmen**
entpuppen* *vr:* **sich ~** descubrirse (*als* como); **er hat sich als Betrüger entpuppt** resultó ser un estafador
entrahmen* *vt* (GASTR) desnatar
entreißen* *irr vt* **1.** (*wegreißen*): **jdm etw ~** arrancar algo a alguien **2.** (*geh: retten*): **jdn einer Gefahr ~** salvar a alguien de un peligro
entrichten* *vt* abonar, pagar
entrinnen* *irr vi sein* (*geh: sich retten*) salvarse (*+dat* de); (*entfliehen*) escaparse (*+dat* de)
entrissen *pp von* **entreißen**
entronnen *pp von* **entrinnen**
entrückt *adj* (*Mensch*) ensimismado; (*Blick*) extasiado
entrümpeln* *vt* quitar los trastos viejos (de)
entrüsten* I. *vt* indignar **II.** *vr:* **sich ~** indignarse (*über* por)
entrüstet *adj* indignado (*über* por)
Entrüstung *f* <-en> indignación *f* (*über* por); (*Ärger*) enojo *m* (*über* por/contra)
entsagen* *vi* (*geh*) abstenerse (*+dat* de); (*verzichten*) renunciar (*+dat* a)
entsandt *pp von* **entsenden**
entschädigen* *vt* indemnizar (*für* por)
Entschädigung *f* <-en> indemnización *f* (*für* por)
entschärfen* *vt* **1.** (*Bombe*) desactivar **2.** (*Streit, Krise*) apaciguar
entscheiden* *irr* **I.** *vi, vt* (*bestimmen*) decidir (*über* sobre); **ich habe das nicht zu ~** no lo decido yo **II.** *vi* (JUR) dictar una sentencia **III.** *vr:* **sich ~** decidirse (*für* por, *gegen* en contra de)
entscheidend *adj* decisivo; (*wichtig*) crucial; **im ~en Augenblick** en el momento decisivo
Entscheidung *f* <-en> decisión *f;* (JUR) fallo *m;* **eine ~ treffen/fällen** tomar/adoptar una decisión; **vor einer ~ stehen** estar a las puertas de una decisión; **entscheidungsfreudig** *adj* decidido
entschieden I. *pp von* **entscheiden II.** *adj* (*entschlossen*) decidido, impositivo *CSur;* (*nachdrücklich*) rotundo
Entschiedenheit *f* <-en> firmeza *f;* **etw mit aller ~ zurückweisen** rechazar algo categóricamente
entschlacken* *vt* (MED) desintoxicar

entschließen* *irr vr:* **sich** ~ decidirse (*zu* a); **sich anders** ~ cambiar de opinión

Entschließung *f* <-en> decisión *f*

entschlossen **I.** *pp von* **entschließen** **II.** *adj* decidido, abicado *CSur;* **kurz** ~ sin vacilar; **fest** ~ absolutamente decidido; **sie war zu allem** ~ estaba dispuesta a todo

Entschlossenheit *f ohne Pl* resolución *f;* (*Entschiedenheit*) firmeza *f*

entschlüpfen* *vi sein* salir del huevo; (*fig*) escaparse

Entschluss[RR] *m* <-es, -schlüsse>, **Entschluß** *m* <-sses, -schlüsse> decisión *f;* **einen** ~ **fassen** tomar una decisión

entschlüsseln* *vt* descifrar

entschuldbar *adj* disculpable, perdonable

entschuldigen* **I.** *vt* **1.** (*verzeihen*) disculpar, perdonar; (*rechtfertigen*) justificar; ~ **Sie bitte!** ¡disculpe Ud., por favor! **2.** (*um Verzeihung bitten*) disculpar (*bei* ante, *für* por); (*rechtfertigen*) justificar (*bei* ante); **meine Frau lässt sich** ~ mi mujer pide disculpas por no haber podido venir **II.** *vr:* **sich** ~ disculparse (*für* por, *bei* ante)

Entschuldigung *f* <-en> disculpa *f;* (*Vorwand*) pretexto *m;* (*Bescheinigung für die Schule*) justificante *m;* ~**!** ¡perdón!; **jdn für etw um** ~ **bitten** pedir disculpas a alguien por algo; **was haben Sie zu Ihrer** ~ **vorzubringen?** ¿qué puede aducir en su defensa?

entschwinden* *irr vi sein* (*geh*) **1.** (*Person*) alejarse; (*aus dem Blickfeld*) perderse **2.** (*Zeit*) volar

entschwunden *pp von* **entschwinden**

entsenden* *irr vt* (*geh*) enviar

entsetzen* *vt* horrorizar; **ich war völlig entsetzt** me quedé totalmente horrorizado

Entsetzen *nt ohne Pl* <-s> horror *m*

entsetzlich **I.** *adj* horrible **II.** *adv* (*fam: sehr*) terriblemente; ~ **viel Geld** un dineral terrible

entsichern* *vt* (*Waffe*) quitar el seguro (a/de)

entsinnen* *irr vr:* **sich** (**jds**) ~ recordar (a alguien)

entsonnen *pp von* **entsinnen**

entsorgen* *vt* (*Müll*) eliminar; (*Fabrik*) eliminar los desechos (de)

Entsorgung *f* <-en> eliminación *f* de desechos

entspannen* **I.** *vt* **1.** (*Körper*) relajar **2.** (*Lage*) calmar **II.** *vr:* **sich** ~ **1.** (*Mensch*) relajarse; (*sich ausruhen*) descansar **2.** (*Lage*) normalizarse **3.** (*Muskeln*) relajarse

Entspannung *f* <-en> **1.** (*von Mensch*) relajación *f* **2.** (POL) distensión *f;* **Entspannungsübung** *f* <-en> ejercicio *m* de relajación

entsprechen* *irr vi* **1.** (*übereinstimmen*) corresponder (*+dat* a); **das entspricht nicht den Tatsachen** esto no corresponde a los hechos **2.** (*Bitte*) acceder (*+dat* a); (*Anforderungen*) satisfacer (*+dat*)

entsprechend **I.** *adj* **1.** (*übereinstimmend*) correspondiente; (*sinngemäß*) análogo; (*jeweilig*) respectivo **2.** (*angemessen*) adecuado; (*gleichwertig*) acorde (con) **II.** *adv* debidamente; (*angemessen*) adecuadamente **III.** *präp +dat* según, conforme a

Entsprechung *f* <-en> (*Übereinstimmung*) correspondencia *f;* (*Analogie*) analogía *f;* (*Äquivalent*) equivalente *m*

entspringen* *irr vi sein* **1.** (*Fluss*) nacer (*in* en) **2.** (*herrühren*) resultar (*+dat* de)

entsprochen *pp von* **entsprechen**

entsprungen *pp von* **entspringen**

entstammen* *vi sein* proceder (*+dat* de); (*einer Familie*) descender (*+dat* de)

entstanden *pp von* **entstehen**

entstehen* *irr vi sein* **1.** (*Gerücht*) surgir (*aus* de); (*Streit*) originarse (*aus* de); (*Gebäude*) construirse; (*Feuer*) producirse; **es werden für Sie keine Kosten daraus** ~ a Ud. no le producirá gasto alguno; **für den entstandenen Schaden** por el daño ocasionado; **die Sache ist im E~ begriffen** el asunto está en pañales **2.** (*sich herleiten*) derivarse (*aus* de)

Entstehung *f* <-en> **1.** (*Ursprung*) origen *m;* (*Anfang*) comienzo *m* **2.** (*das Werden*) formación *f*

entsteigen* *irr vi sein* salir (*+dat* de); (*dem Wasser*) surgir (*+dat* de)

entstellen* *vt* **1.** (*verunstalten*) desfigurar; **bis zur Unkenntlichkeit entstellt** totalmente desfigurado **2.** (*Text, Sinn*) tergiversar

Entstellung *f* <-en> **1.** (*von Menschen*) desfiguración *f* **2.** (*von Sachverhalten*) tergiversación *f*

entstiegen *pp von* **entsteigen**

entstören* *vt* (RADIO, TEL, TECH) eliminar las interferencias (de)

entströmen* *vi sein* (*geh: Flüssigkeit*) fluir (*+dat* de); (*Gas*) escapar (*+dat* de); (*Menschen*) salir (*+dat* de)

enttäuschen* *vt* decepcionar; (*desillusionieren*) desilusionar; (*Hoffnung*) frustrar; **ich muss Sie leider** ~ desgraciadamente tengo que desilusionarle

enttäuscht *adj* decepcionado; (*desillusioniert*) desilusionado

Enttäuschung *f* <-en> decepción *f;* (*Desillusion*) desilusión *f;* **jdm eine** ~ **bereiten** desilusionar a alguien

entthronen* *vt* (*geh*) destronar

entwaffnen* *vt* (*a. fig*) desarmar

Entwarnung *f* <-en> cese *m* de alarma

entwässern* *vt* (*Gelände*) drenar; (MED) drenar; (*dehydratisieren*) deshidratar

Entwässerung *f* <-en> (*a.* MED) drenaje *m;* (*Dehydratation*) deshidratación *f*

Entwässrung[RR] *f* <-en>, **Entwäßrung** *f* <-en> *s.* **Entwässerung**

entweder *konj:* ~ **... oder ...** o (bien)... o...

entweichen* *irr vi sein* (*Person, Gas*) escapar (*aus* de)

entweihen* *vt* profanar

entwenden* *vt* (*geh*) sustraer; (*stehlen*) robar

entwerfen* *irr vt* **1.** (*in Gedanken*) proyectar; (*zeichnerisch*) diseñar; (*Plan*) trazar **2.** (*schriftlich*) hacer un borrador (de)

entwerten* *vt* **1.** (*Fahrschein*) cancelar **2.** (*im Wert mindern*) devaluar

Entwertung *f* <-en> **1.** (*Wertminderung*) devaluación *f* **2.** (*von Fahrkarten*) cancelación *f,* picado *m fam*

entwichen *pp von* **entweichen**

entwickeln* **I.** *vt* **1.** (*Theorie*) desarrollar **2.** (FOTO) revelar **II.** *vr:* **sich** ~ desarrollarse (*aus* de); (*sich fort~*) evolucionar (*aus* de); (*Rauch*) producirse; **sich zu etw** *dat* ~ transformarse en algo

Entwickler *m* <-s, -> (FOTO) revelador *m*

Entwicklung *f* <-en> **1.** (*Wachstum*) desarrollo *m;* (*Fort~*) evolución *f;* **sich in der ~ befinden** estar en estado de desarrollo **2.** (*von Rauch*) formación *f* **3.** (*einer Theorie*) desarrollo *m* **4.** (FOTO) revelado *m* **5.** (*neues Produkt*) desarrollo *m;* (*Herstellung*) creación *f;* **Entwicklungshelfer(in)** *m(f)* voluntario, -a *m, f* en los países en (vías de) desarrollo; **Entwicklungshilfe** *f ohne Pl* ayuda *f* al desarrollo; **Entwicklungsland** *nt* <-(e)s, -länder> país *m* en (vías de) desarrollo; **Entwicklungsstufe** *f* grado *m* de desarrollo

entwirren* *vt* (*geh*) **1.** (*Fäden*) desenredar **2.** (*Unklarheiten*) aclarar

entwischen* *vi sein* (*fam*) escapar(se)

entwöhnen* *vt* **1.** (*Säugling*) destetar **2.** (*geh: abbringen*) deshabituar

entwürdigen* *vt* humillar

entwürdigend *adj* humillante

Entwurf *m* <-(e)s, -würfe> **1.** (*Konzept*) borrador *m,* machote *m Am;* (*Projekt*) proyecto *m* **2.** (*Zeichnung*) diseño *m* **3.** (*Skizze*) bosquejo *m*

entwurzeln* *vt* arrancar de raíz; (*Mensch*) desarraigar

entziehen* *irr* **I.** *vt* **1.** (*Erlaubnis*) quitar; (*Wort, Führerschein*) retirar **2.** (*Nährstoffe*) extraer **3.** (*Hand*) quitar **II.** *vr:* **sich** ~ **1.** (*einer Verpflichtung*) sustraerse (a) **2.** (*einer Person*) rehuir; (*einer Umarmung*) evitar **3.** (*verborgen bleiben*) escaparse (a); **das entzieht sich meiner Kenntnis** esto se escapa a mi conocimiento **III.** *vi* (*fam: Süchtige*) desintoxicarse

Entziehungskur *f* cura *f* de desintoxicación

entziffern* *vt* descifrar

entzogen *pp von* **entziehen**

entzücken* *vt* encantar; (*begeistern*) entusiasmar

Entzücken *nt ohne Pl* <-s> (*geh*) encanto *m;* **jdn in ~ versetzen** encantar a alguien

entzückend *adj* encantador

Entzug *m ohne Pl* <-(e)s> **1.** (*von Rauschgift*) desintoxicación *f* **2.** (*des Führerscheins*) retirada *f;* (*von Unterstützung*) supresión *f* **3.** (*von Flüssigkeit*) extracción *f;* **Entzugserscheinung** *f* síntoma *m* de abstinencia

entzündbar *adj* inflamable

entzünden* **I.** *vr:* **sich** ~ **1.** (*Feuer fangen*) incendiarse **2.** (MED) inflamarse **3.** (*hervorgerufen werden*) producirse (*an* por) **II.** *vt* (*geh: Feuer, Kerze, Leidenschaft*) encender

entzündet *adj* inflamado

entzündlich *adj* **1.** (MED: *entzündet*) inflamado; (*zu entzünden*) inflamatorio **2.** (*Brennstoff*) inflamable

Entzündung *f* <-en> (MED) inflamación *f*

entzwei *adj inv* **1.** (*kaputt*) roto **2.** (*gespalten*) partido

entzweien* **I.** *vt* (*Freunde*) enemistar **II.** *vr:* **sich** ~ (*uneins werden*) enemistarse (*mit* con)

entzwei|gehen *irr vi sein* romperse (en pedazos)

Enzian *m* <-s, -e> **1.** (BOT) genciana *f* **2.** (*Schnaps*) licor *m* de genciana

Enzyklopädie *f* <-n> enciclopedia *f*

enzyklopädisch *adj* enciclopédico

Enzym *nt* <-s, -e> enzima *f*

Epen *Pl von* **Epos**

Epidemie *f* <-n> epidemia *f*

Epilepsie *f* <-n> (MED) epilepsia *f*

Epileptiker(in) *m(f)* <-s, -; -nen> epiléptico, -a *m, f*

epileptisch *adj* epiléptico

Epilog *m* <-s, -e> epílogo *m*

episch *adj* épico

Episode *f* <-n> episodio *m*

Epizentrum *nt* (GEO) epicentro *m*

Epoche *f* <-n> época *f*

Epos *nt* <-, Epen> (LIT) epopeya *f*

er *pron pers 3. Sg m* él; **da ist ~ ja!** ¡allí viene!; **wenn ich ~ wäre** si yo fuera él

erachten* *vt* (*geh*) considerar (*für/als*); (*schätzen*) estimar (*für/als* como)

Erachten *nt ohne Pl* <-s>: **meines ~s** en mi opinión

erahnen* *vt* entrever; (*erraten*) adivinar

erarbeiten* *vt* **1.** (*erstellen*) elaborar **2.** (*erlangen*): **sich** *dat* ~ (*Position*) lograr; (*Wis-*

sen) adquirir
Erbanlage *f* (BIOL) factor *m* hereditario
erbarmen* *vr:* **sich (jds) ~** compadecerse (de alguien)
Erbarmen *nt ohne Pl* <-s> compasión *f;* **mit jdm ~ haben** compadecerse de alguien
erbärmlich *adj* **1.** (*elend*) miserable, pingucho *Chil;* (*jämmerlich*) lamentable **2.** (*schlecht*) espantoso; **es tat ~ weh** dolió espantosamente **3.** (*gemein*) infame
erbarmungslos *adj* despiadado
erbauen* **I.** *vt* **1.** (*Gebäude*) construir **2.** (*geh: erfreuen*) deleitar **II.** *vr:* **sich ~** (*geh: erfreuen*) encontrar placer (*an* en)
Erbauer(in) *m(f)* <-s, -; -nen> constructor(a) *m(f)*
erbaulich *adj* (*Literatur*) edificante
Erbauung *f* <-en> edificación *f*
Erbe, -in[1] *m, f* <-n, -n; -nen> heredero, -a *m, f;* **jdn als ~n einsetzen** constituir heredero a alguien
Erbe[2] *nt ohne Pl* <-s> herencia *f;* **das ~ antreten** tomar posesión de la herencia
erbeben* *vi sein* temblar
erben *vi, vt* heredar (*von* de)
erbeuten* *vt* apresar; (MIL) tomar como botín
Erbfaktor *m* (BIOL) factor *m* hereditario; **Erbfehler** *m* (BIOL) defecto *m* hereditario, vicio *m* hereditario; **Erbfolge** *f* sucesión *f;* **Erbgut** *nt ohne Pl* <-(e)s> (BIOL) patrimonio *m* hereditario, herencia *f*
erbittert *adj* (*Kampf, Diskussion*) enconado
Erbitterung *f ohne Pl* exasperación *f*
Erbkrankheit *f* enfermedad *f* hereditaria
erblassen* *vi sein* palidecer (*vor* de)
Erblasser(in) *m(f)* <-s, -; -nen> (JUR) testador(a) *m(f)*
erbleichen* *vi sein* palidecer
erblich *adj* hereditario
erblicken* *vt* (*geh*) ver; (*in der Ferne*) divisar, visualizar *Am*
erblinden* *vi sein* quedarse ciego
Erblindung *f* <-en> pérdida *f* de la vista
erblühen* *vi sein* florecer; (*Blüte*) abrirse
Erbmasse *f* **1.** (JUR) (conjunto *m* de) bienes *mpl* de la herencia **2.** (BIOL) genotipo *m*
erbracht *pp von* **erbringen**
erbrechen* *irr* **I.** *vi* vomitar, debocar *Arg, Bol;* **bis zum E~** (*fam*) hasta la saciedad **II.** *vt* (*geh: Siegel*) romper; (*Schloss*) forzar
Erbrecht *nt* <-(e)s, -e> (JUR) derecho *m* de sucesión
erbringen* *irr vt* (*Gewinne*) producir; (*Beweise*) aducir
erbrochen *pp von* **erbrechen**
Erbschaft *f* <-en> herencia *f;* **eine ~ machen** heredar
Erbschleicher(in) *m(f)* <-s, -; -nen> heredípeta *mf*
Erbse *f* <-n> guisante *m,* arveja *f Am*
Erbsünde *f* <-n> (REL) pecado *m* original
Erdachse *f ohne Pl* eje *m* terrestre
erdacht *pp von* **erdenken**
Erdanziehung *f ohne Pl* gravedad *f;* **Erdapfel** *m* (*Österr, südd: Kartoffel*) patata *f,* papa *f Am;* **Erdatmosphäre** *f ohne Pl* atmósfera *f* terrestre; **Erdball** *m ohne Pl* <-(e)s> globo *m* terrestre; **Erdbeben** *nt* terremoto *m;* **Erdbeere** *f* fresa *f;* **Erdboden** *m ohne Pl* <-s> tierra *f,* suelo *m;* **wie vom ~ verschluckt** como si se lo/la hubiera tragado la tierra; **eine Stadt dem ~ gleich machen** no dejar piedra sobre piedra
Erde[1] *f ohne Pl* **1.** (*Welt*) tierra *f;* **auf der ~** en la tierra **2.** (*Boden*) suelo *m,* tierra *f;* **auf die ~ fallen** caer al suelo; **unter der ~** subterráneo
Erde[2] *f* <-n> **1.** (*Erdreich*) tierra *f;* **jdn unter die ~ bringen** (*fam*) causar la muerte de alguien **2.** (ELEK) toma *f* de tierra
erden *vt* (ELEK) colocar una toma de tierra (en)
erdenken* *irr vt* imaginar; (*ausdenken*) idear; (*erfinden*) inventar
erdenklich *adj* concebible; (*vorstellbar*) imaginable; **sich** *dat* **alle ~e Mühe geben** hacer todo lo posible
erdfarben *adj* de color tierra
Erdgas *nt* <-es, -e> gas *m* natural
Erdgeschoss[RR] *nt* planta *f* baja
erdichten* *vt* (*geh*) inventar
erdig *adj* **1.** (*erdhaltig*) terroso **2.** (*Geschmack, Geruch*) a tierra
Erdkugel *f ohne Pl* globo *m* terráqueo; **Erdkunde** *f ohne Pl* geografía *f;* **Erdnuss[RR]** *f* cacahuete *m;* **Erdoberfläche** *f ohne Pl* superficie *f* terrestre
Erdöl *nt* petróleo *m,* canfín *m MAm;* (WIRTSCH) crudo *m;* **Erdölvorkommen** *nt* yacimento *m* petrolífero
Erdreich *nt* tierra *f*
erdröhnen* *vi sein* retumbar
erdrosseln* *vt* estrangular
erdrücken* *vt* **1.** (*zu Tode*) aplastar **2.** (*Sorgen*) abrumar; **~de Beweise** pruebas contundentes
Erdrutsch *m* desprendimiento *m* de tierras; **Erdstoß** *m* seísmo *m;* **Erdteil** *m* <-(e)s, -e> continente *m*
erdulden* *vt* aguantar; (*aushalten*) soportar
Erdumdrehung *f* rotación *f* de la tierra; **Erdumkreisung** *f* <-en> vuelo *m* orbital; **Erdumlaufbahn** *f* órbita *f* de la tierra; **Erdumsegelung** *f* <-en> vuelta *f* al mundo en velero
Erdung *f* <-en> (ELEK) toma *f* de tierra
ereifern* *vr:* **sich ~** apasionarse (*über* con); (*sich erwärmen*) acalorarse (*über* por)
ereignen* *vr:* **sich ~** suceder, ocurrir

Ereignis *nt* <-ses, -se> acontecimiento *m;* **ein freudiges** ~ un fausto acontecimiento

ereignisreich *adj* rico en acontecimientos; (*bewegt*) movido

Erektion *f* <-en> erección *f*

Eremit(in) *m(f)* <-en, -en; -nen> eremita *mf*

erfahren[1] **I.** *pp von* **erfahren**[2] **II.** *adj* experimentado; (*auf einem Fachgebiet*) entendido (*in* en)

erfahren*[2] *irr vt* **1.** (*Nachricht*) (llegar a) saber, enterarse (de); **wir haben ~, dass ...** supimos que... **2.** (*geh: erleben*) experimentar; (*durchleben*) vivir; (*Leid*) padecer

Erfahrung *f* <-en> experiencia *f;* (*praktische*) práctica *f;* **aus (eigener)** ~ por experiencia (propia); **die ~ machen, dass ...** comprobar que...; **etw in ~ bringen** enterarse de algo; **erfahrungsgemäß** *adv* por experiencia; **~ ist es ...** según muestra la experiencia, ...

erfassen* *vt* **1.** (*mit Händen*) agarrar **2.** (*mitreißen*) arrastrar; **er wurde von einem Auto erfasst** fue arrastrado por un coche **3.** (*Angst*) sobrevenir **4.** (*begreifen*) concebir; (*verstehen*) comprender **5.** (*registrieren*) registrar; (*Daten*) meter **6.** (*einbeziehen*) incluir; (*berücksichtigen*) considerar

Erfassung *f* <-en> **1.** (*das Verstehen*) comprensión *f* **2.** (*das Registrieren*) registro *m;* (*von Bewohnern*) empadronamiento *m;* (MIL) alistamiento *m* **3.** (INFOR: *von Daten*) registro *m*

erfinden* *irr vt* inventar

Erfinder(in) *m(f)* <-s, -; -nen> inventor(a) *m(f)*

erfinderisch *adj* ingenioso

Erfindung *f* <-en> invención *f;* (*Produkt*) invento *m;* **eine ~ machen** inventar algo; **Erfindungsgabe** *f* inventiva *f*

Erfolg *m* <-(e)s, -e> éxito *m;* (*Ergebnis*) resultado *m;* (*Folge*) consecuencia *f;* (*Wirkung*) efecto *m;* **~ versprechend** prometedor; **ein voller** ~ un éxito completo; **mit dem ~, dass ...** con el efecto de que...; **von ~ gekrönt** coronado por el éxito

erfolgen* *vi sein* (*geschehen*) suceder; (*stattfinden*) realizarse; (*Zahlung, Beitritt*) efectuarse; **die Antwort erfolgte sofort** contestaron en seguida

erfolglos I. *adj* infructuoso; (*nutzlos*) ineficaz **II.** *adv* sin éxito; (*vergeblich*) en vano

Erfolglosigkeit *f ohne Pl* fracaso *m*

erfolgreich I. *adj* (*Person*) triunfante; (*Maßnahme*) eficaz **II.** *adv* con éxito

Erfolgsaussicht *f* perspectiva *f* de éxito; **Erfolgserlebnis** *nt* (sensación *f* de) éxito *m;* **Erfolgsrezept** *nt* receta *f* para el éxito

erfolgversprechend *adj* prometedor; **höchst ~e Maßnahmen** medidas muy prometedoras

erforderlich *adj* necesario; **unbedingt** ~ indispensable; **es ist ~, dass ...** es necesario que... +*subj*

erfordern* *vt* requerir

Erfordernis *nt* <-ses, -se> necesidad *f;* (*Voraussetzung*) requisito *m*

erforschen* *vt* investigar; (*Weltraum*) explorar; (*Meinung*) sondear

Erforschung *f* <-en> investigación *f;* (*von Land*) exploración *f;* (*von Meinung*) sondeo *m*

erfragen* *vt* preguntar; (*ausfindig machen*) averiguar

erfreuen* **I.** *vt* (*Freude bereiten*) alegrar; **sehr erfreut!** ¡encantado!; **über jdn/etw erfreut sein** alegrarse por alguien/por algo **II.** *vr:* **sich ~ 1.** (*sich freuen*) alegrarse (*an* ante) **2.** (*geh: genießen*) gozar (de)

erfreulich *adj* agradable; (*Nachricht*) grato; (*befriedigend*) satisfactorio

erfreulicherweise *adv* afortunadamente

erfrieren* *irr vi sein* **1.** (*Person, Tier*) morirse de frío **2.** (*Körperteil*) congelarse; (*Pflanze*) helarse

erfrischen* **I.** *vi, vt* refrescar **II.** *vr:* **sich** ~ refrescarse

erfrischend *adj* (*Brise, Getränk*) refrescante; (*Naivität*) encantador

Erfrischung *f* <-en> **1.** (*das Erfrischen*) refrigeración *f* **2.** (*Getränk*) refresco *m,* fresco *m Am;* **Erfrischungstuch** *nt* <-(e)s, -tücher> toallita *f* refrescante

erfroren *pp von* **erfrieren**

erfüllen* **I.** *vt* **1.** (*aus-, anfüllen*) llenar (*mit* de) **2.** (*Bedingung*) cumplir (con); (*Versprechen*) cumplir; (*Wunsch*) corresponder (a); (*Erwartungen*) satisfacer; (*Aufgabe*) desempeñar, implementar *Am;* **das Gerät erfüllt seinen Zweck** el aparato cumple con su cometido **II.** *vr:* **sich** ~ (*wahr werden*) realizarse

Erfüllung *f* <-en> **1.** (*Befriedigung*) satisfacción *f* **2.** (*einer Aufgabe*) desempeño *m;* (*eines Vertrages, einer Pflicht*) cumplimiento *m;* (*eines Planes*) realización *f;* **in ~ gehen** cumplirse

erfunden *pp von* **erfinden**

ergangen *pp von* **ergehen**

ergänzen* **I.** *vt* (*vervollständigen*) complementar; (*hinzufügen*) añadir **II.** *vr:* **sich** ~ (*zusammenpassen*) complementarse

Ergänzung *f* <-en> **1.** (*Vervollständigung*) complemento *m* **2.** (*Zusatz*) añadidura *f;* **zur ~ sei noch gesagt, dass ...** añádase a esto que... **3.** (LING) complemento *m*

ergattern* *vt* (*fam*) pescar

ergeben[1] **I.** *pp von* **ergeben**[2] **II.** *adj* **1.** (*untertänig*) sumiso; (*demütig*) devoto

2. (*treu*) leal

ergeben*[2] *irr* I. *vt* (*Ergebnis*) dar como resultado; (MATH) dar por resultado; (*Bilanz*) arrojar; (*Untersuchungen*) demostrar II. *vr:* **sich** ~ 1. (*kapitulieren*) rendirse 2. (*sich herausstellen*) producirse; (*Schwierigkeit*) surgir 3. (*folgen*) resultar (*aus* de); (*sich ableiten*) deducirse (*aus* de); **daraus ergibt sich, dass ...** de esto resulta que... 4. (*sich hingeben*): **sich etw** *dat*/**jdm** ~ entregarse a algo/a alguien

Ergebenheit *f ohne Pl* 1. (*Anhänglichkeit*) afección *f* 2. (*Treue*) lealtad *f* 3. (*Fügsamkeit*) devoción *f*

Ergebnis *nt* <-ses, -se> resultado *m;* (*Folge*) consecuencia *f;* **wir sind zu dem ~ gekommen, dass ...** hemos llegado a la conclusión de que...

ergebnislos *adj* sin resultado

ergehen* *irr* I. *vi sein* (*geh: Gesetz*) publicarse; (*Einladung*) ser enviado II. *vunpers sein* (*geschehen*): **ihr ist es dort gut/schlecht ergangen** le ha ido bien/mal allí; **etw über sich ~ lassen** soportar algo III. *vr:* **sich** ~ (*äußern*) explayarse (*in* sobre)

ergiebig *adj* productivo; (*Geschäft*) lucrativo; (*Boden*) fértil

ergießen* *irr vr:* **sich** ~ derramarse (*auf* por, *über* sobre); (*münden*) desembocar (*in* en); (*ins Meer*) desaguar (*in* en)

ergossen *pp von* **ergießen**

ergrauen* *vi sein* encanecer

ergreifen* *irr vt* 1. (*fassen*) coger; (*Furcht, Ahnung*) acometer; (*Maßnahmen, Partei*) tomar; (*Gelegenheit*) aprovechar; **sie ergriff das Wort** tomó la palabra 2. (*festnehmen*) detener 3. (*erschüttern*) conmover

ergreifend *adj* conmovedor, emocionante

Ergreifung *f* <-en> captura *f*

ergriffen I. *pp von* **ergreifen** II. *adj* conmovido, emocionado

ergründen* *vt* averiguar

Erguss[RR] *m* <-es, -güsse>, **Erguß** *m* <-sses, -güsse> 1. (MED) derrame *m* 2. (*abw: Redeschwall*) verborrea *f* 3. (*Samen~*) eyaculación *f*

erhaben *adj* 1. (*erhöht*) elevado 2. (*überlegen*) por encima (*über* de); **über jeden Verdacht ~ sein** estar por encima de cualquier sospecha 3. (*feierlich*) sublime

Erhabenheit *f ohne Pl* elevación *f;* (*Feierlichkeit*) sublimidad *f*

Erhalt *m ohne Pl* <-(e)s> (*formal*) 1. (*Empfang*) recibo *m* 2. (*Instandhaltung*) mantenimiento *m*

erhalten* *irr vt* 1. (*bekommen*) recibir; (*Genehmigung*) obtener; (*Gehalt*) cobrar; (*Geldstrafe*) recibir 2. (*bewahren*) conservar; (*aufrechterhalten*) mantener; **jdn am Leben ~** mantener a alguien con vida; **etw ist gut ~** algo está bien conservado

erhältlich *adj* conseguible; (*käuflich*) en venta

Erhaltung *f ohne Pl* conservación *f;* (*Unterhaltung*) mantenimiento *m*

erhängen* I. *vt* ahorcar II. *vr:* **sich** ~ ahorcarse

erhärten* *vt* 1. (*Material*) endurecer 2. (*Vermutung*) confirmar

erheben* *irr* I. *vt* 1. (*hochheben*) alzar; (*aufrichten*) erguir; **er erhob sein Glas** alzó su vaso; **ein ~der Augenblick** un momento edificante 2. (*Steuern*) imponer; (*Eintritt*) cobrar 3. (*Geschrei, Protest*) levantar; **die Stimme ~** (*geh*) levantar la voz 4. (*Daten*) hacer constar 5. (*Einwände*) poner (*gegen* a); (*Forderungen*) formular II. *vr:* **sich** ~ 1. (*aufstehen*) levantarse; (*sich aufrecht halten*) erguirse 2. (*Flugzeug, Vogel*) emprender el vuelo 3. (*geh: Sturm*) levantarse; (*Frage*) plantearse 4. (*sich auflehnen*) sublevarse (*gegen* contra)

erheblich *adj* notable; (*wichtig*) importante; ~ **besser** mucho mejor

Erhebung *f* <-en> 1. (*Anhöhe*) elevación *f;* (*Hügel*) colina *f* 2. (*Aufstand*) sublevación *f* 3. (FIN: *von Abgaben*) cobro *m* 4. (*Umfrage*) sondeo *m*

erheitern* I. *vt* (*geh*) regocijar II. *vr:* **sich** ~ (*geh*) regocijarse

erhellen* I. *vt* 1. (*Raum*) iluminar 2. (*Zusammenhänge*) aclarar II. *vr:* **sich** ~ 1. (*Himmel*) despejarse 2. (*Gesicht*) iluminarse

erhitzen* I. *vt* 1. (*Speisen*) calentar 2. (*erregen*) excitar II. *vr:* **sich** ~ 1. (*Speisen*) calentarse 2. (*sich erregen*) excitarse

erhoben *pp von* **erheben**

erhoffen* *vt* esperar

erhöhen* I. *vt* 1. (*Mauer*) elevar (*um* en) 2. (*Spannung*) aumentar 3. (*Geschwindigkeit*) aumentar; (*Preis*) subir; **den Preis auf vier Mark/um vier Mark ~** subir el precio a cuatro marcos/en cuatro marcos 4. (MUS: *um einen Halbton*) elevar en un semitono II. *vr:* **sich** ~ (*Gehalt, Spannung*) aumentar

erhöht *adj* (*Wert, Blutdruck*) alto

Erhöhung *f* <-en> 1. (*einer Mauer*) elevación *f* 2. (*der Preise, Geschwindigkeit*) aumento *m*

erholen* *vr:* **sich** ~ 1. (*ausspannen*) reponerse (*von* de); (*von Krankheit*) restablecerse (*von* de) 2. (COM) recuperarse

erholsam *adj* tranquilo

Erholung *f ohne Pl* 1. (*Ruhe*) descanso *m* 2. (*Genesung*) restablecimiento *m;* **Erholungsgebiet** *nt* zona *f* de descanso; **Erholungswert** *m* (ÖKOL) valor *m* recreativo

erhören* *vt* (*geh: Bitte*) atender

E

erinnern* I. *vi, vt* recordar (*an* a); **ich sollte dich daran ~, dass ...** te tenía que recordar que... II. *vr:* **sich ~** acordarse (*an* de); (*an weit zurückliegendes*) recordar (*an*); **soweit ich mich ~ kann** por lo que yo recuerdo

Erinnerung *f* <-en> **1.** (*Gedächtnis*) memoria *f;* **etw in guter ~ behalten** guardar buena memoria de algo **2.** (*Zurückdenken*) recuerdo *m* (*an* de) **3.** (*Mahnung*) advertencia *f* **4.** (*Andenken*) recuerdo *m;* **zur ~ an jdn** en recuerdo de alguien

erkälten* *vr:* **sich ~** resfriarse, afluxionarse *Kol, Cuba*

erkältet *adj* resfriado

Erkältung *f* <-en> resfriado *m;* **eine ~ bekommen** resfriarse, afluxionarse *Kol, Cuba*

erkämpfen* *vt* luchar (por)

erkannt *pp von* **erkennen**

erkennbar *adj* reconocible (*an* por); (*wahrnehmbar*) perceptible

erkennen* *irr* I. *vt* **1.** (*wahrnehmen*) ver; (*ausmachen*) distinguir **2.** (*identifizieren*) reconocer (*an* por); **jdn an etw** *dat* **wieder ~** reconocer a alguien por algo; **er war nicht wieder zu ~** había cambiado totalmente; **sich zu ~ geben** identificarse **3.** (*Irrtum*) reconocer II. *vi* (JUR) condenar (*auf* a)

erkenntlich *adj:* **sich (bei jdm) ~ zeigen** mostrarse agradecido (a alguien)

Erkenntnis *f* <-se> conocimiento(s) *m(pl);* (*Einsicht*) comprensión *f;* **zu der ~ kommen, dass ...** llegar a la conclusión de que...

Erkennungszeichen *nt* contraseña *f*

Erker *m* <-s, -> saledizo *m,* voladizo *m*

erklärbar *adj* explicable

erklären* I. *vt* **1.** (*erläutern*) explicar; (*deuten*) interpretar **2.** (*Krieg*) declarar; (*Rücktritt*) presentar; **jdn für schuldig/vermisst/tot ~** declarar a alguien culpable/desaparecido/muerto; **etw für ungültig ~** declarar algo no válido II. *vr:* **sich ~ 1.** (*folgen*) explicarse (*aus* por) **2.** (*sagen*) manifestarse (*für* a favor de, *gegen* contra); **sich einverstanden ~** manifestarse de acuerdo

erklärt *adj* (*Gegner, Favorit*) declarado

Erklärung *f* <-en> **1.** (*Erläuterung*) explicación *f;* (*Deutung*) interpretación *f;* (*Grund*) motivo *m* **2.** (*Verlautbarung*) declaración *f;* **eine ~ abgeben** prestar declaración

erklingen* *irr vi sein* sonar

erkranken* *vi sein* enfermar (*an* de)

Erkrankung *f* <-en> enfermedad *f*

erkunden* *vt* (*Geheimnis*) averiguar; (*Lage*) sondear; (*Gelände*) explorar

erkundigen* *vr:* **sich ~** informarse (*nach/über* sobre); (*nach dem Weg*) preguntar (*nach/über* por)

Erkundung *f* <-en> exploración *f*

erlangen* *vt* (*bekommen*) obtener; (*erreichen*) alcanzar

Erlass[RR] *m* <-es, -e>, **Erlaß** *m* <-sses, -sse> **1.** (*Verfügung*) orden *f;* (*eines Gesetzes*) promulgación *f* **2.** (*von Schulden*) condonación *f* **3.** (*einer Strafe*) remisión *f*

erlassen* *irr vt* **1.** (*Gesetz, Haftbefehl*) promulgar; (*Amnestie*) declarar **2.** (*befreien von*): **jdm etw ~** (*Pflicht*) eximir a alguien de algo; (*Strafe, Schulden*) condonar algo a alguien

erlauben* *vt* permitir; (*behördlich*) autorizar; **~ Sie mal!** (*fam*) ¡pero qué se ha creído!; **sich** *dat* **etw ~** permitirse algo; **wenn ich mir die Bemerkung ~ darf** si se me permite la observación

Erlaubnis *f* <-se> permiso *m;* (*behördlich*) autorización *f;* **jdn um ~ bitten** pedir permiso a alguien

erlaucht *adj* ilustre

erläutern* *vt* explicar

Erläuterung *f* <-en> explicación *f;* (*Kommentar*) comentario *m*

Erle *f* <-n> (BOT) aliso *m*

erleben* *vt* **1.** (*Freude*) vivir; (*Niederlage*) sufrir; (*Enttäuschung*) llevarse **2.** (*mit~*) vivir; **wenn du das tust, kannst du was ~** (*fam*) si lo haces te vas a acordar **3.** (*kennen lernen*) ver; **so habe ich ihn noch nie erlebt** nunca le he visto así

Erlebnis *nt* <-ses, -se> vivencia *f;* (*Erfahrung*) experiencia *f;* (*Ereignis*) acontecimiento *m*

erledigen* I. *vt* **1.** (*Auftrag*) hacer; (*Angelegenheit*) resolver; **ich habe noch etwas zu ~** aún tengo que hacer algo; **die Sache ist für mich erledigt** para mí el asunto está concluido **2.** (*sl: töten*) liquidar; (*ruinieren*) arruinar II. *vr:* **sich ~** arreglarse

Erledigung[1] *f* <-en> (*Besorgung*) compra *f;* **~en machen** hacer compras

Erledigung[2] *f ohne Pl* (*das Erledigen*) arreglo *m;* (*Abwicklung*) tramitación *f*

erlegen[1] *pp von* **erliegen**

erlegen*[2] *vt* (*geh*) matar

erleichtern* *vt* aliviar; (*um Gewicht*) aligerar; (*Arbeit, Verständnis*) facilitar; **sein Herz ~** desahogarse; **erleichtert atmete er auf** respiró con alivio; **die Nachricht erleichterte ihn** la noticia lo alivió; **jdn um 100 DM ~** (*fam*) mangarle a alguien 100 marcos

Erleichterung *f ohne Pl* alivio *m;* **zu meiner großen ~** para mi gran alivio

erleiden* *irr vt* (*Schmerzen*) soportar; (*Niederlage*) sufrir

erlernen* *vt* aprender

erlesen *adj* selecto

erleuchten* *vt* iluminar

Erleuchtung *f* <-en> iluminación *f;* (*Inspiration*) inspiración *f*

erliegen* *irr vi sein* (*einer Versuchung*) sucumbir (+*dat* a); (*einem Irrtum*) caer (+*dat* en); **zum E~ kommen** quedar paralizado

erlischt *3. präs von* **erlöschen**

erlitten *pp von* **erleiden**

Erlös *m* <-es, -e> ingreso *m;* (*für wohltätige Zwecke*) beneficio *m*

erlosch *3. imp von* **erlöschen**

erloschen *pp von* **erlöschen**

erlöschen <erlischt, erlosch, erloschen> *vi sein* **1.** (*Vulkan*) extinguirse **2.** (*Anspruch*) prescribir; (*Interesse*) desaparecer

erlösen* *vt* librar (*von* de); (REL) redimir

Erlösung *f* <-en> (*Rettung*) salvación *f;* (*Befreiung*) liberación *f;* (REL) redención *f*

ermächtigen* *vt* autorizar (*zu* para)

Ermächtigung *f* <-en> (JUR) autorización *f* (*zu* para)

ermahnen* *vt* exhortar (*zu* a); (*tadeln*) reprender; (*warnen*) advertir

Ermahnung *f* <-en> exhortación *f;* (*Warnung*) advertencia *f*

ermäßigen* *vt* reducir

Ermäßigung *f* <-en> **1.** (*Senkung*) reducción *f* **2.** (*Preisnachlass*) rebaja *f*

ermattet *adj* cansado

ermessen* *irr vt* juzgar; (*schätzen*) evaluar

Ermessen *nt ohne Pl* <-s> parecer *m*, juicio *m;* **nach menschlichem ~** según el parecer común; **in jds ~ liegen** quedar al libre albedrío de alguien

ermitteln* **I.** *vi* (JUR) proseguir las diligencias (*gegen* contra) **II.** *vt* **1.** (*Täter*) averiguar **2.** (*Sieger*) determinar **3.** (MATH) calcular

Ermittlung *f* <-en> **1.** (*polizeilich*) pesquisa *f* **2.** (*Feststellung*) descubrimiento *m;* **Ermittlungsverfahren** *nt* (JUR) sumario *m*

ermöglichen* *vt* hacer posible, posibilitar

ermorden* *vt* asesinar

Ermordung *f* <-en> asesinato *m*

ermüden* **I.** *vi sein* **1.** (*Person*) cansarse **2.** (TECH) fatigarse **II.** *vt* (*Person*) cansar

ermüdend *adj* fatigoso, cansador *Arg*

Ermüdung *f* <-en> cansancio *m;* (*a.* TECH) fatiga *f;* **Ermüdungserscheinung** *f* síntoma *m* de cansancio

ermuntern* *vt* estimular (*zu* a); (*aufmuntern*) animar (*zu* a)

ermutigen* *vt* alentar (*zu* a)

ernähren* **I.** *vt* **1.** (*mit Nahrung*) alimentar **2.** (*sorgen für*) mantener; (*unterhalten*) sustentar **II.** *vr:* **sich ~** alimentarse (*von* de)

Ernährer(in) *m(f)* <-s, -; -nen> sustentador(a) *m(f)* de la familia

Ernährung *f ohne Pl* **1.** (*Nahrung*) alimentación *f* **2.** (*Unterhalt*) sustento *m;* **Ernährungswissenschaft** *f ohne Pl* ciencia *f* de la nutrición; **Ernährungswissenschaftler(in)** *m(f)* experto, -a *m, f* en nutrición

ernannt *pp von* **ernennen**

ernennen* *irr vt* nombrar; (*für ein Amt*) designar

Ernennung *f* <-en> nombramiento *m* (*zu* para); (*für ein Amt*) designación *f* (*zu* para)

erneuern* *vt* **1.** (*Vertrag*) renovar; (*Maschinenteil*) cambiar **2.** (*Gebäude*) restaurar **3.** (*Freundschaft*) reavivar; (*Beziehungen*) reanudar

erneut *adv* de nuevo

erniedrigen* **I.** *vt* **1.** (*demütigen*) humillar **2.** (*Druck*) disminuir; (*Preise*) bajar **3.** (MUS) abemolar **II.** *vr:* **sich ~** humillarse (*vor* ante); (*sich herabwürdigen*) rebajarse (*vor* ante), achicarse (*vor* ante) *Am*

Erniedrigung *f* <-en> **1.** (*Demütigung*) humillación *f* **2.** (MUS) abemolado *m*

ernst *adj* **1.** (*Mensch*) serio; (*Absicht*) firme; **jdn/etw ~ nehmen** tomar a alguien/algo en serio; **etw ~ meinen** decir algo en serio **2.** (*Lage, Krankheit*) grave **3.** (*feierlich*) solemne

Ernst *m ohne Pl* <-es> **1.** (*Strenge*) severidad *f* **2.** (*ernster Wille*) seriedad *f;* **das ist mein voller ~** (*fam*) lo digo muy en serio; **im ~** en serio; **allen ~es** con toda seriedad **3.** (*Gewichtigkeit*) gravedad *f*

Ernstfall *m* <-(e)s, -fälle> caso *m* de urgencia

ernsthaft *adj* **1.** (*Verletzung*) grave **2.** (*Miene, Angebot*) serio

Ernsthaftigkeit *f ohne Pl* seriedad *f*

ernstlich **I.** *adj* **1.** (*Bedenken*) serio; (*Gefahr*) grave **2.** (*Absicht*) firme **II.** *adv* **1.** (*ermahnen*) en serio **2.** (*krank sein*) gravemente

Ernte *f* <-n> **1.** (*Vorgang*) recolección *f;* (*von Mais*) pizca *f Mex* **2.** (*das Geerntete*) cosecha *f*

Erntedankfest *nt* Día *m* de Acción de Gracias

ernten *vt* (*a. fig*) cosechar; (*Mais*) pizcar *Mex*

ernüchtern* *vt* **1.** (*Betrunkene*) desembriagar **2.** (*enttäuschen*) desilusionar

Ernüchterung *f* <-en> desilusión *f*

Eroberer, -in *m, f* <-s, -; -nen> conquistador(a) *m(f)*

erobern* *vt* (*a. fig*) conquistar

Eroberung *f* <-en> conquista *f*

eröffnen* **I.** *vt* **1.** (*Konto, Geschäft*) abrir; (*einweihen*) inaugurar; (*Verhandlung*) dar comienzo (a) **2.** (*Testament*) leer **3.** (JUR: *Verfahren*) establecer **4.** (MIL: *Angriff*) abrir **5.** (*mitteilen*): **jdm etw ~** comunicar algo a alguien **II.** *vr:* **sich ~** (*Perspektiven*) abrirse

Eröffnung *f* <-en> **1.** (*Öffnung*) apertura *f;* (*Einweihung*) inauguración *f* **2.** (*Mittei-*

lung) confidencia *f*

erörtern* *vt* discutir, debatir

Erörterung *f* <-en> **1.** (*das Erörtern*) discusión *f* **2.** (*Text*) comentario *m*

Erosion *f* <-en> (GEO) erosión *f*

Erotik *f ohne Pl* erotismo *m*

erotisch *adj* erótico

Erpel *m* <-s, -> pato *m* macho

erpicht *adj:* **auf etw ~ sein** estar ansioso por algo

erpressen* *vt* **1.** (*Person*) chantajear (*mit* con) **2.** (*Lösegeld, Geständnis*) extorsionar

Erpresser(in) *m(f)* <-s, -; -nen> chantajista *mf*, extorsionista *mf*

erpresserisch *adj* extorsionista

Erpressung *f* <-en> chantaje *m*

erproben* *vt* probar

erprobt *adj* probado; **das Gerät ist noch nicht ~** el aparato no ha sido probado todavía; **er ist in solchen Dingen ~** tiene experiencia en esas cosas

Erprobung *f* <-en> prueba *f*

erquicklich *adj* (*geh*) agradable

erraten* *irr vt* adivinar

errechnen* *vt* calcular

erregbar *adj* irritable; (*sexuell*) excitable

erregen* **I.** *vt* **1.** (*emotional, sexuell*) excitar **2.** (*hervorrufen*) provocar; (*Interesse*) despertar; (*Ärger*) desatar **3.** (*Fantasie*) estimular **II.** *vr:* **sich ~** excitarse (*über* con); (*Gemüter*) acalorarse

Erreger *m* <-s, -> (MED) germen *m* patógeno

Erregung *f* <-en> excitación *f*, prendimiento *m Kol, Ven*

erreichbar *adj* alcanzable; (*Ort*) accesible

erreichen* *vt* **1.** (*Person*) localizar **2.** (*Zug, Alter*) alcanzar; (*Ort*) llegar (a) **3.** (*erlangen*) conseguir; (*zustande bringen*) lograr

errichten* *vt* **1.** (*Gebäude*) levantar; (*bauen*) construir; (*Denkmal*) erigir **2.** (*gründen*) establecer

erringen* *irr vt* conseguir; (*Erfolg*) obtener

erröten* *vi sein* sonrojarse

errungen *pp von* **erringen**

Errungenschaft *f* <-en> logro *m;* (*Eroberung*) conquista *f;* (*der Technik*) adelanto *m*

Ersatz *m ohne Pl* <-es> **1.** (*Auswechselung*) sustitución *f* **2.** (*Entschädigung*) indemnización *f;* (*Belohnung*) recompensa *f;* **Ersatzdienst** *m* prestación *f* sustitutoria; **Ersatzmann** *m* suplente *m;* (SPORT) reserva *m;* **Ersatzmittel** *nt* sustitutivo *m;* **Ersatzreifen** *m* rueda *f* de recambio; **Ersatzteil** *nt* <-(e)s, -e> (pieza *f* de) repuesto *m*

ersatzweise *adv* como alternativa

ersaufen* *irr vi sein* (*fam*) ahogarse, morir ahogado

erschaffen* *irr vt* (*geh*) crear

Erschaffung *f ohne Pl* (*geh*) creación *f*

erschaudern* *vi sein* (*geh*) sentir un escalofrío

erscheinen* *irr vi sein* **1.** (*sichtbar werden*) aparecer **2.** (*sich einfinden*) presentarse **3.** (*Buch*) publicarse **4.** (*sich darstellen, scheinen*) parecer; **es erscheint mir wünschenswert, dass ...** me parece conveniente que... +*subj*

Erscheinen *nt ohne Pl* <-s> **1.** (*Gäste*) asistencia *f* **2.** (*das Sichtbarwerden*) aparición *f* **3.** (*Buch*) publicación *f*

Erscheinung *f* <-en> **1.** (*Tatsache*) fenómeno *m;* **in ~ treten** manifestarse **2.** (*Gestalt*) figura *f;* (*äußere*) apariencia *f;* **seiner äußeren ~ nach** según su apariencia **3.** (*Vision*) visión *f;* (*Gespenst*) aparición *f;* **Erscheinungsbild** *nt* imagen *f;* (*Aussehen*) aspecto *m*

erschienen *pp von* **erscheinen**

erschießen* *irr vt* matar de un tiro, balear *SAm,* tronar *Mex;* (*hinrichten*) fusilar

Erschießung *f* <-en> ejecución *f;* (*Hinrichtung*) fusilamiento *m*

erschlaffen* *vi sein* (*Muskeln*) relajarse

erschlagen[1] **I.** *pp von* **erschlagen**[2] **II.** *adj* (*fam*) **1.** (*erschöpft*) hecho polvo **2.** (*fassungslos*) atónito

erschlagen*[2] *irr vt* matar a golpes

erschleichen* *irr vt* (*abw: durch Täuschung*) conseguir capciosamente; (*durch List*) obtener por astucia

erschlichen *pp von* **erschleichen**

erschließen* *irr vt* **1.** (*Land*) explotar; (*Märkte*) abrir; (*Baugelände*) urbanizar **2.** (*folgern*) deducir

Erschließung *f* <-en> **1.** (*von Bodenschätzen*) aprovechamiento *m* **2.** (*von Märkten*) apertura *f* **3.** (*von Baugelände*) urbanización *f*

erschlossen *pp von* **erschließen**

erschöpfen* **I.** *vt* **1.** (*verbrauchen*) gastar; (*aufbrauchen*) agotar **2.** (*ermüden*) cansar **3.** (*Thema*) tratar exhaustivamente **II.** *vr:* **sich ~ 1.** (*Gesprächsstoff*) agotarse **2.** (*beschränkt sein*) reducirse (*in* a)

Erschöpfung *f* <-en> agotamiento *m*

erschossen *pp von* **erschießen**

erschrak *3. imp von* **erschrecken**[2], **erschrecken**[3]

erschrecken*[1] *vt* asustar

erschrecken[2] <erschrickt, erschrak, erschrocken> *vi sein* asustarse (*über/vor* de)

erschrecken[3] <erschreckt *o* erschrickt, erschreckte *o* erschrak, erschreckt *o* erschrocken> *vr:* **sich ~** (*fam*) asustarse (*über/vor* de)

erschreckend *adj* alarmante; (*Angst einflößend*) espantoso

erschrickt *3. präs von* **erschrecken**[2], **erschrecken**[3]

erschrocken I. *pp von* **erschrecken**[2], **erschrecken**[3] II. *adj* asustado
erschüttern* *vt* 1. (*Erdbeben, Explosion*) hacer temblar 2. (*Glauben, Gesundheit*) quebrantar; (*Vertrauen*) poner en duda 3. (*Nachricht*) conmover (profundamente); (*stärker*) conmocionar
erschütternd *adj* conmovedor
erschüttert *adj* conmovido
Erschütterung *f* <-en> 1. (*Beben*) sacudida *f* 2. (*Ergriffenheit*) conmoción *f*
erschweren* *vt* dificultar; **unter erschwerten Bedingungen** bajo condiciones difíciles
erschwinglich *adj* asequible
ersehen* *irr vt* sacar (*aus* de); (*folgern*) deducir (*aus* de)
ersetzen* *vt* 1. (*Teil*) reemplazar (*durch* por); (*Person*) sustituir (*durch* por) 2. (*auswechseln*) cambiar (*durch* por) 3. (*Ausgaben*) reembolsar 4. (*a.* FIN: *Verlust*) indemnizar (*durch* por); **jdm einen Schaden ~** indemnizar a alguien por un daño
ersichtlich *adj* evidente; **ohne ~en Grund** sin motivo aparente; **hieraus ist ~, dass ...** de aquí se deduce que...
ersoffen *pp von* **ersaufen**
ersparen* *vt* 1. (*Ärger*) evitar, ahorrar; **ihr bleibt aber auch nichts erspart** (*fam*) a ella le toca todo 2. (*Geld*) ahorrar
Ersparnis *f* <-se> ahorro *m* (*an* de)
erst I. *adv* 1. (*zuerst*) primero; (*an ~er Stelle*) en primer lugar 2. (*zu Beginn*) al principio 3. (*nicht früher als*) no hasta; **er kam ~ gestern** no vino hasta ayer 4. (*nur*) sólo, solamente II. *part:* **da ging's ~ richtig los** entonces empezó la fiesta de verdad; **gerade ~** ahora mismo; **~ gestern fragte sie ...** ayer mismo preguntó...; **jetzt ~ recht!** ¡ahora más que nunca!; **wenn sie ~ weg sind** cuando hayan partido
erstanden *pp von* **erstehen**
erstarren* *vi sein* 1. (*vor Kälte*) helarse 2. (*Lava*) solidificar(se); (*Wasser*) helarse 3. (*vor Schreck*) quedarse de piedra; (*Blut*) helarse
erstatten* *vt* (*Kosten*) reembolsar
Erstattung *f* <-en> (*Rückzahlung*) reembolso *m;* (*Rückgabe*) restitución *f*
Erstaufführung *f* (THEAT) estreno *m*
erstaunen* I. *vi sein* sorprenderse, quedar asombrado (*über* de/por) II. *vt* sorprender
Erstaunen *nt ohne Pl* <-s> (*Verwunderung*) asombro *m;* (*Überraschung*) sorpresa *f;* (*Befremden*) extrañeza *f;* **zu meinem größten ~** para mi gran sorpresa
erstaunlich *adj* (*verwunderlich*) asombroso; (*überraschend*) sorprendente, sorpresivo *Am;* (*bewundernswert*) admirable
erstaunlicherweise *adv* sorprendentemente
erstbeste(r, s) *adj:* **die ~ Gelegenheit** la primera ocasión (que se presente); **der/die/das E~** el primero/la primera/lo primero (que aparezca)
erste(r, s) *adj* primero; **als E~s muss ich sagen ...** primero tengo que decir...; **das ~ Mal** la primera vez; **zum ~n Mal** por primera vez; **fürs E~** de momento; **~ Hilfe** primeros auxilios; **~ Klasse** primera clase; *s. a.* **achte(r, s)**
erstechen* *irr vt* acuchillar, carnear *Mex*
erstehen* *irr vt* adquirir
Erste-Hilfe-Kasten *m* (MED) botiquín *m* (de primeros auxilios)
ersteigern* *vt* comprar en subasta
erstellen* *vt* 1. (*bauen*) edificar 2. (*Gutachten*) hacer; (*erarbeiten*) elaborar 3. (INFOR) crear; **neu ~** recrear
erstemal *adv s.* **erste(r, s)**
erstenmal *adv s.* **erste(r, s)**
erstens *adv* en primer lugar; (*bei Aufzählung*) primero; *s. a.* **achtens**
erster *adj s.* **erste(r, s)**
erstere(r, s) *adj* (*erstgenannt*) primero; **der/die/das E~** el primero/la primera/lo primero
erstes *adj s.* **erste(r, s)**
ersticken* I. *vi sein* (*Person*) ahogarse, asfixiarse II. *vt* 1. (*töten*) ahogar, asfixiar 2. (*Aufruhr*) sofocar 3. (*Feuer*) extinguir
Erstickung *f* <-en> (MED) asfixia *f*
erstklassig *adj* 1. (*ausgezeichnet*) excelente, chévere *Am* 2. (SPORT) de primera categoría
erstmalig I. *adj* primero II. *adv* por primera vez
erstmals *adv* por primera vez
erstochen *pp von* **erstechen**
erstrangig *adj* de primera clase; (FIN) preferente
erstreben* *vt* (*geh*) ambicionar; (*eine Stellung*) aspirar (a); **erstrebenswert** *adj* que vale la pena
erstrecken* *vr:* **sich ~** 1. (*betreffen*) referirse (*auf* a) 2. (*räumlich*) extenderse (*über* por) 3. (*zeitlich*) durar (*über*)
ersuchen* *vt:* **jdn um etw ~** pedir algo a alguien
ertappen* *vt* pillar; (*überraschen*) sorprender; **jdn auf frischer Tat ~** sorprender a alguien en flagrante
erteilen* *vt* (*Erlaubnis*) conceder; (*Rat*) dar; (*Unterricht, Befehl*) impartir; **sie erteilte ihm das Wort** le concedió la palabra
ertönen* *vi sein* sonar
Ertrag *m* <-(e)s, -träge> 1. (*Produktmenge*) rendimiento *m* 2. (*Gewinn*) beneficio *m,* ganancia *f* 3. (AGR) cosecha *f;* **~ abwerfen** producir una cosecha
ertragen* *irr vt* soportar; (*aushalten*) aguan-

tar

erträglich *adj* **1.** (*zu ertragen*) soportable, aguantable **2.** (*fam: recht gut*) pasable

ertragreich *adj* productivo

ertränken* *vt* ahogar

erträumen* *vt* soñar (con)

ertrinken* *irr vi sein* ahogarse, morir ahogado

ertrunken *pp von* **ertrinken**

erübrigen* **I.** *vt* **1.** (*übrig behalten*) ahorrar **2.** (*haben*) tener **II.** *vr:* **sich** ~ (*unnötig sein*) sobrar; (*überflüssig sein*) ser superfluo; **das hat sich jetzt alles erübrigt** esto resulta superfluo ahora

erwachen* *vi sein* (*geh*) despertar; **das wird ein böses E~ geben** va a ser un duro despertar

erwachsen[1] **I.** *pp von* **erwachsen**[2] **II.** *adj* adulto

erwachsen[2] *irr vi sein* (*entstehen*) crecer; (*hervorgehen*) surgir (*aus* de)

Erwachsene(r) *mf* <-n, -n; -n> adulto, -a *m, f*

erwägen <erwägt, erwog, erwogen> *vt* considerar

Erwägung *f* <-en> consideración *f*; **etw in ~ ziehen** tomar algo en consideración

erwähnen* *vt* mencionar; **unten erwähnt** abajo citado

Erwähnung *f* <-en> mención *f*

erwärmen* **I.** *vt* calentar **II.** *vr:* **sich ~ 1.** (*warm werden*) calentarse **2.** (*sich begeistern*) entusiasmarse (*für* con)

Erwärmung *f* <-en> calentamiento *m*

erwarten* *vt* **1.** (*warten, hoffen*) esperar; **sie kann es kaum noch ~** casi no puede aguardar; **das war zu ~** esto era de esperar **2.** (*verlangen*) exigir **3.** (*erhoffen*) esperar; **er erwartet von uns, dass wir gehorchen** espera de nosotros que le obedezcamos; **es wurde wider E~ ein schöner Tag** al contrario de lo que parecía hizo un día agradable

Erwartung *f* <-en> expectativa *f*; (*Hoffnung*) esperanza *f*; **den ~en entsprechen** ser conforme a lo esperado; **erwartungsvoll** **I.** *adj* ilusionado **II.** *adv* lleno de expectación

erwecken* *vt* **1.** (*geh: aufwecken*) despertar **2.** (*hervorrufen*) producir; (*Zweifel*) dar lugar (a); (*Vertrauen*) inspirar; **Vertrauen ~d** que inspira confianza; **das erweckte den Anschein, als ob ...** esto produjo la impresión como si... +*subj*

erweichen* *vt* ablandar

erweisen* *irr* **I.** *vt* **1.** (*nachweisen*) comprobar, confirmar; **es gilt als erwiesen, dass ...** se da por confirmado el hecho de que... +*subj* **2.** (*Gefallen*) hacer; (*Dankbarkeit*) mostrar **II.** *vr:* **sich ~** (*sich zeigen*) demostrar; (*sich herausstellen*) resultar; **sie hat sich als sehr zuverlässig erwiesen** ha demostrado ser de fiar

erweitern* **I.** *vt* **1.** (*Anlage, Kenntnisse*) ampliar; (*Straße*) ensanchar (*um* en) **2.** (*vermehren*) aumentar (*um* en) **II.** *vr:* **sich ~** ampliarse (*um* en); (*Straße*) ensancharse; (*Blutgefäße, Pupille*) dilatarse

Erweiterung *f* <-en> **1.** (*Anlage, Kenntnisse*) ampliación *f* **2.** (*Kapazität*) aumento *m* **3.** (*Pupillen, Gefäße*) dilatación *f* **4.** (INFOR) ampliación *f*

Erwerb *m* <-(e)s, -e> **1.** (*Kauf*) compra *f*; (*Anschaffung*) adquisición *f* **2.** (*Verdienst*) ganancia *f* **3.** (*Arbeit*) trabajo *m*

erwerben* *irr vt* **1.** (*Waren, Kenntnisse*) adquirir; **etw käuflich ~** comprar algo **2.** (*Anerkennung*) ganarse

erwerbsfähig *adj* capaz de ejercer una profesión

erwerbslos *adj* parado, cesante *Am*

erwerbstätig *adj* activo; **~ sein** estar en activo

Erwerbstätigkeit *f* actividad *f* remunerada; **erwerbsunfähig** *adj* incapaz de ejercer una profesión

erwidern* *vt* **1.** (*antworten*) contestar (*auf* a); (*entgegnen*) replicar (*auf* a) **2.** (*Gruß, Besuch*) devolver

Erwiderung *f* <-en> **1.** (*Antwort*) respuesta *f* **2.** (*von Gefühlen*) reciprocidad *f*

erwiesen *pp von* **erweisen**

erwiesenermaßen *adv* como ha sido comprobado

erwirtschaften* *vt* producir

erwischen* *vt* (*fam*) **1.** (*ergreifen*) pescar; **es muss ausgerechnet immer mich ~** es que siempre me tiene que tocar a mí **2.** (*ertappen*) pillar, acapillar *Mex*

erwog *3. imp von* **erwägen**

erwogen *pp von* **erwägen**

erworben **I.** *pp von* **erwerben** **II.** *adj* adquirido

erwünscht *adj* deseado; **Spanischkenntnisse ~** se requieren conocimientos de español

erwürgen* *vt* estrangular

Erz *nt* <-es, -e> mineral *m*

erzählen* *vt* contar, narrar; **etw wieder ~** recontar algo; **mir kannst du nichts ~** (*fam*) a mí no me puedes engañar

Erzähler(in) *m(f)* <-s, -; -nen> narrador(a) *m(f)*

Erzählung *f* <-en> **1.** (LIT) narración *f* **2.** (*Bericht*) relato *m*

Erzbischof, -bischöfin *m, f* arzobispo *mf*; **Erzengel** *m* arcángel *m*

erzeugen* *vt* **1.** (*herstellen*) producir; (*fertigen*) fabricar; (CHEM, PHYS) generar **2.** (*hervorrufen*) provocar

Erzeuger(in) *m(f)* <-s, -; -nen> **1.** (BIOL) progenitor(a) *m(f)* **2.** (AGR) productor(a) *m(f)*
Erzeugnis *nt* <-ses, -se> producto *m*
Erzeugung *f* <-en> producción *f*
Erzfeind(in) *m(f)* enemigo, -a *m, f* mortal
Erzgebirge *nt* <-s> Montes *mpl* Metálicos
Erzherzog(in) *m(f)* <-s, -zöge; -nen> (HIST) archiduque(sa) *m(f)*
erziehbar *adj* educable; **schwer** ~ difícil de educar
erziehen* *irr vt* educar (*zu* para)
Erzieher(in) *m(f)* <-s, -; -nen> educador(a) *m(f)*; (*Kindergärtner*) maestro, -a *m, f* de un jardín de infancia, educador(a) *m(f)* de párvulos *Am*
erzieherisch *adj* educador
Erziehung *f ohne Pl* educación *f*; **erziehungsberechtigt** *adj* titular de la patria potestad; **Erziehungsberechtigte(r)** *mf* <-n, -n; -n> titular *mf* de la patria potestad; **Erziehungswissenschaft** *f ohne Pl* pedagogía *f*; **Erziehungswissenschaftler(in)** *m(f)* pedagogo, -a *m, f*
erzielen* *vt* obtener; (*Tor*) marcar; **eine Einigung** ~ llegar a un acuerdo
erzogen *pp von* **erziehen**
erzürnen* *vt* (*geh: zornig machen*) irritar, encolerizar
erzwingen* *irr vt* conseguir por la fuerza; (*Entscheidung*) forzar
erzwungen *pp von* **erzwingen**
es **I.** *pron pers 3. Sg nt* **1.** *nom* ello; (*Mensch*) él, ella; ~ **ist sehr hübsch** es muy bonito **2.** *akk* lo; **ich weiß ~ nicht** no lo sé **II.** (*unpers*): ~ **gibt nichts mehr zu tun** no hay nada más que hacer; **ihr wurde ~ schlecht** se puso mala; ~ **freut mich, dass ...** me alegra que... *+subj*; ~ **wurde getanzt** se bailó; ~ **ist vier Uhr** son las cuatro; ~ **hat geläutet** ha sonado el timbre; ~ **regnet** llueve; **ich bin** ~ soy yo
Es *nt* <-, -> (MUS) mi *m* bemol
Esche *f* <-n> (BOT) fresno *m*
Esel(in) *m(f)* <-s, -; -nen> **1.** (ZOOL) burro, -a *m, f* **2.** (*fam: Mensch*) estúpido, -a *m, f*
Eselsbrücke *f* (*fam fig*) regla *f* mnemotécnica; **Eselsohr** *nt* (*fam fig*) doblez *m*
eskalieren* *vi sein* agravarse
Eskimo *m* <-s, -s> esquimal *m*; **Eskimofrau** *f* esquimal *f*
Eskorte *f* <-n> escolta *f*
Esoterik *f ohne Pl* esoterismo *m*
esoterisch *adj* esotérico
Espe *f* <-n> (BOT) álamo *m* temblón; **Espenlaub** *nt*: **wie ~ zittern** (*fam*) temblar como una hoja
Esperanto *nt ohne Pl* <-(s)> esperanto *m*
Espresso *m* <-(s), -s *o* Espressi *nach Zahlen:* -> café *m* solo
Esprit *m ohne Pl* <-s> ingenio *m*
Essay *m o nt* <-s, -s> (LIT) ensayo *m*
essbarRR *adj*, **eßbar** *adj* comestible
essen <isst, aß, gegessen> *vi, vt* comer; **zu Mittag/Abend** ~ almorzar/cenar; ~ **gehen** ir a comer (a un restaurante); **das ist gegessen!** (*fam*) ¡ya está!
Essen *nt* <-s, -> comida *f*; (*Gericht*) plato *m*; **Essen(s)marke** *f* bono *m* para (la) comida, ficha *f* para (la) comida; **Essenszeit** *f* (*mittags*) hora *f* de comer; (*abends*) hora *f* de cenar
essentiell *adj s.* **essenziell**
Essenz *f* <-en> esencia *f*
essenziellRR *adj* esencial
EssgewohnheitenRR *fPl*, **Eßgewohnheiten** *fPl* hábitos *mpl* alimentarios
Essig *m* <-s, -e> vinagre *m*; **Essiggurke** *f* pepinillo *m* en vinagre; **Essigsäure** *f ohne Pl* ácido *m* acético
EsskastanieRR *f* <-n>, **Eßkastanie** *f* <-n> castaña *f*
EsslöffelRR *m*, **Eßlöffel** *m* cuchara *f*; **ein ~ Mehl** una cucharada de harina
EsssuchtRR *f ohne Pl*, **Eßsucht** *f ohne Pl* (MED) bulimia *f*
EsswarenRR *fPl*, **Eßwaren** *fPl* comestibles *mpl*
EsszimmerRR *nt*, **Eßzimmer** *nt* comedor *m*
Este, -in *m, f* <-n, -n; -nen> estonio, -a *m, f*
Estland *nt* <-s> Estonia *f*
estnisch *adj* estonio
Estragon *m ohne Pl* <-s> estragón *m*
Estremadura *f* Extremadura *f*
etablieren* **I.** *vt* establecer **II.** *vr*: **sich** ~ establecerse
etabliert *adj* establecido
Etage *f* <-n> piso *m*; **Etagenbett** *nt* litera *f*; **Etagenwohnung** *f* apartamento *m*
Etappe *f* <-n> **1.** (*a.* SPORT: *räumlich, zeitlich*) etapa *f* **2.** (MIL) retaguardia *f*
Etat *m* <-s, -s> presupuesto *m*
etc. *Abk. von* **et cetera** etc.
etepetete *adj inv* (*fam*) de mírame y no me toques
Ethik *f ohne Pl* ética *f*
ethisch *adj* ético
ethnisch *adj* étnico
Ethnologe, -in *m, f* <-n, -n; -nen> etnólogo, -a *m, f*
Ethnologie *f ohne Pl* etnología *f*
Etikett *nt* <-(e)s, -e(n)> etiqueta *f*, rótulo *m*
Etikette *f* <-n> etiqueta *f*
etikettieren* *vt* **1.** (*Dosen, Flaschen*) etiquetar **2.** (*fig: betiteln*) tachar (*als* de)
etliche(r, s) *pron indef* (*geh*) algunos *mpl*, algunas *fpl*; ~ **unter den Zuschauern** algunos espectadores; **er ist um ~s älter als ich** es bastante mayor que yo

Etui *nt* <-s, -s> estuche *m*

etwa **I.** *adv* **1.** (*ungefähr*) aproximadamente **2.** (*beispielsweise*) por ejemplo; **wie ~ in diesem Fall** como por ejemplo en este caso **3.** (*Schweiz: ab und zu*) de vez en cuando **II.** *part* (*vielleicht*) quizá, tal vez; **willst du ~ schon gehen?** ¿es que te quieres ir ya?; **du willst doch nicht ~ behaupten, dass ...?** ¿no querrás decir que...?; **... oder ~ nicht?** ..., ¿o acaso no?

etwaige(r, s) *adj* eventual

etwas *pron indef* algo; (*ein bisschen*) un poco; **hast du noch ~ Geld?** ¿te queda algo de dinero?; **ohne ~ zu sagen** sin decir nada; **das ist ~ anderes** esto es otra cosa; **sie hat ~ mit ihm** (*fam*) está liada con él; **die Sache hat ~ für sich** el asunto tiene algo; **sie hat das gewisse E~** tiene un no sé qué

Etymologie *f* <-n> etimología *f*

etymologisch *adj* etimológico

EU *f Abk. von* **Europäische Union** UE *f*; **EU-Bürger(in)** *m(f)* ciudadano, -a *m, f* de la UE

euch **I.** *pron pers mfpl dat/akk von* **ihr** os; (*betont*) a vosotros/vosotras... (os); (*mit Präposition*) vosotros/vosotras; **wie habt ihr ~ in China verständigt?** ¿cómo os habéis entendido en China?; **~ würde es gefallen** a vosotros/vosotras os gustaría; **Blumen für ~!** ¡flores para vosotros/vosotras!; **ein Freund von ~** un amigo vuestro; **gehören ~ die Räder?** ¿son vuestras las bicis? **II.** *pron refl mfpl dat/akk von* **ihr** os; **setzt ~!** ¡sentaos!

euer *pron pers Pl gen von* **ihr** de vosotros/vosotras

euer, euere, euer *pron poss* (*adjektivisch*) vuestro, -a *m, f*, vuestros *mpl*, vuestras *fpl*; **~ Sohn** vuestro hijo; **eure Wohnung/Freunde/Blumen** vuestro piso/vuestros amigos/vuestras flores

euere(r, s) *pron poss* (*substantivisch*) (el) vuestro *m*, (la) vuestra *f*, (los) vuestros *mpl*, (las) vuestras *fpl*; **das große Stück ist eures** [*o* **euers**] el trozo grande es (el) vuestro; *s. a.* **euer, euere, euer**

EU-Gipfel *m* <-s, -> cumbre *f* comunitaria

Eukalyptus *m* <-, Eukalypten *o* -> (BOT) eucalipto *m*

EU-Kommission *f ohne Pl* Comisión *f* de la UE

Eule *f* <-n> (ZOOL) lechuza *f*

EU-Mitgliedsland *nt* <-(e)s, -länder> país *m* miembro de la UE

Eunuch *m* <-en, -en> eunuco *m*

Euphorie *f* <-n> euforia *f*

euphorisch *adj* eufórico

Euratom *f Abk. von* **Europäische Atomgemeinschaft** Euratom *m*

eure(r, s) *pron poss o pron pers s.* **euer**

eurer *pron poss o pron pers s.* **euer**

eurerseits *adv* por vuestra parte

eures *pron poss o pron pers s.* **euer**

euresgleichen *pron indef* de vuestra condición

euretwegen *adv* por vosotros; (*negativ*) por vuestra culpa

euretwillen *adv:* **um ~** por vosotros

eurige(r, s) *pron poss geh für* **eu(e)re(r, s)**: **der/die/das ~** el vuestro/la vuestra; **die ~n** los vuestros/las vuestras

Euro *m* <-(s), -(s)> (EU) euro *m*

Eurocheque *m* <-s, -s> eurocheque *m*

Eurocityzug *m* <-(e)s, -züge> (EISENB) Eurocity *m* (*tren equivalente al Intercity que cubre también recorridos fuera de Alemania*)

Euro-Geld *nt* dinero *m* europeo

Europa *nt* <-s> Europa *f*

Europäer(in) *m(f)* <-s, -; -nen> europeo, -a *m, f*

Europafrage *f* (POL) cuestión *f* europea

europäisch *adj* europeo; **E~e Union** Unión Europea; **E~e Währungseinheit** unificación monetaria europea; **E~es Währungssystem** Sistema Monetario Europeo

Europameister(in) *m(f)* (SPORT) campeón, -ona *m, f* de Europa; **Europameisterschaft** *f* <-en> (SPORT) campeonato *m* de Europa; **Europaparlament** *nt ohne Pl* <-(e)s> Parlamento *m* Europeo; **Europapokal** *m* (SPORT) copa *f* de Europa; **Europarat** *m ohne Pl* <-(e)s> Consejo *m* de Europa; **Europawahlen** *fPl* elecciones *fpl* europeas

Europol *f* <-en> (POL) *Abk. von* **Europa-Polizei** Europol *f*

Eurovision *f ohne Pl* Eurovisión *f*

Euro-Währung *f* (EU) moneda *f* europea

Euter *m* <-s, -> ubre *f*

Euthanasie *f ohne Pl* eutanasia *f*

ev. (REL) *Abk. von* **evangelisch** protestante

e.V., E.V. *Abk. von* **eingetragener Verein** sociedad *f* registrada

evakuieren* *vt* evacuar

Evakuierung *f* <-en> evacuación *f*

Evangelien *Pl von* **Evangelium**

evangelisch *adj* evangélico, protestante

Evangelium *nt* <-s, Evangelien> evangelio *m*

Eventualität *f* <-en> eventualidad *f*

eventuell *adj* eventual

Evolution *f* <-en> evolución *f*

evtl. *Abk. von* **eventuell** eventual

E-Werk *nt Abk. von* **Elektrizitätswerk** central *f* eléctrica

ewig *adj* **1.** (*unendlich*) eterno; **für immer und ~** para siempre jamás **2.** (*fam: ständig*) continuo; (*endlos*) infinito; **das dauert ja**

~ (**und drei Tage**) esto dura una eternidad

Ewigkeit *f* <-en> eternidad *f;* **bis in alle ~** (*fam*) para siempre

EWS *nt ohne Pl* <-> *Abk. von* **Europäisches Währungssystem** SME *m*

EWU *f ohne Pl Abk. von* **Europäische Währungsunion** UME *f*

ex *adv* (*fam*): **etw auf ~ trinken** beber algo de un trago

exakt *adj* exacto; (*Uhrzeit*) en punto; (*sorgfältig*) esmerado

Examen *nt* <-s, – *o* Examina> examen *m;* **~ machen** examinarse

Examina *Pl von* **Examen**

exekutieren* *vt* ejecutar

Exekution *f* <-en> ejecución *f*

Exekutive *f* <-n> (JUR, POL) ejecutivo *m*

Exemplar *nt* <-s, -e> ejemplar *m*

exemplarisch *adj* (*geh*) ejemplar

exerzieren* *vi* (MIL) hacer maniobras

Exhibitionismus *m ohne Pl* <-> exhibicionismo *m*

Exhibitionist(in) *m(f)* <-en, -en; -nen> exhibicionista *mf*

Exil *nt* <-s, -e> exilio *m;* **ins ~ gehen** exiliarse

Existentialismus *m ohne Pl* <-> *s.* **Existenzialismus**

existentiell *adj s.* **existenziell**

Existenz[1] *f ohne Pl* (*Dasein*) existencia *f*

Existenz[2] *f* <-en> **1.** (*berufliche Stellung*) sustento *m;* **sich** *dat* **eine ~ aufbauen** montar un negocio **2.** (*abw: Mensch*) individuo *m;* **eine gescheiterte ~** un fracaso (de persona)

Existenzangst *f* angustia *f* existencial; **Existenzberechtigung** *f* <-en> autojustificación *f;* **Existenzgrundlage** *f* base *f* de vida

Existenzialismus *m ohne Pl* <-> (PHILOS) existencialismo *m*

existenziell *adj* existencial

Existenzminimum *nt ohne Pl* <-s> mínimo *m* vital

existieren* *vi* **1.** (*vorhanden sein*) existir **2.** (*auskommen*) vivir (*von* de)

exklusiv *adj* exclusivo

exkommunizieren* *vt* (REL) excomulgar

Exkremente *ntPl* (*geh*) excrementos *mpl*

Exkurs *m* <-es, -e> excurso *m*

Exmatrikulation *f* <-en> exmatriculación *f*

exmatrikulieren* *vt* borrar de la matrícula (de estudiantes)

Exot(in) *m(f)* <-en, -en; -nen> **1.** (*Tier*) animal *m* exótico; (*Pflanze*) planta *f* exótica; (*Mensch*) persona *f* de un país exótico **2.** (*fam: kauziger Typ*) bicho *m* raro

exotisch *adj* exótico

expandieren* *vi* (COM) expandir; (PHYS) dilatarse

Expansion *f* <-en> (*a.* POL, WIRTSCH) expansión *f*

Expedition *f* <-en> expedición *f*

Experiment *nt* <-(e)s, -e> experimento *m*

experimentell *adj* experimental

experimentieren* *vi* experimentar (*mit* con)

Experte, -in *m, f* <-n, -n; -nen> experto, -a *m, f;* (*Sachkundige*) perito, -a *m, f*

Expertise *f* <-n> peritaje *m*

explizit *adj* explícito

explodieren* *vi sein* **1.** (*Bombe, a. fig*) explotar **2.** (*Preise, Kosten*) dispararse; (*Bevölkerungszahl*) explotar

Explosion *f* <-en> (*a. fig*) explosión *f*

explosionsartig *adj* **1.** (*einer Explosion ähnlich*) como una explosión **2.** (*rapide*) rápido

Explosionsgefahr *f* peligro *m* de explosión

explosiv *adj* explosivo

Exponat *nt* <-(e)s, -e> (KUNST) obra *f* expuesta

Exponent *m* <-en, -en> (MATH) exponente *m*

Export *m* <-(e)s, -e> (*a.* INFOR) exportación *f;* **Exportartikel** *m* <-s, -> artículo *m* de exportación

Exporteur(in) *m(f)* <-s, -e; -nen> exportador(a) *m(f)*

Exportfirma *f* <-firmen> casa *f* exportadora, empresa *f* exportadora

exportieren* *vt* (*a.* INFOR) exportar

Exportschlager *m* gran éxito *m* de exportación

Express[RR] *m ohne Pl* <-es>, **Expreß** *m ohne Pl* <-sses> (tren *m*) expreso *m;* **per ~** urgente

Expressionismus *m ohne Pl* <-> (KUNST, MUS, LIT) expresionismo *m*

expressionistisch *adj* (KUNST, MUS, LIT) expresionista

Expressstraße[RR] *f* (*Schweiz: Schnellstraße*) autovía *f*

exquisit *adj* exquisito

Extension *f* <-en> (INFOR) extensión *f*

extern *adj* externo

extra **I.** *adj inv* (*fam*) **1.** (*zusätzlich*) adicional; **eine ~ Belohnung** una recompensa adicional **2.** (*gesondert*) aparte, separado; **auf einem ~ Blatt** en hoja aparte **II.** *adv* **1.** (*gesondert*) aparte, separado **2.** (*zusätzlich*) extra **3.** (*eigens*) especialmente; **das hast du ~ gemacht** (*fam*) esto lo has hecho a propósito

Extra *nt* <-s, -s> extra *m*

Extrablatt *nt* edición *f* extra

Extrakt *m o nt* <-(e)s, -e> extracto *m,* esencia *f*

extravagant *adj* extravagante

Extravaganz *f* <-en> extravagancia *f*

extravertiert *adj* (PSYCH) *s.* **extrovertiert**

extrem I. *adj* extremo II. *adv* en extremo
Extrem *nt* <-s, -e> extremo *m*
Extremismus *m* <-, Extremismen> (POL) extremismo *m*
Extremist(in) *m(f)* <-en, -en; -nen> extremista *mf*, ultra *mf fam*
extremistisch *adj* extremista, ultra
Extremitäten *fPl* extremidades *fpl*
extrovertiert *adj* extravertido, extrovertido
exzellent *adj* excelente
Exzellenz *f* <-en> Excelencia *f*; (**Euer**) ~ (Su) Excelencia
exzentrisch *adj* (*a.* MATH) excéntrico
Exzess[RR] *m* <-es, -e>, **Exzeß** *m* <-sses, -sse> exceso *m*; **etw bis zum ~ treiben** excederse en algo
exzessiv *adj* (*geh*) excesivo
Eyeliner *m* <-s, -> delineador *m* de ojos
EZU *f ohne Pl* (POL, WIRTSCH) *Abk. von* **Europäische Zahlungsunion** UEP *f*
E-Zug *m* <-(e)s, -züge> (EISENB) *Abk. von* **Eilzug** (tren *m*) expreso *m*

F

F, f *nt* <-, -> **1.** (*Buchstabe*) F, f *f;* ~ **wie Friedrich** F de Francia **2.** (MUS) fa *m*

f. **1.** *Abk. von* **folgende** (**Seite**) y (página) siguiente **2.** *Abk. von* **für** para

Fabel *f* <-n> fábula *f*

fabelhaft *adj* fabuloso, formidable, fain *Am*

Fabeltier *nt* animal *m* fabuloso

Fabrik *f* <-en> fábrica *f*

Fabrikant(in) *m(f)* <-en, -en; -nen> fabricante *mf*

Fabrikarbeiter(in) *m(f)* obrero, -a *m, f* de fábrica

Fabrikat *nt* <-(e)s, -e> producto *m*

Fabrikation *f* <-en> fabricación *f;* **Fabrikationsfehler** *m* defecto *m* de fabricación

fabrikneu *adj* (totalmente) nuevo; (*fam*) flamante

fabrizieren* *vt* (*fam*) fabricar, hacer

fabulieren* *vi* **1.** (*erzählen*) contar cuentos **2.** (*lügen*) contar cuentos (chinos)

Facette *f* <-n> faceta *f*

Fach *nt* <-(e)s, Fächer> **1.** (*in einer Tasche*) bolsillo *m;* (*im Schrank*) casilla *f;* (*Schublade*) cajón *m;* (*Post~*) casilla *f* **2.** (*Berufszweig*) ramo *m;* (*Wissensgebiet*) campo *m;* (*Unterrichts~*) materia *f,* asignatura *f;* **vom ~ sein** ser del ramo; **Facharbeiter(in)** *m(f)* obrero, -a *m, f* cualificado, -a; **Facharzt, -ärztin** *m, f* (médico, -a *m, f*) especialista *mf;* **Fachausdruck** *m* <-(e)s, -drücke> término *m* técnico

fächeln **I.** *vt* abanicar **II.** *vr:* **sich ~** abanicarse

Fächer[1] *m* <-s, -> abanico *m*

Fächer[2] *Pl von* **Fach**

Fachfrau *f* especialista *f,* experta *f;* **fachfremd** *adj* lego en la materia; **Fachgebiet** *nt* especialidad *f;* **Fachgeschäft** *nt* <-(e)s, -e> tienda *f* especializada (*für* en); **Fachhandel** *m* comercio *m* especializado; **Fachhochschule** *f* escuela *f* técnica superior; **Fachidiot(in)** *m(f)* (*abw*) especialista *mf* (*limitado, -a a su campo laboral*); **Fachkenntnisse** *fPl* conocimientos *mpl* técnicos; **Fachkraft** *f* experto, -a *m, f,* especialista *mf;* **fachkundig** *adj* competente

fachlich *adj* profesional, técnico; **dafür ist er ~ nicht qualifiziert** para ello no está cualificado

Fachliteratur *f ohne Pl* literatura *f* técnica; **Fachmann** *m* <-(e)s, -leute *o* -männer> especialista *m,* experto *m*

fachmännisch *adj* competente, profesional

Fachpresse *f ohne Pl* prensa *f* especializada; **Fachrichtung** *f* rama *f,* especialización *f* (académica); **die ~ Physik an der Universität Köln** la facultad de física de la universidad de Colonia

Fachschaft *f* <-en> **1.** (UNIV) organización *f* estudiantil **2.** (*Berufsgruppe*) organización *f* profesional

Fachschule *f* <-n> instituto *m* de formación profesional; **fachsimpeln** *vi* (*fam*) hablar de asuntos profesionales; **Fachsprache** *f* <-n> lenguaje *m* técnico; **fachübergreifend** *adj* interdisciplinario

Fachwerk *nt* <-(e)s, -e> entramado *m;* **Fachwerkhaus** *nt* casa *f* de paredes entramadas

Fachwort *nt* <-(e)s, -wörter> término *m* técnico

Fackel *f* <-n> antorcha *f*

fackeln *vi* (*fam*) vacilar, titubear; **da wird nicht lange gefackelt** ahí no se andan con contemplaciones

fad(e) *adj* (*abw*) **1.** (*Speise*) soso **2.** (*langweilig*) aburrido

Faden *m* <-s, Fäden> **1.** (*Näh~*) hilo *m;* **der rote ~** (*fig*) el hilo conductor; **die Fäden in der Hand halten** (*fig*) tener la sartén por el mango; **sein Schicksal hängt am seidenen ~** (*fig*) su vida pende de un hilo; **den ~ verlieren** (*fig*) perder el hilo; **nach Strich und ~** (*fig fam*) totalmente **2.** (MED) punto *m*

fadenscheinig *adj* (*abw: Argument*) poco convincente

Fadheit *f ohne Pl* insipidez *f*

Fagott *nt* <-(e)s, -e> fagot *m*

fähig *adj* **1.** (*imstande*) capaz (*zu* de); **zu allem ~ sein** ser capaz de todo **2.** (*begabt*) inteligente **3.** (*geschickt*) hábil **4.** (*befähigt*) cualificado (*zu* para) **5.** (*geeignet*) idóneo (*zu* para)

Fähigkeit[1] *f ohne Pl* (*das Imstandesein*) capacidad *f* (*zu* para); (*Geschicklichkeit*) habilidad *f* (*zu* para)

Fähigkeit[2] *f* <-en> (*Begabung*) talento *m;* (*geistig*) facultad *f*

fahl *adj* (*Farbe*) pálido; (*Gesichtsfarbe*) lívido; (*Licht*) mortecino

fahnden *vi:* **nach etw** *dat*/**jdm ~** buscar algo/a alguien

Fahndung *f* <-en> búsqueda *f* (*nach* de)

Fahne[1] *f* <-n> **1.** (*Flagge*) bandera *f;* (NAUT) pabellón *m;* **mit fliegenden ~n** con las banderas desplegadas **2.** (TYPO) galerada *f*

Fahne[2] *f ohne Pl* (*fam: Atem*) tufo *m* a alcohol; **eine ~ haben** apestar a alcohol

Fahneneid *m* (MIL) jura *f* de la bandera; **Fahnenflucht** *f ohne Pl* (MIL) deserción *f;* **fahnenflüchtig** *adj* (MIL) desertor; **~ werden** desertar; **Fahnenmast** *m* <-(e)s, -e(n)> asta *f* de la bandera

Fahrausweis *m* **1.** (*Fahrkarte*) billete *m,* boleto *m Am* **2.** (*Schweiz: Führerschein*) carné *m* de conducir

Fahrbahn *f* vía *f;* **von der ~ abkommen** salirse de la carretera

Fähre *f* <-n> transbordador *m,* ferry *m*

fahren <fährt, fuhr, gefahren> **I.** *vi sein* **1.** (*los~*) salir; **der Zug fährt in 5 Minuten** el tren sale dentro de 5 minutos **2.** (*sich fortbewegen*) ir (*mit* en); (*Fahrzeug*) estar en marcha; **mit dem Motorrad ~** ir en moto; **Rollschuh ~** patinar; **Ski ~** esquiar; **Karusell ~** montar(se) en el tiovivo; **geradeaus ~** seguir recto **3.** (*verkehren*) circular; **die Züge ~ nicht am Wochenende** los trenes no circulan los fines de semana **4.** (*reisen*) ir (*nach* a) **5.** (*berühren*): **sie fuhr ihm durch die Haare** le pasó la mano por el pelo **6.** (*fam: zurechtkommen*) llevarse bien; **er ist mit ihm immer gut ge~** siempre se ha llevado bien con él **7.** (*durchzucken*): **der Schreck fuhr ihm in die Glieder** el susto le atravesó de parte a parte **II.** *vt* **1.** *haben o sein* (*Straße, Umleitung*) ir (por) **2.** (*befördern*) transportar; (*Personen*) llevar; **ich fahre dich nach Hause** te llevo a casa **3.** (*steuern*) conducir, manejar *Am;* **lass mich ~** déjame conducir a mí **4.** (SPORT): **ein Rennen ~** participar en una carrera (de automóviles); **eine gute Zeit ~** conseguir buenos resultados en una carrera

Fahrer(in) *m(f)* <-s, -; -nen> (*Auto~, Bus~*) conductor(a) *m(f);* (*Chauffeur*) chófer *mf;* (*Motorrad~*) motociclista *mf;* (*Fahrrad~*) ciclista *mf;* **Fahrerflucht** *f ohne Pl huida del lugar del accidente* (*y omisión de socorro*); **~ begehen** huir del lugar del accidente

Fahrerlaubnis *f* <-se> (*formal*) **1.** (*Genehmigung*) permiso *m* de conducir **2.** (*Führerschein*) carné *m* de conducir; **Fahrgast** *m* pasajero, -a *m, f;* **Fahrgeld** *nt ohne Pl* <-(e)s> precio *m* del billete, tarifa *f;* **Fahrgelegenheit** *f* **1.** (*zum Mitfahren*) *oportunidad de viajar con alguien en su coche* **2.** (*Verkehrsverbindung*) comunicación *f;* **Fahrgestell** *nt* **1.** (AUTO) chasis *m inv* **2.** (AERO) tren *m* de aterrizaje

fahrig *adj* **1.** (*unruhig*) inquieto **2.** (*zerstreut*) distraído

Fahrkarte *f* billete *m,* boleto *m Am;* **eine ~ hin und zurück** un billete de ida y vuelta; **Fahrkartenautomat** *m* distribuidor *m* automático de billetes; **Fahrkartenschalter** *m* ventanilla *f* de venta de billetes, despacho *m* de billetes

fahrlässig *adj* descuidado; (*nachlässig*) negligente; **~e Tötung** (JUR) homicidio imprudente

Fahrlässigkeit *f* <-en> descuido *m;* (*Nachlässigkeit*) negligencia *f;* (JUR) imprudencia *f*

Fahrlehrer(in) *m(f)* profesor(a) *m(f)* de autoescuela

Fährmann *m* <-(e)s, -männer *o* -leute> barquero *m*

Fahrplan *m* horario *m*

fahrplanmäßig *adj* conforme al horario previsto

Fahrpreis *m* precio *m* del trayecto; **Fahrpreisermäßigung** *f* rebaja *f* en el precio del billete

Fahrprüfung *f* (examen *m*) práctico *m* de conducir

Fahrrad *nt* bicicleta *f,* ciclo *m Cuba;* **Fahrradfahrer(in)** *m(f)* ciclista *mf;* **Fahrradkette** *f* cadena *f* de la bicicleta; **Fahrradständer** *m* aparcamiento *m* para bicicletas; **Fahrradweg** *m* carril *m* para bicicletas

Fahrschein *m* <-(e)s, -e> *s.* **Fahrkarte**; **Fahrscheinautomat** *m* distribuidor *m* automático de billetes

Fahrschule *f* <-n> autoescuela *f;* **Fahrschüler(in)** *m(f)* persona *f* que está sacando el permiso de conducir; **Fahrspur** *f* (AUTO) vía *f*

Fahrstuhl *m* ascensor *m;* (*für Lasten*) montacargas *m inv*

Fahrstunde *f* clase *f* de conducir

Fahrt *f* <-en> **1.** (*Reise*) viaje *m;* (*Ausflug*) excursión *f;* (*Strecke*) trayecto *m;* **auf der ~** durante el viaje; **eine ~ antreten** irse de viaje; **gute ~!** ¡buen viaje!; **freie ~ haben** tener el paso libre **2.** (*Geschwindigkeit*) velocidad *f;* **in voller ~** a toda velocidad; **er kommt richtig in ~** (*fam fig*) se está animando

fährt *3. präs von* **fahren**

Fährte *f* <-n> rastro *m,* pista *f;* **jdn auf die richtige ~ bringen** (*fig*) poner a alguien sobre la buena pista

Fahrtenbuch *nt* (AUTO) libro *m* de ruta; **Fahrtenschreiber** *m* <-s, -> (AUTO) tacógrafo *m*

Fahrtkosten *Pl* gastos *mpl* de viaje

Fahrtrichtung *f* sentido *m* de marcha; **in ~ Süden** en dirección al Sur

fahrtüchtig *adj* **1.** (*Person*) capaz de conducir **2.** (*Fahrzeug*) en buen estado

Fahrtwind *m* (*Gegenwind*) viento *m* en contra

Fahrverbot *nt* retirada *f* del permiso de conducir; **Fahrverhalten** *nt* **1.** (*Person*) conducta *f* en el tráfico **2.** (*Fahrzeug*) cualidades *fpl* ruteras; **Fahrwasser** *nt ohne Pl* <-s> aguas *fpl* navegables; (*Durchfahrt*) canal *m* de navegación; **Fahrwerk** *nt* (AERO) tren *m* de aterrizaje; **Fahrzeit** *f* duración *f* del trayecto; **nach einer ~ von drei Stunden** después de tres horas de viaje

Fahrzeug *nt* <-(e)s, -e> vehículo *m;* **Fahrzeughalter(in)** *m(f)* titular *mf* del vehículo; **Fahrzeugschein** *m* <-(e)s, -e> documentación *f* del vehículo

Faible *nt* <-s, -s> (*geh*) afición *f* (*für* a); (*Neigung*) inclinación *f* (*für* por)

fair *adj* (*anständig*) correcto; (*gerecht*) justo; (SPORT) limpio

Fakir *m* <-s, -e> faquir *m*

Faksimile *nt* <-s, -s> facsímil *m*

Fakten *Pl von* **Faktum**

faktisch I. *adj* real **II.** *adv* de hecho

Faktor *m* <-s, -en> (*Umstand, a.* MATH) factor *m*

Faktum *nt* <-s, Fakten> hecho *m;* **sich auf die Fakten stützen** basarse en los hechos

Fakultät *f* <-en> **1.** (UNIV) facultad *f* **2.** (MATH) factorial *f*

fakultativ *adj* (*geh*) facultativo

Falke *m* <-n, -n> halcón *m*

Fall[1] *m ohne Pl* <-(e)s> (*das Fallen, a.* PHYS) caída *f;* **zu ~ kommen** (*fig*) fracasar

Fall[2] *m* <-(e)s, Fälle> **1.** (*Umstand, a.* MED, LING, JUR) caso *m;* **für den ~, dass ...** en caso de que... +*subj;* **gesetzt den ~, dass ...** pongamos por caso que... +*subj;* **auf gar keinen ~** de ninguna manera; **auf jeden ~** en cualquier caso; **im schlimmsten/günstigsten ~** en el peor/mejor de los casos; **er ist ein hoffnungsloser ~** es un caso perdido; **in diesem ~** en este caso; **von ~ zu ~** caso por caso; **auf alle Fälle** de todas maneras; **für alle Fälle** por si acaso **2.** (JUR: *Rechtssache*) causa *f*

Fallbeil *nt* guillotina *f*

Falle *f* <-n> **1.** (*Hinterhalt, Fanggerät*) trampa *f;* **in der ~ sitzen** haber caído en la trampa; **jdm eine ~ stellen** tender(le) a alguien una trampa **2.** (*Schweiz: Türklinke*) picaporte *m* **3.** (*fam: Bett*) catre *m*

fallen <fällt, fiel, gefallen> *vi sein* **1.** (*hinab~, sich stürzen, a.* MIL) caer; **~ lassen** (*Dinge*) dejar caer; (*Masche*) dejar escapar; (*Plan*) abandonar; (*Person*) abandonar (en la estacada); **es fällt Schnee** nieva; **es fällt Regen** llueve; **sie fiel in tiefen Schlaf** cayó en un profundo sueño; **jdm um den Hals ~** echar(le) los brazos al cuello a alguien; **er fiel ihr ins Wort** la interrumpió; **sie ist nicht auf den Mund ge~** (*fam fig*) tiene buenas salidas; **sie ist nicht auf den Kopf ge~** (*fam fig*) no tiene un pelo de tonta **2.** (*sinken*) bajar, descender; **die Temperatur ist um 10 Grad ge~** la temperatura descendió 10 grados; **im Preis ~** bajar de precio **3.** (*sich richten, treffen*) recaer (*auf* sobre, *an* en); **die Wahl fiel auf ihn** salió elegido él **4.** (*erfasst werden*) entrar (*in/unter* en); **das fällt auch in diese Kategorie** esto también entra en esta categoría **5.** (*Licht*) penetrar **6.** (*Entscheidung*) ser tomado; (*Urteil*) ser fallado **7.** (*verlauten*): **eine Bemerkung ~ lassen** dejar caer un comentario; **sein Name ist nicht ge~** su nombre no fue mencionado **8.** (*sich ereignen*): **kurz danach fiel das Tor zum 3:0** poco después se produjo el gol del 3 a 0; **sein Geburtstag fällt auf einen Montag** su cumpleaños cae en lunes; **es fielen drei Schüsse** se oyeron tres disparos **9.** (*sein*): **das fällt ihm schwer/leicht** esto le resulta difícil/fácil

fällen *vt* **1.** (*Baum, Holz*) talar, tumbar *Am* **2.** (*Entscheidung*) tomar; **ein Urteil über jdn ~** juzgar a alguien **3.** (MATH: *Lot*) trazar; **das Lot auf einer Geraden ~** trazar la perpendicular sobre und recta

fallen|lassen *irr vt s.* **fallen 1., 7.**

Fallensteller(in) *m(f)* <-s, -; -nen> cazador(a) *m(f)* que utiliza trampas

Fallgeschwindigkeit *f* (PHYS) velocidad *f* de caída; **Fallgrube** *f* trampa *f*, hoyo *m*

fällig *adj* **1.** (FIN: *Zinsen*) pagadero, vencido; **morgen wird die Zahlung ~** mañana se cumple el plazo; **am** [*o* **zum**] **20. Oktober ~ sein** vencer el 20 de octubre **2.** (*notwendig*) necesario

Fälligkeit *f* <-en> (FIN) vencimiento *m;* **bei/nach/vor ~** al/después del/antes del vencimiento

Fallobst *nt* frutas *fpl* caídas (del árbol)

falls *konj* en caso de que +*subj*, si

Fallschirm *m* paracaídas *m inv;* **mit dem ~ abspringen** lanzarse en paracaídas; **Fallschirmspringen** *nt ohne Pl* <-s> paracaidismo *m;* **Fallschirmspringer(in)** *m(f)* <-s, -; -nen> paracaidista *mf*

fällt *3. präs von* **fallen**

Falltür *f* trampilla *f;* (NAUT) escotilla *f*

falsch I. *adj* **1.** (*verkehrt*) equivocado, erróneo; **~er Alarm** falsa alarma; **bei jdm an den F~en geraten** equivocarse con alguien; **etw in den ~en Hals bekommen** malentender algo y tomarlo a mal **2.** (*gefälscht*) falsificado; (*Schmuck*) falso; (*Zähne*) postizo **3.** (*unpassend*) erróneo, falso **4.** (*hinterhältig*) falso; **~e Versprechungen machen** hacer promesas en vano **II.** *adv* mal; **Sie sind ~ verbunden** (TEL) se ha equivocado Ud. de número; **das hast du ~ verstanden** lo has entendido mal; **das hat er ~ aufgefasst** esto le ha sentado mal *fam;*

F

damit liegst du ~ estás equivocado; ~ **parken** aparcar en lugar prohibido; **da sind Sie hier** ~ se ha equivocado Ud. de lugar

Falschaussage *f* (JUR) falso testimonio *m*

fälschen *vt* falsificar

Fälscher(in) *m(f)* <-s, -; -nen> falsificador(a) *m(f)*

Falschgeld *nt* dinero *m* falso

Falschheit *f* <-en> falsedad *f;* (*Hinterhältigkeit*) alevosía *f*

fälschlich *adj* erróneo, equivocado; ~ **beschuldigt werden** ser culpado injustamente

falsch\|liegen *irr vi s.* **falsch II.**

Falschmeldung *f* noticia *f* errónea, borrego *m Am;* **Falschmünzer(in)** *m(f)* <-s, -; -nen> (JUR) falsificador(a) *m(f)* de monedas; **Falschspieler(in)** *m(f)* tahúr, -ura *m, f*

Fälschung *f* <-en> falsificación *f*

Faltblatt *nt* folleto *m*

Falte *f* <-n> **1.** (*in Stoff, Papier*) pliegue *m;* **etw in ~n legen** doblar algo; **~n werfen** hacer pliegues **2.** (*Haut~*) arruga *f;* **die Stirn in ~n legen** fruncir el ceño

falten *vt* **1.** (*Papier*) doblar; (*Stoff*) plegar **2.** (*Hände*) juntar

faltenfrei *adj* (*Gesicht*) sin arrugas; (*Stoffart*) que no se arruga; **Faltenrock** *m* <-(e)s, -röcke> falda *f* plisada; **Faltenwurf** *m ohne Pl* <-(e)s> (*Stoff*) caída *f*

Falter *m* <-s, -> (ZOOL) mariposa *f*

faltig *adj* **1.** (*Gesicht*) arrugado **2.** (*Stoff*) con muchos pliegues; (*zerknittert*) arrugado

falzen *vt* **1.** (*Papier*) plegar **2.** (*Holz*) ensamblar

familiär *adj* familiar

Familie *f* <-n> familia *f;* **eine ~ gründen** fundar un hogar; **das liegt in der ~** es cosa de familia; **das kommt in den besten ~n vor** (*fig*) en todos los sitios cuecen habas; **Familienanschluss**[RR] *m ohne Pl* <-es> acogida *f* (de un extraño) en una familia; **Familienfeier** *f* fiesta *f* familiar; **Familienkreis** *m* familia *f,* seno *m* de la familia; **im engsten ~** (*privat*) en la más estricta intimidad; **Familienleben** *nt ohne Pl* <-s> vida *f* familiar; **Familienmitglied** *nt* miembro *m* de la familia; **Familienname** *m* apellido *m;* **Familienoberhaupt** *nt* cabeza *f* de familia; **Familienplanung** *f ohne Pl* planificación *f* familiar; **Familienstand** *m ohne Pl* <-(e)s> estado *m* civil; **Familienvater** *m* padre *m* de familia

Fan *m* <-s, -s> fan *mf;* (*Fußball~*) hincha *mf*

Fanatiker(in) *m(f)* <-s, -; -nen> fanático, -a *m, f*

fanatisch *adj* fanático

Fanatismus *m ohne Pl* <-> fanatismo *m*

Fanclub *m* club *m* de fans

fand *3. imp von* **finden**

Fanfare *f* <-n> clarín *m*

Fang *m ohne Pl* <-(e)s> **1.** (*von Vierbeinern*) caza *f;* (*von Fischen*) pesca *f* **2.** (*Beute*) presa *f;* (*Fische*) redada *f;* **einen guten ~ machen** hacer una buena presa

Fangarm *m* tentáculo *m*

Fänge *mPl* (*Fangarme*) tentáculos *mpl;* (*Krallen*) garras *fpl;* (*Reißzähne*) colmillos *mpl;* **in jds ~ geraten** (*fam*) caer en manos de alguien

fangen <fängt, fing, gefangen> **I.** *vt* **1.** (*Ball*) coger, agarrar *Am;* **jdn durch Versprechungen ~** ganarse a alguien con promesas; **du wirst dir gleich eine ~** (*fam fig*) te vas a ganar una bofetada **2.** (*Tier*) cazar; (*Fisch*) pescar **3.** (*Verbrecher*) apresar, coger **II.** *vr:* **sich ~** (*Gleichgewicht wieder finden*) mantener el equilibrio; (*seelisch*) dominarse

Fangflotte *f* (NAUT) flota *f* de pesca; **Fangfrage** *f* pregunta *f* capciosa

Fangschaltung *f* (TEL) dispositivo *m* de intercepción

fängt *3. präs von* **fangen**

Fanklub *m* club *m* de fans

Fantasie *f* <-n> fantasía *f;* (*Vorstellungskraft*) imaginación *f;* **seine ~ spielen lassen** echar su imaginación a volar; **Fantasiegebilde**[RR] *nt* fantasía *f;* (*Hirngespinst*) quimera *f;* **fantasielos**[RR] *adj* sin imaginación; **Fantasielosigkeit**[RR] *f ohne Pl* falta *f* de imaginación

fantasieren*[RR] *vi* fantasear; (*träumen*) soñar (*von* con); (MED) delirar

fantasievoll[RR] *adj* con mucha imaginación

Fantast(in)[RR] *m(f)* <-en, -en; -nen> (*abw*) soñador(a) *m(f)*

Fantasterei[RR] *f* <-en> (*abw*) ilusiones *fpl,* fantasías *fpl*

fantastisch[RR] *adj* **1.** (*nicht realistisch*) fantástico **2.** (*fam: großartig*) fantástico, estupendo; (*unglaublich*) increíble

Farbabzug *m* (FOTO) copia *f* en color

Farbband *nt* <-(e)s, -bänder> cinta *f* mecanográfica

Farbbildschirm *m* (INFOR, TV) monitor *m* en color; **Farbdruck** *m* <-(e)s, -e> (TYPO) impresión *f* en color

Farbe *f* <-n> **1.** (*Farbton*) color *m;* (*Gesichts~*) tez *f;* ~ **bekommen** ponerse moreno **2.** (*zum Anstreichen*) pintura *f* **3.** (*zum Färben*) tinte *m* **4.** (*Spielkarten~*) palo *m;* ~ **bekennen** (*fig*) quitarse la careta

farbecht *adj* (de color) sólido

Färbemittel *nt* tinte *m,* (sustancia *f*) colorante *m*

färben **I.** *vi* (*ab~*) desteñir **II.** *vt* (*Stoff, Haare*) teñir; **rot ~** teñir de rojo **III.** *vr:* **sich ~** (*Laub, Himmel*) teñirse (de); **die Pflau-**

men ~ sich schon las ciruelas están tomando color

farbenblind *adj* daltónico; **Farb(en)kasten** *m* caja *f* de colores; **Farb(en)lehre** *f* <-n> (KUNST, PHYS) teoría *f* de los colores; **Farbenpracht** *f* riqueza *f* de colores; **Farbenspiel** *nt* juego *m* de colores

Färber(in) *m(f)* <-s, -; -nen> tintorero, -a *m, f*

Färberei *f* <-en> tintorería *f*, batán *m Chil*

Farbfernsehen *nt* televisión *f* en color; **Farbfilm** *m* <-(e)s, -e> (FILM) película *f* en color; (FOTO) carrete *m* de color; **Farbfoto** *nt* <-s, -s> foto *f* en color

farbig *adj* **1.** (*bunt*) de [*o* en] color **2.** (*Hautfarbe*) de color, trigueño *Am* **3.** (*lebhaft*) pintoresco, vivo

Farbige(r) *mf* <-n, -n; -n> ciudadano, -a *m, f* de color, trigueño, -a *m, f Am*

Farbkopierer *m* <-s, -> (foto)copiadora *f* en color

farblos *adj* **1.** (*ohne Farbe*) descolorido; (*blass*) pálido; (*Lack*) tra(n)sparente **2.** (*langweilig*) aburrido

Farbskala *f* gama *f* de colores; **Farbstift** *m* <-(e)s, -e> lápiz *m* de color; **Farbstoff** *m* <-(e)s, -e> colorante *m;* **Farbton** *m* <-(e)s, -töne> matiz *m* (de color), tono *m*

Färbung *f* <-en> **1.** (*das Färben*) teñido *m* **2.** (*Tönung*) matiz *m*, tinte *m* **3.** (POL) tendencia *f* política

Farce *f* <-n> (THEAT) farsa *f*

Farm *f* <-en> finca *f*, hacienda *f Am*

Farmer(in) *m(f)* <-s, -; -nen> ganadero, -a *m, f*, ranchero, -a *m, f Am*, estanciero, -a *m, f Am*

Farn *m* <-(e)s, -e> helecho *m*

Fasan *m* <-s, -e *o* -en> faisán *m*

Fasching *m* <-s, -s *o* -e> (*Österr, südd*) carnaval *m*

Faschismus *m ohne Pl* <-> (POL) fascismo *m*

Faschist(in) *m(f)* <-en, -en; -nen> fascista *mf*

faschistisch *adj* fascista

Faselei *f* <-en> (*fam abw*) sandeces *fpl*

faseln I. *vi* (*fam abw*) decir tonterías (*von/über* de), desvariar **II.** *vt* (*fam abw*): **dummes Zeug ~** decir tonterías

Faser *f* <-n> fibra *f*

faserig *adj* **1.** (*voller Fasern*) fibroso **2.** (*zerfasert*) deshilachado

Faserstift *m* <-(e)s, -e> rotulador *m* de fibra, marcador *m Arg*

fasrig *adj s.* **faserig**

Fass[RR] *nt* <-es, Fässer>, **Faß** *nt* <-sses, Fässer> barril *m;* (*größer*) tonel *m;* (*kleiner*) cuba *f;* (*für Chemikalien*) bidón *m;* **Bier vom ~** cerveza de barril; **ein ~ ohne Boden** (*fig*) un pozo sin fondo; **voll wie ein ~ sein** (*fam fig*) estar borracho como una cuba; **das schlägt dem ~ den Boden aus** eso pasa de castaño oscuro

Fassade *f* <-n> fachada *f*

fassbar[RR] *adj*, **faßbar** *adj* concreto; (*verständlich*) comprensible

fassen I. *vt* **1.** (*ergreifen*) coger, agarrar *Am;* **jdn bei der Hand ~** tomar a alguien de la mano; **sich an den Kopf ~** (*fam*) llevarse las manos a la cabeza **2.** (*festnehmen*) detener **3.** (*aufnehmen*) tener capacidad (para) **4.** (*Vertrauen*) coger; **Mut ~** armarse de valor **5.** (*Vorsatz, Entschluss*) tomar; **ich kann keinen klaren Gedanken ~** no puedo pensar con claridad; **etw ins Auge ~** tomar algo en consideración **6.** (*begreifen*) comprender, entender; **es ist nicht zu ~!** ¡es increíble! **7.** (*Edelstein*) engastar; (*Bild*) enmarcar **8.** (*ausdrücken*) expresar (*in* con) **II.** *vr:* **sich ~** (*sich beruhigen*) calmarse

Fassette[RR] *f* <-n> *s.* **Facette**

Fasson *f* <-s> (*normale Form*) forma *f;* (*Machart*) hechura *f*

Fassung[1] *f* <-en> **1.** (*eines Edelsteins*) engaste *m;* (*Brille*) montura *f* **2.** (*Glühbirne*) portalámparas *m inv* **3.** (*Text, Buch*) versión *f*

Fassung[2] *f ohne Pl* (*Beherrschung*) serenidad *f;* **die ~ verlieren/bewahren** perder/guardar calma; **etw mit ~ tragen** llevar algo con serenidad; **jdn aus der ~ bringen** sacar de quicio a alguien; **völlig außer ~ geraten** salirse completamente de sus casillas

fassungslos *adj* desconcertado; (*perplex*) perplejo; (*außer sich*) fuera de sí; (*verwirrt*) confuso

Fassungslosigkeit *f ohne Pl* perplejidad *f*

Fassungsvermögen *nt ohne Pl* <-s> **1.** (*Auffassungsgabe*) capacidad *f* de comprensión **2.** (*räumlich*) capacidad *f*

fast *adv* casi; **~ nie** casi nunca; **~ nichts** casi nada; **~ alle** casi todos

fasten *vi* ayunar

Fastenzeit *f* período *m* de ayuno; (*im Christentum*) cuaresma *f*

Fastfood[RR] *nt* <-, -(s)> comida *f* rápida, fast food *m o f inv*

Fastnacht *f ohne Pl* carnaval *m*

Faszination *f ohne Pl* fascinación *f*

faszinieren* *vt* fascinar

faszinierend *adj* fascinante

fatal *adj* fatal

Fatalismus *m ohne Pl* <-s> fatalismo *m*

fatalistisch *adj* fatalista

fauchen *vi* **1.** (*Katze*) bufar **2.** (*abw: Mensch*) refunfuñar

faul *adj* **1.** (*verdorben*) podrido; (*verwesend*) putrefacto; (*Zahn*) cariado **2.** (*träge*) perezoso, bausán *Am;* **sich auf die ~e Haut legen** (*fig*) tumbarse a la bartola

F

3. (*fam abw: zweifelhaft*) sospechoso; **an der Sache ist was ~** aquí hay gato encerrado; **eine ~e Ausrede** una excusa ridícula 4. (FIN: *Kunde, Kredit*) moroso

Fäule *f ohne Pl* (*geh*) putrefacción *f*

faulen *vi haben o sein* pudrirse; (*Zahn*) cariarse

faulenzen *vi* holgazanear, achancharse *SAm*

Faulenzer(in) *m(f)* <-s, -; -nen> holgazán, -ana *m, f,* vago, -a *m, f,* manganzón, -ona *m, f Am*

Faulenzerei *f ohne Pl* holgazanería *f*

Faulheit *f ohne Pl* pereza *f;* **aus ~ etw nicht tun** no hacer algo por pereza

faulig *adj* podrido; (*Obst*) picado

Fäulnis *f ohne Pl* podredumbre *f*

Faulpelz *m* (*fam abw*) perezoso, -a *m, f,* vago, -a *m, f;* **Faultier** *nt* 1. (ZOOL) perezoso *m,* aí *m Arg, Par* 2. (*fam: Faulpelz*) vago, -a *m, f*

Fauna *f* <Faunen> fauna *f*

Faust *f* <Fäuste> puño *m;* **die ~ ballen** cerrar el puño; **auf eigene ~ handeln** actuar por su propia cuenta; **das passt wie die ~ aufs Auge** (*fam*) eso no pega ni con cola

Fäustchen *nt* <-s, ->: **sich** *dat* **ins ~ lachen** reírse taimadamente

faustdick *adj* (*fam*): **es ~ hinter den Ohren haben** no haber nacido ayer; **eine ~e Lüge** una mentira como una casa

Fausthandschuh *m* manopla *f*

Faustregel *f* regla *f* general; **Faustschlag** *m* puñetazo *m,* impacto *m Am*

Favorit(in) *m(f)* <-en, -en; -nen> favorito, -a *m, f*

Fax *nt* <-, -(e)> (TEL) fax *m inv*

faxen I. *vi* (TEL) mandar un fax II. *vt* (TEL) mandar por fax

Faxmodem *nt* (TEL) fax-módem *m*

Fazit *nt* <-s, -s> (*Ergebnis*) resultado *m;* (*Schlussfolgerung*) conclusión *f;* **das ~ aus etw ziehen** sacar las conclusiones de algo

FCKW *nt Abk. von* **Fluorchlorkohlenwasserstoff** CFC *m;* **FCKW-frei** *adj* sin CFC

FDP *f* 1. (*Deutschland*) *Abk. von* **Freie Demokratische Partei** Partido *m* Demócrata Liberal (de Alemania) 2. (*Schweiz*) *Abk. von* **Freisinnig-Demokratische Partei** Partido *m* Demócrata Liberal (de Suiza)

F-Dur *nt ohne Pl* <-> (MUS) fa *m* mayor

Februar *m* <-(s), -e> febrero *m; s. a.* **März**

fechten <ficht, focht, gefochten> *vi* 1. (SPORT) practicar la esgrima 2. (*kämpfen*) luchar (*gegen* contra)

Fechter(in) *m(f)* <-s, -; -nen> esgrimidor(a) *m(f)*

Fechtmeister(in) *m(f)* (SPORT) profesor(a) *m(f)* de esgrima

Feder *f* <-n> 1. (*eines Vogels*) pluma *f;* **~n lassen** (*fam fig*) salir perjudicado; **in den ~n liegen** (*fam*) estar en la cama; **sich mit fremden ~n schmücken** (*fig*) adornarse con los méritos de otros 2. (*Schreibgerät*) pluma *f* 3. (TECH) resorte *m;* (*Sprung~*) muelle *m*

Federball[1] *m ohne Pl* <-(e)s> (SPORT) badminton *m*

Federball[2] *m* <-(e)s, -bälle> (*Ball*) pelota *f* de badminton

Federbett *nt* edredón *m,* plumón *m;* **Federbusch** *m* plumero *m;* **federführend** *adj* responsable; (*kompetent*) competente; **Federgewicht** *nt ohne Pl* <-(e)s> peso *m* pluma; **Federhalter** *m* <-s, -> portaplumas *m inv;* **federleicht** *adj* ligero como una pluma

federn I. *vi* (*schwingen*) ser elástico II. *vt* 1. (AUTO) equipar con una suspensión 2. (*rupfen*) desplumar

federnd *adj* elástico; (*Gang*) ligero

Federung *f* <-en> 1. (*bei Möbeln*) muelles *mpl* 2. (AUTO) suspensión *f*

Federvieh *nt* (*fam*) volatería *f*

Federzeichnung *f* dibujo *m* a pluma

Fee *f* <-n> hada *f*

Feedback *nt* <-s, -s>, **Feed-back**[RR] *nt* <-s, -s> feed-back *m*

Fegefeuer *nt ohne Pl* <-s> (REL) purgatorio *m*

fegen I. *vi* 1. (*kehren*) barrer; (*Schweiz: feucht wischen*) fregar 2. *sein* (*rasen*) ir a toda mecha; (*Wind*) soplar con fuerza II. *vt* 1. (*Zimmer, Straße*) barrer; (*Schweiz: feucht wischen*) fregar 2. (*Schornstein*) deshollinar

Fehde *f* <-n> querella *f*

fehl *adv:* **~ am Platz sein** (*Person*) estar de más; (*Bemerkung*) no venir al caso

Fehlalarm *m* falsa alarma *f;* **Fehlanzeige** *f* (*fam*) resultado *m* negativo; **hast du sie gefunden? – nein, ~!** ¿la encontraste? – no, falsa alarma; **Fehlbetrag** *m* déficit *m inv;* **Fehlbildung** *f* <-en> (BIOL) formación *f* defectuosa; **Fehldiagnose** *f* diagnóstico *m* erróneo; **Fehleinschätzung** *f* estimación *f* falsa

fehlen I. *vi* 1. (*abwesend sein*) faltar, estar ausente 2. (*nicht vorhanden sein, mangeln*) faltar; **es fehlte nicht viel, und ...** no faltó mucho para que... *+subj* 3. (*vermisst werden*) ser echado de menos; **du hast mir sehr gefehlt** te he echado mucho de menos; **das hat uns gerade noch gefehlt!** (*fam*) ¡lo que nos faltaba! 4. (*gesundheitlich*) pasar; **was fehlt dir?** ¿qué te pasa? 5. (*geh*): **weit gefehlt!** ¡nada al derecho! II. *vunpers* faltar; **es fehlt an allen Ecken und Kanten** falta de todo; **es soll ihr an nichts ~** (*geh*) que no le falte de nada

Fehlentscheidung *f* decisión *f* equivocada

Fehler *m* <-s, -> **1.** (*Irrtum*) error *m,* falta *f;* (*Tipp~*) errata *f;* **einen ~ machen** cometer un error **2.** (*Mangel*) defecto *m* **3.** (*Schuld*) culpa *f;* **das war nicht dein ~** no fue culpa tuya; **fehlerfrei** *adj* correcto, sin faltas; (*makellos*) perfecto, impecable

fehlerhaft *adj* **1.** (*kaputt*) defectuoso **2.** (*falsch*) incorrecto

Fehlermeldung *f* (INFOR) aviso *m* de error; **Fehlerquelle** *f* fuente *f* de errores; **Fehlersuche** *f* <-n> (*a.* INFOR) búsqueda *f* de errores

Fehlgeburt *f* aborto *m* involuntario; **eine ~ haben** abortar involuntariamente

fehl|gehen *irr vi sein* (*geh*) equivocarse; **in einer Annahme ~** no acertar al suponer algo

Fehlgriff *m* <-(e)s, -e> medida *f* equivocada; **Fehlinformation** *f* falsa información *f;* **Fehlinvestition** *f* (WIRTSCH) inversión *f* equivocada; **Fehlkonstruktion** *f* (*abw*) construcción *f* defectuosa; **Fehlplanung** *f* planificación *f* incorrecta; **Fehlschlag** *m* (*Misserfolg*) fracaso *m;* **fehl|schlagen** *irr vi sein* fracasar; **Fehlstart** *m* (TECH, SPORT) salida *f* nula; **Fehltritt** *m* paso *m* en falso; **Fehlverhalten** *nt* comportamiento *m* incorrecto; **Fehlzündung** *f* (TECH) encendido *m* defectuoso

Feier *f* <-n> **1.** (*Fest*) fiesta *f;* **zur ~ des Tages** para celebrar el día **2.** (*Zeremonie*) festividad *f,* acto *m* solemne

Feierabend *m* fin *m* del trabajo; (*von Geschäften*) hora *f* de cierre; **am ~** después del trabajo; **~ haben** salir del trabajo

feierlich *adj* solemne; (*förmlich*) formal; **das ist schon nicht mehr ~** (*fam*) esto ya pasa de castaño oscuro

Feierlichkeit *f* <-en> (*Fest*) acto *m* solemne; (*feierlich sein*) solemnidad *f*

feiern I. *vt* **1.** (*Party, Weihnachten*) celebrar **2.** (*umjubeln*) elogiar, aplaudir **II.** *vi* estar de fiesta

Feiertag *m* <-(e)s, -e> día *m* festivo

feiertags *adv* los festivos; **sonn- und ~** domingos y festivos

feig(e) *adj* (*abw: ohne Mut*) cobarde, flojo *Am*

Feige *f* <-n> higo *m;* **Feigenbaum** *m* (BOT) higuera *f;* **Feigenblatt** *nt* (BOT) hoja *f* de higuera

Feigheit *f ohne Pl* cobardía *f,* pendejada *f Am: fam*

Feigling *m* <-s, -e> (*abw*) cobarde *mf,* gallina *mf,* naco *m ZAm*

Feile *f* <-n> lima *f*

feilen *vt* limar; (*vervollkommnen*) retocar

feilschen *vi* (*abw*) regatear (*um*)

Feilspäne *mPl* (TECH) limaduras *fpl*

fein *adj* **1.** (*zart*) fino; (*empfindlich*) delicado; (*Strich*) delgado; (*Gewebe*) fino **2.** (*Sand, Staub, Regen*) menudo; (*Nebel*) poco espesa **3.** (*exquisit*) exquisito; (*erlesen*) selecto; **dieser Wein ist vom F~sten** este es un vino selecto **4.** (*feinsinnig, vornehm*) fino; (*elegant*) elegante **5.** (*genau*) preciso; **~ säuberlich** nítidamente; **eine ~e Nase haben** tener un olfato muy fino **6.** (*fam: erfreulich, anständig*) bueno; **~!** ¡maravilloso!; **~, dass du wieder da bist** qué bien que ya hayas vuelto **7.** (*Wend*): **er ist jetzt ~ heraus** le han salido bien las cosas; **ein ~er Kerl** un gran tipo

Feind(in) *m(f)* <-(e)s, -e; -nen> enemigo, -a *m, f;* **sich** *dat* **jdn zum ~ machen** enemistarse con alguien; **Feindbild** *nt* concepto de lo que consideramos enemigo

feindlich *adj* enemigo, hostil

Feindschaft *f ohne Pl* enemistad *f*

feindselig *adj* hostil

Feindseligkeit *f ohne Pl* hostilidad *f*

Feindseligkeiten *fPl* hostilidades *fpl*

feinfühlig *adj* sensible, delicado

Feingefühl *nt ohne Pl* <-(e)s> tacto *m,* sensibilidad *f*

feinglied(e)rig *adj* gracil, fino

Feinheit[1] *f ohne Pl* **1.** (*Beschaffenheit, Qualität*) finura *f* **2.** (*Vornehmheit*) distinción *f*

Feinheit[2] *f* <-en> **1.** (*Nuance*) detalle *m* **2.** (*Subtilität*) sutileza *f*

feinkörnig *adj* de grano fino

Feinkostgeschäft *nt* <-(e)s, -e> tienda *f* de ultramarinos de primera calidad

Feinmechanik *f ohne Pl* (TECH) mecánica *f* de precisión

Feinschmecker(in) *m(f)* <-s, -; -nen> gourmet *mf*

Feinwäsche *f* ropa *f* delicada; **Feinwaschmittel** *nt* detergente *m* suave

feist *adj* gordo, obeso

Feld *nt* <-(e)s, -er> **1.** (*Acker, Bereich*) campo *m,* tablón *m Am;* **auf freiem ~** en pleno campo; **das ist ein weites ~** (*fig*) ese es un tema que da mucho de sí **2.** (MIL) campo *m* de batalla; **das ~ räumen** dejar el campo libre **3.** (*auf einem Spielbrett, Formular*) casilla *f;* (*auf dem Schachbrett*) escaque *m* **4.** (INFOR: *Teil des Datensatzes*) campo *m* **5.** (SPORT: *Spiel~*) terreno *m* de juego **6.** (ELEK) campo *m;* **Feldarbeit** *f* (AGR) faena *f;* **Feldbett** *nt* somier *m* plegable; (MIL) cama *f* de campaña; **Feldflasche** *f* cantimplora *f;* **Feldforschung** *f* estudio *m* de campo; **~ betreiben** realizar estudios de campo; **Feldfrucht** *f* <-früchte> (AGR) fruto *m* del campo; **Feldherr** *m* <-n, -en> comandante *m* (en jefe); (*Stratege*) estratega *m;* **Feldküche** *f* (MIL) cocina *f* de campo; **Feldlager** *nt* (*a.* MIL) campamento *m;* **Feld-**

lazarett *nt* (MIL) hospital *m* de primera sangre; **Feldmarschall** *m* (MIL) mariscal *m* de campo; **Feldmaus** *f* (ZOOL) ratón *m* de campo; **Feldpost** *f* (MIL) correo *m* militar; **Feldsalat** *m* ruiponce *m;* **Feldstecher** *m* <-s, -> prismáticos *mpl;* **Feldwebel** *m* <-s, -> sargento *m* (mayor); **Feldweg** *m* camino *m* vecinal; **Feldzug** *m* <-(e)s, -züge> (*a. fig*) campaña *f;* (MIL) expedición *f* militar; **einen ~ gegen etw/jdn unternehmen** lanzar una campaña contra algo/alguien

Felge *f* <-n> **1.** (*vom Rad*) llanta *f* **2.** (SPORT) molinete *m*

Fell *nt* <-(e)s, -e> piel *f*, pellejo *m;* **ein dickes ~ haben** (*fam fig*) tener una coraza en lugar de piel; **jdm das ~ über die Ohren ziehen** (*fam fig*) engañar a alguien

Fellatio *f ohne Pl* felación *f*

Fels[1] *m* <-ens, -en> (*geh: Felsen*) roca *f;* (*größer*) peñasco *m*

Fels[2] *m ohne Pl* (*Gestein*) roca *f*

Felsblock *m* <-(e)s, -blöcke> roca *f*

Felsen *m* <-s, -> *s.* **Fels**; **felsenfest** *adj* firme; **ich bin ~ davon überzeugt, dass ...** estoy firmemente convencido de que...

Felsgestein *nt* roca *f*

felsig *adj* **1.** (*mit Felsen*) rocoso **2.** (*aus Felsgestein*) rocoso

Felsspalte *f* grieta *f* (entre las rocas); **Felsvorsprung** *m* saliente *m* de una roca; **Felswand** *f* pared *f* de una roca

feminin *adj* femenino

Feminismus *m ohne Pl* <-> feminismo *m*

Feminist(in) *m(f)* <-en, -en; -nen> feminista *mf*

feministisch *adj* feminista

Fenchel *m* <-s, -> hinojo *m*

Fenster *nt* <-s, -> **1.** (*in Gebäuden, a.* INFOR) ventana *f;* (*an Fahrzeugen*) ventanilla *f;* **zum ~ hinausschauen** mirar por la ventana; **jd ist weg vom ~** (*fig*) alguien ha desaparecido del panorama **2.** (*eines Briefumschlags*) ventanilla *f;* **Fensterbank** *f* <-bänke>, **Fensterbrett** *nt* antepecho *m;* **Fensterbriefumschlag** *m* <-(e)s, -schläge> sobre *m* de ventanilla; **Fensterflügel** *m* hoja *f* de la ventana; **Fensterglas** *nt ohne Pl* <-es> vidrio *m;* **Fensterheber** *m* <-s, -> (AUTO) elevalunas *m inv;* **Fensterladen** *m* <-s, -läden> contraventana *f;* **Fensterleder** *nt* gamuza *f*

fensterln *vi* (*südd, Österr*) pelar la pava (*colarse el amante en la habitación de su amada por la ventana*)

Fensterplatz *m* <-es, -plätze> asiento *m* de ventanilla; **Fensterputzer(in)** *m(f)* <-s, -; -nen> limpiador(a) *m(f)* de cristales; **Fensterrahmen** *m* <-s, -> marco *m* de la ventana; **Fensterscheibe** *f* vidrio *m*, cristal *m;* (*Auto, Schaufenster*) luna *f*

Ferien *Pl* vacaciones *fpl;* **die großen ~** las vacaciones de verano; **in die ~ fahren** ir(se) de vacaciones; **~ machen/haben** estar de/tener vacaciones; **Ferienhaus** *nt* chalet *m* para las vacaciones; **Ferienkurs** *m* curso *m* de vacaciones; **Ferienlager** *nt* campamento *m* de vacaciones; **Ferienort** *m* centro *m* turístico; **Ferienwohnung** *f* apartam(i)ento *m* para las vacaciones; **Ferienzeit** *f ohne Pl* (época *f* de) vacaciones *fpl*

Ferkel *nt* <-s, -> **1.** (ZOOL) lechón *m* **2.** (*fam: Mensch*) cochino, -a *m, f*

Ferkelei *f* <-en> (*fam abw*) cochinada *f*

Ferment *nt* <-(e)s, -e> (BIOL) fermento *m*

fern **I.** *adj* (*räumlich, zeitlich*) lejano; **der F~e Osten** el Extremo Oriente **II.** *adv* lejos; **von ~** de lejos; **~ von hier** lejos de aquí; **(sich) ~ halten von etw/jdm** (*geh*) mantener(se) alejado de algo/alguien; **etwas liegt jdm ~** alguien no quiere algo en absoluto; **es liegt mir ~, zu ...** no tengo la intención de...; **nichts liegt mir ~er, als ...** nada más lejos de mi voluntad que...; **etw** *dat* **~ stehen** (*geh*) sentir desapego hacia algo; **einem Plan ~ stehen** distanciarse de un plan; **jdm ~ stehen** no tener relación con alguien; **Fernbedienung** *f* <-en> mando *m* a distancia; **fern|bleiben** *irr vi sein* (*geh*) no asistir (a); **Fernblick** *m ohne Pl* <-(e)s> vista *f* panorámica

Ferne *f ohne Pl* (*räumlich, zeitlich*) lejanía *f*, distancia *f;* **aus der ~ betrachtet** visto de lejos; **in weiter ~ liegen** estar lejos

ferner **I.** *konj* (*außerdem*) aparte de eso, además **II.** *adv* (*künftig*) en adelante

Fernfahrer(in) *m(f)* camionero, -a *m, f;* **Fernflug** *m* (AERO) vuelo *m* de (larga) distancia; **Ferngespräch** *nt* (*Inland*) llamada *f* interurbana; (*Ausland*) llamada *f* internacional; **ferngesteuert** *adj* teledirigido; **Fernglas** *nt* <-(e)s, -gläser> prismáticos *mpl*

fern|gucken *vi* (*fam*) mirar la tele

fern|halten *irr* **I.** *vt s.* **fern II. II.** *vr:* **sich ~** *s.* **fern II.**; **Fernheizung** *f* <-en> (sistema *m* de) calefacción *f* a distancia; **Fernkopie** *f* (TEL) telecopia *f;* **Fernkursus** *m* (SCH) curso *m* por correspondencia; **Fernleitung** *f* línea *f* a gran distancia; **fern|lenken** *vt* teledirigir; **Fernlenkung** *f* <-en> telemando *m;* **Fernlicht** *nt ohne Pl* <-(e)s> (AUTO) luz *f* larga [*o* de carretera]; **fern|liegen** *irr vi s.* **fern II.**

Fernmeldeamt *nt* (TEL) central *f* telefónica; **Fernmeldedienst** *m* (TEL) servicio *m* de telecomunicación; **Fernmeldetechnik** *f ohne Pl* (TEL) técnica *f* de telecomunicaciones; **Fernmeldewesen** *nt ohne Pl* <-s> (TEL) telecomunicaciones *fpl*

fernmündlich *adj* (TEL) por teléfono; **Fern-**

ost *m* Extremo Oriente *m;* **fernöstlich** *adj* del Extremo Oriente; **Fernrohr** *nt* <-(e)s, -e> telescopio *m;* **Fernschreiben** *nt* (*Text*) télex *m inv*

Fernschreiber *m* <-s, -> (*Apparat*) télex *m inv;* **fernschriftlich** *adj* (TEL) (transmitido) por télex

Fernsehansager(in) *m(f)* locutor(a) *m(f)* de televisión; **Fernsehanstalt** *f* cadena *f* de televisión; **Fernsehantenne** *f* antena *f* de televisión; **Fernsehapparat** *m* televisor *m*

Fernsehen *nt ohne Pl* <-s> televisión *f;* **im ~ übertragen** televisar, transmitir por televisión

fern|sehen *irr vi* ver la tele(visión)

Fernseher *m* <-s, -> (*fam: Gerät*) tele *f*

Fernsehfilm *m* <-(e)s, -e> película *f* de televisión; **Fernsehgebühr** *f* impuesto *m* por el uso de un televisor; **Fernsehgerät** *nt* <-(e)s, -e> televisor *m;* **Fernsehkamera** *f* cámara *f* de televisión; **Fernsehprogramm** *nt* programa *m* de televisión; **Fernsehsender** *m* canal *m* de televisión; **Fernsehsendung** *f* emisión *f* de televisión; **Fernsehspiel** *nt* <-(e)s, -e> telefilm *m;* **Fernsehturm** *m* torre *f* de televisión, pirulí *m fam;* **Fernsehübertragung** *f* retransmisión *f* televisiva

Fernsicht *f* vista *f* panorámica

Fernsprechamt *nt* central *f* telefónica; **Fernsprechanlage** *f* instalación *f* telefónica; **Fernsprechansagedienst** *m* servicio *m* de anuncios telefónicos

Fernsprecher *m* <-s, -> teléfono *m*

Fernsprechgebühr *f* tarifa *f* telefónica; **Fernsprechteilnehmer(in)** *m(f)* usuario, -a *m, f* de la red telefónica

fern|stehen *irr vi s.* **fern II.**; **fern|steuern** *vt* teledirigir; **Fernsteuerung** *f* <-en> telemando *m;* **Fernstudium** *nt* <-s, -studien> carrera *f* a distancia; **Fernuniversität** *f* universidad *f* a distancia; **Fernverkehr** *m* **1.** (*Eisenbahn*) servicio *m* de largo recorrido; (*Auto*) tráfico *m* interurbano **2.** (*Telefon*) servicio *m* interurbano

Fernwärme *f* sistema *m* de calefacción a distancia

Fernweh *nt ohne Pl* <-(e)s> (*geh*) nostalgia *f* de países lejanos; **Fernziel** *nt* (*fig*) objetivo *m* a largo plazo

Ferse *f* <-n> (*a. Strumpf~*) talón *m;* **jdm (dicht) auf den ~n sein** ir pisando los talones a alguien

fertig *adj* **1.** (*beendet*) terminado, acabado; (*vollendet*) listo; **halb ~** a medio hacer; **das Essen ist ~** la comida está lista; **mit dir bin ich endgültig ~** (*fam*) no quiero tener nada más que ver contigo; **etw ~ bekommen** [*o* **bringen**] (*fam: vollenden*) terminar algo; **der bringt es nicht ~, ihm das zu sagen** (*fam*) no es capaz de decírselo; **etw ~ machen** (*beenden*) acabar [*o* finalizar] algo; **etw ~ stellen** concluir algo; **wirst du rechtzeitig ~?** ¿acabarás a tiempo?; **mit jdm ~ werden** (*fam*) arreglárselas con alguien; **sieh zu, wie du damit ~ wirst** (*fam fig*) arréglatelas como puedas **2.** (*bereit*) listo (*zu* para), preparado (*zu* para); (**sich**) **~ machen** (*fam*) arreglar(se), preparar(se); **auf die Plätze, ~, los!** ¡preparados, listos, ya! **3.** (*fam: erschöpft*) rendido; **jdn ~ machen** acabar con alguien; **mit den Nerven ~ sein** tener los nervios destrozados; **ich bin völlig** [*o* **fix und**] **~** estoy hecho polvo

Fertigbau *m* <-(e)s, -ten>, **Fertigbauweise** *f ohne Pl* construcción *f* prefabricada

fertig|bekommen* *irr vt s.* **fertig 1.**; **fertig|bringen** *irr vt s.* **fertig 1.**

fertigen *vt* elaborar, fabricar

Fertiggericht *nt* plato *m* precocinado; **Fertighaus** *nt* casa *f* prefabricada

Fertigkeit *f* <-en> **1.** (*Geschicklichkeit*) habilidad *f,* destreza *f* **2.** *Pl* (*Fähigkeit*) aptitudes *fpl;* (*Kenntnis*) conocimientos *mpl*

fertig|machen **I.** *vt s.* **fertig 1., 2. II.** *vr:* **sich ~** *s.* **fertig 2.**; **Fertigprodukt** *nt* <-(e)s, -e> (WIRTSCH) producto *m* elaborado [*o* manufacturado]; **fertig|stellen** *vt s.* **fertig 1.**

Fertigstellung *f* conclusión *f*

Fertigteil *nt* <-(e)s, -e> elemento *m* prefabricado

Fertigung *f* <-en> fabricación *f,* producción *f*

Fes *nt* <-, -> (MUS) fa *m* bemol

fesch *adj* **1.** (*fam: schick*) elegante; (*hübsch*) guapo **2.** (*Österr: nett*) amable

Fessel *f* <-n> **1.** (*zum Festbinden*) atadura *f;* (*Kette*) cadena *f,* hierros *mpl;* **jdm ~n anlegen** poner a alguien los grilletes **2.** (ANAT: *vom Pferd*) espolón *m* **3.** (ANAT: *beim Menschen*) empeine *m* (del pie)

fesseln *vt* **1.** (*festbinden*) atar; (*an den Händen*) maniatar; **jdn an Händen und Füßen ~** atar a alguien de manos y pies; **ans Bett gefesselt sein** (*fig*) tener que guardar cama **2.** (*faszinieren*) fascinar

Fest *nt* <-(e)s, -e> fiesta *f,* pachanga *f Am: fam;* **Frohes ~!** ¡Felices Fiestas!

fest *adj* **1.** (*kompakt*) sólido; (*hart*) duro **2.** (*stabil*) robusto **3.** (*stark, kräftig*) fuerte; **die Tür ~ schließen** cerrar la puerta con fuerza; **~ schlafen** dormir profundamente **4.** (*unerschütterlich*) firme; **sie ist ~ entschlossen** está firmemente decidida; **sich** *dat* **etw ~ vornehmen** tener la firme intención de hacer algo; **etw ~ versprechen** prometer algo solemnemente **5.** (*ständig*) fijo; (*dauerhaft*) permanente, constante; ~

angestellt con empleo fijo; **einen ~en Wohnsitz haben** tener un domicilio fijo; **es gibt dafür keine ~en Regeln** para esto no existen reglas fijas; **er ist in ~en Händen** (*fam*) tiene novia

Festakt *m* acto *m* solemne

festangestellt *adj s.* **fest 5.**

fest|beißen *irr vr:* **sich ~ 1.** (*Hund*): **sich an der Beute ~** morder y no soltar la presa **2.** (*nicht weiterkommen*) atascarse (*an* en)

fest|binden *irr vt* atar (*an* a), pegar *Mex*

Festessen *nt* banquete *m*

fest|fahren *irr vr:* **sich ~ 1.** (*stecken bleiben*) atascarse (*in* en); (*Schiff*) embarrancar **2.** (*Verhandlungen*) estancarse

Festgeld *nt* <-(e)s, -er> (FIN) depósito *m* a plazo fijo

fest|halten *irr* **I.** *vi* aferrarse (*an* a); **er hält an seiner Meinung fest** no da su brazo a torcer **II.** *vt* **1.** (*halten*) sujetar **2.** (*zurückhalten*) detener **3.** (*aufzeichnen*) retener; (*mit Kamera*) fotografiar; (*mit Tonband*) grabar **III.** *vr:* **sich ~** sujetarse (*an* en/a), agarrarse (*an* a)

festigen **I.** *vt* reforzar, consolidar; **ein gefestigter Charakter** un carácter estable **II.** *vr:* **sich ~** reforzarse, consolidarse

Festiger *m* <-s, -> (*Haar~*) fijador *m* (para el pelo)

Festigkeit *f ohne Pl* **1.** (*Widerstandsfähigkeit*) solidez *f;* (*Stabilität*) estabilidad *f* **2.** (*Entschlossenheit*) firmeza *f* **3.** (*Standhaftigkeit*) perseverancia *f*

Festival *nt* <-s, -s> festival *m*

fest|kleben **I.** *vi sein* estar pegado (*an* en/a) **II.** *vt* pegar (*an* a/en)

Festland[1] *nt* <-(e)s, -länder> (*Kontinent*) continente *m*

Festland[2] *nt ohne Pl* <-(e)s> (*im Gegensatz zum Meer*) tierra *f* firme

fest|legen **I.** *vt* **1.** (*bestimmen*) fijar, establecer **2.** (FIN) invertir a plazo fijo **3.** (*verpflichten*) comprometer (*auf* a) **II.** *vr:* **sich ~** (*sich binden*) comprometerse (*auf* a)

festlich *adj* de fiesta; (*feierlich*) solemne, ceremonioso; **~ geschmückt** decorado de fiesta; **etw ~ begehen** celebrar algo

Festlichkeit *f* <-en> festividad *f,* acto *m* solemne

fest|liegen *irr vi* **1.** (*bestimmt sein*) estar fijado; **der Termin liegt nun fest** la fecha ya está fijada **2.** (NAUT) embarrancar **3.** (FIN) estar inactivo; **fest|machen** **I.** *vi* (NAUT) amarrar **II.** *vt* **1.** (*vereinbaren*) concertar **2.** (*befestigen*) fijar (*an* en/a), sujetar (*an* en/a)

Festmahl *nt* (*geh*) banquete *m*

fest|nageln *vt* **1.** (*Bretter*) clavar (*an* a/en) **2.** (*fam: festlegen*) comprometer (*an* a)

Festnahme *f* <-n> detención *f;* **vorläufige ~** detención provisional

fest|nehmen *irr vt* detener; **jdn vorläufig ~** detener provisionalmente a alguien

Festplatte *f* (INFOR) disco *m* duro; **etw auf der ~ abspeichern** grabar algo en el disco duro; **Festplattenlaufwerk** *nt* (INFOR) unidad *f* del disco duro

Festrede *f* discurso *m* solemne; **Festsaal** *m* salón *m* de fiestas

fest|schnallen *vr:* **sich ~** amarrar el cinturón; **fest|schrauben** *vt* apretar los tornillos

Festschrift *f* escrito-homenaje *m*

fest|setzen **I.** *vt* **1.** (*bestimmen*) fijar **2.** (*festnehmen*) arrestar, encarcelar **II.** *vr:* **sich ~ 1.** (*Schmutz*) pegarse (*auf* a, *in* en) **2.** (*Gedanke*) arraigarse; **fest|sitzen** *irr vi* **1.** (*befestigt sein*) estar fijo, estar bien sujeto **2.** (*Schmutz*) estar pegado (*auf* a) **3.** (*Fahrzeug*) estar atascado (*in* en); (*Schiff*) estar encallado; (*Person*) no poder moverse (del sitio)

Festspiele *ntPl* festival *m;* **Festspielhaus** *nt* gran teatro *m* (apropiado para festivales)

fest|stehen *irr vi* **1.** (*festgelegt sein*) estar decidido **2.** (*sicher sein*) ser seguro; **fest steht, dass ...** lo que es seguro es que...

feststellbar *adj* comprobable

fest|stellen *vt* **1.** (*arretieren*) fijar **2.** (*ermitteln*) averiguar; (*Personalien*) tomar; (*Krankheit*) diagnosticar; **das wird sich ~ lassen** eso ya se averiguará **3.** (*bemerken*) notar **4.** (*sagen*) manifestar

Feststellung *f* **1.** (*Ermittlung*) averiguación *f* **2.** (*Konstatierung*) comprobación *f;* (*Beobachtung*) observación *f;* **die ~ machen, dass ...** comprobar que... **3.** (*Aussage*) declaración *f*

Festtag *m* día *m* festivo

Festung *f* <-en> fortaleza *f*

festverzinslich *adj* (FIN) a renta fija; **Festzins** *m* <-es, -en> (FIN) intereses *mpl* fijos

Festzug *m* <-(e)s, -züge> desfile *m*

Fetisch *m* <-(e)s, -e> fetiche *m*

Fetischismus *m ohne Pl* <-> fetichismo *m*

Fetischist(in) *m(f)* <-en, -en; -nen> fetichista *mf*

fett *adj* **1.** (*Speisen*) graso; **~ essen** comer comidas grasas **2.** (*Mensch*) gordo **3.** (*ertragreich*) abundante; **~e Beute machen** (*fig fam*) conseguir un gran botín **4.** (TYPO) en negrilla; **~ gedruckt** (impreso) en negrilla

Fett *nt* <-(e)s, -e> grasa *f;* **sein ~ abkriegen** (*fam*) recibir su merecido; **~ ansetzen** (*fam*) echar tripa; **fettarm** *adj* pobre en grasas; **Fettauge** *nt* ojo *m* de grasa

Fettdruck *m ohne Pl* <-(e)s> (TYPO) impresión *f* en negrilla

fetten **I.** *vi* ser grasiento **II.** *vt* engrasar

Fettfleck *m* mancha *f* de grasa

fettgedruckt *adj s.* **fett 4.**

Fettgehalt *m* <-(e)s, -e> contenido *m* en grasa

fetthaltig *adj* graso

fettig *adj* graso, grasiento; (*schmierig*) pringoso

Fettkloß *m* (*fam*) gordo, -a *m, f*

fettleibig *adj* obeso

Fettleibigkeit *f ohne Pl* obesidad *f*

fettlöslich *adj* soluble en grasa; **Fettnäpfchen** *nt* <-s, -> (*fam*): **ins ~ treten** meter la pata; **Fettpolster** *nt* (ANAT) panículo *m;* **Fettsäure** *f* <-n> ácido *m* graso; **Fettschicht** *f* capa *f* de grasa; (ANAT) panículo *m* adiposo; **Fettsucht** *f ohne Pl* (MED) obesidad *f*, adiposis *f inv;* **Fettwanst** *m* (*fam abw*) barrigón, -ona *m, f*

Fetzen *m* <-s, -> **1.** (*Stoff~*) jirón *m;* (*Papier~*) pedazo *m*, jirón *m;* **er riss es in ~** lo hizo trizas **2.** (*Gesprächs~*) pedazo *m*

fetzen I. *vi* (*fam*) **1.** (*abreißen*) arrancar (*von* de) **2.** (*Musik*) molar **II.** *vr:* **sich ~** (*fam: sich streiten*) pelearse

fetzig *adj* (*fam: Musik*) marchoso

feucht *adj* húmedo; **~ werden** humedecerse; **eine ~e Aussprache haben** (*fam*) escupir al hablar

Feuchtigkeit *f ohne Pl* humedad *f;* **Feuchtigkeitscreme** *f* crema *f* hidratante; **Feuchtigkeitsgehalt** *m* <-(e)s, -e> grado *m* de humedad; **Feuchtigkeitslotion** *f* loción *f* hidratante

feuchtkalt *adj* de frío húmedo; **feuchtwarm** *adj* de calor húmedo; (*schwül*) bochornoso; **Feuchtwiese** *f* <-n> pradera *f* húmeda

feudal *adj* **1.** (POL) feudal **2.** (*fam: prächtig*) bien, elegante; **Feudalherr** *m* <-n, -en> señor *m* feudal

Feudalismus *m ohne Pl* <-> feudalismo *m*

Feuer[1] *nt ohne Pl* <-s> **1.** (MIL) fuego *m;* **das ~ eröffnen** abrir fuego; **das ~ einstellen** cesar el fuego **2.** (*Temperament*): **dieses Pferd hat viel ~** este caballo tiene mucho temperamento

Feuer[2] *nt* <-s, -> **1.** (*vom Menschen kontrolliert*) fuego *m;* **das olympische ~** la llama olímpica; **~ speiend** (*Drache, Vulkan*) que escupe fuego; **haben Sie ~?** ¿tiene fuego?; **jdm ~ geben** dar fuego a alguien; **mit dem ~ spielen** (*fig*) jugar con fuego; **für jdn/etw seine Hand ins ~ legen** poner la mano en el fuego por alguien/algo; **jdm ~ unterm Hintern machen** (*fam*) meter prisa a alguien **2.** (*Brand*) fuego *m*, incendio *m;* **~ an etwas legen** incendiar algo; **~ und Flamme für etw sein** (*fam*) entusiasmarse por algo; **für jdn durchs ~ gehen** dejarse matar por alguien; **~ fangen** (*in Brand geraten*) incendiarse; (*sich begeistern*) entusiasmarse; **gebranntes Kind scheut das ~** (*prov*) gato escaldado del agua fría huye

Feueralarm *m* alarma *f* de incendio; **Feuerbefehl** *m* (MIL) orden *f* de fuego; **feuerbeständig** *adj* resistente al fuego; **Feuerbestattung** *f* cremación *f*, incineración *f;* **Feuereifer** *m* celo *m*, fervor *m;* **etw mit ~ betreiben** hacer algo con mucho entusiasmo; **feuerfest** *adj* a prueba de fuego; (*beständig*) resistente al fuego; (PHYS, CHEM) incombustible; (*Stein*) refractario; **Feuergefahr** *f* peligro *m* de incendio; **feuergefährlich** *adj* inflamable; **Feuergefecht** *nt* (MIL) tiroteo *m;* **Feuerleiter** *f* <-n> **1.** (*am Haus*) escalera *f* de incendios **2.** (*der Feuerwehr*) escalera *f* de bomberos; **Feuerlöscher** *m* <-s, -> extintor *m* de incendios; **Feuermelder** *m* <-s, -> teléfono *m* para avisar a los bomberos

feuern I. *vi* **1.** (*schießen*) disparar **2.** (*heizen*) calentar **II.** *vt* **1.** (*einheizen*) calentar **2.** (*fam: entlassen*) despedir con cajas destempladas **3.** (*fam: hinschleudern*) tirar **4.** (*fam*): **jdm eine ~** pegarle a alguien una bofetada

Feuerpause *f* (MIL) alto *m* el fuego; **Feuerprobe** *f* prueba *f* del fuego; **feuerrot** *adj* rojo encendido; **er wurde ~** se puso más colorado que un tomate

Feuerschlucker(in) *m(f)* <-s, -; -nen> hombre *m* tragafuegos, mujer *f* tragafuegos; **feuersicher** *adj* **1.** (*feuerfest*) resistente al fuego **2.** (*geschützt*) protegido contra el fuego; **feuerspeiend** *adj s.* **Feuer**[2] **1.**; **Feuerstein** *m* (*Gesteinsart*) pedernal *m;* (*im Feuerzeug*) piedra *f* de mechero; **Feuerstelle** *f* (*am Herd*) fogón *m*, brasero *m Am;* **Feuertaufe** *f* (MIL) bautismo *m* de fuego

Feuerung *f ohne Pl* fuego *m*

Feuerversicherung *f* seguro *m* contra incendios; **Feuerwache** *f* puesto *m* de bomberos; **Feuerwaffe** *f* <-n> arma *f* de fuego; **Feuerwasser** *nt ohne Pl* <-s> (*fam*) aguardiente *m*

Feuerwehr *f* <-en> **1.** (*Institution*) cuerpo *m* de bomberos **2.** (*fam: ~einheit*) bomberos *mpl;* **Feuerwehrauto** *nt* coche *m* de los bomberos; (*groß*) camión *m* de los bomberos; **Feuerwehrfrau** *f* bombera *f;* **Feuerwehrleiter** *f* <-n> escalera *f* de bomberos; **Feuerwehrmann** *m* <-(e)s, -männer *o* -leute> bombero *m*

Feuerwerk *nt* fuegos *mpl* artificiales; **Feuerwerkskörper** *m* (*Rakete*) cohete *m;* (*Knallkörper*) petardo *m*

Feuerzeug *nt* <-(e)s, -e> encendedor *m*, mechero *m*

Feuilleton *nt* <-s, -s> **1.** (*Zeitungsteil*) suplemento *m* cultural **2.** (*Artikel*) artículo *m*

para el suplemento cultural

feurig *adj* **1.** (*temperamentvoll*) impetuoso; (*leidenschaftlich*) apasionado **2.** (*Rede*) vehemente **3.** (*Auge*) centelleante

ff. *Abk. von* **folgende** (**Seiten**) y (páginas) siguientes

FH *f Abk. von* **Fachhochschule** escuela *f* técnica superior

Fiasko *nt* <-s, -s> fracaso *m*

ficht *3. präs von* **fechten**

Fichte *f* <-n> abeto *m* rojo

Fick *m* <-s, -s> (*vulg*) polvo *m*

ficken *vi, vt* (*vulg*) joder, coger *Am*

fidel *adj* (*fam*) alegre

Fidschiinseln *fPl* Islas *fpl* Fidji

Fieber *nt* <-s, -> fiebre *f;* (**40 Grad**) ~ **haben** tener (40 grados de) fiebre; **Fieberanfall** *m* ataque *m* de fiebre; **Fieberblasen** *fPl* ampollas *fpl* de la fiebre; **fieberfrei** *adj* sin fiebre

fieberhaft *adj* febril; **wir haben ~ nach ihm gesucht** lo hemos buscado como locos

fieb(e)rig *adj* febril

Fieberkurve *f* curva *f* de (la) temperatura

fiebern *vi* **1.** (*Fieber haben*) tener fiebre **2.** (*verlangen*) temblar de ansiedad (*nach* por)

fiebersenkend *adj* antipirético; **Fieberthermometer** *nt* termómetro *m*

Fiedel *f* <-n> (MUS) violín *m*

fiedeln *vi, vt* (*abw*) rascar (un violín)

fiel *3. imp von* **fallen**

fies *adj* (*fam*) **1.** (*abstoßend*) repugnante **2.** (*charakterlich*) asqueroso; (*lästig*) pesado

Figur *f* <-en> **1.** (*Gestalt*) figura *f;* **auf seine ~ achten** cuidar la línea; **er machte eine gute ~** causó una buena impresión **2.** (*Persönlichkeit, a.* LIT) personaje *m* **3.** (*Spielstein*) pieza *f* **4.** (*Abbildung*) ilustración *f*

figurativ *adj* figurado; (KUNST) figurativo

Fiktion *f* <-en> ficción *f*

fiktiv *adj* ficticio

Filet *nt* <-s, -s> (GASTR) filete *m;* **Filetsteak** *nt* (GASTR) solomillo *m,* bife *m* de lomo *Arg*

Filiale *f* <-n> sucursal *f;* **Filialleiter(in)** *m(f)* <-s, -; -nen> jefe, -a *m, f* de sucursal

Film[1] *m* <-(e)s, -e> **1.** (*dünne Schicht*) película *f* **2.** (FOTO) carrete *m* **3.** (TV) película *f,* filme *m;* **in einen ~ gehen** ir a ver una película; **einen ~ vorführen/anschauen** proyectar/ver una película

Film[2] *m ohne Pl* <-(e)s> (*Branche*) cine *m;* **sie ist beim ~** trabaja en el cine

Filmarchiv *nt* archivo *m* de películas; **Filmatelier** *nt* estudio *m* cinematográfico

Filmemacher(in) *m(f)* <-s, -; -nen> director(a) *m(f)* de cine

filmen *vi, vt* rodar (una película), filmar

Filmfestspiele *ntPl* festival *m* de cine; **Filmgeschäft** *nt ohne Pl* <-s> industria *f* cinematográfica

filmisch *adj* cinematográfico

Filmkamera *f* cámara *f* de cine; **Filmmusik** *f* banda *f* sonora (de una película); **Filmproduzent(in)** *m(f)* productor(a) *m(f)* cinematográfico, -a; **Filmprojektor** *m* proyector *m* de cine; **Filmregisseur(in)** *m(f)* director(a) *m(f)* de cine; **Filmriss[RR]** *m* **1.** (TV) corte *m* de la película **2.** (*Black-out*) fallo *m* repentino de la memoria; **ich hatte einen ~** (*fam*) me quedé en blanco, me falló la memoria

Filmschauspieler(in) *m(f)* actor *m* de cine, actriz *f* de cine; **Filmstar** *m* <-s, -s> estrella *f* de cine; **Filmtheater** *nt* cine *m;* **Filmverleih** *m* distribuidora *f* cinematográfica; **Filmvorführer(in)** *m(f)* <-s, -; -nen> operador(a) *m(f)* de cine; **Filmvorführung** *f* presentación *f* de película; **Filmvorschau** *f* tráiler *m*

Filter *m* <-s, -> filtro *m;* **Filteranlage** *f* (TECH) instalación *f* de filtraje; **Filterkaffee** *m ohne Pl* <-s> café *m* de filtro; **Filtermundstück** *nt* boquilla *f*

filtern *vt* filtrar

Filterpapier *nt* (papel *m* de) filtro *m;* **Filtertüte** *f* filtro *m;* **Filterzigarette** *f* <-n> cigarrillo *m* con filtro

filtrieren* *vt* (TECH) filtrar

Filz *m* <-es, -e> **1.** (*Gewebe*) fieltro *m* **2.** (POL) nepotismo *m*

filzen I. *vi* (*Wolle*) apelmazarse **II.** *vt* (*fam*) **1.** (*durchsuchen*) registrar, cachear **2.** (*bestehlen*) dejar limpio

Filzhut *m* <-(e)s, -hüte> sombrero *m* de fieltro, callampa *f Chil;* **Filzlaus** *f* ladilla *f;* **Filzpantoffel** *m* pantufla *f* de fieltro; **Filzstift** *m* <-(e)s, -e> rotulador *m*

Fimmel *m* <-s, -> (*fam abw*) manía *f;* (*fixe Idee*) idea *f* fija

Finale *nt* <-s, -> final *f*

Finanzamt *nt* Delegación *f* de Hacienda, impositiva *f Am;* **Finanzbeamte(r)** *mf,* **-beamtin** *f* agente *mf* fiscal; **Finanzberater(in)** *m(f)* asesor(a) *m(f)* fiscal y financiero, -a

Finanzen *Pl* finanzas *fpl*

Finanzgericht *nt* <-(e)s, -e> (JUR) tribunal *m* de Hacienda

finanziell *adj* financiero, económico

Finanzier *m* <-s, -s> financero, -a *m, f*

finanzieren* *vt* financiar

Finanzierung *f* <-en> financiación *f*

finanzkräftig *adj* con capacidad financiera; **Finanzmarkt** *m* <-(e)s, -märkte> mercado *m* financiero; **Finanzminister(in)** *m(f)* ministro, -a *m, f* de Hacienda; **Finanzministerium** *nt* ministerio *m* de Hacienda; **Finanzplanung** *f* planificación *f* financiera;

Finanzpolitik *f* <-en> (*a.* WIRTSCH) política *f* financiera; **finanzschwach** *adj* sin capacidad económica; **Finanzspritze** *f* apoyo *m* financiero; **Finanzverwaltung** *f* administración *f* financiera; **Finanzwirtschaft** *f ohne Pl* (WIRTSCH) economía *f* financiera

Findelkind *nt* expósito, -a *m, f*

finden <findet, fand, gefunden> **I.** *vt* **1.** (*allgemein*) encontrar; (*unvermutet*) dar con; **wieder ~** (*Dinge*) encontrar; (*Person*) reencontrar; (*Mut, Sprache*) recobrar; **er war nirgends zu ~** no lo encontramos en ninguna parte; **ihr Haus ist gut/schlecht zu ~** su casa es fácil/difícil de encontrar; **Anklang ~** encontrar aprobación; **Beachtung ~** recibir atención; **ich muss zu mir selbst ~** necesito un momento de tranquilidad; **sie fand keine Ruhe** no halló reposo; **sie findet Freude an der Arbeit** le gusta su trabajo; **ich finde nichts Schlimmes dabei** no encuentro nada de malo en ello; **kein Ende ~** no acabar nunca; **Verwendung ~** poder ser utilizado; **wer sucht, der findet** (*prov*) quién busca encuentra **2.** (*meinen*) opinar; **ich finde, dass ...** opino que...; **ich finde es gut, dass ...** me parece bien que... +*subj* **II.** *vr:* **sich ~ 1.** (*zum Vorschein kommen*) aparecer; **der Schlüssel wird sich schon (wieder) ~** ya aparecerá la llave **2.** (*in Ordnung kommen*) arreglarse; **das wird sich alles ~** todo se arreglará

Finder(in) *m(f)* persona *f* que encuentra algo; **Finderlohn** *m ohne Pl* <-(e)s> gratificación *f*

findig *adj* ingenioso, listo

fing *3. imp von* **fangen**

Finger *m* <-s, -> dedo *m;* **der kleine ~** el (dedo) meñique; **mit dem ~ auf jdn zeigen** señalar con el dedo a alguien; **jdm auf die ~ klopfen** (*fam fig*) echar a alguien un rapapolvo; **das kann man sich doch an den (fünf) ~n abzählen!** (*fam*) ¡es evidente!; **~ weg!** ¡no lo toques!; **er hat überall die ~ drin** (*fam fig*) mete sus narices en todo; **da solltest du lieber die ~ von lassen** (*fam fig*) será mejor que no te metas en esto; **jdm (genau) auf die ~ schauen** (*fig*) controlar a alguien; **jdn in die ~ bekommen** coger a alguien; **sich** *dat* **etw aus den ~n saugen** sacarse algo de la manga; **jdn um den ~ wickeln** (*fam*) ganarse a alguien; **sich** *dat* **die ~ nach etw lecken** (*fam*) morirse de ganas por obtener algo; (*beim Essen*) chuparse los dedos por algo; **keinen ~ krumm machen** (*fam*) no dar ni golpe; **Fingerabdruck** *m* <-(e)s, -drücke> huella *f* digital, impresión *f* dactilar

Fingerbreit *m* <-, ->: **keinen ~ nachgeben** no ceder ni un ápice

fingerdick *adj* del grueso de un dedo; **Fingerfarbe** *f* pintura *f* para pintar con los dedos

fingerfertig *adj* hábil, mañoso

Fingerfertigkeit *f ohne Pl* habilidad *f* manual; **Fingerhut** *m* <-(e)s, -hüte> **1.** (*beim Nähen*) dedal *m* **2.** (BOT) dedalera *f;* **Fingerkuppe** *f* yema *f* (del dedo)

fingern **I.** *vi* manosear (*an*) **II.** *vt* (*fam*) hurgar

Fingernagel *m* uña *f*

Fingerspitze *f* punta *f* del dedo; **Fingerspitzengefühl** *nt ohne Pl* <-(e)s> tacto *m;* (*Diplomatie*) diplomacia *f*

Fingerzeig *m* <-s, -e> señal *f*

fingieren* *vt* fingir

Fink *m* <-en, -en> (ZOOL) pinzón *m*

Finne, -in *m, f* <-n, -n; -nen> finlandés, -esa *m, f*

finnisch *adj* finlandés

Finnland *nt* <-s> Finlandia *f*

finster *adj* **1.** (*dunkel*) oscuro; (*düster*) tenebroso; **es sieht ~ aus** tiene muy mal aspecto; **im F~n tappen** andar a tientas **2.** (*anrüchig*) dudoso **3.** (*mürrisch*) huraño, ceñudo

Finsternis *f* <-se> oscuridad *f*

Finte *f* <-n> **1.** (*Vorwand*) artimaña *f* **2.** (SPORT) finta *f*

firm *adj:* **in etw ~ sein** estar versado en algo

Firma *f* <Firmen> empresa *f;* (*Fabrik*) fábrica *f*

Firmament *nt ohne Pl* <-(e)s> (*geh*) firmamento *m*

firmen *vt* (REL) confirmar

firmeneigen *adj* perteneciente a la empresa; **Firmengründung** *f* fundación *f* de empresa; **Firmeninhaber(in)** *m(f)* titular *mf* de una empresa; **Firmenleitung** *f* gerencia *f;* **Firmenzeichen** *nt* marca *f* de una fábrica

Firmling *m* <-s, -e> (REL) confirmando, -a *m, f*

Firmung *f* <-en> (REL) confirmación *f*

Firn *m ohne Pl* <-(e)s> **1.** (*Schnee*) nieve *f* endurecida **2.** (*Gletscher*) ventisquero *m*

Firnis *m* <-ses, -se> barniz *m*

First *m* <-(e)s, -e> **1.** (*Dach*) caballete *m* **2.** (*Gipfel*) cumbre *f*

Fis *nt* <-, -> (MUS) fa *m* sostenido

Fisch *m* <-(e)s, -e> **1.** (ZOOL) pez *m;* (*Ware, Gericht*) pescado *m;* **stumm sein wie ein ~** no decir esta boca es mía; **sich wie ein ~ im Wasser fühlen** sentirse como pez en el agua; **das ist weder ~ noch Fleisch** (*fam fig*) esto está a medias; **das sind kleine ~e für mich** (*fam*) eso está chupado; **ein dicker ~ sein** (*fam fig*) ser un pez gordo **2.** (ASTR) piscis *m inv;* **Fischauge** *nt* **1.** (ZOOL) ojo *m* del pez **2.** (FOTO) ojo *m* de pez; **Fischdampfer** *m* vapor *m* pesquero

F

fischen *vi, vt* pescar; **im Trüben** ~ pescar en río revuelto

Fischer(in) *m(f)* <-s, -; -nen> pescador(a) *m(f)*; **Fischerboot** *nt* barco *m* pesquero; **Fischerdorf** *nt* pueblo *m* que vive de la pesca

Fischerei *f ohne Pl* pesca *f*

Fischernetz *nt* red *f* para pescar

Fischfang *m* pesca *f*; **auf ~ gehen** ir de pesca; **Fischfilet** *nt* (GASTR) filete *m* de pescado, lomo *m* de pescado; **Fischgründe** *mPl* caladero *m*; **Fischhändler(in)** *m(f)* pescadero, -a *m, f*; **Fischkonserve** *f* conserva *f* de pescado; **Fischkutter** *m* cúter *m* pesquero; **Fischmehl** *nt* harina *f* de pescado; **Fischmesser** *nt* cuchillo *m* para el pescado; **Fischotter** *m* <-s, -> nutria *f*; **fischreich** *adj* rico en pesca; **Fischstäbchen** *nt* <-s, -> (GASTR) barrita *f* de pescado; **Fischsterben** *nt ohne Pl* <-s> mortandad *f* piscícola; **Fischsuppe** *f* sopa *f* de pescado; **Fischzucht** *f ohne Pl* piscicultura *f*

fiskalisch *adj* fiscal

Fiskus *m ohne Pl* Hacienda *f*, fisco *m*

Fisolen *fPl* (*Österr: grüne Bohnen*) judías *fpl*, frijoles *mpl Am*

fit *adj* en (buena) forma

Fitness[RR] *f ohne Pl*, **Fitneß** *f ohne Pl* buena forma *f*; **Fitnesscenter**[RR] *nt* <-s, -> gimnasio *m*

Fittich *m* <-(e)s, -e> (*geh*) ala *f*; **jdn unter seine ~e nehmen** ocuparse de alguien

fix *adj* **1.** (*Gehalt, Kosten*) fijo; **eine ~e Idee** una obsesión **2.** (*fam: schnell*) rápido; (*gewandt*) vivo, estar para el arrastre; **jdn ~ und fertig machen** hacer polvo a alguien **3.** (*reg: abw: bei Verstand*): **nicht ganz ~ sein** no estar en su (sano) juicio

fixen *vi* (*sl*) pincharse

Fixer(in) *m(f)* <-s, -; -nen> (*sl*) drogadicto, -a *m, f*

fixieren* *vt* **1.** (*a.* FOTO) fijar (*an* a/en) **2.** (*schriftlich festhalten*) concertar; **jdn ~** clavar los ojos en alguien; **auf etw fixiert sein** (PSYCH) depender emocionalmente de algo

Fixierung *f* <-en> fijación *f*

Fixkosten *Pl* costes *mpl* fijos; **Fixpunkt** *m* punto *m* fijo

Fixum *nt* <-s, Fixa> sueldo *m* fijo

Fjord *m* <-(e)s, -e> fiordo *m*

FKK *Abk. von* **Freikörperkultur** nudismo *m*; **FKK-Strand** *m* playa *f* nudista

flach *adj* **1.** (*eben*) llano, plano; **mit der ~en Hand** con la palma de la mano; **auf dem ~en Land** en el campo **2.** (*niedrig*) bajo, playo *CSur*; (*Gewässer*) poco profundo; (*Teller*) llano **3.** (*abw: oberflächlich*) banal; **Flachbildschirm** *m* (INFOR, TV) pantalla *f* plana; **Flachdach** *nt* tejado *m* plano; **Flachdruck** *m* (TYPO) impresión *f* plana

Fläche *f* <-n> **1.** (*Gebiet*) superficie *f*; (*Bauwesen*) terreno *m* **2.** (MATH: *Grund~*) plano *m*; (*eines Würfels*) cara *f*; **Flächenausdehnung** *f* extensión *f* de la superficie; **flächendeckend** *adj* que cubre totalmente un campo determinado; **Flächeninhalt** *m* (MATH) área *f*; **Flächenmaß** *nt* <-es, -e> (MATH) medida *f* de superficie; **Flächenstilllegung**[RR] *f* (ADMIN, AGR) reducción *f* de las áreas agrarias

flächig *adj* llano, plano

Flachland *nt ohne Pl* <-(e)s> llanura *f*; **flach|liegen** *irr vi* (*fam: krank sein*) estar enfermo; **Flachmann** *m* (*fam*) botellín *m* de aguardiente para el bolsillo

Flachs *m ohne Pl* <-es> **1.** (BOT) lino *m* **2.** (*fam: Spaß*) burla *f*; **flachsblond** *adj* rubio platino

flackern *vi* **1.** (*Feuer*) llamear **2.** (*Licht*) centellear

Fladen *m* <-s, -> **1.** (*Pfannkuchen*) filloa *f* **2.** (*Kuhdung*) boñigo *m*; **Fladenbrot** *nt* pan *m* árabe

Flagge *f* <-n> bandera *f*; **das Schiff fährt unter spanischer ~** el barco navega con pabellón español

flaggen *vi*: **halbmast ~** ondear la bandera a media asta

Flaggschiff *nt* (MIL) buque *m* insignia

flagranti: **in ~** con las manos en la masa

Flair *nt o m ohne Pl* <-s> (*von Menschen*) encanto *m*, aire *m*; (*von Sachen*) atmósfera *f*

Flakon *m o nt* <-s, -s> (*geh*) frasco *m*

flambieren* *vt* flamear

Flame, -in *m, f* <-n, -n; -nen> flamenco, -a *m, f*; **Flämin** *f* <-nen> flamenca *f*

Flamingo *m* <-s, -s> (ZOOL) flamenco *m*

flämisch *adj* flamenco

Flamme *f* <-n> **1.** (*vom Feuer*) llama *f*; **in ~n aufgehen** arder; **in ~n stehen** estar en llamas **2.** (*Gas~*) fuego *m*; **etw auf kleiner ~ kochen** cocinar algo a fuego lento **3.** (*am Gasherd*) fogón *m* de gas

flammend *adj* (*Inferno*) ardiente; (*Worte, Blicke*) apasionado

Flammenwerfer *m* <-s, -> (MIL) lanzallamas *m inv*

Flandern *nt* <-s> Flandes *m*

Flanell *m* <-s, -e> franela *f*

flanieren* *vi haben o sein* callejear

Flanke *f* <-n> **1.** (ANAT) flanco *m*; (*Pferd*) ijada *f*, verija *f Am* **2.** (MIL) flanco *m* **3.** (SPORT: *Sprung*) volteo *m*; (*Pass*) entrega *f*, pase *m*

flankieren* *vt* acompañar, flanquear

Flansch *m* <-(e)s, -e> (TECH) brida *f*

flapsig *adj* (*fam*) fresco

Flasche *f* <-n> **1.** (*Gefäß*) botella *f*; (*für Babys*) biberón *m*, mamadera *f Am*; **aus der ~**

trinken beber de la botella; **zur ~ greifen** (*fig*) darse a la bebida **2.** (*fam: Versager*) cero *m* a la izquierda; **Flaschenbier** *nt* cerveza *f* en botella(s); **Flaschengärung** *f* fermentación *f* en botella; **Flaschengestell** *nt* <-(e)s, -e> botellero *m;* **Flaschenhals** *m* gollete *m;* **Flaschenöffner** *m* abrebotellas *m inv;* **Flaschenpfand** *nt ohne Pl* <-(e)s> (precio *m* del) envase *m;* **Flaschenpost** *f* botella *f* arrojada al mar (con un mensaje); **Flaschenzug** *m* <-(e)s, -züge> sistema *m* de poleas

Flaschner(in) *m(f)* <-s, -; -nen> (*südd, Schweiz*) fontanero, -a *m, f*

flatterhaft *adj* (*abw*) veleidoso

Flatterhaftigkeit *f ohne Pl* veleidad *f*

flattern *vi* **1.** *sein* (*Tier*) revolotear **2.** (*Hände*) temblar **3.** *sein* (*Fahne*) ondear; (*Papier*) revolotear

Flattersatz *m ohne Pl* <-es> (TYPO) composición *f* a pedazos

flau *adj* **1.** (*schwach*) débil; **mir ist ~ im Magen** me mareo **2.** (FIN) flojo

Flaum *m ohne Pl* <-(e)s> **1.** (*Federn*) plumón *m* **2.** (*Härchen*) pelusilla *f;* (*Bartwuchs*) bozo *m*

Flausch *m* <-(e)s, -e> flojel *m*

flauschig *adj* blando, suave

Flause *f* <-n> (*fam*) **1.** (*Unsinn*) tontería *f;* **sie hat nur ~n im Kopf** no tiene más que pájaros en la cabeza **2.** (*Ausflucht*) pretexto *m*

Flaute *f* <-n> **1.** (NAUT) calma *f* chicha **2.** (FIN) periodo *m* de crisis; **es herrscht absolute ~** el negocio está paralizado **3.** (*Wend*): **die Party war eine ~** (*fam*) la fiesta fue un chasco

Flechte *f* <-n> **1.** (BOT) liquen *m* **2.** (MED) herpes *m o f*

flechten <flicht, flocht, geflochten> *vt* tejer; (*Haare*) trenzar; **einen Blumenkranz ~** hacer una corona de flores

Flechtwerk *nt* malla *f*

Fleck *m* <-(e)s, -e> **1.** (*Schmutz~, Farb~*) mancha *f;* **ein blauer ~** un moratón **2.** (*fam: Stelle*) lugar *m,* sitio *m;* **nicht vom ~ kommen** no avanzar; **das Herz auf dem rechten ~ haben** tener el corazón en su sitio

Flecken *m* <-s, -> **1.** (*Schmutz~, Farb~*) mancha *f* **2.** (*Dorf*) pueblo *m;* **Fleckenwasser** *nt* <-s, -wässer> quitamanchas *m inv*

fleckig *adj* con manchas; (*Obst*) picado; (*Tierfell*) a pintas

Fledermaus *f* murciélago *m*

Fleece *nt ohne Pl* <-> fleece *m*

Flegel *m* <-s, -> (*abw*) grosero, -a *m, f*

Flegelei *f* <-en> (*abw*) grosería *f*

flegelhaft *adj* (*abw: Benehmen*) grosero; (*Kind*) mal educado

Flegeljahre *ntPl* edad *f* del pavo

flehen *vi* implorar, suplicar; **um Gnade ~** implorar el perdón

flehentlich *adv* (*geh*) encarecidamente; **jdn ~ bitten** rogar encarecidamente a alguien

Fleisch *nt ohne Pl* <-(e)s> carne *f;* (*Frucht~*) pulpa *f;* **~ fressend** carnívoro; **vom ~ fallen** (*fam*) quedarse en los huesos; **sich** *dat/akk* **ins eigene ~ schneiden** (*fig*) echar piedras contra el propio tejado

Fleischbrühe *f* caldo *m* de carne

Fleischer(in) *m(f)* <-s, -; -nen> carnicero, -a *m, f*

Fleischerei *f* <-en> carnicería *f*

fleischfarben *adj* color carne

fleischfressend *adj s.* **Fleisch**

fleischig *adj* carnoso; (*Frucht*) pulposo; (*Person*) rollizo

Fleischklößchen *nt* <-s, -> albóndiga *f*

fleischlich *adj* **1.** (*Kost*) cárnico, de carne **2.** (*Begierde*) carnal

Fleischpastete *f* (GASTR) paté *m* de carne; **Fleischspieß** *m* pincho *m* moruno, anticucho *m Peru;* **Fleischtomate** *f* tomate *m* de ensalada; **Fleischwolf** *m* <-(e)s, -wölfe> máquina *f* de picar carne; **Fleischwunde** *f* herida *f* profunda

Fleiß *m ohne Pl* <-es> aplicación *f;* (*Eifer*) empeño *m;* **ohne ~ kein Preis** (*prov*) no hay atajo sin trabajo

fleißig **I.** *adj* **1.** (*arbeitsam*) aplicado **2.** (*fam: regelmäßig*) regular **II.** *adv* **1.** (*arbeitsam*) con empeño **2.** (*fam: regelmäßig*) a menudo

flennen *vi* (*fam abw*) llorar

fletschen *vt:* **die Zähne ~** regañar los dientes

flexibel *adj* flexible

Flexibilität *f ohne Pl* flexibilidad *f*

Flexion *f* <-en> (LING) flexión *f*

flicht *3. präs von* **flechten**

flicken *vt* (*Reifen*) echar parches (a); (*Kleidung*) remendar

Flicken *m* <-s, -> remiendo *m*

Flickwerk *nt ohne Pl* <-(e)s> (*abw*) chapuza *f;* **Flickzeug** *nt* (*allgemein*) estuche *m* de reparación; (*Fahrrad, Reifen*) caja *f* de parches; (*Nähzeug*) avíos *mpl* de coser

Flieder *m* <-s, -> (BOT) lila *f*

fliederfarben *adj* (color) lila

Fliege *f* <-n> **1.** (ZOOL) mosca *f;* **er tut keiner ~ was zuleide** [*o* **zu Leide**] no es capaz de hacerle daño ni a una mosca; **zwei ~n mit einer Klappe schlagen** (*fam*) matar dos pájaros de un tiro; **die ~ machen** (*fam*) largarse **2.** (*Krawatte*) pajarita *f*

fliegen <fliegt, flog, geflogen> **I.** *vi sein* **1.** (*Tier, Flugzeug*) volar; (*Person*) ir en avión; **wann fliegt die nächste Maschine?** ¿cuándo sale el próximo avión?; **wie lange**

fliegt man von Wien nach Buenos Aires? ¿cuánto tiempo tarda el vuelo de Viena a Buenos Aires? **2.** (*Ball, Stein*) volar; (*geworfen werden*) ser lanzado; **der Ball flog über das Tor** la pelota voló por encima de la portería; **in die Luft** ~ estallar por los aires; **sie flog ihm um den Hals** se le echó al cuello **3.** (*fam: hinausgeworfen werden*): **ich bin geflogen** me han echado **4.** (*fam: durchfallen*): **durchs Examen** ~ cargar el examen **5.** (*fam: angezogen werden*) pirrarse (*auf* por); **er fliegt auf neue Autos** se pirra por coches nuevos **II.** *vt* **1.** (*Flugzeug*) pilotar **2.** (*Güter, Passagiere*) transportar por aire **3.** (*Route*) cubrir

fliegend *adj* volante; **in ~er Eile** volando; **~e Händler** vendedores *mpl* ambulantes; **der F~e Holländer** (*Sage*) el holandés errante; (*Oper*) el buque fantasma

Fliegenfänger *m* <-s, -> atrapamoscas *m inv;* **Fliegengewicht** *nt* <-(e)s, -e> peso *m* mosca; **Fliegengitter** *nt* alambrera *f;* **Fliegenklatsche** *f* <-n> matamoscas *m inv;* **Fliegenpilz** *m* amanita *f* muscaria

Flieger *m* <-s, -> **1.** (*Pilot*) piloto *m* **2.** (*fam: Flugzeug*) avión *m;* **Fliegeralarm** *m* alarma *f* aérea; **Fliegerstaffel** *f* (MIL) escuadrilla *f*

fliehen <flieht, floh, geflohen> *vi sein* huir (*vor* de); (*aus dem Gefängnis*) escaparse (*aus* de); **zu jdm** ~ refugiarse en casa de alguien

Fliehkraft *f* (PHYS) fuerza *f* centrífuga

Fliese *f* <-n> (*aus Stein*) baldosa *f;* (*Kachel*) azulejo *m;* **Fliesenleger(in)** *m(f)* <-s, -; -nen> solador(a) *m(f),* embaldosador(a) *m(f)*

Fließband *nt* <-(e)s, -bänder> cadena *f* de fabricación; **am ~ arbeiten** trabajar en la cadena; **wie am** ~ en cadena; **Fließbandarbeit** *f* trabajo *m* en cadena (de fabricación)

fließen <fließt, floss, geflossen> *vi sein* (*Fluss, Gelder, Spenden, Verkehr*) fluir; (*Tränen*) correr; (*heraus~*) salir; **die Elbe fließt in die Nordsee** el Elba desemboca en el Mar del Norte; **der Sekt floss in Strömen** el champán corrió a litros; **es ist genug Blut geflossen** ya se ha derramado bastante sangre

fließend I. *adj* **1.** (*Wasser*) corriente; **~er Verkehr** tráfico fluido **2.** (*Grenze, Übergang*) difuso **II.** *adv* con fluidez; **sie spricht ~ Katalanisch** habla catalán con fluidez

flimmerfrei *adj* (*Bildschirm*) sin centelleo; **Flimmerkiste** *f* (*fam abw*) tele *f,* caja *f* tonta

flimmern *vi* brillar, relucir; (*Sterne*) centellear; **es flimmert mir vor den Augen** se me va la vista

flink *adj* **1.** (*lebhaft*) despabilado **2.** (*schnell*) rápido **3.** (*geschickt*) hábil

Flinte *f* <-n> escopeta *f;* **die ~ ins Korn werfen** (*fam fig*) arrojar la toalla

Flipper *m* <-s, -> (*fam*) flipper *m,* flíper *m*

flippern *vi* (*fam*) jugar al flipper

flippig *adj* (*fam*) pasota

Flirt *m* <-s, -s> ligue *m*

flirten *vi* flirtear

Flittchen *nt* <-s, -> (*fam abw*) mujerzuela *f*

Flitter[1] *m* <-s, -> (*Paillette*) lentejuela *f*

Flitter[2] *m ohne Pl* <-s> (*abw: Tand*) oropel *m*

Flitterwochen *fPl* luna *f* de miel

flitzen *vi sein* (*fam*) ir pitando

flocht *3. imp von* **flechten**

Flocke *f* <-n> copo *m*

flockig *adj* coposo

flog *3. imp von* **fliegen**

floh *3. imp von* **fliehen**

Floh *m* <-(e)s, Flöhe> **1.** (ZOOL) pulga *f;* **jdm einen ~ ins Ohr setzen** (*fam*) ponerle a alguien la mosca detrás de la oreja; **die Flöhe husten hören** (*fam*) sentir crecer la hierba **2.** *Pl* (*fam: Geld*) pelas *fpl;* **Flohmarkt** *m* rastro *m,* mercadillo *m*

Flop *m* <-s, -s> fracaso *m*

Floppydisk[RR] *f* <-s> (INFOR) disco *m* flexible

Flora *f* <Floren> flora *f*

Florenz *nt* <-> Florencia *f*

Florett *nt* <-(e)s, -e> florete *m;* **~ fechten** practicar esgrima de florete

florieren* *vi* florecer, prosperar

Florist(in) *m(f)* <-en, -en; -nen> florista *mf*

Floskel *f* <-n> fórmula *f* de cortesía

floss[RR], **floß** *3. imp von* **fließen**

Floß *nt* <-es, Flöße> balsa *f*

Flosse *f* <-n> **1.** (*vom Fisch, Taucher*) aleta *f* **2.** (NAUT) orza *f* fija **3.** (*fam: Hand*) mano *f*

Flöte *f* <-n> **1.** (MUS) flauta *f* **2.** (*Sektglas*) copa *f* de champán

flöten I. *vi* **1.** (*Flöte spielen*) tocar la flauta; (*Vogel, Mensch*) gorjear **2.** (*fam: verloren gehen*): **~ gehen** irse al traste **II.** *vt* (*auf der Flöte spielen*) tocar con la flauta; (*pfeifen*) silbar; **flöten|gehen** *irr vi s.* **flöten I.2.**; **Flötenspieler(in)** *m(f)* flautista *mf*

Flötist(in) *m(f)* <-en, -en; -nen> (MUS) flautista *mf*

flott *adj* **1.** (*fam: rasch*) rápido; **aber ein bisschen ~!** ¡date prisa! **2.** (*fam: Person*) atractivo; (*Kleidung*) de moda; (*Musik*) marchoso **3.** (*lebenslustig*) alegre **4.** (*einsatzbereit*) a punto; (NAUT) a flote

Flotte *f* <-n> flota *f;* **Flottenabkommen** *nt* (POL) acuerdo *m* naval; **Flottenstützpunkt** *m* (MIL) base *f* naval

flott|machen *vt* **1.** (*Schiff*) desencallar **2.** (*fam: Fahrzeug*) poner a punto

Flöz *nt* <-es, -e> (BERGB) filón *m*

Fluch *m* <-(e)s, Flüche> **1.** (*Verwünschung*) maldición *f;* **einen ~ ausstoßen** lanzar una maldición **2.** (*Schimpfwort*) taco *m*

fluchen *vi* soltar tacos; **auf [*o* über] etw ~** maldecir algo

Flucht[1] *f ohne Pl* (*das Fliehen*) huida *f* (*aus/vor* de), fuga *f* (*aus* de); **vor jdm/etw** *dat* **die ~ ergreifen** huir de alguien/algo; **jdn in die ~ schlagen** hacer que alguien emprenda la huida; **auf der ~ sein** andar fugitivo, andar de agache *Kol;* **die ~ nach vorn antreten** emprender una huida hacia delante

Flucht[2] *f* <-en> **1.** (ARCHIT) punto *m* de fuga **2.** (*geh: Zimmer~*) serie *f* de habitaciones

fluchtartig I. *adj* precipitado **II.** *adv* de prisa y corriendo

flüchten I. *vi sein* huir (*aus/vor* de), fugarse (*aus* de); (*aus dem Gefängnis*) evadirse (*aus* de) **II.** *vr:* **sich ~** (*Schutz suchen*) refugiarse (*in* en); **sich in den Alkohol ~** refugiarse en la bebida

Fluchtgefahr *f ohne Pl* peligro *m* de fuga; **Fluchthilfe** *f* ayuda *f* para huir

flüchtig *adj* **1.** (*flüchtend*) fugitivo **2.** (*kurz*) rápido; **einen ~en Blick auf jdn/etw werfen** echar un vistazo a alguien/algo **3.** (*oberflächlich*) superficial; **etw ~ lesen** leer algo por encima **4.** (CHEM) volátil

Flüchtigkeit *f ohne Pl* **1.** (*Oberflächlichkeit*) superficialidad *f* **2.** (*Ungenauigkeit*) imprecisión *f* **3.** (CHEM) volatilidad *f* **4.** (*~sfehler*) descuido *m;* **Flüchtigkeitsfehler** *m* olvido *m*

Flüchtling *m* <-s, -e> refugiado, -a *m, f,* corrido, -a *m, f And;* **politischer ~** refugiado político; **Flüchtlingslager** *nt* campo *m* de refugiados; **Flüchtlingsstrom** *m* flujo *m* de refugiados

Fluchtpunkt *m* punto *m* de fuga; **Fluchtversuch** *m* tentativa *f* de evasión; **Fluchtweg** *m* **1.** (*Verbrecher*) camino *m* de fuga **2.** (*in Schulen, Firmen*) lugar *m* destinado a la huida en caso de fuego

Flug *m* <-(e)s, Flüge> vuelo *m;* **die Zeit verging wie im ~(e)** el tiempo pasó volando

Flugabwehr *f* (MIL) defensa *f* antiaérea; **Flugabwehrrakete** *f* (MIL) cohete *m* antiaéreo

Flugangst *f* miedo *m* a volar; **Flugaufkommen** *nt ohne Pl* <-s> (AERO) volumen *m* de vuelos; **Flugbahn** *f* trayectoria *f;* **Flugbegleiter(in)** *m(f)* auxiliar *mf* de vuelo; **Flugblatt** *nt* octavilla *f,* volante *m;* **Flugdatenschreiber** *m* <-s, -> (AERO) caja *f* negra; **Flugdauer** *f* duración *f* del vuelo

Flügel *m* <-s, -> **1.** (*eines Vogels, Flugzeugs*) ala *f;* **mit den ~n schlagen** batir las alas, aletear; **etw verleiht jdm ~** (*fig*) algo da alas a alguien; **jdm die ~ stutzen** (*fig*) cortar las alas a alguien **2.** (*von Gebäude, Truppe, Spielfeld, Partei*) ala *f* **3.** (*einer Windmühle*) aspa *f;* (*eines Propellers*) pala *f* **4.** (*Fenster-, Tür~*) hoja *f* **5.** (MUS) piano *m* de cola; **auf dem ~ spielen** tocar el piano; **Flügelmutter** *f* <-n> tuerca *f* de mariposa; **Flügelschlag** *m* aletazo *m,* aleteo *m;* **Flügelschraube** *f* tornillo *m* de mariposa; **Flügeltür** *f* puerta *f* de dos hojas

Flugfeld *nt* campo *m* de aviación; **Fluggast** *m* pasajero, -a *m, f* de un avión

flügge *adj* **1.** (*Vogel*) volantón **2.** (*fam: Kind*): **~ werden** independizarse

Fluggeschwindigkeit *f* velocidad *f* de vuelo; **Fluggesellschaft** *f* <-en> compañía *f* aérea; **Flughafen** *m* aeropuerto *m;* **auf dem ~** en el aeropuerto; **Flughöhe** *f* altura *f* de vuelo; **Flugkapitän** *m* <-s, -e> comandante *mf* (de un avión); **Flugkörper** *m* misil *m;* **Fluglehrer(in)** *m(f)* instructor(a) *m(f)* de vuelo; **Flugleitung** *f* control *m* de tráfico aéreo; **Fluglinie** *f* línea *f* aérea; **Fluglotse, -in** *m, f* controlador(a) *m(f)* aéreo, -a; **Flugobjekt** *nt* objeto *m* volante; **Flugplan** *m* horario *m* de vuelos; **Flugplatz** *m* <-es, -plätze> aeródromo *m;* **Flugreise** *f* viaje *m* en avión

flugs *adv* (*geh*) en seguida

Flugschein *m* <-(e)s, -e> **1.** (*Lizenz*) carné *m* de piloto **2.** (*Flugticket*) billete *m* de avión, pasaje *m* de avión *Am;* **Flugschneise** *f* corredor *m* aéreo; **Flugschreiber** *m* <-s, -> registrador *m* de datos de vuelo; **Flugsicherheit** *f ohne Pl* seguridad *f* de vuelo; **Flugsicherung** *f* <-en> protección *f* de vuelo; **Flugsimulator** *m* simulador *m* de vuelos; **Flugstrecke** *f* tramo *m* de vuelo; **flugtauglich** *adj* apto para el vuelo; **Flugticket** *nt* <-s, -s> billete *m* de avión, pasaje *m* de avión *Am;* **Flugverbindung** *f* <-en> (AERO) línea *f* aérea

Flugverbot *nt* prohibición *f* de vuelo; **Flugverbotszone** *f* zona *f* de exclusión aérea

Flugverkehr *m* tráfico *m* aéreo; **Flugwaffe** *f* (*Schweiz: Luftwaffe*) aviación *f;* **Flugzeit** *f* duración *f* del vuelo

Flugzeug *nt* <-(e)s, -e> avión *m;* **mit dem/im/per ~** en/en el/por avión; **Flugzeugabsturz** *m* accidente *m* de aviación; **Flugzeugbau** *m ohne Pl* <-(e)s> construcción *f* aeronáutica; **Flugzeugbesatzung** *f* tripulación *f;* **Flugzeugentführer(in)** *m(f)* pirata *mf* aéreo, -a; **Flugzeugentführung** *f* secuestro *m* de un avión; **Flugzeughalle** *f* hangar *m;* **Flugzeugträger** *m* <-s, -> portaaviones *m inv*

Fluktuation *f* <-en> fluctuación *f*

fluktuieren* *vi* fluctuar
Flunder *f* <-n> (ZOOL) platija *f*
Flunkerei *f* <-en> (*fam*) trola *f*, pepa *f And*
flunkern *vi* (*fam*) contar una trola
Fluor *nt ohne Pl* <-s> (CHEM) flúor *m*
Fluorchlorkohlenwasserstoff *m* <-(e)s, -e> (CHEM) hidrocarburo *m* fluoroclorado
Fluoreszenz *f ohne Pl* fluorescencia *f*
fluoreszieren* *vi* brillar
fluoreszierend *adj* (CHEM) fluorescente
Fluorid *nt* <-(e)s, -e> fluoruro *m*
Fluorkohlenwasserstoff *m* <-(e)s, -e> (CHEM) fluorocarbono *m*
Flur[1] *m* <-(e)s, -e> (*im Haus*) pasillo *m*
Flur[2] *f* <-en> (*geh: Land*) campo *m*, campiña *f*; **Feld und ~** los campos; **Flurbereinigung** *f* <-en> concentración *f* parcelaria; **Flurschaden** *m* daño *m* de las cosechas
Fluse *f* <-n> pelusa *f*
Fluss[1][RR] *m* <-es, Flüsse> (*Gewässer*) río *m*
Fluss[2][RR] *m ohne Pl* <-es> (*das Fließen*) flujo *m*; (*Verlauf*) curso *m*; **in ~ kommen** ponerse en marcha
Fluß *m s.* **Fluss**
flussabwärts[RR] *adv* río abajo; **Flussarm[RR]** *m* brazo *m* de río; (*Zufluss*) afluente *m*; **flussaufwärts[RR]** *adv* río arriba; **Flussbegradigung[RR]** *f* <-en> encauzamiento *m*; **Flussbett[RR]** *nt* cauce *m*
Flussdiagramm[RR] *nt* (INFOR) diagrama *m* de flujo
Flüsse *Pl von* **Fluss[1]**
flüssig *adj* **1.** (*nicht fest*) líquido; **~ machen** licuefacer **2.** (*Stil, Verkehr*) fluido **3.** (*Kapital*) disponible; **~ machen** liquidar; **ich bin im Moment nicht ~** (*fam*) de momento no tengo capital disponible; **Flüssiggas** *nt* <-es, -e> gas *m* licuado (de petróleo)
Flüssigkeit[1] *f* <-en> (*Stoff*) líquido *m*
Flüssigkeit[2] *f ohne Pl* (*Zustand*) fluidez *f*
flüssig|machen *vt s.* **flüssig 1., 3.**; **Flüssigseife** *f* jabón *m* líquido
Flusskrebs[RR] *m* cangrejo *m* de río, jaiba *f Am*; **Flusslauf[RR]** *m* <-(e)s, -läufe> curso *m* de un río; **Flussmündung[RR]** *f* desembocadura *f* (de un río), bocana *f Am*; **Flussniederung[RR]** *f* vega *f*; **Flusspferd[RR]** *nt* hipopótamo *m*; **Flussschifffahrt[RR]** *f* navegación *f* fluvial; **Flussufer[RR]** *nt* orilla *f* de un río
flüstern *vi, vt* susurrar, cuchichear; **das kann ich dir ~** (*fam*) puedes confiar en ello; **dem werde ich was ~** (*fam*) a este le voy a cantar las cuarenta
Flüsterton *m ohne Pl* <-(e)s> voz *f* baja; **im ~ reden** hablar en voz baja
Flut[1] *f ohne Pl* (*im Gezeitenwechsel*) marea *f* alta, pleamar *f*; **es ist ~** hay marea alta; **die ~ geht zurück** la marea está bajando
Flut[2] *f* <-en> **1.** (*geh: Wassermassen*) raudal *m*; (*Wellen*) olas *fpl* **2.** (*Menge*) aluvión *m*; **eine ~ von Briefen** una montaña de cartas
fluten I. *vi sein* (*geh: Wasser, Licht*) inundar **II.** *vt* (NAUT) anegar
Flutkatastrophe *f* inundación *f*; **Flutlicht** *nt ohne Pl* <-(e)s> iluminación *f* con proyectores
flutschen *vi sein* (*fam*) **1.** (*Tätigkeit*) ir a las mil maravillas **2.** (*Gegenstand*): **aus der Hand ~** resbalarse de la mano
Flutwelle *f* ola *f* de pleamar
f-Moll *nt ohne Pl* <-> (MUS) fa *m* menor
focht *3. imp von* **fechten**
Föderalismus *m ohne Pl* <-> (POL) federalismo *m*
föderalistisch *adj* (POL) federalista
Föderation *f* <-en> (POL) federación *f*
fohlen *vi* (ZOOL) parir un potro
Fohlen *nt* <-s, -> potro *m*
Föhn *m* <-(e)s, -e> **1.** (METEO) *viento cálido al norte y sur de los Alpes* **2.** (*Haartrockner*) secador *m* de pelo
föhnen[RR] *vt* secar (con el secador)
Fokus *m* <-, -se> (*Brennpunkt*) foco *m*; (*Krankheitsherd*) foco *m* (infeccioso)
Folge *f* <-n> **1.** (*Wirkung*) consecuencia *f*; (*Ergebnis*) resultado *m*; **dies hatte zur ~, dass ...** esto tuvo como consecuencia que... +*subj*; **sie muss die ~n tragen** tiene que cargar con las consecuencias; **an den ~ einer Krankheit sterben** morir de enfermedad; **einem Befehl ~ leisten** (*formal*) cumplir una orden **2.** (RADIO, TV) capítulo *m*; (*Zeitung*) número *m* **3.** (*Aufeinander~*) serie *f*; **in rascher ~** sucesivamente; **Folgeerscheinung** *f* consecuencia *f*; (MED) secuela *f*
folgen *vi* **1.** *sein* (*nachgehen*) seguir; **können Sie mir ~?** ¿me comprende?; **er folgte ihrem Rat** siguió su consejo **2.** *sein* (*zeitlich*) seguir, continuar; **Fortsetzung folgt** continuará; **wie folgt** como sigue **3.** *sein* (*sich ergeben*) deducirse (*aus* de); **daraus folgt, dass ...** de ahí se deduce que... **4.** (*gehorchen*) obedecer
folgend *adj* siguiente; **es handelt sich um F~es** se trata de lo siguiente; **im F~en** a continuación, en lo sucesivo
folgendermaßen *adv* de la siguiente manera
folgenlos *adj* sin consecuencias
folgenschwer *adj* de graves consecuencias
folgerichtig *adj* consecuente
folgern *vt* deducir (*aus* de), sacar la conclusión (*aus* de)
Folgerung *f* <-en> conclusión *f* (*aus* de), deducción *f* (*aus* de)
Folgezeit *f ohne Pl* porvenir *m*; **in der ~** en lo sucesivo
folglich *adv* en consecuencia, por lo tanto

folgsam *adj* obediente; (*gefügig*) dócil

Folie *f* <-n> (*Plastik~*) plástico *m* (*para alimentos, etc*); (*aus Metall*) lámina *f*

Folklore *f ohne Pl* folclore *m*

folkloristisch *adj* folclórico

Folter *f* <-n> tortura *f*; **jdn auf die ~ spannen** (*fig*) tener a alguien en vilo; **Folterbank** *f* <-bänke> caballete *m* de tortura; **Folterkammer** *f* cámara *f* de tortura

foltern *vt* torturar

Folterung *f* <-en> tortura *f*

Fon[RR] *nt* <-s, -s> *s.* **Phon**

Fön® *m* <-(e)s, -e> secador *m* de pelo

Fonds *m* <-, -> **1.** (*Geldreserve*) fondo *m* **2.** *Pl* (FIN: *Schuldverschreibung*) obligación *f*

Fondue *nt* <-s, -s> (GASTR) fondue *f*

fönen *vt s.* **föhnen**

Fonotypist(in)[RR] *m(f)* <-en, -en; -nen> *s.* **Phonotypist**

Font *m* <-s, -s> (INFOR, TYPO) grupo *m* de caracteres

Fontäne *f* <-n> **1.** (*Wasserstrahl*) surtidor *m* **2.** (*Springbrunnen*) fuente *f*

foppen *vt* tomar el pelo (a)

forcieren* *vt* **1.** (*steigern*) aumentar **2.** (*erzwingen*) forzar

Förde *f* <-n> (GEO) ría *f*

Förderband *nt* <-(e)s, -bänder> (TECH) cinta *f* transportadora

Förderer, -in *m, f* <-s, -; -nen> patrocinador(a) *m(f)*; (LIT, KUNST) mecenas *mf inv*

Förderkorb *m* (BERGB) jaula *f* de extracción

förderlich *adj* conveniente (para), favorable (a)

Fördermittel *ntPl* (WIRTSCH) subvenciones *fpl*

fordern *vt* **1.** (*verlangen*) exigir (*von* de); **der Unfall forderte fünf Menschenleben** el accidente costó la vida a cinco personas **2.** (*Leistung*) exigir **3.** (*Rechte*) reivindicar

fördern *vt* **1.** (*Bodenschätze*) extraer **2.** (*unterstützen*) promover, pilotear *Am*; (*Künstler*) patrocinar; (*Talent*) activar; (*Umsatz*) potenciar, impulsar; (*begünstigen*) favorecer

fordernd *adj* (*Haltung, Beruf*) exigente

Förderschacht *m* (BERGB) pozo *m* de extracción; **Förderturm** *m* (BERGB) torre *f* de extracción

Forderung *f* <-en> **1.** (*Anspruch*) exigencia *f*; **hohe ~en an etw/jdn stellen** ser muy exigente con algo/alguien **2.** (FIN, WIRSCH: *Betrag*) deuda *f* **3.** (*von Rechten*) reivindicación *f*

Förderung *f* <-en> **1.** (*von Bodenschätzen*) extracción *f* **2.** (*Unterstützung*) promoción *f*; (*finanziell*) subsidio *m*

Forelle *f* <-n> trucha *f*; **~ blau** (GASTR) trucha cocida

Form[1] *f* <-en> **1.** (*Gestalt*) forma *f*; **etw in ~ bringen** dar forma a algo; **aus der ~ geraten** deformarse; **das Projekt nimmt feste ~en an** el proyecto se está concretando **2.** (*Art und Weise*) manera *f*, forma *f* **3.** (*Back-, Gieß~*) molde *m* **4.** (*Umgangs~*) formas *fpl*, modales *mpl*; **die ~ wahren** guardar las formas; **der ~ halber** por mor a las formalidades; **in aller ~** en debida forma

Form[2] *f ohne Pl* (*Kondition*) forma *f*; **in ~ kommen/sein** ponerse/estar en forma

formal *adj* formal

Formalität *f* <-en> formalidad *f*

Format[1] *nt* <-(e)s, -e> (*Größe*) formato *m*; **im DIN-A4-~** en formato DIN A4

Format[2] *nt ohne Pl* <-(e)s> **1.** (*Persönlichkeit*) personalidad *f*; **sie hat ~** tiene personalidad **2.** (*Niveau*) nivel *m*; (*Bedeutung*) importancia *f*

formatieren* *vt* (INFOR) formatear

Formatierung *f* <-en> (INFOR) formateo *m*

Formation *f* <-en> formación *f*

formbar *adj* moldeable

formbeständig *adj* de forma estable

Formel *f* <-n> (*a.* MATH, CHEM) fórmula *f*; (*Redewendung*) modismo *m*; **etw auf eine ~ bringen** (*fig*) resumir algo

formell *adj* formal

formen *vt* formar

Formenlehre *f* <-n> (LING, MUS, BIOL) morfología *f*

Formfehler *m* defecto *m* de forma

formieren* *vt* formar

Formierung *f* <-en> formación *f*

förmlich **I.** *adj* **1.** (*offiziell*) formal, oficial **2.** (*steif*) formal **II.** *adv* (*regelrecht*) casi, por así decirlo

Förmlichkeit *f* <-en> formalidad *f*; **bitte nur keine ~en!** ¡por favor, no se anden con muchos cumplidos!

formlos *adj* **1.** (*ohne Form*) informe **2.** (*zwanglos*) informal, sin ceremonias; (*Antrag*) informal

Formsache *f* formalidad *f*; **das ist reine ~** eso es pura formalidad; **formschön** *adj* de forma elegante

Formular *nt* <-s, -e> formulario *m*, impreso *m*, esqueleto *m Am*

formulieren* *vt* formular, expresar

Formulierung *f* <-en> **1.** (*Vorgang*) redacción *f* **2.** (*Ergebnis*) formulación *f*, expresión *f*

formvollendet *adj* de forma perfecta

forsch *adj* enérgico

forschen *vi* investigar; **nach etw ~** indagar algo

Forscher(in) *m(f)* <-s, -; -nen> investigador(a) *m(f)*

Forschung *f* <-en> investigación *f*; **Forschungsarbeit** *f* trabajo *m* de investigación (científica); **Forschungsergebnis** *nt* resultado *m* de la investigación; **Forschungslabor** *nt* laboratorio *m* de investigación; **Forschungsreise** *f* viaje *m* de exploración; **Forschungszentrum** *nt* centro *m* de investigación

Forst *m* <-(e)s, -e(n)> bosque *m;* **Forstamt** *nt* dirección *f* general de la política forestal

Förster(in) *m(f)* <-s, -; -nen> guardabosque *mf*

Forsthaus *nt* casa *f* del guardabosque; **Forstwirt(in)** *m(f)* ingeniero, -a *m, f* de montes; **Forstwirtschaft** *f ohne Pl* silvicultura *f*

fort *adv* **1.** (*weg*) fuera; (*verschwunden*) desaparecido; (*verloren*) perdido; **er will ~ von uns** quiere irse de nuestro lado; **~ mit ihm!** ¡fuera con él!; **seine Freunde sind schon ~** sus amigos ya se han ido; **weit ~** muy lejos **2.** (*weiter*): **und so ~** etcétera; **in einem ~** continuamente, sin parar

Fort *nt* <-s, -s> fuerte *m*

fortan *adv* de aquí en adelante

Fortbestand *m ohne Pl* <-(e)s> continuidad *f;* (*der Arten*) perpetuación *f*

fort|bestehen* *irr vi* persistir, perdurar

fort|bewegen* **I.** *vt* desplazar **II.** *vr:* **sich ~** desplazarse

Fortbewegung *f* locomoción *f;* **Fortbewegungsmittel** *nt* medio *m* de locomoción

fort|bilden **I.** *vt* perfeccionar **II.** *vr:* **sich ~** perfeccionarse

Fortbildung *f* <-en> perfeccionamiento *m;* **Fortbildungskurs** *m* curso *m* de capacitación

fort|bringen *irr vt* llevar(se)

Fortdauer *f ohne Pl* perduración *f,* continuación *f*

fort|dauern *vi* persistir, continuar

fortdauernd *adv* continuamente

forte *adv* (MUS) forte

Fortentwicklung *f ohne Pl* evolución *f*

fort|fahren *irr* **I.** *vi sein* **1.** (*wegfahren*) marcharse **2.** (*weitermachen*) continuar **II.** *vt* (*wegtransportieren*) llevar(se)

fort|fallen *irr vi sein* suprimirse

fort|führen *vt* **1.** (*wegbringen*) llevar(se) **2.** (*fortsetzen*) continuar; **Fortgang** *m ohne Pl* **1.** (*das Weggehen*) salida *f,* partida *f* **2.** (*der Verlauf*) marcha *f,* curso *m*

fort|gehen *irr vi sein* **1.** (*weggehen*) partir, marcharse **2.** (*sich fortsetzen*) continuar

fortgeschritten **I.** *pp von* **fortschreiten** **II.** *adj* avanzado; (*entwickelt*) desarrollado; **Deutschkurs für F~e** curso superior de alemán; **zu ~er Stunde** a altas horas de la mañana

fortgesetzt *adj* continuo, repetido

fort|jagen *vt* **1.** (*Person*) echar **2.** (*Tier*) ahuyentar

fort|kommen *irr vi sein* **1.** (*wegkommen*) irse, marcharse; **mach, dass du fortkommst!** ¡lárgate! **2.** (*weggebracht werden*) ser llevado **3.** (*Fortschritte machen*) avanzar **4.** (*abhanden kommen*) perderse

Fortkommen *nt ohne Pl* <-s>: **berufliches ~** desarrollo profesional

fort|lassen *irr vt* **1.** (*weggehen lassen*) dejar ir(se) **2.** (*auslassen*) suprimir, omitir

fort|laufen *irr vi sein* **1.** (*weglaufen*) echar a correr **2.** (*ausreißen*) escaparse (*von* de)

fortlaufend **I.** *adj* (*aufeinander folgend*) consecutivo; (*ununterbrochen*) continuo **II.** *adv* sin cesar

fort|leben *vi* seguir (viviendo)

fort|pflanzen *vr:* **sich ~** **1.** (*Menschen, Tiere*) reproducirse **2.** (*Schall*) propagarse; (*Gedanke*) transmitirse

Fortpflanzung *f ohne Pl* reproducción *f;* **fortpflanzungsfähig** *adj* capaz de reproducirse

fort|schicken *vt* (*Person*) echar; (*Post*) enviar

fort|schreiten *irr vi sein* **1.** (*vorangehen*) avanzar; (*Zeit*) pasar; (*Entwicklung*) seguir **2.** (*Verschmutzung*) extenderse

Fortschritt *m* progreso *m;* **gute ~e machen** hacer importantes progresos

fortschrittlich *adj* progresista

fort|setzen **I.** *vt* (*weitermachen*) proseguir, continuar **II.** *vr:* **sich ~** (*sich räumlich ausdehnen*) extenderse; (*zeitlich*) prolongarse

Fortsetzung *f* <-en> continuación *f;* **~ folgt** continuará; **Fortsetzungsroman** *m* novela *f* por entregas

fort|stehlen *irr vr:* **sich ~** escabullirse

fort|tragen *irr vt* trasladar

fortwährend **I.** *adj* continuo **II.** *adv* sin cesar

Forum *nt* <-s, Foren *o* Fora> foro *m*

fossil *adj* (GEO) fósil

Fossil *nt* <-s, -ien> fósil *m*

Foto[1] *nt* <-s, -s> (*Bild*) foto *f*

Foto[2] *m* <-s, -s> (*fam:* ~*apparat*) máquina *f* (fotográfica)

Fotoalbum *nt* álbum *m* de fotos; **Fotoapparat** *m* cámara *f* fotográfica; **Foto-CD** *f* disco *m* compacto para fotos

fotogen *adj* fotogénico

Fotograf(in) *m(f)* <-en, -en; -nen> fotógrafo, -a *m, f*

Fotografie *f* <-n> fotografía *f*

fotografieren* *vi, vt* fotografiar

fotografisch *adj* fotográfico

Fotokopie *f* fotocopia *f;* **fotokopieren*** *vi, vt* fotocopiar; **Fotokopierer** *m* fotocopiadora *f;* **Fotolabor** *nt* laboratorio *m* fotográfico; **Fotomodell** *nt* modelo *mf* de fotos; **Fotomontage** *f* montaje *m* fotográfico

Fötus *m* <-(ses), -se *o* Föten> (MED) feto

m

Fotze *f* <-n> (*vulg*) coño *m,* conejo *m*

Foul *nt* <-s, -s> (SPORT) falta *f,* penal *m Am*

foulen *vt, vi* (SPORT) hacer una falta; **jdn** ~ hacerle una falta a alguien

Foyer *nt* <-s, -s> vestíbulo *m*

Fr. *Abk. von* **Frau** Sra.

Fracht *f* <-en> **1.** (*Ladung*) carga *f;* (NAUT) cargamento *m,* flete *m* **2.** (*Gebühr*) porte *m;* **Frachtbrief** *m* carta *f* de porte; (NAUT) guía *f* de carga

Frachter *m* <-s, -> buque *m* de carga

Frachtgut *nt* carga *f,* flete *m Am;* **etw als ~ schicken** mandar algo en [*o* por] pequeña velocidad; **Frachtkosten** *Pl* (WIRTSCH) portes *mpl;* **Frachtraum** *m ohne Pl* <-(e)s> bodega *f* de carga; **Frachtschiff** *nt* buque *m* de carga, carguero *m;* **Frachtverkehr** *m* tráfico *m* de mercancías

Frack *m* <-(e)s, Fräcke> frac *m*

Frage *f* <-n> pregunta *f;* (*Problem*) cuestión *f;* **eine ~ zu etw haben** tener una pregunta con respecto a algo; **jdm eine ~ stellen** hacer una pregunta a alguien; **auf eine ~ antworten** responder a una pregunta; **eine ~ beantworten** contestar una pregunta; **vor der ~ stehen, ob ...** encontrarse ante la cuestión, de si...; **das kommt nicht in ~!** ¡ni hablar!, ¡de eso nada!; **das ist die (große) ~** esa es la cuestión; **das steht außer ~** de eso no cabe duda; **gibt es noch ~n?** ¿queda alguna pregunta?; **eine gute ~!** ¡buena pregunta!; **~ und Antwort stehen** rendir cuentas; **das ist eine ~ des Geldes** es una cuestión de dinero; **(das ist) ohne ~ eine gute Idee!** ¡sin duda (es) una buena idea!; **Fragebogen** *m* cuestionario *m*

fragen **I.** *vi, vt* preguntar (*nach* por); **jdn nach dem Weg ~** preguntar a alguien por el camino; **um Erlaubnis/Rat ~** pedir permiso/un consejo; **sie warf mir einen ~den Blick zu** me miró interrogativamente; **ohne viel zu ~** sin muchos rodeos; **~ kostet nichts** preguntar no cuesta nada; **da fragst du mich zu viel** (*fam*) a eso no te puedo contestar; **jdm Löcher in den Bauch ~** acribillar a alguien a preguntas; **sein Typ ist sehr gefragt** es una persona muy requerida **II.** *vr:* **sich ~** preguntarse; **ich frage mich, wie er das gemeint hat** me pregunto qué es lo que ha querido expresar con eso; **es fragt sich, ob ...** habría que ver si...

Fragerei *f* <-en> (*abw*) interrogatorio *m*

Fragesatz *m* <-es, -sätze> frase *f* interrogativa; **Fragestellung** *f* **1.** (*Formulierung*) planteamiento *m* de un problema **2.** (*Problem*) problema *m;* **Fragewort** *nt* <-(e)s, -wörter> partícula *f* interrogativa; **Fragezeichen** *nt* (signo *m* de) interrogación *f*

fragil *adj* (*geh*) frágil

fraglich *adj* **1.** (*zweifelhaft*) dudoso; (*ungewiss*) incierto; **es ist ~, ob ...** no se sabe si... **2.** (*betreffend*) en cuestión

fraglos *adv* sin duda alguna

Fragment *nt* <-(e)s, -e> fragmento *m*

fragmentarisch *adj* fragmentario

fragwürdig *adj* dudoso; (*verdächtig*) sospechoso

Fraktion *f* <-en> **1.** (CHEM, MATH) fracción *f* **2.** (POL) grupo *m* parlamentario; **Fraktionsvorsitzende(r)** *mf* presidente, -a *m, f* de un grupo parlamentario

Franc *m* <-(s), -s> franco *m*

frank *adv:* **~ und frei** con toda sinceridad

Franke *m,* **Fränkin** *f* <-n, -n; -nen> franco, -a *m, f*

Franken[1] *nt* <-s> Franconia *f*

Franken[2] *m* <-s, -> (*Währung*) franco *m* suizo

Frankfurt *nt* <-s> Francfort *m*

frankieren* *vt* franquear

Frankierung *f* <-en> franqueo *m*

Fränkin *f* <-nen> *s.* **Franke**

fränkisch *adj* franco

franko *adv* (COM) porte pagado

Frankreich *nt* <-s> Francia *f*

Franse *f* <-n> **1.** (*Decke*) fleco *m* **2.** (*Haar*) flequillo *m*

fransig *adj* **1.** (*mit Fransen*) con flecos **2.** (*ausgefranst*) deshilachado

Franzose, -zösin *m, f* <-n, -n; -nen> francés, -esa *m, f*

französisch *adj* francés

frappieren* *vt* **1.** (*überraschen*) asombrar, sorprender **2.** (GASTR) helar

fräsen *vt* fresar

Fräsmaschine *f* (máquina *f*) fresadora *f*

fraß *3. imp von* **fressen**

Fraß *m* <-es, -e> **1.** (*für Raubtiere*) comida *f* **2.** (*fam abw: Essen*) bazofia *f*

Fratze *f* <-n> (*fam*) **1.** (*abw: Gesicht*) facha *f* **2.** (*Grimasse*) mueca *f;* **eine ~ schneiden** hacer muecas

frau *pron indef* una; **da braucht ~ nichts mehr dazu zu sagen** a eso una ya no tiene que añadir nada más

Frau *f* <-en> **1.** (*allgemein*) mujer *f;* **eine ~ von Welt** una mujer de mundo **2.** (*Ehe~*) esposa *f* **3.** (*Anrede: vor dem Nachnamen*) señora *f;* (*vor dem Vornamen*) doña *f;* **~ Doktor** doctora; **Frauenarzt, -ärztin** *m, f* ginecólogo, -a *m, f;* **Frauenbewegung** *f* <-en> movimiento *m* feminista; **frauenfeindlich** *adj* misógino; **Frauenförderung** *f ohne Pl* fomento *m* de las mujeres; **Frauengruppe** *f* (*Verband*) organización *f* feminista; **Frauenhaus** *nt* casa *f* refugio para mujeres (maltratadas); **Frauenheilkunde** *f*

(MED) ginecología *f;* **Frauenheld** *m* <-en, -en> tenorio *m;* **Frauenklinik** *f* clínica *f* ginecológica; **Frauenquote** *f* cuota *f* femenina; **Frauenrechtler(in)** *m(f)* <-s, -; -nen> feminista *mf;* **Frauentaxi** *nt* taxi *m* para mujeres; **Frauenwahlrecht** *nt* derecho *m* de voto de la mujer; **Frauenzimmer** *nt* <-s, -> (*abw*) mujerzuela *f,* chancleta *f Am*

Fräulein *nt* <-s, -> señorita *f*

fraulich *adj* femenino

Freak *m* <-s, -s> (*fam*) pasota *mf*

freakig *adj* (*fam*) pasota; (*spleenig*) tocado; (*exzentrisch*) extravagante; (*seltsam*) raro

frech *adj* **1.** (*respektlos*) impertinente, conchudo *Am;* ~ **werden** ponerse impertinente; **jdm ~ kommen** ser descarado con alguien; **sich ~ benehmen** ser insolente **2.** (*keck*) atrevido; (*Kleidung*) descocado; **Frechdachs** *m* (*fam*) fresco, -a *m, f*

Frechheit *f* <-en> impertinencia *f,* desfachatez *f,* concha *f Am;* **die ~ besitzen zu ...** tener la cara de...

Fregatte *f* <-n> (MIL) fragata *f*

frei *adj* **1.** (*unabhängig*) libre; (*in Freiheit*) en libertad; **~er Mitarbeiter** colaborador; **das ist alles ~ erfunden** eso es pura invención; **jdm ~e Hand lassen** dejar vía libre a alguien; **aus ~en Stücken** voluntariamente; **~ sprechen** hablar sin papeles; **sie kann ~ wählen** puede escoger libremente; **~ laufende Hühner** gallinas criadas en libertad; **der Verbrecher läuft noch ~ herum** el criminal anda suelto todavía; **~ für Kinder ab 12 Jahren** permitido para niños a partir de los 12 años; **sich** *dat* **einen Tag ~ nehmen** tomar un día libre **2.** (*befreit*) libre (*von* de), exento (*von* de); **sie ist ~ von Vorurteilen** está libre de prejuicios; **für etw ~e Fahrt geben** dar luz verde a algo; **jdn auf ~en Fuß setzen** (*fig*) poner a alguien en libertad **3.** (*offen*) descubierto; **unter ~em Himmel** al aire libre; **~ lassen** (*nicht besetzen*) dejar libre; (*nicht beschreiben*) dejar en blanco; **~ stehen** (*Haus, Baum*) estar aislado; (*Spieler*) estar descubierto **4.** (*Stuhl*) libre; (*Arbeitsstelle*) vacante; **ist hier ~?** ¿está libre?; **Zimmer ~!** ¡se alquila habitación!; **einen Platz ~ machen** hacer sitio **5.** (*kosten*) gratuito; **Eintritt ~** entrada gratuita; **~ Haus** franco domicilio **6.** (*Ansichten*) liberal **7.** (*~ mütig*) franco; **ich bin so ~** me tomo la libertad

Freibad *nt* piscina *f* (descubierta)

Freiberufler(in) *m(f)* <-s, -; -nen> profesional *mf* libre

freiberuflich *adj* de profesión liberal; **Freibetrag** *m* importe *m* libre de impuestos; **Freibrief** *m:* **kein ~ für etw sein** no ser una carta blanca para algo

Freie *nt* <-n, -n> aire *m* libre; **im ~n** al aire libre

Freier *m* <-s, -> (*fam*) cliente *m* de una prostituta

Freiexemplar *nt* ejemplar *m* gratuito

Freigänger(in) *m(f)* <-s, -; -nen> (JUR) recluso, -a *m, f* en régimen abierto

frei|geben *irr* **I.** *vt* **1.** (*Gefangene*) poner en libertad **2.** (*Guthaben*) desbloquear **3.** (*Straße*) abrir al tráfico; **den Weg ~** franquear el paso **4.** (*Arzneimittel, Film*) autorizar; **etw zum Verkauf ~** autorizar la venta de algo **5.** (*Preise*) liberalizar **II.** *vi:* **jdm ~** dar libre a alguien

freigebig *adj* desprendido, generoso

Freigebigkeit *f ohne Pl* generosidad *f*

frei|haben *irr vi* (*fam*) tener libre

Freihafen *m* puerto *m* franco

frei|halten *irr vt* **1.** (*reservieren*) guardar **2.** (*Durchgang*) dejar libre **3.** (*Zeche*) pagar, cargar con los gastos

Freihandel *m* (WIRTSCH) comercio *m* libre; **Freihandelszone** *f* (WIRTSCH) zona *f* de libre comercio

freihändig *adj* (*Fahrrad fahren*) sin manos; (*schießen*) sin apoyo

Freiheit *f* <-en> libertad *f;* (*Unabhängigkeit*) independencia *f;* **alle ~en haben** tener todas las libertades; **sich** *dat* **die ~ nehmen etw zu tun** tomarse la libertad de hacer algo

freiheitlich *adj* liberal

Freiheitsberaubung *f* <-en> (JUR) privación *f* de la libertad individual; **Freiheitsdrang** *m* sed *f* de libertad; **Freiheitskampf** *m* lucha *f* por la independencia; **Freiheitsstatue** *f:* **die (amerikanische) ~** la estatua de la libertad; **Freiheitsstrafe** *f* (JUR) reclusión *f;* **er muss eine ~ von drei Jahren abbüßen** le condenaron a tres años de prisión

Freikarte *f* entrada *f* gratuita

frei|kaufen *vt* pagar el rescate (para)

Freikörperkultur *f ohne Pl* nudismo *m*

Freiland *nt ohne Pl* <-(e)s> (AGR) campo *m* (de cultivo); **Freilandgemüse** *nt* (AGR) hortalizas *fpl* cultivadas al descubierto

frei|lassen *irr vt* dejar en libertad; (*loslassen*) soltar

Freilassung *f* <-en> puesta *f* en libertad; (*Befreiung*) liberación *f*

Freilauf *m* <-(e)s, -läufe> (TECH: *Werkzeug*) rueda *f* libre; (*Auto, Fahrrad*) piñón *m* libre

freilaufend *adj s.* **frei 1.**

frei|legen *vt* poner al descubierto

Freileitung *f* cable *m* de alta tensión (aéreo)

freilich *adv* **1.** (*allerdings*) sin embargo **2.** (*südd: selbstverständlich*) naturalmente

Freilichtbühne *f* <-n> teatro *m* al aire libre

Freilos *nt* <-es, -e> **1.** (SPORT) exento *m* **2.** (*Lotterielos*) billete *m* de lotería gratuito

frei|machen I. *vt* 1. (*frankieren*) franquear 2. (*fam: nicht arbeiten*) tomar vacaciones; **eine Woche** ~ tomar una semana de vacaciones II. *vr:* **sich** ~ (*beim Arzt*) desnudarse

Freimaurer *m* <-s, -> masón *m*

freimütig I. *adj* franco II. *adv* con franqueza

Freimütigkeit *f ohne Pl* franqueza *f*

Freiraum *m ohne Pl* <-(e)s> (PSYCH) libertad *f* de movimiento [*o* de acción]

freischaffend *adj* independiente

frei|schwimmen *irr vr:* **sich** ~ (*selbständig werden*) independizarse

frei|setzen *vt* (*Energie*) liberar

Freisetzung *f* <-en> liberación *f*

frei|sprechen *irr vt* (JUR) absolver, declarar inocente

Freispruch *m* <-(e)s, -sprüche> absolución *f*

Freistaat *m* estado *m* libre

frei|stehen *irr vi* 1. (*leer stehen*) estar desocupado; (*unbewohnt*) estar deshabitado 2. (*überlassen sein*) ser libre de decidir; **es steht Ihnen frei das zu tun** Ud. es el que decide si hacerlo o no

frei|stellen *vt* 1. (*befreien*) eximir (*von* de), dispensar (*von* de) 2. (*anheim stellen*) dejar elegir; **jdm** ~ **etw zu tun** dejar elegir a alguien si quiere hacer algo o no; **Freistoß** *m* (SPORT) (lanzamiento *m* de) falta *f*

Freitag *m* <-(e)s, -e> 1. (*Wochentag*) viernes *m; s. a.* **Montag** 2. (*Schweiz: Feiertag*) día *m* festivo

freitags *adv* los viernes

Freitod *m* suicidio *m;* **Freitreppe** *f* (ARCHIT) escalinata *f;* **Freiübung** *f* <-en> (SPORT) gimnasia *f* (sin aparatos); **Freiwild** *nt* caza *f* libre

freiwillig *adj* voluntario; **etw** ~ **tun** hacer algo voluntariamente

Freiwillige(r) *mf* <-n, -n; -n> voluntario, -a *m, f*

Freiwilligkeit *f ohne Pl* espontaneidad *f;* **Freiwurf** *m* (SPORT) tiro *m* libre; **Freizeichen** *nt* (TEL) señal *f* para marcar

Freizeit[1] *f ohne Pl* (*arbeitsfreie Zeit*) tiempo *m* libre

Freizeit[2] *f* <-en> (*Zeltlager*) campamento *m*

Freizeit(be)kleidung *f* <-en> ropa *f* de andar por casa *fam;* **Freizeitgesellschaft** *f ohne Pl* (SOZIOL) sociedad *f* del ocio; **Freizeitgestaltung** *f* planificación *f* del tiempo libre; **Freizeitindustrie** *f* <-n> industria *f* del ocio; **Freizeitpark** *m* parque *m* de atracciones

freizügig *adj* 1. (*großzügig*) generoso 2. (*Film, Buch*) liberal

fremd *adj* 1. (*ausländisch*) extranjero; (*aus anderem Ort*) forastero; **ich bin hier** ~ no soy de aquí 2. (*anderen gehörend*) ajeno; **sich in** ~**e Angelegenheiten einmischen** meterse en asuntos ajenos; **ohne** ~**e Hilfe** sin ayuda de otro(s) 3. (*unbekannt*) desconocido; **das ist mir** ~ no lo conocía 4. (~ *artig*) extraño

fremdartig *adj* (*ungewöhnlich*) extraño; (*fremd*) extranjero

Fremdartigkeit *f ohne Pl* extrañeza *f,* exotismo *m*

fremdbestimmmt *adj* determinado por fuerzas ajenas

Fremde[1] *f ohne Pl* (*geh: Land*) (país *m*) extranjero *m;* **in der** ~ en el extranjero

Fremde(r)[2] *mf* <-n, -n; -n> 1. (*aus einem anderem Land*) extranjero, -a *m, f;* (*aus einem anderem Ort*) forastero, -a *m, f* 2. (*Unbekannter*) desconocido, -a *m, f*

fremdenfeindlich *adj* xenófobo; **Fremdenfeindlichkeit** *f ohne Pl* xenofobia *f*

Fremdenführer(in)[1] *m(f)* <-s, -; -nen> (*Person*) guía *mf* turístico, -a

Fremdenführer[2] *m* <-s, -> (*Buch*) guía *f* turística

Fremdenlegion *f ohne Pl* legión *f* extranjera

Fremdentsorger *m* <-s, -> empresa *f* de terceros que elimina residuos

Fremdenverkehr *m* turismo *m;* **Fremdenverkehrsverein** *m* oficina *f* de turismo

Fremdenzimmer *nt* habitación *f* de huéspedes

fremd|gehen *irr vi sein* (*fam*) ser infiel

Fremdheit *f ohne Pl* extrañeza *f*

Fremdherrschaft *f* (POL) dominación *f* extranjera; **Fremdkörper** *m* (MED, BIOL) cuerpo *m* extraño

fremdländisch *adj* extranjero; (*exotisch*) exótico

Fremdsprache *f* <-n> lengua *f* extranjera; **Fremdsprachenkorrespondent(in)** *m(f)* secretario, -a *m, f* con idiomas; **Fremdsprachensekretär(in)** *m(f)* <-s, -e; -nen> secretario, -a *m, f* con idiomas

fremdsprachig *adj* (*Literatur*) escrito en otro idioma; (*Mensch*) que habla un idioma extranjero; (*Unterricht*) en un idioma extranjero; **fremdsprachlich** *adj* (*Wort*) extranjero; (*Unterricht*) de idioma extranjero; **Fremdverschulden** *nt ohne Pl* <-s> (JUR) culpa *f* ajena; **Fremdwort** *nt* <-(e)s, -wörter> extranjerismo *m;* **Höflichkeit ist für ihn ein** ~ (*fig*) no sabe lo que es la cortesía

frequentieren* *vt* (*geh*) frecuentar

Frequenz *f* <-en> 1. (PHYS, MED) frecuencia *f* 2. (*einer Veranstaltung*) asistencia *f*

Fresko *nt* <-s, Fresken> (KUNST) fresco *m*

Fressalien *Pl* (*fam*) vituallas *fpl*

Fresse *f* <-n> (*fam: Mund, Gesicht*) jeta *f;* **die** ~ **halten** (*fig*) cerrar el pico; **eine große** ~ **haben** (*fig*) ser un farolero

fressen <frisst, fraß, gefressen> I. *vi, vt*

1. (*Tier*) comer; (*fam: Mensch: gierig*) tragar, devorar; **sich voll ~** (*Tier*) hartarse; (*fam: Person*) llenarse la panza; **den habe ich ge~** (*fam fig*) no lo puedo tragar; **jdn zum F~ gern haben** (*fam*) querer mucho a alguien **2.** (*Benzin, Zeit, Geld*) tragar **II.** *vr:* **sich ~** (*Bohrer*) penetrar (*in* en, *durch* por); (*Säure, Rost*) corroer (*durch*)

Fressen *nt ohne Pl* <-> **1.** (*Futter*) pasto *m;* **das ist ein gefundenes ~ für ihn** (*fam fig*) esto le viene a las mil maravillas **2.** (*fam abw: Essen*) bodrio *m*

Fresserei *f* <-en> (*fam abw: Gelage*) comilona *f*

Fresskorb[RR] *m,* **Freßkorb** *m* (*fam: Picknick*) cesta *f* de picnic; (*Geschenk*) cesta *f* de regalo (con comestibles); **Fressnapf**[RR] *m,* **Freßnapf** *m* comedero *m;* **Fresssack**[RR] *m,* **Freßsack** *m* (*fam abw*) glotón, -ona *m, f*

Frettchen *nt* <-s, -> hurón *m*

Freude *f ohne Pl* (*Fröhlichkeit*) alegría *f* (*über* por); (*Wonne*) gozo *m;* (*innere ~*) satisfacción *f;* **~ an etw haben** alegrarse de algo; **jdm eine ~ bereiten/machen** causarle/darle una alegría a alguien; **das ist aber eine ~!** ¡pero qué alegría!; **vor ~ an die Decke springen** (*fam*) dar botes de alegría; **jdm die ~ verderben** aguar la fiesta a alguien; **zu meiner größten ~** para mi gran satisfacción; **aus Spaß an der ~** (*fam*) por pura alegría; **es ist mir eine ~, Sie hier begrüßen zu dürfen** es una gran placer para mí el poderle saludar aquí

Freuden *fPl* (*geh: Vergnügung*) placer *m;* **die kleinen ~ des Lebens** los pequeños placeres de la vida

Freudengeschrei *nt* gritos *mpl* de alegría; **Freudenhaus** *nt* casa *f* de citas; **Freudenmädchen** *nt* (*geh*) prostituta *f;* **Freudensprung** *m* salto *m* de alegría; **Freudentanz** *m:* **einen ~ aufführen** saltar y brincar de alegría; **Freudentränen** *fPl* lágrimas *fpl* de alegría

freudestrahlend *adj* radiante (de alegría)

freudig I. *adj* **1.** (*froh*) contento; (*fröhlich*) alegre **2.** (*Ereignis*) feliz **II.** *adv* (*begeistert*) con alegría; (*erfreut*) de buen grado; **jdn ~ stimmen** alegrar a alguien

freudlos *adj* triste

freuen I. *vr:* **sich ~** alegrarse; **ich freue mich sehr über dein Geschenk** tu regalo me gusta mucho; **ich freue mich, dass du kommst** me alegro de que vengas; **ich freue mich darauf, dich wieder zu sehen** tengo ilusión de verte; **ich freue mich mit dir** comparto tu alegría; **ich freue mich für dich** me alegro por ti; **sie freute sich schon sehr auf das Fest** esperaba ansiosamente que llegara el día de la fiesta **II.** *vt* alegrar; **es freut mich, Sie kennen zu lernen** encantado de conocerle; **es freut mich zu sehen, dass ...** me alegra ver que... +*subj*

Freund(in) *m(f)* <-(e)s, -e; -nen> **1.** (*Kamerad*) amigo, -a *m, f,* chamaco, -a *m, f Mex;* **unter ~en** entre amigos; **gute ~e werden** hacerse buenos amigos; **jdn zum ~ gewinnen** trabar amistad con alguien; **ein schöner ~!** (*iron*) ¡vaya amigo!; **mein lieber ~!** (*iron*) ¡amigo mío! **2.** (*fester ~*) novio, -a *m, f* **3.** (*Anhänger, Förderer*) amigo, -a *m, f;* (KUNST, SPORT) aficionado, -a *m, f* (*von* a)

Freundeskreis *m* grupo *m* de amigos; **wir feiern nur im engsten ~** celebramos sólo con los amigos más íntimos; **einen großen ~ haben** tener muchos amigos

freundlich *adj* **1.** (*liebenswürdig*) amable; (*herzlich*) cordial; **jdm ~ gesinnt sein** ser amable con alguien; **das ist sehr ~ von Ihnen** esto es muy amable de su parte; **seien Sie bitte so ~ und kommen Sie zu mir** hágame el favor de venir a verme **2.** (*angenehm*) agradable; (*Zimmer*) acogedor; (*Gegend*) ameno; (*Wetter, Himmel*) claro **3.** (FIN) favorable

freundlicherweise *adv* amablemente; **sie kam mich ~ besuchen** tuvo la amabilidad de venir a visitarme

Freundlichkeit[1] *f ohne Pl* (*Verhalten*) cordialidad *f,* amabilidad *f;* **würden Sie (wohl) die ~ haben das zu tun?** ¿tendría Ud. la amabilidad de hacer eso?

Freundlichkeit[2] *f* <-en> (*Handlung*) favor *m;* (*Bemerkung*) amabilidad *f*

Freundschaft *f* <-en> amistad *f;* **mit jdm ~ schließen** trabar amistad con alguien; **jdm die ~ kündigen** romper la amistad con alguien

freundschaftlich *adj* amistoso; **jdm ~ gesinnt sein** querer bien a alguien

Freundschaftsdienst *m* favor *m* (entre amigos); **jdm einen ~ erweisen** hacer un favor a alguien; **Freundschaftspreis** *m* precio *m* de amigo; **Freundschaftsspiel** *nt* (SPORT) partido *m* amistoso

Frevel *m* <-s, -> (*geh*) crimen *m;* (REL) sacrilegio *m,* profanación *f*

frevelhaft *adj* (*geh: verbrecherisch*) criminal; (REL) sacrílego

Frevler(in) *m(f)* <-s, -; -nen> criminal *mf;* (REL) sacrílego, -a *m, f*

Friede *m ohne Pl* <-ns>: **~ sei mit Euch!** (REL) ¡la paz sea con vosotros!; **~ seiner Asche!** (REL) ¡descanse en paz!; *s. a.* **Frieden**

Frieden *m ohne Pl* <-s> paz *f;* **~ schließen** hacer las paces; **~ stiften** poner paz; **in ~ leben** vivir en paz; **lasst mich doch in ~!** (*fam*) ¡dejádme en paz!; **Friedensbewe-**

gung *f* movimiento *m* pacifista; **Friedensbruch** *m* violación *f* de la paz; **Friedensgespräche** *ntPl* negociaciones *fpl* de paz; **Friedenskonferenz** *f* conferencia *f* sobre la paz; **Friedensmarsch** *m* <-es, -märsche> marcha *f* por la paz; **Friedensnobelpreis** *m* premio *m* Nobel de la paz; **Friedenspfeife** *f* pipa *f* de la paz; **Friedenspolitik** *f* <-en> política *f* en pro de la paz; **Friedensprozess**[RR] *m* proceso *m* de paz; **Friedensrichter(in)** *m(f)* **1.** (JUR) juez *mf* de paz **2.** (*Schweiz: Laienrichter*) juez *mf* sin la formación jurídica universitaria; **Friedenstaube** *f* paloma *f* de la paz; **Friedenstruppe** *f* tropa *f* pacificadora; **Friedensverhandlung** *f* negociación *f* de paz; **Friedensvertrag** *m* tratado *m* de paz; **Friedenszeit** *f* período *m* de paz; **in ~en** en tiempos de paz

friedfertig *adj* pacífico

Friedfertigkeit *f ohne Pl* carácter *m* apacible

Friedhof *m* cementerio *m*, panteón *m Am*

friedlich *adj* pacífico; (*ruhig*) tranquilo

friedliebend *adj* pacífico

frieren <friert, fror, gefroren> **I.** *vi* **1.** *sein* (*Wasser*) helarse **2.** (*Mensch*) tener frío; **ich friere** tengo frío **II.** *vunpers* helar; **mich friert** me estoy helando; **es hat heute Nacht gefroren** esta noche ha helado

Fries *m* <-es, -e> (ARCHIT) friso *m*

Friese, -in *m, f* <-n, -n; -nen> frisón, -ona *m, f*

friesisch *adj* frisón

Friesland *nt* <-s> Frisia *f*

frigid(e) *adj* (MED) frígido

Frikadelle *f* <-n> (GASTR) albóndiga *f*

Frikassee *nt* <-s, -s> (GASTR) fricasé *m*

frisch I. *adj* **1.** (*Lebensmittel, Wind, Erinnerung*) fresco; (*Kräfte*) nuevo; **~e Luft schnappen** tomar aire fresco; **~ und munter sein** (*fam*) estar rebosando de salud; **~ gewagt ist halb gewonnen** (*prov*) obra empezada, medio acabada **2.** (*sauber*) limpio; **das Bett ~ beziehen** mudar la cama; **sich ~ machen** asearse **3.** (*fam: unbenutzt*) nuevo **4.** (*Farbe*) vivo **II.** *adv* (*eben erst*) recién; (*Ehemann*) recién casado; **~ gebackenes Brot** pan recién salido del horno; **~ gebacken** (*fig*) flamante

Frische *f ohne Pl* **1.** (*Kühle*) frescura *f*; **in alter ~** (*iron*) tan frescos y sanos como siempre **2.** (*von Farben*) viveza *f*

Frischfleisch *nt* carne *f* fresca

frischgebacken *adj s.* **frisch II.**

Frischhaltebox *f* fresquera *f*; **Frischhaltefolie** *f* celofán® *m*

Frischkäse *m* queso *m* fresco; **Frischmilch** *f* leche *f* fresca

Friseur(in) *m(f)* <-s, -e; -nen> peluquero, -a *m, f*; **zum ~ gehen** ir a la peluquería

Friseuse *f* <-n> peluquera *f*

frisieren* *vt* **1.** (*kämmen*) peinar **2.** (*fam: ändern*) retocar **3.** (AUTO: *fam*) aumentar la cilindrada (de)

frisst[RR], **frißt** *3. präs von* **fressen**

Frist *f* <-en> **1.** (*Zeitraum*) plazo *m*; **Sie haben eine ~ von sieben Tagen** tiene un plazo de siete días; **eine ~ festsetzen/verlängern/verstreichen lassen** fijar/prolongar/dejar pasar un plazo; **innerhalb kürzester ~** en el más breve plazo **2.** (*Aufschub*) prórroga *f* **3.** (*Zeitpunkt*) fecha *f*

fristen *vt:* **sein Leben ~** ir tirando

fristlos *adj* inmediato; **jdn ~ entlassen** despedir a alguien de inmediato

Frisur *f* <-en> peinado *m*

fritieren* *vt s.* **frittieren**

Fritten *fPl* (*fam: Pommes frites*) patatas *fpl* fritas, papas *fpl* fritas *Am*

frittieren*[RR] *vt* (GASTR) freír (con mucho aceite)

frivol *adj* **1.** (*leichtfertig*) frívolo **2.** (*anzüglich*) picante

Frl. *Abk. von* **Fräulein** Srta.

froh *adj* **1.** (*fröhlich*) alegre; (*glücklich*) feliz; **F~e Weihnachten!** ¡Feliz Navidad! **2.** (*fam: zufrieden*) contento; **~ über etw sein** estar contento por algo; **du kannst ~ sein, dass ...** puedes estar contento de que... +*subj;* **seines Lebens nicht mehr ~ werden** no hallar sosiego **3.** (*erfreulich*) bueno

fröhlich *adj* alegre

Fröhlichkeit *f ohne Pl* alegría *f*

Frohsinn *m ohne Pl* <-(e)s> alegría *f*

fromm *adj* <frommer *o* frömmer, am frommsten *o* frömmsten> devoto, piadoso

Frömmelei *f* <-en> (*abw*) santurronería *f*

frömmeln *vi* (*abw*) santurronear

frömmer *adj kompar von* **fromm**

Frömmigkeit *f ohne Pl* religiosidad *f*, devoción *f*

frömmste(r, s) *adj superl von* **fromm**

Fron *f ohne Pl* **1.** (*geh: Arbeit*) trabajo *m* ímprobo **2.** (HIST) servidumbre *f* feudal; **Fronarbeit** *f ohne Pl* (HIST) prestación *f* personal; (*fig*) servidumbre *f*

frönen *vi* (*geh*) entregarse (a)

Fronleichnam *m ohne Pl* <-(e)s> (REL) Corpus *m* Christi

Front *f* <-en> **1.** (ARCHIT) frente *m* **2.** (MIL, METEO) frente *m* **3.** *Pl* (*Position*) posiciones *fpl;* (*Haltung*) posturas *fpl;* **klare ~en schaffen** establecer posiciones claras

frontal *adj* frontal, de frente; **Frontalzusammenstoß** *m* colisión *f* frontal

Frontantrieb *m* (AUTO) tracción *f* delantera; **Frontscheibe** *f* parabrisas *m inv*

Frontwechsel *m* cambio *m* de bando

fror *3. imp von* **frieren**

Frosch *m* <-(e)s, Frösche> rana *f;* **einen ~ im Hals haben** (*fam*) estar ronco; **sei kein ~!** (*fam*) ¡no seas gallina!; **Froschkönig** *m* <-s, -e> príncipe *m* encantado; **Froschmann** *m* hombre-rana *m;* **Froschperspektive** *f* vista *f* desde abajo; **Froschschenkel** *m* (GASTR) anca *f* de rana

Frost *m* <-(e)s, Fröste> helada *f;* **es herrscht strenger ~** hay fuertes heladas; **Frostbeule** *f* sabañón *m;* **Frostboden** *m* suelo *m* helado

frösteln *vi* tiritar de frío; **es fröstelt mich** tengo frío

frostig *adj* **1.** (*Wetter*) helado, frío **2.** (*unfreundlich*) frío, glacial

Frostschaden *m* daño *m* causado por la helada; **Frostschutzmittel** *nt* anticongelante *m*

Frotté *m o nt* <-(s), -s>, **Frottee** *m o nt* <-(s), -s> rizo *m*

frottieren* *vt* frotar, restregar

frotzeln *vi* (*fam*) meterse (*über* con)

Frucht *f* <Früchte> **1.** (BOT) fruto *m;* (*Obst*) fruta *f;* **Früchte tragen** dar fruto **2.** (*Ergebnis*) fruto *m,* resultado *m*

fruchtbar *adj* fecundo; (*Mensch*) fértil

Fruchtbarkeit *f ohne Pl* fecundidad *f;* (*eines Menschen*) fertilidad *f*

Fruchtblase *f* (ANAT) bolsa *f* amniótica, amnios *m inv*

fruchten *vi* ser útil; **all das fruchtet doch sowieso nichts** todo eso es en vano

Fruchtfleisch *nt* pulpa *f*

fruchtig *adj* con olor [*o* sabor] a fruta

fruchtlos *adj* inútil

Fruchtsaft *m* zumo *m* de frutas

Fruchtwasser *nt ohne Pl* <-s> (MED) líquido *m* amniótico

Fruchtzucker *m* <-s, -> fructosa *f*

früh **I.** *adj* **1.** (*nicht spät*) temprano; **in ~ester Kindheit** a temprana edad; **~ am Morgen** de madrugada; **es ist noch ~** todavía es temprano; **~er geht's nicht** no es posible antes; **so ~ wie möglich** cuanto antes **2.** (*~zeitig*) prematuro; **ein ~er Tod** una muerte prematura; **~er oder später** tarde o temprano; **er hat schon ~ erkannt, dass ...** muy pronto se dió cuenta de (que)... **II.** *adv* (*morgens*) (por la) mañana; **heute ~** esta mañana; **Dienstag ~** el martes por la mañana; **um 6 Uhr ~** a las 6 de la mañana

Frühaufsteher(in) *m(f)* <-s, -; -nen> madrugador(a) *m(f)*

Frühdienst *m* turno *m* de mañana

Frühe *f ohne Pl:* **in aller ~** de madrugada

früher **I.** *kompar von* **früh** **II.** *adj* **1.** (*ehemalig*) ex, antiguo; (*vorhergehend*) anterior; **seine ~en Freunde** sus antiguos amigos **2.** (*vergangen*) pasado; **in ~en Zeiten** en tiempos pasados **III.** *adv* **1.** (*vorher*) antes, anteriormente; **wir kennen uns von ~** nos conocemos de antes **2.** (*ehemals*) antiguamente

frühestens *adv* como muy temprano; **~ in einer Woche** en una semana como muy temprano

frühestmöglich *adj* (*Termin*) cuanto antes (posible)

Frühgeburt *f* **1.** (*Geburt*) parto *m* prematuro **2.** (*Kind*) (niño, -a *m, f*) prematuro, -a *m, f*

Frühjahr *nt* primavera *f;* **Frühjahrsmüdigkeit** *f* cansancio *m* primaveral

frühkindlich *adj* (PSYCH) de la primera infancia

Frühling *m* <-s, -e> primavera *f;* **Frühlingsanfang** *m* comienzo *m* de la primavera

frühlingshaft *adj* primaveral

Frühlingsrolle *f* (GASTR) *masa frita rellena de legumbres y carne o pescado;* **Frühlingssuppe** *f* (GASTR) sopa *f* de verduras

frühmorgens *adv* de madrugada; **Frühnebel** *m* neblina *f* matutina; **Frühpensionierung** *f* jubilación *f* anticipada; **frühreif** *adj* **1.** (*Kind*) precoz **2.** (*Obst*) temprano; **Frührentner(in)** *m(f)* pensionista *mf* que cobra la renta antes de lo que le correspondería; **Frühschicht** *f* turno *m* de mañana; **Frühschoppen** *m* aperitivo *m;* **Frühsport** *m* deporte *m* matinal; **Frühstart** *m* (SPORT) salida *f* en falso

Frühstück *nt* desayuno *m*

frühstücken *vi, vt* desayunar

Frühstücksfernsehen *nt* programación *f* televisiva matinal

Frühwerk *nt* <-(e)s, -e> obra *f* temprana; **Frühzeit** *f ohne Pl* comienzos *mpl*

frühzeitig **I.** *adj* **1.** (*früh*) temprano **2.** (*vorzeitig*) prematuro; (*voreilig*) precipitado **II.** *adv* (*vorzeitig*) antes de tiempo

Frust *m ohne Pl* <-(e)s> (*fam*) chasco *m*

Frustration *f* <-en> (*a.* PSYCH) frustración *f*

frustrieren* *vt* (*a.* PSYCH) frustrar

frustrierend *adj* (*a.* PSYCH) frustrante

F-Schlüssel *m* <-s, -> (MUS) clave *f* de fa

Fuchs *m* <-es, Füchse> **1.** (*Tier*) zorro *m,* grulla *f Mex* **2.** (*Pelz*) piel *f* de zorro **3.** (*fam: Person*) zorro, -a *m, f;* **ein alter ~ sein** ser zorro viejo; **schlau wie ein ~ sein** ser más listo que un coyote **4.** (*Pferd*) alazán *m;* **Fuchsbau** *m* <-(e)s, -e> zorrera *f*

fuchsen *vi* fastidiar

Füchsin *f* zorra *f*

fuchsrot *adj* fucsia; **Fuchsschwanz** *m* **1.** (*eines Fuchses*) cola *f* de zorro **2.** (*Werkzeug*) serrucho *m*

fuchsteufelswild *adj* (*fam*) rabioso

Fuchtel *f ohne Pl* (*fam*): **unter jds ~ stehen**

estar bajo la férula de alguien

fuchteln *vi* (*fam*) gesticular; **mit den Armen ~** bracear

Fug *m:* **mit ~ und Recht** con todo el derecho del mundo

Fuge *f* <-n> **1.** (*Ritze*) ranura *f;* **aus den ~n geraten sein** estar fuera de quicio **2.** (MUS) fuga *f*

fügen **I.** *vr:* **sich ~** **1.** (*unterordnen*) someterse (a) **2.** (*passen*) ajustarse (*in* a) **3.** (*geh: geschehen*) suceder; **es fügte sich, dass ...** sucedió que... *+subj* **II.** *vt* juntar (*an/in* con/en); (*ineinander*) encajar

fügsam *adj* dócil

Fügung *f* <-en> coincidencia *f;* (*göttlich*) providencia *f;* **das war eine ~ des Schicksals** fue un lance de fortuna

fühlbar *adj* **1.** (*merklich*) notable **2.** (*tastbar*) palpable

fühlen **I.** *vt, vi* **1.** (*empfinden*) sentir **2.** (*tasten*) palpar, tocar **II.** *vr:* **sich ~** **1.** (*empfinden*) sentirse; **sich für jdn/etw verantwortlich ~** sentirse responsable de alguien/algo; **sich versucht ~ etw zu tun** sentir la tentación de hacer algo **2.** (*sich halten für*) tenerse (*als* por), creerse (*als*)

Fühler *m* <-s, -> antena *f;* **seine ~ ausstrecken** (*fam fig*) tantear el terreno

fuhr *3. imp von* **fahren**

Fuhre *f* <-n> **1.** (*Ladung*) carga *f* **2.** (*Taxieinsatz*) viaje *m* (en taxi)

führen **I.** *vi* **1.** (*in Führung liegen*) ir a la cabeza; (SPORT) llevar ventaja; **X führt 1:0 (gegen Y)** X va ganando por 1:0 (a Y) **2.** (*verlaufen*) ir, llevar; **diese Straße führt nach Münster** esta carretera lleva a Münster **3.** (*ergeben*) llevar (*zu* a), conducir (*zu* a); **das führt doch zu nichts** esto no lleva a nada; **das führt zu weit** esto va demasiado lejos **II.** *vt* **1.** (*leiten*) dirigir; (*Mannschaft*) encabezar; (*Gruppe*) guiar **2.** (*geleiten*) llevar, guiar; (*begleiten*) acompañar; **was führt Sie zu mir?** ¿qué le trae por aquí? **3.** (*Auto*) conducir, manejar *Am* **4.** (*hinbewegen*) llevar (*zu/in* a); **in den Ruin ~** llevar a la ruina; **etw mit sich** *dat* **~** llevar algo consigo **5.** (*Titel*) tener; (*Namen*) llevar **6.** (*Geschäftsbücher, Tagebuch*) llevar **7.** (*Waren*) vender **8.** (*Gespräch*) sostener, tener; **Verhandlungen ~** negociar; **(bei etwas) Regie ~** dirigir (algo) **III.** *vr:* **sich ~** (*sich benehmen*) comportarse

führend *adj* primero; **~e Persönlichkeiten** altos cargos; **die Firma ist ~ auf ihrem Gebiet** esta empresa es la primera de su ramo

Führer(in)[1] *m(f)* <-s, -; -nen> **1.** (*Leiter*) líder *mf,* capo *m Arg* **2.** (*Fremden~*) guía *mf* (turístico, -a)

Führer[2] *m* <-s, -> (*Buch*) guía *f*

Führerhaus *nt* cabina *f* del conductor

Führerschein *m* <-(e)s, -e> permiso *m* de conducir, licencia *f Am;* **den ~ machen** sacar el carné (de conducir); **Führerscheinentzug** *m* privación *f* del permiso de conducir

Fuhrpark *m* parque *m* móvil

Führung[1] *f ohne Pl* **1.** (*Leitung*) dirección *f;* **unter jds ~** bajo la dirección de alguien **2.** (SPORT): **in ~ liegen** estar a la cabeza; **in ~ gehen** llevar la delantera **3.** (*Benehmen*) comportamiento *m*

Führung[2] *f* <-en> (*Besichtigung*) visita *f* (guiada)

Führungsebene *f* dirección *f;* **Führungskraft** *f* directivo, -a *m, f;* **Führungsqualitäten** *fPl* dotes *fpl* de liderazgo; **Führungsspitze** *f* **1.** (*Unternehmen*) altos ejecutivos *mpl* **2.** (*Partei*) ejecutiva *f;* **Führungsstil** *m* estilo *m* de dirección; **Führungszeugnis** *nt* certificado *m* de buena conducta

Fuhrunternehmen *nt* empresa *f* de transportes; **Fuhrwerk** *nt* carruaje *m*

Fülle *f ohne Pl* **1.** (*Körper~*) corpulencia *f* **2.** (*Menge*) montón *m,* cardume(n) *m CSur;* **in Hülle und ~** a montones

füllen **I.** *vt* **1.** (*voll machen*) llenar (*mit* de/con) **2.** (GASTR) rellenar (*mit* de/con) **3.** (*ein~*) echar (*in* en); **Wein in Flaschen ~** embotellar vino **4.** (*Zahn*) empastar **II.** *vr:* **sich ~** (*voll werden*) llenarse (*mit* de/con)

Füller *m* <-s, -> (*fam*) pluma *f,* lapicera *f Arg*

Füllfederhalter *m* pluma *f* estilográfica

Füllgewicht *nt* <-(e)s, -e> peso *m* neto

füllig *adj* relleno; (*Haar*) voluminoso

Füllsel *nt* <-s, -> **1.** (*Material*) relleno *m* **2.** (*Wort*) ripio *m*

Füllung *f* <-en> **1.** (*Zahn~*) empaste *m,* emplomadura *f Am* **2.** (GASTR) relleno *m* **3.** (*für Polster*) relleno *m* **4.** (*bei Türen*) entrepaño *m*

Fummel *m* <-s, -> (*fam*) harapos *mpl*

fummeln *vi* **1.** (*fam: herumtasten*) manosear (*an*), jugar (*an* con) **2.** (*fam: streicheln*) meter mano

Fund[1] *m* <-(e)s, -e> (*~stück*) hallazgo *m;* **einen ~ machen** hacer un hallazgo

Fund[2] *m ohne Pl* <-(e)s> (*das Finden*) hallazgo *m;* (*Entdecken*) descubrimiento *m*

Fundament *nt* <-(e)s, -e> **1.** (ARCHIT) cimientos *mpl* **2.** (*Grundlage*) fundamento *m,* base *f;* **die ~e für etw schaffen/zu etw legen** crear/construir las bases para algo

fundamental *adj* fundamental

Fundamentalismus *m ohne Pl* <-s> fundamentalismo *m*

fundamentalistisch *adj* fundamentalista

Fundbüro *nt* oficina *f* de objetos perdidos; **Fundgrube** *f* mina *f*

fundieren* *vt* fundamentar; **eine fundierte Beurteilung** una valoración bien fundada

fündig *adj:* ~ **werden** descubrir lo que se quería saber, encontrar lo que se buscaba

Fundsache *f* objeto *m* perdido

fünf *adj inv* cinco; ~ **Minuten vor zwölf** las doce menos cinco; ~(**e**) **gerade sein lassen** (*fam*) hacer la vista gorda; **das kannst du dir an deinen** ~ **Fingern abzählen** (*fam*) eso está más claro que el agua; *s. a.* **acht**[1]

Fünf *f* <-, -en> **1.** (*Zahl, Buslinie, Würfelaugen*) cinco *m* **2.** (SCH: *mangelhaft*) insuficiente *m*

Fünfer *m* <-s, -> (*fam*) **1.** (*Fünfpfennigstück*) moneda *f* de cinco pfennigs **2.** (*Fünfmarkstück*) moneda *f* de cinco marcos

fünferlei *adj inv* de cinco clases diferentes, cinco clases (diferentes) de; *s. a.* **achterlei**

fünffach I. *adj* quíntuplo **II.** *adv* cinco veces; *s. a.* **achtfach**

fünfhundert *adj inv* quinientos; *s. a.* **achthundert**

Fünfling *m* <-s, -e> quintillizo *m*

fünfmal *adv* cinco veces; *s. a.* **achtmal**

Fünfmarkstück *nt* moneda *f* de cinco marcos

Fünfpfennigstück *nt* moneda *f* de cinco pfennigs [*o* peniques]

Fünfprozenthürde *f* (POL) obstáculo *m* (de la cláusula) del cinco por ciento

Fünftagewoche *f* semana *f* laboral de cinco días

fünftausend *adj inv* cinco mil; *s. a.* **achttausend**

fünfte(r, s) *adj* quinto; **das** ~ **Rad am Wagen sein** ir de pegote; *s. a.* **achte(r, s)**

fünftel *adj inv* quinto; *s. a.* **achtel**

fünftens *adv* en quinto lugar; (*bei einer Aufzählung*) quinto; *s. a.* **achtens**

Fünfunddreißigstundenwoche *f* semana *f* laboral de treinta y cinco horas

fünfzehn *adj inv* quince; *s. a.* **acht**[1]

fünfzehnte(r, s) *adj* decimoquinto; *s. a.* **achte(r, s)**

fünfzig *adj inv* cincuenta; *s. a.* **achtzig**

Fünfziger *m* <-s, -> (*fam*) **1.** (*Fünfzigmarkschein*) billete *m* de cincuenta marcos **2.** (*Fünfzigpfennigstück*) moneda *f* de cincuenta pfennigs

Fünfzigmarkschein *m* <-(e)s, -e> billete *m* de cincuenta marcos

Fünfzigpfennigstück *nt* moneda *f* de cincuenta pfennigs

fünfzigste(r, s) *adj* quincuagésimo; *s. a.* **achtzigste(r, s)**

fungieren* *vi* hacer (*als* de)

Fungizid *nt* <-(e)s, -e> fungicida *m*

Funk *m ohne Pl* <-s> radio *f;* **Funkamateur(in)** *m(f)* <-s, -e; -nen> radioaficionado, -a *m, f;* **Funkausstellung** *f* <-en> exposición *f* de radio y televisión

Funke *m* <-ns, -n> chispa *f;* ~**n sprühen** echar chispas; **der zündende** ~ la chispa; **ein** ~ **Hoffnung** un rayito de esperanza; **keinen** ~**n Anstand im Leib haben** no tener ni pizca de educación

funkeln *vi* brillar, resplandear

funkelnagelneu *adj* (*fam*) flamante

funken I. *vt* (*Nachricht*) radiar **II.** *vi* **1.** (*Funken sprühen*) chispear **2.** (*fam: verstehen*) hacerse la luz; **endlich hat es bei ihm gefunkt** por fin se le encendió la bombilla

Funker(in) *m(f)* <-s, -; -nen> radiotelegrafista *mf*

Funkgerät *nt* <-(e)s, -e> aparato *m* de radio; **Funkhaus** *nt* emisora *f* de radio(difusión); **Funksignal** *nt* señal *f* radioeléctrica; **Funksprechgerät** *nt* <-(e)s, -e> transmisor-receptor *m* radiofónico; **Funkspruch** *m* mensaje *m* de radio; **Funkstation** *f* <-en> estación *f* radiotelegráfica; (*Sendestation*) estación *f* emisora; (*Empfangsstation*) estación *f* receptora; **Funkstille** *f* **1.** (*Sendepause*) silencio *m* de radio **2.** (*fam: im zwischenmenschlichen Bereich*) silencio *m;* **Funkstreife** *f* radiopatrulla *f;* **Funktaxi** *nt* radiotaxi *m;* **Funktechnik** *f ohne Pl* radiotécnica *f;* **Funktelefon** *nt* teléfono *m* celular

Funktion[1] *f ohne Pl* (*einer Maschine*) funcionamiento *m;* **in** ~ **treten** ponerse en funcionamiento

Funktion[2] *f* <-en> **1.** (*Amt, Aufgabe*) cargo *m;* (*Ausübung eines Amtes*) función *f;* **eine** ~ **haben/ausüben** tener/ejercer un cargo **2.** (*Zweck, Leistungsmerkmal, a.* TECH, INFOR, MATH) función *f*

funktional *adj* funcional

Funktionär(in) *m(f)* <-s, -e; -nen> funcionario, -a *m, f*

funktionell *adj* (*a.* MED) funcional

funktionieren* *vi* funcionar

Funktionstaste *f* (INFOR) tecla *f* de función

funktionstüchtig *adj* que funciona bien

Funkturm *m* torre *f* de radiodifusión; **Funkverbindung** *f* comunicación *f* por radio; **Funkverkehr** *m* radiocomunicaciones *fpl*

für *präp +akk* **1.** (*zugunsten von*) para, por; ~ **mich** para mí; **kann ich noch etw** ~ **Sie tun?** ¿puedo hacer algo más por Ud.?; **ich bin** ~ **deine Idee** estoy a favor de tu idea; **sich** ~ **etw entscheiden** decidirse por algo; **die Sache hat was** ~ **sich** el asunto tiene un algo especial; **das F**~ **und Wider** el pro y el contra **2.** (*im Verhältnis zu*) para; **er ist sehr groß** ~ **sein Alter** está muy alto para su edad; **das ist eine Sache** ~

sich esto es cosa aparte **3.** (*zeitlich*) por; **ich gehe ~ zwei Jahre ins Ausland** me voy por dos años al extranjero; **~ immer** para siempre; **~s Erste** por ahora **4.** (*wegen*) a causa de, por; **ich ~ meine Person** en cuanto a mí **5.** (*zum Zweck*) para; **ein Mittel ~ Kopfschmerzen** (*fam*) un remedio contra el dolor de cabeza; **~ nichts und wieder nichts** absolutamente para nada **6.** (*im Austausch*) por; (*anstelle von*) en lugar de; **ich bin ~ ihn eingesprungen** fui en su lugar; **was verlangen Sie ~ den Anzug?** ¿cuánto pide por el traje? **7.** (*mit Fragepronomen*): **was ~ ...?** ¿qué...?; **was ~ ein Pilz ist das?** ¿qué clase de seta es?; **was ~ eine komische Idee!** ¡menuda ocurrencia!

Fürbitte *f* (*Bitte*) intercesión *f* (*für* a favor de), intervención *f* (*für* a favor de); (REL) ruego *m*

Furche *f* <-n> **1.** (*Acker~*) surco *m* **2.** (*im Gesicht*) arruga *f*

furchen *vt* (*geh: Boden*) surcar

Furcht *f ohne Pl* temor *m* (*vor* a/de); (*stärker*) terror *m* (*vor* a/de); **~ erregend** espantoso; **jdm ~ einflößen** infundir miedo a alguien

furchtbar **I.** *adj* **1.** (*schrecklich*) horroroso **2.** (*fam: sehr groß*) enorme **II.** *adv* (*fam: sehr*) muy; **~ nett** simpatiquísimo

fürchten **I.** *vi* (*sich sorgen*) temer (*um/für* por); **ich fürchte um sein Leben** temo por su vida; **zum F~ aussehen** tener un aspecto espantoso **II.** *vt, vr:* **sich ~** temer, corcovear *Mex;* **ich fürchte, dass ...** temo que...

fürchterlich *adj s.* **furchtbar**

furchterregend *adj s.* **Furcht**

furchtlos *adj* sin temor, intrépido

Furchtlosigkeit *f ohne Pl* intrepidez *f*

furchtsam *adj* miedoso

Furchtsamkeit *f ohne Pl* temor *m,* pendejada *f Am: fam*

füreinander *adv* uno para el otro; **~ da sein** estar el uno para el otro

Furie *f* <-n> furia *f*

Furnier *nt* <-s, -e> chapa *f* de madera

furnieren* *vt* chapear

Furore *f ohne Pl:* **~ machen** causar sensación

Fürsorge *f ohne Pl* **1.** (*Betreuung*) asistencia *f* **2.** (*fam: finanzielle Unterstützung*) pensión *f;* **von der ~ leben** vivir de la asistencia social; **Fürsorgepflicht** *f ohne Pl* (JUR) deber *f* de protección

fürsorglich *adj* cuidadoso, cariñoso

Fürsprache *f* <-n> intercesión *f;* **für jdn ~ einlegen** interceder a favor de alguien

Fürsprecher(in) *m(f)* intercesor(a) *m(f)*

Fürst(in) *m(f)* <-en, -en; -nen> príncipe *m,* princesa *f*

Fürstentum *nt* <-s, -tümer> principado *m*

fürstlich *adj* **1.** (*prächtig*) regio; (*Essen*) opíparo **2.** (*einen Fürsten betreffend*) principesco

Furt *f* <-en> vado *m*

Furunkel *m o nt* <-s, -> forúnculo *m*

Furz *m* <-es, Fürze> (*fam*) pedo *m*

furzen *vi* (*fam*) soltar un pedo

Fusel *m ohne Pl* <-s> (*fam abw: Branntwein*) matarratas *m inv*

Fusion *f* <-en> fusión *f*

fusionieren* *vi* fusionarse

Fuß *m* <-es, Füße> pie *m;* **am ~ des Berges** al pie de la montaña; **zu ~ gehen** ir andando; **gut zu ~ sein** poder caminar bien; **sich** *dat* **die Füße wund laufen** despellejarse los pies; **die Sache hat Hand und ~** el asunto tiene pies y cabeza; **auf großem ~ leben** vivir a lo grande; **auf eigenen Füßen stehen** (*fig*) ser independiente; **mit jdm auf gutem ~e stehen** llevarse bien con alguien; **das Publikum lag ihr zu Füßen** (*geh*) el público estaba a sus pies; **er bekam kalte Füße** (*fam fig*) le entró miedo; **jdm etw vor die Füße werfen** (*fig*) tirarle algo a alguien a la cara; **~ fassen** consolidarse; **jdn auf freien ~ setzen** liberar a alguien; **die Strafe folgte auf dem ~e** no tardó en llegar el castigo; **bei ~!** (*perro*) ¡aquí!

Fußball[1] *m ohne Pl* <-(e)s> (SPORT) fútbol *m;* **~ spielen** jugar al fútbol

Fußball[2] *m* <-(e)s, -bälle> (*Ball*) pelota *f* de fútbol

Fußballfan *m* hincha *mf;* **Fußballmannschaft** *f* equipo *m* de fútbol; **Fußballplatz** *m* <-es, -plätze> campo *m* de fútbol; **Fußballspiel** *nt* partido *m* de fútbol; **Fußballspieler(in)** *m(f)* futbolista *mf,* jugador(a) *m(f)* de fútbol; **Fußballstadion** *nt* estadio *m* de fútbol; **Fußballverein** *m* club *m* de fútbol; **Fußballweltmeisterschaft** *f* <-en> copa *f* mundial de fútbol

Fußbank *f* <-bänke> banquillo *m*

Fußboden *m* suelo *m,* piso *m;* **Fußbodenbelag** *m* pavimiento *m*

Fußbreit *m ohne Pl* <-> pie *m;* **er wich keinen ~ zurück** no retrocedió ni un palmo

Fußbremse *f* freno *m* de pie

Fussel *m* <-s, ->, **Fussel** *f* <-n> pelusa *f*

fuss(e)lig[RR] *adj* **1.** (*fusselnd*) que deja pelusas **2.** (*voller Fusseln*) lleno de pelusas **3.** (*ausgefranst*) deshilachado; **sich** *dat* **den Mund ~ reden** (*fam*) gastar saliva en balde

fusseln *vi* soltar pelo

fußen *vi* (*sich stützen*) apoyarse (*auf* en); (*basieren*) basarse (*auf* en)

Fußende *nt* <-s, -n> pie *m* de la cama

Fußgänger(in) *m(f)* <-s, -; -nen> peatón,

-ona *m, f;* **Fußgängerüberweg** *m* paso *m* de peatones; **Fußgängerzone** *f* zona *f* peatonal

Fußgelenk *nt* articulación *f* del pie

fussliig[RR] *adj,* **fußlig** *adj s.* **fusselig**

Fußmarsch *m* <-(e)s, -märsche> caminata *f;* **Fußmatte** *f* estera *f;* **Fußnagel** *m* uña *f* del pie; **Fußnote** *f* <-n> nota *f* a pie de página; **Fußpflege** *f* pedicura *f;* **Fußpilz** *m ohne Pl* <-es> (MED) micosis *f inv* en los pies; **Fußsohle** *f* planta *f* del pie; **Fußspitze** *f* punta *f* del pie; **Fußspur** *f* huella *f* del pie; **Fußstapfen** *m* <-s, -> pisada *f;* **in jds ~ treten** seguir el ejemplo de alguien; **Fußtritt** *m* (*von Menschen*) puntapié *m;* (*von Tieren*) coz *f;* **Fußvolk** *nt ohne Pl* <-(e)s> **1.** (MIL) peonaje *m* **2.** (*abw: breite Masse*) masa *f;* **Fußweg** *m* **1.** (*Weg*) camino *m,* vereda *f Am;* (*Bürgersteig*) acera *f,* vereda *f Am* **2.** (*Entfernung*) camino *m;* **15 Minuten ~** 15 minutos andando; **Fußzeile** *f* <-n> (INFOR) pie *m* de página

futsch *adj inv* (*fam*) perdido

Futter[1] *nt ohne Pl* <-s> (*Nahrung*) comida *f*

Futter[2] *nt* <-s, -> **1.** (*in Kleidung, Briefumschlag*) forro *m* **2.** (*Tür~*) revestimiento *m*

Futteral *nt* <-s, -e> funda *f*

füttern *vt* **1.** (*Tier, Baby*) dar de comer (a) **2.** (*Computer*) alimentar **3.** (*Kleidung*) forrar

futtern *vi, vt* (*fam*) papar

Futternapf *m* comedero *m;* **Futterpflanze** *f* (AGR) planta *f* forrajera

Fütterung[1] *f* <-en> (*Tier~*) forraje *m*

Fütterung[2] *f ohne Pl* (*das Auskleiden*) revestimiento *m*

Futur *nt* <-s, -e> (LING) futuro *m*

Futurismus *m ohne Pl* <-> (LIT, KUNST, POL) futurismo *m*

futuristisch *adj* futurista

G

G, g *nt* <-, -> G, g *f;* ~ **wie Gustav** G de Granada

g *Abk. von* **Gramm** gr

gab *3. imp von* **geben**

Gabe *f* <-n> **1.** (*Geschenk*) regalo *m;* **milde** ~ limosna *f* **2.** (*Talent*) don *m* **3.** (MED) dosis *f inv* **4.** (*Schweiz: Preis*) premio *m*

Gabel *f* <-n> **1.** (*vom Besteck*) tenedor *m* **2.** (*vom Telefon, Fahrrad*) horquilla *f* **3.** (AGR) horca *f*

gabeln *vr:* **sich** ~ bifurcarse

Gabelstapler *m* <-s, -> carretilla *f* elevadora (de horquilla)

Gabelung *f* <-en> bifurcación *f*

gackern *vi* **1.** (*Huhn*) cacarear **2.** (*fam: Mensch*) reírse

gaffen *vi* (*abw*) mirar boquiabierto

Gag *m* <-s, -s> **1.** (FILM) truco *m,* gag *m* **2.** (*Witz*) salida *f* chistosa

Gage *f* <-n> honorario *m*

gähnen *vi* bostezar

Gala *f ohne Pl* vestido *m* de gala; **sich in ~ werfen** engalanarse

galaktisch *adj* galáctico

galant *adj* galante

Galaxie *f* <-n> (ASTR) galaxia *f*

Galeere *f* <-n> galera *f*

Galerie *f* <-n> galería *f*

Galerist(in) *m(f)* <-en, -en; -nen> galerista *mf*

Galgen *m* <-s, -> patíbulo *m;* **Galgenfrist** *f* <-en> plazo *m* perentorio; **Galgenhumor** *m* humor *m* negro

Galicien *nt* <-s> Galicia *f*

Galicier(in) *m(f)* <-s, -; -nen> gallego, -a *m, f*

galicisch *adj* gallego

Galiläa *nt* <-s> (HIST) Galilea *f*

Galle *f* <-n> **1.** (*menschliches Sekret*) bilis *f inv;* (*tierisches Sekret*) hiel *f* **2.** (ANAT: *Organ*) vesícula *f* biliar

Gallenblase *f* (ANAT) vesícula *f* biliar; **Gallenstein** *m* <-(e)s, -e> cálculo *m* vesícula

gallertartig *adj* gelatinoso

Gallien *nt* <-s> (HIST) Galia *f*

gallisch *adj* galo

Galopp *m* <-s, -e *o* -s> galope *m*

galoppieren* *vi haben o sein* galopar

galt *3. imp von* **gelten**

galvanisch *adj* galvánico

galvanisieren* *vt* galvanizar

Gameboy® *m* <-s, -s> gameboy® *m;* **Gameshow** *f* <Gameshows> (TV) programa-concurso *m,* concurso *m* televisivo; **eine ~ leiten** presentar un concurso en televisión

Gamma *nt* <-(s), -s> gamma *f;* **Gammastrahlung** *f* <-en> (PHYS) radiación *f* (de rayos) gamma

gamm(e)lig *adj* (*fam*) **1.** (*Nahrungsmittel*) malo, podrido **2.** (*Kleidung*) desaliñado

gammeln *vi* (*fam*) **1.** (*Lebensmittel*) estropearse **2.** (*Person*) gandulear

Gämse[RR] *f* <-n> (ZOOL) gamuza *f*

gang: ~ **und gäbe** usual, corriente

Gang[1] *m* <-(e)s, Gänge> **1.** (*Gehweise*) (modo *m* de) andar *m* **2.** (*Spazier~*) paseo *m;* (*Weg*) camino *m;* **auf ihrem ~ zum Arzt sah sie ...** (de) camino al médico vio...; **ein schwerer ~** un paso difícil **3.** (*Betrieb*) marcha *f;* **eine Maschine in ~ setzen** poner en marcha una máquina; **Verhandlungen in ~ bringen** iniciar negociaciones **4.** (*Ablauf*) curso *m,* marcha *f;* **der ~ der Ereignisse** la marcha de los acontecimientos; **es ist etwas im ~e** algo flota en el aire; **etw ist in vollem ~(e)** algo está en plena marcha **5.** (TECH, AUTO) marcha *f;* **im zweiten ~ fahren** ir en segunda **6.** (*Flur*) pasillo *m* **7.** (GASTR) plato *m*

Gang[2] *f* <-s> banda *f*

Gangart *f* (modo *m* de) andar *m*

gangbar *adj* (*Weg*) transitable; (*Lösung*) viable

gängeln *vt* (*fam abw*) tener bajo su tutela

gängig *adj* **1.** (*üblich*) usual; (*geläufig*) corriente **2.** (*viel gekauft*) de buena venta

Gangschaltung *f* (*Auto*) (caja *f* de) cambios *mpl;* (*Fahrrad*) marchas *fpl*

Gangster *m* <-s, -> (*abw*) gángster *m*

Gangway *f* <-s> escalera *f* (para subir a bordo)

Ganove, -in *m, f* <-n, -n; -nen> (*fam abw*) tunante *mf*

Gans *f* <Gänse> (ZOOL) ganso *m;* (*Weibchen*) oca *f;* **blöde** ~ idiota *f*

Gänseblümchen *nt* <-s, -> (BOT) maya *f;* **Gänsefüßchen** *nt* <-s, -> (*fam*) comilla *f;* **in ~** entre comillas; **Gänsehaut** *f ohne Pl* carne *f* de gallina

Gänseleberpastete *f* (GASTR) paté *m* de ganso

Gänsemarsch *m ohne Pl* <-(e)s>: **im ~** en fila india

Gänserich *m* <-s, -e> (ZOOL) ganso *m* macho

G

ganz **I.** *adj* **1.** (*gesamt*) todo; (*vollständig*) completo; **die ~e Zeit über** durante todo el tiempo; **die ~e Wahrheit** toda la verdad; **eine ~e Zahl/Note** un número entero/una nota redonda; **eine ~e Drehung** un giro completo; **eine ~e Menge/Weile** bastante; **das dauert eine ~e Weile** esto dura bastante; **im G~en war ich dreimal hier** en total he estado tres veces aquí **2.** (*fam: unbeschädigt*) intacto; **etw wieder ~ machen** reparar algo **3.** (*fam: bloß*) sólo; **das Buch hat ~e drei Mark gekostet** el libro ha costado sólo tres marcos **II.** *adv* **1.** (*völlig*) totalmente; **~ allein** totalmente solo; **das ist ~ meine Meinung** comparto totalmente esta opinión; **das ist etwas ~ anderes** esto es algo totalmente distinto; **~ und gar** completamente; **~ im Gegenteil** todo lo contrario **2.** (*vollständig*) del todo; **etw ~ aufessen** comerse algo del todo; **~ hinten/vorn** detrás/delante del todo; **~ wie Sie meinen** como Ud. quiera; **~ gleich, wie es ist** sea como sea; **du hast ~ Recht** tienes toda la razón **3.** (*ziemlich*) bastante; **das gefällt mir ~ gut** esto me gusta bastante **4.** (*sehr*) muy; **~ klein** minúsculo; **ein ~ klein wenig** muy poco; **~ viel** muchísimo

Ganze(s) *nt ohne Pl* <-n> total *m;* **das ist nichts Halbes und nichts ~s** esto no es ni fu ni fa; **aufs ~ gehen** (*fam*) jugarse el todo por el todo; **es geht ums ~** todo está en juego

Ganzheit *f* <-en> totalidad *f*

ganzheitlich *adj* global

gänzlich **I.** *adj* total, completo **II.** *adv* del todo, por completo

ganztägig **I.** *adj* de todo el día **II.** *adv* todo el día

Ganztagsschule *f* colegio *m* de jornada completa

gar **I.** *adj* (*Speise*) hecho (a punto) **II.** *adv* **1.** (*überhaupt*): **~ nichts** nada de nada; **~ keiner** ninguno; **auf ~ keinen Fall** en ningún caso; **das ist ~ nicht schlecht** no está nada mal **2.** (*sogar*) incluso; **du hast doch nicht ~ die Polizei angerufen?** ¿no habrás llamado a la policía?

Garage *f* <-n> garaje *m*

Garant(in) *m(f)* <-en, -en; -nen> garante *mf*

Garantie *f* <-n> garantía *f;* **ein Jahr ~** un año de garantía

garantieren* *vi, vt* garantizar (*für*); **glaubst du er kommt? – garantiert!** ¿crees que vendrá? – ¡seguro!

Garantieschein *m* <-(e)s, -e> (resguardo *m* de) garantía *f*

Garbe *f* <-n> **1.** (*von Korn*) haz *m,* gavilla *f* **2.** (*von Schüssen*) ráfaga *f*

Garde *f* <-n> guardia *f*

Garderobe[1] *f ohne Pl* (*Kleidung*) ropa *f*

Garderobe[2] *f* <-n> **1.** (*Kleiderablage*) perchero *m* **2.** (*Raum*) guardarropa *m* **3.** (*Ankleideraum*) vestuario *m*

Garderobenständer *m* percha *f*

Gardine *f* <-n> cortina *f;* **hinter schwedischen ~n** (*fam*) entre rejas

garen *vt* cocer

gären <gärt, gärte *o* gor, gegärt *o* gegoren> **I.** *vi haben o sein* fermentar **II.** *vt* fermentar

Garn *nt* <-(e)s, -e> hilo *m*

Garnele *f* <-n> (ZOOL) gamba *f;* (*kleiner*) camarón *m*

garnieren* *vt* guarnecer; (GASTR) adornar

Garnitur *f* <-en> juego *m,* conjunto *m*

garstig *adj* **1.** (*frech*) desvergonzado **2.** (*hässlich*) feo; (*abstoßend*) asqueroso

Garten *m* <-s, Gärten> jardín *m;* (*Nutz~*) huerto *m;* **botanischer/zoologischer ~** jardín botánico/parque zoológico; **Gartenarbeit** *f* trabajo *m* en el jardín; **Gartenarchitekt(in)** *m(f)* arquitecto, -a *m, f* de jardines; **Gartenbau** *m ohne Pl* <-(e)s> jardinería *f,* horticultura *f;* **Gartenfest** *nt* fiesta *f* en el jardín; **Gartenhaus** *nt* pabellón *m;* **Gartenlaube** *f* cenador *m;* **Gartenlokal** *nt* restaurante *m* con terraza; **Gartenschere** *f* <-n> tijeras *fpl* de podar, podadora *f;* **Gartenzaun** *m* seto *m;* **Gartenzwerg** *m enanito de decoración que se pone en el jardín*

Gärtner(in) *m(f)* <-s, -; -nen> jardinero, -a *m, f*

Gärtnerei *f* <-en> jardinería *f;* (*für Nutzpflanzen*) establecimiento *m* de horticultura

Gärung *f* <-en> fermentación *f*

Gas[1] *nt* <-es, -e> (CHEM) gas *m*

Gas[2] *nt ohne Pl* <-es> (AUTO): **~ geben** acelerar

Gasbrenner *m* <-s, -> mechero *m* de gas; **Gasfeuerzeug** *nt* mechero *m* de gas; **Gasflamme** *f* llama *f* de gas; **Gasflasche** *f* bombona *f* de gas

gasförmig *adj* gaseoso, gaseiforme

Gashahn *m* llave *f* del gas; **Gasheizung** *f* calefacción *f* de gas; **Gasherd** *m* cocina *f* de gas; **Gaskammer** *f* cámara *f* de gas; **Gaskocher** *m* hornillo *m* de gas; **Gaslaterne** *f* farol *m* de gas; **Gasleitung** *f* conducción *f* del gas; **Gasmann** *m* (*fam*) gasista *m;* (*Ableser*) verificador *m;* **Gasmaske** *f* máscara *f* antigás; **Gasofen** *m* <-s, -öfen> horno *m* de gas

Gaspedal *nt* acelerador *m;* **Gaspistole** *f* pistola *f* de gas

Gasse *f* <-n> **1.** (*kleine Straße*) callejón *m* **2.** (*Österr: Straße*) calle *f*

Gast *m* <-(e)s, Gäste> huésped *mf;* (*eingeladener*) invitado, -a *m, f;* (*von Lokal*) cliente *mf;* **ungebetene Gäste** intrusos *mpl;* **bei jdm zu ~ sein** estar invitado a casa de alguien; **Gastarbeiter(in)** *m(f)* trabajador, -a *m, f* extranjero, -a

Gästebuch *nt* libro *m* de huéspedes; **Gästezimmer** *nt* cuarto *m* de huéspedes

gastfreundlich *adj* hospitalario; **Gastfreundschaft** *f ohne Pl* hospitalidad *f;* **jdm ~ gewähren** ofrecer hospitalidad a alguien; **Gastgeber(in)** *m(f)* <-s, -; -nen> anfitrión, -ona *m, f;* **Gasthaus** *nt,* **Gasthof** *m* **1.** (*zum Übernachten*) fonda *f;* (*höhere Kategorie*) hostal *m* **2.** (*nur Essen*) mesón *m*

gastieren* *vi* actuar (como compañía de teatro invitada)

Gastland *nt* <-(e)s, -länder> país *m* de acogida

gastlich *adj* hospitalario; **jdn ~ aufnehmen** acoger a alguien cordialmente

Gastritis *f* <Gastritiden> gastritis *f inv*

Gastronomie *f ohne Pl* gastronomía *f*

gastronomisch *adj* gastronómico

Gastspiel *nt* <-(e)s, -e> actuación *f* de una compañía teatral invitada; **Gaststätte** *f* <-n> restaurante *m;* **Gastwirt(in)** *m(f)* <-(e)s, -e; -nen> dueño, -a *m, f* de un restaurante, fondista *mf Am;* **Gastwirtschaft** *f* <-en> mesón *m,* fonda *f Am*

Gasvergiftung *f* intoxicación *f* por gas [*o* de gas]; **Gaswerk** *nt* central *f* de gas, usina *f Am;* **Gaszähler** *m* <-s, -> contador *m* de gas

Gatte, -in *m, f* <-n, -n; -nen> (*geh*) esposo, -a *m, f*

Gatter *nt* <-s, -> vallado *m*

Gattung *f* <-en> **1.** (BIOL) especie *f* **2.** (MUS, LIT) género *m;* (KUNST) estilo *m*

GAU *m* <-(s), -s> *Abk. von* **größter anzunehmender Unfall** máximo accidente *m* previsible

Gaucho *m* <-(s), -s> gaucho *m*

Gaudi *f ohne Pl* (*fam*) jolgorio *m;* (*Lärm*) bulla *f*

Gaukler(in) *m(f)* <-s, -; -nen> prestidigitador(a) *m(f);* (*Betrüger*) estafador(a) *m(f)*

Gaul *m* <-(e)s, Gäule> (*abw*) rocín *m*

Gaumen *m* <-s, -> paladar *m;* **Gaumenfreude** *f* <-n> delicia *f*

Gauner(in) *m(f)* <-s, -; -nen> **1.** (*abw: Betrüger*) estafador(a) *m(f);* (*Dieb*) bribón, -ona *m, f,* ficha *f Am* **2.** (*fam: durchtriebener Mensch*) pícaro, -a *m, f*

Gaunerei *f* <-en> **1.** (*Betrug*) estafa *f* **2.** (*Machenschaften*) picaresca *f* **3.** (*böser Streich*) mala jugada *f*

Gazelle *f* <-n> (ZOOL) gacela *f*

G-Dur *nt ohne Pl* <-> (MUS) sol *m* mayor

geartet *adj* constituido; **das Problem ist so ~, dass ...** el problema es de tal índole que...

Geäst *nt ohne Pl* <-(e)s> ramaje *m*

geb. *Abk. von* **geboren** nacido; **Luise Reimann, ~ Klein** Luise Reimann, de soltera Klein

Gebäck *nt* <-(e)s, -e> (*Kekse*) galletas *fpl,* factura *f Arg;* (*Tee~*) pastas *fpl*

gebacken *pp von* **backen**

Gebälk *nt* <-(e)s, -e> vigas *fpl*

geballt *adj* concentrado

gebar *3. imp von* **gebären**

Gebärde *f* <-n> gesto *m*

gebärden* *vr:* **sich ~** comportarse

gebären* <gebärt *o* gebiert, gebar, geboren> *vt* parir; (*Mensch*) dar a luz; **lebend ~d** (ZOOL) vivíparo; **wo sind Sie geboren?** ¿dónde nació Ud.?

gebärfähig *adj* fecundo; **im ~en Alter** en edad fecunda

Gebärmutter *f* <-mütter> matriz *f*

Gebäude *nt* <-s, -> **1.** (*Bauwerk*) edificio *m* **2.** (*Gefüge*) sistema *m*

Gebeine *ntPl* (*geh*) osamenta *f*

Gebell *nt ohne Pl* <-(e)s> (*fam abw*) ladridos *mpl*

geben <gibt, gab, gegeben> **I.** *vt* **1.** (*reichen*) dar; (*aushändigen*) entregar; (*verteilen*) repartir; (*schenken*) regalar; (*beim Telefonieren*) pasar; **ich gab nichts auf sein Gerede** no hice caso a lo que dijo; **er würde viel darum ~, wenn ...** lo que daría él por... +*inf;* **jdm etw zu verstehen ~** dar a entender algo a alguien; **etw von sich** *dat* **~** decir algo **2.** (*gewähren*) dar; (*Kredit*) conceder; **jdm Recht ~** dar(le) la razón a alguien **3.** (*ergeben*) dar, producir; **das gibt keinen Sinn** esto no tiene (ningún) sentido **4.** (*veranstalten*) hacer, dar; (TV) poner **5.** (*unterrichten*) enseñar, dar (clases de) **II.** *vunpers* (*existieren*) haber; **was gibt's?** (*fam*) ¿qué hay?; **es gibt heute Fisch** hoy hay pescado; **das gibt's doch gar nicht!** ¡imposible!; **was es nicht alles gibt!** ¡lo que hay que ver!; **das hat es ja noch nie ge~!** ¡eso no ha pasado nunca!; **gibt es noch Eintrittskarten?** ¿quedan todavía entradas? **III.** *vi* **1.** (*bei Kartenspiel*) dar **2.** (SPORT: *Aufschlag haben*) sacar **IV.** *vr:* **sich ~ 1.** (*nachlassen*) pasar **2.** (*sich benehmen*) dárselas (*als* de)

Gebet *nt* <-(e)s, -e> oración *f;* **Gebetbuch** *nt* devocionario *m*

gebeten *pp von* **bitten**

gebiert *3. präs von* **gebären**

Gebiet *nt* <-(e)s, -e> **1.** (*Fläche: Gesamt~*) territorio *m;* (*Teil~*) zona *f* **2.** (*Sachbereich*) campo *m;* **auf diesem ~** en este campo

gebieten* *irr* **I.** *vt* (*geh*) **1.** (*befehlen*) mandar **2.** (*verlangen*) requerir; **besondere Aufmerksamkeit ~** requerir especial atención **II.** *vi* (*geh*) **1.** (*verfügen*) disponer

(*über* de) **2.** (*befehlen*) mandar (*über*)
Gebieter(in) *m(f)* <-s, -; -nen> señor(a) *m(f);* (HIST: *Regent*) soberano, -a *m, f*
gebieterisch *adj* (*geh*) imperioso
Gebilde *nt* <-s, -> **1.** (*Bild*) figura *f,* imagen *f* **2.** (*Form*) forma *f* **3.** (*Schöpfung*) creación *f* **4.** (*Gefüge*) estructura *f* **5.** (*der Fantasie*) producto *m*
gebildet *adj* culto
Gebirge *nt* <-s, -> sierra *f,* montaña *f;* **im/ins ~** en/a la sierra
gebirgig *adj* montañoso
GebissRR *nt* <-es, -e>, **Gebiß** *nt* <-sses, -sse> dentadura *f;* (*künstliches*) dentadura *f* postiza
gebissen *pp von* **beißen**
geblasen *pp von* **blasen**
geblieben *pp von* **bleiben**
gebogen I. *pp von* **biegen II.** *adj* doblado; (*krumm*) torcido
geboren I. *pp von* **gebären II.** *adj:* **ich bin ein ~er Dortmunder** soy natural de Dortmund; **er ist der ~e Wissenschaftler** nació para (ser) científico; **~e Schulze** de soltera Schulze
geborgen I. *pp von* **bergen II.** *adj* protegido, a salvo
Geborgenheit *f ohne Pl* seguridad *f,* (sensación *f* de) protección *f*
geborsten *pp von* **bersten**
Gebot *nt* <-(e)s, -e> **1.** (*Grundsatz*) mandamiento *m;* (*Vorschrift*) precepto *m;* (*Befehl*) orden *f;* **die Zehn ~e** los Diez Mandamientos; **Sicherheit ist oberstes ~** la seguridad ante todo **2.** (*Erfordernis*) necesidad *f* **3.** (*bei Auktion*) oferta *f*
geboten I. *pp von* **bieten, gebieten II.** *adj* (*ratsam*) aconsejable; **erhöhte Vorsicht ist ~** aconsejamos mucha precaución
gebracht *pp von* **bringen**
gebrannt I. *pp von* **brennen II.** *adj* **1.** (*Mandel*) garapiñado **2.** (*prov*): **~es Kind scheut das Feuer** gato escaldado del agua fría huye
gebraten *pp von* **braten**
Gebrauch *m ohne Pl* <-(e)s> (*Benutzung*) uso *m;* (*Verwendung*) empleo *m;* **für den eigenen ~** de uso personal; **von etw** *dat* **~ machen** hacer uso de algo; **vor ~ gut schütteln** agítese antes de usar
Gebräuche *mPl* costumbres *fpl;* **Sitten und ~** usos y costumbres
gebrauchen* *vt* **1.** (*Werkzeug*) usar, utilizar; (*Verstand*) emplear; **Gewalt ~** recurrir a la fuerza **2.** (*nützlich sein*) servir; **das kann ich gut/gar nicht ~** esto me sirve de mucho/no me sirve de nada
gebräuchlich *adj* común, corriente; **nicht mehr ~** fuera de uso
Gebrauchsanweisung *f* instrucciones *fpl* de uso; **Gebrauchsgegenstand** *m* <-(e)s, -stände> artículo *m* de uso
gebraucht *adj* usado; (*aus zweiter Hand*) de segunda mano; **Gebrauchtwagen** *m* coche *m* de segunda mano
Gebrechen *nt* <-s, -> (*geh*) achaque *m*
gebrechlich *adj* (*schwach*) débil; (*altersschwach*) decrépito
gebrochen I. *pp von* **brechen II.** *adj* (*Mensch*) afligido; (*Stimme*) entrecortado; **~ deutsch sprechen** chapurrear el alemán
Gebrüder *mPl* hermanos *mpl*
Gebrüll *nt ohne Pl* <-(e)s> (*von Menschen*) vocerío *m;* (*von Tieren*) rugido *m*
Gebühr *f* <-en> tasa *f;* (*Abgabe*) derechos *mpl;* (*Telefon~*) tarifa *f;* (*Post~*) porte *m;* (*Vermittlungs~*) comisión *f;* (*Autobahn~*) peaje *m;* **eine ~ erheben** introducir una tasa; **~ zahlt Empfänger** porte a cargo del destinatario
gebühren* **I.** *vi* (*geh*) corresponder; **seiner Leistung gebührt Anerkennung** su rendimiento merece ser reconocido **II.** *vr:* **sich ~** (*geh*) ser apropiado; **wie es sich gebührt** tal como debe ser
gebührenfrei *adj* exento de tasas; **gebührenpflichtig** *adj* sujeto a tasas; (*Autobahn*) de peaje
gebunden I. *pp von* **binden II.** *adj* **1.** (*einer Sache verpflichtet*) sujeto (*an* a); (*an einen Ort*) ligado (*an* a) **2.** (*Preise*) controlado
Geburt *f* <-en> **1.** (*Entbindung*) parto *m* **2.** (*das Geborenwerden*) nacimiento *m;* **blind von ~ an** ciego de nacimiento; **vor/nach Christi ~** antes/después de Cristo **3.** (*Abstammung*) origen *m;* **von hoher ~** de noble cuna; **Geburtenkontrolle** *f ohne Pl* control *m* de natalidad; **Geburtenrückgang** *m* descenso *m* del número de nacimientos; **geburtenschwach** *adj* (de tasa) de natalidad baja; **geburtenstark** *adj* (de tasa) de natalidad alta; **Geburtenziffer** *f* índice *m* de natalidad
gebürtig *adj* natural (*aus* de); **die ~en Kölner** los naturales de Colonia
Geburtsdatum *nt* <-s, -daten> fecha *f* de nacimiento; **Geburtshilfe** *f ohne Pl* asistencia *f* médica en el parto; **Geburtsjahr** *nt* año *m* de(l) nacimiento; **Geburtsort** *m* lugar *m* de nacimiento; **Geburtsstation** *f* maternidad *f,* nursery *f Arg*
Geburtstag *m* **1.** (*Jahrestag*) cumpleaños *m inv;* **herzlichen Glückwunsch zum ~!** ¡feliz cumpleaños!; **~ feiern** celebrar el cumpleaños **2.** (*Tag der Geburt*) fecha *f* de nacimiento; **Geburtstagsgeschenk** *nt* regalo *m* de cumpleaños; **Geburtstagskind** *nt* persona *f* que cumple años
Geburtstermin *m* fecha *f* del parto; **Geburtsurkunde** *f* acta *f* de nacimiento

Gebüsch *nt* <-(e)s, -e> matorral *m;* (*Dickicht*) maleza *f*
gedacht *pp von* **denken**, **gedenken**
Gedächtnis *nt* <-ses, -se> **1.** (*Erinnerungsvermögen*) memoria *f;* **aus dem ~** de memoria; **ein gutes/schlechtes ~ haben** (**für etw**) tener buena/mala memoria (para algo); **jdn/etw im ~ behalten** retener a alguien/algo en la memoria; **sich** *dat* **etw ins ~ zurückrufen** recordar algo; **sein ~ verlieren** perder la memoria **2.** (*Gedenken*) recuerdo *m* (*an* de), memoria *f* (*an* de); **ein Mahnmal zum ~ an die Toten** un monumento en memoria de los muertos; **Gedächtnisverlust** *m* pérdida *f* de memoria
gedämpft *adj* (*Geräusch*) apagado; (*Licht*) suave; **mit ~er Stimme** en voz baja
Gedanke *m* <-ns, -n> **1.** (*Absicht*) idea *f;* (*Einfall*) ocurrencia *f;* **sich mit dem ~n tragen etw zu tun** (*geh*) abrigar la idea de hacer algo; **sie kam auf den ~n, dass ...** se le ocurrió que...; **mit dem ~n spielen zu ...** jugar con la idea de...; **jdn auf einen ~n bringen** hacer pensar a alguien en algo; **auf dumme ~n kommen** hacer disparates **2.** (*Überlegung*) pensamiento *m;* **sich** *dat* **~n machen** pensar; **in ~n vertieft** absorto en sus pensamientos; **jdn auf andere ~n bringen** distraer a alguien **3.** (*Begriff*) concepto *m*
Gedankenaustausch *m* intercambio *m* de ideas; **Gedankenfreiheit** *f ohne Pl* libertad *f* de pensamiento
gedankenlos *adj* **1.** (*unüberlegt*) irreflexivo **2.** (*zerstreut*) distraído
Gedankenstrich *m* <-(e)s, -e> guión *m*, raya *f;* **Gedankenübertragung** *f ohne Pl* telepatía *f*
gedanklich *adj* mental
Gedärm *nt* <-(e)s, -e> intestinos *mpl*
Gedeck *nt* <-(e)s, -e> cubierto *m;* (*Kaffee~*) servicio *m* de café
gedeckt *adj* (*Farbe*) apagado
gedeihen <gedeiht, gedieh, gediehen> *vi sein* **1.** (*Pflanze*) crecer; (*Kinder*) desarrollarse bien **2.** (*vorankommen*) avanzar; (*Geschäft*) prosperar
gedenken* *irr vi* (*geh*) **1.** (*erinnern*) recordar (*+gen*); (*feierlich*) conmemorar (*+gen*); **der Toten ~** recordar a los muertos **2.** (*vorhaben*) tener la intención (de)
Gedenken *nt ohne Pl* <-s> recuerdo *m* (*an* de), conmemoración *f* (*an* de)
Gedenkfeier *f* acto *m* conmemorativo; **Gedenkstätte** *f* lugar *m* conmemorativo; **Gedenktag** *m* aniversario *m*
Gedicht *nt* <-(e)s, -e> poema *m*
gediegen *adj* **1.** (*von guter Qualität*) bien hecho **2.** (*Charakter*) íntegro; (*Kenntnisse*) sólido **3.** (*rein*) puro; (*Gold*) de ley
gedieh *3. imp von* **gedeihen**
gediehen *pp von* **gedeihen**
Gedränge *nt ohne Pl* <-s> **1.** (*Drängelei*) apreturas *fpl* **2.** (*Menschenmenge*) gentío *m*
gedroschen *pp von* **dreschen**
gedrungen I. *pp von* **dringen II.** *adj* regordete
Geduld *f ohne Pl* paciencia *f;* **die ~ verlieren** perder la paciencia; **mit jdm/etw ~ haben** tener paciencia con alguien/algo; **jds ~ auf die Probe stellen** poner a prueba la paciencia de alguien
gedulden* *vr:* **sich ~** tener paciencia; (*warten*) esperar
geduldig I. *adj* paciente **II.** *adv* con paciencia
Geduldsfaden *m:* **jetzt reißt mir aber der ~!** (*fam*) ¡ahora se me acabó la paciencia!
gedurft *pp von* **dürfen**
geehrt *adj* (*in Briefen*) estimado; **sehr ~er Herr X** estimado Sr. X; (**meine**) **sehr ~e**(**n**) **Damen und Herren** muy Sres. míos
geeignet *adj* **1.** (*Mensch*) apto (*für* para); **jdn für ~ halten** considerar a alguien competente **2.** (*Material*) adecuado (*für* para) **3.** (*zweckmäßig*) oportuno
Gefahr *f* <-en> peligro *m* (*für* para); (*Wagnis*) riesgo *m;* **in ~ schweben** correr peligro; **außer ~ sein** estar fuera de peligro; **auf eigene ~** por propia cuenta y riesgo; **~ laufen etw zu tun** correr el riesgo de hacer algo; **auf die ~ hin, dass ...** a riesgo de que... *+subj*
Gefährdung *f* <-en> amenaza *f* (*für* para, *durch* a causa de/por parte de)
gefahren *pp von* **fahren**
Gefahrenherd *m* foco *m* de peligro
gefährlich *adj* peligroso; (*gewagt*) arriesgado; (*Krankheit*) grave
gefahrlos *adj* sin peligro
Gefährte, -in *m, f* <-n, -n; -nen> (*geh*) compañero, -a *m, f*
Gefälle *nt* <-s, -> **1.** (*Neigung*) pendiente *f* **2.** (*Unterschied*) diferencia *f*
gefallen[1] **I.** *pp von* **fallen, gefallen II.** *adj* (*gestorben*) caído
gefallen*[2] *irr vi* gustar; **es gefällt mir gar nicht, dass ...** no me gusta nada que... *+subj;* **sich** *dat* **etw ~ lassen** (*fam*) aguantar algo
Gefallen[1] *nt ohne Pl* <-s> (*Freude*) gusto *m;* **an etw** *dat*/**jdm ~ finden** tomarle gusto a algo/encontrar a alguien simpático
Gefallen[2] *m* <-s, -> (*Gefälligkeit*) favor *m;* **jdm einen ~ tun** hacer un favor a alguien
Gefallene(**r**) *mf* <-n, -n; -n> (soldado *mf*) caído, -a *m, f*

gefällig *adj* **1.** (*hilfsbereit*) servicial; **jdm ~ sein** ser servicial con alguien **2.** (*ansprechend*) agradable **3.** (*erwünscht*): **ein Stück Kuchen ~?** ¿le apetece un trozo de tarta?

Gefälligkeit[1] *f* <-en> favor *m;* **jdm eine ~ erweisen** hacer un favor a alguien

Gefälligkeit[2] *f ohne Pl* amabilidad *f;* (*Entgegenkommen*) deferencia *f;* **etw aus reiner ~ tun** hacer algo por complacer

gefälligst *adv* (*fam*): **lass mich ~ in Ruhe!** ¡haz el favor de dejarme en paz!

gefangen I. *pp von* **fangen II.** *adj* **1.** (*in Gefangenschaft*): **~ halten** tener encarcelado; **~ nehmen** tomar preso; (*Kriegsgefangene*) hacer prisionero **2.** (*gebannt*) cautivado; **jds Aufmerksamkeit ~ halten** (*geh*) cautivar la atención de alguien

Gefangene(r) *mf* <-n, -n; -n> **1.** (*Kriegs~*) prisionero, -a *m, f* de guerra **2.** (*Häftling*) preso, -a *m, f*

gefangen|halten *irr vt s.* **gefangen II.1., II.2.**

Gefangennahme *f ohne Pl* detención *f,* captura *f*

gefangen|nehmen *irr vt s.* **gefangen II.1.**

Gefangenschaft *f* <-en> prisión *f*

Gefängnis *nt* <-ses, -se> **1.** (*Gebäude*) cárcel *f;* **ins ~ kommen** ir a la cárcel; **im ~ sitzen** estar en la cárcel **2.** (*Strafe*) prisión *f;* **ein Jahr ~ bekommen** ser condenado a un año de cárcel; **Gefängnisstrafe** *f* <-n> pena *f* de cárcel; **jdn zu einer ~ verurteilen** condenar a alguien a prisión; **Gefängniswärter(in)** *m(f)* <-s, -; -nen> carcelero, -a *m, f*

Gefäß *nt* <-es, -e> **1.** (*Behälter*) vasija *f,* recipiente *m* **2.** (MED) vaso *m*

gefasst[RR] *adj,* **gefaßt** *adj* **1.** (*beherrscht*) contenido, sereno **2.** (*eingestellt*) preparado (*auf* para); **sich auf etw ~ machen** prepararse para algo

Gefäßverkalkung *f* (MED) arterioesclerosis *f inv*

Gefecht *nt* <-(e)s, -e> combate *m*

gefeit (*geh*): **gegen etw ~ sein** estar a salvo de algo

Gefieder *nt* <-s, -> plumaje *m*

gefiedert *adj* con plumas

Geflecht *nt* <-es, -e> (*Netz*) red *f;* (*Korb~*) labor *f* de mimbre

geflochten *pp von* **flechten**

geflogen *pp von* **fliegen**

geflohen *pp von* **fliehen**

geflossen *pp von* **fließen**

Geflügel *nt ohne Pl* <-s> **1.** (*als Haustiere*) aves *fpl* de corral **2.** (*Fleisch*) carne *f* de ave

geflügelt *adj* alado, con alas; **ein ~es Wort** un dicho

Geflüster *nt ohne Pl* <-s> cuchicheo *m*

gefochten *pp von* **fechten**

Gefolge *nt* <-s, -> séquito *m*

Gefolgschaft[1] *f ohne Pl* (*Treue*) vasallaje *m*

Gefolgschaft[2] *f* <-en> (*Anhänger*) seguidores *mpl;* (SPORT) aficionados *mpl*

gefragt *adj* (*Künstler*) solicitado; (*Ware*) de gran demanda

gefräßig *adj* (*abw*) voraz; (*verfressen*) glotón, comilón

gefressen *pp von* **fressen**

gefrieren* *irr vi sein* helarse; (*in Kühltruhe*) congelarse

Gefrierfach *nt* congelador *m;* **gefriergetrocknet** *adj* liofilizado; **Gefrierpunkt** *m* punto *m* de congelación; **Temperaturen um den/unter dem/über dem ~** temperaturas alrededor de/bajo/sobre cero grados; **Gefrierschrank** *m* congelador *m*

gefroren I. *pp von* **frieren, gefroren II.** *adj* helado; **hart ~** congelado

Gefüge *nt* <-s, -> **1.** (*Struktur*) estructura *f;* (*System*) sistema *m* **2.** (*das Zusammengefügte*) construcción *f*

gefügig *adj* (*abw*) dócil, sumiso; **sich** *dat* **jdn ~ machen** doblegarse a alguien

Gefühl[1] *nt* <-(e)s, -e> **1.** (*körperlich*) sensación *f;* **ohne ~** insensible; **kein ~ in den Fingern haben** no tener sensibilidad en los dedos; **etw mit ~ machen** hacer algo con finura **2.** (*seelisch*) sentimiento *m;* **das Höchste der ~e** el non plus ultra; **sie erwiderte seine ~e nicht** no respondía a sus sentimientos

Gefühl[2] *nt ohne Pl* <-(e)s> **1.** (*Ahnung*) sensación *f;* (*Eindruck*) impresión *f;* **ich habe das ~, dass er lügt** tengo la sensación de que miente; **etw im ~ haben** intuir algo **2.** (*Sinn*) sentido *m;* **ein ~ für Gerechtigkeit** sentido de la justicia

gefühllos *adj* insensible; (*hartherzig*) impasible

gefühlsbetont *adj* sentimental; **Gefühlsduselei** *f* <-en> (*fam abw*) sentimentalismo *m;* **gefühlskalt** *adj* frío, impasible

Gefühlsregung *f* emoción *f*

gefühlvoll *adj* sentimental; (*empfindsam*) sensible; (*liebevoll*) cariñoso

gefunden *pp von* **finden**

gegangen *pp von* **gehen**

gegeben I. *pp von* **geben II.** *adj* **1.** (*vorhanden*) dado; **unter den ~en Umständen** dadas las circunstancias **2.** (*geeignet*) apropiado, oportuno; **zu ~er Zeit** en el momento oportuno

gegebenenfalls *adv* dado el caso

Gegebenheit *f* <-en> hecho *m;* (*Umstand*) circunstancia *f*

gegen I. *präp +akk* **1.** (*entgegen*) en contra de, contra; (*im Gegensatz zu*) contrario a; **ich habe nichts ~ dich** no tengo nada en contra tuya; **das ist ~ das Gesetz** esto va contra la ley **2.** (*angelehnt*) contra; **~ die Wand** contra la pared **3.** (*zur Bekämpfung von*) contra; **etwas ~ Kopfschmerzen** algo contra el dolor de cabeza **4.** (*Richtung*) hacia **5.** (*verglichen mit*) en comparación con **6.** (*im Austausch für*) contra, por; **Lieferung nur ~ bar** entrega contra pago al contado; **~ Vorlage des Personalausweises** presentando el carné de identidad **7.** (*zeitlich*) sobre; **~ Abend** al anochecer **II.** *adv* (*etwa*) alrededor de

Gegenangriff *m* **1.** (MIL) contraofensiva *f* **2.** (SPORT) contraataque *m;* **Gegenanzeige** *f* (MED) contraindicación *f;* **Gegenargument** *nt* contraargumento *m;* **Gegenbeispiel** *nt* contraejemplo *m;* **Gegenbeweis** *m* prueba *f* en contra; **den ~ erbringen** probar lo contrario

Gegend *f* <-en> **1.** (*Gebiet*) región *f,* zona *f;* (*Stadtviertel*) barrio *m;* **in der ~ von Hamburg** cerca de Hamburgo **2.** (*Umgebung*) alrededores *mpl;* **die ~ um Madrid** los alrededores de Madrid **3.** (*Wend*): **durch die ~ laufen** (*fam*) dar un paseo; **in die ~ gucken** (*fam*) dejar vagar la mirada

Gegendarstellung *f* rectificación *f*

gegeneinander *adv* uno contra otro; **zwei Dinge ~ abgrenzen** fijar los límites de algo

Gegenfahrbahn *f* carril *m* contrario; **Gegengewicht** *nt* <-(e)s, -e> contrapeso *m;* **als ~ zu etw** *dat* como contrapeso a algo; **Gegengift** *nt* antídoto *m*

gegenläufig *adj* (*Entwicklung*) contrario; (TECH) en sentido contrario

Gegenleistung *f* contrapartida *f;* **als ~ für etw** como contrapartida a algo; **Gegenliebe** *f* amor *m* recíproco; **auf (wenig) ~ stoßen** ser (poco) correspondido; **Gegenmaßnahme** *f* contramedida *f;* **Gegenreformation** *f* (HIST) Contrarreforma *f;* **Gegenrichtung** *f* dirección *f* opuesta

Gegensatz *m* <-es, -sätze> **1.** (*Verschiedenheit*) oposición *f;* **im ~ zu etw** *dat* **stehen** estar en oposición con algo; **im ~ zu dir** a diferencia de ti **2.** (*Unterschied*) contraste *m;* **einen ~ zu etw** *dat* **bilden** contrastar con algo; **Gegensätze ziehen sich an** los extremos se atraen **3.** (*Widerspruch*) contradicción *f* (*zu* con)

gegensätzlich *adj* (*entgegengesetzt*) contrario; (*widersprüchlich*) opuesto

Gegensätzlichkeit *f ohne Pl* divergencia *f*

Gegenseite *f* **1.** (*räumlich*) lado *m* opuesto **2.** (POL) (partido *m* de la) oposición *f* **3.** (JUR) parte *f* contraria

gegenseitig *adj* mutuo, recíproco; **in ~em Einverständnis** de mutuo acuerdo; **sich** *dat* **~ helfen** ayudarse el uno al otro

Gegenseitigkeit *f ohne Pl* reciprocidad *f;* **das beruht auf ~** esto es recíproco

Gegenspieler(in) *m(f)* contrincante *mf*

Gegenstand *m* <-(e)s, -stände> **1.** (*Körper*) objeto *m;* (*Ding*) cosa *f* **2.** (*Thema*) tema *m,* objeto *m*

gegenständlich *adj* (KUNST) figurativo

gegenstandslos *adj* **1.** (*hinfällig*) sin validez; (*überflüssig*) superfluo **2.** (*unbegründet*) sin fundamento **3.** (KUNST) abstracto

Gegenstück *nt* <-(e)s, -e> **1.** (*Gegensatz*) lo contrario (*zu* de) **2.** (*Pendant*) equivalente *m* (*zu* de); **Gegenteil** *nt* <-(e)s, -e> lo contrario (*von* de); **(ganz) im ~!** ¡al contrario!

gegenteilig *adj* contrario, opuesto

gegenüber I. *präp* +*dat* **1.** (*örtlich*) frente a, enfrente de; **er wohnt mir ~** vive enfrente de mí **2.** (*einer Person*) frente a; (*in Gegenwart*) delante de; (*angesichts*) ante; **das wäre ihm ~ unfair** sería injusto por lo que a él respecta **3.** (*im Vergleich zu*) en comparación con **II.** *adv* enfrente

Gegenüber *nt* <-s, -> el *m* de enfrente, la *f* de enfrente

gegenüberliegend *adj* de enfrente; **auf der ~en Seite** en el lado opuesto; **gegenüber|stehen** *irr vi:* **jdm positiv/negativ ~** tener simpatía/antipatía hacia alguien; **etw** *dat* **positiv/negativ ~** defender/rechazar algo; **gegenüber|stellen** *vt* **1.** (*Person*) confrontar (+*dat* con); (JUR) carear (+*dat* con) **2.** (*vergleichen*) comparar (+*dat* con); **Gegenüberstellung** *f* **1.** (*von Personen*) confrontación *f;* (JUR) careo *m* **2.** (*Vergleich*) comparación *f*

Gegenverkehr *m* tráfico *m* en contra; **Gegenvorschlag** *m* contrapropuesta *f,* contraproposición *f*

Gegenwart *f ohne Pl* **1.** (*Jetztzeit*) presente *m;* **die Kunst der ~** el arte contemporáneo **2.** (LING) presente *m* **3.** (*Anwesenheit*) presencia *f*

gegenwärtig *adj* presente; (*aus dieser Zeit*) contemporáneo; **etw ist jdm nicht ~** alguien no tiene presente algo

Gegenwert *m* contravalor *m;* **Gegenwind** *m* viento *m* en contra; **gegen|zeichnen** *vt* refrendar

gegessen *pp von* **essen**

geglichen *pp von* **gleichen**

geglitten *pp von* **gleiten**

geglommen *pp von* **glimmen**

Gegner(in) *m(f)* <-s, -; -nen> adversario, -a *m, f,* oponente *mf*

gegnerisch *adj* contrario; **die ~en Parteien** los partidos contrarios

Gegnerschaft *f* <-en> oposición *f*

gegolten *pp von* **gelten**

gegoren *pp von* **gären**

gegossen *pp von* **gießen**

G

gegraben *pp von* **graben**
gegriffen *pp von* **greifen**
Gehabe *nt ohne Pl* <-s> (*abw*) pose *f;* (*Gestik*) ademanes *mpl*
Gehackte(s) *nt ohne Pl* <-n> carne *f* picada
Gehalt[1] *m* <-(e)s, -e> **1.** (*Anteil*) contenido *m* (*an* de); (*prozentual*) porcentaje *m;* (CHEM) grado *m* **2.** (*Alkohol~*) grados *mpl* **3.** (*geistig*) sustancia *f*
Gehalt[2] *nt* <-(e)s, Gehälter> salario *m*
gehalten *pp von* **halten**
gehaltlos *adj* **1.** (*Metall*) pobre (*an* en); (*Essen*) sin sustancia **2.** (*oberflächlich*) insignificante
Gehaltsabrechnung *f* liquidación *f* de la nómina; **Gehaltsempfänger(in)** *m(f)* <-s, -; -nen> asalariado, -a *m, f;* **Gehaltserhöhung** *f* aumento *m* salarial; **Gehaltskonto** *nt* cuenta-salario *f;* **Gehaltsvorstellung** *f* aspiraciones *fpl* económicas
gehaltvoll *adj* **1.** (*Essen*) sustancioso **2.** (*Buch*) valioso
gehangen *pp von* **hängen**
gehässig *adj* (*abw*) lleno de odio; (*böswillig*) malévolo; (*feindselig*) hostil
Gehässigkeit[1] *f ohne Pl* (*Böswilligkeit*) malevolencia *f;* (*Feindseligkeit*) hostilidad *f*
Gehässigkeit[2] *f* <-en> (*Bemerkung*) grosería *f*
gehauen *pp von* **hauen**
gehäuft *adj* **1.** (*Auftreten*) frecuente **2.** (*voll*) lleno; **ein ~er Löffel** una cucharada colmada
Gehäuse *nt* <-s, -> carcasa *f;* (*von Uhr*) caja *f;* (AUTO) cárter *m;* (INFOR) caja *f;* (*vom Obst*) corazón *m*
gehbehindert *adj* inválido
Gehege *nt* <-s, -> cercado *m*
geheim *adj* secreto; (*Kräfte*) oculto; (*vertraulich*) confidencial; **streng ~** altamente secreto; **etw ~ halten** mantener algo en secreto; **etw vor jdm ~ halten** ocultar algo a alguien; **Geheimagent(in)** *m(f)* agente *mf* secreto, -a; **Geheimdienst** *m* servicio *m* secreto; **geheim|halten** *irr vt s.* **geheim**
Geheimnis *nt* <-ses, -se> secreto *m;* (*Unerforschtes*) misterio *m;* **jdm ein ~ anvertrauen** confiar a alguien un secreto; **ein ~ verraten** revelar un secreto; **ein offenes ~** un secreto a voces; **ein ~ vor jdm haben** ocultarle algo a alguien; **er macht kein ~ daraus, dass ...** no oculta que...
geheimnisvoll *adj* misterioso
Geheimnummer *f* número *m* secreto; **Geheimpolizei** *f* policía *f* secreta; **Geheimschrift** *f* escritura *f* cifrada; **Geheimtipp**[RR] *m* soplo *m;* **Geheimtür** *f* puerta *f* secreta; **Geheimzahl** *f* número *m* secreto
Geheiß *nt ohne Pl* <-es> (*geh*) orden *f;* **etw auf jds ~ tun** hacer algo por orden de alguien
geheißen *pp von* **heißen**
gehen <geht, ging, gegangen> **I.** *vi sein* **1.** (*allgemein*) ir; (*zu Fuß*) andar; **zu Fuß ~** ir a pie; **ich gehe jetzt zum Arzt** ahora me voy al médico; **es geht immer geradeaus** es todo seguido; **aufs Gymnasium/in die Schule ~** ir al instituto/al colegio; **sie ging zum Film** se hizo actriz; **ins Bett ~** irse a la cama; **tanzen/schwimmen/schlafen ~** ir a bailar/a nadar/a dormir; **an Land ~** bajar a tierra; **an die Arbeit ~** empezar a trabajar; **das geht zu weit** eso pasa de la raya; **jdm etw nahe ~** afectar algo a alguien; **wie war der Film? – es geht** (*fam*) ¿qué tal la película? – regular; **bist du wieder gesund? – es geht** (*fam*) ¿ya estás bien? – voy tirando; **darum geht es mir nicht** eso no me interesa; **wie geht's?** ¿qué tal?; **es geht mir gut** me va bien; **lass es dir gut ~!** ¡que te vaya bien!; **sie ließen es sich** *dat* **gut ~** se permitieron algunos lujos; **es geht mir schlecht** (*körperlich*) me encuentro mal; (*finanziell*) estoy mal de dinero; **wie ~ die Geschäfte?** ¿qué tal andan los negocios?; **mir ist es genauso gegangen** me pasó lo mismo; **ich hörte, wie die Tür ging** escuché la puerta; **so geht das nicht weiter** esto no puede seguir así; **das geht über meine Kräfte** esto sobrepasa mis fuerzas; **mir geht nichts über meinen Urlaub** para mí no hay nada más importante que las vacaciones; **in Zivil/in Schwarz ~** ir de paisano/de luto; **das geht in die Tausende** esto asciende a varios miles; **in Stücke ~** romperse; **in sich ~** reflexionar sobre sí mismo; **mit der Zeit ~** estar al día; **er ist von uns gegangen** (*geh*) nos ha dejado; **das Essen geht auf mich** la comida corre de mi cuenta; **das Fenster geht aufs Meer** la ventana da al mar; **wenn es nach mir ginge, ...** si dependiera de mí...; **gehst du noch mit ihm?** (*fam*) ¿todavía sales con él?; **über Leichen ~** (*fig*) no tener escrúpulos; **wo sie geht und steht** (*fam*) a todas partes; **vor sich ~** (*fam*) ocurrir **2.** (*weg~*) irse; (*Zug*) salir (*um* a, *nach* para) **3.** (*funktionieren*) funcionar; (*Uhr*) andar; **die Uhr geht (falsch)** el reloj anda (mal); **gut ~** ir bien; **ich zeige dir, wie das geht** te enseño cómo se hace; **kann ich helfen? – danke, es geht schon** ¿le ayudo? – gracias, ya está; **hoffentlich geht das gut!** ¡ojalá salga bien!; **das ist ja noch mal gut gegangen** ha resultado bien otra vez; **wenn alles gut geht, ...** si todo va bien...; **schief ~** (*fam*) fracasar; **wird schon schief ~!** (*fam iron*) ¡todo se arreglará! **4.** (*sich gut verkaufen*) tener buena salida; **gut ~d** floreciente

5. (*Teig*) subir 6. (*Wind*) soplar 7. (*reichen*) llegar (*bis* hasta) 8. (*hindurchpassen*) caber (*durch* por, *in* en); **das geht nicht in meinen Kopf** no me cabe en la cabeza 9. (*andauern*) durar 10. (*möglich sein*) ser posible; **es wird schon ~** todo saldrá bien; **nichts geht mehr** (*im Kasino*) no va más 11. (*betreffen*) tratarse (*um* de); **worum geht's denn?** ¿de qué se trata? 12. (*urteilen*) juzgar (*nach* por/según); **danach kann man nicht ~** uno no se puede guiar por eso 13. (*Wend*): **~ lassen** (*fam: in Ruhe lassen*) dejar tranquilo; **sich ~ lassen** descuidarse, abandonarse II. *vt* 1. *sein* (*Strecke*) recorrer 2. (*Wend*): **sie ist gegangen worden** (*fam*) la han echado a la calle

gehen|lassen *irr* I. *vr:* **sich ~** *s.* **gehen I.13.** II. *vt s.* **gehen I.13**

geheuer *adj:* **nicht (ganz) ~ sein** (*verdächtig*) ser sospechoso; **das ist mir nicht ~** (*unheimlich*) me da algo de miedo

Gehilfe, -in *m, f* <-n, -n; -nen> ayudante *mf*

Gehirn *nt* <-(e)s, -e> cerebro *m;* **Gehirnerschütterung** *f* <-en> (MED) conmoción *f* cerebral

Gehirnhautentzündung *f* (MED) meningitis *f inv*

Gehirnschlag *m* <-(e)s, -schläge> (MED) derrame *m* cerebral; **Gehirntumor** *m* <-s, -e> (MED) tumor *m* cerebral; **Gehirnwäsche** *f* <-n> lavado *m* de cerebro

gehoben I. *pp von* **heben** II. *adj* 1. (*Stellung*) elevado; **~er Dienst** funcionariado de alto grado 2. (*Ausdrucksweise*) culto 3. (*Stimmung*) festivo

Gehöft *nt* <-(e)s, -e> granja *f*

geholfen *pp von* **helfen**

Gehör *nt ohne Pl* <-(e)s> 1. (*Hörvermögen*) oído *m;* **nach dem ~ spielen** tocar de oído 2. (*Aufmerksamkeit*) atención *f;* **jdm ~ schenken** prestar atención a alguien; **sich** *dat* **~ verschaffen** hacerse escuchar

gehorchen* *vi* obedecer; **jdm nicht ~** desobedecer a alguien; **seine Stimme/seine Hand gehorchte ihm nicht** su voz/su mano no le respondió

gehören* I. *vi* 1. (*als Eigentum*) pertenecer (a), ser (de); **das Auto gehört ihm** el coche es suyo 2. (*zugewandt sein*) ser partidario (de); **sein Herz gehört dem Rennsport** su corazón está en las carreras 3. (*zählen zu*) formar parte (*zu* de); **er gehört jetzt zur Familie** ahora forma parte de la familia 4. (*seinen Platz haben*) tener su sitio (*in* en); **wo gehört das hin?** ¿dónde se pone esto? 5. (*nötig sein*) hacer falta, requerir; **dazu gehört Mut** esto requiere valentía; **er gehört verprügelt** se merece una paliza II. *vr:* **sich ~** ser conveniente; **das gehört sich nicht** esto no se hace; **wie es sich gehört** como es debido

gehörig I. *adj* 1. (*gehörend*) perteneciente (*zu* a); **nicht zur Sache ~** que no corresponde al asunto 2. (*angemessen*) debido; (*erforderlich*) necesario 3. (*fam: gründlich*) fuerte; **eine ~e Tracht Prügel** una buena paliza II. *adv* 1. (*gebührend*) como es debido; **ich habe ihm ~ die Meinung gesagt** le dije mi opinión como se merecía 2. (*gründlich*) mucho; **er wurde ~ verprügelt** le dieron una soberana paliza

Gehörlose(r) *mf* <-n, -n; -n> sordo, -a *m, f*

gehorsam *adj* obediente

Gehorsam *m ohne Pl* <-s> obediencia *f*

Gehsteig *m* <-(e)s, -e> acera *f,* vereda *f Am*

Gehupe *nt ohne Pl* <-s> pitada *f*

Gehweg *m* 1. (*Bürgersteig*) acera *f* 2. (*Fußweg*) camino *m*

Geier *m* <-s, -> (ZOOL) buitre *m*

Geige *f* <-n> violín *m;* **die erste ~ spielen** (*fam fig*) llevar la voz cantante; **nach jds ~ tanzen** (*fam fig*) bailar al son que toca alguien

geigen *vi* (*fam*) tocar el violín; **jdm seine Meinung ~** decirle a alguien cuatro verdades

Geiger(in) *m(f)* <-s, -; -nen> violinista *mf*

Geigerzähler *m* <-s, -> (PHYS) contador *m* (de) Geiger

geil *adj* 1. (*fam: großartig*) guay 2. (*vulg: lüstern*) cachondo; **~ werden/machen** ponerse/poner cachondo; **der ist doch bloß ~ auf dich** solamente te tiene ganas

Geisel *f* <-n> rehén *mf;* **~n nehmen** tomar rehenes; **Geiselnahme** *f* <-n> toma *f* de rehenes; **Geiselnehmer(in)** *m(f)* <-s, -; -nen> secuestrador(a) *m(f)*

Geiß *f* <-en> (*südd, Österr, Schweiz: Ziege*) cabra *f*

Geißbock *m* (*südd, Österr, Schweiz: Ziegenbock*) macho *m* cabrío

Geißel *f* <-n> (*fig*) azote *m*

geißeln I. *vt* fustigar II. *vr:* **sich ~** fustigarse

Geist[1] *m* <-(e)s, -er> 1. (*Denker*) espíritu *m* 2. (*Gespenst*) fantasma *m;* **von allen guten ~ern verlassen sein** (*fam*) perder la cabeza

Geist[2] *m ohne Pl* <-(e)s> 1. (*Verstand*) mente *f;* **etw im ~e vor sich** *dat* **sehen** imaginarse algo vivamente 2. (*Scharfsinn*) espíritu *m;* (*Witz*) gracia *f* 3. (*Seele*) espíritu *m;* **der Heilige ~** el Espíritu Santo; **den ~ aufgeben** (*fam*) estropearse, chingarse *Am*

Geisterbahn *f* tren *m* fantasma; **Geisterfahrer(in)** *m(f)* conductor(a) *m(f)* (de coche) kamikaze

geisterhaft *adj* misterioso

Geisterstunde *f* hora *f* bruja

geistesabwesend *adj* distraído; **Geistesblitz** *m* (*fam*) ocurrencia *f;* **Geistesgegenwart** *f* presencia *f* de ánimo; **geistesgestört** *adj* perturbado mental; **geisteskrank** *adj* enfermo mental; **Geisteskrankheit** *f* enfermedad *f* mental; **geistesverwandt** *adj* congenial; **Geisteswissenschaften** *fPl* ciencias *fpl* humanas, letras *fpl fam;* **Geisteswissenschaftler(in)** *m(f)* <-s, -; -nen> hombre *m* de letras, mujer *f* de letras; **Geisteszustand** *m ohne Pl* <-(e)s> estado *m* mental

geistig *adj* **1.** (*Kräfte*) mental; ~ **behindert** deficiente mental **2.** (*Mensch*) intelectual

geistlich *adj* espiritual; (*klerikal*) clerical; (*kirchlich*) eclesiástico; **~e Musik** música sacra; **~er Beistand** apoyo espiritual

Geistliche(r) *m* <-n, -n> eclesiástico *m*

geistlos *adj* insustancial; (*einfallslos*) poco ingenioso; (*dumm*) tonto; (*langweilig*) sin gracia

geistreich *adj* ingenioso, con gracia

Geiz *m ohne Pl* <-es> avaricia *f,* tacañería *f*

geizen *vi* cicatear (*mit* con)

Geizhals *m* (*abw*) avaro, -a *m, f,* tacaño, -a *m, f*

geizig *adj* avaro, tacaño

Gejammer *nt ohne Pl* <-s> (*fam abw*) quejas *fpl*

gekannt *pp von* **kennen**

Gekicher *nt ohne Pl* <-s> (*fam abw*) risitas *fpl*

Gekläff(e) *nt ohne Pl* <-(e)s> (*fam abw*) ladridos *mpl*

Geklapper *nt ohne Pl* <-s> (*fam abw*) traqueteo *m*

Geklirr *nt ohne Pl* <-s> (*abw*) retintín *m*

geklungen *pp von* **klingen**

geknickt *adj* (*fam: niedergeschlagen*) deprimido, afligido

gekniffen *pp von* **kneifen**

gekommen *pp von* **kommen**

gekonnt I. *pp von* **können II.** *adj* bien hecho

Gekritzel *nt ohne Pl* <-s> (*abw*) garabatos *mpl*

gekrochen *pp von* **kriechen**

gekünstelt *adj* (*abw*) amanerado; (*Stil*) rebuscado; (*Lächeln*) artificial

Gel *nt* <-s, -e> gel *m*

Gelächter *nt* <-s, -> risa *f,* carcajada *f*

gelackmeiert *adj* (*fam*) embromado

geladen I. *pp von* **laden II.** *adj* (*fam: zornig*) furioso; **eine ~e Atmosphäre** un ambiente cargado

Gelage *nt* <-s, -> comilona *f*

gelähmt *adj* paralizado

Gelände *nt* <-s, -> terreno *m,* playa *f Am;* (*Ausstellungs~*) recinto *m;* (*Fabrik~*) zona *f* industrial

Geländer *nt* <-s, -> barandilla *f,* baranda *f;* (*Treppen~*) pasamanos *m inv*

Geländerennen *nt* (SPORT) carrera *f* a campo travieso; **Geländewagen** *m* (vehículo *m*) todo terreno *m*

gelang *3. imp von* **gelingen**

gelangen* *vi sein* **1.** (*ankommen*) llegar (*zu/nach/an* a) **2.** (*erreichen*) lograr (*zu*); **zu einer Überzeugung** ~ llegar a una conclusión **3.** (*Schweiz: sich wenden*) dirigirse (*an* a)

gelassen I. *pp von* **lassen II.** *adj* (*ruhig*) sereno; (*unerschütterlich*) imperturbable **III.** *adv* con calma; ~ **bleiben** no perder la calma

Gelatine *f ohne Pl* gelatina *f*

gelaufen *pp von* **laufen**

geläufig *adj* corriente; **dieses Wort ist mir nicht** ~ no conozco esta palabra

gelaunt *adj:* **übel** ~ malhumorado; **gut/schlecht ~ sein** estar de buen/mal humor

Geläut(e) *nt ohne Pl* <-(e)s> repique *m* de campanas

gelb *adj* amarillo; **das ist nicht das G~e vom Ei** (*fam*) eso no es lo mejor

Gelb *nt* <-s, -> amarillo *m;* **die Ampel stand auf** ~ el semáforo estaba en amarillo; **Gelbfieber** *nt ohne Pl* <-s> (MED) fiebre *f* amarilla

gelblich *adj* amarillento

Gelbsucht *f ohne Pl* (MED) ictericia *f*

Geld *nt ohne Pl* <-(e)s> dinero *m,* plata *f Am;* **etw zu ~ machen** sacar dinero de algo; **um ~ spielen** jugar por dinero; **das geht ganz schön ins** ~ esto cuesta un montón; ~ **locker machen** (*fam*) soltar la mosca; **im ~ schwimmen** (*fam fig*) nadar en oro; **das ~ zum Fenster rauswerfen** (*fam fig*) tirar los cuartos por la ventana; **jdm das ~ aus der Tasche ziehen** (*fam fig*) timar a alguien; ~ **waschen** (*fig*) blanquear dinero; **sie hat ~ wie Heu** (*fam fig*) le sale el dinero hasta por las orejas; **Geldangelegenheit** *f* asunto *m* de dinero; **Geldautomat** *m* cajero *m* automático; **Geldbetrag** *m* suma *f,* importe *m;* **Geldbeutel** *m* monedero *m,* portamonedas *m inv Chil, Ven;* **tief in den ~ greifen** (*fam*) sacudirse el bolsillo; **Geldbuße** *f* multa *f;* **Geldentwertung** *f* devaluación *f* monetaria

Gelder *ntPl* (*Mittel*) fondos *mpl;* **öffentliche** ~ fondos públicos

Geldgeber(in) *m(f)* <-s, -; -nen> financiero, -a *m, f;* **geldgierig** *adj* (*abw*) codicioso; **Geldinstitut** *nt* <-s, -e> (FIN, WIRTSCH) institución *f* bancaria; **Geldquelle** *f* fuente *m* de financiación; **Geldschein** *m* <-(e)s, -e> billete *m* de banco; **Geldschrank** *m* caja *f* de caudales; **Geldsorgen** *fPl* problemas *mpl* financieros; **Geldspielautomat** *m* tragaperras *f inv;* **Geldstrafe** *f* multa *f;* **zu einer ~ verurteilen** poner una multa; **Geldstück** *nt* moneda *f;* **Geldwäsche** *f* (*fam*) blanqueo *m* de dinero; **Geldwechsel** *m* <-s, -> (FIN) cambio *m;* **Geldwert** *m ohne Pl* <-(e)s> valor *m* monetario

Gelee *m o nt* <-s, -s> jalea *f*

gelegen I. *pp von* **liegen** II. *adj* 1. (*örtlich*) situado; **gut/zentral ~** bien situado/céntrico 2. (*passend*) conveniente, oportuno III. *adv* a propósito; **Ihr Angebot kommt mir sehr ~** su oferta me viene muy a propósito; **mir ist viel/wenig daran ~, dass ...** considero muy/poco importante que... *+subj*

Gelegenheit *f* <-en> ocasión *f* (*zu* para); (*günstige*) oportunidad *f;* **die ~ haben etw zu tun** tener la ocasión de hacer algo; **bei dieser ~** en esta ocasión; **wenn sich die ~ bietet** si se presenta la oportunidad; **die ~ beim Schopfe fassen** aprovechar la ocasión; **Gelegenheitsarbeit** *f* trabajo *m* ocasional, changa *f Arg;* **Gelegenheitsarbeiter(in)** *m(f)* obrero, -a *m, f* de ocasión, changador(a) *m(f) Arg;* **Gelegenheitskauf** *m* (COM) ocasión *f,* ganga *f fam*

gelegentlich I. *adj* ocasional II. *adv* 1. (*bei Gelegenheit*) cuando sea oportuno 2. (*manchmal*) de vez en cuando

gelehrig *adj* que aprende fácilmente

gelehrt *adj* erudito

Gelehrte(r) *mf* <-n, -n; -n> erudito, -a *m, f;* (*Wissenschaftler*) científico, -a *m, f*

Geleit *nt* <-(e)s, -e> 1. (*geh: Begleitung*) acompañamiento *m;* **freies ~** salvoconducto *m;* **jdm das letzte ~ geben** asistir al entierro de alguien 2. (*Eskorte*) escolta *f*

geleiten* *vt* (*geh: begleiten*) acompañar; (*eskortieren*) escoltar

Geleitschutz *m* escolta *f;* **~ geben** escoltar; **Geleitwort** *nt* prefacio *m*

Gelenk *nt* <-(e)s, -e> (ANAT, TECH) articulación *f;* **Gelenkentzündung** *f* (MED) artritis *f inv*

gelenkig *adj* (*Person*) ágil

gelesen *pp von* **lesen**

Geliebte(r) *mf* <-n, -n; -n> amante *mf*

geliefert *adj* (*fam*): **~ sein** estar jodido *vulg*

geliehen *pp von* **leihen**

gelind(e) *adj* 1. (*geh: mild*) suave 2. (*fam: Wut*) moderado; **~e gesagt** dicho con buenas palabras

gelingen <gelingt, gelang, gelungen> *vi sein* salir (bien), lograr; **ich hoffe, es gelingt mir** espero lograrlo

Gelingen *nt ohne Pl* <-s> éxito *m;* **auf gutes ~!** ¡por el éxito!

gelitten *pp von* **leiden**

gell(e) *interj* (*südd, Schweiz*) verdad

gellen *vi* retumbar

gellend *adj* penetrante

geloben* *vt* (*geh: versprechen*) prometer (solemnemente); (*schwören*) jurar

Gelöbnis *nt* <-ses, -se> (*geh*) promesa *f* solemne; **ein ~ ablegen** prometer solemnemente

gelogen *pp von* **lügen**

gelöst *adj* relajado

gelten <gilt, galt, gegolten> *vi* 1. (*gültig sein*) ser válido; (JUR) estar en vigor; **die Wette gilt** la apuesta es válida; **etw ~ lassen** dejar pasar algo; **das gilt nicht** eso no vale 2. (*zutreffen*) valer (*für* para) 3. (*eingeschätzt werden*) ser considerado (*als* como); **es gilt als sicher, dass ...** es seguro que... 4. (*bestimmt sein*) estar destinado (*+dat* a); **~ für jdn/für etw** (*betreffen*) afectar a alguien/a algo; **und das gilt auch für dich** y esto también va por ti

geltend *adj* (*üblich*) general; (JUR) vigente; **Gründe für etw ~ machen** alegar razones para algo; **Forderungen ~ machen** formular demandas

Geltung *f ohne Pl* 1. (*Gültigkeit*) validez *f;* **~ haben** ser válido 2. (*Bedeutung*) importancia *f;* (*Ansehen*) prestigio *m;* **sich** *dat*/**etw** *dat* **~ verschaffen** hacerse respetar/hacer respetar algo; **zur ~ kommen** resaltar; **etw zur ~ bringen** acentuar algo

Geltungsbedürfnis *nt ohne Pl* <-ses> afán *m* de notoriedad

Gelübde *nt* <-s, -> (*geh*) voto *m*

gelungen I. *pp von* **gelingen** II. *adj* (*gut*) estupendo; (*erfolgreich*) exitoso; **etw ist gut/schlecht ~** algo ha salido bien/mal

GEMA *f Abk. von* **Gesellschaft für musikalische Aufführungs- und mechanische Vervielfältigungsrechte** *sociedad alemana para derechos de ejecución musical y reproducción mecánica*

gemächlich *adj* (*ruhig*) tranquilo; (*langsam*) parsimonioso

Gemahl(in) *m(f)* <-(e)s, -e; -nen> (*geh*) esposo, -a *m, f*

gemahlen *pp von* **mahlen**

Gemälde *nt* <-s, -> cuadro *m;* **Gemäldegalerie** *f* pinacoteca *f*

gemäß I. *präp +dat* según, conforme a; **~ der Information** según la información; **~ Art. 5 des Gesetzes** conforme al art. 5 de la ley II. *adj* conforme a; **eine den Umständen ~e Reaktion** una reacción conforme a las circunstancias

gemäßigt *adj* moderado; (*Klima*) templado

Gemäuer *nt* <-s, -> (*geh*) murallas *fpl* en ruina

Gemecker *nt ohne Pl* <-(e)s> 1. (*fam abw: von Mensch*) critiqueo *m* 2. (*von Ziege*) balido *m*

gemein *adj* 1. (*niederträchtig*) infame; (*hin-*

terhältig) pérfido; (*unverschämt*) descarado; **das war ~** eso fue una canallada; **so ein ~er Kerl!** ¡qué canalla! **2.** (*gemeinsam*) común; **etw mit jdm ~ haben** tener algo en común con alguien

Gemeinde *f* <-n> **1.** (ADMIN) municipio *m*, comuna *f Am;* (*Einwohner*) comunidad *f* **2.** (REL) parroquia *f;* (*Menschen*) feligreses *mpl;* **Gemeindehaus** *nt* casa *f* parroquial; **Gemeindeordnung** *f* reglamento *m* municipal

Gemeinderat, -rätin[1] *m, f* <-(e)s, -räte; -nen> (*Person*) concejal(a) *m(f)*

Gemeinderat[2] *m* <-(e)s, -räte> concejo *m* municipal, consistorio *m reg;* (*a.* REL) cabildo *m*

Gemeindeschwester *f* diaconisa *f;* **Gemeindeverwaltung** *f* administración *f* municipal; **Gemeindezentrum** *nt* (*der Kirche*) centro *m* parroquial; (*der Kommune*) centro *m* municipal

Gemeineigentum *nt* (POL, WIRTSCH) propiedad *f* pública

gemeingefährlich *adj* que constituye un peligro público

Gemeingut *nt ohne Pl* <-(e)s> (*geh*) patrimonio *m* público

Gemeinheit[1] *f ohne Pl* (*Gesinnung*) infamia *f*

Gemeinheit[2] *f* <-en> (*Handlung*) canallada *f;* **so eine ~!** ¡qué canallada!

gemeinhin *adv* generalmente

gemeinnützig *adj* de utilidad pública

Gemeinplatz *m* <-es, -plätze> tópico *m*, lugar *m* común

gemeinsam I. *adj* común; **~er Markt** mercado común **II.** *adv* en común; (*zusammen*) juntos; **etw ~ benutzen** utilizar algo conjuntamente; **sie haben viel ~** tienen mucho en común

Gemeinsamkeit *f* <-en> característica *f* común

Gemeinschaft *f* <-en> comunidad *f;* (*Verbindung*) unión *f;* **die Europäische ~** la Comunidad Europea; **in ~ mit jdm** en cooperación con alguien

gemeinschaftlich I. *adj* común **II.** *adv* conjuntamente, en común

Gemeinschaftsarbeit *f* trabajo *m* en equipo; **Gemeinschaftskunde** *f ohne Pl* sociología *f;* **Gemeinschaftspraxis** *f* <-praxen> consultorio *m* colectivo; **Gemeinschaftsproduktion** *f* coproducción *f;* **Gemeinschaftsraum** *m* <-(e)s, -räume> sala *f* común

gemeinverständlich *adj* inteligible

Gemeinwohl *nt* bien *m* común

Gemenge *nt* <-s, -> mezcla *f;* (*von Menschen*) multitud *f*

gemessen I. *pp von* **messen II.** *adj* (*geh*) parsimonioso; **~en Schrittes** a paso lento

Gemetzel *nt* <-s, -> (*abw*) matanza *f*

gemieden *pp von* **meiden**

Gemisch *nt* <-(e)s, -e> mezcla *f*

gemischt *adj* mezclado, mixto; **mit ~en Gefühlen** con sentimientos encontrados

gemocht *pp von* **mögen**

gemolken *pp von* **melken**

Gemotze *nt ohne Pl* <-s> (*fam abw*) crítica *f*

Gemse *f* <-n> *s.* **Gämse**

Gemunkel *nt ohne Pl* <-s> rumores *mpl*

Gemurmel *nt ohne Pl* <-s> murmullo *m*

Gemüse *nt* <-s, -> verdura *f*, hortalizas *fpl;* **das junge ~** (*fig fam*) la gente menuda; **Gemüseanbau** *m ohne Pl* <-(e)s> (AGR) cultivo *m* de hortalizas; **Gemüsegarten** *m* huerto *m;* **Gemüsehändler(in)** *m(f)* verdulero, -a *m, f*

gemusst[RR], **gemußt** *pp von* **müssen**

gemustert *adj* estampado

Gemüt *nt* <-(e)s, -er> **1.** (*Psyche*) ánimo *m;* **die Entscheidung erregte die ~er** la decisión excitó los ánimos **2.** (*Charakter*) carácter *m*, naturaleza *f* **3.** (*Seele*) alma *f*, corazón *m;* **das ist ihm aufs ~ geschlagen** esto le ha deprimido; **das ist etwas fürs ~** es algo para el corazón; **sich** *dat* **etw zu ~e führen** (*etw beherzigen*) tomar algo en consideración; (*fam: sich etw gönnen*) obsequiarse con algo

gemütlich I. *adj* **1.** (*angenehm*) agradable; (*einladend*) acogedor; (*bequem*) cómodo; **mach's dir ~** ponte cómodo **2.** (*gemächlich*) tranquilo; **in ~em Tempo** a un ritmo agradable **II.** *adv* a gusto

Gemütlichkeit *f ohne Pl* (*Bequemlichkeit*) comodidad *f;* (*Behaglichkeit*) bienestar *m;* **in aller ~** a sus anchas

Gemütsbewegung *f* emoción *f;* **gemütskrank** *adj* con trastornos mentales; **Gemütsmensch** *m* (*fam*) buenazo, -a *m, f;* **Gemütsverfassung** *f* estado *m* de ánimo

Gen *nt* <-s, -e> (BIOL) gen(e) *m*

genannt *pp von* **nennen**

genas *3. imp von* **genesen**

genau I. *adj* **1.** (*exakt*) exacto **2.** (*sorgfältig*) escrupuloso **3.** (*ausführlich*) detallado; **ich weiß nichts G~eres darüber** no sé nada más concreto acerca de ello **II.** *adv* (*exakt*) exactamente; (*Uhrzeit*) en punto; **~ dasselbe** exactamente lo mismo; **~ das Gegenteil** justo lo contrario; **ihn kenne ich ~** le conozco como si le hubiera parido; **es ist ~ 10 Uhr** son las diez en punto; **so ~ wollte ich es nicht wissen!** ¡tan detalladamente no quería saberlo!; **etw ~ nehmen** tomar algo al pie de la letra; **~ genommen ist das nicht richtig** en sentido estricto esto no es correcto

genaugenommen *adv s.* **genau II.**

Genauigkeit *f ohne Pl* **1.** (*Exaktheit*) exactitud *f*, precisión *f* **2.** (*Sorgfalt*) esmero *m*
genauso *adv* de igual modo; ~ **gut** (*mit dem gleichen Ergebnis*) de la misma manera; (*auch*) igualmente; ~ **gut könnte ich behaupten, dass ...** de manera análoga podría afirmar que...; **du hättest ~ gut zu Hause bleiben können** lo mismo hubieses podido quedarte en casa; ~ **gut wie** igual de bien que; ~ **viel wie** tanto como; **sie verdient ~ viel** ella gana lo mismo; ~ **wenig wie** tan poco como; **er verdient ~ wenig** él tampoco gana más; **man kann ~ wenig behaupten, dass ...** tampoco se puede afirmar que... *+subj;* ~ **wie** así como; **genausogut** *adv s.* **genauso**; **genausoviel** *adv s.* **genauso**; **genausowenig** *adv s.* **genauso**
Gendarm *m* <-en, -en> (*Österr*) gendarme *m*
Gendarmerie *f* <-n> (*Österr*) gendarmería *f*
genehm *adj* (*geh*) grato; **ist es (Ihnen) ~, wenn ...?** ¿sería de su agrado si...*+subj*?
genehmigen* *vt* autorizar; (*Antrag*) aprobar; **sich** *dat* **etw** ~ (*fam*) permitirse algo
Genehmigung *f* <-en> autorización *f*; (*eines Antrags*) aprobación *f*
geneigt *adj:* **zu etw** *dat* ~ **sein** estar dispuesto a hacer algo
General(in) *m(f)* <-s, -e *o* -räle; -nen> general *mf*
Generaldirektor(in) *m(f)* director(a) *m(f)* general; **Generalkonsulat** *nt* (POL) consulado *m* general; **Generalprobe** *f* (THEAT) ensayo *m* general; **Generalsekretär(in)** *m(f)* <-s, -e; -nen> (POL) secretario, -a *m, f* general; **Generalstab** *m* (MIL) Estado *m* Mayor; **Generalstreik** *m* huelga *f* general; **Generalüberholung** *f* <-en> (TECH) revisión *f* general; **Generaluntersuchung** *f* (MED) examen *m* general, chequeo *m Am;* **Generalversammlung** *f* asamblea *f* general
Generation *f* <-en> generación *f*; **Generationenvertrag** *m ohne Pl* <-(e)s> contrato *m* generacional
Generationskonflikt *m* conflicto *m* generacional
Generator *m* <-s, -en> generador *m*
generell I. *adj* general **II.** *adv* en lo general
generieren* *vt* (INFOR: *hervorbringen*) generar
genesen <genest, genas, genesen> *vi sein* (*geh*) sanar (*von* de), convalecer
Genesung *f* <-en> (*geh*) convalecencia *f*
Genetik *f ohne Pl* (BIOL) genética *f*
genetisch *adj* (BIOL) genético
Genf *nt* <-s> Ginebra *f*
Genforscher(in) *m(f)* genetista *mf;* **Genforschung** *f ohne Pl* investigación *f* genética
genial *adj* genial
Genialität *f ohne Pl* genialidad *f*
Genick *nt* <-(e)s, -e> nuca *f;* **das bricht ihm das** ~ (*fam*) esto le va a matar
Genie *nt* <-s, -s> genio *m*
genieren* *vr:* **sich** ~ avergonzarse
genießbar *adj* comestible; **etw ist nicht** ~ algo no sabe bien
genießen <genießt, genoss, genossen> *vt* **1.** (*auskosten*) disfrutar (de); **jds Vertrauen** ~ gozar de la confianza de alguien **2.** (*essen*) comer; (*trinken*) beber; (*mit Genuss*) saborear; **das ist mit Vorsicht zu** ~ hay que tener cuidado con esto **3.** (*Erziehung*) recibir
Genießer(in) *m(f)* <-s, -; -nen> sibarita *mf*
genießerisch *adj* con placer
genital *adj* (MED) genital
Genitalien *ntPl* (MED) (órganos *mpl*) genitales *mpl*
Genitiv *m* <-s, -e> (LING) genitivo *m*
Genmanipulation *f* (BIOL) manipulación *f* genética
genommen *pp von* **nehmen**
genormt *adj* estandarizado
genoss[RR], **genoß** *3. imp von* **genießen**
Genosse, -in *m, f* <-n, -n; -nen> compañero, -a *m, f*
genossen *pp von* **genießen**
Genossenschaft *f* <-en> cooperativa *f*
genossenschaftlich *adj* cooperativo
Genre *nt* <-s, -s> género *m*
Gentechniker(in) *m(f)* (BIOL) genetista *mf;* **gentechnisch** *adj* (BIOL) tecnogenético; **Gentechnologie** *f ohne Pl* (BIOL) ingeniería *f* genética
genug *adv* bastante, suficiente; **es ist ~ Platz** hay sitio suficiente; **dazu bin ich alt** ~ soy lo suficientemente mayor para esto; **jetzt ist es aber ~!** ¡ya basta!; **ich habe ~ von der ewigen Schufterei** ya estoy harto de tanto curre
Genüge: **zur** ~ bastante
genügen* *vi* bastar, ser suficiente; **den Anforderungen** ~ satisfacer las exigencias
genügend *adj* bastante, suficiente
genügsam *adj* contentadizo, modesto
Genugtuung *f* <-en> satisfacción *f*
Genus *nt* <-, Genera> (LING) género *m*
Genuss[1RR] *m ohne Pl* <-es> **1.** (*Konsum*) consumo *m* **2.** (*Nutznießung*) usufructo *m;* **in den ~ von etw** *dat* **kommen** (llegar a) disfrutar de algo
Genuss[2RR] *m* <-es, -nüsse> (*Vergnügen*) placer *m;* (*stärker*) deleite *m*
Genuß *m s.* **Genuss**
genüsslich[RR], **genüßlich I.** *adj* gozoso **II.** *adv* con fruición
Genussmittel[RR] *nt* estimulante *m*
genussvoll[RR] *adj* con placer
Geograf(in)[RR] *m(f)* <-en, -en; -nen> *s.*

Geograph
GeografieRR *f ohne Pl s.* **Geographie**
geografischRR *adj s.* **geographisch**
Geograph(in) *m(f)* <-en, -en; -nen> geógrafo, -a *m, f*
Geographie *f ohne Pl* geografía *f*
geographisch *adj* geográfico
Geologe, -in *m, f* <-n, -n; -nen> geólogo, -a *m, f*
Geologie *f ohne Pl* geología *f*
geologisch *adj* geológico
Geometrie *f ohne Pl* geometría *f*
geometrisch *adj* geométrico
Geoökologie *f ohne Pl* (GEO) geoecología *f*
Geophysik *f* (PHYS) geofísica *f*
Georgien *nt* <-s> Georgia *f*
Georgier(in) *m(f)* <-s, -; -nen> georgiano, -a *m, f*
georgisch *adj* georgiano
Geothermik *f ohne Pl* (GEO) geotermia *f*
Gepäck *nt ohne Pl* <-(e)s> equipaje *m,* bultos *mpl fam;* **sein ~ aufgeben** facturar su equipaje
Gepäckabfertigung *f* <-en> taquilla *f* de facturación; **Gepäckannahme** *f* <-n> depósito *m* de equipajes; **Gepäckaufbewahrung** *f* consigna *f;* **Gepäckausgabe** *f* <-n> entrega *f* de equipajes; **Gepäcknetz** *nt* rejilla *f* portaequipajes; **Gepäckstück** *nt* bulto *m*
Gepäckträger(in)[1] *m(f)* <-s, -; -nen> (*Person*) mozo, -a *m, f* de equipajes
Gepäckträger[2] *m* <-s, -> (*am Fahrrad*) portaequipajes *m inv*
Gepäckwagen *m* **1.** (*im Bahnhof*) carrito *m* portaequipajes **2.** (*des Zuges*) furgón *m* de equipajes
Gepard *m* <-s, -e> (ZOOL) guepardo *m*
gepfeffert *adj* (*fam*) **1.** (*Preise*) exorbitante **2.** (*Kritik*) duro; (*Strafe*) severo
gepfiffen *pp von* **pfeifen**
gepflegt *adj* cuidado; (*Restaurant, Kleidung*) elegante; (*Ausdrucksweise*) culto; **~ essen gehen** ir a comer a un restaurante de lujo
Geplapper *nt ohne Pl* <-s> (*fam*) cháchara *f*
Geplätscher *nt ohne Pl* <-s> (*des Wassers*) murmullo *m*
gepriesen *pp von* **preisen**
gepunktet *adj* (*Linie*) de puntos; (*Muster*) con puntos
gequält *adj* (*Lächeln*) forzado
gequollen *pp von* **quellen**
gerade I. *adj* **1.** (*geradlinig*) recto **2.** (*aufrecht*) derecho; **~ stehen** tenerse derecho **3.** (*Charakter*) sincero, franco **4.** (MATH) par; **die ~n Zahlen** los números pares **II.** *adv* **1.** (*soeben*) ahora mismo; **er ist ~ eben gekommen** acaba de llegar; **sie duscht ~** se está duchando; **wo Sie ~ da sind ...** ya que está Ud. aquí... **2.** (*knapp*) justo; **er kam ~ noch rechtzeitig** llegó justo a tiempo; **das hat mir ~ noch gefehlt!** ¡lo que me faltaba! **3.** (*ausgerechnet, genau*) precisamente; **das ist es ja ~!** ¡eso es precisamente!; **er ist nicht ~ eine Schönheit** (*fam*) no es precisamente una belleza
Gerade *f* <-n> **1.** (MATH) (línea *f*) recta *f* **2.** (SPORT) recta *f* **3.** (*Boxen*) directo *m*
geradeaus *adv* seguido, recto; **immer ~** todo seguido
geradeheraus *adv* (*fam*) francamente
gerade|stehen *irr vi:* **für etw ~** responder de algo
geradewegs *adv* directamente
geradezu *adv* realmente
Geradheit *f ohne Pl* franqueza *f*
geradlinig *adj* (*Straße*) recto; (*Abstammung*) directo; (*Charakter*) franco
Geranie *f* <-n> (BOT) geranio *m*
gerann *3. imp von* **gerinnen**
gerannt *pp von* **rennen**
gerät *3. präs von* **geraten**
Gerät[1] *nt* <-(e)s, -e> **1.** (*allgemein*) utensilio *m,* implemento *m Am* **2.** (TECH: *Apparat*) aparato *m;* (*Instrument*) instrumento *m* **3.** (SPORT) aparato *m* de gimnasia
Gerät[2] *nt ohne Pl* <-(e)s> útiles *mpl;* (*Ausrüstung*) equipo *m*
geraten[1] *pp von* **geraten, raten**
geraten[2] <gerät, geriet, geraten> *vi sein* **1.** (*gelangen*) llegar (*nach* a); **in Verlegenheit ~** sentir vergüenza; **in Brand ~** incendiarse; **in Schwierigkeiten ~** caer en una situación difícil; **unter ein Auto ~** ser atropellado por un coche; **er ist an den Falschen ~** dio con alguien que no era; **in Vergessenheit ~** caer en el olvido; **in Not ~** verse en apuros; **ins Stocken ~** (*beim Sprechen*) perder el hilo; (*Verkehr*) quedarse parado; **außer sich** *dat/akk* **~** salirse de sus casillas **2.** (*gelingen*) salir; **gut/schlecht ~** salir bien/mal; **das ist etwas lang/kurz ~** eso ha quedado algo largo/corto; **nach jdm ~** salir a alguien
Geratewohl *nt* (*fam*): **aufs ~** al azar, a destajo *Arg, Chil*
geräumig *adj* espacioso, amplio
Geräusch *nt* <-(e)s, -e> ruido *m;* **geräuscharm** *adj* de poco ruido; **geräuschempfindlich** *adj* sensible al ruido; **Geräuschkulisse** *f* ruido *m* ambiente; **geräuschlos** *adj* silencioso; **geräuschvoll I.** *adj* ruidoso **II.** *adv* con mucho ruido
gerben *vt* curtir
Gerber(in) *m(f)* <-s, -; -nen> curtidor(a) *m(f)*
Gerberei *f* <-en> curtiduría *f,* curtiembre *f Am*
gerecht *adj* **1.** (*Person, Urteil*) justo; (*Strafe*)

merecido **2.** (*berechtigt*) justificado; **jdm/etw** *dat* **~ werden** valorar debidamente a alguien/corresponder a algo

Gerechtigkeit *f ohne Pl* justicia *f;* **jdm ~ widerfahren lassen** hacer justicia a alguien; **das ist ausgleichende ~** esto hace justicia (a una injusticia anterior); **Gerechtigkeitssinn** *m ohne Pl* <-(e)s> sentido *m* de la justicia

Gerede *nt ohne Pl* <-s> **1.** (*Geschwätz*) perorata *f,* pelambre *m Am* **2.** (*Klatsch*) habladurías *fpl*

gereizt *adj* irritado; (*nervös*) nervioso

Gericht *nt* <-(e)s, -e> **1.** (*Speise*) plato *m* **2.** (*Institution*) tribunal *m* (de justicia); **jdn/einen Fall vor ~ bringen** llevar a alguien/un caso a los tribunales; **Hohes ~** Tribunal Supremo; **das Jüngste ~** (REL) el Juicio Final; **mit jdm ins ~ gehen** (*fig*) criticar a alguien **3.** (*Gebäude*) palacio *m* de justicia

gerichtlich *adj* judicial; **jdn ~ verfolgen** iniciar un pleito contra alguien

Gerichtsakte *f* expediente *m* judicial

Gerichtsbarkeit *f ohne Pl* (JUR) jurisdicción *f*

Gerichtsbeschluss[RR] *m* sentencia *f;* **Gerichtsdiener(in)** *m(f)* <-s, -; -nen> ujier *m;* **Gerichtshof** *m* tribunal *m* de justicia, corte *f Am;* **der Europäische ~** el Tribunal Europeo de Justicia; **der Oberste ~** el Tribunal Supremo; **Gerichtskosten** *Pl* gastos *mpl* judiciales; **Gerichtsmedizin** *f ohne Pl* medicina *f* forense; **Gerichtssaal** *m* sala *f* de audiencia; **Gerichtsstand** *m* <-(e)s, -stände> (JUR) jurisdicción *f;* **Gerichtsverfahren** *nt* pleito *m* judicial; **gegen jdn ein ~ einleiten** abrir un pleito contra alguien; **Gerichtsverhandlung** *f* juicio *m;* **Gerichtsvollzieher(in)** *m(f)* <-s, -; -nen> agente *mf* ejecutivo, -a

gerieben *pp von* **reiben**

geriet *3. imp von* **geraten**

gering *adj* **1.** (*klein*) pequeño; (*wenig*) poco; (*knapp*) escaso; (*beschränkt*) limitado; (*Preis, Temperatur*) bajo; (*Entfernung*) corto; **von ~er Qualität** de baja calidad; **etw/jdn ~ schätzen** menospreciar algo/a alguien; (*verachten*) despreciar algo/a alguien **2.** (*unbedeutend*) insignificante, mínimo; **die ~ste Kleinigkeit regt ihn auf** la pequeñez más nimia le enfada; **das stört mich nicht im G~sten** no me molesta lo más mínimo

geringfügig **I.** *adj* mínimo **II.** *adv* ligeramente

gering|schätzen *vt s.* **gering 1.**

geringschätzig *adj* despectivo

gerinnen <gerinnt, gerann, geronnen> *vi sein* (*Milch*) cuajar(se); (*Blut*) coagular(se)

Gerinnsel *nt* <-s, -> coágulo *m* (de sangre)

Gerinnung *f* <-en> coagulación *f*

Gerippe *nt* <-s, -> **1.** (*Skelett*) esqueleto *m* **2.** (*von Schiff*) armazón *m o f;* (*von Flugzeug*) costilla *f*

gerissen **I.** *pp von* **reißen** **II.** *adj* (*fam: schlau*) astuto

geritten *pp von* **reiten**

Germane, -in *m, f* <-n, -n; -nen> germano, -a *m, f*

germanisch *adj* (HIST, LING) germánico

Germanistik *f ohne Pl* germanística *f,* filología *f* alemana

gern(e) <lieber, am liebsten> *adv* con (mucho) gusto; **sehr ~!** ¡con mucho gusto!; **ich möchte zu ~ wissen, ob ...** me gustaría muchísimo saber si...; **sie liest ~** le gusta leer; **er hat es ~, wenn ...** le gusta que... +*subj;* **ein ~ gesehener Gast** un invitado bienvenido; **~ geschehen!** ¡no hay de qué!; **das glaube ich ~** sí que me lo creo; **du kannst ~ mitkommen** puedes venir si te apetece; **ich hätte ~ den Chef gesprochen** quisiera hablar con el jefe; **du kannst mich mal ~ haben** (*fam*) no te quiero ver ni en pintura

gerochen *pp von* **riechen**

Geröll *nt* <-(e)s, -e> grava *f,* gravilla *f;* (*Rollsteine*) cantos *mpl* rodados; (*Kiesel*) guijarros *mpl;* (*Reste*) rocalla *f*

geronnen *pp von* **gerinnen, rinnen**

Gerste *f* <-n> cebada *f;* **Gerstenkorn** *nt* <-(e)s, -körner> **1.** (BOT) grano *m* de cebada **2.** (MED) orzuelo *m*

Gerte *f* <-n> (*Stock*) vara *f;* (*Peitsche*) fusta *f*

Geruch *m* <-(e)s, Gerüche> olor *m* (*nach* a)

geruchlos *adj* sin olor

Geruchssinn *m ohne Pl* <-(e)s> olfato *m*

Gerücht *nt* <-(e)s, -e> rumor *m,* boquilla *f Ecua;* **es geht das ~, dass ...** circula el rumor de que...; **ein ~ in die Welt setzen** difundir un rumor

gerufen *pp von* **rufen**

geruhsam *adj* sosegado, tranquilo

Gerümpel *nt ohne Pl* <-s> (*abw*) trastos *mpl*

Gerundium *nt* <-s, Gerundien> (LING) gerundio *m*

gerungen *pp von* **ringen**

Gerüst *nt* <-(e)s, -e> **1.** (*Bau~*) andamio *m* **2.** (*Aufbau*) estructura *f*

Ges *nt* <-, -> (MUS) sol *m* bemol

gesalzen **I.** *pp von* **salzen** **II.** *adj* (*fam*) **1.** (*mit Salz*) salado **2.** (*Preis*) exorbitante **3.** (*Brief*) duro

gesamt *adj* todo; (*völlig*) total; (*vollständig*) completo

Gesamtansicht *f* vista *f* general; **Gesamt-**

ausgabe *f* <-n> obras *fpl* completas; **Gesamtbetrag** *m* importe *m* total; **gesamtdeutsch** *adj* de toda Alemania; **Gesamteindruck** *m* impresión *f* final; **Gesamtergebnis** *nt* resultado *m* final; **im ~** en total

Gesamtheit *f ohne Pl* totalidad *f;* **in seiner/ihrer ~** en su totalidad

Gesamtkosten *Pl* (WIRTSCH) costes *mpl* totales; **Gesamtschule** *f* <-n> escuela *f* integrada; **Gesamtübersicht** *f* vista *f* general; **Gesamtverbrauch** *m* consumo *m* global; **Gesamtwerk** *nt* obra *f* completa; **Gesamtwert** *m* valor *m* total

gesandt *pp von* **senden**

Gesandte(r) *mf* <-n, -n; -n> enviado, -a *m, f;* (HIST) legado, -a *m, f*

Gesandtschaft *f* <-en> legación *f*

Gesang[1] *m ohne Pl* <-(e)s> (*das Singen*) canto *m*

Gesang[2] *m* <-(e)s, -sänge> (*Lied*) canto *m;* (REL) cántico *m;* **gregorianische Gesänge** canto gregoriano

Gesangbuch *nt* libro *m* de cánticos; **Gesangverein** *m* orfeón *m*

Gesäß *nt* <-es, -e> trasero *m*

geschaffen *pp von* **schaffen**[1]

Geschäft[1] *nt* <-(e)s, -e> **1.** (*Handel*) negocio *m;* **wie gehen die ~e?** ¿cómo van los negocios?; **mit jdm ~e machen** hacer negocios con alguien; **mit jdm ins ~ kommen** establecer relaciones comerciales con alguien **2.** (*Firma*) empresa *f* comercial; **morgen gehe ich nicht ins ~** (*fam*) mañana no voy al trabajo **3.** (*Laden*) negocio *m* **4.** (*Aufgabe*) trabajo *m;* **seinen ~en nachgehen** atender sus negocios **5.** (*fam: Notdurft*): **sein ~ verrichten** [*o* **machen**] hacer sus necesidades

Geschäft[2] *nt ohne Pl* <-(e)s> (*Gewinn*) negocio *m;* **ein gutes/schlechtes ~ machen** hacer un buen/mal negocio

geschäftig *adj* diligente

geschäftlich *adj* comercial, de negocios; **~ unterwegs sein** estar en viaje de negocios

Geschäftsabschluss[RR] *m* transacción *f,* cierre *m* de un negocio; **Geschäftsbedingungen** *fPl* (COM) términos *mpl* comerciales; **allgemeine ~** condiciones generales de contrato; **Geschäftsbericht** *m* (COM) informe *m* comercial; **Geschäftsbrief** *m* carta *f* comercial; **Geschäftsbücher** *ntPl* libros *mpl* de cuentas; **Geschäftsessen** *nt* <-s, -> comida *f* de negocios; **geschäftsfähig** *adj* (JUR) capaz; **Geschäftsfrau** *f* <-en> mujer *f* de negocios; **Geschäftsfreund(in)** *m(f)* colega *mf,* compañero, -a *m, f;* **geschäftsführend** *adj* gestor; **Geschäftsführer(in)** *m(f)* <-s, -; -nen> **1.** (*von Unternehmen*) gerente *mf* **2.** (*von Organisation*) secretario, -a *m, f* general; **Geschäftsführung** *f ohne Pl* **1.** (*Vorgang*) gerencia *f* **2.** (*Personal*) gerentes *mpl;* **Geschäftsjahr** *nt* año *m* económico; **Geschäftskosten** *Pl* gastos *mpl* comerciales; **auf ~** a cuenta de la empresa; **Geschäftsleben** *nt ohne Pl* <-s> vida *f* comercial; **Geschäftsleitung** *f* gerencia *f;* **Geschäftsmann** *m* <-(e)s, -leute *o* -männer> hombre *m* de negocios; **Geschäftsordnung** *f* reglamento *m;* **Geschäftspartner(in)** *m(f)* <-s, -; -nen> **1.** (*Beteiligter*) socio, -a *m, f* **2.** (*Handelspartner*) socio, -a *m, f* comercial; **Geschäftsreise** *f* viaje *m* de negocios; **geschäftsschädigend** *adj* perjudicial para el negocio; **Geschäftsschluss**[RR] *m ohne Pl* <-es> (hora *f* de) cierre *m* de los comercios; **nach ~** después del cierre de los comercios; **Geschäftssinn** *m ohne Pl* <-(e)s> habilidad *f* para los negocios; **Geschäftsstelle** *f* (*Büro*) despacho *m;* (*Filiale*) sucursal *f;* (*Gericht*) secretaría *f* del juzgado; **Geschäftsstunden** *fPl* horas *fpl* de oficina; **geschäftstüchtig** *adj* hábil para el comercio; **Geschäftsverbindung** *f* <-en> (WIRTSCH) ralación *f* comercial; **Geschäftsviertel** *nt* zona *f* comercial; **Geschäftswagen** *m* coche *m* de la empresa; **Geschäftszeit** *f* horario *m* comercial; **Geschäftszimmer** *nt* oficina *f*

geschah *3. imp von* **geschehen**

geschehen <geschieht, geschah, geschehen> *vi sein* pasar, ocurrir; **als ob nichts ~ wäre** como si no hubiera pasado nada; **was geschieht mit diesen Flaschen?** ¿qué hacemos con estas botellas?; **es ist um jdn ~** alguien está perdido; **er wusste nicht wie ihm geschah, als ...** no sabía lo que estaba sucediendo cuando...

Geschehen *nt* <-s, -> (*geh*) acontecimientos *mpl*

gescheit *adj* listo; (*vernünftig*) sensato

Geschenk *nt* <-(e)s, -e> regalo *m;* **ein ~ des Himmels** un regalo llovido [*o* caído] del cielo; **jdm ein ~ machen** regalar algo a alguien; **Geschenkpapier** *nt* papel *m* de regalo

Geschichte[1] *f ohne Pl* (*Entwicklungsprozess*) historia *f;* **Alte/Mittlere/Neue ~** Historia Antigua/de la Edad Media/Moderna

Geschichte[2] *f* <-n> **1.** (*Erzählung*) cuento *m* **2.** (*fam: Angelegenheit*) asunto *m,* cuestión *f Am;* **was machst du für ~n?** ¿pero qué estás haciendo?; **mach keine ~n!** ¡no hagas tonterías!

geschichtlich *adj* histórico

Geschichtsbuch *nt* libro *m* de historia; **Geschichtsschreibung** *f ohne Pl* historiografía *f*

Geschick *nt* <-(e)s, -e> (*geh: Schicksal*) suerte *f*

Geschicklichkeit *f ohne Pl* habilidad *f*

geschickt *adj* hábil, mañoso *fam;* **sich bei etw** *dat* ~ **anstellen** ser hábil en algo

geschieden *pp von* **scheiden**

geschieht *3. präs von* **geschehen**

geschienen *pp von* **scheinen**

Geschirr[1] *nt* <-(e)s, -e> **1.** (*Ess~*) vajilla *f;* (*Kaffee~*) juego *m* de café **2.** (*Pferde~*) arreos *mpl*

Geschirr[2] *nt ohne Pl* <-(e)s> (*Gesamtheit*) platos *mpl*

Geschirrschrank *m* aparador *m;* **Geschirrspülmaschine** *f* lavavajillas *m inv;* **Geschirrspülmittel** *nt* (líquido *m*) lavavajillas *m inv;* **Geschirrtuch** *nt* <-(e)s, -tücher> paño *m* de cocina

geschissen *pp von* **scheißen**

geschlafen *pp von* **schlafen**

geschlagen *pp von* **schlagen**

Geschlecht[1] *nt ohne Pl* <-(e)s> (BIOL) sexo *m;* **beiderlei** ~**s** de ambos sexos

Geschlecht[2] *nt* <-(e)s, -er> **1.** (*Gesamtheit der Lebewesen*): **das andere** ~ el otro sexo; **das schwache/starke** ~ (*fam*) el sexo débil/fuerte **2.** (*Gattung, a.* LING) género *m* **3.** (*Familie*) familia *f* **4.** (*Generation*) generación *f*

geschlechtlich *adj* sexual

Geschlechtsakt *m* <-(e)s, -e> acto *m* sexual; **Geschlechtshormon** *nt* hormona *f* sexual; **Geschlechtskrankheit** *f* enfermedad *f* venérea; **Geschlechtsorgan** *nt* órgano *m* sexual; **Geschlechtsreife** *f* madurez *f* sexual; **Geschlechtsverkehr** *m* relaciones *fpl* sexuales

geschlichen *pp von* **schleichen**

geschliffen I. *pp von* **schleifen II.** *adj* (*Ausdrucksweise*) pulido

geschlossen I. *pp von* **schließen II.** *adj* **1.** (*zusammenhängend*) compacto; ~**e Gesellschaft** reunión privada **2.** (*Vokal*) cerrado **III.** *adv* colectivamente; **wir standen** ~ **hinter ihm** le apoyamos colectivamente; ~ **für/gegen etw stimmen** votar por unanimidad a favor de/contra algo

geschlungen *pp von* **schlingen**

Geschmack[1] *m ohne Pl* <-(e)s> (*~ssinn*) gusto *m*

Geschmack[2] *m* <-(e)s, -schmäcke *fam:* -schmäcker> **1.** (*einer Speise*) sabor *m* (*nach* a) **2.** (*ästhetisches Empfinden*) gusto *m;* **für meinen** ~ para mi gusto; **das ist nicht nach meinem** ~ no es de mi gusto; **an etw** *dat* ~ **finden** cogerle el gusto a algo; **über** ~ **lässt sich (nicht) streiten** (*prov*) para gustos se hicieron los colores

geschmacklos *adj* **1.** (*Speisen*) sin sabor **2.** (*taktlos*) de mal gusto

Geschmacklosigkeit[1] *f* <-en> (*Bemerkung*) comentario *m* de mal gusto

Geschmacklosigkeit[2] *f ohne Pl* (*Eigenschaft*) falta *f* de gusto

Geschmack(s)sache *f* cuestión *f* de gusto; **das ist reine** ~ es pura cuestión de gusto

geschmackvoll I. *adj* de buen gusto **II.** *adv* con gusto

geschmeidig *adj* **1.** (*biegsam*) elástico; (*weich*) suave **2.** (*Körper*) ágil

geschmissen *pp von* **schmeißen**

geschmolzen *pp von* **schmelzen**

geschnitten *pp von* **schneiden**

geschoben *pp von* **schieben**

gescholten *pp von* **schelten**

Geschöpf *nt* <-(e)s, -e> criatura *f*

geschoren *pp von* **scheren**

Geschoss[RR] *nt* <-es, -e>, **Geschoß** *nt* <-sses, -sse> **1.** (*von Waffen*) proyectil *m* **2.** (*Etage*) piso *m*

geschossen *pp von* **schießen**

geschraubt *adj* (*fam abw: Stil*) rebuscado

Geschrei *nt ohne Pl* <-s> griterío *m*

geschrieben *pp von* **schreiben**

geschrie(e)n *pp von* **schreien**

geschritten *pp von* **schreiten**

geschunden *pp von* **schinden**

Geschütz *nt* <-es, -e> cañón *m;* **schweres** ~ **auffahren** (*fam*) disparar toda la artillería

Geschwätz *nt ohne Pl* <-es> (*fam abw*) **1.** (*Gerede*) palabrería *f* **2.** (*Klatsch*) cotilleo *m*

geschwätzig *adj* (*abw*) chismoso

geschweige *konj:* ~ **denn** ni mucho menos

geschwiegen *pp von* **schweigen**

geschwind *adj* (*reg*) rápido

Geschwindigkeit *f* <-en> velocidad *f,* viada *f And;* **Geschwindigkeitsbeschränkung** *f* limitación *f* de velocidad; **Geschwindigkeitsüberschreitung** *f* <-en> exceso *m* de velocidad

Geschwister *Pl* hermanos *mpl;* (*Schwestern*) hermanas *fpl*

geschwollen I. *pp von* **schwellen II.** *adj* (*abw: Stil*) ampuloso

geschwommen *pp von* **schwimmen**

geschworen *pp von* **schwören**

Geschworene(r) *mf* <-n, -n; -n> jurado, -a *m, f*

Geschwulst *f* <-schwülste> tumor *m;* (*Schwellung*) tumefacción *f*

geschwunden *pp von* **schwinden**

geschwungen *pp von* **schwingen**

Geschwür *nt* <-(e)s, -e> (MED) úlcera *f*

gesehen *pp von* **sehen**

Geselle, -in *m, f* <-n, -n; -nen> (*Handwerker*) oficial *mf*

gesellen* *vr:* **sich** ~ juntarse (*zu* con)

Gesellenprüfung *f* examen *m* para obtener el título de oficial

gesellig *adj* (*Mensch*) sociable, comunicativo

Geselligkeit *f ohne Pl* (*eines Menschen*) sociabilidad *f*

Gesellschaft *f* <-en> **1.** (SOZIOL, WIRTSCH) sociedad *f* **2.** (*Organisation*) asociación *f* **3.** (*Begleitung*) compañía *f*; **jdm ~ leisten** hacer compañía a alguien; **er ist in schlechte ~ geraten** ha caído en malas compañías **4.** (*Fest*) fiesta *f*; (*Gäste*) círculo *m*

Gesellschafter(in) *m(f)* <-s, -; -nen> (WIRTSCH) socio, -a *m, f*

gesellschaftlich *adj* social

gesellschaftsfähig *adj* **1.** (*Mensch*) presentable **2.** (*Benehmen*) socialmente aceptable; **Gesellschaftsschicht** *f* capa *f* social; **Gesellschaftsspiel** *nt* <-(e)s, -e> juego *m* de sociedad; **Gesellschaftsvertrag** *m* (WIRTSCH, JUR) contrato *m* social

gesessen *pp von* **sitzen**

Gesetz *nt* <-es, -e> ley *f*; **Gesetzbuch** *nt* código *m*; **Bürgerliches ~** código civil; **Gesetzentwurf** *m* proyecto *m* de ley

Gesetzesvorlage *f* proyecto *m* de ley

gesetzgebend *adj* legislativo; **Gesetzgeber** *m* <-s, -> legislador *m*; **Gesetzgebung** *f ohne Pl* legislación *f*

gesetzlich *adj* legal; (*rechtmäßig*) legítimo; **~er Feiertag** fiesta oficial

gesetzlos *adj* anárquico

gesetzmäßig *adj* **1.** (*rechtmäßig*) legal **2.** (*regelmäßig*) regular

Gesetzmäßigkeit[1] *f ohne Pl* (JUR) legalidad *f*

Gesetzmäßigkeit[2] *f* <-en> (*Regelmäßigkeit*) regularidad *f*

gesetzt *adj* **1.** (*ruhig*) sosegado; (*ernst*) serio **2.** (*Wend*): **~ den Fall, dass ...** suponiendo que... +*subj*

gesetzwidrig *adj* ilegal

gesichert *adj* asegurado

Gesicht *nt* <-(e)s, -er> **1.** (*Körperteil, Miene*) cara *f*; **sein wahres ~ zeigen** quitarse la careta; **etw zu ~ bekommen** llegar a ver algo; **das ~ wahren** salvar la cara; **sein ~ verlieren** perder prestigio; **es steht ihm ins ~ geschrieben** lo lleva escrito en la frente; **jdm etw ins ~ sagen** decirle a alguien algo a la cara; **jdm wie aus dem ~ geschnitten sein** ser el vivo retrato de alguien; **der Realität ins ~ sehen** ver las cosas como son; **ein langes ~ machen** poner cara larga **2.** (*Anblick*) aspecto *m*; **Gesichtsausdruck** *m* <-(e)s, -drücke> (expresión *f* de la) cara *f*; **Gesichtsfarbe** *f* color *m* del rostro; (*Teint*) tez *f*; **Gesichtspunkt** *m* punto *m* de vista; **unter diesem ~** desde este punto de vista; **Gesichtswasser** *nt* <-s, -wässer> loción *f* para la cara; **Gesichtszüge** *mPl* facciones *fpl*

Gesims *nt* <-es, -e> moldura *f*

Gesindel *nt ohne Pl* <-s> (*abw*) gentuza *f*, pacotilla *f Am*

gesinnt *adj*: **gleich ~** de la misma manera de pensar; **jdm freundlich/übel ~ sein** sentir simpatía/antipatía por alguien

Gesinnung *f* <-en> (*Denkart*) ideas *fpl*; (*Überzeugung*) convicciones *fpl*; **politische ~** credo político; **Gesinnungswandel** *m* cambio *m* de opinión

gesittet *adj* (*anständig*) decente; (*gut erzogen*) bien educado

gesoffen *pp von* **saufen**

gesogen *pp von* **saugen**

gesondert I. *adj* separado, aparte **II.** *adv* por separado

gesonnen I. *pp von* **sinnen II.** *adj*: **~ sein etw zu tun** tener la intención de hacer algo

gesotten *pp von* **sieden**

gespalten *pp von* **spalten**

Gespann *nt* <-(e)s, -e> **1.** (*Wagen*) tiro *m*; (*Ochsen und Joch*) yunta *f* **2.** (*Personen*) pareja *f*

gespannt *adj* **1.** (*neugierig*) curioso (*auf* por); **ich bin ~, was daraus wird** tengo mucha curiosidad por ver qué pasa con esto **2.** (*aufmerksam*) atento **3.** (*Lage*) tenso

Gespenst *nt* <-(e)s, -er> fantasma *m*, espanto *m Am*

gespenstisch *adj* fantasmal

gespie(e)n *pp von* **speien**

gespielt *adj* (*vorgetäuscht*) simulado, fingido

gesponnen *pp von* **spinnen**

Gespött *nt ohne Pl* <-(e)s> burla *f*; **sich zum ~ der Leute machen** ser el hazmerreír de la gente

Gespräch *nt* <-(e)s, -e> **1.** (*Unterhaltung*) conversación *f* (*über* de/sobre); (*Plauderei*) charla *f* (*über* sobre); **(mit jdm) ein ~ führen** conversar (con alguien); **mit jdm ins ~ kommen** trabar conversación con alguien; **im ~ sein** estar en boca de todos **2.** (TEL) conferencia *f*

gesprächig *adj* comunicativo, locuaz

Gesprächspartner(in) *m(f)* interlocutor(a) *m(f)*; **Gesprächsstoff** *m* <-(e)s, -e> tema *m* de conversación; **Gesprächsthema** *nt* tema *m* de conversación

gesprenkelt *adj* moteado

gesprochen *pp von* **sprechen**

gesprossen *pp von* **sprießen**

gesprungen *pp von* **springen**

Gespür *nt ohne Pl* <-s> sentido *m* (*für* de)

Gestalt *f* <-en> **1.** (*äußere Erscheinung*) aspecto *m*; (*Wuchs*) estatura *f* **2.** (*Form*) forma *f*; **~ annehmen** tomar cuerpo; **in ~ von** en forma de **3.** (*Persönlichkeit*) personaje *m*; **eine düstere ~** un personaje tenebroso **4.** (*Person*) persona *f*

gestalten* **I.** *vt* **1.** (*Wohnung*) distribuir; (*Unterricht*) elaborar; (*Freizeit*) organizar **2.** (ARCHIT, KUNST) formar; (*Entwurf*) hacer, crear **II.** *vr:* **sich** ~ (*geh*) formarse; **der Ablauf wird sich folgendermaßen** ~ el desarrollo será de la siguiente manera; **die Bergung gestaltete sich schwierig** el rescate resultó difícil

gestalterisch *adj* creativo

Gestaltung *f* <-en> (*Wohnung*) distribución *f;* (*von Thema*) presentación *f;* (*Freizeit*) organización *f;* (*Aufbau*) estructuración *f;* (*schöpferisch*) creación *f*

gestand *3. imp von* **gestehen**

gestanden *pp von* **stehen, gestehen**

geständig *adj* confeso; ~ **sein** confesar

Geständnis *nt* <-ses, -se> confesión *f;* **ein** ~ **ablegen** confesar

Gestank *m ohne Pl* <-(e)s> (*abw*) hedor *m,* peste *f fam*

gestatten* *vt* permitir; (*offiziell*) autorizar; **jdm etw** ~ autorizar a alguien (para) algo; **wenn ich mir die Bemerkung** ~ **darf** si me permite la observación; **Sie** ~**?** (con) permiso

Geste *f* <-n> gesto *m*

gestehen <gesteht, gestand, gestanden> *vt* **1.** (JUR) confesar **2.** (*zugeben*) admitir; **offen gestanden weiß ich es nicht** a decir verdad no lo sé

Gestein *nt* <-(e)s, -e> mineral *m;* (*Fels*) roca *f*

Gestell *nt* <-(e)s, -e> **1.** (*Unterbau*) armazón *m o f;* (*Stütze*) soporte *m* **2.** (AUTO) chasis *m inv* **3.** (*Brillen~*) montura *f*

gestellt *adj* (*Szene*) montado; (*Foto*) poco natural

gestern *adv* ayer; ~ **Abend/Morgen** ayer por la noche/por la mañana; ~ **vor einer Woche** ayer hace ocho días; **ich bin doch nicht von** ~ (*fam*) no nací ayer

gestiegen *pp von* **steigen**

gestikulieren* *vi* gesticular, hacer gestos

Gestirn *nt* <-(e)s, -e> astro *m*

gestoben *pp von* **stieben**

gestochen **I.** *pp von* **stechen** **II.** *adj* (*sorgfältig*) esmerado; (*Handschrift*) claro; ~ **scharf** (*Foto*) muy nítido

gestohlen *pp von* **stehlen**

gestorben *pp von* **sterben**

gestört *adj* (PSYCH: *Verhältnis*) perturbado; (*Kind*) problemático

gestoßen *pp von* **stoßen**

Gestotter *nt ohne Pl* <-s> (*fam abw*) tartamudeo *m*

gestreift *adj* a rayas

gestresst[RR] *adj,* **gestreßt** *adj* estresado

gestrichen **I.** *pp von* **streichen** **II.** *adj* (*Maßangabe*) raso, rasado; **ein** ~**er Teelöffel voll Zucker** una cucharilla rasa de azúcar; **ich hab die Schnauze** ~ **voll** (*fam*) estoy hasta las narices

gestrig *adj* de ayer

gestritten *pp von* **streiten**

Gestrüpp *nt* <-(e)s, -e> broza *f,* pajonal *m Am*

gestunken *pp von* **stinken**

Gestüt *nt* <-(e)s, -e> criadero *m* de caballos

Gesuch *nt* <-(e)s, -e> solicitud *f,* aplicación *f Am;* **ein** ~ **einreichen** presentar una solicitud

gesucht *adj* **1.** (*gekünstelt*) rebuscado **2.** (*begehrt*) solicitado

gesund *adj* sano; (*heilsam*) saludable; ~**e Ernährung** alimentación sana; **wieder** ~ **werden** recobrar la salud; **ich bin** ~ **und munter** estoy sano y salvo; **Vitamin C ist** ~ la vitamina C es buena para la salud; ~ **aussehen** tener buen aspecto; ~**e Anschauungen haben** tener ideas sanas

gesunden* *vi sein* (*geh: Mensch*) sanar; (*Wirtschaft*) recuperarse

Gesundheit *f ohne Pl* salud *f;* **auf Ihre** ~**!** ¡a su salud!; **bei guter** ~ **sein** gozar de buena salud; ~**!** (*beim Niesen*) ¡Jesús!, ¡salud!

gesundheitlich *adj* **1.** (*die Gesundheit betreffend*) de salud; (*Institution*) sanitario; **aus** ~**en Gründen** por razones de salud **2.** (*der Gesundheit dienend*) saludable

Gesundheitsamt *nt* Departamento *m* de Sanidad; **gesundheitsschädlich** *adj* perjudicial para la salud; **Gesundheitszustand** *m* estado *m* de salud

gesund|schreiben[RR] *irr vt* dar de alta

gesungen *pp von* **singen**

gesunken *pp von* **sinken**

getan *pp von* **tun**

Getöse *nt ohne Pl* <-s> estruendo *m,* chivateo *m Am*

getragen **I.** *pp von* **tragen** **II.** *adj* **1.** (*Musik*) lento **2.** (*Kleidung*) usado

Getränk *nt* <-(e)s, -e> bebida *f;* **Getränkeautomat** *m* máquina *f* automática de bebidas

getrauen* *vr:* **sich** ~ atreverse (*zu* a)

Getreide *nt* <-s, -> cereales *mpl o fpl;* **Getreidemühle** *f* <-n> molino *m* harinero

getrennt **I.** *adj* separado **II.** *adv* por separado; ~ **leben** vivir separados; **schreibt man das** ~**?** ¿eso se escribe separado?

getreten *pp von* **treten**

getreu **I.** *adj* (*geh*) fiel **II.** *präp +dat* fiel a; ~ **den Regeln** fiel a las reglas

Getriebe *nt* <-s, -> (*an Maschine*) engranaje *m;* (AUTO) caja *f* de cambios

getrieben *pp von* **treiben**

getroffen *pp von* **treffen**

getrogen *pp von* **trügen**

getrost *adv* sin miedo, tranquilamente

getrübt *adj* enturbiado

getrunken *pp von* **trinken**

Getto *nt* <-s, -s> gueto *m*

gettoisieren* *vt* **1.** (*zum Getto machen*) convertir en un gueto **2.** (*geh: absondern*) aislar

Getue *nt ohne Pl* <-s> (*fam abw*) pose *f;* **ein zimperliches ~** remilgos *mpl*

getüpfelt *adj* moteado

geübt *adj* (*erfahren*) experto; (*geschickt*) hábil; **im Reden ~ sein** tener facilidad de palabra

Gewächs *nt* <-es, -e> **1.** (*Pflanze*) planta *f* **2.** (*Geschwulst*) tumor *m*

gewachsen I. *pp von* **wachsen**[1] **II.** *adj:* **jdm/etw** *dat* **~ sein** estar a la altura de alguien/algo

Gewächshaus *nt* invernadero *m*

gewagt *adj* **1.** (*riskant*) arriesgado **2.** (*moralisch bedenklich*) atrevido

gewählt *adj* (*Stil*) culto; (*elegant*) elegante

Gewähr *f ohne Pl* garantía *f;* **ohne ~** sin garantía; **jdm die ~ dafür bieten, dass …** garantizarle a alguien que…

gewähren* **I.** *vt* (*bewilligen*) conceder; (*geben*) dar, proporcionar; (*erlauben*) permitir **II.** *vi:* **jdn ~ lassen** dejar plena libertad a alguien

gewährleisten* *vt* asegurar, garantizar

Gewährleistung *f* <-en> **1.** (*Sicherstellung, Mängelhaftung*) garantía *f* **2.** (*Schweiz: Genehmigung*) permiso *m*

Gewahrsam *m ohne Pl* <-s> **1.** (*Obhut*) custodia *f;* **etw in ~ nehmen** tomar algo en custodia **2.** (*Gefangenschaft*) arresto *m;* **jdn in ~ nehmen** arrestar a alguien

Gewährung *f* <-en> concesión *f;* (*Erlaubnis*) permiso *m*

Gewalt[1] *f* <-en> (*Macht*) poder *m;* **elterliche ~** patria potestad; **höhere ~** (caso de) fuerza mayor; **sich in der ~ haben** dominarse; **jdn in seiner ~ haben** tener a alguien en su poder; **in jds ~ geraten** caer en poder de alguien; **er verlor die ~ über seinen Wagen** perdió el control de su coche; **mit aller ~** a toda costa

Gewalt[2] *f ohne Pl* **1.** (*~ tätigkeit*) violencia *f;* **mit ~** por fuerza, a la brava *Am;* **~ anwenden** recurrir a la fuerza; **sich** *dat* **~ antun** forzarse **2.** (*Heftigkeit*) fuerza *f,* vehemencia *f*

Gewaltenteilung *f ohne Pl* separación *f* de poderes

Gewaltherrschaft *f* tiranía *f*

gewaltig I. *adj* **1.** (*mächtig*) poderoso **2.** (*riesig*) enorme **II.** *adv* (*fam: sehr*) tremendamente

gewaltlos *adj* sin violencia, pacífico

Gewaltlosigkeit *f ohne Pl* renuncia *f* a la violencia

gewaltsam I. *adj* violento **II.** *adv* a viva fuerza; **eine Tür ~ öffnen** forzar una puerta

Gewalttat *f* acto *m* violento; (*Verbrechen*) crimen *m;* **Gewalttäter(in)** *m(f)* criminal *mf* peligroso, -a

gewalttätig *adj* violento

Gewalttätigkeit *f ohne Pl* violencia *f*

Gewaltverbrechen *nt* crimen *m* violento

Gewand *nt* <-(e)s, -wänder> **1.** (*geh: Kleidungsstück*) vestimenta *f;* (*Umhang*) manto *m* **2.** (*Schweiz: Kleidung*) vestido *m*

gewandt I. *pp von* **wenden**[2] **II.** *adj* hábil; (*Auftreten*) seguro; (*Stil*) fluido

gewann *3. imp von* **gewinnen**

gewaschen *pp von* **waschen**

Gewässer *nt* <-s, -> agua(s) *f(pl);* **Gewässerreinhaltung** *f* (ÖKOL) protección *f* de aguas

Gewebe *nt* <-s, -> (*a.* MED, BIOL) tejido *m*

Gewehr *nt* <-(e)s, -e> fusil *m;* **Gewehrlauf** *m* <-(e)s, -läufe> cañón *m* del fusil

Geweih *nt* <-(e)s, -e> cornamenta *f*

Gewerbe[1] *nt* <-s, -> (*Tätigkeit*) oficio *m,* profesión *f;* **ein ~ (be)treiben** dedicarse a un oficio

Gewerbe[2] *nt ohne Pl* <-s> (*Betrieb*) empresa *f* (mediana)

Gewerbeaufsichtsamt *nt* Departamento *m* de Inspección Industrial; **Gewerbegebiet** *nt* polígono *m* industrial; **Gewerbeordnung** *f* reglamento *m* industrial; **Gewerbeschein** *m* <-(e)s, -e> licencia *f* profesional; **Gewerbesteuer** *f* <-n> impuesto *m* industrial; **Gewerbetreibende(r)** *mf* <-n, -n; -n> industrial *mf*

gewerblich *adj* comercial; (*industriell*) industrial; (*beruflich*) profesional; **etw ~ nutzen** usar algo con fines comerciales

Gewerkschaft *f* <-en> sindicato *m*

Gewerkschaft(l)er(in) *m(f)* <-s, -; -nen> sindicalista *mf*

gewerkschaftlich *adj* sindical

Gewerkschaftsbund *m* <-(e)s, -e> confederación *f* de sindicatos; **Gewerkschaftsmitglied** *nt* sindicalista *mf*

gewesen *pp von* **sein**

gewichen *pp von* **weichen**

Gewicht[1] *nt ohne Pl* <-(e)s> **1.** (*Schwere, a.* PHYS) peso *m;* **sein ~ halten** mantener su peso **2.** (*Bedeutung*) importancia *f;* **(nicht) ins ~ fallen** (no) tener importancia; **auf etw ~ legen** dar importancia a algo

Gewicht[2] *nt* <-(e)s, -e> (*für Waage, a.* SPORT) pesa *f*

gewichten* *vt* (*Bedeutung beimessen*) atribuir la debida importancia (a)

Gewichtheben *nt ohne Pl* <-s> (SPORT) levantamiento *m* de pesas

gewichtig *adj* **1.** (*bedeutungsvoll*) importante **2.** (*iron: dick*) obeso

Gewichtsverlust *m* pérdida *f* de peso; **Gewichtszunahme** *f* aumento *m* de peso

gewieft *adj* (*fam*) astuto

gewiesen *pp von* **weisen**

gewillt *adj:* ~ **sein etw zu tun** estar dispuesto a hacer algo

Gewimmel *nt ohne Pl* <-s> gentío *m*

Gewinde *nt* <-s, -> (TECH) rosca *f*

Gewinn[1] *m* <-(e)s, -e> **1.** (WIRTSCH) beneficio *m*, ganancia *f*; ~ **machen** obtener beneficios **2.** (*in Lotterie*) premio *m*

Gewinn[2] *m ohne Pl* <-(e)s> (*Nutzen*) provecho *m*; ~ **bringend** lucrativo; (*vorteilhaft*) ventajoso; **aus etw** *dat* ~ **schlagen** sacar provecho de algo

Gewinnbeteiligung *f* <-en> participación *f* en los beneficios; **gewinnbringend** *adj* lucrativo, (*vorteilhaft*) ventajoso

gewinnen* <gewinnt, gewann, gewonnen> **I.** *vt* **1.** (*Spiel*) ganar **2.** (*erhalten*) ganar, obtener; **Zeit/Boden** ~ ganar tiempo/terreno; **Abstand** ~ distanciarse; **jdn zum Freund** ~ ganarse la amistad de alguien; **jdn für etw** ~ ganar(se) a alguien para algo; **wie gewonnen, so zerronnen** (*prov*) lo que el agua trae, el agua se lleva **3.** (*Rohstoff*) sacar, obtener; (*erzeugen*) elaborar; (*Energie*) producir; (*Kohle*) extraer; **aus diesen Trauben wird Wein gewonnen** de estas uvas se hace vino **II.** *vi* **1.** (*siegen*) ganar (*bei* en); **die Mannschaft gewann 1:3** el equipo ganó por 1 a 3 **2.** (*besser werden*) ganar (*an* en); **an Höhe/an Bedeutung** ~ ganar en altura/en importancia **3.** (*besser wirken*) ganar (*durch* con), mejorar (*durch* con)

gewinnend *adj* (*Wesen*) agradable

Gewinner(in) *m(f)* <-s, -; -nen> ganador(a) *m(f)*; (*Lotto*) acertante *mf*; (*Sieger*) vencedor(a) *m(f)*

Gewinnlos *nt* <-es, -e> boleto *m* premiado; **Gewinnnummer**[RR] *f* número *m* ganador; **Gewinnummer** *f s.* **Gewinnnummer**[RR]

Gewinnung *f* <-en> **1.** (*von Rohstoffen*) explotación *f*; (*von Kohle*) extracción *f* **2.** (*Erzeugung*) producción *f*

Gewinsel *nt ohne Pl* <-s> (*abw*) aullido *m*

Gewirr *nt ohne Pl* <-(e)s> maraña *f*; (*von Stimmen*) confusión *f*; (*von Straßen*) laberinto *m*

gewiss[RR], **gewiß** **I.** *adj* **1.** (*sicher*) seguro; **sich** *dat* **einer Sache** ~ **sein** (*geh*) estar seguro de una cosa **2.** (*bestimmt*) tal, cierto; **ein ~er Herr Müller** un tal Señor Müller; **in ~em Maße** en cierta medida **II.** *adv* (*sicher*) seguramente; (*zweifellos*) indudablemente; **aber** ~ **doch!** ¡seguro que sí!

Gewissen *nt* <-s, -> conciencia *f*; **ein gutes/schlechtes** ~ **haben** tener buena/mala conciencia; **jdn/etw auf dem** ~ **haben** tener a alguien/algo sobre su conciencia; **jdm ins** ~ **reden** apelar a la conciencia de alguien; **sein** ~ **erleichtern** descargar la conciencia

gewissenhaft *adj* concienzudo; (*penibel*) escrupuloso

gewissenlos *adj* sin escrúpulo(s); ~ **handeln** obrar de mala fe

Gewissenlosigkeit *f ohne Pl* falta *f* de conciencia

Gewissensbisse *mPl* remordimientos *mpl* (de conciencia); **Gewissensfrage** *f* cuestión *f* de conciencia; **Gewissensfreiheit** *f ohne Pl* libertad *f* de conciencia

gewissermaßen *adv* en cierto sentido

Gewissheit[RR] *f* <-en>, **Gewißheit** *f* <-en> certeza *f*; ~ **haben über etw** estar seguro de algo; **sich** *dat* ~ **über etw verschaffen** cerciorarse de algo

Gewitter *nt* <-s, -> tormenta *f*

gewitt(e)rig *adj* tormentoso

gewittern* *vunpers* haber tormenta

Gewitterregen *m* <-s, -> lluvia *f* tormentosa; **Gewitterwolke** *f* nubarrón *m*

gewitzt *adj* listo

gewoben *pp von* **weben**[2]

gewogen **I.** *pp von* **wiegen** **II.** *adj* (*geh*): **etw** *dat* ~ **sein** ser propicio a algo; **jdm** ~ **sein** tener simpatía por alguien

gewöhnen* **I.** *vt* acostumbrar (*an* a); (*an Klima*) aclimatar (*an* a) **II.** *vr:* **sich** ~ acostumbrarse (*an* a); (*vertraut machen*) familiarizarse (*an* con); (*an Klima*) aclimatarse (*an* a)

Gewohnheit *f* <-en> costumbre *f*; **aus (alter)** ~ por (pura) costumbre

Gewohnheitsmensch *m* persona *f* rutinaria; **Gewohnheitsrecht** *nt* <-(e)s, -e> (JUR) derecho *m* consuetudinario

gewöhnlich **I.** *adj* **1.** (*gewohnt*) habitual **2.** (*alltäglich*) corriente **3.** (*ordinär*) ordinario **II.** *adv* (*normalerweise*) normalmente; **wie** ~ como siempre; **für** ~ normalmente

gewohnt *adj* **1.** (*daran gewöhnt*) acostumbrado; **ich bin es** ~ **lange zu arbeiten** estoy acostumbrado a trabajar hasta tarde **2.** (*vertraut*) familiar

Gewöhnung *f ohne Pl* habituación *f* (*an* a); (*an Klima*) aclimatación *f* (*an* a)

Gewölbe *nt* <-s, -> bóveda *f*

gewölbt *adj* arqueado; (*Decke*) abovedado

gewonnen *pp von* **gewinnen**

geworben *pp von* **werben**

geworden *pp von* **werden**[1]

geworfen *pp von* **werfen**

gewrungen *pp von* **wringen**

Gewühl *nt ohne Pl* <-(e)s> (*Gedränge*) multitud *f*, mogollón *m fam*

gewunden **I.** *pp von* **winden** **II.** *adj* (*Fluss-*

G

lauf, Straße) sinuoso; *(Ausdrucksweise)* retorcido

gewunken *pp von* **winken**

Gewürz *nt* <-es, -e> especia *f;* **Gewürzgurke** *f* pepinillo *m* en vinagre

gewusst[RR], **gewußt** *pp von* **wissen**

gez. *Abk. von* **gezeichnet** fdo.

gezackt *adj* con picos; (TECH, BOT) dentado

gezeichnet *adj* **1.** *(im Brief)* firmado **2.** *(von Krankheit)*: **von etw** *dat* **~ sein** estar marcado por algo

Gezeiten *fPl* marea *f;* **Gezeitenstrom** *m* corriente *f* de marea; **Gezeitenwechsel** *m* <-s, -> cambio *m* de marea

Gezeter *nt ohne Pl* <-s> *(abw)* alboroto *m*

gezielt *adj* dirigido a un fin; **~ nachfragen** preguntar con precisión

geziemen* *vr:* **sich ~** convenir; **das geziemt sich nicht!** ¡eso no se hace!

geziert *adj (abw)* afectado

gezogen *pp von* **ziehen**

Gezwitscher *nt ohne Pl* <-s> gorjeo *m*

gezwungen I. *pp von* **zwingen II.** *adj* forzado

gezwungenermaßen *adv* forzosamente

ggf. *Abk. von* **gegebenenfalls** en su caso, en caso necesario

Ghana *nt* <-s> Ghana *f*

Ghanaer(in) *m(f)* <-s, -; -nen> ghanés, -esa *m, f*

ghanaisch *adj* ghanés

Ghetto *nt* <-s, -s> *s.* **Getto**

ghettoisieren* *vt s.* **gettoisieren**

Gibraltar *nt* <-s> Gibraltar *m*

Gibraltarer(in) *m(f)* <-s, -; -nen> gibraltareño, -a *m, f*

gibt *3. präs von* **geben**

Gicht *f ohne Pl* (MED) gota *f*

Giebel *m* <-s, -> (ARCHIT) frontón *m;* **Giebeldach** *nt* (ARCHIT) tejado *m* a dos vertientes

Gier *f ohne Pl* avidez *f (nach* de), codicia *f (nach* de); *(Fress~)* voracidad *f*

gieren *vi (geh)* codiciar *(nach)*

gierig *adj* ávido *(nach* de); *(hab~)* codicioso; *(gefräßig)* voraz; **~ essen/trinken** comer/beber con gula

gießen <gießt, goss, gegossen> **I.** *vt* **1.** *(Pflanzen)* regar **2.** *(Metall)* fundir **3.** *(Kerzen)* hacer **4.** *(hinein~)* echar; **voll ~** llenar (hasta el borde) **5.** *(verschütten)* verter **II.** *vunpers (fam: regnen)* llover mucho; **es gießt in Strömen** llueve a cántaros

Gießerei *f* <-en> (taller *m* de) fundición *f*

Gießkanne *f* <-n> regadera *f*

Gift *nt* <-(e)s, -e> veneno *m;* (MED) tóxico *m;* **darauf kannst du ~ nehmen** *(fam)* apuesto la cabeza; **sein ~ verspritzen** *(fam)* hablar con lengua viperina; **~ und Galle spucken** *(fam)* echar sapos y culebras; **Giftgas** *nt* <-es, -e> gas *m* tóxico; **giftgrün** *adj* verde cardenillo

giftig *adj* **1.** *(Substanz)* venenoso; (MED) tóxico **2.** *(fam: boshaft)* mordaz

Giftmüll *m* (ÖKOL) desechos *mpl* tóxicos, residuos *mpl* tóxicos; **Giftmüllexport** *m* (ÖKOL) exportación *f* de residuos tóxicos; **Giftmüllverbrennungsanlage** *f* (ÖKOL) planta *f* incineradora de residuos tóxicos

Giftpilz *m* (BOT) seta *f* venenosa; **Giftschlange** *f* serpiente *f* venenosa; **Giftstoff** *m* <-(e)s, -e> sustancia *f* tóxica; **Giftwolke** *f* <-, -n> nube *f* tóxica; **Giftzwerg** *m* <-(e)s, -e> *(fam abw)* víbora *f*

Gigabyte *nt* <-(s), -(s)> (INFOR) gigabyte *m*

Gigant(in) *m(f)* <-en, -en; -nen> gigante, -a *m, f*

gigantisch *adj* gigantesco, gigante

gilt *3. präs von* **gelten**

ging *3. imp von* **gehen**

Ginster *m* <-s, -> (BOT) retama *f*

Gipfel *m* <-s, -> **1.** *(von Berg)* cumbre *f,* cima *f* **2.** *(Höhepunkt)* apogeo *m;* **das ist doch der ~!** ¡esto es el colmo! **3.** (POL) cumbre *f;* **Gipfelkonferenz** *f* (POL) (conferencia *f*) cumbre *f*

gipfeln *vi* culminar *(in* en)

Gipfelpunkt *m* punto *m* culminante; **Gipfeltreffen** *nt* (POL) (reunión *f*) cumbre *f*

Gips *m* <-es, -e> **1.** *(Baumaterial)* yeso *m* **2.** (MED) escayola *f;* **er hat den Fuß in ~** tiene el pie enyesado; **Gipsabdruck** *m* <-(e)s, -drücke> *(durch Eindrücken)* impresión *f* en yeso; *(Abguss)* moldeado *m* en yeso; **Gipsbein** *nt (fam)* pierna *f* enyesada

gipsen *vt* enyesar

Gipsverband *m* escayola *f*

Giraffe *f* <-n> jirafa *f*

Girlande *f* <-n> guirnalda *f*

Giro *nt* <-s, -s> (FIN) giro *m;* **Girokonto** *nt* cuenta *f* corriente

Gis *nt* <-, -> (MUS) sol *m* sostenido

Gischt *f* <-en> espuma *f* de las olas

Gitarre *f* <-n> guitarra *f*

Gitarrist(in) *m(f)* <-en, -en; -nen> guitarrista *mf*

Gitter *nt* <-s, -> **1.** *(Fenster~, Tür~)* reja *f;* *(für Pflanzen)* enrejado *m;* **hinter ~ kommen** *(fam)* ir a la cárcel **2.** (CHEM) red *f* cristalina, retículo *m* cristalino **3.** (GEO, MATH) cuadrícula *f;* **Gitterfenster** *nt* ventana *f* enrejada; **Gitterrost** *m* <-(e)s, -e> *(an Ofen)* parrilla *f;* *(Abdeckung)* reja *f*

Glace *f* <-n> *(Schweiz: Speiseeis)* helado *m*

Glaceehandschuh[RR] *m* <-(e)s, -e>, **Glacéhandschuh** *m* <-(e)s, -e> guante *m* de cabritilla; **jdn mit ~en anfassen** *(fam fig)* tratar a alguien con guante de seda

Glanz *m ohne Pl* <-es> **1.** *(von Fläche, Haaren, Augen)* brillo *m;* *(Schimmer)* resplandor *m* **2.** *(Pracht)* esplendor *m*

glänzen I. *vi* 1. (*Glanz haben*) brillar; (*strahlen*) resplandecer 2. (*in einem Fach*) brillar (*durch* por); **durch Abwesenheit ~** brillar por su ausencia II. *vt* (*Schweiz: zum G~ bringen*) dar brillo (a)
glänzend I. *adj* 1. (*Lack, Augen*) brillante; (*Foto*) en brillo 2. (*fam: sehr gut*) espléndido II. *adv* de maravilla; **wir haben uns ~ amüsiert** nos divertimos de lo lindo
Glanzleistung *f* actuación *f* brillante
glanzvoll *adj* 1. (*ausgezeichnet*) espléndido 2. (*prunkhaft*) suntuoso
Glanzzeit *f* <-en> época *f* de esplendor
Glas[1] *nt ohne Pl* <-es> (*Material*) vidrio *m,* cristal *m;* **Vorsicht ~!** ¡frágil!
Glas[2] *nt* <-es, Gläser> 1. (*Trinkgefäß*) vaso *m;* (*mit Stiel*) copa *f;* (*~behälter*) frasco *m;* (*Schraub~*) tarro *m,* **ein ~ über den Durst trinken** (*fam*) tomar una copa de más; **zu tief ins ~ gucken** (*fam fig*) empinar el codo 2. (*Fern~*) prismáticos *mpl* 3. (*Brillen~*) cristal *m*
Glasauge *nt* ojo *m* de cristal; **Glasbläser(in)** *m(f)* vidriero, -a *m, f;* **Glascontainer** *m* (*für Altglas*) contenedor *m* de vidrio
Glaser(in) *m(f)* <-s, -; -nen> vidriero, -a *m, f*
Glaserei *f* <-en> (*Betrieb*) vidriería *f*
gläsern *adj* de vidrio; (*feiner*) cristal; (*fig: transparent*) transparente
Glasfaser *f* <-n> fibra *f* de vidrio; **Glasfaserkabel** *nt* <-s, -> (TECH) cable *m* fibroóptico
Glashaus *nt* invernadero *m;* **Glashütte** *f* taller *m* de vidrio, vidriería *f*
glasieren* *vt* 1. (*Keramik*) vidriar 2. (GASTR) glasear
glasig *adj* 1. (*Blick*) vidrioso 2. (GASTR) sofrito
Glaskasten *m* vitrina *f;* **glasklar** *adj* 1. (*durchsichtig*) claro 2. (*deutlich*) claro como el agua; **Glasmalerei** *f ohne Pl* pintura *f* sobre vidrio
Glasnost *f ohne Pl* (POL) glasnost *f*
Glasperle *f* <-n> perla *f* de vidrio; **Glasscheibe** *f* cristal *m,* vidrio *m;* **Glastür** *f* puerta *f* vidriera, mampara *f Peru*
Glasur *f* <-en> 1. (*auf Keramik*) esmalte *m* 2. (GASTR: *aus Schokolade*) cobertura *f* de chocolate
Glaswolle *f ohne Pl* lana *f* de vidrio
glatt I. *adj* 1. (*eben*) plano; (*nicht rau*) liso; (*Haut*) suave; (*Haare*) liso 2. (*rutschig*) resbaladizo 3. (*reibungslos*) perfecto 4. (*fam: eindeutig*) claro, rotundo; **das macht ~e 1000 Mark** son exactamente 1000 marcos 5. (*Typ*) empalagoso II. *adv* 1. (*problemlos*) sin problemas, sin obstáculos 2. (*rundweg*) rotundamente; (*einfach*) sencillamente
glatt|bügeln *vt s.* **bügeln**
Glätte *f ohne Pl* 1. (*Ebenheit*) llanura *f;* (*nicht rau*) lisura *f* 2. (*von Straßen*) estado *m* resbaladizo
Glatteis *nt* hielo *m;* **jdn aufs ~ führen** (*fig*) poner a alguien en un aprieto
glätten I. *vt* 1. (*eben machen*) alisar; **die Wogen ~** (*fig*) calmar los ánimos 2. (*Schweiz: bügeln*) planchar II. *vr:* **sich ~** (*Meer, Sturm*) calmarse
glattrasiert *adj s.* **rasieren I.**
glatt|streichen *irr vt s.* **streichen I.5.**
Glatze *f* <-n> calva *f,* pelada *f CSur;* **eine ~ haben/bekommen** ser/quedarse calvo
Glatzkopf *m* (*fam*) calvo, -a *m, f*
glatzköpfig *adj* calvo
Glaube *m ohne Pl* <-ns> 1. (REL) fe *f* (*an* en), creencias *fpl;* **der christliche ~** la fe cristiana; **jüdischen ~ns** de religión judía 2. (*Vertrauen*) creencia *f,* crédito *m;* (*Meinung*) opinión *f;* (*Überzeugung*) convicción *f;* **in dem ~n sein, dass ...** estar en la creencia de que...; **jdn in dem ~n belassen, dass** dejar a alguien creyendo que; **etw** *dat* **~n/keinen ~n schenken** dar/no dar crédito a algo; **in gutem ~n handeln** actuar de buena fe 3. (*Zuversicht*) confianza *f* (*an* en)
glauben I. *vt* 1. (*meinen*) creer(se); **ich glaube nicht, dass das geht** no creo que se pueda hacer esto; **sie glaubte ihn in Schwierigkeiten** (*geh*) le creía en dificultades; **einer musste daran ~** (*fam fig*) uno estiró la pata 2. (*für wahr halten*) creer(se); **das glaubst du doch selber nicht** eso no te lo crees ni tú; **es ist nicht zu ~!** ¡es increíble!; **ich glaube dir** te creo; **ob du es glaubst oder nicht, ich habe gewonnen** te lo creas o no, he ganado II. *vi* (*a.* REL) creer (*an* en); **ich glaube an Gott** creo en Dios
Glauben *m ohne Pl* <-s> *s.* **Glaube**; **Glaubensbekenntnis** *nt* (REL, POL) credo *m;* **Glaubensfreiheit** *f ohne Pl* libertad *f* de culto(s); **Glaubensgemeinschaft** *f* comunidad *f* de creyentes
glaubhaft *adj* creíble; (*glaubwürdig*) fidedigno; **jdm etw ~ machen** presentar algo de forma convincente a alguien
Glaubhaftigkeit *f ohne Pl* credibilidad *f*
gläubig *adj* (REL) creyente
Gläubige(r) *mf* <-n, -n; -n> (REL) creyente *mf*
Gläubiger(in) *m(f)* <-s, -; -nen> (WIRTSCH) acreedor(a) *m(f)*
glaubwürdig *adj* digno de crédito, creíble
Glaubwürdigkeit *f ohne Pl* credibilidad *f*
gleich I. *adj* 1. (*a.* MATH: *~wertig*) igual; (*identisch*) idéntico; **der/die/das G~e** el mismo/la misma/lo mismo; **zu ~en Teilen** a partes iguales; **in ~er Weise** de la misma manera; **zur ~en Zeit** a la misma

G

hora; **G~es mit G~em vergelten** pagar con la misma moneda; **zwei mal zwei** (**ist**) **~ vier** dos por dos (es) igual a cuatro **2.** (*ähnlich*) parecido; **G~ und G~ gesellt sich gern** cada oveja con su pareja **3.** (*~ gültig*): **es ist mir ~, ob ...** me da lo mismo si...; **ganz ~ was er sagt** no importa lo que él diga **II.** *adv* **1.** (*sofort*) ahora mismo, inmediatamente; (*demnächst*) pronto; **ich komme ~** ahora voy; **bis ~** hasta ahora; **~ darauf** al poco rato; **~ heute** hoy mismo; **habe ich es nicht ~ gesagt?** ¿qué te dije?; **das dachte ich mir ~** ya me lo imaginaba; **wie hieß sie doch ~?** ¿cómo se llamaba? **2.** (*dicht daneben*) justo, directamente; **der Schrank steht ~ neben der Tür** el armario está justo al lado de la puerta; **~ hier** aquí mismo **3.** (*ebenso*) igual; **~ schnell** igual de rápido; **~ groß** del mismo tamaño; **~ viel** la misma cantidad; **du musst sie beide ~ behandeln** los debes tratar igual **III.** *präp +dat* (*geh: wie*) igual a; **~ einem Schmetterling** cual una mariposa

gleichaltrig *adj* de la misma edad

gleichartig *adj* de la misma especie

gleichbedeutend *adj* equivalente (*mit* a); **Gleichberechtigung** *f ohne Pl* igualdad *f* de derechos

gleich|bleiben *irr* **I.** *vi sein s.* **bleiben 2. II.** *vr:* **sich ~** *sein s.* **bleiben 2.**

gleichbleibend *adj s.* **bleiben 2.**

gleichen <gleicht, glich, geglichen> *vi* parecerse (a)

gleichermaßen *adv* de la misma manera, igualmente

gleichfalls *adv* igualmente; **danke ~!** ¡gracias, igualmente!

gleichförmig *adj* uniforme, igual

gleichgeschlechtlich *adj* **1.** (*von gleichem Geschlecht*) del mismo sexo **2.** (*homosexuell*) homosexual; **gleichgesinnt** *adj s.* **gesinnt**

Gleichgewicht *nt ohne Pl* <-(e)s> (*a.* PSYCH) equilibrio *m;* **aus dem ~ kommen/bringen** perder el equilibrio/desequilibrar; **im ~ sein** estar equilibrado; **Gleichgewichtsstörung** *f* (MED) perturbación *f* del sentido del equilibrio

gleichgültig *adj* **1.** (*ohne Anteilnahme*) indiferente (*gegenüber* a) **2.** (*unwichtig*) insignificante; **das ist mir ~** eso me da igual

Gleichgültigkeit *f ohne Pl* indiferencia *f* (*gegenüber* frente a); (*Desinteresse*) desinterés *m* (*gegenüber* frente a)

Gleichheit *f ohne Pl* igualdad *f;* (*Übereinstimmung*) conformidad *f;* **Gleichheitszeichen** *nt* signo *m* de igualdad

gleich|kommen *irr vi sein* **1.** (*gleichen*) equivaler (a) **2.** (*mit Leistung*) igualar (*an* en); **gleichlautend** *adj s.* **lauten;**

gleich|machen *vt* igualar, nivelar; **etw dem Erdboden ~** arrasar algo

gleichmäßig *adj* **1.** (*gleichförmig*) uniforme **2.** (*regelmäßig*) regular **3.** (*ausgeglichen*) equilibrado **4.** (*ebenmäßig*) simétrico

Gleichmäßigkeit *f ohne Pl* **1.** (*Gleichförmigkeit*) uniformidad *f* **2.** (*Regelmäßigkeit*) regularidad *f* **3.** (*Ausgeglichenheit*) equilibrio *m* **4.** (*in der Form*) simetría *f*

Gleichnis *nt* <-ses, -se> parábola *f*

gleichrangig *adj* de igual categoría; (*gleichwertig*) equivalente

gleichsam *adv* (*geh*) en cierto modo; **~ als ob ...** como si... *+subj*

gleichschenk(e)lig *adj* (MATH): **~es Dreieck** triángulo *m* isósceles

Gleichschritt *m ohne Pl* <-(e)s> marcha *f* al compás; **im ~ marschieren** marchar al compás; **gleichseitig** *adj* (MATH) equilátero; **gleich|setzen** *vt* **1.** (*vergleichen*) equiparar (*mit* a/con) **2.** (*als gleichwertig einstufen*) igualar (*mit* a/con); **Gleichstand** *m ohne Pl* <-(e)s> (SPORT) empate *m;* **gleich|stellen** *vt* igualar (*mit* a/con); (JUR) conceder los mismos derechos (*mit* que a); **Gleichstellung** *f ohne Pl* igualdad *f;* **die ~ der Frau mit dem Mann** la equiparación de la mujer con el hombre; **Gleichstrom** *m ohne Pl* <-(e)s> (ELEK) corriente *f* continua; **gleich|tun** *irr vt:* **es jdm ~** (*nachahmen*) imitar a alguien (en algo); (*in Leistung*) competir con alguien

Gleichung *f* <-en> (MATH) ecuación *f*

gleichwertig *adj* equivalente

gleichwohl *adv* no obstante

gleichzeitig I. *adj* simultáneo **II.** *adv* al mismo tiempo, simultáneamente

Gleis *nt* <-es, -e> vía *f;* **auf ~ zehn** en la vía diez; **aus dem ~ geraten** (*fig*) perder el ritmo acostumbrado; **die Sache kommt schon wieder ins rechte ~** las aguas vuelven a su cauce

gleiten <gleitet, glitt, geglitten> *vi* **1.** *sein* (*fliegen*) planear **2.** *sein* (*rutschen*) deslizarse **3.** *sein* (*sich bewegen*) deslizarse (*über* por); (*Blick, Hand*) pasar (*über* por)

Gleitflugzeug *nt* planeador *m;* **Gleitmittel** *nt* (MED) lubricante *m*

Gleitschirmfliegen *nt ohne Pl* <-s> (SPORT) parapente *m*

Gleitzeit *f ohne Pl* horario *m* (de trabajo) flexible

Gletscher *m* <-s, -> glaciar *m;* **Gletscherspalte** *f* grieta *f* de glaciar

glich *3. imp von* **gleichen**

Glied *nt* <-(e)s, -er> **1.** (*Körperteil*) miembro *m;* **der Schreck saß ihm in den ~ern** el susto le llegó hasta la médula **2.** (*Finger~*) falange *f* **3.** (*Penis*) miembro *m* (viril) **4.** (*Ketten~*) eslabón *m* **5.** (*Teil*) miembro *m*

gliedern I. *vt* 1.(*ordnen*) clasificar 2.(*unterteilen*) (sub)dividir (*in* en) II. *vr:* **sich ~** (*sich teilen*) dividirse (*in* en)

Gliederung *f* <-en> 1.(*das Gliedern*) clasificación *f;* (*Einteilung*) división *f* (*in* en) 2.(*Aufbau*) estructura *f*

Gliedmaßen *fPl* extremidades *fpl*

glimmen <glimmt, glomm, geglommen> *vi* arder (sin llama)

glimpflich I. *adj* (*mild*) suave; (*Strafe*) leve II. *adv* (*ohne Schaden*) bien parado; **wir sind noch ~ davongekommen** aún salimos bien parados del asunto

glitschig *adj* (*fam: Weg*) resbaladizo; (*Fisch*) escurridizo

glitt *3. imp von* **gleiten**

glitzern *vi* centellear

global *adj* global

Globalisierung *f* <-en> globalización *f*

Globus *m* <-(ses), -se *o* Globen> globo *m*

Glocke *f* <-n> 1.(*in Kirchen*) campana *f;* **etwas an die große ~ hängen** (*fam fig*) echar las campanas al vuelo 2.(*reg: Klingel*) timbre *m* 3.(*Käse~*) quesera *f;* **Glockenblume** *f* campanilla *f;* **glockenförmig** *adj* acampanado; **Glockengeläut(e)** *nt ohne Pl* <-s> toque *m* de campanas; **Glockenschlag** *m* campanada *f;* **Glockenspiel** *nt* <-(e)s, -e> carillón *m;* **Glockenturm** *m* campanario *m*

glomm *3. imp von* **glimmen**

Glorie *f ohne Pl* (*geh: Ruhm*) gloria *f*

glorreich *adj* glorioso

Glossar *nt* <-s, -e> glosario *m*

Glosse *f* <-n> glosa *f*

glotzen *vi* (*fam*) 1.(*schauen*) mirar; (*anstarren*) clavar la vista (*auf* en) 2.(*fernsehen*) ver la tele

Glück *nt ohne Pl* <-(e)s> suerte *f,* pegada *f* *CSur;* (*Glücklichsein*) felicidad *f;* **~ haben** tener suerte, pegarla *Am: sl;* **kein ~ haben** tener mala suerte; **sein ~ versuchen** probar fortuna; **jdm ~ bringen** traer suerte a alguien; **sie kann von ~ sagen, dass nichts passiert ist** ha tenido la suerte de que no ha pasado nada; **zum ~** por suerte; **~ auf!** (*Bergarbeitergruß*) ¡buena suerte!; **viel ~!** ¡mucha suerte!; **ein ~!** (*fam*) ¡qué suerte!; (**das ist**) **dein ~!** (*fam*) ¡vaya suerte la tuya!; **sie weiß noch nichts von ihrem ~** todavía no sabe la que le ha caído en suerte; **~ im Unglück haben** dentro de lo malo, lo mejor; **auf gut ~** (*fam*) a la buena de Dios; **jeder ist seines ~es Schmied** (*prov*) cada uno es el artífice de su ventura

Glucke *f* <-n> (gallina *f*) clueca *f*

glücken *vi sein* salir (bien)

gluckern *vi* hacer gluglú

glücklich I. *adj* 1.(*vom Glück begünstigt*) afortunado; **die ~e Gewinnerin** la afortunada ganadora; **ein ~er Zufall** una feliz coincidencia; **wer ist der/die G~e ?** ¿quién es el afortunado/la afortunada? 2.(*froh*) feliz; **sie kann sich ~ schätzen, dass ...** puede considerarse satisfecha de que... +*subj* II. *adv* (*mit Glück*) felizmente; (*gut*) bien; **~ verheiratet sein** estar felizmente casado

glücklicherweise *adv* por suerte

Glücksbringer *m* <-s, -> talismán *m;* **Glücksfall** *m* <-(e)s, -fälle> golpe *m* de fortuna; **Glückskind** *nt* afortunado, -a *m, f;* **Glückspilz** *m* (*fam*) suertudo, -a *m, f;* **Glücksrad** *nt* rueda *f* de la fortuna; **Glückssache** *f ohne Pl* cuestión *f* de suerte; **Glücksspiel** *nt* <-(e)s, -e> juego *m* de azar; **Glückssträhne** *f* racha *f* de suerte; **Glückstreffer** *m* golpe *m* de suerte, batacazo *m* *CSur;* **Glückszahl** *f* número *m* de la suerte

Glückwunsch *m* (*~karte*) felicitación *f;* (*als Wunsch*) enhorabuena *f;* **herzlichen ~!** ¡felicidades!; **herzlichen ~ zum Geburtstag!** ¡feliz cumpleaños!; **Glückwunschkarte** *f* tarjeta *f* de felicitación

Glühbirne *f* bombilla *f,* foco *m Am*

glühen *vi* 1.(*Kohlen*) arder (sin llama) 2.(*Metall*) ponerse al rojo (vivo); (*Körper*) arder 3.(*geh: erregt sein*) arder (*vor* de)

glühend *adj* (*Metall*) candente; (*Wangen*) enrojecido; (*Hass, Verehrer*) ardiente; **~ heiß** abrasador; **rot ~** candente; **weiß ~** incandescente

Glühwein *m* <-(e)s, -e> *vino tinto caliente aromatizado con especias;* **Glühwürmchen** *nt* <-s, -> luciérnaga *f,* cocuyo *m Am*

Glut *f* <-en> (*von Kohlen*) brasa *f;* (*von Zigarette*) ceniza *f* ardiente; **glutrot** *adj* rojo candente

Glyzerin *nt ohne Pl* <-s> (CHEM) glicerina *f*

GmbH *f* <-s> *Abk. von* **Gesellschaft mit beschränkter Haftung** S.L. *f*

g-Moll *nt ohne Pl* <-> (MUS) sol *m* menor

Gnade *f* <-n> 1.(*a.* REL) gracia *f* 2.(*Barmherzigkeit*) misericordia *f* 3.(*Milde*) clemencia *f;* (*Nachsicht*) indulgencia *f;* **für jdn um ~ bitten** pedir clemencia para alguien; **~ vor Recht ergehen lassen** optar por la clemencia; **von Gottes ~n** por la gracia de Dios; **Gnadenfrist** *f* plazo *m* de gracia; **gnadenlos** *adj* sin piedad; **Gnadenstoß** *m* golpe *m* de gracia

gnädig *adj* 1.(*gütig*) benigno; (*barmherzig*) misericordioso; (*wohlwollend*) benévolo 2.(*mild*) clemente; (*nachsichtig*) indulgente 3.(*Wend*): **~es Fräulein/~e Frau/~er Herr** señorita/señora/señor

Gnom *m* <-en, -en> gnomo *m*

Gnu *nt* <-s, -s> (ZOOL) ñu *m*

Goal *nt* <-s, -s> (*Österr, Schweiz:* SPORT:

Tor) gol *m*

Gockel *m* <-s, -> (*südd: fam*) gallo *m*

Go-Kart *m* <-(s), -s>, **Gokart**[RR] *m* <-(s), -s> **1.** (SPORT: *Rennwagen*) cart *m,* kart *m* **2.** (*für Kinder*) coche *m* de juguete con pedales

Gold *nt ohne Pl* <-(e)s> oro *m;* ~ **wert sein** valer su peso en oro; **nicht für alles ~ der Welt** ni por todo el oro del mundo; **es ist nicht alles ~, was glänzt** (*prov*) no es oro todo lo que reluce; **Goldader** *f* filón *m* de oro; **Goldbarren** *m* lingote *m* de oro; **Golddoublé** *nt* <-s, -s>, **Golddublee** *nt* <-s, -s> oro *m* chapado

golden *adj* **1.** (*aus Gold*) de oro; **die ~e Mitte wählen** optar por el justo medio **2.** (*goldfarben*) dorado

goldfarben *adj* dorado

Goldfisch *m* (ZOOL) pez *m* rojo, ciprino *m* dorado; **Goldgehalt** *m* <-(e)s, -e> contenido *m* en oro; **goldgelb** *adj* amarillo dorado; **Goldgräber(in)** *m(f)* <-s, -; -nen> buscador(a) *m(f)* de oro; **Goldgrube** *f* (*a. fig fam*) mina *f* de oro; **Goldhamster** *m* hámster *m*

goldig *adj* (*fam: niedlich*) mono

Goldmedaille *f* (SPORT) medalla *f* de oro; **Goldmine** *f* <-n> mina *f* de oro; (*gutes Geschäft*) mina *f* de dinero, tronchado *m* *Mex;* **Goldmünze** *f* moneda *f* de oro; **Goldregen** *m* <-s, -> (BOT) borne *m;* **goldrichtig** *adj* (*fam*) absolutamente correcto; **Goldschmied(in)** *m(f)* <-(e)s, -e; -nen> orfebre *mf;* **Goldschmiedekunst** *f ohne Pl* orfebrería *f;* **Goldschnitt** *m* canto *m* dorado; **Goldstück** *nt* **1.** (*Münze*) moneda *f* de oro **2.** (*fam: Mensch*) tesoro *m;* **Goldwaage** *f* balanza *f* para oro; **jedes Wort auf die ~ legen** (*fam*) tomar todo lo que se dice al pie de la letra; **Goldwährung** *f* (WIRTSCH) patrón-oro *m*

Golf[1] *m* <-(e)s, -e> (GEO) golfo *m*

Golf[2] *nt ohne Pl* <-s> (SPORT) golf *m*

Golfplatz *m* <-es, -plätze> campo *m* de golf; **Golfschläger** *m* palo *m* de golf; **Golfspieler(in)** *m(f)* jugador(a) *m(f)* de golf

Golfstaat *m* Estado *m* del Golfo; **Golfstrom** *m ohne Pl* <-(e)s> (GEO) corriente *f* del golfo

Gondel *f* <-n> **1.** (*Boot*) góndola *f* **2.** (*am Ballon*) barquilla *f;* (*von Seilbahn*) cabina *f*

Gong *m* <-s, -s> gong *m*

gönnen *vt* conceder de buen grado; **das gönne ich ihm** se lo merece; **jdm etw nicht ~** envidiar algo a alguien; **ich gönne ihr, dass sie eine Stelle gefunden hat** me alegro que haya encontrado trabajo; **sich** *dat* **etw ~** permitirse algo

Gönner(in) *m(f)* <-s, -; -nen> patrocinador(a) *m(f);* (*von Künstler*) mecenas *mf inv*

gönnerhaft *adj* (*abw*) displicente

gor *3. imp von* **gären**

Göre *f* <-n> (*nordd*) **1.** (*Kind*) chiquillo, -a *m, f* **2.** (*freches Mädchen*) mocosa *f*

Gorilla *m* <-s, -s> gorila *m*

Gospel *m o nt* <-s, -s> (REL, MUS) gospel *m*

goss[RR], **goß** *3. imp von* **gießen**

Gosse *f* <-n> arroyo *m;* **in der ~ landen** acabar en el arroyo

Gotik *f ohne Pl* gótico *m*

gotisch *adj* gótico

Gott[1] *m ohne Pl* <-es> (*monotheistisch*) Dios *m;* **mit ~es Hilfe** con la ayuda de Dios; **grüß ~!** (*reg*) ¡buenos días!, ¡buenas tardes!, ¡buenas noches!; **mein ~!** ¡Dios mío!; **um ~es willen!** ¡por (el amor de) Dios!; **~ sei Dank!** (*fam*) ¡gracias a Dios!; **~ hab ihn selig** Dios le tenga en su gloria; **ich schwöre bei ~** lo juro por Dios; **weiß ~ nicht** (*fam*) Dios sabe que no; **in ~es Namen** (*fam*) por Dios; **leider ~es** (*fam*) por desgracia; **~ bewahre!** (*fam*) ¡no lo quiera Dios!; **über ~ und die Welt reden** hablar de lo divino y de lo humano; **leben wie ~ in Frankreich** (*fam*) vivir a cuerpo de rey

Gott[2] *m,* **Göttin** *f* <-es, Götter; -nen> (*polytheistisch*) dios(a) *m(f);* **die griechischen/römischen Götter** los dioses griegos/romanos; **ein Bild für die Götter** (*fam*) un espectáculo divino

Götterspeise *f* gelatina *f*

Gottesanbeterin *f* <-nen> (ZOOL) mantis *f inv* religiosa; **Gottesdienst** *m* <-(e)s, -e> culto *m;* (*evangelisch*) servicio *m* religioso; (*katholisch*) misa *f*

gottesfürchtig *adj* temeroso de Dios

Gotteshaus *nt* (REL) casa *f* de Dios; (*Kirche*) iglesia *f;* **Gotteslästerung** *f* blasfemia *f*

Gottheit *f* <-en> deidad *f*

göttlich *adj* divino

gottlob *adv* gracias a Dios

gottlos *adj* **1.** (*Gott nicht achtend*) impío **2.** (*atheistisch*) ateísta; **gottverlassen** *adj* (*fam*) abandonado; **Gottvertrauen** *nt* confianza *f* en Dios

Götze *m* <-n, -n> ídolo *m;* **Götzendienst** *m ohne Pl* <-(e)s> (REL) idolatría *f*

Grab *nt* <-(e)s, Gräber> sepultura *f,* tumba *f;* (*~mal*) sepulcro *m;* **jdn zu ~e tragen** (*geh*) dar sepultura a alguien; **verschwiegen wie ein ~ sein** (*fam*) ser callado como una tumba; **mit einem Bein im ~ stehen** (*fig*) estar con un pie en el hoyo; **er würde sich im ~ umdrehen** (*fig*) se revolvería en su tumba; **ein Geheimnis mit ins ~ nehmen** (*fig*) llevarse un secreto a la tumba; **sich** *dat* **sein eigenes ~ schaufeln** (*fig*) cavar su propia tumba

graben <gräbt, grub, gegraben> **I.** *vi*

1. (*um~*) cavar 2. (*nach Gold*) buscar (*nach*) **II.** *vt* (*ausheben*) cavar; (*Brunnen*) abrir **III.** *vr:* **sich jdm ins Gedächtnis ~** grabarse en la memoria de alguien

Graben *m* <-s, Gräben> 1. (*für Rohr*) zanja *f;* (*Bewässerungs~*) acequia *f;* (*Straßen~*) cuneta *f* 2. (GEO) fosa *f* 3. (*Burg~, Orchester~*) foso *m* 4. (*Schützen~*) trinchera *f*

Grabkammer *f* cámara *f* mortuoria; **Grabmal** *nt* <-(e)s, -e *o* -mäler> sepulcro *m;* **Grabrede** *f* responso *m;* **Grabschändung** *f* violación *f* de sepulturas; **Grabstein** *m* lápida *f*

gräbt *3. präs von* **graben**

Grad *m* <-(e)s, -e> grado *m;* **akademischer ~** título académico; **ein Winkel von 60 ~** un ángulo de 60 grados; **bei fünf ~ Kälte** a cinco grados bajo cero; **Verwandte zweiten ~es** parientes de segundo grado; **er war im höchsten ~ nervös** estaba sumamente nervioso; **bis zu einem gewissen ~** hasta cierto punto; **Gradmesser** *m* <-s, -> escala *f* graduada; **die Popularität ist kein ~ für Qualität** la popularidad no es sinónimo de calidad

Graf *m,* **Gräfin** *f* <-en, -en; -nen> conde(sa) *m(f)*

Graffito *m o nt* <-(s), Graffiti> grafito *m*

Grafik[1] *f ohne Pl* (KUNST) artes *fpl* gráficas

Grafik[2] *f* <-en> 1. (*Kunstwerk*) dibujo *m* gráfico 2. (*Schaubild*) gráfico *m*

Grafikbildschirm *m* (INFOR) pantalla *f* gráfica

Grafiker(in) *m(f)* <-s, -; -nen> grafista *mf*

Grafikkarte *f* <-n> (INFOR) tarjeta *f* gráfica

grafisch *adj* gráfico

Grafit[RR] *m* <-s, -e> *s.* **Graphit**

Grafschaft *f* <-en> condado *m*

Gram *m ohne Pl* <-(e)s> (*geh*) aflicción *f*

grämen *vr:* **sich ~** (*geh*) afligirse (*über* por)

Gramm *nt* <-s, -e *nach Zahlen:* -> gramo *m*

Grammatik *f* <-en> (LING) gramática *f*

grammatikalisch *adj* (LING) gramatical

grammatisch *adj* (LING) gramatical; **~ richtig** gramaticalmente correcto

Grammofon[RR] *nt* <-s, -e>, **Grammophon®** *nt* <-s, -e> gramófono *m*

Granat *m* <-(e)s, -e> 1. (*Garnele*) cigala *f* 2. (*Mineral*) granate *m*

Granatapfel *m* (BOT) granada *f*

Granate *f* <-n> (MIL) granada *f*

Granatfeuer *nt ohne Pl* <-s> (MIL) fuego *m* de granadas

grandios *adj* grandioso

Granit *m* <-s, -e> granito *m*

Grapefruit *f* <-s> (BOT) pomelo *m,* toronja *f Am*

Graphik *f s.* **Grafik**

graphisch *adj s.* **grafisch**

Graphit *m* <-s, -e> grafito *m*

Gras[1] *nt* <-es, Gräser> (*Pflanze*) hierba *f*

Gras[2] *nt ohne Pl* <-es> (*Wiese*) hierba *f;* (*Rasen*) césped *m;* **das ~ wachsen hören** (*fam fig*) tener un sexto sentido; **über etw ~ wachsen lassen** (*fig fam*) echar tierra sobre algo; **ins ~ beißen** (*fam fig*) irse al otro barrio

grasen *vi* pacer

grasgrün *adj* verde intenso; **Grashalm** *m* paja *f;* **Grashüpfer** *m* <-s, -> (*fam*) saltamontes *m inv*

grassieren* *vi* extenderse; (*Gerücht*) propagarse

grässlich[RR] *adj,* **gräßlich** *adj* (*schrecklich*) horrible; (*abscheulich*) atroz

Grat *m* <-(e)s, -e> (*a.* ARCHIT) cresta *f*

Gräte *f* <-n> espina *f*

gratinieren* *vt* (GASTR) gratinar

gratis *adv* gratis, de coca *Mex: fam;* **Gratisprobe** *f* <-n> muestra *f* gratuita

Gratulant(in) *m(f)* <-en, -en; -nen> felicitante *mf*

Gratulation *f* <-en> felicitación *f*

gratulieren* *vi* dar la enhorabuena (*zu* por); **gratuliere!** ¡enhorabuena!

grau *adj* 1. (*Farbe*) gris; **~e Haare** canas *fpl* 2. (*trostlos*) monótono; **der ~e Alltag** la monotonía cotidiana 3. (*ungewiss*) incierto; **in ~er Vorzeit** en un pasado remoto

grauäugig *adj* de ojos grises

graubraun *adj* marrón gris; **Graubrot** *nt* (*reg*) pan *m* moreno

Graubünden *nt* <-s> (GEO) cantón *m* de los Grisones

Gräuel[RR] *m* <-s, -> (*geh*) 1. (*Abscheu*) horror *m* 2. (*Tat*) atrocidad *f;* **Gräueltat**[RR] *f* <-en> atrocidad *f*

grauen *vunpers* horrorizar; **mir graut vor der Prüfung** el examen me horroriza

Grauen[1] *nt ohne Pl* <-s> espanto *m;* **~ erregend** espantoso

Grauen[2] *nt* <-s, -> horror *m;* **die ~ des Krieges** los horrores de la guerra

grauenerregend *adj* horroroso, espantoso

grauenhaft *adj,* **grauenvoll** *adj* 1. (*Anblick*) aterrador 2. (*fam: unangenehm*) espantoso

grauhaarig *adj* canoso

gräulich[1] *adj* grisáceo

gräulich[2RR] *adj s.* **grässlich**

Graupel *f* <-n> granizo *m* fino; **Graupelschauer** *m* granizada *f*

grausam *adj* cruel

Grausamkeit *f* <-en> crueldad *f*

grausen *vunpers* dar miedo, espantar; **es graust ihn vor Ratten** tiene miedo a las ratas

Grausen *nt ohne Pl* <-s> horror *m,* espanto *m*

gravieren* *vt* grabar (*in* en)

gravierend *adj* (*Umstände*) agravante; (*Feh-*

ler) grave

Gravierung *f* <-en> grabado *m*

Gravitation *f ohne Pl* (PHYS) gravitación *f*

Gravur *f* <-en> grabado *m*

Grazie *f ohne Pl* gracia *f*, quimba *f Am*

grazil *adj* grácil

graziös *adj* garboso, airoso

Greenpeace-Aktivist(in) *m(f)* <-en, -en; -nen> activista *mf* de Greenpeace

gregorianisch *adj* (MUS) gregoriano

greifbar *adj* **1.** (*zur Hand*) a mano **2.** (*konkret*) concreto

greifen <greift, griff, gegriffen> **I.** *vi* **1.** (TECH) engarzar; **ineinander** ~ engranar **2.** (*wirksam werden*) surtir efecto; **tief** ~**d** profundo; **um sich** ~ propagarse, extenderse **3.** (*fassen*) agarrar (*nach*); (*ergreifen*) echar mano (*zu* de/a); (*zu bestimmten Mitteln*) recurrir (*zu* a); **zum G~ nah** a un paso; **zu einem Buch** ~ echar mano a un libro; **zu den Waffen** ~ recurrir a las armas; **das ist aus der Luft gegriffen** esto carece de base; **sich** *dat* **an den Kopf** ~ llevarse las manos a la cabeza **II.** *vt* (*nehmen*) coger, tomar *Am;* (*packen*) agarrar

Greis(in) *m(f)* <-es, -e; -nen> (*geh*) anciano, -a *m, f*

grell *adj* (*Stimme, Farbe*) chillón; (*Schrei*) estridente

Gremium *nt* <-s, Gremien> gremio *m*

Grenze *f* <-n> **1.** (*Staats~*) frontera *f* (*zu* con); **die ~ zu Belgien** la frontera con Bélgica; **grüne** ~ paso de frontera no vigilado **2.** (*Begrenzung*) límite *m;* **etw** *dat* ~**n setzen** poner límites a algo; **das liegt an der ~ des Erlaubten** esto roza la ilegalidad; **sich in ~n halten** mantenerse dentro de los límites

grenzen *vi* **1.** (*Grenze haben*) limitar (*an* con); (*an~*) lindar (*an* con) **2.** (*fig: nahe kommen*) rozar (*an*)

grenzenlos *adj* **1.** (*räumlich*) sin límites, ilimitado **2.** (*sehr groß*) inmenso

Grenzfall *m* <-(e)s, -fälle> caso *m* extremo; **Grenzgänger(in)** *m(f)* <-s, -; -nen> trabajador(a) *m(f)* fronterizo, -a; **Grenzgebiet** *nt* zona *f* fronteriza; **Grenzkontrolle** *f* control *m* de fronteras; **Grenzlinie** *f* línea *f* fronteriza; (*SPORT*) línea *f;* **Grenzpfahl** *m* mojón *m;* **Grenzschutz** *m* protección *f* de la frontera; **Grenzsituation** *f* (*fig*) situación *m* límite; **Grenzstein** *m* hito *m* (fronterizo); **Grenzübergang** *m* <-(e)s, -gänge> paso *m* fronterizo; **Grenzübertritt** *m* paso *m* de frontera(s); **Grenzwert** *m* (MATH) valor *m* límite

Greuel *m* <-s, -> *s.* **Gräuel**; **Greueltat** *f s.* **Gräueltat**

greulich *adj s.* **gräulich**[2]

Griebe *f* <-n> chicharrón *m*

Grieche, -in *m, f* <-n, -n; -nen> griego, -a *m, f*

Griechenland *nt* <-s> Grecia *f*

griechisch *adj* griego

Griesgram *m* <-(e)s, -e> (*abw*) cascarrabias *mf inv*

Grieß *m* <-es, -e> sémola *f;* **Grießbrei** *m* papilla *f* de sémola

griff *3. imp von* **greifen**

Griff *m* <-(e)s, -e> **1.** (*das Greifen*) agarre *m;* **etw im ~ haben** dominar algo; **etw in den ~ bekommen** conseguir dominar algo **2.** (*Messer~*) mango *m;* (*Fenster~*) tirador *m;* (*Klinke*) picaporte *m;* (*Henkel*) asa *f;* (*Knauf, Fahrrad~*) puño *m* **3.** (*Hand~*) maniobra *f* **4.** (MUS: *Fingerstellung*) digitación *f* **5.** (SPORT) presa *f*

griffbereit *adj* al alcance de la mano

Griffel *m* <-s, -> **1.** (*Stift*) estilete *m* **2.** (BOT) estilo *m*

griffig *adj* **1.** (*Maschine*) manejable **2.** (*Boden*) antideslizante **3.** (*Gewebe*) agradable al tacto

Grill *m* <-s, -s> (*a.* AUTO) parrilla *f;* **vom** ~ a la parrilla

Grille *f* <-n> (ZOOL) grillo *m*

grillen **I.** *vt* asar a la parrilla **II.** *vi* hacer una barbacoa

Grimasse *f* <-n> mueca *f;* ~**n schneiden** hacer muecas

grimmig *adj* **1.** (*Person*) furioso; (*stärker*) rabioso **2.** (*Kälte*) crudo

grinsen *vi* sonreír(se)

grippal *adj* (MED) gripal

Grippe *f* <-n> gripe *f;* (**die**) ~ **haben** tener (la) gripe; **Grippewelle** *f* epidemia *f* de gripe

Grips *m* <-es, -e> (*fam*) sesos *mpl;* **seinen ~ anstrengen** estrujarse los sesos

grob *adj* <gröber, am gröbsten> **1.** (*Sand, Kaffee*) grueso; (*Papier*) áspero; (*Gewebe*) basto; ~ **gemahlen** de grano grueso **2.** (*Gesichtszüge*) tosco; (*Arbeit*) sucio **3.** (*Fehler*) grave; ~**er Unfug** abuso grave; **aus dem Gröbsten heraus sein** (*fam*) haber pasado lo peor **4.** (*ungefähr*) aproximativo; ~ **gerechnet** contado aproximadamente; **in ~en Zügen** a grandes rasgos **5.** (*abw: barsch*) basto, concho *MAm*, guaso *SAm;* **sei nicht so ~ zu mir** no seas tan grosero conmigo

grobgemahlen *adj s.* **grob 1.**

Grobheit[1] *f* <-en> (*Äußerung, Benehmen*) grosería *f*

Grobheit[2] *f ohne Pl* (*Art*) tosquedad *f*

Grobian *m* <-(e)s, -e> (*abw*) grosero *m*

grobkörnig *adj* de grano grueso

gröblich *adj* (*geh*) grave; **jdn ~ beleidigen** injuriar groseramente a alguien

Grog *m* <-s, -s> grog *m*

grölen *vi* (*fam abw*) gritar, chillar

Groll *m ohne Pl* <-(e)s> (*geh*) rencor *m;* **einen ~ gegen jdn hegen** guardar rencor a alguien

grollen *vi* (*geh*) **1.** (*Donner*) retumbar **2.** (*Person*) estar enfadado (+*dat* con); **sie grollt (mit) ihrem Bruder** está enfadada con su hermano

Grönland *nt* <-s> Groenlandia *f*

Grönländer(in) *m(f)* <-s, -; -nen> groenlandés, -esa *m, f*

grönländisch *adj* groenlandés

Gros *nt* <-, -> mayoría *f*

Groschen *m* <-s, -> (*fam*) moneda *f* de diez pfennigs; **der ~ ist bei ihm gefallen** (*fam*) ha caído en la cuenta

groß <größer, am größten> *adj* **1.** (*allgemein*) gran(de); (*geräumig*) espacioso; (*Fläche*) extenso; (*dick*) grueso; **eine ~e Koalition** una gran coalición; **mit dem größten Vergnügen** con el mayor placer; **~en Wert auf etw legen** dar gran importancia a algo; **sie war seine ~e Liebe** fue su gran amor; **~ in Mode sein** estar muy de moda; **ich habe ~e Lust zu gehen** tengo muchas ganas de irme; **was soll ich ~ dazu sagen?** (*fam*) ¿qué quieres que te diga?; **er hat es mir ~ und breit erzählt** (*fam*) me lo ha contado con pelos y señales **2.** (*hoch, hoch gewachsen*) alto; **er ist fast zwei Meter ~** mide casi dos metros **3.** (*zeitlich*) largo; **die ~en Ferien** las vacaciones de verano **4.** (*älter*) mayor; (*erwachsen*) adulto; **meine ~e Schwester** mi hermana mayor; **wenn ich ~ bin** cuando sea mayor; **ein Vergnügen für G~ und Klein** una diversión para grandes y pequeños **5.** (*Menge*) numeroso; **eine ~e Familie** una familia numerosa; **im G~en und Ganzen** en general **6.** (*bedeutend*) grande; (*wichtig*) importante; **etw ~ schreiben** (*fig*) conceder gran importancia a algo; **~e Reden schwingen** (*fam: angeben*) presumir; (*versprechen*) prometer el oro y el moro; **ganz ~ rauskommen** (*fam*) hacerse famoso; **Karl der G~** Carlomagno; **sein Geburtstag wurde ~ gefeiert** (*fam*) su cumpleaños fue celebrado por todo lo alto

großartig *adj* grandioso; (*prächtig*) magnífico; (*ausgezeichnet*) excelente; **das ist ja ~!** ¡eso (sí que) es excelente!

Großaufnahme *f* **1.** (FOTO) foto *f* de primer plano **2.** (FILM) primer plano *m;* **Großbetrieb** *m* <-(e)s, -e> **1.** (WIRTSCH) gran empresa *f* **2.** (AGR) explotación *f* a gran escala; **Großbildschirm** *m* <-(e)s, -e> (INFOR) pantalla *f* grande

Großbritannien *nt* Gran Bretaña *f*

Großbuchstabe *m* (letra *f*) mayúscula *f,* letra *f* capital *Am;* **in ~n** en mayúsculas; **Großbürgertum** *nt* alta burguesía *m*

Größe *f* <-n> **1.** (*Ausdehnung*) dimensión *f;* (*Format*) tamaño *m;* (*Rauminhalt*) volumen *m;* **das hängt von der ~ der Gruppe ab** esto depende de lo grande que sea el grupo; **in voller ~** (*Mensch*) de cuerpo entero **2.** (*Höhe*) altura *f;* (*Körper~*) estatura *f;* **eine Frau mittlerer ~** una mujer de mediana estatura **3.** (*für Kleidung*) talla *f;* (*Schuhe*) número *m* **4.** (PHYS, MATH) magnitud *f;* **unbekannte ~** magnitud desconocida **5.** (*Bedeutsamkeit*) importancia *f;* (*Großartigkeit*) grandeza *f* **6.** (*Persönlichkeit*) autoridad *f*

Großeinkauf *m* <-(e)s, -käufe> compra *f* en grandes cantidades; **Großeltern** *Pl* abuelos *mpl;* **Großenkel(in)** *m(f)* bisnieto, -a *m, f*

Größenordnung *f* <-en> dimensión *f*

großenteils *adv* en su mayor parte

Größenwahn *m* (*abw*) megalomanía *f;* **größenwahnsinnig** *adj* megalómano

Großfamilie *f* familia *f* numerosa; **Großgrundbesitzer(in)** *m(f)* latifundista *mf;* **Großhandel** *m* comercio *m* al por mayor

großherzig *adj* (*geh*) magnánimo

Großherzigkeit *f ohne Pl* generosidad *f*

Großherzog(in) *m(f)* gran duque(sa) *m(f)*

Großherzogtum *nt* gran ducado *m*

Großhirn *nt* (ANAT) cerebro *m;* **Großhirnrinde** *f* (ANAT) corteza *f* cerebral

Großkind *nt* <-(e)s, -er> (*Schweiz: Enkelkind*) nieto, -a *m, f*

großkotzig *adj* (*fam abw*) farolero

Großmacht *f* <-mächte> gran potencia *f;* **Großmarkt** *m* <-(e)s, -märkte> mercado *m* central, mercado *m* de abasto *Arg;* **Großmaul** *nt* (*fam abw*) farolero, -a *m, f;* **Großmut** *f* generosidad *f,* magnanimidad *f*

großmütig *adj* generoso

Großmutter *f* <-mütter> abuela *f,* nanoya *f* *Guat;* **Großneffe** *m* sobrino *m* nieto; **Großnichte** *f* sobrina *f* nieta; **Großonkel** *m* tío *m* abuelo

Großraum *m* <-(e)s, -räume> área *f;* **im ~ Köln** en el área de Colonia; **Großraumabteil** *nt* (EISENB) compartim(i)ento *m* colectivo; **Großraumbüro** *nt* oficina *f* colectiva

großräumig *adj* (*geräumig*) amplio; (*großflächig*) grande

Großrechner *m* <-s, -> (INFOR) macrocomputador *m;* **Großreinemachen** *nt ohne Pl* <-s> (*fam*) limpieza *f* general;

groß|schreiben[RR] *irr vt* escribir con mayúsculas

großspurig *adj* (*abw*) arrogante; (*eingebildet*) presumido

Großstadt *f* metrópoli(s) *f* (*inv*); **großstädtisch** *adj* metropolitano; **Großtante** *f* tía *f* abuela; **Großteil** *m* <-(e)s, -e> mayor parte *f,* mayoría *f;* **zu einem** ~ en su mayor parte

größtenteils *adv* en su mayor parte, mayoritariamente

Großtuerei *f ohne Pl* (*abw*) fanfarronería *f;* (*Angeberei*) aires *mpl* de grandeza

groß|tun *irr* **I.** *vi* (*abw*) fanfarronear **II.** *vr:* **sich** ~ (*abw*) darse importancia (*mit* de)

Großunternehmen *nt* (WIRTSCH) empresa *f* grande; **Großvater** *m* abuelo *m;* **Großveranstaltung** *f* acto *m* multitudinario

groß|ziehen *irr vt* criar

großzügig *adj* **1.** (*freigebig*) generoso **2.** (*tolerant*) tolerante **3.** (*weiträumig*) amplio

Großzügigkeit *f ohne Pl* **1.** (*Freigebigkeit*) generosidad *f* **2.** (*Toleranz*) tolerancia *f*

grotesk *adj* grotesco

Grotte *f* <-n> gruta *f*

Groupie *nt* <-s, -s> groupie *f*

grub *3. imp von* **graben**

Grübchen *nt* <-s, -> hoyuelo *m*

Grube *f* <-n> fosa *f;* (BERGB) mina *f;* **wer andern eine** ~ **gräbt, fällt selbst hinein** (*prov*) quien fosa cava, en ella caerá

Grübelei *f* <-en> cavilación *f*

grübeln *vi* cavilar

Grubenarbeiter(in) *m(f)* (BERGB) minero, -a *m, f;* **Grubenunglück** *nt* accidente *m* minero

grüezi *interj* (*Schweiz*) hola

Gruft *f* <Grüfte> (*geh*) panteón *m;* (*in der Kirche*) cripta *m*

grün *adj* **1.** (*Farbe, a.* POL) verde; **G~er Punkt** (ÖKOL) el punto verde (*marca de materiales reciclables*); **jdn** ~ **und blau schlagen** (*fam*) moler a alguien a palos; **sich** ~ **und blau ärgern** (*fam*) ponerse furioso; **~es Licht geben** (*fam*) dar luz verde; **auf keinen ~en Zweig kommen** (*fig*) no salir adelante **2.** (*unreif*) inmaduro, verde **3.** (*abw: unerfahren*) novato, bisoño; **ein ~er Junge** un mozalbete

Grün[1] *nt* <-s, -> (*Farbe*) verde *m;* **die Ampel steht auf** ~ el semáforo está en verde; **(das ist) dasselbe in** ~ (eso es) prácticamente lo mismo

Grün[2] *nt ohne Pl* <-s> **1.** (*Pflanzen*) verde *m;* (*~fläche*) zona *f* verde **2.** (*junge Triebe*) verdor *m*

grün-alternativ *adj* (POL) de los Verdes-alternativos

Grünanlage *f* parque *m*

grünblau *adj* verde azulado

Grund[1] *m ohne Pl* <-(e)s> **1.** (*Erdboden*) suelo *m;* ~ **und Boden** terrenos *mpl;* **jdn in** ~ **und Boden reden** abrumar a alguien con argumentos **2.** (*eines Gewässers*) fondo *m;* **auf** ~ **laufen** encallar; **im ~e (genommen)** en el fondo; **im ~e seines Herzens** en el fondo de su corazón; **zu ~e gehen** irse a pique, fundirse *Am;* **etw** *dat* **auf den** ~ **gehen** averiguar algo; **jdn/etw zu ~e richten** arruinar a alguien/estropear algo **3.** (*Grundlage*) fundamento *m,* base *f;* **den** ~ **zu etw** *dat* **legen** sentar las bases de algo; **von** ~ **auf** desde el principio; **etw zu ~e legen** tomar algo por base; **zu ~e liegen** basarse en

Grund[2] *m* <-(e)s, Gründe> (*Ursache*) razón *f,* motivo *m;* **es besteht kein** ~ **zur Klage** no hay motivo de queja; **aus gesundheitlichen Gründen** por razones de salud; **aus dem einfachen ~e, dass ...** por la simple razón de que...; **ohne** ~ sin razón; **auf** ~ **von** a causa de; **aus gutem** ~ por una buena razón

Grundausbildung *f* (MIL) instrucción *f* militar; **Grundbedingung** *f* condición *f* básica; **Grundbegriff** *m* **1.** (*Begriff*) término *m* básico **2.** *Pl* (*Grundlagen*) elementos *mpl* fundamentales

Grundbesitz *m* bienes *mpl* raíces; **Grundbesitzer(in)** *m(f)* latifundista *mf;* **Grundbuch** *nt* (ADMIN, JUR) registro *m* de la propiedad

gründen I. *vt* **1.** (*Institution*) fundar; (*schaffen*) crear **2.** (*stützen*) apoyar (*auf* en) **II.** *vr:* **sich** ~ basarse (*auf* en)

Gründer(in) *m(f)* <-s, -; -nen> fundador(a) *m(f)*

Grundfläche *f* (*eines Körpers*) base *f;* (*eines Gebietes*) superficie *f;* **Grundform** *f* <-en> (*elementare Form*) forma *f* elemental; (LING) forma *f* primitiva; (*des Verbes*) infinitivo *m;* **Grundgebühr** *f* tarifa *f* básica; **Grundgedanke** *m* idea *f* fundamental

Grundgesetz *nt ohne Pl* <-es> (POL) ley *f* orgánica; (*Verfassung*) Constitución *f*

Grundhaltung *f* <-en> posición *f* fundamental

grundieren* *vt* dar la primera capa (a)

Grundierung *f* <-en> (*Grundfarbe*) capa *f* de fondo

Grundkenntnisse *fPl* conocimientos *mpl* básicos; **Grundlage** *f* base *f,* fundamento *m;* **die ~n für etw schaffen** sentar las bases para algo

grundlegend *adj* fundamental

gründlich I. *adj* (*sorgfältig*) cuidadoso; (*eingehend*) detenido; (*gewissenhaft*) concienzudo **II.** *adv* (*fam: sehr*) a fondo, profundamente; **da hat sie sich** ~ **getäuscht** ahí se ha equivocado del todo

Gründlichkeit *f ohne Pl* (*Genauigkeit*) minuciosidad *f;* (*Sorgfalt*) esmero *m*

Grundlinie *f* **1.** (SPORT) línea *f* de fondo **2.** (*Geometrie*) base *f;* **Grundlohn** *m* sueldo *m* base

grundlos *adj* inmotivado

Grundmauer *f* <-n> cimientos *mpl;* **Grund-**

nahrungsmittel *nt* producto *m* alimenticio básico

Gründonnerstag *m* Jueves *m* Santo

Grundrechenart *f* (MATH) regla *f* aritmética; **Grundrecht** *nt* <-(e)s, -e> derecho *m* fundamental; **Grundregel** *f* regla *f* fundamental; **Grundriss**[RR] *m* **1.** (ARCHIT) planta *f* **2.** (*kurze Abhandlung*) esbozo *m* **3.** (*Lehrbuch*) manual *m;* **Grundsatz** *m* <-es, -sätze> principio *m;* **sich** *dat* **etw zum ~ machen** tomar algo como divisa

grundsätzlich I. *adj* **1.** (*Frage*) fundamental **2.** (*aus Prinzip*) de principio **II.** *adv* (*immer*) por principio; (*eigentlich*) en principio

Grundschule *f* <-n> escuela *f* primaria; **Grundschullehrer(in)** *m(f)* (SCH) maestro, -a *m, f* de escuela primaria

Grundstein *m* base *f,* cimientos *mpl;* **den ~ zu etw** *dat* **legen** sentar las bases de algo; **Grundsteuer** *f* <-n> (FIN) impuesto *m* territorial; **Grundstoff** *m* <-(e)s, -e> (*Rohstoff*) materia *f* prima; (*Element*) elemento *m;* (*Zutaten*) ingrediente *m*

Grundstück *nt* terreno *m;* **Grundstücksmakler(in)** *m(f)* agente *mf* inmobiliario, -a

Grundton *m* <-(e)s, -töne> **1.** (MUS) tono *m* fundamental **2.** (*Farbe*) fondo *m;* **Grundübel** *nt* fuente *f* de todos los males

Gründung *f* <-en> **1.** (*eines Unternehmens, einer Familie*) fundación *f;* (*Schaffung*) creación *f* **2.** (*Gebäudeteil*) cimientos *mpl*

grundverschieden *adj* radicalmente diferente

Grundwasser *nt ohne Pl* <-s> aguas *fpl* freáticas; **Grundwasserspiegel** *m* nivel *m* de aguas freáticas; **Grundwortschatz** *m* (LING) vocabulario *m* básico; **Grundzug** *m* <-(e)s, -züge> rasgo *m* fundamental

Grüne(r) *mf* <-n, -n; -n> (POL) miembro *m* del Partido Ecologista; **die ~n** los Verdes

Grüne(s) *nt ohne Pl* <-n> **1.** (*fam: Rohkost*) verduras *fpl* **2.** (*Natur*) naturaleza *f;* **ins ~ fahren** ir al campo

grünen *vi* (*geh*) verdecer

Grünfink *m* (ZOOL) verderón *m* común; **Grünfläche** *f* zona *f* verde; **Grünfutter** *nt ohne Pl* <-s> (AGR) herbaje *m*

Grunge *m ohne Pl* <-> (MUS) grunge *m*

Grünkern *m* (GASTR) harina *f* de escanda; **Grünkohl** *m* <-(e)s, -e> (GASTR) col *f* rizada

grünlich *adj* verdoso

Grünschnabel *m* (*abw*) mocoso, -a *m, f;* **Grünspan** *m ohne Pl* <-(e)s> verdete *m;* **Grünstreifen** *m* franja *f* de césped

grunzen *vi* (*a. Mensch*) gruñir

Grünzeug *nt* (*fam*) **1.** (*Kräuter*) hierbas *fpl* **2.** (*Rohkost*) verdura *f* fresca

Gruppe *f* <-n> (*von Leuten*) grupo *m,* tropilla *f CSur;* (*Arbeits~*) equipo *m;* (*Kategorie*) grupo *m;* **Gruppenarbeit** *f ohne Pl* trabajo *m* en grupo; **Gruppenbild** *nt* retrato *m* de grupo; **Gruppenleiter(in)** *m(f)* <-s, -; -nen> (*in Firma*) jefe, -a *m, f;* (*Jugendgruppe*) monitor(a) *m(f);* **Gruppenreise** *f* viaje *m* en grupo; **Gruppensex** *m* cama *f* redonda; **Gruppentherapie** *f* (PSYCH, MED) terapia *f* de grupo; **gruppenweise** *adv* por [*o* en] grupos

gruppieren* **I.** *vt* agrupar **II.** *vr:* **sich ~** agruparse

Gruppierung *f* <-en> agrupación *f*

Gruselgeschichte *f* <-n> historia *f* de miedo

grus(e)lig *adj* horripilante

Gruß *m* <-es, Grüße> saludo *m;* **jdm die Hand zum ~ reichen** estrecharle a alguien la mano para saludarle; **viele Grüße an deine Eltern!** ¡recuerdos a tus padres!; **jdm Grüße bestellen** saludar a alguien; **mit freundlichen Grüßen** atentamente

grüßen *vt* saludar; **grüß deinen Vater von uns** saluda a tu padre de nuestra parte; **grüß dich!** ¡hola!; **sie lässt (dich) schön ~** te manda saludos

Grußwort *nt* <-(e)s, -e> saludo *m*

Grütze *f* <-n> (GASTR) sémola *f;* **rote ~** *especie de jalea de frutas*

Guatemala *nt* <-s> Guatemala *f*

Guatemalteke, -in *m, f* <-n, -n; -nen> guatemalteco, -a *m, f*

guatemaltekisch *adj* guatemalteco

gucken I. *vi* (*fam*) mirar; (*hervor~*) asomar; **guck mal!** ¡mira! **II.** *vt* (*fam*) ver; **Fernsehen ~** ver la televisión

Guckloch *nt* mirilla *f*

Guerilla *f* <-s> guerrilla *f;* **Guerillakämpfer(in)** *m(f)* guerrillero, -a *m, f*

Guillotine *f* <-n> guillotina *f*

Guinea *nt* <-s> Guinea *f*

Guineer(in) *m(f)* guineano, -a *m, f*

guineisch *adj* guineano

Gulasch *m o nt* <-(e)s, -e *o* -s> (GASTR) gulasch *m,* estofado *m* de carne; **Gulaschsuppe** *f* sopa *f* húngara

Gulden *m* <-s, -> florín *m*

Gully *m o nt* <-s, -s> sumidero *m*

gültig *adj* válido; (*Gesetz*) vigente; (*Münze*) de curso legal; **~ sein** ser válido; **die Fahrkarte ist nicht mehr ~** el billete está caducado

Gültigkeit *f ohne Pl* **1.** (*von Geld, Fahrkarte*) validez *f* **2.** (*von Gesetz, Vertrag*) vigencia *f*

Gummi[1] *m o nt* <-s, -(s)> (*Material*) goma *f*

Gummi[2] *m o nt* <-s, -s> (*fam: Kondom*) goma *f*

Gummi[3] *m* <-s, -s> (*Radier~*) goma *f* (de borrar)

Gummi[4] *nt* <-s, -s> (*fam: ~band*) goma *f*
Gummiband *nt* <-(e)s, -bänder> cinta *f* elástica; **Gummibaum** *m* **1.** (*Kautschukbaum*) árbol *m* del caucho, gomero *m Am* **2.** (*Zierpflanze*) ficus *m inv;* **Gummihandschuh** *m* guante *m* de goma; **Gummiknüppel** *m* porra *f;* **Gummireifen** *m* (AUTO) neumático *m;* **Gummisohle** *f* suela *f* de goma; **Gummistiefel** *m* bota *f* de goma; **Gummizelle** *f* celda *f* de seguridad; **Gummizug** *m* <-(e)s, -züge> goma *f* (elástica)
Gunst *f ohne Pl* (*Wohlwollen*) favor *m;* **zu ~en ...** *+gen* a favor de ..; **(hoch) in jds ~ stehen** gozar (mucho) de las simpatías de alguien; **er erkannte die ~ der Stunde** supo aprovechar el momento
günstig *adj* favorable; (*Augenblick*) oportuno; **es trifft sich ~, dass ...** resulta oportuno que... *+subj;* **im ~sten Fall** en el mejor de los casos
Günstling *m* <-s, -e> (*abw*) favorito, -a *m, f*
Gurgel *f* <-n> gaznate *m;* **jdm an die ~ springen** (*fam fig*) saltar al cuello de alguien
gurgeln *vi* **1.** (*Wasser*) borbotear **2.** (*Person*) gargarear *And*
Gurke *f* <-n> pepino *m;* **saure ~n** pepinillos en vinagre
gurren *vi* (*a. Mensch*) arrullar
Gurt *m* <-(e)s, -e> (*Riemen*) correa *f;* (*Sicherheits~*) cinturón *m;* (*Sattel~*) cincha *f;* **den ~ anlegen** abrocharse el cinturón
Gürtel *m* <-s, -> **1.** (*an Kleidung*) cinturón *m;* **den ~ enger schnallen** (*fam*) apretarse el cinturón **2.** (*Zone*) cinturón *m,* zona *f;* **Gürtellinie** *f ohne Pl* cintura *f;* **ein Schlag unter die ~** (*fam a. fig*) un golpe bajo; **Gürtelrose** *f ohne Pl* (MED) culebrilla *f;* **Gürtelschnalle** *f* hebilla *f* de cinturón; **Gürteltier** *nt* (ZOOL) armadillo *m,* peludo *m CSur*
Guru *m* <-s, -s> **1.** (REL) gurú *m* **2.** (*fam*) líder *m*
Guss[RR] *m* <-es, Güsse>, **Guß** *m* <-sses, Güsse> **1.** (*von Metall*) fundición *f;* **wie aus einem ~** como de una pieza **2.** (*fam: Regen~*) chaparrón *m* **3.** (*Zucker~*) baño *m* de azúcar; **Gusseisen**[RR] *nt ohne Pl* <-s> hierro *m* fundido; **Gussform**[RR] *f* <-en> molde *m* de fundición
gut <besser, am besten> **I.** *adj* **1.** (*allgemein*) buen(o); **ein ~er Freund** un buen amigo; **~e Besserung!** ¡que te mejores!; **ist die Milch noch ~?** ¿está buena la leche todavía?; **er ist in Mathe sehr ~** es muy bueno en mates; **das ist ja alles ~ und schön, aber ...** (*fam*) todo esto está muy bien pero...; **es wird wieder ~** todo se arreglará; **G~ und Böse auseinander halten** separar el bien del mal; **die G~en und die Bösen** los buenos y los malos; **findest du Strandurlaub ~?** ¿te gusta pasar las vacaciones en la playa?; **lassen wir es damit ~ sein** (*fam*) dejémoslo estar **2.** (*Mensch*) bondadoso; **sei so ~ und ...** haz el favor de... *+inf;* **~ zu jdm sein** ser bueno con alguien **3.** (*richtig*) correcto **4.** (*nützlich*) útil; **wer weiß, wozu das ~ ist?** ¿quién sabe para qué sirve esto? **5.** (*für Gesundheit*) saludable (*für* para); **das ist ~ gegen Husten** esto es bueno contra la tos **6.** (*vorteilhaft*) ventajoso **7.** (*angemessen*) adecuado; **das ist auch ~ so** así es como debe ser; **er ist immer für eine Überraschung ~** (*fam*) siempre está dispuesto a dar una sorpresa **8.** (*reichlich*) buen; **eine ~e Stunde** una hora larga; **ein ~es Pfund Mehl** medio kilo de harina bien pesado **9.** (SCH: *Note*) notable **II.** *adv* bien; **schon ~!** ¡bueno, está bien!; **das schmeckt ~** esto sabe bien; **sein Geschäft geht nicht ~** el negocio le va mal; **etw ~ können** saber hacer algo bien; **er hat es dort ~** allí le va bien; **~ so!** ¡así está bien!; **~ gemacht!** ¡bien hecho!; **du bist ~!** ¡ésta sí que es buena!; **das kann ~ sein** es posible; **du hast ~ reden** (*fam*) tú bien puedes hablar; **so ~ wie nichts** (*fam*) casi nada; **mach's ~!** ¡que te vaya bien!; **er stellt sich ~ mit dir, weil er dein Auto braucht** te hace la rosca porque necesita tu coche; **du tust ~ daran, hier erst mal zu verschwinden** más vale que te largues de aquí
Gut *nt* <-(e)s, Güter> **1.** (*Besitz*) bienes *mpl;* **mein Hab und ~** todo lo que poseo **2.** (*Land~*) finca *f,* hacienda *f Am* **3.** (*Ware*) mercancía *f*
Gutachten *nt* <-s, -> dictamen *m* (pericial), peritaje *m;* **ein ~ erstellen** emitir un dictamen
Gutachter(in) *m(f)* <-s, -; -nen> perito, -a *m, f*
gutartig *adj* **1.** (*Wesen, Tier*) bueno **2.** (MED) benigno; **gutaussehend** *adj s.* **aussehen**; **gutbezahlt** *adj s.* **bezahlen**; **gutbürgerlich** *adj* (*a.* GASTR) burgués; **gutdotiert** *adj s.* **dotieren**
Gutdünken *nt ohne Pl* <-s>: **nach ~ (verfahren)** (proceder) a discreción
Gute(s) *nt ohne Pl* <-n> bueno *nt;* **das ~ im Menschen** lo bueno de la persona; **~s tun** hacer el bien; **das ~ daran** lo bueno de eso; **alles ~!** ¡que vaya bien!; **es hat alles auch sein ~s** (*prov*) todo tiene su lado bueno
Güte *f ohne Pl* **1.** (*Freundlichkeit*) bondad *f;* **wenn Sie die ~ hätten mir zu helfen** si tuviese la bondad de ayudarme; **ach du liebe ~!** (*fam*) ¡ay, Dios mío! **2.** (*Qualität*) calidad *f;* **das war ein Reinfall erster ~** (*fam*) fue un fracaso de primera
Gutenachtgeschichte *f* <-n> cuento *m*

para dormir

Güterbahnhof *m* estación *f* para trenes de carga; **Gütergemeinschaft** *f* (JUR) comunidad *f* de bienes; **Gütertrennung** *f* (JUR) separación *f* de bienes; **Güterwagen** *m* vagón *m* de carga; **Güterzug** *m* <-(e)s, -züge> tren *m* de carga, tren *m* carguero *CSur*

Gütezeichen *nt* etiqueta *f* de calidad

gut|gehen *irr vi sein s.* **gehen I.1., I.3.**

gutgehend *adj s.* **gehen I.4.**; **gutgelaunt** *adj s.* **gelaunt**; **gutgemeint** *adj s.* **meinen 5.**; **gutgläubig** *adj* de buena fe; **Guthaben** *nt* <-s, -> (FIN) haber *m;* **gut|heißen** *irr vt* aprobar, dar por bueno; **gutherzig** *adj* bondadoso

gütig *adj* bondadoso; (*freundlich*) amable; (*nachsichtig*) indulgente

gutleserlich *adj s.* **leserlich**

gütlich *adj* amistoso; **sich ~ einigen** llegar a un acuerdo amistoso

gut|machen *vt* (*Schaden*) reparar; (*Fehler*) enmendar; **wieder ~** enmendar, subsanar; (*Verlust*) resarcir; **das ist gar nicht wieder gutzumachen** esto apenas se puede enmendar; **ich habe einiges bei dir gutzumachen** tengo que devolverte algunos favores

gutmütig *adj* bondadoso

Gutmütigkeit *f ohne Pl* bondad *f*

Gutsbesitzer(in) *m(f)* terrateniente *mf*

Gutschein *m* <-(e)s, -e> vale *m;* **gut|schreiben** *irr vt* abonar, acreditar; **Gutschrift** *f* abono *m* en cuenta

Gutsherr(in) *m(f)* <-en, -en; -nen> hacendado, -a *m, f;* **Gutshof** *m* granja *f,* hacienda *f Am*

gutsituiert *adj s.* **situieren**

Gutsverwalter(in) *m(f)* administrador(a) *m(f)*

gut|tun *irr vi s.* **tun I.**

gutwillig I. *adj* complaciente **II.** *adv* de buena voluntad

Gymnasiallehrer(in) *m(f)* (SCH) profesor(a) *m(f)* de Enseñanza Media

Gymnasiast(in) *m(f)* <-en, -en; -nen> alumno, -a *m, f* de Enseñanza Media

Gymnasium *nt* <-s, Gymnasien> instituto *m* de Enseñanza Media, liceo *m Am*

Gymnastik *f ohne Pl* gimnasia *f*

Gynäkologe, -in *m, f* <-n, -n; -nen> (MED) ginecólogo, -a *m, f*

Gynäkologie *f ohne Pl* (MED) ginecología *f*

gynäkologisch *adj* (MED) ginecológico

G

H

H, h *nt* <-, -> **1.** (*Buchstabe*) H, h *f;* ~ **wie Heinrich** H de Huelva **2.** (MUS) si *m*

ha¹ *interj* ja, ah

ha² *Abk. von* **Hektar** hectárea *f*

Haar *nt* <-(e)s, -e> **1.** (*Kopf~*) pelo *m,* cabello *m,* moño *m Chil;* (*Körper~, Tier~*) pelo *m;* **sich** *dat* **die ~e schneiden lassen** cortarse el pelo; **mir stehen die ~e zu Berge** (*fam fig*) se me ponen los pelos de punta; **kein gutes ~ an jdm lassen** (*fam*) poner a alguien de vuelta y media; **sich** *dat* **in den ~en liegen** (*fam*) andar a la greña; **sich** *dat* **aufs ~ gleichen** (*fam*) parecerse como un huevo a otro; **sich** *dat* **die ~e raufen** (*fam*) tirarse de los pelos; **deswegen lasse ich mir keine grauen ~e wachsen** (*fam*) eso me tiene sin cuidado; **jdm die ~e vom Kopf fressen** (*fam*) salir a alguien caro; **~e auf den Zähnen haben** (*fam fig*) no tener pelos en la lengua; **jdm kein ~ krümmen** (*fam*) no tocar (ni) un pelo a alguien; **das ist an den ~en herbeigezogen** (*fam*) esto no tiene ni pies ni cabeza; **immer ein ~ in der Suppe finden** (*fam*) poner pegas a todo **2.** (*fig: ein bisschen*) ni un pelo; **um kein ~ besser** (*fam*) ni una pizca mejor; **um ein ~** (*fam*) por los pelos; **Haarausfall** *m ohne Pl* <-(e)s> caída *f* del cabello; (MED) alopecia *f;* **Haarbürste** *f* cepillo *m* del pelo; **Haarbüschel** *nt* mechón *m* de pelo

haaren *vi, vr:* **sich ~** (*Tier*) perder el pelo

Haaresbreite *f:* **um ~** por un pelo

Haarfarbe *f* color *m* del pelo; **Haarfestiger** *m* fijador *m* para el pelo; **haargenau** *adv* (*fam*) exactamente; (*ausführlich*) con pelos y señales; **stimmt ~!** ¡justamente eso!

haarig *adj* **1.** (*behaart*) peludo **2.** (*heikel*) peliagudo, peludo *MAm: fam*

haarklein *adv* con pelos y señales; **Haarlack** *m* laca *f* para el pelo; **Haarnadel** *f* horquilla *f* (de moño), gancho *m Am;* **Haarnetz** *nt* redecilla *f* para el pelo; **Haarreif** *m* <-(e)s, -e> diadema *f;* **haarscharf** **I.** *adj* (*genau*) muy exacto **II.** *adv* **1.** (*nahe*) muy cerca **2.** (*präzise*) exactamente; **Haarschnitt** *m* corte *m* de pelo; **Haarspalterei** *f* <-en> (*abw*) sutileza *f;* ~ **betreiben** rizar el rizo; **Haarspange** *f* pasador *m* (para el pelo); **Haarspray** *m o nt* laca *f;* **haarsträubend** *adj* espeluznante, horripilante; **Haartrockner** *m* secador *m* (de mano); **Haarwaschmittel** *nt* champú *m;* **Haarwasser** *nt* <-s, -wässer> loción *f* capilar

Haarwuchs *m ohne Pl* <-es> **1.** (*das Wachsen*) crecimiento *m* del pelo **2.** (*Haare*) cabellera *f;* **Haarwuchsmittel** *nt* regenerador *m* del pelo

Haarwurzel *f* (ANAT) raíz *f* capilar

Hab: ~ **und Gut** (*geh*) todos los bienes

Habe *f ohne Pl* (*geh*) bienes *mpl*

haben <hat, hatte, gehabt> **I.** *vt* **1.** (*besitzen*) tener, poseer; (*erhalten*) recibir (*von* de); **lieber ~** preferir; **hier hast du das Buch** aquí tienes el libro; **er hat außergewöhnliche Fähigkeiten** posee facultades extraordinarias; **Zeit ~** tener tiempo; **Hunger/Durst ~** tener hambre/sed; **Fieber ~** tener fiebre; **kann ich bitte den Zucker ~?** ¿me das el azúcar, por favor?; **ich habe kein Geld dabei** no llevo dinero; **wir ~ heute schönes Wetter** hoy hace buen tiempo; **den Wievielten ~ wir heute?** ¿a cuántos estamos hoy?; **morgen ~ wir Mittwoch** mañana es miércoles; **sie hat es weit nach Hause** tiene un largo camino hasta su casa; **sie hat es nicht leicht mit ihm** no lo tiene fácil con él; **schön hast du es hier** lo tienes todo muy bonito; **das Haus hat was von einem Schloss** la casa tiene un algo de castillo; **und was habe ich davon?** ¿y qué saco yo de eso?; **das hast du jetzt davon!** ¿ves? ¡eso es lo que has sacado!; **was hast du?** ¿qué te pasa?; **ich hab's an der Blase** (*fam*) estoy enferma de la vejiga; **das hat das Meer so an sich, dass es salzig ist** (*iron*) el mar suele ser salado; **er ist noch zu ~** (*fam*) aún está libre; **dafür ist er nicht zu ~** eso no le va; **da ~ wir den Salat/die Bescherung** (*fam*) aquí tenemos el lío/el embrollo; **etw dagegen ~** estar en contra de algo; **nichts dagegen ~** no tener nada en contra; **etw ~ wollen** querer algo; **ich kann das nicht ~** (*fam*) eso no lo soporto; **was hat es damit auf sich?** ¿qué significa esto?; **der Vorschlag hat etwas für sich** es una buena propuesta; **das hat es in sich** (*fam*) es un asunto difícil; **dieser Wein hat es in sich** este vino es bastante fuerte; **etw hinter sich ~** haber superado algo; **ich habe noch viel vor mir** aún me queda mucho; **du hast noch das ganze Leben vor dir** tienes toda la vida por delante; **sie hat etwas mit dem Tennislehrer** tiene un lío (amoroso) con el profesor de tenis; **ich**

hab's! ¡ya lo tengo!; **ich hätte gerne ...** quisiera...; **wie gehabt** como de costumbre; **wer hat, der hat** (*prov*) quien tiene dinero, tiene todo **2.** (*müssen, sollen*) deber, tener que; **ich habe noch sehr viel zu tun** aún tengo mucho que hacer; **hier hat er nichts zu suchen** aquí no tiene nada que hacer; **jetzt hast du zu schweigen** ahora lo que tienes que hacer es callarte **II.** *vr:* **sich ~** (*fam abw: sich anstellen*) andar con remilgos; **hab dich nicht so** no te pongas así; **damit hat sich die Sache** (*fam*) con esto se acabó **III.** *aux* haber; **ich will nichts gesagt ~, aber ...** no quiero decir nada, pero...; **das hätten wir (geschafft)!** ¡ya está (listo)!

Haben *nt ohne Pl* <-s> (WIRTSCH) haber *m*

Habenichts *m* <-(es), -e> (*abw*) muerto, -a *m, f* de hambre

Habgier *f* (*abw*) codicia *f*, angurria *f Am;* **habgierig** *adj* (*abw*) codicioso, angurriento *Am*

habhaft *adj* (*geh*): **etw** *gen* **~ werden** apropiarse de algo

Habicht *m* <-s, -e> (ZOOL) azor *m* (común)

Habsburger(in) *m(f)* <-s, -; -nen> (HIST) Habsburgo *mf*

Habseligkeiten *fPl* efectos *mpl* personales

Habsucht *f ohne Pl* (*abw*) codicia *f*, angurria *f Am;* **habsüchtig** *adj* (*abw*) codicioso, angurriento *Am*

Hackbraten *m* (GASTR) asado *m* de carne picada

Hacke *f* <-n> **1.** (*Gartengerät*) azada *f* **2.** (*reg: Ferse, am Strumpf*) talón *m* **3.** (*reg: am Schuh*) tacón *m*

hacken I. *vt* **1.** (*Holz*) cortar, partir; (*Zwiebeln*) picar **2.** (*Garten*) mullir; (*Loch*) cavar **II.** *vi* **1.** (*Vogel*) picotear **2.** (INFOR) violar datos

Hacker(in) *m(f)* <-s, -; -nen> (INFOR) hacker *mf*

Hackfleisch *nt* carne *f* picada

Häcksel *m o nt ohne Pl* <-s> (AGR) paja *f* cortada

hadern *vi* (*geh*) **1.** (*streiten*) reñir (*mit* con); **mit dem Schicksal ~** luchar contra su destino **2.** (*unzufrieden sein*) estar descontento (*mit* con/de); **mit seinem Schicksal ~** estar descontento de su destino

Hafen *m* <-s, Häfen> puerto *m;* **in den ~ einlaufen** entrar en el puerto; **aus dem ~ auslaufen** salir del puerto; **Hafenarbeiter(in)** *m(f)* obrero, -a *m, f* portuario, -a; **Hafenbehörde** *f* junta *f* del puerto; **Hafeneinfahrt** *f* entrada *f* del puerto; **Hafengebühr** *f* anclaje *m;* **Hafenrundfahrt** *f* vuelta *f* por el puerto; **Hafenstadt** *f* ciudad *f* portuaria

Hafer *m* <-s, -> (BOT, GASTR) avena *f;* **Haferflocke** *f* (GASTR) copo *m* de avena; **Haferschleim** *m* (GASTR) papilla *f* de avena

Haft *f ohne Pl* arresto *m;* **in ~ sein/nehmen** estar en/poner bajo arresto; **jdn aus der ~ entlassen** poner en libertad a alguien; **Haftanstalt** *f* penitenciaría *f*

haftbar *adj:* **jdn für etw ~ machen** hacer a alguien responsable de algo

Haftbefehl *m* (JUR) orden *f* de detención, requisitoria *f Arg;* **einen ~ gegen jdn ausstellen** dictar auto de prisión contra alguien

haften *vi* **1.** (*kleben*) pegar (*an* a/en) **2.** (*Schmutz*) pegarse (*an* a/en) **3.** (JUR: *aufkommen*) responder (*für* de/por, *mit* con); **für Garderobe wird nicht gehaftet** la dirección no se responsabiliza del guardarropa

Haftentlassung *f* puesta *f* en libertad

Häftling *m* <-s, -e> preso, -a *m, f*

Haftpflicht *f ohne Pl* responsabilidad *f* civil

haftpflichtig *adj* responsable

Haftpflichtversicherung *f* seguro *m* de responsabilidad civil

Haftrichter(in) *m(f)* juez(a) *m(f)* de instrucción

Haftschale *f* lente *f* de contacto

Haftstrafe *f* (JUR) condena *f*

Haftung[1] *f ohne Pl* (TECH, PHYS) adherencia *f*

Haftung[2] *f* <-en> (JUR) responsabilidad *f;* **die ~ übernehmen** asumir la responsabilidad

Hagebutte *f* <-n> (BOT) (fruto *m* del) escaramujo *m*, tapaculo *m fam*

Hagel *m* <-s, -> granizo *m;* (*Schauer*) granizada *f;* **Hagelkorn** *nt* <-(e)s, -körner> **1.** (METEO) granizo *m* **2.** (MED: *Geschwulst*) chalazión *m*

hageln I. *vunpers* granizar; **es hagelt** graniza **II.** *vi, vunpers* (*Vorwürfe*) llover

hager *adj* flaco, flamenco *Hond, PRico*

haha *interj* **1.** (*Lachen*) ja ja ja **2.** (*aha*) ajá

Hahn *m* <-(e)s, Hähne> **1.** (*Tier*) gallo *m;* **er ist der ~ im Korb** (*fam*) es el dueño del cotarro; **nach jdm/etw** *dat* **kräht kein ~ mehr** (*fam*) alguien/algo ya no le interesa a nadie **2.** (*Wasser~*) grifo *m*, bitoque *m Mex, RíoPl;* (*Gas~*) llave *f* **3.** (*an Schusswaffen*) gatillo *m*

Hähnchen *nt* <-s, -> pollo *m*

Hahnenfuß *m ohne Pl* <-es> (BOT) francesilla *f*, marimoña *f*

Hai *m* <-(e)s, -e>, **Haifisch** *m* <-(e)s, -e> tiburón *m*

Hain *m* <-(e)s, -e> (*geh*) soto *m;* (*Wäldchen*) bosquecillo *m*

Haiti *nt* <-s> Haití *m*

Haitianer(in) *m(f)* <-s, -; -nen> haitiano, -a *m, f*

haitianisch *adj* haitiano

häkeln I. *vi* hacer ganchillo **II.** *vt* hacer a

ganchillo

Häkelnadel *f* (aguja *f* de) ganchillo *m*

Haken *m* <-s, -> **1.** (*zum Aufhängen*) gancho *m;* (*spitz zulaufend*) garfio *m;* (*Zeichen*) gancho *m;* **einen ~ schlagen** (*Hase*) huir en zigzag; (*fig*) cambiar (repentinamente) de rumbo **2.** (*Boxen*) gancho *m* **3.** (*fam: Schwierigkeit*) inconveniente *m,* intríngulis *m inv;* **die Sache hat nur einen ~** es que la cosa tiene un inconveniente; **Hakenkreuz** *nt* <-es, -e> cruz *f* gamada; **Hakennase** *f* <-n> nariz *f* aguileña

halb **I.** *adj* medio; **eine ~e Stunde** media hora; **eine ~e Note** (MUS) una nota blanca; **ein ~er Ton** un semitono; **eine ~e Stelle** (trabajo de) media jornada; **die ~e Wahrheit** la verdad a medias; **sich auf ~em Wege treffen** encontrarse a medio camino; **zum ~en Preis** a mitad de precio; **es ist ~ drei** son las dos y media; **~ Hamburg** medio Hamburgo; **nichts H~es und nichts Ganzes** (*fam*) ni chicha ni limoná; **keine ~en Sachen machen** (*fam*) no hacer las cosas a medias; **das dauert ja eine ~e Ewigkeit** (*fam*) esto tarda una eternidad; **~ und ~** mitad y mitad; **mit jdm ~e--e machen** (*fam*) ir a medias con alguien **II.** *adv* a medias, medio; **nur ~ zuhören** escuchar sólo a medias; **~ öffnen** entreabrir; **das Zimmer ist ~ so groß/so teuer wie das andere** el cuarto es la mitad de grande/cuesta la mitad que el otro; **das ist ~ so schlimm** no es para tanto; **sie ist ~ taub** está medio sorda; **sich ~ totlachen** morirse de risa; **halbamtlich** *adj* (POL, PUBL) semioficial; **halbautomatisch** *adj* semiautomático; **Halbbruder** *m* hermanastro *m;* **Halbdunkel** *nt* penumbra *f;* **Halbedelstein** *m* piedra *f* semipreciosa

halber *präp +gen* (*geh*) por, por causa de; **der Ordnung ~** por el orden

halbfertig *adj s.* **fertig 1.**; **Halbfinale** *nt* (SPORT) semifinal *f;* **Halbgeschwister** *ntPl* hermanastros *mpl;* **Halbgott, -göttin** *m, f* <-(e)s, -götter; -nen> (*a. fig*) semidiós, -osa *m, f*

halbherzig *adj* poco decidido

halbieren* *vt* **1.** (*teilen*) dividir (en dos partes iguales) **2.** (*reduzieren*) reducir a la mitad

Halbinsel *f* península *f;* **Halbjahr** *nt* semestre *m;* **das erste ~** la primera mitad del año

halbjährig *adj* (*ein halbes Jahr dauernd*) semestral; (*ein halbes Jahr alt*) de seis meses

halbjährlich **I.** *adj* semestral **II.** *adv* cada seis meses; **Halbkanton** *m* (*Schweiz:* POL) semicantón *m;* **Halbkreis** *m* semicírculo *m;* **Halbkugel** *f* **1.** (MATH) semiesfera *f* **2.** (GEO) hemisferio *m;* **die nördliche/südliche ~** el hemisferio norte/sur; **halblang** *adj* (*Rock*) que llega a media pierna; (*Haar*) media melena; **halblaut** *adj* a media voz; **Halbleiter** *m* <-s, -> (ELEK, INFOR) semiconductor *m;* **halbmast** *adv:* **auf ~** a media asta; **~ flaggen** poner la bandera a media asta; **Halbmesser** *m* <-s, -> (*Radius*) radio *m;* **Halbmetall** *nt* (CHEM) semimetal *m;* **Halbmond** *m* media luna *f;* **halbnackt** *adj s.* **nackt**; **halboffen** *adj s.* **offen 1.**; **Halbpension** *f ohne Pl* media pensión *f;* **halbrund** *adj* semicircular; **Halbschatten** *m* (*a.* ASTR) penumbra *f;* **Halbschlaf** *m* duermevela *f;* **im ~ liegen** estar en duermevela; **Halbschuh** *m* zapato *m* abotinado; **Halbschwester** *f* hermanastra *f*

halbstündig *adj* de media hora

halbstündlich *adj* cada media hora

halbtags *adv* media jornada; **~ arbeiten** trabajar media jornada; **Halbtagskraft** *f* empleado, -a *m, f* de media jornada

Halbton *m* <-(e)s, -töne> (MUS) semitono *m;* **halbtot** *adj s.* **tot**; **halbvoll** *adj s.* **voll I.1.**; **Halbwaise** *f* huérfano, -a *m, f* (de padre o de madre)

halbwegs *adv* más o menos, casi

Halbwelt *f ohne Pl* bajos fondos *mpl*

Halbwertszeit *f* (PHYS) vida *f* media radiactiva

Halbwüchsige(r) *mf* <-n, -n; -n> adolescente *mf*

Halbzeit *f* (SPORT): **erste/zweite ~** primer/segundo tiempo *m;* **in der ~** en el descanso

Halde *f* <-n> (BERGB: *Abraum~*) escombrera *f;* (*Kohle~*) existencias *fpl* de carbón en bocamina; (*Müll~*) montaña *f* de desperdicios

half *3. imp von* **helfen**

Hälfte *f* <-n> mitad *f;* **um die ~ größer/kleiner** la mitad más grande/pequeño; **meine bessere ~** (*fam*) mi media naranja; **auf der ~ des Weges** a mitad de camino

Halfter[1] *m o nt* <-s, -> (*für Pferd, Rind*) cabestro *m,* bozal *m Am*

Halfter[2] *nt* <-s, ->, *f* <-n> (*für Pistole*) pistolera *f,* cañonera *f Am*

Hall *m* <-(e)s, -e> (*Klang, Echo*) resonancia *f*

Halle *f* <-n> (*Fabrik~, Lager~*) nave *f;* (*Bahnhofs~*) vestíbulo *m;* (*Flughafen~*) terminal *f;* (*Hangar*) hangar *m;* (*Ausstellungs~*) pabellón *m;* (*Messe~*) recinto *m* ferial; (*Hotel~*) hall *m;* (*Turn~*) gimnasio *m*

hallen *vi* resonar

Hallenbad *nt* piscina *f* cubierta; **Hallensport** *m* <-(e)s, -e> deporte *m* en pista cubierta

hallo *interj* **1.** (*Gruß*) hola **2.** (*Zuruf*) oiga, eh; **~, Sie!** ¡oiga Ud.!

Hallo *nt* <-s, -s> **1.** (*Freude*) alegría *f* **2.** (*reg: Aufsehen*) barullo *m,* jaleo *m;* **es gab ein großes ~** había un gran barullo

Halluzination *f* <-en> alucinación *f*
Halm *m* <-(e)s, -e> paja *f*
Halogenbirne *f* bombilla *f* halógena
Hals *m* <-es, Hälse> **1.** (ANAT) cuello *m;* (*Kehle*) garganta *f;* **den ~ recken** estirar el cuello; **~ über Kopf** (*fam: plötzlich*) de golpe y porrazo; (*unüberlegt*) de cabeza; **jdm um den ~ fallen** arrojarse al cuello de alguien; **sich jdm an den ~ werfen** (*fam*) pegarse a alguien; **sich** *dat* **den ~ brechen** (*fam*) romperse el cuello; (*fig*) estrellarse; **sich** *dat* **jdn/etw vom ~ schaffen** (*fam*) quitarse a alguien/algo de encima; **aus vollem ~** a grito pelado; **das Wort blieb ihm im ~(e) stecken** la palabra se le quedó atragantada en la garganta; **er hat viel am ~** (*fam*) tiene muchas preocupaciones; **bleib mir mit deinen Problemen vom ~!** (*fam*) ¡déjame tranquilo con tus problemas!; **das hängt mir zum ~ heraus** (*fam*) estoy hasta el gorro; **etw in den falschen ~ bekommen** (*fam*) entender mal algo; **sie kann den ~ nicht voll kriegen** (*fam*) no se conforma con nada **2.** (*Flaschen~*) cuello *m* **3.** (*von Instrument*) mango *m*
Halsabschneider(in) *m(f)* <-s, -; -nen> (*fam abw*) usurero, -a *m, f*
Halsband *nt* <-(e)s, -bänder> **1.** (*für Hunde, Katzen*) collar *m* **2.** (*Samt~*) gargantilla *f;* **Halsentzündung** *f* inflamación *f* de garganta; **Halskette** *f* collar *m;* (*Kollier*) gargantilla *f*
Hals-Nasen-Ohren-Arzt, **-Ärztin** *m, f* otorrinolaringólogo, -a *m, f*
Halsschlagader *f* (arteria *f*) carótida *f;* **Halsschmerzen** *mPl* dolor *m* de garganta
halsstarrig *adj* (*abw*) tozudo
Halstuch *nt* <-(e)s, -tücher> pañuelo *m* (del cuello), golilla *f Bol, Urug;* (*Foulard*) fular *m*
halt **I.** *adv* (*Schweiz, Österr, südd: eben*) pues; **wir müssen es ~ versuchen** pues no tenemos más remedio que intentarlo **II.** *interj* **1.** (*zum Anhalten*) alto **2.** (*zum Aufhören*) basta
Halt[1] *m ohne Pl* <-(e)s> (*Stütze*) apoyo *m;* **~ suchen/finden** buscar/encontrar apoyo; **den ~ verlieren** perder el equilibrio
Halt[2] *m* <-(e)s, -e *o* -s> **1.** (*Stopp*) parada *f;* **~ machen** parar; **vor nichts ~ machen** (*fam*) no retroceder ante nada **2.** (*Schweiz: Grundstücksgröße*) área *f* (de superficie)
hält *3. präs von* **halten**
haltbar *adj* **1.** (*Lebensmittel*) conservable; **mindestens ~ bis 10. August** consumir preferentemente antes del 10 de agosto **2.** (*strapazierfähig*) resistente; (*beständig*) duradero **3.** (*Theorie*) sostenible **4.** (SPORT: *Schuss*) parable
Haltbarkeit *f ohne Pl* **1.** (*von Lebensmitteln*) tiempo *m* de conservación, durabilidad *f* **2.** (*Strapazierfähigkeit*) resistencia *f;* **Haltbarkeitsdatum** *nt* fecha *f* de caducidad
halten <hält, hielt, gehalten> **I.** *vi* **1.** (*anhalten*) parar; (*stehen bleiben*) detenerse **2.** (*festsitzen*) estar fijo **3.** (*widerstandsfähig sein*) resistir; **Sport hält jung** el deporte mantiene en forma **4.** (*dauern*) durar; (*Stoff, Konserven*) conservarse; (*Wetter*) mantenerse; **zu jdm ~** apoyar a alguien; **an sich ~** contenerse **II.** *vt* **1.** (*fest~*) sostener, sujetar; **die Beine ins Wasser ~** meter las piernas en el agua; **etw offen ~** dejar algo abierto; **halt den Mund!** (*fam*) ¡cierra el pico! **2.** (*zurück~*) retener; (*auf~*) detener; (SPORT) parar **3.** (*besitzen*) tener **4.** (*Rekord, Kontakt, Gebiet*) mantener; **ein Land besetzt ~** mantener ocupado un país **5.** (*Versprechen*) cumplir; (*Rede*) pronunciar; (*Unterricht*) dar, dictar *Am;* **was man verspricht, muss man auch ~** lo prometido es deuda **6.** (*gestalten*) decorar; **das Zimmer ganz in Weiß ~** decorar la habitación de blanco **7.** (*erachten*): **etw/jdn für etw ~** tener algo/a alguien por algo; **ich halte ihn für ziemlich intelligent** le considero bastante inteligente; **viel/nichts von jdm ~** tener mucha/no tener ninguna fe en alguien; **wofür ~ Sie mich?** ¿por quién me toma Ud.?; **was ~ Sie davon?** ¿qué le parece? **III.** *vr:* **sich ~** **1.** (*bleiben*) mantenerse; (*haltbar sein*) conservarse; **dein Vater hat sich aber gut ge~** tu padre se ha conservado muy bien **2.** (*sich orientieren*) atenerse (*an* a); **~ Sie sich links/Richtung Norden** siga por la izquierda/en dirección norte **3.** (*sich aufrecht ~*) mantenerse; (*fest~*) agarrarse; **sich auf den Beinen ~** tenerse en pie
Halter(in) *m(f)* <-s, -; -nen> (*Fahrzeug~, Tier~*) dueño, -a *m, f*
Haltestelle *f* parada *f;* **Halteverbot** *nt* estacionamiento *m* prohibido; (*Stelle*) zona *f* prohibida
haltlos *adj* **1.** (*Mensch*) inconstante **2.** (*Theorie*) inconsistente; (*Argument*) endeble; (*Behauptung*) insostenible
halt|machen *vi s.* **Halt**[2] **1.**
Haltung[1] *f ohne Pl* **1.** (*Fassung*) serenidad *f;* **~ bewahren** mantener la serenidad **2.** (*von Tieren*) tenencia *f;* (*Tierzucht*) cría *f*
Haltung[2] *f* <-en> **1.** (*Körper~*) postura *f;* (*Stellung*) posición *f* **2.** (*Einstellung*) posición *f*, actitud *f;* **eine klare ~ zu einer Frage einnehmen** adoptar una posición clara frente a una cuestión **3.** (*Benehmen*) comportamiento *m*
Haltungsfehler *m* **1.** (SPORT) postura *f* errónea **2.** (MED) mala postura *f*

Halunke *m* <-n, -n> (*fam a. abw*) canalla *m*

Hamburg *nt* <-s> Hamburgo *m*

Hamburger(in)[1] *m(f)* <-s, -; -nen> hamburgués, -esa *m, f*

Hamburger[2] *m* <-s, -> (GASTR) hamburguesa *f*

hämisch *adj* malicioso

Hammel *m* <-s, -> **1.** (*Schafbock*) carnero *m* **2.** (*vulg: Mensch*) imbécil *mf;* **Hammelfleisch** *nt* carne *f* de carnero

Hammer *m* <-s, Hämmer> **1.** (*Werkzeug, a.* SPORT) martillo *m;* **unter den ~ kommen** subastarse **2.** (ANAT) martillo *m* **3.** (MUS) macillo *m* **4.** (*fam: Fehler*) error *m* garrafal **5.** (*fam: Zumutung*): **das ist ja der ~!** ¡esto es el colmo!

hämmern I. *vi* **1.** (*Maschine, Person*) martillear **2.** (*Herz*) palpitar **3.** (*mit den Fäusten*) golpear **II.** *vt* martillear

Hammerwerfen *nt ohne Pl* <-s> (SPORT) lanzamiento *m* de martillo

Hämorrhoiden *Pl,* **Hämorriden**[RR] *Pl* (MED) hemorroides *fpl*

Hampelmann *m* **1.** (*Spielzeug*) *muñeco de madera que mueve brazos y piernas al tirar de un cordel* **2.** (*fam abw: Mensch*) mamarracho *m*

Hamster *m* <-s, -> (ZOOL) hámster *m*

hamstern *vt* acaparar

Hand *f* <Hände> mano *f;* **an ~ von** por medio de; **von ~** a mano; **jdm die ~ geben/schütteln** dar/estrechar la mano a alguien; **linker/rechter ~** a mano izquierda/derecha; **linker/rechter ~ sehen Sie ...** a su izquierda/derecha pueden observar...; **aus erster/zweiter ~** de primera/segunda mano; **eine ~ voll** un puñado; **alle Hände voll zu tun haben** (*fam*) estar agobiado de trabajo; **etw aus der ~ legen** soltar algo; **etw in die ~ nehmen** coger algo; (*fig*) hacerse cargo de algo; **in die Hände klatschen** dar palmadas; **etw zur ~ haben** tener algo a mano; **jds rechte ~ sein** (*fig*) ser el brazo derecho de alguien; **zwei linke Hände haben** (*fam*) ser un manazas; **sich mit Händen und Füßen verständigen** (*fam*) entenderse por señas; **sich mit Händen und Füßen gegen etw wehren** (*fam*) defenderse con uñas y dientes contra algo; **ein gutes Blatt auf der ~ haben** tener buenas cartas; **~ und Fuß haben** tener pies y cabeza; **seine Hände in Unschuld waschen** (*geh*) lavarse las manos; **die Hände über dem Kopf zusammenschlagen** (*fam*) llevarse las manos a la cabeza; **die ~ im Spiel haben** andar en el ajo; **es lässt sich nicht von der ~ weisen, dass ...** no se puede negar que...; **~ in ~** (cogidos) de la mano; **~ in ~ mit jdm arbeiten** trabajar mano a mano con alguien; **freie ~ zu etw haben** tener plena libertad para algo; **das liegt auf der ~** es obvio; **man konnte nicht die ~ vor Augen sehen** estaba tan oscuro que no se podía ver ni la mano delante de los ojos; **für etw/jdn die ~ ins Feuer legen** (*fig*) poner la mano en el fuego por algo/alguien; **von der ~ in den Mund leben** vivir al día; **er ist bei ihnen in guten Händen** con ellos está en buenas manos; **in festen Händen sein** (*fam*) estar comprometido; **etw von langer ~ planen** planear algo con mucha antelación; **etw unter der ~ verkaufen** vender algo bajo mano; **mit etw** *dat* **schnell bei der ~ sein** (*fam*) no vacilar en hacer o decir algo; **jdm etw zu treuen Händen übergeben** encomendar algo a alguien; **jdm etw in die ~ drücken** ponerle a alguien algo en la mano; **jdm in die Hände fallen** caer en manos de alguien; **etw aus der ~ geben** dejar algo en manos de otro; **jdn in der ~ haben** tener a alguien en un puño; **jdm aus der ~ lesen** leer la mano a alguien; **jdm die ~ auflegen** bendecir a alguien; **an jdn ~ anlegen** pegar a alguien; **in die Hände spucken** (*fig*) poner manos a la obra; **jdn auf Händen tragen** llevar en palmas a alguien; **zu jds Händen** a la atención de alguien; **Hände hoch!** ¡manos arriba!; **Hände weg!** ¡quita las manos de ahí!; **eine ~ wäscht die andere** (*prov*) amor con amor se paga

Handarbeit[1] *f ohne Pl* (*Tätigkeit*) trabajo *m* manual; **etw in ~ anfertigen** hacer algo a mano

Handarbeit[2] *f* <-en> **1.** (*Gegenstand*) objeto *m* hecho a mano; (*kunstgewerblich*) artesanía *f* **2.** (*textile ~*) labores *fpl*

Handball *m ohne Pl* <-(e)s> (*Spiel*) balonmano *m;* **Handbewegung** *f* movimiento *m* de la mano; **Handbreit** *f* <-> palmo *m;* **Handbremse** *f* (AUTO) freno *m* de mano; **die ~ ziehen** echar el freno de mano; **Handbuch** *nt* manual *m;* **Handcreme** *f* crema *f* de manos

Händedruck *m* <-(e)s, -drücke> apretón *m* de manos

Handel *m ohne Pl* <-s> **1.** (*Gewerbe*) comercio *m;* (*Markt*) mercado *m;* (*verbotener ~*) tráfico *m;* **etw in den ~ bringen** sacar algo al mercado; **etw aus dem ~ ziehen** retirar algo del mercado; **mit etw** *dat/***jdm ~ treiben** comerciar con algo/alguien; **im ~ sein** estar a la venta **2.** (*Geschäft*) negocio *m*

handeln I. *vi* **1.** (*agieren*) actuar, obrar **2.** (*Handel treiben*) comerciar (*mit* con); (*unerlaubt*) traficar (*mit* con); **er handelt mit Drogen** trafica con drogas **3.** (*feilschen*) regatear; **da lasse ich nicht mit**

mir ~ yo no regateo **4.** (*Buch*) tratar (*von* de, *über* sobre) **II.** *vunpers:* **sich** ~ tratarse (*um* de); **worum handelt es sich?** ¿de qué se trata? **III.** *vt* vender; **diese Aktien werden nicht an der Börse gehandelt** estas acciones no se cotizan en bolsa; **der Spinat wird für vier Mark gehandelt** las espinacas se venden a cuatro marcos

Handelsabkommen *nt* convenio *m* comercial; **Handelsartikel** *m* género *m* mercantil; **Handelsbank** *f* <-en> (WIRTSCH) banco *m* comercial; **Handelsbeziehungen** *fPl* relaciones *fpl* comerciales; **Handelsbilanz** *f* balanza *f* comercial; **Handelsdefizit** *nt* (WIRTSCH) déficit *m inv* comercial; **handelseinig** *adj:* ~ **sein/werden** estar/ponerse de acuerdo; **Handelsflotte** *f* flota *f* mercante; **Handelsfreiheit** *f* (WIRTSCH) libertad *f* de comercio; **Handelsgesellschaft** *f* <-en> sociedad *f* mercantil; **offene** ~ sociedad colectiva; **Handelskammer** *f* Cámara *f* de Comercio; **Industrie- und** ~ Cámara de Industria y Comercio; **Handelsmarke** *f* marca *f* registrada; **Handelsrecht** *nt ohne Pl* <-(e)s> derecho *m* mercantil; **Handelsregister** *nt* registro *m* mercantil; **Eintragung ins** ~ inscripción en el registro mercantil; **Handelsschiff** *nt* barco *m* mercante; **Handelsschule** *f* <-n> academia *f* de comercio; **handelsüblich** *adj* habitual en el comercio; **Handelsvertrag** *m* tratado *m* comercial; **Handelsvertreter(in)** *m(f)* representante *mf* (comercial); **Handelsware** *f* mercancía *f*; **Handelszentrum** *nt* centro *m* comercial

Handeltreibende(r) *mf* <-n, -n; -n> (WIRTSCH) comerciante *mf*

händeringend *adj* desesperado

Handfeger *m* <-s, -> escobilla *f*; **Handfertigkeit** *f* habilidad *f* manual; **handfest** *adj* **1.** (*Mensch*) robusto **2.** (*Mahlzeit*) fuerte; (*nahrhaft*) sustancioso **3.** (*Argument*) contundente; (*Krach*) tremendo **4.** (*Vorschlag*) concreto; **Handfeuerwaffe** *f* arma *f* de fuego portátil; **Handfläche** *f* palma *f* (de la mano); **handgearbeitet** *adj* hecho a mano; **Handgelenk** *nt* muñeca *f*; **etw aus dem** ~ **schütteln** (*fam*) hacer algo con soltura; **Handgemenge** *nt* pelea *f*, bulla *f* *SAm;* **in ein** ~ **geraten** llegar a las manos; **Handgepäck** *nt* equipaje *m* de mano; **handgeschrieben** *adj* escrito a mano; **Handgranate** *f* granada *f* de mano

handgreiflich *adj* **1.** (*gewalttätig*) violento; ~ **werden** llegar a las manos **2.** (*Erfolg*) evidente; (*Beweis*) palmario

Handgriff *m* <-(e)s, -e> **1.** (*zum Festhalten, Tragen*) asidero *m*; (*Stiel*) mango *m* **2.** (*Bewegung*) maniobra *f*; **mit ein paar** ~**en** con pocas maniobras

Handhabe *f* <-n> motivo *m*

handhaben *vt* **1.** (*Gesetz*) aplicar **2.** (*bedienen*) manejar; (*gebrauchen*) usar **3.** (*verfahren*) proceder

Handhabung *f* <-en> **1.** (*Bedienung*) manejo *m* **2.** (*Anwendung*) aplicación *f*

Handicap *nt* <-s, -s>, **Handikap** *nt* <-s, -s> hándicap *m*

Handkuss[RR] *m* besamanos *m inv*

Handlanger(in) *m(f)* <-s, -; -nen> **1.** (*Hilfsarbeiter*) obrero, -a *m, f* no cualificado, -a **2.** (*abw: Verbündeter*) cómplice *mf*

Händler(in) *m(f)* <-s, -; -nen> comerciante *mf*; (*Verkäufer*) vendedor(a) *m(f)*; **fliegender** ~ vendedor ambulante

handlich *adj* manejable

Handlung *f* <-en> **1.** (*Tat*) acción *f* **2.** (*von Buch, Film*) argumento *m*; **Handlungsbevollmächtigte(r)** *mf* apoderado, -a *m, f*; **handlungsfähig** *adj* capaz de actuar; **Handlungsfreiheit** *f ohne Pl* libertad *f* de acción; **handlungsunfähig** *adj* incapaz de actuar; **Handlungsweise** *f* modo *m* de actuar; (*Vorgehensweise*) procedimiento *m*

Handrücken *m* dorso *m* de la mano; **Handschellen** *fPl* esposas *fpl;* **jdm** ~ **anlegen** esposar a alguien; **Handschlag** *m* apretón *m* de manos; **keinen** ~ **tun** (*fam*) no mover un dedo; **durch** ~ **besiegeln** sellar con un apretón de manos; **Handschrift** *f* **1.** (*von Person*) letra *f* **2.** (*Text*) manuscrito *m*; **handschriftlich I.** *adj* escrito a mano **II.** *adv* a mano, por escrito

Handschuh *m* guante *m*; **Handschuhfach** *nt* guantera *f*

Handstand *m* <-(e)s, -stände> pino *m*; **Handtasche** *f* bolso *m* de mano; **Handteller** *m* palma *f* de la mano; **Handtuch** *nt* <-(e)s, -tücher> toalla *f*, enjugamanos *m inv Am;* **das** ~ **werfen** (*fam*) tirar la toalla; **Handumdrehen** *nt:* **im** ~ en un santiamén; **Handvoll** *f* <-> *s.* **Hand**; **Handwäsche** *f* (*Waschen*) lavado *m* a mano; (*Wäsche*) ropa *f* para lavar a mano

Handwerk[1] *nt* <-(e)s, -e> (*Beruf*) oficio *m* (manual); **jdm das** ~ **legen** poner fin a las actividades de alguien; **jdm ins** ~ **pfuschen** hacer la competencia a alguien

Handwerk[2] *nt ohne Pl* <-(e)s> (~*erschaft*) artesanado *m*

Handwerker(in) *m(f)* <-s, -; -nen> trabajador(a) *m(f)* manual; (*Kunst*~) artesano, -a *m, f*

handwerklich *adj* artesanal

Handwerksbetrieb *m* <-(e)s, -e> taller *m* (de artesanía); **Handwerkskammer** *f* Cámara *f* de Artesanía; **Handwerkszeug** *nt* herramientas *fpl*

Handwurzel *f* (ANAT) carpo *m*

Handy *nt* <-s, -s> (teléfono *m*) móvil *m*

H

Handzettel *m* volante *m*
hanebüchen *adj* (*geh fig*) inaudito
Hanf *m ohne Pl* <-(e)s> cáñamo *m*
Hang[1] *m* <-(e)s, Hänge> (*Abhang*) pendiente *f*, cuesta *f*, guindo *m Guat*
Hang[2] *m ohne Pl* <-(e)s> (*Tendenz*) inclinación *f*; (*Neigung*) propensión *f*; **einen ~ zu etw** *dat* **haben** tener propensión a algo
Hängebrücke *f* puente *m* colgante; **Hängelampe** *f* lámpara *f* colgante; **Hängematte** *f* hamaca *f*
hangen *vi* (*Schweiz*) *s.* **hängen**
hängen[1] <hängt, hing, gehangen> *vi* **1.** (*herunter~*) colgar (*an* de/en), pender (*an* de); **Spannung hing in der Luft** la tensión flotaba en el ambiente; **an der Flasche/vor dem Fernseher ~** (*fam*) estar colgado de la botella/de la tele **2.** (*haften*) estar adherido (*an* a); **an jdm ~** querer a alguien; **sich an jdn ~** pegarse a alguien **3.** (*schief sein*) estar inclinado (*nach* hacia)
hängen[2] *vt* **1.** (*auf~*) colgar; **die Fahne nach dem Wind ~** arrimarse al sol que más calienta **2.** (*befestigen*) fijar; (*an Haken*) enganchar **3.** (*Verbrecher*) colgar
hängen|bleiben *irr vi sein s.* **bleiben 1.**; **hängen|lassen*** *irr* **I.** *vt s.* **lassen**[2] **3. II.** *vr:* **sich ~** *s.* **lassen**[2] **3.**
Hannover *nt* <-s> Hannóver *m*
hanseatisch *adj* (h)anseático
hänseln *vt:* **jdn ~** burlarse de alguien
Hansestadt *f* ciudad *f* (h)anseática
Hanswurst *m* <-(e)s, -e *o* -würste> **1.** (THEAT) arlequín *m* **2.** (*Narr*) payaso *m*
Hantel *f* <-n> pesas *fpl*
hantieren* *vi* trabajar (*mit* con)
hapern *vi* **1.** (*fehlen*) faltar (*an* de) **2.** (*schlecht sein*) tener dificultades (*mit* con)
häppchenweise *adv* (*fam*) a bocados
Happen *m* <-s, -> (*fam*) bocado *m*, puntal *m Am*
Happening *nt* <-s, -s> happening *m*
happig *adj* (*fam*) exagerado; (*Preis*) exorbitante
Happy End[RR] *nt* <-(s), -s>, **Happyend**[RR] *nt* <-(s), -s> final *m* feliz; **Happy Hour**[RR] *f* <-s>, **Happyhour**[RR] *f* <-s> hora *f* feliz
Hard Disk[RR] *f* <-s>, **Harddisk** *f* <-s> (INFOR) disco *m* duro; **Hard Rock** *m ohne Pl* <-s>, **Hardrock**[RR] *m ohne Pl* <-s> (MUS) rock *m* duro; **Hardware** *f* <-s> (INFOR) hardware *m*, equipo *m* físico
Harem *m* <-s, -s> harén *m*
Harfe *f* <-n> arpa *f*
Harke *f* <-n> rastrillo *m*
Harlekin *m* <-s, -e> arlequín *m*
harmlos *adj* inofensivo; (*arglos*) inocente; (*Krankheit*) leve; (*Tier*) manso; (*Medikament*) inocuo; **es fing alles ganz ~ an** todo empezó sin ningún problema
Harmonie *f* <-n> armonía *f*
Harmonien *Pl von* **Harmonie**, **Harmonium**
harmonieren* *vi* armonizar (*mit* con)
Harmonika *f* <-s *o* Harmoniken> (MUS: *Mund~*) armónica *f*; (*Zieh~*) acordeón *m*
harmonisch *adj* **1.** (MUS) armónico **2.** (*zusammenpassend*) armonioso
Harmonium *nt* <-s, -s *o* Harmonien> (MUS) armonio *m*
Harn *m* <-(e)s, -e> orina *f*; **Harnblase** *f* (ANAT) vejiga *f* de la orina; **Harnleiter** *m* <-s, -> (ANAT) uréter *m*; **Harnröhre** *f* <-n> (ANAT) uretra *f*; **Harnsäure** *f* <-n> ácido *m* úrico; **harntreibend** *adj* diurético
Harpune *f* <-n> arpón *m*; (*Haken*) garfio *m*
harpunieren* *vt* arponear
harren *vi* (*geh*) esperar (con impaciencia) (+*gen*)
hart <härter, am härtesten> **I.** *adj* **1.** (*nicht weich*) duro; **~e Drogen** drogas duras; **~ werden** endurecerse; (*Brot*) ponerse duro; (*Mensch*) volverse duro **2.** (*Währung*) estable **3.** (*Wasser*) duro **4.** (*widerstandsfähig*) resistente; **~ im Nehmen sein** encajar bien los golpes **5.** (*schwer*) duro, difícil; (*Aufprall*) fuerte **6.** (*~ herzig*) duro, insensible; **jdn ~ anfassen** tratar a alguien con dureza **7.** (*streng*) riguroso; **~ durchgreifen** adoptar medidas rigurosas; **~ bleiben** mantenerse firme; **jdm ~ zusetzen** apremiar a alguien; **es geht ~ auf ~** luchan a brazo partido **II.** *adv* (*nahe*) muy cerca (*an* de)
Härte *f* <-n> **1.** (*Festigkeit*) dureza *f* **2.** (*Stabilität*) estabilidad *f* **3.** (*Kalkgehalt*) dureza *f* **4.** (*Widerstandsfähigkeit*) resistencia *f* **5.** (*Schwierigkeitsgrad*) dureza *f*, dificultad *f* **6.** (*Strenge*) rigor *m* **7.** (*Gefühllosigkeit*) insensibilidad *f*; (*Grausamkeit*) crueldad *f* **8.** (*Heftigkeit*) violencia *f*, fuerza *f*; **Härtefall** *m* <-(e)s, -fälle> caso *m* extremo
härten I. *vi, vt* endurecer **II.** *vr:* **sich ~** endurecerse
härter *adj kompar von* **hart**
härteste(r, s) *adj superl von* **hart**
hartgefroren *adj s.* **gefroren II.**; **hartgekocht** *adj s.* **kochen I.2.**; **Hartgeld** *nt* moneda *f* en metálico
hartgesotten *adj* **1.** (*unsensibel*) duro **2.** (*verstockt*) duro de pelar
hartherzig *adj* duro de corazón
hartnäckig *adj* **1.** (*stur*) terco **2.** (*ausdauernd*) tenaz **3.** (*Krankheit*) pertinaz; (*Fleck*) resistente
Hartnäckigkeit *f ohne Pl* **1.** (*Sturheit*) terquedad *f* **2.** (*Ausdauer*) tenacidad *f*, remache *m Kol* **3.** (*von Krankheit*) pertinacia *f*
Harz[1] *nt* <-es, -e> resina *f*
Harz[2] *m* <-es> (GEO): **der ~** el Harz

harzig *adj* **1.**(*Harz enthaltend*) resinoso **2.**(*Schweiz: mühsam*) dificultoso
Haschee *nt* <-s, -s> (GASTR) carne *f* picada en salsa
haschen *vi* (*fam*) fumar porros
Haschisch *m o nt ohne Pl* <-(s)> hachís *m inv*
Hase *m* <-n, -n> liebre *f*; **falscher ~** (*Hackbraten*) asado de carne picada; **wissen, wie der ~ läuft** (*fam*) saber por donde van los tiros; **da liegt der ~ im Pfeffer** (*fam*) ahí está la madre del cordero
Haselnuss[RR] *f* <-nüsse> avellana *f*
Hasenpfeffer *m* (GASTR) lebrada *f*
Häsin *f* <-nen> liebre *f* hembra
Hass[RR] *m ohne Pl* <-es>, **Haß** *m ohne Pl* <-sses> odio *m*; **~ auf jdn haben** odiar a alguien
hassen *vt* odiar; **hassenswert** *adj* odioso
hässlich[RR] *adj*, **häßlich** *adj* **1.**(*Aussehen*) feo, macaco *Cuba, Chil;* (*Wetter*) malo **2.**(*gemein*) feo, malo; **~ von jdm sprechen** hablar mal de alguien **3.**(*unangenehm*) desagradable
Hässlichkeit[1RR] *f ohne Pl*, **Häßlichkeit** *f ohne Pl* (*von Aussehen*) fealdad *f*
Hässlichkeit[2RR] *f* <-en>, **Häßlichkeit** *f* <-en> (*Gemeinheit*) maldad *f*
Hassliebe[RR] *f* amor-odio *m*
Hast *f ohne Pl* (*Eile*) prisa *f;* (*Überstürzung*) precipitación *f*
hasten *vi sein* (*geh*) ir a toda prisa; (*sich überstürzen*) precipitarse
hastig **I.** *adj* (*eilig*) apresurado; (*überstürzt*) precipitado **II.** *adv* (*schnell*) a toda prisa; (*überstürzt*) precipitadamente; **nicht so ~!** ¡no tan de prisa!
hat *3. präs von* **haben**
hätscheln *vt* **1.**(*liebkosen*) acariciar **2.**(*abw: bevorzugen*) mimar
hatschi *interj* achís
hatte *3. imp von* **haben**
Haube *f* <-n> **1.**(*Kopfbedeckung*) cofia *f*; **jdn unter die ~ bringen** (*fam*) casar a alguien **2.**(AUTO) capó *m* **3.**(*von Vögeln*) copete *m* **4.**(*Trocken~*) secador *m*
Hauch *m* <-(e)s, -e> (*geh*) **1.**(*Atem*) aliento *m* **2.**(*Luftzug*) soplo *m*, aire *m* **3.**(*Anflug, Duft*) matiz *m*, toque *m*
hauchdünn *adj* finísimo
hauchen **I.** *vi* (*ausatmen*) espirar **II.** *vt* (*Worte*) susurrar
Haue[1] *f ohne Pl* (*fam: Schläge*) paliza *f*; **~ kriegen** recibir una paliza
Haue[2] *f* <-n> (*südd, Österr, Schweiz: Hacke*) azada *f*
hauen[1] <haut, haute *o* hieb, gehauen> **I.** *vt* (*fam: schlagen*) sacudir; (*verprügeln*) dar una paliza **II.** *vi* (*schlagen*): **mit der Faust auf den Tisch ~** (*a. fig*) pegar un puñetazo en la mesa
hauen[2] <haut, haute, gehauen> **I.** *vi* (*Wend*): **auf die Pauke ~** (*fig*) ir de juerga **II.** *vt* **1.**(*meißeln*) esculpir **2.**(*fam: Nagel*) clavar (*in* en) **3.**(BERGB) extraer **III.** *vr:* **sich ~** (*fam*) pegarse (*mit* con)
Hauer *m* <-s, -> **1.**(*Bergmann*) picador *m* (de minas) **2.**(*Eckzahn*) colmillo *m*
Haufen *m* <-s, -> **1.**(*Anhäufung*) montón *m*, cerro *m And;* (*Stapel*) pila *f*; **jdn über den ~ rennen/fahren** (*fam*) tumbar/derribar a alguien; **etw über den ~ werfen** (*fam*) arrojar por la borda algo **2.**(*fam: Menge*) montón *m*, percha *f CSur;* **einen ~ Arbeit haben** tener un montón de trabajo **3.**(*Schar*) gentío *m;* (*Gruppe*) cuadrilla *f*
häufen **I.** *vt* amontonar; (*ansammeln*) acumular; **zwei gehäufte Esslöffel Zucker** dos cucharadas colmadas de azúcar **II.** *vr:* **sich ~** amontonarse; (*sich ansammeln*) acumularse
haufenweise *adv* (*fam*) a montones
häufig **I.** *adj* frecuente; (*wiederholt*) repetido **II.** *adv* a menudo, con frecuencia
Häufigkeit *f* <-en> frecuencia *f*
Haupt *nt* <-(e)s, Häupter> (*geh*) **1.**(*Kopf*) cabeza *f*; **gesenkten/erhobenen ~es** cabizbajo/con la cabeza alta **2.**(*Anführer*) jefe, -a *m, f*; **Hauptaltar** *m* altar *m* mayor; **hauptamtlich** *adj* de carrera; (*angestellt*) contratado; **Hauptausgang** *m* <-(e)s, -gänge> salida *f* principal; **Hauptbahnhof** *m* estación *f* central; **hauptberuflich** **I.** *adj* profesional **II.** *adv* profesionalmente; **Hauptdarsteller(in)** *m(f)* protagonista *mf;* **Haupteingang** *m* <-(e)s, -gänge> entrada *f* principal; **Hauptfach** *nt* (SCH, UNIV) asignatura *f* principal; **Hauptfigur** *f* personaje *m* principal; **Hauptfilm** *m* <-(e)s, -e> película *f* principal; **Hauptgebäude** *nt* edificio *m* principal; **Hauptgericht** *nt* plato *m* principal; **Hauptgeschäftszeit** *f* (WIRTSCH) horas *fpl* punta; **Hauptgewinn** *m* <-(e)s, -e> primer premio *m*, gordo *m fam;* **Haupthahn** *m* grifo *m* principal, llave *f* principal
Häuptling *m* <-s, -e> cacique *m*
Hauptmann *m* <-(e)s, -leute> **1.**(MIL) capitán *m* **2.**(*Schweiz: Gemeindevorsteher*) alcalde *m;* **Hauptperson** *f* personaje *m* principal; **Hauptpost** *f* central *f* de correos; **Hauptquartier** *nt* (MIL) cuartel *m* general; **Hauptrolle** *f* papel *m* principal; **Hauptsache** *f* punto *m* principal; **die ~ ist, dass ...** lo principal es que... *+subj;* **in der ~** principalmente; **zur ~ kommen** llegar a lo principal
hauptsächlich **I.** *adj* principal; (*wesentlich*) esencial **II.** *adv* principalmente; **~ deshalb, weil ...** principalmente porque...

Hauptsaison *f* temporada *f* alta; **Hauptsatz** *m* <-es, -sätze> (LING) oración *f* principal; **Hauptschalter** *m* (ELEK) interruptor *m* principal; **Hauptschlagader** *f* (ANAT) aorta *f;* **Hauptschlüssel** *m* llave *f* maestra

Hauptschulabgänger(in) *m(f)* ≈graduado, -a *m, f* escolar

Hauptschuldige(r) *mf* culpable *mf* principal; **Hauptschule** *f* <-n> ≈escuela *f* de Enseñanza General Básica (*formación escolar mínima obligatoria que comprende entre los 10 y los 16 años de edad*); **Hauptschüler(in)** *m(f)* ≈alumno, -a *m, f* de Enseñanza General Básica; **Hauptspeise** *f* (GASTR) plato *m* principal; **Hauptstadt** *f* capital *f;* **Hauptstraße** *f* calle *f* principal, ≈Calle *f* Mayor; **Haupttreffer** *m s.* **Hauptgewinn**; **Hauptverhandlung** *f* (JUR) juicio *m* oral

Hauptverkehrsstraße *f* calle *f* principal; **Hauptverkehrszeit** *f* hora *f* punta

Hauptversammlung *f* asamblea *f* general; **Hauptverwaltung** *f* administración *f* central; **Hauptwaschgang** *m* <-(e)s, -gänge> fase *f* principal de lavado; **Hauptwohnsitz** *m* domicilio *m* principal; **Hauptwort** *nt* <-(e)s, -wörter> (LING) sustantivo *m*

Haus *nt* <-es, Häuser> **1.** (*Wohn~, Heim*) casa *f;* (*Gebäude*) edificio *m;* **von ~ zu ~ gehen** ir de casa en casa; **wir wohnen ~ an ~** vivimos puerta con puerta; **aus dem ~ gehen** salir de casa; **der Herr des ~es** el señor de la casa; **außer ~ essen** comer fuera (de casa); **etw steht ins ~** algo está al caer; **~ und Hof verspielen** perder hasta la camisa; **nirgendwo zu ~e sein** ser un extraño en todas partes; **fühlen Sie sich wie zu ~e!** ¡siéntase como en su casa!; **nach ~e kommen** volver a casa; **er ist nicht zu ~e** no está en casa; **bei uns zu ~e** en nuestra casa; **in etw** *dat* **zu ~e sein** (*fam*) conocer bien algo; **vor ausverkauftem ~ spielen** actuar con el teatro repleto de público; **frei ~** (COM) franco (a) domicilio; **hallo, altes ~!** (*fam*) ¡hola, amigote! **2.** (*geh: Herkunft*) familia *f,* casa *f;* **er ist aus gutem ~e** es de buena familia; **von ~e aus** originalmente **3.** (*Unternehmen*) casa *f,* empresa *f;* **das erste ~ am Platz** la empresa de mejor reputación **4.** (*Dynastie*) casa *f,* dinastía *f* **5.** (*Schnecken~*) casita *f* del caracol **6.** (ASTR) casa *f* (celeste) **7.** (POL) Cámara *f* **8.** (*Wend*): **~ halten** economizar; **Hausangestellte(r)** *mf* empleado, -a *m, f* (del hogar); **Hausapotheke** *f* botiquín *m;* **Hausarbeit** *f* **1.** (*im Haushalt*) quehaceres *mpl* domésticos **2.** (SCH) deberes *mpl;* (UNIV) trabajo *m* escrito (hecho en casa); **Hausarrest** *m* arresto *m* domiciliario; **Hausarzt, -ärztin** *m, f* médico, -a *m, f* de cabecera; **Hausaufgabe** *f* trabajo *m* para casa; **~n** (SCH) deberes *mpl*

hausbacken *adj* **1.** (*Hausmittel*) casero **2.** (*abw: bieder*) aburguesado; (*langweilig*) aburrido

Hausbesetzer(in) *m(f)* <-s, -; -nen> okupa *mf sl;* **Hausbesetzung** *f* <-en> okupación *f;* **Hausbesitzer(in)** *m(f)* <-s, -; -nen> propietario, -a *m, f* de una casa; **Hausbewohner(in)** *m(f)* vecino, -a *m, f* de una casa; **Hausboot** *nt* barco *m* vivienda

Häuschen *nt* <-s, -> casita *f;* **ganz aus dem ~ sein** (*fam*) estar completamente fuera de sí

Hauseingang *m* <-(e)s, -gänge> entrada *f* de la casa

hausen *vi* (*fam*) **1.** (*abw: wüten*) causar estragos (*in* en) **2.** (*wohnen*) vivir (*in* en)

Häuserblock *m* <-(e)s, -s *o* -blöcke> manzana *f,* cuadra *f Am*

Hausflur *m* <-(e)s, -e> pasillo *m;* **Hausfrau** *f* **1.** (*Haushalt führende Frau*) ama *f* de casa **2.** (*Österr, südd: Zimmerwirtin*) alquiladora *f* de cuartos; **Hausfreund** *m* <-(e)s, -e> **1.** (*der Familie*) amigo *m* de la casa **2.** (*Geliebter*) alegraesposas *m inv*

Hausfriedensbruch *m* <-(e)s, -brüche> (JUR) allanamiento *m* de morada

Hausgebrauch *m* uso *m* doméstico; **für den ~** para uso doméstico

Haushalt *m* <-(e)s, -e> **1.** (*Hausgemeinschaft*) casa *f;* **jdm den ~ führen** llevar(le) la casa a alguien; **einen ~ gründen/auflösen** poner/levantar casa **2.** (*Familie*) hogar *m;* **die privaten ~e** los hogares **3.** (POL: *Etat*) presupuesto *m*

haus|halten *irr vi* economizar (*mit*)

Haushälterin *f* <-nen> ama *f* de llaves

Haushaltsabfall *m* <-(e)s, -fälle> basura *f* doméstica, residuos *mpl* domésticos; **Haushaltsdebatte** *f* (POL) debate *m* sobre el presupuesto; **Haushaltsgeld** *nt* dinero *m* para los gastos domésticos; **Haushaltsgerät** *nt* <-(e)s, -e> aparato *m* doméstico; **Haushaltshilfe** *f* empleada *f* de hogar, asistenta *f;* **Haushaltsplan** *m* (POL) presupuesto *m*

Hausherr(in) *m(f)* <-(e)n, -en; -nen> dueño, -a *m, f* de la casa, señor(a) *m(f)* de la casa

haushoch *adj* (*groß*) como una casa; (*außergewöhnlich*) descomunal; **jdm ~ überlegen sein** dar(le) cien vueltas a alguien; **jdn ~ schlagen** derrotar a alguien aplastantemente

hausieren* *vi* ir vendiendo de casa en casa; **mit etw** *dat* **~ gehen** (*fam*) contar algo a todo el mundo

Hausierer(in) *m(f)* <-s, -; -nen> vendedor(a) *m(f)* ambulante, pacotillero, -a *m, f Am*

Hauslehrer(in) *m(f)* <-s, -; -nen> preceptor *m,* institutriz *f;* (*Privatlehrer*) profesor(a) *m(f)* particular

häuslich *adj* **1.**(*Arbeiten, Pflichten*) doméstico; (*Familie betreffend*) familiar **2.**(*Familienleben liebend*) casero; **sich ~ niederlassen** (*fam*) poner casa

Hausmädchen *nt* sirvienta *f*

Hausmann *m* amo *m* de casa; **Hausmannskost** *f* comida *f* casera

Hausmarke *f* **1.**(*einer Einzelhandelsfirma*) marca *f* de la casa **2.**(*fam: bevorzugte Marke*) marca *f* favorita; **Hausmeister(in)** *m(f)* **1.**(*in Wohnhaus*) conserje *mf;* (*in öffentlichen Gebäuden*) bedel(a) *m(f)* **2.**(*Schweiz: Hausbesitzer*) propietario, -a *m, f* de la casa; **Hausmittel** *nt* remedio *m* casero; **Hausmüll** *m* basura *f* doméstica; **Hausnummer** *f* número *m* de (la) casa; **Hausordnung** *f* <-en> reglamento *m* de la casa

Hausrat *m ohne Pl* <-(e)s> menaje *m;* **Hausratversicherung** *f* seguro *m* del hogar

Hausschlüssel *m* llave *f* de (la) casa; **Hausschuh** *m* zapatilla *f*

Hausse *f* <-n> (FIN) alza *f;* **auf ~ spekulieren** jugar al alza

Haussuchung *f* <-en> (JUR) registro *m* domiciliario; **Haustier** *nt* animal *m* doméstico; **Haustür** *f* puerta *f* de (la) casa; **Hausverbot** *nt prohibición de entrar en un sitio determinado;* **Hauswirt(in)** *m(f)* propietario, -a *m, f* de una casa; **Hauswirtschaft** *f ohne Pl* economía *f* doméstica

Haut *f* <Häute> **1.**(*von Mensch, Tier, Obst*) piel *f,* pellejo *m abw;* (*Gesichts~*) cutis *m inv;* **nur ~ und Knochen sein** (*fam*) estar en los huesos; **versuchen, seine ~ zu retten** (*fig fam*) intentar salvar el pellejo; **aus der ~ fahren** (*fig fam*) salirse de sus casillas; **er kann nicht aus seiner ~ heraus** (*fig fam*) la cabra siempre tira al monte; **ihm ist nicht wohl in seiner ~** (*fam fig*) no se siente a gusto; **in ihrer ~ möchte ich nicht stecken** (*fam fig*) no quisiera estar en su pellejo; **mit heiler ~ davonkommen** (*fam fig*) salvar la piel; **mit ~ und Haaren** (*fam fig*) completamente; **das geht (mir) unter die ~** (*fam fig*) esto me llega al alma; **auf der faulen ~ liegen** (*fam fig*) estar tumbado a la bartola; **eine ehrliche ~** (*fam fig*) una persona honrada **2.**(*auf Flüssigkeit*) tela *f;* **Hautabschürfung** *f* excoriación *f;* **Hautarzt, -ärztin** *m, f* dermatólogo, -a *m, f;* **Hautcreme** *f* crema *f* para la piel

häuten **I.** *vt* despellejar **II.** *vr:* **sich ~** (*Reptilien*) mudar la piel; (*fam: Mensch*) pelarse

hauteng *adj* muy ceñido; **Hautfarbe** *f* color *m* de la piel; (*Teint*) tez *f;* **Hautkrankheit** *f* enfermedad *f* de la piel; **hautnah** **I.** *adj* (*fam: Schilderung*) muy realista **II.** *adv* desde muy cerca; **etw ~ miterleben** presenciar algo desde muy cerca; **Hautpflege** *f* cuidado *m* de la piel

Häutung *f* <-en> (ZOOL) muda *f*

Havarie *f* <-n> (AERO, NAUT) avería *f*

Hazienda *f* <-s> hacienda *f,* estancia *f Am*

Hbf. *Abk. von* **Hauptbahnhof** estación *f* central

h.c. *Abk. von* **honoris causa** honoris causa

HD-Diskette *f* (INFOR) disquete *m* HD

H-Dur *nt* (MUS) si *m* mayor

he *interj* eh, oiga

Headhunter(in) *m(f)* <-s, -; -nen> (WIRTSCH) cazacerebros *mf inv*

Hebamme *f* <-n> comadrona *f*

Hebebühne *f* (TECH) plataforma *f* elevadora

Hebel *m* <-s, -> palanca *f;* **alle ~ in Bewegung setzen** (*fam*) tocar todas las teclas; **am längeren ~ sitzen** (*fam*) tener la sartén por el mango

heben <hebt, hob, gehoben> **I.** *vt* **1.**(*hoch~*) alzar, levantar; (*Schatz, Wrack*) subir; **die Stimme ~** levantar la voz; **einen ~ gehen** (*fam*) ir de copas **2.**(*steigern*) aumentar; (*verbessern*) mejorar **3.**(*südd: halten*) sujetar **II.** *vr:* **sich ~** **1.**(*Nebel, Vorhang*) levantarse **2.**(*sich verbessern*) mejorarse **III.** *vi* (*südd: haltbar sein*) conservarse

Hebräer(in) *m(f)* <-s, -; -nen> hebreo, -a *m, f*

hebräisch *adj* hebreo, hebraico

Hebung *f* <-en> **1.**(*das Hinaufbefördern*) levantamiento *m;* (*Anstieg*) mejora *f* **2.**(LIT: *Versmaß*) sílaba *f* marcada **3.**(GEO) elevación *f*

hecheln *vi* (*Hund*) jadear

Hecht *m* <-(e)s, -e> **1.**(*Fisch*) lucio *m* **2.**(*fam: Mann*): **ein toller ~!** ¡vaya tío!

Heck *nt* <-(e)s, -e *o* -s> (NAUT) popa *f;* (AUTO, AERO) parte *f* trasera

Hecke *f* <-n> seto *m;* **Heckenrose** *f* rosal *m* silvestre; **Heckenschere** *f* cortasetos *m inv;* **Heckenschütze, -in** *m, f* <-n, -n; -nen> francotirador(a) *m(f)*

Heckklappe *f* (AUTO) puerta *f* del maletero; **Heckmotor** *m* (TECH) motor *m* trasero; **Heckscheibe** *f* (AUTO) luneta *f* trasera

heda *interj* eh

Heer *nt* <-(e)s, -e> **1.**(MIL) ejército *m* **2.**(*Menge*) sinnúmero *m*

Hefe *f* <-n> levadura *f;* **Hefeteig** *m* masa *f* de levadura

Heft *nt* <-(e)s, -e> **1.**(*Schreib~*) cuaderno *m* **2.**(*einer Zeitschrift*) número *m* **3.**(*Broschüre*) folleto *m* **4.**(*geh: von Waffen*) puño *m;* **das ~ in die Hand nehmen** (*fig*)

tomar las riendas

heften **I.** *vt* **1.** (*anbringen*) fijar (*an* en); (*mit Heftklammer*) grapar **2.** (*Buch*) encuadernar **3.** (*Stoffe*) hilvanar **4.** (*Blick, Augen*) clavar (*auf* en); **er heftete seine Augen auf ihr Gesicht** clavó la mirada en su cara **5.** (*Schweiz: Wunde: nähen*) suturar; (*verbinden*) vendar; (*pflastern*) poner una tirita **II.** *vr:* **sich ~** (*Blick*) clavarse (*auf* en); (*Verfolger*) pegarse (*an* a); **sich an jds Fersen ~** pegarse a los talones de alguien

Hefter *m* <-s, -> **1.** (*Mappe*) clasificador *m* **2.** (*Heftmaschine*) grapadora *f*

heftig *adj* **1.** (*stark*) fuerte; (*gewaltig*) vehemente; (*ungestüm*) impetuoso; (*Leidenschaft*) ardiente; (*Kälte*) intenso; (*Sehnsucht, Abneigung*) profundo; (*Widerstand*) duro; (*Kampf*) encarnizado **2.** (*unbeherrscht*) colérico; (*Ton*) duro

Heftigkeit *f ohne Pl* **1.** (*Wucht*) violencia *f;* (*Ungestüm*) vehemencia *f* **2.** (*Ungestüm*) ímpetu *m*

Heftklammer *f* **1.** (*für Heftmaschine*) grapa *f* **2.** (*Büroklammer*) clip *m;* **Heftpflaster** *nt* tirita *f*

Hegemonie *f* <-n> hegemonía *f*

hegen *vt* **1.** (*Wild, Pflanzen*) guardar **2.** (*geh*) abrigar; **Misstrauen/Zweifel/Hoffnungen ~** abrigar desconfianza/dudas/esperanzas; **für etw/jdn Achtung ~** estimar algo/a alguien

Hehl *m o nt:* **kein(en) ~ aus etw** *dat* **machen** no hacer un secreto de algo

Hehler(in) *m(f)* <-s, -; -nen> encubridor(a) *m(f)*

Hehlerei *f* <-en> encubrimiento *m*

Heide, -in[1] *m, f* <-n, -n; -nen> (REL) pagano, -a *m, f*

Heide[2] *f* <-n> (*Landschaft*) brezal *m*

Heidekraut *nt ohne Pl* <-(e)s> (BOT) brezo *m*

Heidelbeere *f* arándano *m*

Heidenangst *f ohne Pl* (*fam*) miedo *m* cerval; **Heidengeld** *nt ohne Pl* <-(e)s> (*fam*) dineral *m;* **Heidenlärm** *m* (*fam*) ruido *m* infernal; **Heidenspaß** *m ohne Pl* <-es> (*fam*) jolgorio *m;* **einen ~ haben** pasarlo bomba

Heidentum *nt ohne Pl* <-s> paganismo *m*

heidnisch *adj* pagano

heikel *adj* **1.** (*Angelegenheit*) delicado **2.** (*reg: wählerisch*) exigente; (*schwer zufrieden zu stellen*) difícil de contentar

heil *adj* **1.** (*unverletzt*) ileso; (*unversehrt*) sano y salvo; **~ ankommen** llegar sano y salvo; **mit ~er Haut davonkommen** salir bien librado **2.** (*wieder gesund*) curado **3.** (*intakt*) intacto; **etw wieder ~ machen** reparar algo; **die ~e Welt** el mundo intacto

Heil *nt ohne Pl* <-(e)s> **1.** (*Wohlergehen*) prosperidad *f;* (*Glück*) fortuna *f* **2.** (REL: *Erlösung*) salvación *f*

Heiland *m ohne Pl* <-(e)s> (REL): **der/unser ~** El Salvador/nuestro Redentor

Heilanstalt *f* **1.** (*Sanatorium*) sanatorio *m* **2.** (*Irrenanstalt*) clínica *f* (p)siquiátrica; **Heilbad** *nt* **1.** (*medizinisches Bad*) baño *m* medicinal **2.** (*Kurort*) estación *f* hidrotermal

heilbar *adj* curable

Heilbutt *m* (ZOOL) rodaballo *m*

heilen **I.** *vi sein* (*Wunde*) cicatrizarse; (*Verletzung*) curarse **II.** *vt* (*Verletzung*) curar (*von* de); (*Patient*) sanar (*mit* con)

Heilfasten *nt ohne Pl* <-s> (MED) ayuno *m* terapéutico

heilfroh *adj* (*fam*) contentísimo

heilig *adj* (*Person*) santo; (*Ort*) sagrado; **die H~e Jungfrau** (REL) la Santísima Virgen; **der H~e Geist/der ~e Vater** (REL) el Espíritu Santo/el Santo Padre; **~ sprechen** (REL) canonizar; **dir ist aber auch nichts ~** para ti no hay nada sagrado; **etw hoch und ~ versprechen** prometer algo por lo más sagrado; **Heiligabend** *m* <-s, -e> Nochebuena *f*

Heilige(r) *mf* <-n, -n; -n> santo, -a *m, f*

heiligen *vt* santificar; **der Zweck heiligt die Mittel** el fin justifica los medios

Heiligenschein *m* <-(e)s, -e> aureola *f*

heilig|sprechen *irr vt* (REL) *s.* **heilig**

Heiligtum *nt* <-(e)s, -tümer> santuario *m;* (*Reliquie*) reliquia *f;* (*a. fig*) objeto *m* de culto

Heilkraft *f* fuerza *f* curativa; **Heilkunde** *f ohne Pl* (ciencia *f* de la) medicina *f*

heillos *adj* terrible

Heilmittel *nt* remedio *m;* (*Medizin*) medicina *f;* **Heilpflanze** *f* planta *f* medicinal; **Heilpraktiker(in)** *m(f)* <-s, -; -nen> médico, -a *m, f* homeopático, -a; **Heilquelle** *f* aguas *fpl* medicinales

heilsam *adj* (*Methode*) curativo

Heilung *f* <-en> cura *f*

heim *adv* a casa

Heim *nt* <-(e)s, -e> **1.** (*Zuhause*) hogar *m,* casa *f* **2.** (*Studenten~, Alters~*) residencia *f;* (*Obdachlosen~*) asilo *m;* (*Kinder~*) hogar *m* **3.** (*Erholungs~*) sanatorio *m*

Heimat *f* <-en> **1.** (*~land*) patria *f;* (*~region*) tierra *f* (natal) **2.** (*Herkunftsland*) país *m* de origen; **Heimatfilm** *m* <-(e)s, -e> película *f* popular; **Heimatland** *nt* <-(e)s, -länder> patria *f*

heimatlich *adj* **1.** (*aus der Heimat*) de la patria **2.** (*an Heimat erinnernd*) que recuerda la patria

heimatlos *adj* sin patria

Heimatlose(r) *mf* <-n, -n; -n> apátrida *mf*

Heimatort *m* lugar *m* de nacimiento, pago *m Arg, Peru;* **Heimatstadt** *f* ciudad *f* de

origen
Heimcomputer *m* (INFOR) ordenador *m* personal; **heim|fahren** *irr* **I.** *vi sein* ir a casa; (*zurückfahren*) regresar a casa **II.** *vt* llevar a casa; **Heimfahrt** *f* regreso *m* a casa; **heim|gehen** *irr vi sein* volver a casa
heimisch *adj* **1.** (*einheimisch*) del país **2.** (*vertraut*) familiarizado; **sich ~ fühlen** sentirse como en su casa
Heimkehr *f ohne Pl* regreso *m* a casa
heim|kehren *vi sein* volver a casa
Heimkind *nt* expósito, -a *m, f*
heim|kommen *irr vi sein* volver a casa
heimlich **I.** *adj* secreto; (*unerlaubt*) clandestino; (*verstohlen*) furtivo **II.** *adv* en secreto; (*versteckt*) a escondidas; **~ tun** (*abw*) andar con tapujos
Heimlichkeit[1] *f* <-en> (*Geheimnis*) secreto *m*
Heimlichkeit[2] *f ohne Pl* (*Verborgenheit*) clandestinidad *f*
Heimlichtuerei *f* <-en> (*abw*) secreteo *m*
heimlich|tun *irr vt* (*abw*) *s.* **heimlich II.**
Heimreise *f* viaje *m* de regreso; **die ~ antreten** emprender el viaje de regreso; **Heimspiel** *nt* (SPORT) partido *m* en casa
heim|suchen *vt* (*Krankheit*) atacar; (*Katastrophe*) devastar; (*Alpträume*) invadir
heimtückisch *adj* pérfido; (*bösartig*) malicioso; (JUR) alevoso
heimwärts *adv* (en dirección) a casa
Heimweg *m* camino *m* de regreso; **sich auf den ~ machen** emprender el camino de regreso; **Heimweh** *nt ohne Pl* <-s> nostalgia *f* (*nach* de), morriña *f reg;* **Heimwerker(in)** *m(f)* <-s, -; -nen> artesano, -a *m, f* aficionado, -a
heim|zahlen *vt* vengarse; **das zahl ich dir heim!** ¡me las pagarás!
Heirat *f* <-en> matrimonio *m;* (*Hochzeit*) boda *f*
heiraten *vi, vt* casarse (con), amarrarse *Am;* **kirchlich ~** casarse por la iglesia
Heiratsantrag *m* propuesta *f* de matrimonio; **Heiratsanzeige** *f* **1.** (*Bekanntgabe*) anuncio *m* de boda **2.** (*für Partnersuche*) anuncio *m* matrimonial; **Heiratsschwindler(in)** *m(f)* estafador(a) *m(f)* matrimonial; **Heiratsurkunde** *f* partida *f* de matrimonio
heiser *adj* ronco; (*stimmlos*) afónico
Heiserkeit *f ohne Pl* ronquera *f;* (*Stimmlosigkeit*) afonía *f*
heiß *adj* **1.** (*von hoher Temperatur*) caliente; (*Wetter*) caluroso; (GEO) cálido; **brütend ~** (*fam*) achicharrante; **es ist (brütend) ~** hace (un) calor (achicharrante); **mir ist ~** tengo calor; **Vorsicht, das ist ~!** ¡cuidado, que quema!; **das Essen ~ machen** calentar la comida; **der ~e Draht** el teléfono rojo; **es wird nichts so ~ gegessen, wie es gekocht wird** (*prov*) no es tan fiero el león como lo pintan **2.** (*Kampf*) encarnizado; (*Debatte*) fuerte; **sich** *dat* **die Köpfe ~ reden** (*fam*) discutir ardientemente **3.** (*leidenschaftlich*) ardiente; **jdn ~ und innig lieben** (*fam*) querer a alguien ardientemente; **er ist ganz ~ darauf, diesen Film zu sehen** (*fam*) se muere de ganas de ver esta película **4.** (*fam: heikel*) delicado; **~e Ware** (*fig*) contrabando *m;* **ein ~es Eisen anfassen** (*fig*) tocar una cuestión delicada **5.** (*fam: läufig*) en celo **6.** (*fam: großartig*) de putamadre *sl;* **~e Rhythmen** (*fig*) ritmos calientes; **ein ~er Schlitten** (*fig*) un cochazo
heißblütig *adj* (*leidenschaftlich*) ardiente; (*impulsiv*) impetuoso
heißen <heißt, hieß, geheißen> **I.** *vi* **1.** (*Namen haben*) llamarse; **wie ~ Sie?** ¿cómo se llama Ud.?; **was heißt „Kuss" auf griechisch?** ¿cómo se dice "beso" en griego? **2.** (*bedeuten*) significar, querer decir; **das heißt** es decir; **was soll das ~?** ¿qué significa esto?; **das heißt so viel wie ...** lo cual viene a significar que... **3.** (*geh: behauptet werden*) decirse; (*verlauten*) correr la voz; (*zu lesen sein*) estar escrito; **es heißt, er sei sehr krank** se dice que está muy enfermo; **auf Seite acht heißt es: „..."** en la página ocho pone lo siguiente: "..." **II.** *vt* (*geh*) **1.** (*nennen*) llamar; (*bezeichnen*) calificar (de), tachar (de); **sie hieß ihn einen Lügner** le llamó mentiroso **2.** (*befehlen*) ordenar; **sie hieß ihn schweigen** le ordenó que se callara **III.** *vunpers* (*geh: nötig sein*) haber que; **nun heißt es schnell handeln** ahora hay que obrar rápidamente
Heißhunger *m* hambre *f* canina; **heiß|laufen** *irr vi sein* (TECH) recalentarse; **Heißluft** *f ohne Pl* aire *m* caliente; **Heißwasserspeicher** *m* depósito *m* de agua caliente
heiter *adj* **1.** (*fröhlich*) alegre; (*lustig*) divertido; **das kann ja ~ werden** (*fam*) esto se puede poner bien **2.** (*unbeschwert*) sereno; (*Tag, Himmel*) despejado; **~ bis wolkig** nubosidad con claros; **wie aus ~em Himmel** (*plötzlich*) de golpe y porrazo; (*unerwartet*) como caído del cielo
Heiterkeit *f ohne Pl* alegría *f;* (*Ausgeglichenheit*) serenidad *f,* elación *f Am*
Heizanlage *f* (instalación *f* de) calefacción *f;* **Heizdecke** *f* manta *f* eléctrica
heizen **I.** *vi* encender la calefacción; **wir ~ mit Gas** tenemos calefacción a gas **II.** *vt* (*Raum*) calentar
Heizkessel *m* caldera *f* de calefacción; **Heizkissen** *nt* almohadilla *f* eléctrica; **Heizkörper** *m* radiador *m;* **Heizkosten** *Pl* gastos *mpl* de calefacción; **Heizlüfter** *m* termo-

H

ventilador *m*, calefactor *m* de aire caliente; **Heizmaterial** *nt* combustible *m;* **Heizöl** *nt ohne Pl* <-(e)s> fuel *m* combustible; **Heizstrahler** *m* radiador *m* eléctrico

Heizung[1] *f ohne Pl* (*das Heizen*) calefacción *f*

Heizung[2] *f* <-en> **1.** (*fam: Heizkörper*) radiador *m* **2.** *s.* **Heizanlage**

Heizungsrohr *nt* <-(e)s, -e> tubo *m* de calefacción

Hektar *nt o m* <-s, -e *nach Zahlen:* ->, **Hektare** *f* <-n> (*Schweiz*) hectárea *f*

Hektik *f ohne Pl* ajetreo *m;* **nur keine ~!** ¡con calma!

hektisch *adj* (*unruhig*) inquieto; (*nervös*) nervioso

Hektoliter *m o nt* <-s, -> hectolitro *m*

Held(in) *m(f)* <-en, -en; -nen> héroe *m*, heroína *f;* **den ~en spielen** dárselas de valiente

heldenhaft *adj* heroico

Heldensage *f* leyenda *f* heroica; **Heldentat** *f* heroicidad *f*, gracia *f Kol*

Heldentum *nt ohne Pl* <-s> heroísmo *m*

helfen <hilft, half, geholfen> *vi* **1.** (*Hilfe leisten*) ayudar (+*dat* a alguien, *bei* en); (*in Not*) auxiliar (+*dat*); (*beistehen*) asistir (+*dat*); **kann ich Ihnen ~?** ¿le puedo ayudar?; **ihm ist nicht zu ~** no tiene remedio; **die Ärzte können ihr nicht ~** los médicos no pueden hacer nada por ella; **ich kann mir nicht ~, aber ...** no hay más vuelta de hoja, pero...; **man muss sich** *dat* **zu ~ wissen** hay que saber salir del paso; **ich weiß mir vor lauter Arbeit nicht zu ~** no sé qué hacer con tanto trabajo; **dir werde ich ~!** ¡ya te apañaré yo! **2.** (*heilsam sein*) ser bueno (*gegen* para) **3.** (*nützen*) servir (+*dat*); **es hilft uns nicht, wenn ...** no nos sirve de nada, si...; **es hilft alles nichts** no hay remedio **4.** (*Schweiz: mitmachen*) participar

Helfer(in) *m(f)* <-s, -; -nen> ayudante *mf;* **ein ~ in der Not** un salvador

Helgoland *nt* <-s> Hel(i)goland *f*

Helikopter *m* <-s, -> helicóptero *m*

Helium *nt ohne Pl* <-s> (CHEM) helio *m*

hell *adj* **1.** (*Licht, Farbe, Haut, Augen*) claro; **es wird ~** amanece **2.** (*voller Licht*) luminoso; (*erleuchtet*) iluminado **3.** (*Ton*) agudo **4.** (*klug*) listo, inteligente; **ein ~er Kopf** una cabeza inteligente **5.** (*fam: völlig*): **der ~e Wahnsinn** una locura absoluta; **in ~en Scharen** en masa; **von etw** *dat* **~ begeistert sein** estar totalmente entusiasmado por algo; **seine ~e Freude an etw** *dat* **haben** disfrutar mucho con algo

hellblau *adj* azul claro; **hellblond** *adj* rubio claro

Helle[1] *f ohne Pl* (*geh*) claridad *f*

Helle(s)[2] *nt* <-n, -n *nach Zahlen:* -> (GASTR) cerveza *f* dorada

hellhäutig *adj* de piel blanca

hellhörig *adj* **1.** (*Raum*) de paredes finas **2.** (*Mensch*) con buen oído; **~ werden** aguzar el oído

hellicht *adj s.* **helllicht**

Helligkeit *f ohne Pl* **1.** (*Helle*) claridad *f* **2.** (*Lichtstärke*) luminosidad *f*

helllicht[RR] *adj:* **am ~en Tag** en pleno día

hellsehen *vi* prever (el futuro); **Hellseher(in)** *m(f)* vidente *mf*

hellwach *adj* totalmente despierto

Helm *m* <-(e)s, -e> (*Schutz~, Sturz~*) casco *m*

Helvetien *nt* <-s> Helvecia *f*

Hemd *nt* <-(e)s, -en> camisa *f*

hemdsärmelig *adj* en mangas de camisa; (*fig*) desenfadado

Hemisphäre *f* <-n> hemisferio *m;* **die nördliche/südliche ~** el hemisferio norte/sur

hemmen *vt* **1.** (*aufhalten*) detener **2.** (*hindern*) obstaculizar, impedir; **jdn in seiner Entwicklung ~** impedir el desarrollo de alguien **3.** (PSYCH) inhibir

Hemmnis *nt* <-ses, -se> obstáculo *m*

Hemmschwelle *f* <-n> barrera *f* (p)sicológica

Hemmung *f* <-en> **1.** (*Beeinträchtigung*) impedimento *m* **2.** (PSYCH) inhibición *f* **3.** (*Bedenken*) escrúpulos *mpl;* **~en haben** tener escrúpulos

hemmungslos *adj* **1.** (*zügellos*) desenfrenado **2.** (*bedenkenlos*) sin escrúpulos

Hengst *m* <-(e)s, -e> semental *m*, padrillo *m SAm*

Henkel *m* <-s, -> asa *f*

Henker *m* <-s, -> verdugo *m*

Henne *f* <-n> gallina *f*

Hepatitis *f* <Hepatitiden> (MED) hepatitis *f inv*

her *adv* **1.** (*räumlich*) hacia aquí [*o* acá]; **von weit ~** de muy lejos; **komm ~!** ¡ven aquí!; **gib ~!** ¡trae!; **Geld ~!** (*fam*) ¡el dinero!; **~ damit!** (*fam*) ¡dámelo! **2.** (*zeitlich*) hace; **ich kenne ihn von früher ~** le conozco de antes; **das ist schon lange ~** de eso hace ya tiempo **3.** (*Wend*): **von ... ~** (*betreffend*) en cuanto a...; **von der Idee ~ ist das nicht schlecht** en cuanto a la idea, no está mal

herab *adv* (*geh*) (hacia) abajo; **von oben ~** (*fig*) despectivamente; **herab\|blicken** *vi* (*geh*) mirar (hacia) abajo; **auf jdn ~** (*fig*) mirar a alguien por encima del hombro; **herab\|fallen** *irr vi sein* caerse; **herab\|lassen** *irr* **I.** *vt* (*geh*) bajar; (*an Seil*) descolgar **II.** *vr:* **sich ~ 1.** (*an Seil*) descolgarse **2.** (*sich bereit erklären*) rebajarse (*zu* a)

herablassend **I.** *adj* desdeñoso **II.** *adv* con aire de desprecio

herab|sehen *vi s.* **herabblicken**; **herab|setzen** *vt* **1.** (*reduzieren*) reducir; (*senken*) bajar **2.** (*schmälern*) desprestigiar; **herab|würdigen** *vt* denigrar

heran *adv* por aquí; **heran|bringen** *irr vt* (*Dinge*) acercar; **heran|fahren** *irr vi sein* acercarse (*an* a); **heran|kommen** *irr vi sein* **1.** (*sich nähern*) acercarse (*an* a); **etw an sich ~ lassen** (*a. fig*) dejar que llegue algo; **nichts an sich ~ lassen** (*a. fig*) no dejarse afectar por nada **2.** (*heranreichen*) alcanzar **3.** (*Zugang haben*) tener acceso (*an* a); (*kaufen*) poder adquirir; **heran|machen** *vr:* **sich ~** (*fam*) **1.** (*beginnen*) ponerse (a +*inf*) **2.** (*an Person*) rondar; **heran|reichen** *vi* **1.** (*an Regal*) alcanzar **2.** (*gleichkommen*) igualarse (*an* a); **heran|tasten** *vr:* **sich ~** tantear; **sich an etw ~** acercarse a algo con mucho cuidado; **heran|wachsen** *irr vi sein* crecer

Heranwachsende(r) *mf* <-n, -n; -n> semiadulto, -a *m, f;* (*Teenager*) adolescente *mf*

heran|wagen *vr:* **sich ~ 1.** (*räumlich*) atreverse a acercarse (*an* a) **2.** (*an Problem*) atreverse a abordar (*an*); (*an Aufgabe*) atreverse a acometer (*an*); **heran|ziehen** *irr* **I.** *vi sein* (*näher kommen*) acercarse **II.** *vt* **1.** (*näher holen*) acercar(se); **er zog den Hocker zu sich heran** (se) acercó el taburete **2.** (*Sachverständige*) consultar; (*Sache*) recurrir (a); **etw zum Vergleich ~** establecer una comparación con algo **3.** (*Kind, Tier*) criar; (*Pflanze*) cultivar **4.** (*ausbilden*) preparar (*zu* para)

herauf *adv* hacia arriba; **hier ~!** ¡por aquí arriba!; **den Berg ~** cuesta arriba; **herauf|beschwören*** *irr vt* **1.** (*Erinnerung*) evocar **2.** (*verursachen*) provocar; **herauf|kommen** *irr vi sein* (*Person*) subir; **herauf|ziehen** *irr* **I.** *vi sein* (*Gewitter*) levantarse **II.** *vt* subir (tirando)

heraus *adv* (hacia) fuera, afuera; **~ da!** ¡fuera de ahí!; **~ mit ihm!** ¡afuera con él!; **von innen ~** desde dentro; **aus einer Notlage ~** debido a un apuro; **~ mit der Sprache!** ¡suelta la lengua!; **das ist noch nicht ~** eso no se sabe todavía; **heraus|bekommen*** *irr vt* **1.** (*Wechselgeld*) recibir la vuelta; **Sie bekommen noch 80 Pfennig heraus** tenga, 80 pfennig de vuelta **2.** (*Rätsel, Aufgabe*) resolver; (*Geheimnis*) descubrir; (MATH: *fam*) sacar **3.** (*Fleck*) poder quitar; (*Nagel*) poder sacar **4.** (*erfahren*) llegar a saber; **heraus|bilden** *vr:* **sich ~** formarse (*aus* de); **heraus|bringen** *irr vt* **1.** (*nach draußen bringen*) sacar, llevar afuera **2.** (*Buch*) publicar; (*Ware*) sacar al mercado; **wir bringen dich ganz groß heraus** (*fam*) te promocionaremos por todo lo alto **3.** (*erfahren*) llegar a saber; **aus ihm war nichts herauszubringen** no hubo forma de sacarle nada; **heraus|finden** *irr vt* **1.** (*aus Gebäude, Ort*) saber salir **2.** (*entdecken*) descubrir

Herausforderer, -in *m, f* <-s, -; -nen> desafiador(a) *m(f);* (*Provokateur*) provocador(a) *m(f)*

heraus|fordern *vt* (*a.* SPORT) desafiar; (*provozieren*) provocar (*zu* a); **herausfordernd** *adj* desafiante; (*provozierend*) provocador; **Herausforderung** *f* (*a.* SPORT) desafío *m;* (*Provokation*) provocación *f;* (*Bewährungsprobe*) prueba *f;* **eine ~ annehmen** responder a un reto; **sich einer ~ stellen** enfrentarse a un desafío

Herausgabe *f ohne Pl* **1.** (*Übergabe*) entrega *f* **2.** (*eines Buches*) edición *f* **3.** (*von Aktien*) emisión *f* **4.** (JUR) restitución *f*

heraus|geben *irr vt* **1.** (*herausreichen*) entregar, dar **2.** (*aushändigen*) entregar **3.** (*Wechselgeld*) dar la vuelta; **sie haben mir falsch herausgegeben** me han dado mal la vuelta **4.** (*Buch*) editar **5.** (*Aktien*) emitir **6.** (JUR) restituir

Herausgeber(in) *m(f)* <-s, -; -nen> **1.** (*von Buch*) editor(a) *m(f)* **2.** (*von Zeitung*) director(a) *m(f)*

heraus|gehen *irr vi sein* (*Person, Fleck*) salir (*aus* de); (*Fenster*) dar (*auf* a); **aus sich** *dat* **~** abrirse; **heraus|greifen** *irr vt* entresacar; **heraus|haben** *irr vt* (*fam: Splitter, Trick, Lösung*) haber sacado; **ich habe es heraus!** ¡ya lo tengo!; **heraus|halten** *irr* **I.** *vt* **1.** (*nach draußen halten*) sacar **2.** (*fam: fern halten*) mantener alejado **II.** *vr:* **sich ~** mantenerse alejado (*aus* de); **sich aus etw** *dat* **~** no meterse en algo; **heraus|hängen** *vt* (*fam*): **etw ~** dárselas de algo; **heraus|heben** *irr vt* **1.** (TECH) sacar (*aus* de) **2.** (*hervorheben*) poner de relieve; **heraus|holen** *vt* **1.** (*nach draußen holen, befreien*) sacar (*aus* de); **das Letzte aus sich** *dat* **~** dar lo máximo **2.** (*Vorteil ziehen*) sacar provecho (*aus* de) **3.** (*fam: erfahren*) sacar (*aus* de) **4.** (SPORT: *Zeit*) recuperar; (*guten Platz*) conseguir; **heraus|hören** *vt* (*Stimme, Instrument*) oír entre otros sonidos; (*Enttäuschung*) percibir en el tono de voz; **heraus|kommen** *irr vi sein* **1.** (*aus Haus, Krankenhaus*) salir (*aus* de); **sie kam aus dem Lachen nicht mehr heraus** no pudo parar de reír **2.** (*fam: Resultat sein*) ser el resultado (*bei* de); (*sich ergeben*) resultar (*bei* de); **was soll dabei ~?** ¿qué va a resultar de ello?; **es kommt nichts dabei heraus** no conduce a nada; **es kommt auf dasselbe heraus** da lo mismo **3.** (*fam: Ge-*

heimnis) llegarse a saber; **wenn das herauskommt, ...** si esto sale a la luz...; **ganz groß** ~ tener mucho éxito; **mit der Sprache** ~ desembuchar **4.** (*Modell, Buch*) salir **5.** (*Kartenspiel*) ser mano; **heraus|kriegen** *vt* (*fam*) *s.* **herausbekommen**; **heraus|lesen** *irr vt* (*aus Text, Miene*) descubrir (*aus* en); **heraus|nehmen** *irr vt* sacar (*aus* de); **sich** *dat* **den Blinddarm** ~ **lassen** operarse del apéndice; **sich** *dat* ~ **etw zu tun** tomarse la libertad de hacer algo; **heraus|putzen I.** *vt* (*schmücken*) acicalar **II.** *vr:* **sich** ~ acicalarse, engalanarse, empavonarse *MAm;* **heraus|ragen** *vi* sobresalir (*aus* de); (*in seiner Bedeutung*) destacarse (*aus* de); **heraus|reden** *vr:* **sich** ~ (*fam*) poner excusas; **heraus|reißen** *irr vt* arrancar; **heraus|rücken I.** *vi sein* (*fam: zugeben*) soltar, desembuchar; **rück mit der Wahrheit heraus!** ¡desembucha ya! **II.** *vt* (*fam: hergeben*) soltar; **rück mal etwas Geld heraus!** ¡suelta un par de duros!; **heraus|rutschen** *vi sein* salirse; (*Wort*) escaparse; **das ist mir nur so herausgerutscht** (*fam*) se me escapó; **heraus|schauen** *vi* **1.** (*aus Fenster*) mirar (*aus* por) **2.** (*fam: bei Geschäft*) salir (*bei* de); **was schaut für mich dabei heraus?** ¿qué saco yo de esto?; **heraus|schneiden** *irr vt* recortar; (MED) extirpar; **heraus|schreien** *irr vt* gritar; **seine Wut/seine Angst** ~ gritar de rabia/de miedo

heraußen *adv* (*südd, Österr: hier draußen*) aquí afuera

heraus|springen *irr vi sein* **1.** (*nach draußen springen*) saltar afuera; **aus dem Fenster** ~ tirarse por la ventana **2.** (*Sicherung*) fundirse **3.** (*fam: Gewinn*) sacar provecho (*bei* de); **und was springt dabei für mich heraus?** ¿y qué saco yo de esto?; **heraus|spritzen** *vi sein* salir a chorro; **heraus|stellen I.** *vt* **1.** (*nach draußen stellen*) sacar, poner afuera **2.** (*hervorheben*) destacar **II.** *vr:* **sich** ~ (*sich erweisen*) resultar, comprobarse; **die Vermutung hat sich als richtig herausgestellt** la suposición resultó ser cierta; **es stellte sich heraus, dass ...** se ha comprobado que...; **heraus|streichen** *irr vt* **1.** (*durchstreichen*) tachar **2.** (*loben*) poner de relieve; **heraus|treten** *irr vi sein* salir (*aus* de); **heraus|werfen** *irr vt* echar; (*hinauswerfen*) echar fuera; **heraus|ziehen** *irr vt* sacar (*aus* de)

herb *adj* **1.** (*Geschmack*) acerbo; (*Wein*) seco **2.** (*Enttäuschung*) amargo; (*Verlust*) doloroso **3.** (*Charakter*) rudo **4.** (*Kritik*) duro

herbei *adv* por aquí, hacia aquí; **herbei|eilen** *vi sein* venir corriendo; **herbei|führen** *vt* causar, provocar; (*Gelegenheit*) proporcionar; **herbei|rufen** *irr vt* llamar; (*kommen lassen*) hacer venir

Herberge *f* <-n> albergue *m*

Herbst *m* <-(e)s, -e> otoño *m*

herbstlich *adj* otoñal

Herbstzeitlose *f* <-n> (BOT) cólquico *m*

Herd *m* <-(e)s, -e> **1.** (*in Küche*) cocina *f* **2.** (*Brand~, a.* MED) foco *m*

Herde *f* <-n> (*Schafe, Rinder*) rebaño *m;* (*Schweine*) piara *f;* (*wilde Tiere*) manada *f;* **Herdentier** *nt* **1.** (*Tier*) animal *m* gregario **2.** (*abw: Person*) persona *f* gregaria

Herdplatte *f* placa *f* (eléctrica)

herein *adv* adentro, hacia dentro; ~**!** ¡adelante!; **herein|bekommen*** *irr vt* (*fam: Ware, Sender*) recibir; **herein|brechen** *irr vi sein* **1.** (*Wassermassen*) irrumpir **2.** (*geh: Unglück*) sobrevenir; (*Nacht*) caer (*über* sobre); **herein|fallen** *irr vi sein* **1.** (*in Loch*) caer (*in* en); (*Licht*) entrar (*in* en/a) **2.** (*fam: sich täuschen lassen*) dejarse engañar (*auf* por) **3.** (*fam: erfolglos sein*) llevarse un chasco (*mit* con); **herein|holen** *vt* entrar, meter; **jdn** ~ hacer entrar a alguien; **herein|kommen** *irr vi sein* entrar (*in* a/en); **bitte kommen Sie doch herein!** ¡entre, por favor!; **herein|lassen** *irr vt* dejar entrar; **herein|legen** *vt* **1.** (*nach drinnen legen*) poner adentro **2.** (*fam: betrügen*) engañar, carnear *Chil;* **herein|platzen** *vi sein* (*fam*) entrar de sorpresa y sin previo aviso (*in* en), irrumpir (*in* en)

Herfahrt *f* <-en> venida *f;* **auf der** ~ a la venida

her|fallen *irr vi sein* (*a. fig: angreifen*) atacar (*über*); (*mit Fragen*) acosar a preguntas (*über*); **über etw** ~ caer sobre algo

Hergang *m* <-(e)s, -gänge> acontecimientos *mpl;* **den** ~ **schildern** contar lo que pasó

her|geben *irr* **I.** *vt* **1.** (*herausgeben*) dar, entregar; **gib her!** ¡dame! **2.** (*taugen*) valer **II.** *vr:* **sich** ~ prestarse (*für* a); **gib dich für so etwas nicht her!** ¡no te prestes a una cosa así!

hergebracht *adj* tradicional

her|gehen *irr vi sein* **1.** (*begleiten*): **neben/vor/hinter jdm** ~ ir al lado de/delante de/detrás de alguien; **es ging hoch her** hubo mucho jaleo **2.** (*südd, Österr*) *s.* **herkommen**; **her|halten** *irr* **I.** *vt* acercar **II.** *vi* servir (*als* de); **er muss immer** ~ siempre tiene que pagar el pato; **her|holen** *vt* ir a buscar, ir (por); **der Vergleich ist weit hergeholt** el ejemplo es muy rebuscado

Hering *m* <-s, -e> **1.** (*Fisch*) arenque *m* **2.** (*Zeltpflock*) estaquilla *f*

herinnen *adv* (*südd, Österr: drinnen, innen*) aquí adentro

her|kommen *irr vi sein* **1.** (*hierher kom-*

men) venir; (*sich nähern*) acercarse **2.** (*stammen*) ser (*aus* de); **wo kommen Sie her?** ¿de dónde es Ud.? **3.** (*herrühren*) venir (*von* de)

herkömmlich *adj* tradicional; (*konventionell*) convencional

Herkunft *f ohne Pl* origen *m;* **arabischer ~** de origen árabe; **Herkunftsland** *nt* <-(e)s, -länder> país *m* de origen

her|leiten **I.** *vt* (*ableiten*) derivar (*aus* de) **II.** *vr:* **sich ~** (*herrühren*) derivar (*aus* de)

her|machen **I.** *vi* importar; **das macht viel her** esto causa buena impresión **II.** *vr:* **sich ~** (*fam*) emprender (*über*); **sich über die Arbeit ~** poner manos a la obra; **sich über das Essen ~** abalanzarse sobre la comida

Hermelin *m* <-s, -e> (ZOOL) armiño *m*

hermetisch *adj* hermético

her|nehmen *irr vt* tomar, sacar

Heroin *nt ohne Pl* <-s> heroína *f*

heroisch *adj* (*geh*) heroico

Herold *m* <-(e)s, -e> (*a.* HIST) heraldo *m*

Herr(in)[1] *m(f)* <-(e)n, -en; -nen> (*Gebieter*) amo, -a *m, f;* (*Arbeitgeber*) patrón, -ona *m, f;* **~ im Hause sein** llevar la batuta en casa; **er war nicht ~ der Lage** no era dueño de la situación; **~ seiner Sinne sein** ser dueño de sí mismo; **sein eigener ~ sein** ser su propio amo; **aus aller ~en Länder** de todos los países

Herr[2] *m* <-(e)n, -en> **1.** (*Mann*) señor *m;* (*beim Tanz*) caballero *m;* **den großen ~en markieren** darse aires de gran señor; **„Herren"** "caballeros" **2.** (*Anrede*) señor *m;* **~ Meier** el señor Meier; **der ~ wünschen?** ¿qué desea el señor?; **~ Ober!** ¡camarero! **3.** (REL) Señor *m*

Herrenausstatter *m* <-s, -> tienda *f* de ropa de caballero; **Herrenbekleidung** *f* <-en> ropa *f* de caballero; **Herrenfahrrad** *nt* bicicleta *f* de señor; **Herrenhaus** *nt* casa *f* señorial

herrenlos *adj* sin dueño, realengo *Am*

Herrenmode *f* moda *f* masculina; **Herrentoilette** *f* <-n> servicio *m* de caballeros

Herrgott *m* <-(e)s> Señor *m,* Dios Nuestro Señor *m;* **~ noch mal!** (*fam*) ¡Dios mío!; **Herrgottsfrühe** *f:* **in aller ~** (*fam*) de madrugada

her|richten *vt* **1.** (*vorbereiten*) preparar **2.** (*reparieren*) arreglar

herrisch *adj* imperioso

herrje(h) *interj* por Dios

herrlich *adj* espléndido; (*wunderbar*) maravilloso; (*ausgezeichnet*) excelente

Herrlichkeit *f* <-en> esplendor *m;* (*Pracht*) suntuosidad *f;* (*Großartigkeit*) magnificencia *f*

Herrschaft *f ohne Pl* **1.** (*Macht*) dominio *m* (*über* sobre); (*Befehlsgewalt*) poder *m* (*über* sobre); (*Regierung*) gobierno *m* **2.** (*Kontrolle*) control *m* (*über* de)

Herrschaften *fPl* señores *mpl;* **die ~ wollen zahlen?** ¿los señores desean la cuenta?

herrschaftlich *adj* señorial

herrschen *vi* **1.** (*Macht haben*) dominar; (*regieren*) gobernar; (*König*) reinar (*über* en/sobre) **2.** (*bestehen*) existir; (*Freude, Angst, Chaos*) reinar; (*Not, Nebel, Verkehr*) haber; (*Meinung*) predominar; **im Zimmer herrschte bedrückende Stille** en la habitación reinaba un silencio opresivo

herrschend *adj* reinante; (*Meinung*) dominante

Herrscher(in) *m(f)* <-s, -; -nen> soberano, -a *m, f;* **Herrscherhaus** *nt* (POL, HIST) dinastía *f*

Herrschsucht *f ohne Pl* despotismo *m;* **herrschsüchtig** *adj* despótico

her|rühren *vi* resultar (*von* de)

her|stellen *vt* **1.** (*erzeugen*) producir; (*in Fabrik*) fabricar **2.** (*schaffen*) crear; (*Verbindung*) establecer **3.** (*an einen Ort*) poner

Hersteller(in) *m(f)* <-s, -; -nen> productor(a) *m(f);* (*in Fabrik*) fabricante *mf;* (*in Verlag*) encargado, -a *m, f* de la producción de libros

Herstellung *f ohne Pl* producción *f;* (*in Fabrik*) fabricación *f;* **Herstellungsland** *nt* <-(e)s, -länder> país *m* productor

Hertz *nt* <-, -> (PHYS) hertz *m*

herüben *adv* (*südd, Österr: auf dieser Seite*) aquí

herüber *adv* hacia aquí, hacia acá

herum *adv* **1.** (*rings*) alrededor, en los alrededores; **um ... ~** alrededor de...; **die Gegend um Berlin ~** los alrededores de Berlín; **hier ~** por aquí; **links/rechts ~** por la izquierda/derecha **2.** (*fam: ziellos*) por ahí **3.** (*fam*): **um ... ~** (*ungefähr*) alrededor de...; (*Menge, Alter*) aproximadamente; (*Uhrzeit*) sobre; **herum|bummeln** *vi* (*fam*) **1.** *sein* (*spazieren*) callejear **2.** (*faulenzen*) gandulear; **herum|drehen** **I.** *vt* (*wenden*) dar vuelta(s) (a); (*Kopf*) volver; **jdm das Wort im Mund ~** dar la vuelta a las palabras de alguien; **den Schlüssel zweimal ~** dar dos vueltas a la llave **II.** *vr:* **sich ~** darse la vuelta; **herum|fahren** *irr* **I.** *vi sein* **1.** (*umfahren*) dar la vuelta (*um* a); (*um eine Ecke*) doblar **2.** (*fam: ziellos*) dar una vuelta **3.** (*sich umdrehen*) volverse (de repente) **II.** *vt* (*fam: umherfahren*) pasear (en coche) (*in* por); **herum|fuchteln** *vi* (*fam*) gesticular; **mit etw** *dat* **~** no parar quieto con algo; **mit den Armen ~** bracear; **herum|führen** **I.** *vi* (*Straße, Mauer*) rodear (*um*) **II.** *vt:* **jdn ~** (*als Führer*) hacer de guía para alguien; **jdn an der Nase ~** (*fam*) tomar el pelo a alguien; **herum|gehen** *irr vi sein* **1.** (*herumspazieren*) dar una vuelta (*um* por); (*fam: ziellos*) pasearse; **das geht mir schon lange im Kopf herum** hace tiempo que esto me da vueltas en la cabeza **2.** (*fam: Zeit*) pasar **3.** (*fam: Gerücht*) circular; **herum|hängen** *irr vi* (*fam*) estar colgado; **in der Gegend** ~ estar tirado por ahí; **herum|irren** *vi sein* errar, vagar; **herum|kommen** *irr vi sein* (*fam*) **1.** (*reisen*) viajar; **sie ist viel in der Welt herumgekommen** ha corrido mucho mundo **2.** (*vermeiden können*) poder evitar (*um*); **darum ~ etw zu tun** poder evitar hacer algo **3.** (*umgehen*): **um die Ecke** ~ doblar la esquina; **herum|kriegen** *vt* (*fam*) **1.** (*Zeit*) pasar **2.** (*überreden*): **jdn** ~ convencer a alguien **3.** (*verführen*) ligarse; **sie hat ihn gleich herumgekriegt** se lo ha ligado enseguida; **herum|laufen** *irr vi sein* **1.** (*fam: ziellos*) correr de un lado para otro; (*spazieren gehen*) dar una vuelta (por); **so kannst du doch nicht ~!** (*fam*) ¡así no puedes andar por ahí! **2.** (*um etw*) correr (*um* alrededor de); **herum|liegen** *irr vi* (*fam*) **1.** (*Sache*) estar tirado **2.** (*Person*) estar tumbado; **herum|lungern** *vi* (*fam*) haraganear; **herum|reichen** *vt* hacer circular; (*Speisen*) ofrecer; **herum|reiten** *irr vi sein* (*fam*) **1.** (*ziellos*) pasear a caballo **2.** (*auf etw bestehen*) emperrarse (*auf* en); **herum|schlagen** *irr vr* (*fam*): **sich mit jdm/etw** *dat* ~ luchar con alguien/algo; **herum|schnüffeln** *vi* (*fam abw*) husmear, hurguetear *Am;* **im Haus** ~ husmear por la casa; **herum|sprechen** *irr vr:* **sich** ~ (*Nachricht*) divulgarse; **herum|stehen** *irr vi* (*fam*) estar por ahí (*um* alrededor de); **um jdn** ~ rodear a alguien; **herum|suchen** *vi* (*fam*) rebuscar; **ich habe schon überall herumgesucht** ya he rebuscado por todas partes; **herum|treiben** *irr vr:* **sich** ~ (*fam abw*) vagabundear; (*auf der Straße*) callejear; **wo hast du dich wieder herumgetrieben?** ¿por dónde te has metido?; **herum|werfen** *irr vt* **1.** (*Dinge*) desparramar **2.** (*Kopf*) volver; **das Ruder/Steuer** ~ dar un golpe de timón/de volante; **herum|ziehen** *irr vi sein* (*fam: ziellos*) vagar, vagabundear; **in der Welt** ~ vagar por el mundo

herunten *adv* (*südd, Österr: hier unten*) aquí abajo

herunter *adv* (hacia) abajo; **den Berg** ~ monte abajo; **herunter|bringen** *irr vt* **1.** (*Gegenstand*) bajar **2.** (*fam: ruinieren*) arruinar; **herunter|fallen** *irr vi sein* caerse; **herunter|gehen** *irr vi sein* (*a. Preis, Temperatur*) bajar

heruntergekommen *adj* (*fam*) venido a menos

herunter|handeln *vt* (*fam*) regatear; **herunter|hängen** *irr vi* (*Lampe, Haare*) colgar; **herunter|hauen** <haut herunter, haute *o* hieb herunter, heruntergehauen> *vi* (*fam*): **jdm eine** ~ soltar a alguien un sopapo; **herunter|klappen** *vt* plegar hacia abajo; **herunter|kommen** *irr vi sein* **1.** (*nach unten kommen*) bajar **2.** (*fam: verwahrlosen*) venir a menos; (*Person*) hundirse; (*Gesundheit*) deteriorarse; **herunter|machen** *vt* (*fam: kritisieren*) criticar; (*schlecht machen*) difamar; **jdn** ~ dejar a alguien como un trapo; **herunter|purzeln** *vi sein* (*fam*) caer (de lo alto); **herunter|reißen** *irr vt* arrancar; **herunter|schlucken** *vt* (*fam*) **1.** (*Bissen*) tragar **2.** (*Wut*) tragarse; **herunter|springen** *irr vi sein* saltar (*von* de); (*aus großer Höhe*) tirarse (*von* de); **herunter|werfen** *irr vt* tirar abajo; **herunter|wirtschaften** *vt* (*fam abw: Firma, Staat*) arruinar (económicamente)

hervor *adv* (*geh*) hacia delante; (*heraus*) fuera; **hervor|bringen** *irr vt* **1.** (*erzeugen*) producir **2.** (*Wort*) decir; (*Melodie*) tocar; **hervor|gehen** *irr vi sein* (*geh: sich ergeben*) deducirse (*aus* de); **sie ging als Siegerin aus dem Wettkampf hervor** resultó vencedora en el campeonato; **hervor|gucken** *vi* (*fam*) (sobre)salir; **das Hemd guckt aus der Hose hervor** la camisa sobresale del pantalón; **das Kind guckt hinter seiner Mutter hervor** el niño se asoma por detrás de su madre; **hervor|heben** *irr vt* poner de relieve; **hervor|holen** *vt* sacar (*aus* de); **hervor|kommen** *irr vi sein* salir; **unter dem Tisch** ~ salir de debajo de la mesa; **hervor|locken** *vt* hacer salir; **hervor|ragen** *vi* **1.** (*räumlich*) sobresalir **2.** (*Person*) distinguirse (*durch* por)

hervorragend *adj* **1.** (*räumlich*) saliente **2.** (*ausgezeichnet*) excelente

hervor|rufen *irr vt* (*bewirken*) provocar; (*Bewunderung*) causar; (*Protest*) promover; **hervor|treten** *irr vi sein* **1.** (*heraustreten*) salir (*hinter* de detrás de) **2.** (*Kontraste*) destacarse; (*Umrisse*) dibujarse; (*Ader*) marcarse; **~de Augen** ojos saltones; **hervor|tun** *irr vr:* **sich** ~ **1.** (*durch Leistung*) distinguirse **2.** (*angeben*) darse importancia (*mit* con); **hervor|wagen** *vr:* **sich** ~ atreverse a salir

Herz[1] *nt* <-ens, -en> **1.** (*Organ*) corazón *m;* (*Seele*) alma *f;* **im Grunde seines ~ens** en el fondo de su corazón; **von ~en gern** con mil amores; **mir blutet das** ~ (*fig*) se me parte el corazón; **ich tue es leichten ~ens** lo haré con mucho gusto; **schweren ~ens** sintiéndolo en el alma; **das ~ schlägt ihm bis zum Halse** tiene el corazón en un puño; **ein ~ und eine Seele**

sein (*fig*) ser uña y carne; **ein gutes/goldenes ~ haben** tener un gran corazón/un corazón de oro; **sich** *dat* **etw zu ~en nehmen** (*fam*) tomarse algo a pecho; **etw nicht über's ~ bringen** no ser capaz de algo; **etw auf dem ~en haben** estar afligido por algo; **etw auf ~ und Nieren prüfen** (*fam*) examinar algo detenidamente; **jdm sein ~ ausschütten** (*fig*) abrir el corazón a alguien; **jdm das ~ brechen** (*geh*) partir el corazón a alguien; **aus ganzem ~en** de todo corazón; **mir ist ein Stein vom ~en gefallen** (*fig*) se me quitó un peso de encima; **ihr wurde warm ums ~** se emocionó; **mir fällt das ~ in die Hose** (*fam fig*) se me cae el alma a los pies; **sich** *dat* **ein ~ fassen** hacer de tripas corazón; **jdm etw ans ~ legen** entregar algo al cuidado personal de alguien; **jdm am ~en liegen** ser muy importante para alguien; **jdn ins ~ schließen** cogerle cariño a alguien **2.** (*Kern*) corazón *m;* (*Zentrum*) centro *m;* (*Inneres*) núcleo *m;* **sie stießen zum ~en des Kontinents vor** avanzaron hasta el corazón del continente **3.** (*~form*) forma *f* de corazón

Herz[2] *nt* <-ens, -> (*Kartenspiel*) ≈copas *fpl;* **~ ist Trumpf** pinta en copas

Herzanfall *m* (MED) ataque *m* cardíaco; **Herzbeschwerden** *fPl* (MED) trastornos *mpl* cardíacos

herzensgut *adj* (*fam*) muy bondadoso; **Herzenslust** *f ohne Pl:* **nach ~** a placer; **Herzenswunsch** *m* sueño *m* dorado

herzergreifend *adj* conmovedor

Herzfehler *m* (MED) lesión *f* cardíaca

herzhaft *adj* (*a.* GASTR: *kräftig*) fuerte; (*deftig*) sabroso; **~ lachen** reírse con ganas

her|ziehen *irr* **I.** *vi sein* **1.** (*umziehen*) venirse a vivir aquí **2.** (*gehen*): **hinter/vor/neben jdm/etw** *dat* **~** ir detrás de/delante de/al lado de alguien/algo **3.** (*fam: reden über*): **über jdn ~** hablar mal de alguien **II.** *vt* (*fam: heranziehen*) acercar (*zu* a); **etw hinter sich** *dat* **~** arrastrar algo detrás de sí

herzig *adj* mono

Herzinfarkt *m* (MED) infarto *m* de miocardio; **Herzkammer** *f* (ANAT) ventrículo *m* (del corazón)

Herzklappe *f* (ANAT) válvula *f* del corazón; **Herzklappenfehler** *m* (MED) lesión *f* valvular

Herzklopfen *nt ohne Pl* <-s> latido *m* del corazón, palpitaciones *fpl;* **~ haben** sentir palpitaciones; **herzkrank** *adj* enfermo del corazón; **Herzleiden** *nt* (MED) enfermedad *f* cardíaca

herzlich **I.** *adj* (*liebevoll*) cariñoso; (*Gruß*) cordial; **~en Dank** muchísimas gracias **II.** *adv* de todo corazón; **~ willkommen!** ¡bienvenido!; **~ gern!** ¡con mucho gusto!

Herzlichkeit *f ohne Pl* cordialidad *f*

herzlos *adj* sin corazón; (*grausam*) cruel

Herzlosigkeit *f ohne Pl* insensibilidad *f;* (*Grausamkeit*) crueldad *f*

Herzmuskel *m* (ANAT) miocardio *m*

Herzog(in) *m(f)* <-s, -zöge; -nen> duque(sa) *m(f)*

Herzogtum *nt* <-s, -tümer> ducado *m*

Herzschlag *m* **1.** (*einzelner Schlag*) latido *m* cardíaco **2.** (*Herzstillstand*) ataque *m* cardíaco; **Herzschrittmacher** *m* (MED) marcapasos *m inv;* **Herzstillstand** *m* (MED) paro *m* cardíaco

Herzstück *nt* parte *f* central, corazón *m*

Herztod *m* (MED) muerte *f* cardíaca; **Herzton** *m* <-(e)s, -töne> (MED) sonido *m* cardíaco; **Herztransplantation** *f* (MED) tra(n)splante *m* de corazón; **Herzversagen** *nt* (MED) fallo *m* cardíaco

herzzerreißend **I.** *adj* desgarrador **II.** *adv* que le parte a uno el corazón

Hesse, -in *m, f* <-n, -n; -nen> habitante *mf* de Hesse

Hessen *nt* <-s> Hesse *f*

hessisch *adj* de Hesse

heterosexuell *adj* heterosexual

Hetze *f ohne Pl* **1.** (*Eile*) prisa *f* **2.** (*abw: Hetzkampagne*) campaña *f* de difamación

hetzen **I.** *vi* **1.** *sein* (*sich beeilen*) darse prisa **2.** (*abw: aufwiegeln*) agitar los ánimos (*gegen* contra) **II.** *vt* **1.** (*jagen*) acosar **2.** (*antreiben*) meter prisa **III.** *vr:* **sich ~** darse prisa

Hetzjagd *f* **1.** (*Verfolgung*) persecución *f* **2.** (*Jagd*) caza *f* de acoso **3.** (*große Eile*) prisas *fpl*

Heu *nt ohne Pl* <-(e)s> (AGR) heno *m;* **Heuboden** *m* <-s, -böden> (AGR) henil *m*

Heuchelei *f* <-en> (*abw*) hipocresía *f,* fallutería *Arg, Urug: fam;* (*Scheinheiligkeit*) mojigatería *f*

heucheln *vi, vt* fingir

Heuchler(in) *m(f)* <-s, -; -nen> hipócrita *mf;* (*Scheinheiliger*) mojigato, -a *m, f*

heuchlerisch *adj* hipócrita

heuer *adv* (*Schweiz, Österr, südd*) este año

Heuhaufen *m* (AGR) montón *m* de heno

heulen *vi* **1.** (*fam: weinen*) llorar **2.** (*Tier, Motor, Sirene, Wind*) aullar

Heuschnupfen *m* alergia *f* al polen; **Heuschrecke** *f* <-n> saltamontes *m inv*

heute *adv* hoy; (*heutzutage*) hoy (en) día; **~ Morgen/Abend** esta mañana/noche; **~ Nacht habe ich schlecht geträumt** anoche tuve pesadillas; **~ Nacht soll es regnen** dicen que esta noche va a llover; **Schluss für ~** basta por hoy; **~ vor acht Tagen** hace ocho días; **von ~ auf morgen** de la noche a la mañana; **lieber ~ als mor-**

gen mejor hoy que mañana

heutig *adj* de hoy; (*gegenwärtig*) actual; **unser ~es Schreiben** nuestra carta de hoy; **am ~en Tag** en el día de hoy; **am ~en Abend** esta noche; **in der ~en Zeit** en nuestros tiempos; **mit dem ~en Datum** con fecha de hoy

heutzutage *adv* hoy (en) día

Hexe *f* <-n> bruja *f*

hexen *vi* hacer brujerías; **ich kann doch nicht ~** (*fam*) no puedo hacer milagros

Hexenschuss^{RR} *m ohne Pl* <-es> (*fam*) lumbago *m*

Hexenverbrennung *f* (HIST) quema *f* de brujas

Hexer *m* <-s, -> brujo *m*

Hexerei *f* <-en> brujería *f*, payé *m CSur*

Hg. *Abk. von* **Herausgeber(in)** (*von Buch*) editor(a) *m(f)*; (*von Zeitung*) director(a) *m(f)*

hieb *3. imp von* **hauen**

Hieb *m* <-(e)s, -e> **1.** (*Schlag*) golpe *m;* (*mit Peitsche*) latigazo *m;* (*mit Faust*) puñetazo *m* **2.** (*Wunde*) herida *f* **3.** *Pl* (*fam: Prügel*) paliza *f* **4.** (*Bemerkung*) pulla *f*

hieb- und stichfest *adj* (*fig*) contundente

hielt *3. imp von* **halten**

hier *adv* **1.** (*räumlich*) aquí; (*bei Aufruf*) ¡presente!; **~ bin ich!** ¡aquí estoy!; **~ entlang** por aquí; **das Haus ~** esta casa; **~ in der Nähe** aquí cerca; **~ und da** aquí y allá; **dieser ~** éste de aquí; **~ oben/unten/hinten** aquí arriba/abajo/atrás; **~ bleiben** quedarse aquí; **ich bin nicht von ~** no soy de aquí **2.** (*zeitlich*) ahora; **von ~ an** desde ahora **3.** (*an diesem Punkt*) en este punto; **~ muss ich dir Recht geben** en este punto te tengo que dar la razón

hieran *adv* **1.** (*räumlich*) aquí (mismo) **2.** (*an dieser Sache*) en esto, en ello; **~ sieht man, dass ...** en esto se ve que...; **~ werde ich mich noch lange erinnern** de esto me acordaré por mucho tiempo

Hierarchie *f* <-n> jerarquía *f*

hierarchisch *adj* jerárquico

hierauf *adv* **1.** (*räumlich*) sobre esto **2.** (*sodann*) a continuación

hieraus *adv* **1.** (*räumlich*) de aquí **2.** (*aus dieser Sache*) de esto, de ello

hierbei *adv* **1.** (*währenddessen*) en esto, con esto **2.** (*in diesem Fall*) en este caso

hier|bleiben *irr vi sein s.* **hier 1.**

hierdurch *adv* **1.** (*räumlich*) por aquí **2.** (*auf Grund*) por ello, a causa de esto

hierfür *adv* **1.** (*zu diesem Zweck*) para esto **2.** (*als Gegenwert*) por ello, a cambio

hierher *adv* (hacia) aquí; (*örtlich*) para acá; **~!** ¡aquí!; **bis ~ und nicht weiter!** ¡hasta aquí y ni un paso más!; **das gehört nicht ~** esto no entra aquí

hierherum *adv* por aquí

hierhin *adv* aquí; **bis ~** hasta aquí

hierin *adv* **1.** (*örtlich*) aquí dentro **2.** (*in dieser Beziehung*) en este punto

hiermit *adv* con esto; (*im Brief*) por la presente

hierüber *adv* **1.** (*örtlich*) encima de esto; (*Richtung*) por aquí **2.** (*ein Thema betreffend*) sobre esto

hierunter *adv* **1.** (*örtlich*) debajo de esto **2.** (*wegen*) a causa de esto **3.** (*in dieser Gruppe*) entre estas cosas **4.** (*Wend*): **~ versteht man ...** esto quiere decir...

hiervon *adv* de esto

hierzu *adv* **1.** (*für diesen Zweck*) para ello **2.** (*betreffend*) con respecto a esto; **~ möchte ich sagen, dass ...** con respecto a esto quisiera decir que... **3.** (*zugehörig*) a esto, a ello

hierzulande *adv* en este país, aquí

hiesig *adj* de aquí

hieß *3. imp von* **heißen**

Hi-Fi-Anlage *f* equipo *m* de alta fidelidad

high *adj inv* (*berauscht*) colocado; (*mit Drogen*) moco; **High Society** *f ohne Pl*, **Highsociety**^{RR} *f ohne Pl* alta sociedad *f;* **High-Tech** *nt o f ohne Pl* <-(s)>, **Hightech**^{RR} *nt o f ohne Pl* <-(s)> alta tecnología *f*

hihi *interj* je, je

Hilfe *f* <-n> ayuda *f;* (*~leistung*) socorro *m,* auxilio *m;* (INFOR) ayuda *f;* **~!** ¡socorro!; **erste ~** primeros auxilios; **jdn um ~ bitten** pedir ayuda a alguien; **~ leisten** prestar ayuda; **jdm zu ~ kommen** acudir en auxilio de alguien; **etw zu ~ nehmen** ayudarse con algo; **um ~ rufen** pedir socorro; **du warst mir eine/keine große ~** fuiste/no fuiste una gran ayuda; **mit ~ von** con ayuda de; **Hilferuf** *m* <-(e)s, -e> grito *m* de socorro; **Hilfestellung** *f* (SPORT) ayuda *f;* (*Anleitung, Unterstützung*) apoyo *m*

hilflos *adj* (*allein*) desamparado; (*ratlos*) desorientado; (*unbeholfen*) torpe

Hilflosigkeit *f ohne Pl* desamparo *m;* (*Ratlosigkeit*) desorientación *f*

hilfreich *adj* (*geh*) **1.** (*hilfsbereit*) servicial **2.** (*nützlich*) útil; **er/es war uns sehr ~** nos sirvió de mucha ayuda

Hilfsaktion *f* acción *f* de socorro; **Hilfsarbeiter(in)** *m(f)* trabajador(a) *m(f)* auxiliar; **hilfsbedürftig** *adj* necesitado; **hilfsbereit** *adj* servicial, dispuesto a ayudar, comedido *Am;* **Hilfsbereitschaft** *f ohne Pl* solicitud *f,* comedimiento *m Am;* **Hilfskraft** *f* ayudante *mf;* (*Aushilfskraft*) auxiliar *mf;* **studentische ~** ayudante estudiantil; **Hilfsmittel** *nt* recurso *m;* **Hilfsprogramm** *nt* programa *m* de ayuda; **Hilfsverb** *nt* (LING) verbo *m* auxiliar; **Hilfswerk** *nt* institución *f* benéfica

hilft *3. präs von* **helfen**

Himbeere *f* <-n> frambuesa *f;* **Himbeergeist** *m ohne Pl* <-(e)s> aguardiente *m* de frambuesa; **Himbeersaft** *m* zumo *m* de frambuesa

Himmel *m* <-s, -> **1.** (METEO, ASTR, REL) cielo *m;* **am** ~ en el cielo; **im** ~ en la gloria; **der Opa ist im** ~ (*Kindersprache*) el abuelito está en el cielo; **in den** ~ **kommen** ir al cielo; ~ **und Hölle** (*Kinderspiel*) ≈rayuela *f;* ~ **und Hölle in Bewegung setzen** (*fam*) remover el cielo y la tierra; **aus heiterem** ~ (*plötzlich*) de golpe y porrazo; (*unerwartet*) inesperadamente; **unter freiem** ~ a cielo raso; **im siebten** ~ **sein** (*fam*) estar en el séptimo cielo; **dieses Unrecht schreit zum** ~ esa injusticia clama al cielo; **um** ~**s willen!** ¡cielo santo!; **dem** ~ **sei Dank!** ¡gracias a Dios!; ~, **Arsch und Zwirn!** (*vulg*) ¡me cago en diez! **2.** (*beim Bett, Thron*) dosel *m;* **Himmelbett** *nt* cama *f* con dosel; **himmelblau** *adj* azul cielo; **Himmelfahrt** *f ohne Pl* (REL): **Christi** ~ Ascensión *f* (de Nuestro Señor); **Mariä** ~ (fiesta de la) Asunción; **Himmelreich** *nt ohne Pl* <-(e)s> (REL) reino *m* de los cielos; **himmelschreiend** *adj* que clama al cielo

Himmelskörper *m* (ASTR) cuerpo *m* celeste; **Himmelsrichtung** *f* punto *m* cardinal

himmlisch *adj* celestial; (*göttlich*) divino; (*wunderbar*) maravilloso

hin **I.** *adv* **1.** (*in Richtung auf*) hacia allá; (*entlang*) a lo largo; **bis ...** ~ hasta...; **zum Haus** ~ hacia la casa; **nichts wie** ~**!** ¡en marcha!; ~ **und zurück** (*Fahrkarte*) ida y vuelta; ~ **und her** de un lado para otro; **die Schlafzimmer liegen zur Straße** ~ los dormitorios dan a la calle; **wo ist sie** ~**?** (*fam*) ¿adónde se ha ido? **2.** (*zeitlich*): **das ist noch lange** ~ aún falta mucho tiempo; **zum Frühjahr/Jahresende** ~ para la primavera/para fin de año; ~ **und wieder** de vez en cuando **3.** (*daraufhin*): **auf ...** ~ en relación a...; **auf die Gefahr** ~, **dass ...** a riesgo de que... *+subj* **II.** *adj* (*fam: kaputt*) roto; **sein guter Ruf ist** ~ su buena reputación está arruinada

Hin *nt:* ~ **und Her** ir y venir *m;* (*Hickhack*) tira y afloja *m;* **nach langem** ~ **und Her** después de darle muchas vueltas

hinab *adv* (hacia) abajo; **den Berg** ~ monte abajo

hin|arbeiten *vi:* **auf etw** ~ aspirar a algo

hinauf *adv* arriba; **da** ~**!** ¡por allí arriba!; **den Fluss** ~ río arriba; **hinauf|fahren** *irr* **I.** *vi sein* subir **II.** *vt* subir; **hinauf|führen** **I.** *vi* (*Weg*) subir **II.** *vt* llevar arriba; **hinauf|gehen** *irr vi sein* subir; **hinauf|steigen** *irr vi sein* subir

hinaus *adv* fuera, afuera; ~ **mit dir!** ¡fuera contigo!; **zur Tür** ~ por la puerta; **wo geht es** ~**?** ¿por dónde se sale?; **dort** ~ saliendo por allí; **auf Jahre** ~ durante años; **über das Ziel** ~ más allá de lo previsto; **über die Dreißig** ~ por encima de los treinta; **darüber** ~ aparte de esto; **hinaus|begleiten*** *vt* acompañar hacia fuera; **hinaus|ekeln** *vt* (*fam*): **jdn** ~ hacer la vida imposible a alguien (hasta que se va); **hinaus|fliegen** *irr vi sein* **1.** (*Vogel*) salir volando (*aus* de) **2.** (*fam: Person*) ser echado (*aus* de); **hinaus|gehen** *irr vi sein* **1.** (*aus Raum*) salir (*aus* de) **2.** (*Zimmer, Fenster*) dar (*auf* a) **3.** (*überschreiten*) sobrepasar (*über*); **hinaus|laufen** *irr vi sein* **1.** (*nach draußen laufen*) salir (corriendo) (*aus* de) **2.** (*als Ergebnis haben*) terminar (*auf* en), acabar (*auf* en); **es läuft darauf hinaus, dass ...** esto terminará en que...; **hinaus|lehnen** *vr:* **sich** ~ asomarse (*aus* por); **hinaus|schicken** *vt:* **jdn** ~ mandar salir a alguien; **hinaus|wachsen** *irr vi sein:* **über sich selbst** ~ superarse a sí mismo; **hinaus|werfen** *irr vt* **1.** (*Sache*) tirar (*zu/aus* por); **einen Blick** ~ echar un vistazo por la ventana; **Geld zum Fenster** ~ (*fam*) echar la casa por la ventana **2.** (*Person*) echar (*aus* de), fletar *Arg, Chil;* **hinaus|wollen** *irr vi* (*fam*) **1.** (*abzielen*) pretender (*auf*); **worauf willst du hinaus?** ¿qué es lo que pretendes?; **hoch** ~ tener grandes ambiciones **2.** (*nach draußen wollen*) querer salir (*aus* de); **hinaus|zögern** **I.** *vt* aplazar **II.** *vr:* **sich** ~ retrasarse, atrasarse

hin|bekommen* *irr vt s.* **hinkriegen**

Hinblick *m:* **im** ~ **auf ...** (*in Bezug auf*) en cuanto a...; (*angesichts*) con vistas a...; **im** ~ **darauf, dass ...** considerando que...

hin|bringen *irr vt* llevar; (*a. Waren*) transportar

hinderlich *adj* molesto; ~ **sein** ser un estorbo (*für* para)

hindern *vt* **1.** (*abhalten*) impedir; **ich will Sie nicht daran** ~ no quiero ponerle trabas **2.** (*behindern*) estorbar

Hindernis *nt* <-ses, -se> (*a.* SPORT) obstáculo *m;* **ein** ~ **überwinden** salvar un obstáculo; **jdm** ~ **se in den Weg legen** poner trabas a alguien; **Hindernislauf** *m* <-(e)s, -läufe> (SPORT) carrera *f* de obstáculos

Hinderungsgrund *m* <-(e)s, -gründe> impedimento *m*

hin|deuten *vi* **1.** (*zeigen*) señalar (con el dedo) (*auf*) **2.** (*hinweisen*) indicar (*auf*); **nichts deutet darauf hin, dass ...** nada indica que... *+subj*

Hindu *m* <-(s), -(s)> hindú *mf*

Hinduismus *m ohne Pl* <-> hinduismo *m*

hinduistisch *adj* hinduista

hindurch *adv* **1.** (*räumlich*) por en medio, a

través; **mitten** ~ por el mismo medio **2.** (*zeitlich*) durante

hinein *adv* (hacia) adentro; **da** ~ (por) allí adentro; **er fiel mitten in die Pfütze** ~ se cayó en medio del charco; **bis tief in die Nacht** ~ hasta bien entrada la noche; **hinein|gehen** *irr vi sein* **1.** (*eintreten*) entrar (*in* en/a) **2.** (*hineinpassen*) caber (*in* en); **hinein|legen** *vt* **1.** (*nach innen legen*) meter (*in* en); (*aufbewahren*) guardar (*in* en) **2.** (*fam: betrügen*) engañar **3.** (*Gefühl*) poner; **hinein|passen** *vi* **1.** (*Platz haben*) caber (*in* en) **2.** (*passend sein*) encajar (*in* en) **3.** (*in Gruppe, Umgebung*) armonizar (*in* con); **hinein|stecken** *vt* (*fam*) **1.** (*hineinlegen, -stellen*) meter (*in* en) **2.** (*investieren*) invertir (*in* en); **hinein|steigern** *vr:* **sich** ~ (*in Kummer, Wut*) dejarse llevar (*in* por); (*in Vorstellung*) obsesionarse (*in* con); (*in Streit, Problem*) enfrascarse (*in* en); **er hat sich in den Gedanken so hineingesteigert, dass ...** se obsesionó tanto con la idea que...; **hinein|versetzen*** *vr:* **sich in jdn** ~ ponerse en el lugar de alguien; **versetz dich doch mal in meine Lage hinein!** ¡pero intenta ponerte en mi lugar!

hin|fahren *irr* **I.** *vi sein* ir (en coche) **II.** *vt* llevar, conducir; **Hinfahrt** *f* <-en> (viaje *m* de) ida *f;* **Hin- und Rückfahrt** (viaje *m* de) ida y vuelta *f;* **auf der** ~ a la ida

hin|fallen *irr vi sein* caerse; **er fiel der Länge nach hin** se cayó cuan largo era

hinfällig *adj* **1.** (*gebrechlich*) caduco; (*schwach*) débil **2.** (*ungültig*) nulo

Hinflug *m* <-(e)s, -flüge> vuelo *m* de ida

hin|führen *vi, vt* llevar, conducir; **wo soll das** ~**?** ¿adónde irá a parar esto?

hing *3. imp von* **hängen**

Hingabe *f ohne Pl* **1.** (*Begeisterung*) entusiasmo *m* **2.** (*Selbstlosigkeit*) entrega *f*

hin|geben *irr* **I.** *vt* (*geh: opfern*) sacrificar **II.** *vr:* **sich** ~ (*sich widmen*) entregarse; **sich falschen Hoffnungen** ~ abrigar falsas esperanzas

hingebungsvoll *adj* (*selbstlos*) abnegado

hingegen *adv* en cambio

hin|gehen *irr vi sein* **1.** (*an Ort*) ir (*zu* a); **wo geht es hier hin?** ¿adónde se va por aquí? **2.** (*Zeit*) pasar, transcurrir

hingerissen *adj* encantado; **er war ganz** ~ estaba totalmente pasmado

hin|halten *irr vt* **1.** (*Gegenstand*) ofrecer; (*Hand*) tender; **sie hielt mir die Hand hin** me tendió la mano **2.** (*warten lassen*) dar largas, hacer esperar; **hin|hauen** <haut hin, haute hin, hingehauen> **I.** *vi* (*fam: klappen*) funcionar **II.** *vt* (*fam abw: Arbeit*) chapucear **III.** *vr:* **sich** ~ (*fam: schlafen legen*) acostarse; **hin|hören** *vi* escuchar

hinken *vi* cojear; **er hinkt auf dem linken Fuß** cojea del pie izquierdo

hin|knien *vi, vr:* **sich** ~ arrodillarse (*auf* en, *vor* ante); **hin|kriegen** *vt* (*fam*) **1.** (*fertig bringen*) lograr; **das hast du toll hingekriegt!** ¡qué bien te ha salido! **2.** (*in Ordnung bringen*) arreglar

hinlänglich *adj* suficiente; ~ **bekannt sein** ser suficientemente conocido

hin|legen **I.** *vt* **1.** (*Dinge*) poner **2.** (*Kind*) acostar **3.** (*fam: darbieten*) ejecutar grandiosamente; **sie hat einen tollen Tanz hingelegt** ejecutó un baile fantástico **II.** *vr:* **sich** ~ **1.** (*auf Boden*) tumbarse (*auf* en) **2.** (*ins Bett gehen*) acostarse **3.** (*fam: hinfallen*) caerse; **hin|nehmen** *irr vt* (*Tatsache*) aceptar; (*erdulden*) aguantar; (*tolerieren*) tolerar

hinreichend *adj* suficiente

Hinreise *f* <-n> (viaje *m* de) ida *f*

hin|reißen *irr vt:* **sich dazu** ~ **lassen etw zu tun** dejarse convencer a hacer algo

hinreißend *adj* fascinante; ~ **schön** de una belleza fascinante

hin|richten *vt* ajusticiar, ejecutar

Hinrichtung *f* <-en> ejecución *f*

hin|scheiden *irr vi sein* (*geh*) fallecer; **hin|schmeißen** *irr vt* (*fam*) **1.** (*hinwerfen*) arrojar al suelo **2.** (*aufgeben*) abandonar; **hin|sehen** *irr vi* mirar (*zu* hacia); **bei genauerem H**~ mirándolo de cerca; **hin|setzen** **I.** *vt* **1.** (*abstellen*) poner, colocar **2.** (*Kind*) sentar **II.** *vr:* **sich** ~ sentarse; **setz dich gerade hin!** ¡siéntate derecho!

Hinsicht *f* <-en>: **in** ~ **auf ...** en cuanto a...; **in dieser** ~ en relación a esto; **in jeder/gewisser** ~ a todas luces/en cierto modo; **in finanzieller/beruflicher** ~ con respecto al dinero/a la profesión

hinsichtlich *präp +gen* en cuanto a

hin|stellen **I.** *vt* **1.** (*Gegenstand*) poner, colocar **2.** (*bezeichnen*) calificar (*als* de) **II.** *vr:* **sich** ~ ponerse; **stell dich gerade hin!** ¡ponte derecho!

hinten *adv* atrás, detrás; (*im hinteren Teil*) en la parte posterior; (*im Hintergrund*) al fondo; **ein Schlag von** ~ un golpe por detrás; **von** ~ **anfangen** empezar desde atrás; **sich** ~ **anstellen** ponerse a la cola; **ganz** ~ **im Buch** al final del libro; **das stimmt** ~ **und vorne nicht** (*fam fig*) esto es una mentira de cabo a rabo; **ihr Gehalt reicht vorne und** ~ **nicht** (*fam*) su sueldo no alcanza para nada; **ich weiß schon nicht mehr, wo** ~ **und vorne ist** (*fam*) ya no sé si voy o vengo; **hintendran** *adv* (*fam: hinten an etw*) detrás; **hintendrauf** *adv* (*fam: hinten auf etw*) atrás; **er kriegt noch eins** ~ le van a dar (un azote) en el culo; **hintenherum** *adv* **1.** (*gehen, kommen*) por detrás

2. (*fam: heimlich*) por detrás; (*illegal*) clandestinamente; **hintenrum** *adv* (*fam*) *s.* **hintenherum**

hinter I. *präp +dat* **1.** (*da~*) detrás de, tras; (*am Ende von*) al final de; **drei Kilometer ~ Granada** a tres kilómetros de Granada; **das Schlimmste hast du schon ~ dir** ya has pasado lo peor; **~ etw kommen** (*fam*) descubrir algo **2.** (*zeitlich*) después de **3.** (*Reihenfolge*) atrás; **er ließ ihn weit ~ sich** *dat* le dejó muy atrás **II.** *präp +akk* (hacia) atrás, detrás de; **stell das Buch ~ die anderen** pon el libro detrás de los otros; **Hinterachse** *f* (AUTO) eje *m* trasero; **Hinterausgang** *m* <-(e)s, -gänge> salida *f* trasera; **Hinterbacke** *f* (*fam*) nalga *f*; **Hinterbein** *nt* <-(e)s, -e> pata *f* trasera; **sich auf die ~e stellen** (*fam fig*) mostrar los dientes

Hinterbliebene(r) *mf* <-n, -n; -n> pariente *mf* del difunto; **wir ~n** los que aquí quedamos

hintere(r, s) *adj* de atrás, trasero

hintereinander *adv* **1.** (*räumlich*) uno detrás de otro **2.** (*zeitlich*) uno después de otro; **vier Wochen ~** cuatro semanas seguidas

hinterfragen* *vt* indagar

hintergangen *pp von* **hintergehen**

Hintergedanke *m* <-ns, -n> segunda intención *f*

hintergehen* *irr vt* engañar

Hintergrund *m* <-(e)s, -gründe> fondo *m*; (*Ursache*) causas *fpl*; **in den ~ treten** perder importancia; **im ~ bleiben/stehen** mantenerse/permanecer en la sombra; **der politische/soziale ~** el fondo político/social; **vor dem ~ dieser Ereignisse** con estos hechos de fondo

hintergründig *adj* enigmático

Hinterhalt *m* <-(e)s, -e> emboscada *f*; **jdn in einen ~ locken** meter a alguien en una emboscada

hinterhältig *adj* alevoso

hinterher *adv* **1.** (*räumlich*) detrás **2.** (*zeitlich*) después, posteriormente; **hinterher|laufen** *irr vi sein* (*dahinter gehen*) ir detrás (de); (*folgen*) seguir; (*rennen*) correr detrás (de)

Hinterhof *m* patio *m* trasero; **Hinterkopf** *m* cogote *m*; **etw im ~ haben** tener algo en (la) mente; **Hinterland** *nt ohne Pl* <-(e)s> interior *m* de un país

hinterlassen* *irr vt* dejar; **~e Werke** obras póstumas

Hinterlassenschaft *f* <-en> herencia *f*

hinterlegen* *vt* depositar

Hinterlist *f* insidia *f*; **hinterlistig** *adj* insidioso

hinterm (*fam*) = **hinter dem** detrás de

Hintermann *m* <-(e)s, -männer> **1.** (*räumlich*) persona *f* que está [*o* va] detrás **2.** (*Drahtzieher*) maquinador *m*

hintern (*fam*) = **hinter den** detrás de

Hintern *m* <-s, -> (*fam*) trasero *m*, culo *m*; **jdm in den ~ kriechen** lamer a alguien el culo; **ich könnte mir [*o* mich] in den ~ beißen!** ¡tengo una rabia!

Hinterrad *nt* rueda *f* trasera; **Hinterradantrieb** *m* (AUTO) tracción *f* trasera

hinterrücks *adv* (*abw*) por la espalda

hinters (*fam*) = **hinter das** detrás de

Hintersitz *m* asiento *m* trasero

hinterste(r, s) *adj superl von* **hintere(r, s)**

Hinterteil *nt* <-(e)s, -e> **1.** (*fam: Gesäß*) trasero *m* **2.** (*Teil*) parte *f* trasera

Hintertreffen *nt* (*fam*): **ins ~ geraten** perder terreno

Hintertreppe *f* escalera *f* de servicio; **Hintertür** *f* **1.** (*Tür*) puerta *f* trasera **2.** (*Ausweg*) puerta *f* de atrás; **sich** *dat* **eine ~ offen halten** asegurarse una salida; **durch die ~** (*auf illegalen Umwegen*) con medios ilegales

hinterziehen* *irr vt* (*Steuern*) defraudar

Hinterzimmer *nt* habitación *f* de atrás

hinterzogen *pp von* **hinterziehen**

hin|tun *irr vt* (*fam*) poner, meter

hinüber *adv* **1.** (*gegenüber*) al otro lado, enfrente; (*nach dort*) hacia allá; **da ~!** ¡(por) allí enfrente! **2.** (*Wend*): **~ sein** (*fam: verdorben*) estar pasado; (*kaputt*) estar estropeado, estar chingado *Am: fam*; (*ganz hingerissen sein*) quedarse maravillado; (*tot sein*) estar muerto; **hinüber|sein** *irr vi sein s.* **hinüber 2.**

hinunter *adv* (hacia) abajo; **bis ~ zum Fluss** hasta (abajo) el río; **den Berg ~** monte abajo; **hinunter|fahren** *irr* **I.** *vi sein* bajar **II.** *vt* bajar; **hinunter|fallen** *irr vi sein* caerse; **die Treppe ~** caerse por la escalera; **hinunter|gehen** *irr vi sein* bajar; **hinunter|schlucken** *vt* **1.** (*Speise*) tragar **2.** (*Kritik*) tragarse; **hinunter|spülen** *vt* (*fam: hinunterschlucken*) tragar; (*Ärger*) tragarse; **etw den Ausguss ~** verter algo por el desagüe; **hinunter|werfen** *irr vt* tirar; **hinunter|würgen** *vt* (*Essen*) tragar a duras penas

hinweg *adv* (*geh*) **1.** (*räumlich*) fuera; **~ mit euch!** ¡fuera con vosotros!; **über jdn/etw ~** por encima de alguien/algo **2.** (*zeitlich*) durante

Hinweg *m* <-(e)s, -e> ida *f*; **auf dem ~** a la ida

hinweg|gehen *irr vi sein*: **über etw ~** pasar algo por alto; **hinweg|helfen** *irr vi*: **jdm über etw ~** ayudarle a alguien a superar algo; **hinweg|kommen** *irr vi sein*: **über etw ~** olvidar algo; **hinweg|sehen** *irr vi* **1.** (*schauen*): **über etw ~** mirar por encima de algo **2.** (*nicht beachten*) no hacer caso de algo; **er sah darüber hinweg, dass ...** hizo la vista gorda a que... *+subj;* **hin|weg|setzen** *vr:* **sich über etw ~** no hacer caso a algo

Hinweis *m* <-es, -e> **1.** (*Tipp*) indicación *f;* (*Rat*) advertencia *f;* **unter ~ auf ...** refiriéndose a... **2.** (*Anzeichen*) indicio *m;* **es gibt nicht den geringsten ~ dafür, dass ...** no existe el más pequeño indicio de que...

hin|weisen *irr* **I.** *vi:* **ausdrücklich darauf ~, dass ...** advertir expresamente que... **II.** *vt:* **jdn auf etw ~** indicar algo a alguien

Hinweisschild *nt* <-(e)s, -er> letrero *m* indicador

hin|werfen *irr* **I.** *vt* **1.** (*wegwerfen*) tirar **2.** (*fam: aufgeben*) abandonar **3.** (*Bemerkung*) hacer **4.** (*Zeichnung*) esbozar **II.** *vr:* **sich ~** tirarse al suelo; **hin|ziehen** *irr* **I.** *vt* **1.** (*heranziehen*) atraer, tirar (*zu* hacia); **sich zu jdm hingezogen fühlen** sentirse atraído por alguien **2.** (*verzögern*) atrasar **II.** *vr:* **sich ~ 1.** (*andauern*) ir para largo **2.** (*sich erstrecken*) extenderse (*bis* hasta) **III.** *vi sein* (*umziehen*) irse a vivir (a)

hinzu *adv* aparte de esto; (*überdies*) además; **hinzu|fügen** *vt* añadir (*zu* a); **hinzu|kommen** *irr vi sein* **1.** (*Person*) venir **2.** (*Sache*) agregarse (*zu* a); **kommt noch etwas hinzu?** ¿desea algo más?; **es kommt noch hinzu, dass ...** hay que añadir que...; **hinzu|zählen** *vt* añadir, sumar; **hinzu|ziehen** *irr vt* (*einbeziehen*) incluir (*zu* en); (*um Rat fragen*) consultar

Hiobsbotschaft *f* mala noticia *f*

Hip-Hop *m ohne Pl* <-s> (MUS) hip-hop *m*

Hippie *m* <-s, -s> hippy *mf*

Hirn *nt* <-(e)s, -e> **1.** (GASTR) sesos *mpl* **2.** (*fam: Verstand*) cerebro *m*

Hirngespinst *nt* <-(e)s, -e> (*abw*) quimera *f*

Hirnhaut *f* (ANAT) meninge *f;* **Hirnhautentzündung** *f* (MED) meningitis *f inv*

Hirnschlag *m* (MED) derrame *m* cerebral; **Hirntod** *m* (MED) muerte *f* cerebral

hirnverbrannt *adj* (*abw*) descerebrado

Hirsch *m* <-(e)s, -e> (ZOOL) ciervo *m;* **Hirschgeweih** *nt* cornamenta *f* del ciervo; **Hirschkäfer** *m* (ZOOL) ciervo *m* volante; **Hirschkuh** *f* <-kühe> (ZOOL) cierva *f*

Hirse *f* <-n> mijo *m*

Hirte, **-in** *m, f* <-n, -n; -nen> pastor(a) *m(f);* **Hirtenbrief** *m* <-(e)s, -e> (REL) carta *f* pastoral

his *nt,* **His** *nt* <-, -> (MUS) si *m* sostenido

Hispanist(in) *m(f)* <-en, -en; -nen> hispanista *mf*

Hispanistik *f ohne Pl* filología *f* hispánica, Hispánicas *fpl*

hissen *vt* izar; (*schwingen*) enarbolar

Histamin *nt* <-s, -e> (MED) histamina *f*

Historiker(in) *m(f)* <-s, -; -nen> historiador(a) *m(f)*

historisch *adj* histórico

Hit *m* <-(s), -s> (*fam*) éxito *m,* hit *m;* **Hitliste** *f* lista *f* de éxitos; **Hitparade** *f* (*Musiksendung*) programa *m* de éxitos musicales; (*Hitliste*) lista *f* de éxitos musicales

Hitze *f ohne Pl* **1.** (*Temperatur*) calor *m;* **eine drückende ~** un calor agobiante; **etw bei starker/mittlerer ~ backen** cocer algo a horno fuerte/moderado **2.** (*Erregung*) acaloramiento *m;* **hitzebeständig** *adj* resistente al calor; **Hitzewallungen** *fPl* (MED) sofocos *mpl;* **Hitzewelle** *f* ola *f* de calor

hitzig *adj* **1.** (*leidenschaftlich*) apasionado; (*jähzornig*) colérico; (*heftig*) vehemente **2.** (*Debatte*) acalorado

Hitzkopf *m* botafuego *mf*

Hitzschlag *m* (MED) insolación *f*

HIV *nt ohne Pl* <-(s)> (MED) *Abk. von* **human immunodeficiency virus** VIH *m;* **HIV-infiziert** *adj* (MED) seropositivo

Hiwi *mf* <-s, -s; -s> (UNIV: *fam*) *Abk. von* **Hilfswissenschaftler(in)** asistente *mf* científico, -a

Hl. *Abk. von* **Heilige(r)** Sto., Sta.

hm *part* (*Zustimmung auf Frage*) sí, hum; (*im Gespräch*) ya, ya

H-Milch *f* leche *f* U.H.T.

h-Moll *nt* (MUS) si *m* menor

HNO-Arzt, **-Ärztin** *m, f* otorrino, -a *m, f*

hob *3. imp von* **heben**

Hobby *nt* <-s, -s> hobby *m*

Hobel *m* <-s, -> cepillo *m* de carpintero; **Hobelbank** *f* <-bänke> banco *m* de carpintero

hobeln *vi, vt* **1.** (*Bretter*) cepillar **2.** (GASTR) partir en láminas, rallar

hoch <höher, am höchsten> **I.** *adj* **1.** (*räumlich, Geschwindigkeit, Temperatur, Lebensstandard*) alto; **das ist drei Meter ~** tiene una altura de tres metros; **ein hohes Amt** un alto cargo; **ein hoher Beamter** un alto funcionario; **im hohen Norden** en el extremo norte; **das hohe Haus** la Cámara Alta; **ein hohes Tier** (*fam*) un pez gordo; **das ist mir zu ~** (*fam*) eso no me cabe en la cabeza **2.** (*Ton*) agudo **3.** (*Zahl, Preis*) elevado; (*Alter*) avanzado; (*Geldstrafe*) fuerte; **in hohem Alter sein** ser de edad avanzada; **hohe Steuern** impuestos altos **4.** (*Bedeutung*) grande; **hoher Besuch** una visita importante; **hohe Ehre** un gran honor; **hohe Ansprüche stellen** tener grandes exigencias **II.** *adv* **1.** (*nach oben*) (hacia) arriba; **~ hinauswollen** (*fam*) tener altas miras; **wenn es ~ kommt** (*fam*) como mucho **2.** (*in einiger*

Höhe) en lo alto; ~ **am Himmel** en lo alto del cielo; ~ **oben** muy arriba; **es geht ~ her** hay mucho jaleo; ~ **pokern** (*fig*) arriesgarse mucho; ~ **setzen** pujar alto **3.** (*sehr*) muy, mucho; (*stark*) altamente; (*äußerst*) sumamente; **das rechne ich dir ~ an** valoro mucho esto (que has hecho); **etw ~ und heilig versprechen** (*fam*) prometer solemnemente algo **4.** (MATH) elevado; **drei ~ sieben** tres elevado a siete

Hoch *nt* <-s, -s> **1.** (~ *ruf*) viva *m inv;* **ein ~ auf jdn ausbringen** dar una viva en honor de alguien **2.** (METEO) altas presiones *fpl*

Hochachtung *f* gran aprecio *m;* (*Respekt*) respeto *m;* **mit vorzüglicher ~** atentamente; **hochachtungsvoll** *adv* (*im Brief*) atentamente

hochaktuell *adj* de gran actualidad

Hochaltar *m* altar *m* mayor

hoch|arbeiten *vr:* **sich ~** ascender (a fuerza de trabajo)

Hochbahn *f* tren *m* elevado

Hochbau¹ *m ohne Pl* <-(e)s> (*Bauwesen*) construcción *f* sobre tierra

Hochbau² *m* <-(e)s, -ten> (*Bauwerk*) edificio *m* alto

hochbegabt *adj s.* **begabt**; **hochberühmt** *adj* muy famoso; **hochbetagt** *adj* de edad avanzada; **Hochbetrieb** *m ohne Pl* <-(e)s> (*fam*) intensa actividad *f;* **es herrschte ~** reinaba intensa actividad; **hochbezahlt** *adj s.* **bezahlen**; **Hochburg** *f* <-en> baluarte *m*

hochdeutsch *adj* alto alemán

Hochdruck *m ohne Pl* <-(e)s> **1.** (TYPO: *Verfahren*) impresión *f* en relieve **2.** (PHYS) presión *f* alta **3.** (METEO) altas presiones *fpl;* **Hochebene** *f* meseta *f*

hocherfreut *adj* encantado

hoch|fahren *irr* **I.** *vi sein* **1.** (*fam: nach oben fahren*) subir **2.** (*aufbrausen*) subirse a la parra **3.** (*aufschrecken*) sobresaltarse **II.** *vt* **1.** (TECH: *Maschine*) cebar **2.** (*fam*) subir

Hochform *f ohne Pl* plena forma *f;* **in ~ sein** estar en plena forma; **Hochformat** *nt* <-(e)s, -e> formato *m* vertical; **Hochfrequenz** *f* (PHYS) alta frecuencia *f;* **Hochgarage** *f* garaje *m* elevado; **Hochgebirge** *nt* alta montaña *f;* **Hochgefühl** *nt* <-(e)s, -e> exaltación *f*

hoch|gehen *irr vi sein* **1.** (*Vorhang*) levantarse; (*Person, Preise*) subir **2.** (*fam: Bombe*) estallar **3.** (*fam: gefasst werden*) ser descubierto

HochgenussRR *m* <-es, -nüsse> delicia *f;* **es ist mir ein ~** es una delicia para mí

Hochgeschwindigkeitszug *m* <-(e)s, -züge> tren *m* de alta velocidad

hochgestochen *adj* (*fam abw: Stil, Rede*) rebuscado; (*Person*) pretencioso

Hochglanz *m* brillo *m* intenso; **etw auf ~ bringen** dar lustre a algo; **hochgradig** *adj* extremo; **hochhackig** *adj* de tacones altos

hoch|halten *irr vt* **1.** (*in die Höhe halten*) mantener en lo alto; (*hochheben*) levantar **2.** (*schätzen*) estimar (mucho); (*bewahren*) conservar

Hochhaus *nt* edificio *m* alto, casa *f* de altos *RíoPl, Hond, PRico;* (*Wolkenkratzer*) rascacielos *m inv*

hoch|heben *irr vt* levantar, alzar

hochintelligent *adj* muy inteligente; **hochinteressant** *adj* muy interesante

hochkant *adv* de canto; **jdn ~ rauswerfen** (*fam*) echar a alguien con cajas destempladas

Hochkonjunktur *f* (WIRTSCH) coyuntura *f* favorable

hoch|krempeln *vt* arremangar

Hochkultur *f* civilización *f* muy desarrollada; **Hochland** *nt* <-(e)s, -länder> altiplano *m*

Hochleistung *f* alto rendimiento *m;* **Hochleistungssport** *m* <-(e)s, -e> deporte *m* de alto rendimiento

hochmodern *adj* supermoderno

Hochmut *m* soberbia *f;* (*Arroganz*) arrogancia *f*

hochmütig *adj* soberbio; (*herablassend*) desdeñoso

Hochnebel *m* (METEO) niebla *f* de altura

hoch|nehmen *irr vt* **1.** (*heben*) levantar **2.** (*fam: necken*) meterse (con)

Hochofen *m* (TECH) altos hornos *mpl*

hochprozentig *adj* (*Säure*) de alta concentración; (*Alkohol*) de alta graduación

hochqualifiziert *adj s.* **qualifizieren I.1.**

hochrangig *adj* de alto rango

hoch|rechnen *vt* (*Statistik*) computar aproximadamente; **Hochrechnung** *f* cómputo *m* aproximado

Hochsaison *f* temporada *f* alta

HochschulabschlussRR *m* título *m* universitario; **Hochschulabsolvent(in)** *m(f)* licenciado, -a *m, f* (universitario, -a), egresado, -a *m, f Arg, Chil*

Hochschule *f* <-n> escuela *f* superior, colegio *m* mayor *Am;* **Hochschüler(in)** *m(f)* (estudiante *mf*) universitario, -a *m, f*

Hochschullehrer(in) *m(f)* profesor(a) *m(f)* universitario, -a; **Hochschulreife** *f especie de selectividad que capacita para una carrera técnica;* **Hochschulstudium** *nt ohne Pl* <-s> estudios *mpl* superiores

hochschwanger *adj* en avanzado estado de gestación

Hochsee *f ohne Pl* alta mar *f;* **Hochseefischerei** *f* pesca *f* de altura

Hochsitz *m* (*Jagd*) mirador *m* (de cazadores); **Hochsommer** *m* pleno verano *m*

Hochspannung *f* (ELEK) alta tensión *f;* **Hochspannungsleitung** *f* (ELEK) línea *f* de alta tensión; **Hochspannungsmast** *m* <-(e)s, -e(n)> (ELEK) poste *m* de alta tensión

Hochsprache *f* <-n> (LING) lenguaje *m* culto; **Hochsprung** *m ohne Pl* <-(e)s> (SPORT) salto *m* de altura

höchst *adv* altamente, sumamente; **Höchstalter** *nt* <-s, -> edad *f* máxima

Hochstapler(in) *m(f)* <-s, -; -nen> impostor(a) *m(f);* (*Betrüger*) estafador(a) *m(f)*

Höchstbetrag *m* importe *m* máximo

höchste(r, s) *adj superl von* **hoch** **1.** (*räumlich*) más alto; **am ~n** lo más alto **2.** (*in Hierarchie*) superior; **die ~ Instanz** la instancia suprema **3.** (*äußerst*) extremo; **in ~m Maß(e)** extremadamente; **das ist das H~ der Gefühle** esto es lo máximo

hoch|steigen *irr vi sein* subir; (*in die Luft*) elevarse, ascender

höchstens *adv* **1.** (*nicht mehr als*) como mucho, no más de; **es waren ~ zehn Minuten** fueron como mucho diez minutos **2.** (*außer*) excepto, en todo caso; **~ wenn ...** a no ser que... *+subj*

Höchstfall *m:* **im ~** como máximo; **Höchstgebot** *nt* mayor postura *f;* **Höchstgeschwindigkeit** *f* velocidad *f* máxima

Hochstimmung *f ohne Pl* entusiasmo *m,* euforia *f*

Höchstleistung *f* rendimiento *m* máximo; (SPORT) récord *m;* **Höchstmaß** *nt* <-es, -e> máximo *m* (*an* de); **höchstpersönlich** *adv* en persona; **Höchstpreis** *m* precio *m* máximo; **Höchststand** *m* <-(e)s, -stände> altura *f* máxima; **Höchststrafe** *f* pena *f* máxima; **höchstwahrscheinlich** *adv* con toda probabilidad, muy probablemente; **höchstzulässig** *adj* máximo permitido; **~es Gesamtgewicht** tara máxima (permitida)

Hochtechnologie *f* (TECH) alta tecnología *f*

Hochtour *f* **1.** (*Bergtour*) excursión *f* alpina **2.** (*Höchstmaß*): **auf ~en laufen** trabajar a toda marcha; **jd/etw auf ~en bringen** (*fam*) calentar a alguien/algo al máximo

hochtrabend *adj* (*abw*) altisonante

hoch|treiben *irr vt* (*Kosten*) hacer subir

hochverehrt *adj* muy estimado

Hochverrat *m* (JUR) alta traición *f;* **Hochwasser** *nt* **1.** (*bei Flut*) marea *f* alta **2.** (*eines Flusses*) crecida *f;* **der Fluss führt ~** el río ha sufrido una crecida **3.** (*Überschwemmung*) inundación *f*

hochwertig *adj* de alta calidad

Hochzeit *f* <-en> **1.** (*Heirat*) boda *f;* **silberne/goldene/diamantene ~ feiern** celebrar las bodas de plata/de oro/de diamante **2.** (*geh: Blütezeit*) apogeo *m,* auge *m;* **Hochzeitsfeier** *f* boda *f;* **Hochzeitskleid** *nt* vestido *m* de novia; **Hochzeitsnacht** *f* noche *f* de bodas; **Hochzeitsreise** *f* viaje *m* de luna de miel; **Hochzeitstag** *m* **1.** (*Tag der Heirat*) día *m* de la boda **2.** (*Jahrestag*) aniversario *m* de boda

hoch|ziehen *irr vt* **1.** (*emporziehen*) subir; (*Nase*) aspirar; (*Augenbrauen*) enarcar **2.** (*fam: Gebäude, Wand*) levantar

Hocke *f* <-n> posición *f* en cuclillas; **in die ~ gehen** acuclillarse

hocken *vi* **1.** (*in Hocke*) estar en cuclillas **2.** (*fam: sitzen*) estar sentado **3.** (SPORT: *hockend springen*) saltar agachado (*über*)

Hocker *m* <-s, -> taburete *m*

Höcker *m* <-s, -> **1.** (*bei Kamelen*) joroba *f* **2.** (*im Gelände*) elevación *f*

Hockey *nt ohne Pl* <-s> hockey *m*

Hoden *m* <-s, -> testículo *m;* **Hodensack** *m* escroto *m*

Hof *m* <-(e)s, Höfe> **1.** (*Innen~, Hinter~*) patio *m* (interior) **2.** (*Bauern~*) finca *f,* granja *f* **3.** (*Gerichts~, Königs~*) corte *f;* **bei ~e** en la corte **4.** (*um Sonne, Mond*) halo *m*

hoffen *vi, vt* esperar; (*vertrauen*) confiar (*auf* en); **~ wir das Beste!** ¡esperemos lo mejor!; **es bleibt zu ~, dass ...** queda por esperar que... *+subj;* **wir ~, dass ...** esperamos que... *+subj;* **ich will nicht ~, dass ...** espero que no... *+subj*

hoffentlich *adv* ojalá *+subj;* **du bist mir doch ~ nicht böse?** espero que no estés enfadado conmigo

Hoffnung *f* <-en> esperanza *f;* **in der ~, dass ...** con la esperanza de que... *+subj;* **jdm/sich** *dat* **~en machen** dar esperanzas a alguien/tener esperanzas; **mach dir keine ~en** no te hagas ilusiones; **die ~ aufgeben/verlieren** abandonar/perder la esperanza; **seine ~en auf jdn/etw setzen** depositar sus esperanzas en alguien/algo; **sich falschen ~en hingeben** hacerse falsas esperanzas; **du bist meine einzige/letzte ~** eres mi única/última esperanza

hoffnungslos *adj* **1.** (*verzweifelt*) sin esperanza; (*aussichtslos*) desesperado **2.** (*fam: unverbesserlich*) sin remedio; **du bist ~** no tienes remedio

Hoffnungslosigkeit *f ohne Pl* desesperación *f*

Hoffnungsschimmer *m* rayo *m* de esperanza; **hoffnungsvoll** *adj* **1.** (*zuversichtlich*) lleno de esperanza **2.** (*Erfolg versprechend*) esperanzador

höfisch *adj* (HIST) de la corte, cortesano

höflich *adj* cortés; (*liebenswürdig*) amable

Höflichkeit *f* <-en> cortesía *f;* **aus reiner ~** por pura cortesía

Höfling *m* <-s, -e> cortesano *m*

Hofnarr *m* <-en, -en> (HIST) bufón *m*

hohe(r, s) *adj s.* **hoch**

Höhe *f* <-n> **1.** (*räumlich, a.* MUS) altura *f;*

an ~ gewinnen/verlieren ganar/perder altura; **auf gleicher ~** a la misma altura; **in die ~ gehen** (*Preise*) subir; (*fam*) enfurecerse; **die ~n und Tiefen des Lebens** los altibajos de la vida; **~n und Bässe** altos y bajos; **auf der ~ der Zeit sein** estar al día; **auf der ~ sein** (*fam*) estar en plena forma; **das ist doch die ~!** (*fam*) ¡esto es el colmo! **2.** (*An~*) alto *m*, elevación *f* **3.** (*Betrag*) importe *m;* **bis zur ~ von 1.000 DM** hasta el importe de 1.000 marcos; **das hängt von der ~ der Temperatur/des Gehaltes ab** depende de la temperatura/del sueldo **4.** (*~punkt*) cima *f*

Hoheit *f ohne Pl* **1.** (*Staatsgewalt*) soberanía *f;* (*Würde*) grandeza *f* **2.** (*Anrede*) Alteza; **Königliche ~** Alteza Real; **Hoheitsgebiet** *nt* territorio *m* nacional; **Hoheitsgewässer** *ntPl* aguas *fpl* territoriales; **Hoheitsrecht** *nt* <-(e)s, -e> (derecho *m* de) soberanía *f*

Höhenangst *f* vértigo *m;* **Höhenmesser** *m* <-s, -> altímetro *m;* **Höhensonne** *f* lámpara *f* ultravioleta; **Höhenunterschied** *m* diferencia *f* de altura

Höhepunkt *m* **1.** (*allgemein*) punto *m* culminante; (*Gipfel*) cima *f;* (*eines Dramas*) clímax *m inv;* (*eines Himmelskörpers*) cenit *m;* **den ~ erreichen** culminar **2.** (*Orgasmus*) orgasmo *m;* **zum ~ kommen** alcanzar el orgasmo

höher *adj kompar von* **hoch** más alto (*als* que); (*Stellung*) superior (*als* a); (*vor Zahlen*) más (*als* de)

hohl *adj* **1.** (*leer*) hueco **2.** (*konkav*) cóncavo; (*Wangen*) hundido **3.** (*Klang, Stimme*) hueco **4.** (*abw: geistlos*) vacío; **~es Geschwätz** conversación vacía

Höhle *f* <-n> **1.** (*in Felsen*) cueva *f;* (*Grotte*) gruta *f;* (*Hohlraum*) hueco *m* **2.** (*Augen~*) órbita *f* **3.** (*Tier~*) madriguera *f;* **sich in die ~ des Löwen begeben** (*fam*) meterse en la boca del lobo; **Höhlenmalerei** *f* pintura *f* rupestre; **Höhlenmensch** *m* (HIST) cavernícola *m*

Hohlkopf *m* (*abw*) cabeza *mf* hueca; **Hohlkörper** *m* cuerpo *m* hueco; **Hohlkreuz** *nt* <-es, -e> lordosis *f inv;* **Hohlmaß** *nt* <-es, -e> medida *f* de capacidad; **Hohlraum** *m* <-(e)s, -räume> cavidad *f;* **Hohlspiegel** *m* espejo *m* cóncavo

Hohn *m ohne Pl* <-(e)s> (*Spott*) burla *f*, pifia *f And;* (*bitterer ~*) sarcasmo *m;* (*Verachtung*) desprecio *m;* **das ist der reinste ~** es una verdadera ironía

höhnen **I.** *vi* (*geh*) burlarse **II.** *vt* (*geh*) burlarse (de), guasearse (de)

höhnisch *adj* burlón, sarcástico

hoi *interj* (*Schweiz: hallo*) hola

Hokuspokus *m ohne Pl* <-> **1.** (*Zauberwort*) abracadabra *m* **2.** (*Trick*) juego *m* de manos **3.** (*abw: Getue*) farsa *f*

Holdinggesellschaft *f* <-en> (WIRTSCH) holding *m*

holen *vt* **1.** (*herbringen*) (ir a) buscar; (*herbeischaffen*) traer; (*wegschaffen*) recoger; (*Arzt, Polizei*) llamar; **jdn aus dem Bett ~** sacar a alguien de la cama; **Luft ~** coger aire; **bei ihm ist nichts zu ~** no se puede conseguir nada de él; **sich** *dat* **bei jdm einen Rat ~** pedir un consejo a alguien **2.** (*fam: zuziehen*) coger, pillar; **sich eine Erkältung ~** coger un catarro

Holland *nt* <-s> Holanda *f*

Holländer(in) *m(f)* <-s, -; -nen> holandés, -esa *m, f*

holländisch *adj* holandés

Hölle *f ohne Pl* infierno *m;* **die ~ auf Erden** la miseria absoluta; **in die ~ kommen** ir al infierno; **es war die (reinste) ~** fue un (verdadero) infierno; **jdm das Leben zur ~ machen** hacer a alguien la vida imposible; **jdm die ~ heiß machen** (*fam*) atormentar a alguien; **fahr zur ~!** ¡vete al diablo!; **Höllenlärm** *m* (*fam*) ruido *m* infernal

höllisch *adj* **1.** (*die Hölle betreffend*) infernal; **das tut ~ weh** (*Schmerz*) esto duele endemoniadamente; **~e Angst haben** tener un miedo infernal **2.** (*fam: groß*) enorme, tremendo; **~ aufpassen** prestar extremada atención

Holm *m* <-(e)s, -e> **1.** (*Geländer, Barren*) madero *m* de cabeza **2.** (*Axt*) mango *m* del hacha **3.** (*Leiter*) larguero *m* de la escalera **4.** (TECH) larguero *m*

Holocaust *m* <-(s), -s> holocausto *m*

Hologramm *nt* <-s, -e> (PHYS) holograma *m*

holperig *adj* **1.** (*Weg*) lleno de baches **2.** (*Stil*) tosco; **~ lesen** leer a trancas y barrancas

holpern *vi* **1.** (*Auto*) ir a trompicones **2.** (*beim Lesen, Sprechen*) atrancarse

holprig *adj s.* **holperig**

Holunder *m* <-s, -> saúco *m*

Holz[1] *nt ohne Pl* <-es> (*Material*) madera *f;* (*Brenn~*) leña *f;* **~ hacken/sägen** cortar leña/serrar madera

Holz[2] *nt* <-es, Hölzer> palo *m*

Holzbein *nt* pierna *f* de palo; **Holzblasinstrument** *nt* (MUS) instrumento *m* de viento madera

hölzern *adj* **1.** (*aus Holz*) de madera **2.** (*Bewegung*) torpe

Holzfäller(in) *m(f)* <-s, -; -nen> leñador(a) *m(f)*

Holzhammer *m* mazo *m* de madera

holzig *adj* (*Gemüse*) lleno de hebras

Holzklotz *m* bloque *m* de madera; **Holzkohle** *f ohne Pl* carbón *m* vegetal; **Holzschuh** *m* zueco *m*

Holzschutzmittel *nt* impregnante *m* para madera

Holzstich *m* <-(e)s, -e> (KUNST) grabado *m* en madera; **Holzweg** *m:* **auf dem ~ sein** estar equivocado; **Holzwurm** *m* (ZOOL) carcoma *f*

Homecomputer *m* (INFOR) ordenador *m* para el hogar; **Homepage** *f* <-, -s> (INFOR) Home Page *f;* **Hometrainer** *m* <-s, -> (SPORT) bicicleta *f* estática

homogen *adj* homogéneo

homogenisieren* *vt* homogeneizar

Homöopath(in) *m(f)* <-en, -en; -nen> homeópata *mf*

Homöopathie *f ohne Pl* homeopatía *f*

homöopathisch *adj* homeopático

Homosexualität *f* homosexualidad *f;* **homosexuell** *adj* homosexual

Homosexuelle(r) *mf* <-n, -n; -n> homosexual *mf*

Honduraner(in) *m(f)* <-s, -; -nen> hondureño, -a *m, f*

honduranisch *adj* hondureño

Honduras *nt* <-> Honduras *m*

Honig *m* <-s, -e> miel *f;* **jdm ~ um den Bart schmieren** (*fam*) lisonjear a alguien; **Honigbiene** *f* abeja *f* (obrera); **Honigkuchen** *m* bizcocho *m* de miel; **Honigmelone** *f* <-n> melón *m;* **honigsüß** *adj* (*abw, a. fig*) empalagoso; (*Stimme*) melifluo; **Honigwabe** *f* panal *m*

Honorar *nt* <-s, -e> honorarios *mpl;* **gegen ~ arbeiten** trabajar a destajo

honorieren* *vt* **1.** (*anerkennen*) reconocer **2.** (*bezahlen*) remunerar

Hopfen *m* <-s, -> lúpulo *m;* **bei jdm ist ~ und Malz verloren** (*fam*) alguien es un caso perdido

hopp *interj* (*fam: los, rasch*) vamos; **~, ~!** ¡de prisa!

hoppeln *vi sein* (*Hase*) brincar

hoppla *interj* (*beim Stolpern*) ay

hopsen *vi sein* dar saltos

hops|gehen *irr vi sein* (*fam: sterben*) morirse; (*verloren gehen*) perderse

hörbar *adj* audible

horchen *vi* escuchar (*an* en); (*angestrengt*) aguzar el oído

Horde *f* <-n> **1.** (*Volksstamm, wilde Schar*) horda *f;* (*Tiere*) banda *f* **2.** (*Obstlattengestell*) rejilla *f*

hören I. *vi, vt* **1.** (*allgemein*) oír; **man höre und staune!** ¡se queda uno boquiabierto!; **na, ~ Sie mal!** ¡pero, oiga!; **hör mal, …** oye, …; **wie ich höre, sind Sie auch eingeladen** según he oído, también le han invitado a Ud.; **das lässt sich schon eher ~** (*fam*) eso ya suena mejor **2.** (*zu~, hin~*) escuchar; **Radio ~** escuchar la radio; **eine Vorlesung ~** asistir a una conferencia **3.** (*erfahren*) (llegar a) saber, enterarse; **du hast lange nichts mehr von dir ~ lassen** hace mucho que no tenemos noticias tuyas; **von etw** *dat* **nichts ~ wollen** no querer saber nada de algo **4.** (*erkennen*) notar (*an* por); **woran hörst du das?** ¿cómo lo notas? **II.** *vi* (*gehorchen*) obedecer; (*auf Rat*) hacer caso (*auf* a); **der Hund hört auf den Namen Bello** el perro responde al nombre de Bello; **wer nicht ~ will, muss fühlen** (*prov*) a oídos sordos palos de ciego

Hörensagen *nt:* **vom ~** de oídas

Hörer(in)[1] *m(f)* <-s, -; -nen> oyente *mf;* (*Radio~*) radioyente *mf*

Hörer[2] *m* <-s, -> auricular *m,* audífono *m Am;* **den ~ abnehmen/auflegen** contestar/colgar

Hörerschaft *f* <-en> oyentes *mpl*

Hörfehler *m* defecto *m* en el oído; **Hörfunk** *m* radio *f;* **Hörgerät** *nt* <-(e)s, -e> audífono *m*

hörig *adj:* **jdm ~ sein** ser dependiente de alguien; (*sexuell*) estar encoñado con alguien *vulg*

Horizont *m* <-(e)s, -e> horizonte *m;* **am ~** en el horizonte; **einen engen ~ haben** ser de estrechos horizontes; **das geht über meinen ~** eso está fuera de mis alcances

horizontal *adj* horizontal

Horizontale *f* <-n> **1.** (MATH) línea *f* horizontal **2.** (*Lage*) posición *f* horizontal

Hormon *nt* <-s, -e> hormona *f*

Hörmuschel *f* auricular *m*

Horn[1] *nt* <-(e)s, Hörner> **1.** (*beim Tier*) cuerno *m;* **jdm Hörner aufsetzen** (*fig fam*) poner los cuernos a alguien; **sich** *dat* **die Hörner abstoßen** (*fig fam*) sentar la cabeza **2.** (MUS) cuerno *m,* trompa *f;* **ins gleiche ~ stoßen** (*fam*) estar de acuerdo **3.** (AUTO) bocina *f*

Horn[2] *nt* <-(e)s, -e> (*Material*) concha *f*

Hornbrille *f* gafas *fpl* de concha

Hörnchen *nt* <-s, -> **1.** (*Gebäck*) cruasán *m* **2.** (ZOOL: *Erd~*) perrito *m* de la pradera

Horngestell *nt* (*Brille*) montura *f* de concha

Hornhaut *f* **1.** (*Schwiele*) callo(s) *m(pl),* callosidad *f* **2.** (*am Auge*) córnea *f*

Hornisse *f* <-n> avispón *m*

Hornist(in) *m(f)* <-en, -en; -nen> (MUS) trompa *mf*

Horoskop *nt* <-s, -e> horóscopo *m*

Horror *m ohne Pl* <-s> horror *m* (*vor* a); **Horrorfilm** *m* <-(e)s, -e> película *f* de terror; **Horrortrip** *m* (*fam*) viaje *m* infernal

Hörsaal *m* aula *f* (universitaria); **Hörspiel** *nt* pieza *f* radiofónica

Horst *m* <-(e)s, -e> (*Greifvogelnest*) nido *m* de aves de rapiña

Hörsturz *m* (MED) pérdida *f* (repentina) del oído

Hort *m* <-(e)s, -e> **1.** (*geh: Zufluchtsort*) refugio *m* **2.** (*Kinder~*) guardería *f*
horten *vt* acopiar
Hortensie *f* <-n> (BOT) hortensia *f*
Hörweite *f* alcance *m* del oído; **sich in/außer ~ befinden** estar al alcance/fuera del alcance del oído
Hose *f* <-n> pantalón *m,* calzones *mpl Am;* **kurze ~n** pantalones cortos; **sie hat die ~n an** (*fam*) ella lleva los pantalones; **etw geht in die ~** (*fam*) algo sale mal; **sich** *dat* **vor Angst in die ~ machen** (*fam*) cagarse de miedo; **das ist Jacke wie ~** (*fam*) da lo mismo; **hier ist heute tote ~** (*sl*) aquí no hay marcha hoy; **Hosenanzug** *m* <-(e)s, -züge> traje *m* de chaqueta y pantalón; **Hosenbein** *nt* pernera *f* (del pantalón); **Hosenboden** *m* <-s, -böden> fondillos *mpl* (del pantalón); **jdm den ~ versohlen** (*fam*) calentarle las posaderas a alguien; **sich auf den ~ setzen** (*fam*) ponerse a trabajar; **Hosenrock** *m* <-(e)s, -röcke> falda-pantalón *f;* **Hosenscheißer** *m* <-s, -> (*vulg*) cobarde *mf,* cagueta *mf;* **Hosenschlitz** *m* bragueta *f;* **Hosentasche** *f* bolsillo *m* del pantalón; **Hosenträger** *mPl* tirantes *mpl,* tiradores *mpl Arg, Urug*
Hospital *nt* <-s, -e *o* Hospitäler> hospital *m*
Hostess *f* <-en>, **Hosteß** *f* <-ssen> azafata *f* de congreso
Hostie *f* <-n> (REL) hostia *f*
Hotel *nt* <-s, -s> hotel *m;* **Hotelboy** *m* <-s, -s> botones *m inv;* **Hotelfachschule** *f* Escuela *f* Superior de Hostelería; **Hotelgewerbe** *nt* <-s, -> hostelería *f*
Hotelier *m* <-s, -s> hotelero *m*
Hotelzimmer *nt* habitación *f* de hotel
Hotline *f* <-s> línea *f* caliente
Hr. *Abk. von* **Herr** Sr.
Hrsg. *Abk. von* **Herausgeber(in)** editor(a) *m(f),* director(a) *m(f)*
HTML (INFOR) *Abk. von* **Hypertext Markup Language** HTML
HTTP (INFOR, TEL) *Abk. von* **Hypertext Transport Protokoll** HTTP
Hub *m* <-(e)s, Hübe> (TECH) elevación *f*
Hubraum *m* <-(e)s, -räume> (TECH) cilindrada *f*
hübsch **I.** *adj* **1.** (*Aussehen*) guapo; (*schön*) bonito; (*niedlich*) mono; **sich ~ machen** ponerse guapo **2.** (*fam: beträchtlich*) bonito; **ein ~es Sümmchen** una bonita suma **3.** (*iron: unangenehm*): **eine ~e Bescherung!** ¡bonita sorpresa! **II.** *adv* (*ziemlich*) bastante; **sei ~ artig!** ¡pórtate bien!; **das wirst du ~ bleiben lassen!** ¡deja eso!; **immer ~ der Reihe nach!** ¡así, uno detrás del otro!
Hubschrauber *m* <-s, -> helicóptero *m*
huch *interj* huy
huckepack *adv* (*fam*): **jdn/etw ~ nehmen** llevar a alguien/algo a caballito
Huf *m* <-(e)s, -e> (*der Pferde*) casco *m,* pecueca *f Kol, Ecua, Ven;* (*der Spalthufer*) pezuña *f*
Hufeisen *nt* herradura *f;* **hufeisenförmig** *adj* en forma de herradura
Hufnagel *m* clavo *m* de herradura; **Hufschmied** *m* herrador *m*
Hüfte *f* <-n> cadera *f;* **die Arme in die ~n stemmen** poner los brazos en jarras; **die ~n wiegen** mover las caderas
Hüftgelenk *nt* (ANAT) articulación *f* de la cadera; **Hüfthalter** *m* <-s, -> faja *f;* **Hüftsteak** *nt* (GASTR) filete *m* de cadera
Hügel *m* <-s, -> colina *f*
hüg(e)lig *adj* con colinas
Huhn *nt* <-(e)s, Hühner> **1.** (*Gattung, Gericht*) pollo *m;* **da lachen ja die Hühner** (*fam*) esto es ridículo; **mit den Hühnern aufstehen/zu Bett gehen** levantarse/acostarse con las gallinas **2.** (*Henne*) gallina *f;* **freilaufende Hühner** gallinas criadas en el campo; **ein verrücktes ~ sein** (*fam*) estar más loco que una cabra
Hühnchen *nt* <-s, -> (GASTR) pollo *m;* **mit jdm ein ~ rupfen** (*fam*) cantar las cuarenta a alguien
Hühnerauge *nt* (MED) callo *m;* **Hühnerbrühe** *f* (GASTR) caldo *m* de pollo; **Hühnerbrust** *f* **1.** (GASTR) pechuga *f* de pollo **2.** (MED) pecho *m* de gallina; **Hühnerei** *nt* (GASTR) huevo *m* de gallina, blanquillo *m Guat, Mex;* **Hühnerfarm** *f* granja *f* avícola; **Hühnerstall** *m* gallinero *m,* paraíso *m Mex;* **Hühnerstange** *f* percha *f* del gallinero
huldigen *vi* (*geh*) **1.** (*anhängen*) rendir homenaje (+*dat* a) **2.** (*frönen*) entregarse (+*dat* a)
Huldigung *f* <-en> homenaje *m*
Hülle *f* <-n> funda *f;* **die ~n fallen lassen** (*fam*) desvestirse; **in ~ und Fülle** (*fam*) a porrillo, a patadas
hüllen *vt* (*geh*) envolver (*in* en); **sich in Schweigen ~** guardar silencio
hüllenlos *adj* (*fam*) en cueros
Hülse *f* <-n> **1.** (*Etui*) estuche *m;* (*Geschoss~*) cartucho *m* **2.** (BOT) vaina *f;* **Hülsenfrucht** *f* (*Pflanze*) planta *f* leguminosa; (*Frucht*) legumbre *f*
human *adj* humano
Humanismus *m ohne Pl* <-> humanismo *m*
humanistisch *adj* humanista
humanitär *adj* humanitario
Humanität *f ohne Pl* humanidad *f*
Humbug *m ohne Pl* <-s> (*fam abw: Unsinn*) tontería *f;* (*Schwindel*) patraña *f*
Hummel *f* <-n> abejorro *m*

H

Hummer *m* <-s, -> langosta *f*

Humor *m ohne Pl* <-s> humor *m;* **schwarzer ~** humor negro; **er hat (keinen) Sinn für ~** (no) tiene sentido del humor

humoristisch *adj* humorístico

humorlos *adj* sin humor

humorvoll *adj* lleno de humor; (*witzig*) jocoso

humpeln *vi sein* cojear

Humus *m ohne Pl* <-> humus *m*

Hund *m*, **Hündin** *f* <-(e)s, -e; -nen> perro, -a *m, f;* **Vorsicht, bissiger ~!** ¡cuidado con el perro!; **sie sind wie ~ und Katze** (*fam*) se llevan como el perro y el gato; **auf den ~ gekommen sein** (*fam*) estar hecho polvo; **vor die ~e gehen** (*fam*) arruinarse; **da liegt der ~ begraben** (*fam*) ahí está el quid de la cuestión; **damit lockt man keinen ~ hinterm Ofen hervor** (*fam*) con eso no se logrará llamar la atención de nadie; **keine schlafenden ~e wecken** no llamar la atención sobre hechos que podrían traer desventajas; **bekannt sein wie ein bunter ~** (*fam*) estar más visto que el tebeo; **das ist ja ein dicker ~!** (*fam*) esto sí que es fuerte; **ein falscher/feiger ~** (*fam*) un falso/cobarde; **~e, die bellen, beißen nicht** (*prov*) perro ladrador poco mordedor; **hundeelend** *adj* (*fam*): **mir ist ~** me siento fatal; **Hundefutter** *nt ohne Pl* <-s> alimento *m* para perros; **Hundehütte** *f* caseta *f* del perro; **Hundekuchen** *m* galleta *f* para perros; **Hundeleben** *nt ohne Pl* <-s> (*fam abw*) vida *f* de perro; **Hundeleine** *f* correa *f* del perro; **hundemüde** *adj* (*fam*) muerto de cansancio; **Hunderasse** *f* raza *f* canina

hundert *adj inv* cien, ciento; **einige ~ Menschen** algunos cientos de personas; **einer unter ~** uno entre cien; **da war ich auf ~** (*fam*) estaba a cien; *s. a.* **achthundert**

Hundert *nt* <-s, -> (*Maßeinheit*) centenar *m;* **zehn vom ~** diez por ciento

Hunderte *ntPl* (*große Anzahl*) cientos *mpl;* **~ von Menschen** cientos de personas; **sie kamen zu ~n** llegaron a centenares

Hunderter *m* <-s, -> **1.** (MATH) centena *f* **2.** (*fam: Geldschein*) billete *m* de cien

Hundertjahrfeier *f* centenario *m*

hundertjährig *adj* (*hundert Jahre alt*) centenario, de cien años; (*hundert Jahre dauernd*) de cien años de duración

Hundertjährige(r) *mf* <-n, -n; -n> centenario, -a *m, f*

hundertmal *adv* cien veces

Hundertmarkschein *m* <-(e)s, -e> billete *m* de cien marcos

hundertprozentig **I.** *adj* **1.** (*als Anteil*) del cien por cien; (*Alkohol*) puro **2.** (*fam: völlig*) total; (*zuverlässig*) seguro **II.** *adv* al cien por cien, completamente

Hundertstel *nt* <-s, -> centésima *f;* **Hundertstelsekunde** *f* centésima *f* de segundo

hunderttausend *adj inv* cien mil

Hundeschlitten *m* <-s, -> trineo *m* de perros; **Hundewetter** *nt* (*fam*) tiempo *m* de perros

Hündin *f* <-nen> *s.* **Hund**

Hundstage *mPl* canícula *f*, caniculares *mpl*

Hüne *m* <-n, -n> gigante *m*

hünenhaft *adj* gigantesco

Hunger *m ohne Pl* <-s> hambre *f;* **~ haben** tener hambre; **ich habe ~ auf Schokolade** me apetece chocolate; **~ wie ein Wolf haben** tener un hambre canina; **ich bekomme ~** me está entrando hambre; **seinen ~ stillen** matar el hambre; **ich sterbe vor ~** me muero de hambre; **~ leiden** sufrir hambre; **Hungerkur** *f* dieta *f* absoluta; **Hungerlohn** *m* (*abw*) (sueldo *m* de) miseria *f*

hungern *vi* **1.** (*Hunger leiden*) pasar hambre **2.** (*fasten*) ayunar; (*um abzunehmen*) hacer una dieta **3.** (*geh: sich sehnen*) anhelar (*nach*), estar ávido (*nach* de); **er hungert nach Anerkennung** anhela que reconozcan su mérito

Hungersnot *f* <-nöte> hambre *f*, hambruna *f Am*

Hungerstreik *m* huelga *f* de hambre; **in den ~ treten** declararse en huelga de hambre; **Hungertuch** *nt* <-(e)s, -tücher>: **am ~ nagen** (*fam*) morirse de hambre

hungrig *adj* hambriento; **~ nach etw** *dat* **sein** tener hambre de algo

Hupe *f* <-n> bocina *f*

hupen *vi* tocar la bocina

hüpfen *vi sein* saltar

Hürde *f* <-n> (SPORT: *a. fig*) valla *f;* **eine ~ nehmen** saltar una valla; (*fig*) superar una dificultad; **Hürdenlauf** *m* <-(e)s, -läufe> (SPORT) carrera *f* de vallas

Hure *f* <-n> (*vulg*) puta *f;* **Hurensohn** *m* (*vulg*) hijo *m* de puta

hurra *interj* hurra

Hurrikan *m* <-s, -e *o* -s> huracán *m*

huschen *vi sein* deslizarse rápidamente

hüsteln *vi* toser ligeramente

husten *vi* toser; **denen werde ich was ~** (*fam*) ya se pueden ir preparando

Husten *m* <-s, -> tos *f;* **Hustenanfall** *m* ataque *m* de tos; **Hustenbonbon** *nt* caramelo *m* contra la tos; **Hustenreiz** *m ohne Pl* <-es> picor *m* de garganta; **Hustensaft** *m* jarabe *m* contra la tos

Hut[1] *m* <-(e)s, Hüte> **1.** (*Kopfbedeckung*) sombrero *m;* **mir geht der ~ hoch** (*fam*) esto ya pasa de la raya; **seinen ~ nehmen** (*fam*) dimitir; **alles unter einen ~ bringen** (*fam*) compaginar todo; **das ist ein alter ~** (*fam*) es lo de siempre; **mit etw** *dat/* **jdm nichts am ~ haben** (*fam*) no (querer) tener nada que ver con algo/alguien; **das kannst du dir an den ~ stecken** (*fam*) te lo puedes meter donde te quepa **2.** (*von Pilzen*) sombrerete *m*

Hut[2] *f ohne Pl* (*geh: Schutz*) protección *f;* **vor jdm/etw** *dat* **auf der ~ sein** tener cuidado con alguien/algo

hüten I. *vt* (*Vieh*) cuidar; (*Kinder*) cuidar, achichiguar *Mex;* (*Geheimnis*) guardar; **das Haus/Bett ~** cuidar la casa/guardar cama **II.** *vr:* **sich ~** (*sich vorsehen*) tener cuidado (*vor* con); **hüte dich das zu tun!** ¡ni se te ocurra hacerlo!; **ich werde mich ~!** (*fam*) ¡me cuidaré mucho!

Hüter(in) *m(f)* <-s, -; -nen> (*geh*) guardián, -ana *m, f;* **der ~ des Gesetzes** el guardián de la ley

Hutgeschäft *nt* <-(e)s, -e> sombrerería *f;* **Hutkrempe** *f* ala *f* de sombrero; **Hutmacher(in)** *m(f)* <-s, -; -nen> sombrerero, -a *m, f*

Hütte *f* <-n> **1.** (*Haus*) cabaña *f;* (*Ski~*) refugio *m* **2.** (*Industrieanlage*) planta *f* siderúrgica; **Hüttenindustrie** *f* industria *f* siderúrgica; **Hüttenkäse** *m* queso *m* fresco granulado

H-Vollmilch *f* leche *f* U.H.T.

Hyäne *f* <-n> (ZOOL) hiena *f*

Hyazinthe *f* <-n> jacinto *m*

Hydrant *m* <-en, -en> boca *f* de riego

Hydraulik *f ohne Pl* (TECH) hidráulica *f*

hydraulisch *adj* (TECH) hidráulico

Hydrodynamik *f* (PHYS) hidrodinámica *f;* **Hydrokultur** *f* hidrocultivo *m;* **Hydrotherapie** *f* (MED) hidroterapia *f*

Hygiene *f ohne Pl* higiene *f*

hygienisch *adj* higiénico

Hymne *f* <-n> himno *m*

Hyperbel *f* <-n> **1.** (MATH) hipérbola *f* **2.** (*a.* LING) hipérbole *f*

Hyperlink *m* <-s, -s> (INFOR, TEL) hiperenlace *m,* hyperlink *m;* **Hypermedia** *ntpl* (INFOR) hipermedios *mpl;* **hypermodern I.** *adj* (*fam*) supermoderno, hipermoderno, ultramoderno **II.** *adv* (*fam*) de forma supermoderna [*o* hipermoderna]; **ihr seid wirklich ~ eingerichtet!** ¡os habéis montado la casa en plan auténticamente moderno!; **Hypertext** *m* <-es, -e> (INFOR) hipertexto *m*

Hypnose *f* <-n> hipnosis *f inv;* **unter ~ stehen** estar bajo hipnosis

hypnotisch *adj* hipnótico

hypnotisieren* *vt* hipnotizar

Hypochonder *m* <-s, -> hipocondríaco, -a *m, f*

Hypophyse *f* <-n> (ANAT) hipófisis *f inv*

Hypothek *f* <-en> (FIN) hipoteca *f;* **eine ~ aufnehmen** imponer una hipoteca; **das Haus mit einer ~ belasten** hipotecar la casa; **Hypothekenbank** *f* <-en> banco *m* hipotecario; **Hypothekenbrief** *m* título *m* hipotecario

Hypothese *f* <-n> hipótesis *f inv;* **eine ~ aufstellen/widerlegen** formular/rebatir una hipótesis

hypothetisch *adj* hipotético

Hysterie *f* <-n> histeria *f*

hysterisch *adj* histérico

Hz *Abk. von* **Hertz** hz

I

I, i *nt* <-, -> I, i *f;* ~ **wie Ida** I de Inés

i *interj* puaj; ~ **wo!** ¡ni en sueños!

i.A. *Abk. von* **im Auftrag** p.o.

iberisch *adj* ibérico; **die I~e Halbinsel** la Península Ibérica

IC *m* <-(s), -s> *Abk. von* **Intercity(zug)** Intercity *m*

ICE *m* <-(s), -s> *Abk. von* **Intercityexpress** ≈AVE *m* (*tren de alta velocidad*)

ich *pron pers 1. Sg* yo; ~ **Idiot!** ¡idiota de mí!; **immer** ~**!** ¡siempre yo!

Ich *nt* <-(s), -s> yo *m;* **mein anderes/zweites/besseres** ~ mi otro/segundo/mejor yo; **Ich-Erzählung** *f,* **Icherzählung**[RR] *f* (LIT) narrativa *f* escrita en primera persona; **Ichform** *f* <-en> (LING, LIT) primera persona *f*

Icon *nt* <-s, -s> (INFOR) icono *m*

ideal *adj* ideal

Ideal *nt* <-s, -e> ideal *m*

Idealgewicht *nt* <-(e)s, -e> peso *m* ideal

idealisieren* *vt* idealizar

Idealismus *m ohne Pl* <-> idealismo *m*

Idealist(in) *m(f)* <-en, -en; -nen> idealista *mf*

idealistisch *adj* idealista

Idealvorstellung *f* concepto *m* ideal

Idee *f* <-n> **1.** (*Einfall*) idea *f;* **gute** ~**!** ¡buena idea!; **wie kommst du denn auf die** ~**?** ¿cómo se te ocurre esto?; **ich habe eine** ~ tengo una idea; **jdn auf die** ~ **bringen etw zu tun** dar a alguien la idea de hacer algo; **jdn auf andere** ~**n bringen** distraer a alguien; **ich habe nicht die leiseste** ~ **davon** (*fam*) no tengo ni la más remota idea de esto; **das ist bei ihm eine fixe** ~ eso es una obsesión suya **2.** (*fam: ein bisschen*) pizca *f;* **keine** ~ **besser** ni una pizca mejor

ideell *adj* ideal

ideenreich *adj* creativo; **Ideenreichtum** *m ohne Pl* <-s> inventiva *f*

Identifikation *f* <-en> (PSYCH) identificación *f;* **Identifikationsfigur** *f* (PSYCH) personaje *m* de identificación

identifizieren* **I.** *vt* identificar **II.** *vr:* **sich** ~ identificarse

Identifizierung *f* <-en> identificación *f*

identisch *adj* idéntico (*mit* a), individual (*mit* a) *And, CSur*

Identität *f* <-en> identidad *f;* **Identitätskarte** *f* (*Schweiz: Personalausweis*) carné *m* de identidad; **Identitätskrise** *f* crisis *f inv* de identidad

Ideologe, -in *m, f* <-n, -n; -nen> ideólogo, -a *m, f*

Ideologie *f* <-n> ideología *f*

ideologisch *adj* ideológico

idiomatisch *adj* (LING) idiomático

Idiot(in) *m(f)* <-en, -en; -nen> (*fam abw*) idiota *mf,* merlo *m Am*

Idiotie *f* <-n> **1.** (MED) idiocia *f,* idiotez *f* **2.** (*fam abw: Dummheit*) idiotez *f*

idiotisch *adj* (*fam abw*) idiota

Idol *nt* <-s, -e> ídolo *m*

Idylle *f* <-n> idilio *m*

idyllisch *adj* idílico

Igel *m* <-s, -> (ZOOL) erizo *m*

igitt(igitt) *interj* (*reg*) qué asco

Iglu *m o nt* <-s, -s> iglú *m*

Ignorant(in) *m(f)* <-en, -en; -nen> (*abw*) ignorante *mf*

Ignoranz *f ohne Pl* (*abw*) ignorancia *f*

ignorieren* *vt* ignorar

Iguana *f* (ZOOL) iguana *f,* caimán *m Bol*

IHK *f Abk. von* **Industrie- und Handelskammer** Cámara *f* de Industria y Comercio

ihm *pron pers dat von* **er, es** le; (*betont: Mensch*) a él… (le); (*mit Präposition: Mensch*) él; **sie hat** ~ **nichts gesagt** no le ha dicho nada; **hinter/vor/unter/über** ~ detrás/delante/debajo/encima de él; **ein Freund von** ~ un amigo suyo

ihn *pron pers 3. Sg m akk von* **er** lo; (*betont: Mensch*) a él… (lo, le); **ich treffe** ~ **heute Abend** le [*o* lo] veo esta noche; **das ist für** ~ esto es para él

ihnen *pron pers mfpl dat von* **sie** les; (*betont: Mensch*) a ellos/ellas… (les); (*mit Präposition: Menschen*) ellos/ellas; **niemand half** ~ no les ayudó nadie; ~ **wäre das zu teuer** a ellos/ellas les resultaría demasiado caro; **hinter/vor/unter/über** ~ detrás/delante/debajo/encima de ellos/ellas; **ein Freund von** ~ un amigo suyo

Ihnen *pron pers* (*Höflichkeitsform*) *dat von* **Sie** le *sg,* les *pl;* (*betont*) a usted… (le)/a ustedes… (les), a Ud. … (le)/a Uds. … (les); (*mit Präposition*) usted/ustedes, Ud./Uds.; **wir wollten** ~ **eine Freude machen** queríamos darle/darles una alegría; ~ **hätte es bestimmt auch gefallen** a Ud./Uds. seguro que también le/les habría gustado; **hinter/vor/unter/über** ~ detrás/delante/debajo/encima de Ud./Uds.; **ein**

Freund von ~ un amigo suyo

ihr **I.** *pron pers* **1.** *2. Pl mf* vosotros *mpl,* vosotras *fpl,* ustedes *Am;* ~ **beiden/drei** vosotros/vosotras dos/tres; ~ **Lieben!** ¡queridos/queridas! **2.** *dat von Sg* **sie** le; (*betont: Mensch*) a ella... (le); (*mit Präposition: Mensch*) ella; **ich habe ~ noch nichts gegeben** todavía no le he dado nada; ~ **solltest du was Besseres anbieten** a ella deberías ofrecerle algo mejor; **hinter/vor/unter/über** ~ detrás/delante/debajo/encima de ella; **ein Freund von** ~ un amigo suyo **II.** *pron poss s.* **ihr, ihre, ihr**

ihr, ihre, ihr *pron poss* (*adjektivisch*) su *sg,* sus *pl;* (*einer Frau*) de ella; (*mehrerer Menschen*) de ellos/ellas; ~ **Unterricht/Projekt** su clase/proyecto; ~**e Tochter/Bekannten** su hija/sus conocidos

Ihr, Ihre, Ihr *pron poss* (*adjektivisch: Höflichkeitsform*) su *sg,* sus *pl;* (*einer Person*) de usted, de Ud.; (*mehrerer Menschen*) de ustedes, de Uds.; ~ **Beruf/Kind** su profesión/hijo; ~**e Zeit/Schuhe** su tiempo/sus zapatos

ihre(r, s) *pron poss substantivisch* (el) suyo *m,* (la) suya *f,* (los) suyos *mpl,* (las) suyas *fpl;* (*einer Frau*) de ella; (*mehrerer Menschen*) de ellos/ellas; **dieses Geschenk ist ~s** este regalo es (el) suyo; *s. a.* **ihr, ihre, ihr**

Ihre(r, s) *pron poss* (*substantivisch: Höflichkeitsform*) (el) suyo *m,* (la) suya *f,* (los) suyos *mpl,* (las) suyas *fpl;* (*einer Person*) de usted, de Ud.; (*mehrerer Menschen*) de ustedes, de Uds.; **ist dieser Wagen ~r?** ¿es suyo este coche?; *s. a.* **Ihr, Ihre, Ihr**

ihrer *pron pers* **1.** *gen von Sg* **sie** de ella **2.** *Pl gen von Pl* **sie** de ellos/ellas

Ihrer *pron pers gen von* **Sie** (*Höflichkeitsform*) de usted *sg,* de ustedes *pl*

ihrerseits *adv* **1.** *Sg* por parte de ella, por su parte; **sie hat sich ~ anders entschlossen** ella por su parte ha tomado otra decisión **2.** *Pl* por parte de ellos/de ellas, por su parte; **wenn sie ~ nichts dagegen einzuwenden haben** si ellos/ellas por su parte no tienen nada que objetar

Ihrerseits *adv* **1.** *Sg* por parte de usted, por su parte **2.** *Pl* por parte de ustedes, por su parte

ihresgleichen *pron indef* sus semejantes, de su condición; **er hatte noch nie ~ kennen gelernt** nunca había conocido a una chica como ella

Ihresgleichen *pron indef* sus semejantes, de su condición; ~ **benimmt sich anders** las personas como Ud./Uds. se comportan de otra manera

ihretwegen *adv* **1.** *Sg* por ella; **ich habe es nur ~ getan** lo hice solamente por ella **2.** *Pl* por ellos, por ellas; **es ist ~ geschehen** pasó por culpa de ellos/de ellas, pasó por su culpa

Ihretwegen *adv* **1.** *Sg* por usted **2.** *Pl* por ustedes

ihretwillen *adv* **1.** *Sg:* **um ~** por consideración a ella, por ella **2.** *Pl:* **um ~** por consideración a ellos/a ellas, por ellos/por ellas

Ihretwillen *adv* **1.** *Sg:* **um ~** por consideración a usted, por usted **2.** *Pl:* **um ~** por consideración a ustedes, por ustedes

ihrige *pron poss geh für* **ihre(r, s)**: **der/die/das ~** el suyo/la suya; (*einer Frau*) el/la de ella; (*mehrerer Menschen*) el/la de ellos/ellas; **die ~n** los suyos/las suyas; (*einer Frau*) los/las de ella; (*mehrerer Menschen*) los/las de ellos/ellas

Ihrige *pron poss* (*Höflichkeitsform*) *geh für* **Ihre(r, s)**: **der/die/das ~** el suyo/la suya, el/la de usted *sg,* el/la de ustedes *pl;* **die ~n** los suyos/las suyas, los/las de usted *sg,* los/las de ustedes *pl*

Ikone *f* <-n> icono *m*

illegal *adj* ilegal

Illegalität *f* <-en> ilegalidad *f*

illegitim *adj* ilegítimo

illoyal *adj* desleal

illuminieren* *vt* (*a.* KUNST) iluminar

Illusion *f* <-en> ilusión *f;* **sich der ~ hingeben, dass ...** hacerse la ilusión de que...; **sich** *dat* **über etw (keine) ~en machen** (no) hacerse ilusiones sobre algo

illusionär *adj* utópico

illusorisch *adj* ilusorio; (*trügerisch*) engañoso; **es ist völlig ~ zu glauben, dass ...** es totalmente ilusorio pensar que... +*ind/subj*

Illustration *f* <-en> ilustración *f*

illustrieren* *vt* ilustrar

Illustrierte *f* <-n> revista *f*

Iltis *m* <-ses, -se> (ZOOL) turón *m*

im = **in dem** en el/en la; *s. a.* **in**

Image *nt* <-(s), -s> imagen *f* (pública); **Imagepflege** *f* cuidado *m* de la imagen

imaginär *adj* imaginario

Imbiss[RR] *m* <-es, -e>, **Imbiß** *m* <-sses, -sse> **1.** (*Häppchen*) piscolabis *m inv,* ≈tapa *f,* causa *f Chil, Peru* **2.** (*Verkaufsstelle*) snack-bar *m;* **Imbissstand**[RR] *m* <-(e)s, -stände> chiringuito *m*

Imitation *f* <-en> imitación *f*

Imitator(in) *m(f)* <-s, -en; -nen> imitador(a) *m(f)*

imitieren* *vt* imitar

Imker(in) *m(f)* <-s, -; -nen> apicultor(a) *m(f)*

Immatrikulation *f* <-en> matriculación *f*

immatrikulieren* **I.** *vt* **1.** (UNIV: *einschreiben*) matricular (*für* en) **2.** (*Schweiz: Fahrzeug zulassen*) matricular **II.** *vr:* **sich ~** (UNIV) matricularse (*für* en)

immens *adj* inmenso

immer *adv* siempre; (*unaufhörlich*) continuamente; **es ist ~ dasselbe** siempre ocurre lo mismo; **für ~** para siempre; **~ mit der Ruhe!** ¡con calma!; **~ geradeaus** todo seguido; **er ist ~ noch nicht da** aún [*o* todavía] no ha llegado; **~ wenn …** siempre que…; **~ wieder** siempre de nuevo; **wie ~** como siempre; **~ mehr** cada vez más; **wer auch ~ …** quienquiera que… *+subj;* **was auch ~** sea lo que sea; **wo/wie auch ~ …** dondequiera/comoquiera que… *+subj;* **~ mal** (*fam*) de vez en cuando

immergrün *adj* perenne

immerhin *adv* al fin y al cabo, por lo menos

immerzu *adv* (*fam*) continuamente

Immigrant(in) *m(f)* <-en, -en; -nen> inmigrante *mf*

Immigration *f* <-en> inmigración *f*

immigrieren* *vi sein* inmigrar

Immissionen *fPl* inmisiones *fpl*

Immissionsschaden *m* (ÖKOL) daño *m* por inmisión

Immobilien *fPl* (bienes *mpl*) inmuebles *mpl;* **Immobilienmakler(in)** *m(f)* agente *mf* inmobiliario, -a

immun *adj* (MED, JUR) inmune (*gegen* a/contra)

Immunität *f* <-en> (MED, JUR) inmunidad *f* (*gegen* a/contra)

Immunschwäche *f* (MED) inmunodeficiencia *f;* **Immunschwächekrankheit** *f* (MED) enfermedad *f* por inmunodeficiencia

Immunserum *nt* <-s, -sera *o* -seren> (MED) suero *m* inmune

Immunsystem *nt* (MED) sistema *m* inmunológico

Imperativ *m* <-s, -e> (LING) imperativo *m*

Imperator *m* <-s, -en> (HIST) emperador *m*

Imperfekt *nt* <-s, -e> (LING) imperfecto *m*

Imperialismus *m ohne Pl* <-> imperialismo *m*

imperialistisch *adj* imperialista

Imperium *nt* <-s, Imperien> (*geh*) imperio *m*

impfen *vt* vacunar (*gegen* contra)

Impfpass[RR] *m* (MED) carnet *m* de vacunación; **Impfstoff** *m* <-(e)s, -e> vacuna *f*

Impfung *f* <-en> vacunación *f*

Implantat *nt* <-(e)s, -e> (MED) injerto *m*

implantieren* *vt* (TECH, MED) implantar

implizieren* *vt* implicar

implizit *adj* implícito

imponieren* *vi* imponer, impresionar

Imponiergehabe *nt* pavoneo *m;* (*Angeberei*) presunción *f*

Import *m* <-(e)s, -e> **1.** (*Wareneinfuhr*) importación *f* **2.** (*Waren*) importaciones *fpl* **3.** (INFOR) importación *f*

importieren* *vt* importar

impotent *adj* impotente

Impotenz *f ohne Pl* impotencia *f*

imprägnieren* *vt* impregnar; (*Stoff*) impermeabilizar

Impressen *Pl von* **Impressum**

Impressionismus *m ohne Pl* <-> (KUNST) impresionismo *m*

impressionistisch *adj* (KUNST) impresionista

Impressum *nt* <-s, Impressen> (PUBL) pie *m* de imprenta

Improvisation *f* <-en> (*a.* MUS) improvisación *f*

improvisieren* *vt* improvisar

Impuls *m* <-es, -e> impulso *m*

impulsiv *adj* impulsivo

imstande *adv* capaz; **~ sein etw zu tun** ser capaz de hacer algo

in **I.** *präp +dat* **1.** (*wo*) en; (*darin*) dentro de; **~ Magdeburg/~ diesem Buch** en Magdeburgo/en este libro; **~ der Hand** en la mano; **~ der Schule** en el colegio; **~ Mathe ist er schwach** está flojo en mates; **gibt es das Kleid auch ~ Grün?** ¿tienen el vestido también en verde?; **~ einer bestimmten Absicht** con una intención determinada; **~ dieser Situation** en esta situación; **die Klausur/der Schnaps hat es ~ sich** *dat* es todo un examen/un aguardiente **2.** (*zeitlich: während*) en, durante; (*binnen*) dentro de, en; **~ den Ferien** en las vacaciones; **~ drei Tagen kommt ihr Mann wieder** su marido vuelve dentro de tres días; **~ drei Jahren lernt man sich gut kennen** en tres años uno se llega a conocer bien; **~ der nächsten Woche** la semana que viene; **~ vierzehn Tagen** dentro de quince días; **im Jahr(e) 1977** en (el año) 1977; **~ der Nacht** por la noche; **im Januar** en enero **II.** *präp +akk* (*Richtung*) a; **~ die Schweiz/~s Ausland fahren** ir a Suiza/al extranjero; **wir ziehen ~ eine andere Stadt** nos mudamos a otra ciudad; **sie geht ~ den Garten/~s Kino** va al jardín/al cine; **ich gehe jetzt ~s Bett** me voy a la cama; **~ (den) Urlaub fahren** ir(se) de vacaciones; **~ Gefahr/~ eine Falle geraten** correr peligro/caer en una trampa; **~s Rutschen geraten** resbalar **III.** *adj* (*fam*): **~ sein** estar de moda

inaktiv *adj* inactivo

inakzeptabel *adj* inaceptable

Inanspruchnahme *f* <-n> (*eines Gerätes*) uso *m;* (*eines Hilfsmittels*) empleo *m;* (*eines Menschen*) ocupación *f*

Inbegriff *m* <-(e)s, -e> encarnación *f*

inbegriffen *adj* incluido

Inbetriebnahme *f* <-n> puesta *f* en servicio; (*einer Maschine*) puesta *f* en marcha

Inbrunst *f ohne Pl* (*geh*) fervor *m*

inbrünstig *adj* (*geh*) fervoroso

indem *konj* **1.** (*während*) mientras, al *+inf* **2.** (*dadurch dass*): **sie sparte Geld, ~ sie**

ihre Kleidung selbst machte ahorraba dinero haciéndose ella misma la ropa

Inder(in) *m(f)* <-s, -; -nen> indio, -a *m, f* (de la India)

indessen *adv* **1.** (*inzwischen*) entretanto **2.** (*jedoch*) sin embargo

Index[1] *m* <-(es), -e *o* Indizes> (*Register*) índice *m*

Index[2] *m* <-(es), Indizes> (WIRTSCH, MATH, PHYS, LING) índice *m*

Index[3] *m* <-(es), -e> (REL) índice *m* (expurgatorio); **auf dem ~ stehen** figurar en el índice de los libros prohibidos

Indianer(in) *m(f)* <-s, -; -nen> indio, -a *m, f* (americano, -a)

indianisch *adj* indio

Indien *nt* <-s> (la) India *f*

indigoblau *adj* azul índigo

Indikativ *m* <-s, -e> (LING) indicativo *m*

Indio *m* <-s, -s> indio *m* (americano)

indirekt *adj* indirecto

indisch *adj* indio

indiskret *adj* indiscreto

Indiskretion *f* <-en> indiscreción *f*

Individualist(in) *m(f)* <-en, -en; -nen> individualista *mf*

individualistisch *adj* individualista

Individualität *f* <-en> individualidad *f*

individuell *adj* individual

Individuum *nt* <-s, Individuen> individuo *m*

Indiz *nt* <-es, -ien> indicio *m* (*für* de)

Indizes *Pl von* **Index**[1], **Index**[2]

Indochina *nt* <-s> Indochina *f*

indogermanisch *adj* (LING, HIST) indogermánico

Indonesien *nt* <-s> Indonesia *f*

Indonesier(in) *m(f)* <-s, -; -nen> indonesio, -a *m, f*

indonesisch *adj* indonesio

industrialisieren* *vt* industrializar

Industrialisierung *f* <-en> industrialización *f*

Industrie *f* <-n> industria *f*; **Industrieabwasser** *nt* aguas *fpl* residuales de la industria; **Industriebetrieb** *m* <-(e)s, -e> empresa *f* industrial; **Industriegebiet** *nt* zona *f* industrial; **Industriegesellschaft** *f* <-en> sociedad *f* industrial; **Industriekauffrau** *f* perito *f* industrial; **Industriekaufmann** *m* perito *m* industrial; **Industrieland** *nt* <-(e)s, -länder> país *m* industrial

industriell *adj* industrial

Industrielle(r) *mf* <-n, -n; -n> industrial *mf*

Industriemüll *m* residuos *mpl* industriales; **Industriestandort** *m* punto *m* (de concentración) industrial

Industrie- und Handelskammer *f* Cámara *f* de Industria y Comercio

Industriezweig *m* ramo *m* de (la) industria, sector *m* industrial

ineffektiv *adj* inefectivo

ineffizient *adj* ineficiente

ineinander *adv* uno en otro; **sich ~ verlieben** enamorarse uno del otro; **ineinander|greifen** *irr vi s.* **greifen I.1.**

infam *adj* (*abw*) infame

Infanterie *f* <-n> (MIL) infantería *f*

Infanterist *m* <-en, -en> (MIL) soldado *m* de infantería

infantil *adj* (PSYCH) infantil; (*abw*) infantiloide

Infarkt *m* <-(e)s, -e> (MED) infarto *m*

Infektion *f* <-en> (MED) infección *f*; **Infektionskrankheit** *f* (MED) enfermedad *f* infecciosa

infiltrieren* *vt* (*geh a.* MED, TECH) infiltrar(se) (en)

Infinitiv *m* <-s, -e> (LING) infinitivo *m*

infizieren* **I.** *vt* (MED) infectar; (INFOR) contaminar (*con un virus informático*) **II.** *vr:* **sich ~** (MED) **1.** (*krank werden*) contagiarse **2.** (*sich anstecken*) coger *fam;* **sie hat sich mit Aids infiziert** ha cogido el sida

in flagranti *adv* in fraganti

Inflation *f* <-en> (WIRTSCH) inflación *f*

infolge *präp +gen* a consecuencia de

infolgedessen *adv* en consecuencia, por consiguiente

Informant(in) *m(f)* <-en, -en; -nen> informante *mf*

Informatik *f ohne Pl* informática *f*

Informatiker(in) *m(f)* <-s, -; -nen> informático, -a *m, f*

Information *f* <-en> **1.** (*Nachricht*) información *f* (*über* sobre); **zu Ihrer ~** para su información **2.** (*Empfang*) información *f*; **wenden Sie sich bitte an die ~** diríjase a información, por favor

Informationsaustausch *m* intercambio *m* de informaciones; **Informationsfluss**[RR] *m ohne Pl* <-es> flujo *m* de comunicaciones; **Informationsflut** *f* <-en> avalancha *f* de informaciones; **Informationsgesellschaft** *f* <-en> sociedad *f* de información

informativ *adj* informativo

informell *adj* **1.** (*ohne Formalitäten*) informal **2.** (*informatorisch*) informativo

informieren* **I.** *vt* informar (*über* sobre/de) **II.** *vr:* **sich ~** informarse (*über* sobre/de); **ich werde mich darüber ~** me informaré sobre esto

infrage[RR]: **~ kommen** entrar en consideración; **das kommt nicht ~** (*ist ungeeignet*) esto no se puede tomar en cuenta; **etw ~ stellen** poner algo en duda

infrarot *adj* (PHYS) infrarrojo; **Infrarotlicht** *nt ohne Pl* <-(e)s> luz *f* infrarroja; **Infrarotstrahlen** *mPl* rayos *mpl* infrarrojos

Infrastruktur *f* infraestructura *f*

Infusion *f* <-en> (MED) infusión *f*

Ing. *Abk. von* **Ingenieur(in)** ing.

Ingenieur(in) *m(f)* <-s, -e; -nen> ingeniero, -a *m, f*

Ingwer *m ohne Pl* <-s> jengibre *m*

Inh. 1. *Abk. von* **Inhaber(in)** propietario, -a *m, f* 2. *Abk. von* **Inhalt** contenido *m*

Inhaber(in) *m(f)* <-s, -; -nen> (*Eigentümer*) propietario, -a *m, f;* (*eines Kontos, Amtes, Passes*) titular *mf;* (*von Aktien*) tenedor(a) *m(f)*

inhaftieren* *vt* detener, encarcelar

inhalieren* I. *vt* inhalar II. *vi* hacer inhalaciones

Inhalt *m* <-(e)s, -e> 1. (*allgemein*) contenido *m* 2. (MATH: *Fläche*) área *f;* (*Raum*) volumen *m*

inhaltlich I. *adj* del contenido II. *adv* en cuanto al contenido

Inhaltsangabe *f* <-n> resumen *m;* **inhaltslos** *adj* sin contenido; **inhaltsreich** *adj* de mucho contenido; (*dicht*) denso; **Inhaltsstoff** *m* <-(e)s, -e> contenido *m;* **Inhaltsverzeichnis** *nt* tabla *f* de materias, índice *m*

Initiale *f* <-n> (letra *f*) inicial *f*

initialisieren* *vt* (INFOR) inicializar

Initiation *f* <-en> (*a.* REL, SOZIOL) iniciación *f*

Initiative *f* <-n> 1. (*allgemein*) iniciativa *f;* **die ~ ergreifen** tomar la iniciativa; **etw aus eigener ~ tun** hacer algo por iniciativa propia 2. (*Schweiz: Volksbegehren*) iniciativa *f* popular

initiieren* *vt* iniciar

Injektion *f* <-en> (MED) inyección *f*

injizieren* *vt* (MED) inyectar

Inka *mf* <-(s), -(s); -(s)> (HIST) inca *mf*

Inkasso *nt* <-s, -s *o* Inkassi> (FIN) cobro *m*

inkl. *Abk. von* **inklusive** inclusive, incluido

inklusive I. *präp +gen* inclusive, incluido II. *adv* inclusive, incluido; **bis 28. November ~** hasta el 28 de noviembre inclusive; **alles ~** todo incluido

Inkognito *nt* <-s, -s> (*geh*) incógnito *m;* **sein ~ wahren** guardar el anonimato

inkompatibel *adj* (INFOR, JUR) incompatible

inkompetent *adj* incompetente

Inkompetenz *f* <-en> incompetencia *f*

inkonsequent *adj* inconsecuente

Inkonsequenz *f* <-en> inconsecuencia *f*

inkorrekt *adj* incorrecto

Inkubationszeit *f* (MED) tiempo *m* de incubación

Inland *nt ohne Pl* <-(e)s> 1. (*Gegensatz zu Ausland*) país *m;* **im In- und Ausland** dentro y fuera del país 2. (*Gegensatz zu Küste*) interior *m* (del país); **Inlandflug** *m* vuelo *m* nacional

inländisch *adj* interior; (*Waren*) nacional

Inlandsmarkt *m* (WIRTSCH) mercado *m* nacional

inmitten *präp +gen* (*geh*) en medio de

inne|haben *irr vt* (*Amt*) ocupar; (*geh: besitzen*) poseer

inne|halten *irr vi* interrumpir; (*in Bewegung*) detenerse

innen *adv* (por) dentro; **~ drin** dentro; **~ und außen** por dentro y por fuera; **die Tür geht nach ~ auf** la puerta se abre hacia dentro; **Innenansicht** *f* vista *f* interior; **Innenarchitekt(in)** *m(f)* arquitecto, -a *m, f* de interiores; **Innenarchitektur** *f* arquitectura *f* de interiores; **Inneneinrichtung** *f* <-en> decoración *f* de interiores; **Innenhof** *m* patio *m,* solar *m MAm, Ant;* **Innenleben** *nt ohne Pl* <-s> 1. (*eines Menschens*) vida *f* interior 2. (*fam: eines Gerätes*) interiores *mpl;* **Innenminister(in)** *m(f)* (POL) ministro, -a *m, f* del Interior; **Innenministerium** *nt* (POL) Ministerio *m* del Interior; **Innenpolitik** *f* <-en> política *f* interior; **innenpolitisch** *adj* de la política interior; **Innenraum** *m* <-(e)s, -räume> (espacio *m*) interior *m;* **Innenseite** *f* (parte *f*) interior *m;* **Innenspiegel** *m* (AUTO) espejo *m* retrovisor; **Innenstadt** *f* centro *m* de la ciudad; **Innentemperatur** *f* temperatura *f* interior

innerbetrieblich *adj* intraempresarial

innere(r, s) *adj* 1. (*räumlich*) interior, interno; **Einmischung in die ~n Angelegenheiten** intromisión en asuntos internos 2. (MED) interno 3. (*geistig, seelisch*) interior

Innere(s) *nt ohne Pl* <-n> interior *m;* **in ihrem tiefsten ~n** en su más hondo

Innereien *Pl* vísceras *fpl,* achuras *fpl CSur, Bol;* (*bei Geflügel*) menudillos *mpl*

innerhalb I. *präp +gen* 1. (*örtlich*) dentro de 2. (*zeitlich*) dentro de, en el plazo de II. *adv* dentro; **~ von** dentro de

innerlich *adj* 1. (*innen*) por dentro; (MED) interno; **~ anzuwenden** para uso interno 2. (*geistig, seelisch*) interior

Innerlichkeit *f ohne Pl* intimidad *f*

innerorts *adj* (*Schweiz*) dentro del pueblo [*o* de la ciudad]

innerste(r, s) *adj superl von* **innere(r, s)** el/la/lo más interior; (*fig*) el más íntimo/la más íntima/lo más íntimo; **sein ~s Wesen** su naturaleza más íntima

Innerste(s) *nt ohne Pl* <-n> (*bei Personen*) lo más íntimo, corazón *m;* (*bei Dingen*) fondo *m;* **ihr ~s blieb ihm verborgen** lo más íntimo de su ser le quedó oculto

inne|wohnen *vi* (*geh*): **jdm/etw** *dat* **~** ser inherente a alguien/algo

innig *adj* (*tief*) profundo; (*herzlich*) cordial; (*inbrünstig*) ferviente, ardiente; **jdn heiß**

und ~ **lieben** amar a alguien con toda el alma

Innovation *f* <-en> innovación *f*

innovativ *adj* (*Denken*) innovador

Innung *f* <-en> corporación *f*

inoffiziell *adj* extraoficial

Input *m o nt* <-s, -s> (INFOR) input *m,* inducto *m*

Inquisition *f* <-en> (HIST) Inquisición *f*

ins = **in das** al/a la; *s. a.* **in**

Insasse, -in *m, f* <-n, -n; -nen> (*eines Fahrzeugs*) ocupante *mf;* (*eines Heims*) residente *mf;* (*eines Gefängnisses*) preso, -a *m, f*

insbesondere *adv* especialmente, en particular

Inschrift *f* <-en> inscripción *f*

Insekt *nt* <-(e)s, -en> insecto *m*

Insektenstich *m* <-(e)s, -e> picadura *f* de (un) insecto

Insektenvernichtungsmittel *nt,* **Insektizid** *nt* <-s, -e> insecticida *m*

Insel *f* <-n> isla *f;* **die Kanarischen ~n** las Islas Canarias; **Inselgruppe** *f* archipiélago *m*

Inserat *nt* <-(e)s, -e> (PUBL) anuncio *m,* aviso *m Am;* **ein ~ aufgeben** poner un anuncio

inserieren* *vi* (PUBL) poner un anuncio (*in* en)

insgeheim *adv* en secreto

insgesamt *adv* en total

Insider(in) *m(f)* <-s, -; -nen> persona *f* enterada

insistieren* *vi* (*geh*) insistir (*auf* en)

inskünftig *adv* (*Schweiz: künftig*) en el futuro

insofern **I.** *adv* en este sentido; ~ **sind wir einverstanden** hasta ahí estamos de acuerdo; **er hat ~ Recht, als ...** tiene razón en el sentido de que... **II.** *konj* **1.** (*für den Fall*) con tal que +*subj,* siempre que +*subj* **2.** (*in dem Maß*) en la medida que +*subj*

insoweit *adv o konj s.* **insofern**

Inspektion *f* <-en> **1.** (*allgemein*) inspección *f,* chequeo *m Am* **2.** (AUTO) revisión *f*

Inspektor(in) *m(f)* <-s, -en; -nen> inspector(a) *m(f)*

Inspiration *f* <-en> inspiración *f*

inspirieren* *vt* inspirar (*zu* a)

inspizieren* *vt* inspeccionar

instabil *adj* inestable

Installateur(in) *m(f)* <-s, -; -nen> instalador(a) *m(f);* (*Klempner*) fontanero, -a *m, f*

Installation *f* <-en> (*a.* INFOR, TECH) instalación *f*

installieren* *vt* (TECH) instalar, montar; (INFOR) instalar

instand *adv:* **etw ~ setzen/halten** arreglar/conservar algo; **gut ~ sein** estar en buen estado

inständig **I.** *adj* **1.** (*dringlich*) urgente **2.** (*nachdrücklich*) fervoroso **II.** *adv* encarecidamente, insistentemente

Instanz *f* <-en> **1.** (*Behörde*) autoridad *f* competente **2.** (JUR) instancia *f;* **in erster/zweiter ~** en primera/segunda instancia; **bis zur letzten ~ gehen** ir hasta la última instancia

Instinkt *m* <-(e)s, -e> instinto *m*

instinktiv *adj* instintivo

Institut *nt* <-(e)s, -e> instituto *m*

Institution *f* <-en> institución *f*

Instruktion *f* <-en> **1.** (*Anweisung*) directiva *f,* orden *f* **2.** (*Anleitung*) instrucción *f*

instruktiv *adj* instructivo

Instrument *nt* <-(e)s, -e> (*a.* MUS) instrumento *m*

instrumental *adj* (*a.* MUS) instrumental

Insulaner(in) *m(f)* <-s, -; -nen> isleño, -a *m, f,* insular *mf*

Insulin *nt ohne Pl* <-s> (MED) insulina *f*

inszenieren* *vt* (THEAT) poner en escena

Inszenierung *f* <-en> **1.** (THEAT) puesta *f* en escena **2.** (*abw: in Politik, Öffentlichkeit*) trama *f*

intakt *adj* intacto

Integration *f* <-en> (*a.* MATH) integración *f*

integrieren* *vt* (*a.* MATH) integrar; **wieder in die Gesellschaft ~** reintegrar en la sociedad

Intellekt *m ohne Pl* <-(e)s> intelecto *m*

intellektuell *adj* intelectual

Intellektuelle(r) *mf* <-n, -n; -n> intelectual *mf*

intelligent *adj* inteligente

Intelligenz *f ohne Pl* **1.** (*Denkfähigkeit*) inteligencia *f;* **künstliche ~** (INFOR) inteligencia artificial **2.** (*Gebildete*) intelectuales *mpl;* **Intelligenzquotient** *m* cociente *m* intelectual, coeficiente *m* de inteligencia

Intendant(in) *m(f)* <-en, -en; -nen> (RADIO, TV, THEAT) director(a) *m(f)* artístico, -a

Intendanz *f* <-en> (RADIO, TV, THEAT: *Amt*) cargo *m* de director(a) artístico, -a; (*Büro*) oficina *f* del director artístico/de la directora artística

Intensität *f* <-en> intensidad *f*

intensiv *adj* **1.** (*gründlich*) intensivo **2.** (*Farbe, Schmerz*) intenso

intensivieren* *vt* intensificar

Intensivkurs *m* curso *m* intensivo

Intensivstation *f* (MED) unidad *f* de cuidados intensivos

interaktiv *adj* (*a.* INFOR) interactivo

Intercity *m* <-s, -s> (EISENB) tren *m* rápido interurbano; **Intercityexpress**[RR] *m* <-es, -e> (EISENB) ≈AVE *m*

interessant *adj* interesante; **sich ~ machen** hacerse el interesante

Interesse *nt* <-s, -n> interés *m* (*an/für* en/por); ~ **haben/zeigen** tener/mostrar interés; **es liegt in deinem eigenen** ~ es en tu propio interés; **im** ~ **des Friedens** en beneficio de la paz; **er vertritt meine ~n** defiende mis intereses; **mit wachsendem** ~ con creciente interés; **jds** ~ **für etw gewinnen** despertar el interés de alguien por algo

interesselos *adj* sin interés

Interessengemeinschaft *f* comunidad *f* de intereses; **Interessenkonflikt** *m* conflicto *m* de intereses

Interessent(in) *m(f)* <-en, -en; -nen> interesado, -a *m, f* (*an/für* en/por)

interessieren* **I.** *vr:* **sich** ~ interesarse (*für* por), tener interés (*für* en/por) **II.** *vt* interesar; **jdn für etw** ~ despertar el interés de alguien por algo

interessiert **I.** *adj* interesado; **kulturell** ~ **sein** tener intereses intelectuales; **an etw** *dat*/**jdm** ~ **sein** estar interesado en algo/alguien; **sich** ~ **zeigen** mostrarse interesado; **ich bin nicht daran** ~, **dass ...** no me interesa que... +*subj* **II.** *adv* con interés

Interface *nt* <-, -s> (INFOR) interfase *f*

Interferenz *f* <-en> (PHYS, TECH) interferencia *f*

Interieur *nt* <-s, -s *o* -e> interior *m*

Interjektion *f* <-en> (LING) interjección *f*

interkontinental *adj* intercontinental

interkulturell *adj* intercultural

Intermezzo *nt* <-s, -s *o* -mezzi> (*a.* MUS, THEAT) intermezzo *m*

intern *adj* interno

Internat *nt* <-(e)s, -e> internado *m*

international *adj* internacional

internationalisieren* *vt* (POL, JUR) internacionalizar

Internet *nt* <-s, -s> (INFOR) Internet *m;* **Internet-Adresse** *f* <-, -n> (INFOR) dirección *f* en Internet; **Internet-Surfer(in)** *m(f)* <-s, -; -, -nen> (INFOR) internauta *mf;* **Internet-Terminal** *nt* <-s, -s> (INFOR) terminal *m* de Internet

internieren* *vt* internar

Internierung *f* <-en> **1.** (MIL) internamiento *m* **2.** (MED) ingreso *m;* **Internierungslager** *nt* campo *m* de concentración

Internist(in) *m(f)* <-en, -en; -nen> (MED) internista *mf*

Interpol *f* Interpol *f,* Organización *f* Internacional de Policía Criminal

Interpret(in) *m(f)* <-en, -en; -nen> (MUS) intérprete *mf*

Interpretation *f* <-en> interpretación *f*

interpretatorisch *adj* interpretatorio

interpretieren* *vt* interpretar

Interpunktion *f ohne Pl* (LING) puntuación *f;* **Interpunktionszeichen** *nt* signo *m* de puntuación

Interregio *m* <-s, -s> (EISENB) tren *m* rápido interregional

Intervall *nt* <-s, -e> (*a.* MUS) intervalo *m*

intervenieren* *vi* (MIL, POL) intervenir

Interview *nt* <-s, -s> entrevista *f;* **ein** ~ **geben/machen** conceder/hacer una entrevista

interviewen* *vt* entrevistar, reportear *Am*

Interviewer(in) *m(f)* <-s, -; -nen> entrevistador(a) *m(f)*

intim *adj* íntimo; **mit jdm** ~ **werden** tener relaciones sexuales con alguien; **Intimbereich** *m* zona *f* íntima

Intimität *f* <-en> intimidad *f*

Intimsphäre *f* esfera *f* íntima, intimidad *f* personal

intolerant *adj* intolerante

Intoleranz *f ohne Pl* intolerancia *f*

Intonation *f* <-en> (MUS, LING) entonación *f*

Intranet *nt* <-, *ohne pl*> (INFOR) Intranet *f* (*difusión de información dentro de una compañía*)

intransitiv *adj* (LING) intransitivo

intrigant *adj* intrigante

Intrigant(in) *m(f)* <-en, -en; -nen> intrigante *mf*

Intrige *f* <-n> intriga *f;* **~n spinnen** urdir intrigas

intrigieren* *vi* intrigar (*gegen* contra)

introvertiert *adj* introvertido

Intuition *f* <-en> intuición *f*

intuitiv *adj* intuitivo

intus *adj inv* (*fam*): **etw** ~ **haben** (*auswendig können*) tener algo memorizado; (*verstanden haben*) haber comprendido algo; (*zu sich genommen haben*) haber tomado algo

invalid(e) *adj* inválido

Invalide(r) *mf* <-n, -n; -n> inválido, -a *m, f,* minusválido, -a *m, f*

Invalidität *f ohne Pl* invalidez *f*

invariabel *adj* invariable

Invasion *f* <-en> invasión *f*

Inventar *nt* <-s, -e> **1.** (COM: *Firmenvermögen*) bienes *mpl* de una empresa; (*Gegenstände*) mobiliario *m;* **lebendes/totes** ~ (COM) inventario vivo/muerto **2.** (*Verzeichnis*) inventario *m;* **etw ins** ~ **aufnehmen** incluir algo en el inventario

Inventur *f* <-en> inventario *m;* ~ **machen** inventariar

investieren* *vt* invertir (*in* en)

Investition *f* <-en> inversión *f;* **Investitionsgüter** *ntPl* (WIRTSCH) bienes *mpl* de capital

Investment *nt* <-s, -s> (FIN) inversión *f;* **Investmentfonds** *m* (FIN) fondo *m* de inversión

Investor(in) *m(f)* <-s, -en; -nen> (WIRTSCH)

inversionista *mf*
involvieren* *vt* incluir (*in* en)
inwendig **I.** *adj* interior **II.** *adv* por dentro; **etw in- und auswendig kennen** (*fam*) conocer algo al dedillo
inwiefern, **inwieweit** *adv* en qué medida, hasta qué punto
Inzest *m* <-(e)s, -e> incesto *m*
Inzucht *f* <-en> procreación *f* consanguínea
inzwischen *adv* entretanto, mientras tanto
Ion *nt* <-s, -en> (PHYS, CHEM) ion *m*
ionisch *adj* (CHEM) iónico
ionisieren* *vi, vt* (CHEM) ionizar
i-Punkt[RR] *m* (LING) punto *m* sobre la i; **bis auf den** ~ hasta (en) el más mínimo detalle
IQ *m* <-(s), -(s)> *Abk. von* **Intelligenzquotient** CI *m*
Irak *m* <-s> Iraq *m,* Irak *m*
Iraker(in) *m(f)* <-s, -; -nen> iraquí *mf*
irakisch *adj* iraquí
Iran *m* <-s> Irán *m*
Iraner(in) *m(f)* <-s, -; -nen> iraní *mf*
iranisch *adj* iraní
irden *adj* de barro
irdisch *adj* **1.** (*zur Erde gehörend*) terrestre **2.** (*Gegensatz zum Himmel*) terrenal
Ire, **-in** *m, f* <-n, -n; -nen> irlandés, -esa *m, f*
irgend *adv:* **... oder ~ so etwas ...** o cualquier cosa por el estilo; **wenn ~ möglich** a ser posible; **irgendein** *pron indef s.* **irgendeine(r)**; **irgendeine(r)** *pron indef* **1.** (*einer*) algún, alguno *m,* alguna *f;* **haben Sie noch ~n Wunsch?** ¿tiene algún otro deseo? **2.** (*ein beliebiges*) cualquier(a); **ich gehe nicht mit ~m aus** yo no salgo con cualquiera; **irgendetwas**[RR] *pron indef* algo; **ohne ~** sin nada; **irgendjemand**[RR] *pron indef* alguien; **irgendwann** *adv* algún día, en cualquier momento; **~ einmal** alguna vez; **~ nächste Woche** en cualquier momento la semana que viene; **irgendwas** *pron indef* (*fam*) **1.** (*etwas*) algo; **fällt dir noch ~ ein?** ¿se te ocurre alguna otra cosa? **2.** (*Beliebiges*) cualquier cosa; **irgendwelche** *pron indef* **1.** (*manche*) algunos *mpl,* algunas *fpl;* **~ Leute meinten ...** algunos opinaron... **2.** (*beliebige*) cualquier(a); **solltest du ~ Probleme haben ...** si tienes cualquier problema...; **irgendwer** *pron indef* **1.** (*jemand*) alguien **2.** (*eine beliebige Person*) cualquier persona, cualquiera; **er ist schließlich nicht ~** no es un cualquiera; **irgendwie** *adv* de alguna manera, de una forma o de otra; **irgendwo** *adv* en alguna parte; **irgendwoher** *adv* de cualquier parte; **irgendwohin** *adv* a cualquier parte
Iriden, Irides *Pl von* **Iris**[2]
Iris[1] *f* <-> (BOT) iris *m,* lirio *m*
Iris[2] *f* <- *o* Iriden *o* Irides> (MED: *des Auges*) iris *m*
irisch *adj* irlandés
Irland *nt* <-s> Irlanda *f*
Ironie *f* <-n> ironía *f*
ironisch *adj* irónico
irr *adj s.* **irre**
irrational *adj* irracional
irre *adj* **1.** (*verwirrt*) confuso; **du machst mich ganz ~** (*fam*) me vuelves loco **2.** (*geistesgestört*) loco; **jdn für ~ halten** tomar a alguien por loco **3.** (*fam: toll*) loco, de putamadre *sl;* **~ gut/hübsch** súper bien/guapo
Irre[1] *f ohne Pl:* **jdn in die ~ führen** (*betrügen*) engañar a alguien; (*falschen Weg angeben*) despistar a alguien
Irre(r)[2] *mf* <-n, -n; -n> (*Geistesgestörte*) loco, -a *m, f*
irreal *adj* irreal
irre|führen *vt* engañar; **irreführend** *adj* que conduce a error; (*missverständlich*) equívoco; (*betrügerisch*) engañoso; **Irreführung** *f* <-en> engaño *m*
irregulär *adj* irregular
irrelevant *adj* irrelevante
irren **I.** *vr:* **sich ~** equivocarse; **ich habe mich im Tag geirrt** me he equivocado de día; **Sie ~ sich** está Ud. equivocado; **sie haben sich in ihm geirrt** se han equivocado con él; **wenn ich mich nicht irre** si no me equivoco; **I~ ist menschlich** (*prov*) errar es humano **II.** *vi sein* (*umherstreifen*) errar (*durch* por), vagar (*durch* por)
Irrenanstalt *f,* **Irrenhaus** *nt* manicomio *m*
irreparabel *adj* irreparable
Irrfahrt *f* odisea *f;* **Irrgarten** *m* laberinto *m;* **Irrglaube(n)** *m* **1.** (*falsche Auffassung*) opinión *f* errónea **2.** (REL) heterodoxia *f*
irritieren* *vt* desconcertar; (*stören*) molestar
Irrläufer *m* <-s, -> envío *m* equivocado; **Irrlehre** *f* <-n> (*a.* PHILOS) doctrina *f* errónea; (REL) doctrina *f* herética; **Irrlicht** *nt* fuego *m* fatuo, luz *f* mala *Arg, Urug;* **Irrsinn** *m ohne Pl* <-s> locura *f*
irrsinnig *adj* **1.** (*verrückt*) loco **2.** (*fam: groß*) tremendo; (*toll*) de putamadre *sl*
Irrtum *m* <-s, -tümer> error *m,* equívoco *m Am;* **einen ~ einsehen/erkennen** reconocer/percibir un error; **einem ~ unterliegen** incurrir en error; **ihr ist ein ~ unterlaufen** cometió un error; **sich im ~ befinden** estar en un error
irrtümlich **I.** *adj* erróneo **II.** *adv* por error
Irrweg *m* camino *m* equivocado
Ischias *m o nt ohne Pl* <-> (MED) ciática *f*
ISDN *f* (TEL) *Abk. von* **Integrated Services Digital Network** ISDN *m;* **ISDN-Anschluss**[RR] *m* (TEL) conexión *f* ISDN
Islam *m ohne Pl* <-(s)> (REL) islam *m*

islamisch *adj* (REL) islámico
Island *nt* <-s> Islandia *f*
Isländer(in) *m(f)* <-s, -; -nen> islandés, -esa *m, f*
isländisch *adj* islandés
Isolation *f* <-en> (*allgemein*) aislamiento *m;* (*von Gefangenen*) incomunicación *f*
Isolationshaft *f ohne Pl* incomunicación *f;* **in ~ sein** estar incomunicado
Isolierband *nt* <-(e)s, -bänder> cinta *f* aislante
isolieren* *vt* **1.** (*absondern*) aislar (*von* de); (*Häftlinge*) incomunicar **2.** (*abdichten*) aislar (*gegen* contra)
Isolierkanne *f* termo *m;* **Isoliermaterial** *nt* (material *m*) aislante *m*
Isolierung *f* <-en> aislamiento *m* (*gegen* contra); (*von Gefangenen*) incomunicación *f*
Israel *nt* <-s> Israel *m*
Israeli *mf* <-(s), -(s); -(s)> israelí *mf*
israelisch *adj* israelí
Israelit(in) *m(f)* <-en, -en; -nen> israelita *mf*
israelitisch *adj* israelita
isst[RR], **ißt** *3. präs von* **essen**
ist *3. präs von* **sein**
Italien *nt* <-s> Italia *f*
Italiener(in) *m(f)* <-s, -; -nen> italiano, -a *m, f*
italienisch *adj* italiano
i-Tüpfelchen[RR] *nt* <-s, -> punto *m* sobre la i; (*Krönung*) remate *m*
i.V. *Abk. von* **in Vertretung** p.d.
IWF *m* <-(s)> *Abk. von* **Internationaler Währungsfonds** FMI *m*

J

J, j *nt* <-, -> J, j *f;* ~ **wie Julius** J de Juan

ja *adv* **1.** (*zustimmend*) sí; **zu etw** *dat* ~ **sagen** decir sí a algo; **ich glaube** ~ creo que sí; **wenn** ~, **dann ...** en caso afirmativo...; **ach** ~ ah sí; **aber** ~ pero claro que sí; ~ **doch!** ¡que sí!; **zu allem** ~ **und amen sagen** decir que sí a todo **2.** (*fragend*) sí; **du bist also einverstanden,** ~**?** o sea que estás de acuerdo, ¿sí? **3.** (*doch*): **es ist** ~ **bekannt, dass ...** pues ya se sabe que...; **das sage ich** eso es precisamente lo que yo digo; **da kommt er** ~ ahí viene **4.** (*aber*): **das ist** ~ **fürchterlich** pero eso es realmente terrible; **es ist** ~ **noch früh** pero si aún es temprano; ~, **weißt du das denn nicht?** ¡oye!, ¿es que no lo sabes? **5.** (*bloß*): **komm** ~ **pünktlich!** ¡que llegues puntual!

Ja *nt* <-(s), -(s)> sí *m;* **eine Frage mit** ~ **beantworten** contestar una pregunta con un sí

Jacht *f* <-en> yate *m*

Jacke *f* <-n> chaqueta *f;* (*für Herren*) americana *f,* saco *m Am;* (*Wind~*) cazadora *f*

Jackett *nt* <-s, -s> americana *f,* saco *m Am*

Jackpot *m* <-s, -s> (*im Lotto*) bote *m*

Jagd *f* <-en> **1.** (*von Wild, a. fig*) caza *f;* **auf der** ~ **sein** estar de caza; **er ist auf der** ~ **nach einer guten Stelle** anda a la caza de un buen puesto **2.** *s.* **Jagdrevier**; **Jagdbeute** *f* (presa *f* de) caza *f;* **Jagdbomber** *m* (MIL) (bombardero *m*) caza *m;* **Jagdflugzeug** *nt* (MIL) avión *m* de caza; **Jagdgewehr** *nt* escopeta *f* de caza; **Jagdhaus** *nt* cabaña *f* de caza; **Jagdhund** *m* <-(e)s, -e> perro *m* de caza; **Jagdrevier** *nt* coto *m* de caza; **Jagdschein** *m* <-(e)s, -e> licencia *f* de caza

jagen **I.** *vt* **1.** (*Tier*) cazar; (*Mensch*) perseguir; **sich** *dat* **eine Kugel durch den Kopf** ~ (*fam*) pegarse un tiro (en la cabeza) **2.** (*ver~*) ahuyentar; **jdn in die Flucht/aus dem Haus** ~ poner a alguien en fuga/echar a alguien de casa; **mit Fleisch kann man ihn** ~ (*fam*) la carne le repele **II.** *vi* **1.** (*auf Jagd gehen*) ir de caza **2.** *sein* (*rasen*) correr a toda velocidad **3.** (*ersehnen*) ansiar; **nach Geld/Ruhm** ~ ansiar dinero/la gloria

Jäger(in)[1] *m(f)* <-s, -; -nen> (*Person*) cazador(a) *m(f)*

Jäger[2] *m* <-s, -> (MIL) (bombardero *m*) caza *m*

Jägerschnitzel *nt* <-s, -> (GASTR) *escalope* (*sin rebozar*) *con salsa de champiñones*

Jaguar *m* <-s, -e> jaguar *m,* tigre *m Am*

jäh *adj* (*geh*) **1.** (*plötzlich*) repentino; (*überstürzt*) precipitado; (*Entschluss*) rápido **2.** (*Abgrund*) escarpado

Jahr *nt* <-(e)s, -e> año *m;* **das alte/neue** ~ el año viejo/nuevo; **die neunziger** ~**e** los años noventa; **alle** ~**e wieder** todos los años; **einmal im** ~ una vez al año; **jedes zweite/dritte** ~ cada dos/tres años; **auf** ~**e hinaus** para (muchos) años; **das ganze** ~ (**über**) (durante) todo el año; **nächstes/vergangenes** ~ el año próximo/pasado; **von** ~ **zu** ~ de año en año; **vor einem** ~ hace un año; **jdm ein frohes neues** ~ **wünschen** desear a alguien (un) feliz año nuevo; **in jungen** ~**en** de joven; **sie ist 18** ~**e alt** tiene 18 años; **mit 30** ~**en** a los 30 años; **in die** ~**e kommen** entrar en años; **in den besten** ~**en sein** estar en la flor de la vida

jahraus *adv:* ~, **jahrein** año tras año

Jahrbuch *nt* anuario *m*

jahrelang **I.** *adj* de muchos años **II.** *adv* durante (muchos) años

jähren *vr:* **sich** ~ celebrarse el aniversario (de); **es jährt sich heute zum 10. Mal, dass ...** hoy hace 10 años que...

Jahresanfang *m* principios *mpl* del año; **Jahresbeitrag** *m* cuota *f* anual; **Jahresdurchschnitt** *m* promedio *m* anual; **Jahreseinkommen** *nt* renta *f* anual; **Jahresende** *nt ohne Pl* <-s> fin *m* de año; **Jahresfrist** *f ohne Pl* (JUR) plazo *m* de un año; **Jahresring** *m* (BOT) anillo *m* anual; **Jahrestag** *m* aniversario *m;* **Jahresurlaub** *m* vacaciones *fpl* del año; **Jahreswechsel** *m* año *m* nuevo; **Jahreszahl** *f* año *m;* (*Datum*) fecha *f;* **Jahreszeit** *f* estación *f* (del año); **jahreszeitlich** *adj* de la temporada

Jahrgang *m* <-(e)s, -gänge> **1.** (*Geburtsjahr*) año *m* natal; **er ist** ~ **1970** nació en el año 1970; **er ist mein/wir sind ein** ~ somos de la misma generación **2.** (*von Wein*) cosecha *f* **3.** (*von Zeitschrift*) año *m* **4.** (UNIV) promoción *f*

Jahrhundert *nt* <-s, -e> siglo *m*

Jahrhundertwende *f* fin *m* de siglo

jährlich *adj* anual

Jahrmarkt *m* feria *f*

Jahrtausend *nt* <-s, -e> milenio *m;* **Jahrtausendwende** *f* fin *m* de milenio

Jahrzehnt *nt* <-s, -e> década *f,* decenio *m*

Jähzorn *m ohne Pl* <-(e)s> **1.** (*Eigenschaft*) iracundia *f* **2.** (*Anfall*) arrebato *m* de cólera; **jähzornig** *adj* iracundo, berrinchudo *Am*

Jalousie *f* <-n> persiana *f*

Jammer *m ohne Pl* <-s> **1.** (*Wehklagen*) lamento *m*, llanto *m* **2.** (*Elend*) miseria *f*; **es ist ein ~, dass ...** (*fam*) es una lástima que... +*subj*

jämmerlich *adj* (*Zustand*) lamentable; (*elend*) miserable; (*herzzerreißend*) desgarrador

jammern *vi* lamentarse (*über* de); (*klagen*) quejarse (*über* de); **nach jdm/etw** *dat* ~ preguntar lloriqueando por alguien/pedir algo lloriqueando

jammerschade *adj*: ~ **sein** (*fam*) ser una verdadera pena

Jänner *m* <-s, -> (*Österr: Januar*) enero *m*; *s. a.* **März**

Januar *m* <-(s), -e> enero *m*; *s. a.* **März**

Japan *nt* <-s> Japón *m*

Japaner(in) *m(f)* <-s, -; -nen> japonés, -esa *m, f*

japanisch *adj* japonés

Jargon *m* <-s, -s> jerga *f*, jerigonza *f*

Jasager(in) *m(f)* <-s, -; -nen> (*abw*) conformista *mf*

Jasmin *m* <-s, -e> jazmín *m*

Jastimme *f* voto *m* afirmativo

jäten *vt* escardar; **Unkraut** ~ arrancar las malas hierbas

Jauche *f* <-n> purín *m*

jauchzen *vi* lanzar gritos de júbilo

jaulen *vi* (*Hund*) aullar

jawohl *part* claro, cierto

Jawort *nt* <-(e)s, -e> consentimiento *m*; **jdm das ~ geben** dar el sí a alguien

Jazz *m ohne Pl* <-> jazz *m*; **Jazzgymnastik** *f* gym-jazz *m*

je **I.** *adv* **1.** (*jemals*) alguna vez; **wer hätte das ~ gedacht!** ¡quién lo hubiera imaginado!; **es ist schlimmer denn ~** es peor que nunca; **seit eh und ~** desde tiempos inmemoriales **2.** (*jeweils*) cada; **ich gebe euch ~ zwei Stück** os doy dos trozos a cada uno; **es können ~ zwei Personen eintreten** pueden entrar de dos en dos; ~ **beteiligter Student** por cada estudiante que participe **II.** *präp* +*akk* (*pro*) por; ~ **Erwachsenen** por (cada) adulto **III.** *konj* cuanto; **er wird vernünftiger, ~ älter er wird** cuanto mayor se hace, más sensato se vuelve; ~ **nachdem(, ob/wie ...)** según (si/cómo...); ~ **nach Größe** según el tamaño; ~ **eher ihr kommt, desto** [*o* **um so**] **besser** cuanto antes vengáis, (tanto) mejor; ~ **eher, desto** [*o* **um so**] **lieber** cuanto antes mejor **IV.** *interj*: **oh ~!** ¡madre mía!

Jeans *f inv* vaqueros *mpl*, tejanos *mpl*, jeans *mpl Am*; **Jeanshose** *f* pantalón *m* vaquero

jede(r, s) *pron indef* **1.** (*substantivisch*) cada uno/una; **~r von uns** cada uno de nosotros; **ein ~r** cualquiera; **~m das seine** a cada cual lo suyo; ~ **zweite** una de cada dos; **~r für sich** cada uno para sí; **~r gegen ~n** todos contra todos **2.** (*adjektivisch*) cada; (*all*) todo; (*ein beliebiges*) cualquier(a); **auf ~n Fall** en todo caso; **ohne ~n Grund** sin ninguna razón; **um ~n Preis** a toda costa; **es kann ~n Augenblick passieren** puede suceder en cualquier momento; **ohne ~ Hoffnung** sin esperanza alguna

jedenfalls *adv* en todo caso, sea como sea

jedermann *pron indef* todos, cada uno; **das ist nicht ~s Sache** esto no es para todos los gustos

jederzeit *adv* siempre, a cualquier hora

jedesmal *adv* cada vez, siempre; **~, wenn ...** cada vez que...

jedoch *konj* pero, sin embargo

Jeep® *m* <-s, -s> jeep *m*

jegliche(r, s) *pron indef* cualquier tipo de

jeher *adv*: **von** [*o* **seit**] ~ desde siempre

jemals *adv* alguna vez, jamás; **hat man ~ so etwas gesehen?** ¿habráse visto semejante cosa?

jemand *pron indef* alguien; (*verneint*) nadie; **ist hier ~?** ¿hay alguien aquí?; ~ **anderes** otra persona

Jena *nt ohne Pl* <-s> Jena *f*

jene(r, s) *pron dem* (*geh*) **1.** (*adjektivisch: da*) ese, esa; (*dort*) aquel, aquella; **in ~n Tagen** en aquellos días **2.** (*substantivisch: da*) ése, ésa, eso; (*dort*) aquél, aquélla, aquello

jenseits **I.** *präp* +*gen* al otro lado de, más allá de **II.** *adv* al otro lado, más allá; ~ **von Gut und Böse** más allá del bien y del mal

Jenseits *nt ohne Pl* <-> más allá *m*

Jerusalem *nt* <-s> Jerusalén *m*

Jesuit *m* <-en, -en> (REL) jesuita *m*

Jesus *m* <Jesu> (REL) Jesús *m*; ~ **Christus** Jesucristo *m*

Jet *m* <-(s), -s> jet *m*, avión *m* a reacción

Jet-set *m* <-s, -s>, **Jetset**[RR] *m* <-s, -s> alta sociedad *f*

jetzige(r, s) *adj* actual

jetzt *adv* ahora; (*augenblicklich*) en este momento; ~ **gleich** ahora mismo; **bis ~** hasta ahora; ~ **oder nie** ahora o nunca; **von ~ an** a partir de ahora

jeweilige(r, s) *adj* correspondiente, respectivo; (*augenblicklich*) actual

jeweils *adv* (*jedesmal*) cada vez; ~ **am Monatsersten** cada primero de mes; **die ~ Größten aus jeder Gruppe** los más altos de cada grupo; ~ **vier Personen** cada vez cuatro personas

Jh. *Abk. von* **Jahrhundert** siglo *m*

JH *Abk. von* **Jugendherberge** albergue *m* juvenil
Job *m* <-s, -s> **1.** (*fam: Arbeit*) trabajo *m*, pega *f CSur, Mex* **2.** (INFOR) tarea *f*
jobben *vi* (*fam*) currar (*als* de)
JobsharingRR *nt ohne Pl* <-(s)> jobsharing *m*
Joch *nt* <-(e)s, -e> (*Last*) yugo *m*
Jockei *m* <-s, -s>, **Jockey** *m* <-s, -s> (SPORT) yoquei *m*
Jod *nt ohne Pl* <-(e)s> (*a.* CHEM) yodo *m*
jodeln *vi* cantar a la tirolesa
Jodler(in) *m(f)* <-s, -; -nen> (MUS) cantador(a) *m(f)* a la tirolesa
Jodsalz *nt ohne Pl* <-es> sal *f* yodada
Joga *m o nt ohne Pl* <-(s)> yoga *m*
joggen *vi sein* hacer footing
Jogging *nt ohne Pl* <-s> footing *m;* **Jogginganzug** *m* <-(e)s, -züge> chándal *m*
Joghurt *m o nt* <-(s), -(s)>, **Jogurt**RR *m o nt* <-(s), -(s)> yogur *m*
Johannisbeere *f* <-n> grosella *f;* **schwarze ~** casis *f inv*
johlen *vi* (*abw*) gritar
Joint *m* <-s, -s> (*fam*) porro *m*
Jo-jo *nt* <-s, -s> yoyó *m*
Joker *m* <-s, -> comodín *m*
Jongleur(in) *m(f)* <-s, -e; -nen> malabarista *mf*
jonglieren* **I.** *vt* hacer juegos malabares (con) **II.** *vi* hacer juegos malabares; (*fig: mit Begriffen, Formeln*) manejar con mucha habilidad
Jordanien *nt* <-s> Jordania *f*
Jordanier(in) *m(f)* <-s, -; -nen> jordano, -a *m, f*
jordanisch *adj* jordano
Joule *nt* <-(s), -> (PHYS) julio *m*
Journal *nt* <-s, -e> **1.** (PUBL: *geh*) revista *f* **2.** (NAUT) diario *m* de a bordo **3.** (WIRTSCH) diario *m*
Journalismus *m ohne Pl* <-> periodismo *m*
Journalist(in) *m(f)* <-en, -en; -nen> periodista *mf*
journalistisch *adj* periodístico
Joystick *m* <-s, -s> (INFOR) palanca *f* de mando, joystick *m*
jr. *Abk. von* **junior** júnior *m*, hijo *m*
Jubel *m ohne Pl* <-s> júbilo *m*, elación *f Am;* **~, Trubel, Heiterkeit** alborozo y alegría
jubeln *vi* dar gritos de júbilo
Jubiläen *Pl von* **Jubiläum**
Jubilar(in) *m(f)* <-s, -e; -nen> homenajeado, -a *m, f*
Jubiläum *nt* <-s, Jubiläen> aniversario *m;* **zehnjähriges ~** décimo aniversario; **fünfzigjähriges ~** cincuentenario *m*
juchzen *vi* (*fam*) soltar un grito de alegría
jucken **I.** *vi, vt* **1.** (*Juckreiz verursachen*) picar **2.** (*fam: reizen*) tener ganas, apetecer **II.** *vt* (*fam: reizen*) apetecer; (*kümmern*) interesar **III.** *vr:* **sich ~** (*fam*) rascarse **IV.** *vunpers* tener ganas; **mir juckt es in den Fingern zu ...** tengo unas ganas enormes de...
Juckreiz *m* <-es, -e> picor *m*
Jude *m*, **Jüdin** *f* <-n, -n; -nen> judío, -a *m, f*
Judentum *nt ohne Pl* <-s> judaísmo *m*
Judenverfolgung *f* (HIST) persecución *f* de los judíos
Jüdin *f* <-nen> *s.* **Jude**
jüdisch *adj* judío
Judo *nt ohne Pl* <-(s)> (SPORT) yudo *m*
Jugend *f ohne Pl* **1.** (*Altersstufe*) juventud *f;* (*~ alter*) adolescencia *f;* **von ~ an** desde joven; **seine frühesten ~** los primeros años de su adolescencia **2.** (*junge Leute*) juventud *f*, jóvenes *mpl;* **die heutige ~** la juventud de hoy; **Jugendamt** *nt* oficina *f* de protección de menores; **Jugendbuch** *nt* libro *m* juvenil; **jugendfrei** *adj* apto para menores; (FILM) apto para todos los públicos; **Jugendfreund(in)** *m(f)* amigo, -a *m, f* de juventud; **jugendgefährdend** *adj* no apto para menores; **Jugendherberge** *f* albergue *m* juvenil
jugendlich *adj* **1.** (*Altersstufe*) joven, adolescente **2.** (*jung wirkend*) juvenil; **sich ~ kleiden** vestirse de forma juvenil
Jugendliche(r) *mf* <-n, -n; -n> joven *mf;* (*Heranwachsende*) adolescente *mf;* **~ unter 16 Jahren** menores de 16 años
Jugendliebe *f* <-n> amor *m* juvenil; **Jugendschutz** *m* protección *f* de menores
Jugendstil *m ohne Pl* <-s> (KUNST, ARCHIT) Modernismo *m*
Jugendtraum *m* sueño *m* de juventud; **Jugendzeit** *f ohne Pl* tiempo *m* de la juventud, juventud *f;* **Jugendzentrum** *nt* centro *m* juvenil
Jugoslawe, -in *m, f* <-n, -n; -nen> yugoslavo, -a *m, f*
Jugoslawien *nt* <-s> Yugoslavia *f*
jugoslawisch *adj* yugoslavo
Juli *m* <-(s), -s> julio *m; s. a.* **März**
jun. *Abk. von* **junior** júnior *m*, hijo *m*
jung *adj* <jünger, am jüngsten> joven; **J~ und Alt** jóvenes y viejos; **von ~ auf** desde joven; **sie ist 18 Jahre ~** sólo tiene 18 años
Junge[1] *m* <-n, -n> **1.** (*Knabe*) niño *m*, gurrumino *m Mex* **2.** (*junger Mann*) muchacho *m*, chico *m*, pibe *m Arg;* **alter ~!** (*fam*) ¡hombre!; **~, ~!** (*fam*) ¡vaya, vaya!
Junge(s)[2] *nt* <-n, -n> cría *f;* (*von Hunden, Raubtier*) cachorro *m;* (*von Vögeln*) pollo *m*
jünger *adj kompar von* **jung** más joven; (*Geschwister*) menor; **~ sein als** ser más joven

que; **ihr ~er Bruder** su hermano menor; **~en Datums sein** ser de fecha reciente; **sich ~ machen** quitarse años

Jünger(in) *m(f)* <-s, -; -nen> discípulo, -a *m, f*

Jungfernfahrt *f* viaje *m* inaugural; **Jungfernhäutchen** *nt* <-s, -> (ANAT) himen *m*

Jungfrau *f* <-en> **1.** (*Frau*) virgen *f* **2.** (ASTR) Virgo *m*

jungfräulich *adj* (*a. fig*) virgen

Jungfräulichkeit *f ohne Pl* virginidad *f;* (*Reinheit*) pureza *f*

Junggeselle, **-in** *m, f* soltero, -a *m, f;* **eingefleischter ~** solterón empedernido

Jüngling *m* <-s, -e> (*abw*) mozalbete *m*

jüngst *adv* (*geh*) recientemente

jüngste(r, s) *adj superl von* **jung** menor; **die ~ Entwicklung hat gezeigt, dass ...** los últimos acontecimientos han demostrado que...; **die ~ deutsche Literatur** la literatura alemana actual; **das J~ Gericht** el Juicio Final; **der J~ Tag** el Día del Juicio

Jungtier *nt* animal *m* joven

Juni *m* <-(s), -s> junio *m; s. a.* **März**

junior *adj* (*geh*) júnior, hijo; **Peter Müller ~** Peter Müller, hijo

Junior(in) *m(f)* <-s, -en; -nen> **1.** (*fam*) hijo, -a *m, f* **2.** (SPORT) júnior *mf;* **Juniorchef(in)** *m(f)* hijo, -a *m, f* del jefe

Junkfood *nt ohne Pl* <-s> comida *f* basura

Junkie *m* <-s, -s> (*fam*) yonqui *mf*

Jupiter *m* <-s> (*a.* ASTR) Júpiter *m*

Jura[1] *m ohne Pl* <-s> (GEO) **1.** (*Formation*) jurásico *m* **2.** (*Gebirge, Schweizer Kanton*) Jura *m*

Jura[2] (JUR) Derecho *m;* **~ studieren** estudiar Derecho

Jurisprudenz *f ohne Pl* (*geh*) jurisprudencia *f*

Jurist(in) *m(f)* <-en, -en; -nen> jurista *mf*

Juristerei *f ohne Pl* (*iron: Rechtswissenschaft*) jurisprudencia *f*

juristisch *adj* jurídico; **die ~e Fakultät** la Facultad de Derecho; **~e Person** persona jurídica

Juror(in) *m(f)* <-s, -en; -nen> (miembro *m* de un) jurado *m*

Jury *f* <-s> jurado *m*

just *adv* justo, justamente

Justiz *f ohne Pl* justicia *f;* **Justizbeamte(r)**, **-beamtin** *m, f* empleado, -a *m, f* de la justicia; **Justizbehörde** *f* autoridad *f* judicial [*o* jurídica], justicia *f;* **Justizgebäude** *nt* palacio *m* de justicia; **Justizirrtum** *m* equivocación *f* judicial; **Justizminister(in)** *m(f)* ministro, -a *m, f* de Justicia; **Justizministerium** *nt* Ministerio *m* de Justicia; **Justizvollzugsanstalt** *f* establecimiento *m* penitenciario

Jute *f ohne Pl* yute *m*

Juwel *m o nt* <-s, -en> joya *f*

Juwelier(in)[1] *m(f)* <-s, -e; -nen> joyero, -a *m, f*

Juwelier[2] *m* <-s, -e> (*Geschäft*) joyería *f*

Jux *m* <-es, -e> (*fam*) juerga *f,* cachondeo *m sl;* **aus ~ und Tollerei** de cachondeo *sl;* **sich** *dat* **einen ~ aus etw** *dat* **machen** cachondearse de algo *sl*

K

K, k *nt* <-, -> K, k *f;* ~ **wie Kaufmann** K de Kenia

Kabarett *nt* <-s, -s> café-teatro *m*

Kabarettist(in) *m(f)* <-en, -en; -nen> artista *mf* de café-teatro

Kabel *nt* <-s, -> cable *m;* **Kabelfernsehen** *nt ohne Pl* <-s> televisión *f* por cable

Kabeljau *m* <-s, -s *o* -e> bacalao *m*

Kabine *f* <-n> cabina *f;* (*Umkleide~*) vestuario *m;* (*Schiffs~*) camarote *m;* (AERO) carlinga *f*

Kabinett *nt* <-s, -e> (POL) gabinete *m*

Kabriolett *nt* <-s, -s> (coche *m*) descapotable *m*

Kachel *f* <-n> azulejo *m*

kacheln *vt* poner azulejos

Kachelofen *m* estufa *f* (de) cerámica

Kacke *f ohne Pl* (*vulg*) **1.** (*Kot*) caca *f* **2.** (*Angelegenheit*) mierda *f*

Kadaver *m* <-s, -> cadáver *m* (de un animal)

Kader *m Schweiz: nt* <-s, -> (POL, SPORT) cuadro *m*

Kadmium *nt ohne Pl* <-s> (CHEM) cadmio *m*

Käfer *m* <-s, -> (*a.* AUTO) escarabajo *m*

Kaff *nt* <-s, -s *o* -e *o* Käffer> (*fam abw*) pueblucho *m,* pueblo *m* de mala muerte

Kaffee *m* <-s, -s> café *m;* ~ **kochen** hacer café; (**einen**) ~ **trinken** tomar (un) café; **schwarzer/starker/dünner** ~ café solo/fuerte/flojo; ~ **mit Milch/ohne Zucker** café con leche/sin azúcar; **das ist kalter** ~ (*fam*) eso lo sabe todo el mundo; **Kaffeebohne** *f* grano *m* de café; **kaffeebraun** *adj* color café; **Kaffeefilter** *m* filtro *m* de café; **Kaffeehaus** *nt* café *m;* **Kaffeekanne** *f* cafetera *f;* **Kaffeeklatsch** *m* <-(e)s, -e> (*fam*) tertulia *f;* **Kaffeelöffel** *m* cucharilla *f* de café; **Kaffeemaschine** *f* cafetera *f* eléctrica, greca *f Am;* **Kaffeemühle** *f* <-n> molinillo *m* de café; **Kaffeesatz** *m ohne Pl* <-es> poso *m* del café; **Kaffeetasse** *f* taza *f* de café

Käffer *Pl von* **Kaff**

Käfig *m* <-s, -e> jaula *f;* **goldener** ~ (*fig*) jaula de oro

kahl *adj* **1.** (*ohne Haar*) calvo; ~ **geschoren** pelado al rape **2.** (*ohne Vegetation, Wand*) pelado **3.** (*ohne Blätter*) deshojado; **kahlgeschoren** *adj s.* **kahl 1.**; **Kahlkopf** *m* (*fam*) calvo, -a *m, f*

kahlköpfig *adj* pelado

Kahlschlag *m* **1.** (*Fällen*) desmonte *m* completo **2.** (*Schlagfläche*) claro *m*

Kahn *m* <-(e)s, Kähne> **1.** (*kleines Boot*) bote *m* **2.** (*Lastschiff*) gabarra *f*

Kai *m* <-s, -s> muelle *m*

Kaiman *m* <-s, -e> caimán *m,* lagarto *m Am*

Kaiser(in) *m(f)* <-s, -; -nen> emperador *m,* emperatriz *f*

kaiserlich *adj* imperial

Kaiserreich *nt* imperio *m*

Kaiserschmarr(e)n *m* (*Österr:* GASTR) *tortilla desmenuzada con azúcar y pasas*

Kaiserschnitt *m* (MED) cesárea *f*

Kajak *m o nt* <-s, -s> (SPORT) kayac *m*

Kajüte *f* <-n> camarote *m*

Kakadu *m* <-s, -s> cacatúa *f*

Kakao *m* <-s, -s> **1.** (*Pulver, Pflanze*) cacao *m,* cacahuatl *m Mex* **2.** (*Getränk*) chocolate *m;* **jdn durch den** ~ **ziehen** (*fam*) tomar el pelo a alguien; **Kakaobohne** *f* grano *m* de cacao; **Kakaobutter** *f* manteca *f* de cacao

Kakerlak *m* <-s *o* -en, -en> cucaracha *f*

Kaktus *m* <-ses, Kakteen> cactus *m inv*

Kalb *nt* <-(e)s, Kälber> ternero, -a *m, f*

kalben *vi* (*Kuh*) parir (un ternero)

Kalbfleisch *nt* (carne *f* de) ternera *f*

Kalbsbraten *m* (GASTR) asado *m* de ternera, ternera *f* asada; **Kalbskotelett** *nt* (GASTR) chuleta *f* de ternera; **Kalbsschnitzel** *nt* <-s, -> (GASTR) escalope *m* de ternera

Kaldaunen *fPl* (GASTR: *Kutteln*) callos *mpl*

Kaleidoskop *nt* <-(e)s, -e> caleidoscopio *m*

Kalender *m* <-s, -> calendario *m;* (*Taschen~*) agenda *f;* **Kalenderjahr** *nt* año *m* natural

Kali *nt* <-s, -s> (CHEM: *Kalisalz*) sal *f* potásica

Kaliber *nt* <-s, -> (*a. fig*) calibre *m*

Kalif *m* <-en, -en> (REL) califa *m*

Kalium *nt ohne Pl* <-s> (CHEM) potasio *m*

Kalk *m* <-(e)s, -e> **1.** (*~stein, Baustoff*) cal *f;* **gebrannter/gelöschter** ~ cal viva/muerta **2.** (*Kalzium*) calcio *m;* **Kalkboden** *m* <-s, -böden> suelo *m* calizo

kalken *vt* **1.** (*tünchen*) encalar **2.** (*düngen*) abonar con cal

kalkhaltig *adj* calizo

Kalkstein *m* (GEO) piedra *f* caliza

Kalkulation *f* <-en> cálculo *m;* **nach meiner** ~ según mis cálculos

kalkulieren* *vt* calcular

Kalorie *f* <-n> caloría *f;* **kalorienarm** *adj*

bajo en calorías; **Kaloriengehalt** *m* <-(e)s, -e> contenido *m* calórico; **kalorienreich** *adj* rico en calorías

kalt *adj* <kälter, am kältesten> **1.** (*allgemein*) frío; (*eis~*) helado; **mir ist/wird ~** tengo frío/me entra frío; **es ist ~** hace frío; **abends essen wir ~** por la noche tomamos una cena fría; **das Essen wird ~** la comida se enfría; **etw ~ stellen** poner algo a enfriar; **es überlief ihn ~** (*fam*) le entró miedo; **mit der Frage hat er mich ~ erwischt** (*fam*) con la pregunta me pilló desprevenido **2.** (*gefühllos*) frío; (*gleichgültig*) indiferente

kaltblütig **I.** *adj* (*unerschrocken*) intrépido; (*skrupellos*) sin escrúpulos **II.** *adv* a sangre fría

Kaltblütigkeit *f ohne Pl* sangre *f* fría

Kälte *f ohne Pl* **1.** (*Temperatur*) frío *m;* **bei dieser ~** con este frío; **es herrschte eine eisige ~** hacía un frío intenso; **drei Grad ~** tres grados bajo cero **2.** (*Gefühlsarmut*) frialdad *f;* (*Gleichgültigkeit*) indiferencia *f;* **kältebeständig** *adj* (TECH) resistente al frío; **Kälteeinbruch** *m* (METEO) llegada *f* del frío; **Kältegrad** *m* grado *m* bajo cero; **Kälteperiode** *f* período *m* de frío

Kälteschutzmittel *nt* (TECH) anticongelante *m*

Kaltfront *f* (METEO) frente *m* frío; **kaltgepresst**[RR] *adj,* **kaltgepreßt** *adj* (*Öl*) prensado en frío; **kalt|lassen** *irr vt s.* **lassen 1.**; **Kaltluft** *f ohne Pl* (METEO) aire *m* frío; **kalt|machen** *vt* (*sl*) liquidar; **Kaltmiete** *f* alquiler *m* sin los gastos de calefacción

kaltschnäuzig *adj* (*fam*) frío; (*gleichgültig*) indiferente; (*frech*) impertinente

Kaltstart *m* **1.** (AUTO) arranque *m* en frío **2.** (INFOR) *nuevo arranque del programa sin desconectar el ordenador;* **kalt|stellen** *vt* (*fam: Person*) eliminar

Kalzium *nt ohne Pl* <-s> (CHEM) calcio *m*

kam *3. imp von* **kommen**

Kamel *nt* <-(e)s, -e> **1.** (*Tier*) camello *m* **2.** (*fam abw: Mensch*) tonto, -a *m, f;* **Kamelhaar** *nt ohne Pl* <-(e)s> pelo *m* de camello

Kamelie *f* <-n> (BOT) camelia *f*

Kameltreiber(in) *m(f)* <-s, -; -nen> camellero, -a *m, f*

Kamera *f* <-s> **1.** (FILM, TV) cámara *f;* **vor der ~ stehen** estar delante de la cámara **2.** (FOTO) máquina *f* fotográfica

Kamerad(in) *m(f)* <-en, -en; -nen> camarada *mf,* cuate, -a *m, f Guat, Mex*

Kameradschaft *f ohne Pl* camaradería *f*

kameradschaftlich *adj* de camaradería; **eine ~e Geste** un gesto de camaradería

Kamerafrau *f* operadora *f,* camerógrafa *f;* **Kameramann** *m* <-(e)s, -männer *o* -leute> operador *m,* camerógrafo *m*

Kamerun *nt* <-s> (el) Camerún *m*

Kameruner(in) *m(f)* <-s, -; -nen> camerunense *mf*

kamerunisch *adj* camerunense

Kamille *f* <-n> manzanilla *f;* **Kamillentee** *m* (infusión *f* de) manzanilla *f*

Kamin *m Schweiz: nt* <-s, -e> (*a. im Berg*) chimenea *f;* **Kaminfeger(in)** *m(f)* <-s, -; -nen> (*reg*) limpiachimeneas *m inv*

Kamm *m* <-(e)s, Kämme> **1.** (*zum Kämmen*) peine *m;* **alles über einen ~ scheren** (*fig*) medirlo todo por el mismo rasero **2.** (*Hahnen~, Gebirgs~, Wellen~*) cresta *f* **3.** (GASTR: *Nackenstück*) morrillo *m*

kämmen *vt* peinar

Kammer *f* <-n> **1.** (*für Vorräte*) despensa *f;* (*für Besen*) escobero *m* **2.** (POL) Cámara *f;* (*in Spanien*) Congreso *m* de los Diputados **3.** (JUR) sala *f* **4.** (*Ärzte~*) colegio *m;* **Kammerdiener(in)** *m(f)* <-s, -; -nen> (HIST) ayuda *m* de cámara; **Kammerjäger(in)** *m(f)* <-s, -; -nen> desinsectador(a) *m(f);* **Kammermusik** *f* música *f* de cámara; **Kammerton** *m* <-(e)s, -töne> (MUS) diapasón *m* normal; **Kammerzofe** *f* (HIST) doncella *f,* camarera *f*

Kampagne *f* <-n> campaña *f*

Kampf *m* <-(e)s, Kämpfe> **1.** (*allgemein*) lucha *f;* **ein ~ auf Leben und Tod** una lucha a muerte; **der ~ ums Überleben** la lucha por la supervivencia; **der ~ für/gegen etw** la lucha por/contra algo; **jdm/etw** *dat* **den ~ ansagen** declarar la guerra a alguien/algo **2.** (*~handlung*) combate *m;* **auf in den ~!** ¡al ataque!; **er ist im ~ gefallen** cayó en combate **3.** (*Box~*) combate *m;* **Kampfansage** *f* reto *m*

kämpfen *vi* luchar (*um/für* por, *gegen* contra); (MIL) combatir; **mit etw** *dat* **zu ~ haben** (*a. fig*) tener problemas con algo; **sie kämpfte um ihr Leben** luchó por su vida; **sie kämpfte mit dem Tod** se debatió entre la vida y la muerte; **er kämpfte mit den Tränen** intentó contener las lágrimas; **ich habe lange mit mir ~ müssen** he tenido que luchar durante mucho tiempo contra mí mismo

Kampfer *m ohne Pl* <-s> (BOT) alcanfor *m*

Kämpfer(in) *m(f)* <-s, -; -nen> **1.** (MIL) combatiente *mf* **2.** (SPORT: *a. fig*) luchador(a) *m(f),* faite *m Am*

kämpferisch *adj* luchador; (*kampflustig*) combativo; (POL) militante

kampferprobt *adj* (MIL) aguerrido; **Kampfflugzeug** *nt* (MIL) avión *m* de combate; **Kampfgas** *nt* <-es, -e> (MIL) gas *m* mostaza; **Kampfgeist** *m ohne Pl* <-(e)s> espíritu *m* combativo; **Kampfhandlung** *f* (MIL) operación *f* militar; **die ~en einstellen** cesar las operaciones militares; **Kampfhund** *m* <-(e)s, -e> perro *m* de pelea

kampflos *adj* (*widerstandslos*) sin resistencia

Kampfplatz *m* <-es, -plätze> (MIL) lugar *m* de combate; **Kampfrichter(in)** *m(f)* (SPORT) árbitro, -a *m, f;* **Kampfsport** *m* <-(e)s, -e> deporte *m* de combate; **kampfunfähig** *adj* (SPORT, MIL) fuera de combate

kampieren* *vi* acampar

Kanada *nt* <-s> (el) Canadá *m*

Kanadier(in) *m(f)* <-s, -; -nen> canadiense *mf*

kanadisch *adj* canadiense

Kanake, -in *m, f* <-n, -n; -nen> **1.** (*Südseeinsulaner*) canaco, -a *m, f* **2.** (*fam abw: Immigrant in Deutschland*) extranjero, -a *m, f* (*aplícase sobre todo a los inmigrantes turcos en Alemania*)

Kanal *m* <-s, Kanäle> **1.** (*Wasserlauf*) canal *m;* **der ~** (*Ärmelkanal*) (el Canal de) la Mancha **2.** (*Abwasser~*) alcantarillado *m;* (*Bewässerungs~*) acequia *f* **3.** (RADIO, TV) canal *m;* **Kanaldeckel** *m* tapa *f* de alcantarillado; **Kanalinseln** *fPl* (GEO) islas *fpl* del Canal

Kanalisation *f* <-en> canalización *f;* (*für Abwässer*) alcantarillado *m*

kanalisieren* *vt* canalizar

Kanaren *Pl:* **die ~** (las) Canarias *fpl*

Kanarienvogel *m* canario *m*

Kanarier(in) *m(f)* <-s, -; -nen> canario, -a *m, f*

kanarisch *adj* canario; **die K~en Inseln** las Islas Canarias

Kandidat(in) *m(f)* <-en, -en; -nen> **1.** (*für eine Wahl*) candidato, -a *m, f;* **jdn (für etw) als ~en aufstellen** presentar a alguien como candidato (para algo) **2.** (*Prüfling*) examinando, -a *m, f*

Kandidatur *f* <-en> candidatura *f;* **seine ~ anmelden/zurückziehen** presentar/retirar su candidatura

kandidieren* *vi* presentarse como candidato

kandiert *adj* escarchado; **~e Früchte** frutas escarchadas

Kandiszucker *m* <-s, -> azúcar *m* cande

Känguru[RR] *nt* <-s, -s>, **Känguruh** *nt* <-s, -s> canguro *m*

Kaninchen *nt* <-s, -> conejo *m*

Kanister *m* <-s, -> bidón *m*

kann *3. präs von* **können**

Kännchen *nt* <-s, -> jarrita *f*

Kanne *f* <-n> jarra *f,* jarro *m;* (*Milch~*) lechera *f;* (*Tee~*) tetera *f;* (*Kaffee~*) cafetera *f;* (*Gieß~*) regadera *f;* **volle ~** (*fam*) a toda mecha

Kannibale, -in *m, f* <-n, -n; -nen> caníbal *mf*

Kannibalismus *m ohne Pl* <-> canibalismo *m*

kannte *3. imp von* **kennen**

Kanon *m* <-s, -s> (*a.* MUS) canon *m*

Kanone *f* <-n> **1.** (*Geschütz*) cañón *m* **2.** (*fam: Könner*) as *m* **3.** (*fam: Revolver*) pistola *f* **4.** (*Wend*): **unter aller ~ sein** (*fam*) no poder ser peor

Kanonenkugel *f* bala *f* de cañón; **Kanonenrohr** *nt* <-(e)s, -e> tubo *m* de cañón

Kantabrer(in) *m(f)* <-s, -; -nen> cántabro, -a *m, f*

Kantabrien *nt* <-s> Cantabria *f*

kantabrisch *adj* (*aus Kantabrien*) cántabro; (*vom nördlichen Küstengebiet*) cantábrico; **K~es Meer** Mar Cantábrico

Kante *f* <-n> (*Rand*) borde *m;* (*Ecke*) canto *m;* **Geld auf die hohe ~ legen** (*fam*) hacer economías

kantig *adj* esquinado; (*Gesicht*) anguloso

Kantine *f* <-n> cantina *f*

Kanton *m* <-s, -e> cantón *m*

kantonal *adj* cantonal

Kanu *nt* <-s, -s> (SPORT) piragua *f,* bongo *m Am,* chalupa *f Mex*

Kanüle *f* <-n> (MED) cánula *f,* bitoque *m Am*

Kanzel *f* <-n> **1.** (*in Kirche*) púlpito *m* **2.** (AERO) cabina *f*

Kanzlei *f* <-en> **1.** (*Büro*) despacho *m;* (*von Rechtsanwalt*) bufete *m;* (*von Notar*) notaría *f* **2.** (*Staats~*) cancillería *f*

Kanzler(in) *m(f)* <-s, -; -nen> **1.** (POL) canciller *mf,* presidente, -a *m, f* del Gobierno (*en Alemania y Austria*) **2.** (UNIV) rector(a) *m(f);* **Kanzleramt** *nt ohne Pl* <-(e)s> cancillería *f,* presidencia *f* del Gobierno (*en Alemania y Austria*); **Kanzlerkandidat(in)** *m(f)* candidato, -a *m, f* a la cancillería, candidato, -a *m* a la presidencia de Gobierno (*en Alemania y Austria*)

Kap *nt* <-s, -s> cabo *m;* **das ~ der Guten Hoffnung** el Cabo de Buena Esperanza

Kapazität *f* <-en> **1.** (*Fassungsvermögen, a.* WIRTSCH) capacidad *f* **2.** (*Experte*) experto, -a *m, f*

Kapelle *f* <-n> **1.** (*Bau*) capilla *f* **2.** (MUS) orquesta *f*

Kapellmeister(in) *m(f)* (MUS) director(a) *m(f)* de orquesta

Kaper[1] *f* <-n> (GASTR) alcaparra *f*

Kaper[2] *m* <-s, -> (NAUT) corsario *m*

kapern *vt* (NAUT) apresar, tomar como botín

kapieren* *vt* (*fam*) captar; **kapiert?** ¿ya?

Kapital *nt* <-s, -e *o* -ien> capital *m;* **~ aufnehmen** tomar dinero a préstamo; **~ aus etw** *dat* **schlagen** sacar provecho de algo; **totes ~** (*fig*) conocimientos no utilizados; **Kapitalabwanderung** *f* (FIN) fuga *f* de capitales; **Kapitalanlage** *f* (FIN) inversión *f* de capital; **Kapitalaufwand** *m* (FIN) gastos *mpl* de capital; **Kapitalertrag** *m* (FIN) rendimiento *m* del capital; **Kapitalgesellschaft** *f* <-en> (FIN) sociedad *f* de capital

Kapitalien *Pl von* **Kapital**

Kapitalismus *m ohne Pl* <-> capitalismo *m*

Kapitalist(in) *m(f)* <-en, -en; -nen> capitalista *mf*

kapitalistisch *adj* capitalista

kapitalkräftig *adj* adinerado

Kapitalverbrechen *nt* (JUR) crimen *m* capital

Kapitän(in) *m(f)* <-s, -e; -nen> **1.** (NAUT, SPORT) capitán, -ana *m, f* **2.** (AERO) comandante *mf*

Kapitel *nt* <-s, -> (*a.* REL) capítulo *m;* **dieses ~ ist für mich erledigt** este capítulo queda zanjado para mí

Kapitell *nt* <-s, -e> (ARCHIT) capitel *m*

Kapitulation *f* <-en> (*a.* MIL) capitulación *f* (*vor* ante)

kapitulieren* *vi* (*a.* MIL) capitular (*vor* ante)

Kaplan *m* <-s, Kapläne> capellán *m*

Kapo *m* <-s, -s> (*südd: fam: Vorarbeiter*) capataz *m*

Kappe *f* <-n> **1.** (*Kopfbedeckung*) gorra *f;* **etw auf seine ~ nehmen** (*fam*) asumir la responsabilidad de algo; **das geht auf ihre ~** eso corre de su cuenta **2.** (*Verschluss*) tapa *f;* (*von Stift*) capuchón *m* **3.** (*am Schuh*) refuerzo *m;* (*hinten*) contrafuerte *m;* (*vorne*) puntera *f*

kappen *vt* **1.** (*Seil*) cortar **2.** (*Finanzmittel*) reducir

Käppi *nt* <-s, -s> quepis *m inv*

Kapriole *f* <-n> **1.** (*Luftsprung, im Reitsport*) cabriola *f* **2.** (*Streich, Laune*) capricho *m*

kapriziös *adj* (*geh*) caprichoso

Kapsel *f* <-n> **1.** (*Behälter*) recipiente *m* **2.** (BOT, MED) cápsula *f* **3.** (*Raumfahrt*) cápsula *f* espacial

kaputt *adj* (*fam*) **1.** (*entzwei*) roto; (*nicht mehr funktionsfähig*) estropeado **2.** (*erschöpft*) hecho polvo; **ein ~er Typ** (*sl*) un tipo reventado; **kaputt|gehen** *irr vi sein* **1.** (*fam: entzweigehen*) romperse (*von* por); (*nicht mehr funktionieren*) estropearse (*von* por) **2.** (*fam: Beziehung, Nerven*) arruinarse, destruirse (*an* por); (*Pflanze*) marchitarse (*an* por) **3.** (*fam: Firma*) quebrar **4.** (*sl: sich psychisch erschöpfen*) destrozarse; **kaputt|lachen** *vr:* **sich ~** troncharse de risa (*über* por); **kaputt|machen** **I.** *vt* (*fam*) **1.** (*zerbrechen*) romper; (*zerstören*) destrozar **2.** (*ruinieren*) arruinar **3.** (*psychisch erschöpfen*) destrozar; **der Stress macht ihn kaputt** el estrés lo mata **II.** *vr:* **sich ~** (*fam*) matarse

Kapuze *f* <-n> capucha *f*

Kapuziner(in)[1] *m(f)* <-s, -; -nen> (REL) capuchino, -a *m, f*

Kapuziner[2] *m* <-s, -> (*Österr:* GASTR: *Milchkaffee*) café *m* con leche

Karabiner *m* <-s, -> **1.** (*Gewehr*) carabina *f* **2.** (*Österr: ~haken*) mosquetón *m*

Karaffe *f* <-n> garrafa *f*

Karambolage *f* <-n> colisión *f* en cadena

Karamel *m Schweiz: nt ohne Pl* <-s>, **Karamell**^RR *m Schweiz: nt ohne Pl* <-s> caramelo *m*

Karat *nt* <-(e)s, -e> quilate *m*

Karate *nt ohne Pl* <-(s)> kárate *m*

Karawane *f* <-n> caravana *f*

Kardamom *m o nt* <-s, -e(n)> (BOT) cardamomo *m*

Kardinal *m* <-s, Kardinäle> (REL) cardenal *m*

Kardinalzahl *f* número *m* cardinal

Kardiogramm *nt* <-s, -e> (MED) cardiograma *m*

Karenztag *m* día *m* de carencia (salarial)

Karfiol *m ohne Pl* <-s> (*Österr:* GASTR) coliflor *f*

Karfreitag *m* (REL) Viernes *m* Santo

karg *adj* **1.** (*gering*) escaso; (*armselig*) pobre; (*Essen*) frugal **2.** (*Wand*) pelado **3.** (*unfruchtbar*) árido

kärglich *adj* escaso; (*Gehalt*) miserable; (*Essen*) frugal

Karibik *f* (el) Caribe *m*

karibisch *adj* caribeño

kariert *adj* (*Stoff*) a cuadros; (*Papier*) cuadriculado; **klein ~** (*Stoff*) a cuadros pequeños; (*kleinlich*) de miras estrechas

Karies *f ohne Pl* (MED) caries *f inv*

Karikatur *f* <-en> caricatura *f*

karikieren* *vt* caricaturizar

kariös *adj* (MED) cariado

karitativ *adj* caritativo

karminrot *adj* carmín

Karneval *m* <-s, -e *o* -s> carnaval *m*

Karnickel *nt* <-s, -> (*reg*) conejo *m*

Kärnten *nt* <-s> Carintia *f*

Karo *nt* <-s, -s> **1.** (*Viereck*) cuadrado *m;* (*Raute*) rombo *m;* (*auf Kleidung*) cuadro *m* **2.** (*spanisches Kartenspiel*) oros *mpl;* (*französisches Kartenspiel*) diamantes *mpl*

Karolinger *mPl* (HIST) Carolingios *mpl*

Karosse *f* <-n> **1.** (*Kutsche*) carroza *f* **2.** (*fam: Karosserie*) carrocería *f*

Karosserie *f* <-n> carrocería *f*

Karotte *f* <-n> zanahoria *f*

Karpfen *m* <-s, -> (ZOOL) carpa *f*

Karre *f* <-n> *s.* **Karren**

Karree *nt* <-s, -s> **1.** (*Viereck*) cuadrado *m* **2.** (*Häuserblock*) manzana *f*, cuadra *f Am;* **ums ~ gehen** dar una vuelta a la manzana **3.** (*Österr:* GASTR: *Rippenstück*) chuleta *f*

Karren *m* <-s, -> **1.** (*Wagen*) carro *m;* **für jdn den ~ aus dem Dreck ziehen** (*fam*) sacarle a alguien las castañas del fuego; **jdm an den ~ fahren** (*fam*) poner a alguien como un trapo **2.** (*abw: Auto*) carraca *f*

Karriere *f* <-n> carrera *f* (profesional); **~ machen** hacer carrera; **Karrierefrau** *f* arribista *f*

Karsamstag *m* (REL) Sábado *m* Santo

Karst *m* <-(e)s, -e> (GEO) carst *m*

Karte *f* <-n> **1.** (*Visiten~, Kredit~*) tarjeta *f*; **die gelbe/rote ~** (SPORT) la tarjeta amarilla/roja **2.** (*Ansichts~*) (tarjeta *f*) postal *f*; **eine ~ schreiben** escribir una postal **3.** (*Speise~*) carta *f* (del menú) **4.** (*Land~*) mapa *m* **5.** (*Fahr~*) billete *m*, boleto *m Am*; (*Eintritts~*) entrada *f* **6.** (*Spiel~*) naipe *m*, carta *f*; **jdm die ~n legen** echar las cartas a alguien; **~n spielen** jugar a las cartas; **mit offenen/verdeckten ~n spielen** (*a. fig*) enseñar las cartas/ocultar el juego; **alles auf eine ~ setzen** (*a. fig*) jugarse el todo por el todo a una carta; **sich** *dat* **nicht in die ~n sehen lassen** (*fig*) esconder la bola **7.** (INFOR) tarjeta *f* gráfica

Kartei *f* <-en> fichero *m*; **eine ~ über jdn/etw führen** tener a alguien/algo fichado; **Karteikarte** *f* ficha *f*; **Karteikasten** *m* fichero *m*

Kartell *nt* <-s, -e> (WIRTSCH) cártel *m*; **Kartellamt** *nt* (WIRTSCH) autoridad *f* de vigilancia de los cárteles

Kartenhaus *nt* **1.** (*Figur aus Spielkarten*) castillo *m* de naipes; **alle ihre Pläne fielen in sich zusammen wie ein ~** todos sus planes se desmoronaron como un castillo de naipes **2.** (NAUT: *Raum für Seekarten*) caseta *f* de derrota; **Kartenlegen** *nt ohne Pl* <-s> cartomancia *f*; **Kartenleger(in)** *m(f)* <-s, -; -nen> cartomántico, -a *m, f*; **Kartenspiel** *nt* **1.** (*Spiel*) juego *m* de naipes **2.** (*Spielkarten*) baraja *f*; **Kartenspieler(in)** *m(f)* jugador(a) *m(f)* de cartas; **Kartentelefon** *nt* teléfono *m* de tarjetas

Kartenvorverkauf *m* venta *f* anticipada de localidades; **Kartenvorverkaufsstelle** *f* taquilla *f* de venta anticipada de localidades, boletería *f Am*

kartieren* *vt* **1.** (GEO) cartografiar **2.** (*in Kartei*) fichar

Kartoffel *f* <-n> patata *f*, papa *f Am*; **jdn fallen lassen wie eine heiße ~** (*fam*) dejar a alguien en la estacada; **Kartoffelbrei** *m ohne Pl* <-s> (GASTR) puré *m* de patatas; **Kartoffelchip** *m* (GASTR) patata *f* frita; **Kartoffelkäfer** *m* (ZOOL) escarabajo *m* de la patata; **Kartoffelpuffer** *m* (GASTR) *fritura de patatas ralladas;* **Kartoffelpüree** *nt ohne Pl* <-s> (GASTR) puré *m* de patata, naco *m Kol*; **Kartoffelsalat** *m* (GASTR) ensalada *f* de patatas; **Kartoffelschäler** *m* <-s, -> pelador *m* de patatas

Karton *m* <-s, -s> **1.** (*Material*) cartón *m*; (*Foto~*) cartulina *f* **2.** (*Behälter*) caja *f*

kartoniert *adj* (*Buch*) empastado

Kartusche *f* <-n> **1.** (TECH: *Behälter*) cartucho *m*; (*Tonerpatrone*) tóner *m* **2.** (MIL: *Geschosshülse*) cartucho *m*; (*leere Geschosshülle*) casquillo *m* **3.** (KUNST: *Zierornament*) voluta *f*

Karussell *nt* <-s, -s *o* -e> tiovivo *m*

Karwoche *f* (REL) Semana *f* Santa

Kasachstan *nt* <-s> Kazajstán *m*

kaschieren* *vt* ocultar

Kaschmir[1] *m* <-s, -e> (*Wolle, Gewebe*) cachemir *m*

Kaschmir[2] *nt* <-s> Cachemira *m*

Käse *m* <-s, -> **1.** (GASTR) queso *m* **2.** (*fam abw: Unsinn*) tonterías *fpl*; **das ist doch alles ~, was du erzählst!** ¡no dices más que bobadas!; **Käseglocke** *f* quesera *f*; **Käsekuchen** *m* tarta *f* de queso

Käserei *f* <-en> quesería *f*

Kaserne *f* <-n> cuartel *m*

käsig *adj* (*fam*) descolorido; (*Hautfarbe*) pálido

Kasino *nt* <-s, -s> **1.** (MIL) comedor *m* de oficiales **2.** (*Spiel~*) casino *m*, casa *f* de juego

Kaskade *f* <-n> cascada *f*

Kaskoversicherung *f* seguro *m* contra todo riesgo

Kasper(le) *m* <-s, -> títere *m*; **Kasper(le)theater** *nt* guiñol *m*

Kassa *f* <Kassen> (*Österr*) caja *f*

Kasse *f* <-n> **1.** (*Behälter, Zahlstelle*) caja *f*; **~ machen** hacer la caja; **jdn zur ~ bitten** (*fam*) reclamar dinero a alguien **2.** (*Bargeld*) efectivo *m* en caja; **knapp/gut bei ~ sein** (*fam*) andar mal/bien de dinero; **wir haben getrennte ~n** hacemos cuentas separadas **3.** (*für Eintritts-, Fahrkarten*) taquilla *f* **4.** (*fam: Bank*) caja *f*

Kassel *nt* <-s> Kassel *m*

Kasseler *nt* <-s, -> (GASTR) *carne de cerdo cocida y ahumada, similar al lacón*

Kassenarzt, -ärztin *m, f* médico, -a *m, f* de la Seguridad Social

Kassenautomat *m* cajero *m* automático; **Kassenbestand** *m* <-es, -stände> efectivo *m* en caja; **Kassenbon** *m* tíquet *m* de compra

Kassenpatient(in) *m(f)* paciente *mf* de la Seguridad Social

Kassenschlager *m* (*fam*) superventas *m inv*; (*Film*) película *f* taquillera; **Kassenstunden** *fPl* (WIRTSCH) horas *fpl* de caja; **Kassensturz** *m*: **~ machen** contar el dinero; **Kassenzettel** *m* **1.** (*Quittung*) factura *f* **2.** *s.* **Kassenbon**

Kassette *f* <-n> **1.** (*für Geld*) cajita *f*; (*für Schmuck*) joyero *m* **2.** (*Schutzhülle*) estuche *m* **3.** (*Musik~, Video~*) cas(s)et(t)e *m*; **Kassettenrekorder** *m* <-s, -> cas(s)et(t)e *m*

kassieren* I. *vi* 1. (*Kellner*) cobrar 2. (*fam: Geld einnehmen*) ganar II. *vt* 1. (*einnehmen*) cobrar (*von/bei* de) 2. (*fam: sich aneignen*) quedarse (con); (*wegnehmen*) quitar 3. (*fam: einstecken müssen*) tragarse 4. (JUR: *aufheben*) casar

Kassierer(in) *m(f)* <-s, -; -nen> cajero, -a *m, f;* (*im Verein*) tesorero, -a *m, f*

Kassler[RR] *nt* <-s, ->, **Kaßler** *nt* <-s, -> *s.* **Kasseler**

Kastagnette *f* <-n> castañuela *f*

Kastanie *f* <-n> 1. (*Baum*) castaño *m* 2. (*Frucht*) castaña *f;* **für jdn die ~n aus dem Feuer holen** (*fam*) sacarle a alguien las castañas del fuego; **kastanienbraun** *adj* castaño

Kästchen *nt* <-s, -> 1. (*Behälter*) cajita *f* 2. (*auf Papier*) cuadrícula *f*

Kaste *f* <-n> casta *f*

kasteien* *vr:* **sich ~** mortificarse

Kastell *nt* <-s, -e> castillo *m*

Kasten *m* <-s, Kästen> 1. (*Kiste*) caja *f;* (*größerer*) cajón *m;* **etwas auf dem ~ haben** (*fam*) ser listo 2. (*Schau~*) vitrina *f* de exposición 3. (*fam: Brief~*) buzón *m* 4. (*fam abw: Radio*) aparato *m;* (*Fernseher*) caja *f* tonta 5. (*Turngerät*) plinto *m* 6. (*fam abw: Gebäude*) caserón *m* 7. (*Österr, Schweiz: Schrank*) armario *m*

Kastilien *nt* <-s> Castilla *f*

Kastilier(in) *m(f)* <-s, -; -nen> castellano, -a *m, f*

kastilisch *adj* castellano

kastrieren* *vt* castrar

Kasus *m* <-, -> (LING) caso *m*

Kat *m* <-s, -s> (CHEM, AUTO) *Abk. von* **Katalysator** catalizador *m*

Katakomben *fPl* catacumbas *fpl*

Katalane, -in *m, f* <-n, -n; -nen> catalán, -ana *m, f*

katalanisch *adj* catalán

Katalog *m* <-(e)s, -e> catálogo *m*

katalogisieren* *vt* catalogar

Katalonien *nt* <-s> Cataluña *f*

Katalysator *m* <-s, -en> (CHEM, AUTO) catalizador *m;* **geregelter ~** catalizador regulado

katapultieren* *vt* (AERO: *a. fig*) catapultar

Katarr[RR] *m* <-s, -e> (MED), **Katarrh** *m* <-s, -e> (MED) catarro *m*

katastrophal *adj* catastrófico

Katastrophe *f* <-n> 1. (*Unglück*) catástrofe *f* 2. (*fig*) desastre *m;* **Katastrophenalarm** *m* alerta *f* roja; **Katastrophengebiet** *nt* zona *f* catastrófica; **Katastrophenschutz** *m* medidas *fpl* de protección contra catástrofes

Katechismus *m* <-, Katechismen> (REL) catecismo *m*

Kategorie *f* <-n> categoría *f;* **etw in verschiedene ~n einteilen** clasificar algo

kategorisch *adj* categórico

Kater *m* <-s, -> 1. (*Tier*) gato *m;* **der gestiefelte ~** el gato con botas 2. (*fam: Unwohlsein*) resaca *f,* goma *f Am;* **einen ~ haben** tener resaca

kath. *Abk. von* **katholisch** católico

Kathedrale *f* <-n> catedral *f*

Katheter *m* <-s, -> (MED) catéter *m*

Kathode *f* <-n> (PHYS) cátodo *m*

Katholik(in) *m(f)* <-en, -en; -nen> católico, -a *m, f*

katholisch *adj* católico

Katholizismus *m ohne Pl* <-> catolicismo *m*

Katze *f* <-n> 1. (*Haus~*) gato *m,* cucho *m Chil;* (*weiblich*) gata *f,* cucha *f Chil;* **wie die ~ um den heißen Brei schleichen** (*fam*) andarse con rodeos; **die ~ im Sack kaufen** (*fam*) comprar a ciegas; **die ~ aus dem Sack lassen** (*fam*) destapar un secreto; **meine Arbeit war für die Katz** (*fam*) todo mi trabajo ha sido para nada; **bei Nacht sind alle ~n grau** (*prov*) de noche todos los gatos son pardos; **die ~ lässt das Mausen nicht** (*prov*) el hijo de la gata, ratones mata 2. (*Raubtierart*) felino *m*

Katzenauge *nt* 1. (*Mineral*) crisoberilo *m* 2. (*fam: Rückstrahler*) catafaro *m*

katzenhaft *adj* felino, gatuno

Katzenjammer *m* (*fam*) moral *f* baja; **am nächsten Tag war der ~ groß** al día siguiente tenía la moral por los suelos; **Katzensprung** *m:* **es ist nur ein ~ (von hier)** (*fam*) está a dos pasos (de aquí); **Katzenwäsche** *f* <-n> (*fam*) lavoteo *m;* **~ machen** lavotearse

Kauderwelsch *nt ohne Pl* <-(s)> galimatías *m inv*

kauen *vi, vt* masticar; **an den Nägeln ~** comerse las uñas

kauern I. *vi* estar en cuclillas II. *vr:* **sich ~** acuclillarse

Kauf *m* <-(e)s, Käufe> compra *f* (*von* de); (*Erwerb*) adquisición *f* (*von* de); **etw zum ~ anbieten** poner algo en venta; **ein ~ in Raten/auf Kredit** una compra a plazos/a crédito; **etw in ~ nehmen** asumir algo

kaufen *vt* (*Ware, bestechen*) comprar; (*erwerben*) adquirir; **etw auf Raten ~** comprar algo a plazos; **dafür kann ich mir nichts ~** (*fam*) esto no me sirve de nada; **den kaufe ich mir** (*fam*) éste me lo compro

Käufer(in) *m(f)* <-s, -; -nen> comprador(a) *m(f);* (*Kunde*) cliente, -a *m, f*

Kauffrau *f* perita *f* comercial; (*Händlerin*) comerciante *f;* **Kaufhaus** *nt* grandes almacenes *mpl,* emporio *m MAm;* **Kaufkraft** *f ohne Pl* (WIRTSCH) poder *m* adquisitivo;

Kaufladen *m* <-s, -läden> (*Spielzeug*) tienda *f* de juguete; **Kaufleute** *Pl s.* **Kaufmann**

käuflich *adj* **1.** (*Waren*) comprable; **etw ~ erwerben** adquirir algo **2.** (*bestechlich*) sobornable

Kaufmann *m* <-(e)s, -leute> perito *m* comercial; (*Händler*) comerciante *m;* (HIST) mercader *m*

kaufmännisch *adj* comercial

Kaufpreis *m* precio *m* de compra; **Kaufrausch** *m* fiebre *f* compradora; **Kaufvertrag** *m* contrato *m* de compraventa; **Kaufzwang** *m* obligación *f* de comprar; **ohne ~** sin compromiso

Kaugummi *m o nt* <-s, -s> chicle *m*

Kaukasus *m* <-> Cáucaso *m*

Kaulquappe *f* <-n> renacuajo *m*

kaum *adv* **1.** (*wahrscheinlich nicht*) probablemente no; **ich glaube ~, dass ...** no creo que... *+subj* **2.** (*noch nicht einmal*) apenas; **~ jemand** casi nadie; **sie war ~ hereingekommen, als ...** apenas había entrado cuando...; **es dauerte ~ drei Stunden** apenas duró tres horas

kausal *adj* causal; **Kausalsatz** *m* (LING) oración *f* causal; **Kausalzusammenhang** *m* relación *f* causa-efecto

Kautabak *m* tabaco *m* de mascar, breva *f Am*

Kaution *f* <-en> **1.** (JUR) fianza *f;* **gegen ~** bajo fianza **2.** (*bei Mieten*) garantía *f*

Kautschuk *m* <-s, -e> caucho *m,* hule *m Am*

Kauz *m* <-es, Käuze> (ZOOL) mochuelo *m;* **ein komischer ~** (*fam*) un tío raro

Kavalier *m* <-s, -e> caballero *m;* **Kavaliersdelikt** *nt* peccata minuta *pl*

Kavallerie *f* <-n> (HIST) caballería *f*

Kaviar *m* <-s, -e> caviar *m*

KB *Abk. von* **Kilobyte** Kb

keck *adj* fresco

Kegel *m* <-s, -> **1.** (*Geometrie, a. Berg~, Licht~*) cono *m* **2.** (*Spielfigur*) bolo *m;* **Kegelbahn** *f* bolera *f*

kegelförmig *adj* cónico

kegeln *vi* jugar a los bolos

Kehle *f* <-n> garganta *f;* **jdm die ~ durchschneiden** degollar a alguien; **jdm an die ~ springen** (*fam fig*) saltarle a alguien a la chepa; **aus voller ~ singen** cantar a grito pelado; **mir war die ~ wie zugeschnürt** (*fig*) se me hizo un nudo en la garganta

Kehlkopf *m* (ANAT) laringe *f*

kehren I. *vt* **1.** (*drehen*) dar la vuelta, volver; **die Innenseite nach außen ~** volver del revés; **er ist in sich gekehrt** está totalmente encerrado en sí mismo **2.** (*fegen*) barrer **II.** *vr:* **sich ~ 1.** (*sich wenden*) volverse **2.** (*sich kümmern*) preocuparse (*an* de) **III.** *vi* **1.** (*fegen*) barrer **2.** (*Schweiz: drehen: Wind, Trend*) cambiar; (*Auto*) virar

Kehricht *m o nt ohne Pl* <-s> (*geh*) basura *f;* **das geht dich einen feuchten ~ an!** (*fam*) ¡eso te importa un comino!

Kehrmaschine *f* barredora *f*

Kehrreim *m* estribillo *m*

Kehrschaufel *f* recogedor *m*

Kehrseite *f* **1.** (*Rückseite*) reverso *m;* **die ~ der Medaille** la otra cara de la moneda **2.** (*Rücken*) espalda *f* **3.** (*Nebenerscheinung*) aspecto *m* negativo

kehrt|machen *vi* (*fam*) **1.** (*sich umdrehen*) dar la vuelta; (*umkehren*) volver **2.** (*aufgeben*) volverse atrás; **Kehrtwendung** *f* media vuelta *f*

keifen *vi* (*abw*) berrear

Keil *m* <-(e)s, -e> **1.** (*Werkzeug*) cuña *f* **2.** (*Bremsklotz*) zapata *f* en cuña

keilen *vr:* **sich ~** (*fam*) pelearse

Keiler *m* <-s, -> (ZOOL) jabalí *m* macho

Keilerei *f* <-en> (*fam*) camorra *f*

keilförmig *adj* cuneiforme

Keilriemen *m* (TECH) correa *f* trapezoidal

Keim *m* <-(e)s, -e> **1.** (BOT) germen *m;* **etw im ~ ersticken** sofocar algo en su origen **2.** (*Embryo*) embrión *m* **3.** (*Krankheitserreger*) germen *m* (infeccioso); **Keimdrüse** *f* (ANAT, ZOOL) glándula *f* sexual

keimen *vi* **1.** (BOT) brotar **2.** (*Verdacht*) surgir; (*Hoffunug*) nacer

keimfrei *adj* aséptico; (*steril*) esterilizado

Keimling *m* <-s, -e> (BOT) brote *m*

keimtötend *adj* antiséptico; **Keimzelle** *f* **1.** (BIOL) célula *f* germinal **2.** (*Anfang*) germen *m*

kein, keine, kein *pron indef* **1.** (*nicht ein, nichts an*) no; (*~ Einziger*) ningún *m,* ninguna *f;* **ich habe ~e Zeit** no tengo tiempo; **~ einziges Mal** ni una sola vez; **in ~ster Weise** de ninguna manera; **~ Mensch** nadie; **~e Ahnung!** ¡ni idea! **2.** (*nicht einmal*) ni (siquiera); **das ist ~e 200 Meter von hier** no está ni a 200 metros de aquí

keine(r, s) *pron indef* nadie, ninguno; **ich kenne ~n, der das kann** no conozco a nadie que sepa hacerlo; **es war ~r da** no había nadie; **~r von uns** ninguno de nosotros

keinerlei *adj inv* ningún, de ningún tipo; **ich mache mir ~ Gedanken darüber** esto no me preocupa lo más mínimo

keinesfalls *adv* de ningún modo; **er darf mich ~ hier sehen** de ningún modo me debe ver aquí

keineswegs *adv* en absoluto; **sie ist ~ dumm** no es nada tonta

keinmal *adv* ninguna vez

keins *pron indef s.* **keine(r, s)**

Keks *m o nt* <-(es), -(e)> (*Gebäck*) galleta *f;* **jdm auf den ~ gehen** (*fam*) poner negro a alguien

K

Kelch *m* <-(e)s, -e> **1.** (*Glas*) copa *f;* (REL) cáliz *m;* **den bitteren ~ (bis zur Neige) leeren** (*geh fig*) apurar el cáliz de la amargura (hasta las heces) **2.** (BOT) cáliz *m*
Kelle *f* <-n> **1.** (*Schöpflöffel*) cucharón *m* **2.** (*Signalstab*) disco *m* **3.** (*Maurer~*) palustre *m*
Keller *m* <-s, -> sótano *m;* **Kellerassel** *f* (ZOOL) cochinilla *f*
Kellerei *f* <-en> bodega *f;* (*Sekt~*) cava *f*
Kellerfenster *nt* tragaluz *m;* **Kellergeschoss**[RR] *nt* sótano *m*
Kellner(in) *m(f)* <-s, -; -nen> camarero, -a *m, f*
kellnern *vi* (*fam*) trabajar de camarero/camarera
Kelte, -in *m, f* <-n, -n; -nen> (HIST) celta *mf*
Kelterei *f* <-en> lagar *m*
keltern *vt* prensar
keltisch *adj* celta
Kenia *nt* <-s> Kenia *f*
Kenianer(in) *m(f)* <-s, -; -nen> keniata *mf*
kenianisch *adj* keniata
kennen <kennt, kannte, gekannt> *vt* conocer; (*wissen*) saber; **~ Sie Herrn X?** ¿conoce al señor X?; **~ Sie ihren Namen?** ¿sabe cómo se llama?; **kennst du mich noch?** ¿te acuerdas de mí?; **jdn ~ lernen** conocer a alguien; **es freut mich Sie ~ zu lernen** encantado de conocerle; **wenn du nicht sofort kommst, kannst du mich mal ~ lernen** (*fam*) si no vienes en seguida, ya verás; **wie ich ihn kenne ...** tal y como le conozco...; **da kennst du mich aber schlecht** no me conoces bien; **sie ~ ihn als zuverlässigen Kollegen** le tienen por un colega fiable; **er kennt kein Erbarmen** no tiene compasión; **da kenne ich nichts!** ¡me da lo mismo!; **ich kenne sie vom Sehen** la conozco de vista
kennen\|lernen *vt s.* **kennen**
Kenner(in) *m(f)* <-s, -; -nen> **1.** (*Sachverständiger*) experto, -a *m, f* **2.** (*Autorität*) conocedor(a) *m(f);* **Kennerblick** *m* <-(e)s, -e> mirada *f* experta; **etw mit ~ betrachten** mirar algo con ojo de buen cubero
kenntlich *adj:* **etw ~ machen** marcar algo
Kenntnis *f ohne Pl* (*das Bekanntsein*) conocimiento *m;* **von etw** *dat* **~ haben/erhalten** tener noticia de algo/llegar a saber algo; **jdn von etw** *dat* **in ~ setzen** poner a alguien en conocimiento de algo; **etw/jdn zur ~ nehmen** tomar nota de algo/prestar atención a alguien
Kenntnisnahme *f ohne Pl* (*formal*): **zur ~** para su conocimiento
Kenntnisse *fPl* (*Wissen*) conocimientos *mpl*
Kennwort *nt* <-(e)s, -wörter> (*Losung*) contraseña *f;* (*Kode*) código *m;* **Kennzahl** *f s.* **Kennziffer**; **Kennzeichen** *nt* **1.** (*Merkmal*) característica *f;* (*zur Unterscheidung*) distintivo *m;* **besondere ~** rasgos distintivos **2.** (*Markierung*) señal *f* **3.** (AUTO) matrícula *f;* **kennzeichnen** *vt* **1.** (*markieren*) señalar; **etw als zerbrechlich ~** señalar algo como frágil **2.** (*charakterisieren*) caracterizar (*als* de)
kennzeichnend *adj* característico
Kennziffer *f* **1.** (*als Kennzeichen*) número *m* indicador **2.** (MATH) característica *f*
kentern *vi sein* zozobrar
Keramik *f* <-en> cerámica *f*
Kerbe *f* <-n> (*Einschnitt*) muesca *f;* (*in Holz, Metall*) entalladura *f;* (*Zeichen*) marca *f;* **in dieselbe ~ schlagen** (*fam*) llover sobre mojado
Kerbholz *nt* (*fam*): **etwas auf dem ~ haben** no tener la conciencia limpia
Kerker *m* <-s, -> **1.** (HIST) calabozo *m* **2.** (*Österr: Zuchthaus*) penitenciaría *f*
Kerl *m* <-s, -e> (*fam*) tío *m,* pisco *m Kol: abw;* **er ist ein ganzer ~** es todo un hombre; **er/sie ist ein feiner ~** es un buen chico/una buena chica
Kern *m* <-(e)s, -e> **1.** (*von Apfel, Birne*) pepita *f,* pepa *f Am;* (*von Pfirsich, Pflaume*) hueso *m;* (*von Sonnenblume, Melone*) pipa *f* **2.** (BIOL, PHYS) núcleo *m* **3.** (*Mittelpunkt*) centro *m* **4.** (*das Wesentliche*) fondo *m,* parte *f* esencial; **jedes Märchen hat einen wahren ~** cada cuento tiene algo de verdad; **in ihr steckt ein guter ~** (*fam*) tiene un buen corazón; **schließlich war nur noch der harte ~ übrig** (*fam*) al final sólo quedaron los últimos fieles; **Kernenergie** *f ohne Pl* energía *f* nuclear; **Kernexplosion** *f* explosión *f* nuclear
Kernforschung *f ohne Pl* investigación *f* nuclear; **Kernforschungszentrum** *nt* centro *m* de investigación de física nuclear
Kernfrage *f* cuestión *f* fundamental; **kerngesund** *adj* rebosante de salud
kernig *adj* **1.** (*urwüchsig*) robusto; (*kraftvoll*) fuerte **2.** (*Obst*) lleno de pepitas
Kernkraft *f ohne Pl* energía *f* nuclear; **Kernkraftgegner(in)** *m(f)* detractor(a) *m(f)* de la energía nuclear; **Kernkraftwerk** *nt* central *f* nuclear
Kernobst *nt* fruta *f* de pepita; **Kernphysik** *f* (PHYS) física *f* nuclear; **Kernpunkt** *m* punto *m* clave; **Kernreaktion** *f* <-en> (PHYS) reacción *f* nuclear; **Kernreaktor** *m* (PHYS) reactor *m* nuclear
Kernseife *f* jabón *m* duro
Kernspaltung *f* (PHYS) fisión *f* nuclear; **Kernstück** *nt* parte *f* esencial; **Kerntechnik** *f* <-en> (PHYS) técnica *f* nuclear; **Kernteilung** *f* (BIOL: *direkt*) amitosis *f inv;* (*indirekt*) mitosis *f inv;* **Kernverschmelzung** *f* <-en> (PHYS) fusión *f* nuclear

Kernwaffen *fPl* (MIL) armas *fpl* nucleares; **Kernwaffenversuch** *m* (MIL) prueba *f* nuclear

Kerosin *nt ohne Pl* <-s> queroseno *m*

Kerze *f* <-n> **1.** (*aus Wachs*) vela *f* **2.** (*Zünd~*) bujía *f* **3.** (SPORT) clavo *m*; **eine ~ machen** hacer el clavo; **kerzengerade** *adj* derecho como una vela; **~ sitzen** estar sentado más derecho que una vela; **Kerzenleuchter** *m* (*für mehrere Kerzen*) candelabro *m*, candil *m Mex*; (*für eine Kerze*) candelero *m*; (*mit Griff*) palmatoria *f*; **Kerzenlicht** *nt ohne Pl* <-(e)s> luz *f* de vela; **bei ~** a la luz de la vela; **Kerzenständer** *m* candelero *m*

kess[RR] *adj*, **keß** *adj* **1.** (*vorlaut*) fresco **2.** (*Kleidung*) moderno

Kessel *m* <-s, -> **1.** (*Dampf~*) caldera *f*, tacho *m Am*; (*Wasser~*) hervidor *m* **2.** (*Tal*) valle *m* cerrado **3.** (MIL) cerco *m* **4.** (*Schweiz: Eimer*) cubo *m*

Ketchup *m o nt* <-(s), -s>, **Ketschup**[RR] *m o nt* <-(s), -s> catchup *m*

Kette *f* <-n> **1.** (*Eisen~, Hotel~, Menschen~, Fahrrad~*) cadena *f*; **jdn in ~n legen** encadenar a alguien; (*fig*) privar a alguien de su libertad; **seine ~n sprengen** romper sus cadenas; (*fig*) liberarse de la opresión **2.** (*Hals~*) collar *m* **3.** (*Reihe*) serie *f*

ketten *vt* encadenar (*an* a), poner cadenas (*an* a)

Kettenfahrzeug *nt* (MIL, TECH) vehículo *m* oruga; **Kettenraucher(in)** *m(f)* fumador(a) *m(f)* empedernido, -a; **Kettenreaktion** *f* <-en> (CHEM, PHYS) reacción *f* en cadena

Ketzer(in) *m(f)* <-s, -; -nen> hereje *mf*

Ketzerei *f* <-en> herejía *f*

ketzerisch *adj* herético

keuchen *vi* jadear

Keuchhusten *m ohne Pl* <-s> tos *f* ferina

Keule *f* <-n> **1.** (*Waffe, Sportgerät*) maza *f* **2.** (*Tier~*) pierna *f*; (*Geflügel~*) muslo *m*

keusch *adj* casto; (*schamhaft*) púdico

Keuschheit *f ohne Pl* castidad *f*

Keyboard *nt* <-s, -s> teclado *m*

Kfz *nt* <-(s), -(s)> *Abk. von* **Kraftfahrzeug** automóvil *m*

kg *Abk. von* **Kilogramm** kg

kHz (PHYS) *Abk. von* **Kilohertz** khz

KI (INFOR) *Abk. von* **künstliche Intelligenz** inteligencia *f* artificial

Kichererbse *f* garbanzo *m*

kichern *vi* reírse para dentro

kicken **I.** *vi* (*fam: Fußball spielen*) jugar al fútbol **II.** *vt* (*fam: Ball*) chutar

Kicker(in) *m(f)* <-s, -(s); -nen> (*fam*) futbolista *mf*

Kickstarter *m* <-s, -> (AUTO) pedal *m* de arranque

Kid *nt* <-s, -s> **1.** (*Glacéleder*) cabritilla *f* **2.** (*sl: Kind, Jugendlicher*) chaval(a) *m(f)*

kidnappen *vt* secuestrar

Kidnapper(in) *m(f)* <-s, -; -nen> secuestrador(a) *m(f)*

Kiebitz *m* <-es, -e> **1.** (*Vogel*) avefría *f* **2.** (*fam: Person*) mirón, -ona *m, f*

Kiefer[1] *f* <-n> (BOT) pino *m*

Kiefer[2] *m* <-s, -> (ANAT) mandíbula *f*

Kiefernnadel *f* (BOT) pinocha *f*; **Kiefernwald** *m* (BOT) bosque *m* de pinos, pinedo *m MAm*

Kieferorthopäde, -in *m, f* (MED) ortopedista *mf* maxilar

Kiel *m* <-(e)s, -e> **1.** (*Schiffsteil*) quilla *f*; **ein Schiff auf ~ legen** poner un barco en grada **2.** (*an Vogelfeder*) cañón *m*; **Kielraum** *m* <-(e)s, -räume> cala *f*; **Kielwasser** *nt ohne Pl* <-s> estela *f*; **in jds ~ schwimmen** seguir la corriente a alguien

Kieme *f* <-n> branquia *f*

Kies[1] *m* <-es, -e> (*Steine*) grava *f*

Kies[2] *m ohne Pl* <-es> (*fam: Geld*) pasta *f*

Kieselerde *f ohne Pl* sílice *f*; **Kieselstein** *m* guijarro *m*

Kiesgrube *f* gravera *f*, guijarral *m*

Kiew *nt* <-s> Kiev *m*

kiffen *vi* (*sl*) fumar porros

kikeriki *interj* quiquiriquí

killen *vt* (*fam*) asesinar

Killer(in) *m(f)* <-s, -; -nen> (*fam*) asesino, -a *m, f*

Kilo *nt* <-s, -(s)> (*fam*) kilo *m*; **Kilobyte** *nt* (INFOR) kilobyte *m*; **Kilogramm** *nt* kilogramo *m*; **Kilohertz** *nt* (PHYS) kilohercio *m*; **Kilojoule** *nt* (PHYS) kilojulio *m*; **Kilokalorie** *f* (PHYS) kilocaloría *f*

Kilometer *m* kilómetro *m*; **160 ~ pro Stunde fahren** ir a 160 kilómetros por hora; **Kilometergeld** *nt* kilometraje *m*; **Kilometerstand** *m* <-(e)s, -stände> (AUTO) kilometraje *m*; **Kilometerstein** *m* mojón *m* kilométrico; **Kilometerzähler** *m* <-s, -> cuentakilómetros *m inv*

Kilovolt *nt* (PHYS) kilovoltio *m*

Kilowatt *nt* <-s, -> (PHYS, TECH) kilovatio *m*; **Kilowattstunde** *f* (PHYS, ELEK) kilovatio *m* hora

Kind *nt* <-(e)s, -er> **1.** (*Junge, Mädchen*) niño, -a *m, f*; (*kleineres*) chiquillo, -a *m, f*, pipiolo, -a *m, f Mex*; **von ~ auf** desde niño; **das weiß doch jedes ~** eso lo sabe hasta un niño; **das ~ mit dem Bade ausschütten** condenar por igual a justos y a pecadores; **sich bei jdm lieb ~ machen** (*fam*) congraciarse con alguien; **das ~ im Manne** el niño que se esconde en cada hombre; **das ~ beim rechten Namen nennen** (*fam*) llamar al pan, pan y al vino, vino; **wir werden das ~ schon schaukeln** (*fam*) ya nos apañaremos; **ein gebranntes ~ sein** (*fig*) estar escaldado **2.** (*Nachwuchs*) hijo, -a *m, f;* **ein ~ erwarten** esperar un hijo; **ein ~ bekommen** dar a luz un hijo; **ein ~ seiner Zeit** hijo de su tiempo; **jdn an ~es statt annehmen** adoptar a alguien; **sie ist kein ~ von Traurigkeit** (*fam*) es una persona alegre; **mit ~ und Kegel** (*fam*) con toda la familia

Kinderarbeit *f ohne Pl* trabajo *m* infantil; **Kinderarzt**, **-ärztin** *m, f* pediatra *mf;* **Kinderbuch** *nt* libro *m* infantil; **Kinderdorf** *nt* aldea *f* infantil

Kinderei *f* <-en> chiquillada *f*

Kindererziehung *f* educación *f* de los niños; **kinderfeindlich** *adj* hostil hacia los niños; **kinderfreundlich** *adj* amable con los niños; **Kindergarten** *m* guardería *f,* kindergarten *m Am;* **Kindergärtner(in)** *m(f)* maestro, -a *m, f* de un jardín de infancia, educador(a) *m(f)* de párvulos *Am;* **Kindergeld** *nt* subsidio *m* familiar por hijos; **Kinderheim** *nt* <-(e)s, -e> **1.** (*Erholungsheim*) colonia *f* de vacaciones **2.** (*für ständige Unterbringung*) casa *f* cuna; **Kinderhort** *m* guardería *f* para niños en edad escolar; **Kinderklinik** *f* clínica *f* pediátrica; **Kinderkrankheit** *f* **1.** (MED) enfermedad *f* infantil **2.** (*fig: Anfangsschwierigkeit*) dificultad *f* inicial; **Kinderkrippe** *f* guardería *f* infantil; **Kinderlähmung** *f* polio(mielitis) *f* (*inv*); **kinderleicht** *adj* (*fam*) facilísimo; **das ist doch ~** eso está chupado; **kinderlieb** *adj* niñero; **kinderlos** *adj* sin hijos; **Kindermädchen** *nt* niñera *f,* nurse *f Am,* cuidadora *f Mex,* china *f SAm;* **Kinderpornografie**[RR] *f,* **Kinderpornographie** *f* pornografía *f* infantil; **kinderreich** *adj* con muchos hijos; **~e Familie** familia numerosa; **Kinderschuh** *m* zapato *m* de niño; **etw steckt noch in den ~en** algo está aún en mantillas; **Kindersicherung** *f* <-en> seguro *m* a prueba de niños; **Kindersitz** *m* sillín *m* de niño

Kinderspiel *nt* juego *m* de niños; **das ist doch ein ~ für sie** para ella es un juego de niños; **Kinderspielplatz** *m* <-es, -plätze> parque *m* infantil

Kindersterblichkeit *f* mortalidad *f* infantil; **Kinderstube** *f ohne Pl* educación *f;* **er hatte eine gute ~** tiene buenos modales; **Kindertagesstätte** *f* guardería *f* infantil; **Kinderwagen** *m* cochecito *m* para niños; **Kinderzimmer** *nt* cuarto *m* de los niños

Kindesalter *nt* infancia *f;* **im ~** en la infancia; **Kindesbeine** *ntPl:* **von ~n an** desde niño; **Kindesmisshandlung**[RR] *f* malos tratos *mpl* a niños; **Kindestötung** *f* (JUR) infanticidio *m*

Kindheit *f ohne Pl* infancia *f;* **seit frühester ~** desde la más tierna infancia

kindisch *adj* infantil, achiquillado *Mex;* (*Greis*) chocho; **sich ~ benehmen** comportarse como un niño

kindlich *adj* **1.** (*kindgemäß*) de niño; (*Gesicht*) aniñado **2.** (*naiv*) infantil; (*unbefangen*) ingenuo

Kindskopf *m* niño, -a *m, f*

Kindtaufe *f* (REL) bautizo *m* de un recién nacido

Kinkerlitzchen *Pl* (*fam*) pequeñeces *fpl*

Kinn *nt* <-(e)s, -e> barbilla *f;* **Kinnhaken** *m* (*Boxen*) gancho *m* (a la mandíbula); **Kinnlade** *f* <-n> (ANAT) mandíbula *f*

Kino *nt* <-s, -s> cine *m;* **Kinofilm** *m* <-(e)s, -e> película *f* de cine

Kinogänger(in) *m(f)* <-s, -; -nen> cineasta *mf*

Kiosk *m* <-(e)s, -e> quiosco *m,* casilla *f Mex*

Kipfer(l) *nt* <-s, -(n)> (*Österr*) *pasta parecida a un croissant*

Kippe *f* <-n> **1.** (*fam: Zigarettenstummel*) colilla *f;* (*Zigarette*) pitillo *m* **2.** (*Abraumhalde*) escombrera *f* **3.** (*Müll~*) vertedero *m* **4.** (SPORT) báscula *f* **5.** (*fam*): **es steht noch auf der ~** aún no está decidido

kippen **I.** *vi sein* **1.** (*umfallen*) caerse; (*Fahrzeug*) volcar **2.** (*Kurse, Statistik*) caer **3.** (*Gewässer, Ökosystem*) perder el equilibrio natural **II.** *vt* **1.** (*um~*) volcar **2.** (*schräg stellen*) inclinar **3.** (*scheitern lassen*) frustrar **4.** (*ausschütten*) verter; **einen ~** (*fam*) echarse una al coleto

Kippfenster *nt* ventana *f* basculante

Kirche[1] *f* <-n> **1.** (*Gebäude*) iglesia *f* **2.** (*Institution*) Iglesia *f;* **aus der ~ austreten** darse de baja (oficialmente) de la iglesia

Kirche[2] *f ohne Pl* (*Gottesdienst*) misa *f;* **in die ~ gehen** ir a misa

Kirchenasyl *nt* (POL, REL) asilo *m* eclesiástico; **Kirchenbann** *m ohne Pl* <-(e)s> (REL) excomunión *f;* **Kirchenbesuch** *m* asistencia *f* a misa; **Kirchenbuch** *nt* registro *m* parroquial; **Kirchenchor** *m* coro *m* de iglesia; **Kirchenfenster** *nt* vitral *m;* **Kirchenfest** *nt* (REL) fiesta *f* eclesiástica; **Kirchengemeinde** *f* parroquia *f;* **Kirchenglocke** *f* campana *f* de iglesia; **Kirchenjahr** *nt* año *m* eclesiástico; **Kirchenlied** *nt* cántico *m,* himno *m* sagrado; **Kirchenschiff** *nt* (ARCHIT) nave *f;* **Kirchenstaat** *m ohne Pl* <-(e)s> (HIST) Estados *mpl* Pontificios; **Kirchensteuer** *f* <-n> impuesto *m* eclesiástico

kirchlich *adj* eclesiástico; (*kirchenrechtlich*) canónico; **sich ~ trauen lassen** casarse por la iglesia

Kirchplatz *m* <-es, -plätze> plaza *f* delante de la iglesia; **Kirchturm** *m* torre *f* de iglesia; (*Glockenturm*) campanario *m*

Kirmes *f* <-sen> (*reg*) feria *f*

Kirschbaum *m* cerezo *m*

Kirsche *f* <-n> **1.** (*Frucht*) cereza *f;* **mit jdm ist nicht gut ~n essen** (*fam*) alguien tiene malas pulgas **2.** (*Baum*) cerezo *m*

Kirschkern *m* hueso *m* de la cereza; **Kirschwasser** *nt* <-s, -wässer> kirsch *m*

Kissen *nt* <-s, -> (*Kopf~*) almohada *f;* (*Sofa~*) cojín *m;* **Kissenbezug** *m* <-(e)s, -züge> funda *f* de la almohada

Kiste *f* <-n> **1.** (*Behälter, Getränke~*) caja *f;* (*größer*) cajón *m* **2.** (*fam: Bett*) catre *m* **3.** (*fam: Fernseher*) caja *f* tonta **4.** (*fam: Fahrzeug*) cacharro *m,* carro *m Am* **5.** (*fam: Angelegenheit*) asunto *m*

Kitsch *m ohne Pl* <-(e)s> cursilería *f*

kitschig *adj* cursi; (*geschmacklos*) hortera; (*rührselig*) sentimental

Kitt *m* <-(e)s, -e> masilla *f*

Kittchen *nt* <-s, -> (*fam*) chirona *f,* bote *m Mex;* **ins ~ kommen** ir a chirona

Kittel *m* <-s, -> **1.** (*Arbeits~*) bata *f* **2.** (*südd: Jacke*) rebeca *f* **3.** (*Schweiz: Jackett*) chaqueta *f*

kitten *vt* **1.** (*kleben*) pegar (con masilla) **2.** (*reparieren*) rehacer

Kitz *nt* <-es, -e> **1.** (*Zicklein*) cabrito, -a *m, f* **2.** (*Reh~*) corcino, -a *m, f*

Kitzel *m* <-s, -> **1.** (*Juckreiz*) comezón *f* **2.** (*Lust*) deseo *m* irresistible (*nach* de/por)

kitzelig *adj* **1.** (*Mensch*): **~ sein** tener cosquillas **2.** (*Angelegenheit*) delicado

kitzeln I. *vi* hacer cosquillas, cosquillear; **das kitzelt** esto hace cosquillas **II.** *vt* **1.** (*Person*) hacer cosquillas, cosquillear **2.** (*reizen*) apetecer; **es kitzelt mich, das zu tun** me apetece hacerlo

Kitzler *m* <-s, -> clítoris *m inv*

kitzlig *adj s.* **kitz(e)lig**

Kiwi *f* <-s> kiwi *m*

kJ *Abk. von* **Kilojoule** kj

KKW *nt* <-s, -s> *Abk. von* **Kernkraftwerk** central *f* nuclear

klaffen *vi* abrirse

kläffen *vi* (*abw*) ladrar

Klage *f* <-n> **1.** (*Beschwerde*) queja *f;* **~n vorbringen** presentar quejas; **(k)einen Grund zur ~ haben** (no) tener razones para quejarse **2.** (*geh: Weh~*) lamento *m* **3.** (JUR) demanda *f;* **eine ~ gegen jdn erheben** presentar demanda contra alguien; **Klagelaut** *m* gemido *m;* **Klagelied** *nt* treno *m*

klagen I. *vi* **1.** (*jammern*) lamentarse (*über* de); (*sich beschweren*) quejarse (*über* de); **ich kann nicht ~** no me puedo quejar **2.** (JUR) demandar; **er klagt auf Schadensersatz** demanda daños y perjuicios **II.** *vt* **1.** (*äußern*): **jdm sein Leid ~** contarle a alguien sus penas **2.** (*Österr: ver~*) entablar un pleito (*auf* por)

klagend *adj* **1.** (*jammernd*) quejumbroso **2.** (JUR) demandante

Kläger(in) *m(f)* <-s, -; -nen> (JUR) demandante *mf*

Klageschrift *f* (JUR) (escrito *m* de) demanda *f*

kläglich *adj* **1.** (*mitleiderregend*) lamentable; **sich in einem ~en Zustand befinden** encontrarse en un estado lamentable **2.** (*jämmerlich*) miserable; **er hat ~ versagt** falló totalmente

klamm *adj* **1.** (*feuchtkalt*) húmedo (y frío); (*Finger*) entumecido (por el frío) **2.** (*sl: knapp bei Kasse*) con apuros (de dinero)

Klammer *f* <-n> **1.** (*Wäsche~*) pinza *f;* (*Büro~*) clip *m;* (*Heft~, Wund~*) grapa *f;* (*Zahn~*) aparato *m* (de ortodoncia) **2.** (*im Text*) paréntesis *m inv;* **eckige ~** corchete *m;* **geschweifte ~** llave *f;* **„~ auf/zu"** "abrir/cerrar paréntesis"; **in ~(n) setzen** poner entre paréntesis; **Klammeraffe** *m* <-n, -n> (INFOR: *fam*) arroba *f*

klammern I. *vt* **1.** (*befestigen*) sujetar (con pinzas, etc) **2.** (*Wunde*) unir con pinzas **II.** *vr:* **sich ~** agarrarse (*an* a); (*an Hoffnung, Partner*) aferrarse (*an* a)

Klamotten *fPl* (*fam*) **1.** (*Kleidung*) trapos *mpl* **2.** (*Zeug*) cachivaches *mpl*

Klan *m* <-s, -e> clan *m*

klang *3. imp von* **klingen**

Klang *m* <-(e)s, Klänge> (*Ton*) sonido *m;* (*der Stimme*) tono *m;* (*eines Instruments*) son *m;* **einen guten ~ haben** (MUS) tener buen sonido; **Klangfarbe** *f* <-n> (MUS) timbre *m*

klanglos *adj* (*Stimme*) apagado; **sang- und ~ verschwinden** (*fam*) despedirse a la francesa

klangvoll *adj* **1.** (*Stimme, Ton*) sonoro **2.** (*berühmt*) prestigioso

Klappbett *nt* cama *f* plegable

Klappe *f* <-n> **1.** (*Deckel*) tapa *f;* (*an Musikinstrumenten*) pistón *m;* (*am Ofen, Herd*) puerta *f* **2.** (FILM) claqueta *f* **3.** (*fam: Mund*) pico *m;* **halt die ~!** ¡cierra el pico!; **eine große ~ haben** ser un bocazas

klappen I. *vi* (*fam: funktionieren*) ir bien, funcionar; **es klappt alles wie am Schnürchen** todo sale que ni bordado **II.** *vt* (*auf~*) abrir; (*zu~*) cerrar; (*hoch~*) levantar; (*herunter~*) bajar

klapperdürr *adj* (*fam*) esquelético

klapperig *adj* **1.** (*Auto, Möbel*) desvencijado **2.** (*fam: Person*) muy débil

klappern *vi* (*Kisten*) traquetear; (*Fensterladen*) golpetear; **im Wind ~** golpetear con el viento; **er klapperte vor Kälte mit den Zähnen** le castañeaban los dientes de frío

Klapperschlange *f* serpiente *f* de cascabel, crótalo *m;* **Klapperstorch** *m* (*fam*) cigüeña

f

Klapp(fahr)rad *nt* bicicleta *f* plegable; **Klappmesser** *nt* navaja *f*

klapprig *adj s.* **klapperig**

Klappstuhl *m* silla *f* plegable; **Klapptisch** *m* mesa *f* plegable

Klaps *m* <-es, -e> (*fam*) **1.** (*Schlag*) cachete *m* **2.** (*Verrücktheit*) locura *f;* **einen ~ haben** estar chiflado; **Klapsmühle** *f* <-n> (*fam*) manicomio *m*

klar *adj* **1.** (*allgemein*) claro; **etw ~ und deutlich sagen** decir algo claramente; **~ sehen** (*fam*) ver claro; **mir ist nicht ~, wie ...** no entiendo muy bien cómo...; **na ~!** ¡claro que sí!; **das ist doch ~!** ¡eso está claro!; **sich** *dat* **über etw ~ werden** darse cuenta de algo; **du musst dir darüber ~ werden, ob/dass ...** tienes que saber si/que...; **sich** *dat* **über etw im K~en sein** tener algo claro **2.** (*Himmel*) despejado; (*durchsichtig*) transparente; **~e Sicht haben** tener buena visibilidad **3.** (*Umrisse*) nítido **4.** (*eindeutig*) evidente **5.** (*vernünftig*) claro, lúcido; **keinen ~en Gedanken fassen können** no poder pensar con claridad; **einen ~en Kopf behalten** no perder la cabeza **6.** (*fertig*) listo

Kläranlage *f* depuradora *f* (de aguas residuales), planta *f* de depuración (de aguas residuales)

Klare(r) *m* <-n, -n> (*fam: Schnaps*) aguardiente *m*

klären **I.** *vt* **1.** (*Abwässer*) depurar **2.** (*Frage*) aclarar **II.** *vr:* **sich ~** (*Angelegenheit*) aclararse

Klarheit *f ohne Pl* **1.** (*allgemein*) claridad *f;* **sich** *dat* **~ über etw verschaffen** sacar algo en claro; **für ~ sorgen** poner algo en claro; **jdm etw in aller ~ sagen** decirle algo a alguien sin pelos en la lengua **2.** (*Durchsichtigkeit*) transparencia *f* **3.** (*Deutlichkeit*) nitidez *f*

Klarinette *f* <-n> clarinete *m*

klar|kommen *irr vi sein* (*fam: mit Person*) entenderse (*mit* con); (*mit Dingen*) entender (*mit*); **klar|machen** *vt* **1.** (NAUT) preparar **2.** (*fam: erklären*) explicar; **sich** *dat* **etw ~** aclararse en algo

Klärschlamm *m* lodo *m* activado

klar|sehen *irr vi s.* **klar 1.**

Klarsichtfolie *f* celofán® *m;* **Klarsichthülle** *f* funda *f* transparente

klar|stellen *vt* aclarar

Klartext *m* texto *m* sin codificar; **mit jdm ~ reden** (*fam*) hablar con alguien sin rodeos

Klärung *f* <-en> **1.** (*von Problem*) aclaración *f* **2.** (*von Abwasser*) depuración *f*

klar|werden *irr* **I.** *vi sein s.* **klar 1. II.** *vr:* **sich ~** *sein s.* **klar 1.**

klasse *adj inv* (*fam*) estupendo, cojonudo *vulg*

Klasse *f* <-n> **1.** (*Gruppe, a.* BIOL, SOZIOL) clase *f;* **erster/zweiter ~ fahren** ir en primera/segunda clase **2.** (*Schul~*) clase *f;* (*~nstufe*) curso *m* **3.** (*Gütestufe*) categoría *f* **4.** (*Lotterie*) clase *f;* **Klassenarbeit** *f* (SCH) examen *m* (*in* de); **eine ~ schreiben** hacer un examen; **Klassenkamerad(in)** *m(f)* (SCH) compañero, -a *m, f* de clase; **Klassenkampf** *m* (POL) lucha *f* de clases; **Klassenlehrer(in)** *m(f)* (SCH) tutor(a) *m(f)* de curso; **klassenlos** *adj* sin clases; **Klassensprecher(in)** *m(f)* (SCH) delegado, -a *m, f* de la clase; **Klassenzimmer** *nt* (SCH) (aula *f* de) clase *f*

klassifizieren* *vt* clasificar (*nach* según, *als* como)

Klassik *f ohne Pl* **1.** (*klassisches Altertum*) época *f* clásica **2.** (KUNST) (neo)clasicismo *m* **3.** (MUS) música *f* clásica

Klassiker(in) *m(f)* <-s, -; -nen> (autor(a) *m(f)*) clásico, -a *m, f*

klassisch *adj* clásico

Klassizismus *m ohne Pl* <-> (ARCHIT) clasicismo *m*

klassizistisch *adj* (ARCHIT) clasicista

Klatsch[1] *m* <-(e)s, -e> (*Geräusch*) batacazo *m*

Klatsch[2] *m ohne Pl* <-(e)s> (*fam: Geschwätz*) cotilleo *m,* bochinche *m Kol, PRico;* **~ und Tratsch** cotilleo y chismorreo

Klatschbase *f* (*fam abw*) chismosa *f,* alilaya *f Mex*

klatschen **I.** *vi* **1.** *sein* (*aufschlagen*) caerse (produciendo un chasquido); (*Regen*) golpear (*gegen* contra) **2.** (*applaudieren*) aplaudir; **in die Hände ~** tocar palmas **3.** (*fam abw: tratschen*) cotillear **II.** *vt:* **den Takt ~** seguir el ritmo con las palmas

Klatschmaul *nt* (*fam abw*) cotilla *mf;* **Klatschmohn** *m ohne Pl* <-(e)s> (BOT) amapola *f;* **klatschnass[RR]** *adj* (*fam*) hecho una sopa

klauben *vt* (*südd, Österr, Schweiz*) **1.** (*pflücken*) coger (*von* de) **2.** (*sammeln*) recoger (*in* en) **3.** (*auslesen*) separar (*aus* de)

Klaue *f* <-n> **1.** (*von Raubtieren, -vögeln*) garra *f;* (*von Huftieren*) pezuña *f* **2.** (*fam: Hand*) garra *f;* **sich in jds ~n befinden** encontrarse en las garras de alguien **3.** (*fam abw: Handschrift*) garabatos *mpl,* mala letra *f*

klauen *vi, vt* (*fam*) mangar, raspar *Am,* nagualear *Mex*

Klausel *f* <-n> cláusula *f*

Klausur *f* <-en> **1.** (UNIV) examen *m* **2.** (*im Kloster*) clausura *f*

Klavier *nt* <-s, -e> piano *m* (vertical); **Klavierlehrer(in)** *m(f)* profesor(a) *m(f)* de piano; **Klavierspieler(in)** *m(f)* pianista *mf*

Klebeband *nt* <-(e)s, -bänder> cinta *f* adhesiva

kleben I. *vi* 1. (*haften*) estar pegado; **das Hemd klebte ihm am Körper** la camisa se le pegaba al cuerpo; **an seinen Händen klebt Blut** tiene las manos manchadas de sangre 2. (*klebrig sein*) pringar, estar pringoso 3. (*klebefähig sein*) pegar II. *vt* pegar (*an* a); **jdm eine ~** (*fam*) largar una bofetada a alguien

Kleber *m* <-s, -> 1. (*fam: Klebstoff*) pegamento *m* 2. (*Schweiz: Aufkleber*) pegatina *f*

Klebestift *m* <-(e)s, -e> barra *f* de pegamento; **Klebestreifen** *m* cinta *f* adhesiva

klebrig *adj* pegajoso

Klebstoff *m* <-(e)s, -e> pegamento *m;* (*Leim*) cola *f*

Klebstreifen *m* cinta *f* adhesiva

kleckern *vi* (*fam*) manchar; **Wein über die Tischdecke ~** manchar el mantel con vino

Klecks *m* <-es, -e> 1. (*Fleck*) mancha *f;* (*Tinten~*) borrón *m* 2. (*fam: Portion*) cucharadita *f*

Klee *m ohne Pl* <-s> (BOT) trébol *m;* **Kleeblatt** *nt* <-(e)s, -blätter> (BOT) hoja *f* de trébol; **vierblättriges ~** trébol de cuatro hojas

Kleid *nt* <-(e)s, -er> 1. (*Damen~*) vestido *m* 2. *Pl* (*Kleidung*) ropa *f;* **~er machen Leute** (*prov*) el traje hace al hombre

kleiden I. *vt* 1. (*anziehen*) vestir; **etw in (schöne) Worte ~** expresar algo (con palabras bonitas) 2. (*stehen*): **die Bluse kleidet dich gut/schlecht** la blusa te queda bien/mal II. *vr:* **sich ~** vestirse

Kleiderbügel *m* percha *f;* **Kleiderbürste** *f* cepillo *m* para la ropa; **Kleiderhaken** *m* colgadero *m;* **Kleiderschrank** *m* armario *m* ropero

kleidsam *adj* elegante

Kleidung *f* <-en> ropa *f;* **warme ~** ropa de abrigo; **Kleidungsstück** *nt* prenda *f* (de vestir)

Kleie *f* <-n> (AGR, GASTR) salvado *m*

klein *adj* 1. (*allgemein*) pequeño; (*Körpergröße*) bajo; **die Hose ist ihm zu ~** el pantalón le queda demasiado pequeño; **von ~ auf** desde niño; **ich habe es (nicht) ~** (*fam*) (no) lo tengo suelto; **ein ~ bisschen** un poquito; **(ganz) ~ anfangen** empezar sin nada; **~ beigeben** ceder; **~(er) stellen** bajar; **~er werden** disminuir; **beim ~sten Geräusch** al mínimo ruido; **der ~e Mann** (*fig*) el hombre de la calle 2. (*kurz*) breve; **einen ~en Augenblick bitte** un momentito, por favor 3. (*jünger*) menor 4. (*unbedeutend*) insignificante; (*bescheiden*) modesto; (*beschränkt*) limitado; **etw ~ schreiben** (*fig*) restar importancia a algo; **Kleinanzeige** *f* anuncio *m* breve; **Kleinarbeit** *f ohne Pl* trabajo *m* minucioso; **etw in mühsamer ~ erledigen** realizar algo con minuciosidad; **Kleinasien** *nt* Asia *f* Menor; **Kleinbauer, -bäuerin** *m, f* <-n, -n; -nen> (AGR) minifundista *mf*

Kleinbildkamera *f* (FOTO) cámara *f* fotográfica de pequeña imagen

Kleinbuchstabe *m* (letra *f*) minúscula *f;* **in ~n** en minúsculas; **kleinbürgerlich** *adj* pequeñoburgués; **Kleinbürgertum** *nt* pequeña burguesía *f;* **Kleinfamilie** *f* familia *f* reducida; **Kleinformat** *nt* <-(e)s, -e> tamaño *m* pequeño; **ein Bild in ~** una foto de pequeño formato; **kleingedruckt** *adj s.* **drucken**; **Kleingedruckte(s)** *nt ohne Pl* <-n> letra *f* pequeña; **Kleingeld** *nt* calderilla *f,* sencillo *m Am,* morralla *f Mex;* **Kleinhirn** *nt* (ANAT) cerebelo *m;* **Kleinholz** *nt ohne Pl* <-es> leña *f* menuda; **aus etw** *dat* **~ machen** (*fam*) hacer pedazos algo; **aus jdm ~ machen** (*fam*) partirle la cara a alguien

Kleinigkeit *f* <-en> pequeñez *f;* **eine ~ essen** (*fam*) comer una cosita; **das kostet aber eine ~** (*fam iron*) esto vale un dineral; **die Prüfung war keine ~** (*fam*) el examen no fue ninguna tontería; **er gibt sich nicht mit ~en ab** no se para en pequeñeces

kleinkariert *adj* (*fam abw: Ansichten*) de miras estrechas; **Kleinkind** *nt* niño, -a *m, f* pequeño, -a; **Kleinkram** *m* (*fam*) 1. (*Dinge*) cosillas *fpl* 2. (*Angelegenheit*) nimiedad *f;* **Kleinkrieg** *m* 1. (MIL) guerra *f* de guerrillas 2. (*Streit*) guerra *f* privada

klein|kriegen *vt* (*fam*) 1. (*zerkleinern*) lograr partir 2. (*kaputtmachen*) hacer pedazos; **etw ist nicht kleinzukriegen** no se puede acabar con algo 3. (*Geld*) (mal)gastar 4. (*gefügig machen*) doblar la voluntad (de); (*müde machen*) agotar

kleinlaut *adj* apocado

kleinlich *adj* (*pedantisch*) minucioso; (*engstirnig*) de miras estrechas; (*geizig*) mezquino

klein|machen I. *vt s.* **machen I.1.** II. *vr:* **sich ~** *s.* **machen II.1.**; **klein|schneiden** *irr vt s.* **schneiden I.1.**; **klein|schreiben**[RR] *irr vt* escribir con minúscula

Kleinstadt *f* ciudad *f* pequeña; **Kleinwagen** *m* (coche *m*) utilitario *m*

kleinwüchsig *adj* de baja estatura

Kleister *m* <-s, -> engrudo *m,* almidón *m Mex*

Klemme *f* <-n> 1. (*zum Festklemmen*) pinza *f;* (*für Haar*) horquilla *f;* (MED) laña *f* 2. (*fam: Notlage*) apuro *m,* aprieto *m;* **in der ~ sitzen** encontrarse en un apuro; **jdm aus der ~ helfen** sacar a alguien de un aprieto

klemmen I. *vi* (*Tür, Schloss*) estar atrancado II. *vt* 1. (*befestigen*) sujetar; **sich *dat* etw unter den Arm ~** ponerse algo debajo del brazo 2. (*dazwischen~*) meter III. *vr* (*fam*): **sich hinter etw ~** aferrarse a algo

Klempner(in) *m(f)* <-s, -; -nen> fontanero, -a *m, f,* latero, -a *m, f Am*

Klempnerei *f* <-en> fontanería *f*

Kleriker *m* <-s, -> clérigo *m*

Klerus *m ohne Pl* <-> clero *m*

Klette *f* <-n> 1. (BOT) lampazo *m* 2. (*fam: Person*) lapa *f*

klettern *vi sein* 1. (*steigen*) trepar (*auf* a); (*Temperatur*) subir (*auf* a); **auf Bäume ~** trepar a los árboles; **die Preise ~ in die Höhe** los precios se disparan 2. (*bergsteigen*) hacer alpinismo, hacer andinismo *Am* 3. (*fam: heraussteigen*) salir (*aus* de); (*hineinsteigen*) entrar (*in* en)

Kletterpflanze *f* planta *f* trepadora

Klettverschluss[RR] *m* cierre *m* adhesivo, velcro® *m*

klicken *vi* 1. (INFOR) activar (*auf*) 2. (*„klick" machen*) clicar

Klient(in) *m(f)* <-en, -en; -nen> cliente, -a *m, f*

Klientel *f* <-en> clientela *f*

Klima *nt* <-s, -s *o* -te> clima *m;* **Klimaanlage** *f* (instalación *f* de) aire *m* acondicionado

klimatisch *adj* climático

klimatisiert *adj* climatizado

Klimaveränderung *f* cambio *m* climático; **Klimawechsel** *m* cambio *m* de aires, temperación *f Am*

klimmen <klimmt, klomm *o* klimmte, geklommen *o* geklimmt> *vi sein* (*geh*) trepar

Klimmzug *m* <-(e)s, -züge> tracción *f;* **Klimmzüge machen** (SPORT) hacer flexiones de brazos; (*fig*) hacer esfuerzos

klimpern *vi* 1. (*Geld etc.*) tintinear 2. (*fam: auf Klavier*) aporrear; (*auf Gitarre*) rasgar

Klinge *f* <-n> cuchilla *f;* **jdn über die ~ springen lassen** (*fam fig*) pasar a cuchillo a alguien

Klingel *f* <-n> timbre *m*

klingeln *vi* 1. (*Person: rufen*) llamar; (*Klingel betätigen*) tocar el timbre 2. (*Klingel, Telefon*) sonar; **es hat geklingelt** han llamado; **hat es bei dir jetzt endlich geklingelt?** (*fam*) ¿te suena por fin?

klingen <klingt, klang, geklungen> *vi* sonar; (*Gläser*) tintinear; **das klingt ja, als ob ...** esto suena como si... *+subj*

Klinik *f* <-en> clínica *f*

klinisch *adj* (MED) clínico; **~ tot** clínicamente muerto

Klinke *f* <-n> picaporte *m*

Klinkerstein *m* ladrillo *m* recocido

klipp *adv* (*fam*): **~ und klar** sin rodeos

Klippe *f* <-n> 1. (*Fels*) arrecife *m* 2. (*fig: Hindernis*) obstáculo *m*

klirren *vi* (*Gläser*) tintinear; (*Fensterscheibe*) vibrar; (*Waffen*) sonar; **~de Kälte** frío tremendo

Klischee *nt* <-s, -s> (*a.* TYPO) clisé *m,* cliché *m;* (*Stereotyp*) tópico *m;* **in ~s denken** pensar de una manera estereotipada

klischeehaft *adj* tópico

Klitoris *f* <- *o* Klitorides> (ANAT) clítoris *m inv*

klitschnass[RR] *adj* (*fam*) calado hasta los huesos

Klo *nt* <-s, -s> (*fam*) retrete *m,* wáter *m;* **ich muss aufs ~** tengo que ir al wáter

Kloake *f* <-n> (*a.* ZOOL) cloaca *f*

klobig *adj* (*Sache*) macizo; (*Mensch*) fortachón

Klobürste *f* (*fam*) escobilla *f* del retrete

klomm *3. imp von* **klimmen**

Klon *m* <-s, -e> (BIOL) clon *m;* (INFOR) copia *f*

klonen *vt* (BIOL) clonar

klönen *vi* (*nordd*) charlar

Klopapier *nt* (*fam*) papel *m* del wáter

klopfen I. *vi* 1. (*schlagen*) golpear; (*Herz*) palpitar 2. (*an~*) llamar; **es klopft** han llamado II. *vt* (*Teppich*) sacudir; (*Steine*) picar; (*Fleisch*) macerar; **den Takt ~** marcar el compás

Klöppel *m* <-s, -> 1. (*Glockenschwengel*) badajo *m* 2. (*Xylophonschlägel*) palillo *m* 3. (*Spitzen~*) bolillo *m*

klöppeln *vi* (*Handarbeit*) hacer encaje de bolillos

Klops *m* <-es, -e> (*nordd, ostd*) 1. (GASTR) albóndiga *f* 2. (*fam: Fehler*) metedura *f* de pata

Klosett *nt* <-s, -s *o* -e> servicio(s) *m(pl)*

Kloß *m* <-es, Klöße> (GASTR: *Fleisch~*) albóndiga *f;* (*Kartoffel~, Grieß~*) *especie de albóndiga cocida hecha de una masa de patatas, miga de pan, sémola etc;* **einen ~ im Hals haben** (*fam*) tener un nudo en la garganta

Kloster *nt* <-s, Klöster> (REL) convento *m,* monasterio *m;* **ins ~ gehen** entrar en un convento

Klotz *m* <-es, Klötze> 1. (*allgemein*) bloque *m;* (*Spielzeug~*) cubo *m* de madera; **er ist (mir) ein ~ am Bein** (*fam*) me molesta 2. (*fam abw: Person*) palurdo, -a *m, f*

klotzig *adj* (*klobig*) tosco; (*aufwändig*) aparatoso

Klub *m* <-s, -s> club *m*

Kluft[1] *f* <Klüfte> abismo *m*

Kluft[2] *f* <-en> (*fam*) ropa *f;* (*einheitlich*) uniforme *m*

klug *adj* <klüger, am klügsten> inteligente; (*schlau*) listo; (*vernünftig*) sensato;

(*scharfsinnig*) sagaz; **aus etw** *dat* **nicht ~ werden** no acabar de entender algo; **der Klügere gibt nach** (*prov*) ceder es cosa de sabios

Klugheit *f ohne Pl* inteligencia *f;* (*Scharfsinn*) perspicacia *f;* (*Vernunft*) sensatez *f*

Klugscheißer(in) *m(f)* <-s, -; -nen> (*fam abw*) sabelotodo *mf inv*

Klumpatsch *m ohne Pl* <-(es)> (*fam abw*) cachivaches *mpl*

klumpen *vi* formarse grumos

Klumpen *m* <-s, -> pedazo *m,* trozo *m;* (*in Soße*) grumo *m;* (*Erd~*) terrón *m;* (*Gold~*) pepita *f*

klumpig *adj* grumoso

Klunker *m* <-s, -> (*fam: Edelstein*) brillante *m*

km *Abk. von* **Kilometer** km

km/h *Abk. von* **Kilometer pro Stunde** km/h

knabbern *vi, vt* (*nagen*) roer; (*essen*) picar; **etw zum K~** algo para picar; **daran wirst du noch lange zu ~ haben** (*fam fig*) eso es duro de roer

Knabe *m* <-n, -n> (*geh*) muchacho *m;* **na, alter ~!** (*fam*) ¡hola, tío!

Knäckebrot *nt pan en láminas muy crujiente de origen escandinavo*

knacken **I.** *vi* **1.** (*Holz*) crujir **2.** (*knistern*) chasquear; (*Radio*) crepitar; **an etw** *dat* **zu ~ haben** (*fam*) sufrir las duras consecuencias de algo **3.** (*fam: schlafen*) dormir **II.** *vt* **1.** (*Nüsse*) partir **2.** (*fam: Aufgabe*) resolver; (*Kode*) descifrar **3.** (*fam: aufbrechen*) forzar

knackig *adj* (*Salat*) fresco; (*knusprig*) crujiente; (*a. fig*) apetitoso; **ein ~er Typ** un tío bueno

Knackpunkt *m* (*fam*) punto *m* clave

Knacks *m* <-es, -e> **1.** (*Geräusch*) crujido *m* **2.** (*fam: Riss*) grieta *f* **3.** (*fam: seelisch*) daño *m* psíquico; (*körperlich*) daño *m* físico; **einen ~ bekommen** trastornarse

Knackwurst *f* (GASTR) salchicha *f* "knacker" (*salchicha ahumada para calentar*)

Knall *m* <-(e)s, -e> estallido *m;* (*Peitschen~*) chasquido *m;* (*von Korken*) taponazo *m;* (*von Tür*) portazo *m;* (*von Schuss*) estampido *m;* **es kam zum großen ~** (*fam*) se armó un escándalo; **er hat einen ~** (*fam*) está chiflado; **~ auf Fall** (*fam*) repentinamente

knallen **I.** *vi* **1.** (*allgemein*) estallar; (*Tür*) cerrarse de golpe; (*Peitsche*) producir un chasquido; (*Schuss*) oírse; (*Korken*) saltar; **mit der Peitsche ~** chasquear el látigo **2.** *sein* (*stoßen*) chocar (*auf/gegen* contra) **3.** (*fam: schießen*) disparar **4.** (*fam: Sonne*) pegar fuerte **5.** *sein* (*Reifen*) reventar **II.** *vt* **1.** (*Tür*) dar un portazo (a) **2.** (*werfen*) tirar (violentamente); **den Hörer auf die Gabel ~** colgar con un fuerte golpe; **jdm eine ~** (*fam*) soltar una bofetada a alguien

Knallerbse *f* (*fam*) garbanzo *m* de pega; **Knallfrosch** *m* (*fam*) petardo *m;* **Knallgas** *nt* <-es, -e> (CHEM) gas *m* fulminante; **knallhart** *adj* (*fam: Arbeit*) duro; (*Film, Typ*) brutal; **jdm ~ seine Meinung sagen** decir a alguien cuatro verdades

knallig *adj* (*fam: Farbe*) chillón

Knallkörper *m* petardo *m;* **knallrot** *adj* (*fam*) rojo vivo

knapp **I.** *adj* **1.** (*spärlich*) escaso; (*beschränkt*) limitado; **~ bei Kasse sein** andar justo de dinero; **die Zeit ist ~** tenemos el tiempo justo; **das Wasser wurde ~** se produjo una escasez de agua; **mit ~er Mehrheit** por escasa mayoría **2.** (*Kleidung*) justo **3.** (*kaum*) escaso; (*vor Zahlen*) poco menos de; **eine ~e Stunde** una hora escasa **4.** (*Stil*) conciso; **in ~en Worten** en pocas palabras **II.** *adv* **1.** (*kaum*) apenas **2.** (*gerade so*) (muy) justo; **das Auto fuhr ~ an mir vorbei** el coche pasó muy cerca de mí; **~ sein** escasear

Knappe *m* <-n, -n> **1.** (HIST: *Edelknabe*) doncel *m* **2.** (*Bergmann*) minero *m*

Knappheit *f ohne Pl* **1.** (*Mangel*) escasez *f* (*an* de) **2.** (*Kürze*) concisión *f*

Knarre *f* <-n> **1.** (*fam: Gewehr*) trabuco *m,* chumbo *m Arg* **2.** (*Spielzeug*) matraca *f*

knarren *vi* crujir

Knast[1] *m* <-(e)s, -e *o* Knäste> (*fam: Gefängnis*) chirona *f,* cupo *m Mex;* **im ~ sitzen** estar en chirona

Knast[2] *m ohne Pl* <-(e)s> (*fam: Freiheitsstrafe*) chirona *f;* **er hat drei Jahre ~ bekommen** le han condenado a tres años en chirona

knattern *vi* (*Motorrad, Auto*) petardear; (*Presslufthammer*) martillear; (*Maschinengewehr*) tabletear

Knäuel *m o nt* <-s, -> ovillo *m,* bodoque *m Mex*

Knauf *m* <-(e)s, Knäufe> (*am Stock, Schwert*) puño *m;* (*an der Tür*) pomo *m*

knauserig *adj* (*fam abw*) rácano

knausern *vi* (*fam abw*) cicatear

knausrig *adj s.* **knauserig**

knautschen **I.** *vt* (*fam*) arrugar **II.** *vi* (*fam*) arrugarse

Knautschzone *f* (AUTO) zona *f* de absorción de impactos

Knebel *m* <-s, -> mordaza *f*

knebeln *vt* amordazar

Knecht *m* <-(e)s, -e> **1.** (HIST: *landwirtschaftlicher Helfer*) mozo *m* de labranza, peón *m Am* **2.** (*abw: Befehlsempfänger*) siervo *m*

Knechtschaft *f* <-en> (*abw*) servidumbre *f;*

K

(*Versklavung*) esclavización *f*

kneifen <kneift, kniff, gekniffen> **I.** *vt* (*in die Haut*) pellizcar (*in* en) **II.** *vi* **1.** (*Kleidung*) apretar **2.** (*fam abw: sich drücken*) rajarse

Kneifzange *f* tenazas *fpl*

Kneipe *f* <-n> (*fam*) bar *m,* bochinche *m Mex*

Knete *f ohne Pl* (*fam*) **1.** (*Knetmasse*) plastilina® *f,* pasta *f* de modelar **2.** (*Geld*) pasta *f*

kneten *vt* **1.** (*Teig, Ton*) amasar **2.** (*Figuren formen*) modelar

Knetmasse *f* plastilina® *f*

Knick *m* <-(e)s, -e> **1.** (*Falte*) pliegue *m;* (*in Papier*) doblez *m* **2.** (*Biegung*) recodo *m*

knicken *vt* **1.** (*falten*) plegar; (*Papier*) doblar; **nicht ~!** ¡no doblar! **2.** (*brechen*) romper; (*Pflanze*) tronchar

knick(e)rig *adj* (*fam abw*) tacaño

Knicks *m* <-es, -e> reverencia *f* (*flexión de las piernas*)

Knie *nt* <-s, -> **1.** (*Körperteil*) rodilla *f;* **auf ~n** de rodillas; **weiche ~ bekommen** (*fam*) amedrentarse; **auf die ~ fallen** ponerse de rodillas; **jdn übers ~ legen** (*fam*) pegar un palizón a alguien; **etw übers ~ brechen** (*fam*) forzar algo; **jdn in die ~ zwingen** (*fig*) subyugar a alguien **2.** (*Biegung*) recodo *m* **3.** (*am Rohr*) codo *m;* **Kniebeuge** *f* <-n> **1.** (SPORT) flexión *f* de rodillas **2.** (REL) genuflexión *f;* **Kniebundhose** *f* pantalón *m* abrochado en la rodilla; **Kniegelenk** *nt* (ANAT) articulación *f* de la rodilla; **Kniekehle** *f* (ANAT) corva *f*

knien **I.** *vi haben o sein* estar de rodillas **II.** *vr:* **sich ~** arrodillarse; **sich in die Arbeit ~** (*fam*) meterse de lleno en el trabajo

Kniescheibe *f* rótula *f;* **Knieschützer** *m* <-s, -> (SPORT) rodillera *f;* **Kniestrumpf** *m* media *f* calcetín

kniff *3. imp von* **kneifen**

Kniff *m* <-(e)s, -e> **1.** (*Kneifen*) pellizco *m* **2.** (*Falte*) pliegue *m;* (*in Papier*) doblez *m* **3.** (*Trick*) truco *m*

kniff(e)lig *adj* complicado; (*schwierig*) difícil; (*heikel*) delicado

knipsen **I.** *vi* (*fam: schnalzen*) chasquear **II.** *vt* (*fam*) **1.** (*fotografieren*) sacar una foto (de) **2.** (*Fahrkarte*) picar

Knirps *m* <-es, -e> (*fam*) **1.** (*Junge*) renacuajo *m* **2.** (*abw: Mann*) arrancapinos *m inv*

knirschen *vi* crujir; **mit den Zähnen ~** rechinar los dientes

knistern *vi* (*Feuer*) crepitar; (*Seide, Papier*) crujir; (*vor Spannung*) chisporrotear; **im Gerichtssaal knisterte es vor Spannung** en la sala el ambiente era muy tenso

knitterfrei *adj* inarrugable

knittern **I.** *vt* (*Stoff, Papier*) arrugar **II.** *vi* arrugarse

knobeln *vi* **1.** (*würfeln*) jugar a los dados (*um* por) **2.** (*fam: nachdenken*) romperse la cabeza (*an* con)

Knoblauch *m ohne Pl* <-(e)s> ajo *m;* **Knoblauchpresse** *f* <-n> exprimidera *f* de ajo; **Knoblauchzehe** *f* diente *m* de ajo

Knöchel *m* <-s, -> **1.** (*am Fuß*) tobillo *m;* **sich** *dat* **den ~ verstauchen** dislocarse el tobillo **2.** (*am Finger*) nudillo *m*

Knochen *m* <-s, -> hueso *m;* **sich** *dat* **die ~ brechen** (*fam*) romperse los huesos; **der Schreck fuhr ihm in die ~** (*fam*) se llevó un susto enorme; **bis auf die ~ nass werden** (*fam*) calarse hasta los huesos; **Knochenarbeit** *f ohne Pl* (*fam*) trabajo *m* de negros, pela *f Mex;* **Knochenbruch** *m* fractura *f* de hueso; **Knochengerüst** *nt* esqueleto *m*

Knochenmark *nt ohne Pl* <-(e)s> (ANAT) médula *f* ósea; **Knochenmarktransplantation** *f* (MED) trasplante *m* de médula ósea

Knochenschwund *m* (MED) atrofia *f* ósea

knochig *adj* huesudo; (*Gesicht*) descarnado

knock-out[RR] *adj,* **knockout** *adj* (*a.* SPORT) knock-out; **~ gehen** quedar k.o.

Knödel *m* <-s, -> (*Österr, südd*) *especie de albóndiga cocida hecha de una masa de patatas o miga de pan*

Knolle *f* <-n> **1.** (BOT) tubérculo *m* **2.** (*fam: rundliche Verdickung*) bulto *m;* **Knollenblätterpilz** *m* (BOT) amanita *f;* **Knollengemüse** *nt* (BOT) verdura *f* tuberosa

Knopf *m* <-(e)s, Knöpfe> **1.** (*a.* ELEK, MUS) botón *m;* **einen ~ annähen/verlieren** coser/perder un botón; **auf den ~ drücken** pulsar el botón **2.** (*Schweiz, südd*) nudo *m*

knöpfen *vt* abotonar

Knopfloch *nt* ojal *m*

Knorpel *m* <-s, -> cartílago *m*

knorp(e)lig *adj* cartilaginoso

knorrig *adj* (*Baum*) nudoso

Knospe *f* <-n> (*Blüten~*) capullo *m;* (*von Blatt, Zweig*) yema *f;* **~n treiben** brotar

knospen *vi* brotar

knoten *vt* hacer un nudo (en); (*befestigen*) fijar con un nudo; (*Krawatte*) anudar

Knoten *m* <-s, -> **1.** (*bei Fäden, a.* NAUT, BOT) nudo *m* **2.** (*Frisur*) moño *m* **3.** (MED) nudosidad *f;* **Knotenpunkt** *m* nudo *m* de comunicaciones

knotig *adj* nudoso

Know-how *nt ohne Pl* <-(s)> conocimientos *mpl* (de la tecnología)

knüllen **I.** *vi* (*knittern*) arrugarse **II.** *vt* (*Papier*) estrujar

Knüller *m* <-s, -> (*fam*) sensación *f*

knüpfen *vt* **1.** (*knoten*) anudar **2.** (*Netz*) hacer **3.** (*Freundschaft*) trabar; **große Erwartungen an etw ~** poner grandes esperanzas en algo; **Bedingungen an etw** ~ poner algo por condición

Knüppel *m* <-s, -> **1.** (*Stock*) garrote *m*, mamón *m Guat, Hond*, tocho *m Arg;* (*von Polizei*) porra *f;* **jdm einen ~ zwischen die Beine werfen** (*fam*) poner cortapisas a alguien **2.** (AERO) palanca *f* de mando; **knüppeldick** *adv* (*fam fig*) muy fuerte; **es kam ~** sucedió lo peor; **er trug ~ auf** exageró a más no poder

knurren *vi* **1.** (*Hund, Mensch*) gruñir (*über* a causa de) **2.** (*Magen*) sonar; **mir knurrt der Magen** me suenan las tripas

knusp(e)rig *adj* crujiente

knutschen *vi* (*fam*) besuquearse

Knutschfleck *m* (*fam*) chupetón *m*

k.o. *adj* (*a.* SPORT) *Abk. von* **knock-out** k.o.; ~ **gehen** quedar k.o.

Koalabär *m* <-en, -en> (ZOOL) koala *m*

koalieren* *vi* (POL) formar una coalición

Koalition *f* <-en> (POL) coalición *f;* **eine ~ bilden** formar una coalición; **Koalitionspartner** *m* <-s, -> (POL) socio *m* de coalición; **Koalitionsregierung** *f* (POL) gobierno *m* de coalición

Kobalt *nt ohne Pl* <-s> (CHEM) cobalto *m*

Koblenz *nt* <-> Coblenza *f*

Kobold *m* <-(e)s, -e> duende *m*

Kobra *f* <-s> cobra *f*

Koch *m*, **Köchin** *f* <-(e)s, Köche; -nen> cocinero, -a *m, f*

Kochbuch *nt* libro *m* de cocina

kochen **I.** *vi* **1.** (*Wasser, Speisen*) hervir; (*Kühler*) echar humo; **etw zum K~ bringen** hacer hervir algo **2.** (*Speisen zubereiten*) cocinar **3.** (*fam: wütend sein*) estar furioso; **er kocht vor Wut** está furioso **II.** *vt* **1.** (*garen*) cocer; **hart gekocht** (*Ei*) duro; **weich gekocht** (*Gemüse*) cocido (hasta que esté tierno); (*Ei*) pasado por agua **2.** (*zubereiten*) hacer, preparar **3.** (*heiß waschen*) lavar a 90 grados

Kocher *m* <-s, -> hornillo *m*

kochfest *adj* (*Wäsche*) lavable a 90 grados

Köchin *f* <-nen> *s.* **Koch**

Kochkunst *f ohne Pl* arte *m* culinario; **Kochlöffel** *m* cuchara *f* de palo; **Kochnische** *f* cocinita *f;* **Kochplatte** *f* fogón *m;* **Kochrezept** *nt* receta *f* de cocina; **Kochsalz** *nt ohne Pl* <-es> sal *f* común; **Kochtopf** *m* olla *f;* **Kochwäsche** *f* colada *f* a 90 grados

Kode *m* <-s, -s> código *m*

Köder *m* <-s, -> cebo *m*

ködern *vt* **1.** (*Tiere*) echar el cebo (a) **2.** (*Personen*) engatusar

Kodex[1] *m* <-(es), -e *o* Kodizes> (HIST) códice *m*

Kodex[2] *m* <-(es), -e> (*Regelung*) código *m*

kodieren* *vt* codificar

Kodierung *f* <-en> codificación *f*

Kodizes *Pl von* **Kodex**[1]

Koexistenz *f ohne Pl* (*a.* POL) coexistencia *f*

koexistieren* *vi* (*geh*) coexistir

Koffein *nt ohne Pl* <-s> cafeína *f;* **koffeinfrei** *adj* descafeinado

Koffer *m* <-s, -> maleta *f*, valija *f Am*, cháchara *f And;* **die ~ packen/auspacken** hacer/deshacer las maletas; **Kofferradio** *nt* radio *f* portátil; **Kofferraum** *m* <-(e)s, -räume> maletero *m*, baúl *m Am*, cofre *m Mex*

Kognak *m* <-s, -s> coñac *m*

kohärent *adj* coherente

Kohärenz *f ohne Pl* coherencia *f*

Kohl *m ohne Pl* <-(e)s> **1.** (*Gemüse*) col *f;* **das macht den ~ auch nicht fett** (*fam*) ya no importa **2.** (*fam abw: Unsinn*) bobadas *fpl*

Kohldampf *m ohne Pl* <-(e)s> (*fam*): ~ **haben** tener un hambre de mil demonios

Kohle[1] *f* <-n> (*Brennstoff, Zeichen~*) carbón *m;* (**wie**) **auf glühenden ~n sitzen** (*fig fam*) estar sobre ascuas

Kohle[2] *f ohne Pl* (*fam: Geld*) pasta *f*

kohlehaltig *adj* carbonoso

Kohlehydrat *nt* <-(e)s, -e> (CHEM) hidrato *m* de carbono; **Kohlekraftwerk** *nt* central *f* térmica carbonera

Kohlenbergwerk *nt* <-(e)s, -e> mina *f* de carbón; **Kohlendioxid** *nt ohne Pl* <-(e)s> (CHEM) anhídrido *m* carbónico; **Kohlengrube** *f* mina *f* de carbón; **Kohlenhydrat** *nt* <-(e)s, -e> (CHEM) hidrato *m* de carbono; **Kohlenkeller** *m* carbonera *f;* **Kohlenmonoxid** *nt ohne Pl* <-(e)s> (CHEM) monóxido *m* de carbono; **Kohlenofen** *m* <-s, -öfen> estufa *f* de carbón; **Kohlenpott** *m ohne Pl* <-(e)s> (*fam*) Cuenca *f* del Ruhr; **Kohlensäure** *f ohne Pl* **1.** (CHEM) ácido *m* carbónico **2.** (*in Getränken*) gas *m;* **Mineralwasser mit ~** agua mineral con gas; **Kohlenstoff** *m ohne Pl* <-(e)s> (CHEM) carbono *m;* **Kohlenwasserstoff** *m* <-(e)s, -e> (CHEM) hidrocarburo *m*

Kohleofen *m* estufa *f* de carbón; **Kohlepapier** *nt* papel *m* carbón; **Kohlestift** *m* <-es, -e> carboncillo *m*, carbonilla *f Am;* **Kohletablette** *f* pastilla *f* de carbono; **Kohlezeichnung** *f* dibujo *m* al carbón

Kohlkopf *m* repollo *m;* **Kohlmeise** *f* (ZOOL) herrerillo *m;* **kohl(pech)rabenschwarz** *adj* negro como el azabache

Kohlrabi *m* <-(s), -(s)> colinabo *m*

Kohlroulade *f* (GASTR) *hoja de col rellena*

Kohlweißling *m* <-s, -e> mariposa *f* blanca de la col

koitieren* *vi* copular

Koitus *m* <-, -(se)> coito *m*

Koje *f* <-n> **1.** (NAUT) litera *f* **2.** (*fam: Bett*) cama *f*

Kojote *m* <-n, -n> coyote *m*

Kokain *nt ohne Pl* <-s> cocaína *f*

kokett *adj* coqueto

Koketterie *f ohne Pl* coquetería *f*

kokettieren* *vi* coquetear; (*flirten*) flirtear

Kokon *m* <-s, -s> capullo *m*

Kokosfett *nt* grasa *f* de coco; **Kokosflocken** *fPl* coco *m* rallado; **Kokosmilch** *f* leche *f* de coco; **Kokosnuss**[RR] *f* coco *m;* **Kokosöl** *nt* (GASTR) aceite *m* de coco; **Kokospalme** *f* (BOT) cocotero *m*

Koks *m ohne Pl* <-es> **1.** (*Brennstoff*) coque *m* **2.** (*fam: Unsinn*) tonterías *fpl* **3.** (*sl: Kokain*) coca *f*

Kolben *m* <-s, -> **1.** (TECH) pistón *m* **2.** (CHEM) matraz *m* **3.** (*beim Gewehr*) culata *f* **4.** (BOT) espádice *m* **5.** (*fam: Nase*) narizón *m,* narizota *f;* **Kolbenmotor** *m* (AUTO) motor *m* de pistón; **Kolbenstange** *f* (AUTO) biela *f*

Kolchose *f* <-n> koljós *m*

Kolibakterien *fPl* colibacilos *mpl*

Kolibri *m* <-s, -s> (ZOOL) colibrí *m,* chupaflor *m MAm*

Kolik *f* <-en> cólico *m*

Kollaborateur(in) *m(f)* <-s, -e; -nen> (POL) colaboracionista *mf*

kollaborieren* *vi* (POL) colaborar (con el enemigo)

Kollaps *m* <-es, -e> (MED) colapso *m*

Kolleg *nt* <-s, -s> (*Studien~*) academia *f*

Kollege, -in *m, f* <-n, -n; -nen> colega *mf;* (*Arbeits~*) compañero, -a *m, f* de trabajo; (*Amts~, a.* POL) homólogo, -a *m, f*

kollegial *adj* solidario

Kollegialität *f ohne Pl* solidaridad *f* profesional

Kollegium *nt* <-s, Kollegien> colegas *mpl;* (*bei Lehrern*) cuerpo *m* docente

Kollekte *f* <-n> colecta *f*

Kollektion *f* <-en> colección *f*

Kollektiv *nt* <-s, -e *o* -s> colectivo *m*

Koller[1] *m* <-s, -> (*fam: Wutausbruch*) estallido *m* de cólera; **ich kriegte/hatte einen ~** me dio/tenía un ataque de cólera

Koller[2] *nt* <-s, -> canesú *m*

kollidieren* *vi* **1.** *sein* (*zusammenstoßen*) colisionar (*mit* contra) **2.** (*in Konflikt geraten*) chocar (*mit* con); (*zeitlich*) coincidir (*mit* con)

Kollier *nt* <-s, -s> collar *m*

Kollision *f* <-en> colisión *f*

Kolloquium *nt* <-s, Kolloquien> coloquio *m*

Köln *nt* <-s> Colonia *f*

Kölnischwasser *nt,* **kölnisch Wasser**[RR] *nt* agua *f* de Colonia

kolonial *adj* colonial; **Kolonialherrschaft** *f* dominio *m* colonial

Kolonialismus *m ohne Pl* <-> colonialismo *m*

Kolonialmacht *f* <-mächte> potencia *f* colonial

Kolonie *f* <-n> colonia *f*

Kolonisation *f* <-en> colonización *f*

kolonisieren* *vt* colonizar

Kolonne *f* <-n> **1.** (*einer Tabelle, a.* TYPO, MIL) columna *f* **2.** (*Fahrzeug~*) caravana *f;* (MIL) convoy *m* **3.** (*Arbeitergruppe*) brigada *f*

kolorieren* *vt* colorear

Kolorit *nt* <-(e)s, -e *o* -s> (KUNST, MUS: *a. fig*) colorido *m*

Koloss[RR] *m* <-es, -e>, **Koloß** *m* <-sses, -sse> coloso *m*

kolossal *adj* colosal

Kölsch *nt ohne Pl* <-(s)> **1.** (*Kölner Bier*) cerveza *f* de Colonia **2.** (*Kölner Mundart*) habla *f* de Colonia

Kolumbianer(in) *m(f)* <-s, -; -nen> colombiano, -a *m, f*

kolumbianisch *adj* colombiano

Kolumbien *nt* <-s> Colombia *f*

Kolumne *f* <-n> (*Spalte*) columna *f*

Kolumnist(in) *m(f)* <-en, -en; -nen> (PUBL) columnista *mf*

Koma *nt* <-s, -s *o* -ta> (MED) coma *m;* **im ~ liegen** estar en (estado de) coma

Komata *Pl von* **Koma**

Kombi *m* <-s, -s> (*fam*) combi *m*

Kombination *f* <-en> **1.** (*Verbindung*) combinación *f* **2.** (*Vermutung*) suposición *f* **3.** (*Kostüm*) conjunto *m;* (*Arbeitsanzug*) mono *m*

kombinieren* **I.** *vi* (*folgern*) deducir **II.** *vt* combinar

Kombiwagen *m* coche *m* furgoneta

Kombüse *f* <-n> (NAUT) cocina *f* de un barco

Komet *m* <-en, -en> cometa *m*

Komfort *m ohne Pl* <-s> confort *m*

komfortabel *adj* confortable

Komik *f ohne Pl* comicidad *f;* **einen Sinn für ~ haben** tener sentido para lo cómico

Komiker(in) *m(f)* <-s, -; -nen> cómico, -a *m, f*

komisch *adj* **1.** (*ulkig*) cómico **2.** (*seltsam*) raro; **das kam mir ~ vor** me pareció raro

komischerweise *adv* curiosamente

Komitee *nt* <-s, -s> comité *m*

Komma *nt* <-s, -s *o* -ta> coma *f*

Kommandant(in) *m(f)* <-en, -en; -nen> (MIL) comandante *mf*

kommandieren* **I.** *vt* **1.** (*Einheit, Flotte*) comandar **2.** (*ab~*) destacar; **jdn an die Front ~** destacar a alguien al frente **3.** (*befehlen*) ordenar **II.** *vi* ordenar

Kommando[1] *nt* <-s, -s> **1.** (*Befehl*) orden *f;* **auf ~** al dar la orden **2.** (*Gruppe*) comando *m*

Kommando[2] *nt ohne Pl* <-s> (*Befehlsge-*

walt) mando *m;* **das ~ haben** tener el mando (*über* sobre)

Kommandobrücke *f* (NAUT) puente *m* de mando

Kommata *Pl von* **Komma**

kommen <kommt, kam, gekommen> *vi sein* **1.** (*her~*) venir (*von* de); (*hin~*) ir; (*an~*) llegar; (*zurückkehren*) volver (*von* de); **da kommt er ja!** ¡ahí viene!; **ich komme schon** ya voy; **gut, dass du kommst** me alegro de que vengas; **ein Taxi ~ lassen** llamar a un taxi; **er kam von einer Reise** volvió de un viaje; **angelaufen ~** venir corriendo; **zu spät ~** llegar tarde; **du sollst zum Direktor ~** que vengas a ver al director; **wie komme ich nach ...?** ¿por dónde se va a...?; **sie kam zu der Überzeugung, dass ...** llegó a la conclusión de que...; **wir müssen langsam zu einem Ende ~** tenemos que acabar ya; **nicht von der Stelle ~** no avanzar nada; **ich halte die Zeit für ge~** pienso que ha llegado el momento; **ein einziges K~ und Gehen** un ir y venir continuo; **jetzt komme ich** (**an die Reihe**) ahora me toca a mí; **das kommt später** (eso) viene más tarde; **der kommt mir nicht ins Haus!** ¡ése no pone un pie en mi casa!; **in die Schule/ins Krankenhaus ~** ir a la escuela/al hospital; **der Fall kommt vor Gericht** el caso se llevará a los tribunales; **sein Vorschlag kam mir sehr gelegen** su propuesta me vino muy a propósito; **du kommst mir gerade recht!** (*fam*) ¡eres justo lo que me faltaba!; **das kommt mir wie gerufen** me viene de perlas; **komme, was da wolle** pase lo que pase; **jdm ~ die Tränen** a alguien se le saltan las lágrimas; **so weit kommt es noch** (*fam*) hasta ahí podíamos llegar; **zum Stehen ~** pararse; **man kommt hier zu nichts** aquí no se tiene tiempo para nada; **es kam zu einem Streit** se armó la de San Quintín; **dazu kommt noch, dass ...** hay que añadir que...; **zur Sache ~** ir al grano; **wieder zu sich ~** volver en sí; **zu Wort ~** (conseguir) hablar; **zu Schaden ~** sufrir un daño; **wie käme ich dazu, das zu machen?** ¿por qué iba a hacerlo?; **wie komme ich zu der Ehre?** (*iron*) ¿a qué debo el honor?; **ums Leben ~** perder la vida; **das kommt zusammen auf 20 Mark** (*fam*) todo junto hace 20 marcos; **ich komme auf 1.200 Mark im Monat** (*fam*) saco unos 1200 marcos al mes; **hast du richtig gezählt? ich komme nur auf 15** ¿has contado bien? a mí me da sólo 15; **kommt man hier leicht an frisches Gemüse?** ¿es fácil conseguir aquí verduras frescas?; **ich kam nicht auf seinen Namen** no caía en su nombre; **wie kommst du darauf?** ¿cómo se te ocurre?; **wohin kämen wir, wenn das jeder machen würde** adonde iríamos a parar si todos hiciesen lo mismo; **da könnte ja jeder ~** sí hombre, por tu cara bonita; **sie lässt nichts auf ihn ~** no consiente que lo critiquen; **auf die Welt ~** nacer; **auf etw/jdn zu sprechen ~** hablar de algo/de alguien; **hinter etw ~** descubrir algo; **durch den Zoll/eine Prüfung ~** pasar la aduana/un examen; **Jeans sind wieder im K~** los vaqueros se ponen otra vez de moda; **aus der Mode ~** pasar de moda; **aus dem Takt ~** perder el compás; **aus dem Konzept ~** perder el hilo; **komm, wir gehen!** (*fam*) ¡venga, vámonos!; **nun komm schon!** (*fam*) ¡venga ya!; **komm mir bloß nicht damit** (*fam*) no me vengas con esas; **kommt Zeit, kommt Rat** (*prov*) el tiempo aclara las cosas; **wer zuerst kommt, mahlt zuerst** (*prov*) el que primero llega, ése la calza **2.** (*herbei~*) acercarse (*zu* a), acudir (*zu* a); **etw** *dat/***jdm nahe** [*o* **näher**] **~** acercarse a algo; **das kommt meinen Vorstellungen sehr nahe** esto casi coincide con mis planes; **sich** *dat* **nahe ~** intimar; **sie kamen sich näher** se conocieron mejor **3.** (*geschehen*) pasar; **ich habe es ~ sehen** ya me lo veía venir; **dazu kam es gar nicht mehr** ya no hubo tiempo para eso; **es kam eins zum anderen** fue una reacción en cadena; **das musste ja so ~** tenía que pasar; **es kam, wie es ~ musste** pasó lo que tenía que pasar; **die Hochzeit kam für alle überraschend** la boda fue una sorpresa para todos; **das Schlimmste/Beste kommt erst noch** y ahora viene lo peor/lo mejor; **wie kommt es, dass du ...?** ¿cómo es que tú...?; **wenn es kommt, kommt's dick** (*fam*) las desgracias nunca vienen solas; **es kommt immer anders, als man denkt** (*prov*) las cosas nunca pasan como uno se piensa **4.** (*stammen*) ser (*aus* de); **ich komme aus Dortmund** soy de Dortmund **5.** (*durchqueren*) pasar (*über/durch* por); **über Münster ~** pasar por Münster **6.** (*entfallen*) corresponder (*auf* a); **auf zwei Deutsche kommt ein Auto** cada dos alemanes tienen un coche **7.** (*berühren*) tocar; (*streifen*) rozar **8.** (*herrühren*) deberse (*von* a); **das kommt davon, dass ...** eso se debe a...; **der Vorschlag kam von mir** la propuesta era mía; **das kommt davon!** ¡esa es la consecuencia!; **das kommt vom Rauchen** eso pasa por fumar **9.** (*hingehören*) ponerse; **das Geschirr kommt in den Schrank** los platos se ponen en el armario **10.** (*Bedenken*) surgir; (*Idee*) ocurrir **11.** (*anfangen*): **in Gang ~** ponerse en movimiento **12.** (*fam: Orgasmus haben*) correrse

kommend *adj* venidero; (*zukünftig*) futuro; **die ~en Jahre** los años venideros; **~e Woche** la semana que viene

Kommentar *m* <-(e)s, -e> comentario *m;* **kein ~!** ¡sin comentarios!; **einen ~ zu etw** *dat* **abgeben** hacer un comentario respecto a algo

kommentarlos *adj* sin comentario

kommentieren* *vt* **1.** (*Stellung nehmen*) comentar **2.** (*Text*) glosar; **kommentierte Ausgabe** edición anotada

kommerzialisieren* *vt* comercializar

kommerziell *adj* comercial

Kommilitone, -in *m, f* <-n, -n; -nen> compañero, -a *m, f* de estudios

Kommissar(in) *m(f)* <-s, -e; -nen> **1.** (ADMIN) comisario, -a *m, f,* comisionado, -a *m, f* *Am* **2.** (*Polizeibeamter*) comisario, -a *m, f* de policía

Kommissär(in) *m(f)* <-s, -e; -nen> (*Österr, Schweiz: Polizeibeamter*) comisario, -a *m, f* de policía

Kommissariat *nt* <-s, -e> **1.** (*Amtszimmer*) despacho *m* **2.** (*Österr: Polizeidienststelle*) comisaría *f* (de policía)

Kommission *f* <-en> (*a.* COM) comisión *f;* **etw in ~ geben/nehmen** (COM) dar/tomar algo en comisión

Kommode *f* <-n> cómoda *f*

kommunal *adj* municipal; **Kommunalpolitik** *f* <-en> política *f* municipal; **Kommunalwahl** *f* elecciones *fpl* municipales

Kommune *f* <-n> (ADMIN) municipio *m,* comuna *f Am*

Kommunikation *f ohne Pl* comunicación *f;* **Kommunikationsmittel** *nt* medio *m* de comunicación

Kommunikee[RR] *nt* <-s, -s> *s.* **Kommuniqué**

Kommunion *f* <-en> (REL) **1.** (*Abendmahl*) comunión *f* **2.** (*Erst~*) primera comunión *f*

Kommuniqué *nt* <-s, -s> comunicado *m*

Kommunismus *m ohne Pl* <-> comunismo *m*

Kommunist(in) *m(f)* <-en, -en; -nen> comunista *mf*

kommunizieren* *vi* **1.** (*reden*) comunicarse **2.** (REL) comulgar

Komödiant(in) *m(f)* <-en, -en; -nen> comediante *mf*

Komödie *f* <-n> comedia *f*

kompakt *adj* **1.** (*Material*) compacto **2.** (*fam: Person, Statur*) macizo

Kompanie *f* <-n> compañía *f*

Komparativ *m* <-s, -e> (LING) comparativo *m*

Komparse, -in *m, f* <-n, -n; -nen> comparsa *mf*

Kompass[RR] *m* <-es, -e>, **Kompaß** *m* <-sses, -sse> brújula *f;* (NAUT) compás *m*

kompatibel *adj* (*a.* INFOR) compatible

Kompatibilität *f* <-en> (*a.* INFOR) compatibilidad *f*

Kompensation *f* <-en> compensación *f*

kompensieren* *vt* compensar

kompetent *adj* competente

Kompetenz *f* <-en> competencia *f;* **seine ~en überschreiten** sobrepasar sus competencias; **das liegt nicht in meiner ~** esto no es de mi competencia

Komplementärfarbe *f* color *m* complementario

komplett **I.** *adj* completo **II.** *adv* por completo

komplex *adj* complejo

Komplex *m* <-es, -e> (*a.* PSYCH) complejo *m;* **~e haben** tener complejos

Komplikation *f* <-en> complicación *f;* **zu ~en führen** causar complicaciones

Kompliment *nt* <-(e)s, -e> cumplido *m,* piropo *m;* **jdm ~e machen** decirle piropos a alguien; **mein ~!** ¡felicidades!

Komplize, -in *m, f* <-n, -n; -nen> (*abw*) cómplice *mf*

komplizieren* **I.** *vt* complicar **II.** *vr:* **sich ~** complicarse

kompliziert *adj* (*schwierig*) complicado; (*komplex*) complejo

Komplott *nt* <-(e)s, -e> complot *m;* **ein ~ schmieden** tramar un complot

Komponente *f* <-n> componente *m*

komponieren* *vi, vt* (*a.* MUS) componer

Komponist(in) *m(f)* <-en, -en; -nen> (MUS) compositor(a) *m(f)*

Komposita *Pl von* **Kompositum**

Komposition *f* <-en> (*a.* MUS) composición *f*

Kompositum *nt* <-s, Komposita> (LING) palabra *f* compuesta

Kompost *m* <-(e)s, -e> compost *m;* **Komposthaufen** *m* montón *m* de compost

Kompostieranlage *f* (AGR) planta *f* de elaboración de compost

kompostieren* *vt* (AGR) **1.** (*zu Kompost verarbeiten*) convertir en compost **2.** (*düngen*) abonar con compost

Kompostierung *f* <-en> (AGR) **1.** (*Verarbeitung*) compostaje *m* **2.** (*Düngung*) abonado *m*

Kompott *nt* <-(e)s, -e> compota *f*

Kompresse *f* <-n> (MED) compresa *f*

komprimieren* *vt* comprimir

Kompromiss[RR] *m* <-es, -e>, **Kompromiß** *m* <-sses, -sse> compromiso *m;* (*mittlere Lösung*) solución *f* intermedia; **ein fauler ~** un compromiso barato; **mit jdm einen ~ schließen** llegar a un acuerdo con alguien; **kompromissbereit**[RR] *adj* dispuesto a ceder; **Kompromissbereitschaft**[RR] *f ohne Pl*

disposición *f* a transigir
kompromittieren* *vt* comprometer
Kondensator *m* <-s, -en> (ELEK, TECH) condensador *m*
kondensieren* **I.** *vt* (*a.* PHYS) condensar **II.** *vi sein:* **der Dampf kondensiert an den Wänden** el vapor se condensa en las paredes
Kondensmilch *f* leche *f* condensada; **Kondensstreifen** *m* estela *f* (de gases condensados); **Kondenswasser** *nt ohne Pl* <-s> agua *f* de condensación
Kondition[1] *f* <-en> (WIRTSCH) condición *f*
Kondition[2] *f ohne Pl* (*körperliche Verfassung*) condición *f* (física); **eine gute ~ haben** estar en buena forma
Konditionalsatz *m* <-es, -sätze> (LING) oración *f* condicional
Konditionstraining *nt* <-s, -s> (SPORT) entrenamiento *m* físico
Konditor(in) *m(f)* <-s, -en; -nen> pastelero, -a *m, f*
Konditorei *f* <-en> pastelería *f*
Kondolenz *f* <-en> pésame *m;* **Kondolenzschreiben** *nt* carta *f* de pésame
Kondom *nt o m* <-s, -e> condón *m*
Kondor *m* <-s, -e> cóndor *m*
Konfekt *nt* <-(e)s, -e> dulces *mpl*
Konfektion *f* <-en> **1.** (*Herstellung*) confección *f* **2.** (*Kleidung*) ropa *f* de confección; **Konfektionsgröße** *f* <-n> talla *f* de confección
Konferenz *f* <-en> conferencia *f;* (*Besprechung*) reunión *f;* **Konferenzsaal** *m* <-(e)s, -säle> sala *f* de conferencias; **Konferenzschaltung** *f* (RADIO, TV) conexión *f* de conferencias simultáneas
konferieren* *vi* **1.** (*beraten*) conferenciar (*über* sobre) **2.** (*bei Veranstaltung*) presentar
Konfession *f* <-en> confesión *f*
konfessionslos *adj* aconfesional
Konfetti *nt ohne Pl* <-(s)> confeti *m*
Konfiguration *f* <-en> (INFOR) configuración *f*
konfigurieren* *vt* (INFOR) configurar
Konfirmand(in) *m(f)* <-en, -en; -nen> confirmando, -a *m, f*
Konfirmation *f* <-en> confirmación *f*
konfirmieren* *vt* confirmar
konfiszieren* *vt* confiscar
Konfitüre *f* <-n> confitura *f*
Konflikt *m* <-(e)s, -e> conflicto *m;* **mit dem Gesetz in ~ geraten** infringir las leyes
Konföderation *f* <-en> confederación *f*
konform *adj* conforme; **mit jdm ~ gehen** estar de acuerdo con alguien
konformistisch *adj* (*geh*) conformista
Konfrontation *f* <-en> confrontación *f*
konfrontieren* **I.** *vt* confrontar (*mit* con) **II.** *vr:* **sich ~** enfrentarse (*mit* con/a)
konfus **I.** *adj* confuso; **jdn ~ machen** desconcertar a alguien **II.** *adv* confuso; **das klingt ziemlich ~** suena muy confuso
Konfusion *f* <-en> confusión *f*
Kongress[RR] *m* <-es, -e>, **Kongreß** *m* <-sses, -sse> congreso *m;* **Kongresshalle[RR]** *f* palacio *m* de congresos
kongruent *adj* **1.** (MATH) congruente **2.** (LING) concordante
König(in) *m(f)* <-s, -e; -nen> **1.** (*Monarch*) rey *m,* reina *f;* **die Heiligen Drei ~e** los Reyes Magos **2.** (*beim Schach*) rey *m*
königlich **I.** *adj* **1.** (*auf König bezogen*) real **2.** (*hoheitsvoll*) majestuoso **II.** *adv* (*fam: außerordentlich*) mucho; **sich ~ amüsieren** pasarlo bomba
Königreich *nt* reino *m;* **das Vereinigte ~** el Reino Unido
königstreu *adj* monárquico
Königtum *nt* <-s, -tümer> monarquía *f*
Konjugation *f* <-en> (LING) conjugación *f*
konjugieren* *vt* (LING) conjugar
Konjunktion *f* <-en> (LING, ASTR) conjunción *f*
Konjunktiv *m* <-s, -e> (LING) subjuntivo *m*
Konjunktur *f* <-en> (WIRTSCH) coyuntura *f;* **steigende/fallende ~** coyuntura alcista/bajista; **Konjunkturbelebung** *f* (WIRTSCH) reanimación *f* coyuntural; **Konjunktureinbruch** *m* (WIRTSCH) retroceso *m* económico
konjunkturell *adj* (WIRTSCH) coyuntural
Konjunkturindex *m* <-(es), -indizes> (WIRTSCH) índice *m* coyuntural; **Konjunkturlage** *f ohne Pl* (WIRTSCH) situación *f* coyuntural; **Konjunkturpolitik** *f* <-en> (WIRTSCH) política *f* coyuntural; **Konjunkturspritze** *f* (*fam*) ayuda *f* económica; **Konjunkturtief** *nt* (WIRTSCH) estancamiento *m* económico
konkav *adj* cóncavo
Konkordanz *f* <-en> (*a.* GEO) concordancia *f*
konkret **I.** *adj* concreto **II.** *adv* en concreto
konkretisieren* *vt* concretar
Konkubine *f* <-n> concubina *f*
Konkurrent(in) *m(f)* <-en, -en; -nen> competidor(a) *m(f)*
Konkurrenz[1] *f ohne Pl* (*Konkurrieren, Konkurrent*) competencia *f;* **jdm ~ machen** hacer la competencia a alguien
Konkurrenz[2] *f* <-en> (*Wettkampf*) concurso *m;* **außer ~** fuera de concurso
konkurrenzfähig *adj* competitivo; **Konkurrenzkampf** *m* <-(e)s, -kämpfe> competición *f,* rivalidad *f*
konkurrenzlos **I.** *adj* sin competencia **II.** *adv* fuera de (toda) competencia; **~ billig** a

K

precios sin competencia

konkurrieren* *vi* competir (*um* por, *mit* con); **miteinander ~** hacerse la competencia

Konkurs *m* <-es, -e> quiebra *f,* falencia *f Am;* **das Unternehmen ist in ~ gegangen/steht vor dem ~** la empresa ha quebrado/está a punto de quebrar; **~ anmelden** declararse en quiebra; **Konkursmasse** *f* masa *f* activa, activo *m* de la quiebra; **Konkursverfahren** *nt* juicio *m* de quiebra

können[1] <kann, konnte, können> *Modalverb* **1.** (*vermögen, dürfen*) poder +*inf;* (*in der Lage sein*) estar en condiciones (de +*inf*); **kann ich etwas für Sie tun?** ¿puedo ayudarle en algo?; **~ Sie mir sagen, wie spät es ist?** ¿podría decirme la hora?; **wer kann das gewesen sein?** ¿quién puede haber sido?; **ich könnte mir vorstellen, dass ...** podría imaginarme que... +*subj;* **das hätte ich dir gleich sagen ~!** ¡ya lo sabía yo!; **er kann einem Leid tun** (*fam*) es para darle pena a uno; **da kann man nichts mehr machen!** ¡qué se le va a hacer!; **man kann annehmen, dass ...** se puede suponer que...; **du kannst mich mal!** (*vulg*) ¡que te den por el culo! **2.** (*möglich sein*) poder, ser posible; **du könntest Recht haben** puede que tengas razón; **das kann noch dauern** esto puede tardar todavía; **kann sein** es posible; **das kann nicht sein** no puede ser; **das kann passieren** puede pasarle a cualquiera; **es kann sein, dass ...** puede que... +*subj*

können[2] <kann, konnte, gekonnt> **I.** *vt* (*beherrschen*) saber; **was ~ Sie?** ¿qué sabe Ud. hacer?; **sie kann gut Spanisch** habla bien español; **er hat es (nicht) gekonnt** (no) pudo hacerlo **II.** *vi* poder (hacer); **ich kann nichts dafür** (*fam*) no es culpa mía; **ich kann nicht mehr vor Lachen** (*fam*) me muero de risa; **ich kann nicht mehr** (*fam*) ya no puedo más; **morgen kann ich nicht** mañana no puedo; **nicht anders ~ als ...** no tener otro remedio que...; **uns** *dat* **kann keiner!** (*fam*) ¡no hay quien pueda con nosotros!; **wie konntest du nur!** ¡cómo has podido!; **er schrie, was er konnte** gritaba a más no poder; **so schnell sie konnte** lo más rápido que pudo

Können *nt ohne Pl* <-s> **1.** (*Wissen*) saber *m* **2.** (*Fähigkeit*) capacidad *f*

konnte *3. imp von* **können**

Konsekutivsatz *m* <-es, -sätze> (LING) oración *f* consecutiva, proposición *f* consecutiva

Konsens *m* <-es, -e> consenso *m;* **einen ~ erzielen** ponerse de acuerdo; **Konsensgespräch** *nt* <-(e)s, -e> (POL) conversación *f* de consenso

konsequent **I.** *adj* consecuente **II.** *adv* de forma consecuente; **~ durchgreifen** proceder enérgicamente; **etw ~ verfolgen** perseguir algo con perseverancia

Konsequenz[1] *f* <-en> **1.** (*Folgerichtigkeit*) lógica *f,* coherencia *f;* **das bedeutet in letzter ~, dass ...** lo cual significa en último término que... **2.** (*Folge*) consecuencia *f;* **die ~en tragen** asumir las consecuencias; **das wird ernste ~en haben** esto va a tener graves consecuencias

Konsequenz[2] *f ohne Pl* (*Unbeirrbarkeit*) perseverancia *f*

konservativ *adj* conservador

Konserve *f* <-n> conserva *f;* **Konservenbüchse** *f,* **Konservendose** *f* lata *f* de conservas

konservieren* *vt* conservar

Konservierung *f* <-en> conservación *f;* **Konservierungsmittel** *nt* conservante *m*

Konsistenz *f ohne Pl* consistencia *f*

Konsole *f* <-n> **1.** (ARCHIT) repisa *f* **2.** (*Möbel*) consola *f* **3.** (INFOR) consola *f*

Konsonant *m* <-en, -en> (LING) consonante *f*

Konsortium *nt* <-s, Konsortien> (WIRTSCH) consorcio *m*

konspirativ *adj* de conspiración

konstant **I.** *adj* constante **II.** *adv* **1.** (*dauernd*) constantemente **2.** (*beharrlich*) insistentemente

Konstante *f* <-n> (MATH, PHYS) constante *f*

konstatieren* *vt* constatar

Konstellation *f* <-en> constelación *f*

konstituieren* *vt* constituir

Konstitution *f* <-en> constitución *f*

konstitutionell *adj* (POL, MED) constitucional; **~e Monarchie** monarquía constitucional

konstruieren* *vt* **1.** (*a.* MATH, LING) construir **2.** (*abw*) enrevesar

Konstrukteur(in) *m(f)* <-s, -e; -nen> constructor(a) *m(f)*

Konstruktion *f* <-en> construcción *f;* **Konstruktionsfehler** *m* defecto *m* de construcción

konstruktiv *adj* constructivo

Konsul(in) *m(f)* <-s, -n; -nen> cónsul *mf*

Konsulat *nt* <-(e)s, -e> consulado *m*

konsultieren* *vt* consultar

Konsum *m ohne Pl* <-s> consumo *m*

Konsument(in) *m(f)* <-en, -en; -nen> consumidor(a) *m(f)*

Konsumgesellschaft *f* <-en> sociedad *f* de consumo; **Konsumgüter** *ntPl* bienes *mpl* de consumo

konsumieren* *vt* consumir

konsumorientiert *adj* consumista

Konsumverhalten *nt ohne Pl* <-s> actitud *f* consumista

Kontakt *m* <-(e)s, -e> (*a.* ELEK) contacto *m;* **körperlicher ~** contacto físico; **sexuelle ~e** relaciones sexuales; **mit jdm in ~ kommen/stehen** entrar/estar en contacto con alguien; **wir sollten in ~ bleiben** deberíamos mantenernos en contacto; **stehst du noch in ~ mit ihr?** ¿sigues teniendo contacto con ella?; **sie unterhalten geschäftliche ~e zu unserer Firma** tienen negocios con nuestra empresa; **Kontaktadresse** *f* dirección *f* a contactar; **Kontaktanzeige** *f* anuncio *m* de contacto; **Kontaktaufnahme** *f* toma *f* de contacto; **Kontaktbildschirm** *m* (INFOR) pantalla *f* de contacto; **kontaktfreudig** *adj* sociable; **Kontaktlinse** *f* lente *f* de contacto, lentilla *f;* **Kontaktperson** *f* (MED) contacto *m*

Kontamination *f* <-en> contaminación *f*

kontaminieren* *vt* (*a.* LING) contaminar

Konten *Pl von* **Konto**

kontern I. *vt* (SPORT) contraatacar **II.** *vi* (*zurückweisen*) replicar

Konterrevolution *f* contrarrevolución *f*

Kontext *m* <-(e)s, -e> contexto *m*

Kontinent *m* <-(e)s, -e> continente *m*

kontinental *adj* continental

Kontingent *nt* <-(e)s, -e> contingente *m*

kontinuierlich *adj* continuo

Kontinuität *f ohne Pl* continuidad *f*

Konto *nt* <-s, Konten> cuenta *f;* **ein ~ eröffnen/auflösen** abrir/cerrar una cuenta; **das ~ überziehen** sobrepasar la cuenta; **das geht auf mein ~** (*fam*) esto va de mi cuenta; **Kontoauszug** *m* extracto *m* de cuenta; **Kontoführung** *f* <-en> administración *f* de la cuenta; **Kontoinhaber(in)** *m(f)* titular *mf* de una cuenta; **Kontonummer** *f* número *m* de (la) cuenta; **Kontostand** *m* <-(e)s, -stände> estado *m* de (la) cuenta

kontra I. *präp +akk* (JUR: *a. fig*) contra **II.** *adv* (*dagegen*) en contra

KontrabassRR *m* contrabajo *m*

Kontrahent(in) *m(f)* <-en, -en; -nen> **1.** (*Gegner*) adversario, -a *m, f* **2.** (*Vertragspartner*) parte *f* contratante

kontrahieren* *vi* contraer

Kontraktion *f* <-en> (GEO, MED, PHYS, LING) contracción *f*

konträr *adj* contrario, opuesto

Kontrast *m* <-(e)s, -e> contraste *m;* **in** [*o* **im**] **~ zu etw** *dat* **stehen** estar en contraste con algo

kontrastieren* *vi* contrastar

kontrastreich *adj* rico en contrastes

Kontrollabschnitt *m* matriz *f* de talonario;

Kontrollampe *f s.* **Kontrolllampe**

Kontrolle *f* <-n> **1.** (*Beherrschung, Pass~, Polizei~*) control *m;* **über jdn/etw die ~ verlieren** perder el control sobre alguien/algo; **jdn/etw unter ~ haben** controlar a alguien/algo; **alles unter ~!** ¡todo bajo control!; **sein Auto geriet außer ~** perdió el control del coche **2.** (*Prüfung*) control *m;* (*Inspektion*) inspección *f;* (*Überwachung*) vigilancia *f*

Kontrolleur(in) *m(f)* <-s, -e; -nen> controlador(a) *m(f)*

Kontrollfunktion *f* <-en> función *f* de control; **eine ~ ausüben** ejercer el control

kontrollieren* *vt* **1.** (*allgemein*) controlar; (*überprüfen*) inspeccionar; (*Gepäck*) registrar **2.** (*überwachen*) vigilar **3.** (*beherrschen*) dominar

KontrolllampeRR *f* piloto *m;* **Kontrollturm** *m* (AERO) torre *f* de control

kontrovers I. *adj* **1.** (*entgegengesetzt*) contrario **2.** (*bestreitbar*) cuestionable **3.** (*umstritten*) controvertido **II.** *adv* de forma polémica

Kontroverse *f* <-n> controversia *f*

Kontur *f* <-en> contorno *m;* (*Profil*) perfil *m;* **etw verliert an/gewinnt ~** algo pierde perfil/se perfila

Konvention *f* <-en> (*Abkommen, Norm*) convención *f*

Konventionalstrafe *f* (JUR) multa *f* convencional

konventionell *adj* convencional

Konversation *f* <-en> conversación *f;* **~ machen** conversar

Konversion *f* <-en> (REL, INFOR, WIRTSCH) conversión *f*

konvertieren* **I.** *vi haben o sein* (REL) convertirse (*zu* a) **II.** *vt* (WIRTSCH, INFOR) convertir

konvex *adj* convexo

Konvoi *m* <-s, -s> convoy *m;* **im ~ fahren** viajar en convoy

Konzentrat *nt* <-(e)s, -e> concentrado *m*

Konzentration *f* <-en> (*a.* CHEM) concentración *f;* **Konzentrationslager** *nt* campo *m* de concentración; **Konzentrationsschwäche** *f* (MED, PSYCH) deficiencias *fpl* en la (facultad de) concentración; **Konzentrationsstörung** *f* dificultad *f* de concentración

konzentrieren* **I.** *vt* (*bündeln*) concentrar (*auf* en); (*ausrichten*) centrar (*auf* en) **II.** *vr:* **sich ~** concentrarse (*auf* en)

konzentriert *adj* concentrado

konzentrisch *adj* concéntrico

Konzept *nt* <-(e)s, -e> **1.** (*Rohfassung*) borrador *m;* **aus dem ~ kommen** perder el hilo; **jdn aus dem ~ bringen** desconcertar a alguien **2.** (*Programm*) plan *m;* **das passt mir nicht ins ~** eso no cuadra con mis planes

Konzeption *f* <-en> concepción *f*

Konzeptpapier *nt* borrador *m*

K

Konzern *m* <-s, -e> (WIRTSCH) consorcio *m*

Konzert *nt* <-(e)s, -e> concierto *m;* **Konzertflügel** *m* piano *m* de concierto; **Konzertsaal** *m* sala *f* de conciertos

Konzession *f* <-en> **1.** (*Zugeständnis*) concesión *f;* **er ist** (**nicht**) **zu ~en bereit** (no) está dispuesto a hacer concesiones **2.** (*Genehmigung*) licencia *f;* **jdm die ~ entziehen** retirar la licencia a alguien

Konzessivsatz *m* <-es, -sätze> (LING) oración *f* concesiva

Konzil *nt* <-s, -e *o* -ien> concilio *m*

konzipieren* *vt* planear, concebir

Kooperation *f* <-en> cooperación *f*

kooperativ *adj* cooperativo

kooperieren* *vi* cooperar

Koordinate *f* <-n> (MATH) coordenada *f*

Koordination *f* <-en> coordinación *f*

koordinieren* *vt* coordinar

Kopenhagen *nt* <-s> Copenhague *m*

Kopf *m* <-(e)s, Köpfe> **1.** (*Körperteil, Nagel~, Nadel~*) cabeza *f;* **zehn DM pro ~** diez marcos por cabeza; **~ an ~** codo con codo; **aus dem ~** de memoria; **~ hoch!** ¡ánimo!; **auf dem ~** cabeza abajo; **etw auf den ~ stellen** poner algo patas arriba; **sie stellten das ganze Haus auf den ~** revolvieron la casa de arriba a abajo; **~ und Kragen riskieren** jugarse la vida; **sich** *dat* **etw aus dem ~ schlagen/in den ~ setzen** quitarse algo de/meterse algo en la cabeza; **das will mir nicht in den ~** no me entra en la cabeza; **das kann ich im ~ rechnen** puedo hacer la cuenta de cabeza; **mit rotem ~ dastehen** estar con la cara enrojecida; **von ~ bis Fuß** de pies a cabeza; **sie ist ein kluger ~** tiene una buena cabeza; **sie hat ihren eigenen ~** ella sabe lo que quiere; **er ist nicht auf den ~ gefallen** no tiene un pelo de tonto; **den ~ in den Sand stecken** esconder la cabeza como el avestruz; **mit dem ~ durch die Wand wollen** querer lo imposible; **es kann nicht immer nur nach deinem ~ gehen** no puede ser siempre lo que tú quieras; **wir redeten uns** *dat* **die Köpfe heiß** nos dijimos todo lo dicho y por decir; **einen kühlen ~ bewahren** mantener la calma; **nicht ganz richtig im ~ sein** (*fam*) no estar bien de la cabeza; **das geht mir durch den ~** esto me ronda por la cabeza; **wo hast du nur deinen ~ gelassen?** ¿dónde tienes la cabeza?; **mir brummt/raucht der ~** (*fam*) tengo la cabeza como un bombo/me echa humo la cabeza; **der Erfolg ist ihm zu ~(e) gestiegen** se le ha subido el éxito a la cabeza; **die Tatsachen auf den ~ stellen** (*fam*) tergiversar los hechos; **ich war wie vor den ~ gestoßen** me quedé parado; **~ stehen** (*fam*) estar fuera de quicio; **jdm den ~ verdrehen** (*fam*) robarle el sentido a alguien; **das Ganze wächst ihm über den ~** es superior a sus fuerzas; **sich** *dat* **den ~ zerbrechen** (*fam*) romperse la cabeza; **sich** *dat* **an den ~ fassen** (*fam*) llevarse las manos a la cabeza; **jdn einen ~ kürzer machen** (*sl*) decapitar a alguien; **das kann dich den ~ kosten** (*a. fig*) te puede costar la vida; **er hat sein ganzes Geld auf den ~ gehauen** (*fam*) ha tirado todo su dinero por la ventana **2.** (*Brief~*) encabezamiento *m;* (*bei Münze*) cara *f;* **~ oder Zahl?** ¿cara o cruz?

Kopf-an-Kopf-Rennen *nt* carrera *f* codo con codo

Kopfarbeit *f ohne Pl* trabajo *m* intelectual; **Kopfball** *m* (SPORT) cabezazo *m;* **ein Tor durch ~ erzielen** meter un gol de cabeza; **Kopfbedeckung** *f* sombrero *m;* **Kopfbewegung** *f* movimiento *m* de la cabeza

Köpfchen *nt* <-s, -> (*fam*) pesquis *m inv;* **~ haben** ser listo

köpfen *vt* **1.** (*enthaupten*) decapitar **2.** (SPORT) cabecear; (*Tor*) rematar de cabeza

Kopfende *nt* <-s, -n> cabecera *f*

Kopfgeldjäger *m* <-s, -> cazador *m* de recompensas

Kopfhaar *nt ohne Pl* <-(e)s> cabello *m;* **Kopfhaut** *f* cuero *m* cabelludo; **Kopfhörer** *m* <-s, -> auricular(es) *m(pl);* **Kopfkissen** *nt* almohada *f;* **Kopflaus** *f* piojo *m*

kopflos *adj* **1.** (*Lebewesen*) sin cabeza **2.** (*verwirrt*) aturdido

Kopfnicken *nt ohne Pl* <-s> señal *f* afirmativa (con la cabeza); **Kopfnuss**[RR] *f* (*fam*) **1.** (*Schlag*) coscorrón *m* **2.** (*Aufgabe*) rompecabezas *m inv;* **Kopfrechnen** *nt ohne Pl* <-s> cálculo *m* mental; **Kopfsalat** *m* lechuga *f*

Kopfschmerz *m* dolor *m* de cabeza; **Kopfschmerztablette** *f* pastilla *f* contra el dolor de cabeza

Kopfschuppen *fPl* caspa *f;* **Kopfschütteln** *nt ohne Pl* <-s> cabeceo *m;* **Kopfschutz** *m* casco *m* protector; **Kopfsprung** *m* zambullida *f* de cabeza; **einen ~ machen** tirarse de cabeza; **Kopfstand** *m* <-(e)s, -stände> pino *m;* **einen ~ machen** hacer el pino; **kopf|stehen** *irr vi s.* **Kopf 1.**

Kopfsteinpflaster *nt* adoquinado *m*

Kopfstimme *f* falsete *m;* **Kopfstütze** *f* reposacabezas *m inv;* **Kopftuch** *nt* <-(e)s, -tücher> pañuelo *m* de cabeza

kopfüber *adv* de cabeza

Kopfweh *nt* <-(e)s, -e> dolor *m* de cabeza; **Kopfzeile** *f* (INFOR) encabezamiento *m;* **mit ~** encabezado; **Kopfzerbrechen** *nt ohne Pl* <-s> quebradero *m* de cabeza; **sich** *dat* **~ über etw machen** romperse la cabeza por algo

Kopie *f* <-n> **1.** (*a.* INFOR) copia *f;* (*Foto~*) fotocopia *f* **2.** (*Nachahmung*) imitación *f*
kopieren* *vt* **1.** (*a.* INFOR) copiar; (*Fotokopien machen*) fotocopiar **2.** (*nachahmen*) imitar
Kopierer *m* <-s, -> (*fam*) fotocopiadora *f*
Kopiergerät *nt* <-(e)s, -e> fotocopiadora *f;* **Kopierschutz** *m,* **Kopiersperre** *f* (INFOR) protección *f* contra copias
Kopilot(in) *m(f)* <-en, -en; -nen> (AERO) copiloto *mf*
Koppel *f* <-n> (*Weideland*) dehesa *f*
koppeln *vt* **1.** (*Tiere: hintereinander*) reatar; (*nebeneinander*) uncir **2.** (*Fahrzeuge*) enganchar; (*Raumschiffe*) acoplar; (*Geräte*) acoplar (*an* a)
Kopp(e)lung *f* <-en> acoplamiento *m*
Koproduktion *f* <-en> coproducción *f*
Kopulation *f* <-en> (BIOL) cópula *f*
kopulieren* *vi* (BIOL) copular
Koralle *f* <-n> coral *m;* **Korallenriff** *nt* arrecife *m* coralino
Koran *m ohne Pl* <-s> Corán *m*
Korb *m* <-(e)s, Körbe> **1.** (*Behälter*) cesta *f;* (*größer*) cesto *m;* (*mit Henkeln*) canasta *f* **2.** (*~geflecht*) mimbre *m;* **ein Sessel aus ~** un sillón de mimbre **3.** (SPORT) canasta *f;* **einen ~ erzielen** meter una canasta **4.** (*Abfuhr*) negativa *f;* **jdm einen ~ geben** dar calabazas a alguien
Korbball *m ohne Pl* <-(e)s> (SPORT) baloncesto *m*
Korbflasche *f* damajuana *f;* **Korbmöbel** *ntPl* muebles *mpl* de mimbre
Kord *m* <-(e)s, -e *o* -s> pana *f*
Kordel *f* <-n> cordel *m*
Kordhose *f* pantalón *m* de pana
Korea *nt* <-s> Corea *f*
Koreaner(in) *m(f)* <-s, -; -nen> coreano, -a *m, f*
koreanisch *adj* coreano
Koriander *m* <-s, -> (BOT) cilantro *m*
Korinthe *f* <-n> (GASTR) pasa *f* de Corinto
Kork *m* <-(e)s, -e> (*Material*) corcho *m;* **Korkeiche** *f* alcornoque *m*
Korken *m* <-s, -> (*Verschluss*) corcho *m*
Korkenzieher *m* <-s, -> sacacorchos *m inv*
Korn[1] *nt* <-(e)s, Körner> (*Teilchen, Samen~*) grano *m*
Korn[2] *m* <-(e)s, -> (*fam: Branntwein*) aguardiente *m* de trigo
Korn[3] *nt* <-(e)s, -e> **1.** (*Getreide*) cereales *mpl* **2.** (*am Gewehr*) (punto *m* de) mira *f;* **jdn aufs ~ nehmen** tomarla con alguien
Korn[4] *nt ohne Pl* <-(e)s> (FOTO: *Feinstruktur*) grano *m*
Kornblume *f* (BOT) aciano *m;* **Kornfeld** *nt* campo *m* de cereales
körnig *adj* granuloso
Kornkammer *f* granero *m*
Körper *m* <-s, -> cuerpo *m;* **ein fester/flüssiger/gasförmiger ~** un cuerpo sólido/líquido/gaseoso; **er zitterte am ganzen ~** le temblaba todo el cuerpo; **Körperbau** *m ohne Pl* <-(e)s> constitución *f* física; **körperbehindert** *adj* minusválido; **Körperbehinderte(r)** *mf* minusválido, -a *m, f;* **Körpergeruch** *m* olor *m* del cuerpo; (*Schweißgeruch*) olor *m* a sudor; **Körpergewicht** *nt ohne Pl* <-(e)s> peso *m* corporal; **Körpergröße** *f* <-n> talla *f,* estatura *f;* **Körperhaltung** *f* <-en> postura *f;* (*fig*) porte *m*
körperlich *adj* corporal; (*a. geschlechtlich*) físico; **harte ~e Arbeit** duro trabajo físico
Körperlotion *f* loción *f* para el cuerpo; **Körperpflege** *f* aseo *m* personal
Körperschaft *f* <-en> (JUR) corporación *f,* cuerpo *m;* **~ des öffentlichen Rechts** corporación administrativa; **Körperschaftssteuer** *f* <-n> impuesto *m* sobre ingresos de sociedades y empresas
Körpersprache *f ohne Pl* lenguaje *m* gestual; **Körperteil** *m* <-(e)s, -e> parte *f* del cuerpo; **Körperverletzung** *f* lesión *f* física; **fahrlässige ~** lesiones físicas por imprudencia; **schwere ~** lesión grave
Korps *nt* <-, -> (MIL) cuerpo *m*
korpulent *adj* corpulento, obeso
Korpulenz *f ohne Pl* corpulencia *f*
korrekt *adj* correcto
korrekterweise *adv* como corresponde
Korrektheit *f ohne Pl* corrección *f;* (*Genauigkeit*) exactitud *f;* (*im Benehmen*) conducta *f* correcta
Korrektor(in) *m(f)* <-s, -en; -nen> (TYPO) corrector(a) *m(f)* (tipográfico, -a)
Korrektur *f* <-en> corrección *f;* **Korrekturtaste** *f* tecla *f* de correción; **Korrekturzeichen** *nt* signo *m* de corrección
Korrespondent(in) *m(f)* <-en, -en; -nen> corresponsal *mf*
Korrespondenz *f* <-en> correspondencia *f;* **mit jdm in ~ stehen/treten** mantener/entablar correspondencia con alguien
korrespondieren* *vi* **1.** (*brieflich*) mantener correspondencia (*mit* con) **2.** (*entsprechen*) corresponder (*mit* a)
Korridor *m* <-s, -e> corredor *m*
korrigieren* *vt* corregir; (*verbessern*) enmendar
korrupt *adj* corrupto
Korruption *f* <-en> corrupción *f*
Korse, -in *m, f* <-n, -n; -nen> corso, -a *m, f*
Korsett *nt* <-s, -s *o* -e> corsé *m;* (MED) corsé *m* ortopédico
Korsika *nt* <-s> Córcega *f*
korsisch *adj* corso
Korvette *f* <-n> (MIL) corbeta *f*
Kosak(in) *m(f)* <-en, -en; -nen> cosaco, -a

m, f

koscher *adj* **1.** (REL) permitido por la religión judía **2.** (*fam: einwandfrei*) limpio; **der Kerl ist nicht ganz** ~ este tipo no es (del todo) de fiar

Kosename *m* apodo *m* cariñoso; **Kosewort** *nt* <-(e)s, -wörter> palabra *f* cariñosa

Kosinus *m* <-, -(se)> (MATH) coseno *m*

Kosmetik *f ohne Pl* cosmética *f*

Kosmetika *Pl* (productos *mpl*) cosméticos *mpl*

Kosmetiker(in) *m(f)* <-s, -; -nen> esteticista *mf*

kosmetisch *adj* cosmético

kosmisch *adj* cósmico

Kosmonaut(in) *m(f)* <-en, -en; -nen> cosmonauta *mf*

Kosmopolit(in) *m(f)* <-en, -en; -nen> cosmopolita *mf*

Kosmos *m ohne Pl* <-> cosmos *m inv,* universo *m*

Kosovo *m* <-(s)> Kósovo *m*

Kost *f ohne Pl* **1.** (*Nahrung*) alimentos *mpl;* ~ **und Logis** comida y alojamiento; **das ist schwere** ~ (*fig*) es difícil de comprender **2.** (*Ernährung*) alimentación *f*

kostbar *adj* valioso

Kostbarkeit[1] *f ohne Pl* (*Wert*) valor *m*

Kostbarkeit[2] *f* <-en> (*Gegenstand*) objeto *m* de gran valor

kosten *vt* **1.** (*probieren*) probar **2.** (*Preis haben*) costar, valer; **wie viel/was kostet das?** ¿cuánto/qué vale?; **koste es, was es wolle** cueste lo que cueste; **das kostet ihn den Kopf** (*fam*) eso le va a costar la cabeza; **das lasse ich mir etwas** ~ (*fam*) para esto no reparo en gastos **3.** (*erfordern*) requerir, costar; **das kostet Zeit** eso requiere tiempo; **das kostet mich einige Überwindung** el hacerlo me cuesta cierto esfuerzo

Kosten *Pl* gastos *mpl;* (COM) coste(s) *m(pl);* **keine** ~ **scheuen** no reparar en gastos; ~ **verursachen** causar gastos; **die** ~ **für etw tragen** pagar los gastos de algo; **die** ~ **decken** cubrir los gastos; **auf** ~ **des Waldes/seiner Gesundheit** a costa del bosque/de su salud; **das geht auf meine** ~ esto corre de mi cuenta; **auf seine** ~ **kommen** estar contento; **Kostenbeteiligung** *f* participación *f* en costos; **kostendeckend I.** *adj* (WIRTSCH) que cubre los gastos **II.** *adv* de saldo neutro; ~ **wirtschaften** administrar para cubrir gastos; **Kostenerstattung** *f* reembolso *m,* restitución *f* de gastos; **kostengünstig** *adj* (WIRTSCH) rentable; **kostenintensiv** *adj* (WIRTSCH) de costos extremadamente altos

kostenlos I. *adj* gratuito, gratis **II.** *adv* gratis

Kostenvoranschlag *m* (WIRTSCH) presupuesto *m* de (los) gastos; **einen** ~ **machen** hacer un presupuesto (de los gastos)

Kostgeld *nt* <-(e)s, -er> pensión *f*

köstlich *adj* **1.** (*Speise*) delicioso **2.** (*amüsant*) divertido; **ich habe mich** ~ **amüsiert** me lo he pasado bomba

Kostprobe *f* **1.** (*von Speise*) bocadito *m;* (*von Getränk*) sorbo *m* **2.** (*Beispiel*) muestra *f;* **eine** ~ **seiner Kunst geben** dar una muestra de su arte

kostspielig *adj* costoso

Kostüm *nt* <-s, -e> **1.** (*Damen~*) traje *m* chaqueta **2.** (THEAT) traje *m* **3.** (*Verkleidung*) disfraz *m;* **Kostümball** *m* baile *m* de disfraces

kostümieren* *vr:* **sich** ~ disfrazarse (*als* de)

Kot *m* <-(e)s, -e *o* -s> (*geh*) excrementos *mpl*

Kotelett *nt* <-s, -s> chuleta *f*

Koteletten *Pl* patillas *fpl*

Köter *m* <-s, -> (*abw*) chucho *m*

Kotflügel *m* (AUTO) guardabarros *m inv*

Kotze *f ohne Pl* (*vulg*) pota *f*

kotzen *vi* (*vulg*) echar la pota; **das ist zum K~** es un coñazo

KP *f* <-s> *Abk. von* **Kommunistische Partei** PC *m*

Krabbe *f* <-n> (ZOOL) cangrejo *m* de mar

krabbeln *vi sein* **1.** (*Kind*) andar a gatas **2.** (*Käfer*) correr

Krach[1] *m* <-(e)s, Kräche> **1.** (*Knall*) estallido *m* **2.** (*fam: Auseinandersetzung*) bronca *f;* **mit jdm** ~ **haben** tener una bronca con alguien; ~ **schlagen** armar escándalo **3.** (*fam: Börsen~*) crac *m*

Krach[2] *m ohne Pl* <-(e)s> (*Lärm*) ruido *m,* batifondo *m CSur*

krachen *vi* **1.** (*platzen*) estallar; (*Holz*) crujir; (*Schuss*) estallar; (*Donner*) retumbar; (*Tür*) cerrarse de golpe; **auf dieser Autobahn kracht es dauernd** (*fam*) en esta autopista siempre hay accidentes; **hör sofort auf damit, sonst kracht's** (*fam*) deja de hacer eso o te vas a enterar **2.** *sein* (*fam: kaputtgehen*) romperse **3.** *sein* (*fam: aufprallen*) chocar (*gegen/auf* contra)

krächzen *vi* **1.** (*Vogel*) graznar **2.** (*Mensch*) hablar con voz ronca

kraft *präp* +*gen* (*geh*) en virtud de

Kraft *f* <Kräfte> **1.** (*a.* PHYS) fuerza *f;* **seine/neue Kräfte sammeln** reunir sus/nuevas fuerzas; **unter Aufbietung aller Kräfte** reuniendo todas las fuerzas; **mit aller** ~ con todas sus fuerzas; **mit letzter** ~ con las últimas fuerzas; (**nicht**) **bei Kräften sein** (no) tener fuerzas; **wieder zu Kräften kommen** recobrar fuerza(s); **aus eigener** ~ por propio esfuerzo; **sie tat, was in ihren Kräften stand** hizo cuanto estaba en su mano; **mit vereinten Kräften** en un esfuerzo común; **mit frischer** ~ **ans Werk**

gehen ponerse a trabajar con nuevas fuerzas; **das geht über meine Kräfte** eso es demasiado para mí; **die treibende ~** la fuerza motriz **2.** (*Wirksamkeit*) eficacia *f* **3.** (*Arbeits~*) mano *f* de obra **4.** (JUR): **in ~ sein/treten** estar en/entrar en vigor; **außer ~ setzen** anular; (*zeitweilig*) suspender; **außer ~ sein** estar sin vigencia; **Kraftaufwand** *m* esfuerzo *m;* **Kraftausdruck** *m* <-(e)s, -drücke> palabrota *f*

Kräfteverfall *m* pérdida *f* de fuerzas; (MED) marasmo *m*

Kraftfahrer(in) *m(f)* conductor(a) *m(f)*

Kraftfahrzeug *nt* (*formal*) automóvil *m;* **Kraftfahrzeugbrief** *m* carta *f* de vehículo; **Kraftfahrzeugmechaniker(in)** *m(f)* mecánico, -a *m, f* de automóviles; **Kraftfahrzeugpapiere** *ntPl* documentación *f* del vehículo; **Kraftfahrzeugschein** *m* permiso *m* de circulación; **Kraftfahrzeugsteuer** *f* <-n> impuesto *m* sobre automóviles; **Kraftfahrzeugversicherung** *f* seguro *m* de automóviles

Kraftfeld *nt* (PHYS) campo *m* de fuerza; **Kraftfutter** *nt ohne Pl* <-s> (AGR) forraje *m* (concentrado)

kräftig I. *adj* **1.** (*stark*) fuerte; (*stabil*) robusto **2.** (*Farbe*) fuerte; (*Geruch, Geschmack*) fuerte **3.** (*Essen*) sustancioso **II.** *adv* (*sehr*) mucho; **es schneite ~** nevó mucho; **~ schütteln** agitar bien; **jdm ~ die Meinung sagen** cantarle las cuarenta a alguien

kräftigen *vt* fortalecer, vitalizar *Am*

kraftlos *adj* sin fuerza, débil

Kraftlosigkeit *f ohne Pl* debilidad *f*

Kraftprobe *f* prueba *f* de fuerza; **Kraftstoff** *m* <-(e)s, -e> carburante *m;* **Kraftübertragung** *f* transmisión *f* de fuerza

kraftvoll I. *adj* fuerte **II.** *adv* con fuerza

Kraftwagen *m* (*formal*) automóvil *m*

Kraftwerk *nt* central *f* energética

Kragen *m* <-s, -> cuello *m;* **jdn beim** [*o* **am**] **~ packen** (*fam*) coger a alguien por el cuello; **mir platzt gleich der ~** (*fam*) estoy a punto de reventar; **es geht ihm an den ~** (*fam*) le van a echar una bronca; **Kragenweite** *f* medida *f* del cuello; **das ist nicht meine ~** (*fam*) eso no me va

Krähe *f* <-n> corneja *f*

krähen *vi* **1.** (*Hahn*) cantar **2.** (*Kind*) berrear

Krähenfüße *mPl* (*fam*) **1.** (*Augenfalten*) patas *fpl* de gallo **2.** (*unleserliche Schrift*) garabatos *mpl*

Krakauer *f* <-> (GASTR) salchicha *f* de Cracovia

Krake *m* <-n, -n> (ZOOL) pulpo *m*

krakeelen* *vi* (*fam*) **1.** (*lärmen*) vociferar **2.** (*streiten*) armar bronca

Krakelei *f* <-en> (*fam abw*) garabatos *mpl*

krakelig *adj* garabatoso

Kralle *f* <-n> garra *f;* **jdm die ~n zeigen** (*fam*) mostrar las uñas a alguien; **jdn in seine ~n kriegen** (*fam*) echarle la garra a alguien

krallen I. *vt* **1.** (*Finger*) clavar (*in* en) **2.** (*fam: sich aneignen*) agarrar, pillar; **er krallte sich** *dat* **den Auftrag** agarró el pedido **II.** *vr:* **sich ~ 1.** (*Katze*) echar la garra (*an* a) **2.** (*Mensch*) agarrarse (*an* a/de)

Kram *m ohne Pl* <-(e)s> (*fam*) **1.** (*Gerümpel*) trastos *mpl,* trastes *mpl Am,* chécheres *mpl Kol, CRi* **2.** (*Angelegenheit*) chisme *m;* **kümmere dich um deinen eigenen ~** (*fam*) ocúpate de tus asuntos; **jdm passt etw nicht in den ~** (*fam*) algo no le viene bien a alguien; **den ganzen ~ hinschmeißen** (*fam*) tirar todo por la borda

kramen I. *vi* (*fam: stöbern*) revolver (*in* por entre) **II.** *vt* (*fam: hervorholen*) sacar (*aus* de)

Krampf *m* <-(e)s, Krämpfe> **1.** (MED) calambre *m;* **einen ~ bekommen** dar (un) calambre, acalambrarse *Am* **2.** (*fam abw: Unsinn*) tonterías *fpl* **3.** (*Schweiz: Straftat*) delito *m*

Krampfader *f* variz *f*

krampfen I. *vt* empuñar convulsivamente (*um*) **II.** *vi* (*Schweiz*) esforzarse en vano **III.** *vr:* **sich ~ 1.** (*sich im Krampf zusammenziehen*) sufrir convulsiones **2.** (*umschließen*) empuñar (*um*) **3.** (*reg: sich etwas krallen*) agarrar

krampfhaft *adj* **1.** (MED) convulsivo **2.** (*verbissen*) obstinado; (*Anstrengung*) desesperado; **~ an etw** *dat* **festhalten** agarrarse a algo obstinadamente

krampflösend *adj* (MED) antiespasmódico

Kran *m* <-(e)s, -e *o* Kräne> grúa *f;* **Kranführer(in)** *m(f)* <-s, -; -nen> conductor(a) *m(f)* de grúa

Kranich *m* <-s, -e> grulla *f*

krank *adj* enfermo (*an* de); **schwer ~ sein** estar gravemente enfermo; **~ werden** caer enfermo; **das macht mich ~** esto me pone enfermo; **du bist wohl ~?** (*fam iron*) ¿te has vuelto loco?

Kranke(r) *mf* <-n, -n; -n> enfermo, -a *m, f*

kränkeln *vi* **1.** (*Person*) estar achacoso **2.** (*Wirtschaft, Firma*) ir cuesta abajo

kranken *vi* adolecer (*an* de); **das krankt daran, dass ...** esto adolece de que...

kränken *vt* ofender

Krankenbesuch *m* visita *f* a un enfermo; **Krankenbett** *nt* cama *f* del enfermo; **am ~** al lado de la cama del enfermo; **Krankengeld** *nt* <-(e)s, -er> subsidio *m* de enfermedad; **Krankengymnastik** *f* fisioterapia *f;* **Krankenhaus** *nt* hospital *m,* nosocomio *m Am;* **er kam gestern ins ~** ayer lo ingresaron en el hospital; **jdn ins ~ einweisen**

hospitalizar a alguien; **Krankenkasse** *f* caja *f* del seguro; **Krankenkost** *f* (MED) dieta *f;* **Krankenpflege** *f* asistencia *f* médica; **Krankenpfleger(in)** *m(f)* enfermero, -a *m, f,* cuidador(a) *m(f) Arg,* barchilón, -ona *m, f Peru;* **Krankenschein** *m* <-(e)s, -e> volante *m* de asistencia médica; **Krankenschwester** *f* enfermera *f,* nurse *f Am;* **Krankenversichertenkarte** *f* tarjeta *f* de asegurado; **Krankenversicherung** *f* seguro *m* de enfermedad; **gesetzliche/private** ~ seguro de enfermedad obligatorio/privado; **Krankenwagen** *m* ambulancia *f*

krank|feiern *vi* (*fam*) *faltar al trabajo fingiendo estar enfermo*

krankhaft I. *adj* enfermizo; (*pathologisch*) patológico II. *adv* desmesuradamente; ~ **ehrgeizig/eifersüchtig** desmesuradamente ambicioso/celoso

Krankheit *f* <-en> enfermedad *f,* maleza *f Nic;* **wegen ~ geschlossen** cerrado por enfermedad; **eine ~ bekommen** contraer una enfermedad; **Krankheitsbild** *nt* cuadro *m* clínico; **krankheitserregend** *adj* (MED) patógeno; **Krankheitserreger** *m* germen *m* patógeno

krank|lachen *vr:* **sich** ~ (*fam*) morirse de risa

kränklich *adj* enfermizo, aciguatado *Mex, Par, Ven*

krank|melden[RR] *vr:* **sich** ~ darse de baja por enfermedad; **Krankmeldung** *f* baja *f* por enfermedad; **krank|schreiben**[RR] *irr vt* dar de baja por enfermedad

Kränkung *f* <-en> ofensa *f;* (*Demütigung*) humillación *f*

Kranwagen *m* coche *m* grúa

Kranz *m* <-es, Kränze> corona *f;* **Kranzniederlegung** *f* depósito *m* (solemne) de una corona

Krapfen *m* <-s, -> (GASTR) **1.** (*salzig*) boladillo *m* **2.** (*süß*) buñuelo *m* (relleno de mermelada)

krass[RR] *adj,* **kraß** *adj* **1.** (*extrem*) extremo; **das krasse Gegenteil von etw** *dat* **sein** ser el extremo opuesto de algo **2.** (*auffallend*) llamativo; (*Unterschied*) grande

Krater *m* <-s, -> cráter *m*

Kratzbürste *f* (*fam*) erizo *m*

Krätze *f ohne Pl* (MED) sarna *f*

kratzen I. *vt* **1.** (*Person*) rascar; (*Katze*) arañar **2.** (*leicht verletzen*) rasguñar **3.** (*einritzen*) grabar (*in* en) **4.** (*ab~*) raspar (*von* de) **5.** (*fam: stören*) importar; **das kratzt mich nicht** no me importa nada II. *vi* **1.** (*brennen*) irritar (*in*); (*jucken*) picar (*in* en) **2.** (*Pullover*) picar **3.** (*Feder*) raspar **4.** (*beeinträchtigen*) perjudicar (*an* en) III. *vr:* **sich** ~ **1.** (*bei Juckreiz*) rascarse **2.** (*sich verletzen*) rasguñarse

Kratzer *m* <-s, -> **1.** (*Schramme*) arañazo *m* **2.** (*Schaber*) rascador *m*

kraulen I. *vi, vt haben o sein* (SPORT) nadar (a) crol II. *vt* (*streicheln*) acariciar

kraus *adj* **1.** (*Haar*) rizado; (*Stoff*) arrugado; **die Nase/Stirn ~ ziehen** arrugar la nariz/fruncir el ceño **2.** (*abw: verwirrt*) confuso

kräuseln I. *vt* (*Haar*) rizar; (*Stoff, Stirn, Lippen*) fruncir II. *vr:* **sich** ~ (*Wasser*) encresparse; (*Haare*) rizarse

Krauskopf *m* **1.** (*mit krausem Haar*) persona *f* de pelo rizado **2.** (*abw: Wirrkopf*) persona *f* confusa **3.** (TECH) avellanador *m*

Kraut[1] *nt* <-(e)s, Kräuter> **1.** (*Pflanze*) hierba *f;* **dagegen ist kein ~ gewachsen** (*fam*) eso no tiene remedio **2.** (*fam: Tabak*) tabaco *m*

Kraut[2] *nt ohne Pl* <-(e)s> **1.** (*von Rüben*) hojas *fpl* **2.** (*Kohl*) col *f;* (*Weiß~*) repollo *m;* **wie ~ und Rüben** (*fam*) de manera caótica

Kräutermischung *f* mezcla *f* de hierbas; **Kräutertee** *m* tisana *f*

Krautkopf *m* (*südd, Österr*) repollo *m;* **Krautsalat** *m* ensalada *f* de repollo

Krawall[1] *m* <-s, -e> (*Tumult*) tumulto *m,* disturbio *m*

Krawall[2] *m ohne Pl* <-s> (*fam: Lärm*) alboroto *m,* escándalo *m*

Krawatte *f* <-n> corbata *f;* **die ~ binden** anudar la corbata; **Krawattennadel** *f* alfiler *m* de corbata

Kreation *f* <-en> creación *f*

kreativ *adj* creativo

Kreativität *f ohne Pl* creatividad *f*

Kreatur *f* <-en> criatura *f*

Krebs *m* <-es, -e> **1.** (ZOOL) cangrejo *m* **2.** (MED) cáncer *m;* ~ **erregend** cancerígeno **3.** (ASTR) Cáncer *m;* **krebserregend** *adj* cancerígeno; ~ **wirken** tener efecto cancerígeno; **Krebserreger** *m* (MED) agente *m* patógeno del cáncer; **Krebsforschung** *f ohne Pl* (MED) cancerología *f;* **Krebsfrüherkennung** *f* <-en> (MED) diagnóstico *m* precoz del cáncer; **Krebsgeschwür** *nt* (MED) carcinoma *m;* **Krebskranke(r)** *mf* canceroso, -a *m, f,* enfermo, -a *m, f* de cáncer; **Krebsoperation** *f* (MED) operación *f* de cáncer

krebsrot *adj* rojo como un cangrejo

Krebsvorsorge *f* <-n> prevención *f* del cáncer; **Krebsvorsorgeuntersuchung** *f* chequeo *m* oncológico

Krebszelle *f* (MED) célula *f* cancerosa

Kredit *m* <-(e)s, -e> crédito *m;* **auf** ~ a crédito; **ein ~ über 5000 DM** un crédito de 5000 marcos; **einen ~ aufnehmen** pedir un préstamo; **er hat bei uns/bei der Bank ~** tiene crédito con nosotros/en el banco; **Kreditbrief** *m* (FIN) carta *f* de crédi-

to; **Kredithai** *m* (*fam abw*) usurero *m*
kreditieren* *vt* (WIRTSCH) acreditar en cuenta
Kreditinstitut *nt* (FIN) instituto *m* de crédito; **Kreditkarte** *f* (FIN) tarjeta *f* de crédito; **kreditwürdig** *adj* (FIN) solvente
Kreide[1] *f ohne Pl* (*Kalkstein*) creta *f*
Kreide[2] *f* <-n> (*zum Schreiben*) tiza *f*; **bei jdm (tief) in der ~ stehen** (*fam*) deber (mucho) dinero a alguien
kreidebleich *adj* blanco como la pared; **Kreidefelsen** *m* roca *f* cretácea; **Kreidezeichnung** *f* dibujo *m* de tiza; **Kreidezeit** *f ohne Pl* (GEO) (período *m*) cretácico *m*
kreieren* *vt* crear
Kreis *m* <-es, -e> **1.** (*a.* MATH) círculo *m*; (*~umfang*) circunferencia *f*; (*Rand*) cerco *m*; **sich im ~ drehen** dar vueltas; **im ~ stehen** hacer corro; **mir dreht sich alles im ~e** todo me da vueltas; **der Skandal zieht ~e** el escándalo se propaga **2.** (*Bereich*) sector *m*; **weite ~e der Bevölkerung** amplios sectores de la población; **eine Frau aus den besten ~en** una mujer de la alta sociedad; **wie aus informierten ~en verlautete** como señalaron fuentes informadas **3.** (*Personen~*) círculo *m*; **der ~ seiner Leser** el círculo de sus lectores; **im ~e von Freunden/seiner Familie** entre amigos/en el seno de la familia; **eine Feier im kleinen/engen ~e** una fiesta en familia/en la más estricta intimidad **4.** (ADMIN) distrito *m*; **im ~ Fulda** en el distrito de Fulda; **Kreisbahn** *f* (ASTR, MATH) órbita *f*; **Kreisbewegung** *f* movimiento *m* giratorio; **Kreisbogen** *m* (MATH) arco *m* circular
kreischen *vi* **1.** (*schreien*) chillar **2.** (*quietschen*) chirriar
Kreisel *m* <-s, -> **1.** (*Spielzeug*) peonza *f*, trombo *m Am* **2.** (TECH) giroscopio *m* **3.** (*Kreisverkehr*) rotonda *f*
kreisen *vi haben o sein* **1.** (*sich drehen*) girar (*um* alrededor de); **das Gespräch kreiste um ...** la conversación se concentraba en...; **etw ~ lassen** hacer circular algo **2.** (*Vögel, a.* AERO) dar vueltas (*über* sobre) **3.** (*Blut, Geld*) circular (*in* por)
Kreisfläche *f* círculo *m*
kreisförmig *adj* circular
Kreislauf *m* <-(e)s, -läufe> **1.** (*Zyklus*) ciclo *m* **2.** (*Blut~*) circulación *f*; **Kreislaufstörung** *f* (MED) trastorno *m* de la circulación
Kreissäge *f* sierra *f* circular
Kreißsaal *m* sala *f* de partos
Kreisstadt *f* capital *f* de distrito [*o* de comarca]
Kreisumfang *m* perímetro *m* de la circunferencia; **Kreisverkehr** *m* rotonda *f*
Krematorium *nt* <-s, Krematorien> crematorio *m*
kremig *adj* cremoso
Kreml *m* <-s>: **der ~** el Kremlin
Krempe *f* <-n> ala *f* del sombrero
Krempel *m ohne Pl* <-s> (*fam abw*) cachivaches *mpl*; **ich werfe den ganzen ~ hin** no pienso seguir con esto
krepieren* *vi sein* **1.** (*fam: sterben*) reventar (*an* de), palmarla; **hoffentlich krepiert er!** ¡ojalá reviente! **2.** (*Geschoss*) estallar
Krepp[1RR] *f* <-s> (GASTR) crepe *f*, panqueque *m Am*
Krepp[2] *m* <-s, -s *o* -e> crespón *m*
Kresse *f* <-n> (BOT) berro *m*
Kreta *nt* <-s> Creta *f*
Kreter(in) *m(f)* <-s, -; -nen> cretense *mf*
kretisch *adj* cretense
kreuz *adv*: **~ und quer** a diestro y siniestro
Kreuz[1] *nt* <-es, -e> **1.** (*a.* REL) cruz *f*; **das Rote ~** la Cruz Roja; **zu ~e kriechen** darse por vencido; **ich mache drei ~e, wenn er geht** (*fam*) le pongo una vela al santo si se va; **etw über(s) ~ legen** entrecruzar algo **2.** (*spanisches Kartenspiel*) naipe *m* de bastos; (*französisches Kartenspiel*) naipe *m* de trébol **3.** (*Autobahn~*) cruce *m* de autopistas **4.** (*Rückenbereich*) región *f* lumbar; (*fam*) espalda *f*; **ich hab's im ~** (*fam*) me duele la espalda; **jdn aufs ~ legen** (*fam*) tirar a alguien de espaldas; (*hereinlegen*) timar a alguien **5.** (MUS) sostenido *m*
Kreuz[2] *nt ohne Pl* <-es> (*Leid*) cruz *f*; **sein ~ auf sich nehmen** cargar con su cruz; **es ist ein ~ mit jdm/etw** *dat* (*fam*) alguien/algo es una cruz
kreuzen I. *vi haben o sein* (NAUT) **1.** (*ziellos fahren*) cruzar **2.** (*gegen den Wind fahren*) dar bordadas **II.** *vt* **1.** (*Wege*) cruzar; **die Arme ~** cruzarse de brazos **2.** (*überqueren*) cruzar, atravesar; **eine Straße ~** cruzar una calle **3.** (BIOL) cruzar **III.** *vr*: **sich ~ 1.** (*sich überschneiden*) cruzarse **2.** (*entgegengesetzt sein*) contraponerse
Kreuzer *m* <-s, -> (MIL, NAUT) crucero *m*
Kreuzfahrt *f* crucero *m*
Kreuzfeuer *nt* <-s, ->: **ins ~ der Kritik geraten** exponerse a violentas críticas
Kreuzgang *m* <-(e)s, -gänge> (ARCHIT) claustro *m*; **Kreuzgewölbe** *nt* (ARCHIT) bóveda *f* de crucero
kreuzigen *vt* crucificar
Kreuzigung *f* <-en> crucifixión *f*
Kreuzotter *f* <-n> (ZOOL) víbora *f* común; **Kreuzschlüssel** *m* (TECH) llave *f* cruciforme; **Kreuzspinne** *f* (ZOOL) araña *f* de jardín
Kreuzung *f* <-en> (*a.* BIOL) cruce *m*
Kreuzverhör *nt* interrogatorio *m* cruzado, preguntadera *f Kol*; **jdn ins ~ nehmen** contrainterrogar a alguien; **Kreuzweg** *m* **1.** (*Kreuzung*) encrucijada *f*; **am ~ stehen** hallarse ante una alternativa **2.** (REL) vía cru-

K

cis *m*

Kreuzworträtsel *nt* crucigrama *m*

Kreuzzug *m* <-(e)s, -züge> (*a. fig* HIST) cruzada *f*

kribbelig *adj* (*fam*) nervioso; **ich habe so ein ~es Gefühl im Bauch** tengo los nervios en el estómago

kribbeln *vi* **1.** (*jucken*) picar **2.** *sein* (*wimmeln*) hormiguear

kribblig *adj s.* **kribbelig**

Kricket *nt ohne Pl* <-s> (SPORT) criquet *m*

kriechen <kriecht, kroch, gekrochen> *vi sein* **1.** (*Mensch*) arrastrarse; (*Tier*) reptar; (*Schlange*) deslizarse **2.** (*Fahrzeug*) avanzar lentamente **3.** (*abw: unterwürfig sein*) humillarse (*vor* ante)

Kriecher(in) *m(f)* <-s, -; -nen> (*abw*) pelota *mf*

kriecherisch *adj* (*abw*) pelota

Kriechtier *nt* reptil *m*

Krieg *m* <-(e)s, -e> guerra *f;* **im ~ fallen** caer en la guerra; **jdm/etw** *dat* **den ~ erklären** declarar la guerra a alguien/algo; **in den ~ ziehen** ir a la guerra; **~ führen gegen jdn** estar en guerra con alguien

kriegen **I.** *vt* (*fam*) **1.** (*bekommen*) obtener; (*erreichen*) conseguir; (*Krankheit*) pillar; **ein Kind ~** estar embarazada; **sie hat ein Kind gekriegt** ha tenido un niño; **wie viel ~ Sie?** ¿cuánto le debo?; **~ Sie es schon?** ¿ya le atienden?; **sie kriegt 15 DM die Stunde** le pagan 15 marcos la hora; **einen Schreck ~** asustarse; **Besuch ~** tener visita; **keine Arbeit ~** no encontrar trabajo; **jdn weich ~** debilitar la resistencia de alguien; **wie hast du sie nur dazu gekriegt?** ¿cómo la has convencido?; **du kriegst es gleich mit mir zu tun!** ¡te vas a enterar de quién soy yo!; **ich krieg' heute nichts mehr geregelt** (*fam*) hoy ya no me sale nada **2.** (*ergreifen*) pillar, agarrar *Am;* **wenn ich dich kriege!** ¡si te pillo! **II.** *vr:* **sich ~** (*fam*) **1.** (*heiraten*) casarse **2.** (*sich streiten*): **sich in die Haare ~** pelearse

Krieger(in) *m(f)* <-s, -; -nen> guerrero, -a *m, f*

kriegerisch *adj* **1.** (*kämpferisch*) guerrero **2.** (*militärisch*) bélico; **~e Auseinandersetzungen** acciones bélicas

Kriegführung *f* <-en> (MIL) táctica *f* de guerra

Kriegsausbruch *m ohne Pl* <-(e)s> estallido *m* de la guerra; **Kriegsbeginn** *m* comienzo *m* de la guerra; **Kriegsbeil** *nt* hacha *f* de guerra; **das ~ begraben** (*fig*) enterrar el hacha de guerra; **Kriegsberichterstatter(in)** *m(f)* corresponsal *mf* de guerra; **Kriegsbeschädigte(r)** *mf* <-n, -n; -n> mutilado, -a *m, f* de guerra

Kriegsdienstverweigerer *m* <-s, -> objetor *m* de conciencia

Kriegsende *nt ohne Pl* <-s> fin *m* de (la) guerra; **Kriegserklärung** *f* declaración *f* de guerra; **Kriegsfall** *m* <-(e)s, -fälle> caso *m* de guerra; **für den/im ~** para el/en caso de guerra; **Kriegsfilm** *m* <-(e)s, -e> película *f* de guerra; **Kriegsführung** *f* <-en> táctica *f* de guerra; **Kriegsfuß** *m* (*fam*): **mit jdm/etw** *dat* **auf ~ stehen** estar en pie de guerra con alguien/algo; **Kriegsgefahr** *f* peligro *m* de guerra; **Kriegsgefangene(r)** *mf* prisionero, -a *m, f* de guerra; **Kriegsgefangenschaft** *f* <-en> cautiverio *m;* **Kriegsgegner(in)** *m(f)* **1.** (*Feind*) adversario, -a *m, f* **2.** (*Pazifist*) pacifista *mf;* **Kriegsgericht** *nt* (MIL) consejo *m* de guerra; **Kriegsindustrie** *f* (MIL, POL) industria *f* de guerra; **Kriegsopfer** *nt* víctima *f* de la guerra; **Kriegsschauplatz** *m* escenario *m* bélico; **Kriegsschiff** *nt* buque *m* de guerra; **Kriegsspielzeug** *nt* juguete *m* bélico; **Kriegstanz** *m* <-es, -tänze> danza *f* de guerra; **Kriegsverbrechen** *nt* crimen *m* de guerra; **Kriegsverbrecher(in)** *m(f)* criminal *mf* de guerra; **Kriegsverletzung** *f* herida *f* de guerra; **Kriegszustand** *m ohne Pl* <-(e)s> estado *m* de guerra; **sich im ~ befinden** estar en guerra

Krimi *m* <-s, -s> (*fam*) género *m* negro; *s. a.* **Kriminalfilm, Kriminalroman**

Kriminalbeamte(r), -beamtin *m, f* agente *mf* de la policía judicial; **Kriminalfilm** *m* <-(e)s, -e> película *f* policíaca; (*Gattung*) cine *m* negro

Kriminalistik *f ohne Pl* criminalística *f*

kriminalistisch *adj* criminalista

Kriminalität *f ohne Pl* criminalidad *f*

Kriminalkommissar(in) *m(f)* policía *mf* judicial; **Kriminalpolizei** *f* Brigada *f* de Investigación Criminal, Investigaciones *fpl Chil;* **Kriminalroman** *m* novela *f* policíaca; (*Gattung*) novela *f* negra

kriminell *adj* (*a. fig*) criminal; **~ werden** convertirse en un criminal; **das finde ich ~!** ¡qué criminal!

Kriminelle(r) *mf* <-n, -n; -n> criminal *mf*

Krimskrams *m ohne Pl* <-> (*fam*) cachivaches *mpl*

Kringel *m* <-s, -> (*Gebäck*) rosquilla *f*

kringeln *vr:* **sich ~** enroscarse; **sich vor Lachen ~** (*fam*) desternillarse de risa

Kripo *f* <-s> *s.* **Kriminalpolizei**

Krippe *f* <-n> **1.** (*Futter~*) pesebre *m* **2.** (*Weihnachts~*) nacimiento *m* **3.** (*Kinderhort*) guardería *f*

Krise *f* <-n> crisis *f inv;* **ich krieg' die ~!** (*sl*) ¡me va a dar un ataque!

kriseln *vi* haber crisis; **es kriselt** hay crisis

krisenanfällig *adj* sensible a la crisis; **krisenfest** *adj* a prueba de crisis; **Krisenge-**

biet *nt* región *f* en crisis; **Krisenherd** *m* zona *f* conflictiva; **Krisenmanagement** *nt* <-s, -s> gestión *f* de la crisis; **Krisenstab** *m* estado *m* mayor de emergencia; **Krisenzeit** *f* época *f* de crisis

Kristall[1] *m* <-s, -e> cristal *m*

Kristall[2] *nt ohne Pl* <-s> **1.** (*Glas*) cristal *m* **2.** (*Gegenstände*) cristalería *f*

Kristallglas[1] *nt ohne Pl* <-es> (*Kristall*) cristal *m*

Kristallglas[2] *nt* <-es, -gläser> (*Gefäß*) vaso *m* de cristal

kristallisieren* **I.** *vi* (CHEM) cristalizar **II.** *vr:* **sich** ~ cristalizarse (*zu* en)

kristallklar *adj* cristalino

Kristallnacht *f* (HIST) *pogromo contra los judíos alemanes en la noche del 10.11.1938*

Kriterium *nt* <-s, Kriterien> criterio *m*

Kritik *f* <-en> crítica *f;* (*Rezension*) reseña *f;* **an jdm/etw** *dat* ~ **üben** criticar a alguien/algo; **unter aller** ~ (*fam*) pésimo; **eine gute** ~ **haben/bekommen** tener/recibir buenas críticas

Kritiker(in) *m(f)* <-s, -; -nen> crítico, -a *m, f*

kritiklos **I.** *adj* sin espíritu crítico **II.** *adv* sin crítica (alguna)

kritisch *adj* crítico; **es wird** ~ la situación se pone crítica

kritisieren* *vt* criticar; (*Buch*) reseñar; **er hat an allem etwas zu** ~ lo critica todo

Kritzelei *f* <-en> garabato *m*

kritzeln *vi, vt* garabatear

Kroate, -in *m, f* <-n, -n; -nen> croata *mf*

Kroatien *nt* <-s> Croacia *f*

kroatisch *adj* croata

kroch *3. imp von* **kriechen**

Krokant *m ohne Pl* <-s> crocante *m*

Krokette *f* <-n> (GASTR) croqueta *f* (*de puré de patata*), bigote *m Am*

Krokodil *nt* <-s, -e> cocodrilo *m*

Krokus *m* <-, -(se)> croco *m*

Krone *f* <-n> **1.** (*Königs~, Zahn~, Währung*) corona *f;* **dabei fällt dir kein Zacken aus der** ~ (*fam*) por eso no se te van a caer los anillos; **einen in der** ~ **haben** (*fam*) estar bebido **2.** (*Baum~*) copa *f;* (*einer Welle*) cresta *f* **3.** (*Höhepunkt*) colmo *m;* **das setzt dem Ganzen die** ~ **auf!** ¡esto es el colmo!

krönen *vt* **1.** (*König*) coronar; **jdn zum König** ~ coronar rey a alguien **2.** (*beenden*) coronar, rematar; **ein** ~**der Abschluss** un glorioso final; **von Erfolg gekrönt sein** ser coronado por el éxito

Kronleuchter *m* araña *f* de cristal; **Kronprinz, -prinzessin** *m, f* príncipe *m* heredero, princesa *f* real

Krönung *f* <-en> coronación *f;* **das ist ja die** ~**!** (*fam*) ¡esto es el colmo!

Kronzeuge, -in *m, f* (JUR) testigo *mf* principal

Kropf *m* <-(e)s, Kröpfe> **1.** (MED) bocio *m,* coto *m SAm* **2.** (*bei Vögeln*) buche *m;* **unnötig sein wie ein** ~ (*fam*) ser más innecesario que nada

Kröte *f* <-n> **1.** (*Tier*) sapo *m* **2.** (*fam: Kind*) chiquillo, -a *m, f* **3.** *Pl* (*fam: Geld*) perras *fpl*

Krücke *f* <-n> **1.** (*zum Gehen*) muleta *f;* **an** ~**n gehen** andar con muletas **2.** (*Griff*) puño *m* **3.** (*fam abw: Versager*) inútil *mf*

Krückstock *m* <-(e)s, -stöcke> muletilla *f*

Krug *m* <-(e)s, Krüge> **1.** (*Gefäß*) jarro *m;* (*Bier~*) jarra *f;* **der** ~ **geht so lange zum Brunnen, bis er bricht** (*prov*) tanto va el cántaro a la fuente, que al fin se rompe **2.** (*nordd: Wirtshaus*) taberna *f*

Krume *f* <-n> (*Brot~*) miga *f*

Krümel *m* <-s, -> **1.** (*von Brot*) miga *f* **2.** (*fam: Kind*) chiquitín, -ina *m, f*

krümelig *adj* **1.** (*Brot*) desmigajado **2.** (*voller Krümel*) lleno de migas

krümeln *vi* **1.** (*Brot*) desmigajarse **2.** (*Person*) llenar (un sitio) de migas

krümlig *adj s.* **krümelig**

krumm *adj* **1.** (*verbogen*) torcido; (*gebogen*) curvado; (*Rücken*) encorvado; **eine** ~**e Nase haben** tener la nariz torcida; **sitz nicht so** ~ **da!** ¡ponte derecho!; **sich** ~ **und schief lachen** (*fam*) partirse de risa **2.** (*fam: unehrlich*) deshonesto; **ein** ~**es Ding drehen** hacerle a alguien una faena; **mach keine** ~**en Touren!** (*fam*) ¡no te metas en jaleos!

krümmen **I.** *vt* (*krumm machen*) encorvar; (*biegen*) doblar; **er krümmt ihnen kein Haar** no les toca un pelo (de la ropa) **II.** *vr:* **sich** ~ **1.** (*sich winden*) retorcerse; **er krümmte sich vor Lachen** (*fam*) se tronchó de risa **2.** (*Straße, Fluss*) serpentear

krumm|lachen *vr:* **sich** ~ troncharse de risa;

krumm|nehmen *irr vt s.* **nehmen 7.**

Krümmung *f* <-en> curvatura *f;* (*des Körpers*) encorvadura *f*

Krüppel *m* <-s, -> lisiado, -a *m, f;* (*durch Unfall*) mutilado, -a *m, f;* **jdn zum** ~ **schlagen** lisiar a alguien

Kruste *f* <-n> costra *f;* (*vom Brot*) corteza *f*

Krustentier *nt* (ZOOL) crustáceo *m*

Kruzifix *nt* <-es, -e> crucifijo *m*

Krypta *f* <Krypten> cripta *f*

KSZE *f ohne Pl Abk. von* **Konferenz über Sicherheit und Zusammenarbeit in Europa** CSCE *f*

Kto *Abk. von* **Konto** cuenta *f*

Kuba *nt* <-s> Cuba *f*

Kubaner(in) *m(f)* <-s, -; -nen> cubano, -a *m, f*

kubanisch *adj* cubano

Kübel *m* <-s, -> cubeta *f;* (*Eimer*) cubo *m;*

(*Bottich*) tina *f;* **es regnet wie aus ~n** (*fam*) llueve a cántaros

Kuben *Pl von* **Kubus**

Kubikmeter *m o nt* metro *m* cúbico; **Kubikwurzel** *f* (MATH) raíz *f* cúbica; **Kubikzahl** *f* (MATH) cubo *m;* **Kubikzentimeter** *m o nt* centímetro *m* cúbico

kubisch *adj* cúbico

Kubismus *m ohne Pl* <-> (KUNST) cubismo *m*

kubistisch *adj* (KUNST) cubista

Kubus *m* <-, Kuben> (MATH) cubo *m*

Küche *f* <-n> cocina *f*

Kuchen *m* <-s, -> pastel *m,* cake *m Am;* **Kuchenblech** *nt* <-(e)s, -e> bandeja *f* de horno

Küchenchef(in) *m(f)* jefe, -a *m, f* de cocina

Kuchenform *f* <-en> molde *m* para pasteles; **Kuchengabel** *f* tenedor *m* de postre

Küchenherd *m* cocina *f,* brasero *m Am;* **Küchenmaschine** *f* robot *m* de cocina; **Küchenmesser** *nt* cuchillo *m* de cocina; **Küchenschabe** *f* (ZOOL) cucaracha *f*

Kuchenteig *m* masa *f* para pasteles

Kücken *nt* <-s, -> (*Österr*) polluelo *m*

kuckuck *interj* cucú

Kuckuck *m* <-s, -e> **1.** (*Vogel*) cuco *m;* **weiß der ~!** (*fam*) ¡y yo qué demonios sé!; **zum ~ (noch mal)!** (*fam*) ¡maldita sea! **2.** (*fam: Siegel*) sello *m* de embargo; **Kuckucksuhr** *f* reloj *m* de cuco

Kufe *f* <-n> (*Schlitten~*) patín *m;* (*Schlittschuh~*) cuchilla *f*

Kugel *f* <-n> **1.** (*runder Körper*) bola *f,* bomba *f Am;* (MATH) esfera *f;* (SPORT) peso *m;* **eine ruhige ~ schieben** (*fam*) no dar el callo **2.** (*fam: Gewehr~*) bala *f,* chumbo *m Arg;* **sich** *dat* **die Kugel geben** pegarse un tiro

kugelförmig *adj* redondo, esférico

Kugelgelenk *nt* **1.** (ANAT) diartrosis *f inv* **2.** (TECH) articulación *f* esférica; **Kugellager** *nt* rodamiento *m* de bolas

kugeln *vi sein* rodar; **das/der ist ja zum K~!** ¡es para morirse de risa!

kugelrund *adj* redondo (como una bola); **Kugelschreiber** *m* <-s, -> bolígrafo *m,* birome *f Arg;* **kugelsicher** *adj* a prueba de balas, antibalas; **~e Weste** chaleco antibalas; **Kugelstoßen** *nt ohne Pl* <-s> (SPORT) lanzamiento *m* de peso

Kuh *f* <Kühe> **1.** (*weibliches Rind*) vaca *f* **2.** (*weibliches Tier*) hembra *f* **3.** (*fam: Person*) idiota *f;* **du blöde ~!** ¡idiota!; **Kuhfladen** *m* boñigo *m,* bosta *f Bol, CSur;* **Kuhhandel** *m* (*fam abw*) chanchullo *m;* **Kuhhaut** *f* piel *f* de vaca; **das geht auf keine ~** (*fam*) esto ya pasa de la raya; **Kuhhirte, -in** *m, f* vaquero, -a *m, f*

kühl *adj* **1.** (*Wetter etc.*) fresco; **bitte ~ lagern** por favor, guárdese en lugar fresco; **einen ~en Kopf bewahren** no perder la cabeza; **mir ist ~** tengo frío **2.** (*abweisend*) frío

Kühlanlage *f* instalación *f* frigorífica; **Kühlbox** *f* nevera *f* portátil

Kühle *f ohne Pl* **1.** (*Frische*) frescura *f* **2.** (*Zurückhaltung*) frialdad *f*

kühlen **I.** *vi* refrescar **II.** *vt* **1.** (*Temperatur senken*) refrigerar **2.** (*Getränke*) (poner a) enfriar

Kühler *m* <-s, -> **1.** (AUTO) radiador *m* **2.** (*für Sekt*) enfriadera *f;* **Kühlerhaube** *f* (AUTO) capó *m*

Kühlflüssigkeit *f* <-en> (TECH) líquido *m* refrigerante; **Kühlhaus** *nt* almacén *m* frigorífico; **Kühlraum** *m* <-(e)s, -räume> cámara *f* frigorífica; **Kühlschrank** *m* frigorífico *m,* frigo *m fam;* **Kühltasche** *f* nevera *f* portátil; **Kühltruhe** *f* congelador *m;* **Kühlturm** *m* (TECH) torre *f* de refrigeración

Kühlung[1] *f* <-en> (*Vorrichtung, Vorgang*) refrigeración *f*

Kühlung[2] *f ohne Pl* (*frische Luft*) fresco *m;* **sich** *dat* **~ verschaffen** refrescarse

Kühlwagen *m* camión *m* frigorífico; **Kühlwasser** *nt ohne Pl* <-s> aguas *fpl* de refrigeración

Kuhmilch *f* leche *f* de vaca; **Kuhmist** *m* boñiga *f*

kühn *adj* audaz; (*wagemutig*) atrevido; (*dreist*) temerario; **eine ~e Behauptung** una tesis muy atrevida

Kühnheit *f ohne Pl* (*Mut*) audacia *f;* (*Dreistigkeit*) temeridad *f*

Kuhstall *m* establo *m* para las vacas

Küken *nt* <-s, -> polluelo *m*

kulant *adj* (*Person*) complaciente; (*Preis*) aceptable

Kulanz *f ohne Pl* complacencia *f;* (*Liebenswürdigkeit*) amabilidad *f*

Kuli *m* <-s, -s> **1.** (*Person*) culí *m* **2.** (*fam: Kugelschreiber*) boli *m*

kulinarisch *adj* culinario

Kulisse *f* <-n> bastidores *mpl;* **einen Blick hinter die ~n werfen** mirar entre bastidores; **das ist doch nur ~** (*fam abw*) es pura fachada

Kult *m* <-(e)s, -e> culto *m;* **einen ~ mit jdm/etw** *dat* **treiben** rendir culto a alguien/algo; **Kultfigur** *f* ídolo *m;* **Kultfilm** *m* <-(e)s, -e> película *f* de culto

kultisch *adj* del culto

kultivieren* *vt* cultivar

kultiviert *adj* **1.** (*Mensch*) educado; (*gebildet*) culto **2.** (*gepflegt*) refinado

Kultivierung *f* <-en> cultivo *m*

Kultstätte *f* lugar *m* de culto

Kultur *f* <-en> **1.** (*geistig, künstlerisch*) cultura *f;* (*menschliche ~*) civilización *f* **2.** (*von Person*) cultura *f,* educación *f*

3. (AGR, BIOL) cultivo *m*

Kulturaustausch *m* intercambio *m* cultural; **Kulturbanause, -in** *m, f* <-n, -n; -nen> (*abw*) persona *f* sin interés cultural; **Kulturbeutel** *m* neceser *m;* **Kulturdenkmal** *nt* testimonio *m* cultural

kulturell *adj* cultural

Kulturgeschichte *f ohne Pl* historia *f* de la civilización; **Kulturgut** *nt* patrimonio *m* cultural; **Kulturkreis** *m* etnia *f*, grupo *m* étnico; **Kulturlandschaft** *f* paisaje *m* modificado por el hombre; **Kulturpolitik** *f* política *f* cultural; **Kulturschock** *m* choque *m* cultural; **Kulturstufe** *f* grado *m* de civilización; **Kulturvolk** *nt* <-(e)s, -völker> pueblo *m* civilizado; **Kulturzentrum** *nt* centro *m* cultural

Kultusminister(in) *m(f)* ministro, -a *m, f* de Educación y Ciencia; **Kultusministerium** *nt* Ministerio *m* de Educación y Ciencia

Kümmel *m* <-s, -> **1.** (*Pflanze, Gewürz*) comino *m* **2.** (*Schnaps*) cúmel *m*

Kummer *m ohne Pl* <-s> pena *f;* (*Sorge*) preocupación *f;* **vor/aus ~** de/por pena; **der ~ um jdn** la preocupación por alguien; **jdm ~ bereiten** causar pena a alguien; **hast du ~?** ¿te preocupa algo?

kümmerlich *adj* **1.** (*elend*) miserable; (*ärmlich*) pobre **2.** (*schwächlich*) débil

kümmern **I.** *vr:* **sich ~** **1.** (*sich beschäftigen*) preocuparse (*um* de), ocuparse (*um* de); **sich darum ~, dass ...** preocuparse de que... *+subj;* **er kümmert sich nicht darum, was die Leute denken** no le importa lo que piense la gente **2.** (*sorgen*) cuidar (*um* de); **ich kümmere mich um die Kinder** yo cuido a los niños; **kümmer dich ein bisschen um sie!** ¡ocúpate un poco de ella! **II.** *vt* (*angehen*) importar; (*interessieren*) interesar; **das kümmert mich nicht** eso no me interesa; **was kümmert Sie das?** ¿a Ud. qué le importa?

kummervoll *adj* afligido

Kumpan(in) *m(f)* <-s, -e; -nen> (*fam*) **1.** (*Kamerad*) camarada *mf* **2.** (*abw: Mittäter*) compinche *mf*

Kumpel *m* <-s, -> **1.** (*Bergarbeiter*) minero, -a *m, f* **2.** (*fam: Kamerad*) compañero, -a *m, f*, pipe *m MAm*

kündbar *adj* cancelable; (*Vertrag*) rescindible

Kunde, -in[1] *m, f* <-n, -n; -nen> cliente, -a *m, f*

Kunde[2] *f* <-n> (*geh: Nachricht*) noticia *f;* **von etw** *dat* **~ erhalten** recibir noticia de algo

Kundenberatung *f* servicio *m* de información de los clientes

Kundendienst[1] *m ohne Pl* <-(e)s> (*Service*) atención *f* al cliente

Kundendienst[2] *m* <-(e)s, -e> (*Reparaturdienst*) servicio *m* técnico

Kundenkarte *f* (WIRTSCH) tarjeta *f* de cliente; **Kundennummer** *f* (WIRTSCH) número *m* del cliente; **Kundenstamm** *m* <-(e)s, -stämme> (WIRTSCH) clientela *f* fija

kund|geben *irr vt* (*geh*) dar a conocer; (*öffentlich machen*) hacer público

Kundgebung *f* <-en> manifestación *f*

kundig *adj* (*erfahren*) experimentado; (*sachverständig*) experto; **einer Sache ~ sein** (*geh*) ser experto en una materia; **sich ~ machen** ponerse al día

kündigen **I.** *vt* **1.** (*Vertrag*) rescindir; (*Wohnung*) anunciar el desalojamiento (de); **jdm die Freundschaft ~** romper con alguien **2.** (*Arbeitsstelle*) presentar su dimisión **II.** *vi* **1.** (*einem Arbeitnehmer*) despedir; (*als Arbeitnehmer*) presentar su dimisión; **zum ersten November ~** presentar la dimisión para el primero de noviembre **2.** (*einem Mieter*) desahuciar

Kündigung *f* <-en> **1.** (*eines Vertrages*) rescisión *f;* (*eines Abonnements*) anulación *f* del abono; (*Wohnung durch Mieter*) aviso *m* de desalojamiento; (*durch Vermieter*) aviso *m* de desahucio; **Vertrag mit halbjähriger ~** contrato con medio año de aviso **2.** (*einer Stelle*) autodespido *m;* (*vom Arbeitgeber*) despido *m;* **fristlose ~** despido sin preaviso; **Kündigungsfrist** *f* plazo *m* de despido; **Kündigungsgrund** *m* <-(e)s, -gründe> **1.** (*Arbeitsrecht*) causa *f* de despido **2.** (*bei Mietsachen*) causa *f* de desahucio

Kundschaft *f ohne Pl* clientela *f*

Kundschafter(in) *m(f)* <-s, -; -nen> (*Gesandter*) enviado, -a *m, f;* (*Spion*) espía *mf*, bombero *m RíoPl*

künftig **I.** *adj* futuro; **meine ~e Frau** mi futura esposa **II.** *adv* de ahora en adelante

Kunst *f* <Künste> arte *m o f;* **die schönen Künste** las Bellas Artes; **die bildende ~** las Artes Plásticas; **das ist keine ~!** (*fam*) ¡eso lo hace cualquiera!; **die ~ besteht darin ...** el arte está en...; **nach allen Regeln der ~** según las reglas del oficio; (*fig*) como Dios manda; **Kunstakademie** *f* Academia *f* de Bellas Artes; **Kunstausstellung** *f* exposición *f* de arte; **Kunstdenkmal** *nt* monumento *m* artístico

Kunstdünger *m* abono *m* químico

Kunstfaser *f* fibra *f* sintética; **Kunstfehler** *m* error *m* quirúrgico; **kunstfertig** *adj* hábil, mañoso; **Kunstfertigkeit** *f ohne Pl* habilidad *f;* **Kunstgattung** *f* género *m* artístico; **Kunstgegenstand** *m* <-(e)s, -stände> objeto *m* de arte; **Kunstgeschichte** *f ohne Pl* historia *f* del Arte; **Kunstgewerbe** *nt ohne Pl* <-s> artesanía *f;* **Kunstgriff** *m*

<-(e)s, -e> artificio *m;* **Kunsthandel** *m* comercio *m* con objetos de arte; **Kunsthändler(in)** *m(f)* comerciante *mf* de objetos de arte; **Kunsthandwerk** *nt ohne Pl* <-(e)s> artesanía *f;* **Kunsthistoriker(in)** *m(f)* <-s, -; -nen> historiador(a) *m(f)* del arte; **Kunstleder** *nt* cuero *m* artificial

Künstler(in) *m(f)* <-s, -; -nen> artista *mf*

künstlerisch *adj* artístico; ~ **begabt sein** tener talento artístico

Künstlername *m* nombre *m* artístico

künstlich *adj* artificial; (*Zähne*) postizo; **sich ~ aufregen** poner el grito en el cielo; **jdn ~ ernähren** alimentar a alguien con sonda

kunstlos *adj* simple, sencillo

Kunstrichtung *f* estilo *m;* **Kunstsammlung** *f* colección *f* (de objetos) de arte; **Kunstseide** *f* seda *f* artificial; **Kunststoff** *m* <-(e)s, -e> materia *f* plástica, plástico *m;* **aus ~** de plástico; **Kunststück** *nt* truco *m;* (*akrobatisch*) acrobacia *f,* maroma *f Am;* **das ist kein ~!** (*fam*) ¡eso lo hace cualquiera!; **Kunstturnen** *nt* gimnasia *f* artística; **kunstverständig** *adj* entendido en arte; **kunstvoll** *adj* muy artístico; **Kunstwerk** *nt* obra *f* de arte

kunterbunt I. *adj* 1. (*farbig*) abigarrado 2. (*durcheinander*) revuelto II. *adv* abigarradamente; (*durcheinander*) sin orden ni concierto; **hier geht es ~ zu** menudo jaleo hay aquí; ~ **zusammengewürfelt** todo revuelto

Kupfer *nt ohne Pl* <-s> (CHEM) cobre *m;* **Kupferbergwerk** *nt* mina *f* de cobre; **Kupferdraht** *m* hilo *m* de cobre

kupferhaltig *adj* cobrizo

kupfern *adj* de cobre

Kupferschmiede *f* forja *f* de cobre; **Kupferstich** *m* <-(e)s, -e> grabado *m* en cobre

Kupon *m* <-s, -s> (*abtrennbarer Zettel, Zinsabschnitt*) cupón *m;* (*Talon*) talón *m*

Kuppe *f* <-n> 1. (*Berg~*) cima *f* 2. (*Finger~*) yema *f* del dedo

Kuppel *f* <-n> cúpula *f*

Kuppelei *f* <-en> alcahuetería *f;* (JUR) proxenetismo *m*

kuppeln I. *vi* 1. (AUTO) embragar 2. (*als Kuppler*) alcahuetear II. *vt* 1. (*Fahrzeuge*) acoplar (*an* a) 2. (*Geräte*) conectar

Kuppler(in) *m(f)* <-s, -; -nen> alcahuete, -a *m, f;* (JUR) proxeneta *mf*

Kupplung *f* <-en> 1. (*das Verbinden*) acoplamiento *m* 2. (*Vorrichtung*) enganche *m* 3. (AUTO) embrague *m*

Kur *f* <-en> 1. (*Heilverfahren*) cura *f;* (*Behandlung*) tratamiento *m* 2. (*Aufenthalt*) tratamiento *m* balneoterapéutico; **zur ~ fahren** ir a tomar las aguas

Kür *f* <-en> (SPORT) ejercicio *m* libre

Kurbel *f* <-n> manivela *f*

kurbeln I. *vi* darle a la manivela II. *vt* (*nach oben*) subir (girando la manivela); (*nach unten*) bajar (girando la manivela)

Kurbelwelle *f* (TECH) cigüeñal *m*

Kürbis *m* <-ses, -se> calabaza *f,* zapallo *m MAm,* ayote *m MAm;* **Kürbiskern** *m* pepita *f* de calabaza

Kurde, -in *m, f* <-n, -n; -nen> kurdo, -a *m, f*

kurdisch *adj* kurdo

Kurdistan *nt* <-s> Kurdistán *m*

küren *vt* (*geh*) elegir (*zu* como)

Kurfürst *m* <-en, -en> (HIST) príncipe *m* elector

Kurgast *m* huésped(a) *m(f)* de un balneario; **Kurhaus** *nt* casino *m* (en un balneario)

Kurier *m* <-s, -e> correo *m;* **Kurierdienst** *m* servicio *m* de correo

kurieren* *vt* (*behandeln*) curar; (*heilen*) sanar (*von*)

kurios *adj* curioso

Kuriosität[1] *f ohne Pl* (*Eigenart*) singularidad *f*

Kuriosität[2] *f* <-en> (*Gegenstand*) curiosidad *f*

Kurort *m* balneario *m*

Kurpfalz *f* Electorado *m* del Palatinado

Kurpfuscher(in) *m(f)* 1. (*fam abw*) curandero, -a *m, f,* curioso, -a *m, f Am,* compositor(a) *m(f) CSur* 2. (*Arzt*) matasanos *mf inv*

Kurs *m* <-es, -e> 1. (*Richtung*) rumbo *m;* ~ **auf Hamburg nehmen** poner rumbo a Hamburgo; **auf ~ bleiben** mantener el rumbo; **vom ~ abkommen** perder el rumbo; **einen harten (politischen) ~ einschlagen** adoptar una línea (política) dura 2. (SCH, UNIV) curso *m;* (*Intensiv~*) cursillo *m;* **einen ~ besuchen** asistir a un curso 3. (WIRTSCH) cotización *f;* (*von Devisen*) cambio *m;* **die ~e fallen/steigen** las cotizaciones bajan/suben; **bei jdm hoch im ~ stehen** gozar de prestigio ante alguien; **Kursbuch** *nt* guía *f* oficial de ferrocarriles

Kurseinbruch *m* (WIRTSCH) fuerte retroceso *m* de las cotizaciones

kursieren* *vi haben o sein* 1. (*Geld*) circular 2. (*Gerücht*) correr

kursiv *adj* (TYPO) en cursiva; **Kursivschrift** *f* (TYPO) (letra *f*) cursiva *f*

Kursnotierung *f* (WIRTSCH) cotización *f* de cambios; **Kursschwankung** *f* (WIRTSCH) fluctuación *f* de las cotizaciones; (*von Devisen*) oscilación *f* de los cambios

Kursteilnehmer(in) *m(f)* participante *mf* en un curso; (*an Wochenendkurs*) cursillista *mf*

Kursverlust *m* (WIRTSCH) pérdida *f* en bolsa; **Kurswechsel** *m* (POL) cambio *m* de rumbo

Kurtisane *f* <-n> cortesana *f;* (*Geliebte*) favorita *f*

Kurve *f* <-n> (*a.* MATH) curva *f;* **die ~ schneiden** cortar la curva; **sich in die ~ legen** inclinarse al tomar la curva; **die ~ kratzen** (*fam*) desaparecer rápido; **nicht die ~ kriegen** (*fam*) fracasar

kurven *vi sein* (*fam*) viajar (*durch* por), andar (*durch* por)

kurvenreich *adj* con muchas curvas

kurvig *adj* **1.** (*gekrümmt*) curvado; (*bogenförmig*) arqueado **2.** (*kurvenreich*) de muchas curvas

kurz *adj* <kürzer, am kürzesten> **1.** (*zeitlich*) corto, breve; **ein ~er Blick** una ojeada; **ich will es ~ machen** seré breve; **mit ein paar ~en Worten** en unas pocas palabras; **über ~ oder lang** tarde o temprano; **in kürzester Zeit** en breves momentos; **sich ~ fassen** ser conciso; **~ und bündig** conciso; **~ und gut** resumiendo; **~ und schmerzlos** (*fam*) sin rodeos; **seit ~em** desde hace poco (tiempo); **vor ~em** hace poco; **~ entschlossen** resuelto; **ich habe ihn nur ~ gesehen** le he visto sólo un momento; **~ darauf** poco después; **ich bleibe nur für ~e Zeit** sólo me quedo por poco tiempo; **ich komme ~ vorbei** me paso un momento; **~ hintereinander** al poco rato **2.** (*räumlich*) corto; **~e Hosen** pantalones cortos; **~ vor Köln** poco antes de Colonia; **den Kürzeren ziehen** (*fam*) salir perdiendo; **zu ~ kommen** quedarse con las ganas de hacer algo; **etw ~ und klein hauen** (*fam*) no dejar títere con cabeza **3.** (*Wend*): **jdn ~ halten** (*fig*) tener a alguien (bien) derecho; **~ treten** (*sich einschränken*) ahorrar; (*sich schonen*) reservar las (propias) fuerzas

Kurzarbeit *f ohne Pl* (trabajo *m* a) jornada *f* reducida

kurzärm(e)lig *adj* de manga corta

kurzatmig *adj* corto de respiración

Kürze *f ohne Pl* **1.** (*räumlich*) corta distancia *f* **2.** (*zeitlich*) brevedad *f;* **in ~** dentro de poco **3.** (*im Ausdruck*) concisión *f;* **in aller ~** en pocas palabras

Kürzel *nt* <-s, -> abreviatura *f;* (*in der Stenografie*) signo *m* taquigráfico

kürzen *vt* **1.** (*allgemein*) hacer más corto; (*Rede, Text*) acortar (*um* en, *auf* a); (*abkürzen*) abreviar; (FILM) cortar; **einen Text um/auf 40 Prozent ~** acortar un texto en un/a un 40 por ciento **2.** (*verringern*) reducir (*um* en, *auf* a) **3.** (MATH) simplificar

kurzerhand *adv* sin vacilar

Kurzfassung *f* <-en> versión *f* reducida; **Kurzfilm** *m* <-(e)s, -e> cortometraje *m;* **Kurzform** *f* <-en> (LING) forma *f* abreviada

kurzfristig I. *adj* **1.** (*kurze Zeit dauernd*) por poco tiempo; (*Vertrag*) a corto plazo **2.** (*ohne Vorbereitung*) repentino **3.** (*in kurzer Zeit*) a corto plazo **II.** *adv* **1.** (*in kurzer Zeit*) en (cuestión de) poco tiempo **2.** (*ohne Vorbereitung*) en el último momento

Kurzgeschichte *f* <-n> (LIT) cuento *m*

kurzhaarig *adj* de pelo corto

kurz|halten *irr vt s.* **kurz 3.**

kurzlebig *adj* **1.** (*Tier, Pflanze*) de corta vida **2.** (*Mode etc.*) efímero; (*vorübergehend*) pasajero

kürzlich *adv* hace poco, recién *Am*

Kurznachrichten *fPl* noticias *fpl* breves; **Kurzreise** *f* viaje *m* corto

kurz|schließen *irr* **I.** *vt* poner en cortocircuito **II.** *vr:* **sich ~** (*fam*) ponerse en contacto

Kurzschluss[RR] *m,* **Kurzschluß** *m* **1.** (ELEK) cortocircuito *m* **2.** (*falsche Schlussfolgerung*) conclusión *f* errónea; **Kurzschlusshandlung**[RR] *f* acto *m* irreflexivo

Kurzschrift *f ohne Pl* taquigrafía *f*

kurzsichtig *adj* miope

Kurzsichtigkeit *f ohne Pl* **1.** (MED) miopía *f* **2.** (*im Denken*) estrechez *f* de miras

Kurzstreckenflug *m* <-es, -flüge> vuelo *m* a corta distancia

kurz|treten *irr vi s.* **kurz 3.**

kurzum *adv* en una palabra

Kürzung *f* <-en> **1.** (*finanziell*) reducción *f* **2.** (*von Text*) abreviación *f;* **~en vornehmen** (*im Text*) abreviar; (*im Etat*) reducir

Kurzwaren *fPl* artículos *mpl* de mercería; **Kurzwarengeschäft** *nt* <-(e)s, -e> mercería *f,* bonetería *f Chil, Mex, RíoPl*

Kurzwelle *f* (PHYS, RADIO) onda *f* corta; **auf ~** en onda corta

Kurzzeitgedächtnis *nt ohne Pl* <-ses> memoria *f* corta

kurzzeitig *adj* por poco tiempo

kuschelig *adj* acogedor

kuscheln I. *vr:* **sich ~** (*fam*) acurrucarse (*in* en); **sich an jdn ~** acurrucarse contra alguien **II.** *vi* hacerse mimos

Kuscheltier *nt* animal *m* de peluche

kuschen *vi* **1.** (*sich fügen*) someterse **2.** (*Hund*) echarse

Kusine *f* <-n> prima *f*

Kuss[RR] *m* <-es, Küsse>, **Kuß** *m* <-sses, Küsse> beso *m,* pico *m Kol: fam;* **jdm einen ~ geben** dar un beso a alguien; **kussecht**[RR] *adj* (*Lippenstift*) que no mancha

küssen I. *vt* besar (*auf* en) **II.** *vr:* **sich ~** besarse

Küste *f* <-n> costa *f;* **eine felsige/zerklüftete ~** una costa rocosa/brava; **an der ~ entlangfahren** (*Schiff*) navegar a lo largo de la costa; (*an Land*) ir a lo largo de la costa; **Küstenbewohner(in)** *m(f)* costeño, -a *m, f;* **Küstengebiet** *nt* litoral *m;* **Küstengewässer** *nt* aguas *fpl* costeras; **Küstenschifffahrt**[RR] *f* cabotaje *m,* navegación *f* costera; **Küstenschutz** *m* protección *f* de la costa

Küster(in) *m(f)* <-s, -; -nen> sacristán, -ana *m, f*

Kutsche *f* <-n> **1.** (*Pferdewagen*) carruaje *m* **2.** (*fam: Auto*) cafetera *f*

Kutscher(in) *m(f)* <-s, -; -nen> cochero, -a *m, f*

Kutte *f* <-n> (*eines Pfarrers*) sotana *f*; (*eines Mönches*) hábito *m*

Kutteln *Pl* (*Österr, Schweiz, südd:* GASTR) callos *mpl*

Kutter *m* <-s, -> **1.** (*Segelschiff*) cúter *m* **2.** (*Fisch~*) barca *f* de pesca **3.** (*Rettungsboot*) esquife *m*

Kuvert *nt* <-s, -s> **1.** (*reg: Briefumschlag*) sobre *m* **2.** (*geh: Gedeck*) cubierto *m*

Kuwait *nt* <-s> Kuwait *m*

Kuwaiter(in) *m(f)* <-s, -; -nen> kuwaití *mf*

kuwaitisch *adj* kuwaití

kV (ELEK) *Abk. von* **Kilovolt** kv

kW (PHYS, TECH) *Abk. von* **Kilowatt** kW

KW (PHYS, RADIO) *Abk. von* **Kurzwelle** o.c.

kWh (PHYS, ELEK) *Abk. von* **Kilowattstunde** kWh

Kybernetik *f ohne Pl* cibernética *f*

KZ *nt* <-(s), -(s)> *Abk. von* **Konzentrationslager** campo *m* de concentración

L

L, l *nt* <-, -> L, l *f;* ~ **wie Ludwig** L de Lisboa
l *Abk. von* **Liter** l
laben *vr:* **sich** ~ (*geh*) saborear (*an*)
labern *vi* (*fam abw*) soltar el rollo (*über* sobre); **Blödsinn** ~ decir tonterías
labil *adj* lábil; (*Gesundheit*) frágil
Labilität *f ohne Pl* labilidad *f;* (*gesundheitlich*) fragilidad *f*
Labor *nt* <-s, -s *o* -e> laboratorio *m*
Laborant(in) *m(f)* <-en, -en; -nen> ayudante *mf* de laboratorio
Laboratorien *Pl von* **Laboratorium**
Laboratorium *nt* <-s, Laboratorien> laboratorio *m*
Labyrinth *nt* <-(e)s, -e> laberinto *m*
Lache[1] *f* <-n> (*Pfütze*) charco *m*
Lache[2] *f* <-n> (*fam abw*) risa *f*
lächeln *vi* **1.** (*lachen*) sonreír **2.** (*sich lustig machen*) burlarse (*über* de)
Lächeln *nt ohne Pl* <-s> sonrisa *f*
lachen *vi* reír(se) (*über* de); **jdn zum L~ bringen** hacer reír a alguien; **aus vollem Halse** ~ reírse a carcajadas; **sie lachte über das ganze Gesicht** sonrió de oreja a oreja; **dass ich nicht lache!** (*iron*) ¡no me haga(s) reír!; **du hast gut ~!** (*fam*) ¡bien puedes tú reírte!; **da gibt es nichts zu** ~ esto no tiene ninguna gracia; **das wäre doch gelacht, wenn wir das nicht könnten!** ¡sería ridículo si no pudiéramos hacerlo!; **mir ist durchaus nicht zum L~ (zumute)** no estoy en absoluto para bromas; **du wirst ~, (aber)** ... (*fam*) te parecerá ridículo, (pero)...; **wer zuletzt lacht, lacht am besten** (*prov*) quien ríe el último, ríe mejor
Lachen *nt ohne Pl* <-s> risa *f;* **dir wird das ~ noch vergehen** (*fam*) ya se te pasará la risa; **sich biegen vor** ~ (*fam*) troncharse de risa
Lacher *m* <-s, -> (*Gelächter*) risa *f*
lächerlich **I.** *adj* ridículo; **jdn/etw ~ machen** poner a alguien/algo en ridículo; **sich ~ machen** hacer el ridículo; **~e drei Zuschauer waren da** (*fam*) asistieron (sólo) tres gatos **II.** *adv* de forma ridícula
Lachgas *nt* <-es, -e> gas *m* hilarante
lachhaft *adj* (*abw*) ridículo
Lachs *m* <-es, -e> salmón *m;* **lachsfarben** *adj* de color salmón; **Lachsforelle** *f* trucha *f* asalmonada
Lack *m* <-(e)s, -e> laca *f;* (*Holz~*) barniz *m;* (*Auto~*) pintura *f*
lackieren* *vt* **1.** (*Holz*) barnizar; (*Auto*) pintar (con pistola) **2.** (*Fingernägel*) pintar
Lackierung *f* <-en> **1.** (*das Lackieren*) barnizado *m* **2.** (*Lack*) barnizado *m;* (*Auto~*) pintura *f*
Lackleder *nt* charol *m*
Lackmus *m o nt ohne Pl* <-> (CHEM) tornasol *m;* **Lackmuspapier** *nt ohne Pl* <-s> (CHEM) papel *m* de tornasol
Lackschuh *m* zapato *m* de charol
Ladefläche *f* superficie *f* de carga
laden <lädt, lud, geladen> *vt* **1.** (*Fracht, Batterie, Pistole*) cargar; **die Koffer in das/aus dem Auto** ~ meter/sacar las maletas en el/del coche; **alle Schuld auf sich** ~ (*fig*) cargar con todas las culpas; **sieh dich vor, er ist heute total ge~** (*fam fig*) ándate con cuidado, hoy está a punto de explotar; **er hat wieder schwer ge~** (*fam iron*) ha vuelto a coger una mona **2.** (JUR: *vor~*) citar; **ge~e Gäste** invitados *mpl* **3.** (INFOR) cargar
Laden[1] *m* <-s, Läden> **1.** (*Kauf~*) tienda *f;* (*Geschäft*) negocio *m;* **der ~ läuft** (*fam*) los negocios van bien; **Schwung in den ~ bringen** (*fam*) animar el cotarro; **sie allein schmeißt den ganzen** ~ (*fam*) ella solita lo lleva todo adelante; **den (ganzen) ~ hinschmeißen** (*fam*) tirar la toalla **2.** (*Fenster~*) postigo *m* **3.** (*Roll~*) persiana *f*
Laden[2] *nt ohne Pl* <-s> (INFOR) carga *f*
Ladendieb(in) *m(f)* ladrón, -ona *m, f* de tiendas, mechero, -a *m, f fam;* **Ladendiebstahl** *m* robo *m* en tiendas; **Ladenkette** *f* cadena *f* de tiendas; **Ladenpreis** *m* precio *m* de venta al público
Ladenschluss[RR] *m ohne Pl* <-es> (hora *f* de) cierre *m* de los comercios; **nach/vor** ~ después de/antes de cerrar los negocios; **Ladenschlussgesetz**[RR] *nt* <-es, -e> *ley que regula los horarios comerciales*
Ladentisch *m* mostrador *m;* **etw unter dem ~ verkaufen** (*fam*) vender algo bajo mano
Laderampe *f* rampa *f* de carga; **Laderaum** *m* <-(e)s, -räume> espacio *m* de carga
lädt *3. präs von* **laden**
Ladung *f* <-en> **1.** (*Fracht, Munition*) carga *f* **2.** (PHYS) carga *f* (eléctrica) **3.** (JUR: *Vor~*) citación *f* **4.** (*fam: Menge*) montón *m*
lag *3. imp von* **liegen**
Lage *f* <-n> **1.** (*Stelle*) sitio *m;* (GEO) zona *f;* **in günstiger** ~ en buena zona **2.** (*Position*) posición *f;* **in der glücklichen ~ sein etw**

zu tun tener la suerte de poder hacer algo; **siehst du dich in der ~ uns zu helfen?** ¿te parece que estás en condiciones de ayudarnos? **3.** (*Situation*) situación *f;* **dazu bin ich nicht in der ~** no estoy en condiciones de hacerlo; **Herr der ~ sein** dominar la situación; **versetz dich doch einmal in meine ~** intenta ponerte en mi lugar; **nach ~ der Dinge** dadas las circunstancias; **der Ernst der ~** la gravedad de la situación; **die ~ peilen** (*fam*) explorar la situación **4.** (*Schicht*) capa *f* **5.** (MUS: *Stimm~*) registro *m* **6.** (*fam: Runde*) ronda *f;* **Lagebericht** *m* informe *m* sobre la situación; **Lagebesprechung** *f* análisis *m inv* de la situación, discusión *f* sobre la situación

Lager *nt* <-s, -> **1.** (*Zelt~, Ferien~*) campamento *m;* (*Gefangenen~, Flüchtlings~*) campo *m;* **ein ~ aufschlagen** acampar; **das ~ abbrechen** levantar el campamento **2.** (*Vorrats~*) almacén *m,* depósito *m,* barraca *f Am,* despensa *f Arg;* (*Vorrat*) existencias *fpl;* **etw auf ~ haben** tener algo en depósito; **sie hat immer ein paar Witze auf ~** (*fam*) siempre tiene un par de chistes a punto **3.** (*Partei, Seite*) campo *m;* (*Gruppe*) grupo *m;* **ins gegnerische ~ überlaufen** (*fig*) pasarse al campo contrario; **die Partei spaltete sich in mehrere ~** el partido se escindió en varios grupos **4.** (TECH) cojinete *m* **5.** (GEO) yacimiento *m;* **Lagerbestand** *m* <-(e)s, -stände> existencias *fpl* en almacén; **Lagerfeuer** *nt* <-s, -> hoguera *f,* fogón *m Arg, CRi, Urug;* **Lagerhalle** *f* almacén *m;* **Lagerhaltung** *f ohne Pl* almacenamiento *m*

Lagerist(in) *m(f)* <-en, -en; -nen> almacenista *mf*

lagern I. *vi* **1.** (*kampieren*) acampar **2.** (*Waren*) estar almacenado; (*Esswaren*) conservarse; (*Wein*) reposar **II.** *vt* **1.** (*aufbewahren: Waren*) almacenar; (*Esswaren*) conservar; **kühl ~** consérvese en lugar fresco **2.** (*legen*) poner; **das Bein hoch ~** poner la pierna en alto; **dieser Fall ist anders gelagert** es un caso distinto

Lagerraum *m* <-(e)s, -räume> depósito *m;* **Lagerstätte** *f* (GEO) yacimiento *m*

Lagerung *f* <-en> **1.** (*von Waren, Gegenständen*) almacenamiento *m* **2.** (TECH) cojinete *m*

Lagune *f* <-n> laguna *f*

lahm *adj* **1.** (MED) paralítico; (*hinkend*) cojo; **auf einem Bein ~ sein** cojear de una pierna **2.** (*wie gelähmt*) entumecido; **~ legen** paralizar **3.** (*fam abw: langsam*) lento; (*langweilig*) pesado

lahmen *vi* cojear (*auf* de)

lähmen *vt* paralizar

lahmllegen *vt s.* **lahm 2.**

Lähmung *f* <-en> **1.** (MED) parálisis *f inv* **2.** (*der Industrie*) paralización *f*

Laib *m* <-(e)s, -e>: **ein ~ Brot** un pan

Laich *m* <-(e)s, -e> desove *m*

laichen *vi* desovar

Laie, -in *m, f* <-n, -n; -nen> **1.** (*Nichtfachmann*) profano, -a *m, f* **2.** (REL) laico, -a *m, f;* **Laiendarsteller(in)** *m(f)* (THEAT) actor(a) *m(f)* aficionado, -a

laienhaft *adj* profano

Laienspiel *nt* (THEAT) representación *f* de aficionados

Lakai *m* <-en, -en> (*abw*) lacayo *m*

Lake *f* <-n> salmuera *f*

Laken *nt* <-s, -> sábana *f*

lakonisch *adj* lacónico

Lakritze *f* <-n> regaliz *m*

lallen *vi, vt* balbucear, balbucir

Lama[1] *nt* <-s, -s> (ZOOL) llama *f*

Lama[2] *m* <-(s), -s> (REL) lama *m*

Lamelle *f* <-n> **1.** (TECH) lámina *f* **2.** (BOT) laminilla *f*

Lametta *nt ohne Pl* <-s> *tiras de color plata que se usan como adorno navideño*

Lamm *nt* <-(e)s, Lämmer> cordero *m;* **Lammfell** *nt* piel *f* de cordero; **Lammfleisch** *nt* (carne *f* de) cordero *m;* **lammfromm** *adj* manso como un cordero; **Lammkotelett** *nt* (GASTR) chuleta *f* de cordero

Lampe *f* <-n> lámpara *f*

Lampenfieber *nt ohne Pl* <-s> (*fam*) miedítis *f inv*

Lampenschirm *m* pantalla *f*

Lampion *m* <-s, -s> farolillo *m*

Land[1] *nt* <-(e)s, Länder> **1.** (*Staat*) país *m;* **~ und Leute kennen lernen** conocer gente y costumbres; **das Gelobte ~** la tierra prometida; **aus aller Herren Länder** de todas las partes del mundo; **hier zu ~e** en este país; **andere Länder, andere Sitten** (*prov*) cada tierra, su uso **2.** (*Bundes~*) estado *m* federado, land *m;* **das ~ Hessen** el estado federado de Hesse

Land[2] *nt* <-(e)s, -e> (*geh*) campaña *f;* **Wein aus deutschen ~en** vino alemán; **durch die ~e ziehen** vagar por el mundo; **drei Jahre gingen ins ~** (*geh*) pasaron tres años

Land[3] *nt ohne Pl* <-(e)s> **1.** (*Fest~*) tierra *f;* **~ in Sicht!** ¡tierra a la vista!; **an ~ gehen** desembarcar; **(wieder) ~ sehen** (*fig*) ver el cielo abierto; **etw an ~ ziehen** (*fam*) conseguir algo **2.** (*dörfliche Gegend*) campo *m,* verde *m MAm, Ant, Mex;* **auf dem ~ wohnen** vivir en el campo **3.** (*Ackerboden*) terreno *m,* tierra *f;* **das ~ bestellen** cultivar la tierra

Landadel *m* nobleza *f* provincial; **Landarbeit** *f* faenas *fpl* del campo; **Landarbeiter(in)** *m(f)* campesino, -a *m, f;* **Landbesitz**

m tierras *fpl*, fincas *fpl* rústicas; **Landbevölkerung** *f ohne Pl* población *f* rural

Landebahn *f* pista *f* de aterrizaje; **Landeerlaubnis** *f* permiso *m* de aterrizaje

landeinwärts *adv* tierra adentro

landen *vi sein* **1.** (*Flugzeug*) aterrizar; (*auf dem Mond*) alunizar; (*auf dem Wasser*) amerizar; **weich** ~ realizar un aterrizaje suave; **mit deinen Komplimenten kannst du bei mir nicht** ~ (*fam*) tus piropos no me impresionan para nada **2.** (*Schiff*) tomar tierra **3.** (*fam: ankommen*) acabar (*in* en); **schließlich landeten sie im Kino** al final acabaron en el cine; **auf dem 5. Platz** ~ (SPORT) clasificarse en quinto lugar

Landeplatz *m* <-es, -plätze> **1.** (AERO) pista *f* de aterrizaje **2.** (NAUT) embarcadero *m*

Ländereien *fPl* tierras *fpl*

Länderspiel *nt* (SPORT) partido *m* internacional

Landesebene *f* (ADMIN): **auf** ~ en un land; **Landesgrenze** *f* frontera *f*; **Landeshauptmann** *m* (*Österr*) presidente *m* de un estado federado; **Landeshauptstadt** *f* capital *f*; **Landesinnere(s)** *nt* interior *m* del país; **Landeskunde** *f ohne Pl* cultura *f* y civilización; **Landesrat, -rätin** *m, f* <-(e)s, -räte; -nen> (*Österr*) ≈ministro, -a *m* de un estado federado; **Landesregierung** *f* gobierno *m* de un land; **Landessprache** *f* <-n> idioma *m* nacional; **Landesteil** *m* <-(e)s, -e> región *f*; **landesüblich** *adj* habitual en un país; **Landesverrat** *m* (JUR) alta traición *f*; **Landeswährung** *f* <-en> moneda *f* nacional

Landeverbot *nt* prohibición *f* de aterrizar

Landflucht *f ohne Pl* éxodo *m* del campo a la ciudad

Landfriedensbruch *m ohne Pl* <-(e)s> (JUR) perturbación *f* del orden público

Landgericht *nt* ≈Audiencia *f* Provincial; **Landgut** *nt* finca *f*, hacienda *f Am*; **Landhaus** *nt* casa *f* de campo, estancia *f Am*; **Landkarte** *f* mapa *m*; **Landkreis** *m* distrito *m* administrativo

landläufig *adj* (*allgemein*) general; (*allgemein verbreitet*) común; (*gängig*) corriente

Landleben *nt ohne Pl* <-s> vida *f* rural

ländlich *adj* rural, del campo, jíbaro *Am*

Landluft *f ohne Pl* aire *m* del campo; **Landplage** *f* plaga *f*

Landrat, -rätin¹ *m, f* <-(e)s, -räte; -nen> jefe, -a *m, f* de distrito

Landrat² *m* <-(e)s, -räte> (*Schweiz*) *parlamento de ciertos cantones*

Landratsamt *nt* (ADMIN) prefectura *f* de distrito

Landratte *f* (*fam*) marinero, -a *m, f* de agua dulce

Landschaft *f* <-en> paisaje *m*

landschaftlich *adj* paisajístico; ~ **reizvoll** de atractivo paisaje

Landschaftsgärtner(in) *m(f)* paisajista *mf*

Landschaftsschutz *m* protección *f* de la naturaleza; **Landschaftsschutzgebiet** *nt* parque *m* nacional

Landsitz *m* finca *f*, casa *f* de campo

Landsmann, -männin *m, f* <-(e)s, -leute; -nen> compatriota *mf*

Landstraße *f* carretera *f* nacional

Landstreicher(in) *m(f)* <-s, -; -nen> vagabundo, -a *m, f*, bagamán *m Kol, DomR*

Landstrich *m* <-(e)s, -e> región *f*, comarca *f*

Landtag *m* (POL) parlamento *m* de un land

Landung *f* <-en> **1.** (*von Flugzeug*) aterrizaje *m*; (*Mond~*) alunizaje *m* **2.** (*von Schiff*) desembarque *m* **3.** (*von Truppen*) desembarco *m*; **Landungsbrücke** *f* desembarcadero *m*

Landvermessung *f* (AGR, GEO) agrimensura *f*; **Landweg** *m*: **auf dem** ~ por tierra; **Landwein** *m* <-(e)s, -e> vino *m* del país; **Landwirt(in)** *m(f)* agricultor(a) *m(f)*

Landwirtschaft¹ *f* <-en> (*Betrieb*) granja *f* agrícola

Landwirtschaft² *f ohne Pl* (*Ackerbau*) agricultura *f*

landwirtschaftlich *adj* agrícola, agrario

Landzunge *f* (GEO) lengua *f* de tierra

lang <länger, am längsten> **I.** *adj* **1.** (*allgemein*) largo; **das Bett ist 2 Meter** ~ la cama tiene 2 metros de largo; **seit ~em** desde hace mucho (tiempo); ~ **und breit** detalladamente; **gleich** ~ igual de largo; **ohne ~es Nachdenken** sin pensarlo mucho; **ein ~es Gesicht machen** poner (una) cara larga **2.** (*fam: groß gewachsen*) alto **II.** *adv* **1.** (*Dauer*) durante; **einen Augenblick** ~ durante un momento; **mein** ~ **ersehnter Wunsch** el sueño de mi vida **2.** (*reg: entlang*) por; **hier geht's** ~ vamos por aquí

langärm(e)lig *adj* de manga larga

langatmig *adj* (excesivamente) detallado

langbeinig *adj* de piernas largas

lange <länger, am längsten> *adv* mucho tiempo; **ich habe nicht** ~ **gebraucht** no me ha llevado mucho tiempo; **wie** ~ **bist du schon hier?** ¿cuánto tiempo hace ya que estás aquí?; **das ist schon** ~ **her** ya hace mucho tiempo; **das heißt noch** ~ **nicht, dass ich aufgebe** eso no quiere decir ni mucho menos que vaya a rendirme; ~ **brauchen** (**um ... zu** +*inf*) tardar mucho (en... +*inf*); **so** ~ **bis ...** hasta que... +*subj*; **das ist noch** ~ **hin** falta mucho (tiempo) todavía; **das ist noch** ~ **nicht genug** esto no basta de ninguna manera; **da kannst du** ~ **warten!** ¡puedes esperar sentado!; **er macht es nicht mehr** ~ (*fam*) la va a palmar

Länge *f* <-n> **1.** (*räumlich*) longitud *f;* (*von Kleidung*) largo *m;* **der ~ nach** a lo largo; **ein Seil von zehn Meter ~** una cuerda de diez metros de largo; **ein Stau von 10 km ~** un atasco de 10 km **2.** (*zeitlich*) duración *f;* **etw zieht sich in die ~** algo tarda mucho tiempo; **die Verhandlungen in die ~ ziehen** dilatar las negociaciones; **wir haben den Film in voller ~ gesehen** hemos visto la película entera **3.** (SPORT) largo *m;* **mit einer ~ Vorsprung gewinnen** ganar con un largo de ventaja **4.** *Pl* (*langweilige Stelle*) pasaje *m* prolijo **5.** (GEO) longitud *f;* **zwanzig Grad östlicher ~** veinte grados de longitud este

langen **I.** *vi* (*fam*) **1.** (*ausreichen*) bastar; **jetzt langt's (mir) aber!** ¡basta ya! **2.** (*sich erstrecken*) llegar (*bis* (*zu*) hasta) **3.** (*anfassen*) tocar (*an*); (*hinein~*) meter la mano (*in* en) **II.** *vt* (*fam*) coger, agarrar *Am;* **jdm eine ~** pegar una bofetada a alguien

Längeneinheit *f* unidad *f* de longitud; **Längengrad** *m* (GEO) grado *m* de longitud; **Längenmaß** *nt* <-es, -e> medida *f* de longitud

Langeweile *f* aburrimiento *m;* **~ haben** aburrirse; **aus [*o* vor] ~** de puro aburrimiento

Langfinger *m* (*fam*) caco *m,* malabarista *m Chil,* maletero *m Chil*

langfristig *adj* a largo plazo

langgestreckt *adj s.* **strecken I.1.**

langhaarig *adj* de pelo largo

langjährig *adj* de muchos años

Langlauf *m ohne Pl* <-(e)s> (SPORT) esquí *m* de fondo

langlebig *adj* **1.** (*Person*) longevo; (*a. Tier*) de larga vida **2.** (*Material*) duradero

länglich *adj* alargado, oblongo

längs **I.** *präp +gen* a lo largo de **II.** *adv* a lo largo

langsam **I.** *adj* **1.** (*Geschwindigkeit*) lento **2.** (*allmählich*) paulatino **II.** *adv* **1.** (*Geschwindigkeit*) despacio; **~ sprechen/fahren** hablar/conducir despacio; **immer schön ~!** ¡despacito!; **~, aber sicher** (*fam*) despacio, pero seguro **2.** (*allmählich*) poco a poco; **es wird ~ Zeit** ya va siendo hora; **~ reicht es mir** (*fam*) me estoy hartando

Langsamkeit *f ohne Pl* lentitud *f*

Langschläfer(in) *m(f)* dormilón, -ona *m, f*

Langspielplatte *f* elepé *m*

Längsschnitt *m* corte *m* longitudinal

längst *adv* **1.** (*zeitlich*) hace tiempo **2.** (*bei weitem*) ni mucho menos; **und das ist noch ~ nicht alles** y esto no es todo, ni mucho menos

längstens *adv* (*fam*) **1.** (*höchstens*) como mucho **2.** (*spätestens*) a más tardar; **in ~ zwei Wochen** a más tardar en dos semanas

Langstreckenflug *m* vuelo *m* de larga distancia; **Langstreckenlauf** *m* <-(e)s, -läufe> (SPORT) carrera *f* de fondo

Languste *f* <-n> (ZOOL) langosta *f*

langweilen **I.** *vt* aburrir **II.** *vr:* **sich ~** aburrirse, enfadarse *Am;* **sich zu Tode ~** morirse de aburrimiento

langweilig *adj* **1.** (*uninteressant*) aburrido **2.** (*fam: zeitraubend*) pesado

Langwelle *f* (RADIO, PHYS) onda *f* larga

langwierig *adj* largo; (*mühselig*) arduo

Langzeitarbeitslose(r) *mf* parado, -a *m, f* (durante largo tiempo); **Langzeitarbeitslosigkeit** *f* paro *m* de larga duración, cesantía *f* prolongada *Am;* **Langzeitgedächtnis** *nt ohne Pl* <-ses> (PSYCH) memoria *f* larga; **Langzeitstudie** *f* estudio *m* a largo plazo; (*Forschungen*) investigaciones *fpl* de larga duración; (WIRTSCH) análisis *m inv* a largo plazo

Lanze *f* <-n> lanza *f,* picana *f SAm;* **für jdn eine ~ brechen** (*fig*) romper una lanza por alguien

lapidar *adj* lapidario

Lappalie *f* <-n> bagatela *f,* guinda *f Chil*

Lappe, -in *m, f* <-n, -n; -nen> lapón, -ona *m, f*

Lappen *m* <-s, -> **1.** (*Stoff~, Putz~*) trapo *m,* limpión *m Am;* **etw geht jdm durch die ~** (*fam*) algo se le escapa a alguien de las manos **2.** (*fam: Geldschein*) billete *m*

lappisch *adj* lapón

läppisch *adj* (*abw*) **1.** (*kindisch*) infantil **2.** (*gering*) insignificante

Lappland *nt* <-s> Laponia *f*

Laptop *m* <-s, -s> ordenador *m* portátil

Lärche *f* <-n> (BOT) alerce *m*

Larifari *nt ohne Pl* <-s> (*fam*) bobadas *fpl,* tonterías *fpl*

Lärm *m ohne Pl* <-(e)s> ruido *m,* chivateo *m Am,* batifondo *m CSur;* **~ schlagen** (*fam*) armar un cisco; **viel ~ um nichts** mucho ruido y pocas nueces; **Lärmbelästigung** *f* molestia *f* por ruido; **lärmempfindlich** *adj* sensible a los ruidos

lärmen *vi* hacer ruido, meter ruido *fam*

lärmend **I.** *adj* ruidoso **II.** *adv* con (mucho) estrépito

Lärmpegel *m* nivel *m* de ruidos; **Lärmschutz** *m* protección *f* contra el ruido; (*an Straßen*) pantalla *f* antirruido

Larve *f* <-n> **1.** (ZOOL) larva *f* **2.** (*reg: Maske*) antifaz *m*

las *3. imp von* **lesen**

Lasagne *Pl* (GASTR) lasaña *f*

lasch *adj* (*schlaff*) laxo, flojo; (*fade*) soso

Lasche *f* <-n> **1.** (TECH) cubrejunta *m* **2.** (*am Schuh*) lengüeta *f;* (*an Schachtel, Heft-*

chen) solapa *f;* (*an Taschen*) presilla *f;* (*an Dosen*) anillo *m*

Laser *m* <-s, -> (PHYS) láser *m;* **Laserdrucker** *m* <-s, -> (INFOR) impresora *f* láser; **Laserstrahl** *m* (PHYS) rayo *m* láser

lassen[1] <lässt, ließ, gelassen> *vt* **1.** (*unverändert ~, unter~*) dejar; **lass doch das Gejammer!** ¡deja de lamentarte!; **~ wir das!** ¡dejémoslo!; **lass mich** (**in Ruhe**)! ¡déjame (en paz)!; **er kann es einfach nicht ~** siempre está con lo mismo; **tu, was du nicht ~ kannst!** (*fam*) ¡haz lo que mejor te parezca!; **~ wir es dabei** dejémoslo así **2.** (*zurück~*) dejar; **sein Leben ~** (*geh*) perder la vida **3.** (*zugestehen*): **jdm Zeit ~** dar tiempo a alguien; **jdm seinen Willen ~** respetar la voluntad de alguien; **das muss man ihr ~** hay que reconocérselo **4.** (*irgendwohin ~*): **Wasser in die Wanne ~** preparar el baño; **jdm die Luft aus den Reifen ~** desinflarle las ruedas a alguien; **lass mich mal vorbei** déjame pasar **5.** (*Wend*): **kalt ~** dejar frío; **offen ~** (*Tür, Fenster*) dejar abierto; (*beim Schreiben*) dejar en blanco; (*Entscheidung*) dejar pendiente; **wir sollten nichts unversucht ~** tenemos que agotar todas las posibilidades

lassen[2] <lässt, ließ, lassen> *vt mit einem Infinitiv* **1.** (*erlauben*) dejar; (*zulassen*) tolerar, permitir *+inf;* **lass mich nur machen!** ¡ya lo hago yo!; **lass hören!** ¡empieza ya!; **so kannst du dich sehen ~** así estás guapo; **lass dir das gesagt sein!** ¡date por advertido!; **~ Sie sich gesagt sein, dass ...** dése por enterado de que...; **sich nicht stören ~** no molestarse; **~ Sie das nur meine Sorge sein** no se preocupe, yo me ocuparé de ello; **~ Sie mich bitte ausreden** déjeme acabar de hablar; **einen fahren ~** (*fam*) tirarse un pedo; **jdn laufen ~** (*fam*) soltar a alguien; **etw geschehen ~** dejar pasar algo; **lass ihn nur kommen!** ¡déjale que venga!; **sich** *dat* **einen Bart stehen ~** dejarse crecer la barba **2.** (*veranlassen*) hacer *+inf;* **sich scheiden ~** divorciarse; **sich** *dat* **die Haare schneiden ~** (ir a) cortarse el pelo; **ich lasse bitten** hágale pasar; **er lässt dich grüßen** te manda saludos; **ich habe mir sagen ~, dass ...** me dijeron que... **3.** (*unverändert ~*): **etw sein** [*o* **bleiben**] **~** dejar algo; **jdn hängen ~** dejar a alguien plantado; **sich hängen ~** dejarse ir; **etw liegen ~** (*nicht wegnehmen*) dejar algo; (*vergessen*) olvidar algo; (*unerledigt lassen*) interrumpir algo; **jdn links liegen ~** pasar de largo a alguien; **stecken ~** no sacar; (*Schlüssel*) dejar puesto; **lass dein Geld stecken!** ¡déjalo (yo pago)!; **stehen ~** (*nicht wegnehmen, vergessen*) dejar; (*nicht zerstören*) conservar; (*Essen*) dejar en el plato; (*sich abwenden*) dejar plantado; (*bei einem Termin*) dar plantón **4.** (*Imperativ*): **lass uns gehen!** ¡vámonos!; **lasset uns beten** oremos; **lass es dir schmecken** que aproveche; **lass es dir gut gehen** que te vaya bien **5.** (*lassen + sich: möglich sein*) poderse; **das wird sich einrichten ~** esto se arreglará; **das lässt sich nicht vermeiden** esto no se puede evitar; **ich will sehen, was sich tun lässt** voy a ver qué es lo que podemos hacer; **der Wein lässt sich trinken** el vino se puede beber; **das lässt sich hören** no está mal

lässig *adj* **1.** (*ungezwungen*) desenfadado **2.** (*fam: leicht*) fácil; (*ohne Anstrengung*) sin esfuerzo

Lässigkeit *f ohne Pl* desenfado *m*

Lasso *nt* <-s, -s> lazo *m*

lässt[RR], **läßt** *3. präs von* **lassen**

Last *f* <-en> **1.** (*a. fig*) carga *f;* (*Gewicht*) peso *m;* **jdm zur ~ fallen** ser una carga para alguien; **jdm etw zur ~ legen** acusar a alguien de algo; **das geht zu deinen ~en** eso queda de tu cuenta **2.** *Pl* (*Abgaben*) cargas *fpl*

lasten *vi* pesar (*auf* sobre)

Lastenaufzug *m* montacargas *m inv,* elevador *m Arg*

Laster[1] *m* <-s, -> (*fam*) camión *m*

Laster[2] *nt* <-s, -> vicio *m*

Lästerer, -in *m, f* <-s, -; -nen> cotilla *mf*

lasterhaft *adj* vicioso

Lasterhöhle *f* (*fam abw*) antro *m* de corrupción

Lästermaul *nt* (*fam*) cotilla *mf*

lästern *vi* (*abw*): **über jdn ~** poner verde a alguien

lästig *adj* pesado, odioso *Am,* espeso *Arg, Peru, Ven,* molón *Guat, Ecua, Mex;* **jdm ~ sein** molestar a alguien

Last(kraft)wagen *m* camión *m*

Lasttier *nt* bestia *f* de carga; **Lastwagen** *m* camión *m;* **Lastzug** *m* <-(e)s, -züge> camión *m* con remolque

Lasur *f* <-en> barniz *m*

lasziv *adj* lascivo

Latein *nt ohne Pl* <-s> latín *m;* **mit seinem ~ am Ende sein** no saber cómo continuar

Lateinamerika *nt* Latinoamérica *f;* **Lateinamerikaner(in)** *m(f)* latinoamericano, -a *m, f;* **lateinamerikanisch** *adj* latinoamericano

lateinisch *adj* latino

Laterne *f* <-n> linterna *f;* (*Straßen~*) farola *f;* **Laternenpfahl** *m* poste *m* de farola

Latex *m* <-, Latizes> látex *m inv*

Latsche *f* <-n> **1.** (BOT) pino *m* carrasco **2.** (*fam: Schuh*) zapato *m* (viejo); (*Hausschuh*) zapatilla *f*

latschen *vi sein* (*fam*) **1.** (*gehen*) andar; (*zu

Fuß gehen) ir a pie **2.** (*schlurfen*) arrastrar los pies **3.** (*rücksichtslos trampeln*) pisotear (*über*)

Latschen *m* <-s, -> (*fam*) zapato *m* viejo, ojota *f Am;* **aus den ~ kippen** (*fam: ohnmächtig werden*) desmayarse; (*sehr überrascht sein*) quedarse asombradísimo

Latte *f* <-n> **1.** (*Brett*) tabla *f;* **eine lange ~ sein** (*fam*) ser un fideo **2.** (SPORT: *am Tor*) larguero *m;* (*Hochsprung*) listón *m* **3.** (*fam: Menge*): **eine ganze ~ von ...** (*fam*) una gran cantidad de... **4.** (*fam: erigierter Penis*) estaca *f*

Lattenzaun *m* empalizada *f*

Latz *m* <-es, Lätze> **1.** (*Lätzchen*) babero *m* **2.** (*an Kleidung*) peto *m;* **Latzhose** *f* pantalón *m* de peto

lau *adj* tibio

Laub *nt ohne Pl* <-(e)s> fronda *f,* follaje *m;* **Laubbaum** *m* árbol *m* de hoja caduca

Laube *f* <-n> cenador *m*

Laubfrosch *m* (ZOOL) rana *f* de zarzal; **Laubsäge** *f* segueta *f;* **Laubwald** *m* <-(e)s, -wälder> bosque *m* caducifolio

Lauch *m* <-(e)s, -e> puerro *m*

Lauer *f ohne Pl:* **auf der ~ liegen** (*fam*) estar al acecho

lauern *vi* (*fam*) **1.** (*warten*) acechar (*auf* a), pispar (*auf* a) *Arg* **2.** (*ungeduldig warten*) esperar con impaciencia (*auf* a)

Lauf[1] *m* <-(e)s, Läufe> **1.** (SPORT) carrera *f* **2.** (*Gewehr~*) cañón *m*

Lauf[2] *m ohne Pl* <-(e)s> **1.** (*a.* ASTR: *das ~en*) carrera *f* **2.** (*Ver~*) (trans)curso *m,* rumbo *m;* **die Sache nimmt ihren ~** el asunto toma su rumbo; **im ~e eines Gesprächs** en el transcurso de una conversación; **das ist der ~ der Dinge** es el rumbo de las cosas; **seiner Fantasie freien ~ lassen** dar rienda suelta a su fantasía **3.** (*von Maschinen*) marcha *f* **4.** (*Fluss~*) curso *m*

Laufbahn *f* <-en> **1.** (*beruflich*) carrera *f* (profesional) **2.** (SPORT) pista *f;* **Laufbursche** *m* <-n, -n> (*abw*) chico *m* de los recados; (*in Büro*) botones *m inv*

laufen <läuft, lief, gelaufen> **I.** *vi sein* **1.** (*rennen, fließen*) correr; **der Wasserhahn läuft** el grifo está abierto **2.** (*fam: gehen*) andar, caminar; **er lief mir direkt in die Arme** tropecé con él; **jdm über den Weg ~** cruzarse con alguien **3.** (*in Betrieb sein*) funcionar; (*Motor*) estar en marcha; **das Radio lief** tenían puesta la radio **4.** (*undicht sein*) gotear; (*fam: Käse, Butter*) derretirse **5.** (FILM) estar en cartelera; (*Vorführung*) empezar **6.** (*Prozess, Bewerbung*) estar en trámite; (*Vertrag, Abkommen*) estar vigente; (*fam: Geschäft*) ir bien; **der Wagen läuft auf seinen Namen** el coche está a su nombre; **das läuft unter „Sonderausgaben"** esto se declara como "gastos especiales"; **die Sache ist ge~** (*fam*) se acabó **7.** (*ver~*) ir, correr; (*Fluss, Weg*) ir; **auf Rollen ~** tener ruedas; **auf Schienen ~** correr sobre vías; **ein Murmeln lief durch die Menge** un rumor corrió por la multitud; **es läuft mir eiskalt über den Rücken** me dan escalofríos **II.** *vt* **1.** *sein* (*Strecke*) recorrer; **Ski/Rollschuh/Schlittschuh ~** esquiar/patinar/patinar sobre hielo; **er ist Weltrekord ge~** hizo el récord mundial; **einen Umweg ~** dar un rodeo **2.** *haben:* **ich habe mir Blasen ge~** tengo ampollas de tanto andar **III.** *vunpers:* **in den Schuhen läuft es sich gut** se anda bien con estos zapatos

laufend I. *adj* corriente; **im ~en Jahr** en el año corriente; **am ~en Band** sin interrupción **II.** *adv* (*ständig*) continuamente; **auf dem L~en sein** estar al día; **jdn auf dem L~en halten** poner a alguien al corriente

laufen|lassen* *irr vt s.* **lassen**[2] **3.**

Läufer(in)[1] *m(f)* <-s, -; -nen> (SPORT) corredor(a) *m(f)*

Läufer[2] *m* <-s, -> **1.** (*Teppich*) alfombra *f* **2.** (*Schachfigur*) alfil *m* **3.** (TECH) rotor *m*

Lauffeuer *nt* <-s, -> fuego *m* devorador; **etw verbreitet sich wie ein ~** algo corre como un reguero de pólvora

läufig *adj* en celo, alunado *CRi*

Laufkundschaft *f* clientela *f* de paso; **Laufmasche** *f* carrera *f;* **Laufpass**[RR] *m:* **jdm den ~ geben** (*fam*) mandar a alguien a freír espárragos; **den ~ bekommen** ser despedido; **Laufschritt** *m:* **im ~** a paso ligero; **Laufstall** *m* parque *m;* **Laufsteg** *m* pasarela *f*

läuft *3. präs von* **laufen**

Laufwerk *nt* (INFOR) unidad *f;* **Laufzeit** *f* **1.** (FIN) plazo *m* **2.** (*von Verträgen*) duración *f*

Lauge *f* <-n> (*a.* CHEM) lejía *f*

Laune *f* <-n> **1.** (*Einfall*) capricho *m,* birria *f Kol;* **aus einer ~ heraus** por puro capricho **2.** (*Stimmung*) humor *m;* **schlechte/gute ~ haben** estar de mal/de buen humor; **jdn bei ~ halten** seguirle el humor a alguien; **seine ~n an jdm auslassen** descargar su mal humor en alguien

launenhaft *adj* caprichoso; (*Wetter*) variable

launig *adj* divertido

launisch *adj* (*abw*) caprichoso

Laus *f* <Läuse> piojo *m;* **ihm ist eine ~ über die Leber gelaufen** (*fam*) le ha picado una mosca

lauschen *vi* **1.** (*zuhören*) escuchar atentamente **2.** (*heimlich zuhören*) estar a la escucha; **er lauschte an der Tür** estuvo a la escucha en la puerta

lauschig *adj* acogedor
Lausebengel *m* (*fam*) pillo *m*
lausen *vt* despiojar
lausig *adj* (*fam*) **1.** (*abw: unangenehm*) miserable; ~ **spielen** jugar miserablemente **2.** (*abw: wenig*) ridículo **3.** (*groß*) tremendo; **eine ~e Kälte** un frío tremendo
laut I. *adj* **1.** (*allgemein*) alto; (*~ stark*) fuerte; **das Radio ~er stellen** poner la radio más alta; ~ **lesen/denken** leer/pensar en voz alta **2.** (*lärmerfüllt*) ruidoso; **er wird dann immer gleich** ~ siempre tiende a levantar la voz; **es wurden Beschwerden** ~ hubo quejas **II.** *präp +gen/dat* según, conforme (a)
Laut *m* <-(e)s, -e> sonido *m;* **keinen ~ von sich** *dat* **geben** no decir ni pío
Laute *f* <-n> (MUS) laúd *m*
lauten *vi* (*besagen*) decir; **gleich ~d** (*im Klang*) homófono; (*im Wortlaut*) idéntico *pl;* **dieser Paragraph lautet wörtlich: ...** este artículo dice literalmente: ...; **der Pass lautet auf den Namen ...** el pasaporte está expedido a nombre de...; **wie lautet ihr Name?** ¿cómo se llama?; **Ihr Auftrag lautet ...** su tarea consiste en...; **die Anklage lautet auf Erpressung** se le acusa de chantaje
läuten I. *vi* **1.** (*an der Tür*) tocar (el timbre) **2.** (*Telefon, Glocke*) sonar; **es hat geläutet** llaman (a la puerta); **von etw ~ hören** oír campanas y no saber dónde **II.** *vt* (*Glocken*) tocar
lauter *adj* **1.** (*geh: Mensch*) sincero **2.** *inv* (*nur*) sólo; (*viel(e)*) mucho(s); **vor ~ Kummer** de pura pena
läutern *vt* **1.** (*reinigen*) purificar **2.** (*bessern*) mejorar
Läuterung *f* <-en> depuración *f*
lauthals *adv* a grito pelado
Lautlehre *f ohne Pl* (LING) fonética *f*
lautlich *adj* fonético
lautlos I. *adj* silencioso **II.** *adv* sin ruido, en silencio
Lautschrift *f* (LING) transcripción *f* fonética
Lautsprecher *m* <-s, -> altavoz *m,* altoparlante *m Am;* **Lautsprecherbox** *f* bafle *m*
lautstark *adj* fuerte; (*heftig*) enérgico
Lautstärke *f* volumen *m;* **bei voller ~** a todo volumen; **Lautstärkeregler** *m* regulador *m* de volumen
lauwarm *adj* tibio
Lava *f* <Laven> (GEO) lava *f*
Lavendel *m* <-s, -> lavanda *f*
lavieren* *vt* **1.** (*a. fig* NAUT) bordear **2.** (KUNST) lavar
Lawine *f* <-n> alud *m,* avalancha *f;* **eine ~ ins Rollen bringen** desencadenar una avalancha; **Lawinengefahr** *f* peligro *m* de aludes
Lay-out[RR] *nt* <-s, -s>, **Layout** *nt* <-s, -s> (TYPO) composición *f*
Layouter(in) *m(f)* <-s, -; -nen> maquetista *mf*
Lazarett *nt* <-(e)s, -e> hospital *m* militar
LCD *Abk. von* **liquid crystal display** pantalla *f* de cristal líquido
leasen *vt* alquilar con opción de compra; **ein geleastes Auto** un coche adquirido por leasing
Leasing *nt* <-s, -s> (WIRTSCH) leasing *m*
Lebemann *m* (*abw*) vividor *m*
leben *vi, vt* vivir; **bei jdm ~** vivir en casa de alguien; **er hat nicht mehr lange zu ~** no le queda mucho tiempo de vida; **genug zum L~ haben** tener suficiente para vivir; **man lebt nur einmal!** ¡sólo se vive una vez!; **leb wohl!** ¡que te vaya bien!; **es lebe ...!** ¡viva...!; **allein ~** vivir solo; **er lebt über seine Verhältnisse** gasta más de lo que gana; **er lebt von seiner Rente** vive de su pensión; **damit kann ich ~** me las puedo apañar con eso; **damit muss ich ~** tengo que aceptarlo
Leben *nt* <-s, -> vida *f;* (*Existenz*) existencia *f;* (*Bewegtheit*) movimiento *m;* **etw ins ~ rufen** dar vida a algo; **am ~ sein** estar con vida; **das tue ich für mein ~ gern** me encanta hacerlo; **nie im ~** en mi vida; **es geht um ~ und Tod** es un asunto de vida o muerte; **der Mann/die Frau meines ~s** el hombre/la mujer de mi vida; **ums ~ kommen** morir; **mit dem ~ davonkommen** escapar con vida; **etw mit dem ~ bezahlen** pagar algo con la propia vida; **sich** *dat* **das ~ schwer machen** complicarse la vida; **sich mit Betteln durchs ~ schlagen** vivir de la limosna; **am ~ hängen** amar la vida; **um sein ~ laufen** correr para salvar el pellejo; **sich** *dat* **das ~ nehmen** quitarse la vida; **jdm das ~ retten** salvar la vida a alguien; **Geld oder ~!** ¡la bolsa o la vida!; **das öffentliche ~** la vida pública; **das ist wie im richtigen ~** esto parece tomado de la vida real; **~ in etw bringen** animar algo; **daran wird sie zeit ihres ~s denken** se acordará toda su vida
lebend *adj* vivo; **lebendgebärend** *adj s.* **gebären**
lebendig *adj* **1.** (*lebend*) vivo; **er ist mehr tot als ~** está más muerto que vivo; **~ begraben werden** ser enterrado vivo; **Szenen aus seiner Jugendzeit wurden wieder ~** los recuerdos de su juventud cobraron vida de nuevo **2.** (*lebhaft*) vivo, lleno de vida
Lebendigkeit *f ohne Pl* vivacidad *f*
Lebensabend *m* (*geh*) vejez *f;* **Lebensabschnitt** *m* período *m* de la vida; **Lebensalter** *nt* <-s, -> edad *f;* **Lebensaufgabe** *f* ta-

rea *f* de toda una vida; **sich** *dat* **etw zur ~ machen** dedicar su vida a algo; **Lebensbedingungen** *fPl* condiciones *fpl* de vida; **lebensbedrohend** *adj* muy peligroso; **Lebensdauer** *f* **1.** (*von Mensch*) vida *f* **2.** (*von Material, Maschine*) durabilidad *f;* **Lebensende** *nt ohne Pl* <-s> término *m* de la vida; **bis an mein ~** hasta el fin de mis días; **Lebenserfahrung** *f ohne Pl* experiencia *f* de la vida; **Lebenserwartung** *f ohne Pl* vida *f* media; **lebensfähig** *adj* viable; **Lebensform** *f* <-en> forma *f* de vida; **Lebensfreude** *f* <-n> alegría *f* de vivir; **lebensfroh** *adj* contento de la vida; **Lebensgefahr** *f ohne Pl* peligro *m* de muerte; **in ~ schweben** estar entre la vida y la muerte; **es besteht ~** existe peligro de muerte; **außer ~ sein** estar fuera de peligro; **lebensgefährlich I.** *adj* muy peligroso; (*Verletzung*) mortal **II.** *adv* con peligro de muerte; **~ verletzt sein** estar seriamente herido; **Lebensgefährte, -in** *m, f* compañero, -a *m, f* de vida; **Lebensgefühl** *nt* <-(e)s, -e> estado *m* de ánimo; **Lebensgemeinschaft** *f* **1.** (*Ehe*) vida *f* conyugal **2.** (*nichtehelich*) convivencia *f;* **lebensgroß** *adj* de tamaño natural

Lebenshaltungskosten *Pl* coste *m* de la vida

Lebensjahr *nt* año *m* (de vida); **im zwanzigsten ~** a los veinte años de edad; **mit vollendetem 18. ~** con dieciocho años cumplidos; **Lebenslage** *f* situación *f* de la vida; **in jeder ~** en todas las situaciones de la vida; **lebenslang** *adj* durante toda la vida, de por vida

lebenslänglich *adj* (*Strafe*) perpetuo; **„~" bekommen** ser condenado a cadena perpetua

Lebenslauf *m* <-(e)s, -läufe> currículum *m* vitae; **~ des beruflichen Werdegangs** el currículum profesional; **Lebenslust** *f ohne Pl* ganas *fpl* de vivir; **lebenslustig** *adj* vivo

Lebensmittel *ntPl* comestibles *mpl,* alimentos *mpl,* abarrotes *mpl Mex, Cuba;* **Lebensmittelallergie** *f* alergia *f* alimentaria; **Lebensmittelgeschäft** *nt* <-(e)s, -e> tienda *f* de comestibles, pulpería *f Am,* abarrote *m Cuba, Mex,* abarrotería *f Guat,* almacén *m CSur;* **Lebensmittelvergiftung** *f* (MED) intoxicación *f* alimenticia

lebensmüde *adj* cansado de la vida; **du bist wohl ~!** (*fam*) ¿pero es que quieres matarte?; **Lebensmut** *m* ánimo *m* para seguir viviendo; **Lebensraum** *m* <-(e)s, -räume> espacio *m* vital; (BIOL) biotopo *m;* **Lebensretter(in)** *m(f)* salvador(a) *m(f)* (de una vida); **Lebensstandard** *m* nivel *m* de vida; **Lebensstil** *m* estilo *m* de vida; **Lebensunterhalt** *m* subsistencia *f,* sustento *m;* **seinen ~ verdienen** ganarse la vida; **Lebensversicherung** *f* seguro *m* de vida; **Lebenswandel** *m* (modo *m* de) vida *f;* **einen zweifelhaften ~ führen** llevar una vida sospechosa; **Lebensweg** *m* vida *f;* **jdm alles Gute für den weiteren ~ wünschen** desear a alguien lo mejor para el futuro; **Lebensweise** *f* modo *m* de vivir; **Lebensweisheit** *f* <-en> máxima *f;* **Lebenswerk** *nt* <-(e)s, -e> obra *f* de la vida; **lebenswichtig** *adj* vital; (*Güter*) de primera necesidad; **Lebenszeichen** *nt* señal *f* de vida; **(k)ein ~ (von sich** *dat*) **geben** (no) dar señales de vida; **Lebenszeit** *f ohne Pl* (duración *f* de la) vida *f;* **er ist Beamter auf ~** es funcionario vitalicio

Leber *f* <-n> hígado *m;* **frisch von der ~ weg reden** (*fam*) hablar con toda franqueza; **Leberfleck** *m* lunar *m;* **Leberkäse** *m ohne Pl* <-s> (GASTR) paté *m* de carne horneada; **Leberpastete** *f* (paté *m* de) foiegras *m;* **Lebertran** *m ohne Pl* <-s> aceite *m* de hígado de bacalao; **Leberwert** *m* (MED) índice *m* hepático; **Leberwurst** *f* paté *m* de hígado; **die beleidigte ~ spielen** (*fam*) dárselas de ofendido

Lebewesen *nt* <-s, -> ser *m* vivo

Lebewohl *nt* <-(e)s, -s *o* -e> (*geh*) adiós *m;* **jdm ~ sagen** despedirse de alguien

lebhaft *adj* **1.** (*Mensch, Augen*) vivaz; (*Unterhaltung*) animado; (*Interesse, Temperament, Farbe*) vivo **2.** (*Verkehr, Handel*) intenso; **es geht ~ zu** hay una gran actividad **3.** (*klar, deutlich*) claro; **ich kann mich noch ~ daran erinnern, dass ...** aún puedo acordarme vivamente de que...

Lebhaftigkeit *f ohne Pl* viveza *f,* vivacidad *f*

Lebkuchen *m* pan *m* de especias

leblos *adj* sin vida, inanimado

Lebtag *m* (*fam*): **mein ~** toda mi vida; **mein ~ nicht** en mi vida; **Lebzeiten** *Pl:* **zu jds ~** en vida de alguien

lechzen *vi* (*geh*) ansiar (*nach*)

leck *adj* agujereado; (*Schiff*) que hace agua

Leck *nt* <-(e)s, -e> vía *f* de agua

lecken I. *vi* **1.** (*Gefäß*) perder agua **2.** (*Schiff*) hacer agua **II.** *vt* lamer; **sich** *dat* **die Finger nach etw** *dat* **~** (*fam*) chuparse los dedos por algo

lecker *adj* rico; **Leckerbissen** *m* exquisitez *f*

Leckerei *f* <-en> (GASTR) exquisitez *f;* (*süß*) golosina *f*

Leder *nt* <-s, -> **1.** (*Tierhaut*) cuero *m* **2.** (*fam: Fußball*) cuero *m;* **Lederhose** *f* pantalón *m* de cuero; **Lederjacke** *f* chaqueta *f* de cuero

ledern *adj* de cuero

Lederriemen *m* correa *f* de cuero, tiento *m Am;* **Lederwaren** *fPl* artículos *mpl* de cuero

ledig *adj* **1.** (*unverheiratet*) soltero **2.** (*geh: frei*) libre (+*gen* de)

lediglich *adv* sólo, únicamente

leer *adj* **1.** (*ohne Inhalt*) vacío; (*unbeschrieben*) en blanco; (*Zimmer*) no amueblado; **mit ~en Händen dastehen** encontrarse con las manos vacías; **den Teller ~ essen** vaciar el plato; **~ ausgehen** quedarse con las ganas; **mit ~em Magen** en ayunas **2.** (*nichts sagend*) vano

Leere *f ohne Pl* vacío *m;* (*Substanzlosigkeit*) vacuidad *f;* **es herrschte gähnende ~** no había ni un alma; **ins ~ starren** mirar al vacío

leeren I. *vt* (*Behälter*) vaciar; (*Glas*) apurar; (*Briefkasten*) recoger las cartas; **die Essensreste in den Mülleimer ~** echar los restos de comida a la basura **II.** *vr:* **sich ~** vaciarse

Leergut *nt ohne Pl* <-(e)s> envase *m* retornable, casco *m fam;* **Leerlauf** *m ohne Pl* <-(e)s> (*a. fig* AUTO) punto *m* muerto; **leerstehend** *adj s.* **stehend 3.**; **Leertaste** *f* espaciador *m*

Leerung *f* <-en> vaciado *m;* (*von Briefkästen*) recogida *f*

Lefze *f* <-n> belfo *m*

legal *adj* legal

legalisieren* *vt* legalizar

Legalität *f ohne Pl* legalidad *f;* **außerhalb der ~ liegen** estar al margen de la legalidad

Legastheniker(in) *m(f)* <-s, -; -nen> disléxico, -a *m, f*

legen I. *vt* **1.** (*allgemein*) poner; (*hin~*) colocar (horizontalmente); **das Buch auf den Tisch ~** poner el libro encima de la mesa; **er legte ihm den Arm um die Schultern** le echó el brazo por encima del hombro; **er legte die Stirn in Falten** frunció el ceño; **etw aus der Hand ~** soltar algo **2.** (*Fliesen*) poner; (*Leitungen*) instalar; (*Schienen, Minen*) colocar **3.** (*Feuer*) prender; (*Karten*) echar; (*Eier*) poner; **waschen und ~** (*Haare*) lavar y marcar **4.** (*Wend*): **jdm etw nahe ~** (*vorschlagen*) sugerir algo a alguien; (*empfehlen*) recomendar algo a alguien **II.** *vr:* **sich ~ 1.** (*sich hin~*) tenderse; **sich schlafen ~** acostarse; **sich in die Sonne ~** tenderse al sol; **sich ins Bett ~** acostarse; **sich auf den Bauch/auf den Rücken ~** ponerse boca abajo/boca arriba **2.** (*Lärm, Kälte*) disminuir; (*Zorn, Begeisterung*) amainar; (*Sturm*) calmarse **3.** (*befallen*) depositarse (*auf* en)

legendär *adj* legendario

Legende *f* <-n> leyenda *f*

leger *adj* desenvuelto

Leggings *Pl* leggings *mpl*

Legierung *f* <-en> aleación *f*

Legion *f* <-en> legión *f*

Legionär *m* <-s, -e> legionario *m*

Legislative *f* <-n> (POL) **1.** (*gesetzgebende Gewalt*) poder *m* legislativo **2.** (*Versammlung*) asamblea *f* legislativa

Legislaturperiode *f* legislatura *f*

legitim *adj* legítimo

Legitimation *f* <-en> **1.** (*Berechtigung*) legitimación *f* **2.** (*Erlaubnis*) autorización *f*

legitimieren* **I.** *vt* **1.** (*legitim erklären*) legitimar **2.** (*erlauben*) autorizar **II.** *vr:* **sich ~** identificarse

Legitimität *f ohne Pl* legitimidad *f*

Leguan *m* <-s, -e> (ZOOL) iguana *f,* basilisco *m Am*

Lehm *m* <-(e)s, -e> barro *m*

lehmig *adj* barroso

Lehne *f* <-n> apoyo *m;* (*Arm~*) brazo *m;* (*Rücken~*) respaldo *m*

lehnen I. *vi* estar apoyado (*an* en) **II.** *vt* apoyar (*an/gegen* en) **III.** *vr:* **sich ~** apoyarse (*an/gegen* en), arrimarse (*an/gegen* a); **er lehnt sich aus dem Fenster** se asoma por la ventana

Lehnstuhl *m* butaca *f*

Lehramt *nt* docencia *f,* carrera *f* docente; **auf ~ studieren** estudiar para ser profesor de enseñanza media; **Lehranstalt** *f* (*formal*) instituto *m* de enseñanza; **Lehrbeauftragte(r)** *mf* encargado, -a *m, f* de (un) curso; **Lehrberuf** *m* profesión *f* docente; **Lehrbuch** *nt* libro *m* de texto

Lehre *f* <-n> **1.** (*Ausbildung*) aprendizaje *m;* **in der ~ sein** estar de aprendiz **2.** (*Theorie*) teoría *f;* (*Wissenschaft*) ciencia *f;* (REL, PHILOS) doctrina *f* **3.** (*Erfahrung*) lección *f;* **eine ~ aus etw** *dat* **ziehen** sacar una conclusión de algo; **lass dir das eine ~ sein** que te sirva esto de lección **4.** (TECH) calibrador *m*

lehren *vt* (*beibringen*) enseñar; (*unterrichten*) instruir; (SCH, UNIV) dar clases (de); **er lehrt die Kinder das Malen** instruye a los niños en pintura; **die Geschichte lehrt uns, dass ...** la historia nos enseña que...

Lehrer(in) *m(f)* <-s, -; -nen> profesor(a) *m(f)*

Lehrfach *nt* asignatura *f;* **Lehrgang** *m* <-(e)s, -gänge> curso *m,* cursillo *m;* **er ist auf einem ~** está haciendo un cursillo

lehrhaft *adj* educativo; (*didaktisch*) didáctico

Lehrjahr *nt* año *m* de aprendizaje; **er ist im zweiten ~** está en el segundo año de aprendizaje; **Lehrkörper** *m* cuerpo *m* docente; **Lehrkraft** *f* profesor(a) *m(f)*

Lehrling *m* <-s, -e> aprendiz(a) *m(f),* cadete *mf CSur,* peón *m Mex*

Lehrmittel *ntPl* (SCH) material *m* didáctico; **Lehrplan** *m* plan *m* de estudios; **lehrreich**

adj instructivo; **Lehrsatz** *m* <-es, -sätze> teorema *m;* **Lehrstelle** *f* puesto *m* de aprendiz; **Lehrstoff** *m* <-(e)s, -e> materia *f* de enseñanza; **Lehrstuhl** *m* cátedra *f* (*für* de); **Lehrvertrag** *m* contrato *m* de aprendizaje; **Lehrzeit** *f* tiempo *m* de aprendizaje

Leib *m* <-(e)s, -er> (*geh*) **1.** (*Körper*) cuerpo *m;* **bei lebendigem ~e** en vivo; **etw am eigenen ~e erfahren** vivir algo en su propia piel; **jdm auf den ~ rücken** (*fam*) acosar a alguien; **mit ~ und Seele** con apasionamiento; **sich** *dat* **jdn vom ~e halten** (*fam*) mantener a alguien a distancia; **sich** *dat* **jdn vom ~e schaffen** (*fam*) quitarse de encima a alguien; **die Rolle ist ihr wie auf den ~ geschrieben** el papel le viene a la medida; **einer Aufgabe zu ~e rücken** poner manos a la obra **2.** (*Bauch*) vientre *m;* **Leibarzt, -ärztin** *m, f* médico, -a *m, f* de cámara

leiben *vi:* **wie er/sie leibt und lebt** tal como lo/la conocemos

Leibeskräfte *fPl:* **aus/nach ~n** a más no poder; **Leibesübungen** *fPl* (*formal*) (clase *f* de) deporte *m;* **Leibesvisitation** *f* <-en> cacheo *m*

Leibgarde *f* guardia *f* de corps; **Leibgericht** *nt* plato *m* favorito

leibhaftig *adj* en persona; **der L~e** el diablo

leiblich *adj* **1.** (*körperlich*) corporal, físico; **das ~e Wohl** el bienestar físico **2.** (*blutsverwandt*) carnal

Leibwächter(in) *m(f)* guardaespaldas *mf inv,* capanga *m CSur*

Leiche *f* <-n> cadáver *m;* **er geht über ~n** (*abw*) no tiene escrúpulos; **Leichenbegräbnis** *nt* entierro *m;* **Leichenbeschauer(in)** *m(f)* <-s, -; -nen> forense *mf;* **leichenblass**[RR] *adj* pálido como un muerto; **Leichenhalle** *f* depósito *m* de cadáveres; **Leichenschändung** *f* profanación *f* de cadáveres

Leichenschauhaus *nt* morgue *f,* afanaduría *f Mex*

Leichenschmaus *m* <-es, -schmäuse> convite *m* del funeral; **Leichenstarre** *f* rigidez *f* cadavérica; **Leichenverbrennung** *f* incineración *f* de cadáveres; **Leichenwagen** *m* coche *m* fúnebre; **Leichenzug** *m* <-(e)s, -züge> (*geh*) cortejo *m* fúnebre

Leichnam *m* <-s, -e> (*geh*) cadáver *m*

leicht I. *adj* **1.** (*an Gewicht*) ligero; **~ gekleidet sein** ir vestido con ropa ligera; **~e Kost** comida ligera; **etw ~en Herzens tun** hacer algo a la ligera **2.** (*unkompliziert*) fácil; (*einfach*) sencillo; **etw mit ~er Hand erledigen** efectuar algo con facilidad; **nichts ~er als das!** ¡nada más fácil! **3.** (*schwach*) leve; **ein ~er Regen** una lluvia fina **II.** *adv* **1.** (*schnell*) con facilidad; (*einfach*) fácil; **er ist ~ beleidigt** se ofende con facilidad; **~ zerbrechlich** muy frágil; **~ zu bedienen** de fácil manejo; **sich** *dat* **etw zu ~ machen** tomarse algo a la ligera; **das passiert mir so ~ nicht wieder** eso no me volverá a ocurrir con tanta facilidad; **so ~ kriegt ihr mich nicht** no me vais a pillar tan fácilmente; **du hast ~ reden** tú (bien) puedes hablar; **das ist ~er gesagt als getan** eso se dice pronto **2.** (*gering*) poco; **~ gesalzen** poco salado; **~ erkältet** levemente acatarrado

Leichtathlet(in) *m(f)* atleta *mf;* **Leichtathletik** *f ohne Pl* atletismo *m;* **leicht|fallen** *irr vi sein s.* **fallen 9.**; **leichtfertig** *adj* (*abw*) frívolo; (*unvorsichtig*) imprudente; (*gedankenlos*) temerario; (*unüberlegt*) irreflexivo; **etw ~ aufs Spiel setzen** poner algo en juego sin pensar; **Leichtgewicht** *nt* <-(e)s, -e> (SPORT) peso *m* ligero; **leichtgläubig** *adj* crédulo

Leichtigkeit *f ohne Pl* **1.** (*Gewicht*) poco peso *m* **2.** (*Mühelosigkeit*) facilidad *f;* **mit ~** con facilidad

leichtlebig *adj* frívolo; (*unbekümmert*) despreocupado

leicht|machen *vt s.* **machen I.4., II.1.**; **Leichtmetall** *nt* <-s, -e> metal *m* ligero; **leicht|nehmen** *irr vt s.* **nehmen 7.**; **Leichtsinn** *m ohne Pl* <-(e)s> (*Unvorsichtigkeit*) imprudencia *f;* (*Unbesonnenheit*) irreflexión *f;* **leichtsinnig I.** *adj* (*unverantwortlich*) irresponsable; (*sorglos*) despreocupado; (*unklug*) insensato **II.** *adv* sin cuidado; **~ mit etw** *dat* **umgehen** tratar algo sin cuidado; **leichtverdaulich** *adj s.* **verdaulich**; **leichtverderblich** *adj s.* **verderblich 1.**; **leichtverletzt** *adj s.* **verletzen I.1.**; **leichtverständlich** *adj s.* **verständlich**

leid *adv:* **ich bin es ~** (*fam*) estoy harto

Leid *nt ohne Pl* <-(e)s> **1.** (*Kummer*) pena *f;* (*Leiden*) sufrimiento *m;* **Freud und ~ miteinander teilen** compartir lo bueno y lo malo; **jdm sein ~ klagen** confiar a alguien sus penas **2.** (*Unglück*) desgracia *f;* (*Unrecht*) mal *m;* **jdm ein ~ zufügen** causar daño a alguien **3.** (*Wend*): **es tut mir ~, dass …** siento que… +*subj;* **tut mir ~!** ¡lo siento!; **er tut mir ~** me da pena; **das wird dir noch ~ tun** esto lo vas a sentir

leiden <leidet, litt, gelitten> **I.** *vi* sufrir (*an* de, *unter* con) **II.** *vt* (*erdulden*) sufrir; **Hunger ~** pasar hambre; **Not ~** vivir en la miseria; **ich kann sie (nicht) ~** (no) me cae bien; **das kann ich nicht ~!** ¡eso no me gusta!; **er kann es nicht ~, wenn …** no le gusta que… +*subj*

Leiden *nt* <-s, -> **1.** (*allgemein*) sufrimiento *m,* padecimiento *m;* (*Schmerz*) dolor *m*

2. (*Krankheit*) enfermedad *f,* maleza *f Nic*

Leidenschaft *f* <-en> **1.** (*emotional*) pasión *f* (*für* por) **2.** (*für Tätigkeit*) afición *f;* **Gärtner aus ~** jardinero por afición

leidenschaftlich I. *adj* apasionado; (*begeistert*) entusiasmado **II.** *adv* con pasión; **jdn ~ lieben** amar apasionadamente a alguien; **~ gern Fahrrad fahren** ser un ciclista apasionado

Leidensgenosse, -in *m, f* compañero, -a *m, f* de fatigas; **Leidensmiene** *f* cara *f* de pena; **eine ~ aufsetzen** poner cara de pena

leider *adv* por desgracia; **ich kann ~ nicht kommen** desgraciadamente no puedo ir; **~ Gottes!** ¡por desgracia!

leidig *adj* (*ärgerlich*) enojoso; (*lästig*) molesto; (*unangenhem*) desagradable; **das ~e Geld** el maldito dinero

Leidtragende(r) *mf* <-n, -n; -n> perjudicado, -a *m, f;* (*Opfer*) víctima *f*

leidvoll *adj* (*geh*) doloroso

Leidwesen *nt:* **zu meinem ~** muy a pesar mío

Leier *f* <-n> **1.** (MUS) lira *f* **2.** (*abw: Klage*) cantinela *f;* **es ist immer die alte ~** (*fam*) es siempre la misma canción; **Leierkasten** *m* (*fam*) organillo *m*

leiern *vt* (*fam: Gedichte*) recitar de carretilla

Leihbibliothek *f,* **Leihbücherei** *f* biblioteca *f* de préstamo

leihen <leiht, lieh, geliehen> *vt* **1.** (*aus~*) prestar; **kannst du mir 20 Mark ~?** ¿me puedes prestar 20 marcos? **2.** (*ent~*) tomar prestado (*von* de)

Leihfrist *f* plazo *m* de préstamo; **Leihgabe** *f* préstamo *m;* **Leihgebühr** *f* alquiler *m,* flete *m Am;* **Leihhaus** *nt* monte *m* de piedad, agencia *f Chil;* **Leihmutter** *f* <-mütter> madre *f* de alquiler; **Leihwagen** *m* coche *m* de alquiler

leihweise *adv* como préstamo

Leim *m* <-(e)s, -e> cola *f,* almidón *m Mex;* **aus dem ~ gehen** (*fam*) romperse; **auf den ~ gehen** (*fam*) caer en la trampa

leimen *vt* **1.** (*kleben*) encolar, pegar **2.** (*fam: hereinlegen*) engañar

Leine *f* <-n> cuerda *f;* (*Wäsche~*) cuerda *f* de tender; (*Hunde~*) correa *f;* **zieh ~!** (*fam*) ¡lárgate!

leinen *adj* de lino

Leinen *nt* <-s, -> **1.** (*Faser*) hilaza *f;* (*Gewebe*) lino *m;* **aus ~** de lino **2.** (*Bucheinband*) tela *f*

Leinsamen *m* <-s, -> linaza *f*

Leintuch *nt* <-(e)s, -tücher> (*reg*) sábana *f*

Leinwand[1] *f* <-wände> **1.** (*zum Malen*) lienzo *m* **2.** (FILM) pantalla *f*

Leinwand[2] *f ohne Pl* (*Gewebe*) tela *f* de lino

Leipzig *nt* <-s> Leipzig *m*

leise I. *adj* **1.** (*still*) silencioso; (*Radio, Stimme*) bajo; (*Geräusch, Schritt*) ligero; **bei der ~sten Berührung** con el menor roce **2.** (*in Andeutungen*) vago; **nicht die ~ste Ahnung haben** no tener ni la más remota idea **II.** *adv* **1.** (*still*) sin (hacer) ruido; (*mit ~r Stimme*) en voz baja; **sprich etwas ~r!** ¡habla un poco más bajo!; **das Radio ~r stellen** bajar la radio **2.** (*sanft*) suavemente

Leiste *f* <-n> **1.** (*Rand~*) filete *m;* (*Fuß~*) zócalo *m;* (*Zier~*) listel *m* **2.** (ANAT) ingle *f*

leisten *vt* **1.** (*tun, schaffen*) hacer; (*hervorbringen*) producir; **gute Arbeit ~** hacer un buen trabajo **2.** (*Maschine, Motor*) rendir **3.** (*Hilfe, Eid*) prestar; (*Zahlung*) efectuar; **eine Unterschrift ~** firmar algo; **jdm Gesellschaft ~** hacer compañía a alguien **4.** (*fam: sich gönnen*) comprar(se); **sich** *dat* **etw ~ können** poder permitirse algo **5.** (*Frechheit*) permitir(se); (*Fehler*) cometer

Leistenbruch *m* (MED) hernia *f* inguinal

Leistung[1] *f ohne Pl* (*Ausführung*) ejecución *f;* (*Bezahlung*) pago *m*

Leistung[2] *f* <-en> **1.** (SPORT: *das Geleistete*) rendimiento *m;* (*Arbeit*) trabajo *m;* (*Ergebnis*) resultado *m;* **eine große ~ vollbringen** conseguir un resultado excelente; **seine schulischen ~en haben nachgelassen** su rendimiento escolar ha disminuido; **die Bezahlung erfolgt nach ~** se paga a destajo **2.** (*von Maschine, Fabrik*) prestación *f;* (*von Motor*) potencia *f* **3.** (*Wirksamkeit*) eficacia *f* **4.** (*Betrag*) contribución *f*

Leistungsdruck *m ohne Pl* <-(e)s> estrés *m;* **hohem ~ ausgesetzt sein** tener mucho stress; **leistungsfähig** *adj* productivo; (*tüchtig*) eficiente; (*Motor*) potente; **Leistungsfähigkeit** *f ohne Pl* eficiencia *f;* (*von Motor*) potencia *f;* (*von Fabrik*) productividad *f;* **Leistungsgesellschaft** *f* <-en> sociedad *f* competitiva; **Leistungskurs** *m* (SCH) asignatura *f* principal, ≈optativa *f;* **Leistungsnachweis** *m* (SCH, UNIV) certificado *m;* **leistungsschwach** *adj* de bajo rendimiento; **Leistungssport** *m* deporte *m* de competición; **leistungsstark** *adj* potente; **Leistungsvermögen** *nt ohne Pl* <-s> (WIRTSCH) capacidad *f* de rendimiento

Leitartikel *m* <-s, -> (PUBL) editorial *m;* **Leitbild** *nt* ideal *m,* modelo *m*

leiten *vt* **1.** (*verantwortlich ~*) dirigir; (*Vorsitz haben*) presidir; (*Diskussion*) moderar **2.** (*führen*) llevar; (*um~*) desviar; **etw in die Wege ~** iniciar los trámites de algo; **sich von etw** *dat*/**jdm ~ lassen** dejarse llevar por algo/alguien **3.** (TECH, PHYS) conducir

leitend *adj* **1.** (*führend*) director, dirigente; **~e Position** cargo dirigente; **~er Angestellter** miembro de la directiva; **der ~e**

Gedanke la idea central **2.** (PHYS) conductor; **nicht ~** no conductor

Leiter(in)[1] *m(f)* <-s, -; -nen> director(a) *m(f);* (*Kurs~*) profesor(a) *m(f);* **kaufmännische/technische ~in** directora comercial/técnica; **der ~ der Diskussion** el moderador del debate

Leiter[2] *f* <-n> escalera *f;* (*Steh~*) escalera *f* de tijera; (*Tritt~*) escalerilla *f;* (*Strick~*) escala *f* de cuerda; **auf eine ~ steigen** subir a una escalera

Leiter[3] *m* <-s, -> (PHYS, TECH) conductor *m*

Leitfaden *m* manual *m;* **Leitfähigkeit** *f ohne Pl* (PHYS: *für Wärme*) conductibilidad *f;* (*für Strom*) conductividad *f;* **Leitgedanke** *m* idea *f* central; **Leithammel** *m* **1.** (*von Herde*) (carnero *m*) manso *m* **2.** (*abw: Anführer*) cabecilla *mf;* **Leitmotiv** *nt* leitmotiv *m;* **Leitplanke** *f* valla *f* protectora; **Leitsatz** *m* <-es, -sätze> principio *m;* **Leitspruch** *m* lema *m;* **Leitstelle** *f* central *f*

Leitung[1] *f* <-en> **1.** (*Rohr~*) tuberías *fpl;* (*Wasser~*) cañerías *fpl* **2.** (ELEK, TEL) línea *f;* (*Kabel*) cable *m;* **eine lange ~ haben** (*fam*) tener malas entendederas **3.** (*Führungsgruppe*) junta *f* directiva

Leitung[2] *f ohne Pl* (*Führung*) dirección *f;* (*Geschäfts~*) gerencia *f;* (*Vorsitz*) presidencia *f;* **unter der ~ von ...** bajo la dirección de...

Leitungskabel *nt* (ELEK) cable *m* conductor; **Leitungsrohr** *nt* <-(e)s, -e> tubo *m;* **Leitungswasser** *nt ohne Pl* <-s> agua *f* del grifo

Leitwährung *f* (WIRTSCH) dinero *m* patrón; **Leitzins** *m* (WIRTSCH) interés *m* básico

Lektion *f* <-en> lección *f;* **jdm eine ~ erteilen** dar una lección a alguien

Lektor(in) *m(f)* <-s, -en; -nen> (*Verlag, a.* SCH, UNIV) lector(a) *m(f)*

Lektorat *nt* <-(e)s, -e> (*Verlag, a.* SCH, UNIV) lectorado *m*

Lektüre *f ohne Pl* lectura *f*

Lende *f* <-n> **1.** (ANAT) región *f* lumbar **2.** (*beim Schlachtvieh*) lomo *m;* **Lendenschurz** *m* taparrabos *m inv;* **Lendenstück** *nt* (GASTR) solomillo *m*

lenkbar *adj* **1.** (*Gegenstände*) dirigible **2.** (*Menschen*) dócil

lenken *vt* **1.** (*Fahrzeug*) conducir, manejar *Am;* (*Schiff*) gobernar; (*Flugzeug*) pilotar **2.** (*führen*) dirigir; (*Staat*) gobernar **3.** (*steuern*) dirigir; (*in bestimmte Richtung*) encauzar; **ein Gespräch auf ein anderes Thema ~** llevar una conversación por otros derroteros; **die Aufmerksamkeit auf sich ~** dirigir la atención sobre sí mismo; **jds Blicke auf sich ~** atraer las miradas de alguien (sobre sí)

Lenker(in)[1] *m(f)* <-s, -; -nen> conductor(a) *m(f)*

Lenker[2] *m* <-s, -> (AUTO) volante *m;* (*am Fahrrad*) manillar *m,* manubrio *m Arg*

Lenkrad *nt* volante *m,* guía *f PRico;* **Lenkstange** *f* manillar *m*

Lenkung[1] *f* <-en> (AUTO) dirección *f*

Lenkung[2] *f ohne Pl* (*das Lenken*) manejo *m;* (*eines Staates*) gobierno *m*

Lenz *m* <-es, -e> (*geh*) primavera *f;* **sich** *dat* **einen schönen ~ machen** (*fam abw*) no dar palo (al agua)

Leopard *m* <-en, -en> (ZOOL) leopardo *m*

Lepra *f ohne Pl* lepra *f;* **Leprakranke(r)** *mf* leproso, -a *m, f*

lepros *adj,* **leprös** *adj* leproso

Lerche *f* <-n> (ZOOL) alondra *f*

lernbegierig *adj* aplicado; **lernbehindert** *adj* impedido para aprender; **Lerneifer** *m* aplicación *f*

lernen I. *vi* **1.** (*Erfahrung sammeln*) aprender (*aus* de) **2.** (*Wissen aneignen*) estudiar; **ich muss noch für die Prüfung ~** aún tengo que estudiar para el examen **II.** *vt* **1.** (*Fertigkeit*) aprender (*von* de); **Schreibmaschine/Spanisch ~** aprender mecanografía/español; **etw auswendig ~** aprender algo de memoria; **schwimmen/tanzen ~** aprender a nadar/a bailar; **gelernt ist gelernt** lo aprendido queda para siempre; **das will gelernt sein!** ¡espera que lo aprendas!; **von dem kannst du noch etwas ~** éste te puede servir de ejemplo; **der wird's nie ~!** ¡no aprenderá en la vida! **2.** (*Beruf, Handwerk*) aprender (para); (*einzelner Beruf*) estudiar (para)

lernfähig *adj* capaz de aprender

Lernprogramm *nt* (INFOR) programa *m* tutor; **Lernprozess**[RR] *m* proceso *m* de aprendizaje; **Lernziel** *nt* objetivo *m* del aprendizaje

Lesart *f* <-en> **1.** (*Fassung*) versión *f;* (*andere ~*) variante *f* **2.** (*Deutung*) versión *f*

lesbar *adj* legible

Lesbe *f* <-n> lesbiana *f,* tortillera *f fam*

lesbisch *adj* lesbio

Lese *f* <-n> cosecha *f;* (*Wein~*) vendimia *f*

Lesebrille *f* gafas *fpl* para leer; **Lesebuch** *nt* libro *m* de lectura; **Lesegerät** *nt* <-(e)s, -e> (INFOR) dispositivo *m* de lectura; **Leselampe** *f* lámpara *f* para lectura

lesen <liest, las, gelesen> **I.** *vi* **1.** (*allgemein*) leer; **fließend ~** leer de corrido; **jdm aus der Hand ~** leer(le) a alguien la mano **2.** (UNIV) dar clase (*über* de) **II.** *vt* **1.** (*allgemein*) leer; (*Messe*) celebrar; **Zeitung ~** leer el periódico; **in der Zeitung ist zu ~, dass ...** en el periódico pone que...; **jds Gedanken ~** leer el pensamiento de alguien **2.** (*ernten*) (re)coger; **Trauben ~** vendimiar

lesenswert *adj* digno de leer

Leser(in) *m(f)* <-s, -; -nen> lector(a) *m(f)*
Leseratte *f* (*fam*) ratón *m* de biblioteca
Leserbrief *m* carta *f* al director; **Leserkreis** *m* círculo *m* de lectores
leserlich *adj* legible; **gut ~e Schrift** letra clara
Leserschaft *f* <-en> lectores *mpl*
Lesesaal *m* sala *f* de lectura; **Lesestoff** *m* <-(e)s, -e> lectura *f*; **Lesezeichen** *nt* <-s, -> señal *f* de lectura; (INFOR) marca *f*; **Lesezirkel** *m* círculo *m* de lectores
Lesung *f* <-en> (*a.* POL) lectura *f*
Lette, -in *m, f* <-n, -n; -nen> letón, -ona *m, f*
Letter *f* <-n> **1.** (*Druckbuchstabe*) letra *f* de molde **2.** (TYPO) tipo *m* (de imprenta)
lettisch *adj* letón
Lettland *nt* <-s> Letonia *f*
Letzt *f*: **zu guter ~** por último
letzte(r, s) *adj* **1.** (*in Reihenfolge*) último; (*abschließend*) final; **L~r werden** quedar el último; **als L~r ankommen/weggehen/fertig werden** llegar/salir/terminar el último; **auf dem ~n Platz liegen** estar en último lugar; **du bist der L~, dem ich es sagen würde** eres el último a quien se lo diría; **der L~ des Monats** el último día del mes; **den L~n beißen die Hunde** (*prov*) a los últimos les toca la peor parte; **die L~n werden die Ersten sein** (*prov*) los últimos serán los primeros **2.** (*äußerste, neueste, zeitlich*) último; **in ~r Zeit** últimamente; **der ~ Schrei** (*fig*) el último grito; **bis aufs L~** totalmente; **etw bis ins L~ kennen** conocer algo como la palma de la mano; **bis zum L~n gehen** dar lo máximo **3.** (*schlecht*) peor; **das ist doch das L~!** (*fam*) ¡es lo último!
letztendlich *adv* a fin de cuentas, finalmente
letztens *adv* **1.** (*kürzlich*) hace poco (tiempo) **2.** (*zum Schluss*) por último; **drittens und ~** tercero y último
letztlich *adv* por último
letztmalig **I.** *adj* último **II.** *adv* por última vez
Leuchtboje *f* (NAUT) boya *f* luminosa
Leuchte *f* <-n> **1.** (*Lampe*) lámpara *f* **2.** (*fam: kluger Mensch*) lumbrera *f*
leuchten *vi* **1.** (*Licht geben*) dar luz; (*Lampe*) estar encendido **2.** (*erhellen*) iluminar; (*be~*) alumbrar (*in*); **leuchte hierher!** ¡ilumina aquí!; **leuchte einmal (mit der Lampe) in die Ecke** alumbra el rincón (con la lámpara) **3.** (*glänzen*) resplandecer; (*strahlen*) brillar; (*Farbe*) ser brillante
leuchtend *adj* luminoso; (*glänzend*) brillante; (*strahlend*) radiante; **ein ~es Beispiel** un ejemplo magnífico
Leuchter *m* <-s, -> (*Kerzen~*) candelabro *m*; (*Kron~*) araña *f*
Leuchtfarbe *f* color *m* fosforescente; **Leuchtfeuer** *nt* <-s, -> fanal *m*; **Leuchtkäfer** *m* (ZOOL) luciérnaga *f*, cocuyo *m Am*; **Leuchtkraft** *f ohne Pl* luminosidad *f*; **Leuchtrakete** *f* cohete *m* de señalización; **Leuchtreklame** *f* anuncio *m* luminoso; **Leuchtschrift** *f* letra *f* luminosa; **Leuchtsignal** *nt* señal *f* luminosa; **Leuchtturm** *m* faro *m*; **Leuchtziffernblatt** *nt* esfera *f* luminosa
leugnen *vi, vt* negar; **es ist nicht zu ~, dass ...** no se puede negar que...
Leukämie *f* <-n> (MED) leucemia *f*
Leumund *m ohne Pl* <-e(s)> reputación *f*
Leute *Pl* gente *f*; **arme/reiche ~** gente pobre/rica; **es waren kaum ~ da** no había casi nadie; **es waren ungefähr 30 ~ da** había unas 30 personas; **etw unter die ~ bringen** (*fam*) divulgar algo; **du solltest mal wieder unter die ~ gehen** deberías tratar con gente; **ich kenne meine ~** conozco a mi gente; **die kleinen ~** la gente de la calle; **was sollen die ~ denken?** (*fam*) ¿qué va a pensar la gente?
Leutnant *m* <-s, -s> (MIL) subteniente *m*
leutselig *adj* campechano
Level *m* <-s, -s> (*geh*) rango *m*, nivel *m*
Leviten *Pl* (*fam*): **jdm die ~ lesen** cantar a alguien las cuarenta
Lexika *Pl von* **Lexikon**
lexikalisch *adj* **1.** (*das Lexikon betreffend*) enciclopédico **2.** (LING) lexicológico
Lexikon *nt* <-s, Lexika *o* Lexiken> enciclopedia *f*; **ein wandelndes ~ sein** ser una enciclopedia viviente
lfd. *Abk. von* **laufend** en curso
Liaison *f* <-s> **1.** (*geh: Liebesverhältnis*) lío *m* (amoroso) **2.** (LING) enlace *m*
Liane *f* <-n> (BOT) liana *f*
Libanese, -in *m, f* <-n, -n; -nen> libanés, -esa *m, f*
libanesisch *adj* libanés
Libanon *m* <-s> (el) Líbano *m*
Libelle *f* <-n> **1.** (ZOOL) libélula *f*, aguacil *m CSur* **2.** (*an Wasserwaage*) nivel *m* de burbuja
liberal *adj* liberal
liberalisieren* *vt* liberalizar
Liberalisierung *f* <-en> liberalización *f*
Liberalismus *m ohne Pl* <-> liberalismo *m*
Liberia *nt* <-s> Liberia *f*
Liberianer(in) *m(f)* <-s, -; -nen> liberiano, -a *m, f*
liberianisch *adj* liberiano
Libero *m* <-s, -s> (*Fußball*) líbero *m*
Libido *f ohne Pl* (PSYCH) libido *f*
Libyen *nt* <-s> Libia *f*
Libyer(in) *m(f)* <-s, -; -nen> libio, -a *m, f*
libysch *adj* libio
licht *adj* **1.** (*geh: hell*) claro, luminoso; **am**

L

~en Tag (*geh*) en pleno día **2.** (*Haar*) ralo **3.** (TECH) interior

Licht *nt* <-(e)s, -er> luz *f;* **das ~ anmachen/ausmachen** encender/apagar la luz; **das ~ der Welt erblicken** (*geh*) venir al mundo, ver la luz; **das ~ der Öffentlichkeit scheuen** evitar la publicidad; **sein ~ unter den Scheffel stellen** quitarse méritos; **~ in eine Sache bringen** aclarar un asunto; **etw ans ~ bringen** sacar algo a la luz; **für etw grünes ~ geben** (*fig*) dar luz verde a algo, dar el okey a algo *Am;* **etw ins rechte ~ rücken** poner algo de relieve; **so erscheint die Sache in einem (ganz) anderen ~** viéndolo de esta manera la cosa cambia mucho; **jdn hinters ~ führen** engañar a alguien; **das ewige ~** (REL) la luminaria; **Lichtanlage** *f* (ELEK) instalación *f* del alumbrado; **Lichtbild** *nt* (*formal*) foto(grafía) *f;* **Lichtblick** *m* <-(e)s, -e> rayo *m* de esperanza; **lichtdurchlässig** *adj* transparente; **Lichteffekt** *m* (PHYS) efecto *m* de la luz; **Lichteinwirkung** *f* (PHYS, TECH) influjo *m* de la luz; **lichtempfindlich** *adj* **1.** (*Haut*) sensible a la luz **2.** (FOTO) fotosensible

lichten **I.** *vt* **1.** (*Wald*) aclarar **2.** (NAUT): **die Anker ~** levar anclas **II.** *vr:* **sich ~** (*Nebel, Wolken*) disiparse; (*Bestände*) disminuir; (*Haare*) ralear; (*Angelegenheit*) aclarar; **die Reihen ~ sich** las filas se ven diezmadas

Lichterkette *f* (POL) *cadena humana con velas en signo de protesta*

lichterloh *adv:* **~ brennen** arder en llamas

Lichtermeer *nt* mar *m* de luces

Lichtgeschwindigkeit *f ohne Pl* velocidad *f* de la luz; **Lichthupe** *f* avisador *m* luminoso; **Lichtjahr** *nt* (ASTR) año *m* luz; **Lichtmaschine** *f* (AUTO) dínamo *f;* **Lichtmast** *m* <-(e)s, -en> poste *m* de la luz

LichtmessRR *ohne art inv,* **Lichtmeß** *ohne art inv* (REL) (fiesta *f* de la) candelaria *f*

Lichtorgel *f* batería *f* (de luces); **Lichtquelle** *f* fuente *f* de luz; **Lichtreklame** *f* publicidad *f* luminosa; **Lichtschacht** *m* pozo *m* de luz; **Lichtschalter** *m* interruptor *m* de la luz; **Lichtschranke** *f* barrera *f* de luz

Lichtschutzfaktor *m* factor *m* de protección solar

Lichtstärke *f* (PHYS) intensidad *f* de la luz; **Lichtstrahl** *m* rayo *m* de luz; **lichtundurchlässig** *adj* (PHYS) opaco

Lichtung *f* <-en> (*im Wald*) calvero *m,* abra *f CSur, Mex,* abierto *m Kol*

Lichtverhältnisse *ntPl* condiciones *fpl* luminosas

Lid *nt* <-(e)s, -er> párpado *m;* **Lidschatten** *m* sombra *f* de ojos; **Lidstrich** *m* <-(e)s, -e> raya *f* con el lápiz de ojos

lieb *adj* **1.** (*geliebt*) querido; **~e Maria/Frau X** querida María/señora X; **mein L~es** cariño mío; **das ~e Geld** el maldito dinero; **jdn ~ gewinnen/haben** tomarle/tenerle cariño a alguien **2.** (*liebenswürdig*) amable; (*nett*) simpático; **viele ~e Grüße sendet dir ...** muchos saludos cariñosos te manda... **3.** (*brav*) bueno; **sei so ~ und mach das Fenster auf!** ¡sé bueno y abre la ventana! **4.** (*angenehm*) agradable; **es wäre mir ~, wenn ...** me gustaría que... *+subj;* **am ~sten würde ich jetzt schwimmen gehen** lo que más me gustaría hacer ahora sería ir a nadar; **den ~en langen Tag** (*fam*) todo el santo día

liebäugeln *vi:* **mit etw** *dat* **~** acariciar la idea de *+inf*

Liebe *f ohne Pl* (*allgemein*) amor *m;* (*Zuneigung*) cariño *m;* **aus ~ zu ...** por amor a...; **in ~** con cariño; **~ auf den ersten Blick** amor a primera vista; **bei aller ~, aber ...** sintiéndolo mucho, pero...; **~ macht blind** el amor es ciego; **käufliche ~** amor que se compra; **mit jdm ~ machen** (*fam*) hacer el amor con alguien

Liebelei *f* <-en> flirteo *m*

lieben *vt* **1.** (*Liebe empfinden*) querer; **viel geliebt** muy querido; **was sich liebt, das neckt sich** (*prov*) porque te quiero te aporreo **2.** (*Geschlechtsverkehr haben*) hacer el amor (con) **3.** (*mögen*) gustar; **sie liebt es nicht, wenn ...** no le gusta que... *+subj*

Liebende(r) *mf* <-n, -n; -n> amante *mf*

liebenswert *adj* simpático; (*bezaubernd*) encantador; **liebenswürdig** *adj* amable; **(das ist) sehr ~ (von Ihnen)** (es) muy amable (de su parte); **wären Sie so ~ und ...?** ¿sería tan amable de *+inf*?

Liebenswürdigkeit *f* <-en> amabilidad *f;* **würden Sie die ~ haben mir zu helfen?** ¿tendría Ud. la amabilidad de ayudarme?; **sie ist die ~ in Person** es la amabilidad en persona

lieber *adv kompar von* **gern**: **mir wäre es ~, du würdest bleiben** preferiría que te quedaras; **ich schweige ~** prefiero callarme; **nichts ~ als das!** ¡con muchísimo gusto!

Liebesaffäre *f* amorío *m;* **Liebesbeziehung** *f* relación *f* amorosa; **Liebesbrief** *m* carta *f* de amor; **Liebeserklärung** *f* declaración *f* de amor; **jdm eine ~ machen** declarar(le) a alguien su amor; **Liebesfilm** *m* <-(e)s, -e> película *f* de amor; **Liebesgeschichte** *f* <-n> historia *f* de amor; **Liebeskummer** *m* mal *m* de amores; **Liebesleben** *nt ohne Pl* <-s> vida *f* amorosa; **Liebeslied** *nt* canción *f* de amor; **Liebespaar** *nt* (pareja *f* de) enamorados *mpl,* novios *mpl;* **Liebesroman** *m* novela *f* de amor, novela *f* rosa *abw*

liebevoll I. *adj* (*zärtlich*) cariñoso, amoroso *Am* II. *adv* (*sorgfältig*) con amor, con cariño

lieb|gewinnen* *irr vt s.* **lieb 1.**; **lieb|haben** *irr vt s.* **lieb 1.**

Liebhaber(in) *m(f)* <-s, -; -nen> amante *mf*

Liebhaberei *f* <-en> afición *f*; **aus (reiner)** ~ por (el mero) gusto

Liebhaberwert *m ohne Pl* <-(e)s> valor *m* entre aficionados

liebkosen* *vt* (*geh*) acariciar

Liebkosung *f* <-en> caricia *f*, ayuyunes *mpl Chil*

lieblich *adj* (*Duft*) suave; (*Landschaft*) ameno; (*Wein*) dulce

Liebling *m* <-s, -e> **1.** (*Kosewort*) cariño, -a *m, f*, negro, -a *m, f Arg*, ñato, -a *m, f Bol* **2.** (*bevorzugter Mensch*) favorito, -a *m, f*; **Lieblingsbeschäftigung** *f* ocupación *f* favorita

lieblos *adj* (*ohne Liebe, Sorgfalt*) poco cariñoso; (*gefühllos*) insensible

Lieblosigkeit *f* <-en> falta *f* de cariño; (*Gefühllosigkeit*) insensibilidad *f*; (*Härte*) dureza *f*

Liebschaft *f* <-en> amorío *m*

liebste(r, s) *adj* (muy) querido, queridísimo; **mein ~r Freund** mi querido amigo

Liebste(r) *mf* <-n, -n; -n> querido, -a *m, f*

liebsten *superl von* **gern**: **am ~ würde ich hier bleiben** lo que más me gustaría sería quedarme aquí

Liebstöckel *m o nt* <-s, -> (BOT) levística *f*

Liechtenstein *nt* <-s> Liechtenstein *m*

Liechtensteiner(in) *m(f)* <-s, -; -nen> ciudadano, -a *m, f* de Liechtenstein

Lied *nt* <-(e)s, -er> canción *f*; **es ist immer das alte ~ mit ihm** (*fam*) ya está otra vez con la misma canción; **davon kann ich ein ~ singen** (*fam*) lo sé de sobra; **Liederbuch** *nt* <-(e)s, -bücher> cancionero *m*

liederlich *adj* **1.** (*unordentlich*) desordenado; (*nachlässig*) descuidado, chancho *Am* **2.** (*abw: unmoralisch*) licencioso

Liedermacher(in) *m(f)* <-s, -; -nen> cantautor(a) *m(f)*

lief *3. imp von* **laufen**

Lieferant(in) *m(f)* <-en, -en; -nen> proveedor(a) *m(f)*

lieferbar *adj* disponible, suministrable

Lieferbedingungen *fPl* condiciones *fpl* de entrega; **Lieferfrist** *f* plazo *m* de entrega

liefern *vt* **1.** (*zustellen*) entregar; (*be~*) suministrar; **die bestellte Ware frei Haus ~** entregar el pedido a domicilio sin recargo **2.** (*erzeugen*) producir; **für etw Beweise ~** aportar pruebas de algo; **ich bin geliefert** (*fam*) estoy perdido

Lieferschein *m* <-(e)s, -e> (COM) albarán *m* de entrega

Lieferung *f* <-en> **1.** (*das Liefern*) entrega *f*; (*das Beliefern*) suministro *m* **2.** (*Ware*) envío *m*

Lieferwagen *m* camioneta *f*

Liege *f* <-n> **1.** (*Garten~*) tumbona *f* **2.** (*im Liegewagen*) litera *f*

liegen <liegt, lag, gelegen> *vi haben o sein* **1.** (*Person*) estar acostado, estar tumbado; **hart/weich ~** estar acostado sobre una superficie dura/blanda; **im Bett ~** estar (tumbado) en la cama; **auf dem Rücken/auf dem Bauch ~** estar boca arriba/boca abajo; **er liegt ihr zu Füßen** está a sus pies; **die Römer aßen im L~** los romanos comían tumbados **2.** (*sich befinden*) estar; (*Zimmer*) dar (a); **das Buch liegt auf dem Tisch** el libro está en la mesa; **wo liegt Durango?** ¿dónde se encuentra Durango?; **an der Elbe ~** estar a orillas del Elba; **das Zimmer liegt nach Süden** la habitación da al sur; **das liegt auf dem Weg** está de camino; **der Ort liegt sehr idyllisch** el lugar está situado en un paraje idílico; **es lag kein Schnee** no había nieve; **der Unterschied liegt darin, dass ...** la diferencia está en que...; **das Essen liegt mir schwer im Magen** la comida se me ha asentado en el estómago; **die Preise ~ zwischen 50 und 70 Mark** los precios andan entre 50 y 70 marcos; **die Betonung liegt auf der letzten Silbe** la entonación recae en la última sílaba; **die Prüfung liegt noch vor mir** aún tengo el examen por delante; **das lag nicht in meiner Absicht** no era mi intención **3.** (*zusagen*) gustar; (*interessieren*) interesar; **Englisch liegt mir nicht** el inglés no me va; **es liegt mir viel/nichts daran** me importa mucho/no me importa nada **4.** (*abhängen*) depender (*an/bei* de); **die Entscheidung liegt bei euch** la decisión es vuestra; **an wem liegt das?** ¿quién es el/la responsable? **5.** (*begründet sein*) ser debido (*an* a); **woran liegt es?** ¿a qué se debe?; **an mir soll's nicht ~** por mí que no quede; **so wie die Dinge ~ ...** en estas circunstancias...; **nahe ~** ser de suponer; **es liegt nahe, dass sie uns besuchen kommt** es de suponer que vendrá a visitarnos; **nahe ~d sein** estar claro

liegen|bleiben *irr vi sein s.* **bleiben 2.**

liegen|lassen *irr vt s.* **lassen² 3.**

Liegenschaften *fPl* (JUR) bienes *mpl* inmuebles

Liegesitz *m* asiento *m* reclinable; **Liegestuhl** *m* tumbona *f*

Liegestütz *m* <-es, -e> flexión *f*

Liegewagen *m* (EISENB) coche *m* litera

lieh *3. imp von* **leihen**

ließ *3. imp von* **lassen**

liest *3. präs von* **lesen**

Lift *m* <-(e)s, -e *o* -s> **1.** (*Fahrstuhl*) ascensor *m* **2.** (*Ski~*) telesquí *m;* (*Sessel~*) telesilla *m*

liften **I.** *vi sein* subir en telesquí **II.** *vt* **1.** (MED) hacer el estirado (de), hacer un lifting (de) **2.** (TECH) subir

Liga *f* <Ligen> **1.** (POL) liga *f* **2.** (SPORT) división *f*

light *adj* (GASTR) ligero; **Lightprodukt** *nt* (GASTR) producto *m* bajo en calorías

Likör *m* <-s, -e> licor *m*

lila *adj* (*hell*) lila; (*dunkel*) morado

Lilie *f* <-n> (BOT) lirio *m;* (*weiße*) azucena *f*

Liliputaner(in) *m(f)* <-s, -; -nen> liliputiense *mf*

Limit *nt* <-s, -s *o* -e> límite *m;* **jdm ein ~ setzen** poner un límite a alguien

limitieren* *vt* limitar

Limonade *f* <-n> limonada *f*

Limousine *f* <-n> limusina *f*

Linde *f* <-n> tilo *m*

Lindenblütentee *m* tila *f*

lindern *vt* aliviar

Linderung *f ohne Pl* alivio *m*

Lineal *nt* <-s, -e> regla *f*

linear *adj* lineal

Linguist(in) *m(f)* <-en, -en; -nen> lingüista *mf*

Linguistik *f ohne Pl* lingüística *f*

linguistisch *adj* lingüístico

Linie *f* <-n> línea *f;* **~n ziehen** trazar líneas; **gestrichelte ~** línea punteada; **eine politische ~ verfolgen** seguir una línea política; **in vorderster ~ stehen/kämpfen** estar/luchar en primera línea; **in erster ~** en primer lugar; **auf der ganzen ~** en toda la línea; **auf die schlanke ~ achten** guardar la línea; **Linienbus** *m* autobús *m* de línea; **Linienflug** *m* vuelo *m* regular; **Linienrichter(in)** *m(f)* (SPORT) juez(a) *m(f)* de línea

lini(i)ert *adj* con líneas

link *adj* (*fam*) engañoso

linke(r, s) *adj* **1.** (*räumlich*) izquierdo; **die ~ Seite/Hand** el lado izquierdo/la mano izquierda; **~r Hand** a mano izquierda; **zwei ~ Hände haben** (*fam*) ser un manazas **2.** (POL) de izquierda(s)

Linke *f* <-n> **1.** (*Boxen*) izquierda *f* **2.** (POL) izquierda *f;* **die extreme ~** la extrema izquierda; **die gemäßigte ~** la izquierda moderada **3.** (*Hand*) (mano *f*) izquierda *f;* **zu seiner ~n** a su izquierda

linken *vt* (*fam*) engañar

linkisch *adj* (*abw*) torpe, desmañado

links **I.** *adv* a la izquierda; **~ davon** a la izquierda; **nach ~** hacia la izquierda; **von ~ kommen** venir por la izquierda; **oben/unten ~** arriba/abajo a la izquierda; **von ~ nach rechts** de izquierda a derecha; **sich ~ halten/einordnen** mantenerse a su izquierda/situarse en el carril izquierdo; **~ um!** (MIL) ¡izquierda!; **~ stricken** hacer punto del revés; **~ stehen** (POL) ser de izquierdas; **~ wählen** votar a la izquierda; **~ schreiben** escribir con la (mano) izquierda; **etw mit ~ machen** (*fam*) hacer algo con los ojos cerrados; **jdn ~ liegen lassen** hacer caso omiso de alguien **II.** *präp +gen* a la izquierda de

Linksaußen *m* <-, -> (SPORT) extremo *m* izquierda

linksbündig *adj* (INFOR, TYPO) justificado a la izquierda; **Linksextremist(in)** *m(f)* (POL) extremista *mf* de izquierda; **linksextremistisch** *adj* (POL) de la extrema izquierda; **linksgerichtet** *adj* (POL) izquierdista

Linkshänder(in) *m(f)* <-s, -; -nen> zurdo, -a *m, f*

linkshändig *adj* zurdo

Linkskurve *f* <-n> curva *f* a la izquierda

linksradikal *adj* (POL) extremista de izquierdas

linksseitig *adj* del lado izquierdo, a la izquierda

Linksverkehr *m ohne Pl* <-(e)s> circulación *f* por la izquierda

Linoleum *nt ohne Pl* <-s> linóleo *m;* (*Bodenbelag*) sintasol® *m*

Linolschnitt[1] *m ohne Pl* <-(e)s> (*Technik*) (técnica *f* del) linóleo *m*

Linolschnitt[2] *m* <-(e)s, -e> (*Abzug*) grabado *m* en linóleo

Linse *f* <-n> **1.** (BOT, GASTR) lenteja *f* **2.** (*Optik*) lente *m o f*

Lipgloss[RR] *m* <-, -> brillo *m* de labios

Lippe *f* <-n> labio *m;* **er bringt kein Wort über die ~n** es de pocas palabras; **an jds ~n hängen** estar absorto escuchando a alguien; **jdm jeden Wunsch von den ~n ablesen** leerle a alguien los deseos en la cara; **Lippenbekenntnis** *nt* (*abw*) declaración *f* falsa; **ein ~ ablegen** decir algo de dientes afuera; **Lippenkonturenstift** *m* <-(e)s, -e> delineador *m* de labios; **Lippenstift** *m* <-(e)s, -e> barra *f* de labios

liquid(e) *adj* **1.** (WIRTSCH: *verfügbar*) líquido **2.** (WIRTSCH: *zahlungsfähig*) solvente **3.** (CHEM, LING) líquido

liquidieren* *vt* (*a.* WIRTSCH) liquidar

Liquidität *f ohne Pl* (WIRTSCH) liquidez *f*

lispeln *vi* cecear

Lissabon *nt* <-s> Lisboa *f*

List[1] *f* <-en> (*Trick*) artimaña *f*

List[2] *f ohne Pl* (*Wesensart*) astucia *f;* **mit ~ und Tücke** (*fam*) con todas las mañas posibles

Liste *f* <-n> lista *f;* **auf einer ~ stehen** figurar en una lista; **jdn auf die schwarze ~ setzen** (*fam*) poner a alguien en la lista negra

listig *adj* astuto

Litanei *f* <-en> (*a.* REL) letanía *f;* **immer dieselbe ~** (*abw*) el estribillo de siempre

Litauen *nt* <-s> Lituania *f*

Litauer(in) *m(f)* <-s, -; -nen> lituano, -a *m, f*

litauisch *adj* lituano

Liter *m o nt* <-s, -> litro *m;* **zwei ~ Milch** dos litros de leche

literarisch *adj* literario

Literat(in) *m(f)* <-en, -en; -nen> literato, -a *m, f*

Literatur *f* <-en> literatura *f;* **Literaturangaben** *fPl* notas *fpl* bibliográficas; **Literaturkritik** *f ohne Pl* crítica *f* literaria; **Literaturpreis** *m* premio *m* de literatura; **Literaturwissenschaft** *f* ciencia *f* de la literatura; **literaturwissenschaftlich** *adj* relativo a la ciencia de la literatura

Litfaßsäule *f* columna *f* de anuncios

Lithografie[RR] *f* <-n>, **Lithographie** *f* <-n> litografía *f*

litt *3. imp von* **leiden**

Liturgie *f* <-n> (REL) liturgia *f*

liturgisch *adj* (REL) litúrgico

live *adj inv* (RADIO, TV) **1.** (*Sendung*) en directo **2.** (*direkt anwesend*) en vivo; **Live-Sendung** *f,* **Livesendung**[RR] *f* (RADIO, TV) (re)transmisión *f* en directo

Lizenz *f* <-en> (*a.* SPORT) licencia *f;* **jdm eine ~ erteilen** conceder a alguien una licencia; **etw in ~ herstellen** producir algo con licencia; **Lizenzausgabe** *f* <-n> edición *f* bajo licencia; **Lizenzgebühr** *f* derecho *m* de licencia

Lkw, LKW *m* <-(s), -(s)> *Abk. von* **Lastkraftwagen** camión *m*

Lob *nt* <-(e)s, -e> elogio *m;* **jdm ein ~ aussprechen** elogiar a alguien; **er ist des ~es voll über dich** está lleno de elogios para contigo

Lobby *f* <-s> lobby *m*

loben *vt* elogiar; (*überschwänglich*) alabar (*für* por); **das lob' ich mir!** ¡así me gusta!; **etw ~d erwähnen** aludir elogiosamente a algo

lobenswert *adj,* **löblich** *adj* loable, digno de encomio

Loblied *nt:* **ein ~ auf jdn/etw singen** hacer elogios de alguien/algo; **Lobrede** *f* elogio *m;* **eine ~ auf etw halten** hacer elogios de algo

Loch *nt* <-(e)s, Löcher> **1.** (*allgemein*) agujero *m,* buraco *m CSur;* (*Öffnung*) abertura *f;* (*Vertiefung, beim Golf*) hoyo *m;* (*Hohlraum*) hueco *m;* **ein schwarzes ~** (ASTR) un agujero negro; **jdm ein ~ in den Bauch fragen** (*fam*) atosigar a alguien a preguntas; **Löcher in die Luft starren** (*fam*) estar en Babia; **wie ein ~ saufen** (*fam*) beber como un cosaco; **aus dem letzten ~ pfeifen** estar en las últimas **2.** (*fam abw: Wohnung*) cuchitril *m* **3.** (*fam: Gefängnis*) chirona *f*

lochen *vt* **1.** (*Papier*) perforar **2.** (*entwerten*) picar

Locher *m* <-s, -> (*a.* INFOR) perforadora *f*

löcherig *adj* agujereado, perforado

löchern *vt* (*fam*) atosigar (*mit* a)

Lochkarte *f* <-n> (INFOR) tarjeta *f* perforada

löchrig *adj s.* **löcherig**

Locke *f* <-n> rizo *m*

locken **I.** *vt* **1.** (*Tier*) llamar **2.** (*anziehen*) atraer; (*ver~*) seducir; **jdn in eine Falle ~** tender a alguien una trampa **II.** *vr:* **sich ~** (*Haare*) rizarse

lockend *adj* tentador; (*ver~*) seductor

Lockenstab *m* moldeador *m* eléctrico; **Lockenwickler** *m* rulo *m,* bigudí *m*

locker *adj* **1.** (*Schraube, Knoten, Verband*) flojo; (*wackelnd*) suelto; **~ werden** (*Knoten*) aflojarse; (*Teil*) desprenderse; **~ sitzen** estar flojo **2.** (*Teig, Backwaren*) esponjoso; (*Reis*) suelto; (*Boden*) mullido **3.** (*Haltung*) relajado; **etw ~ handhaben** no ser muy severo con algo **4.** (*Lebenswandel*) libertino; **das mach' ich doch ~** (*fam*) eso lo hago con facilidad; **ein ~es Mundwerk haben** (*fam*) tener mala lengua

locker\|lassen *irr vi* (*fam*): **nicht ~** no ceder; **locker\|machen** *vt* (*fam*): **Geld ~** aflojar el bolsillo; **sie hat 20 Mark für mich lockergemacht** me ha prestado 20 marcos

lockern **I.** *vt* **1.** (*Schraube, Seil*) aflojar **2.** (*Muskeln, Gesetze*) relajar **3.** (*Boden*) mullir **4.** (*Embargo*) retirar **II.** *vr:* **sich ~** **1.** (*Nagel, Schraube, Seil*) aflojarse **2.** (*Verkrampfung*) relajarse

lockig *adj* rizado

Lockmittel *nt* **1.** (*für Tiere*) anzuelo *m* **2.** (*Anreiz*) cebo *m*

Lockung *f* <-en> **1.** (*Reiz*) atracción *f* **2.** (*Versuchung*) tentación *f*

Lockvogel *m* (*a. fig*) señuelo *m*

lodern *vi* (*a. fig*) arder

Löffel *m* <-s, -> **1.** (*Ess~*) cuchara *f;* (*~ voll*) cucharada *f* **2.** (*Hasenohren*) oreja *f;* **schreib dir das hinter die ~!** (*fam*) ¡recuerda mis palabras!; **den ~ abgeben** (*fam*) diñarla

löffeln *vt* **1.** (*essen*) comer con cuchara **2.** (*verteilen*) repartir

löffelweise *adv* a cucharadas

log *3. imp von* **lügen**

Logarithmen *Pl von* **Logarithmus**

Logarithmus *m* <-, Logarithmen> (MATH) logaritmo *m*

Logbuch *nt* (NAUT) cuaderno *m* de bitácora

Loge *f* <-n> **1.** (THEAT) palco *m* **2.** (*Pförtner~*) portería *f* **3.** (*Freimaurer~*) logia *f*

L

logieren* **I.** *vi* alojarse **II.** *vt* (*Schweiz*) alojar

Logik *f ohne Pl* lógica *f*

Logis *nt* <-, -> alojamiento *m*

logisch *adj* lógico

logischerweise *adv* como es lógico, lógicamente

Logistik *f ohne Pl* logística *f*

logistisch *adj* logístico

logo *adj inv* (*fam*) lógico

Logo *m o nt* <-s, -s> emblema *m*

Logopäde, -in *m, f* <-n, -n; -nen> logopeda *mf*

Lohn *m* <-(e)s, Löhne> **1.** (*Arbeitsentgelt*) salario *m;* (*Tages~*) jornal *m;* **Löhne und Gehälter** sueldos y salarios **2.** (*Belohnung*) recompensa *f;* **als ~ für …** en recompensa por…; **Lohnabbau** *m* reducción *f* de salarios; **Lohnabrechnung** *f* hoja *f* de pagos; **Lohnausfall** *m* <-(e)s, -fälle> pérdida *f* salarial; **Lohnausgleich** *m* ajuste *m* salarial; **verkürzte Arbeitszeit bei vollem ~** jornada de trabajo reducida con el mismo sueldo; **Lohnempfänger(in)** *m(f)* <-s, -; -nen> asalariado, -a *m, f*

lohnen **I.** *vt* **1.** (*wert sein*) valer la pena; **das Museum lohnt einen Besuch** vale la pena visitar el museo **2.** (*be~*): **jdm etw ~** recompensar a alguien por algo **II.** *vr:* **sich ~** valer la pena; **der Auftrag hat sich für uns finanziell gelohnt** el encargo nos ha salido rentable

löhnen *vi* (*fam*) pagar

lohnend *adj* que vale la pena; (*einträglich*) rentable

lohnenswert *adj* útil; (*nutzbringend*) provechoso

Lohnerhöhung *f* aumento *m* salarial; **Lohnforderung** *f* reivindicación *f* salarial; **Lohnfortzahlung** *f ohne Pl* pago *m* continuado del salario; **Lohngruppe** *f* grupo *m* salarial; **Lohnkosten** *Pl* coste *m* salarial; **Lohnkürzung** *f* reducción *f* del salario

Lohnsteuer *f* <-n> impuesto *m* sobre el salario; **Lohnsteuerjahresausgleich** *m* <-(e)s, -e> ajuste *m* anual de impuestos sobre el salario; **Lohnsteuerkarte** *f* tarjeta *f* de impuesto sobre el salario

Lok *f* <-s> locomotora *f*

lokal *adj* local

Lokal *nt* <-(e)s, -e> local *m;* (*Kneipe*) pub *m;* (*Restaurant*) restaurante *m;* **Lokalblatt** *nt* periódico *m* local, noticiero *m* local *Am*

lokalisieren* *vt* localizar, ubicar *Am*

Lokalität *f* <-en> localidad *f*

Lokalnachrichten *fPl* noticias *fpl* locales; **Lokalpatriotismus** *m* patriotismo *m* de campanario; **Lokalseite** *f* crónica *f* local; **Lokaltermin** *m* inspección *f* del lugar del hecho

Lokomotive *f* <-n> locomotora *f;* **Lokomotivführer(in)** *m(f)* <-s, -; -nen> maquinista *mf*

Lokus *m* <- *o* -ses, – *o* -se> (*fam*) excusado *m*

Lolli *m* <-s, -s> chupa-chups® *m inv*

London *nt* <-s> Londres *m*

Londoner(in) *m(f)* <-s, -; -nen> londinense *mf*

Look *m* <-s, -s> estilo *m,* look *m*

Looping *m o nt* <-s, -s> (AERO) looping *m*

Lorbeer *m* <-s, -en> laurel *m;* **sich auf seinen ~en ausruhen** (*fam*) dormirse en los laureles; **Lorbeerblatt** *nt* hoja *f* de laurel; **Lorbeerkranz** *m* corona *f* de laureles

Lord *m* <-s, -s> lord *m*

los **I.** *adj* **1.** (*nicht befestigt*) suelto; **der Hund ist ~** el perro anda suelto **2.** (*locker*) flojo; **jdn/etw ~ sein** haberse librado de alguien/algo; **ich bin mein ganzes Geld ~** me he quedado sin blanca **3.** (*geschehen*): **~ sein** pasar; **es ist nichts ~** no pasa nada; **was ist ~ mit ihm?** ¿qué le pasa?; **mit dem ist heute nichts ~** hoy no hay nada que hacer con él; **in Granada ist abends viel ~** en Granada hay mucha marcha por la noche; **was ist (hier) ~?** ¿qué pasa (aquí)?; **wenn ihr heute nicht rechtzeitig kommt, dann ist 'was ~!** (*fam*) si no llegáis a tiempo hoy se va a armar la gorda **II.** *adv* **1.** (*schnell*) ya; **~!** ¡venga!; **Achtung, fertig, ~!** ¡preparados, listos, ya! **2.** (*fam: weg*): **sie sind schon ~** ya se fueron

Los *nt* <-es, -e> **1.** (*für Entscheidung*) sorteo *m;* **etw durch das ~ entscheiden** echar algo a suerte(s); **das ~ ist auf mich gefallen** me ha tocado **2.** (*Lotterie~*) billete *m* de lotería, boleto *m;* **das große ~ ziehen** (*a. fig*) tocar(le) a alguien el gordo **3.** (*geh: Schicksal*) destino *m;* **ein hartes/schweres ~** un destino difícil/oneroso

lösbar *adj* **1.** (*Aufgabe*) resoluble **2.** (*löslich*) soluble

los|binden *irr vt* soltar, desatar; **los|brechen** *irr* **I.** *vt* romper **II.** *vi sein* (*Gelächter, Sturm*) estallar; (*Gewitter*) desencadenarse

Löschblatt *nt* (papel *m*) secante *m*

löschen **I.** *vi* (*Brand*) apagar un incendio **II.** *vt* **1.** (*Licht, Feuer, Durst*) apagar **2.** (*Tonband, a.* INFOR) borrar **3.** (*Konto, Schuld, Eintragung*) cancelar **4.** (NAUT) desembarcar

Löschfahrzeug *nt* coche *m* de bomberos; **Löschmannschaft** *f* equipo *m* de bomberos (en acción); **Löschpapier** *nt* (papel *m*) secante *m;* **Löschtaste** *f* (INFOR) tecla *f* para borrar

Löschung *f* <-en> **1.** (*Tilgung*) amortización *f* **2.** (NAUT: *Entladung*) descarga *f*

lose *adj* **1.** (*Seil, Knoten*) flojo **2.** (*unverpackt*) a granel; (*stückweise*) por unidad; ~

Blätter hojas sueltas; **ein ~s Mundwerk haben** (*fam*) tener la lengua larga

Lösegeld *nt* <-(e)s, -er> rescate *m*

Lösemittel *nt* disolvente *m*

losen *vi* echar a suerte(s); **um die Eintrittskarten ~** rifar las entradas

lösen I. *vt* **1.** (*abtrennen*) despegar (*von/aus* de) **2.** (*losmachen*) soltar; (*lockern*) aflojar; (*Schraube*) destornillar; (*Knoten*) deshacer; (*Verspannung*) eliminar; **die Handbremse ~** soltar el freno de mano **3.** (*Aufgabe*) resolver; (*Geheimnis*) descubrir; (*Verwicklung*) aclarar **4.** (*Ehe, Verbindung*) anular; (*Vertrag*) rescindir **5.** (*Eintritts-, Fahrkarte*) sacar **6.** (*zergehen lassen*) disolver (*in* en) **II.** *vr:* **sich ~ 1.** (*abgehen*) desprenderse (*von* de) **2.** (*Schraube*) aflojarse; (*Husten, Krampf*) calmarse **3.** (*sich klären*) resolverse **4.** (*sich frei machen*) liberarse (*aus/von* de); (*sich trennen*) separarse (*von* de); **sie löste sich aus seiner Umarmung** se desprendió de su abrazo **5.** (*Schuss*) dispararse; **ein Schuss hatte sich gelöst** se había disparado el arma **6.** (*zergehen*) disolverse (*in* en)

los|fahren *irr vi sein* salir; (*Fahrzeug*) ponerse en marcha; **auf jdn ~** arremeter contra alguien; **los|gehen** *irr vi sein* **1.** (*weggehen*) irse; **lass uns endlich ~!** ¡vámonos ya! **2.** (*fam: anfangen*) empezar; **gleich geht's los** enseguida empieza; **jetzt geht das schon wieder los!** (*fam*) ¡oh no, empieza de nuevo! **3.** (*Schuss, Gewehr*) dispararse **4.** (*angreifen*) abalanzarse (*auf* sobre)

los|kaufen *vt* rescatar

los|kommen *irr vi sein* (*fam*) **1.** (*wegkommen*) poder irse **2.** (*sich befreien*) librarse (*von* de); (*von Drogen*) desengancharse (*von* de)

los|lachen *vi* echarse a reír

los|lassen *irr vt* **1.** (*nicht mehr festhalten*) soltar; **die Frage lässt mich nicht mehr los** la pregunta no se me quita de la cabeza **2.** (*Hund*) soltar (*auf* contra) **3.** (*fam: sagen*) soltar; (*Beschwerde*) lanzar

los|legen *vi* (*fam*) ponerse a hacer algo con ímpetu; **ihr könnt sofort ~!** ¡podéis empezar enseguida!

löslich *adj* soluble (*in* en)

los|lösen *vt, vr:* **sich ~** desprender(se) (*von* de); **los|machen I.** *vt* (*fam*) soltar **II.** *vr:* **sich ~** (*fam: von Kette*) soltarse (*von* de); (*von Verpflichtungen*) sustraerse (*von* a); **los|reißen** *irr* **I.** *vt* arrancar **II.** *vr:* **sich ~** soltarse; **er konnte sich nicht von dem Anblick ~** no podía apartar la vista

los|rennen *irr vi sein* echar a correr (*auf* hacia)

Löss[RR] *m* <-es, -e> (GEO), **Löß** *m* <-es, -e> (GEO) loess *m*

los|sagen *vr:* **sich ~** renegar (*von* de)

los|schicken *vt* enviar

Losung *f* <-en> **1.** (*Motto*) lema *m* **2.** (MIL) consigna *f* **3.** (*vom Wild*) excrementos *mpl*

Lösung *f* <-en> **1.** (*Ergebnis*) solución *f* (*von* de) **2.** (*Los~*) desprendimiento *m* (*von* de) **3.** (*Aufhebung*) anulación *f* (*von* de) **4.** (CHEM, PHYS: *Flüssigkeit*) solución *f*; (*Auf~*) disolución *f* (*in* en)

Lösungsmittel *nt* disolvente *m*

los|werden *irr vt sein* **1.** (*Person*) deshacerse (de); (*Arbeit, Erkältung*) quitarse de encima; **jdn ~** librarse de alguien; **ich werde den Gedanken nicht los, dass ...** no me puedo quitar de la cabeza que... +*subj* **2.** (*fam: verlieren*) perder **3.** (*fam: verkaufen*) vender

Lot *nt* <-(e)s, -e> **1.** (ARCHIT) plomada *f*; **etw wieder ins (rechte) ~ bringen** arreglar algo; **(nicht) im ~ sein** (*Person*) (no) estar bien; (*Sache*) (no) estar en orden **2.** (NAUT) sonda *f* **3.** (MATH) perpendicular *f*; **auf eine Gerade das ~ fällen** abatir una perpendicular sobre una línea recta

loten *vt* **1.** (ARCHIT) echar una plomada **2.** (NAUT) sondear

löten *vt* (TECH) soldar

Lothringen *nt* <-s> Lorena *f*

Lothringer(in) *m(f)* <-s, -; -nen> lorenés, -esa *m, f*

lothringisch *adj* lorenés

Lotion *f* <-en> loción *f*

Lötkolben *m* (TECH) soldador *m*

Lotosblume *f* (BOT) flor *f* de loto

Lotse, -in *m, f* <-n, -n; -nen> **1.** (NAUT) práctico *mf* **2.** (AERO) controlador(a) *m(f)* aéreo, -a **3.** (*Schüler~*) patrullero, -a *m, f* escolar (*guardia en los cruces de las calles*)

lotsen *vt* **1.** (*allgemein*) llevar, conducir **2.** (NAUT) pilotar **3.** (AERO) dirigir

Lötstelle *f* (TECH) soldadura *f*

Lotterie *f* <-n> lotería *f*, quiniela *f CSur*; **~ spielen** jugar a la lotería; **Lotterielos** *nt* <-es, -e> billete *m* de lotería

Lotterleben *nt ohne Pl* <-s> (*abw*) vida *f* licenciosa

Lotto *nt* <-s, -s> lotería *f* primitiva; **im ~ spielen** jugar a la (lotería) primitiva; **ich habe im ~ gewonnen!** ¡me ha tocado la primitiva!; **Lottoschein** *m* <-(e)s, -e> billete *m* de la (lotería) primitiva

Lotus *m* <-, -> (BOT) loto *m*

Löwe *m* <-n, -n> **1.** (ZOOL) león *m*; **sich in die Höhle des ~n begeben** (*fam*) meterse en la boca del lobo **2.** (ASTR) Leo *m*; **Löwenanteil** *m* <-(e)s, -e> parte *f* del león; **Löwenzahn** *m ohne Pl* <-(e)s> (BOT) diente *m* de león

loyal *adj* leal; **sich ~ verhalten** comportarse lealmente

Loyalität *f ohne Pl* lealtad *f* (*gegenüber* (frente) a/para con)

LP *f* <-(s)> *Abk. von* **Langspielplatte** elepé *m*

lt. *Abk. von* **laut** según

Luchs *m* <-es, -e> (ZOOL) lince *m*

Lücke *f* <-n> (*Loch*) agujero *m;* (*Zwischenraum, Leere*) vacío *m;* (*Hohlraum*) hueco *m;* (*Gedächtnis~*) laguna *f;* **eine ~ füllen** tapar un hueco; (*fig*) ocupar un vacío

Lückenbüßer(in) *m(f)* suplente *m*

lückenhaft *adj* **1.** (*mit Lücken*) lleno de huecos **2.** (*unvollständig*) incompleto

lückenlos *adj* completo, íntegro

lud *3. imp von* **laden**

Luder *nt* <-s, -> (*fam*) mal bicho *m*

Luft[1] *f ohne Pl* **1.** (*Gasgemisch, Atem~*) aire *m;* **an die (frische) ~ gehen** tomar el aire (fresco); **die ~ aus etw** *dat* **herauslassen** desinflar algo; **die ~ ist rein** (*fam*) no hay moros en la costa; **es herrscht dicke ~** (*fam*) el ambiente está cargado; **aus etw** *dat* **ist die ~ raus** (*fam*) algo ya no tiene importancia; **er ist ~ für mich** (*fam*) ése para mí no existe; **sich in ~ auflösen** (*fam*) desvanecerse en el aire; **jdn wie ~ behandeln** (*fam*) tratar a alguien como si no existiera; **jdn an die (frische) ~ setzen** (*fam*) mandar a alguien a tomar viento **2.** (*Atem*) respiración *f,* aliento *m;* **nach ~ schnappen** jadear; **die ~ anhalten** contener la respiración; **(tief) ~ holen** respirar (hondo); **keine ~ bekommen** asfixiarse, sofocarse; **mir blieb vor Schreck die ~ weg** (*fam*) del susto me quedé sin aliento; **von ~ und Liebe leben** (*fam*) vivir de milagro **3.** (*fam: Spielraum*) espacio *m* libre; **seinem Ärger ~ machen** desahogarse

Luft[2] *f* <Lüfte> **1.** (*Raum über dem Erdboden*) aire *m;* **etw in die ~ sprengen** hacer saltar algo por los aires; **vor Freude in die ~ springen** dar saltos de alegría; **es liegt etwas in der ~** hay algo en el aire; **das ist völlig aus der ~ gegriffen** es pura invención; **in der ~ hängen** (*fam*) estar en el aire; **schnell in die ~ gehen** (*fam*) enfadarse enseguida; **ich könnte ihn in der ~ zerreißen** (*fam*) le podría hacer pedazos **2.** (*schwacher Wind*) aire(cito) *m;* **es weht eine kalte ~** corre una brisa fría

Luftabwehr *f* (MIL) defensa *f* aérea; **Luftangriff** *m* (MIL) ataque *m* aéreo; **Luftballon** *m* globo *m;* **Luftbild** *nt* vista *f* aérea; **Luftblase** *f* burbuja *f* de aire; **Luftbrücke** *f* <-n> puente *m* aéreo; **luftdicht** *adj* hermético; **Luftdruck** *m ohne Pl* <-(e)s> (PHYS) presión *f* atmosférica

lüften *vt* **1.** (*Kleider*) airear; (*Zimmer*) ventilar **2.** (*Deckel*) quitar **3.** (*Geheimnis*) revelar

Luftfahrt *f ohne Pl* aeronáutica *f,* aviación *f;* **Luftfeuchtigkeit** *f* (METEO) humedad *f* del aire; **Luftfilter** *m o nt* (TECH) filtro *m* de aire; **Luftfracht** *f* flete *m* aéreo; **Luftgewehr** *nt* escopeta *f* de aire comprimido

luftig *adj* **1.** (*Kleidung*) ligero **2.** (*Zimmer*) bien ventilado

Luftikus *m* <-(ses), -se> (*fam abw*) tarambana *m*

Luftkissenboot *nt* aerodeslizador *m*

Luftkühlung *f ohne Pl* (TECH) refrigeración *f* por aire; **Luftkurort** *m* balneario *m* climatológico; **luftleer** *adj* vacío, sin aire; **wir leben doch nicht im ~en Raum** no somos los únicos en la tierra; **Luftlinie** *f ohne Pl* línea *f* recta; **Luftloch** *nt* **1.** (TECH) respiradero *m* **2.** (*fam: beim Fliegen*) bache *m* de aire; **Luftmatratze** *f* colchoneta *f;* **Luftpirat(in)** *m(f)* pirata *mf* aéreo, -a; **Luftpost** *f* correo *m* aéreo; **mit** [*o* **per**] **~** por avión; **Luftpumpe** *f* bomba *f* de aire; **Luftraum** *m* <-(e)s, -räume> espacio *m* aéreo; **Luftröhre** *f* (ANAT) tráquea *f;* **Luftschicht** *f* (METEO) capa *f* de aire; **Luftschiff** *nt* (globo *m*) dirigible *m;* **Luftschlange** *f* serpentina *f* de papel; **Luftschloss[RR]** *nt:* **Luftschlösser bauen** hacer castillos en el aire; **Luftschutzbunker** *m* refugio *m* antiaéreo; **Luftsprung** *m* salto *m* en el aire; **vor Freude einen ~ machen** dar un salto de alegría; **Luftstrom** *m* corriente *f* de aire; **Luftstützpunkt** *m* (MIL) base *f* aérea; **Lufttemperatur** *f* (METEO) temperatura *f* del aire; **Lufttransport** *m* <-(e)s, -e> transporte *m* aéreo

Luft- und Raumfahrtindustrie *f* industria *f* aeronáutica y astronáutica

Lüftung *f* <-en> ventilación *f;* **Lüftungsschacht** *m* pozo *m* de ventilación

Luftveränderung *f* cambio *m* de aires; **Luftverkehr** *m* tráfico *m* aéreo; **Luftverschmutzung** *f ohne Pl* contaminación *f* del aire; **Luftwaffe** *f* (MIL) fuerza *f* aérea

Luftweg[1] *m* <-(e)s, -e> (*Atemwege*) vías *fpl* respiratorias

Luftweg[2] *m ohne Pl* <-(e)s> (*im Gegensatz zum Landweg*) vía *f* aérea; **auf dem ~** por vía aérea

Luftzufuhr *f* provisión *f* de aire; **Luftzug** *m* <-(e)s, -züge> corriente *f* de aire

Lüge *f* <-n> mentira *f,* guayaba *f Am,* pegada *f CSur;* **jdm ~n auftischen** (*fam*) mentir a alguien; **jdn ~n strafen** coger a alguien que ha mentido; **~n haben kurze Beine** (*prov*) se agarra antes a un mentiroso que a un cojo

lügen <lügt, log, gelogen> *vi* mentir, macanear *CSur,* nagualear *Mex;* **er lügt wie gedruckt** (*fam*) miente más que habla

Lügendetektor *m* <-s, -en> detector *m* de

mentiras; **Lügengeschichte** *f* <-n> mentira *f,* pepa *f And*

lügenhaft *adj* mentiroso; **eine ~e Geschichte** una historia basada en mentiras

Lügner(in) *m(f)* <-s, -; -nen> mentiroso, -a *m, f*

lügnerisch *adj* (*abw*) mentiroso, embustero

Luke *f* <-n> **1.** (*Dach~*) tragaluz *m* **2.** (*Schiffs~*) escotilla *f*

lukrativ *adj* lucrativo

Lulatsch *m* <-(e)s, -e> (*fam*) grandullón, -ona *m, f*

Lümmel *m* <-s, -> (*abw*) sinvergüenza *m*

Lump *m* <-en, -en> (*abw*) canalla *mf*

lumpen *vi* (*fam*): **sich nicht ~ lassen** no ser cutre

Lumpen *m* <-s, -> **1.** (*Stofffetzen*) harapo *m* **2.** (*reg: Putzlappen*) bayeta *f;* **Lumpenhändler(in)** *m(f)* trapero, -a *m, f*

lumpig *adj* **1.** (*abw: niederträchtig*) vil, miserable **2.** (*fam abw: geringfügig*) miserable; **~e zehn Mark** diez marcos de mierda *vulg*

Lunch *m* <-(e)s *o* -, -(e)s *o* -e> almuerzo *m,* lunch *m Am*

lunchen *vi, vt* almorzar

Lunge *f* <-n> (ANAT) pulmón *m;* **sich** *dat* **die ~ aus dem Hals schreien** (*fam*) gritar a todo pulmón; **Lungenbläschen** *nt* <-s, -> (MED) alvéolo *m* pulmonar; **Lungenentzündung** *f* (MED) neumonía *f,* pulmonía *f;* **Lungenflügel** *m* (ANAT) lóbulo *m* pulmonar; **lungenkrank** *adj* enfermo del pulmón; **Lungenzug** *m* <-(e)s, -züge> inhalación *f* del humo; **einen ~ machen** inhalar el humo

lungern *vi* (*fam*) holgazanear

Lunte *f* <-n>: **~ riechen** (*fam*) olerse algo; **die ~ ans Pulverfass legen** descubrir el pastel

Lupe *f* <-n> lupa *f;* **jdn/etw unter die ~ nehmen** (*fam*) examinar a alguien/algo de cerca

Lurch *m* <-(e)s, -e> (ZOOL) batracio *m*

Lust[1] *f* <Lüste> (*geh: sexuelles Verlangen*) deseo *m;* (*Wollust*) voluptuosidad *f;* **~ auf jdn/etw** ganas de alguien/de algo

Lust[2] *f ohne Pl* **1.** (*Verlangen*) gana(s) *f(pl);* **zu etw** *dat* [*o* **auf etw**] **~ haben** tener ganas de algo; **die ~ an etw** *dat* **verlieren** perder las ganas de hacer algo; **hast du ~?** ¿te apetece?; **ich habe keine ~** no me apetece; **mach, wie du ~ hast** hazlo como te apetezca **2.** (*Vergnügen*) placer *m;* (*Genuss*) gozada *f;* **nach ~ und Laune** a placer; **es ist eine** (**wahre**) **~ ihm zuzusehen** es un (verdadero) placer mirarle; **mit ~ und Liebe** con mil amores

lüstern *adj* (*geh*) lascivo

Lustgefühl *nt* <-(e)s, -e> sensación *f* de placer

lustig *adj* **1.** (*vergnügt*) alegre **2.** (*belustigend*) divertido, cómico; **sich über jdn/etw ~ machen** burlarse de alguien/algo; **du bist vielleicht ~!** (*iron*) ¡mira qué gracioso!; **das wird ja immer ~er!** (*iron*) ¡cada vez se pone mejor la cosa!

Lüstling *m* <-s, -e> (*abw*) sátiro *m*

lustlos *adj* (*Person*) desanimado, sin ganas

Lustmolch *m* (*fam*) libertino *m;* **Lustmord** *m* asesinato *m* por impulso sexual; **Lustschloss**[RR] *nt* palacio *m* de recreo; **Lustspiel** *nt* comedia *f;* **lustvoll** *adj* (*geh*) lleno de ganas

lutschen *vi, vt* chupar

Lutscher *m* <-s, -> **1.** (*Süßigkeit*) piruleta *f,* chupete *m Am;* (*kugelförmig*) chupa-chups® *m inv* **2.** (*fam: Schnuller*) chupete *m*

Luxemburg *nt* <-s> Luxemburgo *m*

Luxemburger(in) *m(f)* <-s, -; -nen> luxemburgués, -esa *m, f*

luxemburgisch *adj* luxemburgués

luxuriös *adj* lujoso

Luxus *m ohne Pl* <-> lujo *m;* **im ~ leben** vivir en el lujo; **Luxusartikel** *m* artículo *m* de lujo; **Luxusausführung** *f* modelo *m* de lujo; **Luxushotel** *nt* hotel *m* de lujo

Luzern *nt* <-s> Lucerna *f*

Luzifer *m* <-s> Lucifer *m*

LW (PHYS, RADIO) *Abk. von* **Langwelle** o.l.

Lymphe *f* <-n> (MED) linfa *f*

Lymphknoten *m* (ANAT) ganglio *m* linfático

lynchen *vt* linchar

Lynchjustiz *f* linchamiento *m*

Lyoner *f* <-> (GASTR) *embutido de carne aderezada*

Lyrik *f ohne Pl* (poesía *f*) lírica *f*

Lyriker(in) *m(f)* <-s, -; -nen> (poeta, -isa *m, f*) lírico, -a *m, f*

lyrisch *adj* lírico

M

M, m *nt* <-, -> M, m *f;* ~ **wie Martha** M de María

m *Abk. von* **Meter** m

MA *Abk. von* **Mittelalter** Edad *f* Media

Machart *f* <-en> hechura *f*

machbar *adj* factible

Mache *f ohne Pl* **1.** (*fam abw: Vortäuschung*) comedia *f;* **das ist doch reine** ~ es pura comedia **2.** (*fam: Wend*): **etw in der** ~ **haben** estar haciendo algo

machen **I.** *vt* **1.** (*tun*) hacer; **eine Bemerkung** ~ hacer un comentario; **einen Spaziergang** ~ dar un paseo; **er macht mir den Garten** me arregla el jardín; **etw klein** ~ (*fam: zerkleinern: Holz*) partir algo; (*Kräuter*) picar algo; **kannst du mir den Schein klein** ~**?** (*fam*) ¿me puedes cambiar el billete (en monedas)?; **ich will es kurz** ~ seré breve; **wird gemacht!** ¡se hará!; **gut gemacht!** ¡bien hecho!; **ein erstauntes Gesicht** ~ poner cara de asombro; **die Katze macht „miau"** (*fam*) el gato hace "miau"; **ein Spiel** ~ jugar; **das lässt sich** ~ esto se puede arreglar; **was soll man** ~**?** ¿qué le vamos a hacer?; **da ist nichts zu** ~ no hay remedio; **mach, dass er wieder gesund wird!** ¡haz que se cure!; **was** ~ **Sie beruflich?** ¿cúal es su profesión?; **was macht dein Bruder?** ¿cómo le va a tu hermano?; **sie machte ihm schöne Augen** ligó con él; **lass mich nur** ~**!** ¡ya lo hago yo!; **mach's gut!** (*fam: Abschiedsgruß*) ¡qué te vaya bien!; **mit mir könnt ihr's ja** ~ (*fam*) conmigo lo podéis hacer; **warum lässt du das mit dir** ~**?** ¿por qué lo consientes?; **ein gemachter Mann** un hombre hecho; **etwas aus sich** *dat* ~ arreglarse; **er wird es nicht mehr lange** ~ (*fam: sterben*) la va a palmar pronto; **nun mach schon!** (*fam: beeilen*) ¡date prisa!; **mach, dass du wegkommst!** (*fam*) ¡lárgate de una vez!; **ich mach ja schon!** (*fam: komme*) ¡ya voy!; **er macht auf lässig** (*fam*) va de despreocupado; **ins Bett/in die Hose** ~ (*fam*) hacerse en la cama/en el pantalón; **etw voll** ~ (*fam: füllen*) llenar algo (hasta arriba); (*vervollständigen*) completar algo; (*fam: beschmutzen*) ensuciar algo; **sich** *dat* **vor Angst die Hosen voll** ~ (*fam*) cagarse de miedo **2.** (*herstellen*) producir; (*anfertigen*) fabricar; (*Speisen*) hacer, preparar; (*Licht*) encender; **ein Foto/Abzüge** ~ sacar una foto/copias; **sie ließ sich beim Friseur/von einer Freundin die Haare** ~ el peluquero/una amiga le arregló el pelo; **dafür ist er wie gemacht** está hecho para ello **3.** (*verursachen*) causar; (*Lärm*) hacer; **Eindruck** ~ causar impresión; **das macht mir Sorge** esto me preocupa; **einen Fleck auf etw** ~ manchar algo; **macht nichts!** (*fam*) ¡no importa!; **was macht das schon?** ¿qué más da? **4.** (*in einen Zustand versetzen*) poner, hacer; **das macht mich nervös/verrückt** eso me pone nervioso/me vuelve loco; **das Kleid macht (sie) alt** el vestido (la) hace mayor; **jdm etw leicht** ~ facilitar algo a alguien; **jdm das Leben schwer** ~ complicarle la vida a alguien; **jdn schlecht** ~ dejar mal a alguien; **Joggen macht fit** correr mantiene la forma física **5.** (*ernennen*) nombrar **6.** (*umwandeln*) convertir (*zu* en) **7.** (*fam: kosten*) costar, ser; **was macht das?** ¿cuánto es? **8.** (*fam: ergeben*) dar; **das macht zusammen 14** todo junto da 14 **II.** *vr:* **sich** ~ **1.** (*sich in einen Zustand versetzen*): **sich hübsch** ~ ponerse guapo; **sich klein** ~ (*ducken*) agacharse; **sich lächerlich** ~ hacer el ridículo; **sich beliebt** ~ ganarse las simpatías (*bei* de); **sich wichtig** ~ darse humos; **sich verständlich** ~ comunicarse; ~ **Sie sich's bequem!** ¡póngase cómodo!; **sie macht es sich nicht leicht** no se lo pone fácil **2.** (*fam: gedeihen*) progresar; **der Junge macht sich** el niño hace progresos **3.** (*passen*) quedar; **sich gut** ~ quedar bien **4.** (*beginnen*) ponerse (*an* a); **sich an die Arbeit** ~ ponerse a trabajar; **sich auf den Weg** ~ ponerse en camino **5.** (*sich bereiten*) hacerse; ~ **Sie sich nur keine Umstände wegen mir!** ¡no se tome la molestia por mí!; **sich** *dat* **falsche Hoffnungen** ~ crearse falsas esperanzas **6.** (*Wend*): **sich** *dat* **nichts aus etw** ~ (*fam*) importar(le) algo nada a alguien; **sie macht sich nichts aus Eis** (*fam*) no le gustan los helados

Machenschaften *fPl* (*abw*) manejos *mpl*

Macho *m* <-s, -s> (*fam*) machista *m*

Macht[1] *f* <Mächte> (*Staat*) potencia *f;* **geheime Mächte** poderes secretos

Macht[2] *f ohne Pl* poder *m;* (*Kraft*) fuerza *f;* **mit aller** ~ con todas las fuerzas; **wir tun alles, was in unserer** ~ **steht** hacemos todo lo que está a nuestro alcance; **es liegt in deiner** ~**, die Zustände zu ändern**

está en tu poder, el cambiar la situación; ~ **über jdn haben** tener poder sobre alguien; **an die ~ kommen/gelangen** subir/llegar al poder; **die ~ ergreifen/an sich reißen** asumir/usurpar el poder

Machtergreifung *f* <-en> (POL) toma *f* de poder; **Machtfrage** *f* (POL) cuestión *f* de poder; **Machthaber(in)** *m(f)* <-s, -; -nen> (POL) gobernante *mf*

mächtig **I.** *adj* **1.** (*machtvoll*) poderoso; **einer Sprache ~ sein** (*geh*) dominar un idioma **2.** (*sehr groß*) enorme **II.** *adv* (*sehr*) enormemente; **sich ~ anstrengen** esforzarse enormemente; **~ viel** un montón

Machtkampf *m* lucha *f* por el poder

machtlos *adj* impotente; **~ gegen etw sein** no poder hacer nada contra algo

Machtlosigkeit *f ohne Pl* impotencia *f*

Machtmissbrauch[RR] *m ohne Pl* <-(e)s> abuso *m* del poder; **Machtpolitik** *f* política *f* imperialista; **Machtstellung** *f* (*eines Staates*) poderío *m;* (*einer Person*) autoridad *f;* **Machtübernahme** *f* (POL) subida *f* al poder; **machtvoll** *adj* poderoso; **Machtwechsel** *m* (POL) cambio *m* de gobierno; **Machtwort** *nt* <-(e)s, -e> sentencia *f* terminante; **ein ~ sprechen** hacer valer su autoridad

Machwerk *nt* (*abw*) chapuza *f,* churro *m* *fam*

Macke *f* <-n> **1.** (*Fehler*) defecto *m;* (*Beule*) abolladura *f* **2.** (*fam: Tick*) manía *f;* **du hast doch eine ~!** ¡estás chiflado!

Macker *m* <-s, -> (*sl*) **1.** (*Typ*) tío *m* **2.** (*Freund*) ligue *m*

Madagaskar *nt* <-s> Madagascar *m*

Madagasse, -in *m, f* <-n, -n; -nen> malgache *mf*

madagassisch *adj* malgache

Mädchen *nt* <-s, -> **1.** (*Kind*) niña *f,* tripona *f Mex;* (*Jugendliche*) chica *f,* chamaca *f Mex,* piba *f Arg;* **leichtes ~** chica fácil **2.** (*Hausangestellte*) chica *f,* mucama *f Am;* **~ für alles** (*fam*) chica para todo

mädchenhaft **I.** *adj* de niña **II.** *adv* como una niña

Mädchenname *m* **1.** (*Vorname*) nombre *m* de chica **2.** (*vor der Heirat*) apellido *m* de soltera

Made *f* <-n> cresa *f;* **wie die ~ im Speck leben** (*fam*) vivir en abundancia

Madeira *nt* <-s> Madera *f*

madig *adj* lleno de cresas; **jdm etw ~ machen** (*fam*) quitar(le) a alguien las ganas de algo

Madonna *f ohne Pl* Virgen *f* (Santísima)

Madrid *nt* <-s> Madrid *m*

Madrider(in) *m(f)* <-s, -; -nen> madrileño, -a *m, f*

Mafia *f* <-s> mafia *f*

mag *3. präs von* **mögen**

Magazin *nt* <-s, -e> **1.** (*Lager*) almacén *m* **2.** (*an Waffen*) cargador *m* **3.** (*Zeitschrift*) revista *f* **4.** (*Radio-, Fernsehsendung*) programa *m* **5.** (*für Dias*) cartucho *m*

Magd *f* <Mägde> criada *f*

Magdeburg *nt* <-s> Magdeburgo *m*

Magen *m* <-s, Mägen> estómago *m;* **auf nüchternen ~** en ayunas; **mir knurrt der ~** me crujen las tripas; **sich** *dat* **den ~ verderben** ponerse malo del estómago; **Magenbitter** *m* <-s, -> estomacal *m;* **Magengeschwür** *nt* (MED) úlcera *f* gástrica; **Magengrube** *f* epigastrio *m;* **Magenknurren** *nt ohne Pl* <-s> borborigmo *m;* **Magenleiden** *nt* <-s, -> enfermedad *f* del estómago; **Magenmittel** *nt* remedio *m* para el dolor de estómago; **Magensäure** *f* <-n> (MED) ácido *m* gástrico; **Magenschmerzen** *mPl* dolores *mpl* de estómago; **Magenverstimmung** *f* indigestión *f*

mager *adj* **1.** (*Fleisch, Boden*) magro **2.** (*Mensch, Tier*) flaco **3.** (*dürftig*) insuficiente **4.** (*Buchstabe, Schrift*) fino

Magermilch *f* leche *f* desnatada; **Magersucht** *f ohne Pl* (MED) anorexia *f* nerviosa

Magie *f ohne Pl* magia *f*

Magier(in) *m(f)* <-s, -; -nen> mago, -a *m, f*

magisch *adj* mágico; **~e Kräfte** fuerzas mágicas; **~ von etw** *dat* **angezogen werden** ser atraído mágicamente por algo

Magister *m* <-s, -> **1.** (*Universitätsgrad*) *grado académico correspondiente a algunas carreras universitarias en Alemania;* **~ Artium** magister artium **2.** (*Österr: Apotheker*) farmaceútico, -a *m, f*

Magistrat[1] *m* <-(e)s, -e> **1.** (*Obrigkeit*) autoridad *f* pública **2.** (*Stadtverwaltung*) administración *f* municipal

Magistrat[2] *m* <-en, -en> (*Schweiz*) *miembro del gobierno o de las autoridades*

Magma *nt* <-s, Magmen> (GEO) magma *m*

Magnesium *nt ohne Pl* <-s> (CHEM) magnesio *m*

Magnet *m* <-en *o* -(e)s, -e *o* -en> imán *m;* **Magnetband** *nt* <-(e)s, -bänder> (*a.* INFOR) cinta *f* magnética; **Magnetfeld** *nt* (PHYS) campo *m* magnético

magnetisch *adj* magnético; (*~ gemacht*) imantado; **eine ~e Anziehungskraft auf jdn ausüben** ejercer un poder irresistible sobre alguien

magnetisieren* *vt* (*Gegenstände*) imantar; (*Menschen*) magnetizar

Magnetnadel *f* brújula *f;* **Magnetstreifen** *m* banda *f* magnética

Magnolie *f* <-n> (BOT) magnolia *f*

Mahagoni *nt ohne Pl* <-s> caoba *f*

Mähdrescher *m* <-s, -> (AGR) cosechadora *f*

mähen *vt* (*Getreide*) segar; (*Rasen*) cortar;

M

(*mit der Sense*) guadañar

Mahl *nt* <-(e)s, Mähler *o* -e> (*geh*) comida *f*

mahlen <mahlt, mahlte, gemahlen> *vt* moler

Mähler *Pl von* **Mahl**

Mahlzeit *f* <-en> comida *f;* ~! ¡que aproveche!

Mähne *f* <-n> **1.** (*bei Tieren*) melena *f* **2.** (*fam: bei Menschen*) pelambrera *f*

mahnen *vt* **1.** (*erinnern*) recordar; (*warnend*) advertir; (*Schuldner*) exigir el pago de una deuda (de) **2.** (*auffordern*) requerir (*zu* para que *+subj*)

Mahngebühr *f* gasto *m* de requerimiento; **Mahnmal** *nt* monumento *m* conmemorativo

Mahnung *f* <-en> **1.** (*Er~*) requerimiento *f* **2.** (*Mahnschreiben*) recordatorio *m*

Mai *m* <-(e)s, -e> mayo *m; s. a.* **März**; **Maiglöckchen** *nt* <-s, -> (BOT) lirio *m* de los valles; **Maikäfer** *m* (ZOOL) escarabajo *m* de San Juan

Mailand *nt* <-s> Milán *m*

Mailbox *f* (INFOR) buzón *m* (electrónico)

Main *m* <-s> Meno *m*

Mainz *nt* <-> Maguncia *f*

Mais *m* <-es, -e> maíz *m,* milpa *f Am,* capi *m SAm;* **Maiskolben** *m* mazorca *f,* choclo *m Am,* elote *m ZAm, Mex*

Majestät *f* <-en> majestad *f;* **Seine/Ihre** ~ Su Majestad

majestätisch *adj* majestuoso

Majonäse *f* <-n> mayonesa *f*

Major *m* <-s, -e> (MIL) comandante *m*

Majoran *m* <-s, -e> mejorana *f*

makaber *adj* macabro

Makel *m* <-s, -> (*geh*) defecto *m*

Mäkelei *f ohne Pl* (*abw*) afán *m* de criticar

makellos *adj* íntegro, sin tacha

mäkeln *vi* (*abw*) criticar (*an*)

Make-up *nt* <-s, -s> maquillaje *m;* **Make-up-Entferner** *m* <-s, -> desmaquillante *m*

Makkaroni *Pl* macarrones *mpl*

Makler(in) *m(f)* <-s, -; -nen> agente *mf* inmobiliario, -a; **Maklergebühr** *f* <-en> corretaje *m*

Makrele *f* <-n> caballa *f*

Makro *nt* <-s, -s> (INFOR) macroinstrucción *f*

Makrone *f* <-n> (*aus Mandeln*) almendrado *m;* (*aus Kokos*) galleta *f* de coco

mal *adv* **1.** (MATH) por; **zwei ~ zwei ist vier** dos por dos son cuatro **2.** (*fam: ein Mal*) una vez; **noch** ~ otra vez; **erst** ~ por ahora **3.** (*fam: früher*) antes; **warst du schon ~ hier?** ¿ya has estado aquí antes? **4.** (*fam: irgendwann*) alguna vez, un día; **besuchen Sie mich doch ~!** ¡venga a verme un día! **5.** (*fam: verstärkend*): **sag ~, stimmt das?** dime en serio, ¿es eso verdad?; **er hat sie nicht ~ besucht** ni siquiera la fue a visitar; **komm ~ her!** ¡ven aquí!

Mal[1] *nt* <-(e)s, -e> **1.** (*Zeitpunkt*) vez *f;* **voriges/nächstes** ~ la última/próxima vez; **das erste/zweite** ~ la primera/segunda vez; **Millionen** ~ un millón de veces; **ich sage das zum letzten** ~ lo digo por última vez; **ein anderes** ~ otra vez; **sie kam das eine oder andere ~ dorthin** estuvo allí una que otra vez; **mit einem** ~ (*plötzlich*) de una vez; **von ~ zu ~** cada vez; **ein für alle** ~ de una vez para siempre **2.** (SPORT: *Markierung*) línea *f* de demarcación

Mal[2] *nt* <-(e)s, -e *o* Mäler> (*Wund~*) estigma *m;* (*Mutter~*) lunar *m*

Malaria *f ohne Pl* paludismo *m,* malaria *f*

Malaysia *nt* <-s> Malasia *f*

Malaysier(in) *m(f)* <-s, -; -nen> malayo, -a *m, f*

malaysisch *adj* malayo

Malbuch *nt* <-(e)s, -bücher> libro *m* para colorear

malen *vt* **1.** (*allgemein*) pintar; (*zeichnen*) dibujar; (*porträtieren*) retratar; **ein Bild** ~ hacer un dibujo **2.** (*reg: anstreichen*) pintar; **weiß** ~ pintar de blanco

Maler(in) *m(f)* <-s, -; -nen> (*a.* KUNST) pintor(a) *m(f)*

Malerei *f* <-en> **1.** (*Kunstgattung*) pintura *f* **2.** (*Gemälde*) cuadro *m*

malerisch *adj* pintoresco

Malkasten *m* caja *f* de pinturas

mal|nehmen *irr vt* multiplicar (*mit* por)

malochen* *vi* (*fam*) currar

Malta *nt* <-s> Malta *f*

Malteser(in) *m(f)* <-s, -; -nen> maltés, -esa *m, f*

maltesisch *adj* maltés

malträtieren* *vt* maltratar

Malve *f* <-n> malva *f*

Malz *nt ohne Pl* <-es> malta *f;* **Malzbier** *nt* cerveza *f* de malta; **Malzkaffee** *m* café *m* de malta

Mama *f* <-s> (*fam*) mamá *f*

Mami *f* <-s> mami *f,* mamita *f*

Mammut *nt* <-s, -e *o* -s> mamut *m*

mampfen *vt, vi* (*fam*) jalar

man[1] *pron indef* (*allgemein*) se; (*ich, wir*) uno *m,* una *f;* **das tut ~ nicht** eso no se hace; **~ hat mir gesagt, dass …** me han dicho que…; **~ sagt, dass …** se dice que…

man[2] *adv* (*nordd: fam*): **denn ~ los!** ¡vamos!

Management[1] *nt ohne Pl* <-s> (*das Leiten*) management *m,* gestión *f* empresarial

Management[2] *nt* <-s, -s> (*Führungskräfte*) junta *f* directiva

managen *vt* **1.** (*Künstler, Sportler*) ser el manager (de) **2.** (*fam: bewältigen*) apañar; **das**

hat er gut gemanagt lo ha apañado a las mil maravillas

Manager(in) *m(f)* <-s, -; -nen> manager *mf,* gerente *mf*

manch *pron indef:* ~ **einer** alguno que otro; *s. a.* **manche(r, s)**

manche(r, s) **I.** *pron indef* más de un(o), alguno que otro; **so ~s Mal** alguna que otra vez; **in ~m hat er Recht** en algunos puntos tiene razón **II.** *adj* algunos; ~ **von uns** algunos de nosotros

mancherlei *adj inv* diversos

manchmal *adv* **1.** (*gelegentlich*) a veces **2.** (*Schweiz: oft*) a menudo

Mandant(in) *m(f)* <-en, -en; -nen> (JUR) mandante *mf*

Mandarine *f* <-n> mandarina *f*

Mandat *nt* <-(e)s, -e> **1.** (JUR) mandato *m;* **ein ~ übernehmen** tomar posesión de un mandato **2.** (*Abgeordnetensitz*) escaño *m*

Mandel *f* <-n> **1.** (BOT) almendra *f;* **gebrannte ~n** almendras garapiñadas **2.** (MED) amígdala *f*

Mandelbaum *m* (BOT) almendro *m*

Mandelentzündung *f* (MED) amigdalitis *f inv*

mandelförmig *adj* almendrado

Mandoline *f* <-n> (MUS) mandolina *f*

Manege *f* <-n> pista *f* del circo

Mangan *nt ohne Pl* <-s> (CHEM) manganeso *m*

Mangel[1] *m* <-s, Mängel> (*Fehler*) defecto *m;* (*Unzulänglichkeit*) deficiencia *f*

Mangel[2] *m ohne Pl* <-s> (*Fehlen*) falta *f* (*an* de), carencia *f;* (*Knappheit*) escasez *f* (*an* de); **aus ~ an Beweisen freisprechen** absolver por falta de pruebas; ~ **haben an etw** *dat* carecer de algo

Mangel[3] *f* <-n> (*Wäsche~*) calandria *f;* **jdn in die ~ nehmen** (*fam fig*) apretarle a alguien las cuerdas

Mangelerscheinung *f* <-en> (MED) síntoma *m* de deficiencia

mangelhaft *adj* (*fehlerhaft*) deficiente; (SCH: *unzureichend*) insuficiente

mangeln[1] *vunpers* (*fehlen*) faltar, carecer; **es mangelt ihm an Selbstvertrauen** le falta la confianza en sí mismo

mangeln[2] *vt* (*Wäsche*) calandrar

mangelnd *adj* escaso; **wegen ~er Vorbereitung** por falta de preparación

mangels *präp +gen/dat* (*formal*) por falta de

Mangelware *f ohne Pl* artículo *m* escaso; ~ **sein** escasear

Mango *f* <-s *o* -nen> mango *m*

Mangold *m* <-(e)s, -e> acelga *f*

Manie *f* <-n> manía *f*

Manier *f* <-en> **1.** (*Art*) manera *f;* **in überzeugender ~** de manera convincente **2.** *Pl* (*Benehmen*) modales *mpl;* **gute/schlechte ~en haben** tener buenos/malos modales

Manierismus *m ohne Pl* <-> (KUNST, LIT) manierismo *m*

manierlich *adj* con buenos modales; **sich ~ benehmen** comportarse bien

Manifest *nt* <-(e)s, -e> manifiesto *m*

Maniküre *f* <-n> manicura *f*

maniküren* *vt* hacer la manicura

Manipulation *f* <-en> manipulación *f*

manipulieren* **I.** *vt* manipular **II.** *vi* manipular (*an*)

manisch *adj* (*a.* PSYCH) maníaco; **manisch-depressiv** *adj* (*a.* PSYCH) maníaco-depresivo

Manko *nt* <-s, -s> **1.** (*Nachteil*) desventaja *f* **2.** (WIRTSCH) déficit *m inv*

Mann *m* <-(e)s, Männer> **1.** (*Erwachsener*) hombre *m;* **ein junger ~** un joven; **ein gestandener ~** un hombre hecho y derecho; **selbst ist der ~** hay que ayudarse a sí mismo; **ein ~ von Welt** un hombre de mundo; **ein ~, ein Wort** palabra de honor; **bis zum letzten ~ kämpfen** luchar hasta el último hombre; **~ über Bord!** (NAUT) ¡hombre al agua!; **alle ~ an Deck!** (NAUT) ¡todo el mundo en pie!; **der kleine ~** (*Mensch*) el hombre de pocos recursos; (*fam: Penis*) el pito; **der ~ auf der Straße** (*fig*) el hombre de la calle; **ein gemachter ~ sein** (*fam*) ser hombre de provecho; **etw an den ~ bringen** (*fam*) vender algo; **seinen ~ stehen** cumplir con sus obligaciones; **wenn Not am ~ ist** en caso de necesidad; **von ~ zu ~** de hombre a hombre; **mein lieber ~!** (*fam*) ¡madre mía!; **~, oh ~!** (*fam*) ¡hombre!; **mach schnell, ~!** (*fam*) ¡date prisa, hombre! **2.** (*Ehe~*) marido *m;* **mein geschiedener ~** mi ex-marido; **ihr verstorbener/erster ~** su difunto/primer marido

Männchen *nt* <-s, -> **1.** (*kleiner Mann*) hombrecito *m;* ~ **machen** ponerse sobre las patas traseras **2.** (ZOOL) macho *m*

Mannequin *nt* <-s, -s> maniquí *mf*

Männerbekanntschaft *f:* **eine ~ machen** conocer a un hombre; **Männersache** *f* cosa *f* de hombres

Mannesalter *nt* edad *f* adulta del varón; **im besten ~ sein** estar en su mejor momento

mannigfach *adj,* **mannigfaltig** *adj* (*geh*) **1.** (*abwechslungsreich*) vario, diverso **2.** (*vielfach*) múltiple

männlich *adj* (*a.* LING, BOT) masculino; (ZOOL) macho

Männlichkeit *f ohne Pl* virilidad *f*

Mannsbild *nt* (*fam*) hombre *m*

Mannschaft *f* <-en> **1.** (SPORT) equipo *m* **2.** (NAUT, AERO) tripulación *f* **3.** (MIL) tropa *f* **4.** (*fam: Arbeitsteam*) equipo *m,* elenco *m*

Chil, Peru
mannshoch *adj* tan alto como un hombre; **mannstoll** *adj* (*fam*) ninfómana
Manometer[1] *nt* <-s, -> (PHYS) manómetro *m*
Manometer[2] *interj* (*fam*) vaya
Manöver *nt* <-s, -> **1.** (*Richtungsänderung, taktisches Vorgehen*) maniobra *f* **2.** (MIL: *Übung*) maniobras *fpl*
manövrieren* **I.** *vi* maniobrar **II.** *vt* (*manipulieren*) manipular; (*lenken*) dirigir
Mansarde *f* <-n> desván *m*, buhardilla *f*
Manschette *f* <-n> **1.** (*an Kleidung*) puño *m* **2.** (TECH) arandela *f* de cierre; **Manschettenknopf** *m* gemelo *m*, mancuerna *f Am, Phili*
Mantel *m* <-s, Mäntel> **1.** (*Kleidungsstück*) abrigo *m*, tapado *m Am;* **den ~ nach dem Wind hängen** (*abw fig*) bailar al son que tocan **2.** (TECH) revestimiento *m;* (*vom Reifen*) cubierta *f* **3.** (MATH) superficie *f* convexa
manuell **I.** *adj* manual **II.** *adv* con la mano
Manufaktur *f* <-en> manufactura *f*
Manuskript *nt* <-(e)s, -e> manuscrito *m*
Mappe *f* <-n> **1.** (*Tasche*) portafolios *m inv* **2.** (*Ordner*) carpeta *f*
Mär *f* <-en> cuento *m*
Maracuja *f* <-s> maracuyá *m*
Marathonlauf *m* <-(e)s, -läufe> (SPORT) (carrera *f* de) maratón *m*
Märchen *nt* <-s, -> cuento *m* (de hadas), chile *m Guat;* **Märchenbuch** *nt* libro *m* de cuentos
märchenhaft *adj* fabuloso
Märchenland *nt ohne Pl* <-(e)s> país *m* de las maravillas; **Märchenprinz** *m* <-en, -en> príncipe *m* azul
Marder *m* <-s, -> marta *f*
Margarine *f* <-n> margarina *f*
Margerite *f* <-n> margarita *f*
Marienkäfer *m* mariquita *f*
Marihuana *nt ohne Pl* <-s> marihuana *f*
Marille *f* <-n> (*Österr*) albaricoque *m*
Marinade *f* <-n> escabeche *m*
Marine *f* <-n> (MIL) marina *f;* **marineblau** *adj* azul marino
marinieren* *vt* poner en escabeche
Marionette *f* <-n> títere *m;* **Marionettentheater** *nt* teatro *m* de títeres
Mark[1] *nt ohne Pl* <-(e)s> (*Knochen~*) médula *f;* **das geht mir durch ~ und Bein** (*fig*) esto me llega hasta la médula
Mark[2] *f ohne Pl* (*Währung*) marco *m;* **Deutsche ~** marco alemán
Mark[3] *f* <-, -en> (*Grenzgebiet*) marca *f*
markant *adj* (*ausgeprägt*) marcado; (*auffallend*) notable
Marke *f* <-n> **1.** (*Herstellerzeichen*) marca *f;* **~ Eigenbau** (*fam*) marca la pava **2.** (*Wert~*) timbre *m;* (*Brief~*) sello *m* **3.** (*Garderoben~, Spiel~*) ficha *f* **4.** (*Erkennungs~*) chapa *f* de identificación **5.** (*Rekord~*) marca *f;* **Markenartikel** *m* artículo *m* de marca; **Markenname** *m* (nombre *m* de una) marca *f;* **Markenzeichen** *nt* emblema *m*
Marker *m* <-s, - *o* -s> (*Markierstift*) marcador *m*
markerschütternd *adj* estremecedor
Marketing *nt ohne Pl* <-s> (WIRTSCH) marketing *m*
markieren* *vt* **1.** (*kennzeichnen*) señalizar (*mit/durch* con), marcar (*mit/durch* con) **2.** (*fam: vortäuschen*) simular, fingir; **er markiert den starken Mann** se hace el fuerte
Markierung *f* <-en> **1.** (*Vorgang*) señalización *f* **2.** (*Zeichen*) marca *f*
Markise *f* <-n> toldo *m*, marquesina *f*
Markstein *m* hito *m*
Markstück *nt* moneda *f* de un marco
Markt *m* <-(e)s, Märkte> (*a.* WIRTSCH) mercado *m;* **auf den ~ gehen** ir al mercado; **der Gemeinsame ~** (EU) el Mercado Común; **der schwarze ~** el mercado negro; **neue Märkte erschließen** abrir nuevos mercados; **auf dem ~ sein** estar a la venta; **Marktanalyse** *f* (WIRTSCH) análisis *m inv* del mercado; **Marktanteil** *m* (WIRTSCH) participación *f* en el mercado; **Marktbude** *f* puesto *m* de mercado, carpa *f Am,* ramada *f Chil;* **Marktforschung** *f* (WIRTSCH) estudio *m* de mercado; **Marktfrau** *f* vendedora *f* de mercado; **Marktführer** *m* <-s, -> (WIRTSCH) empresa *f* líder en el mercado; **Markthalle** *f* mercado *m;* **Marktlage** *f* (WIRTSCH) situación *f* en el mercado; **Marktlücke** *f* (WIRTSCH) hueco *m* en el mercado; **Marktplatz** *m* <-es, -plätze> plaza *f* del mercado; **Marktpreis** *m* (WIRTSCH) precio *m* de mercado; **Marktstand** *m* <-(e)s, -stände> puesto *m* de mercado; **Marktwert** *m ohne Pl* <-(e)s> (WIRTSCH) valor *m* mercantil; **Marktwirtschaft** *f ohne Pl* (WIRTSCH) economía *f* de mercado; **freie ~** economía de mercado libre; **soziale ~** economía social de(l) mercado
Marmelade *f* <-n> mermelada *f*
Marmor *m* <-s, -e> mármol *m*
marmorieren* *vt* (GASTR, KUNST) vetear
marmoriert *adj* (GASTR, KUNST) veteado
Marmorkuchen *m* pastel *m* de molde con chocolate
marmorn *adj* marmóreo
Marokkaner(in) *m(f)* <-s, -; -nen> marroquí *mf*
marokkanisch *adj* marroquí
Marokko *nt* <-s> Marruecos *m*
Marone *f* <-n> **1.** (*Esskastanie*) castaña *f*

2. (*Pilz*) boleto *m*

Marotte *f* <-n> manía *f*, moño *m Kol*

Mars *m* <-> (ASTR) Marte *m*

marsch *interj* **1.** (MIL): **vorwärts ~!** ¡andando! **2.** (*fam*) venga; **~ ins Bett!** ¡venga, a la cama!

Marsch[1] *m* <-(e)s, Märsche> (*a.* MUS) marcha *f*; **sich in ~ setzen** ponerse en marcha

Marsch[2] *f* <-en> marisma *f* (*en la costa del mar del Norte*)

Marschall *m* <-s, Marschälle> (MIL) mariscal *m*

Marschbefehl *m* (MIL) orden *f* de marcha

marschieren* *vi sein* **1.** (MIL) marchar **2.** (*gehen*) caminar

Marschmusik *f ohne Pl* música *f* militar; **Marschrichtung** *f* (MIL) dirección *f* de la marcha

Marsmensch *m* marciano, -a *m, f*

Marter *f* <-n> (*geh*) martirio *m*

martern *vt* (*geh*) torturar; (*seelisch*) atormentar

Marterpfahl *m* <-(e)s, -pfähle> poste *m* de tortura

Märtyrer(in) *m(f)* <-s, -; -nen> mártir *mf*

Martyrium *nt* <-s, -rien> martirio *m*

Marxismus *m ohne Pl* <-> (POL) marxismo *m*

Marxist(in) *m(f)* <-en, -en; -nen> (POL) marxista *mf*

marxistisch *adj* (POL) marxista

März *m* <-(es), -e> marzo *m*; **im (Monat) ~** en (el mes de) marzo; **vergangenen ~** el marzo pasado; **heute ist der erste ~** (hoy) estamos a primero de marzo; **Berlin, den 10. ~ 1988** Berlín, a diez de marzo de 1988; **am 20. ~** el 20 de marzo; **Anfang/Ende/Mitte ~** a principios/finales/mediados de marzo; **Ostern fällt dieses Jahr in den ~** la Semana Santa cae este año en marzo; **in diesem ~ hat es viel geregnet** este año ha llovido mucho en marzo

Marzipan *nt* <-s, -e> mazapán *m*

Masche *f* <-n> **1.** (*bei Handarbeit*) punto *m*; **eine ~ fallen lassen** menguar un punto; **durch die ~n des Gesetzes schlüpfen** burlar la justicia **2.** (*fam: Trick*) truco *m* **3.** (*Österr, Schweiz, südd: Schleife*) lazo *m*; **Maschendraht** *m* tela *f* metálica

Maschine *f* <-n> **1.** (*Schreib~, Näh~, Wasch~*) máquina *f*; **etw mit der ~ schreiben** escribir algo a máquina **2.** (*Flugzeug*) avión *m* **3.** (*fam: Motorrad*) moto *f*

maschinell I. *adj* mecánico **II.** *adv* a máquina

Maschinenbau *m ohne Pl* <-(e)s> **1.** (*das Bauen*) construcción *f* de máquinas **2.** (*Lehrfach*) ingeniería *f* mecánica; **Maschinenöl** *nt* aceite *m* lubrificante; **Maschinenpistole** *f* metralleta *f*; **Maschinenraum** *m* <-(e)s, -räume> sala *f* de máquinas; **Maschinenschlosser(in)** *m(f)* mecánico, -a *m, f*, montador(a) *m(f)*; **Maschinenschrift** *f* letra *f* de máquina

Maschinerie *f* <-n> **1.** (*a.* TECH) maquinaria *f* **2.** (THEAT) tramoya *f*

Maschinist(in) *m(f)* <-en, -en; -nen> maquinista *mf*

Masern *Pl* (MED) sarampión *m*

Maserung *f* <-en> (*in Holz, Stein*) vetas *fpl*

Maske *f* <-n> **1.** (*für das Gesicht*) máscara *f* **2.** (INFOR) pantalla *f*; **Maskenball** *m* baile *m* de máscaras; **Maskenbildner(in)** *m(f)* <-s, -; -nen> maquillador(a) *m(f)*

maskenhaft *adj* inmóvil

Maskerade *f* <-n> mascarada *f*

maskieren* I. *vt* enmascarar; (*reg: kostümieren*) disfrazar (*als* de) **II.** *vr:* **sich ~** enmascararse; (*reg: sich kostümieren*) disfrazarse (*als* de)

Maskottchen *nt* <-s, -> mascota *f*

maskulin *adj* (*a.* LING) masculino

Masochist(in) *m(f)* <-en, -en; -nen> masoquista *mf*

masochistisch *adj* masoquista

maß *3. imp von* **messen**

Maß[1] *nt* <-es, -e> medida *f*; (*Aus~*) dimensión *f*; **bei jdm ~ nehmen** tomar las medidas a alguien; **sich** *dat* **etw nach ~ anfertigen lassen** hacerse algo a medida; **das ~ aller Dinge** la medida de todas las cosas; **das ~ ist voll** ya basta; **in dem ~e wie** en la medida que; **in besonderem ~(e)** especialmente; **in gewissem ~(e)** en cierta medida; **in hohem ~e** en alto grado; **über alle ~en** sobremanera; **das übersteigt jedes ~** excede (todos) los límites; **sie kennt weder ~ noch Ziel** no tiene sentido de la medida; **bei [*o* in] etw ~ halten** ser moderado con algo; **ein gewisses ~ an Vertrauen** cierto grado de confianza; **in ~en** sin exceder la medida; **mit zweierlei ~ messen** medir por distintos raseros

Maß[2] *f* <-(e)> (*Österr, südd*) litro *m* (de cerveza)

Massage *f* <-n> masaje *m*

Massaker *nt* <-s, -> masacre *f*

massakrieren* *vt* masacrar

Maßangabe *f* <-n> indicación *f* de la medida; **Maßanzug** *m* <-s, -züge> traje *m* a medida; **Maßarbeit** *f* trabajo *m* a medida; **Maßband** *nt* <-(e)s, -bänder *o* -e> cinta *f* métrica

Masse *f* <-n> **1.** (*a.* PHYS) masa *f*; **die breite ~ der Bevölkerung** la gran masa de la población **2.** (*Menge*) cantidad *f*; (*große*) montón *m*; (*Menschen~*) muchedumbre *f*; **in ~n** a montones

Maßeinheit *f* unidad *f* de medida

Massenandrang *m* afluencia *f* masiva; **Massenarbeitslosigkeit** *f* paro *m* masivo; **Massenartikel** *m* artículo *m* de gran consumo; **Massenbewegung** *f* movimiento *m* de masas; **Massengrab** *nt* fosa *f* común

massenhaft *adj* (*fam*) en masa

Massenkarambolage *f* colisión *f* múltiple; **Massenmedium** *nt* medio *m* de masas; **Massenmord** *m* asesinato *m* en masa; **Massenproduktion** *f* producción *f* en gran escala; **Massentierhaltung** *f ohne Pl* cría *f* de animales en gran escala; **Massentourismus** *m* turismo *m* de masas

massenweise *adv* a montones, en masa

Masseur(in) *m(f)* <-s, -e; -nen> masajista *mf*

Masseuse *f* <-n> **1.** (*Prostituierte*) prostituta *f* (en un salón de masajes) **2.** (*Masseurin*) masajista *f*

maßgebend, **maßgeblich** **I.** *adj* (*bestimmend*) determinante; (*ausschlaggebend*) decisivo **II.** *adv* de manera decisiva

maß|halten *irr vi s.* **Maß[1]**

massieren* *vt* **1.** (*Körper*) dar un masaje (a) **2.** (*Truppen*) concentrar

massig **I.** *adj* (*wuchtig*) voluminoso **II.** *adv* (*fam: viel*) a montones, a porrillo

mäßig *adj* **1.** (*gemäßigt*) moderado; (*Lebensweise*) sobrio **2.** (*mittel~*) mediocre

mäßigen **I.** *vt* moderar **II.** *vr:* **sich ~** **1.** (*sich beherrschen*) moderarse **2.** (*Orkan*) calmarse

Mäßigung *f ohne Pl* moderación *f*

Massiv *nt* <-s, -e> macizo *m*

massiv *adj* **1.** (*Gegenstand*) macizo; (*stabil*) sólido, compacto **2.** (*Kritik, Drohung*) masivo; **er wurde schließlich ~** por último se puso violento

Maßkleidung *f* <-en> ropa *f* a medida

Maßkrug *m* jarra *f* de un litro

maßlos **I.** *adj* desmesurado **II.** *adv* enormemente; **sich ~ ärgern** enfadarse enormemente

Maßlosigkeit *f ohne Pl* **1.** (*Übermaß*) exorbitancia *f* **2.** (*ohne Maß*) desmesura *f* (*in* de)

Maßnahme *f* <-n> medida *f*; **~n ergreifen** tomar medidas

Maßregel *f* regla *f*, norma *f*

maßregeln *vt* (*rügen*) reprender; (*strafen*) castigar

Maßstab *m* **1.** (*Norm*) norma *f*; **neue Maßstäbe setzen** sentar nuevas bases; **einen bestimmten ~ an etw anlegen** aplicar ciertas normas a algo **2.** (*bei Karten*) escala *f*; **eine Karte im ~ 1 : 20.000** un mapa de escala 1 : 20.000; **maßstabsgerecht** *adj* a escala

maßvoll *adj* moderado, comedido; **~ in seinen Ansprüchen/Wünschen sein** ser comedido con sus demandas/deseos

Mast[1] *m* <-(e)s, -e(n)> **1.** (NAUT) mástil *m* **2.** (*Telefon~, Leitungs~*) poste *m*; (*Fahnen~*) asta *f*

Mast[2] *f* <-en> (*von Tieren*) cebadura *f*

Mastdarm *m* (ANAT) recto *m*

mästen *vt* cebar

masturbieren* *vi* masturbarse

Match *nt* <-(e)s, -s *o* -e> (SPORT) partido *m*, match *m*

Mate *m ohne Pl* <-> mate *m*, verde *m CSur*, yerba *f RíoPl*

Material *nt* <-s, -ien> material *m*; **Materialfehler** *m* defecto *m* del material

Materialismus *m ohne Pl* <-> materialismo *m*

materialistisch *adj* materialista

Materialkosten *Pl* gastos *mpl* de material

Materie[1] *f* <-n> (*Thema*) materia *f*, tema *m*

Materie[2] *f ohne Pl* (*a.* PHYS, CHEM, PHILOS) materia *f*

materiell *adj* **1.** (*stofflich*) material **2.** (*finanziell*) financiero; (*wirtschaftlich*) económico

Mathematik *f ohne Pl* matemáticas *fpl*

mathematisch *adj* matemático

Matjeshering *m* arenque *m* fresco

Matratze *f* <-n> colchón *m*

Mätresse *f* <-n> querida *f*

matriarchalisch *adj* matriarcal

Matriarchat *nt* <-(e)s, -e> matriarcado *m*

Matrikel *f* <-n> **1.** (*Verzeichnis*) matrícula *f* **2.** (*Österr: Standesamt*) ≈registro *m* civil

Matrix *f* <Matrizen *o* Matrizes> (MATH, BIOL, LING) matriz *f*; **Matrixdrucker** *m* <-s, -> (INFOR) impresora *f* de matrices

Matrize *f* <-n> **1.** (TYPO) matriz *f* **2.** (*für Vervielfältigung*) cliché *m* **3.** (TECH) troquel *m*

Matrizen *Pl von* **Matrix**, **Matrize**

Matrizes *Pl von* **Matrix**

Matrone *f* <-n> matrona *f*

Matrose *m* <-n, -n> marinero *m*

Matsch *m ohne Pl* <-(e)s> (*fam*) **1.** (*Schlamm*) lodo *m* **2.** (*zerdrücktes Obst*) puré *m*

matschig *adj* (*fam*) **1.** (*Obst*) pasado; (*Schnee*) medio derretido **2.** (*schlammig*) fangoso

matt *adj* **1.** (*erschöpft*) cansado; (*schwach*) débil **2.** (*Stimme*) débil; (*Lichtschein, Glasscheibe*) opaco **3.** (*glanzlos*) mate; (*Farbe, Blick*) apagado **4.** (*Schach*): **jdn ~ setzen** dar jaque mate a alguien

Matte *f* <-n> **1.** (*Stroh~*) estera *f* **2.** (SPORT) colchoneta *f* **3.** (*Österr, Schweiz: Bergwiese*) pradera *f*

Mattscheibe *f* (*fam*) pantalla *f*; **vor der ~ sitzen** estar sentado delante de la pantalla; **~ haben** estar atontado

Matura *f ohne Pl* (*Österr, Schweiz*) ≈bachillerato

Mauer *f* <-n> **1.** (*aus Steinen*) muro *m;* (*aus Lehm*) tapia *f;* (*zur Verteidigung*) muralla *f;* **eine ~ des Schweigens** (*fig*) un muro de silencio; **gegen eine ~ reden** (*fig*) hablar con una pared **2.** (SPORT) barrera *f;* **Mauerblümchen** *nt* <-s, -> (*fam*) patito *m* feo

mauern I. *vt* construir **II.** *vi* **1.** (*bauen*) construir **2.** (SPORT) jugar a la defensiva **3.** (*zurückhaltend sein*) cerrarse por banda

Maueröffnung *f ohne Pl* caída *f* del Muro de Berlín; **Mauersegler** *m* <-s, -> (ZOOL) vencejo *m;* **Mauerwerk** *nt* mampostería *f*

Maul *nt* <-(e)s, Mäuler> **1.** (*bei Tieren*) boca *f;* (*Hund*) hocico *m;* (*Wiederkäuer*) morro *m* **2.** (*fam abw: Mund*) morro *m;* **jdm übers ~ fahren** cortarle a alguien la palabra; **ein großes ~ haben** ser un bocazas; **jdm das ~ stopfen** taparle el pico a alguien; **darüber werden sich die Leute das ~ zerreißen** esto va a dar mucho que hablar; **halt's ~ !** ¡cierra el pico!

maulen *vi* (*fam abw*) estar de morros

Mäuler *Pl von* **Maul**

Maulesel *m* <-s, -> mulo *m;* **maulfaul** *adj* (*fam*) callado; **~ sein** no abrir el pico; **Maulheld** *m* <-en, -en> (*fam abw*) fanfarrón *m;* **Maulkorb** *m* bozal *m;* **Maultaschen** *fPl* (GASTR) **1.** (*Teigtaschen*) *pasta rellenada de carne picada y/o legumbres* **2.** (*Gericht*) *plato suabio con esta pasta* (*rellenada*); **Maultier** *nt* mulo *m*

Maulwurf *m* <-(e)s, -würfe> topo *m;* **Maulwurfshaufen** *m* topera *f*

Maurer(in) *m(f)* <-s, -; -nen> albañil *mf;* **Maurerkelle** *f* paleta *f* (de albañil)

Mauretanien *nt* <-s> Mauritania *f*

Mauretanier(in) *m(f)* <-s, -; -nen> mauritano, -a *m, f*

mauretanisch *adj* mauritano

maurisch *adj* moro, árabe

Maus *f* <Mäuse> **1.** (ZOOL, INFOR) ratón *m;* **weiße Mäuse sehen** (*fam fig*) ver elefantes volando **2.** *Pl* (*fam: Geld*) perras *fpl*

mauscheln *vi* (*fam abw*) trucar

Mäusebussard *m* ratonero *m* común

Mausefalle *f* ratonera *f;* **Mauseloch** *nt* ratonera *f*

Mauser *f ohne Pl* (BIOL) muda *f;* **in der ~ sein** estar de muda

mausern *vr:* **sich ~ 1.** (*Vogel*) mudar el plumaje **2.** (*fam: sich entwickeln*) convertirse (*zu* en)

mausetot *adj* (*fam*) muerto y requetemuerto

Mausklick *m* <-s, -s> (INFOR) click *m* del ratón

Mausoleum *nt* <-s, Mausoleen> mausoleo *m*

Maussteuerung *f* <-en> (INFOR) (control *m* con el) ratón *m*

Maut *f* <-en> peaje *m;* **Mautgebühr** *f* (*Österr*) derechos *mpl* de peaje

Maxima *Pl von* **Maximum**

maximal I. *adj* máximo **II.** *adv* como máximo

Maxime *f* <-n> máxima *f*

Maximum *nt* <-s, Maxima> máximo *m* (*an* de)

Mayonnaise *f* <-n> mayonesa *f*

Mazedonien *nt* <-s> Macedonia *f*

Mäzen *m* <-s, -e> mecenas *m inv*

MB (INFOR) *Abk. von* **Megabyte** MB

m. E. *Abk. von* **meines Erachtens** en mi opinión

Mechanik *f ohne Pl* mecánica *f*

Mechaniker(in) *m(f)* <-s, -; -nen> mecánico, -a *m, f*

mechanisch *adj* mecánico

Mechanisierung *f* <-en> mecanización *f*

Mechanismus *m* <-, Mechanismen> mecanismo *m*

meckern *vi* **1.** (*Ziege*) balar **2.** (*fam abw: nörgeln*) criticar (*über* a)

Mecklenburg *nt* Mecklemburgo *m*

mecklenburgisch *adj* de Mecklemburgo

Mecklenburg-Vorpommern *nt* <-s> Mecklemburgo-Pomerania *m* occidental

Medaille *f* <-n> medalla *f*

Medaillon *nt* <-s, -s> **1.** (*Schmuckstück*) medallón *m,* relicario *m Am* **2.** (GASTR) medallón *m*

Medien *Pl von* **Medium: die ~** los medios de comunicación; **Medienereignis** *nt* gran acontecimiento *m* en los medios de comunicación; **Medienforschung** *f ohne Pl* investigación *f* de los medios de comunicación; **Medienlandschaft** *f ohne Pl* medios *mpl* de comunicación; **Medienrummel** *m* (*fam*) jaleo *m* provocado por los medios de comunicación; **medienwirksam** *adj* (*Person*) con gran poder de comunicación

Medikament *nt* <-(e)s, -e> medicamento *m,* pichicata *f Arg;* **Medikamentenmissbrauch**[RR] *m ohne Pl* <-(e)s> (MED) abuso *m* de medicamentos; **Medikamentensucht** *f ohne Pl* dependencia *f* de los medicamentos

medikamentös *adj* (MED) con medicamentos

Meditation *f* <-en> meditación *f*

mediterran *adj* mediterráneo

meditieren* *vi* meditar (*über* sobre)

Medium *nt* <-s, Medien> (*a.* PHYS, CHEM) medio *m;* (*Parapsychologie*) médium *m o f*

Medizin[1] *f ohne Pl* (*Wissenschaft*) medicina *f*

Medizin[2] *f* <-en> (*Medikament*) medicamento *m*

Mediziner(in) *m(f)* <-s, -; -nen> médico,

-a *m, f;* (*Student*) estudiante *mf* de medicina

medizinisch *adj* (*ärztlich*) médico; (*arzneilich*) medicinal; **jdn/etw ~ behandeln** impartir tratamiento medicinal a alguien/a algo

Medizinmann *m* curandero *m,* brujo *m Am,* nagual *m ZAm, Mex;* **Medizinstudent(in)** *m(f)* estudiante *mf* de medicina

Meer *nt* <-(e)s, -e> mar *m;* **das Rote/Schwarze ~** el Mar Rojo/Negro; **am ~** en el mar; **ans ~ fahren** ir al mar; **ein ~ von Licht und Farbe** (*geh*) un derroche de luces y colores; **Meerbusen** *m* bahía *f;* **Meerenge** *f* <-n> estrecho *m*

Meeresalge *f* alga *f* marina; **Meeresarm** *m* brazo *m* de mar; **Meeresfrüchte** *fPl* (GASTR) mariscos *mpl;* **Meeresgrund** *m ohne Pl* <-(e)s> fondo *m* del mar; **Meereskunde** *f ohne Pl* oceanografía *f;* **Meeresspiegel** *m ohne Pl* nivel *m* del mar; **über/unter dem ~** sobre/bajo el nivel del mar

Meerkatze *f* (ZOOL) macaco *m;* **Meerrettich** *m* (BOT, GASTR) rábano *m;* **Meerschweinchen** *nt* <-s, -> (ZOOL) conejillo *m* de Indias, cobaya *f,* cuy(e) *m And;* **Meerwasser** *nt ohne Pl* <-s> agua *f* de mar

Meeting *nt* <-s, -s> (*a.* POL) mitin *m*

Megabyte *nt* <-(s), -(s)> (INFOR) megabyte *m*

Megafon[RR] *nt* <-s, -e> *s.* **Megaphon**

Megahertz *nt* <-, -> (PHYS) megahertzio *m*

Megaphon *nt* <-s, -e> megáfono *m*

Megawatt *nt* <-s, -> (PHYS) megavatio *m*

Mehl *nt* <-(e)s, -e> harina *f*

mehlig *adj* harinoso

Mehlschwitze *f* <-n> (GASTR) *harina que se fríe para preparar salsas y sopas;* **Mehlwurm** *m* (ZOOL) gusano *m* de la harina

mehr **I.** *adv o pron indef kompar von* **viel** más (*als* que); (*vor Zahlen*) más (*als* de); (*vor Verben*) más (*als* de lo que); **sie hat ~ gegessen als er** ha comido más que él; **~ als nötig** más de lo necesario; **~ als sie erhofft hatte** más de lo que había esperado; **wir brauchen ~ Geld** necesitamos más dinero; **immer ~** cada vez más; **etwas ~** un poco más; **~ als genug** más que suficiente; **noch ~** todavía más; **~ und ~** más y más; **nicht ~ und nicht weniger als ...** ni más ni menos que...; **~ oder weniger** más o menos; **um so ~** tanto más; **viel ~** mucho más; **sie ist ~ Künstlerin als Wissenschaftlerin** es más bien artista que científica **II.** *adv* (+ *Negation, ein Ende ausdrückend*): **nicht ~** ya no; **ich habe kein Geld ~** ya no tengo (más) dinero; **nichts ~** nada más; **kein Wort ~!** ¡ni una palabra más!; **es war niemand ~ da** ya no había nadie más

Mehr *nt ohne Pl* <-(s)> **1.** (*Überschuss*) excedente *m* (*an* de); **ein ~ an Zeit/Kosten aufwenden** invertir más tiempo/costes **2.** (*Schweiz: Stimmenmehrheit*) mayoría *f* (de votos) **3.** (*Schweiz: Mehrheitsbeschluss*) acuerdo *m* adoptado por la mayoría; **Mehraufwand** *m* (*an Geld*) gastos *mpl* adicionales

mehrbändig *adj* en varios tomos

Mehrbelastung *f* <-en> sobrecarga *f;* **Mehrbetrag** *m* excedente *m*

mehrdeutig *adj* (*interpretierbar*) ambiguo; (*missverständlich*) equívoco

Mehrdeutigkeit *f ohne Pl* ambigüedad *f*

mehrdimensional *adj* multidimensional

mehren *vt, vr:* **sich ~** (*geh*) aumentar

mehrere *pron indef* varios; (*verschiedene*) diferentes; **zu ~n** entre varios; **sie waren zu ~n da** eran varios

mehrfach **I.** *adj* múltiple **II.** *adv* repetidas veces; **Mehrfachsteckdose** *f* (caja *f* de) enchufe *m* múltiple; **Mehrfachstecker** *m* ficha *f* múltiple

Mehrfamilienhaus *nt* casa *f* de vecindad

mehrfarbig *adj* multicolor, de varios colores

Mehrheit *f* <-en> mayoría *f;* **mit einer Stimme ~** con mayoría por un voto; **in der ~** mayoritariamente; **in der ~ sein** ser mayoría; **die schweigende ~** la mayoría silenciosa

mehrheitlich *adj* por mayoría; **der Antrag wurde ~ angenommen** la solicitud fue aceptada con la mayoría de votos

Mehrheitsbeschluss[RR] *m* decisión *f* mayoritaria; **Mehrheitswahlrecht** *nt ohne Pl* <-(e)s> sistema *m* mayoritario

mehrjährig *adj* (*a.* BOT) plurienal

mehrmalig *adj* repetido

mehrmals *adv* repetidas veces

Mehrparteiensystem *nt* (POL) sistema *m* pluralista (de partidos)

mehrsilbig *adj* polisílabo

mehrsprachig *adj* políglota; (*Mensch*) multilingüe

mehrstimmig **I.** *adj* (MUS) de varias voces **II.** *adv* (MUS) a varias voces

mehrstöckig *adj* de varios pisos

mehrstündig *adj* de varias horas

mehrtägig *adj* de varios días

Mehrverbrauch *m* exceso *m* del consumo (*an* de)

Mehrweg- retornable; **Mehrwegflasche** *f* botella *f* retornable; **Mehrwegverpackung** *f* envase *m* retornable

Mehrwert *m ohne Pl* <-(e)s> **1.** (WIRTSCH) mayor valía *f* **2.** (*marxistisch*) plusvalía *f;* **Mehrwertsteuer** *f* <-n> (WIRTSCH) impuesto *m* sobre el valor añadido

mehrwöchig *adj* de varias semanas

Mehrzahl *f ohne Pl* **1.** (LING) plural *m*

2. (*Mehrheit*) mayoría *f;* **in der ~ der Fälle** en la mayoría de los casos; **wir sind in der ~** somos mayoría

meiden <meidet, mied, gemieden> *vt* (*geh*) rehuir

Meile *f* <-n> legua *f;* (NAUT) milla *f;* **das riecht man drei ~n gegen den Wind** (*abw*) eso se huele a la legua; **Meilenstein** *m* piedra *f* miliar; (*wichtiger Einschnitt*) hito *m;* **meilenweit** *adj* a varias leguas de distancia; **~ entfernt sein** estar muy lejos

Meiler *m* <-s, -> **1.** (*Kohlen~*) carbonera *f* **2.** (*Atom~*) reactor *m*

mein, meine, mein *pron poss* (*adjektivisch*) mi, mis *pl;* **~ Haus/Freund** mi casa/mi novio; **~e Damen und Herren!** ¡señoras y señores!

meine(r, s) *pron poss* (*substantivisch*) (el) mío *m,* (la) mía *f,* (los) míos *mpl,* (las) mías *fpl;* **das Haus in der Mitte ist ~s** la casa del centro es (la) mía; *s. a.* **mein, meine, mein**

Meineid *m* <-(e)s, -e> perjurio *m;* **einen ~ schwören** perjurar

meineidig *adj* perjuro

meinen *vt* **1.** (*denken*) pensar; (*glauben*) creer; (*Meinung vertreten*) opinar; **man sollte ~, dass ...** se podría pensar que...; **was meinst du dazu?** ¿qué opinas al respecto?; **~ Sie nicht?** ¿no le parece?; **wenn Sie ~** si Ud. cree; **(ganz) wie Sie ~!** ¡como Ud. quiera!; **das will ich ~** (*fam*) ya lo creo **2.** (*sich beziehen auf*) referirse (a); **du warst nicht gemeint** no se refería a ti; **ja, dich habe ich damit gemeint** sí, tú **3.** (*sagen*) decir; **was meinten Sie?** ¿qué decía Ud.?; **meinst du das im Ernst?** ¿lo dices en serio? **4.** (*sagen wollen*) querer decir; **was meinst du damit?** ¿qué quieres decir con eso? **5.** (*beabsichtigen*): **wohl gemeint** bien intencionado; **so war es nicht gemeint** no fue con esa intención; **ein gut gemeinter Rat** un consejo con buena intención; **er meint es doch nur gut mit dir** si sólo tiene buenas intenciones contigo

meiner *pron pers gen von* **ich** de mí

meinerseits *adv* por mi parte; **ganz ~!** ¡el gusto es mío!

meinesgleichen *pron indef inv* de mi condición, mis semejantes; **ich wollte unter ~ sein** quería estar con mis semejantes

meinetwegen *adv* por mí; (*negativ*) por mi culpa; **bemühe dich nicht ~** no te esfuerces por mí

meinetwillen *adv:* **um ~** por mí

meinige *pron poss geh für* **meine(r, s)**: **der/die/das ~** [*o* **M~**] el mío/la mía/lo mío; **die ~n** [*o* **M~n**] los míos/las mías

Meinung *f* <-en> opinión *f;* **meiner ~ nach** en mi opinión; **ich bin der ~, dass ...** soy de la opinión de que...; **seine ~ ändern** cambiar de opinión; **einer ~ sein** ser de la misma opinión; **ich bin anderer ~** no estoy de acuerdo; **die öffentliche ~** la opinión pública; **ganz meine ~!** ¡totalmente de acuerdo!; **darüber kann man geteilter ~ sein** las opiniones pueden diferir en ese punto; **jdm (gehörig) die ~ sagen** (*fam*) cantar las cuarenta a alguien; **Meinungsäußerung** *f* (expresión *f* de una) opinión *f;* **Meinungsaustausch** *m* intercambio *m* de opiniones; **Meinungsforschung** *f ohne Pl* sondeo *m* de opinión; **Meinungsfreiheit** *f ohne Pl* libertad *f* de expresión; **Meinungsumfrage** *f* encuesta *f;* **Meinungsverschiedenheit** *f* **1.** (*in der Beurteilung*) disparidad *f* de opiniones **2.** (*Streit*) pelea *f,* querella *f*

Meise *f* <-n> paro *m;* **du hast doch 'ne ~!** (*fam*) ¡estás chiflado!

Meißel *m* <-s, -> cincel *m*

meißeln *vi, vt* (*bearbeiten*) cincelar; (*schaffen*) esculpir; **eine Inschrift in einen Stein ~** grabar una inscripción en una roca

meist *adv s.* **meistens**

meistbietend *adv:* **etw ~ versteigern** subastar algo al mejor postor

meiste(r, s) *pron indef superl von* **viel** **1.** (*größte Anzahl*): **die ~n** la mayoría; **die ~n Leute glauben, dass ...** la mayoría de la gente cree que... **2.** (*größte Menge*): **das ~** lo más; **das ~ war interessant** la mayor parte fue interesante; **die ~ Zeit** la mayor parte del tiempo; **sie hat das ~ Geld** ella es la que más dinero tiene

meisten *superl von* **viel**: **am ~** (+ *Verb*) lo (que) más; **Hans arbeitet am ~** Hans es el que más trabaja

meistens *adv* la mayoría de las veces

Meister(in) *m(f)* <-s, -; -nen> **1.** (*im Handwerk*) maestro, -a *m, f;* **seinen ~ machen** (*fam*) presentarse al examen de maestría **2.** (*Könner*) maestro, -a *m, f;* **er ist ein ~ seines Faches** es un experto en su campo; **es ist noch kein ~ vom Himmel gefallen** (*prov*) la práctica hace al maestro **3.** (SPORT) campeón, -ona *m, f;* **Meisterbrief** *m* diploma *m* de maestría

meisterhaft **I.** *adj* magistral, perfecto **II.** *adv* con maestría

meistern *vt* **1.** (*Werkzeug, Instrument*) dominar **2.** (*Schwierigkeit*) superar; (*Situation*) controlar

Meisterprüfung *f* examen *m* de maestría

Meisterschaft[1] *f ohne Pl* (*Können*) maestría *f;* (*Vollkommenheit*) perfección *f;* **es zu wahrer ~ in etw bringen** conseguir verdadera maestría en algo

Meisterschaft[2] *f* <-en> (SPORT) campeonato *m*

Meisterstück *nt* **1.** (*Werkstück*) pieza *f* de(l) examen de oficial **2.** (*Meisterleistung*) obra *f* maestra; **Meisterwerk** *nt* (*a.* KUNST) obra *f* maestra

Mekka *nt* <-s> Meca *f*

Melancholie *f ohne Pl* melancolía *f,* flato *m Am*

melancholisch *adj* melancólico

Meldeamt *nt* oficina *f* de empadronamiento; **Meldefrist** *f* (*für Anmeldung*) plazo *m* de inscripción; (*für Verbrechen*) plazo *m* de denuncia

melden **I.** *vt* **1.** (*berichten*) informar (de); (*mitteilen*) comunicar, reportar *Am;* (*förmlich*) notificar; **jdm etw** ~ comunicar algo a alguien; **du hast hier(bei) überhaupt nichts zu** ~ (*fam*) tú no tienes ni voz ni voto en este asunto **2.** (*anzeigen*) dar parte (de); **etw bei der Polizei** ~ dar parte de algo a la policía; **er ist als vermisst gemeldet** fue dado por desaparecido **3.** (*ankündigen*) anunciar; **wen darf ich ~?** ¿a quién debo anunciar? **II.** *vr:* **sich** ~ **1.** (*an~*) registrarse **2.** (*sich zur Verfügung stellen*) presentarse; (*auf eine Anzeige*) responder (*auf* a) **3.** (*das Wort erbitten*) pedir la palabra; (*in der Schule*) levantar la mano; **er meldete sich zu Wort** pidió la palabra **4.** (*von sich hören lassen*) dar señal de vida; **melde dich mal wieder (bei mir)** llámame alguna vez; **er hat sich nie wieder (bei uns) gemeldet** nunca más supimos nada de él **5.** (*am Telefon*) responder al teléfono; **es meldet sich niemand** no responde nadie

Meldepflicht *f ohne Pl* (*für Dinge*) declaración *f* obligatoria; (*für Personen*) registro *m* obligatorio; **meldepflichtig** *adj* sujeto a declaración obligatoria; (*Krankheit*) de declaración obligatoria

Meldung *f* <-en> **1.** (*Bericht*) información *f;* (*Mitteilung*) comunicación *f;* (*Ankündigung*) aviso *m;* (*für die Presse*) comunicado *m;* (*bei der Polizei*) denuncia *f* **2.** (*Radio~, Fernseh~*) noticia *f* **3.** (*dienstlich*) informe *m;* **eine ~ machen** hacer un informe

meliert *adj* (*Wolle*) mezclado; (*Haar*) entrecano

Melisse *f* <-n> (BOT) melisa *f*

melken <melkt, melkte, gemelkt *o* gemolken> *vi, vt* (AGR) ordeñar

Melkmaschine *f* (AGR) ordeñadora *f*

Melodie *f* <-n> melodía *f*

melodisch *adj* melódico

Melodrama *nt* <-s, -en> melodrama *m;* **melodramatisch** *adj* (*geh a. iron*) melodramático

Melone *f* <-n> **1.** (*Honig~*) melón *m;* (*Wasser~*) sandía *f* **2.** (*fam: Hut*) (sombrero *m*) hongo *m,* tongo *m Chil, Peru*

Membran *f* <-e(n)> **1.** (TECH) diafragma *m* **2.** (BIOL) membrana *f*

Memoiren *Pl* memorias *fpl*

Menge *f* <-n> **1.** (*Anzahl*) cantidad *f* ((*an*) de); (*große*) montón *m* ((*an*) de); **eine ~ Zeit** un montón de tiempo; **eine ~ lernen** aprender un montón; **Bücher in ~n** montones de libros; **in rauhen ~n** (*fam*) a montones; **es gab eine ~ zu sehen** había mucho que ver **2.** (*Menschen~*) multitud *f* **3.** (MATH) conjunto *m*

mengen **I.** *vt* mezclar **II.** *vr:* **sich** ~ (*fam*) mezclarse (*unter* entre)

Mengenlehre *f ohne Pl* (MATH) teoría *f* de conjuntos; **Mengenrabatt** *m* (WIRTSCH) rebaja *f* por cantidad

Meniskus *m* <-, Menisken> (ANAT, MED) menisco *m*

Mensa *f* <Mensen *o* -s> comedor *m* universitario

Mensch *m* <-en, -en> hombre *m,* ser *m* humano; (*Person*) persona *f;* **kein** ~ nadie; **jeder** ~ cada uno; **er ist auch nur ein** ~ él también sólo es un ser humano; **~!** (*fam*) ¡hombre!; **du stellst dich an wie der erste ~!** (*fam*) ¡qué torpe que eres!; **von ~ zu ~** de persona a persona; **Menschenaffe** *m* (ZOOL) antropoide *m;* **Menschenalter** *nt* <-s, -> generación *f;* **Menschenfeind(in)** *m(f)* misántropo, -a *m, f;* **Menschenfresser** *m* <-s, -> antropófago, -a *m, f;* **Menschenfreund(in)** *m(f)* filántropo, -a *m, f;* **Menschengedenken** *nt:* **seit** ~ desde tiempos inmemoriales; **Menschenhandel** *m* trata *f* de seres humanos; (*mit Frauen*) trata *f* de blancas; **Menschenkenner(in)** *m(f)* buen psicólogo *m,* buena psicóloga *f;* **Menschenkenntnis** *f ohne Pl* conocimiento *m* de la naturaleza humana; **Menschenkette** *f* cadena *f* humana; **Menschenleben** *nt* **1.** (*Leben*) vida *f* humana **2.** (*Opfer*) víctima *f;* **menschenleer** *adj* (*Gebiet*) despoblado; (*Straße*) desierto; (*Raum*) vacío; **Menschenliebe** *f* filantropía *f;* **aus reiner** ~ por amor al prójimo; **Menschenmenge** *f* gentío *m,* bola *f* de gente *Mex;* **menschenmöglich** *adj* humanamente posible; **alles M~e tun** hacer todo lo humanamente posible

Menschenrechte *ntPl* derechos *mpl* humanos; **Menschenrechtsverletzung** *f* violación *f* de los derechos humanos

menschenscheu *adj* (*schüchtern*) tímido; (*ungesellig*) huraño; **Menschenseele** *f* alma *f* humana; **keine** ~ (*fig*) ni un alma

Menschenskind *interj* (*fam*) hombre

menschenverachtend *adj* inhumano; **Menschenverstand** *m:* **der gesunde** ~ el sentido común; **Menschenwürde** *f ohne Pl* dignidad *f* humana

Menschheit *f ohne Pl* humanidad *f*
menschlich *adj* humano
Menschlichkeit *f ohne Pl* humanidad *f*
Mensen *Pl von* **Mensa**
Menstruation *f* <-en> (MED) menstruación *f*
menstruieren* *vi* (MED) tener la menstruación
mental *adj* mental
Mentalität *f* <-en> mentalidad *f*
Menthol *nt ohne Pl* <-s> (CHEM) mentol *m*
Menü *nt* <-s, -s> (INFOR, GASTR) menú *m;* **Menüzeile** *f* (INFOR) línea *f* del menú
Meridian *m* <-s, -e> (GEO, ASTR) meridiano *m*
Merkblatt *nt* hoja *f* informativa
merken *vt* **1.** (*wahrnehmen*) darse cuenta (de), realizar *Am;* **er merkte nicht, dass …** no se dio cuenta de que…; **woran hast du das gemerkt?** ¿cómo te has dado cuenta?; **lass ihn das nicht ~!** ¡procura que no se dé cuenta!; **du merkst aber auch alles!** (*fam iron*) por fin, te has dado cuenta **2.** (*be~, an~*) notar **3.** (*spüren*) sentir; **man merkt, dass …** se siente que… **4.** (*behalten*) retener; **merke: …** recuerde: …; **sich** *dat* **etw ~** recordar algo; **merk dir das!** ¡fíjate en mis palabras!
merklich *adj* (*beträchtlich*) considerable; (*fühlbar*) perceptible; (*deutlich*) evidente
Merkmal *nt* <-s, -e> rasgo *m,* característica *f;* **Merksatz** *m* <-es, -sätze> (*Merkhilfe*) sentencia *f*
Merkur *m ohne Pl* <-s> (ASTR) Mercurio *m*
merkwürdig *adj* curioso, raro; **es ist auf einmal ~ still** de pronto reina un silencio extraño
merkwürdigerweise *adv* curiosamente
Mesner(in) *m(f)* <-s, -; -nen> (*reg*) sacristán, -ana *m, f*
messbarRR *adj,* **meßbar** *adj* (con)mensurable
MessbecherRR *m,* **Meßbecher** *m* vaso *m* medidor
Messdiener(in)RR *m(f)* <-s, -; -nen>, **Meßdiener(in)** *m(f)* <-s, -; -nen> (REL) monaguillo, -a *m, f*
Messe *f* <-n> **1.** (REL) misa *f;* **in die ~ gehen** ir a misa; **eine ~ lesen** oficiar una misa **2.** (*Ausstellung*) feria *f;* **auf der ~ sein** estar en la feria **3.** (NAUT: *Schiffskantine*) cámara *f* de oficiales; **Messegelände** *nt* recinto *m* ferial; **Messehalle** *f* pabellón *m* de la feria
messen <misst, maß, gemessen> **I.** *vt* medir (*an* en relación con); **die Zeit ~** medir el tiempo; **sieben Meter ~** medir siete metros **II.** *vr:* **sich ~** (*geh*) medirse; **mit dem kannst du dich nicht ~** no puedes competir con él
Messer *nt* <-s, -> cuchillo *m;* (TECH) cuchilla *f;* **jdm das ~ an die Kehle setzen** (*fam fig*) poner(le) a alguien la pistola en el pecho; **jdn ans ~ liefern** (*fam fig*) denunciar a alguien; **unters ~ kommen** (*fam: Operation*) ser operado; **ins offene ~ laufen** (*fam fig*) meterse en la boca del lobo; **messerscharf** *adj* afilado, filudo *Am;* (*Verstand*) agudo; **daraus schloss ich ~, dass …** y de ahí saqué la tajante conclusión, de que…; **Messerspitze** *f* punta *f* del cuchillo; **eine ~ Pfeffer** una pizca de pimienta; **Messerstecherei** *f* <-en> (*abw*) riña *f* a cuchilladas; **Messerstich** *m* <-(e)s, -e> cuchillada *f*
Messestand *m* <-(e)s, -stände> stand *m* (de feria)
Messias *m ohne Pl* <-> (REL) Mesías *m*
Messing *nt ohne Pl* <-s> latón *m*
MessinstrumentRR *nt,* **Meßinstrument** *nt* instrumento *m* de medición; **Messlatte**RR *f,* **Meßlatte** *f* (TECH) mira *f*
Messner(in)RR *m(f)* <-s, -; -nen> *s.* **Mesner**
Messtechnik1 RR *f ohne Pl* metrología *f*
Messtechnik2 RR *f* <-en> (*Methode*) técnica *f* de medición
Meßtechnik *f s.* **Messtechnik**
Messung *f* <-en> medición *f*
MesswertRR *m,* **Meßwert** *m* valor *m* registrado
Mestize, -in *m, f* <-n, -n; -nen> mestizo, -a *m, f,* cholo, -a *m, f Am*
MESZ *Abk. von* **mitteleuropäische Sommerzeit** horario *m* de verano para Europa Central
Metall *nt* <-s, -e> metal *m;* **Metallarbeiter(in)** *m(f)* (obrero, -a *m, f*) metalúrgico, -a *m, f*
metallic *adj inv* metálico
metallisch *adj* metálico, de metal; **~ klingen/schimmern** tener un sonido/brillo metálico
Metallurgie *f ohne Pl* metalurgia *f*
Metallverarbeitung *f ohne Pl* elaboración *f* de metales
Metamorphose *f* <-n> (*a.* BOT, ZOOL) metamorfosis *f inv*
Metapher *f* <-n> (LING) metáfora *f*
metaphorisch *adj* (LING) metafórico
Metaphysik *f* metafísica *f;* **metaphysisch** *adj* metafísico
Metastase *f* <-n> (MED) metástasis *f inv*
Meteorit *m* <-en, -en> (ASTR) meteorito *m*
Meteorologe, -in *m, f* <-n, -n; -nen> meteorólogo, -a *m, f*
Meteorologie *f ohne Pl* meteorología *f*
meteorologisch *adj* metereológico
Meter *m o nt* <-s, -> metro *m;* **drei ~ hoch/lang** tres metros de alto/de largo;

der laufende ~ (COM) el metro; **am laufenden ~** (*fam*) sin parar; **Metermaß** *nt* <-es, -e> (*Stab*) metro *m* plegable; (*Band*) cinta *f* métrica
meterweise *adv* por metros
Methadon *nt ohne Pl* <-s> metadona *f*
Methode *f* <-n> método *m*
methodisch *adj* metódico
Metier *nt* <-s, -s> profesión *f*
Metrik *f ohne Pl* (LIT) métrica *f*
metrisch *adj* (LIT) métrico
Metro *f* <-s> metro *m*
Metronom *nt* <-s, -e> (MUS) metrónomo *m*
Metropole *f* <-n> metrópoli *f*
Mettwurst *f embutido de carne de cerdo cruda picada y condimentada con especias*
Metzelei *f* <-en> (*abw*) carnicería *f*
Metzger(in) *m(f)* <-s, -; -nen> carnicero, -a *m, f*
Metzgerei *f* <-en> carnicería *f*, chanchería *f Am*
Meuchelmord *m* (*abw*) asesinato *m* con alevosía; **Meuchelmörder(in)** *m(f)* (*abw*) asesino, -a *m, f* alevoso, -a
Meute *f* <-n> **1.** (*Jagdhunde*) jauría *f* **2.** (*fam: Menschen*) turba *f*
Meuterei *f* <-en> amotinamiento *m*
Meuterer, -in *m, f* <-s, -; -nen> amotinador(a) *m(f)*
meutern *vi* **1.** (*rebellieren*) amotinarse **2.** (*fam: meckern*) rebelarse
Mexikaner(in) *m(f)* <-s, -; -nen> mejicano, -a *m, f*
mexikanisch *adj* mejicano
Mexiko *nt* <-s> Méjico *m*, México *m*
MEZ *Abk. von* **mitteleuropäische Zeit** hora *f* de la Europa Central
mg *Abk. von* **Milligramm** mg
MHz *Abk. von* **Megahertz** mh.
miauen* *vi* maullar
mich I. *pron pers akk von* **ich** me; (*betont*) a mí (me); (*mit Präposition*) mí; **rufst du ~ an?** ¿me llamas?; **~ interessiert es nicht** a mí no me interesa; **meinst du ~?** ¿estás hablando conmigo? **II.** *pron refl akk von* **ich** me; **ich halte ~ da raus** yo no me meto
mick(e)rig *adj* (*fam abw: Sache*) pobre; (*Person*) enclenque
mied *3. imp von* **meiden**
Mieder *nt* <-s, -> **1.** (*Unterkleidung*) corpiño *m* **2.** (*einer Tracht*) faja *f*; **Miederwaren** *fPl* corsetería *f*
Mief *m ohne Pl* <-s> (*fam abw*) mal olor *m*
miefen *vi* (*fam abw*) apestar
Miene *f* <-n> cara *f*; **ohne eine ~ zu verziehen** sin pestañear; **gute ~ zum bösen Spiel machen** poner a mal tiempo buena cara; **Mienenspiel** *nt ohne Pl* <-s> mímica *f*
mies *adj* (*fam abw*) miserable, malo; **etw/jdn ~ machen** hablar mal de algo/de alguien
Miese *Pl* (*fam*): **in den ~n sein** estar en números rojos
mies|machen *vt s.* **mies**
Miesmacher(in) *m(f)* <-s, -; -nen> (*fam abw*) aguafiestas *mf inv*
Miesmuschel *f* mejillón *m*
Mietauto *nt* coche *m* de alquiler
Miete *f* <-n> **1.** (*Wohnungs~*) alquiler *m*; **zur ~ wohnen** vivir en un piso de alquiler **2.** (AGR: *Lagergrube*) hacina *f*
mieten *vt* alquilar, rentar *Am*
Mieter(in) *m(f)* <-s, -; -nen> (*einer Wohnung*) inquilino, -a *m, f*
Mieterhöhung *f* aumento *m* del alquiler
Mieterschutz *m* protección *f* al inquilino
mietfrei *adj* libre de alquiler; **Mietrückstand** *m* alquiler *m* atrasado
Mietshaus *nt* casa *f* de alquiler
Mietspiegel *m* media *f* del alquiler; **Mietvertrag** *m* contrato *m* de alquiler; **Mietwagen** *m* coche *m* de alquiler; **Mietwohnung** *f* piso *m* de alquiler
Miezekatze *f* (*fam*) gatito *m*
Migräne *f ohne Pl* jaqueca *f*
Migration *f* <-en> (GEO, BIOL, SOZIOL) migración *f*
Mikro *nt* <-s, -s> micro *m*
Mikrobe *f* <-n> (BIOL) microbio *m*
Mikrobiologie *f* microbiología *f*; **Mikrochip** *m* (ELEK) microchip *m*; **Mikroelektronik** *f* microelectrónica *f*; **Mikrofaser** *f* microfibra *f*; **Mikrofiche** *nt o m* microficha *f*; **Mikrofilm** *m* <-s, -e> microfilm(e) *m*
Mikrofon *nt* <-s, -e> micrófono *m*
Mikrokosmos *m* (BIOL, PHILOS, PHYS) microcosmo(s) *m* (*inv*); **Mikroorganismus** *m* (BIOL) microorganismo *m*
Mikrophon *nt* <-s, -e> *s.* **Mikrofon**
Mikroprozessor *m* (INFOR) microprocesador *m*
Mikroskop *nt* <-s, -e> microscopio *m*
mikroskopisch *adj* microscópico; **~ klein** de tamaño microscópico
Mikrowelle *f* <-n> **1.** (*~nherd*) (horno *m*) microondas *m inv* **2.** (ELEK) microonda *f*; **Mikrowellenherd** *m* (horno *m*) microondas *m inv*
Milan *m* <-s, -e> (ZOOL) milano *m*
Milbe *f* <-n> (ZOOL) ácaro *m*
Milch *f ohne Pl* (*a.* BOT) leche *f*; **Milchbar** *f* <-s> *bar donde se sirven fundamentalmente batidos*, fresquería *f Am*; **Milchflasche** *f* **1.** (*Babyflasche*) biberón *m* **2.** (*für den Verkauf*) botella *f* de leche; **Milchglas** *nt ohne Pl* <-es> (*Material*) vidrio *m* opalino
milchig *adj* lechoso

Milchkaffee *m* café *m* con leche; **Milchkanne** *f* (*zum Transport*) bidón *m* de leche; (*kleine* ~) lechera *f;* **Milchkuh** *f* vaca *f* lechera

Milchmädchenrechnung *f* cuenta *f* de la lechera

Milchprodukt *nt* producto *m* lácteo; **Milchpulver** *nt* leche *f* en polvo; **Milchreis** *m* arroz *m* con leche, arequipa *f Kol, Mex;* **Milchschokolade** *f* chocolate *m* con leche; **Milchstraße** *f ohne Pl* (ASTR) vía *f* láctea; **Milchtüte** *f* bolsa *f* de leche; **Milchzahn** *m* diente *m* de leche

mild(e) *adj* **1.** (*sanft, Luft*) suave; (*Klima*) templado **2.** (*nachsichtig*) indulgente; (*gütig*) benigno; (*Strafe*) leve; **eine ~e Gabe** una limosna; **jdn ~(e) stimmen** calmar a alguien **3.** (*Tabak, Speisen*) suave

Milde *f ohne Pl* **1.** (*Nachsicht*) indulgencia *f,* clemencia *f;* (*Güte*) benevolencia *f* **2.** (*Sanftheit*) suavidad *f;* (*des Klimas*) templanza *f* **3.** (*im Geschmack, Geruch*) suavidad *f*

mildern I. *vt* (*Zorn*) calmar; (*Schmerz, Wirkung*) atenuar; (*Aufprall*) suavizar; **~de Umstände** circunstancias atenuantes **II.** *vr:* **sich ~** disminuir

Milderung *f ohne Pl* **1.** (*von Schmerz*) mitigación *f* **2.** (*Mäßigung*) moderación *f*

mildtätig *adj* (*geh*) caritativo; **Mildtätigkeit** *f ohne Pl* caridad *f*

Milieu *nt* <-s, -s> (medio *m*) ambiente *m*

militant *adj* militante

Militär[1] *m* <-s, -s> (*Offizier*) militar *m*

Militär[2] *nt ohne Pl* <-s> (*Heer*) ejército *m;* **er ist beim ~** (*als Berufssoldat*) es militar; (*als Wehrdienstleistender*) hace el servicio militar

Militärdienst *m ohne Pl* <-(e)s> servicio *m* militar, mili *f fam;* **Militärdiktatur** *f* dictadura *f* militar; **Militärgericht** *nt* tribunal *m* militar

militärisch *adj* militar

Militarismus *m ohne Pl* <-> (*abw*) militarismo *m*

militaristisch *adj* militarista

Militärputsch *m* golpe *m* militar; **Militärregierung** *f* gobierno *m* militar

Miliz *f* <-en> milicia *f*

Milliardär(in) *m(f)* <-s, -e; -nen> multimillonario, -a *m, f*

Milliarde *f* <-n> mil millones *mpl*

Millibar *nt* <-s, -s> (METEO) milibar *m,* milibara *f Am;* **Milligramm** *nt* miligramo *m*

Millimeter *m o nt* milímetro *m;* **Millimeterpapier** *nt* papel *m* milimetrado

Million *f* <-en> millón *m*

Millionär(in) *m(f)* <-s, -e; -nen> millonario, -a *m, f*

Millionengeschäft *nt* <-(e)s, -e> negocio *m* de (varios) millones; **Millionengewinn** *m* <-(e)s, -e> premio *m* millonario; **millionenschwer** *adj* (*fam*) forrado de millones; **Millionenstadt** *f* ciudad *f* de más de un millón de habitantes

Milz *f* <-en> (ANAT) bazo *m*

mimen *vt* (*fam abw*) fingir; **den Ahnungslosen ~** hacerse el inocente

Mimik *f ohne Pl* mímica *f*

mimisch *adj* mímico

Mimose *f* <-n> **1.** (BOT) sensitiva *f,* dormilona *f ZAm* **2.** (*Mensch*) hipersensible *mf*

min., Min. *Abk. von* **Minute(n)** m

minder *adv* (*geh*) *kompar von* **wenig** menos (*als* que); **minderbemittelt** *adj* económicamente débil; (*arm*) necesitado; **geistig ~** (*fam abw*) cerrado de mollera

mindere(r, s) *adj* menor; (*minderwertig*) inferior; **von ~r Qualität** de calidad inferior

Minderheit *f* <-en> minoría *f;* **in der ~ sein** estar en minoría; **Minderheitenschutz** *m* (POL) protección *f* a las minorías

minderjährig *adj* menor de edad

Minderjährige(r) *mf* <-n, -n; -n> menor *mf* de edad

mindern *vt* (*geh*) disminuir (*um* en, *auf* a); (*Verdienste*) desvalorar

Minderung *f* <-en> **1.** (*Wert~*) disminución *f* (*um* en); (*Preis*) rebaja *f* **2.** (*Herabsetzung*) reducción *f*

minderwertig *adj* (de calidad) inferior

Minderwertigkeit *f ohne Pl* inferioridad *f;* **Minderwertigkeitsgefühl** *nt* <-s, -e> (PSYCH) complejo *m* de inferioridad; **Minderwertigkeitskomplex** *m* (PSYCH) complejo *m* de inferioridad

Minderzahl *f ohne Pl* minoría *f;* **in der ~ sein** estar en minoría

Mindestabstand *m* distancia *f* mínima; **Mindestalter** *nt* <-s, -> edad *f* mínima; **Mindestanforderung** *f* requisito *m* mínimo

mindeste(r, s) *adj* menor, mínimo; **nicht die ~ Ahnung haben** no tener la menor idea; **ich verstehe nicht das ~ davon** no entiendo ni lo más mínimo de eso; **das wäre wohl das ~ gewesen** eso hubiera sido lo mínimo; **das bezweifle ich nicht im M~n** de eso no tengo la menor duda

Mindesteinkommen *nt* ingreso *m* mínimo

mindesten *s.* **mindeste(r, s)**

mindestens *adv* por lo menos

Mindestgeschwindigkeit *f* velocidad *f* mínima; **Mindestmaß** *nt* <-es, -e> mínimo *m* (*an* de); **sich auf das ~ beschränken** limitarse al mínimo; **Mindeststrafe** *f* pena *f* mínima

Mine *f* <-n> (*a.* BERGB, MIL) mina *f;* **~n legen** colocar minas; **Minenfeld** *nt* (MIL) zona *f* minada; **Minenwerfer** *m* <-s, -> (MIL) lanzaminas *m inv*

Mineral *nt* <-s, -e *o* -ien> mineral *m;* **Mineralbad** *nt* baño *m* de aguas minerales

mineralisch *adj* mineral

Mineralogie *f ohne Pl* mineralogía *f*

Mineralöl *nt* **1.** (*destilliertes Erdöl*) aceite *m* mineral **2.** (*Erdöl*) petróleo *m;* **Mineralölsteuer** *f* <-n> impuesto *m* sobre el aceite mineral

Mineralstoffe *mPl* elementos *mpl* minerales; **Mineralwasser** *nt* <-s, -wässer> agua *f* mineral

Mini *m* <-s, -s> (*fam*) minifalda *f*

Miniatur *f* <-en> miniatura *f*

Minibar *f* <-s> minibar *m;* **Minigolf** *nt ohne Pl* <-s> minigolf *m*

Minima *Pl von* **Minimum**

minimal *adj* (*wenig*) mínimo; (*unbedeutend*) insignificante

minimieren* *vt* minimalizar

Minimum *nt* <-s, Minima> mínimo *m* (*an* de)

Minipille *f* (*fam*) píldora *f* anticonceptiva de menor contenido hormonal; **Minirock** *m* <-(e)s, -röcke> minifalda *f*

Minister(in) *m(f)* <-s, -; -nen> ministro, -a *m, f*

ministeriell *adj* ministerial

Ministerium *nt* <-s, Ministerien> ministerio *m,* secretaría *f Am*

Ministerkonferenz *f* conferencia *f* de ministros; **Ministerpräsident(in)** *m(f)* **1.** (*eines Staates*) presidente, -a *m, f* del Gobierno **2.** (*eines Bundeslandes*) presidente, -a *m, f* del land; **Ministerrat** *m* <-(e)s, -räte> consejo *m* de ministros

Ministrant(in) *m(f)* <-en, -en; -nen> (REL) monaguillo, -a *m, f*

Minnesänger *m* (HIST) trovador *m*

Minorität *f* <-en> minoría *f*

minus *adv* **1.** (MATH) menos **2.** (*Temperatur*) bajo cero; **15 Grad** ~ 15 grados bajo cero **3.** (ELEK) negativo

Minus *nt ohne Pl* <-> **1.** (*Fehlbetrag*) déficit *m inv;* ~ **machen** sacar pérdidas **2.** (*Nachteil*) desventaja *f;* **Minuspunkt** *m* punto *m* negativo; **Minuszeichen** *nt* signo *m* de substracción

Minute *f* <-n> minuto *m;* **auf die** ~ (**pünktlich**) en punto; **in letzter** ~ en último minuto; **fünf ~n vor/nach drei** las tres menos/y cinco; **minutenlang I.** *adj* de varios minutos **II.** *adv* durante algunos minutos; **Minutenzeiger** *m* minutero *m*

minutiös *adj* (*geh*), **minuziös** *adj* (*geh*) minucioso

Minze *f* <-n> menta *f*

mir I. *pron pers dat von* **ich** me; (*betont*) a mí (me); (*mit Präposition*) mí; **sie haben ~ ein Buch geschenkt** me han regalado un libro; ~ **gefällt das sehr gut** a mí me gusta mucho; **hinter/vor/unter/über** ~ detrás de/delante de/debajo de/encima de mí; **mit** ~ conmigo; **ein Freund von** ~ un amigo mío; **von** ~ **aus** por mí; ~ **nichts, dir nichts** sin más ni más; **du bist** ~ **einer!** (*fam*) ¡mira que eres! **II.** *pron refl dat von* **ich** me; **ich will** ~ **noch die Haare waschen** todavía quiero lavarme el pelo

Mirabelle *f* <-n> ciruela *f* amarilla

Mischbrot *nt pan de centeno y trigo;* **Mischehe** *f* matrimonio *m* mixto

mischen I. *vt* **1.** (*vermengen*) mezclar; (*Karten*) barajar **2.** (*Cocktail, Gift*) preparar **3.** (FILM, RADIO, TV) mezclar **II.** *vr:* **sich** ~ **1.** (*sich ein~*) meterse (*in* en); **misch dich nicht in meine Angelegenheiten!** ¡no te metas en mis asuntos! **2.** (*sich vermengen*) mezclarse **3.** (*unter Menschen*) mezclarse (*unter* entre) **III.** *vi* (*Karten*) barajar

Mischgewebe *nt* tejido *m* de mezcla; **Mischhaut** *f ohne Pl* piel *f* mixta

Mischling *m* <-s, -e> **1.** (*Mensch*) mestizo, -a *m, f* **2.** (*Tier*) mezcla *f*

Mischmasch *m* <-(e)s, -e> (*fam a. abw*) mezcolanza *f*

Mischmaschine *f* mezcladora *f;* **Mischpult** *nt* (RADIO, FILM, TV) mesa *f* de mezclas

Mischung *f* <-en> mezcla *f*

Mischwald *m* bosque *m* mixto

miserabel *adj* miserable

Misere *f* <-n> miseria *f*

missachten*[RR] *vt,* **mißachten*** *vt* **1.** (*verachten*) despreciar **2.** (*ignorieren*) ignorar; (*Anweisung, Gesetz*) desacatar; **Missachtung**[RR] *f,* **Mißachtung** *f* **1.** (*Nichtbefolgung*) desacato *m* **2.** (*Geringschätzung*) desprecio *m;* **missbehagen***[RR] *vi,* **mißbehagen*** *vi* (*geh*) desagradar; **Missbehagen**[RR] *nt,* **Mißbehagen** *nt* desagrado *m;* **Missbildung**[RR] *f* <-en>, **Mißbildung** *f* <-en> deformación *f;* **missbilligen***[RR] *vt,* **mißbilligen*** *vt* desaprobar; (*stärker*) condenar; **Missbilligung**[RR] *f,* **Mißbilligung** *f* desaprobación *f;* (*stärker*) condenación *f;* **Missbrauch**[RR] *m,* **Mißbrauch** *m* abuso *m;* **sexueller** ~ abuso sexual; **missbrauchen***[RR] *vt,* **mißbrauchen*** *vt* (*Person, Vertrauen*) abusar (de)

missbräuchlich[RR] *adj,* **mißbräuchlich** *adj* abusivo

missdeuten*[RR] *vt,* **mißdeuten*** *vt* interpretar mal; (*absichtlich*) tergiversar; **Missdeutung**[RR] *f,* **Mißdeutung** *f* mala interpretación *f;* (*absichtliche* ~) tergiversación *f*

missen *vt* (*geh*) prescindir (de)

Misserfolg[RR] *m,* **Mißerfolg** *m* fracaso *m;* **Missernte**[RR] *f,* **Mißernte** *f* mala cosecha *f*

Missetat *f* fechoría *f;* (REL) pecado *m*

missfallen*[RR] *irr vi,* **mißfallen*** *irr vi* (*geh*) desagradar

Missfallen[RR] *nt ohne Pl* <-s>, **Mißfallen** *nt ohne Pl* <-s> desagrado *m;* **jds ~ erregen** provocar el disgusto de alguien

missgebildet[RR] *adj,* **mißgebildet** *adj* malformado; **Missgeburt**[RR] *f,* **Mißgeburt** *f* (MED) criatura *f* deforme; **Missgeschick**[RR] *nt,* **Mißgeschick** *nt* percance *m;* **mir ist ein ~ passiert** tuve un percance; **missgestaltet**[RR] *adj,* **mißgestaltet** *adj* deforme; **missgestimmt**[RR] *adj,* **mißgestimmt** *adj* de mal humor; **missglücken***[RR] *vi,* **mißglücken*** *vi sein* salir mal; **missgönnen***[RR] *vt,* **mißgönnen*** *vt* envidiar; **Missgriff**[RR] *m* <-(e)s, -e>, **Mißgriff** *m* <-(e)s, -e> desacierto *m,* error *m;* **einen ~ tun** cometer un error; **Missgunst**[RR] *f,* **Mißgunst** *f* envidia *f;* **missgünstig**[RR] *adj,* **mißgünstig** *adj* (*neidisch*) envidioso; (*eifersüchtig*) celoso; **misshandeln***[RR] *vt,* **mißhandeln*** *vt* maltratar; **Misshandlung**[RR] *f,* **Mißhandlung** *f* mal(os) trato(s) *m(pl)*

Mission[1] *f* <-en> (*Auftrag*) misión *f;* **in geheimer ~** con una misión secreta

Mission[2] *f ohne Pl* (REL) misión *f*

Missionar(in) *m(f)* <-s, -e; -nen> misionero, -a *m, f*

missionarisch *adj* misionario

missionieren* *vt* evangelizar

Missklang[RR] *m,* **Mißklang** *m* disonancia *f;* **Misskredit**[RR] *m,* **Mißkredit** *m:* **in ~ geraten** caer en descrédito; **jdn/etw in ~ bringen** desacreditar a alguien/algo

misslang[RR], **mißlang** *3. imp von* **misslingen**

misslich[RR] *adj,* **mißlich** *adj* (*unangenehm*) desagradable; (*ärgerlich*) molesto

Misslingen[RR] *nt ohne Pl* <-s>, **Mißlingen** *nt ohne Pl* <-s> fracaso *m,* malogro *m*

misslingen[RR] <misslingt, misslang, misslungen> *vi sein,* **mißlingen** <mißlingt, mißlang, mißlungen> *vi sein* fracasar; **der Kuchen ist misslungen** el pastel salió mal

misslungen[RR], **mißlungen** *pp von* **misslingen**

Missmut[RR] *m,* **Mißmut** *m* mal humor *m;* (*Unzufriedenheit*) descontento *m;* **missmutig**[RR] *adj,* **mißmutig** *adj* malhumorado; **missraten***[RR] *irr vi sein,* **mißraten*** *irr vi sein* salir mal, malograrse; **ein ~es Kind** un niño maleducado; **Missstand**[RR] *m* <-(e)s, -stände>, **Mißstand** *m* <-(e)s, -stände> (*Fehler*) defecto *m;* (*Lage*) situación *f* penosa; **soziale Missstände** injusticias sociales; **Missstimmung**[RR] *f ohne Pl,* **Mißstimmung** *f ohne Pl* mal humor *m;* (*Unzufriedenheit*) descontento *m*

misst[RR], **mißt** *3. präs von* **messen**

misstrauen*[RR] *vi,* **mißtrauen*** *vi* desconfiar (de)

Misstrauen[RR] *nt ohne Pl* <-s>, **Mißtrauen** *nt ohne Pl* <-s> desconfianza *f;* **gegen jdn/etw ~ hegen** desconfiar de alguien/de algo; **Misstrauensantrag**[RR] *m* (POL) moción *f* de censura; **Misstrauensvotum**[RR] *nt* (POL) voto *m* de censura

misstrauisch[RR] *adj,* **mißtrauisch** *adj* desconfiado

Missverhältnis[RR] *nt,* **Mißverhältnis** *nt* desproporción *f;* (*Ungleichgewicht*) desequilibrio *m;* **missverständlich**[RR] *adj,* **mißverständlich** *adj* equívoco, ambiguo; **sich ~ ausdrücken** expresarse ambiguamente; **Missverständnis**[RR] *nt* <-ses, -se>, **Mißverständnis** *nt* <-ses, -se> malentendido *m;* **missverstehen***[RR] *irr vt,* **mißverstehen*** *irr vt* entender mal, malinterpretar; **Mißwahl** *f,* **Misswahl** *f* certamen *m* de belleza; **Misswirtschaft**[RR] *f ohne Pl,* **Mißwirtschaft** *f ohne Pl* desgobierno *m*

Mist *m ohne Pl* <-(e)s> **1.** (*Tierkot*) excrementos *mpl;* (*Dünger*) estiércol *m* **2.** (*fam abw: Schund*) porquería *f* **3.** (*fam abw: Unsinn*) tonterías *fpl;* **~ bauen** meter la pata; **~ machen/reden** hacer/decir tonterías **4.** (*fam abw: Ärgernis*): **so ein ~!** ¡qué mierda!

Mistel *f* <-n> (BOT) muérdago *m*

Mistgabel *f* bieldo *m;* **Misthaufen** *m* estercolero *m;* **Mistkäfer** *m* (ZOOL) geotrupo *m;* **Miststück** *nt* (*fam abw*) canalla *mf;* **Mistwetter** *nt* <-s, -> (*fam*) tiempo *m* de perros

mit I. *präp + dat* **1.** (*in Begleitung von*) con; **~ mir/dir/ihm** conmigo/contigo/con él; **Kaffee ~ Milch** café con leche **2.** (*~ Hilfe von*) a, con; (*Verkehrsmittel*) en; **~ der Bahn/dem Flugzeug kommen** llegar en tren/en avión; **~ Gewalt** a la fuerza; **~ der Post** por correo; **~ der Maschine schreiben** escribir a máquina; **~ etwas Glück** con un poco de suerte; **~ der Strömung** con la corriente **3.** (*Alter, Zeitpunkt*) a, con; **~ dreißig (Jahren)** a los treinta (años); **~ dem heutigen Tag** a partir de hoy; **~ einem Mal** de repente; **~ der Zeit** con el tiempo **4.** (*Eigenschaft*) con, de; **ein Mädchen ~ blonden Haaren** una chica de pelo rubio **5.** (*Art und Weise*) con, a; **~ Interesse** con interés; **~ Bedauern musste ich feststellen ...** desgraciadamente tuve que constatar...; **~ lauter Stimme** en voz muy alta; **sie gewannen ~ vier zu eins** ganaron (con un resultado de) cuatro a uno; **~ 80 Stundenkilometern** a 80 kilómetros por hora **II.** *adv* (*ebenfalls*): **etw ~ berücksichtigen** considerar algo; **(bei einer Gruppe) ~ dabei sein** formar parte (de un grupo); **im Preis ~ einbegriffen** incluido en el precio; **er ist ~ von der Partie** también forma parte del grupo; **er ist ~ einer der besten** (*fam*) es uno de los mejores; **ich habe kein Geld ~** (*fam*) no llevo dinero

Mitangeklagte(r) *mf* (JUR) coacusado, -a *m, f;* **Mitarbeit** *f ohne Pl* colaboración *f* (*an/bei* en); **unter ~ von ...** en colaboración con...; **mit|arbeiten** *vi* colaborar (*an/bei* en); **Mitarbeiter(in)** *m(f)* **1.** (*Betriebsangehöriger, Arbeiter*) trabajador(a) *m(f);* (*Angestellter*) empleado, -a *m, f;* **ehrenamtlicher ~** voluntario *m* **2.** (*einer Zeitung*) colaborador(a) *m(f);* **freie ~in** colaboradora *f;* **mit|bekommen*** *irr vt* **1.** (*Verpflegung*) recibir **2.** (*hören, erfahren*) enterarse (de) **3.** (*fam: vererbt bekommen*) heredar; **mit|benutzen*** *vt,* **mit|benützen*** *vt* (*reg*) emplear en común; **mit|bestimmen*** *vi* participar (*bei* en); (**in einem Unternehmen**) **~** participar en la cogestión

Mitbestimmung *f ohne Pl* cogestión *f;* **~ am Arbeitsplatz** participación de los trabajadores; **das Recht zur ~ bei Entscheidungen** el derecho de cogestión en decisiones; **Mitbestimmungsrecht** *nt* <-(e)s, -e> derecho *m* de cogestión

Mitbewerber(in) *m(f)* competidor(a) *m(f);* **Mitbewohner(in)** *m(f)* (*in einer Wohnung*) compañero, -a *m, f* de piso; (*in einem Haus*) vecino, -a *m, f;* **mit|bringen** *irr vt* **1.** (*an einen Ort*) traer **2.** (*Voraussetzung*) reunir

Mitbringsel *nt* <-s, -> (*fam*) regalito *m;* (*von einer Reise*) recuerdo *m*

Mitbürger(in) *m(f)* (*formal*) conciudadano, -a *m, f;* **mit|denken** *irr vi* (*folgen*) seguir la argumentación; (*aufmerksam sein*) estar atento; **mit|dürfen** *irr vi* (*fam*): (**mit jdm**) **~** tener permiso para acompañar a alguien; **Miteigentümer(in)** *m(f)* (JUR) copropietario, -a *m, f*

miteinander *adv* **1.** (*einer mit dem anderen*) el uno con el otro; **~ reden** hablar; **gut ~ auskommen** llevarse bien **2.** (*zusammen*) juntos; **alle ~** todos juntos

Miteinander *nt ohne Pl* <-s>: **sie führen ein friedliches ~** llevan una vida común muy tranquila

Miterbe, -in *m, f* <-n, -n; -nen> coheredero, -a *m, f;* **mit|erleben*** *vt* presenciar; **Mitesser** *m* <-s, -> (MED) espinilla *f;* **mit|fahren** *irr vi sein* ir (*bei/mit* con); **möchtest du** (**bei mir**) **~?** (*im Auto*) ¿quieres que te lleve?; **möchtest du** (**mit mir**) **~?** (*auf eine Reise*) ¿quieres venir conmigo?; **Mitfahrer(in)** *m(f)* compañero, -a *m, f* de viaje

Mitfahrgelegenheit *f* contacto *m* para un viaje; **Mitfahrzentrale** *f* agencia *f* de contacto para viajes

mit|fühlen **I.** *vt* participar (en) **II.** *vi:* **mit jdm ~** compartir los sentimientos de alguien; **mit|führen** *vt* **1.** (*Waren, Papiere*) llevar (consigo) **2.** (*Fluss*) acarrear; **mit|geben** *irr vt* dar; **sie gab mir einige Ratschläge mit** me dio algunos consejos; **Mitgefangene(r)** *mf* compañero, -a *m, f* de prisión; **Mitgefühl** *nt ohne Pl* <-s> (*Verständnis*) simpatía *f* (*für* por); (*Mitleid*) compasión *f* (*für* por); **mit|gehen** *irr vi sein* **1.** (*begleiten*) acompañar; **etw ~ lassen** (*fam*) mangar algo **2.** (*sich begeistern*) participar

mitgenommen **I.** *pp von* **mitnehmen** **II.** *adj* **1.** (*Dinge*) gastado **2.** (*Person*) rendido; **sie sieht ~ aus** parece algo desmejorada

Mitgift *f* <-en> dote *m o f*

Mitglied *nt* <-(e)s, -er> miembro *m;* (*einer Partei*) afiliado, -a *m, f* (a); (*eines Vereins*) socio, -a *m, f;* **die ~er der EU** los miembros comunitarios; **ordentliches ~** miembro ordinario; **Mitgliederversammlung** *f* asamblea *f* general

Mitgliedsausweis *m* carnet *m* de socio; **Mitgliedsbeitrag** *m* cuota *f* de socio

Mitgliedschaft *f* <-en> pertenencia *f;* **die ~ in einer Partei/in einem Verein** la pertenencia a un partido/a un club; **die ~ beantragen** solicitar la admisión

Mitgliedsland *nt* <-(e)s, -länder> país *m* miembro

mit|haben *irr vt* (*fam*) llevar (consigo); **ich habe kein Geld mit** no llevo dinero; **mit|halten** *irr vi* seguir (*bei*); **ich konnte nicht bei ihnen ~** no pude seguirles el ritmo; **mit|helfen** *irr vi* ayudar (*bei* en)

mithilfe[RR] *präp +gen* con ayuda de

Mithilfe *f ohne Pl* asistencia *f* (*bei* en); (*Mitarbeit*) cooperación *f* (*bei* a/en)

mit|hören *vt* escuchar; **Mitinhaber(in)** *m(f)* (JUR, WIRTSCH) (socio, -a *m, f*) copropietario, -a *m, f;* **mit|kommen** *irr vi sein* **1.** (*mitgehen*) venir(se) (*mit* con); (*begleiten*) acompañar (*mit* a); **kommst du mit ins Theater?** ¿te vienes al teatro? **2.** (*fam: Schritt halten*) (poder) seguir (*bei*); **da komme ich nicht mehr mit!** (*fam*) ¡eso ya no lo entiendo!; **mit|können** *irr vi* (*fam*) **1.** (*mitgehen können*) poder ir **2.** (*mithalten können*) poder seguir (*bei*); **mit|kriegen** *vt* (*fam*) *s.* **mitbekommen**; **Mitläufer(in)** *m(f)* <-s, -; -nen> (*abw*) simpatizante *mf;* **Mitlaut** *m* (LING) consonante *f*

Mitleid *nt* compasión *f* (*mit* de/por); **~ erregen** causar compasión; **~ mit jdm haben** sentir compasión de alguien; **etw aus ~ tun** hacer algo por compasión

Mitleidenschaft *f ohne Pl:* **etw/jdn in ~ ziehen** afectar a algo/alguien

mitleidig *adj* compasivo, piadoso

mitleid(s)los *adj* despiadado, sin compasión; ~ **sein** no tener compasión

mit|machen **I.** *vi* participar (*bei* en); **machst du mit?** ¿te apuntas?; **wenn das Wetter mitmacht** si el tiempo nos es favorable; **meine Beine machen nicht mehr mit** (*fam*) mis piernas no aguantan más **II.** *vt* **1.** (*teilnehmen*) participar (en); (*Mode*) seguir **2.** (*fam: ertragen*) soportar; (*erleiden*) sufrir; **sie hat viel mitgemacht** ha sufrido mucho

Mitmensch *m* prójimo, -a *m, f;* **mitmenschlich** *adj* humano

mit|müssen *irr vi:* **mit jdm** ~ tener que ir con alguien

Mitnahmemarkt *m* (*für Möbel*) mueblería *f* sin servicio a domicilio

mit|nehmen *irr vt* **1.** (*allgemein*) llevar (consigo); (*herbringen*) traer (consigo); **zum M~** para llevar; **ich habe ihn im Auto mitgenommen** me lo traje conmigo en el coche **2.** (*stehlen*) robar **3.** (*fam: wahrnehmen*) aprovechar **4.** (*psychisch*) afectar; (*erschöpfen*) agotar; (*schwächen*) debilitar

mitnichten *adv* (*geh*) de ninguna manera

mit|reden *vi* **1.** (*im Gespräch*) tomar parte (en la conversación) **2.** (*mitbestimmen*) tener voz; **da habe ich auch noch ein Wörtchen mitzureden** en este asunto yo también tengo voz; **Mitreisende(r)** *mf* compañero, -a *m, f* de viaje; **mit|reißen** *irr vt* **1.** (*Fluss, Lawine*) arrastrar **2.** (*begeistern*) apasionar, arrebatar; **die Musik war sehr ~d** la música era arrebatadora

mitsamt *präp +dat* junto con

mit|schicken *vt* (*Sache*) incluir en el envío; (*beilegen*) adjuntar; (*Person*) mandar; **mit|schreiben** *irr* **I.** *vi* tomar apuntes **II.** *vt* **1.** (*notieren*) apuntar **2.** (*Prüfung, Klausur*) tomar parte (en)

Mitschuld *f ohne Pl* responsabilidad *f* (*an* en); (*an Verbrechen*) complicidad *f* (*an* en); **mitschuldig** *adj* implicado (*an* en); **an etw ~ sein** estar implicado en algo; **er hat sich ~ gemacht** se convirtió en cómplice; **Mitschuldige(r)** *mf* consorte *mf*

Mitschüler(in) *m(f)* compañero, -a *m, f* de clase

mit|spielen **I.** *vi* **1.** (*bei einem Spiel*) participar (*bei* en); (*in einer Mannschaft*) jugar (*in* en); (THEAT) actuar (*bei* en, *in* en); (MUS) tocar (*in* en); **spielst du mit?** ¿juegas?; **hoffentlich spielt das Wetter mit** (*fam*) espero que el tiempo esté de nuestra parte; **da spiele ich nicht mit!** (*fam*) ¡a mí eso no me parece bien! **2.** (*Gründe*) influir (*bei* en) **3.** (*Wend*): **jdm übel** ~ jugar(le) una mala pasada a alguien **II.** *vt* jugar; **spielst du eine Partie Schach** (**mit uns**) **mit?** ¿juegas una partida de ajedrez con nosotros?

Mitsprache *f ohne Pl* participación *f* (en una decisión); **Mitspracherecht** *nt ohne Pl* <-(e)s> derecho *m* de intervención (*bei* en); **jdm ein ~ einräumen** conceder a alguien el derecho de intervención

mit|sprechen *irr* **I.** *vi* (*mitreden*) opinar; **da kann ich nicht** ~ no puedo opinar al respecto **II.** *vt* decir conjuntamente

Mitstreiter(in) *m(f)* <-s, -; -nen> combatiente *mf*

Mittag[1] *m* <-s, -e> mediodía *m;* **gestern/heute/morgen** ~ ayer/hoy/mañana al mediodía; **jeden** ~ siempre al mediodía; **gegen** ~ hacia el mediodía; **zu ~ essen** almorzar

Mittag[2] *m ohne Pl* <-s> (*fam*) almuerzo *m;* **was gibt es heute zu ~?** ¿qué hay hoy para almorzar?; ~ **machen** (*fam*) ir a almorzar

mittag *adv s.* **Mittag**[1]

Mittagessen *nt* almuerzo *m*

mittäglich *adj* de mediodía

mittags *adv* al mediodía; **mittwochs** ~ los miércoles al mediodía; ~ **um eins** a la una de la tarde

Mittagspause *f* hora *f* de almorzar; **Mittagsschlaf** *m* siesta *f;* **einen ~ machen** dormir la siesta; **Mittagsstunde** *f* mediodía *m;* **in der/um die** ~ a/hacia mediodía; **Mittagstisch** *m ohne Pl* almuerzo *m;* **Mittagszeit** *f* hora *f* de comer; **zur** ~ al mediodía; **in der** ~ a mediodía

Mittäter(in) *m(f)* cómplice *mf;* **Mittäterschaft** *f ohne Pl* complicidad *f*

Mitte *f* <-n> **1.** (*räumlich*) medio *m;* (*einer Strecke*) mitad *f;* (*Mittelpunkt*) centro *m;* **ein Mann aus unserer** ~ un hombre de nuestras filas; **etw in der ~ durchtrennen** cortar algo por la mitad; **die goldene** ~ el justo medio; **ab durch die ~!** (*fam: verschwinde*) ¡lárgate! **2.** (*zeitlich*): ~ **des Jahres/Monats** a mediados del año/del mes; **sie ist ~ dreißig** anda por los treinta pasados **3.** (POL) centro *m;* **links von der** ~ centro izquierda

mit|teilen **I.** *vt* comunicar (de); **ich muss Ihnen leider ~, dass ...** desgraciadamente tengo que comunicarle que... **II.** *vr:* **sich** ~ (*geh: kommunizieren*) comunicarse (con); (*sich anvertrauen*) confiarse (a); **er teilte sich ihnen durch Gebärden mit** se comunicaba con ellos por medio de gestos

mitteilsam *adj* comunicativo

Mitteilung *f* <-en> comunicación *f,* aviso *m;* (*amtlich*) comunicado *m;* **jdm eine ~ über etw machen** comunicar algo a alguien; **vertrauliche** ~ confidencia *f;* **Mitteilungsblatt** *nt* (*eines Verbandes*) boletín *m* informativo

Mittel *nt* <-s, -> **1.** (*Hilfs~*) medio *m;* (*Maßnahme*) medida *f;* ~ **und Wege finden** hallar medios; **als letztes** ~ como última medida; **zu anderen ~n greifen** usar otros medios; **ihr ist jedes ~ recht** no tiene escrúpulos; ~ **zum Zweck** medio para lograr un fin determinado **2.** (*Medikament*) remedio *m* **3.** *Pl* (*Gelder*) fondos *mpl,* recursos *mpl;* **aus öffentlichen ~n** con fondos públicos; **ohne ~ dastehen** estar sin recursos **4.** (*Durchschnitt*) media *f*

Mittelalter *nt* Edad *f* Media

mittelalterlich *adj* medieval

Mittelamerika *nt* América *f* Central; **Mittelamerikaner(in)** *m(f)* centroamericano, -a *m, f;* **mittelamerikanisch** *adj* centroamericano

mittelbar *adj* indirecto; ~ **betroffen sein** estar afectado indirectamente

Mittelding *nt ohne Pl* <-(e)s> (*fam*) cosa *f* intermedia (*zwischen* entre); **Mitteleuropa** *nt* Europa *f* Central; **Mitteleuropäer(in)** *m(f)* centroeuropeo, -a *m, f;* **mitteleuropäisch** *adj* centroeuropeo; **Mittelfeld** *nt* (SPORT: *Spielfeld*) centro *m* del campo; (*Radsport*) pelotón *m;* **Mittelfinger** *m* dedo *m* (del) corazón

mittelfristig *adj* (WIRTSCH, FIN) a medio plazo

Mittelgebirge *nt* montaña *f* de media altura; **Mittelgewicht** *nt* <-(e)s, -e> (SPORT) peso *m* medio

Mittelklasse *f* **1.** (*Soziologie*) clase *f* media **2.** (*bei Waren*) categoría *f* media; (*Auto*) utilitario *m;* **Mittelklassewagen** *m* coche *m* utilitario

Mittellinie *f* **1.** (SPORT) línea *f* de centro **2.** (*Straße*) línea *f*

mittellos *adj* sin recursos

Mittellosigkeit *f ohne Pl* falta *f* de recursos

Mittelmaß *nt ohne Pl* <-es> media *f;* **mittelmäßig** *adj* mediano; (*abw*) mediocre; **Mittelmäßigkeit** *f* medianía *f;* (*abw*) mediocridad *f*

Mittelmeer *nt* <-(e)s> (Mar *m*) Mediterráneo *m;* **Mittelmeerraum** *m ohne Pl* <-(e)s> región *f* mediterránea

mittelprächtig *adj* (*fam*) regular; **Mittelpunkt** *m* centro *m;* (*a.* MATH) punto *m* central; **im ~ (des Interesses) stehen** ser el centro (de interés)

mittels *präp +gen* (*geh*) por medio de, mediante

Mittelschiff *nt* (ARCHIT) nave *f* central

Mittelsperson *f* <-en> intermediario, -a *m, f*

Mittelstand *m ohne Pl* <-(e)s> clase *f* media; **mittelständisch** *adj* de la clase media; **~es Unternehmen** mediana empresa

Mittelstreckenrakete *f* <-n> misil *m* de alcance medio

Mittelstreifen *m* franja *f* del centro; **Mittelstufe** *f* (SCH) grados *mpl* intermedios (del colegio); **Mittelstürmer(in)** *m(f)* (SPORT) centrodelantero, -a *m, f;* **Mittelweg** *m* término *m* medio; **der goldene ~** el justo medio; **Mittelwelle** *f* (RADIO, PHYS) onda *f* media; **Mittelwert** *m* (*a.* MATH) promedio *m*

mitten *adv:* ~ **in/auf/bei/an** en medio de; ~ **aus** de en medio de; ~ **durch** por en medio de; ~ **im Winter** en pleno invierno; ~ **unter uns** entre nosotros; **etw ~ durchbrechen** romper algo por la mitad; **mittendrin** *adv* en el medio; **mittendurch** *adv* por el medio; (*in der Hälfte*) por la mitad

Mitternacht *f ohne Pl* medianoche *f;* **mitternächtlich** *adj* de medianoche

mittlere(r, s) *adj* **1.** (*räumlich*) (del) medio, central **2.** (*durchschnittlich*) mediano; **der ~ Wert** la media; **ein Mann ~n Alters** un hombre de mediana edad; **von ~r Qualität** de calidad regular

mittlerweile *adv* entretanto

Mittwoch *m* <-(e)s, -e> miércoles *m; s. a.* **Montag**

mittwochs *adv* los miércoles

mitunter *adv* de vez en cuando

mitverantwortlich *adj* corresponsable; **Mitverfasser(in)** *m(f)* coautor(a) *m(f);* **mit|wirken** *vi* **1.** (*teilnehmen*) participar (*in* en), intervenir (*in* en); (THEAT) actuar (*in* en); **es wirkten mit: …** intervinieron: … **2.** (*mitarbeiten*) cooperar (*an/bei* a/en) **3.** (*beeinflussen*) jugar un papel; **Mitwirkung** *f ohne Pl* (*Mitarbeit*) cooperación *f* (*an/bei* en/a); (*Teilnahme*) participación *f* (*an/bei* en); **unter ~ von …** con la colaboración de…; **Mitwissen** *nt:* **ohne mein ~** sin saberlo yo

Mitwisser(in) *m(f)* <-s, -; -nen> consabidor(a) *m(f);* (*Vertrauter*) confidente *mf;* (*Mitschuldiger*) cómplice *mf;* **jdn zum ~ machen** hacer a alguien su confidente

mit|wollen *irr vi* (*fam*): (**mit jdm**) ~ querer ir con alguien; **mit|zählen** **I.** *vi* contar **II.** *vt* incluir (en la cuenta), contar

mixen *vt* (*a.* FILM, RADIO, TV) mezclar

Mixer(in)[1] *m(f)* <-s, -; -nen> **1.** (FILM, RADIO, TV) mezclador(a) *m(f)* de sonido **2.** (*Bar~*) camarero, -a *m, f* que sirve cócteles

Mixer[2] *m* <-s, -> (*Gerät*) batidora *f*

Mixgetränk *nt* combinado *m*

Mixtur *f* <-en> mixtura *f*

mm *Abk. von* **Millimeter** mm

Mobbing *nt ohne Pl* <-s> mobbing *m*

Möbel *nt* <-s, -> mueble *m;* **Möbelpacker** *m* <-s, -> hombre *m* de la mudanza; **Möbelpolitur** *f* limpiamuebles *m inv;* **Möbelspedition** *f* agencia *f* de mudanzas; **Möbelwagen** *m* coche *m* de la mudanza

mobil *adj* **1.** (*beweglich*) móvil; **gegen etw ~ machen** movilizar contra algo **2.** (WIRTSCH, JUR) mueble **3.** (*fam: flink*) activo

Mobile *nt* <-s, -s> móvil *m*

Mobilfunk *m ohne Pl* <-s> servicios *mpl* de radio portátiles

Mobiliar *nt* mobiliario *m*

mobilisieren* *vt* movilizar

Mobilmachung *f* <-en> (MIL) movilización *f*

Mobiltelefon *nt* teléfono *m* portátil

möblieren* *vt* amueblar

mochte *3. imp von* **mögen**

Modalität *f* <-en> modalidad *f*

Modalverb *nt* (LING) verbo *m* modal

Mode *f* <-n> moda *f*; **in/aus der ~ kommen** ponerse/pasar de moda; **groß in ~ sein** estar muy de moda; **mit der ~ gehen** ir a la moda; **Modedesigner(in)** *m(f)* diseñador(a) *m(f)* de modas; **Modegeschäft** *nt* <-(e)s, -e> casa *f* de modas

Model *nt* <-s, -s> (*Fotomodell*) modelo *mf*

Modell *nt* <-s, -e> **1.** (*Vorbild, Muster, Entwurf*) modelo *m* **2.** (*Maler-/Foto-, Mannequin*) modelo *mf*; **jdm ~ stehen** hacer de modelo para alguien **3.** (ARCHIT) maqueta *f*

modellieren* *vt* (*Ton*) modelar

Modellversuch *m* experimento *m* piloto

Modem *nt o m* <-s, -s> (INFOR) modem *m*

Modenschau *f* desfile *m* de modas

Modepuppe *f* (*fam abw*) maniquí *m*

Moder *m ohne Pl* <-s> **1.** (*Schimmel*) moho *m* **2.** (*Morast*) fango *m*

Moderation *f* <-en> (RADIO, TV) presentación *f*

Moderator(in) *m(f)* <-s, -en; -nen> (RADIO, TV) presentador(a) *m(f)*

moderieren* *vt* (RADIO, TV) presentar

moderig *adj* mohoso

modern[1] *vi haben o sein* pudrirse

modern[2] *adj* moderno; **~ sein** estar de moda

Moderne *f ohne Pl* época *f* moderna

modernisieren* *vt* (*Gebäude*) renovar; (*Betrieb, Methoden*) modernizar

Modeschmuck *m* bisutería *f*; **Modeschöpfer(in)** *m(f)* creador(a) *m(f)* de modas; **Modezeitschrift** *f* revista *f* de moda

Modi *Pl von* **Modus**

modifizieren* *vt* modificar

modisch I. *adj* moderno **II.** *adv* a la moda

modrig *adj* mohoso

Modul *nt* <-s, -e> (INFOR, ELEK) módulo *m*

Modus *m* <-, Modi> (*a.* LING, INFOR) modo *m*

Mofa *nt* <-s, -s> moto(cicleta) *f*

mogeln *vi* hacer trampa

mögen[1] <mag, mochte, gemocht> **I.** *vt* **1.** (*Gefallen finden*): **ich mag ihn nicht** me cae mal; **lieber ~** preferir **2.** (*wollen*) querer; (*wünschen*) desear; **was möchten Sie?** ¿qué desea? **II.** *vi* (*irgendwohin ~*): **ich möchte gern nach Hause** quisiera irme a casa

mögen[2] <mag, mochte, ~> *vt Modalverb* **1.** (*wollen*) querer; **ich möchte lieber hier bleiben** preferiría quedarme (aquí) **2.** (*sollen*): **Sie möchten zu Hause anrufen** que llame a su casa, por favor; **was mag das wohl heißen?** ¿qué querrá decir eso?; **man möchte meinen, dass ...** se diría que... **3.** (*können*) poder; **es mag wohl sein, dass ...** puede ser que... *+subj* **4.** (*möglich sein*) ser posible; **mag sein** es posible; **es ~ etwa fünf Stunden vergangen sein** habrán pasado como cinco horas; **wie dem auch sein mag** sea como fuere; **wie er auch heißen mag** se llame como se llame; **so schön sie auch sein mag** por guapa que sea **5.** (*reg, Schweiz: können*) poder; **ich mag's kaum erwarten** no puedo esperar más

möglich *adj* posible; **so bald wie ~** cuanto antes; (**das ist doch**) **nicht ~!** ¡no es posible!; **schon ~** (*fam*) puede ser; **du hältst es nicht für ~!** ¡no te lo puedes creer!; **er tat sein M~stes** hizo todo lo posible; **sie hat alles M~e erzählt** contó un montón de cosas; **es ist** (**gut**) **~, dass ...** es (muy) posible que... *+subj*; **so kurz wie ~** lo más corto posible; **falls es dir** (**irgend**) **~ ist** si te es posible

möglicherweise *adv* posiblemente

Möglichkeit *f* <-en> posibilidad *f* (*zu* de); (*Gelegenheit*) oportunidad *f* (*zu* de); **nach ~** a ser posible

möglichst *adv* a ser posible, si es posible; **~ schnell** rápido a ser posible; **~ wenig/gut** lo menos/mejor posible

Mohn *m* <-(e)s, -e> **1.** (*Pflanzenfamilie*) papaverácea *f* **2.** (*Klatsch~*) amapola *f* **3.** (*Schlaf~*) adormidera *f*; **Mohnkuchen** *m* pastel *m* de adormidera

Mohr(in) *m(f)* <-en, -en; -nen> moro, -a *m, f*

Möhre *f* <-n> zanahoria *f*

Mohrrübe *f* (*nordd*) zanahoria *f*

mokieren* *vr*: **sich ~** burlarse (*über* de)

Mokka *m* <-s, -s> moca *m*

Molch *m* <-(e)s, -e> (ZOOL) tritón *m*

Moldawien *nt* <-s> Moldavia *f*

Mole *f* <-n> (*Hafen~*) muelle *m*, tajamar *m* *ZAm, Chil*

Molekül *nt* <-s, -e> (CHEM) molécula *f*

Molke *f ohne Pl* suero *m* de la leche

Molkerei *f* <-en> lechería *f*

Moll *nt ohne Pl* <-> (MUS) tono *m* menor

mollig *adj* **1.** (*behaglich*) agradable; (*warm*) calentito **2.** (*Person*) gordito

Molotowcocktail *m* cóctel *m* molotov

Moment[1] *m* <-(e)s, -e> (*Zeitpunkt*) momento *m;* **er kann jeden ~ kommen** puede llegar en cualquier momento; **im ~** de momento; **im ersten ~** en el primer momento; **einen ~, bitte!** ¡un momento, por favor!

Moment[2] *nt* <-(e)s, -e> **1.** (*Umstand*) factor *m,* momento *m* **2.** (PHYS) momento *m*

momentan I. *adj* momentáneo **II.** *adv* por el momento, de momento

Monaco *nt* <-s> Mónaco *m*

Monarch(in) *m(f)* <-en, -en; -nen> monarca *mf*

Monarchie *f* <-n> monarquía *f*

monarchistisch *adj* monárquico

Monat *m* <-(e)s, -e> mes *m;* **Anfang/Ende des ~s** a principios/finales de mes; **am Dritten dieses ~s** el día tres de este mes; **im sechsten ~ (schwanger) sein** estar (embarazada) de seis meses; **1.000 Mark pro ~ verdienen** ganar 1.000 marcos al mes; **im ~ Juni** el mes de junio

monatelang *adj* durante meses; **das kann ~ dauern** puede durar meses enteros

monatlich I. *adj* mensual **II.** *adv* todos los meses

Monatsbinde *f* compresa *f;* **Monatsblutung** *f* regla *f,* período *m;* **Monatseinkommen** *nt* ingreso *m* mensual; **Monatsgehalt** *nt* <-(e)s, -hälter> sueldo *m* mensual; **Monatskarte** *f* abono *m* mensual; **Monatsrate** *f* mensualidad *f*

Mönch *m* <-(e)s, -e> (REL) monje *m*

Mond *m* <-(e)s, -e> luna *f;* **auf dem ~ landen** alunizar; **abnehmender/zunehmender ~** luna menguante/creciente; **hinter dem ~ leben** (*fam fig*) vivir en otra galaxia; **ich könnte ihn auf den ~ schießen** (*fam fig*) lo mandaría a la luna de una patada; **Mondbahn** *f* (ASTR) órbita *f* lunar; **Mondfinsternis** *f* (ASTR) eclipse *m* de luna; **Mondgesicht** *nt* (*fam*) cara *f* de bolla; **mondhell** *adj* iluminado por la luna; **in einer ~en Nacht** en una noche de luna clara; **Mondlandschaft** *f* paisaje *m* lunar; **Mondlandung** *f* alunizaje *m;* **Mondphase** *f* fase *f* lunar; **Mondrakete** *f* cohete *m* lunar

Mondschein *m ohne Pl* <-(e)s> luz *f* de la luna; **Mondscheintarif** *m* (TEL) tarifa *f* nocturna (reducida)

Mondsonde *f* sonda *f* lunar; **mondsüchtig** *adj* sonámbulo

Monegasse, -in *m, f* <-n, -n; -nen> monegasco, -a *m, f*

Moneten *Pl* (*fam*) perras *fpl,* pelas *fpl,* plata *f Am*

Mongole, -in *m, f* <-n, -n; -nen> mongol *mf*

Mongolei *f* Mongolia *f*

mongolisch *adj* mongólico, mogólico

Mongolismus *m ohne Pl* <-> (MED) mongolismo *m*

mongoloid *adj* (*a.* MED) mongoloide

Monitor *m* <-s, -e(n)> **1.** (TV, INFOR) pantalla *f* **2.** (TECH, TV) monitor *m*

mono *adj* mono

monochrom *adj* monocromático, monocromo

Monografie[RR] *f* <-n> *s.* **Monographie**

Monogramm *nt* <-s, -e> monograma *m*

Monographie *f* <-n> monografía *f*

Monokel *nt* <-s, -> monóculo *m*

Monokultur *f* (AGR) monocultivo *m*

Monolog *m* <-(e)s, -e> monólogo *m;* **einen ~ halten** monologar

Monopol *nt* <-s, -e> (*a.* WIRTSCH) monopolio *m;* **Monopolstellung** *f* (WIRTSCH) posición *f* de monopolio

monotheistisch *adj* monoteísta

monoton *adj* (*a.* MATH) monótono

Monotonie *f* <-n> monotonía *f*

Monster *nt* <-s, -> monstruo *m,* cuco *m Arg*

Monstren *Pl von* **Monstrum**

monströs *adj* monstruoso

Monstrum *nt* <-s, Monstren> monstruo *m*

Monsun *m* <-s, -e> (METEO) monzón *m*

Montag *m* <-s, -e> lunes *m;* **am ~** el lunes; **den ganzen ~ (über)** el lunes entero; **jeden (zweiten) ~ (im Monat)** cada (dos) lunes (del mes); **letzten ~** el lunes pasado; **nächsten/kommenden ~** el lunes que viene/próximo; **heute ist ~, der zehnte November** hoy es lunes (el) diez de noviembre; **einen blauen ~ machen** (*fam*) pasar de ir al trabajo el lunes

montagabends[RR] *adv* los lunes por la noche

Montage *f* <-n> (*a.* FILM, KUNST) montaje *m*

montags *adv* los lunes; **~ abends/mittags/morgens/nachmittags** los lunes por la noche/al mediodía/por la mañana/por la tarde

Monteur(in) *m(f)* <-s, -e; -nen> montador(a) *m(f)*

montieren* *vt* (*a.* FILM) montar (*an* a/en)

Monument *nt* <-(e)s, -e> monumento *m*

monumental *adj* monumental

Moor *nt* <-(e)s, -e> pantano *m*

moorig *adj* pantanoso

Moos[1] *nt* <-es, -e> (*Pflanze*) musgo *m*

Moos[2] *nt ohne Pl* <-es> (*fam: Geld*) pasta *f,* plata *f Am*

moosig *adj* musgoso

Mop *m* <-s, -s> *s.* **Mopp**

Moped *nt* <-s, -s> ciclomotor *m*

Mopp[RR] *m* <-s, -s> fregona *f*

Mops *m* <-es, Möpse> **1.** (ZOOL) doguillo *m* **2.** (*fig fam: kleine Person*) chaparro, -a

m, f

Moral *f ohne Pl* **1.** (*Sittlichkeit*) moral *f;* **eine doppelte ~ haben** tener una doble moral; **die ~ sinkt/steigt** los ánimos bajan/suben **2.** (*einer Fabel*) moraleja *f*

moralisch *adj* moral

Moralpredigt *f* sermón *m;* **jdm eine ~ halten** echarle a alguien un sermón

Moräne *f* <-n> (GEO) morrena *f*

Morast[1] *m* <-(e)s, -e *o* Moräste> (*Sumpfland*) pantano *m,* andurrial *m Arg, Ecua, Peru,* moca *m Ecua*

Morast[2] *m ohne Pl* <-(e)s> (*Schlamm*) lodo *m*

Morchel *f* <-n> (BOT) colmenilla *f*

Mord *m* <-(e)s, -e> asesinato *m* (*an* de); **einen ~ begehen** cometer un asesinato; **wegen ~es** por asesinato; **versuchter ~** intento de homicidio; **das gibt ~ und Totschlag** (*fam fig*) se armará una bronca de padre y muy señor mío; **Mordanschlag** *m* atentado *m* (*auf* contra); **einen ~ auf jdn verüben** atentar contra la vida de alguien; **Morddrohung** *f* amenaza *f* de muerte

morden **I.** *vi* cometer un asesinato **II.** *vt* asesinar

Mörder(in) *m(f)* <-s, -; -nen> asesino, -a *m, f,* victimario, -a *m, f Am*

mörderisch *adj* (*fam: abscheulich, groß*) terrible; (*Hitze*) sofocante; (*Geschwindigkeit*) loco

Mordkommission *f* brigada *f* de homicidios

Mordsglück *nt* (*fam*) suerte *f* loca; **Mordskerl** *m* (*fam*) gran tipo *m;* **Mordskrach** *m ohne Pl* <-(e)s> (*fam*) **1.** (*Lärm*) ruido *m* de mil demonios **2.** (*Streit*) bronca *f;* **mordsmäßig** *adj* (*fam*) terrible, tremendo; **Mordsspaß** *m ohne Pl* <-es> (*fam*) cachondeo *m;* **einen ~ haben** pasarlo bomba; **Mordswut** *f* (*fam*) rabia *f* loca

Mordverdacht *m ohne Pl* <-(e)s> sospecha *f* de asesinato; **unter ~ stehen** ser sospechoso de asesinato; **Mordversuch** *m* tentativa *f* de asesinato; **Mordwaffe** *f* arma *f* homicida

morgen *adv* **1.** (*am folgenden Tag*) mañana; **~ früh** mañana por la mañana; **~ Mittag/Abend** mañana al mediodía/por la tarde; **ab ~** a partir de mañana; **bis ~** hasta mañana; **lieber heute als ~** mejor hoy que mañana; **~ ist auch noch ein Tag** mañana es otro día **2.** (*zukünftig*) futuro; **an ~ denken** pensar en el futuro

Morgen *m* <-s, -> mañana *f;* **eines ~s** una (buena) mañana; **der ~ bricht an** amanece; **am/gegen ~** en/por la mañana; **heute ~** hoy por la mañana; **am nächsten ~** la mañana siguiente; **am frühen ~** temprano por la mañana; **guten ~!** ¡buenos días!; **bis in den frühen ~ hinein** hasta el amanecer; **Morgenausgabe** *f* <-n> edición *f* matutina; **Morgendämmerung** *f* alba *f,* amanezca *f Mex, Ant,* amanezquera *f Mex, Ant*

morgendlich *adj* matutino, matinal

Morgenessen *nt* <-s, -> (*Schweiz*) desayuno *m;* **Morgengrauen** *nt* amanecer *m;* **Morgenmantel** *m* bata *f;* **Morgenmuffel** *m* (*fam*): **ein ~ sein** estar de mal humor por las mañanas; **Morgenrock** *m* <-(e)s, -röcke> bata *f;* **Morgenrot** *nt ohne Pl* <-(e)s> aurora *f*

morgens *adv* por la mañana; **von ~ bis abends** desde la mañana hasta la noche; **um sieben Uhr ~** a las siete de la mañana

morgige(r, s) *adj* de mañana; **am ~n Tag** mañana

Morphium *nt ohne Pl* <-s> morfina *f*

morsch *adj* (*Gestein*) fácilmente desmenuzable; (*Holz*) podrido

Morsealphabet *nt* <-(e)s, -e> (alfabeto *m*) morse *m*

morsen *vt* transmitir (utilizando el alfabeto morse)

Mörser *m* <-s, -> **1.** (*Gefäß*) mortero *m,* molcajete *m Ecua, Mex* **2.** (MIL) lanzagranadas *m inv*

Mörtel *m* <-s, -> mortero *m*

Mosaik *nt* <-s, -e(n)> mosaico *m*

Mosambik *nt* <-s> Mozambique *m*

Mosambikaner(in) *m(f)* <-s, -; -nen> mozambiqueño, -a *m, f*

mosambikanisch *adj* mozambiqueño

Moschee *f* <-n> mezquita *f*

Moschus *m ohne Pl* <-> almizcle *m*

Möse *f* <-n> (*vulg*) coño *m*

Mosel *f:* **die ~** el (río *m*) Mosela *m*

mosern *vi* (*fam*) critiquizar

Moskau *nt* <-s> Moscú *m*

Moskauer(in) *m(f)* <-s, -; -nen> moscovita *mf*

Moskito *m* <-s, -s> mosquito *m,* zancudo *m Am;* **Moskitonetz** *nt* mosquitero *m*

Moslem *m,* **Moslime** *f* <-s, -s; -n> musulmán, -ana *m, f*

moslemisch *adj* musulmán

Moslime *f* <-n> *s.* **Moslem**

Most *m* <-(e)s, -e> **1.** (*Trauben~*) mosto *m* de uva **2.** (*reg: Apfel~*) mosto *m* de manzana

Motel *nt* <-s, -s> motel *m*

Motiv *nt* <-s, -e> (*a.* LIT, MUS) motivo *m*

Motivation *f* <-en> (*a.* PSYCH) motivación *f*

motivieren* *vt* **1.** (*begründen*) justificar (*mit* con) **2.** (*anregen*) animar (*zu* para que +*subj*)

Motivierung *f* <-en> (*geh*) motivación *f*

Motor *m* <-s, -en> motor *m;* **Motorboot** *nt* lancha *f* a motor; **Motorhaube** *f* (AUTO) capó *m*

M

motorisch *adj* motor
motorisieren* *vt* motorizar
Motoröl *nt* aceite *m* de motor; **Motorpumpe** *f* bomba *f* a motor
Motorrad *nt* <-(e)s, -räder> moto(cicleta) *f;* **Motorradfahrer(in)** *m(f)* motociclista *mf*
Motorroller *m* escúter *m,* motoneta *f Am;* **Motorsäge** *f* motosierra *f;* **Motorschaden** *m* avería *f* del motor; **Motorsport** *m* motorismo *m*
Motte *f* <-n> polilla *f;* **Mottenkugel** *f* bola *f* de naftalina
Motto *nt* <-s, -s> lema *m*
motzen *vi* (*fam*) refunfuñar
Mountainbike *nt* <-s, -s> bicicleta *f* de montaña
Mousepad *nt* <-s, -s> (INFOR) sendero *m* del ratón
Möwe *f* <-n> gaviota *f*
mozarabisch *adj* mozárabe
MS (MED) *Abk. von* **Multiple Sklerose** esclerosis *f inv* múltiple
mtl. *Abk. von* **monatlich** mensual
Mücke *f* <-n> mosquito *m;* **aus einer ~ einen Elefanten machen** (*fam fig*) hacer de una pulga un camello; **Mückenstich** *m* <-(e)s, -e> picadura *f* de mosquito
Mucks *m* <-es, -e> (*fam*): **keinen ~ sagen** no decir ni pío; **ohne einen ~** muy quieto
mucksmäuschenstill *adj* (*fam*): **~ sein** no decir ni pío; **es war ~** no se oía ni una mosca
müde *adj* cansado; **~ werden** cansarse; **keine ~ Mark** (*fam*) ni un puto marco; **es ~ sein etw zu tun** estar harto de hacer algo; **er wurde nicht ~ ihre Vorzüge zu rühmen** no se cansaba de alabar sus méritos; **da kann ich nur ~ lächeln** me importa un comino
Müdigkeit *f ohne Pl* cansancio *m;* **vor ~ umfallen** caerse de cansancio
Muff *m* <-(e)s, -e> (*Pelz-*) manguito *m*
Muffe *f* <-n> **1.** (TECH) manguito *m* **2.** (*fam: Angst*) canguelo *m;* **mir geht die ~** tengo canguelo
Muffel *m* <-s, -> (*fam: Person*) aguafiestas *mfpl inv*
muffig *adj* **1.** (*Geruch*) que huele a enmohecido; **~ riechen** oler a moho **2.** (*fam: Person*) gruñón
Mühe *f* <-n> (*Anstrengung*) esfuerzo *m,* pena *f,* costo *m Am;* (*Umstände*) molestia *f;* (*Arbeit*) trabajo *m;* **ohne ~** sin esfuerzo; **nur mit ~** a duras penas; **die ~ hat sich gelohnt** ha valido la pena; **sich** *dat* **(große) ~ geben** esforzarse (mucho) (*bei* en, *zu* para/por); **gib dir keine ~!** ¡no te molestes!; **das ist doch verlorene ~** no vale la pena; **jdm ~ machen** ocasionar molestias a alguien; **sich** *dat* **die ~ machen etw zu tun** tomarse la molestia de hacer algo; **wenn es Ihnen keine ~ macht!** ¡si no es molestia para Ud.!; **mit ~ und Not** (*mit großen Schwierigkeiten*) a duras penas; (*gerade noch*) por los pelos
mühelos I. *adj* fácil **II.** *adv* con facilidad
muhen *vi* mugir
mühen *vr:* **sich ~** (*geh*) esforzarse
mühevoll *adj* penoso; (*schwierig*) difícil
Mühle[1] *f* <-n> **1.** (*Gebäude*) molino *m;* **in die ~ der Verwaltung geraten** (*fig*) caer en las ruedas de la administración **2.** (*Haushaltsgerät*) molinillo *m* **3.** (*fam: Fahrzeug*) cacharro *m*
Mühle[2] *f ohne Pl* (*Brettspiel*) tres *m* en raya
Mühlrad *nt* rueda *f* de molino; **Mühlstein** *m* muela *f* de molino
Mühsal *f* <-e> (*geh*) pena *f,* fatigas *fpl*
mühsam, mühselig I. *adj* penoso **II.** *adv* a duras penas
Mulatte, -in *m, f* <-n, -n; -nen> mulato, -a *m, f,* pardo, -a *m, f Am*
Mulde *f* <-n> **1.** (*im Gelände*) hondonada *f;* (*Loch*) hoyo *m* **2.** (*nordd: Trog*) tinaja *f*
Muli *nt* <-s, -s> (ZOOL) mulo, -a *m, f*
Mull *m* <-(e)s, -e> **1.** (*Gewebe*) gasa *f* **2.** (*nordd: Humusboden*) terreno *m* de humus
Müll *m ohne Pl* <-(e)s> basura *f;* (*Abfälle*) desperdicios *mpl;* **etw in den ~ werfen** tirar algo a la basura; **radioaktiver ~** residuos radi(o)activos
Müllabfuhr *f* recogida *f* de basuras
Müllaufbereitung *f* procesamiento *m* de basuras; **Müllaufbereitungsanlage** *f* planta *f* procesadora de basuras
Müllberg *m* montón *m* de basuras; **Müllbeseitigung** *f ohne Pl* eliminación *f* de basuras
Mullbinde *f* venda *f* de gasa
Müllcontainer *m* contenedor *m* de basuras; **Mülldeponie** *f* vertedero *m* de basuras; **Mülleimer** *m* cubo *m* de (la) basura, tacho *m CSur*
Müller(in) *m(f)* <-s, -; -nen> molinero, -a *m, f*
Müllkippe *f* vertedero *m* de basuras; **Müllkompostierung** *f* transformación *f* de los desperdicios orgánicos en compost; **Müllmann** *m* (*fam*) basurero *m;* **Müllsortieranlage** *f* instalación *f* de clasificación de basuras; **Mülltonne** *f* cubo *m* de (la) basura; **Mülltrennungssystem** *nt* recogida *f* selectiva de basuras
Müllverbrennung *f ohne Pl* incineración *f* de desechos; **Müllverbrennungsanlage** *f* planta *f* incineradora de basuras
Müllverwertung *f* aprovechamiento *m* de basuras; **Müllwagen** *m* camión *m* de la ba-

sura

mulmig *adj* (*fam*) desagradable; **ein ~es Gefühl haben** tener un mal presentimiento; **ihm war ~ zumute** tenía miedo

Multi *m* <-s, -s> (*fam*) (gran empresa *f*) multinacional *f*

multikulturell *adj* multicultural

Multimediaanwendung *f* <-en> aplicación *f* multimedia; **Multimediabereich** *m* <-(e)s, -e> sector *m* multimedia; **multimediafähig** *adj* multimediático, apto para multimedia

multimedial *adj* multimedia

Multimedia-PC *m* <-(s), -(s)> ordenador *m* multimedia; **Multimediasystem** *nt* sistema *m* multimedia

Multiple Sklerose *f ohne Pl* (MED) esclerosis *f inv* múltiple

Multiplikation *f* <-en> (MATH) multiplicación *f* (*mit* por)

multiplizieren* *vt* (*a.* MATH) multiplicar (*mit* por), amuchar *Arg, Bol, Chil*

Multitalent *nt* persona *f* polifacética

Mumie *f* <-n> momia *f*

mumifizieren* *vt* momificar

Mumm *m ohne Pl* <-s> (*fam*) **1.** (*Tatkraft*) coraje *m;* (*Mut*) valor *m* **2.** (*Kraft*) fuerza(s) *f(pl);* **der hat ~ in den Knochen** tiene agallas

Mumps *m ohne Pl* <->, *f ohne Pl* (MED) paperas *fpl*

München *nt* <-s> Munich *m*

Münch(e)ner(in) *m(f)* <-s, -; -nen> muniqués, -esa *m, f*

Mund *m* <-(e)s, Münder> boca *f;* **sein Name war in aller ~e** su nombre iba de boca en boca; **wie aus einem ~e** a la vez; **dieses Wort nehme ich nicht in den ~** no suelo usar esta palabra; **jdm über den ~ fahren** (*fam*) cortarle a alguien la palabra; **nicht auf den ~ gefallen sein** (*fam fig*) tener labia; **jdm den ~ wässrig machen** (*fam*) hacerle la boca agua a alguien; **halt den ~!** (*fam*) ¡calla la boca!; **ich werde ihm nicht nach dem ~ reden** no voy a decir lo que él quiere oír; **mit vollem ~ reden** hablar con la boca llena; **den ~ zu voll nehmen** (*fam fig*) fanfarronear

Mundart *f* <-en> dialecto *m*

Munddusche *f* ducha *f* bucal

Mündel *nt o m* <-s, -> (JUR) pupilo, -a *m, f*

munden *vi* (*geh*) saber bien; **lasst es euch ~** que (os) aproveche

münden *vi haben o sein* **1.** (*Fluss, Straße*) desembocar (*in/auf* en) **2.** (*Gespräch*) acabar (*in* en)

Münder *Pl von* **Mund**

Mundgeruch *m* aliento *m* fétido; (MED) halitosis *f inv;* **Mundharmonika** *f* armónica *f;* **Mundhöhle** *f* cavidad *f* bucal; **Mundhygiene** *f* higiene *f* bucal

mündig *adj* (JUR) mayor de edad

mündlich *adj* oral

Mundpropaganda *f* publicidad *f* transmitida de boca en boca; **Mundraub** *m* (JUR) hurto *m* famélico; **Mundstück** *nt* (*a.* MUS) boquilla *f*

mundtot *adj:* **jdn ~ machen** taparle la boca a alguien

Mündung *f* <-en> **1.** (*eines Flusses*) desembocadura *f* **2.** (*eines Gewehres*) boca *f*

Mundwasser *nt* <-s, -wässer> agua *f* dentífrica; **Mundwerk** *nt* (*fam*): **ein flinkes ~ haben** tener mucha labia; **Mundwinkel** *m* comisura *f* de la boca

Mund-zu-Mund-Beatmung *f* <-en> respiración *f* boca a boca

Munition *f* <-en> munición *f*

munkeln *vi, vt* (*fam*) rumorear; **man munkelt, dass ...** se rumorea [*o* corre el rumor] que...

Münster *nt* <-s, -> catedral *f*

munter *adj* **1.** (*lebhaft*) vivaz, vivaracho; (*fröhlich*) alegre **2.** (*wach*) despierto

Muntermacher *m* <-s, -> (*fam*) estimulante *m*

Münzautomat *m* distribuidor *m* automático

Münze *f* <-n> moneda *f;* **etw für bare ~ nehmen** tomar algo al pie de la letra; **es jdm mit gleicher ~ heimzahlen** pagarle a alguien con la misma moneda; **Münzeinwurf** *m* ranura *f*

münzen *vt* acuñar; **das ist auf ihn gemünzt** esto va por él

Münzfernsprecher *m* teléfono *m* público (con monedas)

Muräne *f* <-n> (ZOOL) morena *f*

mürbe *adj* **1.** (*weich*) blando; (*Fleisch*) tierno **2.** (*abgenutzt*) desgastado; (*zerbrechlich*) frágil **3.** (*Person*): **jdn ~ machen** ablandar a alguien; **Mürbeteig** *m* pastaflora *f*

Murmel *f* <-n> canica *f,* trinca *f CSur*

murmeln *vi, vt* murmurar, susurrar

Murmeltier *nt* marmota *f;* **schlafen wie ein ~** dormir como un tronco

murren *vi* refunfuñar

mürrisch **I.** *adj* malhumorado **II.** *adv* de mala gana

Mus *nt* <-es, -e> puré *m*

Muschel *f* <-n> **1.** (ZOOL) lamelibranquio *m;* (*essbar*) marisco *m* **2.** (*~schale*) concha *f*

Muschi *f* <-s> (*fam*) **1.** (*Katze*) gatita *f* **2.** (*Scheide*) chocho *m,* concha *f Am*

Muse *f* <-n> musa *f;* **er wurde von der ~ geküsst** le aparecieron las musas

Museum *nt* <-s, Museen> museo *m;* **Museumsführer(in)** *m(f)* <-s, -; -nen> guía *mf* de un museo

Musical *nt* <-s, -s> (espectáculo *m*) musical *m*

Musik *f* <-en> música *f;* ~ **machen** tocar un instrumento; **Musikakademie** *f* conservatorio *m* de música

musikalisch *adj* musical; ~ **veranlagt sein** tener talento musical

Musikant(in) *m(f)* <-en, -en; -nen> músico, -a *m, f*

Musikbegleitung *f* acompañamiento *m* musical; **Musikbox** *f* máquina *f* de discos, jukebox *m o f*

Musiker(in) *m(f)* <-s, -; -nen> músico, -a *m, f*

Musikhochschule *f* conservatorio *m* superior de música; **Musikinstrument** *nt* instrumento *m* de música; **Musikkapelle** *f* banda *f* de música; **Musikkassette** *f* cas(s)et(t)e *m o f;* **Musiklehrer(in)** *m(f)* profesor(a) *m(f)* de música; **Musikstück** *nt* obra *f* musical, pieza *f* de música; **Musikunterricht** *m* clase *f* de música; **Musikwissenschaft** *f* musicología *f*

musisch *adj* **1.** (*Fächer, Schule*) artístico **2.** (*Person*) con sensibilidad artística; ~ **begabt sein** tener talento (artístico)

musizieren* *vi* tocar (piezas musicales)

Muskat *m* <-(e)s, -e> nuez *f* moscada

Muskel *m* <-s, -n> músculo *m;* **Muskelkater** *m* agujetas *fpl;* **Muskelkraft** *f ohne Pl* fuerza *f* muscular; **Muskelprotz** *m* (*fam abw*) (hombre *m*) forzudo *m;* **Muskelzerrung** *f* (MED) distensión *f* de un músculo

Musketier *m* <-s, -e> (HIST) mosquetero *m*

Muskulatur *f* <-en> musculatura *f*

muskulös *adj* musculoso

Müsli *nt* <-s, -s> musli *m*

Muslim(e) *m(f)* <-s, -e *o* -s; -n> musulmán, -ana *m, f*

muss[RR], **muß** *3. präs von* **müssen**

Muss[RR] *nt ohne Pl* <->, **Muß** *nt ohne Pl* <-> obligación *f*

Muße *f ohne Pl* (*geh*) ocio *m;* (*Ruhe*) tranquilidad *f*

müssen[1] <muss, musste, müssen> *vt Modalverb* **1.** (*Zwang*) tener que +*inf;* (*unpersönlich*) hay que +*inf;* **sie musste es tun** tuvo que hacerlo; **die Ausstellung muss man gesehen haben** hay que haber visto la exposición; **das muss sein** tiene que ser; **es kam, wie es kommen musste** sucedió como tenía que suceder **2.** (*Notwendigkeit*) tener que +*inf,* ser necesario +*inf;* **ich muss (schon) sagen ...** tengo que decir que...; **muss das sein?** ¿es necesario?; **warum muss es ausgerechnet heute regnen?** ¿por qué tiene que llover precisamente hoy?; **das muss nicht stimmen** no tiene por qué ser así; **wenn es (unbedingt) sein muss** si tiene que ser; **du musst das nicht so eng sehen** no lo tomes tan a pecho **3.** (*Vermutung*) deber +*inf,* tener que +*inf;* **er müsste schon da sein** ya tendría que estar aquí; **das müsstest du eigentlich wissen** en realidad deberías saberlo **4.** (*Wunsch*): **man müsste noch mal zwanzig sein!** ¡quien tuviera veinte años (otra vez)!

müssen[2] <muss, musste, gemusst> *vi* tener que +*inf;* **ich muss zur Post** tengo que ir a Correos; **ich muss mal** (*fam: aufs Klo*) tengo que ir al baño

Mußestunde *f* rato *m* de ocio

müßig *adj* (*geh*) **1.** (*untätig*) ocioso **2.** (*überflüssig*) inútil; **es ist ~, darüber nachzudenken** no vale la pena pensar en ello; **Müßiggang** *m ohne Pl* <-(e)s> (*geh*) ociosidad *f;* ~ **ist aller Laster Anfang** (*prov*) la ociosidad es la madre de todos los vicios

musste[RR], **mußte** *3. imp von* **müssen**

Muster *nt* <-s, -> **1.** (*Vorlage*) modelo *m;* (*Handarbeits~, Schnitt~*) patrón *m* **2.** (*Vorbild*) modelo *m;* **er ist das ~ eines Ehemannes** es un marido modelo; **sie ist ein ~ an Güte** su bondad es ejemplar **3.** (*Zeichnung*) dibujo *m* **4.** (*Probestück*) muestra *f;* **Musterbeispiel** *nt* modelo *m* ejemplar; **Musterbrief** *m* carta *f* modelo; **Musterexemplar** *nt* **1.** (*eines Buches*) ejemplar *m* de muestra **2.** (*Vorbild*) modelo *m;* **mustergültig** *adj,* **musterhaft** *adj* ejemplar, modelo; **Musterknabe** *m* (*abw*) niño *m* modelo

mustern *vt* **1.** (*betrachten*) examinar; **sie musterte ihn von oben bis unten** lo miraba de arriba abajo **2.** (MIL: *Wehrpflichtige*) reconocer; (*Truppen*) pasar revista (a)

Musterschüler(in) *m(f)* alumno, -a *m, f* ejemplar

Musterung *f* <-en> **1.** (*Betrachtung*) examen *m;* (*Prüfung*) inspección *f;* **nach eingehender ~** tras minuciosa inspección **2.** (MIL) reconocimiento *m* **3.** (*Muster*) dibujo *m;* **Musterungsbescheid** *m* (MIL) llamada *f* a revista

Mut *m ohne Pl* <-(e)s> valor *m;* **nur ~!** ¡ánimo!; **den ~ verlieren** desanimarse; **jdm ~ machen** animar a alguien; ~ **fassen** cobrar valor; **guten ~es sein** (*geh*) estar optimista

Mutation *f* <-en> **1.** (BIOL) mutación *f* **2.** (MED: *Stimmwechsel*) cambio *m* de la voz **3.** (*Schweiz: Personalveränderung*) cambio *m* de personal

mutieren* *vi* **1.** (BIOL) mutar **2.** (MED: *Stimme*) cambiar la voz

mutig *adj* valiente, guapo *Am*

mutlos *adj* desalentado, desanimado

Mutlosigkeit *f ohne Pl* desaliento *m*

mutmaßen *vt* suponer

mutmaßlich *adj* supuesto, presunto

Mutmaßung *f* <-en> suposición *f,* presunción *f*

Mutprobe *f* prueba *f* de valor

Mutter[1] *f* <Mütter> (*Frau*) madre *f;* ~ **von vier Kindern** madre de cuatro hijos; **wie bei ~n** (*fam*) como en casa; **werdende ~** futura madre

Mutter[2] *f* <-n> (TECH) tuerca *f*

Mütterberatungsstelle *f* centro *m* de información maternal

Muttergesellschaft *f* <-en> (WIRTSCH) sociedad *f* matriz

Muttergottes *f* (REL) Nuestra Señora *f*

Mutterinstinkt *m* instinto *m* maternal; **Mutter-Kind-Pass**[RR] *m* carnet *m* de maternidad; **Mutterkuchen** *m* (MED) placenta *f;* **Mutterland** *nt* <-(e)s, -länder> patria *f;* (*der Kolonien*) metrópoli *m;* **Mutterleib** *m ohne Pl* <-(e)s> seno *m* materno

mütterlich I. *adj* materno, maternal **II.** *adv* como una madre

mütterlicherseits *adv* por parte de la madre

Mutterliebe *f* cariño *m* matero; **Muttermal** *nt* <-(e)s, -e> lunar *m;* **Muttermilch** *f* leche *f* materna; **etw mit der ~ einsaugen** aprender algo desde la cuna; **Muttermund** *m ohne Pl* <-(e)s> (MED) orificio *m* uterino

Mutterschaft *f ohne Pl* maternidad *f;* **Mutterschaftsurlaub** *m* permiso *m* por maternidad

Mutterschiff *nt* (NAUT) buque *m* nodriza; (AERO) nave *f* de abastecimiento

Mutterschutz *m* protección *f* a la (futura) madre

mutterseelenallein *adj* solo como la una

Muttersöhnchen *nt* <-s, -> (*fam abw*) hijo *m* de mamá; **Muttersprache** *f* <-n> lengua *f* materna

Muttersprachler(in) *m(f)* <-s, -; -nen> hablante *mf* nativo

Muttertag *m* día *m* de la madre; **Muttertier** *nt* (ZOOL) animal *m* madre

Mutti *f* <-s> (*fam*) mamá *f,* mamaíta *f*

Mutwille *m ohne Pl* <-ns> malicia *f;* **etw aus ~n tun** hacer algo a propósito

mutwillig I. *adj* (*böswillig*) malicioso; (*absichtlich*) intencionado **II.** *adv* (*absichtlich*) con intención

Mütze *f* <-n> gorro *m,* gorra *f;* **der kriegt was auf die ~!** (*fam*) ¡éste se va a llevar una buena (reprimenda)!

MwSt, MWSt *Abk. von* **Mehrwertsteuer** IVA *m*

Myom *nt* <-s, -e> (MED) mioma *m*

Myriade *f* <-n> miríada *f*

Myrr(h)e *f* <-n> mirra *f*

Myrte *f* <-n> mirto *m*

Mysterien *Pl von* **Mysterium**

mysteriös *adj* misterioso

Mysterium *nt* <-s, Mysterien> misterio *m*

Mystifizierung *f* <-en> mistificación *f*

Mystik *f ohne Pl* mística *f*

mystisch *adj* místico

Mythen *Pl von* **Mythos**

mythisch *adj* mítico

Mythologie *f* <-n> mitología *f*

Mythos *m* <-, Mythen> mito *m*

N

N, n *nt* <-, -> N, n *f;* ~ **wie Nordpol** N de Navarra

N *Abk. von* **Norden** N

na *interj* (*fam*) **1.** (*fragend*) y; ~ **und?** ¿y qué? **2.** (*auffordernd*) vamos; ~ **und ob!** ¡y vaya que sí!; ~ **so was!** ¡hay que ver! **3.** (*beschwichtigend*) bueno; ~ **also!** ¡pues ya ves!; ~ **ja** bueno; ~ **gut** bueno, bien **4.** (*empört*) pero (bueno); ~, **hör mal!** ¡pero oye, caramba!

Nabel *m* <-s, -> ombligo *m;* **der ~ der Welt** (*geh*) el ombligo del mundo; **Nabelschnur** *f* cordón *m* umbilical

nach **I.** *präp +dat* **1.** (*Richtung*) hacia, a; (*Länder-, Ortsnamen*) a; (*Zug, Flugzeug*) con destino a, para; ~ **Berlin**/~ **Spanien** a Berlín/a España; ~ **Norden**/~ **Süden** al norte/al sur; ~ **oben**/~ **rechts** hacia arriba/hacia la derecha; **von links ~ rechts** de izquierda a derecha; ~ **Hause** a casa **2.** (*Reihenfolge*) después de; ~ **Christus** después de Cristo; ~ **der Arbeit** después del trabajo; **sie kam ~ zehn Minuten** vino a los diez minutos; ~ **allem, was geschehen ist** después de todo lo que ha pasado; **einer ~ dem anderen** primero uno, después otro; ~ **Ihnen, bitte!** ¡después de Ud., por favor! **3.** (*Uhrzeit*) y; **es ist fünf** (**Minuten**) ~ **sechs** son las seis y cinco **4.** (*zufolge, gemäß*) según, conforme a; **je ~** según; **je ~ Größe** según el tamaño; ~ **allem, was ich weiß** con todo lo que yo sé; **dem Alter ~** conforme a la edad; **allem Anschein ~** por lo que parece; **das ist nicht ~ meinem Geschmack** no es de mi gusto; **meiner Meinung ~** en mi opinión; ~ **Art des Hauses** de la casa; ~ **italienischer Art** a la italiana; **die Uhr ~ dem Radio stellen** poner el reloj en hora con la radio **II.** *adv:* (**alle**) **mir ~!** ¡seguidme todos!; ~ **und ~** poco a poco; ~ **wie vor** (al) igual que antes

nach|äffen *vt* (*abw*) remedar

nach|ahmen *vt* imitar; (*kopieren*) copiar; **nachahmenswert** *adj* digno de ser imitado; (*vorbildlich*) ejemplar

Nachahmung *f* <-en> imitación *f*

nach|arbeiten *vt* **1.** (*aufholen*) recuperar **2.** (*nachbearbeiten*) repasar **3.** (*nachbilden*) copiar

Nachbar(in) *m(f)* <-n *o* -s, -n; -nen> vecino, -a *m, f;* **Nachbarhaus** *nt* casa *f* vecina; **Nachbarland** *nt* <-(e)s, -länder> país *m* vecino

nachbarlich *adj* **1.** (*benachbart*) vecino **2.** (*nachbarschaftlich*) vecinal

Nachbarschaft *f ohne Pl* vecindario *m;* (*alle Nachbarn*) vecinos *mpl*

nach|bereiten* *vt* repasar; **nach|bessern** *vt* retocar

nach|bestellen* *vt* renovar un pedido; **Nachbestellung** *f* nuevo encargo *m*

nach|bezahlen* *vt* (*nachträglich*) pagar más tarde; (*einen Zuschlag*) pagar como suplemento

nach|bilden *vt* copiar; **Nachbildung** *f* <-en> copia *f*

nach|datieren* *vt* antedatar

nachdem *konj* **1.** (*zeitlich*) después de *+inf,* después de que *+subj;* ~ **sie mit ihm gesprochen hatte ...** después de haber hablado con él... **2.** (*Abhängigkeit*): **je ~** según; **je ~, ob/wie ...** depende de si/de cómo...

nach|denken *irr vi* reflexionar (*über* sobre), pensar (*über* en); **darüber darf man gar nicht ~** no se debería pensar en esto; **scharf ~** pensar con todas las fuerzas

nachdenklich *adj* pensativo; (*in Gedanken versunken*) ensimismado; **das macht mich ~** me da que pensar

Nachdruck[1] *m ohne Pl* <-(e)s> (*Eindringlichkeit*) énfasis *m inv;* **etw mit ~ sagen** decir algo con énfasis; **ich weise mit allem ~ darauf hin, dass ...** hago hincapié en que...

Nachdruck[2] *m* <-(e)s, -e> (TYPO) reproducción *f;* (*Neuauflage*) reimpresión *f*

nach|drucken *vt* reimprimir

nachdrücklich **I.** *adj* insistente; (*energisch*) enérgico **II.** *adv* con insistencia

nach|eifern *vi:* **jdm ~** emular a alguien; **nach|eilen** *vi sein:* **jdm/etw ~** correr detrás de alguien/de algo

nacheinander *adv* **1.** (*räumlicher Abstand*) sucesivamente, uno detrás de otro **2.** (*zeitlich*) seguido; **fünf Tage ~** cinco días seguidos; **sie kamen kurz ~** llegaron muy seguidos

nach|empfinden* *irr vt:* **das kann ich dir gut ~** te comprendo totalmente

nach|erzählen* *vt* repetir; (*erzählen*) contar; **Nacherzählung** *f* narración *f*

Nachfahr(e), -in *m, f* <-en, -en; -nen> (*geh*) descendiente *mf;* **die ~en** (*Blutsverwandtschaft*) la descendencia; (*nächste Generationen*) la posteridad

nach|fahren *irr vi sein:* **jdm** ~ seguir a alguien (en un vehículo)

Nachfolge *f ohne Pl* sucesión *f;* **jds** ~ **(in einem Amt) antreten** suceder a alguien (en un cargo)

nachfolgend *adj* siguiente

Nachfolger(in) *m(f)* <-s, -; -nen> sucesor(a) *m(f)*

nach|forschen *vi* investigar; **Nachforschung** *f* investigación *f;* (*amtliche* ~) pesquisa *f;* **in etw ~en anstellen** hacer pesquisas acerca de algo

Nachfrage *f* **1.** (WIRTSCH) demanda *f* (*nach* de); **die ~ sinkt/steigt** la demanda disminuye/aumenta **2.** (*Wend*): **danke der ~!** ¡gracias por el interés!; **nach|fragen I.** *vi* **1.** (*sich erkundigen*) preguntar (*wegen* por) **2.** (*nachsuchen*) solicitar **II.** *vt* (WIRTSCH) demandar

nach|fühlen *vt s.* **nachempfinden**

nachfüllbar *adj* rellenable; (*Patrone*) recargable

nach|füllen *vt* rellenar; (*Patrone*) recargar

Nachfüllpackung *f* empaque *m* rellenable

nach|geben *irr vi* **1.** (*zustimmen*) ceder, agacharse *Am;* **er gab ihren Bitten nach** cedió a sus súplicas **2.** (*Fundament*) ceder; (*Stoff*) dar de sí **3.** (WIRTSCH, FIN) bajar

Nachgebühr *f* sobretasa *f*

Nachgeburt *f ohne Pl* secundinas *fpl*

nach|gehen *irr vi sein* **1.** (*folgen*) seguir **2.** (*ergründen*) investigar; **einem Hinweis/einer Spur** ~ seguir una pista/una huella **3.** (*Uhr, Messgerät*) ir atrasado **4.** (*einem Beruf*) dedicarse *a*

Nachgeschmack *m ohne Pl* <-(e)s> regusto *m;* (*schlechter* ~) resabio *m;* **das hinterlässt einen üblen** ~ esto deja mal sabor de boca

nachgewiesenermaßen *adv* como queda comprobado

nachgiebig *adj* **1.** (*Mensch, Haltung*) transigente; **gegenüber jdm (zu) ~ sein** ser (demasiado) condescendiente con alguien **2.** (*Material*) flexible; (*Boden*) blando

Nachgiebigkeit *f ohne Pl* **1.** (*Entgegenkommen*) complacencia *f;* (*Veranlagung*) docilidad *f* **2.** (*Beschaffenheit*) elasticidad *f*

nach|grübeln *vi* cavilar (*über* sobre)

nach|haken *vi* (*fam*) porfiar; **bei jdm (mit einer Frage)** ~ preguntar a alguien con insistencia

Nachhall *m ohne Pl* <-(e)s> reverberación *f;* **nach|hallen** *vi* reverberar

nachhaltig *adj* persistente; **~e Wirkung haben** ser muy eficaz

nach|hängen *irr vi* estar absorto *en;* (*wehmütig*) acariciar; **seinen Gedanken** ~ ensimismarse

nachhause[RR] *adv* (*Österr, Schweiz*) a casa

Nachhauseweg *m* camino *m* a casa; **auf dem** ~ de camino a casa

nach|helfen *irr vi* echar una mano; **dem Glück** ~ ayudar a la suerte

nachher *adv* **1.** (*danach*) después; (*später*) luego; **bis ~!** ¡hasta luego! **2.** (*reg: möglicherweise*) luego

Nachhilfe(stunde) *f* clase *f* particular

Nachhinein[RR]: **im** ~ posteriormente

Nachholbedarf *m* necesidad(es) *f(pl)* de recuperar (*an*)

nach|holen *vt* **1.** (*Person*) hacer venir; (*Dinge*) buscar más tarde **2.** (*Versäumnis*) recuperar

Nachhut *f* <-en> (MIL) retaguardia *f*

nach|jagen *vi sein:* **jdm** ~ perseguir a alguien; **etw** *dat* ~ andar a la caza de algo

nach|kaufen *vt* comprar más tarde; **von diesem Service kann man Teile** ~ este juego de mesa dispone de piezas de recambio

Nachkomme *m* <-n, -n> descendiente *mf*

nach|kommen *irr vi sein* **1.** (*später kommen*) venir más tarde; **ich komme gleich nach** ahora voy **2.** (*Schritt halten*) poder seguir; **er kommt mit der Arbeit nicht nach** no consigue sacar el trabajo adelante **3.** (*geh*): **etw** *dat* ~ (*einer Vorschrift*) acatar; (*einer Verpflichtung*) cumplir (con); (*einem Wunsch*) acceder (a) **4.** (*Schweiz: verstehen*) entender

Nachkommenschaft *f ohne Pl* descendencia *f*

Nachkömmling *m* <-s, -e> **1.** (*Nachzügler*) rezagado, -a *m, f* **2.** (*Nachkomme*) descendiente *mf*

Nachkriegszeit *f* <-en> (época *f* de la) posguerra *f*

Nachlass[RR] *m* <-es, -lässe *o* -e>, **Nachlaß** *m* <-sses, -lässe *o* -lasse> **1.** (*Erbschaft*) legado *m;* (*eines Künstlers*) obras *fpl* póstumas **2.** (*Rabatt*) rebaja *f*

nach|lassen *irr* **I.** *vi* (*allgemein*) disminuir; (*Schmerz*) calmarse; (*Interesse, Qualität, Eifer*) decaer; (*Fieber*) bajar; (*Regen*) cesar; **wir sollten nicht ~ in unserem Streben!** no debemos desistir en nuestro afán **II.** *vt* **1.** (*lockern*) aflojar **2.** (*vom Preis*) rebajar

nachlässig I. *adj* negligente, descuidado **II.** *adv* con negligencia; ~ **arbeiten** ser negligente en el trabajo; ~ **gekleidet sein** estar mal vestido

Nachlässigkeit *f* <-en> negligencia *f*

nach|laufen *irr vi sein:* **jdm/etw** ~ ir detrás de alguien/de algo

nach|lösen *vi, vt* comprar (el billete) al revisor; **nach|machen** *vt* (*fam*) **1.** (*nachahmen*) imitar; (*kopieren*) copiar; **das macht mir so schnell keiner nach** esto no lo hace cualquiera **2.** (*fälschen*) falsificar **3.** (*nachträglich erledigen*) hacer a posteriori; **nach|messen** *irr vi, vt* (volver a) medir

nachmittag *adv s.* **Nachmittag**

Nachmittag *m* <-(e)s, -e> tarde *f;* **am ~** por la tarde; **gestern ~** ayer por la tarde

nachmittags *adv* por la tarde; (*jeden Nachmittag*) por las tardes; **um vier Uhr ~** a las cuatro de la tarde

Nachmittagsvorstellung *f* <-en> función *f* de tarde, vermú *m And, CSur*

Nachnahme *f* <-n> reembolso *m;* **etw per ~ verschicken** mandar algo contra reembolso

Nachname *m* apellido *m*

nach|prüfen *vt* comprobar, verificar; **nach|rechnen** *vi, vt* repasar la cuenta (de)

Nachrede *f:* **üble ~** (JUR) calumnia *f;* **nach|reden** *vt* **1.** (*wiederholen*) repetir **2.** (*klatschen*) hablar; **jdm Übles ~** hablar mal de alguien; **jdm ~, dass ...** decir de alguien que...

nach|reichen *vt* entregar en fecha posterior

Nachricht *f* <-en> **1.** (*allgemein*) noticia *f;* **eine ~ hinterlassen** dejar un recado; **~ von jdm haben** tener noticias de alguien; **jdm eine ~ überbringen** transmitir a alguien una noticia **2.** *Pl* (TV, RADIO) noticias *fpl;* **Nachrichtenagentur** *f* agencia *f* de noticias; **Nachrichtendienst** *m* **1.** (*Geheimdienst*) servicio *m* de inteligencia **2.** (*Nachrichtenagentur*) agencia *f* de noticias; **Nachrichtensendung** *f* noticias *fpl,* noticiario *m Am;* **Nachrichtensperre** *f* bloqueo *m* informativo; **über irgendein Thema eine ~ verhängen** imponer un embargo informativo sobre algún tema; **Nachrichtensprecher(in)** *m(f)* locutor(a) *m(f)*

Nachruf *m* <-(e)s, -e> necrológica *f* (*auf* de); **Nachruhm** *m ohne Pl* <-(e)s> fama *f* póstuma

nach|rüsten **I.** *vi* (MIL) rearmarse **II.** *vt* (TECH, INFOR: *zusätzlich ausstatten*) equipar posteriormente; **Nachrüstung** *f* <-en> **1.** (MIL) rearme *m* **2.** (TECH, INFOR) modificación *f* retroactiva

nach|sagen *vt* repetir; **ihm wurde nachgesagt, dass ...** se dijo acerca de él que...

Nachsaison *f* temporada *f* baja

nach|schauen *vt s.* **nachsehen**

nach|schenken *vi, vt* (*geh*) *s.* **nachgießen**

nach|schicken *vt* (*Post*) reexpedir

nach|schlagen *irr* **I.** *vt* buscar **II.** *vi* **1.** (*nachlesen*) consultar; **in einem Lexikon ~** consultar una enciclopedia **2.** *sein* (*geh*): **jdm ~** parecerse a alguien

Nachschlagewerk *nt* obra *f* de consulta

Nachschlüssel *m* copia *f* de una llave

Nachschub *m* (MIL: *Versorgung*) suministro *m* (*an* de); (*Verpflegung*) avituallamiento *m;* (*Verstärkung*) reforzamiento *m*

nach|sehen *irr* **I.** *vi* **1.** (*hinterherblicken*): **jdm/etw ~** seguir a alguien/algo con la mirada **2.** (*zur Information*) ir a ver; **sieh mal nach, ob ...** vete a ver si... **3.** (*nachschlagen*) consultar (*in*) **II.** *vt* **1.** (*kontrollieren*) revisar **2.** (*nachschlagen*) buscar **3.** (*verzeihen*): **jdm etw ~** perdonar algo a alguien

Nachsehen *nt:* **das ~ haben** quedarse a la luna de Valencia (*bei/in* con)

nach|senden *irr vt s.* **nachschicken**

Nachsicht *f* indulgencia *f;* **~ walten lassen** ser indulgente

nachsichtig *adj* indulgente (*mit* (para) con)

Nachsilbe *f* (LING) sufijo *m*

nach|sinnen *irr vi* recapacitar (*über* sobre)

nach|sitzen *irr vi* quedar castigado después de clase

Nachspann *m* <-(e)s, -e> (FILM, TV) portada *f* (final); **Nachspeise** *f* (GASTR) postre *m;* **Nachspiel** *nt* **1.** (THEAT) epílogo *m;* (MUS) postludio *m* **2.** (*Folgen*) consecuencias *fpl*

nach|spionieren* *vi* espiar; **nach|sprechen** *irr vt:* **jdm etw ~** repetir lo dicho por alguien

nächst *präp +dat* (*geh*) **1.** (*örtlich*) junto a **2.** (*samt*) junto con; (*außer*) además de

nächstbeste(r, s) *adj:* **der/die/das ~** (*allgemein*) el primero/la primera/lo primero que se presente; (*bei Qualität*) el segundo/la segunda/lo segundo mejor; **bei der ~n Gelegenheit** en la primera oportunidad que se presente

nächste(r, s) *adj superl von* **nah(e)** **1.** (*räumlich, Reihenfolge*) siguiente, próximo; **der/die/das N~** el más próximo/la más próxima/lo más próximo; **aus ~r Nähe** muy de cerca; **die ~n Angehörigen** los más allegados **2.** (*zeitlich*) próximo; **das ~ Mal** la próxima vez; **in den ~n Tagen** en los próximos días; **ich rufe dich bei der ~n Gelegenheit an** te llamo en cuanto pueda

Nächste(r) *mf* <-n, -n; -n> **1.** (*geh: Mitmensch*) próximo, -a *m, f;* (REL) prójimo, -a *m, f* **2.** (*der/die Folgende*) siguiente *mf;* **der/die ~ bitte!** ¡el/la siguiente, por favor!

nach|stehen *irr vi:* **jdm an etw (nicht) ~** (no) quedarse atrás de alguien en cuanto a algo; **jdm in nichts ~** ser igual a alguien

nach|stellen **I.** *vt* **1.** (TECH) reajustar **2.** (*Uhr*) retrasar **3.** (LING) posponer **II.** *vi* (*geh*): **jdm ~** (*verfolgen*) perseguir a alguien; (*umwerben*) rondar a alguien

nächsten *superl von* **nah(e)**: **am ~** lo más cercano

Nächstenliebe *f* **1.** (*Barmherzigkeit*) caridad *f* **2.** (*Liebe zum Nächsten*) amor *m* al prójimo

nächstens *adv* pronto, dentro de poco

nächstliegend *adj* (*örtlich*) más cercano; (*fig*) más obvio; **nächstmöglich** *adj* próximo (posible); **zum ~en Termin** lo antes posible

nach|suchen *vi* **1.** (*suchen*) buscar por todas partes **2.** (*geh: beantragen*): **bei jdm um etw ~** solicitar algo ante alguien

nacht *adv s.* **Nacht**

Nacht *f* <Nächte> noche *f;* **Heilige ~** Nochebuena; **bei ~** de noche; **in der ~** por la noche; **in der ~ auf Mittwoch** la noche del martes al miércoles; **gestern ~** ayer por la noche; **über ~ bleiben** pasar la noche (*bei* en casa de, *in* en); **als die ~ hereinbrach** cuando anocheció; **eines ~s** (*geh*) una noche; **bei ~ und Nebel** (*fig*) clandestinamente; **gute ~!** ¡buenas noches!; **jdm gute ~ sagen** dar(le) las buenas noches a alguien; **die ~ zum Tage machen** pasarse la noche de juerga; **zu ~ essen** (*südd, Österr*) cenar; **über ~** (*ganz plötzlich*) de la noche a la mañana; **Nachtblindheit** *f* hemeralopía *f;* **Nachtdienst** *m* turno *m* de noche

Nachteil *m* <-(e)s, -e> inconveniente *m,* desventaja *f;* (*Schaden*) perjuicio *m;* **~e durch etw haben** tener inconvenientes por algo; **jdm ~e bringen** perjudicar a alguien; **er hat sich zu seinem ~ verändert** ha cambiado para peor; **im ~ sein** estar en desventaja; **von ~ sein** ser desfavorable

nachteilig *adj* (*ungünstig*) desventajoso; (*schädlich*) perjudicial

Nachtessen *nt* (*südd, Österr, Schweiz*) cena *f;* **Nachtfalter** *m* **1.** (ZOOL) mariposa *f* nocturna **2.** (*Person*) trasnochador(a) *m(f);* **Nachtfrost** *m* helada *f* nocturna; **Nachthemd** *nt* camisón *f,* dormilona *f Ven*

Nachtigall *f* <-en> (ZOOL) ruiseñor *m*

nächtigen *vi* pasar la noche (*in* en); **bei jdm ~** dormir en casa de alguien

Nachtisch *m ohne Pl* <-(e)s> postre *m*

Nachtklub *m* club *m* nocturno; **Nachtlager** *nt* alojamiento *m* para la noche; **sein ~ aufschlagen** hacerse una cama; **Nachtleben** *nt ohne Pl* <-s> vida *f* nocturna

nächtlich *adj* nocturno

Nachtportier *m* <-s, -s> portero *m* de noche

Nachtrag *m* <-(e)s, -träge> adición *f* (*zu* a); (*im Brief*) posdata *f;* (*Anhang*) apéndice *m*

nach|tragen *irr vt* **1.** (*hinzufügen*) añadir; **bliebe noch nachzutragen, dass …** sólo queda añadir que… **2.** (*verübeln*): **jdm etw ~** guardar rencor a alguien por algo

nachtragend *adj* rencoroso

nachträglich I. *adj* posterior **II.** *adv* posteriormente

nach|trauern *vi:* **jdm/etw ~** lamentar la pérdida de alguien/de algo

Nachtruhe *f* reposo *m* nocturno

nachts *adv* por la noche; (*jede Nacht*) por las noches; **spät ~** muy entrada la noche; **um 2 Uhr ~** a las dos de la madrugada

Nachtschattengewächs *nt* (BOT) solanácea *f;* **Nachtschicht** *f* turno *m* de noche; **Nachtschwärmer(in)** *m(f)* <-s, -; -nen> noctámbulo, -a *m, f,* farrista *mf CSur;* **Nachtschwester** *f* enfermera *f* de noche

nachtsüber *adv* de noche, por la noche

Nachttarif *m* tarifa *f* nocturna; **Nachttisch** *m* mesita *f* de noche, buró *m Am;* **Nachttopf** *m* orinal *m,* escupidera *f Am;* **Nachtwache** *f* guardia *f* nocturna; **~ haben** estar de guardia nocturna; **Nachtwächter(in)** *m(f)* guardia *mf* nocturno, -a, nochero, -a *m, f CSur*

Nachuntersuchung *f* (examen *m* de) control *m* posterior

nachvollziehbar *adj* comprensible; **es ist für mich (nicht) ~, warum …** (no) comprendo por qué…

nach|vollziehen* *irr vt* comprender

nach|wachsen *irr vi sein* volver a crecer; (*sich erneuern*) reproducirse; **~de Rohstoffe** materias primas renovables

Nachwehen *fPl* **1.** (MED) entuertos *mpl* uterinos **2.** (*geh fig: Folgen*) consecuencias *fpl*

nach|weinen *vi, vt:* **jdm ~** llorar a alguien; **jdm/etw keine Träne ~** no derramar ni una lágrima por alguien/por algo

Nachweis *m* <-es, -e> (*Beweis*) prueba *f;* (*Bescheinigung*) certificado *m;* **zum ~ von …** como prueba de…

nachweisbar *adj* comprobable; (*Giftstoffe*) detectable; **etw ist ~** algo se puede comprobar

nach|weisen *irr vt* **1.** (*beweisen*) comprobar, probar; **das lässt sich leicht ~** es fácil comprobarlo; **jdm etw ~** demostrar que alguien hizo algo **2.** (*Kenntnisse*) presentar un certificado (de)

nachweislich I. *adj* demostrable, comprobable **II.** *adv* como puede comprobarse

Nachwelt *f ohne Pl* posteridad *f*

nach|wirken *vi* continuar causando efecto; (*Einfluss haben*) repercutir (*auf* en); **Nachwirkung** *f* consecuencia *f;* (*Einfluss*) repercusión *f* (*auf* en); **unter den ~en leiden** (*fig*) sufrir las consecuencias

Nachwort *nt* <-(e)s, -e> epílogo *m*

Nachwuchs *m* **1.** (*fam: Nachkomme*) descendencia *f;* **sie haben ~ bekommen** han tenido un hijo/una hija **2.** (*am Arbeitsmarkt*) aprendices *mpl*

nach|zahlen *vt* (*später zahlen*) pagar más adelante; (*zusätzlich zahlen*) pagar extra

nach|zählen *vt* (volver a) contar

Nachzahlung *f* **1.** (*nachträglich*) pago *m* posterior **2.** (*zusätzlich*) pago *m* adicional

nach|zeichnen *vt* **1.** (*abzeichnen*) copiar **2.** (*schildern*) describir; **nach|ziehen** *irr* **I.**

vt **1.** (*Umriss*) retocar; (*Lippen*) pintarse **2.** (*Schraube*) apretar **3.** (*Bein*) arrastrar **II.** *vi sein:* **jdm ~** seguir a alguien

Nachzügler(in) *m(f)* <-s, -; -nen> rezagado, -a *m, f*

Nacken *m* <-s, -> nuca *f;* **einen steifen ~ haben** tener tortícolis; **mir sitzt die Angst im ~** tengo miedo; **Nackenstütze** *f* reposacabezas *m inv*

nackt *adj* (*a. fig*) desnudo; **halb ~** medio desnudo; **sich ~ ausziehen** desnudarse; **Nacktbadestrand** *m* playa *f* nudista

Nacktheit *f ohne Pl* desnudez *f*

Nadel *f* <-n> (*Näh~, Strick~, an Messinstrumenten, a.* BOT) aguja *f;* (*Steck~*) alfiler *m;* (*Haar~*) horquilla *f;* **eine ~ im Heuhaufen suchen** (*fig*) buscar una aguja en el pajar; **an der ~ hängen** (*sl*) estar enganchado (a la heroína); **Nadelbaum** *m* conífera *f;* **Nadeldrucker** *m* <-s, -> impresora *f* de matriz de agujas; **Nadelkissen** *nt* acerico *m;* **Nadelöhr** *nt* ojo *m* de la aguja; (AUTO: *Engpass*) calle *f* muy estrecha; **Nadelstich** *m* <-(e)s, -e> **1.** (*Einstich*) pinchazo *m* **2.** (*Nähstich*) puntada *f* **3.** (*fig*) alfilerazo *m*

Nadelstreifenanzug *m* <-(e)s, -züge> traje *m* de mil rayas

Nadelwald *m* bosque *m* de coníferas, pinar *m*

Nagel *m* <-s, Nägel> **1.** (*Metallstift*) clavo *m;* **einen ~ einschlagen** clavar un clavo; **den ~ auf den Kopf treffen** (*fam a. fig*) dar en el clavo; **etw an den ~ hängen** (*fam fig*) dejar algo; **den Beruf an den ~ hängen** (*fam fig*) colgar los hábitos; **Nägel mit Köpfen machen** (*fam fig*) tomar una decisión **2.** (*Finger~*) uña *f;* **sich** *dat* **die Nägel schneiden** cortarse las uñas; **an den Nägeln kauen** comerse las uñas; **sich** *dat* **etw unter den ~ reißen** (*fam*) mangar algo; **das brennt uns unter den Nägeln** (*fam*) esto corre mucha prisa; **Nagelbürste** *f* cepillo *m* de uñas; **Nagelfeile** *f* lima *f* para las uñas

Nagellack *m* esmalte *m* de uñas; **Nagellackentferner** *m* <-s, -> quitaesmalte *m*

nageln *vt* clavar (*an/auf* en)

nagelneu *adj* (*fam*) flamante

Nagelschere *f* tijeras *fpl* de manicura

nagen I. *vi* **1.** (*Tier, Mensch*) roer (*an*) **2.** (*Rost, Wasser*) corroer (*an*) **3.** (*quälen*) corroer; **das schlechte Gewissen nagte an ihr** le remordía la mala conciencia **II.** *vt* roer

nagend *adj* (*Sorgen*) roedor; **ein ~er Schmerz** un dolor punzante

Nager *m* <-s, ->, **Nagetier** *nt* <-(e)s, -e> roedor *m*

nah(e) <näher, am nächsten> **I.** *adj* **1.** (*räumlich*) cercano; **~ sein** estar cerca; **der N~e Osten** el Oriente Próximo; **von ~em** de cerca **2.** (*zeitlich*) próximo, inmediato; **die ~e Zukunft** el futuro próximo; **der ~e Aufbruch** la salida inmediata; **~ daran sein etw zu tun** estar a punto de hacer algo **3.** (*direkt, eng*) cercano; **~e Verwandte** familiares cercanos **II.** *adv* **1.** (*räumlich, zeitlich*) cerca; **~ an** [*o* **bei**] cerca de; **~ beieinander** muy juntos; **von ~ und fern** de lejos y de cerca; **jdm zu ~e treten** ofender a alguien **2.** (*direkt, eng*): **mit jdm ~e verwandt sein** ser pariente cercano de alguien **III.** *präp + dat* (*geh*) cerca de

Nahaufnahme *f* **1.** (FOTO) vista *f* de cerca **2.** (FILM) primer plano *m*

Nähe *f ohne Pl* **1.** (*räumlich*) cercanía *f,* proximidad *f;* **etw aus der ~ betrachten** mirar algo de cerca; **in der ~ der Stadt** cerca de la ciudad; **hier in der ~** aquí cerca; **in meiner ~** a mi lado; **aus nächster ~** muy de cerca; **gern in jds ~ sein** estar a gusto al lado de alguien **2.** (*zeitlich*) proximidad *f*

nahebei *adv* muy cerca

nahe|bringen *irr vt s.* **bringen 1.**; **nahe|gehen** *irr vi sein s.* **gehen I.1.**; **nahe|kommen** *irr vi sein s.* **kommen 2.**; **nahe|legen** *vt s.* **legen I.4.**; **nahe|liegen** *irr vi s.* **liegen 5.**

naheliegend *adj s.* **liegen 5.**

nahen *vi sein* (*geh*) acercarse; (*Ereignis*) aproximarse

nähen *vi, vt* **1.** (*Kleidung*) coser **2.** (*Wunde*) suturar; (*fam: Patient*) coser

näher *adj kompar von* **nah(e) 1.** (*räumlich, zeitlich*) más próximo, más cercano; **~ wohnen** vivir más cerca; **in der ~en Umgebung** en las proximidades inmediatas; **~ rücken** acercarse; **tritt doch ~!** ¡acércate! **2.** (*fig: genauer*) más detallado; **~e Angaben** detalles; **etw ~ betrachten** mirar algo con detalle; **können sie mir N~es darüber erzählen?** ¿puede darme más detalles sobre ello? **3.** (*enger*) más cercano; (*Freundschaft*) más íntimo; **die ~e Verwandtschaft** los parientes cercanos; **jdn ~ kennen lernen** conocer a alguien (más) de cerca

Naherholungsgebiet *nt* zona *f* recreativa

Näherin *f* <-nen> costurera *f*

näher|kommen *irr vi sein s.* **kommen 2.**

nähern *vr:* **sich ~** acercarse (a); (*Ereignis*) aproximarse

nahe|stehen *irr vi s.* **stehen I.2.**

nahezu *adv* casi

Nähgarn *nt* hilo *m* para coser

Nahkampf *m* (MIL, SPORT) lucha *f* cuerpo a cuerpo

Nähkästchen *nt* <-s, ->: **aus dem ~ plaudern** (*fam*) contar un secreto; **Nähkasten**

m costurero *m*
nahm *3. imp von* **nehmen**
Nähmaschine *f* máquina *f* de coser; **Nähnadel** *f* aguja *f* de coser
Nahost *m* <-> Cercano Oriente *m*
Nährboden *m* sustrato *m*
nähren *vt* (*geh*) **1.** (*er~*) alimentar **2.** (*Hoffnung, Eifersucht*) nutrir
nahrhaft *adj* nutritivo
Nährstoff *m* <-(e)s, -e> su(b)stancia *f* nutritiva
Nahrung *f ohne Pl* alimento *m;* **flüssige/feste ~** alimento líquido/sólido; **Nahrungskette** *f* (BIOL) cadena *f* alimenticia
Nahrungsmittel *nt* alimento *m;* **Nahrungsmittelallergie** *f* alergia *f* a productos alimenticios; **Nahrungsmittelindustrie** *f* industria *f* alimentaria; **Nahrungsmittelvergiftung** *f* (MED) intoxicación *f* alimentaria
Nährwert *m* valor *m* nutritivo
Nähseide *f* seda *f* para coser
Naht *f* <Nähte> **1.** (*an Kleidung*) costura *f* **2.** (MED) sutura *f* **3.** (TECH) soldadura *f;* **nahtlos** *adj* **1.** (*Kleidung, Strümpfe*) sin costura **2.** (TECH) sin soldadura **3.** (*Wend*): **~ ineinander übergehen** seguirse inmediatamente; **~ braun sein** estar moreno por todo el cuerpo
Nahverkehr *m* tráfico *m* de cercanías; **Nahverkehrsmittel** *nt* medio *m* de transporte de cercanías; **Nahverkehrszug** *m* <-(e)s, -züge> tren *m* de cercanías
Nähzeug *nt* utensilios *mpl* de costura
naiv *adj* inocente, ingenuo; (KUNST) naif
Naivität *f ohne Pl* inocencia *f,* ingenuidad *f*
Name *m* <-ns, -n> nombre *m;* (*Bezeichnung*) denominación *f;* (*Ruf*) fama *f;* **mein ~ ist ...** me llamo...; **auf den ~n von ...** a nombre de...; **in jds ~n sprechen** hablar en nombre de alguien; **ich kenne ihn nur dem ~n nach** no lo conozco más que de nombre; **im ~n des Volkes** en nombre del pueblo; **sich** *dat* **mit etw einen ~n machen** hacerse famoso con algo; **man muss die Dinge beim ~n nennen** ¡al pan pan y al vino vino!
namenlos *adj* **1.** (*Person*) sin nombre **2.** (*geh: sehr groß*) infinito
namens I. *adv* llamado **II.** *präp +gen* (*formal*) en nombre de
Namensschild *nt* <-(e)s, -er> placa *f* (con nombre); **Namenstag** *m* (día *m* del) santo *m;* **Namensvetter** *m* tocayo *m*
namentlich I. *adj* nominal **II.** *adv* **1.** (*mit Namen*) por el nombre; **~ genannt werden** ser mencionado **2.** (*vor allem*) sobre todo; (*hauptsächlich*) principalmente
namhaft *adj* **1.** (*bekannt*) conocido; (*berühmt*) famoso **2.** (*beträchtlich*) importante
nämlich *adv* **1.** (*denn*) porque, es que; **sie fährt ~ immer nach Italien** es que siempre se va a Italia **2.** (*und zwar*) a saber, o sea
nannte *3. imp von* **nennen**
nanu *interj* hombre
Napf *m* <-(e)s, Näpfe> escudilla *f;* **Napfkuchen** *m* pastel *m* de molde
Narbe *f* <-n> **1.** (MED) cicatriz *f* **2.** (BOT) estigma *m*
narbig *adj* **1.** (*allgemein*) con cicatrices **2.** (*Leder*) granulado
Narkose *f* <-n> (MED) anestesia *f;* **Narkosemittel** *nt* (MED) anestésico *m*
narkotisieren* *vt* (MED) anestesiar
Narr *m,* **Närrin** *f* <-en, -en; -nen> **1.** (*Dummkopf*) necio, -a *m, f* **2.** (THEAT) gracioso, -a *m, f* **3.** (*Hof~*) bufón *m;* **jdn zum ~en halten** tomar(le) el pelo a alguien; **er hat einen ~en an ihr gefressen** (*fam*) se ha quedado con ella; **Narrenfreiheit** *f ohne Pl:* **~ haben** poder hacer todas las locuras; **Narrenkappe** *f* gorro *m* de bufón
Närrin *f* <-nen> *s.* **Narr**
närrisch *adj* loco; **auf jdn/etw ganz ~ sein** (*fam*) estar loco por alguien/algo
Narzisse *f* <-n> narciso *m*
Narzissmus[RR] *m ohne Pl* <->, **Narzißmus** *m ohne Pl* <-> narcisismo *m*
narzisstisch[RR] *adj,* **narzißtisch** *adj* narcisista
nasal *adj* (MED, LING) nasal; **Nasallaut** *m* <-(e)s, -e> (LING) sonido *m* nasal
naschen I. *vi* (*Süßigkeiten essen*) tomar chucherías; (*kleine Mengen essen*) picar **II.** *vt* comer; **hast du etwas zum N~?** ¿tienes algo para picar?
naschhaft *adj* goloso
Naschkatze *f* (*fam*) goloso, -a *m, f*
Nase[1] *f* <-n> (*Körperteil*) nariz *f,* narices *fpl fam,* ñata *f Am;* **pro ~** (*fam*) por cabeza; **immer der ~ nach** (*fam*) todo recto; **mir läuft die ~** me gotea la nariz; **sich** *dat* **die ~ putzen** sonarse; **die ~ rümpfen** arrugar la nariz; **auf die ~ fallen** (*fam*) darse de narices; (*fig*) fracasar; **jdm etw vor der ~ wegschnappen** (*fam*) quitarle algo a alguien delante de sus narices; **die ~ in ein Buch stecken** (*fam*) meter las narices en un libro; **etw vor der ~ haben** (*fam*) tener algo delante de las narices; **jdm etw auf die ~ binden** (*fam*) revelar(le) a alguien un secreto; **jdm etw aus der ~ ziehen** (*fam*) sonsacar algo a alguien; **jdm auf der ~ herumtanzen** (*fam*) traer a alguien al retortero; **jdm etw unter die ~ reiben** (*fam fig*) refregar por las narices algo a alguien; **sie sollten sich an die eigene ~ fassen** (*fam fig*) ¿quién le ha dado vela en este entierro?; **sich** *dat* **eine goldene ~ verdienen** hacerse de oro; **die ~ (von jdm/etw) voll haben** (*fam*) estar hasta las narices (de al-

N

guien/algo); **die ~ vorn haben** estar a la cabeza; **jdn an der ~ herumführen** (*fam*) tomar(le) el pelo a alguien; **er steckt seine ~ in alles** (*fam*) mete las narices en todo

Nase[2] *f ohne Pl* (*Geruchs-, Spürsinn*) olfato *m;* **eine gute ~ für etw haben** tener un buen olfato para algo

näseln *vi* ganguear, hablar por la nariz

Nasenbein *nt* hueso *m* nasal; **Nasenbluten** *nt ohne Pl* <-s> hemorragia *f* nasal; **~ haben** sangrar por la nariz; **Nasenflügel** *m* aleta *f* nasal; **Nasenlänge** *f:* **jdm (immer) eine ~ voraus sein** llevarle (siempre) un poco de ventaja a alguien; **Nasenloch** *nt* ventana *f* de la nariz; **Nasenrücken** *m* dorso *m* de la nariz; **Nasenschleimhaut** *f* mucosa *f* nasal; **Nasenspitze** *f* punta *f* de la nariz; **man sieht es ihm an der ~ an** (*fam*) se le nota en la cara; **Nasenspray** *m o nt* espray *m* nasal; **Nasentropfen** *mPl* gotas *fpl* nasales

naseweis *adj* fisgón

Nashorn *nt* <-(e)s, -hörner> rinoceronte *m*

nass[RR] *adj,* **naß** *adj* mojado; (*durchnässt*) empapado; (*Wetter, Farbe*) húmedo; **durch und durch ~ sein** estar calado hasta los huesos; **~ machen** mojar; **~ werden** mojarse

Nässe *f ohne Pl* humedad *f*

nässen *vi* segregar

nasskalt[RR] *adj* húmedo y frío; **es ist ~** hace un frío húmedo; **Nassrasur**[RR] *f* afeitado *m* a cuchillo; **Nasszelle**[RR] *f* (ARCHIT) cuarto *m* húmedo

Nation *f* <-en> nación *f;* **die Vereinten ~en** las Naciones Unidas

national *adj* nacional; **Nationalfeiertag** *m* fiesta *f* nacional; **Nationalhymne** *f* himno *m* nacional

Nationalismus *m ohne Pl* <-> nacionalismo *m*

Nationalist(in) *m(f)* <-en, -en; -nen> nacionalista *mf*

nationalistisch *adj* nacionalista

Nationalität *f* <-en> nacionalidad *f*

Nationalmannschaft *f* (SPORT) selección *f* nacional; **Nationalpark** *m* parque *m* nacional; **Nationalrat** *m ohne Pl* <-es> (*Schweiz, Österr: Abgeordnetenhaus*) ≈Parlamento *m;* **Nationalsozialismus** *m* nacionalsocialismo *m;* **nationalsozialistisch** *adj* nacionalsocialista; **Nationalversammlung** *f* asamblea *f* nacional

Nato, NATO *f ohne Pl Abk. von* **North Atlantic Treaty Organization** OTAN *f*

Natrium *nt ohne Pl* <-s> (CHEM) sodio *m*

Natron *nt ohne Pl* <-s> sosa *f*

Natter *f* <-n> culebra *f;* **eine ~ am Busen nähren** criar cuervos

Natur *f ohne Pl* naturaleza *f;* (*Beschaffenheit*) índole *f,* carácter *m;* **in freier ~** en plena naturaleza; **von ~ aus** por naturaleza; **eine Frage allgemeiner ~** una pregunta de índole general; **das liegt in der ~ der Sache** es propio de la situación

Naturalien *fPl* productos *mpl* naturales; **in ~ bezahlen** pagar en especie

Naturalismus *m ohne Pl* <-> naturalismo *m*

naturalistisch *adj* naturalista

Naturdenkmal *nt* monumento *m* natural

Naturell *nt* <-s, -e> (*geh*) natural *m*

Naturereignis *nt* fenómeno *m* de la naturaleza; **naturfarben** *adj* de color natural; **Naturfaser** *f* fibra *f* natural; **Naturforscher(in)** *m(f)* naturalista *mf;* **Naturfreund(in)** *m(f)* amante *mf* de la naturaleza; **naturgemäß** *adj* de acuerdo con la naturaleza; **Naturgesetz** *nt* ley *f* natural; **naturgetreu** **I.** *adj* natural **II.** *adv* fiel al original; **etw ~ wiedergeben** reproducir algo con fidelidad al original

Naturheilkunde *f* medicina *f* naturista; **Naturheilmittel** *nt* remedio *m* naturista

Naturkatastrophe *f* catástrofe *f* natural

Naturkost *f* alimentación *f* natural, dieta *f* natural; **Naturkostladen** *m* <-s, -läden> tienda *f* de productos naturales

Naturkreislauf *m* (ÖKOL) ciclo *m* natural; **Naturkunde** *f ohne Pl* ciencias *fpl* naturales

natürlich **I.** *adj* **1.** (*allgemein*) natural; **in ~er Größe** de tamaño natural **2.** (*selbstverständlich*) natural **II.** *adv* naturalmente; **~ nicht!** ¡claro que no!; **das stimmt ~, aber ...** claro que es cierto, pero...

Natürlichkeit *f ohne Pl* naturalidad *f*

Naturpark *m* parque *m* nacional; **Naturprodukt** *nt* producto *m* natural

Naturschutz *m* protección *f* de la naturaleza; **Naturschutzgebiet** *nt* parque *m* nacional

Naturtalent *nt* talento *m* (natural); **naturverbunden** *adj* amante de la naturaleza; **naturverträglich** *adj* compatible con la naturaleza; **Naturvolk** *nt* <-(e)s, -völker> pueblo *m* primitivo; **Naturwissenschaft** *f* ciencias *fpl* naturales; **Naturwissenschaftler(in)** *m(f)* científico, -a *m, f*

Nautik *f ohne Pl* náutica *f*

Navigation *f ohne Pl* (NAUT, AERO) navegación *f*

Nazi *m* <-s, -s> (*abw*) nazi *mf*

NC *m* <-(s), -(s)> *Abk. von* **Numerus clausus** número *m* clauso

n.Chr. *Abk. von* **nach Christus** d.C.

ne (*fam*) no

'ne *art unbest* (*fam*) *Abk. von* **eine** *s.* **ein, eine, ein**

Neandertaler *m* <-s, -> (hombre *m* de) Neandertal *m*

Nebel *m* <-s, -> niebla *f*

nebelig *adj* nebuloso; **es ist** ~ hace niebla

Nebelscheinwerfer *m* (AUTO) luz *f* antiniebla delantera; **Nebelschwaden** *fPl* velos *mpl* de niebla

neben I. *präp +dat* **1.** (*räumlich*) al lado de **2.** (*verglichen mit*) en comparación con **3.** (*außer*) además de; ~ **anderen Dingen** entre otras cosas; ~ **der Arbeit** además del trabajo **II.** *präp +akk* (*Richtung*) al lado de

nebenan *adv* al lado

NebenanschlussRR *m* extensión *f*; **Nebenbedeutung** *f* <-en> significado *m* secundario

nebenbei *adv* **1.** (*gleichzeitig*) al mismo tiempo; (*außerdem*) aparte; **sie studiert und arbeitet** ~ aparte de estudiar, trabaja **2.** (*beiläufig*) de pasada; ~ **bemerkt** dicho (sea) de paso

Nebenberuf *m* profesión *f* secundaria; **nebenberuflich I.** *adj* secundario **II.** *adv* como profesión secundaria; **Nebenbeschäftigung** *f* actividad *f* secundaria; **Nebenbuhler(in)** *m(f)* <-s, -; -nen> rival *mf*

nebeneinander *adv* uno al lado del otro; ~ **bestehen** coexistir

Nebeneingang *m* <-(e)s, -gänge> entrada *f* lateral; **Nebenerscheinung** *f* efecto *m* secundario; **Nebenfach** *nt* (UNIV) segunda especialidad *f* (*que en el sistema universitario alemán complementa la especialidad principal*); **Nebenfluss**RR *m* <-es, -flüsse> afluente *m*; **Nebengebäude** *nt* **1.** (*Nachbarhaus*) edificio *m* adyacente **2.** (*Anbau*) dependencia *f*, anexo *m*; **Nebengeräusch** *nt* ruido *m* ambiental; (TEL, RADIO) ruido *m* parásito; **Nebenhandlung** *f* acción *f* secundaria

nebenher *adv s.* **nebenbei**

Nebenhoden *m* <-s, -> (ANAT) epidídimo *m*; **Nebenhöhle** *f* (ANAT) seno *m* nasal lateral

Nebenklage *f* (JUR) demanda *f* accesoria; **Nebenkläger(in)** *m(f)* (JUR) querellante *mf*; **Nebenkosten** *Pl* gastos *mpl* adicionales; **Nebenmann** *m* <-(e)s, -männer *o* -leute> vecino *m*; **Nebenprodukt** *nt* subproducto *m*; **Nebenrolle** *f* papel *m* secundario; **Nebensache** *f* cosa *f* de poca monta; **das ist** ~ eso no tiene importancia; **nebensächlich** *adj* secundario; **Nebensaison** *f* temporada *f* baja; **Nebensatz** *m* <-es, -sätze> **1.** (LING) oración *f* subordinada **2.** (*Bemerkung*) comentario *m* (dicho de paso); **Nebenstraße** *f* **1.** (*im Ort*) calle *f* lateral **2.** (*außerhalb*) carretera *f* secundaria; **Nebenverdienst** *m* <-(e)s, -e> ingresos *mpl* extra(ordinarios), pololeo *m* *Chil: fam*; **Nebenwirkung** *f* efecto *m* secundario; **Nebenzimmer** *nt* habitación *f* contigua

neblig *adj s.* **nebelig**

nebst *präp +dat* (junto) con

Necessaire *nt* <-s, -s> bolsa *f* de aseo, neceser *m*

necken I. *vt* burlarse (de); **jdn mit etw** ~ tomar el pelo a alguien a causa de algo **II.** *vr:* **sich** ~ bromear

neckisch *adj* **1.** (*lustig*) chistoso **2.** (*kokett*) coqueto

nee (*fam*) no

Neffe *m* <-n, -n> sobrino *m*

negativ *adj* (*a.* PHYS, MATH, FOTO) negativo; **sich** ~ **zu etw äußern** expresar una opinión negativa sobre algo

Negativ *nt* <-s, -e> (FOTO) negativo *m*

Neger(in) *m(f)* <-s, -; -nen> (*a. abw*) negro, -a *m, f*

NegerkussRR *m* (GASTR) merengue *m* cubierto de chocolate

negieren* *vt* desmentir, negar

negroid *adj* negroide

nehmen <nimmt, nahm, genommen> *vt* **1.** (*ergreifen*) coger, agarrar *Am;* **ich weiß nicht, was ich** ~ **soll** no sé qué elegir; **jdn zur Frau/zum Mann** ~ tomar a alguien por esposa/por esposo **2.** (*an~*) aceptar, tomar; **man muss ihn** ~**, wie er ist** hay que aceptarle como es; **ich nehme alles, wie es kommt** tomo las cosas como se presentan **3.** (*verlangen*) cobrar; **er nimmt 30 Mark die Stunde** cobra 30 marcos la hora **4.** (*weg~*) quitar; (*heraus~*) sacar; **du nimmst mir das Wort aus dem Mund** me quitas las palabras de la boca; **jdm etw** ~ (*Glauben, Hoffnung, Angst*) quitar algo a alguien; **sich** *dat* **etw nicht** ~ **lassen** (*bestehen*) insistir en algo; **woher** ~ **und nicht stehlen?** (*fam*) ¿de dónde quieres que lo saque? **5.** (*in Anspruch nehmen*) tomar; (*Bus, Zug*) coger, tomar *Am;* **du solltest dir einen Anwalt** ~ deberías contratar a un abogado **6.** (*ein~*) tomar; **etw zu sich** ~ (*essen*) comer algo; (*trinken*) beber algo; **sie nimmt die Pille** toma la píldora; **ich nehme nie Zucker in den Kaffee** nunca tomo el café con azúcar; ~ **Sie noch ein Stück Torte?** ¿quiere otro trozo de tarta? **7.** (*Wend*): **etw an sich** ~ tomar algo; **etw auf sich** ~ hacerse cargo de algo; **jdn zu sich** ~ albergar a alguien en casa; **etw krumm** ~ (*fam*) tomar algo a mal; **jdn beim Wort** ~ tomar(le) la palabra a alguien; **jdn (nicht) für voll** ~ (no) tomar a alguien en serio; **sie nahmen ihn in die Mitte** lo colocaron en el centro; **er ist hart im N~** aguanta lo que le echen; **etw leicht** ~ (*hinnehmen*) tomar algo bien; (*nicht ernst nehmen*) tomar algo a la ligera; **etw schwer** ~ tomar algo en serio; **nimm's nicht so schwer!** ¡no te lo tomes tan a pecho!; **wie**

man's nimmt según como se tome; **jdm etw übel** ~ tomarle a mal algo a alguien

Neid *m ohne Pl* <-(e)s> envidia *f;* (*bei Kindern*) pelusa *f;* ~ **erregen** dar envidia; **vor** ~ **platzen** (*fam fig*) reventar de envidia; **gelb vor** ~ **werden** (*fam*) ponerse verde de envidia; **vor** ~ **erblassen** (*fam*) palidecer de envidia; **er ist blind vor** ~ (*fam*) la envidia le ciega

neiden *vt:* **jdm etw** ~ envidiar algo a alguien

Neider(in) *m(f)* <-s, -; -nen> envidioso, -a *m, f*

neidisch *adj* envidioso; **auf jdn/etw** ~ **sein** tener envidia de alguien/algo; **er wurde** ~**, als er sah, dass ...** le dio envidia al ver que...

neidlos *adj* sin envidia; **etw** ~ **anerkennen** aceptar algo sin envidia alguna

Neige *f ohne Pl* (*geh*) **1.** (*Rest*) resto *m;* **das Glas bis zur** ~ **leeren** apurar el vaso hasta la última gota **2.** (*Ende*) fin *m;* **das Jahr/das Geld geht zur** ~ el año/el dinero llega a su fin

neigen I. *vt* inclinar; (*zur Seite*) ladear **II.** *vr:* **sich** ~ **1.** (*allgemein*) inclinarse (*nach* hacia); (*Schiff*) escorar **2.** (*geh: enden*) declinar **III.** *vi:* **zu etw** ~ tender a algo; **sie neigt zu der Ansicht, dass ...** tiende a pensar que...

Neigung[1] *f* <-en> **1.** (*Schräglage*) inclinación *f* **2.** (*Vorliebe*) afición *f* (*für* por); **etw aus** ~ **tun** hacer algo por afición **3.** (*Zu~*) cariño *m* (*zu* por)

Neigung[2] *f ohne Pl* (*Veranlagung*) disposición (*zu* para); **sie verspürte nicht die geringste** ~ **ihm zu glauben** no se le pasó por la cabeza la idea de creerle

Neigungswinkel *m* ángulo *m* de inclinación

nein no; ~ **danke** no, gracias; **ich sage nicht** ~ no digo que no; ~**,** ~ **und nochmals** ~**!** ¡no y no!; ~**, so was!** ¡no me digas!

Nein *nt* <-(s), -(s)> no *m;* **mit** ~ **antworten** contestar que no; **mit Ja oder** ~ **stimmen** votar a favor o en contra; **sie blieb bei ihrem** ~ se mantuvo en su negativa; **Neinsager(in)** *m(f)* <-s, -; -nen> negador(a) *m(f)* total; **Neinstimme** *f* voto *m* en contra

Nektar *m* <-s, -e> néctar *m*

Nektarine *f* <-n> nectarina *f*

Nelke *f* <-n> **1.** (*Blume*) clavel *m* **2.** (*Gewürz*) clavo *m*

'nen *art unbest* (*fam*) *Abk. von* **einen** *s.* **ein, eine, ein**

nennen <nennt, nannte, genannt> **I.** *vt* **1.** (*be~*) llamar; **das nenne ich Mut** a esto llamo yo valor **2.** (*angeben*) decir; (*empfehlen*) recomendar; **kannst du mir Beispiele dafür** ~**?** ¿me puedes decir algunos ejemplos para eso? **3.** (*erwähnen*) mencionar; **unten genannt** abajo mencionado **4.** (*bezeichnen*) llamar; **so gennant** así llamado; (*angeblich*) supuesto; **deine so genannten Freunde** tus supuestos amigos; **sie nannten ihn einen Lügner** le tacharon de mentiroso **II.** *vr:* **sich** ~ llamarse; **und so was nennt sich Freund?** (*fam*) ¿eso es un amigo?

nennenswert *adj* digno de mención; (*beträchtlich*) considerable; **nichts N~es** nada de importancia

Nenner *m* <-s, -> (MATH) denominador *m;* **etw auf einen (gemeinsamen)** ~ **bringen** (*fig*) encontrar un denominador común para algo

Nennung *f* <-en> **1.** (*Nennen*) nombramiento *m* **2.** (*Erwähnung*) mención *f*

Nennwert *m* (FIN) valor *m* nominal

Neofaschismus *m* neofascismo *m*

Neologismus *m* <-, Neologismen> (LING) neologismo *m*

Neon *nt ohne Pl* <-s> (CHEM) neón *m*

Neonazi *m* <-s, -s> neonazi *mf*

Neonlicht *nt* luz *f* de neón; **Neonreklame** *f* publicidad *f* luminosa (de neón); **Neonröhre** *f* tubo *m* de neón

Nepal *nt* <-s> Nepal *m*

Nepalese, -in *m, f* <-n, -n; -nen> nepalés, -esa *m, f*

nepalesisch *adj* nepalés

Nepp *m ohne Pl* <-s> (*fam abw*) timo *m*

neppen *vt* (*fam abw*) timar, clavar

Nerv *m* <-s, -en> nervio *m;* **schwache/starke ~en haben** tener los nervios irritables/bien templados; **die ~en behalten** conservar la calma; **die ~en verlieren** perder los nervios; **du gehst mir auf die ~en** (*fam*) me estás dando la lata; **du hast (vielleicht) ~en!** (*fam*) ¡qué valor tienes!; **den** ~ **treffen** (*fig*) tocar la fibra sensible

nerven *vt* sacar de quicio; **du nervst!** (*fam*) ¡me sacas de quicio!; **ich bin total genervt!** (*fam*) ¡estoy hasta la coronilla!

Nervenarzt, -ärztin *m, f* neurólogo, -a *m, f;* **nervenaufreibend** *adj* enervante; **Nervenbündel** *nt* **1.** (ANAT) fascículo *m* nervioso **2.** (*fam: nervöser Mensch*) manojo *m* de nervios; **ein** ~ **sein** estar hecho un manojo de nervios; **Nervengas** *nt* <-es, -e> gas *m* neurotóxico; **Nervenheilanstalt** *f* sanatorio *m* neurológico; **Nervenkitzel** *m* (*fam*) cosquilleo *m;* **Nervenkrankheit** *f* neuropatía *f;* **Nervenkrieg** *m* guerra *f* de nervios; **Nervensäge** *f* (*fam*) pelmazo, -a *m, f,* mangangá *m CSur;* **Nervensystem** *nt* (ANAT) sistema *m* nervioso; **Nervenzelle** *f* (ANAT) célula *f* nerviosa; **Nervenzentrum** *nt* (ANAT) centro *m* nervioso; **Nervenzusammenbruch** *m* crisis *f inv* nerviosa; **einen** ~ **haben** sufrir un ataque de nervios

nervlich *adj* nervioso; ~ **am Ende sein** (*fam*) estar hecho polvo

nervös *adj* nervioso; ~ **werden** ponerse nervioso

Nervosität *f ohne Pl* nerviosismo *m*

nervtötend *adj* enervante

Nerz *m* <-es, -e> (ZOOL) visón *m*

Nessel *f* <-n> (*Pflanze*) ortiga *f*; **sich in die ~n setzen** (*fam fig*) meterse en un berenjenal

Nessessär[RR] *nt* <-s, -s> *s.* **Necessaire**

Nest *nt* <-(e)s, -er> **1.** (*von Tieren*) nido *m*; **sich ins gemachte ~ setzen** (*fam fig*) hacer buena boda; **das eigene ~ beschmutzen** (*Familie*) criticar a su familia **2.** (*fam abw: Dorf*) poblacho *m* **3.** (*fam: Schlupfwinkel*) nidal *m*

Nesthäkchen *nt* <-s, -> (*fam*) benjamín, -ina *m, f*; **Nestwärme** *f ohne Pl* calor *m* hogaraño

nett *adj* **1.** (*freundlich*) amable; **sei so ~ und räum auf** sé tan amable y recoge las cosas; **das war nicht ~ von ihm** no fue muy amable por su parte **2.** (*angenehm*) agradable; (*hübsch*) bonito; **sich ~ unterhalten** mantener una conversación agradable **3.** (*fam: groß, unangenehm*) bonito; **ein ~es Sümmchen** una bonita suma

netto *adv* neto; **Nettoeinkommen** *nt* ingresos *mpl* netos; **Nettogewicht** *nt* <-(e)s, -e> peso *m* neto

Netz *nt* <-es, -e> **1.** (*Fischer~, Straßen~, Strom~, a.* SPORT) red *f*; (*Haar~*) redecilla *f*; (*Gepäck~*) rejilla *f*; **das soziale ~** la red social; **jdm ins ~ gehen** caer en las redes de alguien **2.** (*Spinnen~*) telaraña *f*; **Netzanschluss**[RR] *m* (ELEK) conexión *f* a la red; **netzartig** *adj* reticular; **Netzauge** *nt* (ZOOL) ojo *m* compuesto; **Netzgerät** *nt* <-(e)s, -e> (ELEK) aparato *m* alimentador; **Netzhaut** *f* (ANAT) retina *f*; **Netzhemd** *nt* camiseta *f* de malla; **Netzstecker** *m* (ELEK) enchufe *m*; **Netzstrümpfe** *mPl* medias *fpl* de malla; **Netzwerk** *nt* red *f*; **lokales ~** red local

neu **I.** *adj* nuevo; **die N~e Welt** el Nuevo Mundo; **seit ~estem** desde hace poco; **die ~este Mode** la última moda; **was gibt's N~es?** ¿qué hay de nuevo?; **von ~em** de nuevo; **auf ein N~es** de nuevo, otra vez; **was ist das N~e daran?** ¿qué tiene de nuevo?; **ich bin hier ~** soy nuevo aquí; **das ist mir ~** esto me resulta nuevo **II.** *adv* (*kürzlich*) recién; (*noch einmal*) de nuevo; **etw ~ auflegen** reeditar algo; **~ anfangen** comenzar de nuevo; **Neuankömmling** *m* recién llegado, -a *m, f*; **Neuanschaffung** *f* nueva adquisición *f*; **neuartig** *adj* nuevo, novedoso *Am*; (*modern*) moderno; **Neuauflage** *f* reedición *f*

Neubau[1] *m ohne Pl* <-(e)s> (*das Bauen*) (re)construcción *f*

Neubau[2] *m* <-(e)s, -ten> (*Gebäude*) edificio *m* nuevo

Neubaugebiet *nt* barrio *m* nuevo; **Neubauwohnung** *f* piso *m* (en un edificio) nuevo

Neubearbeitung *f* (*eines Buches*) edición *f* revisada; (*eines Theaterstücks*) refundición *f*; **Neubewertung** *f* revaloración *f*; **Neubildung** *f* <-en> **1.** (*Entstehung*) reconstitución *f* **2.** (LING) neologismo *m* **3.** (*Umbildung*) remodelación *f*

Neu-Delhi *nt* <-s> Nueva Delhi *f*

Neuentwicklung *f* **1.** (*Vorgang*) desarrollo *m*; **technische ~en** avances tecnológicos **2.** (*Resultat*) último modelo *m*

neuerdings *adv* últimamente

neuerlich *adj* reiterado

Neueröffnung *f* apertura *f* (de algo nuevo); (*Wiedereröffnung*) reapertura *f*; **Neuerscheinung** *f* novedad *f*

Neuerung *f* <-en> innovación *f*

Neufundland *nt* <-s> (Isla *f* de) Terranova *f*

neugeboren *adj* recién nacido; **sich wie ~ fühlen** sentirse como un recién nacido

Neugeborene(s) *nt* <-n, -n> recién nacido, -a *m, f*

Neugier(de) *f ohne Pl* curiosidad *f* (*auf* por); **aus ~** por curiosidad

neugierig *adj* curioso (*auf* por), alcamonero *Ven*; **auf etw/jdn ~ sein** tener curiosidad por saber algo/por conocer a alguien; **sei nicht so ~** no seas tan curioso; **jdn ~ machen** despertar la curiosidad de alguien

Neuheit *f* <-en> novedad *f*

Neuigkeit *f* <-en> novedad *f*

Neuinszenierung *f* (THEAT) reposición *f*

Neujahr *nt* Año *m* Nuevo; **Prost ~!** ¡Feliz Año Nuevo!

Neukaledonien *nt* <-s> Nueva Caledonia *f*

Neuland *nt ohne Pl* <-(e)s> tierra *f* virgen; **~ betreten** (*fig*) abrir nuevos horizontes

neulich *adv* el otro día, hace poco

Neuling *m* <-s, -e> principiante *mf*

neumodisch **I.** *adj* modernísimo **II.** *adv* a la última moda; **Neumond** *m ohne Pl* <-(e)s> luna *f* nueva; **bei ~** con luna nueva

neun *adj inv* nueve; *s. a.* **acht**[1]

neunerlei *adj inv* de nueve clases diferentes, nueve clases (diferentes) de; *s. a.* **achterlei**

neunfach **I.** *adj* nueve veces; **das N~e (davon)** nueve veces tanto **II.** *adv* nueve veces; *s. a.* **achtfach**

neunhundert *adj inv* novecientos; *s. a.* **achthundert**

neunmal *adv* nueve veces; *s. a.* **achtmal**; **neunmalklug** *adj* sabelotodo

neuntausend *adj inv* nueve mil; *s. a.* **achttausend**

neunte(r, s) *adj* noveno; *s. a.* **achte(r, s)**
neuntel *adj inv* noveno; *s. a.* **achtel**
neuntens *adv* en noveno lugar; (*bei einer Aufzählung*) noveno; *s. a.* **achtens**
neunzehn *adj inv* diecinueve; *s. a.* **acht**[1]
neunzehnte(r, s) *adj* decimonoveno; *s. a.* **achte(r, s)**
neunzig *adj inv* noventa; *s. a.* **achtzig**
neunzigste(r, s) *adj* nonagésimo; *s. a.* **achtzigste(r, s)**
Neuorientierung *f ohne Pl* reorientación *f*
Neuregelung *f* reorganización *f*
neureich *adj* (*abw*) nuevo rico; **Neureiche(r)** *mf* <-n, -n; -n> (*abw*) nuevo, -a rico, -a *m, f*
Neurodermitis *f* <Neurodermitiden> (MED) neurodermitis *f inv*
Neurologe, -in *m, f* <-n, -n; -nen> neurólogo, -a *m, f*
Neurose *f* <-n> (MED, PSYCH) neurosis *f inv*
Neurotiker(in) *m(f)* <-s, -; -nen> (MED, PSYCH) neurótico, -a *m, f*
neurotisch *adj* (MED, PSYCH) neurótico
Neuschnee *m* nieve *f* virgen
Neuseeland *nt* <-s> Nueva Zelanda *f*
Neuseeländer(in) *m(f)* <-s, -; -nen> neozelandés, -esa *m, f*
neuseeländisch *adj* neozelandés
Neustart *m* (*a.* INFOR) reanudación *f*
Neutra *Pl von* **Neutrum**
neutral *adj* **1.** (*unparteiisch*) neutral; ~ **bleiben** mantenerse neutral **2.** (*Farbe, a.* CHEM, PHYS, LING) neutro
neutralisieren* *vt* (*a.* CHEM) neutralizar
Neutralität *f ohne Pl* neutralidad *f*
Neutren *Pl von* **Neutrum**
Neutron *nt* <-s, -en> (PHYS) neutrón *m*
Neutrum *nt* <-s, Neutra *o* Neutren> (LING) género *m* neutro
Neuverschuldung *f* <-en> (FIN) nuevo endeudamiento *m;* **Neuwahl** *f* reelección *f;* **neuwertig** *adj* como nuevo; **Neuzeit** *f ohne Pl* Edad *f* Moderna
Newsgroup *f* <-, -s> (INFOR, TEL) foro *m* de discusión (*entre usuarios de Internet*)
Nicaragua *nt* <-s> Nicaragua *f*
Nicaraguaner(in) *m(f)* <-s, -; -nen> nicaragüense *mf*
nicaraguanisch *adj* nicaragüense
nicht **I.** *adv* no; ~ **viel später** poco después; ~ **mehr als** nada más que; ~ **mehr** ya no; **auch** ~ tampoco; ~ **einmal** ni siquiera; **bestimmt** ~ seguro que no; ~ **mehr und** ~ **weniger als ...** ni más ni menos que...; ~ **nur ..., sondern auch ...** no sólo... sino también...; **gar** ~ de ninguna manera; ~ **doch!** ¡que no!; **ich glaube ~, dass ...** no creo que... *+subj;* **ob du willst oder** ~ quieras o no; **bitte ~!** ¡por favor no!; **tu's** ~ no lo hagas; **hab ich's ~ gesagt?** ¿no lo he dicho?; **was Sie ~ sagen!** ¡no me diga!; **was es ~ alles gibt!** ¡habráse visto!; ~ **einer hat's geschafft** no lo logró ni uno **II.** (*Partikel*) verdad; ~ **wahr?** ¿no es verdad?;
Nichtachtung *f* **1.** (*eines Gesetzes*) desacato *m* **2.** (*Mangel an Respekt*) falta *f* de respeto; **Nichtanerkennung** *f ohne Pl* no reconocimiento *m*
Nichtangriffspakt *m* pacto *m* de no agresión
Nichtbeachtung *f ohne Pl* no observancia *f;* (*einer Vorschrift*) violación *f*
Nichte *f* <-n> sobrina *f*
nichtehelich *adj* (JUR) ilegítimo; **Nichterscheinen** *nt* ausencia *f* (*zu/bei* a); (JUR) incomparecencia *f*
nichtig *adj* **1.** (JUR) nulo; **etw für ~ erklären** declarar algo nulo **2.** (*geh: unbedeutend*) insignificante
Nichtigkeit[1] *f ohne Pl* **1.** (JUR) nulidad *f* **2.** (*Bedeutungslosigkeit*) insignificancia *f*
Nichtigkeit[2] *f* <-en> (*Kleinigkeit*) pequeñez *f*
nichtleitend *adj s.* **leitend 2.**; **Nichtleiter** *m* <-s, -> (PHYS) aislador *m*
Nichtraucher(in) *m(f)* <-s, -; -nen> no fumador(a) *m(f)*
nichtrostend *adj s.* **rosten**
nichts *pron indef* nada; **er hat ~ gesagt** no ha dicho nada; ~ **dergleichen** nada semejante; **alles oder** ~ todo o nada; **sonst ~?** ¿nada más?; **überhaupt** ~ nada de nada; ~ **Neues** nada nuevo; ~ **als Ärger** sólo disgustos; **ich kann ~ dafür** no es mi culpa; ~ **zu danken!** ¡no hay de qué!; **Entschuldigung! – macht ~!** ¡perdón! – ¡no pasa nada!; **er hat von ~ eine Ahnung** no tiene idea de nada; ~ **da!** (*fam*) ¡anda ya!; **für ~ und wieder** ~ (*fam*) en balde; **nach ~ aussehen** no lucir nada; **das tut ~ zur Sache!** ¡esto no viene al caso!; ~ **zu machen!** ¡no se puede hacer nada!; ~ **wie weg!** (*fam*) ¡nada como poner pies en polvorosa!; **mir ~, dir** ~ sin más ni más; **daraus wird** ~ de esto no va a resultar nada; **von ~ kommt ~!** ¡de donde no hay no se puede sacar!
Nichts *nt ohne Pl* <-> (*a.* PHILOS) nada *f;* **vor dem ~ stehen** estar completamente arruinado
nichtsahnend *adj s.* **ahnen 2.**
Nichtschwimmer(in) *m(f)* <-s, -; -nen> no nadador(a) *m(f)*
nichtsdestoweniger *adv* no obstante, sin embargo
Nichtsnutz *m* <-es, -e> (*abw*) nulidad *f,* inútil *mf*
nichtssagend *adj s.* **sagen**
Nichtstun *nt* **1.** (*Faulenzen*) holgazanería *f,* bausa *f Peru* **2.** (*Muße*) ocio *m*

nichtswürdig *adj* (*geh abw*) vil

Nichtzahlung *f* impago *m;* (*bei Verweigerung*) denegación *f* del pago; **bei ~** en caso de impago; **Nichtzutreffende(s)** *nt ohne Pl* <-n>: **~s bitte streichen** táchese lo que no corresponda

Nickel *nt ohne Pl* <-s> (CHEM) níquel *m*

nicken *vi* **1.** (*zustimmend*) asentir con la cabeza; (*zum Gruß*) saludar con la cabeza **2.** (*fam: schlummern*) dar cabezadas

Nickerchen *nt* <-s, -> (*fam*) siestecita *f;* **ein ~ machen** echarse una siestecita

nie *adv* nunca, jamás; **noch ~** nunca; **~ mehr** nunca más; **~ und nimmer** ni hablar; **besser spät als ~** mejor tarde que nunca

nieder **I.** *adj* **1.** (*reg: gering*) bajo **2.** (*Rang*) inferior; (*Adel, Klasse*) baja **3.** (*niedrig*) vulgar **II.** *adv* abajo; **~ mit dem König!** ¡abajo el rey!

nieder|beugen **I.** *vt* (*geh*) doblar (hacia abajo) **II.** *vr:* **sich ~** inclinarse (*zu* sobre); **nieder|brennen** *irr* **I.** *vi sein* (*Haus*) quemarse; (*Kerze*) consumirse **II.** *vt* prender fuego (a)

niederdeutsch *adj* (LING) bajo alemán

Niederfrequenz *f* (PHYS) baja frecuencia *f*

Niedergang *m ohne Pl* <-(e)s> (*geh: Untergang*) decadencia *f*

niedergelassen **I.** *pp von* **niederlassen** **II.** *adj* (*Schweiz*) residente

niedergeschlagen **I.** *pp von* **niederschlagen** **II.** *adj* (*bedrückt*) deprimido; **Niedergeschlagenheit** *f ohne Pl* abatimiento *m,* depresión *f*

nieder|knien *vi sein* arrodillarse, ponerse de rodillas

nieder|kommen *irr vi sein* (*gebären*) parir, dar a luz (*mit* a)

Niederkunft *f* <-künfte> parto *m*

Niederlage *f* <-n> derrota *f;* **eine ~ erleiden** sufrir una derrota

Niederlande *Pl* Países *mpl* Bajos

Niederländer(in) *m(f)* <-s, -; -nen> neerlandés, -esa *m, f*

niederländisch *adj* neerlandés

nieder|lassen *irr vr:* **sich ~ 1.** (*Wohnsitz nehmen*) establecerse; (*als Arzt*) abrir consulta; (*als Rechtsanwalt*) abrir bufete **2.** (*geh: sich setzen*) sentarse

Niederlassung[1] *f ohne Pl* (*das Sichniederlassen*) establecimiento *m;* (*als Arzt*) consulta *f;* (*als Rechtsanwalt*) bufete *m;* (MIL) base *f*

Niederlassung[2] *f* <-en> (WIRTSCH) sede *f;* (*Zweigstelle*) sucursal *f*

nieder|legen *irr* **I.** *vt* **1.** (*geh: hinlegen*) posar, depositar (en el suelo); **einen Kranz ~** depositar una corona; **die Waffen ~** deponer las armas **2.** (*Amt, Vorsitz*) dimitir (de); **die Arbeit ~** declararse en huelga **3.** (*schriftlich fixieren*) registrar **II.** *vr:* **sich ~** (*geh*) tenderse (*auf* en)

Niederlegung *f* <-en> **1.** (*eines Amtes*) resignación *f;* (*eines Mandats*) dimisión *f;* (*der Arbeit*) abandono *m;* (*der Krone*) abdicación *f* **2.** (*eines Kranzes*) colocación *f* **3.** (*schriftliche Fixierung*) (puesta *f* por) escrito *m*

nieder|machen *vt* (*fam*) hacer papilla

Niederösterreich *nt* Baja Austria *f*

nieder|reißen *irr vt* derribar

Niedersachsen *nt* Baja Sajonia *f*

nieder|schießen *irr* **I.** *vt* matar a tiros **II.** *vi sein* lanzarse (*auf* sobre)

Niederschlag *m* **1.** (METEO) precipitaciones *fpl* **2.** (CHEM) precipitado *m* **3.** (*Wand*): **seinen ~ in etw finden** reflejarse en algo

nieder|schlagen *irr* **I.** *vt* **1.** (*zu Boden schlagen*) tumbar **2.** (*Aufstand*) sofocar **3.** (JUR: *Prozess*) cancelar **4.** (*Augen*) bajar **II.** *vr:* **sich ~ 1.** (*Dampf*) condensarse (*auf/an* sobre); (CHEM) precipitarse **2.** (*zum Ausdruck kommen*) plasmarse (*in* en); **nieder|schmettern** *vt* **1.** (*durch einen Schlag*) derribar **2.** (*Ereignis*) deprimir

niederschmetternd *adj* deprimente

nieder|schreiben *irr vt* poner por escrito, apuntar; **Niederschrift** *f* escrito *m*

Niederspannung *f* (ELEK) baja tensión *f*

nieder|stoßen *irr* **I.** *vi sein* (*Raubvogel*) lanzarse (*auf* sobre) **II.** *vt* (*geh*) derribar

Niedertracht *f ohne Pl* (*geh*) infamia *f*

niederträchtig *adj* infame

Niederung *f* <-en> tierra *f* baja

nieder|werfen *irr* **I.** *vt* (*geh*) **1.** (*Gegner*) vencer **2.** (*Aufstand*) someter **3.** (*erschüttern*) consternar **II.** *vr:* **sich ~** postrarse (*vor* ante)

niedlich *adj* mono, lindo *Am*

niedrig *adj* **1.** (*gering, tief*) bajo; **etw/jdn ~ einschätzen** subestimar algo/a alguien **2.** (*Herkunft*) humilde **3.** (*Gesinnung*) vil

niemals *adv* nunca, jamás

niemand *pron indef* nadie; **es war ~ zu Hause** no había nadie en casa; **sonst ~** nadie más; **es war ~ anders als sein früherer Lehrer** no era otro que su antiguo profesor

Niemandsland *nt ohne Pl* <-(e)s> tierra *f* de nadie

Niere *f* <-n> (*a.* GASTR) riñón *m;* **das geht mir an die ~n** (*fam fig*) eso me aflige mucho; **Nierenbecken** *nt* (ANAT) pelvis *f inv* renal; **nierenförmig** *adj* reniforme; **Nierengurt** *m* cinturón *m* renal; **Nierenleiden** *nt* (MED) afección *f* renal; **Nierenstein** *m* (MED) cálculo *m* renal; **Nierenversagen** *nt* (MED) malfunción *f* de los riñones

nieseln *vunpers* lloviznar, pringar *Am*

Nieselregen *m* <-s, -> llovizna *f*
niesen *vi* estornudar
Nießbrauch *m ohne Pl* <-(e)s> (JUR) usufructo *m*
Nießnutzer(in) *m(f)* <-s, -; -nen> (JUR) usufructuario, -a *m, f*
Niete *f* <-n> **1.** (*in einer Lotterie*) billete *m* de lotería no premiado **2.** (*fam: Mensch*) inútil *mf* **3.** (TECH) remache *m*
nieten *vt* remachar
niet- und nagelfest *adj* (*fam*): **alles, was nicht ~ ist** todo lo que no está clavado y bien clavado
Nigeria *nt* <-s> Nigeria *f*
Nigerianer(in) *m(f)* <-s, -; -nen> nigeriano, -a *m, f*
nigerianisch *adj* nigeriano
Nihilismus *m ohne Pl* <-> (PHILOS) nihilismo *m*
nihilistisch *adj* (PHILOS) nihilista
Nikolaus *m* <-, -e, *fam:* -läuse> **1.** (*Gestalt*) San Nicolás *m* **2.** (*~ tag*) día *m* de San Nicolás (*seis de diciembre*)
Nikotin *nt ohne Pl* <-s> nicotina *f;* **nikotinfrei** *adj* sin nicotina; **Nikotinvergiftung** *f* nicoti(ni)smo *m*
Nil *m* <-s> Nilo *m;* **Nilpferd** *nt* hipopótamo *m*
nimmer *adv* (*südd, Österr*) ya no, no más
Nimmersatt *m* <-(e)s, -e> (*fam*) comilón, -ona *m, f*
Nimmerwiedersehen *nt ohne Pl* <-s> (*fam*): **auf ~!** ¡hasta nunca jamás!
nimmt *3. präs von* **nehmen**
nippen *vi* beber a sorbos (*an*)
Nippes *Pl* chucherías *fpl*
nirgends *adv,* **nirgendwo** *adv* en ninguna parte
Nische *f* <-n> nicho *m;* **eine ökologische ~** (ÖKOL) un enclave ecológico
nisten *vi* anidar
Nistkasten *m* nidal *m*
Nitrat *nt* <-(e)s, -e> nitrato *m*
Niveau *nt* <-s, -s> nivel *m;* **auf gleichem ~ liegen** estar al mismo nivel; **kein ~ haben** ser de poca categoría
niveaulos *adj* sin nivel; (*mittelmäßig*) mediocre
niveauvoll *adj* de (alto) nivel
nivellieren* *vt* nivelar
Nivellierung *f* <-en> nivelación *f*
nix *pron indef* (*fam*) *s.* **nichts**
Nixe *f* <-n> ondina *f*
Nizza *nt* <-s> Niza *f*
nobel *adj* **1.** (*geh: edelmütig*) noble **2.** (*elegant*) elegante; (*luxuriös*) lujoso **3.** (*fam: großzügig*) generoso
Nobelpreis *m* premio *m* Nobel
noch I. *adv* **1.** (*zeitlich*) aún, todavía; **sie schläft ~** aún duerme; **immer ~** todavía; **~ nicht** todavía no; **kaum ~** apenas; **nur ~** sólo; **~ nie** nunca; **er hat Geld ~ und ~** tiene dinero para dar y regalar; **~ heute** hoy mismo; **weißt du ~?** ¿te acuerdas todavía?; **ich sage dir ~ Bescheid** ya te avisaré; **er will ~ mehr (haben)** quiere (tener) aún más; **seien sie auch ~ so klein** por muy pequeños que sean; **das wäre ja ~ schöner!** (*iron*) ¡no faltaría más! **2.** (*zusätzlich*) otro, más; **wer war ~ da?** ¿quién más estuvo?; **~ ein paar Tage** un par de días más; **~ einmal** otra vez; **auch das ~!** ¡lo que faltaba! **II.** *konj:* **weder ... ~ ...** ni... ni...
nochmalig *adj* otro; (*wiederholt*) repetido
nochmals *adv* otra vez, de nuevo
Nomade, -in *m, f* <-n, -n; -nen> nómada *mf*
Nomadentum *nt ohne Pl* <-s> nomadismo *m*
Nomen *nt* <-s, Nomina *o* -> (LING) nombre *m*
Nomenklatur *f* <-en> nomenclatura *f*
Nomina *Pl von* **Nomen**
Nominativ *m* <-s, -e> (LING) nominativo *m*
nominieren* *vt* nombrar
Nominierung *f* <-en> nombramiento *m*
nonkonformistisch *adj* inconformista
Nonne *f* <-n> monja *f*
Nonsens *m ohne Pl* <-(es)> disparate *m,* sinsentido *m,* chorrada *f sl*
nonstop *adv* sin parar; (*fliegen*) directo
Nord *m ohne Pl* <-(e)s> (*a.* NAUT, METEO) norte *m;* **Nordamerika** *nt* <-s> América *f* del Norte, Norteamérica *f*
norddeutsch *adj* de Alemania del Norte; **Norddeutschland** *nt* Alemania *f* del Norte
Norden *m ohne Pl* <-s> norte *m;* **im ~** en el norte; **im ~ von ...** (*nördlich von*) al norte de...; (*im nördlichen Teil von*) en el norte de...; **nach ~** hacia el norte; **in den ~** hacia el norte; **von ~** del norte; **im hohen ~** muy al norte
Nordeuropa *nt* Europa *f* del Norte, norte *m* de Europa
Nordhalbkugel *f ohne Pl* <-> hemisferio *m* norte
nordisch *adj* nórdico
Nordküste *f* costa *f* (del) norte
nördlich I. *adj* del norte, septentrional; **in ~er Richtung** en dirección norte; **~ von Köln** al norte de Colonia; **52 Grad ~er Breite** 52 grados latitud norte **II.** *präp +gen* al norte de
Nordlicht *nt* **1.** (*Polarlicht*) aurora *f* boreal **2.** (*Mensch*) *persona (famosa) procedente del norte de Alemania;* **Nordosten** *m* nor(d)este *m;* **nordöstlich I.** *adj* del nor(d)este **II.** *präp +gen* al nor(d)este de; **Nordpol** *m ohne Pl* <-s> polo *m* norte
Nordrhein-Westfalen *nt* Renania *f* del Nor-

te-Westfalia
Nordsee *f* Mar *m* del Norte
Nord-Süd-Gefälle *nt ohne Pl* <-s> (POL) tensiones *fpl* Norte-Sur
Nordwesten *m* noroeste *m;* **nordwestlich** **I.** *adj* del noroeste **II.** *präp +gen* al noroeste de; **Nordwind** *m* viento *m* (del) norte
nörgeln *vi* (*abw*) criticar
Nörgler(in) *m(f)* <-s, -; -nen> (*abw*) criticón, -ona *m, f*
Norm *f* <-en> norma *f*
normal **I.** *adj* normal; (*gewöhnlich*) corriente **II.** *adv* (*fam: normalerweise*) normalmente; **Normalbenzin** *nt ohne Pl* <-s> gasolina *f* normal
normalerweise *adv* normalmente
Normalfall *m* <-(e)s, -fälle> caso *m* normal; **im ~** normalmente; **Normalgewicht** *nt ohne Pl* <-(e)s> peso *m* normal
normalisieren* **I.** *vt* normalizar **II.** *vr:* **sich ~** normalizarse
Normalität *f ohne Pl* normalidad *f*
Normalverbraucher(in) *m(f)* consumidor(a) *m(f)* medio, -a; **Otto ~** (*abw fam*) el consumidor medio
Normandie *f* Normandía *f*
normen *vt,* **normieren*** *vt* normalizar
Normierung *f* <-en>, **Normung** *f* <-en> normalización *f*
Norwegen *nt* <-s> Noruega *f*
Norweger(in) *m(f)* <-s, -; -nen> noruego, -a *m, f*
norwegisch *adj* noruego
Nostalgie *f ohne Pl* nostalgia *f*
nostalgisch *adj* nostálgico
not *adj s.* **Not**[1]
Not[1] *f ohne Pl* (*Mangel*) falta *f* (*an* de); (*Elend*) miseria *f;* (*Armut*) pobreza *f;* **~ leiden** (*geh*) estar en la miseria; **~ leidend** necesitado; **es tut ~, etw zu tun** (*geh*) es preciso hacer algo; **das geht zur ~** puede pasar; **jdm seine ~ klagen** contar(le) sus penas a alguien; **wenn ~ am Mann ist** cuando (la cosa) aprieta; **aus der ~ eine Tugend machen** hacer de tripas corazón; **~ macht erfinderisch** (*prov*) no hay mejor maestra que necesidad y pobreza
Not[2] *f* <Nöte> **1.** (*~lage*) apuro *m;* **in ~ sein/geraten** estar/verse en apuros **2.** (*Sorge, Mühe*) pena *f;* **er hat seine liebe ~ damit** le cuesta (trabajo); **mit knapper ~** por los pelos
Notar(in) *m(f)* <-s, -e; -nen> (JUR) notario, -a *m, f,* fedatario, -a *m, f Hond*
Notariat *nt* <-(e)s, -e> (JUR) notaría *f,* escribanía *f Am*
notariell *adj* (JUR) notarial, del notario
Notarzt, -ärztin *m, f* médico, -a *m, f* de urgencia; **Notaufnahme** *f* admisión *f* de urgencia; **Notausgang** *m* <-(e)s, -gänge> salida *f* de emergencia; **Notbehelf** *m* recurso *m* de urgencia; **Notbremse** *f* freno *m* de emergencia; **Notdienst** *m* servicio *m* de emergencia
Notdurft *f ohne Pl* (*geh*) necesidades *fpl;* **seine ~ verrichten** hacer sus necesidades
notdürftig *adj* **1.** (*kaum ausreichend*) escaso **2.** (*behelfsmäßig*) provisional
Note[1] *f* <-n> **1.** (MUS) nota *f;* **eine ganze ~** una redonda; **eine halbe ~** una blanca **2.** (*Schul~*) nota *f* **3.** (*Bank~*) billete *m*
Note[2] *f ohne Pl* (*Eigenart*) toque *m;* **etw** *dat* **seine persönliche ~ geben** aportar a algo su toque personal
Notenbank *f* <-en> banco *m* emisor
Notenblatt *nt* (MUS) hoja *f* de música; **Notenschlüssel** *m* (MUS) clave *f;* **Notenständer** *m* (MUS) atril *m*
Notfall *m* <-(e)s, -fälle> (caso *m* de) emergencia *f;* **im ~** en caso de emergencia
notfalls *adv* en caso necesario
notgedrungen *adv* por la fuerza
Notgroschen *m* dinero *m* de reserva
notieren* **I.** *vi* (FIN) cotizar **II.** *vt* **1.** (FIN) cotizar **2.** (*aufschreiben*) anotar, apuntar
Notierung *f* <-en> (FIN) cotización *f*
nötig *adj* necesario, preciso; **unbedingt ~** imprescindible; **es ist (nicht) ~, dass ...** (no) es necesario que... *+subj;* **wenn ~** si es preciso; **ich habe es nicht ~, mir das sagen zu lassen** no tengo por qué permitir que me digan esas cosas; **du hast es gerade ~!** ¡mira quién fue a hablar!
nötigen *vt* (*drängen*) apremiar; (*zwingen*) obligar; (JUR) coaccionar
nötigenfalls *adv* en caso necesario
Nötigung *f ohne Pl* (JUR) coacción *f*
Notiz *f* <-en> **1.** (*Vermerk*) nota *f;* **sich** *dat* **~en machen** tomar apuntes; **von etw ~ nehmen** fijarse en algo **2.** (*Zeitungs~*) noticia *f;* **Notizblock** *m* <-s, -blöcke> bloc *m* de notas; **Notizbuch** *nt* libreta *f,* agenda *f;* **Notizzettel** *m* hoja *f* de papel
Notlage *f* apuro *m;* (*Krise*) crisis *f inv;* **sich in einer ~ befinden** verse en un apuro; **notlanden** *vi sein* realizar un aterrizaje forzoso; **Notlandung** *f* aterrizaje *m* forzoso; **notleidend** *adj s.* **Not**[1]; **Notlösung** *f* solución *f* de emergencia; **Notlüge** *f* mentira *f* inocente
notorisch *adj* (*abw*) notorio
Notruf *m* <-(e)s, -e> **1.** (*Hilferuf*) llamada *f* de socorro **2.** (*~nummer*) (número *m* de) teléfono *m* de emergencia; **Notrufsäule** *f* poste *m* de socorro
Notsignal *nt* señal *f* de socorro; **Notsitz** *m* asiento *m* de reserva
Notstand *m* <-(e)s, -stände> (JUR) estado *m* de emergencia; **Notstandsgebiet** *nt* zona *f* catastrófica

Notunterkunft *f* alojamiento *m* provisional; **Notwehr** *f ohne Pl* (JUR) legítima defensa *f;* **in** [*o* **aus**] ~ en legítima defensa

notwendig *adj* **1.** (*nötig*) necesario; **unbedingt** ~ indispensable **2.** (*zwangsläufig*) inevitable

notwendigerweise *adv* por fuerza

Notwendigkeit *f* <-en> necesidad *f*

Notzucht *f ohne Pl* (JUR) violación *f*

Nougat *m o nt* <-s, -s> *s.* **Nugat**

Novelle *f* <-n> **1.** (LIT) novela *f* corta; (*Erzählung*) cuento *m* **2.** (POL, JUR) enmienda *f* de ley

November *m* <-(s), -> noviembre *m; s. a.* **März**

Novize, -in *m, f* <-n, -n; -nen> (REL) novicio, -a *m, f*

Nr. *Abk. von* **Nummer** nº

NS **1.** *Abk. von* **Nachschrift** P.D. **2.** *Abk. von* **Nationalsozialismus** nacionalsocialismo *m*

Nu *m* (*fam*): **im** ~ en un abrir y cerrar de ojos

Nuance *f* <-n> matiz *m;* **eine** ~ **lauter** un punto más alto

nüchtern *adj* **1.** (*ohne Essen*) en ayunas; **auf** ~**en Magen** en ayunas **2.** (*nicht betrunken*) sobrio **3.** (*sachlich*) objetivo **4.** (*schmucklos*) sin adornos

Nüchternheit *f ohne Pl* **1.** (*mit leerem Magen, nicht betrunken*) sobriedad *f* **2.** (*Sachlichkeit*) objetividad *f* **3.** (*Schlichtheit*) sencillez *f*

Nudel *f* <-n> pasta *f;* **Nudelholz** *nt* <-es, -hölzer> rodillo *m;* **Nudelsuppe** *f* sopa *f* de pasta

Nudist(in) *m(f)* <-en, -en; -nen> nudista *mf*

Nugat *m o nt* <-s, -s> praliné *m*

nuklear *adj* nuclear; **Nuklearwaffe** *f* arma *f* nuclear

null *adj inv* **1.** (*Zahl*) cero; ~ **zu** ~ cero a cero; ~ **und nichtig** nulo y no avenido; **die Stunde** ~ la hora cero; **in** ~ **Komma nichts** (*fam*) en un dos por tres **2.** (*sl: kein*): ~ **Problemo** sin problemas; ~ **Bock auf etw haben** pasar de algo

Null *f* <-en> **1.** (*Zahl*) cero *m* **2.** (*fam abw: Versager*) cero *m* a la izquierda

nullachtfünfzehn *adj inv* (*fam*) común y corriente

Nulldiät *f* dieta *f* absoluta; **Nulllösung**[RR] *f ohne Pl* (POL) opción *f* cero; **Nullpunkt** *m ohne Pl* <-(e)s> punto *m* cero; **den** ~ **erreicht haben** llegar a su punto más bajo; **Nulltarif** *m ohne Pl* <-s>: **zum** ~ gratis

Numeri *Pl von* **Numerus**

numerieren* *vt s.* **nummerieren**

numerisch *adj* (*a.* INFOR) numérico

Numerus *m* <-, Numeri> (LING) número *m;* ~ **clausus** número clauso

Nummer *f* <-n> **1.** (*Zahl*) número *m;* **Gesprächsthema** ~ **eins** tema principal; **auf** ~ **Sicher gehen** (*fam*) ir sobre seguro; **mit jdm eine** ~ **schieben** (*vulg*) echar un polvo con alguien **2.** (*Auto~*) matrícula *f;* (*Telefon~*) (número *m* de) teléfono *m* **3.** (*Größe*) talla *f*

nummerieren* [RR] *vt* numerar

Nummernkonto *nt* (FIN) cuenta *f* cifrada; **Nummernschild** *nt* <-(e)s, -er> (AUTO) matrícula *f*

nun **I.** *adv* **1.** (*jetzt*) ahora; **von** ~ **an** desde ahora; **was** ~**?** ¿y ahora qué?; **das hast du** ~ **davon** este es el resultado **2.** (*inzwischen*) entretanto **II.** *part* (*einleitend*) pues, bueno; (*weiterführend*) pues bien; ~ **denn** bueno, entonces; ~ **sag schon ...** bueno, habla de una vez...; ~ **gut** pues bien; **das ist** ~ **mal so** esto es así

nunmehr *adv* (*geh*) **1.** (*jetzt*) ahora **2.** (*von jetzt an*) a partir de ahora

nur **I.** *adv* sólo, solamente; ~ **noch** tan sólo; ~ **schade, dass ...** es sencillamente una pena que... *+subj;* **alles,** ~ **das nicht!** ¡todo, menos eso!; **warum fragst du? –** ~ **so** ¿por qué preguntas? – por preguntar, nada más **II.** (*Partikel*): **so schnell er** ~ **konnte** tan rápido como pudo; **wo ist sie** ~**?** ¿dónde demonios está?; ~ **zu!** ¡ánimo!; **sieh** ~**!** ¡mira!; **lass ihn** ~ **machen!** ¡déjale a él!; **was hat sie** ~**?** ¿pero qué le pasa?; **wenn sie** ~ **(endlich) anriefe!** ¡si llamara (de una vez)!; ~ **her damit!** (*fam*) ¡trae para acá!

Nürnberg *nt* <-s> Nuremberg *m*

nuscheln *vi* (*fam*) mascullar

Nuss[RR] *f* <Nüsse>, **Nuß** *f* <Nüsse> **1.** (*fruta*) nuez *f;* **jdm eine harte** ~ **zu knacken geben** (*fam fig*) dar(le) a alguien un hueso duro de roer **2.** (*fam: Kopf*) coco *m;* **eine taube** ~ un tontorrón; **dumme** ~**!** (*fam*) ¡idiota! **3.** (*Österr*) *tacita para la moca;* **Nussbaum**[RR] *m* <-(e)s, -bäume> nogal *m;* **Nussknacker**[RR] *m* <-s, -> cascanueces *m inv;* **Nussschale**[RR] *f* **1.** (*Schale einer Nuss*) cáscara *f* (de nuez) **2.** (*iron: Boot*) barquillo *m;* **Nusstorte**[RR] *f* <-n> tarta *f* de nueces

Nüster *f* <-n> ollar *m*

Nut(e) *f* <-en> (TECH) ranura *f*

Nutte *f* <-n> (*fam abw*) puta *f*

Nutz *m:* ~ **bringend** (*nützlich*) útil; (*Gewinn bringend*) provechoso, beneficioso; **sich** *dat* **etw zu** ~**e machen** aprovechar algo

nutzbar *adj* utilizable; **den Boden** ~ **machen** cultivar la tierra

Nutzbarmachung *f ohne Pl* aprovechamiento *f*

nutzbringend *adj* (*nützlich*) útil; (*Gewinn*

bringend) provechoso, beneficioso

nütze: **zu etw ~ sein** servir para algo

Nutzen *m ohne Pl* <-s> (*Nützlichkeit*) utilidad *f*, provecho *m;* (*Gewinn*) beneficio *m;* **zum ~ der Öffentlichkeit** en beneficio del público; **jdm von ~ sein** ser(le) útil a alguien; **~ aus etw ziehen** sacar provecho de algo

nutzen, **nützen** **I.** *vi* servir; **wozu soll das ~?** ¿para qué va a servir esto?; **jdm zu etw ~** ser provechoso para alguien; (*Gewinn bringen*) beneficiar a alguien **II.** *vt* **1.** (*Rohstoffe*) aprovechar **2.** (*Gelegenheit*) aprovechar

Nutzfahrzeug *nt* vehículo *m* de servicio; **Nutzfläche** *f* superficie *f* útil

nützlich *adj* útil; **sich ~ machen** ser útil

Nützlichkeit *f ohne Pl* utilidad *f*

nutzlos *adj* inútil; (*vergeblich*) infructuoso, vano

Nutzlosigkeit *f ohne Pl* inutilidad *f;* (*Vergeblichkeit*) infructuosidad *f*

Nutznießer(in) *m(f)* <-s, -; -nen> usufructuario, -a *m, f*

Nutzpflanze *f* <-n> planta *f* útil

Nutzung *f ohne Pl* utilización *f;* **Nutzungsrecht** *nt* <-(e)s, -e> (JUR) derecho *m* de usufructo

NW *Abk. von* **Nordwesten** NO

Nylon® *nt ohne Pl* <-s> nailon *m*

Nymphe *f* <-n> (*a.* ZOOL) ninfa *f*

Nymphomanin *f* <-nen> (MED, PSYCH) ninfómana *f*

O

O, o *nt* <-, -> O, o *f;* ~ **wie Otto** O de Oviedo

o *interj* oh

O *Abk. von* **Osten** E

Oase *f* <-n> oasis *m inv*

ob *konj* **1.** (*im indirekten Fragesatz*) si; **sie fragt,** ~ **Monika zu Hause ist** pregunta si Monika está en casa; ~ **er wohl kommen wird?** ¿vendrá o no (vendrá)? **2.** (*vergleichend*): **als** ~ como si +*subj;* **als** ~ **nichts geschehen wäre** como si no hubiera pasado nada **3.** (*egal* ~) lo mismo da que +*subj;* ~ **arm,** ~ **reich** lo mismo pobres que ricos **4.** (*verstärkend*): **und** ~**!** ¡claro que sí!

OB *mf* <-(s), -(s)> *Abk. von* **Oberbürgermeister(in)** primer(a) alcalde(sa) *m(f)*

Obdach *nt ohne Pl* <-(e)s> refugio *m;* **jdm** ~ **gewähren** prestar refugio a alguien

obdachlos *adj* sin hogar

Obdachlose(r) *mf* <-n, -n; -n> desamparado, -a *m, f*

Obduktion *f* <-en> (MED) autopsia *f*

obduzieren* *vt* hacer la autopsia (a)

O-Beine *ntPl* (*fam*) piernas *fpl* arqueadas

oben *adv* **1.** (*in der Höhe, im Text, a. fig*) arriba; **dort** ~ allí arriba; **nach** ~ hacia arriba; **von** ~ **bis unten** de arriba a abajo; **er behandelt die Leute von** ~ **herab** mira a la gente por encima del hombro; **ganz** ~ arriba del todo; ~ **links/rechts** arriba a la izquierda/derecha; **siehe** ~ véase arriba; ~ **erwähnt** arriba mencionado; (*bei Personen*) susodicho; **wie** ~ **erwähnt** como se ha mencionado anteriormente; **das steht mir bis hier** ~ (*fam*) estoy harto de eso; ~ **ohne** (*fam*) en topless **2.** (*an der Oberfläche*) en la superficie; **obenan** *adv* de primero; **obenauf** *adv* (*gesund*) sano; (*gut gelaunt*) de buen humor; **obendrauf** *adv* encima; **obendrein** *adv* además

obenerwähnt *adj s.* **oben 1.**

obenhin *adv* (*oberflächlich*) superficialmente; (*beiläufig*) de paso

Ober *m* <-s, -> camarero *m;* **Herr** ~**!** ¡camarero!

Oberarm *m* brazo *m;* **Oberarzt, -ärztin** *m, f* médico, -a *m, f* jefe

Oberbefehl *m ohne Pl* <-(e)s> (MIL) mando *m* supremo; **Oberbefehlshaber(in)** *m(f)* <-s, -; -nen> (MIL) comandante *mf* en jefe

Oberbegriff *m* término *m* genérico; **Oberbekleidung** *f* <-en> ropa *f* exterior; **Oberbürgermeister(in)** *m(f)* primer(a) alcalde(sa) *m(f)*

obere(r, s) *adj* **1.** (*allgemein*) alto, de arriba **2.** (*in einer Hierarchie*) alto, superior

Oberfläche *f* superficie *f*

oberflächlich *adj* superficial

Oberflächlichkeit *f ohne Pl* superficialidad *f*

Obergeschoss[RR] *nt* planta *f* superior; **im zweiten** ~ en el segundo piso

oberhalb *präp* +*gen* por encima de

Oberhand *f ohne Pl:* **die** ~ **gewinnen** imponerse; **Oberhaupt** *nt* (*geh*) jefe, -a *m, f;* **Oberhaus** *nt* (POL) Cámara *f* Alta; **Oberhemd** *nt* camisa *f*

Oberin *f* <-nen> **1.** (*im Krankenhaus*) enfermera *f* jefe **2.** (*im Kloster*) priora *f*

oberirdisch *adj* de superficie; **Oberkellner(in)** *m(f)* jefe, -a *m, f* de comedor; **Oberkiefer** *m* <-s, -> (ANAT) maxilar *m* superior; **Oberkommando** *nt* <-s, -s> (MIL) mando *m* supremo; **Oberkörper** *m* busto *m;* **Oberleitung** *f* **1.** (*Führung*) dirección *f* (general) **2.** (*für Bus, Straßenbahn*) línea *f* eléctrica aérea; **Oberleutnant** *m* (MIL) teniente *m;* **Oberlicht** *nt* claraboya *f,* banderola *f CSur;* **Oberlippe** *f* labio *m* superior; **Obermaterial** *nt* material *m* superior

Oberösterreich *nt* Alta Austria *f*

Oberschenkel *m* muslo *m;* **Oberschicht** *f* **1.** (*der Gesellschaft*) clase *f* alta **2.** (*oberste Schicht*) capa *f* superior; **Oberschule** *f* <-n> (*fam*) instituto *m* de enseñanza secundaria; **Oberschwester** *f* enfermera *f* jefe; **Oberseite** *f* lado *m* superior

Oberst *m* <-en *o* -s, -en> coronel *m*

Oberstaatsanwalt, -anwältin *m, f* fiscal *mf* superior(a)

oberste(r, s) *adj superl von* **obere(r, s)** **1.** (*höher gelegen*) superior, más alto; (*Stockwerk*) último; (*zuoberst*) de arriba del todo **2.** (*in einer Hierarchie*) supremo; **der O~ Gerichtshof** el Tribunal Supremo **3.** (*wichtigste*) más importante; **das** ~ **Gebot** lo fundamental

Oberstufe *f los últimos tres años de enseñanza media;* **Oberteil** *nt* <-(e)s, -e> **1.** (*Möbel*) parte *f* superior; (*Haus*) piso *m* superior **2.** (*Kleidungsstück*) prenda *f* para arriba

obgleich *konj s.* **obwohl**

Obhut *f ohne Pl* (*geh*) custodia *f;* (*Schutz*) protección *f;* **jdn in seine** ~ **nehmen** tomar a alguien bajo su protección

obige(r, s) *adj* arriba mencionado; (*bei Per-*

sonen) susodicho

Objekt *nt* <-(e)s, -e> **1.** (*Gegenstand*) objeto *m* **2.** (LING) complemento *m* **3.** (*Österr:* ADMIN: *Gebäude*) edificio *m*

objektiv *adj* objetivo; (*unparteiisch*) imparcial

Objektiv *nt* <-s, -e> objetivo *m*

Objektivität *f ohne Pl* objetividad *f*

Oblate *f* <-n> **1.** (*für Gebäck*) oblea *f* **2.** (*Hostie*) hostia *f*

obliegen *irr vi* (*geh*): **jdm obliegt etw** algo le incumbe a alguien

obligatorisch *adj* obligatorio

Oboe *f* <-n> oboe *m*

Obrigkeit *f* <-en> autoridad *f*

obschon *konj* (*geh*) *s.* **obwohl**

Observatorium *nt* <-s, -ien> observatorio *m*

observieren* *vt* observar

obskur *adj* o(b)scuro; (*anrüchig*) de mala fama; (*zweifelhaft*) ambiguo

Obst *nt ohne Pl* <-(e)s> fruta *f;* **Obstanbau** *m ohne Pl* <-(e)s> fruticultura *f;* **Obstbaum** *m* (árbol *m*) frutal *m;* **Obstgarten** *m* huerto *m* frutal; **Obsthandlung** *f* frutería *f;* **Obstkuchen** *m* pastel *m* de fruta; **Obstmesser** *nt* cuchillo *m* para fruta; **Obstsalat** *m* macedonia *f*

obszön *adj* obsceno

Obszönität *f* <-en> obscenidad *f*

obwohl *konj* aunque, a pesar de que; ~ **es regnet, gehe ich aus** aunque está lloviendo, voy a salir

Ochse *m* <-n, -n> **1.** (*Tier*) buey *m* **2.** (*fam: Dummkopf*) estúpido, -a *m, f*

Ochsenschwanzsuppe *f* <-n> sopa *f* de rabo de buey

Ocker *m o nt* <-s, -> ocre *m*

Ode *f* <-n> oda *f*

öde *adj* **1.** (*verlassen*) desierto; (*unbewohnt*) despoblado **2.** (*unbebaut*) yermo **3.** (*langweilig*) aburrido

Öde[1] *f* <-n> **1.** (*Einsamkeit*) soledad *f* **2.** (*Land*) desierto *m*

Öde[2] *f ohne Pl* (*Leere, Langeweile*) monotonía *f*

oder *konj* o; (*vor o, ho*) u; (*zwischen Zahlen*) ó; (*andernfalls*) si no; **er ~ sie** él o ella; **sieben ~ acht** siete u ocho; **10 ~ 12** 10 ó 12; ~ **aber ...** o por el contrario...; ~ **auch ...** o (bien)...; ~ **etwa nicht?** ¿o no?; **entweder ... ~ ...** o... o...

Ödipuskomplex *m ohne Pl* <-es> (PSYCH) complejo *m* de Edipo

Ödland *nt ohne Pl* <-(e)s> (AGR) yermo *m*, terreno *m* baldío

Odyssee *f* <-n> (*geh*) odisea *f*

Ofen *m* <-s, Öfen> **1.** (*Back~*) horno *m* **2.** (*Heiz~*) estufa *f;* **der ~ ist aus** (*fig fam*) se acabó; **ein heißer ~** (*fam: Auto*) un bólido; (*Motorrad*) una moto; **Ofenheizung** *f ohne Pl* calefacción *f* con estufa; **Ofenrohr** *nt* <-(e)s, -e> cañón *m* (de la estufa)

offen *adj* **1.** (*allgemein*) abierto; (*Haare*) suelto; (*ohne Deckel*) destapado; (*unverpackt*) a granel; **halb ~** medio abierto; **~er Wein** vino a granel; **auf ~er Straße** en plena calle; **mit ~em Mund dastehen** estar plantado con la boca abierta; **ein ~es Haus haben** (*fig*) ser hospitalario; **mit ~en Augen durch die Welt gehen** andar por el mundo con los ojos bien abiertos; ~ **gegenüber allem Neuen sein** estar abierto a todo lo nuevo; **das ist noch völlig ~** eso todavía no se sabe; **die Post hat jetzt ~** Correos está ahora abierto **2.** (*Stelle*) vacante **3.** (*unerledigt*) pendiente; **~e Rechnung** cuenta pendiente **4.** (*aufrichtig*) franco, abierto; ~ **seine Meinung sagen** decir su opinión abiertamente; **etw ~ zugeben** admitir algo abiertamente; ~ **gestanden ...** (dicho) francamente...; ~ **mit jdm reden** hablar francamente con alguien

offenbar **I.** *adj* manifiesto, evidente **II.** *adv* aparentemente

offenbaren* **I.** *vt* (*geh*) revelar, desvelar **II.** *vr:* **sich ~** (*geh*) **1.** (*sich erweisen*) mostrarse **2.** (*sich anvertrauen*) confiarse

Offenbarung *f* <-en> (*geh a.* REL) revelación *f;* **Offenbarungseid** *m* (JUR) juramento *m* declarativo; **einen ~ leisten** prestar juramento declarativo

offen|bleiben *irr vi sein s.* **bleiben 2.**; **offen|halten** *irr vt s.* **halten II.1.**

Offenheit *f ohne Pl* **1.** (*Aufgeschlossenheit*) espíritu *m* abierto; **seine ~ gegenüber allem Neuen** su espíritu abierto para todo lo nuevo **2.** (*Ehrlichkeit*) franqueza *f*, sinceridad *f;* **in** [*o* **mit**] **aller ~** sinceramente

offenherzig *adj* abierto, franco

offenkundig *adj* manifiesto; (*offensichtlich*) evidente

offen|lassen *irr vt s.* **lassen[1] 5.**

offensichtlich **I.** *adj* evidente **II.** *adv* evidentemente

offensiv *adj* ofensivo

Offensive *f* <-n> ofensiva *f;* **in die ~ gehen** tomar la ofensiva

offen|stehen *irr vi s.* **stehen I.2.**

öffentlich **I.** *adj* público; **nicht ~** a puerta cerrada **II.** *adv* en público; ~ **bekannt geben** publicar

Öffentlichkeit *f ohne Pl* **1.** (*Gesamtheit der Menschen*) público *m;* **die ~ scheuen** temer al público; **in aller ~** en público; **etw an die ~ bringen** hacer algo público **2.** (*das Öffentlichsein*) carácter *m* público; **Öffentlichkeitsarbeit** *f ohne Pl* relaciones *fpl* públicas

öffentlich-rechtlich *adj* (de derecho) público

offerieren* *vt* (COM) ofrecer

Offerte *f* <-n> (COM) oferta *f*

offiziell *adj* oficial; **etw ~ bekannt geben** dar a conocer algo oficialmente

Offizier(in) *m(f)* <-s, -e; -nen> oficial(a) *m(f)*

offlineRR *adj* (INFOR) fuera de línea; **Offlinebetrieb**RR *m ohne Pl* <-(e)s> (INFOR) servicio *m* fuera de línea

öffnen **I.** *vi, vt* abrir; **hier ~** ábrase aquí **II.** *vr:* **sich ~** abrirse

Öffner *m* <-s, -> abridor *m*

Öffnung *f* <-en> apertura *f;* (*Loch*) agujero *m;* **Öffnungspolitik** *f* política *f* de apertura; **Öffnungszeit** *f* horas *fpl* de apertura

Offsetdruck *m ohne Pl* <-(e)s> (TYPO: *Verfahren*) (impresión *f*) offset *m*

oft <öfter, am öftesten> *adv* a menudo; **wie ~?** ¿cuántas veces?; **sehr ~** muy a menudo; **nicht ~** pocas veces; **ziemlich ~** bastante a menudo; **~ genug** bastante (a menudo)

öfter *adv kompar von* **oft** con frecuencia; **~ mal was Neues** hay que cambiar de vez en cuando; **des Öfteren** con (mucha) frecuencia

öfters *adv* con (mucha) frecuencia

öftesten *superl von* **oft**: **am ~** lo (que) más a menudo

oftmals *adv* a menudo

oh *interj* oh, ah; **~, wie schön!** ¡oh, qué bonito!; **~ ja!** ¡ah, sí!; **~ nein!** ¡oh, no!

ohne **I.** *präp +akk* sin; (*ausgenommen*) excepto; **das geschah ~ mein Wissen** esto pasó sin que yo lo supiera; **~ Zweifel** sin duda; **~ mich!** ¡no cuentes conmigo!; **~ weiteres** sin más; **es geht auch ~** no hace falta; **das ist nicht ~** (*fam*) no es cosa fácil **II.** *konj:* **~ dass ...** sin que... *+subj;* **~ zu** sin

ohnedies *adv* de todos modos

ohnegleichen *adv* sin par, único

ohnehin *adv* de todos modos

Ohnmacht *f* <-en> **1.** (*Bewusstlosigkeit*) desvanecimiento *m;* **in ~ fallen** desmayarse **2.** (*Machtlosigkeit*) impotencia *f*

ohnmächtig *adj* **1.** (*bewusstlos*) desmayado; **~ werden** desmayarse **2.** (*machtlos*) impotente

Ohr *nt* <-(e)s, -en> (*äußeres*) oreja *f;* (*inneres*) oído *m;* **es ist mir zu ~en gekommen, dass ...** he oído que...; **mir dröhnen/sausen die ~en** me suenan/zumban los oídos; **ich bin ganz ~** soy todo oídos; **mit halbem ~ zuhören** escuchar a medias; **sich** *dat* **die ~en zuhalten** taparse los oídos; **etw noch im ~ haben** tener algo todavía en la cabeza; **jdm die ~en lang ziehen** (*fam fig*) dar un tirón de orejas a alguien; **auf dem ~ bin ich taub** (*fig*) no me doy por aludido; **die Melodie geht ins ~** la melodía se pega; **jdn übers ~ hauen** engañar a alguien; **schreib dir das hinter die ~en!** (*fam*) ¡tenlo bien presente!; **etw geht zum einen ~ rein, zum anderen wieder heraus** (*fam fig*) algo entra por un oído y sale por el otro; **viel um die ~en haben** (*fam*) estar muy ocupado; **bis über beide ~en verliebt sein** (*fam fig*) estar enamorado hasta la médula; **die Situation/die Arbeit wächst mir über die ~en** (*fig*) la situación/el trabajo me desborda; **sich aufs ~ legen** (*fam fig*) planchar la oreja; **es faustdick hinter den ~en haben** (*fam fig*) tener muchas conchas

Öhr *nt* <-(e)s, -e> ojo *m* de la aguja

Ohrenarzt, -ärztin *m, f* otólogo, -a *m, f;* **ohrenbetäubend** *adj* (*fam*) ensordecedor; **Ohrenentzündung** *f* (MED) otitis *f inv;* **Ohrensausen** *nt ohne Pl* <-s> zumbido *m* en los oídos; **Ohrenschmalz** *nt ohne Pl* <-es> cerumen *m;* **Ohrenschützer** *mPl* orejeras *fpl;* **Ohrentropfen** *mPl* gotas *fpl* para los oídos; **Ohrenzeuge, -in** *m, f* testigo *mf* auricular

Ohrfeige *f* bofetada *f,* bife *m Am,* biaba *f Arg, Urug*

ohrfeigen *vt* pegar una bofetada (a), virar *ZAm, Ant;* **ich könnte mich ~, dass ...** (*fam*) me daría de tortas por...

Ohrläppchen *nt* <-s, -> lóbulo *m* de la oreja; **Ohrmuschel** *f* pabellón *m* de la oreja; **Ohrring** *m* pendiente *m,* aro *m Am;* **Ohrwurm** *m* **1.** (*Insekt*) tijereta *f* **2.** (*fam: Lied*) melodía *f* pegadiza

oje *interj* vaya(, qué pena)

o.k., okay **I.** (*fam: Partikel*) vale, de acuerdo, okey *Am* **II.** *adj* (*fam*): **~ sein** (*gut*) estar bien; (*in Ordnung*) estar en orden

Okkultismus *m ohne Pl* <-> ocultismo *m*

Ökobauer, -bäu(e)rin *m, f* <-n *o* -s, -n; -nen> agricultor(a) *m(f)* ecológico, -a; **Ökoladen** *m* <-s, -läden> tienda *f* ecológica

Ökologe, -in *m, f* <-n, -n; -nen> ecologista *mf*

Ökologie *f ohne Pl* ecología *f;* **Ökologiebewegung** *f ohne Pl* movimiento *m* ecologista

ökologisch *adj* ecologista, ecológico; **~es Gleichgewicht** equilibrio ecológico

Ökonom(in) *m(f)* <-en, -en; -nen> economista *mf*

Ökonomie *f* <-n> economía *f*

ökonomisch *adj* económico

Ökopartei *f* partido *m* ecológico; **Öko-Steuer** *f* <-n> impuesto *m* ecológico; **Ökosystem** *nt* ecosistema *m*

Oktaeder *nt* <-s, -> (MATH) octaedro *m*

Oktave *f* <-n> (MUS) octava *f*
Oktober *m* <-(s), -> octubre *m; s. a.* **März**
Ökumene *f ohne Pl* (REL) **1.** (*Christentum*) cristiandad *f* **2.** (*gemeinsames Handeln*) ecumenismo *m*
Okzident *m* <-s> Occidente *m*
Öl *nt* <-(e)s, -e> **1.** (*Speise~, Sonnen~, Schmier~*) aceite *m;* **pflanzliche ~e** aceites vegetales; **ätherisches ~** esencia *f* **2.** (*Erd~*) petróleo *m,* canfín *m ZAm;* **~ ins Feuer gießen** (*fig*) echar leña al fuego **3.** (KUNST): **in ~ (malen)** (pintar) al óleo; **Ölbild** *nt* (cuadro *m* al) óleo *m*
Oldie *m* <-s, -s> (*fam*) **1.** (*Song, Film*) viejo éxito *m* **2.** (*Person*) persona *f* no tan joven
Oldtimer *m* <-s, -> (AUTO) coche *m* antiguo
Oleander *m* <-s, -> (BOT) adelfa *f*
ölen *vt* engrasar, (*mit Schmieröl*) lubrificar
Ölfarbe *f* color *m* preparado con aceite; (KUNST) pintura *f* al óleo; **Ölfleck** *m* <-(e)s, -en> mancha *f* de aceite; **Ölförderung** *f ohne Pl* extracción *f* de petróleo; **Ölgemälde** *nt* pintura *f* al óleo
ölhaltig *adj* (*Pflanze*) oleaginoso
Ölheizung *f* <-en> calefacción *f* al fueloil
ölig *adj* **1.** (*voll Öl, wie Öl*) aceitoso, oleoso **2.** (*abw: Stimme, Lächeln*) empalagoso
Oligarchie *f* <-n> oligarquía *f*
Olive *f* <-n> aceituna *f,* oliva *f;* **Olivenbaum** *m* olivo *m;* **Olivenöl** *nt* aceite *m* de oliva
olivgrün *adj* verde oliva; (*Haut*) aceitunado
Öljacke *f* chaqueta *f* embreada (de pescador); **Ölkanne** *f* aceitera *f;* **Ölkonzern** *m* compañía *f* petrolífera; **Ölkrise** *f* crisis *f inv* petrolera; **Ölleitung** *f* oleoducto *m;* **Ölmessstab**[RR] *m* (AUTO) varilla *f* del nivel de aceite; **Ölpest** *f* marea *f* negra; **Ölplattform** *f* plataforma *f* petrolífera; **Ölpumpe** *f* bomba *f* de aceite; **Ölquelle** *f* pozo *m* de petróleo; **Ölraffinerie** *f* refinería *f* de petróleo; **Ölsardine** *f* sardina *f* en aceite; **sitzen wie die ~n** (*fig*) estar como sardinas en lata; **Ölscheich** *m* (*fam*) jeque *m* del petróleo; **Ölschicht** *f* capa *f* de aceite
Ölstand *m* <-(e)s, -stände> (*a.* AUTO) nivel *m* del aceite; **Ölstandsmesser** *m* <-s, -> (*a.* AUTO) medidor *m* del nivel de aceite
Öltanker *m* <-s, -> petrolero *m;* **Ölteppich** *m* marea *f* negra
Ölung *f* <-en> **1.** (TECH) engrase *m;* (*mit Schmieröl*) lubricación *f* **2.** (REL) unción *f;* **die Letzte ~** la extremaunción
Ölverbrauch *m* (AUTO) gasto *m* de aceite; **Ölvorkommen** *nt* yacimiento *m* petrolífero; **Ölwechsel** *m* (AUTO) cambio *m* de aceite
Olympiade *f* <-n> olimpiada *f*
Olympiasieger(in) *m(f)* <-s, -; -nen> campeón, -ona *m, f* olímpico, -a
olympisch *adj* olímpico; **die O~en Spiele** los Juegos Olímpicos
Ölzweig *m* ramo *m* de olivo
Oma *f* <-s> (*fam*) abuela *f,* abuelita *f,* nanoya *f Guat*
Omelett *nt* <-(e)s, -e *o* -s> tortilla *f*
Omen *nt* <-s, - *o* Omina> agüero *m,* presagio *m;* **das ist ein gutes/schlechtes ~** es un buen/mal presagio
ominös *adj* (*geh*) **1.** (*unheilvoll*) de mal agüero **2.** (*zweifelhaft*) dudoso
Omnibus *m* <-ses, -se> (*in der Stadt*) autobús *m,* góndola *f Kol, Chil;* (*Überland~*) autocar *m;* **Omnibushaltestelle** *f* parada *f* de autobús
onanieren* *vi* masturbarse
Onkel *m* <-s, -> tío *m*
online[RR] *adj* (INFOR) en línea; **Onlinebetrieb**[RR] *m ohne Pl* <-(e)s> (INFOR) servicio *m* en línea; **Onlinechat** *m* <-, -s> (INFOR, TEL: *sl*) charla *f* en on-line; **Onlinedatenbankdienst** *m* <-(e)s, -e> (INFOR) servicio *m* de banco de datos on-line; **Onlinedienst** *m* (INFOR) servicio *m* on-line
OP *m* <-(s), -(s)> (MED) *Abk. von* **Operationssaal** quirófano *m*
Opa *m* <-s, -s> (*fam*) abuelo *m*
Oper *f* <-n> ópera *f;* **in die ~ gehen** ir a la ópera
Opera *Pl von* **Opus**
Operation *f* <-en> (MED, INFOR, MATH, MIL) operación *f;* **Operationssaal** *m* (MED) quirófano *m;* **Operationstisch** *m* (MED) mesa *f* de operaciones
operativ *adj* **1.** (MED) quirúrgico; **~er Eingriff** intervención quirúrgica **2.** (MIL) estratégico
Operette *f* <-n> opereta *f*
operieren* **I.** *vi* **1.** (MED, MIL) operar **2.** (*handeln*) proceder, operar **II.** *vt* (MED) operar (*an* de); **sich ~ lassen** operarse (*an* de)
Opernglas *nt* <-es, -gläser> gemelos *mpl* (de teatro); **Opernhaus** *nt* ópera *f;* **Opernsänger(in)** *m(f)* cantante *mf* de ópera
Opfer *nt* <-s, -> **1.** (*~gabe*) ofrenda *f* **2.** (*Verzicht*) sacrificio *m* (*für* por); **~ bringen** hacer un sacrificio **3.** (*Person*) víctima *f;* **die Überschwemmung forderte viele ~** la inundación causó muchas víctimas; **jdm/etw zum ~ fallen** ser víctima de alguien/de algo; **Opferbereitschaft** *f ohne Pl* abnegación *f;* **Opfergabe** *f* ofrenda *f*
opfern **I.** *vt* sacrificar; **jdm viel Zeit ~** dedicar mucho tiempo a alguien **II.** *vr:* **sich ~** sacrificarse (*für* por)
Opferung *f* <-en> sacrificio *m*
Opiat *nt* <-(e)s, -e> remedio *m* opiáceo
Opium *nt ohne Pl* <-s> opio *m*
Opponent(in) *m(f)* <-en, -en; -nen> oponente *mf,* adversario, -a *m, f*
opportun *adj* oportuno

Opportunismus *m ohne Pl* <-> oportunismo *m*

Opportunist(in) *m(f)* <-en, -en; -nen> oportunista *mf*

opportunistisch *adj* oportunista

Opposition *f* <-en> (*a.* POL) oposición *f;* **in der ~ sein** estar en la oposición; **in ~ zu jdm stehen** ser oponente de alguien

oppositionell *adj* (*a.* POL) de (la) oposición

Oppositionsführer(in) *m(f)* <-s, -; -nen> (POL) líder *mf* de la oposición

OP-Schwester *f* enfermera *f* de quirófano

Optik *f ohne Pl* (*a.* PHYS) óptica *f*

Optiker(in) *m(f)* <-s, -; -nen> óptico, -a *m, f*

Optima *Pl von* **Optimum**

optimal *adj* óptimo

optimieren* *vt* optimar

Optimierung *f* <-en> optimización *f*

Optimismus *m ohne Pl* <-> optimismo *m*

Optimist(in) *m(f)* <-en, -en; -nen> optimista *mf*

optimistisch *adj* optimista

Optimum *nt* <-s, Optima> (*geh*) grado *m* óptimo (*an* de); **ein ~ an Qualität erzielen** alcanzar el mayor grado de calidad

Option *f* <-en> (*a.* JUR) opción *f* (*für* por, *auf* a)

optisch *adj* óptico

Opus *nt* <-, Opera> **1.** (LIT) obra *f* **2.** (MUS) opus *m*

Orakel *nt* <-s, -> oráculo *m;* **das ~ befragen** consultar el oráculo

oral *adj* oral; **Oralverkehr** *m* sexo *m* oral

orange *adj* (de color) naranja

Orange *f* <-n> naranja *f*

orangefarben *adj* (de color) naranja

Orangenbaum *m* naranjo *m;* **Orangenhaut** *f ohne Pl* celulitis *f inv;* **Orangensaft** *m* zumo *m* de naranja, jugo *m* de naranja *Am;* **Orangenschale** *f* cáscara *f* de naranja

Orang-Utan *m* <-s, -s> orangután *m*

Oratorium *nt* <-s, Oratorien> (*a.* MUS) oratorio *m*

Orbit *m* <-s, -s> órbita *f*

Orchester *nt* <-s, -> orquesta *f*

Orchidee *f* <-n> orquídea *f*

Orden *m* <-s, -> **1.** (REL) orden *f* (religiosa) **2.** (*Auszeichnung*) condecoración *f*

ordentlich **I.** *adj* **1.** (*Mensch, Zimmer*) ordenado **2.** (*Gericht*) ordinario; (*Mitglied*) numerario **3.** (*anständig*) respetable; **etwas O~es lernen** estudiar algo de provecho **4.** (*fam: tüchtig*) bueno; **eine ~e Tracht Prügel** una buena paliza **5.** (*fam: ganz gut*) bastante bueno **II.** *adv* **1.** (*allgemein*) ordenadamente; (*Benehmen*) como es debido **2.** (*fam: ziemlich*) bastante; (*viel*) mucho; **sie verdient ganz ~** gana bastante

Order *f* <-s> **1.** (*Befehl*) orden *f* **2.** (*Auftrag*) orden *f,* pedido *m*

ordern *vt* pedir, encargar

Ordinalzahl *f* número *m* ordinal

ordinär *adj* **1.** (*unfein*) vulgar **2.** (*gewöhnlich*) ordinario

ordnen *vt* ordenar, poner en orden; **alphabetisch ~** ordenar alfabéticamente

Ordner(in)[1] *m(f)* <-s, -; -nen> persona *f* del servicio de orden

Ordner[2] *m* <-s, -> (*Akten~*) archivador *m*

Ordnung *f ohne Pl* **1.** (*Zustand, An~, a.* BIOL, MATH) orden *m;* **öffentliche ~** orden público; **~ halten** mantener el orden; **jdn zur ~ rufen** llamar a alguien al orden; **für ~ sorgen** poner orden; **etw in ~ bringen** (*fam*) arreglar algo; **der ~ halber** para el buen orden; **ich finde es (ganz) in ~, dass ...** (*fam*) me parece (muy) bien que... *+subj;* (**das geht**) **in ~** (*fam*) está bien; **der ist in ~** (*fam: menschlich o.k*) es un buen tipo; **mit dem Wagen ist etwas nicht in ~** (*fam*) el coche no funciona bien **2.** (*Vorschrift*) reglamento *m;* **sich an eine ~ halten** cumplir un reglamento; **Ordnungsamt** *nt* oficina *f* del orden público; **ordnungsgemäß** **I.** *adj* reglamentario **II.** *adv* como es debido; **ordnungshalber** *adv* para el buen orden; **Ordnungshüter(in)** *m(f)* (*fam*) guardián, -ana *m, f* del orden; **Ordnungsliebe** *f* amor *m* al orden; **Ordnungssinn** *m ohne Pl* <-(e)s> sentido *m* del orden; **Ordnungsstrafe** *f* (JUR) pena *f* reglamentaria; (*Geldstrafe*) multa *f;* **ordnungswidrig** *adj* (JUR) ilegal; **sich ~ verhalten** infringir los reglamentos; **Ordnungswidrigkeit** *f* <-en> (JUR) infracción *f* de reglamentos; **Ordnungszahl** *f* número *m* ordinal

Oregano *m ohne Pl* <-s> orégano *m*

Organ *nt* <-s, -e> **1.** (*a.* ANAT) órgano *m* **2.** (*fam: Stimme*) voz *f;* **ein lautes ~ haben** tener una voz fuerte; **Organbank** *f* <-en> (MED) banco *m* de órganos; **Organhandel** *m* comercio *m* con órganos humanos

Organisation *f* <-en> organización *f*

Organisator(in) *m(f)* <-s, -en; -nen> organizador(a) *m(f)*

organisatorisch *adj* organizador

organisch *adj* (*a.* CHEM, MED, BIOL) orgánico

organisieren* **I.** *vt* **1.** (*planen*) organizar **2.** (*fam: beschaffen*) proporcionar; (*stehlen*) robar **II.** *vr:* **sich ~** organizarse; **sich gewerkschaftlich ~** sindicarse

Organismus *m* <-, Organismen> organismo *m*

Organist(in) *m(f)* <-en, -en; -nen> organista *mf*

Organspende *f* (MED) donación *f* de órganos; **Organtransplantation** *f* (MED) tras-

plante *m* de órganos
Orgasmus *m* <-, Orgasmen> orgasmo *m*
orgastisch *adj* orgásmico
Orgel *f* <-n> órgano *m;* **Orgelkonzert** *nt* **1.** (*Musikstück*) concierto *m* para órgano **2.** (*Darbietung*) concierto *m* de órgano; **Orgelpfeife** *f* tubo *m* de órgano
Orgie *f* <-n> orgía *f*
Orient *m* <-s> Oriente *m;* **der Vordere** ~ el Cercano Oriente
Orientale, -in *m, f* <-n, -n; -nen> natural *mf* de Oriente Próximo
orientalisch *adj* natural de Oriente Próximo
orientieren* *vr:* **sich** ~ orientarse (*an/nach* por, *über* sobre); **ich orientierte mich an ihr** la tomé como ejemplo; **über etw orientiert sein** estar al corriente sobre algo; **er ist links orientiert** es de izquierdas
Orientierung *f ohne Pl* orientación *f* (*an/nach* por, *über* sobre); **die** ~ **verlieren** perder la orientación; **Orientierungssinn** *m ohne Pl* <-(e)s> sentido *m* de la orientación
original *adj* original; (*echt*) auténtico
Original *nt* <-s, -e> **1.** (*erstes Exemplar*) original *m* **2.** (*fam: Mensch*) persona *f* original; **Originalaufnahme** *f* (RADIO) grabación *f* original; (TV) película *f* original; **originalgetreu** *adj* idéntico al original
Originalität *f ohne Pl* **1.** (*Echtheit*) originalidad *f* **2.** (*Einmaligkeit*) singularidad *f*
originell *adj* original; (*eigenartig*) singular; (*außergewöhnlich*) insólito
Orkan *m* <-s, -e> huracán *m*
orkanartig *adj* huracanado
Ornament *nt* <-(e)s, -e> ornamento *m*
ornamental *adj* ornamental
Ornat *m* <-(e)s, -e> traje *m* de ceremonia; (*kirchlich*) ornamentos *mpl* (sacerdotales)
Ornithologe, -in *m, f* <-n, -n; -nen> ornitólogo, -a *m, f*
Oropax® *nt* <-, -> tapón *m* (de cera) para el oído
Ort *m* <-(e)s, -e> **1.** (*Platz*) lugar *m;* ~ **der Handlung** lugar de la acción; **am rechten** ~ en el sitio adecuado; **an** ~ **und Stelle** a su debido tiempo; **vor** ~ in situ; **vor** ~ **sein** estar en el lugar de los hechos **2.** (*Ortschaft*) población *f;* (*Dorf*) pueblo *m;* (*Stadt*) ciudad *f;* **von** ~ **zu** ~ de pueblo en pueblo
Örtchen *nt* <-s, -> (*fam*): **stilles** ~ excusado *m,* retrete *m*
orten *vt* (NAUT, AERO) localizar
orthodox *adj* (*a. fig*) ortodoxo
OrthografieRR *f* <-n> *s.* **Orthographie**
orthografischRR *adj s.* **orthographisch**
Orthographie *f* <-n> ortografía *f*
orthographisch *adj* ortográfico
Orthopäde, -in *m, f* <-n, -n; -nen> ortopeda *mf;* (*Arzt*) ≈traumatólogo, -a *m, f*
orthopädisch *adj* ortopédico
örtlich *adj* local; ~ **betäubt** con anestesia local
Ortsangabe *f* <-n> indicación *f* de lugar; **ortsansässig** *adj* (*Firma*) local; (*Person*) residente (en el lugar); **Ortsbestimmung** *f* **1.** (GEO) determinación *f* de la posición geográfica **2.** (LING) complemento *m* de lugar
Ortschaft *f* <-en> población *f*
ortsfremd *adj* forastero; **Ortsgespräch** *nt* (TEL) llamada *f* urbana; **Ortskenntnis** *f ohne Pl* conocimiento *m* del lugar; **ortskundig** *adj* que conoce la localidad; **Ortsname** *m* nombre *m* de lugar
Ortsnetz *nt* (*a.* TEL) red *f* local; **Ortsnetzkennzahl** *f* (TEL) profijo *m*
Ortsschild *nt* <-(e)s, -er> señal *f* indicadora de población; **Ortstarif** *m* (TEL) tarifa *f* urbana; **Ortsteil** *m* <-(e)s, -e> barrio *m;* **Ortswechsel** *m* cambio *m* de domicilio; **Ortszeit** *f* hora *f* local
Ortung *f* <-en> (AERO, NAUT) localización *f*
Öse *f* <-n> (*am Schuh*) ojete *m;* (*für Haken*) corchete *m*
Oslo *nt* <-s> Oslo *m*
Osmane, -in *m, f* <-n, -n; -nen> otomano, -a *m, f*
Ossi *mf* <-s, -s; -s> (*fam*) *habitante de los estados federales del este de Alemania*
Ost *m ohne Pl* <-(e)s> (*a.* NAUT, METEO) este *m;* **Ostasien** *nt* Asia *f* Oriental
ostdeutsch *adj* del este de Alemania; **Ostdeutschland** *nt* este *m* de Alemania
Osten *m ohne Pl* <-s> este *m,* oriente *m;* **im** ~ en el este; **im** ~ **von ...** (*östlich von*) al este de...; (*im östlichen Teil von*) en el este de...; **nach** ~ hacia el este; **in den** ~ hacia el este; **von** ~ del este; **der Nahe** ~ el Cercano Oriente; **der Ferne** ~ el Extremo Oriente; **der Mittlere** ~ el Oriente Medio
Osterei *nt* huevo *m* de Pascua; **Osterglocke** *f* (BOT) narciso *m;* **Osterhase** *m conejo que el domingo de Resurrección trae huevos (de chocolate) a los niños;* **Osterinsel** *f:* **die** ~ (GEO) la Isla de Pascua; **Osterlamm** *nt* cordero *m* pascual
österlich *adj* pascual, de Pascua
Ostermontag *m* Lunes *m* de Pascua
Ostern *nt* <-, -> Pascua *f;* **Frohe** ~! ¡Felices Pascuas!
Österreich *nt* <-s> Austria *f*
Österreicher(in) *m(f)* <-s, -; -nen> austríaco, -a *m, f*
österreichisch *adj* austríaco
Ostersonntag *m* Domingo *m* de Pascua
Osterweiterung *f* (POL) extensión *f* hacia el Este
Osterwoche *f* Semana *f* Santa
Osteuropa *nt* Europa *f* Oriental; **Ostfriese,**

O

-in *m, f* habitante *mf* de Frisia Oriental; **ostfriesisch** *adj* de Frisia Oriental

Ostfriesland *nt* Frisia *f* Oriental

östlich I. *adj* del este, oriental; ~ **von Basel** al este de Basilea; **in ~er Richtung** en dirección este; **52 Grad ~er Länge** 52 grados longitud este **II.** *präp +gen* al este de

Ostpreußen *nt* (HIST) Prusia *f* Oriental

Östrogen *nt* <-s, -e> (MED) estrógeno *m*

Ostsee *f* Mar *m* Báltico; **Oststaaten** *mPl* (POL) Estados *mpl* del Este; **Ostverträge** *mPl* (POL) Tratados *mpl* con el Este

Ost-West-Beziehungen *fPl* relaciones *fpl* Este-Oeste

Ostwind *m* viento *m* (del) este

OSZE *f Abk. von* **Organisation für Sicherheit und Zusammenarbeit in Europa** Organización *f* para la Seguridad y la Cooperación en Europa

Otter[1] *m* <-s, -> (*Fisch~*) nutria *f*

Otter[2] *f* <-n> (*Schlange*) víbora *f*

ÖTV *f Abk. von* **Gewerkschaft Öffentliche Dienste, Transport und Verkehr** *sindicato alemán de las ramas de servicios públicos y transportes*

Outing *nt ohne Pl* <-s> manifestación *f* pública

Output *m o nt* <-s, -s> (INFOR) educto *m*, output *m*

Outsourcing *nt ohne Pl* <-(s)> (WIRTSCH) *independización de un departamento de una empresa, dándole el carácter de empresa separada o independiente*

Ouvertüre *f* <-n> (MUS) obertura *f*

oval *adj* ovalado

Oval *nt* <-s, -e> óvalo *m*

Ovation *f* <-en> ovación *f*; **jdm ~en darbringen** ovacionar a alguien

Overall *m* <-s, -s> mono *m*, overol *m Am*

Overheadprojektor *m* <-s, -en> retroproyector *m*

ÖVP *f Abk. von* **Österreichische Volkspartei** *Partido Popular Austríaco*

Ovulation *f* <-en> (MED, ZOOL) ovulación *f*; **Ovulationshemmer** *m* <-s, -> (MED) inhibidor *m* de la ovulación

Oxyd *nt* <-(e)s, -e> (CHEM) óxido *m*

Oxydation *f* <-en> (CHEM) oxidación *f*

oxydieren* **I.** *vi haben o sein* (CHEM) oxidar **II.** *vt* (CHEM) oxidar

Ozean *m* <-s, -e> océano *m*; **der Indische/Atlantische** ~ el Océano Índico/Atlántico; **der Pazifische** ~ el Océano Pacífico; **Ozeandampfer** *m* buque *m* transatlántico

Ozon *m o nt ohne Pl* <-s> ozono *m*; **Ozongehalt** *m* <-(e)s, -e> nivel *m* de ozono; **Ozonloch** *nt ohne Pl* <-(e)s> agujero *m* (de la capa) de ozono; **Ozonschicht** *f ohne Pl* (METEO) capa *f* de ozono

P

P, p *nt* <-, -> P, p *f;* ~ **wie Paula** P de París

paar *pron indef inv:* **ein** ~ (*einige*) algunos; (*wenige*) unos pocos; **ein** ~ **...** un par de...; **ein** ~ **Mal** un par de veces; **alle** ~ **Minuten** a cada rato; **vor ein** ~ **Tagen** hace unos días

Paar *nt* <-(e)s, -e> **1.** (*Lebewesen*) pareja *f* **2.** (*Dinge*) par *m;* **ein** ~ **Socken** un par de calcetines

paaren I. *vt* **1.** (*Zuchttiere*) aparear **2.** (*paarweise zusammenstellen*) parear **II.** *vr:* **sich** ~ (*Tiere*) aparearse

paarig *adj* (BIOL, ANAT) par; ~**e Organe** órganos pares

Paarlauf *m* <-(e)s, -läufe> patinaje *m* por parejas

paarmal *adv s.* **paar**

Paarung *f* <-en> (*Tiere*) apareamiento *m*

paarweise *adv* por parejas, de dos en dos

Pacht *f* <-en> **1.** (~*zins*) arrendamiento *m* **2.** (*das Pachten*) arriendo *m;* **etw in** ~ **geben/nehmen** arrendar algo **3.** (~ *vertrag*) contrato *m* de arrendamiento

pachten *vt* arrendar

Pächter(in) *m(f)* <-s, -; -nen> arrendatario, -a *m, f*

Pack[1] *nt ohne Pl* <-(e)s> (*fam abw*) gentuza *f*

Pack[2] *m* <-(e)s, -e *o* Päcke> montón *m*

Packager *m* <-s, -> (*in einem Reisebüro*) organizador(a) *m(f)* de viajes en automóvil

Päckchen *nt* <-s, -> paquete *m;* (*für Zigaretten*) cajetilla *f;* (*Postsendung*) pequeño paquete *m*

Packeis *nt* banquisa *f*

packen I. *vt* **1.** (*ergreifen*) agarrar (*an/bei* por) **2.** (*ein~*) meter (*in* en); (*in Tonnen*) entonelar (*in* en); (*in Gefäße*) envasar (*in* en); (*in Papier*) envolver (*in* en); **den Koffer** ~ hacer la maleta; **seine Sachen** ~ preparar sus cosas **3.** (*mitreißen*) entusiasmar; (*fesseln*) cautivar; (*überkommen*) sobrecoger; **mich packt die Leidenschaft/die Reiselust/das Entsetzen** la pasión/el deseo de viajar/el espanto se apodera de mí; **dich hat es ja ganz schön gepackt!** (*fam*) ¡te ha dado fuerte! **4.** (*fam: schaffen*) conseguir; **hast du die Prüfung gepackt?** ¿has aprobado el examen? **5.** (*fam: begreifen*) entender, captar **II.** *vi* (*Koffer*) hacer las maletas

Packen *m* <-s, -> montón *m*

packend *adj* cautivador

Packesel *m* <-s, -> (*fam*) burro *m* de carga; **Packpapier** *nt* papel *m* de embalar

Packung *f* <-en> **1.** (*Paket*) paquete *m;* (*Pralinen~*) caja *f;* (*für Zigaretten*) cajetilla *f* **2.** (*Kosmetik*) mascarilla *f*

Pad *nt* <-s, -s> (*Watte-*) disco *m* de algodón

Pädagoge, -in *m, f* <-n, -n; -nen> pedagogo, -a *m, f*

Pädagogik *f ohne Pl* pedagogía *f*

pädagogisch *adj* pedagógico; **P~e Hochschule** Escuela Superior de Magisterio

Paddel *nt* <-s, -> canalete *m;* **Paddelboot** *nt* canoa *f*

paddeln *vi haben o sein* ir en canoa

Paella *f* <-s> paella *f*

paffen *vi, vt* (*fam*) fumar (sin tragar el humo)

Page *m* <-n, -n> paje *m;* (*Hotel~*) botones *m inv*

Paillette *f* <-n> lentejuela *f*

Paket *nt* <-(e)s, -e> paquete *m;* **Paketannahme** *f ohne Pl* recepción *f* de paquetes; **Paketausgabe** *f ohne Pl* entrega *f* de paquetes; **Paketbombe** *f* paquete *m* bomba; **Paketschalter** *m* despacho *m* de paquetes

Pakistan *nt* <-s> Paquistán *m*

Pakistani *mf* <-(s), -(s); -(s)> paquistaní *mf*

pakistanisch *adj* paquistaní

Pakt *m* <-(e)s, -e> pacto *m*

paktieren* *vi* pactar

Palais *nt* <-, -> palacio *m*

Palast *m* <-(e)s, -läste> palacio *m*

Palästina *nt* <-s> Palestina *f*

Palästinenser(in) *m(f)* <-s, -; -nen> palestino, -a *m, f*

palästinensisch *adj* palestino

Palette *f* <-n> **1.** (*Maler~*) paleta *f* **2.** (*Transport~*) tarima *f* **3.** (*Vielfalt*) gama *f*

paletti (*fam*): **alles** ~ ya está

Palme *f* <-n> palmera *f;* **jdn auf die** ~ **bringen** (*fam fig*) poner a alguien a cien por hora

Palmsonntag *m* Domingo *m* de Ramos

Palmwedel *m* palma *f*

Pampe *f ohne Pl* papilla *f*

Pampelmuse *f* <-n> pomelo *m*

Pampers® *Pl* ≈Dodotis® *mpl*

Pamphlet *nt* <-(e)s, -e> panfleto *m*

pampig *adj* **1.** (*nordd, ostd: breiig*) pastoso **2.** (*fam abw: frech*) descarado

Panama *nt* <-s> Panamá *m*

Panamaer(in) *m(f)* <-s, -; -nen> panameño, -a *m, f*

panamaisch *adj* panameño

Panda *m* <-s, -s> panda *m*

panieren* *vt* (GASTR: *mit Semmelbröseln*) empanar; (*mit Mehl*) rebozar; **paniertes Schnitzel** escalope empanado, milanesa *f*

Paniermehl *nt ohne Pl* <-(e)s> pan *m* rallado

Panik *f* <-en> pánico *m;* **in ~ geraten** sentir pánico

panikartig **I.** *adj* pánico **II.** *adv* preso del pánico

Panikmache *f* (*abw*) alarmismo *m*

panisch *adj* de pánico; **eine ~e Reaktion** una reacción de pánico; **~e Angst vor etw haben** tener(le) pánico a algo

Panne *f* <-n> **1.** (*Schaden*) avería *f*, pana *f Am* **2.** (*Missgeschick*) contratiempo *m;* (*Ausrutscher*) plancha *f;* **mir ist eine ~ passiert** me tiré una plancha; **Pannendienst** *m* servicio *m* de auxilio en carretera

Panorama *nt* <-s, Panoramen> panorama *m*

panschen **I.** *vi* (*fam: mit Wasser*) chapotear **II.** *vt* (*Wein*) aguar, adulterar, terciar *Am*

Panter[RR] *m* <-s, ->, **Panther** *m* <-s, -> pantera *f*

Pantoffel *m* <-s, -n> zapatilla *f;* **Pantoffelheld** *m* <-en, -en> (*fam abw*) calzonazos *m inv;* **Pantoffeltierchen** *nt* <-s, -> (BIOL) paramecio *m*

Pantomime, -in[1] *m, f* <-n, -n; -nen> (panto)mimo, -a *m, f*

Pantomime[2] *f* <-n> pantomima *f*

pantomimisch *adj* pantomímico

Panzer *m* <-s, -> **1.** (*Fahrzeug*) tanque *m* **2.** (*Schutzplatte*) (plancha *f* de) blindaje *m* **3.** (*von Tieren*) caparazón *m;* **Panzerglas** *nt ohne Pl* <-es> cristal *m* antibalas

panzern *vt* acorazar, blindar

Panzerschrank *m* caja *f* fuerte

Panzerung *f* <-en> (TECH) blindaje *m*

Panzerwagen *m* (MIL) tanque *m*

Papa *m* <-s, -s> (*fam*) papá *m*

Papagei *m* <-en *o* -s, -e(n) *o* -e> papagayo *m*, loro *m*

Papaya *f* <-s> **1.** (*Frucht*) papaya *f*, lechosa *f Am* **2.** (*Baum*) papayo *m*, lechoso *m Am*

Papeterie *f* <-n> (*Schweiz*) **1.** (*Geschäft*) papelería *f* **2.** (*Waren*) artículo *m* de papelería

Papi *m* <-s, -s> (*fam*) papi *m*

Papier *nt* <-s, -e> **1.** (*Material*) papel *m;* **ein Blatt ~** una hoja de papel; **etw zu ~ bringen** poner algo por escrito **2.** (*Schriftstück*) documento *m* **3.** *Pl* (*Ausweis*) papeles *mpl* **4.** (FIN) efecto *m;* **Papiereinzug** *m* dispositivo *m* de alimentación de papel; **Papierfabrik** *f* fábrica *f* de papel, papelera *f;* **Papierformat** *nt* <-(e)s, -e> formato *m* de papel; **Papiergeld** *nt* papel *m* moneda; **Papierkorb** *m* papelera *f;* **Papierkram** *m* (*fam abw*) papeleo *m;* **Papierkrieg** *m* (*fam abw*) papeleo *m;* **mit jdm einen ~ führen** estar de pleitos con alguien; **Papierstau** *m* atrancamiento *m* de papel; **Papiertaschentuch** *nt* pañuelo *m* de papel; **Papiertüte** *f* bolsa *f* de papel; **Papiervorschub** *m* <-(e)s, -schübe> avance *m* de papel

Papillote *f* <-n> papillote *m*, papelillo *m PRico*

Pappbecher *m* vaso *m* de cartón; **Pappdeckel** *m* tapa *f* de cartón

Pappe *f* <-n> cartón *m;* (*feiner*) cartulina *f*

Pappel *f* <-n> chopo *m*

pappen *vt* (*fam*) pegarse (*an/auf* a)

Pappenheimer *mPl* (*fam*): **seine ~ kennen** conocer a su gente

Pappenstiel *m* (*fam*): **kein ~ sein** no ser moco de pavo

papperlapapp *interj* y un rábano

pappig *adj* (*fam*) **1.** (*klebrig*) pegajoso **2.** (*breiig*) pastoso

Pappkarton *m* **1.** (*Material*) cartón *m* **2.** (*Schachtel*) caja *f* de cartón

Pappmaché *nt* <-s, -s>, **Pappmaschee**[RR] *nt* <-s, -s> cartón *m* piedra

Pappschnee *m* nieve *f* húmeda

Pappteller *m* plato *m* de cartón

Paprika[1] *m* <-s, -(s)> (*Pflanze, Schote*) pimiento *m*

Paprika[2] *f* <-(s)> (*Schote*) pimiento *m;* **gefüllte ~** pimientos rellenos

Paprika[3] *m ohne Pl* <-s> (*Gewürz*) pimentón *m*

Paprikaschote *f* pimiento *m*

Papst *m* <-(e)s, Päpste> papa *m*

päpstlich *adj* papal

Papstmobil *nt ohne Pl* <-s> papamóvil *m;* **Papsttum** *nt ohne Pl* <-(e)s> papado *m*

Papyrus *m* <-, Papyri> papiro *m*

Parabel *f* <-n> (MATH, LIT) parábola *f*

Parabolantenne *f* <-n> (TECH) antena *f* parabólica

Parade *f* <-n> **1.** (MIL) desfile *m* **2.** (*Fußball*) parada *f;* **Paradebeispiel** *nt* ejemplo *m* clásico

Paradeiser *m* <-s, -> (*Österr*) tomate *m*

Paradestück *nt* <-(e)s, -e> atracción *f* principal; (*Werk*) obra *f* maestra

Paradies *nt* <-es, -e> paraíso *m;* **das ~ auf Erden** el paraíso terrenal

paradiesisch *adj* paradisíaco

Paradiesvogel *m* ave *f* del paraíso

Paradigma *nt* <-s, Paradigmen *o* Paradigmata> (*geh a.* LING) paradigma *m*

paradox *adj* paradójico

paradoxerweise *adv* paradójicamente

Paraffin *nt* <-s, -e> (CHEM) parafina *f*

Paragliding *nt ohne Pl* <-s> parapente *m*

Paragraf[RR] *m* <-en, -en> *s.* **Paragraph;** **Paragrafendschungel**[RR] *m o nt s.* **Para-**

graphendschungel
Paragraph *m* <-en, -en> **1.** (JUR) artículo *m* **2.** (*~ enzeichen*) párrafo *m;* **Paragraphendschungel** *m o nt* (*abw*) laberinto *m* judicial
Paraguay *nt* <-s> Paraguay *m*
Paraguayer(in) *m(f)* <-s, -; -nen> paraguayo, -a *m, f*
paraguayisch *adj* paraguayo
parallel *adj* paralelo (*zu* a)
Parallele *f* <-n> **1.** (MATH) paralela *f;* **eine ~ zu etw ziehen** trazar una paralela a algo **2.** (*Vergleich*) paralelo *m;* **~n zwischen etw aufzeigen** establecer un paralelo entre algo
Parallelität *f* <-en> (*a.* MATH) paralelismo *m*
Parallelklasse *f* (SCH) clase *f* paralela
Parallelogramm *nt* <-s, -e> (MATH) paralelogramo *m*
Parallelschaltung *f* (ELEK) conexión *f* en paralelo; **Parallelstraße** *f* calle *f* paralela
Parameter *m* <-s, -> (MATH, MUS, INFOR) parámetro *m*
Paraphrase *f* <-n> (LING) paráfrasis *f inv*
paraphrasieren* *vt* parafrasear
Parapsychologie *f* para(p)sicología *f*
Parasit *m* <-en, -en> parásito *m*
parasitär *adj* parasitario
parat *adj* a punto
Pärchen *nt* <-s, -> parejita *f*
Pardon *m o nt ohne Pl* <-s> perdón *m;* **da gibt's kein ~** no hay perdón; **sie kennt kein ~** es inflexible
Parfüm *nt* <-s, -e *o* -s> perfume *m*
Parfümerie *f* <-n> perfumería *f*
parfümieren* **I.** *vt* perfumar **II.** *vr:* **sich ~** perfumarse
parieren* **I.** *vi* obedecer **II.** *vt* (SPORT) parar
Pariser(in)[1] *m(f)* <-s, -; -nen> parisino, -a *m, f,* parisiense *mf*
Pariser[2] *m* <-s, -> (*fam*) condón *m*
paritätisch *adj* paritario
Park *m* <-s, -s *Schweiz:* Pärke> parque *m*
Park-and-ride-System *nt sistema para evitar las aglomeraciones de circulación que consiste en aparcar el coche fuera de la ciudad e ir al centro en medios de transporte público*
Parkbank *f* <-bänke> banco *m* del parque
parken *vt, vi* aparcar, parquear *Am;* **ein ~des Auto** un coche estacionado; **„P~ verboten!"** "¡prohibido aparcar!"
Parkett *nt* <-(e)s, -e *o* -s> **1.** (*Fußboden*) parqué *m;* **eine heiße Sohle aufs ~ legen** (*fam*) bailar muy bien **2.** (*im Theater, Kino*) platea *f;* **Parkettfußboden** *m* entarimado *m*
Parkgebühr *f* tarifa *f* de aparcamiento; **Parkhaus** *nt* aparcamiento *m,* parking *m*
Parkinsonkrankheit[RR] *f ohne Pl* enfermedad *f* de Parkinson
Parkkralle *f* cepo *m;* **Parklücke** *f* hueco *m* para aparcar; **Parkplatz** *m* <-es, -plätze> aparcamiento *m,* estacionamiento *m,* parqueadero *m Am;* **Parkscheibe** *f* disco *m* de estacionamiento; **Parkstreifen** *m* arcén *m* para estacionar; **Parksünder(in)** *m(f)* (*fam*) *persona que aparca en zona prohibida;* **Parkuhr** *f* parquímetro *m;* **Parkverbot** *nt* prohibición *f* de estacionamiento; **hier ist ~** aquí no se puede aparcar
Parkwächter(in) *m(f)* **1.** (*im Park*) guarda *mf* en un parque **2.** (*im Parkhaus*) guardacoches *mf inv*
Parlament *nt* <-(e)s, -e> parlamento *m,* legislatura *f Arg, Mex, Peru;* **Europäisches ~** Parlamento Europeo; **ins ~ einziehen** entrar en el parlamento
Parlamentarier(in) *m(f)* <-s, -; -nen> parlamentario, -a *m, f,* legislador(a) *m(f) Am*
parlamentarisch *adj* parlamentario
Parlamentarismus *m ohne Pl* <-> parlamentarismo *m*
Parlamentsausschuss[RR] *m* <-es, -schüsse> comisión *f* parlamentaria; **Parlamentsbeschluss**[RR] *m* <-es, -schlüsse> decisión *f* parlamentaria; **Parlamentsgebäude** *nt* (edificio *m* del) parlamento *m;* **Parlamentsmitglied** *nt* miembro *m* del parlamento; **Parlamentssitzung** *f* sesión *f* parlamentaria; **Parlamentswahlen** *fPl* elecciones *fpl* generales (al parlamento)
Parmesan *m ohne Pl* <-(s)> (queso *m*) parmesano *m*
Parodie *f* <-n> parodia *f* (*auf* de)
parodieren* *vt* parodiar (de)
parodistisch *adj* paródico
Parodontose *f* <-n> (MED) paradontosis *f inv*
Parole *f* <-n> lema *m,* eslogan *m*
Paroli: **jdm/etw ~ bieten** presentar cara a alguien/algo
Parsing *nt ohne Pl* <-s> (INFOR) análisis *m inv*
Part *m* <-s, -s *o* -e> **1.** (MUS) parte *f* **2.** (THEAT) papel *m*
Partei *f* <-en> **1.** (POL) partido *m;* **in einer ~ sein** militar en un partido **2.** (JUR) parte *f;* **die streitenden ~en** las partes en litigio; **für jdn ~ ergreifen** tomar partido por alguien; **über den ~en stehen** ser imparcial **3.** (*Miet~*) inquilino *m;* **Parteibuch** *nt* carnet *m* de partido; **das falsche/richtige ~ haben** (*fam*) pertenecer al partido equivocado/de los buenos; **Parteifreund(in)** *m(f)* compañero, -a *m, f* de partido; **Parteiführung** *f ohne Pl* dirección *f* del partido; **Parteigenosse, -in** *m, f* compañero, -a *m, f* del partido; (*Parteiangehöriger*) afiliado, -a *m, f* a un partido
parteiisch *adj* parcial

P

parteilich *adj* del partido; (*parteiisch*) parcial
parteilos *adj* independiente
Parteimitglied *nt* miembro *m* del partido
Parteinahme *f* <-n> toma *f* de partido
Parteipolitik *f* política *f* de partido; **Parteiprogramm** *nt* programa *m* de partido; **Parteitag** *m* congreso *m* del partido, convención *f Am;* **Parteivorsitzende(r)** *mf* presidente, -a *m, f* del partido; **Parteizugehörigkeit** *f* <-en> afiliación *f* a un partido
parterre *adv* en la planta baja; ~ **wohnen** vivir en la planta baja; **Parterrewohnung** *f* <-en> piso *m* de planta baja
Partie *f* <-n> **1.** (*Abschnitt, Teil*) parte *f* **2.** (*Spieldurchgang*) partida *f;* (*im Sport*) partido *m* **3.** (*Rolle*) papel *m* **4.** (WIRTSCH) lote *m* **5.** (*Wend*): **bei etw mit von der ~ sein** (*fam*) tomar parte en algo; **eine gute ~ machen** casarse ventajosamente
partiell *adj* parcial
Partikel[1] *f* <-n> (LING) partícula *f*
Partikel[2] *nt* <-s, -> (PHYS) partícula *f*
Partisan(in) *m(f)* <-s *o* -en, -en; -nen> guerrillero, -a *m, f*
Partitur *f* <-en> (MUS) partitura *f*
Partizip *nt* <-s, Partizipien> (LING) participio *m;* ~ **Perfekt** participio pasado
partizipieren* *vi* participar (*an* en)
Partner(in) *m(f)* <-s, -; -nen> **1.** (*Lebens~, Tanz~*) pareja *f;* (*Ehe~*) cónyuge *mf;* (*Gesprächs~*) interlocutor(a) *m(f);* (*im Sport, Spiel*) compañero, -a *m, f* de juego; (*im Film*) compañero, -a *m, f* de reparto **2.** (*Teilhaber*) socio, -a *m, f*
Partnerschaft *f* <-en> **1.** (*Zusammenarbeit*) cooperación *f,* colaboración *f;* (*Städte~*) hermanamiento *m* **2.** (*Zusammenleben*) convivencia *f;* (*Ehe*) matrimonio *m*
partnerschaftlich *adj* de camaradería; ~ **zusammenarbeiten** colaborar con compañerismo
Partnerstadt *f* ciudad *f* hermanada; **Partnertausch** *m* <-(e)s, -e> cambio *m* de pareja
Party *f* <-s> fiesta *f;* **eine ~ geben** hacer una fiesta; **Partyservice** *m ohne Pl* <-> servicio *m* a domicilio
Parzelle *f* <-n> parcela *f*
Pasch *m* <-(e)s, -e *o* Päsche> parejas *fpl*
Pascha *m* <-s, -s> (*abw*) pachá *m*
Pass[RR] *m* <-es, Pässe>, **Paß** *m* <-sses, Pässe> **1.** (*Ausweis*) pasaporte *m,* pase *m Am* **2.** (*Gebirgs~*) puerto *m* (de montaña) **3.** (SPORT) pase *m*
passabel *adj* pasable; (*annehmbar*) aceptable
Passage *f* <-n> **1.** (*Durchfahrt*) pasaje *m* **2.** (*Ladenstraße*) pasaje *m,* galerías *fpl* **3.** (*Überfahrt*) travesía *f* **4.** (*Textabschnitt*) pasaje *m,* fragmento *m*
Passagier(in) *m(f)* <-s, -e; -nen> pasajero, -a *m, f;* **ein blinder ~** un polizón; **Passagierflugzeug** *nt* avión *m* de pasajeros; **Passagierliste** *f* lista *f* de pasajeros
Passant(in) *m(f)* <-en, -en; -nen> transeúnte *mf*
Passbild[RR] *nt* foto *f* de carnet
passen I. *vi* **1.** (*in Größe, Form*) sentar bien; (*in der Menge*) caber (*in* en); (*hinein~*) entrar (*in* en); (*geeignet sein*) ajustarse (*auf* a); **das passt (mir) wie angegossen** (me) queda perfecto; **das passt nicht hierher** eso no viene al caso **2.** (*harmonieren*) pegar (*zu* con), encajar (*zu* con, *in* en); **sie ~ zueinander** hacen buena pareja; **die Schuhe ~ nicht zum Kleid** los zapatos no pegan con el vestido; **das passt zu ihm!** (*fam*) ¡es propio de él!; **die Beschreibung passt auf jdn/etw** la descripción encaja con alguien/algo **3.** (*genehm sein*) venir bien, convenir; **das passt mir gar nicht** no me viene nada bien; **das könnte dir so ~!** ¡qué más quisieras!; **passt dir etwas an mir nicht?** ¿te disgusta algo de mí? **4.** (*Kartenspiel*) pasar; **(ich) passe!** ¡paso! **5.** (*fam: bei Fragen*) no poder contestar; **bei dieser Frage muss ich ~** no puedo contestar a esa pregunta **II.** *vt* (TECH) encajar
passend *adj* **1.** (*in Größe, Form*) que queda bien; **welches ist der ~e Schlüssel?** ¿cuál es la llave correcta?; **die Hose mache ich Ihnen ~** le arreglo el pantalón a su medida; **dazu ~** (*in der Farbe*) a juego **2.** (*treffend*) apropiado; (*genau*) justo; **die ~en Worte finden** encontrar las palabras apropiadas; **haben Sie es nicht ~?** (*fam*) ¿no lo tiene justo? **3.** (*angemessen*) adecuado
Passepartout *nt Schweiz: m* <-s, -s> marco *m* de cartón, passepartout *m*
Passfoto[RR] *nt* <-s, -s> foto *f* de carnet
passierbar *adj* transitable
passieren* **I.** *vi sein* ocurrir, pasar; **was ist denn passiert?** ¿qué ha pasado?; **das kann auch nur ihm ~!** ¡eso sólo le puede pasar a él!; **dass mir das nicht noch mal passiert!** ¡que no vuelva a pasar!; **... sonst passiert was!** (*fam*) ¡... o no respondo! **II.** *vt* **1.** (*Grenze, Zensur*) pasar; (*Fluss, Pass*) cruzar **2.** (GASTR) pasar
Passierschein *m* <-(e)s, -e> pase *m*
Passion *f* <-en> **1.** (*Leidenschaft*) pasión *f;* **er ist Angler aus ~** la pesca es su pasión; **eine ~ für etw haben** apasionarse por algo **2.** (REL) Pasión *f*
passioniert *adj* apasionado
Passionsblume *f* pasionaria *f,* granadilla *f ZAm, Ant,* granadillo *m Kol;* **Passionsfrucht** *f* granadilla *f*
passiv *adj* pasivo

Passiv *nt* <-s, -e> (LING) voz *f* pasiva
Passiva *ntPl* (WIRTSCH) pasivo *m*
Passivität *f ohne Pl* (*a.* CHEM) pasividad *f*
Passivrauchen *nt ohne Pl* <-s> inhalación *f* de humo
Passkontrolle[RR] *f* control *m* de pasaportes; **Passstelle**[RR] *f* oficina *f* de pasaportes
Passstraße[RR] *f* puerto *m* de montaña
Passus *m* <-, -> pasaje *m;* (*Abschnitt*) párrafo *m*
Passwort[RR] *nt* <-(e)s, -wörter> santo *m* y seña
Paste *f* <-n> **1.** (*Lebensmittel*) pasta *f* **2.** (MED) ungüento *m*
Pastell *nt* <-(e)s, -e> pastel *m;* **in ~ malen** pintar con colores pastel; **Pastellfarbe** *f* **1.** (*zum Malen*) pintura *f* al pastel **2.** (*Farbton*) color *m* pastel
Pastete *f* <-n> volován *m*
pasteurisieren* *vt* paste(u)rizar
Pastille *f* <-n> pastilla *f*
Pastor(in) *m(f)* <-s, -en; -nen> (*reg*) pastor(a) *m(f)*
Pate, -in *m, f* <-n, -n; -nen> padrino *m,* madrina *f;* **bei einem Kind ~ stehen** apadrinar a un niño; **Patenkind** *nt* ahijado, -a *m, f;* **Patenonkel** *m* padrino *m*
Patenschaft *f* <-en> padrinazgo *m;* **die ~ für ein Kind übernehmen** apadrinar a un niño
patent *adj* (*fam*) **1.** (*Person*) ingenioso **2.** (*Lösung*) formidable
Patent *nt* <-(e)s, -e> **1.** (*amtlicher Schutz, Urkunde*) patente *f;* **etw zum ~ anmelden** solicitar la patente de algo **2.** (*Schweiz: staatliche Erlaubnis*) licencia *f;* **Patentamt** *nt* registro *m* de patentes
Patentante *f* madrina *f*
patentieren* *vt* patentar
Patentlösung *f* solución *f* definitiva; **Patentrecht** *nt* <-(e)s, -e> derecho *m* de patente; **Patentrezept** *nt* solución *f* ideal
Pater *m* <-s, -> (REL) padre *m*
pathetisch *adj* patético
Pathologe, -in *m, f* <-n, -n; -nen> (MED) patólogo, -a *m, f*
Pathologie *f ohne Pl* (MED) patología *f*
pathologisch *adj* (MED) patológico
Pathos *nt ohne Pl* <-> (*geh*) patetismo *m*
Patient(in) *m(f)* <-en, -en; -nen> paciente *mf*
Patina *f ohne Pl* pátina *f*
Patisserie *f* <-n> (*Schweiz*) **1.** (*Konditorei*) confitería *f* **2.** (*Feingebäck*) dulces *mpl*
Patriarch *m* <-en, -en> patriarca *m*
patriarchalisch *adj* patriarcal
Patriarchat *nt* <-(e)s, -e> patriarcado *m*
Patriot(in) *m(f)* <-en, -en; -nen> patriota *mf*
patriotisch *adj* patriótico
Patriotismus *m ohne Pl* <-> patriotismo *m*
Patrizier(in) *m(f)* <-s, -; -nen> patricio, -a *m, f*
Patron(in) *m(f)* <-s, -e; -nen> patrón, -ona *m, f*
Patrone *f* <-n> **1.** (*Geschosshülse*) cartucho *m* **2.** (*Filmbehälter*) cartucho *m* de la película **3.** (*Tinten~*) cartucho *m* de tinta; **Patronenhülse** *f* casquillo *m* de bala, cachimba *f Am*
Patrouille *f* <-n> patrulla *f;* **auf ~ sein** andar de patrulla
patrouillieren* *vi haben o sein* patrullar
Patsche *f ohne Pl* (*fam*) **1.** (*Matsch*) lodo *m* **2.** (*fig: Bedrängnis*) apuro *m;* **in der ~ sitzen** encontrarse en apuros; **jdm aus der ~ helfen** sacar a alguien de un apuro; **patschnass**[RR] *adj* (*fam*) empapado; (*Person*) calado hasta los huesos
Patzer *m* <-s, -> **1.** (*fam: Fehler*) metedura *f* de pata **2.** (*Österr: Klecks*) pegote *m*
patzig *adj* (*fam abw: Person*) descarado; (*Antwort*) insolente
Pauke *f* <-n> timbal *m;* **mit ~n und Trompeten durchfallen** (*fam*) suspender con honores; **auf die ~ hauen** (*fam*) celebrar por todo lo alto
pauken I. *vi* **1.** (MUS) tocar el timbal **2.** (*fam: lernen*) empollar **II.** *vt* (*fam*) empollar
Paukenschlag *m* golpe *m* de timbal
Pauker(in) *m(f)* <-s, -; -nen> **1.** (*fam: Lehrer*) profe *mf* **2.** (MUS) timbalero, -a *m, f*
Pausbacke *f* (*fam*) moflete *m,* cachete *m*
pausbäckig *adj* mofletudo
pauschal I. *adj* **1.** (*insgesamt*) global **2.** (*allgemein*) general **II.** *adv* **1.** (*zusammen*) en bloque; **~ 100 DM berechnen** cobrar 100 marcos, todo incluido **2.** (*allgemein*) en general; **das kann man so ~ nicht sagen** esto no se puede generalizar así
Pauschale *f* <-n> importe *m* global
pauschalisieren* *vt* generalizar
Pauschalpreis *m* (WIRTSCH) precio *m* global; **Pauschalreise** *f* viaje *m* organizado
Pause *f* <-n> **1.** (*Unterbrechung*) pausa *f;* (*in der Schule*) recreo *m;* (*im Theater, Kino*) intermedio *m;* **eine ~ machen** hacer una pausa **2.** (MUS) intervalo *m* **3.** (*durchgepauste Kopie*) calco *m*
pausen *vt* calcar
Pausenfüller *m* <-s, -> intermedio *m*
pausenlos I. *adj* ininterrumpido **II.** *adv* sin pausa, ininterrumpidamente
Pausenzeichen *nt* **1.** (MUS) silencio *m* **2.** (RADIO, TV) sintonía *f*
pausieren* *vi* **1.** (*unterbrechen*) hacer una pausa **2.** (*ausruhen*) descansar
Pauspapier *nt ohne Pl* <-s> papel *m* de calcar
Pavian *m* <-s, -e> babuino *m*

Pavillon *m* <-s, -s> pabellón *m*
Pay-TV *nt ohne Pl* <-> televisión *f* privada de pago
Pazifik *m* <-s> (Océano *m*) Pacífico *m*
pazifisch *adj:* **der P~e Ozean** el Océano Pacífico
Pazifist(in) *m(f)* <-en, -en; -nen> pacifista *mf*
pazifistisch *adj* pacifista
PC *m* <-(s), -(s)> (INFOR) *Abk. von* **Personalcomputer** ordenador *m* personal, computadora *f* personal *Am*
PC-Station *f* (INFOR) estación *f* de trabajo con ordenador personal
PDS *f ohne Pl Abk. von* **Partei des Demokratischen Sozialismus** Partido *m* Socialista
Pech[1] *nt* <-(e)s, -e> (*Teer*) pez *f;* **die beiden halten zusammen wie ~ und Schwefel** (*fam*) son como uña y carne
Pech[2] *nt ohne Pl* <-(e)s> (*Unglück*) desgracia *f;* (*Missgeschick*) mala suerte *f;* **~ gehabt!** (*fam*) ¡mala suerte!
pechschwarz *adj* negro como la pez; **Pechsträhne** *f* racha *f* de mala suerte; **Pechvogel** *m* (*fam*) desgraciado, -a *m, f;* **ein ~ sein** tener mala suerte
Pedal *nt* <-s, -e> pedal *m;* (**fest**) **in die ~e treten** pedalear (fuerte)
Pedant(in) *m(f)* <-en, -en; -nen> (*abw*) pedante *mf;* (*zimperlich*) tiquismiquis *mf inv*
pedantisch *adj* (*abw*) pedante
Pediküre *f ohne Pl* pedicura *f*
Peeling *nt* <-s, -s> peeling *m,* exfoliación *f*
Peepshow[RR] *f* peep-show *m*
Pegel *m* <-s, -> **1.** (*Messgerät: Fluss*) fluviómetro *m;* (*Meer*) mareógrafo *m* **2.** (*Höhe*) nivel *m* del agua; **Pegelstand** *m* <-(e)s, -stände> nivel *m* del agua
peilen *vt* **1.** (*Richtung bestimmen*) determinar; (NAUT) marcar **2.** (NAUT: *Wassertiefe bestimmen*) sondear **3.** (*fam: schauen*) mirar; **über den Daumen gepeilt** a ojo de buen cubero
Peilgerät *nt* <-(e)s, -e> radiogoniómetro *m*
Pein *f ohne Pl* (*geh: Qual*) tormento *m,* suplicio *m;* (*Kummer*) pena *f*
peinigen *vt* (*geh*) atormentar
Peiniger(in) *m(f)* <-s, -; -nen> (*geh*) torturador(a) *m(f)*
peinlich *adj* **1.** (*unangenehm*) desagradable; (*Situation*) embarazoso; (*Frage*) delicado; **es ist mir furchtbar ~, Ihnen das mitteilen zu müssen** me resulta terriblemente desagradable tener que comunicarle esto; **von etw ~ berührt sein** avergonzarse por algo **2.** (*genau*) meticuloso, minucioso; **~e Ordnung** orden meticuloso
Peitsche *f* <-n> látigo *m,* chicote *m Am*
peitschen I. *vi* (*Regen*) golpear (*an/gegen* en) **II.** *vt* azotar
Peitschenhieb *m* latigazo *m*
pejorativ *adj* peyorativo
Pekinese *m* <-n, -n> pequinés *m*
Peking *nt* <-s> Pekín *m*
Pelikan *m* <-s, -e> pelícano *m,* pelicano *m*
Pelle *f* <-n> (*nordd*) piel *f;* **jdm auf die ~ rücken** (*fam*) pegarse a alguien
pellen I. *vt* (*nordd*) pelar; (*schälen*) mondar **II.** *vr:* **sich ~** (*nordd*) pelarse
Pellkartoffel *f* patata *f* cocida con piel
Pelz *m* <-es, -e> piel *f*
pelzig *adj* peludo; (*reg: im Geschmack*) áspero
Pelzkragen *m* cuello *m* de piel; **Pelzmantel** *m* abrigo *m* de piel
Pendant *nt* <-s, -s> (*Gegenstück*) pareja *f* (*zu* de); (*Entsprechung*) correspondencia *f* (*zu* de); **das ~ zu etw** *dat* **bilden** hacer juego con algo
Pendel *nt* <-s, -> péndulo *m*
pendeln *vi* **1.** (*schwingen*) oscilar **2.** *sein* (*hin- und herfahren*) viajar (diariamente), ir y volver; **sie pendelt täglich nach Köln/zwischen Köln und Bonn** viaja diariamente a Colonia/de Colonia a Bonn
Pendelverkehr *m* tráfico *m* continuo de un punto a otro
Pendler(in) *m(f)* <-s, -; -nen> viajero, -a *m, f* diario, -a, conmuter *mf*
Penes *Pl von* **Penis**
penetrant *adj* **1.** (*Geschmack, Geruch*) penetrante **2.** (*abw: aufdringlich*) molesto; (*Person*) pesado
peng *interj* pum
penibel *adj* meticuloso (*in* con)
Penicillin *nt* <-s, -e> *s.* **Penizillin**
Penis *m* <-, -se *o* Penes> (*geh a.* MED) pene *m*
Penizillin *nt* <-s, -e> (MED) penicilina *f*
Penne *f* <-n> (*fam*) cole *m*
pennen *vi* (*fam*) **1.** (*schlafen*) dormir **2.** (*nicht aufpassen*) estar distraído
Penner(in) *m(f)* <-s, -; -nen> (*fam abw*) **1.** (*Stadtstreicher*) vagabundo, -a *m, f,* atorrante *mf CSur* **2.** (*Schlafmütze*) dormilón, -ona *m, f*
Pensa, Pensen *Pl von* **Pensum**
Pension[1] *f* <-en> **1.** (*Rente*) jubilación *f,* pensión *f* **2.** (*Herberge*) pensión *f*
Pension[2] *f ohne Pl* **1.** (*Ruhestand*) jubilación *f;* **in ~ gehen** jubilarse **2.** (*Unterkunft und Verpflegung*) pensión *f;* **halbe ~** media pensión; **volle ~** pensión completa
Pensionär(in) *m(f)* <-s, -e; -nen> **1.** (*Ruheständler*) jubilado, -a *m, f* **2.** (*Schweiz: Pensionsgast*) huésped(a) *m(f)* de una pensión
pensionieren* *vt* jubilar; **sich ~ lassen** ju-

bilarse

Pensionierung *f* <-en> jubilación *f*

Pensionsalter *nt* <-s, -> edad *f* de jubilación

Pensum *nt* <-s, Pensen *o* Pensa> (cantidad *f* de) trabajo *m;* (*Aufgabe*) tarea *f;* **sein ~ erfüllen** cumplir con su tarea

Penthaus *nt,* **Penthouse** *nt* <-, -s> ático *m*

Pep *m ohne Pl* <-(s)> chispa *f;* **~ haben** (*fam*) tener gancho

Peperoni *f* <-> **1.** (*scharfe Paprika*) pimiento *m* picante **2.** (*Schweiz: Gemüsepaprika*) pimiento *m*

peppig *adj* gracioso; (*Musik*) marchoso; (*Person*) salado, vivo

per *präp +akk* por; **~ Kilo** por kilo; **er fährt ~ Anhalter** viaja a dedo; **sie ist du mit ihm** se tutean

perfekt *adj* **1.** (*vollkommen*) perfecto; **sie spricht ~ Spanisch** habla perfectamente español **2.** (*fam: abgeschlossen*) arreglado; (*Vertrag*) firmado; **die Sache ist ~** el asunto está arreglado

Perfekt *nt* <-s, -e> (LING) (pretérito *m*) perfecto *m*

Perfektion *f ohne Pl* perfección *f;* **etw bis zur ~ bringen** llevar algo a la perfección

perfektionieren* *vt* perfeccionar

Perfektionismus *m ohne Pl* <-> perfeccionismo *m*

Perfektionist(in) *m(f)* <-en, -en; -nen> perfeccionista *mf*

perfid(e) *adj* pérfido

perforieren* *vt* perforar

Pergament *nt* <-(e)s, -e> pergamino *m;* **Pergamentpapier** *nt* papel *m* de pergamino

Periode *f* <-n> **1.** (*Zeitabschnitt*) período *m,* época *f* **2.** (PHYS, MATH, GEO) período *m* **3.** (*Menstruation*) período *m,* regla *f*

Periodensystem *nt ohne Pl* <-s> (CHEM) sistema *m* periódico de elementos

periodisch *adj* periódico

peripher *adj* periférico

Peripherie *f* <-n> **1.** (*Randbezirke*) periferia *f* **2.** (MATH) periferia *f* **3.** (INFOR) periférico *m*

Perle *f* <-n> **1.** (*der Perlmuschel*) perla *f;* (*aus Glas, Holz*) cuenta *f;* **künstliche ~** perla artificial **2.** (*Luftblase*) burbuja *f;* (*Schweiß~*) gota *f* (de sudor) **3.** (*fam: Hausgehilfin*) alhaja *f*

perlen *vi* **1.** *haben o sein* (*Perlen bilden*) formar gotas; (*Schweiß*) gotear **2.** (*Sekt*) burbujear

Perlenkette *f* collar *m* de perlas

Perlhuhn *nt* pintada *f*

Perlmutt *nt ohne Pl* <-s> nácar *m*

Perlon® *nt ohne Pl* <-s> perlón® *m*

permanent *adj* permanente

perplex *adj* (*fam*) perplejo, asombrado

Perser(in)[1] *m(f)* <-s, -; -nen> persa *mf*

Perser[2] *m* <-s, -> (*fam*), **Perserteppich** *m* alfombra *f* persa

Persien *nt* <-s> Persia *f*

Persiflage *f* <-n> parodia *f* (*auf* de)

persisch *adj* persa; **der P~e Golf** el Golfo Pérsico

Person *f* <-en> **1.** (*Individuum*) persona *f;* **pro ~** por persona; **juristische ~** (JUR) entidad legal; **natürliche ~** (JUR) persona física; **ich für meine ~ ...** en cuanto a mi persona...; **Angaben zur ~ machen** dar los datos personales; **er ist die Geduld in ~** es la paciencia en persona; **jdn zur ~ vernehmen** pedir los datos personales a alguien **2.** (*Gestalt*) personaje *m*

Personal *nt ohne Pl* <-s> personal *m;* **Personalabbau** *m* reducción *f* de personal; **Personalabteilung** *f* sección *f* de personal; **Personalakte** *f* hoja *f* de servicios

Personalausweis *m* ≈carnet *m* de identidad

Personalbüro *nt* oficina *f* de personal; **Personalchef(in)** *m(f)* jefe, -a *m, f* de personal

Personalcomputer *m* ordenador *m* personal, computadora *f* personal *Am*

Personalien *Pl* datos *mpl* personales

Personalkosten *Pl* (WIRTSCH) gastos *mpl* de personal

Personalpronomen *nt* (LING) pronombre *m* personal

personell *adj* **1.** (*das Personal betreffend*) respecto al personal; **~e Veränderungen** cambios en el personal **2.** (*die Person betreffend*) personal

Personenaufzug *m* ascensor *m;* **Personenbeförderung** *f ohne Pl* transporte *m* de viajeros; **Personenbeschreibung** *f* descripción *f* de la persona; **Personenkraftwagen** *m* (*formal*) automóvil *m;* **Personenkreis** *m* círculo *m* de personas; **Personenkult** *m* (*abw*) culto *m* a la persona; **Personenschaden** *m* (JUR) daños *mpl* personales; **Unfall mit ~** accidente con daños personales; **Personenschutz** *m* custodia *f* personal; **Personenverkehr** *m* transporte *m* de viajeros; **öffentlicher/privater ~** transporte público/privado de viajeros; **Personenwaage** *f* báscula *f* de baño; **Personenwagen** *m* automóvil *m*

Personifikation *f* <-en> personificación *f*

personifizieren* *vt* personificar

persönlich *adj* **1.** (*allgemein*) personal; **ein ~es Gespräch** una conversación personal; **etw ~ nehmen** tomarse algo a pecho **2.** (*selbst*) en persona; **die Ministerin ~** la ministra en persona; **ich ~** yo por mi parte; **jdn ~ kennen** conocer a alguien personalmente; **~ erscheinen** acudir personalmente

Persönlichkeit *f* <-en> personalidad *f;* **Per-**

P

sönlichkeitsentfaltung *f* (PSYCH) desarrollo *m* de la personalidad; **Persönlichkeitsstörung** *f* (PSYCH) trastorno *m* de la personalidad

Perspektive *f* <-n> perspectiva *f;* (*Blickwinkel*) punto *m* de vista; **aus meiner ~** desde mi punto de vista

perspektivisch *adj* en perspectiva; **~e Verkürzung** escorzo *m*

perspektivlos *adj* sin perspectivas

Perspektivlosigkeit *f ohne Pl* falta *f* de perspectivas

Peru *nt* <-s> Perú *m*

Peruaner(in) *m(f)* <-s, -; -nen> peruano, -a *m, f*

peruanisch *adj* peruano

Perücke *f* <-n> peluca *f*

pervers *adj* perverso

Perversion *f* <-en> perversión *f*

Pesete *f* <-n> peseta *f*

Pessar *nt* <-s, -e> (MED) pesario *m,* óvalo *m Am;* (*zur Verhütung*) diafragma *m*

Pessimismus *m ohne Pl* <-> pesimismo *m*

Pessimist(in) *m(f)* <-en, -en; -nen> pesimista *mf*

pessimistisch *adj* pesimista

Pest *f ohne Pl* peste *f;* **jdn wie die ~ hassen** (*fam*) odiar a alguien a muerte; **jdm die ~ an den Hals wünschen** (*fam*) desearle a alguien lo peor; **es stinkt wie die ~** (*fam*) huele que apesta

Pestizid *nt* <-s, -e> pesticida *m*

Petersilie *f ohne Pl* perejil *m*

Petition *f* <-en> petición *f,* solicitud *f*

Petroleum *nt ohne Pl* <-s> petróleo *m;* **Petroleumlampe** *f* lámpara *f* de petróleo

Petting *nt* <-(s), -s> magreo *m,* toqueteo *m Am*

petto (*fam*): **etw in ~ haben** traer algo en la manga

Petze *f* <-n> (*fam abw*) chivato, -a *m, f*

petzen *vt* (*fam abw*) chivar(se) (*bei* a)

Pf *Abk. von* **Pfennig** pfennig *m*

Pfad *m* <-(e)s, -e> **1.** (*Weg*) senda *f,* trilla *f Mex* **2.** (INFOR) camino *m*

Pfadfinder(in) *m(f)* explorador(a) *m(f),* scout *mf*

Pfaffe *m* <-n, -n> (*abw*) pastor *m*

Pfahl *m* <-(e)s, Pfähle> palo *m;* (*Pfosten*) poste *m;* **Pfahlbau** *m* <-(e)s, -ten> palafito *m*

Pfalz *f* Palatinado *m*

Pfälzer(in) *m(f)* <-s, -; -nen> palatino, -a *m, f*

pfälzisch *adj* palatino

Pfand *m* <-(e)s, Pfänder> prenda *f;* (*~geld*) garantía *f;* (*für Flaschen*) dinero *m* por el envase; **ein ~ hinterlassen** dejar algo como prenda

Pfandbrief *m* (FIN) cédula *f* hipotecaria

pfänden *vt* embargar

Pfandflasche *f* botella *f* retornable; **Pfandhaus** *nt,* **Pfandleihe** *f* <-n> monte *m* de piedad; **Pfandschein** *m* <-(e)s, -e> papeleta *f* de empeño

Pfändung *f* <-en> embargo *m*

Pfanne *f* <-n> **1.** (*Brat~*) sartén *f,* paila *f Am;* **jdn in die ~ hauen** (*fam: ausschimpfen*) echar una bronca a alguien; (*fertig machen*) dejar a alguien como un trapo **2.** (*Dach~*) teja *f* flamenca

Pfannkuchen *m* crepe *f,* panqueque *m Am,* panqué *m Cuba, Mex*

Pfarramt *nt* **1.** (*Amt*) curato *m* **2.** (*Dienststelle*) parroquia *f;* **Pfarrbezirk** *m* parroquia *f*

Pfarrei *f* <-en> parroquia *f*

Pfarrer[1] *m* <-s, -> (*katholisch*) párroco *m*

Pfarrer(in)[2] *m(f)* <-s, -; -nen> pastor(a) *m(f)*

Pfarrgemeinde *f* parroquia *f;* **Pfarrhaus** *nt* casa *f* parroquial; **Pfarrkirche** *f* iglesia *f* parroquial

Pfau *m* <-(e)s, -en> (ZOOL) pavo *m* real; **Pfauenauge** *nt* (ZOOL) pavón *m*

Pfeffer *m* <-s, -> pimienta *f;* **er kann hingehen, wo der ~ wächst** (*fam*) que se vaya al diablo; **Pfefferkorn** *nt* <-(e)s, -körner> grano *m* de pimienta

Pfefferminzbonbon *nt* caramelo *m* de menta

Pfefferminze *f ohne Pl* menta *f,* pepermín *m Am;* **Pfefferminztee** *m* té *m* de menta

Pfeffermühle *f* <-n> molinillo *m* de pimienta

pfeffern *vt* **1.** (GASTR) sazonar con pimienta; **gepfefferte Preise** precios exorbitantes **2.** (*fam: werfen*) tirar con violencia; **ich habe ihm eine gepfeffert** le he pegado una bofetada

Pfefferstreuer *m* <-s, -> pimentero *m*

Pfeife *f* <-n> **1.** (MUS) pífano *m;* (*Signal~*) pito *m;* (*Orgel~*) tubo *m* (de órgano); **nach jds ~ tanzen** (*fam fig*) bailar al son de alguien **2.** (*Tabak~*) pipa *f,* cachimba *f Am* **3.** (*fam abw: Person*) inútil *mf*

pfeifen <pfeift, pfiff, gepfiffen> *vi, vt* silbar; **draußen pfiff der Wind** fuera silbaba el viento; **ich pfeife auf …** … me importa un bledo

Pfeifenkopf *m* cabeza *f* de la pipa; **Pfeifenreiniger** *m* limpiador *m* de pipa; **Pfeifenstopfer** *m* <-s, -> pisón *m* (para pipas); **Pfeifentabak** *m* tabaco *m* de pipa

Pfeifkonzert *nt* abucheo *m;* **Pfeifton** *m* <-(e)s, -töne> silbido *m*

Pfeil *m* <-(e)s, -e> flecha *f,* jara *f Guat, Mex;* **~ und Bogen** arco y flechas

Pfeiler *m* <-s, -> (*a. fig*) pilar *m;* (*Brücken~*) pila *f*

pfeilschnell *adj* (rápido) como una flecha; **Pfeilspitze** *f* punta *f* de la flecha

Pfennig *m* <-s, -e> pfennig *m*, ≈céntimo *m;* **ich habe keinen ~ dabei** estoy sin un duro; **sie dreht jeden ~ (dreimal) 'rum** (*fam*) gasta el dinero con cuentagotas; **das ist keinen ~ wert** esto no vale un duro

Pfennigabsatz *m* (*fam*) tacón *m* de aguja

Pfennigfuchser(in) *m(f)* <-s, -; -nen> (*fam*) tacaño, -a *m, f*

pferchen *vt* apretujar

Pferd *nt* <-(e)s, -e> **1.** (*Tier*) caballo *m*, pingo *m CSur;* **auf ein ~ steigen** montar sobre un caballo; **vom ~ steigen** desmontar; **ein ~ reiten** montar un caballo; **zu ~e** a caballo; **ich denk', mich tritt ein ~** (*fam*) esto es una sorpresa; **wie ein ~ arbeiten** (*fam*) trabajar como una bestia; **keine zehn ~e brächten ihn dahin/dazu** (*fam*) de ningún modo iría/lo haría; **das ~ am Schwanz aufzäumen** (*fam fig*) empezar la casa por el tejado; **mit ihr kann man ~e stehlen** (*fam*) se puede contar con ella para todo; **jetzt mach nicht die ~e scheu!** (*fam*) ¡no me alborotes el gallinero! **2.** (*Schachfigur*) caballo *m* **3.** (*Turngerät*) potro *m;* **Pferdeapfel** *m* bosta *f* (de caballo); **Pferdefuß** *m* **1.** (ZOOL) pie *m* de caballo **2.** (*Nachteil*) pero *m;* **Pferderennbahn** *f* hipódromo *m*, cancha *f Am;* **Pferderennen** *nt* carrera *f* de caballos, polla *f Arg*, burros *mpl Arg;* **Pferdeschwanz** *m* cola *f* de caballo; **Pferdestall** *m* cuadra *f*, caballeriza *f;* **Pferdestärke** *f* (TECH) caballo *m* de vapor; **Pferdewagen** *m* carruaje *m* de caballos; **Pferdezucht** *f* cría *f* de caballos

pfiff *3. imp von* **pfeifen**

Pfiff *m* <-(e)s, -e> silbido *m;* (*einer Pfeife*) pitido *m;* **etw hat ~** (*fam*) algo tiene un toque especial

Pfifferling *m* <-s, -e> cantarela *f;* **ihre Beteuerungen sind keinen ~ wert** (*fam*) sus afirmaciones no valen un pimiento

pfiffig *adj* pillo; (*witzig*) con gracia

Pfiffikus *m* <-(ses), -se> (*fam*) perillán, -ana *m, f*

Pfingsten *nt* <-, -> Pentecostés *m*

Pfingstmontag *m* Lunes *m* de Pentecostés; **Pfingstrose** *f* peonia *f*, peonía *f;* **Pfingstsonntag** *m* Domingo *m* de Pentecostés

Pfirsich *m* <-(e)s, -e> melocotón *m*, durazno *m Am;* **Pfirsichbaum** *m* melocotonero *m*, duraznero *m Am*

Pflanze *f* <-n> planta *f*

pflanzen *vt* plantar

Pflanzenfaser *f* fibra *f* vegetal; **Pflanzenfett** *nt* (GASTR) grasa *f* vegetal; **Pflanzenfresser** *m* <-s, -> (ZOOL) herbívoro *m;* **Pflanzenkunde** *f ohne Pl* botánica *f;* **Pflanzenöl** *nt* <-(e)s, -e> (GASTR) aceite *m* vegetal; **Pflanzenreich** *nt ohne Pl* <-(e)s> reino *m* vegetal

Pflanzenschutz *m* protección *f* de las plantas; **biologischer ~** (medidas de) protección biológica de las plantas; **Pflanzenschutzmittel** *nt* pesticida *m*

pflanzlich *adj* vegetal

Pflanzung *f* <-en> plantío *m;* (*Plantage*) plantación *f*

Pflaster *nt* <-s, -> **1.** (*aus Asphalt*) pavimento *m;* (*Kopfstein~*) adoquinado *m;* **ein heißes ~** (*fam*) un lugar peligroso **2.** (*Verband*) esparadrapo *m;* (*Heft~*) tirita *f*

pflastern *vt* pavimentar; (*mit Kopfsteinpflaster*) adoquinar; (*mit Steinplatten*) enlosar

Pflasterstein *m* adoquín *m*

Pflaume *f* <-n> **1.** (*Frucht*) ciruela *f* **2.** (*Baum*) ciruelo *m* **3.** (*fam abw: Mensch*) pedazo *m* de alcornoque; **Pflaumenbaum** *m* ciruelo *m;* **Pflaumenmus** *nt* <-es, -e> mermelada *f* de ciruela

Pflege *f ohne Pl* **1.** (*Kranken~*) asistencia *f;* (*Körper~*) aseo *m;* (*von Kindern, Tieren*) cuidado *m;* **jdn/ein Tier bei jdm in ~ geben** entregar alguien/un animal al cuidado de alguien; **jdn/ein Tier in ~ nehmen** hacerse cargo (del cuidado) de alguien/de un animal **2.** (*Instandhaltung*) mantenimiento *m* **3.** (*von Beziehungen*) cultivo *m;* (*der Kunst, Wissenschaft*) fomento *m;* **pflegebedürftig** *adj* que necesita cuidados; **Pflegedienst** *m* servicio *m* asistencial; **Pflegeeltern** *Pl* padres *mpl* tutelares; **Pflegefall** *m* <-(e)s, -fälle> enfermo, -a *m, f* bajo continua vigilancia médica; **Pflegeheim** *nt* <-(e)s, -e> residencia *f* asistida; **Pflegekind** *nt* niño, -a *m, f* en tutela; **pflegeleicht** *adj* **1.** (*Gegenstand*) de fácil cuidado; (*Mensch*) fácil de tratar **2.** (*Wäsche*) de fácil lavado; **Pflegemutter** *f* <-mütter> madre *f* tutelar

pflegen I. *vt* **1.** (*Kranke*) cuidar, atender **2.** (*Garten, Körper*) cuidar; (*Gebäude*) conservar **3.** (*Beziehungen*) mantener; (*Freundschaft, Kunst*) cultivar **II.** *vi* soler +*inf;* **er pflegte zu sagen ...** solía decir...

Pflegepersonal *nt* personal *m* sanitario

Pfleger(in) *m(f)* <-s, -; -nen> **1.** (*Kranken~*) enfermero, -a *m, f* **2.** (*Tier~*) cuidador(a) *m(f)* de animales **3.** (JUR) tutor(a) *m(f)*

Pflegesatz *m* <-es, -sätze> costo *m* diario por la asistencia del paciente; **Pflegespülung** *f* acondicionador *m;* **Pflegevater** *m* padre *m* tutelar; **Pflegeversicherung** *f seguro de enfermedad para casos de invalidez*

Pflegschaft *f* <-en> (JUR) curatela *f;* (*Vormundschaft*) tutela *f*

P

Pflicht *f* <-en> **1.** (*Notwendigkeit*) deber *m;* (*Verpflichtung*) obligación *f;* **ich halte es für meine ~ ihm zu helfen** considero que es mi obligación ayudarle; **Rechte und ~en** derechos y deberes; **seine ~en kennen/erfüllen** conocer sus/cumplir con sus deberes; **die ~ ruft** el deber llama; **ich tue nur meine ~** sólo cumplo con mi deber **2.** (SPORT) ejercicio *m* obligatorio; **pflichtbewusst**[RR] *adj* cumplidor; **Pflichtbewusstsein**[RR] *nt* sentido *m* del deber; **Pflichtfach** *nt* (UNIV, SCH) asignatura *f* obligatoria; (*im Grundstudium*) asignatura *f* común; **Pflichtgefühl** *nt ohne Pl* <-(e)s> sentido *m* del deber; **pflichtgemäß I.** *adj* debido **II.** *adv* conforme a su deber; **Pflichtübung** *f* <-en> (SPORT) ejercicio *m* obligatorio; **Pflichtverteidiger(in)** *m(f)* (JUR) defensor(a) *m(f)* de oficio

Pflock *m* <-(e)s, Pflöcke> estaca *f*

pflücken *vt* coger

Pflücker(in) *m(f)* <-s, -; -nen> recolector(a) *m(f)*

Pflug *m* <-(e)s, Pflüge> arado *m*

pflügen *vi, vt* arar

Pflümli *nt* <-, -s> (*Schweiz*) aguardiente *m* de ciruela

Pforte *f* <-n> puerta *f*

Pförtner(in) *m(f)* <-s, -; -nen> portero, -a *m, f;* **Pförtnerloge** *f* portería *f*

Pfosten *m* <-s, -> poste *m;* (*Tür~*) jamba *f*

Pfote *f* <-n> **1.** (*von Tieren*) pata *f* **2.** (*fam: Hand*) pezuña *f,* pata *f;* **sich** *dat* **bei etw die ~n verbrennen** meter la pata

pfropfen *vt* **1.** (*veredeln*) injertar **2.** (*fam: hineinstopfen*) meter a la fuerza; **mit etw voll gepfropft sein** estar repleto de algo

Pfropfen *m* <-s, -> tapón *m*

Pfründe *f* <-n> (REL) prebenda *f*

pfui *interj* puaj; **~ Teufel!** ¡qué asco!

Pfund *nt* <-(e)s, -e> **1.** (*Gewichtseinheit*) libra *f,* medio kilo *m;* **einige ~e abnehmen** adelgazar unos kilos **2.** (*Währungseinheit*) libra *f;* **~ Sterling** libra esterlina

Pfusch *m ohne Pl* <-(e)s> (*fam abw*), **Pfuscharbeit** *f ohne Pl* (*fam abw*) chapuza *f,* bodoque *m Mex*

pfuschen *vi* **1.** (*fam abw: schludern*) chapucear **2.** (*reg: schummeln*) timar, hacer trampas

Pfuscher(in) *m(f)* <-s, -; -nen> (*fam abw*) chapucero, -a *m, f*

Pfuscherei *f* <-en> (*fam abw*) chapucería *f*

Pfütze *f* <-n> charco *m*

Phallus *m* <-, -se *o* Phalli *o* Phallen> falo *m*

Phänomen *nt* <-s, -e> fenómeno *m*

phänomenal I. *adj* fenomenal **II.** *adv* (*fam*) fenómeno, fenomenal

Phantasie *f* <-n> *s.* **Fantasie**; **Phantasiegebilde** *nt s.* **Fantasiegebilde**

phantasielos *adj s.* **fantasielos**

Phantasielosigkeit *f ohne Pl s.* **Fantasielosigkeit**

phantasieren* *vi s.* **fantasieren**

phantasievoll *adj s.* **fantasievoll**

Phantast(in) *m(f)* <-en, -en; -nen> *s.* **Fantast**

Phantasterei *f* <-en> *s.* **Fantasterei**

phantastisch *adj s.* **fantastisch**

Phantom *nt* <-s, -e> fantasma *m;* **Phantombild** *nt* retrato *m* robot

Pharao *m* <-s, -nen> faraón *m*

Pharisäer *m* <-s, -> **1.** (REL) fariseo *m* **2.** (*Getränk*) café *m* con ron y crema

Pharmaindustrie *f ohne Pl* industria *f* farmacéutica

Pharmakologe, -in *m, f* <-n, -n; -nen> farmacólogo, -a *m, f*

Pharmakologie *f ohne Pl* farmacología *f*

pharmakologisch *adj* farmacológico

Pharmazeut(in) *m(f)* <-en, -en; -nen> farmacéutico, -a *m, f*

Pharmazeutik *f ohne Pl* ciencia *f* farmacéutica

pharmazeutisch *adj* farmacéutico

Pharmazie *f ohne Pl* farmacia *f*

Phase *f* <-n> **1.** (*Zeitstufe*) fase *f,* ráfaga *f And, CSur* **2.** (CHEM, PHYS, ELEK, ASTR) fase *f*

Philharmonie *f* <-n> **1.** (*Orchester*) orquesta *f* filarmónica **2.** (*Gebäude*) auditorio *m;* (*Konzertsaal*) sala *f* de conciertos

Philharmoniker(in) *m(f)* <-s, -; -nen> filarmónico, -a *m, f*

Philippinen *Pl* Filipinas *fpl*

Philippiner(in) *m(f)* <-s, -; -nen> filipino, -a *m, f*

philippinisch *adj* filipino

Philologe, -in *m, f* <-n, -n; -nen> filólogo, -a *m, f*

Philologie *f* <-n> filología *f*

philologisch *adj* filológico

Philosoph(in) *m(f)* <-en, -en; -nen> filósofo, -a *m, f*

Philosophie *f* <-n> filosofía *f*

philosophieren* *vi* filosofar (*über* sobre)

philosophisch *adj* filosófico

phlegmatisch *adj* flemático

Phobie *f* <-n> (MED) fobia *f* (*vor* a)

Phon *nt* <-s, -s> fon *m*

Phonetik *f ohne Pl* (LING) fonética *f*

phonetisch *adj* (LING) fonético

Phönix *m* <-(es), -e> fénix *m*

Phönizier(in) *m(f)* <-s, -; -nen> fenicio, -a *m, f*

Phonotypist(in) *m(f)* <-en, -en; -nen> fonotipista *mf*

Phosphat *nt* <-(e)s, -e> fosfato *m*

Phosphor *m* <-s, -e> (CHEM) fósforo *m*

phosphoreszieren* *vi* fosforecer

Photo *m o nt* <-s, -s> *s.* Foto; **Photoapparat** *m s.* **Fotoapparat**
photogen *adj s.* **fotogen**
Photographie *f* <-n> *s.* **Fotografie**
Photosynthese *f ohne Pl s.* **Fotosynthese**
Phrase *f* <-n> **1.** (LING) giro *m* **2.** (*abw: inhaltsleere Formel*) frase *f;* **~n dreschen** (*fam*) hablar con clichés **3.** (MUS) frase *f*
pH-Wert *m* <-(e)s, -e> (CHEM) (valor *m*) PH *m*
Physik *f ohne Pl* física *f*
physikalisch *adj* físico
Physiker(in) *m(f)* <-s, -; -nen> físico *mf*
Physiognomie *f* <-n> (*geh*) fisonomía *f*
Physiologie *f ohne Pl* fisiología *f*
physiologisch *adj* fisiológico
Physiotherapie *f ohne Pl* fisioterapia *f*
physisch *adj* físico
Pianist(in) *m(f)* <-en, -en; -nen> pianista *mf*
Piano *nt* <-s, -s> piano *m* vertical
picheln *vi* (*fam*) copear
Pickel *m* <-s, -> **1.** (*Spitzhacke*) pico *m;* (*Eis~*) piolet *m* **2.** (*auf der Haut*) espinilla *f*
pickelig *adj* lleno de espinillas
picken *vt, vi* **1.** (*Vogel*) picotear (*nach*) **2.** (*heraussuchen*) escoger (*aus* entre)
Picknick *nt* <-s, -s *o* -e> picnic *m*
piekfein *adj* (*fam*) elegante
piep *interj* pío; **er konnte nicht mehr ~ sagen** (*fam*) ya no pudo decir ni pío
piepegal *adj* (*fam*): **das ist mir ~** me importa un comino
piepen *vi* (*Vogel*) piar; (*Maus*) chillar; (*Funkgerät*) hacer ruidos; **bei der piept's wohl!** (*fam*) ¡está tocada (del ala)!; **das ist ja zum P~!** (*fam*) ¡es para morirse de risa!
Piepen *Pl* (*fam*) pelas *fpl*
piepsen *vi* **1.** *s.* **piepen** **2.** (*sprechen*) hablar a voz aguda
Piepser *m* <-s, -> **1.** (*Piep*) pío *m* **2.** (*fam: Empfänger*) busca *m*
piepsig *adj* (*Stimme*) agudo
Pier *m* <-s, -e *o* -s> muelle *m*
Piercing *nt* <-s, -s> piercing *m*
piesacken *vt* (*fam*) molestar, jorobar
Pietät *f ohne Pl* (*geh*) piedad *f;* (*Respekt*) respeto *m*
pietistisch *adj* pietista
Pigment *nt* <-(e)s, -e> pigmento *m*
Pik *nt ohne Pl* <-s> (*französische Karten*) pica *f;* (*spanische Karten*) espadas *fpl*
pikant *adj* picante
Pike *f* <-n> (*fam*): **etw von der ~ auf lernen** aprender algo desde abajo
piken **I.** *vi* (*fam*) picar **II.** *vt* (*fam*) pinchar
pikiert *adj* mosqueado
Pikkolo *m* <-s, -s> **1.** (*Kellnerlehrling*) aprendiz *m* de camarero **2.** (*fam: Sektflasche*) benjamín *m*
Pikkoloflöte *f* <-n> flautín *m*
piksen *vi, vt s.* **piken**
Pilger(in) *m(f)* <-s, -; -nen> peregrino, -a *m, f;* **Pilgerfahrt** *f* peregrinación *f*
pilgern *vi sein* peregrinar (*nach* a)
Pille *f* <-n> **1.** (*Tablette*) pastilla *f;* **eine ~ nehmen** tomar una pastilla; **eine bittere ~** (*fam*) un trago amargo **2.** (*fam: Antibaby~*) píldora *f* (anticonceptiva); **die ~ danach** la píldora del día después; **Pillenknick** *m* descenso *m* de la natalidad (*a causa de la píldora anticonceptiva*)
Pilot(in) *m(f)* <-en, -en; -nen> piloto *mf*
Pilotprojekt *nt* proyecto *m* piloto
Pilz *m* <-es, -e> (BOT, MED) hongo *m;* (*mit Hut*) seta *f,* nanacate *m Mex;* **wie ~e aus dem Boden schießen** brotar como los hongos; **Pilzerkrankung** *f* micosis *f inv*
Pimmel *m* <-s, -> (*fam*) pito *m,* pichula *f Chil*
pingelig *adj* (*fam*) tiquismiquis
Pingpong *nt ohne Pl* <-s> ping-pong *m*
Pinguin *m* <-s, -e> pingüino *m*
Pinie *f* <-n> pino *m* piñonero
pink *adj* (rosa) fucsia
pinkeln *vi* (*fam*) mear
Pinnwand *f* tablón *m* de notas
Pinscher *m* <-s, -> (perro *m*) grifón *m*
Pinsel *m* <-s, -> **1.** (*des Malers: fein*) pincel *m;* (*dick*) brocha *f* **2.** (*fam: Dummkopf*) bobo, -a *m, f*
pinseln *vi, vt* **1.** (*fam: malen*) pintar **2.** (*fam: schreiben*) escribir **3.** (MED: *Rachen, Zahnfleisch*) tocar
Pinzette *f* <-n> pinza(s) *f(pl)*
Pionier(in) *m(f)* <-s, -e; -nen> **1.** (MIL) gastador(a) *m(f)* **2.** (*Wegbereiter*) pionero, -a *m, f;* **Pionierarbeit** *f ohne Pl* labor *m* de pionero; **~ leisten** abrir nuevos caminos
Pipapo *nt ohne Pl* <-s> (*fam*): **mit allem ~** con todos sus requisitos
Pipeline *f* <-s> (*für Gas*) gasoducto *m;* (*für Öl*) oleoducto *m*
Pipette *f* <-n> pipeta *f*
Pipi *nt ohne Pl* <-s> (*fam*) pis *m inv,* pichi *m CSur;* **~ machen** hacer pis
Pipifax *m ohne Pl* <-> (*fam abw: Unsinn*) disparates *mpl;* (*Nichtigkeiten*) bagatela *f*
Piranha *m* <-(s), -s> (ZOOL) piraña *f,* caribe *m Ven*
Pirat(in) *m(f)* <-en, -en; -nen> pirata *mf;* **Piratensender** *m* emisora *f* pirata
Pirouette *f* <-n> pirueta *f*
Pirsch *f ohne Pl* caza *f* (al acecho); **auf (die) ~ gehen** ir a cazar
pissen *vi* **1.** (*vulg: urinieren*) mear **2.** (*fam: regnen*) llover
Pistazie *f* <-n> pistacho *m*
Piste *f* <-n> (SPORT, AERO) pista *f*
Pistole *f* <-n> pistola *f,* cachimba *f Chil;*

jdm die ~ auf die Brust setzen (*fam fig*) poner a alguien la pistola al pecho; **wie aus der ~ geschossen** (*fam fig*) como una bala

pittoresk *adj* (*geh*) pintoresco

Pizza *f* <-s *o* Pizzen> pizza *f*

Pkw *m* <-(s), -(s)> *Abk. von* **Personenkraftwagen** automóvil *m*

Plackerei *f* <-en> (*fam*) trabajo *m* pesado

plädieren* *vi* **1.** (JUR) abogar (*auf/für* por) **2.** (*sich einsetzen*) abogar (*für* por), interceder (*für* por); **ich plädiere dafür, dass ...** estoy a favor de que... *+subj*

Plädoyer *nt* <-s, -s> (*a.* JUR) alegato *m* (*für* en favor de)

Plage *f* <-n> plaga *f*; **zu einer ~ werden** convertirse en una plaga; **Plagegeist** *m* <-(e)s, -er> (*fam*) pesado, -a *m, f*

plagen **I.** *vt* **1.** (*belästigen*) fastidiar **2.** (*Schmerzen, Zweifel*) atormentar, julepear *Am* **II.** *vr:* **sich ~** matarse trabajando

Plagiat *nt* <-(e)s, -e> plagio *m*

Plakat *nt* <-(e)s, -e> cartel *m*, afiche *m CSur;* (*Werbe~*) anuncio *m*

plakatieren* **I.** *vi* fijar carteles, pegar afiches *Am* **II.** *vt* anunciar en carteles

plakativ *adj* llamativo

Plakatwand *f* valla *f* publicitaria

Plakette *f* <-n> placa *f*

plan *adj* llano, plano

Plan *m* <-(e)s, Pläne> **1.** (*Vorhaben*) plan *m;* (*Projekt*) proyecto *m;* (*Absicht*) intención *f*; **es verläuft alles nach ~** todo se desarrolla según lo previsto; **Pläne machen/schmieden** hacer/forjar planes; **einen ~ fassen** concebir un plan; **auf dem ~ stehen** estar planeado **2.** (*Entwurf, Karte*) plano *m;* **jdn/etw auf den ~ rufen** hacer aparecer a alguien/algo

Plane *f* <-n> lona *f*

planen *vt* **1.** (*entwerfen*) proyectar **2.** (*vorhaben*) tener la intención (*zu* de); (*Ausflug, Essen*) planear; (*Wirtschaft, Entwicklung*) planificar; **es lief alles wie geplant** todo transcurrió como estaba previsto

Planer(in) *m(f)* <-s, -; -nen> planificador(a) *m(f);* (*beim Hausbau*) proyectista *mf*

Planet *m* <-en, -en> (ASTR) planeta *m*

Planetarium *nt* <-s, Planetarien> planetario *m*

Planetensystem *nt* (ASTR) sistema *m* planetario

planieren* *vt* allanar, aplanar

Planierraupe *f* aplanadora *f*

Planke *f* <-n> tablón *m*

Plankton *nt ohne Pl* <-s> (BIOL) plancton *m*

planlos *adj* sin método

planmäßig **I.** *adj* **1.** (*wie vorgesehen*) previsto **2.** (*nach Plan*) sistemático **II.** *adv* **1.** (*wie vorgesehen*) como estaba previsto **2.** (*nach Plan*) sistemáticamente

Planschbecken *nt* (pequeña) piscina *f* para niños

planschen *vi* chapotear (*in* en)

Planstelle *f* <-n> puesto *m* de plantilla, plaza *f* de número

Plantage *f* <-n> plantación *f*

Planung *f* <-en> planificación *f;* **in der ~ befindlich** en la fase de proyección

Planwagen *m* coche *m* con toldo

Planwirtschaft *f ohne Pl* economía *f* planificada

Plappermaul *nt* (*fam abw*) cotorra *f*

plappern **I.** *vi* (*fam*) cotorrear **II.** *vt* (*fam*) decir

plärren *vi* (*abw*) **1.** (*weinen*) lloriquear **2.** (*schreien*) berrear **3.** (*Radio, Lautsprecher*) estar a tope (de volumen)

Plasma *nt* <-s, Plasmen> (BIOL, MED, PHYS) plasma *m*

Plastik[1] *nt ohne Pl* <-s> (*Kunststoff*) plástico *m*

Plastik[2] *f* <-en> **1.** (KUNST) escultura *f* **2.** (MED) plastia *f*

Plastikfolie *f* membrana *f* de plástico; **Plastikgeld** *nt* (*fam*) dinero *m* de plástico; **Plastiktüte** *f* bolsa *f* de plástico

plastisch *adj* **1.** (*formbar*) plástico; **~e Chirurgie** cirugía plástica **2.** (*anschaulich*) plástico

Platane *f* <-n> (BOT) plátano *m*

Plateau *nt* <-s, -s> meseta *f*, altiplanicie *f*, altiplano *m Am*

Platin *nt ohne Pl* <-s> (CHEM) platino *m*

Platitude[RR] *f* <-n> (*geh*) trivialidad *f*

Platitüde *f* <-n> *s.* **Platitude**, **Plattitüde**

platonisch *adj* platónico

platsch *interj* zas

plätschern *vi* (*fam*) murmurar

platt *adj* **1.** (*flach*) llano, plano; (*~ gedrückt*) aplastado; **etw ~ drücken** aplastar algo; **~ sein** (*fam*) estar sorprendido; **da bin ich aber ~** (*fam*) me dejas de piedra **2.** (*abw: geistlos*) trivial

Platt *nt ohne Pl* <-(s)> **1.** (*Plattdeutsch*) bajo alemán *m* **2.** (*reg: Dialekt*) dialecto *m;* **Plattdeutsch** *nt* bajo alemán *m*

Platte *f* <-n> **1.** (*Stein~*) losa *f;* (*Holz~*) tabla *f;* (*Metall~*) plancha *f* **2.** (*Schall~*) disco *m;* **die ~ kenn' ich schon!** (*fam*) ¡me conozco el rollo de memoria! **3.** (*Herd~*) fogón *m* **4.** (*Teller*) bandeja *f;* **kalte ~** (GASTR) fiambres *mpl* **5.** (*fam: Glatze*) calva *f*

Plätteisen *nt* (*nordd*) plancha *f*

Platten: **einen ~ haben** tener un pinchazo

plätten *vt* (*reg*) planchar

Plattencover *nt* cubierta *f* de disco; **Plattenfirma** *f* casa *f* productora de discos; **Plattenlaufwerk** *nt* (INFOR) unidad *f* de disco; **Plattenspieler** *m* <-s, -> tocadiscos *m inv;* **Plattenteller** *m* plato *m* giratorio

Plattform *f* <-en> plataforma *f*
Plattfuß *m* **1.** (MED) pie *m* plano **2.** (*fam: am Reifen*) pinchazo *m*
PlattitüdeRR *f* <-n> (*geh*) trivialidad *f*
Platz1 *m* <-es, Plätze> **1.** (*Ort, Stelle*) sitio *m,* lugar *m;* **das ist fehl am ~** eso está fuera de lugar; **auf die Plätze, fertig, los!** ¡preparados, listos, ya! **2.** (*öffentlicher ~*) plaza *f* **3.** (*Sport~*) campo *m;* (*Tennis~*) pista *f;* **auf eigenem ~** en propio campo; **auf gegnerischem ~** en campo contrario **4.** (*Sitz~*) sitio *m,* asiento *m;* **bitte, nehmen Sie ~!** ¡tome asiento, por favor!; **ist noch ein ~ frei?** ¿queda algún sitio libre?; **dieser ~ ist besetzt** este asiento está ocupado; **~!** (*zum Hund*) ¡siéntate! **5.** (*Teilnahme~*) plaza *f;* **es sind noch Plätze frei** todavía quedan plazas libres; **ein Saal mit 500 Plätzen** una sala de 500 plazas **6.** (*Rang*) lugar *m,* puesto *m;* **sie belegte den dritten ~** ocupó el tercer lugar; **seinen ~ behaupten** reafirmar su posición
Platz2 *m ohne Pl* <-es> (*Raum*) sitio *m;* **~ sparend** que no ocupa mucho espacio; **~ da!** ¡hagan sitio!; **~ für jdn/etw schaffen** hacer sitio para alguien/algo; **jdm ~ machen** hacer(le) sitio a alguien
Platzangst *f* **1.** (*fam: Beklemmungszustand*) claustrofobia *f* **2.** (PSYCH) agorafobia *f*
Platzanweiser(in) *m(f)* <-s, -; -nen> acomodador(a) *m(f)*
Plätzchen *nt* <-s, -> (*Gebäck*) galleta *f*
platzen *vi sein* **1.** (*Bombe, Mine*) estallar; (*Rohr, Luftballon*) reventar; (*Naht*) romperse; **vor Wut/Ärger ~** (*fig*) reventar de rabia/de furia **2.** (*fam: scheitern*) fracasar; (*Termin*) anularse, cancelarse; **etw ~ lassen** hacer fracasar algo **3.** (*fam: hineinstürmen*) irrumpir (*in* en)
Platzhalter(in)1 *m(f)* <-s, -; -nen> (*Person*) *persona que reserva un sitio libre para otra en un lugar público*
Platzhalter2 *m* <-s, -> (INFOR) fijador *m* de posiciones
platzieren* RR **I.** *vt* colocar, ubicar *Am* **II.** *vr:* **sich ~** (SPORT) clasificarse
PlatzierungRR *f* <-en> **1.** (*örtlich*) colocación *f,* ubicación *f Am* **2.** (SPORT) clasificación *f*
Platzkarte *f* reserva *f* (de asiento); **Platzmangel** *m ohne Pl* <-s> falta *f* de sitio
Platzpatrone *f* cartucho *m* de salvas; **Platzregen** *m* <-s, -> chaparrón *m,* invierno *m ZAm, Ant*
platzsparend *adj s.* **Platz**2; **Platzverweis** *m* (SPORT) expulsión *f* del campo
Platzwunde *f* herida *f* abierta
Plauderei *f* <-en> charla *f*
plaudern *vi* charlar (*über* sobre/de), tertuliar (*über* sobre) *Am*
Plausch *m* <-(e)s, -e> **1.** (*südd, Österr: Plauderei*) charla *f;* **einen ~ halten** estar de cháchara **2.** (*Schweiz: fam*) diversión *f,* placer *m*
plausibel *adj* plausible; (*verständlich*) inteligible; **jdm etw ~ machen** hacer(le) algo inteligible a alguien
Play-backRR *nt* <-, -s>, **Playback** *nt* <-, -s> play-back *m*
Playboy *m* <-s, -s> play-boy *m*
Plazenta *f* <-s *o* Plazenten> (MED) placenta *f*
plazieren* *vt, vr:* **sich ~** *s.* **platzieren**
Plazierung *f* <-en> *s.* **Platzierung**
pleite *adj* (*fam*): **~ sein** estar en quiebra
Pleite *f* <-n> (*fam*) **1.** (*Bankrott*) quiebra *f;* **~ gehen** quebrar **2.** (*Misserfolg*) fracaso *m;* **mit jdm/etw *dat* eine ~ erleben** llevarse un chasco con alguien/algo
plemplem *adj inv* (*fam*) chalado
Plenarsaal *m* (POL) sala *f* plenaria; **Plenarsitzung** *f* (POL) reunión *f* plenaria
Plenum *nt* <-s, Plenen> pleno *m*
Pleuelstange *f* (TECH) biela *f*
Plexiglas® *nt ohne Pl* <-es> plexiglás® *m*
Plissee *nt* <-s, -s> plisado *m*
Plombe *f* <-n> **1.** (*Verschluss*) precinto *m* **2.** (*Zahnfüllung*) empaste *m*
plombieren* *vt* **1.** (*versiegeln*) precintar **2.** (*Zahn*) empastar
Plotter *m* <-s, -> (INFOR) graficador *m*
plötzlich I. *adj* repentino, sorpresivo *Am* **II.** *adv* de repente; **das kommt alles so ~** es todo tan repentino; **jetzt aber ein bisschen ~!** ¡ahora deprisa!
plump *adj* **1.** (*unförmig*) tosco **2.** (*ungelenk*) torpe; (*schwerfällig*) pesado, mazacotudo *Am* **3.** (*abw: dreist*) grosero; (*Annäherung*) torpe; (*Lüge, Schmeichelei*) barato
plumps *interj* paf, pataplaf
Plumps *m* <-es, -e> (*fam*) batacazo *m*
plumpsen *vi sein* (*fam*) caer (pesadamente)
Plumpsklo(sett) *nt* (*fam*) *retrete desprovisto de inodoro y agua corriente*
Plunder *m ohne Pl* <-s> (*fam abw*) trastos *mpl*
plündern *vt* saquear
Plünderung *f* <-en> saqueo *m*
Plural *m* <-s, -e> (LING) plural *m*
pluralistisch *adj* pluralista
plus I. *konj* (MATH) más; **drei ~ drei** tres más tres **II.** *präp +gen* más; **~ der Zinsen** más los intereses **III.** *adv* **1.** (MATH) más **2.** (METEO) sobre cero **3.** (ELEK): **der Strom fließt von ~ nach minus** la corriente pasa del polo positivo al negativo
Plus *nt ohne Pl* <-> **1.** (*Überschuss*) excedente *m;* (COM) superávit *m;* **ein ~ in der Kasse haben** tener un superávit en la caja; **ein ~ erwirtschaften** registrar ganancias;

P

im ~ sein tener saldo **2.** (*Vorzug*) ventaja *f*

Plüsch *m* <-(e)s, -e> peluche *m;* **Plüschtier** *nt* muñeco *m* de peluche

Pluspol *m* (ELEK, PHYS) polo *m* positivo; **Pluspunkt** *m* lado *m* positivo; (*Vorteil*) ventaja *f*

Plusquamperfekt *nt* (LING) pluscuamperfecto *m*

Pluszeichen *nt* signo *m* de adición

Pluto *m ohne Pl* <-> (ASTR) plutón *m*

Plutonium *nt ohne Pl* <-s> (CHEM) plutonio *m*

PLZ *Abk. von* **Postleitzahl** C.P.

pneumatisch *adj* (TECH) neumático

Po *m* <-s, -s> (*fam*) culete *m*

Pöbel *m ohne Pl* <-s> (*abw*) plebe *f,* pacotilla *f Am*

pöbelhaft *adj* vulgar

pochen *vi* **1.** (*klopfen*) golpear (*an/gegen* en) **2.** (*geh: Herz*) latir **3.** (*geh: bestehen*): **auf etw ~** insistir en algo; **auf sein Recht ~** reclamar sus derechos

Pocken *fPl* viruela *f;* **pockennarbig** *adj* picoso, picado de viruelas; **Pocken(schutz)impfung** *f* vacunación *f* antivariólica

Podest *m o nt* <-(e)s, -e> **1.** (*Podium*) podio *m* **2.** (*reg: Treppenabsatz*) descansillo *m*

Podium *nt* <-s, Podien> estrado *m;* **Podiumsdiskussion** *f* mesa *f* redonda

Poesie *f ohne Pl* poesía *f*

Poet(in) *m(f)* <-en, -en; -nen> poeta, -isa *m, f*

poetisch *adj* poético

Pointe *f* <-n> punto *m* culminante; (*beim Witz*) gracia *f*

pointiert **I.** *adj* agudo **II.** *adv* con agudeza

Pokal *m* <-s, -e> (*a.* SPORT) copa *f;* **Pokalsieger(in)** *m(f)* (SPORT) ganador(a) *m(f)* de la copa; **Pokalspiel** *nt* (SPORT) partido *m* de copa

Pökelfleisch *nt* carne *f* salada

pökeln *vt* salar

Poker *m o nt ohne Pl* <-s> póquer *m*

pokern *vi* **1.** (*Poker spielen*) jugar al póquer **2.** (*ein Risiko eingehen*) jugar(se) (*um*); **hoch ~** arriesgarse

Pol *m* <-s, -e> (*a.* PHYS, ELEK, ASTR, GEO) polo *m;* **der ruhende ~** el remanso de tranquilidad

polar *adj* polar; **Polarforscher(in)** *m(f)* explorador(a) *m(f)* de las regiones polares

polarisieren* **I.** *vt* (*a.* CHEM, PHYS, POL) polarizar **II.** *vr:* **sich ~** polarizarse

Polarität *f* <-en> (*a.* CHEM, PHYS) polaridad *f*

Polarkreis *m* círculo *m* polar; **nördlicher/südlicher ~** círculo polar ártico/antártico; **Polarlicht** *nt* luz *f* polar; **Polarstern** *m ohne Pl* <-(e)s> estrella *f* polar

Pole, -in *m, f* <-n, -n; -nen> polaco, -a *m, f*

Polemik *f* <-en> polémica *f*

polemisch *adj* polémico

polemisieren* *vi* polemizar (*gegen* contra)

Polen *nt* <-s> Polonia *f*

Police *f* <-n> póliza *f* (del seguro)

polieren* *vt* pulir; (*Schuhe, Möbel*) sacar brillo (a), abrillantar; (*Metall*) bruñir; (*Stil, Ausdruck*) pulir; **jdm die Fresse ~** (*fam*) romperle los morros a alguien

Poliklinik *f* policlínica *f*

Politbüro *nt* politburó *m*

Politesse *f* <-n> mujer *f* policía

Political Correctness *f ohne Pl* rectitud *f* política

Politik *f ohne Pl* política *f;* **in die ~ gehen** entrar en la política

Politika *Pl von* **Politikum**

Politiker(in) *m(f)* <-s, -; -nen> político, -a *m, f*

Politikum *nt* <-s, Politika> cuestión *f* política

Politikverdrossenheit *f* desgana *f* política

politisch *adj* político; **sich ~ engagieren** comprometerse políticamente; **jdn ~ unterstützen** apoyar la política de alguien

politisieren* **I.** *vi* politiquear **II.** *vt* politizar

Politologe, -in *m, f* <-n, -n; -nen> politólogo, -a *m, f,* cientista *mf* político, -a *Am*

Politologie *f ohne Pl* ciencias *fpl* políticas

Politur *f* <-en> **1.** (*~schicht*) capa *f* de pulimento **2.** (*Mittel*) abrillantador *m*

Polizei *f* <-en> policía *f;* **er ist bei der ~** es policía; **der ist dümmer als die ~ erlaubt!** (*fam*) ¡es más tonto que donde los hacen!; **Polizeiaufgebot** *nt* despliegue *m* policial; **Polizeiaufsicht** *f ohne Pl* vigilancia *f* policial; **Polizeibeamte(r)** *mf,* **-beamtin** *f* funcionario, -a *m, f* de policía; **Polizeidienststelle** *f* comisaría *f* de policía; **Polizeifunk** *m* emisora *f* de la policía; **Polizeihund** *m* <-(e)s, -e> perro *m* policía

polizeilich **I.** *adj* policial **II.** *adv* por la policía; **das ist ~ verboten** está prohibido por la policía

Polizeipräsident(in) *m(f)* jefe, -a *m, f* superior de la Policía; **Polizeipräsidium** *nt* Jefatura *f* Superior de Policía; **Polizeirevier** *nt* comisaría *f* (de policía), delegación *f Mex;* **Polizeischutz** *m* protección *f* policial; **unter ~ stehen** encontrarse bajo protección policial; **Polizeistaat** *m* estado *m* de régimen policial; **Polizeistreife** *f* patrulla *f* de policía; **Polizeiwache** *f* comisaría *f* (de policía)

Polizist(in) *m(f)* <-en, -en; -nen> policía *mf,* vigilante *mf CSur*

Polka *f* <-s> (MUS) polca *f*

Pollen *m* <-s, -> (BOT) polen *m;* **Pollenallergie** *f* (MED) alergia *f* al polen; **Pollenflug** *m ohne Pl* <-(e)s> concentración *f* de polen

en el aire
polnisch *adj* polaco
Polo *nt ohne Pl* <-s> (SPORT) polo *m*
Polonaise *f* <-n>, **Polonäse** *f* <-n> polonesa *f* (*baile o juego en el que, con las manos en la cintura o encima de los hombros de la persona de delante, se forma una fila que recorre la casa*)
Polster *nt* <-s, -> **1.** (*Kissen*) colchón *m* **2.** (*in Kleidung*) hombrera *f* **3.** (*Rücklage*) reserva *f*; **ein finanzielles ~** ahorros *mpl*; **Polstergarnitur** *f* tresillo *m*; **Polstermöbel** *nt* mueble *m* tapizado
polstern *vt* **1.** (*beziehen*) tapizar **2.** (*ausstopfen*) acolchar
Polsterung *f* <-en> **1.** (*das Polstern*) acolchado *m* **2.** (*Polster*) colchón *m*
Polterabend *m* ≈despedida *f* de solteros (*fiesta anterior a la boda en la que se rompe vajilla contra el suelo para ahuyentar las malas influencias*)
poltern *vi* **1.** (*lärmen*) hacer ruido **2.** *sein* (*sich bewegen*) moverse con ruido; (*fallen*) caerse con estrépito **3.** (*schimpfen*) gritar **4.** (*fam: Polterabend feiern*) celebrar la despedida de solteros
Polyester *m* <-s, -> (CHEM, TECH) poliéster *m*
polygam *adj* (*a.* BOT) polígamo
Polygamie *f ohne Pl* (*a.* BOT) poligamia *f*
polyglott *adj* políglota
Polyp *m* <-en, -en> **1.** (BIOL, MED) pólipo *m* **2.** (*fam: Polizist*) polizonte *mf*
Polytechnikum *nt* Escuela *f* Superior de Ingeniería
Polytheismus *m ohne Pl* <-> (REL) politeísmo *m*
Pomade *f* <-n> pomada *f* para el pelo
Pommern *nt* <-s> Pomerania *f*
Pommes frites *Pl* patatas *fpl* fritas
Pomp *m ohne Pl* <-(e)s> pompa *f*
pompös *adj* pomposo
Poncho *m* <-s, -s> poncho *m*, sarape *m Mex*
Pony[1] *nt* <-s, -s> (*Pferd*) poney *m*
Pony[2] *m* <-s, -s> (*Frisur*) flequillo *m*
Pool *m* <-s, -s> **1.** (*Schwimmbad*) piscina *f* **2.** (WIRTSCH) pool *m*, grupo *m*
Pop *m ohne Pl* <-(s)> (música *f*) pop *m*
Popcorn *nt ohne Pl* <-s> palomitas *fpl* (de maíz), pororó *m CSur*
Popel *m* <-s, -> (*fam*) moco *m* (seco)
popelig *adj* (*fam*) **1.** (*armselig*) mísero, pobre **2.** (*gewöhnlich*) normal y corriente
popeln *vi* (*fam*) hurgarse; **in der Nase ~** hurgarse en la nariz
poplig *adj s.* **popelig**
Popmusik *f ohne Pl* música *f* pop
Popo *m* <-s, -s> (*fam*) trasero *m*
poppig *adj* (*fam*) pop
populär *adj* popular
popularisieren* *vt* popularizar
Popularität *f ohne Pl* popularidad *f*
populärwissenschaftlich *adj* pseudocientífico
Population *f* <-en> (BIOL) población *f*
Pore *f* <-n> poro *m*
Porno *m* <-s, -s> (*fam: ~film*) película *f* porno; (*~roman*) novela *f* porno
Pornografie[RR] *f ohne Pl* pornografía *f*
pornografisch[RR] *adj* pornográfico
Pornographie *f ohne Pl s.* **Pornografie**
pornographisch *adj s.* **pornografisch**
porös *adj* poroso
Porree *m* <-s, -s> puerro *m*
Portal *nt* <-s, -e> portal *m*
Portemonnaie *nt* <-s, -s> *s.* **Portmonee**
Porti *Pl von* **Porto**
Portier *m* <-s, -s> portero *m*
Portion *f* <-en> ración *f*, porción *f*; (*Neugier*) dosis *f inv*; **eine halbe ~** (*fam*) poquita cosa
Portmonee[RR] *nt* <-s, -s> monedero *m*, portamonedas *m inv Chil, Ven*
Porto *nt* <-s, -s *o* Porti> franqueo *m*; (*Versandkosten*) gastos *mpl* de envío; **portofrei** *adj* exento de franqueo; **portopflichtig** *adj* sujeto a franqueo
Porträt *nt* <-s, -s> retrato *m*
porträtieren* *vt* retratar
Portugal *nt* <-s> Portugal *m*
Portugiese, -in *m, f* <-n, -n; -nen> portugués, -esa *m, f*
portugiesisch *adj* portugués
Portwein *m* <-(e)s, -e> (vino *m* de) Oporto *m*
Porzellan *nt* <-s, -e> porcelana *f*; **Porzellangeschirr** *nt ohne Pl* <-s> vajilla *f* de porcelana
Posaune *f* <-n> trombón *m*
Posaunist(in) *m(f)* <-en, -en; -nen> trombón *mf*
Pose *f* <-n> pose *f*; **sich in ~ werfen** ponerse en pose
posieren* *vi* posar
Position *f* <-en> **1.** (*Standpunkt, Lage*) posición *f*; **eine bestimmte ~ vertreten/beziehen** defender/tomar una determinada posición **2.** (*im Beruf*) puesto *m* **3.** (WIRTSCH) partida *f*; **Positionslicht** *nt* (AERO, NAUT) luz *f* de posición
positiv *adj* (*a.* PHYS, MATH, FOTO) positivo; **~ zu etw stehen** tener una actitud positiva con respecto a algo; **sich auf etw ~ auswirken** tener efectos positivos sobre algo
Positiv *nt* <-s, -e> (FOTO) positivo *m*
Posse *f* <-n> farsa *f*
possenhaft *adj* cómico
Possessivpronomen *nt* (LING) pronombre *m* posesivo
possierlich *adj* gracioso

Post *f ohne Pl* **1.** (*Institution*) Correos *mpl;* (*Postamt*) (oficina *f* de) Correos *mpl;* **einen Brief auf die ~ bringen** echar una carta en Correos; **Geld auf der ~ einzahlen** hacer un pago en Correos; **Pakete bei der ~ abholen** recoger paquetes en Correos; **ich muss noch zur ~** aún tengo que ir a Correos; **etw mit der ~ verschicken** mandar algo por correo **2.** (*Sendung*) correo *m;* **elektronische ~** correo electrónico; **die ~ erledigen/beantworten** despachar/contestar el correo; **war die ~ schon da?** (*fam*) ¿ya ha llegado el correo?; **mit gleicher ~** con el mismo envío; **hier geht die ~ ab** (*fam*) esto es de locura

postalisch *adj* postal

Postamt *nt* (oficina *f* de) Correos *mpl;* **Postanweisung** *f* **1.** (*Geldsendung*) giro *m* postal **2.** (*Formular*) formulario *m* para un giro postal; **Postauto** *nt* coche *m* de correos; **Postbeamte(r)** *mf,* **-beamtin** *f* funcionario, -a *m, f* postal; **Postbote, -in** *m, f* cartero, -a *m, f*

Posten *m* <-s, -> **1.** (*Stellung*) puesto *m,* empleo *m;* (*Amt*) cargo *m* **2.** (MIL) puesto *m;* **nicht auf dem ~ sein** (*fam*) no estar bien de salud; **auf verlorenem ~ stehen** luchar por una causa perdida **3.** (*Person*) guardia *mf;* (MIL) centinela *f* **4.** (*Warenmenge*) lote *m* **5.** (*Einzel~*) partida *f*

Poster *nt* <-s, -(s)> póster *m*

Postfach *nt* apartado *m* de Correos, casilla *f* (de correo) *Am,* box *m ZAm;* **Postgeheimnis** *nt* (JUR) secreto *m* postal

Postgiroamt *nt* oficina *f* de cuentas corrientes postales; **Postgirokonto** *nt* cuenta *f* corriente postal

posthum *adj* póstumo; **etw ~ veröffentlichen** publicar algo póstumamente

postieren* *vt* colocar; (MIL) apostar

Postkarte *f* (tarjeta *f*) postal *f;* **Postkutsche** *f* diligencia *f;* **postlagernd** *adj* en lista de Correos; **Postleitzahl** *f* código *m* postal

postmodern *adj* posmoderno; **Postmoderne** *f* posmodernidad *f*

Postscheck *m* cheque *m* postal

Postscriptfile *nt* <-s, -s> (INFOR) archivo *m* post scriptum

Postsendung *f* envío *m* postal

Postskript *nt* <-(e)s, -e> pos(t)data *f*

Postsparkasse *f* Caja *f* Postal de Ahorros; **Poststempel** *m* matasellos *m inv;* **Postüberweisung** *f* giro *m* postal

postum *adj s.* **posthum**

Postweg *m ohne Pl* <-(e)s> transporte *m* por correo; **etw auf dem ~ verschicken** enviar algo por correo

postwendend *adv* a vuelta de correo

Postwertzeichen *nt* sello *m* (de Correos), estampilla *f Am;* **Postwurfsendung** *f* envío *m* colectivo

potent *adj* potente

Potential *nt* <-s, -e> *s.* **Potenzial**

potentiell *adj s.* **potenziell**

Potenz[1] *f ohne Pl* (*Zeugungsfähigkeit*) facultad *f* procreadora

Potenz[2] *f* <-en> **1.** (*Stärke*) potencia *f* **2.** (MATH) potencia *f;* **eine Zahl in die zweite ~ erheben** elevar un número a la segunda potencia

Potenzial[RR] *nt* <-s, -e> (*a.* PHYS) potencial *m*

potenziell[RR] *adj* potencial; **der ist ~ gefährlich** puede ser peligroso

potenzieren* *vt* **1.** (*steigern*) multiplicar **2.** (MATH) elevar a una potencia

Potpourri *nt* <-s, -s> popurrí *m*

Potsdam *nt* <-s> Potsdam *m*

potthässlich[RR] *adj* (*fam*) más feo que el diablo

Pottwal *m* cachalote *m*

Power *f ohne Pl* (*fam*) potencia *f,* fuerza *f*

powern **I.** *vi* (*fam: Stärke entfalten*) dar gas **II.** *vt* (*fam: fördern*) apoyar

Präambel *f* <-n> preámbulo *m* (*zu* a)

PR-Abteilung *f* departamento *m* de relaciones públicas

Pracht *f ohne Pl* (*Glanz*) esplendor *m;* (*Prunk*) pompa *f;* (*Luxus*) lujo *m;* **das ist eine wahre ~** (*fam*) es excelente

prächtig *adj* **1.** (*prunkvoll*) ostentoso; (*luxuriös*) lujoso **2.** (*großartig*) maravilloso

Prachtkerl *m* (*fam*) tío *m* estupendo; **Prachtstück** *nt* (*fam*) ejemplar *m* magnífico; **prachtvoll** *adj* ostentoso; (*luxuriös*) lujoso

prädestinieren* *vt* (*geh*) predestinar (*zu* a, *für* para)

Prädikat *nt* <-(e)s, -e> **1.** (*Bewertung*) calificación *f;* **die Arbeit wurde mit dem ~ „sehr gut" beurteilt** el trabajo fue calificado con la nota de "sobresaliente" **2.** (LING, PHILOS) predicado *m*

Präferenz *f* <-en> preferencia *f* (*für* por)

Präfix *nt* <-es, -e> (LING) prefijo *m*

Prag *nt* <-s> Praga *f*

prägen *vt* **1.** (*Münzen, Begriff*) acuñar **2.** (*Metall, Leder*) repujar; (*Papier*) gofrar; **etw prägt sich jdm ins Gedächtnis** algo se le graba a alguien en la memoria **3.** (*beeinflussen*) caracterizar

pragmatisch *adj* (*a.* LING) pragmático

prägnant *adj* (*knapp*) conciso; (*genau*) preciso

Prägnanz *f ohne Pl* (*Knappheit*) concisión *f;* (*Genauigkeit*) precisión *f*

Prägung *f* <-en> **1.** (*von Münzen*) acuñación *f;* (*von Leder, Metall*) repujado *m* **2.** (*eingeprägtes Bild*) relieve *m;* (*Stempel*) sello *m* en seco **3.** (*Art*) carácter *m*

prähistorisch *adj* prehistórico
prahlen *vi* jactarse (*mit* de), palanganear *Am: fam*
Prahler(in) *m(f)* <-s, -; -nen> fanfarrón, -ona *m, f,* chévere *mf Am*
Prahlerei *f* <-en> (*abw*) **1.** (*das Prahlen*) jactancia *f* **2.** (*Äußerung*) fanfarronada *f,* bluff *m Am,* echada *f Mex*
prahlerisch *adj* fanfarrón
Praktik *f* <-en> práctica *f;* (*Verfahren*) método *m*
Praktika *Pl von* **Praktikum**
praktikabel *adj* factible, practicable
Praktikant(in) *m(f)* <-en, -en; -nen> persona *f* en período de prácticas
Praktikum *nt* <-s, Praktika> (período *m* de) prácticas *fpl;* **ein ~ absolvieren** hacer unas prácticas
praktisch *adj* práctico; **er ist ~ veranlagt** tiene un carácter muy práctico
praktizieren* **I.** *vi* trabajar (*als* como); **~der Arzt** médico en ejercicio **II.** *vt* **1.** (*durchführen*) poner en práctica **2.** (*fam: irgendwohin bringen*) llevar
Praline *f* <-n>, **Pralinee** *nt* <-s, -s> (*Österr, Schweiz*) bombón *m*
prall *adj* (*voll*) repleto; (*Ballon*) henchido; (*Körperteil*) fuerte, gordito; **in der ~en Sonne** a pleno sol
prallen *vi* **1.** *sein* (*anstoßen*) chocar (*gegen/an/auf* contra) **2.** (*Sonne*) pegar
prallvoll *adj* (*fam*) rebosante
Prämie *f* <-n> **1.** (*Vergütung*) premio *m;* (*Belohnung*) recompensa *f* **2.** (*bei Banken*) prima *f* **3.** (*Versicherungsbeitrag*) cuota *f*
präm(i)ieren* *vt* premiar
Prämisse *f* <-n> premisa *f;* **nur unter der ~, dass ...** sólo con la condición de que... *+subj*
pränatal *adj* (MED) prenatal
prangen *vi* llamar la atención
Pranger *m* <-s, -> picota *f;* **jdn an den ~ stellen** poner a alguien en la picota
Pranke *f* <-n> (*a. Hand*) garra *f*
Präparat *nt* <-(e)s, -e> **1.** (*Substanz, Arznei*) preparado *m* **2.** (BIOL, MED) preparación *f*
präparieren* *vt* **1.** (MED, BIOL) disecar **2.** (*vorbereiten*) preparar
Präposition *f* <-en> (LING) preposición *f*
Prärie *f* <-n> pradera *f*
Präsens *nt* <-, Präsentia *o* Präsenzien> (LING) presente *m*
präsent *adj* (*geh*) presente
Präsentation *f* <-en> presentación *f*
Präsentia *Pl von* **Präsens**
präsentieren* *vt* presentar
Präsenz *f ohne Pl* presencia *f;* **Präsenzbibliothek** *f* biblioteca *f* de (libre) consulta
Präsenzien *Pl von* **Präsens**
Präser *m* <-s, -> (*fam*), **Präservativ** *nt* <-s, -e> preservativo *m*
Präsident(in) *m(f)* <-en, -en; -nen> presidente, -a *m, f*
Präsidentschaft *f* <-en> presidencia *f;* **Präsidentschaftskandidat(in)** *m(f)* candidato, -a *m, f* a la presidencia
Präsidien *Pl von* **Präsidium**
präsidieren* *vi* presidir
Präsidium *nt* <-s, Präsidien> presidencia *f*
prasseln *vi* **1.** *sein* (*Regen*) golpear (*auf/gegen/an*), pegar (*auf/gegen/an* contra); (*Vorwürfe*) llover **2.** (*Feuer*) crepitar
Präteritum *nt* <-s, Präterita> (LING) pretérito *m*
Prävention *f* <-en> prevención *f*
präventiv *adj* preventivo
Praxis¹ *f* <Praxen> (*Arzt*) consultorio *m,* (*Rechtsanwalt*) bufete *m*
Praxis² *f ohne Pl* (*Anwendung, Erfahrung*) práctica *f;* **langjährige ~** años de práctica; **eine Idee in die ~ umsetzen** poner una idea en práctica
Präzedenzfall *m* <-(e)s, -fälle> precedente *m;* **einen ~ schaffen** sentar precedente
präzis(e) *adj* preciso
präzisieren* *vt* precisar
Präzision *f ohne Pl* precisión *f*
predigen **I.** *vi* (*Predigt halten*) predicar **II.** *vt* **1.** (*verkünden*) predicar **2.** (*fam: mahnen*): **jdm etw ~** echar un sermón a alguien
Prediger(in) *m(f)* <-s, -; -nen> predicador(a) *m(f)*
Predigt *f* <-en> sermón *m;* **eine ~ halten** pronunciar un sermón; (*fam*) echar un sermón
Preis *m* <-es, -e> **1.** (*Kauf~*) precio *m;* **zum halben ~** a mitad de precio; **um keinen ~** de ninguna manera; **um jeden ~** cueste lo que cueste; **einen hohen ~ zahlen müssen** tener que pagar un precio muy alto **2.** (*Auszeichnung*) premio *m;* (*Belohnung*) recompensa *f;* **Preisanstieg** *m ohne Pl* <-(e)s> (WIRTSCH) subida *f* de precios; **Preisaufschlag** *m* (WIRTSCH) sobreprecio *m*
Preisausschreiben *nt* <-s, -> concurso *m*
Preisauszeichnung *f* <-en> indicación *f* del precio; **Preiseinbruch** *m* (WIRTSCH) derrumbamiento *m* de los precios
Preiselbeere *f* arándano *m* rojo
Preisempfehlung *f* precio *m* recomendado; **unverbindliche ~** precio recomendado (no obligatorio)
preisen <preist, pries, gepriesen> *vt* (*geh*) alabar; **sich glücklich ~ (können)** (poder) considerarse dichoso
Preiserhöhung *f* (WIRTSCH) subida *f* de precios; **Preisermäßigung** *f* (WIRTSCH) reducción *f* de precios, descuento *m*

Preisfrage *f* **1.** (*bei Preisausschreiben*) pregunta *f* de concurso **2.** (*eine Frage des Preises*) cuestión *f* de precio **3.** (*fam: schwierige Frage*) cuestión *f* difícil
Preisgabe *f ohne Pl* **1.** (*Aufgabe*) abandono *m;* (*Verzicht*) renuncia *f* **2.** (*eines Geheimnisses*) revelación *f*
preis|geben *irr vt* (*geh*) **1.** (*ausliefern*) exponer; **jdn der Lächerlichkeit ~** poner a alguien en ridículo **2.** (*aufgeben*) abandonar **3.** (*verraten*) revelar
preisgekrönt *adj* premiado; **Preisgericht** *nt* jurado *m*
preisgünstig I. *adj* de buen precio; (*billig*) barato **II.** *adv* a buen precio; **Preisklasse** *f* clase *f* de precios; **Preislage** *f* precio *m;* **in allen ~n** de todos los precios
Preis-Leistungs-Verhältnis *nt* relación *f* precio-prestaciones; (*Qualität*) relación *f* calidad-precio
Preisliste *f* lista *f* de precios; **Preisnachlass**[RR] *m* (WIRTSCH) rebaja *f,* descuento *m*
Preisrätsel *nt* pasatiempo *m* de concurso; **Preisrichter(in)** *m(f)* (miembro *m* del) jurado *m*
Preisrückgang *m* (WIRTSCH) disminución *f* de precios; **Preisschild** *nt* <-(e)s, -er> etiqueta *f* del precio; **Preisschwankungen** *fPl* (WIRTSCH) oscilación *f* de precios, fluctuación *f* de precios; **Preissenkung** *f* <-en> (WIRTSCH) reducción *f* de precios; **Preissteigerung** *f* (WIRTSCH) subida *f* de precios
Preisträger(in) *m(f)* <-s, -; -nen> premiado, -a *m, f*
Preisunterschied *m* diferencia *f* de precios
Preisverleihung *f* <-en> entrega *f* de premios, premiación *f And*
preiswert I. *adj* de buen precio; (*billig*) barato **II.** *adv* a buen precio
prekär *adj* precario
Prellbock *m* <-(e)s, -böcke> (EISENB) tope *m* fijo
prellen I. *vt* **1.** (*betrügen*) estafar; **er prellte ihn um seinen Lohn** le estafó su salario **2.** (*stoßen*): **sich** *dat* **etw ~** contusionarse algo **3.** (SPORT) hacer botar **II.** *vr:* **sich ~** contusionarse (*an* en)
Prellung *f* <-en> contusión *f*
Premiere *f* <-n> estreno *m*
Premierminister(in) *m(f)* primer ministro *m,* primera ministra *f*
Presse[1] *f* <-n> **1.** (TECH) prensa *f* **2.** (*Saft~*) exprimidor *m*
Presse[2] *f ohne Pl* (*Medien*) prensa *f;* **eine gute ~ haben** tener buenas críticas
Presseagentur *f* agencia *f* de prensa; **Presseamt** *nt* oficina *f* de prensa; **Presseausweis** *m* carnet *m* de prensa; **Pressechef(in)** *m(f)* jefe, -a *m, f* de prensa; **Pressedienst** *m* servicio *m* de prensa; **Pressefotograf(in)** *m(f)* fotógrafo, -a *m, f* de prensa; **Pressefreiheit** *f ohne Pl* libertad *f* de prensa; **Pressekonferenz** *f* conferencia *f* de prensa; **eine ~ abhalten** celebrar una conferencia de prensa; **Pressemitteilung** *f* noticia *f* de prensa
pressen I. *vt* **1.** (*in einer Presse*) prensar; (*Blumen*) secar; **Wein ~** prensar la uva **2.** (*aus~*) exprimir **3.** (*drücken*) apretar (*gegen/an* contra); **die Nase gegen die Scheibe ~** apretar la nariz contra el cristal; **etw durch ein Sieb ~** pasar algo por un colador **II.** *vi* (*Gebärende*) empujar
Presseschau *f* revista *f* de prensa; **Pressesprecher(in)** *m(f)* portavoz *mf* de prensa; **Pressestelle** *f* oficina *f* de prensa; **Pressestimmen** *fPl* comentarios *mpl* de prensa; **Pressewesen** *nt ohne Pl* <-s> prensa *f;* **Pressezensur** *f ohne Pl* censura *f* de prensa
pressieren* *vi* (*südd, Österr, Schweiz*) correr prisa; **mir pressiert es** tengo prisa
Pressluftbohrer[RR] *m,* **Preßluftbohrer** *m* taladro *m* neumático; **Presslufthammer**[RR] *m,* **Preßlufthammer** *m* martillo *m* neumático; **Presswehen**[RR] *fPl,* **Preßwehen** *fPl* (MED) contracciones *fpl* del parto
Prestige *nt ohne Pl* <-s> prestigio *m;* **Prestigedenken** *nt* valoración *f* (exagerada) de la posición social
Preuße, -in *m, f* <-n, -n; -nen> prusiano, -a *m, f*
Preußen *nt* <-s> Prusia *f*
preußisch *adj* prusiano
prickeln *vi* **1.** (*kribbeln*) sentir (un) hormigueo (en) **2.** (*kitzeln*) hacer cosquillas (*auf* en); **ein angenehmes P~ auf der Haut** un agradable cosquilleo en la piel **3.** (*Getränk*) burbujear
prickelnd *adj* (*erregend*) excitante
Priel *m* <-(e)s, -e> canal *m*
pries *3. imp von* **preisen**
Priester(in) *m(f)* <-s, -; -nen> (REL) sacerdote, -isa *m, f;* **Priesteramt** *nt* (REL) sacerdocio *m;* **Priestergewand** *nt* (REL) sotana *f*
Priestertum *nt ohne Pl* <-s> (REL) sacerdocio *m*
Priesterweihe *f* (REL) ordenación *f* sacerdotal
prima I. *adj inv* (*fam*) estupendo, fain *Am* **II.** *adv* (*fam*) muy bien; **du hast uns ~ geholfen** nos has sido de gran ayuda
Primaballerina *f* (*Ballet*) primera bailarina *f;* **Primadonna** *f* <-donnen> (*Oper*) prima donna *f*
primär I. *adj* **1.** (*ursprünglich*) primario **2.** (*grundlegend*) elemental **II.** *adv* en primer lugar
Primarschule *f* <-n> (*Schweiz*) *escuela primaria en Suiza*
Primat[1] *m* <-en, -en> (ZOOL) primate *m*

Primat[2] *m o nt* <-(e)s, -e> (*a.* REL) primacía *f* (*vor/über* sobre)
Primel *f* <-n> prímula *f*
primitiv *adj* primitivo
Primzahl *f* (MATH) número *m* primo
Printmedien *ntPl* medios *mpl* escritos; **Printout** *nt* <-s, -s> (INFOR) impresión *f*
Prinz *m*, **Prinzessin** *f* <-en, -en; -nen> príncipe *m*, princesa *f*
Prinzip *nt* <-s, -ien *o* -e> principio *m;* **im ~** en principio; **gegen seine ~ien verstoßen** infringir sus principios; **aus ~** por principio; **es geht ums ~** es una cuestión de principios
prinzipiell **I.** *adj* de principio; (*grundlegend*) fundamental **II.** *adv* por principio
Prinzipien *Pl von* **Prinzip**; **Prinzipienreiter(in)** *m(f)* <-s, -; -nen> (*abw*) doctrinario, -a *m, f*
Priorität *f* <-en> prioridad *f;* **~en setzen** establecer prioridades
Prise *f* <-n> **1.** (*Gewürz, Tabak*) pizca *f;* **eine ~ Salz** una pizca de sal **2.** (NAUT) presa *f*
Prisma *nt* <-s, Prismen> (MATH, PHYS) prisma *m*
Pritsche *f* <-n> **1.** (*Liege*) catre *m* **2.** (*beim Lastwagen*) plataforma *f*
privat **I.** *adj* (*nicht öffentlich*) privado; (*nicht offiziell*) particular **II.** *adv* en privado; **ich möchte ihn ~ sprechen** le quisiera hablar en privado; **sie ist ~ hier** ha venido por motivos personales; **ich bin ~ krankenversichert** estoy afiliado a un seguro de enfermedad privado; **Privatangelegenheit** *f* asunto *m* personal; **Privatbesitz** *m* propiedad *f* privada; **Privatdetektiv(in)** *m(f)* detective *mf* privado, -a; **Privateigentum** *nt* propiedad *f* privada; **Privatfernsehen** *nt* (*fam*) emisora *f* de televisión privada; **Privatgespräch** *nt* conversación *f* privada; (TEL) llamada *f* privada; **Privatgrundstück** *nt* terreno *m* particular; **Privatinitiative** *f* iniciativa *f* privada
privatisieren* *vt* (WIRTSCH) privatizar
Privatisierung *f* <-en> (WIRTSCH) privatización *f*
Privatleben *nt ohne Pl* <-s> vida *f* privada; **Privatlehrer(in)** *m(f)* profesor(a) *m(f)* particular; **Privatpatient(in)** *m(f)* paciente *mf* particular; **Privatperson** *f* particular *mf;* **Privatsache** *f* asunto *m* personal; **Privatschule** *f* <-n> colegio *m* privado; **Privatsekretär(in)** *m(f)* <-s, -e; -nen> secretario, -a *m, f* particular; **Privatsphäre** *f* esfera *f* privada; **Privatunterricht** *m* clase *f* particular; **Privatvergnügen** *nt* (*fam*) asunto *m* personal; **ich mache das nicht zu meinem ~** no lo hago por diversión; **Privatvermögen** *nt* <-s, -> bienes *mpl* particulares; **Privatwirtschaft** *f ohne Pl* economía *f* privada
Privileg *nt* <-(e)s, -ien> privilegio *m*
privilegieren* *vt* privilegiar
pro **I.** *präp +akk* por; **~ Kopf** por cabeza, per cápita; **~ Person** por persona; **einmal ~ Monat/Tag** una vez al mes/al día; **~ Stück** por pieza; **80 km ~ Stunde** 80 km por hora **II.** *adv:* **bist du ~ oder kontra** (**eingestellt**)? ¿estás a favor o en contra?
Pro *nt ohne Pl* <-> pro *m;* **~ und Kontra** pro y contra
Probe *f* <-n> **1.** (*Versuch*) prueba *f;* **auf ~** a prueba; **die ~ bestehen** pasar la prueba; **jds Geduld auf die ~ stellen** poner a prueba la paciencia de alguien **2.** (THEAT) ensayo *m* **3.** (*Prüfungsstück*) muestra *f;* **eine ~ entnehmen** tomar una muestra; **Probeabzug** *m* **1.** (TYPO) (primera) prueba *f* **2.** (FOTO) copia *f* de prueba; **Probealarm** *m* verificación *f* del sistema de alarma; **Probeentnahme** *f* toma *f* de muestras; **Probefahrt** *f* recorrido *m* de prueba; **Probelauf** *m* <-(e)s, -läufe> (TECH) prueba *f* de funcionamiento
proben *vi, vt* ensayar
probeweise *adv* a modo de prueba
Probezeit *f* **1.** (*Testzeit*) período *m* de prueba **2.** (*Schweiz:* JUR: *Bewährungsfrist*) plazo *m* de prueba
probieren* *vt* **1.** (*versuchen*) probar; **lass (es) mich mal ~!** ¡déjame probar a mí!; **P~ geht über Studieren** (*prov*) ≈nadie nace sabiendo **2.** (*Speise, Getränk*) probar; (*kosten*) degustar
Problem *nt* <-s, -e> problema *m;* **vor einem ~ stehen** encontrarse ante un problema; **etw wird für jdn zum ~** algo se convierte en (un) problema para alguien; **kein ~!** (*fam*) ¡no hay problema!
Problematik *f ohne Pl* problemática *f*
problematisch *adj* problemático
problemlos *adj* sin problemas
Produkt *nt* <-(e)s, -e> (*a.* MATH) producto *m;* **Produkthaftung** *f* responsabilidad *f* sobre el producto
Produktion *f* <-en> producción *f;* **Produktionskosten** *Pl* costes *mpl* de producción; **Produktionsmittel** *ntPl* medios *mpl* de producción; **Produktionsrückgang** *m* disminución *f* de la producción; **Produktionssteigerung** *f* aumento *m* de (la) producción
produktiv *adj* **1.** (*ergiebig*) productivo **2.** (*schöpferisch*) creativo
Produktivität *f ohne Pl* **1.** (*Ergiebigkeit*) productividad *f* **2.** (*Schaffenskraft*) creatividad *f*
Produktpalette *f* gama *f* de productos
Produzent(in) *m(f)* <-en, -en; -nen> pro-

ductor(a) *m(f)*
produzieren* **I.** *vt* producir **II.** *vr:* **sich ~** (*fam*) darse tono
profan *adj* profano
Professionalität *f ohne Pl* profesionalidad *f*
professionell *adj* profesional; **sie arbeiten sehr ~** trabajan con gran profesionalidad
Professor(in) *m(f)* <-s, -en; -nen> **1.** (*akademischer Titel, Universitäts~*) ≈profesor(a) *m(f)* numerario, -a; (*Ordinarius*) catedrático, -a *m, f;* **~ X** el profesor X **2.** (*Österr: Gymnasiallehrer*) profesor(a) *m(f)* de enseñanza media
Professur *f* <-en> cátedra *f* (*für* de)
Profi *m* <-s, -s> profesional *mf*
Profil *nt* <-s, -e> **1.** (*des Kopfes*) perfil *m;* **im ~** de perfil **2.** (TECH, ARCHIT) perfil *m;* (*Reifen~*) ranuras *fpl* **3.** (*Persönlichkeit*) personalidad *f;* (*Image*) imagen *f* (pública); **an ~ gewinnen/verlieren** mejorar/dañar su imagen pública
profilieren* **I.** *vt* ranurar **II.** *vr:* **sich ~** distinguirse
Profit *m* <-(e)s, -e> **1.** (*Nutzen*) provecho *m;* **~ aus etw schlagen/ziehen** obtener/sacar provecho de algo **2.** (WIRTSCH) beneficio *m*
profitabel *adj* lucrativo
Profitgier *f* (*abw*) afán *m* de lucro
profitieren* *vi* sacar provecho (*von/bei* de)
Prognose *f* <-n> pronóstico *m*
prognostizieren* *vt* pronosticar
Programm *nt* <-s, -e> **1.** (*Planung, Ablauf*) programa *m;* **auf dem ~ stehen** figurar en el programa; **ein volles ~ haben** estar ocupado **2.** (INFOR) programa *m;* **ein ~ schreiben/entwickeln** escribir/crear un programa **3.** (RADIO, TV) cadena *f;* **Programmabbruch** *m* <-(e)s, -brüche> (INFOR) interrupción *f* del programa
programmatisch *adj* programático
Programmfehler *m* (INFOR) error *m* del programa; **programmgemäß** *adj* de acuerdo con el programa; **alles verlief ~** todo transcurrió conforme al plan; **Programmheft** *nt* programa *m*
programmieren* **I.** *vi* (*a.* INFOR) programar **II.** *vt* planear; (*a.* INFOR) programar
Programmierer(in) *m(f)* <-s, -; -nen> (INFOR) programador(a) *m(f)*
Programmiersprache *f* <-n> (INFOR) lenguaje *m* de programación
Programmierung *f* <-en> (INFOR) programación *f*
Programmkino *nt* cineclub *m;* **Programmlauf** *m* <-(e)s, -läufe> (INFOR) ejecución *f* del programa; **Programmpunkt** *m* punto *m* en el programa; **Programmsteuerung** *f ohne Pl* (INFOR) control *m* de programa; **Programmvorschau** *f* avance *m* del programa; **Programmzeitschrift** *f* revista *f* con la programación de radio y televisión
progressiv *adj* **1.** (*fortschrittlich*) progresista **2.** (*allmählich steigend*) progresivo
Projekt *nt* <-(e)s, -e> proyecto *m*
projektieren* *vt* proyectar
Projektil *nt* <-s, -e> proyectil *m*
Projektion *f* <-en> (*a.* MATH, FILM) proyección *f*
Projektleiter(in) *m(f)* <-s, -; -nen> director(a) *m(f)* de(l) proyecto
Projektor *m* <-s, -en> proyector *m*
projizieren* *vt* (*geh a.* FILM, MATH) proyectar
proklamieren* *vt* proclamar
Pro-Kopf-Einkommen *nt ohne Pl* <-s> renta *f* per cápita
Prokurist(in) *m(f)* <-en, -en; -nen> procurador(a) *m(f)*
Prolet(in) *m(f)* <-en, -en; -nen> (*abw*) persona *f* vulgar, roto, -a *m, f Chil*
Proletariat *nt* <-(e)s, -e> proletariado *m*
Proletarier(in) *m(f)* <-s, -; -nen> proletario, -a *m, f,* roto, -a *m, f Chil*
proletarisch *adj* proletario
Prolog *m* <-(e)s, -e> prólogo *m*
Promenade *f* <-n> paseo *m*
promenieren* *vi sein* (*geh*) pasearse
Promi *m* <-s, -s> (*fam*) famoso, -a *m, f*
Promille *nt* <-(s), -> **1.** (*Tausendstel*) tanto *m* por mil, por mil *m* **2.** *Pl* (*fam: Alkoholgehalt im Blut*) grado *m* de alcoholemia; **er hatte 1,2 ~** tenía un grado de alcoholemia de 1,2; **Promillegrenze** *f* grado *m* máximo de alcoholemia
prominent *adj* prominente; (*berühmt*) famoso
Prominenz *f ohne Pl* personalidades *fpl,* galaxia *f ZAm*
promoten* *vt* promover, fomentar
Promotion *f* <-en> **1.** (*Verleihung des Doktorgrades*) doctorado *m* **2.** (*Schweiz:* SCH: *Versetzung*) traslado *m* **3.** (*Schweiz:* SPORT: *Aufstieg*) ascenso *m*
promovieren* **I.** *vi* **1.** (*Dissertation schreiben*) escribir una tesis doctoral (*in* en, *über* sobre) **2.** (*Doktorwürde erlangen*) doctorarse (*in* en) **II.** *vt* (*Schweiz:* SCH: *versetzen*) trasladar
prompt **I.** *adj* inmediato **II.** *adv* en el acto, al tiro *Am;* **er ist ~ darauf/auf sie hereingefallen** (*fam*) picó enseguida con eso/con ella
Pronomen *nt* <-s, – *o* Pronomina> (LING) pronombre *m*
Propaganda *f ohne Pl* (POL, WIRTSCH) propaganda *f;* **~ für etw machen** hacer propaganda para algo
propagandistisch *adj* propagandístico
propagieren* *vt* propagar
Propan *nt ohne Pl* <-s> propano *m;* **Pro-**

pangas *nt ohne Pl* <-es> gas *m* propano
Propeller *m* <-s, -> (AERO, NAUT) hélice *f*
Prophet(in) *m(f)* <-en, -en; -nen> profeta, -isa *m, f*
prophetisch *adj* profético
prophezeien* *vt* pronosticar; (REL) profetizar
Prophezeiung *f* <-en> pronóstico *m;* (REL) profecía *f*
prophylaktisch *adj* preventivo; (MED) profiláctico
Prophylaxe *f* <-n> (MED) profilaxis *f inv*
Proportion *f* <-en> (*a.* MATH) proporción *f*
proportional *adj* proporcional (*zu* a)
proportioniert *adj* proporcionado
Prosa *f ohne Pl* prosa *f*
prosaisch *adj* (*geh*) prosaico
prosit *interj* (*fam*) salud, chinchín
Prospekt *m* <-(e)s, -e> folleto *m,* prospecto *m*
prost *interj* (*fam*) salud, chinchín
Prostata *f* <Prostatae> (ANAT) próstata *f*
prostituieren* *vr:* **sich ~** prostituirse
Prostituierte(r) *mf* <-n, -n; -n> prostituto, -a *m, f,* pípila *f Mex*
Prostitution *f ohne Pl* prostitución *f*
Protagonist(in) *m(f)* <-en, -en; -nen> protagonista *mf*
Protein *nt* <-s, -e> proteína *f*
Protektionismus *m ohne Pl* <-> (WIRTSCH) proteccionismo *m*
Protest *m* <-(e)s, -e> protesta *f,* planteo *m Arg;* **etw aus ~ tun** hacer algo en señal de protesta; **unter ~** bajo protesta
Protestant(in) *m(f)* <-en, -en; -nen> protestante *mf*
protestantisch *adj* protestante
Protestantismus *m ohne Pl* <-> protestantismo *m*
Protestbewegung *f* movimiento *m* de protesta
protestieren* *vi* protestar
Protestmarsch *m* <-(e)s, -märsche> marcha *f* de protesta; **Protestwähler(in)** *m(f)* (POL) *elector(a) descontento, -a que vota por un partido distinto a su partido habitual*
Prothese *f* <-n> (MED, LING) prótesis *f inv*
Protokoll¹ *nt* <-s, -e> **1.** (*Niederschrift*) protocolo *m,* acta *f;* **~ führen** redactar el acta; **etw zu ~ geben** hacer constar algo en acta; **etw zu ~ nehmen** protocolar algo **2.** (*reg: Strafmandat*) multa *f*
Protokoll² *nt ohne Pl* <-s> (*Zeremoniell*) protocolo *m;* **gegen das ~ verstoßen** infringir el protocolo
protokollarisch *adj* protocolario; **etw ~ festhalten** levantar acta de algo
Protokollführer(in) *m(f)* <-s, -; -nen> secretario, -a *m, f* de actas; (*bei Gericht*) actuario, -a *m, f*
protokollieren* **I.** *vt* **1.** (*bei einer Sitzung, der Polizei*) hacer constar en acta **2.** (*in der Schule, Universität*) tomar nota (de) **II.** *vi* redactar el acta
Proton *nt* <-s, -en> (PHYS) protón *m*
Prototyp *m* <-s, -en> (*a.* TECH) prototipo *m*
protzen *vi* (*fam*) presumir (*mit* de); (*mit Mut*) chulear (*mit* de)
protzig **I.** *adj* (*fam*) **1.** (*angeberisch*) fanfarrón **2.** (*luxuriös*) ostentoso **II.** *adv* (*fam*) con aires de fanfarrón
Proviant *m* <-s, -e> víveres *mpl*
Provinz *f* <-en> provincia *f*
provinziell *adj* provinciano
Provinzler(in) *m(f)* <-s, -; -nen> (*fam abw*) provinciano, -a *m, f*
Provinzstadt *f* ciudad *f* de provincias
Provision *f* <-en> (WIRTSCH) comisión *f,* **auf** [*o* **gegen**] **~ arbeiten** trabajar a comisión
Provisorien *Pl von* **Provisorium**
provisorisch *adj* provisional
Provisorium *nt* <-s, Provisorien> solución *f* provisional
provokant *adj* provocador
Provokation *f* <-en> provocación *f*
provokativ *adj* provocador, provocativo; **sich ~ verhalten** comportarse de manera provocativa
provozieren* *vt* provocar, torear *Arg, Chil*
Prozedur *f* <-en> procedimiento *m*
Prozent *nt* <-(e)s, -e> **1.** (*Hundertstel*) tanto *m* por ciento; (*bei Alkoholgehalt*) grado *m;* **etw in ~ ausdrücken** expresar algo en tantos por ciento; **50 ~ der Bevölkerung** el 50 por ciento de la población **2.** *Pl* (*fam: Rabatt*) rebaja *f;* **~e bekommen** recibir una rebaja; **Prozentsatz** *m* <-es, -sätze> porcentaje *m*
prozentual *adj* porcentual
ProzessRR *m* <-es, -e>, **Prozeß** *m* <-sses, -sse> **1.** (JUR: *Zivil~*) pleito *m;* (*Straf~*) proceso *m;* **gegen jdn einen ~ führen** litigar contra alguien; **mit jdm/etw kurzen ~ machen** (*fam*) cortar por lo sano con alguien/algo **2.** (*Vorgang*) proceso *m;* **Prozessgegner(in)**RR *m(f)* (JUR) parte *f* contraria
prozessieren* *vi* pleitear (*gegen* contra)
Prozession *f* <-en> procesión *f*
ProzesskostenRR *Pl* (JUR) costas *fpl* procesales
Prozessor *m* <-s, -en> (INFOR) procesador *m*
ProzessordnungRR *f* <-en> (JUR) código *m* procesal
prüde *adj* pudibundo
prüfen *vt* **1.** (*untersuchen, abfragen*) examinar; (*über~, nach~*) comprobar, verificar, chequear *Am;* **jdn in Biologie ~** examinar a alguien de biología; **staatlich geprüft** con diploma oficial; **mit ~den Blicken** con una

P

mirada escrutadora **2.** (*geh: heimsuchen*) castigar; **ein schwer geprüfter Vater** un padre duramente castigado por el destino

Prüfer(in) *m(f)* <-s, -; -nen> (*Beruf*) inspector(a) *m(f)*; (*Schule, Universität*) examinador(a) *m(f)*

Prüfling *m* <-s, -e> examinando, -a *m, f*

Prüfstand *m* <-(e)s, -stände> (TECH) instalación *f* de pruebas; **auf dem ~ stehen** (*fig*) tener que demostrar su eficacia; **Prüfstein** *m* piedra *f* de toque; **ein ~ für etw sein** ser una garantía de algo

Prüfung *f* <-en> **1.** (*Untersuchung, Schul~*) examen *m*; (*Über~*) inspección *f*; **sich einer ~ unterziehen** examinarse; **etw einer ~ unterziehen** someter algo a prueba; **nach ~ Ihrer Beschwerde** después de haber comprobado su queja; **die mündliche/schriftliche ~ in Biologie** el examen oral/escrito de biología **2.** (*geh: Heimsuchung*) revés *m* (de la fortuna); **Prüfungsangst** *f* miedo *m* a los exámenes; **Prüfungsaufgabe** *f* tema *m* de examen, pregunta *f* de examen; **Prüfungskommission** *f* comisión *f* examinadora; **Prüfungszeugnis** *nt* diploma *m*

Prüfverfahren *nt* procedimiento *m* de prueba; (TECH) método *m* de ensayo

Prügel *m* <-s, -> **1.** (*Knüppel*) palo *m* **2.** *Pl* (*Schläge*) tunda *f*, batida *f Peru, PRico*; **~ beziehen** recibir una paliza

Prügelei *f* <-en> pelea *f*

Prügelknabe *m* (*fam*) cabeza *f* de turco

prügeln I. *vt* golpear; (*mit einem Stock*) apalear **II.** *vr*: **sich ~** pegarse, faitear; **sich um etw ~** pelearse por algo

Prügelstrafe *f ohne Pl* castigo *m* corporal

Prunk *m ohne Pl* <-(e)s> suntuosidad *f*, pompa *f*

prunkvoll *adj* ostentoso, suntuoso

prusten *vi* resoplar; **vor Lachen ~** partirse de risa

PS 1. *Abk. von* **Pferdestärke** CV **2.** *Abk. von* **Postskript(um)** P.D.

Psalm *m* <-s, -en> salmo *m*

Pseudonym *nt* <-s, -e> (p)seudónimo *m*

pst *interj* pss

Psyche *f* <-n> (p)sique *f*

Psychiater(in) *m(f)* <-s, -; -nen> (p)siquiatra *mf*

Psychiatrie[1] *f ohne Pl* (*Gebiet der Medizin*) (p)siquiatría *f*

Psychiatrie[2] *f* <-n> (*sl: psychiatrische Abteilung*) departamento *m* de (p)siquiatría

psychiatrisch *adj* (MED) (p)siquiátrico; **in ~er Behandlung sein** estar en tratamiento (p)siquiátrico

psychisch *adj* (p)síquico; **~ krank** enfermo mental

Psychoanalyse *f ohne Pl* (PSYCH) (p)sicoanálisis *m inv*; **Psychoanalytiker(in)** *m(f)* (PSYCH) (p)sicoanalista *mf*

Psychologe, -in *m, f* <-n, -n; -nen> (p)sicólogo, -a *m, f*

Psychologie *f ohne Pl* (p)sicología *f*

psychologisch *adj* (p)sicológico

Psychopath(in) *m(f)* <-en, -en; -nen> (PSYCH) (p)sicópata *mf*

Psychopharmakon *nt* <-s, -pharmaka> (MED, PSYCH) (p)sicofármaco *m*

Psychose *f* <-n> (MED, PSYCH) (p)sicosis *f inv*

psychosomatisch *adj* (MED) (p)sicosomático

Psychoterror *m* terror *m* (p)sicológico

Psychotherapeut(in) *m(f)* (MED, PSYCH) (p)sicoterapeuta *mf*; **Psychotherapie** *f* (MED, PSYCH) (p)sicoterapia *f*

PTT (*Schweiz*) *Abk. von* **Post-, Telefon- und Telegrafenbetrieb** *Correos, Telégrafos y Compañía de Teléfonos*

pubertär *adj* **1.** (*in der Pubertät*) adolescente **2.** (*die Pubertät betreffend*) de la pubertad

Pubertät *f ohne Pl* pubertad *f*, edad *f* de la punzada *ZAm, Cuba*

Publicity *f ohne Pl* publicidad *f*; **negative ~** mala publicidad

Public Relations *Pl*, **Publicrelations**[RR] *Pl* relaciones *fpl* públicas

publik *adj*: **~ werden** salir a la luz; **etw ~ machen** dar a conocer algo

Publikation *f* <-en> publicación *f*

Publikum *nt ohne Pl* <-s> público *m*; **Publikumserfolg** *m* éxito *m* de público; **Publikumsliebling** *m* favorito, -a *m, f* del público; **publikumswirksam** *adj* que causa gran efecto en el público

publizieren* *vt* publicar

Publizist(in) *m(f)* <-en, -en; -nen> periodista *mf*

Publizistik *f ohne Pl* periodismo *m*

Puck *m* <-s, -s> (SPORT) disco *m*

Pudding *m* <-s, -e *o* -s> budín *m*

Pudel *m* <-s, -> caniche *m*; **wie ein begossener ~ dastehen** (*fam*) estar como tonto en vísperas; **Pudelmütze** *f* gorra *f* de lana; **pudelnass**[RR] *adj* (*fam*) calado hasta los huesos; **pudelwohl** *adv* (*fam*): **sich ~ fühlen** estar como el pez en el agua

Puder *m o nt* <-s, -> polvos *mpl* (de tocador); (*Talkum*) (polvos *mpl* de) talco *m*; **Puderdose** *f* polvera *f*

pudern *vt* empolvar

Puderzucker *m* azúcar *m* en polvo

Puertoricaner(in) *m(f)* <-s, -; -nen> puertorriqueño, -a *m, f*

puertoricanisch *adj* puertorriqueño

Puerto Rico *nt ohne Pl* <-s> Puerto Rico *m*

Puff[1] *m* <-(e)s, Püffe *o* -e> (*fam: Stoß*) empujón *m*

Puff[2] *m* <-(e)s, -e *o* -s> **1.** (*Wäschekorb*)

cesto *m* para la ropa sucia **2.** (*Sitzkissen*) puf *m*
Puff³ *m o nt* <-s, -s> (*fam: Bordell*) casa *f* de putas, quilombo *m Chil*
Puffer *m* <-s, -> **1.** (*am Zug*) tope *m* **2.** (INFOR) *s.* **Pufferspeicher** **3.** (*Reibekuchen*) *fritura de patatas crudas ralladas;* **Pufferspeicher** *m* (INFOR) memoria *f* intermedia; **Pufferzone** *f* zona *f* tapón
pulen **I.** *vi* (*nordd: fam*) escarbar (*an/in +dat* en) **II.** *vt* (*nordd: fam: Krabben*) pelar; (*Erbsen*) desvainar
Pulle *f* <-n> (*fam*) botella *f;* **volle ~ (fahren)** (*fam*) (ir) a toda pastilla
Pulli *m* <-s, -s> (*fam*), **Pullover** *m* <-s, -> jersey *m,* pul(l)óver *m Am*
Pullunder *m* <-s, -> chaleco *m* de punto, pul(l)óver *m* (sin mangas) *Am*
Puls *m* <-es, -e> pulso *m;* **den ~ fühlen** tomar el pulso; **Pulsader** *f* <-n> arteria *f*
pulsieren* *vi* latir
Pulsschlag *m* pulsación *f*
Pult *nt* <-(e)s, -e> **1.** (*Schreib~*) pupitre *m* **2.** (*Noten~*) atril *m*
Pulver *nt* <-s, -> polvo *m;* (*Schieß~*) pólvora *f;* **sein ~ verschossen haben** (*fam*) llegar al final de sus fuerzas
pulverig *adj* pulverulento
Pulverkaffee *m* café *m* en polvo; **Pulverschnee** *m* nieve *f* polvo
pulvrig *adj s.* **pulverig**
Puma *m* <-s, -s> puma *m,* león *m Am*
pummelig *adj* (*fam*) gordito, petacón *Am*
Pump *m ohne Pl* <-s> (*fam*) préstamo *m;* **etw auf ~ kaufen** comprar algo al fiado
Pumpe *f* <-n> **1.** (*Vorrichtung zum Pumpen*) bomba *f* **2.** (*fam: Herz*) corazón *m*
pumpen *vt* **1.** (*heraus~*) sacar con una bomba, bombear; **Luft in die Reifen ~** inflar los neumáticos; **etw mit Wasser/Luft voll ~** llenar algo de agua/aire; **sich voll ~** (*fam: mit Rauschgift, Alkohol*) colocarse **2.** (*fam: leihen*): **jdm etw ~** dejar algo a alguien; **sich** *dat* **etw ~** tomar algo prestado
Pumphose *f* pantalones *mpl* bombachos
Pumps *m* <-, -> chancla *f* de tacón
Punk¹ *m ohne Pl* <-(s)> (*Musik, Stil*) punk *m*
Punk² *m* <-(s), -s>, **Punker(in)** *m(f)* <-s, -; -nen> punk *mf,* punky *mf*
Punkt *m* <-(e)s, -e> **1.** (*allgemein*) punto *m;* **um ~ sechs Uhr** a las seis en punto; **~ eins** (*bei einer Aufzählung*) primero; **bis zu einem gewissen ~** hasta cierto punto; **der springende ~** el punto decisivo; **der strittige ~** el punto en litigio; **wunder ~** punto flaco; **toter ~** punto muerto; **~ für ~** punto por punto; **ein dunkler ~ in seiner Vergangenheit** una mancha en su pasado; **er hat es auf den ~ gebracht** ha dado en el clavo; **nun mach mal einen ~!** (*fam*) ¡basta ya!; **ohne ~ und Komma reden** (*fam*) hablar sin parar **2.** (MATH) punto *m* **3.** (*Ort*) punto *m,* lugar *m* **4.** (SPORT) punto *m;* **nach ~en führen/siegen** estar en cabeza/ganar por puntos **5.** (MUS) puntillo *m*
Punktgewinn *m* <-(e)s, -e> (SPORT) victoria *f* por puntos; **punktgleich** *adj* (SPORT) empatado
pünktlich *adj* puntual
Pünktlichkeit *f ohne Pl* puntualidad *f*
Punktsieger(in) *m(f)* <-s, -; -nen> (SPORT) ganador(a) *m(f)* por puntos
punktuell **I.** *adj* parcial **II.** *adv* en (algunas) partes; **~ vorgehen** proceder por partes
Punktzahl *f* puntuación *f*
Punsch *m* <-(e)s, -e *o* Pünsche> ponche *m*
Pupille *f* <-n> pupila *f*
Puppe *f* <-n> **1.** (*Spielzeug*) muñeca *f* **2.** (*Marionette*) títere *m;* **die ~n tanzen lassen** (*fam: feiern*) correrse una juerga; (*durchgreifen*) poner los enchufes en funcionamiento; **bis in die ~n feiern/schlafen** (*fam*) festejar/dormir hasta las tantas **3.** (*Schaufenster~*) maniquí *m* **4.** (ZOOL) crisálida *f;* **Puppenhaus** *nt* casa *f* de muñecas; **Puppentheater** *nt* teatro *m* de guiñol; (*mit Marionetten*) teatro *m* de títeres; **Puppenwagen** *m* cochecito *m* de muñecas
Pups *m* <-es, -e> (*fam*) pedo *m*
pupsen *vi* (*fam*) soltar pedos
pur *adj* **1.** (*rein*) puro; **den Whisky ~ trinken** beber el whisky solo **2.** (*fam: bloß*) puro, mero; **~er Wahnsinn** pura locura; **~er Zufall** mera coincidencia
Püree *nt* <-s, -s> (GASTR) puré *m*
pürieren* *vt* (GASTR) hacer puré (de), pasar por el pasapuré
Puritaner(in) *m(f)* <-s, -; -nen> puritano, -a *m, f*
puritanisch *adj* puritano
Purpur *m ohne Pl* <-s> púrpura *f*
purpurfarben *adj* púrpura
Purzelbaum *m* (*fam*) voltereta *f;* **einen ~ schlagen** dar una voltereta
purzeln *vi sein* (*fam*) caer(se) (rodando) (*über* sobre, *von* de)
Puste *f ohne Pl* (*fam*) aliento *m;* **außer ~ sein** estar sin aliento; **aus der ~ kommen** quedarse sin aliento; **Pusteblume** *f* diente *m* de león; **Pustekuchen** *interj* (*fam*): **(ja) ~!** ¡y un cuerno!
Pustel *f* <-n> pústula *f*
pusten *vi* (*fam*) soplar
put *interj:* **~, ~, ~!** ¡pío, pío, pío!
Pute *f* <-n> (*a. fig*) pava *f;* **Putenfleisch** *nt* (carne *f* de) pavo *m*
Puter *m* <-s, -> pavo *m;* **puterrot** *adj* rojo como un tomate

P

Putsch *m* <-(e)s, -e> golpe *m* de estado
Putschist(in) *m(f)* <-en, -en; -nen> golpista *mf*
Putte *f* <-n> angelote *m*
Putz *m ohne Pl* <-es> revoque *m;* **unter** ~ enyesado; **auf den** ~ **hauen** (*fam: feiern*) montar una juerga a lo grande; (*prahlen*) tirarse pegotes
putzen *vt* limpiar; (*scheuern*) fregar; **sich** *dat* **die Nase** ~ limpiarse la nariz; **sich** *dat* **die Zähne** ~ lavarse los dientes
Putzfimmel *m ohne Pl* <-s> (*abw*) manía *f* de limpiar; **Putzfrau** *f* mujer *f* de la limpieza; (*in einem Privathaushalt*) asistenta *f*
putzig *adj* (*fam*) **1.** (*niedlich*) mono **2.** (*seltsam*) raro
Putzkolonne *f* equipo *m* de encargados de la limpieza; **Putzlappen** *m* trapo *m;* (*Scheuerlappen*) bayeta *f;* **Putzmittel** *nt* producto *m* de limpieza, detergente *m*
putzmunter *adj* (*fam*) muy despabilado
Putzteufel *m* (*fam*) obsesionado, -a *m, f* con la limpieza; **Putzwolle** *f* estopa *f;* **Putzzeug** *nt* utensilios *mpl* de limpieza
Puzzle *nt* <-s, -s> puzzle *m,* rompecabezas *m inv*
PVC *nt* <-(s), -s> *Abk. von* **Polyvinylchlorid** PVC *m*
Pygmäe, -in *m, f* <-n, -n; -nen> pigmeo, -a *m, f*
Pyjama *m* <-s, -s> pijama *m,* piyama *m Am*
Pyramide *f* <-n> pirámide *f;* **pyramidenförmig** *adj* piramidal
Pyrenäen *Pl* Pirineos *mpl*
Pyromane, -in *m, f* <-n, -n; -nen> (MED, PSYCH) pirómano, -a *m, f*
Python *m* <-s, -s *o* -en> pitón *m*

Q

Q, q *nt* <-, -> Q, q *f;* ~ **wie Quelle** Q de Quebec

q (*Österr*) *Abk. von* **Meterzentner** dos quintales *mpl*

Quacksalber(in) *m(f)* <-s, -; -nen> (*abw*) curandero, -a *m, f*

Quader *m* <-s, -> **1.** (*Stein*) sillar *m* **2.** (MATH) paralelepípedo *m* rectangular

Quadrant *m* <-en, -en> (ASTR, MATH) cuadrante *m*

Quadrat *nt* <-(e)s, -e> (*a.* MATH) cuadrado *m;* **fünf zum** ~ cinco elevado al cuadrado

quadratisch *adj* **1.** (*Form*) cuadrado **2.** (MATH) de segundo grado; ~**e Gleichung** ecuación de segundo grado

Quadratkilometer *m* kilómetro *m* cuadrado; **Quadratmeter** *m o nt* metro *m* cuadrado

Quadratur *f ohne Pl* (MATH, ASTR) cuadratura *f;* **die** ~ **des Kreises** la cuadratura del círculo

Quadratwurzel *f* (MATH) raíz *f* cuadrada; **Quadratzahl** *f* (MATH) número *m* cuadrado; **Quadratzentimeter** *m o nt* centímetro *m* cuadrado

quadrieren* *vt* (MATH) elevar al cuadrado

Quadrofonie[RR] *f ohne Pl,* **Quadrophonie** *f ohne Pl* cuadrofonía *f*

Quai *m o nt* <-s, -s> **1.** (*Kai*) muelle *m* **2.** (*Schweiz: Uferstraße*) ribera *f*

quaken *vi* **1.** (*Frosch*) croar; (*Ente*) graznar **2.** (*fam abw: reden*) soltar el rollo

Quäker(in) *m(f)* <-s, -; -nen> cuáquero, -a *m, f*

Qual *f* <-en> (*a. fig: Quälerei*) tortura *f;* (*Leiden*) suplicio *m;* (*Mühe*) pena *f;* **unter großen** ~**en** con grandes penas; **die** ~ **der Wahl haben** no saber cómo decidirse

quälen I. *vt* **1.** (*foltern*) torturar; (*misshandeln*) maltratar; (*seelisch*) atormentar; ~**der Durst** sed espantosa **2.** (*lästig fallen*) molestar **II.** *vr:* **sich** ~ (*mit Arbeit*) ajetrearse

Quälerei *f* <-en> tortura *f*

Quälgeist *m* <-(e)s, -er> (*fam*) pelmazo, -a *m, f*

Qualifikation *f* <-en> **1.** (*Zeugnis*) calificación *f* (*für* para) **2.** (*Befähigung*) capacidad *f* **3.** (SPORT) clasificación *f*

qualifizieren* **I.** *vt* **1.** (*befähigen*) capacitar (*für* para); **hoch qualifiziert** altamente cualificado **2.** (*klassifizieren*) clasificar (*als* como) **II.** *vr:* **sich** ~ (*a.* SPORT) calificarse (*für* para)

Qualifizierung *f* <-en> cualificación *f*

Qualität *f* <-en> (*Eigenschaft*) cualidad *f;* (*Beschaffenheit, Waren~*) calidad *f*

qualitativ I. *adj* cualitativo **II.** *adv* en cuanto a la calidad; ~ **besser** de mejor calidad

Qualitätsarbeit *f ohne Pl* trabajo *m* de (alta) calidad; **Qualitätserzeugnis** *nt* producto *m* de (alta) calidad; **Qualitätsmerkmal** *nt* señal *f* de calidad, distintivo *m* de calidad; **Qualitätssiegel** *nt* sello *m* de calidad

Qualle *f* <-n> medusa *f*

Qualm *m ohne Pl* <-(e)s> humareda *f*

qualmen *vi* **1.** (*Schornstein*) humear, echar humo **2.** (*fam: Mensch*) fumar como una chimenea

qualvoll *adj* **1.** (*mit Qualen*) lastimoso; (*schmerzlich*) doloroso; ~ **sterben** tener una muerte muy dolorosa **2.** (*bedrückend*) atormentador

Quant *nt* <-s, -en> (PHYS) cuanto *m*

Quäntchen[RR] *nt* <-s, -> poquito *m;* **das letzte** ~ **Hoffnung** la última pizca de esperanza

Quanten *ntPl* **1.** *Pl von* **Quant**, **Quantum** **2.** (*sl: Füße*) pezuña *f;* **Quantentheorie** *f ohne Pl* (PHYS) teoría *f* cuántica

Quantität *f ohne Pl* cantidad *f*

quantitativ I. *adj* cuantitativo **II.** *adv* en cuanto a la cantidad

Quantum *nt* <-s, Quanten> (*Menge*) cantidad *f;* (*Anteil*) parte *f*

Quarantäne *f* <-n> cuarentena *f;* **unter** ~ **stehen/stellen** estar bajo/poner en cuarentena

Quark *m ohne Pl* <-s> **1.** (*Lebensmittel*) ≈requesón *m,* quesillo *m Am* **2.** (*fam abw: Unsinn*) tontería(s) *f(pl)*

Quartal *nt* <-s, -e> trimestre *m*

Quarte *f* <-n> (MUS) cuarta *f*

Quartett *nt* <-(e)s, -e> **1.** (*Kartenspiel*) ≈juego *m* de las familias **2.** (MUS) cuarteto *m*

Quartier *nt* <-s, -e> **1.** (*Unterkunft*) alojamiento *m* **2.** (*Schweiz: Stadtviertel*) barrio *m*

Quarz *m* <-es, -e> cuarzo *m;* **Quarzuhr** *f* reloj *m* de cuarzo

quasi *adv* (*sozusagen*) por así decirlo; (*gewissermaßen*) en cierto sentido

quasseln I. *vi* (*fam*) darle al pico; **mit jdm** ~ charlar con alguien **II.** *vt* (*fam*) decir

Quasselstrippe *f* (*fam abw*) cotorra *f*

Quaste *f* <-n> borla *f*

Q

Quatsch *m ohne Pl* <-(e)s> (*fam abw*) tonterías *fpl*, bolazo *m RíoPl;* **red keinen ~!** ¡no digas tonterías!; **so ein ~!** ¡menuda tontería!; **was soll der ~?** ¿pero qué significa esto?

quatschen **I.** *vi* (*fam*) **1.** (*abw: quasseln*) darle al pico; **mit jdm ~** charlar con alguien **2.** (*abw: tratschen*) cotillear **3.** (*sich unterhalten*) charlar **4.** (*verraten*) decir, contar; **wer hat gequatscht?** ¿quién se ha ido de la lengua? **II.** *vt* (*fam*) decir

Quatschkopf *m* (*fam abw*) imbécil *mf*

Quecksilber *nt ohne Pl* <-s> mercurio *m;* **Quecksilberthermometer** *nt* termómetro *m* de mercurio

Quelle *f* <-n> **1.** (*eines Gewässers*) fuente *f*, naciente *f Arg, Par;* (*Öl~*) pozo *m;* **heiße ~n** fuentes termales **2.** (*Ursache*) origen *m* **3.** (*Text, Person*) fuente *f;* **aus zuverlässiger ~** de fuente segura; **an der ~ sitzen** (*fam*) tener buenos contactos (*para conseguir algo*)

quellen <quillt, quoll, gequollen> *vi sein* **1.** (*Holz*) hincharse; **~ lassen** (*Hülsenfrüchte*) poner a remojo **2.** (*heraus~*) brotar (*aus* de)

Quellenangabe *f* <-n> indicación *f* de las fuentes; **Quellenforschung** *f ohne Pl* investigación *f* de las fuentes; **Quellensteuer** *f* <-n> (FIN) impuesto *m* en origen; **Quellentext** *m* fuente *f*

Quellgebiet *nt* (GEO) fuentes *fpl;* **Quellwasser** *nt ohne Pl* <-s> agua *f* de manantial

Quengelei *f* <-en> (*fam*) quejas *fpl;* (*weinerlich*) lloriqueo *m*

quengelig *adj* (*fam*) refunfuñón, llorón

quengeln *vi* (*fam*) dar la lata; (*stärker*) dar el coñazo; (*weinerlich*) lloriquear

quenglig *adj s.* **quengelig**

Quentchen *nt* <-s, -> *s.* **Quäntchen**

quer *adv* **1.** (*rechtwinklig*) en sentido transversal, atravesado; **~ gestreift** de rayas horizontales; **die Straße verläuft ~ zur Hauptstraße** es una calle transversal a la calle principal; **das Auto stand ~ auf der Straße** el coche estaba atravesado en la calle **2.** (*schräg*): **~ über** [*o* **durch**] **...** a través de...; **~ über die Straße gehen** cruzar la calle **3.** (*dagegen*): **sich ~ legen** [*o* **stellen**] (*fam*) oponerse; **Querachse** *f* eje *m* transversal; **Querbalken** *m* (*a.* SPORT) travesaño *m*

querbeet *adj* (*fam*) sin rumbo fijo

Querdenker(in) *m(f)* inconformista *mf*

Quere *f ohne Pl* (*fam*): **jdm in die ~ kommen** (*stören*) contrariar los proyectos de alguien; (*treffen*) cruzarse con alguien

Querele *f* <-n> querella *f*

querfeldein *adv* campo a través, a campo traviesa

Querflöte *f* flauta *f* traversa; **Querformat** *nt* <-(e)s, -e> formato *m* oblongo; **im ~** oblongo; **quergestreift** *adj s.* **quer 1.**; **Querkopf** *m* (*fam abw*) cabezudo, -a *m, f;* **quer|legen** *irr vr:* **sich ~** *s.* **quer 3.**; **Querleiste** *f* listón *m* transversal; **Querschiff** *nt* (ARCHIT) nave *f* transversal; **Querschläger** *m* **1.** (*Geschoss*) impacto *m* de través **2.** (*fam: Person*) alborotador(a) *m(f);* **Querschnitt** *m* **1.** (*Schnitt*) sección *f* transversal, corte *m* transversal **2.** (*Überblick*) muestra *f* representativa

querschnitt(s)gelähmt *adj* (MED) parapléjico (por corte medular); **Querschnitt(s)lähmung** *f ohne Pl* (MED) paraplejia *f*

quer|stellen *vr:* **sich ~** *s.* **quer 3.**; **Querstraße** *f* calle *f* transversal; **Querstrich** *m* <-(e)s, -e> raya *f* transversal; **Quersumme** *f* (MATH) suma *f* de las cifras de un número

Querulant(in) *m(f)* <-en, -en; -nen> (*abw*) pleitista *mf*

Querverbindung *f* conexión *f* transversal; **Querverweis** *m* referencia *f* cruzada

quetschen **I.** *vt* **1.** (*drücken*) apretar (*gegen/an* contra), trincar (*gegen/an* contra) *Am* **2.** (*in einen Koffer*) apretujar **3.** (*verletzen*): **sich** *dat* **etw ~** pillarse algo **II.** *vr:* **sich ~** (*sich zwängen*) apretujarse

Quetschung *f* <-en> contusión *f*

Queue *m o nt* <-s, -s> (*Billard*) taco *m*

Quickie *m* <-, -s> (*sl*) polvete *m*

quicklebendig *adj* vivo, avispado

quieken *vi* chillar

quietschen *vi* **1.** (*Tür, Reifen*) chirriar; **mit ~den Reifen** con las ruedas rechinando **2.** (*fam: Mensch*) chillar; **sie quietschte vor Vergnügen** chillaba de gusto

quietschfidel *adj* (*fam*) alegre como castañuelas; **quietschvergnügt** *adj* (*fam*) (contento) como un niño con zapatos nuevos

quillt *3. präs von* **quellen**

Quinte *f* <-n> (MUS) **1.** (*Ton*) dominante *m* **2.** (*Intervall*) quinta *f*

Quintessenz *f* quintaesencia *f*

Quintett *nt* <-(e)s, -e> (MUS) quinteto *m*

Quirl *m* <-(e)s, -e> **1.** (*Küchengerät*) molinillo *m* **2.** (*fam: Mensch*) torbellino *m*

quirlen *vt* (GASTR) batir

quirlig *adj* vivaracho, despabilado

quitt *adj inv* (*fam*): **mit jdm ~ sein** (*abgerechnet haben*) estar en paz con alguien; (*nichts mehr zu tun haben wollen*) no querer saber nada más de alguien

Quitte *f* <-n> membrillo *m*

quittieren* *vt* **1.** (*Empfang*) acusar recibo (de); (*Betrag*) extender un recibo (por) **2.** (*reagieren*) contestar **3.** (*aufgeben*): **den Dienst ~** presentar su dimisión

Quittung *f* <-en> **1.** (*Empfangsbeschei-*

gung) recibo *m;* **jdm eine ~ (über 200 Mark) ausstellen** extender a alguien un recibo (por 200 marcos); **gegen ~** contra recibo **2.** (*Folgen*) consecuencias *fpl*

Quiz *nt* <-, -> concurso *m* de preguntas y respuestas; **Quizmaster(in)** *m(f)* <-s, -; -nen> presentador(a) *m(f)* de concursos

quoll *3. imp von* **quellen**

Quorum *nt ohne Pl* <-s> quórum *m*

Quote *f* <-n> cuota *f;* **Quotenfrau** *f* mujer *f* de cuota; **Quotenregelung** *f* normativa *f* de cuotas

Quotient *m* <-en, -en> (MATH) cociente *m*

Quotierung *f* <-en> (WIRTSCH) cotización *f*

R

R, r *nt* <-, -> R, r *f;* ~ **wie Richard** R de Ramón

Rabatt *m* <-(e)s, -e> rebaja *f;* **auf etw ~ geben** hacer una rebaja en algo

Rabauke *m* <-n, -n> (*fam*) gamberro, -a *m, f*

Rabbi *m* <-(s), -s *o* Rabbinen> rabí *m*

Rabbiner *m* <-s, -> rabino *m*

Rabe *m* <-n, -n> cuervo *m;* **Rabenmutter** *f* <-mütter> (*fam abw*) mala madre *f;* **rabenschwarz** *adj* negro como el azabache

rabiat *adj* **1.** (*gewalttätig*) violento **2.** (*Methode*) riguroso

Rache *f ohne Pl* venganza *f* (*für* por); **(an jdm) ~ üben** vengarse (de alguien); **aus ~ für etw** en venganza por algo; **~ ist süß** dulce es la venganza; **Racheakt** *m* <-(e)s, -e> (*geh*) acto *m* de venganza

Rachen *m* <-s, -> (*des Menschen*) faringe *f;* (*bei Tieren*) fauces *fpl;* **er kann den ~ nicht voll kriegen** (*fam*) nunca se cansa; **sie hat das in den falschen ~ gekriegt** (*fam*) se lo ha tomado a mal

rächen I. *vt* vengar (*an* en) **II.** *vr:* **sich ~** vengarse (*an* de, *für* por); **sich an jdm für etw ~** vengarse de alguien por algo

Rächer(in) *m(f)* <-s, -; -nen> (*geh*) vengador(a) *m(f)*

Rachitis *f* <Rachitiden> (MED) raquitis *f inv*

Rachsucht *f ohne Pl* (*geh*) sed *f* de venganza; **rachsüchtig** *adj* (*geh*) vengativo

Rackerei *f ohne Pl* (*fam*) curro *m*

rackern *vi* (*fam*) currar, dar el callo

Rad *nt* <-(e)s, Räder> **1.** (*a.* TECH: *an Fahrzeug*) rueda *f;* **ein ~ wechseln** cambiar una rueda; **der hat ein ~ ab** (*sl*) le falta un tornillo; **ein ~ schlagen** (*Mensch*) dar una voltereta; (*Pfau*) hacer la rueda **2.** (*fam: Fahr~*) bici *f;* **~ fahren** ir en bici; **Radachse** *f* eje *m* de rueda

Radar *m o nt* <-s, -e> (TECH) radar *m;* **Radargerät** *nt* <-(e)s, -e> equipo *m* de radar; **Radarkontrolle** *f* control *m* (de velocidad) por radar; **Radarschirm** *m* pantalla *f* de radar

Radau *m ohne Pl* <-s> (*fam*) jaleo *m,* mitote *m Mex;* **~ machen** armar jaleo

Radaufhängung *f ohne Pl* (AUTO) suspensión *f* de la(s) rueda(s); **Raddampfer** *m* (NAUT) vapor *m* de ruedas

radebrechen *vi, vt* chapurrear (*in* en)

radeln *vi sein* (*fam*) ir en bici (*nach/zu* a)

Rädelsführer(in) *m(f)* <-s, -; -nen> (*abw*) cabecilla *mf*

rad|fahren *irr vi sein s.* **Rad 2.**; **Radfahrer(in)** *m(f)* ciclista *mf;* **Radfahrweg** *m* carril *m* para bicicletas, carril-bici *m fam*

Radfelge *f* (AUTO) llanta *f*

radial *adj* radial

Radiator *m* <-s, -en> radiador *m*

Radien *Pl von* **Radius**

radieren* *vi, vt* **1.** (*aus~*) borrar **2.** (KUNST) grabar (al agua fuerte)

Radierer *m* <-s, -> (*fam*) goma *f* (de borrar)

Radiergummi *m* <-s, -s> goma *f* de borrar

Radierung *f* <-en> (*Kunstwerk*) aguafuerte *m*

Radieschen *nt* <-s, -> rabanito *m*

radikal *adj* **1.** (*vollständig, rücksichtslos*) radical; **etw ~ ändern** dar un cambio radical a algo **2.** (POL) extremista, radical

Radikale(r) *mf* <-n, -n; -n> radical *mf,* extremista *mf*

Radio *nt* <-s, -s> radio *f;* **das ~ einschalten** poner la radio; **~ hören** escuchar la radio

radioaktiv *adj* radi(o)activo; **Radioaktivität** *f ohne Pl* radi(o)actividad *f*

Radioapparat *m* <-(e)s, -e> (aparato *m* de) radio *f*

Radiologe, -in *m, f* <-n, -n; -nen> (MED) radiólogo, -a *m, f*

Radiologie *f ohne Pl* (MED) radiología *f*

Radiorekorder *m* <-s, -> radiocas(s)et(t)e *m;* **Radiosender** *m* emisora *f* de radio; **Radiowecker** *m* (*fam*) radiodespertador *m;* **Radiowelle** *f* (PHYS) onda *f* radioeléctrica

Radium *nt ohne Pl* <-s> (CHEM) radio *m*

Radius *m* <-, Radien> **1.** (MATH) radio *m* **2.** (*Reichweite*) radio *m* de acción; (*geistig*) horizonte *m*

Radkappe *f* (AUTO) tapacubos *m inv;* **Radlager** *nt* cojinete *m* de la rueda

Radler(in)[1] *m(f)* <-s, -; -nen> ciclista *mf*

Radler[2] *m* <-s, -> (*reg*) *bebida a base de cerveza y limonada*

Radlerhose *f* pantalón *m* de ciclista

Radrennbahn *f* velódromo *m;* **Radrennen** *nt* carrera *f* ciclista; **Radrennfahrer(in)** *m(f)* ciclista *mf* de carreras

Radscha *m* <-s, -s> rajá *m*

Radsport *m* <-(e)s, -e> ciclismo *m;* **Radtour** *f* excursión *f* en bicicleta; **Radwechsel** *m* cambio *m* de neumático(s); **Radweg** *m s.* **Radfahrweg**

RAF *f Abk. von* **Rote-Armee-Fraktion** Fracción *f* del Ejército Rojo (*grupo terrorista alemán de ultraizquierda*)

raffen *vt* **1.** (*abw: gierig ergreifen*) acaparar; **etw an sich ~** apoderarse de algo **2.** (*in Falten legen*) plisar **3.** (*Abhandlung*) abreviar; **etw gerafft wiedergeben** resumir algo **4.** (*fam: verstehen*) coger; **hast du's nun endlich gerafft?** ¿te has enterado de una vez?

Raffgier *f* avaricia *f*; **raffgierig** *adj* avaricioso

Raffinerie *f* <-n> refinería *f*

Raffinesse[1] *f* <-n> (*Feinheit*) refinamiento *m*; **mit technischen ~n ausgestattet** provisto de refinamientos técnicos

Raffinesse[2] *f ohne Pl* (*Schlauheit*) astucia *f*

raffinieren* *vt* refinar

raffiniert *adj* **1.** (*schlau*) astuto **2.** (*ausgeklügelt*) sofisticado **3.** (*verfeinert*) refinado

Rage *f ohne Pl* (*fam*) rabia *f*, furia *f*; **in ~ sein/kommen** estar/ponerse furioso

ragen *vi* sobresalir (*aus* de); (*sich erheben*) elevarse (*aus* por encima de); **die Berge ragten in der Ferne/in den Himmel empor** los montes se elevaban a lo lejos/hasta el cielo; **Steine ~ aus dem Sand** sobresalen piedras de la arena

Ragout *nt* <-s, -s> (GASTR) ragú *m*

Rahm *m ohne Pl* <-(e)s> (*Schweiz, Österr, südd*) nata *f*; **süßer/saurer ~** nata dulce/agria

rahmen *vt* enmarcar

Rahmen[1] *m* <-s, -> **1.** (*Bilder~, Tür~*) marco *m* **2.** (*Fahrrad~, Motorrad~*) cuadro *m*; (AUTO) armazón *m o f*

Rahmen[2] *m ohne Pl* <-s> marco *m*; (*Bereich*) ámbito *m*; (*Gegebenheit*) ambiente *m*; **der äußere ~ der Veranstaltung** el ambiente del acto; **im kleineren ~** a escala reducida; **im ~ des Möglichen** dentro de lo posible; **im ~ der geltenden Gesetze** en el marco de la legalidad vigente; **aus dem ~ fallen** salirse de lo común; **den ~ sprengen** rebasar los límites; **sich im ~ halten** (*fam*) no pasarse de rosca

Rahmenbedingung *f* condición *f* (previa); **die ~en für etw schaffen** sentar las bases necesarias para algo; **Rahmenhandlung** *f* (LIT) trama *f* que sirve de marco

Rahmsoße *f* salsa *f* con crema

Rain *m* <-(e)s, -e> **1.** (*Streifen Land*) linde *m o f*, lindero *m* **2.** (*südd, Schweiz: Abhang*) cuesta *f*

räkeln *vr:* **sich ~** *s.* **rekeln**

Rakete *f* <-n> **1.** (MIL) misil *m* **2.** (*Raumfahrt, Feuerwerks~*) cohete *m*; **Raketenabschussrampe**[RR] *f* (MIL) rampa *f* lanzacohetes; **Raketenabwehrsystem** *nt* (MIL) sistema *m* antimisil; **Raketenflugzeug** *nt* (MIL) avión *m* cohete; **Raketenstützpunkt** *m* (MIL) base *f* de cohetes

Rallye *f* <-s> rally *m*

RAM *nt* <-(s), -(s)> (INFOR) *Abk. von* **random access memory** RAM *m*

rammeln **I.** *vi* **1.** (*Tiere*) aparearse; (*vulg: Menschen*) follar **2.** (*fam: stoßend drängen*) empujar; **gerammelt voll** lleno hasta los topes **II.** *vr:* **sich ~** (*fam*) **1.** (*sich balgen*) pelearse **2.** (*sich stoßen*) golpearse

rammen *vt* **1.** (*in den Boden*) clavar (*in* en) **2.** (*stoßen*) chocar (*gegen* contra); (*Schiff*) abordar **3.** (*beschädigen*) dañar

Rammler *m* <-s, -> (ZOOL) conejo *m* macho

Rampe *f* <-n> **1.** (*Auffahrt*) rampa *f* **2.** (*zum Be- und Entladen*) muelle *m* de carga; **Rampenlicht** *nt ohne Pl* <-(e)s> (THEAT) candilejas *fpl*; **im ~ stehen** estar en primera plana

ramponieren* *vt* (*fam*) estropear, romper

Ramsch *m* <-(e)s, -e> (*fam abw: Ausschussware*) baratillo *m*; (*Kram*) cachivaches *mpl*; **Ramschladen** *m* <-s, -läden> (*fam abw*) baratillo *m*

RAM-Speicher *m* <-s, -> (INFOR) RAM *m*, memoria *f* RAM

ran *adv* (*fam*) por aquí

Rand *m* <-(e)s, Ränder> **1.** (*an Gefäß, Straße, Abgrund, a. fig*) borde *m*; (*Tisch~*) canto *m*; (*Stadt~*) periferia *f*; **bis zum ~ voll** lleno hasta el borde; **am ~(e) des Ruins** al borde de la ruina; **dunkle Ränder um die Augen haben** tener ojeras; **etw am ~e bemerken** decir algo de paso **2.** (*Schmuck~*) orla *f* **3.** (TYPO) margen *m* **4.** (*Wend*): **außer ~ und Band sein** (*fam*) estar fuera de quicio; **mit jdm/mit etw** *dat* **nicht zu ~e kommen** (*fam*) no poder con alguien/con algo

randalieren* *vi* alborotar, hacer escándalo

Randbemerkung *f* **1.** (*schriftlich*) nota *f* marginal **2.** (*mündlich*) comentario *m* dicho de paso; **Randerscheinung** *f* fenómeno *m* secundario; **Randgebiet** *nt* **1.** (*einer Stadt*) periferia *f*; (*eines Territoriums*) zona *f* periférica **2.** (*einer Disziplin*) campo *m* interdisciplinar; **Randgruppe** *f* grupo *m* marginal

randlos *adj* (*Brille*) sin montura

Randstreifen *m* arcén *m*

rang *3. imp von* **ringen**

Rang[1] *m* <-(e)s, Ränge> **1.** (*Grad*) rango *m*; (MIL) grado *m*; (*Stellung*) posición *f*; **einen hohen ~ bekleiden** ocupar un alto rango **2.** (THEAT) palco *m*; **im ersten ~** en el palco principal **3.** (SPORT) lugar *m*

Rang[2] *m ohne Pl* <-(e)s> (*Stellenwert*) importancia *f*; (*Güte*) calidad *f*; **alles, was ~ und Namen hat** la alta sociedad

Rangabzeichen *nt* (MIL) insignia *f* de rango

Rangelei *f* <-en> (*fam*) pelea *f*

rangeln *vi* (*fam*) pelearse (*um* por)
Rangfolge *f* jerarquía *f*
Rangierbahnhof *m* (EISENB) estación *f* de maniobras
rangieren* **I.** *vi* (*Rang einnehmen*) figurar (*an* en); **sie rangiert an letzter Stelle** ocupa el último puesto **II.** *vt* (*Waggons*) cambiar de vía
Rangliste *f* (SPORT) clasificación *f*; **Rangordnung** *f* <-en> jerarquía *f*
ran|halten *irr vr*: **sich** ~ (*fam*) **1.** (*sich beeilen*) darse prisa **2.** (*rasch zugreifen*) reaccionar rápidamente
rank *adj* (*geh*): ~ **und schlank sein** ser delgado y esbelto
Ranke *f* <-n> (BOT) zarcillo *m*
Ränke *mpl* (*geh*): ~ **schmieden** intrigar
ranken *vr*: **sich** ~ **1.** (*Pflanze*) trepar **2.** (*Erzählung*): **um die Ruine** ~ **sich viele Legenden** la ruina es centro de muchas leyendas
ran|klotzen *vi* (*fam*) deslomarse; **ran|kommen** *irr vi sein* (*fam*) **1.** (*sich nähern*) acercarse (*an* a) **2.** (*heranreichen*) alcanzar (*an*) **3.** (*Zugang haben*) tener acceso (*an* a); (*kaufen*) poder adquirir (*an*); **ran|machen** *vr*: **sich** ~ (*fam*) **1.** (*beginnen*) ponerse (*an* a +*inf*) **2.** (*an Person*) rondar (*an* a)
rann *3. imp von* **rinnen**
rannte *3. imp von* **rennen**
Ranzen *m* <-s, -> **1.** (*Schultasche*) cartera *f* del colegio (*para llevar a la espalda*) **2.** (*fam: Bauch*) barriga *f*
ranzig *adj* rancio
Rappe *m* <-n, -n> caballo *m* negro
Rappel *m* <-s, -> (*fam abw*) vena *f*; **einen** ~ **kriegen** darle la vena
Rappen *m* <-s, -> céntimo *m* suizo
Rapport *m* <-(e)s, -e> informe *m*
Raps *m* <-es, -e> colza *f*
rar *adj* (*selten*) raro; (*knapp vorhanden*) escaso; ~ **sein** escasear; **sich** ~ **machen** (*fam*) no dejarse ver el pelo
Rarität *f* <-en> rareza *f*
rasant **I.** *adj* **1.** (*fam: Fahrt, Entwicklung*) rapidísimo; (*Tempo*) tremendo **2.** (*fam: schnittig*) aerodinámico **3.** (*Ballistik*) rasante **II.** *adv* (*fam: schnell*) como un rayo
rasch **I.** *adj* rápido **II.** *adv* de prisa
rascheln *vi* (*Seide, Laub, Stroh*) crujir; (*Maus, Papier*) hacer ruido
rasen *vi* **1.** *sein* (*fam: Person, Fahrzeug*) ir a toda mecha; **mein Puls rast** tengo el pulso a cien; **die Zeit rast** el tiempo pasa volando **2.** (*toben*) enfurecerse (*vor* de); **du machst mich ~d** me vuelves loco
Rasen *m* <-s, -> césped *m*
rasend **I.** *adj* **1.** (*Geschwindigkeit*) vertiginoso **2.** (*Beifall*) frenético; (*Schmerzen*) atroz **II.** *adv* (*fam: sehr*) muy; **ich würde es ~ gern probieren** me gustaría muchísimo intentarlo
Rasenmäher *m* <-s, -> cortacésped *m o f*; **Rasensprenger** *m* <-s, -> aspersor *m* para césped
Raser(in) *m(f)* <-s, -; -nen> (*fam abw*) loco, -a *m, f* de la carretera
Raserei *f* <-en> **1.** (*das Wüten*) rabia *f*, furia *f*; **jdn zur** ~ **bringen** poner furioso a alguien **2.** (*fam: schnelles Fahren*) velocidad *f* vertiginosa
Rasierapparat *m* maquinilla *f* de afeitar; (*elektrisch*) máquina *f* de afeitar
rasieren* **I.** *vt* afeitar; **glatt rasiert** bien afeitado; **ich möchte mich** ~ **lassen** quiero que me afeiten **II.** *vr*: **sich** ~ afeitarse; **er rasiert sich nass/trocken** se afeita a navaja/con la maquinilla
Rasierer *m* <-s, -> (*fam*) maquinilla *f* de afeitar; (*elektrisch*) afeitadora *f*
Rasierklinge *f* hoja *f* de afeitar; **Rasiermesser** *nt* navaja *f* de afeitar; **Rasierpinsel** *m* brocha *f* de afeitar; **Rasierschaum** *m* espuma *f* de afeitar; **Rasierwasser** *nt* loción *f* para después del afeitado
Raspel *f* <-n> **1.** (*Feile*) lima *f* gruesa **2.** (*Küchengerät*) rallador *m*
raspeln *vt* **1.** (*Holz*) raspar **2.** (*Nüsse, Schokolade*) rallar
Rasse *f* <-n> (BIOL) raza *f*; **Rassehund** *m* <-(e)s, -e> perro *m* de raza
Rassel *f* <-n> **1.** (MUS) matraca *f* **2.** (*Kinderspielzeug*) sonajero *m*
rasseln *vi* **1.** (*Wecker*) sonar con ruido metálico; (*Kette*) hacer un ruido metálico **2.** *sein* (*fam*): **durch ein Examen** ~ catear un examen
Rassendiskriminierung *f* discriminación *f* racial; **Rassentrennung** *f ohne Pl* segregación *f* racial
rasserein *adj* de pura raza
rassig *adj* racial; (*feurig*) fogoso
rassisch *adj* racial
Rassismus *m ohne Pl* <-> racismo *m*
Rassist(in) *m(f)* <-en, -en; -nen> racista *mf*
rassistisch *adj* racista
Rast *f* <-en> descanso *m*; (MIL) alto *m*; ~ **machen** descansar
rasten *vi* descansar
Raster[1] *m* <-s, -> (TYPO) **1.** (*zur Zerlegung einer Bildfläche*) reticulador *m* **2.** (*Liniennetz*) retícula *f*
Raster[2] *nt* <-s, -> **1.** (TV) trama *f* **2.** (*System*) sistema *m*; **etw in ein** ~ **einordnen** clasificar algo
Rasterfahndung *f control computerizado de ciertos datos de un amplio grupo de personas con fines criminológicos*; **Rastermikroskop** *nt* (TECH) microscopio *m* de re-

tícula

Rasthof *m* área *f* de servicio

rastlos *adj* **1.** (*ununterbrochen*) incesante, continuo; (*unermüdlich*) incansable **2.** (*unstet*) inconstante; (*unruhig*) inquieto

Rastplatz *m* <-es, -plätze> área *f* de descanso; **Raststätte** *f* restaurante *m* de autopista

Rasur *f* <-en> afeitado *m*

rät *3. präs von* **raten**

Rat[1] *m*, **Rätin** *f* <-(e)s, Räte; -nen> consejero, -a *m, f*

Rat[2] *m* <-(e)s, Räte> (*Gremium*) consejo *m;* (*kommunal*) concejo *m;* **Großer ~** (*Schweiz*) parlamento cantonal suizo

Rat[3] *m ohne Pl* <-(e)s> (*Empfehlung*) consejo *m;* **jdm den ~ geben etw zu tun** aconsejar a alguien hacer algo; **ein Buch/seinen Arzt zu ~e ziehen** consultar un libro/a su médico; **sich** *dat* **keinen ~ mehr wissen** no saber ya qué hacer

Rate *f* <-n> **1.** (*bei Kauf*) plazo *m;* **etw auf ~n kaufen** comprar algo a plazos; **in ~n zahlen** pagar a plazos **2.** (*Verhältniszahl, Preis*) tasa *f*

raten <rät, riet, geraten> *vi, vt* **1.** (*empfehlen*) aconsejar; **jdm zu etw** *dat* **~** aconsejar algo a alguien **2.** (*erraten*) adivinar; **falsch ~** no adivinar; **richtig ~** acertar; **dreimal darfst du ~!** (*fam*) ¡adivina, adivinanza!

Ratenzahlung *f* pago *m* a plazos

Ratgeber(in)[1] *m(f)* <-s, -; -nen> consejero, -a *m, f*

Ratgeber[2] *m* <-s, -> (*Buch*) guía *f*

Rathaus *nt* ayuntamiento *m,* municipalidad *f Am,* diputación *f Mex*

ratifizieren* *vt* (JUR) ratificar

Ratifizierung *f* <-en> (JUR) ratificación *f*

Rätin *f* <-nen> *s.* **Rat**[1]

Ratio *f ohne Pl* razón *f*

Ration *f* <-en> ración *f*

rational *adj* (*a.* MATH) racional

rationalisieren* *vi, vt* racionalizar

Rationalisierung *f* <-en> racionalización *f*

rationell *adj* racional; (*sparsam*) económico

rationieren* *vt* racionar

Rationierung *f* <-en> racionamiento *m*

ratlos *adj* desorientado; (*verwirrt*) desconcertado, confuso; **~ sein** no saber qué hacer

Ratlosigkeit *f ohne Pl* desorientación *f;* (*Verwirrung*) desconcierto *m,* confusión *f*

Rätoromane, -in *m, f* retorromano, -a *m, f*

rätoromanisch *adj* retorrománico

ratsam *adj* aconsejable; (*passend*) conveniente

Ratsche *f* <-n> (*südd, Österr*) matraca *f*

Ratschlag *m* consejo *m;* **(jdm) Ratschläge erteilen** dar consejos (a alguien)

Rätsel *nt* <-s, -> **1.** (*Denkaufgabe*) adivinanza *f;* (*Bilder~*) jeroglífico *m;* (*Kreuzwort~*) crucigrama *m;* (*Silben~*) charada *f;* **~ raten** jugar a las adivinanzas; **ein ~ aufgeben** proponer una adivinanza **2.** (*Geheimnis*) enigma *m;* **das ist des ~s Lösung** ahí está el quid de la cuestión; **es ist mir ein ~, warum sie nicht früher kam** no acierto a entender por qué no vino antes

rätselhaft *adj* enigmático, misterioso; **das ist mir ~** no me lo explico

rätseln *vi* especular (*über* sobre)

Ratsherr(in) *m(f)* <-(e)n, -en; -nen> concejal(a) *m(f);* **Ratssitzung** *f* sesión *f* del concejo

Rattan *nt* <-s, -e> rota *f,* junco *m* de Indias

Ratte *f* <-n> rata *f;* **Rattenfalle** *f* ratonera *f;* **Rattengift** *nt* raticida *m;* **Rattenschwanz** *m* **1.** (*Schwanz einer Ratte*) rabo *m* de rata **2.** (*Serie*) sinfín *m*

rattern *vi* **1.** (*Zug*) traquetear; (*Maschinengewehr*) tabletear **2.** *sein* (*fortbewegen*) traquetear (*über/durch* por)

rau[RR] *adj* **1.** (*Papier, Haut*) áspero **2.** (*Stimme*) ronco; (*Hals*) inflamado **3.** (*Klima*) duro; (*Luft*) frío; (*Gegend*) salvaje **4.** (*Mensch*) rudo **5.** (*Wend*): **in ~en Mengen** (*fam*) en masas

Raub *m* <-(e)s, -e> **1.** (*das Rauben*) robo *m;* (*Überfall*) asalto *m;* (*Entführung*) secuestro *m* **2.** (*Beute*) presa *f;* **Raubbau** *m ohne Pl* <-(e)s> (AGR) cultivo *m* exhaustivo; (BERGB) explotación *f* abusiva; **ökologischen ~ treiben** agotar los recursos naturales; **Raubdruck** *m* <-(e)s, -e> edición *f* pirata

rauben *vi, vt* robar; (*entführen*) secuestrar; **das raubt mir den Schlaf** (*geh*) esto me quita el sueño

Räuber(in) *m(f)* <-s, -; -nen> ladrón, -ona *m, f;* **Räuberbande** *f* pandilla *f* de ladrones; **Räuberhöhle** *f* cueva *f* de ladrones

räuberisch *adj* de ladrones; **~e Erpressung** extorsión *f*

Raubkatze *f* felino *m;* **Raubkopie** *f* copia *f* pirata; **Raubmord** *m* <-(e)s, -e> robo *m* con homicidio; **Raubmörder(in)** *m(f)* ladrón, -ona *m, f* asesino, -a; **Raubritter** *m* (HIST) caballero *m* bandido; **Raubtier** *nt* (animal *m*) carnívoro *m;* **Raubüberfall** *m* asalto *m;* **einen ~ auf jdn begehen** asaltar a alguien; **Raubvogel** *m* ave *f* de rapiña

Rauch *m ohne Pl* <-(e)s> humo *m;* **sich in ~ auflösen** (*fig*) desvanecerse; **Rauchabzug** *m* conducto *m* de humo

rauchen **I.** *vi* **1.** (*Person*) fumar, pitar *SAm;* **„R~ verboten"** "prohibido fumar" **2.** (*Feuer*) humear, echar humo; **mir raucht der Kopf vom vielen Lernen** (*fam fig*) me echa humo la cabeza de tanto estudiar **II.** *vt* fumar

Raucher(in) *m(f)* <-s, -; -nen> fumador(a) *m(f)*
Raucherabteil *nt* (EISENB) compartimento *m* de fumadores; **Raucherbein** *nt* vasoconstricción *f* en las piernas (a causa del tabaco)
Räucherfisch *m* pescado *m* ahumado
Raucherhusten *m ohne Pl* <-s> tos *f* de fumador
Räucherlachs *m* salmón *m* ahumado
räuchern *vt* ahumar
Räucherspeck *m* tocino *m* ahumado; **Räucherstäbchen** *nt* pebete *m*
Raucherzone *f* zona *f* para fumadores
Rauchfang *m* <-(e)s, -fänge> campana *f* de la chimenea; **Rauchfleisch** *nt* carne *f* ahumada
rauchig *adj* **1.** (*raucherfüllt*) lleno de humo **2.** (*Stimme*) ronco **3.** (*Geschmack*) ahumado
Rauchmelder *m* <-s, -> detector *m* de humos; **Rauchschwaden** *m* nube *f* de humo; **Rauchsignal** *nt* señal *f* de humo; **Rauchverbot** *nt* prohibición *f* de fumar; **hier herrscht** ~ aquí no se puede fumar; **Rauchvergiftung** *f* intoxicación *f* por (el) humo; **Rauchwolke** *f* nube *f* de humo
Räude *f* <-n> sarna *f*
räudig *adj* sarnoso
rauf *adv* (*fam*) hacia arriba; *s. a.* **hinauf, herauf**
Raufasertapete[RR] *f* papel *m* de fibra gruesa
Raufbold *m* <-(e)s, -e> (*abw*) camorrista *mf*
raufen *vi, vr:* **sich** ~ pelearse (*mit* con, *um* por)
Rauferei *f* <-en> (*fam*) pelea *f*
rauh *adj s.* **rau**
Rauheit *f ohne Pl* **1.** (*von Material*) aspereza *f* **2.** (*von Stimme*) ronquedad *f* **3.** (*des Klimas*) destemplanza *f* **4.** (*im Benehmen*) rudeza *f*
Rauhfasertapete *f* <-n> *s.* **Raufasertapete**
Rauhreif *m ohne Pl* <-(e)s> *s.* **Raureif**
Raum[1] *m* <-(e)s, Räume> **1.** (*a.* PHILOS, MATH) espacio *m* **2.** (*Zimmer*) habitación *f*, pieza *f Am;* (*Räumlichkeit*) local *m;* **eine Frage steht im** ~ una cuestión está pendiente; **eine These in den** ~ **stellen** exponer una tesis **3.** (*Gebiet*) zona *f;* **im** ~ **Frankfurt** en la zona de Francfort
Raum[2] *m ohne Pl* <-(e)s> **1.** (*a.* ASTR, PHYS) espacio *m;* **luftleerer** ~ (PHYS) vacío *m* **2.** (*Platz*) sitio *m;* **zu viel** ~ **einnehmen** ocupar demasiado sitio
Raumanzug *m* <-(e)s, -züge> traje *m* espacial
räumen *vt* **1.** (*weg~*) retirar (*von* de); (*Schnee*) quitar; (*ein~*) poner (*in* en); (*aus~*) sacar (*aus* de) **2.** (*Gebäude*) desalojar; (*Straße*) desocupar; (*durch die Polizei*) efectuar el desalojo (de); **das Lager** ~ liquidar las existencias
Raumfähre *f* nave *f* espacial; **Raumfahrer(in)** *m(f)* astronauta *mf*
Raumfahrt *f ohne Pl* astronáutica *f;* **bemannte** ~ astronáutica tripulada; **Raumfahrtbehörde** *f* agencia *f* espacial
Räumfahrzeug *nt* quitanieves *m inv*
Raumflug *m* vuelo *m* espacial; **Raumforschung** *f ohne Pl* investigación *f* espacial; **Raumgestaltung** *f* decoración *f* de interiores; **Rauminhalt** *m* (MATH) volumen *m;* **Raumkapsel** *f* cápsula *f* espacial
räumlich *adj* **1.** (*den Raum betreffend*) espacial **2.** (*dreidimensional*) tridimensional
Räumlichkeiten *fpl* (*Gebäude*) edificio *m;* (*innen*) salas *fpl*
Raumpfleger(in) *m(f)* encargado, -a *m, f* de la limpieza; **Raumschiff** *nt* nave *f* espacial; **Raumsonde** *f* sonda *f* espacial; **Raumstation** *f* estación *f* espacial
Räumung *f* <-en> **1.** (*einer Wohnung*) desalojo *m;* (*durch Polizei*) despejo *m* **2.** (*eines Lagers*) liquidación *f* de existencias; **Räumungsarbeiten** *fpl* labores *mpl* de desescombro; **Räumungsbefehl** *m* orden *f* de desalojo; **Räumungsklage** *f* (JUR) demanda *f* de desahucio; **Räumungsverkauf** *m* <-(e)s, -käufe> (WIRTSCH) liquidación *f*
raunen *vi, vt* (*geh*) murmurar; **ein R~ ging durch das Publikum** un murmullo se extendió por entre el público
Raupe *f* <-n> **1.** (*Schmetterlingslarve*) oruga *f* **2.** (*Planier~*) aplanadora *f* **3.** (*~nkette*) oruga *f;* **Raupenfahrzeug** *nt* vehículo *m* oruga
Raureif[RR] *m ohne Pl* <-(e)s> escarcha *f*
raus *adv* (*fam*) (hacia) fuera, afuera; ~ **da!** ¡fuera de ahí!; *s. a.* **heraus, hinaus;**
raus|bekommen* *irr vt* (*fam*) **1.** (*Wechselgeld*) recibir de vuelta **2.** (*Aufgabe*) resolver; (*Geheimnis*) descubrir **3.** (MATH) sacar **4.** (*Fleck*) poder quitar; (*Nagel*) poder sacar **5.** (*erfahren*) llegar a saber; **raus|bringen** *irr vt* (*fam: nach draußen bringen*) sacar, llevar afuera; *s. a.* **herausbringen**
Rausch *m* <-(e)s, Räusche> **1.** (*Trunkenheit*) embriaguez *f;* **sich** *dat* **einen** ~ **antrinken** coger(se) una trompa; **seinen** ~ **ausschlafen** (*fam*) dormir la mona **2.** (*Ekstase*) éxtasis *m inv*
rauscharm *adj* (TEL, RADIO) de pocas interferencias
rauschen *vi* **1.** (*Baum, Wind, Bach*) murmurar; (*Meer*) bramar; (*Telefon*) haber interferencias; (*Seide*) crujir; ~**der Beifall** aplauso tempestuoso; **ein** ~**des Fest** una fiesta a lo grande **2.** *sein* (*sich irgendwohin bege-*

ben) dirigirse (*in/zu* a); **aus dem/durch das Zimmer** ~ abandonar/cruzar la habitación

rauschfrei *adj* (*a.* TEL, RADIO) sin interferencias

Rauschgift *nt* <-(e)s, -e> droga *f*, estupefaciente *m*; **Rauschgifthandel** *m ohne Pl* <-s> narcotráfico *m*; **Rauschgifthändler(in)** *m(f)* <-s, -; -nen> narcotraficante *mf*; **Rauschgiftsucht** *f ohne Pl* toxicomanía *f*; **rauschgiftsüchtig** *adj* toxicómano; **Rauschgiftsüchtige(r)** *mf* <-n, -n; -n> toxicómano, -a *m, f*

raus|ekeln *vt* (*fam*): **jdn** ~ hacer la vida imposible a alguien (hasta que se va); **raus|fliegen** *irr vi sein* (*fam*) **1.** (*Vogel*) salir volando (*aus* de) **2.** (*Person*) ser echado (*aus* de); **raus|geben** *irr vt* (*fam*) **1.** (*herausreichen*) entregar, dar **2.** (*aushändigen*) entregar **3.** (*Wechselgeld*) dar de vuelta; **sie haben mir falsch rausgegeben** me han dado mal la vuelta **4.** (*Buch*) editar; **raus|gehen** *irr vi sein* (*fam*) salir; *s. a.* **herausgehen, hinausgehen**; **raus|kommen** *irr vi sein* (*fam*) salir; *s. a.* **herauskommen**; **raus|kriegen** *vt* (*fam*) *s.* **rausbekommen**; **raus|nehmen** *irr vt* (*fam*) sacar; *s. a.* **herausnehmen**

räuspern *vr:* **sich** ~ carraspear

raus|schmeißen *irr vt* (*fam*) **1.** (*nach draußen werfen, wegschmeißen*) tirar (*aus* de/por, *zu* por); **das ist rausgeschmissenes Geld** esto es dinero perdido **2.** (*entlassen*) echar (*aus* de); **sie hat ihn rausgeschmissen** le puso de patitas en la calle

Rausschmeißer(in) *m(f)* <-s, -; -nen> (*fam*) gorila *mf*, matón, -ona *m, f*

Raute *f* <-n> **1.** (BOT) ruda *f* **2.** (MATH) rombo *m*

Rave *m o nt* <-(s), -s> (MUS) rave *m*; ~ **Musik** música rave

Razzia *f* <Razzien> redada *f*, razia *f*

Reagenzglas *nt* <-es, -gläser> (CHEM) tubo *m* de ensayo

reagieren* *vi* **1.** (*Person*) reaccionar (*auf* a/ante) **2.** (CHEM) producir una reacción

Reaktion[1] *f* <-en> (*das Reagieren, a.* CHEM) reacción *f* (*auf* a/ante/frente a)

Reaktion[2] *f ohne Pl* (POL) reacción *f*

reaktionär *adj* (*abw*) reaccionario

Reaktionsvermögen *nt ohne Pl* <-s> capacidad *f* de reacción

reaktivieren* *vt* **1.** (*Verfahren*) reactivar **2.** (*Person*) reincorporar al servicio activo

Reaktor *m* <-s, -en> (PHYS) reactor *m*; **Reaktorkern** *m* (PHYS) núcleo *m* de un reactor nuclear; **Reaktorsicherheit** *f ohne Pl* seguridad *f* de reactores nucleares; **Reaktorunglück** *nt* accidente *m* en un reactor nuclear

real *adj* (*a.* WIRTSCH) real

Realeinkommen *nt* (WIRTSCH) ingreso *m* real

realisieren* *vt* realizar; (*durchführen*) llevar a cabo

Realisierung *f* <-en> realización *f*

Realismus *m ohne Pl* <-> (PHILOS, LIT, KUNST) realismo *m*

Realist(in) *m(f)* <-en, -en; -nen> realista *mf*

realistisch *adj* realista; ~ **betrachtet** visto con realismo

Realität *f* <-en> **1.** (*Wirklichkeit*) realidad *f*; **virtuelle** ~ realidad virtual; **in (der)** ~ en (la) realidad **2.** *Pl* (*Österr: Immobilien*) inmuebles *mpl*; **Realitätssinn** *m ohne Pl* <-(e)s> sentido *m* de la realidad

Reality-TV *nt ohne Pl* <-(s)> (TV) reality televisión *f*

Realschule *f* <-n> ≈instituto *m* de enseñanza media (*escuela secundaria – de los 10 a los 16 años – de grado inferior al Gymnasium*)

Reanimation *f* <-en> (MED) reanimación *f*

Rebe *f* <-n> vid *f*

Rebell(in) *m(f)* <-en, -en; -nen> rebelde *mf*

rebellieren* *vi* rebelarse (*gegen* contra)

Rebellion *f* <-en> rebelión *f*

rebellisch *adj* rebelde

Rebhuhn *nt* perdiz *f*

Rebsorte *f* tipo *m* de uva; **Rebstock** *m* <-(e)s, -stöcke> cepa *f*

rechen *vt* (*Schweiz, Österr, reg*) rastrillar

Rechen *m* <-s, -> (*Schweiz, Österr, reg*) rastrillo *m*

Rechenart *f* <-en> método *m* de cálculo; **die vier** ~**en** las cuatro reglas; **Rechenaufgabe** *f* problema *m* de aritmética; **Rechenbuch** *nt* libro *m* de matemáticas; **Rechenfehler** *m* error *m* de cálculo; **Rechenmaschine** *f* calculadora *f*

Rechenschaft *f ohne Pl* cuentas *fpl*; **jdm über etw** ~ **schuldig sein** deber a alguien una explicación acerca de algo; **jdn für etw zur** ~ **ziehen** hacer a alguien responsable de algo

Rechenschieber *m* <-s, -> regla *f* de cálculo; **Rechenzentrum** *nt* (INFOR) centro *m* de cálculo

Recherche *f* <-n> pesquisa *f*; **über jdn/etw** ~**n anstellen** hacer investigaciones sobre alguien/algo

recherchieren* *vi, vt* investigar

rechnen **I.** *vi* **1.** (MATH) calcular; **im Kopf** ~ calcular mentalmente **2.** (*sich verlassen*) contar (*mit/auf* con); **damit ~, dass ...** contar con que… *+subj*; **damit hatte ich nicht gerechnet** no había contado con eso **3.** (*haushalten*) economizar; **wir müssen mit jedem Pfennig** ~ hay que ahorrar hasta la última peseta **II.** *vt* **1.** (*Aufgabe*) hacer, calcular **2.** (*zählen*) contar (*zu/unter* entre); (*einbeziehen*) incluir (*zu/unter* entre); **man rechnet ihn zu den Experten auf diesem Gebiet** se le incluye entre los expertos en este campo **3.** (*veranschlagen*) calcular (*für* para) **III.** *vr:* **sich ~** ser rentable

Rechner(in)[1] *m(f)* <-s, -; -nen> contador(a) *m(f);* **ein kühler ~ sein** ser muy calculador

Rechner[2] *m* <-s, -> calculadora *f;* (INFOR: *Computer*) ordenador *m,* computadora *f Am*

rechnergesteuert *adj* (INFOR) dirigido por ordenador; **rechnergestützt** *adj* (INFOR) asistido por ordenador

rechnerisch *adj* aritmético; **rein ~** ateniéndose a las cifras

Rechnersimulation *f* <-en> (INFOR) simulación *f* mediante computadora

Rechnung *f* <-en> **1.** (*das Rechnen*) cálculo *m* **2.** (*Ab~*) cuenta *f;* (*Waren~*) factura *f;* **eine ~ über 1000 Mark** una cuenta de 1000 marcos; **die ~, bitte!** ¡la cuenta, por favor!; **jdm etw in ~ stellen** cargar algo en la cuenta de alguien; **auf eigene ~** por cuenta propia; **das geht auf meine ~** esto va de mi cuenta; **etw** *dat* **~ tragen** considerar algo; **er hatte die ~ ohne den Wirt gemacht** (*fig*) había puesto el carro delante del buey; **mit jdm eine alte ~ begleichen** (*fig*) saldar una vieja cuenta con alguien; **Rechnungsbuch** *nt* <-(e)s, -bücher> **1.** (COM) libro *m* de cuentas **2.** (*Schweiz: Rechenbuch*) libro *m* de matemáticas; **Rechnungsführer(in)** *m(f)* <-s, -; -nen> contable *mf;* **Rechnungsprüfer(in)** *m(f)* (WIRTSCH) revisor(a) *m(f)* de cuentas

recht I. *adj* **1.** (*zutreffend*) justo; (*geeignet*) adecuado; (*passend*) oportuno; **der ~e Augenblick** el momento oportuno **2.** (*wirklich*) verdadero; **ich habe keine ~e Lust** no me apetece mucho **3.** (*richtig*) correcto; **nach dem R~en sehen** controlar si todo está en orden; **hier geht es nicht mit ~en Dingen zu** aquí hay gato encerrado; **es ist nur ~ und billig** no es sino lo justo; **alles, was ~ ist, aber ...** todo lo que quiera(s), pero... **II.** *adv* **1.** (*sehr*) muy; **~ tief** muy profundo; **~ herzlichen Dank** muchísimas gracias **2.** (*ziemlich*) bastante; **~ viel/oft** bastante/bastante a menudo **3.** (*richtig, genehm*) bien; **ganz ~!** ¡eso es!; **jetzt erst ~!** ¡sobre todo ahora!; **jetzt erst ~ nicht!** ¡ahora menos que nunca!; **wenn ich es ~ überlege ...** si lo pienso bien...; **~ daran tun sich zu entschuldigen** hacer bien en pedir excusas; **ist es dir ~ wenn ...?** ¿te parece bien si...?; **das soll mir ~ sein** me parece bien; **das geschieht ihm ~** (*fam*) le está bien (empleado); **ich seh' wohl nicht ~!** (*fam*) ¡no me lo puedo creer!; **wenn ich Sie ~ verstehe** si le entiendo bien; **ich weiß nicht ~** no sé bien; **du kommst mir gerade ~** (*iron*) eres lo que me faltaba; **man kann ihm nichts ~ machen** no se conforma con nada

Recht[1] *nt* <-(e)s, -e> (*Anspruch*) derecho *m* (*auf* a); (*Gerechtigkeit*) justicia *f;* **staatsbürgerliche ~e** derechos cívicos; **mit welchem ~ behaupten Sie das?** ¿con qué derecho afirma eso?; **sein ~ fordern** reclamar sus derechos; **jdm ~ geben** dar(le) a alguien la razón; **zu seinem ~ kommen** hacer valer sus derechos; **das ~ des Stärkeren** la ley del más fuerte; **zu ~** con razón; **~ haben, im ~ sein** tener razón; **es ist unser gutes ~ uns zu beschweren** tenemos perfecto derecho a quejarnos; **gleiches ~ für alle!** ¡igualdad de derechos!; **du hast das ~ auf einen Anwalt** tienes derecho a un abogado; **dazu haben Sie kein ~!** ¡no tiene ningún derecho!

Recht[2] *nt ohne Pl* <-s> (*Rechtsordnung*) derecho *m;* (*Gesetze*) legislación *f,* leyes *fpl;* **bürgerliches ~** derecho civil; **gegen das ~ verstoßen** infringir las leyes; **~ sprechen** hacer justicia

rechte(r, s) *adj* **1.** (*Seite*) derecho; **~r Hand** a mano derecha; **auf der ~n Seite** a la derecha; **jds ~ Hand sein** ser la mano derecha de alguien **2.** (POL) de derecha(s) **3.** (MATH) recto; **ein ~r Winkel** un ángulo recto

Rechte *f* <-n, -n> (*a.* POL) derecha *f;* **zu ihrer ~n** a su derecha; **die ~ zog ins Parlament ein** la derecha entró en el parlamento

Rechteck *nt* rectángulo *m;* **rechteckig** *adj* rectangular

rechtens *adv:* **~ sein** ser legítimo; **für ~ halten** considerar legítimo

Rechtens *s.* **rechtens**

rechtfertigen I. *vt* justificar **II.** *vr:* **sich ~** justificarse (*für* por, *vor* ante)

Rechtfertigung *f* <-en> justificación *f* (*für* para); **was sagt er zu seiner ~?** ¿y él qué alega?

rechtgläubig *adj* ortodoxo

rechthaberisch *adj* (*abw*) ergotista; **~ sein** querer tener siempre la razón

rechtlich *adj* legal; (*gesetzlich*) jurídico; **das ist ~ nicht zulässig** es legalmente inadmisible

rechtlos *adj* sin derechos, privado de derechos

rechtmäßig *adj* legítimo, legal; **der ~e Besitzer** el propietario legítimo; **etw für ~ erklären** declarar algo legal

Rechtmäßigkeit *f ohne Pl* legalidad *f,* legitimidad *f*

rechts I. *adv* (a) la derecha; **~ davon** a la derecha (de esto); ~ **von mir** a mi derecha; **nach** ~ hacia la derecha; **von** ~ **kommen** venir por la derecha; **oben/unten** ~ arriba/abajo a la derecha; **von** ~ **nach links** de derecha a izquierda; ~ **vor links** la derecha tiene preferencia; **sich** ~ **halten** mantenerse a su derecha; **sich** ~ **einordnen** situarse en el carril derecho; ~ **um!** (MIL) ¡derecha!; ~ **stricken** hacer punto del derecho; ~ **stehen** (POL) ser de derechas; ~ **wählen** (POL) votar a la derecha; **mit** ~ **schreiben** escribir con la (mano) derecha; **ich weiß nicht mehr, wo** ~ **und links ist** (*fam fig*) no sé ya dónde tengo la cabeza **II.** *präp +gen* a la derecha

Rechtsabteilung *f* (JUR) sección *f* jurídica; **Rechtsanwalt, -wältin** *m, f* (JUR) abogado, -a *m, f*; **sich** *dat* **einen** ~ **nehmen** contratar a un abogado

Rechtsaußen *m* <-, -> (SPORT) extremo *m* derecha

Rechtsberatung *f* (JUR) asesoramiento *m* jurídico; **Rechtsbruch** *m* (JUR) violación *f* de la ley; **einen** ~ **begehen** infringir la ley

rechtsbündig *adj* (TYPO, INFOR) fijo a la derecha

rechtschaffen *adj* **1.** (*anständig*) honrado, recto **2.** (*groß*) mucho; ~ **Hunger haben** (*fam*) tener mucha hambre

Rechtschreibfehler *m* falta *f* de ortografía; **Rechtschreibreform** *f* reforma *f* de (la) ortografía

Rechtschreibung *f* ortografía *f*

Rechtsempfinden *nt ohne Pl* <-s> sentido *m* de la justicia

Rechtsextremist(in) *m(f)* (POL) ultraderechista *mf*; **rechtsextremistisch** *adj* (POL) de extrema derecha, de ultraderecha

rechtsfähig *adj* (JUR) con capacidad jurídica

Rechtsfrage *f* (JUR) cuestión *f* jurídica

rechtsgerichtet *adj* (POL) derechista, de derecha(s)

Rechtsgrundlage *f* (JUR) base *f* jurídica

rechtsgültig *adj* (JUR) jurídicamente válido; **etw für** ~ **erklären** legalizar algo

Rechtshänder(in) *m(f)* <-s, -; -nen> diestro, -a *m, f*

rechtshändig **I.** *adj* diestro **II.** *adv* con la mano derecha

rechtskräftig *adj* (JUR) (jurídicamente) válido; ~ **werden** entrar en vigor

Rechtskurve *f* curva *f* a la derecha

Rechtslage *f ohne Pl* (JUR) situación *f* legal

Rechtsmittel *nt* (JUR) recurso *m* legal; **Rechtsmittelbelehrung** *f* (JUR) información *f* sobre recursos

Rechtsnachfolge *f* (JUR) sucesión *f* en el derecho; **die** ~ **von jdm antreten** suceder a alguien; **Rechtsordnung** *f* <-en> (JUR) orden(amiento) *m* jurídico; **Rechtspflege** *f* (JUR) (administración *f* de) justicia *f*

Rechtsprechung *f* <-en> (JUR) jurisprudencia *f*

rechtsradikal *adj* (POL) de extrema derecha, ultraderechista

Rechtsschutz *m* (JUR) protección *f* jurídica; **Rechtsschutzversicherung** *f* seguro *m* de protección jurídica

Rechtssicherheit *f ohne Pl* (JUR) seguridad *f* jurídica; **Rechtsstaat** *m* Estado *m* de derecho; **rechtsstaatlich** *adj* jurídico-estatal; **Rechtsstreit** *m* (JUR) pleito *m*; **einen** ~ **beilegen** dirimir un pleito

Rechtsverkehr *m* **1.** (AUTO) circulación *f* por la derecha **2.** (JUR) relaciones *fpl* jurídicas

Rechtsverletzung *f* (JUR) violación *f* del derecho; **Rechtsverordnung** *f* (JUR) decreto-ley *m*; **eine** ~ **erlassen** dictar un decreto; **Rechtsweg** *m* (JUR) vía *f* judicial; **auf dem** ~ por la vía judicial; **der** ~ **ist ausgeschlossen** la vía judicial queda excluida; **rechtswidrig** *adj* ilegal, ilegítimo; **Rechtswissenschaft** *f ohne Pl* (JUR) jurisprudencia *f*

rechtwink(e)lig *adj* rectangular

rechtzeitig **I.** *adj* puntual **II.** *adv* **1.** (*pünktlich*) a tiempo **2.** (*früh genug*) con (la debida) antelación

Reck *nt* <-(e)s, -e *o* -s> barra *f* fija

recken **I.** *vt* alargar; **den Kopf** ~ alargar el cuello **II.** *vr:* **sich** ~ estirarse

Recorder *m* <-s, -> *s.* **Rekorder**

recyceln* *vt* reciclar

Recycling *nt ohne Pl* <-s> reciclaje *m*, reciclado *m*; **Recyclingpapier** *nt ohne Pl* <-s> papel *m* reciclado

Redakteur(in) *m(f)* <-s, -e; -nen> redactor(a) *m(f)*

Redaktion *f* <-en> redacción *f*

redaktionell *adj* **1.** (*bezogen auf Redigieren*) de redacción **2.** (*bezogen auf Redaktion*) de la redacción

Redaktor(in) *m(f)* <-s, -en; -nen> (*Schweiz*) redactor(a) *m(f)*

Rede *f* <-n> **1.** (*Ansprache*) discurso *m*; (*Gespräch*) conversación *f*; **eine** ~ **halten** pronunciar un discurso; **das ist nicht der** ~ **wert** no merece la pena comentarlo; **es ist die** ~ **von ...** se habla de...; **davon kann nicht die** ~ **sein** no se trata de eso; **wovon ist die** ~**?** ¿de qué va (el asunto)?; **jdn zur** ~ **stellen** pedir cuentas a alguien; **jdm** ~ **und Antwort stehen** dar cuentas a alguien; **der langen** ~ **kurzer Sinn** resumiendo **2.** (LING) estilo *m*; **direkte/indirekte** ~ estilo directo/indirecto; **Redefluss**[RR] *m* <-es, -flüsse> verborrea *f*; **jdn in seinem** ~ **unterbrechen** interrumpir la verborrea de alguien; **Redefreiheit** *f ohne Pl* libertad *f* de expresión; **redegewandt** *adj* elocuente; **Redekunst** *f ohne Pl* retórica *f*

reden I. *vi* 1. (*sprechen*) hablar (*mit* con, *über* sobre, *von* de); **mit Händen und Füßen** ~ hablar con pies y manos; (**viel**) **von sich** *dat* ~ **machen** dar mucho que hablar; **du hast gut** ~**!** ¡es muy fácil decirlo!; **darüber lasse ich nicht mit mir** ~ no pienso cambiar de opinión en esto; **darüber lässt sich** ~ se puede hablar de ello; ~ **wir nicht mehr darüber** no hablemos más de ello; **so lasse ich nicht mit mir** ~ no consiento que me hablen así; **nicht zu** ~ **von ...** por no hablar de...; **schlecht von jdm** ~ hablar mal de alguien 2. (*Rede halten*) pronunciar un discurso (*über* sobre) II. *vt* hablar; **Unsinn** ~ decir tonterías; **ich muss ein ernstes Wort mit ihm** ~ tengo que hablar en serio con él III. *vr:* **sich heiser** ~ quedarse ronco de (tanto) hablar; **sich in Rage/Begeisterung** ~ hablar lleno de furia/entusiasmo

Redensart *f* <-en> locución *f*

Redeweise *f* manera *f* de hablar; **Redewendung** *f* (LING) giro *m*

redigieren* *vt* corregir; (*Zeitschrift*) redactar

redlich *adj* 1. (*aufrichtig*) honrado; ~ **handeln** obrar honradamente 2. (*groß*) grande; **er hat sich** *dat* ~**e Mühe gegeben** ha hecho un gran esfuerzo

Redlichkeit *f ohne Pl* honradez *f*

Redner(in) *m(f)* <-s, -; -nen> orador(a) *m(f)*

Rednerpult *nt* púlpito *m*

redselig *adj* locuaz; **Redseligkeit** *f ohne Pl* locuacidad *f*

Reduktion *f* <-en> (*a.* CHEM, PHYS, MATH) reducción *f*

redundant *adj* redundante

Redundanz *f* <-en> redundancia *f*

reduzieren* I. *vt* (*a.* CHEM, PHYS, MATH) reducir (*auf* a) II. *vr:* **sich** ~ reducirse (*auf* a)

Reederei *f* <-en> compañía *f* naviera

reell *adj* 1. (*ehrlich*) honesto 2. (*fam: Portion, Ware*) bueno; (*Preis*) razonable 3. (*wirklich, a.* MATH) real

Referat *nt* <-(e)s, -e> 1. (*Vortrag*) ponencia *f*; **ein** ~ **halten** exponer una ponencia 2. (*Abteilung*) sección *f*

Referenda *Pl von* **Referendum**

Referendar(in) *m(f)* <-s, -e; -nen> 1. (JUR) licenciado, -a *m, f* en derecho 2. (SCH) profesor(a) *m(f)* en prácticas

Referendariat *nt* <-(e)s, -e> 1. (JUR) período *m* de prácticas para licenciados de derecho 2. (SCH) período *m* de prácticas de profesorado

Referendum *nt* <-s, Referenden *o* Referenda> referéndum *m*

Referent(in) *m(f)* <-en, -en; -nen> 1. (*eines Vortrages*) conferenciante *mf;* (*eines Referats*) ponente *mf* 2. (*Referatsleiter*) jefe, -a *m, f* de negociado

Referenzen *fpl* referencias *fpl*

referieren* I. *vi* 1. (*Referat halten*) exponer (una ponencia) (*über* sobre) 2. (*berichten*) hablar (*über* sobre/de) II. *vt* (*berichten*) presentar

reflektieren* I. *vi* 1. (*nachdenken*) reflexionar (*über* sobre) 2. (*zurückstrahlen*) reflejar 3. (*interessiert sein*) tener interés (*auf* en) II. *vt* (*Licht*) reflejar

Reflektor *m* <-s, -en> reflector *m*

Reflex *m* <-es, -e> reflejo *m;* **Reflexbewegung** *f* movimiento *m* reflejo

Reflexion *f* <-en> (*a.* PHYS) reflexión *f* (*über* sobre)

reflexiv *adj* (*a.* LING) reflexivo; **Reflexivpronomen** *nt* (LING) pronombre *m* reflexivo; **Reflexivverb** *nt* (LING) verbo *m* reflexivo

Reform *f* <-en> reforma *f*

Reformation *f ohne Pl* Reforma *f*

reformatorisch *adj* reformatorio

Reformer(in) *m(f)* <-s, -; -nen> reformista *mf*

reformerisch *adj* reformativo

Reformhaus *nt* tienda *f* de productos dietéticos y biológicos

reformieren* *vt* reformar

reformistisch *adj* (POL) reformista

Reformkost *f* productos *mpl* dietéticos y biológicos

Refrain *m* <-s, -s> estribillo *m*

Regal *nt* <-s, -e> 1. (*Ablage, Gestell*) estantería *f;* (*Bücher~*) librería *f* 2. (MUS) órgano *m* portátil

Regatta *f* <Regatten> (SPORT) regata *f*

rege *adj* 1. (*Verkehr, Briefwechsel, Betrieb*) intenso; (*Nachfrage, Interesse*) grande; (*Handel*) floreciente; ~ **Beteiligung** participación activa 2. (*Unterhaltung*) animado; (*Fantasie*) vivo; **körperlich und geistig** ~ **sein** mantenerse física y mentalmente activo

Regel *f* <-n> 1. (*Vorschrift, a.* LING) regla *f;* (*Norm*) norma *f;* **in der** ~ por regla general; **nach allen** ~**n der Kunst** como es debido; **sich** *dat* **etw zur** ~ **machen** tomar algo por costumbre 2. (*Menstruation*) regla *f;* **Regelarbeitszeit** *f* horario *m* de trabajo regular; **Regelblutung** *f* regla *f;* **Regelfall** *m ohne Pl* <-(e)s> caso *m* normal

regelmäßig I. *adj* regular; **sie ist eine** ~**e Besucherin** viene regularmente II. *adv* con regularidad, regularmente; **er kommt** ~ **zu spät** llega siempre tarde

Regelmäßigkeit *f* <-en> regularidad *f*

regeln I. *vt* regular; (*durch Verordnung*) reglamentar; (*in Ordnung bringen*) arreglar; **etw vertraglich** ~ fijar algo mediante un contrato; **das lässt sich ~** esto se puede arreglar **II.** *vr:* **sich ~ 1.** (*vor sich gehen*) efectuarse **2.** (*in Ordnung kommen*) arreglarse, solucionarse

regelrecht I. *adj* **1.** (*vorschriftsmäßig*) correcto **2.** (*fam: richtiggehend*) verdadero **II.** *adv* (*fam*) de verdad; **er war ~ unverschämt** fue descarado de verdad

Regelung *f* <-en> **1.** (*das Festlegen*) reglamentación *f;* (*Erledigung*) tramitación *f* **2.** (*der Temperatur*) regulación *f* **3.** (*Abmachung*) acuerdo *m;* (*Vorschrift*) reglamentación *f*

Regelwerk *nt* código *m;* **regelwidrig** *adj* contrario a las reglas

regen I. *vt* (*geh*) mover **II.** *vr:* **sich ~ 1.** (*sich bewegen*) moverse; **kein Lüftchen regte sich** no corría ni una brisa **2.** (*geh: entstehen*) surgir; **es regten sich Zweifel** surgieron dudas

Regen *m* <-s, -> lluvia *f;* (*feiner*) llovizna *f;* **saurer ~** (ÖKOL) lluvia ácida; **im strömenden ~ musste ich nach Hause laufen** lloviendo a cántaros como estaba tuve que ir a pie a casa; **ich bin gestern in den ~ gekommen** ayer me pilló la lluvia; **vom ~ in die Traufe kommen** (*fam fig*) salir de Guatemala y entrar en Guatepeor; **jdn im ~ stehen lassen** (*fam*) dejar a alguien plantado; **Regenbö(e)** *f* <-böen> turbión *m*

Regenbogen *m* <-s, -> arco *m* iris; **Regenbogenpresse** *f ohne Pl* prensa *f* amarilla

regenerieren* **I.** *vt* (TECH) regenerar **II.** *vr:* **sich ~** (BIOL, MED) regenerarse

Regenfälle *mpl* lluvias *fpl;* **starke/anhaltende ~** lluvias fuertes/persistentes; **Regenfront** *f* (METEO) frente *m* de lluvias; **Regenmantel** *m* gabardina *f;* (*Cape*) impermeable *m,* perramus *m inv CSur;* **Regenrinne** *f* canalón *m;* **Regenschauer** *m* chubasco *m;* **Regenschirm** *m* paraguas *m inv*

Regent(in) *m(f)* <-en, -en; -nen> regente *mf*

Regentropfen *m* gota *f* de lluvia

Regentschaft *f* <-en> regencia *f*

Regenwald *m* selva *f* tropical; **Regenwetter** *nt* tiempo *m* lluvioso; **bei ~** cuando llueve; **Regenwurm** *m* (ZOOL) lombriz *f* de tierra; **Regenzeit** *f* época *f* de las lluvias

Regie *f ohne Pl* **1.** (FILM, THEAT) dirección *f;* **unter der ~ von …** bajo la dirección de… **2.** (*Leitung*) administración *f;* (*Führung*) dirección *f;* **etw in eigener ~ tun** (*fam*) hacer algo por cuenta propia; **Regieanweisung** *f* indicación *f* del director; **Regieassistent(in)** *m(f)* ayudante *mf* de dirección

regieren* **I.** *vi* gobernar (über); (*herrschen*) reinar (*über* sobre) **II.** *vt* **1.** (*Land, Staat*) gobernar **2.** (LING) regir

Regierung *f* <-en> gobierno *m;* **eine (neue) ~ bilden** formar un (nuevo) gobierno; **die ~ stürzen** hacer caer el gobierno; **der ~ angehören** ser miembro del gobierno; **an der ~ sein** estar en el poder; **an die ~ kommen** acceder al poder; **Regierungsabkommen** *nt* acuerdo *m* intergubernamental; **Regierungsbezirk** *m* distrito *m* administrativo; **Regierungschef(in)** *m(f)* jefe, -a *m, f* de gobierno; **Regierungserklärung** *f* declaración *f* gubernamental; **Regierungsform** *f* <-en> forma *f* de gobierno, régimen *m;* **Regierungskrise** *f* crisis *f inv* gubernamental; **Regierungspartei** *f* partido *m* gubernamental

Regierungsrat, -rätin[1] *m, f* <-(e)s, -räte; -nen> **1.** (*Titel*) *funcionario, -a de alto cargo en la administración de autoridades superiores federales y del land* **2.** (*Schweiz: Mitglied der Kantonsregierung*) miembro *m* del gobierno cantonal

Regierungsrat[2] *m ohne Pl* <-(e)s> (*Schweiz*) *Gobierno Cantonal de Suiza*

Regierungssprecher(in) *m(f)* portavoz *mf* del gobierno; **Regierungswechsel** *m* cambio *m* de gobierno; **Regierungszeit** *f* (*einer Regierung, eines Präsidenten*) mandato *m;* (*eines Königs*) reinado *m*

Regime *nt* <-s, -(s)> régimen *m;* **Regimekritiker(in)** *m(f)* disidente *mf*

Regiment[1] *nt* <-(e)s, -e> (*Leitung*) mando *m;* **das ~ führen** tener el mando

Regiment[2] *nt* <-(e)s, -er> (MIL) regimiento *m*

Region *f* <-en> región *f;* **in höheren ~en schweben** (*geh fig*) estar en las nubes

regional *adj* regional

Regisseur(in) *m(f)* <-s, -e; -nen> (THEAT, FILM) director(a) *m(f)*

Register *nt* <-s, -> (*a.* MUS, INFOR) registro *m;* **alle ~ ziehen** (*fig*) tocar todos los registros

Registratur *f* <-en> **1.** (*das Registrieren*) registro *m* **2.** (*Büro*) (oficina *f* de) registro *m*

registrieren* *vt* registrar; (*bemerken*) apercibirse (de)

Registrierkasse *f* caja *f* registradora

reglementieren* *vt* reglamentar

Regler *m* <-s, -> (TECH) regulador *m;* (*Temperatur~*) termostato *m*

reglos *adj* inmóvil

regnen *vunpers* llover; **es regnet in Strömen** llueve a cántaros

regnerisch *adj* lluvioso

Regress[RR] *m* <-es, -e>, **Regreß** *m* <-sses, -sse> (JUR) recurso *m;* **jdn für etw in ~ nehmen** hacer a alguien responsable de algo

Regression *f* <-en> (*a.* MATH, PSYCH, GEO, BIOL) regresión *f*

regressiv *adj* (*a.* PSYCH, PHILOS, JUR) regresivo

R

regresspflichtig[RR] *adj* (JUR) responsable (civilmente); **jdn ~ machen** recurrir contra alguien

regulär *adj* regular

regulieren* *vt* **1.** (*Lautstärke, Temperatur*) regular; (*einstellen*) ajustar **2.** (*Fluss*) encauzar **3.** (*regeln*) regular; (*durch Verordung*) reglamentar; **einen Schaden ~** regular la indemnización

Regulierung *f* <-en> **1.** (*der Temperatur, Lautstärke*) regulación *f;* (TECH) ajuste *m* **2.** (*eines Flusses*) encauzamiento *m* **3.** (*Regelung*) regulación *f;* (*eines Schadens*) liquidación *f;* (*durch Verordnung*) reglamentación *f*

Regung *f* <-en> (*geh*) **1.** (*Bewegung*) movimiento *m* **2.** (*Gefühls~*) emoción *f*

regungslos *adj* inmóvil

Reh *nt* <-(e)s, -e> corzo *m*

Rehabilitation *f* <-en> rehabilitación *f;* **Rehabilitationszentrum** *nt* centro *m* de rehabilitación

rehabilitieren* *vt* **1.** (*jds Ansehen, a.* MED) rehabilitar **2.** (*wieder eingliedern*) reintegrar

Rehbock *m* corzo *m* macho; **Rehkitz** *nt* corcino *m;* **Rehkuh** *f* corza *f;* **Rehrücken** *m* **1.** (*des Rehs*) lomo *m* de corzo **2.** (*Kuchen*) *pastel de chocolate guarnecido con almendras*

Reibe *f* <-n> rallador *m*

Reibekuchen *m* (*reg*) *fritura de patatas crudas ralladas y huevos batidos*

reiben <reibt, rieb, gerieben> **I.** *vt* **1.** (*aneinander~*) frotar; **etw blank ~** sacar brillo a algo; **sich** *dat* **die Hände ~** (*a. fig*) frotarse las manos **2.** (*zerkleinern*) rallar **II.** *vr:* **sich ~** reñir (*an* por, *mit* con)

Reibereien *fpl* peleas *fpl*

Reibfläche *f* raspador *m*

Reibung *f* <-en> **1.** (*das Reiben*) frotamiento *m* **2.** (PHYS) fricción *f;* **Reibungsfläche** *f* (PHYS) superficie *f* de fricción

reibungslos *adj* sin dificultades; **etw verläuft ~** algo va de maravilla

reich *adj* **1.** (*wohlhabend*) rico (*an* en); **~ heiraten** hacer una boda ventajosa; **~ machen** enriquecer; **~ werden** enriquecerse **2.** (*prächtig*) suntuoso, lujoso; **~ geschmückt** lujosamente adornado **3.** (*groß*) grande; (*ergiebig*) abundante; **in ~em Maße** en abundancia **4.** (*vielfältig*) amplio

Reich *nt* <-(e)s, -e> imperio *m;* (*König~, a. fig*) reino *m;* **das Deutsche/Römische ~** el Imperio Alemán/Romano; **das Dritte ~** el Tercer Reich; **das ~ Gottes** el reino de Dios; **das ~ der Tiere** el reino animal

reichen **I.** *vi* **1.** (*aus~*) bastar, ser suficiente; **es reicht hinten und vorne nicht** (*fam*) falta por todas partes; **mir reicht's!** (*fam*) ¡estoy harto!; **jetzt reicht's aber!** (*fam*) ¡ya vale! **2.** (*sich erstrecken*) llegar (*bis* a); (*nach oben*) elevarse (*bis* hasta); **weit ~d** (*für große Entfernung*) de gran alcance; (*umfassend*) extenso, amplio; **so weit das Auge reicht** lo que alcanza la vista **II.** *vt* **1.** (*anbieten*) servir **2.** (*geben*): **jdm etw ~** pasar algo a alguien; **sich** *dat* **die Hand ~** tenderse la mano

reichhaltig *adj* abundante; (*umfangreich*) amplio

reichlich **I.** *adj* abundante; (*umfangreich*) amplio **II.** *adv* **1.** (*ausreichend*) en abundancia; **alles ist ~ vorhanden** hay de todo en abundancia **2.** (*fam: ziemlich*) bastante

Reichstag *m ohne Pl* <-(e)s> **1.** (*Parlament*) parlamento *m* **2.** (*Gebäude*) *palacio que alberga el Parlamento de la RFA;* **Reichstagsbrand** *m ohne Pl* <-(e)s> (HIST) incendio *m* del Reichstag

Reichtum[1] *m* <-s, -tümer> (*Besitz*) riqueza *f* (*an* en); **zu ~ gelangen** conseguir riquezas

Reichtum[2] *m ohne Pl* <-s> (*Reichhaltigkeit*) abundancia *f* (*an* de); (*große Vielfalt*) gran variedad *f* (*an* de); **der ~ an Arten** la gran variedad de especies

Reichweite *f* alcance *m;* **außer ~ sein** estar fuera de alcance; **etw liegt in ~** algo está al alcance de la mano

reif *adj* maduro; **~ werden** madurar; **die Zeit ist ~ (für etwas)** ha llegado el momento (de algo); **eine ~e Leistung** (*fam*) un trabajo bien hecho

Reif[1] *m* <-(e)s, -e> (*geh: Arm~*) brazalete *m*

Reif[2] *m ohne Pl* <-(e)s> (*Rau~*) escarcha *f*

Reife *f ohne Pl* **1.** (*das Reifen*) maduración *f* **2.** (*das Reifsein*) madurez *f;* **mittlere ~** (SCH) ≈título *m* de bachiller (*grado de enseñanza media obtenido en la Realschule*)

reifen *vi sein* madurar

Reifen *m* <-s, -> **1.** (*Auto~, Fahrrad~*) neumático *m* **2.** (*Spielzeug, Fass~*) aro *m;* **Reifenpanne** *f* pinchazo *m;* **Reifenwechsel** *m* cambio *m* de neumático(s)

Reifeprüfung *f* (SCH) ≈examen *m* de bachillerato

reiflich **I.** *adj* detenido **II.** *adv* detenidamente; **das habe ich mir ~ überlegt** he considerado esto detenidamente

Reigen *m* <-s, -> danza *f* en corro; **den ~ eröffnen/beschließen** (*geh a. fig*) abrir/cerrar el baile

Reihe[1] *f* <-n> **1.** (*allgemein*) fila *f;* (*Baum~*) hilera *f;* **sie sitzen in der dritten ~** están en la tercera fila; **sich in einer ~ aufstellen** ponerse en fila; **aus der ~ tanzen** (*fam fig*) hacer rancho aparte; **in Reih und Glied stehen** estar en formación **2.** (*An-*

zahl) serie *f;* (*Buch~*) colección *f;* **er kaufte eine ganze ~ Bücher** compró una serie de libros **3.** (MATH) progresión *f* **4.** *Pl* (*Gemeinschaft*) filas *fpl;* **aus den ~n der Konservativen** de las filas de los conservadores

Reihe[2] *f ohne Pl* (*Reihenfolge*) turno *m;* **du bist an der ~** (*fam*) te toca (a ti); **der ~ nach eintreten** entrar por turno; **immer der ~ nach!** ¡por orden!; **außer der ~ kommen** llegar fuera de turno; **etw auf die ~ kriegen** (*fam*) apañárselas para hacer algo

reihen I. *vt* (*geh*): **etw an etw ~** poner algo en fila con algo; **Perlen auf eine Schnur ~** ensartar perlas en un hilo **II.** *vr:* **sich ~** (*geh: zeitlich*) sucederse

Reihenfolge *f* orden *m;* **der ~ nach** por orden; **in alphabetischer ~** por orden alfabético

Reihenhaus *nt* chalé *m* adosado

reihenweise *adv* **1.** (*fam: viele*) en serie **2.** (*in Reihen*) en filas

Reiher *m* <-s, -> garza *f*

reihern *vi* (*fam*) **1.** (*erbrechen*) vomitar **2.** (*reg: Durchfall haben*) estar con diarrea

reihum *adv* por turno; **~ gehen** pasar de mano en mano

Reim *m* <-(e)s, -e> rima *f;* **ich kann mir keinen ~ darauf machen** no me lo explico

reimen I. *vt* rimar (*auf* con) **II.** *vr:* **sich ~** rimar (*auf* con)

rein I. *adj* **1.** (*unvermischt, pur*) puro; (*Freude*) verdadero; **~e Theorie** pura teoría **2.** (*sauber*) limpio; **etw ~ halten** mantener algo limpio; **etw ins R~e schreiben** pasar algo a limpio; **mit sich *dat* selbst ins R~e kommen** sincerarse consigo mismo; **etw ins R~e bringen** aclarar algo; **ein ~es Gewissen haben** tener la conciencia tranquila **3.** (*ohne Ausnahme*) neto; **eine ~e Industriestadt** una ciudad netamente industrial **4.** (*fam: völlig*) verdadero; **sie ist das ~ste Genie** es un verdadero genio **II.** *adv* **1.** (*ausschließlich*) netamente; **aus ~ privaten Gründen** por razones estrictamente privadas **2.** (*fam: völlig*) absolutamente; **das ist ~ unmöglich** es absolutamente imposible; **~ gar nichts** nada de nada **3.** (*fam: herein, hinein*) adentro, hacia dentro

Reinemachefrau *f* mujer *f* de la limpieza

Reinerlös *m* beneficio *m* neto

Reinfall *m* <-(e)s, -fälle> (*fam*) chasco *m;* **einen ~ erleben** sufrir un chasco; **der neue Torwart ist ein ziemlicher ~** vaya chasco el nuevo portero

rein|fallen *irr vi sein* (*fam*) **1.** (*in Loch*) caer (*in* en); (*Licht*) entrar (*in* en/a) **2.** (*sich täuschen lassen*) dejarse engañar (*auf* por) **3.** (*erfolglos sein*) llevarse un chasco (*mit* con)

Reingewinn *m* <-(e)s, -e> beneficio *m* neto

Reinhaltung *f ohne Pl* limpieza *f*

Reinheit *f ohne Pl* **1.** (*Unverfälschtheit*) pureza *f* **2.** (*Sauberkeit*) limpieza *f*

reinigen *vt* limpiar; (*Abwässer*) depurar; (*Kleidung*) lavar en seco

Reinigung *f* <-en> **1.** (*Unternehmen*) tintorería *f* **2.** (*das Reinigen*) limpieza *f;* (*von Abwässern*) depuración *f;* (*von Kleidung*) lavado *m* en seco

Reinigungsmilch *f* leche *f* desmaquilladora; **Reinigungsmittel** *nt* detergente *m*

Reinkarnation *f* <-en> reencarnación *f*

rein|legen *vt* (*fam*) meter; *s. a.* **hereinlegen, hineinlegen**

reinlich *adj* limpio

Reinmachefrau *f* mujer *f* de la limpieza

reinrassig *adj* de pura raza

rein|ziehen *irr vt* (*fam*) **1.** (*Dinge*) tirar [*o* arrastrar] hacia dentro **2.** (*verschlingen*) tragar; **sich *dat* ein Bier/einen Film ~** tragarse una cerveza/una película **3.** (*in Verbrechen*) implicar (*in* en)

Reis *m* <-es, -e> arroz *m*

Reise *f* <-n> viaje *m* (*nach/in* a); **eine ~ machen** hacer un viaje; **auf ~n sein** estar de viaje; **Gute ~!** ¡buen viaje!; **Reiseandenken** *nt* <-s, -> recuerdo *m* (de viaje); **Reiseapotheke** *f* botiquín *m* de viaje; **Reisebüro** *nt* agencia *f* de viajes; **Reisebus** *m* autocar *m;* **reisefertig** *adj* listo para partir; **Reisefieber** *nt ohne Pl* <-s> (*fam*) nerviosismo *m* ante un viaje

Reiseführer(in)[1] *m(f)* <-s, -; -nen> (*Person*) guía *mf* turístico, -a

Reiseführer[2] *m* <-s, -> (*Buch*) guía *f* turística

Reisegepäck *nt* equipaje *m*

Reisegesellschaft[1] *f* <-en> (*Reisegruppe*) grupo *m* turístico

Reisegesellschaft[2] *f ohne Pl* (*Begleitung*) compañía *f*

Reisegruppe *f* grupo *m* turístico; **Reisekosten** *pl* gastos *mpl* de viaje; **Reisekrankheit** *f ohne Pl* mareo *m;* **Reiseland** *nt* <-(e)s, -länder> país *m* turístico; **Reiseleiter(in)** *m(f)* <-s, -; -nen> guía *mf* turístico, -a

reisen *vi sein* viajar (*nach/in* a)

Reisende(r) *mf* <-n, -n; -n> viajero, -a *m, f*

Reisepass[RR] *m* pasaporte *m,* pase *m Am;* **Reiseprospekt** *m* prospecto *m* de viaje; **Reisescheck** *m* cheque *m* de viaje; **Reisetasche** *f* bolsa *f* de viaje; **Reiseveranstalter** *m* <-s, -> agente *m* de viajes

Reiseverkehr *m* tráfico *m* de viajeros, turismo *m;* **Reiseverkehrskauffrau** *f* agente *f* de viajes; **Reiseverkehrskaufmann** *m* agente *m* de viajes

R

Reiseversicherung *f* seguro *m* de viaje; **Reisewelle** *f* ola *f* de viajeros; **Reisewetterbericht** *m* parte *m* metereológico para viajeros; **Reisezeit** *f* temporada *f* de vacaciones; **Reiseziel** *nt* punto *m* de destino

Reisfeld *nt* arrozal *m*

Reisig *nt ohne Pl* <-s> ramas *fpl* secas

Reißaus *m* (*fam*): ~ **nehmen** poner pies en polvorosa

Reißbrett *nt* tablero *m* de dibujo

reißen <reißt, riss, gerissen> **I.** *vi* **1.** *sein* (*zer~*) romperse; (*in Fetzen*) desgarrarse **2.** (*zerren*) tirar (*an* de) **II.** *vt* **1.** (*zer~*) romper; (*in Fetzen*) desgarrar; **er riss den Brief in Stücke** rompió la carta en pedazos **2.** (*weg~, aus~*) arrancar (*aus* de); (*herausholen*) sacar (*aus* de); **er wurde aus dem Schlaf gerissen** le sacaron del sueño **3.** (*ziehen*) tirar; (*mit sich ~*) arrastrar; **sie riss ihn zu Boden** le tiró al suelo; **jdm etw aus der Hand ~** arrancar algo a alguien de la mano; **ich bin hin und her gerissen** no sé qué hacer; **etw an sich ~** hacerse con algo; **das Gespräch an sich ~** monologar **4.** (SPORT) derribar **5.** (*töten*) matar **III.** *vr:* **sich ~ 1.** (*fam*): **sich um etw/um jdn ~** pegarse por algo/por estar con alguien **2.** (*sich befreien*) desprenderse, deshacerse; **sie riss sich aus seiner Umarmung** se deshizo de su abrazo

reißend *adj* fuerte; **~en Absatz finden** tener muy buena acogida

Reißer *m* <-s, -> (*fam: Buch, Film*) exitazo *m*

reißerisch *adj* (*abw*) sensacionalista

reißfest *adj* resistente; **Reißleine** *f* (AERO: *am Fallschirm*) cuerda *f* de desgarro

Reißverschluss[RR] *m* cremallera *f;* **Reißverschlussprinzip**[RR] *nt* <-s, -e> sistema *m* de cremallera

Reißwolf *m* desfibradora *f;* **Reißzwecke** *f* chincheta *f*

Reitbahn *f* picadero *m*

reiten <reitet, ritt, geritten> **I.** *vi sein* cabalgar; (*auf einem Pferd*) montar a caballo; (*als Sport*) practicar equitación; **auf einem Esel/Besen ~** cabalgar en un burro/sobre una escoba; **auf einer Stute ~** montar una yegua; **im Schritt/Trab/Galopp ~** ir al paso/al trote/al galope **II.** *vt* montar

Reiter(in) *m(f)* <-s, -; -nen> jinete *m,* amazona *f*

Reiterstandbild *nt* estatua *f* ecuestre

Reithose *f* pantalón *m* de montar, zamarros *mpl Am;* **Reitpeitsche** *f* fusta *f;* **Reitpferd** *nt* caballo *m* de silla; **Reitschule** *f* <-n> escuela *f* de equitación; **Reitstiefel** *m* bota *f* de montar; **Reittier** *nt* montura *f*

Reiz *m* <-es, -e> **1.** (*physiologisch*) estímulo *m* **2.** (*Verlockung*) atractivo *m;* **der ~ des Neuen** el atractivo de lo nuevo; **einen ~ auf jdn ausüben** fascinar a alguien **3.** (*Schönheit*) encanto *m*

reizbar *adj* irritable; **er ist leicht ~** se irrita fácilmente

Reizbarkeit *f ohne Pl* irritabilidad *f*

reizen I. *vt* **1.** (*provozieren*) provocar; **jdn bis zur Weißglut ~** (*fam*) sacar a alguien de quicio **2.** (MED) irritar **3.** (*anziehen*) atraer; (*verlocken*) seducir **II.** *vi* (*beim Kartenspiel*) pujar

reizend *adj* precioso; (*Mensch*) encantador

Reizklima *nt clima que estimula el organismo debido a oscilaciones de temperatura y presión atmosférica, fuertes vientos y abundante radiación solar*

reizlos *adj* **1.** (*Essen*) soso **2.** (*langweilig*) sin gracia

Reizthema *nt* tema *m* delicado; **Reizüberflutung** *f* <-en> (PSYCH) estimulación *f* exagerada

Reizung *f* <-en> (MED) irritación *f*

reizvoll *adj* **1.** (*schön*) encantador **2.** (*verlockend*) tentador; **Reizwäsche** *f* ropa *f* (interior) sexy

rekapitulieren* *vt* recapitular

rekeln *vr:* **sich ~** (*fam*) estirarse

Reklamation *f* <-en> reclamación *f*

Reklame *f* <-n> publicidad *f;* **für jdn/etw ~ machen** hacer publicidad por alguien/para algo

reklamieren* *vi, vt* reclamar (*gegen* contra)

rekonstruieren* *vt* reconstruir (*aus* con)

Rekonstruktion *f* <-en> reconstrucción *f*

Rekonvaleszenz *f ohne Pl* (MED) convalecencia *f*

Rekord *m* <-(e)s, -e> récord *m;* **einen ~ einstellen/aufstellen/brechen** igualar/establecer/batir un récord

Rekorder *m* <-s, -> magnetofón *m,* grabadora *f Am*

Rekordhalter(in) *m(f)* plusmarquista *mf*

Rekordzeit *f* tiempo *m* récord; **in ~** en tiempo récord

Rekrut(in) *m(f)* <-en, -en; -nen> (MIL) recluta *mf*

rekrutieren* **I.** *vt* reclutar **II.** *vr:* **sich ~** componerse (*aus* de)

Rektor(in) *m(f)* <-s, -en; -nen> **1.** (SCH) director(a) *m(f)* **2.** (UNIV) rector(a) *m(f)*

Rektorat *nt* <-(e)s, -e> **1.** (SCH) dirección *f* **2.** (UNIV) rectorado *m*

Rekultivierung *f* <-en> (ÖKOL) nueva puesta *f* en cultivo

Relation *f* <-en> relación *f;* **Preis und Leistung stehen in keiner ~ zueinander** no hay ninguna relación entre precio y prestaciones

relativ *adj* relativo; **~ oft** bastante a menudo; **ein ~ kalter Sommer** un verano relativa-

mente frío
relativieren* *vt* relativizar
Relativität *f* <-en> (*a.* PHYS) relatividad *f*; **Relativitätstheorie** *f ohne Pl* (PHYS) teoría *f* de la relatividad
Relativpronomen *nt* (LING) pronombre *m* relativo; **Relativsatz** *m* <-es, -sätze> (LING) oración *f* relativa
relaxen* *vi* (*entspannen*) relajar; (*ausruhen*) descansar
relevant *adj* relevante
Relevanz *f ohne Pl* relevancia *f*
Relief *nt* <-s, -s *o* -e> (KUNST, GEO) relieve *m*
Religion *f* <-en> religión *f*; **Religionsfreiheit** *f ohne Pl* libertad *f* de culto; **Religionsgemeinschaft** *f* comunidad *f* religiosa
religiös *adj* **1.** (*zur Religion gehörend*) religioso **2.** (*fromm*) devoto, religioso; ~ **erzogen** educado en la religiosidad
Religiosität *f ohne Pl* religiosidad *f*
Relikt *nt* <-(e)s, -e> reliquia *f*; (*Spur*) vestigio *m*
Reling *f* <-s *o* -e> (NAUT) borda *f*
Reliquie *f* <-n> (REL) reliquia *f*
Rem *nt* <-s, -s> *Abk. von* **Roentgen equivalent man** rem *m*
Remoulade *f* <-n> salsa *f* tártara
rempeln *vt* (*fam*) empujar
Ren *nt* <-s, -s *o* -e> (ZOOL) reno *m*
Renaissance *f ohne Pl* (HIST, KUNST) Renacimiento *m*
Rendezvous *nt* <-, -> cita *f*
Rendite *f* <-n> (WIRTSCH) rédito *m*
renitent *adj* renitente
Rennbahn *f* pista *f* de carreras; (*Pferde~*) hipódromo *m*
rennen <rennt, rannte, gerannt> **I.** *vi sein* correr; **um die Wette** ~ echar una carrera; **gegen etw** ~ estrellarse contra algo **II.** *vt*: **jdn zu Boden** ~ atropellar a alguien; **jdm ein Messer in den Bauch** ~ (*fam*) dar una puñalada en el vientre a alguien
Rennen *nt* <-s, -> carrera *f*; **das ~ machen** (*fam*) salir vencedor; **gut im ~ liegen** ir a buen ritmo; **das ~ ist gelaufen** (*fam*) ya no hay nada que hacer; **einen Kandidaten ins ~ schicken** presentar un candidato
Renner *m* <-s, -> (*fam*) superventas *m inv*
Rennfahrer(in) *m(f)* corredor(a) *m(f)*; (*mit Auto*) piloto *mf* de carreras; (*mit Motorrad*) motociclista *mf* de carreras; **Rennpferd** *nt* caballo *m* de carreras; **Rennrad** *nt* bicicleta *f* de carreras; **Rennsport** *m* carreras *fpl*; **Rennstrecke** *f* (pista *f*) recorrido *m*; **Rennwagen** *m* coche *m* de carreras
renommiert *adj* prestigioso, afamado
renovieren* *vt* renovar, refaccionar *Am*
Renovierung *f* <-en> renovación *f*
rentabel *adj* rentable
Rente *f* <-n> pensión *f*; **in ~ gehen** (*fam*) jubilarse; **in ~ sein** (*fam*) estar jubilado; **Rentenalter** *nt* edad *f* de jubilación; **Rentenanspruch** *m* derecho *m* a pensión; **Rentenversicherung** *f* seguro *m* de pensiones
Rentier *nt* <-(e)s, -e> (ZOOL) reno *m*
rentieren* *vr*: **sich** ~ valer la pena; (*finanziell*) ser rentable
Rentner(in) *m(f)* <-s, -; -nen> pensionista *mf*
Rep *m* <-s, -s> *Abk. von* **Republikaner** miembro *m* del partido ultraderechista alemán
reparabel *adj* reparable
Reparationen *fpl* (POL) pagos *mpl* de reparación
Reparatur *f* <-en> (*Gerät*) arreglo *m*; (*Auto*) reparación *f*; **etw in ~ geben** mandar algo a arreglar; **reparaturanfällig** *adj* que es propenso a estropearse, delicado; **reparaturbedürftig** *adj* que necesita ser reparado; **Reparaturwerkstatt** *f* taller *m* de reparaciones
reparieren* *vt* arreglar, reparar
Repertoire *nt* <-s, -s> repertorio *m*
Report *m* <-(e)s, -e> informe *m*
Reportage *f* <-n> reportaje *m* (*über* sobre)
Reporter(in) *m(f)* <-s, -; -nen> reportero, -a *m, f*
Repräsentant(in) *m(f)* <-en, -en; -nen> representante *mf*
Repräsentation *f* <-en> representación *f*
repräsentativ *adj* representativo (*für* de)
repräsentieren* *vi, vt* representar
Repressalie *f* <-n> represalia *f*
repressiv *adj* represivo
Reproduktion *f* <-en> reproducción *f*
reproduzieren* *vt* reproducir
Reptil *nt* <-s, -ien> reptil *m*
Republik *f* <-en> república *f*
Republikaner(in) *m(f)* <-s, -; -nen> (POL) republicano, -a *m, f*; (*in Deutschland*) miembro *m* del partido ultraderechista alemán
republikanisch *adj* republicano
Requiem *nt* <-s, -s> **1.** (REL) misa *f* de difuntos **2.** (MUS) réquiem *m*
Requisit *nt* <-(e)s, -en> **1.** *Pl* (THEAT) atrez(z)o *m* **2.** (*Zubehör*) requisito *m*
Requisiteur(in) *m(f)* <-s, -e; -nen> (THEAT) atrezzista *mf*
Reservat *nt* <-(e)s, -e> reserva *f*
Reserve *f* <-n> (*a.* MIL, SPORT) reserva *f*; **jdn/etw in ~ haben** tener a alguien/algo en reserva; **jdn aus der ~ locken** intentar sacar a alguien de su cascarón; **Reservekanister** *m* bidón *m* de reserva; **Reserverad** *nt* rueda *f* de repuesto; **Reservespieler(in)** *m(f)* (SPORT) reserva *mf*
reservieren* *vt* reservar

R

Reservist(in) *m(f)* <-en, -en; -nen> **1.** (MIL) reservista *mf* **2.** (SPORT) reserva *mf*

Reservoir *nt* <-s, -e> depósito *m*

Reset-Taste *f* (INFOR) tecla *f* de reposición al estado inicial

Residenz *f* <-en> residencia *f*

residieren* *vi* residir

Resignation *f* <-en> resignación *f*

resignieren* *vi* resignarse

resistent *adj* (BIOL, MED) resistente (*gegen* a)

resolut *adj* resuelto

Resolution *f* <-en> resolución *f*

Resonanz *f* <-en> (*a.* PHYS, MUS) resonancia *f;* **große/wenig/keine ~ finden** tener gran/tener poca/no tener ninguna resonancia

resozialisieren* *vt* reinsertar (en la sociedad)

Resozialisierung *f* <-en> reinserción *f* social

Respekt *m ohne Pl* <-(e)s> respeto *m* (*vor* a); **sich** *dat* **~ verschaffen** hacerse respetar; **vor jdm/etw** *dat* **~ haben** tener respeto a alguien/a algo; **bei allem ~** con todo respeto

respektabel *adj* respetable

respektieren* *vt* respetar

respektive *konj* (*geh*) respectivamente, respective

respektlos *adj* irrespetuoso (*gegenüber* (para) con)

respektvoll *adj* respetuoso (*gegenüber* (para) con)

Ressort *nt* <-s, -s> **1.** (*Zuständigkeitsbereich*) competencia *f;* **das fällt nicht in mein ~** eso no pertenece al ámbito de mis competencias **2.** (*Abteilung*) sección *f*

Ressourcen *fpl* recursos *mpl*

Rest *m* <-(e)s, -e> resto *m,* concho *m CSur;* (*Stoff~*) retal *m;* **ein kleiner ~** un poquito; **der letzte ~** lo último que queda; **das hat ihm den ~ gegeben** (*fam*) esto le arruinó definitivamente

Restaurant *nt* <-s, -s> restaurante *m*

Restauration *f* <-en> **1.** (POL) restauración *f* **2.** (*Österr: Restaurant*) restaurante *m*

Restaurator(in) *m(f)* <-s, -en; -nen> restaurador(a) *m(f)*

restaurieren* *vt* restaurar, refaccionar *Am*

restlich *adj* **1.** (*noch ausstehend*) restante; **die ~en Jahre** los años restantes **2.** (*nach Verbrauch*) sobrante

restlos **I.** *adj* total, completo **II.** *adv* en su totalidad, por completo

Restposten *m* remanente *m*

restriktiv *adj* (*geh*) restrictivo

Restrisiko *nt* <-s, -risiken> riesgo *m* (que permanece)

Resultat *nt* <-(e)s, -e> resultado *m*

resultieren* *vi* resultar (*aus* de)

Resümee *nt* <-s, -s> resumen *m;* **aus etw** *dat* **das ~ ziehen** sacar la conclusión de algo

Retorte *f* <-n> retorta *f;* **aus der ~** (*fam*) artificial; **Retortenbaby** *nt* (*fam*) bebé-probeta *m*

retour *adv* (*reg, Schweiz, Österr*) de vuelta; **jdm etw ~ geben** devolver algo a alguien; **etw ~ gehen lassen** mandar algo de vuelta; **Retourbillett** *nt* (*Schweiz*) billete *m* de vuelta; **Retourgeld** *nt* <-(e)s, -er> (*Schweiz*) (dinero *m* de) vuelta *f*

Retrospektive *f* <-n> retrospección *f*

retten **I.** *vt* **1.** (*aus Notlage*) salvar (*vor* de); (*befreien*) liberar (*aus* de); (*bergen*) rescatar (*aus* de); **bist du noch zu ~?** (*fam*) ¿te falta un tornillo? **2.** (*Denkmal*) salvar (*vor* de), proteger (*vor* de/contra) **II.** *vr:* **sich ~** salvarse (*vor* de); **sie konnte sich vor Arbeit nicht mehr ~** estaba con el agua al cuello de tanto trabajo; **rette sich, wer kann!** ¡sálvese quien pueda!

Retter(in) *m(f)* <-s, -; -nen> salvador(a) *m(f)*

Rettich *m* <-s, -e> rábano *m* largo

Rettung *f* <-en> **1.** (*aus Gefahr*) salvación *f;* (*Bergung*) rescate *m;* (*Befreiung*) liberación *f;* **du bist meine letzte ~!** (*fam*) ¡eres mi última esperanza!; **für ihn kam jede ~ zu spät** fue demasiado tarde para él **2.** (*von Denkmälern*) protección *f;* **Rettungsaktion** *f* operación *f* de rescate; **Rettungsanker** *m* (*fig*) áncora *f;* **Rettungsboot** *nt* **1.** (*des Rettungsdienstes*) barco *m* de salvamento **2.** (*Beiboot*) bote *m* salvavidas; **Rettungsdienst** *m* servicio *m* de socorro; **Rettungshubschrauber** *m* helicóptero *m* de salvamento

rettungslos *adj* sin remedio, irremediable; **~ verloren** irremediablemente perdido

Rettungsmannschaft *f* equipo *m* de rescate; **Rettungsring** *m* salvavidas *m inv;* (*fam: Fettwulst*) michelín *m;* **Rettungsschwimmer(in)** *m(f)* socorrista *mf;* **Rettungswagen** *m* ambulancia *f*

retuschieren* *vt* retocar

Reue *f ohne Pl* arrepentimiento *m* (*über* de)

reuig *adj* pesaroso, arrepentido

reumütig **I.** *adj* arrepentido **II.** *adv* lleno de arrepentimiento; **~ sein** arrepentirse

Revanche *f* <-n> **1.** (*Rache*) revancha *f;* (*bei einem Spiel*) desquite *m;* **jdm ~ geben** dar(le) revancha a alguien **2.** (*Gegendienst*) correspondencia *f*

revanchieren* *vr:* **sich ~** **1.** (*sich rächen*) vengarse (*für/bei* de) **2.** (*sich erkenntlich zeigen*) corresponder (*für* a)

Revers *nt, Österr: m* <-, -> (*Kragen*) solapa *f*

revidieren* *vt* **1.** (*rückgängig machen*) revisar **2.** (*Schweiz: überholen*) inspeccionar

Revier *nt* <-s, -e> **1.** (*Aufgabenbereich*) incumbencia *f* **2.** (*Polizei~*) comisaría *f* **3.** (ZOOL) territorio *m* **4.** (*Jagd~*) coto *m* de caza **5.** (BERGB) región *f* minera

Revision *f* <-en> **1.** (*Kontrolle*) revisión *f;* (*von Gepäck*) registro *m* **2.** (TYPO) contraprueba *f* **3.** (*Änderung*) modificación *f* **4.** (JUR) recurso *m* de casación; **in die ~ gehen** interponer recurso de casación

Revolte *f* <-n> revuelta *f;* (*Auflehnung*) sublevación *f*

revoltieren* *vi* alzarse (*gegen* contra); (*sich auflehnen*) sublevarse (*gegen* contra)

Revolution *f* <-en> revolución *f*

revolutionär *adj* revolucionario

Revolutionär(in) *m(f)* <-s, -e; -nen> revolucionario, -a *m, f*

Revolver *m* <-s, -> revólver *m;* **Revolverheld** *m* <-en, -en> (*abw*) matón *m*

Revue *f* <-n> (THEAT, PUBL) revista *f;* **etw ~ passieren lassen** (*fig*) pasar revista a algo

Rezensent(in) *m(f)* <-en, -en; -nen> crítico, -a *m, f*

rezensieren* *vt* hacer una reseña (de), reseñar

Rezension *f* <-en> reseña *f*

Rezept *nt* <-(e)s, -e> (MED, GASTR) receta *f;* **etw auf ~ bekommen** recibir algo con receta; **rezeptfrei** *adj* de venta libre

Rezeption *f* <-en> **1.** (LIT, KUNST) acogida *f* **2.** (*Hotel~*) recepción *f*

rezeptpflichtig *adj* de prescripción (médica) obligatoria; (*auf Packung*) con receta médica

Rezession *f* <-en> (WIRTSCH) recesión *f*

Rezipient(in) *m(f)* <-en, -en; -nen> recipiente *mf*

rezitieren* *vt* recitar

R-Gespräch *nt* (TEL) llamada *f* a cobro revertido

Rhabarber *m ohne Pl* <-s> ruibarbo *m*

Rhein *m* <-s> Rin *m*

Rheinland *nt* <-(e)s> Renania *f*

Rheinländer(in) *m(f)* <-s, -; -nen> renano, -a *m, f*

Rheinland-Pfalz *nt* Renania *f* Palatinado

Rhesusfaktor *m ohne Pl* <-s> (MED) factor *m* Rhesus; **~ positiv/negativ** Rh positivo/negativo

Rhetorik *f ohne Pl* retórica *f*

rhetorisch *adj* retórico

Rheuma *nt ohne Pl* <-s> (*fam*) reuma *m o f;* **an ~ leiden** padecer reuma; **Rheumamittel** *nt* (MED) antirreumático *m*

rheumatisch *adj* (MED) reumático

Rheumatismus *m* <-, Rheumatismen> (MED) reumatismo *m*

Rhinozeros *nt* <-(ses), -se> **1.** (ZOOL) rinoceronte *m* **2.** (*fam: Trottel*) tonto, -a *m, f*

Rhombus *m* <-, Rhomben> (MATH) rombo *m*

Rhythmen *Pl von* **Rhythmus**

rhythmisch *adj* rítmico

Rhythmus *m* <-, Rhythmen> (*a.* MUS, LING) ritmo *m*

richten **I.** *vt* **1.** (*lenken, wenden*) dirigir (*an/auf* a, *gegen* contra); (*Waffe*) apuntar (*auf* a); (*Aufmerksamkeit, Hass*) concentrar (*auf* en); (*Blick*) fijar (*auf* en); **das Wort an jdn ~** dirigir la palabra a alguien **2.** (*reg: reparieren*) arreglar **3.** (*reg: vorbereiten*) preparar **II.** *vr:* **sich ~ 1.** (*sich anpassen*): **sich nach etw** *dat* **~** seguir algo; **richte dich danach!** ¡atente a ello! **2.** (*abhängen*) depender (*nach* de); **sich nach jdm ~** orientarse por alguien **3.** (*sich wenden*) dirigirse (*gegen* contra) **III.** *vi* (JUR) dictar sentencia (*über* acerca de)

Richter(in) *m(f)* <-s, -; -nen> juez(a) *m(f);* **jdn vor den ~ bringen** llevar a alguien ante el juez

richterlich *adj* judicial

Richterskala[RR] *f ohne Pl:* **die ~** la escala de Richter

Richtfest *nt* fiesta *f* de cubrir aguas

Richtgeschwindigkeit *f* velocidad *f* (máxima) aconsejada

richtig **I.** *adj* **1.** (*zutreffend*) justo, exacto; (*korrekt*) correcto; **ich halte es für ~, dass ...** lo veo bien que... *+subj* **2.** (*echt, regelrecht*) verdadero; (*wirklich*) auténtico; **es war ein ~es Durcheinander** fue un verdadero caos **3.** (*geeignet*) justo, oportuno; **zur ~en Zeit** en el momento oportuno **4.** (*fam: in Ordnung*) correcto; **der ist nicht ganz ~ (im Kopf)** no está muy bien (de la cabeza) **II.** *adv* **1.** (*korrekt*) bien; **das hat er ~ gemacht** lo ha hecho bien; **geht die Uhr ~?** ¿va bien el reloj?; **du kommst gerade ~** llegas en buen momento **2.** (*in der Tat*) efectivamente **3.** (*~ gehend*) verdaderamente; (*gehörig*) como es debido; **er war ~ nett** fue verdaderamente amable

richtiggehend *adj* (*wirklich*) verdadero; **jdn ~ betrügen** (*fam*) estafar a alguien en toda regla

Richtigkeit *f ohne Pl* exactitud *f;* **das wird schon seine ~ haben** tendrá su razón de ser

richtig|stellen *vt s.* **stellen I.5.**

Richtlinie *f* norma *f,* pauta *f;* (*Anweisungen*) instrucciones *fpl;* **Richtpreis** *m* (WIRTSCH) precio *m* orientativo; **Richtschnur** *f* <-en> **1.** (ARCHIT) tendel *m* **2.** (*Grundsatz*) pauta *f,* regla *f* de conducta

Richtung *f* <-en> **1.** (*Verlauf*) dirección *f,* rumbo *m;* **in ~ auf** en dirección a; **in südlicher ~** en dirección sur; **in die entgegengesetzte ~ fahren** ir en sentido contrario; **der Zug ~ Vigo** el tren con destino a Vigo;

R

die Leute kommen aus allen ~en la gente viene de todas partes; **sie gab dem Gespräch eine andere ~** cambió el rumbo de la conversación; **in dieser ~ habe ich nichts unternommen** no tomé medidas al respecto **2.** (*Strömung*) tendencia *f;* (*literarisch*) corriente *f;* **richtung(s)weisend** *adj* orientador, que sirve de modelo

Richtwert *m* valor *m* indicativo

rieb *3. imp von* **reiben**

riechen <riecht, roch, gerochen> *vi, vt* oler (*nach* a); **übel ~d** hediondo, maloliente; **an einem Gewürz ~** oler una especia; **es riecht angebrannt** huele a quemado; **aus dem Mund ~** tener mal aliento; **jdn nicht ~ können** (*fam fig*) no tragar a alguien; **das konnte ich doch nicht ~!** (*fam*) ¡cómo iba a saber yo!; **ich glaube, sie hat was gerochen** (*fig fam*) creo que se lo ha olido

Riecher *m* <-s, -> (*fam: Nase*) nariz *f;* (*Geruchssinn*) olfato *m;* **den richtigen ~ für etw haben** tener muy buen olfato para algo

Ried *nt* <-(e)s, -e> **1.** (BOT) caña *f* **2.** (*südd, Schweiz: Moor*) ciénaga *f,* cañada *f CSur, USA;* **Rieddach** *nt tejado de cañas típico del norte de Alemania*

rief *3. imp von* **rufen**

Riege *f* <-n> (SPORT) equipo *m*

Riegel *m* <-s, -> **1.** (*Tür~*) cerrojo *m,* pestillo *m;* (*im Türschloss*) pestillo *m;* **etw** *dat* **einen ~ vorschieben** poner freno a algo **2.** (*Schokoladen~*) barrita *f*

Riemen *m* <-s, -> **1.** (*Band*) correa *f,* tiento *m Am;* **sich am ~ reißen** (*fam*) hacer un esfuerzo; **den ~ enger schnallen** (*fam*) apretarse el cinturón **2.** (*Ruder*) remo *m*

Riese, -in *m, f* <-n, -n; -nen> (*Gestalt*) gigante, -a *m, f*

rieseln *vi sein* (*Schnee, Sand*) caer; (*Wasser*) correr

riesengroß *adj* (*fam*) gigante, gigantesco

Riesenrad *nt* noria *f;* **Riesenschritt** *m* (*fam*) paso *m* gigantesco; **mit ~en** a paso de gigante; **Riesenslalom** *m* (SPORT) eslalon *m* gigante

riesig **I.** *adj* gigante, gigantesco; (*gewaltig*) enorme **II.** *adv* (*fam: sehr*) enormemente

Riesling *m* <-s, -e> (vino *m* de) Riesling *m*

riet *3. imp von* **raten**

Riff *nt* <-(e)s, -e> arrecife *m*

rigoros *adj* riguroso

Rille *f* <-n> ranura *f;* (*Schallplatten~*) surco *m*

Rind[1] *nt* <-(e)s, -er> **1.** (*Tier*) vacuno *m,* res *f Am;* (*bei Tierhaltung*) ganado *m* vacuno **2.** (ZOOL) bóvidos *mpl*

Rind[2] *nt ohne Pl* <-(e)s> (*fam: ~fleisch*) carne *f* de vaca

Rinde *f* <-n> corteza *f*

Rinderbraten *m* asado *m* de vacuno; **Rinderfilet** *nt* filete *m* de vaca; **Rinderwahnsinn** *m* encefalopatía *f* espongiforme bovina

Rindfleisch *nt* carne *f* de vaca

Rindvieh[1] *nt ohne Pl* <-(e)s> (AGR) ganado *m* vacuno

Rindvieh[2] *nt* <-(e)s, -viecher> (*fam abw: Mensch*) pedazo *m* de bruto, animal *m*

Ring *m* <-(e)s, -e> **1.** (*allgemein*) aro *m;* (*Finger~*) anillo *m,* argolla *f Am: argot;* **~e unter den Augen haben** tener ojeras **2.** *Pl* (*Turngerät*) anillas *fpl* **3.** (*Box~*) ring *m* **4.** (*Menschengruppe*) agrupación *f;* (*Verbrecher~*) red *f*

Ringbuch *nt* cuaderno *m* de anillas

Ringelblume *f* caléndula *f*

ringeln **I.** *vt* ensortijar (*um* alrededor de) **II.** *vr:* **sich ~** ensortijarse

Ringelnatter *f* serpiente *f* de collar; **Ringelreihen** *m* <-s, -> rueda *f*

ringen <ringt, rang, gerungen> **I.** *vi* (*a.* SPORT) luchar (*mit* con, *um/nach* por); **nach Luft ~** jadear; **mit dem Tod ~** agonizar **II.** *vt* (*geh*): **die Hände ~** retorcerse las manos

Ringer(in) *m(f)* <-s, -; -nen> luchador(a) *m(f)*

Ringfahndung *f* redada *f;* **Ringfinger** *m* (dedo *m*) anular *m*

ringförmig *adj* anular, circular

Ringkampf *m* (*a.* SPORT) lucha *f;* **Ringkämpfer(in)** *m(f)* (SPORT) luchador(a) *m(f)*

Ringordner *m* <-s, -> archivador *m* de anillas

Ringrichter(in) *m(f)* (SPORT) árbitro, -a *m, f* del ring de boxeo

rings *adv* alrededor (*an/um* de); **ringsherum** *adv* alrededor (*um* de); (*überall*) por todas partes

Ringstraße *f* avenida *f* de circunvalación; (*kleiner*) (camino *m* de) ronda *f*

ringsumher *adv s.* **ringsherum**

Rinne *f* <-n> **1.** (*im Boden*) cauce *m;* (*Bewässerungs~*) acequia *f* **2.** (*Dach~*) canalón *m*

rinnen <rinnt, rann, geronnen> *vi sein* manar, correr

Rinnsal *nt* <-(e)s, -e> (*geh*) **1.** (*Gewässer*) riachuelo *m* **2.** (*Blut~*) reguero *m*

Rinnstein *m* **1.** (*Gosse*) cuneta *f* **2.** (*Bordstein*) bordillo *m*

Rippchen *nt* <-s, -> (GASTR) costilla *f*

Rippe *f* <-n> **1.** (MED) costilla *f* **2.** (*von Heizkörper*) aleta *f* **3.** (BOT) nervio *m*

Rippenfell *nt* pleura *f;* **Rippenfellentzündung** *f* pleuresía *f*

Rippli *nt* <-s, -> (*Schweiz:* GASTR) costilla *f*

Risiko *nt* <-s, -s *o* Risiken> riesgo *m;* **auf eigenes ~** por propio riesgo; **kein/ein ~**

eingehen no correr riesgo/correr un riesgo; **risikofreudig** *adj* que ama el riesgo; **Risikogruppe** *f* (MED) grupo *m* con elevado riesgo de infección
riskant *adj* arriesgado; **das ist mir zu ~** me resulta demasiado arriesgado
riskieren* *vt* arriesgar
riss[RR], **riß** *3. imp von* **reißen**
Riss[RR] *m* <-es, -e>, **Riß** *m* <-sses, -sse> **1.** (*Ein~*) desgarro *m;* (*in Stoff, Papier*) rasgadura *f;* (*in Wand, Erde, Haut*) grieta *f;* (*in Porzellan*) resquebrajadura *f;* (*Spalt*) hendidura *f* **2.** (TECH) plano *m*
rissig *adj* (*Wand, Haut*) agrietado; (*Stoff*) rasgado; (*Porzellan*) resquebrajado
Riten *Pl von* **Ritus**
ritt *3. imp von* **reiten**
Ritt *m* <-(e)s, -e> cabalgada *f*
Ritter *m* <-s, -> caballero *m;* **Ritterburg** *f* castillo *m* feudal
ritterlich *adj* caballeresco
Ritterlichkeit *f ohne Pl* caballerosidad *f*
Ritterroman *m* novela *f* de caballerías; **Ritterrüstung** *f* <-en> (HIST) armadura *f*
rittlings *adv* a horcajadas
Ritual *nt* <-s, -e *o* -ien> ritual *m*
rituell *adj* ritual
Ritus *m* <-, Riten> rito *m*
Ritz *m* <-es, -e> **1.** (*in Haut*) rasguño *m;* (*auf Möbeln*) raspadura *f* **2.** (*Spalte*) grieta *f*
Ritze *f* <-n> ranura *f;* (*im Boden*) hendidura *f*
ritzen I. *vt* **1.** (*Glas, Kupfer*) tallar **2.** (*eingravieren*) grabar (*in* en); **das ist geritzt** (*fam*) todo está arreglado **II.** *vr:* **sich ~** arañarse
Rivale, -in *m, f* <-n, -n; -nen> rival *mf*
rivalisieren* *vi* rivalizar (*mit* con, *um* por)
Rivalität *f* <-en> rivalidad *f*
Riviera *f* Riviera *f*
Rizinus *m* <-, -(se)> (*Pflanze*) ricino *m;* **Rizinusöl** *nt* aceite *m* de ricino
RNS *f ohne Pl* (BIOL, CHEM) *Abk. von* **Ribonukleinsäure** ARN *m*
Roastbeef *nt* <-s, -s> (GASTR) rosbif *m*
Robbe *f* <-n> foca *f*
robben *vi sein* arrastrarse; (MIL) avanzar cuerpo a tierra
Robe *f* <-n> **1.** (*geh: Kleid*) vestido *m* de gala **2.** (*Talar*) toga *f*
Roboter *m* <-s, -> robot *m*
robust *adj* robusto
Robustheit *f ohne Pl* robustez(a) *f*
roch *3. imp von* **riechen**
röcheln *vi* resollar; (*Sterbender*) estar en los estertores de la agonía
Rochen *m* <-s, -> (ZOOL) raya *f*
Rock[1] *m* <-(e)s, Röcke> **1.** (*Kleidungsstück*) falda *f*, pollera *f Am* **2.** (*Schweiz: Kleid*) vestido *m* **3.** (*reg: Jackett*) chaqueta *f*
Rock[2] *m ohne Pl* <-(s)> (MUS) rock *m*
rocken *vi* **1.** (*Musik machen*) hacer (música) rock **2.** (*tanzen*) bailar (música) rock, rockanrolear
Rocker(in) *m(f)* <-s, -; -nen> rockero, -a *m, f*
Rockgruppe *f* grupo *m* de rock
rockig *adj* (*fam*) rockero
Rodelbahn *f* pista *f* para trineos
rodeln *vi haben o sein* (*reg*) ir en trineo
roden *vt* **1.** (*Gebiet*) desmontar, tumbar *Am* **2.** (*Baum*) talar
Rodung *f* <-en> desmonte *m*
Rogen *m* <-s, -> (ZOOL) huevas *fpl* de pescado
Roggen *m* <-s, -> centeno *m;* **Roggenbrot** *nt* pan *m* de centeno; **Roggenmehl** *nt* harina *f* de centeno
roh *adj* **1.** (*ungekocht*) crudo **2.** (*unbearbeitet*) sin labrar **3.** (*grob*) bruto; **Rohbau** *m* <-(e)s, -ten> armadura *f* (de un edificio)
Roheit *f s.* **Rohheit**
Rohgewicht *nt* <-(e)s, -e> (WIRTSCH) medida *f*, balanza *f*
Rohheit[1RR] *f* <-en> (*Handlung*) brutalidad *f;* (*Äußerung*) grosería *f*
Rohheit[2RR] *f ohne Pl* (*Wesensart*) rudeza *f*
Rohkost *f* verdura *f* cruda
Rohling *m* <-s, -e> **1.** (*Mensch*) bruto, -a *m, f* **2.** (TECH) pieza *f* bruta
Rohmaterial *nt* materia *f* prima; **Rohöl** *nt* (petróleo *m*) crudo *m*
Rohr[1] *nt* <-(e)s, -e> **1.** (*Wasser~*) tubo *m;* **volles ~** (*fam*) a todo gas **2.** (*reg: Backröhre*) horno *m*
Rohr[2] *nt ohne Pl* <-(e)s> (BOT) caña *f*
Rohrbruch *m* rotura *f* de la cañería
Röhre *f* <-n> **1.** (TV, ELEK) tubo *m* **2.** (*Back~*) horno *m* **3.** (*fam: Fernseher*) tele *f;* **in die ~ gucken** (*fernsehen*) ver la tele; (*das Nachsehen haben*) quedarse con las ganas
röhren *vi* (*Hirsch, Motor*) bramar
Rohrleitung *f* tubería *f*
Rohrmatte *f* estera *f* (de junco)
Rohrnetz *nt* (sistema *m* de) tuberías *fpl*
Rohrstock *m* <-(e)s, -stöcke> caña *f* de bambú
Rohrzange *f* alicates *mpl* para montar tubos
Rohrzucker *m* azúcar *m* de caña
Rohseide *f* seda *f* sin tratar
Rohstoff *m* <-(e)s, -e> materia *f* prima; **Rohstoffverknappung** *f* disminución *f* de materias primas
Rohzucker *m* <-s, -> (CHEM: *nicht raffiniert*) azúcar *m* quebrado; (*braun*) azúcar *m* moreno; **Rohzustand** *m ohne Pl* <-(e)s>: **im ~** en bruto
Rokoko *nt ohne Pl* <-(s)> (KUNST) Rococó *m*
Rolladen *m* <-s, -läden> *s.* **Rollladen**
Rollbahn *f* (AERO) pista *f* de rodaje; **Rollbraten** *m* arrollado *m*

Rolle *f* <-n> **1.** (*Gerolltes*) rollo *m;* (*um etw darauf zu wickeln*) bobina *f;* (*Geld~*) cartucho *m;* (*Garn~*) carrete *m* **2.** (*an Möbeln*) rueda *f;* (*am Flaschenzug*) polea *f* **3.** (SPORT) voltereta *f* **4.** (THEAT, FILM: *a. fig*) papel *m;* **sie spielte die ~ der Königin** representó el papel de la reina; **es spielt keine ~, ob ...** no importa si...; **bei ihm spielt Geld keine ~** el dinero no le importa; **er spielt bei der Sache eine wichtige ~** tiene un papel muy importante en este asunto; **versetz dich mal in meine ~!** ¡ponte en mi lugar!; **aus der ~ fallen** (*fig*) salirse de tono

rollen **I.** *vi* **1.** *sein* (*Ball, Auto*) rodar; (*Tränen*) correr; **etw kommt ins R~** (*fam*) algo empieza a funcionar **2.** (*Donner, Echo*) retumbar **II.** *vt* **1.** (*bewegen*) hacer rodar **2.** (*auf~*) enrollar **3.** (*Teig*) extender **III.** *vr:* **sich ~** enrollarse

Rollenspiel *nt* (SOZIOL) juego *m* de roles; **Rollenverhalten** *nt* (SOZIOL) conducta *f* de rol

Roller *m* <-s, -> **1.** (*für Kinder*) patinete *m* **2.** (*Motor~*) vespa® *f* **3.** (*Österr*) persiana *f* enrollable

Rollfeld *nt* (AERO) pista *f* de rodaje

Rollkragen *m* cuello *m* alto; **Rollkragenpullover** *m* jersey *m* de cuello alto

Rollladen[RR] *m* <-s, -läden> persiana *f* enrollable

Rollmops *m arenque enrollado con pepinillo y cebolla*

Rollo *nt* <-s, -s> persiana *f*

Rollschuh *m* patín *m* sobre ruedas; **~ laufen** patinar (sobre ruedas)

Rollstuhl *m* silla *f* de ruedas; **Rollstuhlfahrer(in)** *m(f)* persona *f* que anda en silla de ruedas; **rollstuhlgerecht** *adj* apropiado para sillas de ruedas

Rolltreppe *f* escalera *f* mecánica

Rom *nt* <-s> Roma *f*

ROM *nt* <-(s), -(s)> (INFOR) *Abk. von* **Read Only Memory** ROM *m*

Roma *mpl* romaníes *mpl*

Roman *m* <-s, -e> novela *f*

Romancier *m* <-s, -s> novelero *m*

Romane, -in *m, f* <-n, -n; -nen> latino, -a *m, f*

Romanik *f ohne Pl* (KUNST) estilo *m* románico

romanisch *adj* **1.** (LING, KUNST) románico **2.** (*Schweiz: räto~*) retorromano

Romanist(in) *m(f)* <-n, -n; -nen> romanista *mf*

Romanistik *f ohne Pl* filología *f* románica

Romanschriftsteller(in) *m(f)* novelista *mf*

Romantik *f ohne Pl* romanticismo *m;* (LIT, KUNST) Romanticismo *m*

romantisch *adj* romántico

Romanze *f* <-n> romance *m*

Römer(in) *m(f)* <-s, -; -nen> romano, -a *m, f*

römisch *adj* romano

ROM-Speicher *m* (INFOR) ROM *m*, memoria *f* ROM

röntgen *vt* hacer una radiografía (de); **Röntgenaufnahme** *f* radiografía *f;* **Röntgengerät** *nt* <-(e)s, -e> aparato *m* de rayos X; **Röntgenstrahlen** *mpl* (PHYS) rayos *mpl* X; **Röntgenuntersuchung** *f* (MED) reconocimiento *m* radioscópico

rosa *adj inv* rosa, rosado; **rosarot** *adj* (de color de) rosa; **die Welt durch eine ~e Brille sehen** (*fig*) ver el mundo de color de rosa

Rose *f* <-n> (BOT) rosa *f*

Rosé *m* <-s, -s> (vino *m*) rosado *m*

Rosenkohl *m* col *f* de Bruselas; **Rosenkranz** *m* (REL) rosario *m;* **Rosenmontag** *m* lunes *m* de Carnaval; **Rosenstock** *m* <-(e)s, -stöcke> rosal *m*

Rosette *f* <-n> (ARCHIT) rosetón *m*

rosig **I.** *adj* **1.** (*rosa*) rosado; (*Haut*) sonrosado **2.** (*erfreulich*) de color de rosa; **etw in den ~sten Farben darstellen** (*fig*) pintar algo de color de rosa **II.** *adv* bien

Rosine *f* <-n> (uva *f*) pasa *f;* **~n im Kopf haben** (*fig fam*) picar muy alto

Rosmarin *m ohne Pl* <-s> romero *m*

Ross[1][RR] *nt* <-es, -e> (*geh: edles Pferd*) corcel *m;* **hoch zu ~** a caballo; **auf dem hohen ~ sitzen** tener muchos humos

Ross[2][RR] *nt* <-es, Rösser> (*südd, Österr, Schweiz: Pferd*) caballo *m*

Roß *nt s.* **Ross**

Rosshaar[RR] *nt ohne Pl* <-(e)s> crin *m;* **Rosskastanie**[RR] *f* **1.** (*Baum*) castaño *m* de Indias **2.** (*Frucht*) castaña *f* de Indias; **Rosskur**[RR] *f* (*fam*) cura *f* de caballo

Rost[1] *m ohne Pl* <-(e)s> (CHEM) herrumbre *m*, orín *m;* **~ ansetzen** oxidarse

Rost[2] *m* <-(e)s, -e> **1.** (*für Grill*) parrilla *f;* (*Gitter~*) rejilla *f;* (*Latten~*) somier *m;* **vom ~** (GASTR) a la parrilla **2.** (BOT) roya *f*

Rostbraten *m* (*Österr, südd*) asado *m* a la parrilla

rostbraun *adj* marrón rojizo

rosten *vi sein* oxidarse; **nicht ~d** inoxidable

rösten *vt* (*Kaffee, Brot*) tostar; (*auf Rost*) asar (a la parrilla)

rostfrei *adj* inoxidable

Rösti *f ohne Pl* (GASTR) *patatas cocidas, ralladas y salteadas* (*con tocino*) *típicas suizas*

rostig *adj* oxidado, herrumbroso

Röstkartoffeln *fpl* (*reg*) patatas *fpl* salteadas

Rostschutzfarbe *f* pintura *f* anticorrosiva; **Rostschutzmittel** *nt* antioxidante *m*, anticorrosivo *m*

rot *adj* <röter, röteste> rojo; (POL) socialista; **bei ~** (con el semáforo) en rojo; **eine ~e Ampel** un semáforo en rojo; **~ werden** enrojecer; **in den ~en Zahlen stecken** estar en números rojos; **sich** *dat* **etw ~ im Kalender anstreichen** marcar algo en rojo en el calendario

Rotation *f* <-en> rotación *f;* **Rotationsachse** *f* (PHYS, TECH) eje *m* de rotación

Rotbarsch *m* (ZOOL) raño *m;* **rotblond** *adj* rubio rojizo; **rotbraun** *adj* castaño, caoba; **Rotbuche** *f* (BOT) haya *f* roja

Röte *f ohne Pl* color *m* rojo; (*von Himmel, Haut*) arrebol *m;* (*Schames~*) rubor *m;* **die ~ stieg ihr ins Gesicht** se puso colorada

Rote-Armee-Fraktion *f ohne Pl* Fracción *f* del Ejército Rojo (*grupo terrorista alemán de ultraizquierda*)

Rötel *m ohne Pl* <-s> almagre *m*

Röteln *pl* rubeola *f*

röten I. *vt* (*geh*) enrojecer **II.** *vr:* **sich ~** ponerse rojo; (*Himmel*) teñirse de rojo; (*vor Scham*) sonrojarse

Rotfuchs *m* **1.** (*Fuchs*) zorro *m* rojo **2.** (*Pferd*) alazán *m;* **rotglühend** *adj s.* **glühend**; **rothaarig** *adj* pelirrojo; **Rothaut** *f* (*fam*) piel *f* roja

rotieren* *vi* **1.** (*sich drehen*) girar (*um* alrededor de) **2.** (*fam: hektisch sein*) estar a cien

Rotkäppchen *nt* <-s> Caperucita *f* Roja; **Rotkehlchen** *nt* <-s, -> petirrojo *m;* **Rotkohl** *m* (col *f*) lombarda *f*

rötlich *adj* rojizo, paco *Am*

Rotlichtviertel *nt* (*fam*) barrio *m* chino

rot|sehen *irr vi* (*fam*) perder el control; **Rotstift** *m* <-(e)s, -e> lápiz *m* rojo; **den ~ ansetzen** economizar

Rötung *f* <-en> enrojecimiento *m*

Rotwein *m* <-(e)s, -e> vino *m* tinto

Rotwild *nt* venado *m*

Rotz *m ohne Pl* <-es> (*vulg*) moco *m;* **~ und Wasser heulen** (*fam*) llorar a moco tendido; **rotzfrech** *adj* (*fam*) descarado

rotzig *adj* **1.** (*vulg: voller Rotz*) mocoso **2.** (*fam: frech, unverschämt*) fresco, descarado

Rotznase *f* <-n> **1.** (*vulg abw*) mocoso *m* **2.** (*fam: schleimige Nase*) nariz *f* llena de mocos

Rouge *nt* <-s, -s> colorete *m*

Roulade *f* <-n> (GASTR) *filete de carne relleno con pepinillo, cebolla, mostaza etc.*

Roulette *nt* <-s, -s> ruleta *f;* **russisches ~ spielen** jugar a la ruleta rusa

Route *f* <-n> ruta *f*

Routine *f ohne Pl* **1.** (*Erfahrung*) experiencia *f;* (*Praxis*) práctica *f* **2.** (*Gewohnheit*) rutina *f;* **Routinearbeit** *f* trabajo *m* rutinario

routiniert *adj* experimentado, experto

Rowdy *m* <-s, -s> (*abw*) gamberro *m*

Royalist(in) *m(f)* <-en, -en; -nen> monárquico, -a *m, f*

rubbeln *vi, vt* frotar

Rübe *f* <-n> **1.** (BOT) nabo *m,* betabel *f Mex* (*diversos tipos de raíces comestibles*); **Gelbe ~n** (*reg*) zanahorias *fpl;* **Rote ~** remolacha *f* **2.** (*fam: Kopf*) coco *m;* **eins auf die ~ kriegen** recibir una bronca

Rubel *m* <-s, -> rublo *m*

rüber *adv* (*fam*) **1.** (*herüber*) hacia aquí, hacia acá **2.** (*hinüber*) hacia allá; **da ~!** ¡(por) allí enfrente!

Rubin *m* <-s, -e> rubí *m*

Rubrik *f* <-en> **1.** (*Kategorie*) categoría *f* **2.** (*in Tabelle, Zeitung*) columna *f*

ruchlos *adj* (*geh*) bajo, vil

Ruck *m* <-(e)s, -e> tirón *m;* **mit einem ~** de un tirón; **sich** *dat* **einen ~ geben** (*fam*) hacer un esfuerzo

ruckartig I. *adj* brusco **II.** *adv* de golpe

Rückbildung *f* <-en> involución *f,* retroceso *m;* **Rückblende** *f* (FILM) retrospectiva *f;* **Rückblick** *m* <-(e)s, -e> mirada *f* retrospectiva (*auf* a), retrospección *f;* **rückblickend** *adj* retrospectivo; **~ lässt sich sagen, dass ...** retrospectivamente se puede decir que...

rucken *vi* (*Fahrzeug*) dar un tirón

rücken I. *vi sein* (*Platz machen*) correrse; (*näher~*) acercarse (*an* a); **rück mal (ein Stückchen)!** ¡córrete un poquito!; **in den Mittelpunkt des Interesses ~** convertirse en el centro de interés **II.** *vt* mover (*nach* hacia), correr (*nach* hacia); (*weg~*) apartar (*von* de); (*näher~*) acercar (*an* a)

Rücken *m* <-s, -> **1.** (ANAT) espalda *f;* **~ an ~** espalda con espalda; **jdm den ~ zukehren/zuwenden** volver/dar a alguien la espalda; **auf dem ~ liegen** estar tumbado de espaldas; **mir lief es eiskalt über den ~** sentí un escalofrío recorriéndome la espalda; **jdm den ~ stärken** respaldar a alguien; **jdm/sich** *dat* **den ~ freihalten** cubrir a alguien/cubrirse las espaldas; **jdm in den ~ fallen** dejar a alguien en la estacada; **hinter jds ~** a espaldas de alguien; **mit dem ~ zur Wand stehen** estar entre la espada y la pared **2.** (*Buch~*) lomo *m;* (*Hand~*) dorso *m* de la mano; (*Fuß~*) empeine *m* **3.** (*Tier~*) lomo *m;* **Rückendeckung** *f* <-en> **1.** (MIL) protección *f* de la retaguardia **2.** (*gegen Kritik*) respaldo *m;* **Rückenlehne** *f* respaldo *m;* **Rückenmark** *nt ohne Pl* <-(e)s> médula *f* espinal; **Rückenschmerzen** *mpl* dolores *mpl* de espalda; **Rückenschwimmen** *nt ohne Pl* <-s> natación *f* de espalda; **Rückenwind** *m ohne Pl* <-(e)s> viento *m* a favor; (NAUT) viento *m* de popa

rückerstatten* *vt* (FIN) devolver; **Rückerstattung** *f* reintegro *m;* (FIN) devolución *f*

Rückfahrkarte *f* billete *m* de ida y vuelta; **Rückfahrt** *f* (viaje *m* de) vuelta *f;* **auf der ~** a la vuelta; **Rückfall** *m* <-(e)s, -fälle>

1. (MED) recaída *f;* **einen ~ erleiden** tener una recaída **2.** (JUR) reincidencia *f* **3.** (*geh: Wiederkehr*) regreso *m;* **rückfällig** *adj* **1.** (*a.* MED): ~ **werden** recaer **2.** (JUR) reincidente

Rückflug *m* vuelo *m* de regreso; **auf dem ~** durante el vuelo de vuelta; **Rückflugticket** *nt* billete *m* (de avión) de vuelta, pasaje *m* de vuelta *Am*

Rückfrage *f* pregunta *f,* duda *f;* **für ~n wenden Sie sich bitte an …** en caso de duda diríjase a…; **Rückgabe** *f* devolución *f* (*an* a); **Rückgang** *m* <-(e)s, -gänge> descenso *m;* (*Verminderung*) disminución *f;* **im ~ begriffen sein** estar en descenso

rückgängig *adj:* ~ **machen** (*Vertrag*) anular; (*Verabredung*) cancelar

Rückgewinnung *f* recuperación *f*

Rückgrat *nt* <-(e)s, -e> **1.** (MED) espina *f* dorsal; **ohne ~** (*fig*) cobarde; **jdm das ~ brechen** (*fam*) doblegar a alguien **2.** (*Stütze*) puntal *m*

Rückgriff *m* <-(e)s, -e> (*a.* JUR) recurso (*auf* a)

Rückhalt *m* <-(e)s, -e> respaldo *m;* **jdm ~ geben** respaldar a alguien

rückhaltlos **I.** *adj* incondicional **II.** *adv* sin reservas

Rückhand *f ohne Pl* (SPORT) revés *m*

Rückkehr *f ohne Pl* regreso *m;* **Rückkopp(e)lung** *f* acoplamiento *m* retroactivo; **Rücklage** *f* **1.** (*Erspartes*) ahorros *mpl* **2.** (WIRTSCH) reserva *f;* **Rücklauf** *m* <-(e)s, -läufe> **1.** (*Wasser*) reflujo *m* **2.** (TECH) retroceso *m*

rückläufig *adj* decreciente, descendente; **~e Tendenz** tendencia regresiva

Rücklicht *nt* luz *f* trasera

rücklings *adv* **1.** (*mit dem Rücken*) con la espalda **2.** (*nach hinten*) hacia atrás **3.** (*von hinten, auf dem Rücken*) de espaldas

Rückmarsch *m* <-(e)s, -märsche> (MIL) retirada *f;* **Rückmeldefrist** *f* (UNIV) plazo *m* para renovar la matrícula; **rück|melden** *vr:* **sich ~** (UNIV) matricularse para el próximo semestre; **Rücknahme** *f* <-n> (*von Versprechen, Klage*) retirada *f;* **Rückporto** *nt* franqueo *m* para la respuesta; **Rückreise** *f* <-n> (viaje *m* de) regreso *m,* vuelta *f;* **auf der ~** a la vuelta; **Rückruf** *m* <-(e)s, -e> **1.** (TEL) llamada *f* de contestación **2.** (JUR, WIRTSCH) revocación *f* del derecho de usufructo

Rucksack *m* mochila *f;* **Rucksacktourist(in)** *m(f)* mochilero, -a *m, f*

Rückschau *f* retrospección *f;* **Rückschlag** *m* contratiempo *m,* revés *m;* **Rückschluss**[RR] *m* conclusión *f;* **Rückschlüsse aus etw** *dat* **ziehen** sacar conclusiones de algo; **Rückschritt** *m* paso *m* atrás

rückschrittlich *adj* retrógrado

Rückseite *f* (*eines Gebäudes*) parte *f* posterior; (*eines Blattes*) dorso *m;* (*einer Münze*) reverso *m;* (*eines Stoffes*) revés *m;* **auf der ~ von …** en la parte posterior de…; **siehe ~** véase al dorso

Rücksicht[1] *f* <-en> (*Nachsicht*) consideración *f;* **mit ~ auf …** teniendo en cuenta…; **auf jdn ~ nehmen** tener consideración con alguien; **auf etw ~ nehmen** respetar algo

Rücksicht[2] *f ohne Pl* (*Sicht nach hinten*) visión *f* por la ventanilla trasera

Rücksichtnahme *f ohne Pl* respeto *m*

rücksichtslos **I.** *adj* desconsiderado; (*unbarmherzig*) despiadado **II.** *adv* sin consideración, a lo bestia *fam*

Rücksichtslosigkeit *f* <-en> desconsideración *f;* (*Respektlosigkeit*) falta *f* de respeto

rücksichtsvoll *adj* atento, considerado

Rücksitz *m* asiento *m* trasero; **Rückspiegel** *m* (espejo *m*) retrovisor *m*

Rückspiel *nt* (SPORT) partido *m* de vuelta; **Rücksprache** *f ohne Pl* consulta *f;* **mit jdm ~ halten** consultar algo con alguien; **Rückstand** *m* <-(e)s, -stände> **1.** (*Rest*) residuo *m* **2.** *Pl* (*bei Zahlung*) atrasos *mpl* **3.** (*Verzug*) retraso *m;* **mit der Lieferung im ~ sein** retrasarse en la entrega; **mit 0 zu 2 im ~ liegen** (SPORT) ir perdiendo 0 a 2

rückständig *adj* **1.** (*rückschrittlich*) anticuado **2.** (*unterentwickelt*) subdesarrollado **3.** (WIRTSCH: *überfällig*) vencido

Rückständigkeit *f ohne Pl* **1.** (*von Person*) mentalidad *f* atrasada **2.** (*Unterentwicklung*) subdesarrollo *m*

Rückstrahler *m* reflector *m*

Rücktritt *m* **1.** (*von Amt*) dimisión *f;* **seinen ~ erklären** presentar su dimisión **2.** (*am Fahrrad*) freno *m* de pedal; **Rücktrittbremse** *f* <-n> freno *m* de pedal; **Rücktrittsrecht** *nt ohne Pl* <-(e)s> (JUR) (derecho *m* de) retracto *m*

rückvergüten* *vt* (WIRTSCH) reembolsar; **rückversichern*** *vr:* **sich ~** reasegurarse

Rückwand *f* parte *f* posterior

rückwärtig *adj* trasero, de atrás

rückwärts *adv* **1.** (*mit dem Rücken voran*) hacia atrás, de espaldas; ~ **einparken** aparcar marcha atrás **2.** (*südd, Österr: hinten*) por atrás; **Rückwärtsgang** *m* <-(e)s, -gänge> (TECH) marcha *f* atrás

Rückweg *m* (camino *m* de) vuelta *f;* **auf dem ~** a la vuelta

ruckweise *adv* a trompicones, a golpes

rückwirkend **I.** *adj* retroactivo **II.** *adv* con efecto retroactivo; **das Gesetz tritt ~ vom 1. Januar in Kraft** la ley entra en vigor con efectos retroactivos a partir del 1 de enero; **Rückwirkung** *f* **1.** (*von Gesetz*) retroactividad *f* **2.** (*Nachwirkung*) consecuencia *f*

Rückzahlung *f* reembolso *m*

Rückzieher *m* <-s, -> (*fam*) paso *m* atrás, rajada *f Mex;* **einen ~ machen** dar marcha atrás

ruck, zuck *adv* (*fam*) en un abrir y cerrar de ojos

Rückzug *m* <-(e)s, -züge> (MIL) retirada *f;* **den ~ antreten** emprender la retirada; **Rückzugsgebiet** *nt* (ÖKOL) zona *f* de refugio

rüde *adj* rudo, grosero

Rüde *m* <-n, -n> macho *m* (de perro)

Rudel *nt* <-s, -> manada *f*

Ruder *nt* <-s, -> **1.** (*von ~boot*) remo *m;* **sich in die ~ legen** remar con fuerza; (*fig*) poner manos al trabajo **2.** (*Steuer~*) timón *m;* **Ruderboot** *nt* bote *m* de remos

Ruderer, -in *m, f* <-s, -; -nen> remero, -a *m, f*

rudern *vi* **1.** (*Ruder bewegen*) remar, bogar; **mit den Armen ~** (*fam*) bracear **2.** *sein* (*im Ruderboot fahren*) ir a remo

Ruderregatta *f* regata *f* de remo

rudimentär *adj* rudimentario

Rudrer(in) *m(f)* <-s, -; -nen> remero, -a *m, f*

Rüebli *nt* <-s, -> (*Schweiz*) zanahoria *f*

Ruf[1] *m* <-(e)s, -e> (*Aus~, Schrei*) grito *m*

Ruf[2] *m ohne Pl* <-(e)s> **1.** (*Auf~*) llamada *f;* **sie erhielt einen ~** (UNIV) le ofrecieron una cátedra **2.** (*Ansehen*) reputación *f;* (*Ruhm*) fama *f;* **einen guten ~ haben** tener una buena reputación; **in dem ~ stehen zu …** tener fama de…; **jdn in schlechten ~ bringen** desacreditar a alguien; **etw/jd ist besser als sein ~** algo/alguien vale más de lo que parece

rufen <ruft, rief, gerufen> **I.** *vi* llamar; **laut ~** gritar; **nach jdm ~** llamar a alguien; **nach härteren Strafen ~** exigir castigos más severos; **um Hilfe ~** dar voces de socorro **II.** *vt* llamar; **jdn ~** llamar a alguien; **etw ~** gritar algo; **jdn ~ lassen** hacer venir a alguien; **das kommt mir wie ge~** (*fam*) esto me viene de maravilla

Rüffel *m* <-s, -> (*fam*) bronca *f;* **einen ~ bekommen** llevarse una bronca

Rufmord *m* difamación *f;* **Rufname** *m* nombre *m* de pila; **Rufnummer** *f* número *m* de teléfono; **Rufweite** *f ohne Pl* alcance *m* de la voz; **in ~** en las cercanías; **Rufzeichen** *nt* <-s, -> **1.** (TEL) señal *f* (de llamada) **2.** (*reg: Ausrufezeichen*) signo *m* de exclamación

Rugby *nt ohne Pl* <-(s)> (SPORT) rugby *m*

Rüge *f* <-n> reprimenda *f;* **jdm eine ~ erteilen** reprender a alguien

rügen *vt:* **jdn ~** reprender a alguien; **etw ~** criticar algo

Ruhe *f ohne Pl* **1.** (*Unbewegtheit*) calma *f;* (*Stille, Gelassenheit*) tranquilidad *f;* **die ~ vor dem Sturm** la calma que precede a la tormenta **2.** (*Schweigen*) silencio *m;* **~ bitte!** ¡silencio, por favor! **3.** (*Entspannung*) descanso *m;* (*Bett~*) reposo *m;* **sich** *dat* **keine ~ gönnen, bis …** no descansar hasta que… +*subj;* **sich zur ~ begeben** (*geh*) retirarse (a descansar), recogerse; **angenehme ~!** ¡que descanse(s)!; **sich zur ~ setzen** jubilarse; **jdn zur letzten ~ betten** (*geh*) dar sepultura a alguien **4.** (*Frieden*) paz *f;* (*innere ~*) serenidad *f;* **vor jdm ~ haben** no ser molestado por alguien; **jdn nicht zur ~ kommen lassen** (*fam*) no dejar a alguien en paz; **keine ~ geben** (*fam*) no dar tregua; **lass mich in ~!** (*fam*) ¡déjame en paz!; **das lässt ihm keine ~** eso le inquieta; **in aller ~** con toda calma; **sich durch nichts aus der ~ bringen lassen** no alterarse por nada; **~ bewahren** conservar la calma; **immer mit der ~!** ¡calma, calma!; **die hat die ~ weg!** (*fam*) ¡qué calma gasta!

ruhelos *adj* inquieto; (*rastlos*) desasosegado

Ruhelosigkeit *f ohne Pl* inquietud *f;* (*Rastlosigkeit*) desasosiego *m*

ruhen *vi* **1.** (*aus~*) descansar (*auf* en); **ich werde nicht eher ~, bis …** no descansaré antes de que… +*subj;* **der Teig muss ~** la masa tiene que reposar; **„ruhe in Frieden!“** “¡descanse en paz!” **2.** (*Arbeit*) estar suspendido; (*Verkehr*) estar paralizado; (*Angelegenheit*) quedar postergado; **etw ~ lassen** posponer algo **3.** (*Blick*) estar fijado (*auf* en); (*Verantwortung*) recaer (*auf* sobre) **4.** (*sich stützen*) apoyarse (*auf* en); **ruhen|lassen*** *irr vt s.* **ruhen 2.**

Ruhepause *f* descanso *m;* **Ruhestand** *m ohne Pl* <-(e)s> jubilación *f;* (MIL) retiro *m;* **im ~ sein** estar jubilado

Ruheständler(in) *m(f)* <-s, -; -nen> jubilado, -a *m, f*

Ruhestätte *f* sepultura *f;* **die letzte ~** (*geh*) la última morada; **Ruhestellung** *f* **1.** (*eines Körpers*) posición *f* de reposo **2.** (MIL) acantonamiento *m;* **Ruhestörung** *f* disturbio *m;* **Ruhetag** *m* día *m* de descanso; (*von Gaststätten*) descanso *m* semanal

ruhig *adj* **1.** (*bewegungslos, leise*) quieto; **sitz doch ~!** ¡estate quieto!; **ihr sollt ~ sein!** ¡que os estéis quietos!; **eine ~e Hand haben** tener un pulso seguro **2.** (*geräuschlos*) tranquilo; (*schweigsam*) callado; **gegen 19 Uhr wird es ~er** hacia las siete esto se queda más tranquilo **3.** (*gelassen*) tranquilo; **nur ~ Blut!** ¡tranquilo!; **ein ~es Gewissen haben** tener la conciencia tranquila; **~ bleiben** permanecer tranquilo; **~ verlaufen** transcurrir sin incidentes; **etw ~ mitansehen** observar algo tranquilamente; **ruhig|stellen** *vt s.* **stellen I.2.**

R

Ruhm *m ohne Pl* <-(e)s> gloria *f*

rühmen **I.** *vt* alabar, elogiar **II.** *vr:* **sich etw** *gen* ~ gloriarse de algo; (*prahlend*) vanagloriarse de algo

rühmlich *adj* glorioso

ruhmlos *adj* sin gloria; (*beschämend*) vergonzoso

ruhmreich *adj* glorioso

Ruhr *f* <-en> (MED) disentería *f*

Rührei *nt* huevos *mpl* revueltos

rühren **I.** *vt* **1.** (*um~*) remover; (*mischen*) mezclar; **die Eier in den Teig** ~ mezclar los huevos con la masa **2.** (*bewegen*) mover; **keinen Finger** ~ no mover ni un dedo **3.** (*emotional*) conmover **II.** *vi* **1.** (*um~*) remover; **im Tee** ~ remover el té **2.** (*geh: her~*) deberse (*von* a); **das rührt daher, dass …** esto se debe a que… **III.** *vr:* **sich** ~ moverse; **sich nicht vom Fleck** ~ no moverse del sitio; **ich klingelte, aber es rührte sich nichts** toqué el timbre, pero no pasó nada; **endlich rührte sich sein Gewissen** por fin le dio cargo de conciencia; **rührt euch!** (MIL) ¡descansen!

rührend *adj* conmovedor, emocionante; **das ist wirklich ~ von Ihnen** es todo un detalle por su parte

Ruhrgebiet *nt* <-(e)s> Cuenca *f* del Ruhr

Rührmichnichtan *nt* <-, -> (BOT) sensitiva *f*

rührselig *adj* sentimental

Rührteig *m* <-(e)s, -e> masa *f* de bizcocho

Rührung *f ohne Pl* emoción *f*

Ruin *m ohne Pl* <-s> ruina *f;* **vor dem ~ stehen** estar al borde de la ruina

Ruine *f* <-n> ruina *f*

ruinieren* *vt* **1.** (*vernichten*) arruinar **2.** (*beschädigen*) estropear

rülpsen *vi* (*fam*) eructar

Rülpser *m* <-s, -> (*fam*) eructo *m*

rum *adv* (*fam*) *s.* **herum**

Rum *m* <-s, -s *Österr, Schweiz:* -e> ron *m*

Rumäne, -in *m, f* <-n, -n; -nen> rumano, -a *m, f*

Rumänien *nt* <-s> Rumania *f,* Rumanía *f*

rumänisch *adj* rumano

Rumba *f* <-s> rumba *f*

rum|kriegen *vt* (*fam*) **1.** (*Zeit*) pasar **2.** (*überreden*) convencer **3.** (*verführen*) seducir

Rummel *m ohne Pl* <-s> (*fam*) **1.** (*Betriebsamkeit*) ajetreo *m;* **großen ~ um etw/jdn machen** armar un escándalo por algo/alguien **2.** (*Jahrmarkt*) feria *f;* **Rummelplatz** *m* <-es, -plätze> (*fam*) feria *f*

rumoren* *vi* (*fam*) hacer ruido; **es rumort in ihrem Bauch** le suenan las tripas

Rumpelkammer *f* (*fam*) (cuarto *m*) trastero *m*

rumpeln *vi* (*fam*) **1.** *sein* (*Fahrzeug*) traquetear **2.** (*poltern*) hacer ruido

Rumpf *m* <-(e)s, Rümpfe> **1.** (*des Menschen*) tronco *m;* (*einer Statue*) torso *m* **2.** (NAUT) casco *m* **3.** (AERO) fuselaje *m*

rümpfen *vi:* **die Nase über etw** ~ mirar algo con desprecio

Rumpsteak *nt* filete *m* de culata

Rumtopf *m* conserva *f* de fruta en ron

rum|treiben *irr vr:* **sich** ~ (*fam abw*) vagabundear (*auf/in* por); (*auf der Straße*) callejear (*auf/in* por); **wo hast du dich wieder rumgetrieben?** ¿por dónde te has metido?

Run *m* <-s, -s> gran demanda *f* (*auf* de)

rund **I.** *adj* **1.** (*Form*) redondo; **das ist eine ~e Sache** esto nos salió redondo; **ein ~es Dutzend Leute** (*fam*) aproximadamente una docena de personas **2.** (*Mensch*) regordete **II.** *adv* (*fam: ungefähr*) aproximadamente; ~ **um** alrededor de; ~ **um die Uhr** las 24 horas del día

Rundbau *m* <-(e)s, -ten> edificio *m* circular; **Rundblick** *m* <-(e)s, -e> vista *f* panorámica; **Rundbrief** *m* circular *f*

Runde *f* <-n> **1.** (*Gesellschaft*) tertulia *f,* reunión *f;* **in die ~ blicken** mirar alrededor **2.** (*Rundgang*) vuelta *f;* (*von Polizei*) ronda *f;* **seine ~ machen** hacer la ronda **3.** (SPORT) vuelta *f;* (*Boxen*) asalto *m;* **über die ~n kommen** (*fam*) ir tirando **4.** (*Getränke~*) ronda *f;* **eine ~ schmeißen** pagar una ronda

Rundfahrt *f* vuelta *f;* **Rundflug** *m* vuelta *f* en avión; **Rundfrage** *f* encuesta *f*

Rundfunk *m* radiodifusión *f,* radio *f;* **im ~** en la radio; **Rundfunkanstalt** *f* centro *m* de radiodifusión, radiodifusora *f Arg;* **Rundfunkgebühr** *f* derechos *mpl* de radiodifusión; **Rundfunkgerät** *nt* <-(e)s, -e> aparato *m* de radio; **Rundfunksender** *m* emisora *f* de radio, radiodifusora *f Arg;* **Rundfunksendung** *f* programa *m* de radio

Rundgang *m* <-(e)s, -gänge> vuelta *f;* (*Strecke*) circuito *m;* **einen ~ machen** dar una vuelta

rund|gehen *irr vi sein* **1.** (*herumgereicht werden*) pasar de mano en mano; (*erzählt werden*) ir de boca en boca **2.** (*fam: turbulent werden*) haber jaleo; **jetzt geht's rund** ahora empieza lo bueno

rundheraus *adv* francamente, sin rodeos; ~ **gesagt** dicho francamente; **rundherum** *adv* **1.** (*räumlich*) alrededor (*um* de) **2.** (*völlig*) completamente

rundlich *adj* **1.** (*annähernd rund*) redondeado **2.** (*dicklich*) rechoncho

Rundreise *f* gira *f;* **Rundschreiben** *nt* circular *f*

rundum *adv s.* **rundherum**

Rundung *f* <-en> curvatura *f*

rundweg *adv* rotundamente

Runkel *f* <-n> (*Österr, Schweiz*), **Runkel-**

rübe *f* (AGR) remolacha *f* forrajera
runter *adv* (*fam*) (hacia) abajo
Runzel *f* <-n> arruga *f*
runzelig *adj* arrugado
runzeln **I.** *vt* arrugar **II.** *vr:* **sich** ~ arrugarse
runzlig *adj* arrugado
Rüpel *m* <-s, -> (*abw*) maleducado, -a *m, f*
rüpelhaft *adj* (*abw*) grosero, descarado
rupfen *vt* **1.** (*Geflügel, a. fig*) desplumar **2.** (*Gras, Unkraut*) arrancar
ruppig *adj* **1.** (*abw: unfreundlich, grob*) grosero, mal educado **2.** (*ungepflegt*) desaseado
Rüsche *f* <-n> volante *m*
Ruß *m* <-es, -e> hollín *m*
Russe, -in *m, f* <-n, -n; -nen> ruso, -a *m, f*
Rüssel *m* <-s, -> (*von Insekt, Elefant*) trompa *f;* (*von Schwein*) hocico *m*
rußen **I.** *vi* (*Kerze, Feuer*) producir hollín **II.** *vt* (*südd, Schweiz: ent~*) deshollinar
rußig *adj* lleno de hollín
russisch *adj* ruso
Russland[RR] *nt* <-s>, **Rußland** *nt* <-s> Rusia *f;* **Russlanddeutsche(r)**[RR] *mf* ruso, -a *m, f* de ascendencia alemana
rüsten **I.** *vi* **1.** (MIL) armar, hacer preparativos de guerra **2.** (*Schweiz: sich vorbereiten*) prepararse (*zu/für* a/para), hacer preparativos (*zu* para) **II.** *vr:* **sich** ~ (*geh*) prepararse (*zu/für* a/para) **III.** *vt* (*Schweiz*) preparar
rüstig *adj* vigoroso, ágil
rustikal *adj* rústico
Rüstung *f* <-en> **1.** (*Ritter~*) armadura *f* **2.** (MIL) armamento *m;* **Rüstungsindustrie** *f* industria *f* de armamento; **Rüstungsmüll** *m* desechos *mpl* de la industria de armamento; **Rüstungsunternehmen** *nt* empresa *f* productora de armamentos
Rüstzeug *nt* <-(e)s, -e> (*Werkzeuge*) herramientas *fpl;* (*Kenntnisse*) requisitos *mpl*
Rute *f* <-n> **1.** (*Stock*) vara *f* **2.** (*Rutenbündel*) férula *f* **3.** (*Angel~*) caña *f* de pescar **4.** (*Schwanz*) cola *f* **5.** (*vulg: Penis*) rabo *m*
Rutengänger(in) *m(f)* <-s, -; -nen> zahorí *mf*
Rutsch *m* <-(e)s, -e> (*fam: bei Wahlen*) giro *m* (*nach* a); **in einem** ~ (*fam*) de un golpe; **guten** ~ **ins neue Jahr!** (*fam*) ¡Feliz Año Nuevo!; **Rutschbahn** *f* **1.** (*Spielgerät*) tobogán *m* **2.** (*fam: auf Schnee, Eis*) pista *f* deslizante
Rutsche *f* <-n> tobogán *m*
rutschen *vi sein* **1.** (*gleiten*) resbalar; (*Auto*) patinar **2.** (*fam: rücken*) correrse; **rutsch doch mal ein Stückchen!** ¡córrete un poquito!; **sie rutschte auf ihrem Stuhl hin und her** no paraba de moverse en su silla **3.** (*herunter~*) caerse; (*Erdmassen*) desprenderse; **ins R~ kommen** pegar un resbalón; (*Auto*) patinar
rutschfest *adj* antideslizante; **Rutschgefahr** *f ohne Pl* peligro *m* de patinar
rutschig *adj* resbaladizo, resbaloso
rütteln **I.** *vi* (*an Türklinke, Gitter*) dar sacudidas (*an* a); **daran gibt es nichts zu** ~ (*fam*) es así, y punto **II.** *vt* sacudir

S

S, s *nt* <-, -> S, s *f;* ~ **wie Siegfried** S de Soria

s. *Abk. von* **siehe** v.

S *Abk. von* **Süden** S

S. *Abk. von* **Seite** pág.

Saal *m* <-(e)s, Säle> sala *f,* salón *m*

Saar *f* Sarre *m;* **Saarland** *nt* <-(e)s> (territorio *m* del) Sarre *m*

Saat *f ohne Pl* **1.** (*das Aussäen*) siembra *f* **2.** (~*gut*) simientes *fpl;* **Saatgut** *nt ohne Pl* <-(e)s> simientes *fpl*

Sabbat *m* <-s, -e> sab(b)ath *m*

sabbern *vi* (*fam*) **1.** (*Speichel*) babear **2.** (*schwatzen*) charlotear

Säbel *m* <-s, -> sable *m*

Sabotage *f* <-n> sabotaje *m*

Saboteur(in) *m(f)* <-s, -e; -nen> saboteador(a) *m(f)*

sabotieren* *vt* sabotear

Sachbearbeiter(in) *m(f)* oficial(a) *m(f)* encargado, -a; **Sachbeschädigung** *f* (JUR) daños *mpl* materiales; **Sachbuch** *nt* libro *m* de divulgación; **sachdienlich** *adj* conducente; (*nützlich*) útil; ~**e Hinweise** informaciones al respecto

Sache *f* <-n> **1.** (*Ding*) cosa *f;* (*Gegenstand*) objeto *m;* **seine sieben ~n packen** (*fig*) empaquetar sus cuatro cosas **2.** (*Angelegenheit, Handlung, Situation, Ereignis*) asunto *m;* **das ist eine ~ des Glaubens/des Geschmacks** es una cuestión de fe/de gustos; **die ~ ist die, dass ...** la cosa es que...; **er macht seine ~ gut/schlecht** hace su trabajo bien/mal; **das ist eine ~ für sich** es cosa aparte; **das ist deine ~!** ¡es tu problema!; **dieses Buch ist nicht jedermanns ~** este libro no es para todos los gustos; **in eigener ~** por propio interés; **er ist sich seiner ~ sicher** está muy seguro (respecto a ella); **mit jdm gemeinsame ~ machen** hacer causa común con alguien; **keine halben ~n machen** no hacer las cosas a medias; **bei der ~ sein** concentrarse; (**kommen Sie**) **zur ~!** ¡vaya Ud. al grano!; **das tut nichts zur ~** eso no viene al caso; **sagen, was ~ ist** (*fam*) llamar a las cosas por su nombre **3.** (JUR: *Fall*) caso *m* **4.** (*fam: Stundenkilometer*): **das Auto fährt 180 ~n** el coche corre a 180

Sachgebiet *nt* materia *f,* campo *m;* **sachgemäß** *adj* adecuado; **Sachkenntnis** *f* conocimientos *mpl* en la materia; **sachkundig** *adj* experto; **sich ~ machen** hacerse experto en la materia; **Sachlage** *f ohne Pl* estado *m* de cosas; **Sachleistung** *f* prestación *f* en especie

sachlich *adj* **1.** (*sachbezogen*) pertinente **2.** (*objektiv*) objetivo; (*nüchtern*) realista

sächlich *adj* (LING) neutro

Sachlichkeit *f ohne Pl* objetividad *f,* realismo *m*

Sachschaden *m* daño *m* material

Sachse *m,* **Sächsin** *f* <-n, -n; -nen> sajón, -ona *m, f*

Sachsen *nt* <-s> Sajonia *f;* **Sachsen-Anhalt** *nt* <-s> Sajonia-Anhalt *f*

Sächsin *f* <-nen> *s.* **Sachse**

sächsisch *adj* sajón

sacht(e) *adj* suave; (*unmerklich*) imperceptible

sachte I. *adj s.* **sacht(e) II.** *adv* (*fam*) **1.** (*behutsam*) suavemente; (*vorsichtig*) con cuidado **2.** (*unmerklich*) imperceptiblemente **3.** (*langsam*) despacio **4.** (*allmählich*) poco a poco

Sachverhalt *m* <-(e)s, -e> circunstancias *fpl;* **Sachverständige(r)** *mf* <-n, -n; -n> perito, -a *m, f,* experto, -a *m, f;* **Sachwert** *m* **1.** (*Wert*) valor *m* real **2.** *Pl* (*Wertobjekt*) bienes *mpl* reales

Sack *m* <-(e)s, Säcke> **1.** (*Behälter*) saco *m;* **Gelber ~** *saco de basura amarillo en el sistema dual de separación de basuras;* **mit ~ und Pack** con todo lo que tiene; **etw** (**schon**) **im ~ haben** (*fam*) tener algo (ya) en el saco **2.** (*vulg: Hoden~*) cojones *mpl;* **der/das geht mir auf den ~** estoy hasta los cojones **3.** (*vulg abw: Mensch*) granuja *m;* **Sackbahnhof** *m* estación *f* sin salida

sacken *vi sein* desplomarse; **zur Seite ~** caerse hacia el lado

Sackgasse *f* callejón *m* sin salida; **Sackmesser** *nt* (*Schweiz*) navaja *f;* **Sacktuch** *nt* <-(e)s, -tücher> (*südd, Österr, Schweiz*) pañuelo *m* (de bolsillo)

Sadismus *m ohne Pl* <-> sadismo *m*

Sadist(in) *m(f)* <-en, -en; -nen> sádico, -a *m, f*

sadistisch *adj* sádico

säen *vt* sembrar; **Hass/Zwietracht ~** sembrar el odio/la discordia; **dünn gesät sein** ser escaso

Safari *f* <-s> safari *m;* **auf ~ gehen** ir de safari

Safe *m o nt* <-s, -s> caja *f* fuerte

Safran *m* <-s, -e> azafrán *m*

Saft *m* <-(e)s, Säfte> **1.** (*Frucht~*) zumo *m*, jugo *m Am*; (*Braten~*, *Pflanzen~*) jugo *m* **2.** (*fam: Strom*) corriente *f*

saftig *adj* **1.** (*Obst*) jugoso **2.** (*fam: Preis, Ohrfeige*) de aúpa

Saftladen *m* <-s, -läden> (*fam abw*) tugurio *m*

Sage *f* <-n> leyenda *f*; (*Götter~*, *Helden~*) mito *m*

Säge *f* <-n> **1.** (*Werkzeug*) sierra *f* **2.** (*Österr: Sägewerk*) aserradero *m*; **Sägemehl** *nt ohne Pl* <-(e)s> serrín *m*

sagen *vt* decir (*zu* acerca de/sobre, *von* de); (*ausdrücken*) expresar; (*mitteilen*) comunicar; (*meinen*) opinar (*zu* de/sobre); (*ergänzen*) añadir (*zu* a); **wie sagt man auf Spanisch?** ¿cómo se dice en español?; **Gute Nacht** ~ dar las buenas noches; **Auf Wiedersehen** ~ decir adiós; **Ja/Nein** ~ decir que sí/no; **dagegen ist nichts zu** ~ no se puede decir nada en contra; **kein Wort** ~ no decir ni (una) palabra; **was ich noch** ~ **wollte, ...** lo que iba a decir...; ~ **wir mal ...** digamos...; **sagt dir der Name etwas?** ¿te suena el nombre?; **nichts** ~**d** (*Rede, Argument*) insustancial; (*Worte, Sätze*) vacío; (*Gespräch*) vacuo; (*Thema*) trivial; (*Ausdruck*) inexpresivo; **das hätte ich dir gleich** ~ **können** podría habértelo dicho desde el principio; **was wollen Sie damit** ~**?** ¿qué quiere decir con esto?; **wie man so schön sagt** como suele decirse; **genauer gesagt** mejor dicho; **auf gut Deutsch gesagt** dicho claramente; **offen gesagt** a decir verdad; **das oben Gesagte** lo susodicho; **sie haben sich nichts mehr zu** ~ ya no tienen nada que decirse; **das hat nichts zu** ~ eso no quiere decir nada; **ich habe mir** ~ **lassen, (dass)** ... me dijeron (que)...; **sag mal, ...** di(me)...; **um nicht zu** ~ **...** por no decir...; **von dir lasse ich mir überhaupt nichts** ~ no te creas que te voy a hacer caso; **das S~ haben** (*fam*) mandar; **das kannst du aber laut** ~ (*fam*) eso sí que es verdad; **gesagt, getan** dicho y hecho; **das ist leichter gesagt, als getan** del dicho al hecho hay mucho trecho *prov*; **das ist schnell gesagt** se dice muy pronto; **das ist nicht gesagt** eso está por ver todavía; **unter uns gesagt** entre nosotros; **du sagst es!** ¡tú lo has dicho!; **ich muss schon** ~**, ...** tengo que decir que...; **was ich noch** ~ **wollte, ...** otra cosa, ...; **wem sagst du das!** (*fam*) ¡ya lo sé!; **sage und schreibe** (*fam*) tal como lo digo; **was Sie nicht** ~**!** (*fam*) ¡no me diga!; **das eine sage ich dir, ...** (*fam*) te advierto una cosa...; **lass dir das gesagt sein!** (*fam*) ¡hazme caso!; **du kannst von Glück** ~**, dass ...** has tenido suerte en lo de... +*inf*; **das kann jeder** ~**!** ¡eso puede decirlo cualquiera!; **sag das nicht!** ¡no te creas!; **sag bloß!** (*fam*) ¡no me digas!; **das kann man nicht so ohne weiteres** ~ tan fácil no es; **viel** ~**d** significativo; **na, wer sagt's denn!** (*fam*) ¡lo ves!; **hab' ich's nicht gesagt?** (*fam*) ¿no lo había dicho yo?; **was soll man dazu** ~**?** (*fam*) ¿qué quieres que te diga?

sägen **I.** *vt* serrar **II.** *vi* (*fam: schnarchen*) roncar

sagenhaft *adj* **1.** (*legendär*) legendario **2.** (*erstaunlich*) asombroso; **das war** ~ **billig** (*fam*) era baratísimo

Sägespäne *mpl* virutas *fpl*; **Sägewerk** *nt* aserradero *m*

sah *3. imp von* **sehen**

Sahara *f* Sáhara *m*

Sahne *f ohne Pl* nata *f*; **süße** ~ nata líquida; ~ **steif schlagen** montar la nata

sahnig *adj* cremoso

Saison *f* <-s, *Österr:* -en> temporada *f*; **außerhalb der** ~ fuera de temporada

Saisonarbeit *f* trabajo *m* estacional; **Saisonarbeiter(in)** *m(f)* temporero, -a *m, f*; **saisonbedingt** *adj* estacional

Saite *f* <-n> cuerda *f*; **andere** ~**n aufziehen** (*fig*) apretar las tuercas; **Saiteninstrument** *nt* instrumento *m* de cuerda

Sakko *m o nt* <-s, -s> americana *f*, saco *m Am*

sakral *adj* **1.** (*heilig*) sacro, sagrado **2.** (ANAT) sacro

Sakrament *nt* <-(e)s, -e> sacramento *m*

Sakrileg *nt* <-s, -e> sacrilegio *m*

Sakristei *f* <-en> sacristía *f*

Salamander *m* <-s, -> salamandra *f*

Salami *f* <-(s)> salami *m*; (*luftgetrocknet*) ≈salchichón *m*

Salat *m* <-(e)s, -e> **1.** (*Blatt~*, *Kopf~*) lechuga *f* **2.** (*Speise*) ensalada *f* **3.** (*fam: Durcheinander*) lío *m*; **da haben wir den** ~**!** ¡ahora estamos frescos!; **Salatbesteck** *nt* cubierto *m* para servir ensalada; **Salatschleuder** *f* centrifugadora *f* de ensalada; **Salatschüssel** *f* ensaladera *f*; **Salatsoße** *f* aliño *m*, salsa *f* para la ensalada

Salbe *f* <-n> pomada *f*

Salbei *m ohne Pl* <-s> salvia *f*

Salbung *f* <-en> (*a.* REL) unción *f*; **salbungsvoll** *adj* (*abw*) con unción, patético

Saldo *m* <-s, Salden *o* -s *o* Saldi> **1.** (FIN) saldo *m* **2.** (COM) deuda *f* líquida

Säle *Pl von* **Saal**

Saline *f* <-n> salinas *fpl*

Salm *m* <-(e)s, -e> (ZOOL) salmón *m*

Salmiak *m o nt ohne Pl* <-s> sal *f* amoníaca

Salmonelle *f* <-n> salmonela *f*; **Salmonellenvergiftung** *f* salmonelosis *f inv*

salomonisch *adj* salomónico

Salon *m* <-s, -s> salón *m;* **salonfähig** *adj* presentable (en sociedad); **etw ~ machen** dar el vistobueno a algo
salopp *adj* (*Sprache*) coloquial; (*Verhalten, Kleidung*) informal; (*nachlässig*) descuidado
Salpetersäure *f ohne Pl* ácido *m* nítrico
Salto *m* <-s, -s *o* Salti> (SPORT) salto *m;* **einen ~ rückwärts machen** dar una voltereta hacia atrás
salü *interj* (*Schweiz: fam*) **1.** (*hallo*) hola **2.** (*tschüs*) adiós, hasta luego
Salvadorianer(in) *m(f)* <-s, -; -nen> salvadoreño, -a *m, f*
salvadorianisch *adj* salvadoreño
Salz *nt* <-es, -e> (*a.* CHEM) sal *f*
salzen *vt* salar
salzig *adj* salado; (*Geschmack*) salobre
Salzkartoffeln *fpl* patatas *fpl* cocidas sin piel; **Salzsäure** *f ohne Pl* ácido *m* clorhídrico; **Salzstange** *f* palito *m* salado; **Salzstreuer** *m* <-s, -> salero *m;* **Salzwasser** *nt ohne Pl* <-s> agua *f* salada; (*Meerwasser*) agua *f* de mar
Samariter(in) *m(f)* <-s, -; -nen> samaritano, -a *m, f*
Samen[1] *m* <-s, -> (*Samenkorn*) semilla *f*
Samen[2] *m ohne Pl* <-s> **1.** (*Saat*) simiente *f* **2.** (*Sperma*) semen *m*
Samenbank *f* <-en> (MED) banco *m* de esperma; **Samenerguss[RR]** *m* eyaculación *f;* **Samenspender** *m* <-s, -> donante *m* de semen
Sammelband *m* <-(e)s, -bände> antología *f;* **Sammelbecken** *nt* <-s, -> receptáculo *m;* **Sammelbegriff** *m* concepto *m* genérico; **Sammelbehälter** *m* depósito *m;* **Sammelbestellung** *f* pedido *m* colectivo; **Sammelbüchse** *f* hucha *f*
sammeln **I.** *vt* **1.** (*zusammentragen*) recoger; (*Beeren*) recolectar; (*Geld*) recaudar; (*Unterschriften*) reunir; **Erfahrungen ~** reunir experiencias **2.** (*aus Liebhaberei*) coleccionar **3.** (*ver~*) reunir **II.** *vr:* **sich ~ 1.** (*Menschen*) reunirse; (*Dinge*) acumularse **2.** (*sich konzentrieren*) concentrarse **III.** *vi* (*Geld*): **für etw ~** recaudar dinero para algo
Sammelsurium *nt* <-s, -surien> (*abw*) revoltijo *m*
Sammeltaxi *nt* taxi *m* colectivo
Sammler(in) *m(f)* <-s, -; -nen> coleccionista *mf*
Sammlung *f* <-en> **1.** (*von Geld*) recaudación *f* **2.** (*Kunst~*) colección *f;* (*Gedicht~*) antología *f* **3.** (*innere ~*) recogimiento *m*
Samstag *m* <-(e)s, -e> sábado *m; s. a.* **Montag**
samstags *adv* los sábados
samt **I.** *präp +dat* (junto) con **II.** *adv:* **~ und sonders** todos sin excepción
Samt *m* <-(e)s, -e> terciopelo *m*
Samthandschuh *m:* **jdn mit ~en anfassen** (*fig*) tratar a alguien con guante de seda
samtig *adj* aterciopelado
sämtlich *pron indef* todo; **~e Unterlagen waren verschwunden** todos los documentos habían desaparecido
Sanatorium *nt* <-s, Sanatorien> sanatorio *m*
Sand *m ohne Pl* <-(e)s> arena *f;* **wie ~ am Meer** (*fam*) a mares; **die Sache ist im ~ verlaufen** la cosa se fue a pique; **etw in den ~ setzen** (*fam fig*) malograr algo
Sandale *f* <-n> sandalia *f,* ojota *f Am,* quimba *f Am*
Sandbank *f* <-bänke> banco *m* de arena
Sanddorn *m* <-(e)s, -e> espino *m* falso
Sandelholz *nt ohne Pl* <-es> madera *f* de sándalo
Sandhaufen *m* montón *m* de arena
sandig *adj* arenoso
Sandkasten *m* cajón *m* de arena; **Sandkorn** *nt* <-(e)s, -körner> grano *m* de arena; **Sandmännchen** *nt ohne Pl figura de cuento que arroja arena a los ojos de los niños para que éstos se duerman;* **Sandsack** *m* saco *m* de arena; **Sandstein** *m ohne Pl* <-(e)s> arenisca *f*
Sandsturm *m* tormenta *f* de arena
sandte *3. imp von* **senden**
Sanduhr *f* reloj *m* de arena
Sandwich *m o nt* <-(e)s, -(e)s *o* -e> sandwich *m,* chacarero *m CSur*
sanft *adj* **1.** (*friedfertig*) suave, dulce; (*Tier*) manso **2.** (*zart, sacht*) suave; (*freundlich*) amable; (*leicht*) ligero
Sänfte *f* <-n> litera *f*
sanftmütig *adj* apacible, pacífico
sang *3. imp von* **singen**
Sänger(in) *m(f)* <-s, -; -nen> cantante *mf*
Sangria *f* <-s> sangría *f*
sang- und klanglos *adv* (*fam*) sin ceremonias
sanieren* *vt* **1.** (ARCHIT) rehabilitar **2.** (ÖKOL, WIRTSCH) sanear
Sanierung *f* <-en> **1.** (ARCHIT) rehabilitación *f* **2.** (ÖKOL, WIRTSCH) saneamiento *m*
sanitär *adj* sanitario
Sanität *f ohne Pl* **1.** (*Österr: Gesundheitsdienst*) sanidad *f* **2.** (*Schweiz: Ambulanz*) ambulancia *f* **3.** (*Österr, Schweiz: Sanitätstruppe*) tropa *f* sanitaria
Sanitäter(in) *m(f)* <-s, -; -nen> sanitario, -a *m, f,* barchilón, -ona *m, f Peru*
Sanitätswesen *nt ohne Pl* <-s> sanidad *f* (militar)
sank *3. imp von* **sinken**
Sankt *adj inv* San
Sanktion *f* <-en> **1.** (*Zustimmung*) sanción

f **2.** *Pl* (*Strafmaßnahmen*) sanciones *fpl;* **~en gegen jdn verhängen** imponer sanciones a alguien

sanktionieren* *vt* **1.** (*gutheißen*) sancionar **2.** (*mit Sanktionen belegen*) imponer sanciones (a), sancionar

sann *3. imp von* **sinnen**

Saphir *m* <-s, -e> zafiro *m*

Sarde, -in *m, f* <-n, -n; -nen> sardo, -a *m, f*

Sardelle *f* <-n> boquerón *m,* anchoa *f reg*

Sardine *f* <-n> sardina *f*

Sardinien *nt* <-s> Cerdeña *f*

sardisch *adj* sardo

Sarg *m* <-(e)s, Särge> ataúd *m,* cajón *m CSur*

Sarkasmus *m* <-, Sarkasmen> sarcasmo *m*

sarkastisch *adj* sarcástico

Sarkophag *m* <-s, -e> sarcófago *m*

saß *3. imp von* **sitzen**

Satan *m ohne Pl* <-s> (*Teufel*) Satanás *m*

satanisch *adj* satánico

Satellit *m* <-en, -en> (*a.* ASTR) satélite *m;* **Satellitenfernsehen** *nt* televisión *f* vía satélite; **Satellitenfoto** *nt* <-s, -s> foto *f* vía satélite; **Satellitenschüssel** *f* (*fam*) antena *f* parabólica; **Satellitenstadt** *f* ciudad *f* satélite

Satin *m* <-s, -s> raso *m,* (tela *f* de) satén *m*

Satire *f* <-n> sátira *f*

satirisch *adj* satírico

satt *adj* **1.** (*nicht hungrig*) satisfecho; (*a. fig*) harto; **sich (an etw** *dat***) ~ essen** hartarse (de algo); **sich an etw** *dat* **nicht ~ sehen können** no cansarse de ver algo; **jdn/etw ~ haben** (*fam*) estar harto de alguien/algo **2.** (*Farbe*) fuerte, intenso **3.** (*fam: eindrucksvoll*) impresionante

Sattel *m* <-s, Sättel> (*Reit~*) silla *f* de montar; (*Fahrrad~*) sillín *m*

sattelfest *adj:* **in etw ~ sein** ser versado en algo

satteln *vt* ensillar

Sattelschlepper *m* camión *m* trailer

Satteltasche *f* **1.** (*am Reitsattel*) alforjas *fpl* **2.** (*am Fahrrad: für Werkzeug*) cartera *f* de herramientas; (*für Gepäck*) bolsa *f* (para bicicletas)

sättigen I. *vi* saciar **II.** *vt* **1.** (*geh: satt machen*) satisfacer **2.** (*Markt, a.* CHEM) saturar

sättigend *adj* que sacia; (*gehaltvoll*) sustancioso

Sättigung *f ohne Pl* **1.** (*des Hungers*) saciedad *f* **2.** (CHEM) saturación *f*

Sattler(in) *m(f)* <-s, -; -nen> guarnicionero, -a *m, f*

Saturn *m* <-s> Saturno *m*

Satz[1] *m* <-es, Sätze> **1.** (LING) frase *f,* oración *f* **2.** (*Lehr~*) teorema *m* **3.** (MUS) parte *f* **4.** (*Quote*) tasa *f;* (*Tarif*) tarifa *f* **5.** (*zusammengehörige Dinge*) juego *m* **6.** (*Kaffee~*) poso *m* **7.** (*Tennis*) set *m* **8.** (*Sprung*) salto *m;* **einen großen ~ machen** dar un gran salto

Satz[2] *m ohne Pl* <-(e)s> (TYPO) composición *f;* **im ~ sein** estar en composición

Satzbau *m ohne Pl* <-(e)s> (LING) construcción *f* de una oración

Satzlehre *f ohne Pl* (LING) sintaxis *f*

Satzteil *m* <-(e)s, -e> parte *f* de la oración

Satzung *f* <-en> (JUR) estatutos *mpl*

Satzzeichen *nt* (LING) signo *m* de puntuación

Sau *f* <Säue> **1.** (*Tier*) cerda *f;* **die ~ rauslassen** (*fam*) pasárselo bomba; **jdn zur ~ machen** (*fam*) poner a alguien como un trapo; **unter aller ~** (*fam abw*) fatal **2.** (*fam abw: Mensch*) cochino, -a *m, f*

sauber I. *adj* **1.** (*rein*) limpio; (*stubenrein*) aseado; **etw ~ machen** limpiar algo **2.** (*sorgfältig*) esmerado; (*genau*) exacto **3.** (*anständig*) decente, íntegro; **bleib ~!** (*fam*) ¡que te vaya bien! **4.** (*fam: nicht anständig*) buen **5.** (*fam: vernünftig*) bien de la cabeza; **du bist wohl nicht ganz ~!** ¡tú no estás bien de la cabeza! **II.** *adv* (*sorgfältig*) con esmero; **etw ~ voneinander trennen** separar algo limpiamente

Sauberkeit *f ohne Pl* **1.** (*Reinlichkeit*) limpieza *f* **2.** (*Anständigkeit*) integridad *f*

säuberlich I. *adj* limpio; (*sorgfältig*) esmerado **II.** *adv* con esmero

sauber|machen *vi, vt s.* **sauber I.1.**

säubern *vt* **1.** (*reinigen*) limpiar; (*Wunde*) absterger **2.** (*Partei*) purgar

Säuberung *f* <-en> **1.** (*das Reinigen*) limpieza *f* **2.** (*einer Partei*) purga *f*

Sauce *f* <-n> salsa *f*

Saudi-Arabien *nt* Arabia *f* Saudita

saudumm *adj* (*fam*) tonto de capirote

sauer *adj* **1.** (*Obst, Bonbons, a.* CHEM) ácido; **etw ~ einlegen** poner algo en conserva **2.** (*dickflüssige Milch*) cuajado; (*verdorbene Milch*) agrio; **~ werden** (*Milch*) agriarse **3.** (*fam: verärgert*) de mala uva, tibio *Am;* **ich bin ~ auf ihn** me cabreó; **Sauerampfer** *m* <-s, -> (BOT) acedera *f;* **Sauerbraten** *m asado de buey adobado en vinagre y especias*

Sauerei *f* <-en> (*fam abw*) porquería *f*

Sauerkirsche *f* <-n> **1.** (*Frucht*) guinda *f* **2.** (*Baum*) guindo *m;* **Sauerkraut** *nt ohne Pl* <-(e)s> col *f* agria, choucroute *f*

säuerlich *adj* **1.** (*Speisen, Getränke*) un poco ácido **2.** (*Milch*) un poco agrio **3.** (*Miene*) avinagrado

Sauerstoff *m ohne Pl* <-(e)s> oxígeno *m;* **Sauerstoffgerät** *nt* <-(e)s, -e> aparato *m* de oxígeno; **Sauerstoffmangel** *m ohne Pl* <-s> falta *f* de oxígeno; **Sauerstoffmaske** *f* máscara *f* de oxígeno

Sauerteig *m* levadura *f*

Saufbold *m* <-(e)s, -e> (*fam abw*) borrachín, -ina *m, f*

saufen <säuft, soff, gesoffen> **I.** *vi* **1.** (*Tier*) beber **2.** (*fam: Alkohol trinken*) empinar el codo **3.** (*alkoholsüchtig sein*) beber, ser alcohólico **II.** *vt* **1.** (*Tier*) beber **2.** (*fam: Mensch*) tomar (con exceso); **einen ~ gehen** irse de copas

Säufer(in) *m(f)* <-s, -; -nen> (*fam abw*) bebedor(a) *m(f)*; (*stärker*) borracho, -a *m, f*, mamón, -ona *m, f Am*

Sauferei *f* <-en> (*fam*) **1.** (*Trunksucht*) alcoholismo *m* **2.** (*Gelage*) francachela *f*

säuft *3. präs von* **saufen**

saugen[1] <saugt, sog *o* saugte, gesogen *o* gesaugt> **I.** *vi* (*an einer Pfeife*) chupar (*an*); (*an der Brust*) mamar (*an*) **II.** *vt* **1.** (*ein~*) chupar (*aus* de) **2.** (*auf~*) absorber **III.** *vr:* **sich ~ 1.** (*eingesaugt werden*) empapar; **der Wein saugt sich in den Stoff** el vino empapa la tela **2.** (*in sich aufnehmen*) absorber; **sich mit etw voll ~** absorber algo

saugen[2] *vi, vt* (*staub~*) pasar la aspiradora (a)

säugen *vt* amamantar, dar de mamar (a)

Sauger *m* <-s, -> **1.** (*auf einer Flasche*) tetilla *f*, tetera *f Am* **2.** (*fam: Staub~*) aspiradora *f*

Säugetier *nt* mamífero *m*

saugfähig *adj* absorbente

Säugling *m* <-s, -e> lactante *mf*, baby *mf Am*, tierno, -a *m, f Guat, Nic*; **Säuglingsschwester** *f* puericultora *f*

saukalt *adj* (*fam*) muy frío; **es ist ~** hace un frío que pela

Säule *f* <-n> columna *f*; **Säulengang** *m* <-(e)s, -gänge> arcada *f*

Saum *m* <-(e)s, Säume> **1.** (*umgenähter Rand*) dobladillo *m*, basta *f Am* **2.** (*geh: Rand, Rain*) linde *m o f*

saumäßig **I.** *adj* (*fam*) **1.** (*viel*) enorme **2.** (*sehr schlecht*) muy malo **II.** *adv* (*fam: sehr*) terriblemente

säumen *vt* coser un dobladillo (en)

säumig *adj* retrasado; (*Schuldner*) moroso

Säumnis *f* <-se>, *nt* <-ses, -se> (*geh*) demora *f*; (JUR) morosidad *f*

Sauna *f* <Saunen> sauna *f*

Säure[1] *f ohne Pl* (*saurer Geschmack*) acidez *f*

Säure[2] *f* <-n> (CHEM) ácido *m*

Saurier *m* <-s, -> saurio *m*

Saus *m:* **in ~ und Braus leben** vivir a pata ancha

säuseln *vi, vt* susurrar

sausen *vi sein* (*Geschoss*) silbar; (*Mensch*) ir pitando; (*Fahrzeug*) ir a toda mecha; **etw ~ lassen** (*fam*) abandonar algo

Saustall *m* (*a. fig, abw*) pocilga *f*; **saustark** *adj* (*fam: sehr stark*) muy fuerte; (*großartig*) genial; **Sauwetter** *nt* (*fam*) tiempo *m* de perros; **sauwohl** *adv* (*fam*): **sich ~ fühlen** sentirse de puta madre

Savanne *f* <-n> sabana *f*

Saxofon[RR] *nt* <-s, -e> *s.* **Saxophon**

Saxofonist(in)[RR] *m(f)* <-en, -en; -nen> *s.* **Saxophonist**

Saxophon *nt* <-s, -e> saxofón *m*

Saxophonist(in) *m(f)* <-en, -en; -nen> saxofonista *mf*

SB *Abk. von* **Selbstbedienung** autoservicio *m*

S-Bahn *f* ≈suburbano *m*

SBB *f Abk. von* **Schweizerische Bundesbahn** compañía *f* de ferrocarriles suiza

Scanner *m* <-s, -> (INFOR, MED) escáner *m*

Schabe *f* <-n> cucaracha *f*

schaben *vt* raspar

Schabernack *m* <-(e)s, -e> travesura *f*; **~ treiben** hacer travesuras

schäbig *adj* (*abw*) **1.** (*unansehnlich*) deslucido; (*abgenutzt*) gastado **2.** (*armselig, gemein*) miserable

Schablone *f* <-n> patrón *m*, plantilla *f*

Schach[1] *nt ohne Pl* <-s> (*Spiel*) ajedrez *m*; **~ spielen** jugar al ajedrez

Schach[2] *nt* <-s, -s> (*Spielstellung*) jaque *m*

Schachbrett *nt* tablero *m* de ajedrez

schachbrettartig *adj* ajedrezado

schachern *vi* (*abw*) usurar

Schachfigur *f* pieza *f* de ajedrez; **schachmatt** *adj* **1.** (*beim Schachspiel*) jaque mate; **jdn ~ setzen** dar jaque mate a alguien **2.** (*fam: erschöpft*) hecho polvo; **Schachspieler(in)** *m(f)* jugador(a) *m(f)* de ajedrez

Schacht *m* <-(e)s, Schächte> pozo *m*

Schachtel *f* <-n> caja *f*; (*größer*) cajón *m*; (*Zigaretten~*) paquete *m*; **eine ~ Pralinen** una caja de bombones

Schachzug *m* <-(e)s, -züge> jugada *f*

schade *adj inv:* **es ist ~, dass ...** es una lástima que... +*subj*; **das ist aber ~!** ¡qué lástima!; **es ist ~ um jdn/etw** alguien/algo (me) da pena; **sich** *dat* **für etw (nicht) zu ~ sein** (no) creerse demasiado para algo

Schädel *m* <-s, -> cráneo *m*; **Schädelbruch** *m* fractura *f* de cráneo

schaden *vi:* **jdm/etw** *dat* **~** dañar a alguien/algo, perjudicar a alguien/algo; **du schadest dir nur selbst damit** sólo te perjudicas a ti mismo; **das schadet nichts** (*fam*) no es grave

Schaden *m* <-s, Schäden> **1.** (*Beschädigung*) daño *m* (*an* de), perjuicio *m* (*an* de); **es entstand ein ~ von 300 Mark** se produjo un daño de 300 marcos; **jdm ~ zufügen** hacer daño a alguien; **zu ~ kommen** sufrir perjuicios; **durch ~ wird man klug**

(*prov*) se aprende a base de errores **2.** (*Nachteil*) desventaja *f;* (*Verlust*) pérdida *f* **3.** (*gesundheitlich*) defecto *m;* **Schadenersatz** *m* (JUR) indemnización *f* por daños y perjuicios; ~ **leisten** pagar una indemnización; **Schadenfreude** *f* alegría *f* del mal ajeno; **schadenfroh** *adj* malicioso

Schadensersatz *m* (JUR) *s.* **Schadenersatz**

schadhaft *adj* defectuoso

schädigen *vt* dañar, perjudicar

Schädigung *f* <-en> daño *m,* perjuicio *m*

schädlich *adj* perjudicial (*für* para); (*gesundheitlich*) nocivo (*für* para)

Schädling *m* <-s, -e> parásito *m*

Schädlingsbekämpfung *f ohne Pl* lucha *f* antiparasitaria; **Schädlingsbekämpfungsmittel** *nt* pesticida *m*

Schadstoff *m* <-(e)s, -e> sustancia *f* nociva; **schadstoffarm** *adj* poco contaminante; **Schadstoffausstoß** *m* emisión *f* contaminante; **Schadstoffbelastung** *f* contaminación *f;* **schadstoffhaltig** *adj* con sustancias nocivas

Schaf *nt* <-(e)s, -e> **1.** (*Tier*) oveja *f;* **schwarzes** ~ (*fig*) oveja negra **2.** (*fam: Dummkopf*) borrico, -a *m, f;* **Schafbock** *m* carnero *m*

Schäfchen *nt* <-s, -> **1.** (*junges Schaf*) corderito *m;* ~ **zählen** (*fam fig*) contar ovejitas; **sein** ~ **ins Trockene bringen** (*fam fig*) hacer su agosto **2.** (*Gemeindemitglied*) miembro *m* de una congregación religiosa; **Schäfchenwolken** *fpl* cirrocúmulos *mpl*

Schäfer(in) *m(f)* <-s, -; -nen> pastor(a) *m(f);* **Schäferhund** *m* <-(e)s, -e> perro *m* pastor, ovejero *m Am;* (*Deutscher* ~) pastor *m* alemán

Schäferstündchen *nt* <-s, -> momentos *mpl* amorosos

schaffen[1] <schafft, schuf, geschaffen> *vt* **1.** (*er*~) crear; (*gründen*) fundar; **dafür ist sie wie ge**~ está hecha para esto **2.** (*Voraussetzungen*) crear; (*Platz, Ordnung*) hacer; (*Unruhe*) causar

schaffen[2] **I.** *vt* **1.** (*bewältigen*) hacer; (*fertig bringen*) acabar; (*erreichen*) lograr; **eine Prüfung** ~ aprobar un examen; **so, das hätten wir geschafft** bueno, ya está **2.** (*fam: erschöpfen*) agotar, hacer polvo; **die Kinder haben mich geschafft** los niños me han hecho polvo; **jdm zu** ~ **machen** (*erschöpfen*) agotar a alguien; (*bekümmern*) dar quebraderos de cabeza a alguien **3.** (*weg*~) llevar; (*herbei*~) traer **II.** *vi* (*südd, reg: arbeiten*) trabajar, currar *fam;* **damit habe ich nichts zu** ~ no tengo nada que ver con eso

Schaffenskraft *f ohne Pl* fuerza *f* creadora

Schaffner(in) *m(f)* <-s, -; -nen> (*Fahrscheinverkäufer*) cobrador(a) *m(f);* (*Kontrolleur*) revisor(a) *m(f)*

Schafherde *f* rebaño *m* de ovejas

Schafott *nt* <-(e)s, -e> patíbulo *m*

Schafskäse *m* queso *m* de oveja

Schaft *m* <-(e)s, Schäfte> **1.** (*Stiefel*~) caña *f* de la bota **2.** (*Gewehr*~) caja *f* del fusil **3.** (BOT) tallo *m* **4.** (*für Messer, Schwert*) mango *m* **5.** (*Schweiz: Schrank*) armario *m;* (*Regal*) estantería *f;* **Schaftstiefel** *m* <-s, -> bota *f* alta

Schah *m* <-s, -s> sha *m* (de Persia)

Schakal *m* <-s, -e> chacal *m*

schäkern *vi* (*fam*) **1.** (*scherzen*) bromear **2.** (*flirten*) ligar

schal *adj* insípido

Schal *m* <-s, -s *o* -e> bufanda *f*

Schale *f* <-n> **1.** (*Obst*~, *Kartoffel*~) piel *f;* (*Nuss*~, *Eier*~) cáscara *f;* (*Muschel*~) concha *f;* (*von Hülsenfrüchten*) vaina *f* **2.** (*Gefäß*) fuente *f* **3.** (*Waag*~) platillo *m* **4.** (*fam: Kleidung*): **sich in** ~ **werfen** ponerse de punta en blanco

schälen I. *vt* (*Obst, Kartoffel*) pelar; (*Ei, Nuss*) quitar la cáscara (a); (*Baum*) descortezar **II.** *vr:* **sich** ~ (*Haut*) pelarse

Schalentier *nt* <-(e)s, -e> crustáceo *m*

Schalk *m* <-(e)s, -e *o* Schälke> granuja *mf;* **jdm sitzt der** ~ **im Nacken** alguien es un diablillo

Schall *m ohne Pl* <-(e)s> (*geh: Geräusch, Laut*) sonido *m;* (PHYS) resonancia *f;* (*Widerhall*) eco *m;* ~ **und Rauch sein** ser una nimiedad; **Schalldämmung** *f ohne Pl* insonorización *f;* **Schalldämpfer** *m* **1.** (TECH) silenciador *m* **2.** (MUS) sordina *f;* **schalldicht** *adj* insonoro

schallen *vi* resonar; ~**des Gelächter** risas atronadoras

Schallgeschwindigkeit *f ohne Pl* velocidad *f* del sonido; **Schallisolierung** *f ohne Pl* aislamiento *m* acústico; **Schallmauer** *f ohne Pl* barrera *f* del sonido; **die** ~ **durchbrechen** traspasar la barrera del sonido; **Schallplatte** *f* disco *m;* **Schallwelle** *f* (PHYS) onda *f* sonora

Schalotte *f* <-n> (ajo *m*) chalote *m*

schalt *3. imp von* **schelten**

Schaltanlage *f* (ELEK) instalación *f* de mando

schalten I. *vi* **1.** (AUTO) cambiar de marcha; **in den dritten Gang** ~ cambiar a tercera **2.** (*um*~) ponerse; (RADIO, TV) conectar (*zu* con) **3.** (*handeln*): **er schaltet und waltet, wie es ihm gefällt** hace y deshace (como le viene en gana) **4.** (*fam: begreifen*) caer (en la cuenta); (*reagieren*) reaccionar **II.** *vt* **1.** (TECH: *verbinden*) conectar; (*ein*~) encender; (*aus*~) apagar **2.** (*einschieben*) intercalar **3.** (*inserieren*): **eine Anzeige** ~ poner un anuncio publicitario

Schalter *m* <-s, -> **1.** (TECH) interruptor *m*

2. (*Post~*) ventanilla *f;* (*Fahrkarten~*) taquilla *f,* boletería *f Am;* **Schalterhalle** *f,* **Schalterraum** *m* <-(e)s, -räume> sala *f* de ventanillas; **Schalterstunden** *fpl* horario *m* de ventanilla

Schalthebel *m* palanca *f* de mando; **Schaltjahr** *nt* año *m* bisiesto; **Schaltkreis** *m* (ELEK) circuito *m;* **Schaltplan** *m* (ELEK) diagrama *m* de circuito; **Schalttafel** *f* (ELEK) panel *m* de control; **Schalttag** *m* día *m* del año bisiesto

Schaltung *f* <-en> **1.** (ELEK) circuito *m* **2.** (TEL) conexión *f* **3.** (AUTO) caja *f* de cambios

Schalung *f* <-en> (TECH) encofrado *m*

Schaluppe *f* <-n> (NAUT) chalupa *f*

Scham *f ohne Pl* **1.** (*das Sichschämen*) vergüenza *f,* pena *f Am;* **vor ~ vergehen** morirse de vergüenza **2.** (*~gefühl*) pudor *m* **3.** (ANAT) pubis *m inv*

Schambein *nt* (ANAT) (hueso *m* del) pubis *m inv*

schämen *vr:* **sich ~** avergonzarse (*wegen/für* de, *vor* ante), tener vergüenza (*wegen/für* de), apenarse (*wegen/für* por) *Am;* **er schämt sich für sein Verhalten** su comportamiento le da vergüenza; **du solltest dich ~!** ¡deberías avergonzarte!

Schamgefühl *nt ohne Pl* <-(e)s> pudor *m,* vergüenza *f*

Schamgegend *f ohne Pl* zona *f* púbica; **Schamhaar** *nt ohne Pl* <-(e)s> vello *m* púbico

schamhaft *adj* pudoroso; (*scheu*) avergonzado

Schamlippe *f* (ANAT) labio *m* de la vulva

schamlos *adj* **1.** (*unanständig*) impúdico **2.** (*dreist*) descarado, desvergonzado

Schamröte *f* rubor *m;* **mir stieg die ~ ins Gesicht** me puse colorado de vergüenza

Schande *f ohne Pl* (*Beschämung*) vergüenza *f;* (*Schmach*) infamia *f;* (*für die Ehre*) deshonra *f;* **sie hat ~ über uns gebracht** ha manchado nuestro nombre; **zu meiner ~ muss ich gestehen, dass ...** para mi vergüenza tengo que reconocer que...; **das ist eine ~!** ¡es una vergüenza!; **mach mir keine ~!** ¡no me dejes mal!; **das ist doch keine ~** no es ninguna deshonra

schänden *vt* **1.** (*entehren*) deshonrar, embarrar *Am;* (*sexuell*) abusar (de) **2.** (*entweihen*) profanar

Schandfleck *m* mancha *f;* (*für die Ehre*) deshonra *f*

schändlich *adj* vergonzoso, infame

Schandtat *f* vileza *f,* infamia *f;* **zu jeder ~ bereit sein** (*fam iron*) estar dispuesto a cualquier broma

Schändung *f* <-en> (*Grab, Kirche*) profanación *f;* (*Ehre*) difamación *f*

Schänke[RR] *f* <-n> *s.* **Schenke**

Schanze *f* <-n> (SPORT) trampolín *m*

Schar *f* <-en> **1.** (*Menge*) multitud *f;* (*Gruppe*) grupo *m,* tropilla *f CSur;* (*Vogel~*) bandada *f;* **in (hellen) ~en** en masas **2.** (AGR: *Pflug~*) reja *f* del arado

scharen **I.** *vr* (*geh*): **sich um jdn/etw ~** arremolinarse en torno a alguien/a algo **II.** *vt* (*geh*): **... um sich ~** formar un grupo de...

scharenweise *adv* a manadas, en masa

scharf *adj* <schärfer, am schärfsten> **1.** (*Messer, Kralle, Zähne*) afilado, filoso *Am;* (*schneidend*) cortante; (*Kante*) vivo **2.** (*Speise*) picante; (*Getränk*) fuerte; (*Geruch*) acre; (CHEM) corrosivo **3.** (*Wind*) cortante **4.** (*Ton*) estridente **5.** (FOTO) nítido; (*Umrisse*) (bien) marcado; **~ eingestellt** enfocado con precisión **6.** (*Gehör*) fino; (*Verstand*) agudo; **~e Augen haben** tener una vista aguda; **~ nachdenken** hacer memoria **7.** (*Kurve*) cerrado; **~ bremsen** dar un frenazo; **~ abbiegen** hacer un giro brusco **8.** (*Kritik*) mordaz; (*Antwort*) tajante; (*Protest*) enérgico; **jdn ~ kritisieren** criticar duramente a alguien **9.** (*Disziplin*) riguroso; (*Bewachung*) estrecho **10.** (*Auseinandersetzung*) reñido **11.** (*Hund*) mordedor **12.** (*fam: toll*) chulo **13.** (*fam: geil*) cachondo (*auf* por) **14.** (MIL: *Munition*) explosivo, con carga explosiva **15.** (*fam: versessen*): **~ darauf sein etw zu tun** morirse por hacer algo

Scharfblick *m ohne Pl* <-(e)s> perspicacia *f*

Schärfe *f ohne Pl* **1.** (*Messer, Kante*) agudeza *f* **2.** (*Speise*) (sabor *m*) picante *m;* (*Geruch*) acritud *f;* (CHEM) causticidad *f* **3.** (*Foto, Umriss*) nitidez *f* **4.** (*Sinnesorgan*) agudeza *f;* (*Verstandes~*) perspicacia *f* **5.** (*Worte*) rudeza *f;* (*von Kritik*) mordacidad *f* **6.** (*Härte, Strenge*) rigor *m,* dureza *f*

schärfen *vt* **1.** (*Messer*) afilar **2.** (*Verstand, Gehör*) aguzar

scharfkantig *adj* afilado, cortante; **scharf|machen** *vt* (*fam*) instigar

Scharfrichter(in) *m(f)* verdugo *mf*

Scharfschütze, -in *m, f* <-n, -n; -nen> (MIL) tirador(a) *m(f)* de alta precisión; **scharfsichtig** *adj* de vista aguda; **Scharfsinn** *m ohne Pl* <-(e)s> perspicacia *f,* sagacidad *f;* **scharfsinnig** *adj* perspicaz, sagaz

Scharlach *m ohne Pl* <-s> (MED) escarlatina *f*

Scharlatan *m* <-s, -e> (*abw*) charlatán, -ana *m, f*

Scharnier *nt* <-s, -e> bisagra *f*

Schärpe *f* <-n> banda *f;* (*um die Hüfte*) faja *f*

scharren **I.** *vi* (*in der Erde*) escarbar; (*an einen Gegenstand*) arañar **II.** *vt* **1.** (*Loch*) cavar **2.** (*zusammen~*) amontonar

Scharte *f* <-n> **1.** (*Kerbe*) mella *f*

2. (*Schieß~*) tronera *f*
scharwenzeln* *vi haben o sein* (*fam abw*): **um jdn** ~ hacer(le) la pelota a alguien
Schaschlik *m o nt* <-s, -s> pincho *m* de carne
Schatten *m* <-s, -> sombra *f*; **35 Grad im** ~ 35 grados a la sombra; ~ **werfen/spenden** hacer/dar sombra; **nur noch ein** ~ **seiner selbst sein** no ser ni la sombra de lo que se era; **in jds** ~ **stehen** estar a la sombra de alguien; **jdn/etw in den** ~ **stellen** dar cien (mil) vueltas a alguien/a algo; **über seinen** ~ **springen** superarse (a sí mismo); **Schattenseite** *f* **1.** (*Seite im Schatten*) lado *m* de la sombra **2.** (*Nachteil*) inconveniente *m*; **Schattenspiel** *nt* sombras *fpl* chinescas
schattieren* *vt* sombrear
Schattierung *f* <-en> **1.** (KUNST) sombreado *m*, sombras *fpl* **2.** (*Variante*) matiz *m*
schattig *adj* sombrío
Schatulle *f* <-n> cofre *m*
Schatz *m* <-es, Schätze> (*a. fig*) tesoro *m*
schätzen *vt* **1.** (*Wert*) valorar (*auf* en); (*Größe, Alter*) calcular; **wie alt** ~ **Sie ihn?** ¿cuántos años calcula que tiene? **2.** (*fam: annehmen*) suponer; **ich schätze, dass ...** supongo que... **3.** (*würdigen*) apreciar; **ich weiß das zu** ~ sé apreciarlo; **wir können uns glücklich** ~ podemos dar gracias (a Dios)
Schatzkammer *f* cámara *f* del tesoro, tesorería *f*; **Schatzmeister(in)** *m(f)* tesorero, -a *m, f*
Schätzung *f* <-en> cálculo *m*; (*des Wertes*) valoración *f*; **nach meiner** ~ según mis cálculos
schätzungsweise *adv* aproximadamente, más o menos
Schätzwert *m* valor *m* estimado
Schau *f* <-en> exposición *f*; **etw zur** ~ **stellen** exponer algo; **eine große** ~ **abziehen** (*fam: angeben*) dárselas de importante; **jdm die** ~ **stehlen** robar el protagonismo a alguien; **Schaubild** *nt* diagrama *m*; **Schaubude** *f* caseta *f*
Schauder *m* <-s, -> (*geh*) escalofrío *m*; **ihm lief ein** ~ **über den Rücken** le dio un escalofrío
schauderhaft *adj* horrible, horroroso
schaudern **I.** *vi* estremecerse (*bei/vor* ante) **II.** *vunpers* sobrecoger; **es schauderte mich beim Anblick** me sobrecogió la escena
schauen *vi* **1.** (*blicken*) mirar; **auf die Uhr** ~ mirar el reloj; **schau mal!** ¡mira!; **traurig** ~ poner cara triste **2.** (*Österr, Schweiz, südd: sich kümmern*) atender (*nach* a), mirar (*nach* por) **3.** (*achten*): (**sehr**) **darauf** ~, **dass ...** tener (muy) en cuenta, que... +*subj*; (*Wert legen*) dar (gran) importancia a que... +*subj*
Schauer *m* <-s, -> **1.** (METEO) chubasco *m* **2.** (*geh: Schauder*) escalofrío *m*; **Schauergeschichte** *f* <-n> cuento *m* horripilante
schauerlich *adj* **1.** (*gruselig*) horripilante, escalofriante **2.** (*fam: grässlich*) horrible
Schaufel *f* <-n> **1.** (*Schippe*) pala *f* **2.** (*Schweiz: Pik*) pica *f*
schaufeln **I.** *vi* palear **II.** *vt* **1.** (*Sand, Schnee*) quitar con la pala **2.** (*Loch*) cavar (con la pala)
Schaufenster *nt* escaparate *m*, vitrina *f Am*; **Schaufensterbummel** *m*: **einen** ~ **machen** ir a mirar escaparates; **Schaufensterpuppe** *f* maniquí *m*
Schaukasten *m* vitrina *f*
Schaukel *f* <-n> columpio *m*, bamba *f reg*
schaukeln **I.** *vi* **1.** (*schwingen*) balancearse; (*im Wind*) tambolearse; **auf/mit dem Stuhl** ~ balancearse en/con la silla **2.** (*auf einer Schaukel*) columpiarse **II.** *vt* (*wiegen*) mecer
Schaukelpferd *nt* caballo *m* de balancín; **Schaukelstuhl** *m* mecedora *f*, columpio *m Am*
schaulustig *adj* curioso
Schaum *m* <-(e)s, Schäume> espuma *f*; **Schaumbad** *nt* baño *m* de espuma
schäumen *vi* **1.** (*Flüssigkeit*) producir espuma **2.** (*geh: toben*) echar espuma de rabia
Schaumfestiger *m* espuma *f* fijadora; **Schaumgummi** *m* gomaespuma *f*
schaumig *adj* espumoso
Schaumkrone *f* **1.** (*Welle*) cresta *f* (de la ola) **2.** (*Flüssigkeiten*) espuma *f*; **Schaumstoff** *m* <-(e)s, -e> gomaespuma *f*; **Schaumwein** *m* <-(e)s, -e> vino *m* espumoso
Schauplatz *m* <-es, -plätze> escenario *m*
schaurig *adj* **1.** (*gruselig*) horripilante, escalofriante **2.** (*fam: schlecht*) horrible
Schauspiel *nt* **1.** (THEAT) función *f* **2.** (*geh: Vorgang*) espectáculo *m*
Schauspieler(in) *m(f)* actor *m*, actriz *f*
schauspielern *vi* **1.** (*fam: als Schauspieler arbeiten*) trabajar como actor **2.** (*abw: vortäuschen*) simular, fingir
Schauspielhaus *nt* teatro *m*; **Schauspielschule** *f* <-n> escuela *f* de arte dramático
Schausteller(in) *m(f)* <-s, -; -nen> feriante *mf*
Schautafel *f* cuadro *m* explicativo
Scheck *m* <-s, -s> cheque *m*; **einen** ~ **einlösen** cobrar un cheque; **einen** ~ **über 100 Mark ausstellen** extender un cheque por valor de 100 marcos
scheckig *adj* **1.** (*Pferd, Rind*) pío; (*Hund*) con manchas **2.** (*fleckig*) manchado
Scheckkarte *f* tarjeta *f* bancaria
scheffeln *vt* (*fam abw*) acaparar; **Geld** ~ forrarse

S

Scheibe *f* <-n> **1.** (*allgemein*) disco *m;* (*Töpfer~*) torno *m* **2.** (*Brot~*) rebanada *f;* (*Wurst~*) rodaja *f;* (*Schinken~, Käse~*) loncha *f;* (*Melonen~*) raja *f;* **etw in ~n schneiden** cortar algo en rodajas **3.** (*Glas~*) cristal *m;* (*Schaufenster~*) luna *f* **4.** (SPORT, MIL: *Schieß~*) blanco *m* **5.** (*fam: Schallplatte*) disco *m;* **Scheibenbremse** *f* (AUTO) freno *m* de disco(s); **Scheibenheber** *m* <-s, -> (AUTO) elevalunas *m inv;* **Scheibenwischer** *m* <-s, -> limpiaparabrisas *m inv*

Scheich *m* <-(e)s, -e *o* -s> jeque *m*

Scheide *f* <-n> **1.** (*Vagina*) vagina *f,* cachimba *f Mex* **2.** (*für Degen, Schwert*) vaina *f*

scheiden <scheidet, schied, geschieden> **I.** *vt* **1.** (*Ehe*) divorciar; **sich (von jdm) ~ lassen** divorciarse (de alguien), federarse (de alguien) *Kol* **2.** (*trennen*) separar **II.** *vr:* **sich ~** (*Auffassungen*) diferir; **hier ~ sich die Geister** aquí difieren las opiniones **III.** *vi sein* **1.** (*aufgeben*): **aus dem Amt ~** jubilarse **2.** (*sich trennen*) separarse

Scheidenzäpfchen *nt* supositorio *m* vaginal

Scheidewand *f* pared *f* divisoria; **Scheideweg** *m:* **am ~ stehen** estar en una encrucijada

Scheidung *f* <-en> divorcio *m;* **die ~ einreichen** presentar la demanda de divorcio; **Scheidungsgrund** *m* <-(e)s, -gründe> causa *f* de(l) divorcio

Schein[1] *m ohne Pl* <-(e)s> **1.** (*von Licht*) luz *f;* (*Glanz*) brillo *m* **2.** (*An~*) apariencia *f;* **der ~ trügt** las apariencias engañan; **den ~ wahren** guardar las apariencias; **etw nur zum ~ tun** hacer algo por las apariencias

Schein[2] *m* <-(e)s, -e> **1.** (*Bescheinigung*) certificado *m;* (*Beleg*) resguardo *m;* (UNIV) papeleta *f* **2.** (*Geld~*) billete *m*

scheinbar **I.** *adj* aparente **II.** *adv* (*fam*) por lo visto, al parecer

scheinen <scheint, schien, geschienen> *vi* **1.** (*glänzen*) brillar; (*Licht*) alumbrar; **die Sonne/der Mond scheint** hace sol/hay luna; **uns schien die Sonne ins Gesicht** el sol nos dio en la cara **2.** (*den Anschein haben*) parecer; **es scheint, dass/als ob ...** parece que/como si...

Scheinfirma *f* empresa *f* fantasma; **scheinheilig** *adj* (*fam abw*) hipócrita, falluto *Arg, Urug;* **tu nicht so ~!** ¡no te hagas el inocente!; **Scheinschwangerschaft** *f* (MED) embarazo *m* psicológico; **scheintot** *adj* **1.** (MED) aparentemente muerto **2.** (*fam: uralt*) más muerto que vivo

Scheinwerfer *m* <-s, -> (AUTO) faro *m,* foco *m Chil, Pan;* (THEAT) foco *m;* **Scheinwerferlicht** *nt ohne Pl* <-s> alumbrado *m* por proyección

Scheiß *m ohne Pl* <-> (*fam abw*) chorrada *f;* **ohne ~!** ¡sin coña!; **Scheißdreck** *m* (*vulg abw*) mierda *f;* **einen ~ werde ich tun!** ¡(y) una mierda!

Scheiße *f ohne Pl* (*vulg*) mierda *f,* cerote *m ZAm, Mex;* **~!** ¡mierda!; **~ bauen** meter la pata; **~ reden** decir chorradas; **in der ~ sitzen** estar jodido; **das Buch ist s~** este libro es una mierda

scheißegal *adj* (*vulg*): **das ist mir ~** me importa un huevo

scheißen <scheißt, schiss, geschissen> *vi* (*vulg*) cagar; **auf etw ~** cagarse en algo

scheißfreundlich *adj* (*fam abw*) hipócrita, lameculos *vulg;* **Scheißkerl** *m* (*vulg*) hijo *m* de puta

Scheit *nt* <-(e)s, -e(r)> (*südd, Schweiz, Österr*) leño *m*

Scheitel *m* <-s, -> **1.** (*im Haar*) raya *f,* partido *m Am;* **vom ~ bis zur Sohle** de pies a cabeza **2.** (MATH) vértice *m*

scheiteln *vt:* **das Haar ~** hacer la raya

Scheiterhaufen *m* hoguera *f*

scheitern *vi sein* fracasar (*an* a causa de); **zum S~ verurteilt sein** estar condenado al fracaso; **etw zum S~ bringen** llevar algo al fracaso

Schelle *f* <-n> **1.** (TECH) abrazadera *f* **2.** (*Glöckchen*) cascabel *m* **3.** (*reg: Klingel*) timbre *m*

schellen **I.** *vi* (*reg*) **1.** (*Telefon, Klingel*) sonar **2.** (*Person*) tocar el timbre **II.** *vunpers:* **es hat geschellt** ha sonado el timbre de la puerta

Schellfisch *m* eglefino *m*

Schelm *m* <-(e)s, -e> **1.** (*Schalk*) pícaro, -a *m, f,* pillo, -a *m, f* **2.** (*Schweiz: Dieb*) ladrón, -ona *m, f;* **Schelmenroman** *m* novela *f* picaresca

schelmisch *adj* pícaro

Schelte *f ohne Pl* (*geh*) reprimenda *f;* **~ bekommen** sufrir una reprimenda

schelten <schilt, schalt, gescholten> *vt* (*geh: schimpfen*) reprender; (*nennen*) tachar (de)

Schema *nt* <-s, Schemata *o* Schemen> **1.** (*Konzept*) esquema *m* **2.** (*Schaubild*) diagrama *m*

schematisch *adj* esquemático

schematisieren* *vt* **1.** (*darstellen*) esquematizar **2.** (*vereinfachen*) simplificar

Schemel *m* <-s, -> taburete *m*

Schemen[1] *Pl von* **Schema**

Schemen[2] *m o nt* <-s, -> (*geh: Umriss*) contorno *m*

schemenhaft *adj* (*geh*) vago, borroso

Schenke *f* <-n> tasca *f,* cantina *f CSur, Mex*

Schenkel *m* <-s, -> **1.** (ANAT) muslo *m* **2.** (MATH) lado *m*

schenken *vt* **1.** (*Geschenk*) regalar, obsequiar *Am;* **etw geschenkt bekommen** recibir algo como regalo; **jdm etw** ~ regalar algo a alguien; **einem Kind das Leben** ~ (*geh*) dar la vida a un niño **2.** (*erlassen*): **jdm etw** ~ dispensar a alguien de algo; **sich** *dat* **etw** ~ (*nicht tun*) ahorrarse algo; **geschenkt!** ¡olvídalo! **3.** (*widmen*) dedicar; **jdm Aufmerksamkeit/Liebe/Zeit** ~ dedicar atención/cariño/tiempo a alguien

Schenkung *f* <-en> (JUR) donación *f*

scheppern *vi* (*fam*) meter ruido

Scherbe *f* <-n> pedazo *m;* (*Glas~*) pedazo *m* de vidrio; **in ~n gehen** hacerse añicos; **~n bringen Glück** (*prov*) los vidrios rotos traen suerte

Schere *f* <-n> **1.** (*Werkzeug*) tijera(s) *f(pl)* **2.** (*von Krebsen*) pinza *f* **3.** (SPORT) tijera *f*

scheren[1] <schert, schor, geschoren> *vt* **1.** (*Mensch*) rapar, pelar; (*Schaf*) esquilar **2.** (*Rasen*) cortar

scheren[2] *vr:* **sich nicht um etw** ~ importar(le) algo a alguien un comino; **scher dich zum Teufel!** ¡vete al diablo!; **was schert mich das?** ¿a mí qué (me importa)?

Scherenschleifer(in) *m(f)* <-s, -; -nen> afilador(a) *m(f);* **Scherenschnitt** *m* silueta *f* (en papel)

Schererei *f* <-en> (*fam*) molestia *f,* fastidio *m;* **mit jdm ~en bekommen (wegen etw)** tener un disgusto con alguien (por algo)

Scherz *m* <-es, -e> broma *f,* chanza *f Am,* changa *f SAm, Cuba;* **im** ~ en broma; **einen ~ machen** gastar una broma; **sich** *dat* **mit jdm einen ~ erlauben** gastarle una broma a alguien

scherzen *vi* bromear, chancear *Am;* **damit ist nicht zu** ~ no es cosa de broma

Scherzfrage *f* adivinanza *f*

scherzhaft *adj* chistoso, gracioso

Scherzkeks *m* (*fam*) gracioso, -a *m, f*

scheu *adj* **1.** (*schüchtern*) tímido, penoso *Am;* (*zurückhaltend*) reservado **2.** (*Tier*) espantadizo; ~ **werden** (*Pferd*) desbocarse

Scheu *f ohne Pl* timidez *f*

scheuchen *vt* espantar

scheuen I. *vi* (*Pferd*) desbocarse (*vor* ante) **II.** *vt* (*Verantwortung*) huir (de); **keine Ausgaben** ~ no reparar en gastos **III.** *vr:* **sich** ~ tener miedo (*vor* de)

Scheuerlappen *m* <-s, -> bayeta *f*

scheuern I. *vt* fregar; **etw sauber/blank** ~ frotar algo hasta dejarlo limpio/reluciente; **jdm eine** ~ (*fam*) darle una bofetada a alguien **II.** *vi* (*Schuhe, Kleidung*) rozar

Scheuklappe *f* anteojera *f;* **~n haben** (*fig*) ser estrecho de miras

Scheune *f* <-n> granero *m*

Scheusal *nt* <-s, -e> (*abw*) monstruo *m*

scheußlich *adj* horrible; (*abstoßend*) asqueroso; (*Verbrechen*) atroz

Schi *m* <-s, -(er)> *s.* **Ski**

Schicht *f* <-en> **1.** (*Luft~, Farb~*) capa *f;* (GEO) estrato *m* **2.** (*Gesellschafts~*) clase *f* **3.** (*Arbeits~*) turno *m;* **er arbeitet** ~ trabaja por turnos; **Schichtarbeit** *f ohne Pl* trabajo *m* por turnos; **Schichtarbeiter(in)** *m(f)* trabajador(a) *m(f)* de turno

schichten *vt* apilar (*auf* en)

Schichtwechsel *m* cambio *m* de turno

schichtweise *adv* **1.** (*in Schichten*) por capas **2.** (*in Gruppen*) por grupos

schick *adj* elegante, chic, paquete *Arg;* **sich ~ machen** vestirse elegantemente

schicken I. *vt* mandar; (*mit der Post*) enviar; **nach jdm** ~ (*geh*) mandar llamar a alguien **II.** *vr:* **sich** ~ **1.** (*sich gehören*): **das schickt sich nicht** esto no se hace **2.** (*sich abfinden*) conformarse (*in* con)

Schickeria *f ohne Pl* gente *f* guapa

Schickimicki *m* <-s, -s> (*fam*) pijo, -a *m, f*

schicklich *adj* (*geh: angemessen*) conveniente, adecuado; (*anständig*) de buena educación

Schicksal *nt* <-s, -e> destino *m;* (*persönliches Geschick*) suerte *f;* **das ~ wollte es, dass …** quiso el destino que… +*subj;* **jdn seinem ~ überlassen** abandonar a alguien a su suerte; **das ist ~!** ¡así es la vida!

schicksalhaft *adj* **1.** (*unabwendbar*) fatal **2.** (*ausschlaggebend*) decisivo

Schicksalsschlag *m* golpe *m* del destino

Schiebedach *nt* techo *m* corredizo; **Schiebefenster** *nt* ventana *f* corrediza

schieben <schiebt, schob, geschoben> **I.** *vt* **1.** (*bewegen*) empujar; **etw zur Seite** ~ apartar algo; **die Schuld auf jdn** ~ echarle la culpa a alguien; **etw von sich** *dat* ~ (*fig*) rechazar algo; **etw vor sich** *dat* **her** ~ (*fig*) aplazar algo continuamente **2.** (*stecken*) meter (*in* en) **3.** (*fam: handeln*) traficar (con) **4.** (*sl: ableisten*): **Dienst/Wache** ~ estar de servicio/de guardia **II.** *vi* (*fam*) traficar (con) **III.** *vr:* **sich** ~ pasar (*durch* por, *auf/an* a); (*überqueren*) atravesar (*durch/über*)

Schieber(in)[1] *m(f)* <-s, -; -nen> (*fam abw: Händler*) traficante *mf*

Schieber[2] *m* <-s, -> (TECH) corredera *f;* (*Riegel*) cerrojo *m*

Schiebetür *f* (puerta *f*) corredera *f*

Schiebung *f* <-en> (*fam abw*) **1.** (*Schiebergeschäft*) chanchullo *m* **2.** (*Bevorzugung*) enchufe *m;* (SPORT) tongo *m;* **das ist ja ~!** ¡esto es un tongo!

schied *3. imp von* **scheiden**

Schiedsrichter(in) *m(f)* árbitro *mf,* colegiado, -a *m, f Am;* **Schiedsspruch** *m* (JUR) sentencia *f* arbitral

schief *adj* **1.** (*krumm*) torcido; (*nicht senk-*

S

recht) inclinado; **das Bild hängt ~** el cuadro está torcido; **auf die ~e Bahn geraten** ir por mal camino; **jdn ~ ansehen** (*fam*) mirar a alguien de reojo **2.** (*falsch*) falso, equívoco; **in ein ~es Licht geraten** dar una impresión equívoca

Schiefer *m* <-s, -> esquisto *m,* pizarra *f;* **Schieferdach** *nt* tejado *m* de pizarra

schief|gehen *irr vi sein s.* **gehen I.3.**; **schief|lachen** *vr:* **sich ~** (*fam*) desternillarse de risa

schielen *vi* tener estrabismo, ser bizco *fam;* **sie schielt auf dem linken Auge** tuerce el ojo izquierdo; **er schielt nach etw/jdm** (*fam: begehrlich*) se le van los ojos detrás de algo/alguien; (*heimlich*) mira algo/a alguien de reojo

schien *3. imp von* **scheinen**

Schienbein *nt* tibia *f,* espinilla *f fam*

Schiene *f* <-n> **1.** (*Eisenbahn~*) carril *m,* rail *m* **2.** (MED) tablilla *f*

schienen *vt* entablillar

Schienenbus *m* ferrobús *m;* **Schienenfahrzeug** *nt* vehículo *m* sobre carriles; **Schienennetz** *nt* red *f* ferroviaria

schier I. *adj* (*reg*) puro **II.** *adv* casi

Schießbefehl *m* orden *f* de disparar

Schießbude *f* barraca *f* de tiro (al blanco)

schießen <schießt, schoss, geschossen> **I.** *vi* **1.** (*Schütze*) disparar (*auf* a/contra); (SPORT) tirar **2.** *sein* (*sich schnell bewegen*) moverse como un rayo; **sie schoss herein** entró como un rayo; **etw ist zum S~** (*fam*) algo es para morirse de la risa **3.** *sein* (*schnell wachsen*): **in die Höhe ~** crecer rápidamente; **der Junge ist in die Höhe geschossen** el chico pegó un gran estirón **4.** *sein* (*herausquellen*) brotar (*aus* de); **die Röte schoss ihm ins Gesicht** se puso colorado **II.** *vt* **1.** (*Geschoss*) disparar, balacear *Am* **2.** (*Satellit, Rakete, Ball*) lanzar; **ein Tor ~** meter un gol **3.** (*Wild*) matar (de un tiro) **4.** (*Foto*) hacer, sacar

Schießerei *f* <-en> tiroteo *m*

Schießplatz *m* <-es, -plätze> campo *m* de tiro; **Schießpulver** *nt* <-s, -> pólvora *f;* **Schießscheibe** *f* blanco *m*

Schiff *nt* <-(e)s, -e> **1.** (*Wasserfahrzeug*) barco *m,* buque *m;* **mit dem ~ fahren** viajar en barco **2.** (ARCHIT) nave *f*

Schiffahrt *f ohne Pl s.* **Schifffahrt**

schiffbar *adj* navegable

Schiffbau *m ohne Pl* <-(e)s> construcción *f* naval; **Schiffbruch** *m* naufragio *m;* **~ erleiden** naufragar; (*fig*) fracasar

schiffbrüchig *adj* náufrago

Schiffbrüchige(r) *mf* <-n, -n; -n> náufrago, -a *m, f*

Schiffchen *nt* <-s, -> **1.** (*kleines Schiff*) barquito *m* **2.** (*fam: Kopfbedeckung*) gorro *m* **3.** (*Weber~*) lanzadera *f*

schiffen I. *vi* (*fam: urinieren*) mear **II.** *vunpers* (*fam: Platzregen*) caer un chaparrón; **es schifft den ganzen Tag** (*heftig regnen*) lleva todo el día lloviendo a cántaros

Schiffer(in) *m(f)* <-s, -; -nen> navegante *mf*

Schifffahrt[RR] *f ohne Pl* navegación *f*

Schiffschaukel *f* góndola *f*

Schiffsjunge *m* <-n, -n> grumete *m;* **Schiffsschraube** *f* hélice *f* de un barco

Schiit(in) *m(f)* <-en, -en; -nen> chiíta *mf*

schiitisch *adj* chiíta

Schikane *f* <-n> traba *f;* **mit allen ~n** (*fam*) por todo lo alto

schikanieren* *vt* fastidiar; (*quälen*) hacer la vida imposible (a), putear *sl;* (*behindern*) poner trabas (a)

Schikoree[RR] *m ohne Pl* <-s>, *f ohne Pl* achicoria *f* (amarga)

Schild[1] *m* <-(e)s, -e> **1.** (*Schutz~*) escudo *m;* **etw im ~e führen** tramar algo **2.** (*Mützenschirm*) visera *f*

Schild[2] *nt* <-(e)s, -er> (*Verkehrs~*) señal *f* (de tráfico); (*Tür~, Hinweis~*) letrero *m;* (*Preis~*) etiqueta *f*

Schilddrüse *f* (glándula *f*) tiroides *m inv*

schildern *vt* (*erzählen*) narrar; (*darlegen*) exponer; (*beschreiben*) describir

Schilderung *f* <-en> (*Beschreibung*) descripción *f;* (*Erzählung*) relato *m*

Schildkröte *f* <-n> tortuga *f*

Schildlaus *f* cochinilla *f*

Schilf *nt* <-(e)s, -e> **1.** (*Pflanze*) caña *f* **2.** (*Röhricht*) cañaveral *m;* **Schilfgras** *nt* <-es, -gräser> junco *m*

schillern *vi* irisar

schillernd *adj* **1.** (*Farbe*) irisado **2.** (*Charakter*) ambiguo

Schilling *m* <-s, -e> chelín *m*

schilt *3. präs von* **schelten**

Schimmel[1] *m* <-s, -> (*Tier*) caballo *m* blanco

Schimmel[2] *m ohne Pl* <-s> (*~pilz*) moho *m*

schimmelig *adj* enmohecido, mohoso

schimmeln *vi haben o sein* enmohecer(se), criar moho

Schimmelpilz *m* moho *m*

Schimmer *m* <-s, -> (*Glanz*) brillo *m,* resplandor *m;* (*Anflug*) atisbo *m;* **keinen (blassen) ~ von etw haben** (*fam*) no tener ni (la más remota) idea de algo

schimmern *vi* (*Licht*) lucir (tenuemente); (*glänzen*) brillar, relucir

schimmlig *adj s.* **schimmelig**

Schimpanse *m* <-n, -n> chimpancé *m*

schimpfen *vi* **1.** (*tadeln*) reñir (*mit* a), reprender (*mit* a), echar una bronca (*mit* a) *fam* **2.** (*verfluchen*) echar pestes (*auf/über* contra); (*kritisieren*) criticar (*auf/über* a)

Schimpfwort *nt* <-(e)s, -wörter> palabrota *f,* taco *m fam*

Schindel *f* <-n> ripia *f*

schinden <schindet, schindete *o* schund, geschunden> **I.** *vt* (*quälen*) maltratar; **Zeit** ~ ganar tiempo; **Eindruck bei jdm** ~ causar una buena impresión a alguien **II.** *vr:* **sich** ~ (*fam*) afanarse (*um zu* por)

Schinderei *f* <-en> (*abw*) **1.** (*Strapaze*) paliza *f* **2.** (*Plackerei*) ajetreo *m*

Schindluder *nt* (*fam*): **mit jdm** ~ **treiben** abusar de alguien

Schinken *m* <-s, -> **1.** (*Fleisch*) jamón *m* **2.** (*fam abw: Buch*) mamotreto *m;* (*Gemälde*) mamarracho *m;* (*Film*) peliculón *m;* **Schinkenspeck** *m* jamón *m* con tocino

Schippe *f* <-n> (*nordd, reg*) pala *f;* **jdn auf die** ~ **nehmen** (*fam fig*) tomar el pelo a alguien

Schirm *m* <-(e)s, -e> **1.** (*Regen~*) paraguas *m inv;* (*Sonnen~*) sombrilla *f* **2.** (*Fall~*) paracaídas *m inv* **3.** (*Mützen~*) visera *f* **4.** (*Lampen~*) pantalla *f* **5.** (BOT: *von Pilzen*) sombrerete *m*

Schirmherr(in) *m(f)* <-(e)n, -en; -nen> patrocinador(a) *m(f);* **Schirmherrschaft** *f ohne Pl* patrocinio *m*

Schirmmütze *f* gorra *f* de visera

Schirmständer *m* paragüero *m*

schiss[RR], **schiß** *3. imp von* **scheißen**

Schiss[RR] *m ohne Pl* <-es>, **Schiß** *m ohne Pl* <-sses> **1.** (*vulg: Kot*) cagada *f* **2.** (*fam: Angst*) cagalera *f;* ~ **haben** cagarse de miedo

schizophren *adj* (MED, PSYCH) esquizofrénico

Schizophrenie *f ohne Pl* (MED, PSYCH) esquizofrenia *f*

schlabbern **I.** *vi* (*fam*) **1.** (*abw: kleckern*) pringarse (al comer) **2.** (*Kleidung*) colgar (por todos los sitios) **II.** *vt* (*fam: auflecken*) sorber (con ruido)

Schlacht *f* <-en> (*a. fig*) batalla *f*

Schlachtbank *f* <-bänke> matadero *m*

schlachten *vt* matar, carnear *CSur*

Schlachtenbummler(in) *m(f)* <-s, -; -nen> hincha *mf* (*que viaja a todos los lugares donde juega su equipo*)

Schlachter(in) *m(f)* <-s, -; -nen> carnicero, -a *m, f*

Schlachterei *f* <-en> **1.** (*nordd: Metzgerei*) carnicería *f* **2.** (*abw: Niedermetzeln*) matanza *f*

Schlachtfeld *nt* <-(e)s, -er> campo *m* de batalla

Schlachthof *m* matadero *m*

Schlachtplan *m* (*fam a.* MIL) plan *m* de acción

Schlachtvieh *nt* reses *fpl* de matadero

Schlacke *f* <-n> **1.** (TECH) escoria *f* **2.** *Pl* (*Ballaststoffe*) fibras *fpl*

Schlaf *m ohne Pl* <-(e)s> sueño *m,* apolillo *m Arg: argot;* **keinen** ~ **finden** (*geh*) no conciliar el sueño; **im** ~ **sprechen** hablar en sueños; **in tiefen** ~ **fallen** caer en un sueño profundo; **jdn aus dem** ~ **reißen** despertar a alguien (bruscamente); **den** ~ **des Gerechten schlafen** (*fam*) dormir el sueño de los justos; **etw im** ~ **können** (*fig*) saberse algo al dedillo; **Schlafanzug** *m* <-(e)s, -züge> pijama *m,* piyama *m Am*

Schläfe *f* <-n> sien *f;* **graue** ~**n** sienes plateadas

schlafen <schläft, schlief, geschlafen> *vi* **1.** (*im Schlaf liegen*) dormir, apolillar *Arg: argot;* **noch halb** ~ estar medio dormido; **er schläft tief und fest** duerme a pierna suelta; **schlaf gut!** ¡que duermas bien!; **sich** ~ **legen** irse a dormir; **darüber muss ich erst noch mal** ~ lo tengo que consultar con la almohada; **bei jdm** ~ dormir en casa de alguien; **mit jdm** ~ acostarse con alguien **2.** (*fam: nicht aufpassen*) dormirse

Schläfer(in) *m(f)* <-s, -; -nen> **1.** (*Schlafender*) durmiente *mf* **2.** (*Nagetier*) lirón *m*

schlaff *adj* **1.** (*Seil, Disziplin*) flojo; (*Haut*) flá(c)cido **2.** (*nicht prall*) blando, fofo **3.** (*kraftlos*) débil; (*träge*) aplatanado

Schlaffheit *f ohne Pl* **1.** (*ohne Straffheit*) flojedad *f;* (*der Haut*) flac(c)idez *f* **2.** (*Weichheit*) blandura *f* **3.** (*Kraftlosigkeit*) debilidad *f;* (*Trägheit*) flojera *f fam*

Schlafgelegenheit *f* lugar *m* para dormir; **Schlaflied** *nt* nana *f,* arrorró *m SAm*

schlaflos *adj* (*Person*) insomne; (*Nacht*) en vela

Schlaflosigkeit *f ohne Pl* insomnio *m*

Schlafmittel *nt* somnífero *m;* **Schlafmütze** *f* (*fam*) **1.** (*Langschläfer*) dormilón, -ona *m, f* **2.** (*abw: träger Mensch*) plasta *mf*

schläfrig *adj* (*müde*) soñoliento; (*fast schlafend*) adormitado; (*träge*) lento

Schlafsaal *m* dormitorio *m;* **Schlafsack** *m* saco *m* de dormir; **Schlafstörung** *f* (MED) insomnio *m*

schläft *3. präs von* **schlafen**

Schlaftablette *f* somnífero *m;* **schlaftrunken** *adj* (*geh*) soñoliento

Schlafwagen *m* coche-cama *m*

schlafwandeln *vi haben o sein* padecer sonambulismo

Schlafwandler(in) *m(f)* <-s, -; -nen> sonámbulo, -a *m, f*

Schlafzimmer *nt* dormitorio *m,* recámera *f ZAm*

Schlag *m* <-(e)s, Schläge> **1.** (*allgemein, Schicksals~*) golpe *m;* (*mit der Faust*) puñetazo *m,* impacto *m Am;* (*mit der Hand*) manotazo *m;* (*mit einem Stock*) porrazo *m;*

(*mit einer Peitsche*) latigazo *m;* **ein ~ ins Gesicht** un golpe en la cara; **das war ein schwerer ~ für ihn** fue un golpe duro para él; **~ auf ~** ininterrumpidamente; **keinen ~ tun** (*fam fig*) no dar ni golpe; **mit einem ~** (*fam*) de golpe **2.** *Pl* (*Prügel*) paliza *f* **3.** (*einer Uhr, Glocke*) campanada *f;* (*Herz~*) latido *m;* (*Puls~*) pulsación *f;* **~ sechs Uhr** a las seis en punto **4.** (*Stromstoß*) calambre *m;* **einen ~ bekommen** darse un calambre **5.** (*fam: ~anfall*) ataque *m* de apoplejía; (*fig*) se quedó de piedra; **ich glaube, mich trifft der ~** creo que me va a dar algo **6.** (*Tauben~*) palomar *m* **7.** (*fam: Portion*) ración *f* **8.** (*Menschen~*) tipo *m*

Schlagabtausch *m ohne Pl* <-(e)s> **1.** (*beim Boxen*) intercambio *m* de golpes **2.** (*Auseinandersetzung*) disputa *f*

Schlagader *f* arteria *f*

Schlaganfall *m* ataque *m* de apoplejía

schlagartig **I.** *adj* brusco, repentino **II.** *adv* de un golpe

Schlagbaum *m* barrera *f*

Schlagbohrmaschine *f* taladradora *f* (eléctrica) con percutor

Schlägel *m* <-s, -> **1.** (*Werkzeug*) mazo *m,* golpe *m Mex* **2.** (MUS) palillo *m*

schlagen <schlägt, schlug, geschlagen> **I.** *vt* **1.** (*hauen*) pegar, fajar *Am,* virar *ZAm, Ant;* (*klopfen*) golpear; **er schlug sie zu Boden** la tiró al suelo de un golpe; **jdm etw aus der Hand ~** arrancarle algo a alguien de la mano; **die Hände vors Gesicht ~** taparse la cara con las manos; **alles kurz und klein ~** hacer todo trizas; **etw zu Scherben ~** hacer algo añicos **2.** (*Gegner*) ganar (a); (*Schachfigur, Spielstein*) comer; (*Rekord*) batir; **er gab sich ge~** se dio por vencido; **sie schlugen die deutsche Mannschaft mit 3:1** ganaron al equipo alemán por 3 a 1 **3.** (*befestigen*) clavar; **einen Nagel in die Wand ~** clavar un clavo en la pared **4.** (*Loch, Kerbe*) hacer; **einen Bogen um jdn/etw ~** evitar a alguien/algo; **einen Kreis ~** trazar un círculo **5.** (*Eiweiß, Sahne*) batir **6.** (*fällen*) cortar, tumbar *Am* **7.** (*Trommel*) tocar; (*Uhrzeit*) dar; **die Uhr hat 12 ge~** el reloj dio las 12; **eine ge~e Stunde** una hora entera **8.** (*Greifvogel*) capturar **II.** *vi* **1.** (*hauen*) pegar; (*klopfen*) golpear; **sie schlug an die Tür** golpeó la puerta; **nach jdm ~** dar un golpe a alguien; **um sich ~** golpear a diestro y siniestro **2.** *sein* (*aufprallen*) darse (*auf/gegen* con/contra/en); **mit dem Kopf gegen die Tischkante ~** darse con la cabeza contra el canto de la mesa **3.** (*Herz*) latir; (*Uhr, Glocke*) tocar **4.** *haben o sein* (*Regen*) golpear (*an/gegen* en/contra); (*Flammen*) salir (*aus* por) **5.** (*Nachtigall, Fink*) cantar **6.** *sein* (*fam: ähneln*) parecerse (*nach* a) **7.** *sein* (*in Mitleidenschaft ziehen*): **die Nachricht ist ihm auf den Magen ge~** la noticia le ha sentado como una patada en el estómago **III.** *vr:* **sich ~** (*sich prügeln*) pegarse, fajarse *Am;* **sich um etw ~** pegarse por algo; **sich auf jds Seite ~** tomar partido por alguien; **ihr habt euch tapfer ge~!** ¡os habéis portado muy bien!

Schlager *m* <-s, -> **1.** (*Lied*) canción *f* de moda **2.** (*Verkaufs~*) artículo *m* de gran éxito

Schläger *m* <-s, -> **1.** (*Tennis~*) raqueta *f;* (*Golf~, Hockey~*) stick *m* **2.** (*abw: Mensch*) matón *m*

Schlägerei *f* <-en> pelea *f,* bulla *f SAm*

Schlagersänger(in) *m(f)* intérprete *mf* de canciones de moda

schlagfertig *adj* agudo, sagaz

Schlagfertigkeit *f ohne Pl* capacidad *f* de réplica

Schlaginstrument *nt* instrumento *m* de percusión

Schlagkraft *f ohne Pl* **1.** (*Wucht*) fuerza *f* **2.** (*Kampfkraft*) fuerza *f* de combate **3.** (*Wirkungskraft*) eficacia *f*

schlagkräftig *adj* **1.** (*Person*) fuerte; (*Armee*) combativo **2.** (*Argument*) contundente

Schlaglicht *nt* rayo *m* de luz

Schlagloch *nt* bache *m,* pozo *m SAm*

Schlagring *m* llave *f* estrella de golpe

Schlagsahne *f ohne Pl* (*flüssig*) nata *f* líquida; (*geschlagen*) nata *f* montada, crema *f Am*

Schlagseite *f ohne Pl* (NAUT) escora *f;* **~ haben** escorar

Schlagstock *m* <-(e)s, -stöcke> porra *f,* bolillo *m Kol*

schlägt *3. präs von* **schlagen**

Schlagwort[1] *nt* <-(e)s, -e *o* -wörter> **1.** (*Parole*) (e)slogan *m* **2.** (*Gemeinplatz*) tópico *m*

Schlagwort[2] *nt* <-(e)s, -wörter> (*Stichwort*) palabra *f* clave

Schlagzeile *f* titular *m,* encabezado *m Guat, Mex*

Schlagzeug *nt* <-(e)s, -e> (MUS) percusión *f;* (*einer Rockband*) batería *f*

Schlagzeuger(in) *m(f)* <-s, -; -nen> batería *mf*

schlaksig *adj* (*fam*) larguirucho

Schlamassel *m o nt ohne Pl* <-s> (*fam*) lío *m;* **da haben wir den ~!** ¡ya se armó la marimorena!

Schlamm *m* <-(e)s, Schlämme *o* -e> lodo *m,* barro *m*

schlammig *adj* lodoso

Schlammschlacht *f* (*fam*) **1.** (*Fußballspiel*) partido *m* en campo lodoso **2.** (*Streit*) pelea *f* (con golpes bajos)

Schlampe *f* <-n> (*fam abw*) dejada *f*, cachimba *f Cuba*

Schlamperei[1] *f* <-en> (*fam abw: schlechte Arbeit*) chapuza *f*

Schlamperei[2] *f ohne Pl* (*fam: Unordnung*) desorden *m*

schlampig *adj* (*fam abw*) **1.** (*unordentlich*) desordenado; (*Aussehen*) descuidado **2.** (*Arbeit*) chapucero

schlang *3. imp von* **schlingen**

Schlange *f* <-n> **1.** (*Tier*) serpiente *f* **2.** (*abw: Person*) víbora *f* **3.** (*Menschen~*) cola *f*; (*Fahrzeug~*) caravana *f* (de coches); **~ stehen** hacer cola

schlängeln *vr:* **sich ~ 1.** (*Schlange, Weg*) serpentear **2.** (*Mensch*) abrirse camino (*durch* por entre)

Schlangenbiss[RR] *m* picadura *f* de serpiente; **Schlangengift** *nt* veneno *m* de serpiente; **Schlangenlinie** *f* línea *f* sinuosa; (**in**) **~n fahren** ir haciendo eses

schlank *adj* delgado

Schlankheitskur *f* cura *f* para adelgazar

schlapp *adj* **1.** (*nicht straff*) flojo **2.** (*ohne Kraft*) flojo, débil; (*erschöpft*) agotado **3.** (*fam abw: träge*) soso **4.** (*fam*): **für ~e 500 Mark** por la miseria de 500 marcos

Schlappe *f* <-n> derrota *f*; **eine ~ erleiden** sufrir una derrota

Schlapphut *m* <-(e)s, -hüte> chambergo *m*; **schlapp|machen** *vi* (*fam*) tirar la toalla; **Schlappschwanz** *m* (*fam abw*) calzonazos *m inv*

Schlaraffenland *nt ohne Pl* <-(e)s> (país *m* de) Jauja *f*

schlau *adj* **1.** (*listig*) astuto, gaucho *SAm* **2.** (*fam: klug*) listo; **aus jdm/etw** *dat* **nicht ~ werden** no entender a alguien/algo

Schlauberger *m* <-s, -> (*fam*) cuco, -a *m, f*

Schlauch *m* <-(e)s, Schläuche> **1.** (*Wasser~*) manguera *f*; (*Gas~*) tubo *m* flexible; **auf dem ~ stehen** (*fam fig*) estar desorientado **2.** (*Reifen~*) cámara *f* de aire; **Schlauchboot** *nt* bote *m* neumático

schlauchen **I.** *vi* (*fam*) cansar **II.** *vt* (*fam*) **1.** (*Arbeit*) agotar **2.** (*Vorgesetzter*) hacer sudar (a)

Schlaufe *f* <-n> **1.** (*zum Tragen*) lazo *m* **2.** (*am Gürtel*) pasador *m*

Schlauheit *f ohne Pl* astucia *f*, ingenio *m*

Schlaumeier *m* <-s, -> (*fam*) vivo, -a *m, f*

Schlawiner *m* <-s, -> (*fam abw*) pillo, -a *m, f*

schlecht **I.** *adj* **1.** (*nicht gut*) mal(o); **etw S~es über jdn sagen** hablar mal de alguien; **mir ist ~** me siento mal **2.** (*verdorben*) malo; (*verfault*) podrido; (*Luft*) viciado; **~ werden** echarse a perder **3.** (*gemein*) malo; (*boshaft*) malicioso **II.** *adv* mal; **auf jdn ~ zu sprechen sein** no sentir simpatía por alguien; **er ist ~ zu verstehen** es difícil entenderlo; **das kann ich ~ sagen** no sabría decirlo exactamente; **mehr ~ als recht** con más pena que gloria; **nicht ~!** ¡no está mal!; **schlecht|gehen** *irr vunpers sein s.* **gehen I.1.**; **schlechtgelaunt** *adj s.* **gelaunt**

schlechthin *adv* **1.** (*an sich*) por antonomasia **2.** (*geradezu*) simplemente, sin más **3.** (*absolut*) totalmente

schlecht|machen *vt s.* **machen I.4.**

schlecken **I.** *vi, vt* (*lecken*) lamer (*an*) **II.** *vi* (*naschen*) comer golosinas

Schleckermaul *nt* (*fam*) goloso, -a *m, f*

Schlegel[1] *m* <-s, -> (*südd, Österr, Schweiz: Geflügelkeule*) muslo *m*

Schlegel[2] *m* <-s, -> (*Werkzeug, a.* MUS) *s.* **Schlägel**

Schlehe *f* <-n> **1.** (*Strauch*) endrino *m* **2.** (*Frucht*) endrina *f*

schleichen <schleicht, schlich, geschlichen> **I.** *vi sein* **1.** (*leise*) avanzar a hurtadillas **2.** (*langsam*) ir a paso lento; **die Zeit schleicht** el tiempo pasa lentamente **II.** *vr:* **sich ~** (*hinein~*) entrar a hurtadillas (*in* en/a); (*hinaus~*) salir a hurtadillas (*aus* de)

schleichend *adj* (*Krankheit*) lento; (*Inflation*) latente

Schleichweg *m* camino *m* secreto; **Schleichwerbung** *f ohne Pl* publicidad *f* encubierta

Schleie *f* <-n> (ZOOL) tenca *f*

Schleier *m* <-s, -> **1.** (*für Gesicht, Kopf, a.* FOTO) velo *m*; **den ~ von etw lüften** (*geh*) descorrer el velo de algo **2.** (*Dunst*) cortina *f*; **Schleiereule** *f* lechuza *f*

schleierhaft *adj:* **es ist mir ~, wie ...** no me explico cómo...

Schleife *f* <-n> **1.** (*Schlinge*) lazo *m*; (*beim Schuhebinden*) nudo *m*; (*Haar~*) lazo *m*, cinta *f* **2.** (*Kurve*) curva *f*

schleifen[1] *vt* **1.** (*ziehen*) arrastrar; **etw ~ lassen** (*fam*) no ocuparse de algo **2.** (*niederreißen*) arrasar

schleifen[2] <schleift, schliff, geschliffen> *vt* **1.** (*Messer, Schere*) afilar **2.** (*Glas*) esmerilar; (*Edelstein*) tallar; **geschliffene Reden** discursos muy esmerados **3.** (*fam: hart drillen*) hacer sudar (la gota gorda) (a)

Schleifmaschine *f* lijadora *f*; **Schleifpapier** *nt* papel *m* de lija

Schleim *m* <-(e)s, -e> **1.** (*Sekret*) moco *m*, flema *f*; (*einer Pflanze*) mucílago *m* **2.** (*Brei*) papilla *f*

schleimen *vi* (*fam abw: schmeicheln*) hacer la pelota

Schleimer(in) *m(f)* <-s, -; -nen> (*abw*) pelota *mf*

Schleimhaut *f* (MED) (membrana *f*) mucosa *f*

schleimig *adj* **1.** (*Absonderung*) mucoso; (*klebrig*) viscoso **2.** (*abw: kriecherisch*) zalamero

Schleimscheißer(in) *m(f)* <-s, -; -nen> (*vulg abw*) lameculos *mf inv*

schlemmen *vi, vt* comer opíparamente

Schlemmer(in) *m(f)* <-s, -; -nen> gourmet *mf*

Schlemmerei *f* <-en> (*Gelage*) comilona *f*, empipada *f Am*

schlendern *vi sein* deambular (*durch* por)

schlenkern *vi, vt* balancear, bambolear

Schleppe *f* <-n> cola *f* (del vestido)

schleppen **I.** *vt* **1.** (*ziehen*) arrastrar; (*ab~*) remolcar **2.** (*tragen*) cargar (con) **3.** (*transportieren*) llevar **II.** *vr:* **sich ~ 1.** (*sich fortbewegen*) andar a trancas y barrancas (*über* por, *in/(bis) zu* hasta) **2.** (*sich hinziehen*) durar (mucho tiempo)

schleppend *adj* lento; (*Unterhaltung*) pesado, difícil; (*Nachfrage*) poco

Schlepper *m* <-s, -> **1.** (*Schleppschiff*) remolcador *m* **2.** (*Traktor*) tractor *m* **3.** (*fam abw: Person*) gancho *m*

Schleppkahn *m* lancha *f* de remolque, bongo *m Am;* **Schlepplift** *m* telesquí *m;* **Schlepptau** *nt* <-(e)s, -e> cable *m* de remolque; **jdn ins ~ nehmen** (*fam fig*) llevar a alguien (consigo) a todas partes

Schlesien *nt* <-s> Silesia *f*

Schlesier(in) *m(f)* <-s, -; -nen> silesio, -a *m, f*

schlesisch *adj* silesio

Schleswig-Holstein *nt* <-s> Schleswig-Holstein *m*

Schleuder *f* <-n> **1.** (*für Geschosse*) honda *f* **2.** (*Wäsche~*) centrifugadora *f* **3.** (*Zentrifuge*) centrífuga *f*

Schleudergefahr *f* <-en> peligro *m* de deslizamiento

schleudern **I.** *vi sein* (*Auto*) patinar, colear *ZAm, Ant;* **ins S~ kommen** patinar, colear *ZAm, Ant;* (*fam: etwas nicht gewachsen sein*) verse en apuros **II.** *vt* **1.** (*werfen*) lanzar, arrojar **2.** (*Wäsche*) centrifugar

Schleuderpreis *m* (*fam*) precio *m* tirado; **Schleudersitz** *m* (AERO) asiento *m* proyectable

schleunigst *adv* ahora mismo, al tiro *Am*

Schleuse *f* <-n> esclusa *f*

schleusen *vt* **1.** (*Schiff*) hacer pasar por la esclusa **2.** (*geleiten*) conducir **3.** (*illegal*) hacer pasar (*durch* por, *in* a); **jdn über die grüne Grenze ~** ayudar a alguien a pasar la frontera (ilegalmente)

schlich *3. imp von* **schleichen**

Schlich *m* <-(e)s, -e> truco *m;* **jdm auf die ~e kommen** ver(le) a alguien el juego

schlicht *adj* **1.** (*einfach*) simple, sencillo; **~ und einfach** (*fam*) sencillamente **2.** (*bescheiden*) modesto

schlichten *vt* **1.** (*Streit*) mediar (en), intervenir como mediador (en) **2.** (TECH: *Oberfläche*) alisar

Schlichtung *f* <-en> conciliación *f*

Schlick *m* <-(e)s, -e> cieno *m*

schlief *3. imp von* **schlafen**

Schliere *f* <-n> estría *f*

schließen <schließt, schloss, geschlossen> **I.** *vt* **1.** (*zumachen*) cerrar; **eine Lücke ~** tapar un hueco **2.** (*beenden*) terminar, concluir; (*Kongress*) clausurar; **eine Sitzung ~** levantar la sesión **3.** (*Bündnis, Vertrag*) firmar; (*Ehe*) contraer; **jdn in die Arme ~** abrazar a alguien **4.** (ELEK: *an~*) conectar (*an* a/con) **II.** *vi* **1.** (*zugehen, Geschäft*) cerrar **2.** (*aufhören*) terminar **3.** (*ab~*) cerrar **4.** (*folgern*) deducir (*aus* de) **III.** *vr:* **sich ~** (*zugehen*) cerrarse

Schließfach *nt* **1.** (*bei der Post*) apartado *m* de correos, casilla *f Am;* (*bei einer Bank*) caja *f* fuerte **2.** (*für Gepäck*) consigna *f* automática

schließlich *adv* **1.** (*am Ende*) finalmente, después de todo **2.** (*im Grunde*) al fin y al cabo

Schließmuskel *m* esfínter *m*

Schließung *f* <-en> cierre *m;* (*Beendigung*) conclusión *f;* (*Sitzung, Kongress*) clausura *f*

schliff *3. imp von* **schleifen**

Schliff *m ohne Pl* <-(e)s> (*Glas~*) esmerilado *m;* (*Edelstein~*) tallado *m;* **etw** *dat* **den letzten ~ verleihen** dar los últimos toques a algo

schlimm **I.** *adj* **1.** (*unangenehm, schlecht*) mal(o); (*schrecklich*) terrible; **es gibt S~eres** hay cosas peores; **umso ~er** todavía peor **2.** (*schwerwiegend*) grave; **es ist nicht weiter ~** (*fam*) no pasa nada **3.** (*fam: entzündet*) irritado **II.** *adv* mal; **~ enden** acabar mal; **es steht ~ um ihn** está en muy mala situación

schlimmstenfalls *adv* en el peor de los casos

Schlinge *f* <-n> (*allgemein, Falle*) lazo *m;* (*Schlaufe*) nudo *m* corredizo; (*Arm~*) cabestrillo *m;* **den Kopf aus der ~ ziehen** (*fig*) (saber) salir del apuro

Schlingel *m* <-s, -> (*fam*) pillo, -a *m, f*

schlingen <schlingt, schlang, geschlungen> **I.** *vi* (*beim Essen*) tragar, zampar **II.** *vt* (*binden*) atar (*um* alrededor de) **III.** *vr:* **sich ~** (*Pflanze*) trepar (*um* por)

schlingern *vi* dar bandazos

Schlingpflanze *f* (planta *f*) trepadora *f*

Schlips *m* <-es, -e> (*fam*) corbata *f;* **in** [*o* **mit**] **~ und Kragen** de etiqueta

Schlitten *m* <-s, -> **1.** (*Rodel~*) trineo *m* **2.** (*an der Schreibmaschine*) carro *m* **3.** (*fam: Auto*) coche *m*, auto *m Am;* **Schlittenfahrt** *f* paseo *m* en trineo

schlittern *vi sein* **1.** (*Wagen, Person, Eis-

stock) patinar (*auf* sobre, *über* por) **2.** (*hineingeraten*) verse implicado (*in* en)

Schlittschuh *m* patín *m* para hielo; ~ **laufen** patinar (sobre hielo); **Schlittschuhbahn** *f* pista *f* de hielo; **Schlittschuhläufer(in)** *m(f)* <-s, -; -nen> patinador(a) *m(f)* sobre hielo

Schlitz *m* <-es, -e> **1.** (*an Automaten, Briefkasten*) ranura *f;* (*Spalt*) hendidura *f* **2.** (*an Kleidung*) raja *f;* **Schlitzaugen** *ntpl* ojos *mpl* rasgados

schlitzen *vt* rajar

Schlitzohr *nt* (*fam*) zorro, -a *m, f*

schloss[RR], **schloß** *3. imp von* **schließen**

Schloss[RR] *nt* <-es, Schlösser>, **Schloß** *nt* <-sses, Schlösser> **1.** (*Burg*) castillo *m;* (*Palast*) palacio *m* **2.** (*Tür~*) cerradura *f,* chapa *f Am;* (*an Schmuck, Koffer*) cierre *m;* (*Vorhänge~*) cerrojo *m;* **ins ~ fallen** cerrarse; **hinter ~ und Riegel** (*fam*) a buen recaudo

Schlosser(in) *m(f)* <-s, -; -nen> cerrajero, -a *m, f*

Schlosserei *f* <-en> cerrajería *f*

Schlossherr(in)[RR] *m(f)* <-(e)n, -en; -nen> señor(a) *m(f)* del castillo; (*im Mittelalter*) castellano, -a *m, f*

Schlot *m* <-(e)s, -e> (*reg*) chimenea *f;* **rauchen wie ein ~** (*fam fig*) fumar como un carretero

schlotterig *adj* **1.** (*zitternd*) tembloroso **2.** (*Kleidung*) holgado

schlottern *vi* **1.** (*Person*) temblar **2.** (*Kleidung*) colgar (por todos los sitios)

schlottrig *adj s.* **schlotterig**

Schlucht *f* <-en> quebrada *f*

schluchzen *vi* sollozar, chillar *Am*

Schluchzer *m* <-s, -> sollozo *m*

Schluck *m* <-(e)s, -e> trago *m,* sorbo *m,* golpe *m Mex;* **einen ~ nehmen** dar un sorbo; **etw in einem ~ austrinken** beberse algo de un trago

Schluckauf *m ohne Pl* <-s> hipo *m*

schlucken **I.** *vi* tragar **II.** *vt* **1.** (*Speise*) tragar **2.** (*fam: hinnehmen*) aguantar, tragarse **3.** (*fam: verbrauchen*) gastar, tragar **4.** (*fam abw: übernehmen*) absorber, tragar(se) *fam*

Schlucker *m* <-s, -> (*fam*): **armer ~** pobre diablo

Schluckimpfung *f* vacuna(ción) *f* por vía oral

schluckweise *adj* a tragos

schludern *vi* (*fam abw*) hacer una chapuza

schlug *3. imp von* **schlagen**

Schlummer *m ohne Pl* <-s> (*geh*) sueño *m* ligero

schlummern *vi* **1.** (*geh: schlafen*) dormitar **2.** (*Talent*) estar oculto

Schlund *m* <-(e)s, Schlünde> garganta *f;* (*eines Tieres*) fauces *fpl*

schlüpfen *vi sein* **1.** (*hinein~, hindurch~*) pasar (*in* a, *durch* por); (*hinaus~*) salir (*aus* de); (*in Kleidung*) ponerse (*in*) **2.** (*Küken*): (**aus dem Ei**) ~ salir (del huevo)

Schlüpfer *m* <-s, -> braga *f*

schlüpfrig *adj* **1.** (*rutschig*) resbaladizo **2.** (*abw: anstößig*) obsceno, verde *fam*

Schlupfwinkel *m* escondrijo *m,* cucho *m Ecua, Peru*

schlurfen *vi sein* arrastrar los pies

schlürfen *vi, vt* sorber con ruido

Schluss[RR] *m* <-es, Schlüsse>, **Schluß** *m* <-sses, Schlüsse> **1.** (*Ende*) fin *m,* final *m;* ~ **für heute!** ¡basta por hoy!; **zum ~** al final; **bis zum ~ bleiben** quedarse hasta el final; **mit jdm ~ machen** romper con alguion **2.** (*Folgerung*) conclusión *f;* **zu dem ~ kommen, dass ...** llegar a la conclusión de que...; **Schlussbemerkung**[RR] *f* observación *f* final

Schlüssel *m* <-s, -> **1.** (*Tür~, Schrauben~*) llave *f* **2.** (*Noten-, Lösungs~*) clave *f* **3.** (*Schema*) esquema *m;* **Schlüsselanhänger** *m* <-s, -> llavero *m;* **Schlüsselbein** *nt* clavícula *f;* **Schlüsselblume** *f* primavera *f;* **Schlüsselbund** *m o nt* <-(e)s, -e> manojo *m* de llaves; **Schlüsselerlebnis** *nt* (PSYCH) experiencia *f* clave; **schlüsselfertig** *adj* de llave en mano; **Schlüsselloch** *nt* ojo *m* de la cerradura

schlussfolgern[RR] *vt* concluir (*aus* de); **Schlussfolgerung**[RR] *f* conclusión *f;* **aus etw ~en ziehen** sacar conclusiones de algo

schlüssig *adj* concluyente; **sich** *dat* (**über etw**) ~ **werden** tomar una resolución (respecto a algo)

Schlusslicht[RR] *nt* **1.** (AUTO) luz *f* trasera **2.** (*fam: Person*) colista *mf;* **Schlusspfiff**[RR] *m* (SPORT) pitido *m* final; **Schlussstrich**[RR] *m* <-(e)s, -e> punto *m* final; **einen ~ ziehen** hacer borrón y cuenta nueva; **Schlussverkauf**[RR] *m* <-(e)s, -käufe> rebajas *fpl* de fin de temporada; **Schlusswort**[RR] *nt* <-(e)s, -e> comentario *m* final

Schmach *f ohne Pl* (*geh: Schande*) vergüenza *f;* (*Kränkung*) ofensa *f;* (*Demütigung*) humillación *f*

schmachten *vi* (*geh*): **nach etw ~** ansiar algo; **nach jdm ~** añorar a alguien; **vor Durst ~** morirse de sed

schmachtend *adj* **1.** (*sehnsüchtig*) lleno de añoranza **2.** (*sentimental*) sentimental

schmächtig *adj* flaco

schmackhaft *adj* sabroso; **jdm etw ~ machen** (*fam*) hacer a alguien la boca agua con algo

schmal *adj* (*schlank*) delgado; (*eng*) estrecho; (*gering*) escaso

schmälern *vt* reducir, disminuir

Schmalz[1] *nt* <-es, -e> (*Fett*) manteca *f*
Schmalz[2] *m ohne Pl* <-es> (*fam abw: Sentimentalität*) sentimentalismo *m*
schmalzig *adj* (*abw*) sentimental, empalagoso
schmarotzen* *vi* **1.** (BIOL) vivir como parásito (*auf/in* en) **2.** (*abw: Mensch*) vivir de gorra (*bei* a costa de)
Schmarotzer(in)[1] *m(f)* <-s, -; -nen> (*abw: Person*) gorrón, -ona *m, f*, pepenche *m Mex*
Schmarotzer[2] *m* <-s, -> (BIOL) parásito *m*
Schmarren *m* <-s, -> **1.** (*Österr, südd: Mehlspeise*) *tortilla dulce hecha a base de harina, huevos, leche y pasas* **2.** (*fam abw: Unsinn*) chorrada *f*
schmatzen *vi* hacer ruido al comer
schmausen *vi* comer con placer
schmecken I. *vi* **1.** (*Geschmack haben*) saber (*nach* a) **2.** (*gut* ~) gustar; **schmeckt dir die Suppe?** ¿te gusta la sopa?; **es hat gut geschmeckt** estaba rico; **es sich** *dat* ~ **lassen** comer con ganas; **lass es dir ~!** ¡que aproveches! II. *vt* (*kosten*) probar; (*heraus~*) sacar el gusto (de)
Schmeichelei *f* <-en> lisonja *f*, caravana *f Mex*
schmeichelhaft *adj* lisonjero; **das ist wenig ~ für ihn** no le va a gustar nada
schmeicheln *vi* **1.** (*loben, gefallen*) halagar, lisonjear; (*abw*) adular, barbear *Guat, Mex* **2.** (*vorteilhaft aussehen lassen*) favorecer
Schmeichler(in) *m(f)* <-s, -; -nen> lisonjeador(a) *m(f)*; (*abw*) zalamero, -a *m, f*
schmeichlerisch *adj* lisonjero; (*abw*) zalamero
schmeißen <schmeißt, schmiss, geschmissen> *vt* (*fam*) **1.** (*werfen*) tirar, lanzar; **jdn aus dem Haus ~** echar a alguien de la casa **2.** (*abbrechen*) abandonar **3.** (*bewältigen*) poner a flote, encargarse (de)
Schmeißfliege *f* moscarda *f*
Schmelz *m* <-(e)s, -e> (*Zahn~*) esmalte *m* (dental)
Schmelze *f* <-n> **1.** (*allgemein*) derretimiento *m*; (*Schnee~*) deshielo *m* **2.** (TECH) fundición *f*
schmelzen <schmilzt, schmolz, geschmolzen> I. *vi sein* (*Butter, Eis, Schnee*) derretirse; (*Käse, Glas, Metall*) fundirse II. *vt* (*Butter, Schnee*) derretir; (*Metall, Glas*) fundir
Schmelzhütte *f* (TECH) fundición *f*; **Schmelzkäse** *m* (GASTR) queso *m* fundido; **Schmelzofen** *m* (TECH) horno *m* de fusión; **Schmelzpunkt** *m* (PHYS) punto *m* de fusión; **Schmelztiegel** *m* (TECH) crisol *m*; (*fig*) crisol *m* de las razas
Schmerz *m* <-es, -en> dolor *m*; (*Kummer*) pena *f*; **schmerzempfindlich** *adj* sensible al dolor
schmerzen I. *vi* doler (a) II. *vt* doler; (*betrüben*) afligir
Schmerzensgeld *nt* (JUR) indemnización *f* por daño personal
Schmerzgrenze *f* (*fig*) límite *m* (máximo); **die ~ überschreiten** pasarse de la raya
schmerzhaft *adj* doloroso
schmerzlich *adj* doloroso, penoso
schmerzlos *adj* sin dolores; **kurz und ~** rápidamente
Schmerzmittel *nt* analgésico *m*; **schmerzstillend** *adj* analgésico, calmante; **Schmerztablette** *f* analgésico *m*
Schmetterling *m* <-s, -e> (ZOOL, SPORT) mariposa *f*
schmettern I. *vt* **1.** (*werfen*) arrojar, lanzar; (*Tennis*) dar un smash (a) **2.** (*Lied*) cantar con brío II. *vi* **1.** (*erklingen*) (re)sonar **2.** (*aufprallen*) chocar **3.** (*Tennis*) dar un smash
Schmied *m* <-(e)s, -e> herrero *m*; (*Huf~*) herrador *m*
Schmiede *f* <-n> fragua *f*
schmiedeeisern *adj* de hierro forjado
schmieden *vt* **1.** (*Eisen*) forjar **2.** (*Pläne*) urdir
schmiegen *vr*: **sich ~** (*Kleidung*) ajustarse (*an* a); (*Mensch*) arrimarse cariñosamente (*an* a)
Schmiere *f* <-n> **1.** (*Fett*) untura *f*, grasa *f* **2.** (*Schmutz*) mugre *f* **3.** (*fam abw: Theater*) farándula *f* **4.** (*fam*): **~ stehen** hacer de espía
schmieren I. *vt* **1.** (*mit Fett*) engrasar, lubri(fi)car; (*mit Öl*) enaceitar; **es läuft wie geschmiert** (*fam*) marcha como la seda; **jdm eine ~** (*fam*) darle un bofetón a alguien **2.** (*Brötchen*) untar; (*auftragen*) poner; (*Aufstrich, Butter*) untar, poner **3.** (*fam abw: bestechen*) untar, sobornar **4.** (*fam abw: beschmutzen*) garabatear II. *vi* (*fam*) **1.** (*Stift*) manchar **2.** (*abw: beim Schreiben*) hacer garabatos
Schmiererei *f* <-en> (*fam abw: Gemaltes*) mamarrachada *f*; (*Geschriebenes*) garabatos *mpl*
Schmierfink *m* (*fam abw*) cochino, -a *m, f*; **Schmiergeld** *nt* <-(e)s, -er> (*fam abw*) unto *m*
schmierig *adj* **1.** (*feuchtklebrig*) resbaladizo **2.** (*schmutzig*) mugriento; (*fettig*) pringoso **3.** (*abw: schmeichlerisch*) zalamero **4.** (*abw: obszön*) obsceno
Schmieröl *nt* aceite *m* lubri(fi)cante; **Schmierpapier** *nt* (*fam*) (papel *m* de) borrador *m*; **Schmierseife** *f* jabón *m* verde; **Schmierstoff** *m* <-(e)s, -e> lubricante *m*
schmilzt *3. präs von* **schmelzen**
Schminke *f* <-n> maquillaje *m*

schminken I. *vt* maquillar II. *vr:* **sich** ~ maquillarse

schmirgeln *vt* lijar

Schmirgelpapier *nt* papel *m* de lija

schmiss[RR], **schmiß** *3. imp von* **schmeißen**

Schmöker *m* <-s, -> (*fam*) novelón *m*

schmökern *vi* (*fam*) enfrascarse en la lectura; **in einem Buch** ~ leer un libro

schmollen *vi* estar de morros

Schmollmund *m* morro *m*

schmolz *3. imp von* **schmelzen**

Schmorbraten *m* estofado *m*

schmoren I. *vi* (*Fleisch*) cocerse (a fuego lento) II. *vt* estofar, cocer a fuego lento; **sie schmorte stundenlang in der Sonne** (*fam*) estuvo horas tostándose al sol; **jdn ~ lassen** (*fam*) tener a alguien en ascuas

Schmuck *m ohne Pl* <-(e)s> 1. (*Juwelen*) joyas *fpl;* (*Mode~*) bisutería *f* 2. (*Verzierung*) adorno *m*

schmücken *vt* adornar

Schmuckkästchen *nt* joyero *m,* alhajera *f Arg, Chil*

schmucklos *adj* sin adorno; (*Raum*) austero

Schmuckstück *nt* <-(e)s, -e> alhaja *f,* joya *f*

schmudd(e)lig *adj* (*fam abw: Person*) desaliñado; (*Ding*) sucio, mugriento

Schmuggel *m ohne Pl* <-s> contrabando *m,* facuya *f Mex*

schmuggeln I. *vi* hacer contrabando II. *vt* pasar de contrabando; **jdn außer Landes** ~ ayudar a alguien a salir del país ilegalmente

Schmuggler(in) *m(f)* <-s, -; -nen> contrabandista *mf*

schmunzeln *vi* sonreírse (satisfecho) (*über* de)

schmusen *vi* (*fam*) besuquearse, acariciarse

Schmutz *m ohne Pl* <-es> 1. (*Zustand*) suciedad *f* 2. (*herumliegender*) basura *f;* (*Staub*) polvo *m;* (*Lehm*) barro *m;* **etw/jdn in** [*o* **durch**] **den ~ ziehen** (*fig*) arrastrar algo/a alguien por el fango; **Schmutzfink** *m* <-en *o* -s, -en> (*fam*) cochino, -a *m, f;* **Schmutzfleck** *m* mancha *f*

schmutzig *adj* 1. (*dreckig, unlauter*) sucio; (*beschmiert*) embadurnado, pringado *fam;* **sich** *dat* **nicht die Finger ~ machen** (*fig*) no ensuciarse las manos 2. (*unanständig*) obsceno; (*Fantasie*) sucio; (*Witz*) verde

Schmutzkampagne *f* <-, -n> (POL) campaña *f* de acoso y derribo, campaña *f* desleal

Schnabel *m* <-s, Schnäbel> 1. (*eines Vogels*) pico *m* 2. (*an einer Kanne*) pitorro *m* 3. (*fam: Mund*) pico *m;* **halt den ~!** ¡cierra el pico!; **sie redet, wie ihr der ~ gewachsen ist** habla porque tiene boca

Schnake *f* <-n> 1. (*Wiesen~*) moscardón *m* 2. (*reg: Stechmücke*) mosquito *m,* zancudo *m Am*

Schnalle *f* <-n> hebilla *f*

schnallen *vt* 1. (*fest~*) atar (*auf* a); (*los~*) soltar; **etw enger/weiter** ~ ceñir/aflojar algo; **den Gürtel enger** ~ (*fam fig*) apretarse el cinturón 2. (*fam: begreifen*) captar, coger

schnalzen *vi* (*mit der Zunge*) chasquear; (*mit den Fingern*) castañetear

Schnäppchen *nt* <-s, -> (*reg: fam*) ganga *f,* pichincha *f Arg;* **ein ~ machen** hacer un buen negocio

schnappen I. *vi* 1. (*Hund*) (intentar) pillar (*nach*); **nach Luft** ~ (*fam*) jadear 2. *sein* (*Bewegung*): **die Tür schnappt ins Schloss** la puerta se cierra II. *vt* (*packen*) coger, pescar *fam;* (*Dieb*) pillar

Schnappschuss[RR] *m* instantánea *f*

Schnaps *m* <-es, Schnäpse> aguardiente *m;* **Schnapsidee** *f* (*fam*) idea *f* descabellada

schnarchen *vi* roncar

schnattern *vi* 1. (*Gans, Ente*) graznar 2. (*fam: schwatzen*) hablar por los codos

schnauben I. *vi* (*Mensch*) resoplar; (*Tier*) bufar; **vor Wut** ~ bufar de ira II. *vr:* **sich** ~ (*reg: sich scnäuzen*) sonarse

schnaufen *vi* 1. (*keuchen*) resollar, jadear 2. (*reg: atmen*) respirar

Schnauzbart *m* bigote *m*

Schnauze *f* <-n> 1. (*vom Tier*) hocico *m* 2. (*fam abw: Mund*) bocaza *f,* morro *m;* **eine große ~ haben** ser un bocazas; **die ~ voll haben** estar hasta el gorro; (**halt die**) **~!** ¡cierra el pico!; **mit etw auf die ~ fallen** (*fig*) llevarse un chasco con algo

schnauzen *vi* (*fam*) berrear

schnäuzen[RR] *vr:* **sich** ~ sonarse

Schnauzer *m* <-s, -> 1. (*Hunderasse*) grifón *m* 2. (*fam: Schnauzbart*) bigote *m*

Schnecke *f* <-n> 1. (*Tier*) caracol *m;* (*Meeres~*) caracola *f;* **jdn zur ~ machen** (*fam*) cantar(le) las cuarenta a alguien 2. (*Gebäck*) caracola *f* 3. (TECH: *~ngewinde*) tornillo *m* sin fin; **Schneckenhaus** *nt* concha *f* del caracol; **Schneckentempo** *nt* (*fam*): **im ~** a paso de tortuga

Schnee *m ohne Pl* <-s> 1. (*Niederschlag*) nieve *f;* **das ist ~ von gestern** (*fam fig*) eso ya pasó a la historia 2. (*Ei~*) clara *f* (de huevo) batida; **Eiweiß zu ~ schlagen** batir las claras a punto de nieve 3. (*sl: Kokain*) nieve *f*

Schneeball *m* 1. (*aus Schnee*) bola *f* de nieve 2. (*Pflanze*) viburno *m;* **Schneeballeffekt** *m ohne Pl* <-(e)s> efecto *m* multiplicador; **Schneeballschlacht** *f* batalla *f* con bolas de nieve; **Schneeballsystem** *nt* (*Warenabsatz*) sistema *m* de venta en pirámide

Schneebesen *m* varillas *fpl;* **Schneedecke** *f* capa *f* de nieve; **Schneefall** *m* <-(e)s, -fälle> nevada *f;* **Schneeflocke** *f* copo *m* de

S

nieve; **Schneeglöckchen** *nt* <-s, -> (BOT) campanilla *f* blanca; **Schneegrenze** *f* límite *m* de las nieves; **Schneeketten** *fpl* (AUTO) cadenas *fpl* antideslizantes; **Schneemann** *m* muñeco *m* de nieve; **Schneematsch** *m* nieve *f* medio derretida; **Schneepflug** *m* (máquina *f*) quitanieve(s) *m(pl)*; **Schneeregen** *m* aguanieve *f*; **Schneeschaufel** *f* pala *f* para recoger la nieve; **Schneeschmelze** *f* deshielo *m*; **Schneesturm** *m* temporal *m* de nieve; **Schneetreiben** *nt* ventisca *f*; **schneeweiß** *adj* blanco como la nieve

Schneewittchen *nt* <-s> Blancanieves *f*

Schneid *m ohne Pl* <-(e)s> (*fam*) agallas *fpl*, coraje *m*; **jdm den ~ abkaufen** desanimar a alguien

Schneide *f* <-n> filo *m*; (*Klinge*) cuchilla *f*

schneiden <schneidet, schnitt, geschnitten> **I.** *vt* **1.** (*allgemein*) cortar; **etw klein ~** cortar algo (en trozos pequeños); **das Hemd ist eng geschnitten** la camisa tiene un corte estrecho; **die Luft ist hier zum S~** aquí el aire está muy cargado **2.** (*eingravieren*) grabar, tallar **3.** (FILM, TV, RADIO) montar **4.** (*kreuzen*) cruzar **5.** (*meiden*) ignorar **II.** *vr:* **sich ~ 1.** (*verletzen*) cortarse (*an* con) **2.** (*sich kreuzen*) cruzarse **3.** (*reg: irren*) equivocarse **III.** *vi* (*Kälte, Strick*) cortar

schneidend *adj* cortante; (*Schmerz*) agudo; (*Kälte*) penetrante

Schneider(in) *m(f)* <-s, -; -nen> (*Beruf*) sastre, -a *m, f*; (*Damen~*) modisto, -a *m, f*

Schneiderei *f* <-en> sastrería *f*

schneidern *vt* coser, confeccionar

Schneidersitz *m ohne Pl* <-es>: **im ~ sitzen** estar sentado con las piernas cruzadas

Schneidezahn *m* (diente *m*) incisivo *m*

schneidig *adj* gallardo

schneien *vunpers* nevar; **es schneit** está nevando

Schneise *f* <-n> (*Feuer~*) cortafuego *m*; (*Flug~*) pasillo *m* aéreo

schnell I. *adj* rápido; **auf die S~e** (*fam*) deprisa y corriendo **II.** *adv* de prisa, rápidamente; **mach ~!** (*fam*) ¡date prisa!; **Schnellboot** *nt* lancha *f* torpedera

schnellebig *adj s.* **schnelllebig**

schnellen *vi sein* saltar; **die Preise schnellten in die Höhe** los precios se dispararon

Schnellhefter *m* carpeta *f*

Schnelligkeit *f ohne Pl* rapidez *f*; (*Geschwindigkeit*) velocidad *f*

Schnellimbiss[RR] *m* snack-bar *m*; **Schnellkochtopf** *m* olla *f* a presión; **Schnellkurs** *m* curso *m* acelerado

schnelllebig[RR] *adj* (*hektisch*) agitado; (*kurzlebig*) efímero

schnellstens *adv* lo más rápido posible

Schnellstraße *f* autovía *f*; **Schnellverfahren** *nt* **1.** (TECH) método *m* rápido **2.** (JUR) juicio *m* sumario; **etw im ~ erledigen** (*fam fig*) hacer algo corre que te corre; **Schnellzug** *m* <-(e)s, -züge> (tren *m*) expreso *m*

Schnepfe *f* <-n> (ZOOL) becada *f*

schneuzen *vr:* **sich ~** *s.* **schnäuzen**

Schnickschnack *m ohne Pl* <-(e)s> (*fam*) **1.** (*wertloses Zeug*) cachivaches *mpl*; (*Beiwerk*) accesorios *mpl* (innecesarios) **2.** (*Gerede*) necedades *fpl*

schniefen *vi* (*reg*) sorberse los mocos

schnippeln *vi, vt* (*fam*) cortar (*an*); (*in kleine Stücke*) picar

schnippen I. *vt* lanzar (con un golpe del dedo) **II.** *vi:* **mit den Fingern ~** castañetear los dedos

schnippisch *adj* (*abw*) respondón

Schnipsel *m o nt* <-s, -> recorte *m*

schnitt *3. imp von* **schneiden**

Schnitt *m* <-(e)s, -e> **1.** (*das Schneiden, Einschnitt, Haar~, von Kleidung*) corte *m*; (*~muster*) patrón *m*; **der goldene ~** (MATH) la sección áurea **2.** (FILM) montaje *m* **3.** (*fam: Durch~*) término *m* medio; **im ~** por término medio

Schnitte *f* <-n> (*reg*) **1.** (*Scheibe*) rebanada *f*; (*Wurst, Käse*) loncha *f*; (*Blechkuchen*) trozo *f* **2.** (*belegtes Brot*) rebanada *f* de pan (con embutido o queso)

Schnittfläche *f* superficie *f* de corte

schnittig *adj* de línea elegante

Schnittlauch *m ohne Pl* <-(e)s> cebollino *m*; **Schnittmenge** *f* (MATH) intersección *f* de los conjuntos; **Schnittmuster** *nt* patrón *m*; **Schnittpunkt** *m* (*a.* MATH) (punto *m* de) intersección *f*; **Schnittstelle** *f* (INFOR) interfaz *m*; **Schnittwunde** *f* cortadura *f*, corte *m*

Schnitzel[1] *nt* <-s, -> (*Fleischstück*) escalope *m*; **paniertes ~** escalope rebozado, milanesa *f Am*

Schnitzel[2] *m o nt* <-s, -> (*Papier~*) pedacito *m* (de papel)

schnitzen *vi, vt* tallar (en madera) (*aus* de, *in* en)

Schnitzer(in)[1] *m(f)* <-s, -; -nen> escultor(a) *m(f)* en madera

Schnitzer[2] *m* <-s, -> (*fam: Fehler*) error *m*

schnöde *adj* (*abw*) **1.** (*verachtenswert*) desdeñable; (*erbärmlich*) mezquino, vil **2.** (*geringschätzig*) desdeñoso

Schnorchel *m* <-s, -> tubo *m* de respiración

schnorcheln *vi* bucear con ayuda de un respirador

Schnörkel *m* <-s, -> (*an Möbeln*) voluta *f*; (*bei der Unterschrift*) rúbrica *f*

schnorren I. *vt* (*fam*) gorronear, pechar *Arg* **II.** *vi* **1.** (*fam: erbetteln*) pedir **2.** (*Schweiz:*

abw: daherreden) hablar sin ton ni son

Schnösel *m* <-s, -> (*fam abw*) impertinente *mf*

schnüffeln **I.** *vi* **1.** (*schnuppern*) olisquear (*an*), olfatear (*an*) **2.** (*fam abw: spionieren*) husmear (*in* en), fisgar (*in* en) **3.** (*fam: Klebstoff*) esnifar **II.** *vt* (*fam*) esnifar, inhalar

Schnüffler(in) *m(f)* <-s, -; -nen> (*abw*) **1.** (*Spion*) espía *mf*, rana *mf Am* **2.** (*Neugieriger*) fisgón, -ona *m, f*, averigüetas *mf inv Mex*

Schnuller *m* <-s, -> chupete *m*

Schnulze *f* <-n> (*Lied*) canción *f* sentimental; (*Film*) película *f* sentimental

schnulzig *adj* (*fam abw*) sentimental(oide), empachoso

schnupfen *vi, vt* (*Tabak*) tomar rapé; (*Kokain*) esnifar

Schnupfen *m* <-s, -> constipado *m*; **~ haben** estar resfriado; **~ bekommen** coger un constipado

Schnupftabak *m* rapé *m*

schnuppe *adj* (*fam*): **das ist mir ~** me importa un rábano

schnuppern *vi* olfatear (*an*)

Schnur *f* <Schnüre> cuerda *f*; (*dünn*) cordel *m*, piola *f SAm*; (*Kabel*) cable *m*

Schnürband *nt* <-es, -bänder> cordón *m*

Schnürchen *nt* (*fam*): **wie am ~** a las mil maravillas; **etw wie am ~ können** saber algo de carrerilla

schnüren *vt* atar

schnurgerade *adj* (*fam*) (todo) derecho, en línea recta

schnurlos *adj* (*Telefon*) inalámbrico

Schnurrbart *m* <-(e)s, -bärte> bigote *m*

schnurren *vi* (*Katze*) ronronear; (*Nähmaschine, Ventilator, Kameras*) zumbar

Schnurrhaare *ntpl* vibrisas *fpl*, bigotes *mpl*

Schnürsenkel *m* <-s, -> (*nordd, reg*) cordón *m* para zapatos; **Schnürstiefel** *m* bota *f* de cordones

schnurstracks *adv* (*fam*) directamente, sin rodeos; (*sofort*) en el acto

Schnute *f* <-n> (*nordd: fam*) boquita *f*, morritos *mpl*; **eine ~ ziehen** (*vor Ärger*) poner morros; (*vor Enttäuschung*) hacer pucheros

schob *3. imp von* **schieben**

Schober *m* <-s, -> pajar *m*

Schock *m* <-(e)s, -s> shock *m*, choque *m*; **unter ~ stehen** estar bajo (los efectos de un) shock; **einen ~ bekommen** sufrir un shock

schockieren* *vt* causar un shock (a), chocar; (*moralisch*) escandalizar

Schöffe, **-in** *m, f* <-n, -n; -nen> jurado, -a *m, f*

Schokolade *f* <-n> chocolate *m*

Scholastik *f ohne Pl* (PHILOS) escolástica *f*

Scholle *f* <-n> **1.** (*Fisch*) platija *f* **2.** (*Eis~*) témpano *m* **3.** (*Erd~*) terrón *m*

schon *adv* **1.** (*zeitlich*) ya; **~ oft** varias veces ya; **~ wieder** otra vez; **~ bald darauf** poco después; **das war ~ immer so** siempre ha sido así; **nun mach ~!** (*fam: beeil dich*) ¡apúrate ya! **2.** (*allein*) (tan) sólo; **wenn ich das ~ sehe!** ¡tan sólo (con) verlo! **3.** (*tatsächlich*) de hecho; **das ist ~ möglich** de hecho es posible; **was heißt das ~?** eso no quiere decir nada; **na, wenn ~!** ¿y qué más da?; **wer fragt ~ danach, ob ...?** ¿quién demonios pregunta si...?; **du wirst ~ sehen** ya verás; **ich bin ~ froh, dass ...** ya me contento con que... *+subj* **4.** (*doch, ja*) sí; **ich denke ~** supongo que sí; **sie ist nicht zufrieden, aber ich ~** ella no está contenta pero yo sí

schön **I.** *adj* bonito, lindo *Am*; **das Wetter ist ~** hace buen tiempo; **nichts als ~e Worte** tan sólo palabras bonitas; **~e Ferien!** ¡que lo pases bien en las vacaciones!; **~es Wochenende!** ¡buen fin de semana!; **das war nicht ~ von dir** eso no fue un detalle bonito por tu parte; **das wäre ja noch ~er!** (*fam*) ¡no faltaba más!; **das S~ste kommt erst noch: ...** (*iron*) y ahora viene lo mejor: ...; **das sind ja ~e Aussichten!** (*fam*) ¡menudas perspectivas!; **na ~!** ¡bueno!; **das ist gut und ~, aber ...** (*fam*) todo esto suena muy bien, pero...; **zu ~, um wahr zu sein** (*fam*) demasiado bonito para ser cierto **II.** *adv* bien; (*ziemlich*) bastante; (*fam*) de lo lindo; **sie singt ~** canta bien; **das hat ja ganz ~ weh getan** esto me ha dolido de lo lindo; **ihr habt es ~ bei euch** se está muy bien en vuestra casa; **sei ~ brav!** (*fam*) ¡pórtate bien!; **danke ~** muchas gracias; **bitte ~** de nada; **wie man so ~ sagt** como se suele decir

schonen **I.** *vt* (*Person*) ser benévolo (con); (*Gegenstand*) tratar con cuidado; (*schützen*) proteger; (*Kräfte*) ahorrar; **seine Gesundheit ~** cuidarse **II.** *vr*: **sich ~** cuidarse

schonend *adj* (*behutsam*) cauteloso; (*vorsichtig*) prudente; (*rücksichtsvoll*) considerado; (*nachsichtig*) indulgente; **du musst es ihr ~ beibringen** debes decírselo con mucha precaución

Schönfärberei *f* idealización *f*

Schonfrist *f* plazo *m* de gracia

schöngeistig *adj* erudito, intelectual

Schönheit *f* <-en> belleza *f*, bonitura *f Am*; **Schönheitsfehler** *m* imperfección *f*; **Schönheitsoperation** *f* operación *f* de cirugía estética

Schonkost *f* dieta *f*, comida *f* de régimen

Schonung[1] *f ohne Pl* (*Sorgfalt*) cuidado *m*; (*Nachsicht*) indulgencia *f*; (*Schutz*) protección *f*

Schonung[2] *f* <-en> (*im Wald*) coto *m* de

bosque recién plantado

schonungslos **I.** *adj* despiadado **II.** *adv* sin piedad

Schonzeit *f* <-en> (tiempo *m* de) veda *f*

Schopf *m* <-(e)s, Schöpfe> **1.** (*Haar~*) cabellera *f,* moño *m Chil;* **die Gelegenheit beim ~e packen** no dejar escapar la ocasión **2.** (*eines Vogels*) copete *m* **3.** (*Schweiz: Schuppen*) cobertizo *m*

schöpfen *vt* **1.** (*Flüssigkeit*) sacar (*aus* de) **2.** (*Mut, Vertrauen*) cobrar; (*Hoffnung*) concebir **3.** (*geh: Atem*) respirar

Schöpfer(in)[1] *m(f)* <-s, -; -nen> creador(a) *m(f)*

Schöpfer[2] *m* <-s> (*Gott*) Creador *m*

schöpferisch *adj* creador; (*kreativ*) creativo

Schöpfkelle *f* cazo *m;* **Schöpflöffel** *m* cucharón *m,* bombilla *f Mex*

Schöpfung[1] *f* <-en> (*geh: Kunstwerk*) creación *f*

Schöpfung[2] *f ohne Pl* (REL) creación *f,* génesis *f inv*

Schöpfungsgeschichte *f ohne Pl* (REL) (libro *m* del) Génesis *m*

Schoppen *m* <-s, -> **1.** (*Viertelliter*) cuarto *m* de litro; (*halber Liter*) medio litro *m* **2.** (*südd, Schweiz: Babyfläschchen*) biberón *m*

schor *3. imp von* **scheren**

Schorf *m* <-(e)s, -e> costra *f,* postilla *f*

Schornstein *m* chimenea *f,* tronera *f Mex;* **Schornsteinfeger(in)** *m(f)* <-s, -; -nen> deshollinador(a) *m(f)*

schoss[RR], **schoß** *3. imp von* **schießen**

Schoß *m* <-es, Schöße> **1.** (*Körpermitte*) regazo *m;* **jdn auf den ~ nehmen** tomar a alguien en el regazo; **das ist ihr nicht in den ~ gefallen** (*fam fig*) no le ha llovido del cielo **2.** (*geh: Mutterleib, a. fig*) seno *m;* **Schoßhund** *m* <-(e)s, -e> perro *m* faldero

Schössling[RR] *m* <-s, -e>, **Schößling** *m* <-s, -e> retoño *m,* vástago *m*

Schote *f* <-n> vaina *f*

Schotte, -in *m, f* <-n, -n; -nen> escocés, -esa *m, f*

Schotter *m* <-s, -> **1.** (*Straßen~*) grava *f,* ripio *m Am;* (*für Gleisbau*) balasto *m* **2.** (*Flussgeröll*) guijas *fpl* **3.** (*fam: Geld*) pasta *f*

schottisch *adj* escocés

Schottland *nt* <-s> Escocia *f*

schraffieren* *vt* sombrear, rayar

Schraffur *f* <-en> rayado *m*

schräg **I.** *adj* **1.** (*nicht gerade*) oblicuo; (*geneigt*) inclinado; (*diagonal*) diagonal **2.** (*fam: unüblich*) estrafalario, estrambótico **II.** *adv* al sesgo; **jdn ~ ansehen** (*fam*) mirar a alguien de reojo; **~ gegenüber** casi enfrente

Schräge *f* <-n> superficie *f* inclinada

Schrägstrich *m* <-(e)s, -e> barra *f*

schrak *3. imp von* **schrecken**[2]

Schramme *f* <-n> rasguño *m*

schrammen *vt* rasguñar

Schrank *m* <-(e)s, Schränke> armario *m,* escaparate *m Am;* (*Kleider~*) ropero *m*

Schranke *f* <-n>, **Schranken** *m* <-s, -> (*Österr*) barrera *f;* (*gesetzte Grenze*) límite *m;* **jdn in seine ~n weisen** parar los pies a alguien

schrankenlos *adj* **1.** (*grenzenlos*) ilimitado, sin límites **2.** (*maßlos*) desmesurado

Schrankwand *f* pared *f* estantería

Schraubdeckel *m* tapón *m* de rosca

Schraube *f* <-n> **1.** (*Bolzen*) tornillo *m;* **bei ihm ist eine ~ locker** (*fam fig*) le falta un tornillo **2.** (*Schiffs~*) hélice *f*

schrauben *vt* **1.** (*an~*) atornillar (*an* a/en); (*ab~*) desatornillar; **fester ~** apretar el tornillo **2.** (*festdrehen*) enroscar; (*abdrehen*) desenroscar

Schraubenschlüssel *m* llave *f* de tuercas; **Schraubenzieher** *m* <-s, -> destornillador *m,* desatornillador *m Am*

Schraubstock *m* <-(e)s, -stöcke> tornillo *m* de banco, taquilla *f Am;* **Schraubverschluss**[RR] *m* cierre *m* de rosca

Schrebergarten *m* huerto *m* familiar

Schreck *m* <-(e)s, -e> susto *m,* jabón *m Arg, PRico,* naco *m Arg;* **einen ~ bekommen** llevarse un susto; **jdm einen ~ einjagen** asustar a alguien; **~, lass nach!** (*fam*) ¡cielos!

schrecken[1] *vt* **1.** (*geh: ängstigen*) asustar **2.** (*abschrecken: Eier, Nudeln*) meter en agua fría después de cocer

schrecken[2] <schreckt *o* schrickt, schreckte *o* schrak, geschreckt> *vi sein* (*auf~*) sobresaltarse; **aus dem Schlaf ~** despertarse sobresaltado

Schrecken *m* <-s, -> **1.** (*Schreck*) susto *m,* batata *f CSur;* (*Entsetzen*) espanto *m;* **~ erregend** espantoso; **mit dem ~ davonkommen** no sufrir más que el susto consiguiente **2.** *Pl* (*des Krieges*) horrores *mpl;* **schreckenerregend** *adj s.* **Schrecken 1.**

Schreckensherrschaft *f* régimen *m* de terror

Schreckgespenst *nt* espectro *m*

schreckhaft *adj* asustadizo

schrecklich *adj* **1.** (*furchtbar*) horrible **2.** (*fam: groß, sehr*) tremendo, enorme

Schreckschraube *f* (*fam abw*) cardo *m,* bruja *f*

Schreckschuss[RR] *m* tiro *m* al aire; **Schreckschusspistole**[RR] *f* pistola *f* de fogueo

Schrecksekunde *f* segundo *m* de reacción

Schrei *m* <-(e)s, -e> grito *m;* (*schrill*) chillido *m;* (*abw*) berrido *m;* **einen ~ ausstoßen** lanzar un grito; **der letzte ~** (*fam*) el último grito

Schreibblock *m* <-blöcke> bloc *m* (de notas)

schreiben <schreibt, schrieb, geschrieben> **I.** *vi, vt* escribir (*auf* en), plumear (*auf* en) *ZAm, Mex;* (*notieren*) apuntar; **mit links** ~ ser zurdo (para escribir); **jdm/an jdn (einen Brief)** ~ escribir (una carta) a alguien; **hast du was zum S~?** ¿tienes algo que escriba? **II.** *vr:* **sich** ~ **1.** (*Briefe*) escribirse, cartearse **2.** (*fam: geschrieben werden*) escribirse

Schreiben *nt* <-s, -> escrito *m;* (*Brief*) carta *f;* **Ihr ~ vom ...** su carta del...

Schreiber(in) *m(f)* <-s, -; -nen> (*Roman*) escritor(a) *m(f);* (*Brief*) autor(a) *m(f)*

Schreiberling *m* <-s, -e> (*abw*) autorzuelo *m,* plumario *m ZAm, Mex*

schreibfaul *adj* vago para escribir; **Schreibfehler** *m* falta *f* de ortografía; **Schreibheft** *nt* cuaderno *m;* **Schreibkraft** *f* mecanógrafo, -a *m, f;* **Schreibmaschine** *f* máquina *f* de escribir; ~ **schreiben** escribir a máquina; **Schreibpapier** *nt* papel *m* de escribir; **Schreibpult** *nt* pupitre *m;* **Schreibschrift** *f ohne Pl* letra *f;* **schreibschützen** *vt* (INFOR) proteger contra sobreescritura; **Schreibtisch** *m* escritorio *m,* carpeta *f Peru*

Schreibung *f* <-en> (modo *m* de) escritura *f*

Schreibunterlage *f* vade *m*

Schreibwaren *fpl* artículos *mpl* de papelería; **Schreibwarenhändler(in)** *m(f)* papelero, -a *m, f;* **Schreibwarenhandlung** *f* papelería *f*

Schreibweise *f* **1.** (*Orthographie*) grafía *f* **2.** (*Schreibstil*) estilo *m;* **Schreibzeug** *nt* utensilios *mpl* para escribir

schreien <schreit, schrie, geschrien> *vi, vt* **1.** (*Mensch*) gritar; (*schrill*) chillar; (*wütend*) vociferar; (*abw*) berrear; **nach etw** *dat/***jdm** ~ pedir algo/llamar a alguien a gritos; **er schrie vor Angst** gritó de miedo; **sie schrie sich heiser** gritó hasta quedarse afónica; **es war zum S~** (*fam*) era para morirse **2.** (*Esel*) rebuznar; (*Vogel*) chillar; (*Stier*) bramar; (*Kalb*) berrear

schreiend *adj* **1.** (*Farbe*) chillón **2.** (*Unrecht*) manifiesto

Schreierei *f* <-en> (*abw*) griterío *m*

Schreihals *m* (*fam*) gritón, -ona *m, f*

Schrein *m* <-(e)s, -e> (*geh*) cofre *m;* (*für Reliquien*) relicario *m*

Schreiner(in) *m(f)* <-s, -; -nen> carpintero, -a *m, f*

Schreinerei *f* <-en> carpintería *f*

schreinern **I.** *vi* hacer trabajos de carpintería **II.** *vt* hacer

schreiten <schreitet, schritt, geschritten> *vi sein* (*geh*) **1.** (*gehen*) caminar (solemnemente) **2.** (*beginnen*): **zu etw** *dat* ~ pasar a algo

schrickt *3. präs von* **schrecken**[2]

schrie *3. imp von* **schreien**

schrieb *3. imp von* **schreiben**

Schrieb *m* <-(e)s, -e> (*fam*) carta *f*

Schrift *f* <-en> **1.** (*~system*) escritura *f;* (*~zeichen*) caracteres *mpl* **2.** (*Hand~*) letra *f* **3.** (*Text*) escrito *m;* (*Abhandlung*) tratado *m;* **die Heilige** ~ las Sagradas Escrituras **4.** *Pl* (*Schweiz: Papiere*) documentos *mpl;* **Schriftart** *f* <-en> (TYPO) tipo *m* de imprenta; **Schriftdeutsch** *nt ohne Pl* <-en> alemán *m* estándar; (*Papierdeutsch*) lenguaje *m* administrativo; **Schriftführer(in)** *m(f)* <-s, -; -nen> secretario, -a *m, f*

schriftlich *adj* por escrito; **das kann ich dir geben** (*fam*) eso te lo garantizo

Schriftsatz *m* <-es, -sätze> **1.** (TYPO) composición *f* **2.** (JUR) alegaciones *fpl;* **Schriftsprache** *f* <-n> lenguaje *m* literario; (*Hochdeutsch*) alemán *m* estándar

Schriftsteller(in) *m(f)* <-s, -; -nen> escritor(a) *m(f)*

Schriftstück *nt* documento *m;* **Schriftwechsel** *m* correspondencia *f*

schrill *adj* (*Ton*) estridente; (*fam: Aufmachung*) estrafalario

schritt *3. imp von* **schreiten**

Schritt *m* <-(e)s, -e> **1.** (*beim Gehen*) paso *m;* **mit schnellen ~en** a paso ligero; **auf ~ und Tritt** a cada paso; **nur ein paar ~e von hier** a un par de pasos de aquí; **mit jdm ~ halten** seguir la marcha de alguien; **mit etw ~ halten** (*fig*) estar al tanto de algo; **~ für ~** paso a paso **2.** (*einer Hose*) entrepierna *f* **3.** (*Handlung*) paso *m;* (*Maßnahme*) medida *f;* (*amtlich*) trámite *m;* **den ersten ~ tun** dar el primer paso; **~e in die Wege leiten** iniciar trámites; **gegen jdn ~e unternehmen** tomar medidas contra alguien; **Schrittempo** *nt ohne Pl* <-s> *s.* **Schritttempo**; **Schrittgeschwindigkeit** *f ohne Pl* velocidad *f* de paso; **Schrittmacher** *m* <-s, -> **1.** (SPORT) liebre *f* **2.** (*Herz~*) marcapasos *m inv;* **Schritttempo**[RR] *nt ohne Pl* <-s>: **(im) ~ fahren** avanzar al paso

schrittweise *adv* paso a paso

schroff *adj* **1.** (*Abhang*) escarpado; (*jäh abfallend*) abrupto **2.** (*Mensch*) rudo; **etw ~ ablehnen** rechazar algo categóricamente

schröpfen *vt* **1.** (MED) sangrar **2.** (*fam: Person*) desplumar

Schrot *m o nt* <-(e)s, -e> **1.** (*Getreide~*) grano *m* partido; **von altem ~ und Korn** de buena cepa **2.** (*Munition*) perdigones *mpl;* (*größer*) postas *fpl;* **Schrotbrot** *nt* ≈pan *m* integral; **Schrotflinte** *f* escopeta *f* de perdigones

Schrott *m ohne Pl* <-(e)s> **1.** (*Altmetall*)

chatarra *f;* **ein Auto zu ~ fahren** destrozar un coche **2.** (*fam: Unbrauchbares*) cachivaches *mpl;* **Schrotthändler(in)** *m(f)* chatarrero, -a *m, f;* **Schrotthaufen** *m* **1.** (*Ansammlung*) montón *m* de chatarra **2.** (*fam: altes Auto*) cacharro *m;* **Schrottplatz** *m* <-es, -plätze> depósito *m* de chatarra; **schrottreif** *adj* para el desguace

schrubben *vt* (*Ding*) fregar; (*Person, Körperteil*) frotar

Schrubber *m* <-s, -> (*fam*) escobillón *m,* cepillo *m* con palo

schrumpelig *adj* (*fam*) arrugado, lleno de arrugas

schrumpfen *vi sein* **1.** (*Gewebe*) encoger **2.** (*Vorräte, Interesse*) disminuir

schrumplig *adj s.* **schrumpelig**

Schub *m* <-(e)s, Schübe> **1.** (*Stoß*) empujón *m* **2.** (PHYS, TECH) empuje *m* **3.** (*Gruppe*) grupo *m*

Schubkarren *m* carretilla *f;* **Schubkraft** *f* (PHYS, TECH) (fuerza *f* de) empuje *m;* **Schublade** *f* <-n> cajón *m*

Schubs *m* <-es, -e> (*fam*) empujón *m*

schubsen *vt* (*fam*) empujar, quiñar *Am*

schubweise *adv* por partes

schüchtern *adj* tímido, penoso *Am*

Schüchternheit *f ohne Pl* timidez *f*

schuf *3. imp von* **schaffen**

Schuft *m* <-(e)s, -e> (*abw*) canalla *mf*

schuften *vi* (*fam*) currar

Schufterei *f* <-en> (*fam abw: Tätigkeit*) trabajo *m* pesado

Schuh *m* <-(e)s, -e> zapato *m;* **ein Paar ~e** un par de zapatos; **ich weiß, wo ihn der ~ drückt** (*fam fig*) yo sé donde le aprieta el zapato; **jdm etw in die ~e schieben** (*fam*) echar a alguien la culpa de algo; **Schuhbändel** *nt* <-s, -> (*südd, Schweiz*) cordón *m* (del zapato); **Schuhbürste** *f* cepillo *m* para el calzado; **Schuhcreme** *f* betún *m,* unto *m Chil;* **Schuhgeschäft** *nt* <-(e)s, -e> zapatería *f,* peletería *f ZAm, Ant;* **Schuhgröße** *f* <-n> número *m* del calzado; **Schuhlöffel** *m* calzador *m;* **Schuhmacher(in)** *m(f)* <-s, -; -nen> zapatero, -a *m, f;* **Schuhputzer(in)** *m(f)* <-s, -; -nen> limpiabotas *mf inv,* lustrabotas *mf inv Am;* **Schuhsohle** *f* suela *f;* **Schuhspanner** *m* horma *f;* **Schuhwerk** *nt ohne Pl* <-(e)s> calzado *m*

Schularbeiten *fpl* deberes *mpl;* **Schulbank** *f* <-bänke> banco *m* de escuela; **die ~ drücken** (*fam*) ir a la escuela; **Schulbildung** *f* formación *f* escolar; **Schulbuch** *nt* libro *m* de texto; **Schulbus** *m* autobús *m* escolar

schuld *adj:* **an etw ~ sein** tener la culpa de algo

Schuld[1] *f ohne Pl* (*Verantwortung*) culpa *f* (*an* de); (JUR) culpabilidad *f;* **es ist meine ~** es culpa mía; **die ~ an etw haben** tener la culpa de algo; **sich** *dat* **etw zu ~en kommen lassen** cometer un error; **jdm ~ geben** echar la culpa a alguien; **sich** *dat* **keiner ~ bewusst sein** no sentirse culpable; **die ~ auf sich nehmen** declararse culpable

Schuld[2] *f* <-en> **1.** (*Geldbetrag*) deuda *f,* golilla *f Cuba;* **ich habe 500 Mark ~en** tengo 500 marcos de deudas **2.** (*geh*): **ich stehe in deiner ~** estoy en deuda contigo

schuldbewusst[RR] *adj* consciente de su culpabilidad

schulden *vt* deber, debitar *Am;* **jdm etw ~** deber algo a alguien

schuldenfrei *adj* libre de deudas

Schuldfrage *f* cuestión *f* de culpabilidad; **Schuldgefühl** *nt* <-(e)s, -e> sentimiento *m* de culpa

schuldhaft *adj* culpable

schuldig *adj* **1.** (*a.* JUR: *verantwortlich*) culpable (*an* de); **wer ist ~?** ¿quién tiene la culpa?; **jdn ~ sprechen** declarar culpable a alguien; **sich ~ bekennen** declararse culpable; **sich einer Tat ~ machen** ser culpable de un crimen **2.** (*Geld*): **jdm etw ~ sein** deber algo a alguien; **die Antwort ~ bleiben** no contestar

Schuldige(r) *mf* <-n, -n; -n> culpable *mf*

Schuldigkeit *f:* **seine ~ tun** cumplir con su deber

schuldlos *adj:* **~ sein** no tener la culpa (*an* de)

Schuldner(in) *m(f)* <-s, -; -nen> deudor(a) *m(f)*

Schuldschein *m* <-(e)s, -e> pagaré *m;* **Schuldzuweisung** *f* (*a.* JUR) acusación *f*

Schule[1] *f* <-n> **1.** (*Institution, Gebäude*) colegio *m,* escuela *f;* **in die ~ kommen** ser escolarizado; **in die** [*o* **zur**] **~ gehen** ir a la escuela **2.** (*Richtung*) escuela *f;* **ein Richter der alten ~** un juez de la vieja escuela; **~ machen** hacer escuela

Schule[2] *f ohne Pl* **1.** (*Unterricht*) clase *f;* **~ haben** tener clase **2.** (*Wend*): **die hohe ~ der Kunst** el gran conocimiento del arte

schulen *vt* **1.** (*Mitarbeiter*) formar, capacitar **2.** (*Auge, Gedächtnis*) entrenar; **mit geschultem Blick** con ojo experto

Schüler(in) *m(f)* <-s, -; -nen> **1.** (*in der Schule*) alumno, -a *m, f* **2.** (*Anhänger*) discípulo, -a *m, f;* **Schüleraustausch** *m* intercambio *m* de alumnos; **Schülerausweis** *m* carné *m* de estudiante

Schülerschaft *f* <-en> alumnado *m*

Schülerzeitung *f* periódico *m* escolar

Schulfach *nt* asignatura *f* escolar; **Schulferien** *pl* vacaciones *fpl* escolares; **schulfrei** *adj* libre; **Schulfreund(in)** *m(f)* compañero, -a *m, f* de clase; **Schulgeld** *nt* cuota *f* escolar; **Schulheft** *nt* cuaderno *m* escolar; **Schulhof** *m* patio *m* de la escuela

schulisch *adj* escolar

Schuljahr *nt* **1.** (*Zeitraum*) año *m* escolar **2.** (*Klasse*) curso *m;* **im achten ~ sein** estar en octavo; **Schulkamerad(in)** *m(f)* compañero, -a *m, f* de clase; **Schulkind** *nt* escolar *mf;* **Schulklasse** *f* (*Schülergruppe*) clase *f;* (*Klassenstufe*) curso *m;* **Schulleiter(in)** *m(f)* <-s, -; -nen> director(a) *m(f)* de escuela; **Schulmedizin** *f ohne Pl* medicina *f* convencional; **Schulpflicht** *f ohne Pl* enseñanza *f* obligatoria; **schulpflichtig** *adj* en edad escolar; **Schulranzen** *m* cartera *f* (para llevar a la espalda); **Schulrat, -rätin** *m, f* <-(e)s, -räte; -nen> inspector(a) *m(f)* de enseñanza; **Schulschiff** *nt* buque *m* escuela; **Schulschluss**[RR] *m ohne Pl* <-es> salida *f* de clase; **Schulsprecher(in)** *m(f)* portavoz *mf* del alumnado; **Schulstunde** *f* clase *f;* **Schultasche** *f* cartera *f*

Schulter *f* <-n> hombro *m;* (GASTR) paletilla *f;* **~ an ~** hombro con hombro; **jdm auf die ~ klopfen** dar(le) a alguien una palmada en el hombro; **jdm über die ~ gucken** mirar a alguien por encima del hombro; **mit den ~n zucken** encogerse de hombros; **etw auf die leichte ~ nehmen** tomar algo a la ligera; **jdm die kalte ~ zeigen** dar la espalda a alguien; **Schulterblatt** *nt* omoplato *m;* **schulterfrei** *adj* que deja los hombros descubiertos; **schulterlang** *adj* hasta los hombros

schultern *vt* echar al hombro

Schulterpolster *nt* hombrera *f*

Schulung *f* <-en> **1.** (*von Personal*) formación *f;* (*der Stimme*) entrenamiento *m* **2.** (*Lehrgang*) cursillo *m*

Schulunterricht *m* clases *fpl* escolares; **Schulweg** *m* camino *m* a la escuela; **Schulweisheit** *f* <-en> sabiduría *f* escolar; **Schulwesen** *nt ohne Pl* <-s> enseñanza *f;* **Schulzeit** *f* años *mpl* escolares; **Schulzeugnis** *nt* notas *fpl*

schummeln **I.** *vi* (*fam: beim Spiel*) hacer trampas; (*in der Schule*) copiar **II.** *vt* (*fam*) pasar sin ser visto

schumm(e)rig *adj* (*fam*) poco iluminado; (*dämmerig*) crepuscular

Schund *m ohne Pl* <-(e)s> (*fam abw*) baratija *f;* **Schundroman** *m* (*fam*) novelón *m*

schunkeln *vi* balancearse rítmicamente cogidos del brazo

Schuppe *f* <-n> **1.** (*bei Tieren*) escama *f* **2.** *Pl* (*beim Menschen*) caspa *f;* **mir fiel es wie ~n von den Augen** (*fig*) se me cayó la venda de los ojos

schuppen **I.** *vt* escamar **II.** *vr:* **sich ~** (d)escamarse

Schuppen *m* <-s, -> (*Bau*) cobertizo *m,* galpón *m Am*

Schuppenflechte *f* (MED) psoriasis *f inv;* **Schuppentier** *nt* pangolín *m*

schuppig *adj* **1.** (*Fisch, Haut*) escamoso **2.** (*Kopfhaut*) con caspa; **~es Haar haben** tener caspa

schüren *vt* **1.** (*Feuer*) atizar **2.** (*Hass, Eifersucht*) alimentar

schürfen **I.** *vt* **1.** (*Haut*) excoriar, levantar *fam* **2.** (BERGB) extraer **II.** *vr:* **sich ~** excoriarse (*an* en); (*sich kratzen*) arañarse (*an*) **III.** *vi:* **tief ~d** profundo; **nach etw ~** buscar algo

Schürfwunde *f* excoriación *f*

Schürhaken *m* atizador *m*

Schurke, -in *m, f* <-n, -n; -nen> (*abw*) bellaco, -a *m, f*

schurkisch *adj* vil, infame

Schurwolle *f ohne Pl* lana *f* virgen

Schürze *f* <-n> delantal *m;* **Schürzenjäger** *m* <-s, -> (*fam abw*) mujeriego *m*

Schuss[RR] *m* <-es, Schüsse>, **Schuß** *m* <-sses, Schüsse> **1.** (*aus einer Waffe*) tiro *m,* disparo *m,* chumbo *m Arg;* **einen ~ abgeben** disparar (un tiro); **der ~ ging nach hinten los** (*fam*) salió el tiro por la culata; **weit vom ~ sein** (*fam*) estar en el quinto pino; **in ~ sein** (*fam*) estar a punto; **etw in ~ bringen** (*fam*) poner algo a punto; **etw in ~ halten** (*fam*) mantener algo en buen estado **2.** (*Spritzer*) chorrito *m* **3.** (SPORT: *Fußball*) tiro *m;* (*Ski*) schuss *m* **4.** (*beim Weben*) trama *f* **5.** (*sl: Drogeninjektion*) chute *m;* **sich** *dat* **einen ~ setzen** chutarse

Schüssel *f* <-n> **1.** (*Servier~*) fuente *f,* platón *m Am;* (*Salat~*) ensaladera *f;* (*Suppen~*) sopera *f;* (*Wasch~*) palangana *f* **2.** (*fam: WC-Becken*) inodoro *m,* taza *f fam* **3.** (*fam: Satelliten~*) antena *f* parabólica

schuss(e)lig[RR] *adj* (*fam abw*) distraído, despistado

Schusslinie[RR] *f* línea *f* de fuego; (*einer Kugel*) trayectoria *f* de la bala; **in die ~ geraten** (*fig*) estar en la línea de fuego; **Schusswaffe**[RR] *f* arma *f* de fuego; **Schusswechsel**[RR] *m* tiroteo *m;* **Schussweite**[RR] *f ohne Pl* alcance *m* de tiro; **außer ~** fuera de alcance; **in ~** a tiro; **Schusswunde**[RR] *f* herida *f* de bala

Schuster(in) *m(f)* <-s, -; -nen> zapatero, -a *m, f*

Schutt *m ohne Pl* <-(e)s> escombros *mpl;* **eine Stadt in ~ und Asche legen** reducir una ciudad a cenizas

Schüttelfrost *m ohne Pl* <-(e)s> escalofríos *mpl,* chucho *m Am*

schütteln **I.** *vt* (*Baum, Kissen*) sacudir; (*Gefäß*) agitar; (*Kopf*) mover; **verneinend den**

S

Kopf ~ negar con la cabeza; **von einem Fieberanfall geschüttelt werden** sufrir un ataque de fiebre; **„vor Gebrauch** ~**"** "agítese antes de usar" **II.** *vr:* **sich** ~ sacudirse; **sich vor Ekel** ~ estremecerse de asco; **er schüttelte sich vor Lachen** se desternilló de risa

schütten I. *vt* (*gießen*) verter (*in* en); (*ver~*) derramar **II.** *vunpers* (*fam*) llover a cántaros

schütter *adj* ralo, poco espeso

Schutthalde *f* escombrera *f*

Schutz *m ohne Pl* <-es> protección *f* (*vor/gegen* contra), amparo *m;* (*Verteidigung*) defensa *f* (*vor/gegen* contra); **im** ~**e der Dunkelheit** al amparo de la oscuridad; **sich in jds** ~ **begeben** acogerse al amparo de alguien; **unter jds** ~ **stehen** estar bajo la protección de alguien; **in einem Haus** ~ **suchen** refugiarse en una casa; **jdn in** ~ **nehmen** defender a alguien; **Schutzanzug** *m* <-(e)s, -züge> traje *m* protector; **schutzbedürftig** *adj* que necesita protección; **Schutzbehauptung** *f* declaración *f* encubridora; **Schutzblech** *nt* <-(e)s, -e> **1.** (*am Fahrrad*) guardabarros *m inv* **2.** (*an Maschinen*) chapa *f* de protección; **Schutzbrief** *m* **1.** (POL) salvoconducto *m* **2.** (*einer Versicherung*) seguro *m* de protección durante viajes; **Schutzbrille** *f* gafas *fpl* protectoras

Schütze, -in[1] *m, f* <-n, -n; -nen> **1.** (*mit einer Waffe*) tirador(a) *m(f)* **2.** (*Tor~*) goleador(a) *m(f)* **3.** (*Soldat*) soldado *m* raso

Schütze[2] *m* <-n, -n> (ASTR) Sagitario *m*

schützen I. *vt* proteger (*vor/gegen* de/contra); (*bewahren*) guardar (*vor* de); (*verteidigen*) defender (*vor/gegen* contra); **gesetzlich geschützt** protegido por la ley **II.** *vr:* **sich** ~ protegerse (*vor/gegen* de/contra); (*gegen Schaden*) asegurarse (*gegen* contra)

schützend *adj* protector

Schützenfest *nt* fiesta *f* acompañada de una competición de tiro

Schutzengel *m* ángel *m* de la guarda [*o* custodio]

Schützengraben *m* trinchera *f;* **Schützenpanzer** *m* carro *m* de combate; **Schützenverein** *m* sociedad *f* de tiro

Schutzgebiet *nt* reserva *f* natural; **Schutzgebühr** *f* tasa *f* de apoyo; **Schutzgeld** *nt* <-(e)s, -er> cuota *f* de protección; ~**er erpressen** extorsionar cuotas de protección; **Schutzhaft** *f* (JUR) prisión *f* preventiva; **jdn in** ~ **nehmen** tomar a alguien en arresto preventivo; **Schutzhelm** *m* casco *m* protector; **Schutzhülle** *f* funda *f* protectora; **Schutzimpfung** *f* vacuna(ción) *f* preventiva

Schützling *m* <-s, -e> protegido, -a *m, f*

schutzlos *adj* indefenso, sin amparo; **jdm/etw** *dat* ~ **ausgeliefert sein** estar indefenso ante alguien/algo

Schutzmarke *f* marca *f* registrada; **Schutzmaske** *f* máscara *f* protectora; **Schutzmaßnahme** *f* medida *f* de protección; **gegen etw** ~**n treffen** tomar medidas preventivas contra algo; **Schutzpatron(in)** *m(f)* (santo, -a *m, f*) patrono, -a *m, f;* **Schutzraum** *m* <-(e)s, -räume> refugio *m;* **Schutzschicht** *f* <-en> capa *f* protectora; **Schutzumschlag** *m* <-(e)s, -schläge> sobrecubierta *f;* **Schutzvorrichtung** *f* dispositivo *m* de protección

schwabb(e)lig *adj* (*fam*) fofo

Schwabe *m,* **Schwäbin** *f* <-n, -n; -nen> suabo, -a *m, f*

Schwaben *nt* <-s> (*Region*) Suabia *f*

Schwäbin *f* <-nen> *s.* **Schwabe**

schwäbisch *adj* suabo

schwach *adj* <schwächer, am schwächsten> débil; (*Getränk, Argument, Börse*) flojo; (*Nachfrage, Leistung, Beteiligung*) escaso; (*Gesundheit*) frágil; (*Hoffnung*) vago; (*Licht*) tenue; ~**er Punkt** punto débil; **ein** ~**er Redner** un orador mediocre; **sich** ~ **fühlen** sentirse débil; **er ist** ~ **in Physik** está flojo en física; **bei Torten wird sie immer** ~ las tartas son su debilidad

Schwäche *f* <-n> debilidad *f;* (*Gebrechlichkeit*) fragilidad *f;* **eine** ~ **für etw haben** tener debilidad por algo; **Schwächeanfall** *m* desvanecimiento *m*

schwächen *vt* debilitar, aguadar *Guat*

Schwachkopf *m* (*abw*) imbécil *mf*

schwächlich *adj* débil; (*kränklich*) enfermizo

Schwächling *m* <-s, -e> (*abw*) persona *f* débil, carnero *m CSur,* chota *mf PRico*

Schwachsinn *m ohne Pl* <-(e)s> **1.** (MED) demencia *f* **2.** (*fam abw: Blödsinn*) imbecilidad *f*

schwachsinnig *adj* **1.** (MED) deficiente mental **2.** (*fam abw: blödsinnig*) imbécil

Schwachstelle *f* punto *m* débil; **Schwachstrom** *m* (ELEK) corriente *f* de baja intensidad

Schwächung *f* <-en> debilitación *f*

Schwaden *m* <-s, -> **1.** (*in der Luft*) mofeta *f* **2.** (BERGB) vapores *mpl*

schwafeln *vi* (*fam abw*) hablar a tontas y a locas (*über* sobre)

Schwager *m,* **Schwägerin** *f* <-s, Schwäger; -nen> cuñado, -a *m, f*

Schwalbe *f* <-n> golondrina *f*

Schwall *m* <-(e)s, -e> (*Wasser~, Menschen~*) aluvión *m;* (*Geruchs~*) nube *f*

schwamm *3. imp von* **schwimmen**

Schwamm *m* <-(e)s, Schwämme>

1. (*Putz~, Tier*) esponja *f;* **Schwamm drüber!** (*fam*) ¡borrón y cuenta nueva! **2.** (*Österr, südd: Pilz*) hongo *m,* callampa *f Am* **3.** (*Haus~*) moho *m*

schwammig *adj* (*abw*) **1.** (*Gesicht, Körper*) fofo **2.** (*Begriff*) vago, poco claro

Schwan *m* <-(e)s, Schwäne> cisne *m*

schwand *3. imp von* **schwinden**

schwang *3. imp von* **schwingen**

schwanger *adj* embarazada; ~ **sein/werden** estar/quedar embarazada

Schwangere *f* <-n> (mujer *f*) embarazada *f,* gruesa *f CRi*

schwängern *vt* dejar embarazada; **mit Rauch geschwängerte Luft** aire cargado de humo

Schwangerschaft *f* <-en> embarazo *m;* **Schwangerschaftsabbruch** *m* <-(e)s, -brüche> interrupción *f* del embarazo; **Schwangerschaftstest** *m* prueba *f* de embarazo; **Schwangerschaftsverhütung** *f ohne Pl* contracepción *f*

Schwank *m* <-(e)s, Schwänke> **1.** (LIT) farsa *f* **2.** (*Anekdote*) anécdota *f* divertida

schwanken *vi* **1.** (*wanken*) temblar; (*hin und her*) balancear **2.** *sein* (*torkeln*) ir haciendo eses; (*heraus~*) salir tambaleando (*aus* de) **3.** (*Preise, Temperatur*) oscilar **4.** (*zögern*) vacilar, dudar

schwankend *adj* (*Bewegung, Charakter*) vacilante; (*Preise*) fluctuante, oscilante; (*zögernd*) vacilante, titubeante

Schwankung *f* <-en> oscilación *f,* vacilación *f*

Schwanz *m* <-es, Schwänze> **1.** (*eines Tieres*) rabo *m;* **den ~ einziehen** (*fam fig*) irse con el rabo entre las piernas; **es war kein ~ da!** (*fam*) no había ni un gato **2.** (*fam: Penis*) picha *f,* pico *m Am*

schwänzeln *vi* (*Hund*) mover la cola

schwänzen **I.** *vi* (*fam*) hacer novillos, jubilarse *ZAm* **II.** *vt* (*fam*) fumarse, pavear *And;* **Biologie ~** fumarse la clase de biología

schwappen *vi* **1.** *sein* (*irgendwohin ~*) derramarse (*auf* sobre); (*heraus~*) salirse (*aus* de) **2.** (*sich hin und her bewegen*): **das Badewasser schwappt in der Wanne** el agua hace olas en la bañera

Schwarm *m* <-(e)s, Schwärme> **1.** (*Bienen~, Menschen~*) enjambre *m;* (*Vogel~, Sardinen~*) bandada *f,* parvada *f Am* **2.** (*Mensch*) persona *f* adorada

schwärmen *vi* **1.** *sein* (*Insekten*) zumbar; (*Menschen*) ir en masa (*zu/in* a) **2.** (*begeistert sein*) entusiasmarse (*für* por), morirse (*für* por) *fam;* **ins S~ kommen** apasionarse; **über etw ins S~ geraten** deshacerse en elogios sobre algo

Schwärmer(in)[1] *m(f)* <-s, -; -nen> idealista *mf;* (*Träumer*) soñador(a) *m(f)*

Schwärmer[2] *m* <-s, -> (*Schmetterling*) esfinge *f*

Schwärmerei *f* <-en> entusiasmo *m* (*für* por)

schwärmerisch *adj* (*begeistert*) entusiasta; (*träumerisch*) soñador

Schwarte *f* <-n> **1.** (*Speck~*) corteza *f* de cerdo **2.** (*fam: Buch*) mamotreto *m*

schwarz *adj* <schwärzer, am schwärzesten> **1.** (*Farbe*) negro; **alles ~ sehen** (*fam*) verlo todo negro; **das kann ich dir ~ auf weiß geben** (*fam*) te lo puedo dar por escrito; **da kannst du warten, bis du ~ wirst** (*fam*) puedes esperar hasta que las ranas críen pelo; **er hat sich ~ geärgert** (*fam*) se ha puesto negro; **mit etw ins S~e treffen** (*fam*) dar (justo) en el clavo con algo; **auf der ~en Liste stehen** estar fichado **2.** (*fam: konservativ*) conservador **3.** (*fam: illegal*) clandestino **4.** (*unglücklich*) desdichado; **ein ~er Tag** un día desastroso **5.** (*makaber*) lúgubre, macabro

Schwarzafrika *nt* África *f* Negra; **Schwarzafrikaner(in)** *m(f)* negroafricano, -a *m, f*

Schwarzarbeit *f ohne Pl* trabajo *m* clandestino; **schwarz|arbeiten** *vi* trabajar clandestinamente; **Schwarzarbeiter(in)** *m(f)* trabajador(a) *m(f)* clandestino, -a

Schwarzbrot *nt* pan *m* negro

Schwarze(r) *mf* <-n, -n; -n> negro, -a *m, f*

Schwärze *f ohne Pl* **1.** (*Färbung*) negrura *f* **2.** (*Drucker~*) tinta *f* de imprenta

schwärzen *vt* ennegrecer; (*färben*) teñir de negro

schwarz|fahren *irr vi sein* (*ohne Fahrkarte*) viajar sin billete; (*ohne Führerschein*) conducir sin tener carnet de conducir; **Schwarzfahrer(in)** *m(f)* (*ohne Fahrkarte*) viajero, -a *m, f* sin billete

schwarzhaarig *adj* moreno

Schwarzhandel *m* mercado *m* negro, estraperlo *m;* **mit etw ~ treiben** negociar de estraperlo con algo; **schwarz|hören** *vi en Alemania, escuchar la radio sin haber declarado el aparato y pagado las cuotas correspondientes;* **Schwarzmarkt** *m* mercado *m* negro, bolsa *f* negra *Am;* **schwarz|sehen** *irr vi en Alemania, usar un televisor sin haber declarado el aparato y pagado las cuotas correspondientes*

Schwarzwald *m* <-(e)s> Selva *f* Negra

schwarz-weiß[RR] *adj,* **schwarzweiß** *adj* (en) blanco y negro

Schwarzweißfernseher *m* televisor *m* en blanco y negro

Schwarzwurzel *f* escorzonera *f*

Schwatz *m* <-es, -e> (*fam*) cháchara *f;* **einen kleinen ~ mit jdm halten** estar de cháchara con alguien

schwatzen *vi, vt,* **schwätzen** *vi, vt* (*reg*) charlar (*über* de)

Schwätzer(in) *m(f)* <-s, -; -nen> (*abw: gesprächig, klatschhaft*) charlatán, -ana *m, f;* (*Angeber*) bocazas *mf inv*

schwatzhaft *adj* (*abw*) parlanchín, cotorra

Schwatzhaftigkeit *f ohne Pl* (*Gesprächigkeit*) locuacidad *f*

Schwebe *f:* **in der** ~ pendiente; **Schwebebahn** *f* (*an einer Schiene*) ferrocarril *m* colgante; (*an Seilen*) teleférico *m;* **Schwebebalken** *m* (SPORT) barra *f* de equilibrios

schweben *vi* **1.** *sein* (*Vogel, Ballon*) flotar; (*Flugzeug*) planear **2.** (*an einem Seil*) colgar (*an* de), pender (*an* de) **3.** (*in Gang sein*) estar en trámite, estar pendiente

Schwede, -in *m, f* <-n, -n; -nen> sueco, -a *m, f*

Schweden *nt* <-s> Suecia *f*

schwedisch *adj* sueco

Schwefel *m ohne Pl* <-s> (CHEM) azufre *m;* **Schwefeldioxid** *nt* <-s, -e> (CHEM) dióxido *m* de azufre; **schwefelhaltig** *adj* sulfuroso

Schwefelsäure *f ohne Pl* ácido *m* sulfúrico

Schweif *m* <-(e)s, -e> (*geh*) cola *f,* golilla *f Cuba*

schweifen *vi sein* (*geh*) vagar (*durch* por); **seine Gedanken ~ lassen** dar rienda suelta a sus pensamientos; **den Blick ~ lassen** dejar vagar la mirada

Schweigegeld *nt ohne Pl* <-(e)s> soborno *m;* ~ **fordern** exigir dinero por su silencio [*o* puso precio a su silencio]; **Schweigemarsch** *m* <-(e)s, -märsche> marcha *f* silenciosa; **Schweigeminute** *f* minuto *m* de silencio

schweigen <schweigt, schwieg, geschwiegen> *vi* callar(se) (*zu/über* ante, *vor/aus* de/por), guardar silencio (*zu/über* sobre/ante); **ganz zu ~ von ...** sin mencionar...

Schweigen *nt ohne Pl* <-s> silencio *m;* **jdn zum ~ bringen** hacer callar a alguien; **das ~ brechen** romper el silencio; **sich in ~ hüllen** permanecer en silencio

Schweigepflicht *f ohne Pl* secreto *m* profesional; **der ~ unterliegen** estar obligado al secreto profesional

schweigsam *adj* callado, remachado *Kol*

Schweigsamkeit *f ohne Pl* taciturnidad *f*

Schwein *nt* <-(e)s, -e> **1.** (*Tier*) cerdo *m,* chancho *m Am,* tocino *m Arg* **2.** (*fam: Mensch*) cochino, -a *m, f,* marrano, -a *m, f And;* **ein armes ~** un pobre diablo; **kein ~** nadie **3.** (*fam: Glück*): ~ **haben** tener suerte; **Schweinebraten** *m* asado *m* de cerdo; **Schweinefleisch** *nt* carne *f* de cerdo; **Schweinehund** *m* <-(e)s, -e> (*vulg*) hijo *m* de puta, vergajo *m And;* **seinen inneren ~ überwinden** dominar los bajos instintos; **Schweinekotelett** *nt* chuleta *f* de cerdo; **Schweinepest** *f ohne Pl* peste *f* porcina

Schweinerei *f* <-en> (*fam*) **1.** (*Schmutz*) porquería *f* **2.** (*Ärgernis*) guarrada *f,* canana *f Am* **3.** (*Unanständiges*) guarrería *f*

Schweinestall *m* (*a. fig*) pocilga *f*

schweinisch *adj* (*fam*) guarro

Schweinshaxe *f* (*südd, Österr*) pierna *f* de cerdo

Schweiß *m ohne Pl* <-es> sudor *m;* **in ~ gebadet** empapado de sudor; **mir brach der ~ aus** empecé a sudar; **im ~e meines Angesichts** con el sudor de mi frente; **Schweißausbruch** *m* <-(e)s, -brüche> sudoración *f*

Schweißbrenner *m* soplete *m* para soldar

Schweißdrüse *f* glándula *f* sudorípara

schweißen *vt* soldar

Schweißfüße *mpl* pies *mpl* sudorosos; **schweißgebadet** *adj* bañado en sudor

Schweißnaht *f* (costura *f* de) soldadura *f*

schweißnass[RR] *adj* empapado en sudor; **schweißtreibend** *adj* sudorífico; **Schweißtropfen** *m* gota *f* de sudor

Schweiz *f* Suiza *f;* **in die ~ fahren** ir a Suiza; **die französische/italienische ~** la Suiza francesa/italiana

Schweizer(in) *m(f)* <-s, -; -nen> suizo, -a *m, f;* **Schweizerdeutsch** *nt* suizo-alemán *m*

schweizerisch *adj* suizo

schwelgen *vi* **1.** (*gut essen*) banquetear **2.** (*in Gedanken, Gefühlen*) deleitarse (*in* en/con); **im Überfluss ~** nadar en la abundancia

schwelgerisch *adj* **1.** (*fasziniert*) exaltado; (*ausschweifend*) lujurioso **2.** (*Mahl*) opíparo

Schwelle *f* <-n> **1.** (*Tür~*) umbral *m;* **keinen Fuß mehr über jds ~ setzen** (*geh*) no poner un pie en la casa de alguien; **an der ~ zum 21. Jahrhundert** en el umbral del siglo XXI **2.** (*Bahn~*) traviesa *f* **3.** (GEO) elevación *f*

schwellen[1] <schwillt, schwoll, geschwollen> *vi sein* hincharse

schwellen[2] *vt* **1.** (*geh: blähen*) hinchar, inflar **2.** (*Schweiz: weich kochen*) cocer

Schwellenangst *f ohne Pl* (PSYCH) miedo *m* ante situaciones nuevas; **Schwellenland** *nt* <-(e)s, -länder> país *m* emergente

Schwellkörper *m* (ANAT) cuerpo *m* cavernoso, tejido *m* eréctil

Schwellung *f* <-en> hinchazón *f*

Schwemme *f* <-n> (WIRTSCH) oferta *f* excesiva

schwemmen *vt* **1.** (*schwimmen lassen*) arrastrar **2.** (*Österr: spülen*) aclarar **3.** (*ein-*

weichen, wässern) remojar **4.** (*Österr: flößen*) acarrear, aguar

Schwengel *m* <-s, -> **1.** (*Glocken~*) badajo *m* **2.** (*Pumpen~*) palanca *f*

Schwenk *m* <-(e)s, -s *o* -e> **1.** (FILM, TV) toma *f* panorámica **2.** (*Drehung*) giro *m*

schwenkbar *adj* giratorio, orientable

schwenken **I.** *vi sein* girar **II.** *vt* **1.** (*drehen*) virar, girar **2.** (*ausspülen*) aclarar **3.** (*hin und her bewegen*) agitar; (*Arme*) mover; (*Fahne*) (hacer) ondear **4.** (GASTR) saltear

schwer **I.** *adj* **1.** (*Gewicht*) pesado; **ein drei Kilo ~es Paket** un paquete de tres kilos de peso; **wie ~ ist das?** ¿cuánto pesa? **2.** (*ernst, schlimm*) grave; (*Enttäuschung*) grande; (*Strafe*) severo; (*Gewitter*) fuerte; **ein ~er Irrtum** un error grave **3.** (*Tag, Arbeit*) pesado, duro; **ein ~es Leben haben** tener una vida dura **4.** (*schwierig*) difícil; **das ist ~ zu sagen** es difícil decirlo; **sie hat es ~ mit ihm** pasa lo suyo con él **5.** (*Duft*) pesado; (*Essen*) fuerte, pesado **II.** *adv* (*sehr: + Adjektiv*) muy; (*+ Verb*) mucho; **ich bin ~ enttäuscht** estoy muy decepcionado; **~ erkrankt/verletzt sein** estar gravemente enfermo/herido; **~ atmen** respirar con dificultad; **~ bewaffnet** fuertemente armado; **~ bestrafen** castigar severamente; **sich ~ täuschen** equivocarse totalmente; **sie ist ~ gestürzt** ha sufrido una grave caída

Schwerarbeit *f ohne Pl* trabajo *m* pesado; **Schwerbehinderte(r)** *mf* minusválido, -a *m, f* grave; **Schwerbeschädigte(r)** *mf* <-n, -n; -n> mutilado, -a *m, f*

Schwere *f ohne Pl* (*geh*) **1.** (*Gewicht*) peso *m* **2.** (*Schwierigkeit*) dificultad *f* **3.** (*Ernsthaftigkeit*) gravedad *f* **4.** (*Ausmaß*) dimensión *f*; (*einer Strafe*) severidad *f*

schwerelos *adj* ingrávido

Schwerelosigkeit *f ohne Pl* ingravidez *f*

Schwerenöter *m* <-s, -> (*fam*) castigador *m*

schwererziehbar *adj s.* **erziehbar**; **schwer|fallen** *irr vi sein s.* **fallen 9.**

schwerfällig *adj* lento; (*Bewegung*) torpe, petacón *Kol*; (*Stil*) pesado

Schwerfälligkeit *f ohne Pl* lentitud *f*; (*Bewegung*) torpeza *f*

Schwergewicht[1] *nt* <-(e)s, -e> (SPORT: *Sportler*) peso *m* pesado

Schwergewicht[2] *nt ohne Pl* <-(e)s> **1.** (*Nachdruck*): **das ~ auf etw legen** centrar su atención en algo; **das ~ liegt auf …** … es lo que tiene mayor importancia **2.** (SPORT: *Gewichtsklasse*) peso *m* pesado

schwerhörig *adj* (algo) sordo, duro de oído

Schwerhörigkeit *f ohne Pl* sordera *f*

Schwerindustrie *f ohne Pl* industria *f* pesada

Schwerkraft *f ohne Pl* (PHYS, ASTR) fuerza *f* de gravedad, gravitación *f*

schwerkrank *adj s.* **krank**

schwerlich *adv* difícilmente, adifés *Guat*

schwer|machen *vt s.* **machen I.4.**

Schwermetall *nt* metal *m* pesado

Schwermut *f ohne Pl* melancolía *f*, flato *m Am*

schwermütig *adj* melancólico

schwer|nehmen *irr vt s.* **nehmen 7.**

Schwerpunkt *m* **1.** (PHYS) centro *m* de gravedad **2.** (*fig*) centro *m*; **den ~ auf etw setzen** conceder prioridad a algo

schwerreich *adj* (*fam*) muy rico

Schwert *nt* <-(e)s, -er> **1.** (*Waffe*) espada *f* **2.** (NAUT) orza *f*; **Schwertfisch** *m* pez *m* espada; (GASTR) emperador *m*; **Schwertlilie** *f* lirio *m*

schwer|tun *irr vr:* **sich ~** *s.* **tun III.**

Schwerverbrecher(in) *m(f)* criminal *mf* peligroso, -a

schwerverdaulich *adj s.* **verdaulich**; **schwerverletzt** *adj s.* **verletzen I.1.**; **Schwerverletzte(r)** *mf* herido, -a *m, f* grave; **schwerverständlich** *adj s.* **verständlich**

schwerwiegend *adj* grave

Schwester *f* <-n> **1.** (*Verwandte*) hermana *f* **2.** (*Kranken~*) enfermera *f* **3.** (*Nonne*) hermana *f*; (*in der Anrede*) sor *f*; **Schwestergesellschaft** *f* <-en> (WIRTSCH) compañía *f* asociada

schwesterlich *adj* fraternal, como hermanas

Schwesternhelferin *f* <-nen> enfermera *f* auxiliar

schwieg *3. imp von* **schweigen**

Schwiegereltern *pl* suegros *mpl*; **Schwiegermutter** *f* <-mütter> suegra *f*; **Schwiegersohn** *m* yerno *m*; **Schwiegertochter** *f* nuera *f*; **Schwiegervater** *m* suegro *m*

Schwiele *f* <-n> callo *m*

schwielig *adj* calloso

schwierig *adj* difícil; (*kompliziert*) complicado; (*heikel*) delicado

Schwierigkeit *f* <-en> dificultad *f*; **in ~en geraten** verse en dificultades; **jdn in ~en bringen** meter a alguien en líos; **Schwierigkeitsgrad** *m* grado *m* de dificultad

schwillt *3. präs von* **schwellen**

Schwimmbad *nt* piscina *f*, pileta *f RíoPl*; **Schwimmbecken** *nt* piscina *f*, pileta *f Am*

schwimmen <schwimmt, schwamm, geschwommen> **I.** *vi haben o sein* **1.** (*Person, Fisch*) nadar; **wir gehen ~** vamos a bañarnos; **er kann nicht ~** no sabe nadar; **auf dem Rücken ~** nadar de espaldas; **über den See ~** cruzar el lago a nado; **ins S~ geraten** encasquillarse **2.** (*Ding*) flotar (*auf* en) **II.** *vt sein:* **einen Rekord ~** establecer un récord en natación

Schwimmer(in)[1] *m(f)* <-s, -; -nen> nadador(a) *m(f)*
Schwimmer[2] *m* <-s, -> **1.** (TECH) flotador *m* **2.** (*an einer Angel*) veleta *f*
Schwimmflosse *f* aleta *f;* **Schwimmflügel** *m* flotador *m* para el brazo; **Schwimmlehrer(in)** *m(f)* profesor(a) *m(f)* de natación; **Schwimmsport** *m* natación *f;* **Schwimmweste** *f* chaleco *m* salvavidas
Schwindel *m ohne Pl* <-s> **1.** (*~gefühl*) mareo *m;* (*vor einem Abgrund*) vértigo *m;* **~ erregend** vertiginoso **2.** (*fam abw: Betrug*) timo *m;* (*Lüge*) embuste *m,* milonga *f And, CSur*
Schwindelei *f* <-en> (*abw*) **1.** (*Betrug*) estafa *f* **2.** (*Lüge*) mentirijilla *f*
schwindelerregend *adj s.* **Schwindel 1.**; **schwindelfrei** *adj:* **~ sein** no tener vértigo
schwindelig *adj* mareado; **mir ist ~** estoy mareado
schwindeln I. *vi* (*fam: lügen*) mentir, macanear *CSur* **II.** *vunpers* (*sich schwindlig fühlen*): **mir schwindelt** me mareo
schwinden <schwindet, schwand, geschwunden> *vi sein* (*geh*) **1.** (*abnehmen*) disminuir; **im S~ begriffen sein** estar en vías de acabarse **2.** (*ver~*) desaparecer
Schwindler(in) *m(f)* <-s, -; -nen> (*abw: Lügner*) embustero, -a *m, f,* mulero, -a *m, f RíoPl;* (*Betrüger*) estafador(a) *m(f)*
schwindlig *adj s.* **schwindelig**
Schwindsucht *f* tisis *f inv;* **schwindsüchtig** *adj* tísico
Schwinge *f* <-n> **1.** (*geh: Flügel*) ala *f* **2.** (TECH) biela *f* oscilante
schwingen <schwingt, schwang, geschwungen> **I.** *vi* **1.** *haben o sein* (*Schaukel, Person*) bambolearse; (*Pendel*) oscilar **2.** (*vibrieren*) vibrar; **in seinen Worten schwang Ärger** el tono de su voz indicaba su enfado; **schön geschwungene Augenbrauen** cejas hermosamente arqueadas **II.** *vt* mover; (*Fahne*) (hacer) ondear; (*Axt, Peitsche, Stock*) agitar; **große Reden ~** pronunciar discursos **III.** *vr:* **sich auf etw ~** montar(se) en algo; **sich über etw ~** saltar algo; **sich in die Lüfte ~** remontar el vuelo
Schwingung *f* <-en> (*a.* PHYS) oscilación *f;* (*Vibration*) vibración *f;* **etw in ~ versetzen** hacer que algo vibre
Schwips *m* <-es, -e> (*fam*) chispa *f;* **sich** *dat* **einen ~ antrinken** coger una mona
schwirren *vi sein* (*Mücken, Gedanken*) zumbar; (*Pfeil, Kugel*) silbar; (*Gerüchte*) correr
Schwitzbad *nt* baño *m* turco
schwitzen *vi, vt* sudar; **ins S~ kommen** empezar a sudar
schwofen *vi* (*fam*) (salir a) bailar
schwoll *3. imp von* **schwellen**
schwor *3. imp von* **schwören**
schwören <schwört, schwor, geschworen> *vi, vt* jurar (*auf/bei* por); **ich hätte ~ können, dass...** (*fam*) juraría que...; **auf etw/jdn ~** (*vertrauen*) confiar ciegamente en algo/alguien
schwul *adj* (*fam*) marica, maricón *abw*
schwül *adj* sofocante, bochornoso; **es ist ~** hace un calor sofocante
Schwule(r) *m* <-n, -n> (*fam*) marica *m,* gay *m,* naco *m ZAm*
Schwüle *f ohne Pl* bochorno *m,* calor *m* sofocante
schwulstig *adj* (*Österr: abw*), **schwülstig** *adj* (*abw*) pomposo
Schwund *m ohne Pl* <-(e)s> **1.** (*Abnahme*) merma *f;* (MED) atrofia *f* **2.** (*Verlust*) pérdida *f*
Schwung[1] *m* <-(e)s, Schwünge> (*Drehung*) curva *f,* giro *m*
Schwung[2] *m ohne Pl* <-(e)s> **1.** (*Antrieb*) impulso *m,* empuje *m;* **~ holen** coger impulso; **in ~ kommen** (*fam: Person*) animarse; **richtig in ~ sein** (*fam: Person*) estar bien **2.** (*Elan*) ímpetu *m,* entusiasmo *m* **3.** (*fam: Menge*) montón *m*
Schwungfeder *f* (ZOOL) remera *f*
schwunghaft *adj* próspero
schwungvoll *adj* dinámico
Schwur *m* <-(e)s, Schwüre> juramento *m;* **einen ~ leisten** hacer juramento
Schwurgericht *nt* jurado *m*
Sciencefiction[RR] *f ohne Pl* ciencia ficción *f*
sec *Abk. von* **Sekunde** s.
sechs *adj inv* seis; *s. a.* **acht**[1]
Sechs *f* <-en> seis *m;* (*Schulnote*) insuficiente *m*
Sechseck *nt* hexágono *m*
sechserlei *adj inv* de seis clases diferentes, seis clases (diferentes) de; *s. a.* **achterlei**
sechsfach I. *adj* séxtuplo, seis veces **II.** *adv* seis veces; *s. a.* **achtfach**
sechshundert *adj inv* seiscientos; *s. a.* **achthundert**
sechsmal *adv* seis veces; *s. a.* **achtmal**
Sechstagerennen *nt* (SPORT) carrera *f* (ciclista) de los seis días
sechstausend *adj inv* seis mil; *s. a.* **achttausend**
sechste(r, s) *adj* sexto; *s. a.* **achte(r, s)**
sechstel *adj inv* sexto; *s. a.* **achtel**
sechstens *adv* en sexto lugar; (*bei einer Aufzählung*) sexto; *s. a.* **achtens**
sechzehn *adj inv* dieciséis; *s. a.* **acht**[1]
sechzehnte(r, s) *adj* decimosexto; *s. a.* **achte(r, s)**
sechzig *adj inv* sesenta; *s. a.* **achtzig**
Sechzigerjahre *ntpl* (años *mpl*) sesenta *mpl*

sechzigste(r, s) *adj* sexagésimo; *s. a.* **achtzigste(r, s)**

Secondhandladen *m* <-s, -läden> tienda *f* de segunda mano

SED *f* (HIST, POL) *Abk. von* **Sozialistische Einheitspartei Deutschlands** Partido *m* Socialista Unificado Alemán (*partido del gobierno en la ex-RDA*)

See[1] *m* <-s, -n> (*Binnengewässer*) lago *m;* **der Genfer ~** el Lago Leman

See[2] *f ohne Pl* (*Meer*) mar *m o f;* **die offene ~** el mar abierto; **auf ~** en el mar; **auf hoher ~** en alta mar; **an die ~ fahren** ir a la costa; **zur ~ fahren** ser marino; **in ~ stechen** hacerse a la mar

Seeadler *m* águila *f* marina; **Seebad** *nt* balneario *m* a orillas del mar; **Seebär** *m* <-en, -en> **1.** (*Tier*) oso *m* marino **2.** (*fam: Seemann*) (viejo) lobo *m* de mar; **Seefahrer** *m* <-s, -> navegante *m*

Seefahrt[1] *f ohne Pl* (*Schifffahrt*) navegación *f*

Seefahrt[2] *f* <-en> (*Schiffsreise*) viaje *m* en barco (por el mar); (*Kreuzfahrt*) crucero *m*

Seefisch *m* pez *m* marino; (*als Gericht*) pescado *m* de mar; **Seegang** *m ohne Pl* <-(e)s> marejada *f;* **starker ~** fuerte marejada; **Seegras** *nt* <-es, -gräser> zostera *f;* **Seehafen** *m* puerto *m* marítimo; **Seehecht** *m* merluza *f;* **Seehund** *m* <-(e)s, -e> foca *f;* **Seeigel** *m* erizo *m* de mar; **Seekarte** *f* mapa *m* marítimo; **Seeklima** *nt* clima *m* marítimo; **seekrank** *adj* mareado; **Seekrankheit** *f ohne Pl* mareo *m* de mar; **Seelachs** *m* abadejo *m*

Seele *f* <-n> alma *f;* **ein Herz und eine ~ sein** (*fig*) ser uña y carne; **es liegt mir auf der ~** es muy importante para mí; **sich** *dat* **etw von der ~ reden** desahogarse de algo contándolo; **jdm aus der ~ sprechen** (*fam*) decir exactamente lo que otro piensa; **mit ganzer ~** con toda el alma; **eine ~ von Mensch** un alma de Dios; **Seelenfriede(n)** *m ohne Pl* <-(n)s> paz *f* interior; **Seelenheil** *nt* (REL) salvación *f* (eterna); **Seelenleben** *nt ohne Pl* <-s> (*geh*) vida *f* interior; **Seelenruhe** *f* tranquilidad *f* interior; **in aller ~** con toda tranquilidad; **seelenruhig** *adv* con mucha calma; **Seelenwanderung** *f* (REL) reencarnación *f*

Seeleute *pl* marineros *mpl*

seelisch *adj* mental; **~ bedingt** psicogénico

Seelöwe *m* <-n, -n> león *m* marino

Seelsorge *f ohne Pl* (REL) cuidado *m* de almas

Seelsorger *m* <-s, -> (REL) padre *m* espiritual

Seeluft *f ohne Pl* aire *m* de mar; **Seemacht** *f* <-mächte> potencia *f* naval; **Seemann** *m* <-(e)s, -leute> marinero *m;* **Seemeile** *f* milla *f* marítima; **Seenot** *f ohne Pl* peligro *m* marítimo; **in ~ geraten** estar en peligro de zozobrar; **Seepferdchen** *nt* <-s, -> (ZOOL) caballito *m* de mar; **Seeräuber(in)** *m(f)* pirata *mf;* **Seereise** *f* viaje *m* marítimo; (*Kreuzfahrt*) crucero *m;* **Seerose** *f* (BOT) nenúfar *m;* **Seeschifffahrt**[RR] *f* navegación *f* marítima; **Seeschlacht** *f* batalla *f* naval; **Seeschlange** *f* (ZOOL) serpiente *f* de mar; **Seestern** *m* (ZOOL) estrella *f* marina; **Seetang** *m* algas *fpl* marinas; **Seeteufel** *m* (ZOOL) rape *m;* **seetüchtig** *adj* en buen estado para la navegación; **Seeufer** *nt* orilla *f* del lago; **Seevogel** *m* (ZOOL) ave *f* marina; **Seeweg** *m* vía *f* marítima; **auf dem ~ reisen** viajar por mar; **Seezunge** *f* (ZOOL) lenguado *m*

Segel *nt* <-s, -> vela *f;* **die ~ setzen** poner velas; **die ~ einholen** recoger las velas; **Segelboot** *nt* velero *m;* (*Einmaster*) balandro *m;* **Segelflieger(in)** *m(f)* <-s, -; -nen> piloto *mf* de planeador; **Segelflug** *m* planeo *m;* **Segelflugzeug** *nt* planeador *m;* **Segeljacht** *f* yate *m* de vela; **Segelklub** *m* club *m* náutico

segeln *vi sein* navegar a vela; (*als Sport*) practicar el deporte de la vela; (*Vogel, Segelflugzeug*) planear; **~ gehen** salir a navegar

Segelohren *ntpl* (*fam*) orejas *fpl* de soplillo

Segelschiff *nt s.* **Segelboot**; **Segeltuch** *nt* <-(e)s, -e> lona *f*

Segen *m ohne Pl* <-s> **1.** (*Einwilligung, a.* REL) bendición *f;* **seinen ~ zu etw geben** (*fam*) dar su bendición a algo **2.** (*göttlicher ~*) gracia *f* de Dios **3.** (*Glück*) suerte *f;* (*Wohltat*) bendición *f;* **es ist ein ~, dass ...** es una bendición que... *+subj;* **segensreich** *adj* beneficioso

Segler(in) *m(f)* <-s, -; -nen> balandrista *mf*

Segment *nt* <-(e)s, -e> (*a.* LING, MATH) segmento *m*

segnen *vt* bendecir

sehbehindert *adj* que ve mal; **leicht/stark ~ sein** tener una deficiencia óptica leve/grave; **Sehbehinderte(r)** *mf* persona *f* con deficencia visual

sehen <sieht, sah, gesehen> **I.** *vt* ver; (*betrachten*) mirar; (*hervor~*) asomar; (*bemerken*) notar; **wir ~ uns morgen** nos vemos mañana; **jdn wieder ~** volver a ver a alguien; **ich sehe das anders** yo lo veo de otro modo; **sich bei jdm ~ lassen** (*fam*) visitar a alguien; **nicht gern ge~ sein** no estar bien visto; **lass dich ja nicht mehr hier ~** (*fam*) no vengas nunca más por aquí; **kann ich mich so ~ lassen?** ¿puedo salir así a la calle?; **so ge~ hast du natürlich Recht** visto de ese modo por supuesto que tienes razón; **die Gefahr kommen ~** ver venir el peligro; **sich gezwungen ~ zu**

S

... verse obligado a...; **ich sehe es nicht gern, wenn ...** no me gusta que... *+subj;* **ich kann so etwas nicht ~** (*ertragen*) no lo soporto; **etw nicht mehr ~ können** (*fam: satt haben*) estar harto de algo; **hat man so was schon ge~!** (*fam*) ¡habráse visto (semejante cosa)! **II.** *vi* ver; (*blicken*) mirar (*auf*); **gut/schlecht ~** ver bien/mal; **du musst ~, dass du fertig wirst** (*fam*) tienes que ver de acabarlo; **sie sieht sehr auf Äußerlichkeiten** da mucha importancia al aspecto; **nach jdm ~** cuidar a alguien; **nach dem Rechten ~** ver si todo está en orden; **wir kennen uns vom S~** nos conocemos de vista; **sieh mal!** ¡mira!; **mal ~, ob das stimmt** (*fam*) ya veremos si es verdad; **du wirst schon ~** (*fam*) ya verás; **siehe oben** véase arriba; **lass mal ~, was du da hast** a ver qué tienes ahí; **siehste!** (*fam*) ¡ves!

sehenswert *adj* digno de verse

Sehenswürdigkeit *f* <-en> monumento *m*

Seher(in) *m(f)* <-s, -; -nen> vidente *mf*

seherisch *adj* visionario

Sehfehler *m* defecto *m* visual; **Sehkraft** *f ohne Pl* vista *f*

Sehne *f* <-n> **1.** (MED) tendón *m* **2.** (MATH) cuerda *f*

sehnen *vr:* **sich nach etw** *dat*/**jdm ~** añorar algo/a alguien; **er sehnte sich danach, wieder zu Hause zu sein** ansiaba volver a casa

Sehnerv *m* nervio *m* óptico

sehnig *adj* **1.** (*Körper*) musculoso, nervudo **2.** (*Fleisch*) tendinoso

sehnlich *adj* ardiente, vehemente

Sehnsucht *f* <-süchte> ansiedad *f* (*nach* de); (*nach Vergangenem*) nostalgia *f* (*nach* de); **~ nach jdm/etw** *dat* **haben** tener añoranza de alguien/algo; **sich vor ~ verzehren** consumirse de nostalgia

sehnsüchtig *adj*, **sehnsuchtsvoll** *adj* (*geh*) ansioso; (*Wunsch*) ardiente; (*ungeduldig*) impaciente

sehr <mehr, am meisten> *adv* (*mit Adjektiv*) muy; (*mit Verb*) mucho; **~ freundlich!** ¡muy amable!; **~ viel** muchísimo; **~ sogar!** ¡mucho incluso!; **nicht ~** no mucho; **~ erfreut!** ¡encantado!; **so ~ sie sich auch bemühte ...** por mucho que se esforzó...; **zu ~** demasiado; **~ oft** muy a menudo; **so ~** tanto

Sehschärfe *f* agudeza *f* visual; **Sehstörung** *f* trastorno *m* visual; **Sehtest** *m* test *m* visual; **Sehvermögen** *nt ohne Pl* <-s> vista *f;* **Sehweise** *f* modo *m* de ver

seicht *adj* **1.** (*Gewässer*) poco profundo, vadeable **2.** (*abw: banal*) trivial

seid *2. präs Pl von* **sein**

Seide *f* <-n> seda *f*

seiden *adj* **1.** (*aus Seide*) de seda **2.** (*wie Seide*) sedoso

Seidenpapier *nt* papel *m* de seda; **Seidenraupe** *f* gusano *m* de seda; **Seidenstrumpf** *m* media *f* de seda

seidig *adj* sedoso

Seife *f* <-n> jabón *m;* **ein Stück ~** una pastilla de jabón; **Seifenblase** *f* pompa *f* de jabón; **zerplatzen wie eine ~** desvanecerse; **Seifenoper** *f* serial *m;* **Seifenschale** *f* jabonera *f;* **Seifenspender** *m* <-s, -> distribuidor *m* de jabón

seifig *adj* jabonoso

Seil *nt* <-(e)s, -e> cuerda *f;* (*für Seiltanz*) cuerda *f* floja; **auf dem ~ tanzen** hacer equilibrios en la cuerda floja; **Seilbahn** *f* funicular *m*, teleférico *m*

Seilschaft *f* <-en> **1.** (*Bergsteiger*) cordada *f* **2.** (*in der Politik*) enchufistas *mfpl*

seil|springen *irr vi sein* saltar a la comba; **Seiltänzer(in)** *m(f)* <-s, -; -nen> funámbulo, -a *m, f*

sein <ist, war, gewesen> *vi sein* **1.** (*Identität, Eigenschaften, Herkunft, Beruf*) ser; (*Alter*) tener; **mir ist kalt** tengo frío; **bist du's?** ¿eres tú?; **wir sind Freunde** somos amigos; **sie ist Türkin** es turca; **ich bin aus Dortmund** soy de Dortmund; **ich bin 25** tengo 25 años; **zwei und zwei ist vier** dos y dos son cuatro; **sie ist Polizistin** es policía; **seien Sie (mir) nicht böse, aber ...** no se enfade (conmigo) pero...; **seien Sie so freundlich, und ...** sea tan amable y...; **das wäre ja noch schöner!** ¡no faltaría más (que eso)!; **es wäre besser gewesen, ...** habría sido mejor...; **wie wäre es mit einem Bier?** ¿qué tal una cerveza?; **nun sei doch nicht so!** ¡no te pongas así!; **ist es nicht so?** ¿no es así?; **es ist nichts** no es nada; **das war's** se acabó; **mir ist heute nicht nach Kuchen** (*fam*) hoy no me apetece comer tarta; **mir ist schlecht** no me encuentro bien; **mir ist schwindlig** me mareo; **mir ist, als hätte ich Stimmen gehört** tengo la impresión de haber oído voces; **lass es ~!** ¡déjalo!; **es wäre schön, wenn ...** sería bonito si... *+subj;* **es sei denn, dass ...** a no ser que... *+subj;* **wie dem auch sei** sea como sea **2.** (*Zustand*) estar; **sie ist verheiratet** está casada, es casada *Am* **3.** (*vorhanden ~*) haber; **was nicht ist, kann noch werden** mientras hay vida, hay esperanza; **ist da jemand?** ¿hay alguien allí?; **es waren viele Leute da** había mucha gente; **es war einmal...** érase una vez **4.** (*sich befinden*) estar; **sie sind in Chile** están en Chile; **wo warst du so lange?** ¿dónde estuviste durante tanto tiempo? **5.** (*mit Zeitangabe*) ser; (*stattfinden*) tener lugar, ser; (*Wetter*) hacer; **es ist**

14.30 Uhr son las dos y media; **heute ist Montag** hoy es lunes; **es ist Juni** es junio; **es ist sonnig/heiß/schlechtes Wetter** hace sol/calor/mal tiempo; **das ist über 10 Jahre her** esto fue hace más de 10 años; **morgen sind es 10 Jahre, dass wir uns kennen** mañana hace 10 años que nos conocemos **6.** (*geschehen*) ocurrir, suceder; **muss das ~?** ¿tiene que ser?; **kann ~!** ¡puede ser!; **was ist?** ¿qué pasa?; **ist was?** ¿sucede algo?; **sei's drum!** ¡que así sea! **7.** (*Hilfsverb*) haber; **sie sind schwimmen** (**gegangen**) han ido a nadar; **ich bin krank gewesen** he estado enfermo; **er ist bewusstlos geworden** ha perdido el conocimiento; **sie ist verurteilt worden** ha sido juzgada; **wenn er nicht gewesen wäre** si no hubiera sido por él

Sein *nt ohne Pl* <-s> (PHILOS) ser *m;* (*Da~*) existencia *f*

sein, **seine**, **sein** *pron poss* (*adjektivisch*) su, sus *pl;* **~ Sohn/Auto** su hijo/coche; **~e Freundin/Kinder** su novia/sus hijos

seine(**r**, **s**) *pron poss* (el) suyo *m,* (la) suya *f,* (los) suyos *mpl,* (las) suyas *fpl;* **der schwarze Mantel ist ~r** el abrigo negro es (el) suyo; *s. a.* **sein, seine, sein**

seiner *pron pers gen von* **er, es** de él

seinerseits *adv* por su parte

seinerzeit *adv* entonces, en aquel tiempo

seinesgleichen *pron indef inv* sus semejantes, de su condición; **er behandelte ihn wie ~** lo trataba como si fuera de su condición

seinetwegen *adv* por él; (*negativ*) por su culpa

seinetwillen *adv:* **um ~** por él

seinige *pron poss geh für* **seine**(**r, s**): **der/die/das ~/S~** el suyo/la suya; **die ~n/S~n** los suyos/las suyas

sein|lassen *irr vt s.* **lassen² 3.**

seins *pron poss s.* **seine**(**r, s**)

Seismograf^RR^ *m* <-en, -en>, **Seismograph** *m* <-en, -en> sismógrafo *m*

seit I. *präp +dat* (*Zeitpunkt*) desde; (*Zeitraum*) desde hace; **~ wann ...?** ¿desde cuándo...?; **~ kurzem/langem** desde hace poco/mucho **II.** *konj* desde que

seitdem I. *adv* desde entonces **II.** *konj* desde que

Seite *f* <-n> **1.** (*allgemein*) lado *m;* (*Stoff~, Schallplatten~*) cara *f;* **~ an ~** codo con codo; **auf beiden ~n** a ambos lados; **nach allen ~n offen sein** (**für Vorschläge**) estar abierto a todo tipo de propuestas; **von allen ~n** de todas partes; **zur ~ gehen** apartarse; **jdn von der ~ ansehen** mirar a alguien de reojo; **er weicht nicht von ihrer ~** (*fam*) no se aparta de su lado; **etw zur ~ legen** (*weglegen*) apartar algo; **etw auf die ~ legen** (*fam: sparen*) ahorrar algo; **jdn auf seiner ~ haben** tener a alguien de su parte; **jdm zur ~ stehen** apoyar a alguien; **jdn zur ~ nehmen um ihm etw zu sagen** apartar a alguien para decirle algo **2.** (*Hinsicht, Aspekt*) parte *f,* lado *m;* (*Charakterzug*) lado *m;* **alles hat zwei ~n** todas las cosas tienen su contra; **das Recht ist auf ihrer ~** la razón está de su parte; **auf der einen ~ ..., auf der anderen ...** por una parte..., por otra...; **von dieser ~ kenne ich ihn gar nicht** no lo conozco así; **sich von seiner besten ~ zeigen** mostrar su mejor cara; **das ist ihre schwache ~** (*fam*) esto es su punto débil; **das ist ihre starke ~** (*fam*) esto es su fuerte **3.** (*Buch~*) página *f;* **siehe ~ 15** véase página 15; **die gelben ~n** las páginas amarillas **4.** (*Verhandlungspartner*) parte *f* **5.** (*Interessensgruppe*): **von kirchlicher ~** de parte de la Iglesia; **wie von offizieller ~ verlautete, ...** como indicaron fuentes oficiales...

seiten *s.* **aufseiten**, **vonseiten**

Seitenangabe *f* <-n> indicación *f* de la página; **Seitenansicht** *f* vista *f* lateral; **Seitenaufprallschutz** *m* <-es, -e> (AUTO) barra *f* de protección lateral; **Seitenausgang** *m* <-(e)s, -gänge> puerta *f* lateral; **Seitenblick** *m* <-(e)s, -e> mirada *f* de reojo; **jdm einen ~ zuwerfen** mirar a alguien de reojo; **Seiteneingang** *m* <-(e)s, -gänge> entrada *f* lateral; **Seitenflügel** *m* ala *f* lateral; **Seitengang** *m* <-(e)s, -gänge> pasaje *m* lateral; (*im Zug*) pasillo *m* (lateral); **Seitenhieb** *m* (*fam: Kritik*) indirecta *f;* **Seitenlage** *f* posición *f* de lado; **stabile ~** posición lateral de seguridad; **seitenlang I.** *adj* de varias páginas **II.** *adv* en páginas enteras; **Seitenlinie** *f* **1.** (SPORT) línea *f* de banda **2.** (*Genealogie*) línea *f* lateral

seitens *präp +gen* de parte de, por parte de

Seitenschiff *nt* (ARCHIT) nave *f* lateral; **Seitensprung** *m* (*fig*): **einen ~ machen** ser infiel; (*Verheiratete*) cometer adulterio; **Seitenstechen** *nt ohne Pl* <-s> punzadas *fpl* en el costado; **Seitenstraße** *f* calle *f* lateral; **Seitenstreifen** *m* arcén *m,* berma *f Am;* **seitenverkehrt** *adj* invertido lateralmente; **Seitenwind** *m* viento *m* lateral; **Seitenzahl** *f* **1.** (*Gesamtzahl*) número *m* de páginas **2.** (*auf einer Seite*) número *m* de página

seither *adv* desde entonces

seitlich I. *adj* lateral, al lado; **~ von ...** al lado de... **II.** *adv* de lado; **~ abfallen** descender lateralmente **III.** *präp +gen* al lado de, a un lado de

seitwärts *adv* hacia un lado

sek., **Sek.** *Abk. von* **Sekunde** s

Sekret *nt* <-(e)s, -e> (MED, BIOL) secreción *f*

Sekretär(in)[1] *m(f)* <-s, -e; -nen> (*Angestellter*) secretario, -a *m, f*

Sekretär[2] *m* <-s, -e> (*Möbelstück*) escritorio *m*, secreter *m*

Sekretariat *nt* <-(e)s, -e> secretaría *f*, secretariado *m*

Sekt *m* <-(e)s, -e> cava *m*

Sekte *f* <-n> secta *f*

Sektor *m* <-s, -en> (*a.* MATH) sector *m*

sekundär *adj* secundario; **Sekundärliteratur** *f ohne Pl* literatura *f* secundaria

Sekundarschule *f* <-n> (*Schweiz*) *escuela del segundo ciclo en el sistema de enseñanza suizo*

Sekunde *f* <-n> segundo *m;* **auf die ~ genau** al segundo; **eine ~ bitte!** (*fam*) ¡un segundo, por favor!; **Sekundenkleber** *m* pegamento *m* rápido; **Sekundenzeiger** *m* segundero *m*

selbe(r, s) *adj* mismo; **im ~n Haus** en la misma casa

selber *pron dem inv* (*fam*) *s.* **selbst**

selbst **I.** *pron dem inv* mismo; **ich/sie/wir ~** yo mismo/ella misma/nosotros mismos; **Fritz hat es ~ gesagt** Fritz mismo lo ha dicho; **das versteht sich von ~** esto se entiende por sí solo; **sie denkt nur an sich ~** sólo piensa en sí misma; **er kam ganz von ~** vino por sí mismo; **eine Sache um ihrer ~ willen tun** hacer algo por la cosa misma; **er ist die Ruhe ~** es la calma en persona **II.** *adv* (*sogar*) incluso, hasta; **~ wenn** incluso si *+subj*

Selbstachtung *f* autoestima *f*

selbständig *adj o adv s.* **selbstständig**

Selbständigkeit *f ohne Pl s.* **Selbstständigkeit**

Selbstauslöser *m* (FOTO) disparador *m* automático

Selbstbedienung *f ohne Pl* autoservicio *m;* **Selbstbedienungsladen** *m* <-s, -läden> (tienda *f* de) autoservicio *m*

Selbstbefriedigung *f* masturbación *f;* **Selbstbeherrschung** *f* autodominio *m*, autocontrol *m;* **Selbstbestätigung** *f ohne Pl* (PSYCH) autoconfirmación *f;* **Selbstbestimmung** *f ohne Pl* (POL) autodeterminación *f;* **Selbstbetrug** *m* autoengaño *m;* **selbstbewusst**[RR] *adj* **1.** (*selbstsicher*) seguro de sí mismo **2.** (PHILOS) consciente de sí mismo; **Selbstbewusstsein**[RR] *nt* **1.** (*Selbstsicherheit*) seguridad *f* en sí mismo **2.** (PHILOS) conciencia *f* de sí mismo

Selbstbräunungscreme *f* crema *f* autobronceadora

Selbsterfahrung *f ohne Pl* (PSYCH) autognosis *f inv;* **Selbsterfahrungsgruppe** *f* (PSYCH) grupo *m* de autognosis

Selbsterhaltungstrieb *m* instinto *m* de autoconservación

Selbsterkenntnis *f ohne Pl* autoconocimiento *m;* **selbstgefällig** **I.** *adj* (*abw*) autocomplaciente, autosuficiente **II.** *adv* (*abw*) con autosuficiencia; **selbstgerecht** *adj* ególatra; (*eingebildet*) engreído, vanidoso; **Selbstgespräch** *nt* monólogo *m;* **~e führen** monologar; **selbstherrlich** *adj* autoritario, despótico

Selbsthilfe *f ohne Pl* autoayuda *f;* **zur ~ greifen** tomarse la justicia por su mano; **Selbsthilfegruppe** *f* grupo *m* de ayuda mutua

Selbstjustiz *f* (JUR): **~ üben** tomarse la justicia por su mano

selbstklebend *adj* autoadhesivo

Selbstkostenpreis *m* (WIRTSCH) precio *m* de coste

Selbstkritik *f ohne Pl* autocrítica *f;* **selbstkritisch** *adj* autocrítico

Selbstlaut *m* vocal *f*

selbstlos *adj* desinteresado, altruista

Selbstmitleid *nt* (*abw*) autocompasión *f;* **Selbstmord** *m* suicidio *m;* **~ begehen** suicidarse; **Selbstmörder(in)** *m(f)* suicida *mf;* **selbstmörderisch** *adj* suicida

Selbstmordversuch *m* intento *m* de suicidio; **einen ~ machen** intentar suicidarse

Selbstschutz *m* autoprotección *f;* **selbstsicher** *adj* seguro de sí mismo

selbstständig[RR] **I.** *adj* **1.** (*unabhängig*) independiente **2.** (*beruflich*) por su propia cuenta; **sich ~ machen** establecerse por su cuenta **II.** *adv* por sí solo; (WIRTSCH) por su propia cuenta

Selbstständigkeit[RR] *f ohne Pl* independencia *f*

selbstsüchtig *adj* egoísta; **selbsttätig** *adj* **1.** (*automatisch*) automático **2.** (*aktiv*) activo; **Selbsttäuschung** *f ohne Pl* autoengaño *m;* **Selbstüberschätzung** *f ohne Pl* presunción *f*, aprecio *m* excesivo de las propias facultades; **er leidet an ~** se lo tiene muy creído; **Selbstüberwindung** *f* fuerza *f* de voluntad; **Selbstverleugnung** *f ohne Pl* autonegación *f;* (*Selbstlosigkeit*) abnegación *f;* **selbstverschuldet** *adj* por culpa propia; **Selbstversorger(in)** *m(f)* autoabastecedor(a) *m(f)*

selbstverständlich **I.** *adj* natural, evidente; **das ist doch ~!** ¡esto se sobreentiende!; **etw für ~ halten** dar algo por hecho **II.** *adv* por supuesto, desde luego; **~ (nicht)!** ¡por supuesto (que no)!; **das tue ich ~ gern** por supuesto, lo hago con gusto

Selbstverständlichkeit *f* <-en> (*Unbefangenheit*) naturalidad *f;* (*Offensichtlichkeit*) evidencia *f;* **das war doch eine ~** no faltaba más; **etw für eine ~ halten** considerar algo como lo más natural del mundo

Selbstverteidigung *f ohne Pl* autodefensa *f;*

Selbstvertrauen *nt* confianza *f* en sí mismo, autoconfianza *f;* **Selbstverwaltung** *f* autogestión *f;* **Selbstverwirklichung** *f* *ohne Pl* (PHILOS, PSYCH) autorrealización *f*

Selbstwertgefühl *nt ohne Pl* <-(e)s> (PSYCH) autoestima *f*

selbstzerstörerisch *adj* autodestructivo; **Selbstzweck** *m ohne Pl* <-(e)s> fin *m* absoluto

selektieren* *vt* seleccionar

Selen *nt ohne Pl* <-s> (CHEM) selenio *m*

selig *adj* **1.** (*glücklich*) feliz, en las nubes *fam* **2.** (REL) bienaventurado; (~ *gesprochen*) beato; (*verstorben*) difunto; **Gott hab ihn ~!** ¡Dios lo tenga en su gloria!; **ihr ~er Vater** su padre que en paz descanse; **wer's glaubt, wird ~** (*fam iron*) más tonto aquel que se lo crea

Seligkeit *f ohne Pl* **1.** (REL) bienaventuranza *f* (eterna) **2.** (*Glück*) felicidad *f*

Sellerie *m* <-s, -(s)>, *f* <-> apio *m*

selten I. *adj* **1.** (*nicht häufig*) raro **2.** (*außergewöhnlich*) extraordinario; (*merkwürdig*) curioso **II.** *adv* **1.** (*nicht häufig*) raras veces **2.** (*außergewöhnlich*) extraordinariamente

Seltenheit[1] *f ohne Pl* (*Vorkommen*) rareza *f;* **es ist eine ~, dass …** ocurre raras veces que… *+subj*

Seltenheit[2] *f* <-en> (*Stück*) curiosidad *f*

Seltenheitswert *m ohne Pl* <-(e)s> valor *m* de pieza rara

Selters *nt* <-, -> (*fam*) agua *f* mineral

seltsam *adj* extraño, singular; **er kam ihr ~ bekannt vor** le pareció particularmente conocido

seltsamerweise *adv* curiosamente, extrañamente

Seltsamkeit[1] *f ohne Pl* (*seltsame Art*) extrañeza *f*

Seltsamkeit[2] *f* <-en> (*seltsame Erscheinung, Vorfall*) rareza *f,* curiosidad *f*

Semester *nt* <-s, -> semestre *m*

Semikolon *nt* <-s, -s *o* Semikola> punto *m* y coma

Seminar *nt* <-s, -e> **1.** (*Lehrveranstaltung, Priester~*) seminario *m* **2.** (*Institut*) departamento *m*

Semit(in) *m(f)* <-en, -en; -nen> semita *mf*

semitisch *adj* semítico, semita

Semmel *f* <-n> (*Österr, südd, reg*) panecillo *m;* **weggehen wie warme ~n** (*fam*) venderse como rosquillas

sen. *Abk. von* **senior** padre

Senat *m* <-(e)s, -e> **1.** (HIST, POL) senado *m* **2.** (UNIV) claustro *m* **3.** (JUR) consejo *m* judicial

Senator(in) *m(f)* <-s, -en; -nen> senador(a) *m(f)*

Sendegebiet *nt* (RADIO, TV) zona *f* de emisión

senden <sendet, sandte *o* sendete, gesandt *o* gesendet> *vt* **1.** (*geh: schicken*) enviar (*nach/zu* a) **2.** (*ausstrahlen*) emitir

Sendepause *f* <-n> (RADIO, TV) pausa *f*

Sender *m* <-s, -> (RADIO, TV) (estación *f*) emisora *f*

Senderaum *m* <-(e)s, -räume> (RADIO, TV) estudio *m;* **Sendereihe** *f* <-n> (RADIO, TV) serial *m;* **Sendeschluss**[RR] *m ohne Pl* <-es> (RADIO, TV) cierre *m* de la emisión; **Sendezeit** *f* (RADIO, TV) tiempo *m* de emisión

Sendung *f* <-en> **1.** (*Waren~*) envío *m* **2.** (RADIO, TV: *das Senden*) emisión *f;* **auf ~ gehen** comenzar a emitir; **auf ~ sein** estar en el aire **3.** (RADIO, TV: *einzelne ~*) programa *m*

Senegal *m* <-s> Senegal *m*

Senegalese, -in *m, f* <-n, -n; -nen> senegalés, -esa *m, f*

senegalesisch *adj* senegalés

Senf *m* <-(e)s, -e> mostaza *f*

sengen *vt* chamuscar; **in der ~den Sonne** bajo el sol abrasador

senil *adj* senil

senior *adj:* **Karl Meyer ~** Karl Meyer (padre)

Senior(in) *m(f)* <-s, -en; -nen> **1.** (*Rentner*) persona *f* de la tercera edad **2.** (SPORT) sénior *mf;* **Seniorchef(in)** *m(f)* jefe, -a *m, f*

Seniorenheim *nt* <-(e)s, -e> residencia *f* para la tercera edad

Senke *f* <-n> depresión *f* en un terreno

senken I. *vt* **1.** (*allgemein*) bajar; (*Kopf*) inclinar; **die Stimme ~** bajar la voz **2.** (*Kosten*) reducir; (*Preise*) rebajar **II.** *vr:* **sich ~** **1.** (*herunterkommen*) bajar; (*absinken*) hundirse **2.** (*geh: Abend, Nacht*) caer

Senkfuß *m* (MED) pie *m* plano; **Senkgrube** *f* pozo *m* negro

senkrecht *adj* vertical; (MATH) perpendicular (*zu* a)

Senkrechte *f* <-n> (recta *f*) vertical *f;* (MATH) (línea *f*) perpendicular *f*

Senkrechtstarter(in)[1] *m(f)* <-s, -; -nen> (*fam: Person*) joven *mf* prometedor(a)

Senkrechtstarter[2] *m* <-s, -> **1.** (AERO) avión *m* de despegue y aterrizaje vertical **2.** (*fam: Buch, Film*) éxito *m* rotundo

Senkung[1] *f ohne Pl* **1.** (*des Kopfes*) inclinación *f* **2.** (*Verringerung*) reducción *f* (*um* en, *auf* a)

Senkung[2] *f* <-en> (GEO) depresión *f* (de un terreno)

Sensation *f* <-en> sensación *f*

sensationell *adj* sensacional

Sensationsblatt *nt* (*abw*) periódico *m* sensacionalista; **Sensationsgier** *f* (*abw*) sensacionalismo *m*

Sense *f* <-n> guadaña *f;* **jetzt ist ~!** (*fam*) ¡y sanseacabó!

sensibel *adj* sensible
sensibilisieren* *vt* (*a.* FOTO) sensibilizar
Sensibilität *f ohne Pl* (*a.* FOTO) sensibilidad *f*
Sensor *m* <-s, -en> (TECH) sensor *m*
sentimental *adj* sentimental
Sentimentalität *f ohne Pl* sentimentalismo *m*
separat **I.** *adj* separado; (*Eingang*) independiente **II.** *adv* aparte
Separatismus *m ohne Pl* <-> separatismo *m*
Separatist(in) *m(f)* <-en, -en; -nen> separatista *mf*
separatistisch *adj* separatista
Separee[RR] *nt* <-s, -s>, **Séparée** *nt* <-s, -s> reservado *m*
September *m* <-(s), -> se(p)tiembre *m*; *s. a.* **März**
sequentiell *adj s.* **sequenziell**
Sequenz *f* <-en> (*a.* FILM, MUS) secuencia *f*
sequenziell[RR] *adj* (INFOR) secuencial
Sera *Pl von* **Serum**
Serbe, **-in** *m, f* <-n, -n; -nen> serbio, -a *m, f*
Serbien *nt* <-s> Serbia *f*
serbisch *adj* serbio
serbokroatisch *adj* serbo-croata
Seren *Pl von* **Serum**
Serenade *f* <-n> (MUS) serenata *f*, albazo *m Peru*, alborada *f PRico*
Serie *f* <-n> (*a.* TV) serie *f*; **in ~ herstellen** producir en serie
seriell *adj* en serie
serienmäßig **I.** *adj* **1.** (*Herstellung*) en serie **2.** (AUTO: *Ausstattung*) de serie **II.** *adv* en serie
Seriennummer *f* número *m* de serie; **Serienproduktion** *f* producción *f* en serie; **Serienschaltung** *f* (ELEK) conexión *f* en serie; **serienweise** *adv* en serie
seriös *adj* serio; (*gediegen*) formal
Serpentine *f* <-n> serpentina *f*
Serum *nt* <-s, Seren *o* Sera> suero *m*
Server *m* <-s, -> (INFOR) server *m*, servidor *m*
Service[1] *nt* <-(s), -> (*Geschirr*) juego *m* de café
Service[2] *m ohne Pl* <-> **1.** (*Bedienung*) servicio *m*; (*Kundendienst*) asistencia *f* técnica **2.** (SPORT) saque *m*, servicio *m*
servieren* *vt, vi* servir
Serviererin *f* <-nen> camarera *f*
Serviette *f* <-n> servilleta *f*; **Serviettenring** *m* servilletero *m*
Servobremse *f* (TECH) servofreno *m*; **Servolenkung** *f* <-en> (TECH) dirección *f* asistida
Servus *interj* (*Österr, südd*) adiós
Sesam *m* <-s, -s> sésamo *m*; **~, öffne dich!** ¡ábrete, sésamo!
Sessel *m* <-s, -> sillón *m*; (*im Kino*) butaca *f*; **Sessellift** *m* telesilla *f*
sesshaft[RR] *adj*, **seßhaft** *adj* sedentario; **in einem Ort ~ werden** asentarse en un lugar
Set *m o nt* <-(s), -s> (*zusammengehörige Dinge*) conjunto *m*, set *m*
setzen **I.** *vt* **1.** (*allgemein*) poner (*auf* en/sobre); (*stellen*) colocar (*auf* en/sobre); (*Kind*) sentar; **er setzte seine Unterschrift darunter** lo firmó; **etw auf die Tagesordnung/in die Zeitung ~** poner algo en el orden del día/en el periódico; **etw an den Mund ~** llevar(se) algo a la boca; **ein Kind in die Welt ~** (*fam*) traer un hijo al mundo **2.** (*Pflanze*) plantar **3.** (*Ofen*) instalar; (*Denkmal*) erigir; (*Segel*) izar **4.** (*Norm*) fijar, establecer; (*Frist, Termin*) fijar, señalar; (*Hoffnung, Vertrauen*) poner; **etw** *dat* **ein Ende/Grenzen ~** poner fin/límites a algo; **sich** *dat* **ein Ziel ~** ponerse una meta **5.** (TYPO) componer **6.** (*Geld*) apostar (*auf* por) **7.** (*fam: injizieren*): **sich** *dat* **eine Spritze ~** ponerse una inyección **8.** (*Wend*): **gesetzt den Fall, er kommt** supongamos que venga; **gleich setzt es was!** (*fam*) ¡que te doy! **II.** *vr*: **sich ~ 1.** (*Person*) sentarse; **bitte, ~ Sie sich!** ¡siéntese, por favor! **2.** (*Flüssigkeit*) depositarse, posarse; (*Staub, Geruch*) pegarse (*in/auf* a) **3.** (*beginnen*): **sich an etw ~** ponerse a hacer algo **III.** *vi* **1.** (*im Spiel*) jugar **2.** (*überqueren*): **über etw ~** cruzar algo
Setzer(in) *m(f)* <-s, -; -nen> (TYPO) cajista *mf*
Setzerei *f* <-en> (TYPO) taller *m* de composición
Setzkasten *m* (TYPO) cajón *m* de imprenta
Setzling *m* <-s, -e> **1.** (*Pflanze*) plantón *m* **2.** (*Fisch*) alevín *m*
Seuche *f* <-n> epidemia *f*; (*fig*) peste *f*; **Seuchenbekämpfung** *f ohne Pl* lucha *f* contra las epidemias; **Seuchenherd** *m* foco *m* de la epidemia
seufzen *vi* suspirar
Seufzer *m* <-s, -> suspiro *m*
Sex *m ohne Pl* <-(es)> (*fam*) sexo *m*; **Sexfilm** *m* <-(e)s, -e> película *f* pornográfica
Sexismus *m ohne Pl* <-> sexismo *m*
sexistisch *adj* sexista
Sexshop *m* <-s, -s> sex-shop *m*
Sextant *m* <-en, -en> (NAUT) sextante *m*
Sextelefon *nt* línea *f* erótica
Sextett *nt* <-(e)s, -e> (MUS) sexteto *m*
Sexualforschung *f ohne Pl* sexología *f*
Sexualität *f ohne Pl* sexualidad *f*
Sexualkunde *f ohne Pl* educación *f* sexual; **Sexualleben** *nt ohne Pl* <-s> vida *f* sexual; **Sexualverbrechen** *nt* delito *m* sexual
sexuell *adj* sexual; **jdn ~ missbrauchen** abusar sexualmente de alguien
sexy *adj inv* (*fam*) sexy

sezieren* *vt* diseccionar

Shampoo *nt* <-s, -s> champú *m*

Sheriff *m* <-s, -s> sheriff *m*

Sherry *m* <-s, -s> jerez *m*

Shorts *pl* pantalones *mpl* cortos

Show *f* <-s> espectáculo *m*, show *m*; **Showgeschäft** *nt ohne Pl* <-(e)s> mundo *m* del espectáculo; **Showmaster(in)** *m(f)* <-s, -; -nen> presentador(a) *m(f)*

siamesisch *adj* siamés; **~e Zwillinge** hermanos siameses

Sibirer(in) *m(f)* <-s, -; -nen> siberiano, -a *m, f*

Sibirien *nt* <-s> Siberia *f*

sibirisch *adj* siberiano

sich *pron refl akk/dat von* **er, sie, es, Sie** *akk/dat von Pl* **sie, Sie** se; (*betont*) a sí... (se); (*mit Präposition*) sí, **sie wäscht ~** se lava; **sie wäscht ~** *dat* **die Haare** se lava el pelo; **er denkt nur an ~** sólo piensa en sí (mismo); **hier sitzt es ~ gut** aquí se está cómodo; **sie hat kein Geld bei ~** no lleva dinero consigo; **er lud ihn zu ~ nach Hause ein** lo invitó a su casa; **jeder für ~** cada cual por su cuenta; **das ist eine Sache für ~** es una cosa aparte

Sichel *f* <-n> hoz *f*

sicher I. *adj* (*ungefährdert, ungefährlich*) seguro; (*gewiss*) seguro, cierto; (*erfahren*) experto; (*zuverlässig*) fidedigno; **~ ist ~** por si acaso; **sich ~ fühlen** sentirse seguro; **bist du dir ~?** ¿estás seguro?; **er ist sich seiner Sache sehr ~** está muy seguro de sí mismo; **langsam aber ~** (*fam*) despacio pero seguro **II.** *adv* **1.** (*wahrscheinlich*) seguramente; **er kommt ~ bald** seguramente vendrá pronto **2.** (*gewiss*) con seguridad; **ja, ~ (doch)!** (*fam*) ¡pues claro!; **etw ~ aufbewahren** mantener algo en sitio seguro **3.** (*ungefährdet, ungefährlich*): **sie fährt sehr ~** conduce de una forma muy segura

sicher|gehen *irr vi sein* ir sobre seguro, estar seguro; **er will ganz ~, dass ...** quiere estar seguro de que... *+subj*

Sicherheit[1] *f ohne Pl* **1.** (*allgemein*) seguridad *f*; **jdn/etw in ~ bringen** salvar a alguien/algo; **sich in ~ befinden** estar a salvo; **sich in ~ wiegen** creer uno (equivocadamente) que ha pasado el peligro **2.** (*im Auftreten*) aplomo *m* **3.** (*Gewissheit*) certeza *f*, seguridad *f*

Sicherheit[2] *f* <-en> (WIRTSCH) garantía *f*; **~ leisten** prestar caución, otorgar garantía

Sicherheitsabstand *m* distancia *f* de seguridad; **Sicherheitsbindung** *f* (SPORT) fijación *f* de seguridad; **Sicherheitsgurt** *m* cinturón *m* de seguridad; **den ~ anlegen** abrocharse el cinturón de seguridad; **sicherheitshalber** *adv* para estar seguro, para mayor seguridad; **Sicherheitskopie** *f* (INFOR) copia *f* de seguridad; **Sicherheitsnadel** *f* imperdible *m*, alfiler *m* de gancho *Arg*; **Sicherheitsrat** *m ohne Pl* <-(e)s> Consejo *m* de Seguridad; **Sicherheitsschloss**[RR] *nt* cerradura *f* de seguridad; **Sicherheitsstandard** *m* estándar *m* de seguridad; **Sicherheitsvorkehrung** *f* medida *f* de seguridad; **~en treffen** tomar precauciones

sicherlich *adv* seguramente

sichern I. *vt* **1.** (*schützen*) proteger (*gegen/vor* contra); (*sicherstellen*) asegurar; **sich** *dat* **etw ~** reservarse algo; **Spuren ~** levantar la evidencia física **2.** (*Tür*) cerrar firmemente; (*Gewehr*) asegurar **3.** (*befestigen*) consolidar **4.** (INFOR: *speichern*) almacenar; **vor Zugriff ~** proteger del acceso **II.** *vr*: **sich ~** (*beim Bergsteigen*) asegurarse

sicher|stellen *vt* **1.** (*beschlagnahmen*) intervenir **2.** (*gewährleisten*) asegurar

Sicherung[1] *f ohne Pl* **1.** (*Schutz*) protección *f* (*gegen* contra); (*Sicherstellen*) aseguramiento *m* **2.** (INFOR: *Speicherung*) almacenamiento *m*

Sicherung[2] *f* <-en> **1.** (ELEK) fusible *m*, plomo *m*; (*bei Waffen*) seguro *m* **2.** (*Befestigung*) consolidación *f*

Sicherungskasten *m* (ELEK) caja *f* de fusibles

Sicherungskopie *f* (INFOR) copia *f* de seguridad

Sicht *f ohne Pl* **1.** (*~verhältnisse*) visibilidad *f*; (*Ausblick*) vista *f*; **klare ~** buena visibilidad; **jdm die ~ versperren** tapar a alguien la vista; **auf lange ~** a largo plazo **2.** (*~weise*) (punto *m* de) vista *f*; **aus heutiger ~** desde el punto de vista actual

sichtbar *adj* **1.** (*zu sehen*) visible; (*wahrnehmbar*) perceptible **2.** (*offensichtlich*) manifiesto; **~ werden** manifestarse

sichten *vt* **1.** (*erblicken*) avistar **2.** (*durchsehen*) revisar; (*ordnen*) ordenar, clasificar

Sichtgerät *nt* <-(e)s, -e> monitor *m*; **Sichtgrenze** *f* límite *m* de visibilidad; **Sichthülle** *f* funda *f* transparente

sichtlich *adj* visible; (*offenkundig*) evidente; **er hat sich ~ gefreut** se alegró visiblemente

Sichtung[1] *f ohne Pl* (*das Erspähen*) distinción *f*

Sichtung[2] *f* <-en> (*das Durchsehen*) examen *m*; (*das Ordnen, Sortieren*) clasificación *f*

Sichtverhältnisse *ntpl* (condiciones *fpl* de) visibilidad *f*; **Sichtvermerk** *m* visado *m*, visa *f Am*; **Sichtweite** *f* visibilidad *f*; **außer/in ~ sein** estar fuera del/al alcance de la vista

sickern *vi sein* (*durch~*) colarse (*durch* por), filtrarse (*durch* por); (*hinein~*) infiltrarse (*in* en), ser absorbido (*in* por); **von diesem**

Plan darf auf keinen Fall etwas nach draußen ~ nadie debe enterarse de algo relacionado con este plan

sie *pron pers* **1.** *nom 3. Sg f* ella; **wenn ich ~ wäre** si yo fuera ella; **du bist größer als ~** eres más alta que ella **2.** *nom 3. Pl m o f* ellos *mpl*, ellas *fpl*; **~ sind Lehrerinnen** (ellas) son maestras **3.** *akk von Sg* **sie** la; (*betont*) a ella (la); (*mit Präposition*) ella; **ich treffe ~ heute Abend** la veo esta noche; **~ kenne ich noch nicht** a ella todavía no la conozco; **die Bücher sind für ~** los libros son para ella **4.** *akk von Pl* **sie** (*auf Menschen bezogen*) los *mpl*; (*nur auf Frauen bezogen*) las *fpl*; (*auf Sachen bezogen*) los *mpl*, las *fpl*; (*betont: Menschen*) a ellos (los) *mpl*, a ellas (las) *fpl*; (*mit Präposition: Menschen*) ellos *mpl*, ellas *fpl*; **ich habe ~ lange nicht gesehen** hace mucho que no los veo; **wir machen alles nur für ~** lo hacemos todo por ellos

Sie *pron pers* (*Höflichkeitsform*) **1.** *nom* (*eine Person*) usted, Ud.; (*mehrere Personen*) ustedes, Uds.; **wenn ich ~ wäre** si yo fuera usted; **hallo, ~!** ¡eh, usted!; **jdn mit ~ anreden** tratar a alguien de usted **2.** *akk von* **Sie** (*einen Mann*) lo; (*eine Frau*) la; (*mehrere Personen*) los *mpl*; (*mehrere Frauen*) las *fpl*; (*betont*) a usted (lo) *m*, a usted (la) *f*, a ustedes (los) *mpl*, a ustedes (las) *fpl*; (*mit Präposition: einer Person*) usted, Ud.; (*mehrere Personen*) ustedes, Uds..; **darf ich ~ mal stören?** ¿puedo molestarle(s)/molestarla(s) un momento?; **ich meine ~!** ¡me refiero a usted/ustedes!

Sieb *nt* <-(e)s, -e> (*Sand~, Getreide~*) criba *f*; (*Mehl~*) cedazo *m*; (*feines ~*) tamiz *m*; (*für Flüssigkeiten*) colador *m*; (*für Nudeln*) escurridor *m*; **etw durch ein ~ gießen** colar algo; **er hat ein Gedächtnis wie ein ~** (*fam*) tiene muy mala memoria; **Siebdruck** *m* <-(e)s, -e> serigrafía *f*

sieben[1] **I.** *vt* **1.** (*Sand*) cribar; (*Mehl*) tamizar **2.** (*auswählen*) seleccionar **II.** *vi* seleccionar

sieben[2] *adj inv* siete; *s. a.* **acht**[1]

siebenerlei *adj inv* de siete clases diferentes, siete clases (diferentes) de; *s. a.* **achterlei**

siebenfach I. *adj* séptuplo, siete veces **II.** *adv* siete veces; *s. a.* **achtfach**

siebenhundert *adj inv* setecientos; *s. a.* **achthundert**

siebenmal *adv* siete veces; *s. a.* **achtmal**

Siebensachen *fpl* (*fam*) trastos *mpl*; **Siebenschläfer** *m* <-s, -> lirón *m*

siebentägig *adj* de ocho días

siebentausend *adj inv* siete mil; *s. a.* **achttausend**

siebte(r, s) *adj* séptimo; *s. a.* **achte(r, s)**

siebtel *adj inv* séptimo; *s. a.* **achtel**

siebtens *adv* en séptimo lugar; (*bei einer Aufzählung*) séptimo; *s. a.* **achtens**

siebzehn *adj inv* diecisiete; *s. a.* **acht**[1]

siebzehnte(r, s) *adj* diecisieteavo; *s. a.* **achte(r, s)**

siebzig *adj inv* setenta; *s. a.* **achtzig**; **siebzigjährig** *adj* de setenta años

siebzigste(r, s) *adj* septuagésimo; *s. a.* **achtzigste(r, s)**

siedeln *vi* asentarse

sieden <siedet, sott *o* siedete, gesotten *o* gesiedet> *vi* hervir

Siedepunkt *m* (PHYS) punto *m* de ebullición

Siedler(in) *m(f)* <-s, -; -nen> colono(a) *m(f)*

Siedlung *f* <-en> **1.** (*Wohn~*) urbanización *f* **2.** (HIST) población *f*; (*Kolonie*) colonia *f*

Sieg *m* <-(e)s, -e> victoria *f* (*über* sobre), triunfo *m* (*über* sobre); **den ~ davontragen** conseguir la victoria

Siegel *nt* <-s, -> sello *m*; **unter dem ~ der Verschwiegenheit** bajo la condición de guardar el secreto; **Siegellack** *m* lacre *m*

siegeln *vt* sellar

Siegelring *m* anillo *m* de sello

siegen *vi* ganar (*über* a); **mit 1:3 ~** ganar por 1:3

Sieger(in) *m(f)* <-s, -; -nen> vencedor(a) *m(f)*; (*im Sport*) campeón, -ona *m, f*; **die dreimalige ~in** la tres veces campeona; **als ~ aus etw hervorgehen** salir vencedor de algo; **Siegerehrung** *f* ceremonia *f* de entrega de (los) premios; **Siegerpose** *f* pose *f* de vencedor; **Siegerurkunde** *f* certificado *m* de vencedor

siegesbewusst[RR] *adj* seguro del triunfo; **siegessicher** *adj* seguro de triunfar; **Siegeszug** *m* <-(e)s, -züge> cortejo *m* triunfal

siegreich *adj* victorioso; (SPORT) ganador; **aus etw ~ hervorgehen** salir vencedor de algo

sieht *3. präs von* **sehen**

siezen *vt* tratar de usted

Signal *nt* <-s, -e> señal *f*; **~e geben** hacer señales; **ein ~ setzen** poner una señal

signalisieren* *vt* **1.** (*andeuten*) señalar **2.** (*Schweiz: ausschildern*) señalizar

Signalwirkung *f*: **~ haben** marcar la pauta; **von etw geht eine ~ aus** algo sirve de modelo

Signatur *f* <-en> **1.** (*eines Buchs, a.* TYPO) signatura *f* **2.** (*auf Landkarten*) signos *mpl* convencionales

signieren* *vt* firmar

Silbe *f* <-n> sílaba *f*; **Silbentrennung** *f* separación *f* silábica

Silber *nt ohne Pl* <-s> **1.** (*Metall, a.* CHEM) plata *f* **2.** (*Tafel~*) (cubiertos *mpl* de) plata *f*; **Silberbesteck** *nt* cubertería *f* de plata; **Silberblick** *m ohne Pl* <-(e)s> (*fam*) estrabismo *m*; **Silbergehalt** *m* <-(e)s, -e> ley *f* de plata; **Silberhochzeit** *f* bodas *fpl* de plata; **Silbermedaille** *f* medalla *f* de plata

silbern *adj* **1.** (*aus Silber*) de plata **2.** (*Farbton*) plateado

Silberstreifen *m* raya *f* plateada; **es zeichnet sich ein ~ am Horizont ab** se vislumbra un rayo de esperanza

silbrig *adj* **1.** (*silbern*) plateado **2.** (*wohltönend*) armonioso; (*Stimme*) argentino

Silhouette *f* <-n> silueta *f*

Silikon *nt* <-s, -e> (CHEM) silicona *f*

Silizium *nt ohne Pl* <-s> (CHEM) silicio *m*

Silo *m o nt* <-s, -s> silo *m*, cía *f Arg*

Silvester *m o nt* <-s, -> Nochevieja *f*; **Silvesterfeier** *f* fiesta *f* de Nochevieja

simpel *adj* simple

Sims *m o nt* <-es, -e> (*Kamin~*) repisa *f*; (*Fenster~*) moldura *f*

Simulant(in) *m(f)* <-en, -en; -nen> simulador(a) *m(f)*

Simulator *m* <-s, -en> simulador *m*

simulieren* *vi, vt* simular

simultan *adj* simultáneo; **Simultandolmetscher(in)** *m(f)* traductor(a) *m(f)* simultáneo, -a

sind *1. o 3. Pl präs von* **sein**

Sinfonie *f* <-n> sinfonía *f*; **Sinfoniekonzert** *nt* concierto *m* sinfónico; **Sinfonieorchester** *nt* orquesta *f* sinfónica

Singapur *nt* <-s> Singapur *m*

singen <singt, sang, gesungen> *vi, vt* cantar; **falsch ~** desafinar

Singhalese, -in *m, f* <-n, -n; -nen> singalés, -esa *m, f*

Single¹ *f* <-(s)> (*Schallplatte*) (disco *m*) sencillo *m*

Single² *m* <-(s), -s> (*Person*) soltero, -a *m, f* (y sin pareja)

Singsang *m ohne Pl* <-s> canto *m* monótono

Singspiel *nt* (MUS) opereta *f*

Singular *m* <-s, -e> (LING) singular *m*

Singvogel *m* pájaro *m* cantor

sinken <sinkt, sank, gesunken> *vi sein* **1.** (*nieder~*) descender; (*Schiff*) hundirse; **auf die Knie ~** arrodillarse; **auf einen Stuhl ~** dejarse caer en una silla **2.** (*sich senken, abnehmen*) bajar; (*Vertrauen, Einfluss, Hoffnung*) disminuir; **er sank in meiner Achtung** disminuyó en mi estima; **alle Hoffnungen ~** perder toda esperanza

Sinn¹ *m* <-(e)s, -e> (*Wahrnehmungs~*) sentido *m*; **die fünf ~e** los cinco sentidos; **von ~en sein** no estar en su sano juicio

Sinn² *m ohne Pl* <-(e)s> **1.** (*Verständnis*) sentido *m* (*für* de); **~ für Humor haben** tener sentido del humor **2.** (*Zweck*) objetivo *m*, sentido *m*; **das ist nicht der ~ der Sache** no se trata de eso; **das hat keinen ~** eso no tiene sentido; **ohne ~ und Verstand** sin pies ni cabeza **3.** (*Bedeutung*) significado *m*, sentido *m*; **im wörtlichen/übertragenen ~** en el sentido literal/figurado; **in wahrsten ~e des Wortes** en el más amplio sentido de la palabra; **in gewissem ~** en cierto sentido; **in diesem ~e** en este sentido **4.** (*geh: das Denken*): **etw kommt ihm in den ~** algo se le viene a la cabeza; **etw im ~ haben** tener la intención de hacer algo; **in jds ~ handeln** obrar como alguien lo hubiera hecho; **das ist nicht in seinem ~** no es de su gusto; **mir steht der ~ nicht nach Fernsehen** no tengo ganas de ver la televisión; **schlag dir das aus dem ~!** ¡quítatelo de la cabeza!

Sinnbild *nt* símbolo *m* (*für* de); **sinnbildlich** *adj* simbólico

sinnen <sinnt, sann, gesonnen> *vi* (*geh*) **1.** (*nachdenken*) recapacitar (*über* sobre) **2.** (*trachten*) aspirar (*auf* a)

sinnentstellend *adj* que desfigura el sentido

Sinneseindruck *m* impresión *f*; **Sinnesorgan** *nt* órgano *m* sensorial; **Sinnestäuschung** *f* alucinación *f*; **Sinneswahrnehmung** *f* percepción *f* sensorial; **Sinneswandel** *m* cambio *m* de opinión

sinnfällig *adj* evidente, manifiesto

sinngemäß *adj* conforme al sentido

sinnieren* *vi* (*geh*) meditar (*über* sobre); (*grübeln*) cavilar (*über* sobre)

sinnig *adj* sensato, bien pensado

sinnlich *adj* **1.** (*auf Sinnesorgane bezogen*) sensorial **2.** (*Mensch, Genuss*) sensual

Sinnlichkeit *f ohne Pl* sensualidad *f*

sinnlos *adj* (*unsinnig*) sin sentido, insensato; (*zwecklos*) inútil; (*widersinnig*) absurdo; **das ist völlig ~** esto no tiene ningún sentido; **sich ~ betrinken** ahogar sus penas en alcohol

Sinnlosigkeit *f ohne Pl* falta *f* de sentido, absurdidad *f*

sinnreich *adj* ingenioso; **sinnverwandt** *adj* (LING) sinónimo; **sinnvoll** *adj* **1.** (*vernünftig*) sensato **2.** (*nützlich*) útil, práctico **3.** (*Satz*) con sentido; **sinnwidrig** *adj* (*geh*) absurdo

Sintflut *f ohne Pl* (*Überschwemmung*) diluvio *m*; (*große Menge*) avalancha *f*; **nach mir die ~** y luego que caiga quien caiga

Sinti *pl* gitanos, -as *m, f pl*

Sippe *f* <-n> clan *m*; (*Verwandtschaft*) parentela *f*

Sippschaft *f* <-en> (*abw*) chusma *f*

Sirene *f* <-n> sirena *f*; **Sirenengeheul** *nt ohne Pl* <-s> ulular *m* de las sirenas

sirren *vi* zumbar

Sirup *m* <-s, -e> jarabe *m*

Sitte *f* <-n> **1.** (*Brauch*) costumbre *f*; **es ist ~, dass ...** es costumbre que... *+subj* **2.** *Pl* (*Sittlichkeit*) moral *f*; **ein Verstoß gegen**

die guten ~n un agravio a las buenas costumbres **3.** *Pl* (*Manieren*) modales *mpl;* **Sittenlehre** *f* <-n> moral *f,* ética *f*

sittenlos *adj* inmoral

Sittenstrolch *m* delincuente *m* sexual; **Sittenverfall** *m* corrupción *f* moral; **sittenwidrig** *adj* (JUR) inmoral, contrario a la moral

sittlich *adj* moral, ético

Sittlichkeit *f ohne Pl* moral *f;* **Sittlichkeitsverbrechen** *nt* delito *m* sexual

Situation *f* <-en> situación *f;* **eine ausweglose ~** un callejón sin salida; **der ~ gewachsen sein** dominar la situación

situieren* *vt* situar; **gut situiert sein** (*finanziell*) estar acomodado

Sitz *m* <-es, -e> **1.** (*~gelegenheit*) asiento *m;* (*im Kino*) butaca *f* **2.** (POL) escaño *m* **3.** (*einer Firma*) sede *f;* **Sitzbad** *nt* baño *m* de asiento; **Sitzblockade** *f* sentada *f;* **Sitzecke** *f* tresillo *m*

sitzen <sitzt, saß, gesessen> *vi haben o südd, Österr, Schweiz: sein* **1.** (*Person*) estar sentado (*auf* en, *an* en/al lado de); (*Vogel*) estar posado (*auf* en); **~ Sie bequem?** ¿está cómodo?; **am Tisch ~** estar sentado a la mesa; **vor dem Fernseher ~** mirar la tele; (**jdm**) **Modell ~** posar (para alguien); **sie saßen beim Essen** estaban comiendo; **im S~ arbeiten** trabajar sentado; **er hat lange an dieser Arbeit gesessen** ha estado ocupado mucho tiempo con este trabajo; **~ bleiben** (*fam: in der Schule*) repetir curso; **auf einer Ware ~ bleiben** (*fam*) no poder vender una mercancía; **jdn ~ lassen** (*fam: Familie*) dejar plantado a alguien; (*bei einer Verabredung*) dar un plantón a alguien; **auf seinem Geld ~** (*fam*) ser tacaño **2.** (*sich befinden*) estar, hallarse; (*Firma*) tener su sede (*in* en) **3.** (*Kleidung*) quedar (bien); **der Hut sitzt schief** el sombrero está ladeado **4.** (*fam: Schuss*) dar en el punto adecuado; (*Bemerkung*) hacer efecto; **das saß** (*Wirkung erzielen*) fue muy oportuno; **die Grammatik sitzt jetzt endlich** por fin tengo la gramática bien asentada **5.** (*fam: im Gefängnis*) estar en chirona **6.** (*Wend*): **einen ~ haben** (*fam*) tener una trompa

sitzen\|bleiben *irr vi sein s.* **sitzen 1.**; **sitzen\|lassen** *irr vt s.* **sitzen 1.**

Sitzgelegenheit *f* asiento *m;* **Sitzordnung** *f* <-en> distribución *f* de los asientos; **die ~ festlegen** distribuir los asientos; **Sitzplatz** *m* <-es, -plätze> asiento *m;* **Sitzstreik** *m* huelga *f* (sentada)

Sitzung *f* <-en> sesión *f;* (*Versammlung*) reunión *f;* **die ~ ist geschlossen** se levanta la sesión; **Sitzungssaal** *m* sala *f* de sesiones

Sitzverteilung *f* (POL) distribución *f* de los escaños

Sizilien *nt* <-s> Sicilia *f*

Skala *f* <-s *o* Skalen> escala *f*

Skalp *m* <-s, -e> cabellera *f* (arrancada con la piel)

Skalpell *nt* <-s, -e> escalpelo *m*

skalpieren* *vt* arrancar el cuero cabelludo (a)

Skandal *m* <-s, -e> escándalo *m*

skandalös *adj* escandaloso

Skandinavien *nt* <-s> Escandinavia *f*

Skandinavier(in) *m(f)* <-s, -; -nen> escandinavo, -a *m, f*

skandinavisch *adj* escandinavo

Skat *m* <-(e)s, -e *o* -s> skat *m*

Skateboard *nt* <-s, -s> monopatín *m;* **~ fahren** patinar

Skelett *nt* <-(e)s, -e> esqueleto *m,* cacastle *m ZAm, Mex*

Skepsis *f ohne Pl* escepticismo *m*

skeptisch *adj* escéptico

Skeptizismus *m ohne Pl* <-> escepticismo *m*

Sketch *m* <-(es), -e(s) *o* -s>, **Sketsch**[RR] *m* <-(e)s, -e> sketch *m*

Ski *m* <-s, -(er)> esquí *m;* **~ laufen** [*o* **fahren**] esquiar; **Skianzug** *m* <-(e)s, -züge> traje *m* de esquiador; **Skifahrer(in)** *m(f)* esquiador(a) *m(f);* **Skihose** *f* pantalón *m* de esquiar; **Skilaufen** *nt ohne Pl* <-s> (deporte *m* del) esquí *m;* **Skiläufer(in)** *m(f)* <-s, -; -nen> esquiador(a) *m(f);* **Skilehrer(in)** *m(f)* profesor(a) *m(f)* de esquí; **Skilift** *m* telesquí *m*

Skinhead *m* <-s, -s> cabeza *m* rapada

Skipiste *f* pista *f* de esquí; **Skispringen** *nt ohne Pl* <-s> saltos *mpl* de esquí; **Skistiefel** *m* bota *f* de esquiar; **Skistock** *m* <-(e)s, -stöcke> bastón *m* de esquí

Skizze *f* <-n> **1.** (*Zeichnung*) boceto *m* **2.** (*Entwurf*) esbozo *m*

skizzenhaft *adj* a manera de esbozo

skizzieren* *vt* esbozar

Sklave, -in *m, f* <-n, -n; -nen> esclavo, -a *m, f;* **Sklavenhalter(in)** *m(f)* (*a. fig*) negrero, -a *m, f;* **Sklavenhandel** *m* tráfico *m* de esclavos

Sklaverei *f ohne Pl* **1.** (HIST) esclavitud *f* **2.** (*abw: Arbeit*) trabajo *m* de negros

sklavisch *adj* (*abw*) **1.** (*unterwürfig*) servil **2.** (*Nachahmung*) meticuloso

Sklerose *f* <-n> (MED) esclerosis *f inv;* **multiple ~** esclerosis múltiple

Skonto *m o nt* <-s, -s *o* Skonti> (WIRTSCH) descuento *m*

Skorpion *m* <-s, -e> **1.** (ZOOL) escorpión *m* **2.** (ASTR) Escorpio *m*

Skript *nt* <-(e)s, -en *o* -s> **1.** (*Manuskript*) manuscrito *m* **2.** (*einer Vorlesung*) apuntes *mpl* **3.** (FILM) guión *m*

Skrupel *m* <-s, -> escrúpulo *m*
skrupellos *adj* sin escrúpulos
Skrupellosigkeit *f ohne Pl* falta *f* de escrúpulos
Skulptur *f* <-en> escultura *f*
skurril *adj* (*geh*) grotesco, extravagante
Slalom *m* <-s, -s> eslálom *m*, slalom *m*
Slang *m ohne Pl* <-s> **1.** (*saloppe Sprache*) lenguaje *m* coloquial **2.** (*Jargon*) jerga *f*
Slawe, -in *m, f* <-n, -n; -nen> eslavo, -a *m, f*
slawisch *adj* eslavo
Slip *m* <-s, -s> slip *m*, braga *f*; **Slipeinlage** *f* protegeslip *m*
Slogan *m* <-s, -s> eslogan *m*
Slowake, -in *m, f* <-n, -n; -nen> eslovaco, -a *m, f*
Slowakei *f* Eslovaquia *f*
slowakisch *adj* eslovaco; **S~e Republik** República Eslovaca
Slowene, -in *m, f* <-n, -n; -nen> esloveno, -a *m, f*
Slowenien *nt* <-s> Eslovenia *f*
slowenisch *adj* esloveno
Slum *m* <-s, -s> barrio *m* de chabolas, barriada *f* de chabolas
Small Talk[RR] *m* <-s, -s>, **Smalltalk**[RR] *m* <-s, -s> charloteo *m*
Smaragd *m* <-(e)s, -e> esmeralda *f*
Smog *m* <-(s), -s> smog *m*; **Smogalarm** *m* alarma *f* de smog
Smoking *m* <-s, -s> esmoquin *m*
Snob *m* <-s, -s> (*abw*) (e)snob *mf*
snobistisch *adj* (*abw*) (e)snob
Snowboard *nt* <-s, -s> snowboard *m*
s.o. *Abk. von* **siehe oben** véase arriba
SO *Abk. von* **Südosten** SE
so **I.** *adv* **1.** (*auf diese Weise*) así, de esta manera; **~ macht man das** así se hace; **stell dich nicht ~ an!** ¡no te pongas así!; **~ ist es nun mal** así son las cosas; **~ gesehen, hast du Recht** visto de esta manera tienes razón; **gut ~!** ¡bien hecho!; **ach, ~ ist das!** ¡ah, es así!; **~ oder ~** (*unterschiedlich*) de una manera o de otra; (*auf jeden Fall*) de todas maneras; **mir ist ~, als ob ...** tengo la impresión de que...; **nur ~ tun, als ob ...** hacer como que...; **und ~ weiter** etcétera **2.** (*Zustand, Maß, Eigenschaft: bei Adjektiv + Adverb*) tan; (*bei Verb*) tanto; **sie tut mir ~ Leid** me da tanta pena; **~ sehr/viel** tanto; **~ früh wie möglich** tan pronto como sea posible; **lass es ~, wie es ist** déjalo (tal) como está; **ich mache das ~ wie du** lo hago igual que tú; **der Fisch war ~ groß** el pez era así de grande; **wie ~ oft** como tantas veces **3.** (*fam: solch*) semejante, tal; **bei ~ einem Wetter** con semejante tiempo; **~ ein Zufall!** ¡qué coincidencia!; **~ (et)was Blödes!** ¡vaya tontería!; **~ (et)was** una cosa así; **na ~ was!** ¡mira qué cosa!; **... und ~ ...** y tal **4.** (*fam: ungefähr*) más o menos, aproximadamente; **er heißt Traugott oder ~** se llama Traugott o algo parecido; **ich komme ~ gegen acht** vengo a las ocho más o menos; **es war nur ~ eine Idee** sólo era una idea; **er sagt das nur ~** lo dice así, sin más **II.** *konj* **1. ~ dass ...** de modo que..., de manera que... **2. ~ ..., dass ...** tan(to)... que... **III.** (*Partikel*) bueno; **~, das war's für heute** bueno, eso es todo por hoy; **~, ~** vaya, vaya; **ach ~!** ¡(ah) ya!; **wie geht's denn ~?** ¿cómo te va?
sobald *konj* tan pronto como *+subj*, en cuanto *+subj*
Socke *f* <-n> calcetín *m*, media *f Am*; **sich auf die ~n machen** (*fam*) marcharse, empuntárselas *Kol*
Sockel *m* <-s, -> zócalo *m*
Soda *nt ohne Pl* <-> (*~wasser*) soda *f*
sodass[RR] *konj*, **sodaß** *konj* de modo que, de manera que
Sodawasser *nt* <-s, -wässer> soda *f*
Sodbrennen *nt ohne Pl* <-s> acidez *f* de estómago, vinagrera *f Am*
Sodomie *f ohne Pl* sodomía *f*
soeben *adv* en este momento, ahora mismo; **~ etw getan haben** acabar de hacer algo
Sofa *nt* <-s, -s> sofá *m*
sofern *konj* si, siempre y cuando *+subj*; **~ nicht** a no ser que *+subj*
soff *3. imp von* **saufen**
sofort *adv* **1.** (*unverzüglich*) enseguida, ahora mismo, al tiro *Am* **2.** (*unmittelbar*) en el acto
Sofortbildkamera *f* cámara *f* de fotos al instante
sofortige(r, s) *adj* inmediato; **mit ~r Wirkung** con efecto inmediato
Sofortmaßnahme *f* medida *f* inmediata
Softie *m* <-s, -s> (*fam*) hombre *m* de carácter dulce
Softporno *m* blandiporno *m*
Software *f* <-s> software *m*; **Softwarepaket** *nt* paquete *m* de software
sog *3. imp von* **saugen**
sog. *Abk. von* **so genannt** así llamado
Sog *m* <-(e)s, -e> remolino *m*
sogar *adv* incluso
sogenannt *adj s.* **nennen I.4.**
sogleich *adv s.* **sofort**
Sohle *f* <-n> **1.** (*Fuß~*) planta *f* **2.** (*Schuh~*) suela *f*; (*Einlege~*) plantilla *f*; **auf leisen ~n** a la chita callando **3.** (*Tal~*) fondo *m*
Sohn *m* <-(e)s, Söhne> hijo *m*; **der verlorene ~** (REL) el hijo pródigo
Soja *f* <Sojen> soja *f*; **Sojaöl** *nt* aceite *m* de soja; **Sojasoße** *f* salsa *f* de soja; **Sojaspross**[RR] *m* <-es, -en> brote *m* de soja
solang(e) **I.** *adv* entretanto **II.** *konj* mientras

(que) +*subj;* ~ **bis ...** hasta que... +*subj;* ~ **du willst** todo el tiempo que quieras

solar *adj* (ASTR, METEO, PHYS) solar; **Solarenergie** *f ohne Pl* (PHYS) energía *f* solar

Solarium *nt* <-s, Solarien> solárium *m*

Solartechnik *f ohne Pl* tecnología *f* solar; **Solarzelle** *f* (PHYS, ELEK) célula *f* solar

solch *adj inv* (*geh*) tal; *s. a.* **solche(r, s)**

solche(r, s) *adj* **1.** (*so beschaffen*) tal, semejante; **ein ~r Mensch** semejante persona **2.** (*Intensität: adjektivisch*) tanto; (*adverbiell*) tan; **ich habe ~n Durst** tengo tanta sed; **das macht ~n Spaß!** ¡es tan divertido! **3.** (*allein stehend*) tal; **die Natur als ~** la naturaleza como tal; **es gibt ~ und ~** (*fam*) hay de todo

solcherlei *adj inv* (*geh*) de este tipo, tales

Sold *m* <-(e)s, -e> paga *f*

Soldat(in) *m(f)* <-en, -en; -nen> soldado *mf*

Söldner(in) *m(f)* <-s, -; -nen> mercenario, -a *m, f*

Soli *Pl von* **Solo**

solid(e) *adj* **1.** (*Bauweise, Kenntnisse*) sólido **2.** (*Leben*) ordenado; (*Person*) serio

Solidarbeitrag *m* cuota *f* de solidaridad

solidarisch *adj* solidario

solidarisieren* *vr:* **sich ~** soldarizarse

Solidarität *f ohne Pl* solidaridad *f;* **aus ~** en solidaridad

solide *adj s.* **solid(e)**

Solist(in) *m(f)* <-en, -en; -nen> solista *mf*

Soll *nt* <-(s), -(s)> **1.** (FIN) debe *m;* **~ und Haben** debe y haber **2.** (*Plan~*) norma *f* de producción; **sein ~ erfüllen** alcanzar la norma de producción

sollen[1] <soll, sollte, sollen> *Modalverb* **1.** (*müssen*) deber; **was soll ich tun?** ¿qué debo hacer?; **ich soll Ihnen sagen, dass ...** debo decirle que...; **das hättest du nicht tun ~** no deberías haber hecho eso **2.** (*Befehl*): **du sollst leise sein!** ¡que te calles!; **du sollst nicht töten** (REL) no matarás **3.** (*Notwendigkeit*) deber, haber que; **man sollte mehr sparen** habría que ahorrar más **4.** (*Wunsch*) querer que +*subj;* **soll ich auf dich warten?** ¿quieres que te espere?; **sie ~ wissen ...** (quiero que) sepan...; **was soll ich (dir) dazu sagen?** ¿qué quieres que te diga?; **das soll sie haben** esto es para ella; **hoch soll er leben!** ¡que viva muchos años!; **du solltest dich was schämen!** ¡debería darte vergüenza!; **das sollst du mir büßen** me lo pagarás **5.** (*Vermutung*) dicen que, parece que; **es soll morgen schneien** parece que mañana va a nevar; **das soll ich sein?** ¿éste se supone que soy yo?; **so etwas soll es geben** hay de todo en este mundo **6.** (*Ungewissheit*): **man sollte glauben, dass ...** uno pensaría que...; **er sollte sie nie wieder sehen** no volvería a verla nunca más; **sollte es möglich sein, dass ...?** ¿será posible que...?; **was soll das heißen?** ¿qué quiere decir eso?; **soll das alles sein?** ¿eso es todo?; **wer soll das sein?** ¿(y) ése quién es?; **es hat nicht sein ~** no ha podido ser; **solltest du ihn sehen, sag ihm ...** si le ves, dile que...; **es sollte nicht lange dauern, bis ...** no pasó mucho tiempo hasta que...; **mir soll es gleich sein** me da lo mismo

sollen[2] *vi:* **was soll's?** ¿qué más da?; **was soll der Mist?** ¿qué significa esta tontería?

Solo *nt* <-s, -s *o* Soli> solo *m*

Somalia *nt* <-s> Somalia *f*

Somalier(in) *m(f)* <-s, -; -nen> somalí *mf*

somalisch *adj* somalí

somit *adv* por consiguiente, por lo tanto

Sommer *m* <-s, -> verano *m;* **den ~ über** durante el verano; **im ~** en verano; **Sommerferien** *pl* vacaciones *fpl* de verano; **Sommerkleidung** *f* ropa *f* de verano

sommerlich *adj* veraniego, de verano

Sommerloch *nt ohne Pl* (*fam*) época *f* veraniega (de pocas actividades); **Sommerpause** *f* descanso *m* veraniego; (*des Parlaments*) período *m* de clausura; **Sommerreifen** *m* neumático *m* de verano; **Sommerschlussverkauf**[RR] *m* rebajas *fpl* de verano; **Sommersemester** *nt* semestre *m* de verano; **Sommersprosse** *f* peca *f*

Sommerzeit[1] *f ohne Pl* (*Jahreszeit*) (temporada *f* de) verano *m*

Sommerzeit[2] *f* <-en> (*Uhrzeit*) horario *m* de verano

Sonate *f* <-n> (MUS) sonata *f*

Sonde *f* <-n> (MED, AERO, TECH) sonda *f*

Sonderangebot *nt* oferta *f* especial; **im ~ sein** estar de oferta; **Sonderausgabe** *f* <-n> (*eines Werkes*) edición *f* especial

sonderbar *adj* raro, extraño

Sonderfall *m* <-(e)s, -fälle> caso *m* particular; (*Ausnahme*) excepción *f;* **Sondergenehmigung** *f* autorización *f* especial

sondergleichen *adv* sin igual

sonderlich *adj* **1.** (*sonderbar*) raro, extraño **2.** (*groß*) especial

Sonderling *m* <-s, -e> tipo *m* raro

Sondermarke *f* sello *m* de colección; **Sondermüll** *m* residuos *mpl* tóxicos

sondern[1] *konj* sino; **nicht nur ..., ~ auch ...** no sólo... sino también...

sondern[2] *vt* (*geh*) separar (*von* de), apartar (*von* de)

Sonderpreis *m* precio *m* de oferta; **Sonderrecht** *nt* <-(e)s, -e> privilegio *m;* **Sonderregelung** *f* reglamentación *f* especial; **Sonderschule** *f* <-n> escuela *f* de educación especial; **Sonderstellung** *f* posición *f* privilegiada; **eine ~ einnehmen** tener una posición privilegiada; **Sonderzug** *m* <-(e)s, -züge> tren *m* especial

sondieren* *vt* **1.** (*Lage, Markt*) sondear, tantear **2.** (MED, TECH) sondar

Sonett *nt* <-(e)s, -e> (LIT) soneto *m*

Song *m* <-s, -s> **1.** (*fam: Pop~*) canción *f* **2.** (*Lied mit zeitkritischem Inhalt*) canción *f* protesta

Sonnabend *m* (*nordd, reg*) sábado *m; s. a.* **Montag**

Sonne *f* <-n> sol *m;* **die ~ geht auf/unter** el sol sale/se pone; **die ~ scheint** hace sol

sonnen *vr:* **sich ~** tomar el sol; **sich in seinem Ruhm ~** recrearse en su fama

Sonnenaufgang *m* salida *f* del sol; **Sonnenbad** *nt* baño *m* de sol; **Sonnenblume** *f* girasol *m,* maravilla *f Am,* gigantón *m Mex;* **Sonnenbrand** *m* <-(e)s, -brände> quemadura *f* del sol; **Sonnenbrille** *f* gafas *fpl* de sol; **Sonnendach** *nt* toldo *m;* **Sonneneinstrahlung** *f ohne Pl* radiación *f* solar; **Sonnenenergie** *f ohne Pl* (PHYS) energía *f* solar; **Sonnenfinsternis** *f* (ASTR) eclipse *m* solar; **sonnenklar** *adj* (*fam*) **1.** (*hell und sonnig*) claro y soleado **2.** (*eindeutig*) claro como el agua; **Sonnenkollektor** *m* <-s, -en> colector *m* solar; **Sonnenkraftwerk** *nt* central *f* solar; **Sonnenlicht** *nt ohne Pl* <-(e)s> luz *f* del sol; **Sonnenmilch** *f* leche *f* solar; **Sonnenöl** *nt* aceite *m* solar; **Sonnenschein** *m ohne Pl* <-(e)s> luz *f* del sol; **bei strahlendem ~** con sol; **Sonnenschirm** *m* sombrilla *f;* **Sonnenseite** *f* lado *m* expuesto al sol; **die ~ des Lebens** el lado alegre de la vida; **Sonnenstich** *m* <-(e)s, -e> (MED) insolación *f;* **Sonnenstrahl** *m* rayo *m* de sol; **Sonnensystem** *nt* (ASTR) sistema *m* solar; **Sonnenuhr** *f* reloj *m* de sol; **Sonnenuntergang** *m* puesta *f* del sol; **Sonnenwende** *f* solsticio *m*

sonnig *adj* **1.** (*Wetter, Tag*) soleado; **hier ist es zu ~** aquí hace demasiado sol **2.** (*Gemüt*) alegre

Sonntag *m* <-(e)s, -e> domingo *m;* **Sonn- und Feiertage** domingos y festivos; *s. a.* **Montag**

sonntäglich *adj* dominical

sonntags *adv* los domingos; **sonn- und feiertags** domingos y festivos

Sonntagsarbeit *f ohne Pl* trabajo *m* dominical; **Sonntagsdienst** *m* servicio *m* dominical

sonst *adv* **1.** (*außerdem*) más; (*im Übrigen*) por lo demás; **war ~ noch jemand da?** ¿había alguien más?; **~ nichts** nada más; **~ was** (*fam*) cualquier cosa; **~ noch Fragen?** ¿alguna pregunta más?; **~ geht's dir gut?** (*fam iron*) ¿y por lo demás todo en orden? **2.** (*für gewöhnlich*) normalmente; (*immer*) siempre; **du bist doch ~ nicht so** normalmente no eres así; **es war genau wie ~** fue igual que siempre; **mehr als ~** más que normalmente **3.** (*ehemals*) antes; (*in anderen Fällen*) en ocasiones anteriores **4.** (*andernfalls*) si no; **was/wer/wie denn ~?** (*fam*) ¿qué/quién/cómo si no? **5.** (*unbestimmt*): **~ wer** (*fam*) cualquiera; **er bildet sich ein, ~ wer zu sein** (*etwas Besonderes*) se cree que es alguien

sonstige(r, s) *adj* otro; **ihr ~es Verhalten war recht gut** por lo demás se comportó bastante bien; **S~es** varios

sonstwas *pron indef s.* **sonst 5.**

sonstwer *pron indef s.* **sonst 5.**

sooft *konj* cada vez que, siempre que; **~ ich auch darüber nachdenke, ich sehe keine Lösung** por más que lo pienso, no encuentro una solución

Sopran *m* <-s, -e> (MUS) soprano *m*

Sopranistin *f* <-nen> (MUS) soprano *f*

Sorge[1] *f* <-n> (*Angst, Problem*) preocupación *f* (*um* por); (*innere Unruhe*) inquietud *f* (*um* por); (*Kummer*) pena *f;* **es macht mir ~, dass ...** me preocupa que... *+subj;* **sich** *dat* **um jdn ~n machen** estar preocupado por alguien; **keine ~!** ¡no te preocupes!

Sorge[2] *f ohne Pl* (*Für~*) cuidado *m;* **lass das nur meine ~ sein** yo me encargaré de eso; **dafür ~ tragen, dass ...** (*geh*) ocuparse de que... *+subj*

sorgen **I.** *vi* **1.** (*sich kümmern*) preocuparse (*für* de), ocuparse (*für* de); **für jdn ~** cuidar a alguien; **dafür ~, dass ...** ocuparse de que *+subj* **2.** (*beschaffen*) proporcionar (*für*) **II.** *vr:* **sich ~** preocuparse (*um* por)

sorgenfrei *adj* sin preocupaciones; **Sorgenkind** *nt* niño, -a *m, f* problemático, -a; **sorgenvoll** *adj* lleno de preocupaciones

Sorgerecht *nt ohne Pl* <-(e)s> (JUR) custodia *f* (*für* de)

Sorgfalt *f ohne Pl* cuidado *m,* esmero *m*

sorgfältig *adj* cuidadoso, esmerado

sorglos *adj* **1.** (*unachtsam*) despreocupado; (*nachlässig*) negligente **2.** (*sorgenfrei*) sin preocupaciones

Sorglosigkeit *f ohne Pl* despreocupación *f*

sorgsam *adj* cuidadoso, diligente

Sorte *f* <-n> **1.** (*Art*) tipo *m,* clase *f;* (*Marke*) marca *f;* **eine bestimmte ~ von ...** un determinado tipo de... **2.** *Pl* (*Devisen*) moneda *f* extranjera

sortieren* *vt* clasificar (*nach* por), ordenar (*nach* por)

Sortiment *nt* <-(e)s, -e> **1.** (*Warenangebot*) surtido *m* **2.** (*~sbuchhandel*) librería *f* general

SOS *nt ohne Pl* <-> *Abk. von* **save our souls** S.O.S. *m;* **~ funken** mandar un S.O.S.

sosehr *konj* por mucho que (*+subj*)

Soße *f* <-n> salsa *f*
sott *3. imp von* **sieden**
Soufflé *nt* <-s, -s>, **Soufflee**[RR] *nt* <-s, -s> (GASTR) soufflé *m*
Souffleur, -euse *m, f* <-s, -e; -n> (THEAT) apuntador(a) *m(f)*
soufflieren* *vi, vt* (THEAT) apuntar
Soundkarte *f* (INFOR) ficha *f* de sonido
soundso I. *adj* (*fam*) tal y tal; **auf Seite** ~ en la página tal y tal II. *adv* (*fam*) tal y tal, tan y tan; ~ **groß** de tal y tal tamaño; ~ **oft** tantas y tantas veces
soundsovielte(r, s) *adj* (*fam*) el no sé cuántos; **das** ~ **Mal** la no sé qué vez
Souterrain *nt* <-s, -s> sótano *m*
Souvenir *nt* <-s, -s> recuerdo *m*
souverän I. *adj* 1. (POL) soberano 2. (*geh: überlegen*) superior II. *adv* con superioridad
Souveränität *f ohne Pl* 1. (*von Staaten*) soberanía *f* 2. (*geh: Überlegenheit*) superioridad *f*
soviel I. *adv s.* **viel I.2.** II. *konj* 1. (*soweit*) por lo que; ~ **ich weiß ...** por lo que yo sé... 2. (*sosehr*) por mucho que
soweit I. *adv s.* **weit I.5.** II. *konj* por lo que; ~ **ich sehen kann, ...** por lo que puedo observar...
sowenig I. *adv s.* **wenig 3.** II. *konj* por poco que +*subj*
sowie *konj* 1. (*sobald*) en cuanto +*subj* 2. (*außerdem*) así como, además de
sowieso *adv* 1. (*ohnehin*) de todas maneras; **das ~!** (*fam*) ¡de todas todas! 2. (*Schweiz: selbstverständlich*) por supuesto
Sowjetbürger(in) *m(f)* (ciudadano, -a *m, f*) soviético, -a *m, f*
sowjetisch *adj* soviético
Sowjetunion *f* (HIST) Unión *f* Soviética
sowohl *konj:* ~ **... als auch ...** tanto... como...
sozial *adj* social; ~ **eingestellt sein** interesarse por los temas sociales; **Sozialabbau** *m* reducción *f* de los servicios sociales; **Sozialabgaben** *fpl* cuotas *fpl* sociales; **Sozialamt** *nt* departamento *m* de asistencia social; **Sozialarbeiter(in)** *m(f)* asistente *mf* social; **Sozialdemokrat(in)** *m(f)* socialdemócrata *mf;* **sozialdemokratisch** *adj* socialdemócrata; **Sozialfall** *m* <-(e)s, -fälle> receptor(a) *m(f)* de asistencia social
Sozialhilfe *f ohne Pl* ayuda *f* social; **Sozialhilfeempfänger(in)** *m(f)* <-s, -; -nen> receptor(a) *m(f)* de asistencia social
sozialisieren* *vt* (WIRTSCH, PSYCH) socializar
Sozialismus *m ohne Pl* <-> socialismo *m*
Sozialist(in) *m(f)* <-en, -en; -nen> socialista *mf*
sozialistisch *adj* socialista
Sozialleistung *f* prestación *f* social; **Sozialplan** *m* (POL) plan *m* social; **Sozialpolitik** *f* política *f* social; **Sozialprodukt** *nt* (WIRTSCH) producto *m* nacional; **sozialschwach** *adj* menesteroso, necesitado; **Sozialstaat** *m* Estado *m* social; **Sozialversicherung** *f* seguro *m* social, mutual *f CSur;* **Sozialwissenschaften** *fpl* ciencias *fpl* sociales; **Sozialwohnung** *f* vivienda *f* de protección social
Soziologe, -in *m, f* <-n, -n; -nen> sociólogo, -a *m, f*
Soziologie *f ohne Pl* sociología *f*
soziologisch *adj* sociológico
Sozius *m* <-, -se *o* Sozii> 1. (WIRTSCH) socio, -a *m, f* 2. (*Beifahrer*) acompañante *mf* 3. (*fam: Genosse*) socio, -a *m, f,* compañero, -a *m, f*
sozusagen *adv* por así decir
Spachtel *m* <-s, -> espátula *f*
spachteln I. *vt* (*glätten*) alisar; (*Loch, Ritze*) tapar II. *vi* (*fam: essen*) devorar, tragar
Spagetti[RR] *pl,* **Spaghetti** *pl* espaguetis *mpl*
spähen *vi* (*beobachten*) otear (*auf*), acechar (*auf*); **auf die Straße** ~ otear la calle; **durch einen Spalt** ~ mirar por un hueco; **nach jdm/etw** ~ buscar a alguien/algo con la vista
Späher(in) *m(f)* <-s, -; -nen> (HIST) vigía *mf;* (*Kundschafter*) explorador(a) *m(f);* (*abw: Spitzel*) espía *mf*
Spähtrupp *m* (MIL) patrulla *f*
Spalier *nt* <-s, -e> 1. (*für Pflanzen*) espaldera *f* 2. (*Menschengasse*) calle *f;* ~ **stehen** formar calle
Spalt *m* <-(e)s, -e> rendija *f;* (*Riss*) grieta *f,* hendidura *f;* **die Tür/Augen einen** ~ **öffnen** entreabrir la puerta/los ojos
spaltbar *adj* (PHYS) fisible
Spalte *f* <-n> 1. (*Öffnung*) hendidura *f,* raja *f;* (*Riss*) grieta *f* 2. (TYPO) columna *f*
spalten <spaltet, spaltete, gespalten *o* gespaltet> *vt* 1. (*teilen*) dividir, partir; (*Partei*) escindir 2. (*der Länge nach*) hender, rajar; (*Holz*) partir 3. (CHEM) descomponer, disociar; (PHYS) desintegrar
Spaltung *f* <-en> 1. (*eines Landes, einer Gruppe*) división *f;* (*einer Partei*) escisión *f* 2. (CHEM) descomposición *f;* (PHYS) fisión *f* 3. (PSYCH) disociación *f*
Span *m* <-(e)s, Späne> astilla *f*
Spanferkel *nt* cochinillo *m*
Spange *f* <-n> 1. (*Haar~*) horquilla *f* 2. (*Zahn~*) aparato *m* de ortodoncia
Spanien *nt* <-s> España *f*
Spanier(in) *m(f)* <-s, -; -nen> español(a) *m(f)*
spanisch *adj* español; (*Sprache*) español, castellano; **das kommt mir ~ vor** (*fam fig*) esto me suena a chino
Spanisch(e) *nt ohne Pl* <-en *o* -(s)> español

m, castellano *m;* **aus dem S~en/ins S~e übersetzen** traducir del/al español

spanischsprachig *adj* hispanohablante; **~e Länder** países de habla hispana

spann *3. imp von* **spinnen**

Spann *m* <-(e)s, -e> empeine *m*

Spannbetttuch[RR] *nt* sábana *f* con cuatro puntos de ajuste

Spanne *f* <-n> **1.** (*Zeit~*) intervalo *m,* espacio *m* de tiempo **2.** (*Handels~*) margen *m*

spannen I. *vt* **1.** (*dehnen*) estirar; (*Seil, Muskeln*) tensar; (*Bogen*) flechar **2.** (*Leine, Netz*) tender **3.** (*in die Schreibmaschine*) meter **4.** (*Gewehr*) amartillar **5.** (*fam: merken*) percibir; **ich hoffe, er hat's gespannt** espero que haya caído en la cuenta **II.** *vi* (*Kleidung*) quedar estrecho; (*Haut*) tirar **III.** *vr:* **sich ~ 1.** (*straff/fest werden*) ponerse tenso **2.** (*sich wölben*) arquearse (*über* sobre)

spannend *adj* (*fesselnd*) cautivador; (*interessant*) muy interesante; (*Buch, Film*) de suspense; **mach's nicht so ~!** (*fam*) ¡no te hagas tanto de rogar!

Spanner *m* <-s, -> **1.** (*Spannvorrichtung*) tensor *m* **2.** (*Schmetterling*) geométrido *m* **3.** (*fam: Voyeur*) mirón *m*

Spannkraft *f ohne Pl* elasticidad *f*

Spannung[1] *f ohne Pl* **1.** (*Erwartung, innere ~, a.* PHYS) tensión *f;* **etw mit ~ erwarten** esperar algo con impaciencia **2.** (*eines Films*) suspense *m,* suspenso *m Am*

Spannung[2] *f* <-en> **1.** (*Feindseligkeit*) tirantez *f* **2.** (*Stromstärke*) voltaje *m*

Spannweite *f* **1.** (*Vogel, Flugzeug*) envergadura *f* **2.** (ARCHIT) luz *f*

Sparbuch *nt* libreta *f* de ahorro; **Sparbüchse** *f* hucha *f*

sparen I. *vt* ahorrar **II.** *vi* **1.** (*Geld*) ahorrar **2.** (*zurückhalten*) escatimar (*an/mit* en)

Sparer(in) *m(f)* <-s, -; -nen> ahorrador(a) *m(f)*

Sparflamme *f ohne Pl* llama *f* pequeña; **auf ~** (*a. fig*) a medio gas

Spargel *m* <-s, -> espárrago *m*

Sparguthaben *nt* ahorros *mpl;* **Sparkasse** *f* caja *f* de ahorros; **Sparkonto** *nt* cuenta *f* de ahorro

spärlich *adj* escaso; (*ärmlich*) pobre; **~ bekleidet sein** llevar poca ropa encima

Sparmaßnahme *f* medida *f* de ahorro; **Sparpackung** *f* tamaño *m* económico; **Sparpreis** *m* precio *m* económico

sparsam *adj* económico; (*Person*) poco gastador; **~ mit etw umgehen** ser ahorrativo con algo

Sparsamkeit *f ohne Pl* economía *f;* **aus ~** por razones de economía

Sparschwein *nt* hucha *f* (en forma de cerdo)

Sparte *f* <-n> **1.** (*Gebiet*) rama *f;* (*Abteilung*) sector *m* **2.** (*Rubrik*) sección *f*

Spaß[1] *m* <-es, Späße> (*Scherz*) broma *f;* **~ machen** bromear; (**keinen**) **~ verstehen** tener (poca) correa; **~ beiseite!** ¡bromas aparte!; **aus** [*o* **im**] **~** de broma; **da hört bei mir der ~ auf** (*fam*) eso ya pasa de castaño oscuro

Spaß[2] *m ohne Pl* <-es> (*Vergnügen*) diversión *f,* gusto *m;* **~ muss sein** hay que divertirse; **~ machen** gustar; **sich** *dat* **aus etw einen ~ machen** hacer algo de cachondeo; **jdm den ~ verderben** aguar(le) la fiesta a alguien; **viel ~!** ¡que te diviertas!; **das war ein teurer ~** (*fam*) costó un riñón

spaßen *vi* bromear; **damit ist nicht zu ~** no es cosa de broma; **sie lässt nicht mit sich ~** no está para bromas

spaßeshalber *adv* (*fam*) en broma

spaßhaft *adj* gracioso

spaßig *adj* divertido

Spaßverderber(in) *m(f)* <-s, -; -nen> aguafiestas *mf inv;* **Spaßvogel** *m* bromista *mf*

Spastiker(in) *m(f)* <-s, -; -nen> (MED) espástico, -a *m, f*

spät I. *adj* tardío; **am ~en Vormittag** a última hora de la mañana; **von früh bis ~** desde la mañana hasta la noche **II.** *adv* tarde; **wie ~ ist es?** ¿qué hora es?; **es wird heute ~(er)** se va a hacer tarde hoy; **besser ~ als nie** (*prov*) más vale tarde que nunca; **Spätaussiedler(in)** *m(f) emigrante de origen alemán de los estados de Europa del Este;* **Spätdienst** *m ohne Pl* <-(e)s> turno *m* de tarde

Spaten *m* <-s, -> laya *f*

später I. *adj* posterior; (*künftig*) futuro **II.** *adv* más tarde, más adelante; **bis ~!** ¡hasta luego!; **einige Stunden ~** unas horas después; **früher oder ~** tarde o temprano

spätestens *adv* lo más tarde; **~ in einer Stunde** a más tardar dentro de una hora

Spätfolge *f* efecto *m* tardío; **Spätgotik** *f* gótico *m* tardío; **Spätlese** *f* cosecha *f* tardía; **Spätschicht** *f* turno *m* de tarde; **Spätsommer** *m* estío *m* tardío; **Spätvorstellung** *f* sesión *f* de noche

Spatz *m* <-en *o* -es, -en> **1.** (*Vogel*) gorrión *m;* **das pfeifen die ~en von den Dächern** (*fam*) es (ya) un secreto a voces; **besser ein ~ in der Hand als eine Taube auf dem Dach** (*prov*) más vale pájaro en mano que ciento volando **2.** (*fam: Schatz*) tesoro *m*

Spätzle *pl* (*südd*) *pasta de huevo típica de Suabia*

Spätzündung *f* (TECH) encendido *m* retardado

spazieren* *vi sein* pasear (*durch* por); (**im Auto**) **~ fahren** dar una vuelta (en coche);

jdn (im Auto) ~ fahren pasear a alguien (en coche); **im Wald ~ gehen** pasear(se) por el bosque; **spazieren|fahren** *irr* **I.** *vi sein s.* **spazieren II.** *vt s.* **spazieren**; **spazieren|gehen** *irr vi sein s.* **spazieren**

Spazierfahrt *f* paseo *m* en coche; **Spaziergang** *m* <-(e)s, -gänge> paseo *m;* **einen ~ machen** dar un paseo

Spaziergänger(in) *m(f)* <-s, -; -nen> paseante *mf*

Spazierstock *m* <-(e)s, -stöcke> bastón *m*

SPD *f Abk. von* **Sozialdemokratische Partei Deutschlands** Partido *m* Socialdemócrata Alemán

Specht *m* <-(e)s, -e> (ZOOL) pájaro *m* carpintero

Speck *m* <-(e)s, -e> **1.** (*Nahrungsmittel*) tocino *m;* (*geräuchert*) bacon *m* **2.** (*fam: bei Menschen*) grasa *f;* (*~ bauch*) panza *f;* **~ ansetzen** echar carnes

speckig *adj* **1.** (*schmierig*) pringoso; (*schmutzig*) mugriento **2.** (*fam abw: dick*) gordo

Spediteur(in) *m(f)* <-(e)s, -e; -nen> transportista *mf*

Spedition *f* <-en> empresa *f* de transportes

Speed *nt* <-s, -s> (*sl: Droge*) espid *m*

Speer *m* <-(e)s, -e> lanza *f;* (SPORT) jabalina *f;* **Speerwerfen** *nt ohne Pl* <-s> (SPORT) lanzamiento *m* de jabalina

Speiche *f* <-n> (*a.* MED) radio *m*

Speichel *m ohne Pl* <-s> saliva *f;* **Speicheldrüse** *f* glándula *f* salival

Speicher *m* <-s, -> **1.** (*Lager*) almacén *m;* (*Getreide~*) granero *m* **2.** (*Dachboden*) desván *m* **3.** (TECH: *Wasser~*) depósito *m* **4.** (INFOR) memoria *f;* **Speicherkapazität** *f* (INFOR) capacidad *f* de almacenamiento

speichern *vi, vt* (*a.* INFOR) almacenar; **Daten auf Diskette ~** almacenar datos en un disquete

Speicherplatz *m ohne Pl* <-es> (INFOR) espacio *m* de memoria; **Speicherschutz** *m* (INFOR) protección *f* de memoria

Speicherung *f* <-en> almacenamiento *m*

speien <speit, spie, gespie(e)n> **I.** *vi* (*geh*) **1.** (*spucken*) escupir **2.** (*sich übergeben*) vomitar **II.** *vt* (*geh*) escupir

Speise *f* <-n> comida *f;* (*Gericht*) plato *m;* **kalte ~n** (*Gerichte*) fiambres *mpl;* **Speisekammer** *f* despensa *f;* **Speisekarte** *f* carta *f* (del menú)

speisen I. *vi* (*geh*) comer **II.** *vt* **1.** (*geh: ernähren*) dar de comer (a) **2.** (TECH) alimentar

Speiseöl *nt* aceite *m* de mesa; **Speiseröhre** *f* esófago *m;* **Speisesaal** *m* comedor *m;* **Speisewagen** *m* coche *m* restaurante

Spektakel[1] *m* <-s, -> (*fam: Lärm*) jaleo *m*

Spektakel[2] *nt* <-s, -> (*Vorgang*) espectáculo *m*

spektakulär *adj* espectacular

Spektra *Pl von* **Spektrum**

Spektralfarbe *f* (PHYS) color *m* del espectro (solar)

Spektrum *nt* <-s, Spektren *o* Spektra> (*fig a.* PHYS) espectro *m*

Spekulant(in) *m(f)* <-en, -en; -nen> especulador(a) *m(f)*

Spekulation *f* <-en> (*a.* WIRTSCH, PHILOS) especulación *f;* **über etw ~en anstellen** especular acerca de algo

spekulieren* *vi* (*a.* WIRTSCH) especular (*mit* con, *in* en, *über* sobre); **auf etw ~** (*fam*) contar con algo

Spelunke *f* <-n> (*abw*) **1.** (*Kneipe*) tabernucho *m* **2.** (*Unterkunft*) cuchitril *m*

spendabel *adj* (*fam*) rumboso

Spende *f* <-n> (*Geld~*) donativo *m;* (*Schenkung*) donación *f;* (*Almosen*) limosna *f*

spenden *vt* **1.** (*Geld, Blut*) donar **2.** (*geh: Wärme, Schatten*) dar

Spender(in)[1] *m(f)* <-s, -; -nen> (*Person*) donador(a) *m(f)*

Spender[2] *m* <-s, -> (*Gerät*) distribuidor *m*

spendieren* *vt* (*fam*) pagar; **jdm ein Eis ~** invitar a alguien a tomar un helado

Sperber *m* <-s, -> gavilán *m*

Sperling *m* <-s, -e> gorrión *m*

Sperma *nt* <-s, Spermen *o* -ta> (BIOL) esperma *m o f*

sperrangelweit *adv:* **~ offen** abierto de par en par

Sperre *f* <-n> **1.** (*Schranke*) barrera *f;* (*Straßen~*) barricada *f* **2.** (*Embargo*) bloqueo *m;* (*Nachrichten~*) censura *f;* **eine ~ verhängen** (*Embargo*) declarar un bloqueo; (*Nachrichten~*) ejercer la censura **3.** (SPORT) suspensión *f*

sperren I. *vt* **1.** (*für den Verkehr*) cerrar **2.** (*verbieten*) bloquear; (*Urlaub*) aplazar **3.** (*Telefon, Strom*) cortar; (*Konto, Kredit*) bloquear; (*Daten*) inhibir **4.** (SPORT) suspender **5.** (TYPO) espaciar **6.** (*ein~*): **jdn in etw ~** encerrar a alguien en algo **II.** *vr:* **sich ~** oponerse (*gegen* a)

Sperrgebiet *nt* zona *f* prohibida; **Sperrholz** *nt ohne Pl* <-(e)s> contrachapado *m*

sperrig *adj* voluminoso

Sperrmüll *m* basura *f* voluminosa

Sperrsitz *m* (*im Kino*) butaca *f* en las últimas filas; (*im Zirkus, Theater*) butaca *f* en las primeras filas; **Sperrstunde** *f* hora *f* de cierre

Sperrung *f* <-en> **1.** (*einer Straße*) cierre *m* **2.** (*Verbot*) bloqueo *m,* prohibición *f* **3.** (*des Stroms, Telefons*) corte *m;* (*von Geldern, Konten*) bloqueo *m* **4.** (SPORT) suspensión *f*

Sperrvermerk *m* nota *f* de no negociabilidad

Spesen *pl* dietas *fpl,* gastos *mpl* (reembolsados por la empresa)

Spezi[1] *m* <-s, -(s)> (*südd: fam: Kumpel*) coleguilla *mf*

Spezi[2] *m o nt* <-s, -(s)> (*fam: Getränk*) *refresco a base de limonada y coca-cola*

Spezialgebiet *nt* especialidad *f*

spezialisieren* *vr:* **sich ~** especializarse (*auf* en)

Spezialisierung *f* <-en> especialización *f*

Spezialist(in) *m(f)* <-en, -en; -nen> especialista *mf* (*für* en)

Spezialität *f* <-en> especialidad *f*

speziell *adj* especial, particular

Spezies *f* <-> (BIOL) especie *f*

spezifisch *adj* específico

spezifizieren* *vt* especificar

Sphäre *f* <-n> esfera *f;* **in höheren ~n schweben** (*fam*) vivir en las nubes

sphärisch *adj* esférico

Sphinx *f* <-e> esfinge *f*

spicken I. *vt* **1.** (GASTR) mechar **2.** (*fam: reichlich versehen*) llenar (*mit* de) **II.** *vi* (*reg: fam: abschreiben*) chuletear; **bei** [*o* **von**] **jdm ~** copiar de alguien

Spickzettel *m* (*reg: fam*) chuleta *f,* machete *m Arg*

spie *3. imp von* **speien**

Spiegel *m* <-s, -> **1.** (*allgemein*) espejo *m;* **in den ~ sehen** mirarse en el espejo; **jdm den ~ vorhalten** (*fig*) adoptar una postura crítica frente a alguien **2.** (MED) espéculo *m* **3.** (*Wasser~, Alkohol~*) nivel *m;* **Spiegelbild** *nt* imagen *f* reflejada; (*fig*) reflejo *m;* **spiegelblank** *adj* limpio como un espejo; (*glänzend*) brillante

Spiegelei *nt* (GASTR) huevo *m* frito

spiegelglatt *adj* **1.** (*rutschig*) muy resbaladizo **2.** (*eben*) liso como un espejo

spiegeln I. *vi* **1.** (*glänzen*) brillar **2.** (*blenden*) reflejar **II.** *vt* reflejar **III.** *vr:* **sich ~** reflejarse (*in* en)

Spiegelreflexkamera *f* (FOTO) cámara *f* de espejo

Spiegelschrift *f* escritura *f* invertida

Spiegelung *f* <-en> reflejo *m*

spiegelverkehrt *adj* invertido lateralmente

Spiel *nt* <-(e)s, -e> **1.** (*Glücks~, Vergnügen*) juego *m;* **einen neuen Gesichtspunkt** (**mit**) **ins ~ bringen** aportar otro punto de vista; **jdm das ~ verderben** (*fig*) aguar la fiesta a alguien; **ein doppeltes ~ treiben** (*fig*) hacer juego doble; **ein abgekartetes ~** (*fam*) una confabulación; **leichtes ~ mit jdm haben** (*fam*) vencer a alguien fácilmente; **auf dem ~ stehen** (*fig*) estar en juego; **etw aufs ~ setzen** (*fig*) jugarse algo; **im ~ sein** (*fig*) estar en juego; **jdn/etw aus dem ~ lassen** (*fig*) dejar a alguien/algo fuera de juego **2.** (SPORT) partido *m* **3.** (TECH) juego *m,* holgura *f;* **Spielautomat** *m* (máquina *f*) tragaperras *f inv;* **Spielball** *m* **1.** (*Ball*) pelota *f* **2.** (*Person*) juguete *m;* **Spielbank** *f* <-en> casino *m;* **Spielbrett** *nt* tablero *m* (de juego); **Spielcomputer** *m* ordenador *m* de juegos, computadora *f* de juegos *Am*

spielen I. *vt* **1.** (*Spiel*) jugar **2.** (*Instrument*) tocar; **eine Platte ~** (*fam*) poner un disco **3.** (*aufführen*) dar **4.** (*Rolle*) interpretar **5.** (*vortäuschen*) hacerse; **er spielt den Unschuldigen** se hace el inocente **II.** *vi* **1.** (*Spiel, a.* SPORT) jugar; **um hohe Summen ~** jugar grandes sumas; **1:1 ~** empatar 1 a 1; **mit dem Feuer ~** (*a. fig*) jugar con fuego **2.** (*herum~*) juguetear (*mit/an* con) **3.** (*sich zutragen*) tener lugar (*in* en) **4.** (*Radio*) estar sonando

spielend *adv* (*problemlos*) fácilmente, con facilidad

Spieler(in) *m(f)* <-s, -; -nen> jugador(a) *m(f)*

Spielerei *f ohne Pl* (*abw: dauerndes Spielen*) jugueteo *m*

spielerisch *adj* **1.** (*verspielt*) juguetón **2.** (*mit Leichtigkeit*) como jugando **3.** (SPORT): **die ~e Leistung** la actuación de los jugadores

Spielfeld *nt* terreno *m* de juego; (*Tennis*) pista *f;* **Spielfilm** *m* largometraje *m;* **Spielhalle** *f* salón *m* recreativo; **Spielhölle** *f* <-n> (*abw*) salón *m* de juego; **Spielkamerad(in)** *m(f)* compañero, -a *m, f* de juego; **Spielkarte** *f* naipe *m;* **Spielkasino** *nt* casino *m* de juego; **Spielplan** *m* (THEAT) programa *m,* cartelera *f;* **auf dem ~ stehen** estar en cartel; **Spielplatz** *m* <-es, -plätze> parque *m* infantil; **Spielraum** *m ohne Pl* <-(e)s> espacio *m;* (*Bewegungs~*) libertad *f* de movimiento; (*fig*) margen *m;* **Spielregel** *f* regla *f* de juego; **Spielsachen** *fpl* juguetes *mpl;* **Spielsucht** *f ohne Pl* ludopatía *f;* **Spielsüchtige(r)** *mf* ludópata *mf;* **Spieluhr** *f* reloj *m* de música; **Spielverderber(in)** *m(f)* <-s, -; -nen> aguafiestas *mf inv;* **Spielwaren** *fpl* juguetes *mpl;* **Spielzeit** *f* **1.** (THEAT) temporada *f* (de teatro); (FILM) *período en el cual una película está en cartelera* **2.** (SPORT) duración *f* del partido; **Spielzeug** *nt* <-(e)s, -e> juguete *m*

Spieß *m* <-es, -e> **1.** (*Waffe*) pica *f;* **den ~ umdrehen** (*fam fig*) volver la tortilla; **wie am ~ schreien** (*fam*) gritar como un poseso **2.** (*Brat~*) asador *m* **3.** (*Speise*) pincho *m*

Spießbürger(in) *m(f)* (*abw*) burgués, -esa *m, f;* **spießbürgerlich** *adj* (*abw*) burgués

spießen *vt* clavar (*auf* en); (*auf eine Gabel*) pinchar (*auf* con)

Spießer(in) *m(f)* <-s, -; -nen> (*fam abw*) burgués, -esa *m, f*

spießig *adj* (*fam abw*) burgués

S

Spießrute *f* <-n>: **~n laufen** (MIL) pasar por la baqueta; (*fig*) verse expuesto a la vergüenza pública

Spikes *mpl* **1.** (*Metalldornen, -stifte*) clavos *mpl*, púas *fpl* **2.** (*Sportschuhe*) zapatillas *fpl* con clavos **3.** (*Reifen*) neumáticos *m* claveteados *pl*

Spinat *m* <-(e)s, -e> espinaca *f*

Spind *m o nt* <-(e)s, -e> armarito *m*

Spindel *f* <-n> **1.** (*am Spinnrad*) huso *m* **2.** (ARCHIT) eje *m*; **spindeldürr** *adj* flaco

Spinett *nt* <-(e)s, -e> espineta *f*

Spinne *f* <-n> araña *f*

spinnen <spinnt, spann, gesponnen> **I.** *vi* **1.** (*Garn*) hilar **2.** (*fam abw: verrückt sein*) estar loco **II.** *vt* **1.** (*Garn*) hilar **2.** (*Spinne*) tejer

Spinnennetz *nt* telaraña *f*

Spinner(in) *m(f)* <-s, -; -nen> **1.** (*Beruf*) hilandero, -a *m, f* **2.** (*fam abw: Verrückter*) loco, -a *m, f*, chiflado, -a *m, f*

Spinnerei[1] *f ohne Pl* (*das Spinnen*) hilado *m*

Spinnerei[2] *f* <-en> **1.** (*Betrieb*) hilandería *f* **2.** (*fam abw: Unsinn*) locura *f*, chifladura *f*

Spinnrad *nt* rueca *f*; **Spinnwebe** *f* <-n> telaraña *f*

Spion(in)[1] *m(f)* <-s, -e; -nen> (*Agent*) espía *mf*

Spion[2] *m* <-s, -e> (*Guckloch*) mirilla *f*

Spionage *f ohne Pl* espionaje *m*; **Spionageabwehr** *f* contraespionaje *m*

spionieren* *vi* espiar

Spirale *f* <-n> **1.** (*Linie*) espiral *f* **2.** (*fam: zur Empfängnisverhütung*) DIU *m*

Spiritismus *m ohne Pl* <-> espiritismo *m*

spiritistisch *adj* espiritista

spirituell *adj* espiritual

Spirituose *f* <-n> bebida *f* alcohólica

Spiritus *m* <-, -se> alcohol *m* (de quemar); **Spirituskocher** *m* infiernillo *m* de alcohol, reverbero *m Am*

Spital *nt* <-s, Spitäler> (*Schweiz*) hospital *m*

spitz *adj* **1.** (*Gegenstand, a.* MATH) (punti)agudo; (*Nase, Kinn*) afilado **2.** (*Geräusch*) agudo **3.** (*spöttisch*) mordaz **4.** (*fam: scharf*) deseoso (*auf* de)

Spitz *m* <-es, -e> (ZOOL) lulú *m*

Spitzbart *m* perilla *f*; **Spitzbogen** *m* (ARCHIT) ojiva *f*

Spitzbube, -bübin *m, f* <-n, -n; -nen> **1.** (*abw: Betrüger*) ladrón, -ona *m, f* **2.** (*fam: Schelm*) pillo, -a *m, f*

spitzbübisch *adj* pillo

Spitze *f* <-n> **1.** (*eines Gegenstandes*) punta *f*; **etw auf die ~ treiben** llevar algo al extremo **2.** (*Berg~*) cima *f*, cumbre *f* **3.** (*Führung*) cabeza *f*; (*von Unternehmen*) dirección *f*; **an der ~ stehen/liegen** estar a la cabeza **4.** (*Gewebe*) encaje *m* **5.** (*Stichelei*) indirecta *f* **6.** (*Höchstwert, das Höchste*) máximo *m*; **der Wagen fährt 200 ~** (*fam*) este coche alcanza una velocidad punta de 200 kms/h; **~!** (*fam*) ¡estupendo! **7.** (*Zigaretten~*) boquilla *f*

Spitzel *m* <-s, -> (*abw*) espía *mf*

spitzeln *vi* (*abw*) espiar

spitzen *vt* afilar, sacar punta (a); **die Ohren ~** aguzar el oído

Spitzengeschwindigkeit *f* velocidad *f* máxima; **Spitzenklasse** *f* primera categoría *f*; **Spitzenleistung** *f* **1.** (*Leistung*) rendimiento *m* máximo **2.** (SPORT: *Rekord*) récord *m*

spitzenmäßig *adj* (*fam*) guay

Spitzenreiter *m* <-s, -> (*Ware, Schlager*) éxito *m*; (SPORT) líder *m*; **Spitzentechnologie** *f ohne Pl* última tecnología *f*

Spitzer *m* <-s, -> (*fam*) sacapuntas *m inv*

spitzfindig *adj* (*abw*) sutil

Spitzfindigkeit *f* <-en> sutileza *f*

spitz|kriegen *vt* (*fam*) enterarse (de)

Spitzmaus *f* musaraña *f*

Spitzname *m* apodo *m*

spitzwink(e)lig *adj* de ángulo agudo

Spleen *m* <-s, -e *o* -s> manía *f*

Splitter *m* <-s, -> (*Holz~*) astilla *f*; (*Glas-/Knochen~*) esquirla *f*; (*Granaten~*) metralla *f*

splittern *vi sein* **1.** (*zerbrechen*) hacerse pedazos **2.** (*Holz*) astillarse

splitternackt *adj* (*fam*) en pelota(s)

Splitterpartei *f* partido *m* minúsculo

Splitting *nt* <-s, -s> **1.** (FIN) partición *f* **2.** (POL) segregación *f*

SPÖ *f Abk. von* **Sozialistische Partei Österreichs** Partido *m* Socialista Austriaco

Spoiler *m* <-s, -> (AUTO) alerón *m*

sponsern *vt* patrocinar

Sponsor(in) *m(f)* <-s, -en; -nen> patrocinador(a) *m(f)*, propiciador(a) *m(f) Am*

spontan *adj* espontáneo

Spontaneität *f ohne Pl* espontaneidad *f*

sporadisch **I.** *adj* esporádico **II.** *adv* de vez en cuando

Spore *f* <-n> (BOT) espora *f*

Sport *m ohne Pl* <-(e)s> deporte *m*; (*als Schulfach*) educación *f* física; **~ treiben** practicar deporte; **Sportanzug** *m* <-(e)s, -züge> chandal *m*; **Sportart** *f* <-en> disciplina *f* (deportiva); **Sportbericht** *m* crónica *f* deportiva; **Sportgeschäft** *nt* <-(e)s, -e> tienda *f* de artículos de deporte; **Sporthalle** *f* gimnasio *m*; **Sportlehrer(in)** *m(f)* profesor(a) *m(f)* de educación física

Sportler(in) *m(f)* <-s, -; -nen> deportista *mf*

sportlich *adj* deportivo; (*fair*) justo

Sportplatz *m* <-es, -plätze> campo *m* de deportes; **Sportveranstaltung** *f* acto *m* deportivo; **Sportverein** *m* club *m* deportivo; **Sportwagen** *m* **1.** (*Auto*) coche *m* deportivo **2.** (*Kinderwagen*) cochecito *m,* carrito *m*

Spot *m* <-s, -s> anuncio *m,* aviso *m Am*

Spott *m ohne Pl* <-(e)s> burla *f;* **mit jdm seinen ~ treiben** burlarse de alguien

spottbillig **I.** *adj* (*fam*) tirado, regalado **II.** *adv* (*fam*) a precio tirado

Spöttelei *f* <-en> burla *f,* guasa *f*

spötteln *vi* burlarse (*über* de)

spotten *vi* mofarse (*über* de), burlarse (*über* de)

Spötter(in) *m(f)* <-s, -; -nen> burlón, -ona *m, f*

spöttisch *adj* burlón

Spottpreis *m* (*fam*) precio *m* tirado; **zu einem ~** a precio tirado

sprach *3. imp von* **sprechen**

Sprachcomputer *m* ordenador *m* de lenguas

Sprache[1] *f* <-n> (*Sprachsystem*) lengua *f,* idioma *m;* **lebende/tote ~** lengua viva/muerta

Sprache[2] *f ohne Pl* (*Ausdrucksweise*) lenguaje *m;* (*Sprechfähigkeit*) habla *f;* **etw zur ~ bringen** poner algo sobre la mesa; **jdm bleibt die ~ weg** alguien se queda sin habla; **heraus mit der ~!** (*fam*) ¡desembucha ya!

Spracherkennung *f ohne Pl* (INFOR) reconocimiento *m* de la palabra; **Sprachfehler** *m* defecto *m* de articulación; **Sprachführer** *m* <-s, -> manual *m* de conversación; **Sprachgebrauch** *m* uso *m* del idioma; **Sprachgefühl** *nt ohne Pl* <-(e)s> intuición *f* lingüística; **Sprachkenntnisse** *fpl* conocimientos *mpl* de idioma; **mit spanischen ~n** con conocimientos de español; **Sprachkurs** *m* curso *m* de idioma; **Sprachlabor** *nt* laboratorio *m* de idiomas; **Sprachlehre** *f* <-n> gramática *f;* **Sprachlehrer(in)** *m(f)* profesor(a) *m(f)* de idiomas

sprachlich *adj* lingüístico

sprachlos *adj:* **~ sein** quedarse sin habla

Sprachraum *m* <-(e)s, -räume> área *f* lingüística; **im deutschen ~** en los países de habla alemana; **Sprachrohr** *nt* <-(e)s, -e> megáfono *m;* (*fig*) portavoz *mf;* **Sprachstörung** *f* trastorno *m* de fonación; **Sprachstudium** *nt ohne Pl* <-s> (*akademische Ausbildung*) carrera *f* de filología; **Sprachtherapeut(in)** *m(f)* (MED) logopeda *mf;* **Sprachtherapie** *f* (MED) logopedia *f;* **Sprachwissenschaft** *f ohne Pl* lingüística *f;* **Sprachwissenschaftler(in)** *m(f)* lingüista *mf;* **Sprachzentrum** *nt ohne Pl* <-s> (ANAT) centro *m* del lenguaje

sprang *3. imp von* **springen**

Spray *m o nt* <-s, -s> (e)spray *m;* **Spraydose** *f* pulverizador *m*

sprayen **I.** *vi* echar (e)spray (*gegen* contra) **II.** *vt* echar (e)spray (en)

Sprechanlage *f* intercomunicador *m;* (*an der Haustür*) portero *m* automático

sprechen <spricht, sprach, gesprochen> **I.** *vi* hablar (*von/über* de/sobre); (*sich unterhalten*) conversar (*von/über* de/sobre); **mit jdm ~** hablar con alguien; **davon ~ etw zu tun** hablar de hacer algo; **frei ~** improvisar; **Spanisch** [*o* **spanisch**] **~** hablar español; **jdn zum S~ bringen** hacer hablar a alguien; **ich bin (für ihn) nicht zu ~** no estoy (para él); **das spricht für ihre Intelligenz** es una prueba de su inteligencia; **es sprach alles gegen ihn** todo estaba en su contra; **nicht gut auf jdn zu ~ zu sein** no querer oír hablar de alguien; **wir ~ uns noch!** (*fam*) ¡ya nos hablaremos! **II.** *vt* hablar; (*sagen*) decir; **jdn ~** hablar con alguien

Sprecher(in) *m(f)* <-s, -; -nen> (*Redner*) orador(a) *m(f);* (TV, RADIO) locutor(a) *m(f);* (*Wortführer, Presse~*) portavoz *mf,* vocero *mf Am*

Sprechstunde *f* **1.** (*Öffnungszeit*) horario *m* de atención **2.** (*Arzt*) (hora *f* de) consulta *f;* (SCH, UNIV) hora *f* de tutoría; **~ haben** pasar consulta; **Sprechstundenhilfe** *f* auxiliar *mf* de médico

Sprechübung *f* <-en> ejercicio *m* de articulación; **Sprechweise** *f* manera *f* de hablar; **Sprechzimmer** *nt* despacho *m;* (*Arzt*) consultorio *m*

spreizen **I.** *vt* (*Beine, Finger*) abrir; (*Flügel*) desplegar **II.** *vr:* **sich ~** (*sich sträuben*) oponerse (*gegen* a)

Spreizfuß *m* (MED) pie *m* con los dedos abiertos

Sprengbombe *f* bomba *f* explosiva

sprengen **I.** *vt* **1.** (*mit Sprengstoff*) volar **2.** (*Schloss, Tür*) forzar; (*Versammlung*) disolver; (*Spielbank*) desbancar **3.** (*Rasen*) regar; (*Straße, Wäsche*) rociar **II.** *vi sein* (*geh*) galopar (*über* por)

Sprengkopf *m* (MIL) cabeza *f* (explosiva); **nuklearer ~** cabeza nuclear; **Sprengkörper** *m* <-s, -> artefacto *m* explosivo; **Sprengkraft** *f ohne Pl* fuerza *f* explosiva; **Sprengladung** *f* carga *f* explosiva

Sprengstoff *m* <-(e)s, -e> explosivo *m;* **Sprengstoffanschlag** *m* atentado *m* con explosivos

Sprengung *f* <-en> **1.** (*Gebäude*) voladura *f* **2.** (*Versammlung*) disolución *f*

Spreu *f ohne Pl* granzas *fpl;* **die ~ vom Weizen trennen** (*geh*) separar el grano de la paja

spricht *3. präs von* **sprechen**

Sprichwort *nt* <-(e)s, -wörter> refrán *m*

sprießen <sprießt, spross, gesprossen> *vi sein* (*geh*) brotar

Springbrunnen *m* fuente *f*

springen <springt, sprang, gesprungen> *vi sein* **1.** (*Mensch, Tier*) saltar; (*hüpfen*) brincar; **in die Höhe/zur Seite** ~ dar un salto/saltar a un lado; **über ein Hindernis** ~ saltar un obstáculo **2.** (*Funken, Ball, a.* SPORT) saltar; **die Ampel springt auf Grün** el semáforo cambia a verde; **der ~de Punkt dabei ist, dass ...** el quid de la cuestión es que...; **ins Auge** ~ (*fig*) saltar a la vista; **eine Runde Bier ~ lassen** (*fam*) invitar a una ronda de cerveza **3.** (*Glas*) rajarse **4.** (*Schweiz, südd: laufen*) correr

Springer(in)[1] *m(f)* <-s, -; -nen> **1.** (SPORT) saltador(a) *m(f)* **2.** (*im Betrieb*) sustituto, -a *m, f*

Springer[2] *m* <-s, -> (*beim Schach*) caballo *m*

Springflut *f* <-en> marea *f* viva

Sprit *m ohne Pl* <-s> **1.** (*fam: Benzin*) gasolina *f* **2.** (*fam: Schnaps*) aguardiente *m* **3.** (*Äthylalkohol*) etanol *m*

Spritze *f* <-n> **1.** (MED: *Gerät*) jeringa *f;* (*Injektion*) inyección *f;* **eine ~ geben** poner una inyección **2.** (*Feuer~*) bomba *f* de incendios **3.** (*fam: Geld~*) subvención *f* (financiera)

spritzen I. *vt* **1.** (*Flüssigkeit*) salpicar; **jdn nass** ~ salpicar a alguien **2.** (*Straße, Rasen*) regar **3.** (*mit Pflanzenschutzmitteln*) tratar con pesticida **4.** (*lackieren*) barnizar con pistola **5.** (*Schmerzmittel*) inyectar **II.** *vi* **1.** (*Fett, Mensch*) salpicar; (*aus der Pfanne*) saltar **2.** *sein* (*heraus~*) salir a chorro (*aus* de) **3.** (*fam: Drogen*) pincharse

Spritzer *m* <-s, -> **1.** (*Tropfen*) chispa *f* **2.** (*Fleck*) salpicadura *f*

spritzig *adj* **1.** (*Auto*) rápido **2.** (*lebhaft*) con chispa **3.** (*Wein*) burbujeante

Spritzkuchen *m* buñuelo *m*

Spritztour *f* (*fam*) escapada *f*

spröde *adj* **1.** (*Material*) quebradizo **2.** (*Haar, Haut*) seco **3.** (*Stimme*) ronco **4.** (*Thema*) seco **5.** (*Person*) reservado

spross[RR], **sproß** *3. imp von* **sprießen**

Spross[RR] *m* <-es, -e>, **Sproß** *m* <-sses, -sse> **1.** (*junger Trieb*) renuevo *m* **2.** (*geh: Nachkomme*) retoño *m*

Sprosse *f* <-n> (*Leiter~, Fenster~*) travesaño *m*

Sprossenwand *f* (SPORT) espaldera *f*

Sprössling[RR] *m* <-s, -e>, **Sprößling** *m* <-s, -e> (*fam*) retoño *m*

Spruch *m* <-(e)s, Sprüche> **1.** (*Aus~*) dicho *m;* (*Sinn~*) sentencia *f;* (*Motto*) lema *m;* **Sprüche klopfen** (*fam abw: angeben*) fanfarronear **2.** (*Bibel~*) versículo *m* **3.** (*Schieds~*) fallo *m* arbitral; (*Urteils~*) sentencia *f;* **Spruchband** *nt* <-(e)s, -bänder> pancarta *f;* **spruchreif** *adj* **1.** (JUR) listo para sentencia **2.** (*zu entscheiden*) a punto de decidirse; (*endgültig*) definitivo; (*anhängig*) pendiente

Sprudel *m* <-s, -> agua *f* mineral con gas

sprudeln *vi* **1.** *sein* (*hervorquellen*) salir a borbotones (*aus* de); (*Quelle*) brotar (*aus* de) **2.** (*Limonade*) burbujear; (*durch Kochen*) hervir **3.** (*vor Freude*) rebosar (*vor* de)

Sprühdose *f* (e)spray *m,* atomizador *m*

sprühen I. *vi* **1.** (*Funken*) saltar; (*Wasser*) salpicar **2.** (*überquellen*) rebosar (*vor* de) **II.** *vt* echar; (*zerstäuben*) pulverizar; (*Wasser*) rociar

sprühend *adj* (*Temperament*) vivo

Sprühregen *m ohne Pl* <-s> llovizna *f,* brizna *f Am*

Sprung *m* <-(e)s, Sprünge> **1.** (*Bewegung, a.* SPORT) salto *m;* (*Hüpfer*) brinco *m;* (*ins Wasser*) zambullida *f;* **auf dem ~ sein** (*fam*) estar con prisa; **keine großen Sprünge machen können** (*fam fig*) andar apretado de dinero; **jdm auf die Sprünge helfen** (*fam*) dar(le) a alguien una indicación; **auf einen ~ bei jdm vorbeischauen** (*fam*) pasar un rato por (la) casa de alguien **2.** (*Riss*) raja *f*

Sprungbrett *nt* trampolín *m*

sprunghaft *adj* **1.** (*unstet*) versátil **2.** (*abrupt*) repentino; (*unerwartet*) inesperado

Sprungschanze *f* trampolín *m* de saltos de esquí; **Sprungtuch** *nt* <-(e)s, -tücher> **1.** (*der Feuerwehr*) lona *f* de bomberos **2.** (SPORT) lona *f* de saltos

Spucke *f ohne Pl* (*fam*) saliva *f;* **da bleibt mir die ~ weg** ahí me quedo pasmado

spucken I. *vi* **1.** (*aus~*) escupir **2.** (*fam: zurückweisen*): **auf etw/jdn** ~ despreciar algo/a alguien **3.** (*reg: sich übergeben*) vomitar **II.** *vt* escupir

Spucknapf *m* escupidera *f*

Spuk *m ohne Pl* <-(e)s> aparición *f* (de fantasmas)

spuken *vi* trasguear; **hier spukt es** aquí hay fantasmas

Spülbecken *nt* fregadero *m,* pileta *f RíoPl*

Spule *f* <-n> **1.** (*Film~*) bobina *f;* (*Garn~*) carrete *m* **2.** (ELEK) bobina *f*

Spüle *f* <-n> fregadero *m*

spulen *vt* bobinar

spülen I. *vi* **1.** (*Geschirr*) fregar; (*Waschmaschine*) enjuagar **2.** (*Toilette*) tirar de la cadena **II.** *vt* **1.** (*Geschirr*) fregar **2.** (*Wäsche*) aclarar; (*Mund*) enjuagar; (*Wunde*) lavar **3.** (*anschwemmen*) arrastrar a la orilla

Spülmaschine *f* lavavajillas *m inv;* **spülmaschinenfest** *adj* apto para lavavajillas

Spülmittel *nt* (líquido *m*) lavavajillas *m inv*

Spülung *f* <-en> **1.** (MED) lavado *m;* (*Darm~*) irrigación *f* **2.** (*Toiletten~*) descarga *f* de agua; **die ~ betätigen** tirar de la cadena

Spulwurm *m* ascáride *f,* lombriz *f fam*

Spur *f* <-en> **1.** (*Abdruck*) huella *f;* (*Anzeichen*) rastro *m;* (*Fährte*) pista *f;* **eine heiße ~** una pista caliente; **von den Tätern fehlt jede ~** no hay ni rastro de los delincuentes; **jdm auf der ~ sein** seguir la pista de alguien; **jdm auf die ~ kommen** descubrir a alguien; **~en hinterlassen** dejar huellas **2.** (*Fahr~*) carril *m,* pista *f Am;* **die ~ wechseln** cambiar de carril **3.** (TECH) distancia *f* entre ejes **4.** (*eines Tonbandes*) pista *f* **5.** (*Menge*) pizca *f;* **eine ~ zu laut** demasiado alto; **nicht die ~** ni rastro

spürbar *adj* palpable; (*offensichtlich*) patente; **~ werden** hacerse sentir

spüren *vt* (*wahrnehmen*) sentir; (*erfahren*) experimentar; (*merken*) notar

Spurenelement *nt* oligoelemento *m*

Spürhund *m* <-(e)s, -e> perro *m* rastreador

spurlos *adv* sin dejar huella; **~ verschwinden** desaparecer sin dejar rastro

Spürnase *f ohne Pl* (*fam: Spürsinn*) (buen) olfato *m;* **Spürsinn** *m ohne Pl* <-(e)s> (*a. fig*) olfato *m;* **einen feinen ~ für etw haben** tener buen olfato para algo

Spurt *m* <-s, -s> (SPORT) esprint *m;* **zum ~ ansetzen** hacer un esprint

spurten *vi haben o sein* (SPORT) esprintar

Spurweite *f* **1.** (AUTO) distancia *f* entre ejes **2.** (EISENB) ancho *m* de la vía, trocha *f Am*

Squash *nt ohne Pl* <-> (SPORT) squash *m*

Sri Lanka *nt* <-s> Sri Lanka *m*

Sri-Lanker(in)[RR] *m(f)* <-s, -; -nen> (e)srilanqués, -esa *m, f*

sri-lankisch[RR] *adj* (e)srilanqués

SSV *Abk. von* **Sommerschlussverkauf**[RR] rebajas *fpl* de verano

St. 1. *Abk. von* **Stunde** h **2.** *Abk. von* **Sankt** S.

Staat *m* <-(e)s, -en> **1.** (POL) Estado *m* **2.** (ZOOL) colonia *f*

staatenlos *adj* apátrida

Staatenlose(r) *mf* <-n, -n; -n> apátrida *mf*

staatlich I. *adj* estatal, del Estado; (*von der Regierung*) gubernamental; (*national*) nacional; (*öffentlich*) público **II.** *adv* por el Estado; **~ anerkannt** reconocido oficialmente

Staatsakt *m* <-(e)s, -e> ceremonia *f* oficial; **Staatsangehörige(r)** *mf* ciudadano, -a *m, f;* **Staatsangehörigkeit** *f* <-en> nacionalidad *f;* **doppelte ~** doble nacionalidad; **Staatsanwalt, -anwältin** *m, f* fiscal *mf;* **Staatsanwaltschaft** *f* fiscalía *f;* **Staatsbeamte(r)** *mf,* **-beamtin** *f* <-nen> funcionario, -a *m, f* público, -a; **Staatsbegräbnis** *nt* entierro *m* oficial; **Staatsbesuch** *m* visita *f* oficial; **Staatsbürger(in)** *m(f)* ciudadano, -a *m, f;* **staatsbürgerlich** *adj* cívico; **Staatsbürgerschaft** *f* <-en> ciudadanía *f,* nacionalidad *f;* **Staatschef(in)** *m(f)* jefe, -a *m, f* de Estado; **Staatsdienst** *m ohne Pl* <-es> servicio *m* público; **im ~ stehen** trabajar en el servicio público; **Staatseigentum** *nt* bienes *mpl* nacionales; **Staatsexamen** *nt* examen *m* de estado (*requisito para el reconocimiento oficial de diversos estudios y profesiones*); **Staatsfeind(in)** *m(f)* enemigo, -a *m, f* público, -a; **Staatsform** *f* <-en> forma *f* de Estado; **Staatsgebiet** *nt* territorio *m* nacional; **Staatsgeheimnis** *nt* secreto *m* de Estado; **Staatsgewalt** *f* <-en> poder *m* estatal; **richterliche/gesetzgebende/vollziehende ~** poder judicial/legislativo/ejecutivo; **Staatshaushalt** *m* <-(e)s, -e> presupuesto *m* nacional; **Staatskosten** *pl:* **auf ~** a expensas del Estado; **Staatsmann** *m* (*geh*) hombre *m* de Estado

staatsmännisch *adj* político

Staatsminister(in) *m(f)* ministro, -a *m, f* de gobierno; (*ohne Ministeramt*) ministro, -a *m, f* sin cartera; **Staatsoberhaupt** *nt* jefe, -a *m, f* de Estado; **Staatspräsident(in)** *m(f)* presidente, -a *m, f* de la república; **staatsrechtlich** *adj* jurídico-interno; **Staatssekretär(in)** *m(f)* <-s, -e; -nen> secretario, -a *m, f* de Estado; **Staatsstreich** *m* golpe *m* de Estado; **Staatstheater** *nt* teatro *m* nacional

Stab *m* <-(e)s, Stäbe> **1.** (*Stock*) palo *m;* (*Spazier~*) bastón *m;* (*Mess~*) varilla *f;* (*Bischofs~*) báculo *m;* (*Zauber~*) varita *f;* **den ~ über jdn brechen** (*geh*) condenar a alguien **2.** (SPORT: *für ~hochsprung*) pértiga *f;* (*für Staffellauf*) testigo *m* **3.** (*Mitarbeiter~*) plantilla *f* **4.** (MIL) Estado *m* Mayor

Stäbchen *nt* <-s, -> **1.** *Pl* (*Ess~*) palillos *mpl* **2.** (*fam: Zigarette*) pitillo *m*

Stabhochsprung *m* (SPORT) salto *m* con pértiga

stabil *adj* **1.** (*Material*) sólido **2.** (*Währung, Preise*) estable **3.** (*Gesundheit*) robusto

stabilisieren* **I.** *vt* estabilizar **II.** *vr:* **sich ~** estabilizarse

Stabilisierung *f* <-en> estabilización *f*

Stabilität *f ohne Pl* estabilidad *f*

Stabschef *m* <-s, -s> jefe *m* del Estado Mayor

stach *3. imp von* **stechen**

Stachel *m* <-s, -> **1.** (*einer Pflanze*) espina *f* **2.** (*eines Igels*) púa *f;* (*von Insekten*) aguijón *m;* **Stachelbeere** *f* uva *f* espinosa; **Stacheldraht** *m* alambre *m* de espino

stachelig *adj* espinoso

Stachelschwein *nt* puercoespín *m*

stachlig *adj* espinoso

S

Stadien *Pl von* **Stadion**, **Stadium**

Stadion *nt* <-s, Stadien> (SPORT) estadio *m*

Stadium *nt* <-s, Stadien> etapa *f*, estadio *m*

Stadt *f* <Städte> **1.** (*Ort*) ciudad *f*; **die ~ Sevilla** la ciudad de Sevilla; **in die ~ gehen** ir al centro; **in ~ und Land** en la ciudad y en el campo **2.** (*~verwaltung*) municipio *m*; **stadtbekannt** *adj* conocido en toda la ciudad; **Stadtbezirk** *m* distrito *m* municipal; **Stadtbibliothek** *f* biblioteca *f* municipal

Städtchen *nt* <-s, -> pequeña ciudad *f*

Städtebau *m ohne Pl* <-(e)s> urbanismo *m*; **städtebaulich** *adj* urbanístico; **Städtepartnerschaft** *f* hermanamiento *m* de ciudades

Städter(in) *m(f)* <-s, -; -nen> habitante *mf* de una ciudad

Stadtgebiet *nt* término *m* municipal; **Stadthalle** *f* auditorio *m* municipal, sala *f* de congresos

städtisch *adj* (*kommunal*) municipal; (*urban*) urbano

Stadtkern *m* centro *m* urbano; **Stadtmauer** *f* muralla *f* de la ciudad; **Stadtmitte** *f ohne Pl* centro *m* (de la) ciudad; **Stadtplan** *m* plano *m* de la ciudad; **Stadtrand** *m* periferia *f*, afueras *fpl*, orillas *fpl Am*

Stadtrat, -rätin[1] *m, f* <-(e)s, -räte; -nen> (*Mitglied*) miembro *mf* del consejo municipal

Stadtrat[2] *m* <-(e)s, -räte> (*Gremium*) consejo *m* municipal

Stadtrundfahrt *f* vuelta *f* por la ciudad; **Stadtstaat** *m* ciudad-Estado *f*; **Stadtstreicher(in)** *m(f)* <-s, -; -nen> vagabundo, -a *m, f* urbano, -a; **Stadtteil** *m* <-(e)s, -e> barrio *m*; **Stadtväter** *mpl* (*fam*) concejales *mpl*; **Stadtverwaltung** *f* (*Institution*) administración *f* municipal; **Stadtwerke** *ntpl* compañía *f* (municipal) de electricidad, gas, agua y transportes públicos

Staffel *f* <-n> **1.** (MIL, AERO) escuadrilla *f* **2.** (SPORT) relevo *m*

Staffelei *f* <-en> (KUNST) caballete *m*

Staffellauf *m* <-(e)s, -läufe> (SPORT) carrera *f* de relevos

staffeln *vt* **1.** (*anordnen*) escalonar **2.** (*abstufen*) graduar

Stagnation *f* <-en> estancamiento *m*

stagnieren* *vi* estancarse

stahl *3. imp von* **stehlen**

Stahl *m* <-(e)s, Stähle> acero *m*

Stahlbeton *m ohne Pl* <-s> (ARCHIT) hormigón *m* armado; **Stahlblech** *nt* <-s, -e> chapa *f* de acero

stählern *adj* de acero

Stahlfeder *f* **1.** (*zum Schreiben*) pluma *f* de acero **2.** (TECH) resorte *m* de acero; **Stahlgerüst** *nt* armazón *m o f* de acero; **Stahlhelm** *m* casco *m* de acero; **Stahlindustrie** *f* industria *f* del acero; **Stahlwerk** *nt* <-(e)s, -e> fábrica *f* de acero, acería *f*

stak *3. imp von* **stecken**

Stalinismus *m ohne Pl* <-> estalinismo *m*

stalinistisch *adj* estalinista

Stall *m* <-(e)s, Ställe> establo *m*; (*Hühner~*) gallinero *m*; (*Kuh~*) vaqueriza *f*; (*Pferde~*) cuadra *f*, ensenada *f Arg*; (*Schweine~*) pocilga *f*; (*Renn~*) cuadra *f* de caballos de carreras; **Stallbursche** *m* mozo *m* de cuadra

Stallung *f* <-en> establo *m*

Stamm[1] *m* <-(e)s, Stämme> **1.** (*Baum~*) tronco *m* **2.** (*Volks~*) tribu *f* **3.** (BIOL) filo *m* **4.** (LING) radical *m*

Stamm[2] *m ohne Pl* <-(e)s> (*Kunden~*) clientela *f* fija; (*der Belegschaft*) plantilla *f*

Stammaktie *f* (FIN, WIRTSCH) acción *f* ordinaria [*o* común]; **Stammbaum** *m* árbol *m* genealógico; (*eines Tieres*) pedigrí *m*; **Stammbuch** *nt* libro *m* de familia

stammeln *vi, vt* balbucear

stammen *vi* provenir (*aus/von* de); (*örtlich*) ser (natural) (*aus/von* de)

Stammform *f* <-en> (LING) forma *f* radical; **Stammgast** *m* cliente, -a *m, f* habitual; **Stammhalter** *m* <-s, -> (hijo *m*) primogénito *m*; **Stammhaus** *nt* casa *f* central [*o* matriz]

stämmig *adj* fornido

Stammkneipe *f* (*fam*) bar *m* habitual; **Stammkunde, -in** *m, f* <-n, -n; -nen> cliente, -a *m, f* fijo, -a; **Stammplatz** *m* <-es, -plätze> sitio *m* habitual; **Stammtisch** *m* **1.** (*Tisch*) mesa *f* reservada para la clientela habitual **2.** (*Personen*) tertulia *f*; **Stammwähler(in)** *m(f)* votante *mf* fijo, -a

stampfen **I.** *vi* **1.** (*vor Wut, zum Protest*) patalear; (*Pferd*) piafar **2.** (*Schiff*) cabecear **3.** *sein* (*stapfen*) caminar pesadamente **II.** *vt* **1.** (*zerkleinern*) machacar; (*Trauben*) pisar **2.** (*festtreten*) pisotear

stand *3. imp von* **stehen**

Stand[1] *m ohne Pl* <-(e)s> **1.** (*Stehen*) posición *f* vertical; **aus dem ~** sin tomar impulso; (*fam: aus dem Stegreif*) sin pensarlo; **einen schweren ~ haben** (*fam*) estar en una posición difícil; **etw zu ~e bringen** lograr algo; **zu ~e kommen** llevarse a cabo; **nicht zu ~e kommen** malograrse **2.** (*Entwicklungs~*) nivel *m*; (*Zu~*) situación *f*; (*Stadium*) fase *f*; **im ~e sein etw zu tun** ser capaz de hacer algo; **etw auf den neuesten ~ bringen** actualizar algo; **etw in ~ setzen/halten** arreglar/conservar algo; **gut in ~ sein** estar en buen estado; **der ~ der Ermittlungen** el estado de la instrucción

Stand[2] *m* <-(e)s, Stände> **1.** (*Verkaufs~*)

puesto *m;* (*Informations~, Messe~*) (e)stand *m;* (*Taxi~*) parada *f* **2.** (*Konto~*) estado *m;* (*Öl~, Wasser~*) nivel *m;* (*Sonnen~*) posición *f;* (*Spiel~*) tanteo *m* **3.** (FIN) cotización *f* **4.** (*soziale Stellung*) clase *f*

Standard *m* <-s, -s> **1.** (*Maßstab*) estándar *m* **2.** (*Niveau*) nivel *m*

standardisieren* *vt* estandarizar

Standardisierung *f* <-en> estandarización *f*

Standbild *nt* <-(e)s, -er> estatua *f*

Ständchen *nt* <-s, -> serenata *f;* **jdm ein ~ bringen** dar(le) una serenata a alguien

Ständer *m* <-s, -> **1.** (*Gestell*) caballete *m;* (*Schirm~*) paragüero *m;* (*Kleider~*) perchero *m;* (*Noten~*) latril *m* **2.** (*vulg: erigierter Penis*) estaca *f*

Ständerat, -rätin[1] *m, f* <-(e)s, -räte; -nen> (*Schweiz: Ratsmitglied*) *miembro de la cámara de representantes cantonales suizos*

Ständerat[2] *m ohne Pl* <-(e)s> (*Schweiz: Organ*) *cámara de los representantes cantonales suizos*

Standesamt *nt* registro *m* civil; **standesamtlich I.** *adj:* **~e Trauung** matrimonio civil **II.** *adv:* **~ heiraten** casarse por lo civil; **Standesbeamte(r), -in** *m, f* empleado, -a *m, f* del registro civil; **standesgemäß** *adj* conforme al nivel social

standfest *adj* **1.** (*sicher stehend*) estable **2.** (*standhaft*) firme; **Standfestigkeit** *f* **1.** (*sicherer Stand*) estabilidad *f* **2.** (*Standhaftigkeit*) firmeza *f*

standhaft I. *adj* firme **II.** *adv* con firmeza; **~ bleiben** permanecer firme

Standhaftigkeit *f ohne Pl* firmeza *f*

stand|halten *irr vi* resistir

Standheizung *f* <-en> (AUTO) calefacción *f* de estacionamiento

ständig *adj* (*Ärger, Lärm*) continuo; (*Mitarbeiter*) permanente; (*Wohnsitz*) fijo

Standlicht *nt ohne Pl* <-(e)s> (AUTO) luz *f* de cruce

Standort *m* **1.** (*Ort*) sitio *m,* lugar *m,* ubicación *f Am* **2.** (*Industrie*) emplazamiento *m* **3.** (MIL) guarnición *f;* **Standortfaktor** *m* (WIRTSCH) factor *m* del hábitat; **Standortsicherung** *f ohne Pl* seguridad *f* de la sede

Standpauke *f* (*fam*) sermón *m;* **jdm eine ~ halten** echar(le) un sermón a alguien; **Standpunkt** *m* punto *m* de vista; (*Meinung*) opinión *f;* **einen eigenen ~ vertreten** defender un punto de vista propio; **ich stehe auf dem ~, dass ...** yo opino que...

Standrecht *nt ohne Pl* <-(e)s> (MIL) ley *f* marcial; **standrechtlich** *adj* por aplicación de la ley marcial; **jdn ~ erschießen** fusilar a alguien según la ley marcial

Standspur *f* arcén *m;* **Standuhr** *f* reloj *m* de pie

Stange *f* <-n> **1.** (*Stab*) vara *f;* (*Fahnen~*) asta *f;* (*Hühner~*) percha *f* (del gallinero); (*Gardinen~, Kleider~*) barra *f;* (*Zimt~*) rama *f;* **etw von der ~ kaufen** (*fam*) comprar algo de confección; **bei der ~ bleiben** (*fam fig*) seguir haciendo algo; **jdn bei der ~ halten** (*fam fig*) apoyar a alguien (hasta que acabe) **2.** (*Zigaretten~*) cartón *m* **3.** (*Wend*): **eine ~ Geld** (*fam*) un dineral

Stängel[RR] *m* <-s, -> tallo *m*

stank *3. imp von* **stinken**

Stanniolpapier *nt* papel *m* de aluminio

stanzen *vt* (*prägen*) estampar; (*Loch*) punzonar

Stapel *m* <-s, -> **1.** (*Haufen*) montón *m,* pila *f* **2.** (NAUT) grada *f;* **vom ~ lassen** lanzar al agua; **eine Rede vom ~ lassen** (*fam abw*) pronunciar un discurso; **Stapellauf** *m* <-(e)s, -läufe> (NAUT) botadura *f*

stapeln I. *vt* amontonar **II.** *vr:* **sich ~** amontonarse

stapfen *vi sein* caminar a paso cargado

Star[1] *m* <-(e)s, -e> **1.** (*Tier*) estornino *m* **2.** (*Augenerkrankung*): **grüner ~** glaucoma *m;* **grauer ~** catarata *f*

Star[2] *m* <-s, -s> (*Person*) estrella *f*

starb *3. imp von* **sterben**

stark <stärker, am stärksten> **I.** *adj* **1.** (*allgemein*) fuerte; (*kräftig*) robusto; **~e Medikamente/Zigaretten** medicamentos/cigarrillos fuertes; **sich für jdn/etw ~ machen** (*fam*) apoyar a alguien/algo; **das ist ein ~es Stück!** (*fam*) ¡qué fuerte! **2.** (*dick, stabil*) grueso; **ein hundert Seiten ~es Buch** un libro de cien páginas **3.** (*beträchtlich*) considerable; **~e Schmerzen haben** tener dolores fuertes **4.** (*leistungs~*) potente; (*mächtig*) poderoso; (*Brille*) de cristales gruesos **5.** (*Verkehr, Hitze, Schneefall*) intenso; (*Raucher, Trinker*) empedernido; (*Nachfrage*) grande **6.** (*fam: hervorragend*) guay; **das find ich echt ~** me parece genial **II.** *adv* (+ *Adjektiv*) muy; (+ *Verb*) mucho; **~ erkältet sein** tener un fuerte resfriado; **~ schneien** nevar mucho

Stärke *f* <-n> **1.** (*allgemein*) fuerza *f;* (*Leistung*) potencia *f* **2.** (*Dicke*) grueso *m;* (*Festigkeit*) solidez *f* **3.** (*Anzahl*) tamaño *m* **4.** (*Intensität*) intensidad *f;* (*von Erdbeben*) magnitud *f* **5.** (*Fähigkeit*) (punto *m*) fuerte *m* **6.** (*Substanz*) fécula *f;* (*Wäsche~*) almidón *m*

stärken I. *vt* **1.** (*Körper, Position*) fortalecer **2.** (*Wäsche*) almidonar **II.** *vr:* **sich ~** fortalecerse

Starkstrom *m ohne Pl* <-(e)s> (ELEK) corriente *f* de alta intensidad

Stärkung *f* <-en> **1.** (*Erfrischung*) refresco *m;* (*Imbiss*) tentempié *m* **2.** *ohne Pl* (*das*

S

Kräftigen) fortalecimiento *m;* **Stärkungsmittel** *nt* (MED) tónico *m*

starr *adj* **1.** (*allgemein, a.* TECH) rígido; (*steif*) tieso; (*Glieder*) entumecido **2.** (*Blick*) fijo; (*vor Schreck*) aterrado (*vor* de); (*vor Staunen*) atónito (*vor* de/ante); ~ **vor Entsetzen** paralizado de terror **3.** (*unbeugsam*) inflexible

Starre *f ohne Pl* **1.** (*Steifheit*) rigidez *f* **2.** (*Feststehen*) inmovilidad *f;* (MED) entumecimiento *m* **3.** (*Strenge*) rigidez *f*

starren *vi* **1.** (*blicken*) clavar los ojos (*auf* en) **2.** (*strotzen*) estar lleno (*vor* de)

Starrheit *f ohne Pl* **1.** (*von Material, Achse*) rigidez *f;* (*der Glieder*) entumecimiento *m* **2.** (*Starrköpfigkeit*) testarudez *f*

Starrsinn *m ohne Pl* <-(e)s> (*abw*) terquedad *f,* cabezonería *f fam;* **starrsinnig** *adj* (*abw*) terco

Start *m* <-(e)s, -s> **1.** (SPORT: *Beginn*) salida *f;* (~*ort*) punto *m* de salida **2.** (*Flugzeug~*) despegue *m;* (*Auto*) arranque *m;* (*Raketen~*) lanzamiento *m* **3.** (*Beginn*) comienzo *m;* **Startbahn** *f* pista *f* de despegue; **startbereit** *adj* (*um aufzubrechen*) preparado para ponerse en marcha; (*um anzufangen*) listo para empezar; (*Flugzeug*) listo para despegar

starten **I.** *vi sein* **1.** (*allgemein*) partir (*nach* hacia/para); (*beginnen*) comenzar **2.** (SPORT: *loslaufen/-fahren*) tomar salida; (*teilnehmen*) participar **3.** (*Auto*) arrancar **4.** (*Flugzeug*) despegar **II.** *vt* **1.** (*Auto, Motor*) arrancar **2.** (*Rakete*) lanzar **3.** (*Kampagne*) comenzar **4.** (*Computer*) poner en marcha; (*Programm*) iniciar

Starterlaubnis *f* **1.** (SPORT) permiso *m* de salida **2.** (AERO) permiso *m* de despegue; **Starthilfe** *f* **1.** (FIN) ayuda *f* inicial **2.** (AUTO: *Vorrichtung*) estárter *m;* **Startkapital** *nt* (FIN) capital *m* inicial; **startklar** *adj s.* **startbereit**; **Startschuss**[RR] *m* señal *f* de salida

Statik *f ohne Pl* (PHYS) estática *f*

Station *f* <-en> **1.** (*Bahnhof, Radio~, Wetter~*) estación *f;* (*Haltestelle*) parada *f;* ~ **machen** detenerse **2.** (*Krankenhaus~*) unidad *f*

stationär *adj* **1.** (*an einen Standort gebunden*) fijo **2.** (MED): ~**e Behandlung** tratamiento clínico

stationieren* *vt* estacionar

Stationierung *f* <-en> estacionamiento *m*

Stationsarzt, -ärztin *m, f* médico, -a *m, f* jefe de sección; **Stationsschwester** *f* enfermera *f* jefe de sección

statisch *adj* (*a.* PHYS) estático

Statist(in) *m(f)* <-en, -en; -nen> comparsa *mf*

Statistik *f* <-en> estadística *f*

statistisch *adj* estadístico

Stativ *nt* <-(e)s, -e> (FOTO, FILM) trípode *m*

statt **I.** *präp +gen* en lugar de, en vez de **II.** *konj:* ~ **zu ...** en lugar de...

Statt *f ohne Pl* (*geh*) lugar *m;* **an meiner/deiner** ~ en mi/tu lugar

stattdessen[RR] *adv* en lugar de eso

Stätte *f* <-n> (*geh*) lugar *m,* sitio *m*

statt|finden *irr vi* tener lugar; **statt|geben** *irr vi* (*Bitte, Wunsch*) acceder (a); (*Gesuch*) atender

Statthalter(in) *m(f)* **1.** (HIST) gobernador(a) *m(f)* **2.** (*Schweiz: Bürgermeister*) alcalde(sa) *m(f)*

stattlich *adj* **1.** (*beeindruckend*) imponente; (*hoch gewachsen*) alto **2.** (*Betrag*) considerable

Statue *f* <-n> estatua *f*

Statur *f* <-en> estatura *f*

Status *m* <-, -> **1.** (*Lage*) situación *f;* ~ **quo** statu quo *m* **2.** (*Soziologie*) categoría *f* social, estatus *m inv* **3.** (MED) estado *m;* **Statussymbol** *nt* símbolo *m* de categoría social; **Statuszeile** *f* (INFOR) línea *f* de estado

Statut *nt* <-(e)s, -en> estatuto *m*

Stau *m* <-(e)s, -s *o* -e> **1.** (*Verkehrs~*) atasco *m,* taco *m Am* **2.** (*im Wasser*) estancamiento *m*

Staub *m* <-(e)s, -e *o* Stäube> polvo *m;* ~ **wischen** limpiar el polvo; **sich aus dem ~ machen** (*fam fig*) poner pies en polvorosa; ~ **aufwirbeln** (*fam fig*) causar alboroto

Staubecken *nt* embalse *m*

stauben *vi* soltar polvo

Staubfänger *m* <-s, -> (*abw*) nido *m* de polvo; **Staubgefäß** *nt* (BOT) estambre *m*

staubig *adj* polvoriento

Staubkorn *nt* <-(e)s, -körner> mota *f* de polvo; **staub|saugen** *vi, vt* pasar la aspiradora (a); **Staubsauger** *m* aspiradora *f;* **Staubwolke** *f* nube *f* de polvo, terral *m PRico, Peru*

Staudamm *m* presa *f*

Staude *f* <-n> (BOT) planta *f* vivaz

stauen **I.** *vt* embalsar **II.** *vr:* **sich** ~ (*Wasser*) embalsarse; (*Verkehr*) atascarse; (*Ärger*) acumularse; (*Menschen*) agolparse

staunen *vi* **1.** (*sich wundern*) asombrarse (*über* de/por); (*verwundert sein*) estar asombrado (*über* de/por), abismarse *Am;* **da staunst du, was?** ¿qué, te quedas con la boca abierta? **2.** (*Schweiz: in Gedanken sein*) estar absorto

Stauraum *m ohne Pl* <-(e)s> (*Schiff*) bodega *f;* (*LKW*) superficie *f* de carga; **Stausee** *m* <-s, -n> embalse *m*

Stauung *f* <-en> **1.** (*von Gewässern*) estancamiento *m;* (*von Blut*) hemostasia *f* **2.** (*Verkehrsstau*) atasco *m,* taco *m Am*

Steak *nt* <-s, -s> bistec *m,* bife *m Am*

stechen <sticht, stach, gestochen> **I.** *vt*

1.(*allgemein*) pinchar; (*Insekt*) picar; (*mit einem Messer*) acuchillar **2.**(*Torf, Spargel*) extraer **3.**(*beim Kartenspiel*) cortar **4.**(*in Kupfer*) grabar (*in* en) **II.** *vi* **1.**(*allgemein, Insekt, Sonne*) picar; **ins Auge** ~ saltar a la vista; **der scharfe Gestank sticht in der Nase** la peste se mete en la nariz; **die Farbe sticht ins Rötliche** el color tiene un matiz rojizo **2.**(*beim Kartenspiel*) hacer baza **III.** *vr:* **sich** ~ pincharse (*an* con, *in* en)

stechend *adj* (*Blick, Geruch*) penetrante; (*Schmerz*) punzante

Stechkarte *f* ficha *f* (de control); **Stechmücke** *f* mosquito *m,* zancudo *m Am;* **Stechpalme** *f* acebo *m;* **Stechuhr** *f* reloj *m* para fichar

Steckbrief *m* (JUR) (carta *f*) requisitoria *f*

Steckdose *f* enchufe *m,* tomacorriente *m Arg, Peru*

stecken[1] *vt* **1.**(*hinein~*) meter (*in* en); (*investieren*) invertir (*in* en) **2.**(*auf~*) poner (*auf/an* en); (*fest~, an~*) fijar (*an* a/en); (*mit Nadeln*) prender (*an* en); **jdm etw** ~ (*fam*) indicar algo a alguien

stecken[2] <steckt, steckte, *geh:* stak, gesteckt> *vi* **1.**(*sich befinden*) estar metido (*in* en), estar (*in* en); **ich stecke mitten in der Arbeit** estoy metido de lleno en el trabajo; **du musst zeigen, was in dir steckt** tienes que mostrar lo que hay en ti; **wo steckt er?** (*fam: Person*) ¿dónde se ha metido? **2.**(*festsitzen*) quedar fijo

stecken|bleiben *irr vi sein s.* **bleiben 2.**; **stecken|lassen** *irr vt s.* **lassen**[2] **3.**

Steckenpferd *nt* **1.**(*für Kinder*) caballito *m* (de juguete) **2.**(*Hobby*) afición *f*

Stecker *m* <-s, -> enchufe *m*

Steckling *m* <-s, -e> estaca *f*

Stecknadel *f* alfiler *m;* **eine** ~ **im Heuhaufen suchen** (*fig*) buscar una aguja en un pajar; **Steckrübe** *f* (*reg*) nabo *m*

Steg *m* <-(e)s, -e> **1.**(*Brücke*) pasarela *f* **2.**(*Boots~*) (des)embarcadero *m* **3.**(*bei Saiteninstrumenten*) puente *m* **4.**(*an einer Hose*) trabilla *f*

Stegreif *m:* **aus dem** ~ improvisando

Stehaufmännchen *nt* tentempié *m;* **ein** ~ **sein** (*fam*) no darse nunca por vencido

stehen <steht, stand, gestanden> *haben o südd, Österr, Schweiz: sein* **I.** *vi* **1.**(*aufrecht: Mensch*) estar de pie; (*Gegenstand*) estar derecho; **ich kann nicht mehr** ~ ya no puedo estar más tiempo de pie; **im S~** de pie; **unser Projekt steht und fällt mit dir** (*fig*) tú eres el alma de nuestro proyecto; **der Plan steht jetzt!** (*fam*) ¡el plano está listo! **2.**(*sein*) estar; (*sich befinden*) encontrarse; **an der Tür** ~ estar junto a la puerta; **sie steht an der Spitze des Unternehmens** está al frente de la empresa; **so wahr ich hier stehe** tan cierto como que estoy aquí; **der Schweiß stand ihr auf der Stirn** tenía la frente perlada de sudor; **wir** ~ **kurz vor einem Krieg** estamos a punto de entrar en guerra; **wir** ~ **vor der Schwierigkeit, dass ...** nos encontramos ante la dificultad de que...; **auf welcher Seite stehst du?** ¿de qué lado estás?; **die Sache steht schlecht** el asunto está mal; **das Frühstück** ~ **lassen** no tocar el desayuno; **einen Stuhl** ~ **lassen** dejar una silla (en su sitio); **offen** ~ (*Tür, Fenster*) estar abierto; (*Rechnung*) estar pendiente; (*zugänglich sein*) estar abierto; **die ganze Welt steht dir offen** tienes todo por delante; **unter Alkohol/Drogen** ~ estar bajo los efectos del alcohol/de las drogas; **die Sache steht mir bis hier** (*fam*) estoy harto del asunto; **jdm nahe** ~ tener una relación estrecha con alguien; **einer Sache nahe** ~ estar vinculado a algo **3.**(*geschrieben sein*) estar (escrito) (*auf/in* en); (*in einer Liste*) figurar (*auf/in* en); **hier steht geschrieben, dass ...** aquí dice que...; **das Wort steht im Imperfekt** la palabra está en imperfecto **4.**(*still~*) estar parado; (*Verkehr*) estar paralizado; **die Uhr steht** el reloj se ha (quedado) parado; **zum S~ bringen/kommen** parar/pararse; **etw zum S~ bringen** parar algo **5.**(*anzeigen*) marcar; **das Thermometer steht auf 30 Grad** el termómetro marca 30 grados; **die Ampel steht auf Rot** el semáforo está en rojo; **es steht 3:1** están a 3 a 1; **die DM steht bei 80 Peseten** el marco alemán se cotiza a 80 pesetas **6.**(*kleiden*) sentar; **der Bart steht dir gut/schlecht** la barba te queda bien/mal **7.**(JUR): **auf etw steht Gefängnis** algo tiene una pena de prisión; **auf seine Ergreifung steht eine Belohnung** por su captura está establecida una recompensa **8.**(*Standpunkt, Untersützung, Bekenntnis*): **wie stehst du zu dem Plan?** ¿qué te parece el plan?; **ich stehe fest zu dir** estoy totalmente de tu parte; **zu seinem Versprechen** ~ cumplir con lo prometido; **zu seinen Fehlern** ~ reconocer sus errores; **hinter jdm** ~ apoyar a alguien **9.**(*Wend*): **auf jdn/etw** ~ (*fam*) irle alguien/algo a alguien **II.** *vt:* **Wache** ~ estar de guardia; **Modell** ~ posar **III.** *vr:* **sich gut/schlecht mit jdm** ~ (*fam*) llevarse bien/mal con alguien; **jd steht sich besser/schlechter, wenn ...** (*fam*) a alguien le va mejor/peor, cuando... **IV.** *vunpers:* **es steht schlimm um sie** está muy mal; **es steht zu befürchten, dass ...** es de temer que... *+subj;* **es steht dir offen zu ...** tienes la posibilidad de...

S

stehen|bleiben *irr vi sein s.* **bleiben 2.**
stehend *adj* **1.** (*aufrecht*) en pie, de pie **2.** (*nicht in Bewegung*) parado; (*Gewässer*) estancado **3.** (*Wend*): **ein leer ~es Haus** una casa deshabitada
stehen|lassen *irr vt s.* **stehen I.2.**
Stehkragen *m* cuello *m* alzado; **Stehlampe** *f* lámpara *f* de pie
stehlen <stiehlt, stahl, gestohlen> **I.** *vt, vi* robar; **er kann mir gestohlen bleiben** (*fam*) por mí, que se pierda; **du sollst nicht ~** (*Bibel*) no robarás **II.** *vr:* **sich ~ 1.** (*schleichen*): **sich nach Hause ~** irse a casa a hurtadillas **2.** (*sich drücken vor*) escaparse (*aus* de)
Stehvermögen *nt ohne Pl* <-s> **1.** (*Ausdauer*) aguante *m* **2.** (*Durchhaltevermögen*) firmeza *f*
Steiermark *f* Estiria *f*
steif *adj* **1.** (*starr*) tieso; **~ und fest behaupten** (*fam*) sostener firmemente **2.** (*Gliedmaßen*) anquilosado; (*Glied*) erecto; **~er Hals** tortícolis *m inv* **3.** (*unelastisch*) inflexible; (*ungelenk*) torpe **4.** (*förmlich*) formal **5.** (*Pudding*) consistente; (*Eiweiß*) a punto de nieve
Steifheit *f ohne Pl* **1.** (*Festigkeit, Starre*) tiesura *f*, rigidez *f* **2.** (*eines Körperteils, Gelenks*) anquilosamiento *m* **3.** (*im Benehmen*) envaramiento *m*
Steigbügel *m* (*a.* ANAT) estribo *m*
Steige *f* <-n> (*Österr, südd*) **1.** (*steile Straße*) cuesta *f* **2.** (*Treppe*) escalera *f*
steigen <steigt, stieg, gestiegen> *vi sein* **1.** (*hinauf~*) subir (*auf/in* a); (*hinunter~*) bajar (*von/aus* de); (*klettern*) trepar (*auf* a); **in den/aus dem Bus ~** subir al/bajar del autobús; **aufs Fahrrad/vom Fahrrad ~** montarse en/bajarse de la bicicleta; **aus dem Bett ~** levantarse de la cama; **einen Drachen ~ lassen** hacer subir una cometa; **die Tränen stiegen ihr in die Augen** le brotaron las lágrimas; **zu Kopf ~** subir a la cabeza **2.** (*zunehmen*) aumentar (*um* en, *in* de); (*Aktie, Fieber, Flut*) subir; **im Preis/im Wert ~** subir de precio/de valor **3.** (*fam: stattfinden*) ser
steigend *adj* (*zunehmend*) creciente; (*Preise*) en aumento; **~e Tendenz** tendencia alcista
steigern **I.** *vt* **1.** (*erhöhen*) aumentar (*um* en); (*verstärken*) intensificar **2.** (LING) establecer los grados (del adjetivo) **II.** *vr:* **sich ~ 1.** (*zunehmen*) aumentar (*um* en), crecer (*um* en) **2.** (*sich verbessern*) mejorar **3.** (*sich hinein~*) enzarzarse (*in* en), engolfarse (*in* en)
Steigerung *f* <-en> **1.** (*Zunahme*) aumento *m* (*um* de); (*der Leistung*) mejora *f* **2.** (LING) comparación *f* **3.** (*Schweiz: Ver~*) subasta *f*
Steigung *f* <-en> **1.** (*im Gelände*) elevación *f*; (*einer Straße*) cuesta *f* **2.** (TECH) paso *m*
steil *adj* **1.** (*Treppe*) empinado; (*Gelände*) escarpado; (*Küste*) acantilado **2.** (*Karriere*) rápido; **Steilhang** *m* <-(e)s, -hänge> pendiente *f* escarpada; **Steilküste** *f* <-n> acantilado *m*
Stein *m* <-(e)s, -e> **1.** (*allgemein*) piedra *f*; (*Edel~*) piedra *f* preciosa; **aus ~** de piedra; **jdm ~e in den Weg legen** poner(le) a alguien piedras en el camino; **jdm alle ~e aus dem Weg räumen** prepararle el camino a alguien; **den ~ ins Rollen bringen** (*fam fig*) desencadenar algo; **schlafen wie ein ~** (*fam fig*) dormir como un tronco; **der ~ der Weisen** (*geh*) la piedra filosofal **2.** (MED) cálculo *m* **3.** (*einer Frucht*) hueso *m*, carozo *m CSur, Bol, Mex* **4.** (*Spiel~*) ficha *f*; (*bei Brettspielen*) pieza *f*; **bei jdm einen ~ im Brett haben** (*fam fig*) hacer buenas migas con alguien; **Steinadler** *m* (ZOOL) águila *f* real; **steinalt** *adj* más viejo que Matusalén; **Steinbock** *m* **1.** (ZOOL) cabra *f* montés **2.** (ASTR) Capricornio *m*; **Steinbruch** *m* cantera *f*; **Steinbutt** *m* (ZOOL) rodaballo *m*; **Steineiche** *f* (BOT) encina *f*
steinern *adj* (*a. fig*) de piedra
Steingut *nt ohne Pl* <-(e)s> (objetos *mpl* de) gres *m*; **steinhart** *adj* duro como una piedra
steinig *adj* pedregoso
steinigen *vt* apedrear
Steinkohle *f* <-n> hulla *f*
Steinmarder *m* (ZOOL) garduña *f*; **Steinmetz(in)** *m(f)* <-en, -en; -nen> cantero *mf*; **Steinobst** *nt* fruta *f* con hueso; **Steinpilz** *m* boleto *m*; **steinreich** *adj* **1.** (*sehr reich*) riquísimo **2.** (*steinig*) pedregoso; **Steinschlag** *m* (*Herabstürzen*) desprendimiento *m* de piedras; **Steinzeit** *f ohne Pl* Edad *f* de Piedra
Steiß *m* <-es, -e> **1.** (*~bein*) coxis *m inv* **2.** (*Gesäß*) trasero *m*; **Steißbein** *nt* <-(e)s, -e> coxis *m inv*
Stelldichein *nt* <-(s), -(s)> cita *f*; **sich ein ~ geben** concertar una cita
Stelle *f* <-n> **1.** (*Platz, Ort*) lugar *m*, sitio *m*; **an erster ~** en primer lugar; **an ~ von etw** en vez de algo; (**ich**) **an deiner ~ ...** (yo) en tu lugar...; **an jds ~ treten** presentarse en lugar de alguien; **an dieser ~** (*örtlich*) en este lugar; (*zeitlich*) aquí; **an späterer ~** más tarde; **auf der ~ treten** (*fam*) no avanzar; **auf der ~** (*sofort*) inmediatamente, al tiro *Am*; **etw nicht von der ~ bekommen** no poder mover algo de su sitio; **sich nicht von der ~ rühren** no moverse de su sitio; **zur ~ sein** estar presente **2.** (*Bereich*) parte *f*; (*Punkt*) punto *m* **3.** (*Text~*) parte *f*; (*Ab-*

schnitt) pasaje *m* **4.** (*Arbeits~*) puesto *m* (de trabajo), plaza *f;* **freie ~** vacante *f;* **eine ~ antreten** empezar a trabajar **5.** (*Dienst~*) autoridad *f;* **sich an höherer ~ beschweren** quejarse a instancias superiores **6.** (MATH) decimal *m,* cifra *f*

stellen **I.** *vt* **1.** (*hin~*) poner (*auf* en); (*auf~*) colocar (*auf* en); (*hinein~*) meter (*in* en); **etw an die Wand ~** adosar algo a la pared; **die Szene wirkt gestellt** la escena ha salido muy poco natural **2.** (*regulieren*) regular; (*lauter, höher*) subir; (*leiser, kleiner*) bajar; **stell das Radio leiser/lauter** baja/sube la radio; **die Uhr ~** poner el reloj en hora; **etw ruhig ~** (MED: *Arm, Bein*) inmovilizar algo; **jdn ruhig ~** (MED) administrar tranquilizantes a alguien **3.** (*bereit~*) poner a disposición **4.** (*Verbrecher*) capturar **5.** (*Frage*) hacer; (*Aufgabe*) poner; (*Antrag*) presentar; **eine Sache über eine andere ~** dar más importancia a una cosa que a otra; **jdn vor Gericht ~** llevar a alguien a los tribunales; **etw in Frage ~** poner algo en duda; **etw richtig ~** rectificar algo; **auf sich selbst gestellt sein** tener que arreglárselo uno solo **II.** *vr:* **sich ~** **1.** (*sich hin~*) ponerse (de pie) (*auf* en); **sich auf Zehenspitzen ~** ponerse de puntillas; **sich gut ~** llevarse bien **2.** (*vortäuschen*) fingir; **sich taub/dumm ~** hacerse el sordo/el tonto **3.** (*der Polizei*) entregarse **4.** (*nicht ausweichen*): **sich etw** *dat* **~** enfrentarse a algo **5.** (*Frage*) surgir; (*Aufgabe*) plantearse **6.** (*Standpunkt, Untersützung*): **sich gegen etw ~** oponerse a algo; **sich hinter jdn ~** apoyar a alguien

Stellenangebot *nt* oferta *f* de empleo; **Stellenausschreibung** *f* anuncio *m* de empleo; **Stellengesuch** *nt* demanda *f* de empleo; **Stellenvermittlung** *f* (*Einrichtung*) agencia *f* de empleo, bolsa *f* de empleo

stellenweise *adv* (*an manchen Punkten*) en algunos puntos; (*an manchen Orten*) en algunas partes

Stellenwert *m* valor *m;* (*Bedeutung*) importancia *f*

Stellplatz *m* <-es, -plätze> (*für Autos*) aparcamiento *m*

Stellung *f* <-en> **1.** (*Körperhaltung*) postura *f;* **in liegender/kniender ~** tumbado/de rodillas **2.** (*Anordnung*) posición *f* **3.** (*beruflich*) puesto *m;* (*Amt*) cargo *m;* **in meiner ~ als Minister** como ministro **4.** (*sozial*) posición *f* (social), condición *f* **5.** (*Ein~*) opinión *f;* **zu etw ~ nehmen** tomar cartas en un asunto **6.** (MIL) posición *f;* **die ~ halten** mantener la posición

Stellungnahme *f* <-n> toma *f* de posición; **eine ~ zu etw abgeben** opinar respecto a algo

stellvertretend *adj* suplente; **~e Vorsitzende** vicepresidenta en funciones; **~ für jdn sprechen** hablar representando a alguien

Stellvertreter(in) *m(f)* suplente *mf;* (ADMIN) interino, -a *m, f;* **Stellvertretung** *f* su(b)stitución *f;* (ADMIN) interinidad *f;* **in ~ von jdm** sustituyendo a alguien

Stellwerk *nt* (EISENB) puesto *m* de enclavamiento

Stelze *f* <-n> **1.** (*Holzgestell*) zanco *m* **2.** (*Vogel*) lavandera *f* **3.** (*fam: Bein*) zanca *f* **4.** (*Österr: Schweinsfuß*) mano *f* de cerdo

stelzen *vi sein* **1.** (*auf Stelzen*) andar con zancos **2.** (*mit steifen Schritten*) dar zancadas; **eine gestelzte Sprache** un lenguaje rebuscado

Stelzvogel *m* ave *f* zancuda

Stemmeisen *nt* formón *m*

stemmen **I.** *vt* (*Gewichte*) levantar; **die Arme in die Hüften ~** estar puesto en jarras **II.** *vr:* **sich ~** **1.** (*drücken*) apoyarse (pesadamente) (*gegen* contra) **2.** (*widersetzen*) oponerse (*gegen* a) **III.** *vi* (*Ski*) pararse en cuña

Stempel *m* <-s, -> **1.** (*Gerät, Abdruck*) sello *m;* (*Post~*) matasellos *m inv;* **etw** *dat* **seinen ~ aufdrücken** (*fig*) dar(le) a algo un toque personal; **der Plan trägt seinen ~** el plan lleva su firma **2.** (BOT) pistilo *m* **3.** (TECH) punzón *m;* **Stempelfarbe** *f* tinta *f* de timbrar; **Stempelkissen** *nt* almohadilla *f,* tampón *m* de tinta

stempeln *vt* sellar; (*postalisch*) matasellar; **jdn zu etw ~** tachar a alguien de algo

Stengel *m* <-s, -> *s.* **Stängel**

Steno *f ohne Pl* taquigrafía *f;* **Stenograf(in)** *m(f)* <-en, -en; -nen> taquígrafo, -a *m, f;* **Stenografie** *f* <-n> taquigrafía *f;* **stenografieren*** *vi, vt* taquigrafiar; **Stenogramm** *nt* <-s, -e> estenograma *m;* **Stenograph(in)** *m(f)* <-en, -en; -nen> *s.* **Stenograf**; **Stenographie** *f* <-n> *s.* **Stenografie**; **stenographieren*** *vi, vt s.* **stenografieren**; **Stenotypist(in)** *m(f)* <-en, -en; -nen> taquimecanógrafo, -a *m, f*

Steppdecke *f* edredón *m*

Steppe *f* <-n> estepa *f*

steppen **I.** *vi* bailar claqué **II.** *vt* pespuntear

Stepptanz[RR] *m* claqué *m*

Sterbebegleiter(in) *m(f)* acompañante *mf* en la agonía; **Sterbebett** *nt* lecho *m* de muerte; **Sterbefall** *m* <-(e)s, -fälle> fallecimiento *m,* obituario *m Am;* **Sterbehilfe** *f ohne Pl* **1.** (*Euthanasie*) eutanasia *f* **2.** (*Sterbegeld*) indemnización *f* por defunción

sterben <stirbt, starb, gestorben> *vi* morir (*an* de), morirse (*an/vor* de, *für* por) *fam,* fallecer *geh,* petatearse *Mex;* **im S~ liegen** estar agonizando; **er ist für mich gestorben** (*fam fig*) para mí ya no cuenta;

das Projekt ist gestorben (*fam*) el proyecto ha sido suspendido

Sterbenswörtchen *nt:* **kein ~ sagen** no decir ni pío

Sterberate *f* tasa *f* de mortalidad; **Sterbeurkunde** *f* certificado *m* de defunción

sterblich *adj* mortal

Sterblichkeit *f ohne Pl* mortalidad *f*

Stereo *nt ohne Pl* <-s> estéreo *m;* **Stereoanlage** *f* equipo *m* estereofónico

Stereoskop *nt* <-s, -e> estereoscopio *m*

stereotyp *adj* estereotipado

Stereotyp *nt* <-s, -e> estereotipo *m*

steril *adj* (*a.* BIOL, MED) estéril

Sterilisation *f* <-en> (*a.* MED) esterilización *f*

sterilisieren* *vt* (*a.* MED) esterilizar

Sterilität *f ohne Pl* (*a.* BIOL, MED) esterilidad *f*

Stern *m* <-(e)s, -e> estrella *f;* (*Gestirn*) astro *m;* **das steht noch in den ~en** eso todavía está por verse; **unter einem glücklichen ~ stehen** (*geh*) tener buena estrella; **ein Hotel mit fünf ~en** un hotel de cinco estrellas; **Sternbild** *nt* <-(e)s, -er> constelación *f;* **sternenklar** *adj* estrellado

sternhagelvoll *adj* (*fam*) borracho como una cuba

sternklar *adj* estrellado; **Sternschnuppe** *f* <-n> estrella *f* fugaz; **Sternsinger(in)** *m(f)* <-s, -; -nen> *niño, -a que el día de Reyes va cantando de puerta en puerta;* **Sternstunde** *f* (*geh*) momento *m* estelar; **Sternwarte** *f* observatorio *m* astronómico

stet *adj* (*geh*) *s.* **stetig**

Stethoskop *nt* <-s, -e> (MED) estetoscopio *m*

stetig *adj* continuo

Stetigkeit *f ohne Pl* (*Beständigkeit*) constancia *f;* (*Kontinuität*) continuidad *f*

stets *adv* siempre

Steuer[1] *nt* <-s, -> (*Auto, Flugzeug*) volante *m;* (*Schiff*) timón *m;* **am ~ sitzen** ir al volante; **das ~ fest in der Hand haben** dirigir con mano segura

Steuer[2] *f* <-n> (*Abgaben*) impuesto *m;* **~n hinterziehen/zahlen** defraudar/pagar impuestos; **etw von der ~ absetzen** deducir algo de los impuestos

steuerbegünstigt *adj* (*niedriger besteuert*) con privilegio fiscal; (*absetzbar*) deducible; **Steuerbelastung** *f* cargas *fpl* fiscales; **Steuerberater(in)** *m(f)* asesor(a) *m(f)* fiscal; **Steuerbescheid** *m* liquidación *f* de impuestos

steuerbord(s) *adv* (AERO, NAUT) a estribor

Steuererhöhung *f* aumento *m* de (los) impuestos; **Steuererklärung** *f* declaración *f* de la renta; **Steuererlass**[RR] *m* desgravación *f* (fiscal); **steuerfrei** *adj* libre de impuestos; **Steuergelder** *ntpl* fondos *mpl* recaudados; **Steuerhinterziehung** *f* <-en> fraude *m* fiscal; **Steuerklasse** *f* categoría *f* fiscal

Steuerknüppel *m* palanca *f* de mando

steuerlich *adj* fiscal; **~ begünstigt sein** gozar de privilegios fiscales

Steuermann *m* <-(e)s, -leute *o* -männer> (NAUT, SPORT) timonel *m*

Steuermarke *f* timbre *m* fiscal

steuern **I.** *vi* **1.** (*am Steuer sitzen: Auto*) conducir, manejar *Am;* (*Schiff*) timonear **2.** *sein* (*Richtung einschlagen*) dirigirse (*nach* a) **II.** *vt* **1.** (*Auto*) conducir, manejar *Am;* (*Schiff, Flugzeug*) pilotar **2.** (TECH) controlar **3.** (*beeinflussen*) influir

steuerpflichtig *adj* sujeto a impuesto; **Steuerprüfer(in)** *m(f)* inspector(a) *m(f)* fiscal

Steuerrad *nt* (AUTO) volante *m;* (NAUT) rueda *f* del timón; (TECH) palanca *f* de mando

Steuerreform *f* reforma *f* fiscal

Steuerruder *nt* (NAUT) timón *m*

Steuerschuld *f* <-en> deuda *f* fiscal; **Steuersenkung** *f ohne Pl* reducción *f* de impuestos

Steuerung[1] *f ohne Pl* (*das Steuern*) pilotaje *m;* (TECH) control *m*

Steuerung[2] *f* <-en> (TECH, AUTO) dirección *f;* (NAUT, AERO) timón *m;* (ELEK) mando *m*

Steuervergünstigung *f* ventaja *f* fiscal; **Steuerzahler(in)** *m(f)* contribuyente *mf,* rentero, -a *m, f Arg*

Steuerzeichen *nt* (INFOR) carácter *m* de mando

Steward *m* <-s, -s> (AERO) auxiliar *m* de vuelo; (NAUT) camarero *m*

Stewardess[RR] *f* <-en>, **Stewardeß** *f* <-ssen> (AERO) azafata *f;* (NAUT) camarera *f*

stibitzen* *vt* (*fam*) birlar

Stich[1] *m* <-(e)s, -e> **1.** (*Dorn, Stachel, Nadel*) pinchazo *m;* (*Insekten~*) picadura *f;* (*Messer~*) cuchillada *f* **2.** (*Näh~*) puntada *f;* (MED) punto *m* de sutura **3.** (KUNST) grabado *m* **4.** (*beim Kartenspiel*) baza *f;* **einen ~ machen/bekommen** hacer baza/recibir una baza **5.** (*Schmerz*) punzada *f*

Stich[2] *m ohne Pl* <-(e)s> **1.** (*Farbschimmer*): **einen ~ ins Gelbe haben** tirar a amarillo **2.** (*Wend*): **jdn im ~ lassen** dejar a alguien en la estacada; **einen ~ haben** (*fam: Person*) estar chiflado; (*Lebensmittel*) estar picado; (*Milch*) estar pasado

Stichelei *f* <-en> (*fam abw: Bemerkung*) pulla *f,* pullazo *m,* puntada *f*

sticheln *vi* **1.** (*gehässig reden*) dar pullazos (*gegen* a) **2.** (*nähen*) dar puntadas

Stichflamme *f* llama *f*

stichhaltig *adj* sólido; (*überzeugend*) convincente

Stichling *m* <-s, -e> (ZOOL) espinoso *m*

Stichprobe *f* prueba *f* al azar

sticht *3. präs von* **stechen**

Stichtag *m* día *m* fijado; (*letzter* ~) plazo *m* límite

Stichwaffe *f* arma *f* punzante

Stichwahl *f* segunda vuelta *f* (electoral)

Stichwort[1] *nt* <-(e)s, -wörter> (*im Wörterbuch*) entrada *f;* (*im* ~*register*) voz *f* guía; **unter einem** ~ **nachschlagen** buscar una palabra

Stichwort[2] *nt* <-(e)s, -e> **1.** (THEAT) entrada *f* **2.** (*Schlüsselwort*) palabra *f* clave **3.** (*Gedächtnisstütze*) apunte *m*

stichwortartig *adj* por puntos; (*bündig*) breve; ~ **zusammenfassen** resumir brevemente

Stichwortkatalog *m* (*in Bibliothek*) catálogo *m* por secciones

Stichwunde *f* (*Messer*) cuchillada *f;* (*Dolch*) puñalada *f*

sticken *vi, vt* bordar

Stickerei *f* <-en> bordado *m*

stickig *adj* sofocante

Sticknadel *f* aguja *f* de bordar

Stickstoff *m ohne Pl* <-(e)s> (CHEM) nitrógeno *m*

stieben <stiebt, stob *o* stiebte, gestoben *o* gestiebt> *vi* **1.** *haben o sein* (*Funken*) saltar; (*Staub*) volar **2.** *sein* (*Menge*) disiparse

Stiefbruder *m* hermanastro *m*

Stiefel *m* <-s, -> bota *f*

Stiefeltern *pl* padrastros *mpl;* **Stiefkind** *nt* hijastro, -a *m, f;* **Stiefmutter** *f* <-mütter> madrastra *f*

Stiefmütterchen *nt* <-s, -> (BOT) pensamiento *m*

stiefmütterlich *adj:* **jdn** ~ **behandeln** tratar a alguien con desprecio; **Stiefschwester** *f* hermanastra *f;* **Stiefsohn** *m* hijastro *m;* **Stieftochter** *f* hijastra *f;* **Stiefvater** *m* padrastro *m*

stieg *3. imp von* **steigen**

Stiege *f* <-n> escalera *f* (estrecha y empinada)

Stieglitz *m* <-es, -e> (ZOOL) jilguero *m*

stiehlt *3. präs von* **stehlen**

Stiel *m* <-(e)s, -e> **1.** (*Griff*) mango *m;* (*Besen*~) palo *m;* (*am Weinglas*) pie *m* **2.** (*Blumen*~) tallo *m;* (*Blatt*~) pecíolo *m;* (*an einer Frucht*) rabillo *m;* **Stielaugen** *ntpl* (*fam*): **er bekam/machte** ~ se le pusieron/puso los ojos como platos

stier *adj* fijo; **mit** ~**em Blick vor sich hinstarren** tener la mirada perdida

Stier *m* <-(e)s, -e> **1.** (*Tier*) toro *m* **2.** (ASTR) Tauro *m*

stieren *vi* mirar fijamente (*auf*)

Stierkampf *m* **1.** (~*kunst*) tauromaquia *f* **2.** (*Veranstaltung*) corrida *f* (de toros); **Stierkämpfer(in)** *m(f)* torero, -a *m, f*

stieß *3. imp von* **stoßen**

Stift[1] *m* <-(e)s, -e> **1.** (*Blei*~) lápiz *m;* (*Bunt*~) lápiz *m* de color **2.** (*Metall*~, *Holz*~) espiga *f* **3.** (*fam: Lehrling*) aprendiz(a) *m(f)*

Stift[2] *nt* <-(e)s, -e> convento *m*

stiften *vt* **1.** (*spenden*) donar; (*einrichten*) fundar **2.** (*spendieren*) regalar **3.** (*bewirken*) causar

Stifter(in) *m(f)* <-s, -; -nen> **1.** (*Spender*) donador(a) *m(f)* **2.** (*Gründer*) fundador(a) *m(f)*

Stiftskirche *f* colegiata *f*

Stiftung *f* <-en> **1.** (*Institution*) fundación *f* **2.** (JUR: *Spende*) donación *f*

Stiftzahn *m* diente *m* de espiga

Stil *m* <-(e)s, -e> estilo *m;* **im großen** ~ en gran escala; **Stilbruch** *m* ruptura *f* de(l) estilo; **stilecht** *adj* (de estilo) auténtico

stilisieren* *vt* estilizar

stilistisch *adj* estilístico

still *adj* **1.** (*lautlos*) silencioso; (*ruhig*) tranquilo; (**sei**) ~**!** ¡calla!; **es ist** ~ **um sie geworden** no se oye nada de ella; ~ **und heimlich** a la chita callando; **im S**~**en** para sus adentros **2.** (*reglos*) quieto; **der S**~ **Ozean** el Océano Pacífico; ~**er Teilhaber** (WIRTSCH) socio comanditario **3.** (*Person*) silencioso

Stille *f ohne Pl* **1.** (*Schweigen*) silencio *m;* (*Ruhe*) tranquilidad *f* **2.** (*Unbewegtheit*) quietud *f* **3.** (*Wend*): **in aller** ~ (*im engsten Kreis*) en la intimidad

Stilleben *nt* <-s, -> *s.* **Stillleben**

stillegen <legt still, legte still, stillgelegt> *vt s.* **stilllegen**

Stillegung *f* <-en> *s.* **Stilllegung**

stillen **I.** *vi* dar de mamar **II.** *vt* **1.** (*Säugling*) dar el pecho (a) **2.** (*Blutung*) cortar; (*Schmerz*) mitigar **3.** (*Hunger, Durst*) saciar; (*Neugier*) satisfacer

still|halten *irr vi* **1.** (*sich nicht bewegen*) quedarse quieto **2.** (*sich nicht wehren*) aguantar

stilliegen *irr vi s.* **stillliegen**

Stillleben[RR] *nt* bodegón *m*

still|legen[RR] *irr vt* (*Betrieb, Strecke*) cerrar; (*Fahrzeug*) retirar del servicio

Stilllegung[RR] *f* <-en> cierre *m*

still|liegen[RR] *irr vi* (*Betrieb*) estar cerrado

stillos *adj* sin estilo

Stillschweigen *nt* silencio *m;* **über etw** ~ **bewahren** guardar silencio respecto a algo; **stillschweigend** *adj* tácito; **etw** ~ **akzeptieren** aceptar algo tácitamente

still|sitzen *irr vi* estar(se) quieto

Stillstand *m ohne Pl* <-(e)s> (*Verhandlung, Entwicklung*) estancamiento *m;* (*Gerät, Produktion*) paralización *f;* (*Verkehr*) detención *f;* **zum** ~ **bringen/kommen** detener/detenerse

still|stehen *irr vi* (*Mensch, Maschine*) estar parado; (*Entwicklung, Produktion, Verkehr*) estar paralizado; **stillgestanden!** (MIL) ¡firmes!

Stilmöbel *nt* mueble *m* de época; **stilvoll** *adj* con gusto

Stimmabgabe *f ohne Pl* (*a.* POL) votación *f*

Stimmband *nt* <-(e)s, -bänder> (*Organ*) cuerda *f* vocal

stimmberechtigt *adj* con derecho a voto; **Stimmberechtigte(r)** *mf* <-n, -n; -n> persona *f* con derecho a voto; **Stimmbruch** *m ohne Pl* <-(e)s> muda *f;* **im ~ sein** estar de muda

Stimme *f* <-n> **1.** (*menschliche ~*) voz *f;* **mit lauter/leiser ~ sprechen** hablar en voz alta/baja; **kritische ~n** opiniones críticas; **der inneren ~ folgen** seguir la voz interior **2.** (*bei einer Wahl*) voto *m;* **sich der ~ enthalten** abstenerse del voto; **jdm seine ~ geben** votar por alguien **3.** (MUS: *Stimmlage, Orgelregister*) registro *m;* (*Part*) voz *f*

stimmen I. *vi* **1.** (*richtig sein*) ser correcto; (*wahr sein*) ser verdad; **stimmt!** ¡exacto!; **stimmt es, dass ...?** ¿es verdad que...?; **irgendetwas stimmt nicht mit ihr** algo le pasa **2.** (*wählen*): **für/gegen jdn/etw ~** votar por/contra alguien/algo **II.** *vt* (*Instrument*) afinar; **jdn versöhnlich/traurig ~** conciliar/entristecer a alguien

Stimmenauszählung *f* escrutinio *m,* balotaje *m Mex;* **Stimmengewirr** *nt ohne Pl* <-(e)s> vocerío *m,* griterío *m;* **Stimmengleichheit** *f* igualdad *f* de votos; **Stimmenmehrheit** *f ohne Pl* mayoría *f* de votos

Stimmenthaltung *f* abstención *f* de(l) voto

Stimmgabel *f* (MUS) diapasón *m*

stimmhaft *adj* (LING) sonoro

stimmig *adj* armónico

Stimmlage *f* (MUS) registro *m*

stimmlos *adj* **1.** (*tonlos*) afónico **2.** (LING) sordo

Stimmrecht *nt ohne Pl* <-(e)s> (*a.* POL) derecho *m* de voto; **(kein) ~ haben** (no) tener derecho a voto

Stimmung *f* <-en> **1.** (*Gemütsverfassung*) estado *m* de ánimo; (*Laune*) humor *m;* **in guter/schlechter ~** de buen/mal humor; **nicht in der ~ sein etw zu tun** no estar de vena para hacer algo; **in ~ kommen** (*fam*) animarse **2.** (*einer Gesellschaft*) ambiente *m;* **~ in etw bringen** animar algo **3.** (*öffentliche Meinung*) opinión *f* pública; **für/gegen jdn/etw ~ machen** hacer campaña a favor/en contra de alguien/algo **4.** (MUS) afinación *f;* **Stimmungsumschwung** *m* **1.** (*Person*) cambio *m* de humor **2.** (FIN, WIRTSCH) cambio *m* de tendencia; **stimmungsvoll** *adj* muy expresivo

Stimmzettel *m* (*a.* POL) (papeleta *f* de) voto *m,* boleta *f Mex, Peru, PRico*

Stimulation *f* <-en> estímulo *m,* estimulación *f*

stimulieren* *vt* estimular

Stinkbombe *f* bomba *f* fétida

Stinkefinger *m ohne Pl* (*fam*) dedo *m* (asqueroso)

stinken <stinkt, stank, gestunken> *vi* oler mal, apestar (*nach* a), bufar *Am;* **das stinkt nach Verrat** (*fam*) huele a traición; **das stinkt ja zum Himmel** (*fam*) esto clama al cielo; **mir stinkt's!** (*fam*) ¡estoy harto!

stinkfaul *adj* (*fam*) muy vago; **stinklangweilig** *adj* (*fam*) aburridísimo; **Stinktier** *nt* mofeta *f,* yaguré *m Am;* **Stinkwut** *f ohne Pl* (*fam*) rabia *f* tremenda

Stipendiat(in) *m(f)* <-en, -en; -nen> becario, -a *m, f*

Stipendium *nt* <-s, Stipendien> beca *f*

Stippvisite *f* (*fam*) visita *f* corta

stirbt *3. präs von* **sterben**

Stirn *f* <-en> frente *f;* **eine hohe/niedrige ~** una frente alta/estrecha; **die ~ runzeln** fruncir las cejas; **jdm die ~ bieten** hacer frente a alguien; **die ~ besitzen etw zu tun** tener la poca vergüenza de hacer algo; **Stirnband** *nt* <-(e)s, -bänder> cinta *f* (para poner en la frente)

Stirnhöhle *f* (ANAT) seno *m* frontal; **Stirnhöhlenentzündung** *f* (MED) sinusitis *f inv*

Stirnseite *f* frente *m*

stob *3. imp von* **stieben**

stöbern *vi* (*fam*) revolver (*in* en); (*neugierig*) hurgar (*in* en)

stochern *vi* hurgar (*in* en); **im Essen ~** comer sin apetito; **in den Zähnen ~** hurgarse los dientes con un palillo

Stock[1] *m* <-(e)s, Stöcke> **1.** (*Stab*) palo *m;* (*Spazier~, Ski~*) bastón *m;* (*Takt~*) batuta *f;* (*Billard~*) taco *m;* **am ~ gehen** (*fig fam*) estar hecho polvo **2.** (*Pflanze*) planta *f;* (*Baumstumpf*) tocón *m*

Stock[2] *m* <-(e)s, -> (*~werk*) piso *m*

Stock[3] *m ohne Pl* <-s> (*Schweiz*) **1.** (GASTR) puré *m* de patatas **2.** (*Unterkunft*) *en Suiza casa situada al lado de la granja donde viven los padres de los granjeros*

stockbesoffen *adj* (*fam*) borracho como una cuba

Stöckelschuh *m* zapato *m* de tacón alto

stocken *vi* **1.** (*stillstehen*) pararse; (*Atmung*) cortarse **2.** (*nicht vorangehen*) interrumpirse; (*Verkehr, beim Sprechen*) atascarse; (*Verhandlungen*) estar paralizado; **ins S~ geraten** no adelantar **3.** (*reg: gerinnen*) cuajar

stockend *adj* (*Sprechweise*) entrecortado; **~er Verkehr** atasco *m*

stockfinster *adj* (*fam*) oscuro como la boca de lobo; **~e Nacht** noche cerrada

Stockfisch *m* **1.** (*Fisch*) bacalao *m* (salado) **2.** (*fam: Person*) persona *f* sosa

Stockholm *nt* <-s> Estocolmo *m*

stockkonservativ *adj* (*fam*) ultraconservador, momio *Am;* **stocksauer** *adj* (*fam*) de un humor de perros; **stocksteif** *adj* (*fam*) tieso como una tabla

Stockung *f* <-en> **1.** (*Verlangsamung*) paralización *f;* (*Unterbrechung*) interrupción *f* **2.** (*Verkehrs~*) atasco *m*

Stockwerk *nt* piso *m*

Stoff[1] *m ohne Pl* <-(e)s> **1.** (PHILOS) materia *f* **2.** (*fam: Drogen*) polvo *m*

Stoff[2] *m* <-(e)s, -e> **1.** (*Gewebe*) tejido *m,* tela *f* **2.** (*Substanz*) su(b)stancia *f,* material *m;* **wieder verwertbare ~e** materiales recuperables **3.** (*Unterrichts~*) materia *f*

Stofftier *nt* animal *m* de trapo; (*Plüschtier*) animal *m* de peluche

Stoffwechsel *m* metabolismo *m*

stöhnen *vi* gemir (*vor* a causa de); (*klagen*) quejarse (*über* de)

stoisch *adj* estoico

Stola *f* <Stolen> estola *f*

Stollen *m* <-s, -> **1.** (BERGB) galería *f* **2.** (GASTR) *pastel navideño de pasas, almendras y especias*

stolpern *vi sein* tropezar (*über* con); **zufällig über etw ~** (*fam*) toparse por casualidad con algo

stolz *adj* **1.** (*auf einen Erfolg*) orgulloso (*auf* de) **2.** (*hochmütig*) orgulloso **3.** (*imposant*) imponente **4.** (*fam: Summe*) considerable

Stolz *m ohne Pl* <-es> orgullo *m;* (*Hochmut*) altanería *f;* **seinen ~ haben** tener su orgullo

stolzieren* *vi sein* pavonearse (*durch/über* por)

stop *interj* alto; **Stop-and-go-Verkehr** *m* tráfico que comienza a circular y se detiene repetidamente

stopfen **I.** *vt* **1.** (*Kleidung*) zurcir **2.** (*Loch*) tapar **3.** (*hinein~*) meter (a la fuerza) (*in* en) **4.** (*füllen*) llenar (*mit* de/con); **etw voll ~** atiborrar algo **II.** *vi* **1.** (*fam: schlingen*) zampar **2.** (*fam: sättigen*) llenar **3.** (*die Verdauung hemmen*) estreñir

Stopfnadel *f* aguja *f* de zurcir

stopp *interj* alto

Stopp *m* <-s, -s> **1.** (*Auto*) parada *f;* (*Flugzeug*) escala *f* **2.** (*Import, Export, Löhne*) congelación *f*

Stoppel[1] *f* <-n> **1.** (*Getreide~*) rastrojo *m* **2.** (*fam: Bart~*) cañón *m*

Stoppel[2] *m* <-s, -(n)> (*Österr: Pfropfen*) tapón *m*

Stoppelbart *m* (*fam*) barba *f* de tres días; **Stoppelfeld** *nt* (campo *m* de) rastrojo *m*

stoppelig *adj* (*unrasiert*) mal afeitado

stoppen **I.** *vi* parar(se) **II.** *vt* **1.** (*anhalten*) parar **2.** (*Zeit, Geschwindigkeit*) cronometrar

stopplig *adj* (*unrasiert*) mal afeitado

Stoppschild *nt* <-(e)s, -er> señal *f* de stop; **Stoppuhr** *f* cronómetro *m*

Stöpsel *m* <-s, -> **1.** (*Pfropfen*) tapón *m* **2.** (*fam: Junge*) muchachito *m*

Stör *m* <-s, -e> (ZOOL) esturión *m*

Storch *m* <-(e)s, Störche> (ZOOL) cigüeña *f*

Störchin *f* <-nen> (ZOOL) cigüeña *f* (hembra)

stören **I.** *vt* **1.** (*belästigen*) estorbar, molestar; **lassen Sie sich durch mich nicht ~** no se moleste por mí **2.** (*Frieden, Verkehr*) perturbar; (*Ordnung*) alterar; (*Gespräch*) interrumpir **II.** *vi* molestar; **störe ich?** ¿molesto?; **bitte nicht ~!** ¡no molestar, por favor!; **etw als ~d empfinden** sentir algo como molesto **III.** *vr:* **sich ~** (*fam*) escandalizarse (*an* por), amolarse (*an* por) *Am*

Störenfried *m* <-(e)s, -e> buscapleitos *mf inv*

Störfall *m* <-(e)s, -fälle> incidente *m*

Stories *Pl von* **Story**

Storni *Pl von* **Storno**

stornieren* *vt* **1.** (*Auftrag*) anular **2.** (FIN) rescontrar

Storno *m o nt* <-s, Storni> asiento *m* cancelatorio

störrisch *adj* terco

Störung *f* <-en> **1.** (*Belästigung*) estorbo *m,* molestia *f* **2.** (*der Ordnung*) alteración *f;* (*eines Gesprächs*) interrupción *f;* (*Verkehrs~, a.* RADIO) perturbación *f* **3.** (*technische ~*) avería *f* **4.** (*gesundheitliche ~*) irregularidad *f;* **Störungsdienst** *m* servicio *m* de averías

Story *f* <-s *o* Stories> **1.** (*fam: Geschichte*) historia *f,* cuento *m;* **die ~ kaufe ich dir nicht ab!** ¡no me lo creo! **2.** (*Bericht, Report*) informe *m* **3.** (*Inhalt eines Films, Romans*) trama *f*

Stoß *m* <-es, Stöße> **1.** (*Schubs*) empujón *m;* (*Schlag*) golpe *m;* (*mit dem Ellbogen*) codazo *m;* (*mit der Faust*) puñetazo *m,* impacto *m Am;* **sich** *dat* **einen ~ geben** hacer de tripas corazón **2.** (*Erd~*) temblor *m* **3.** (*Stapel*) montón *m* (de)

Stoßdämpfer *m* (AUTO) amortiguador *m*

Stößel *m* <-s, -> majadero *m*

stoßen <stößt, stieß, gestoßen> **I.** *vt* **1.** (*schubsen*) empujar, quiñar *Am;* (*mit dem Fuß*) dar un puntapié (a); **jdn vor den Kopf ~** (*fam fig*) ofender a alguien **2.** (*hinein~*) clavar **3.** (*hinaus~*) arrojar **4.** (*zerkleinern*) machacar **5.** (*Schweiz: schieben*) empujar **II.** *vi* **1.** *sein* (*prallen*) chocar (*an/gegen* contra/con/en), darse (*gegen* con)

2. (*schlagen*) dar un golpe (*gegen* contra) 3. *sein* (*treffen*) encontrar (*auf*), dar (*auf* con); **auf Erdöl ~** dar con petróleo; **zu jdm ~** unirse a alguien 4. (*angrenzen*) limitar (*an* con) 5. (*Schweiz: schieben, drücken*) empujar **III.** *vr:* **sich ~ 1.** (*anprallen*) darse; **sich am Schrank ~** darse contra el armario 2. (*Anstoß nehmen*): **sich an etw** *dat* **~** ofenderse por algo

Stoßgebet *nt* jaculatoria *f;* **Stoßseufzer** *m* suspiro *m* hondo; **Stoßstange** *f* (AUTO) parachoques *m inv,* bómper *m Am*

stößt *3. präs von* **stoßen**

Stoßverkehr *m* tráfico *m* de las horas (de) punta

stoßweise *adv* (*ruckartig*) esporádicamente; **es kamen ~ Bewerbungen** las solicitudes llegaron a empujones

Stoßzahn *m* colmillo *m*

Stoßzeit *f* hora *f* punta

Stotterer, -in *m, f* <-s, -; -nen> tartamudo, -a *m, f*

stottern I. *vi* **1.** (*Mensch*) tartamudear 2. (*Wagen, Motor*) traquetear **II.** *vt* balbucear

Stövchen *nt* <-s, -> calientaplatos *m inv* (*generalmente para teteras*)

Str. *Abk. von* **Straße** C/

stracks *adv* **1.** (*direkt*) directamente **2.** (*sofort*) inmediatamente

Strafanstalt *f* penitenciaría *f;* **Strafantrag** *m* querella *f* (penal); **Strafanzeige** *f* denuncia *f;* **~ gegen jdn erstatten** presentar una denuncia contra alguien; **Strafarbeit** *f* castigo *m;* **Strafbank** *f* <-bänke> (SPORT) banquillo *m,* banco *m* de penalti

strafbar *adj* punible; **sich ~ machen** incurrir en un delito

Strafbefehl *m* (JUR) orden *f* penal

Strafe *f* <-n> **1.** (*allgemein*) castigo *m;* **seine gerechte ~ bekommen** recibir merecido castigo; **etw unter ~ stellen** poner algo bajo pena; **zur ~** como castigo **2.** (*Geld~*) multa *f* **3.** (*Freiheits~*) pena *f;* **eine ~ absitzen** cumplir una pena; **eine ~ zur Bewährung aussetzen** conceder remisión condicional

strafen *vt* castigar (*für* por); (*mit einer Geldstrafe*) multar

Straferlass[RR] *m* condonación *f;* (*Amnestie*) amnistía *f*

straff *adj* (*gespannt*) tenso; (*Haut*) sin arrugas; (*Stil*) conciso; (*Disziplin*) riguroso; **etw ~ ziehen** tensar algo

straffällig *adj* criminal; **~ werden** incurrir en un delito

straffen I. *vt* **1.** (*Seil*) tensar; (*Haut*) estirar **2.** (*Text*) condensar **II.** *vr:* **sich ~** estirarse

straffrei *adj* impune; **der Angeklagte ging ~ aus** el acusado fue declarado libre; **Straffreiheit** *f ohne Pl* impunidad *f;* **Strafgefangene(r)** *mf* preso, -a *m, f;* **Strafgericht** *nt* **1.** (JUR) tribunal *m* (de lo) penal **2.** (*Bestrafung*) castigo *m*

Strafgesetz *nt* ley *f* penal; **Strafgesetzbuch** *nt* código *m* penal

Strafjustiz *f* justicia *f* penal

sträflich *adj* censurable

Sträfling *m* <-s, -e> preso, -a *m, f*

straflos *adj* impune; **~ ausgehen** quedar impune

Strafmaß *nt* <-es, -e> pena *f;* **strafmildernd** *adj* atenuante sobre la pena; **strafmündig** *adj* (JUR) en edad penal; **Strafporto** *nt* recargo *m* de franqueo; **Strafpredigt** *f* (*fam*) sermón *m;* **jdm eine ~ halten** echar(le) un sermón a alguien

Strafprozess[RR] *m* proceso *m* penal; **Strafprozessordnung**[RR] *f* <-en> (JUR) código *m* de procedimiento penal

Strafpunkt *m* (SPORT) punto *m* de penalización; **Strafraum** *m ohne Pl* <-(e)s> (SPORT) área *f* de penalti; **Strafrecht** *nt ohne Pl* <-(e)s> derecho *m* penal; **strafrechtlich** *adj* jurídico-penal; **Strafregister** *nt* registro *m* de antecedentes penales; **Strafstoß** *m* (SPORT) penalti *m;* **Straftat** *f* delito *m;* **eine ~ begehen** cometer un delito; **Straftäter(in)** *m(f)* delincuente *mf;* **Strafversetzung** *f* traslado *m* forzoso; **Strafverteidiger(in)** *m(f)* (JUR) abogado, -a *m, f* defensor(a)

Strafvollzug *m* ejecución *f* de la pena; **offener ~** régimen de puerta abierta; **Strafvollzugsanstalt** *f* (JUR) penitenciaría *f*

Strafzettel *m* (*fam*) multa *f*

Strahl *m* <-(e)s, -en> **1.** (*Licht~, Sonnen~, a.* PHYS) rayo *m* **2.** (*Wasser~*) chorro *m*

strahlen *vi* **1.** (*Licht, Sonne*) brillar; (*glänzen*) brillar; (*funkeln*) destellar; (*radioaktiv*) despedir rayos radiactivos; **auf etw ~** iluminar algo; **~des Wetter** un sol radiante; **ein ~des Weiß** un blanco radiante **2.** (*Mensch*) estar radiante (*vor* de)

Strahlenbelastung *f* (MED) carga *f* de radiación; **Strahlendosis** *f* (MED) dosis *f inv* de radiación; **Strahlenschutz** *m* protección *f* contra radiaciones; **Strahlentherapie** *f* (MED) radioterapia *f;* **strahlenverseucht** *adj* contaminado por radiación

Strahler *m* <-s, -> **1.** (*Heiz~*) radiador *m* **2.** (*Licht~*) reflector *m*

Strahlung *f* <-en> (PHYS) (ir)radiación *f*

Strähnchen *ntpl* mechas *fpl*

Strähne *f* <-n> **1.** (*Haar~*) greña *f abw;* (*graue ~*) mechón *m* **2.** (*Phase*) fase *f*

strähnig *adj* greñudo *abw*

stramm *adj* **1.** (*straff*) tenso; **~ sitzen** venir justo; **~ ziehen** estirar **2.** (*kräftig*) robusto

3. (*gerade aufgerichtet*) derecho 4. (*streng*) rígido; **stramm|stehen** *irr vi* cuadrarse

Strampelanzug *m* <-(e)s, -züge> pelele *m,* mameluco *m Am*

strampeln *vi* 1. (*Baby*) patalear 2. *sein* (*fam: Rad fahren*) ir en bici

Strand *m* <-(e)s, Strände> playa *f;* **an den** [*o* **zum**] ~ **gehen** ir a la playa; **am ~ liegen** estar en la playa; **Strandbad** *nt* playa *f*

stranden *vi sein* 1. (*Schiff*) encallar 2. (*geh: scheitern*) fracasar

Strandgut *nt ohne Pl* <-(e)s> objetos *mpl* arrojados por el mar; **Strandkorb** *m* sillón *m* de playa

Strang *m* <-(e)s, Stränge> 1. (*Seil*) cuerda *f,* soga *f;* **am gleichen ~ ziehen** (*fig*) tirar de la misma cuerda; **über die Stränge schlagen** (*fam fig*) pasarse de rosca 2. (*Woll~*) madeja *f* 3. (*Nerven~*) cordón *m*

strangulieren* *vt* estrangular

Strapaze *f* <-n> esfuerzo *m* (enorme), agobio *m*

strapazieren* *vt* 1. (*Material*) gastar 2. (*Person*) agotar; (*Augen*) cansar (mucho); (*Geduld*) poner a prueba

strapazierfähig *adj* resistente

strapaziös *adj* agotador

Straps *m* <-es, -e> liguero *m*

Straßburg *nt* <-s> Estrasburgo *m*

Straße *f* <-n> 1. (*in einer Ortschaft*) calle *f;* (*große*) avenida *f;* (*Land~*) carretera *f;* **auf der ~** en la calle; **auf offener ~** en plena calle; **auf die ~ gehen** salir a la calle; **jdn auf die ~ setzen** (*fam*) poner a alguien de patitas en la calle 2. (*Meeresenge*) estrecho *m*

Straßenarbeiter *m* <-s, -> peón *m* caminero

Straßenbahn *f* tranvía *m;* **Straßenbahnhaltestelle** *f* parada *f* de tranvía; **Straßenbahnlinie** *f* línea *f* de tranvía

Straßenbau *m ohne Pl* <-(e)s> construcción *f* de carreteras; **Straßenbelag** *m* firme *m;* **Straßenfeger(in)** *m(f)* <-s, -; -nen> barrendero, -a *m, f;* **Straßenfest** *nt* fiesta *f* en la calle; **Straßenführung** *f ohne Pl* trazado *m* (de una carretera); **Straßengraben** *m* cuneta *f;* **Straßenjunge** *m* <-n, -n> (*a. abw*) golfo *m;* **Straßenkarte** *f* mapa *m* de carreteras; **Straßenkreuzer** *m* (*fam*) cochazo *m;* **Straßenkreuzung** *f* cruce *m;* **Straßenlaterne** *f* farol *m;* **Straßenrand** *m* margen *m* de la calle; **Straßenschild** *nt* <-(e)s, -er> letrero *m;* (*Verkehrsschild*) señal *f* indicadora; **Straßenseite** *f* lado *m* de la calle; **Straßensperre** *f* barrera *f;* **Straßenüberführung** *f* paso *m* elevado; **Straßenunterführung** *f* paso *m* subterráneo; **Straßenverhältnisse** *ntpl* estado *m* de las carreteras

Straßenverkehr *m* tráfico *m* (rodado); **Straßenverkehrsordnung** *f* código *m* de circulación

Stratege, -in *m, f* <-n, -n; -nen> estratega *mf*

Strategie *f* <-n> estrategia *f*

strategisch *adj* estratégico

sträuben I. *vr:* **sich ~** 1. (*Haare, Fell*) ponerse de punta 2. (*sich wehren*) oponerse (*gegen* a) II. *vt* erizar; (*Gefieder*) hinchar; (*Fell*) poner de punta

Strauch *m* <-(e)s, Sträucher> arbusto *m,* mata *f*

straucheln *vi sein* 1. (*geh: stolpern*) tropezar (*über* con) 2. (*scheitern*) fracasar

Strauß[1] *m* <-es, -e> (*Vogel*) avestruz *m*

Strauß[2] *m* <-es, Sträuße> (*Blumen~*) ramo *m* (de flores)

Strebe *f* <-n> (ARCHIT) puntal *m*

streben *vi* 1. *sein* (*sich bewegen*) dirigirse (*zu/nach* hacia) 2. (*sich bemühen*): **nach etw ~** aspirar a algo

Streben *nt ohne Pl* <-s> ambición *f* (*nach* de)

Strebepfeiler *m* (ARCHIT) contrafuerte *m*

Streber(in) *m(f)* <-s, -; -nen> (*abw*) arribista *mf,* olfa *mf RíoPl: fam;* (*in der Schule*) empollón, -ona *m, f*

strebsam *adj* aplicado; (*ehrgeizig*) ambicioso

Strebsamkeit *f ohne Pl* aplicación *f;* (*Ehrgeiz*) ambición *f*

Strecke *f* <-n> 1. (*Wegabschnitt*) trayecto *m;* (*Eisenbahn~*) línea *f;* (SPORT) recorrido *m;* **auf freier/halber ~** durante el recorrido; **über weite ~n** (*größtenteils*) en grandes partes; **auf der ~ bleiben** (*fam fig*) quedarse en la estacada 2. (*Entfernung*) distancia *f* 3. (*Weg, Route*) ruta *f* 4. (BERGB) galería *f* 5. (MATH) segmento *m* rectilíneo 6. (*Wend*): **jdn zur ~ bringen** (*verhaften*) echarle el guante a alguien; (*töten*) cargarse a alguien

strecken I. *vt* 1. (*Körperteil*) estirar; **lang gestreckt** alargado; (**den Finger**) ~ (*fam*) levantar la mano; **jdn zu Boden ~** derribar a alguien de un golpe; **den Kopf aus dem Fenster ~** asomar la cabeza por la ventana 2. (*Metall*) laminar 3. (*Vorräte, Geld*) hacer rendir; (*verdünnen*) aguar II. *vr:* **sich ~** 1. (*sich aus~*) estirarse 2. (*sich recken*) desperezarse 3. (*sich hinziehen*): **der Weg streckt sich** (*fam*) el camino se hace largo

Streckenabschnitt *m* tramo *m;* **Streckennetz** *nt* red *f* de líneas; **streckenweise** *adv* (*a. fig*) en (algunas) partes

Streetworker(in) *m(f)* <-s, -; -nen> educador(a) *m(f)* de calle

Streich *m* <-(e)s, -e> 1. (*geh: Schlag*) golpe

m **2.** (*Schabernack*) jugarreta *f,* ganga *f Mex,* cargada *f Arg;* **jdm einen ~ spielen** hacer(le) una jugarreta a alguien; **da hat mir mein Gedächtnis einen ~ gespielt** mi memoria me ha gastado una mala pasada

Streicheleinheiten *fpl* (*fam a.* PSYCH) caricias *fpl,* papachos *mpl Mex*

streicheln *vt* acariciar

streichen <streicht, strich, gestrichen> **I.** *vt* **1.** (*an~*) pintar; **frisch gestrichen!** ¡recién pintado! **2.** (*durch~*) tachar, radiar *Am;* (*Zuschuss*) suprimir; (*Plan, Auftrag*) anular; **„Nichtzutreffendes ~"** "táchese lo que no corresponda" **3.** (*Butter*) untar; (*Brötchen*) preparar **4.** (*entfernen*) quitar **5.** (*Stoff, Haare*): **glatt ~** alisar; **etw (mit der Hand) glatt ~** pasar la mano por algo **II.** *vi* **1.** *sein* (*umherstreifen*) vagar (*durch* por) **2.** (*darüber ~*) pasar (la mano) (*durch/über* por); (*zärtlich*) acariciar (*durch/über*); **ein gestrichener Esslöffel Mehl** una cuchara rasa de harina

Streicher *pl* (MUS: *Orchesterteil*) instrumentos *mpl* de arco

Streichholz *nt* <-es, -hölzer> cerilla *f,* cerillo *m Mex;* **Streichholzschachtel** *f* caja *f* de cerillas, cerillero *m Am*

Streichinstrument *nt* instrumento *m* de cuerda; **Streichkäse** *m* queso *m* para untar; **Streichorchester** *nt* orquesta *f* de cuerda

Streichung *f* <-en> **1.** (*Abschaffung*) anulación *f;* (*von Stellen, im Etat*) recorte *m* **2.** (*im Text*) tachadura *f*

Streichwurst *f* embutido *m* para untar

Streife *f* <-n> patrulla *f;* **auf ~ gehen/sein** andar/estar de patrulla

streifen **I.** *vt* **1.** (*berühren*) rozar; (*Frage, Problem*) tocar de pasada **2.** (*abziehen*) sacar (*von* de); (*überziehen*) poner (*auf* a) **II.** *vi sein:* **durch ein Gebiet ~** recorrer una región

Streifen *m* <-s, -> **1.** (*Linie*) línea *f* **2.** (*aus Stoff, Papier*) tira *f* **3.** (*fam: Film*) peli *f*

Streifenwagen *m* coche *m* patrulla

Streifschuss^RR *m* disparo *m* que pasa rozando; **Streifzug** *m* <-(e)s, -züge> **1.** (*Erkundungszug*) excursión *f* (*durch* por/en) **2.** (*kurzer Überblick*) panorama *m* (*durch* de)

Streik *m* <-(e)s, -s> huelga *f;* **in (den) ~ treten** declararse en huelga; **zum ~ aufrufen** convocar una huelga

Streikbrecher(in) *m(f)* <-s, -; -nen> esquirol *mf*

streiken *vi* **1.** (*Arbeiter*) estar en huelga (*für* para) **2.** (*fam: sich weigern*) pasar; (*Motor*) no funcionar

Streikende(r) *mf* <-n, -n; -n> huelgista *mf*

Streikposten *m* piquete *m* (de huelga)

Streit *m* <-(e)s, -e> disputa *f* (*um* por, *über* sobre), pelea *f* (*um* por); (*Rechts~*) litigio *m;* **wir haben ~** estamos peleados; **wegen etw mit jdm ~ bekommen** pelearse con alguien por algo; **sich im ~ trennen** acabar peleados

streiten <streitet, stritt, gestritten> **I.** *vi* **1.** (*zanken*) pelear (*um* por) **2.** (*mit Worten*) discutir (*über* sobre); **darüber lässt sich ~** esto es discutible **II.** *vr:* **sich ~** pelearse (*um/wegen* por)

Streiterei *f* <-en> (*abw*) querellas *fpl;* (*mit Worten*) disputas *fpl*

Streitfall *m* <-(e)s, -fälle> conflicto *m;* (JUR) litigio *m;* (POL) contencioso *m;* **im ~** en caso de litigio; **Streitgespräch** *nt* disputa *f*

streitig *adj* **1.** (JUR) litigioso **2.** (*strittig*) controvertido; **jdm etw ~ machen** disputar algo a alguien

Streitigkeit *f* <-en> riña *f,* contienda *f*

Streitkräfte *fpl* fuerzas *fpl* armadas; **streitsüchtig** *adj* pendenciero

streng *adj* **1.** (*allgemein*) severo; (*hart*) duro; (*genau*) estricto; **~ genommen** en rigor; **jdn ~ ansehen** mirar a alguien severamente; **das ist ~ verboten!** ¡eso está terminantemente prohibido! **2.** (*Stillschweigen, Diskretion*) absoluto; **~ geheim** bajo absoluta discreción; **~ vertraulich** absolutamente confidencial **3.** (*Geruch*) acre **4.** (*schmucklos*) austero **5.** (*Kälte*) intenso; (*Winter*) duro **6.** (*konsequent*) consecuente **7.** (*Schweiz: anstrengend*) duro

Strenge *f ohne Pl* **1.** (*Striktheit*) severidad *f;* (*Exaktheit*) exactitud *f* **2.** (*Schmucklosigkeit*) austeridad *f* **3.** (*eines Geruchs, Geschmacks*) acritud *f* **4.** (*des Winters*) rigor *m*

strenggenommen *adv s.* **streng 1.**

strenggläubig *adj* (muy) creyente

Stress^RR *m ohne Pl* <-es>, **Streß** *m ohne Pl* <-sses> estrés *m;* **unter ~ stehen** estar bajo estrés

stressen *vi, vt* (*fam*) estresar

stressig *adj* (*fam*) estresante

Stresssituation^RR *f* situación *f* de estrés

Stretching *nt ohne Pl* <-s> estiramiento *m*

Streu *f ohne Pl* paja *f* (*como lecho*)

streuen **I.** *vt* **1.** (*verteilen*) esparcir (*durch/auf* por); (*Pulver*) espolvorear; **Gerüchte ~** levantar rumores **2.** (*Straße*) echar arenilla (a) (*contra el hielo*) **II.** *vi* **1.** (*Straße*) echar arenilla **2.** (PHYS) dispersar

Streufahrzeug *nt* camión *m* esparcidor de arenilla; **Streugut** *nt ohne Pl* <-s> *sal o arenilla que se esparce para evitar hielos*

streunen *vi sein* vagabundear (*durch* por); **durch die Stadt ~** callejear

Streusel *m o nt* <-s, -> *bolita de mantequilla, azúcar y harina para cubrir pasteles;* **Streuselkuchen** *m pastel cubierto con bo-*

litas de mantequilla, azúcar y harina

Streuung *f* <-en> (*a.* PHYS) dispersión *f*

strich *3. imp von* **streichen**

Strich¹ *m* <-(e)s, -e> (*Linie*) raya *f;* (*auf Skalen*) marca *f;* (*Pinsel~*) pincelada *f;* **jdm einen ~ durch die Rechnung machen** (*fam fig*) desbaratar los proyectos de alguien; **einen ~ unter etw ziehen** (*fig*) poner punto final a algo; **unter dem ~** (*als Ergebnis*) a fin de cuentas

Strich² *m ohne Pl* <-(e)s> **1.** (*der Haare, des Fells*) sentido *m;* **das geht mir gegen den ~** (*fam*) eso me viene a contrapelo; **jdn nach ~ und Faden verprügeln** (*fam*) dar(le) una buena paliza a alguien **2.** (*fam: Prostitution*) prostitución *f* callejera; **auf den ~ gehen** hacer la carrera

Strichcode *m s.* **Strichkode**

stricheln *vt* **1.** (*zeichnen*) trazar a rayas; **eine gestrichelte Linie** una línea discontinua **2.** (*schraffieren*) rayar

Stricher(in) *m(f)* <-s, -; -nen> (*fam*) puto, -a *m, f* callejero, -a

Strichkode *m* código *m* de barras

Strichmädchen *nt* (*fam*) puta *f* callejera

Strichmännchen *nt* monigote *m;* **Strichpunkt** *m* punto *m* y coma

strichweise *adv* en algunas partes; **~ Schneefall** nevadas locales

Strick *m* <-(e)s, -e> **1.** (*Seil*) cuerda *f,* soga *f;* **wenn alle ~e reißen** (*fam*) en el peor de los casos; **jdm aus etw einen ~ drehen** (*fig*) utilizar algo en contra de alguien **2.** (*fam: Schlingel*) bribón, -ona *m, f*

stricken *vi, vt* hacer punto; **einen Pullover ~** hacer un jersey de punto

Strickgarn *nt* hilo *m* para labores de punto; **Strickjacke** *f* chaqueta *f* de punto

Strickleiter *f* <-n> escala *f* de cuerda

Stricknadel *f* aguja *f* para hacer punto; **Strickwaren** *fpl* géneros *mpl* de punto; **Strickzeug** *nt* (*Handarbeit*) labor *m* de punto

striegeln *vt* (*Pferd*) almohazar; (*bürsten*) cepillar

Strieme *f* <-n>, **Striemen** *m* <-s, -> verdugón *m*

strikt *adj* estricto

Strip *m* <-s, -s> strip-tease *m*

Strippe *f* <-n> (*fam*) cordón *m;* **jdn an der ~ haben** tener a alguien al teléfono

strippen *vi* (*fam: sich ausziehen*) hacer un strip-tease

stritt *3. imp von* **streiten**

strittig *adj* disputable; (*umstritten*) discutido

Stroh *nt ohne Pl* <-(e)s> paja *f;* **strohblond** *adj* rubio pajizo; **Strohblume** *f* siempreviva *f;* **strohdumm** *adj* (*fam*) tonto; **Strohfeuer** *nt* <-s, -> fuego *m* de paja; **es war nur ein ~** (*fam*) ha sido sólo la emoción del primer momento; **Strohhalm** *m* **1.** (*Halm*) tallo *m* de paja **2.** (*Trinkhalm*) pajita *f,* popote *m Mex;* **Strohhut** *m* <-(e)s, -hüte> sombrero *m* de paja; **Strohmann** *m* testaferro *m,* palo *m* blanco *Am;* **Strohwitwe** *f* (*fam*): **~ sein** estar sin marido; **Strohwitwer** *m* (*fam*): **~ sein** estar de Rodríguez

Strolch *m* <-(e)s, -e> **1.** (*abw: Gauner*) golfo, -a *m, f* **2.** (*fam: Kind*) golfillo, -a *m, f*

Strom *m* <-(e)s, Ströme> **1.** (*Fluss, Strömung*) corriente *f;* (*a. fig*) río *m;* **der Wein floss in Strömen** el vino corría a raudales; **gegen den ~ schwimmen** (*fig*) nadar contra la corriente; **mit dem ~ schwimmen** (*fig*) dejarse llevar por la corriente **2.** (ELEK) corriente *f;* **unter ~ stehen** (*Kabel, Zaun*) estar conectado a la corriente (eléctrica); (*fam: Mensch*) echar humo por las orejas de tanto trabajo **3.** (*Menschen~*) oleada *f*

stromabwärts *adv* río abajo; **stromaufwärts** *adv* río arriba

Stromausfall *m* <-(e)s, -fälle> apagón *m*

strömen *vi sein* **1.** (*Fluss*) fluir **2.** (*Blut, Wasser*) correr **3.** (*Menschen*) acudir en masa (*zu/nach* a)

Stromerzeugung *f* generación *f* de corriente; **Stromkabel** *nt* línea *f* eléctrica; **Stromkreis** *m* circuito *m* (eléctrico)

stromlinienförmig *adj* aerodinámico

Stromnetz *nt* red *f* eléctrica; **Stromrechnung** *f* cuenta *f* de electricidad

Stromschnelle *f* <-n> rápido *m,* corredera *f CSur*

Stromstärke *f* intensidad *f* de la corriente; **Stromstoß** *m* impulso *m* de corriente

Strömung *f* <-en> corriente *f*

Stromverbrauch *m* consumo *m* de electricidad; **Stromversorgung** *f* suministro *m* de corriente; **Stromzähler** *m* <-s, -> contador *m* eléctrico

Strophe *f* <-n> estrofa *f*

strotzen *vi* (*vor Freude, Gesundheit*) rebosar (*von/vor* de); (*voll sein*) estar lleno (*von/vor* de)

strubb(e)lig *adj* desgreñado

Strudel *m* <-s, -> **1.** (*im Wasser*) remolino *m* **2.** (*Speise*) *rollo de hojaldre relleno,* strudel *m Am*

Struktur *f* <-en> estructura *f*

strukturell *adj* estructural

strukturieren* *vt* estructurar

Strukturierung *f* <-en> estructuración *f*

strukturschwach *adj* (WIRTSCH) poco desarrollado; **Strukturwandel** *m* cambio *m* de estructura

Strumpf *m* <-(e)s, Strümpfe> media *f;* (*kurzer*) calcetín *m;* **Strumpfband** *nt* <-(e)s, -bänder> liga *f;* **Strumpfhalter**

m <-s, -> liguero *m,* portaligas *m inv Am;* **Strumpfhose** *f* panty *m,* pantimedia(s) *f(pl) Mex*

struppig *adj* hirsuto

Stube *f* <-n> cuarto *m,* habitación *f;* **die gute** ~ el salón; **Stubenarrest** *m* (*fam*): ~ **haben/bekommen** no poder salir (*un niño, como castigo, de casa o de su habitación*); **Stubenfliege** *f* <-n> mosca *f* (doméstica); **stubenrein** *adj* (*Tier*) aseado; (*Witz*) decoroso

Stuck *m ohne Pl* <-(e)s> **1.** (*Material*) estuco *m* **2.** (~*arbeit*) estucado *m*

Stück *nt* <-(e)s, -e> **1.** (*allgemein*) pieza *f;* (*Vieh*) cabeza *f;* **sechs ~ Eier** seis huevos; **drei Mark das** ~ tres marcos cada uno; ~ **Land** parcela *f;* **ein ~ spazieren gehen** pasear un rato; **das ist ein starkes ~!** (*fam*) ¡qué barbaridad! **2.** (*Teil*) trozo *m,* pedazo *m,* troncho *m CSur;* ~ **für** ~ pieza por pieza; (*fig*) poco a poco; **etw in ~e schlagen** romper algo en trozos; **große ~e auf jdn halten** (*fam*) estimar mucho a alguien; **ein schweres ~ Arbeit** mucho trabajo; **aus freien ~en** voluntariamente **3.** (*Theater~, Musik~*) pieza *f* **4.** (*fam abw: Person*): **du gemeines ~!** ¡hijo de perra!

Stuckateur(in)[RR] *m(f)* <-s, -e; -nen> estucador(a) *m(f)*

stückeln *vt* fraccionar

Stückgut *nt* bulto *m* suelto; **Stückpreis** *m* precio *m* por unidad

stückweise *adv* por piezas

Stückzahl *f* (WIRTSCH) número *m* de piezas

Student(in) *m(f)* <-en, -en; -nen> estudiante *mf;* **Studentenausweis** *m* carné *m* de estudiante; **Studentenwerk** *nt en Alemania institución universitaria para la asistencia social de los estudiantes;* **Studentenwohnheim** *nt* residencia *f* estudiantil

studentisch *adj* estudiantil

Studie *f* <-n> **1.** (*Entwurf*) esbozo *m* **2.** (*Untersuchung*) estudio *m*

Studien **1.** *Pl von* **Studie** **2.** *Pl von* **Studium**[2]

Studienabbrecher(in) *m(f)* <-s, -; -nen> estudiante *mf* que abandona la carrera universitaria; **Studienabschluss**[RR] *m* (*Grad*) título *m* (universitario); **Studienfach** *nt* asignatura *f;* **Studiengang** *m* <-(e)s, -gänge> carrera *f;* **Studiengebühr** *f* (derechos *mpl* de) matrícula *f;* **Studienplatz** *m* <-es, -plätze> plaza *f* (universitaria); **Studienrat, -rätin** *m, f* <-(e)s, -räte; -nen> catedrático, -a *m, f* de Instituto; **Studienreise** *f* <-n> viaje *m* de estudios

studieren* *vi, vt* estudiar (*an/in* en)

studiert *adj* (*fam*) que ha estudiado; (*gebildet*) culto

Studio *nt* <-s, -s> estudio *m*

Studium[1] *nt ohne Pl* <-s> (*akademische Ausbildung*) carrera *f*

Studium[2] *nt* <-s, Studien> (*Erforschung*) estudio *m*

Stufe *f* <-n> **1.** (*Treppen~*) peldaño *m,* escalón *m;* **Vorsicht, ~!** ¡Cuidado con el escalón! **2.** (*Ebene*) nivel *m;* (*Rang*) grado *m;* **sich mit jdm auf eine ~ stellen** equipararse con alguien **3.** (*Abschnitt*) fase *f;* **Stufenbarren** *m* (SPORT) paralelas *fpl* asimétricas; **stufenförmig** *adj* escalonado

stufenlos *adj* (TECH) sin fases, sin etapas

Stufenschnitt *m* corte *m* escalonado

stufenweise *adj* gradual

stufig *adj* **1.** (*Land*) escalonado **2.** (*Haar*) en capas

Stuhl *m* <-(e)s, Stühle> **1.** (*Möbel*) silla *f;* **elektrischer** ~ silla eléctrica; **jdm einen ~ anbieten** ofrecer(le) una silla a alguien; **zwischen zwei Stühlen sitzen** (*fig*) nadar entre dos aguas; **das reißt mich nicht vom** ~ (*fam*) esto no me maravilla **2.** (REL) sede *f;* **der Heilige** ~ la Santa Sede **3.** (MED: ~*gang*) defecación *f;* (*Kot*) restos *mpl* fecales

Stuhlbein *nt* pata *f* de la silla

Stuhlgang *m ohne Pl* <-(e)s> defecación *f;* ~ **haben** defecar

Stuhllehne *f* respaldo *m* (de una silla)

Stukkateur(in) *m(f)* <-s, -e; -nen> *s.* **Stuckateur**

Stulle *f* <-n> (*nordd*) bocadillo *m,* bocata *m fam*

stülpen *vt:* **etw auf/über etw** ~ tapar algo con algo; **etw nach außen** ~ volver algo (al revés)

stumm *adj* **1.** (*sprechunfähig, a.* LING) mudo; ~ **werden** enmudecer **2.** (*schweigsam*) callado; **jdn ~ ansehen** mirar a alguien sin decir palabra

Stummel *m* <-s, -> (*Bleistift~*) pedazo *m;* (*Kerzen~*) cabo *m;* (*Zigaretten~*) colilla *f*

Stummfilm *m* <-(e)s, -e> película *f* muda

Stümper(in) *m(f)* <-s, -; -nen> (*abw*) chapucero, -a *m, f*

stümperhaft *adj* (*abw*) chapucero

stumpf *adj* **1.** (*nicht scharf*) desafilado; (*nicht spitz*) romo **2.** (*rau*) tosco **3.** (*glanzlos*) opaco **4.** (MATH: *Winkel*) obtuso **5.** (*teilnahmslos*) apático; (*gleichgültig*) indiferente

Stumpf *m* <-(e)s, Stümpfe> (*Baum~*) tocón *m;* (*Kerzen~*) cabo *m;* (*von Gliedmaßen*) muñón *m*

Stumpfheit *f ohne Pl* **1.** (*eines Messers*) embotamiento *m* **2.** (*Rauheit*) tosquedad *f* **3.** (*Glanzlosigkeit*) opacidad *f* **4.** (*Teilnahmslosigkeit*) apatía *f;* (*Gleichgültigkeit*) indiferencia *f*

Stumpfsinn *m ohne Pl* <-(e)s> **1.** (*Teilnahmslosigkeit*) apatía *f* **2.** (*Monotonie*)

monotonía *f;* **stumpfsinnig** *adj* **1.** (*teilnahmslos*) apático **2.** (*monoton*) monótono

Stunde *f* <-n> hora *f;* (*Unterrichts~*) clase *f;* **drei viertel ~n** tres cuartos de hora; **in einer ~** dentro de una hora; **vor einer halben ~** hace media hora; **alle halbe ~** cada media hora; **bis zur ~** hasta ahora; **zu später ~** muy tarde; **25 DM pro ~** 25 marcos la hora; **~n nehmen/geben** tomar/dar clases; **in einer schwachen ~** en un momento de debilidad; **seine letzte ~ ist gekommen** le ha llegado la hora; **sie weiß, was die ~ geschlagen hat** (*fig*) sabe cómo están las cosas

stunden *vt:* **jdm etw ~** conceder a alguien una prórroga para algo

Stundengeschwindigkeit *f* velocidad *f* por hora; **Stundenhotel** *nt* casa *f* de citas; **Stundenkilometer** *m* (*fam*) kilómetro *m* por hora; **stundenlang I.** *adj* de varias horas **II.** *adv* horas y horas; **Stundenlohn** *m* <-(e)s, -löhne> salario *m* por hora; **Stundenplan** *m* horario *m;* **Stundentakt** *m ohne Pl* <-(e)s>: **im ~** cada hora

stundenweise *adv* por horas

stündlich I. *adj* horario **II.** *adv* cada hora; **dreimal ~** tres veces por hora

Stunk *m ohne Pl* <-s> (*fam abw*) bronca *f,* camorra *f;* **~ machen** armar camorra

stupid(e) *adj* (*abw*) **1.** (*Person*) estúpido **2.** (*Tätigkeit*) monótono

Stups *m* <-es, -e> (*fam*) empujón *m*

stupsen *vt* (*fam*) empujar

Stupsnase *f* <-n> nariz *f* respingona

stur *adj* testarudo; **bei etw auf ~ schalten** (*fam*) encabezonarse en algo

Sturheit *f ohne Pl* (*fam abw*) terquedad *f*

Sturm *m* <-(e)s, Stürme> **1.** (*Unwetter*) tormenta *f;* (*Wind*) tempestad *f;* **ein ~ der Begeisterung** una tempestad de entusiasmo; **~ klingeln** (*fam*) tocar a rebato **2.** (*Angriff*) asalto *m* (*auf* a); **gegen etw ~ laufen** protestar contra algo; **die Herzen im ~ erobern** conquistar (todos) los corazones en seguida **3.** (SPORT) delantera *f;* **er spielt im ~** juega en la delantera

Sturmbö *f* ráfaga *f,* bocanada *f* (de viento)

stürmen I. *vi* **1.** *sein* (*rennen*) precipitarse (*zu/nach* hacia) **2.** (SPORT) atacar **II.** *vt* tomar por asalto; (*Bank, Geschäfte*) asaltar **III.** *vunpers:* **es stürmt** hay temporal

Stürmer(in) *m(f)* <-s, -; -nen> (SPORT) delantero *mf*

Sturmflut *f* <-en> marea *f* muy alta

stürmisch *adj* **1.** (*Wetter*) tempestuoso; (*Meer*) agitado **2.** (*ungestüm*) impetuoso; (*heftig*) violento; (*Liebhaber*) apasionado; (*Entwicklung*) rápido; (*Beifall*) frenético; **nicht so ~!** ¡no tan rápido!

Sturmwarnung *f* aviso *m* de tempestad

Sturz *m* <-es, Stürze> **1.** (*Fall*) caída *f* (*von* de, *aus* por) **2.** (*Rückgang*) bajón *m* **3.** (*einer Regierung*) derrocamiento *m* **4.** (*oberer Abschlussbalken*) dintel *m* **5.** (*Achs~*) inclinación *f*

stürzen I. *vi sein* **1.** (*fallen*) caer(se); (*Temperatur, Währung*) bajar; **sie ist schwer gestürzt** se hizo mucho daño al caerse; **zu Boden ~** caer al suelo **2.** (*in die Tiefe*) despeñarse **3.** (*rennen*) precipitarse (*zu/an* hacia, *in* a); **ins Zimmer gestürzt kommen** entrar de golpe en la habitación **II.** *vt* **1.** (*um~*) derribar; (*umkippen*) volcar; (*Regierung*) derrocar **2.** (*hinunter~*) arrojar; (*von einem Felsen*) despeñar **3.** (*Kuchen-, Puddingform*) desprender **III.** *vr:* **sich ~** (*hinunterspringen*) precipitarse (*in* a, *von* desde), arrojarse (*aus* por); **sich auf jdn ~** abalanzarse sobre alguien; **sich auf/in etw ~** lanzarse sobre/a algo; **sich in die Arbeit ~** lanzarse al trabajo

Sturzflug *m* vuelo *m* en picado; **im ~** en picado; **Sturzhelm** *m* casco *m* (protector)

Stuss[RR] *m ohne Pl* <-es>, **Stuß** *m ohne Pl* <-sses> (*fam abw*) disparates *mpl*

Stute *f* <-n> yegua *f*

Stütze *f* <-n> (*a. fig*) sostén *m,* apoyo *m;* (ARCHIT) soporte *m;* **eine ~ für jdn sein** ser el sostén de alguien

stutzen I. *vi* (*innehalten*) interrumpirse; (*erstaunt*) sorprenderse **II.** *vt* cortar; (*Baum*) podar; (*Flügel, Schwanz*) recortar

stützen I. *vt* apoyar; **den Kopf auf die Hände ~** apoyar la cabeza en las manos **II.** *vr:* **sich ~ 1.** (*sich auf~*) apoyarse (*auf* en) **2.** (*beruhen*) basarse (*auf* en)

stutzig *adj:* **~ werden** sorprenderse; **~ machen** (*argwöhnisch machen*) hacer sospechar; (*verwirren*) desconcertar

Stützpunkt *m* **1.** (*einer Last*) punto *m* de apoyo **2.** (MIL) base *f*

stylen I. *vt* (*gestalten*) diseñar; **sich** *dat* **die Haare ~** arreglarse el pelo **II.** *vr:* **sich ~** (*fam*) ponerse (guapo)

Styropor® *nt ohne Pl* <-s> poliestireno *m,* plumavit® *m Am*

s.u. *Abk. von* **siehe unten** véase abajo

Subjekt *nt* <-(e)s, -e> (*a.* LING) sujeto *m*

subjektiv *adj* subjetivo

Subjektivität *f ohne Pl* subjetividad *f*

Substantiv *nt* <-s, -e> (LING) sustantivo *m*

Substanz *f* <-en> sustancia *f;* **das geht an die ~** (*fam*) esto llega al alma

substituieren* *vt* sustituir (*durch* por)

Substitut(in) *m(f)* <-en, -en; -nen> (*Schweiz*) sustituto, -a *m, f*

subtil *adj* sutil

subtrahieren* *vt* (MATH) restar (*von* a)

Subtraktion *f* <-en> (MATH) sustracción *f,* resta *f*

Subtropen *pl* (GEO) regiones *fpl* subtropicales; **subtropisch** *adj* (GEO) subtropical

Subunternehmer(in) *m(f)* (WIRTSCH) subcontratista *mf*

Subvention *f* <-n> (WIRTSCH) subvención *f*

subventionieren* *vt* (WIRTSCH) subvencionar

subversiv *adj* subversivo

Suchaktion *f* operación *f* de búsqueda

Suche *f* <-n> busca *f*, búsqueda *f;* **sich auf die ~ nach jdm/etw** *dat* **machen** salir en busca de alguien/algo

suchen *vi, vt* buscar; **nach etw** *dat*/**jdm ~** buscar algo/a alguien; **da kannst du lange ~** (*fam*) buscas en vano; **du hast hier nichts zu ~!** (*fam*) ¡a ti no te ha dado nadie vela en este entierro!

Sucher *m* <-s, -> (FOTO) visor *m*

Suchfunktion *f* <-en> (INFOR) función *f* de búsqueda; **Suchlauf** *m* <-(e)s, -läufe> (RADIO, TV) búsqueda *f* automática

Sucht *f* <-en *o* Süchte> **1.** (*Abhängigkeit*) adicción *f* (*nach* a) **2.** (*Verlangen*) manía *f* (*nach* de); **Suchtgefahr** *f ohne Pl* peligro *m* de adicción

süchtig *adj* **1.** (*alkohol~, tabletten~*) adicto (*nach* a); (*drogen~*) toxicómano; **~ machen** producir adicción **2.** (*begierig*) ávido (*nach* de)

Süchtige(r) *mf* <-n, -n; -n> adicto, -a *m, f;* (*Drogen~*) toxicómano, -a *m, f*

Suchtkranke(r) *mf* adicto, -a *m, f;* (*durch Drogen*) toxicómano, -a *m, f*

Sud *m* <-(e)s, -e> decocción *f*

Süd *m ohne Pl* <-(e)s> (*a.* NAUT, METEO) sur *m;* **Südafrika** *nt* <-s> **1.** (*Republik*) Sudáfrica *f* **2.** (*Teil des Kontinents*) África *f* del Sur; **Südafrikaner(in)** *m(f)* sudafricano, -a *m, f;* **südafrikanisch** *adj* sudafricano; **Südamerika** *nt* América *f* del Sur, Sudamérica *f;* **Südamerikaner(in)** *m(f)* sudamericano, -a *m, f*, latino, -a *m, f fam;* **südamerikanisch** *adj* sudamericano, latino *fam*

Sudan *m* <-s> Sudán *m*

Sudanese, -in *m, f* <-n, -n; -nen> sudanés, -esa *m, f*

sudanesisch *adj* sudanés

süddeutsch *adj* de Alemania del Sur; **Süddeutsche(r)** *mf* alemán, -ana *m, f* del Sur; **Süddeutschland** *nt* Alemania *f* del Sur

Sudelei *f* <-en> (*fam*) **1.** (*Schmiererei*) embadurnamiento *m;* (*beim Schreiben*) garabatos *mpl* **2.** (*Schlamperei*) chapucería *f*

sudeln *vi, vt* (*fam abw: beim Schreiben*) garabatear; (*beim Zeichnen*) pintarrajear; (*mit Matsch schmieren*) embardurnar

Süden *m ohne Pl* <-s> sur *m;* **im ~** en el sur; **im ~ von ...** (*südlich von*) al sur de...; (*im südlichen Teil von*) en el sur de; **von ~** del sur; **nach/in den ~** hacia el sur

Südeuropa *nt* (*Region*) Europa *f* del Sur; (*südlicher Teil*) sur *m* de Europa; **Südfrucht** *f* fruta *f* tropical; **Südhalbkugel** *f ohne Pl* hemisferio *m* sur; **Südküste** *f* costa *f* (del) Sur

Südländer(in) *m(f)* <-s, -; -nen> *habitante de un país mediterráneo*

südlich **I.** *adj* del sur, meridional; **in ~er Richtung** en dirección sur; **52 Grad ~e Breite** 52 grados latitud sur **II.** *präp +gen* al sur de; **~ von Granada** al sur de Granada

Südosten *m* sudeste *m;* **südöstlich** **I.** *adj* del sudeste **II.** *präp +gen* al sudeste de; **Südpol** *m ohne Pl* <-s> polo *m* sur; **Südsee** *f* Pacífico *m* meridional; **Südspanien** *nt* sur *m* de España; **Südstaaten** *mpl* Estados *mpl* del sur

Südstaatler(in) *m(f)* <-s, -; -nen> habitante *mf* de los Estados del sur

Südwesten *m* sudoeste *m;* **südwestlich** **I.** *adj* del sudoeste **II.** *präp +gen* al sudoeste de; **Südwind** *m* <-(e)s, -e> viento *m* del sur

Sueskanal *m* <-s> Canal *m* de Suez

Suff *m ohne Pl* <-(e)s> (*fam*) borrachera *f*, trinca *f Am;* **im ~** borracho

süffeln *vt* (*fam*) saborear (*una bebida alcohólica*)

süffig *adj* (*fam*) suave y ligero

Suffix *nt* <-es, -e> (LING) sufijo *m*

suggerieren* *vt* **1.** (*einreden*) sugerir **2.** (*Eindruck erwecken*) aparentar

Suggestion *f* <-en> sugestión *f*

suggestiv *adj* sugestivo

suhlen *vr:* **sich ~** revolcarse (*in* en)

Sühne *f ohne Pl* (*geh*) expiación *f*

sühnen *vt* (*geh*) expiar

Sujet *nt* <-s, -s> (*geh*) tema *m*

sukzessiv *adj* sucesivo

Sulfat *nt* <-(e)s, -e> (CHEM) sulfato *m*

Sultan(in) *m(f)* <-s, -e; -nen> sultán, -ana *m, f*

Sülze *f* <-n> (*Fleisch~*) carne *f* en gelatina; (*Fisch~*) pescado *m* en gelatina

sülzen *vi, vt* (*fam*) parlotear

summarisch *adj* sumario

Summe *f* <-n> **1.** (MATH) suma *f* **2.** (*Geldbetrag*) importe *m*, suma *f;* **eine runde ~** una suma redonda

summen **I.** *vi* **1.** (*Insekten, Motor*) zumbar **2.** (*Mensch*) tararear una melodía **II.** *vt* (*Melodie*) tararear

summieren* **I.** *vt* sumar **II.** *vr:* **sich ~** acumularse

Sumpf *m* <-(e)s, Sümpfe> pantano *m*, moca *m Ecua;* **Sumpffieber** *nt ohne Pl* <-s> paludismo *m*

sumpfig *adj* pantanoso

Sünde *f* <-n> pecado *m;* **eine ~ begehen** cometer un pecado; **Sündenbock** *m* (*fam*) cabeza *f* de turco; **jdn zum ~ machen** convertir a alguien en cabeza de turco; **Sündenfall** *m ohne Pl* <-(e)s> (REL) pecado *m* original

Sünder(in) *m(f)* <-s, -; -nen> pecador(a) *m(f)*

sündhaft *adj* pecaminoso; ~ **teuer** carísimo

sündig *adj* pecador; (*lasterhaft*) vicioso

sündigen *vi* pecar

super I. *adj inv* (*fam*) fantástico, de putamadre *fam* **II.** *adv* de maravilla, de putamadre *fam*

Superbenzin *nt ohne Pl* <-s> gasolina *f* súper; **Superchip** *m* (INFOR) superchip *m*

Superlativ *m* <-s, -e> (LING) superlativo *m*

Supermacht *f* <-mächte> (*fam*) superpotencia *f*; **Supermann** *m* (*fam*) supermán *m*; **Supermarkt** *m* supermercado *m*; **Superstar** *m* <-s, -s> superestrella *f*

Suppe *f* <-n> sopa *f*; (*klare* ~) consomé *m*; **die ~ hast du dir selbst eingebrockt** (*fam*) en esto te has metido tú solito; **die ~ auslöffeln müssen** (*fam fig*) pagar el pato; **Suppengrün** *nt ohne Pl* <-s> verdura *f* de sopa; **Suppenhuhn** *nt* pollo *m* para hacer sopa; **Suppenlöffel** *m* cuchara *f* para sopa; **Suppenschüssel** *f* sopera *f*; **Suppenteller** *m* plato *m* sopero; **Suppenwürfel** *m* pastilla *f* de caldo

Surfbrett *nt* tabla *f* de surf

surfen *vi* practicar el surf

Surfer(in) *m(f)* <-s, -; -nen> surfista *mf*

Surrealismus *m ohne Pl* <-> (KUNST, LIT) surrealismo *m*

surren *vi* zumbar

suspekt *adj* sospechoso; **das ist mir** ~ esto me parece sospechoso

suspendieren* *vt* suspender (*von* de); **er wurde vom Dienst suspendiert** lo suspendieron de sus funciones

süß *adj* **1.** (*Geschmack*) dulce; (*gesüßt*) azucarado; (*Duft*) fragante **2.** (*lieblich*) dulce **3.** (*niedlich*) mono

süßen *vt* endulzar; (*mit Zucker*) azucarar

Süßholz *nt ohne Pl* <-es> regaliz *m*; ~ **raspeln** (*fam*) echar piropos

Süßigkeit *f* <-en> dulce *m*

süßlich *adj* dulzón

süßsauer *adj* agridulce; **Süßspeise** *f* plato *m* dulce; **Süßstoff** *m* <-(e)s, -e> edulcorante *m*

Süßwaren *fpl* dulces *mpl*; **Süßwarengeschäft** *nt* <-(e)s, -e> (*Laden*) bombonería *f*

Süßwasser *nt* agua *f* dulce

SW *Abk. von* **Südwesten** SO

Sweatshirt *nt* <-s, -s> suéter *m*, sudadera *f*

Swimmingpool *m* piscina *f*, pileta *f Am*

Symbiose *f* <-n> (BIOL) simbiosis *f inv*

Symbol *nt* <-s, -e> símbolo *m* (*für* de)

symbolisch *adj* simbólico (*für* de)

symbolisieren* *vt* simbolizar

Symbolleiste *f* <-n> (INFOR) barra *f* de trabajo

Symmetrie *f* <-n> simetría *f*

symmetrisch *adj* simétrico

Sympathie *f* <-n> simpatía *f* (*für* por); ~ **für jdn empfinden** sentir simpatía por alguien

Sympathisant(in) *m(f)* <-en, -en; -nen> simpatizante *mf*

sympathisch *adj* simpático; **er ist mir** ~ me es simpático, me cae bien *fam*

sympathisieren* *vi* simpatizar

Symphonie *f* <-n> sinfonía *f*

Symposium *nt* <-s, Symposien> simposio *m*

Symptom *nt* <-s, -e> (*a.* MED) síntoma *m* (*für* de)

symptomatisch *adj* (*a.* MED) sintomático (*für* de)

Synagoge *f* <-n> sinagoga *f*

synchron *adj* (*a.* LING) sincrónico

Synchronisation *f* <-en> **1.** (TECH) sincronización *f* **2.** (FILM) doblaje *m*

synchronisieren* *vt* **1.** (TECH) sincronizar **2.** (FILM) doblar

Syndikat *nt* <-(e)s, -e> (WIRTSCH) consorcio *m*

Syndrom *nt* <-s, -e> (MED) síndrome *m* (*für* de)

Synode *f* <-n> (REL) sínodo *m*

synonym *adj* (LING) sinónimo (*zu* de)

Synonym *nt* <-s, -e *o* -a> (LING) sinónimo *m* (*zu* de)

syntaktisch *adj* (LING) sintáctico

Syntax *f* <-en> (LING) sintaxis *f inv*

Synthese *f* <-n> (*a.* PHILOS, CHEM) síntesis *f inv*

Synthesizer *m* <-s, -> sintetizador *m*

Synthetik *nt ohne Pl* <-s> (*Gewebe*) tejido *m* sintético

synthetisch *adj* (*a.* CHEM) sintético

synthetisieren* *vt* (CHEM) sintetizar

Syphilis *f ohne Pl* sífilis *f*

Syrer(in) *m(f)* <-s, -; -nen> sirio, -a *m, f*

Syrien *nt* <-s> Siria *f*

syrisch *adj* sirio

System *nt* <-s, -e> sistema *m*; **duales** ~ (ÖKOL) sistema dual

Systematik *f* <-en> **1.** (*Ordnung*) orden *m* **2.** (BIOL) sistemática *f*

systematisch *adj* sistemático

systematisieren* *vt* sistematizar

Systemfehler *m* (INFOR) error *m* del sistema; **Systemkritiker(in)** *m(f)* (*a.* POL, WIRTSCH) disidente *mf*

Szenarium *nt* <-s, Szenarien> (*a.* THEAT, FILM) escenario *m*

Szene *f* <-n> **1.** (THEAT) escena *f*; **ein Stück in ~ setzen** poner una obra en escena; **sich in ~ setzen** lucirse; **jdm eine ~ machen**

montar(le) a alguien una escena **2.** (*fam: Milieu*) ambiente *m;* **sich in der ~ auskennen** (*fam: im Nachtleben/kulturellen Leben*) conocer la movida; **Szenenwechsel** *m* <-s, -> (THEAT) cambio *m* de escena

Szenerie *f* <-n> (*a.* THEAT) escenario *m*

T

T, t *nt* <-, -> T, t *f;* ~ **wie Theodor** T de Tarragona

t *Abk. von* **Tonne** t

Tabak *m* <-s, -e> tabaco *m;* **Tabakindustrie** *f* industria *f* de tabaco

Tabaksdose *f* tabaquera *f*

Tabaksteuer *f* <-n> impuesto *m* sobre el tabaco; **Tabakwaren** *fpl* tabacos *mpl*

tabellarisch *adj* en forma de cuadro

Tabelle *f* <-n> cuadro *m;* **Tabellenführer** *m* <-s, -> (SPORT) líder *m*

Tablett *nt* <-(e)s, -s *o* -e> bandeja *f,* azafata *f Chil*

Tablette *f* <-n> pastilla *f;* **Tablettensucht** *f* fármacodependencia *f*

tabu *adj inv:* ~ **sein** ser un tabú

Tabu *nt* <-s, -s> tabú *m*

tabuisieren* *vt* convertir en tabú

Tabulator *m* <-s, -en> tabulador *m*

Tacho *m* <-s, -s> (*fam*), **Tachometer** *m o nt* <-s, -> **1.** (*Geschwindigkeitsmesser*) velocímetro *m* **2.** (*Drehzahlmesser*) tacómetro *m*

Tadel *m* <-s, -> **1.** (*Kritik*) crítica *f;* (*Rüge*) reprimenda *f* **2.** (*geh: Mangel*) defecto *m*

tadellos *adj* impecable; (*vollkommen*) perfecto

tadeln *vt* (*rügen*) reprender (*wegen* por); (*kritisieren*) criticar (*wegen* por)

tadelnswert *adj* reprochable

Tadschikistan *nt* <-s> Tayikistán *m*

Tafel *f* <-n> **1.** (*Brett, Anzeige~*) tabla *f;* (*Gedenk~*) placa *f* (conmemorativa) **2.** (*in der Schule*) pizarra *f* **3.** (*für Vertäfelung*) panel *m* **4.** (*Schokoladen~*) tableta *f* **5.** (*Tabelle*) cuadro *m* **6.** (*Illustration*) lámina *f* **7.** (*geh: Esstisch*) mesa *f*

Tafelberg *m* (GEO) meseta *f*

tafeln *vi* (*geh*) yantar

täfeln *vt* revestir (de madera)

Täfelung *f* <-en> revestimiento *m* (de madera)

Tafelwasser *nt* <-s, -wässer> agua *f* mineral; **Tafelwein** *m* <-(e)s, -e> vino *m* de mesa

Taft *m* <-(e)s, -e> tafetán *m*

Tag *m* <-(e)s, -e> **1.** (*allgemein*) día *m;* (*im Verlauf*) jornada *f;* **es wird** ~ amanece; **jeden** ~ todos los días; **jeden dritten** ~ cada tres días; **zweimal am** ~ dos veces al día; **am folgenden** ~ al día siguiente; **den ganzen** ~ **lang** durante todo el día; **vor 5** ~**en** hace 5 días; **in 8** ~**en** dentro de 8 días; ~ **für** ~ día tras día; **von einem** ~ **auf den anderen** de un día para otro; **guten** ~**!** ¡buenos días!; **eines** (**schönen**) ~**es** un (buen) día; ~ **der offenen Tür** día de puertas abiertas; **etw kommt an den** ~ algo sale a la luz; **ein Unterschied wie** ~ **und Nacht** una diferencia como del día a la noche; **einen guten/schlechten** ~ **haben** estar de buen/de mal humor; **in den** ~ **hinein leben** vivir al día; **etw zu** ~**e fördern** sacar algo a la luz; **es ist noch nicht aller** ~**e Abend** todavía no está todo perdido; **man soll den** ~ **nicht vor dem Abend loben** (*prov*) no hay que echar las campanas al vuelo antes de tiempo **2.** (BERGB): **unter/über** ~**e arbeiten** trabajar en la mina/a cielo abierto **3.** *Pl* (*fam: Menstruation*) regla *f*

tagaus *adv:* ~**, tagein** todos los días

Tagebau *m ohne Pl* <-(e)s> (BERGB) explotación *f* (minera) a cielo abierto; **Tagebuch** *nt* diario *m;* **Tagedieb(in)** *m(f)* (*abw*) gandul(a) *m(f);* **Tagegeld** *nt* <-(e)s, -er> **1.** (*bei einer Dienstreise*) dietas *fpl* **2.** (*bei Krankenhausaufenthalt*) gastos *mpl* de hospital a cargo de la Seguridad Social

tagein *adv s.* **tagaus**

tagelang I. *adj* de varios días **II.** *adv* durante días enteros

Tagelöhner(in) *m(f)* <-s, -; -nen> jornalero, -a *m, f*

tagen I. *vi* (*konferieren*) reunirse (en sesión) **II.** *vunpers* (*geh: Tag werden*) amanecer; **es tagt** amanece

Tagesablauf *m* tra(n)scurso *m* del día; **Tagesanbruch** *m* amanecer *m,* amanezquera *f Mex, PRico;* **bei** ~ al alba; **Tagescreme** *f* crema *f* de día; **Tagesfahrt** *f* viaje *m* de un día; **Tagesgericht** *nt* (GASTR) plato *m* del día; **Tagesgeschehen** *nt* acontecimientos *mpl* del día; **Tagesgespräch** *nt* tema *m* del día; **Tageskarte** *f* **1.** (*Speisekarte*) menú *m* del día **2.** (*Fahrkarte*) billete *m* que vale un solo día

Tageslicht *nt ohne Pl* <-(e)s> luz *f* del día; **bei** ~ de día; **ans** ~ **bringen/kommen** sacar/salir a la luz; **Tageslichtprojektor** *m* retroproyector *m*

Tagesmutter *f* <-mütter> niñera *f, que cuida a niños en su propia casa;* **Tagesordnung** *f* <-en> orden *m* del día; **auf der** ~ **stehen** figurar en el orden del día; **an der** ~ **sein** ser el pan de cada día; **zur** ~ **überge-**

T

hen volver a la actividad diaria; **Tagesschau** *f* (TV) telediario *m;* **Tageszeit** *f* hora *f* del día; **zu jeder Tages- und Nachtzeit** día y noche; **Tageszeitung** *f* diario *m*

tageweise *adv* por días

taghell *adj* claro como el día; **es ist schon ~** ya es (de) día

täglich I. *adj* cotidiano, diario **II.** *adv* todos los días, cada día; **dreimal ~** tres veces al día

Tagschicht *f* turno *m* de día

tagsüber *adv* durante el día, de día

tagtäglich I. *adj* diario, de todos los días **II.** *adv* todos los días, a diario

Tagung *f* <-en> congreso *m;* **Tagungsteilnehmer(in)** *m(f)* congresista *mf*

Taifun *m* <-s, -e> tifón *m*

Taiga *f ohne Pl* taiga *f*

Taille *f* <-n> cintura *f*

tailliert *adj* entallado

Taiwan *nt* <-s> Taiwan *m*

Taiwaner(in) *m(f)* <-s, -; -nen> taiwanés, -esa *m, f*

taiwanisch *adj* taiwanés

Takt[1] *m* <-(e)s, -e> (MUS) compás *m;* **im ~ der Musik** al compás de la música; **den ~ schlagen** marcar el compás; **im ~ bleiben** llevar el compás; **aus dem ~ kommen** perder el compás

Takt[2] *m ohne Pl* <-(e)s> (*~gefühl*) tacto *m,* discreción *f*

taktieren* *vi* (*in Verhandlungen*) emplear una táctica

Taktik *f* <-en> táctica *f*

Taktiker(in) *m(f)* <-s, -; -nen> táctico, -a *m, f*

taktisch *adj* táctico; **~ klug/falsch** tácticamente inteligente/equivocado

taktlos *adj* indiscreto

Taktlosigkeit *f* <-en> falta *f* de tacto

Taktstock *m* <-(e)s, -stöcke> (MUS) batuta *f*

taktvoll *adj* con (mucho) tacto

Tal *nt* <-(e)s, Täler> valle *m*

Talar *m* <-s, -e> **1.** (*von Geistlichen*) sotana *f* **2.** (*von Richtern*) toga *f*

Talent *nt* <-(e)s, -e> talento *m* (*für/zu* para)

talentiert *adj* dotado

Taler *m* <-s, -> (HIST) tálero *m*

Talg *m* <-(e)s, -e> sebo *m;* **Talgdrüse** *f* glándula *f* sebácea

Talisman *m* <-s, -e> talismán *m*

Talkessel *m* (GEO) circo *m*

Talkshow[RR] *f* (TV) talk show *m*

Talsperre *f* presa *f;* **Talstation** *f* estación *f* (funicular) de abajo

Tamburin *nt* <-s, -e> pandereta *f*

Tampon *m* <-s, -s> tampón *m;* (*für Wunden*) tapón *m*

Tandem *nt* <-s, -s> tándem *m*

Tang *m* <-(e)s, -e> algas *fpl* marinas

Tanga *m* <-s, -s> tanga *m*

Tangente *f* <-n> (MATH) tangente *f*

tangieren* *vt* **1.** (*geh: berühren*) afectar **2.** (MATH) tocar tangencialmente

Tango *m* <-s, -s> tango *m*

Tank *m* <-s, -s *o* -e> depósito *m,* tanque *m*

tanken *vi, vt* echar gasolina; **10 Liter ~** echar 10 litros (de gasolina); **voll ~** llenar el depósito (del todo); **frische Luft ~** (*fam*) respirar aire fresco; **er hat ordentlich getankt** (*fam*) ha bebido de lo lindo

Tanker *m* <-s, -> buque *m* cisterna

Tanklastzug *m* camión *m* cisterna; **Tanksäule** *f* surtidor *m* de gasolina; **Tankstelle** *f* gasolinera *f;* **Tankwart(in)** *m(f)* <-(e)s, -e; -nen> empleado, -a *m, f* de una gasolinera

Tanne *f* <-n> (BOT) abeto *m;* **Tannenbaum** *m* **1.** (*Tanne*) abeto *m* **2.** (*fam: Weihnachtsbaum*) árbol *m* de Navidad; **Tannennadel** *f* aguja *f* de abeto; **Tannenzapfen** *m* piña *f* de abeto

Tante *f* <-n> tía *f*

Tante-Emma-Laden *m* <-s, -Läden> (*fam*) tienda *f* de la esquina

Tantieme *f* <-n> **1.** (*Gewinnbeteiligung*) participación *f* en los beneficios **2.** *Pl* (*von Autoren*) derechos *mpl* de autor

Tanz *m* <-es, Tänze> (MUS) baile *m,* dancing *m Am;* **jdn zum ~ auffordern** sacar a alguien a bailar; **darf ich Sie um den nächsten ~ bitten?** ¿me concede el próximo baile?; **Tanzbein** *nt:* **das ~ schwingen** (*fam*) mover el esqueleto

tänzeln *vi* **1.** *haben o sein* (*Mensch*) andar con paso ligero; (*hüpfen*) brincar **2.** (*Pferd*) dar escarceos

tanzen I. *vi* **1.** (*Mensch*) bailar; **~ gehen** ir a bailar **2.** (*Boot*) balancearse (*auf* en) **3.** (*Mücken*) volar **4.** *sein* (*tänzeln*) andar con paso ligero **II.** *vt* bailar; **Tango ~** bailar tango

Tänzer(in) *m(f)* <-s, -; -nen> bailador(a) *m(f);* (*professionell*) bailarín, -ina *m, f;* (*Flamenco~*) bailaor(a) *m(f)*

tänzerisch *adj* en cuanto al baile

Tanzfläche *f* pista *f* de baile; **Tanzkurs** *m* curso *m* de baile; **Tanzlehrer(in)** *m(f)* profesor(a) *m(f)* de baile; **Tanzlokal** *nt* sala *f* de baile, dancing *m Am;* **Tanzpartner(in)** *m(f)* pareja *f* (de baile); **Tanzschule** *f* <-n> escuela *f* de baile; **Tanzstunde** *f* clase *f* de baile; **Tanzturnier** *nt* concurso *m* de baile

Tapete *f* <-n> papel *m* pintado; **Tapetenwechsel** *m* (*fam fig*) cambio *m* de aires

tapezieren* *vi, vt* empapelar

Tapeziertisch *m* mesa *f* de caballete

tapfer *adj* valiente; **sich ~ schlagen** defen-

derse con bravura
Tapferkeit *f ohne Pl* valentía *f*
Tapir *m* <-s, -e> (ZOOL) tapir *m*, danta *f Ven*
tappen *vi sein* andar (a tientas)
tapsen *vi sein* (*fam*) caminar silenciosamente
Tarantel *f* <-n> (ZOOL) tarántula *f*; **wie von der ~ gestochen** (*fam*) como si le hubiera picado un bicho
Tarif *m* <-s, -e> tarifa *f*; **nach/über/unter ~ bezahlt werden** ser pagado según la/sobre la/por debajo de la tarifa; **Tarifgruppe** *f* categoría *f* de tarifas
tariflich *adj* de la tarifa; (*Bezahlung*) según la tarifa
Tariflohn *m* salario *m* según el convenio colectivo; **Tarifpartner** *m* <-s, -> interlocutor *m* social; **Tarifrunde** *f* negociaciones *fpl* colectivas; **Tarifverhandlungen** *fpl* negociaciones *fpl* de los convenios colectivos; **Tarifvertrag** *m* convenio *m* colectivo
tarnen **I.** *vt* camuflar (*mit* con, *gegen* contra) **II.** *vr:* **sich ~** camuflarse (*als* de)
Tarnfarbe *f* color *m* de camuflaje; **Tarnname** *m* nombre *m* falso
Tarnung *f* <-en> camuflaje *m*
Tasche *f* <-n> **1.** (*an Kleidung*) bolsillo *m* **2.** (*Hand~*) bolso *m*, busaca *f Kol, Ven*; (*Reise~*) bolsa *f* (de viaje); (*Akten~, Schul~*) cartera *f*; **in die eigene ~ wirtschaften** (*fam*) llenarse los bolsillos (de modo fraudulento); **etw aus der eigenen ~ bezahlen** (*fam*) pagar algo del propio bolsillo; **jdm auf der ~ liegen** (*fam*) vivir a costa de alguien; **tief in die ~ greifen** (*fam fig*) aflojar la mosca; **jdn in der ~ haben** (*fam fig*) tener a alguien en el bolsillo; **Taschenausgabe** *f* <-n> edición *f* de bolsillo; **Taschenbuch** *nt* libro *m* de bolsillo; **Taschencomputer** *m* ordenador *m* de bolsillo; **Taschendieb(in)** *m(f)* carterista *mf*, bolsista *mf MAm, Mex*; **Taschengeld** *nt* <-(e)s, -er> dinero *m* para (pequeños) gastos personales; **Taschenkrebs** *m* (ZOOL) buey *m*; **Taschenlampe** *f* linterna *f*; **Taschenmesser** *nt* navaja *f*; **Taschenrechner** *m* <-s, -> calculadora *f* (de bolsillo); **Taschentuch** *nt* <-(e)s, -tücher> pañuelo *m*; **Taschenuhr** *f* reloj *m* de bolsillo
Tasse *f* <-n> taza *f*; **eine ~ Kaffee** una taza de café; **er hat nicht alle ~n im Schrank** (*fam*) le falta un tornillo; **das ist eine trübe ~** (*fam*) ese es un muermo
Tastatur *f* <-en> teclado *m*
Taste *f* <-n> tecla *f*; **eine ~ drücken** apretar una tecla
tasten **I.** *vi:* **nach etw** *dat* **~** buscar algo a tientas **II.** *vt* (*er~*) palpar **III.** *vr:* **sich ~** andar a tientas (*über/durch* por)
Tasteninstrument *nt* instrumento *m* de teclados
Tastsinn *m ohne Pl* <-(e)s> (sentido *m* del) tacto *m*
tat *3. imp von* **tun**
Tat *f* <-en> (*das Handeln*) acción *f*; (*Handlung*) acto *m*; (*Straf~*) delito *m*; **etw in die ~ umsetzen** poner algo en práctica; **zur ~ schreiten** pasar a los hechos; **jdn auf frischer ~ ertappen** coger a alguien con las manos en la masa; **in der ~!** ¡en efecto!
Tatbestand *m* <-(e)s, -stände> (*a.* JUR) estado *m* de cosas
Tatendrang *m* dinamismo *m*
tatenlos **I.** *adj* inactivo **II.** *adv* de brazos cruzados
Täter(in) *m(f)* <-s, -; -nen> autor(a) *m(f)* de un delito
tätig *adj* activo (*für* para, *bei* en); **~ sein** (*Person*) trabajar (*für* para, *bei* en, *als* de), dedicarse (*als* a); (*Vulkan*) estar activo; **in einer Sache ~ werden** intervenir en un asunto
tätigen *vt* realizar
Tätigkeit[1] *f* <-en> **1.** (*Beschäftigung*) actividad *f* (*als* como) **2.** (*Arbeit*) trabajo *m*
Tätigkeit[2] *f ohne Pl* (*Funktionieren*) funcionamiento *m*; **außer ~ sein** estar parado; **in ~ treten** entrar en funcionamiento
Tätigkeitsbereich *m* campo *m* de acción
Tatkraft *f ohne Pl* energía *f*, dinamismo *m*; **tatkräftig** *adj* enérgico; **jdn ~ unterstützen** apoyar a alguien enérgicamente
tätlich *adj* de hecho; **gegen jdn ~ werden** hacer uso de la violencia física contra alguien
Tatmotiv *nt* móvil *m* del crimen; **Tatort** *m* lugar *m* de los hechos
tätowieren* *vt* tatuar; **sich ~ lassen** hacerse un tatuaje
Tätowierung *f* <-en> tatuaje *m*
Tatsache *f* <-n> hecho *m*; **~ ist, dass ...** es un hecho que...; **~!** (*fam*) ¡de verdad!; **vor vollendeten ~n stehen** enfrentarse a hechos consumados
tatsächlich **I.** *adj* real, verdadero **II.** *adv* de hecho, realmente; **er ist es ~** efectivamente es él
tätscheln *vt* dar palmaditas (a); (*streicheln*) acariciar
Tatverdacht *m ohne Pl* <-(e)s> (JUR) sospecha *f*; **unter ~ stehen** estar bajo sospecha; **tatverdächtig** *adj* (JUR) sospechoso; **Tatverdächtige(r)** *mf* (JUR) sospechoso, -a *m, f*; **Tatwaffe** *f* (JUR) arma *f* del crimen
Tatze *f* <-n> **1.** (*von Tieren*) zarpa *f* **2.** (*fam: Hand*) zampa *f*
Tatzeit *f* (JUR) hora *f* del crimen
Tau[1] *m ohne Pl* <-(e)s> (*Niederschlag*) rocío *m*
Tau[2] *nt* <-(e)s, -e> (NAUT) cabo *m*

T

taub *adj* **1.** (*gehörlos*) sordo; **sich ~ stellen** hacerse el sordo; **auf einem Ohr ~ sein** ser sordo de un oído; **bist du ~?** (*fam*) ¿estás sordo o qué? **2.** (*Körperteil*) entumecido **3.** (*Nuss*) vacío **4.** (*Gestein*) estéril

Taube *f* <-n> (ZOOL) paloma *f;* **Taubenschlag** *m* palomar *m*

Täuberich *m* <-s, -e> palomo *m*

Taubheit *f ohne Pl* **1.** (*Gehörlosigkeit*) sordera *f* **2.** (*der Glieder*) entumecimiento *m*

taubstumm *adj* sordomudo; **Taubstumme(r)** *mf* <-n, -n; -n> sordomudo, -a *m, f*

tauchen I. *vi haben o sein* (*Mensch*) bucear; (*Ente, U-Boot*) sumergirse (*in* en); **nach jdm/etw** *dat* **~** buscar (buceando) a alguien/algo **II.** *vt* sumergir (*in* en); (*hineinhalten*) mojar (*in* en)

Taucher(in) *m(f)* <-s, -; -nen> buceador(a) *m(f);* (*Berufs~*) buzo *mf;* **Taucheranzug** *m* <-(e)s, -züge> traje *m* de buzo; **Taucherausrüstung** *f* equipo *m* de buceo; **Taucherbrille** *f* gafas *fpl* de bucear

Tauchsieder *m* <-s, -> calentador *m* de líquidos (por inmersión); **Tauchstation** *f:* **auf ~ gehen** (*fam*) esfumarse

tauen I. *vi sein* (*Schnee, Eis*) derretirse; (*Fluss*) deshelarse **II.** *vunpers:* **es taut** (*es ist Tauwetter*) se está derritiendo la nieve; (*Tau schlägt sich nieder*) está cayendo rocío

Taufbecken *nt* pila *f* bautismal

Taufe *f* <-n> bautizo *m;* **etw aus der ~ heben** (*fam*) fundar algo

taufen *vt* bautizar; **sich ~ lassen** bautizarse; **sie tauften ihn auf den Namen Paul** le bautizaron con el nombre de Paul

Täufling *m* <-s, -e> niño, -a *m, f* bautizado, -a

Taufpate, -in *m, f* padrino *m* de bautismo, madrina *f* de bautismo

taufrisch *adj* **1.** (*feucht*) húmedo de rocío **2.** (*frisch*) muy fresco

taugen *vi* servir (*für/zu* para); **wenig/etwas ~** (*Gegenstand*) servir poco/bastante; (*Film*) no ser muy bueno/ser bastante bueno; **der Kerl taugt nichts** el chico no sirve para nada

Taugenichts *m* <-(es), -e> (*abw*) inútil *mf*

tauglich *adj* (*geeignet*) apropiado (*für* para); (*brauchbar*) útil; (MIL) apto (para el servicio militar)

Tauglichkeit *f ohne Pl* aptitud *f* (*für* para); (MIL) aptitud *f* para el servicio militar

Taumel *m* <-s, -> **1.** (*Schwindel*) vértigo *m* **2.** (*Rausch*) delirio *m;* **im ~ der Begeisterung** en el éxtasis de la emoción

taumeln *vi haben o sein* tambalearse

Tausch *m* <-(e)s, -e> cambio *m,* trueque *m;* **etw zum ~ anbieten** ofrecer algo para cambiar; **im ~ gegen etw** a cambio de algo

tauschen *vi, vt* cambiar (*für/gegen* por); **ich möchte nicht mit ihm ~** no quisiera estar en su lugar; **Blicke ~** cruzar las miradas

täuschen I. *vi* engañar; **das täuscht** esto engaña **II.** *vt* engañar; **wenn mich nicht alles täuscht ...** si no me equivoco...; **sich von jdm ~ lassen** dejarse engañar por alguien **III.** *vr:* **sich ~** equivocarse; **ich habe mich in dir getäuscht** me equivoqué contigo

täuschend *adj* engañoso, que engaña; **sie sehen sich** *dat* **~ ähnlich** se parecen tanto que engaña

Tauschgeschäft *nt* <-(e)s, -e> (operación *f* de) trueque *m;* **Tauschobjekt** *nt* objeto *m* de canje

Täuschung *f* <-en> **1.** (*das Täuschen*) engaño *m;* (*Betrug*) fraude *m* **2.** (*Irrtum*) error *m;* **optische ~** ilusión óptica; **Täuschungsmanöver** *nt* truco *m*

Tauschwert *m ohne Pl* <-(e)s> valor *m* de cambio

tausend *adj inv* mil; **~ Dank** un millón de gracias; *s. a.* **achttausend**

Tausend *nt* <-s, -e> millar *m;* **~e von ...** miles de...; **die Ausgaben gehen in die ~e** (*fam*) los gastos se elevan a unos cuantos miles

Tausender *m* <-s, -> **1.** (MATH) millar *m* **2.** (*fam: Geldschein*) billete *m* de mil

Tausendfüßler *m* <-s, -> (ZOOL) ciempiés *m inv*

tausendjährig *adj* milenario

tausendmal *adv* mil veces

Tausendstel *nt* <-s, -> milésimo *m,* milésima parte *f*

Tauwasser *nt* agua *f* de deshielo; **Tauwetter** *nt* deshielo *m*

Tauziehen *nt* **1.** (*Spiel*) juego *m* de la cuerda **2.** (*Hin und Her*) lucha *f*

Taxameter *m o nt* <-s, -> taxímetro *m*

Taxe *f* <-n> **1.** (*Gebühr*) tasa *f* **2.** (*Taxi*) taxi *m* **3.** (*Schätzung*) tasación

Taxi *nt* <-s, -s> taxi *m;* **Taxifahrer(in)** *m(f)* taxista *mf;* **Taxistand** *m* <-(e)s, -stände> parada *f* de taxis

Tb(c) *f* <-s> (MED) *Abk. von* **Tuberkulose** tuberculosis *f inv*

Team *nt* <-s, -s> equipo *m;* **im ~ arbeiten** trabajar en equipo; **Teamarbeit** *f ohne Pl* trabajo *m* en equipo; **Teamgeist** *m ohne Pl* <-(e)s> espíritu *m* de equipo

Technik[1] *f ohne Pl* **1.** (*Technologie*) tecnología *f;* (*Ausstattung*) instalaciones *fpl* técnicas; **der neueste Stand der ~** lo último en tecnología **2.** (*Abteilung*) (sección *f*) técnica *f*

Technik[2] *f* <-en> (*Arbeitsweise*) técnica *f;* (*Methode*) método *m*

Technika *Pl von* **Technikum**

Techniken *Pl von* **Technik**[2], **Technikum**

Techniker(in) *m(f)* <-s, -; -nen> técnico, -a *m, f*

Technikum *nt* <-s, Technika *o* Techniken> escuela *f* (poli)técnica

technisch *adj* técnico; **T~e Hochschule** Escuela Superior Técnica; **~er Leiter** ingeniero jefe; **das ist ~ unmöglich** esto es técnicamente imposible

technisieren* *vt* mecanizar

Techno *m o nt ohne Pl* <-(s)> (MUS) bakalao *m*, bacalao *m*

Technologie *f* <-n> tecnología *f*; **Technologiepark** *m* parque *m* tecnológico

technologisch *adj* tecnológico

Techtelmechtel *nt* <-s, -> flirt *m*; **mit jdm ein ~ haben** tener una aventura con alguion

Teddybär *m* <-en, -en> osito *m* de peluche

Tee *m* <-s, -s> té *m*; (*Kräuter~*) infusión *f*; **schwarzer ~** té negro; **~ trinken/kochen** tomar/hacer té; **abwarten und ~ trinken!** (*fam*) ¡paciencia!; **Teebeutel** *m* bolsita *f* de té; **Tee-Ei** *nt*, **Teeei**[RR] *nt* bola *f* de té; **Teefilter** *m* filtro *m* de té; **Teekanne** *f* tetera *f*; **Teelicht** *nt* lamparilla *f* (mariposa); **Teelöffel** *m* cucharilla *f* de té

Teenager *m* <-s, -> adolescente *mf*, joven *mf*

Teeny *m* <-s, -s> (*fam*) joven *mf*

Teer *m* <-(e)s, -e> alquitrán *m*

teeren *vt* alquitranar; (*Straße*) asfaltar

Teestube *f* salón *m* de té; **Teewurst** *f embutido ahumado parecido a la butifarra*

Teflon® *nt ohne Pl* <-s> teflón® *m*

Teich *m* <-(e)s, -e> estanque *m*, tanque *m Am*

Teig *m* <-(e)s, -e> masa *f*

teigig *adj* **1.** (*wie Teig*) pastoso **2.** (*schwammig*) fláccido

Teigwaren *fpl* pastas *fpl*

Teil[1] *m* <-(e)s, -e> (*a.* JUR) parte *f*; (*Bestand~*) componente *m*; **weite ~e des Landes** amplias partes del país; **zum ~** en parte; **ich habe es zum größten ~ gemacht** he hecho la mayor parte

Teil[2] *nt* <-(e)s, -e> (*einzelnes Stück*) pieza *f*; (*Ersatz~*) recambio *m*

Teil[3] *m o nt* <-(e)s, -e> (*Anteil, Beitrag*) parte *f*; **ich für mein(en) ~** yo, por mi parte; **sich** *dat* **sein(en) ~ denken** pensarse lo suyo; **zu gleichen ~en** a partes iguales

Teilansicht *f* vista *f* parcial

teilbar *adj* divisible (*durch* por)

Teilbereich *m* parte *f*, sector *m*; **Teilbetrag** *m* suma *f* parcial, parte *f*

Teilchen *nt* <-s, -> **1.** (PHYS) partícula *f* **2.** (*reg: Gebäck*) dulce *m*

teilen **I.** *vt* **1.** (*zer~*) partir (*in* en); (*in mehrere Teile*) dividir (*in* en) **2.** (*auf~*) repartir (*unter* entre); **sich** *dat* **etw (mit jdm) ~** compartir algo (con alguien); **die Meinungen waren geteilt** las opiniones estaban divididas **3.** (MATH) dividir (*durch* por) **II.** *vr*: **sich ~ 1.** (*auseinander gehen*) dividirse (*in* en); (*Partei*) escindirse **2.** (*Straße, Fluss*) bifurcarse

teil|haben *irr vi* participar (*an* en)

Teilhaber(in) *m(f)* <-s, -; -nen> (WIRTSCH) socio, -a *m, f*

Teilkaskoversicherung *f seguro contra robo, incendio y daños causados por fuerza mayor*

Teilnahme *f ohne Pl* **1.** (*allgemein*) participación *f* (*an* en); (*Mitarbeit*) colaboración *f* (*an* en); (*an einem Kurs*) asistencia *f* (*an* a) **2.** (*Interesse*) interés *m* **3.** (*geh: Mitgefühl*) simpatía *f*; (*Beileid*) pésame *m*; **seine ~ aussprechen** dar el pésame

teilnahmslos *adj* indiferente

Teilnahmslosigkeit *f ohne Pl* falta *f* de interés, apatía *f*

teil|nehmen *irr vi* participar (*an* en); (*an einem Kurs*) asistir (*an* a)

Teilnehmer(in) *m(f)* <-s, -; -nen> participante *mf*; (*Kurs~*) cursillista *mf*; (TEL) abonado, -a *m, f*

teils *adv* en parte; **~ …, ~ …** por un lado… por otro…

Teilstück *nt* parte *f*

Teilung *f* <-en> **1.** (*allgemein*) división *f*; (*einer Partei*) escisión *f*; (*Ver~*) reparto *m* **2.** (*eines Wegs*) bifurcación *f*

teilweise **I.** *adj* parcial **II.** *adv* en parte

Teilzahlung *f* pago *m* a plazos; **etw auf ~ kaufen** comprar algo a plazos; **bei ~** pagando a plazos

Teilzeitarbeit *f* trabajo *m* de jornada reducida; **teilzeitbeschäftigt** *adj* empleado a tiempo parcial

Teint *m* <-s, -s> tez *f*, complexión *f Am*

Telearbeit *f* <-, -en> teletrabajo *m*; **Telebanking** *nt* <-, *ohne pl*> (INFOR) telebanca *f*

Telebrief *m* telecarta *f*; **Telefax** *nt* telefax *m inv*; **telefaxen** *vt* mandar por fax

Telefon *nt* <-s, -e> teléfono *m*; **schnurloses ~** teléfono inalámbrico; **ans ~ gehen** coger el teléfono, atender al teléfono *Am*; **Telefonanruf** *m* llamada *f* telefónica; **Telefonanschluss**[RR] *m* conexión *f* a la red telefónica

Telefonat *nt* <-(e)s, -e> llamada *f* telefónica

Telefonauskunft *f ohne Pl* información *f* (telefónica); **Telefonbuch** *nt* guía *f* telefónica; **Telefongebühren** *fpl* tasas *fpl* por la conexión y el equipo; **Telefongespräch** *nt* llamada *f* telefónica; (*Ferngespräch*) conferencia *f* teléfonica; **ein ~ führen** hablar por teléfono; **Telefonhörer** *m* <-s, -> auricular *m*, audífono *m Am*

T

telefonieren* *vi* **1.** (*sprechen*) hablar por teléfono **2.** (*anrufen*) llamar por teléfono; **kann ich bei Ihnen mal ~?** ¿puedo utilizar su teléfono?; **nach München/Amerika ~** llamar a Múnich/América

telefonisch I. *adj* telefónico **II.** *adv* por teléfono

Telefonkarte *f* tarjeta *f* telefónica; **Telefonleitung** *f* línea *f* telefónica; **Telefonmarketing** *nt* venta *f* por teléfono; **Telefonnetz** *nt* red *f* telefónica; **Telefonnummer** *f* (número *m* de) teléfono *m;* **Telefonrechnung** *f* factura *f* del teléfono; **Telefonseelsorge** *f* teléfono *m* de la esperanza; **Telefonverbindung** *f* conexión *f* telefónica; **Telefonzelle** *f* cabina *f* telefónica; **Telefonzentrale** *f* central *f* telefónica, conmutador *m MAm, Arg, Kol*

Telegraf *m* <-en, -en> telégrafo *m;* **Telegrafenamt** *nt* oficina *f* de telégrafos

telegrafieren* *vi, vt* telegrafiar

telegrafisch I. *adj* telegráfico **II.** *adv* por telégrafo

Telegramm *nt* <-s, -e> telegrama *m;* **ein ~ aufgeben** enviar un telegrama; **Telegrammstil** *m ohne Pl* <-(e)s> estilo *m* telegráfico

Telekolleg *nt* <-s, -s> curso *m* a distancia (emitido por televisión)

Telekommunikation *f* telecomunicación *f*

Teleobjektiv *nt* (FOTO) teleobjetivo *m*

Telepathie *f ohne Pl* telepatía *f*

Teleprompter® *m* <-s, -> (TV) teleprompter® *m*

Teleskop *nt* <-s, -e> telescopio *m*

Telespiel *nt* videojuego *m*

Teletex *nt ohne Pl* <-> teletex *m inv*

Telex *nt* <-, -(e)> télex *m inv*

telexen *vt* mandar por télex

Teller *m* <-s, -> plato *m;* **ein flacher/tiefer ~** un plato llano/hondo; **ein ~ Suppe** un plato de sopa; **Tellergericht** *nt* plato *m* combinado; **Tellerwäscher(in)** *m(f)* <-s, -; -nen> friegaplatos *mf inv*

Tempel *m* <-s, -> templo *m*

Temperafarbe *f* pintura *f* al temple, témpera *f*

Temperament *nt* <-(e)s, -e> temperamento *m;* (*Lebhaftigkeit*) vivacidad *f*

temperamentvoll *adj* (*lebhaft*) vivo; (*ungestüm*) temperamental

Temperatur *f* <-en> temperatura *f;* (*Fieber*) fiebre *f;* **die ~ steigt/fällt** la temperatura sube/baja; (**erhöhte**) **~ haben** tener fiebre; **Temperaturanstieg** *m* <-(e)s, -e> subida *f* de la(s) temperatura(s); **Temperaturrückgang** *m* descenso *m* de la(s) temperatura(s); **Temperaturschwankung** *f* oscilación *f* de la(s) temperatura(s)

Tempi *Pl von* **Tempo²**

Tempo¹ *nt* <-s, -s> (*Geschwindigkeit*) velocidad *f;* **~!** (*fam*) ¡deprisa!; **mit hohem ~** a gran velocidad

Tempo² *nt* <-s, Tempi> (MUS) ritmo *m;* **das ~ angeben** marcar el ritmo

Tempo®³ *nt* <-s, -s> (*fam*) pañuelo *m* de papel, kleenex® *m*

Tempolimit *nt* límite *m* de velocidad

Tendenz *f* <-en> tendencia *f* (*zu* a); **die ~ geht zu ...** se observa una tendencia a...; **steigende ~** tendencia al alza

tendenziell *adj* según la tendencia

tendenziös *adj* (*abw*) tendencioso

tendieren* *vi* tender (*zu/nach* a)

Teneriffa *nt* <-s> Tenerife *m;* **aus ~** tinerfeño

Tennis *nt ohne Pl* <-> tenis *m;* **Tennisball** *m* pelota *f* de tenis; **Tennisplatz** *m* <-es, -plätze> pista *f* de tenis; **Tennisschläger** *m* raqueta *f* (de tenis); **Tennisspiel** *nt* partido *m* de tenis; **Tennisspieler(in)** *m(f)* tenista *mf;* **Tennisturnier** *nt* torneo *m* de tenis

Tenor¹ *m ohne Pl* <-s> (*Sinn*) tenor *m;* **in diesem ~** a este tenor

Tenor² *m* <-s, Tenöre> (MUS) tenor *m*

Teppich *m* <-s, -e> alfombra *f;* **etw unter den ~ kehren** (*fig*) disimular algo; **auf dem ~ bleiben** (*fig*) mantener los pies en tierra; **Teppichboden** *m* moqueta *f,* alfombrado *m Am;* **Teppichklopfer** *m* <-s, -> sacudidor *m* de alfombra; **Teppichreiniger** *m* <-s, -> limpiaalfombras *m inv*

Termin *m* <-(e)s, -e> **1.** (*Frist*) plazo *m;* **einen ~ einhalten** cumplir un plazo **2.** (*Zeitpunkt*) fecha *f* **3.** (*beim Arzt*) cita *f;* **einen ~ vereinbaren** fijar una fecha; **einen ~ beim Zahnarzt haben** tener hora en el dentista; **er gab uns einen ~ um neun Uhr** nos dio cita para las nueve

Terminal¹ *m o nt* <-s, -s> (*Flughafen, Bahnhof*) terminal *f*

Terminal² *nt* <-s, -s> (INFOR) terminal *m*

Termindruck *m ohne Pl* <-(e)s> agobio *m* de tiempo; **termingerecht** *adj* en el plazo fijado

Termini *Pl von* **Terminus**

Terminkalender *m* agenda *f*

Terminologie *f* <-n> terminología *f*

Terminplaner *m* <-s, -> agenda *f*

Terminus *m* <-, Termini> término *m;* **~ technicus** término técnico

Termite *f* <-n> (ZOOL) termita *f,* comején *m Am*

Terpentin *nt* <-s, -e> trementina *f*

Terrain *nt* <-s, -s> terreno *m*

Terrarium *nt* <-s, Terrarien> terrario *m*

Terrasse *f* <-n> terraza *f*

Terrier *m* <-s, -> (perro *m*) terrier *m*

Terrine *f* <-n> sopera *f*

territorial *adj* territorial

Territorium *nt* <-s, Territorien> territorio *m*

Terror *m ohne Pl* <-s> terror *m;* **Terroranschlag** *m* atentado *m* terrorista

terrorisieren* *vt* aterrorizar

Terrorismus *m ohne Pl* <-> terrorismo *m*

Terrorist(in) *m(f)* <-en, -en; -nen> terrorista *mf*

terroristisch *adj* terrorista

Terz *f* <-en> (MUS) tercera *f*

Terzett *nt* <-(e)s, -e> (MUS) terceto *m*

Tesafilm® *m ohne Pl* <-(e)s> tesafilm® *m*

Tessin *nt* <-s> Tesino *m*

Test *m* <-(e)s, -s *o* -e> prueba *f,* test *m*

Testament *nt* <-(e)s, -e> testamento *m;* **das ~ eröffnen** abrir el testamento; **Altes/Neues ~** (REL) Viejo/Nuevo Testamento

testamentarisch **I.** *adj* testamentario **II.** *adv* por testamento

Testamentseröffnung *f* (JUR) apertura *f* del testamento; **Testamentsvollstrecker(in)** *m(f)* (JUR) albacea *mf*

Testbild *nt* (TV) carta *f* de ajuste

testen *vt* examinar; (*überprüfen*) comprobar

Testergebnis *nt* resultado *m* de una prueba; **Testperson** *f* persona *f* objeto de pruebas; **Testreihe** *f* <-n> serie *f* de tests

Tetanus *m ohne Pl* <-> (MED) tétano(s) *m* (*inv*); **Tetanusschutzimpfung** *f* vacuna *f* antitetánica

Tête-à-tête *nt* <-, -s>, **Tete-a-tete**[RR] *nt* <-, -s> cita *f* amorosa

teuer *adj* **1.** (*kostspielig*) caro; (*wertvoll*) valioso; **etw ~ kaufen/verkaufen** comprar/vender algo caro; **wie ~ ist das?** ¿cuánto vale?; **teurer werden** subir de precio; **etw kommt jdn ~ zu stehen** algo le resulta caro a alguien; **den Verrat wird er ~ bezahlen müssen** pagará cara la traición; **ein ~ erkaufter Sieg** una victoria pagada a un precio muy alto **2.** (*geh: geschätzt*) querido; **bei allem, was mir lieb und ~ ist** por lo que más quiero

Teuerungsrate *f* inflación *f*

Teufel *m* <-s, -> diablo *m,* demonio *m,* mandinga *m Am,* pillán *m Chil;* **wie/was zum ~ …?** (*fam*) ¿cómo/qué diablos…?; **weiß der ~!** (*fam*) ¡yo qué sé!; **scher dich zum ~!** (*fam*) ¡vete al demonio!; **den soll der ~ holen!** (*fam*) ¡al diablo con él!; **den ~ an die Wand malen** (*fam*) imaginarse lo peor; **du kommst in ~s Küche** (*fam*) las vas a pasar moradas; **auf ~ komm raus** (*fam*) cueste lo que cueste; **da ist der ~ los!** (*fam*) ¡menudo jaleo que hay ahí!; **den ~ werde ich tun!** (*fam*) ¡y un cuerno!; **wenn man vom ~ spricht(, kommt er)** (*fam*) hablando del ruin de Roma (por la puerta asoma); **Teufelskreis** *m* círculo *m* vicioso

teuflisch *adj* **1.** (*bösartig*) diabólico **2.** (*fam: groß*) tremendo; **das schmeckt ~ gut** esto sabe a gloria

Text *m* <-(e)s, -e> **1.** (*allgemein*) texto *m;* **weiter im ~!** (*fam*) ¡sigue! **2.** (*Lied~*) letra *f* **3.** (*unter einer Abbildung*) leyenda *f;* **Textbaustein** *m* componente *m;* **Textbuch** *nt* libreto *m*

texten *vt* redactar

Texter(in) *m(f)* <-s, -; -nen> (*von Liedern*) autor(a) *m(f)* de la letra; (*von Werbetexten*) redactor(a) *m(f)* de textos (publicitarios)

Textilien *pl* (productos *mpl*) textiles *mpl;* (*Stoffe*) tejidos *mpl;* (*Kleidung*) ropa *f*

Textilindustrie *f* industria *f* textil

Textmarker *m* rotulador *m* fluorescente; **Textstelle** *f* pasaje *m* (en un texto)

Textverarbeitung *f* (INFOR) tratamiento *m* de textos; **Textverarbeitungsprogramm** *nt* (INFOR) (programa *m* de) tratamiento *m* de textos

TH *f* <-s> *Abk. von* **Technische Hochschule** Escuela *f* Superior Técnica

Thailand *nt* <-s> Tailandia *f*

Thailänder(in) *m(f)* <-s, -; -nen> tailandés, -esa *m, f*

thailändisch *adj* tailandés

Theater *nt* <-s, -> teatro *m;* (*Aufführung*) representación *f;* **ins ~ gehen** ir al teatro; **zum ~ gehen** hacerse actriz de teatro; **ein furchtbares ~ wegen etw** *gen/dat* **machen** (*fam*) armar un escándalo tremendo por algo; **das ist doch nur ~** (*fam*) eso es sólo teatro; **Theateraufführung** *f* representación *f* teatral; **Theaterbesuch** *m* asistencia *f* a una representación teatral; **Theaterbesucher(in)** *m(f)* espectador(a) *m(f);* **Theaterkarte** *f* entrada *f* para el teatro; **Theaterkasse** *f* taquilla *f;* **Theaterstück** *nt* obra *f* de teatro

theatralisch *adj* teatral

Theke *f* <-n> **1.** (*in einer Gaststätte*) barra *f* **2.** (*Ladentisch*) mostrador *m*

Thema *nt* <-s, Themen> (*a.* MUS) tema *m;* (*Angelegenheit*) asunto *m;* **vom ~ abschweifen** desviarse del tema; **das ~ ist für mich erledigt** para mí el asunto está concluido; **das ist (doch) kein ~!** (*fam: spielt keine Rolle*) eso no es importante; (*steht nicht zur Debatte*) ese asunto no está sobre la mesa

Thematik *f* <-en> temática *f*

thematisieren* *vt* tematizar

Themen *Pl von* **Thema**

Theologe, -in *m, f* <-n, -n; -nen> teólogo, -a *m, f*

Theologie *f ohne Pl* teología *f*

theologisch *adj* teológico

Theoretiker(in) *m(f)* <-s, -; -nen> teórico,

-a *m, f*

theoretisch *adj* teórico

theoretisieren* *vi* teorizar

Theorie *f* <-n> teoría *f*

Therapeut(in) *m(f)* <-en, -en; -nen> (MED, PSYCH) terapeuta *mf*

therapeutisch *adj* terapéutico

Therapie *f* <-n> (MED, PSYCH) terapia *f*

therapieren* *vt* dar un tratamiento médico

Thermalbad *nt* **1.** (*Kurort*) centro *m* termal **2.** (*Bad*) baño *m* termal; **Thermalquelle** *f* aguas *fpl* termales

Thermometer *nt* termómetro *m;* **Thermometerstand** *m ohne Pl* <-(e)s> altura *f* del termómetro

Thermosflasche *f* termo *m*

Thermostat *m* <-(e)s *o* -en, -e(n)> termostato *m*

These *f* <-n> tesis *f inv;* **eine ~ aufstellen** formular una tesis; **Thesenpapier** *nt* guión *m* (de un trabajo escrito)

Thriller *m* <-s, -> (*Film*) película *f* de suspense; (*Buch*) novela *f* de suspense

Thrombose *f* <-n> (MED) trombosis *f inv*

Thron *m* <-(e)s, -e> trono *m;* **den ~ besteigen** subir al trono

thronen *vi* dominar (*über*)

Thronfolge *f ohne Pl* sucesión *f* al trono; **die ~ antreten** suceder en el trono

Thronfolger(in) *m(f)* <-s, -; -nen> sucesor(a) *m(f)* al trono

Thunfisch *m* <-(e)s, -e> (ZOOL) atún *m,* bonito *m*

Thüringen *nt* <-s> Turingia *f*

Thüringer(in) *m(f)* <-s, -; -nen> turingio, -a *m, f*

thüringisch *adj* turingio

THW *nt* <-, -s> *Abk. von* **Technisches Hilfswerk** organización *f* de asistencia técnica en situaciones de crisis

Thymian *m* <-s, -e> (BOT) tomillo *m*

Tibet *nt* <-s> Tíbet *m*

Tick *m* <-(e)s, -s> **1.** (MED) tic *m* **2.** (*fam: Eigenart*) manía *f;* **einen ~ haben** estar tocado

ticken *vi* (*Uhr*) hacer tictac; **bei dir tickt's ja nicht richtig!** (*fam*) ¡no estás bien de la cabeza!

Tie-Break *m o nt* <-s, -s>, **Tiebreak**[RR] *m o nt* <-s, -s> (SPORT) tie break *m*

tief **I.** *adj* **1.** (*nicht flach*) profundo, hondo; (*fig*) profundo; **fünf Meter ~ fallen** caer desde una altura de cinco metros; **ein zwei Meter ~es Loch** un agujero de dos metros de profundidad; **wie ~ ist das?** ¿qué profundidad tiene?; **~er Schnee** nieve alta; **im ~sten Afrika** en lo más profundo de África; **aus ~stem Herzen** de todo corazón; **~ in Gedanken versunken sein** estar ensimismado; **~es Schweigen** silencio profundo; **im ~sten Winter** en pleno invierno **2.** (*niedrig*) bajo; **~e Temperaturen** temperaturas bajas **3.** (*Ton*) bajo; (*Stimme*) grave **4.** (*Farbe*) intenso **II.** *adv* **1.** (*nach unten*) profundamente; (*niedrig*) bajo; **sich ~ bücken** inclinarse profundamente; **die Sonne steht schon ~** el sol ya está bajo; **zehn Meter ~ tauchen** bajar (buceando) diez metros; **sie wohnt ~ in den Bergen** vive montañas adentro **2.** (*stark*) mucho, profundamente; **jdm ~ in die Augen sehen** mirar a alguien profundamente a los ojos; **er ist ~ gesunken** ha degenerado mucho; **~ ausgeschnitten** (*Kleidung*) muy escotado; **bis ~ in die Nacht hinein** hasta bien entrada la noche; **das lässt ja ~ blicken!** (*fam*) ¡eso da que pensar!

Tief *nt* <-s, -s> **1.** (METEO) depresión *f* atmosférica **2.** (PSYCH) depresión *f*

Tiefbau *m ohne Pl* <-(e)s> ingeniería *f* de caminos

tiefbetrübt *adj s.* **betrübt**; **tiefbewegt** *adj s.* **bewegt 2.**

Tiefdruck *m ohne Pl* <-(e)s> **1.** (METEO) baja presión *f* **2.** (TYPO) huecograbado *m*

Tiefe[1] *f* <-n> profundidad *f*

Tiefe[2] *f ohne Pl* **1.** (*einer Farbe*) intensidad *f* **2.** (*der Stimme*) gravedad *f*

Tiefebene *f* (GEO) llanura *f*

Tiefenpsychologie *f* (p)sicología *f* profunda; **Tiefenschärfe** *f* (FOTO) profundidad *f* de campo; **Tiefenwirkung** *f* efecto *m* en profundidad

Tiefflieger *m* <-s, -> avión *m* en vuelo a baja cota; **Tiefgang** *m ohne Pl* <-(e)s> **1.** (NAUT) calado *m* **2.** (*geistiger Gehalt*) fondo *m;* **Tiefgarage** *f* aparcamiento *m* subterráneo; **tiefgekühlt** *adj* congelado

tiefgreifend *adj s.* **greifen I.2.**

tiefgründig *adj* profundo

Tiefkühlkost *f* alimentos *mpl* congelados; **Tiefkühltruhe** *f* congelador *m*

Tiefland *nt* <-(e)s, -länder *o* -e> (GEO) tierra *f* baja, bajío *m Am;* **Tiefpunkt** *m* punto *m* más bajo; **Tiefschlaf** *m* sueño *m* profundo; **Tiefschlag** *m* (SPORT) golpe *m* bajo

tiefschürfend *adj s.* **schürfen III.**

tiefschwarz *adj* negro profundo

Tiefsee *f ohne Pl* (GEO) aguas *fpl* abisales

Tiefsinn *m ohne Pl* <-(e)s> **1.** (*Gedankentiefe*) sentido *m* **2.** (*Schwermut*) melancolía *f;* **tiefsinnig** *adj* profundo

Tiefstand *m ohne Pl* <-(e)s> nivel *m* más bajo

tief|stapeln *vi* infravalorar (los propios méritos)

Tiefsttemperatur *f* temperatura *f* mínima

Tiegel *m* <-s, -> **1.** (*zum Kochen*) cacerola *f* **2.** (*Schmelz~*) crisol *m*

Tier *nt* <-(e)s, -e> animal *m;* (*Raub~*) fiera *f;* **ein hohes ~** (*fam fig*) un pez gordo; **Tierart** *f* <-en> especie *f* animal; **Tierarzt, -ärztin** *m, f* veterinario, -a *m, f;* **Tiergarten** *m* parque *m* zoológico

tierisch *adj* **1.** (*Tiere betreffend*) animal **2.** (*abw: roh*) animal; (*grausam*) brutal **3.** (*fam: sehr*) bestial; **ich habe ~ en Durst** tengo una sed bestial; **das schmeckt ~ gut** esto sabe divino

Tierklinik *f* clínica *f* veterinaria

Tierkreiszeichen *nt* (ASTR) signo *m* del zodíaco

tierlieb *adj* amante de los animales; **sehr ~ sein** amar a los animales; **Tierpfleger(in)** *m(f)* cuidador(a) *m(f)* de animales; **Tierquälerei** *f* maltrato *m* de animales; **Tierreich** *nt ohne Pl* <-(e)s> reino *m* animal; **Tierschutz** *m* protección *f* de animales; **Tierschützer(in)** *m(f)* <-s, -; -nen> protector(a) *m(f)* de animales

Tierschutzverein *m* asociación *f* protectora de animales

Tierversuch *m* experimento *m* en animales; **Tierwelt** *f ohne Pl* fauna *f*

Tiger *m* <-s, -> tigre *m*

tigern *vi sein* (*fam*) andar; **durch die Stadt ~** recorrer la ciudad

Tilde *f* <-n> **1.** (*über Buchstaben*) tilde *f* **2.** (*in Wörterbüchern*) signo *m* de repetición

tilgen *vt* **1.** (FIN, WIRTSCH) amortizar; (*Schulden*) liquidar **2.** (*geh: beseitigen*) eliminar (*aus* de)

Tilgung *f* <-en> (FIN, WIRTSCH) amortización *f;* (*der Schuld*) liquidación *f*

timen *vt* calcular el tiempo (para); (*festsetzen*) fijar la hora (de)

Timesharing[RR] *nt* <-s, -s> (*a.* INFOR) time-sharing *m*

Timing *nt* <-s, -s> cálculo *m* del tiempo; (*Koordination*) coordinación *f;* **das war perfektes ~!** ¡la coordinación ha sido perfecta!

Tinktur *f* <-en> tintura *f*

Tinte *f* <-n> tinta *f;* **in der ~ sitzen** (*fam*) verse en apuros; **Tintenfass**[RR] *nt* tintero *m;* **Tintenfisch** *m* (ZOOL) sepia *f;* (*kleiner*) chipirón *m*

Tintenstrahldrucker *m* <-s, -> impresora *f* de inyección de tinta

Tip *m* <-s, -s>, **Tipp**[RR] *m* <-s, -s> **1.** (*fam: Rat*) consejo *m* **2.** (SPORT) pronóstico *m*

tippen I. *vi* **1.** (*berühren*) tocar (ligeramente) (*auf/an*) **2.** (*fam: Maschine schreiben*) escribir a máquina **3.** (*fam: wetten*) apostar (*auf* por); **ich tippe (darauf), dass ...** apuesto que... **4.** (*Lotto spielen*) jugar a la lotería primitiva **II.** *vt* **1.** (*fam: Text*) pasar a máquina **2.** (*im Lotto*) apostar (por)

Tipp-Ex® *nt ohne Pl* <-> Tipp-Ex® *m,* líquido *m* corrector

Tippfehler *m* errata *f*

Tippschein *m* <-(e)s, -e> boleto *m* de quiniela

Tippse *f* <-n> (*fam abw*) mecanógrafa *f*

tipptopp *adj* (*fam*) impecable, perfecto

Tirol *nt* <-s> Tirol *m*

Tiroler(in) *m(f)* <-s, -; -nen> tirolés, -esa *m, f*

Tisch *m* <-(e)s, -e> mesa *f;* **den ~ decken** poner la mesa; **am ~ sitzen** estar sentados a la mesa; **am runden ~** en una mesa redonda; **sich an den gedeckten ~ setzen** (*fig*) vivir a cuerpo de rey; **etw unter den ~ fallen lassen** (*fam*) pasar algo por alto; **jdn unter den ~ trinken** (*fam*) aguantar más que otro bebiendo; **etw ist vom ~** (*fam*) algo está solucionado; **reinen ~ machen** (*fam*) hacer tabla rasa; **Einwände vom ~ wischen** no dar importancia a las objeciones; **jdn über den ~ ziehen** (*fam fig*) dar a alguien gato por liebre; **Tischbein** *nt* pata *f* de la mesa; **Tischdecke** *f* mantel *m;* **Tischfußball** *m ohne Pl* <-s> futbolín *m;* **Tischgesellschaft** *f* <-en> comensales *mpl;* **Tischgespräch** *nt* conversación *f* de mesa; (*nach dem Essen*) sobremesa *f;* **Tischkante** *f* borde *m* de la mesa; **Tischlampe** *f* lámpara *f* de mesa

Tischler(in) *m(f)* <-s, -; -nen> carpintero, -a *m, f*

Tischlerei *f* <-en> carpintería *f*

Tischmanieren *pl* modales *mpl* en la mesa; **Tischnachbar(in)** *m(f)* compañero, -a *m, f* de mesa; **Tischrede** *f* discurso *m* de sobremesa

Tischtennis *nt* tenis *m* de mesa, ping-pong *m,* microtenis *m Am;* **Tischtennisplatte** *f* mesa *f* de ping-pong; **Tischtennisschläger** *m* pala *f* de ping-pong

Titel *m* <-s, -> (*a.* SPORT, JUR, PUBL) título *m;* **akademischer ~** título académico; **um den ~ spielen** (SPORT) competir por el título; **Titelanwärter(in)** *m(f)* (*a.* SPORT) aspirante *mf* al título; **Titelblatt** *nt* portada *f*

titeln *vt* titular

Titelrolle *f* (FILM, THEAT) papel *m* principal; **Titelverteidiger(in)** *m(f)* (SPORT) defensor(a) *m(f)* del título

Titte *f* <-n> (*vulg*) teta *f*

titulieren* *vt* llamar, calificar (*als* de)

tja *interj* (*fam*) bueno

TNT *nt ohne Pl* <-> *Abk. von* **Trinitrotoluol** TNT *m*

Toast *m* <-(e)s, -e *o* -s> **1.** (*~scheibe*) tostada *f;* (*~brot*) pan *m* para tostar **2.** (*Trinkspruch*) brindis *m inv;* **einen ~ auf jdn ausbringen** brindar por alguien; **Toastbrot** *nt* pan *m* para tostar; (*Scheibe*) tostada *f*

toasten *vt* (*Brot*) tostar

Toaster *m* <-s, -> tostadora *f*

toben *vi* **1.** (*vor Wut*) rabiar; (*vor Begeisterung*) estar entusiasmado **2.** (*Kinder*) alborotar **3.** (*Sturm*) bramar; (*Meer*) embravecerse

Tobsucht *f ohne Pl* furia *f*; **tobsüchtig** *adj* furioso

Tochter *f* <Töchter> **1.** (*Kind*) hija *f* **2.** (*Schweiz: Bedienung*) camarera *f*; (*Haushaltshilfe*) mujer *f* de la limpieza; **Tochtergesellschaft** *f* <-en> (WIRTSCH) (sociedad *f*) filial *f*

Tod *m* <-(e)s, -e> muerte *f*, petateada *f* *Mex*; **eines gewaltsamen/natürlichen ~es sterben** morir de muerte violenta/natural; **jdn zum ~e verurteilen** condenar a alguien a muerte; **etw mit dem ~ bezahlen** pagar algo con la muerte; **sich zu ~e langweilen** (*fam*) aburrirse como una ostra; **sich zu ~e schämen** (*fam*) morirse de vergüenza; **zu ~e betrübt sein** (*fam*) estar muerto de tristeza; **jdn zu ~e erschrecken** (*fam*) asustar de muerte a alguien; **du holst dir noch den ~** (*fam*) vas a pillar un resfriado; **jdn auf den ~ nicht leiden können** (*fam*) odiar a alguien a muerte

todernst *adj* (*fam*) más serio que un poste

Todesangst *f* miedo *m* de muerte; **Todesanzeige** *f* esquela *f* (mortuaria), obituario *m* *Am*; **Todesfall** *m* <-(e)s, -fälle> defunción *f*; **Todesfolge** *f ohne Pl* (JUR) resultado *m* letal; **Todesgefahr** *f* peligro *m* de muerte; **Todeskampf** *m ohne Pl* <-(e)s> agonía *f*; **Todeskandidat(in)** *m(f)* (*durch Krankheit*) moribundo, -a *m, f*; (*durch Todesurteil*) condenado, -a *m, f* a muerte; **todesmutig** *adj* temerario; **Todesopfer** *nt* víctima *f* (mortal); **Todesschuss**[RR] *m* tiro *m* mortal; **Todesstoß** *m* golpe *m* mortal; **jdm/etw** *dat* **den ~ versetzen** darle la puntilla a alguien/a algo; **Todesstrafe** *f* pena *f* de muerte; **bei ~** bajo pena de muerte; **Todesstreifen** *m* franja *f* de la muerte; **Todestag** *m* día *m* de la muerte; (*Jahrestag*) aniversario *m* de la muerte; **Todesursache** *f* causa *f* de la muerte; **Todesurteil** *nt* sentencia *f* de muerte; **Todeszelle** *f* celda *f* de un condenado a muerte

Todfeind(in) *m(f)* enemigo, -a *m, f* mortal; **todkrank** *adj* enfermo de muerte; **todlangweilig** *adj* aburridísimo

tödlich **I.** *adj* mortal; **Unfall mit ~em Ausgang** accidente con desenlace fatal; **das war absolut ~** (*fam*) eso fue absolutamente fatal **II.** *adv* a muerte, mortalmente; **~ verletzt** herido mortalmente; **~ verunglücken** morir en un accidente; **sich ~ langweilen** morirse de aburrimiento

todmüde *adj* (*fam*) muerto de sueño; **todschick** *adj* (*fam*) elegantísimo; **todsicher** **I.** *adj* (*fam*) segurísimo **II.** *adv* (*fam: auf jeden Fall*) sin falta; (*zweifellos*) indudablemente; **Todsünde** *f* (REL) pecado *m* mortal; **todunglücklich** *adj* (*fam*) muy infeliz

Tohuwabohu *nt* <-(s), -s> caos *m inv*, bayoya *f* *PRico, RDom*

toi *interj* (*fam*): **~, ~, ~!** ¡suerte!

Toilette[1] *f ohne Pl* (*geh: Körperpflege*) aseo *m*

Toilette[2] *f* <-n> (*WC*) servicio *m*, baño *m*; **öffentliche ~n** servicios públicos; **auf die ~ gehen** ir al baño

Toilettenartikel *m* <-s, -> artículo *m* de tocador; **Toilettenpapier** *nt* papel *m* higiénico, papel *m* confort *Am*

Tokio *nt* <-s> Tokio *m*

tolerant *adj* tolerante

Toleranz *f* <-en> (*a.* TECH, MED) tolerancia *f*

tolerieren* *vt* (*a.* TECH) tolerar; (*dulden*) consentir

toll *adj* (*fam*) **1.** (*unglaublich*) increíble **2.** (*großartig*) genial, achalay *Arg, Peru*, achachay *Kol, Ecua*, piocha *Mex* **3.** (*schlimm*) terrible; **es zu ~ treiben** pasarse

Tolle *f* <-n> copete *m*

tollen *vi* **1.** (*toben*) alborotar **2.** *sein* (*laufen*) correr (*durch* por)

Tollkirsche *f* (BOT) belladona *f*

tollkühn *adj* audaz; **Tollkühnheit** *f* <-en> audacia *f*, osadía *f*

Tollpatsch[RR] *m* <-(e)s, -e> torpe *mf*

tollpatschig[RR] *adj* torpe

Tollwut *f* (MED) rabia *f*

tollwütig *adj* rabioso

Tolpatsch *m* <-(e)s, -e> *s.* **Tollpatsch**

tolpatschig *adj s.* **tollpatschig**

Tölpel *m* <-s, -> (*abw*) cateto, -a *m, f*, naco *m* *Mex*

Tomate *f* <-n> tomate *m*; **treulose ~** (*fam*) amigo infiel; **hast du ~n auf den Augen?** (*fam*) ¿pero tú estás ciego o qué?; **Tomatenketchup** *m o nt*, **Tomatenketschup**[RR] *m o nt* ketchup *m*; **Tomatenmark** *nt ohne Pl* <-(e)s> concentrado *m* de tomate; **Tomatensoße** *f* salsa *f* de tomate

Tombola *f* <-s> tómbola *f*

Tomografie[RR] *f* <-n>, **Tomographie** *f* <-n> (MED) tomografía *f*

Ton[1] *m* <-(e)s, -e> (*Erde*) arcilla *f*; (*zum Töpfern*) barro *m*, greda *f* *Am*

Ton[2] *m* <-(e)s, Töne> **1.** (*Klang, a.* RADIO, TV) sonido *m* **2.** (*Farb~, Sprechweise, a.* MUS) tono *m*; **der gute ~** las buenas formas; **den ~ angeben** llevar la voz cantante; **sich im ~ vergreifen** salirse de tono; **ich verbitte mir diesen ~** no tolero que me hablen en ese tono; **einen anderen ~ an-**

schlagen cambiar de tono; **jdn in den höchsten Tönen loben** poner a alguien por las nubes; **der ~ macht die Musik** (*fam*) lo que cuenta no es lo que dices sino cómo lo dices **3.** (*Betonung*) acento *m* **4.** (*fam: Äußerung*) palabra *f*; **große Töne spucken** (*fam abw*) darse importancia; **hast du Töne!** (*fam*) ¡habráse visto!

tonangebend *adj* (*fig*) que lleva la batuta

Tonarm *m* brazo *m* de la aguja

Tonart *f* <-en> **1.** (MUS) tonalidad *f* **2.** (*Tonfall*) tono *m*

Tonband *nt* <-(e)s, -bänder> **1.** (*Tonträger*) cinta *f* magnetofónica **2.** (*fam: Gerät*) magnetófono *m*; **Tonbandaufnahme** *f* grabación *f* magnetofónica; **Tonbandgerät** *nt* <-(e)s, -e> magnetófono *m*, casete *m o f*

tönen **I.** *vi* **1.** (*er~*) sonar; (*dumpf*) retumbar **2.** (*fam abw: angeben*) fanfarronear **II.** *vt* (*Farbton verleihen*) matizar; (*färben*) color(e)ar

Tonerde *f ohne Pl* **1.** (*Ton*) tierra *f* arcillosa **2.** (CHEM) alúmina *f*

tönern *adj* de barro, de greda *Am*

Tonfall *m* <-(e)s, -fälle> **1.** (*Sprachmelodie*) acento *m*, tonada *f Am* **2.** (*Art des Sprechens*) tono *m*; **Tonfilm** *m* <-(e)s, -e> película *f* sonora

Tongefäß *nt* vasija *f* de barro

Tonhöhe *f* altura *f* del tono

Tonic *nt* <-, -(s)> (agua *f*) tónica *f*

Toningenieur(in) *m(f)* ingeniero, -a *m, f* de sonido; **Tonkopf** *m* cabeza *f* sonora

Tonkrug *m* jarro *m* de barro

Tonlage *f* (MUS) registro *m*; **Tonleiter** *f* <-n> (MUS) escala *f* musical

tonlos *adj* (*unbetont*) átono; (*Stimme*) apagado

Tonnage *f* <-n> (NAUT) tonelaje *m*

Tonne *f* <-n> **1.** (*Behälter*) tonel *m*; (*Regen~*) bidón *m*; (*Müll~*) cubo *m* (de la basura); **grüne ~** *contenedor verde en el sistema dual de separación de basuras* **2.** (*Maßeinheit*) tonelada *f* **3.** (NAUT) boya *f* **4.** (*fam: Mensch*) tonel *m*

Tonnengewölbe *nt* (ARCHIT) bóveda *f* de cañón

tonnenweise *adv* por toneladas

Tonspur *f* (FILM) pista *f* sonora; **Tonstörung** *f* (RADIO, FILM, TV) interferencias *fpl*; **Tonstudio** *nt* estudio *m* de grabación

Tontaube *f* (SPORT) plato *m* de tiro; **Tontaubenschießen** *nt ohne Pl* <-s> (SPORT) tiro *m* al plato

Tontechniker(in) *m(f)* técnico, -a *m, f* de sonido; **Tonträger** *m* <-s, -> soporte *m* del sonido

Tönung *f* <-en> **1.** (*das Tönen*) tinte *m* **2.** (*Farbton*) tono *m*

Top *nt* <-s, -s> top *m*

Topas *m* <-es, -e> topacio *m*

Topf *m* <-(e)s, Töpfe> **1.** (*Koch~*) olla *f*, cazuela *f*; **alles in einen ~ werfen** (*fam fig*) meter todo en el mismo saco **2.** (*Nacht~*) orinal *m*; (*fam: Toilette*) lavabo *m* **3.** (*Blumen~*) maceta *f* **4.** (FIN) fondo *m*

Töpfer(in) *m(f)* <-s, -; -nen> alfarero, -a *m, f*

Töpferei *f* <-en> alfarería *f*, locería *f Am*

töpfern *vt, vi* hacer vasijas de barro; (*Kunst*) hacer cerámica

Töpferscheibe *f* torno *m* (de alfarero); **Töpferwaren** *fpl* loza *f*

topfit *adj* (*fam*) a tope

Topflappen *m* agarrador *m*; **Topfpflanze** *f* planta *f* de maceta

Topografie[RR] *f* <-n> *s.* **Topographie**

topografisch[RR] *adj s.* **topographisch**

Topographie *f* <-n> (GEO) topografía *f*

topographisch *adj* (GEO) topográfico

Tor[1] *m* <-en, -en> (*geh: Person*) necio *m*

Tor[2] *nt* <-(e)s, -e> **1.** (*große Tür*) portal *m* **2.** (*Monument*) puerta *f* **3.** (SPORT: *Gehäuse*) portería *f*; (*Treffer*) gol *m*; **im ~ stehen** estar en la portería; **ein ~ schießen** marcar un gol

Torbogen *m* <-s, -bögen> arco *m* (de un portal)

Torero *m* <-s, -s> torero *m*

Torf *m* <-(e)s, -e> turba *f*

Torfrau *f s.* **Torwart**

Torheit *f* <-en> (*geh*) necedad *f*, majadería *f*

töricht *adj* (*abw*) **1.** (*unvernünftig*) insensato **2.** (*einfältig*) corto **3.** (*unsinnig*) estúpido

torkeln *vi sein* tambalearse

Torlinie *f* (SPORT) línea *f* de portería

Törn *m* <-s, -s> **1.** (*Segel~*) viaje *m* en velero **2.** (*Turnus*) turno *m*

Tornado *m* <-s, -s> (METEO) tornado *m*

Tornister *m* <-s, -> **1.** (*der Soldaten*) mochila *f* **2.** (*reg: der Schüler*) cartera *f*

torpedieren* *vt* (MIL) torpedear

Torpedo *m* <-s, -s> (MIL) torpedo *m*

Torpfosten *m* (SPORT) poste *m* (de la portería)

Torschlusspanik[RR] *f miedo a perderse algo importante en la vida*

Torschütze, -in *m, f* <-n, -n; -nen> (SPORT) goleador(a) *m(f)*

Torso *m* <-s, -s *o* Torsi> (KUNST) torso *m*

Torte *f* <-n> tarta *f*; **Tortenboden** *m* base *f* de masa (para las tartas); **Tortenheber** *m* <-s, -> paleta *f* para tartas

Tortur *f* <-en> tortura *f*

Torwart, -frau *m, f* <-(e)s, -e; -en> (SPORT) portero, -a *m, f*, arquero, -a *m, f Am*

tosen *vi* (*Meer, Sturm*) rugir; **~der Beifall** aplauso frenético

tot *adj* muerto; (*verstorben*) fallecido; (*leblos*) inánime; **das T~e Meer** el Mar Muerto; **halb ~** medio muerto; **klinisch ~** clínicamente muerto; **er war auf der Stelle ~** falleció en el acto; **jdn für ~ erklären** declarar muerto a alguien; **sich ~ stellen** hacerse el muerto; **den ~en Mann machen** hacer el muerto; **mehr ~ als lebendig** más muerto que vivo

total **I.** *adj* **1.** (*vollständig*) total **2.** (*fam: völlig*) completo; **das ist ja ~er Wahnsinn** esto es una verdadera locura **II.** *adv* por completo

Totalausverkauf *m* liquidación *f* total

totalitär *adj* totalitario

Totalität *f ohne Pl* totalidad *f*

Totalschaden *m* siniestro *m* total

tot|arbeiten *vr:* **sich ~** (*fam*) matarse a trabajar; **tot|ärgern** *vr:* **sich ~** (*fam*) reventar de rabia

Tote(r) *mf* <-n, -n; -n> muerto, -a *m, f,* difunto, -a *m, f geh*

töten *vt* matar; (*ermorden*) asesinar, victimar *Am*

Totenbett *nt* lecho *m* mortuorio; **totenblass**RR *adj* blanco como la cera; **Totenglocke** *f* toque *m* de difuntos; **die ~n läuten** tocar a muertos; **Totengräber** *m* <-s, -> enterrador *m;* **Totenkopf** *m* calavera *f;* **Totenmaske** *f* <-n> mascarilla *f;* **Totenmesse** *f* misa *f* de réquiem; **Totenschein** *m* <-(e)s, -e> certificado *m* de defunción; **Totensonntag** *m* (REL) día *m* de (los) difuntos; **Totenstarre** *f* rigidez *f* cadavérica; **totenstill** *adj:* **es war ~** (*fam*) reinaba un silencio sepulcral; **Totenstille** *f* silencio *m* sepulcral; **Totentanz** *m* danza *f* macabra; **Totenwache** *f* velatorio *m;* **die ~ halten** velar a un difunto

tot|fahren *irr vt* matar por atropello; **Totgeburt** *f* **1.** (*Geburt*) nacimiento *m* de un niño muerto **2.** (*Kind*) mortinato, -a *m, f*

tot|kriegen *vt* (*fam*) acabar (con); **diese Mode ist nicht totzukriegen** no hay quien acabe con esta moda; **tot|lachen** *vr:* **sich ~** (*fam*) morirse de (la) risa

Toto *m o nt* <-s, -s> quiniela *f;* **Totoschein** *m* <-(e)s, -e> boleto *m* de las quinielas

tot|sagen *vt* declarar muerto; **tot|schießen** *irr vt* (*fam*) matar de un tiro; **Totschlag** *m ohne Pl* <-(e)s> (JUR) homicidio *m;* **tot|schlagen** *irr vt* matar (a palos); **die Zeit ~** (*fam*) matar el tiempo

Totschläger(in)1 *m(f)* <-s, -; -nen> (*abw: Person*) homicida *mf*

Totschläger2 *m* <-s, -> (*Waffe*) rompecabezas *m inv*

tot|schweigen *irr vt* silenciar; **tot|stellen** *vr:* **sich ~** *s.* **tot**

Tötung *f* <-en> matanza *f;* (*Totschlag*) homicidio *m;* **fahrlässige ~** homicidio involuntario; **Tötungsversuch** *m* (JUR) intento *m* de homicidio

Toupet *nt* <-s, -s> **1.** (*Haarteil*) bisoñé *m* **2.** (*Schweiz: Frechheit*) insolencia *f*

toupieren* *vt* cardar

Tour *f* <-en> **1.** (*Ausflug*) excursión *f* (*in* a); (*Rundfahrt*) vuelta *f* (*durch* por) **2.** (*Strecke*) recorrido *m* **3.** (*fam: Trick*) truco *m;* **immer die gleiche ~!** ¡siempre el mismo cuento! **4.** (*fam: Vorhaben*) plan *m;* **jdm die ~ vermasseln** echarle a alguien su plan por los suelos **5.** (TECH: *Umdrehung*) revolución *f;* **auf vollen ~en arbeiten** trabajar a toda máquina; **in einer ~** (*fam*) continuamente **6.** (*Wend*): **mach keine krummen ~en!** (*fam*) ¡no hagas tonterías!

Tourenzahl *f* (TECH) número *m* de revoluciones

Tourismus *m ohne Pl* <-> turismo *m*

Tourist(in) *m(f)* <-en, -en; -nen> turista *mf;* **Touristenklasse** *f ohne Pl* clase *f* turista; **Touristenzentrum** *nt* centro *m* turístico

Touristik *f ohne Pl* turismo *m*

touristisch *adj* turístico

Tournee *f* <-s *o* -n> gira *f;* **auf ~ sein/gehen** estar/salir de gira

Tower *m* <-s, -> (AERO) torre *f* de control

toxisch *adj* tóxico

Trab *m ohne Pl* <-(e)s> trote *m;* **im ~** al trote; **jdn auf ~ bringen** (*fam*) meter prisa a alguien; **jdn in ~ halten** (*fam*) mantener a alguien ocupado

Trabant *m* <-en, -en> (ASTR, AERO) satélite *m;* **Trabantenstadt** *f* ciudad *f* satélite

traben *vi haben o sein* ir al trote, trotar

Tracht *f* <-en> **1.** (*von Berufsgruppen*) uniforme *m;* (*bei Volksgruppen*) traje *m* regional **2.** (*Wend*): **eine ~ Prügel** (*fam*) una tunda, una zumba *Am*

trachten *vi* (*geh*): **nach etw** *dat* **~** anhelar algo; **jdm nach dem Leben ~** atentar contra la vida de alguien

trächtig *adj* preñado

Tradition *f* <-en> tradición *f;* **aus ~** por tradición

traditionell *adj* tradicional

traditionsbewusstRR *adj* tradicionalista

traf *3. imp von* **treffen**

Tragbahre *f* camilla *f*

tragbar *adj* **1.** (*Geräte*) portátil **2.** (*Kleidung*) que se puede llevar **3.** (*erträglich*) soportable; (*Entwicklung*) sostenible

träge *adj* **1.** (*langsam*) lento; (*lustlos*) apático; (*faul*) perezoso, poncho *Am* **2.** (PHYS) inerte

tragen <trägt, trug, getragen> **I.** *vt* **1.** (*Last, Kleidung, Aufschrift, Brille*) llevar; **etw bei sich** *dat* **~** llevar algo consigo; **auf dem Arm/auf dem Rücken ~** llevar en brazos/a cuestas; **das trägt man nicht mehr** eso ya no se lleva; **das Haar lang/**

kurz ~ llevar el pelo largo/corto **2.** (*stützen*) sostener **3.** (*er~*) llevar; (*Verantwortung*) asumir; (*Verlust*) responder (de); (*Kosten*) hacerse cargo (de) **II.** *vi* **1.** (*Eis*) resistir **2.** (*Baum, Acker*) dar frutos **3.** (*Tier*) estar preñado **4.** (*Kleidung, Mode*) llevarse **5.** (*an Verantwortung*) tener **III.** *vr:* **sich** ~ **1.** (*sich finanzieren*): **sich selbst** ~ autofinanciarse **2.** (*in Erwägung ziehen*): **sich mit dem Gedanken** ~ **etw zu tun** tener la intención de hacer algo **3.** (*Kleidung*) vestirse; **der Stoff trägt sich angenehm** este tejido es cómodo de llevar

Tragen *nt:* **zum** ~ **kommen** surtir efecto

Träger(in)[1] *m(f)* <-s, -; -nen> **1.** (*Gepäck~*) mozo, -a *m, f* **2.** (*Preis~*) titular *mf* **3.** (*einer Entwicklung*) representante *mf* **4.** (*einer Krankheit*) portador(a) *m(f)*

Träger[2] *m* <-s, -> **1.** (ARCHIT) viga *f* **2.** (*an Kleidung*) tirante *m* **3.** (*Institution*) entidad *f* responsable

Trägerrakete *f* cohete *m* portador

Tragetasche *f* **1.** (*Einkaufstasche*) bolsa *f* de la compra **2.** (*Plastiktüte*) bolsa *f* de plástico

tragfähig *adj* sólido, firme

Tragfläche *f* (AERO) plano *m* de sustentación

Trägheit *f ohne Pl* **1.** (*Faulheit*) pereza *f;* (*Langsamkeit*) lentitud *f;* (*Lustlosigkeit*) apatía *f* **2.** (PHYS) inercia *f*

Tragik *f ohne Pl* tragedia *f;* (*a.* LIT, THEAT) lo trágico

tragikomisch *adj* (*a.* LIT, THEAT) tragicómico

Tragikomödie *f* (*a.* LIT, THEAT) tragicomedia *f*

tragisch *adj* (*a.* LIT, THEAT) trágico; **nimm's nicht so** ~ (*fam*) no te lo tomes tan a la tremenda

Tragkraft *f ohne Pl* (TECH, ARCHIT) capacidad *f* de carga; **Traglast** *f* carga *f*

Tragödie *f* <-n> (*a.* LIT, THEAT) tragedia *f*

trägt *3. präs von* **tragen**

Tragweite *f* alcance *m*

Trainer(in)[1] *m(f)* <-s, -; -nen> entrenador(a) *m(f)*

Trainer[2] *m* <-s, -> (*Schweiz: Trainingsanzug*) chándal *m*

trainieren* **I.** *vi* entrenarse **II.** *vt* entrenar

Training *nt* <-s, -s> entrenamiento *m;* **autogenes** ~ entrenamiento autógeno; **Trainingsanzug** *m* <-(e)s, -züge> chándal *m*

Trakt *m* <-(e)s, -e> (ARCHIT) ala *f*

Traktor *m* <-s, -en> tractor *m*

trällern **I.** *vi* tararear una melodía **II.** *vt* tararear

Tram *f* <-s> (*reg*) tranvía *m*

Trampel *m o nt* <-s, -> (*fam abw*) patán, -ana *m, f*

trampeln **I.** *vi* patear **II.** *vt:* **etw platt** ~ pisotear algo

Trampelpfad *m* sendero *m* trillado; **Trampeltier** *nt* **1.** (*Kamel*) camello *m* **2.** (*fam: Trampel*) patán, -ana *m, f*

trampen *vi sein* hacer autostop

Tramper(in) *m(f)* <-s, -; -nen> autoestopista *mf*

Trampolin *nt* <-s, -e> trampolín *m*

Tramway *f* <-s> (*Österr*) tranvía *m*

Tran *m* <-(e)s, -e> (*vom Wal*) aceite *m* de ballena; (*vom Fisch*) aceite *m* de hígado de bacalao; **wie im** ~ (*fam: benommen*) confuso; (*zerstreut*) despistado

Trance *f* <-n> trance *m*

tranchieren* *vt s.* **transchieren**

Tranchiermesser *nt s.* **Transchiermesser**

Träne *f* <-n> lágrima *f;* **den** ~**n nahe sein** estar a punto de romper a llorar; ~**n lachen** llorar de risa; **zu** ~**n gerührt sein** estar muy conmovido; **in** ~**n aufgelöst** hecho un mar de lágrimas; **mir kommen die** ~**n!** (*iron*) ¡huy, qué pena me das!

tränen *vi* lagrimear, llorar *fam;* **mir** ~ **die Augen** me lloran los ojos

Tränendrüse *f* glándula *f* lagrimal; **Tränengas** *nt ohne Pl* <-es> gas *m* lacrimógeno; **Tränensack** *m* (ANAT) saco *m* lagrimal

tranig *adj* **1.** (*nach Tran schmeckend*) aceitoso **2.** (*fam: träge*) pesado

trank *3. imp von* **trinken**

Tränke *f* <-n> abrevadero *m,* pileta *f RíoPl*

tränken *vt* **1.** (*Tiere*) abrevar **2.** (*durchnässen*) empapar (*in* en, *mit* de)

Transaktion *f* <-en> transacción *f*

transchieren* *vt* (GASTR) trinchar

Transchiermesser *nt* (GASTR) cuchillo *m* de trinchar

Transfer *m* <-s, -s> **1.** (WIRTSCH, PSYCH) tra(n)sferencia *f* **2.** (*auf Reisen*) traslado *m* **3.** (SPORT) traspaso *m*

Transformator *m* <-s, -en> transformador *m*

Transfusion *f* <-en> (MED) tra(n)sfusión *f* (de sangre)

Transistor *m* <-s, -en> transistor *m;* **Transistorradio** *nt* transistor *m*

Transit *m* <-s, -e> tránsito *m*

transitiv *adj* (LING) transitivo

Transitreisende(r) *mf* viajero, -a *m, f* en tránsito; **Transitverkehr** *m* tráfico *m* de tránsito

transparent *adj* tra(n)sparente

Transparent *nt* <-(e)s, -e> (*Spruchband*) pancarta *f*

Transparenz *f ohne Pl* transparencia *f*

transpirieren* *vi* transpirar

Transplantation *f* <-en> (MED, BOT) trasplante *m*

transplantieren* *vt* (MED) trasplantar

Transport *m* <-(e)s, -e> tra(n)sporte *m*

Transportband *nt* <-(e)s, -bänder> cinta *f* transportadora

Transporter *m* <-s, -> vehículo *m* de

tra(n)sporte

transportfähig *adj* (*Person*) en condiciones de ser trasladado

transportieren* *vt* **1.** (*Waren*) tra(n)sportar **2.** (*Personen*) trasladar **3.** (*Ideen, Werte*) trasladar

Transportmittel *nt* medio *m* de tra(n)sporte

transsexuell *adj* transexual

Transsexuelle(r) *mf* <-n, -n; -n> transexual *mf*

Transvestit *m* <-en, -en> travestí *m*

transzendental *adj* (PHILOS) tra(n)scendental

Trapez *nt* <-es, -e> (*Turngerät, a.* MATH) trapecio *m*

trat *3. imp von* **treten**

Tratsch *m ohne Pl* <-(e)s> (*fam abw*) cotilleo *m*

tratschen *vi* (*fam abw*) cotillear (*über* sobre)

Traualtar *m* altar *m* nupcial; **jdn zum ~ führen** llevar a alguien al altar

Traube *f* <-n> **1.** (*Wein~*) uva *f;* **blaue/grüne ~n** uvas negras/blancas **2.** (BOT) racimo *m* **3.** (*Menschen~*) grupo *m;* **Traubensaft** *m* zumo *m* de uva, jugo *m* de uva *Am,* baya *f Chil;* **Traubenzucker** *m* glucosa *f*

trauen I. *vi* confiar; **jdm/etw** *dat* **~** confiar en alguien/algo; **ich traute meinen Augen/Ohren nicht** no podía dar crédito a mis ojos/oídos **II.** *vt* casar; **sich ~ lassen** casarse **III.** *vr:* **sich ~** atreverse; **sich ~ etw zu tun** atreverse a hacer algo

Trauer *f ohne Pl* tristeza *f;* (*um Tote*) luto *m;* **~ tragen** llevar luto; **Trauerfall** *m* <-(e)s, -fälle> defunción *f;* **Trauerfeier** *f* funeral *m;* **Trauerkleidung** *f* luto *m;* **~ tragen** llevar luto; **Trauerkloß** *m* (*fam*) soso, -a *m, f;* **Trauermiene** *f* (*fam*) cara *f* de circunstancias

trauern *vi* llevar luto; **um jdn ~** llorar la muerte de alguien

Trauerspiel *nt* (*a. fig*) tragedia *f;* **Trauerweide** *f* (BOT) sauce *m* llorón

Traufe *f* <-n> canalón *m*

träufeln *vt* verter gota a gota (*in* en)

Traum *m* <-(e)s, Träume> sueño *m;* **im ~ reden** hablar en sueños; **das fällt mir nicht im ~ ein** (*fam*) eso no se me ocurre ni en sueños; **das war schon immer mein ~** siempre soñé con eso; **aus der ~!** (*fam*) ¡vuelta a la realidad!

Trauma *nt* <-s, Traumen *o* Traumata> (MED, PSYCH) trauma *m*

traumatisch *adj* (MED, PSYCH) traumático

Traumen *Pl von* **Trauma**

träumen *vi* soñar (*von* con); **von jdm/etw ~** soñar con alguien/algo; **er träumt mit offenen Augen** sueña despierto; **das hätte ich mir nicht ~ lassen** nunca hubiese soñado con ello

Träumer(in) *m(f)* <-s, -; -nen> soñador(a) *m(f)*

Träumerei *f* <-en> sueños *mpl,* fantasías *fpl*

träumerisch *adj* soñador

traumhaft *adj* **1.** (*wie im Traum*) de ensueño **2.** (*fam: wunderbar*) maravilloso

Traumpaar *nt* pareja *f* ideal

traurig *adj* **1.** (*bekümmert*) triste; **über etw ~ sein** estar triste por algo; **jdn ~ machen** entristecer a alguien; **~ werden** ponerse triste **2.** (*beklagenswert*) triste **3.** (*erbärmlich*) deplorable

Traurigkeit *f ohne Pl* tristeza *f*

Trauring *m* alianza *f;* **Trauschein** *m* <-(e)s, -e> acta *f* de matrimonio

Trauung *f* <-en> boda *f,* casamiento *m;* **kirchliche/standesamtliche ~** casamiento por la iglesia/por lo civil

Trauzeuge, -in *m, f* testigo *mf* de matrimonio

Trecking[RR] *nt* <-s, -s> *s.* **Trekking**

Treff *m* <-s, -s> (*fam*) **1.** (*das Treffen*) encuentro *m* **2.** (*Treffpunkt*) lugar *m* de encuentro

treffen <trifft, traf, getroffen> **I.** *vi* (*Ziel*) acertar **II.** *vt* **1.** (*begegnen*) encontrar; (*zufällig*) encontrarse (con), dar (con) **2.** (*erreichen*) alcanzar, dar; **das Ziel ~** dar en el blanco; **mit deinem Job hast du es ja gut getroffen** acertaste con tu trabajo **3.** (*kränken*) ofender **4.** (*be~*) afectar; **das trifft dich** eso se refiere a ti; **mich trifft keine Schuld** yo no tengo la culpa **5.** (*ergreifen*): **Maßnahmen gegen etw ~** adoptar medidas contra algo; **eine Vereinbarung ~** llegar a un acuerdo **III.** *vr:* **sich ~ 1.** (*zusammenkommen*) encontrarse; (*sich versammeln*) reunirse **2.** (*geschehen*) ocurrir; **das trifft sich gut!** ¡eso me viene como anillo al dedo!

Treffen *nt* <-s, -> (*a.* SPORT) encuentro *m*

treffend I. *adj* (*richtig*) justo; (*angemessen*) adecuado **II.** *adv* con exactitud

Treffer *m* <-s, -> **1.** (*Schießen*) tiro *m* certero; (*Ballspiele*) gol *m;* (*Boxen*) golpe *m* certero; (*Einschuss*) impacto *m* **2.** (*in einer Lotterie*) premio *m* **3.** (*Erfolg*) exitazo *m*

trefflich I. *adj* excelente **II.** *adv* muy bien

Treffpunkt *m* lugar *m* de encuentro

treffsicher *adj* certero

Treibeis *nt* témpano *m*

treiben <treibt, trieb, getrieben> **I.** *vt* **1.** (*hinbringen*) llevar; (*schieben*) empujar; (*mit Zwang*) hacer avanzar; **sich (von der Strömung) ~ lassen** dejarse llevar (por la corriente); **die Preise in die Höhe ~** hacer subir los precios **2.** (*an~*) apremiar (*zu* a); (TECH) hacer funcionar; **jdn zur Eile ~** meterle prisa a alguien; **jdn zum Wahnsinn ~** volver loco a alguien **3.** (*hineinschlagen*) clavar (*in* en); (*Tunnel*) cavar **4.** (*be~, tun*) dedicarse (a); (SPORT) practicar; **Missbrauch mit etw** *dat* ~ abusar de algo; **dummes Zeug** ~ (*fam*) hacer tonterías; **es zu toll** ~ ir demasiado lejos; **es mit jdm** ~ (*fam*) tener relaciones sexuales con alguien **5.** (*Knospen*) echar **II.** *vi* **1.** *sein* (*fortbewegt werden*) ser llevado; (*von der Strömung*) ser arrastrado (por la corriente); (*auf Wasser*) flotar (*auf/in* en) **2.** (*Pflanze*) brotar **3.** (*fam: Bier, Kaffee*) ser diurético

Treiben *nt ohne Pl* <-s> **1.** (*auf der Straße*) movimiento *m;* (*Belebtheit*) animación *f* **2.** (*Handeln*) actividad *f*

treibend *adj:* **die ~e Kraft** la fuerza motriz

Treibgas *nt* <-es, -e> gas *m* propulsor

Treibhaus *nt* invernadero *m;* **Treibhauseffekt** *m ohne Pl* <-(e)s> efecto *m* invernadero

Treibholz *nt ohne Pl* <-es> madera *f* flotante; **Treibjagd** *f* batida *f;* **Treibstoff** *m* <-(e)s, -e> combustible *m*

Trekking *nt* <-s, -s> trekking *m*

Trenchcoat *m* <-(s), -s> gabardina *f*

Trend *m* <-s, -s> tendencia *f* (*zu* a); **modischer** ~ moda *f;* **mit etw** *dat* **voll im ~ liegen** (*fam*) ir con algo completamente a la moda; **Trendsetter(in)** *m(f)* <-s, -; -nen> iniciador(a) *m(f)* de una moda; **Trendwende** *f* cambio *m* de tendencia

trennbar *adj* separable

trennen I. *vt* separar (*von* de); (*absondern*) apartar; (*Begriffe*) distinguir; (*Silben*) dividir **II.** *vr:* **sich** ~ **1.** (*auseinander gehen*) separarse (*von* de); **hier ~ sich unsere Wege** aquí se separan nuestros caminos; **sie haben sich getrennt** se separaron **2.** (*weggeben*) desprenderse (*von* de)

Trennlinie *f* línea *f* divisoria

Trennung *f* <-en> separación *f;* (*Teilung*) división *f;* (*Absonderung*) aislamiento *m;* **sie stehen kurz vor der** ~ están a punto de separarse; **Trennungsstrich** *m* <-(e)s, -e> (LING) guión *m*

Trennwand *f* pared *f* divisoria

treppab *adv* escaleras abajo

treppauf *adv* escaleras arriba

Treppe *f* <-n> escalera *f;* **die ~ hinauf-/hinuntergehen** subir/bajar la(s) escalera(s); **Treppenabsatz** *m* descansillo *m;* **Treppengeländer** *nt* barandilla *f;* **Treppenhaus** *nt* (caja *f* de la) escalera *f;* **Treppenstufe** *f* peldaño *m*

Tresen *m* <-s, -> (*nordd*) **1.** (*in einer Gaststätte*) barra *f* **2.** (*Ladentisch*) mostrador *m*

Tresor *m* <-s, -e> **1.** (*Schrank*) caja *f* fuerte **2.** (*~raum*) cámara *f* acorazada

Tretboot *nt* patín *m* a pedales

treten <tritt, trat, getreten> **I.** *vi* **1.** *sein* (*hinaus~*) salir (*auf* a); (*ein~*) entrar (*in* a/en); (*sich stellen*) ponerse (*vor* delante de, *hinter* detrás de, *neben* al lado de); **in Aktion** ~ entrar en acción; **auf die Bremse** ~ pisar el freno; **ans Fenster** ~ asomarse a la ventana; **in jds Leben** ~ entrar en la vida de alguien; **in den Ruhestand** ~ jubilarse; **zur Seite** ~ apartarse; **an jds Stelle** ~ sustituir a alguien; **über die Ufer** ~ (*Fluss*) desbordarse; ~ **Sie näher!** ¡acérquese! **2.** *sein* (*mit dem Fuß*) pisar; (*absichtlich*) pisotear **3.** (*Tritt versetzen*) dar una patada (*gegen* contra, *nach* a) **4.** (*beim Radfahren*) pedalear **II.** *vt* (*Person, Tier, Pedal*) pisar; (*Tritt geben*) dar una patada

Tretmühle *f* <-n> (*fam abw*) rutina *f* diaria

treu *adj* fiel; (*loyal*) leal; (*zuverlässig*) de confianza; **sich** *dat* **selbst ~ bleiben** ser fiel a uno mismo; **jdm ~ sein** ser fiel a alguien

Treue *f ohne Pl* **1.** (*Treusein*) fidelidad *f;* (*Loyalität*) lealtad *f;* **jdm die ~ halten** ser fiel a alguien **2.** (*Genauigkeit*) precisión *f*

Treueprämie *f* prima *f* por fidelidad

Treuhänder(in) *m(f)* <-s, -; -nen> (JUR) fiduciario, -a *m, f*

Treuhandgesellschaft *f* <-en> (JUR) sociedad *f* fiduciaria

treuherzig *adj* ingenuo

Treuherzigkeit *f ohne Pl* candor *m,* sinceridad *f*

treulos *adj* infiel; (*verräterisch*) traidor

Treulosigkeit *f ohne Pl* infidelidad *f,* deslealtad *f;* (*Verrat*) traición *f*

Triangel *m, Österr: nt* <-s, -> triángulo *m*

Tribunal *nt* <-s, -e> tribunal *m*

Tribüne *f* <-n> tribuna *f,* palco *m Am*

Tribut *m* <-(e)s, -e> tributo *m;* **jdm/etw** *dat* **~ zollen** elogiar a alguien/algo

tributpflichtig *adj* sujeto a tributo

Trichter *m* <-s, -> **1.** (*zum Einfüllen*) embudo *m* **2.** (*Schall~*) bocina *f;* (*an Musikinstrumenten*) pabellón *m* **3.** (*Bomben~, a.* GEO) cráter *m*

trichterförmig *adj* en forma de embudo

Trick *m* <-s, -s> truco *m,* manganeta *f Hond;* **sie hat den ~ raus** (*fam*) ha pillado el truco; ~ **siebzehn!** (*fam*) ¡magia potagia!; **Trickaufnahme** *f* trucaje *m;* **Trickbetrug** *m* timo *m;* **Trickbetrüger(in)** *m(f)* timador(a) *m(f);* **Trickfilm** *m* <-(e)s, -e> dibujos *mpl* animados

trieb *3. imp von* **treiben**

Trieb *m* <-(e)s, -e> **1.** (PSYCH, BIOL) impulsión *f;* (*Instinkt*) instinto *m;* (*Neigung*) inclinación *f* (*zu* a) **2.** (BOT) brote *m;* **Triebfeder** *f* **1.** (TECH) resorte *m* **2.** (*Beweggrund*) móvil *m*

triebhaft *adj* instintivo

Triebkraft *f* (*a.* TECH, PSYCH) fuerza *f* motriz; **Triebtäter** *m* <-s, -> delincuente *m* sexual; **Triebverbrechen** *nt* delito *m* de mo-

T

tivación instintiva; (*Sexualverbrechen*) delito *m* sexual; **Triebwagen** *m* automotor *m;* **Triebwerk** *nt* (*a.* AERO) motores *mpl*
triefen <trieft, triefte *o* troff, getrieft *o* getroffen> *vi* **1.** *sein* (*rinnen*) chorrear (*aus/von* por/de) **2.** (*nass sein*) estar empapado (*von/vor* de/por); **sie war ~d nass** estaba calada hasta los huesos
trifft *3. präs von* **treffen**
triftig *adj* (*überzeugend*) convincente; (*begründet*) bien fundado
Trikot *nt* <-s, -s> camiseta *f*
trillern *vi* (*Vogel*) trinar; (*Mensch*) tararear
Trillerpfeife *f* pito *m,* silbato *m*
Trilogie *f* <-n> trilogía *f*
trimmen I. *vt* **1.** (*durch Sport*) entrenar **2.** (NAUT, AERO) equilibrar; (*verstauen*) arrumar **3.** (*Hund, Rasen: scheren*) esquilar **II.** *vr:* **sich ~** mantenerse en forma
Trimmpfad *m* circuito *m* gimnástico (en el bosque)
trinkbar *adj* bebedero; (*Wasser*) potable
trinken <trinkt, trank, getrunken> *vi, vt* beber (*aus* de/por, *auf* a); (*Kaffee, Tee*) tomar; **aus der Flasche/aus dem Glas ~** beber de la botella/del vaso; **gibst du mir bitte etwas zu ~?** ¿me das algo de beber, por favor?; **sie hat die Flasche leer getrunken** se ha bebido toda la botella; **einen ~ gehen** (*fam*) ir a tomar una copa; **auf jds Wohl ~** beber a la salud de alguien; **darauf müssen wir einen ~** (*fam*) hay que brindar por ello
Trinker(in) *m(f)* <-s, -; -nen> bebedor(a) *m(f);* **Trinkerheilanstalt** *f* centro *m* de desintoxicación
trinkfest *adj* que tiene aguante para la bebida; **Trinkgeld** *nt* <-(e)s, -er> propina *f,* gato *m Mex,* feria *f CRi, ElSal;* **Trinkglas** *nt* <-es, -gläser> vaso *m* para beber; **Trinkhalm** *m* pajita *f;* **Trinkspruch** *m* brindis *m inv;* **einen ~ auf jdn ausbringen** brindar por alguien
Trinkwasser *nt* <-s, -wässer> agua *f* potable; **kein ~!** ¡no potable!; **Trinkwasseraufbereitung** *f* depuración *f* de aguas; **Trinkwasseraufbereitungsanlage** *f* planta *f* potabilizadora
Trio *nt* <-s, -s> (MUS) trío *m*
Trip *m* <-s, -s> (*fam*) **1.** (*Reise*) excursión *f* **2.** (*durch Drogen*) pedal *m;* **auf einem ~ sein** flipar
trippeln *vi sein* andar a pasos cortos
Tripper *m* <-s, -> gonorrea *f*
tritt *3. präs von* **treten**
Tritt *m* <-(e)s, -e> **1.** (*Schritt, Gang*) paso *m* **2.** (*Fuß~*) puntapié *m;* **jdm einen ~ versetzen** dar un puntapié a alguien
Trittbrett *nt* estribo *m;* **Trittbrettfahrer(in)** *m(f)* (*abw*) aprovechado, -a *m, f*
Triumph *m* <-(e)s, -e> triunfo *m;* **einen ~ erringen** triunfar
Triumphbogen *m* arco *m* de triunfo
triumphieren* *vi* triunfar (*über* sobre)
triumphierend *adj* triunfante
Triumphzug *m* <-(e)s, -züge> marcha *f* triunfal
trivial *adj* trivial
trocken *adj* seco; (*langweilig*) aburrido; **auf dem T~en sitzen** (*fam: keine Lösung finden*) no salir adelante; (*aus finanziellen Gründen*) estar en un aprieto económico; (*nichts zu trinken haben*) no tener para beber; **Trockeneis** *nt* hielo *m* seco; **Trockenhaube** *f* secador *m* (del pelo)
Trockenheit *f* <-en> sequedad *f,* aridez *f;* (*Dürrezeit*) sequía *f*
trocken|legen *vt* **1.** (*Kind*) cambiar los pañales **2.** (*Sumpf*) drenar; **Trockenmilch** *f* leche *f* en polvo; **Trockenobst** *nt* frutos *mpl* secos; **Trockenrasur** *f* afeitado *m* en seco; **Trockenzeit** *f* (temporada *f* de) sequía *f*
trocknen I. *vi sein* secarse **II.** *vt* secar
Trockner *m* <-s, -> secadora *f*
Trödel *m ohne Pl* <-s> **1.** (*fam: Dinge*) cachivaches *mpl* **2.** (*Markt*) mercadillo *m*
Trödelei *f* <-en> (*fam abw*) pérdida *f* de tiempo
Trödelmarkt *m* mercadillo *m*
trödeln *vi* (*fam a. abw*) perder el tiempo, demorarse (mucho) *Am*
Trödler(in) *m(f)* <-s, -; -nen> **1.** (*abw: Bummler*) tortuga *f* **2.** (*Altwarenhändler*) prendero, -a *m, f,* cambalachero, -a *m, f Arg, Urug*
troff *3. imp von* **triefen**
trog *3. imp von* **trügen**
Trog *m* <-(e)s, Tröge> artesa *f,* canoa *f Am*
Trolleybus *m* (*Schweiz*) trolebús *m*
Trommel *f* <-n> (MUS, TECH) tambor *m;* (*Revolver~*) barrilete *m;* (*Kabel~*) tambor *m;* **Trommelfell** *nt* (ANAT) tímpano *m*
trommeln I. *vi* (MUS) tocar el tambor; (*mit den Fingern*) tamborilear (*auf* sobre) **II.** *vt* tocar en el tambor
Trommelwirbel *m* redoble *m* (del tambor)
Trommler(in) *m(f)* <-s, -; -nen> tamborilero, -a *m, f*
Trompete *f* <-n> trompeta *f*
trompeten* *vi* **1.** (MUS) tocar la trompeta **2.** (*Elefant*) barritar **3.** (*lautstark äußern*) anunciar en voz alta; (*sich laut schnäuzen*) sonarse con fuerza
Trompeter(in) *m(f)* <-s, -; -nen> trompetista *mf*
Tropen *pl* trópicos *mpl,* zona *f* tropical; **Tropenhelm** *m* salacot *m;* **Tropenkrankheit** *f* enfermedad *f* tropical
Tropf *m* <-(e)s, -e> (MED) gotero *m* intravenoso; **am ~ hängen** (*fam*) tener el gotero

puesto

tröpfeln I. *vi sein* (*herunter~*) gotear II. *vt* verter gota a gota (*auf/in* sobre/en) III. *vunpers* (*fam: regnen*) gotear

tropfen *vi* gotear

Tropfen *m* <-s, -> gota *f;* **bis auf den letzten ~** hasta la última gota; **ein guter ~** un vino excelente; **das ist (nur) ein ~ auf den heißen Stein** (*fam*) (sólo) es una gota en medio del océano

tropfenweise *adv* gota a gota

tropfnass[RR] *adj* sin exprimir, chorreando *fam*

Tropfstein *m* (*hängend*) estalactita *f;* (*aufsteigend*) estalagmita *f;* **Tropfsteinhöhle** *f* cueva *f* de estalactitas y estalagmitas

Trophäe *f* <-n> trofeo *m*

tropisch *adj* tropical

Trost *m ohne Pl* <-(e)s> consuelo *m;* **als ~** de consuelo; **das ist ein schwacher ~** eso no me consuela mucho; **zum ~ kann ich sagen, dass ...** como consuelo puedo decir que...; **du bist wohl nicht ganz bei ~!** (*fam*) ¡debes estar loco!

trösten I. *vt* consolar II. *vr:* **sich ~** consolarse

tröstlich *adj* consolador; **das ist ja sehr ~!** (*iron*) ¡vaya consuelo!

trostlos *adj* 1. (*Person*) desconsolado 2. (*Ding, Zustand*) desesperante

Trostlosigkeit *f ohne Pl* desolación *f,* desesperación *f*

Trostpflaster *nt* (pequeño) consuelo *m;* **Trostpreis** *m* accésit *m*

Trott *m* <-(e)s, -e> 1. (*Gangart*) trote *m* 2. (*Routine*) rutina *f;* **(wieder) in den alten ~ verfallen** caer (de nuevo) en la vieja rutina

Trottel *m* <-s, -> (*fam abw*) imbécil *mf,* zorzal *m Am,* babasfrías *m inv Kol: fam*

trotten *vi sein* trotar

trotz *präp +gen/dat* a pesar de; **~ alle(de)m** a pesar de todo

Trotz *m ohne Pl* <-es> obstinación *f;* **aus ~** por despecho; **allen Warnungen zum ~ etw tun** hacer algo a pesar de todas las advertencias; **Trotzalter** *nt* edad *f* del pavo

trotzdem *konj* no obstante, sin embargo

trotzen *vi* 1. (*Kind*) emperrarse, estar de morros *fam* 2. (*geh: widerstehen*) hacer frente (a)

trotzig *adj* obstinado, terco

Trotzkopf *m* cabezota *mf;* **seinen ~ durchsetzen** (*fam*) imponerse con testarudez; **Trotzreaktion** *f* <-en> obstinación *f* por despecho

trüb(e) *adj* 1. (*Flüssigkeit*) turbio; (*Glas, Licht*) opaco; (*Farbe*) apagado 2. (*Tag*) nublado; (*Himmel*) cubierto; (*Wetter*) nuboso 3. (*Stimmung*) melancólico; **im T~en fischen** (*fam*) pescar en río revuelto

Trubel *m ohne Pl* <-s> barullo *m,* bulla *f*

trüben I. *vt* 1. (*Flüssigkeit*) enturbiar; (*Glas*) empañar; **kein Wässerchen ~ können** (*fam*) no haber roto nunca un plato 2. (*Freude, Erinnerung*) nublar II. *vr:* **sich ~** 1. (*Flüssigkeit*) enturbiarse; (*Glas*) empañarse 2. (*Himmel*) oscurecerse 3. (*Stimmung, Beziehung*) enturbiarse; (*Bewusstsein*) nublarse

Trübsal[1] *f* <-e> (*geh: Leid*) aflicción *f*

Trübsal[2] *f ohne Pl* (*geh: Schwermut*) melancolía *f;* **~ blasen** (*fam*) estar triste

trübselig *adj* melancólico; (*düster*) lóbrego

Trübsinn *m ohne Pl* <-(e)s> melancolía *f*

trübsinnig *adj* melancólico; (*bekümmert*) afligido

Trübung *f* <-en> 1. (*das Trübwerden, Beeinträchtigung*) enturbiamiento *m* 2. (*des Bewusstseins*) ofuscación *f*

trudeln *vi sein* (*Ball*) rodar despacio (dando tumbos); **das Flugzeug geriet ins T~** el avión entró en barrena

Trüffel *f* <-n> trufa *f*

trug *3. imp von* **tragen**

Trug *m ohne Pl* <-(e)s> (*geh*) 1. (*Täuschung*) engaño *m;* **Lug und ~** patrañas *fpl* 2. (*Schein*) ilusión *f;* **Trugbild** *nt* espejismo *m*

trügen <trügt, trog, getrogen> *vi, vt* engañar; **wenn mich nicht alles trügt** si no me equivoco

trügerisch *adj* engañoso

Trugschluss[RR] *m* conclusión *f* errónea

Truhe *f* <-n> arca *f*

Trümmer *pl* ruinas *fpl;* (*Schutt*) escombros *mpl;* **etw liegt in ~n** algo está en ruinas; **Trümmerfrauen** *fpl* (HIST) *mujeres que limpiaron de escombros las ciudades alemanas después de la II Guerra Mundial;* **Trümmerhaufen** *m* escombrera *f*

Trumpf *m* <-(e)s, Trümpfe> triunfo *m;* **seinen letzten ~ ausspielen** (*fig*) quemar el último cartucho; **einen ~ in der Hand haben** (*fig*) tener un as en la manga

Trunk *m* <-(e)s, Trünke> (*geh*) 1. (*Getränk*) bebida *f* 2. (*~sucht*) alcoholismo *m*

trunken *adj* (*geh*) ebrio (*vor* de); **~ machen** embriagar

Trunkenbold *m* <-(e)s, -e> (*abw*) borracho, -a *m, f*

Trunkenheit *f ohne Pl* embriaguez *f,* bimba *f Am;* **bei ~ am Steuer** al conducir en estado de embriaguez

Trunksucht *f ohne Pl* alcoholismo *m;* **trunksüchtig** *adj* alcohólico

Truppe *f* <-n> 1. (MIL) tropa *f* 2. (*Schauspiel~*) compañía *f;* **Truppenabbau** *m* reducción *f* de las tropas; **Truppenabzug** *m ohne Pl* <-(e)s> retirada *f* de las tropas

Truppenübung *f* <-en> maniobras *fpl;* **Truppenübungsplatz** *m* <-es, -plätze> campo *m* de maniobras

Truthahn, -henne *m, f* <-(e)s, -hähne; -n> (ZOOL) pavo, -a *m, f,* guajalote *m Mex,* pisco *m Kol, Ven*

Tschad *m* <-s> Chad *m*

Tscheche, -in *m, f* <-n, -n; -nen> checo, -a *m, f*

Tschechien *nt* <-s> Chequia *f*

tschechisch *adj* checo; **T~e Republik** República Checa

Tschechoslowake, -in *m, f* <-n, -n; -nen> checoslovaco, -a *m, f*

Tschechoslowakei *f* Checoslovaquia *f*

tschechoslowakisch *adj* checoslovaco

tschüs *interj,* **tschüss**[RR] *interj* hasta luego, chau *Am*

T-Shirt *nt* <-s, -s> camiseta *f,* polera *f Am,* playera *f Guat, Mex*

TU *f* <-s> *Abk. von* **Technische Universität** Universidad *f* Técnica

Tuba *f* <Tuben> **1.** (MUS) tuba *f* **2.** (MED) trompa *f* de Eustaquio

Tube *f* <-n> **1.** (*Behälter*) tubo *m;* **auf die ~ drücken** (*fam*) darle al acelerador **2.** (MED) trompa *f* de Eustaquio

Tuben *Pl von* **Tuba, Tube**

Tuberkulose *f* <-n> (MED) tuberculosis *f inv*

Tübingen *nt* <-s> Tubinga *f*

Tuch[1] *nt* <-(e)s, -e> (*Stoff*) género *m,* paño *m*

Tuch[2] *nt* <-(e)s, Tücher> **1.** (*Hals~, Kopf~*) pañuelo *m* **2.** (*Wisch~*) trapo *m* **3.** (*für Stierkampf*) capote *m*

Tuchfühlung *f ohne Pl* (*fam*) contacto *m;* **mit jdm auf ~ gehen** aproximarse (físicamente) a alguien

tüchtig **I.** *adj* **1.** (*fähig*) hábil, capaz; (*erfahren*) versado; (*fleißig*) aplicado; (*gut*) bueno **2.** (*fam: groß*) grande; (*beachtlich*) considerable **II.** *adv* (*sehr*) mucho; (*ziemlich viel*) bastante

Tüchtigkeit *f ohne Pl* (*Fähigkeit*) habilidad *f,* capacidad *f;* (*Fleiß*) aplicación *f*

Tücke[1] *f* <-n> (*Mangel*) defecto *m*

Tücke[2] *f ohne Pl* (*Bosheit*) maldad *f,* malicia *f;* **das ist die ~ des Objekts** esto es lo malo de la cosa

tückisch *adj* **1.** (*boshaft*) malicioso **2.** (*unberechenbar*) imprevisible **3.** (*gefährlich*) peligroso

tüfteln *vi* romperse la cabeza (*an* con), sutilizar

Tugend *f* <-en> virtud *f*

tugendhaft *adj* virtuoso

Tüll *m* <-s, -e> tul *m*

Tulpe *f* <-n> tulipán *m*

tummeln *vr:* **sich ~** **1.** (*herumtollen*) corretear **2.** (*reg: sich beeilen*) darse prisa, apurarse *Am*

Tumor *m* <-s, -en> (MED) tumor *m*

Tümpel *m* <-s, -> charca *f*

Tumult *m* <-(e)s, -e> tumulto *m,* batifondo *m CSur,* bola *f Mex*

tun <tut, tat, getan> **I.** *vi, vt* hacer; **gut ~** sentar bien; **wohl ~** (*geh*) hacer bien; **etw aus Liebe/aus Neid ~** hacer algo por amor/por envidia; **wichtigeres zu ~ haben, als ...** tener cosas más importantes que hacer que...; **ich habe mein Bestes getan** hice todo lo que pude; **ich habe noch zu ~** todavía tengo que hacer; **damit ist es nicht getan** con esto no basta; **das ist leichter gesagt als getan** es más fácil decirlo que hacerlo; **sie hat nichts zu ~** no tiene nada que hacer; **du kannst ~ und lassen, was du willst** puedes hacer lo que quieras; **was kann ich für Sie ~?** ¿en qué puedo ayudarle?; **wir haben getan, was wir konnten** hicimos lo que pudimos; **so etwas tut man nicht!** ¡eso no se hace!; **tu, was du nicht lassen kannst!** (*fam*) ¡haz lo que creas que tengas que hacer!; **das tut nichts zur Sache** (*fam*) esto no tiene nada que ver; **meine Uhr tut (es) nicht mehr** (*fam*) mi reloj ya no funciona; **hat er dir was getan?** ¿te hizo algo?; **der Hund tut nichts** (*fam*) el perro no hace nada; **tu mir doch den Gefallen und ...** hazme el favor y...; **wir haben es hier mit einem Mörder zu ~** nos las tenemos que ver con un asesino; **er bekam es mit der Angst zu ~** le entró miedo; **nach getaner Arbeit** después del trabajo; **damit habe ich nichts zu ~** no tengo nada que ver con ello; **ich will mit ihm nichts mehr zu ~ haben** no quiero tener más trato(s) con él; **so ~, als ob ...** hacer como si... *+subj;* **tu doch nicht so!** (*fam*) ¡deja de fingir!; **tu nicht so schlau!** (*fam*) ¡no te hagas el listo!; **du tätest gut daran, zu schweigen** harías bien en callarte; **wenn das noch mal passiert, kriegt er es mit mir zu ~** (*fam*) si vuelve a ocurrir se las verá conmigo **II.** *vt* (*fam: setzen, stellen, legen*) poner; **tu es in den Schrank** ponlo en el armario **III.** *vr:* **sich ~: es tut sich etwas** (*fam*) la cosa avanza; **sich schwer mit/bei etw** *dat* **~** (*fam*) tener dificultades con algo

Tun *nt ohne Pl* <-s> **1.** (*Beschäftigung*) actividades *fpl* **2.** (*Verhalten*) conducta *f*

Tünche *f* <-n> jalbegue *m*

tünchen *vt* encalar

Tuner *m* <-s, -> (ELEK) sintonizador *m*

Tunesien *nt* <-s> Túnez *m*

Tunesier(in) *m(f)* <-s, -; -nen> tunecino, -a *m, f*

tunesisch *adj* tunecino

Tunfisch[RR] *m s.* **Thunfisch**

Tunke *f* <-n> (GASTR) salsa *f* (fría)
tunken *vt* (*reg*) mojar
tunlichst *adv* **1.** (*möglichst*) a ser posible **2.** (*auf jeden Fall*) en cualquier caso
Tunnel *m* <-s, -(s)> túnel *m*
Tunte *f* <-n> (*fam abw*) **1.** (*Frau*) bruja *f* **2.** (*Homosexueller*) marica *m*
Tüpfelchen *nt* <-s, -> puntito *m*; **das ~ auf dem i** el punto sobre la i
tupfen *vt* **1.** (*auftragen*) aplicar unas gotas (de) **2.** (*ab~*) quitar
Tupfen *m* <-s, -> (*Fleck*) mancha *f*; (*Punkt*) punto *m*; (*auf Stoff*) lunar *m*
Tupfer *m* <-s, -> **1.** (*fam: Punkt*) punto *m*; (*auf Stoff*) lunar *m* **2.** (*Wattebausch*) torunda *f*
Tür *f* <-en> puerta *f*; **in der ~ stehen** estar en la puerta; **~ an ~ mit jdm wohnen** vivir puerta a puerta con alguien; **hinter verschlossenen ~en** a puerta cerrada; **Weihnachten steht kurz vor der ~** (*fig*) las Navidades están a la vuelta de la esquina; **jdn vor die ~ setzen** (*fam*) poner a alguien de patitas en la calle; **jdm die ~ vor der Nase zuschlagen** (*fam*) dar(le) a alguien con la puerta en las narices; **ihr stehen alle ~en offen** tiene todas las puertas abiertas; **bei jdm mit etw** *dat* **offene ~en einrennen** (*fam*) hacer una propuesta a alguien de algo que no (le) es nuevo; **mit der ~ ins Haus fallen** (*fam*) ir directamente al grano; **zwischen ~ und Angel** (*fam*) a toda prisa; **jdm die ~ einrennen** (*fig*) tirar(le) la puerta abajo a alguien
Turban *m* <-s, -e> turbante *m*
Turbine *f* <-n> (TECH) turbina *f*
turbulent *adj* turbulento
Turbulenz *f* <-en> (*a.* PHYS, ASTR, METEO) turbulencia *f*
Türflügel *m* hoja *f* de la puerta; **Türgriff** *m* <-(e)s, -e> manilla *f* de la puerta
Türke, -in *m, f* <-n, -n; -nen> turco, -a *m, f*
Türkei *f* Turquía *f*
türken *vt* (*fam: Interview*) manipular; (*Angaben, Papiere*) falsificar; (*Filmszene*) trucar
türkis *adj inv* (de color) turquesa
türkisch *adj* turco
Türklinke *f* pestillo *m* de la puerta
Turm *m* <-(e)s, Türme> **1.** (*Bauwerk, Schachfigur*) torre *f*; (*Glocken~*) campanario *m* **2.** (SPORT: *Sprung~*) palanca *f* **3.** (*eines U-Boots*) torreta *f*
türmen I. *vt* amontonar; (*stapeln*) apilar **II.** *vi sein* (*fam*) poner pies en polvorosa **III.** *vr:* **sich ~** acumularse
Turmspringen *nt ohne Pl* <-s> (SPORT) salto *m* de palanca; **Turmuhr** *f* reloj *m* de torre
turnen *vi, vt* hacer (ejercicios de) gimnasia
Turnen *nt ohne Pl* <-s> gimnasia *f*; (*Turnunterricht*) clase *f* de educación física
Turner(in) *m(f)* <-s, -; -nen> gimnasta *mf*
Turngerät *nt* <-(e)s, -e> aparato *m* de gimnasia; **Turnhalle** *f* gimnasio *m*; **Turnhose** *f* pantalón *m* de gimnasia
Turnier *nt* <-s, -e> torneo *m*; (*Wettkampf*) competición *f*
Turnschuh *m* tenis *m inv*; (*für Gymnastik*) zapatilla *f* de deporte; **Turnübung** *f* <-en> ejercicio *m* de gimnasia; **Turnunterricht** *m ohne Pl* <-(e)s> clase *f* de gimnasia
Turnus *m* <-, -se> turno *m*; **im ~ von drei Jahren** cada tres años
Turnverein *m* club *m* de gimnasia
Türöffner *m* portero *m* automático; **Türpfosten** *m* jamba *f*; **Türrahmen** *m* <-s, -> marco *m* de la puerta; **Türschild** *nt* <-(e)s, -er> placa *f* (en la puerta); **Türschloss**[RR] *nt* cerradura *f* de la puerta, chapa *f Am*; **Türschwelle** *f* umbral *m*; **Türspalt** *m* <-(e)s, -e> resquicio *m*
Türsteher(in) *m(f)* <-s, -; -nen> portero, -a *m, f*
turteln *vi* amartelarse
Tusch *m* <-(e)s, -e> toque *m*
Tusche *f* <-n> tinta *f* china
tuscheln *vi, vt* (*fam a. abw*) cuchichear
Tuschzeichnung *f* dibujo *m* a pluma
Tussi *f* <-s> (*fam abw*) tía *f* exagerada
tut *3. präs von* **tun**
Tüte *f* <-n> bolsa *f*; **Suppe aus der ~** sopa de sobre; **das kommt nicht in die ~!** (*fam*) ¡ni hablar del peluquín!
tuten *vi* tocar la bocina, pitar *Am*; **von T~ und Blasen keine Ahnung haben** (*fam*) no saber ni jota
Tutor(in) *m(f)* <-s, -en; -nen> tutor(a) *m(f)*
TÜV *m ohne Pl* <-> *Abk. von* **Technischer Überwachungs-Verein** ITV *f*
TV-Moderator(in) *m(f)* presentador(a) *m(f)* de televisión
Twist *m* <-s, -s> (*Tanz*) twist *m*
Typ *m* <-s, -en> **1.** (*Art*) tipo *m*; **er ist nicht mein ~** (*fam*) no es mi tipo **2.** (*fam: Mann*) tío *m*, gallo *m Am*
Type *f* <-n> **1.** (TYPO) letra *f* de molde **2.** (*fam: Mensch*) tipejo, -a *m, f*
Typen *Pl von* **Typ, Type, Typus**
Typenbezeichnung *f* (TECH) denominación *f* de modelo
Typhus *m ohne Pl* <-> tifus *m inv* (vulgar), fiebre *f* tifoidea
typisch *adj* típico (*für* de); **~ Mann** típico de los hombres
Typografie[RR] *f* <-n> tipografía *f*
typografisch[RR] *adj* tipográfico
Typographie *f* <-n> *s.* **Typografie**
typographisch *adj s.* **typografisch**
Typologie *f* <-n> tipología *f*

typologisch *adj* tipológico
Typus *m* <-, Typen> tipo *m*
Tyrann(in) *m(f)* <-en, -en; -nen> tirano, -a *m, f*
Tyrannei *f ohne Pl* tiranía *f*
tyrannisch *adj* tiránico
tyrannisieren* *vt* tiranizar

U

U, u *nt* <-, -> U, u *f;* ~ **wie Ulrich** U de Uruguay

u. *Abk. von* **und** y

u.a. **1.** *Abk. von* **und andere(s)** y más **2.** *Abk. von* **unter anderem/anderen** entre otros

U-Bahn *f* metro *m*

übel **I.** *adj* <übler, am übelsten> (*schlimm, schlecht*) mal(o); (*unangenehm*) desagradable; **mir ist/mir wird** ~ me siento mal/me dan náuseas; **da kann es einem ja ~ werden** esto le pone malo a cualquiera; **er ist ein übler Bursche** es un tipo de cuidado; **nicht** ~ (*fam*) bastante bien; **das ist gar nicht (so)** ~ (*fam*) esto no está nada mal **II.** *adv* mal; ~ **dran sein** estar en una situación difícil; **jdm ~ mitspielen** jugarle una mala pasada a alguien

Übel *nt* <-s, -> mal *m;* (*Unglück*) desgracia *f;* **ein notwendiges** ~ un mal necesario; **das kleinere** ~ el mal menor; **zu allem ~ ...** para colmo de males...

übelgelaunt *adj s.* **gelaunt**

Übelkeit *f ohne Pl* (*Gefühl*) náuseas *fpl;* ~ **erregend** nauseabundo

übel|nehmen *irr vt s.* **nehmen 7.**

übelriechend *adj s.* **riechen**

Übeltat *f* (*geh*) fechoría *f;* (*gesetzeswidrig*) delito *m;* **Übeltäter(in)** *m(f)* malhechor(a) *m(f)*

üben **I.** *vi* (*allgemein*) practicar; (SPORT) entrenarse; **auf dem Klavier** ~ practicar piano **II.** *vt* practicar; (THEAT) ensayar; (*Finger*) ejercitar; **mit geübtem Auge** con ojo experto; **sich in etw** *dat* ~ iniciarse en algo

über **I.** *präp +dat* **1.** (*oberhalb*) sobre, (por) encima de; (*darauf*) en, sobre; (*auf der anderen Seite*) al otro lado de; (*weiter als*) más allá de; ~ **der Straße wohnen** vivir al otro lado de la calle **2.** (*während, bei*) durante; ~ **der Arbeit einschlafen** quedarse adormecido durante el trabajo **3.** (*Grenze*) por encima de, sobre; **zwei Grad ~ Null** dos grados sobre cero **4.** (*Überlegenheit, Überordnung*) por encima de; ~ **jdm stehen** estar por encima de alguien **5.** (*kausal*) a causa de, debido a; ~ **all der Aufregung habe ich ganz vergessen, dass ...** debido a todo el jaleo olvidé por completo que... **II.** *präp +akk* **1.** (*Richtung: durch*) por; (*auf dem Weg* ~) vía, pasando por; (~ *hinweg*) por, sobre; **nach Münster ~ Dortmund** a Münster vía Dortmund; **er fuhr sich** *dat* ~ **die Stirn** se pasó la mano por la frente; ~ **die Straße gehen** cruzar la calle; ~ **die Grenze fahren** pasar la frontera; ~ **eine Mauer springen** saltar un muro; **bis ~ beide Ohren verliebt sein/in Arbeit stecken** estar enamorado hasta la médula/lleno de trabajo **2.** (*zeitlich*): ~ **Ostern/Nacht** durante la Semana Santa/la noche; **das ist schon ~ 3 Jahre her** esto pasó hace ya más de 3 años; ~ **... hinaus** más allá de **3.** (*von, betreffend*) sobre, acerca de; **was wissen Sie ~ ihn?** ¿qué sabe Ud. sobre él? **4.** (*in Höhe von*) por, de; **ein Scheck ~ 4000 Mark** un cheque por valor de 4000 marcos; **ein Rennen ~ 2000 Meter** una carrera de 2000 metros **5.** (*von mehr als*) de más de; **Kinder ~ 12 Jahre** niños de más de 12 años **6.** (*mehr und mehr*): **Autos ~ Autos** coche tras coche **7.** (*mittels*) por medio de; ~ **ein Inserat** por medio de un anuncio **8.** (*Überordnung*): ~ **jdn herrschen/Macht haben** reinar/tener poder sobre alguien **9.** (*vor, wichtiger als*): **es geht nichts ~ Fußball** no hay nada mejor que el fútbol; **jdn/etw ~ alles lieben** querer a alguien/algo más que a nadie/nada **III.** *adv* **1.** (*mehr als*) (de) más de; ~ **zwei Meter lang/breit** de más de dos metros de largo/ancho; **sind Sie ~ 30?** ¿pasa Ud. de 30 años? **2.** (*völlig*): ~ **und** ~ completamente **3.** (*Zeitraum*): **die ganze Zeit** ~ durante todo el tiempo **IV.** *adj* (*fam*) **1.** (*übrig*) sobrante; **da ist noch Kuchen** ~ ahí queda todavía pastel **2.** (*überlegen*) superior (*in* en); **geistig ist sie mir** ~ intelectualmente me supera

überall *adv* por todas partes; ~ **in Deutschland** en toda Alemania; **überallher** *adv* de todas partes; **überallhin** *adv* a todas partes

Überalterung *f ohne Pl* envejecimiento *m*

Überangebot *nt* <-(e)s, -e> oferta *f* excesiva; **überanstrengen*** **I.** *vt* cansar excesivamente **II.** *vr:* **sich** ~ hacer un esfuerzo excesivo; **überanstreng dich nicht!** ¡no hagas excesos!; **Überanstrengung** *f* <-en> esfuerzo *m* excesivo

überarbeiten* **I.** *vt* corregir, revisar **II.** *vr:* **sich** ~ trabajar en exceso

überaus *adv* sumamente; (*äußerst*) extremadamente

überbacken* *irr vt* gratinar

Überbau *m* <-(e)s, -e> (*Marxismus*) superestructura *f*

überbelasten* *vt* sobrecargar; **überbelichten*** *vt* (FOTO) sobreexponer; **überbetonen*** *vt* dar demasiada importancia (a); **überbevölkert** *adj* superpoblado; **Überbevölkerung** *f ohne Pl* superpoblación *f;* **überbewerten*** *vt* sobrevalorar

überbieten* *irr* **I.** *vt* **1.** (*übertreffen*) sobrepujar (*an/um* en); (*Rekord*) batir; **der Film ist an Brutalität nicht mehr zu** ~ el grado de brutalidad de la película es insuperable **2.** (*bei einer Auktion*) sobrepujar (*um* en) **II.** *vr:* **sich** ~ superarse (*an* en)

Überbleibsel *nt* <-s, -> (*fam*) resto *m*

Überblick *m* <-(e)s, -e> **1.** (*Aussicht*) vista *f* panorámica (*über* de) **2.** (*über Zusammenhänge*) visión *f* de conjunto; **den** ~ **verlieren** perder la orientación; **sich** *dat* **einen** ~ **über etw verschaffen** hacerse una idea general de algo **3.** (*Zusammenfassung*) resumen *m;* **überblicken*** *vt* **1.** (*sehen*) abarcar con la vista **2.** (*Zusammenhänge*) comprender; (*Situation*) controlar

überboten *pp von* **überbieten**

überbracht *pp von* **überbringen**

überbringen* *irr vt* (*geh*) entregar; (*Nachricht*) transmitir

überbrücken* *vt* **1.** (*Frist, Zeitraum*) franquear **2.** (*Gegensätze*) superar **3.** (ELEK) puentear

überdachen* *vt* construir un tejadillo (para), techar

überdacht *pp von* **überdachen**, **überdenken**

überdauern* *vt* perdurar

überdecken* *vt* **1.** (*bedecken*) cubrir (*mit* de) **2.** (*verdecken*) ocultar

überdenken* *irr vt* reflexionar (sobre)

überdies *adv* aparte de eso, además

überdimensional *adj* enorme, gigantesco

Überdosis *f* sobredosis *f inv* (*an* de)

überdreht *adj* (*fam*) sobreexcitado

Überdruck *m* <-(e)s, -drücke> (PHYS) exceso *m* de presión

ÜberdrussRR *m ohne Pl* <-es>, **Überdruß** *m ohne Pl* <-sses> tedio *m* (*an* por); **bis zum** ~ hasta la saciedad

überdrüssig *adj:* **jds/etw** *gen* ~ **werden** hartarse de alguien/algo

überdurchschnittlich *adj* superior al promedio

übereifrig *adj* demasiado solícito

übereilen* *vt* precipitar; ~ **Sie nichts!** ¡no precipite nada!

übereilt *adj* (*Aufbruch*) precipitado; (*Entschluss*) irreflexivo

übereinander *adv* **1.** (*räumlich*) uno encima del otro; ~ **legen** poner encima de otro; ~ **schlagen** (*Arme, Beine*) cruzar **2.** (*von sich*) uno del otro; **übereinander|legen** *vt s.* **übereinander 1.**; **übereinander|schlagen** *irr vt s.* **übereinander 1.**

überein|kommen *irr vi sein* (*geh*) convenir (*zu* en)

Übereinkommen *nt* <-s, -> acuerdo *m;* **ein** ~ **erzielen** llegar a un acuerdo

überein|stimmen *vi* **1.** (*einer Meinung sein*) estar de acuerdo (*in* sobre), abundar (*in* en) *Chil, PRico* **2.** (*gleich sein*) coincidir (*in* en); (*passen*) armonizar (*mit* con)

übereinstimmend *adj* (*einhellig*) unánime; (*gleich*) idéntico; **sie erklärten** ~**, dass ...** declararon unánimemente que...

Übereinstimmung *f* <-en> coincidencia *f;* (*Einklang*) armonía *f;* (*von Meinungen*) consenso *m;* **in** ~ **mit ...** acorde con...; ~ **erzielen** lograr un consenso

überempfindlich *adj* hipersensible

überfahren* *irr vt* **1.** (*Person, Tier*) atropellar **2.** (*Ampel*) pasar, saltar(se) **3.** (*fam: überrumpeln*) coger de sorpresa

Überfahrt *f* pasaje *m*

Überfall *m* <-(e)s, -fälle> asalto *m* (*auf* a); (*Raub~*) atraco *m* (*auf* a); (MIL) ataque *m* (por sorpresa); **überfallen*** *irr vt* **1.** (*angreifen*) atacar; (*Bank, Person*) asaltar; (*bewaffnet*) atracar; **jdn mit Fragen** ~ acosar a alguien con preguntas **2.** (*Müdigkeit, Gefühle*) acometer; (*überraschend*) coger desprevenido

überfällig *adj* **1.** (*Verkehrsmittel*) retrasado, con retraso **2.** (*Rate*) vencido; (*Entschuldigung*) tardío

Überfallkommando *nt* <-s, -s> (*fam*) brigada *f* antidisturbios

überfliegen* *irr vt* **1.** (*mit dem Flugzeug*) sobrevolar **2.** (*Text*) echar una ojeada (a)

über|fließen *irr vi sein* **1.** (*Gefäß*) rebosar **2.** (*Flüssigkeit*) derramarse **3.** (*Farben*): **ineinander** ~ mezclarse

überflogen *pp von* **überfliegen**

ÜberflussRR *m ohne Pl* <-es>, **Überfluß** *m ohne Pl* <-sses> (super)abundancia *f* (*an* de); **im** ~ **leben** vivir en la abundancia; **zu allem** ~ para colmo; **Überflussgesellschaft**RR *f* <-en> sociedad *f* opulenta

überflüssig *adj* superfluo; (*unnötig*) innecesario; **sich** *dat* ~ **vorkommen** sentirse de más

überfluten* *vt* inundar

überfordern* *vt* exigir demasiado (de); **ich bin mit dieser Arbeit überfordert** este trabajo me exige demasiado

überfragen* *vt* pedir demasiada información; **da bin ich überfragt** no lo sé

Überfremdung *f* <-en> extranjerización *f*

überführen* *vt* **1.** (*Schuld nachweisen*) declarar culpable; **jdn eines Verbrechens** ~ declarar a alguien culpable de un delito **2.** (*transportieren*) trasladar (*in/zu/nach* a) **3.** (*Zustand verändern*) convertir

überfüllt *adj* abarrotado, repleto

Überfunktion *f* <-en> (MED) hiperfunción *f*

Übergabe *f* <-n> entrega *f;* (*eines Bauwerks*) inauguración *f;* (*Kapitulation*) rendición *f*

Übergang *m* <-(e)s, -gänge> **1.** (*das Überqueren*) paso *m,* cruce *m* **2.** (*über einen Fluss*) puente *m;* (*über ein Bahngleis*) paso *m* a nivel; (*über einen Berg*) paso *m* **3.** (*von Besitz*) traspaso *m* (*zu* a)

übergangen *pp von* **übergehen[2]**

übergangslos *adv* sin transición

Übergangslösung *f* solución *f* transitoria; **Übergangsstadium** *nt* estado *m* transitorio; **Übergangszeit** *f* período *m* transitorio

übergeben* *irr* **I.** *vt* entregar; (*Angelegenheit*) poner en manos (de); (*Bauwerk*) inaugurar; (*Amt*) transferir; (*Geschäft*) traspasar **II.** *vr:* **sich ~** vomitar

über|gehen[1] *irr vi sein* **1.** (*Besitzer wechseln*) pasar (*auf* a); **in die Hände des Staates ~** pasar a ser propiedad del estado **2.** (*bei einer Tätigkeit*) pasar (*zu* a) **3.** (*sich verwandeln*) convertirse (*in* en); **die Farben gehen ineinander über** los colores se esfuman uno en el otro

übergehen*[2] *irr vt* **1.** (*nicht wahrnehmen*) pasar por alto; **sich übergangen fühlen** sentirse ignorado **2.** (*überspringen*) saltar(se)

übergeordnet *adj* de mayor importancia

übergeschnappt *adj* (*fam*) chiflado

Übergewicht *nt ohne Pl* <-(e)s> **1.** (*von Menschen, Sachen*) exceso *m* de peso **2.** (*Bedeutung*) preponderancia *f,* mayor importancia *f*

überglücklich *adj* loco de alegría

über|greifen *irr vi* extenderse (*auf* a); (*Feuer*) propagarse (*auf* a)

Übergriff *m* <-(e)s, -e> intrusión *f* (*auf* en)

Übergröße *f* <-n> talla *f* especial

überhand[RR] *adv:* **~ nehmen** aumentar excesivamente, llegar a ser excesivo; **überhand|nehmen** *irr vi s.* **überhand**

über|hängen[1] *irr vi* (*a.* ARCHIT) sobresalir; (*Zweige*) colgar

über|hängen[2] *vt:* **sich** *dat* **etw ~** ponerse algo por encima

überhäufen* *vt* colmar (*mit* de), llenar (*mit* de); **jdn mit Vorwürfen ~** abrumar a alguien con reproches

überhaupt *adv* **1.** (*im Allgemeinen*) en general **2.** (*eigentlich*) en realidad; **wer hat dir das ~ gesagt?** ¿en realidad quién te lo ha dicho? **3.** (*bei Verneinung*): **~ nicht** en absoluto; **ich denke ~ nicht daran!** ¡ni hablar!; **~ nichts** nada de nada; **~ keine Möglichkeit** ninguna posibilidad **4.** (*schließlich*) después de todo; **und ~, ...** (*abgesehen davon*) aparte; (*überdies*) además; **wenn ~, dann ...** dado el caso, entonces...

überheblich *adj* presuntuoso

überhöht *adj* excesivo

überholen*[1] *vt* **1.** (*Fahrzeug*) adelantar **2.** (*durch Leistung*) superar **3.** (*überprüfen*) revisar, chequear *Am*

über|holen[2] **I.** *vt* (*befördern*) llevar a la otra orilla **II.** *vi* (NAUT: *sich neigen*) escorarse

Überholspur *f* carril *m* de adelantamiento

überholt *adj* anticuado

Überholverbot *nt* prohibición *f* de adelantar

überhören* *vt* no oír; (*absichtlich*) pasar por alto; **das möchte ich überhört haben** prefiero pasarlo por alto

Überich[RR] *nt* (PSYCH) superyó *m*

überinterpretieren* *vt* interpretar (más de lo necesario)

überirdisch *adj* sobrenatural

über|kochen *vi sein* salirse (al hervir); **die Milch ist übergekocht** se me rebasó la leche

überkommen*[1] *irr vt* (*Gefühl*) invadir; (*Schlaf*) vencer; **es überkam ihn plötzlich, und er zog sie an sich** una extraña sensación lo invadió y la atrajo hacia sí

überkommen[2] *adj* tradicional

überkreuzen* *vr:* **sich ~** cruzarse

überladen*[1] *irr vt* sobrecargar (*mit* de)

überladen[2] *adj* (*Stil, Fassade*) recargado

Überlandbus *m* autobús *m* interurbano, autocar *m*

Überlänge *f* <-n> exceso *m* de longitud; (*Kleider*) largo *m* especial; (*Zeit*) larga duración *f;* **Film mit ~** película de duración extraordinaria

überlappen* *vr:* **sich ~** (*Gegenstände*) solaparse; (*Aussagen*) coincidir parcialmente

überlassen* *irr vt* **1.** (*abgeben*): **jdm etw ~** dejar algo a alguien **2.** (*anheim stellen*): **es ist dir ~, das zu entscheiden** es cosa tuya decidirlo; **überlass das bitte mir!** ¡déjamelo a mí! **3.** (*anvertrauen*): **jdm etw ~** confiarle algo a alguien; **jdn sich** *dat* **selbst ~** abandonar a alguien

überlasten* *vt* sobrecargar; **sie ist überlastet** está agobiada de trabajo

überlaufen[1] *adj* muy frecuentado

über|laufen[2] *irr vi sein* **1.** (*Flüssigkeit*) desbordarse; **ineinander ~** (*Farben*) mezclarse **2.** (*die Seiten wechseln*) pasarse (*zu* a); **zum Feind ~** pasarse a las filas enemigas

überlaufen[3] *irr vt* **1.** (*Gefühl*) sentir; (*Angst*) invadir; **es überlief ihn (heiß und) kalt** le dieron escalofríos **2.** (SPORT) pasar

Überläufer(in) *m(f)* <-s, -; -nen> **1.** (MIL) desertor(a) *m(f)* **2.** (POL) trá(n)sfuga *mf*

überleben* **I.** *vi* sobrevivir; (*Dinge*) perdurar **II.** *vt* sobrevivir (a); **das wirst du schon**

U

~! (*fam*) ¡ya lo sobrevivirás! **III.** *vr:* **sich ~** pasar de moda
Überlebende(r) *mf* <-n, -n; -n> superviviente *mf*
überlebensgroß *adj* de tamaño más que natural
überlegen*¹ **I.** *vi* pensar, reflexionar; **ich habe hin und her überlegt** lo he pensado una y otra vez; **wohl überlegt** (*geh*) bien pensado; **wohl überlegt handeln** obrar con mesura **II.** *vt* (*nachdenken*) reflexionar (sobre), pensar; (*erwägen*) considerar; **ich habe es mir anders überlegt** he cambiado de opinión; **ich werde es mir ~** me lo pensaré; **wenn man's sich** *dat* **recht überlegt, ...** pensándolo bien...
über|legen² **I.** *vt* echar por encima **II.** *vr:* **sich ~** inclinarse
überlegen³ **I.** *adj* **1.** (*besser*) superior; **jdm (in/an etw** *dat*) **~ sein** ser superior a alguien (en algo) **2.** (*hochmütig*) arrogante **II.** *adv* con aire de superioridad
Überlegenheit *f ohne Pl* superioridad *f* (*in* en)
überlegt **I.** *adj* ponderado **II.** *adv* con ponderación
Überlegung *f* <-en> reflexión *f;* (*Erwägung*) consideración *f;* **~en zu etw** *dat* **anstellen** reflexionar sobre algo; **nach reiflicher ~** tras madura reflexión
über|leiten *vi* pasar (*von* de, *zu* a); **Überleitung** *f* <-en> (*Übergang*) transición *f;* (*Verbindung*) conexión *f*
überliefern* *vt* transmitir; **etw ist nur als Fragment überliefert** algo ha llegado a nuestros días sólo en forma fragmentaria; **Überlieferung** *f* <-en> (*Tradition*) tradición *f*
überlisten* *vt* engañar
überm (*fam*) = **über dem** *s.* **über**
Übermacht *f ohne Pl* (*Überlegenheit*) superioridad *f;* (*Vorherrschaft*) predominio *m;* **in der ~ sein** tener más poder; **übermächtig** *adj* **1.** (*Institution*) prepotente; (*Gegner*) superior **2.** (*Gefühl*) fuerte; (*Verlangen*) irresistible
Übermaß *nt ohne Pl* <-es> exceso *m* (*an/von* de); **etw im ~ haben** tener algo en abundancia; **im ~** excesivamente
übermäßig **I.** *adj* excesivo; (*maßlos*) desmesurado; (*übertrieben*) exagerado **II.** *adv* **1.** (*zu viel*) demasiado **2.** (*überaus*) excesivamente
Übermensch *m* <-en, -en> superhombre *m;* **übermenschlich** *adj* sobrehumano
übermitteln* *vt* transmitir, comunicar
übermorgen *adv* pasado mañana
übermüdet *adj* agotado, hecho polvo *fam*
Übermüdung *f* <-en> cansancio *m* excesivo
Übermut *m ohne Pl* <-(e)s> **1.** (*Fröhlichkeit*) alegría *f* desbordante; (*Mutwille*) travesura *f* **2.** (*Selbstüberschätzung*) desatino *m* **3.** (*Überheblichkeit*) arrogancia *f*
übermütig *adj* (*fröhlich*) loco de alegría; (*mutwillig*) travieso
übern (*fam*) = **über den** *s.* **über**
übernächste(r, s) *adj* subsiguiente; **in der ~n Woche** dentro de dos semanas; **~n Sonntag** el domingo de la semana que viene; **du bist als Ü~r dran** te toca después del siguiente
übernachten* *vi* pernoctar (*bei* en casa de, *in* en), pasar la noche (*in* en, *bei* en casa de) *fam*
übernächtigt *adj* trasnochado
Übernachtung *f* <-en> pernoctación *f;* **~ mit Frühstück** habitación con desayuno
Übernahme *f ohne Pl* toma *f;* (*eines Amts*) toma *f* de posesión; (*einer Methode, Meinung, Sitte*) adopción *f;* (*von Verantwortung*) asunción *f;* **die ~ der Kosten zusichern** garantizar el pago de los costes
übernatürlich *adj* sobrenatural
übernehmen* *irr* **I.** *vt* **1.** (*allgemein*) tomar; (*Geschäft, Aufgabe*) encargarse (de); (*Amt*) tomar posesión (de); (*Kosten*) correr (con); (*Methode*) adoptar; (*Verantwortung*) asumir **2.** (*entgegennehmen*) recibir; (*annehmen*) aceptar **II.** *vr:* **sich ~** excederse; **er hat sich bei der Tour übernommen** se ha esforzado demasiado en la excursión
übernommen *pp von* **übernehmen**
über|ordnen *vt:* **die Karriere der Familie ~** anteponer la carrera a la familia
überparteilich *adj* imparcial, suprapartidista
überprüfen* *vt* **1.** (*kontrollieren*) revisar, chequear *Am;* (*amtlich*) controlar **2.** (INFOR) chequear
überqueren* *vt* cruzar, atravesar
überragen*¹ *vt* **1.** (*an Größe*) descollar (por encima de); (*Person*) superar en altura (*um*); **er überragt uns alle mindestens um einen Kopf** nos lleva a todos por lo menos una cabeza **2.** (*übertreffen*) superar (*an* en)
über|ragen² *vi* (*überstehen*) descollar, sobresalir
überragend *adj* extraordinario
überraschen* *vt* sorprender; **jdn dabei ~, wie ...** sorprender a alguien mientras...; **lassen wir uns ~** dejémonos sorprender
überraschend **I.** *adj* sorprendente, sorpresivo *Am;* (*unerwartet*) inesperado **II.** *adv* inesperadamente; **das kam für mich völlig ~** me cogió totalmente de sorpresa
Überraschung *f* <-en> sorpresa *f;* **zu meiner großen ~ kam er nicht** para mi gran sorpresa no vino; **das ist aber eine ~!** ¡qué

sorpresa!; **Überraschungseffekt** *m* factor *m* sorpresa

Überreaktion *f* <-en> reacción *f* exagerada

überreden* *vt* persuadir; (*überzeugen*) convencer; **jdn zu etw** *dat* ~ persuadir a alguien para que haga algo; **sich ~ lassen** dejarse convencer

überregional *adj* supraregional

überreichen* *vt* entregar; **überreicht von ...** cortesía de...

Überreste *mpl* **1.** (*Zurückgebliebenes*) restos *mpl;* **die sterblichen** ~ los restos mortales **2.** (*Ruinen*) ruinas *fpl* **3.** (CHEM) residuos *mpl*

überrumpeln* *vt* coger de sorpresa, sorprender

übers (*fam*) = **über das** *s.* **über**

übersät *adj* lleno (*von/mit* de)

Überschallflugzeug *nt* avión *m* supersónico

überschatten* *vt* **1.** (*Schatten spenden*) ensombrecer **2.** (*trüben*) empañar

überschätzen* *vt* sobrevalorar

überschaubar *adj* (*Kosten, Risiko*) apreciable; (*Firma*) abarcable

Überschaubarkeit *f ohne Pl* (*Kosten, Risiko*) apreciación *f;* (*Firma*) visión *f* de conjunto

überschauen* *vt s.* **überblicken**

über|schäumen *vi sein* **1.** (*Flüssigkeit*) rebosar, salirse; (*Gefäß*) estar a rebosar **2.** (*vor Wut, Freude*) rebosar (*vor* de)

überschlafen* *irr vt* consultar con la almohada *fam*

Überschlag *m* <-(e)s, -schläge> **1.** (*Schätzung*) cálculo *m* aproximativo **2.** (SPORT) voltereta *f,* volantín *m Am;* (*Looping*) rizo *m*

überschlagen*[1] *irr* **I.** *vt* **1.** (*auslassen*) saltar **2.** (*schätzen*) calcular aproximadamente **II.** *vr:* **sich ~ 1.** (*Fahrzeug*) volcar, voltearse *Am;* **ihre Stimme überschlug sich** soltó un gallo **2.** (*fam: vor Höflichkeit*) volcarse (*vor* con/en) **3.** (*Ereignisse*) precipitarse

über|schlagen[2] *irr* **I.** *vi sein* **1.** (*Funken*) saltar **2.** (*übergehen*) convertirse (*in* en) **II.** *vt* (*Beine*) cruzar

über|schnappen *vi sein* (*fam*) **1.** (*verrückt werden*) volverse loco **2.** (*sich überschlagen*): **seine Stimme schnappt über** da gallos al hablar

überschneiden* *irr vr:* **sich ~ 1.** (*Linien*) (entre)cruzarse **2.** (*Termine*) coincidir; (*Themen*) coincidir en parte

überschnitten *pp von* **überschneiden**

überschreiben* *irr vt* **1.** (*übertragen*) transferir (*auf* a); (*Geschäft*) traspasar (*auf* a) **2.** (*betiteln*) titular **3.** (INFOR: *Datei*) sobreescribir

überschreiten* *irr vt* **1.** (*übertreten*) pasar; (*Anzahl*) pasar (de); (*Mittel, Kräfte, Fähigkeiten*) superar; (*überqueren*) atravesar **2.** (*Befugnisse*) abusar (de); (*Geschwindigkeit*) rebasar; **das überschreitet die Grenze des Erlaubten** esto rebasa el límite de lo permitido

überschrieben *pp von* **überschreiben**

Überschrift *f* <-en> título *m,* encabezado *m Guat, Mex*

überschritten *pp von* **überschreiten**

Überschuss[RR] *m* <-es, -schüsse>, **Überschuß** *m* <-sses, -schüsse> excedente *m;* (*finanziell*) superávit *m inv*

überschüssig *adj* excedente

überschütten*[1] *vt* **1.** (*bedecken*) cubrir (*mit* con/de) **2.** (*überhäufen*) colmar (*mit* de); **jdn mit Fragen** ~ acosar a alguien a preguntas

über|schütten[2] *vt* derramar

überschwänglich[RR] *adj* exuberante, exaltado

überschwemmen* *vt* (*a. fig*) inundar (*mit* de)

Überschwemmung *f* <-en> inundación *f,* aniegue *m Mex;* **Überschwemmungsgebiet** *nt* zona *f* de inundación

überschwenglich *adj s.* **überschwänglich**

Übersee *f:* **in/nach/aus** ~ en/a/de ultramar

übersehbar *adj* **1.** (*Gelände*) que se puede abarcar con la vista **2.** (*absehbar*) calculable

übersehen* *irr vt* **1.** (*Gegend*) abarcar con la vista **2.** (*Zusammenhänge sehen*) entender; (*Folgen*) calcular; **soweit ich die Angelegenheit übersehe, ...** según tengo entendido... **3.** (*nicht sehen*) no ver; (*absichtlich*) pasar por alto; **etw stillschweigend** ~ hacer caso omiso de algo

über|setzen[1] **I.** *vi haben o sein* pasar (a la otra orilla); **über den Fluss** ~ cruzar el río **II.** *vt* llevar a la otra orilla

übersetzen*[2] *vt* traducir (*von/aus* de, *in* a)

Übersetzer(in) *m(f)* <-s, -; -nen> traductor(a) *m(f)*

Übersetzung *f* <-en> **1.** (*Text*) traducción *f* **2.** (TECH) transmisión *f*

Übersicht *f* <-en> **1.** (*Überblick*) visión *f* general (*über* de); (*über Zusammenhänge*) visión *f* de conjunto (*über* de) **2.** (*Resümee*) resumen *m* (*über* de); (*Darstellung*) cuadro *m* de conjunto (*über* de)

übersichtlich *adj* **1.** (*räumlich*) fácil de abarcar (con la vista); (*Gelände*) abierto **2.** (*deutlich*) claro

über|siedeln *vi sein* **1.** (*umziehen*) mudarse (*nach/in* a), trasladarse (*nach/in* a) **2.** (*emigrieren*) emigrar; (*ins Land kommen*) inmigrar; **Übersiedler(in)** *m(f)* <-s, -; -nen> (*Ausreisender*) emigrante *mf;* (*Einreisender*) inmigrante *mf*

übersinnlich *adj* tra(n)scendental

überspannt *adj* **1.** (*übertrieben*) exagerado **2.** (*verschroben*) extravagante

überspielen* *vt* **1.** (RADIO, TV) grabar (*auf* en) **2.** (*verstecken*) disimular

überspitzt *adj* exagerado

über|springen[1] *irr vi sein* (*übergehen*) saltar (*auf* a); (*Feuer*) pasar (*auf* a); (*Begeisterung*) transmitirse (*auf* a); (*Infektion*) extenderse (*auf* a)

überspringen*[2] *irr vt* **1.** (*Hindernis*) saltar; **eine Pfütze** ~ saltar un charco **2.** (*auslassen*) saltarse

übersprungen *pp von* **überspringen**[2]

überstanden *pp von* **überstehen**[2]

über|stehen[1] *irr vi* sobresalir (*über* de), descollar

überstehen*[2] *irr vt* (*hinter sich bringen*) pasar, superar; (*überleben*) sobrevivir; (*ertragen*) soportar; **das Schlimmste ist jetzt überstanden** lo peor ya pasó

übersteigen* *irr vt* **1.** (*Zaun, Mauer*) pasar por encima (de) **2.** (*übertreffen*) exceder; **das überstieg alle unsere Erwartungen** superó todas nuestras expectativas

überstiegen *pp von* **übersteigen**

überstimmen* *vt* **1.** (*besiegen*) vencer por mayoría de votos **2.** (*ablehnen*) rechazar por mayoría de votos

überstrapazieren* *vt* desgastar en exceso; **ich möchte ihre Geduld nicht** ~ no quiero acabar con su paciencia

über|stülpen *vt* poner por encima

Überstunde *f* <-n> hora *f* extra; **~n machen** hacer horas extraordinarias

überstürzen* **I.** *vt* precipitar; **nur nichts** ~ no hay que precipitarse **II.** *vr:* **sich** ~ precipitarse

übertariflich *adj* (WIRTSCH) extratarifario

übertönen* *vt* acallar

Übertrag *m* <-(e)s, -träge> traslado *m* a cuenta nueva

übertragbar *adj* transferible (*auf* a); (*Krankheit*) contagioso; **nicht** ~ intransferible

übertragen* *irr* **I.** *vt* **1.** (RADIO, TV, TECH) transmitir; **live** ~ transmitido en directo **2.** (*anwenden*) aplicar (*auf* a); **in ~er Bedeutung** en sentido figurado **3.** (*Begeisterung, Krankheit*) transmitir (*auf* a) **4.** (*Besitz, Rechte*) transferir; (*Verantwortung*) conferir; (*Vollmacht*) otorgar; (*Aufgabe*) asignar; (*Befugnis, Kompetenz*) conferir **5.** (*abschreiben*) copiar **6.** (*geh: übersetzen*) trasladar (*aus* de, *in* a) **7.** (TECH: *weiterleiten*) transmitir **II.** *vr:* **sich** ~ transmitirse (*auf* a)

Übertragung *f* <-en> **1.** (RADIO, TV, TECH) transmisión *f* **2.** (*Anwendung*) aplicación *f* **3.** (*einer Krankheit*) transmisión *f* **4.** (*von Rechten, Besitz*) transferencia *f* (*auf* a); (*Amt*) asignación *f* **5.** (*Übersetzung*) traducción *f*

übertreffen* *irr* **I.** *vt* superar (*an* en); **das übertrifft alle meine Erwartungen** esto supera todas mis expectativas **II.** *vr:* **sich** ~ superarse; **sich selbst mit etw** *dat* ~ superarse a sí mismo con algo

übertreiben* *irr vi, vt* exagerar

Übertreibung *f* <-en> exageración *f*

über|treten[1] *irr vi sein* **1.** *sein* (*Gewässer*) desbordarse **2.** *sein* (*zu einer Religion*) convertirse (*zu* a); (*zu einer Partei*) pasarse (*zu* a); **zum Islam** ~ convertirse al islam **3.** *sein* (*übergehen*) pasar (*in* a) **4.** *haben o sein* (SPORT) pisar la línea

übertreten*[2] *irr vt* **1.** (*Grenze*) pasar **2.** (*Gesetz, Verbot*) transgredir

Übertretung *f* <-en> transgresión *f*

übertrieben **I.** *pp von* **übertreiben** **II.** *adj* exagerado; (*Preise*) exorbitante **III.** *adv* en exceso

übertroffen *pp von* **übertreffen**

übertrumpfen* *vt* **1.** (*beim Kartenspiel*) contrafallar **2.** (*übertreffen*) superar con holgura

überwachen* *vt* (*beobachten*) vigilar; (*kontrollieren*) controlar; (*mit Monitor*) monitorizar

Überwachung *f* <-en> vigilancia *f;* (*Kontrolle*) control *m;* (*mit Monitor*) monitorización *f*

überwältigen* *vt* **1.** (*bezwingen*) vencer **2.** (*beeindrucken*) impresionar; (*Angst*) apoderarse (de)

überwältigend *adj* impresionante; (*großartig*) grandioso; (*Mehrheit*) abrumador

über|wechseln *vi sein* cambiar (*von* de), pasarse (*zu* a); **ins feindliche Lager/auf die andere Seite** ~ pasarse al lado enemigo/al otro bando

überweisen* *irr vt* (*Geld*) transferir; (*Patient*) mandar (*zu* a)

Überweisung *f* <-en> (*von Geld*) transferencia *f;* (*vom Arzt*) volante *m* médico

überwiegen* *irr vi* predominar

überwiegend *adv* en su mayoría, principalmente

überwiesen *pp von* **überweisen**

überwinden* *irr* **I.** *vt* (*Misstrauen, Bedenken, Hindernis*) superar; (*Gegner*) vencer **II.** *vr:* **sich** ~ **etw zu tun** hacer un esfuerzo para hacer algo

Überwindung *f ohne Pl* **1.** (*einer Schwierigkeit*) superación *f* **2.** (*Selbst~*) esfuerzo *m;* **es kostete ihn große ~, dorthin zu gehen** tuvo que hacer un gran esfuerzo para ir allí

überwintern* *vi* pasar el invierno (*in* en); (*Vögel*) invernar (*in* en)

überwogen *pp von* **überwiegen**

überwunden *pp von* **überwinden**
Überzahl *f ohne Pl* mayoría *f;* **in der ~ sein** tener (una) mayoría
überzählig *adj* excedente, sobrante; **~ sein** sobrar
überzeugen* **I.** *vt* convencer (*von* de); (*überreden*) persuadir (*von* de); **ich bin (davon) überzeugt, dass ...** estoy convencido de que...; **er war sehr von sich** *dat* **überzeugt** estaba muy seguro de sí mismo; **ich lasse mich (von Ihnen) gern vom Gegenteil ~** demuéstreme lo contrario **II.** *vr:* **sich ~** convencerse (*von* de)
überzeugend *adj* convincente; (*Beweis*) contundente
überzeugt *adj* convencido
Überzeugung *f* <-en> convencimiento *m;* (*fester Glaube*) convicción *f;* **politische ~** convicciones políticas; **ich bin der festen ~, dass ...** estoy plenamente convencido de que...; **zu der ~ gelangen, dass ...** llegar al convencimiento de que...; **meiner ~ nach** a mi juicio; **Überzeugungskraft** *f* fuerza *f* persuasiva
über|ziehen[1] *irr vt* (*Kleidungsstück*) ponerse; **jdm eins ~** pegar una torta a alguien
überziehen*[2] *irr vt* **1.** (*bedecken*) cubrir (*mit* de); (*mit Stoff*) revestir (*mit* de); (*mit Schokolade*) bañar (*mit* con); **das Bett frisch ~** cambiar la ropa de la cama **2.** (*Konto*) dejar al descubierto; **er hat sein Konto um 2.000 DM überzogen** tiene una deuda de 2.000 marcos en el banco **3.** (*Zeit*) rebasar (la hora) (*um* por) **4.** (*mit Forderungen, Prozessen*) exagerar; (*mit Krieg*) invadir
Überziehung *f* <-en> (FIN) giro *m* en descubierto; **Überziehungskredit** *m* (FIN) crédito *m* en descubierto
überzogen *pp von* **überziehen[2]**
überzüchtet *adj* (*Pflanze*) hipertrófico; (*Tier*) debilitado por cría excesiva; (*Motor*) desarrollado en exceso
Überzug *m* <-(e)s, -züge> **1.** (*Schicht*) capa *f;* (*Glasur*) baño *m* **2.** (*Bezug*) funda *f;* (*Verkleidung*) revestimiento *m*
übler *adj kompar von* **übel**
üblich *adj* usual, habitual; (*herkömmlich*) tradicional; **wie ~** como siempre; **das ist hier so ~** esta es la costumbre aquí; **es ist bei uns ~, dass ...** acostumbramos a... *+inf*
U-Boot *nt* <-(e)s, -e> submarino *m*
übrig *adj* restante; **der/die/das Ü~e** el resto (*von* de); **die ~en Bücher** el resto de los libros; **~ sein** [*o* **bleiben**] sobrar; **ihm bleibt nichts anderes ~, als ...** no tiene más remedio que...; **was bleibt mir anderes ~?** ¿qué remedio me queda?; **~ lassen** dejar; **etw lässt nichts/einiges zu wünschen ~** algo no deja nada/deja que desear; **ein Ü~es tun** hacer lo que queda por hacer; **für jdn/etw nichts ~ haben** no querer tener nada que ver con alguien/algo; **im Ü~en** por lo demás; **die Ü~en** los demás; **ich habe noch 2.000 Peseten ~** todavía me quedan 2.000 pesetas; **alles Ü~e** todo lo demás; **übrig|bleiben** *irr vi sein s.* **übrig**
übrigens *adv* por cierto; (*beiläufig*) dicho sea de paso; **er kommt ~ erst morgen** por cierto, no viene hasta mañana; **~, weißt du schon, ...?** por cierto, ¿sabes ya...?
übrig|lassen *irr vt s.* **übrig**
Übung[1] *f ohne Pl* (*Erfahrung*) práctica *f;* **aus der ~ kommen** perder la práctica; **in ~ bleiben** no perder la práctica; **~ macht den Meister** (*prov*) la práctica hace al maestro
Übung[2] *f* <-en> **1.** (*allgemein, a.* SPORT, MUS) ejercicio *m* **2.** (MIL) ejercicios *mpl*
UdSSR *f* (HIST) *Abk. von* **Union der Sozialistischen Sowjetrepubliken** URSS *f*
UEFA-Cup *m* Copa *f* de la UEFA
Ufer *nt* <-s, -> orilla *f;* **am ~** en la orilla; **über die ~ treten** desbordarse
uferlos *adj* desmesurado; (*grenzenlos*) ilimitado; **ins U~e gehen** no llevar a ninguna parte
Ufo *nt* <-s, -s> *Abk. von* **Unbekanntes Flugobjekt** ovni *m*
Uganda *nt* <-s> Uganda *f*
Ugander(in) *m(f)* <-s, -; -nen> ugandés, -esa *m, f*
ugandisch *adj* ugandés
U-Haft *f* detención *f* preventiva
Uhr *f* <-en> **1.** (*Gerät*) reloj *m;* **die ~ aufziehen** dar cuerda al reloj; **die ~ stellen** poner el reloj en hora; **auf die ~ sehen** mirar el reloj; **die ~ geht vor/nach** el reloj va adelantado/atrasado; **rund um die ~** (*fam*) las 24 horas al día **2.** (*bei Zeitangabe*) hora *f;* **wie viel ~ ist es?** ¿qué hora es?; **um wie viel ~?** ¿a qué hora?; **es ist genau acht ~** son las ocho en punto; **um elf ~** a las once (horas); **neun ~ drei** las nueve y tres minutos; **Uhrmacher(in)** *m(f)* <-s, -; -nen> relojero, -a *m, f;* **Uhrwerk** *nt* mecanismo *m* del reloj
Uhrzeiger *m* aguja *f* de(l) reloj; **Uhrzeigersinn** *m ohne Pl* <-(e)s>: **im ~** en el sentido de las agujas del reloj; **gegen den ~** en sentido contrario a las agujas del reloj
Uhrzeit *f* hora *f*
Uhu *m* <-s, -s> (ZOOL) búho *m*
Ukraine *f* Ucrania *f*
Ukrainer(in) *m(f)* <-s, -; -nen> ucranio, -a *m, f*
ukrainisch *adj* ucranio
UKW (RADIO, PHYS) *Abk. von* **Ultrakurzwelle** onda *f* ultracorta; **auf ~** en la onda ultracor-

ta

Ulk *m* <-(e)s, -e> broma *f;* **aus ~** de broma

ulkig *adj* (*fam*) **1.** (*lustig*) gracioso **2.** (*seltsam*) extraño

Ulme *f* <-n> (BOT) olmo *m*

Ultimaten *Pl von* **Ultimatum**

ultimativ *adj* amenazador; **jdn ~ auffordern etw zu tun** exigir de alguien a modo de ultimátum que haga algo

Ultimatum *nt* <-s, -s *o* Ultimaten> ultimátum *m;* **jdm ein ~ stellen** dar a alguien un ultimátum

Ultrakurzwelle *f* <-n> (RADIO, PHYS) onda *f* ultracorta

Ultraschall *m ohne Pl* <-(e)s> (PHYS) ultrasonido *m;* **Ultraschallgerät** *nt* <-(e)s, -e> aparato *m* de ecografía; **Ultraschalluntersuchung** *f* ecografía *f*

ultraviolett *adj* (PHYS) ultravioleta

um **I.** *präp* +*akk* **1.** (*räumlich*): **~ ... (herum)** alrededor de; (*in der Nähe*) cerca de; **sie ging ~ den Tisch (herum)** dio una vuelta a la mesa; **er hat gern Freunde ~ sich** le gusta tener amigos a su alrededor; **~ die Ecke** a la vuelta de la esquina; **sie legte den Arm ~ ihn** le pasó el brazo por encima del hombro; **die Gegend ~ Freiburg** los alrededores de Friburgo; **sie schlug ~ sich** se puso a dar puñetazos a diestro y siniestro **2.** (*bei Uhrzeit*) a; **~ drei Uhr** a las tres **3.** (*ungefähr*) sobre, hacia; **sie kommt so ~ den Fünfzehnten** viene sobre el quince **4.** (*Wiederholung*) tras; **es verging Woche ~ Woche** pasó semana tras semana **5.** (*Differenz*) en; **sie ist ~ ein Jahr älter/~ einiges überlegen** es un año mayor/bastante superior; **die Ausgaben ~ 10% senken** reducir los gastos en un 10% **6.** (*über, bezüglich*) de; **es geht ~s Geld** se trata del dinero **7.** (*wegen*) por; **~ keinen Preis** por nada del mundo; **sich ~ etw streiten** discutir por algo; **sich ~ jdn kümmern** cuidar de alguien **II.** *präp* +*gen:* **~ ... willen** por...; **~ Himmels willen!** ¡cielos!; **~ Gottes willen!** ¡por amor de Dios! **III.** *konj* **1.** (*final*): **~ ... zu** para +*inf,* con el fin de +*inf* **2.** (*konsekutiv*): **~ ... zu** como para +*inf;* **er ist klug genug, ~ seinen Fehler zuzugeben** es lo suficientemente inteligente como para admitir su error **IV.** *adv* (*ungefähr*) alrededor (de), aproximadamente

umarmen* **I.** *vt* abrazar **II.** *vr:* **sich ~** abrazarse

Umarmung *f* <-en> abrazo *m*

Umbau *m* <-(e)s, -ten> reformas *fpl,* reconstrucción *f;* **wegen ~ geschlossen** cerrado por reformas

um|bauen[1] *vt* (*Gebäude*) reformar, reconstruir; (*Bühnenbild*) cambiar; **eine Wohnung zu einem Büro ~** transformar una vivienda en una oficina

umbauen*[2] *vt* rodear (de edificios)

um|benennen* *irr vt* cambiar de nombre; **um|besetzen*** *vt* **1.** (POL) reorganizar **2.** (THEAT) cambiar el reparto (de) **3.** (SPORT) cambiar la alineación (de)

um|biegen *irr vt* doblar

um|bilden *vt* transformar; (*Kabinett*) reorganizar

um|binden *irr vt:* **sich** *dat* **etw ~** ponerse algo

um|blättern *vi* volver la hoja

um|blicken *vr:* **sich ~ 1.** (*rundherum*) mirar (a su) alrededor **2.** (*nach hinten*) mirar hacia atrás

um|bringen *irr* **I.** *vt* matar (*durch/mit* a/con), ultimar *Am* **II.** *vr:* **sich ~ 1.** (*Selbstmord begehen*) suicidarse **2.** (*übereifrig sein*) volcarse (*vor* en), matarse (*vor* por)

Umbruch[1] *m* <-(e)s, -brüche> (*Wandel*) cambio *m* (radical); **etw ist im ~** algo está cambiando

Umbruch[2] *m ohne Pl* <-(e)s> (TYPO) compaginación *f,* ajuste *m*

um|buchen *vt* **1.** (WIRTSCH) transferir **2.** (*Reise*) cambiar la reserva (de); **um|denken** *irr vi* cambiar su modo de pensar, reorientarse; **um|disponieren*** *vi* reorganizar

um|drehen **I.** *vt* volver, voltear *Am;* (*Schlüssel*) dar vuelta (a); **jdm den Hals ~** retorcerle el cuello a alguien **II.** *vi haben o sein* volver, dar la vuelta **III.** *vr:* **sich ~** volverse (*nach* hacia), volver la cabeza (*nach* hacia), voltearse *Am;* **mir dreht sich der Magen um** se me revuelve el estómago

Umdrehung *f* <-en> vuelta *f;* (*um eine Achse*) rotación *f;* (*eines Motors*) revolución *f;* **Umdrehungszahl** *f* número *m* de revoluciones

umeinander *adv* **1.** (*räumlich*) uno alrededor del otro **2.** (*gegenseitig*) uno del otro

um|fahren[1] *irr vt* derribar; (*Person*) atropellar

umfahren*[2] *irr vt* **1.** (*umkreisen*) dar la vuelta (a) **2.** (*ausweichen*) esquivar, evitar

Umfahrung *f* <-en> (*Schweiz*) carretera *f* de circunvalación

um|fallen *irr vi sein* **1.** (*allgemein*) caerse **2.** (*ohnmächtig werden*) desplomarse; **ich bin zum U~ müde** me caigo de cansancio; **tot ~** caerse muerto **3.** (*fam abw: Gesinnung wechseln*) rajarse; (*nachgeben*) darse por vencido

Umfang *m* <-(e)s, -fänge> **1.** (*Ausdehnung*) extensión *f;* (*Dicke*) volumen *m;* (*Größe*) tamaño *m* **2.** (*Kreis~*) circunferencia *f* **3.** (*Ausmaß*) dimensiones *fpl;* **in großem ~** a gran escala

umfangreich *adj* amplio, extenso

umfassen* *vt* **1.** (*mit den Armen*) rodear

(con los brazos); (*umarmen*) abrazar **2.** (*bestehen aus*) comprender, abarcar

umfassend *adj* amplio; (*vollständig*) completo

Umfeld *nt* <-(e)s, -er> entorno *m*

um|formen *vt* **1.** (*umändern*) modificar, transformar **2.** (ELEK) convertir

Umfrage *f* <-n> encuesta *f;* **eine ~ machen** hacer una encuesta

um|funktionieren* *vt* transformar (*zu/in* en)

Umgang *m ohne Pl* <-(e)s> **1.** (*Beziehungen*) relaciones *fpl;* (*Gesellschaft*) compañía *f;* **sie ist kein ~ für dich** (*fam*) es mala compañía para ti; **mit jdm ~ haben/pflegen** tener/mantener relaciones con alguien **2.** (*das Umgehen mit Personen*) trato *m;* (*mit Dingen*) manejo *m;* **im ~ mit Kindern** en el trato con niños

umgangen *pp von* **umgehen²**

umgänglich *adj* afable, sociable

Umgangsformen *fpl* modales *mpl;* **Umgangssprache** *f* <-n> (LING) lenguaje *m* familiar

umgarnen* *vt* embaucar; **umgeben*** *irr vt* rodear; (*mit Zaun*) cercar

Umgebung *f* <-en> **1.** (*Gebiet*) alrededores *mpl;* (*Nachbarschaft*) vecindad *f;* **in der näheren ~ Münchens** en los alrededores de Múnich; **ist hier in der ~ ein Campingplatz?** ¿hay un camping por aquí cerca? **2.** (*Milieu*) ambiente *m,* entorno *m*

um|gehen¹ *irr vi sein* **1.** (*Gerücht*) correr; (*Gespenst*) andar **2.** (*mit Personen*) tratar (*mit* a); (*mit Dingen*) manejar (*mit*); **sparsam mit etw** *dat* **~** economizar algo; **gleichgültig/vorsichtig mit etw** *dat* **~** tratar algo con indiferencia/con cuidado

umgehen*² *irr vt* **1.** (*herumgehen*) pasar alrededor (de) **2.** (*vermeiden*) evitar **3.** (*nicht beachten*) eludir

umgehend **I.** *adj* inmediato **II.** *adv* de inmediato

Umgehung *f* <-en> **1.** (*das Vermeiden*) evitación *f* **2.** (*~sstraße*) circunvalación *f;* **Umgehungsstraße** *f* carretera *f* de circunvalación

umgekehrt **I.** *adj* **1.** (*umgedreht*) invertido **2.** (*entgegengesetzt*) contrario; **in ~er Richtung** en sentido contrario; **die Sache ist genau ~** es justo lo contrario **II.** *adv* **1.** (*umgedreht*) a la inversa **2.** (*entgegengesetzt*) al revés, al contrario

um|gewöhnen* *vr:* **sich ~** acostumbrarse a algo nuevo

um|graben *irr vt* cavar

Umhang *m* <-(e)s, -hänge> capa *f*

um|hängen *vt* **1.** (*an andere Stelle*) colgar en otro sitio **2.** (*Tasche*): **sich** *dat* **die Tasche ~** colgarse el bolso al hombro **3.** (*Decke, Mantel*): **sich** *dat* **einen Mantel ~** ponerse un abrigo por encima

Umhängetasche *f* bolso *m* de bandolera

um|hauen¹ <haut um, haute *o* hieb um, umgehauen> *vt* (*fällen*) cortar, talar

um|hauen² <haut um, haute um, umgehauen> *vt* (*fam*) **1.** (*niederschlagen*) derribar (de un golpe) **2.** (*verblüffen*) dejar boquiabierto

umher *adv* (*hier und da*) por aquí, por allá; (*überall*) por todas partes; **umher|blicken** *vi* mirar (a su) alrededor; **fragend ~** mirar alrededor sin comprender; **umher|gehen** *irr vi sein* ir de un lado para otro; (*ziellos herumgehen*) deambular; (*spazieren gehen*) pasear (*in* por)

umhin|können *irr vi:* **nicht ~ etw zu tun** no poder evitar hacer algo

um|hören *vr:* **sich ~** informarse; **ich werde mich danach ~** voy a ver si me entero de algo al respecto

umkämpft *adj* reñido

Umkehr *f ohne Pl* vuelta *f,* regreso *m*

umkehrbar *adj* reversible; **nicht ~** irreversible

um|kehren **I.** *vi sein* volver, regresar **II.** *vt* **1.** (*umdrehen*) dar vuelta (a) **2.** (*ins Gegenteil verkehren*) invertir **III.** *vr:* **sich ~: dabei kehrt sich mir der Magen um** esto me revuelve el estómago

um|kippen **I.** *vi sein* **1.** (*umfallen*) caerse; (*Wagen*) volcar, voltear *Am;* (*Boot*) zozobrar **2.** (*fam: ohnmächtig werden*) desmayarse **3.** (*fam abw: Gesinnung wechseln*) cambiar de chaqueta **4.** (*fam: Gewässer*) contaminarse; (*Wein*) volverse **II.** *vt* derribar

umklammern* *vt* agarrar; (*umarmen*) abrazar (fuertemente)

Umklammerung *f* <-en> agarrón *m;* (*Umarmung*) abrazo *m* (fuerte)

Umkleideraum *m* <-(e)s, -räume> vestuario *m,* desvestidora *f Am*

um|knicken **I.** *vi sein* **1.** (*Mast, Baum*) doblarse **2.** (*Fuß*) torcerse el pie; **ich bin (mit dem Fuß) umgeknickt** me he torcido el pie **II.** *vt* doblar; (*brechen*) partir

um|kommen *irr vi sein* **1.** (*sterben*) morir (*vor* de) **2.** (*Lebensmittel*) echarse a perder

Umkreis *m ohne Pl* <-es> alrededores *mpl;* **im ~ von fünf Kilometern** en un radio de cinco kilómetros

umkreisen* *vt* girar alrededor de

um|krempeln *vt* **1.** (*Kleidung*) subirse; (*Ärmel*) (ar)remangarse **2.** (*durchwühlen*) poner patas arriba, revolver **3.** (*fam: vollständig ändern*) cambiar por completo

um|laden *irr vt* tra(n)sbordar

umlagern* *vt* rodear

Umland *nt ohne Pl* <-(e)s> alrededores *mpl*

Umlauf[1] *m ohne Pl* <-(e)s> **1.** (*von Geld, Blut*) circulación *f;* **im ~ sein** estar en circulación; **in ~ bringen** poner en circulación **2.** (*Umkreisen*) revolución *f*

Umlauf[2] *m* <-(e)s, -läufe> **1.** (*Rundschreiben*) circular *f* **2.** (*einzelne Kreisbewegung*) vuelta *f*

Umlaufbahn *f* (ASTR) órbita *f*

Umlaut *m* <-(e)s, -e> (LING) vocal *f* modificada

um|legen *vt* **1.** (*in die waagerechte Lage bringen: Mast, Bäume*) derribar; (*Hebel, Schalter*) cambiar de posición; (*Lehne*) plegar; (*Bäume fällen*) talar **2.** (*um den Körper: Kleidungsstücke*) poner por encima; (*Halskette, Verband*) poner **3.** (*fam: erschießen*) cargarse, tronar *Mex* **4.** (*Termin*) cambiar; (*auf später*) aplazar (*auf* a); (*vorverlegen*) adelantar (*auf* a) **5.** (*örtlich*) cambiar de sitio **6.** (*Ausgaben*) repartir (*auf* entre)

um|leiten *vt* desviar; **Umleitung** *f* <-en> desvío *m*

umliegend *adj* vecino, de los alrededores

um|melden *vt* cambiar de registro

umnachtet *adj:* **geistig ~** demente

um|organisieren* *vt* reorganizar

um|pflügen *vt* arar

um|räumen *vt* (*anders anordnen*) disponer de otra manera

um|rechnen *vt* (*Maßeinheiten*) convertir (*in* en); (*Währungen*) calcular en otra moneda

umreißen*[1] *irr vt* esbozar; **ein Problem kurz ~** exponer un problema a grandes rasgos

um|reißen[2] *irr vt* **1.** (*umwerfen*) echar al suelo **2.** (*Mauer*) derribar, demoler

um|rennen *irr vt* atropellar corriendo

Umriss[RR] *m* <-es, -e>, **Umriß** *m* <-sses, -sse> contorno *m,* silueta *f;* **etw in groben Umrissen darstellen** exponer algo a grandes rasgos

umrissen I. *pp von* **umreißen**[1] **II.** *adj:* **scharf ~** claramente definido

um|rühren *vt* remover

ums = **um das** *s.* **um**

um|satteln *vi* (*fam: beruflich*) cambiar de profesión; (*im Studium*) cambiar de carrera; **von Kellner auf Koch ~** cambiar de camarero para cocinero

Umsatz *m* <-es, -sätze> volumen *m* de ventas; **Umsatzsteuer** *f* <-n> impuesto *m* sobre el volumen de ventas

um|schalten I. *vi* **1.** (*Einstellung ändern*) cambiar **2.** (RADIO, TV: *Programm*) cambiar de canal; (*verbinden*) conectar (*in/nach* con); **auf das zweite Programm ~** cambiar a la segunda cadena **3.** (*fam: sich umstellen*) reorientarse **II.** *vt* (ELEK) conmutar

Umschau *f ohne Pl* **1.** (*Rundblick*) vista *f* **2.** (*das Sichumsehen*) visita *f;* **nach etw** *dat/***jdm ~ halten** buscar algo/a alguien (con la vista)

um|schauen *vr:* **sich ~** (*reg*) *s.* **umsehen**

Umschlag[1] *m* <-(e)s, -schläge> **1.** (*Buch~*) cubierta *f* **2.** (*Brief~*) sobre *m* **3.** (MED) compresa *f;* (*heiß*) cataplasma *m*

Umschlag[2] *m ohne Pl* <-(e)s> **1.** (*Veränderung*) cambio *m* (brusco) **2.** (WIRTSCH: *Umladung*) tra(n)sbordo *m*

um|schlagen *irr* **I.** *vt* **1.** (*Ärmel*) arremangar; (*Buchseite*) volver **2.** (*Güter*) tra(n)sbordar; (*Ladung*) operar **II.** *vi sein* **1.** (*Wetter, Stimmung*) cambiar repentinamente; (*Stimme*) transformarse repentinamente; **ins Gegenteil ~** caer en el otro extremo **2.** (*Boot*) zozobrar; (*Fahrzeug*) volcar

Umschlagplatz *m* <-es, -plätze> lugar *m* de tra(n)sbordo

umschließen* *irr vt* **1.** (*umgeben*) cercar, rodear **2.** (*umzingeln*) poner cerco (a) **3.** (*einschließen*) encerrar, encercar; **umschlingen*** *irr vt* (*mit den Armen*) abrazar; **jdn eng umschlungen halten** mantener a alguien estrechamente abrazado

umschlossen *pp von* **umschließen**

umschlungen *pp von* **umschlingen**

um|schnallen *vt* (*Gürtel*) ponerse

um|schreiben[1] *irr vt* **1.** (*Text*) refundir; (*ändern*) cambiar **2.** (*Hypothek*) transferir (*auf* a) **3.** (*transkribieren*) transcribir

umschreiben*[2] *irr vt* **1.** (*festlegen*) delimitar **2.** (*mit anderen Worten*) parafrasear **3.** (MATH) circunscribir

umschrieben *pp von* **umschreiben**[2]

um|schulen *vt* **1.** (*Kind*) cambiar de colegio **2.** (*beruflich*) readaptar (profesionalmente); **er lässt sich zum Programmierer ~** hace un curso (del INEM) para programador

Umschulung *f* <-en> **1.** (*Kind*) cambio *m* de escuela **2.** (*beruflich*) readaptación *f* profesional; **eine ~ machen** hacer un curso de readaptación profesional

umschwärmen* *vt* **1.** (*umfliegen*) revolotear alrededor (de) **2.** (*verehren*) idolatrar

Umschweife *mpl* rodeos *mpl;* **ohne ~** sin rodeos

Umschwung *m* <-(e)s, -schwünge> **1.** (*Veränderung*) cambio *m* (brusco) **2.** (*Schweiz: umgebendes Gelände*) tierra *f* circundante

umsegeln* *vt* circunnavegar

um|sehen *irr vr:* **sich ~ 1.** (*zurückblicken*) mirar hacia atrás; **sich nach jdm ~** seguir a alguien con la mirada **2.** (*herumsehen*) mirar alrededor; **ich sehe mich nur mal um** voy a echar solamente un vistazo; **ich sehe mich etwas im Dorf um** voy a dar una vuelta por el pueblo; **du wirst dich noch ~!**

(*fam*) ¡ya verás lo que es bueno! **3.** (*suchen*) buscar (*nach*)

umseitig *adj* al dorso

um|setzen **I.** *vt* **1.** (*anders setzen*) poner en otro sitio; (*Pflanzen*) trasplantar **2.** (*verkaufen*) vender **3.** (*umwandeln*) transformar (*in* en); **ein Theaterstück filmisch ~** plasmar una obra de teatro cinematográficamente; **sein Geld in Schallplatten ~** invertir su dinero en discos **4.** (*anwenden*) realizar; **etw in die Tat ~** llevar algo a la práctica **II.** *vr:* **sich ~** sentarse en otro sitio

Umsicht *f ohne Pl* cautela *f;* **mit viel ~ handeln** actuar con mucha cautela

umsichtig *adj* cauteloso

um|siedeln **I.** *vi sein* trasladarse (*nach/in* a) **II.** *vt* trasladar

umso^RR *konj* tanto más

umsonst *adv* **1.** (*unentgeltlich*) gratis, de coca *Mex* **2.** (*vergeblich*) en vano **3.** (*grundlos*) sin motivo; **das hat er nicht ~ getan** por algo lo hizo

umsorgen* *vt:* **jdn ~** cuidar de alguien

um|springen *irr vi sein* **1.** (*Ampel*) cambiar (*von* de, *auf* a); (*Wind*) cambiar (bruscamente) de dirección **2.** (*abw: behandeln*) tratar (mal) (*mit* a); **so kannst du nicht mit ihr ~** no puedes tratarla así

umspülen* *vt* bañar, regar

Umstand *m* <-(e)s, -stände> **1.** (*Tatsache*) hecho *m;* (*Einzelheit*) detalle *m* **2.** (JUR) circunstancia *f;* **mildernde Umstände** circunstancias atenuantes **3.** *Pl* (*Verhältnisse*) circunstancias *fpl;* (*Lage*) situación *f;* **unter Umständen** tal vez; **unter keinen Umständen** de ningún modo; **unter diesen Umständen** dadas las circunstancias; **unter allen Umständen** cueste lo que cueste; **den Umständen entsprechend** de acuerdo a las circunstancias; **in anderen Umständen sein** estar encinta **4.** *Pl* (*Mühe, Aufwand*) molestia *f;* **das macht gar keine Umstände** no es ninguna molestia; **machen Sie sich keine Umstände!** ¡no se moleste!

umständehalber *adv* por circunstancias particulares

umständlich *adj* **1.** (*ausführlich*) detallado; (*weitschweifig*) prolijo **2.** (*verwickelt*) complicado **3.** (*beschwerlich*) molesto; (*lästig*) pesado; **das ist mir zu ~** me resulta demasiado molesto **4.** (*förmlich*) ceremonioso **5.** (*übergenau*) minucioso

Umstandskleid *nt* vestido *m* (de) premamá

umstehend *adj* **1.** (*ringsum stehend*) presente **2.** (*umseitig*) al dorso

um|steigen *irr vi sein* **1.** (*Fahrzeug wechseln*) hacer tra(n)sbordo; **in den Intercity ~** coger el intercity **2.** (*fam: überwechseln*) pasar (*auf* a)

um|stellen[1] **I.** *vt* **1.** (*Dinge*) poner en otro sitio; (*Reihenfolge*) invertir **2.** (*Uhr*) cambiar; **die Uhr ~** cambiar la hora **3.** (*Betrieb*) reorganizar; (*Ernährung*) cambiar (*auf* a); **etw auf Maschinenbetrieb/auf Computer ~** mecanizar/computerizar algo **4.** (*ändern*) modificar **II.** *vr:* **sich ~** adaptarse (*auf* a)

umstellen*[2] *vt* rodear, cercar

Umstellung *f* <-en> **1.** (*von Dingen*) cambio *m* de lugar; (*der Reihenfolge*) inversión *f* del orden **2.** (*Anpassung*) adaptación *f* (*auf* a); (*eines Betriebs*) reorganización *f;* **~ auf Computer** computarización *f* **3.** (*Veränderung*) cambio *m,* modificación *f*

um|stimmen *vt* **1.** (*Instrument*) cambiar la afinación (de) **2.** (*Person*) persuadir

um|stoßen *irr vt* **1.** (*Gegenstand*) tirar **2.** (*Plan*) echar por tierra

umstritten *adj* controvertido, discutido

um|strukturieren* *vt* reestructurar

um|stülpen *vt* **1.** (*Behälter*) volcar; (*Tasche*) volver (al revés) **2.** (*ändern*) cambiar a fondo

Umsturz *m* <-es, -stürze> revolución *f*

um|stürzen **I.** *vi sein* (*umfallen*) caerse; (*einstürzen*) derribarse; (*Wagen*) volcar **II.** *vt* **1.** (*umstoßen*) volcar; (*Regierung*) derrocar **2.** (*ändern*) cambiar; (*grundlegend*) revolucionar

Umtausch *m* <-(e)s, -e> cambio *m;* **die Waren sind vom ~ ausgeschlossen** las mercancías no se pueden cambiar

um|tauschen *vt* cambiar (*gegen* por)

um|topfen *vt* cambiar de maceta

Umwälzung *f* <-en> **1.** (TECH) circulación *f* **2.** (*gesellschaftlich*) cambio *m* profundo

um|wandeln *vt* transformar (*in* en); (*Strafe*) conmutar (*in* por); **Sie sind wie umgewandelt** Ud. parece otro

Umwandlung *f* <-en> transformación *f* (*in* en); (*einer Strafe*) conmutación *f* (*in* por)

Umweg *m* <-(e)s, -e> rodeo *m;* **einen ~ machen** dar un rodeo; **auf ~en** por vía indirecta

Umwelt *f ohne Pl* entorno *m;* (ÖKOL) medio *m* ambiente; **umweltbelastend** *adj* contaminante; **Umweltbelastung** *f* contaminación *f* del medio ambiente; **Umweltbewusstsein**^RR *nt* conciencia *f* ecológica; **Umwelteinfluss**^RR *m* influencia *f* ambiental; **Umweltfaktor** *m* factor *m* ecológico; **umweltfreundlich** *adj* no contaminante; **Umweltgefahr** *f* peligro *m* ambiental; **Umweltgefährdung** *f* amenaza *f* ambiental; **umweltgerecht** *adj* acorde con el medio ambiente; **Umweltgift** *nt* (sustancia *f*) contaminante *m;* **Umweltkatastrophe** *f* desastre *m* ecológico; **Umweltkriminalität** *f* delincuencia *f* ambiental; **Umweltpolitik** *f* política *f* del medio ambiente; **Umwelt-**

schäden *mpl* daños *mpl* ecológicos; **Umweltschutz** *m* protección *f* del medio ambiente

Umweltschützer(in) *m(f)* <-s, -; -nen> defensor(a) *m(f)* del medio ambiente, ecologista *mf*

Umweltschutzpapier *nt* papel *m* reciclado; **Umweltschutztechnik** *f ohne Pl* ingeniería *f* ambiental

Umweltsteuer *f* <-n> impuesto *m* ecológico; **Umweltsünder(in)** *m(f)* (*fam*) contaminador(a) *m(f)* del medio ambiente; **Umweltvergiftung** *f* contaminación *f* ambiental; **Umweltverschmutzer(in)** *m(f)* <-s, -; -nen> contaminador(a) *m(f)* del medio ambiente; **Umweltverschmutzung** *f* contaminación *f* del medio ambiente; **umweltverträglich** *adj* compatible con el medio ambiente; **Umweltverträglichkeit** *f* impacto *m* ambiental

umwerben* *irr vt* cortejar, pastorear *Arg, Urug*

um|werfen *irr vt* **1.** (*Gegenstand*) volcar, tirar **2.** (*fam: Plan*) echar por tierra **3.** (*fam: aus der Fassung bringen*) dejar con la boca abierta

umwerfend *adj* impresionante

umwickeln* *vt* envolver

umworben *pp von* **umwerben**

umzäunen* *vt* cercar

um|ziehen *irr* **I.** *vi sein* mudarse (*nach* a) **II.** *vr:* **sich** ~ cambiarse (de ropa)

umzingeln* *vt* rodear

Umzug *m* <-(e)s, -züge> **1.** (*Wohnungswechsel*) mudanza *f* **2.** (*Festzug*) desfile *m*

UN *f Abk. von* **United Nations** NU *fpl*

unabhängig *adj* independiente (*von* de); (*Staat*) autónomo; **sich von jdm/etw** *dat* **~ machen** independizarse de alguien/algo; **das ist ~ davon, ob ...** esto es independiente de que si...; **Unabhängigkeit** *f ohne Pl* independencia *f* (*von* de); (*wirtschaftlich*) autarquía *f*; **unabkömmlich** *adj* **1.** (*sehr beschäftigt*) ocupado **2.** (*unersetzlich*) insustituible

unablässig **I.** *adj* incesante, constante **II.** *adv* sin cesar

unabsehbar *adj* **1.** (*Folgen*) incalculable; **auf ~e Zeit** por tiempo indefinido **2.** (*räumlich*) vasto; **unachtsam** *adj* (*unaufmerksam*) desatento; (*nachlässig*) descuidado; **Unachtsamkeit** *f ohne Pl* (*Unaufmerksamkeit*) falta *f* de atención; (*Nachlässigkeit*) descuido *m;* **unanfechtbar** *adj* indiscutible; (*Urteil*) inapelable; (*Argument*) inatacable; **unangebracht** *adj* inoportuno; **ich halte es für ~ ...** me parece inoportuno...; **unangefochten** *adj* indiscutido; **unangemeldet** **I.** *adj* no anunciado **II.** *adv* sin previo aviso; **unangemessen** *adj* inadecuado; **unangenehm** *adj* desagradable; (*lästig*) molesto, odioso *Am;* (*unsympathisch*) antipático; **~ auffallen** causar una mala impresión; **es ist mir sehr ~, dass ...** me da mucha vergüenza que... +*subj;* **~ werden** volverse desagradable; **unangetastet** *adj* intacto

Unannehmlichkeit *f* <-en> (*Mühe*) molestia *f*, odiosidad *f Am;* (*Ärger*) disgusto *m;* **jdm ~en bereiten** causar molestias a alguien

unansehnlich *adj* de aspecto desagradable; **unanständig** *adj* indecente, verde *fam;* (*obszön*) obsceno; **unantastbar** *adj* intangible; (JUR) inviolable; (REL) sagrado; **unappetitlich** *adj* **1.** (*Essen*) poco apetitoso **2.** (*abstoßend*) asqueroso

Unart *f* <-en> **1.** (*Angewohnheit*) mala costumbre *f* **2.** (*eines Kindes*) travesura *f*

unartig *adj* travieso, malo; **unästhetisch** *adj* poco estético; (*abstoßend*) de mal gusto; **unaufdringlich** *adj* **1.** (*Parfüm*) discreto **2.** (*Mensch*) agradable; **unauffällig** *adj* **1.** (*Kleidung, Verhalten*) discreto **2.** (*unbemerkt*) disimulado; **folgen Sie mir ~!** ¡sígame con discreción!; **unauffindbar** *adj* ilocalizable; **unaufgefordert** *adj* (*freiwillig*) voluntario; (*spontan*) espontáneo

unaufhaltsam *adj* incontenible, imparable

unaufhörlich **I.** *adj* incesante, continuo **II.** *adv* sin cesar

unauflöslich *adj* (*a.* CHEM, JUR) indisoluble

unaufmerksam *adj* **1.** (*nicht aufmerksam*) desatento; (*zerstreut*) despistado **2.** (*nicht zuvorkommend*) descortés; **Unaufmerksamkeit** *f ohne Pl* **1.** (*Verhalten*) falta *f* de atención; (*Zerstreutheit*) distracción *f* **2.** (*Unhöflichkeit*) descortesía *f*

unaufrichtig *adj* insincero; **unaufschiebbar** *adj* inaplazable

unausgefüllt *adj* **1.** (*Formular*) en blanco; **~ lassen** dejar en blanco **2.** (*Person*) insatisfecho; (*Leben*) vacío; **unausgeglichen** *adj* **1.** (*ungleichmäßig*) desequilibrado **2.** (*wechselhaft*) inestable; **Unausgeglichenheit** *f ohne Pl* **1.** (*Ungleichmäßigkeit*) falta *f* de equilibrio **2.** (*Wechselhaftigkeit*) inestabilidad *f*; **unausgeschlafen** *adj* medio dormido; **unausgewogen** *adj* desequilibrado

unauslöschlich *adj* (*geh*) imborrable, duradero

unaussprechlich *adj* (*Gefühl*) inefable; (*Elend, Freude*) increíble

unausstehlich *adj* insoportable

unausweichlich *adj* inevitable

unbändig *adj* **1.** (*wild*) desenfrenado **2.** (*heftig*) incontenible; **sich ~ auf etw freuen** sentir una alegría incontenible por algo

unbarmherzig *adj* despiadado; **Unbarm-**

herzigkeit *f ohne Pl* inhumanidad *f;* (*Härte*) dureza *f;* **unbeabsichtigt I.** *adj* impremeditado **II.** *adv* sin querer; **unbeachtet** *adj* inadvertido; **das darf man nicht ~ lassen** esto no puede pasar inadvertido; **unbeaufsichtigt** *adj* no vigilado

unbedarft *adj* ingenuo

unbedenklich I. *adj* inofensivo **II.** *adv* sin reparo; **unbedeutend** *adj* **1.** (*unwichtig*) insignificante **2.** (*geringfügig*) mínimo

unbedingt I. *adj* absoluto; (*bedingungslos*) incondicional **II.** *adv* sin falta, absolutamente; **ist das ~ nötig?** ¿es realmente indispensable?; **das will ich ~ wissen** tengo que saberlo sin falta; **nicht ~** no necesariamente; **nicht länger als ~ nötig** nada más de lo absolutamente necesario

unbefangen *adj* **1.** (*ungehemmt*) despreocupado; (*natürlich*) natural **2.** (*unvoreingenommen*) imparcial; **unbefriedigend** *adj* poco satisfactorio; (*stärker*) no satisfactorio; **unbefriedigt** *adj* insatisfecho; **unbefristet** *adj* ilimitado; **unbefugt** *adj* no autorizado

Unbefugte(r) *mf* <-n, -n; -n> persona *f* no autorizada; **~n ist das Betreten verboten** entrada prohibida a personas ajenas al servicio

unbegabt *adj* poco talentoso (*für* para); **musikalisch ~ sein** no tener talento para la música; **unbegreiflich** *adj* (*unverständlich*) inconcebible, incomprensible; (*unerklärlich*) inexplicable; **es ist mir ~, wie das passieren konnte** no me explico cómo pudo ocurrir esto; **unbegrenzt** *adj* ilimitado; **unbegründet** *adj* injustificado, sin motivo; (JUR) improcedente

Unbehagen *nt ohne Pl* <-s> malestar *m*

unbehaglich *adj* desagradable; **sich ~ fühlen** no estar a gusto; **unbeherrscht I.** *adj* desenfrenado; (*Person*) que no sabe dominarse **II.** *adv* desmesuradamente

unbeholfen *adj* torpe, bota *Mex*

Unbeholfenheit *f ohne Pl* torpeza *f*

unbeirrbar *adj,* **unbeirrt** *adj* imperturbable, inalterable; **unbekannt** *adj* desconocido; **~ verzogen** (domicilio) desconocido; **es ist mir nicht ~, dass ...** no ignoro que... +*subj;* **Unbekannte(r)** *mf* <-n, -n; -n> (*Person*) desconocido, -a *m, f;* **unbekümmert** *adj* despreocupado; **seien Sie ganz ~!** ¡no se preocupe usted en absoluto!; **unbelastet** *adj* **1.** (*frei*) libre (*von* de); (*ohne Sorgen*) despreocupado **2.** (*ohne Hypotheken*) sin cargos hipotecarios; **unbelehrbar** *adj* incorregible; (*halsstarrig*) obstinado; **unbeliebt** *adj* que goza de pocas simpatías (*bei* entre); **sich ~ machen** hacerse impopular; **er ist bei allen ~** le cae mal a todos; **Unbeliebtheit** *f ohne Pl* impopularidad *f;* **unbemannt** *adj* sin tripulación; **unbemerkt** *adj* inadvertido, desapercibido; **~ bleiben** pasar desapercibido

unbenommen *adj:* **etw bleibt jdm ~** alguien es (muy) libre de hacer algo

unbeobachtet *adj* no observado; **in einem ~en Augenblick** en un momento de descuido; **unbequem** *adj* **1.** (*Sessel*) incómodo **2.** (*Frage, Person*) molesto, amargo *Ven;* **unberechenbar** *adj* incalculable; **er ist ~** es imprevisible; **unberücksichtigt** *adj* desatendido; **~ bleiben/lassen** quedar/dejar desatendido; **unberührt** *adj* intacto; (*Frau*) virgen

unbeschadet I. *präp +gen* **1.** (*trotz*) a pesar de **2.** (*ohne Schaden für*) sin perjuicio de **II.** *adv:* **etw ~ überstehen** (*Person*) salir ileso de algo; (*Sache*) quedar sin daños en algo

unbescholten *adj* **1.** (*integer*) de buena reputación, sin tacha **2.** (JUR) sin antecedentes penales

unbeschrankt *adj* sin barrera; **unbeschränkt** *adj* ilimitado; (*Macht*) absoluto

unbeschreiblich I. *adj* indescriptible **II.** *adv* extremamente

unbeschrieben *adj* (*Blatt*) en blanco; **unbeschwert** *adj* libre de toda preocupación; (*Kindheit*) despreocupado; (*Gewissen*) limpio; **unbesonnen** *adj* (*unüberlegt*) irreflexivo; (*unvorsichtig*) imprudente; **unbesorgt** *adj* despreocupado, tranquilo; **sei ~!** ¡no te preocupes!; **unbeständig** *adj* **1.** (*Person*) inconstante **2.** (*wechselhaft*) inestable; (*Wetter*) variable; **unbestechlich** *adj* incorruptible; **unbestimmt** *adj* **1.** (*unklar*) vago; (*ungenau*) impreciso **2.** (*nicht festgelegt*) indefinido, indeterminado; (*unsicher*) incierto; **auf ~e Zeit** por tiempo indefinido **3.** (LING) indefinido; **unbestreitbar** *adj* innegable; **unbestritten I.** *adj* indiscutido, indiscutible; **es ist ~, dass ...** es indiscutible que... +*subj* **II.** *adv* sin duda (alguna); **unbeteiligt** *adj* **1.** (*desinteressiert*) indiferente **2.** (*nicht teilnehmend*) ajeno; **an etw** *dat* **~ sein** no haber participado en algo; **unbetont** *adj* átono; **unbeträchtlich** *adj* insignificante; **unbewaffnet** *adj* desarmado, no armado; **unbeweglich** *adj* **1.** (*bewegungslos*) inmóvil **2.** (*nicht zu bewegen*) inmovible, fijo **3.** (*geistig*) inflexible; (*Blick*) fijo; (*Gesichtsausdruck*) impasible; **unbewohnt** *adj* (*Gegend*) despoblado, desierto; (*Haus*) deshabitado; **unbewusst**[RR] *adj,* **unbewußt** *adj* inconsciente; (*instinktiv*) instintivo

Unbewusste(s)[RR] *nt ohne Pl* <-n>, **Unbewußte(s)** *nt ohne Pl* <-n> (PSYCH) subconsciente *m*

unbezahlbar *adj* **1.** (*teuer*) impagable **2.** (*wertvoll*) valioso; (*unersetzlich*) inapreciable; **unbezwingbar** *adj* **1.** (*Gegner*) in-

U

vencible; (*Festung*) inexpugnable **2.** (*Drang*) incontrolable; **unblutig** **I.** *adj* incruento **II.** *adv* sin derramamiento de sangre; **unbrauchbar** *adj* inutilizable, inoperante *Am;* (*ungeeignet*) no apropiado; (*Person*) inútil; **unbürokratisch** *adj* poco burocrático; ~**e Hilfe** ayuda espontánea

und *konj* y; (*vor* (*h*)*i*) e; (MATH) más; (*Steigerung*) más y más; ~ **so weiter** etcétera; **na ~?** ¿y qué?; ~ **wenn schon!** ¡y aunque así sea!; **der Wagen wurde schneller ~ schneller** el coche iba cada vez más rápido; **wir redeten ~ redeten** hablamos y hablamos

Undank *m ohne Pl* <-(e)s> (*geh*) ingratitud *f;* ~ **ernten** recibir sólo ingratitud; **undankbar** *adj* **1.** (*Mensch*) desagradecido **2.** (*Aufgabe*) ingrato

undatiert *adj* sin fecha; **undefinierbar** *adj* indefinible; **undemokratisch** *adj* poco democrático; **undenkbar** *adj* impensable, inimaginable

undenklich *adj:* **seit/vor ~en Zeiten** desde/hace tiempos inmemoriales

undeutlich *adj* **1.** (*ungenau*) vago, impreciso **2.** (*Umrisse*) indistinto; (FOTO) borroso; (*Schrift*) ilegible; ~ **sprechen** no vocalizar al hablar; **undicht** *adj* permeable; (*Fenster*) que no cierra herméticamente; ~ **sein** tener escape; ~**e Stelle** fuga *f*

Unding *nt:* **das ist ein ~!** ¡eso es absurdo!

undiszipliniert *adj* indisciplinado

undurchdringlich *adj* (*a. fig*) impenetrable

undurchlässig *adj* impermeable, hermético; **undurchschaubar** *adj* impenetrable; **undurchsichtig** *adj* **1.** (*Glas, Stoff*) opaco, no transparente **2.** (*Mensch*) impenetrable; (*Methoden, Geschäfte*) turbio; (*Verhalten*) ambiguo

uneben *adj* (*Oberfläche, Straße*) desigual; (*Gelände*) accidentado; **unecht** *adj* falso; (*nachgemacht*) de imitación; **unehelich** *adj* ilegítimo, natural; **unehrenhaft** *adj* deshonroso; **unehrlich** *adj* falso, deshonesto; **Unehrlichkeit** *f ohne Pl* falta *f* de sinceridad, deshonestidad *f;* **uneigennützig** *adj* desinteresado; **uneingeschränkt** *adj* ilimitado, absoluto; **wir stimmen ~ zu** estamos absolutamente de acuerdo; **uneinheitlich** *adj* irregular; **uneinig** *adj* desavenido; **mit jdm über etw ~ sein** no estar de acuerdo con alguien en algo; **Uneinigkeit** *f* <-en> desacuerdo *m;* **es besteht ~ über ...** no hay acuerdo sobre...

uneins *adj s.* **uneinig**

uneinsichtig *adj* obstinado, terco; **unempfänglich** *adj* insensible (*für* a); **unempfindlich** *adj* **1.** (*unsensibel*) insensible (*gegen* a) **2.** (*widerstandsfähig*) robusto; (*gegen Krankheit*) inmune

unendlich **I.** *adj* **1.** (*zeitlich, räumlich, a.* MATH) infinito **2.** (*groß*) inmenso, infinito **II.** *adv* tremendamente; ~ **viel** un sinfín de; **Unendlichkeit** *f ohne Pl* infinidad *f*

unentbehrlich *adj* imprescindible; **sich ~ machen** hacerse imprescindible; **unentgeltlich** **I.** *adj* gratuito **II.** *adv* gratis; **unentschieden** *adj* **1.** (*Angelegenheit*) pendiente; ~ **sein** quedar pendiente **2.** (*Person*) indeciso **3.** (SPORT) empatado; **sie spielten 0:0 ~** empataron a cero

Unentschieden *nt* <-s, -> (SPORT) empate *m*

unentschlossen *adj* indeciso; **Unentschlossenheit** *f ohne Pl* indecisión *f*

unentschuldigt **I.** *adj* injustificado **II.** *adv* sin excusa; ~ **fehlen** faltar sin (haber aportado una) excusa

unentwegt **I.** *adj* constante **II.** *adv* sin parar, constantemente

unerbittlich *adj* inexorable; (*gnadenlos*) sin piedad

unerfahren *adj* inexperto (*in* en), novato (*in* en) *fam;* **Unerfahrenheit** *f ohne Pl* falta *f* de experiencia (*in* en)

unerfindlich *adj* (*geh*) inconcebible; **aus ~en Gründen** por razones inconcebibles; **unerfreulich** *adj* desagradable; **unergründlich** *adj* insondable; (*geheimnisvoll*) misterioso; **unerheblich** *adj* (*geringfügig*) insignificante; (*unwichtig*) irrelevante

unerhört **I.** *adj* **1.** (*gewaltig*) tremendo, enorme **2.** (*abw: empörend*) escandaloso; **das ist ja ~!** ¡habráse visto! **3.** (*geh: Bitte*) desatendido **II.** *adv* extremamente; ~ **viel** muchísimo

unerkannt *adv* sin ser reconocido; **unerklärlich** *adj* inexplicable; **es ist mir ~, warum ...** no me explico por qué...

unerlässlich[RR] *adj,* **unerläßlich** *adj* imprescindible

unerlaubt *adj* **1.** (*nicht zulässig*) prohibido **2.** (*gesetzwidrig*) ilícito **3.** (*ohne Erlaubnis*) sin permiso; **unerledigt** *adj* sin hacer, por hacer; (*Post*) sin contestar; (*schwebend*) pendiente

unermesslich[RR] *adj,* **unermeßlich** *adj* **1.** (*unüberschaubar*) inconmensurable; (*unendlich*) infinito; ~ **wertvoll** de un valor infinito **2.** (*groß*) enorme, inmenso

unermüdlich *adj* incansable

unerreichbar *adj* inalcanzable

unersättlich *adj* insaciable

unerschöpflich *adj* inagotable

unerschrocken *adj* intrépido

unerschütterlich *adj* inquebrantable, firme; ~ **für etw eintreten** intervenir firmemente en favor de algo

unerschwinglich *adj* (*Preis*) desorbitado, excesivo; (*Ware*) inasequible

unersetzlich *adj* (*Person*) irreemplazable;

(*Schaden*) irreparable

unerträglich *adj* insoportable; **unerwartet** I. *adj* inesperado; (*unvorhergesehen*) imprevisto II. *adv* de improviso; **unerwünscht** *adj* indeseado, no deseado

unerzogen *adj* mal educado

UNESCO *f Akr. von* **United Nations Educational, Scientific and Cultural Organization** UNESCO *f*

unfähig *adj* (*nicht imstande*) incapaz (*zu* de); (*beruflich*) incompetente; **Unfähigkeit** *f ohne Pl* incapacidad *f* (*zu* de); (*beruflich*) incompetencia *f*

unfair *adj* injusto; (SPORT) sucio

Unfall *m* <-(e)s, -fälle> accidente *m;* **einen ~ haben** tener un accidente; **einen tödlichen ~ haben** morir en un accidente; **Unfallarzt, -ärztin** *m, f* <-es, -ärzte; -nen> médico, -a *m, f* del servicio de emergencias; **Unfallbeteiligte(r)** *mf* implicado, -a *m, f* en el accidente; **Unfallflucht** *f ohne Pl* fuga *f* en caso de accidente; **~ begehen** darse a la fuga (después de provocar un accidente); **Unfallopfer** *nt* víctima *f* de (un) accidente; **Unfallschaden** *m* daño *m* resultante de un accidente; **Unfallschutz** *m* protección *f* contra accidentes; **Unfallstation** *f* puesto *m* de socorro; **Unfallstelle** *f* lugar *m* del accidente; **Unfallursache** *f* causa *f* del accidente; **Unfallversicherung** *f* 1. (*Versicherungspolice*) seguro *m* de accidentes 2. (*Unternehmen*) empresa *f* de seguros de accidentes; **Unfallwagen** *m* 1. (*am Unfall beteiligter Wagen*) coche *m* accidentado 2. (*Rettungswagen*) ambulancia *f*

unfassbarRR *adj*, **unfaßbar** *adj* inconcebible; (*unglaublich*) increíble

unfehlbar I. *adj* infalible II. *adv* (*sicher*) seguramente; **Unfehlbarkeit** *f ohne Pl* infalibilidad *f*

unfein *adj* poco delicado, grosero; **unförmig** *adj* deforme; **unfrankiert** *adj* sin franqueo; **unfreiwillig** *adj* involuntario; **unfreundlich** *adj* 1. (*Person*) poco amable 2. (*Wetter*) desapacible

Unfriede *m ohne Pl* <-ns> discordia *f*

unfruchtbar *adj* 1. (*Boden*) estéril 2. (*Tier, Person*) estéril, infecundo; **Unfruchtbarkeit** *f ohne Pl* 1. (*Boden*) esterilidad *f* 2. (*Mensch, Tier*) infecundidad *f*

Unfug *m ohne Pl* <-(e)s> 1. (*Handlung*) bobada *f*, tontería *f;* **~ treiben** hacer bobadas 2. (*Äußerung*) disparate *m*

Ungar(in) *m(f)* <-n, -n; -nen> húngaro, -a *m, f*

ungarisch *adj* húngaro

Ungarn *nt* <-s> Hungría *f*

ungeachtet *präp +gen* (*geh*) a pesar de; **~ dessen** no obstante

ungeahnt *adj* inesperado

ungebeten I. *adj* no invitado II. *adv* sin ser invitado; **ungebildet** *adj* inculto; **ungebräuchlich** *adj* poco corriente; **ungebunden** *adj* 1. (*Buch*) sin encuadernar 2. (*frei*) libre; **ungedeckt** *adj* 1. (*schutzlos*) indefenso; (*Spieler*) descubierto 2. (FIN) al descubierto 3. (*Tisch*) sin poner

Ungeduld *f ohne Pl* impaciencia *f;* **ungeduldig** *adj* impaciente; **~ warten** esperar con impaciencia; **~ werden** perder la paciencia

ungeeignet *adj* inadecuado (*für* para); (*Person*) incompetente (*für* para); (*Moment*) inoportuno

ungefähr I. *adj* aproximado, aproximativo II. *adv* aproximadamente, más o menos; **~ 300 Peseten** unas 300 pesetas; **nicht von ~** por una buena razón; **so ~ habe ich mir das vorgestellt** más o menos así me lo he imaginado

ungefährlich *adj* no peligroso; (*harmlos*) inofensivo

ungehalten *adj* (*geh*) incomodado (*über/wegen* por), disgustado (*über/wegen* por); **~ auf etw reagieren** expresar su disgusto por algo

ungehemmt *adj* desenvuelto

ungeheuer I. *adj* enorme II. *adv* enormemente

Ungeheuer *nt* <-s, -> monstruo *m*

ungeheuerlich *adj* (*abw*) escandaloso; (*schrecklich*) atroz; (*unerhört*) inaudito

ungehindert *adj* libre

Ungehörigkeit *f* <-en> insolencia *f;* (*Frechheit*) impertinencia *f*

ungehorsam *adj* desobediente; **jdm gegenüber ~ sein** ser desobediente con alguien

Ungehorsam *m ohne Pl* <-s> desobediencia *f*

ungeklärt *adj* 1. (*Frage, Verbrechen*) no aclarado 2. (*Abwasser*) no filtrado; **ungekündigt** *adj* (*Person*) no despedido; **~er Arbeitsvertrag** contrato de trabajo vigente; **ungekürzt** *adj* (*Buch, Film*) íntegro; **ungeladen** *adj* 1. (*Person*) no invitado 2. (*Waffe*) no cargado

ungelegen I. *adj* inoportuno II. *adv* a deshora; **komme ich ~?** ¿llego en mal momento?; **das kommt mir sehr ~** me coge en muy mal momento

ungelenkig *adj* poco ágil; **ungelernt** *adj* que no ha cursado estudios; **~e Arbeitskräfte** mano de obra no cualificada; **ungelöst** *adj* sin resolver

ungemein I. *adj* extraordinario II. *adv* muy, sobremanera

ungemütlich *adj* 1. (*Stuhl*) incómodo 2. (*Mensch, Atmosphäre*) desagradable; (*Wetter*) desapacible; **er kann manchmal ~ werden** (*fam*) puede ser muy desagradable a veces; **ungenannt** *adj* anónimo; **ungenau** *adj* impreciso; **sich ~ ausdrücken** expresarse sin precisión; **ungeniert** *adj* desenvuelto; **ganz ~ reden** hablar sin inhibiciones; **ungenießbar** *adj* **1.** (*Speise*) incomible; (*Getränk*) no bebible **2.** (*fam: Person*) insoportable; **ungenügend** *adj* (*a. Note*) insuficiente; **ungenutzt** *adj* desaprovechado; **eine Chance ~ verstreichen lassen** desaprovechar una ocasión; **ungepflegt** *adj* descuidado; (*Person*) desaseado; **ungerade** *adj* (MATH) impar; **ungerecht** *adj* injusto; **ungerechtfertigt** *adj* injustificado; **Ungerechtigkeit** *f* <-en> injusticia *f*; **ungeregelt** *adj* **1.** (*ungeordnet*) desordenado; (*unregelmäßig*) irregular **2.** (*offen*) pendiente; **ungern** *adv* de mala gana; **ungerührt** *adj* imperturbable; **~ zusehen** mirar impasible

ungeschehen *adj:* **etw ~ machen** deshacer lo hecho

Ungeschick *nt ohne Pl* <-(e)s> torpeza *f*

ungeschickt *adj* torpe; **stell dich nicht so ~ an!** ¡no seas tan torpe!; **ungeschlechtlich** *adj* (BIOL) asexual; **ungeschliffen** *adj* **1.** (*Diamant, Glas*) no tallado; (*Klinge*) no afilado **2.** (*Manieren*) grosero; **ungeschminkt** *adj* **1.** (*Person*) sin maquillar **2.** (*Wahrheit*) crudo; **ungeschoren** *adj* (*Tier*) sin esquilar; **~ davonkommen** salir sin que le hubieran tocado un pelo

ungesehen *adj* inadvertido

ungesetzlich *adj* ilegal; **ungestört I.** *adj* tranquilo; (*Unterhaltung*) ininterrumpido **II.** *adv* en paz; **ungestraft I.** *adj* impune **II.** *adv* sin castigo

ungestüm I. *adj* (*geh*) impetuoso **II.** *adv* (*geh*) con ímpetu

ungesund *adj* **1.** (*kränklich*) enfermizo **2.** (*Speise, Lebensweise*) poco sano; (*schädlich*) perjudicial (para la salud); **ungeteilt** *adj* no dividido; (*ganz*) entero; **mit ~er Aufmerksamkeit** con todo cuidado; **ungetrübt** *adj* no turbado; **eine ~e Harmonie** una harmonía perfecta

Ungetüm *nt* <-(e)s, -e> monstruo *m*

ungeübt *adj* no ejercitado (*in* en); (*unerfahren*) sin experiencia (*in* en); **in etw** *dat* **~ sein** no tener práctica en algo; **ungewiss**[RR] *adj*, **ungewiß** *adj* **1.** (*fraglich*) incierto **2.** (*unentschieden*) indeciso; **jdn über etw im U~en lassen** dejar a alguien en la incertidumbre respecto a algo; **Ungewissheit**[RR] *f* <-en>, **Ungewißheit** *f* <-en> incertidumbre *f*; (*Unsicherheit*) inseguridad *f*; **ungewöhnlich** *adj* **1.** (*außergewöhnlich*) insólito **2.** (*außerordentlich*) extraordinario; **ungewohnt** *adj* **1.** (*fremd*) extraño **2.** (*neu*) nuevo **3.** (*unüblich*) poco habitual; **ungewollt** *adj* sin querer; **~e Schwangerschaft** embarazo no deseado

Ungeziefer *nt ohne Pl* <-s> bichos *mpl*

ungezogen *adj* maleducado, boga *Kol;* (*frech*) impertinente

ungezügelt *adj* desenfrenado; **ungezwungen I.** *adj* natural; (*ohne Hemmungen*) desenvuelto **II.** *adv* con naturalidad

Unglaube *m ohne Pl* <-ns> **1.** (*Zweifel*) incredulidad *f* **2.** (REL) falta *f* de fe

unglaubhaft *adj* inverosímil; **ungläubig** *adj* **1.** (*zweifelnd*) incrédulo **2.** (REL) infiel, no creyente

unglaublich *adj* **1.** (*unwahrscheinlich, empörend*) increíble **2.** (*fam: groß*) tremendo

unglaubwürdig *adj* **1.** (*Person*) de poco crédito **2.** (*Dokument, Aussage*) inverosímil; **ungleich I.** *adj* desigual; (*verschieden*) diferente **II.** *adv* (*weitaus*) mucho más

Ungleichgewicht *nt* <-(e)s, -e> desequilibrio *m*

ungleichmäßig *adj* **1.** (*nicht gleich*) desigual **2.** (*nicht regelmäßig*) irregular

Unglück *nt* <-(e)s, -e> **1.** (*Unheil*) desgracia *f;* **Glück im ~ haben** tener suerte en la desgracia; **jd/etw bringt jdm ~** alguien/algo trae mala suerte a alguien; **ein ~ kommt selten allein** (*prov*) a perro flaco todo son pulgas **2.** (*Pech*) mala suerte *f;* (*Missgeschick*) desdicha *f;* **zu allem ~ ...** para colmo (de las desdichas)... **3.** (*Unfall*) accidente *m;* (*Katastrophe*) catástrofe *f* **4.** (*Elend*) miseria *f;* (*Verderben*) ruina *f;* **jdn ins ~ stürzen** hundir a alguien en la miseria

unglücklich *adj* **1.** (*traurig*) infeliz; **~ verliebt sein** estar enamorado y no ser correspondido; **Sie machen sich ~!** ¡se está arruinando la vida! **2.** (*unheilvoll*) desdichado, salado *Am;* (*widrig*) adverso; **~ ausgehen** acabar mal **3.** (*ungeschickt*) torpe; **~ stürzen** caerse con torpeza

unglücklicherweise *adv* desgraciadamente

Unglücksfall *m* <-(e)s, -fälle> siniestro *m*, catástrofe *f*

Ungnade *f:* **bei jdm in ~ fallen** provocar la ira de alguien

ungnädig *adj* poco complaciente, de mal humor; **ungültig** *adj* no válido; (*Pass*) caducado; (*Stimmzettel*) nulo; **etw für ~ erklären** anular algo

Ungunst *f* <-en> (*geh*) disfavor *m;* **zu jds ~en** en perjuicio de alguien

ungünstig *adj* desfavorable; (*nachteilig*) desventajoso; (*Aussichten*) poco propicio; (*Moment*) inoportuno; **ungut** *adj* (*unbehaglich*) desagradable; (*schlecht*) mal(o); **ein ~es Gefühl haben** tener un mal presentimiento; **nichts für ~!** ¡no te enfades!; **unhaltbar** *adj* **1.** (*Zustand, Behauptung, a.*

MIL) insostenible; (*unerträglich*) inaguantable **2.** (SPORT) imparable; **unhandlich** *adj* poco práctico
Unheil *nt ohne Pl* <-s> (*geh*) desgracia *f;* (*Katastrophe*) desastre *m;* ~ **anrichten** causar una desgracia
unheilbar *adj* incurable; ~ **krank sein** tener una enfermedad incurable
unheilvoll *adj* funesto
unheimlich **I.** *adj* **1.** (*beängstigend*) inquietante; (*düster*) lúgubre; **mir wurde** ~ (**zumute**) **bei dem Gedanken** esa idea me inquietó **2.** (*fam: groß*) enorme **II.** *adv* (*sehr*) muy; ~ **viel** un montón (de)
unhöflich *adj* mal educado, guaso *SAm,* faíno *Cuba;* **unhygienisch** *adj* antihigiénico
uni *adj inv* de un solo color
Uni *f* <-s> (*fam*) uni *f,* universidad *f*
UNICEF *f Akr. von* **United Nations International Children's Emergency Fund** UNICEF *f*
Uniform *f* <-en> uniforme *m*
uniformiert *adj* (*gekleidet*) uniformado; (*eintönig*) uniforme
Unikat *nt* <-(e)s, -e> ejemplar *m* único
uninteressant *adj* poco interesante
universal *adj* universal; **Universalerbe, -in** *m, f* <-n, -n; -nen> heredero, -a *m, f* universal
universell *adj* universal
Universität *f* <-en> universidad *f;* **Universitätsstadt** *f* <-städte> ciudad *f* universitaria
Universum *nt ohne Pl* <-s> universo *m*
Unke *f* <-n> **1.** (*Tier*) sapo *m* **2.** (*Schwarzseher*) ave *f* de mal agüero
unkenntlich *adj* desfigurado; (*Inschrift*) no descifrable
Unkenntlichkeit *f ohne Pl:* **bis zur** ~ **entstellt sein** estar totalmente desfigurado
Unkenntnis *f ohne Pl* (*in einem Wissensgebiet*) ignorancia *f;* (*von Tatsachen*) desconocimiento *m;* **aus** ~ por ignorancia; **jdn in** ~ **über etw lassen** dejar a alguien a oscuras sobre algo
unklar *adj* **1.** (*undeutlich*) poco claro; (*verschwommen*) borroso; (*Umrisse*) indistinto **2.** (*unbestimmt*) vago **3.** (*unverständlich*) incomprensible **4.** (*ungewiss*) incierto; (*fraglich*) dudoso; **sich** *dat* **über etw im U~en sein** tener dudas sobre algo; **jdn im U~en über etw lassen/halten** dejar/tener a alguien a oscuras respecto a algo; **unklug** *adj* poco inteligente; **sich** ~ **verhalten** tener un comportamiento poco táctico; **unkompliziert** *adj* sencillo; **unkontrollierbar** *adj* incontrolable; **unkonventionell** *adj* extraordinario; (*ungewöhnlich*) inusual; **unkonzentriert** *adj* distraído (*bei* en)
Unkosten *pl* gastos *mpl;* **sich in** ~ **stürzen** gastar un dineral; **die** ~ **belaufen sich auf ...** los gastos ascienden a...; **Unkostenbeitrag** *m* contribución *f* a los gastos
Unkraut *nt* <-(e)s, -kräuter> mala hierba *f,* yuyo *m CSur;* ~ **vergeht nicht** (*prov*) hierba mala nunca muere; **Unkrautvertilgungsmittel** *nt* herbicida *m*
unkritisch *adj* falto de crítica, poco crítico; **unkündbar** *adj* (*Stellung*) perpetuo; (*Vertrag*) irrevocable; **sie ist** ~ no se le puede echar
unlängst *adv* hace poco, recientemente, recién *Am*
unlauter *adj* (*geh*) **1.** (*unehrlich*) deshonesto **2.** (*unfair*) desleal; ~**er Wettbewerb** competencia desleal; **unleserlich** *adj* ilegible
unliebsam *adj* desagradable
unlogisch *adj* ilógico; **unlösbar** *adj* **1.** (*nicht trennbar*) inseparable; (*Knoten*) imposible de desatar **2.** (*Aufgabe*) insoluble **3.** (*Substanz*) indisoluble; **unlöslich** *adj* **1.** (*nicht trennbar*) indisoluble **2.** (*Substanz*) insoluble
Unlust *f ohne Pl* desgana *f;* (*Abneigung*) aversión *f;* **mit** ~ a disgusto
unmäßig *adj* desmesurado, excesivo
Unmenge *f* <-n> gran cantidad *f* (*an/von* de)
Unmensch *m* <-en, -en> (*abw*) bestia *f,* monstruo *m;* **unmenschlich** *adj* **1.** (*Person, Verhalten*) inhumano; (*grausam*) cruel **2.** (*menschenunwürdig*) indigno de un ser humano **3.** (*unerträglich*) atroz, monstruoso
unmerklich *adj* imperceptible; **es ist** ~ **dunkler geworden** se ha hecho imperceptiblemente de noche; **unmissverständlich**[RR], **unmißverständlich** **I.** *adj* inequívoco, claro **II.** *adv* rotundamente
unmittelbar *adj* **1.** (*direkt*) directo **2.** (*zeitlich*) inmediato; ~ **danach** inmediatamente después; ~ **bevorstehen** ser inminente
unmodern *adj* pasado de moda; **unmöglich** **I.** *adj* imposible; (*nicht tragbar*) inadmisible; (*ausgefallen*) raro; **er benimmt sich** ~ su comportamiento es inadmisible **II.** *adv* (*fam: auf keinen Fall*) de ninguna manera; **Unmöglichkeit** *f ohne Pl* imposibilidad *f;* **ein Ding der** ~ algo imposible; **unmoralisch** *adj* inmoral; **unmotiviert** *adj* **1.** (*grundlos*) sin motivo, injustificado **2.** (*nicht motiviert*) falto de motivación; **unmündig** *adj* **1.** (*minderjährig*) menor de edad **2.** (*unselbständig*) inmaduro; **unmusikalisch** *adj* que no tiene talento musical
Unmut *m ohne Pl* <-(e)s> (*geh*) **1.** (*Missfallen*) descontento *m* **2.** (*Ärger*) disgusto *m*
unnachahmlich *adj* inimitable; (*einzigartig*)

U

único

unnachgiebig *adj* (*Person*) intransigente; (*Material*) inflexible

unnahbar *adj* (*Person*) inaccesible

unnatürlich *adj* **1.** (*nicht natürlich*) poco natural; (*künstlich*) artificial **2.** (*gekünstelt*) afectado; **unnormal** *adj* anormal; **unnötig** **I.** *adj* innecesario **II.** *adv* sin necesidad

unnötigerweise *adv* innecesariamente

unnütz *adj* inútil

UNO *f Akr. von* **United Nations Organization** ONU *f*

unordentlich *adj* desordenado; (*Kleidung*) descuidado, chasco *Am;* **Unordnung** *f ohne Pl* desorden *m;* (*Durcheinander*) confusión *f;* **etw in ~ bringen** poner algo en desorden, desacomodar algo *Arg*

unparteiisch *adj* imparcial; **unpassend** *adj* (*Zeitpunkt*) inoportuno; (*Bemerkung*) inconveniente; **unpassierbar** *adj* intransitable; **unpersönlich** *adj* (*a.* LING) impersonal; **unpolitisch** *adj* apolítico; **unpraktisch** *adj* poco práctico; **unproblematisch** *adj* poco problemático; **unproduktiv** *adj* improductivo; **unpünktlich** *adj* impuntual; **unrasiert** *adj* sin afeitar

Unrat *m ohne Pl* <-(e)s> (*geh*) inmundicias *fpl*

unrealistisch *adj* no realista; **unrecht** *adj* **1.** (*geh: falsch*) equivocado; (*verwerflich*) reprochable **2.** (*unpassend*) inoportuno **3.** (*Wend*): **jdm ~ tun** ser injusto con alguien; **Unrecht** *nt ohne Pl* <-(e)s> injusticia *f;* **zu ~** injustamente; **jdm ~ geben** descalificar la opinión de alguien; **im ~ sein** (*sich irren*) estar equivocado; (*im Rechtsstreit*) no tener razón; **unrechtmäßig** *adj* ilegal; (*illegitim*) ilegítimo; **unregelmäßig** *adj* irregular; **unreif** *adj* (*Person*) inmaduro; (*Obst*) verde; **unrein** *adj* (*a.* REL) impuro; (*schmutzig*) sucio; **unrentabel** *adj* poco rentable; **unrichtig** *adj* incorrecto; (*falsch*) falso

Unruhe *f ohne Pl* **1.** (*mangelnde Ruhe*) inquietud *f;* (*Lärm*) alboroto *m;* **~ stiften** causar alboroto **2.** (*ständige Bewegung*) agitación *f* **3.** (*Besorgnis*) preocupación *f;* (*innere ~*) desasosiego *m* **4.** *Pl* (*Krawalle*) disturbios *mpl*

Unruhestifter(in) *m(f)* (*abw*) pendenciero, -a *m, f,* buscapleitos *mf inv Am*

unruhig *adj* **1.** (*nicht ruhig*) inquieto; (*Meer*) agitado **2.** (*laut*) ruidoso **3.** (*nicht gleichmäßig*) irregular; (*Zeiten*) turbulento **4.** (*besorgt*) preocupado; (*innerlich*) desasosegado; **~ auf und ab gehen** caminar ansiosamente de aquí para allá

uns **I.** *pron pers dat/akk von s.* **wir** nos; (*betont*) a nosotros/nosotras ... (nos); (*mit Präposition*) nosotros/nosotras; **wie lange haben wir ~ nicht gesehen?** ¿cuánto hace que no nos hemos visto?; **~ ist es egal** a nosotros/nosotras nos da igual; **ist das für ~?** ¿es para nosotros?; **ein Freund von ~** un amigo nuestro; **~ gehört das nicht** esto no es nuestro; **an ~ soll es nicht liegen** por nosotros que no quede; **unter ~ gesagt ...** que quede entre nosotros... **II.** *pron refl dat/akk von s.* **wir** nos; **wir kümmern ~ schon darum** nos ocuparemos de ello

unsachgemäß *adj* inadecuado; **etw ~ behandeln** usar algo inadecuadamente; **unsachlich** *adj* subjetivo; **werden Sie nicht ~!** ¡aténgase a los hechos!; **unsagbar** *adj* indecible; (*unbeschreiblich*) indescriptible; (*Schmerzen*) atroz; **unsanft** *adj* rudo; **unsauber** *adj* **1.** (*schmutzig*) sucio **2.** (*nachlässig*) inexacto; **~ arbeiten** hacer chapuzas **3.** (*Geschäfte*) turbio; **unschädlich** *adj* inofensivo; (*für den Menschen*) no dañino; **etw ~ machen** hacer algo inofensivo; **jdn ~ machen** (*fam*) eliminar a alguien del mapa; **unscharf** *adj* **1.** (FOTO) borroso **2.** (*ungenau*) impreciso; (*Erinnerung*) borroso; **unschätzbar** *adj* incalculable

unscheinbar *adj* **1.** (*unwichtig*) insignificante **2.** (*unauffällig*) poco llamativo **3.** (*bescheiden*) modesto

unschlagbar *adj* invencible, imbatible; **unschlüssig** *adj* indeciso; **sich** *dat* **über etw ~ sein** no poder tomar una decisión respecto a algo

Unschuld *f ohne Pl* **1.** (*a.* JUR) inocencia *f;* **jds ~ beweisen** probar la inocencia de alguien; **die ~ vom Lande sein** ser la inocencia en persona; **in aller ~ etw sagen** decir algo con la mayor inocencia **2.** (*Jungfräulichkeit*) virginidad *f*

unschuldig *adj* **1.** (*a.* JUR) inocente (*an* de); **für ~ erklären** declarar inocente **2.** (*jungfräulich*) virgen

Unschuldsmiene *f* cara *f* de inocente

unselbständig *adj,* **unselbstständig**[RR] *adj* dependiente; **~e Arbeit** trabajo asalariado; **er ist so ~** no puede hacer nada solo

unselig *adj* (*geh*) desdichado

unser *pron pers gen von* **wir** de nosotros/nosotras

unser, unsere, unser *pron poss* (*adjektivisch*) nuestro *m,* nuestra *f,* nuestros *mpl,* nuestras *fpl;* **~ Leben** nuestra vida; **uns(e)re Zeit/Verwandten/Briefe** nuestro tiempo/nuestros parientes/nuestras cartas

unsere(r, s) *pron poss* (*substantivisch*) (el) nuestro *m,* (la) nuestra *f,* (los) nuestros *mpl,* (las) nuestras *fpl;* **der rote Koffer ist ~r** la maleta roja es (la) nuestra; **wir tun das U~** hacemos lo nuestro; *s. a.* **unser, unsere,**

unser

unsereiner *pron indef* uno, (personas como) nosotros; ~ **hat es nicht leicht** uno no lo tiene fácil

unsereins *pron indef* (*fam*) *s.* **unsereiner**

unsererseits *adv* de nuestra parte

unseresgleichen *pron indef* de nuestra condición

unseretwegen *adv* por nosotros; (*negativ*) por nuestra culpa; **unseretwillen** *adv:* **um** ~ por nosotros

unseriös *adj* **1.** (*Geschäfte*) dudoso **2.** (*Person*) poco cabal **3.** (*Studie*) poco serio

unsertwegen *adv s.* **unseretwegen**

unsertwillen *adv s.* **unseretwillen**

unsicher *adj* **1.** (*gefährlich*) inseguro, peligroso **2.** (*ungewiss*) incierto; (*zweifelhaft*) dudoso **3.** (*nicht selbstbewusst, ungeübt*) inseguro; **du machst mich ganz** ~ me pones nervioso **4.** (*gefährdet*) inestable

Unsicherheit *f* <-en> inseguridad *f;* (*Ungewissheit*) incertidumbre *f;* **Unsicherheitsfaktor** *m* factor *m* de inseguridad

unsichtbar *adj* invisible (*für* a)

Unsinn *m ohne Pl* <-(e)s> **1.** (*fehlender Sinn*) absurdo *m* **2.** (*Unfug*) tonterías *fpl,* macana *f Am;* **red/mach keinen** ~ no digas/hagas tonterías

unsinnig *adj* absurdo

Unsitte *f* <-n> mala costumbre *f*

unsittlich *adj* deshonesto; (*unmoralisch*) inmoral; **jdn** ~ **berühren** manosear a alguien; **unsozial** *adj* antisocial; **unsportlich** *adj* **1.** (*Person*) poco deportivo **2.** (*unfair*) antideportivo

unsre(r, s) *pron poss s.* **unser, unsere(r, s)**

unsrerseits *adv s.* **unsererseits**

unsresgleichen *pron indef s.* **unseresgleichen**

unsrige *pron poss geh für* **unsere(r, s): der/die/das** ~ el nuestro/la nuestra; **die** ~**n** los nuestros/las nuestras

unsterblich *adj* inmortal; ~ **verliebt** locamente enamorado; **Unsterblichkeit** *f ohne Pl* inmortalidad *f*

Unstimmigkeit *f* <-en> **1.** (*Ungenauigkeit*) imprecisión *f* **2.** (*Meinungsverschiedenheit*) divergencias *fpl*

Unsumme *f* <-n> dineral *m fam*

unsymmetrisch *adj* asimétrico; **unsympathisch** *adj* antipático; **er ist mir** ~ me resulta antipático

untad(e)lig *adj* impecable

Untat *f* <-en> hecho *m* atroz; (*Verbrechen*) crimen *m*

untätig *adj* inactivo; ~ **zusehen** mirar pasivamente

untauglich *adj* (*Gerät*) no apto (*für* para); (*Person*) inepto (*für* para); (*für den Militärdienst*) inútil; **unteilbar** *adj* indivisible

unten *adv* **1.** (*tief*) abajo; **dort/da** ~ allí/allá abajo; **nach** ~ hacia abajo; **von** ~ de abajo; **von oben bis** ~ de arriba a abajo; **rechts** ~ abajo a la derecha **2.** (*Ende, Unterseite*) en la parte de abajo; **mit dem Gesicht nach** ~ boca abajo **3.** (*im Text*): **siehe** ~ véase abajo; **weiter** ~ más adelante **4.** (*Hierarchie*): **sie hat ganz** ~ **angefangen** empezó abajo de todo **5.** (*fam: im Süden*) en el sur **6.** (*Wend*): **wir sind bei ihm** ~ **durch** (*fam*) ya no quiere saber nada más de nosotros; **untenerwähnt** *adj s.* **erwähnen; untengenannt** *adj s.* **nennen I.3.**

unter I. *präp +dat* **1.** (*unterhalb*) debajo de, bajo **2.** (*inmitten*) entre; **er ist einer** ~ **vielen** es uno entre muchos; ~ **anderem** entre otras cosas; ~ **Freunden** entre amigos; **wir sind hier ganz** ~ **uns** aquí estamos completamente solos; **das bleibt** ~ **uns** esto queda entre nosotros; ~ **uns gesagt** dicho en confianza **3.** (*weniger als*) menos de; **Kinder** ~ **12 Jahren** niños menores de 12 años; ~ **dem Durchschnitt** por debajo del promedio **4.** (*Art und Weise*): ~ **Tränen** llorando; ~ **der Bedingung, dass ...** a condición de que... *+subj;* ~ **allen Umständen** en todo caso; ~ **Vorbehalt** con reservas; ~ **falschem Namen** con nombre falso **5.** (*Zustand*) bajo; ~ **Strom** bajo corriente; **das Haus steht** ~ **Denkmalschutz** la casa es patrimonio nacional **6.** (*Unterordnung*) bajo; **sie hat mehrere Mitarbeiter** ~ **sich** *dat* tiene a varios colaboradores a su cargo; ~ **seiner Leitung** bajo su dirección **7.** (*Zuordnung*) bajo; ~ **dem Motto ...** bajo el lema...; **was verstehen Sie** ~ **...?** ¿qué entiende Ud. por...? **II.** *präp +akk* (*Richtung*): **er nahm das Paket** ~ **den Arm** tomó el paquete bajo el brazo; **die Temperaturen sinken** ~ **Null** las temperaturas bajan por debajo de cero grados

Unterarm *m* <-(e)s, -e> antebrazo *m*

unterbelichten* *vt* (FOTO) subexponer; **unterbewerten*** *vt* infravalorar

unterbewusst^RR *adj,* **unterbewußt** *adj* subconsciente; **etw** ~ **ahnen** intuir algo; **Unterbewusstsein**^RR *nt ohne Pl* <-s>, **Unterbewußtsein** *nt ohne Pl* <-s> (PSYCH) subconsciente *m*

unterbezahlt *adj* insuficientemente retribuido

unterbieten* *irr vt* **1.** (*Konkurrenten*) ofrecer a precio más bajo; (*Preis*) rebajar más que los demás (*um* por) **2.** (*Rekord*) batir (*um* por); **die Aufführung ist nicht zu** ~ la función no podía ser peor

unterbinden* *irr vt* impedir; (*verhindern*) prevenir

unterbleiben* *irr vi sein* (*nicht geschehen*) no suceder; (*aufhören*) acabar; (*sich nicht* *wiederholen*) no repetirse; **das wäre besser unterblieben** mejor que no hubiese sucedido

unterblieben *pp von* **unterbleiben**

unterboten *pp von* **unterbieten**

unterbrechen* *irr vt* interrumpir; (*Stromzufuhr*) cortar

Unterbrechung *f* <-en> interrupción *f;* (*der Stromversorgung*) corte *m;* **ohne ~** sin interrupción

unterbreiten* *vt* (*geh*): **jdm etw ~** presentar algo a alguien

unter|bringen *irr vt* **1.** (*verstauen*) meter **2.** (*einquartieren*) alojar **3.** (*fam: Stellung beschaffen*) acomodar

Unterbringung *f* <-en> alojamiento *m*

unterbrochen *pp von* **unterbrechen**

unterbunden *pp von* **unterbinden**

unterderhand *adv s.* **Hand**

unterdessen *adv* mientras tanto

Unterdruck[1] *m* <-(e)s, -drücke> (PHYS, TECH) presión *f* hipoatmosférica

Unterdruck[2] *m ohne Pl* <-(e)s> (MED) baja presión *f*

unterdrücken* *vt* **1.** (*Gefühle, Aufstand*) reprimir; (*Seufzer, Tränen*) contener **2.** (*Information*) ocultar **3.** (*Menschen*) oprimir

Unterdrückung *f* <-en> **1.** (*von Gefühlen, Aufstand*) represión *f* **2.** (*von Informationen*) supresión *f* **3.** (*von Menschen*) opresión *f*

untere(r, s) *adj* inferior, bajo

untereinander *adv* **1.** (*räumlich*) uno debajo del otro **2.** (*miteinander*) entre sí; (*gegenseitig*) mutuamente; **das können wir ~ ausmachen** esto lo podemos fijar entre nosotros

unterentwickelt *adj* **1.** (*geistig und körperlich*) atrasado **2.** (POL) subdesarrollado; **unterernährt** *adj* desnutrido; **Unterernährung** *f ohne Pl* desnutrición *f*

Unterführung *f* <-en> paso *m* subterráneo

Unterfunktion *f* <-en> (MED) hipofunción *f*

Untergang *m* <-(e)s, -gänge> **1.** (*von Schiffen*) naufragio *m* **2.** (*von Gestirnen*) puesta *f* **3.** (*Verderb*) ruina *f;* (*von Kulturen*) extinción *f;* (*von Reichen*) caída *f*

Untergebene(r) *mf* <-n, -n; -n> subalterno, -a *m, f*

unter|gehen *irr vi sein* **1.** (*Schiff*) naufragar **2.** (*Gestirn*) ponerse **3.** (*zugrunde gehen*) desmoronarse; (*Kultur*) extinguirse; (*Reich*) caer **4.** (*Ruf*) perderse (*in* en)

untergeordnet *adj* subordinado; (*zweitrangig*) secundario

Untergeschoss[RR] *nt* <-es, -e> piso *m* bajo

Untergewicht *nt ohne Pl* <-(e)s> falta *f* de peso

untergliedern* *vt* (sub)dividir (*in* en)

Untergrund *m ohne Pl* <-(e)s> **1.** (AGR) subsuelo *m* **2.** (*Hintergrund*) fondo *m* **3.** (POL) clandestinidad *f;* **in den ~ gehen** pasar a la clandestinidad; **Untergrundbahn** *f* metro *m;* **Untergrundorganisation** *f* (POL) organización *f* clandestina

unterhalb *präp +gen* por debajo de

Unterhalt *m ohne Pl* <-(e)s> **1.** (*Lebens~*) sustento *m;* **für jds ~ aufkommen** mantener a alguien **2.** (*~szahlungen*) alimentos *mpl* **3.** (*Instandhaltung*) manutención *f*

unterhalten* *irr* **I.** *vt* **1.** (*versorgen*) mantener **2.** (*Bauwerk*) conservar **3.** (*Pension*) llevar **4.** (*Kontakte*) mantener **5.** (*vergnügen*) entretener **II.** *vr:* **sich ~** (*sprechen*) hablar (*über* sobre/de), versar (*über* sobre/acerca de) *MAm, Ant*

unterhaltsam *adj* entretenido

Unterhaltsanspruch *m* (JUR) derecho *m* a alimentos; **unterhaltsberechtigt** *adj* con derecho a alimentos; **jdm gegenüber ~ sein** tener derecho a manutención por parte de alguien; **Unterhaltsberechtigte(r)** *mf* <-n, -n; -n> alimentista *mf;* **Unterhaltskosten** *pl* **1.** (*für Unterhaltsberechtigte*) costes *mpl* de manutención **2.** (*für Gebäude, Anlagen*) costes *mpl* de conservación **3.** (*für Fahrzeuge*) costes *mpl* de mantenimiento; **Unterhaltspflicht** *f ohne Pl* deber *m* de manutención; **Unterhaltszahlung** *f* pago *m* de alimentos

Unterhaltung[1] *f ohne Pl* (*das Instandhalten*) mantenimiento *m*

Unterhaltung[2] *f* <-en> **1.** (*Gespräch*) conversación *f* (*über* sobre/de); **eine ~ mit jdm führen** conversar con alguien **2.** (*Vergnügen*) entretenimiento *m;* **wir wünschen angenehme ~** esperamos que lo pasen bien

Unterhaltungsindustrie *f* industria *f* de productos recreativos

Unterhändler(in) *m(f)* <-s, -; -nen> (POL) negociador(a) *m(f)*

Unterhaus *nt* <-es, -häuser> (POL) cámara *f* baja

Unterhemd *nt* <-(e)s, -en> camiseta *f*

Unterholz *nt ohne Pl* <-es> mata *f*

Unterhose *f* <-n> (*für Herren*) calzoncillos *mpl,* bombacha *f CSur;* (*für Damen*) bragas *fpl*

unterirdisch *adj* subterráneo

unter|jubeln *vt* (*fam*): **jdm etw ~** encajarle algo a alguien

Unterkiefer *m* <-s, -> mandíbula *f* inferior

unter|kommen *irr vi sein* **1.** (*Unterkunft finden*) alojarse (*bei/in* en) **2.** (*fam: Arbeit finden*) colocarse (*bei/in* en) **3.** (*reg: begegnen*) pasar

unter|kriegen *vt* (*fam*) doblegar; **lass dich nicht ~** no te dejes doblegar

unterkühlen* **I.** *vt* **1.** (*Temperatur senken*)

congelar **2.** (TECH) sobreenfriar **II.** *vr:* **sich** ~ (*fam*) congelarse; **Unterkühlung** *f* <-en> **1.** (MED) enfriamiento *m* **2.** (TECH) sobrefusión *f*

Unterkunft *f* <-künfte> alojamiento *m;* ~ **und Verpflegung** casa y comida

Unterlage *f* <-n> **1.** (*Schreib~*) carpeta *f;* (*Kissen*) cojín *m* **2.** *Pl* (*Dokumente*) documentos *mpl* **3.** (*Grundlage*) base *f*

UnterlassRR *m,* **Unterlaß** *m:* **ohne** ~ sin parar

unterlassen* *irr vt* **1.** (*absichtlich nicht tun*) dejar, abstenerse (de); ~**e Hilfeleistung** denegación de auxilio **2.** (*versäumen*) omitir

unterlaufen*[1] *irr* **I.** *vi sein:* **jdm unterläuft ein Fehler/ein Irrtum** alguien comete una falta/un error **II.** *vt* (*Hindernis*) esquivar; (*Zensur*) burlar; (*Gesetz*) infringir

unterlaufen[2] *adj:* **mit Blut** ~ inyectado de sangre

unterlegen[1] *adj* inferior; **jdm (zahlenmäßig)** ~ **sein** ser inferior a alguien (en número)

unterlegen*[2] **I.** *pp von* **unterliegen II.** *vt* (*mit Musik*) acompañar (*mit* de)

unter|legen[3] *vt* **1.** (*unterschieben*) poner [*o* colocar] algo por debajo **2.** (*verdrehen*) atribuir; **jdm etw** ~ atribuir algo a alguien

Unterleib *m* <-(e)s, -e> bajo vientre *m*

unterliegen* *irr vi* **1.** *sein* (*verlieren*) perder (contra); (*Versuchung, Krankheit*) sucumbir (a) **2.** (*unterworfen sein*) estar sujeto (+*dat* a)

Unterlippe *f* <-n> labio *m* inferior

unterm (*fam*) = **unter dem** *s.* **unter**

untermauern* *vt* (*Gebäude, Behauptung*) fundamentar

Untermenü *nt* <-s, -s> (INFOR) submenú *m*

Untermiete *f ohne Pl* subarriendo *m;* **bei jdm zur** ~ **wohnen** ser subinquilino de alguien; **Untermieter(in)** *m(f)* <-s, -; -nen> subinquilino, -a *m, f*

unter|mischen *vt* añadir, mezclar (con)

untern (*fam*) = **unter den** *s.* **unter**

unternehmen* *irr vt* hacer; (*Reise*) emprender; **etw zusammen** ~ salir y hacer algo juntos; **gegen jdn/etw Schritte** ~ hacer las gestiones convenientes contra alguien/algo

Unternehmen *nt* <-s, -> **1.** (*Vorhaben*) proyecto *m* **2.** (*Firma*) empresa *f*

Unternehmensberater(in) *m(f)* asesor(a) *m(f)* de empresas; **Unternehmensspitze** *f* altos directivos *mpl*

Unternehmer(in) *m(f)* <-s, -; -nen> empresario, -a *m, f*

Unternehmungsgeist *m ohne Pl* <-(e)s> iniciativa *f;* **unternehmungslustig** *adj* emprendedor, vivo

unternommen *pp von* **unternehmen**

Unteroffizier *m* <-(e)s, -e> (MIL) suboficial *m*

unter|ordnen I. *vt* someter **II.** *vr:* **sich** ~ someterse

Unterredung *f* <-en> entrevista *f;* **eine** ~ **mit jdm haben** entrevistarse con alguien

unterrepräsentiert *adj* representado en minoría

Unterricht *m* <-(e)s, -e> (*das Unterrichten*) enseñanza *f;* (*~sstunde*) clase *f;* **jdm** ~ **geben** dar clases a alguien; ~ **haben** tener clases

unterrichten* *vt* **1.** (*Fach*) dar clase(s) (de); (*Schüler*) dar clase(s) (a); **Deutsch** ~ dar clases de alemán **2.** (*informieren*) informar (*über* sobre, *von* de)

Unterrock *m* <-(e)s, -röcke> enaguas *fpl*

unters (*fam*) = **unter das** *s.* **unter**

untersagen* *vt* prohibir

Untersatz *m* <-es, -sätze> platillo *m;* (*für Gläser*) posavasos *m inv;* **ein fahrbarer** ~ (*fam*) *coche, bicicleta u otro vehículo*

unterschätzen* *vt* subestimar

unterscheiden* *irr* **I.** *vt* distinguir (*von* de); **woran kann man sie** ~**?** ¿cómo se les puede diferenciar? **II.** *vi* hacer una distinción (*zwischen* entre) **III.** *vr:* **sich** ~ distinguirse (*von* de)

Unterscheidung *f* <-en> distinción *f*

Unterschenkel *m* <-s, -> pantorrilla *f;* **Unterschicht** *f* <-en> capa *f* inferior

Unterschied *m* <-(e)s, -e> diferencia *f* (*zwischen* entre); (*Unterscheidung*) distinción *f* (*zwischen* entre); **einen** ~ **machen** hacer una distinción; **das macht keinen** ~ esto no cambia nada; **im** ~ **zu etw** *dat/* **jdm** a diferencia de algo/alguien; **mit dem** ~**, dass ...** con la diferencia de que...; **das ist ein gewaltiger** ~ hay una gran diferencia

unterschieden *pp von* **unterscheiden**

unterschiedlich *adj* distinto, diferente; ~ **groß sein** ser de distinto tamaño; ~ **reagieren** reaccionar de diferente manera

unter|schlagen[1] *irr vt* (*Arme, Beine*) cruzar

unterschlagen*[2] *irr vt* **1.** (*Geld*) malversar; (*Brief*) interceptar **2.** (*verschweigen*) ocultar

Unterschlagung *f* <-en> **1.** (*von Geld*) malversación *f* (de fondos) **2.** (*von Informationen*) supresión *f*

Unterschlupf *m* <-(e)s, -e> refugio *m;* (*Versteck*) guarida *f*

unterschreiben* *irr vt* firmar

unterschrieben *pp von* **unterschreiben**

Unterschrift *f* <-en> firma *f;* ~**en sammeln** recoger firmas; **Unterschriftensammlung** *f* recogida *f* de firmas

unterschwellig *adj* subliminal

Unterseeboot *nt* (*a.* MIL) submarino *m*

Unterseite *f* <-n> parte *f* inferior

untersetzt *adj* robusto

unterstanden *pp von* **unterstehen**

unterste(r, s) *adj superl von* **untere(r, s)**

unterstehen* *irr* **I.** *vi* (*unterliegen*) estar sujeto (a); **jdm** ~ estar subordinado a alguien; (MIL) estar bajo las órdenes de alguien **II.** *vr:* **sich** ~ **etw zu tun** atreverse a hacer algo

unter|stellen[1] **I.** *vt* (*abstellen*) dejar (*in* en), poner (*in* en) **II.** *vr:* **sich** ~ refugiarse (*in* en)

unterstellen*[2] *vt* **1.** (*annehmen*) suponer; **wir wollen einmal ~, dass ...** supongamos que... **2.** (*unterordnen*) subordinar (a), poner bajo el mando (de) **3.** (*unterschieben*) atribuir (falsamente)

Unterstellung *f* <-en> **1.** (*Unterordnung*) subordinación *f* **2.** (*falsche Behauptung*) imputación *f*

unterstreichen* *irr vt* **1.** (*Strich ziehen*) subrayar **2.** (*betonen*) poner de relieve

unterstrichen *pp von* **unterstreichen**

Unterstufe *f* <-n> (SCH) *cursos de 5º a 8º de EGB*

unterstützen* *vt* **1.** (*Beistand leisten*) apoyar (*bei/in* en); (*helfen*) ayudar (*bei* en) **2.** (*fördern*) fomentar (*bei* en); (*mit Geld*) subvencionar

Unterstützung *f* <-en> apoyo *m;* (*Hilfe*) ayuda *f;* (*finanziell*) subvención *f*

untersuchen* *vt* **1.** (*analysieren*) analizar; (*wissenschaftlich*) investigar **2.** (*prüfen*) controlar; (*Gelände, Gepäck*) inspeccionar **3.** (*Kranke*) examinar (*auf* de), chequear *Am;* **sich ärztlich ~ lassen** someterse a un examen médico

Untersuchung *f* <-en> **1.** (*Analyse*) análisis *m inv;* (*a.* JUR) investigación *f* **2.** (*Überprüfung*) inspección *f* **3.** (MED) examen *m* (médico); **sich einer ~ unterziehen** someterse a un examen médico; **Untersuchungsausschuss**[RR] *m* <-es, -schüsse> comisión *f* investigadora; **Untersuchungshaft** *f* prisión *f* preventiva; **in ~ sitzen** estar en prisión preventiva; **Untersuchungsrichter(in)** *m(f)* juez(a) *m(f)* instructor(a)

Untertan(in) *m(f)* <-s *o* -en, -en; -nen> súbdito, -a *m, f*

untertänig *adj* (*abw*) sumiso

Untertasse *f* <-n> platillo *m;* **fliegende** ~ (*tellerförmiges Ufo*) platillo volante

unter|tauchen **I.** *vi sein* **1.** (*Schwimmer, Vogel*) sumergirse **2.** (*verschwinden*) desaparecer; (POL) pasar a la clandestinidad; **bei Freunden** ~ esconderse en casa de amigos **II.** *vt* sumergir

Unterteil *nt* <-(e)s, -e> parte *f* inferior

unterteilen* *vt* subdividir (*in* en)

Untertitel *m* <-s, -> subtítulo *m*

Unterton *m* <-(e)s, -töne> **1.** (MUS) semitono *m* **2.** (*Beiklang*) matiz *m*

untertreiben* *irr vt* quitar importancia (a)

untertrieben *pp von* **untertreiben**

untervermieten* *vt* subarrendar

Unterwalden *nt* <-s> Unterwalden *m*

Unterwäsche *f ohne Pl* ropa *f* interior

unterwegs *adv* **1.** (*auf dem Weg*) en camino; (*auf Reisen*) de viaje; ~ **nach ...** camino de ...; **ich bin ~ zu dir** voy hacia tu casa; **bei ihr ist ein Kind ~** (*fam*) está embarazada **2.** (*während der Reise*) en el camino; **für** ~ para el camino

unterweisen* *irr vt* (*geh*) instruir (*in* en)

Unterwelt *f ohne Pl* mundo *m* del hampa

unterwerfen* *irr* **I.** *vt* **1.** (*Volk, Gebiet*) someter **2.** (*einer Kontrolle*) someter; **etw** *dat* **unterworfen sein** estar sujeto a algo **II.** *vr:* **sich** ~ someterse

Unterwerfung *f* <-en> sumisión *f*

unterwiesen *pp von* **unterweisen**

unterworfen *pp von* **unterwerfen**

unterwürfig *adj* (*abw*) sumiso

unterzeichnen* *vt* firmar

Unterzeichner(in) *m(f)* <-s, -; -nen> (*Dokument*) firmante *mf;* (*Vertrag*) (parte *f*) contratante *mf*

unter|ziehen[1] *irr vt* **1.** (*Kleidung*) poner(se) por debajo (*unter* de) **2.** (GASTR) incorporar

unterziehen*[2] *irr* **I.** *vt* someter a; **etw einer Qualitätskontrolle ~** someter algo a un control de calidad; **etw einer Prüfung ~** examinar algo **II.** *vr:* **sich** ~ someterse (+*dat* a)

unterzogen *pp von* **unterziehen**[2]

Untiefe *f* <-n> **1.** (*seichte Stelle*) bajío *m* **2.** (*Tiefe*) abismo *m*

Untier *nt* <-(e)s, -e> bestia *f*

untragbar *adj* **1.** (*nicht finanzierbar*) incosteable **2.** (*unerträglich*) insostenible; **untrennbar** *adj* inseparable; **untreu** *adj* infiel; **jdm ~ werden** ser infiel a alguien; **sich** *dat* **selbst ~ werden** apartarse de sus principios; **Untreue** *f ohne Pl* **1.** (*gegenüber Menschen*) infidelidad *f* **2.** (JUR) desfalco *m;* **untröstlich** *adj* desconsolado (*über* por); **ich bin ~** estoy profundamente desconsolado

Untugend *f* <-en> mala costumbre *f*

untypisch *adj* atípico; **unüberlegt** *adj* imprudente; ~ **handeln** actuar sin pensar; **unübersehbar** *adj* **1.** (*groß*) inmenso; (*nicht zu übersehen*) que salta a la vista **2.** (*nicht abschätzbar*) incalculable; **unübersichtlich** *adj* poco claro; (*komplex*) complejo

unübertrefflich *adj* insuperable

unübertroffen *adj* sin par

unüberwindlich *adj* (*Gegner*) invencible; (*Gegensätze, Probleme*) insuperable

unüblich *adj* poco común; (*stärker*) fuera de lo común

unumgänglich *adj* indispensable

unumschränkt *adj* ilimitado; (*Macht*) absoluto

unumstößlich *adj* irrevocable; ~ **feststehen** ser irrevocable

unumstritten *adj* indiscutido; **ununterbrochen I.** *adj* ininterrumpido; (*durchgehend*) continuo **II.** *adv* sin parar; **unveränderlich** *adj* invariable; **unverändert I.** *adj* inalterado; (*beständig*) estable **II.** *adv* como siempre; **unverantwortlich** *adj* irresponsable

unverbesserlich *adj* incorregible

unverbindlich *adj* **1.** (*nicht bindend*) sin compromiso; **etw ~ anfordern** pedir algo sin ningún compromiso **2.** (*reserviert*) reservado; **unverbleit** *adj* sin plomo; **unverblümt I.** *adj* franco **II.** *adv* sin rodeos; **unverdaulich** *adj* indigesto; **unverdorben** *adj* **1.** (*Ware*) en buen estado; (*Speise*) fresco **2.** (*sittlich*) incorrupto; **unverdrossen** *adj* incansable; **unvereinbar** *adj* incompatible; **unverfälscht** *adj* auténtico; **unverfänglich** *adj* inofensivo

unverfroren *adj* descarado

unvergänglich *adj* eterno; **unvergesslich**[RR] *adj*, **unvergeßlich** *adj* inolvidable

unvergleichlich *adj* incomparable; (*einzigartig*) único

unverhältnismäßig *adj* desproporcionado; (*maßlos*) desmesurado; **unverheiratet** *adj* soltero

unverhofft *adj* inesperado; (*zufällig*) casual

unverhüllt *adj* **1.** (*offensichtlich*) evidente; (*Wahrheit*) escueto **2.** (*offen*) abierto; **unverkäuflich** *adj* **1.** (*nicht zum Verkauf bestimmt*) fuera de venta **2.** (*nicht zum Verkauf geeignet*) invendible

unverkennbar *adj* (*eindeutig*) evidente; (*nicht zu verwechseln*) inconfundible; **es ist ~, dass ...** es obvio que... *+subj*

unvermeidbar *adj*, **unvermeidlich** *adj* inevitable; **unvermindert** *adj* constante; **~ anhalten** seguir; **mit ~er Härte** con la misma dureza

unvermittelt I. *adj* súbito **II.** *adv* de repente

Unvermögen *nt ohne Pl* <-s> incapacidad *f*; (*fachlich*) incompetencia *f*

unvermutet *adj* imprevisto

Unvernunft *f ohne Pl* falta *f* de juicio; **unvernünftig** *adj* insensato

unveröffentlicht *adj* inédito

unverrichteterdinge *adv* sin haber logrado nada

unverschämt *adj* **1.** (*Benehmen, Mensch*) desvergonzado, pechugón *Am* **2.** (*fam: außerordentlich*) extraordinario; (*Preis*) exorbitante; **Unverschämtheit** *f* <-en> desfachatez *f*, pechuga *f Am*; **die ~ besitzen etw zu tun** tener la desfachatez de hacer algo

unverschuldet *adj* **1.** (*Unfall*) no causado por uno mismo **2.** (FIN) libre de deudas

unversehens *adv* de repente

unversehrt *adj* **1.** (*Person*) sano y salvo **2.** (*Ding*) intacto; **unversöhnlich** *adj* irreconciliable; **unverständlich** *adj* **1.** (*nicht hörbar*) inaudible **2.** (*nicht begreifbar*) incomprensible; **Unverständnis** *nt ohne Pl* <-ses> falta *f* de comprensión

unversucht *adj*: **nichts ~ lassen** no omitir esfuerzos (*um* para)

unverträglich *adj* **1.** (*streitsüchtig*) pleitista **2.** (*unverdaulich*) indigesto **3.** (*unvereinbar*) incompatible; **unverwechselbar** *adj* inconfundible; **unverwundbar** *adj* invulnerable; **unverwüstlich** *adj* **1.** (*Dinge*) indestructible **2.** (*Mensch*) inquebrantable; **unverzeihlich** *adj* imperdonable; **unverzollt I.** *adj* libre de derechos (arancelarios) **II.** *adv* sin pagar derechos (arancelarios)

unverzüglich I. *adj* inmediato **II.** *adv* de inmediato

unvollendet *adj* inacabado; **unvollkommen** *adj* **1.** (*mit Schwächen*) imperfecto **2.** (*unvollständig*) incompleto; **unvollständig** *adj* incompleto; (*bruchstückhaft*) fragmentario; **unvorbereitet** *adj* no preparado (*auf* para); (*Rede*) improvisado; (*unversehens*) desprevenido; **unvoreingenommen** *adj* objetivo; **unvorhergesehen** *adj* imprevisto; **unvorsichtig** *adj* imprudente

unvorsichtigerweise *adv* por falta de cuidado

unvorstellbar *adj* inimaginable; (*unbegreiflich*) inconcebible; **unvorteilhaft** *adj* **1.** (*Kleidung*) poco favorecedor; **~ aussehen** lucir poco atractivo **2.** (*Geschäft*) poco ventajoso; **unwahr** *adj* falso

unwahrscheinlich *adj* **1.** (*kaum möglich*) improbable; **es ist ~, dass ...** es improbable que... *+subj* **2.** (*unglaubhaft*) inverosímil **3.** (*fam: groß, viel*) increíble

unwegsam *adj* intransitable

unweigerlich *adv* sin falta

unweit *präp +gen* no lejos de

Unwesen *nt ohne Pl* <-s> (*geh*) excesos *mpl*; **sein ~ treiben** cometer excesos

unwesentlich *adj* irrelevante; (*unbedeutend*) insignificante; **er ist nur ~ dicker als du** es sólo un poco más gordo que tú

Unwetter *nt* <-s, -> temporal *m*

unwichtig *adj* sin importancia; **das ist ~** eso no tiene importancia; **unwiderruflich** *adj* irrevocable; **es steht ~ fest, dass ...** es irrevocable que... *+subj*

unwiderstehlich *adj* irresistible

unwiederbringlich *adj* (*geh*) irrecuperable; (*Verlust*) irreparable

Unwille(n) *m ohne Pl* <-(n)s> (*geh*) indignación *f*; (*Ärger*) enojo *m*; **jds ~n erregen** provocar la indignación de alguien

unwillig I. *adj* indignado; (*ärgerlich*) enojado II. *adv* (*widerwillig*) de mala gana
unwillkommen *adj* inoportuno; **wir sind dort** ~ ahí nos reciben de mala gana; **unwillkürlich** *adj* involuntario; (*instinktiv*) instintivo; (*automatisch*) automático; **unwirklich** *adj* (*geh*) irreal; **unwirksam** *adj* inefectivo, ineficaz
unwirsch *adj* malhumorado; (*unfreundlich*) descortés
unwirtschaftlich *adj* no rentable
Unwissen *nt ohne Pl* <-s> ignorancia *f*
unwissend *adj* ignorante; (*unerfahren*) inexperto; (*Kind*) naiv
unwissentlich I. *adj* inconsciente II. *adv* sin querer; **unwohl** *adj* 1. (*gesundheitlich*) indispuesto 2. (*unbehaglich*) mal; **sich ~ fühlen** no estar a gusto
Unwohlsein *nt ohne Pl* <-s> malestar *m*
unwürdig *adj* indigno
Unzahl *f ohne Pl* sinnúmero *m* (de), montón *m* (de) *fam*
unzählig *adj* innumerable; **~e Mal** infinitas veces
unzähligemal *adv s.* **unzählig**
Unze *f* <-n> onza *f*
unzeitgemäß *adj* anacrónico; **unzerbrechlich** *adj* irrompible; **unzertrennlich** *adj* inseparable
Unzucht *f ohne Pl* (JUR) abusos *mpl* deshonestos; **~ mit Kindern** abuso de menores
unzüchtig *adj* impúdico; (*obszön*) obsceno; (*pornografisch*) pornográfico
unzufrieden *adj* descontento (*mit* de/con/por); **Unzufriedenheit** *f ohne Pl* descontento *m* (*mit* de/con/por)
unzugänglich *adj* inaccesible; **~ für etw sein** ser insensible a algo
unzulänglich *adj* (*geh*) insuficiente
unzulässig *adj* inadmisible; **unzumutbar** *adj* inaceptable; (*übertrieben*) desmedido; **unzurechnungsfähig** *adj* incapacitado mental; **jdn für ~ erklären** (JUR) declarar a alguien incapacitado mental; **unzusammenhängend** *adj* incoherente; **unzustellbar** *adj* de destinatario ignoto; **unzutreffend** *adj* falso; **U~es bitte streichen!** ¡táchese lo que no corresponda!; **unzuverlässig** *adj* (*Person*) de poca confianza; (*Wetter*) inestable; **~ sein** no ser de fiar; **Unzuverlässigkeit** *f ohne Pl* falta *f* de seriedad; (*Nachlässigkeit*) negligencia *f;* **unzweideutig** *adj* inequívoco
Update *nt* <-s, -s> (INFOR) 1. (*Updaten*) actualización *f* 2. (*aktualisierte Version*) versión *f* actualizada
üppig *adj* (*Vegetation*) exuberante; (*Essen*) abundante; **eine ~e Figur haben** ser gordito
Urabstimmung *f* <-en> referéndum *m* (de huelga)
uralt *adj* vetusto; (*Person*) viejísimo
Uran *nt ohne Pl* <-s> (CHEM) uranio *m*
urauf|führen *vt* estrenar; **Uraufführung** *f* <-en> estreno *m*
Urbild *nt* <-(e)s, -er> 1. (*Ursprung*) modelo *m* 2. (*Ideal*) prototipo *m*
ureigen *adj* propio
Ureinwohner(in) *m(f)* <-s, -; -nen> indígena *mf*
Urenkel(in) *m(f)* <-s, -; -nen> bisnieto, -a *m, f*
Urgeschichte *f ohne Pl* prehistoria *f*
Urgroßeltern *pl* bisabuelos *mpl;* **Urgroßmutter** *f* <-mütter> bisabuela *f;* **Urgroßvater** *m* <-s, -väter> bisabuelo *m*
Urheber(in) *m(f)* <-s, -; -nen> autor(a) *m(f);* **Urheberrecht** *nt* <-(e)s, -e> (JUR) derechos *mpl* de autor (*an* sobre); **urheberrechtlich** *adj* (JUR) concerniente a los derechos de autor; **~ geschützt** reservados los derechos de autor
Uri *nt* <-s> (GEO) Uri *m*
urig *adj* (*Mensch*) singular; (*urwüchsig*) castizo
Urin *m* <-s, -e> orina *f*
urinieren* *vi* orinar
Urknall *m ohne Pl* <-(e)s> big bang *m*
urkomisch *adj* graciosísimo
Urkunde *f* <-n> documento *m,* boleta *f SAm;* (*Bescheinigung*) certificado *m;* (*Akte*) acta *f;* **Urkundenfälschung** *f* falsificación *f* de documentos
urkundlich *adj* auténtico
Urlaub *m* <-(e)s, -e> vacaciones *fpl;* (MIL) licencia *f;* **bezahlter/unbezahlter** ~ vacaciones remuneradas/no remuneradas; **~ haben** tener vacaciones; **im ~ sein** estar de vacaciones; **er macht in Portugal** ~ está de vacaciones en Portugal
Urlauber(in) *m(f)* <-s, -; -nen> turista *mf;* (*Sommer~*) veraneante *mf*
Urlaubsgeld *nt* <-(e)s, -er> paga *f* (extra) de vacaciones; **urlaubsreif** *adj* (*fam*): **~ sein** necesitar unas vacaciones
Urne *f* <-n> urna *f;* **Urnengang** *m* <-(e)s, -gänge> elección *f*
Urologie *f ohne Pl* (MED) urología *f*
Uroma *f* <-s> (*fam*) bisabuela *f;* **Uropa** *m* <-s, -s> (*fam*) bisabuelo *m*
urplötzlich I. *adj* repentino II. *adv* de repente
Ursache *f* <-n> causa *f;* (*Beweggrund*) motivo *m;* (*Grund*) razón *f;* **keine ~!** ¡no hay de qué!
ursächlich *adj* causal
Ursprung *m* <-(e)s, -sprünge> origen *m;* (*Herkunft*) procedencia *f;* (*Anfang*) principio *m;* **seinen ~ in etw** *dat* **haben** tener su origen en algo

ursprünglich **I.** *adj* **1.** (*anfänglich*) inicial **2.** (*unverfälscht*) original; (*natürlich*) natural **II.** *adv* al principio

Urteil *nt* <-s, -e> **1.** (*Meinung*) opinión *f;* (*Beurteilung*) juicio *m;* **nach meinem ~** en mi opinión; **sich** *dat* **ein ~ über etw erlauben** permitirse opinar sobre algo; **ein ~ über jdn fällen** emitir un juicio sobre alguien; **sich** *dat* **ein ~ über jdn/etw bilden** formarse una idea de alguien/algo **2.** (JUR) sentencia *f,* fallo *m;* **das ~ über jdn sprechen** dictar sentencia sobre alguien

urteilen *vi* juzgar; (*meinen*) opinar; **nach seinem Aussehen zu ~ ...** a juzgar por su aspecto exterior...

Urteilsbegründung *f* <-en> considerandos *mpl;* **Urteilskraft** *f ohne Pl* juicio *m;* **Urteilsspruch** *m* <-(e)s, -sprüche> sentencia *f*

urtümlich *adj* primitivo

Uruguay *nt* <-s> Uruguay *m*

Uruguayer(in) *m(f)* <-s, -; -nen> uruguayo, -a *m, f*

uruguayisch *adj* uruguayo

Ururenkel(in) *m(f)* <-s, -; -nen> tataranieto, -a *m, f;* **Ururgroßmutter** *f* <-mütter> tatarabuela *f;* **Ururgroßvater** *m* <-s, -väter> tatarabuelo *m*

Urwald *m* <-(e)s, -wälder> selva *f*

urwüchsig *adj* de pura cepa, castizo; (*natürlich*) natural

Urzeit *f* <-en> tiempos *mpl* primitivos; (HIST) prehistoria *f;* **vor ~en** hace un montón de tiempo *fam;* **seit ~en** desde que el mundo existe

USA *f Abk. von* **United States of America** EE.UU. *mpl*

Usbeke, -in *m, f* <-n, -n; -nen> uzbeko, -a *m, f*

usbekisch *adj* uzbeko

Usbekistan *nt* <-s> Uzbekistán *m*

usw. *Abk. von* **und so weiter** etc.

Utensil *nt* <-s, -ien> utensilio *m*

Uterus *m* <-s, Uteri> (MED) útero *m*

Utopie *f* <-n> utopía *f*

utopisch *adj* utópico

u. U. *Abk. von* **unter Umständen** dado el caso

u. v. a.(m.) *Abk. von* **und viele(s) andere (mehr)** y mucho(s) más

UV-Strahlen *mpl* radiaciones *fpl* ultravioletas

V

V, v *nt* <-, -> V, v *f;* ~ **wie Viktor** V de Valencia

v. *Abk. von* **von** de

V **1.** *Abk. von* **Volt** V **2.** *Abk. von* **Volumen** vol.

Vagabund(in) *m(f)* <-en, -en; -nen> vagabundo, -a *m, f,* bagamán *m Kol, DomR*

vage *adj* vago, impreciso

Vagina *f* <Vaginen> (ANAT) vagina *f*

vaginal *adj* vaginal

Vaginen *Pl von* **Vagina**

Vakuum *nt* <-s, Vakua *o* Vakuen> vacío *m;* **vakuumverpackt** *adj* envasado al vacío

Valuta *f* <Valuten> (WIRTSCH, FIN) **1.** (*Währung*) moneda *f* extranjera **2.** (*Wertstellung*) (fijación *f* del) valor *m*

Vamp *m* <-s, -s> vampiresa *f*

Vampir *m* <-s, -e> vampiro *m*

Vanille *f ohne Pl* vainilla *f;* **Vanilleeis** *nt* helado *m* de vainilla; **Vanillezucker** *m* vainilla *f* azucarada

Variante *f* <-n> (*a.* LIT) variante *f*

Variation *f* <-en> (*a.* MUS, MATH, BIOL) variación *f*

Varieté *nt* <-s, -s>, **Varietee**[RR] *nt* <-s, -s> (espectáculo *m* de) variedades *fpl*

variieren* *vt, vi* variar

Vasall *m* <-en, -en> (*a. fig* HIST) vasallo, -a *m, f*

Vase *f* <-n> jarrón *m;* (*Blumen~*) florero *m*

Vater *m* <-s, Väter> padre *m;* **der Heilige** ~ el Santo Padre; **Vaterland** *nt* <-(e)s, -länder> (*geh*) patria *f*

väterlich *adj* **1.** (*vom Vater*) paterno **2.** (*wie ein Vater*) paternal

väterlicherseits *adv* por parte del padre; **meine Großeltern** ~ mis abuelos paternos

Vatermord *m* parricidio *m*

Vaterschaft *f* <-en> paternidad *f;* **Vaterschaftsklage** *f* (JUR) acción *f* de filiación

Vatertag *m* día *m* del padre

Vaterunser *nt* <-s, -> padrenuestro *m*

Vati *m* <-s, -s> (*fam*) papi *m,* tata *m Am*

Vatikan *m* <-s> Vaticano *m*

V-Ausschnitt *m* <-(e)s, -e> escote *m* de pico

v. Chr. *Abk. von* **vor Christus** a.C., a. de C.

Vegetarier(in) *m(f)* <-s, -; -nen> vegetariano, -a *m, f*

vegetarisch *adj* vegetariano

Vegetation *f* <-en> vegetación *f*

vegetativ *adj* (MED, BIOL) vegetativo

vegetieren* *vi* **1.** (BOT) vegetar **2.** (*abw: Mensch*) vivir miserablemente

Vehikel *nt* <-s, -> **1.** (*fam: Auto*) cacharro *m* **2.** (*Hilfsmittel, a.* MED) vehículo *m*

Veilchen *nt* <-s, -> **1.** (BOT) violeta *f* **2.** (*fam: blaues Auge*) ojo *m* morado

Velo *nt* <-s, -s> (*Schweiz*) bicicleta *f*

Vene *f* <-n> (ANAT) vena *f*

Venedig *nt* <-s> Venecia *f*

Venenentzündung *f* flebitis *f inv*

venezianisch *adj* veneciano

Venezolaner(in) *m(f)* <-s, -; -nen> venezolano, -a *m, f*

venezolanisch *adj* venezolano

Venezuela *nt* <-s> Venezuela *f*

Ventil *nt* <-s, -e> **1.** (TECH) válvula *f* **2.** (*an Musikinstrument*) pistón *m*

Ventilator *m* <-s, -en> ventilador *m*

verabreden* **I.** *vt* convenir; (*Zeit, Ort*) fijar; **wir haben verabredet, dass ...** quedamos en que...; **mit jdm verabredet sein** tener una cita con alguien **II.** *vr:* **sich** ~ citarse, quedar *fam;* **sich um acht/am Bahnhof** ~ quedar a las ocho/en la estación

Verabredung *f* <-en> **1.** (*Treffen*) cita *f* **2.** (*Vereinbarung*) acuerdo *m;* **mit jdm eine** ~ **treffen** llegar a un acuerdo con alguien

verabreichen* *vt* (*Medizin*) administrar

verabscheuen* *vt* detestar, aborrecer

verabschieden* **I.** *vt* **1.** (*Person*) despedir **2.** (*Gesetz, Haushalt*) aprobar **II.** *vr:* **sich** ~ despedirse (*von* de)

verachten* *vt* despreciar

verächtlich **I.** *adj* **1.** (*mit Verachtung*) despectivo **2.** (*abw: verachtenswert*) despreciable, pinche *Mex* **II.** *adv* con desprecio

Verachtung *f ohne Pl* desprecio *m*

verallgemeinern* *vt* generalizar

Verallgemeinerung *f* <-en> generalización *f*

veralten* *vi sein* (*Geräte*) anticuarse; (*Ansichten*) pasar de moda; (*Wort, Methode*) caer en desuso

veraltet *adj* (*Gerät*) anticuado; (*Ansichten*) pasado de moda

Veranda *f* <Veranden> terraza *f* acristalada

veränderlich *adj* variable; (*Wesen*) versátil

verändern* **I.** *vt* cambiar; (*verwandeln*) transformar **II.** *vr:* **sich** ~ cambiar; (*beruflich*) cambiar de trabajo; **sich zu seinem Nachteil** ~ cambiar para peor

Veränderung *f* <-en> cambio *m;* (*Abänderung*) modificación *f;* (*Verwandlung*) transformación *f*
verängstigen* *vt* intimidar
verankern* *vt* **1.** (*Schiff*) fondear **2.** (*Säule*) sujetar; **etw in der Verfassung ~** establecer algo en la constitución
veranlagt *adj:* **für etw ~ sein** tener predisposición para algo; **künstlerisch ~ sein** tener talento artístico; **praktisch ~ sein** ser un manitas
Veranlagung *f* <-en> **1.** (*Neigung*) predisposición (*zu* para/a) **2.** (FIN) tasación *f* de los impuestos
veranlassen* *vt* **1.** (*anordnen*) disponer; **bitte ~ Sie, dass ...** por favor disponga que... *+subj* **2.** (*bewirken*) motivar; (*bewegen*) llevar; **sich zu etw** *dat* **veranlasst sehen** verse obligado a hacer algo
Veranlassung *f* <-en> **1.** (*Grund*) motivo *m;* **keine(rlei) ~ haben etw zu tun** no tener (ningun) motivo para hacer algo **2.** (*Anordnung*) orden *f;* (*Anregung*) iniciativa *f*
veranschaulichen* *vt* ilustrar; (INFOR) visualizar
veranschlagen* *vt* (*Zeit*) calcular (*für* para); (*Kosten*) evaluar (*mit/auf* en)
veranstalten* *vt* (*planen*) organizar; (*durchführen*) realizar, hacer
Veranstalter(in) *m(f)* <-s, -; -nen> organizador(a) *m(f)*
Veranstaltung *f* <-en> acto *m;* **Veranstaltungskalender** *m* cartelera *f* de espectáculos
verantworten* **I.** *vt* responder (de); **das kann ich nicht ~** no asumo la responsabilidad; **es ist nicht zu ~, dass ...** es irresponsable que... *+subj* **II.** *vr:* **sich ~** justificarse (*für/wegen* por)
verantwortlich *adj* **1.** (*Person*) responsable (*für* de); **jdn für etw ~ machen** responsabilizar a alguien de algo **2.** (*Tätigkeit*) de responsabilidad
Verantwortung *f* <-en> responsabilidad *f* (*für* de); **jdn für etw zur ~ ziehen** hacer a alguien responsable de algo; **die ~ für etw übernehmen** asumir la responsabilidad de algo; **auf eigene ~** bajo propia responsabilidad; **die ~ für jdn/etw tragen** ser responsable de alguien/algo; **sich aus der ~ stehlen** lavarse las manos
verantwortungslos *adj* irresponsable; **sich ~ verhalten** comportarse de manera irresponsable
verantwortungsvoll *adj* **1.** (*Aufgabe, Tat*) de gran responsabilidad **2.** (*Person*) muy responsable
verarbeiten* *vt* **1.** (*Material*) utilizar **2.** (*bearbeiten*) trabajar, manufacturar; (*umwandeln*) transformar (*in* en) **3.** (*verbrauchen*) gastar **4.** (*Eindrücke*) digerir; (*psychisch bewältigen*) asimilar
Verarbeitung *f* <-en> **1.** (*Bearbeitung*) trabajo *m;* (*von Daten*) tratamiento *m,* procesamiento *m;* (*Umwandlung*) transformación *f* **2.** (*Verdauung*) digestión *f* **3.** (*Aussehen, Ausführung*) acabado *m*
verärgern* *vt* enfadar
Verarmung *f ohne Pl* empobrecimiento *m*
verarschen* *vt* (*vulg*) tomar el pelo (a), cachondearse (de) *vulg*
verarzten* *vt* (*fam*) tratar
Verästelung *f* <-en> ramificación *f*
verausgaben* *vr:* **sich ~** agotar sus fuerzas
veräußern* *vt* **1.** (*übereignen*) transferir (*an* a); (*verkaufen*) vender (*an* a) **2.** (JUR: *abtreten*) ceder (*an* a)
Verb *nt* <-s, -en> (LING) verbo *m*
verbal *adj* (*a.* LING) verbal
Verband *m* <-(e)s, -bände> **1.** (MED) vendaje *m* **2.** (*Vereinigung*) asociación *f* **3.** (MIL) unidad *f;* **Verband(s)kasten** *m* botiquín *m* de emergencia; **Verband(s)zeug** *nt* vendajes *mpl*
verbannen* *vt* desterrar (*aus* de)
Verbannung *f* <-en> destierro *m*
verbarrikadieren* **I.** *vt* levantar barricadas (en); (*Eingang*) bloquear (*mit* con) **II.** *vr:* **sich ~** montar una barricada
verbauen* *vt* **1.** (*versperren*) obstruir (con edificios); (*Aussicht*) quitar; **sich alle Chancen ~** cerrarse el camino **2.** (*Material*) emplear en la construcción; (*Geld*) gastar en la construcción **3.** (*abw: schlecht bauen*) construir mal
Verben *Pl von* **Verb**
verbergen* *irr* **I.** *vt* **1.** (*verstecken*) esconder (*vor* ante) **2.** (*verheimlichen*) ocultar; **ich habe nichts zu ~** no tengo nada que ocultar **II.** *vr:* **sich ~** esconderse
verbessern* **I.** *vt* **1.** (*besser machen*) mejorar; (*Rekord*) batir **2.** (*berichtigen*) corregir **II.** *vr:* **sich ~ 1.** (*Lage*) mejorar; **sich finanziell ~** mejorar su situación financiera **2.** (*beim Sprechen*) corregirse
Verbesserung *f* <-en> **1.** (*Änderung*) mejora *f* **2.** (*Korrektur*) corrección *f;* **Verbesserungsvorschlag** *m* propuesta *f* de mejora
verbeten *pp von* **verbitten**
verbeugen* *vr:* **sich ~** hacer una reverencia (*vor* ante)
Verbeugung *f* <-en> reverencia *f*
verbiegen* *irr* **I.** *vt* torcer **II.** *vr:* **sich ~** torcerse
verbieten* *irr vt* prohibir; **jdm etw ~** prohibir algo a alguien
verbildlichen* *vt* ilustrar; (*durch ein Beispiel*) ejemplificar
verbilligen* **I.** *vt* rebajar (el precio de); **verbilligter Eintritt für Senioren** entrada re-

ducida para la tercera edad **II.** *vr:* **sich ~** abaratarse

verbinden* *irr* **I.** *vt* **1.** (*zusammenfügen*) unir (*mit* con); **mit ihm verbindet mich nichts mehr** ya no me une nada a él; **das Angenehme mit dem Nützlichen ~** unir lo agradable con lo práctico **2.** (*mit sich bringen*) conllevar; **die damit verbundenen Kosten** los gastos ocasionados **3.** (*geh: zur Dankbarkeit verpflichten*) obligar; **ich wäre Ihnen sehr verbunden, wenn ...** le quedaría muy agradecido si... *+subj* **4.** (*Holz*) ensamblar; (*Kabel*) empalmar, empatar *Am;* (*koppeln*) enganchar **5.** (TEL) comunicar (*mit* con); **~ Sie mich bitte mit Zimmer 44** póngame con la habitación 44, por favor; **Sie sind falsch verbunden** (*am Telefon*) se ha equivocado de número **6.** (*assoziieren*) asociar (*mit* con) **7.** (MED) vendar **II.** *vr:* **sich ~** unirse (*mit* con); (CHEM) combinarse

verbindlich *adj* **1.** (*liebenswürdig*) amable; **~sten Dank!** ¡muchísimas gracias! **2.** (*bindend*) vinculante; (*verpflichtend*) obligatorio

Verbindung *f* <-en> **1.** (*Zusammenhang, Beziehung*) relación *f* (*zwischen* entre, *mit* con); **in ~ mit** junto con; **etw/jdn mit etw** *dat* **in ~ bringen** relacionar algo/a alguien con algo **2.** (*Kontakt*) contacto *m;* **mit jdm in ~ stehen** estar en contacto con alguien; **sich mit jdm in ~ setzen** ponerse en contacto con alguien; **seine ~en spielen lassen** (*fam*) hacer valer sus influencias **3.** (TECH) conexión *f;* (*Kopplung*) enganche *m* **4.** (*Verkehrsweg, a.* TEL) comunicación *f* **5.** (*Vereinigung*) asociación *f;* (UNIV) corporación *f* estudiantil **6.** (CHEM) compuesto *m;* **eine ~ eingehen** formar un compuesto; **Verbindungsmann**, **-frau** *m, f* <-(e)s, -männer *o* -leute; -en> (*der Polizei*) (agente *mf* de) enlace *m;* (*Mittelsmann, -frau*) mediador(a) *m(f),* intermediario, -a *m, f;* **Verbindungsstück** *nt* pieza *f* de unión; **Verbindungstür** *f* puerta *f* de comunicación

verbissen **I.** *pp von* **verbeißen** **II.** *adj* **1.** (*hartnäckig*) obstinado **2.** (*Gesichtsausdruck*) avinagrado **III.** *adv* con obstinación; **man darf das nicht so ~ sehen** (*fam*) no hay que tomarlo tan al pie de la letra

verbitten *irr vt:* **sich** *dat* **etw ~** no tolerar algo

verbittern* *vt* amargar

verblassen* *vi sein* **1.** (*Stoff, Foto*) perder (el) color; (*Farbe*) apagarse **2.** (*geh: Eindrücke*) desvanecerse

Verbleib *m ohne Pl* <-(e)s> (*geh*) **1.** (*Ort*) paradero *m* **2.** (*Verbleiben*) permanencia *f*

verbleiben* *irr vi sein* **1.** (*übereinkommen*) quedar en; **wir sind so verblieben, dass ...** hemos quedado en que... **2.** (*geh: übrig sein*) quedar; **in Erwartung Ihrer Antwort verbleibe ich ...** quedo en espera de su respuesta...

verbleichen <verbleicht, verblich *o* verbleichte, verblichen *o* verbleicht> *vi sein* (*Farbe*) apagarse; (*Stoff*) perder (el) color

verbleit *adj* con plomo

verblenden* *vt* **1.** (*Person*) deslumbrar **2.** (*Wand, Fassade*) revestir (*mit* de)

verblichen **I.** *pp von* **verbleichen** **II.** *adj* **1.** (*Farbe*) apagado; (*Stoff*) descolorido **2.** (*Ruhm*) desvanecido

verblieben *pp von* **verbleiben**

verblöden* **I.** *vi sein* (*fam*) atontarse **II.** *vt* (*fam*) atontar

verblüffen* *vt* dejar perplejo

verblühen* *vi sein* marchitarse

verbluten* *vi sein* desangrarse

verbogen *pp von* **verbiegen**

verbohrt *adj* (*fam abw*) terco (como una mula)

Verbohrtheit *f ohne Pl* terquedad *f*

verborgen **I.** *pp von* **verbergen** **II.** *adj* oculto; (*versteckt*) escondido; **etw ~ halten** tener algo oculto; **das ist mir nicht ~ geblieben** ya me he enterado; **im V~en bleiben** permanecer oculto

Verborgenheit *f ohne Pl* clandestinidad *f*

Verbot *nt* <-(e)s, -e> prohibición *f*

verboten **I.** *pp von* **verbieten** **II.** *adj* **1.** (*untersagt*) prohibido **2.** (*fam: unmöglich*) fatal

Verbotsschild *nt* <-(e)s, -er> señal *f* de prohibición

verbracht *pp von* **verbringen**

verbrannt *pp von* **verbrennen**

Verbrauch *m ohne Pl* <-(e)s> consumo *m* (*an* de); **der Wagen ist sparsam im ~** el coche tiene un consumo muy bajo

verbrauchen* *vt* (*verwenden, ausgeben*) gastar; (*konsumieren*) consumir; (*aufbrauchen*) agotar; **verbrauchte Luft** aire viciado

Verbraucher(in) *m(f)* <-s, -; -nen> consumidor(a) *m(f);* **verbraucherfeindlich** *adj* anti-consumidor; **verbraucherfreundlich** *adj* pro-consumidor; **Verbraucherschutz** *m* protección *f* al consumidor; **Verbraucherzentrale** *f* asociación *f* de consumidores

verbraucht *adj* gastado; (*Luft*) viciado; (*Mensch*) agotado

verbrechen* *irr vt* (*fam*): **was habe ich denn jetzt schon wieder verbrochen?** ¿qué mal he hecho esta vez?

Verbrechen *nt* <-s, -> delito *m;* **ein ~ begehen** cometer un delito

Verbrecher(in) *m(f)* <-s, -; -nen> delincuente *mf*

verbrecherisch *adj* criminal

verbreiten* **I.** *vt* **1.** (*Neuigkeit*) difundir **2.** (*Licht, Wärme, Ruhe*) irradiar; (*Geruch*) despedir; (*Stimmung, Gefühl*) sembrar **3.** (*Krankheit*) transmitir **II.** *vr:* **sich ~ 1.** (*Nachricht*) difundirse **2.** (*Krankheit*) transmitirse **3.** (*Duft*) extenderse **4.** (*sich auslassen*) explayarse (*über* acerca de)

verbreitet *adj* extendido; (*Krankheit, Meinung*) común

Verbreitung *f ohne Pl* **1.** (*von Nachrichten*) difusión *f;* **weite ~ finden** tener gran aceptación **2.** (*von Krankheiten*) propagación *f*

verbrennen* *irr* **I.** *vt* (*Holz, Mensch, Papier*) quemar; (*Leiche, Müll*) incinerar; **sich** *dat* **die Zunge ~** (*fam fig*) meter la pata **II.** *vi sein* (*Haus, Braten*) quemarse; (*Person*) morir abrasado **III.** *vr:* **sich ~** quemarse (*an* con)

Verbrennung *f* <-en> **1.** (*das Verbrennen*) combustión *f;* (*Leichen~, Müll~*) incineración *f* **2.** (MED) quemadura *f;* **~en zweiten Grades** quemaduras de segundo grado; **Verbrennungsmotor** *m* motor *m* de combustión interna; **Verbrennungsofen** *m* horno *m* de combustión; (*für Müll*) incineradora *f*

verbringen* *irr vt* **1.** (*zubringen*) pasar (*mit* con); **den Tag mit Lesen ~** pasar(se) el día leyendo **2.** (*transportieren*) transportar

verbrochen *pp von* **verbrechen**

verbrüdern* *vr:* **sich ~** hermanarse

verbrühen* **I.** *vt* escaldar **II.** *vr:* **sich ~** escaldarse

verbuchen* *vt* (FIN) contabilizar; **einen Erfolg für sich ~** (*fam*) apuntarse un éxito

verbummeln* *vt* (*fam*) **1.** (*Zeit*) perder **2.** (*vergessen*) olvidar

Verbund *m* <-(e)s, -e> **1.** (WIRTSCH) unión *f;* **im ~ arbeiten** cooperar **2.** (TECH) ensambladura *f*

verbunden **I.** *pp von* **verbinden** **II.** *adj* **1.** (*verknüpft*) unido (*mit* a); (*gekoppelt*) acoplado (*mit* a); **damit sind Probleme ~** esto supone problemas **2.** (*dankbar*): **ich bin Ihnen sehr ~** le estoy muy agradecido

verbünden* *vr:* **sich ~** aliarse (*mit* con)

Verbundenheit *f ohne Pl* (*zwischen Personen*) apego *m* (*mit* a); (*zu Heimat, Sitten*) lazo *m* (*mit* con)

Verbündete(r) *mf* <-n, -n; -n> aliado, -a *m, f*

Verbundnetz *nt* (ELEK) red *f* de distribución; **Verbundsystem** *nt* sistema *m* de billetes combinados

verbürgen* **I.** *vt* garantizar **II.** *vr:* **sich ~** responder (*für* de)

verbüßen* *vt* purgar; (JUR) cumplir

verchromt *adj* cromado

verdacht *pp von* **verdenken**

Verdacht *m* <-(e)s, -e> sospecha *f* (*auf* de); **~ erregen** despertar sospechas; **jdn in ~ bringen** hacer recaer las sospechas sobre alguien; **in ~ geraten** estar bajo sospecha; **jdn in ~ haben** sospechar de alguien; **im ~ stehen etw getan zu haben** ser sospechoso de haber hecho algo; **gegen jdn ~ schöpfen** concebir sospechas contra alguien; **über jeden ~ erhaben sein** estar fuera de toda sospecha

verdächtig *adj* sospechoso; **er ist der Tat ~** es sospechoso del delito; **sich ~ machen** hacerse sospechoso; **die Sache ist mir ~** el asunto me da mala espina; **es war ~ still** había un silencio sospechoso

Verdächtige(r) *mf* <-n, -n; -n> sospechoso, -a *m, f*

verdächtigen* *vt* sospechar (de); **er wird des Diebstahls verdächtigt** es sospechoso del robo

Verdachtsmoment *nt* <-(e)s, -e> (JUR) indicio *m*

verdammen* *vt* condenar (*zu* a); (REL) anatematizar

verdammt **I.** *adj* (*fam abw*) maldito; **~ noch mal!** ¡maldita sea!, ¡concho! *Am;* **~e Scheiße!** (*vulg*) ¡me cago en la mierda! **II.** *adv* (*fam abw*) terriblemente; **~ gut** de putamadre *vulg*

verdampfen* *vi sein* evaporarse

verdanken* *vt* **1.** (*dankbar sein*): **jdm etw ~** deber algo a alguien; **das ist ihm zu ~** eso hay que agradecérselo a él **2.** (*Schweiz: Dank aussprechen*) agradecer

verdarb *3. imp von* **verderben**

verdauen* *vt* **1.** (*Nahrung*) digerir **2.** (*fam: Nachricht*) asimilar, digerir

verdaulich *adj:* **leicht/schwer ~** fácil/difícil de digerir

Verdauung *f ohne Pl* digestión *f;* **Verdauungsmittel** *nt* (MED) digestivo *m;* **Verdauungsstörungen** *fpl* trastornos *mpl* digestivos

Verdeck *nt* <-(e)s, -e> **1.** (AUTO) capota *f;* **mit aufklappbarem ~** descapotable **2.** (NAUT) cubierta *f*

verdecken* *vt* **1.** (*bedecken*) tapar; **die Aussicht ~** tapar la vista **2.** (*verheimlichen*) ocultar

verdeckt *adj* **1.** (*nicht sichtbar*) tapado **2.** (*verborgen*) oculto; **~e Ermittlungen** pesquisas encubiertas

verdenken* *irr vt* (*geh*): **jdm etw ~** tomar a mal algo a alguien

verderben <verdirbt, verdarb, verdorben> **I.** *vi sein* (*Lebensmittel*) estropearse, abombarse *Am;* (*Person*) echarse a perder **II.** *vt* estropear; (*moralisch*) corromper; **sich** *dat* **die Augen ~** estropearse la vista;

V

du hast es dir mit mir verdorben conmigo ya te has cerrado todas las puertas; **es sich mit niemandem ~ wollen** querer estar a bien con todos
Verderben *nt ohne Pl* <-s> ruina *f;* **in sein ~ rennen** arruinarse; **jdn ins ~ stürzen** arruinar a alguien
verderblich *adj* **1.** (*Lebensmittel*) perecedero **2.** (*schädlich*) nocivo, dañino
verdeutlichen* *vt* aclarar
verdichten* **I.** *vt* **1.** (PHYS, TECH) condensar **2.** (*Straßennetz*) ampliar **II.** *vr:* **sich ~** (*Nebel*) volverse más denso; (*Gerücht, Verdacht*) aumentar
Verdichtung *f* <-en> **1.** (*Kondensation*) condensación *f;* (*Kompression*) compresión *f* **2.** (*des Straßennetzes*) ampliación *f;* **Verdichtungsraum** *m* <-(e)s, -räume> (ÖKOL) aglomeración *f* urbana
verdienen* *vt* **1.** (*Lohn*) ganar; **seine Brötchen ~** (*fam*) ganarse el pan; **leicht verdientes Geld** dinero fácil **2.** (*Lob, Vertrauen, Strafe*) merecer; **sie hat nichts Besseres verdient** no se merece nada mejor
Verdienst[1] *nt* <-(e)s, -e> mérito *m;* **es war einzig und allein sein ~** el mérito fue todo suyo
Verdienst[2] *m* <-(e)s, -e> (*Einkommen*) sueldo *m;* (*Gewinn*) ganancias *fpl*
Verdienstausfall *m* <-(e)s, -fälle> pérdida *f* de ganancias; **Verdienstspanne** *f* (WIRTSCH) margen *m o f* de beneficio
verdienstvoll *adj* **1.** (*Tat*) meritorio **2.** (*Person*) de gran mérito
verdient *adj* **1.** (*Person*) de gran mérito **2.** (*Sieg, Lohn, Strafe*) merecido; **sich um etw ~ machen** comprometerse con algo
verdirbt *3. präs von* **verderben**
verdonnern* *vt* (*fam*) condenar (*zu* a)
verdoppeln* **I.** *vt* duplicar (*auf* a) **II.** *vr:* **sich ~** duplicarse
verdorben **I.** *pp von* **verderben** **II.** *adj* **1.** (*Fest, Lebensmittel*) estropeado **2.** (*moralisch*) depravado
verdorren* *vi sein* secarse
verdrahten* *vt* **1.** (*verschließen*) alambrar **2.** (ELEK) conectar
verdrängen* *vt* **1.** (*wegdrängen*) echar (*aus* de); (*aus Amt*) suplantar (*aus* de) **2.** (*ersetzen*) sustituir **3.** (NAUT) desplazar **4.** (PSYCH) reprimir
Verdrängung *f* <-en> **1.** (*von Person*) expulsión *f* (*aus* de); (*aus Amt*) suplantación *f* **2.** (*Ersetzung*) sustitución *f* **3.** (NAUT) desplazamiento *m* **4.** (PSYCH) represión *f*
verdrehen* *vt* **1.** (*Glieder*) (re)torcer; **die Augen ~** torcer los ojos **2.** (*fam abw: falsch darstellen*) tergiversar
verdreifachen* *vt* triplicar
verdreschen* *irr vt* (*fam*) propinar una paliza, trillar *Am*
verdrießlich *adj* (*Miene*) avinagrado; **~ sein** estar de mal humor
verdroschen *pp von* **verdreschen**
verdrossen **I.** *adj* malhumorado; (*unzufrieden*) descontento **II.** *adv* con disgusto
Verdrossenheit *f ohne Pl* (*Verdrießlichkeit*) mal humor *m;* (*Lustlosigkeit*) desgana *f*
verdrücken* **I.** *vt* (*fam: essen*) tragar **II.** *vr:* **sich ~** (*fam: verschwinden*) largarse
Verdruss[RR] *m* <-es, -e>, **Verdruß** *m* <-sses, -sse> disgusto *m;* (*Ärger*) fastidio *m;* **zu meinem ~** para mi disgusto
verduften* *vi sein* (*fam*) pirarse, alcanforarse *Kol, Ven*
verdunkeln* **I.** *vt* **1.** (*Raum*) oscurecer **2.** (JUR) ocultar **II.** *vr:* **sich ~** (*Himmel*) oscurecerse; **seine Miene verdunkelte sich** frunció el ceño
Verdunk(e)lung *f ohne Pl* oscurecimiento *m;* (JUR) entorpecimiento *m* de la acción judicial; **Verdunk(e)lungsgefahr** *f ohne Pl* (JUR) peligro *m* de entorpecimiento de la acción judicial
verdünnen* *vt* diluir, desparramar *Arg;* (*Sauce*) rebajar; (*Wein*) aguar
Verdünnungsmittel *nt* <-s, -> diluyente *m*
verdunsten* *vi sein* evaporarse
verdursten* *vi sein* morir(se) de sed
verdutzt *adj* perplejo
veredeln* *vt* perfeccionar; (*Metalle, Erdöl*) refinar; (AGR: *Pflanzen*) injertar
Vered(e)lung *f* <-en> (AGR) injerto *m*
verehren* *vt* **1.** (*a.* REL) venerar; (*anbeten*) adorar; **verehrte Anwesende!** ¡señoras y señores! **2.** (*schenken*) regalar
Verehrer(in) *m(f)* <-s, -; -nen> admirador(a) *m(f)*
Verehrung *f ohne Pl* (*a.* REL) veneración *f;* (*Anbetung*) adoración *f*
vereidigen* *vt* juramentar; **er wurde auf die Verfassung vereidigt** juró la constitución
vereidigt *adj* jurado
Vereidigung *f* <-en> prestación *f* de juramento; (*auf ein Amt*) jura *f* de un cargo
Verein *m* <-(e)s, -e> asociación *f;* (*Sport~, Fußball~*) club *m* deportivo; **eingetragener/gemeinnütziger ~** asociación registrada/no lucrativa
vereinbar *adj* compatible (*mit* con)
vereinbaren* *vt* **1.** (*verabreden*) acordar; (*festlegen*) fijar; **wir haben vereinbart, dass ...** hemos acordado que... **2.** (*in Einklang bringen*) conciliar (*mit* con); **das kann ich nicht mit meinem Gewissen ~** no puedo conciliarlo con mi conciencia
Vereinbarung *f* <-en> acuerdo *m;* (*schriftlich*) convenio *m;* **laut ~** según (lo establecido en el) acuerdo; **Sprechstunde nach ~**

consulta previa cita

vereinen* **I.** *vt* (*geh*) unir; (*zusammenführen*) reunir; (*in Einklang bringen*) conciliar; **sie vereint alle notwendigen Eigenschaften** reúne todas las características necesarias; **mit vereinten Kräften** todos juntos **II.** *vr:* **sich** ~ (*geh*) reunirse

vereinfachen* *vt* simplificar

vereinheitlichen* *vt* uniformar; (*normierend*) estandarizar

vereinigen* **I.** *vt* unir; (*zusammenführen*) reunir; (*Firmen*) fusionar; **wieder** ~ reunificar; **alle Stimmen auf sich** ~ obtener todos los votos **II.** *vr:* **sich** ~ unirse, juntarse; (*zusammenkommen*) reunirse; **sich wieder** ~ reunificarse

Vereinigung *f* <-en> **1.** (*das Vereinigen*) (re)unión *f;* (*von Firmen*) fusión *f;* (POL) unificación *f* **2.** (JUR: *Organisation*) asociación *f*

vereinnahmen* *vt* **1.** (*Geld, Zinsen*) cobrar **2.** (*Beruf, Person*) acaparar

vereinsamen* *vi sein* ir quedándose solo

Vereinsamung *f ohne Pl* aislamiento *m*

vereinzelt *adj* aislado; (*Schauer*) ocasional; **es regnet** ~ hay lluvias aisladas

vereisen* **I.** *vi sein* (*Straße*) cubrirse de hielo **II.** *vt* (MED) anestesiar (con frío)

vereiteln* *vt* frustrar

vereitern* *vi sein* supurar

verenden* *vi sein* morir

verengen* **I.** *vt* estrechar **II.** *vr:* **sich** ~ (*Straße*) estrecharse; (*Pupille*) contraerse

vererben* **I.** *vt* **1.** (*hinterlassen*) dejar (en herencia) **2.** (BIOL, MED) transmitir por herencia (*auf* a) **II.** *vr:* **sich** ~ (BIOL, MED) transmitirse por herencia

vererblich *adj* hereditario

Vererbung *f* <-en> (BIOL, MED) transmisión *f* por herencia

verewigen* *vt* perpetuar (*auf* a)

verfahren[1] *adj* sin salida

verfahren*[2] *irr* **I.** *vi sein* **1.** (*vorgehen*) proceder (*nach* según); **wie sollen wir weiter ~?** ¿cómo hemos de proceder? **2.** (*behandeln*) tratar (*mit* a); **streng mit jdm** ~ tratar a alguien severamente **II.** *vt* (*Geld*) gastar (en dinero); (*Benzin*) gastar (en gasolina) **III.** *vr:* **sich** ~ perderse

Verfahren *nt* <-s, -> **1.** (*Vorgehen*) procedimiento *m;* (*Methode*) método *m* **2.** (JUR: *Prozess*) causa *f;* **ein** ~ **gegen jdn einleiten** instruir una causa contra alguien; **Verfahrenstechnik** *f ohne Pl* ingeniería *f* de procesos

Verfall *m ohne Pl* <-(e)s> **1.** (*von Gebäude*) desmoronamiento *m* **2.** (*geistig, gesundheitlich*) decaimiento *m* **3.** (*Niedergang*) decadencia *f* **4.** (*Eintrittskarte*) caducidad *f;* **Verfalldatum** *nt s.* **Verfallsdatum**

verfallen* *irr vi sein* **1.** (*Gebäude*) desmoronarse **2.** (*körperlich, geistig, kulturell*) decaer **3.** (*ungültig werden*) caducar; (*ablaufen*) vencer **4.** (*abhängig werden*) depender (+*dat* de); **in alte Fehler** ~ recaer en viejos errores **5.** (*kommen auf*) caer en la cuenta (*auf* de); **sie verfiel auf die Idee, ...** se le ocurrió...

Verfallsdatum *nt* fecha *f* de caducidad

verfälschen* *vt* **1.** (*Lebensmittel, Wein*) adulterar **2.** (*Wahrheit, Daten*) falsificar

verfangen* *irr* **I.** *vi* surtir efecto **II.** *vr:* **sich** ~ enredarse; **sich in Widersprüchen** ~ contradecirse

verfänglich *adj* (*Frage*) capcioso; (*Situation*) embarazoso

verfärben* *vr:* **sich** ~ cambiar de color; (*Kleidung*) desteñirse

verfassen* *vt* redactar

Verfasser(in) *m(f)* <-s, -; -nen> autor(a) *m(f)*

Verfassung *f* <-en> **1.** (POL) constitución *f* **2.** (*Zustand*) condición *f;* (*seelisch*) estado *m* de ánimo; **in guter/schlechter ~ sein** estar en buenas/malas condiciones

verfassunggebend *adj* constituyente

Verfassungsbeschwerde *f* (JUR) recurso de amparo (constitucional) *m;* **Verfassungsgericht** *nt* tribunal *m* constitucional; **Verfassungsklage** *f* (JUR) recurso *m* de inconstitucionalidad; **Verfassungsschutz** *m* Oficina *f* Federal de Protección de la Constitución; **verfassungswidrig** *adj* anticonstitucional

verfaulen* *vi sein* pudrirse

verfechten* *irr vt* defender

Verfechter(in) *m(f)* <-s, -; -nen> defensor(a) *m(f)*

verfehlen* *vt* **1.** (*Zug*) perder; (*Person*) no encontrar **2.** (*Ziel, Zweck*) no conseguir; (*Schütze*) fallar (el blanco); **ich halte es für verfehlt, das zu tun** me parece equivocado hacer eso; **seine Wirkung** ~ no surtir efecto; **das Thema** ~ no acertar el tema

verfehlt *adj* (*nicht angebracht*) inadecuado; (*falsch*) falso

verfeinden* *vr:* **sich** ~ enemistarse, contrapuntearse *Am*

verfeinern* *vt* (*Geschmack*) refinar; (*Methode*) perfeccionar

verfilmen* *vt* llevar a la pantalla

Verfilmung *f* <-en> adaptación *f* cinematográfica

verfilzen* *vi sein* (*Haare*) enredarse; (*Wolle, Pullover*) apelmazarse

verfinstern* *vr:* **sich** ~ oscurecerse

Verflechtung *f* <-en> **1.** (*Verbindung*) entrelazamiento *m* **2.** (*Zusammenhang*) interdependencia *f*

verfliegen* *irr* **I.** *vi sein* **1.** (*Duft, Alkohol*) evaporarse **2.** (*Ärger, Begeisterung*) desvanecerse; (*Zeit*) pasar volando **II.** *vr:* **sich ~** perderse

verflixt *adj* (*fam*) endemoniado; **~ und zugenäht!** ¡maldito sea!

verflogen *pp von* **verfliegen**

verfluchen* *vt* maldecir

verflucht *adj* (*fam*) maldito; **~ noch mal!** ¡joder!

verflüchtigen* *vr:* **sich ~ 1.** (*Duft, Alkohol*) evaporarse **2.** (*Ärger, Hoffnung*) desvanecerse; (*Bedenken*) disiparse **3.** (*fam: Person*) perderse (del mapa)

verflüssigen* **I.** *vt* (*Luft*) licuar **II.** *vr:* **sich ~** licuarse

verfochten *pp von* **verfechten**

verfolgen* *vt* **1.** (*allgemein*) perseguir; **etw gerichtlich ~** perseguir algo judicialmente; **vom Unglück verfolgt** perseguido por la desgracia; **welche Absicht verfolgt er?** ¿qué intención persigue? **2.** (*Spur*) seguir, bandear *MAm* **3.** (*Handlung*) observar; (*Unterricht*) seguir

Verfolgte(r) *mf* <-n, -n; -n> perseguido, -a *m, f;* **politisch ~** perseguidos políticos

Verfolgung *f* <-en> persecución *f,* siga *f Chil;* **Verfolgungsjagd** *f* persecución *f;* **Verfolgungswahn** *m* (PSYCH) manía *f* persecutoria

verformen* **I.** *vt* deformar **II.** *vr:* **sich ~** deformarse

verfrachten* *vt* expedir; (*mit Schiff*) fletar; **jdn in das Auto ~** (*fam*) meter a alguien en el coche

verfremden* *vt* distanciar

Verfremdung *f* <-en> distanciamiento *m*

verfrühen* *vr:* **sich ~** llegar demasiado temprano

verfrüht *adj* prematuro

verfügbar *adj* disponible

verfügen* **I.** *vi* (*Zeit, Besitz*) disponer (*über* de); (*ausgestattet sein*) estar provisto (*über* de); **über Erfahrung ~** tener experiencia **II.** *vt* ordenar

Verfügung *f* <-en> **1.** (*Anordnung*) orden *f;* **einstweilige ~** medida provisional cautelar; **eine ~ erlassen** decretar una orden **2.** (*Disposition*) disposición *f;* **etw zu seiner/zur ~ haben** tener algo a su disposición; **jdm etw zur ~ stellen** poner algo a disposición de alguien; **sich zur ~ halten** mantenerse a disposición

verführen* *vt* **1.** (*anstiften*) inducir (*zu* a) **2.** (*sexuell*) seducir

Verführer(in) *m(f)* <-s, -; -nen> seductor(a) *m(f)*

verführerisch *adj* seductor; (*reizvoll*) tentador

Verführung *f* <-en> seducción *f;* **~ Minderjähriger** corrupción de menores

Vergabe *f* <-n> adjudicación *f*

vergammeln* **I.** *vi sein* (*fam: verfaulen*) pudrirse **II.** *vt* (*fam: Zeit*) perder

vergangen *pp von* **vergehen**

Vergangenheit *f ohne Pl* **1.** (*Zurückliegendes*) pasado *m;* **das gehört der ~ an** esto pertenece al pasado; **in der jüngsten ~** recientemente **2.** (LING) pretérito *m;* **Vergangenheitsbewältigung** *f ohne Pl* enfrentamiento *m* crítico con el pasado

vergänglich *adj* pasajero; (*flüchtig*) efímero

Vergänglichkeit *f ohne Pl* carácter *m* transitorio [*o* efímero]

vergasen* *vt* **1.** (*Kohle, Koks*) gasificar **2.** (*Menschen*) asfixiar con gas

Vergaser *m* <-s, -> (AUTO) carburador *m*

vergaß *3. imp von* **vergessen**

vergeben* *irr vt* **1.** (*allgemein*) dar; (*zuweisen*) adjudicar; (*verteilen*) distribuir; (*Stipendium, Preis*) conceder; **einen Auftrag an jdn ~** adjudicar un encargo a alguien; **er/sie ist schon ~** él/ella tiene compromiso **2.** (*Chance, Möglichkeit*) desperdiciar, no aprovechar; **du wirst dir nichts ~, wenn …** no vas a perder tu nombre por… *+inf* **3.** (*zuteilen*) distribuir **4.** (*geh: verzeihen*) perdonar; **die Sache ist ~ und vergessen** el asunto está perdonado y olvidado

vergebens *adv* en vano, ñudo *Am: fam*

vergeblich **I.** *adj* inútil **II.** *adv* en vano

Vergebung *f* <-en> (*geh*) perdón *m;* (*von Sünden*) remisión *f;* **jdn für etw um ~ bitten** pedir perdón a alguien por algo

vergegenwärtigen* *vt:* **sich** *dat* **etw ~** (*vor Augen rufen*) tener algo presente; (*sich vorstellen*) imaginarse algo; (*sich erinnern*) acordarse de algo

vergehen* *irr* **I.** *vi sein* **1.** (*Zeit*) pasar; **wie die Zeit vergeht!** ¡cómo pasa el tiempo!; **vergangene Woche** la semana pasada **2.** (*aufhören*) pasar(se), quitarse; (*verschwinden*) desaparecer; (*nachlassen*) disminuir; **mir ist der Appetit vergangen** se me ha quitado el apetito **3.** (*schmachten*) morirse (*vor* de) **II.** *vr:* **sich ~** infringir (*gegen*); **sich an jdm ~** abusar de alguien

Vergehen *nt* <-s, -> infracción *f* (*gegen* de)

vergelten* *irr vt:* **jdm etw ~** devolver algo a alguien; (*rächen*) desquitarse de algo con alguien; **Gleiches mit Gleichem ~** pagar algo con la misma moneda

Vergeltung *f* <-en> **1.** (*Belohnung*) recompensa *f* **2.** (*Rache*) desquite *m;* **~ für etw üben** desquitarse de algo; **Vergeltungsmaßnahme** *f* represalia *f;* **~n durchführen** tomar represalias

vergessen <vergisst, vergaß, vergessen> **I.** *vt* olvidar; **ehe ich es vergesse** antes de que se me olvide…; **nicht zu ~ …** no olvide…; **das kannst du ~!** (*fam*) ¡olvídate de eso! **II.** *vr:* **sich ~** propasarse

Vergessenheit *f ohne Pl* olvido *m;* **in ~ geraten** caer en el olvido

vergesslich[RR] *adj,* **vergeßlich** *adj* olvidadizo, despistado *fam*

Vergesslichkeit[RR] *f ohne Pl,* **Vergeßlichkeit** *f ohne Pl* falta *f* de memoria

vergeuden* *vt* desperdiciar; (*Geld*) despilfarrar

vergewaltigen* *vt* violar

Vergewaltigung *f* <-en> violación *f*

vergewissern* *vr:* **sich ~** cerciorarse (*über* de)

vergießen* *irr vt* derramar

vergiften* **I.** *vt* intoxicar; (*tödlich*) envenenar **II.** *vr:* **sich ~** intoxicarse; (*tödlich*) envenenarse

Vergiftung *f* <-en> envenenamiento *m;* (MED) intoxicación *f*

vergilbt *adj* amarillento

Vergissmeinnicht[RR] *nt* <-(e)s, -(e)>, **Vergißmeinnicht** *nt* <-(e)s, -(e)> (BOT) nomeolvides *m inv*

vergisst[RR], **vergißt** *3. präs von* **vergessen**

Vergleich *m* <-(e)s, -e> **1.** (*das Vergleichen*) comparación *f;* **~e ziehen** establecer una comparación; **in keinem ~ zu etw** *dat* **stehen** no tener comparación con algo; **im ~ zu jdm/etw** *dat* en comparación con alguien/algo **2.** (JUR) acuerdo *m;* **einen ~ schließen** llegar a un acuerdo

vergleichbar *adj* comparable (*mit* a)

vergleichen* *irr* **I.** *vt* comparar; **das kann man nicht ~** (*fam*) esto no se puede comparar; **verglichen mit ...** comparado con... **II.** *vr:* **sich ~** (JUR) llegar a un acuerdo

vergleichsweise *adv* en comparación

verglichen *pp von* **vergleichen**

verglühen* *vi sein* irse extinguiendo, apagarse lentamente

vergnügen* **I.** *vr:* **sich ~** divertirse **II.** *vt* divertir

Vergnügen[1] *nt ohne Pl* <-s> (*Gefallen*) gusto *m;* (*Freude*) placer *m;* **es ist ein ~ ihm zuzusehen** da gusto verle; **es ist mir ein ~** encantado; **an etw** *dat* **~ finden** tener placer con algo; **das bereitet mir ~** eso me encanta; **mit wem habe ich das ~?** ¿con quién tengo el gusto de hablar?; **viel ~!** ¡que lo pase(s) bien!; **mit ~** con mucho gusto

Vergnügen[2] *nt* <-s, -> (*Zeitvertreib*) diversión *f;* **ein teures ~** una diversión muy cara; **sich ins ~ stürzen** (*fam*) entregarse de lleno al placer; (*iron*) poner manos a la obra

vergnügt *adj* alegre (*über* por)

Vergnügung *f* <-en> entretenimiento *m;* (*Spaß*) diversión *f;* **Vergnügungspark** *m* parque *m* de atracciones; **Vergnügungsviertel** *nt* barrio *m* de entretenimiento

vergolden* *vt* dorar

vergolten *pp von* **vergelten**

vergossen *pp von* **vergießen**

vergöttern* *vt* adorar

vergraben* *irr* **I.** *vt* enterrar **II.** *vr:* **sich ~** (*sich zurückziehen*) encerrarse (*in* en), retirarse (*in* a)

vergrämt *adj* acongojado

vergraulen* *vt* (*fam*) ahuyentar

vergreifen* *irr vr:* **sich ~ 1.** (*danebengreifen*) equivocarse **2.** (*angreifen*): **sich an jdm ~** atacar a alguien; (*sexuell*) abusar de alguien; **sich an etw** *dat* **~** usurpar algo **3.** (*sich unpassend ausdrücken*) equivocarse (*in* con)

vergriffen **I.** *pp von* **vergreifen** **II.** *adj* (*Ware*) agotado

vergrößern* **I.** *vt* **1.** (*räumlich*) agrandar; (*erweitern*) ampliar **2.** (*Lupe, Linse*) aumentar; (FOTO) ampliar **3.** (*vermehren*) aumentar, acrecentar; (*Wissen*) ampliar **4.** (*verschlimmern*) agravar **II.** *vr:* **sich ~ 1.** (*sich erweitern*) ampliarse; (*Pupille, Organ*) dilatarse **2.** (*zunehmen*) aumentar

Vergrößerung *f* <-en> **1.** (*räumlich*) agrandamiento *m;* (*Erweiterung*) ampliación *f* **2.** (FOTO) ampliación *f;* (*Optik*) aumento *m;* **in 500facher ~** ampliado en una escala de 500:1 **3.** (*Zunahme*) incremento *m* **4.** (*Verschlimmerung*) agravación *f;* **Vergrößerungsglas** *nt* <-es, -gläser> cristal *m* de aumento

vergucken* *vr:* **sich ~** (*fam*) **1.** (*irren*) equivocarse **2.** (*verlieben*) enamorarse (*in* de)

vergünstigt *adj* (*Preis*) rebajado

Vergünstigung *f* <-en> ventaja *f;* (*bei Preis*) rebaja *f*

vergüten* *vt* **1.** (*Arbeit*) remunerar; **jdm etw ~** (*entschädigen*) indemnizar a alguien por algo; (*erstatten*) reembolsar algo a alguien **2.** (*Metall*) templar **3.** (*Linse, Objektiv*) proveer de una capa antireflectora

Vergütung *f* <-en> **1.** (*für Arbeit*) remuneración *f* **2.** (*Rückerstattung*) reembolso *m* **3.** (TECH) temple *m*

verhaften* *vt* detener; **Sie sind verhaftet!** ¡está Ud. detenido!

Verhaftung *f* <-en> detención *f,* arresto *m*

verhallen* *vi sein* **1.** (*Ton*) extinguirse **2.** (*Bitten*) no ser escuchado

verhalten[1] *adj* reservado; **die ~e Wut** la rabia contenida

verhalten*[2] *irr vr:* **sich ~ 1.** (*sich benehmen*) comportarse; **sich jdm gegenüber unverschämt ~** comportarse desvergonzadamente con alguien **2.** (*Sache, a.* MATH) ser (*zu* a); **wie verhält es sich mit ...?** ¿qué pasa con...?; **in Wirklichkeit verhält es sich ganz anders** la realidad es muy distinta

Verhalten *nt ohne Pl* <-s> **1.** (*Benehmen*) comportamiento *m;* (*Haltung*) actitud *f* **2.** (CHEM) reacción *f;* **Verhaltensforschung** *f ohne Pl* etología *f;* **verhaltensgestört** *adj* trastornado; **Verhaltensstörung** *f* (MED, PSYCH) trastorno *m* en el comportamiento

Verhältnis *nt* <-ses, -se> **1.** (*Relation*) relación *f;* **im ~ zu** en relación a; **ein ~ von fünf zu eins** una relación de cinco por uno; **die Kosten stehen in keinem ~ zum Erfolg** los gastos no están en relación ninguna con el éxito **2.** (*persönliches ~*) relación *f;* **ein freundschaftliches ~** una relación amistosa; **ein gestörtes ~ zu jdm/etw** *dat* **haben** tener una relación difícil con alguien/algo **3.** (*fam: Liebes~*) relaciones *fpl,* lío *m fam;* **ein ~ mit jdm haben** tener un lío con alguien **4.** *Pl* (*Umstände*) condiciones *fpl;* **sie lebt über ihre ~se** vive por encima de sus posibilidades; **in bescheidenen ~sen leben** vivir modestamente; **klare ~se schaffen** poner las cosas en claro

verhältnismäßig *adv* **1.** (*relativ*) relativamente **2.** (*proportional*) proporcionalmente

verhandeln* **I.** *vi* negociar (*über*) **II.** *vt* (JUR) debatir

Verhandlung *f* <-en> **1.** (*das Verhandeln*) negociación *f;* **~en führen** negociar; **mit jdm in ~en treten** entrar en negociaciones con alguien **2.** (JUR) juicio *m;* **Verhandlungsbasis** *f* base *f* de negociación; **verhandlungsfähig** *adj* (JUR) capaz de litigar; **Verhandlungspartner(in)** *m(f)* (JUR, WIRTSCH) negociador(a) *m(f);* (*Prozesspartei*) litigante *mf;* (*Vertrag*) contratante *mf;* **Verhandlungstisch** *m* mesa *f* de negociaciones

verhangen *adj* cubierto (*mit* de)

verhängen* *vt* **1.** (*zuhängen*) cubrir **2.** (JUR: *Strafe*) imponer (*über* a); (*Embargo*) ordenar (*über* para); (*Ausnahmezustand*) proclamar (*über* en)

Verhängnis *nt* <-ses, -se> perdición *f;* (*Katastrophe*) desastre *m;* **das wurde ihr zum ~** eso fue su perdición; **verhängnisvoll** *adj* fatal

verharmlosen* *vt* minimizar

verharren* *vi* (*geh*) **1.** (*beharrlich sein*): **auf etw** *dat* **~** perseverar en algo **2.** (*bleiben, innehalten*): **in einer Stellung ~** perseverar en una posición

verhärten* **I.** *vt* endurecer **II.** *vr:* **sich ~** endurecerse

Verhärtung *f* <-en> **1.** (*Verhärten*) endurecimiento *m* **2.** (*Schwiele*) callo *m*

verhaspeln* *vr:* **sich ~** (*fam*) **1.** (*beim Sprechen*) atascarse **2.** (*in Fäden*) enredarse

verhasst[RR] *adj,* **verhaßt** *adj* odiado; **sich bei jdm ~ machen** atraerse los odios de alguien; **diese Arbeit ist mir ~** odio este trabajo

verhätscheln* *vt* malcriar, engreír *Am*

Verhau *m o nt* <-(e)s, -e> empalizada *f*

verhauen <verhaut, verhaute, verhauen> **I.** *vt* (*fam*) **1.** (*prügeln*) dar una paliza **2.** (*schlecht machen*): **die Klausur hab' ich ~!** (*fam*) ¡el examen me salió de pena! **II.** *vr:* **sich ~** (*fam*) meter la pata

verheddern* *vr:* **sich ~** (*fam*) **1.** (*Fäden*) enredarse (*in* en) **2.** (*sich versprechen*) atascarse

verheerend *adj* **1.** (*furchtbar*) desastroso **2.** (*fam: scheußlich*) espantoso

verhehlen* *vt* (*geh*) ocultar; **jdm etw ~** ocultar algo a alguien

verheilen* *vi sein* (*Wunde*) cerrarse; (*vernarben*) cicatrizar

verheimlichen* *vt* ocultar; **ich habe nichts zu ~** no tengo nada que ocultar

verheiraten* **I.** *vr:* **sich ~** casarse; **jung/glücklich verheiratet** recién/felizmente casado **II.** *vt* casar

verheißen* *irr vt* (*geh*) prometer

Verheißung *f* <-en> (*geh*) promesa *f;* **verheißungsvoll** *adj* prometedor

verhelfen* *irr vi:* **jdm zu etw** *dat* **~** ayudar a alguien a conseguir algo; **jdm zur Flucht ~** ayudar a alguien a fugarse

verherrlichen* *vt* glorificar

Verherrlichung *f* <-en> glorificación *f*

verhexen* *vt* embrujar, embichar *Arg;* **das ist wie verhext!** (*fam*) ¡esto está embrujado!

verhindern* *vt* impedir, barajar *Chil, Mex;* (*vermeiden*) evitar; **das lässt sich leider nicht ~** desgraciadamente esto no se puede evitar; **ich war gestern dienstlich verhindert** ayer no pude venir por cuestión de negocios

verhindert *adj* (*mit verborgener Begabung*) frustrado

verhökern* *vt* (*fam*) vender barato

verholfen *pp von* **verhelfen**

Verhör *nt* <-(e)s, -e> interrogatorio *m;* **jdn ins ~ nehmen** (*fam*) pedir(le) cuentas a alguien

verhören* **I.** *vt* interrogar **II.** *vr:* **sich ~** entender mal

verhüllen* *vt* **1.** (*bedecken*) cubrir **2.** (*verbergen*) ocultar; (*beschönigen*) disimular; **eine verhüllte Morddrohung** una amenaza de muerte disimulada

verhungern* *vi sein* morir de hambre

verhüten* *vt* (*Schaden, Krankheit*) prevenir; (*verhindern*) impedir; **die Empfängnis ~** usar métodos anticonceptivos

Verhütung *f* <-en> prevención *f;* (*Empfängnis~*) contracepción *f;* **Verhütungsmittel** *nt* anticonceptivo *m*

verinnerlichen* *vt* interiorizar

verirren* *vr:* **sich** ~ perderse

verjagen* *vt* ahuyentar, echar *fam*

verjähren* *vi sein* prescribir

Verjährung *f* <-en> prescripción *f;* **Verjährungsfrist** *f* (JUR) plazo *m* prescriptivo

verjüngen* **I.** *vt* **1.** (*Aussehen*) rejuvenecer **2.** (*Belegschaft*) renovar **II.** *vr:* **sich** ~ **1.** (*schmaler, enger werden*) estrecharse **2.** (*jüngeres Aussehen bekommen*) rejuvenecerse

verkabeln* *vt* tender cables

Verkabelung *f* <-en> cableado *m*

verkalken* *vi sein* **1.** (*Maschine*) cubrirse de cal **2.** (MED) calcificarse **3.** (*fam: Person*) volverse chocho

verkalkulieren* *vr:* **sich** ~ equivocarse en el cálculo (*bei/in* de)

Verkalkung *f* <-en> **1.** (*Kalkablagerung*) calcificación *f* **2.** (*der Arterien*) esclerosis *f inv* **3.** (*fam: Vergreisung*) senilidad *f*

verkannt **I.** *pp von* **verkennen** **II.** *adj* no apreciado

verkappt *adj* disfrazado

Verkauf[1] *m* <-(e)s, -käufe> (*das Verkaufen*) venta *f;* **zum** ~ **stehen** estar en venta

Verkauf[2] *m ohne Pl* <-(e)s> (*~sabteilung*) departamento *m* de ventas

verkaufen* **I.** *vt* **1.** (*veräußern*) vender (*an* a, *für* por), trocar *CSur;* **zu** ~ se vende; **jdn für dumm** ~ tomar a alguien por tonto **2.** (*fam: glauben machen*) hacer creer; **jdm etw als große Leistung** ~ hacer creer a alguien que algo es una cosa del otro mundo **II.** *vr:* **sich** ~ venderse; **sich teuer** ~ venderse caro; **sich gut/schlecht** ~ venderse bien/mal

Verkäufer(in) *m(f)* <-s, -; -nen> vendedor(a) *m(f);* (*in Geschäft*) dependiente, -a *m, f*

verkäuflich *adj* en venta; **nicht** ~ **sein** no estar en venta; **schwer** ~ **sein** venderse mal

verkaufsoffen *adj:* ~**er Samstag** *sábado en el que las tiendas están abiertas durante todo el día;* **Verkaufspreis** *m* <-es, -e> precio *m* de venta; **Verkaufsschlager** *m* éxito *m* de ventas

Verkehr *m ohne Pl* <-(e)s> **1.** (*Fahrzeug~, Güter~*) tráfico *m;* (*Umlauf, Straßen~*) circulación *f;* **etw aus dem** ~ **ziehen** retirar algo de la circulación; (*Fahrzeug*) retirar del servicio; **jdn aus dem** ~ **ziehen** (*fam*) quitar de en medio a alguien **2.** (*Umgang*) contacto *m;* **in regem** ~ **mit jdm stehen** tener mucho contacto con alguien **3.** (*Geschlechts~*) relaciones *fpl* sexuales

verkehren* **I.** *vi* **1.** *haben o sein* (*auf Strecke*) cubrir el recorrido (*zwischen ... und de... a*); (*Verkehrsmittel*) circular **2.** (*sich aufhalten*) frecuentar; **in dem Lokal verkehre ich nicht** no frecuento este local; **mit jdm** ~ tener trato con alguien; (*brieflich*) estar en correspondencia con alguien; (*Geschlechtsverkehr haben*) mantener relaciones sexuales con alguien **II.** *vt:* **etw ins Gegenteil** ~ tergiversar algo hasta obtener lo contrario

Verkehrsampel *f* semáforo *m;* **Verkehrsamt** *nt* oficina *f* de turismo; **Verkehrsaufkommen** *nt ohne Pl* <-s> volumen *m* de tráfico; **verkehrsberuhigt** *adj:* ~**e Zone** zona *f* de tráfico reducido; **Verkehrschaos** *nt* caos *m inv* en la circulación; (*außerhalb von Ortschaften*) caos *m inv* en la carretera; **Verkehrsdurchsage** *f* información *f* de tráfico; **Verkehrserziehung** *f* educación *f* vial; **Verkehrsfunk** *m* servicio *m* radiofónico de información sobre el estado de las carreteras; **verkehrsgünstig** *adj* bien situado (en relación a la infraestructura y medios de transporte), bien ubicado *Am;* **Verkehrshinweis** *m* información *f* sobre el estado de las carreteras; **Verkehrsinsel** *f* isleta *f;* **Verkehrsknotenpunkt** *m* nudo *m* de comunicaciones; **Verkehrskontrolle** *f* control *m* de la circulación; **Verkehrslage** *f* situación *f* de tráfico; **Verkehrsmittel** *nt* medio *m* de transporte; **die öffentlichen** ~ los medios de transporte públicos; **Verkehrsordnung** *f* (ADMIN) código *m* de la circulación; **Verkehrsplanung** *f* planificación *f* de la infraestructura vial; **Verkehrspolizei** *f ohne Pl* policía *f* de tráfico; **Verkehrsregel** *f* regla *f* de tráfico; **Verkehrsregelung** *f* (*durch Polizei*) regulación *f* del tráfico; (*durch Verkehrszeichen*) señalización *f;* **Verkehrsschild** *nt* <-(e)s, -er> señal *f* de tráfico; **verkehrssicher** *adj* apto para la circulación; **Verkehrssicherheit** *f ohne Pl* seguridad *f* vial; **Verkehrsstraße** *f* carretera *f;* **Verkehrssünder(in)** *m(f)* infractor(a) *m(f)* de las reglas de tráfico; **Verkehrsteilnehmer(in)** *m(f)* usuario, -a *m, f* de la vía pública; **Verkehrstote(r)** *mf* muerto, -a *m, f* en accidente de tráfico; **Verkehrsunfall** *m* accidente *m* de tráfico; **Verkehrsverbund** *m* asociación *f* de empresas de transporte público; **Verkehrsverein** *m* oficina *f* de turismo; **Verkehrsweg** *m* vía *f* de comunicación; **Verkehrswesen** *nt ohne Pl* <-s> servicio *m* de transportes y comunicaciones; **verkehrswidrig** *adj* contrario a las reglas de tráfico; **sich** ~ **verhalten** infringir las reglas de tráfico; **Verkehrszeichen** *nt* señal *f* de tráfico

verkehrt **I.** *adj* equivocado; (*falsch*) erróneo; **das ist total** ~ esto es completamente erróneo; **das ist gar nicht so** ~ esto no está del todo mal; (**mit etw** *dat*) **an den V~ geraten** (*fam*) dirigirse (con algo) a la persona errónea; **ich will nichts V~es sagen** no quiero decir algo equivocado **II.** *adv* (*umgekehrt*) al revés, a la inversa; (*falsch*) mal; ~ **herum** al revés, a la inversa; **etw ~ herum anhaben** llevar algo (puesto) del revés; **etw ~ machen** hacer algo mal

verkeilen* **I.** *vt* (*Fahrzeug usw.*) acuñar **II.** *vr:* **sich** ~ agarrotarse

verkennen* *irr vt* (*falsch beurteilen*) juzgar mal; (*unterschätzen*) subestimar; **es ist nicht zu ~, dass ...** no se puede negar que...; **du verkennst den Ernst der Lage** no te das cuenta de lo grave de la situación

verketten* **I.** *vt* encadenar **II.** *vr:* **sich** ~ juntarse

verklagen* *vt:* **jdn** ~ entablar un pleito contra alguien (*auf/wegen* por)

verklappen* *vt* verter al mar

verklärt *adj* transfigurado

verkleiden* **I.** *vt* **1.** (*Wand*) revestir (*mit* de) **2.** (*kostümieren*) disfrazar (*als* de) **II.** *vr:* **sich** ~ disfrazarse (*als* de)

Verkleidung *f* <-en> **1.** (*von Person*) disfraz *m* **2.** (*von Wand*) revestimiento *m* (*mit* de)

verkleinern* **I.** *vt* (*allgemein*) reducir (en tamaño); (*vermindern*) disminuir; (*Firma*) reducir la plantilla; **etw um die Hälfte ~** reducir algo a la mitad **II.** *vr:* **sich** ~ (*allgemein*) reducirse; (*abnehmen*) disminuir (*um* en)

Verkleinerung *f* <-en> reducción *f* (*auf* a); (*Verminderung*) disminución *f;* **Verkleinerungsform** *f* <-en> (LING) diminutivo *m*

verklemmen* *vr:* **sich** ~ atascarse

verklemmt *adj* **1.** (*Tür*) atascado **2.** (*Person*) cohibido, cortado *fam*

verklingen* *irr vi sein* ir terminando; (*sich verlieren*) perderse

verklungen *pp von* **verklingen**

verknacksen* *vt:* **sich** *dat* **etw** ~ (*fam*) torcerse algo

verknallen* **I.** *vt* (*fam: Knallkörper*) lanzar; (*Geld*) gastar en cohetes **II.** *vr:* **sich** ~ (*fam*) enamorarse locamente (*in* de)

Verknappung *f* <-en> escasez *f*

verkneifen* *irr vr* (*fam*): **sich** *dat* **etw** ~ (*verzichten*) renunciar a algo; (*unterdrücken*) contener algo

verkniffen **I.** *pp von* **verkneifen** **II.** *adj* (*abw*) amargado; **du siehst das zu ~** (*fam*) te lo tomas demasiado a pecho

verknittern* *vt* estrujar, arrugar

verknoten* **I.** *vt* anudar **II.** *vr:* **sich** ~ anudarse

verknüpfen* *vt* **1.** (*verknoten*) enlazar **2.** (*in Beziehung setzen*) relacionar **3.** (*verbinden*) combinar; **er verknüpfte den Ausflug mit einem Museumsbesuch** combinó la excursión con la visita a un museo **4.** (INFOR: *Programme*) ligar

Verknüpfung *f* <-en> (INFOR: *von Programmen*) ligado *m*

verkochen* *vi sein* **1.** (*verdampfen*) evaporarse **2.** (*breiig werden*) cocer (demasiado); (*Reis*) pasarse

verkohlen* **I.** *vi sein* (*Holz*) carbonizarse **II.** *vt* (*fam: Person*) tomar el pelo

verkommen*[1] *irr vi sein* **1.** (*verderben*) corromperse **2.** (*Gebäude*) desmoronarse; (*Sachen*) echarse a perder; (*Sitten*) decaer **3.** (*Person: moralisch*) pervertirse, abarrajarse *Peru;* (*äußerlich*) descuidar (su aspecto); (*soziale Stellung*) venir a menos; **zum Säufer ~** convertirse en un borracho

verkommen[2] *adj* **1.** (*Gebäude*) desmoronado; (*Sachen*) en mal estado; (*Sitten*) decaído **2.** (*Person*) venido a menos

verkorksen* *vt* (*fam*) estropear

verkorkst *adj* (*fam*) estropeado; **ein total ~er Abend** una tarde desastrosa

verkörpern* *vt* **1.** (*symbolisieren*) encarnar **2.** (THEAT, FILM) representar

Verkörperung *f* <-en> **1.** (*Personifizierung*) encarnación *f* **2.** (THEAT, FILM) representación *f*

verköstigen* *vt* dar de comer

verkrachen* *vr:* **sich** ~ (*fam*) romper, enemistarse

verkracht *adj* (*fam: gescheitert*) fracasado; (*ruiniert*) arruinado; **eine ~e Existenz** un fracasado

verkraften* *vt* (*Arbeit*) poder (con); (*Schock*) resistir; (*Belastung*) soportar

verkrampfen* *vr:* **sich** ~ **1.** (*Muskel*) contraerse **2.** (*Mensch*) ponerse tenso

verkrampft *adj* contraído; (*Lächeln*) forzado; (*Haltung*) tenso

verkriechen* *irr vr:* **sich** ~ (*verstecken*) esconderse; (*isolieren*) encerrarse

verkrochen *pp von* **verkriechen**

verkrümmen* *vr:* **sich** ~ encorvarse; (*Holz*) alabearse

verkrüppelt *adj* (*Arm, Fuß*) tullido, tronchado *And;* (*Baum, Strauch*) achaparrado

verkrustet *adj* **1.** (*Wunde*) costroso **2.** (*Strukturen*) sin espíritu innovador

verkühlen* *vr:* **sich** ~ (*reg*) resfriarse

verkümmern* *vi sein* **1.** (*Glied, Organ*) atrofiarse; (*Pflanze*) marchitarse **2.** (*Talent*) venir a menos

verkünden* *vt* (*geh*), **verkündigen*** *vt* (*geh*) **1.** (*ankündigen*) anunciar; (*vorhersagen*) predecir **2.** (*bekannt machen*) dar a conocer; (*Urteil*) pronunciar; (*Gesetz*) promulgar **3.** (*erklären*) declarar

Verkündigung *f* <-en> **1.** (*Ankündigung*) anunciación *f* **2.** (*Bekanntmachung*) publicación *f;* (*Urteil*) pronunciación *f;* (*Gesetz*) promulgación *f*

verkuppeln* *vt* emparejar (*mit/an* con)

verkürzen* **I.** *vt* acortar; (*Zeit, Weg, Text*) abreviar; (*verringern*) reducir (*um* en, *auf* a) **II.** *vr:* **sich ~** acortarse

verladen* *irr vt* **1.** (*aufladen*) cargar (*auf* en); (*auf Schiffe*) embarcar; (*umladen*) transbordar **2.** (*fam: hintergehen*) embaucar, dar gato por liebre; **sich von jdm ~ lassen** dejarse engañar por alguien

Verladung *f* <-en> carga *f;* (*auf Schiff*) embarque *m;* (*Umladen*) transbordo *m*

Verlag *m* <-(e)s, -e> editorial *f*

verlagern* **I.** *vt* cambiar; (*Waren*) almacenar en otro lugar; (*örtlich*) trasladar (*auf* a); **seine Interessen ~** cambiar de intereses **II.** *vr:* **sich ~** desplazarse; (METEO) moverse; **das Problem verlagert sich auf ...** el problema recae sobre...

Verlagerung *f* <-en> **1.** (*von Interessen, Arbeitsgebiet*) cambio *m;* (*örtlich*) traslado *m* (*nach* a) **2.** (METEO) movimiento *m*

Verlagsbuchhandlung *f* librería *f* editorial; **Verlagshaus** *nt* casa *f* editora; **Verlagsredakteur(in)** *m(f)* redactor(a) *m(f)* editorial; **Verlagswesen** *nt* <-s, -> industria *f* editorial

verlangen* **I.** *vt* **1.** (*fordern*) exigir; (*bitten, bei Bezahlung*) pedir; **ich verlange von dir, dass du ...** te exigo que... *+subj;* **ist das nicht ein bisschen viel verlangt?** ¿no es pedir demasiado?; **Sie werden am Telefon verlangt** le llaman por teléfono **2.** (*erfordern*) requerir **II.** *vi:* **nach etw** *dat* **~** pedir algo; (*sich sehnen*) anhelar algo

Verlangen *nt* <-s, -> (*geh*) **1.** (*Wunsch*) deseo *m;* (*Bedürfnis*) ansia *f;* **ich habe kein ~ danach** eso no me apetece **2.** (*Forderung*) petición *f;* **auf ~** cuando se requiere

verlängern* **I.** *vi* (SPORT) establecer una prórroga **II.** *vt* **1.** (*räumlich*) alargar; (*zeitlich*) prolongar (*um*); (*Vertrag, Pass*) renovar; (*Frist*) prorrogar (*um*); **ein verlängertes Wochenende** un (fin de semana con) puente **2.** (*Suppe*) rebajar **III.** *vr:* **sich ~** **1.** (*räumlich*) alargarse (*um*) **2.** (*zeitlich*) prolongar (*um*)

Verlängerung *f* <-en> alargamiento *m;* (*zeitlich*) prolongación *f;* (SPORT) prórroga *f;* **Verlängerungsschnur** *f* (ELEK) cable *m* alargador

verlangsamen* **I.** *vt* (*Geschwindigkeit*) reducir; (*Entwicklung, Fortschritt*) retardar **II.** *vr:* **sich ~** (*Geschwindigkeit*) reducirse; (*Entwicklung*) retardarse

Verlass[RR] *m,* **Verlaß** *m:* **auf jdn/etw ist (kein) ~** (no) se puede contar con alguien/algo

verlassen[1] *adj* **1.** (*einsam*) solitario; (*öde*) desierto **2.** (*zurückgelassen*) abandonado

verlassen*[2] *irr* **I.** *vt* abandonar; (*hinausgehen, -fahren*) salir de; **die Hoffnung hatte ihn ~** ya no tenía esperanzas; **sie hat ihren Mann ~** ha dejado a su marido **II.** *vr:* **sich ~** confiar (*auf* en); **darauf können Sie sich ~** puede estar seguro de ello

verlässlich[RR] *adj,* **verläßlich** *adj* (*Auskunft*) seguro; (*Person*) fiable

Verlaub *m* (*geh*): **mit ~** con (su) permiso

Verlauf *m* <-(e)s, -läufe> **1.** (*zeitlich*) (trans)curso *m;* (*Entwicklung*) desarrollo *m;* (*von Krankheit*) curso *m;* **im ~ der letzten Monate** en el transcurso de los últimos meses; **im weiteren ~** a continuación; **einen guten/unerwarteten ~ nehmen** tomar un rumbo favorable/imprevisto **2.** (*von Straße, Grenze*) trazado *m;* (*von Fluss*) curso *m*

verlaufen* *irr* **I.** *vi sein* **1.** (*ablaufen*) desarrollarse; (*Zeitraum, Untersuchung*) transcurrir **2.** (*Grenze, Weg*) pasar (*durch* por) **3.** (*sich verlieren*) perderse; **im Sand ~** (*fam*) quedar sin efecto **4.** (*Butter*) derretirse; (*Farbe*) correrse **II.** *vr:* **sich ~** **1.** (*sich verirren*) perderse **2.** (*Menschenmenge*) dispersarse; (*Wasser*) decrecer

verlautbaren* *vt* comunicar

verlauten* *vi sein:* **etwas/nichts ~ lassen** decir algo/no decir nada

verleben* *vt* **1.** (*verbringen*) pasar, vivir **2.** (*fam: verbrauchen*) gastar

verlebt *adj* ajado

verlegen[1] *adj* avergonzado; (*verklemmt*) cortado; (*schüchtern*) apocado; **nie um eine Ausrede ~ sein** tener siempre una excusa

verlegen*[2] **I.** *vt* **1.** (*örtlich*) cambiar de lugar; (*Geschäft, Patient*) trasladar **2.** (*Termin*) aplazar (*von* de, *auf* para) **3.** (*an falsche Stelle*) no encontrar **4.** (*Kabel*) tender; (*Teppichboden*) colocar **5.** (*herausgeben*) editar **II.** *vr:* **sich ~** dedicarse (*auf* a)

Verlegenheit[1] *f ohne Pl* bochorno *m;* (*Befangenheit*) timidez *f;* **jdn in ~ bringen** abochornar a alguien

Verlegenheit[2] *f* <-en> (*unangenehme Lage*) apuro *m;* **jdm aus einer ~ helfen** sacar a alguien de un apuro

Verleger(in) *m(f)* <-s, -; -nen> editor(a) *m(f)*

Verlegung *f* <-en> **1.** (*zeitlich*) aplazamiento *m* (*von* de, *auf* para) **2.** (*örtlich*) traslado *m* (*von* de, *nach* a); (*von Truppen*) desplazamiento *m* (*von* de, *nach* a) **3.** (*von Leitungen*) tendido *m;* (*von Rohren*) montaje *m;* (*von Teppichboden*) colocación *f*

Verleih *m* <-(e)s, -e> **1.** (*das Verleihen*) (servicio *m* de) préstamo *m* **2.** (*Firma*) empresa *f* de alquiler; (*Film~*) distribuidora *f* de cine

verleihen* *irr vt* **1.** (*ausleihen*) prestar (*an*

V

a); (*gegen Gebühr*) alquilar (*an* a) **2.** (*Preis*) conceder (*an* a); (*Titel*) conferir (*an* a); **etw** *dat* **Nachdruck** ~ poner énfasis en algo; **seiner Empörung Ausdruck** ~ dar rienda suelta a su enfado

Verleihung *f* <-en> **1.** (*von Geld, Buch*) préstamo *m;* (*gegen Gebühr*) alquiler *m* **2.** (*von Auszeichnung*) concesión *f* (*an* a); (*Übergabe*) entrega *f* (*an* a)

verleiten* *vt* inducir (*zu* a)

verlernen* *vt* perder la práctica (de); (*völlig*) olvidar

verlesen* *irr* **I.** *vt* **1.** (*Text*) leer **2.** (*Gemüse*) limpiar; (*Körner*) seleccionar **II.** *vr:* **sich** ~ equivocarse al leer

verletzbar *adj* vulnerable

verletzen* **I.** *vt* **1.** (*verwunden*) herir (*an* en); **leicht/schwer verletzt** levemente/gravemente herido **2.** (*beleidigen*) ofender **3.** (*Gesetz*) infringir, violar; (*Sitten, Recht*) atentar (contra) **II.** *vr:* **sich** ~ herirse (*an* en)

verletzend *adj* ofensivo

verletzlich *adj* vulnerable

Verletzte(r) *mf* <-n, -n; -n> herido, -a *m, f*

Verletzung *f* <-en> **1.** (*Wunde*) herida *f;* **innere** ~**en** contusiones internas; **er ist seinen schweren** ~**en erlegen** murió a causa de las graves heridas **2.** (*Beleidigung*) ofensa *f* **3.** (*von Gesetz*) infracción *f*

verleugnen* *vt* negar; **er ließ sich** ~ mandó decir que no estaba en casa; **es lässt sich nicht** ~**, dass ...** no se puede negar que...

verleumden* *vt* difamar

Verleumdung *f* <-en> difamación *f;* (JUR) libelo *m;* **Verleumdungskampagne** *f* campaña *f* difamatoria

verlieben* *vr:* **sich** ~ enamorarse (*in* de), templarse *Am*

verliebt *adj* enamorado

verliehen *pp von* **verleihen**

verlieren <verliert, verlor, verloren> **I.** *vt* perder; **die Beherrschung** ~ perder la serenidad; **was hast du hier verloren?** (*fam*) ¿qué se te ha perdido (por) aquí?; **so etwas hat hier nichts verloren** (*fam*) aquí no hay sitio para algo semejante; **kein Wort darüber** ~ no decir nada al respecto **II.** *vr:* **sich** ~ perderse (*in* en) **III.** *vi* perder (*an*)

Verlierer(in) *m(f)* <-s, -; -nen> perdedor(a) *m(f)*

Verlies *nt* <-es, -e> calabozo *m,* mazmorra *f*

verloben* *vr:* **sich** ~ prometerse (*mit* con)

Verlobte(r) *mf* <-n, -n; -n> prometido, -a *m, f*

Verlobung *f* <-en> compromiso *m* matrimonial

verlocken* *vt* (*geh*) tentar (*zu* a); (*verführen*) seducir (*zu* a); **ein** ~**des Angebot** una oferta tentadora

verlockend *adj* tentador; (*verführend*) seductor; **das klingt** ~ suena tentador

Verlockung *f* <-en> tentación *f;* (*Verführung*) seducción *f*

verlogen *adj* (*abw: Person*) mentiroso; (*Aussage*) falaz

verlor *3. imp von* **verlieren**

verloren **I.** *pp von* **verlieren** **II.** *adj* perdido; **jdn/etw** ~ **geben** dar a alguien/algo por perdido

verlosen* *vt* sortear

Verlosung *f* <-en> sorteo *m*

Verlust *m* <-(e)s, -e> pérdida *f;* (*Schaden*) daño *m;* ~ **bringend** deficitario; **ohne Rücksicht auf** ~**e** sin miramientos; **Verlustmeldung** *f* parte *m* de pérdida; **eine** ~ **machen** dar parte de la pérdida; **verlustreich** *adj* **1.** (*Geschäft*) deficitario **2.** (*Kampf*) sangriento

vermachen* *vt:* **jdm etw** ~ (*vererben*) legar algo a alguien; (*schenken*) regalar algo a alguien

Vermächtnis *nt* <-ses, -se> legado *m*

vermählen* *vr:* **sich** ~ (*geh*) desposarse

Vermählung *f* <-en> (*geh*) enlace *m* matrimonial

vermarkten* *vt* comercializar; **sich gut/schwer** ~ **lassen** comercializarse bien/mal

vermasseln* *vt* (*fam*) estropear; **eine Prüfung** ~ hacer un examen de pena; **er hat mir alles vermasselt** me ha estropeado todos los planes

vermehren* **I.** *vt* acrecentar; (*zahlenmäßig*) multiplicar (*um* por) **II.** *vr:* **sich** ~ **1.** (*zunehmen*) incrementar (*um, auf* a) **2.** (*sich fortpflanzen*) reproducirse

Vermehrung *f* <-en> **1.** (*Zunahme*) incremento *m;* (*Vervielfachung*) multiplicación *f* **2.** (*Fortpflanzung*) reproducción *f;* (*von Pflanzen*) propagación *f*

vermeiden* *irr vt* evitar; (*umgehen*) eludir; **es lässt sich nicht** ~**, dass ...** es inevitable que... *+subj*

vermeintlich *adj* presunto

vermelden* *vt* comunicar

Vermerk *m* <-(e)s, -e> nota *f*

vermerken* *vt* **1.** (*notieren*) anotar **2.** (*zur Kenntnis nehmen*) tomar en consideración

vermessen[1] *adj* (*geh: anmaßend*) presuntuoso; (*tollkühn*) osado

vermessen*[2] *irr* **I.** *vt* medir; (*Gelände*) hacer el catastro (de) **II.** *vr:* **sich** ~ **1.** (*falsch messen*) equivocarse (al medir) **2.** (*geh: sich anmaßen*) tener la osadía (de)

Vermessenheit *f* <-en> (*Anmaßung*) presunción *f;* (*Tollkühnheit*) osadía *f*

Vermessung *f* <-en> medición *f;* (*Land~*) agrimensura *f;* (*Tiefen~*) sondeo *m*

vermieden *pp von* **vermeiden**
vermiesen* *vt* (*fam*): **jdm etw** ~ estropear(le) algo a alguien
vermieten* *vt* alquilar (*an* a), arrendar (*an* a) *Am;* **Zimmer zu** ~ se alquilan habitaciones
Vermieter(in) *m(f)* <-s, -; -nen> casero, -a *m, f;* (*von Haus*) dueño, -a *m, f* de la casa; (*von Wohnung*) dueño, -a *m, f* del piso
vermindern* **I.** *vt* reducir; (*Schmerzen*) aliviar **II.** *vr:* **sich** ~ **1.** (*geringer werden*) reducirse (*um, auf* a) **2.** (*sich abschwächen*) decrecer; (*Schmerzen*) aliviarse
Verminderung *f* <-en> (*Rückgang*) disminución *f;* (*eines Wachstums*) decrecimiento *m;* (*von Schmerzen*) alivio *m*
vermischen* **I.** *vt* mezclar **II.** *vr:* **sich** ~ mezclarse
vermissen* *vt* echar de menos, extrañar *Am;* **jdn als vermisst melden** dar a alguien por desaparecido; **er vermisst seine Schlüssel** no encuentra sus llaves
Vermisste(r)[RR] *mf* <-n, -n; -n>, **Vermißte(r)** *mf* <-n, -n; -n> desaparecido, -a *m, f;* **Vermisstenanzeige**[RR] *f* parte *m* de desaparición
vermittelbar *adj* **1.** (*Arbeitslose*): **gut/schwer** ~ **sein** encontrar trabajo con facilidad/con dificultad **2.** (*Idee, Gefühl*) comunicable
vermitteln* **I.** *vt* **1.** (*beschaffen*) proporcionar **2.** (*Treffen, Ehe*) arreglar; (*amtlich*) gestionar; **ein Gespräch** ~ (TEL) poner línea **3.** (*aushandeln*) negociar **4.** (*Eindruck*) ofrecer **5.** (*Wissen*) transmitir **II.** *vi* mediar (*zwischen* entre); ~**de Worte** palabras conciliadoras; ~**d eingreifen** intervenir como intermediario
Vermittler(in) *m(f)* <-s, -; -nen> **1.** (POL) mediador(a) *m(f)* **2.** (WIRTSCH) intermediario, -a *m, f*
Vermittlung *f* <-en> **1.** (*bei Streit*) mediación *f* (*zwischen* entre) **2.** (*von Treffen*) arreglo *m;* (*amtlich*) gestión *f* **3.** (*Beschaffung*) facilitación *f* **4.** (TEL) centralita *f;* **Vermittlungsgebühr** *f* (WIRTSCH) comisión *f*
vermöbeln* *vt* (*fam*) zurrar
vermocht *pp von* **vermögen**
vermodern* *vi sein* pudrirse
vermögen* *irr vt* (*geh*) **1.** (*imstande sein*): ~ **etw zu tun** ser capaz de hacer algo **2.** (*ausrichten*) conseguir; **sie vermag bei ihm viel/wenig** tiene mucha/poca influencia sobre él **3.** (*Schweiz: sich leisten können*) poder costearse
Vermögen[1] *nt* <-s, -> (*Besitz*) bienes *mpl;* (*Reichtum*) fortuna *f,* platal *m Am;* **das kostet ein** ~ esto cuesta una fortuna
Vermögen[2] *nt ohne Pl* <-s> (*geh: Fähigkeit*) capacidad *f*
vermögend *adj* adinerado, fondeado *Am*
Vermögen(s)steuer *f* <-n> impuesto *m* sobre el patrimonio; **vermögenswirksam** *adj* que fomenta la formación de capital
vermummen* **I.** *vt* (*einhüllen*) encapuchar; (*warm*) abrigar **II.** *vr:* **sich** ~ (*sich verkleiden*) encapucharse
vermummt *adj* **1.** (*Demonstrant*) encapuchado **2.** (*warm angezogen*) bien abrigado
Vermummungsverbot *nt* prohibición *f* de ir encapuchado (en manifestaciones)
vermuten* *vt* suponer; (*erwarten*) esperar; **es ist zu** ~**, dass ...** es de suponer que... +*subj;* **das hatte ich nicht vermutet** no me lo había esperado
vermutlich **I.** *adj* presunto **II.** *adv* presumiblemente; (*wahrscheinlich*) probablemente
Vermutung *f* <-en> suposición *f;* (*Mutmaßung*) conjetura *f;* ~**en** (**über etw**) **anstellen** hacer suposiciones (sobre algo)
vernachlässigen* *vt* descuidar; (*außer Acht lassen*) dejar de lado; **sie fühlt sich von ihm etwas vernachlässigt** se siente un poco abandonada por él
Vernachlässigung *f* <-en> descuido *m,* negligencia *f*
vernageln* *vt* cerrar con clavos
vernagelt *adj* (*fam abw*) corto de entendederas; **er ist wie/völlig** ~ está como/completamente atontado
vernähen* *vt* **1.** (*nähen*) coser **2.** (*verbrauchen*) gastar; **viel Garn** ~ gastar mucho hilo
vernarben* *vi sein* cicatrizar
vernarren* *vr:* **sich in jdn** ~ estar loco por alguien
vernaschen* *vt* **1.** (*Geld*) gastar en golosinas **2.** (*fam: Person*) tirarse
vernehmen* *irr vt* **1.** (*geh: hören*) oír; (*wahrnehmen*) percibir **2.** (*geh: erfahren*) (llegar a) saber **3.** (JUR: *verhören*) interrogar (*zu* sobre)
Vernehmen *nt:* **dem** ~ **nach** según dicen
vernehmlich *adj* perceptible; (*deutlich*) claro
Vernehmung *f* <-en> (JUR) interrogatorio *m*
verneigen* *vr:* **sich** ~ inclinarse (*vor* ante)
Verneigung *f* <-en> (*geh*) inclinación *f* (*vor* ante)
verneinen* *vt* **1.** (*Frage*) contestar negativamente; **eine** ~**de Antwort** una respuesta negativa **2.** (*leugnen*) negar
Verneinung *f* <-en> negación *f;* (*einer Frage*) respuesta *f* negativa
vernetzen* *vt* **1.** (*verbinden*) conectar (*mit* con) **2.** (INFOR) integrar en la red
Vernetzung *f* <-en> conexión *f;* (INFOR) integración *f* en la red
vernichten* *vt* aniquilar; (*zerstören*) destruir; (*ausrotten*) exterminar
vernichtend *adj* **1.** (*zerstörerisch*) des-

tructor **2.** (*Kritik, Niederlage*) abrumador; (*Blick*) fulminante

Vernichtung *f* <-en> aniquilamiento *m;* (*Zerstörung*) destrucción *f;* (*Ausrottung*) exterminio *m;* (*Dezimierung*) estragos *mpl;* **Vernichtungslager** *nt* campo *m* de exterminio

vernieten* *vt* remachar

Vernissage *f* <-n> inauguración *f*

vernommen *pp von* **vernehmen**

Vernunft *f ohne Pl* razón *f;* (*gesunder Menschenverstand*) sentido *m* común; **zur ~ kommen** recobrar la razón; **jdn zur ~ bringen** hacer entrar a alguien en razón

vernünftig I. *adj* **1.** (*Vernunft besitzend*) razonable; (*überlegt*) sensato; **sei doch ~!** ¡sé razonable!; **mit ihm kann man kein ~es Wort reden** con él no se puede hablar sensatamente **2.** (*fam: ordentlich*) decente **II.** *adv* (*fam*) como es debido

veröffentlichen* *vt* publicar

Veröffentlichung *f* <-en> publicación *f*

verordnen* *vt* **1.** (*Arzt*) prescribir; (*auf Rezept*) recetar **2.** (*anordnen*) decretar

Verordnung *f* <-en> **1.** (*von Arzt*) prescripción *f;* **nach ärztlicher ~** según prescripción médica **2.** (*Anordung*) decreto *m*

verpachten* *vt* arrendar (*an* a)

verpacken* *vt* embalar; (*in Pakete*) empaquetar; (*in Dosen*) envasar

Verpackung *f* <-en> embalaje *m;* **Verpackungsmüll** *m* embalajes *mpl* desechados

verpassen* *vt* **1.** (*Zug*) perder; (*Person*) no encontrar **2.** (*Gelegenheit*) desaprovechar, dejar escapar **3.** (*fam*): **jdm etw ~** dar(le) algo a alguien; (*aufzwingen*) plantar(le) algo a alguien

verpatzen* *vt* (*fam*) estropear, echar a perder

verpennen* **I.** *vi* (*fam*) quedarse dormido **II.** *vt* (*fam: verpassen*) perder; (*vergessen*) olvidar

verpesten* *vt* (*abw*) apestar; (*Abgase*) contaminar

verpetzen* *vt* (*abw*) chivarse; **jdn (beim Lehrer) ~** chivarse a alguien (al profesor)

verpfänden* *vt* empeñar

verpfeifen* *irr vt* (*fam abw: anzeigen*) denunciar (*bei* a); (*Person*) soplar (*bei* a); (*Plan*) revelar

verpfiffen *pp von* **verpfeifen**

verpflanzen* *vt* (BOT, MED) trasplantar

verpflegen* *vt* alimentar

Verpflegung[1] *f ohne Pl* (*das Verpflegen*) alimentación *f*

Verpflegung[2] *f* <-en> (*Essen*) manutención *f;* **mit voller ~** en pensión completa

verpflichten* **I.** *vt* **1.** (*binden*) obligar, comprometer; **das verpflichtet zu nichts** eso no compromete a nada; **ich bin ihm sehr verpflichtet** le estoy muy obligado **2.** (*Schauspieler*) firmar un contrato; (*Sportler*) fichar (*für* por) **II.** *vr:* **sich ~ 1.** (*sich bereit erklären*) comprometerse (*zu* a); (*Sportler*) fichar **2.** (MIL): **sich für zwei Jahre ~** alistarse por dos años

Verpflichtung *f* <-en> **1.** (*Bindung*) compromiso *m;* (*Pflicht*) deber *m,* obligación *f;* **finanzielle ~en** deudas *fpl* **2.** (*von Künstler*) contratación *f;* (*von Sportler*) fichaje *m*

verpfuschen* *vt* (*fam*) estropear; (*Arbeit*) chapucear; (*Leben*) destrozar

verpissen* *vr:* **sich ~** (*vulg*) **1.** (*verunreinigen*) mearse **2.** (*fig: verschwinden*) irse al cuerno

verplanen* *vt* **1.** (*falsch planen*) planificar mal **2.** (*Geld*) incluir en la planificación; (*Zeit*) hacer planes; **für morgen bin ich schon verplant** mañana tengo todo el día ocupado

verplappern* *vr:* **sich ~** (*fam*) irse de la lengua

verplempern* *vt* (*fam*) **1.** (*Geld*) malgastar; (*Zeit*) perder **2.** (*reg: verschütten*) derramar

verpönt *adj:* **~ sein** ser mal visto (*bei* por)

verprügeln* *vt* zurrar, pelar *Am,* dar la biaba *Arg, Urug*

verpuffen* *vi sein* **1.** (*explodieren*) explotar, detonar **2.** (*Freude*) perderse; (*Maßnahme*) fracasar; (*Elan*) ser en vano

Verputz *m ohne Pl* <-es> revoque *m*

verputzen* *vt* **1.** (*Wand*) revocar **2.** (*fam: essen*) soplar(se) **3.** (*fam: vergeuden*) despilfarrar

verqualmt *adj* lleno de humo

verquatschen* **I.** *vt* (*fam*) pasar charlando; **wir haben die ganze Zeit verquatscht** pasamos todo el tiempo charlando **II.** *vr:* **sich ~** (*fam*) irse de la lengua

verquollen *adj* hinchado

verramschen* *vt* (*fam*) malvender

verrannt *pp von* **verrennen**

Verrat *m ohne Pl* <-(e)s> traición *f;* **~ an jdm begehen** traicionar a alguien; **~ üben** cometer traición

verraten* *irr* **I.** *vt* **1.** (*preisgeben*) revelar; **soll ich Ihnen was ~?** (*fam*) ¿quiere que le diga una cosa? **2.** (*Treue brechen*) traicionar; **~ und verkauft sein** estar perdido; **seine Ideale ~** ser infiel a sus ideales **3.** (*zu erkennen geben*) delatar **II.** *vr:* **sich ~ 1.** (*durch Geste, Sprache*) delatarse **2.** (*sich zeigen*) revelarse

Verräter(in) *m(f)* <-s, -; -nen> traidor(a) *m(f),* batidor(a) *m(f) Arg*

verräterisch *adj* **1.** (*Person*) traidor **2.** (*Geste*) delator

verrechnen* **I.** *vt* compensar; (*gutschreiben*) abonar en cuenta; **die Gewinne mit den Verlusten ~** compensar las ganancias con las pérdidas **II.** *vr:* **sich** ~ **1.** (*falsch rechnen*) equivocarse en el cálculo; **sich um fünf Mark** ~ equivocarse en cinco marcos **2.** (*sich täuschen*) equivocarse

Verrechnung *f* <-en> compensación *f;* **nur zur** ~ (FIN) sólo para abono en cuenta; **Verrechnungsscheck** *m* (FIN) cheque *m* cruzado

verrecken* *vi sein* (*fam*) **1.** (*Tier, Mensch*) estirar la pata; **verreck doch!** (*abw*) ¡muérete!; **ums V~ nicht** ni a tiros **2.** (*kaputtgehen*) echarse a perder

verregnet *adj* lluvioso

verreisen* *vi sein* irse de viaje (*nach* a)

verreißen* *irr vt* **1.** (*hart kritisieren*) criticar duramente, poner verde *fam* **2.** (*reg: fam: zerreißen*): **mich verreißt's vor Freude** estoy loco de alegría

verrenken* **I.** *vt* torcer; **sich** *dat* **den Knöchel** ~ torcerse el tobillo **II.** *vr:* **sich** ~ retorcerse

Verrenkung *f* <-en> **1.** (*Verletzung*) torcedura *f* **2.** (*unnatürliche Stellung*) contorsión *f*

verrennen* *irr vr:* **sich** ~ meterse en un callejón sin salida; **er hat sich völlig in seine Vorstellungen verrannt** se aferra totalmente a sus ideas

verrichten* *vt* efectuar; **seine Notdurft** ~ hacer sus necesidades

verriegeln* *vt* cerrar con cerrojo

verringern* **I.** *vt* reducir (*um* en); (*Preis*) rebajar; (*Abstand*) acortar **II.** *vr:* **sich** ~ disminuir

Verringerung *f* <-en> reducción *f;* (*Abnahme*) disminución *f*

VerrissRR *m* <-es, -e>, **Verriß** *m* <-sses, -sse> (*fam*) dura crítica *f*

verrissen *pp von* **verreißen**

verrosten* *vi sein* oxidarse

verrotten* *vi sein* **1.** (*faulen*) pudrirse **2.** (*zerfallen*) desmoronarse

verrucht *adj* (*Ort*) de mala fama; (*Blick*) malvado; (*Schurke*) vil

verrücken* *vt* desplazar, cambiar de sitio

verrückt *adj* (*geistesgestört*) loco, chalado *fam;* **du machst mich noch** ~ me vas a volver loco; **ich werd' ~!** (*fam*) ¡qué locura!; **wie** ~ (*fam*) de locura, como loco; ~ **spielen** (*fam*) estar fuera de quicio; **auf etw/jdn** ~ **sein** (*fam*) estar loco por algo/alguien

Verrückte(r) *mf* <-n, -n; -n> loco, -a *m, f,* chalado, -a *m, f fam*

Verruf *m:* **in** ~ **geraten** caer en descrédito; **etw/jdn in** ~ **bringen** desacreditar algo/a alguien

verrufen *adj* de mala fama; ~ **sein** tener mala fama

verrutschen* *vi sein* correrse

Vers *m* <-es, -e> **1.** (*Gedichtzeile*) verso *m;* (*Strophe*) estrofa *f* **2.** (*Bibel~*) versículo *m*

versachlichen* *vt* objetivar

versagen* **I.** *vi* **1.** (*Maschine, Gedächtnis, Stimme*) fallar **2.** (*Mensch*) fracasar; **er hat bei der Prüfung versagt** fracasó en el examen **II.** *vt:* **jdm etw** ~ negar algo a alguien; **sich** *dat* **etw** ~ renunciar a algo; **das ist uns leider versagt geblieben** desgraciadamente no pudimos conseguirlo

Versagen *nt ohne Pl* <-s> (*von Maschine*) avería *f;* (*von Mensch*) fracaso *m;* (*von Organ*) deficiencia *f;* **menschliches** ~ error humano

Versager(in) *m(f)* <-s, -; -nen> fracasado, -a *m, f*

versalzen* *irr vt* (*Essen*) salar demasiado; **jdm etw** ~ (*fig fam*) fastidiar algo a alguien

versammeln* **I.** *vt* reunir; **vor versammelter Mannschaft** delante de todo el equipo **II.** *vr:* **sich** ~ reunirse

Versammlung *f* <-en> reunión *f;* **eine** ~ **einberufen** convocar una reunión

Versand *m ohne Pl* <-(e)s> **1.** (*das Versenden*) envío *m* **2.** (*~abteilung*) departamento *m* de expedición; **Versandhandel** *m* venta *f* por correspondencia; **Versandhaus** *nt* empresa *f* de venta por correspondencia [*o* catálogo]

versandt *pp von* **versenden**

Versandtasche *f* sobre *m;* (*wattiert*) sobre *m* acolchado

versauen* *vt* (*sl*) **1.** (*beschmutzen*) ensuciar **2.** (*verderben*) fastidiar

versäumen* *vt* **1.** (*Gelegenheit, Zug*) perder; **da haben Sie wirklich nichts versäumt** la verdad es que no se perdió Ud. nada **2.** (*Pflicht, Unterricht*) faltar (a); **das Versäumte nachholen** recuperar lo perdido; **es nicht** ~ **sich zu bedanken** no omitir dar las gracias

Versäumnis *nt* <-ses, -se> omisión *f;* (*Vernachlässigung*) descuido *m*

verschachern* *vt* (*abw*) trapichear (con), pichulear *CSur*

verschaffen* *vt* procurar, proporcionar; **sich** *dat* **etw** ~ conseguir algo; **sich** *dat* **Respekt** ~ hacerse respetar

verschämt *adj* avergonzado; (*schüchtern*) tímido

verschandeln* *vt* (*fam*) estropear, afear

verschanzen* *vr:* **sich** ~ **1.** (MIL) atrincherarse (*hinter* detrás de) **2.** (*Vorwand suchen*) escudarse (*hinter* en)

verschärfen* **I.** *vt* intensificar; (*verschlimmern*) agravar; (*Spannung*) aumentar; **verschärfte Vorschriften** órdenes más severas **II.** *vr:* **sich** ~ intensificarse; (*sich verschlimmern*) agravarse; (*Lage*) agudizarse; (*Spannung*) aumentar

verschätzen* *vr:* **sich ~** equivocarse (*um* en, *in* con)
verschaukeln* *vt* (*fam*) estafar
verschenken* *vt* **1.** (*schenken*) regalar (*an* a) **2.** (*ungenutzt lassen*) desaprovechar
verscherbeln* *vt* (*fam*) vender por un real
verscherzen* *vr:* **sich** *dat* **etw ~** perder algo por una tontería; **es sich** *dat* **mit jdm ~** perder las simpatías de alguien
verscheuchen* *vt* espantar
verschicken* *vt* mandar; (*mit der Post*) enviar; (*Sträflinge*) deportar
verschieben* *irr* **I.** *vt* **1.** (*verrücken*) desplazar; (*verrutschen*) correr; **etw um ein paar Meter ~** correr algo un par de metros **2.** (*verlegen*) aplazar (*auf* para) **3.** (*fam: Waren*) traficar (con) **II.** *vr:* **sich ~ 1.** (*verrutschen*) correrse **2.** (*zeitlich*) aplazarse (*um*); (*sich verspäten*) retrasarse (*um*)
Verschiebung *f* <-en> **1.** (*örtlich*) desplazamiento *m* **2.** (*zeitlich*) aplazamiento *m* (*auf* para) **3.** (*fam: von Waren*) venta *f* clandestina
verschieden *adj* **1.** (*unterschiedlich*) distinto, diferente; (*~artig*) diverso; **auf ~e Weise** de distinta manera; **das ist von Fall zu Fall ~** esto es en cada caso distinto; **sie sind ~ groß** son de distinto tamaño **2.** *Pl* (*mehrere, manche*) diversos; **~e Leute meldeten sich** llamaron varias personas
verschiedenartig *adj* **1.** (*verschieden*) distinto **2.** (*mannigfaltig*) diverso
Verschiedenheit *f* <-en> **1.** (*Unterschied*) diferencia *f;* (*Unähnlichkeit*) desigualdad *f* **2.** (*Mannigfaltigkeit*) variedad *f*
verschiedentlich *adv* varias veces; (*immer wieder*) repetidamente
verschiffen* *vt* embarcar
verschimmeln* *vi sein* enmohecer(se)
verschlafen[1] *adj* (medio) dormido; (*Städtchen*) aburrido
verschlafen*[2] *irr* **I.** *vi* quedarse dormido **II.** *vt* **1.** (*Tag*) pasar durmiendo **2.** (*fam: versäumen*) perder; (*Termin*) olvidar
Verschlag *m* <-(e)s, -schläge> cobertizo *m*
verschlagen[1] *adj* (*abw*) astuto, pícaro
verschlagen*[2] *irr vt* **1.** (*nehmen*) quitar; **das hat mir fast die Sprache ~** eso me dejó de piedra **2.** (*an einen Ort*) ir a parar (*nach* en) **3.** (SPORT) no transformar **4.** (*verblättern*) perder la página **5.** (*reg: verprügeln*) dar una paliza
verschlampen* *vt* (*fam*) **1.** (*verlieren*) perder **2.** (*vergessen*) olvidar
verschlechtern* **I.** *vt* empeorar; (*verschlimmern*) agravar **II.** *vr:* **sich ~** (*schlechter werden*) empeorar; (*Zustand*) agravarse; (*Leistung*) bajar; **sie hat sich finanziell verschlechtert** económicamente le va peor
Verschlechterung *f* <-en> empeoramiento *m;* (*Verschlimmerung*) agravación *f;* (*beruflich*) degradación *f*
verschleiern* **I.** *vt* **1.** (*Gesicht*) cubrir con un velo **2.** (*Skandal*) encubrir **II.** *vr:* **sich ~** (*Frau*) cubrirse (con un velo); (*a. fig*) cubrirse
Verschleiß *m ohne Pl* <-es> **1.** (*Abnutzung*) desgaste *m;* **einem ständigen ~ unterliegen** estar sometido a un desgaste continuo **2.** (*Österr: Verkauf*) venta *f* (al por menor)
verschleißen <verschleißt, verschliss, verschlissen> **I.** *vt* (des)gastar **II.** *vi sein* (des)gastarse
Verschleißerscheinung *f* <-en> (MED, TECH) manifestación *f* de desgaste
verschleppen* *vt* **1.** (*Personen*) deportar; (*entführen*) secuestrar **2.** (*Krankheit*) curar mal, arrastrar **3.** (*weiterverbreiten*) transmitir **4.** (*hinauszögern*) retrasar
Verschleppung *f* <-en> **1.** (*von Personen*) deportación *f;* (*Entführung*) secuestro *m* **2.** (*von Krankheit*) curación *f* insuficiente **3.** (*Weiterverbreitung*) transmisión *f* **4.** (*Verzögerung*) retraso *m*
verschleudern* *vt* **1.** (*abw: Geld*) despilfarrar **2.** (*Waren*) vender a precio tirado
verschließen* *irr* **I.** *vt* **1.** (*Tür, Behälter*) cerrar; **hinter verschlossenen Türen** a puerta cerrada **2.** (*einschließen*) encerrar **II.** *vr:* **sich (gegen) etw ~** cerrarse a algo; **sich (vor) jdm ~** no abrirse a alguien
verschlimmern* **I.** *vt* agravar **II.** *vr:* **sich ~** agravarse, acentuarse *Am*
verschlingen* *irr* **I.** *vt* (*a. fig*) devorar **II.** *vr:* **sich ~** liarse
verschliss[RR], **verschliß** *3. imp von* **verschleißen**
verschlissen **I.** *pp von* **verschleißen** **II.** *adj* desgastado
verschlossen **I.** *pp von* **verschließen** **II.** *adj* (*Person*) reservado
verschlucken* **I.** *vt* **1.** (*Speisen*) tragar(se); (*Silben*) comerse **2.** (*Bemerkung*) callarse **II.** *vr:* **sich ~** atragantarse (*an* con)
verschlungen **I.** *pp von* **verschlingen** **II.** *adj* (*Weg*) sinuoso
Verschluss[RR] *m* <-es, -schlüsse>, **Verschluß** *m* <-sses, -schlüsse> **1.** (*Vorrichtung*) cierre *m;* (*Stöpsel*) tapón *m;* **etw unter ~ halten** tener algo bajo llave; **etw unter ~ nehmen** guardar algo **2.** (MED) oclusión *f*
verschlüsseln* *vt* codificar; **verschlüsselte Daten** (INFOR) datos codificados
verschmähen* *vt* (*geh: ablehnen*) rechazar; (*verachten*) despreciar, ajotar *Cuba*
verschmelzen* *irr* **I.** *vi sein* (*Metall*) fundirse; (*fig*) fusionarse **II.** *vt* (*Metall*) fundir;

(*fig*) fusionar

verschmerzen* *vt* reponerse (de); (*vergessen*) olvidar

verschmieren* *vt* **1.** (*Loch, Riss*) tapar; (*verputzen*) revocar **2.** (*beschmutzen*) embadurnar **3.** (*Farbe, Lippenstift*) correr; (*Blatt Papier*) emborronar

verschmolzen *pp von* **verschmelzen**

verschmutzen* **I.** *vi sein* ensuciar(se) **II.** *vt* ensuciar; (*Umwelt*) contaminar

Verschmutzung *f* <-en> ensuciamiento *m;* (*der Umwelt*) contaminación *f*

verschnaufen* *vi* tomar aliento

Verschnaufpause *f* respiro *m*

verschneit *adj* cubierto de nieve

verschnörkelt *adj* con arabescos

verschnupft *adj* resfriado

verschnüren* *vt* atar (con una cuerda)

verschoben *pp von* **verschieben**

verschollen *adj* desaparecido

verschonen* *vt* (*Sturm*) no afectar; **verschont werden** (**von etw** *dat*) librarse (de algo); **jdn mit etw** *dat* ~ dejar a alguien en paz con algo

verschönern* *vt* embellecer

verschränken* *vt* (*Beine, Arme*) cruzar

verschreiben* *irr* **I.** *vt* **1.** (*verordnen*) prescribir; (*Medikament*) recetar **2.** (*Papier, Stift*) gastar **II.** *vr:* **sich** ~ equivocarse al escribir; **sich einer Tätigkeit** ~ dedicarse plenamente a una actividad

verschreibungspflichtig *adj* de prescripción obligatoria

verschrieben *pp von* **verschreiben**

verschrie(e)n *adj* mal visto; ~ **sein als ...** tener (la mala) fama de...

verschrotten* *vt* aprovechar como chatarra, desguazar

verschrumpelt *adj* (*fam*) arrugado

verschüchtert *adj* intimidado; (*schüchtern*) tímido

verschulden* **I.** *vt* causar, tener la culpa (de) **II.** *vr:* **sich** ~ endeudarse **III.** *vi sein* endeudarse; **hoch verschuldet sein** estar cargado de deudas

Verschulden *nt ohne Pl* <-s> culpa *f;* **durch eigenes** ~ por propia culpa; **es ist ohne mein** ~ **passiert** yo no tengo culpa de eso

Verschuldung *f* <-en> endeudamiento *m*

verschütten* *vt* **1.** (*Flüssigkeit*) derramar **2.** (*unter sich begraben*) enterrar **3.** (*zuschütten*) llenar

verschwägert *adj* emparentado (por matrimonio)

verschweigen* *irr vt* callar; **jdm etw** ~ callar algo a alguien

verschwenden* *vt* (*Geld*) derrochar; (*Zeit*) perder; (*Energie, Wasser*) despilfarrar

Verschwender(in) *m(f)* <-s, -; -nen> derrochador(a) *m(f),* botarate *m Am*

verschwenderisch *adj* **1.** (*großzügig*) derrochador, botador *Am;* **mit etw** *dat* ~ **umgehen** derrochar algo **2.** (*üppig*) lujoso, opulento

Verschwendung *f* <-en> derroche *m,* despilfarro *m*

verschwiegen **I.** *pp von* **verschweigen** **II.** *adj* **1.** (*Person*) discreto **2.** (*still, einsam*) retirado

verschwinden* *irr vi sein* desaparecer, fletarse *Cuba, Mex;* **etw** ~ **lassen** (*wegzaubern*) hacer desaparecer algo; **verschwinde!** (*fam*) ¡lárgate!

Verschwinden *nt ohne Pl* <-s> desaparición *f*

verschwitzen* *vt* **1.** (*Kleidung*) empapar de sudor **2.** (*fam: vergessen*) olvidarse (de)

verschwitzt *adj* empapado en sudor

verschwommen *adj* (*Aussage*) impreciso; (*Licht*) difuso; (*Foto, Erinnerung*) borroso; **ohne Brille sehe ich alles** ~ sin gafas lo veo todo borroso

verschworen **I.** *pp von* **verschwören** **II.** *adj* conspirador; **ein** ~**er Haufen** (*fam*) una peña muy unida

verschwören* *irr vr:* **sich** ~ conspirar (*gegen* contra); **alles hat sich gegen mich verschworen** todo se ha vuelto en mi contra

Verschwörung *f* <-en> conspiración *f*

verschwunden *pp von* **verschwinden**

versehen* *irr* **I.** *vt* **1.** (*ausstatten*) proveer (*mit* de), munir (*mit* de) *CSur;* **etw mit seiner Unterschrift/einem Stempel** ~ firmar/sellar algo **2.** (*Dienst, Amt*) desempeñar **II.** *vr:* **sich** ~ **1.** (*irren*) equivocarse **2.** (*sich gefasst machen*): **ehe man sich's versieht(, ist es passiert)** (*fam*) cuando uno menos lo espera (salta la liebre) **3.** (*sich versorgen*): **sich mit etw** *dat* ~ proveerse de algo

Versehen *nt* <-s, -> (*Fehler*) error *m;* (*Nachlässigkeit*) descuido *m;* **etw aus** ~ **tun** hacer algo sin querer

versehentlich *adv* por descuido

verselbständigen* *vr,* **verselbstständigen***[RR] *vr:* **sich** ~ independizarse

versengen* *vt* chamuscar

versenken* **I.** *vt* **1.** (*Schiff*) hundir **2.** (*in Flüssigkeit*) sumergir (*in* en) **II.** *vr:* **sich** ~ sumergirse (*in* en)

Versenkung *f* <-en> **1.** (*von Schiffen*) hundimiento *m* **2.** (*Meditation*) ensimismamiento *m;* **in der** ~ **verschwinden** (*fam*) caer en el olvido; **aus der** ~ **auftauchen** (*fam*) aparecer como por arte de magia

versessen *adj:* **auf etw** ~ **sein** estar obsesionado por algo

versetzen* **I.** *vt* **1.** (*umsetzen*) desplazar; (*Pflanzen*) trasplantar **2.** (*beruflich*) trasladar **3.** (SCH) hacer pasar al curso siguiente; **sie ist in die fünfte Klasse versetzt worden** pasó al quinto curso; **er wird nicht versetzt** tiene que repetir el curso **4.** (*verpfänden*) empeñar **5.** (*vermischen*) mezclar; **etw mit Alkohol/Wasser** ~ añadir alcohol a algo/aguar algo **6.** (*Schlag*) asestar, fletar *Chil, Peru;* **jdm einen Schrecken** ~ asustar a alguien **7.** (*antworten*) replicar **8.** (*fam: warten lassen*) dar un plantón **9.** (*in Zustand bringen*): **jdn in Zorn/in Angst** ~ enfurecer/causarle miedo a alguien; **jdn in die Lage** ~ **etw zu tun** permitir algo a alguien **10.** (*zurück*~) llevar de vuelta **II.** *vr:* **sich in jds Lage** ~ ponerse en la situación de alguien

Versetzung *f* <-en> **1.** (*örtlich*) desplazamiento *m* **2.** (*beruflich*) traslado *m* **3.** (SCH) paso *m* al curso siguiente; **deine** ~ **ist gefährdet** está en juego el que apruebes el curso **4.** (*Verpfändung*) empeño *m*

verseuchen* *vt* contaminar

versichern* **I.** *vt* **1.** (*bestätigen*) asegurar; **jdm etw** ~ asegurar algo a alguien **2.** (*Versicherung abschließen*) asegurar (*gegen* contra) **II.** *vr:* **sich** ~ **1.** (*sich vergewissern*) asegurarse (*+gen* de) **2.** (*Versicherung abschließen*) asegurarse (*gegen* contra)

Versicherung *f* <-en> **1.** (*Vertrag*) seguro *m* (*gegen* contra); **eine** ~ **abschließen/kündigen** hacerse/cancelar un seguro **2.** (~*sgesellschaft*) compañía *f* de seguros **3.** (*Versprechen*) promesa *f;* (*Behauptung*) afirmación *f;* **Versicherungsanspruch** *m* derecho *m* a indemnización por parte del seguro; **Versicherungsbetrug** *m* estafa *f* de seguros; **Versicherungsfall** *m* <-(e)s, -fälle> contingencia *f* asegurada; **Versicherungsgesellschaft** *f* <-en> compañía *f* de seguros

versicherungspflichtig *adj* sujeto (obligadamente) al seguro

Versicherungsschutz *m* protección *f* de seguro; **Versicherungsvertreter(in)** *m(f)* agente *mf* de seguros

versickern* *vi sein* ser absorbido por el suelo

versiegeln* *vt* (*Brief, Boden*) sellar; (*Fußboden*) vitrificar

versiegen* *vi sein* (*Quelle*) secarse; (*Kräfte*) agotarse; (*Gespräch*) terminarse

versiert *adj* versado; **in etw** *dat* ~ **sein** ser versado en algo

versilbern* *vt* **1.** (*mit Silber überziehen*) platear (a) **2.** (*fam: verkaufen*) vender

versinken* *irr vi sein* **1.** (*in Flüssigkeit*) sumergirse (*in* en); (*in Schnee, Schlamm; Schiff*) hundirse (*in* en); **ich hätte vor Scham im Boden** ~ **mögen!** ¡ojalá me hubiera tragado la tierra! **2.** (*sich hingeben*) perderse (*in* en); **in Gedanken versunken** absorto en sus pensamientos

versinnbildlichen* *vt* simbolizar

Version *f* <-en> versión *f*

Versklavung *f* <-en> esclavización *f*

Versmaß *nt* <-es, -e> (LIT) metro *m*

versöhnen* **I.** *vt* **1.** (*Streitende*) reconciliar **2.** (*versöhnlich stimmen*) apaciguar **II.** *vr:* **sich** ~ reconciliarse

versöhnlich *adj* conciliador; **jdn** ~ **stimmen** apaciguar a alguien

Versöhnung *f* <-en> reconciliación *f*

versorgen* **I.** *vt* **1.** (*verschaffen, beliefern*) proveer (*mit* de), premunir (*mit* de) *Am* **2.** (*unterhalten*) mantener **3.** (*betreuen*) cuidar (de) **II.** *vr:* **sich** ~ abastecerse (*mit* de); **sich selbst** ~ autoabastecerse

Versorgung *f ohne Pl* **1.** (*Belieferung*) aprovisionamiento *m* (*mit* de) **2.** (*Unterhalt*) manutención *f;* (*Rente*) pensión *f* **3.** (*Betreuung*) cuidados *mpl;* **ärztliche** ~ asistencia médica; **versorgungsberechtigt** *adj* que tiene derecho a una pensión; **Versorgungslücke** *f* déficit *m inv* de abastecimiento

verspäten* *vr:* **sich** ~ retrasarse; **sich um eine Stunde** ~ llegar con una hora de retraso

verspätet **I.** *adj* atrasado **II.** *adv* con retraso

Verspätung *f* <-en> retraso *m;* **zehn Minuten** ~ **haben** tener diez minutos de retraso

verspeisen* *vt* (*geh*) comer

versperren* *vt* **1.** (*blockieren*) obstruir; **die Durchfahrt/die Sicht** ~ cerrar el paso/quitar la vista **2.** (*Österr, reg: zuschließen*) cerrar

verspielen* **I.** *vi* perder; **er hat bei ihr verspielt** (*fam*) ella no quiere saber nada más de él; **du hast verspielt** has agotado tus posibilidades **II.** *vt* **1.** (*Geld*) perder en el juego **2.** (*Chance*) perder **III.** *vr:* **sich** ~ (MUS) equivocarse al tocar

verspielt *adj* **1.** (*Kind, Tier*) juguetón **2.** (*Muster*) alegre

verspotten* *vt* burlarse (de)

versprechen* *irr* **I.** *vt* prometer; **viel** ~**d** (muy) prometedor; **ich kann dir nichts** ~ no te puedo prometer nada; **sich** *dat* **etwas** ~ esperar algo (*von* de); **das Wetter verspricht heute gut zu werden** hoy el tiempo promete ser bueno **II.** *vr:* **sich** ~ (*falsch aussprechen*) equivocarse al hablar

Versprechen *nt* <-s, -> promesa *f;* **jdm ein** ~ **geben** prometer(le) algo a alguien; **ein** ~ **einhalten** cumplir una promesa

Versprecher *m* <-s, -> lapsus *m inv* linguae

Versprechung *f* <-en> promesa *f;* **leere** ~**en machen** hacer falsas promesas

verspritzen* *vt* **1.** (*verteilen*) esparcir **2.** (*bespritzen*) salpicar **3.** (*voll spritzen*) rociar

versprochen *pp von* **versprechen**

versprühen* *vt* pulverizar

verspüren* *vt* sentir

verstaatlichen* *vt* nacionalizar

verstand *3. imp von* **verstehen**

Verstand *m ohne Pl* <-(e)s> (*Denkfähigkeit*) inteligencia *f;* (*Urteilskraft*) juicio *m;* (*Vernunft*) razón *f;* **den ~ verlieren** perder la razón; **bei klarem ~ sein** estar en pleno juicio; **du bist wohl nicht ganz bei ~!** (*fam*) ¡estás chiflado!; **das geht über meinen ~** (*fam*) eso no me entra

verstanden *pp von* **verstehen**

verständig *adj* (*vernünftig*) razonable; (*klug*) inteligente

verständigen* **I.** *vt* (*benachrichtigen*) informar (*von* de/sobre) **II.** *vr:* **sich ~ 1.** (*kommunizieren*) entenderse **2.** (*sich einigen*) llegar a un acuerdo (*über* sobre)

Verständigung *f* <-en> **1.** (*Benachrichtigung*) información *f* **2.** (*Kommunikation*) comunicación *f* **3.** (*Einigung*) acuerdo *m;* **Verständigungsschwierigkeiten** *fpl* dificultades *fpl* de entendimiento

verständlich *adj* inteligible; (*begreiflich*) comprensible; (*deutlich*) claro; **leicht/schwer ~** fácil/difícil de comprender; **sich ~ machen** explicarse; **sich ~ ausdrücken** expresarse claramente

verständlicherweise *adv* con razón

Verständlichkeit *f ohne Pl* comprensibilidad *f;* (*Deutlichkeit*) claridad *f*

Verständnis *nt ohne Pl* <-ses> **1.** (*Begreifen, Mitgefühl*) comprensión *f;* **für jdn/etw kein ~ haben** no tener comprensión con alguien/para algo; **dafür hast du mein vollstes ~** tienes todas mis simpatías con respecto a eso; **wir bitten um Ihr ~** rogamos su comprensión **2.** (*Sinn, Gefühl*) sensibilidad *f* (*für* para)

verständnislos *adj* incomprensivo

verständnisvoll *adj* comprensivo

verstärken* **I.** *vt* **1.** (*stabiler machen*) reforzar **2.** (*vergrößern*) aumentar **3.** (*Lautstärke, Instrumente*) amplificar **II.** *vr:* **sich ~** intensificarse, aumentar

Verstärker *m* <-s, -> (TECH, ELEK) amplificador *m*

Verstärkung *f* <-en> **1.** (*der Stabilität*) refuerzo *m* **2.** (*Vergrößerung*) aumento *m* **3.** (*der Lautstärke*) amplificación *f* **4.** (*a.* MIL: *Personengruppe*) refuerzos *mpl*

verstauben* *vi sein* llenarse de polvo

verstauchen* *vt:* **sich** *dat* **etw ~** torcerse algo

verstauen* *vt* guardar (*in* en)

Versteck *nt* <-(e)s, -e> escondite *m;* **~ spielen** jugar al escondite

verstecken* **I.** *vt* esconder (*vor* de); (*verbergen*) ocultar (*vor* de) **II.** *vr:* **sich ~** esconderse (*vor* de), escorarse *Cuba, Hond*

Versteckspiel *nt* <-(e)s, -e> juego *m* del escondite, escondido(s) *m(pl) Am;* **lass das ~!** (*fig*) ¡déjate de jueguecitos!

versteckt *adj* **1.** (*verborgen*) escondido, oculto **2.** (*Anspielung*) indirecto; (*heimlich*) secreto

verstehen <versteht, verstand, verstanden> **I.** *vt* **1.** (*hören*) entender; (*begreifen*) comprender; **er gab mir zu ~, dass ...** me dio a entender que...; **verstanden?** ¿entendido?; **das hast du falsch verstanden** eso lo has entendido mal; **versteh mich recht** no me malinterpretes; **wie soll ich das ~?** ¿qué quieres decir con eso? **2.** (*meinen*) entender (*unter* por); **was verstehst du unter diesem Begriff?** ¿qué entiendes por este término? **3.** (*können*) saber; **er versteht es, mit Kindern umzugehen** sabe cómo tratar a los niños **4.** (*Verständnis haben*) comprender; **ich verstehe deinen Ärger** puedo comprender tu rabia **II.** *vr:* **sich ~ 1.** (*auskommen*) llevarse bien; **ich verstehe mich gut mit ihr** me llevo bien con ella **2.** (*sich einschätzen*): **sich ~ als** tenerse por **3.** (*beherrschen*): **sich auf etw ~** ser experto en algo **4.** (*zu verstehen sein*): **die Preise ~ sich zuzüglich Mehrwertsteuer** se sobreentiende que el IVA será sumado a los precios; **das versteht sich doch von selbst** eso es evidente; **versteht sich!** ¡por supuesto!, ¿cómo no? *Am*

versteifen* *vr:* **sich ~** obstinarse (*auf* en)

versteigern* *vt* subastar, rematar *Am*

Versteigerung *f* <-en> subasta *f,* remate *m Am*

Versteinerung *f* <-en> **1.** (*das Versteinern*) petrificación *f* **2.** (*Objekt*) fósil *m*

verstellbar *adj* graduable; **in der Höhe ~** de altura graduable

verstellen* **I.** *vt* **1.** (*örtlich*) cambiar (de sitio); (*falsch stellen*) poner mal **2.** (*einstellen*) ajustar; (*regulieren*) regular **3.** (*versperren*) bloquear; **jdm den Weg ~** atajar el paso a alguien **4.** (*Stimme, Handschrift*) disimular **II.** *vr:* **sich ~ 1.** (*Person*) fingir, disimular **2.** (TECH) desajustarse

Verstellung[1] *f* <-en> **1.** (*örtlich*) cambio *m* de sitio **2.** (*Einstellung*) ajuste *m;* (*Regulierung*) regulación *f;* (*nach Skala*) graduación *f*

Verstellung[2] *f ohne Pl* (*Täuschung*) fingimiento *m*

versteuern* *vt* pagar impuestos (por)

verstimmen* *vt* **1.** (*Instrument*) desafinar **2.** (*verärgern*) poner de mal humor

verstimmt *adj* **1.** (*Instrument*) desafinado **2.** (*Person*) enfadado; **einen ~en Magen haben** tener una indigestión

verstockt *adj* (*abw*) obstinado, porfiado
verstohlen *adj* disimulado
verstopfen* I. *vi sein* obstruirse, tupirse *Am* II. *vt* 1. (*Loch*) obturar 2. (*Abfluss*) atascar
verstopft *adj* (*Abfluss*) obstruido, tupido *Am;* (*Nase*) tapado; (*Ohren*) taponado; (*Mensch*) estreñido; **~e Straßen** atascos de tráfico
Verstopfung *f* <-en> 1. (*eines Lochs*) obstrucción *f;* (*von Abfluss*) atasco *m* 2. (MED) estreñimiento *m* 3. (*Stau*) atasco *m,* taco *m Am*
verstorben *adj* fallecido, extinto *SAm, Mex*
Verstorbene(r) *mf* <-n, -n; -n> difunto, -a *m, f,* extinto, -a *m, f SAm, Mex*
verstört *adj* aturdido; (MED) trastornado
Verstoß *m* <-es, -stöße> infracción *f* (*gegen* contra); **einen ~ begehen** cometer una infracción
verstoßen* *irr* I. *vi* faltar (*gegen* a); (*gegen Gesetz*) infringir II. *vt* expulsar; (*Frau*) repudiar
verstrahlt *adj* contaminado por radioactividad
verstreichen* *irr* I. *vi sein* (*geh: Zeit*) pasar; (*Frist*) vencer II. *vt* 1. (*Farbe, Butter*) extender (*auf* en) 2. (*Ritz, Spalt*) tapar
verstrichen *pp von* **verstreichen**
verstricken* I. *vt* 1. (*Wolle*) gastar haciendo punto 2. (*verwickeln*) implicar (*in* en) II. *vr:* **sich ~** 1. (*Personen*) liarse (*in* en) 2. (*Strickarbeit*) equivocarse al hacer punto
verstümmeln* *vt* mutilar
Verstümmelung *f* <-en> mutilación *f*
verstummen* *vi sein* (*geh: Person*) callar(se); (*Geräusch*) cesar
Versuch *m* <-(e)s, -e> 1. (*Handlung, a.* SPORT) intento *m;* **das käme auf einen ~ an** debería intentarse 2. (*Experiment*) experimento *m;* (*Test*) prueba *f*
versuchen* I. *vt* 1. (*ausprobieren*) intentar; **~ Sie keine Tricks!** ¡no intente ningún truco! 2. (*kosten*) probar 3. (*geh: erproben*) tentar; **ich bin versucht es mal auszuprobieren** estoy tentado de probarlo II. *vr:* **sich in etw** *dat* **~** intentar algo
Versuchsanlage *f* 1. (*Forschungsanstalt*) planta *f* de pruebas 2. (*neue Anlage*) instalación *f* piloto; **Versuchskaninchen** *nt* (*fam abw*) conejillo *m* de Indias; **Versuchsperson** *f* (MED, PSYCH) sujeto *m* de experimentación; **Versuchsreihe** *f* <-n> serie *f* de ensayos; **Versuchstier** *nt* animal *m* de laboratorio
versuchsweise *adv* a modo de prueba
Versuchung *f* <-en> tentación *f;* **jdn in ~ führen** tentar a alguien; **in ~ kommen** caer en la tentación
versunken I. *pp von* **versinken** II. *adj* 1. (*Kultur*) desaparecido 2. (*vertieft*) absorto (*in* en); **in Gedanken ~** absorto en sus pensamientos
versüßen* *vt* endulzar
Vertäfelung *f* <-en> (*der Wand*) revestimiento *m* (de madera); (*der Decke*) artesonado *m*
vertagen* I. *vt* aplazar (*auf* para) II. *vr:* **sich ~** aplazar la reunión (*auf* para)
vertan *pp von* **vertun**
vertauschen* *vt* 1. (*verwechseln*) confundir (*mit* con) 2. (*austauschen*) cambiar (*gegen/mit* por)
verteidigen* I. *vt* (*a.* SPORT, JUR) defender (*gegen* de/contra) II. *vr:* **sich ~** defenderse (*mit* con, *gegen* de/contra); (*sich rechtfertigen*) justificarse
Verteidiger(in) *m(f)* <-s, -; -nen> 1. (SPORT) defensa *mf* 2. (JUR) abogado, -a *m, f* defensor(a)
Verteidigung *f* <-en> (*a.* JUR, SPORT, MIL) defensa *f* (*gegen* contra/de); **was können Sie zu Ihrer ~ vorbringen?** ¿qué puede alegar en su defensa?; **Verteidigungsministerium** *nt* Ministerio *m* de Defensa; **Verteidigungszweck** *m:* **für ~e, zu ~en** para fines defensivos
verteilen* I. *vt* 1. (*austeilen*) repartir (*unter/an* entre); (*zuteilen*) asignar 2. (*aufteilen*) repartir (*auf* entre); **übers ganze Land verteilt** repartido por todo el país 3. (*ausbreiten*) extender 4. (*verstreichen*) untar II. *vr:* **sich ~** extenderse (*auf* en/sobre)
Verteiler *m* <-s, -> (*a.* WIRTSCH) distribuidor *m;* **Verteilerkasten** *m* (ELEK) distribuidor *m* de corriente
Verteilung *f* <-en> 1. (*Austeilung*) reparto *m* (*an/unter* entre); (*Zuteilung*) asignación *f* 2. (*Aufteilung*) repartición *f* 3. (WIRTSCH) distribución *f*
verteuern* I. *vt* encarecer (*um, auf* a) II. *vr:* **sich ~** subir de precio (*um, auf* a)
verteufeln* *vt* (*abw*) condenar
vertiefen* I. *vt* profundizar II. *vr:* **sich ~** (*tiefer werden*) hacerse más profundo; **sich in etw ~** sumergirse en algo; **in etw vertieft sein** estar absorto en algo
Vertiefung *f* <-en> 1. (*von Graben, Thema*) profundización *f;* (*im Gelände*) depresión *f* 2. (*von Person*) ensimismamiento *m*
vertikal *adj* vertical
Vertikale *f* <-n> vertical *f;* **in der ~n** en la vertical
vertilgen* *vt* 1. (*Ungeziefer, Unkraut*) exterminar 2. (*fam: essen*) zampar
Vertilgungsmittel *nt* (*gegen Ungeziefer*) insecticida *m;* (*gegen Unkraut*) pesticida *m*
vertippen* *vr:* **sich ~** (*fam*) equivocarse al escribir a máquina
vertonen* *vt* poner música (a)

Vertrag *m* <-(e)s, -träge> contrato *m;* (POL) tratado *m;* **einen ~ schließen** firmar un contrato; **jdn unter ~ nehmen** contratar a alguien; **unter ~ stehen** estar bajo contrato

vertragen* *irr* **I.** *vt* **1.** (*Klima, Aufregung*) soportar **2.** (*Speisen, Medikamente*) tolerar; **ich vertrage keine Milch** la leche me sienta mal; **ich könnte noch ein Bier ~** (*fam*) no me importaría tomar otra cerveza **3.** (*Schweiz: austragen*) repartir **II.** *vr:* **sich ~ 1.** (*Personen*) llevarse bien; **wir haben uns wieder ~** hemos hecho las paces **2.** (*vereinbar sein*) ser compatible, pegar *fam*

vertraglich I. *adj* contractual **II.** *adv* por contrato; **~ gebunden sein** estar sujeto a un contrato

verträglich *adj* **1.** (*Speisen*) digerible; **gut/schlecht ~** de fácil digestión/no digestible **2.** (*Personen*) tratable, sociable

Vertragsabschluss[RR] *m* cierre *m* del contrato; (POL) cierre *m* del tratado; **Vertragsbruch** *m* ruptura *f* de(l) contrato; **vertragsbrüchig** *adj* refractario; **~ werden** romper un contrato

vertragschließend *adj* contratante; **~e Partei** parte contratante

Vertragspartner(in) *m(f)* (parte *f*) contratante *mf;* **vertragswidrig** *adj* contrario al contrato

vertrauen* *vi:* **jdm/etw** *dat* **~** confiar en alguien/de algo

Vertrauen *nt ohne Pl* <-s> confianza *f* (*auf/in/zu* en); **im ~ (gesagt)** (dicho sea) entre nosotros; **jdn ins ~ ziehen** confiarse a alguien; **~ zu jdm haben** tener confianza en alguien; **sie besitzt mein volles ~** goza de mi plena confianza; **zu jdm ~ fassen** adquirir confianza con alguien

vertrauenerweckend *adj s.* **erwecken 2.**

Vertrauensarzt, -ärztin *m, f* inspector(a) *m(f)* médico, -a; **Vertrauensbasis** *f ohne Pl:* **Geschäft/Rechnungsstellung auf ~** negocio/facturación sobre la base de mutua confianza; **Vertrauensbruch** *m* abuso *m* de confianza; **Vertrauensfrage** *f* (*a.* POL) cuestión *f* de confianza; **die ~ stellen** plantear la cuestión de confianza; **Vertrauenskrise** *f* (*a.* POL) crisis *f inv* de confianza

Vertrauenssache[1] *f ohne Pl* (*Frage des Vertrauens*) cuestión *f* de confianza

Vertrauenssache[2] *f* <-n> (*zur vertraulichen Behandlung*) asunto *m* confidencial

vertrauensselig *adj* (demasiado) confiado

vertrauensvoll I. *adj* confiado **II.** *adv* con toda confianza; **Vertrauensvotum** *nt* (POL) voto *m* de confianza; **vertrauenswürdig** *adj* fiable

vertraulich *adj* **1.** (*geheim*) confidencial; **~e Mitteilung** confidencia *f;* **streng ~** de alto secreto **2.** (*persönlich*) íntimo; **~ werden** confraternizar

Vertraulichkeit[1] *f ohne Pl* (*Eigenschaft*) carácter *m* confidencial; **es wird absolute ~ zugesagt** se garantiza absoluta discreción

Vertraulichkeit[2] *f* <-en> (*Aufdringlichkeit*) indiscreción *f;* **plumpe ~en** excesiva confianza

verträumt *adj* **1.** (*Person*) soñador **2.** (*Ort*) romántico

vertraut *adj* **1.** (*eng verbunden*) familiarizado; (*Freund*) íntimo; **~ miteinander sein** tenerse confianza **2.** (*bekannt*) familiar; **sich mit etw** *dat* **~ machen** familiarizarse con algo

Vertraute(r) *mf* <-n, -n; -n> confidente *mf*

Vertrautheit *f ohne Pl* **1.** (*enge Verbundenheit*) intimidad *f* **2.** (*Bekanntheit*) familiaridad *f*

vertreiben* *irr vt* **1.** (*Personen*) echar (*aus* de) **2.** (*Mücken*) ahuyentar; (*Müdigkeit*) hacer desaparecer; **sich** *dat* **die Zeit ~** entretenerse; **jdm die Langeweile ~** entretener a alguien **3.** (*verkaufen*) vender

Vertreibung *f* <-en> expulsión *f* (*aus* de)

vertretbar *adj* **1.** (*Maßnahme*) justificable **2.** (JUR) fungible

vertreten* *irr vt* **1.** (*ersetzen*) sustituir **2.** (*als Beauftragter*) representar; (*als Anwalt*) defender (la causa de) **3.** (*Interessen*) velar (por); (*Ansicht, These*) sostener; (*verantworten*) responsabilizarse (de); **(nicht) ~ sein** (no) figurar (*unter* entre); **stark/schwach ~ sein** tener mucha/poca representación **4.** (*verstauchen*) torcerse; **sich** *dat* **die Füße ~** estirar las piernas

Vertreter(in) *m(f)* <-s, -; -nen> **1.** (*Stell~*) sustituto, -a *m, f* **2.** (*Beauftragter*) representante *mf,* personero, -a *m, f Am* **3.** (*Handlungsreisender*) agente *mf,* agenciero, -a *m, f Arg* **4.** (*Verfechter*) defensor(a) *m(f)*

Vertretung *f* <-en> **1.** (*Stell~*) su(b)stitución *f;* (*Person*) su(b)stituto, -a *m, f;* **in ~ von jdm handeln** actuar en representación de alguien **2.** (*Delegation*) representación *f;* **die diplomatische ~** (POL) la misión diplomática **3.** (*Niederlassung*) agencia *f;* (*Filiale*) sucursal *f*

Vertrieb *m ohne Pl* <-(e)s> **1.** (*von Waren*) venta *f;* **den ~ für etw haben** ser distribuidor de algo **2.** (*Abteilung*) departamento *m* de venta(s)

vertrieben *pp von* **vertreiben**

Vertriebene(r) *mf* <-n, -n; -n> expulsado, -a *m, f*

Vertriebsgesellschaft *f* <-en> sociedad *f* distribuidora; **Vertriebsleiter(in)** *m(f)* <-s, -; -nen> jefe, -a *m, f* de ventas

vertrocknen* *vi sein* secarse

vertrocknet *adj* seco

vertrödeln* *vt* (*fam abw: Zeit*) perder; (*Termin*) olvidarse (de)

vertrösten* *vt:* **jdn ~** hacer esperar a alguien

vertun* *irr* **I.** *vt* desperdiciar, malgastar; **eine vertane Gelegenheit** una oportunidad desaprovechada **II.** *vr:* **sich ~** (*fam*) equivocarse

vertuschen* *vt* ocultar

verübeln* *vt:* **jdm etw ~** tomar a mal algo a alguien

verüben* *vt* cometer; **Selbstmord ~** suicidarse

verunglücken* *vi sein* **1.** (*Unfall haben*) tener un accidente; **tödlich ~** morir en un accidente **2.** (*misslingen*) salir mal

verunreinigen* *vt* ensuciar; (*Umwelt*) contaminar

verunsichern* *vt* confundir

verunsichert *adj* (*verwirrt*) confundido; (*unsicher*) inseguro

Verunsicherung *f* <-en> (*Verwirrung*) confusión *f;* (*Zweifel*) duda *f*

verunstalten* *vt* desfigurar

veruntreuen* *vt* (JUR) desfalcar

Veruntreuung *f* <-en> (JUR) desfalco *m;* (*öffentlicher Mittel*) malversación *f*

verursachen* *vt* causar, comportar *CSur*

Verursacher(in) *m(f)* <-s, -; -nen> causante *mf*

verurteilen* *vt* (*a.* JUR) condenar (*zu* a); **er wurde zum Tode verurteilt** fue condenado a muerte; **zum Scheitern verurteilt sein** estar condenado al fracaso

Verurteilte(r) *mf* <-n, -n; -n> (JUR) condenado, -a *m, f*

Verurteilung *f* <-en> (*a.* JUR) condena *f*

vervielfältigen* *vt* (TYPO) reproducir; (*fotokopieren*) fotocopiar, mimeografiar *Am*

Vervielfältigung *f* <-en> **1.** (TYPO) reproducción *f* **2.** (*Kopie*) copia *f*

vervierfachen* *vt* cuadruplicar

vervollkommnen* **I.** *vt* perfeccionar **II.** *vr:* **sich ~** perfeccionar (*auf/in*)

vervollständigen* *vt* completar

verwählen* *vr:* **sich ~** (*fam*) marcar mal

verwahren* **I.** *vt* (*aufbewahren*) guardar, custodiar **II.** *vr:* **sich ~** protestar (*gegen* contra)

verwahrlosen* *vi sein* venir a menos; **jdn/etw ~ lassen** dejar que alguien/algo se arruine

verwahrlost *adj* **1.** (*vernachlässigt*) abandonado; (*ungepflegt*) descuidado **2.** (*moralisch*) depravado

Verwahrung *f ohne Pl* custodia *f;* (*zwangsweise Unterbringung*) internamiento *m;* **jdn/etw in ~ nehmen** tomar a alguien/algo bajo custodia

verwaist *adj* (*Mensch*) huérfano; (*Ort*) desierto

verwalten* *vt* administrar; (*Amt*) desempeñar; (INFOR) actualizar

Verwalter(in) *m(f)* <-s, -; -nen> administrador(a) *m(f),* hacedor(a) *m(f) Am*

Verwaltung *f* <-en> administración *f;* (INFOR) actualización *f;* **Verwaltungsapparat** *m* aparato *m* administrativo; **Verwaltungsbezirk** *m* distrito *m* administrativo; **Verwaltungsgericht** *nt* Tribunal *m* (Contencioso-)Administrativo

verwandeln* **I.** *vt* **1.** (*allgemein*) cambiar; (*verhexen*) convertir (*in* en); **er ist wie verwandelt** parece otro **2.** (CHEM, PHYS) transformar (*in* en) **II.** *vr:* **sich ~** transformarse (*in* en)

Verwandlung *f* <-en> transformación *f* (*in* en), cambio *m*

verwandt **I.** *pp von* **verwenden** **II.** *adj* (*ähnlich*) similar (*mit* a); **mit jdm ~ sein** ser pariente de alguien; **sie sind (miteinander) ~** son parientes

verwandte *3. imp von* **verwenden**

Verwandte(r) *mf* <-n, -n; -n> pariente *mf;* **ein naher/entfernter ~r** un pariente cercano/lejano

Verwandtschaft[1] *f* <-en> **1.** (*das Verwandtsein*) parentesco *m* **2.** (*Ähnlichkeit*) semejanza *f*

Verwandtschaft[2] *f ohne Pl* (*Angehörige*) parientes *mpl*

verwarnen* *vt* advertir; **jdn gebührenpflichtig ~** multar a alguien

Verwarnung *f* <-en> advertencia *f;* **gebührenpflichtige ~** multa *f*

verwaschen *adj* (*Stoff*) descolorido; (*Farbe*) pálido; (*Inschrift*) borroso

verwechseln* *vt* confundir; **sie hat ihn mit dir verwechselt** lo ha confundido contigo; **sie sehen sich** *dat* **zum V~ ähnlich** se parecen como dos gotas de agua

Verwechs(e)lung *f* <-en> confusión *f;* (*Irrtum*) error *m*

verwegen *adj* osado

verwehen* **I.** *vt* **1.** (*auseinander treiben*) diseminar, dispersar **2.** (*verwischen*) borrar **II.** *vi sein* (*sich verlieren*) disiparse

verwehren* *vt:* **jdm etw ~** prohibir algo a alguien

Verwehung *f* <-en> (*Schnee~*) nieve *f* arremolinada; (*Sand~*) arena *f* arremolinada

verweichlicht *adj* (*körperlich*) débil; (*charakterlich*) afeminado

Verweigerer, -in *m, f* <-s, -; -nen> pasota *mf;* (*des Militärdienstes*) objetor(a) *m(f)* (de conciencia)

verweigern* *vt* rehusar; **jdm etw ~** negar algo a alguien; **den Kriegsdienst ~** ser objetor de conciencia, objetar *fam*

Verweigerung *f* <-en> (*Ablehnung*) rechazo *m;* (*Absage*) negativa *f;* (*Verbot*) prohibición *f*
verweilen* *vi* (*geh*) permanecer; (*stehen bleiben*) detenerse
verweint *adj* lloroso; (*Augen*) lacrimoso
Verweis *m* <-es, -e> **1.** (*Rüge*) reprimenda *f;* **jdm einen ~ erteilen** reprender a alguien **2.** (*Hinweis*) referencia *f* (*auf* a)
verweisen* *irr* **I.** *vt* **1.** (*hinweisen*) remitir (*auf/an* a) **2.** (*ausweisen*) expulsar (*aus* de) **3.** (*geh: rügen*) reprender **4.** (JUR: *überweisen*) remitir (*an* a) **II.** *vi* indicar (*auf*)
verwelken* *vi sein* marchitarse
verwendbar *adj* utilizable (*zu/für* para); **mehrfach ~** de uso múltiple; **wieder verwendbar** reutilizable
verwenden* **I.** *vt* usar (*zu/für* para, *bei* en); (*Methode, Mittel*) emplear (*zu/für* para, *bei* en) **II.** *vr:* **sich ~** (*geh*) interceder (*für* por, *bei* ante)
Verwendung *f* <-en> empleo *m,* uso *m;* **~ finden** ser utilizado; **ich habe dafür keine ~** no sé qué hacer con eso; **Verwendungszweck** *m* uso *m* previsto
verwerfen* *irr* **I.** *vt* **1.** (*ablehnen*) rechazar; (*aufgeben*) desechar **2.** (JUR: *zurückweisen*) reprobar **II.** *vr:* **sich ~ 1.** (*Holz, Tür*) alabearse **2.** (GEO) formarse una falla
verwerflich *adj* reprobable, reprochable
verwertbar *adj* utilizable, aprovechable
verwerten* *vt* utilizar, aprovechar
Verwertung *f* <-en> utilización *f,* aprovechamiento *m;* **Verwertungsgesellschaft** *f* <-en> **1.** (ÖKOL) empresa *f* de reciclaje **2.** (JUR) sociedad *f* de autores
verwesen* *vi sein* descomponerse
Verwesung *f* <-en> descomposición *f*
verwickeln* **I.** *vt:* **jdn in etw ~** envolver a alguien en algo **II.** *vr:* **sich ~** (*a. fig*) enredarse; **sich in Widersprüche ~** incurrir en contradicciones
verwickelt *adj* complicado
Verwicklung *f* <-en> **1.** (*in Skandal*) implicación *f* (*in* en) **2.** (*Schwierigkeit*) complicación *f*
verwiesen *pp von* **verweisen**
verwildern* *vi sein* **1.** (*Park, Garten*) estar abandonado **2.** (*Haustier*) volverse salvaje **3.** (*Sitten*) degenerar
verwildert *adj* **1.** (*Garten*) abandonado **2.** (*Tier*) salvaje **3.** (*Aussehen*) descuidado; (*Kind*) indisciplinado, malcriado
verwinkelt *adj* de muchos rincones
verwirklichen* **I.** *vt* realizar, hacer realidad **II.** *vr:* **sich ~ 1.** (*Wirklichkeit werden*) hacerse realidad **2.** (*Mensch*) realizarse
Verwirklichung *f* <-en> realización *f*
verwirren* **I.** *vt* **1.** (*Fäden*) enredar; (*Haare*) enmarañar **2.** (*verunsichern*) confundir, historiar *Am* **II.** *vr:* **sich ~ 1.** (*Fäden*) enredarse; (*Haare*) enmarañarse **2.** (*Sinne*) turbarse
verwirrend *adj* confuso
verwirrt *adj* **1.** (*Fäden, Angelegenheit*) enredado **2.** (*Person*) confuso, giro *Cuba*
Verwirrung *f* <-en> **1.** (*Durcheinander*) confusión *f* **2.** (*Verstörtheit*) turbación *f*
verwischen* **I.** *vt* **1.** (*Schrift*) emborronar; (*beim Malen*) difuminar **2.** (*beseitigen*) borrar **II.** *vr:* **sich ~** (*Erinnerung, Umrisse*) desdibujarse; (*Grenzen*) borrarse
verwittern* *vi sein* desmoronarse
verwitwet *adj* viudo
verwöhnen* *vt* mimar, pastorear *MAm*
verwöhnt *adj* **1.** (*Kind*) mimado, engreído *Am* **2.** (*anspruchsvoll*) exigente; (*Geschmack*) refinado
verworfen **I.** *pp von* **verwerfen** **II.** *adj* (*geh*) vil
verworren *adj* confuso
verwundbar *adj* vulnerable
verwunden* *vt* herir, victimar *Am*
verwunderlich *adj* (*erstaunlich*) sorprendente; (*sonderbar*) raro; **was ist daran ~?** ¿qué hay de raro en ello?
verwundern* *vt* sorprender; **es hat mich sehr verwundert, dass ...** me ha sorprendido mucho que... *+subj*
Verwunderung *f ohne Pl* asombro *m;* **zu meiner ~** para mi sorpresa
verwundet *adj* herido
Verwundete(r) *mf* <-n, -n; -n> herido, -a *m, f*
Verwundung *f* <-en> herida *f*
verwunschen *adj* encantado
verwünschen* *vt* maldecir
Verwünschung *f* <-en> maldición *f;* **~en ausstoßen** soltar maldiciones
verwurzelt *adj* enraizado (*in/mit* en)
verwüsten* *vt* devastar
Verwüstung *f* <-en> devastación *f;* **~en anrichten** devastar
verzählen* *vr:* **sich ~** equivocarse al contar
verzahnt *adj* **1.** (TECH) engranado **2.** (*zusammenhängend*) encajado
Verzahnung *f* <-en> engranaje *m*
verzaubern* *vt* encantar; **jdn in etw ~** transformar a alguien en algo
verzehnfachen* *vt* decupl(ic)ar
Verzehr *m ohne Pl* <-(e)s> **1.** (*das Verzehren*) consumo *m* **2.** (*das Verzehrte*) consumición *f*
verzehren* **I.** *vt* consumir **II.** *vr* (*geh*): **sich nach etw** *dat* **~** suspirar por algo; **sich vor Sehnsucht nach etw** *dat* **~** consumirse en deseos de algo
verzeichnen* *vt* **1.** (*vermerken*) anotar; (*aufzeichnen*) registrar; **große Erfolge ~** registrar grandes éxitos **2.** (*falsch zeichnen*)

V

dibujar mal

Verzeichnis *nt* <-ses, -se> lista *f;* (*im Buch*) índice *m*

verzeihen <verzeiht, verzieh, verziehen> *vt* perdonar; **jdm etw** ~ perdonar algo a alguien; ~ **Sie!** ¡perdone!

verzeihlich *adj* perdonable

Verzeihung *f ohne Pl* perdón *m;* **jdn um ~ bitten** pedir(le) perdón a alguien

verzerren* **I.** *vt* **1.** (*Gesicht*) desfigurar **2.** (*Sehne, Lautsprecher*) distorsionar **3.** (*Spiegel*) desfigurar **4.** (*Ereignisse, Bericht*) tergiversar; (*Wettbewerb*) trucar; **etw verzerrt wiedergeben** contar algo trastocándolo **II.** *vr:* **sich** ~ desfigurarse

Verzerrung *f* <-en> **1.** (*des Gesichts, der Tatsachen*) desfiguración *f* **2.** (*von Sehne, Ton*) distorsión *f* **3.** (*im Spiegel*) deformación *f*

Verzicht *m* <-(e)s, -e> renuncia *f* (*auf* a)

verzichten* *vi* renunciar (*auf* a); (*auf ein Recht*) desistir (*auf* de)

verzieh *3. imp von* **verzeihen**

verziehen[1] *pp von* **verzeihen**

verziehen*[2] *irr* **I.** *vi sein* (*umziehen*) mudarse (*nach* a) **II.** *vt* **1.** (*Kind*) malcriar **2.** (*Mund, Züge*) torcer **III.** *vr:* **sich ~ 1.** (*Holz, Tür*) alabearse; (*Stoff*) dar de sí **2.** (*Gesicht*) desfigurarse **3.** (*Nebel, Wolken*) disiparse; (*Gewitter*) pasar **4.** (*fam: weggehen*) largarse; (*heimlich*) esfumarse; **los, verzieh dich!** ¡lárgate!

verzieren* *vt* adornar

Verzierung *f* <-en> adorno *m*

verzinsen* **I.** *vt* pagar intereses (*mit* de); **etw mit fünf Prozent** ~ pagar intereses del cinco por ciento por algo **II.** *vr:* **sich** ~ producir intereses (*mit* de)

verzocken* *vt* (*sl: beim Karten spielen*) perder

verzogen **I.** *pp von* **verziehen** **II.** *adj* **1.** (*Holz, Tür*) alabeado **2.** (*Kind*) malcriado **3.** (*umgezogen*): ~ **sein** haber cambiado de domicilio; **unbekannt** ~ destinatario desconocido

verzögern* **I.** *vt* (*hinausziehen*) aplazar; (*verspäten*) retrasar (*um*) **II.** *vr:* **sich** ~ retrasarse (*um*)

Verzögerung *f* <-en> retraso *m* (*von* de)

verzollen* *vt* pagar aduana (por); **haben Sie etwas zu ~?** ¿tiene algo que declarar?

Verzug *m ohne Pl* <-(e)s> (*bei Lieferung*) demora *f;* (*bei Zahlung*) retraso *m;* **in ~ geraten** retrasarse; **es ist Gefahr im** ~ se avecina un peligro

verzweifeln* *vi sein* desesperar; **an etw** *dat* ~ desesperarse a causa de algo; **es ist zum V~** es para desesperarse

verzweifelt *adj* desesperado

Verzweiflung *f* <-en> desesperación *f;* **etw aus ~ tun** hacer algo por desesperación; **in seiner** ~ en su desesperación; **jdn zur ~ treiben** llevar a alguien a la desesperación; **Verzweiflungstat** *f* acto *m* de desesperación

verzweigen* *vr:* **sich** ~ ramificarse; (*in zwei Richtungen*) bifurcarse

Verzweigung *f* <-en> **1.** (*in mehrere Richtungen*) ramificación *f;* (*in zwei Richtungen*) bifurcación *f* **2.** (*Schweiz: Kreuzung*) cruce *m*

verzwickt *adj* (*fam*) lioso

Vesper[1] *f* <-n> (REL) vísperas *fpl*

Vesper[2] *f* <-n>, *südd: nt* <-s, -> tentempié *m;* (*nachmittags*) merienda *f*

Veteran *m* <-en, -en> veterano *m*

Veterinär(in) *m(f)* <-s, -e; -nen> veterinario, -a *m*

Veto *nt* <-s, -s> (POL) veto *m;* **sein ~ gegen etw einlegen** poner el veto a algo; **Vetorecht** *nt ohne Pl* <-(e)s> derecho *m* de veto

Vetter *m* <-s, -n> primo *m;* **Vetternwirtschaft** *f ohne Pl* (*abw*) nepotismo *m*

V-Frau *f* (*Verbindungsfrau*) enlace *m;* (*Agentin*) informante *f;* (*Vermittlerin*) intermediaria *f*

vgl. *Abk. von* **vergleiche** cf.

VHS *f ohne Pl Abk. von* **Volkshochschule** universidad *f* popular

Viadukt *m o nt* <-(e)s, -e> viaducto *m*

Vibration *f* <-en> vibración *f*

Vibrator *m* <-s, -en> vibrador *m*

vibrieren* *vi* vibrar

Video *nt* <-s, -s> vídeo *m,* video *m Am;* **etw auf ~ haben** tener algo en vídeo; **Videoaufzeichnung** *f* grabación *f* en vídeo; **Videoclip** *m* videoclip *m;* **Videokamera** *f* cámara *f* de vídeo; **Videokassette** *f* videocas(s)et(t)e *f;* **Videokonferenz** *f* conferencia *f* por vídeo; **Videorecorder** *m* (aparato *m* de) vídeo *m;* **Videospiel** *nt* videojuego *m;* **Videotext** *m* videotexto *m*

Videothek *f* <-en> videoteca *f*

Videoüberwachung *f* vigilancia *f* por (cámara de) vídeo; **Videoverleih[RR]** *m* videoclub *m*

Vieh *nt ohne Pl* <-(e)s> **1.** (*Rinder*) ganado *m;* (*einzelnes*) res *f;* **zehn Stück** ~ diez reses **2.** (*fam abw: Tier, Mensch*) bestia *f;* **Viehbestand** *m* <-(e)s, -stände> número *m* de reses; **Viehhalter(in)** *m(f)* ganadero, -a *m, f;* **Viehhaltung** *f* <-en> ganadería *f;* **Viehherde** *f* rebaño *m* (de ganado); **Viehzucht** *f ohne Pl* ganadería *f;* **Viehzüchter(in)** *m(f)* ganadero, -a *m, f,* hacendado, -a *m, f Arg, Chil*

viel **I.** *adj o pron indef* <mehr, am meisten> **1.** (*eine Menge*) mucho; **es gibt ~ Arbeit** hay mucho trabajo; ~ **Spaß!** ¡que lo pases bien!; **mit ~ Mühe** con mucho esfuerzo; **~/nicht ~ von etw** *dat* **halten** tener algo en gran/poca consideración; **er weiß ~** sabe mucho; **~e Menschen/Dinge** mucha gente/muchas cosas; **~e kamen** vino bastante gente; **sie gleichen sich in ~em** se parecen en muchas cosas; **sie ist um ~es jünger** ella es mucho más joven **2. so ~** tanto; **so ~ wollte ich gar nicht** no quería tanto; **nimm, so ~ du willst** coge lo que quieras; **das ist so ~ wie ein Geständnis** esto es prácticamente una confesión; **das ist so ~ wie gar nichts** eso y nada es lo mismo; **noch mal so ~** otro tanto; **halb/doppelt so ~ Arbeit** la mitad/el doble de trabajo **3. wie ~?** ¿cuánto?; **wie ~ kostet das?** ¿cuánto vale eso?; **wie ~ Uhr ist es?** ¿qué hora es?; **um wie ~ größer …?** ¿cuánto más grande…?; **wie ~ das wieder gekostet hat!** ¡qué caro!; **wie ~e Leute waren da?** ¿cuántas personas había? **4. zu ~** demasiado; **eine zu ~** una de más; **das wäre zu ~ verlangt** esto sería pedir demasiado; **mir ist das alles zu ~** todo esto es demasiado para mí; **ich krieg' zu ~** (*fam*) me va a dar un ataque; **was zu ~ ist, ist zu ~** para todo hay un límite; **sie hat einen zu ~ getrunken** (*fam*) ha bebido una copa de más **II.** *adv* **1.** (*häufig*) mucho, (muy) a menudo **2.** (*wesentlich*) considerablemente; **~ teurer** mucho más caro; **~ zu kurz** demasiado corto; **~ zu ~** demasiado; **vielbeschäftigt** *adj s.* **beschäftigt 1.**

vieldeutig *adj* ambiguo; (LING) polisémico

Vieleck *nt* <-(e)s, -e> polígono *m*

vielerlei *adj inv* **1.** (*attributiv*) mucho, diverso **2.** (*allein stehend*) mucho, muchas cosas; **~ gesehen haben** haber visto mucho

vielerorts *adv* en muchos sitios

vielfach I. *adj* **1.** (*viele Male*) múltiple; (*wiederholt*) reiterado; **auf ~en Wunsch** a petición general **2.** (*vielfältig*) diverso, vario **II.** *adv* con frecuencia, a menudo; **größer als ~ angenommen** mayor de lo que a menudo se piensa

Vielfalt *f ohne Pl* variedad *f* (*von/an* de)

vielfältig *adj* variado; (*Mensch*) polifacético

Vielfraß *m* <-es, -e> (ZOOL) glotón *m;* (*fam: Person*) tragón, -ona *m, f*

vielgeliebt *adj s.* **lieben 1.**

vielleicht *adv* **1.** (*möglicherweise*) quizá(s), tal vez, capaz *Am;* **~ sagst du mir mal, warum …** quizá te dignes a decirme por qué… **2.** (*etwa*) por casualidad, acaso; **hast du ~ meinen Schlüssel gesehen?** ¿has visto por casualidad mi llave?; **soll ich ~ alles alleine machen ?** ¿acaso tengo que hacerlo todo yo solo? **3.** (*ungefähr*) más o menos; **es waren ~ 500 Leute dort** habría más o menos 500 personas allí; **ich war ~ aufgeregt** no te puedes imaginar qué excitado estaba

vielmals *adv:* **ich bitte ~ um Entschuldigung** mil perdones; **danke ~!** ¡mil gracias!

vielmehr *adv* **1.** (*richtig, besser*) mejor dicho **2.** (*im Gegenteil*) más bien; **ich glaube ~, dass …** creo más bien que…

vielsagend *adj s.* **sagen**

vielseitig *adj* **1.** (*umfassend*) amplio; (*abwechslungsreich*) variado; **~ anwendbar** de uso múltiple; **~ interessiert** con intereses variados **2.** (*Mensch*) polifacético

vielsprachig *adj* políglota

vielversprechend *adj s.* **versprechen I.**

Vielzahl *f ohne Pl* multitud *f* (*an/von* de), sinnúmero *m* (*an/von* de)

vier *adj inv* cuatro; **jdn unter ~ Augen sprechen** hablar con alguien a solas; **sich auf seine ~ Buchstaben setzen** (*fam*) sentarse sobre donde la espalda pierde su digno nombre; **auf allen ~en** (*fam*) a gatas; **alle ~e von sich** *dat* **strecken** (*fam*) desperezarse; *s. a.* **acht[1]**

Vier *f* <-en> cuatro *m;* (*Schulnote*) suficiente *m*

vierbändig *adj* de cuatro tomos

Vierbeiner *m* <-s, -> cuadrúpedo *m*

vierblätt(e)rig *adj* cuadrifolio

Viereck *nt* <-(e)s, -e> cuadrilátero *m;* (*Quadrat*) cuadrado *m;* **viereckig** *adj* cuadrangular; (*quadratisch*) cuadrado

viereinhalb *adj inv* cuatro y medio

Viererbob *m* (SPORT) bobsleigh *m* de cuatro

vielerlei *adj* de cuatro clases diferentes, cuatro clases (diferentes) de; *s. a.* **achterlei**

vierfach I. *adj* cuádruplo; **~ vorhanden sein** estar disponible cuatro veces **II.** *adv* cuatro veces; *s. a.* **achtfach**

vierhändig *adj* (MUS) a cuatro manos

vierhundert *adj inv* cuatrocientos; *s. a.* **achthundert**

vierjährig *adj* (*vier Jahre alt*) de cuatro años; (*vier Jahre dauernd*) de cuatro años de duración

vierkantig *adj* cuadrangular

vierköpfig *adj* de cuatro cabezas; (*Familie*) de cuatro personas

Vierlinge *mpl* cuatrillizos *mpl*

viermal *adv* cuatro veces; *s. a.* **achtmal**

viermalig *adj* cuatro veces; **die ~e Olympiasiegerin** la cuatro veces campeona olímpica

viermotorig *adj* cuatrimotor

Vierradantrieb *m* (AUTO) tracción *f* a las cuatro ruedas

vierspurig *adj* de cuatro carriles

vierstellig *adj* de cuatro cifras

viert: zu ~ de a cuatro

Viertaktmotor *m* (AUTO) motor *m* de cuatro tiempos

viertausend *adj inv* cuatro mil; *s. a.* **achttausend**

vierte(r, s) *adj* cuarto; *s. a.* **achte(r, s)**

vierteilig *adj* de cuatro partes

viertel *adj inv* cuarto; *s. a.* **achtel**

Viertel *nt* <-s, -> **1.** (*Maß*) cuarto *m;* **ein ~ Wein** un cuartillo **2.** (*Teil*) cuarto *m,* cuarta parte *f;* **drei ~ der Bevölkerung** tres cuartas partes de la población; **~ nach/vor drei** las tres y/menos cuarto **3.** (*Stadt~*) barrio *m;* **Viertelfinale** *nt* (SPORT) cuarto *m* de final; **Vierteljahr** *nt* trimestre *m;* **vierteljährlich** **I.** *adj* trimestral **II.** *adv* cada tres meses; **Viertelliter** *m o nt* cuarto *m* de litro

vierteln *vt* dividir en cuatro partes

Viertelnote *f* <-n> (MUS) corchea *f;* **Viertelstunde** *f* cuarto *m* de hora

viertelstündig *adj* de un cuarto de hora

viertelstündlich **I.** *adj* de un cuarto de hora **II.** *adv* cada cuarto de hora

viertens *adv* en cuarto lugar; (*bei Aufzählung*) cuarto; *s. a.* **achtens**

Viertürer *m* <-s, -> (AUTO) coche *m* de cuatro puertas

Viervierteltakt *m* <-(e)s, -e> (MUS) compás *m* de compasillo

vierzehn *adj inv* catorce; **in ~ Tagen** en quince días; *s. a.* **acht**[1]

vierzehntägig *adj* de quince días

vierzehntäglich *adj* cada quince días

vierzehnte(r, s) *adj* decimocuarto; *s. a.* **achte(r, s)**

vierzig *adj inv* cuarenta; *s. a.* **achtzig**

vierziger *adj:* **die ~ Jahre** los años cuarenta

vierzigste(r, s) *adj* cuadragésimo; *s. a.* **achtzigste(r, s)**

Vierzimmerwohnung *f* piso *m* de cuatro habitaciones

Vietnam *nt* <-s> Vietnam *m*

Vietnamese, -in *m, f* <-n, -n; -nen> vietnamita *mf*

vietnamesisch *adj* vietnamita

Vikar(in) *m(f)* <-s, -e; -nen> (REL) vicario, -a *m, f*

Villa *f* <Villen> villa *f*

Villenviertel *nt* barrio *m* residencial de lujo

violett *adj* violeta, morado

Violine *f* <-n> (MUS) violín *m*

Violinist(in) *m(f)* <-en, -en; -nen> (MUS) violinista *mf*

Violinschlüssel *m* (MUS) clave *f* de sol

Violoncello *nt* <-s, -celli *o* -s> (MUS) violonc(h)elo *m*

VIP *mf* <-s, -s; -s> *Abk. von* **Very Important Person** vip *mf*

Viper *f* <-n> (ZOOL) víbora *f*

Viren *Pl von* **Virus**; **Virensuchprogramm** *nt* (INFOR) programa *m* cazavirus

virtuell *adj* (INFOR) virtual; **~er Raum** espacio virtual

virtuos *adj* virtuoso

Virus *m o nt* <-, Viren> (*a.* INFOR) virus *m inv;* **Virusinfektion** *f* <-en> (MED) infección *f* vírica; **Viruskrankheit** *f* <-en> enfermedad *f* vírica

Visa *Pl von* **Visum**

Visagist(in) *m(f)* <-en, -en; -nen> técnico, -a *m, f* facial

vis-à-vis *präp,* **vis-a-vis**[RR] *präp +dat* enfrente de, frente a

Visen *Pl von* **Visum**

Visier *nt* <-s, -e> **1.** (*am Helm*) visera *f* **2.** (*am Gewehr*) (punto *m* de) mira *f;* **jdn/etw ins ~ nehmen** fijar su atención en alguien/algo

Vision *f* <-en> visión *f*

Visite *f* <-n> (MED) visita *f;* **~ machen** pasar visita

Visitenkarte *f* tarjeta *f* de visita

Viskose *f ohne Pl* (CHEM) viscosa *f*

visuell *adj* visual

Visum *nt* <-s, Visa *o* Visen> **1.** (*Sichtvermerk*) visado *m,* visa *f Am* **2.** (*Schweiz: Namenskürzel*) firma *f*

vital *adj* vital

Vitalität *f ohne Pl* vitalidad *f*

Vitamin *nt* <-s, -e> vitamina *f;* **~ B haben** (*fam fig*) tener enchufe; **Vitaminmangel** *m ohne Pl* <-s> carencia *f* de vitaminas; **Vitaminpräparat** *nt* complejo *m* vitamínico; **Vitamintablette** *f* pastilla *f* de vitaminas

Vitrine *f* <-n> vitrina *f*

Vizepräsident(in) *m(f)* vicepresidente, -a *m, f*

Vlies *nt* <-es, -e> **1.** (*Schafwolle*) vellocino *m* **2.** (*Fasermaterial*) fieltro *m*

V-Mann *m* <-(e)s, -Männer *o* -Leute> (*Verbindungsmann*) enlace *m;* (*Agent*) informante *m;* (*Vermittler*) intermediario *m*

Vogel *m* <-s, Vögel> **1.** (*Tier*) pájaro *m;* **einen ~ haben** (*fam*) estar chiflado; **jdm einen ~ zeigen** (*fam*) ≈dar(le) a alguien un corte de mangas; **den ~ abschießen** (*fam*) llevarse la palma **2.** (*fam: Mensch*) tipo *m* raro; **ein komischer ~** un tipo extraño

Vogelbeerbaum *m* (BOT) serbal *m*

Vogelbeere *f* (BOT) serba *f*

vogelfrei *adj* fuera de la ley; **jdn für ~ erklären** declarar a alguien fuera de la ley; **Vogelfutter** *nt ohne Pl* <-s> comida *f* para pájaros; **Vogelhaus** *nt* pajarera *f;* **Vogelkäfig** *m* jaula *f;* **Vogelkirsche** *f* (BOT) cereza *f* silvestre

vögeln *vi, vt* (*vulg*) follar, coger *Am*

Vogelnest *nt* nido *m* de pájaro; **Vogelperspektive** *f* vista *f* de pájaro; **aus der ~** a vista de pájaro; **Vogelscheuche** *f* <-n> espantapájaros *m inv*

Vogel-Strauß-Politik *f* (*fam*) comportamiento *m* del avestruz

Vogesen *pl* (GEO): **die ~** Vosgos *mpl*

Vokabel *f* <-n> vocablo *m*

Vokabular *nt* <-s, -e> vocabulario *m*

Vokal *m* <-s, -e> (LING) vocal *f*

Volk[1] *nt* <-(e)s, Völker> **1.** (*allgemein*) pueblo *m;* (*Nation*) nación *f* **2.** (ZOOL) colonia *f*

Volk[2] *nt ohne Pl* <-(e)s> **1.** (*Bevölkerung*) población *f;* **der Mann aus dem ~** el hombre de la calle **2.** (*Leute*) gente *f;* (*Menschenmenge*) multitud *f;* **etw unters ~ bringen** divulgar algo; **sich unters ~ mischen** mezclarse con la gente

Völkerball *m ohne Pl* <-(e)s> (SPORT) coma *m;* **Völkerbund** *m ohne Pl* <-(e)s> Sociedad *f* de Naciones; **Völkergemeinschaft** *f ohne Pl* comunidad *f* de naciones; **Völkerkunde** *f ohne Pl* etnología *f;* **Völkermord** *m* genocidio *m;* **Völkerrecht** *nt ohne Pl* <-(e)s> derecho *m* internacional; **Völkerverständigung** *f* entendimiento *m* entre los pueblos; **Völkerwanderung** *f* **1.** (SOZIOL) migración *f* de los pueblos **2.** (*fam: Menschenstrom*) afluencia *f* masiva

Volksabstimmung *f* (POL) referéndum *m;* **Volksbank** *f* <-en> (FIN) banco *m* popular; **Volksbefragung** *f* (POL) consulta *f* popular; **Volksbegehren** *nt* <-s, -> (POL) petición *f* de referéndum; **volkseigen** *adj* nacionalizado; **Volksentscheid** *m* <-(e)s, -e> (POL) plebiscito *m;* **Volksfest** *nt* <-(e)s, -e> fiesta *f* popular; **Volksfront** *f* (POL) frente *m* popular; **Volkshochschule** *f* universidad *f* popular, ≈centro *m* de formación de adultos; **Volksinitiative** *f* (*Schweiz*) *s.* **Volksbegehren**; **Volkskrankheit** *f* enfermedad *f* muy extendida

volkskundlich *adj* folklórico

Volkslied *nt* canción *f* popular; **Volksmärchen** *nt* cuento *m* popular; **Volksmund** *m ohne Pl* <-(e)s> lenguaje *m* popular; **Volksmusik** *f* música *f* folklórica; **Volksrepublik** *f* república *f* popular; **Volksschule** *f* <-n> escuela *f* de enseñanza primaria; **Volkssport** *m* <-(e)s, -e> deporte *m* popular; **Volksstamm** *m* <-(e)s, -stämme> tribu *f;* **Volkstanz** *m* baile *m* folklórico

volkstümlich *adj* popular

Volksverdummung *f* <-en> (*fam abw*) engaño *m* del pueblo; **Volksverhetzung** *f* <-en> instigación *f* del pueblo; **Volksvertreter(in)** *m(f)* representante *mf* del pueblo; (*Abgeordneter*) diputado, -a *m, f;* **Volkswirt(in)** *m(f)* economista *mf;* **Volkswirtschaft** *f* economía *f* política; **volkswirtschaftlich** *adj* económico-nacional

Volkswirtschaftslehre *f ohne Pl* economía *f* política

Volkszählung *f* censo *m* nacional

voll **I.** *adj* **1.** (*gefüllt*) lleno (*von/mit* de); (*besetzt*) ocupado; **brechend ~** a tope *sl;* **halb ~** medio lleno; **mit ~em Mund** con la boca llena; **ich bin ~** (**bis oben hin**) (*fam*) estoy (absolutamente) lleno; **einen Teller ~ essen** comer un plato (de algo); **aus dem V~en schöpfen** gastar a manos llenas **2.** (*erfüllt*) rebosante (de); **~(er) Freude** rebosante de alegría **3.** (*fam: betrunken*) borracho **4.** (*rundlich*) regordete **5.** (*Geschmack*) intenso; (*Stimme*) sonoro; (*Farbton*) intenso; **~es Haar haben** tener mucho pelo **6.** (*vollständig*) entero, completo; **eine ~e Stunde warten** esperar una hora entera; **in ~er Größe** de cuerpo entero; **das ~e Ausmaß der Katastrophe** el alcance total de la catástrofe; **in ~er Fahrt** en plena marcha; **die ~e Verantwortung tragen** cargar con toda la responsabilidad; **in ~em Ernst** completamente en serio; **~e Kanne** (*sl*) a toda pastilla; **in ~er Schönheit** (*a. iron*) en toda su belleza; **der ~e Kaufpreis** el importe íntegro; **jdn nicht für ~ nehmen** no tomar a alguien en serio **II.** *adv* **1.** (*vollkommen, vollständig*) completamente, plenamente; **~ bezahlen** pagar a precio regular; **~ und ganz** completamente; **~ dahinter stehen** dar la cara enteramente **2.** (*mit aller Wucht*) con toda (su) fuerza **3.** (*sl: total*) total; **~ gut** guay

vollauf *adv* absolutamente

vollautomatisch *adj* completamente automático; **Vollbad** *nt* baño *m* (de cuerpo) entero; **Vollbart** *m* <-(e)s, -bärte> barba *f* cerrada; **Vollbeschäftigung** *f ohne Pl* (WIRTSCH) pleno empleo *m;* **Vollbesitz** *m:* **im ~** (**seiner geistigen Kräfte**) en plena posesión (de sus facultades mentales); **Vollblüter** *m* <-s, -> (ZOOL) caballo *m* de pura sangre

vollbracht *pp von* **vollbringen**

Vollbremsung *f* frenazo *m* en seco; **eine ~ machen** frenar en seco

vollbringen* *irr vt* (*geh*) realizar, llevar a cabo

Volldampf *m ohne Pl* <-(e)s>: (**mit**) **~ voraus** a toda máquina; **mit ~** (*fam*) a toda pastilla

Völlegefühl *nt ohne Pl* <-(e)s> sensación *f* de pesadez

vollelektronisch *adj* completamente electrónico

vollenden* *vt* **1.** (*abschließen*) concluir; (*Lebensalter*) cumplir; **jdn vor vollendete Tatsachen stellen** presentar(le) a alguien un hecho consumado **2.** (*vervollständigen*) completar

vollendet *adj* perfecto

vollends *adv* completamente

Vollendung[1] *f* <-en> (*Beendung*) terminación *f;* **mit** [*o* **nach**] **~ des 18. Lebensjah-**

res con 18 años cumplidos
Vollendung[2] *f ohne Pl* (*Vollkommenheit*) perfección *f*
voller *adj inv* **1.** (*gefüllt, bedeckt*) lleno (de) **2.** (*erfüllt*) rebosante (de)
Völlerei *f* <-en> (*abw*) gula *f*
Volleyball[1] *m ohne Pl* <-(e)s> (SPORT) voleibol *m*
Volleyball[2] *m* <-(e)s, -bälle> (*Ball*) pelota *f* de voleibol
voll|fressen *irr vr:* **sich ~** *s.* **fressen I.1.**
vollführen* *vt* llevar a cabo; (*verwirklichen*) realizar
Vollgas *nt ohne Pl* <-es>: **mit ~ fahren** ir a toda velocidad; **~ geben** pisar el acelerador a fondo; **vollgepfropft** *adj s.* **pfropfen 2.**; **voll|gießen** *irr vt s.* **gießen I.4.**; **Vollidiot(in)** *m(f)* (*fam abw*) idiota *mf* completo, -a
völlig I. *adj* completo; **das ist mein ~er Ernst** hablo completamente en serio **II.** *adv* completamente; **er hat ~ Recht** tiene toda la razón
volljährig *adj* (JUR) mayor de edad
Volljurist(in) *m(f) jurista que, tras aprobar dos exámenes de estado, está facultado para acceder a la judicatura;* **Vollkaskoversicherung** *f* seguro *m* a todo riesgo; **vollklimatisiert** *adj* plenamente climatizado
vollkommen *adj* **1.** (*unübertrefflich*) perfecto; (*vollständig*) completo **2.** (*völlig*) absoluto, total; **ich bin ~ deiner Meinung** estoy absolutamente de acuerdo contigo
Vollkornbrot *nt* pan *m* integral
voll|machen *vt s.* **machen I.1.**
Vollmacht *f* <-en> autorización *f;* **jdm eine ~ erteilen** otorgar a alguien plenos poderes
Vollmilch *f* leche *f* entera; **Vollmitglied** *nt* (JUR) miembro *m* de pleno derecho; **Vollmond** *m* <-(e)s, -e> luna *f* llena; **bei ~** con luna llena; **Vollnarkose** *f* (MED) anestesia *f* total; **Vollpension** *f ohne Pl* pensión *f* completa
voll|pumpen *vt s.* **pumpen 1.**; **voll|saugen** *irr vr:* **sich ~** *s.* **saugen III.2.**
vollschlank *adj* metido en carnes
vollständig *adj* **1.** (*komplett*) completo **2.** (*gänzlich*) total, absoluto
Vollständigkeit *f ohne Pl* integridad *f;* **der ~ halber** para completar
voll|stopfen *vt s.* **stopfen I.4.**
vollstrecken* *vt* **1.** (JUR) ejecutar; (*Urteil*) llevar a efecto; **die Todesstrafe an jdm ~** ejecutar a alguien **2.** (SPORT) ejecutar
Vollstreckung *f* <-en> (JUR) ejecución *f;* **Vollstreckungsbefehl** *m* (JUR) orden *f* de ejecución
voll|tanken *vi, vt s.* **tanken**
Volltreffer *m* impacto *m* total; (*beim Schießen*) impacto *m* en la diana; **Vollversammlung** *f* pleno *m;* **Vollwaise** *f* huérfano, -a *m, f* de padre y madre; **Vollwaschmittel** *nt* detergente *m*
vollwertig *adj:* **~er Ersatz** sustituto de igual valía
Vollwertkost *f* alimentos *mpl* integrales
vollzählig *adj* completo
vollziehen* *irr* **I.** *vt* **1.** (*ausführen*) llevar a cabo, efectuar **2.** (JUR) ejecutar **II.** *vr:* **sich ~** efectuarse
vollzogen *pp von* **vollziehen**
Vollzug *m ohne Pl* <-(e)s> **1.** (*das Vollziehen*) realización *f;* (JUR) ejecución *f* **2.** (*Straf~*) ejecución *f* de la pena; **Vollzugsanstalt** *f* centro *m* penitenciario
Volontär(in) *m(f)* <-s, -e; -nen> practicante *mf*
Volontariat *nt* <-(e)s, -e> voluntariado *m*
Volt *nt* <- *o* -(e)s, -> (PHYS, ELEK) voltio *m*
Volumen *nt* <-s, -> (*Ausdehnung, Umfang*) volumen *m*
voluminös *adj* voluminoso
vom = **von dem** *s.* **von**
von *präp* + *dat* **1.** (*allgemein, räumlich*) de; **~ Münster nach Leipzig** de Münster a Leipzig; **~ oben nach unten** de arriba abajo; **~ weit her** de muy lejos; **~ hier aus** desde aquí; **die Königin ~ England** la Reina de Inglaterra; **ein Gedicht ~ Neruda** un poema de Neruda; **das Kind ist ~ ihm** el niño es suyo; **das war ein Fehler ~ dir** fue un error por tu parte; **~ allein** por sí solo; **ein Freund ~ mir** un amigo mío; **einer ~ euch** uno de vosotros; **Tausende ~ Menschen** miles de personas; **im Alter ~ 40 Jahren** a la edad de 40 años; **ein Betrag ~ 200 Mark** un importe de 200 marcos; **er ist Linguist ~ Beruf** de profesión es lingüista; **~ Seiten** de parte de; **~ Berufs wegen** por causa del trabajo **2.** (*zeitlich*) desde, de, a partir de; **~ nun an** de ahora en adelante; **~ diesem Tag an** desde ese día; **~ vorn anfangen** empezar desde el principio; **~ morgens bis abends** de la mañana a la noche; **~ Zeit zu Zeit** de tiempo en tiempo **3.** (*beim Passiv*) por; **der Kurs wird ~ Johannes geleitet** el curso es dirigido por Johannes
voneinander *adv* el uno del otro
vonseiten[RR] por parte de; **~ der Regierung** por parte del gobierno
vonstatten *adv:* **~ gehen** tener lugar, desarrollarse
vor I. *präp* + *dat* **1.** (*räumlich*) delante de; **sie ging ~ ihm her** iba delante de él; **zehn Kilometer ~ Münster** diez kilómetros antes de llegar a Münster **2.** (*zeitlich*) antes de; (*Zeitraum*) hace; (*bei Uhrzeit*) menos; (*zukünftig*) por delante; **sie wird ~ fünf Uhr**

nicht zurück sein no estará de vuelta antes de las cinco; **es ist fünf** (**Minuten**) ~ **drei** son las tres menos cinco; ~ **kurzem/Jahren** hace poco/años; ~ **ein paar Tagen** hace unos días; ~ **Christi Geburt** antes de Jesucristo; ~ **unserer Zeit** antes de nuestra era; **ich bin** ~ **Ihnen dran** me toca antes que a Ud.; **wir haben die ganze Arbeit noch** ~ **uns** tenemos todo el trabajo por delante **3.** (*über*) sobre; **Vorrang** ~ **anderen Dingen haben** tener preferencia sobre otras cosas; ~ **allem** sobre todo **4.** (*gegen, gegenüber*) a, ante; **Angst** ~ **jdm haben** tener(le) miedo a alguien; **Schutz** ~ **etw** *dat* **suchen** buscar protección contra algo **5.** (*bedingt durch*): ~ **Kälte/Freude** de frío/alegría; ~ **lauter Arbeit** de tanto trabajo **II.** *präp +akk* (*Richtung*): **etw** ~ **das Haus stellen** poner algo delante de la casa; ~ **eine Mauer prallen** estrellarse contra un muro; ~ **sich hin pfeifen** silbar para sí **III.** *adv* adelante; ~ **und zurück** adelante y atrás; **zwei Schritte** ~**!** ¡dos pasos al frente!; **Freiwillige** ~**!** ¿quién se ofrece voluntario?

vorab *adv* (*zuerst*) ante todo; (*im Voraus*) de antemano

Vorabend *m* <-s, -e> víspera *f;* **am** ~ **der Uraufführung** en vísperas del estreno; **Vorahnung** *f* <-en> presentimiento *m*

voran *adv* **1.** (*vorn*) adelante, delante; **mit dem Kopf** ~ con la cabeza por delante **2.** (*vorwärts*) hacia delante; **voran|bringen** *irr vt* llevar adelante; (*fördern*) fomentar; **voran|gehen** *irr vi sein* **1.** (*vorne gehen*) ir delante, ir en cabeza **2.** (*zeitlich*) preceder **3.** (*Fortschritte machen*) avanzar; **voran|kommen** *irr vi sein* **1.** (*räumlich*) avanzar **2.** (*Fortschritte machen*) avanzar (*mit* en)

Voranmeldung *f* <-en> (*Termin*) cita *f* previa; (*Mitteilung*) previo aviso *m;* **Voranschlag** *m* <-(e)s, -schläge> (WIRTSCH) presupuesto *m*

voran|treiben *irr vt* propulsar, impulsar

Vorarbeiter(in) *m(f)* <-s, -; -nen> capataz *mf*

Vorarlberg *nt* <-s> (GEO) Vorarlberg *m*

voraus *adv* (*vorne*) delante; (*an der Spitze*) a la cabeza; **er war uns schon weit** ~ nos llevaba una gran ventaja; **im V**~ de antemano; **voraus|gehen** *irr vi sein* **1.** (*vorne gehen*) ir delante; (*früher gehen*) salir primero; **sie ist schon vorausgegangen** ya salió; **ihm geht der Ruf voraus, dass ...** tiene fama de... *+inf* **2.** (*früher geschehen*) preceder; **vorausgesetzt** *adj:* ~**, dass ...** siempre que... *+subj;* **voraus|haben** *irr vt:* **jdm etw** ~ aventajar a alguien en algo; **sie hat mir viel an Erfahrung voraus** me aventaja mucho en experiencia; **Voraussage** *f* <-n> pronóstico *m;* **eine** ~ **machen** realizar un pronóstico; **voraus|sagen** *vt* pronosticar

vorausschauend *adj* previsor

voraus|schicken *vt* **1.** (*Paket*) mandar con anticipación **2.** (*Bemerkung*) anticipar; **etwas** ~ hacer una observación previa; **voraus|sehen** *irr vt* prever; **das war ja vorauszusehen** esto se veía venir; **voraus|setzen** *vt* (*annehmen*) presuponer, suponer; (*verlangen*) requerir; **ich setze voraus, dass ...** presupongo que... *+subj;* **das setze ich als bekannt voraus** esto lo doy por sabido; **vorausgesetzt, dass ...** siempre que... *+subj;* **Voraussetzung** *f* <-en> **1.** (*Annahme*) suposición *f;* (*Hypothese*) hipótesis *f inv* **2.** (*Vorbedingung*) condición *f* previa; **unter der** ~**, dass ...** bajo la condición de que... *+subj* **3.** (*Anforderung*) requisito *m;* **die** ~**en erfüllen** cumplir los requisitos; **Voraussicht** *f ohne Pl* previsión *f;* **aller** ~ **nach** según todos los indicios; **voraussichtlich I.** *adj* previsto **II.** *adv* probablemente; **voraus|zahlen** *vt* pagar por adelantado

Vorbau *m* <-(e)s, -ten> **1.** (ARCHIT) voladizo *m* **2.** (*sl: Busen*) delantera *f*

Vorbedacht *m:* **mit/ohne** ~ con/sin premeditación

Vorbehalt *m* <-(e)s, -e> reserva *f;* **einen** ~ **gegen etw haben** abrigar reservas respecto a algo; **unter dem** ~**, dass ...** con la salvedad de que... *+subj;* **ohne/unter** ~ sin/con reservas

vor|behalten* *irr vt:* **sich** *dat* **etw** ~ reservarse (el derecho de hacer) algo; **Änderungen** ~ excepto [*o* salvo] (posibles) modificaciones; **jdm** ~ **sein** quedar reservado para alguien

vorbehaltlich I. *präp +gen* salvo, a reserva de **II.** *adj* con reserva

vorbehaltlos I. *adj* incondicional **II.** *adv* incondicionalmente

vorbei *adv* **1.** (*räumlich*) pasado; (*entlang*) por delante (*an* de); **sie möchte hier** ~ quiere pasar por aquí **2.** (*zeitlich*) pasado; (*zu Ende*) acabado; **es ist drei Uhr** ~ son las tres pasadas; **aus und** ~ acabado y más que acabado; **vorbei|fahren** *irr vi sein* **1.** (*entlangfahren*) pasar (en coche) (*an* por (delante de)) **2.** (*nicht anhalten*) pasar de largo; **im V**~ al pasar (en coche) **3.** (*fam: aufsuchen*) pasar (*bei* por casa de); **vorbei|führen** *vi* pasar (*an* por (delante de)); **vorbei|gehen** *irr vi sein* **1.** (*entlanggehen*) pasar (*an* por (delante de)); **im V**~ de pasada; **bei jdm** ~ (*fam*) pasar por casa de alguien **2.** (*Schuss*) errar **3.** (*vergehen*) pasar; **vorbei|kommen** *irr vi sein* **1.** (*entlangkom-*

men) pasar (*an* por) **2.** (*an Hindernis*) poder pasar (*an* por) **3.** (*fam: besuchen*) pasar (*bei* por casa de); **vorbei|lassen** *irr vt* (*fam*) dejar pasar; **vorbei|reden** *vi:* **an etw** *dat* ~ irse por las ramas; **wir haben aneinander vorbeigeredet** hablamos sin entendernos

vorbelastet *adj* con antecedentes; **erheblich ~ sein** tener muchos antecedentes; **erblich ~ sein** llevar una tara hereditaria

Vorbemerkung *f* <-en> advertencia *f* preliminar

vor|bereiten* **I.** *vt* preparar; **darauf war ich nicht vorbereitet** no estaba preparado para eso **II.** *vr:* **sich** ~ prepararse (*auf* para)

Vorbereitung *f* <-en> (*Tätigkeit*) preparación *f*, apronte *m Am;* (*Maßnahme*) preparativo *m;* **~en für etw treffen** hacer preparativos para algo

vor|bestellen* *vt* reservar; **Vorbestellung** *f* <-en> reserva *f*

Vorbestimmung *f* <-en> (REL) predestinación *f*

vorbestraft *adj* con antecedentes penales

vor|beugen **I.** *vi* (*a.* MED) prevenir **II.** *vt* inclinar hacia delante **III.** *vr:* **sich** ~ inclinarse hacia delante

vorbeugend *adj* preventivo

Vorbeugung *f ohne Pl* prevención *f* (*gegen* de); (MED) profilaxis *f inv;* **zur ~ gegen etw** como profilaxis contra algo

Vorbild *nt* <-(e)s, -er> (*Beispiel*) ejemplo *m;* (*Muster*) modelo *m;* **sich** *dat* **jdn zum ~ nehmen** tomar a alguien como ejemplo; **als ~ dienen** servir de modelo

vorbildlich *adj* (*beispielhaft*) ejemplar; (*musterhaft*) modelo; **sich ~ benehmen** tener un comportamiento ejemplar

Vorbildung *f ohne Pl* formación *f* previa

Vorbote *m* <-n, -n> indicio *m*

vor|bringen *irr vt* **1.** (*Wunsch, Einwand*) manifestar; (*Gründe*) aducir; **was hast du zu deiner Entschuldigung vorzubringen?** ¿qué aduces en tu defensa? **2.** (*fam: nach vorn bringen*) llevar hacia delante

vorchristlich *adj* precristiano

Vordach *nt* <-(e)s, -dächer> (ARCHIT) colgadizo *m*

vor|datieren* *vt* antedatar

Vordenker(in) *m(f)* <-s, -; -nen> precursor(a) *m(f)*

Vorderachse *f* eje *m* delantero; **Vorderasien** *nt* Oriente *m* Próximo

vordere(r, s) *adj* delantero, de delante

Vordergrund *m* <-(e)s, -gründe> primer plano *m;* **im ~ stehen** tener prioridad; **sich in den ~ drängen** estar siempre en primera fila; **in den ~ treten** ganar importancia

vordergründig *adj* superficial

Vordermann *m* persona *f* que precede a otra; **mein ~** el que me precede; **jdn/etw auf ~ bringen** (*fam*) dar(le) caña a alguien/poner algo a flote

Vorderrad *nt* rueda *f* delantera; **Vorderradantrieb** *m* tracción *f* delantera

Vorderschinken *m* jamón *m* de paletilla; **Vorderseite** *f* parte *f* delantera

vorderste(r, s) *adj superl von* **vordere(r, s)** primero

Vorderteil *nt* <-(e)s, -e> parte *f* delantera

Vordiplom *nt* <-s, -e> (UNIV) examen *m* intermedio (*de diplomatura, que permite el acceso al segundo ciclo*); **vor|drängeln** *vr:* **sich** ~ (*fam*) colarse; **vor|dringen** *irr vi sein* **1.** (*sich ausbreiten*) avanzar **2.** (*eindringen*) penetrar (*in* en); **(bis) zu jdm ~** llegar hasta alguien; **Vordruck** *m* <-(e)s, -e> formulario *m;* **vorehelich** *adj* prematrimonial; **voreilig** *adj* precipitado; (*unüberlegt*) irreflexivo; **nicht so ~!** ¡no tan deprisa!

voreinander *adv* el uno delante del otro

voreingenommen *adj* lleno de prejuicios

vor|enthalten* *irr vt* retener; **jdm etw ~** (*Information*) ocultar algo a alguien; (*Rechte*) privar a alguien de algo

Vorentscheidung *f* <-en> decisión *f* previa

vorerst *adv* por el momento, de momento

Vorfahr(in) *m(f)* <-en, -en; -nen> antepasado, -a *m, f*

vor|fahren *irr sein* **I.** *vi* **1.** (*ankommen*) llegar (*mit/in* en); **vor etw** *dat* ~ parar delante de algo; **mit dem Taxi ~** llegar en taxi **2.** (*vorne fahren*) ir delante; (*vorausfahren*) adelantarse **3.** (*nach vorne fahren*) avanzar **II.** *vt* (*vorrücken*) avanzar

Vorfahrt *f ohne Pl* prioridad *f* (de paso); **die ~ beachten** ceder el paso; **~ haben** tener preferencia; **Vorfahrt(s)straße** *f* (*im Ort*) calle *f* prioritaria; (*auf Landstraße*) carretera *f* prioritaria

Vorfall *m* <-(e)s, -fälle> **1.** (*Ereignis*) suceso *m* **2.** (MED) prolapso *m*

vor|fallen *irr vi sein* **1.** (*geschehen*) suceder **2.** (*nach vorne fallen*) caer hacia delante

Vorfeld *nt* <-(e)s, -er> preludio *m;* **im ~ von etw** como preludio de algo; **im ~ der Veranstaltung** antes de dar comienzo al acto

vor|finden *irr vt* encontrarse (con)

Vorfreude *f* <-n> alegría *f* previa

vor|fühlen *vi* tantear el terreno; **vor|führen** *vt* **1.** (*Person*) llevar; **dem Richter ~** llevar ante el juez **2.** (*zeigen*) enseñar; (*Mode*) presentar; (*Versuch, Gerät*) demostrar **3.** (FILM) proyectar, poner *fam;* (*Kunststück*) presentar **4.** (*fam: bloßstellen*) desenmascarar

Vorführung *f* <-en> **1.** (*Vorstellung*) representación *f* **2.** (*von Mode*) presentación *f;* (*von Gerät*) demostración *f* **3.** (*von Film*)

proyección *f;* (*von Kunststück*) presentación *f*

Vorgabe *f* <-n> **1.** (SPORT) ventaja *f* **2.** (*Richtlinie*) norma *f*

Vorgang *m* <-(e)s, -gänge> **1.** (*Ereignis*) suceso *m;* (*Ablauf, a.* CHEM, TECH) proceso *m* **2.** (ADMIN: *Akten*) expediente *m*

Vorgänger(in) *m(f)* <-s, -; -nen> predecesor(a) *m(f)*

vor|gaukeln *vt:* **jdm etw ~** hacer creer algo a alguien; **vor|geben** *irr vt* **1.** (*behaupten*) poner como pretexto; (*vortäuschen*) fingir; **sie gab vor, müde zu sein** puso como pretexto que estaba cansada **2.** (*fam: nach vorn geben*) pasar hacia delante (*zu* a) **3.** (*festsetzen*) fijar

Vorgebirge *nt* <-s, -> (GEO) cordillera *f* secundaria; (*Ausläufer*) estribaciones *fpl*

vorgefasst[RR] *adj,* **vorgefaßt** *adj* preconcebido; **~e Meinungen** opiniones preconcebidas; **vorgefertigt** *adj* prefabricado

vor|gehen *irr vi sein* **1.** (*nach vorne gehen*) pasar adelante; (*vorrücken*) avanzar; (*vorne gehen*) ir delante **2.** (*vorausgehen*) adelantarse **3.** (*Uhr*) adelantar **4.** (*handeln*) obrar; (*verfahren*) proceder; **gegen etw ~** adoptar medidas contra algo **5.** (*geschehen*) suceder; **was geht (nur) in dir vor?** ¿en qué piensas? **6.** (*Vorrang haben*) tener prioridad

Vorgehensweise *f* manera *f* de proceder

vorgelagert *adj* situado delante (*+dat* de)

Vorgeschmack *m ohne Pl* <-(e)s> prueba *f;* **das gibt uns einen ~ von dem, was uns bevorsteht** esto nos da una idea de lo que nos espera

Vorgesetzte(r) *mf* <-n, -n; -n> superior *mf*

Vorgespräch *nt* <-(e)s, -e> conversación *f* previa

vorgestern *adv* anteayer; **~ Abend/Morgen/Mittag** anteayer por la tarde/por la mañana/al mediodía

vor|greifen *irr vi* actuar prematuramente; **jdm ~** anticiparse a alguien; **einer Entscheidung ~** adelantarse a una decisión

vor|haben *irr vt* **1.** (*beabsichtigen*) tener la intención (*zu* de) **2.** (*geplant haben*) pensar hacer; **hast du heute Abend schon etwas vor?** ¿tienes algún plan para esta noche?

Vorhaben *nt* <-s, -> **1.** (*Absicht*) intención *f* **2.** (*Plan*) plan *m,* proyecto *m*

Vorhalle *f* <-n> **1.** (*außen*) pórtico *m,* pretil *m Am* **2.** (*innen*) vestíbulo *m*

vor|halten *irr* **I.** *vt* **1.** (*davor halten*) poner delante **2.** (*vorwerfen*): **jdm etw ~** reprochar algo a alguien **II.** *vi* (*fam*) durar

Vorhaltung *f* <-en> reproche *m;* **jdm (wegen etw** *gen/dat*) **~en machen** hacer(le) reproches a alguien (por algo)

Vorhand *f ohne Pl* **1.** (SPORT) (golpe *m*) derecho *m* **2.** (*vom Pferd*) mano *f* delantera

vorhanden *adj* (*existierend*) existente; (*verfügbar*) disponible; **Vorhandensein** *nt ohne Pl* <-s> existencia *f;* (*Verfügbarkeit*) disponibilidad *f*

Vorhang *m* <-(e)s, -hänge> **1.** (*an Fenster*) cortina *f* **2.** (THEAT) telón *m*

Vorhängeschloss[RR] *nt* candado *m*

Vorhaut *f* <-häute> (ANAT) prepucio *m*

vorher *adv* antes; (*im Voraus*) de antemano; **kurz ~** poco antes; **am Tag ~** el día anterior; **vorher|bestimmen*** *vt* predestinar; **vorhergehend** *adj* anterior

vorherige(r, s) *adj* anterior, previo; **nach ~r Vereinbarung** después de haber llegado a un acuerdo previo

Vorherrschaft *f ohne Pl* predominio *m;* (*Hegemonie*) hegemonía *f*

vor|herrschen *vi* predominar; **die ~de Meinung** la opinión predominante

Vorhersage *f* <-n> pronóstico *m;* (*Wetter~*) previsión *f;* **vorher|sagen** *vt* pronosticar; (*Wetter*) predecir; **vorher|sehen** *irr vt* prever

vorhin *adv* antes, hace un momento

Vorhof *m* <-(e)s, -höfe> **1.** (ANAT) aurícula *f* **2.** (*Vestibulum*) vestíbulo *m*

Vorhut *f* <-en> (MIL) vanguardia *f*

vorige(r, s) *adj* anterior; (*vergangen*) pasado; **~ Woche** la semana pasada; **das ~ Mal** la otra vez

Vorjahr *nt* <-(e)s, -e> año *m* pasado; **im ~** el año pasado

Vorkämpfer(in) *m(f)* <-s, -; -nen> pionero, -a *m, f*

Vorkaufsrecht *nt* <-(e)s, -e> (JUR) derecho *m* de preferencia

Vorkehrung *f* <-en> precaución *f;* **~en treffen** tomar precauciones

Vorkenntnis *f* <-se> conocimiento(s) *m(pl)* previo(s)

vor|knöpfen *vr* (*fam*): **sich** *dat* **jdn ~** cantarle las cuarenta a alguien

vor|kommen *irr vi sein* **1.** (*nach vorne kommen*) venir hacia delante **2.** (*sich ereignen*) pasar, ocurrir; **das kommt schon mal vor** son cosas que pasan; **das wird nicht wieder ~** esto no volverá a repetirse **3.** (*vorhanden sein*) existir; **oft ~** ser frecuente **4.** (*erscheinen*) aparecer; (*in Liste*) figurar (*in* en); **hinter etw** *dat* **~** salir detrás de algo **5.** (*scheinen*) parecer; **das kommt mir seltsam vor** esto me parece raro; **sie kommt mir bekannt vor** me parece que la conozco; **ich komme mir vor wie ein Idiot** me siento como un idiota; **du kommst dir wohl sehr schlau vor?** ¿te crees muy listo, verdad?

Vorkommen[1] *nt ohne Pl* <-s> (*Vorhandensein*) existencia *f*

Vorkommen[2] *nt* <-s, -> (*von Rohstoffen*) yacimiento *m*

Vorkommnis *nt* <-ses, -se> suceso *m*, acontecimiento *m*

Vorkriegszeit *f* (época *f* de la) anteguerra *f*

vor|laden *irr vt* citar

Vorladung *f* <-en> citación *f*

Vorlage[1] *f ohne Pl* (*das Vorlegen*) presentación *f*; **gegen ~ einer Bescheinigung** previa presentación de un certificado

Vorlage[2] *f* <-n> **1.** (*Gesetzes~*) proyecto *m* (de ley) **2.** (*Muster*) modelo *m*; (*für Handarbeit*) patrón *m* **3.** (TYPO) original *m* **4.** (SPORT) pase *m* **5.** (*Schweiz: Vorleger*) felpudo *m*

vor|lassen *irr vt* **1.** (*fam: nach vorne lassen*) dejar pasar **2.** (*empfangen*) ser recibido (*zu* por)

Vorläufer(in) *m(f)* <-s, -; -nen> precursor(a) *m(f)*

vorläufig **I.** *adj* provisional; (*kurzfristig*) temporal **II.** *adv* provisionalmente; (*kurzfristig*) temporalmente; (*fürs Erste*) por el momento

vorlaut *adj* impertinente

Vorleben *nt ohne Pl* <-s> pasado *m*

vor|legen *vt* **1.** (*zeigen*) enseñar; (*Ausweis, Gesetzentwurf*) presentar; (*Speise*) servir **2.** (*Kette*) poner; (*Riegel*) correr **3.** (SPORT) hacer un pase adelantado

vor|lehnen *vr:* **sich ~** inclinarse hacia delante

vor|lesen *irr vt* leer en voz alta; **jdm etw ~** leer algo a alguien

Vorlesung *f* <-en> (*Universität*) clase *f*; (*Vortrag*) conferencia *f*; (*~sreihe*) curso *m*; **Vorlesungsverzeichnis** *nt* programa *m* de cursos y asignaturas de la universidad

vorletzte(r, s) *adj* penúltimo; (*zeitlich*) anterior; **~ Woche** la semana anterior

vorlieb[RR] *adv:* **mit jdm/etw** *dat* **~ nehmen** contentarse con alguien/algo

Vorliebe *f* <-n> preferencia *f* (*für* por); **eine ~ für etw/jdn haben** tener una preferencia por algo/alguien; **etw mit ~ tun** hacer algo con muchísimo gusto

vorlieb|nehmen *irr vi s.* **vorlieb**

vor|liegen *irr vi* **1.** (*vorhanden sein*) haber; **es liegt nichts gegen ihn vor** no se le acusa de nada; **hier muss ein Irrtum ~** debe de haber un error **2.** (*zur Begutachtung*) haber sido presentado; **im ~den Fall** en el presente caso **3.** (*fam: Kette*) estar echado

vor|lügen *irr vt* (*fam*): **jdm etwas ~** mentir a alguien

vor|machen *vt* (*fam*) **1.** (*zeigen*) mostrar **2.** (*täuschen*) engañar; **er macht sich** *dat* **selbst was vor** se engaña a sí mismo

Vormachtstellung *f* supremacía *f*; **gegenüber jdm eine ~ innehaben** gozar de la supremacía frente a alguien

vormalige(r, s) *adj* anterior, antiguo

Vormarsch *m* <-(e)s, -märsche> avance *m*; **auf dem ~ sein** avanzar; (*fig*) extenderse

vor|merken *vt* apuntar; (*reservieren*) reservar (*für* para); **sich** *dat* **etw ~** apuntarse algo; **sich für etw ~ lassen** apuntarse para algo

vormittag *adv s.* **Vormittag**

Vormittag *m* <-(e)s, -e> mañana *f*; **am ~** por la mañana; **gestern/heute/morgen ~** ayer/hoy/mañana por la mañana

vormittags *adv* por la mañana

Vormund *m* <-(e)s, -e *o* -münder> tutor(a) *m(f)*

Vormundschaft *f* <-en> tutela *f*; **jdn unter ~ stellen** poner a alguien bajo tutela

vorn *adv* **1.** (*an vorderer Stelle*) delante; (*am vorderen Ende*) en la parte delantera; (*im Vordergrund*) en el primer plano; (*auf der Vorderseite*) por delante; **wir saßen ganz ~** estábamos sentados delante del todo; **von/nach ~** de/hacia delante; **weiter ~** más adelante; **von ~ bis hinten** de delante atrás; (*fam*) completamente; **das Zimmer liegt nach ~** (*fam*) el cuarto da a la calle **2.** (*an der Spitze*) a la cabeza (de); **~ liegen** estar a la cabeza **3.** (*am Anfang*) al principio; **von ~** de nuevo; **weiter ~** (*im Text*) más arriba

Vorname *m* <-ns, -n> nombre *m* de pila

vorne *adv s.* **vorn**

vornehm *adj* **1.** (*fein*) distinguido, aseñorado *Am* **2.** (*edel, adlig*) noble; **sich** *dat* **zu ~ für etw sein** ser demasiado (fino) para algo **3.** (*elegant*) elegante

vor|nehmen *irr vt* **1.** (*ausführen*) hacer **2. sich** *dat* **etw ~** (*vorhaben*) proponerse algo; (*planen*) planear algo; (*in Angriff nehmen*) ponerse a hacer algo **3.** (*fam: ermahnen*): **sich** *dat* **jdn ~** echar una bronca a alguien **4.** (*fam: bevorzugt abfertigen*) atender primero

vornehmlich *adv* (*geh*) principalmente

vor|neigen **I.** *vt* inclinar **II.** *vr:* **sich ~** inclinarse

vornherein *adv:* **von ~** desde el principio

Vorort *m* <-(e)s, -e> suburbio *m*

Vorplatz *m* <-es, -plätze> explanada *f*

vorprogrammiert *adj* programado

Vorrang *m ohne Pl* <-(e)s> **1.** (*Priorität*) primacía *f* (*vor* sobre), prioridad *f* (*vor* sobre); **den ~ vor etw** *dat* **haben** tener primacía sobre algo; **jdm/etw** *dat* **den ~ geben** dar trato preferente a alguien/algo **2.** (*Österr: Vorfahrt*) prioridad *f*

vorrangig *adj* prioritario; **~ sein** tener prioridad

Vorrangstellung *f ohne Pl* primacía *f*; **eine ~ einnehmen** gozar de supremacía (*vor* sobre)

Vorrat *m* <-(e)s, -räte> provisión *f* (*an* de); (WIRTSCH) existencias *fpl* (*an* de); **etw auf ~ kaufen** comprar grandes cantidades de algo (para almacenarlo); **solange der ~ reicht** hasta que se agoten las existencias

vorrätig *adj* (*auf Lager*) en almacén; (*verfügbar*) disponible; **etw ~ haben** tener algo en almacén

Vorratskammer *f* despensa *f*

Vorraum *m* <-(e)s, -räume> antecámara *f*

vor|rechnen *vt:* **jdm etw ~** hacer el cálculo de algo a alguien

Vorrecht *nt* <-(e)s, -e> privilegio *m*

Vorreiter(in) *m(f)* <-s, -; -nen> (*fam*) precursor(a) *m(f)*

Vorrichtung *f* <-en> dispositivo *m*

vor|rücken **I.** *vi sein* **1.** (*aufsteigen*) subir; **zu vorgerückter Stunde** (*geh*) a altas horas de la madrugada **2.** (*a.* MIL) avanzar (*nach/gegen* a/hacia, *bis zu/nach* hasta) **II.** *vt* mover (hacia delante); (*nähern*) acercar

Vorruhestand *m ohne Pl* <-(e)s> jubilación *f* anticipada

Vorrunde *f* <-n> (SPORT) (prueba *f*) eliminatoria *f*

vor|sagen *vt* **1.** (*vorsprechen*) decir; (*zum Mitschreiben*) dictar; (*Gedicht*) recitar **2.** (*in Prüfung*) soplar

Vorsaison *f* <-s> temporada *f* baja

Vorsatz *m* <-es, -sätze> **1.** (*Absicht*) intención *f;* (*Entschluss*) decisión *f;* (JUR) dolo *m;* **den ~ haben etw zu tun** tener la intención de hacer algo; **einen ~ fassen** tomar una decisión **2.** (*in Buchbinderei*) guardas *fpl*

vorsätzlich **I.** *adj* premeditado; (JUR) doloso **II.** *adv* a propósito; (JUR) con premeditación

Vorschau *f* <-en> avance *m* informativo (*auf* acerca de)

Vorschein *m:* **zum ~ kommen/bringen** salir/sacar a la luz

vor|schieben *irr vt* **1.** (*nach vorn schieben*) empujar hacia delante **2.** (*Riegel*) correr **3.** (*zur Entschuldigung*) poner como pretexto

vor|schießen *irr* **I.** *vi sein* (*fam*) correr rápidamente hacia delante **II.** *vt* (*fam*) anticipar

Vorschlag *m* <-(e)s, -schläge> propuesta *f;* (*Empfehlung*) recomendación *f;* **einen ~ machen/annehmen** hacer/aceptar una propuesta; **auf ~ von ...** a propuesta de...

vor|schlagen *irr vt* proponer (*für* para, *als* como); (*empfehlen*) recomendar; **ich schlage vor, wir gehen jetzt** propongo que nos vayamos ahora

vorschnell *adj* precipitado

vor|schreiben *irr vt* **1.** (*Text*) escribir en borrador **2.** (*anordnen*) prescribir; **jdm ~, was er/sie zu tun hat** ordenar a alguien lo que tiene que hacer

Vorschrift *f* <-en> prescripción *f;* (*Anweisung*) instrucciones *fpl;* (*Bestimmung*) reglamento *m;* **sich an die ~en halten** atenerse a las instrucciones; **das verstößt gegen die ~** esto va en contra del reglamento

vorschriftsmäßig **I.** *adj* reglamentario **II.** *adv* conforme a las ordenanzas

vorschriftswidrig *adj* contrario a las ordenanzas

Vorschub *m:* **etw** *dat* **~ leisten** apoyar algo

Vorschulalter *nt ohne Pl* <-s> edad *f* preescolar

Vorschule *f* <-n> centro *m* de educación preescolar

Vorschuss[RR] *m* <-es, -schüsse>, **Vorschuß** *m* <-sses, -schüsse> anticipo *m;* **auf etw einen ~ leisten** pagar un anticipo de algo

vor|schützen *vt* poner como pretexto; **nur keine Müdigkeit ~!** ¡no hay cansancio que valga!

vor|schweben *vi:* **jdm schwebt etw vor** alguien se imagina algo

vor|sehen *irr* **I.** *vt* **1.** (*planen*) prever (*für* para); **wie vorgesehen** según lo previsto; **es ist vorgesehen, dass ...** está previsto que... +*subj* **2.** (*bestimmen*) destinar (*für* a); **die Gelder sind für die Forschung vorgesehen** el dinero está destinado a la investigación **II.** *vr:* **sich ~** precaverse (*vor* de); (*aufpassen*) tener cuidado (*vor* con) **III.** *vi* mirar (*hinter* detrás de)

Vorsehung *f ohne Pl* providencia *f*

vor|setzen *vt* **1.** (*nach vorne setzen*) poner (*vor* delante de) **2.** (*Speisen*) servir; (*Programm, Lügen*) presentar, echar *fam*

Vorsicht *f ohne Pl* precaución *f,* cuidado *m;* **~ Glas!** ¡frágil!; **hier ist ~ geboten** aquí hay que andar con cuidado; **er ist mit ~ zu genießen** hay que tener cuidado con él; **~ ist besser als Nachsicht** (*prov*) más vale prevenir que curar

vorsichtig **I.** *adj* prudente; **sehr ~ sein** tener mucho cuidado **II.** *adv* con cuidado

vorsichtshalber *adv* por si acaso

Vorsichtsmaßnahme *f* <-n> medida *f* de precaución; **~n treffen** tomar medidas preventivas

Vorsilbe *f* <-n> (LING) prefijo *m*

vor|singen *irr* **I.** *vi* (*als Prüfung*) dar una audición **II.** *vt* cantar; **jdm etw ~** cantar algo a alguien

vorsintflutlich *adj* (*fam*) antediluviano

Vorsitz *m* <-es, -e> presidencia *f;* **unter dem ~ von jdm** bajo la presidencia de alguien; **den ~ haben** presidir; **den ~ übernehmen/abgeben** hacerse cargo de/renunciar a la presidencia

Vorsitzende(r) *mf* <-n, -n; -n> presidente, -a *m, f*

Vorsorge *f ohne Pl* previsión *f;* (*Maßnahme*) precaución *f;* ~ **treffen** tomar precauciones; **vor|sorgen** *vi* tomar precauciones (*für* para)

Vorsorgeuntersuchung *f* chequeo *m* preventivo

vorsorglich I. *adj* preventivo II. *adv* por precaución

Vorspann *m* <-(e)s, -e> **1.** (*von Text*) introducción *f* **2.** (FILM) avance *m*

Vorspeise *f* <-n> (GASTR) entrada *f*

Vorspiegelung *f* <-en> simulación *f;* **unter ~ falscher Tatsachen** bajo falsas apariencias

Vorspiel *nt* <-(e)s, -e> **1.** (MUS) preludio *m;* (THEAT) prólogo *m* **2.** (*sexuell*) juegos *mpl* eróticos previos

vor|spielen *vt* **1.** (*Lied*) tocar; **jdm etw ~** tocar algo para alguien **2.** (*Sketch*) representar **3.** (*vortäuschen*) fingir; **jdm etw ~** hacer creer algo a alguien; **vor|sprechen** *irr* I. *vi:* **bei jdm (wegen etw** *gen/dat*) ~ ir a hablar con alguien (sobre algo) II. *vt* **1.** (*zum Nachsprechen*) decir para que otro lo repita **2.** (THEAT) recitar

vor|springen *irr vi sein* **1.** (*nach vorn springen*) lanzarse hacia adelante **2.** (*hervorragen*) resaltar

Vorsprung *m* <-(e)s, -sprünge> **1.** (*Mauer~, Fels~*) saliente *m* **2.** (*Abstand*) ventaja *f* (*vor* sobre, *von* de); ~ **haben** llevar ventaja

Vorstadium *nt* <-s, -stadien> fase *f* previa; (MED) período *m* prodrómico; **Vorstadt** *f* <-städte> suburbio *m,* arrabal *m*

Vorstand *m* <-(e)s, -stände> **1.** (*Gremium*) (junta *f*) directiva *f* **2.** (*~smitglied*) miembro *mf* de la junta directiva

vor|stehen *irr vi* **1.** (*hervorragen*) resaltar **2.** (*geh: leiten*): **etw** *dat* ~ dirigir algo; (*Vorsitz haben*) presidir algo

Vorsteher(in) *m(f)* <-s, -; -nen> responsable *mf;* (*Chef*) jefe, -a *m, f,* director(a) *m(f)*

vor|stellen I. *vt* **1.** (*nach vorn, davor stellen*) poner delante (*vor* de) **2.** (*Uhr*) adelantar **3.** (*vorführen, bekannt machen*) presentar; **darf ich Ihnen Frau Müller ~?** permítame presentarle a la Sra. Müller **4.** (*bedeuten*) significar; **was soll das ~?** ¿qué significa esto? **5.** (*darstellen*) representar **6.** (*ausmalen*): **sich** *dat* **etw ~** imaginarse algo; **das kann ich mir gut ~** me lo puedo imaginar muy bien; **darunter kann ich mir nichts ~** eso no me dice nada; **stell dir mal vor!** (*fam*) ¡imagínate! **7.** (*Konditionen, Preis*): **sich** *dat* **etw ~** tener pensado algo **8.** (*mit etw verbinden*): **sich** *dat* **etwas/nichts unter etw** *dat* ~ tener una idea/no tener ni idea de qué puede ser algo II. *vr:* **sich ~** (*sich bekannt machen*) presentarse; **sich bei einem Unternehmen ~** presentarse en una empresa

Vorstellung[1] *f* <-en> **1.** (*Bekanntmachung, das Sichvorstellen*) presentación *f* **2.** (*Bild*) idea *f;* **sich** *dat* **eine falsche ~ von etw** *dat* **machen** formarse una idea equivocada de algo; **du machst dir keine ~en davon** no te lo puedes imaginar **3.** (THEAT) función *f,* sección *f Arg;* (FILM) sesión *f*

Vorstellung[2] *f ohne Pl* (*Fantasie*) imaginación *f*

Vorstellungsgespräch *nt* <-(e)s, -e> entrevista *f* de trabajo

Vorstellungsvermögen *nt ohne Pl* <-s> imaginación *f*

vor|stoßen *irr* I. *vi sein* penetrar (*in* en) II. *vt* empujar hacia delante

Vorstrafe *f* <-n> (JUR) antecedente *m* penal

vor|strecken *vt* **1.** (*Arme*) (ex)tender hacia delante **2.** (*Geld*) anticipar; **jdm etw ~** conceder un anticipo a alguien

Vorstufe *f* <-n> fase *f* previa

Vortag *m* <-(e)s, -e> día *m* anterior; **am ~ des Festes** la víspera de la fiesta

vor|täuschen *vt* simular; **jdm etw ~** aparentar algo ante alguien; **Vortäuschung** *f* <-en> simulación *f;* **unter ~ falscher Tatsachen** con falsificación de los hechos

Vorteil *m* <-(e)s, -e> ventaja *f;* (*Nutzen*) provecho *m;* **die Vor- und Nachteile von …** los pros y los contras de…; **die Sache hat den ~, dass …** esto tiene la ventaja de que…; **auf seinen ~ bedacht sein** pensar en el propio provecho; **einen ~ aus etw** *dat* **ziehen** sacar provecho de algo; **das ist für dich von ~** a ti te conviene; **gegenüber jdm im ~ sein** llevar ventaja sobre alguien; **sich zu seinem ~ verändern** cambiar para mejor

vorteilhaft *adj* ventajoso; (*Geschäft*) provechoso; (*Kleidung*) favorecedor; **in etw** *dat* **sehr/wenig ~ aussehen** sentarle a uno muy bien/mal algo

Vortrag *m* <-(e)s, -träge> **1.** (*Rede*) conferencia *f;* **einen ~ halten** dar una conferencia (*über* acerca de/sobre) **2.** (*von Lied*) interpretación *f;* (*von Musikstück*) ejecución *f;* (*von Gedicht*) recitación *f*

vor|tragen *irr vt* **1.** (*Gedicht*) recitar; (*Lied*) cantar; (*Kunststück*) presentar **2.** (*darlegen*) exponer **3.** (*fam: nach vorne tragen*) llevar hacia delante

vortrefflich *adj* excelente

vor|treten *irr vi sein* **1.** (*nach vorne treten*) adelantarse; (*aus Reihe*) salir de la fila **2.** (*fam: hervorragen*) sobresalir

Vortritt *m ohne Pl* <-(e)s> **1.** (*Vorrang, Vorzug*) precedencia *f;* **jdm den ~ lassen** ceder(le) a alguien el paso **2.** (*Schweiz: Vorfahrt*) preferencia *f*

vorüber *adv* **1.** (*räumlich*) pasado; (*entlang*) a lo largo **2.** (*zeitlich*) pasado; **vorüber|gehen** *irr vi sein* **1.** (*aufhören*) cesar **2.** (*örtlich*) pasar (*an* por (delante de)); **im V~** de pasada

vorübergehend *adj* pasajero

Vor- und Zuname *m* nombre *m* y apellido

Voruntersuchung *f* <-en> inspección *f* previa

Vorurteil *nt* <-s, -e> prejuicio *m* (*gegen* contra)

vorurteilslos *adj* sin prejuicios

Vorverkauf *m ohne Pl* <-(e)s> venta *f* anticipada; **Vorverkaufsstelle** *f* despacho *m* de venta anticipada

vor|verlegen* *vt* (*Termin*) adelantar (*auf* a)

vorvorgestern *adv* hace tres días

vorvorletzte(r, s) *adj* antepenúltimo

Vorwahl *f* <-en> **1.** (TEL) prefijo *m* **2.** (POL) elecciones *fpl* preliminares

Vorwand *m* <-(e)s, -wände> pretexto *m*; **unter dem ~, dass ...** con el pretexto de que... +*subj*

vor|warnen *vt* advertir, prevenir, alertar; **Vorwarnung** *f* <-en> advertencia *f*, prevención *f*; **ohne ~** sin aviso previo

vorwärts *adv* hacia adelante; **~!** ¡adelante!; **~ kommen** avanzar; **Vorwärtsgang** *m* <-(e)s, -gänge> (TECH) marcha *f* adelante; **vorwärts|kommen** *irr vi sein s.* **vorwärts**

Vorwäsche *f* <-n> prelavado *m*; **vor|waschen** *irr vt* prelavar

vorweg *adv* **1.** (*vorher*) primero **2.** (*im Voraus*) por adelantado **3.** (*an der Spitze*) a la cabeza **4.** (*fam: von vorneherein*) de antemano **5.** (*vor allem*) sobre todo

Vorwegnahme *f* <-n> anticipación *f*

vorweg|nehmen *irr vt* anticipar

vor|weisen *irr vt* (*Pass*) enseñar; (*Kenntnisse*) mostrar; **etw ~ können** tener algo

vor|werfen *irr vt* **1.** (*tadeln*): **jdm etw ~** reprochar algo a alguien **2.** (*hinwerfen*): **jdm/einem Tier etw ~** echar algo (de comer) a alguien/a un animal

vorwiegend *adv* principalmente

vorwitzig *adj* **1.** (*neugierig*) curioso **2.** (*vorlaut*) cargante

Vorwort *nt* <-(e)s, -e> prólogo *m*

Vorwurf *m* <-(e)s, -würfe> reproche *m*; **jdm etw zum ~ machen** echar en cara algo a alguien; **jdm wegen etw** *gen/dat* **Vorwürfe machen** hacer reproches a alguien por algo; **vorwurfsvoll** *adj* lleno de reproche

Vorzeichen *nt* <-s, -> **1.** (*Omen*) presagio *m* **2.** (MUS) accidente *m* **3.** (MATH) signo *m*

vorzeigbar *adj* (*fam*) presentable

Vorzeigefrau *f* (*fam*) orgullo *m*; (*abw*) mujer-objeto *f*

vor|zeigen *vt* enseñar; (*Pass etc.*) presentar

Vorzeigeobjekt *nt* objeto *m* de muestra

Vorzeit *f* <-en> tiempo(s) *m(pl)* prehistórico(s); **in/aus grauer ~** en/de tiempos remotos

vorzeitig **I.** *adj* anticipado **II.** *adv* con anticipación

vorzeitlich *adj* de tiempos remotos

vor|ziehen *irr vt* **1.** (*nach vorne ziehen*) tirar hacia adelante; (*Gardine*) correr **2.** (*fam: hervorziehen*) sacar (*vor* de) **3.** (*vorverlegen*) adelantar, anticipar; **vorgezogene Wahlen** elecciones anticipadas **4.** (*bevorzugen*) preferir; (*Person*) dar trato preferente; **ich ziehe Bier dem Wein vor** prefiero la cerveza al vino

Vorzimmer *nt* <-s, -> **1.** (*Sekretariat*) antecámara *f* **2.** (*Österr: Diele*) vestíbulo *m*; **Vorzimmerdame** *f* <-n> (*fam*) secretaria *f* de recepción

Vorzug[1] *m ohne Pl* <-(e)s> (*Vorrang*) prioridad *f*; (*Vorliebe*) preferencia *f*; **etw** *dat/* **jdm den ~ geben** preferir algo/a alguien

Vorzug[2] *m* <-(e)s, -züge> **1.** (*Vorrecht*) privilegio *m* **2.** (*Vorteil*) ventaja *f*; **den ~ haben, dass ...** tener la ventaja de que...

vorzüglich *adj* excelente; (*Speisen*) exquisito

Vorzugspreis *m* precio *m* rebajado

vorzugsweise *adv* preferentemente

Votum *nt* <-s, Voten *o* Vota> voto *m*

Voyeur(in) *m(f)* mirón, -ona *m, f*

voyeuristisch *adj* voyeurista

vulgär *adj* vulgar

Vulkan *m* <-s, -e> volcán *m*; **Vulkanausbruch** *m* erupción *f* volcánica

vulkanisch *adj* volcánico

W

W, w *nt* <-, -> W, w *f;* ~ **wie Wilhelm** W de Washington

W *Abk. von* **Westen** O

Waadt *f* (GEO) Waadt *m*

Waage *f* <-n> **1.** (*Gerät*) balanza *f;* **die Vor- und Nachteile hielten sich** *dat* **die** ~ los pros y los contras eran proporcionales **2.** (ASTR) Libra *f*

waagerecht *adj* horizontal

Waagschale *f* platillo *m* de la balanza; **jedes Wort auf die ~ legen** (*fam*) tomar algo al pie de la letra

wabb(e)lig *adj* (*fam*) fofo, flácido

Wabe *f* <-n> panal *m*

wach *adj* **1.** (*nicht schlafend*) despierto; ~ **werden** despertarse **2.** (*lebhaft*) espabilado

Wache *f* <-n> **1.** (*Wachdienst*) guardia *f;* (*Kranken~*) vela *f;* **(auf)** ~ **stehen** estar de guardia **2.** (*Person*) guardia *mf;* (*Gruppe*) (cuerpo *m* de) guardia *f* **3.** (*Gebäude*) (puesto *m* de) guardia *f;* (*Polizei~*) comisaría *f*

wachen *vi* **1.** (*Wache halten*) velar; **bei jdm ~** velar a alguien **2.** (*aufpassen*) velar (*über* por) **3.** (*geh: wach sein*) estar despierto

Wachhund *m* <-(e)s, -e> perro *m* guardián; **Wachmann** *m* <-(e)s, -männer *o* -leute> **1.** (*Wächter*) guarda *m* **2.** (*Österr: Polizist*) policía *m*

Wacholder *m* <-s, -> **1.** (BOT) enebro *m* **2.** (*~schnaps*) ginebra *f*

Wachposten *m* centinela *m*

wach|rufen *irr vt* despertar; (*Erinnerungen*) evocar

Wachs *nt* <-es, -e> cera *f;* ~ **in jds Händen sein** (*fig*) ser la marioneta de alguien

wachsam *adj* vigilante; (*aufmerksam*) atento

wachsen[1] <wächst, wuchs, gewachsen> *vi sein* (*allgemein*) crecer; (*zunehmen*) aumentar; **in die Breite/Länge/Höhe** ~ crecer a lo ancho/a lo largo/en altura; **sich** *dat* **einen Bart ~ lassen** dejarse crecer la barba; **mit ~der Begeisterung** con creciente entusiasmo; **jdm ge~ sein** poder con alguien; **etw** *dat* **ge~ sein** ser capaz de cumplir con algo

wachsen[2] *vt* (*Fußboden, Ski*) encerar

wächsern *adj* céreo, de cera

Wachsfigur *f* figura *f* de cera

Wachsmalkreide *f* <-n> lápiz *m* de cera

wächst *3. präs von* **wachsen**[1]

Wachstuch *nt* <-(e)s, -e> (*Gewebe*) hule *m*

Wachstum *nt ohne Pl* <-s> crecimiento *m;* (*Zunahme*) aumento *m;* (*Entwicklung*) desarrollo *m;* **wachstumsfördernd** *adj* que estimula el crecimiento; **wachstumshemmend** *adj* que inhibe el crecimiento; **Wachstumshormon** *nt* hormona *f* del crecimiento; **Wachstumsrate** *f* (WIRTSCH) índice *m* de crecimiento

Wachtel *f* <-n> (ZOOL) codorniz *f*

Wächter(in) *m(f)* <-s, -; -nen> guarda *mf;* (*Nacht~*) guardia *mf*

Wachtmeister(in) *m(f)* guardia *mf;* **Wachtposten** *m* centinela *m;* **Wach(t)turm** *m* atalaya *f*

Wach- und Schließgesellschaft *f* <-en> compañía *f* de seguridad

Wachzustand *m ohne Pl* <-(e)s>: **im ~** (estando) despierto

wackelig *adj* **1.** (*Person*) tambaleante; (*Tisch*) cojo; (*Zahn*) flojo; **er ist noch ~ auf den Beinen** anda todavía con paso vacilante **2.** (*fam: Arbeitsplätze*) inseguro

Wackelkontakt *m* contacto *m* flojo

wackeln *vi* **1.** (*durch Erschütterung*) tambalearse; (*Möbel*) cojear; (*Zahn*) moverse **2.** (*fam: Position, Disziplin*) vacilar; **an/mit etw** *dat* ~ (*fam*) menear algo

wacklig *adj s.* **wackelig**

Wade *f* <-n> pantorrilla *f,* canilla *f Kol, Peru*

Waffe *f* <-n> arma *f;* **eine ~ tragen** portar un arma; **die ~n ruhen** hay tregua; **jdn mit seinen eigenen ~n schlagen** derrotar a alguien con sus propias armas; **zu den ~n greifen** tomar las armas

Waffel *f* <-n> (*Eistüte*) barquillo *m;* (*Gebäck*) gofre *m;* **Waffeleisen** *nt* (*für Eistüten*) barquillero *m* eléctrico; (*für Gebäck*) molde *m* para hacer gofres

Waffenbesitz *m* tenencia *f* de armas; **unerlaubter ~** tenencia ilícita de armas; **Waffenembargo** *nt* embargo *m* de armas; **Waffenhändler(in)** *m(f)* traficante *mf* de armas; **Waffenlager** *nt* arsenal *m;* **Waffenlieferung** *f* suministro *m* de armas; **Waffenruhe** *f* tregua *f;* **die ~ einhalten/brechen** mantener/romper la tregua; **Waffenschein** *m* <-(e)s, -e> licencia *f* de armas; **Waffenstillstand** *m* armisticio *m*

wagemutig *adj* osado, atrevido

wagen **I.** *vt* **1.** (*riskieren*) arriesgar; **einen Versuch ~** intentarlo; **wer nicht wagt, der nicht gewinnt** (*prov*) quien no se arriesga, no pasa el río **2.** (*sich getrauen*) atreverse (*zu* a +*inf*) **II.** *vr:* **sich** ~ atreverse (a); **sich an etw** ~ (atreverse a) emprender algo

Wagen *m* <-s, -> **1.** (*PKW*) coche *m,* carro *m Am;* (*LKW*) camión *m;* (*Liefer~*) furgoneta *f* **2.** (*Eisenbahn~, Straßenbahn~*) vagón *m;* (*Pferde~*) carruaje *m;* (*Plan~*) carromato *m* **3.** (*Kinder~, Einkaufs~*) carrito *m* **4.** (*an der Schreibmaschine*) carro *m* **5.** (ASTR): **der Kleine/Große** ~ la Osa Menor/Mayor; **Wagenführer(in)** *m(f)* <-s, -; -nen> conductor(a) *m(f);* **Wagenheber** *m* <-s, -> gato *m,* gata *f Chil*

Waggon *m* <-s, -s> vagón *m*

waghalsig *adj* **1.** (*Mensch*) temerario, atrevido **2.** (*Unternehmen*) arriesgado

Wagnis *nt* <-ses, -se> **1.** (*Vorhaben*) empresa *f* arriesgada **2.** (*Risiko*) riesgo *m;* **sich auf kein** ~ **einlassen** no exponerse a ningún riesgo

Wagon[RR] *m* <-s, -s> *s.* **Waggon**

Wahl *f* <-en> **1.** (*Aus~*) elección *f;* (*zwischen zwei Möglichkeiten*) opción *f;* **seine** ~ **treffen** elegir; **die** ~ **fiel auf ihn** fue elegido él; **ich habe keine andere** ~ no tengo otra alternativa; **in die engere** ~ **kommen** pasar a la fase siguiente; **erste** ~ (WIRTSCH) primera calidad; **wer die** ~ **hat, hat die Qual** (*prov*) elegir es sufrir **2.** (POL) elección *f;* **geheime/freie** ~**en** elecciones secretas/libres; **direkte/indirekte** ~**en** elecciones directas/indirectas; **zur** ~ **gehen** ir a votar; **sich zur** ~ **stellen** presentarse como candidato

Wählautomatik *f* marcado *m* automático, discado *m* automático *Am*

wählbar *adj* elegible

Wahlbenachrichtigung *f* (*formal*) aviso *m* sobre fecha y lugar de elecciones; **wahlberechtigt** *adj* con derecho a voto; **er/sie ist** ~ tiene derecho a voto; **Wahlberechtigte(r)** *mf* <-n, -n; -n> persona *f* con derecho a voto; **Wahlbeteiligung** *f* participación *f* electoral; **Wahlbezirk** *m* distrito *m* electoral

wählen **I.** *vi* **1.** (*Wahlen abhalten*) celebrar elecciones; (*Stimme abgeben*) votar **2.** (*aussuchen*) elegir **3.** (*am Telefon*) marcar **II.** *vt* **1.** (POL) votar; **jdn** ~ votar a alguien; (*bei einer Abstimmung*) votar por alguien; **sie wurde zur Präsidentin gewählt** fue elegida presidenta **2.** (*aus~*) elegir **3.** (*Telefonnummer*) marcar

Wähler(in) *m(f)* <-s, -; -nen> elector(a) *m(f)*

Wahlergebnis *nt* resultado *m* electoral

wählerisch *adj* exigente

Wählerschaft *f* <-en> electorado *m*

Wählerstimme *f* voto *m*

Wahlfach *nt* asignatura *f* optativa; **wahlfrei** *adj* (INFOR) opcional; ~**er Zugriff** acceso opcional; **Wahlgang** *m* <-(e)s, -gänge> votación *f;* **im ersten** ~ en la primera vuelta electoral; **Wahlgeheimnis** *nt ohne Pl* <-ses> secreto *m* de voto; **Wahlkabine** *f* cabina *f* electoral; **Wahlkampf** *m* campaña *f* electoral; **einen** ~ **führen** llevar a cabo una campaña electoral; **Wahlkreis** *m* (*formal*) distrito *m* electoral; **Wahllokal** *nt* colegio *m* electoral

wahllos *adv* sin orden ni concierto

Wahlniederlage *f* derrota *f* electoral; **Wahlparole** *f* lema *m* electoral; **Wahlplakat** *nt* cartel *m* de propaganda electoral; **Wahlrecht** *nt ohne Pl* <-(e)s> **1.** (*des Einzelnen*) derecho *m* de voto; **aktives/passives** ~ derecho de voto activo/pasivo; **allgemeines** ~ sufragio universal **2.** (*Gesetz*) derecho *m* electoral

Wählscheibe *f* <-n> dial *m*

Wahlschein *m* <-(e)s, -e> papeleta *f* de votación; **Wahlsieg** *m* victoria *f* electoral; **Wahlspruch** *m* lema *m;* (*Devise*) divisa *f;* **Wahlsystem** *nt* sistema *m* electoral

Wählton *m* <-(e)s, -töne> señal *f* (para marcar)

Wahlurne *f* <-n> urna *f* electoral, ánfora *f Mex*

wahlweise *adv* alternativamente

Wahn *m ohne Pl* <-(e)s> **1.** (*geh: Einbildung*) ilusión *f* **2.** (MED) manía *f*

Wahnsinn *m ohne Pl* <-(e)s> **1.** (*Geistesgestörtheit*) demencia *f* **2.** (*fam: Unvernunft*) locura *f,* loquera *f Am;* **das ist doch** ~ es una locura

wahnsinnig **I.** *adj* **1.** (*geistesgestört*) maníaco, loco *fam;* (MED) demente; **du bist ja** ~ (*fam*) estás como una cabra; **das macht mich** ~ (*fam*) esto me vuelve loco **2.** (*fam: groß*) tremendo **II.** *adv* (*fam: sehr*) tremendamente; **ich habe mich** ~ **gefreut** me he alegrado tremendamente

Wahnsinnige(r) *mf* <-n, -n; -n> maníaco, -a *m, f,* loco, -a *m, f fam;* (MED) demente *mf*

Wahnvorstellung *f* alucinación *f*

wahr *adj* **1.** (*der Wahrheit entsprechend*) verdadero; (*wahrheitsgetreu*) verídico; **nicht ~?** ¿verdad?, ¿no es cierto? *Am;* **da ist was W~es dran** (*fam*) algo de verdad hay en ello **2.** (*wirklich*) real; **etw** ~ **machen** realizar algo; **so** ~ **ich hier stehe** tan cierto como que estoy aquí; **er ist ein** ~**er Freund** es un amigo de verdad; **das darf doch nicht** ~ **sein** (*fam*) no puede ser; **im** ~**sten Sinne des Wortes** en toda la extensión de la palabra **3.** (*geh: echt*) auténtico **4.** (*fam: ausgesprochen*) verdadero

wahren *vt* (*geh*) **1.** (*be~*) guardar; **den Schein** ~ guardar las apariencias **2.** (*Rechte*) defender

während **I.** *präp +gen; fam: +dat* durante

II. *konj* **1.** (*zeitlich*) mientras **2.** (*wohingegen*) mientras que

währenddessen *adv* entretanto, mientras tanto

wahrhaben *vt:* **etw nicht ~ wollen** no querer admitir algo

wahrhaft **I.** *adj* (*geh: wirklich*) verdadero; (*echt*) auténtico **II.** *adv* (*geh*) realmente

wahrhaftig **I.** *adj* (*geh*) verdadero; (*aufrichtig*) sincero **II.** *adv* (*geh: tatsächlich*) realmente; (*allerdings*) efectivamente

Wahrheit *f* <-en> (*Tatbestand*) verdad *f;* **die halbe/volle ~** la verdad a medias/toda la verdad; **die volle ~** toda la verdad; **die ~ sagen** decir la verdad; **in ~** en realidad; **bei der ~ bleiben** no alterar la verdad; **um die ~ zu sagen ...** a decir verdad...

wahrheitsgetreu **I.** *adj* verídico **II.** *adv* conforme a la verdad

wahrlich *adv* (*geh*) realmente

wahrnehmbar *adj* perceptible

wahr|nehmen *irr vt* **1.** (*bemerken*) notar, darse cuenta (de); (*Sinneseindrücke*) percibir **2.** (*Gelegenheit*) aprovechar **3.** (*Interessen*) defender; **einen Termin ~** acudir a una cita

Wahrnehmung *f* <-en> **1.** (*Sinnes~*) percepción *f* **2.** (*von Interessen*) salvaguardia *f;* (*eines Termins*) asistencia *f* (a); (*einer Frist*) observación *f*

wahr|sagen **I.** *vi* decir la buenaventura; **sich** *dat* **~ lassen** hacerse decir la buenaventura **II.** *vt:* **jdm etw ~** profetizar algo a alguien

Wahrsager(in) *m(f)* <-s, -; -nen> adivino, -a *m, f*

Wahrsagung[1] *f ohne Pl* (*das Wahrsagen*) adivinación *f*

Wahrsagung[2] *f* <-en> (*das Prophezeite*) predicción *f*

wahrscheinlich **I.** *adj* probable; **es ist ~, dass ...** es probable que... +*subj* **II.** *adv* probablemente

Wahrscheinlichkeit *f* <-en> probabilidad *f;* **aller ~ nach** según toda probabilidad

Wahrung *f ohne Pl* **1.** (*Be~*) salvaguardia *f* **2.** (*von Rechten*) defensa *f*

Währung *f* <-en> moneda *f;* **Währungseinheit** *f* unidad *f* monetaria; **Währungsfonds** *m* fondo *m* monetario; **Internationaler ~** Fondo Monetario Internacional; **Währungsreform** *f* reforma *f* monetaria; **Währungsunion** *f* unión *f* monetaria; **Europäische ~** Unión Monetaria Europea

Wahrzeichen *nt* (*einer Stadt*) monumento *m* característico

Waise *f* <-n> huérfano, -a *m, f;* **Waisenhaus** *nt* orfanato *m;* **Waisenkind** *nt* huérfano, -a *m, f;* **Waisenrente** *f* (pensión *f* de) orfandad *f*

Wal *m* <-(e)s, -e> (ZOOL) ballena *f*

Wald *m* <-(e)s, Wälder> bosque *m;* **der Bayerische ~** la selva bávara; **ein ganzer ~ von ...** (*fam*) una gran cantidad de...; **wie man in den ~ hineinruft, so schallt es heraus** (*prov*) el que siembra recoge; **Waldlauf** *m* <-(e)s, -läufe> carrera *f* por el bosque; **Waldmeister** *m ohne Pl* <-s> (BOT) galio *m* oloroso; **Waldrand** *m* borde *m* del bosque; **Waldschaden** *m* daños *mpl* forestales; **Waldsterben** *nt ohne Pl* <-s> muerte *f* de los bosques (a causa de la polución del medio ambiente); **Waldweg** *m* camino *m* forestal

Wales *nt* <-> (país *m* de) Gales *m*

Walfang *m* pesca *f* de la ballena

Waliser(in) *m(f)* <-s, -; -nen> galés, -esa *m, f*

walisisch *adj* galés

Walkie-Talkie[RR] *nt* <-(s), -s> walkie-talkie *m*

Walkman® *m* <-s, -men> walkman® *m*

Wall *m* <-(e)s, Wälle> (*Erd~*) terraplén *m,* albardón *m CSur;* (*Schutz~*) muralla *f*

Wallach *m* <-(e)s, -e> (ZOOL) caballo *m* castrado

wallen *vi* **1.** (*Flüssigkeit*) borbotar **2.** *sein* (*geh: Haar, Gewänder*) ondear

Wallfahrer(in) *m(f)* peregrino, -a *m, f*

Wallfahrt *f* peregrinación *f;* **Wallfahrtsort** *m* lugar *m* de peregrinación

Wallis *nt* <-> (GEO) Valais *m*

Wallung *f* <-en> ebullición *f;* **in ~ geraten** acalorarse

Walnuss[RR] *f* <-nüsse>, **Walnuß** *f* <-nüsse> **1.** (*Frucht*) nuez *f* **2.** (*Baum*) nogal *m;* **Walnussbaum**[RR] *m* nogal *m*

Walpurgisnacht *f* noche *f* de los Walpurgis

Walross[RR] *nt* <-es, -e>, **Walroß** *nt* <-sses, -rosse> **1.** (*Tier*) morsa *f* **2.** (*fam: Mensch*) cachazudo, -a *m, f*

walten *vi* (*geh*) reinar; **seines Amtes ~** ejercer su cargo

Walze *f* <-n> **1.** (MATH) cilindro *m* **2.** (*an Maschinen*) rodillo *m* **3.** (*Straßen~*) apisonadora *f*

walzen *vt* **1.** (*Metall*) laminar **2.** (*Straße*) apisonar

wälzen **I.** *vt* **1.** (*rollen*) hacer rodar; **die Schuld auf jdn ~** echar la culpa a alguien **2.** (GASTR): **etw in etw** *dat* **~** cubrir algo de algo; (*in Paniermehl*) empanar algo **3.** (*fam: Bücher*) consultar; (*Probleme*) dar vueltas (a) **II.** *vr:* **sich ~** **1.** (*Lawine*) rodar **2.** (*Tier, Person*) revolcarse (*in* en); **sie wälzte sich von einer Seite auf die andere** dio vueltas de un lado a otro

walzenförmig *adj* cilíndrico

Walzer *m* <-s, -> vals *m;* **langsamer ~** vals lento; **Wiener ~** vals vienés

Wampe *f* <-n> (*fam abw*) panza *f*

wand *3. imp von* **winden**

Wand *f* <Wände> pared *f;* **~ an ~** con una pared en medio; **spanische ~** mampara *f;* **in seinen (eigenen) vier Wänden** (*fam*) en casa; **die Wände hochgehen** (*fam*) subirse por las paredes; **jdn an die ~ spielen** superar a alguien en algo; (THEAT) eclipsar a alguien; **mit dem Kopf durch die ~ wollen** querer lo imposible

Wandalismus *m ohne Pl* <-> vandalismo *m*

Wandel *m ohne Pl* <-s> cambio *m;* **im ~ der Zeit** en el transcurso del tiempo; **einem ~ unterliegen** estar sujeto a un cambio

wandeln I. *vi sein* (*geh*) caminar, andar **II.** *vt* cambiar **III.** *vr:* **sich ~** (*geh*) cambiar

Wanderausstellung *f* exposición *f* itinerante; **Wanderbühne** *f* teatro *m* ambulante

Wanderer, -in *m, f* <-s, -; -nen> excursionista *mf*

Wanderkarte *f* mapa *m* para excursiones

wandern *vi sein* **1.** (*gehen*) caminar; (*Wanderung machen*) hacer una excursión (a pie); (*Völker*) migrar; (*Gletscher, Düne*) ser movedizo **2.** (*herumgehen*) caminar (*in/durch* por); (*Blick*) vagar (*in* por); **ruhelos im Zimmer auf und ab ~** caminar inquieto por la habitación **3.** (*fam: hinkommen*) acabar (*in* en), ir a parar (*in* a); **ins Gefängnis/ins Feuer ~** acabar en la cárcel/en el fuego

Wanderpokal *m* <-s, -e> copa *f* ambulante

Wanderschaft *f* <-en>: **auf ~ gehen** ir a correr mundo; **auf ~ sein** correr mundo

Wanderung *f* <-en> **1.** (*Ausflug*) excursión *f* (a pie), caminata *f;* **eine ~ machen** salir de excursión **2.** (*von Tieren, Völkern*) migración *f*

Wandervogel *m* (*fam*) **1.** (*Wanderer*) excursionista *mf* **2.** (*unsteter Mensch*) ave *f* de paso; **Wanderweg** *m* camino *m*, sendero *m*

Wandgemälde *nt* (pintura *f*) mural *m*

Wandlung *f* <-en> **1.** (*Veränderung*) cambio *m;* (*Verwandlung*) transformación *f* **2.** (REL) transubstanciación *f*

Wandschrank *m* armario *m* empotrado

wandte *3. imp von* **wenden**[2]

Wanduhr *f* reloj *m* de pared

Wange *f* <-n> (*geh*) mejilla *f;* **~ an ~** muy apretados

wankelmütig *adj* (*geh abw*) versátil

wanken *vi* **1.** (*schwanken*) vacilar; (*Macht*) tambalearse; **ins W~ geraten** empezar a tambalearse **2.** *sein* (*schwankend gehen*) tambalearse

wann *adv* **1.** (*interrogativ*) ¿cuándo?; **seit ~?** ¿desde cuándo?; **bis ~?** ¿hasta cuándo?; **von ~ bis ~?** ¿desde cuándo y hasta cuándo?; **ab ~?** ¿a partir de cuándo? **2.** (*Wend*): **~ (auch) immer** cuando sea; **dann und ~** de vez en cuando

Wanne *f* <-n> tina *f;* (*Bade~*) bañera *f;* **in der ~ liegen** (*fam*) estar en la bañera

Wanst *m* <-(e)s, Wänste> (*fam abw*) barriga *f;* **sich** *dat* **den ~ voll schlagen** llenarse la barriga

Wanze *f* <-n> **1.** (ZOOL) chinche *f* **2.** (*sl: Abhör~*) micrófono *m* oculto

Wappen *nt* <-s, -> escudo *m* (de armas); **Wappenschild** *m o nt* <-(e)s, -er> escudo *m*

wappnen *vr:* **sich ~** (*geh*): **sich gegen etw ~** prepararse para algo; **sich mit etw** *dat* **~** armarse de algo

war *3. imp von* **sein**

warb *3. imp von* **werben**

Ware *f* <-n> mercancía *f;* (*Artikel*) artículo *m;* **heiße ~** (*sl*) artículo ilegal; **Warenautomat** *m* vendedor *m* automático; **Warenbestand** *m* <-(e)s, -stände> existencias *fpl;* **Warenhaus** *nt* grandes almacenes *mpl,* emporio *m MAm;* **Warenlager** *nt* almacén *m;* **Warenzeichen** *nt* marca *f* de fábrica; **eingetragenes ~** marca registrada

warf *3. imp von* **werfen**

warm *adj* <wärmer, am wärmsten> **1.** (*allgemein*) caliente; (*Farbe, Ton, Klima*) cálido; (*Wetter*) caluroso; (*Kleidung*) que abriga, abrigador *Am;* **etw ~ machen** calentar algo; **es ist (sehr) ~** hace (mucho) calor; **mir ist ~** tengo calor; **sich ~ anziehen** abrigarse; **~ duschen** tomar una ducha caliente; **sich ~ laufen** hacer el calentamiento; **das Zimmer kostet 300 DM ~** (*fam*) la habitación cuesta, gastos (de calefacción) incluidos, 300 marcos **2.** (*~ herzig*) cálido, caluroso; **jdm etw wärmstens empfehlen** recomendar algo a alguien de corazón; **mit jdm/etw** *dat* **~ werden** (*fam*) hacerse amigo de alguien/familiarizarse con algo

Wärme *f ohne Pl* (*a.* PHYS) calor *m;* **Wärmebelastung** *f* (ÖKOL) impacto *m* de la contaminación térmica; **Wärmedämmung** *f* <-en> aislamiento *m* térmico; **Wärmeenergie** *f* energía *f* térmica; **Wärmehaushalt** *m ohne Pl* <-(e)s> equilibrio *m* térmico; **Wärmeisolierung** *f* aislamiento *m* térmico; **Wärmekraftwerk** *nt* central *f* térmica; **Wärmelehre** *f ohne Pl* (PHYS) termología *f*

wärmen I. *vi* (*Ofen*) calentar; (*Kleidung*) abrigar **II.** *vr:* **sich ~** calentarse

Wärmeregler *m* termostato *m;* **Wärmespeicher** *m* acumulador *m* de calor; **Wärmestrahlung** *f ohne Pl* (PHYS) radiación *f* térmica; **Wärmetechnik** *f ohne Pl* termotecnia *f*

Wärmflasche *f* calentador *m*

Warmfront *f* (METEO) frente *m* cálido

warm|halten *irr vt:* **sich** *dat* **jdn ~** conservar las simpatías de alguien

Warmhalteplatte *f* calientaplatos *m inv*

warmherzig *adj* cariñoso

Warmluft *f ohne Pl* (TECH, METEO) aire *m* caliente; **Warmmiete** *f* (*fam*) alquiler *m* con los gastos de calefacción incluidos; **Warmstart** *m* (INFOR) reinicio *m*

Warmwasserbereiter *m* <-s, -> (TECH) calentador *m* de agua, termo *m Am;* **Warmwasserspeicher** *m* depósito *m* de agua caliente; **Warmwasserversorgung** *f* abastecimiento *m* de agua caliente

Warnblinkanlage *f* (AUTO) dispositivo *m* de luces de aviso intermitentes

Warndreieck *nt* (AUTO) triángulo *m* de emergencia

warnen *vt* avisar (*vor* de que), advertir (*vor* de); **die Polizei warnt vor Schneeglätte** la policía avisa que hay peligro de deslizamiento; **ich warne dich!** ¡te lo advierto!; **vor ... wird gewarnt!** ¡cuidado con...!

Warnkreuz *nt* <-es, -e> cruz *f* de advertencia; **Warnlicht** *nt* luz *f* de advertencia; **Warnschild** *nt* <-(e)s, -er> señal *f* de aviso; (*Verkehrsschild*) señal *m* de peligro; **Warnschuss**[RR] *m* tiro *m* al aire; **Warnsignal** *nt* señal *f* de aviso; **Warnstreik** *m* huelga *f* de advertencia

Warnung *f* <-en> aviso *m* (*vor* de), advertencia *f* (*vor* de); **ohne vorherige ~** sin previo aviso; **lass dir das eine ~ sein!** ¡que te sirva de lección!

Warnzeichen *nt* **1.** (*Warnsignal*) señal *f* de aviso **2.** (*Verkehrszeichen*) señal *f* de peligro

Warschau *nt* <-s> Varsovia *f*

Wartehalle *f* sala *f* de espera; **Warteliste** *f* lista *f* de espera; **sich auf die ~ setzen lassen** inscribirse en la lista de espera

warten I. *vi* esperar; **auf etw/jdn ~** esperar algo/a alguien; **warte mal!** ¡espera un momento!; **etw lässt nicht lange auf sich ~** algo no tarda mucho en llegar; **worauf wartest du?** ¿a qué esperas?; **er lässt (heute) lange auf sich ~** (hoy) se hace esperar; **auf dich habe ich gerade noch gewartet** (*iron*) tú eres lo que me faltaba; **da kannst du lange ~** (*fam*) puedes esperar sentado; **na, warte!** (*fam*) ¡espera! **II.** *vt* (TECH) inspeccionar

Wärter(in) *m(f)* <-s, -; -nen> guardián, -ana *m, f*

Warteraum *m* <-(e)s, -räume> sala *f* de espera; **Wartesaal** *m* sala *f* de espera; **Wartezeit** *f* tiempo *m* de espera; **Wartezimmer** *nt* sala *f* de espera

Wartung *f* <-en> inspección *f*

warum *adv* por qué; **~ nicht?** ¿por qué no?; **~ nicht gleich so?** (*fam*) ¿por qué no lo has hecho así desde el principio?

Warze *f* <-n> **1.** (*Haut~*) verruga *f* **2.** (*Brust~*) pezón *m*

was I. *pron inter* qué; **~ kostet das?** ¿qué cuesta?; **~ heißt „Haus" auf Spanisch?** ¿cómo se dice "Haus" en castellano?; **~ denkst du?** ¿tú qué piensas?; **~ hast du denn bloß?** ¿pero qué demonios te pasa?; **~ weiß ich!** (*fam*) ¡qué sé yo!; **~ soll das?** ¿a qué viene esto?; **~ ist schon dabei?** ¿qué tiene de extraño?; **~ für ein Wagen ist das?** ¿qué coche es?; **~ für eine Hitze/ein Glück!** ¡qué calor/suerte!; **~ ist der Kerl für ein Schwein!** ¡será puerco el tío ese!; **nicht schlecht, ~?** (*fam*) no está mal, ¿eh?; **um ~ geht es?** ¿de qué se trata?; **~ ist, hast du Lust?** (*fam*) ¿qué, tienes ganas?; **ach ~!** (*fam*) ¡qué va! **II.** *pron rel* (lo) que; **das Beste, ~ du tun kannst** lo mejor que puedes hacer; **(das), ~ sie sagt ...** lo que dice...; **alles, ~ du willst** todo lo que quieras **III.** *pron indef* (*fam: etwas*) algo; **hast du ~?** ¿te pasa algo?; **das ist immerhin ~** ya es algo; **das ist ~ anderes** eso es otra cosa; **nein, so ~!** (*fam*) ¡no me digas!; **so ~ Blödes!** (*fam*) ¡pero qué cosa más tonta!

Waschanlage *f* **1.** (*Auto~*) lavado *m* de coches **2.** (TECH) lavadero *m;* **Waschanleitung** *f* instrucciones *fpl* para el lavado

waschbar *adj* lavable

Waschbär *m* <-en, -en> (ZOOL) mapache *m;* **Waschbecken** *nt* lavabo *m*

Wäsche[1] *f* <-n> (*das Waschen*) lavado *m;* **etw in die ~ geben** dar algo a lavar

Wäsche[2] *f ohne Pl* **1.** (*zu waschende Textilien*) ropa *f* sucia; **~ waschen** lavar la ropa; **seine schmutzige ~ (vor anderen Leuten) waschen** (*fig*) sacar los trapos sucios a relucir (delante de otros) **2.** (*Unter~, Bett~*) ropa *f;* **die ~ wechseln** cambiar la ropa; **dumm aus der ~ gucken** (*fam*) mirar atontado

waschecht *adj* **1.** (*Kleidung*) resistente al lavado; (*Farbe*) sólido **2.** (*fam: typisch*) de pura cepa

Wäscheklammer *f* pinza *f* para la ropa; **Wäscheleine** *f* cuerda *f* de la ropa

waschen <wäscht, wusch, gewaschen> **I.** *vt* **1.** (*reinigen*) lavar; **sich** *dat* **die Hände/Haare ~** lavarse las manos/el pelo **2.** (*fam: Geld*) blanquear **II.** *vr:* **sich ~** lavarse; **sich warm/kalt ~** lavarse con agua caliente/fría; **eine Prüfung, die sich gewaschen hat** (*fam*) un examen de padre y muy señor mío

Wäscherei *f* <-en> lavandería *f*

Wäscheschleuder *f* centrifugadora *f* (para ropa); **Wäscheschrank** *m* ropero *m;* **Wä-**

schieständer m tendedero m; Wäschetrockner m 1. (elektrisch) secadora f para ropa 2. (Wäscheständer) tendedero m

Waschgang m <-(e)s, -gänge> fase f de lavado; Waschküche f <-n> 1. (Raum) lavadero m 2. (fam: Nebel) niebla f densa; Waschlappen m 1. (zum Waschen) manopla f para baño 2. (fam abw: Mensch) cobarde mf, mangajo, -a m, f Ecua, Peru; Waschmaschine f lavadora f; Waschmittel nt detergente m; Waschpulver nt detergente m en polvo; Waschraum m lavabo m; Waschsalon m lavandería f; Waschschüssel f palangana f; Waschstraße f (AUTO) tren m de lavado

wäscht 3. präs von waschen

Waschung f <-en> (geh) lavado m

Waschweib nt (fam abw) cotilla mf; Waschzeug nt utensilios mpl de aseo (personal)

Wasser nt <-s, -> agua f; **kölnisch** ~ (agua de) Colonia; **stilles** ~ agua sin gas; ~ **lassen** orinar; **sich über** ~ **halten** (fam) mantenerse a flote; **etw unter** ~ **setzen** inundar algo; **ins** ~ **fallen** (fam) no tener lugar; **er ist ein stilles** ~ (fam) es una persona tranquila; **nahe am** ~ **gebaut haben** (fam) ser un(a) llorica; **er kann ihr nicht das** ~ **reichen** (fig) no le llega ni a la suela del zapato; **ihr steht das** ~ **bis zum Hals** (fig fam) está con el agua al cuello; **mit allen** ~**n gewaschen sein** (fam) tener mucha mili; **da fließt noch viel** ~ **den Rhein hinunter** (fam) aún ha de llover mucho hasta entonces; **da wird auch nur mit** ~ **gekocht** (fam fig) en todas partes cuecen habas; **bei** ~ **und Brot** (a. fig) a pan y agua; **das ist** ~ **auf ihrer Mühle** (fam) le viene de perlas; **das** ~ **läuft mir im Mund zusammen** (fam) se me hace la boca agua; Wasserader f vena f de agua; Wasseranschluss[RR] m toma f de agua

Wasseraufbereitung f tratamiento m del agua; Wasseraufbereitungsanlage f instalación f de tratamiento del agua

Wasserbad nt (GASTR) baño m María; **etw im** ~ **erhitzen** calentar algo al baño María

Wasserball[1] m ohne Pl <-(e)s> (SPORT) waterpolo m

Wasserball[2] m <-(e)s, -bälle> (Ball) pelota f de waterpolo; (aufblasbar) balón m inflable

Wasserbett nt cama f de agua; Wasserdampf m vapor m de agua; wasserdicht adj 1. (Uhr) resistente al agua; (Kleidung) impermeable 2. (fam: Alibi) perfecto; Wasserfall m <-(e)s, -fälle> cascada f; (größer) catarata f; **wie ein** ~ **reden** (fam) ser una cotorra; Wasserfarbe f color m de acuarela; wasserfest adj resistente al agua; Wasserfloh m pulga f de agua; Wasserflugzeug nt hidroavión m; Wasserglas nt <-es, -gläser> 1. (Gefäß) vaso m para agua 2. (CHEM: Natron~) silicato m de sodio; (Kali~) silicato m de potasio; Wassergraben m 1. (um eine Burg) foso m de agua 2. (SPORT) ría f; Wasserhahn m grifo m, llave f del agua, canilla f CSur; Wasserhaushalt m (MED, BIOL) equilibrio m hídrico

wässerig adj (verdünnt) aguado; (Wasser enthaltend) acuoso; (fade) insípido

Wasserkessel m hervidor m; Wasserkopf m 1. (MED) hidrocefalia f 2. (fig: überproportionales Gebilde) monstruo m; Wasserkraft f fuerza f hidráulica; Wasserkraftwerk nt central f hidroeléctrica; Wasserlauf m <-(e)s, -läufe> corriente f de agua; Wasserleiche f (fam) cadáver m de un ahogado; Wasserleitung f cañería f de agua; Wasserlilie f (BOT) lirio m de agua; wasserlöslich adj soluble; Wassermann m (ASTR) Acuario m; Wassermelone f sandía f; Wassermühle f <-n> molino m de agua

wässern vt 1. (GASTR) poner en remojo 2. (gießen) regar

Wasserpfeife f narguile m; Wasserpflanze f planta f acuática; Wasserpistole f pistola f de agua; Wasserrad nt rodezno m; Wasserratte f 1. (ZOOL) rata f de agua 2. (fam: Mensch) persona a la que le gusta estar en el agua; Wasserrohr nt <-(e)s, -e> tubería f de(l) agua; Wasserschaden m daño m causado por el agua; wasserscheu adj que tiene miedo al agua; Wasserschutzgebiet nt reserva f ecológica; Wasserski nt ohne Pl <-s> esquí m acuático; Wasserspeier m <-s, -> gárgola f; Wasserspiegel m 1. (Wasseroberfläche) superficie f del agua 2. (Wasserstand) nivel m del agua; Wassersport m <-(e)s, -e> deporte m acuático; Wasserspülung f cisterna f; Wasserstand m <-(e)s, -stände> nivel m del agua

Wasserstoff m ohne Pl <-(e)s> (CHEM) hidrógeno m; Wasserstoffbombe f bomba f de hidrógeno

Wasserstrahl m chorro m de agua; Wasserstraße f vía f fluvial; Wassertropfen m gota f de agua; Wasserverbrauch m consumo m de agua; Wasserverschmutzung f contaminación f del agua; Wasserversorgung f abastecimiento m de agua; Wasservogel m (ZOOL) ave f acuática; Wasserwaage f (TECH) nivel m de agua; Wasserweg m vía f fluvial; **auf dem** ~ por vía fluvial; Wasserwelle f marcado m; Wasserwerfer m <-s, -> camión m cisterna; Wasserwerk nt central f de abastecimiento de aguas; Wasserzähler m <-s, -> contador m de(l) agua; Wasserzeichen nt marca f de agua

wässrig[RR] *adj,* **wäßrig** *adj s.* **wässerig**

waten *vi sein* caminar (*durch* por)

Watsche *f* <-n> (*südd, Österr: fam*) bofetada *f*

watscheln *vi sein* andar como un pato

Watt[1] *nt* <-(e)s, -en> (*am Meer*) marisma *f*

Watt[2] *nt* <-s, -> (PHYS, TECH) vatio *m*

Watte *f* <-n> algodón *m;* **Wattebausch** *m* tapón *m* de algodón; **Wattestäbchen** *nt* bastoncillo *m* de algodón

wattieren* *vt* enguatar

weben <webt, wob, gewoben> *vt, vi* (*a. fig*) tejer

Weber(in) *m(f)* <-s, -; -nen> tejedor(a) *m(f)*

Weberei *f* <-en> (*Betrieb*) tejeduría *f*

Webstuhl *m* <-(e)s, -stühle> telar *m*

Wechsel *m* <-s, -> **1.** (*das Wechseln, Veränderung*) cambio *m;* **im ~ mit ...** alternando con... **2.** (FIN) letra *f* de cambio; **Wechselbad** *nt* baño *m* alterno caliente y frío; **jdn einem ~ der Gefühle aussetzen** tratar a alguien según la vena que le dé; **Wechselbeziehung** *f* correlación *f* (*zwischen* entre); **die Probleme stehen in ~ zueinander** los problemas están correlacionados; **Wechselfälle** *mpl* vicisitudes *fpl;* **die ~ des Lebens** los altibajos de la vida; **Wechselgeld** *nt* vuelta *f,* vuelto *m Am,* feria *f EE.UU., Mex;* (*Kleingeld*) cambio *m*

wechselhaft *adj* inestable; (*Wetter*) variable; (*Person*) inconstante

Wechseljahre *ntpl* climaterio *m;* (*der Frau*) menopausia *f;* **Wechselkurs** *m* (FIN) tipo *m* de cambio

wechseln **I.** *vi* cambiar; **zu einer anderen Firma ~** cambiar de empresa **II.** *vt* cambiar (*in* en); (*austauschen*) intercambiar; **200 Mark in Peseten ~** cambiar 200 marcos en pesetas

wechselnd *adj* **1.** (*im Wechsel*) cambiante; (*ab~*) alterno; (*Stimmung, Charakter*) variable **2.** (*unterschiedlich*) diferente

wechselseitig *adj* recíproco, mutuo

Wechselspiel *nt* interacción *f* (*zwischen* entre); **Wechselstrom** *m* (ELEK) corriente *f* alterna; **Wechselstube** *f* oficina *f* de cambio

wechselweise *adv* alternativamente, por turnos

Wechselwirkung *f* interacción *f;* **in ~ zueinander stehen** estar interaccionado

wecken *vt* (*a. fig*) despertar; **jds Interesse ~** despertar el interés de alguien

Wecken *m* <-s, -> (*Österr, südd*) panecillo *m*

Wecker *m* <-s, -> despertador *m;* **jdm auf den ~ gehen** (*fam*) dar(le) la lata a alguien

wedeln *vi:* **mit etw** *dat* **~** mover algo; **mit dem Schwanz ~** menear la cola

weder *konj:* **~ ... noch ...** ni... ni...; **er ist ~ schön, noch hat er Verstand** ni es guapo ni inteligente

weg *adv* **1.** (*abwesend*) ausente; (*verloren*) perdido; (*verschwunden*) desaparecido; **ich müsste schon längst ~ sein** me tendría que haber ido hace tiempo; **weit ~ von hier** muy lejos de aquí; **meine Brille ist ~** he perdido mis gafas; **drüber ~ sein** (*fam*) haberlo superado; **hin und ~ sein** (*fam*) estar completamente entusiasmado **2.** (*bei Aufforderung*) fuera; **~ mit dir!** ¡fuera contigo!; **~ da!** ¡fuera de allí!; **nichts wie ~ hier** (*fam*) nada como irse de aquí; **Finger ~!** ¡fuera los dedos!

Weg *m* <-(e)s, -e> **1.** (*allgemein*) camino *m;* (*Pfad*) sendero *m;* (*Durchgang*) paso *m;* **am ~e** en el camino; **jdm den ~ ebnen** allanar(le) el camino a alguien; **jdm über den ~ laufen** tropezar con alguien; **jdn/etw aus dem ~ räumen** (*fam*) quitar a alguien/algo de en medio; **etw/jdm aus dem ~ gehen** evitar algo/a alguien; **jdm im ~ stehen** estorbar a alguien; **sich jdm in den ~ stellen** cruzarse [*o* atravesarse] en el camino de alguien; **steh hier nicht im ~ rum!** ¡quítate de en medio!; **dem steht nichts im ~e** no hay inconvenientes; **jdm nicht über den ~ trauen** no fiarse en absoluto de alguien; **die Post liegt auf meinem ~** la oficina de Correos está de camino **2.** (*Strecke*) trayecto *m;* (*Reise~*) ruta *f;* **auf halbem ~ stehen bleiben/umkehren** quedarse/volverse en mitad del camino; **etw zu ~e bringen** conseguir algo; **etw in die ~e leiten** poner algo en marcha; **sich auf den ~ machen** ponerse en camino; **vom rechten ~ abkommen** desviarse del buen camino; **daran führt kein ~ vorbei** no hay más remedio que afrontarlo; **auf dem besten ~ sein etw zu tun** estar a punto de hacer algo **3.** (*Mittel*) vía *f;* (*Art und Weise*) modo *m,* manera *f;* (*Methode*) método *m;* **auf legalem ~** por vía legal; **auf schriftlichem ~e** por escrito

weg|bekommen* *irr vt* (*fam*) **1.** (*entfernen können*) conseguir quitar **2.** (*tragen können*) conseguir llevar; (*bewegen können*) conseguir mover

Wegbereiter(in) *m(f)* <-s, -; -nen> precursor(a) *m(f)*

weg|bleiben *irr vi sein* (*fam*) **1.** (*nicht kommen*) no venir (más); (*Strom*) cortarse; **lange ~** tardar en venir; **mir blieb die Spucke weg** se me cortó el aliento **2.** (*ausgelassen werden*) omitirse; **weg|bringen** *irr vt* **1.** (*an einen anderen Ort*) llevar **2.** (*fam*) *s.* **wegbekommen**; **weg|denken** *irr vt:* **sich** *dat* **etw ~** imaginarse algo sin algo; **der Computer ist aus unserem Leben nicht**

mehr wegzudenken ya no nos es posible imaginarnos una vida sin ordenadores; **weg|drehen** I. *vt* apartar; **das Gesicht** ~ apartar la vista II. *vr:* **sich** ~ apartarse

wegen *präp +gen/dat* 1. (*aufgrund von*) a causa de, debido a; ~ **des schlechten Wetters** debido al mal tiempo 2. (*bezüglich*) respecto a; **von ~!** (*fam*) ¡ni hablar! 3. (*um ... willen*) por, a causa de; ~ **dir** por ti

weg|fahren *irr* I. *vi sein* partir (*nach* para); **der Bus fuhr ihr vor der Nase weg** perdió el autobús por un pelo II. *vt* llevar; **weg|fallen** *irr vi sein* (*ausgelassen werden*) omitirse; (*abgeschafft werden*) suprimirse; **etw ~ lassen** omitir algo; **weg|fliegen** *irr vi sein* (*Vogel*) salir volando; (*Passagier*) irse en avión; (*Flugzeug*) salir; (*Dinge*) volar; **weg|führen** I. *vi:* **von etw** *dat* ~ no conducir a algo II. *vt* llevar; **weg|geben** *irr vt* dar; **etw zur Reparatur** ~ llevar algo a reparar

Weggefährte, -in *m, f* compañero, -a *m, f* de camino

weg|gehen *irr vi sein* 1. (*Person*) irse, marcharse; **geh weg!** ¡lárgate! 2. (*fam: verschwinden*) desaparecer; (*Fleck*) salir 3. (*fam: sich verkaufen*) venderse 4. (*fam: ignorieren*): **über etw** ~ ignorar algo; **weg|gießen** *irr vt* tirar, botar *Am;* **weg|hören** *vi* hacerse el sordo; **weg|jagen** *vt* ahuyentar, espantar; **weg|kommen** *irr vi sein* (*fam*) 1. (*abhanden kommen*) perderse 2. (*sich entfernen*) irse (*von* de); **mach, dass du wegkommst!** (*fam*) ¡lárgate!; **über etw** ~ superar algo 3. (*loskommen*) abandonar; **gut/schlecht bei etw** *dat* ~ salir bien/mal librado de algo

Wegkreuzung *f* cruce *m* de caminos

weg|kriegen *vt* (*fam*) *s.* **wegbekommen**; **weg|lassen** *irr vt* 1. (*gehen lassen*) dejar ir(se) 2. (*fam: auslassen*) omitir; (*Zutaten*) no poner; **weg|laufen** *irr vi sein* 1. (*fortlaufen*) echar a correr; **das läuft mir nicht weg** eso no corre prisa; **vor einem Hund** ~ huir de un perro 2. (*fam: ausreißen*) escaparse; **weg|legen** *vt* poner aparte; **weg|machen** I. *vt* (*fam*) quitar II. *vr:* **sich** ~ (*fam*) largarse; **weg|müssen** *irr vi* (*fam*) tener que irse; **die Kiste muss hier weg** hay que quitar la caja de en medio; **weg|nehmen** *irr vt* 1. (*fortnehmen, entwenden*) quitar; **jdm etw** ~ quitar algo a alguien 2. (*Platz*) ocupar; (*Zeit, Licht*) quitar

Wegrand *m* margen *m o f* de un camino

weg|rationalisieren* *vt* quitar racionalizando; **Arbeitsplätze** ~ eliminar puestos de trabajo; **weg|räumen** *vt* 1. (*aufräumen*) recoger 2. (*Hindernisse*) quitar; **weg|rennen** *irr vi sein s.* **weglaufen**; **weg|schaffen** *vt* quitar (de en medio), apartar; **weg|schauen** *vi s.* **wegsehen**; **weg|schicken** *vt* 1. (*Person*) mandar fuera 2. (*Brief*) enviar; **weg|schieben** *irr vt* correr; **weg|schließen** *irr vt* guardar bajo llave; **weg|schmeißen** *irr vt* (*fam*) tirar, botar *Am;* **weg|schnappen** *vt* (*fam*) quitar; **weg|schütten** *vt* tirar, botar *Am;* **weg|sehen** *irr vi* 1. (*wegblicken*) apartar la vista 2. (*fam*): **über etw** ~ hacer la vista gorda a algo; **weg|setzen** I. *vt* cambiar de sitio II. *vr:* **sich** ~ 1. (*umsetzen*) sentarse en otro lugar 2. (*fam: ignorieren*): **sich über etw** ~ no hacer caso de algo; **weg|stecken** *vt* (*fam*) 1. (*aufbewahren*) guardar; (*heimlich*) esconder 2. (*hinnehmen*) tragar, asimilar; **weg|stehlen** *irr vr:* **sich** ~ escabullirse; **weg|stellen** *vt* quitar, poner en otro lugar; (*aufräumen*) guardar; **weg|stoßen** *irr vt* apartar empujando; (*mit dem Fuß*) apartar con una patada

Wegstrecke *f* trayecto *m*

weg|tragen *irr vt* llevarse; **weg|treten** *irr* I. *vi sein* 1. (*beiseite treten*) apartarse 2. (MIL) romper filas; **weggetreten sein** (*fam*) estar en las nubes II. *vt* dar una patada (a); **weg|tun** *irr vt* 1. (*wegräumen*) recoger; (*wegnehmen*) quitar 2. (*wegschmeißen*) tirar, botar *Am*

wegweisend *adj* que abre nuevos horizontes

Wegweiser *m* <-s, -> indicador *m* de camino

weg|werfen *irr vt* tirar, botar *Am*

Wegwerfgesellschaft *f* <-en> (*abw*) sociedad *f* de consumo

weg|wischen *vt* (*Staub*) quitar (con un trapo); (*an der Tafel*) borrar

weg|ziehen *irr* I. *vi sein* 1. (*Wohnort wechseln*) cambiar de domicilio 2. (*Zugvögel*) migrar II. *vt* apartar tirando, quitar

weh I. *interj:* **o ~!** ¡ay, Dios mío! II. *adj* (*fam*): ~ **sein** doler

wehe *interj* cuidad(it)o; **~, wenn du das tust!** ¡cuidadito con hacerlo!

Wehe *f* <-n> 1. *Pl* (*bei einer Geburt*) dolores *mpl* de parto; **in den ~n liegen** tener contracciones 2. (*Schnee~*) nevisca *f*

wehen I. *vi* 1. (*Wind*) soplar 2. (*Fahne*) ondear; **mit ~den Fahnen** con banderas ondeantes II. *vt* soplar, hacer volar

wehklagen *vi* (*geh*) lamentarse (*über* de)

wehleidig *adj* (*abw: Person*) quejica; (*Stimme*) quejicoso

Wehmut *f ohne Pl* (*geh*) melancolía *f*

wehmütig *adj* melancólico

Wehr[1] *f ohne Pl:* **sich zur ~ setzen** defenderse

Wehr[2] *nt* <-(e)s, -e> (*Stau~*) presa *f*

Wehrdienst *m ohne Pl* <-(e)s> servicio *m* militar (en la ex-RFA); **Wehrdienstverwei-**

gerer *m* <-s, -> objetor *m* de conciencia; **Wehrdienstverweigerung** *f* objeción *f* de conciencia

wehren **I.** *vr:* **sich** ~ **1.** (*sich verteidigen*) defenderse (*gegen* contra) **2.** (*sich sträuben*) oponer resistencia (*gegen* a) **II.** *vi:* **etw** *dat* ~ oponerse a algo

Wehrersatzdienst *m* prestación *f* (social) sustitutoria

wehrlos *adj* indefenso; **jdm** ~ **ausgeliefert sein** no poder defenderse contra alguien

Wehrmacht *f ohne Pl* (HIST) *Ejército alemán de la época de 1921 a 1945;* **Wehrpflicht** *f ohne Pl* servicio *m* militar obligatorio

wehrpflichtig *adj* sujeto al servicio militar obligatorio

wehrtauglich *adj* apto para el servicio militar

wehltun[RR] *vi* doler; **sich** *dat* ~ hacerse daño

Weib *nt* <-(e)s, -er> mujer *f*

Weibchen *nt* <-s, -> (ZOOL) hembra *f*

Weiberheld *m* <-en, -en> (*abw*) tenorio *m*

weibisch *adj* afeminado

weiblich *adj* (*a.* LING) femenino

Weiblichkeit *f ohne Pl* feminidad *f*

weich *adj* **1.** (*nicht hart, Drogen, Charakter*) blando; (*formbar*) flexible; (*nicht zäh*) tierno; (*Ei*) pasado por agua; **da wird er** ~ empieza a ceder **2.** (*zart, wollig, Klang, Landung*) suave **3.** (*Währung*) débil

Weiche *f* <-n> **1.** (*an Schienen*) aguja *f;* **die ~n für etw stellen** encauzar algo **2.** (*Flanke*) agujas *fpl,* verija *f Am*

weichen <weicht, wich, gewichen> *vi sein* **1.** (*sich bewegen*) moverse; (*sich entfernen*) alejarse **2.** (*zurück~*) retroceder (*vor* frente a); (*Platz machen*) hacer sitio **3.** (*nachlassen*) cesar

weichgekocht *adj s.* **kochen II.1.**

Weichheit *f ohne Pl* blandura *f;* (*Zartheit*) suavidad *f*

weichherzig *adj* blando de corazón; (*mitfühlend*) compasivo

Weichkäse *m* queso *m* blando

weich|kriegen *vt s.* **kriegen I.1.**

weichlich *adj* (*abw*) **1.** (*Material*) blando **2.** (*schwächlich*) flojo **3.** (*nachgiebig*) blandengue

Weichling *m* <-s, -e> (*abw*) blandengue *m*

Weichspüler *m* <-s, -> suavizante *m*

Weichteile *ntpl* partes *fpl* blandas; **Weichtiere** *ntpl* (ZOOL) moluscos *mpl*

Weide *f* <-n> **1.** (*Vieh~*) pasto *m* **2.** (*Baum*) sauce *m;* **Weideland** *nt ohne Pl* <-(e)s> pastos *mpl*

weiden **I.** *vi* pastar **II.** *vt* (*Vieh*) apacentar, pastar **III.** *vr:* **sich an etw** *dat* ~ recrearse con algo; (*schadenfroh*) regodearse con algo

Weidenkätzchen *nt* <-s, -> (BOT) flor *f* del sauce; **Weidenrute** *f* varilla *f* de mimbre, otate *m Mex*

weigern *vr:* **sich** ~ negarse (*zu* a)

Weigerung *f* <-en> negativa *f*

Weihbischof *m* <-s, -schöfe> (REL) obispo *m* sufragáneo

Weihe *f* <-n> consagración *f;* (*Priester~*) ordenación *f*

weihen *vt* (REL) consagrar

Weiher *m* <-s, -> (*reg, südd*) estanque *m*

Weihnachten *nt* <-, -> Navidad(es) *f(pl);* **fröhliche** ~ feliz Navidad; **zu** [*o* **an**] ~ en Navidades

weihnachtlich *adj* navideño

Weihnachtsabend *m* Nochebuena *f;* **Weihnachtsbaum** *m* árbol *m* de Navidad; **Weihnachtsfest** *nt* (fiesta *f* de) Navidad *f;* **Weihnachtsgeld** *nt* <-(e)s, -er> paga *f* extra de Navidad, aguinaldo *m Arg;* **Weihnachtsgeschenk** *nt* regalo *m* de Navidad; **Weihnachtslied** *nt* villancico *m;* **Weihnachtsmann** *m* Papá *m* Noel, Viejo Pascuero *m Am*

Weihrauch *m* incienso *m;* **Weihwasser** *nt ohne Pl* <-s> agua *f* bendita

weil *konj* porque; (*aufgrund von*) debido a que

Weilchen *nt ohne Pl* <-s> momentito *m*

Weile *f ohne Pl* rato *m;* **es dauerte eine** ~ duró un rato; **vor einer** ~ hace un rato

Weiler *m* <-s, -> cortijo *m*

Wein[1] *m* <-(e)s, -e> (*Getränk*) vino *m;* **roter/weißer** ~ vino tinto/blanco; **lieblicher/trockener** ~ vino dulce/seco; **jdm reinen** ~ **einschenken** (*fig*) hablar en cristiano con alguien

Wein[2] *m ohne Pl* <-(e)s> **1.** (*~trauben*) uvas *fpl;* ~ **lesen** vendimiar **2.** (*Pflanze*) vid *f;* ~ **anbauen** cultivar vino; **wilder** ~ cepa virgen

Weinbau *m ohne Pl* <-(e)s> viticultura *f;* **Weinbeere** *f* **1.** (*Traube*) uva *f* **2.** (*Österr, Schweiz, südd: Rosine*) pasa *f;* **Weinberg** *m* viña *f*

Weinbrand *m* <-(e)s, -brände> brandi *m*

weinen **I.** *vi* llorar (*vor/aus* de); **es ist zum W~** es para llorar **II.** *vt* llorar; **bittere Tränen** ~ llorar amargamente

weinerlich *adj* (*Person*) llorón; (*Stimme*) lloroso

Weinernte *f* vendimia *f;* **Weinessig** *m* vinagre *m* de vino; **Weinfass**[RR] *nt* tonel *m* de vino; **Weinflasche** *f* botella *f* de vino; **Weingeist** *m ohne Pl* <-(e)s> alcohol *m* etílico; **Weinglas** *nt* <-es, -gläser> copa *f* para vino; **Weingut** *nt* explotación *f* vinícola; **Weinjahr** *nt:* **ein gutes** ~ un año abundante en vinos; **ein schlechtes** ~ un año malo para el vino; **Weinkarte** *f* carta *f* de vinos; **Weinkeller** *m* bodega *f*

Weinkrampf *m* llanto *m* convulsivo

Weinlese *f* vendimia *f;* **Weinprobe** *f* cata *f* de vinos; **Weinrebe** *f* vid *f;* **weinrot** *adj* burdeos; **Weinstube** *f* taberna *f;* **Weintraube** *f* uva *f;* **blaue/grüne ~n** uvas negras/blancas

weise *adj* sabio

Weise *f* <-n> **1.** (*Art*) manera *f,* modo *m;* (*Methode*) método *m;* **in gewisser ~** en cierto modo; **auf diese/auf meine ~** de esta/de mi manera; **in der ~, dass ...** de modo que... *+subj* **2.** (*Melodie*) melodía *f*

Weise(r) *mf* <-n, -n; -n> sabio, -a *m, f;* **die (drei) ~n aus dem Morgenland** los Reyes Magos de Oriente

weisen <weist, wies, gewiesen> **I.** *vi:* **auf etw ~** señalar algo **II.** *vt:* **jdm etw ~** indicar(le) algo a alguien; **etw von sich** *dat* **~** rechazar algo; **jdn aus dem Saal ~** expulsar a alguien de la sala

Weisheit[1] *f ohne Pl* sabiduría *f;* (*Wissen*) saber *m;* **mit seiner ~ am Ende sein** ya no saber qué hacer; **er glaubt, er habe die ~ mit Löffeln gefressen** (*fam*) se cree más sabio que el Lepe; **der ~ letzter Schluss** la solución ideal

Weisheit[2] *f* <-en> (*Spruch*) sentencia *f;* (*Rat*) consejo *m*

Weisheitszahn *m* muela *f* del juicio

weis|machen *vt* (*fam*): **jdm etw ~** hacer creer algo a alguien

weiß[1] *3. präs von* **wissen**

weiß[2] *adj* blanco; **ihr Gesicht wurde ~** se volvió pálida; **ein ~er Fleck auf der Karte** un territorio sin explorar

weissagen *vt* (*voraussagen*) predecir; (*prophezeien*) profetizar

Weissagung *f* <-en> profecía *f*

Weißbier *nt* cerveza *f* blanca; **Weißblech** *nt* <-(e)s, -e> hojalata *f;* **Weißbrot** *nt* pan *m* blanco, birote *m MAm;* **Weißdorn** *m* <-(e)s, -e> (BOT) espino *m* albar

Weiße(r) *mf* <-n, -n; -n> (*Rasse*) blanco, -a *m, f*

weißen *vt* blanquear

weißglühend *adj s.* **glühend**; **Weißglut** *f ohne Pl* (TECH) incandescencia *f;* **jdn zur ~ bringen** (*fam*) poner a alguien al rojo vivo; **Weißgold** *nt* oro *m* blanco

weißhaarig *adj* cano, de pelo blanco

Weißkohl *m* repollo *m;* **Weißkraut** *nt ohne Pl* <-(e)s> repollo *m* blanco

Weißrussland[RR] *nt* Bielorusia *f*

Weißwein *m* <-(e)s, -e> vino *m* blanco; **Weißwurst** *f* Weißwurst *m* (*salchicha blanca*)

Weisung *f* <-en> **1.** (*Befehl*) orden *f* **2.** (*geh: An~*) instrucción *f;* **weisungsberechtigt** *adj* que tiene poder directivo

weit **I.** *adj* **1.** (*räumlich ausgedehnt*) extenso; (*breit*) amplio; (*groß*) grande; **~e Kreise der Bevölkerung** amplios sectores de la población; **das ist ein ~es Feld** éste es un campo amplio; **3,50 m ~ springen** saltar 3 metros 50; **etw ~ öffnen** abrir algo de par en par; **~ herumkommen** correr mundo; **das W~e suchen** (*geh*) esfumarse **2.** (*geräumig*) espacioso; (*Kleidung*) ancho **3.** (*entfernt*) lejano; (*Reise, Weg*) largo; **in ~er Ferne** a lo lejos; **wie ~ ist es nach ...?** ¿a qué distancia está...?; **ist es noch ~?** ¿falta mucho todavía?; **von ~em** de lejos; **~ entfernt** remoto; **das ist ~ weg** (*fam*) eso queda muy lejos; **ich habe es nicht ~** no me queda mucho **4.** (*zeitlich*) largo; **bis Ostern ist es noch ~** aún falta mucho para Pascua; **das liegt ~ zurück** de esto hace mucho tiempo; **bis ~ in den Morgen** hasta bien entrada la mañana **5.** (*Wend*): **bei ~em besser** mejor con distancia; **bei ~em nicht alles** no todo (ni) con mucho; **es ist ~ und breit niemand zu sehen** no se ve a nadie en varias millas a la redonda; **so ~** (*im allgemeinen*) en general; (*bis jetzt*) por ahora; **so ~, so gut** hasta el momento sin problemas; **es ist so ~** ya está; **es ist noch nicht so ~** todavía no está; **bist du so ~?** (*fam*) ¿estás listo?; **sie wird es noch ~ bringen** hará carrera; **das geht (entschieden) zu ~!** ¡esto ya pasa de la raya!; **wie ~ bist du mit der Arbeit?** ¿qué tal el trabajo?; **das ist ~ hergeholt** esto está cogido de los pelos; **so ~ kommt's noch!** (*fam*) ¡hasta ahí podíamos llegar! **II.** *adv* (*sehr, erheblich*) mucho; **~ besser** mucho mejor; **etw ~ übertreffen** superar algo en mucho; **er ist ~ über sechzig** tiene bastante más de sesenta años; **~ gefehlt!** ¡está Ud. completamente equivocado!; **das ist ~ verbreitet** eso está muy extendido

weitab *adv* muy lejos (*von* de)

weitaus *adv* mucho

Weitblick *m ohne Pl* <-(e)s> visión *f* de futuro; (*Scharfsinn*) perspicacia *f*

weitblickend *adj* previsor; (*scharfsinnig*) clarividente

Weite *f* <-n> **1.** (*Ausdehnung*) extensión *f* **2.** (*Entfernung*) distancia *f* **3.** (*Durchmesser*) diámetro *m;* (*Größe*) tamaño *m* **4.** (*bei Kleidung*) ancho *m*

weiten **I.** *vt* ensanchar **II.** *vr:* **sich ~** ensancharse; (*Gefäß, Pupille*) dilatarse

weiter **I.** *adj* (*zusätzlich*) más, otro; (*zeitlich*) posterior; **~e fünf Jahre** otros cinco años; **die ~e Entwicklung** el desarrollo posterior; **alles W~e** todo lo demás; **bis auf ~es** hasta nuevo aviso; **ohne ~es** sin más **II.** *adv* **1.** (*im Anschluss*) a continuación; (*danach*) después **2.** (*außerdem*) además; (*sonst*) más; (*verneint*) nada más; **das**

ist nicht ~ schlimm (*fam*) eso no tiene la menor importancia; **wenn's ~ nichts ist** (*fam*) si no hay nada más; **und so ~** etcétera; **~!** ¡adelante!

weiter|arbeiten *vi* seguir trabajando (*an* en); **weiter|bilden** **I.** *vt* perfeccionar **II.** *vr:* **sich ~** ampliar sus conocimientos; (*in einem Kurs*) hacer un curso de perfeccionamiento; **Weiterbildung** *f ohne Pl* ampliación *f* de estudios; (*als Kurs*) cursos *mpl* de perfeccionamiento; **weiter|bringen** *irr vt* llevar adelante; **das bringt uns auch nicht weiter** con eso no ganamos nada; **weiter|empfehlen*** *irr vt* recomendar (a otros); **weiter|entwickeln*** **I.** *vt* perfeccionar **II.** *vr:* **sich ~** hacer progresos, desarrollarse; **weiter|erzählen*** *vt* contar (a otros); **weiter|fahren** *irr vi sein* seguir; **Sie können hier nicht ~** no puede seguir adelante; **Weiterfahrt** *f ohne Pl* continuación *f* del viaje

Weitergabe *f ohne Pl* (*von Informationen*) transmisión *f;* (*von Dingen*) entrega *f*

weiter|geben *irr vt* dar (*an* a); (*Erfahrungen*) transmitir (*an* a); **weiter|gehen** *irr vi sein* **1.** (*seinen Weg*) seguir (andando) **2.** (*andauern*) seguir, continuar; **so kann es nicht ~!** ¡esto no puede continuar así!; **weiter|helfen** *irr vi:* **jdm ~** ayudar a alguien (*in/bei* en/a)

weiterhin *adv* **1.** (*künftig*) en adelante **2.** (*außerdem*) además **3.** (*immer noch*) todavía

weiter|kommen *irr vi sein* **1.** (*räumlich*) avanzar **2.** (*Fortschritte machen*) salir adelante, avanzar; **so kommen wir nicht weiter** así no llegamos a ninguna parte; **weiter|leiten** *vt* transmitir (*an* a); **weiter|machen** *vi* (*fam*) continuar, seguir; **mach nur so weiter!** ¡sigue así!; **so können wir nicht ~** no podemos seguir así; **weiter|sagen** *vt* decir a otros; (*verbreiten*) divulgar; **weiter|verarbeiten*** *vt* tratar, elaborar

weitgehend <weiter gehend *o* weitgehender *Schweiz:* weitergehend, am weitestgehenden *o* am weitgehendsten> **I.** *adj* amplio, extenso **II.** *adv* en gran parte

weitgereist *adj* que ha viajado mucho

weitherzig *adj* liberal; (*tolerant*) tolerante

weitläufig **I.** *adj* **1.** (*ausgedehnt*) vasto, extenso **2.** (*weitschweifend*) prolijo; (*ausführlich*) detallado **3.** (*Verwandter*) lejano **II.** *adv* con todo detalle; **mit jdm ~ verwandt sein** ser pariente lejano de alguien

weiträumig *adj* espacioso, extenso

weitreichend *adj* **1.** (*für große Entfernung*) de gran alcance **2.** (*umfassend*) amplio

weitschweifig *adj* prolijo, difuso

Weitsicht *f ohne Pl s.* **Weitblick**

weitsichtig *adj* **1.** (MED) hipermétrope **2.** (*umsichtig*) previsor

Weitsichtigkeit *f ohne Pl* **1.** (MED) hipermetropía *f* **2.** (*im Handeln*) visión *f* de futuro; (*Umsicht*) previsión *f*

Weitsprung *m ohne Pl* <-(e)s> (SPORT) salto *m* de longitud

weitverbreitet *adj* muy frecuente; (*Meinung*) muy divulgado

Weitwinkelobjektiv *nt* (FOTO) objetivo *m* gran angular

Weizen *m* <-s, -> trigo *m;* **Weizenmehl** *nt* harina *f* de trigo

welch *pron inter:* **~ eine(r, s)** qué; **~ eine Freude!** ¡qué alegría!; *s. a.* **welche(r, s)**

welche(r, s) **I.** *pron inter* (*adjektivisch*) qué; (*substantivisch*) cuál; (*in Ausrufen*) qué, vaya; **~ Tasche?** ¿qué bolso?; **~r von den beiden?** ¿cuál de los dos?; **~ Freude!** ¡qué alegría!; **aus ~m Grund?** ¿por qué motivo?; **ich weiß nicht, ~n du meinst** no sé a cuál te refieres **II.** *pron rel* que; (*in weiterführenden Relativsätzen*) el/la/lo cual, los/las cuales *pl* **III.** *pron indef* algunos; **es gibt ~, die glauben, dass ...** hay algunos que piensan que…; **ich habe kein Papier dabei, hast du ~s?** no tengo papel, ¿tienes tú alguno?

welk *adj* (*a. fig*) lacio; (*verwelkt*) marchito

welken *vi sein* (*a. fig*) marchitarse

Wellblech *nt* <-(e)s, -e> chapa *f* ondulada

Welle *f* <-n> **1.** (*im Wasser, Protest~*) ola *f;* **hohe ~n schlagen** causar sensación **2.** (*Aktualität*): **die neue ~** la nueva ola **3.** (*im Haar*) ondulación *f* **4.** (PHYS, RADIO) onda *f* **5.** (TECH) eje *m*

wellen **I.** *vt* ondular **II.** *vr:* **sich ~** ondularse

Wellenbad *nt* piscina *f* de olas; **Wellenbrecher** *m* rompeolas *m inv;* **Wellengang** *m ohne Pl* <-(e)s> oleaje *m;* **Wellenlänge** *f* (PHYS) longitud *f* de onda; **sie haben die gleiche ~** (*fam*) están en la misma onda; **Wellenlinie** *f* línea *f* ondulada; **Wellenreiten** *nt ohne Pl* <-s> (SPORT) surf *m;* **Wellensittich** *m* <-s, -e> (ZOOL) perico *m,* periquito *m*

wellig *adj* ondulado

Wellpappe *f* cartón *m* ondulado

Welpe *m* <-n, -n> (ZOOL) cachorro *m*

Wels *m* <-es, -e> (ZOOL) siluro *m*

Welt *f* <-en> mundo *m;* (*Erde*) tierra *f;* **auf der ~** en el mundo; **auf die ~ kommen** venir al mundo; **aus aller ~** de todo el mundo; **die Alte/Neue/Dritte ~** el Viejo/Nuevo/Tercer Mundo; **die heile ~** el mundo ideal; **alle ~ spricht davon** (*fam*) todo el mundo habla de esto; **vor aller ~** (*fam*) delante de todo el mundo; **uns trennen ~en** (*fam*) entre nosotros hay un mundo; **eine ~ brach für ihn zusammen** (*fam*) se le hundió el mundo; **mit sich** *dat* **und der ~ zufrieden sein** (*fam*) estar contento con uno mismo y con el mundo; **um nichts in der ~** (*fam*) por nada del mundo; **die ~ nicht mehr verstehen** (*fam*) ya no entender nada de nada; **das ist nicht aus der ~** (*fam*) no está lejos; **das kostet nicht die ~** (*fam*) eso no cuesta demasiado; **was in aller ~ hast du dir denn dabei gedacht?** (*fam*) ¿en qué diablos estabas pensando al hacer esto?; **davon geht die ~ nicht unter** (*fam*) no se acaba el mundo por eso; **ein Gerücht in die ~ setzen** (*fam*) hacer correr un rumor; **das hat die ~ noch nicht gesehen!** (*fam*) ¡es una cosa nunca vista!; **Weltall** *nt ohne Pl* <-s> universo *m;* **Weltanschauung** *f* ideología *f;* **Weltausstellung** *f* exposición *f* universal; **weltberühmt** *adj* famoso en el mundo entero; **Weltbevölkerung** *f ohne Pl* población *f* mundial; **weltbewegend** *adj* revolucionario; **Weltbild** *nt* concepto *m* del mundo; **Weltbürger(in)** *m(f)* cosmopolita *mf*

Weltenbummler(in) *m(f)* <-s, -; -nen> trotamundos *mf inv*

Welterfolg *m* éxito *m* mundial; **weltfremd** *adj* ajeno al mundo; (*naiv*) ingenuo; **Weltgeschichte** *f ohne Pl* historia *f* universal; **in der ~ herumfahren** (*fam*) recorrer mundo; **weltgeschichtlich** *adj* histórico; **Weltkarte** *f* mapamundi *m;* **Weltkrieg** *m* guerra *f* mundial; **Erster/Zweiter ~** primera/segunda guerra mundial

weltlich *adj* **1.** (*irdisch*) mundano **2.** (*nicht kirchlich*) laico, secular

Weltmacht *f* <-mächte> potencia *f* mundial

weltmännisch *adj* de hombre de mundo; (*überlegen*) sofisticado

Weltmarkt *m ohne Pl* <-(e)s> (WIRTSCH) mercado *m* mundial; **Weltmeer** *nt* océano *m;* **Weltmeister(in)** *m(f)* campeón, -ona *m, f* del mundo; **Weltmeisterschaft** *f* <-en> **1.** (*Wettkampf*) campeonato *m* mundial, mundial(es) *m(pl) fam* **2.** (*Titel*) copa *f* del mundo; **weltoffen** *adj* abierto

Weltraum *m ohne Pl* <-(e)s> espacio *m* sideral; **Weltraumbehörde** *f* agencia *f* espacial; **Weltraumforschung** *f ohne Pl* investigación *f* espacial; **Weltraummüll** *m* basura *f* espacial; **Weltraumstation** *f* estación *f* espacial

Weltreich *nt* imperio *m;* **Weltreise** *f* viaje *m* alrededor del mundo; **Weltrekord** *m* récord *m* mundial; **Weltschmerz** *m ohne Pl* <-es> melancolía *f;* **Weltsicherheitsrat** *m* Consejo *m* de Seguridad de las Naciones Unidas; **Weltsprache** *f* <-n> idioma *m* universal; **Weltstadt** *f* metrópoli *f;* **Weltstar** *m* <-s, -s> estrella *f* mundial

Weltuntergang *m* fin *m* del mundo; **Weltuntergangsstimmung** *f* catastrofismo *m*

Weltverbesserer, -in *m, f* <-s, -; -nen> idealista *mf*

weltweit **I.** *adj* mundial **II.** *adv* a escala mundial

Weltwirtschaft *f ohne Pl* economía *f* mundial; **Weltwirtschaftskrise** *f* crisis *f inv* económica mundial

Weltwunder *nt* maravilla *f* del mundo; **die sieben ~** las siete maravillas del mundo

wem **I.** *pron inter dat von* **wer** a quién, a quiénes *pl;* **mit/von ~?** ¿con/de quién?; **bei/zu ~?** ¿en casa/a casa de quién? **II.** *pron rel dat von* **wer** a quien, al que, a quienes, a los que *pl*

wen **I.** *pron inter akk von* **wer** a quién, a quiénes *pl;* **an/für ~?** ¿a/para quién?; **~ meinst du?** ¿a quién te refieres? **II.** *pron rel akk von* **wer** a quien, al que, a quienes, a los que *pl*

Wende *f* <-n> **1.** (*Veränderung*) cambio *m;* **eine ~ zum Guten/Schlechten** un cambio para mejor/peor **2.** (*Schwimmen, Segeln*) viraje *m;* (*Turnen, Eiskunstlauf*) vuelta *f;* **Wendekreis** *m* **1.** (GEO) trópico *m;* **der ~ des Krebses/Steinbocks** el trópico de Cáncer/de Capricornio **2.** (TECH) radio *m* de giro

Wendeltreppe *f* escalera *f* de caracol

wenden[1] **I.** *vi* (*Auto*) girar; (NAUT) virar **II.** *vt* (*Braten, Blatt, Kleidung, Fahrzeug*) dar la vuelta (a); **bitte ~!** ¡véase al dorso!; **man kann die Sache drehen und ~, wie man will** (*fam*) mírese como se mire

wenden[2] <wendet, wendete *o* wandte, gewendet *o* gewandt> **I.** *vt* **1.** (*Kopf*) volver **2.** (*Blick, Schritte*) dirigir; **den Blick nicht von etw** *dat* **~** no apartar la vista de algo **3.** (*auf~*) invertir (*an/auf* en) **II.** *vr:* **sich ~** (*Richtung einschlagen*) dirigirse (*zu* a); (*von jdm weg*) apartarse (*von* de); **sich zum Gehen ~** disponerse a irse; **sich zum Ausgang ~** dirigirse a la salida; **es wird sich alles zum Guten ~** todo saldrá bien; **seine gute Laune wandte sich ins Gegenteil** se le agrió el humor; **sich an jdn ~** dirigirse a alguien; **sich gegen etw ~** oponerse a algo; **sich gegen jdn ~** volverse en contra de alguien

Wendeplatz *m* <-es, -plätze> lugar *m* para girar (el coche); **Wendepunkt** *m* **1.** (*Zeitpunkt*) momento *m* decisivo **2.** (ASTR) punto *m* solsticial; (MATH) punto *m* de inflexión

wendig *adj* **1.** (*Auto*) manejable **2.** (*Person*) ágil

Wendung *f* <-en> **1.** (*Drehung*) vuelta *f* **2.** (*Kurve*) curva *f* **3.** (*Veränderung*) cambio *m*, giro *m;* **eine ~ zum Guten nehmen** tomar un giro favorable; **eine ~ zum Schlechten nehmen** tomar mal cariz; **eine unerwartete ~ nehmen** tomar un giro inesperado **4.** (*Rede~*) modismo *m*

wenig *adj o adv o pron indef* **1.** (*kleine Menge*) poco; (**nur**) **~e** (sólo) pocos; **ein ~** un poco; **ein klein ~** un poquito; **sehr ~** poquísimo; **ein ~ Geduld** un poco de paciencia; **mit ~en Ausnahmen** salvo pocas excepciones; **in ~en Wochen** dentro de pocas semanas; **einige ~e** unos pocos; **eine ~ bekannte Künstlerin** una artista poco conocida; **sie war nicht ~ überrascht, als ...** su sorpresa no fue poca cuando...; **es fehlte** (**nur**) **~, und sie hätte gewonnen** faltó poco para ganar **2. zu ~** muy poco; **11 DM zu ~** faltan 11 marcos; **zu ~ essen/trinken** no comer/beber suficiente **3. so ~** tan poco; **so ~ wie möglich** lo menos posible; **du sprichst so ~** estás tan callado

weniger **I.** *adj o adv o pron indef kompar von* **wenig** menos; **~ als** menos que; (*bei Zahlen*) menos de; (*vor Verben*) menos de lo que; **es kamen ~ als gestern** vinieron menos que ayer; **immer ~** cada vez menos; **viel ~** mucho menos; **~ werden** disminuir; **nicht mehr und nicht ~ als ...** ni más ni menos que...; **mehr oder ~** más o menos; **das finde ich ~ schön!** ¡esto no me gusta tanto!; **um so ~** tanto menos; **je ~, desto besser** cuanto menos mejor; **je mehr ..., desto ~ ...** cuanto más..., menos... **II.** *konj* menos; **zehn ~ drei ist sieben** diez menos tres son siete

wenigste *pron indef superl von* **wenig** **1.** (*kleinste Anzahl*): **die ~n** los menos, la menor parte; (*die Minderheit*) la minoría **2.** (*kleinste Menge*): **das ~** lo menos; **das ~ wäre, ihn einmal anzurufen** lo menos sería llamarle una vez; **er hat das ~ Geld** es el que menos dinero tiene; **das ist ja noch das ~!** (*fam*) ¡es lo mínimo!

wenigsten *superl von* **wenig**: **am ~** lo (que) menos

wenigstens *adv* **1.** (*zumindest*) por lo menos **2.** (*mindestens*) por lo menos, como mínimo; **ich habe ~ viermal angerufen** he llamado cuatro veces por lo menos

wenn *konj* **1.** (*zeitlich*) cuando; **jedesmal, ~ ...** cada vez que... **2.** (*konditional*) si; (*falls*) en caso de que +*subj;* **~ nicht** si no; **~ nur** con tal que +*subj;* **außer ~** excepto si; **~ er nicht gewesen wäre, hätte es nie geklappt** si no hubiese estado él, no lo hubiéramos podido hacer nunca **3.** (*konzessiv*): **~ auch** si bien, aunque +*subj;* **es ging, ~ auch mit einiger Mühe** funcionó, si bien nos costó bastante trabajo; **~ er auch nett ist, mag ich ihn nicht** no termina de caerme bien aunque sea majo **4.** (*Wunsch*): **~ ... nur** si +*subj,* ojalá +*subj;* **~ ich nur schon in Berlin wäre** si estuviera de una vez en Berlín

wenngleich *konj* aunque, si bien

wennschon *konj* aunque; **und ~!** (*fam*) ¡qué más da!; **~, dennschon!** (*fam*) ¡de hacerlo, hacerlo bien!

wer **I.** *pron inter* quién, quiénes *pl;* **~ von euch beiden?** ¿quién de vosotros? **II.** *pron rel* quien, el que, quienes, los que *pl;* **~ auch immer** quienquiera que sea **III.** *pron indef* (*fam*) alguien; **ist da ~?** ¿hay alguien ahí?

Werbeabteilung *f* sección *f* de publicidad; **Werbeagentur** *f* agencia *f* de publicidad; **Werbeanzeige** *f* anuncio *m* publicitario; **Werbebranche** *f* sector *m* publicitario; **Werbefachmann, -frau** *m, f* <-(e)s, -männer; -en> experto, -a *m, f* publicitario, -a; **Werbefernsehen** *nt* publicidad *f* televisada; **Werbefilm** *m* <-(e)s, -e> película *f* publicitaria; **Werbegeschenk** *nt* regalo *m* de promoción; **Werbekampagne** *f* campaña *f* publicitaria

werben <wirbt, warb, geworben> **I.** *vi* (*für eine Ware*) hacer publicidad (*für* para); (*für eine Partei*) hacer propaganda (*für* para); **um etw ~** (*geh*) tratar de ganarse algo **II.** *vt* (*Arbeitskräfte*) contratar; (*Mitglieder*) afiliar; (*Kunden*) atraer

Werbeslogan *m* eslogan *m* publicitario; **Werbespot** *m* anuncio *m* publicitario, comercial *m Am;* **Werbetext** *m* texto *m* publicitario; **Werbeträger** *m* <-s, -> soporte *m* publicitario; **Werbetrommel** *f* (*fam*): **die ~ für etw rühren** hacer propaganda para algo; **werbewirksam** *adj* de gran efecto publicitario

Werbung[1] *f ohne Pl* (*Reklame*) publicidad *f,* aviso *m Am;* **~ für etw machen** hacer publicidad para algo

Werbung[2] *f* <-en> (*das Anwerben*) reclutamiento *m*

Werdegang *m* <-(e)s, -gänge> desarrollo *m;* **der berufliche ~** la carrera profesional

werden[1] <wird, wurde, geworden> *vi sein* **1.** (*Zustandsveränderung*) ponerse, volverse; (*allmählich*) hacerse; **alt ~** hacerse viejo; **krank ~** ponerse enfermo; **kalt ~** enfriar(se); **mir wird schlecht** me estoy mareando; **ich werde noch verrückt** me voy a volver loco; **es wird schon dunkel** ya se hace de noche; **es wird Frühling** llega la primavera **2.** (*Entwicklung*) llegar a ser, devenir; **~de Mutter** futura madre; **es wird ein Junge** será un niño; **besser/schlechter ~** mejorar/empeorar; **was willst du einmal ~?** ¿qué quieres ser de mayor?; **was nicht ist, kann ja noch ~** todo es posible; **was soll nun** (**aus uns**) **~?**

¿qué será de nosotros? **3.** (*Verwandlung*) convertirse (*zu* en), volverse; **zum Verräter** ~ convertirse en traidor **4.** (*Resultat*) salir; **das ist nichts geworden** (*fam*) no salió; **die Fotos sind gut geworden** las fotos salieron bien; **er ist 40 geworden** cumplió 40 años; **daraus wird nichts** de ahí no va a resultar nada **5.** (*mit Zeitangabe*): **in einer halben Stunde wird es 12 Uhr** dentro de media hora serán las doce; **sie wird bald 12** va a cumplir 12 años; **es wird Zeit, dass wir gehen** es hora de que nos vayamos **6.** (*Wend*): **wird's bald?** (*fam*) ¡date prisa!; **ich werd' nicht mehr!** (*fam*) ¡no puede ser!

werden[2] <wird, wurde, *ohne pp*:> *aux* **1.** (*zur Bildung des Futurs*): **ich werde es tun** lo haré; **es wird schon** ~ saldrá bien; **es wird gleich regnen** va a empezar a llover **2.** (*zur Bildung des Konjunktivs II*): **würden Sie bitte mal kommen?** ¿podría venir un momento, por favor? **3.** (*Vermutung*): **es wird schon stimmen** será correcto; **er wird wohl ausgegangen sein** habrá salido

werden[3] <wird, wurde, worden> *aux* (*zur Bildung des Passivs*) ser; **sie ist entführt worden** ha sido secuestrada; **das Zimmer wird gerade gestrichen** están pintando la habitación; **hier wird nicht geraucht!** ¡aquí no se fuma!; **mir wurde gesagt, dass ...** me han dicho que...

Werden *nt ohne Pl* <-s> **1.** (*Entwicklung*) desarrollo *m;* **noch im** ~ **sein** estar en pleno desarrollo; **der Kuchen ist schon im** ~ el bizcocho está a medio hacer **2.** (*Bildung*) formación *f* **3.** (PHILOS) devenir *m*

werfen <wirft, warf, geworfen> **I.** *vt* **1.** (*allgemein*) echar, tirar; (*schleudern*) lanzar, arrojar; **nicht** ~! ¡frágil!; **jdn zu Boden** ~ tirar a alguien al suelo; **die Tür ins Schloss** ~ dar un portazo; **etw auf den Markt** ~ lanzar algo al mercado; **eine Münze** ~ echar a suertes; **jdn ins Gefängnis** ~ meter a alguien en la cárcel; **er hatte ein Auge auf sie geworfen** (*fig*) le tenía echado el ojo; **jdn aus etw** *dat* ~ echar a alguien de algo **2.** (*bilden*) formar; **die Flüssigkeit wirft Blasen** el líquido burbujea **3.** (*Tierjunge*) parir **II.** *vr:* **sich** ~ **1.** (*sich stürzen*) lanzarse (*auf* sobre); (*fig*) volcarse (*auf* en) **2.** (*sich fallen lassen*) echarse (*auf* sobre); **sie warf sich aufs Bett** se echó sobre la cama **3.** (*sich verziehen*) alabearse **III.** *vi* **1.** (*a.* SPORT) lanzar; **wie weit wirfst du?** ¿cuánto lanzas?; **mit Geld um sich** ~ tirar el dinero por la ventana **2.** (*Tier*) parir

Werft *f* <-en> (NAUT) astillero *m;* (AERO) hangar *m;* **Werftarbeiter(in)** *m(f)* (NAUT) obrero, -a *m, f* del astillero; (AERO) obrero, -a *m, f* del hangar

Werk *nt* <-(e)s, -e> **1.** (*Geschaffenes, Handlung*) obra *f;* (*Arbeit*) trabajo *m;* **sämtliche/ausgewählte** ~**e** obras completas/escogidas; **das ist sein** ~ es obra suya; **ein gutes** ~ **(an jdm) tun** hacer una buena obra (para alguien); **sich ans** ~ **machen** ponerse a trabajar; **da sind üble Kräfte am** ~ hay algo sucio detrás de todo esto **2.** (*Fabrik*) fábrica *f;* (*Unternehmen*) empresa *f;* **Lieferung ab** ~ entrega en fábrica **3.** (*Mechanismus*) mecanismo *m*

Werkbank *f* <-bänke> banco *m* de trabajo

werkgetreu *adj* fiel al original

Werkmeister(in) *m(f)* <-s, -; -nen> contramaestre, -a *m, f;* **Werkschutz** *m* servicio *m* de seguridad de la empresa; **Werksgelände** *nt* terreno *m* de la empresa; **Werk(s)spionage** *f* espionaje *m* industrial

Werkstatt *f* <-stätten> taller *m*

Werkstoff *m* <-(e)s, -e> material *m* de trabajo; **Werkstück** *nt* pieza *f* de trabajo; **Werksvertrag** *m* contrato *m* de obra

Werktag *m* día *m* laborable; **werktags** *adv* los días laborales; **werktätig** *adj* trabajador; **die** ~**e Bevölkerung** la población activa; **Werktätige(r)** *mf* <-n, -n; -n> obrero, -a *m, f;* **die** ~**n** la población activa

Werkvertrag *m* contrato *m* de obra

Werkzeug *nt* <-(e)s, -e> herramienta *f;* (*Instrument*) instrumento *m;* **Werkzeugkasten** *m* caja *f* de herramientas

Wermut *m ohne Pl* <-(e)s> **1.** (*Pflanze*) ajenjo *m* **2.** (*Getränk*) vermú *m;* **Wermut(s)tropfen** *m* (*geh*) amargura *f*

wert *adj:* **etwas** ~ **sein** valer algo; **nichts** ~ **sein** no valer nada; **das ist mir viel** ~ esto significa mucho para mí; **wie viel ist das** ~**?** ¿cuánto vale?; **einer Sache** ~ **sein** merecer algo

Wert *m* <-(e)s, -e> **1.** (*a. fig*) valor *m;* (*Preis*) precio *m;* **einen** ~ **von 50 Mark haben** tener un valor de 50 marcos; **an** ~ **verlieren/zunehmen** disminuir/aumentar de valor; **das sind bleibende** ~**e** son valores permanentes; **großen/keinen** ~ **auf etw legen** dar mucha/no dar importancia a algo; **das hat keinen** ~ no merece la pena; **etw** *dat* **einen besonderen** ~ **beimessen** atribuir un valor especial a algo **2.** (*Ergebnis*) resultado *m;* (TECH) datos *mpl;* **Wertarbeit** *f* trabajo *m* de calidad; **wertbeständig** *adj* de valor fijo; **Wertbrief** *m* carta *f* con valor declarado

W

werten *vt* valorar; (*einschätzen*) calificar (*als* de/como); (SPORT) dar como válido

Wertesystem *nt* sistema *m* de valores; **Wertewandel** *m* cambio *m* de valores

wertfrei *adj* imparcial

Wertgegenstand *m* <-(e)s, -stände> objeto *m* de valor

Wertigkeit *f* <-en> (CHEM, LING) valencia *f*

wertlos *adj* sin valor, de agache *Ecua*, pinche *Mex:* *pey*

Wertmaßstab *m* criterio *m;* **einen ~ anlegen** establecer un criterio; **Wertpapier** *nt* (FIN) valor *m*, efecto *m;* **Wertsache** *f* objeto *m* de valor; **Wertschätzung** *f ohne Pl* (*geh*) aprecio *m*

Wertstoff *m* <-(e)s, -e> desecho *m* reciclable; **Wertstoffcontainer** *m* contenedor *m* para desechos reciclables

Wertung *f* <-en> valoración *f;* (SPORT) puntuación *f*

wertvoll *adj* valioso; **Wertvorstellung** *f* concepto *m* de valores; **Wertzeichen** *nt* sello *m*

Werwolf *m* ogro *m*

Wesen[1] *nt ohne Pl* <-s> **1.** (*Grundeigenschaft*) esencia *f;* (PHILOS) ente *m;* **das liegt im ~ der Sache** es propio del asunto mismo **2.** (*Charakter*) naturaleza *f;* **sein wahres ~ zeigen** quitarse la máscara

Wesen[2] *nt* <-s, -> (*Lebe~*) ser *m;* (*Mensch*) persona *f;* **ein menschliches ~** un ser humano

wesenhaft *adj* **1.** (*im Wesen begründet*) esencial **2.** (*real existent*) real

Wesensart *f ohne Pl* manera *f* de ser; **Wesenszug** *m* <-(e)s, -züge> rasgo *m* característico

wesentlich **I.** *adj* esencial; (*grundlegend*) fundamental; (*bedeutend*) importante; **das ist im W~en nichts Neues** en esencia no es nada nuevo; **nichts W~es** nada de importancia **II.** *adv* (*sehr, viel*) mucho; **es wäre mir ~ lieber, wenn ...** preferiría mucho más que... *+subj*

weshalb *adv* **1.** (*fragend*) por qué **2.** (*relativisch*) por lo que, por lo cual; **der Grund ~ ...** la razón por la cual...

Wespe *f* <-n> (ZOOL) avispa *f;* **Wespennest** *nt* (ZOOL) nido *m* de avispas

wessen **I.** *pron inter* **1.** *gen von* **wer** de quién; **~ Auto ist das?** ¿de quién es el coche? **2.** *gen von* **was** de qué; **~ wird sie beschuldigt?** ¿de qué se la acusa? **II.** *pron rel* de quien, del que, de quienes, de los que *pl;* **~ Schuld es ist, (der) soll es gestehen** aquel de quien sea la culpa, debe confesarlo

Wessi *mf* <-s, -s; -s> (*fam*) *habitante de los estados federados del oeste de Alemania*

West *m ohne Pl* <-> (NAUT, METEO) oeste *m;* **westdeutsch** *adj* del oeste de Alemania; **Westdeutschland** *nt* Oeste *m* de Alemania

Weste *f* <-n> chaleco *m;* **eine reine ~ haben** (*fam fig*) tener las manos limpias

Westen *m ohne Pl* <-s> oeste *m*, occidente *m;* **im ~** en el oeste; **von ~** del oeste; **in den ~** al oeste; **der Wilde ~** el Salvaje Oeste

Westentasche *f* bolsillo *m* del chaleco; **etw wie seine ~ kennen** (*fam*) conocer algo como la palma de la mano

Western *m* <-s, -> película *f* del Oeste

Westeuropa *nt* Europa *f* Occidental

Westfale, -fälin *m, f* <-n, -n; -nen> westfaliano, -a *m, f*

Westfalen *nt* <-s> Westfalia *f*

Westfälin *f* <-nen> *s.* **Westfale**

westfälisch *adj* westfaliano

westlich **I.** *adj* del oeste; **~ von Berlin** al oeste de Berlín; **in ~er Richtung** en dirección oeste; **52 Grad ~er Länge** 52 grados longitud oeste **II.** *präp +gen* al oeste de

Westmächte *fpl* (POL) potencias *fpl* occidentales; **Westwind** *m* viento *m* del Oeste

weswegen *adv s.* **weshalb**

Wettbewerb[1] *m* <-(e)s, -e> (*Veranstaltung*) concurso *m;* (SPORT) competición *f*

Wettbewerb[2] *m ohne Pl* <-(e)s> (WIRTSCH) competencia *f;* **mit jdm in ~ stehen** competir con alguien

Wettbewerber(in) *m(f)* <-s, -; -nen> (*a.* WIRTSCH) concursante *mf*, competidor(a) *m(f)*

wettbewerbsfähig *adj* competitivo

Wettbüro *nt* despacho *m* de apuestas mutuas

Wette *f* <-n> apuesta *f;* **eine ~ mit jdm abschließen** hacer una apuesta con alguien; **ich gehe jede ~ ein, dass ...** apuesto el cuello a que...; **die ~ gilt!** ¡hecho!; **um die ~** (*fam*) a porfía

Wetteifer *m* espíritu *m* de competencia; **wetteifern** *vi:* **mit jdm um etw ~** competir con alguien por algo

wetten *vi, vt* apostar (*auf* por, *um*); (**mit jdm**) **um etw ~** apostar algo (con alguien); **ich wette mit dir um fünf Mark, dass ...** te apuesto cinco marcos a que...; (**wollen wir**) **~?** ¿apostamos?; **~, dass ich schneller bin?** (*fam*) ¿qué te apuestas a que soy más rápido?; **worum ~ wir?** ¿qué apuestas?

Wetter *nt ohne Pl* <-s> (METEO) tiempo *m;* **es ist schönes/schlechtes ~** hace buen/mal tiempo; **Wetteramt** *nt* instituto *m* meteorológico; **Wetterbericht** *m* parte *m* meteorológico; **Wetterdienst** *m* servicio *m* meteorológico; **Wetterfahne** *f* <-n> veleta *f;* **wetterfest** *adj* resistente a la intemperie; (*wasserundurchlässig*) impermeable

wetterfühlig *adj* sensible a los cambios de tiempo

Wetterhahn *m* veleta *f;* **Wetterkarte** *f* mapa *m* meteorológico; **Wetterlage** *f* (METEO) situación *f* meteorológica; **Wetter-**

leuchten *nt ohne Pl* <-s> relampagueo *m*

wettern *vi* (*fam*) echar pestes; **gegen etw ~** maldecir algo

Wetterprognose *f* previsión *f* meteorológica; **Wettersatellit** *m* satélite *m* meteorológico; **Wetterstation** *f* estación *f* meteorológica; **Wetterumschwung** *m* cambio *m* brusco del tiempo; **Wettervorhersage** *f* pronóstico *m* del tiempo

Wettkampf *m* (SPORT) competición *f*; **Wettkämpfer(in)** *m(f)* (SPORT) competidor(a) *m(f)*; **Wettlauf** *m* <-(e)s, -läufe> carrera *f* de velocidad; **es war ein ~ mit der Zeit** lo hicimos a contrarreloj; **Wettläufer(in)** *m(f)* <-s, -; -nen> corredor(a) *m(f)*

wett|machen *vt* (*fam*) compensar; (*Fehler*) corregir; (*Rückstand*) recuperar

Wettrennen *nt* carrera *f* de velocidad; **Wettrüsten** *nt ohne Pl* <-s> carrera *f* de armamentos

wetzen **I.** *vi sein* (*fam*) correr **II.** *vt* afilar

Wetzstein *m* piedra *f* de afilar

WG *f* <-s> *Abk. von* **Wohngemeinschaft** comuna *f*

Whisky *m* <-s, -s> whisky *m*, güisqui *m*

wich *3. imp von* **weichen**

Wichse *f* <-n> (*fam: Schuhcreme*) betún *m*

wichsen **I.** *vt* **1.** (*fam: polieren*) pulir; (*Boden*) encerar; (*Schuhe*) lustrar **2.** (*reg: verprügeln*) dar una paliza **II.** *vi* (*vulg*) cascársela

Wichser *m* <-s, -> (*vulg*) pajero *m*

Wicht *m* <-(e)s, -e>, **Wichtelmännchen** *nt* <-s, -> duende *m*

wichtig *adj* importante; **sich ~ machen** hacerse el importante; **~ tun** (*fam*) ser engreído; **sich ~ nehmen** hacerse el importante; **etw ~ nehmen** dar importancia a algo

Wichtigkeit *f ohne Pl* importancia *f*; **eine Sache von großer/höchster ~** un asunto de mucha/suma importancia

Wichtigtuer(in) *m(f)* <-s, -; -nen> (*fam a. abw*) farolero, -a *m, f*

Wickel *m* <-s, -> **1.** (MED) compresa *f* **2.** (*Locken~*) rulo *m* **3.** (*Spule*) bobina *f* **4.** (*Wend*): **jdn am ~ haben** (*fam*) llamar a alguien a capítulo

wickeln *vt* **1.** (*auf~*) arrollar; (*auf eine Spule, Rolle*) bobinar; (*zu einem Knäuel*) ovillar **2.** (*ein~*) envolver (*in* en); (*aus~*) desenvolver; (*ab~*) desenrollar; **sich** *dat* **einen Schal um den Hals ~** ponerse un pañuelo alrededor del cuello **3.** (*Säugling*) cambiar los pañales (a); **da bist du schief gewickelt** (*fam*) estás equivocado

Widder *m* <-s, -> **1.** (ZOOL) carnero *m* **2.** (ASTR) Aries *m*

wider *präp +akk* (*geh*) contra; **~ Erwarten** contra lo que era de esperar

widerborstig *adj* **1.** (*Person*) terco **2.** (*Haar*) rebelde

widerfahren* *irr vi sein* (*geh*) ocurrir

Widerhaken *m* <-s, -> garfio *m*; (*an einer Angel*) púa *f*

Widerhall *m* <-(e)s, -e> resonancia *f*; **~ finden** tener eco; **bei jdm keinen ~ finden** no encontrar la aprobación de alguien

widerlegen* *vt* rebatir

widerlich *adj* (*abw*) **1.** (*Ekel erregend*) asqueroso; (*abstoßend*) repugnante **2.** (*unangenehm*) desagradable

widernatürlich *adj* (*abw*) contranatural; **widerrechtlich** *adj* ilegal, ilícito; **sich** *dat* **etw ~ aneignen** apropiarse de algo ilícitamente

Widerrede *f* <-n> protesta *f*; **sie duldet keine ~** no admite protesta

Widerruf *m* <-(e)s, -e> (*einer Anordnung*) revocación *f*; (*einer Aussage*) retractación *f*; **bis auf ~** hasta nuevo aviso; **widerrufen*** *irr vt* (*Gesetz, Urteil*) revocar; (*Aussage*) retractarse (de); (*Nachricht*) desmentir; (*Auftrag*) anular

Widersacher(in) *m(f)* <-s, -; -nen> adversario, -a *m, f*

widersetzen* *vr*: **sich ~** oponerse (a)

widerspenstig *adj* rebelde; (*trotzig*) terco

wider|spiegeln **I.** *vt* reflejar **II.** *vr*: **sich ~** reflejarse

widersprechen* *irr vi*: **jdm ~** contradecir a alguien; **etw** *dat* **~** ir en contra de algo; **sich** *dat* **~** contradecirse; **sich ~de Angaben** indicaciones contradictorias

widersprochen *pp von* **widersprechen**

Widerspruch[1] *m ohne Pl* <-(e)s> (*Widerrede*) réplica *f*; (*Protest*) protesta *f*; **ohne ~** sin protestar; **seine Äußerungen stießen auf ~** hubo protestas a causa de sus declaraciones; **~ einlegen** (JUR) interponer recurso

Widerspruch[2] *m* <-(e)s, -sprüche> (*Gegensätzlichkeit*) contradicción *f* (*zu* con); **in ~ zu jdm/etw** *dat* **geraten** estar en contradicción con alguien/algo; **sich in Widersprüche verwickeln** incurrir en contradicciones

widersprüchlich *adj* contradictorio

widerspruchslos *adj* sin objeción alguna, sin protestar

Widerstand *m* <-(e)s, -stände> (*a.* PHYS, ELEK) resistencia *f* (*gegen* a); **~ leisten** oponer resistencia; **auf ~ stoßen** encontrar resistencia

widerstanden *pp von* **widerstehen**

Widerstandsbewegung *f* (movimiento *m* de) resistencia *f*; **widerstandsfähig** *adj* resistente (*gegen* a); (*stabil*) sólido; **Widerstandsfähigkeit** *f ohne Pl* (capacidad *f* de) resistencia *f* (*gegen* a); (*Stabilität*) solidez *f*; **Widerstandskämpfer(in)** *m(f)* guerillero, -a *m, f*; **Widerstandskraft** *f* (fuerza *f* de) resistencia *f*

widerstandslos *adv* **1.** (*ohne Widerstand zu leisten*) sin oponer resistencia **2.** (*ohne auf Widerstand zu stoßen*) sin encontrar resistencia

widerstehen* *irr vi* resistir (+*dat* a)

widerstreben* *vi* **1.** (*zuwider sein*) repugnar; **es widerstrebt mir, das zu tun** me repugna hacerlo **2.** (*geh: sich widersetzen*): **jdm/etw** *dat* ~ oponerse a alguien/algo

Widerstreben *nt ohne Pl* <-s> **1.** (*Widerstand*) oposición *f* **2.** (*Abneigung*) repugnancia *f*

widerwärtig *adj* **1.** (*widrig*) fastidioso **2.** (*ekelhaft*) asqueroso; (*unangenehm*) desagradable

Widerwille *m ohne Pl* <-ns> (*Abneigung*) aversión *f* (*gegen* a); (*Ekel*) asco *m;* **etw mit größtem ~n tun** hacer algo de muy mala gana; **widerwillig** **I.** *adj* indignado **II.** *adv* de mala gana

widmen **I.** *vt* **1.** (*zueignen*) dedicar; **jdm etw ~** dedicar algo a alguien **2.** (*bestimmen*) consagrar; **er widmete sein Leben der Wissenschaft** consagró su vida a la ciencia **II.** *vr:* **sich jdm ~** atender a alguien; **sich etw** *dat* **~** dedicarse a algo

Widmung *f* <-en> dedicatoria *f*

widrig *adj* desfavorable

wie **I.** *adv* **1.** (*interrogativ: auf welche Art*) ¿cómo?; (*mit welchen Merkmalen, in welchem Grad*) ¿qué?; (*in welcher Weise*) ¿de qué manera?; **~ geht das?** ¿cómo se hace?; **~ heißt das?** ¿cómo se llama esto?; **~ bitte?** ¿cómo (dice)?; **~ das?** ¡cómo!; **~ kommt es, dass ...?** ¿cómo es que...?; **~ geht's?** ¿qué tal?; **~ oft?** ¿cuántas veces?; **~ viel?** ¿cuánto?; **~ alt bist du?** ¿cuántos años tienes?; **~ groß ist es?** ¿qué tamaño tiene?; **~ teuer ist das?** ¿cuánto vale?; **~ spät ist es?** ¿qué hora es?; **~ gefällt es dir?** ¿qué te parece?; **~ war's im Urlaub?** ¿qué tal fueron las vacaciones?; **~ wäre es, wenn ...?** ¿qué tal si...(+*subj*)?; **gewusst ~!** (*fam*) ¡hay que saber (cómo)!; **~ klug du auch immer sein magst** por más inteligente que seas; **~ auch immer** sea como sea; **~ dem auch sei** sea como fuere **2.** (*relativisch: auf welche Art*) como; (*in welchem Grad*) que; **die Art, ~ sie spricht** la manera como habla; **in dem Maße, ~ ...** en la medida que... **3.** (*Ausruf*) ¡cómo!, ¡qué!; **~ schade!** ¡qué lástima!; **und ~!** (*fam*) ¡y cómo! **4.** (*fam: nicht wahr*) ¿verdad?, ¿o no?; **das macht dir Spaß, ~?** esto te divierte, ¿o no? **II.** *konj* **1.** (*Vergleich*) como; **weiß ~ Schnee** blanco como la nieve; **ich bin genauso groß ~ du** soy tan alto como tú; **das weißt du genauso gut ~ ich** lo sabes tan bien como yo; **er ist so gut ~ blind** está poco menos que ciego; **~ immer** como siempre; **~ zum Beispiel** como por ejemplo **2.** (*südd: als*): **das ist besser ~ das andere** esto es mejor que lo otro **3.** (*sowie*): **einer ~ der andere** uno igual que el otro; **Frauen ~ Männer** (tanto) las mujeres como los hombres **4.** (*gleichzeitig*) cuando, según; **~ er sich umdreht, sieht er den Dieb losrennen** al darse la vuelta ve al ladrón echar a correr **5.** (*mit Objektsatz*) cómo; **ich sah, ~ er das Fenster öffnete** vi cómo abría la ventana

Wiedehopf *m* <-(e)s, -e> (ZOOL) abubilla *f* común

wieder *adv* **1.** (*nochmals*) otra vez, de nuevo; **immer ~** una y otra vez; **nie ~** nunca más; **schon ~** otra vez; **~ mal** de nuevo; **~ anfangen** recomenzar; **etw immer ~ machen** volver a hacer algo; **gib ihm das ~ zurück** devuélveselo; **da bin ich ~** aquí estoy de nuevo **2.** (*andererseits*) por otra parte; **das ist auch ~ wahr** por otra parte esto también es cierto

Wiederaufbau *m ohne Pl* <-(e)s> reconstrucción *f*

wieder|auf|bereiten* *vt s.* **aufbereiten 2.**

Wiederaufbereitung *f* reprocesamiento *m;* **Wiederaufbereitungsanlage** *f* planta *f* de reprocesamiento

wiederaufladbar *adj s.* **aufladen I.1.**

Wiederaufnahme *f* (*einer Tätigkeit*) reanudación *f;* (*eines Gerichtsverfahrens*) revisión *f;* (*eines Theaterstücks*) reestreno *m;* (*in eine Gruppe*) readmisión *f*

wieder|auf|nehmen *irr vt s.* **aufnehmen 1., 7.**

wieder|bekommen* *irr vt* recuperar, recobrar

wieder|beleben* *vt s.* **beleben I.**; **Wiederbelebung** *f* (*Person*) reanimación *f;* (*Wirtschaft*) reactivación *f;* **Wiederbelebungsversuch** *m* intento *m* de reanimación

Wiederbeschaffung *f* recuperación *f*

wieder|bringen *irr vt* devolver

wieder|ein|führen *vt s.* **einführen 6.**; **wieder|ein|setzen** *vt s.* **einsetzen II.2.**

wieder|entdecken* *vt s.* **entdecken 2.**; **wieder|erkennen*** *irr vt s.* **erkennen I.2.**

Wiedereröffnung *f* <-en> reapertura *f*

wieder|erstatten* *vt* reembolsar

wieder|finden *irr* **I.** *vt s.* **finden I.1.** **II.** *vr:* **sich ~** encontrarse; **er fand sich plötzlich im Gefängnis wieder** de repente se encontró en la cárcel

Wiedergabe *f* <-n> **1.** (*einer Rede, eines Ereignisses*) relato *m;* (*einer Äußerung*) repetición *f;* (*Schilderung*) descripción *f* **2.** (*Aufführung*) representación *f;* (*eines Musikstücks*) ejecución *f* **3.** (*in Bild, Ton, a.* TYPO) reproducción *f*

wieder|geben *irr vt* **1.** (*zurückgeben*) devolver **2.** (*schildern*) describir; (*erzählen*) relatar **3.** (*ausdrücken*) expresar **4.** (*wiederholen*) repetir; (*zitieren*) citar **5.** (*darstellen, a.* TYPO) reproducir

Wiedergeburt *f* <-en> (REL) renacimiento *m*

wieder|gewinnen* *irr vt* recuperar; **Wiedergewinnung** *f* <-en> (*a.* ÖKOL) recuperación *f*

wieder|gut|machen *vt s.* **gutmachen**

Wiedergutmachung *f* <-en> **1.** (*eines Schadens*) reparación *f* **2.** (*Entschädigung*) resarcimiento *m*

wieder|her|stellen *vt* **1.** (*Ordnung*) restablecer **2.** (*reparieren*) restaurar

wieder|holen[1] *vt* (*zurückholen*) ir a buscar otra vez

wiederholen*[2] **I.** *vt* repetir; (*Lernstoff*) repasar; **ich muss die Klasse** ~ tengo que repetir el curso **II.** *vr:* **sich** ~ repetirse

wiederholt **I.** *adj* repetido; **zum ~en Male** por milésima vez **II.** *adv* en reiteradas ocasiones

Wiederholung *f* <-en> repetición *f;* (*von Lernstoff*) repaso *m;* **Wiederholungstäter(in)** *m(f)* (JUR) reincidente *mf*

Wiederhören *nt:* **auf ~!** ¡hasta luego!

wieder|käuen *vt* **1.** (*Tier*) rumiar **2.** (*abw: ständig wiederholen*) repetir por milésima vez

Wiederkäuer *m* <-s, -> (ZOOL) rumiante *m*

wieder|kehren *vi sein* (*geh*) **1.** (*zurückkommen*) regresar (*von/aus* de) **2.** (*sich wiederholen*) repetirse; **wieder|kommen** *irr vi sein* **1.** (*zurückkommen*) volver (*von* de) **2.** (*sich wiederholen*) repetirse

wieder|sehen *irr vt s.* **sehen I.**

Wiedersehen *nt* <-s, -> reencuentro *m;* **auf ~!** ¡hasta luego!

wiederum *adv* **1.** (*nochmals*) de nuevo **2.** (*andererseits*) por el contrario

wieder|vereinigen* **I.** *vt s.* **vereinigen I. II.** *vr:* **sich** ~ *s.* **vereinigen II.**; **Wiedervereinigung** *f* <-en> reunificación *f*

wiederverwendbar *adj s.* **verwendbar**; **Wiederverwertung** *f* <-en> reciclaje *m;* **Wiederwahl** *f* <-en> reelección *f*

Wiege *f* <-n> cuna *f*

Wiegemesser *nt* tajadera *f*

wiegen[1] **I.** *vt* **1.** (*bewegen*) mover; (*Kind*) mecer **2.** (*zerkleinern*) picar **II.** *vr:* **sich** ~ balancearse

wiegen[2] <wiegt, wog, gewogen> **I.** *vi* (*Gewicht haben*) pesar; **das Argument wiegt schwer** (*fig*) es un argumento de peso **II.** *vt* pesar

Wiegenlied *nt* nana *f*

wiehern *vi* **1.** (*Pferd*) relinchar **2.** (*fam: lachen*) carcajearse

Wien *nt* <-s> Viena *f*

Wiener(in) *m(f)* <-s, -; -nen> vienés, -esa *m, f*

wienern *vt* (*fam*) sacar brillo (a)

wies *3. imp von* **weisen**

Wiese *f* <-n> prado *m*

Wiesel *nt* <-s, -> (ZOOL) comadreja *f;* **er ist flink wie ein** ~ corre como una gacela

wieso *adv* por qué

wieviel *adv s.* **viel I.3.**

wievielte(r, s) *adj:* **zum ~n Mal bist du schon in Spanien?** ¿cuántas veces has estado ya en España?; **den W~n haben wir heute?** ¿a qué día estamos hoy?; **die W~ bist du?** ¿en qué lugar estás?

wild *adj* **1.** (*Tier, Volk, Landschaft*) salvaje; (*Pflanze*) silvestre; **~er Wein** viña virgen; **~ wachsend** silvestre **2.** (*heftig*) impetuoso; (*wütend*) furioso; **ein ~es Durcheinander** un caos terrible; **in ~er Leidenschaft** con una pasión loca; **~ entschlossen** (*fam*) totalmente decidido; **~ werden** ponerse furioso; **~ auf etw sein** (*fam*) estar loco por algo; **wie ~** (*fam*) como loco; **das ist halb so ~** (*fam*) no es para tanto **3.** (*unkontrolliert*) incontrolado; (*illegal*) ilícito; **~ zelten** acampar ilegalmente **4.** (*lebhaft*) turbulento; (*Kinder*) travieso; **ein ~er Haufen** una pandilla de incontrolados **5.** (*übertrieben*) fantástico; **~e Vermutungen** suposiciones fantásticas

Wild *nt ohne Pl* <-(e)s> caza *f*

Wildbahn *f:* **in freier** ~ en libertad

Wilde(r) *mf* <-n, -n; -n> (*abw*) salvaje *mf*

Wilderer, -in *m, f* <-s, -; -nen> cazador(a) *m(f)* furtivo, -a

wildern *vi* cazar furtivamente

wildfremd *adj* totalmente desconocido

Wildheit *f ohne Pl* carácter *m* salvaje; (*Ungestüm*) impetuosidad *f;* (*von Tieren*) ferocidad *f*

Wildkatze *f* (ZOOL) gato *m* montés

Wildleder *nt* ante *m*

Wildnis *f ohne Pl* lugar *m* salvaje; (*Urwald*) selva *f*

Wildpark *m* reserva *f* de caza

Wildsau *f* **1.** (ZOOL) jabalina *f* **2.** (*fam abw: Schimpfwort*) imbécil *mf;* **Wildschwein** *nt* (ZOOL) jabalí *m,* verraco *m MAm, Ant*

wildwachsend *adj s.* **wild 1.**

Wildwuchs *m* crecimiento *m* silvestre

will *3. präs von* **wollen**

Wille *m* <-ns, -n> voluntad *f;* (*Wollen*) querer *m;* (*Absicht*) intención *f;* (*Entschlossenheit*) decisión *f;* **seinen eigenen ~n haben** saber lo que se quiere; **seinen ~n durchsetzen (wollen)** (querer) imponer su voluntad; **wenn es nach meinem ~n ginge** si por mí fuera; **es geschah gegen meinen ~n** ocurrió contra mi voluntad;

jdm seinen ~n lassen dejar que alguien actúe según su voluntad; **das hätte ich beim besten ~n nicht machen können** no hubiera podido hacerlo por más que hubiese querido; **es war dein freier ~, das zu tun** fue tu propia decisión de hacerlo; **es war kein böser ~** no fue con mala voluntad; **der gute ~** la buena voluntad; **der letzte ~** (*Testament*) la última voluntad; **wider ~n** de mala gana; **wo ein ~ ist, ist auch ein Weg** (*prov*) querer es poder

willen *präp +gen:* **um jds/etw** *gen* **~** por alguien/algo

willenlos *adj* sin voluntad (propia); **etw ~ über sich ergehen lassen** soportar algo sin rechistar

willens *adj inv* (*geh*): **~ sein etw zu tun** estar dispuesto a hacer algo

Willenskraft *f ohne Pl* fuerza *f* de voluntad

willentlich I. *adj* (*geh*) intencionado II. *adv* (*geh*) a propósito, intencionadamente

willig I. *adj* servicial; (*gehorsam*) obediente II. *adv* de buena voluntad

willkommen *adj* (*Person*) bienvenido; (*Sache*) oportuno; **herzlich ~ zu Hause!** ¡bienvenido a casa!; **jdn ~ heißen** dar la bienvenida a alguien; **du bist (mir) immer ~** eres siempre bienvenido

Willkommen *nt* <-s, -> bienvenida *f*

Willkür *f ohne Pl* arbitrariedad *f;* **sie sind seiner ~ ausgeliefert** están a su merced

willkürlich *adj* **1.** (*Maßnahme*) arbitrario **2.** (*zufällig*) casual **3.** (*gewollt*) voluntario

wimmeln *vi* pulular (*von*), bullir; **das Buch wimmelt von Fehlern** (*fam*) el libro está lleno de errores

wimmern *vi* gemir

Wimpel *m* <-s, -> gallardete *m*

Wimper *f* <-n> **1.** (*des Menschen*) pestaña *f;* **sich die ~n tuschen** dar rímel; **ohne mit der ~ zu zucken** (*fig*) a sangre fría **2.** (BIOL) cilio *m;* **Wimperntusche** *f* rímel® *m*

Wind *m* <-(e)s, -e> viento *m;* **bei ~ und Wetter** por mal tiempo que haga; **~ und Wetter ausgesetzt sein** estar a la intemperie; **jdm den ~ aus den Segeln nehmen** (*fam*) tomar la delantera a alguien; **wissen, woher der ~ weht** (*fam*) saber por dónde vienen los tiros; **~ von etw** *dat* **bekommen** (*fam*) enterarse de algo; **in den ~ reden** hablar con la pared; **viel ~ (um etw) machen** (*fam*) armar mucho escándalo (a propósito de algo); **hier weht ein frischer ~** (*fam*) aquí soplan nuevos vientos; **in alle (vier) ~e** a los cuatro vientos; **Windbö(e)** *f* <-(e)n> ráfaga *f* de viento

Winde *f* <-n> **1.** (TECH) cabestrante *m* **2.** (BOT) enredadera *f*

Windel *f* <-n> pañal *m;* **noch in den ~n stecken** (*fig*) estar todavía en pañales; **windelweich** *adj* (*fam*): **jdn ~ schlagen** moler a alguien a palos

winden[1] <windet, wand, gewunden> I. *vt* **1.** (*geh: Kranz*) hacer; **etw um etw ~** poner algo alrededor de algo **2.** (*wegnehmen*) quitar; **jdm etw aus der Hand ~** arrancarle a alguien algo de las manos II. *vr:* **sich ~ 1.** (*Pflanze*) enredarse (*um* por) **2.** (*Schlange*) deslizarse (*in* por) **3.** (*sich krümmen*) retorcerse **4.** (*sich schlängeln*) serpentear (*durch* entre) **5.** (*Ausflüchte suchen*) buscar pretextos

winden[2] *vunpers:* **es windet** hace viento

Windenergie *f ohne Pl* energía *f* eólica; **windgeschützt** *adj* protegido del viento; **Windhose** *f* (METEO) torbellino *m;* **Windhund** *m* <-(e)s, -e> **1.** (ZOOL) lebrel *m* **2.** (*fam abw: Mensch*) calavera *m*

windig *adj* **1.** (*Wetter, Tag*) ventoso; (*Ort*) expuesto al viento; **es ist ~** hace viento **2.** (*fam abw: Sache*) dudoso; (*Person*) pícaro

Windjacke *f* cazadora *f;* **Windkraftwerk** *nt* central *f* eólica; **Windmühle** *f* <-n> molino *m* de viento; **Windpark** *m* parque *m* eólico

Windpocken *fpl* (MED) varicela *f*

Windrad *nt* **1.** (TECH) rueda *f* de paletas **2.** (*Spielzeug*) molinillo *m;* **Windrichtung** *f* dirección *f* del viento; **Windrose** *f* rosa *f* de los vientos; **Windschatten** *m ohne Pl* <-s> lado *m* protegido del viento; (NAUT) sotavento *m;* **im ~ eines Fahrzeugs fahren** ir protegido del viento por un vehículo; **windschief** *adj* ladeado

Windschutzscheibe *f* (AUTO) parabrisas *m inv*

Windseite *f* lado *m* expuesto al viento; (NAUT) barlovento *m;* **Windstärke** *f* fuerza *f* del viento; **windstill** *adj:* **es ist ~** no hace viento; **Windstille** *f* calma *f;* **Windstoß** *m* golpe *m* de viento; **windsurfen** *vi* practicar el windsurf; **Windsurfer(in)** *m(f)* surfista *mf*

Windung *f* <-en> **1.** (*allgemein*) sinuosidad *f;* (*Kurve*) curva *f;* (*Fluss~*) meandro *m* **2.** (*einer Spule*) espira *f;* (*einer Schraube*) paso *m*

Wink *m* <-(e)s, -e> **1.** (*Zeichen*) seña *f* **2.** (*Äußerung*) indicación *f;* (*Rat*) consejo *m;* (*Warnung*) advertencia *f;* **jdm einen ~ geben** hacer(le) una indicación a alguien; **ein ~ mit dem Zaunpfahl** una indirecta

Winkel *m* <-s, -> **1.** (MATH) ángulo *m;* **spitzer/stumpfer/rechter ~** ángulo agudo/obtuso/recto; **toter ~** ángulo muerto **2.** (*~maß*) regla *f* de ángulos **3.** (*Ecke*) rincón *m;* **Winkeladvokat(in)** *m(f)* (*abw*) picapleitos *mf inv*

winkelig *adj* (*Gasse*) torcido; (*Haus, Stadt*) de muchos rincones
Winkelmesser *m* <-s, -> goniómetro *m*
winken <winkt, winkte, gewinkt *reg:* gewunken> **I.** *vi* **1.** (*Zeichen geben*) hacer señas **2.** (*erwarten*): **jdm winkt etw** algo le espera a alguien **II.** *vt:* **jdn zu sich** *dat* ~ llamar a alguien
winklig *adj s.* **winkelig**
winseln *vi* gemir
Winter *m* <-s, -> invierno *m;* **Wintereinbruch** *m* comienzo *m* brusco del invierno; **Winterferien** *pl* vacaciones *fpl* de invierno; **winterfest** *adj* resistente al frío (invernal); **Wintergarten** *m* invernadero *m;* **Winterkleidung** *f* ropa *f* de invierno
winterlich *adj* invernal, de invierno
Wintermantel *m* abrigo *m* de invierno; **Winterreifen** *m* neumático *m* de invierno; **Wintersaison** *f* temporada *f* de invierno; **Winterschlaf** *m* (ZOOL) hibernación *f;* ~ **halten** hibernar; **Winterschlussverkauf**[RR] *m* rebajas *fpl* de enero; **Wintersemester** *nt* semestre *m* de invierno; **Winterspeck** *m* (*fam*) quilos *mpl* de más adquiridos en invierno; **Wintersport** *m* <-(e)s, -e> deporte *m* de invierno; **Winterszeit** *f ohne Pl s.* **Winterzeit**; **Winterurlaub** *m* vacaciones *fpl* de invierno; **Winterzeit** *f ohne Pl* temporada *f* de invierno
Winzer(in) *m(f)* <-s, -; -nen> viticultor(a) *m(f)*, vitivinicultor(a) *m(f)*
winzig *adj* minúsculo, chiquitito *fam*
Wipfel *m* <-s, -> cima *f*, copo *m And*
Wippe *f* <-n> balancín *m*
wippen *vi* **1.** (*auf und ab*) balancearse; (*hin und her*) oscilar **2.** (*auf einer Wippe*) balancearse
wir *pron pers 1. Pl* nosotros *mpl,* nosotras *fpl;* ~ **beiden/drei** nosotros/nosotras dos/tres
Wirbel *m* <-s, -> **1.** (*Wasser~, Luft~, Haar~*) remolino *m* **2.** (*Trubel*) torbellino *m*, jaleo *m fam;* (*Aufsehen*) escándalo *m;* ~ **um etw machen** armar un escándalo a propósito de algo **3.** (*Knochen*) vértebra *f* **4.** (*an Saiteninstrumenten*) clavija *f* **5.** (*Trommel~*) redoble *m*
wirbeln **I.** *vi sein* **1.** (*Staub*) arremolinarse; **durch die Luft** ~ revolotear por el aire **2.** (*fam: geschäftig sein*) estar atareado **II.** *vt* (*in die Luft*) revolotear
Wirbelsäule *f* <-n> columna *f* vertebral
Wirbelsturm *m* ciclón *m*
Wirbeltier *nt* (ZOOL) vertebrado *m*
Wirbelwind *m* (*Wind, fig: Mensch*) torbellino *m*
wirbt *3. präs von* **werben**
wird *3. präs von* **werden**
wirft *3. präs von* **werfen**
wirken **I.** *vi* **1.** (*Wirkung haben*) surtir efecto (*bei* con, *auf* en); **beruhigend** ~ tener un efecto calmante; **gut** ~ surtir buen efecto; **gegen etw** ~ surtir efecto contra algo **2.** (*Eindruck machen*) parecer; **lächerlich** ~ ser ridículo; **jugendlich** ~ verse joven **3.** (*zur Geltung kommen*) destacar, resaltar; **ihre Brille wirkt sehr vorteilhaft** las gafas le favorecen mucho; **etw auf sich ~ lassen** degustar algo **4.** (*tätig sein*) trabajar (*als* de, *für* para) **II.** *vt* **1.** (*hervorbringen*): **Wunder** ~ (*fam*) surtir efectos maravillosos **2.** (*Textilien*) tejer
wirklich **I.** *adj* real; (*echt*) verdadero; **im ~en Leben** en la vida real **II.** *adv* de verdad; **das ist ~ nett von Ihnen** es realmente muy amable de su parte; **~?** ¿de verdad?; **ich war es ~ nicht** yo no lo hice, de verdad; **er hat es nicht ~ gesagt, aber ...** en realidad no lo ha dicho, pero...
Wirklichkeit *f* <-en> realidad *f;* **die raue ~ (des Alltags)** la dura realidad (de la vida cotidiana); **in** ~ en realidad
wirksam *adj* eficaz; ~ **sein** (*formal: gültig*) ser vigente; ~ **werden** (*formal: gültig*) entrar en vigor
Wirksamkeit *f ohne Pl* eficacia *f;* (*Gültigkeit*) vigencia *f*
Wirkstoff *m* <-(e)s, -e> su(b)stancia *f* activa
Wirkung *f* <-en> efecto *m;* (*Ergebnis*) resultado *m;* (*Folge*) consecuencia *f;* (*Reaktion*) reacción *f;* (*Wirksamkeit*) eficacia *f;* (*Einfluss*) influencia *f;* **eine durchschlagende/lindernde ~ haben** tener un efecto radical/calmante; **seine ~ entfalten/verfehlen** surtir efecto/no surtir el efecto deseado; **mit ~ vom ersten April** con efecto a partir del uno de abril; **Wirkungsgrad** *m* eficiencia *f;* **Wirkungskreis** *m* campo *m* de acción
wirkungslos *adj* ineficaz; ~ **bleiben** no surtir efecto
wirkungsvoll *adj* eficaz; ~ **sein** surtir efecto
wirr *adj* **1.** (*ungeordnet*) desordenado; (*durcheinander*) revuelto **2.** (*verworren*) confuso; **~es Zeug reden** decir disparates
Wirren *pl* tiempos *mpl* revueltos; (*Unruhen*) tumultos *mpl*
Wirrkopf *m* (*abw*) despistado, -a *m, f*
Wirrwarr *m ohne Pl* <-s> caos *m inv,* follón *m fam*
Wirsing *m ohne Pl* <-s> col *f* de Milán
Wirt(in) *m(f)* <-(e)s, -e; -nen> **1.** (*Gast~*) dueño, -a *m, f* de un restaurante; **Herr ~, noch zwei Bier!** ¡camarero, dos cervezas más! **2.** (*Haus~*) dueño, -a *m, f* de una casa **3.** (BIOL) huésped *m*
Wirtschaft *f* <-en> **1.** (*Volks~*) economía *f;* **freie** ~ economía liberal; **er ist in der ~ tä-**

tig trabaja en la industria **2.** (*Gast~*) restaurante *m*

wirtschaften **I.** *vi* administrar; (*sparsam ~*) ahorrar; **mit Gewinn** ~ sacar beneficios **II.** *vt:* **etw zugrunde** ~ llevar algo a la ruina

Wirtschafter(in) *m(f)* <-s, -; -nen> **1.** (WIRTSCH) empresario, -a *m, f* **2.** (*Verwalter*) administrador(a) *m(f);* (*in der Landwirtschaft*) mayordomo *m*

wirtschaftlich *adj* económico; **aus ~en Gründen** por razones económicas

Wirtschaftlichkeit *f ohne Pl* rentabilidad *f*

Wirtschaftsabkommen *nt* acuerdo *m* económico; **Wirtschaftsembargo** *nt* embargo *m* económico; **Wirtschaftsfaktor** *m* factor *m* económico; **Wirtschaftsflüchtling** *m* refugiado, -a *m, f* económico, -a; **Wirtschaftsgeld** *nt* dinero *m* para (los) gastos domésticos; **Wirtschaftshilfe** *f* ayuda *f* económica; **Wirtschaftskriminalität** *f* delincuencia *f* económica; **Wirtschaftskrise** *f* (WIRTSCH) crisis *f inv* económica; **Wirtschaftslage** *f ohne Pl* situación *f* económica; **Wirtschaftsmacht** *f* <-mächte> **1.** (*bedeutendes Land*) potencia *f* económica **2.** (*eines Landes*) poder *m* económico; **Wirtschaftsministerium** *nt* Ministerio *m* de Economía; **Wirtschaftspolitik** *f* <-en> política *f* económica; **Wirtschaftsprüfer(in)** *m(f)* revisor(a) *m(f)* de cuentas, interventor(a) *m(f);* **Wirtschaftssanktionen** *fpl* sanciones *fpl* económicas; **Wirtschaftswachstum** *nt* crecimiento *m* económico; **Wirtschaftswissenschaft** *f* ciencias *fpl* económicas; **Wirtschaftswissenschaftler(in)** *m(f)* economista *mf;* **Wirtschaftswunder** *nt* (*fam*) milagro *m* económico; **Wirtschaftszweig** *m* sector *m* económico

Wirtshaus *nt* restaurante *m* (en el campo), cantina *f Arg;* **Wirtsleute** *pl* dueños *mpl*

Wisch *m* <-(e)s, -e> (*fam abw*) papelucho *m*

wischen **I.** *vi* **1. über etw** ~ (*putzen*) limpiar algo; (*darüber streichen*) pasar la mano por algo **2.** (*Schweiz: fegen*) barrer **II.** *vt* **1.** (*reinigen*) limpiar; (*Boden*) fregar (el suelo), trapear *Am* **2.** (*weg~*) quitar (*von* de); (*trocknen*) secar **3.** (*Ohrfeige*): **jdm eine** ~ (*fam*) dar una bofetada a alguien **4.** (*Schweiz: fegen*) barrer

Wischiwaschi *nt ohne Pl* <-s> (*fam abw*) cháchara *f*

Wischlappen *m* (*reg*) trapo *m*

Wisent *m* <-s, -e> (ZOOL) bisonte *m*

Wismut *nt ohne Pl* <-(e)s> (CHEM) bismuto *m*

wispern *vi, vt* susurrar

Wissbegier(de)[RR] *f ohne Pl,* **Wißbegier(de)** *f ohne Pl* deseo *m* de saber; (*Neugierde*) curiosidad *f* intelectual; **wissbegierig**[RR] *adj,* **wißbegierig** *adj* ávido de saber; (*neugierig*) curioso

wissen <weiß, wusste, gewusst> **I.** *vt* **1.** (*können*) saber; **nicht mehr ein noch aus** ~ no saber cómo seguir; **mit jdm umzugehen** ~ saber como tratar a alguien **2.** (*die Kenntnis besitzen*): **ich weiß nicht, wo er ist** no sé dónde está; **wusstest du, dass ...?** ¿sabías que...?; **woher soll ich das ~?** ¿cómo quiere(s) que lo sepa?; **woher weißt du das?** ¿cómo lo sabes?; **soviel ich weiß, ist er noch da** por lo que yo sé, sigue estando allí; **er weiß immer alles besser** siempre lo sabe todo mejor; **das musst du selbst** ~ tú sabrás; **wenn ich das gewusst hätte ...** si lo hubiera sabido...; **sie weiß, was sie will** sabe lo que quiere; **ich wüsste nicht, was ich lieber täte** no hay nada que me gustaría más; **das ist wer weiß wie teuer** (*fam*) esto quién sabe lo que costará; **... und was weiß ich noch alles** (*fam*) ... y no sé cuántas cosas más; **weißt du was?** ¿sabes qué?; **gewusst, wie!** (*fam*) ¡a saber! **3.** (*sich erinnern*) acordarse; **weißt du noch, wie schön es war?** ¿te acuerdas de lo bonito que era? **4.** (*erfahren*): **lassen Sie mich ~, wenn/ob ...** hágame saber si...; **sie will nichts mehr von mir** ~ no quiere saber nada más de mí **5.** (*die Sicherheit haben*): **ich weiß sie in guten Händen** (*geh*) sé que está en buenas manos **6.** (*kennen*) conocer, saber (de); **weißt du einen guten Arzt?** ¿sabes de un buen médico? **II.** *vi* (*informiert sein*) estar al corriente; **um** [*o* **von**] **etw** *dat* ~ estar al corriente de algo; **ich weiß von nichts** no sé de nada; **man kann nie** ~ (*fam*) nunca se sabe; **nicht, dass ich wüsste** no que yo sepa; **wer weiß?** ¿quién sabe?; **was weiß ich** (*fam*) yo qué sé

Wissen *nt ohne Pl* <-s> saber *m;* (*Kenntnisse*) conocimientos *mpl;* **meines ~s** que yo sepa; **etw nach bestem ~ und Gewissen tun** hacer algo de buena fe; **wider besseres** ~ contra su propia convicción

Wissenschaft *f* <-en> ciencia *f*

Wissenschaftler(in) *m(f)* <-s, -; -nen> científico, -a *m, f*

wissenschaftlich *adj* científico

Wissensdrang *m,* **Wissensdurst** *m* afán *m* de saber; **Wissensgebiet** *nt* campo *m* del saber; (*Disziplin*) disciplina *f;* **Wissenslücke** *f* laguna *f* del saber; **wissenswert** *adj* interesante

wissentlich **I.** *adj* premeditado; (*absichtlich*) intencionado **II.** *adv* (*bewusst*) a sabiendas; (*absichtlich*) intencionadamente

wittern **I.** *vi* ventear **II.** *vt* **1.** (*Wild*) ventear **2.** (*ahnen*) sospechar; **Verrat** ~ sospechar la traición

Witterung *f* <-en> **1.** (*Wetter*) tiempo *m* **2.** (*Geruchssinn*) olfato *m;* (*Geruch*) viento *m;* **die ~ aufnehmen** tomar el viento; **Witterungsverhältnisse** *ntpl* condiciones *fpl* meteorológicas

Witwe *f* <-n> viuda *f*

Witwer *m* <-s, -> viudo *m*

Witz[1] *m* <-es, -e> (*mit Pointe*) chiste *m;* (*Scherz*) broma *f,* trisca *f MAm, Ant;* **einen ~ erzählen** contar un chiste; **~e machen** bromear; **das soll doch wohl ein ~ sein!** esto es una broma, ¿no?; **der ~ bei der Sache ist, dass ...** (*fam*) lo gracioso del asunto es que...; **das ist der ganze ~** (*fam*) eso es todo

Witz[2] *m ohne Pl* <-es> (*Geist*) gracia *f;* **sie hat (viel) ~** tiene (mucha) gracia

Witzbold *m* <-(e)s, -e> (*fam*) gracioso, -a *m, f*

witzeln *vi* bromear, versar *Mex;* **über jdn/etw ~** burlarse de alguien/algo

Witzfigur *f* hazmerreír *m*

witzig *adj* gracioso; **sehr ~!** (*fam iron*) ¡muy gracioso!

witzlos *adj* **1.** (*ohne Witz*) soso, sin gracia **2.** (*fam: sinnlos*) sin sentido, inútil

WM *f* <-s> *Abk. von* **Weltmeisterschaft** campeonato *m* mundial

wo **I.** *adv* **1.** (*interrogativ*) dónde; **~ gibt's denn so was!** (*fam*) ¿dónde se ha visto algo parecido? **2.** (*relativisch*) donde; (*zeitlich*) cuando, que; **überall, ~ ...** en todas partes donde...; **~ auch immer** donde sea +*subj;* **sie ist wer weiß ~** (*fam*) sabe Dios donde estará; **jetzt, ~ ich Zeit habe** ahora que tengo tiempo; **ach ~!** (*fam*) ¡qué va! **II.** *konj* **1.** (*da*) ya que **2.** (*obwohl*) aún cuando, aunque

woanders *adv* en otra parte

wob *3. imp von* **weben**[2]

wobei *adv* **1.** (*interrogativ*) ¿cómo?; **~ ist das passiert?** ¿cómo ha pasado eso?; **~ bist du gerade?** ¿qué estás haciendo? **2.** (*relativisch*) a lo cual; **~ mir gerade einfällt ...** lo que me hace venir a la mente...

Woche *f* <-n> semana *f;* **zweimal in der ~** dos veces a la semana; **unter der ~** durante la semana; **in drei ~n** dentro de tres semanas; **Wochenbett** *nt* (MED) sobreparto *m;* **Wochenblatt** *nt* semanario *m;* **Wochenende** *nt* <-s, -n> fin *m* de semana; **ein langes ~ haben** tener un puente de fin de semana; **schönes ~!** ¡buen fin de semana!; **Wochenendhaus** *nt* casa *f* para (pasar) el fin de semana; **Wochenendticket** *nt* <-s, -s> (EISENB) *billete de fin de semana con tarifa especial – reducida – para viajar por toda Alemania*

wochenlang **I.** *adj* que dura semanas **II.** *adv* semanas enteras, durante semanas

Wochenlohn *m* salario *m* semanal; **Wochentag** *m* día *m* de la semana; (*Werktag*) día *m* laborable

wochentags *adv* los días laborables

wöchentlich **I.** *adj* semanal **II.** *adv* cada semana; **zweimal ~** dos veces la semana

Wochenzeitung *f* semanario *m*

Wöchnerin *f* <-nen> parturienta *f*

Wodka *m* <-s, -s> vodka *m*

wodurch *adv* **1.** (*interrogativ*) ¿cómo? **2.** (*relativisch*) por lo cual, por el cual

wofür *adv* **1.** (*interrogativ*) ¿para qué?; **~ ist das gut?** ¿para qué sirve esto?; **~ hältst du mich?** ¿por quién me tomas? **2.** (*relativisch*) por lo cual, para lo cual

wog *3. imp von* **wiegen**

Woge *f* <-n> (*geh*) ola *f;* **die ~n der Begeisterung schlugen hoch** hubo olas de entusiasmo; **wenn sich die ~n geglättet haben** en cuanto los ánimos se hayan calmado

wogegen **I.** *adv* **1.** (*interrogativ*) ¿contra qué?; **~ hilft das?** ¿contra qué sirve? **2.** (*relativisch*) contra lo cual **II.** *konj* mientras que

wogen *vi* (*geh: Wasser, Ähren*) ondular; (*Kampf, Schlacht*) desencadenarse

woher *adv* **1.** (*interrogativ*) ¿de dónde?; (*auf welche Weise*) ¿cómo?; **~ sind Sie?** ¿de dónde es Ud.?; **~ kommt es eigentlich, dass ...?** ¿cómo es que...? **2.** (*relativisch*) del cual; **ach, ~ (denn)!** (*fam*) ¡seguro que no!

wohin *adv* **1.** (*interrogativ*) ¿adónde?; **~ so eilig?** ¿adónde (vas) con tanta prisa?; **~ damit?** (*fam*) ¿dónde lo pongo? **2.** (*relativisch*) adonde; **~ man auch sieht** se mire por donde se mire

wohingegen *konj* mientras que

wohl *adv* **1.** (*gesund, gut*) bien; (*angenehm*) a gusto; **sich ~ fühlen** encontrarse a gusto; (*gesundheitlich*) sentirse bien; **bei dem Gedanken ist mir nicht ganz ~** la idea me desagrada; **~ oder übel** por las buenas o por las malas; **~ bekomm's!** ¡a vuestra salud!; **leb ~!/leben Sie ~!** ¡que te vaya/le vaya bien! **2.** (*durchaus*) perfectamente; **doch, das glaube ich ~** (*fam*) sí, yo sí lo creo; **das weiß ich sehr ~** lo sé perfectamente; **~ kaum** difícilmente; **siehst du ~!** (*fam*) ¡ves!; **willst du ~ aufhören!** ¡quieres parar de una vez! **3.** (*etwa*) cerca de **4.** (*zwar*) a decir verdad; **er hat es ~ versprochen, aber ...** a decir verdad lo ha prometido, pero... **5.** (*wahrscheinlich*) probablemente; **das wird ~ das Beste sein** eso será probablemente lo mejor; **du bist ~ verrückt geworden!** ¡parece que te has vuelto loco!; **das ist doch ~ nicht dein**

Ernst! ¡no lo dirás en serio!; **das mag ~ sein** puede ser; **man wird doch ~ noch fragen dürfen?** (*fam*) ¿se podrá preguntar por lo menos?

Wohl *nt ohne Pl* <-(e)s> bien *m;* (*~ ergehen*) bienestar *m;* **auf jds ~ trinken** brindar por la salud de alguien; **auf dein ~!** ¡a tu salud!; **zum ~!** ¡salud!

wohlauf *adv* (*geh*): ~ **sein** estar bien

Wohlbefinden *nt* bienestar *m;* (*Gesundheit*) salud *f*

wohlbegründet *adj s.* **begründen 2.**

wohlbehalten *adj* **1.** (*unverletzt*) sano y salvo **2.** (*unbeschädigt*) intacto

wohlbekannt *adj s.* **bekannt II.1**; **wohldurchdacht** *adj s.* **durchdenken**

wohlerzogen *adj* (*geh*) bien educado

Wohlfahrt *f ohne Pl* servicio *m* de beneficencia pública; **Wohlfahrtsstaat** *m* estado *m* del bienestar

Wohlgefallen *nt ohne Pl* <-s> (*Gefallen*) agrado *m;* (*Vergnügen*) placer *m;* (*Zufriedenheit*) complacencia *f;* **mit ~** con agrado; ~ **an etw** *dat* **finden** complacerse en algo; **sich in ~ auflösen** (*fam: zufrieden stellend ausgehen*) quedar en agua de borrajas

wohlgeformt *adj* bien formado; (*Körper*) bien proporcionado

wohlgemeint *adj s.* **meinen 5.**

wohlgemerkt *adv* a saber

wohlgeraten *adj* (*geh*) **1.** (*gut gelungen*) bien hecho **2.** (*gut erzogen*) bien educado

wohlgesinnt *adj* bienintencionado; **er ist mir ~** tiene buenas intenciones para conmigo

wohlhabend *adj* acomodado, fondeado *Am*

wohlig *adj* agradable

wohlklingend *adj* (*geh*) melodioso; **wohlmeinend** *adj* (*geh*) bienintencionado; **wohlriechend** *adj* (*geh*) aromático; **wohlschmeckend** *adj* (*geh*) sabroso

Wohlstand *m ohne Pl* <-(e)s> bienestar *m;* **Wohlstandsgesellschaft** *f* <-en> (*abw*) sociedad *f* del bienestar; **Wohlstandsmüll** *m* (*abw*) basura *f* de la sociedad del bienestar

Wohltat[1] *f* <-en> (*gute Tat*) buena obra *f;* (*Gefallen*) favor *m;* **jdm eine ~ erweisen** hacer(le) un favor a alguien

Wohltat[2] *f ohne Pl* (*Genuss*) placer *m;* (*Erleichterung*) alivio *m*

Wohltäter(in) *m(f)* <-s, -; -nen> bienhechor(a) *m(f)*

wohltätig *adj* benéfico, caritativo; **für ~e Zwecke** para fines caritativos

Wohltätigkeit *f ohne Pl* beneficencia *f,* caridad *f;* **Wohltätigkeitsveranstaltung** *f* <-en> fiesta *f* benéfica

wohltuend *adj* agradable

wohl|tun *irr vi s.* **tun I.**

wohlüberlegt *adj s.* **überlegen**[1] **I.**; **wohlverdient** *adj* bien merecido

wohlweislich *adv* con buen motivo, prudentemente

wohl|wollen *irr vi s.* **wollen**[2] **I.2.**

Wohlwollen *nt ohne Pl* <-s> benevolencia *f;* (*Geneigtheit*) simpatía *f;* **bei allem ~** con la mejor voluntad

wohlwollend *adj* benévolo; **jdm/etw** *dat* **~ gegenüberstehen** ver a alguien/algo con buenos ojos

Wohnbezirk *m* área *f* residencial; **Wohnblock** *m* <-(e)s, -s *o* -blöcke> bloque *m* de pisos; **Wohncontainer** *m* contenedor *m* habitable

wohnen *vi* vivir (*in* en, *bei* en casa de); (*vorübergehend*) estar alojado (*in* en, *bei* en casa de)

Wohnfläche *f* superficie *f* habitable; **Wohngegend** *f* zona *f* residencial; **Wohngeld** *nt* subsidio *m* de vivienda; **Wohngemeinschaft** *f* comuna *f;* **in einer ~ leben** compartir un piso

wohnhaft *adj* (*formal*) residente (*in* en)

Wohnhaus *nt* edificio *m* de viviendas; **Wohnheim** *nt* <-(e)s, -e> residencia *f;* **Wohnlage** *f:* **eine gute/teure ~** una zona (residencial) buena/cara

wohnlich *adj* cómodo; **es sich** *dat* **~ machen** acomodarse a su gusto

Wohnmobil *nt* <-s, -e> coche *m* caravana; **Wohnort** *m* domicilio *m*

Wohnraum[1] *m* <-(e)s, -räume> (*Raum*) habitación *f*

Wohnraum[2] *m ohne Pl* <-(e)s> (*Wohnungen*) viviendas *fpl*

Wohnsilo *m o nt* (*fam abw*) conejera *f;* **Wohnsitz** *m* domicilio *m;* **ohne festen ~** sin domicilio fijo

Wohnung *f* <-en> piso *m,* departamento *m Am;* **Wohnungsbau** *m ohne Pl* <-(e)s> construcción *f* de viviendas; **sozialer ~** construcción de viviendas sociales; **Wohnungsbesetzer(in)** *m(f)* <-s, -; -nen> okupa *mf fam;* **Wohnungsmarkt** *m* mercado *m* de viviendas [*o* inmobilario]; **der freie ~** el mercado libre de viviendas; **Wohnungsnot** *f ohne Pl* escasez *f* de viviendas; **Wohnungssuche** *f* búsqueda *f* de piso; **auf ~ sein** buscar piso; **Wohnungstür** *f* puerta *f* del piso

Wohnviertel *nt* barrio *m* residencial; **Wohnwagen** *m* caravana *f;* **Wohnzimmer** *nt* cuarto *m* de estar, living *m Am*

Wok *m* <-, -s> wok *m* (*cazuela china de base redonda*)

wölben I. *vt* arquear **II.** *vr:* **sich ~** arquearse

Wölbung *f* <-en> curvatura *f;* (*Bogen*) arco *m*

Wolf *m* <-(e)s, Wölfe> **1.** (ZOOL) lobo *m;*

mit den Wölfen heulen (*fam*) bailar al son que le tocan; **ein ~ im Schafspelz** (*fig*) cara de beato y uñas de gato **2.** (*Fleisch~*) picadora *f* de carne; **Fleisch durch den ~ drehen** picar carne

Wölfin *f* <-nen> (ZOOL) loba *f*

Wolfram *nt ohne Pl* <-s> (CHEM) wolframio *m*

Wolfshunger *m* (*fam*) hambre *f* canina; **einen ~ haben** tener un hambre canina

Wolke *f* <-n> nube *f*; **in den ~n schweben** (*fig*) andar en las nubes; **aus allen ~n fallen** (*fam*) quedarse de una pieza; **Wolkenbruch** *m* chaparrón *m*; **Wolkendecke** *f ohne Pl* capa *f* de nubes; **Wolkenkratzer** *m* rascacielos *m inv*

wolkenlos *adj* sin nubes, despejado

wolkig *adj* nuboso

Wolldecke *f* manta *f* de lana, frazada *f* de lana *Am*

Wolle *f* <-n> lana *f*; **sich mit jdm in die ~ kriegen** (*fam*) pelearse con alguien

wollen[1] <will, wollte, wollen> (*Modalverb*) **1.** (*mögen*) querer; **etw machen ~** querer hacer algo; **komme, was wolle** pase lo que pase **2.** (*beabsichtigen*) tener la intención de, querer; **ich wollte gerade gehen** estaba a punto de irme; **was ich dir noch sagen wollte ...** lo que aún te quería decir... **3.** (*behaupten*) decir; **er will dich gestern gesehen haben** dice haberte visto ayer; **das will ich meinen** eso digo; **und so jemand will Lehrer sein** y alguien como él pretende ser profesor **4.** (*auffordern*): **wenn Sie bitte Platz nehmen ~** siéntese, por favor; **willst du wohl still sein?** ¿te quieres callar? **5.** (*erfordern*) requerir; **das will gelernt sein** esto requiere experiencia **6.** (*Passiv: müssen*): **der Müll will runtergetragen werden** (*geh*) hay que bajar la basura **7.** (*Wend*): **na gut, ich will mal nicht so sein** bueno, no voy a oponerme; **das will etwas heißen** lo cual ya quiere decir algo; **das will ich nicht gehört haben** lo doy por no oído; **ich will ja nichts gesagt haben, aber ...** no quiero intervenir pero...; **was will man da machen?** ¿qué se le va a hacer?; **es wollte und wollte nicht gelingen** por más que lo intentamos, no lo logramos

wollen[2] <will, wollte, gewollt> **I.** *vi* **1.** (*den Willen haben*) querer; **lieber ~** preferir; **ich will jetzt nach Hause** quiero irme a casa; **zu wem ~ Sie?** ¿a quién busca?; **du musst nur ~** sólo tienes que querer; **meine Beine ~ nicht mehr** (*fam*) me fallan las piernas; **wer nicht will, der hat schon** quien no quiere por algo será **2.** (*wünschen*) desear, querer; **jdm wohl ~** querer el bien de alguien; **ich wollte, er würde endlich kommen** quisiera que viniera de una vez; **ganz wie du willst** como quieras; **ob du willst oder nicht** quieras o no (quieras) **3.** (*Wend*): **dann ~ wir mal!** (*fam*) ¡empezamos entonces! **II.** *vt* **1.** (*haben ~*): **wir ~ keine Kinder** no queremos tener hijos **2.** (*durchsetzen ~*): **er will (von mir), dass ich mich entschuldige** quiere que me disculpe **3.** (*beabsichtigen*): **ich weiß gar nicht, was du willst, das sieht doch gut aus** (*fam*) no sé qué quieres, tiene buena pinta; **das habe ich nicht gewollt** no era mi intención; **ohne es zu ~** sin querer **4.** (*Wend*): **da ist nichts (mehr) zu ~** (*fam*) ahí no hay nada que hacer; **du hast hier nichts zu ~** (tú) no pintas nada aquí

wollen[3] *adj* de lana

Wolljacke *f* chaqueta *f* de lana; **Wollknäuel** *nt* ovillo *m* de lana; **Wollsiegel** *nt* certificado *m* de calidad para géneros de pura lana

Wollust *f ohne Pl* (*geh*) voluptuosidad *f*

wollüstig *adj* voluptuoso

womit *adv* **1.** (*interrogativ*) ¿con qué?, ¿en qué?; **~ kann ich dienen?** ¿en qué puedo servirle?; **~ habe ich das verdient?** ¿qué he hecho yo para merecer esto? **2.** (*relativisch*) con lo cual, con lo que

womöglich *adv* quizás *+subj*, posiblemente

wonach *adv* **1.** (*interrogativ*) ¿qué?, ¿a qué?; **~ riecht das?** ¿a qué huele esto? **2.** (*relativisch*) por lo que; (*gemäß*) según lo cual; **~ es hier riecht, weiß ich auch nicht** yo tampoco sé a qué huele aquí

Wonne *f* <-n> delicia *f*; (*Freude*) placer *m*

woran *adv* **1.** (*interrogativ*) ¿en qué?, ¿a qué?; **~ denkst du?** ¿en qué piensas?; **~ liegt es?** ¿a qué se debe?; **~ sind sie gestorben?** ¿de qué murieron? **2.** (*relativisch*) a que, en el cual; **wenn ich nur wüsste, ~ das liegt** si supiera a que se debe; **ich weiß nicht, ~ ich bin** no sé a que atenerme

worauf *adv* **1.** (*interrogativ*) ¿a qué?; (*räumlich*) ¿sobre qué? **2.** (*relativisch*) sobre el cual; (*zeitlich*) después de lo cual; **~ du dich verlassen kannst** de eso puedes estar seguro

woraufhin *adv* **1.** (*interrogativ*) ¿por qué razón? **2.** (*relativisch*) con lo cual

woraus *adv* **1.** (*interrogativ*) ¿de qué?; **~ schließt du das?** ¿de qué lo deduces? **2.** (*relativisch*) del cual, de lo cual

worden *pp von* **werden**[3]

worin *adv* **1.** (*interrogativ*) ¿en qué?, ¿dónde?; **~ besteht der Nachteil?** ¿dónde está la desventaja? **2.** (*relativisch*) en el cual, en lo que

Workaholic *m* <-s, -s> (*sl*) esclavo *m* del trabajo

Workshop *m* <-s, -s> taller *m*

Wort *nt* <-(e)s, -e *o* Wörter> palabra *f;* (*Ausdruck*) expresión *f;* (*Begriff*) término *m;* **~ für ~** palabra por palabra; **im wahrsten Sinne des ~es** literalmente; **in ~en** en letra; **mir fehlen die ~e** no tengo palabras; **davon ist kein ~ wahr** ni una palabra de esto es verdad; **ein paar ~e wechseln** intercambiar cuatro palabras; **ein offenes/ernstes ~ mit jdm reden** hablar claramente/en serio con alguien; **ohne ein ~ des Bedauerns** sin decir ni un "lo siento"; **das ~ an jdn richten** dirigir la palabra a alguien; **nicht viele ~e machen** ir al grano; **in ~ und Schrift** en forma hablada y escrita; **in ~ und Bild** con texto e ilustraciones; **jdn mit leeren ~en abspeisen** despachar a alguien con buenas palabras; **etw mit keinem ~ erwähnen** no mencionar algo para nada; **mit anderen ~en** en otras palabras; **jdn (nicht) zu ~ kommen lassen** (no) dejar hablar a alguien; **ein ~ gab das andere** se desencadenó una fuerte discusión; **hast du ~e?** (*fam*) ¿habráse visto?; **das letzte ~ haben** tener la última palabra; **dein ~ in Gottes Ohr** (*fam*) que Dios te oiga; **das ~ hat Herr García** el señor García tiene la palabra; **das ~ ergreifen** tomar la palabra; **für jdn ein gutes ~ einlegen** interceder por alguien; **du nimmst mir das ~ aus dem Munde** me quitas la palabra de la boca; **jdm das ~ im Munde herumdrehen** malinterpretar las palabras de alguien; **jdm ins ~ fallen** interrumpir a alguien; **etw in ~e fassen** formular algo con palabras; **das glaube ich dir aufs ~** te lo creo a pie juntillas; **dabei habe ich auch noch ein ~ mitzureden** en esto también tengo que opinar yo; **das geschriebene/gesprochene ~** la palabra escrita/hablada; **jdm sein ~ geben** prometer algo a alguien; **sein ~ halten** cumplir su palabra; **sein ~ brechen** faltar a su palabra; **jdn beim ~ nehmen** tomar la palabra a alguien; **über jdn/etw kein ~ verlieren** no gastar ni una palabra sobre alguien/algo; **Wortart** *f* <-en> (LING) parte *f* de la oración; **wortbrüchig** *adj:* **~ werden** faltar a su palabra

Wörtchen *nt* <-s, -> (*fam*): **ein ~ mitzureden haben** poder intervenir en un asunto

Wörterbuch *nt* diccionario *m;* **Wörterbuchcomputer** *m* diccionario *m* electrónico

Wörterverzeichnis *nt* glosario *m*

Wortführer(in) *m(f)* <-s, -; -nen> portavoz *mf,* vocero *mf Am;* **Wortgefecht** *nt* disputa *f;* **wortgetreu** *adj* literal, textual; **wortgewandt** *adj* elocuente; **wortkarg** *adj* **1.** (*Person*) de pocas palabras, remachado *Kol* **2.** (*Äußerung*) lacónico; **Wortklauberei** *f* <-en> (*abw*) verbalismo *m;* **Wortlaut** *m ohne Pl* <-(e)s> texto *m;* **der genaue ~ einer Rede** el texto literal de un discurso; **etw im ~ veröffentlichen** publicar algo textualmente; **... hat folgenden ~: ...** ... dice así: ...

wörtlich **I.** *adj* literal **II.** *adv* **1.** (*dem Text entsprechend*) literalmente; **~ zitieren** citar textualmente **2.** (*in der eigentlichen Bedeutung*) al pie de la letra; **etw ~ nehmen** tomar algo al pie de la letra

wortlos **I.** *adj* silencioso **II.** *adv* sin decir nada

Wortmeldung *f* intervención *f;* **ich bitte um ~en** tienen Uds. la palabra; **keine ~en mehr?** ¿nadie más quiere decir alguna cosa?; **Wortschatz** *m* vocabulario *m;* (*Lexik*) léxico *m;* **Wortspiel** *nt* juego *m* de palabras, albur *m Mex;* **Wortstamm** *m* <-(e)s, -stämme> (LING) radical *m;* **Wortstellung** *f ohne Pl* (LING) orden *m* de (las) palabras; **Wortwechsel** *m* disputa *f,* argumento *m Am;* **wortwörtlich** *adj o adv s.* **wörtlich**

worüber *adv* **1.** (*interrogativ*) ¿de qué?, ¿sobre qué? **2.** (*relativisch*) sobre el cual, sobre el que; **das Thema, ~ ich sprechen werde** el tema sobre el que hablaré

worum *adv* **1.** (*interrogativ*) ¿de qué?, ¿sobre qué?; **~ handelt es sich?** ¿de qué se trata? **2.** (*relativisch*) de que, sobre el cual

worunter *adv* **1.** (*interrogativ*) ¿debajo de qué? **2.** (*relativisch*) debajo del cual; (*dazwischen*) entre los que

wovon *adv* **1.** (*interrogativ*) ¿de qué? **2.** (*relativisch*) de lo cual

wovor *adv* **1.** (*interrogativ*) ¿de qué?; (*räumlich*) ¿delante de qué? **2.** (*relativisch*) ante el cual, delante del cual; **das einzige, ~ ich mich fürchte, ...** lo único de lo que tengo miedo...

wozu *adv* **1.** (*interrogativ*) ¿para qué?; **~ soll das gut sein?** ¿para qué sirve esto? **2.** (*relativisch*) a lo cual, al que; (*Zweck*) para lo cual; **das, ~ ich am meisten Lust hätte, ...** aquello de lo que más ganas tengo...

Wrack *nt* <-(e)s, -s *o* -e> (*Schiff*) barco *m* naufragado; (*Auto*) coche *m* de desguace; (*Flugzeug*) avión *m* de desguace; **ein menschliches ~** una piltrafa (humana)

wrang *3. imp von* **wringen**

wringen <wringt, wrang, gewrungen> *vt* escurrir

Wucher *m ohne Pl* <-s> (*abw*) usura *f;* **~ treiben** usurar

Wucherer, -in *m, f* <-s, -; -nen> (*abw*) usurero, -a *m, f;* (*mit Zinsen*) logrero, -a *m, f*

wucherisch *adj* (*abw*) usurero; (*Preise*) abusivo

wuchern *vi* **1.** *haben o sein* (*Pflanzen*) crecer excesivamente; (MED) proliferar **2.** (*Wucher treiben*) usurar

Wucherpreis *m* (*abw*) precio *m* abusivo

Wucherung *f* <-en> (*Gebilde*) excrecencia *f*

wuchs *3. imp von* **wachsen**[1]

Wuchs *m ohne Pl* <-es> **1.** (*Wachstum*) crecimiento *m* **2.** (*Gestalt*) estatura *f*

Wucht *f ohne Pl* **1.** (*Heftigkeit*) fuerza *f;* (*Schwung*) ímpetu *m;* **mit voller ~** con toda fuerza; **das ist eine ~** (*fam*) es fenomenal **2.** (*reg: fam: Prügel*) paliza *f*

wuchtig *adj* **1.** (*kräftig*) fuerte **2.** (*groß*) grande; (*Statur*) macizo

wühlen I. *vi* **1.** (*allgemein*) hurgar (*in* en); (*graben*) cavar; (*mit der Schnauze*) hozar (*nach*) **2.** (*fam: suchen*) rebuscar (*nach*) **II.** *vr:* **sich durch etw ~** abrirse camino a través de algo

Wühlmaus *f* (ZOOL) campañol *m;* **Wühltisch** *m* (*fam*) mesa *f* con géneros rebajados

Wulst *m* <-(e)s, Wülste>, *f* <Wülste> **1.** (*Verdickung*) bulto *m;* (MED) protuberancia *f* **2.** (ARCHIT) bocel *m*

wulstig *adj* abultado

wund *adj* escocido; **ich habe mir die Füße ~ gelaufen** se me llagaron los pies de tanto andar; **sich ~ liegen** llagarse

Wunde *f* <-n> (*a. fig*) herida *f;* **alte ~n wieder aufreißen** abrir viejas heridas

wunder *s.* **Wunder 2.**

Wunder *nt* <-s, -> **1.** (*außergewöhnliches Ereignis*) maravilla *f;* (*übernatürlich*) milagro *m;* **an ~ glauben** creer en milagros; **das grenzt an ein ~** esto parece un milagro; **etw wirkt ~** (*fam*) algo obra milagros; **es ist kein ~, dass ...** (*fam*) no es ningún milagro que... *+subj;* **wie durch ein ~** como por arte de magia; **der wird noch sein blaues ~ erleben!** (*fam*) ¡aún no sabe qué sorpresa le espera! **2.** (*Wend*): **~ was denken** imaginarse algo extraordinario

wunderbar I. *adj* **1.** (*wie ein Wunder*) milagroso **2.** (*schön*) maravilloso **II.** *adv* (*sehr*) a las mil maravillas; **etw ist ~ bequem** algo es supercómodo

Wunderheiler(in) *m(f)* <-s, -; -nen> curador(a) *m(f)* milagroso, -a; **Wunderkerze** *f* bengala *f;* **Wunderkind** *nt* niño, -a *m, f* prodigio

wunderlich *adj* raro

Wundermittel *nt* remedio *m* milagroso

wundern I. *vt* sorprender; **es wundert mich, dass ...** me sorprende que... *+subj;* **das würde mich überhaupt nicht ~** no me sorprendería nada; **wundert dich das (etwa)?** ¿(acaso) te sorprende? **II.** *vr:* **sich ~** sorprenderse (*über* de); **ich muss mich doch sehr ~!** ¡no lo hubiera esperado!

wunderschön *adj* hermosísimo; **wundervoll** *adj* maravilloso

wund|liegen *irr vr:* **sich ~** *s.* **wund**

Wundsalbe *f* ungüento *m* vulnerario

Wundstarrkrampf *m ohne Pl* <-(e)s> (MED) tétano(s) *m* (*inv*)

Wunsch *m* <-(e)s, Wünsche> deseo *m* (*nach* de); (*Verlangen*) anhelo *m* (*nach* por); (*Bitte*) petición *f;* (*Glück~*) felicidades *fpl;* **auf ~** a petición; **(ganz) nach ~** (totalmente) a su gusto; **jdm jeden ~ von den Augen ablesen** satisfacer todos los deseos de alguien; **dein ~ ist mir Befehl** tus deseos son órdenes; **jdm einen ~ erfüllen** satisfacer a alguien un deseo; **haben Sie sonst noch einen ~?** ¿desea algo más?; **auf eigenen ~** por propio deseo; **es ging alles nach ~** todo salió a pedir de boca; **mit den besten Wünschen** con los mejores deseos

Wunschbild *nt* ideal *m*

Wünschelrute *f* varilla *f* de zahorí

wünschen *vt* desear; (*wollen*) querer; (*bitten*) pedir; **jdm etw ~** desear algo a alguien; **(ganz) wie Sie ~** como Ud. quiera; **ich wünsche, dass das sofort gemacht wird** deseo que esto se haga en seguida; **Sie ~?** ¿en qué puedo servirle?; **wen ~ Sie zu sprechen?** ¿con quién desea hablar?; **ich wünsche Ihnen gute Besserung/eine gute Reise** le deseo que se mejore/un buen viaje; **sie wünschte, sie hätte das nie gesagt** querría no haberlo dicho nunca; **sich** *dat* **etw von jdm ~** pedir algo a alguien; **ich wünsche mir, dass ...** deseo que... *+subj;* **ich wünsche mich auf eine einsame Insel** quisiera estar en una isla desierta; **sein Benehmen lässt viel zu ~ übrig** su comportamiento deja mucho que desear; **wünschenswert** *adj* deseable; **es ist ~** es de desear

Wunschkind *nt* hijo, -a *m, f* deseado, -a; **Wunschkonzert** *nt* (RADIO) programa *m* de discos solicitados por los radioyentes

wunschlos *adj:* **~ glücklich sein** ser totalmente feliz

Wunschtraum *m* ilusión *f*

wurde *3. imp von* **werden**

Würde[1] *f ohne Pl* (*Wert, Haltung*) dignidad *f;* **etw mit ~ tragen** soportar algo con dignidad; **unter aller ~** malísimo; **das ist unter meiner ~** lo considero indigno para mí

Würde[2] *f* <-n> (*Rang*) categoría *f*

würdelos *adj* sin dignidad, indigno

Würdenträger(in) *m(f)* <-s, -; -nen> dignatario, -a *m, f*

würdevoll I. *adj* digno **II.** *adv* con dignidad

würdig *adj* **1.** (*ehrbar*) respetable **2.** (*wert*) digno; **sich jds/etw** *gen* **~ erweisen** ser digno de alguien/algo

würdigen *vt* **1.** (*anerkennen*) apreciar, valorar; (*Verdienste*) reconocer **2.** (*für wert halten*) considerar digno (de)

Würdigung *f* <-en> **1.** (*einer Arbeit*) apreciación *f;* (*Anerkennung*) reconocimiento *m;* **in ~ ihres Einsatzes** en reconocimiento a sus esfuerzos **2.** (*einer Persönlichkeit*) homenaje *m;* **in ~ Federico García Lorcas** en homenaje a Federico García Lorca

Wurf *m* <-(e)s, Würfe> **1.** (*das Werfen*) tiro *m;* (SPORT) lanzamiento *m;* (*beim Würfeln*) jugada *f* **2.** (*Erfolg*) éxito *m* **3.** (ZOOL) camada *f*

Würfel *m* <-s, -> **1.** (MATH) cubo *m* **2.** (*Spiel~*) dado *m;* **~ spielen** jugar a los dados; **die ~ sind gefallen** la suerte está echada **3.** (*Käse~*) taco *m;* (*Eis~*) cubo *m;* **Würfelbecher** *m* cubilete *m* de los dados

würfeln I. *vi* jugar a los dados **II.** *vt* **1.** (*in Würfel schneiden*) cortar en cuadraditos **2.** (*eine Zahl*) tirar

Würfelspiel *nt* juego *m* de dados; **Würfelzucker** *m* azúcar *m* en terrones

Wurfgeschoss[RR] *nt* proyectil *m;* **Wurfsendung** *f* impresos *mpl* distribuidos por correo; **Wurfspieß** *m* (SPORT) jabalina *f*

würgen I. *vt* estrangular **II.** *vi* (*Brechreiz haben*) tener náuseas; **an etw** *dat* **~** intentar tragar algo

Wurm *m* <-(e)s, Würmer> gusano *m;* **Würmer haben** tener lombrices; **da steckt der ~ drin** (*fam*) ahí hay gato encerrado

wurmen *vt* (*fam*) dar rabia, reconcomerse; **es wurmt mich, dass ...** me da rabia que... +*subj*

Wurmfortsatz *m* <-es, -sätze> (MED) apéndice *m*

wurmstichig *adj* **1.** (*Obst*) agusanado **2.** (*Holz*) carcomido

Wurst *f* <Würste> embutido *m;* (*Würstchen*) salchicha *f;* **das ist mir ~** (*fam*) me importa un pepino; **es geht um die ~** (*fam*) ha llegado el momento de la verdad

Würstchen *nt* <-s, -> **1.** (GASTR) salchicha *f;* **Frankfurter ~** salchicha tipo Francfort; **heiße ~** perritos calientes **2.** (*fam: Mensch*) pobre diablo *m*

Wurstwaren *fpl* embutidos *mpl*

Würzburg *nt* <-s> Wurtzburgo *m*

Würze *f* <-n> **1.** (*Substanz*) condimento *m* **2.** (*Aroma*) aroma *m*

Wurzel *f* <-n> **1.** (*von Pflanze, Haar, Zahn, a.* MATH) raíz *f;* **~n schlagen** echar raíces; **die ~ ziehen** (*a.* MATH) extraer la raíz (*aus* de) **2.** (*Ursprung*) origen *m;* (*Ursache*) causa *f;* **das Übel an der ~ packen** cortar el mal de raíz **3.** (*reg: Karotte*) zanahoria *f;* **Wurzelgemüse** *nt* tubérculo *m*

wurzeln *vi* (*a. fig*) arraigar (*in* en)

Wurzelzeichen *nt* (MATH) signo *m* de extracción de raíces

würzen *vt* condimentar

würzig *adj* bien condimentado, sabroso

Würzstoff *m* <-(e)s, -e> condimento *m*

wusch *3. imp von* **waschen**

Wuschelkopf *m* (*fam*) pelambrera *f*

wusste[RR], **wußte** *3. imp von* **wissen**

Wust *m ohne Pl* <-(e)s> (*abw: Durcheinander*) lío *m;* (*Menge*) montón *m*

wüst *adj* **1.** (*öde*) desierto; (*unbebaut*) yermo **2.** (*unordentlich*) desordenado; (*wirr*) confuso; **hier sieht es ja ~ aus!** ¡qué desorden! **3.** (*abw: ausschweifend*) disipado **4.** (*abw: rüde*) grosero, vulgar; (*gemein*) vil **5.** (*schlimm*) terrible, horrible **6.** (*abstoßend*) repugnante

Wüste *f* <-n> desierto *m;* **jdn in die ~ schicken** (*fam*) poner a alguien de patitas en la calle

Wüstling *m* <-s, -e> (*abw*) libertino *m*

Wut *f ohne Pl* rabia *f;* **ich habe eine ~ auf ihn!** ¡le tengo una rabia!; **seine ~ an jdm/etw** *dat* **auslassen** desahogar su rabia en alguien/algo; **jdn in ~ bringen** poner furioso a alguien; **in ~ geraten** enfurecerse; **vor ~ kochen** rabiar; **Wutanfall** *m* ataque *m* de rabia; **Wutausbruch** *m* <-(e)s, -brüche> acceso *m* de rabia

wüten *vi* (*Krieg, Sturm, Seuche*) hacer estragos; **gegen etw ~** rabiar contra algo

wütend *adj* furioso (*über* por, *auf* con/contra), alebrestado *Kol, Ven;* **auf jdn ~ sein** tener rabia a alguien; **~ werden** enfurecerse (*auf* contra)

wutentbrannt *adj* furibundo

wutschnaubend *adj* echando espumarajos por la boca

WWU *f Abk. von* **Wirtschafts- und Währungsunion** UEM *f*

WWW-Client *m* <-, -s> (INFOR) cliente *m* de WWW

WWW-Server *m* <-s, -> (INFOR) servidor *m* de WWW

Wz *Abk. von* **Warenzeichen** marca *f* registrada

X

X, x *nt* <-, -> X, x *f*; ~ **wie Xanthippe** X de xilófono
x-Achse *f* (MATH) eje *m* de abscisas
Xanthippe *f* <-n> (*abw*) arpía *f*
X-Beine *ntpl* piernas *fpl* zambas
x-beinig[RR] *adj*, **X-beinig** *adj* zambo
x-beliebig *adj* (*fam*) cualquiera
xenophob *adj* xenófobo
Xenophobie *f ohne Pl* xenofobia *f*
x-fach *adj* (*fam*) múltiple
x-förmig[RR] *adj*, **X-förmig** *adj* en forma de equis
x-mal *adv* (*fam*) mil veces
x-te(r, s) *adj* (*fam a.* MATH) enésimo; **das ~ Mal** la enésima vez
Xylofon[RR] *nt* <-s, -e>, **Xylophon** *nt* <-s, -e> xilófono *m*

Y

Y, y *nt* <-, -> Y, y *f*; ~ **wie Ypsilon** Y de Yucatán
y-Achse *f* <-n> (MATH) eje *m* de las ordenadas
Yacht *f* <-en> yate *m*
Yak *m* <-s, -s> (ZOOL) yac *m*
Yankee *m* <-s, -s> yanqui *mf*
Yen *m* <-(s), -(s)> yen *m*
Yeti *m* <-s, -s> yeti *m*
Yoga *m o nt ohne Pl* <-(s)> yoga *m*; **Yogasitz** *m ohne Pl* <-es> posición *f* de loto
Yoghurt *m* <-s, -s> *s.* **Joghurt**
Yo-Yo *nt* <-s, -s> yoyó *m*
Ypsilon *nt* <-(s), -s> **1.** (*lateinisches Alphabet*) i *f* griega **2.** (*griechisches Alphabet*) ípsilon *f*
Yucca *f* <-s> (BOT) yuca *f*; (*als Zierpflanze*) tronco *m* del Brasil
Yuppie *m* <-s, -s> yuppie *mf*

Z

Z, z *nt* <-, -> Z, z *f*; ~ **wie Zeppelin** Z de Zaragoza
zack *interj* (*fam*) zas; ~, ~**!** ¡rápido, rápido!
Zacke *f* <-n> diente *m*; (*Bergkamm*) punta *f*; (*Gabel, Rechen*) púa *f*
Zacken *m* <-s, -> (*reg*) *s.* **Zacke**: **sich** *dat* **keinen ~ aus der Krone brechen** (*fam*) no caérsele a alguien los anillos
zackig *adj* **1.** (*gezackt*) dentado **2.** (*fam: Bewegung, Auftreten*) brioso; (*Person*) resoluto
zaghaft *adj* vacilante; (*furchtsam*) temeroso; (*schüchtern*) tímido
zäh *adj* **1.** (*Leder*) duro; (*Fleisch*) correoso **2.** (*~flüssig*) viscoso **3.** (*schleppend*) lento **4.** (*beharrlich*) tenaz; (*widerstandsfähig*) resistente; **zähflüssig** *adj* viscoso; (*Verkehr*) denso
Zähigkeit *f ohne Pl* **1.** (*Widerstandsfähigkeit*) resistencia *f* **2.** (*Ausdauer*) tenacidad *f*
Zahl *f* <-en> (*a.* MATH, LING) número *m*; (*Ziffer*) cifra *f*; **eine dreistellige ~** un número de tres cifras; **gerade/ungerade/ganze ~en** números pares/impares/enteros; **rote ~en schreiben** (*fig*) estar en números rojos; **in großer ~** en gran número; **fünf an der ~** (en número de) cinco
zahlbar *adj* pagadero; ~ **bei Lieferung** pagadero a la entrega
zahlen *vi, vt* pagar; (*Schuld*) liquidar; **Herr Ober, bitte ~!** camarero, ¡la cuenta, por favor!; **bar/mit einem Scheck ~** pagar al contado/con cheque
zählen I. *vi* contar; **bis zehn ~** contar hasta

diez; **das zählt nicht** eso no cuenta; **auf jdn/etw** ~ contar con alguien/algo; **zu etw** *dat* ~ figurar entre algo; **ich zähle mich zu seinen Freunden** me considero uno de sus amigos **II.** *vt* contar; (*Bevölkerung*) hacer el censo; (*Stimmen bei Wahlen*) escrutar; **seine Tage sind gezählt** sus días están contados

Zahlenfolge *f* serie *f* de números

zahlenmäßig *adj* numérico; ~ **überlegen** superior en número

Zahlenschloss[RR] *nt* cerradura *f* de combinación

Zahler(in) *m(f)* <-s, -; -nen> pagador(a) *m(f)*

Zähler(in)[1] *m(f)* <-s, -; -nen> contador(a) *m(f)*

Zähler[2] *m* <-s, -> **1.** (*Zählwerk*) contador *m;* **den ~ ablesen** leer el contador **2.** (MATH) numerador *m*

Zählerstand *m* <-(e)s, -stände> nivel *m* del contador

Zahlkarte *f* impreso *m* para giro postal

zahllos *adj* innumerable

zahlreich I. *adj* numeroso; (*häufig*) frecuente **II.** *adv* en gran número

Zahltag *m* día *m* de pago

Zahlung *f* <-en> pago *m;* (*Betrag*) importe *m;* **etw in ~ nehmen/geben** tomar/ofrecer algo como pago parcial; **eine ~ leisten** efectuar un pago

Zählung *f* <-en> recuento *m;* (*Volks~*) censo *m*

Zahlungsanweisung *f* (FIN) orden *f* de pago; **Zahlungsbefehl** *m* (JUR) mandamiento *m* de pago; **zahlungsfähig** *adj* solvente; **zahlungskräftig** *adj* (*fam*) adinerado; **Zahlungsmittel** *nt* medio *m* de pago; **zahlungsunfähig** *adj* insolvente; **Zahlungsverkehr** *m* servicio *m* de pagos; **bargeldloser** ~ servicio de pagos sin efectivo

Zahlwort *nt* <-(e)s, -wörter> (LING) numeral *m*

zahm *adj* **1.** (*Tier*) manso; (*gezähmt*) domesticado **2.** (*fam: brav*) bueno; (*mild*) suave

zähmen *vt* **1.** (*Tier*) amansar; (*zum Haustier*) domesticar **2.** (*geh: Ungeduld*) refrenar

Zähmung *f* <-en> **1.** (*eines Tieres*) doma *f;* (*zum Haustier*) domesticación *f* **2.** (*geh: der Ungeduld*) refrenamiento *m*

Zahn *m* <-(e)s, Zähne> diente *m;* (*Backen~*) muela *f;* **die dritten Zähne** la dentadura postiza; **sich** *dat* **die Zähne putzen** cepillarse los dientes; **mit den Zähnen klappern/knirschen** castañetear/rechinar los dientes; **sie bekommt Zähne** le están saliendo los dientes; **der ~ der Zeit** (*fam*) los estragos del tiempo; **ein steiler** ~ (*fam*) una buena moza; **jdm die Zähne zeigen** (*fam*) enseñar los dientes a alguien; **jdm auf den ~ fühlen** (*fam*) tomar el pulso a alguien; **sich** *dat* **die Zähne an etw** *dat* **ausbeißen** (*fam*) dejarse la piel en algo; **einen ~ zulegen** (*fam: schneller fahren*) conducir más rápido; (*sich beeilen*) darse prisa; **Zahnarzt, -ärztin** *m, f* dentista *mf;* **zahnärztlich** *adj* odontológico; **sich ~ behandeln lassen** ponerse en tratamiento odontológico; **Zahnbehandlung** *f* tratamiento *m* odontológico; **Zahnbelag** *m* (MED) sarro *m,* tártaro *m;* **Zahnbürste** *f* cepillo *m* de dientes; **Zahncreme** *f s.* **Zahnpasta**

zähneknirschend *adv* rechinando los dientes; (*unwillig*) a regañadientes; **sich ~ fügen** obedecer a regañadientes

zahnen *vi* echar los dientes

Zahnersatz *m* diente *m* postizo; (*Gebiss*) dentadura *f* postiza; **Zahnfäule** *f* caries *f inv*

Zahnfleisch *nt* encía(s) *f(pl);* **Zahnfleischbluten** *nt ohne Pl* <-s>: **ich habe** ~ me sangran las encías

Zahnfüllung *f* (MED) empaste *m;* **Zahngold** *nt* (MED) oro *m* dentario; **Zahnklinik** *f* clínica *f* dental; **Zahnlücke** *f* mella *f* en la dentadura; **Zahnpasta** *f* <-pasten> pasta *f* dentífrica; **Zahnpflege** *f* higiene *f* dental; **Zahnprothese** *f* dentadura *f* postiza

Zahnputzglas *nt* <-es, -gläser> vaso *m* para el cepillo de dientes

Zahnrad *nt* (TECH) rueda *f* dentada; **Zahnradbahn** *f* (TECH) ferrocarril *m* de cremallera

Zahnschmelz *m* (MED) esmalte *m* dental; **Zahnschmerz** *m* dolor *m* de muelas; **Zahnseide** *f* seda *f* dental; **Zahnspange** *f* aparato *m* ortodóncico; **Zahnstein** *m ohne Pl* <-(e)s> placa *f* (bacteriana); **Zahnstocher** *m* <-s, -> palillo *m,* pajuela *f Bol, Kol;* **Zahntechniker(in)** *m(f)* mecánico, -a *m, f* dentista

Zaire *nt* <-s> Zaire *m*

Zander *m* <-s, -> (ZOOL) lucio *m*

Zange *f* <-n> **1.** (*Werkzeug*) tenaza(s) *f(pl);* (*Geburts~*) fórceps *m inv;* **jdn in die ~ nehmen** (*fam fig*) apretar las clavijas a alguien **2.** (*fam: von Tieren*) pinzas *fpl;* **Zangengeburt** *f* parto *m* con fórceps

Zank *m ohne Pl* <-(e)s> disputa *f;* (*Streit*) riña *f*

zanken *vi, vr* pelearse; **sich mit jdm um etw** ~ pelearse con alguien por algo

zänkisch *adj* pendenciero, camorrista

Zäpfchen *nt* <-s, -> **1.** (ANAT) úvula *f* **2.** (*Medikament*) supositorio *m*

zapfen *vt* sacar (del tonel o barril); **gezapftes Bier** cerveza de barril

Zapfen *m* <-s, -> **1.** (BOT) piña *f* **2.** (*Stöpsel*)

tapón *m* **3.** (TECH: *in der Holzverarbeitung*) mecha *f;* (*an einer Welle, Achse*) perno *m*

Zapfenstreich *m* (MIL) toque *m* de retreta

Zapfhahn *m* espita *f;* **Zapfsäule** *f* surtidor *m* de gasolina

zappelig *adj* (*fam*) inquieto

zappeln *vi* moverse; (*mit den Beinen*) patalear (*mit*); (*unruhig sein*) no parar quieto; **jdn ~ lassen** (*fam*) tener a alguien en vilo

Zappelphilipp *m* <-s, -s *o* -e> (*fam abw*) zarandillo *m*

zappen *vi* (*sl*) hacer zap(p)ing

zapplig *adj* (*fam*) inquieto

Zar(in) *m(f)* <-en, -en; -nen> zar *m,* zarina *f*

zart *adj* **1.** (*Fleisch, Gemüse*) tierno; **im zarten Alter von ...** (*geh*) en la tierna edad de... **2.** (*fein*) fino; (*zerbrechlich*) frágil; (*empfindlich*) sensible; (*Haut, Gesundheit*) delicado **3.** (*Farbe, Klang, Berührung*) suave; **zartbesaitet** *adj* sensible; **zartbitter** *adj:* **~e Schokolade** chocolate sin leche extrafino; **Zartgefühl** *nt ohne Pl* <-(e)s> delicadeza *f;* (*Taktgefühl*) tacto *m* (fino)

zartglied(e)rig *adj* (*fein*) grácil; (*zerbrechlich*) delicado

zärtlich **I.** *adj* cariñoso; (*liebevoll*) afectuoso **II.** *adv* con cariño

Zärtlichkeit[1] *f ohne Pl* (*Zuneigung*) ternura *f,* cariño *m*

Zärtlichkeit[2] *f* <-en> (*Liebkosung*) caricia *f;* **~en austauschen** acariciarse

Zaster *m ohne Pl* <-s> (*fam*) pasta *f* (gansa)

Zäsur *f* <-en> (*geh a.* LIT, MUS) cesura *f*

Zauber *m ohne Pl* <-s> **1.** (*~handlung, ~bann*) hechizo *m;* **fauler ~** (*fam abw*) embuste *m;* **schließlich flog der ganze ~ auf** (*fam*) al final se descubrió el pastel **2.** (*~kraft*) magia *f* **3.** (*Faszination, Reiz*) encanto *m*

Zauberei[1] *f ohne Pl* (*Magie*) magia *f;* **an ~ grenzen** parecer cosa de brujería

Zauberei[2] *f* <-en> (*Kunststück*) hechicería *f*

Zauberer, -in *m, f* <-s, -; -nen> hechicero, -a *m, f;* (*Zauberkünstler*) mago, -a *m, f*

zauberhaft *adj* encantador

Zauberkünstler(in) *m(f)* mago, -a *m, f;* (*Illusionist*) ilusionista *mf;* **Zauberkunststück** *nt* juego *m* de manos

zaubern **I.** *vi* **1.** (*Magie betreiben*) practicar la magia; **ich kann doch nicht ~** (*fam*) no puedo hacer milagros **2.** (*als Zauberkünstler*) hacer juegos de prestidigitación **II.** *vt* **1.** (*herbei~*) hacer aparecer por arte de magia **2.** (*kunstvoll herstellen*) hacer algo con mucho primor; **ein wundervolles Gericht ~** cocinar un plato extraordinario

Zauberspruch *m* dicho *m* mágico, payé *m CSur;* **Zauberstab** *m* varita *f* mágica; **Zaubertrank** *m* filtro *m* mágico; **Zaubertrick** *m* obra *f* de magia; **Zauberwort** *nt* <-(e)s, -e> palabra *f* mágica

zaudern *vi* vacilar, trepidar *Am*

Zaum *m* <-(e)s, Zäume> brida *f;* **jdn im ~ halten** (*fig*) atar corto a alguien; **sich im ~ halten** (*fig*) contenerse

zäumen *vt* embridar

Zaun *m* <-(e)s, Zäune> cerca *f,* valla *f;* **einen Streit vom ~ brechen** buscar camorra; **Zaungast** *m* mirón, -ona *m, f,* mosquetero, -a *m, f Arg, Bol;* **ich war nur ~** estuve sólo de mirón; **Zaunkönig** *m* <-s, -e> (ZOOL) reyezuelo *m;* **Zaunpfahl** *m* estaca *f*

zausen **I.** *vi* tirar levemente (*an/in* de) **II.** *vt* (*Haare, Fell*) desgreñar

z. B. *Abk. von* **zum Beispiel** p.ej.

Zebra *nt* <-s, -s> (ZOOL) cebra *f;* **Zebrastreifen** *m* paso *m* (de) cebra

Zeche *f* <-n> **1.** (*Bergwerk*) mina *f* **2.** (*Rechnung*) cuenta *f;* **die ~ prellen** (*fam*) irse sin pagar

zechen *vi* (*fam*) empinar el codo

Zechkumpan(in) *m(f)* (*fam*) compañero, -a *m, f* de copeo

Zecke *f* <-n> (ZOOL) garrapata *f;* **Zeckenbiss**[RR] *m* picadura *f* de garrapata

Zedernholz *nt ohne Pl* <-es> (madera *f* de) cedro *m*

Zeh *m* <-s, -en> dedo *m* del pie

Zehe *f* <-n> **1.** (*Körperteil*) dedo *m* del pie; **die große ~** el dedo gordo del pie **2.** (*Knoblauch~*) diente *m;* **eine ~ Knoblauch** un diente de ajo; **Zehennagel** *m* uña *f* (del dedo) del pie; **Zehenspitze** *f* punta *f* del pie; **auf ~n gehen** ir de puntillas; **sich auf die ~n stellen** ponerse de puntillas

zehn *adj inv* diez; *s. a.* **acht**[1]

Zehner *m* <-s, -> **1.** (*fam: Münze*) moneda *f* de diez pfennig; (*Geldschein*) billete *m* de diez marcos **2.** (*einer mehrstelligen Zahl*) decena *f*

zehnerlei *adj inv* de diez clases diferentes, diez clases (diferentes) de; *s. a.* **achterlei**

zehnfach **I.** *adj* diez veces más, por diez **II.** *adv* diez veces; *s. a.* **achtfach**

Zehnkampf *m* (SPORT) decatlón *m*

zehnmal *adv* diez veces; *s. a.* **achtmal**

Zehnmarkschein *m* <-(e)s, -e> billete *m* de diez marcos

zehnt: **zu ~** (a) diez

zehntausend *adj inv* diez mil; **die oberen ~** la flor y nata de la sociedad

zehnte(r, s) *adj* décimo; *s. a.* **achte(r, s)**

zehntel *adj inv* décimo; *s. a.* **achtel**

zehntens *adv* en décimo lugar; (*bei einer Aufzählung*) décimo; *s. a.* **achtens**

zehren *vi* consumir (*an*); (*schwächen*) debilitar; **von etw** *dat* **~** alimentarse de algo

Zeichen *nt* <-s, -> **1.** (*a.* ASTR, LING, MUS) signo *m;* (*Symbol*) símbolo *m;* (*Ab~*) distintivo *m;* (*Akten~*) referencia *f;* (*Waren~*) marca *f;* **die ~ der Zeit erkennen** reconocer los signos de la época; **unser/Ihr ~** nuestra/su referencia; **sie ist im ~ des Löwen geboren** nació bajo el signo de Leo **2.** (*Signal*) señal *f;* (*mit der Hand*) seña *f;* (*Beweis*) prueba *f;* **jdm ein ~ geben** hacer una seña a alguien; **ein ~ setzen** sentar un precedente; **zum ~, dass ...** en señal de...; **das ist kein gutes ~** ésa no es buena señal; **zum ~ der Versöhnung** como prueba de reconciliación **3.** (*An~*) indicio *m;* (MED) síntoma *m;* **es geschehen noch ~ und Wunder!** ¡todavía se producen milagros!

Zeichenblock *m* <-(e)s, -s *o* -blöcke> bloc *m* de dibujo; **Zeichenbrett** *nt* tablero *m* de dibujo

Zeichenerklärung *f* leyenda *f*

Zeichenkunst *f* arte *m* de dibujar; **seine Zeichenkünste lassen zu wünschen übrig** sus dibujos dejan bastante que desear

Zeichensetzung *f ohne Pl* puntuación *f;* **Zeichensprache** *f* <-n> lenguaje *m* por señas

Zeichentrickfilm *m* (película *f* de) dibujos *mpl* animados, caricaturas *fpl Mex*

zeichnen **I.** *vt* **1.** (*malen*) dibujar; (*skizzieren*) esbozar; **technisches Z~** dibujo técnico **2.** (*kenn~*) marcar **3.** (*unterschreiben*) firmar; **Aktien ~** su(b)scribir acciones **II.** *vi* dibujar (*an*); **für etw ~** asumir la responsabilidad de algo; **gezeichnet Müller** firmado Müller

Zeichner(in) *m(f)* <-s, -; -nen> **1.** (*Maler*) dibujante *mf;* **technischer ~/technische ~in** delineante *mf* **2.** (WIRTSCH) su(b)scriptor(a) *m(f)*

zeichnerisch *adj* gráfico; **etw ~ darstellen** representar algo gráficamente

Zeichnung *f* <-en> **1.** (*Darstellung*) dibujo *m* **2.** (COM) su(b)scripción *f*

Zeigefinger *m* (dedo *m*) índice *m;* **mit dem ~ auf jdn deuten** señalar a alguien con el dedo

zeigen **I.** *vt* **1.** (*allgemein*) mostrar, enseñar; (*vorführen*) exhibir; (*Film*) poner, echar *fam;* **jdm etw ~** mostrar algo a alguien; (*beibringen*) enseñar algo a alguien; **dir werd' ich's ~!** (*fam*) ¡ya te enseñaré (yo)!; **dem hab ich's gezeigt!** (*fam*) ¡le he dado una buena lección! **2.** (*an~*) indicar, marcar; **das Thermometer zeigt zwei Grad** el termómetro marca dos grados **3.** (*an den Tag legen*) mostrar; **sie zeigte ihm, was sie von ihm hielt** no le ocultó lo que pensaba de él **4.** (*beweisen*) demostrar; **nun zeig mal, was du kannst!** (*fam*) ¡demuestra de lo que eres capaz! **II.** *vi* señalar (*nach* hacia); **auf etw/jdn ~** señalar algo/a alguien; **sie zeigt nach rechts** señala hacia la derecha; **die Leute ~ schon mit dem Finger auf dich** la gente ya te señala con el dedo; **zeig mal!** ¡déjame ver! **III.** *vr:* **sich ~ 1.** (*allgemein*) mostrarse; (*sich sehen lassen*) dejarse ver; **sich besorgt ~** mostrarse preocupado; **wie kann ich mich Ihnen erkenntlich ~?** ¿cómo puedo mostrarle mi agradecimiento?; **er zeigt sich heute von seiner besten Seite** hoy muestra su lado bueno; **mit ihm kann man sich überall ~** se puede ir con él a todos los sitios **2.** (*sich herausstellen*) verse, demostrarse; (*zum Vorschein kommen*) aparecer; **das wird sich ~** eso ya se verá

Zeiger *m* <-s, -> indicador *m;* (*Uhr~*) aguja *f;* **der große/kleine ~** la aguja de las horas/los minutos

Zeigestock *m* <-(e)s, -stöcke> puntero *m*

Zeile *f* <-n> **1.** (*Text~*) línea *f,* renglón *m;* **jdm ein paar ~n schreiben** poner(le) a alguien unas letras; **neue ~** (*beim Diktat*) punto y aparte; **er hat das mit keiner ~ angedeutet** no ha dado a entender eso para nada; **zwischen den ~n lesen** leer entre líneas **2.** (*Reihe*) fila *f;* **Zeilenabstand** *m* interlínea *f*

Zeisig *m* <-s, -e> (ZOOL) chamariz *m*

zeit *präp +gen:* **~ meines/seines Lebens** durante toda mi/su vida

Zeit *f* <-en> (*a.* LING, SPORT) tiempo *m;* (*~punkt*) momento *m;* (*~raum*) período *m;* (*~alter*) época *f;* (*Uhr~*) hora *f;* (*Jahres~*) estación *f;* **seit einiger/geraumer ~** desde hace algún/bastante tiempo; **zu jeder ~** a cualquier hora; **zu keiner ~** en ningún momento; **zur ~ Napoleons** en la época/los tiempos de Napoleón; **eine ~ lang** durante algún tiempo; (*eine Weile*) un rato; **seit dieser ~** desde entonces; **nach kurzer ~** después de unos minutos; (**keine**) **~ haben** (no) tener tiempo (*für* para); **wir wollen keine ~ verlieren** no queremos perder tiempo; **wir haben noch fünf Minuten ~** aún tenemos cinco minutos; **wo warst du denn die ganze ~?** ¿dónde has estado todo el tiempo?; **die ~ wurde mir zu lang** el tiempo se me hizo muy largo; **die ~ arbeitet für uns** el tiempo está de nuestra parte; **die ~ drängt** no hay tiempo que perder; **~ gewinnen** ganar tiempo; **sich** *dat* (**mit etw** *dat*) **~ lassen** tomarse el tiempo necesario (para algo); **jdm die ~ stehlen** (*fam*) robarle el tiempo a alguien; **jdm/sich** *dat* **mit etw** *dat* **die ~ vertreiben** entretener a alguien/entretenerse con algo; **das hat ~** eso no corre prisa; **auf ~** a plazo; **es wird** (**allmählich**) **~** (ya) va siendo hora; **es ist an der ~** (**zu gehen**) ha llegado la hora (de ir); **es ist höchste ~** (**, etw zu tun**) ya va siendo hora (de hacer algo); **morgen um diese ~** mañana a esta hora;

hast du die genaue ~? ¿tienes la hora exacta?; **um 12 Uhr mitteleuropäischer ~** a las doce horas, hora europea; **seiner ~ voraus sein** estar por delante de su época; **der größte Schwindler aller ~en** el mayor estafador de todos los tiempos; **es ist nur eine Frage der ~** es sólo cuestión de tiempo; **zur rechten ~** en el momento oportuno; **alles zu seiner ~!** ¡cada cosa a su tiempo!; **von ~ zu ~** de vez en cuando; **eine gute ~ laufen** (SPORT) conseguir un buen tiempo; **auf bestimmte ~** por cierto tiempo; **auf unbestimmte ~** por tiempo indefinido; **im Laufe der ~** en el transcurso del tiempo; **die heutige ~** los tiempos actuales; **die gute alte ~** los (buenos) viejos tiempos; **das waren noch ~en!** ¡qué tiempos aquellos!; **zur ~, als ...** en tiempos de...; **in letzter ~** últimamente; **in nächster ~** en un futuro próximo; **für alle ~en** para siempre; **auf unabsehbare ~** por un período de tiempo indefinido; **die ~en ändern sich** los tiempos cambian; **das ist vor meiner ~ geschehen** eso sucedió antes de mi época; **zu meiner ~** en mis tiempos; **hier bin ich die längste ~ gewesen** (*fam*) ya me cansé de estar aquí; **kommt ~, kommt Rat** (*prov*) con el tiempo maduran las uvas; **die ~ heilt alle Wunden** el tiempo todo lo cura; **du liebe ~!** ¡Dios mío!; **~ ist Geld** (*prov*) el tiempo es oro; **Zeitabschnitt** *m* espacio *m* de tiempo; (*länger*) época *f;* **Zeitalter** *nt* <-s, -> era *f;* (*Jahrhundert*) siglo *m;* **Zeitangabe** *f* <-n> **1.** (*Uhrzeit*) hora *f;* (*Datum*) fecha *f* **2.** (LING) complemento *m* temporal; **Zeitansage** *f* información *f* horaria; **Zeitarbeit** *f ohne Pl* (WIRTSCH) trabajo *m* temporal; **Zeitaufwand** *m* inversión *f* de tiempo; **mit möglichst geringem ~** en el menor tiempo posible; **zeitaufwändig**[RR] *adj,* **zeitaufwendig** *adj* que requiere mucho tiempo; **Zeitbombe** *f* bomba *f* con detonador de tiempo; **Zeitdruck** *m ohne Pl* <-(e)s> premura *f* de tiempo; **unter ~ stehen** estar corto de tiempo; **jdn unter ~ setzen** apremiar a alguien; **Zeiteinteilung** *f* distribución *f* del tiempo; **Zeitfrage** *f ohne Pl* cuestión *f* de tiempo; **Zeitgefühl** *nt ohne Pl* <-(e)s> sentido *m* del tiempo; **Zeitgeist** *m ohne Pl* <-(e)s> espíritu *m* de la época

zeitgemäß *adj* conforme a la época, actual

Zeitgenosse, -in *m, f* contemporáneo, -a *m, f*

zeitgenössisch *adj* contemporáneo

Zeitgeschehen *nt* actualidad *f;* **Zeitgeschmack** *m ohne Pl* <-(e)s> gusto *m* actual; **Zeitgewinn** *m ohne Pl* <-(e)s> ganancia *f* de tiempo; **zeitgleich** *adj* simultáneo; **~ durchs Ziel gehen** cruzar la meta al mismo tiempo

zeitig I. *adj* temprano **II.** *adv* a tiempo; **wir müssen ~ los** tenemos que salir a tiempo

Zeitkarte *f* abono *m*

Zeitlang *f s.* **Zeit**

zeitlebens *adv* durante toda la vida

zeitlich *adj* temporal; (*vergänglich*) pasajero; **~ zusammenfallen** coincidir; **das passt ihr ~ nicht** no le viene bien esa hora; **etw ist ~ begrenzt** hay un plazo limitado para algo; **das Z~e segnen** (*Personen*) fallecer; (*fam: Sachen*) tocar a su fin

zeitlos *adj* intemporal

Zeitlupe *f ohne Pl* (FILM) cámara *f* lenta; **in ~** a cámara lenta; **Zeitlupentempo** *nt ohne Pl* <-s>: **im ~** a paso de tortuga

Zeitmangel *m ohne Pl* <-s> falta *f* de tiempo; **aus ~** por falta de tiempo; **Zeitnot** *f ohne Pl* premura *f* de tiempo; **in ~ sein** estar corto de tiempo; **Zeitplan** *m* horario *m;* **einen ~ einhalten/aufstellen** atenerse a/fijar un horario; **Zeitpunkt** *m* momento *m;* (*Datum*) fecha *f;* **zu diesem ~** en este momento

Zeitraffer *m ohne Pl* <-s> (FILM) cámara *f* rápida; **im ~** a cámara rápida

zeitraubend *adj* que exige mucho tiempo; **Zeitraum** *m* <-(e)s, -räume> espacio *m* de tiempo, período *m;* **in einem ~ von mehreren Monaten** en un espacio de tiempo de varios meses; **Zeitrechnung** *f* cronología *f,* era *f;* **nach christlicher/jüdischer ~** según la cronología cristiana/el calendario judío; **vor unserer ~** antes de nuestra era; **Zeitreise** *f* viaje por el *m* tiempo

Zeitschrift *f* revista *f*

Zeitspanne *f* lapso *m* de tiempo, período *m;* **zeitsparend** *adj* que ahorra tiempo; **~ arbeiten** trabajar ahorrando tiempo; **Zeittafel** *f* tabla *f* cronológica; **Zeittakt** *m* <-(e)s, -e> (TEL) duración *f* del paso (de contador); **Zeitumstellung** *f* cambio *m* de horario

Zeitung *f* <-en> periódico *m;* (*Tages~*) diario *m*

Zeitungsannonce *f* anuncio *m* (en un periódico); **Zeitungsartikel** *m* artículo *m* de periódico; **Zeitungsausschnitt** *m* recorte *m* de(l) periódico; **Zeitungsausträger(in)** *m(f)* <-s, -; -nen> repartidor(a) *m(f)* de periódicos; **Zeitungsmeldung** *f* noticia *f* de prensa; **Zeitungspapier** *nt ohne Pl* <-s> papel *m* de periódico; **Zeitungsverkäufer(in)** *m(f)* vendedor(a) *m(f)* de periódicos, voceador(a) *m(f) Am*

Zeitverschiebung *f* diferencia *f* horaria; **Zeitverschwendung** *f* pérdida *f* de tiempo; **reine ~** sólo tiempo perdido; **Zeitvertrag** *m* contrato *m* temporal; **Zeitvertreib** *m* <-(e)s, -e> pasatiempo *m;* **etw zum ~**

tun hacer algo como pasatiempo; **Zeitverzögerung** *f* retraso *m*

zeitweilig I. *adj* momentáneo, temporal **II.** *adv* **1.** (*vorübergehend*) durante algún tiempo **2.** (*manchmal*) a veces

zeitweise *adv* **1.** (*manchmal*) a veces **2.** (*vorübergehend*) por momentos

Zeitwort *nt* <-(e)s, -wörter> (LING) verbo *m;* **Zeitzeuge, -in** *m, f* testigo *mf* de su época; (*Zeitgenosse*) contemporáneo, -a *m, f;* **Zeitzone** *f* huso *m* horario; **Zeitzünder** *m* espoleta *f* retardada

zelebrieren* *vt* celebrar

Zelle *f* <-n> **1.** (*einer Organisation, a.* BIOL, ELEK) célula *f;* **die (kleinen) grauen ~n** (*fam*) la sustancia gris **2.** (*Telefon~*) cabina *f* telefónica **3.** (*Gefängnis~, Kloster~*) celda *f*

Zellgewebe *nt* (BIOL) tejido *m* celular; **Zellkern** *m* (BIOL) núcleo *m* celular; **Zellstoff** *m* <-(e)s, -e> celulosa *f;* **Zellteilung** *f* <-en> (BIOL) división *f* celular

Zellulitis *f* <Zellulitiden> (MED) celulitis *f inv*

Zelluloid *nt ohne Pl* <-s> (*a.* CHEM) celuloide *m*

Zellulose *f* <-n> celulosa *f*

Zellwucherung *f* (MED): **bösartige ~** excrecencia *f* celular maligna

Zelt *nt* <-(e)s, -e> tienda *f* de campaña; (*Zirkus~*) carpa *f;* **seine ~e aufschlagen/abbrechen** (*fam*) establecerse/marcharse

zelten *vi* acampar, campear *Am*

Zeltlager *nt* campamento *m;* **Zeltpflock** *m* estaquilla *f;* **Zeltplane** *f* toldo *m;* **Zeltplatz** *m* <-es, -plätze> lugar *m* de acampada; (*Campingplatz*) camping *m;* **Zeltstange** *f* palo *m* de la tienda

Zement *m* <-(e)s, -e> cemento *m*

zementieren* *vt* **1.** (*Wege*) cubrir de cemento **2.** (*festsetzen*) consolidar **3.** (*Stahl*) cementar

Zenit *m ohne Pl* <-(e)s> (*a. fig*) cenit *m;* **im ~ stehen** estar en el cenit; (*Mensch*) estar en el apogeo

zensieren* *vt* **1.** (*der Zensur unterwerfen*) censurar **2.** (*benoten*) calificar

Zensor(in) *m(f)* <-s, -en; -nen> censor(a) *m(f)*

Zensur[1] *f ohne Pl* (*Kontrolle*) censura *f;* **der ~ unterliegen** estar sometido a censura

Zensur[2] *f* <-en> (*Note*) nota *f*

Zentimeter *m o nt* centímetro *m;* **Zentimetermaß** *nt* <-es, -e> cinta *f* métrica

Zentner *m* <-s, -> **1.** (*50 kg*) quintal *m* **2.** (*Österr, Schweiz: 100 kg*) quintal *m* métrico

zentral *adj* central; **~ gelegen** céntrico; **in ~er Lage** en zona céntrica; **ich wohne hier ziemlich ~** aquí vivo a un paso del centro; **Zentralamerika** *nt* América *f* Central

Zentrale *f* <-n> central *f;* (*Telefon~*) centralita *f*

Zentralheizung *f* <-en> calefacción *f* central

zentralisieren* *vt* centralizar

Zentralkomitee *nt* comité *m* central; **Zentralnervensystem** *nt* (ZOOL, MED) sistema *m* nervioso central; **Zentralrat** *m* <-(e)s, -räte> consejo *m* central; **Zentralrechner** *m* <-s, -> (INFOR) calculadora *f* central; **Zentralstelle** *f* (oficina *f*) central *f;* **Zentralverriegelung** *f* <-en> (AUTO) cierre *m* centralizado

Zentren *Pl von* **Zentrum**

zentrieren* *vt* (*a.* TECH) centrar

Zentrifugalkraft *f* (PHYS) fuerza *f* centrífuga

Zentrifuge *f* <-n> centrifugadora *f;* **Zentripetalkraft** *f* (PHYS) fuerza *f* centrípeta

zentrisch *adj* céntrico

Zentrum *nt* <-s, Zentren> centro *m;* **im ~ des öffentlichen Interesses stehen** estar en el centro del interés público; **sie wohnt im ~** vive en el centro

Zeppelin *m* <-s, -e> zepelín *m*

Zepter *m o nt* <-s, -> cetro *m;* **das ~ schwingen** (*fam*) llevar la voz cantante

zerbeißen* *irr vt* romper con los dientes [*o* a mordiscos]

zerbeulen* *vt* abollar

zerbissen *pp von* **zerbeißen**

zerbomben* *vt* bombardear

zerbrechen* *irr* **I.** *vt* (*zerstören*) romper **II.** *vi sein* **1.** (*entzweibrechen*) romper(se) **2.** (*scheitern*) fracasar

zerbrechlich *adj* frágil

zerbrochen *pp von* **zerbrechen**

zerbröckeln* I. *vi sein* (*Mauer, Gestein*) desmoronarse; (*Brot*) desmigajarse **II.** *vt* desmenuzar; (*Brot*) desmigajar

zerdrücken* *vt* **1.** (*zerquetschen*) aplastar; (*Knoblauch*) machacar **2.** (*fam: zerknittern*) arrugar

Zeremonie *f* <-n> ceremonia *f*

zeremoniell *adj* ceremonioso

Zeremoniell *nt* <-s, -e> ceremonial *m*

Zerfall *m ohne Pl* <-(e)s> ruina *f;* (*von Gebäuden*) desmoronamiento *m;* (CHEM) descomposición *f;* (PHYS) desintegración *f*

zerfallen* *irr vi sein* **1.** (*Gebäude*) desmoronarse; **zu Staub ~** convertirse en polvo **2.** (*Reich, Kultur*) hundirse **3.** (CHEM) descomponerse; (PHYS) desintegrarse **4.** (*sich gliedern*): **in etw ~** dividirse en algo

Zerfallsprozess[RR] *m* proceso *m* de descomposición

zerfetzen* *vt* (des)garrar; (*Körper*) despedazar

zerfleischen* *vt* despedazar

zerfließen* *irr vi sein* **1.** (*schmelzen*) fundirse; **vor Freundlichkeit** ~ (*iron*) deshacerse en amabilidades **2.** (*Farbe*) correrse
zerflossen *pp von* **zerfließen**
zerfranst *adj* deshilachado
zerfressen* *irr vt* **1.** (*Würmer*) carcomer; (*Motten*) comerse; (*Krebs, Lepra*) consumir **2.** (*Rost*) corroer
zergangen *pp von* **zergehen**
zergehen* *irr vi sein* deshacerse; **auf der Zunge** ~ deshacerse en la lengua
zergliedern* *vt* **1.** (*Pflanze*) descomponer; (*Tier*) desmembrar **2.** (*analysieren*) analizar
zerkauen* *vt* masticar
zerkleinern* *vt* desmenuzar; (*in Stücke*) trocear; (*zermahlen*) triturar; (*Holz*) partir
zerknirscht *adj* compungido; (*reuig*) arrepentido
zerknittern* *vt* (*Papier*) estrujar; (*Kleid*) arrugar
zerknüllen* *vt* estrujar
zerkochen* **I.** *vi sein* cocer demasiado **II.** *vt* cocer demasiado
zerkratzen* *vt* (*Dinge*) rascar; (*Haut*) arañar
zerkrümeln* **I.** *vi sein* desmigajarse **II.** *vt* desmigajar
zerlassen* *irr vt* (GASTR) derretir
zerlaufen* *irr vi sein* derretirse
zerlegen* *vt* **1.** (*Maschine, Möbel*) desmontar; **etw in seine Einzelteile** ~ desmontar algo **2.** (*Wild*) descuartizar; (*Fleisch*) cortar **3.** (CHEM) descomponer **4.** (LING) analizar
Zerlegung *f* <-en> **1.** (*von Maschinen, Möbeln*) desarme *m;* (*zur Verschrottung*) desmantelamiento *m* **2.** (*von Fleisch*) descuartizamiento *m* **3.** (CHEM) descomposición *f* **4.** (LING) análisis *m inv*
zerlumpt *adj* andrajoso, distraído *Chil, Mex*
zermalmen* *vt* aplastar, triturar
zermürben* *vt* (*körperlich*) cansar; (*seelisch*) desmoralizar
zerquetschen* *vt* aplastar
Zerrbild *nt* caricatura *f*
zerreden* *vt* tratar demasiado
zerreiben* *irr vt* triturar, moler; (*fein*) pulverizar
zerreißen* *irr* **I.** *vi sein* romperse **II.** *vt* romper; (*in Stücke*) hacer pedazos; **ich könnte ihn in der Luft** ~ (*fam*) podría hacerle pedazos; **es hat uns fast zerrissen** (*fam*) casi nos morimos de la risa
Zerreißprobe *f* (TECH) prueba *f* de rotura; (*fig*) prueba *f* de nervios
zerren **I.** *vi* tirar violentamente (*an* de); **das zerrt an meinen Nerven** esto me destroza los nervios **II.** *vt* **1.** (*schleppen*) arrastrar **2.** (*überdehnen*): **sich** *dat* **etw** ~ distenderse algo
zerrieben *pp von* **zerreiben**
zerrinnen* *irr vi sein* (*geh*) **1.** (*Schnee*) derretirse **2.** (*Traum, Hoffnung*) desvanecerse; (*Zeit*) pasar volando
zerrissen **I.** *pp von* **zerreißen** **II.** *adj* roto; (*Menschen*) dividido
zerronnen *pp von* **zerrinnen**
Zerrung *f* <-en> distensión *f,* tirón *m fam*
zerrütten* *vt* (*Gesundheit*) quebrantar; (*Finanzen, Ordnung*) arruinar; (*Nerven*) destrozar
zerschellen* *vi sein* estrellarse (*an* contra)
zerschlagen[1] **I.** *pp von* **zerschlagen**[2] **II.** *adj* agotado, hecho polvo *fam*
zerschlagen*[2] *irr* **I.** *vt* **1.** (*zerbrechen*) romper; (*zerstören*) destrozar **2.** (*Organisation*) desintegrar **II.** *vr:* **sich** ~ quedar en nada
zerschlissen *adj* desgastado
zerschmettern* *vt* romper (con violencia); (*Körperteil*) desmembrar
zerschneiden* *irr vt* cortar
zerschnitten *pp von* **zerschneiden**
zersetzen* **I.** *vt* **1.** (*auflösen*) descomponer **2.** (*untergraben*) minar; (*sittlich*) desmoralizar **II.** *vr:* **sich** ~ descomponerse
zerspalten* *irr vt* partir; (*Partei*) escindir
zersplittern* **I.** *vi sein* (*Fensterscheibe*) hacerse añicos; (*Knochen, Holz*) hacerse astillas; (*Partei*) dividirse **II.** *vt* hacer pedazos; (*Holz*) hacer astillas
zerspringen* *irr vi sein* romperse; (*in einzelne Stücke*) hacerse añicos
zersprungen *pp von* **zerspringen**
zerstampfen* *vt* **1.** (*zerkleinern*) machacar **2.** (*zertreten*) pisotear
zerstäuben* *vt* pulverizar; (*Flüssigkeit*) atomizar
Zerstäuber *m* <-s, -> pulverizador *m;* (*von Flüssigkeit*) atomizador *m*
zerstechen* *irr vt* **1.** (*Insekten*) picar **2.** (*Reifen*) pinchar
zerstochen *pp von* **zerstechen**
zerstören* *vt* destruir
zerstörerisch *adj* destructivo
Zerstörung *f* <-en> destrucción *f;* **Zerstörungswut** *f* vandalismo *m*
zerstreuen* **I.** *vt* **1.** (*auseinander treiben*) dispersar; (*Bedenken*) disipar **2.** (*verstreuen*) esparcir **II.** *vr:* **sich** ~ **1.** (*Menschenmenge*) dispersarse; (*Bedenken*) disiparse **2.** (*sich unterhalten*) distraerse
zerstreut *adj* (*Person*) distraído
Zerstreutheit *f ohne Pl* distracción *f*
Zerstreuung[1] *f ohne Pl* **1.** (*einer Menschenmenge*) dispersión *f;* (*eines Verdachts*) disipación *f* **2.** (*Zerstreutheit*) distracción *f*
Zerstreuung[2] *f* <-en> (*Unterhaltung*) entretenimiento *m*
zerstückeln* *vt* despedazar
zerteilen* *vt* dividir (*in* en); (*in Stücke*) tro-

Z

cear

Zertifikat *nt* <-(e)s, -e> certificado *m*

zertreten* *irr vt* pisar

zertrümmern* *vt* destrozar, destruir

zerwühlen* *vt* (*Bett*) revolver; (*Boden*) remover

zerzausen* *vt* desgreñar

zetern *vi* (*abw*) armar la marimorena

Zettel *m* <-s, -> papel *m;* (*Notiz*) nota *f;* (*Kassen~*) tique *m;* **Zettelkasten** *m* fichero *m*

Zeug *nt ohne Pl* <-(e)s> (*fam: Sachen*) cosas *fpl;* (*wertlose Dinge*) trastos *mpl;* **red kein dummes ~!** (*fam*) ¡no digas tonterías!; **das ~ zu etw** *dat* **haben** (*fam*) tener madera de algo; **was das ~ hält** (*fam*) a más no poder; **sich für jdn ins ~ legen** (*fam*) defender a alguien contra viento y marea

Zeuge, -in *m, f* <-n, -n; -nen> testigo *mf;* **vor ~n** ante testigos

zeugen I. *vi* **1.** (*erkennen lassen*): **von etw** *dat* **~** demostrar algo **2.** (*als Zeuge aussagen*) testificar (*für* a favor de, *gegen* contra/en contra de) **II.** *vt* (*Kind*) engendrar; (*verursachen*) producir

Zeugenaussage *f* declaración *f* del testigo; **seine ~ machen** prestar declaración testimonial; **Zeugenstand** *m ohne Pl* <-(e)s> estrado *m* de testigos; **in den ~ treten** subir al estrado; **Zeugenvernehmung** *f* audición *f* de los testigos

Zeugnis *nt* <-ses, -se> **1.** (*Schul~*) notas *fpl;* (*Arbeits~*) certificado *m;* **jdm ein ~ ausstellen/schreiben** extender(le)/escribir(le) a alguien un certificado **2.** (*Gutachten*) dictamen *m,* certificado *m;* **ein amtliches/ärztliches ~** un dictamen oficial/un certificado médico **3.** (*geh: Zeichen*) testimonio *m;* (*Beweis*) prueba *f*

Zeugung *f* <-en> engendramiento *m;* **zeugungsfähig** *adj* capaz de engendrar; **zeugungsunfähig** *adj* incapaz de engendrar

z.H(d). *Abk. von* **zu Händen von** a la atención de

Zicke *f* <-n> **1.** (*weibliche Ziege*) cabra *f* **2.** (*Frau*) pava *f* **3.** *Pl* (*fam: Dummheiten*) tonterías *fpl;* **~n machen** crear problemas

zickig *adj* (*fam abw*) caprichoso

Zickzack *m* <-(e)s, -e> zigzag *m,* eses *fpl;* **(im) ~ laufen** hacer eses

Ziege *f* <-n> **1.** (*Tier*) cabra *f* **2.** (*fam abw: Frau*) bruja *f;* **du dumme ~!** ¡tía idiota!

Ziegel *m* <-s, -> **1.** (*Backstein*) ladrillo *m* **2.** (*Dach~*) teja *f;* **Ziegeldach** *nt* tejado *m* de tejas

Ziegelei *f* <-en> fábrica *f* de tejas y ladrillos, galpón *m Kol*

Ziegelstein *m* ladrillo *m*

Ziegenbart *m* **1.** (*Bart des Ziegenbockes*) barba *f* del macho cabrío; (*fam: Spitzbart*) barba *f* de chivo **2.** (*Pilz*) ramaria *f;* **Ziegenbock** *m* macho *m* cabrío; **Ziegenkäse** *m* queso *m* de (leche de) cabra; **Ziegenmilch** *f* leche *f* de cabra; **Ziegenpeter** *m* <-s, -> (*fam*) paperas *fpl*

ziehen <zieht, zog, gezogen> **I.** *vt* **1.** (*allgemein*) tirar (*an* de); (*zerren*) arrastrar; (*Anhänger*) remolcar; (*dehnen*) estirar; **jdn am Ärmel ~** tirar a alguien de la manga; **jdn auf seine Seite ~** conquistar a alguien para sus fines; **etw nach sich** *dat* **~** (*fig*) acarrear algo; **alle Blicke/die Aufmerksamkeit auf sich ~** atraer sobre sí todas las miradas/la atención; **etw ins Komische ~** ridiculizar algo; **Saiten auf ein Instrument ~** poner cuerdas a un instrumento; **der Honig zieht Fäden** la miel hace hebras **2.** (*heraus~*) sacar (*aus* de); (*Wurzeln*) arrancar (*aus* de); **Zigaretten ~** sacar cigarrillos; **Fäden ~** quitar los puntos; **aus dem Verkehr ~** (*Auto*) retirar del servicio; (*Geld*) retirar de la circulación; **einen Vorteil aus etw ~** *dat* sacar una ventaja de algo **3.** (*heran~*) acercar (tirando) (*an/auf* a); **das Boot ans Ufer ~** acercar el barco a la orilla; **mich zieht überhaupt nichts nach Schweden** en Suecia no hay nada que me atraiga; **es zieht mich nach Hause/in die Ferne** tengo ganas de irme a casa/lejos **4.** (*Linie*) trazar; **sich** *dat* **einen Scheitel ~** hacerse una raya **5.** (*Graben*) abrir; (*Grenze*) establecer; (*Mauer, Zaun*) levantar **6.** (*Pflanzen*) cultivar; (*Tiere*) criar; (*Kerzen*) hacer **7.** (MATH) extraer; **die Wurzel aus einer Zahl ~** extraer la raíz de un número **8.** (*im Kartenspiel*) tomar una carta **II.** *vi* **1.** (*a.* AUTO) tirar; **an etw** *dat* **~** tirar de algo; **das Auto/der Kamin zieht gut** (*fam*) el coche/la chimenea tira bien; **er zog an seiner Pfeife** dio una chupada a la pipa; **lass mich mal ~** (*an der Zigarette*) déjame dar una calada **2.** *sein* (*um~*) mudarse (*nach/in/auf* a); (*zu jdm*) irse a vivir (*zu* con); **ich ziehe nach Aachen** me mudo a Aquisgrán; **sie ~ aufs Land** se van a vivir al campo **3.** *sein* (*gehen, wandern*) caminar (*zu/nach* a); (*hinein~*) entrar (*in* a/en); (*durchqueren*) atravesar, pasar (*durch* por); (*Vögel*) migrar; **in den Krieg ~** ir a la guerra; **die Jahre zogen ins Land** pasaron los años; **einen ~ lassen** (*fam: furzen*) tirarse un pedo **4.** (*im Spiel*) mover; **mit dem Turm ~** mover la torre **5.** (*Tee, Kaffee*) reposar **6.** (*Wirkung haben*) tener éxito; **das zieht bei mir nicht** eso no vale conmigo; **dieser Trick zieht immer** este truco siempre tiene éxito **7.** (*schmerzen*) doler **III.** *vr:* **sich ~ 1.** (*sich erstrecken*) extenderse; (*vorhanden sein*) estar presente;

dieses Thema zieht sich durch das ganze Buch este tema está presente en todo el libro **2.** (*sich ver~*) alabearse **3.** (*fam: dauern*) durar **IV.** *vunpers* (*Luftzug*) haber corriente; **es zieht!** ¡que hay corriente!

Ziehen *nt ohne Pl* <-s> **1.** (*eines Wagens, Anhängers*) tracción *f* **2.** (*eines Zahnes*) extracción *f* **3.** (*von Pflanzen*) cultivo *m* **4.** (*Schmerz*) dolor *m* tirante

Ziehharmonika *f* acordeón *m*

Ziehung *f* <-en> sorteo *m*

Ziel *nt* <-(e)s, -e> **1.** (*Reise~*) destino *m;* **mit unbekanntem ~** con destino desconocido; **am ~ seiner Träume sein** haber conseguido todo lo que se quería **2.** (SPORT) meta *f;* **ins ~ kommen** cruzar la meta **3.** (*beim Schießen*) blanco *m;* **ins ~ treffen** dar en el blanco; **über das ~ hinausschießen** (*fam*) pasarse **4.** (*Zweck*) fin *m;* (*Absicht*) propósito *m;* **erklärtes ~ ist es, ...** el objetivo que se ha fijado es...; **ein klares ~ vor Augen haben** perseguir una meta fija; **sich** *dat* **ein ~ setzen** proponerse una meta; **mit dem ~ zu ...** con el fin de...; **zielbewusst**[RR] *adj* decidido

zielen *vi* **1.** (*Mensch*) apuntar (*auf* a) **2.** (*Bemerkung*) referirse (*auf* a); **ihre Kritik zielt auf ...** su crítica se refiere a... **3.** (*zum Ziel haben*) tener como objetivo (*auf*)

Zielfernrohr *nt* mira *f* telescópica; **Zielgerade** *f* (SPORT) recta *f* final; **Zielgruppe** *f* grupo *m* destinatario; **Ziellinie** *f* (SPORT) línea *f* de llegada

ziellos *adj* sin propósito fijo; (*orientierungslos*) sin rumbo fijo

Zielscheibe *f* blanco *m;* **Zielsetzung** *f* <-en> objetivo *m;* **zielsicher** *adj* firme, seguro; **Zielsprache** *f* <-n> (LING) lengua *f* de destino

zielstrebig I. *adj* perseverante; (*ausdauernd*) constante **II.** *adv* con determinación

ziemlich I. *adj* bastante; (*beträchtlich*) considerable; **mit ~er Sicherheit** con bastante seguridad **II.** *adv* **1.** (*recht viel*) bastante; **~ gut/lange** bastante bien/tiempo; **~ viel** bastante (cantidad) **2.** (*fam: beinahe*) casi; **so ~ alles** casi todo

Zierde *f* <-n> adorno *m;* **als ~ dienen** servir de adorno

zieren I. *vt* (*geh*) adornar **II.** *vr:* **sich ~** (*abw*) hacerse de rogar; **er zierte sich nicht lange** no se hizo de rogar demasiado

Zierfisch *m* pez *m* decorativo; **Ziergarten** *m* jardín *m* de plantas ornamentales; **Zierleiste** *f* **1.** (*an Möbeln*) moldura *f* decorativa **2.** (TYPO) viñeta *f*

zierlich *adj* grácil; (*fein*) fino

Ziernaht *f* puntadas *fpl* de adorno; **Zierpflanze** *f* planta *f* ornamental; **Ziervogel** *m* pájaro *m* decorativo

Ziffer *f* <-n> cifra *f;* (*Zahl*) número *m;* **römische/arabische ~n** números romanos/arábigos; **Zifferblatt** *nt* esfera *f*

zig *adj inv* (*fam*) un montón (de)

Zigarette *f* <-n> cigarrillo *m,* pitillo *m fam;* **sich** *dat* **eine ~ drehen** liar un cigarrillo; **Zigarettenautomat** *m* máquina *f* expendedora de cigarrillos; **Zigarettenetui** *nt* pitillera *f;* **Zigarettenpapier** *nt* papel *m* de liar, mortaja *f Am;* **Zigarettenpause** *f* (*fam*) pausa *f* para fumar un cigarrillo; **Zigarettenschachtel** *f* cajetilla *f,* atado *m CSur;* **Zigarettenspitze** *f* boquilla *f;* **Zigarettenstummel** *m* colilla *f*

Zigarillo *m o nt* <-s, -s> purito *m*

Zigarre *f* <-n> puro *m*

Zigeuner(in) *m(f)* <-s, -; -nen> gitano, -a *m, f;* **Zigeunermusik** *f* música *f* gitana; **Zigeunerschnitzel** *nt* <-s, -> (GASTR) *filete de cerdo o ternera en una salsa con tomate, cebolla y tiras de pimiento rojo*

zigmal *adv* (*fam*) mil veces

zigste(r, s) *adj* (*fam*) enésimo; **zum ~n Mal** por enésima vez

Zikade *f* <-n> (ZOOL) cigarra *f*

Zimmer *nt* <-s, -> habitación *f,* pieza *f Am;* **~ frei** habitación libre; **~ zu vermieten** se alquila habitación; **~ mit Frühstück** habitación con desayuno; **Zimmerantenne** *f* antena *f* interior; **Zimmerdecke** *f* techo *m;* **Zimmerkellner(in)** *m(f)* camarero, -a *m, f* de habitación; **Zimmerlautstärke** *f ohne Pl:* **das Radio auf ~ stellen** poner la radio a un volumen medio; **Zimmermädchen** *nt* camarera *f*

Zimmermann *m* <-(e)s, -leute> carpintero *m* de obra

zimmern I. *vi:* **an etw** *dat* **~** construir algo **II.** *vt* hacer, construir

Zimmerpflanze *f* planta *f* de interior; **Zimmertemperatur** *f* temperatura *f* ambiente; **Zimmervermittlung** *f* servicio *m* de alquiler de habitaciones

zimperlich *adj* (*abw: überempfindlich*) hipersensible; (*geziert*) remilgado; (*Kind*) ñoño

Zimt *m* <-(e)s, -e> canela *f*

Zink *nt ohne Pl* <-(e)s> (CHEM) cinc *m*

Zinke *f* <-n> púa *f*

zinken *vt* (*sl*) marcar

Zinn *nt ohne Pl* <-(e)s> **1.** (CHEM) estaño *m* **2.** (*~geschirr*) vajilla *f* de estaño

zinne(r)n *adj* de estaño

Zinnober[1] *m ohne Pl* <-s> (*fam abw: Unsinn*) tontería *f;* (*Zeug*) chismes *mpl*

Zinnober[2] *m* <-s, -> **1.** (*Mineral*) cinabrio *m* **2.** (*Farbe*) bermellón *m*

zinnoberrot *adj* bermejo

Zinnsoldat *m* soldado *m* de plomo

Zins *m* <-es, -en> **1.** (*Verzinsung*) interés

m; ~**en bringen** producir intereses; **jdm etw mit ~ und Zinseszins zurückzahlen** devolver algo a alguien hasta el último céntimo; (*fig*) pagar algo a alguien con la misma moneda **2.** (*südd, Schweiz, Österr: Miete*) alquiler *m;* **Zinsabschlagsteuer** *f* <-n> impuesto *m* por deducción de intereses; **Zinsertrag** *m* rédito *m*

Zinseszins *m* interés *m* compuesto

zinslos *adj* libre de interés

Zinssatz *m* <-es, -sätze> tipo *m* de interés

Zipfel *m* <-s, -> punta *f;* **Zipfelmütze** *f* gorro *m* con borla

zirka *adv* cerca de, aproximadamente; ~ **ein km** cerca de un km; **in ~ zwei Wochen** en dos semanas aproximadamente

Zirkel *m* <-s, -> **1.** (*Gerät*) compás *m* **2.** (*Kreis, Gruppe*) círculo *m*

zirkulieren* *vi haben o sein* circular

Zirkus[1] *m* <-, -se> circo *m*

Zirkus[2] *m ohne Pl* <-> (*fam abw: Getue*) teatro *m;* (*Durcheinander*) follón *m;* **mach doch nicht solchen ~!** ¡no hagas tanto teatro!

Zirkuszelt *nt* carpa *f* de un circo

zirpen *vi* (*Grillen*) cantar

zisch *interj* chis, pss

zischen *vi* (*Schlange, Mensch*) silbar; **heute Abend ~ wir (uns) einen** (*fam*) esta noche nos vamos de copas

Zischlaut *m* (LING) (sonido *m*) sibilante *f*

Zisterne *f* <-n> cisterna *f*

Zitat *nt* <-(e)s, -e> cita *f*

Zither *f* <-n> (MUS) cítara *f*

zitieren* *vt* citar (*aus* de); **jdn zu sich** *dat* ~ llamar a alguien

Zitrone *f* <-n> limón *m;* **heiße ~** zumo de limón caliente; **jdn wie eine ~ ausquetschen** (*fam*) exprimir a alguien como un limón; **Zitronenbaum** *m* limonero *m;* **Zitronenfalter** *m* (ZOOL) cleopatra *f;* **Zitronensaft** *m* zumo *m* de limón, jugo *m* de limón *Am;* **Zitronensäure** *f ohne Pl* ácido *m* cítrico; **Zitronenschale** *f* cáscara *f* de limón

Zitrusfrucht *f* fruto *m* cítrico

Zitteraal *m* (ZOOL) anguila *f* eléctrica

zitterig *adj* tembloroso

zittern *vi* temblar (*vor* de); (*vibrieren*) vibrar; **vor Kälte/Angst ~** temblar de frío/miedo

Zitterpappel *f* (BOT) álamo *m* temblón

zittrig *adj* tembloroso

Zitze *f* <-n> teta *f,* tetilla *f*

Zivi *m* <-(s), -s> (*fam*) **1.** *Abk. von* **Zivildienstleistende(r)** objetor *m* de conciencia (*prestando su servicio social*) **2.** *Abk. von* **Zivilpolizist(in)** policía *mf* de paisano

zivil *adj* **1.** (*nicht militärisch*) civil **2.** (*gemäßigt*) moderado; (*Preis*) módico

Zivil *nt ohne Pl* <-s>: **in ~** (vestido) de paisano; **Zivilbevölkerung** *f* población *f* civil; **Zivilcourage** *f* valor *m* cívico

Zivildienst *m ohne Pl* <-(e)s> prestación *f* social sustitutoria

Zivildienstleistende(r) *m* <-n, -n> objetor *m* de conciencia (*prestando su servicio social*)

Zivilfahnder(in) *m(f)* <-s, -; -nen> investigador(a) *m(f)* (en) civil; **Zivilgericht** *nt* tribunal *m* civil

Zivilisation *f* <-en> civilización *f;* **Zivilisationskrankheit** *f* enfermedad *f* de (la) civilización

zivilisatorisch *adj* civilizador

zivilisieren* *vt* civilizar

Zivilist(in) *m(f)* <-en, -en; -nen> civil *mf,* paisano, -a *m, f*

Zivilkleidung *f* <-en> traje *m* de paisano; **Zivilperson** *f* civil *mf,* paisano, -a *m, f;* **Zivilprozess**[RR] *m* (JUR) causa *f* civil; **Zivilrecht** *nt ohne Pl* <-(e)s> (JUR) derecho *m* civil; **Zivilschutz** *m* protección *f* civil

zocken *vi* (*fam*) jugar (juegos de azar)

Zofe *f* <-n> doncella *f*

Zoff *m ohne Pl* <-s> (*fam*) pelea *f;* ~ **haben** haberse peleado

zog *3. imp von* **ziehen**

zögerlich *adj* dudoso, vacilante, titubeante

zögern *vi* dudar (*zu* en), vacilar (*zu* en); **ohne zu ~** sin vacilar

Zögling *m* <-s, -e> pupilo, -a *m, f*

Zölibat *m o nt ohne Pl* <-(e)s> celibato *m*

Zoll[1] *m* <-(e)s, Zölle> (*Abgabe*) derechos *mpl* de aduana; **für etw ~ bezahlen** pagar derechos de aduana por algo

Zoll[2] *m ohne Pl* <-(e)s> (*Behörde*) aduana *f;* **durch den ~ kommen** pasar la aduana

Zoll[3] *m* <-(e)s, -> (*Längenmaß*) pulgada *f*

Zollabfertigung *f* trámites *mpl* aduaneros; **Zollamt** *nt* (oficina *f* de) aduana *f;* **Zollbeamte(r), -in** *m, f* funcionario, -a *m, f* de aduanas

zollen *vt* (*geh*) tributar; **jdm Respekt ~** tributar respeto a alguien

Zollfahndung *f* policía *f* de aduanas; **zollfrei** *adj* libre de derechos de aduana; **Zollgebühren** *fpl* aranceles *mpl;* **Zollgrenze** *f* frontera *f* aduanera; **Zollkontrolle** *f* control *m* aduanero

Zöllner(in) *m(f)* <-s, -; -nen> (*fam*) aduanero, -a *m, f*

zollpflichtig *adj* sujeto a derechos de aduana

Zollschranke *f* barrera *f* aduanera

Zollstock *m* <-(e)s, -stöcke> metro *m* plegable

Zombie *m* <-(s), -s> zombi(e) *m*

Zone *f* <-n> zona *f;* **Zonengrenze** *f* **1.** (*zwischen Besatzungszonen*) frontera *f* entre zonas de ocupación **2.** (HIST: *zur Ex-DDR*) frontera *f* interalemana **3.** (AUTO: *Zahlgrenze*) límite *m* de tarifa

Zoo *m* <-s, -s> zoo *m*, parque *m* zoológico

Zoologie *f ohne Pl* zoología *f*

zoologisch *adj* zoológico

Zoom *nt* <-s, -s> (FILM, FOTO) zoom *m*

zoomen *vt* (FILM, FOTO) enfocar con el zoom

Zopf *m* <-(e)s, Zöpfe> trenza *f*; **ein alter ~** (*fam*) una costumbre anticuada

Zorn *m ohne Pl* <-(e)s> ira *f*, cólera *f*; **im ~** enfurecido; **in ~ geraten** ponerse furioso; **jdn in ~ bringen** enfurecer a alguien; **auf jdn einen ~ haben** estar furioso con alguien

zornig **I.** *adj* colérico, caribe *Ant*; **~ werden** encolerizarse (*auf* con); **auf jdn ~ sein** estar furioso con alguien **II.** *adv* con ira

Zote *f* <-n> (*abw*) chiste *m* verde

Zotteln *fpl* (*fam*) **1.** (*Haarbüschel*) mechón *m*, greña *f* **2.** (*Troddel*) borla *f*

zottig *adj* **1.** (*Fell*) hirsuto, chasco *Am* **2.** (*abw: Haare*) desgreñado

z.T. *Abk. von* **zum Teil** en parte

zu **I.** *präp +dat* **1.** (*Richtung, Lage, Verhältnis*) a; (*in*) en; **~ Hause** en casa; **das Museum ~ Speyer** el Museo de Espira; **Herzog ~ X** el Duque de X; **~ beiden Seiten** a ambos lados; **~ seiner Rechten** a su derecha; **sie kommt ~ mir** viene a mi casa; **er geht ~m Bahnhof/~r Post** va a la estación/a Correos; **es fiel ~ Boden** cayó al suelo; **~ jdm hinsehen** mirar a alguien; **das Zimmer liegt ~r Straße hin** la habitación da a la calle **2.** (*hin~, da~*) con; **er setzte sich ~ den anderen** se sentó con los demás; **nehmen Sie Wein ~m Essen?** ¿toma Ud. vino con la comida? **3.** (*zeitlich*): **~ jener Zeit** en aquel tiempo; **ich kündige ~m 1. Mai** rescindo mi contrato el primero de mayo; **~ Anfang** al principio; **~ Ostern/Weihnachten** en Semana Santa/por Navidades; **~m ersten Mal** por primera vez; **~ Mittag/Abend essen** almorzar/cenar **4.** (*Preis, Menge, Häufigkeit*): **~m Teil** en parte; **in Kisten ~ (je) hundert Stück** en cajas de a cien; **~m halben Preis** a mitad de precio; **Briefmarken ~ 60 Peseten** sellos de 60 pesetas; **das Kilo ~ drei Mark** a tres marcos el kilo **5.** (*Art und Weise*): **~ Recht** con razón; **~ Fuß** a pie **6.** (*Zweck, Ziel*) para, por; **~m Glück** por suerte; **~ allem Unglück** para colmo de desgracias; **~ deiner Beruhigung kann ich sagen, dass ...** para tu tranquilidad puedo decir que...; **ein Stift ~m Schreiben** un lápiz para escribir; **~r Unterhaltung** por diversión; **es ist ~m Weinen** es para llorar; **etwas ~m Essen/Lesen mitnehmen** llevarse algo para comer/leer; **kommst du ~m Frühstück/Abendessen?** ¿vienes a desayunar/cenar?; **jdm ~m Geburtstag gratulieren** felicitar a alguien por el cumpleaños **7.** (*Verhältnis*) a, contra; **die Chancen stehen eins ~ zehn** hay una posibilidad contra diez; **eins ~ null für Real Madrid** uno a cero para el Real Madrid **8.** (*in Bezug auf*) (con) respecto a; **~ dieser Frage möchte ich Folgendes sagen: ...** con respecto a esta pregunta quisiera decir lo siguiente: ... **9.** (*Verwandlung*) en; **das Wasser wurde ~ Eis** el agua se convirtió en hielo **II.** *adv* **1.** (*allzu*) demasiado; **~ sehr/viel** demasiado; **~ schnell** demasiado rápido **2.** (*Richtung*) hacia; **nach Süden ~** hacia el sur; **nur ~!** (*fam*) ¡adelante! **3.** (*fam: geschlossen*) cerrado; **~ sein** (*ge-, verschlossen*) estar cerrado; (*betrunken*) estar colocado **4.** (*zeitlich*): **ab und ~** de vez en cuando; **von Zeit ~ Zeit** de tiempo en tiempo **III.** *konj* **1.** (*mit Infinitiv*): **es ist schön, neue Leute kennen ~ lernen** es bonito conocer gente nueva; **es ist leicht ~ finden** es fácil de encontrar **2.** (*mit Partizip Präsens*): **die ~ erledigende Post** el correo por despachar

zuallererst *adv* ante todo, en primer lugar

zuallerletzt *adv* por último, en último lugar

Zubehör *nt* <-(e)s, -e> accesorios *mpl*, implemento *m Am*; **Zubehörteil** *nt* <-(e)s, -e> accesorio *m*

zu|beißen *irr vi* morder

zu|bereiten* *vt* preparar

Zubereitung *f* <-en> preparación *f*

zu|billigen *vt*: **jdm etw ~** conceder algo a alguien

zu|binden *irr vt* (*Schuhe*) atar; (*Augen*) vendar

zu|blinzeln *vi*: **jdm ~** guiñar el ojo a alguien

zu|bringen *irr vt* **1.** (*verbringen*) pasar **2.** (*fam: schließen können*) lograr cerrar

Zubringer *m* <-s, -> (AUTO) **1.** (*Straße*) vía *f* de accceso **2.** (*Verkehrsmittel*) enlace *m*; **Zubringerdienst** *m* servicio *m* de enlace

Zucchino *m* <-s, Zucchini> calabacín *m*, zapallo *m* italiano *Am*

Zucht *f* <-en> (*von Tieren*) cría *f*; (*von Pflanzen, Bakterien*) cultivo *m*; **hier herrscht ~ und Ordnung** aquí reina una disciplina severa; **Zuchtbulle** *m* toro *m* semental, padrote *m MAm, Mex*

züchten *vt* (*Tiere*) criar; (*Pflanzen, Bakterien*) cultivar

Züchter(in) *m(f)* <-s, -; -nen> (*von Tieren*) criador(a) *m(f)*; (*von Pflanzen*) cultivador(a) *m(f)*

Zuchthaus[1] *nt* <-es, -häuser> (*Gebäude*) penitenciaría *f*

Zuchthaus[2] *nt ohne Pl* <-es> (*~strafe*) (pena *f* de) reclusión *f*; **er hat 3 Jahre ~ bekommen** le condenaron a 3 años de reclusión

Zuchthengst *m* caballo *m* semental, gara-

Z

ñón *m Am*

züchtigen *vt* (*geh*) castigar (con golpes), potrear *Guat, Peru*

Züchtigung *f* <-en> (*geh*) castigo *m;* **körperliche ~** castigo corporal

Zuchtperle *f* perla *f* cultivada; **Zuchttier** *nt* (*männlich*) semental *m;* (*weiblich*) res *f* de vientre

Züchtung *f* <-en> (*von Tieren*) cría *f;* (*von Pflanzen*) cultivo *m*

zucken *vi* **1.** (*zusammenfahren*) trepidar; (*vor Schreck*) estremecerse; (*Muskel*) contraerse **2.** (*Blitz*) centellear

zücken *vt* sacar

Zucker[1] *m* <-s, -> (*Nahrungsmittel*) azúcar *m;* **ein Stück ~** un terrón de azúcar

Zucker[2] *m ohne Pl* <-s> (*fam:* ~*krankheit*) azúcar *m;* **~ haben** tener diabetes

Zuckerbrot *nt:* **mit ~ und Peitsche** (*fig*) una de cal y otra de arena; **Zuckerdose** *f* azucarero *m;* **Zuckerguss**[RR] *m* glaseado *m;* **Zuckerhut** *m* <-(e)s, -hüte> (GASTR) pan *m* de azúcar

zuckerig *adj* **1.** (*mit Zucker bestreut*) azucarado **2.** (*aus Zucker*) de azúcar

zuckerkrank *adj* diabético; **Zuckerkrankheit** *f ohne Pl* diabetes *f inv*

Zuckerlecken *nt:* **etw ist kein ~** (*fam*) algo no es (precisamente) agradable

zuckern *vt* azucarar

Zuckerrohr *nt ohne Pl* <-(e)s> caña *f* de azúcar; **Zuckerrübe** *f* remolacha *f* azucarera; **Zuckerstreuer** *m* <-s, -> azucarero *m;* **zuckersüß** *adj* muy dulce; (*abw*) dulzón; (*a. fig*) empalagoso; **Zuckerwatte** *f ohne Pl* nube(s) *f(pl)* de azúcar

zuckrig *adj s.* **zuckerig**

Zuckung *f* <-en> contracción *f* (involuntaria); **nervöse ~en** tic nervioso

zu|decken *vt* tapar; (*im Bett*) arropar

zudem *adv* (*geh*) además

zu|drehen *vt* **1.** (*Wasserhahn*) cerrar; (*Schraube*) apretar **2.** (*zuwenden*) volver; **sie drehte ihm den Rücken zu** le volvió la espalda

zudringlich *adj* impertinente, fregado *Am*

Zudringlichkeit *f* <-en> impertinencia *f*

zu|dröhnen *vr:* **sich ~** (*fam*) coger un ciego

zu|drücken *vt* cerrar (empujando); **ein Auge ~** (*fig*) hacer la vista gorda; **jdm die Kehle ~** estrangular a alguien

zueinander *adv* el uno con el otro; **sie passen gut ~** hacen buena pareja; **seid nett ~** sed amables el uno con el otro

zu|erkennen* *irr vt* (*Preis*) conceder; (*Recht*) otorgar; (JUR) adjudicar

zuerst *adv* **1.** (*als Erstes*) primero; (*vorrangig*) en primer lugar **2.** (*erst, als Erster*) primero; **ich war ~ da** yo llegué primero; **wer ~ kommt, mahlt ~** (*prov*) primer venido, primer servido **3.** (*anfangs*) al principio **4.** (*erstmals*) por primera vez

zu|fächeln *vt:* **jdm Luft ~** abanicar a alguien

Zufahrt *f* <-en> (*Weg, Straße*) vía *f* de acceso (*zu* a); **Zufahrtsstraße** *f* carretera *f* de acceso

Zufall *m* <-(e)s, -fälle> casualidad *f,* azar *m;* **das ist aber ein ~!** ¡esto sí que es una casualidad!; **etw dem ~ verdanken** agradecer algo al azar; **etw dem ~ überlassen** dejar algo al azar; **es war reiner ~, dass …** fue pura casualidad que… *+subj;* **durch ~** por casualidad; **der ~ wollte es, dass …** dio la casualidad que…

zu|fallen *irr vi sein* **1.** (*Fenster, Tür*) cerrarse (de golpe); **ihm fallen vor Müdigkeit die Augen zu** se cae de sueño **2.** (*Vergünstigung, Aufgabe*) corresponder; **jdm etw ~** ser adjudicado algo a alguien

zufällig **I.** *adj* ocasional, casual; **das war rein ~** fue pura casualidad **II.** *adv* por casualidad; **jdn ~ treffen** encontrar a alguien por casualidad

zufälligerweise *adv* por casualidad

Zufallstreffer *m* <-s, -> golpe *m* de suerte; (*Ballspiele*) gol *m* de suerte

Zuflucht *f ohne Pl* refugio *m* (*vor* de); **~ suchen/finden** buscar/encontrar refugio; **jdm ~ gewähren** ofrecer refugio a alguien; **du bist meine letzte ~!** ¡tú eres mi última esperanza!; **zu etw** *dat* **~ nehmen** recurrir a algo

Zufluss[RR] *m* <-es, -flüsse>, **Zufluß** *m* <-sses, -flüsse> afluente *m*

zu|flüstern *vt* decir al oído

zufolge *präp +gen* (*nachgestellt: +dat*) según, de acuerdo con; **dem Bericht ~** de acuerdo con el informe

zufrieden *adj* contento, satisfecho; **sich (mit wenig) ~ geben** contentarse (con poco); **jdn ~ lassen** dejar a alguien en paz; **jdn ~ stellen** contentar a alguien; **~ stellend sein** ser satisfactorio; **zufrieden|geben** *irr vr:* **sich ~** *s.* **zufrieden**

Zufriedenheit *f ohne Pl* satisfacción *f;* **zu jds voller ~** a plena satisfacción de alguien

zufrieden|lassen *irr vt s.* **zufrieden**; **zufrieden|stellen** *vt s.* **zufrieden**; **zufriedenstellend** *adj s.* **zufrieden**

zu|frieren *irr vi sein* helarse (por completo)

zu|fügen *vt* **1.** (*hinzutun*) añadir **2.** (*Schaden, Schmerz*) causar; (*Niederlage*) infligir; **jdm Leid ~** hacer sufrir a alguien

Zufuhr *f ohne Pl* (*Versorgung*) suministro *m;* (*Zustrom*) afluencia *f;* (*Zuleitung*) transporte *m*

Zug[1] *m* <-(e)s, Züge> **1.** (*Eisenbahn*) tren *m;* **der ~ nach Madrid** el tren con destino a Madrid; **mit dem ~ fahren** ir en tren; **der ~ ist abgefahren** (*fam*) hemos perdido la ocasión; **im falschen ~ sitzen** (*fam*) haberse equivocado **2.** (*Tendenz*) tendencia *f;* (*Neigung*) inclinación *f;* **das ist der ~ der Zeit** ésta es la tendencia de la época; **im ~e der neuen Entwicklung** como consecuencia de los últimos desarrollos **3.** (*Geleit~*) séquito *m;* (*Um~*) desfile *m;* (*von Fahrzeugen*) convoy *m;* (*Fest~*) cortejo *m* **4.** (*Atem~*) respiración *f;* (*beim Rauchen*) calada *f;* (*Pfeife*) chupada *f;* (*Schluck*) trago *m;* **in einem ~** (*ohne Unterbrechung*) de un tirón; **das Glas in einem ~ austrinken** vaciar la copa de un trago; **etw in vollen Zügen genießen** disfrutar plenamente de algo; **in den letzten Zügen liegen** (*fam*) estar en las últimas **5.** (*bei Brettspielen*) jugada *f;* **einen ~ machen** hacer una jugada; **du bist am ~** te toca (a ti) **6.** (*beim Schwimmen*) brazada *f* **7.** (*Charakter~, Schrift~, Gesichts~*) rasgo *m;* **etw in groben Zügen umreißen** trazar algo a grandes rasgos; **das war kein schöner ~ von dir** eso no fue muy bonito de tu parte **8.** (*Krafteinwirkung*) tracción *f*

Zug[2] *m ohne Pl* <-(e)s> **1.** (*Luft~*) corriente *f* (de aire); **im ~ sitzen** estar en la corriente **2.** (*im Ofen*) tiro *m*

Zug[3] *m* <-s> (GEO) Zug *m*

Zugabe *f* <-n> **1.** (*Zusätzliches*) extra *m* **2.** (*bei einer Veranstaltung*) bis *m;* **~, ~!** ¡otra, otra!

Zugabteil *nt* compartim(i)ento *m* (de tren)

Zugang *m* <-(e)s, -gänge> **1.** (*Zutritt, Zugriff*) acceso *m* (*zu* a); (*Eingang*) entrada *f* (*zu* a); **~ verboten** paso prohibido **2.** (*von Waren*) llegada *f;* (*von Büchern*) adquisición *f;* (*von Schülern*) entrada *f;* (*von Patienten*) ingreso *m*

zugange: **mit jdm/etw** *dat* **~ sein** (*fam*) estar ocupado con alguien/algo

zugänglich *adj* **1.** (*erreichbar, aufgeschlossen*) accesible **2.** (*verfügbar*) disponible; **jdm etw ~ machen** poner algo al alcance de alguien

Zugbrücke *f* puente *m* levadizo

zu|geben *irr vt* **1.** (*hinzufügen*) añadir **2.** (*einräumen*) admitir; (*gestehen*) reconocer; **ich muss ~, dass ...** tengo que admitir que...

zugegen *adj* (*geh*): **~ sein** estar presente (*bei* en)

zu|gehen *irr* **I.** *vi sein* **1.** (*hingehen*) dirigirse (*auf* a); **auf jdn ~** acercarse a alguien; **es geht auf den Winter zu** llega el invierno; **er geht schon auf die siebzig zu** ronda los setenta **2.** (*formal: zugestellt werden*) llegar **3.** (*fam: sich schließen lassen*) cerrar(se) **II.** *vunpers sein:* **bei der Diskussion ging es lebhaft zu** fue una discusión muy viva

zu|gehören* *vi* (*geh*) pertenecer (a)

zugehörig *adj* correspondiente

Zugehörigkeit *f ohne Pl* pertenencia *f* (*zu* a); (*zu einem Verein, einer Partei*) afiliación *f* (*zu* a)

zugeknöpft *adj* (*fam*) poco comunicativo

Zügel *m* <-s, -> rienda *f;* **die ~ anziehen** tirar de las riendas; (*fig*) apretar las tuercas; **die ~ fest in der Hand haben** (*fig*) tener la sartén por el mango; **die ~ locker lassen** (*a. fig*) aflojar las riendas

zügellos **I.** *adj* desenfrenado; (*Lebenswandel*) disoluto **II.** *adv* a rienda suelta

zügeln **I.** *vt* **1.** (*Pferd*) refrenar **2.** (*Neugierde, Zorn*) contener **II.** *vr:* **sich ~** contenerse **III.** *vi* (*Schweiz: umziehen*) mudarse

Zugeständnis *nt* <-ses, -se> concesión *f* (*an* a); **jdm ein ~ machen** conceder algo a alguien

zu|gestehen* *irr vt* **1.** (*zugeben*) admitir **2.** (*bewilligen*) conceder, acordar *Arg, Chil;* **jdm etw ~** conceder algo a alguien

zugetan *adj:* **jdm ~ sein** sentir simpatía por alguien; **etw** *dat* **~ sein** tener apego a algo

Zugführer(in) *m(f)* <-s, -; -nen> jefe, -a *m, f* de tren

zugig *adj* expuesto a las corrientes de aire; **hier ist es ~** aquí hay mucha corriente

zügig **I.** *adj* (*rasch*) rápido; (*ununterbrochen*) ininterrumpido **II.** *adv* a buen paso; (*ununterbrochen*) ininterrumpidamente

Zugkraft[1] *f* <-kräfte> (PHYS) fuerza *f* de tracción

Zugkraft[2] *f ohne Pl* (*Anziehungskraft*) atractivo *m*

zugkräftig *adj* atractivo; (*Plakat, Titel*) llamativo; (*Ware*) de gran venta; (*Film, Schauspieler*) taquillero

zugleich *adv* al mismo tiempo

Zugluft *f ohne Pl* corriente *f* de aire

Zugmaschine *f* tractor *m*

Zugpersonal *nt* personal *m* de tren

Zugpferd *nt* **1.** (*Pferd*) caballo *m* de tiro **2.** (*Attraktion*) atracción *f*

zu|greifen *irr vi* coger; (*bei Tisch*) servirse; **greifen Sie zu!** ¡sírvase!; **bei solch einer Gelegenheit muss man ~** hay que aprovechar semejante ocasión

Zugrestaurant *nt* vagón *m* restaurante

Zugriff *m* <-(e)s, -e> **1.** (*das Zugreifen*) toma *f;* **sich dem ~ der Polizei entziehen** escapar a la detención de la policía **2.** (INFOR) acceso *m;* **Zugriffsberechtigung** *f* <-, -en> (INFOR) autorización *f* de acceso; **Zugriffsgeschwindigkeit** *f* <-, -en> (INFOR) velocidad *f* de acceso; **Zugriffsrecht** *nt* <-(e)s, -e> (INFOR) derecho *m* de acceso; **Zugriffszeit** *f* <-, -en> (INFOR) tiempo *m* de acceso; **durchschnittliche ~** tiempo de acceso por término medio

zugrunde *adv:* **etw ~ legen** tomar algo por base; **~ liegen** basarse en; **~ gehen** irse a pique, fundirse *Am;* **jdn/etw ~ richten** arruinar a alguien/estropear algo

Zugschaffner(in) *m(f)* revisor(a) *m(f)*

Zugtier *nt* animal *m* de tiro

Zugunglück *nt* accidente *m* ferroviario

zugunsten *präp +gen* a favor de, en beneficio de

zugute *adv* (*geh*): **~ halten** tener en consideración; **jdm/etw** *dat* **~ kommen** favorecer a alguien/algo

Zugverbindung *f* **1.** (*zwischen zwei Orten*) enlace *m* ferroviario **2.** (*Anschluss*) comunicación *f* ferroviaria; **Zugverkehr** *m* tráfico *m* ferroviario

Zugvogel *m* ave *f* migratoria; **Zugzwang** *m:* **jdn in ~ bringen** obligar a alguien a reaccionar; **in ~ geraten** verse obligado a actuar

zu|haben *irr* **I.** *vi* (*fam*) estar cerrado **II.** *vt* (*fam*) tener cerrado; **die Augen ~** tener los ojos cerrados

zu|halten *irr* **I.** *vi:* **auf etw ~** dirigirse a algo **II.** *vt* **1.** (*geschlossen halten*) mantener cerrado **2.** (*Augen, Ohren*) tapar

Zuhälter *m* <-s, -> chulo *m fam,* padrote *m MAm, Mex*

zuhause[RR] *adv* (*Österr, Schweiz*) en casa

Zuhause *nt ohne Pl* <-s> casa *f*

Zuhilfenahme *f ohne Pl:* **ohne/unter ~ von ...** sin/con ayuda de...

zu|hören *vi* escuchar; **jdm ~** escuchar a alguien

Zuhörer(in) *m(f)* <-s, -; -nen> oyente *mf;* (*am Radio*) radioyente *mf;* (*~schaft*) público *m*

Zuhörerschaft *f ohne Pl* auditorio *m*

zu|jubeln *vi:* **jdm ~** aclamar a alguien

zu|kehren *vt* volver; **sie kehrte ihm das Gesicht zu** le miró de frente

zu|klappen **I.** *vi sein* cerrarse (de golpe) **II.** *vt* cerrar (de golpe); **zu|kleben** *vt* (*Loch*) tapar; (*Umschlag*) cerrar; **zu|knallen** **I.** *vt* (*fam*) cerrar de golpe; **die Tür ~** dar un portazo **II.** *vi sein* (*fam*) cerrarse de golpe; **zu|kneifen** *irr vt* atenazar; **die Augen ~** cerrar los ojos muy fuerte

zu|knöpfen *vt* abrochar

zu|kommen *irr vi sein* **1.** (*sich nähern*) acercarse (*auf* a); (*Aufgabe, Problem*) avecinarse **2.** (*gebühren*) corresponder; **dem kommt eine große Bedeutung zu** esto tiene mucha importancia **3.** (*geh: übermitteln, geben*) hacer llegar; **jdm etw ~ lassen** hacer llegar algo a alguien

Zukunft *f ohne Pl* porvenir *m;* (*a.* LING) futuro *m;* **in ~** en el futuro; **in ferner/naher ~** en un futuro lejano/próximo; **das hat (keine) ~** eso (no) tiene futuro

zukünftig **I.** *adj* futuro **II.** *adv* en el futuro

Zukunftsaussichten *fpl* perspectivas *fpl* para el futuro; **Zukunftsbranche** *f* sector *m* (industrial) del futuro; **Zukunftsforschung** *f ohne Pl* futurología *f;* **Zukunftsmusik** *f ohne Pl* utopía *f;* **das ist noch ~** eso son castillos en el aire; **Zukunftsperspektive** *f* perspectiva *f* para el futuro; **Zukunftsplan** *m* plan *m* para el futuro; **Zukunftstechnologie** *f* tecnología *f* del futuro

zukunftsträchtig *adj* prometedor

zukunftsweisend *adj* progresista

zu|lächeln *vi:* **jdm ~** sonreír a alguien

Zulage *f* <-n> plus *m,* gratificación *f*

zu|langen *vi* **1.** (*fam: beim Essen*) servirse **2.** (*fam: bei der Arbeit*) meterse a fondo **3.** (*reg: ausreichen*) bastar

zu|lassen *irr vt* **1.** (*gestatten*) permitir; (*dulden*) consentir; **wie kannst du ~, dass ...?** ¿cómo puedes permitir que...(*+subj*)? **2.** (*Zugang gewähren, ermöglichen*) admitir; (*amtlich*) autorizar; (*Auto*) matricular; **ein Auto auf jdn ~** matricular un coche a nombre de alguien; **keinen Zweifel ~** no dejar lugar a dudas **3.** (*fam: geschlossen lassen*) dejar cerrado

zulässig *adj* admisible; (*erlaubt*) autorizado; **~e Höchstgeschwindigkeit** velocidad máxima autorizada

Zulassung[1] *f ohne Pl* (*Gewährung von Zugang*) admisión *f;* (*amtlich*) autorización *f;* (*als Anwalt*) habilitación *f;* (*Auto*) matrícula *f*

Zulassung[2] *f* <-en> (*fam: KFZ-Schein*) documentación *f* del coche

Zulassungsbeschränkung *f* limitación *f* de plazas; **Zulassungspapiere** *ntpl* documentación *f* del coche

Zulauf *m ohne Pl* <-(e)s> **1.** (*Zuspruch*) concurrencia *f;* **großen ~ haben** ser muy concurrido **2.** (*von Wasser*) afluencia *f;*

zu|laufen *irr vi sein* **1.** (*hinlaufen*) correr (*auf* hacia); (*auf den Sprecher*) venir corriendo; (*Weg*) conducir (*auf* a) **2.** (*fam: sich beeilen*) darse prisa; **lauf zu!** ¡date prisa! **3.** (*kommen*): **jdm ~** (*Tiere*) venir a casa de alguien; (*Kunden*) acudir en masa a alguien **4.** (*eine bestimmte Form haben*): **spitz ~** acabar en punta

zu|legen **I.** *vi, vt* (*fam*) darse prisa, apurarse *Am;* **einen Zahn ~** meter caña **II.** *vt* (*fam*) **1.** (*anschaffen*): **sich** *dat* **etw ~** comprar(se) algo; **sie hat sich einen Geliebten zugelegt** se ha buscado un amante **2.** (*dicker werden*) engordar **3.** (*reg: dazutun*) añadir

zuleide *adv:* **jdm etwas ~ tun** causar daño a alguien

zuletzt *adv* **1.** (*als Letztes*) por último; **ganz**

~ a última hora; **wir blieben bis** ~ nos quedamos hasta el final; **nicht** ~ **wegen ...** no sólo por... **2.** (*als Letzter*) el último **3.** (*fam: zum letzten Mal*) por última vez **4.** (*schließlich*) finalmente, después de todo

zuliebe *präp +dat:* **jdm/etw** *dat* ~ por (amor a) alguien/algo

Zulieferer *m* <-s, -> proveedor *m;* **zulliefern** *vt* suministrar

zum = **zu dem** *s.* **zu**

zulmachen I. *vi* **1.** (*fam: schließen*) cerrar **2.** (*reg: sich beeilen*) darse prisa, apurarse *Am* II. *vt* (*fam*) cerrar; (*Loch*) tapar; (*Kleidung*) abrochar

zumal I. *adv* especialmente, sobre todo II. *konj* especialmente porque, sobre todo porque

zulmauern *vt* tapiar

zumeist *adv* la mayoría de las veces

zumindest *adv* **1.** (*auf jeden Fall*) por lo menos **2.** (*wenigstens*) como mínimo

zumutbar *adj* exigible, justo (*für* para)

zumute *adv:* **mir ist dabei gar nicht wohl** ~ no me gusta ni un pelo; **mir ist nicht zum Lachen** ~ no estoy para bromas

zulmuten *vt:* **jdm etw** ~ exigir algo a alguien; **jdm zu viel** ~ pedir demasiado a alguien

Zumutung *f* <-en> exigencia *f* exagerada; (*Unverschämtheit*) frescura *f;* **das ist eine** ~**!** ¡no hay derecho a que le pidan a uno algo así!

zunächst *adv* **1.** (*anfangs*) al principio **2.** (*vorläufig*) de momento; ~ **einmal** en primer lugar

zulnageln *vt* clavar; **zulnähen** *vt* coser

Zunahme *f* <-n> aumento *m* (*an* de); (*Zuwachs*) incremento *m* (*an* de); (*Anstieg*) subida *f* (*an* de); **eine** ~ **um 10%** un incremento del 10%

Zuname *m* <-ns, -n> apellido *m*

zündeln *vi* jugar con fuego

zünden I. *vi* (*Bombe*) hacer explosión; **bei ihm hat es gezündet** (*fam*) ha caído en la cuenta II. *vt* (*Sprengkörper*) activar; (*Rakete*) lanzar; (*Feuerwerk*) hacer estallar

zündend *adj* brillante

Zunder *m ohne Pl* <-s> (TECH) escamas *fpl* de óxido; **wie** ~ **brennen** arder como (la) paja

Zünder *m* <-s, -> detonador *m*

Zündflamme *f* piloto *m*

Zündholz *nt* <-es, -hölzer> (*südd, Österr*) cerilla *f,* pajuela *f Bol;* **Zündholzschachtel** *f* caja *f* de cerillas

Zündkabel *nt* (AUTO) cable *m* de encendido; **Zündkerze** *f* (AUTO) bujía *f;* **Zündschloss**[RR] *nt* (AUTO) contacto *m;* **Zündschlüssel** *m* (AUTO) llave *f* de contacto; **Zündschnur** *f* mecha *f;* **Zündstoff** *m* <-(e)s, -e> **1.** (*Sprengstoff*) materia *f* inflamable **2.** (*Konfliktstoff*) motivo *m* de conflicto

Zündung *f* <-en> (AUTO) encendido *m*

zulnehmen *irr* I. *vi* **1.** (*sich vergrößern, vermehren*) aumentar (*an* de); (*Mond*) crecer; (*Tag*) alargarse; **an Größe** ~ aumentar de tamaño **2.** (*sich verstärken*) intensificarse; (*steigen*) incrementarse; (*sich verschlimmern*) agravarse **3.** (*schwerer, dicker werden*) engordar II. *vt* **1.** (*schwerer werden*) engordar **2.** (*bei Handarbeit*) aumentar

zunehmend I. *adj* creciente; **in** ~**em Maße** cada vez más; **mit** ~**em Alter** con los años II. *adv* (*sichtbar*) visiblemente; (*fortschreitend*) progresivamente

zulneigen I. *vi* simpatizar (con); **jdm sehr zugeneigt sein** tener mucho cariño a alguien II. *vr:* **sich etw** *dat* ~ inclinarse hacia algo; **sich dem Ende** ~ ir terminando; **Zuneigung** *f* <-en> afecto *m* (*für* por), cariño *m* (*für* por)

Zunft *f* <Zünfte> gremio *m*

zünftig *adj* como es debido

Zunge *f* <-n> **1.** (*Organ, Land~*) lengua *f;* **jdm die** ~ **herausstrecken** sacar(le) a alguien la lengua; **es liegt mir auf der** ~ (*fig*) lo tengo en la punta de la lengua; **sich** *dat* **auf die** ~ **beißen** morderse la lengua; **böse** ~**n behaupten, dass ...** (*fig*) las malas lenguas afirman que...; **sich** *dat* **die** ~ **verbrennen** irse de la lengua; **sie hat eine lose** ~ es una deslenguada; **seine** ~ **hüten** cuidar su lengua; **seine** ~ **im Zaum halten** tener cuidado con lo que se dice **2.** (*Lasche, a.* MUS) lengüeta *f* **3.** (ZOOL: *See~*) lenguado *m*

züngeln *vi* mover la lengua; (*Schlange*) silbar; (*Flammen*) echar llamaradas

Zungenbrecher *m* (*fam*) trabalenguas *m inv;* **Zungenkuss**[RR] *m* beso *m* de tornillo, lengüetazo *m fam;* **Zungenspitze** *f* punta *f* de la lengua

Zünglein *nt* <-s, ->: **das** ~ **an der Waage sein** (*fig*) ser el fiel de la balanza

zunichte *adv:* **etw** ~ **machen** estropear algo; (*Hoffnungen*) frustar

zulnicken *vi:* **jdm** ~ hacer a alguien una seña con la cabeza; (*zum Gruß*) saludar a alguien con la cabeza

zunutze *adv:* **sich** *dat* **etw** ~ **machen** aprovechar algo

zuoberst *adv* **1.** (*auf einem Stapel*) encima de todo **2.** (*am oberen Rand*) en la parte superior

zulordnen *vt* clasificar, encasillar

zulpacken *vi* **1.** (*zugreifen*) coger **2.** (*kräftig arbeiten*) meterse a fondo

zupfen I. *vi* **1.** (*ziehen*) tirar (*an* de) **2.** (*Instrument*) puntear II. *vt* **1.** (*ziehen*) tirar (*an* de) **2.** (*Haar, Unkraut*) arrancar; **sich**

dat **die Augenbrauen** ~ depilarse las cejas **3.** (*Instrument*) puntear

Zupfinstrument *nt* instrumento *m* punteado

zu|prosten *vi* brindar

zur = **zu der** *s.* **zu**

zurande[RR] *adv:* **mit jdm/mit etw** *dat* (**nicht**) ~ **kommen** (*fam*) (no) poder con alguien/algo

zurate[RR] *adv:* **etw/jdn** ~ **ziehen** consultar algo/a alguien

Zürcher(in) *m(f)* <-s, -; -nen> zuriguense *mf*

zurechnungsfähig *adj* en plena posesión de sus facultades mentales

zurecht|biegen *irr vt* **1.** (*Draht*) enderezar **2.** (*fam: Angelegenheit*) arreglar; **zurecht|finden** *irr vr:* **sich** ~ (*in einer Stadt*) orientarse (*in* en); (*vertraut werden*) familiarizarse; **zurecht|kommen** *irr vi sein* (*mit einem Gerät*) apañarse *fam;* (*mit einer Person*) entenderse; (*finanziell*) arreglárselas; **sieh selbst zu, wie du zurechtkommst!** ¡apáñatelas como puedas!; **zurecht|legen** *vt* preparar; **sich** *dat* **eine Ausrede** ~ tener preparada una excusa; **zurecht|machen** **I.** *vt* (*fam*) **1.** (*Essen*) preparar; (*Zimmer*) arreglar **2.** (*verschönen*) arreglar **II.** *vr:* **sich** ~ (*fam*) arreglarse; **zurecht|weisen** *irr vt* reprender, retar *Am*

zu|reden *vi* instar; (*ermutigen*) animar; (*überreden*) persuadir; **jdm gut** ~ animar a alguien

zu|reiten *irr* **I.** *vi sein* cabalgar (*auf* hacia) **II.** *vt* amaestrar, potrear *Am*

Zürich *nt* <-s> Zurich *m*

zu|richten *vt* (*vorbereiten*) preparar; (TECH) trabajar; **jdn übel** ~ maltratar a alguien; **etw übel** ~ echar a perder algo

Zurschaustellung *f* <-en> exhibición *f*

zurück *adv* **1.** (*wieder an den Ausgangspunkt*) de vuelta; **hin und** ~ ida y vuelta; **es gibt kein Z~ mehr** ya no se puede dar marcha atrás; **ich bin gleich wieder** ~ enseguida estoy de vuelta **2.** (*nach hinten*) (hacia) atrás; **zwei Schritte ~!** ¡dos pasos atrás! **3.** (*weiter hinten*) atrás **4.** (*fam: ~geblieben*) atrasado; **zurück|bekommen*** *irr vt* recobrar; (*Wechselgeld*) recibir de vuelta; **ich habe alles** ~ me lo han devuelto todo; **zurück|bilden** *vr:* **sich** ~ retroceder; (*Organ*) atrofiarse; **zurück|bleiben** *vi sein* **1.** (*hinten bleiben*) quedarse atrás; (*Abstand halten*) mantenerse alejado (*von* de); **hinter den Erwartungen** ~ no corresponder a las expectativas **2.** (*übrig bleiben*) quedar; **zurück|blicken** *vi* **1.** (*sich umsehen*) mirar (hacia) atrás **2.** (*auf Vergangenes*) pasar revista (*auf* a); **zurück|bringen** *irr vt* **1.** (*zurückgeben*) devolver **2.** (*zurückbegleiten*) llevar (a casa); **zurück|datieren** *vt* antedatar; **zurück|denken** *irr vi* recordar el pasado; **an etw** ~ recordar algo; **zurück|drängen** *vt* **1.** (*Personen*) hacer retroceder **2.** (*eindämmen*) contener; **zurück|erobern*** *vt* reconquistar; **zurück|fahren** *irr* **I.** *vi sein* **1.** (*zurückkehren*) volver, regresar **2.** (*rückwärts fahren*) dar marcha atrás **3.** (*zurückschrecken*) retroceder (asustado) **II.** *vt* **1.** (*zurückbringen: Person*) llevar a casa; (*Dinge*) devolver **2.** (*reduzieren*) reducir; **zurück|fallen** *irr vi sein* **1.** (*fallen*) volver a caer; (*Person*) caer hacia atrás; **sich** ~ **lassen** dejarse caer (*in* en) **2.** (*in eine Gewohnheit*) recaer (*in* en) **3.** (SPORT) quedar(se) atrás **4.** (*Eigentum*) volver a pertenecer (*an* a) **5.** (*sich auswirken*) recaer (*auf* sobre); **zurück|finden** *irr vi* encontrar el camino de vuelta (*zu* a); **zurück|fordern** *vt* reclamar; (*Recht*) reivindicar; **zurück|führen** **I.** *vi* volver (*zu* a); **es führt kein Weg zurück** no hay camino de vuelta **II.** *vt* **1.** (*geleiten*) acompañar a la vuelta **2.** (*herleiten*) reducir (*auf* a) **3.** (*die Folge sein*) deberse (*auf* a); (*zuschreiben*) atribuir (*auf* a); **sein Verhalten ist darauf zurückzuführen, dass ...** su comportamiento se debe a que...; **zurück|geben** *irr vt* devolver, regresar *Mex;* (*Wechselgeld*) dar (la vuelta)

zurückgeblieben **I.** *pp von* **zurückbleiben** **II.** *adj* retrasado; **geistig** ~ retrasado mental

zurück|gehen *irr vi sein* **1.** (*zurückkehren*) volver; **etw** ~ **lassen** devolver algo **2.** (*nach hinten*) ir hacia atrás; **zwei Schritte** ~ dar dos pasos atrás; **auf etw** ~ tener su origen en algo **3.** (*nachlassen*) disminuir; (*Preise*) bajar

zurückgezogen **I.** *pp von* **zurückziehen** **II.** *adj* retirado; ~ **leben** llevar una vida retirada

zurück|greifen *irr vi:* **auf etw** ~ recurrir a algo; **zurück|halten** *irr* **I.** *vt* **1.** (*Person, Geld*) retener; (*Information*) ocultar; **etw für jdn** ~ reservar algo para alguien; **jdn von etw** *dat* ~ hacer desistir a alguien de algo **2.** (*Gefühle*) reprimir; (*Tränen*) contener **II.** *vr:* **sich** ~ **1.** (*sich beherrschen*) contenerse; **er hält sich mit Lob/Kritik zurück** no hace grandes elogios/críticas **2.** (*im Hintergrund bleiben*) mantenerse en un segundo plano **III.** *vi:* **mit etw** *dat* ~ abstenerse de hacer algo

zurückhaltend *adj* **1.** (*reserviert*) reservado **2.** (*unaufdringlich*) discreto; (*gemäßigt*) moderado

Zurückhaltung *f ohne Pl* **1.** (*Reserviertheit*) reserva *f* **2.** (*Unaufdringlichkeit*) discreción *f;* (*Bescheidenheit*) moderación *f;* ~ **üben**

moderarse; **zurück|holen** *vt* ir a buscar; **zurück|kehren** *vi sein* (*geh*) regresar (*aus/von* de, *nach/zu* a), regresarse (*aus/von* de, *nach/zu* a) *Am;* **zurück|kommen** *irr vi sein* volver (*aus/von* de, *nach/zu* a); **auf etw ~** volver sobre algo; **um noch einmal darauf zurückzukommen** volviendo de nuevo sobre ello; **zurück|lassen** *irr vt* **1.** (*liegen lassen, hinterlassen*) dejar **2.** (*zurückkehren lassen*) dejar regresar; **zurück|legen** *vt* **1.** (*an seinen Platz*) volver a poner en su sitio **2.** (*Waren*) reservar; (*Geld*) ahorrar; **sich** *dat* **etwas Geld ~** hacer unos ahorros **3.** (*Strecke*) recorrer; **zurück|lehnen** *vr:* **sich ~** recostarse; **zurück|liegen** *irr vi* haber sucedido tiempo atrás; **der Vorfall liegt schon Jahre zurück** el incidente sucedió hace ya años; **in den ~den Jahren** en los últimos años; **zurück|melden** *vr:* **sich ~** dar aviso de su regreso

Zurücknahme *f* <-n> **1.** (*von Waren*) devolución *f* **2.** (*einer Bestellung*) anulación *f* del pedido; (*einer Aussage, Zustimmung*) retractación *f;* (*einer Klage*) desistimiento *m;* (*eines Gesetzes*) revocación *f*

zurück|nehmen *irr vt* **1.** (*Ware*) aceptar la devolución (de) **2.** (*Behauptung, Beleidigung*) retirar; (*Bestellung*) anular; (*Gesetz*) revocar; **nimm das sofort zurück!** ¡retira eso inmediatamente!; **zurück|prallen** *vi sein* **1.** (*Ball*) rebotar **2.** (*Person*) retroceder; **zurück|reichen** **I.** *vi* (*Erinnerung*) remontarse (*bis* a) **II.** *vt* devolver; **zurück|rufen** *irr* **I.** *vi, vt* volver a llamar **II.** *vt* **1.** (*zurückbeordern*) hacer volver **2.** (*antworten*) contestar; **sich** *dat* **etw ins Gedächtnis ~** recordar algo; **zurück|schalten** *vi* (AUTO) cambiar a una marcha inferior; **zurück|schauen** *vi s.* **zurückblicken**; **zurück|schicken** *vt* mandar de vuelta; **zurück|schlagen** *irr* **I.** *vi* **1.** (*Armee*) contraatacar; (*Person*) devolver el golpe **2.** (*sich auswirken*) repercutir (*auf* en) **II.** *vt* **1.** (*Angriff*) rechazar **2.** (*Decke*) apartar; (*Schleier*) levantar **3.** (*Ball*) devolver; **zurück|schrauben** *vt* reducir; **zurück|schrecken** *irr vi sein* **1.** (*zurückweichen*) retroceder (espantado) **2.** (*zurückscheuen*): **vor etw** *dat* **~** arredrarse ante algo; **zurück|sehnen** *vr:* **sich nach etw** *dat*/**zu jdm ~** echar algo/a alguien de menos; **zurück|setzen** **I.** *vi* ir (marcha) atrás **II.** *vt* **1.** (*an einen Platz*) volver a poner en su sitio **2.** (*nach hinten*) poner (hacia) atrás; (*verschieben*) correr hacia atrás **3.** (*benachteiligen*) postergar (a) **4.** (*Auto*) mover para atrás **III.** *vr:* **sich ~** **1.** (*sich wieder setzen*) volver a sentarse **2.** (*nach hinten*) sentarse más atrás; **zurück|stecken** **I.** *vi* **1.** (*mit Ansprüchen*) moderarse **2.** (*nachgeben*) transigir **II.** *vt* **1.** (*wieder einstecken*) volver a guardar **2.** (*versetzen*) colocar hacia atrás; **zurück|stehen** *irr vi* **1.** (*weiter hinten stehen*) quedar atrás **2.** (*schlechter sein*) quedarse atrás; **er wollte nicht hinter ihnen ~** no quería quedarse atrás **3.** (*verzichten*) renunciar; **sie musste immer hinter den anderen ~** siempre tuvo que desistir a favor de los demás; **zurück|stellen** *vt* **1.** (*an einen Platz*) volver a poner en su sitio **2.** (*nach hinten*) poner atrás; (*Uhr*) retrasar; (*Heizung*) bajar **3.** (*Waren*) reservar **4.** (*aufschieben*) aplazar **5.** (*Wünsche*) postergar; **seine Bedenken ~** dejar atrás sus reparos; **zurück|stoßen** *irr vt* **1.** (*wegstoßen*) empujar hacia atrás **2.** (*ablehnen*) rechazar; **zurück|stufen** *vt* degradar; **zurück|treten** *irr* **I.** *vi sein* **1.** (*nach hinten*) retroceder; **bitte ~!** ¡retrocedan, por favor! **2.** (*weniger wichtig werden*) perder importancia; (*in den Hintergrund treten*) pasar al segundo plano **3.** (*von einem Amt*) dimitir (*von* de) **4.** (*von einem Vertrag, Vorhaben*) desistir (*von* de); (*von einem Recht*) renunciar (*von* a) **II.** *vt:* **jdn ~** devolver el pisotón a alguien; **zurück|verfolgen*** *vt* buscar los orígenes (de); **zurück|versetzen*** *vr:* **sich ~** recordar; **wir fühlten uns in eine andere Zeit zurückversetzt** nos sentimos trasladados a otra época; **zurück|weichen** *irr vi sein* **1.** (*Person*) retroceder; (*Hochwasser*) decrecer **2.** (*vor einer Aufgabe*) retroceder (*vor* ante); **zurück|weisen** *irr vt* (*Person, Anschuldigung*) rechazar; (*Einladung, Geschenk*) rehusar; (*mit Argumenten*) refutar; (*Klage*) recusar; **zurück|werfen** *irr vt* **1.** (*nach hinten*) echar (hacia) atrás **2.** (*Ball*) devolver **3.** (*Schall, Strahlen*) reflejar **4.** (*wirtschaftlich*) hacer retroceder (de); **das wirft uns um Jahre zurück** esto nos hace retroceder a la posición de hace años **5.** (*Feind*) rechazar; **zurück|wirken** *vi* repercutir (*auf* en); **zurück|wollen** *irr* **I.** *vi* querer volver (*nach* a) **II.** *vt* (*fam*) querer de vuelta; **ich will mein Geld zurück** quiero que me devuelvan mi dinero; **zurück|zahlen** *vt* devolver; (*Ausgaben*) reembolsar; **das werd' ich ihm ~!** (*fam*) ¡me lo pagará!; **zurück|ziehen** *irr* **I.** *vt* **1.** (*zum Ausgangspunkt*) volver (a poner en un lugar) **2.** (*nach hinten*) correr hacia atrás; (*Körperteil*) retirar; (*Vorhang, Riegel*) correr **3.** (*widerrufen*) retirar; (*Gesetz*) revocar; (*Ansprüche*) desistir (de); (*Bestellung*) anular **4.** (*aus dem Verkehr ziehen*) retirar **5.** (*bewirken*) ser el motivo de la vuelta (*nach* a); (*anziehen*) atraer **II.** *vr:* **sich ~** (*a.* MIL) retirarse (*von* de) **III.** *vi sein* volver a vivir (*nach* a)

Zuruf *m* <-(e)s, -e> grito *m*

zu|rufen *irr vt:* **jdm etw ~** gritar algo a alguien

zurzeit[RR] *adv* (*augenblicklich*) actualmente, de momento

Zusage *f* <-n> (*positive Antwort*) contestación *f* afirmativa; (*Bestätigung*) confirmación *f;* (*Versprechen*) promesa *f;* **eine ~ geben** contestar afirmativamente

zu|sagen I. *vi* **1.** (*Einverständnis erklären*) contestar afirmativamente; (*Einladung annehmen*) aceptar una invitación; (*sich verpflichten*) comprometerse **2.** (*gefallen*): **jdm ~** gustar a alguien; (*passen*) convenir a alguien **II.** *vt* prometer

zusammen *adv* **1.** (*miteinander*) juntos; (*gleichzeitig*) al mismo tiempo; **~ mit** (junto) con; **~ sein** (*beieinander sein*) estar juntos; (*fest befreundet sein*) salir juntos; **alle ~** todos juntos **2.** (*insgesamt*) en total; **das macht ~ 14 Mark** son 14 marcos en total

Zusammenarbeit *f ohne Pl* colaboración *f,* cooperación *f;* **in ~ mit** en colaboración con; **zusammen|arbeiten** *vi* colaborar, cooperar; **zusammen|bauen** *vt* montar; **zusammen|beißen** *irr vt:* **die Zähne ~** apretar los dientes; **zusammen|binden** *irr vt* atar; **zusammen|bleiben** *irr vi sein* quedar juntos; (*weiterhin*) seguir juntos; **zusammen|brechen** *irr vi sein* **1.** (*einstürzen*) derrumbarse; **für ihn ist eine Welt zusammengebrochen** se le desmoronaron todas sus esperanzas **2.** (*Mensch*) sufrir un colapso; (*ohnmächtig*) desmayarse **3.** (*Wirtschaft*) quebrarse; (*Verkehr*) colapsarse; **zusammen|bringen** *irr vt* **1.** (*Geld, Personen*) juntar **2.** (*fam: sich erinnern*) recordar, acordarse (de); **Zusammenbruch** *m* derrumbamiento *m;* (*Bankrott*) quiebra *f;* (*gesundheitlich, des Verkehrs*) colapso *m;* **zusammen|drängen I.** *vt* **1.** (*Menschen*) apiñar **2.** (*zusammenfassen*) reducir (*auf* a) **II.** *vr:* **sich ~ 1.** (*Menschen*) apiñarse **2.** (*Ereignisse*) concentrarse; **zusammen|drücken** *vt* apretar, comprimir; (*flach*) aplastar; **zusammen|fahren** *irr* **I.** *vi sein* **1.** (*Fahrzeuge*) chocar **2.** (*erschrecken*) estremecerse **II.** *vt* (*Person, Tier*) atropellar; (*Fahrzeug*) destrozar; **zusammen|fallen** *irr vi sein* **1.** (*einstürzen*) hundirse **2.** (*an Volumen verlieren*) desinflarse **3.** (*Termine*) coincidir; **zusammen|fassen** *vt* **1.** (*vereinigen*) reunir (*zu* en); (*in Gruppen*) agrupar **2.** (*Bericht*) resumir; **~d lässt sich sagen, dass ...** en resumen se puede decir que…

Zusammenfassung *f* <-en> **1.** (*Resümee*) resumen *m* **2.** (*Vereinigung*) unión *f;* (*in Gruppen*) agrupación *f*

zusammen|fließen *irr vi sein* confluir; **zusammen|fügen** *vt* (*geh*) unir, juntar; **zusammen|führen** *vt* reunir; (*nach Streit*) reconciliar; **zusammen|gehören*** *vi* (*fam*) **1.** (*Personen*) ser del mismo grupo **2.** (*Gegenstände*) hacer juego; (*paarweise*) hacer pareja

zusammengehörig *adj* correspondiente

Zusammengehörigkeit *f ohne Pl* afinidad *f,* unión *f;* **Zusammengehörigkeitsgefühl** *nt ohne Pl* <-(e)s> solidaridad *f*

zusammengesetzt *adj* compuesto; **~ sein aus ...** componerse de…

zusammengewürfelt *adj* (*gemischt*) mezclado; (*verschiedenartig*) heterogéneo

Zusammenhalt *m ohne Pl* <-(e)s> **1.** (*von Teilen*) cohesión *f* **2.** (*Bindung*) solidaridad *f,* unión *f;* **zusammen|halten** *irr* **I.** *vi* **1.** (*Mannschaft*) ser solidario; (*in der Not*) ayudarse mutuamente **2.** (*Teile*) formar un cuerpo **II.** *vt* **1.** (*Gruppe*) mantener juntos; (*Geld*) ahorrar **2.** (*verbinden*) unir

Zusammenhang *m* <-(e)s, -hänge> (*Beziehung*) relación *f* (*zwischen/von* entre); (*innerer*) conexión *f;* (*im Text*) contexto *m;* **in ~ mit etw** *dat* **stehen** estar en relación con algo; **etw aus dem ~ reißen** sacar algo de contexto; **etw mit etw** *dat* **in ~ bringen** relacionar algo con algo

zusammen|hängen *irr vi* **1.** (*Gegenstände*) estar unido **2.** (*in Beziehung stehen*) estar relacionado; **das hängt damit zusammen, dass ...** esto está relacionado con…

zusammenhängend *adj* coherente; (*ununterbrochen*) continuo

zusammenhang(s)los *adj* incoherente

zusammen|klappen I. *vi sein* (*Person*) sufrir un colapso **II.** *vt* (*Stuhl, Tisch*) plegar; (*Messer*) cerrar; **zusammen|knoten** *vt* anudar; **zusammen|kommen** *irr vi sein* **1.** (*sich treffen*) encontrarse; (*sich versammeln*) reunirse **2.** (*sich ansammeln*) acumularse; **zusammen|kratzen** *vt* (*fam*) reunir penosamente

Zusammenkunft *f* <-künfte> encuentro *m;* (*Versammlung*) reunión *f*

zusammen|laufen *irr vi sein* **1.** (*Menschen*) acudir (en masa) **2.** (*Flüsse*) confluir **3.** (*Linien*) juntarse; (MATH) converger; **zusammen|leben** *vi* convivir; **wir leben zusammen** vivimos juntos; **Zusammenleben** *nt ohne Pl* <-s> convivencia *f;* **zusammen|legen I.** *vt* **1.** (*falten*) doblar, plegar **2.** (*zueinander legen*) poner juntos **3.** (*vereinigen*) juntar; (*Firmen*) fusionar; (*Termine*) fijar a una misma hora; (*Personen*) agrupar **II.** *vi* juntar el dinero; **zusammen|nehmen** *irr* **I.** *vt* reunir, juntar; **alles zusammengenommen** en total; **er nahm seinen ganzen Mut zusammen** hizo acopio de todo su coraje **II.** *vr:* **sich** ~ controlarse; **zusammen|passen** *vi* (*Personen*) congeniar, hacer buenas migas *fam;* (*Paar*) hacer (una) buena pareja; (*Gegenstände*) encajar, hacer juego; (*Farben*) ir bien; **zusammen|pferchen** *vt* **1.** (*Vieh*) acorralar **2.** (*Menschen*) apiñar; **Zusammenprall** *m* <-(e)s, -e> colisión *f*, choque *m;* **zusammen|prallen** *vi sein* colisionar, chocar; **zusammen|pressen** *vt* apretar, prensar; **zusammen|raufen** *vr:* **sich** ~ (*fam*) ponerse de acuerdo; **zusammen|rechnen** *vt* sumar; **zusammen|reimen** **I.** *vt* (*fam*): **sich** *dat* **etw** ~ imaginarse algo **II.** *vr:* **sich** ~ (*fam*) explicarse; **zusammen|reißen** *irr vr:* **sich** ~ (*fam*) controlarse; **zusammen|rücken** **I.** *vi sein* juntarse **II.** *vt* acercar; **zusammen|rufen** *irr vt* convocar, reunir; **zusammen|sacken** *vi sein* (*fam*) **1.** (*Haus*) derrumbarse **2.** (*Person*) sufrir un colapso; **zusammen|scheißen** *irr vt* (*vulg*) poner a parir; **zusammen|schlagen** *irr vt* **1.** (*fam: zerstören*) destrozar **2.** (*fam: verprügeln*) moler a palos **3.** (*gegeneinander schlagen*): **sie schlug die Hände über dem Kopf zusammen** se llevó las manos a la cabeza; **zusammen|schließen** *irr vr:* **sich** ~ agruparse; (*Firmen*) fusionarse; **Zusammenschluss**[RR] *m* <-es, -schlüsse>, **Zusammenschluß** *m* <-sses, -schlüsse> agrupación *f;* (*von Firmen*) fusión *f;* **zusammen|schrauben** *vt* atornillar; **zusammen|schreiben** *irr vt* **1.** (*Wörter*) escribir junto **2.** (*fam abw: verfassen*) borronear; **wer hat denn diesen Unsinn zusammengeschrieben?** ¿quién ha escrito este montón de tonterías?; **zusammen|sein** *irr vi sein s.* **zusammen 1.**; **Zusammensein** *nt ohne Pl* <-s> **1.** (*Treffen*) reunión *f* **2.** (*Zusammenleben*) convivencia *f;* **zusammen|setzen** **I.** *vt* componer; (*montieren*) montar **II.** *vr:* **sich** ~ **1.** (*zusammenkommen*) reunirse; (*sich treffen*) encontrarse **2.** (*bestehen*) componerse (*aus* de)

Zusammensetzung *f* <-en> **1.** (*Struktur*) composición *f;* (*Mischung*) combinación *f;* **eine ~ aus ...** una combinación de... **2.** (LING) palabra *f* compuesta

Zusammenspiel *nt ohne Pl* <-(e)s> **1.** (*einer Mannschaft*) juego *m* del equipo **2.** (*von Kräften*) interacción *f;* **zusammen|stecken** **I.** *vi* (*fam*) estar juntos **II.** *vt* juntar; (*Stoff*) fijar con alfileres; **die Köpfe ~** andar con secretitos; **zusammen|stellen** *vt* **1.** (*nebeneinander stellen*) colocar juntos **2.** (*anordnen*) componer; (*in Gruppen*) agrupar; (*sortieren*) clasificar; (*kompilieren*) compilar; (*Farben, Menü*) combinar; (*Unterlagen*) reunir; (*Programm, Liste*) hacer

Zusammenstellung *f* <-en> **1.** (*Anordnung*) disposición *f* **2.** (*Zusammensetzung*) composición *f;* (*systematisch*) clasificación *f;* (*in Gruppen*) agrupación *f;* (*eines Buchs*) compilación *f* **3.** (*Übersicht*) cuadro *m* sinóptico; (*Liste*) lista *f*

Zusammenstoß *m* <-es, -stöße> **1.** (*von Fahrzeugen*) choque *m*, quiñazo *m Am* **2.** (*fam: Streit*) disputa *f;* (*Auseinandersetzung*) enfrentamiento *m;* **zusammen|stoßen** *irr vi sein* **1.** (*kollidieren*) chocar **2.** (*sich streiten*) pelearse; **zusammen|strömen** *vi sein* **1.** (*Flüsse*) confluir **2.** (*Menschen*) acudir en masa; **zusammen|stürzen** *vi sein* (*Gebäude*) derrumbarse; (*Plan*) venirse abajo; **zusammen|tragen** *irr vt* reunir; (*ansammeln*) acumular; (*Fakten*) compilar; **zusammen|treffen** *irr vi sein* **1.** (*Menschen*) encontrarse **2.** (*Ereignisse, Umstände*) coincidir; **zusammen|trommeln** *vt* (*fam*) convocar, llamar; **zusammen|tun** *irr* **I.** *vt* (*fam*) meter junto **II.** *vr:* **sich** ~ (*fam*) unirse; (*sich verbünden*) aliarse; **zusammen|wachsen** *irr vi sein* **1.** (*verheilen*) cerrarse **2.** (*sich verbinden*) unirse; **zusammen|wirken** *vi* **1.** (*Faktoren*) actuar (simultáneamente) **2.** (*geh: zusammenarbeiten*) colaborar (*bei* en); **Zusammenwirken** *nt ohne Pl* <-s> interacción *f;* **zusammen|zählen** *vt* sumar; **zusammen|ziehen** *irr* **I.** *vt* **1.** (*enger machen*) estrechar; (*durch Säure*) astringir; (*Muskeln*) contraer **2.** (*Polizei, Truppen*) reunir, concentrar **3.** (*addieren*) sumar **II.** *vr:* **sich** ~ **1.** (*kleiner werden*) contraerse **2.** (*Gewitter, Unheil*) cernirse **III.** *vi sein:* **mit jdm** ~ ir a vivir con alguien; **zusammen|zucken** *vi sein* estremecerse (*vor* de)

Zusatz *m* <-es, -sätze> **1.** (*Substanz*) aditamento *m;* (*Lebensmittel~*) aditivo *m;* **ohne ~ von Konservierungsstoffen** sin conservantes ni colorantes **2.** (*zu einem Text*) apéndice *m;* **Zusatzgerät** *nt* <-(e)s, -e> aparato *m* suplementario

zusätzlich **I.** *adj* adicional, suplementario **II.** *adv* más

Zusatzstoff *m* <-(e)s, -e> aditivo *m*

zu|schauen *vi s.* **zusehen**

Zuschauer(in) *m(f)* <-s, -; -nen> espectador(a) *m(f);* (*Fernseh~*) telespectador(a) *m(f);* **die ~ waren begeistert** el público estaba entusiasmado; **Zuschauerraum** *m* <-(e)s, -räume> sala *f* de espectadores; **Zuschauertribüne** *f* tribuna *f* para el público

zu|schicken *vt* enviar, mandar

Zuschlag *m* <-(e)s, -schläge> **1.** (*auf einen Preis*) suplemento *m*, yapa *f Am;* **dieser Zug kostet (sechs DM) ~** para este tren hay que pagar un suplemento (de seis marcos) **2.** (*bei einer Versteigerung*) remate *m;* **den ~ erhalten** recibir el remate **3.** (*für einen Auftrag*) adjudicación *f;* **jdm den ~ für etw erteilen** adjudicar algo a alguien

zu|schlagen *irr* **I.** *vi* **1.** (*Person*) golpear **2.** *sein* (*Tür*) cerrarse de golpe **3.** (*fam: zugreifen*) aprovechar la oportunidad; **schlag zu!** ¡aprovéchalo! **4.** (*fam: beim Essen*) atiborrarse **II.** *vt* **1.** (*Tür, Buch*) cerrar (de golpe) **2.** (*Ball*) lanzar **3.** (*Auftrag, bei einer Versteigerung*): **jdm etw ~** adjudicar algo a alguien

zu|schließen *irr vt* cerrar (con llave); **zu|schnappen** *vi* **1.** *sein* (*Schloss*) cerrarse de golpe; (*Falle*) caer **2.** (*Hund*) dar un mordisco

zu|schneiden *irr vt* cortar; **die Stelle war ganz auf ihn zugeschnitten** el puesto de trabajo estaba hecho a su medida

zu|schnüren *vt* atar; **die Angst schnürte ihm die Kehle zu** el miedo le oprimía la garganta; **zu|schrauben** *vt* **1.** (*mit Schrauben*) atornillar **2.** (*durch Drehen*) cerrar

zu|schreiben *irr vt* atribuir; (*Eigentum*) transferir; **das hast du dir selbst zuzuschreiben** es culpa tuya

Zuschrift *f* <-en> carta *f;* (*amtlich*) comunicación *f*

zuschulden *adv:* **sich** *dat* **etwas ~ kommen lassen** cometer un error

Zuschuss[RR] *m* <-es, -schüsse>, **Zuschuß** *m* <-sses, -schüsse> subsidio *m;* (*staatlich*) subvención *f*

zu|schütten **I.** *vt* **1.** (*mit Erde*) rellenar **2.** (*fam: dazugeben*) añadir **II.** *vr:* **sich ~** (*fam*) emborracharse

zu|sehen *irr vi* **1.** (*betrachten*) mirar **2.** (*dafür sorgen*): **~, dass ...** procurar que... +*subj;* **sieh mal zu, was du machen kannst!** ¡mira a ver qué puedes hacer!

zusehends *adv* a ojos vista, visiblemente; **es geht ihm ~ besser** mejora ostensiblemente

zu|sein *irr vi sein s.* **zu II.3.**

zu|senden *irr vt s.* **zuschicken**

zu|setzen **I.** *vi* **1.** (*bedrängen*) atosigar; (*belästigen*) molestar, dar la lata *fam* **2.** (*verletzen*) herir **3.** (*Krankheit*) afectar **II.** *vt* **1.** (*hinzufügen*) añadir (*zu* a) **2.** (*Geld*) perder

zu|sichern *vt* asegurar; (*Versprechen*) prometer

zu|sperren *vt* (*Österr, südd*) cerrar con llave

zu|spielen *vt* (*a.* SPORT) pasar

zu|spitzen *vr:* **sich ~** (*Situation*) agudizarse; (*stärker*) agravarse

zu|sprechen *irr* **I.** *vi:* **jdm (gut) ~** tranquilizar a alguien; **dem Alkohol ~** tomar bebidas alcohólicas **II.** *vt* **1.** (*Preis*) otorgar; (*Erbe*) adjudicar; **das Kind wurde der Mutter zugesprochen** la custodia del niño fue otorgada a la madre **2.** (*zuschreiben*) atribuir; **jdm Trost/Mut ~** consolar/animar a alguien

Zuspruch *m ohne Pl* <-(e)s> (*geh*) **1.** (*Trost*) consuelo *m* **2.** (*Besuch*) concurrencia *f;* **die Veranstaltung erfreute sich großen ~s** el acto estuvo muy concurrido

Zustand *m* <-(e)s, -stände> estado *m;* (*Lage*) situación *f;* (*Beschaffenheit*) condición *f;* **Zustände kriegen** (*fam*) volverse loco; **das ist doch kein ~!** (*fam*) ¡eso no puede quedar así!

zustande *adv:* **etw ~ bringen** lograr algo; **~ kommen** llevarse a cabo; **Zustandekommen** *nt ohne Pl* <-s> (*eines Kongresses*) realización *f;* (*eines Vertrages*) conclusión *f*

zuständig *adj* competente (*für* para); (*verantwortlich*) responsable (*für* de)

Zuständigkeit *f* <-en> atribuciones *fpl;* (*Kompetenz*) competencia *f;* **das fällt nicht in meine ~** eso no corresponde a mis atribuciones

zu|stehen *irr vi* corresponder

Zustellbezirk *m* <-(e)s, -e> distrito *m* postal

zu|stellen *vt* **1.** (*versperren*) bloquear **2.** (*formal: schicken*) enviar; (*aushändigen*) entregar; (*Post*) repartir

Zusteller(in) *m(f)* <-s, -; -nen> (*formal*) repartidor(a) *m(f)*

Zustellung *f* <-en> (*formal*) entrega *f*

zu|stimmen *vi* estar de acuerdo (con); **etw** *dat* **~** aprobar algo

zustimmend *adj* aprobatorio, conforme; **~ nicken** inclinar la cabeza en señal de asentimiento

Zustimmung *f* <-en> (*Billigung*) aprobación *f;* (*Einverständnis*) asentimiento *m;* **seine ~ (zu etw** *dat*) **geben/verweigern** dar/denegar su aprobación (a algo); **~ finden** tener una buena acogida

zu|stoßen *irr* **I.** *vi* **1.** (*zustechen*) dar una puñalada; (*Stier, Schlange*) arremeter **2.** *sein* (*passieren*) ocurrir; **für den Fall, dass mir etwas zustößt** por si me ocurre algo **II.** *vt* (*Tür*) cerrar dando un golpe

Zustrom *m ohne Pl* <-(e)s> (*von Menschen*) afluencia *f*

zutage *adv:* **etw ~ fördern** sacar algo a la luz; **~ kommen** aparecer

Zutat *f* <-en> **1.** (*Bestandteil*) ingrediente *m* **2.** (*Beiwerk*) accesorio *m*

zuteil *adv* (*geh*): **jdm wird etw ~** algo se le dispensa a alguien; **jdm etw ~ werden lassen** conceder algo a alguien

zu|teilen *vt* **1.** (*austeilen*) repartir **2.** (*Rolle, Aufgabe*) destinar, asignar

zutiefst *adv* profundamente; **etw ~ bereu-**

en sentir algo de todo corazón

zu|tragen *irr* **I.** *vt* **1.** (*bringen*) llevar **2.** (*Nachricht*) informar (sobre) **II.** *vr:* **sich ~** acontecer; **es trug sich zu, dass ...** aconteció que...

zu|trauen *vt:* **jdm etw ~** creer a alguien capaz de algo; **jdm nicht viel ~** desconfiar de la capacidad de alguien; **ihm ist alles zuzutrauen** de él se puede esperar cualquier cosa; **traust du dir das zu?** ¿crees que eres capaz?

Zutrauen *nt ohne Pl* <-s> confianza *f* (*zu* en)

zutraulich **I.** *adj* confiado; (*Tier*) manso **II.** *adv* con confianza

zu|treffen *irr vi* **1.** (*richtig sein*) ser correcto; (*wahr sein*) ser verdad **2.** (*passen*) ser aplicable (*auf* a); (*gelten*) valer (*für/auf* para)

zutreffend *adj* acertado; (*richtig*) justo; **Z~es bitte ankreuzen** (*formal*) márquese lo que corresponda

Zutritt *m ohne Pl* <-(e)s> (*Zugang*) acceso *m* (*zu* a); (*Eingang*) entrada *f* (*zu* a); **kein ~!** ¡prohibida la entrada!; (**freien**) **~ haben** tener (libre) acceso; **sich** *dat* **~ verschaffen** conseguir entrar

zu|tun *irr vt* (*fam*) **1.** (*hin~*) añadir **2.** (*zumachen*) cerrar; **ich habe die ganze Nacht kein Auge zugetan** no pegué ojo en toda la noche

Zutun *nt ohne Pl* <-s>: **ohne mein ~** sin mi intervención

zuungunsten *präp +gen* en perjuicio de

zuunterst *adv* **1.** (*auf einem Stapel*) abajo **2.** (*am unteren Rand*) en la parte inferior

zuverlässig *adj* **1.** (*Person*) de confianza; (*Mittel*) eficaz **2.** (*glaubwürdig*) fidedigno

Zuverlässigkeit *f ohne Pl* **1.** (*einer Person*) fiabilidad *f;* (*eines Mittels*) eficacia *f* **2.** (*Glaubwürdigkeit*) seguridad *f*

Zuversicht *f ohne Pl* (absoluta) confianza *f;* **in der festen ~, dass ...** en la absoluta confianza de que...; **voller ~** lleno de optimismo

zuversichtlich **I.** *adj* confiado; (*optimistisch*) optimista; **ich bin ~, dass ...** confío en que... *+subj* **II.** *adv* con toda confianza

zuviel *adv s.* **viel I.4.**

zuvor *adv* antes; **kurz ~** poco antes; **am Tag ~** el día anterior; **zuvor|kommen** *irr vi sein* adelantarse; **da bin ich ihm zuvorgekommen** me adelanté a él; **etw** *dat* **~** anticiparse a algo

zuvorkommend *adj* cortés

Zuvorkommenheit *f ohne Pl* (*Höflichkeit*) cortesía *f;* (*Hilfsbereitschaft*) solicitud *f;* (*Aufmerksamkeit*) atención *f*

Zuwachs *m* <-es, -wächse> **1.** (*Wachstum*) crecimiento *m* **2.** (*Zunahme*) incremento *m* (*um/an* de); **~ bekommen** (*fam*) estar esperando familia

zu|wachsen *irr vi sein* **1.** (*Wunde*) cerrarse **2.** (*mit Pflanzen*) cubrirse de vegetación **3.** (*geh: zuteil werden*): **jdm ~** corresponder a alguien

Zuwachsrate *f* tasa *f* de incremento

Zuwanderer, -in *m, f* <-s, -; -nen> inmigrante *mf*

zu|wandern *vi sein* inmigrar

Zuwanderung *f* <-en> inmigración *f*

zuwege *adv:* **etw ~ bringen** conseguir algo

zuweilen *adv* (*geh*) de vez en cuando, en ocasiones

zu|weisen *irr vt* asignar

Zuweisung *f* <-en> asignación *f*

zu|wenden *irr* **I.** *vt* **1.** (*Gesicht, Rücken*) volver; **sie wandte ihm ihr Gesicht zu** volvió el rostro hacia él; **jdm seine Aufmerksamkeit ~** prestar atención a alguien **2.** (*zukommen lassen*) donar **II.** *vr:* **sich jdm/etw** *dat* **~** dedicarse a alguien/algo

Zuwendung[1] *f ohne Pl* (*Liebe*) cariño *m;* (*Aufmerksamkeit*) atención *f*

Zuwendung[2] *f* <-en> (*Geld*) subsidio *m;* (*Schenkung*) donación *f*

zuwenig *adv s.* **wenig 2.**

zuwider *adv:* **~ sein** repugnar; **zuwider|handeln** *vi* (*dem Gesetz*) infringir; (*einem Prinzip*) contravenir

zu|winken *irr vi:* **jdm ~** saludar con la mano a alguien

zu|ziehen *irr* **I.** *vt* **1.** (*Tür*) cerrar; (*Vorhang*) correr; (*Knoten*) apretar **2.** (*um Rat fragen*) consultar **3.** (*bekommen*): **sich** *dat* **etw ~** (*Krankheit*) contraer algo; (*Verletzung*) producirse; **sich** *dat* **jds Zorn ~** atraerse las iras de alguien **II.** *vi sein* venirse a vivir aquí **III.** *vr:* **sich ~** (*Himmel*) cubrirse

zuzüglich *präp +gen* más, a lo que se suma

zu|zwinkern *vi* guiñar

zwang *3. imp von* **zwingen**

Zwang *m* <-(e)s, Zwänge> **1.** (*Gewalt*) violencia *f;* (*Druck*) presión *f;* **~ auf jdn ausüben** presionar a alguien; **unter ~ stehen** estar bajo presión; **tu dir keinen ~ an** déjate de cumplidos; **gesellschaftliche Zwänge** presiones sociales; **einem inneren ~ folgen** seguir el propio impulso **2.** (*Nötigung*) coacción *f* **3.** (*Notwendigkeit*) necesidad *f*

zwängen **I.** *vt* (*hinein~*) meter a presión (*in* en); (*hindurch~*) hacer pasar por la fuerza (*durch* por) **II.** *vr:* **sich ~** (*hinein~*) meterse a presión (*in* en); (*hindurch~*) abrirse paso por la fuerza (*durch* por)

zwanghaft *adj* **1.** (*gezwungen*) forzoso **2.** (*erzwungen*) artificial

zwanglos **I.** *adj* desenvuelto **II.** *adv* sin ceremonias, con soltura

Zwangsarbeit *f ohne Pl* trabajos *mpl* forza-

Z

dos; **Zwangseinweisung** *f* <-en> hospitalización *f* forzosa; **Zwangsernährung** *f ohne Pl* alimentación *f* forzosa; **Zwangshandlung** *f* (PSYCH) acto *m* compulsivo; **Zwangsjacke** *f* camisa *f* de fuerza; **Zwangslage** *f* apuro *m;* **sich in einer ~ befinden** encontrarse en un apuro

zwangsläufig **I.** *adj* obligatorio; (*unvermeidbar*) inevitable; (*notwendig*) necesario **II.** *adv* de por sí, automáticamente

Zwangsmaßnahme *f* medida *f* coercitiva; (*Sanktion*) sanción *f;* **Zwangsräumung** *f* (JUR) desahucio *m;* **Zwangsversteigerung** *f* (JUR) subasta *f* forzosa; **Zwangsvorstellung** *f* (PSYCH) obsesión *f;* **unter ~en leiden** sufrir obsesiones

zwangsweise *adv* **1.** (*erzwungen*) a la fuerza; (JUR) por vía de apremio **2.** (*zwangsläufig*) inevitablemente

zwanzig *adj inv* veinte; *s. a.* **achtzig**

Zwanziger *m* <-s, -> (*fam*) billete *m* de veinte marcos

Zwanzigmarkschein *m* <-(e)s, -e> billete *m* de veinte marcos

zwanzigste(r, s) *adj* vigésimo; *s. a.* **achtzigste(r, s)**

zwar *adv* **1.** (*einräumend*): **~ ..., aber/doch ...** es cierto que... pero...; **das ist ~ wahr, aber ...** esto es cierto pero... **2.** (*erklärend*): **und ~** a saber, o sea; **ich habe noch etwas mitzuteilen, und ~ ...** tengo algo más que decir, y es que...

Zweck *m* <-(e)s, -e> fin *m;* (*Ziel*) objetivo *m;* (*Sinn*) sentido *m;* (*Absicht*) propósito *m;* **einem guten ~ dienen** servir a un buen fin; **das erfüllt seinen ~** cumple su finalidad; **der ~ heiligt die Mittel** el fin justifica los medios; **es hat ja doch keinen ~ mehr** eso ya no tiene sentido; **zu welchem ~ geschieht das?** ¿qué propósito se persigue con esto?; **das war der ~ der Übung** (*fam*) ésta era la intención del ejercicio; **zweckdienlich** *adj* **1.** (*passend*) oportuno **2.** (*nützlich*) útil

Zwecke *f* <-n> (*reg*) tachuela *f*

zweckentfremden* *vt* utilizar para fines extraños; **Zweckgemeinschaft** *f* asociación *f* de conveniencia

zwecklos *adj* inútil; **es ist ~** no tiene sentido

zweckmäßig *adj* adecuado, apropiado; (*nützlich*) útil

Zweckmäßigkeit *f ohne Pl* conveniencia *f;* (*Nützlichkeit*) utilidad *f*

zwecks *präp +gen* (*formal*) con el fin de, con el objeto de

zweckwidrig *adj* inadecuado, inapropiado

zwei *adj inv* dos; (*Schulnote*) notable; **wenn ~ sich streiten, freut sich der dritte** (*prov*) a río revuelto, ganancia de pescadores; *s. a.* **acht[1]**

zweiarmig *adj* de dos brazos

zweibändig *adj* de dos tomos

Zweibettzimmer *nt* habitación *f* doble

zweideutig *adj* **1.** (*unklar*) ambiguo **2.** (*anstößig*) picante

Zweideutigkeit[1] *f ohne Pl* (*Unklarheit*) ambigüedad *f*

Zweideutigkeit[2] *f* <-en> (*Äußerung*) observación *f* ambigua; (*anstößig*) observación *f* picante

zweidimensional *adj* bidimensional

Zweidrittelmehrheit *f* (POL) mayoría *f* de dos tercios

zweieinhalb *adj inv* dos y medio

Zweierbeziehung *f* relación *f* de pareja; **Zweierbob** *m* (SPORT) bobsleigh *m* de dos

zweierlei *adj inv* de dos clases diferentes, dos clases (diferentes) de; *s. a.* **achterlei**

zweifach **I.** *adj* doble; **in ~er Ausfertigung** por duplicado **II.** *adv* dos veces; *s. a.* **achtfach**

Zweifamilienhaus *nt* casa *f* de dos viviendas

Zweifel *m* <-s, -> duda *f;* **außer ~** fuera de toda duda; **ohne ~** sin duda; **etw in ~ ziehen** poner algo en duda; **über alle ~ erhaben sein** estar por encima de cualquier duda; **~ an etw** *dat* **haben** tener dudas sobre algo; **es steht für mich außer ~, dass ...** para mí está claro que...; **daran besteht kein ~** no cabe la menor duda

zweifelhaft *adj* dudoso; (*verdächtig*) sospechoso; **es ist ~, ob ...** es dudoso si...

zweifellos *adv* sin duda; **du hast ~ Recht** sin duda tienes razón

zweifeln *vi* dudar (*an* de)

Zweifelsfall *m* <-(e)s, -fälle> caso *m* de duda; **im ~** en caso de duda; **zweifelsfrei** **I.** *adj* incuestionable, indiscutible **II.** *adv* indudablemente; **zweifelsohne** *adv* sin duda alguna

Zweig *m* <-(e)s, -e> **1.** (*Ast*) rama *f;* **auf keinen grünen ~ kommen** (*fam*) no tener éxito (en la vida) **2.** (*Sparte*) sector *m* **3.** (SCH, UNIV: *Fachrichtung*) ramo *m*

zweigleisig *adj* de doble vía; **~ fahren** (*fam*) estar a dos bandas

Zweigstelle *f* sucursal *f*

zweihändig *adj* de dos manos; **~ spielen** tocar a dos manos

zweihundert *adj inv* doscientos; *s. a.* **achthundert**

zweijährig *adj* (*zwei Jahre alt*) de dos años; (*zwei Jahre dauernd*) de dos años de duración, bienal

Zweikampf *m* duelo *m;* **jdn zum ~ herausfordern** retar a alguien a un duelo

zweimal *adv* dos veces; **sich** *dat* **etwas nicht ~ sagen lassen** no hacerse de rogar; *s. a.* **achtmal**

Zweimarkstück *nt* moneda *f* de dos marcos
zweimotorig *adj* bimotor
Zweiparteiensystem *nt* (POL) (sistema *m* de) bipartidismo *m*
zweipolig *adj* bipolar
Zweirad *nt* <-(e)s, -räder> vehículo *m* de dos ruedas; (*Fahrrad*) bicicleta *f*
zweireihig **I.** *adj* **1.** (*in zwei Reihen*) de dos filas **2.** (*Anzug*) cruzado **II.** *adv* en dos filas
Zweisamkeit *f* <-en> vida *f* en pareja
zweischneidig *adj* de dos filos; **ein ~es Schwert** (*fig*) un arma de dos filos
zweiseitig *adj* **1.** (*vom Umfang*) de dos páginas **2.** (*zwischen zwei Parteien*) bilateral **3.** (*Kleidung, Stoff*) reversible
zweispaltig *adj* a doble columna
zweisprachig *adj* bilingüe; **~ aufwachsen** educarse bilingüe
Zweisprachigkeit *f ohne Pl* bilingüismo *m*
zweispurig *adj* (*Bahn*) de dos vías; (*Straße*) de dos carriles
zweistellig *adj* de dos cifras
zweistündig *adj* de dos horas
zweit: **zu ~** (a) dos
Zweitaktmotor *m* (AUTO, TECH) motor *m* de dos tiempos
zweitälteste(r, s) *adj* segundo en edad
zweitausend *adj inv* dos mil; *s. a.* **achttausend**
Zweitausfertigung *f* duplicado *m;* (*Kopie*) copia *f*
zweitbeste(r, s) *adj* segundo mejor; **sie wurde Z~** quedó segunda
zweite(r, s) *adj* segundo; **wie kein Z~r** como ningún otro; *s. a.* **achte(r, s)**
Zweiteiler *m* <-s, -> (*fam*) **1.** (*Bikini*) biquini *m* **2.** (*Kleid*) (vestido *m* de) dos piezas *m inv*
zweiteilig *adj* de dos partes; (*Kleid*) de dos piezas
zweitens *adv* en segundo lugar; (*bei einer Aufzählung*) segundo; *s. a.* **achtens**
zweitklassig *adj* (*abw*) de segunda categoría
zweitletzte(r, s) *adj* penúltimo
zweitrangig *adj* **1.** (*weniger wichtig*) secundario **2.** (*abw: zweitklassig*) de segunda categoría
Zweitschlüssel *m* segunda llave *f;* **Zweitstimme** *f* (POL) segundo voto *m*
Zweitürer *m* <-s, -> coche *m* de dos puertas
Zweitwagen *m* segundo coche *m;* **Zweitwohnung** *f* segundo domicilio *m*
Zweizeiler *m* <-s, -> (LIT) pareado *m*
zweizeilig *adj* de dos líneas
Zweizimmerwohnung *f* apartamento *m* de dos habitaciones
Zwerchfell *nt* (ANAT) diafragma *m*
Zwerg(in) *m(f)* <-(e)s, -e; -nen> enano, -a *m, f,* omoto *m Ecua*
zwergenhaft *adj* enano
Zwerghuhn *nt* gallina *f* enana
Zwergwuchs *m ohne Pl* <-es> (MED) enanismo *m*
Zwetsch(g)e *f* <-n> ciruela *f;* **Zwetsch(g)enwasser** *nt* <-s, -wässer> aguardiente *m* de ciruelas
Zwickel *m* <-s, -> **1.** (*an Hosen*) entrepierna *f* **2.** (ARCHIT) pechina *f*
zwicken **I.** *vi* (*Kleidung*) apretar **II.** *vt* pellizcar
Zwicker *m* <-s, -> (*reg, südd, Österr*) binóculo *m*
Zwickmühle *f* <-n> (*fam*) dilema *m;* **in der ~ sitzen** estar entre la espada y la pared
Zwieback *m* <-(e)s, -bäcke *o* -e> pan *m* a la brasa
Zwiebel *f* <-n> **1.** (*als Gemüse, Gewürz*) cebolla *f* **2.** (*Knolle*) bulbo *m*
zwiebelförmig *adj* bulboso
Zwiebelgewächs *nt* planta *f* bulbosa; **Zwiebelkuchen** *m* pastel *m* de cebolla; **Zwiebelsuppe** *f* sopa *f* de cebolla; **Zwiebelturm** *m* torre *f* con tejado imperial
Zwiegespräch *nt* (*geh*) diálogo *m;* **ein ~ halten** mantener un diálogo; **Zwielicht** *nt ohne Pl* <-(e)s> luz *f* crepuscular; **im ~** entre dos luces; **ins ~ geraten** estar en una situación embarazosa
zwielichtig *adj* sospechoso
Zwiespalt *m* <-(e)s, -e *o* -spälte> dilema *m;* **in einem ~ sein** estar ante un dilema
zwiespältig *adj* contradictorio
Zwietracht *f ohne Pl* (*geh*) discordia *f;* **~ säen** sembrar la discordia, cismar *ElSal*
Zwilling *m* <-s, -e> **1.** (*Mensch*) gemelo, -a *m, f,* cuate, -a *m, f Mex;* **eineiige/zweieiige ~e** gemelos homocigóticos/heterocigóticos **2.** *Pl* (ASTR) Géminis *m inv;* **Zwillingsbruder** *m* hermano *m* gemelo; **Zwillingspaar** *nt* mellizos *mpl;* **Zwillingsschwester** *f* hermana *f* gemela
Zwinge *f* <-n> (TECH) **1.** (*zum Einspannen*) gato *m* **2.** (*zum Zusammenhalten*) abrazadera *f;* (*am Messer*) virola *f*
zwingen <zwingt, zwang, gezwungen> **I.** *vt* obligar (*zu* a); **ich sehe mich gezwungen zu ...** me veo obligado a...; **jdn zu Boden ~** tumbar a alguien por la fuerza **II.** *vr:* **sich ~** obligarse (*zu* a)
zwingend *adj* (*unerlässlich*) ineludible; (*dringend*) apremiante, urgente; (*überzeugend*) concluyente; **ein ~er Schluss** una conclusión lógica
Zwinger *m* <-s, -> (*Hunde~*) perrera *f*
zwinkern *vi* guiñar; **mit den Augen ~** guiñar el ojo
Zwirn *m* <-(e)s, -e> hilo *m*
zwischen **I.** *präp +dat* entre; (*in der Mitte*) en medio de; **~ dir und mir** entre tú y yo; **~ 200 und 300 Mark** entre 200 y 300

marcos **II.** *präp +akk* (*Richtung*) entre; (*in die Mitte*) en medio de; **Zwischenaufenthalt** *m* parada *f;* (*mit dem Schiff, Flugzeug*) escala *f;* **einen ~ einlegen** hacer escala; **Zwischenbemerkung** *f* observación *f* entre paréntesis; **eine ~ machen** hacer una interrupción; **Zwischenbericht** *m* informe *m* parcial; **Zwischenbilanz** *f* balance *m* provisional; **Zwischendeck** *nt* entrepuente *m;* **Zwischending** *nt* <-(e)s, -e> (*fam*) cosa *f* intermedia (*zwischen* entre)

zwischendrin *adv* en medio

zwischendurch *adv* **1.** (*immer wieder*) entremedias; (*gleichzeitig*) a la vez **2.** (*in der Zwischenzeit*) entretanto **3.** (*räumlich*) en medio

Zwischenfall *m* <-(e)s, -fälle> **1.** (*Ereignis*) incidente *m* **2.** *Pl* (*Unruhen*) tumulto *m;* **Zwischenfrage** *f* pregunta *f;* **jdm eine ~ stellen** interrumpir a alguien para hacer una pregunta; **Zwischengröße** *f* <-n> talla *f* intermedia; **Zwischenhändler(in)** *m(f)* (comerciante *mf*) intermediario, -a *m, f;* **Zwischenlager** *nt* almacén *m* provisional; **zwischen|lagern** *vt* almacenar provisionalmente; **zwischen|landen** *vi sein* hacer escala; **Zwischenlandung** *f* escala *f;* **zwischenmenschlich** *adj* interpersonal; **Zwischenprüfung** *f* examen *m* intermedio; **Zwischenraum** *m* <-(e)s, -räume> **1.** (*zeitlich*) intervalo *m* **2.** (*räumlich*) espacio *m* intermedio; **einen ~ lassen** dejar un espacio (libre); **Zwischenruf** *m* <-(e)s, -e> interrupción *f;* **Zwischenrunde** *f* (SPORT) vuelta *f* intermedia; **Zwischenspiel** *nt* **1.** (MUS) interludio *m* **2.** (LIT) entremés *m;* **zwischenstaatlich** *adj* interestatal; **Zwischenstadium** *nt* fase *f* intermedia; **Zwischenstation** *f* **1.** (*Zwischenaufenthalt*) parada *f;* (*Schiff, Flugzeug*) escala *f* **2.** (*Ort*) paradero *m;* **Zwischenstecker** *m* (ELEK) adaptador *m;* **Zwischenstück** *nt* pieza *f* intermedia; **Zwischensumme** *f* suma *f* parcial; **Zwischenwand** *f* tabique *m,* pared *f* divisoria; **Zwischenzeit** *f* **1.** (*Zeitraum*) intervalo *m;* **in der ~** entretanto **2.** (SPORT) tiempo *m* parcial; **zwischenzeitlich** *adj* entretanto; **Zwischenzeugnis** *nt* calificaciones *fpl* parciales

Zwist *m* <-(e)s, -e> (*geh*) discordia *f*

zwitschern I. *vi* gorjear **II.** *vt* (*fam*): **einen ~** echar un trago

Zwitter *m* <-s, -> hermafrodita *mf*

zwitterhaft *adj* hermafrodita

zwo *adj inv* (*fam*) dos

zwölf *adj inv* doce; *s. a.* **acht**[1]

Zwölffingerdarm *m* (ANAT) duodeno *m*

zwölfte(r, s) *adj* duodécimo; *s. a.* **achte(r, s)**

Zyanid *nt* <-s, -e> (CHEM) cianuro *m*

Zyankali *nt ohne Pl* <-s> (CHEM) cianuro *m* potásico

Zyklen *Pl von* **Zyklus**

zyklisch *adj* cíclico

Zyklon *m* <-s, -e> (METEO) ciclón *m*

Zyklop *m* <-en, -en> cíclope *m*

Zyklus *m* <-, Zyklen> (*a.* MED) ciclo *m*

Zylinder *m* <-s, -> **1.** (MATH, TECH) cilindro *m* **2.** (*Hut*) sombrero *m* de copa, tarro *m Am*

zylinderförmig *adj* cilíndrico

Zylinderkopf *m* <-(e)s, -köpfe> (TECH) culata *f*

zylindrisch *adj* cilíndrico

Zyniker(in) *m(f)* <-s, -; -nen> cínico, -a *m, f*

zynisch *adj* cínico

Zynismus *m ohne Pl* <-> cinismo *m*

Zypern *nt* <-s> Chipre *m*

Zyprer(in) *m(f)* <-s, -; -nen> chipriota *mf*

Zypresse *f* <-n> (BOT) ciprés *m*

Zyprier(in) *m(f)* <-s, -; -nen> chipriota *mf*

zyprisch *adj* chipriota

Zyste *f* <-n> (MED) quiste *m*

z.Z(t). *Abk. von* **zur Zeit** por el momento

Die regelmäßigen und unregelmäßigen spanischen Verben

Los verbos regulares e irregulares españoles

Folgende Abkürzungen werden in der Verbtabelle verwendet:

pret. ind.	pretérito indefinido
subj. fut.	subjuntivo futuro
subj. imp.	subjuntivo imperfecto
subj. pres.	subjuntivo presente

Die regelmäßigen Verben auf *-ar, -er* und *-ir*

hablar

presente	imperfecto	pret. ind.	futuro	
hablo	hablaba	hablé	hablaré	**gerundio**
hablas	hablabas	hablaste	hablarás	hablando
habla	hablaba	habló	hablará	
hablamos	hablábamos	hablamos	hablaremos	**participio**
habláis	hablabais	hablasteis	hablaréis	hablado
hablan	hablaban	hablaron	hablarán	

condicional	subj. pres.	subj. imp.	subj. fut.	imperativo
hablaría	hable	hablara/-ase	hablare	
hablarías	hables	hablaras/-ases	hablares	habla
hablaría	hable	hablara/-ase	hablare	hable
hablaríamos	hablemos	habláramos/-ásemos	habláremos	hablemos
hablaríais	habléis	hablarais/-aseis	hablareis	hablad
hablarían	hablen	hablaran/-asen	hablaren	hablen

comprender

presente	imperfecto	pret. ind.	futuro	
comprendo	comprendía	comprendí	comprenderé	**gerundio**
comprendes	comprendías	comprendiste	comprenderás	comprendiendo
comprende	comprendía	comprendió	comprenderá	
comprendemos	comprendíamos	comprendimos	comprenderemos	**participio**
comprendéis	comprendíais	comprendisteis	comprenderéis	comprendido
comprenden	comprendían	comprendieron	comprenderán	

condicional	subj. pres.	subj. imp.	subj. fut.	imperativo
comprendería	comprenda	comprendiera/-iese	comprendiere	
comprenderías	comprendas	comprendieras/-ieses	comprendieres	comprende
comprendería	comprenda	comprendiera/-iese	comprendiere	comprenda
comprendería-mos	comprenda-mos	comprendiéra-mos/-iésemos	comprendiére-mos	comprendamos
comprenderíais	comprendáis	comprendierais/-ieseis	comprendiereis	comprended
comprenderían	comprendan	comprendiera/-iesen	comprendieren	comprendan

recibir

presente	imperfecto	pret. ind.	futuro	
recibo	recibía	recibí	recibiré	**gerundio**
recibes	recibías	recibiste	recibirás	recibiendo
recibe	recibía	recibió	recibirá	
recibimos	recibíamos	recibimos	recibiremos	**participio**
recibís	recibíais	recibisteis	recibiréis	recibido
reciben	recibían	recibieron	recibirán	

condicional	subj. pres.	subj. imp.	subj. fut.	imperativo
recibiría	reciba	recibiera/-iese	recibiere	
recibirías	recibas	recibieras/-ieses	recibieres	recibe
recibiría	reciba	recibiera/-iese	recibiere	reciba
recibiríamos	recibamos	recibiéramos/-iésemos	recibiéremos	recibamos
recibiríais	recibáis	reciebierais/-ieseis	recibiereis	recibid
recibirían	reciban	recibieran/-iesen	recibieren	reciban

Verben mit Vokalveränderung

<e → ie> pensar

presente	imperfecto	pret. ind.	futuro	
pienso	pensaba	pensé	pensaré	**gerundio**
piensas	pensabas	pensaste	pensarás	pensando
piensa	pensaba	pensó	pensará	
pensamos	pensábamos	pensamos	pensaremos	**participio**
pensáis	pensabais	pensasteis	pensaréis	pensado
piensan	pensaban	pensaron	pensarán	

condicional	subj. pres.	subj. imp.	subj. fut.	imperativo
pensaría	piense	pensara/-ase	pensare	
pensarías	pienses	pensaras/-ases	pensares	piensa
pensaría	piense	pensara/-ase	pensare	piense
pensaríamos	pensemos	pensáramos/ -ásemos	pensáremos	pensemos
pensaríais	penséis	pensarais/ -aseis	pensareis	pensad
pensarían	piensen	pensaran/ -asen	pensaren	piensen

<o → ue> contar

presente	imperfecto	pret. ind.	futuro	
cuento	contaba	conté	contaré	**gerundio**
cuentas	contabas	contaste	contarás	contando
cuenta	contaba	contó	contará	
contamos	contábamos	contamos	contaremos	**participio**
contáis	contabais	contasteis	contaréis	contado
cuentan	contaban	contaron	contaron	

condicional	subj. pres.	subj. imp.	subj. fut.	imperativo
contaría	cuente	contara/-ase	contare	
contarías	cuentes	contaras/-ases	contares	cuenta
contaría	cuente	contara/-ase	contare	cuente
contaríamos	contemos	contáramos/ -ásemos	contáremos	contemos
contaríais	contéis	contarais/ -aseis	contareis	contad
contarían	cuenten	contaran	contaren	cuenten

<e → i> pedir

presente	imperfecto	pret. ind.	futuro	
pido	pedía	pedí	pediré	**gerundio**
pides	pedías	pediste	pedirás	pidiendo
pide	pedía	pidió	pedirá	
pedimos	pedíamos	pedimos	pediremos	**participio**
pedís	pedíais	pedisteis	pediréis	pedido
piden	pedían	pidieron	pedirán	

condicional	subj. pres.	subj. imp.	subj. fut.	imperativo
pediría	pida	pidiera/-iese	pidiere	
pedirías	pidas	pidieras/-ieses	pidieres	pide
pediría	pida	pidiera/-iese	pidiere	pida
pediríamos	pidamos	pidiéramos/ -iésemos	pidiéremos	pidamos
pediríais	pidáis	pidierais/ -ieseis	pidiereis	pedid
pedirían	pidan	pidieran/-iesen	pidieren	pidan

Verben mit orthographischen Abweichungen

<c → qu> atacar

presente	imperfecto	pret. ind.	futuro	
ataco	atacaba	ataqué	atacaré	**gerundio**
atacas	atacabas	atacaste	atacarás	atacando
ataca	atacaba	atacó	atacará	
atacamos	atacábamos	atacamos	atacaremos	**participio**
atacáis	atacabais	atacasteis	atacaréis	atacado
atacan	atacaban	atacaron	atacarán	

condicional	subj. pres.	subj. imp.	subj. fut.	imperativo
atacaría	ataque	atacara/-ase	atacare	
atacarías	ataques	atacaras/-ases	atacares	ataca
atacaría	ataque	atacara/-ase	atacare	ataque
atacaríamos	ataquemos	atacáramos/ -ásemos	atacáremos	ataquemos
atacaríais	ataquéis	atacarais/-aseis	atacareis	atacad
atacarían	ataquen	atacaran/-asen	atacaren	ataquen

<g → gu> pagar

presente	imperfecto	pret. ind.	futuro	
pago	pagaba	pagué	pagaré	**gerundio**
pagas	pagabas	pagaste	pagarás	pagando
paga	pagaba	pagó	pagará	
pagamos	pagábamos	pagamos	pagaremos	**participio**
pagáis	pagabais	pagasteis	pagaréis	pagado
pagan	pagaban	pagaron	pagarán	

condicional	subj. pres.	subj. imp.	subj. fut.	imperativo
pagaría	pague	pagara/-ase	pagare	
pagarías	pagues	pagaras/-ases	pagares	paga
pagaría	pague	pagara/-ase	pagare	pague
pagaríamos	paguemos	pagáramos/ -ásemos	pagáremos	paguemos
pagaríais	paguéis	pagarais/-aseis	pagareis	pagad
pagarían	paguen	pagaran/-asen	pagaren	paguen

<z → c> cazar

presente	imperfecto	pret. ind.	futuro	
cazo	cazaba	cacé	cazaré	**gerundio**
cazas	cazabas	cazaste	cazarás	cazando
caza	cazaba	cazó	cazará	
cazamos	cazábamos	cazamos	cazaremos	**participio**
cazáis	cazabais	cazasteis	cazaréis	cazado
cazan	cazaban	cazaron	cazarán	

condicional	subj. pres.	subj. imp.	subj. fut.	imperativo
cazaría	cace	cazara/-ase	cazare	
cazarías	caces	cazaras/-ases	cazares	caza
cazaría	cace	cazara/-ase	cazare	cace
cazaríamos	cacemos	cazáramos/ -ásemos	cazáremos	cacemos
cazaríais	cacéis	cazarais/-aseis	cazareis	cazad
cazarían	cacen	cazaran/-asen	cazaren	cacen

<gu → gü> averiguar

presente	imperfecto	pret. ind.	futuro	
averiguo	averiguaba	averigüé	averiguaré	**gerundio**
averiguas	averiguabas	averiguaste	averiguarás	averiguando
averigua	averiguaba	averiguó	averiguará	
averiguamos	averiguábamos	averiguamos	averiguaremos	**participio**
averiguáis	averiguabais	averiguasteis	averiguaréis	averiguado
averiguan	averiguaban	averiguaron	averiguarán	

condicional	subj. pres.	subj. imp.	subj. fut.	imperativo
averiguaría	averigüe	averiguara/-ase	averiguare	
averiguarías	averigües	averiguaras/-ases	averiguares	averigua
averiguaría	averigüe	averiguara/-ase	averiguare	averigüe
averiguaríamos	averigüemos	averiguáramos/-ásemos	averiguáremos	averigüemos
averiguaríais	averigüéis	averiguarais/-aseis	averiguareis	averiguad
averiguarían	averigüen	averiguaran/-asen	averiguaren	averigüen

<c → z> vencer

presente	imperfecto	pret. ind.	futuro	
venzo	vencía	vencí	venceré	**gerundio**
vences	vencías	venciste	vencerás	venciendo
vence	vencía	venció	vencerá	
vencemos	vencíamos	vencimos	venceremos	**participio**
vencéis	vencíais	vencisteis	venceréis	vencido
vencen	vencían	vencieron	vencerán	

condicional	subj. pres.	subj. imp.	subj. fut.	imperativo
vencería	venza	venciera/-iese	venciere	
vencerías	venzas	vencieras/-ieses	vencieres	vence
vencería	venza	venciera/-iese	venciere	venza
venceríamos	venzamos	venciéramos/-iésemos	venciéremos	venzamos
venceríais	venzáis	vencierais/-ieseis	venciereis	venced
vencerían	venzan	vencieran/-iesen	vencieren	venzan

<g → j> coger

presente	imperfecto	pret. ind.	futuro	
cojo	cogía	cogí	cogeré	**gerundio**
coges	cogías	cogiste	cogerás	cogiendo
coge	cogía	cogió	cogerá	
cogemos	cogíamos	cogimos	cogeremos	**participio**
cogéis	cogíais	cogisteis	cogeréis	cogido
cogen	cogían	cogieron	cogerán	

condicional	subj. pres.	subj. imp.	subj. fut.	imperativo
cogería	coja	cogiera/-iese	cogiere	
cogerías	cojas	cogieras/-ieses	cogieres	coge
cogería	coja	cogiera/-iese	cogiere	coja
cogeríamos	cojamos	cogiéramos/-iésemos	cogiéremos	cojamos
cogeríais	cojáis	cogierais/-ieseis	cogiereis	coged
cogerían	cojan	cogieran/-iesen	cogieren	cojan

<gu → g> distinguir

presente	imperfecto	pret. ind.	futuro	
distingo	distinguía	distinguí	distinguiré	**gerundio**
distingues	distinguías	distinguiste	distinguirás	distinguiendo
distingue	distinguía	distinguió	distinguirá	
distinguimos	distinguíamos	distinguimos	distinguiremos	**participio**
distinguís	distinguíais	distinguisteis	distinguiréis	distinguido
distinguen	distinguían	distinguieron	distinguirán	

condicional	subj. pres.	subj. imp.	subj. fut.	imperativo
distinguiría	distinga	distinguiera/-iese	distinguiere	
distinguirías	distingas	distinguieras/-ieses	distinguieres	distingue
distinguiría	distinga	distinguiera/-iese	distinguiere	distinga
distinguiríamos	distingamos	distinguiéramos/iésemos	distinguiéremos	distingamos
distinguiríais	distingáis	distinguierais/-ieseis	distinguiereis	distinguid
distinguirían	distingan	distinguieran/-iesen	distinguieren	distingan

<qu → c> delinquir

presente	imperfecto	pret. ind.	futuro	
delinco	delinquía	delinquí	delinquiré	**gerundio**
delinques	delinquías	delinquiste	delinquirás	delinquiendo
delinque	delinquía	delinquió	delinquirá	
delinquimos	delinquíamos	delinquimos	delinquiremos	**participio**
delinquís	delinquíais	delinquisteis	delinquiréis	delinquido
delinquen	delinquían	delinquieron	delinquirán	

condicional	subj. pres.	subj. imp.	subj. fut.	imperativo
delinquiría	delinca	delinquiera/ -iese	delinquiere	
delinquirías	delincas	delinquieras/ -ieses	delinquieres	delinque
delinquiría	delinca	delinquiera/ -iese	delinquiere	delinca
delinquiríamos	delincamos	delinquiéra-mos/-iésemos	delinquiére-mos	delincamos
delinquiríais	delincáis	delinquierais/ -ieseis	delinquiereis	delinquid
delinquirían	delincan	delinquieran/ -iesen	delinquieren	delincan

Verben mit Betonungsverschiebung

<1. pres: envío> enviar

presente	imperfecto	pret. ind.	futuro	
envío	enviaba	envié	enviaré	**gerundio**
envías	enviabas	enviaste	enviarás	enviando
envía	enviaba	envió	enviará	
enviamos	enviábamos	enviamos	enviaremos	**participio**
enviáis	enviabais	enviasteis	enviaréis	enviado
envían	enviaban	enviaron	enviarán	

condicional	subj. pres.	subj. imp.	subj. fut.	imperativo
enviaría	envíe	enviara/-iase	enviare	
enviarías	envíes	enviaras/-iases	enviares	envía
enviaría	envíe	enviara/-iase	enviare	envíe
enviaríamos	enviemos	enviáramos/ -iásemos	enviáremos	enviemos
enviaríais	enviéis	enviarais/ -iaseis	enviareis	enviad
enviarían	envíen	enviaran/-iasen	enviaren	envíen

<1. pres: continúo> continuar

presente	imperfecto	pret. ind.	futuro	
continúo	continuaba	continué	continuaré	**gerundio**
continúas	continuabas	continuaste	continuarás	continuando
continúa	continuaba	continuó	continuará	
continuamos	continuábamos	continuamos	continuaremos	**participio**
continuáis	continuabais	continuasteis	continuaréis	continuado
continúan	continuaban	continuaron	continuarán	

condicional	subj. pres.	subj. imp.	subj. fut.	imperativo
continuaría	continúe	continuara/ -ase	continuare	
continuarías	continúes	continuaras/ -ases	continuares	continúa
continuaría	continúe	continuara/ -ase	continuare	continúe
continuaría-mos	continuemos	continuára-mos/-ásemos	continuáremos	continuemos
continuaríais	continuéis	continuarais/ -aseis	continuareis	continuad
continuarían	continúen	continuaran/ -asen	continuaren	continúen

Verben, bei denen das unbetonte *i* wegfällt

<3. pret: tañó> tañer

presente	imperfecto	pret. ind.	futuro	
taño	tañía	tañí	tañeré	**gerundio**
tañes	tañías	tañiste	tañerás	tañendo
tañe	tañía	tañó	tañerá	
tañemos	tañíamos	tañimos	tañeremos	**participio**
tañéis	tañíais	tañisteis	tañeréis	tañido
tañen	tañían	tañeron	tañerán	

condicional	subj. pres.	subj. imp.	subj. fut.	imperativo
tañería	taña	tañera/-ese	tañere	
tañerías	tañas	tañeras/-eses	tañeres	tañe
tañería	taña	tañera/-ese	tañere	taña
tañeríamos	tañamos	tañéramos/ -ésemos	tañéremos	tañamos
tañeríais	tañáis	tañerais/-eseis	tañereis	tañed
tañerían	tañan	tañeran/-esen	tañeren	tañan

<3. pret: gruñó> gruñir

presente	imperfecto	pret. ind.	futuro	
gruño	gruñía	gruñí	gruñiré	**gerundio**
gruñes	gruñías	gruñiste	gruñirás	gruñendo
gruñe	gruñía	gruñó	gruñirá	
gruñimos	gruñíamos	gruñimos	gruñiremos	**participio**
gruñís	gruñíais	gruñisteis	gruñiréis	gruñido
gruñen	gruñían	gruñeron	gruñirán	

condicional	subj. pres.	subj. imp.	subj. fut.	imperativo
gruñiría	gruña	gruñera/-ese	gruñere	
gruñirías	gruñas	gruñeras/-eses	gruñeres	gruñe
gruñiría	gruña	gruñera/-ese	gruñere	gruña
gruñiríamos	gruñamos	gruñéramos/ -ésemos	gruñéremos	gruñamos
gruñiríais	gruñáis	gruñerais/ -eseis	gruñereis	gruñid
gruñirían	gruñan	gruñeran/-esen	gruñeren	gruñan

Die unregelmäßigen Verben

abolir

presente	subj. pres.	imperativo	
–	–		**gerundio**
–	–	–	aboliendo
–	–	–	
abolimos	–	–	**participio**
abolís	–	abolid	abolido
–	–	–	

abrir

participio :	abierto

adquirir

presente	imperativo	
adquiero		**gerundio**
adquieres	adquiere	adquiriendo
adquiere	adquiera	
adquirimos	adquiramos	**participio**
adquirís	adquirid	adquirido
adquieren	adquieran	

airar

presente	
aíro	**gerundio**
aíras	airando
aíra	
airamos	**participio**
airáis	airado
aíran	

andar

presente	pret. ind.	
ando	anduve	**gerundio**
andas	anduviste	andando
anda	anduvo	
andamos	anduvimos	**participio**
andáis	anduvisteis	andado
andan	anduvieron	

asir

presente	imperativo	
asgo		**gerundio**
ases	ase	asiendo
ase	asga	
asimos	asgamos	**participio**
asís	asid	asido
asen	asgan	

aullar

presente	imperativo	
aúllo		**gerundio**
aúllas	aúlla	aullando
aúlla	aúlle	
aullamos	aullemos	**participio**
aulláis	aullad	aullado
aúllan	aúllen	

avergonzar

presente	pret. ind.	imperativo	
avergüenzo	avergoncé		**gerundio**
avergüenzas	avergonzaste	avergüenza	avergonzando
avergüenza	avergonzó	avergüence	
avergonzamos	avergonzamos	avergoncemos	**participio**
avergonzáis	avergonzasteis	avergonzad	avergonzado
avergüenzan	avergonzaron	avergüencen	

caber

presente	pret. ind.	futuro	condicional	
quepo	cupe	cabré	cabría	**gerundio**
cabes	cupiste	cabrás	cabrías	cabiendo
cabe	cupo	cabrá	cabría	
cabemos	cupimos	cabremos	cabríamos	**participio**
cabéis	cupisteis	cabréis	cabríais	cabido
caben	cupieron	cabrán	cabrían	

caer

presente	pret. ind.	
caigo	caí	**gerundio**
caes	caíste	cayendo
cae	cayó	
caemos	caímos	**participio**
caéis	caísteis	caído
caen	cayeron	

ceñir

presente	pret. ind.	imperativo	
ciño	ceñí		**gerundio**
ciñes	ceñiste	ciñe	ciñendo
ciñe	ciñó	ciña	
ceñimos	ceñimos	ciñamos	**participio**
ceñís	ceñisteis	ceñid	ceñido
ciñen	ciñeron	ciñan	

cernir

presente	imperativo	
cierno		**gerundio**
ciernes	cierne	cerniendo
cierne	cierna	
cernimos	cernamos	**participio**
cernís	cernid	cernido
ciernen	ciernan	

cocer

presente	imperativo	
cuezo		**gerundio**
cueces	cuece	cociendo
cuece	cueza	
cocemos	cozamos	**participio**
cocéis	coced	cocido
cuecen	cuezan	

colgar

presente	pret. ind.	imperativo	
cuelgo	colgué		**gerundio**
cuelgas	colgaste	cuelga	colgando
cuelga	colgó	cuelgue	
colgamos	colgamos	colgamos	**participio**
colgáis	colgasteis	colgad	colgado
cuelgan	colgaron	cuelguen	

crecer

presente	imperativo	
crezco		**gerundio**
creces	crece	creciendo
crece	crezca	
crecemos	crezcamos	**participio**
crecéis	creced	crecido
crecen	crezcan	

dar

presente	pret. ind.	subj. pres.	subj. imp.	subj. fut.
doy	di	dé	diera/-ese	diere
das	diste	des	dieras/-eses	dieres
da	dio	dé	diera/-ese	diere
damos	dimos	demos	diéramos/ -ésemos	diéremos
dais	disteis	deis	dierais/-eseis	diereis
dan	dieron	den	dieran/-esen	dieren

imperativo		
	gerundio	
da	dando	
dé		
demos	**participio**	
dad	dado	
den		

decir

presente	imperfecto	pret. ind.	futuro	
digo	decía	dije	diré	**gerundio**
dices	decías	dijiste	dirás	diciendo
dice	decía	dijo	dirá	
decimos	decíamos	dijimos	diremos	**participio**
decís	decíais	dijisteis	diréis	dicho
dicen	decían	dijeron	dirán	

condicional	subj. pres.	subj. imp.	subj. fut.	imperativo
diría	diga	dijera/-ese	dijere	
dirías	digas	dijeras/-eses	dijeres	di
diría	diga	dijera/-ese	dijere	diga
diríamos	digamos	dijéramos/ -ésemos	dijéremos	digamos
diríais	digáis	dijerais/-eseis	dijereis	decid
dirían	digan	dijeran/-esen	dijeren	digan

dormir

presente	pret. ind.	imperativo	
duermo	dormí		**gerundio**
duermes	dormiste	duerme	durmiendo
duerme	durmió	duerma	
dormimos	dormimos	durmamos	**participio**
dormís	dormisteis	dormid	dormido
duermen	durmieron	duerman	

elegir

presente	pret. ind.	imperativo	
elijo	elegí		**gerundio**
eliges	elegiste	elige	eligiendo
elige	eligió	elija	
elegimos	elegimos	elijamos	**participio**
elegís	elegisteis	elegid	elegido
eligen	eligieron	elijan	

empezar

presente	pret. ind.	imperativo	
empiezo	empecé		**gerundio**
empiezas	empezaste	empieza	empezando
empieza	empezó	empiece	
empezamos	empezamos	empecemos	**participio**
empezáis	empezasteis	empezad	empezado
empiezan	empezaron	empiecen	

enraizar

presente	pret. ind.	imperativo	
enraízo	enraicé		**gerundio**
enraízas	enraizaste	enraíza	enraizando
enraíza	enraizó	enraíce	
enraizamos	enraizamos	enraicemos	**participio**
enraizáis	enraizasteis	enraizad	enraizado
enraízan	enraizaron	enraícen	

erguir

presente	pret. ind.	subj. pres.	subj. imp.	subj. fut.
yergo	erguí	yerga	irguiera/-ese	irguiere
yergues	erguiste	yergas	irguieras/-eses	irguieres
yergue	irguió	yerga	irguiera/-ese	irguiere
erguimos	erguimos	yergamos	irguiéramos/ -ésemos	irguiéremos
erguís	erguisteis	yergáis	irguierais/ -eseis	irguiereis
yerguen	irguieron	yergan	irguieran/ -esen	irguieren

imperativo				
	gerundio			
yergue	irguiendo			
yerga				
yergamos	**participio**			
erguid	erguido			
yergan				

errar

presente	pret. ind.	imperativo	
yerro	erré		**gerundio**
yerras	erraste	yerra	errando
yerra	erró	yerre	
erramos	erramos	erremos	**participio**
erráis	errasteis	errad	errado
yerran	erraron	yerren	

escribir

participio :	escrito

estar

presente	imperfecto	pret. ind.	futuro	
estoy	estaba	estuve	estaré	**gerundio**
estás	estabas	estuviste	estarás	estando
está	estaba	estuvo	estará	
estamos	estábamos	estuvimos	estaremos	**participio**
estáis	estabais	estuvisteis	estaréis	estado
están	estaban	estuvieron	estarán	

condicional	subj. pres.	subj. imp.	subj. fut.	imperativo
estaría	esté	estuviera/-ese	estuviere	
estarías	estés	estuvieras/ -eses	estuvieres	está
estaría	esté	estuviera/-ese	estuviere	esté
estaríamos	estemos	estuviéramos/ -ésemos	estuviéremos	estemos
estaríais	estéis	estuvierais/ -eseis	estuviereis	estad
estarían	estén	estuvieran/ -esen	estuvieren	estén

forzar

presente	pret. ind.	imperativo	
fuerzo	forcé		**gerundio**
fuerzas	forzaste	fuerza	forzando
fuerza	forzó	fuerce	
forzamos	forzamos	forcemos	**participio**
forzáis	forzasteis	forzad	forzado
fuerzan	forzaron	fuercen	

fregar

presente	pret. ind.	imperativo	
friego	fregué		**gerundio**
friegas	fregaste	friega	fregando
friega	fregó	friegue	
fregamos	fregamos	freguemos	**participio**
fregáis	fregasteis	fregad	fregado
friegan	fregamos	frieguen	

freír

presente	pret. ind.	imperativo	
frío	freí		**gerundio**
fríes	freíste	fríe	friendo
fríe	frió	fría	
freímos	freímos	friamos	**participio**
freís	freísteis	freíd	frito
fríen	frieron	frían	

haber

presente	imperfecto	pret. ind.	futuro	
he	había	hube	habré	**gerundio**
has	habías	hubiste	habrás	habiendo
ha	había	hubo	habrá	
hemos	habíamos	hubimos	habremos	**participio**
habéis	habíais	hubisteis	habréis	habido
han	habían	hubieron	habrán	

condicional	subj. pres.	subj. imp.	subj. fut.	imperativo
habría	haya	hubiera/-iese	hubiere	
habrías	hayas	hubieras/-ieses	hubieres	he
habría	haya	hubiera/-iese	hubiere	haya
habríamos	hayamos	hubiéramos/ -iésemos	hubiéremos	hayamos
habríais	hayáis	hubierais/ -ieseis	hubiereis	habed
habrían	hayan	hubieran/ -iesen	hubieren	hayan

hacer

presente	imperfecto	pret. ind.	futuro	
hago	hacía	hice	haré	**gerundio**
haces	hacías	hiciste	harás	haciendo
hace	hacía	hizo	hará	
hacemos	hacíamos	hicimos	haremos	**participio**
hacéis	hacíais	hicisteis	haréis	hecho
hacen	hacían	hicieron	harán	

condicional	subj. pres.	subj. imp.	subj. fut.	imperativo
haría	haga	hiciera/-iese	hiciere	
harías	hagas	hicieras/-ieses	hicieres	haz
haría	haga	hiciera/-iese	hiciere	haga
haríamos	hagamos	hiciéramos/ -iésemos	hiciéremos	hagamos
haríais	hagáis	hicierais/ -ieseis	hiciereis	haced
harían	hagan	hicieran/-iesen	hicieren	hagan

hartar

participio :	hartado – *gesättigt* harto (*nur attributiv*): estoy harto – *ich bin satt*

huir

presente	pret. ind.	imperativo	
huyo	huí		**gerundio**
huyes	huiste	huye	huyendo
huye	huyó	huya	
huimos	huimos	huyamos	**participio**
huís	huisteis	huid	huido
huyen	huyeron	huyan	

imprimir

participio :	impreso

ir

presente	imperfecto	pret. ind.	subj. pres.	subj. imp.
voy	iba	fui	vaya	fuera/-ese
vas	ibas	fuiste	vayas	fueras/-eses
va	iba	fue	vaya	fuera/-ese
vamos	íbamos	fuimos	vayamos	fuéramos/ -ésemos
vais	ibais	fuisteis	vayáis	fuerais/-eseis
van	iban	fueron	vayan	fueran/-esen

subj. fut.	imperativo	
fuere		**gerundio**
fueres	ve	yendo
fuere	vaya	
fuéremos	vayamos	**participio**
fuereis	id	ido
fueren	vayan	

jugar

presente	pret. ind.	subj. pres.	imperativo	
juego	jugué	juegue		**gerundio**
juegas	jugaste	juegues	juega	jugando
juega	jugó	juegue	juegue	
jugamos	jugamos	juguemos	juguemos	**participio**
jugáis	jugasteis	juguéis	jugad	jugado
juegan	jugaron	jueguen	jueguen	

leer

presente	pret. ind.	
leo	leí	**gerundio**
lees	leíste	leyendo
lee	leyó	
leemos	leímos	**participio**
leéis	leísteis	leído
leen	leyeron	

lucir

presente	imperativo	
luzco		**gerundio**
luces	luce	luciendo
luce	luzca	
lucimos	luzcamos	**participio**
lucís	lucid	lucido
lucen	luzcan	

maldecir

presente	pret. ind.	imperativo		
maldigo	maldije		**gerundio**	
maldices	maldijiste	maldice	maldiciendo	
maldice	maldijo	maldiga		
maldecimos	maldijimos	maldigamos	**participio**	
maldecís	maldijisteis	maldecid	maldecido	verflucht
maldicen	maldijeron	maldigan	maldito	Substantiv, Adjektiv

morir

presente	pret. ind.	imperativo	
muero	morí		**gerundio**
mueres	moriste	muere	muriendo
muere	murió	muera	
morimos	morimos	muramos	**participio**
morís	moristeis	morid	muerto
mueren	murieron	mueran	

oir, oír

presente	pret. ind.	imperativo	subj. imp.	subj. fut.
oigo	oí		oyera/-ese	oyere
oyes	oiste	oye	oyeras/-eses	oyeres
oye	oyó	oiga	oyera/-ese	oyere
oímos	oímos	oigamos	oyéramos/ -ésemos	oyéremos
oís	oísteis	oid	oyerais/-eseis	oyereis
oyen	oyeron	oigan	oyeran/-esen	oyeren

gerundio	participio
oyendo	oído

oler

presente	imperativo	
huelo		**gerundio**
hueles	huele	oliendo
huele	huela	
olemos	olamos	**participio**
oléis	oled	olido
huelen	huelan	

pedir

presente	pret. ind.	imperativo	
pido	pedí		**gerundio**
pides	pediste	pide	pidiendo
pide	pidió	pidas	
pedimos	pedimos	pidamos	**participio**
pedís	pedisteis	pedid	pedido
piden	pidieron	pidan	

poder

presente	pret. ind.	futuro	condicional	
puedo	pude	podré	podría	**gerundio**
puedes	pudiste	podrás	podrías	pudiendo
puede	pudo	podrá	podría	
podemos	pudimos	podremos	podríamos	**participio**
podéis	pudisteis	podréis	podríais	podido
pueden	pudieron	podrán	podrían	

podrir, pudrir

presente	imperfecto	pret. ind.	futuro	condicional
pudro	pudría	pudrí	pudriré	pudriría
pudres	pudrías	pudriste	pudrirás	pudrirías
pudre	pudría	pudrió	pudrirá	pudriría
pudrimos	pudríamos	pudrimos	pudriremos	pudriríamos
pudrís	pudríais	pudristeis	pudriréis	pudriríais
pudren	pudrían	pudrieron	pudrirán	pudrirían

imperativo		
	gerundio	
pudre	pudriendo	
pudra		
pudramos	**participio**	
pudrid	podrido	
pudran		

poner

presente	pret. ind.	futuro	condicional	imperativo
pongo	puse	pondré	pondría	
pones	pusiste	pondrás	pondrías	pon
pone	puso	pondrá	pondría	ponga
ponemos	pusimos	pondremos	pondríamos	pongamos
ponéis	pusisteis	pondréis	pondríais	poned
ponen	pusieron	pondrán	pondrían	pongan

gerundio	participio
poniendo	puesto

prohibir

presente	imperativo	
prohíbo		**gerundio**
prohíbes	prohíbe	prohibiendo
prohíbe	prohíba	
prohibimos	prohibamos	**participio**
prohibís	prohibid	prohibido
prohíben	prohíban	

proveer

presente	pret. ind.	
proveo	proveí	**gerundio**
provees	proveíste	proveyendo
provee	proveyó	
proveemos	proveímos	**participio**
proveéis	proveísteis	provisto
proveen	proveyeron	

pudrir *siehe* **podrir**

querer

presente	pret. ind.	futuro	condicional	imperativo
quiero	quise	querré	querría	
quieres	quisiste	querrás	querrías	quiere
quiere	quiso	querrá	querría	quiera
queremos	quisimos	querremos	querríamos	queramos
queréis	quisisteis	querréis	querríais	quered
quieren	quisieron	querrán	querrían	quieran

gerundio	participio
queriendo	querido

raer

presente	pret. ind.	
raigo/rayo	raí	**gerundio**
raes	raíste	rayendo
rae	rayó	
raemos	raímos	**participio**
raéis	raísteis	raído
raen	rayeron	

reír

presente	pret. ind.	imperfecto	
río	reí		**gerundio**
ríes	reíste	ríe	riendo
ríe	rió	ría	
reímos	reímos	riamos	**participio**
reís	reísteis	reíd	reído
ríen	rieron	rían	

reunir

presente	imperativo	
reúno		**gerundio**
reúnes	reúne	reuniendo
reúne	reúna	
reunimos	reunamos	**participio**
reunís	reunid	reunido
reúnen	reúnan	

roer

presente	pret. ind.	subj. pres.	subj. imp.	subj. fut.
roo/roigo/ royo	roí	roa/roiga/roya	royera/-ese	royere
roes	roíste	roas/roigas/ royas	royeras/-eses	royeres
roe	royó	roa/roiga/roya	royera/-ese	royere
roemos	roímos	roamos/roiga-mos/royamos	royéramos/ -ésemos	royéremos
roéis	roísteis	roáis/roigáis/ royáis	royerais/-eseis	royereis
roen	royeron	roan/roigan/ royan	royeran/-esen	royeren

imperativo

	gerundio
roe	royendo
roa/roiga/roya	
roamos/roiga-mos/royamos	**participio**
roed	roído
roan/roigan/ royan	

saber

presente	pret. ind.	futuro	condicional	subj. pres.
sé	supe	sabré	sabría	sepa
sabes	supiste	sabrás	sabrías	sepas
sabe	supo	sabrá	sabría	sepa
sabemos	supimos	sabremos	sabríamos	sepamos
sabéis	supisteis	sabréis	sabríais	sepáis
saben	supieron	sabrán	sabrían	sepan

imperativo

	gerundio
sabe	sabiendo
sepa	
sepamos	**participio**
sabed	sabido
sepan	

salir

presente	futuro	condicional	imperativo	
salgo	saldré	saldría		**gerundio**
sales	saldrás	saldrías	sal	saliendo
sale	saldrá	saldría	salga	
salimos	saldremos	saldríamos	salgamos	**participio**
salís	saldréis	saldríais	salid	salido
salen	saldrán	saldrían	salgan	

seguir

presente	pret. ind.	subj. pres.	subj. imp.	subj. fut.
sigo	seguí	siga	siguiera/-ese	siguiere
sigues	seguiste	sigas	siguieras/-eses	siguieres
sigue	siguió	siga	siguiera/-ese	siguiere
seguimos	seguimos	sigamos	siguéramos/ -ésemos	siguiéremos
seguís	seguisteis	sigáis	siguierais/ -eseis	siguiereis
siguen	siguieron	sigan	siguieran/ -esen	siguieren

imperativo	
	gerundio
sigue	siguiendo
siga	
sigamos	**participio**
seguid	seguido
sigan	

sentir

presente	pret. ind.	subj. pres.	subj. imp.	subj. fut.
siento	sentí	sienta	sintiera/-ese	sintiere
sientes	sentiste	sientas	sintieras/-eses	sintieres
siente	sintió	sienta	sintiera/-ese	sintiere
sentimos	sentimos	sintamos	sintiéramos/ -ésemos	sintiéremos
sentís	sentisteis	sintáis	sintierais/ -eseis	sintiereis
sienten	sintieron	sientan	sintieran/-esen	sintieren

imperativo		
	gerundio	
siente	sintiendo	
sienta		
sintamos	participio	
sentid	sentido	
sientan		

ser

presente	imperfecto	pret. ind.	futuro	
soy	era	fui	seré	**gerundio**
eres	eras	fuiste	serás	siendo
es	era	fue	será	
somos	éramos	fuimos	seremos	**participio**
sois	erais	fuisteis	seréis	sido
son	eran	fueron	serán	

condicional	subj. pres.	subj. imp.	subj. fut.	imperativo
sería	sea	fuera/-ese	fuere	
serías	seas	fueras/-eses	fueres	sé
sería	sea	fuera/-ese	fuere	sea
seríamos	seamos	fuéramos/ -ésemos	fuéremos	seamos
seríais	seáis	fuerais/-eseis	fuereis	sed
serían	sean	fueran/-esen	fueren	sean

soltar

presente	imperativo	
suelto		**gerundio**
sueltas	suelta	soltando
suelta	suelte	
soltamos	soltemos	**participio**
soltáis	soltad	soltado
sueltan	suelten	

tener

presente	pret. ind.	futuro	condicional	imperativo
tengo	tuve	tendré	tendría	
tienes	tuviste	tendrás	tendrías	ten
tiene	tuvo	tendrá	tendría	tenga
tenemos	tuvimos	tendremos	tendríamos	tengamos
tenéis	tuvisteis	tendréis	tendríais	tened
tienen	tuvieron	tendrán	tendrían	tengan

gerundio	participio
teniendo	tenido

traducir

presente	pret. ind.	imperativo	
traduzco	traduje		**gerundio**
traduces	tradujiste	traduce	traduciendo
traduce	tradujo	traduzca	
traducimos	tradujimos	traduzcamos	**participio**
traducís	tradujisteis	traducid	traducido
traducen	tradujeron	traduzcan	

traer

presente	pret. ind.	imperativo	
traigo	traje		**gerundio**
traes	trajiste	trae	trayendo
trae	trajo	traiga	
traemos	trajimos	traigamos	**participio**
traéis	trajisteis	traed	traído
traen	trajeron	traigan	

valer

presente	futuro	imperativo	
valgo	valdré		**gerundio**
vales	valdrás	vale	valiendo
vale	valdrá	valga	
valemos	valdremos	valgamos	**participio**
valéis	valdréis	valed	valido
valen	valdrán	valgan	

venir

presente	pret. ind.	futuro	condicional	imperativo
vengo	vine	vendré	vendría	
vienes	viniste	vendrás	vendrías	ven
viene	vino	vendrá	vendría	venga
venimos	vinimos	vendremos	vendríamos	vengamos
venís	vinisteis	vendréis	vendríais	venid
vienen	vinieron	vendrán	vendrían	vengan

gerundio	participio
viniendo	venido

ver

presente	imperfecto	pret. ind.	subj. imp.	subj. fut.
veo	veía	vi	viera/-ese	viere
ves	veías	viste	vieras/-eses	vieres
ve	veía	vio	viera/-ese	viere
vemos	veíamos	vimos	viéramos/ -ésemos	viéremos
veis	veíais	visteis	vierais/-eseis	viereis
ven	veían	vieron	vieran/-esen	vieren

gerundio	participio
viendo	visto

volcar

presente	pret. ind.	imperativo	
vuelco	volqué		**gerundio**
vuelcas	volcaste	vuelca	volcando
vuelca	volcó	vuelque	
volcamos	volcamos	volquemos	**participio**
volcáis	volcasteis	volcad	volcado
vuelcan	volcaron	vuelquen	

volver

presente	imperativo	
vuelvo		**gerundio**
vuelves	vuelve	volviendo
vuelve	vuelva	
volvemos	volvamos	**participio**
volvéis	volved	vuelto
vuelven	vuelvan	

yacer

presente	subj. pres.	imperativo	
yazco/yazgo/ yago	yazca/yazga/ yaga		**gerundio** yaciendo
yaces	yazcas/yaz-gas/yagas	yace/yaz	
yace	yazca/yazga/ yaga	yazca/yazga/ yaga	
yacemos	yazcamos/ yazgamos/ yagamos	yazcamos/ yazgamos/ yagamos	**participio** yacido
yacéis	yazcáis/ yazgáis yagáis	yaced	
yacen	yazcan/ yazgan/yagan	yazcan/ yazgan/yagan	

Die Zahlwörter

Los numerales

Die Grundzahlen		Los numerales cardinales
null	0	cero
einer, eine, eins; ein, eine, ein	1	uno (*apócope* un), una
zwei	2	dos
drei	3	tres
vier	4	cuatro
fünf	5	cinco
sechs	6	seis
sieben	7	siete
acht	8	ocho
neun	9	nueve
zehn	10	diez
elf	11	once
zwölf	12	doce
dreizehn	13	trece
vierzehn	14	catorce
fünfzehn	15	quince
sechzehn	16	dieciséis
siebzehn	17	diecisiete
achtzehn	18	dieciocho
neunzehn	19	diecinueve
zwanzig	20	veinte
einundzwanzig	21	veintiuno (*apócope* veintiún), -a
zweiundzwanzig	22	veintidós
dreiundzwanzig	23	veintitrés
vierundzwanzig	24	veinticuatro
fünfundzwanzig	25	veinticinco
dreißig	30	treinta
einunddreißig	31	treinta y uno (*apócope* treinta y un), -a
zweiunddreißig	32	treinta y dos
dreiunddreißig	33	treinta y tres
vierzig	40	cuarenta
einundvierzig	41	cuarenta y uno (*apócope* cuarenta y un), -a
zweiundvierzig	42	cuarenta y dos
fünfzig	50	cincuenta
einundfünfzig	51	cincuenta y uno (*apócope* cincuenta y un), -a
zweiundfünfzig	52	cincuenta y dos
sechzig	60	sesenta
einundsechzig	61	sesenta y uno (*apócope* sesenta y un), -a
zweiundsechzig	62	sesenta y dos

siebzig	70	setenta
einundsiebzig	71	setenta y uno (*apócope* setenta y un), -a
zweiundsiebzig	72	setenta y dos
fünfundsiebzig	75	setenta y cinco
neunundsiebzig	79	setenta y nueve
achtzig	80	ochenta
einundachtzig	81	ochenta y uno (*apócope* ochenta y un), -a
zweiundachtzig	82	ochenta y dos
fünfundachtzig	85	ochenta y cinco
neunzig	90	noventa
einundneunzig	91	noventa y uno (*apócope* noventa y un), -a
zweiundneunzig	92	noventa y dos
neunundneunzig	99	noventa y nueve
hundert	100	cien
hundert(und)eins	101	ciento uno (*apócope* ciento un), -a
hundert(und)zwei	102	ciento dos
hundert(und)zehn	110	ciento diez
hundert(und)zwanzig	120	ciento veinte
hundert(und)neunundneunzig	199	ciento noventa y nueve
zweihundert	200	doscientos, -as
zweihundert(und)eins	201	doscientos, -as uno (*apócope* doscientos un), -a
zweihundert(und)zweiundzwanzig	222	doscientos, -as veintidós
dreihundert	300	trescientos, -as
vierhundert	400	cuatrocientos, -as
fünfhundert	500	quinientos, -as
sechshundert	600	seiscientos, -as
siebenhundert	700	setecientos, -as
achthundert	800	ochocientos, -as
neunhundert	900	novecientos, -as
tausend	1 000	mil
tausend(und)eins	1 001	mil uno (*apócope* mil un), -a
tausend(und)zehn	1 010	mil diez
tausend(und)einhundert	1 100	mil cien
zweitausend	2 000	dos mil
zehntausend	10 000	diez mil
hunderttausend	100 000	cien mil
eine Million	1 000 000	un millón
zwei Millionen	2 000 000	dos millones
zwei Millionen fünfhunderttausend	2 500 000	dos millones quinientos, -as mil
eine Milliarde	1 000 000 000	mil millones
eine Billion	1 000 000 000 000	un billón

Die Ordnungszahlen			**Los numerales ordinales**
(der, die, das)			(el, la)
erste	1.	1º, 1ª	primero (*apócope* primer), -a
zweite	2.	2º, 2ª	segundo, -a
dritte	3.	3º, 3ª	tercero (*apócope* tercer), -a
vierte	4.	4º, 4ª	cuarto, -a
fünfte	5.	5º, 5ª	quinto, -a
sechste	6.	6º, 6ª	sexto, -a
siebte	7.	7º, 7ª	séptimo, -a
achte	8.	8º, 8ª	octavo, -a
neunte	9.	9º, 9ª	noveno, -a
zehnte	10.	10º, 10ª	décimo, -a
elfte	11.	11º, 11ª	undécimo, -a
zwölfte	12.	12º, 12ª	duodécimo, -a
dreizehnte	13.	13º, 13ª	decimotercero, -a
vierzehnte	14.	14º, 14ª	decimocuarto, -a
fünfzehnte	15.	15º, 15ª	decimoquinto, -a
sechzehnte	16.	16º, 16ª	decimosexto, -a
siebzehnte	17.	17º, 17ª	decimoséptimo, -a
achtzehnte	18.	18º, 18ª	decimoctavo, -a
neunzehnte	19.	19º, 19ª	decimonoveno, -a
zwanzigste	20.	20º, 20ª	vigésimo, -a
einundzwanzigste	21.	21º, 21ª	vigésimo, -a primero, -a (o vigesimoprimero, -a)
zweiundzwanzigste	22.	22º, 22ª	vigésimo, -a segundo, -a (o vigesimosegundo, -a)
dreiundzwanzigste	23.	23º, 23ª	vigésimo, -a tercero, -a (o vigesimotercero, -a)
dreißigste	30.	30º, 30ª	trigésimo, -a
einunddreißigste	31.	31º, 31ª	trigésimo, -a primero, -a
zweiunddreißigste	32.	32º, 32ª	trigésimo, -a segundo, -a
vierzigste	40.	40º, 40ª	cuadragésimo, -a
fünfzigste	50.	50º, 50ª	quincuagésimo, -a
sechzigste	60.	60º, 60ª	sexagésimo, -a
siebzigste	70.	70º, 70ª	septuagésimo, -a
einundsiebzigste	71.	71º, 71ª	septuagésimo, -a primero, -a
zweiundsiebzigste	72.	72º, 72ª	septuagésimo, -a segundo, -a
neunundsiebzigste	79.	79º, 79ª	septuagésimo, -a noveno, -a
achtzigste	80.	80º, 80ª	octogésimo, -a

einundachtzigste	81.	81°, 81ª	octogésimo, -a primero, -a
zweiundachtzigste	82.	82°, 82ª	octogésimo, -a segundo, -a
neunzigste	90.	90°, 90ª	nonagésimo, -a
einundneunzigste	91.	91°, 91ª	nonagésimo, -a primero, -a
neunundneunzigste	99.	99°, 99ª	nonagésimo, -a noveno, -a
hundertste	100.	100°, 100ª	centésimo, -a
hundertunderste	101.	101°, 101ª	centésimo, -a primero, -a
hundertundzehnte	110.	110°, 110ª	centésimo, -a décimo, -a
hundertundfünfundneunzigste	195.	195°, 195ª	centésimo, -a nonagésimo, -a quinto, -a
zweihundertste	200.	200°, 200ª	ducentésimo, -a
dreihundertste	300.	300°, 300ª	tricentésimo, -a
fünfhundertste	500.	500°, 500ª	quingentésimo, -a
tausendste	1 000.	1 000°, 1 000ª	milésimo, -a
zweitausendste	2 000.	2 000°, 2 000ª	dosmilésimo, -a
millionste	1 000 000.	1 000 000°, 1 000 000ª	millonésimo, -a
zehnmillionste	10 000 000.	10 000 000°, 10 000 000ª	diezmillonésimo, -a

Die Bruchzahlen — Números fraccionarios (o quebrados)

ein halb	$^1/_2$	mitad; medio, -a
ein Drittel	$^1/_3$	un tercio
ein Viertel	$^1/_4$	un cuarto
ein Fünftel	$^1/_5$	un quinto
ein Zehntel	$^1/_{10}$	un décimo
ein Hundertstel	$^1/_{100}$	un céntesimo
ein Tausendstel	$^1/_{1000}$	un milésimo
ein Millionstel	$^1/_{1\,000\,000}$	un millonésimo
zwei Drittel	$^2/_3$	dos tercios
drei Viertel	$^3/_4$	tres cuartos
zwei Fünftel	$^2/_5$	dos quintos
drei Zehntel	$^3/_{10}$	tres décimos
anderthalb, ein(und)einhalb	$1\,^1/_2$	uno y medio
zwei(und)einhalb	$2\,^1/_2$	dos y medio
fünf drei Achtel	$5\,^3/_8$	cinco tres octavos
eins Komma eins	1,1	uno coma uno

Maße und Gewichte — Medidas y pesos

Dezimalsystem — Sistema (de numeración) decimal

Mega-	1 000 000	M	mega-
Hektokilo-	100 000	hk	hectokilo
Myria-	10 000	Ma	miria-
Kilo-	1 000	k	kilo
Hekto-	100	H	hecto-
Deka-	10	da	deca- (o decá-)
Dezi-	0,1	d	deci- (o decí-)
Zenti-	0,01	c	centi- (o centí-)
Milli-	0,001	m	mili-
Dezimilli-	0,000 1	dm	decimili-
Zentimilli-	0,000 01	cm	centimili-
Mikro-	0,000 001	µ	micro-

Längenmaße — Medidas de longitud

Seemeile	1 852 m	-	milla marina
Kilometer	1 000 m	km	kilómetro
Hektometer	100 m	hm	hectómetro
Dekameter	10 m	dam	decámetro
Meter	1 m	m	metro
Dezimeter	0,1 m	dm	decímetro
Zentimeter	0,01 m	cm	centímetro
Millimeter	0,001 m	mm	milímetro
Mikron, My	0,000 001 m	µ	micrón, micra
Millimikron, -my	0,000 000 001 m	mµ	milimicrón
Ångströmeinheit	0,000 000 000 1 m	Å	ángstrom

Flächenmaße — Medidas de superficie

Quadratkilometer	1 000 000 m^2	km^2	kilómetro cuadrado
Quadrathektometer Hektar	10 000 m^2	hm^2 ha	hectómetro cuadrado hectárea
Quadratdekameter Ar	100 m^2	dam^2 a	decámetro cuadrado área
Quadratmeter	1 m^2	m^2	metro cuadrado
Quadratdezimeter	0,01 m^2	dm^2	decímetro cuadrado
Quadratzentimeter	0,000 1 m^2	cm^2	centímetro cuadrado
Quadratmillimeter	0,000 001 m^2	mm^2	milímetro cuadrado

Kubik- und Hohlmaße — Medidas de volumen y capacidad

Kubikkilometer	1 000 000 000 m^3	km^3	kilómetro cúbico
Kubikmeter Ster	1 m^3	m^3 st	metro cúbico estéreo
Hektoliter	0,1 m^3	hl	hectolitro
Dekaliter	0,01 m^3	dal	decalitro
Kubikdezimeter Liter	0,001 m^3	dm^3 l	decímetro cúbico litro
Deziliter	0,000 1 m^3	dl	decilitro
Zentiliter	0,000 01 m^3	cl	centilitro
Kubikzentimeter	0,000 001 m^3	cm^3	centímetro cúbico
Milliliter	0,000 001 m^3	ml	mililitro
Kubikmillimeter	0,000 000 001 m^3	mm^3	milímetro cúbico

Gewichte — Pesos

Tonne	1 000 kg	t	tonelada
Doppelzentner	100 kg	q	quintal métrico
Kilogramm	1 000 g	kg	kilogramo
Hektogramm	100 g	hg	hectogramo
Dekagramm	10 g	dag	decagramo
Gramm	1 g	g	gramo
Karat	0,2 g	-	quilate
Dezigramm	0,1 g	dg	decigramo (o decagramo)
Zentigramm	0,01 g	cg	centigramo
Milligramm	0,001 g	mg	miligramo
Mikrogramm	0,000 001 g	µg, g	microgramo

Falsche Freunde

1. abonar 1) bezahlen 2) düngen	**abonnieren** suscribirse
2. afecto 1) Zuneigung 2) Gemütsbewegung	**Affekt** arrebato (pasional)
3. agente 1) Vertreter(in) 2) Polizist(in) 3) Spion(in)	**Agent** espía
4. ambulancia Krankenwagen	**Ambulanz** ambulatorio
5. aparte 1) einzigartig 2) separat	**apart** atractivo, atrayente
6. arena 1) Sand 2) Arena	**Arena** 1) arena, ruedo 2) plaza de toros
7. asilo 1) Asyl 2) Altenheim 3) Waisenhaus	**Asyl** asilo (político)
8. audiencia 1) Zuhörerschaft 2) Audienz 3) Gerichtssitzung	**Audienz** audiencia, auditorio
9. aula 1) Klassenzimmer 2) Hörsaal	**Aula** aula magna, salón de actos, paraninfo
10. ayudante 1) Helfer(in), Gehilfe(-in) 2) Assistent(in)	***Adjutant(in)*** oficial adjunto
11. balancear 1) schaukeln 2) ins Gleichgewicht bringen	**balancieren** hacer equilibrios
12. balanza 1) Waage 2) Bilanz	**Balance** equilibrio
13. banana Banane (Am)	**Banane** plátano

14. banda
1) Musikkapelle
2) Band, Streifen
3) Bande

Band
1) conjunto musical
2) tomo, volumen
3) cinta, lazo
4) casete

15. batería
1) (Auto) batterie
2) Schlagzeug
3) (Koch) topf-Set

Batterie
1) pila
2) batería (de coche)

16. blanco
1) weiß
2) bleich

blank
1) reluciente, brillante
2) desnudo
3) puro

17. bombón
1) Praline
2) schönes Mädchen

Bonbon
caramelo

18. carta
1) Brief
2) Spielkarte
3) (Speise) karte

Karte
1) tarjeta
2) (tarjeta) postal
3) carta (del menú)
4) billete, entrada
5) naipe

19. cigarro
Zigarette

Zigarre
puro, habano

20. cofre
1) Truhe
2) Kofferraum (Méx)

Koffer
maleta

21. competencia
1) Konkurrenz
2) Kompetenz
3) Zuständigkeit

Kompetenz
acción de competir

22. concurrencia
1) Zusammentreffen
2) Beteiligung
3) Publikum

Konkurrenz
1) competencia
2) concurso

23. concurso
1) Wettbewerb
2) öffentliche Ausschreibung
3) Zusammentreffen

Konkurs
quiebra

24. cura
1) Pfarrer, Priester
2) Heilung
3) Kur

Kur
1) cura, tratamiento
2) tratamiento balneoterapéutico

25. demostración 1) Beweis(führung) 2) Vorführung	**Demonstration** manifestación
26. espectáculo 1) Schauspiel 2) Anblick 3) Spektakel, Szene	**Spektakel** 1) alboroto, jaleo 2) espectáculo, suceso
27. examen Prüfung	**Examen** examen (final de carrera)
28. formal 1) Form- 2) seriös, vernünftig 3) förmlich	**formell** 1) relativo a la forma 2) oficial
29. garaje 1) Garage 2) Autowerkstatt	**Garage** garaje, cochera
30. gas 1) Gas 2) Kohlensäure 3) Blähungen	**Gas** gas (químico)
31. gimnasio 1) Turnhalle 2) Fitnessstudio	**Gymnasium** instituto (de Enseñanza Media)
32. infusión 1) (Kräuter) tee 2) Infusion	**Infusion** infusión (med)
33. intérprete 1) Interpret(in) 2) Darsteller(in), Schauspieler(in) 3) Dolmetscher(in)	**Interpret(in)** (artista) intérprete
34. melón 1) (Honig) melone 2) Dummkopf	**Melone** 1) melón (fruta) 2) (sombrero) hongo
35. noble 1) ad(e) lig 2) edel 3) gutmütig	**nobel** 1) bondadoso 2) elegante 3) lujoso 4) generoso
36. oposición 1) Widerstand 2) Opposition 3) Einwendung 4) Gegensatz 5) Auswahlprüfung für den öffentlichen Dienst	**Opposition** oposición (política)

37. orden
1) Ordnung
2) Reihenfolge
3) Rang(ordnung)
4) Weihe (rel)
5) Befehl
6) Bestellung, Order, Auftrag
7) Orden (rel)
8) Auszeichnung

Orden
1) orden religiosa
2) condecoración

38. panda
1) Panda(bär)
2) Bande, Clique

Panda
(oso) panda

39. parque
1) Park(anlage)
2) Lager
3) Bestand
4) Laufstall

Park
1) jardín
2) depósito

40. pastor(a)
1) Pastor(in), Seelsorger(in)
2) (Vieh)hirt(in), Schäfer(in)

Pastor(in)
pastor(a) (rel)

41. perfume
1) Parfüm
2) Duft

Parfüm
perfume, colonia

42. póney, poni
caballo pequeño

Pony
1) póney (zool)
2) flequillo

43. porción
Teil, Portion

Portion
ración

44. profesor(a)
1) (Gymnasial) lehrer(in)
2) Dozent(in)

Professor(in)
catedrático(-a)

45. promoción
1) (Be) förderung
2) Aufstieg
3) Jahrgang
4) Sonderangebot

Promotion
1) doctorado
2) traslado (Suiza)
3) ascenso (Suiza)

46. puro
1) rein, sauber
2) echt
3) keusch, rein

pur
1) puro, limpio
2) puro, mero

47. raqueta
1) Schläger
2) Schneeschuh

Rakete
1) misil
2) cohete

48. raro
1) komisch, seltsam
2) selten
3) rar
4) sonderbar

rar
raro, escaso

49. real
1) wirklich, tatsächlich
2) königlich, Königs-
3) real (Philos)
4) real, Real- (Ökon)

real
real (econ)

50. regla
1) Lineal
2) Regel, Vorschrift
3) Maß
4) Menstruation

Regel
1) regla, norma
2) menstruación

51. renta
1) Einkommen
2) Rente, Ruhegeld
3) Miete, Pacht

Rente
1) pensión
2) renta, rédito

52. reparar
1) reparieren, ausbessern
2) ersetzen, wieder gutmachen
3) wahrnehmen, merken
4) wiederherstellen

reparieren
reparar, arreglar

53. repórter
Reporter(in) (Am)

Reporter(in)
periodista

54. residencia
1) Wohnsitz
2) Aufenthalt(sort)
3) Residenz, Sitz
4) Heim, Internat
5) Pension, Gästehaus

Residenz
residencia, domicilio

55. saco
Sack

Sakko
americana

56. salsa
1) Soße
2) Reiz
3) lateinamerikanischer Tanz

Salsa
baile latinoamericano

57. salto
Sprung

Salto
salto (deporte)

58. sangría
1) Aderlass
2) Einrücken (infor)
3) spanische Rotweinbowle

Sangria
sangría (bebida)

59. sentencia
1) Sinnspruch
2) Urteil

Sentenz
proverbio

60. serio
1) ernst(haft)
2) streng
3) seriös
4) verantwortungsbewusst

seriös
serio, formal

61. servicio
1) Dienst
2) Hauspersonal
3) Toilette
4) Aufschlag
5) Dienstleistung

Service
1) juego de café
2) asistencia técnica
3) saque

62. sigla
1) Anfangsbuchstabe
2) Akronym

Siegel
sello

63. simple
1) einfach
2) leicht
3) einfältig

simpel
simple, simplón

64. sindicato
Gewerkschaft

Syndikat
consorcio

65. tabaco
1) Tabak
2) Zigaretten

Tabak
(planta del) tabaco

66. tableta
1) Tablette
2) Tafel (Schokolade)

Tablette
pastilla, comprimido

67. tampón
1) Stempelkissen
2) Tampon

Tampon
1) tampón
2) tapón

68. tanque
1) Panzer
2) Tank(wagen)

Tank
depósito

69. tapete
Tischtuch

Tapete
papel pintado

70. té
(schwarzer) Tee

Tee
1) té
2) infusión

71. tesis
1) These
2) Doktorarbeit, Dissertation

These
tesis, proposición

72. título
1) Titel
2) Diplom
3) Wertpapier

Titel
título

73. tono
1) Tonlage
2) Ton(art)

Ton
1) arcilla, barro
2) sonido
3) tono

74. torta
1) Kuchen, Torte
2) Ohrfeige

Torte
tarta

75. tostada
Toast(brot)

Toast
1) tostada, pan para tostar
2) brindis

76. tráfico
1) Verkehr
2) (illegaler) Handel

Trafik
estanco (Austria)

77. triángulo
1) Dreieck
2) Triangel

Triangel
triángulo (mús)

78. triunfo
1) Triumph, Sieg
2) Trumpf

Triumph
triunfo, éxito

79. visión
1) Sicht
2) Sehvermögen
3) Vision, Erscheinung, Halluzination

Vision
visión, aparición

80. vital
1) vital, Lebens-
2) lebensnotwendig
3) vital, lebhaft

vital
vital, alegre

81. vulgar
1) gewöhnlich
2) ordinär
3) pöbelhaft
4) oberflächlich

vulgär
vulgar, ordinario

Nützliche Redewendungen
Expresiones útiles

Wie drücke ich mich aus, wenn ich jemanden begrüßen möchte?	**¿Qué digo cuando quiero saludar a alguien?**
Guten Morgen!	¡Buenos días!
Guten Tag!	¡Buenas tardes!
Grüß Gott! (*südd*)	¡Buenos días!/¡Buenas tardes!/¡Buenas noches!
Guten Abend!	¡Buenas noches!
Hallo!	¡Hola!
Grüß dich!	¡Hola!/¿Qué tal?
Mein Name ist Becker.	Me llamo Becker./Mi nombre es Becker.
Wie geht es Ihnen/dir?	¿Cómo está (usted)/estás (tú)?
Wie geht's?	¿Qué tal?

Wie drücke ich mich aus, wenn ich jemanden verabschieden möchte?	**¿Qué digo cuando quiero despedirme de alguien?**
Auf Wiedersehen!	¡Adiós!
Tschüs!	¡Hasta luego!
Ciao!	¡Chao!
Bis morgen!	¡Hasta mañana!
Bis später!	¡Hasta luego!
Viel Vergnügen!	¡Que lo pases/paséis bien!/¡Que te diviertas/os divirtáis!
Gute Nacht!	¡Buenas noches!
Grüßen Sie/Grüß Marion von mir.	Salude a/Saluda a Marion de mi parte.

Wie drücke ich mich aus, wenn ich eine Bitte ausdrücken oder mich bedanken möchte?	**¿Qué digo cuando quiero pedir o agradecer algo?**
Ja, bitte.	Sí, por favor.
Nein, danke.	No, gracias.
Danke, sehr gern!	Gracias, con mucho gusto.
Danke, gleichfalls!	Gracias, ¡igualmente!
Könnten Sie mir bitte helfen?	Por favor, ¿podría (usted) ayudarme?/¿podría echarme una mano?
Bitte sehr./Gern geschehen.	De nada./¡No hay de qué!
Vielen Dank!	¡Muchas gracias!
Das ist doch nicht der Rede wert.	No tiene importancia.

Wie drücke ich mich aus, wenn ich mich entschuldigen oder mein Bedauern ausdrücken möchte?	¿Qué digo cuando quiero disculparme?
Entschuldigung!	¡Perdón!
Ich möchte mich entschuldigen.	Mis disculpas.
Das tut mir (sehr) Leid!	Lo siento (mucho).
Es war nicht so gemeint.	No era (esa) mi intención.
Schade!	¡Qué pena!/¡Qué lástima!
Das ist aber schade!	¡Qué pena!/¡Qué lástima!

Wie drücke ich mich aus, wenn ich jemanden beglückwünschen möchte?	¿Qué digo cuando quiero felicitar a alguien?
Herzlichen Glückwunsch!	¡Felicidades!/¡Enhorabuena!
Viel Erfolg!	¡Le/Te deseo mucho éxito!
Viel Glück!	¡Suerte!/¡Le/Te deseo mucha suerte!
Gute Besserung!	¡Que se mejore/te mejores!
Schöne Ferien!	¡Que lo pases/paséis bien en las vacaciones!/¡Que disfrutes/disfrutéis de las vacaciones!
Frohe Ostern!	¡Felices Pascuas!
Frohe Weihnachten und ein gutes neues Jahr!	¡Feliz Navidad y un próspero año nuevo!
Guten Rutsch!	¡Feliz año nuevo!/¡Feliz salida y entrada (de año)!
Alles Gute zum Geburtstag!	¡Feliz cumpleaños!
Meine besten Wünsche zum Geburtstag!	¡Qué cumpla/cumplas muchos más!
Ich drücke dir die Daumen.	¡Suerte!

Wie drücke ich mich aus, wenn ich etwas über mich erzählen möchte?	¿Qué digo cuando quiero hablar de mí mismo?
Ich heiße …	Me llamo…
Ich bin Deutscher/Deutsche.	Soy alemán/alemana.
Ich komme aus Deutschland.	Soy de Alemania.
Ich wohne in … . Das ist in der Nähe von …/nördlich/südlich/westlich/östlich von …	Vivo en… , cerca de…/al norte/sur/oeste/este de…
Ich mache hier Urlaub.	Estoy aquí de vacaciones.
Ich besuche hier einen Sprachkurs.	Estoy matriculado en un curso de idiomas.
Ich bin hier als Austauschschüler(in).	Estoy aquí como estudiante de intercambio.
Ich bin mit dem/meinem Fußballverein hier.	Estoy aquí con el/mi equipo de fútbol.

Ich bleibe einen Tag/drei Tage/eine Woche/zwei Wochen.	Me quedaré un día/tres días/una semana/dos semanas.
Hier/Während meines Aufenthalts wohne ich in/bei …	Aquí/Durante mi estancia vivo en/en casa de…
Mein Vater ist …/arbeitet als … bei …	Mi padre es…/trabaja como… en la empresa…
Meine Mutter ist …	Mi madre es…
Ich habe eine Schwester/zwei Schwestern und einen Bruder/zwei Brüder.	Tengo una hermana/dos hermanas y un hermano/dos hermanos.
Ich gehe in die Schule in …	Voy a la escuela en…
Ich bin in der … Klasse.	Estoy en… curso.
Ich bin … (Jahre alt).	Tengo… años.
Ich mag …	Me gusta…
Ich spiele gern Fußball.	Me gusta jugar al fútbol.

Wie drücke ich mich aus, wenn ich etwas über andere erfahren möchte?	**¿Qué digo cuando quiero averigüar algo acerca de otras personas?**
Wie heißt du?	¿Cómo te llamas?
Woher kommst du?	¿De dónde eres?
Wo wohnst du?	¿Dónde vives?
Wo ist/liegt das?	¿Dónde está (eso/esa ciudad)?
Was machst du hier?	¿Qué estás haciendo aquí?/¿Qué haces aquí?
Wie lange bleibst du (hier)?	¿Cuánto tiempo te vas a quedar (aquí)?
Wo wohnst du hier?	¿Y aquí dónde vives?
Was macht dein Vater?	¿En qué trabaja tu padre?
Wo arbeitet er?	¿Dónde trabaja?
Was macht deine Mutter?	¿En qué trabaja tu madre?
Hast du Geschwister?	¿Tienes hermanos?
In der wievielten Klasse bist du?	¿En qué curso estás?
Wie alt bist du?	¿Cuántos años tienes?
Was machst du gerne?	¿Qué (es lo que) te gusta hacer?
Was sind deine Hobbys?	¿Cuáles son tus hobbys/aficiones?

Wie drücke ich mich aus, wenn ich der gleichen Meinung bin?	**¿Qué digo cuando soy de la misma opinión?**
(Das) stimmt!	¡(Eso es) cierto!
Genau!	¡Exactamente!
Ich auch!	¡Yo también!
Ich auch nicht!	¡Yo tampoco!
Ja, das finde ich gut/toll/klasse/süß/spitze/super!	Sí, a mí me parece bien/fantástico(-a)/estupendo(-a)/guay/genial/magnífico(-a).

Wie drücke ich mich aus, wenn ich nicht der gleichen Meinung bin?	¿Qué digo cuando no comparto la misma opinión?
Das stimmt doch gar nicht!	¡Eso no es (en absoluto) así !
Nein!	¡(Que) no!
Doch!	¡(Que) sí!
Nein, den/die/das finde ich blöd/doof/ätzend!	¡No!, a mí me parece estúpido(-a)/tonto(-a)/horrible.

Wie drücke ich mich aus, wenn ich meine Meinung sagen will?	¿Qué digo cuando quiero manifestar mi opinión?
Ich glaube/denke/meine, dass …	Yo creo/pienso/opino que…
Ich finde, dass …	A mí me parece que…
Ich glaube/denke/meine nicht, dass …	Yo no creo/pienso/opino que…
Ich finde nicht, dass …	A mí no me parece que…
Meiner Meinung nach …	En mi opinión…

Wie drücke ich mich aus, wenn ich dem anderen zeigen will, dass ich zuhöre?	¿Qué digo cuando quiero demostrar que estoy prestando atención?
Echt?	¿De verdad?
Ehrlich?	¿De verdad?/¿Lo dices en serio?
Ach so!	¡Ah!/¡No me digas!

Wie drücke ich mich aus, wenn ich nach dem Weg fragen will?	¿Qué digo cuando quiero preguntar por una dirección?
Wo ist der/die/das (nächste) …?	¿Dónde está el/la… más próximo(-a)?
Wie komme ich zur/zum nächsten …?	¿Por dónde se va al/a la… más próximo(-a)?
Können Sie mir sagen/erklären, wo der/die/das nächste … ist?	¿Me podría decir/explicar dónde se encuentra/está el/la… más próximo(-a)?

Wie drücke ich mich aus, wenn ich sagen will, dass es mir gut geht?	¿Qué digo cuando quiero expresar que me encuentro bien?
Mir geht's heute echt gut!	¡Hoy me encuentro realmente bien!
Ich bin heute voll gut drauf!	¡Hoy me encuentro fenomenal!
Ich fühle mich heute super/spitze!	¡Hoy me siento estupendo/-a/fenomenal!

Wie drücke ich mich aus, wenn ich sagen will, dass es mir schlecht geht?	¿Qué digo cuando quiero expresar que me siento mal?
Mir geht's heute nicht gut/echt schlecht!	¡Hoy no me encuentro (demasiado) bien/fatal!
Ich bin heute voll mies drauf!	¡Hoy estoy de un humor de perros!
Ich fühle mich heute echt mies/schlecht!	¡Hoy (es que) me siento fatal/mal!

Wie drücke ich mich aus, wenn ich sagen will, dass mir etwas (nicht) gefällt?	**¿Qué digo cuando algo (no) me gusta?**
Der/die/das ist wirklich/echt super/spitze/klasse/spannend/cool!	¡Es realmente/La verdad es que es genial/guay(fantástico(-a)/intrigante/flipante!
Der/die/das ist wirklich/echt blöd/doof/langweilig/ätzend!	¡Es realmente/La verdad es que es bobo(-a)/estúpido(-a)/aburrido(-a)/insoportable!

Wie drücke ich mich aus, wenn ich einen Freund/eine Freundin anrufe?	**¿Qué digo cuando llamo a un amigo/una amiga por teléfono?**
Hallo, Nely, hier ist Anke/ich bin's, Anke.	Hola, Nely, soy Anke/soy yo, Anke.
Also dann bis um … (Uhr)/später/morgen!	Bueno, entonces hasta la(s)…/más tarde/mañana!
Tschüs!	¡Hasta luego!
Ciao!	¡Chao!

Wie drücke ich mich aus, wenn ich mit Erwachsenen telefoniere?	**¿Qué digo cuando hablo con personas adultas por teléfono?**
Guten Tag, Herr/Frau …, hier ist …	Buenas tardes, señor/señora…, soy…
Kann ich bitte (mit) … sprechen/Ist … da?/zu Hause?	Por favor, ¿podría hablar con…?/¿Está…?/¿Podría ponerse… ?
Soll ich ihr/ihm etwas ausrichten?	¿Quiere(s) que le dé algún recado?
Nein, danke. Das ist nicht nötig.	No gracias. No es necesario.
Ich rufe später noch mal an.	Volveré a llamar más tarde.
Ja, könnten Sie ihm/ihr bitte sagen, dass …?	Sí, ¿podría decirle/comentarle que… ?
Vielen Dank! Auf Wiederhören!	¡Muchas gracias! ¡Adiós!

Wie drücke ich mich aus, wenn ich jemandem meine E-Mail-/Internetadresse geben möchte?	**¿Qué digo cuando quiero darle a alguien mi dirección de correo electrónico/de Internet?**
Meine E-Mail-Adresse ist: m.schmid@t-online.de. *(sprich: m Punkt Schmid at t (Binde) strich online Punkt d e)*	Mi dirección de correo electrónico es (la siguiente): m.schmid@t-online.de. *(es decir, m punto schmid arroba t guión online punto d e)*
Meine Homepage-Adresse ist: http://www.t-online.de/~schmid (sprich: h t t p Doppelpunkt Doppelslash w w w Punkt t (Binde)strich online Punkt d e Slash Tilde Schmid)	Mi página web es: http//www.t-online.de/~schmid *(es decir, h t t p dos puntos dos barras w w w punto t guión online punto d e barra tilde Schmid)*

Musterbriefe
Cartas modelo

Wie drücke ich mich aus, wenn ich einen Dankesbrief an meine Gastfamilie schreiben will?

Stuttgart, den 12.8.1999

Liebe Carmen, lieber José und lieber Luis,

ich möchte mich noch einmal recht herzlich für die schönen Tage bei euch bedanken. Ich bin ein bisschen traurig, dass die Zeit bei euch so schnell vergangen ist.

Mir hat unser gemeinsames Wochenende in eurem Ferienhaus besonders gut gefallen. Ein paar von den Fotos, die ich dort gemacht habe, schicke ich mit.

Meine Spanischlehrerin hat gesagt, ich hätte in den zwei Wochen wirklich große Fortschritte gemacht. Sie hat den anderen in der Klasse geraten, auch einmal an so einem Austausch teilzunehmen.

Jetzt freue ich mich schon auf April, wenn Luis nach Stuttgart kommt. Meine Eltern und ich haben schon Pläne gemacht, was wir mit ihm unternehmen wollen. Ich hoffe, dass es ihm hier genauso gut gefällt, wie mir bei euch.

Bitte grüßt auch besonders Ana und Isabel von mir. Ich hoffe, dass ich euch schon bald wieder sehe.

Viele liebe Grüße

¿Qué escribo cuando quiero enviar una carta de agradecimiento a mi familia anfitriona?

Stuttgart, 12.8.1999

Estimado José, estimada Carmen, querido Luis:

Quisiera agradeceros de nuevo la agradable estancia en vuestra casa. ¡Qué pena que el tiempo con vosotros se me haya hecho tan corto!

Especialmente bien me lo pasé el fin de semana pasado en vuestro refugio. Os envío algunas de las fotos que hice allí.

Mi profesora me ha comentado que mi español ha mejorado mucho después de haber pasado estas dos semanas con vosotros. Le ha recomendado a todos mis compañeros participar en el mismo programa de intercambio.

Tengo muchas ganas de que llegue abril y Luis venga a Stuttgart. Mis padres y yo ya hemos pensado en todo aquello que queremos enseñarle y hacer con él. Espero que se lo pase al menos tan bien como me lo he pasado yo con vosotros.

Saludos también para Ana e Isabel de mi parte. Espero poder volver a veros muy pronto.

Un fuerte abrazo,

Thomas

Wie drücke ich mich aus, wenn ich eine Bewerbung um ein Praktikum schreiben will?

Paul Jansen
Stuttgarter Str. 9
Tel.: (0711) 2345678

IBERIA
Apartado de Correos 675
E-28080 Madrid

71234 Stuttgart, den 12. 12. 1999

Bewerbung um eine Praktikumsstelle

Sehr geehrte Damen und Herren,

hiermit bewerbe ich mich um eine Stelle als Praktikant in Ihrem Werk in Madrid.

Ich besuche die 12. Klasse des Schiller-Gymnasiums in Stuttgart mit den Leistungskursen Englisch und Mathematik. Seit drei Jahren lerne ich auch Spanisch. Nach meinem Abitur möchte ich Maschinenbau studieren.

Die Sommerferien vom 20. Juli bis 30. August vor der 13. Klasse und den Abiturprüfungen möchte ich dazu nutzen, meine Spanischkenntnisse zu vertiefen und gleichzeitig die Arbeitswelt kennen zu lernen.

Im Falle Ihrer Zusage würde ich mich sehr freuen, wenn Sie mir bei der Wohnungssuche behilflich sein könnten.

Vielen Dank im Voraus für Ihre wohlwollende Prüfung meiner Bewerbung.

Mit freundlichen Grüßen

Paul Jansen

Anlagen: Lebenslauf
Beglaubigte Zeugniskopien

¿Qué escribo cuando quiero solicitar un puesto en prácticas?

Paul Jansen
Stuttgarter Str. 9
71234 Stuttgart
Teléf.: ## (0)711 2345678

IBERIA
Apartado de Correos 675
E-28080 Madrid

Stuttgart, den 12.12.1999

Solicitud de un puesto en prácticas

Estimados señores:

Con la presente quisiera solicitar un puesto en prácticas en su delegación en Madrid.

Estoy en el penúltimo curso de bachillerato, en el instituto Schiller de Stuttgart. Mis asignaturas principales son el inglés y las mátemáticas, y desde hace tres años estudio también español. Después del instituto y de realizar el examen de Selectividad correspondiente me gustaría estudiar Ingeniería mecánica.

Antes de empezar con mi último curso de bachillerato me gustaría aprovechar mis vacaciones de verano, del 20 de julio al 30 de agosto, para perfeccionar mis conocimientos de español y para poder conocer al mismo tiempo el mundo laboral.

En el caso de que ustedes acepten mi solicitud, les estaría muy agradecido si pudieran ayudarme a buscar alojamiento.

Les agradezco de antemano todo su interés.

Les saluda muy atentamente,

Paul Jansen

Anexos: Currículum vitae
Expedientes escolares compulsados

Lebenslauf

Lebenslauf

Name:	Paul Jansen
Geburtstag:	2.3.1982
Geburtsort:	Stuttgart
Schulbildung:	Grundschule in Stuttgart von 1987–1991 Gymnasium in Stuttgart von 1991–1999 (Abitur voraussichtlich Juli 2000)
Fremdsprachen:	Englisch und Spanisch fließend in Wort und Schrift
Kenntnisse:	Computerkenntnisse Windows95, Word, Excel Programmiersprachen C, C++
Interessen:	Fremdsprachen, Automobilsport

Currículum vitae

Currículum vitae

Nombre y apellido:	Paul Jansen
Fecha de nacimiento:	2.3.1982
Lugar de nacimiento:	Stuttgart
Formación escolar:	
1987–1991	1° a 4° de EGB, Stuttgart
1991–1999	Instituto, en Stuttgart (previsiblemente teminaré mis estudios de bachillerato, la Selectividad incluida, en julio del año 2000)
Idiomas	excelente dominio del inglés y del español (tanto a nivel escrito como oral)
Otros conocimientos:	conocimientos de Informática a nivel de usuario (Windows95; lenguajes de programación C, C++)
Aficiones:	idiomas, automovilismo

Wie drücke ich mich aus, wenn ich mich als Aupairmädchen bewerben will?

Urte Shintani
Stuttgarter Str. 9
Tel.: (0711) 2345678

Familia González
Avda. Mirat, 13–4°A
E- 37002 Salamanca

71234 Stuttgart, den 8.11.1999

Bewerbung als Aupairmädchen

Sehr geehrte Familie González,

ich habe Ihre Anzeige in der Stuttgarter Zeitung vom 4.11.1999 gelesen und bewerbe mich hiermit um die Stelle als Aupairmädchen in Ihrem Hause.

Zur Zeit besuche ich die 10. Klasse der Schlossrealschule in Stuttgart und lerne seit vier Jahren Spanisch. Im Juli werde ich hoffentlich die Schule mit der Mittleren Reife abschließen. Deshalb würde ich mich freuen, wenn ich ab dem 1. August für einen Monat auf Ihre beiden Kinder aufpassen dürfte.

Ich habe zwei jüngere Geschwister, einen Bruder (10 Jahre), und eine Schwester (6 Jahre) auf die ich regelmäßig aufpassen muss, weil unsere Eltern beide berufstätig sind. Mein Vater ist Bankkaufmann und meine Mutter arbeitet als Teilzeitkraft in einer Boutique.

Ich würde mich sehr freuen, wenn ich auf Ihre Kinder aufpassen dürfte und dabei mehr über die spanische Lebensart, die mir wirklich sehr gefällt, lernen könnte.

Bitte schreiben Sie mir bald.

Mit freundlichen Grüßen

Urte Shintani

¿Qué escribo cuando quiero solicitar un puesto de aupair?

Urte Shintani
Stuttgarter Str. 9
71234 Stuttgart
Teléf.: ## (0)711 2345678

Familia González
Avda. de Mirat, 13–4°A
E- 37002 Salamanca

Stuttgart, 8.11.1999

Puesto de aupair

Estimada Familia González:

Con fecha del 4 de noviembre de 1999 he leído su anuncio en el periódico Stuttgarter Zeitung, en el que solicitan una chica aupair.

Actualmente curso la 10ª clase de la Schlossrealschule en Stuttgart. Estudio español desde hace cuatro años. En julio concluiré mis estudios. Por eso había pensado en un puesto de aupair. Me gustaría poder hacerme cargo de sus hijos a partir del día 1 de agosto, por un periodo de un mes.

Tengo dos hermanos más pequeños, un hermano (de 10 años) y una hermana (de 6), a los que estoy acostumbrada a cuidar, pues mis padres trabajan los dos. Mi padre trabaja en un banco y mi madre, a tiempo parcial, en una boutique.

Al mismo tiempo que cuidaría a sus hijos, me gustaría aprovechar mi estancia en su país para conocer aún más de cerca el estilo de vida latino, que, por cierto, me encanta.

Me gustaría que me diesen cuanto antes una respuesta.

Atentamente,

Urte Shintani

Wie drücke ich mich aus, wenn ich Informationen über einen Feriensprachkurs einholen will?

Tabea Schulte
Stuttgarter Str. 9
Tel.: (0711) 2345678

71234 Stuttgart, den 5.11.1999

Ihr Feriensprachkurs in Santander

Sehr geehrte Damen und Herren,

von meinem Spanischlehrer habe ich Informationen über Ihr Institut erhalten und möchte nächstes Jahr im August gern an einem Sprachkurs in Santander teilnehmen.

Ich besuche die 9. Klasse des Gymnasiums und lerne seit drei Jahren Spanisch. Meine Noten in Spanisch sind jedoch nicht besonders gut.

Bitte senden Sie mir ausführliches Informationsmaterial über Ihre Kurse. Mich interessiert besonders, ob ich an einem Einstufungstest teilnehmen muss. Außerdem würde ich gerne wissen, wie lange der Unterricht jeden Tag dauert und wann er stattfindet. Mein Lehrer hat mir gesagt, dass Sie sich um die Unterbringung kümmern. Wäre es möglich, dass ich bei einer Familie wohne, die eine Tochter in meinem Alter hat?

Ich hoffe, schon bald von Ihnen zu hören.

Mit freundlichen Grüßen

Tabea Schulte

¿Qué escribo cuando deseo solicitar información más detallada acerca de un curso de verano de idiomas?

Tabea Schulte
Stuttgarter Str. 9
71234 Stuttgart
Teléf.: ## (0)711 2345678

Stuttgart, 5.11.1999

Cursos de Español Lengua extranjera

Curso de Verano de Español en Santander

Estimados señores:

Mi profesor de español me informó acerca de su Facultad. Me gustaría matricularme, para agosto del próximo año, de un curso de español en Santander.

Voy al instituto, al noveno curso. Desde hace tres años que estudio español, sin embargo, mis calificaciones en esta asignatura no son demasiado buenas.

¿Podrían hacerme llegar folletos informativos acerca de sus cursos? Lo que más me interesa saber es si tengo que realizar un examen de nivel. También me gustaría saber cuántas clases tendríamos a diario, y cuál es concretamente el horario de clases. Me ha comentado mi profesor que son ustedes los que se encargarían de mi alojamiento. ¿Sería posible vivir en casa de una familia que tuviera una hija de mi edad?

Me gustaría recibir pronto noticias suyas.

Saludos cordiales,

Tabea Schulte

Wie drücke ich mich aus, wenn ich einer neuen Brieffreundin zum ersten Mal schreibe?

Jessica Pfeifer
Maierstr. 34
D-70012 Stuttgart

Stuttgart, den 5. Dezember 1999

Liebe María,

ich heiße Jessica Pfeifer und bin 16 Jahre alt. Mein Spanischlehrer hat uns gestern im Unterricht eine Liste mit Jungs und Mädchen aus Mexiko gegeben, die eine Brieffreundin oder einen Brieffreund in Deutschland suchen. Ich habe dich ausgesucht, weil wir fast gleich alt sind und du die gleichen Hobbys wie ich hast.

Ich wohne mit meinen Eltern und meinem kleinen Bruder Markus in Stuttgart. Mein Vater ist Ingenieur bei Porsche. Er baut die coolen schnellen Autos, die du sicherlich auch kennst. Meine Mama ist Hausfrau. Mein Bruder Markus ist erst acht und geht noch in die Grundschule. Ich gehe in die 10. Klasse des Mörike-Gymnasiums und lerne seit dem 7. Schuljahr Spanisch. Meine Lieblingsfächer sind natürlich Spanisch, Sport und Mathe. In welche Klasse gehst du und was sind deine Lieblingsfächer? Hast du auch Geschwister und was machen deine Eltern beruflich? Meine Hobbys sind wie deine Lesen, Musik hören und Rad fahren, außerdem spiele ich seit sechs Jahren Klavier. Spielst du auch ein Instrument?

Ich hoffe du schreibst mir bald, denn ich will noch sooo viel über dich und Mexiko wissen, z. B. welche Musik du gern hörst und was du mit deinen Freundinnen so am Wochenende machst.

Viele liebe Grüße

Jessica

¿Qué escribo cuando me dirijo por primera vez a una amiga por correspondencia?

Jessica Pfeifer
Maierstr. 34
D- 70012 Stuttgart

Stuttgart, 5 de diciembre de 1999

Querida María:

Me llamo Jessica Pfeifer y tengo 16 años. Ayer nuestro profesor de español nos entregó una lista en clase con nombres de chicos y chicas hispanohablantes que desean mantener correspondencia con chicos y chicas en Alemania. Yo te he escogido a ti, porque prácticamente somos de la misma edad y porque compartimos las mismas aficiones.

Vivo von mis padres y mi hermano pequeño Markus en Stuttgart. Mi padre es ingeniero y trabaja para la empresa Porsche. Construye esos coches tan rápidos y fascinantes que tú seguramente conocerás. Mi madre es ama de casa. Mi hermano Markus sólo tiene ocho años. Yo estoy ahora en mi décimo curso, en el instituto Mörike, y desde séptimo estudio español. Mis asignaturas preferidas son el español, naturalmente, la educación física y las matemáticas. ¿En qué curso estás tú, y cuáles son tus asignaturas preferidas? ¿También tienes hermanos, y en qué trabajan tus padres? Mis hobbys, igual que los tuyos, son leer, escuchar música y montar en bici, además toco el piano desde hace ya seis años. ¿Tú también tocas algún instrumento?

Espero recibir pronto noticias tuyas, pues me gustaría saber muchas más cosas acerca de ti y de Méjico, por ejemplo, qué música te gusta y qué sueles hacer con tus amigas los fines de semana.

Muchos saludos,

Jessica

Anfang und Ende eines Briefes:	El encabezamiento y la despedida en una carta:
An Freunde und Bekannte:	**Dirigida a amigos o conocidos:**
Hallo …!	Hola… :
Liebe(r) …,	Querido(-a)… :
vielen Dank für deinen Brief.	gracias por tu carta.
Ich habe mich sehr gefreut von dir zu hören.	Me alegra saber que te encuentras bien.
Entschuldige/Es tut mir Leid, dass ich so lange nicht geschrieben habe.	Perdóname por/Siento no haberte escrito antes.
Viele herzliche Grüße an euch alle, auch von …	Muchos saludos para todos vosotros, también de parte de…
Bitte grüße auch … von mir.	Saluda también a… de mi parte.
Ich würde mich freuen bald wieder von dir zu hören.	Espero tener pronto noticias tuyas.
Grüß … von mir.	Saluda a… de mi parte.
Schreib doch mal wieder.	¡Escríbeme!
Hoffentlich höre ich bald wieder etwas von dir.	Espero tener pronto noticias tuyas.
Dein(e) …	Tuyo(-a)…
Viele liebe Grüße …	Un fuerte abrazo…/Muchos saludos…
Bis bald!/Ciao …	¡Hasta pronto!/¡Chao!
An Firmen oder Organisationen:	**Dirigida a una empresa o a instituciones:**
Sehr geehrte Damen und Herren,	Estimados señores:/Muy señores míos:
Sehr geehrte Frau …,/Sehr geehrter Herr …,	Estimada Sra. … :/Estimado Sr. … :
Ich möchte mich erkundigen, ob …	Me gustaría saber si…
Ich möchte nachfragen, ob …	Quisiera saber si…
Würden Sie mir bitte … schicken?	Por favor, ¿podría(n) enviarme… ?
In Erwartung Ihrer Antwort verbleibe ich …	En espera de su respuesta me despido atentamente…
Mit freundlichen Grüßen …	Le(s) saluda atentamente…

DIE ANREDE	EL ENCABEZAMIENTO
Du schreibst:	**Escribes:**
an einen guten Bekannten oder Freund	**a un conocido o a un amigo**
Liebe Daniela,	Querida Daniela:
Lieber Christian,	Querido Christian:
Hallo, Markus!	Hola Markus:

an jemanden, den du gut kennst	**a alguien a quien ya conoces**
Liebe Frau Mayer,	Estimada Sra. Mayer:
an jemanden, den du persönlich oder geschäftlich kennst	**a alguien a quien conoces a nivel personal o profesional**
Sehr geehrte Frau Meiser,	Estimada Sra. Meiser:
Sehr geehrter Herr Fischer,	Estimado Sr. Fischer:
an eine Firma oder Person, deren Namen du nicht kennst	**a una empresa o a una persona cuyo nombre desconoces**
Sehr geehrte Damen und Herren,	Muy señores míos:
an eine Person, deren Titel du kennst	**a una persona cuyo título o grado académico conoces**
Sehr geehrter Herr Dr. Meier,	Distinguido/Estimado Dr. Andreas Meier:
Sehr geehrte Frau Professor Schmidt,	Distinguida/Estimada Catedrática Dª Ursula Schmidt:

DIE GRUSSFORMEL	**LA FÓRMULA DE DESPEDIDA**
Informell:	**Menos formal o familiar:**
Mach's gut!	¡Que te vaya bien!
Bis bald!	¡Hasta pronto!
Viele liebe Grüße	Un fuerte abrazo,
Viele Grüße	Muchos saludos,/Un abrazo,/Besos,
Herzliche Grüße	Saludos cordiales,/Un cordial saludo,
Mit besten Grüßen	Mis mejores deseos,
Alles Liebe	¡Te deseo lo mejor!/Mis mejores deseos,
Alles Gute, Dein(e)	Te deseo lo mejor, tuyo(-a)
Tschüs!	¡Chao!/¡Hasta pronto!
Formell:	**Formal:**
Mit freundlichen Grüßen	Muy atentamente (le saluda),
verbleibe ich mit freundlichen Grüßen	en espera de su respuesta me despido atentamente,
Sehr respektvoll:	**Muy respetuoso:**
Hochachtungsvoll	Muy atentamente,

Inhalt und Aufbau Deutsch-Spanisch

Alle **Stichwörter** sind alphabetisch geordnet und durch Fettdruck hervorgehoben

G, g [ge:] *nt* <-, -> G, g *f*; …
g *Abk. von* **Gramm** gr
gab [ga:p] *3. imp von* **geben**

Die graue Unterlegung von Stichwörtern kennzeichnet Schreibungen, die nach der **neuen deutschen Rechtschreibung** veraltet sind. Reformierte Schreibungen werden mit [RR] gekennzeichnet

Stukkateur(in) *m(f)* <-s, -e; -nen> *s.* **Stuckateur**
Flusslauf[RR] *m* <-(e)s, -läufe> curso *m* de un río;

Die Tilde ~ ersetzt in Anwendungsbeispielen und Redewendungen das vorhergehende Stichwort

bürsten *vt* cepillar; **sich** *dat* **die Haare ~** cepillarse el pelo

Römische Ziffern kennzeichnen verschiedene Wortarten

davon|jagen I. *vi sein* (*sich entfernen*) salir pitando **II.** *vt* (*vertreiben*) echar; …

Arabische Ziffern kennzeichnen verschiedene Bedeutungen

davon|tragen *irr vt* **1.** (*Dinge*) llevarse **2.** (*geh: Sieg*) conseguir **3.** (*Verletzungen*) sufrir

Hochgestellte arabische Ziffern unterscheiden Wörter gleicher Schreibung mit unterschiedlicher Flexion oder Substantive mit unterschiedlichem Genus

Bar[1] [ba:ɐ] *f* <-s> **1.** (*Lokal*) bar *m;* (*Nachtlokal*) boite *f*, …
Bar[2] *nt* <-s, -s> (PHYS) bar(o) *m*

Femininformen der Stichwörter sind angegeben

Lehrer(in) *m(f)* <-s, -; -nen>
Pate, -in ['pa:tə] *m, f* <-n, -n; -nen>

Angaben zur **unregelmäßigen Pluralbildung** folgen unmittelbar auf das Stichwort

Epos ['e:pɔs] *nt* <-, Epen>

Bei den Substantiven werden die **Flexionsendungen** angegeben. Bei femininen Substantiven wird der Plural Nominativ aufgeführt, bei Substantiven anderen Geschlechts die Genitivform Singular und die Pluralform Nominativ

Hase ['ha:zə] *m* <-n, -n>
Liege ['li:gə] *f* <-n>
Ballett [ba'lɛt] *nt* <-(e)s, -e>